L'ÉCRIT TÔT
de Saint-Hubert

DICTIONNAIRE QUÉBÉCOIS D'AUJOURD'HUI

Cartographie : © LE ROBERT pour la géographie
© NATHAN pour les cartes d'histoire n° 6, 7, 9, 10, 11, 12, 13, 14 (voir sous **préparation de copie et correction**)

Crédits photographiques pour la couverture :
Photographie Ville de Montréal ©
Photographie Bombardier Inc.
Groupe Canadair ©
En haut à gauche :
Paul CHERFILS/Fotogram-Stone
En bas à droite :
R. Poinot/Pix

Dépôt légal : Quatrième trimestre 1992
Bibliothèque nationale du Québec

ISBN 2 9802978-0-1

DICTIONNAIRE QUÉBÉCOIS D'AUJOURD'HUI

langue française, histoire, géographie
culture générale

rédaction dirigée par

Jean-Claude Boulanger

supervisée par

Alain Rey

DICOROBERT INC. - 551, boulevard Lebeau - Saint-Laurent (Québec)

PRINCIPAUX COLLABORATEURS

du *Dictionnaire Québécois d'aujourd'hui*
présenté par
ALAIN REY

LANGUE

JEAN-CLAUDE BOULANGER
(direction éditoriale)

et

JEAN-YVES DUGAS BRUNO DE BESSÉ
avec la collaboration de
Jean Blouin

et avec le concours de l'équipe éditoriale
du *Robert dictionnaire d'aujourd'hui*
Alain Rey, Josette Rey-Debove
Marc Arabyan, Joël Chapron, Henri Cottez
Françoise Gérardin, Tristan Hordé, Liliane Léotard
Amina Meddeb, Geneviève Penchenat

NOMS PROPRES – CHRONOLOGIE

partie québécoise et nord-américaine
Hélène Andrée Bizier, Jacques Lacoursières
géographie : Maurice Saint-Yves

équipe éditoriale du
Robert dictionnaire d'aujourd'hui
Joël Chapron, Yves Chemla, Didier Le Bonhomme
Catherine Meyer, Sophie de Sivry, François Trémolières
mise à jour : Laurence Laporte – cartes : Régine Dupuy

* * *

PRODUCTION, MAQUETTE et CORRECTION

sous la direction de Gonzague Raynaud

correction : Claire Frémont, Régine Ferrandis, Christine Ehm, Michel Héron
Françoise Maréchal, Marie-Pierre Lévêque

COORDINATION
à Paris, Michel Terrier
à Montréal, Christian Chevrier

DICOROBERT INC. REMERCIE :
Hélène Tendron, Sylvaine Lefèbvre
Diane Cadieux, Alain Longpré

AUTRES COLLABORATEURS

préparation de copie et correction : Françoise Bouillé, Pierre Coët, Cécile Fontana, Méryem Puill-Châtillon, Isabelle Raffin, Muriel Zarka-Richard ; **ainsi que** Annick Lanz-Dehais – **composition informatique :** Karol Goskrzynski, Élisabeth Huault

CARTES :
Carto-Média Inc. pour le Canada et le Québec
réalisation atelier C.A.R.T. pour la géographie générale.

cartes de géographie historique :
avec l'aimable autorisation de Fernand Nathan éditeur :

- n° 6 (le monde musulman et son expansion jusqu'en 1453), n° 7 (le monde musulman et son expansion de 1453 à la fin du XVIIIe s.), n° 10 (l'Europe en 1812), n° 11 (l'Europe en 1815), n° 12 (l'Europe en 1880), in *HISTOIRE, classe de 2e*, par Jacques Marseille et Dominique Borne
- n° 9 (les étapes de la conquête et de la formation du territoire des États-Unis), n° 13 (l'Europe en 1914), in *HISTOIRE – GÉOGRAPHIE, classe de 3e*, par L. Bély et M. Flonneau
- n° 14 (l'Europe en 1980), in *HISTOIRE – GÉOGRAPHIE, classe de 4e*, par J. François, C. Chadefaud et C. Daudel.

LES MOTS DE MON PÈRE

Au début des années cinquante, alors que jeune étudiant, je commençais d'explorer un peu plus profondément les terres apparemment familières mais combien inconnues pour moi encore de la langue française, sous la diction de mes éminents professeurs MM. Roch Valin, Gaston Dulong et le R.P. Morice, j'eus la bonne fortune de me voir engager aux Archives de folklore de l'université Laval à titre de transcripteur des textes que les enquêteurs allaient cueillir sur le « terrain ». Mon travail consistait donc à écouter et copier des contes et des chansons de vieux Acadiens dont le vocabulaire, la prononciation et même l'accent m'étaient familiers. J'y reconnaissais la langue, les mots et les façons de dire de mon père et des gens de Natashquan. Mon patron était M. Luc Lacourcière, un savant de la chose folklorique et un grand humaniste. Il était curieux de tout et me demandait souvent de lui parler de mon village natal. Ce fut pour moi l'occasion, un jour, d'aborder un sujet qui m'avait posé de gros problèmes d'écriture. Et je lui racontai alors que mon père avait parfois des mots et des façons de dire qui paraissaient bizarres de forme et mystérieux d'origine à mes oreilles fraîchement universitaires... Il me demanda aussitôt de lui en citer. Je ne me fis pas prier. Et me mis en frais de lui composer quelques phrases qui le laisseraient perplexe, me disais-je, naïvement. Ce qui donnait à peu près ceci :

« Il paraîtrait que les mousses ont été pigrasser les talles de béris du Bonhomme, à la brunante... Mais ils n'ont pas pu décaniller à temps, le Bonhomme est sorti pour les slinguer avec une trique de branchailles : Ah ! Mes petits corbigeaux... qu'il a dit. Si je peux vous tiendre, je vais vous montrer à venir vous friper les babines dans mon renclos. Je vais vous donner une grâlée que vous allez pas oser vous assir de la semaine.

Ils ont eu souleur... ils ont éparé toute leur ramasserie... Mais le Bonhomme est palote, ils ont chenaillé sous la bouchure. Çà broussetait, Madame ! Ont traversé la bouillée de bois comme des héloisses... Ils ont pris une carpiche dans les molasses, sont arrivés couverts de bouette... Ils faisaient zir... »

Monsieur Lacourcière semblait ravi d'un mot à l'autre (mots que j'eusse hésité alors à employer au milieu d'un poème... ou d'une dissertation.) Il semblait prendre plaisir à les découvrir en usage à Natashquan, si loin (pour certains d'entre eux) de leur Berry natal ou de leur Poitou d'origine. Et si loin de leur Moyen-Âge pour d'aucuns. Et je me rappelle la joie qui transparut dans son visage lorsque je lui dis : Pour parler d'une fleur qui a perdu ses couleurs mon père disait qu'elle était... FLASTRE ! Il s'écria presque :

– Vous vous rendez compte, Gilles. C'est merveilleux ! Vous trouvez ce mot dans Rabelais et quelques auteurs du temps, puis cinquante ans plus tard, le voilà tombé en désuétude. Mais un de vos ancêtres l'emporte avec lui en Acadie... et le voici tout vivant et comme rajeuni sur les lèvres de votre père. Avec ses quatre années d'école primaire, votre père vous laisse là le plus précieux des héritages pour votre avenir d'homme de lettres. Et il ne vous laisse pas seulement ces mots, mais surtout le goût (à développer encore) pour les mots les plus beaux, les plus rares et les plus enracinés dans le terreau de la langue.

Je n'ai pas fini de suivre les enseignements qui m'étaient donnés là. Et des milliers de mots et d'expressions qui me font vivre ma vie sont venus plus tard me confirmer dans la langue de mon père. Non seulement sa langue était la vraie mais son vocabulaire recelait des beautés que j'ai plaisir à découvrir encore aujourd'hui.

Le Dictionnaire du français québecois où l'on me fait l'honneur de cette page m'apparaît comme une pépinière et chacun de ses mots comme un lieu neuf d'enracinement dans l'humus du vrai pays. Celui que les mots nomment. Celui qu'ils vont parfois jusqu'à créer d'eux-mêmes. Aussi longtemps qu'ils ne sont point vêtus d'un nom, lac et rivière, vallon et montagne, forêt et plaine ne sont que territoire et ne sauraient prétendre au statut de pays. Un dictionnaire (et celui-ci pour moi, plus intimement que tout autre...) est toujours un merveilleux outil de bâtisseur en même temps qu'une énorme cour pleine de matériaux les plus divers. Celui-ci me bâtit maison, celui-ci me payse et me bâtit moi-même. Et c'est selon mes racines qu'il me nomme et m'apprend comme je peux nommer. C'est en nommant les choses qu'on les possède.

Gilles VIGNEAULT

Gilles Vigneault

St. PLACIDE. Oct 1992

INTRODUCTION

par

Jean-Claude BOULANGER, Alain REY
Jean-Yves DUGAS et Bruno de BESSÉ

La conception du *DICTIONNAIRE QUÉBÉCOIS D'AUJOURD'HUI* est fondée sur le besoin, ressenti depuis longtemps, de mettre à la disposition des Québécois un ouvrage lexicographique décrivant l'essentiel du français au Québec et s'adressant tant au public des niveaux secondaire et collégial qu'à l'ensemble des francophones de l'Amérique du Nord. Il naît donc d'une suite d'exigences à la fois d'origine sociale, culturelle et pédagogique visant à représenter le monde à partir d'une conscience linguistique propre au peuple québécois, valorisée socialement.

Ce pressant besoin est celui d'une description complète – et non plus partielle ou différentielle –, simple, précise et concise portant sur une sélection d'environ 35 000 à 40 000 mots. Le bon usage du français dépend en effet de la maîtrise de ce noyau du vocabulaire, nécessaire aux élèves et aux étudiants francophones, néo-francophones ou allophones apprenant le français, ainsi qu'aux adultes désireux de compléter leur connaissance de la langue. L'évolution même de cette langue en terre laurentienne, celle des réalités concrètes et des notions à désigner, nous ont conduits à élaborer un dictionnaire québécois de la langue française actuelle destiné à cette catégorie de public. Le *DICTIONNAIRE QUÉBÉCOIS D'AUJOURD'HUI* est conçu comme un ouvrage de référence décrivant les mots dans leur usage contemporain dans cette partie de la francophonie. Il s'insère dans la panoplie des instruments du savoir déjà disponibles. Sous la couleur des mots, il devient un lieu de mémoire linguistique où se forgent, s'accumulent et se transmettent les connaissances d'une communauté sociale.

Le présent dictionnaire, tout comme le *ROBERT D'AUJOURD'HUI* pour l'usage de France, procède d'une source commune. Le Robert a mis à la disposition de ses auteurs sa description du français général et du français d'Europe, élaborée dans le *GRAND ROBERT*, le *PETIT ROBERT* et, pour le niveau de description souhaité ici, par le *ROBERT MICRO.* Mais le *ROBERT QUÉBÉCOIS D'AUJOURD'HUI* a été entièrement repensé en fonction de l'usage du français en Amérique du Nord et notamment au Québec et en Acadie. Les parties de la description jugées par les auteurs communes au français québécois et au français de France ont été elles-mêmes revues et modifiées dans tous les domaines : définitions, exemples, renvois, phraséologie, nuances de sens.

Ainsi cet ouvrage n'est en aucun cas un « Robert » québécisé. Tout son contenu a été voulu spécifique à l'usage laurentien. À son niveau descriptif encore modeste, il veut être le premier véritable dictionnaire d'un français américain, reflétant la réalité fonctionnelle d'un usage – dont la norme sociale est aujourd'hui, malgré les polémiques qui montrent sa vitalité, en voie de constitution. D'ailleurs, les normes sociales de France, de Suisse, de Belgique, avec des conditions culturelles différentes, sont elles aussi mouvantes et problématiques.

En fait, les dictionnaires de langue plus complets, comme le *PETIT ROBERT,* ont un contenu prioritairement centré sur la France – en dépit de la présence de plusieurs centaines de régionalismes extrahexagonaux. Ces dictionnaires recensent plus d'entrées, peuvent posséder une dimension historique, par l'étymologie, les datations et l'évaluation des formes, et privilégient un contenu littéraire, alors que le *DICTIONNAIRE QUÉBÉCOIS D'AUJOURD'HUI* est essentiellement *fonctionnel.* Son objet, on l'a vu, est le français actuel en usage sur le territoire du Québec et, pour l'essentiel, d'autres régions du Canada. Il inclut ce qu'il faut connaître des particularités du français de France, avec lequel nous sommes en contact quotidiennement par la lecture, le cinéma, la télévision, les revues et les journaux, etc., et ce qu'il faut encore connaître du français des époques passées, particulièrement depuis le XVIIe siècle, alors que la Nouvelle-France s'est peuplée de colons français.

Avant d'entrer dans le détail, il convient de répondre à une objection importante. Certains Québécois pensent que leur norme de langage doit se rapprocher le plus possible d'un français idéal, partagé par tous les francophones. Ils ne veulent pas, disent-ils, être « marginalisés ». C'est oublier que tout usage du français est le fruit d'un réglage, mais aussi d'un écart par rapport au passé.

Cette langue vit de sa variété : pour chaque nation qui la pratique, il existe des normes régionales, parfois assez distinctes (celle de Bretagne et celle d'Alsace, celle de Picardie et celle d'Occitanie, en France) ; pour des nations différentes, s'ajoutent à des divergences des institutions, des coutumes, des symboliques sociales nettement tranchées.

Le français d'Amérique du Nord existe. Il doit survivre. Il ne le pourra qu'en se *défendant* et en *s'illustrant* – c'est-à-dire, d'abord, en se *reconnaissant.* Ce fut le cas du français de France aux XVe et XVIe siècles. Les dictionnaires affranchis du latin purent alors apparaître. Il était temps, en cette fin de XXe siècle que le français du Québec ait *son* dictionnaire, à la fois commun et distinct, et qui ne fait qu'enregistrer un usage effectif, vivant – et beau.

LA NOMENCLATURE

Entre les 20 000 articles d'un dictionnaire pour débutants et les 60 000 articles d'un gros dictionnaire pour adultes, le besoin d'une nomenclature intermédiaire se fait sentir. Cette nomenclature, d'environ 40 000 entrées, suffit pour assurer la maîtrise de la langue générale et celle des langues de spécialités les plus répandues ou les plus accessibles. La présente nomenclature est donc forcément sélective, mais ceci permet plus de détail dans le traitement des mots retenus. Il s'agit plutôt de dresser un bilan culturel de la langue québécoise que de décrire des terminologies spécialisées, quoique celles-ci soient loin d'être négligées dans la nomenclature. La sélection correspondante comporte tous les mots usuels de la langue contemporaine, ainsi que les mots didactiques et les termes spécialisés jugés indispensables pour la pédagogie. Elle suffit amplement pour que les jeunes comme les adultes puissent appréhender le monde moderne. Les unités lexicales archaïques, désuètes, vieillies, à caractère historique ou qui reflètent des concepts anciens (Antiquité grecque ou romaine, Moyen Âge, Renaissance, Régime français, etc.) figurent au dictionnaire dans la mesure où elles servent à éclairer des formes ou des sens actuels. Elles permettent également d'assurer une liaison indispensable avec la dimension diachronique de la langue. La part des néologismes généraux (ex. : ***échéancier, récréotouristique***) ou technoscientifiques (ex. : ***macro-instruction,*** en informatique ;

désencrer, désencrage ; couche d'ozone, effet de serre) est importante. Les nouveautés concernent aussi bien la forme que le sens des mots (ex. : ***clavier,*** qui s'applique non seulement à la machine à écrire mais aussi à l'ordinateur ; ***souris,*** en informatique). En outre, les langues étrangères fournissent chaque année au français un contingent d'innovations. On a donc considéré les emprunts provenant de nombreuses langues (ex. : ***spa,*** anglais ; ***glasnost,*** russe ; ***souvlaki,*** grec ; ***pita,*** arabe ; ***pastrami,*** yiddish ; ***pepperoni,*** italien ; ***shiatsu,*** chinois ; ***sushi,*** japonais), sans oublier les créations plus anciennes mais extrêmement importantes et variées des langues amérindiennes (ex. : ***wigwam***) et de l'inuktitut (ex. : ***qiviut***). Les registres familier et littéraire ont aussi été pris en compte (ex. : fam. ***sanctuaire ;*** littér. ***pagée***). Les sigles constituent un apport non négligeable dans le stock lexical d'une langue. Ce dictionnaire en répertorie un certain nombre (ex. : ***A. A., F. M., P.-D. G. ;*** deux articles pour ***A. M.,*** trois pour ***P. C.***). L'écriture et l'orthographe des sigles étant soumises à toutes sortes de variations fantaisistes, nous avons pris le parti d'en uniformiser la présentation : ils figurent en lettres majuscules, chaque lettre étant suivie d'un point, comme dans les exemples apparaissant ci-dessus. De même, lorsque cela est nécessaire, les sigles comportent les accents là où il le faut. Il est bien clair cependant qu'en certaines circonstances les sigles peuvent s'écrire sans point, et que les accents peuvent être omis.

La nomenclature se caractérise également par la présence de formes désignant des marques déposées, des anglicismes et des gentilés (noms des habitants). Plusieurs noms de marques déposées sont employés chaque jour par les locuteurs. Ces mots sont souvent assimilés au vocabulaire normal et courant même s'ils ont un statut différent. Ils n'appartiennent pas à la langue en tant que telle. Ce sont des dénominations réservées, propriétés de sociétés qui en possèdent les droits exclusifs d'utilisation. Le rôle du dictionnaire est de rendre compte de ces droits en signalant les noms de marques, dans la mesure où ils peuvent être identifiés comme tels. C'est le cas du présent dictionnaire qui signale dans une rubrique REMARQUE, la propriété légale de ces unités afin que les utilisateurs puissent être avertis de leur statut particulier. Comme ces mots sont envisagés en tant qu'éléments de la langue usuelle, ils sont donnés ici sans majuscule initiale (ex. : ***arborite, caméscope, interbloc, skidoo***). Mais l'utilisateur doit savoir qu'il a affaire à une catégorie de noms propres.

Les **anglicismes** constituent sans doute la catégorie d'emprunt la plus visible dans notre langue. Depuis l'époque de la Conquête, ils font partie du patrimoine linguistique laurentien. Souvent critiqués, régulièrement condamnés ou fustigés par les redresseurs de tort linguistiques, ils n'ont jamais été mesurés à l'aune de l'évolution de la langue d'ici, mais bien plutôt évalués sur la base du français de France, c'est-à-dire par comparaison avec une norme externe qui a progressé d'une manière passablement différente, car elle répondait à des objectifs sociaux spécifiques. La société française – ainsi que les sociétés belge et suisse – évalue différemment ces mots, qui n'ont pas la même résonance dans notre réalité linguistique. Ce dictionnaire propose délibérément un traitement de l'anglicisme plus conforme au sentiment des Québécois et resitué dans sa véritable perspective historique. Les anglicismes passés en français sans grandes modifications orthographiques et sentis comme très usuels sont consignés sans autre notation que leur origine anglaise (ex. : anglic. ***hot chicken, smoked-meat, sniff, soccer, softball***) tandis que la plupart des anglicismes adaptés ou calqués sont répertoriés sans marque particulière (ex. : ***balle-molle, hors cour***) ou sont marqués du registre familier (fam.) quand ils ne relèvent pas du niveau neutre ou courant (ex. : anglic. fam. ***fun, slack, wow***). Lorsque l'anglicisme ou le calque qui en résulte sont critiqués, on a signalé ces réserves intégrées dans la rubrique REMARQUE (ex. : ① ***partir* (III), *surtemps***). Par ailleurs, certains anglicismes sémantiques ou des calques phraséologiques ne sont pas étiquetés comme tels ; ils se sont si bien intégrés à l'usage qu'il n'a pas semblé opportun de signaler leur origine étymologique anglaise. Ils sont généralement notés comme appartenant au niveau de langue familier (ex. : ***balance* (III)**, ***frapper***, sens 2, ③ ***matériel***).

Enfin, il a paru nécessaire du point de vue de la créativité lexicale et de celui de l'identité sociale de retenir un certain nombre de **gentilés,** c'est-à-dire le nom qu'on attribue aux habitants d'un lieu. Ces dérivés de toponymes (adjectifs et noms) ont été consignés pour les villes ou les municipalités québécoises dont la population dépasse 10 000 habitants (ex. : ***hullois, sherbrookois, trifluvien***). Les gentilés des régions (ex. : ***bas-laurentien, montérégien***), des provinces et territoires canadiens (ex. : ***néo-brunswickois, yukon(n)ais***), des capitales provinciales (ex. : ***haligonien, torontois***) et de nombreux pays, régions et villes de la francophonie et du Commonwealth, ainsi que du monde en général, ont été également enregistrés.

LES CARACTÈRES PROPRES DE LA NOMENCLATURE

Au plan de la méthodologie, deux particularités sont à signaler :

1) « **Dégroupements** ». De même que les homonymes d'origine étymologique différente, des mots de même origine, mais sentis de nos jours comme entièrement distincts par le sens, ont été traités dans des articles séparés. Cette méthode, déjà pratiquée par certains lexicographes du français, a été appliquée ici avec modération : chaque fois que les différents sens d'un mot pouvaient laisser place au sentiment de son unité, on s'est abstenu d'y recourir. Cependant, il ne fait guère de doute que le français actuel connaît, par exemple, trois mots distincts sous la forme ***acte*** : ① ***acte*** « écrit », comme dans *acte de vente ;* ② ***acte*** « action » ; ③ ***acte*** « division d'une pièce de théâtre ». De même, si l'*action d'un film* ou *d'un roman* conserve un lien sensible avec l'*action accomplie* par un être humain, on ne saurait en dire autant des *actions en Bourse* (où *action* désigne un objet concret dans l'espace, et non un processus occupant une durée). Les chiffres précédant ces entrées dégroupées sont encerclés, pour plus de lisibilité.

2) Des expressions figées au point de former de véritables mots composés (tels ***accusé de réception, libre penseur, point de vue,*** etc., qui n'attendent plus que leurs traits d'union) sont traités ici en entrée comme de véritables mots, ce qui peut permettre une consultation plus aisée – notamment aux allophones – et reflète mieux la réalité vécue de la langue. Le procédé pourrait bien entendu être poussé plus loin, mais le texte du dictionnaire s'en verrait passablement augmenté, et les habitudes de consultation trop bouleversées. La plupart de ces « syntagmes figés », dont l'ordre de grandeur atteint plusieurs dizaines de milliers en français, sont donc mentionnés et définis à l'intérieur d'un article. Le plus souvent, c'est le premier mot du groupe qui sert de clé d'accès. Par ailleurs, leur repérage visuel est facilité par une présentation en petites capitales pour la majorité d'entre eux.

L'ARRANGEMENT DES ENTRÉES

Une nomenclature suppose un arrangement pour lequel l'ordre alphabétique, le plus commode qui soit, est en général utilisé. Cependant, le lexique du français manifeste des régularités de forme et de sens, qu'il est utile de décrire si l'on veut aider l'apprenant à enrichir son vocabulaire ; or, dans ce domaine, on est toujours en situation d'apprentissage. La solution choisie dans le *DICTIONNAIRE QUÉBÉCOIS D'AUJOURD'HUI* reste pragmatique. Lorsque l'ordre alphabétique, indispensable à la recherche et à une consultation commode, le permet, les mots de la même famille sont regroupés dans un super-article ; lorsque ces mots se trouvent alphabétiquement disjoints, ils sont présentés séparément ou ils font l'objet d'un renvoi à leur véritable place alphabétique. S'il s'agit d'une forme préfixée, celle-ci possède un article totalement autonome. Regrouper tous les mots d'une même famille, y compris les préfixés, aurait un inconvénient pratique : obliger le lecteur à courir de renvoi en renvoi ou, pis encore, à reconstituer, seul et sans aide, un réseau morphologique inconnu. En outre, la notion de « famille de mots » est très ambiguë : la série étymologique est une réalité philologiqe et historique, mais non pas le résultat d'une finalité fonctionnelle et actuelle ; la communauté de sens, difficile à établir, est inégalement perçue ; la communauté de forme elle-même est souvent relative : ***fable*** a un radical identique à celui de ***fabliau,*** mais ***fabulation, fabuleux*** et ***fabuliste*** possèdent un radical un peu différent, avec une communauté partielle de sens. Les interférences de la morphologie latine avec la nôtre sont telles que peu de familles de mots sont formellement homogènes.

L'expérience pédagogique issue de l'emploi de dictionnaires comparables à celui-ci dans des classes de même niveau ou de niveaux inférieurs (le primaire), aussi bien en France qu'au Québec, nous a conduits à proposer cette forme d'arrangement pragmatique des articles à partir des constatations suivantes :

1) Les études portant sur la consultation des dictionnaires permettent de conclure à la possibilité d'enfreindre l'ordre alphabétique, à partir de la quatrième ou cinquième lettre des mots, parfois même de la troisième, sans aucun dommage pour l'utilisateur : ainsi des tests psychopédagogiques montrent que *feuillage* est repéré aussi facilement après ***feuille*** (ordre logique) qu'avant lui (ordre alphabétique strict) ; de même pour *lessivage* après ***lessiver.***

2) La répartition arbitraire des dérivés et composés dans l'ordre alphabétique ne permet pas une reconstitution complète de la famille de mots dans un seul article. Sans prétendre à l'exhaustivité et à l'analyse méthodique ou systématique de certains autres dictionnaires (tel le *ROBERT MÉTHODIQUE*), il a paru nécessaire de compenser l'arbitraire du classement alphabétique en complétant les regroupements dont il vient d'être question par la présence de renvois morphologiques et morphosémantiques : ainsi, sous le verbe ***faire,*** subdivisé en deux (le verbe à sens fort et le semi-auxiliaire) et qui regroupe *faire-part* et *faire-valoir,* une trentaine de dérivés et composés, allant alphabétiquement de ***affaire*** à ***surfait,*** sont présentés dans une liste placée entre crochets angulaires ‹ ► ›. Ces listes morphologiques, ajoutées au regroupement directement consultable, reconstituent la famille complète, envisagée là encore sous l'angle pédagogique. Ainsi ***traduire,*** pour des raisons morphologiques, renvoie à ***intraduisible*** (où *traduis-* est une forme du verbe) et à ***traduction,*** ce dernier entraînant *traducteur.* Mais ***chauve*** ne renvoie à ***calvitie*** que pour le sens, la forme de ces deux mots, de même origine latine, étant devenue trop différente pour que le locuteur puisse retrouver spontanément le lien étymologique ; de même, ***cheval,*** regroupé avec *chevaleresque, chevalerie, chevalier, chevalin, chevaucher* – déjà une variante –, renvoie morphologiquement à ***chevalement*** et à ***chevalet,*** distincts par le sens et traités à part à cause de cette fragmentation sémantique qui s'est opérée à travers le temps, alors même que leur forme est demeurée stable. Ce procédé de groupement en familles lexicales coexiste avec le « dégroupement » de mots séparés par le sens, alors qu'ils ont la même origine. De là les nombreux numéros présentant des homographes (ex. : ① ***traduire,*** de l'exemple précédent, et ② ***traduire*** [en justice] ; ou ① ***treillis,*** regroupé avec *treille* et *treillage,* et ② ***treillis*** « toile de chanvre » et « tenue militaire »). Le recours au dégroupement permet également de distinguer les mots provenant de langues différentes (ex. : ① ***canon*** « pièce d'artillerie », de l'italien *cannone,* ② ***canon*** « règle », du grec *kanôn ;* ① et ② ***matériel,*** du latin *materialis,* et ③ ***matériel,*** de l'anglais *material,* lui-même d'origine latine).

Dans les regroupements, la tête de série est imprimée dans un corps typographique plus grand que celui des mots qui la suivent, et qui ne sont pas forcément des dérivés. Dans la mesure du possible, la série des sous-entrées est ordonnée de manière alphabétique (ex. : ***raideur, raidillon, raidir, raidissement***) ; l'ordre des mots dans de telles séquences ne reflète donc pas, ou pas toujours, la chaîne historique des dérivations. Par ailleurs, la différence typographique existant entre l'entrée et les sous-entrées ne correspond pas à une différence d'intérêt ou d'importance lexicale, elle est uniquement destinée à guider la consultation et à matérialiser les relations existant entre les mots. En outre, quelques dérivés réguliers sont notés à la nomenclature sans définition, celle-ci allant de soi : c'est notamment le cas des adjectifs en *-able,* des substantifs en *-age* ou en *-ement* et des adverbes en *-ment.* Par exemple, ***traverser*** est suivi de ***traversable, traversée*** et ***traversier, ière,*** l'adjectif *traversable* n'étant pas défini, seulement illustré par un exemple : *rivière traversable à gué,* tandis que ***trimbaler*** est suivi de *trimbalage* ou *trimbalement* qui ne sont accompagnés d'aucun autre renseignement que leur catégorisation grammaticale ; il en va de même pour ***tumultueusement*** étiqueté comme adverbe sous l'entrée ***tumultueux.*** Dès qu'un mot est polysémique, ses définitions sont toutes données (ex. : ***mangeable,*** deux sens, ***remplissage,*** deux sens, ***renouvellement,*** quatre sens, ***manifestement,*** deux sens).

Les problèmes de la morphologie sont aussi abordés dans les annexes ; parmi celles-ci, on mentionnera celles qui ont trait au principal procédé de formation des mots nouveaux, la **suffixation.** Les principes qui la sous-tendent et les éléments grâce auxquels ce processus fonctionne, les *suffixes,* font l'objet d'un petit dictionnaire spécifique (par D. Morvan) dont les exemples sont destinés à illustrer pour le lecteur les procédés de formation des mots dérivés. Certaines formes-exemples figurant dans ce dictionnaire des suffixes sont absentes – à cause de leur caractère archaïque, de leur rareté ou de leur appartenance à des terminologies trop spécialisées – de la nomenclature du dictionnaire lui-même ; c'est qu'il s'agit de deux points de vue complémentaires, destinés à fournir, l'un, une liste de mots indispensables à l'expression et à la communication, l'autre – celui du « dictionnaire des suffixes » –, une appréhension plus dynamique et plus globale de la créativité lexicale du français. Par ailleurs, certains de ces suffixes, combinés avec des noms propres de lieux ou de personnes, sont à la source de ce que l'on appelle fréquemment des dérivés onomastiques. Lorsqu'ils sont associés avec des toponymes, ils fournissent des adjectifs et des noms désignant des habitants : ce sont les gentilés (voir ci-dessous) ; combinés avec des anthroponymes, ils fournissent des dérivés adjectivaux ou nominaux. On trouvera ces mots, constituant des nomenclatures supplémentaires, dans des listes proposées en annexe où le dérivé renvoie à sa source. Ce procédé d'affixation est tellement productif qu'il a fallu opérer une sélection rigoureuse. Dans la liste des gentilés, ceux qui apparaissent en caractère gras font l'objet d'un article autonome dans le dictionnaire. Ces textes, extérieurs au dictionnaire proprement dit, compensent la sélectivité volontairement réduite de la nomenclature tout en illustrant une richesse lexicale complémentaire qui témoigne de la créativité permanente du vocabulaire de notre langue.

Quant au dictionnaire lui-même, la nouvelle **typographie** des entrées, en italiques grasses correspond, après divers essais, au taux de reconnaissance et d'identification graphique le plus élevé par l'élève et l'étudiant. Ce caractère est, parmi les caractères d'imprimerie, le plus proche de l'écriture manuscrite, par laquelle se fait l'apprentissage actif. La compatibilité entre la réalisation pratique du mot écrit à la main et l'entrée du dictionnaire devient alors naturelle et elle accentue ce rapport optique et mental.

LES INFORMATIONS QUI SUIVENT L'ENTRÉE

La **prononciation** de tous les mots est transcrite en alphabet phonétique international (A. P. I.), sauf pour les dérivés et composés regroupés sous un mot-vedette et qui ne posent aucun problème particulier après l'élément de base. La prononciation des homographes n'est pas répétée non plus. Les élèves et étudiants francophones s'habituent progressivement à cette notation, qui leur est éminemment utile pour l'étude des langues étrangères. Pour les allophones qui apprennent le français, il n'existe guère d'autre moyen rationnel de transcrire phonétiquement notre langue. Même si un mot paraît à un francophone élémentairement simple à prononcer, il est bon d'attirer l'attention sur des phénomènes comme l'ouverture des voyelles, sur le fait qu'on ne doit pas prononcer la plupart des lettres doubles (ex. : ***abandonner***), sur la prononciation francisée des emprunts, en particulier des anglicismes (ex. : ***baseball, club-sandwich***).

Ces prononciations sont celles qui correspondent à la norme contemporaine du français québécois urbain cultivé, sans effet de substrat (alors que cet effet joue pour de nombreuses régions) ni de contact de langue. Cette option a l'avantage déterminant de proposer une norme et une seule : elle a, bien entendu, l'inconvénient de gommer la variation normale et acceptable des prononciations du français, particulièrement en regard du français de France qui a traditionnellement servi de référence unique et que l'on retrouve notamment dans les dictionnaires Robert (ex. : ***avocat, blesser*** et ***osciller*** qui se prononcent normalement et majoritairement [avɔkɑ], [blɛse] et [ɔsije] au Québec tandis qu'en France ces mêmes mots se prononcent majoritairement [avɔka], [blese] et [ɔsile]). Par ailleurs, lorsque des mots ont deux prononciations très acceptables, on en a rendu compte (ex. : ***consensus*** [kɔ̃sɑ̃sys] à côté de [kɔ̃sɛ̃sys], ***intelligent*** [ɛ̃teliʒɑ̃] à côté de [ɛ̃tɛliʒɑ̃]). Il paraît important de signaler à cet égard que les différences avec les prononciations dites « françaises » sont relativement mineures. Elles ne touchent qu'une très faible partie de la nomenclature. La très grande majorité des prononciations standardisées est partagée par les deux communautés. Les lexicographes sont conscients que d'autres descriptions seraient requises, pour les variantes régionales et francophones, notamment pour le système des voyelles (par ex. : la distinction entre [ɛ] dans [mɛtʀ] *(mettre)* et [ɛ:] dans [mɛ:tʀ] *(maître)*) ; mais ce n'est pas à un dictionnaire d'apprentissage général que revient la tâche de s'attaquer à cette description.

La **catégorie grammaticale** des mots est toujours précisée (v. tr. = verbe transitif ; v. intr. = verbe intransitif ; adj. et n. m. = adjectif et nom masculin ; n. = nom qui s'emploie au masculin ou au féminin, selon qu'il désigne un être du sexe masculin ou féminin dans le discours ; n. m. ou f. (ou parfois n. f. ou m.) = nom que le locuteur peut aussi bien employer au masculin qu'au féminin, etc.). Dans ce dictionnaire, on a distingué les verbes transitifs directs, les transitifs indirects (dont le complément d'objet est introduit par une préposition telle que *de* ou *à*) et les verbes intransitifs. La fonction grammaticale des locutions est signalée, le cas échéant (loc. adv., loc. prép., etc.). L'abréviation qui accompagne une locution concerne donc son emploi dans la phrase ; elle est indépendante de la nature de ses éléments constituants.

Dans les articles concernant les verbes *transitifs directs* (v. tr.), il faut noter que la forme pronominale et le participe passé, toujours possibles, n'ont été signalés que lorsqu'il s'agissait d'un emploi courant ou d'une valeur de sens particulière. L'abréviation « v. pron. » qualifie les verbes « essentiellement pronominaux » et ces emplois courants. En ce qui regarde les verbes transitifs, l'indication « pronominalement » signale les emplois pronominaux occasionnels, mais tout à fait normaux et relativement fréquents. Les emplois pronominaux sont souvent répartis en réfléchis (ex. : *elle se lève*), réciproques (ex. : *ils se battent*) et passifs (ex. : *ce tissu se nettoie facilement* = est nettoyé facilement). Il convient encore de noter l'existence de « faux pronominaux », où le pronom personnel est complément direct du verbe (ex. : *je me lave le visage* = je lave mon visage). Les verbes *intransitifs* sont ceux qui n'ont pas de complément d'objet, dans tous leurs emplois ou dans certains d'entre eux (emplois intransitifs d'un verbe transitif). Quand les verbes transitifs sont employés sans le complément d'objet attendu, ces emplois sont dits « sans complément » (sans compl.) ou « absolus » (absolt).

Le chiffre précédé de « conjug. » (conjugaison) après chaque *verbe* correspond au type de **conjugaison,** et renvoie aux tableaux placés en annexe. Le chiffre 1, le plus fréquent, correspond à la conjugaison régulière la plus simple du premier groupe (type ***arriver***) ; 2 correspond au type régulier ***finir***, et les chiffres suivants à des irrégularités croissantes, depuis les petites variations orthographiques de ***céder*** ou ***geler*** jusqu'aux verbes les plus irréguliers et complexes (ex. : ***aller***, 9, ***avoir***, 34, ***faire***, 60 et ***être***, 61 : ils sont repris, comme les types réguliers, dans un tableau complet). Ce classement tient compte des difficultés orthographiques ainsi que du nombre des radicaux. Les types du premier et du second groupes (conjug. 1 et 2), ainsi que ***avoir***, ***faire*** et ***être*** sont conjugués en entier dans les tableaux des annexes.

LE TRAITEMENT DES ARTICLES

Le *DICTIONNAIRE QUÉBÉCOIS D'AUJOURD'HUI* bénéficie d'une analyse hiérarchique des sens et des emplois articulée en « arbre », utilisant des numéros à plusieurs niveaux : **I▪**... **II▪**..., etc., eux-mêmes subdivisés en **1▪**... **2▪**..., etc.

Le système de **division de l'article** est en général à deux niveaux au moins: **I▪**, **II▪**, etc., correspondent aux grandes valeurs fonctionnelles ou de sens tandis que **1▪**, **2▪**, **3▪**, etc., renvoient à une simple différence de sens. À l'intérieur de ces numéros, on a eu recours à un tiret (–) pour séparer des emplois particuliers (par ex. : le figuré), des constructions ou des locutions, des changements de niveau de langue, etc. On a d'abord décrit les emplois les plus simples (par ex. : le transitif avant son emploi pronominal) et les sens les plus courants, sans tenir compte de l'histoire du mot, c'est-à-dire sans prendre en considération l'ordre chronologique d'apparition des sens en français. Le tiret sert en outre à détacher les participes passés adjectifs au sein d'un article dont l'entrée est un verbe. Pour plus de commodité, on a choisi de ranger la majorité de ces participes sous leur entrée verbale – tout en les illustrant par un ou des exemples – plutôt que de leur attribuer un article distinct qui aurait été trop répétitif par rapport au verbe déjà traité à l'infinitif. Ce qui est décrit dans le *DICTIONNAIRE QUÉBÉCOIS D'AUJOURD'HUI*, à part quelques exceptions de nature pédagogique, c'est l'usage contemporain de la langue, autrement dit sa facette synchronique. Ce type d'analyse arborescente est logiquement très supérieur à la numérotation linéaire, et tout aussi nécessaire dans un petit dictionnaire d'apprentissage que dans un gros ouvrage.

Les **définitions** ont été, le plus souvent, simplifiées et précisées par rapport à celles qu'on retrouve dans des dictionnaires culturels à nomenclature plus étendue. Les énoncés comportent une partie centrale, qui constitue une expression quasi synonyme susceptible de remplacer le mot défini dans une phrase ou un discours, mais aussi, quand il le faut, les types de mots qui doivent être employés avec celui qui est défini. Souvent, la nature du complément d'un verbe (ou de son sujet, ou celle du complément d'un nom, etc.) est déterminée par des contraintes sémantiques : il doit s'agir de « choses », de « personnes » ; parfois ces contraintes sont très strictes : le verbe *barrir* exige pour sujet un mot désignant un éléphant. Ces règles sont signalées : (a) soit par un élément entre parenthèses dans la définition ; ainsi, certains verbes sont suivis de *qqn* – quelqu'un – ou de *qqch.* – quelque chose – placés entre parenthèses, et d'autres d'un type de complément plus précis, comme dans ***bâtir*** (sens 3) : assembler provisoirement (les pièces d'un vêtement) à grands points ; ① ***commettre*** (sens 1) : accomplir, faire (une action blâmable ou regrettable) ; (b) soit par un mot générique, le plus souvent Choses, Personnes, placé entre parenthèses, et indiquant la nature du sujet d'un verbe (en cas d'ambiguïté, on précise suj. chose, suj. personne qui signifie « le sujet désigne une (des) chose(s), une (des) personne(s) ».

Ces notes ne sont pas systématiques : elles apparaissent chaque fois que la description du mot dans son fonctionnement s'en trouve clarifiée ; elles ont donc, elles aussi, un objectif didactique, non théorique.

Les **exemples** sont aussi nombreux que possible, compte tenu de la brièveté du dictionnaire. Ils consistent en phrases complètes ou en modèles de phrases (verbe à l'infinitif, suivi de son complément), ou en syntagmes simplifiés (verbe + adverbe ; [déterminant] + nom + adjectif ; etc.). On a voulu donner à ces exemples, soit un caractère de généralité, illustrant les relations les plus courantes des mots dans le discours (sujet-verbe-complément ; nom-adjectif ; etc.), soit un caractère démonstratif quant aux constructions ou aux collocations, à savoir la position des éléments d'un groupe de mots les uns par rapport aux autres. Les phrases complètes illustrent la syntaxe élémentaire de la phrase française.

Il arrive fréquemment que les exemples aient été multipliés pour un même sens ou sous-sens. Nous voulions ainsi rendre compte des emplois – et des difficultés d'emploi : constructions de verbes, place des adjectifs, niveaux de langue, collocations, etc. Par ailleurs, les contextes sociaux ont été pris en considération : les exemples ayant un sujet féminin sont aussi nombreux que ceux qui sont construits avec un sujet masculin. Il en va de même avec les formes de mots désignant des personnes, dans la formulation des définitions. Les mots dits « épicènes », c'est-à-dire pouvant identifier aussi bien un homme qu'une femme, sont beaucoup plus nombreux que dans tous les dictionnaires français existants de même taille. Ils sont repérables grâce à l'abréviation n. qui sert seule à les catégoriser. En outre, de nombreuses formes pour lesquelles il n'y a pas encore d'attestation au féminin sont signalées comme virtuellement féminisables dans la rubrique REMARQUE (ex. : ***défenseur, lieutenant-colonel, terrassier ;*** lorsque cette proposition de féminisation provient de l'Office de la langue française, celle-ci est signalée : *tailleur → tailleuse, trappeur → trappeuse*). Enfin, toutes les définitions renvoyant à des personnes sont construites sur le modèle : Personne qui [...], à l'exception de celles qui désignent exclusivement des hommes ou des femmes.

On trouvera, après les définitions et après certains exemples, des **renvois** imprimés en gras qui sont précédés d'une flèche double ⇒ (voir, consulter...). Ce sont le plus souvent des synonymes partiels, que l'on peut substituer dans certains cas au mot traité, et qui impliquent presque toujours une variation ou une nuance de sens, d'usage, d'effet. La consultation du mot auquel on renvoie, avec ses définitions et ses exemples, éclairera l'utilisateur sur les ressemblances et les différences, dont la maîtrise peut seule garantir la richesse et l'exactitude langagières. Lorsqu'il y a plusieurs synonymes, ceux-ci sont présentés en ordre alphabétique à l'intérieur de différents sous-groupes (synonymes ordinaires ; synonymes familiers ; anglicismes ; etc.) séparés par un point-virgule (voir par exemple sous ***magasinage, niaiseux***). On ajoutera à ces renvois les mots-clés fournis par l'énoncé définitionnel, qui correspondent aux termes « hyperonymes » désignant les catégories logiques dont dépend le mot.

La plupart des renvois sont des mots de même catégorie grammaticale, pouvant, dans un énoncé, être substitués au mot de départ. Les autres renvois correspondent à une relation de sens, ou de sens et de forme, entre verbe et nom, nom et adjectif, etc. (ex. : ① ***tomber*** renvoie à **chute** – relation de sens et de transformation fonctionnelle – ; ② ***comprendre*** « avoir une idée nette de [...] » renvoie à **compréhension** et à **compréhensible,** qui sont apparentés aussi par la forme). La flèche simple (→) renvoie à des expressions, qu'on pourra consulter au mot principal. L'astérisque (*) qui suit un mot signifie que c'est sous cette entrée que figure la définition complète du mot, de l'expression ou de la locution concerné.

De véritables « faux amis », mots de forme voisine (paronymes), ou phonétiquement identiques mais d'orthographe différente, ou enfin de sens voisin, mais nettement distincts, sont présentés par le signe « différent de » (≠) qui doit être interprété comme « Attention! ne pas confondre ». Ex. : *compréhensif ≠ compréhensible ; cessation ≠ cession ; estacade ≠ estocade ; prévisionnel ≠ provisionnel.* Ce signe peut aussi s'appliquer à des mots proches par le sens (et sans rapport de forme) mais qu'il convient de ne pas confondre : ex. : *apprivoiser ≠ dresser* (un animal) ; *étang ≠ mare.*

Parmi les relations de sens, les **contraires** apportent une information essentielle. Ils sont imprimés en gras, précédés de « contr. » et encadrés par deux barres obliques qui symbolisent – comme la barre du (≠) – l'opposition de sens. Ex. : ① ***bas, basse...*** **I. 1...** / contr. ① **haut ; élevé** /, **5...** / contr. **aigu** /, **7...** / contr. **noble** /. Ces contraires (ou antonymes) doivent être distingués de mots exprimant des réalités complémentaires, exclusives, présentés par l'expression opposé à. Ex. : *militant de base,* à l'article ***base*** (opposé à l'*appareil,* aux *dirigeants*), les termes ici « opposés » n'étant évidemment pas des « contraires », mais des relatifs en rapport d'exclusion.

Enfin, les mots complétant la famille morphologique de l'entrée ou de l'ensemble des entrées regroupées (voir ci-dessus) sont placés en fin d'article et énumérés en ordre alphabétique entre crochets angulaires (ex. : ***composer*** 〈 ▸ composite, compositeur, composition, décomposer, surcomposé 〉).

LA PHRASÉOLOGIE ET LES EMPLOIS SPÉCIAUX

Outre le mot isolé, signe dont la ou les valeurs font l'objet de définitions (une par sens ou nuance) et sont illustrées par des exemples, la langue propose des unités complexes, qu'il est aussi nécessaire d'apprendre que les mots simples ou les composés. Selon la tradition des dictionnaires de langue française, ces unités, syntagmes courants ou terminologiques, locutions, voire proverbes, sont mentionnées et traitées (définies, parfois illustrées à l'aide d'exemples) à l'intérieur de l'article concernant le mot principal. Cependant, dans des cas, au demeurant assez rares, où le produit, syntagme, locution, est à la fois détaché de sa source et par lui-même important (ex. : ***chemin de fer, repris de justice, solution de continuité***), il est traité en véritable « mot » et rangé à son ordre alphabétique. Dans les autres cas, infiniment plus nombreux, l'unité complexe est présentée : (a) soit en italiques, comme un exemple – mais le fait qu'elle soit définie ou commentée la différencie alors de l'exemple libre (ex. : ① ***jeu*** *: salle de jeu*) ; (b) soit en petites capitales, ceci pour la distinguer plus nettement (ex. : ① ***jeu*** : JEU VIDÉO).

L'emploi de ces petites capitales, comme celui de l'abréviation « loc. » (locution), n'est pas systématique. Pour éviter de compromettre la lisibilité des articles, surtout ceux qui comprennent un grand nombre d'unités lexicales de ce type (par ex. : les articles ***pain*** et ***papier*** recensent des dizaines de constructions de ce genre), on l'a réservé aux cas où il pouvait y avoir ambiguïté et à ceux où la consultation s'en trouvait facilitée. Le groupe de mots en petites capitales oriente le regard dans un article complexe, évitant au lecteur de lire tout l'article, et permet d'autre part de repérer l'élément figé à l'intérieur d'un exemple qui l'actualise. Ex. : *Avoir un bras* EN ÉCHARPE, l'expression *en écharpe* pouvant aussi s'employer adverbialement.

Les petites capitales servent également à présenter *des emplois particuliers* comme le verbe pronominal quand il a des valeurs propres par rapport au transitif simple, certains *participes,* etc. Cependant, de nombreux emplois de participes ne méritent pas une mise en vedette par un numéro ou par des majuscules. C'est le cas pour *abandonné* dans *un village abandonné,* qui provient sans modification de forme ni de sens d'un emploi passif du verbe. Ex. : à ***abandonner...*** **III.** (ÊTRE) ABANDONNÉ, ÉE (passif). *Cet enfant est abandonné,* dont personne ne s'occupe. – Au p. p. adj. *Un village abandonné* (par ses habitants).

LES JUGEMENTS SOCIAUX ET LES MARQUES D'USAGE

La très grande majorité des mots traités dans ce dictionnaire appartient à la langue courante. Cependant, il traite des termes techniques et scientifiques, signalés comme tels par le texte même de la définition ou par une remarque préalable (« médecine », « sciences », « informatique », « musique », etc.). Quelques mots de la langue didactique, qui ne sont pas spécialisés dans un domaine précis, sont signalés par l'abréviation « didact. » (ex. : *et/ou*). Les abréviations les plus fréquentes dans ce domaine des *valeurs d'emploi* sont : fam. (langue familière, surtout parlée) ; très fam. ; vulg. (vulgaire) ; péj. (péjoratif) ; littér. (langue littéraire, écrite ou soutenue). Vx (vieux) et vieilli s'appliquent à des mots qui ne s'emploient plus, ou fort peu, mais qui se trouvent dans les textes anciens ou peuvent être utilisés comme archaïsmes (ces mots, par ex. : vieux : ***binocle, génération ;*** vieilli : ***échevin, golf,*** sens 2, ***yé-yé,*** sont assez rares dans le *DICTIONNAIRE QUÉBÉCOIS D'AUJOURD'HUI*). Anciennement (ex. : ***baccalauréat,*** sens 1, ***drave***), autrefois (ex. : ***stylet,*** sens 1, ***suivante***) et histoire (ex. : ***eau-de-feu, seigneurial,*** sens 2, ***servile,*** sens 1) concernent des réalités du passé, et non pas l'usage du mot (les exemples cités pour vieux et vieilli cumulent les deux caractères). Les mots didactiques ou littéraires sont identifiés comme tels (didact. ; littér.) lorsque leur définition ne les situe pas sans ambiguïté dans ce registre : on a surtout pensé ici au lecteur allophone, qui pourrait, à tort, les croire courants (ex. : didact. : ***séisme, sénescence ;*** littér. : ***bouscueil, pagée***). Dans certains cas, la marque de didactisme est intégrée à la définition qui est alors de niveau métalinguistique (ex. : ***échinodermes :*** Nom zoologique d'animaux marins [...] ; ① ***plaine :*** Nom générique de certaines variétés d'érables [...]). Enfin, la plupart des emprunts à l'anglais n'ont pas été admis sans précautions ; ils sont accompagnés de la marque « anglic. » (anglicisme) et, le cas échéant, resitués dans la hiérarchie des niveaux de langue. Il arrive fréquemment qu'une remarque critique sur leur acceptabilité ou sur leur recevabilité sociale termine l'article.

À ce propos, on doit remarquer que des emplois courants, mais vraiment fautifs (ex. : **infractus* pour *infarctus),* ont été volontairement négligés. On a donné la priorité au discours relevant de la langue soignée ou neutre. Un certain nombre d'emplois, indispensables à la compréhension du français d'aujourd'hui, ont été signalés comme critiqués (par ex. : *se rappeler de quelque chose,* employé au lieu de *se rappeler quelque chose,* ***somptuaire,*** sens 2, ***spécial,*** II), abusifs (par ex. : ***décerner,*** sens 2, ***sémite,*** sens 2) ou carrément incorrects (par ex. : le participe passé **teindu* au lieu de ***teint***). Certes, dans un dictionnaire du bon usage, un purisme trop exigeant irait à l'encontre des buts qu'il se propose, en creusant le fossé qui existe entre la langue réelle et celle que l'on souhaite enseigner. Mais inversement, une description objective et sans contrôle normatif de l'usage, nécessaire dans un dictionnaire scientifique de la langue, correspondrait dans ce type d'ouvrage à un laxisme incompatible avec la pédagogie, et qu'il n'était pas question de cautionner. Chaque fois qu'une nuance dans l'emploi était nécessaire, elle a été signalée à l'aide d'un appareil de marques ou de commentaires nettement repérables dans les articles. Les lexicographes ont donc insisté sur la norme du français au Québec au détriment de la description fidèle, totale et sans nuance des usages fautifs, toujours dangereuse lorsqu'elle tombe dans les mains de ceux à qui l'on doit enseigner un modèle de langue qu'ils maîtrisent mal. Sur ce point, il est clair qu'une pédagogie du dictionnaire est indispensable de la part des enseignants chargés de transmettre le savoir sur la langue et sur le lexique. À ce niveau, ce dictionnaire est pourvu de toutes les balises indispensables pour bien circonscrire ce qui relève de la norme, du « standard », du « bien dire » ou du « bien écrire ». Tout ce qui s'en écarte est marqué et hiérarchisé par rapport à ce bon usage. Cet aspect du dictionnaire est renforcé grâce à l'insertion de très nombreuses remarques reprenant les propositions de l'Office de la langue française (O. L. F.), tant en ce qui concerne le remplacement des anglicismes critiqués (ex. : ***B. P.*** au lieu de ***C. B.***) qu'en ce qui regarde la féminisation des désignations de titre, d'emploi ou de fonction (par ex. : les entrées ***entraîneur*** et ***entrepreneur***) ou d'autres problèmes et difficultés (par ex. : le fait de savoir s'il faut ajouter un *s* ou non au mot ***inuit*** lorsqu'il est employé au pluriel en français).

Dans un dictionnaire de langue à vocation pédagogique, il est toutefois nécessaire de signaler et de définir des mots à éviter, notamment des emplois très familiers, vulgaires, péjoratifs, grossiers, violents, injurieux. Ces unités font partie de la langue et elles ne peuvent être éternellement masquées ou bannies des ouvrages lexicographiques. Ce n'est pas cela qui les extirpera de l'usage. Les sacres forts, leurs formes atténuées et les jurons, employés à toutes les sauces dans toutes les couches de la société, aussi bien par les hommes que par les femmes, aussi bien par les jeunes que par les adultes, sont accompagnés d'une palette de marques d'usage allant du registre familier au très familier. Aux yeux des rédacteurs, ils n'apparaissaient plus comme relevant du niveau vulgaire. Les mots péjoratifs employés pour désigner des personnes (les individus comme les groupes) ont été dénoncés mais cités (ex. : ***sauvage***). Les termes injurieux de nature raciste, lorsque malheureusement ils étaient courants – les autres ont été écartés – ont été qualifiés comme ils le méritaient (ex. : ***bloke, newfie,*** tous deux marqués comme péjoratifs et termes d'injure). On distinguera ces termes des mots simplement péjoratifs, comme ***amplifier,*** dans *il amplifie tout,* ou ***anecdotique,*** dans *peinture anecdotique,* qui ne posent qu'un problème de contenu. Il en va de même pour les termes vulgaires (vulg.), souvent en même temps familiers (fam.) ou très familiers (très fam.). Enfin, dans la mesure du possible, nous avons évité de contribuer à la propagation de certains stéréotypes sociaux, aussi bien ceux qui concernaient les femmes que ceux qui prenaient les hommes pour cibles. Certaines formulations figées, attestant des états de langue antérieurs et difficiles à extirper de l'usage, ont cependant été enregistrées, mais accompagnées d'exemples mieux adaptés aux contextes sociaux actuels.

Le *DICTIONNAIRE QUÉBÉCOIS D'AUJOURD'HUI* inclut aussi des formes qui ont pu être condamnées par différentes institutions dont le seul jugement repose sur l'idée que le français québécois doit absolument s'aligner sur le français de France. À notre avis, cette conception relève de l'utopie. Ceci est notable pour toute langue qui s'est fragmentée historiquement et qui, depuis des siècles, a évolué dans des directions différentes sur des territoires fort éloignés. C'est la nature profonde des langues que de changer sans cesse. Le français est sans doute la dernière des grandes langues de l'Amérique, à côté de l'espagnol, du portugais et de l'anglais, à ne pas avoir encore affirmé son autonomie par rapport à son origine historique. C'est dans cet esprit que les jugements hâtifs, catégoriques et trop souvent péremptoires sur le français au Québec ont été réexaminés à la lumière d'une interprétation de la variation linguistique qui s'inspire de deux principes fondamentaux : d'abord, le français d'Amérique a près de quatre siècles d'existence et il constitue un ensemble linguistique légitime qui fait l'objet d'un large consensus ; ensuite, la francophonie reconnaît le droit à la diversité linguistique territoriale qui reste enracinée à un fonds commun. Combien d'anglicismes hier fustigés sont disparus sans faire d'éclat, combien de fautes fréquentes jadis sont passées au bilan de la désuétude, combien de barbarismes, de pléonasmes naguère épinglés par les puristes font aujourd'hui partie intégrante de la norme, etc. Tout cela est normal et se fait sous la poussée irrésistible de l'évolution de la langue. La langue française au Québec fonctionne selon le même schéma. Pour cette raison, chaque mot, chaque sens consignés dans ce dictionnaire ont été évalués dans le contexte géographique, social et idéologique nord-américain.

LE MARQUAGE GÉOGRAPHIQUE

Les dictionnaires élaborés en France marquent généralement les mots dont l'usage est restreint à une région du territoire français ou à une partie d'un autre territoire de la francophonie. Ils ne marquent jamais les mots d'usage généralisé sur le territoire français. Le *DICTIONNAIRE QUÉBÉCOIS D'AUJOURD'HUI* ne procède pas autrement mais son point de vue est tout naturellement québécois : il ne marque pas les mots qui constituent des particularismes de la langue française au Québec. Pour nous, il n'y a pas de différence entre ***érable, sapin*** et ***épinette,*** entre ***magasin*** et ***magasinage,*** entre ***niaiser, taponner*** et ***lambiner, paresser,*** entre *avoir de la* ***misère*** et *avoir de la* ***difficulté*** (*à faire quelque chose*), sinon en termes de niveaux de langue pour quelques-uns d'entre eux. Ces vocables ne sont pas situés hiérarchiquement l'un par rapport à l'autre. Ce dictionnaire envisage le français du Québec comme un tout très cohérent du point de vue historique, qui a ses propres équilibres et ses variations internes. Les mots et les sens sont donc analysés dans cette perspective normative nord-américaine. Il n'y a cependant pas rupture avec le français européen. Cette convivialité peut toujours être constatée et réanimée à travers les autres dictionnaires Robert. Suivant cette démarche logique, ce sont les particularismes lexicaux européens répertoriés, essentiellement ceux de la France, qui sont accompagnés d'une marque (ex. : ***lave-linge, sèche-linge*** et ***sèche-cheveux*** renvoient à des usages du français européen, par opposition à ***laveuse, sécheuse*** et ***séchoir (à cheveux)*** qui correspondent au standard québécois).

Dans les dictionnaires français les notations sur l'usage géographique sont parfois très générales (par ex. : région. (pour régional), dial. (pour dialectal)) et parfois nettement identificatrices du lieu où on peut observer ces mots (par ex. : en Amérique du Nord, au Canada, au Québec, en Belgique, en Afrique). Dans le *DICTIONNAIRE QUÉBÉCOIS D'AUJOURD'HUI*, cette pratique du marquage est réduite au minimum : (a) seules la francophonie canadienne, l'Acadie, la Louisiane et la France ont été l'objet de notre attention ; (b) à quelques exceptions près (ex. : ***bombe*** et ***canard ;*** la locution *faire* ***simple***), les régionalismes internes au Québec n'ont pas été retenus, la taille plutôt réduite de la nomenclature ne se prêtant pas à cette ouverture sur la variation québécoise. Il nous paraît évident qu'un dictionnaire de plus vaste extension devrait en tenir compte d'une manière plus systématique. Pour ce qui est de l'Acadie, seuls quelques exemples sont notés dans les articles (ex. : ***aboiteau, chiac***) ; il en va de même pour le français de l'Ouest canadien (ex. : ***chinook***) et pour celui de la Louisiane (ex. : ***bayou, cajun***). En général, ces mots désignent d'ailleurs des réalités propres à ces régions et sont connus en dehors d'elles, au Québec et parfois même en France. Ils sont donc décrits en raison de la valeur conceptuelle dont ils sont porteurs.

Ce sont les mots et les sens particuliers à la France (les **francismes**) qui sont les plus nombreux. Un système de balisage à deux niveaux les identifie. Lorsque le mot désigne une réalité concrète ou abstraite spécifique au pays de nos ancêtres, la marque « France », placée entre parenthèses, précède la définition (ex. : ① ***tabac,*** sens 3, ***T. V. A.***) ; très souvent, ces francismes n'ont pas de synonyme nord-américain. Lorsque la réalité est commune aux deux communautés francophones, c'est-à-dire lorsqu'il existe des formes linguistiques synonymiques dont l'emploi est circonscrit géographiquement, le même système est utilisé (ex. : (France) ② ***se tailler, tantine, tapée*** et ***tarte,*** sens 2, qui correspondent respectivement à ***partir*** ou ***s'enfuir, tante, grande quantité, coup*** ou ***gifle*** au Québec). Chaque fois que cela est possible, les synonymes en usage au Québec sont signalés sous l'entrée « française ». Par ailleurs, la très grande majorité des mots hexagonaux cités appartient au registre familier et ils possèdent parfois, au Québec même, des synonymes du même niveau (par ex. : (France) ② ***se tailler*** et (Québec) ***sacrer son*** *(le)* ***camp,*** tous deux signifiant « décamper, déguerpir, partir »). Les mots ou les sens qui figurent au dictionnaire avec la marque « France » sont en général connus ici mais leur emploi est plutôt passif, c'est-à-dire que l'utilisateur du dictionnaire peut les entendre, grâce à la télévision, la radio, au cinéma, etc., ou les lire, grâce aux journaux, aux revues, à la littérature, etc., mais il les intégrera rarement à son usage actif, sauf lorsqu'il veut créer un effet rhétorique. En outre, une nuance est apportée dans l'utilisation de la marque « France » sous la forme de : « Surtout en France ». Cette expression sert à noter qu'un mot est usuel en France tout en ayant une certaine fréquence active au Québec, le plus souvent d'ailleurs dans le registre soutenu (ex. : ① ***soda, tapissier, tartine,*** sens 1, ② ***timbale, week-end***). À l'occasion, on a aussi fait une remarque sur le genre des mots qui diffère en France et au Québec (ex. : ***parka*** et ***thermos*** qui sont du genre masculin dans l'usage québécois alors qu'en

France, ils sont soit masculins, soit féminins ; ***minestrone*** est féminin ici et masculin en France tandis que ***mozzarella*** est féminin outre-Atlantique et masculin de ce côté-ci de l'océan). Enfin, lorsque l'ensemble de l'article concerne la France, la prononciation indiquée est celle qui est en usage dans l'Hexagone (ex. : ***baraka*** et ***épicéa*** *:* prononciations retenues : [baʀaka] et [epicea], alors que les prononciations québécoises seraient [baʀakɑ] et [epiceɑ].

LE DICTIONNAIRE ET LA GRAMMAIRE

Les très nombreuses remarques insérées dans les articles et les exemples, parfois volontairement multipliés, servent à illustrer une difficulté. Celle-ci peut être **orthographique :** accord de participes, variantes graphiques : ex. : ***pomiculteur*** ou ***pomoculteur***. Elle peut être **grammaticale :** choix du genre – comme dans les exemples cités au paragraphe précédent –, conjugaisons admises : ex. : le verbe ***seoir***. Les problèmes **morphologiques** ne sont pas oubliés : choix de l'auxiliaire d'un verbe ; morphème du féminin pour les appellations de titre, d'emploi ou de fonction (ex. : *-eure*) ; la concurrence des morphèmes *-eur* et *-eux* dans de nombreux mots – par convention, la forme en *-eur* précède la variante en *-eux* dans les entrées, car cette dernière relève souvent du registre familier. Avec les questions **phonétiques** (problème de liaison, de prononciation de certaines expressions : voir les remarques sous ***abrier***, sous ***bœuf***, la locution familière ***au bout*** ou ***au boutte*** [obut]) et **syntaxiques** (constructions), ce dictionnaire constitue une petite grammaire d'usage par l'exemple, alors même qu'il est avant tout un guide du vocabulaire et du sens des mots.

LA NORME

Les options de ce dictionnaire sont claires : un peu moins de « mots » que dans d'autres ouvrages, mais une étude en profondeur, plus d'analyse de sens et de sous-sens et, partant, de définitions, plus d'exemples, plus d'emplois, plus de nuances. Il se veut un instrument de contrôle et d'apprentissage du français d'aujourd'hui, destiné en priorité au public des classes secondaires et collégiales, qui ne cède pas à la mode, n'accumule pas d'informations éphémères et qui ne s'associe pas à la perception traditionnelle et folklorique des régionalismes. L'essentiel était pour nous de représenter le plus authentiquement possible la richesse, la clarté, la santé et la beauté de la langue française vivante en usage au Québec. Le *DICTIONNAIRE QUÉBÉCOIS D'AUJOURD'HUI* est adapté à l'univers linguistique quotidien de ses destinataires et il reflète l'évolution de leurs mentalités et de la société à laquelle ils appartiennent. Il s'appuie sur une norme légitime, objet d'un consensus respectueux de la collectivité. Il faut affirmer que nous sommes tous de quelque part et assumer cet enracinement qui a modelé notre personnalité. C'est ainsi que les Québécois et les Québécoises se sont appropriés le monde. Ces valeurs sociales et symboliques de notre culture et de notre société, les lexicographes ont voulu les transposer dans le *DICTIONNAIRE QUÉBÉCOIS D'AUJOURD'HUI.*

Dans les articles, la variété des informations portant sur l'orthographe, la prononciation, la morphologie, la syntaxe, les valeurs et nuances sémantiques, les relations lexicales (la palette des synonymes, contraires et opposés, les locutions, les proverbes, etc.), informations présentées sous une forme « économique » et le plus clairement possible – grâce à une typographie choisie après une longue recherche psychopédagogique, notamment pour les entrées, dont la forme se rapproche de l'écriture cursive –, font du *DICTIONNAIRE QUÉBÉCOIS D'AUJOURD'HUI* le plus complet et, nous l'espérons, le plus efficace des dictionnaires de sa catégorie, non seulement au Québec, mais dans l'ensemble de la francophonie à côté de son « cousin » français. Il a été conçu comme un instrument de contrôle, mais aussi d'apprentissage pour un bon usage moderne du français en Amérique, en un temps où la langue française affirme son droit à la diversité à travers une conception de la supranorme qui en constitue la trame et l'unité historique. Aussi sélectif soit-il, le *DICTIONNAIRE QUÉBÉCOIS D'AUJOURD'HUI* démontre que la langue française du Québec contemporain peut s'élever au niveau d'un moyen d'expression et de communication d'une richesse, d'une clarté, d'une maturité et d'une authenticité admirables. Encore fallait-il retrouver ces trésors et en assurer le statut. Telle est la mission que se donne ce dictionnaire façonné en terre d'Amérique – dans la plus grande communauté de langue française maternelle hors de France – et publié avec la caution de l'une des entreprises lexicographiques les plus respectées du monde, dont les sources sont françaises et européennes.

Cette coopération n'est-elle pas la meilleure illustration de ce qu'est la francophonie dont le devoir est de défendre et d'illustrer le patrimoine linguistique commun que constitue la langue française? C'est là, sans doute, par l'intermédiaire de cette uniformité dans la diversité que se situe le plus haut point de convergence de ce regroupement des peuples qui, du Nord au Sud, ont un commun accès au trésor de la langue française. Les mots décrits ici ne sont rien d'autre que le produit de l'histoire, de cette sorte d'Histoire qui fait naître et grandir les nations. Aussi, doit-on assumer que le passé d'une langue pèse de tout son poids sur son présent aussi bien que sur son avenir. À l'aube du millénaire qui se profile, le *DICTIONNAIRE QUÉBÉCOIS D'AUJOURD'HUI* se souvient que la langue est le plus extraordinaire trésor héréditaire d'un peuple qui se respecte et, comme l'écrivait le grand lexicographe Émile Littré à propos du français de son époque, que le « fonds du langage que nous parlons présentement appartient aux âges les plus reculés de notre existence nationale ». Le *DICTIONNAIRE QUÉBÉCOIS D'AUJOURD'HUI* est, somme toute, le reflet linguistique de la culture et de la société qui l'ont vu naître. Il traduit une vision du monde dans laquelle les élèves et les étudiants se reconnaîtront sans peine et à partir de laquelle ils pourront aussi s'intégrer à la grande communauté des usagers de la langue française. Aux yeux des lexicographes qui l'ont rédigé, cet ouvrage prône une convergence, un rassemblement identitaire de locuteurs au sein de l'un des plus vastes espaces de la francophonie qui souhaite affirmer sa part légitime dans l'édification du français, lui-même à l'œuvre dans le grand jeu universel des langues partagées.

LES NOMS PROPRES

Le dictionnaire de langue, s'il est soigneusement élaboré, constitue un guide sûr pour le contenu des signes du lexique. Au-delà des mots, il aborde discrètement les idées et les choses, notamment par les définitions, et sans tenir à leur propos un discours encyclopédique.

Cependant, s'il s'agit, tout en conduisant l'apprenant vers une maîtrise du discours en français, de lui fournir les cadres de référence de sa culture, on ne peut négliger les noms propres. C'est pourquoi à la description du bon usage (la langue) vient s'ajouter au dictionnaire un choix de brèves descriptions concernant les noms qui désignent les personnes et les lieux les plus notoires.

Parmi les dizaines de milliers de noms propres qui constituent la trame de nos références, on imagine aisément les difficultés d'une sélection pertinente et didactiquement efficace. Les quelque 12 000 entrées répertoriées sont évidemment peu de chose par rapport aux choix des dictionnaires pour adultes de taille supérieure et, par exemple, à ceux du *PETIT ROBERT 2.* Il eût été facile d'augmenter l'ouvrage de quelques centaines de pages, en l'alourdissant d'autant ; la sévérité voulue de la sélection a une utilité didactique. En effet, pour un élève ou un étudiant francophone, l'accumulation de noms propres d'importance culturelle secondaire, ou qui reflètent des modes actuelles (sportifs, vedettes des médias...), noms connus de tous et de toutes et parfois un peu trop (!), a pour effet d'encombrer les mémoires et de compliquer, en le brouillant, le réseau de références culturelles fondamentales qu'on a voulu représenter dans le dictionnaire.

Ces références sont soit spatiales (noms de lieux), soit temporelles (noms de personnes et d'événements).

Quant aux **lieux,** la nomenclature géographique est plus généreuse en ce qui concerne le Québec et ses partenaires francophones : pour la province, les agglomérations de plus de 5 000 habitants sont en principe mentionnées. L'information est organisée autour des réalités institutionnelles : régions économiques, villes, municipalités, paroisses, M. R. C., etc. On a voulu élargir le point de vue de l'utilisateur de manière aussi cohérente en appliquant un critère quantitatif unique aux villes du monde entier : à l'exception des cités en général industrielles qui forment certaines mégapoles (Tokyo, Mexico, etc.) et des villes dont la seule caractéristique est le nombre d'habitants (en Chine, dans la C. É. I., etc.), celles qui dépassent 100 000 habitants sont consignées. En outre, les lieux ne répondant pas à ce critère sont traités, dès lors que leur importance culturelle est grande (monuments, événements historiques) ou que le pays ne comptait aucune ville de 100 000 habitants. Il faut noter qu'on a préféré donner des chiffres de population arrondis – à partir des données statistiques disponibles – pour ne pas laisser croire à une précision qui n'aurait de sens que par rapport à une référence statistique.

Pour les noms de **personnes,** la sélection est évidemment plus aléatoire. Des priorités culturelles donnent ici l'avantage aux valeurs sûres, même si elles ne correspondent pas à des noms familiers aux oreilles des destinataires ; en revanche, des personnages assez connus, mais qui représentent l'histoire événementielle (personnalités politiques et chefs militaires du passé, hormis les plus grands) ou bien une mode culturelle éphémère, ont été volontairement écartés. On a toujours cherché à dégager des grandes lignes, tant pour l'histoire mondiale que pour celle des civilisations : littérature, arts visuels, musique, sciences et techniques, philosophie...

Le contenu des articles est en général très bref et peut ne correspondre qu'à un repérage : les cartes et la chronologie sont chargées de replacer ces notules dans leur contexte. Cependant, on va au-delà de ces données élémentaires pour les références essentielles de l'histoire et de la culture, ainsi que pour les noms de pays, de certaines régions et de quelques villes. Dans les articles consacrés aux créateurs, on n'a cité que les œuvres principales et, parfois, seulement une œuvre caractéristique : c'est notamment le cas des cinéastes, des peintres, pour lesquels il n'était pas question d'énumérer des titres sous la forme d'un catalogue. On n'oubliera pas, enfin, de se reporter aux articles qui ont des liens entre eux : la brièveté du texte consacré à l'***Amérique*** est compensée par les articles ***Canada, Québec, États-Unis, Mexique, Brésil,*** etc.

L'ensemble a paru d'autant plus exploitable en classe qu'il était bref et représentatif : nous avons préféré consacrer quelques lignes aux principaux témoins de civilisations anciennes ou mal connues plutôt qu'à des références nord-américaines, françaises ou mondiales récentes, sans doute significatives pour beaucoup, mais qui ne nous ont pas semblé indispensables dans ce projet précis : plutôt ***Champlain*** ou ***Nelligan*** que tel artiste, tel chanteur ou tel écrivain à la mode, que telle vedette sportive, noms plus familiers certes, mais – à notre avis – non essentiels pour les destinataires de ce livre. À ce chapitre des noms propres, il n'est guère facile d'atteindre le plus large consensus. Qu'on veuille cependant bien admettre les intentions générales du modèle proposé dans ce dictionnaire.

La présentation des articles est classiquement conforme au rangement alphabétique, avec des regroupements (membres d'une famille ou dynastie, nom identique de région et de ville...). Le morcellement alphabétique est une nécessité pratique, mais il nuit aux processus d'acquisition et de mémorisation des connaissances. Bien entendu, on peut y remédier par des renvois, mais ce procédé ne suffit sans doute pas à de jeunes utilisateurs : c'est pourquoi une chronologie et des cartes s'articulent à ce dictionnaire.

Pour faciliter la consultation, on n'a pas hésité à renverser l'ordre habituellement adopté par les dictionnaires afin de respecter l'usage courant. Ainsi, les prénoms, ou d'autres éléments – titres de noblesse, entités géographiques, etc. –, précèdent toujours le nom de famille : *Jules **Verne*** et non VERNE (Jules), *la comtesse de **Ségur**,* née *Sophie Rostopchine* et non SÉGUR (Sophie Rostopchine, comtesse de) ou la dénomination spécifique : *Île aux **Coudres*** et non COUDRES (Île aux).

Toujours pour faciliter la lecture et la reconnaissance du nom recherché, on a retenu une solution d'économie plutôt que d'exhaustivité dans la présentation des entrées (titres, prénoms, etc.) : *le prince de **Metternich*** et non METTERNICH-WINNEBURG (Klemens Wenzel Nepomuk Lothar, prince de).

Pour les noms étrangers, c'est la forme usuelle en français qui a la préférence : ce qui a conduit, pour les lieux comme pour les personnes, à choisir la forme francisée, quand elle existe. Ex. : ***Londres*** et non *London,* ***Titien*** et non *Tiziano Vecellio.* Le cas est plus complexe pour les langues à écriture non alphabétique (chinois, inuktitut, etc.) ou écrites dans un autre alphabet que le nôtre (arabe, russe, etc.) : on trouvera pour les noms les plus fréquents la forme latinisée ou francisée et non pas une transcription savante (***Confucius*** pour *Kongzi,* ***Canton*** au lieu de *Guandzhou,* ***Soliman*** plutôt que *Süleyman,* ***Abd-el-Kader*** et non *Abd al-Qadir*)

En outre, on s'est efforcé d'adopter un niveau didactique égal à celui de la partie langue du dictionnaire : les mots utilisés dans la description des personnes et des choses appartiennent en principe à la nomenclature générale. On a d'autre part évité autant que faire se peut les abréviations, préférant expliciter l'information. On a simplement retenu : « v. » pour vers, « av. J.-C. » pour avant Jésus-Christ, « hab. » pour habitant, « env. » pour environ.

Une autre cohérence, enfin, a été recherchée entre les noms propres et les mots de la langue. Elle s'explique dans l'homogénéité des choix typographiques pour tout l'ouvrage : mise en valeur des entrées et des sous-entrées, classification des homographes, double flèche pour les renvois... Elle apparaît aussi dans le traitement des mots usuels dérivés d'un nom propre : les noms des habitants (gentilés), signalés en italique, quand ils sont usités ; les « quasi-noms propres » qui semblaient mériter un développement encyclopédique et qui apparaissent en sous-entrées (ex. : ***Bouddha*** ▸ *le bouddhisme*) ; les renvois faits directement à la partie langue (par ex. : l'article ***Mao*** ‹ ▸ maoïsme › ; l'article ***Bohème*** ‹ ▸ bohémien ›). Elle se manifeste enfin dans le souci de conserver les éponymes (noms propres ayant donné naissance à des noms communs) dans notre sélection (ex. : ***Poubelle, Sandwich***) ou dans des développements à caractère étymologique (ainsi l'expression *mouton de Panurge* trouve son explication à l'article ***Panurge***). Le cas des marques déposées a déjà été exposé dans le paragraphe relatif à la nomenclature générale.

Des notices sont consacrées, par exemple, aux « humanistes », aux « Lumières », envisagés comme des entités aussi clairement situées dans l'histoire et la culture qu'une personne ou un lieu. Ces « mots-noms » illustrent bien les interférences qui existent entre ces références extralinguistiques et les dénominations du lexique. On n'a donc pas craint, parfois, de proposer un double traitement de ces quasi-noms propres (le bouddhisme, la Renaissance, l'islam...), d'abord d'un point de vue strictement linguistique, dans la nomenclature de la partie langue, puis d'un point de vue encyclopédique qui favorise les renvois internes dans la partie « noms propres ». Tel est le cas, en particulier, des mouvements artistiques (le *cubisme,* l'*expressionnisme,* etc.). De même, le ***Parlement,*** la ***Révolution*** (française, russe) ou l'***Académie*** (française) voient leur sens éclairé par l'explication des concepts généraux *(un parlement, une révolution...)* que le dictionnaire de langue définit et accompagne d'exemples généraux ou spécifiques.

DICTIONNAIRE, CHRONOLOGIE ET CARTES : UN « BLOC PÉDAGOGIQUE »

La nature même de l'ouvrage, qui présente de manière concise un nombre restreint de références essentielles ou importantes, nous a conduits à concevoir et à mettre éditorialement en œuvre un petit « bloc pédagogique » formé de trois éléments bien connus, mais dont le rapprochement pourrait, avons-nous pensé, faire jaillir quelque lumière.

L'ordre de l'espace, imaginé sous forme de cartes clairement légendées, se charge de mettre en perspective pour l'œil et la raison une grande partie des noms de lieux égrenés par l'alphabet. Un mini-atlas de 65 cartes en couleurs, élaborées en grande partie pour la circonstance, se chargera de situer les informations géographiques. Il est conçu pour fonctionner en interrelation avec le texte même du dictionnaire de noms propres.

Pour chaque carte, quelques informations sur le pays et la région amorcent les développements qui se trouvent à l'ordre alphabétique ; parfois elles les complètent. Cet ordre du dictionnaire des noms de lieux, qui est aussi commode qu'arbitraire, est ainsi corrigé par la répartition spatiale. Trouver une ville sur la carte, c'est replacer dans un contexte régional ou national les informations, visualiser les distances et les espaces – et donc aider la mémorisation. C'est aussi proposer des formes et un réseau de relations entre les réalités décrites séparément.

Une série de 14 autres cartes met en tableau de grands événements historiques, et surtout l'état du monde à divers moments de l'histoire. Ces cartes historiques s'articulent au dictionnaire de noms propres et à la chronologie. Celle-ci est importante par le nombre et la variété des événements mis en ordre, depuis la Préhistoire jusqu'à nos jours. Une colonne centrale répertorie les dates de l'histoire générale, par rapport auxquelles on pourra replacer dans leur temps les événements concernant les religions, la philosophie, la société, les sciences et les techniques, les littératures, les arts et la musique...

La logique du temps *(chrono-logie)* resitue en séries parallèles l'évolution des grands domaines de l'histoire et organise de manière plus synthétique les informations succinctes données sur les noms de personnes – mais aussi sur les noms de lieux et d'événements.

L'ordre alphabétique du dictionnaire, arbitraire et mnémotechnique, est ainsi corrigé par celui du temps, qui fait intervenir un ordre de causalité, et surtout par l'espace du « tableau », avec sa double ordonnance : évolution et synchronie en ce qui concerne la chronologie ; spatialité des latitudes et des longitudes pour les cartes. Ces considérations abstraites fondent une démarche pratique et pédagogique : ce sera leur excuse.

Une autre cohérence, enfin, a été recherchée, entre noms propres et mots de la langue. Il est intéressant de savoir que l'intendant Silhouette est à l'origine d'un mot usuel, que le grand Rabelais a fourni au français un adjectif, ***rabelaisien,*** ou à l'inverse que le mot *impression* a servi à désigner un mouvement pictural unique au moyen d'un nom devenu « propre » (l'***impressionnisme***). Des mises en rapport sont ainsi établies entre les noms propres et les mots définis dans le dictionnaire de langue. Enfin, comme on l'a vu plus haut, les noms propres de lieux et de personnes donnent naissance à des dérivés utiles à connaître, tels les noms d'habitants (les gentilés), de tendances politiques, les adjectifs comme ***laurentien*** ou ***acadien,*** comme ***molièresque, freudien*** ou ***nelliganien***. Le dictionnaire de noms propres (pour les noms d'habitants mentionnés au nom du pays ou de la ville) et les annexes du dictionnaire de langue (dérivés de noms propres) fourniront de nombreuses informations à ce sujet.

Le *DICTIONNAIRE QUÉBÉCOIS D'AUJOURD'HUI* est le plus complet des dictionnaires d'apprentissage de la langue pour la classe, sinon par le nombre de mots traités, du moins par leur traitement. Noms propres, cartes et informations chronologiques viennent *en plus* de la langue et constituent un ensemble de références visant à présenter le maximum de données pertinentes en un minimum de place.

Il réunit donc une analyse sérieuse de la langue française vivante du Québec amalgamée à une nomenclature sélective de noms propres pour former un ensemble qui vise à circonscrire l'essentiel d'une culture générale indispensable à tous et à toutes, l'information étant conforme à l'état du monde en 1992. Toutefois, les lexicographes sont bien conscients que le monde bouge chaque jour et que l'actualité mouvante et souvent dramatique bouleversera le contenu du dictionnaire, entraînant de nécessaires mises à jour. Pour l'instant, nous sommes convaincus que le *DICTIONNAIRE QUÉBÉCOIS D'AUJOURD'HUI* est bien un dictionnaire qui consigne l'essentiel du monde *d'aujourd'hui.*

Une sélection sévère, mais contrôlée, de nombreux systèmes de renvois internes – des noms propres à la langue, aux cartes, de la chronologie aux noms propres, etc. –, une extrême clarté dans la présentation, l'utilisation exclusive de l'espace disponible pour une information utile sont ici mis au service de l'élève, de la lectrice et du lecteur, au nom d'une double passion : celle de la langue française enracinée en Amérique du Nord et celle d'une culture générale également menacées, et qu'il faut sans cesse illustrer, pour pouvoir les défendre.

Québec, le 7 avril 1992.

prononciation en alphabet phonétique international

catégorie grammaticale

renvoi au tableau où l'on trouvera les formes conjuguées du verbe

entrée dans un caractère proche de l'écriture manuelle

renvoi à un contraire

constructions du verbe précisées

renvoi à un quasi-synonyme

REMarque sur un problème de grammaire

craindre [kʀɛ̃dʀ] v. tr. ▪ conjug. 52. **1.** Envisager (qqn, qqch.) comme dangereux, nuisible, et en avoir peur. ⇒ **redouter.** *Craindre le danger.* / contr. **braver** / *Elle ne viendra pas, je le crains. Ne craignez rien. Il sait se faire craindre.* **2.** CRAINDRE QUE (+ subjonctif). Avec la négation complète : *Je crains qu'il ne parte pas,* qu'il reste. — REM. Lorsque les verbes des deux propositions sont à l'affirmatif, le *ne* explétif est facultatif. *Je crains qu'il (ne) parte,* je crains son départ. Après l'emploi négatif ou interrogatif de *craindre,* on ne met pas le *ne. Je ne crains pas qu'il parte. Craignez-vous qu'elle parte ?* **3.** CRAINDRE DE (+ infinitif). *Elle craint d'être découverte. Je ne crains pas d'affirmer,* je n'hésite pas à affirmer. **4.** (Plantes, choses) Être sensible à. *Ces arbres craignent le froid.* ⟨ ▶ crainte ⟩

mot de la même famille, sous lequel on trouvera ses dérivés : ***craintif*** et ***craintivement***

décade [dekad] n. f. ▪ Période de dix jours. ≠ *décennie.*
décennie [desɛni] n. f. ▪ Période de dix ans. *La prochaine décennie.* ≠ *décade.*

les « faux amis » (mots à ne pas confondre) distingués par les définitions. ≠ signifie « différent de »

doux, douce [du, dus] adj. et adv. **I.** Adj. **1.** Qui a un goût faible ou sucré (opposé à *acide, amer, épicé, fort, piquant, salé*, etc.). ⇒ péj. **douceâtre.** *Amandes, oranges, pommes douces. Vin doux,* sucré (opposé à *vin sec*). – *Eau douce,* eau des lacs et des rivières, non salée (opposé à *eau de mer, eau salée*). **2.** Agréable au toucher par son caractère lisse, souple (opposé à *dur*). / contr. **rêche, rude, rugueux** / *Peau douce. Lit, matelas très doux.* ⇒ **moelleux. 3.** Qui épargne les sensations violentes, désagréables. *Cette année, l'hiver a été doux.* ⇒ **clément, tempéré.** *Doux murmures.* ⇒ **léger.** *Lumière douce.* ⇒ **tamisé. 4.** Qui procure une jouissance calme et délicate. ⇒ **agréable.** *Un espoir bien doux. Avoir la vie douce.* ⇒ **facile. 5.** Qui n'a rien d'extrême, d'excessif. ⇒ **faible.** *Pente douce. Cuire à feu doux. Châtiment trop doux.* – MÉDECINES DOUCES *(homéopathie, acuponcture, etc.).* **6.** (Personnes) Qui ne heurte, ne blesse personne, n'impose rien, ne se met pas en colère. ⇒ **bienveillant,** ① **fin, gentil, indulgent, patient.** / contr. **agressif, brutal, dur, sévère, violent** / *Une jeune fille douce. Elle est douce avec ses enfants. Doux comme un agneau, comme un mouton.* ⇒ **inoffensif.** – N. *C'est un doux,* un homme doux. **7.** Qui exprime des sentiments tendres, amoureux. – Loc. *Faire les yeux doux,* regarder amoureusement. *Un billet doux,* galant. **8.** *Mon doux !,* interjection exprimant différents sentiments (joie, malheur...). *Mon doux que tu es chanceuse ! Mon doux ! j'ai perdu mon porte-monnaie. Mon doux Seigneur qu'il fait froid !* **II.** Adv. **1.** Loc. fam. FILER DOUX : obéir humblement sans opposer de résistance. **2.** FAIRE DOUX : faire un temps agréable. / contr. **froid** / *Début mars, il fera doux.* **3.** Fam. EN DOUCE : sans bruit, avec discrétion. *Partir en douce. En douce, elle a réussi mieux que tout le monde,* sans en avoir l'air. ⟨ ► adoucir, aigre-doux, douceâtre, doucement, douceur, radoucir, redoux, saindoux, taille-douce ⟩

les mots en opposition dans un domaine sont distingués des contraires

les synonymes partiels (dans un type d'emploi) sont présentés par un exemple

clément, ente adj. [...] *Un hiver clément,* peu rigoureux. ⇒ **doux.** ⟨ ► inclément ⟩

expressions récentes

catégorie des noms employés avec l'adjectif, dans ce sens

synonymes et contraires

brutal, ale, aux [bʀytal, o] adj. **1.** (Personnes) Qui use volontiers de violence, du fait de son tempérament rude et grossier. / contr. **doux** / *Un gardien brutal.* (...)

mots de la même famille, à consulter

renvoi indicatif : on y trouvera des informations complémentaires

François ***Jacob*** ■ Biochimiste français (né en 1920). "*La Logique du vivant*". Prix Nobel de médecine 1965 (⇒ **Lwoff**).

Joseph-Marie ***Jacquard*** ■ Mécanicien français (1752-1834). Inventeur d'un métier à tisser automatique qui porte son nom. ⟨ ► jacquard ⟩

renvoi à un mot de la langue

mention du genre chaque fois qu'il n'apparaît pas de façon évidente (ici, article élidé : l'ambigu)

*l'****Ill*** n. m. ■ Rivière française d'Alsace, affluent du Rhin. 208 km.

Winnipeg ■ Ville du Canada, capitale du Manitoba, sur les rives du *lac Winnipeg* (24 650 km²). 625 000 hab. *(les Winnipegois).* Métropole du centre du pays.

nombre d'habitants approché

superficie exacte

Haarlem ■ Ville des Pays-Bas, chef-lieu de la *Hollande-Septentrionale. 149 000 hab. Fleurs. Église (XVᵉ - XVIᵉ s.). ≠ Harlem.

signifie « ne pas confondre avec »

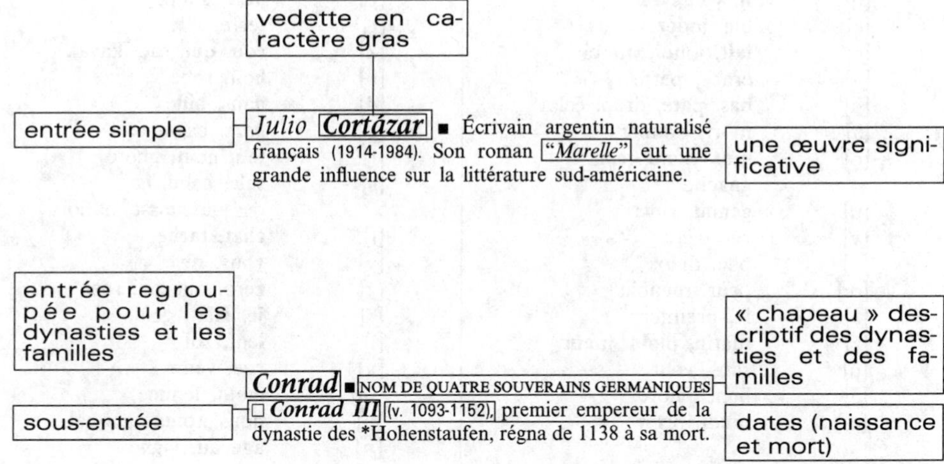

nom donné dans la langue d'origine

renvoi indicatif : le terme est traité

Crémone, en italien *Cremona* ■ Ville d'Italie (*Lombardie). 80 800 hab. Patrie de *Monteverdi et *Stradivarius. École internationale de lutherie. ⟨ ► crémone ⟩

les ***Ibères*** ■ Peuple établi en Espagne, au temps de la conquête romaine (Ier s.). ► *la péninsule* ***Ibérique,*** nom donné à l'ensemble géographique que constituent l'Espagne et le Portugal. ► *la cordillère* ***Ibérique :*** chaîne montagneuse de l'Espagne centrale. ⟨ ► ibérique ⟩

sous-entrée dérivée (mot dérivé de l'entrée, expression, etc.)

entrée-renvoi

le ***Comecon*** ■ ⇒ **C.A.E.M.**

ALPHABET PHONÉTIQUE

(Prononciations des mots, placées entre crochets)

VOYELLES

[i]	il, vie, lyre
[e]	blé, jouer
[ɛ]	lait, jouet, merci
[a]	crabe, patte
[ɑ]	bas, pâte, drap, éclat
[ɔ]	mort, donner
[o]	mot, dôme, eau, gauche
[u]	genou, roue
[y]	rue, vêtu
[ø]	peu, deux
[œ]	peur, meuble
[ə]	le, premier
[ɛ̃]	matin, plein, main
[ɑ̃]	sans, vent
[ɔ̃]	bon, ombre
[œ̃]	lundi, brun

SEMI-CONSONNES

[j]	yeux, paille, pied
[w]	oui, nouer
[ɥ]	huile, lui

CONSONNES

[p]	père, soupe
[t]	terre, vite
[k]	cou, qui, sac, kayak
[b]	bon, robe
[d]	dans, aide
[g]	gare, bague
[f]	feu, neuf, photo
[s]	sale, celui, ça, dessous, tasse, nation
[ʃ]	chat, tache
[v]	vous, rêve
[z]	zéro, maison, rose
[ʒ]	je, gilet, geôle
[l]	lent, sol
[ʀ]	rue, venir
[m]	main, femme
[n]	nous, tonne, animal
[ɲ]	agneau, vigne
[h]	hop ! (exclamatif)
[']	haricot (pas de liaison)
[ŋ]	mots empruntés à l'anglais, camping
[x]	mots empruntés à l'espagnol, jota ; à l'arabe, khamsin, etc.

De nombreux signes se lisent sans difficultés (ex. : [b, t, d, f], etc).
Mais, ATTENTION aux signes suivants :

Ne confondez pas :

[a] : patte	et	[ɑ] : pâte		
[ə] : premier	et	[e] : méchant		
[e] : méchant	et	[ɛ] : père		
[ø] : peu	et	[œ] : peur		
[o] : mot, rose	et	[ɔ] : mort		
[y] : lu	et	[u] : loup		
[i] : si	et	[j] : ciel, yeux		
[u] : joue	et	[w] : jouer		

[y] : tu	et	[ɥ] : tuer
[k] : cas	et	[s] : se, acier
[g] : gai	et	[ʒ] : âge
[s] : poisson	et	[z] : poison
[s] : sa	et	[ʃ] : chat
[ʒ] : âge, âgé	et	[z] : aisé
[n] : mine	et	[ɲ] : ligne
[ɲ] : ligne	et	[ŋ] : camping

~ au-dessus d'une voyelle marque un son nasal :

[ɑ̃]	banc
[ɔ̃]	bon
[œ̃]	brun
[ɛ̃]	brin

LISTE DES SIGNES CONVENTIONNELS, CONVENTIONS ET ABRÉVIATIONS

*	astérisque signalant un mot auquel on pourra se reporter avec profit.
⇒	renvoie à un ou plusieurs mots de sens voisin.
→	renvoie à une expression de sens voisin.
⟨ ⟩	crochets entre lesquels sont donnés, par ordre alphabétique, les dérivés morphologiques du mot-entrée.
≠	*ne pas confondre avec.* Précède un ou plusieurs mots dont l'orthographe, la prononciation ou le sens peuvent prêter à confusion avec le mot défini.
+	obligatoirement suivi de (ex. : + subjonctif).
abrév.	*abréviation.*
absolt	*absolument* (en construction absolue : sans le complément attendu).
abstrait	qualifie un sens (s'oppose à *concret*).
abusivt	*abusivement* (emploi très critiquable, parfois faux sens ou solécisme).
acad.	*acadianisme.*
adj.	1º *adjectif* ; 2º *adjectivement* (emploi adjectif d'un mot qui ne l'est pas normalement).
admin.	terme didactique du domaine *administratif.*
adv.	1º *adverbe* ; 2º *adverbial* (dans loc. adv., voir loc.) ; 3º *adverbialement* (emploi comme adverbe d'un mot qui ne l'est pas normalement).
altér.	*altération* (modification anormale d'une forme ancienne ou étrangère).
anal.	*analogie* (par anal. : par analogie).
anciennt	*anciennement* (présente un mot ou un sens courant qui désigne une chose du passé disparue). [Ne pas confondre avec *vieux.*]
anglic.	mot anglais employé en français et critiqué comme emprunt abusif ou inutile (certains mots anglais employés depuis longtemps et normalement, en français, ne sont pas précédés de cette rubrique).
antiphrase	par antiphrase : en exprimant par l'ironie l'opposé de ce que l'on veut dire ; voir iron.
appos.	*apposition* (en appos. : en apposition). Se dit d'un nom qui en suit un autre et le détermine, sans mot grammatical entre eux. Il arrive qu'un trait d'union sépare les deux mots (ex. : *navire-usine*).
arg.	mot d'*argot*, emploi *argotique* limité à un milieu particulier, surtout professionnel, mais inconnu du grand public. Pour les mots d'argot passés dans le langage courant, voir fam., très fam. et pop.
auxil.	*auxiliaire.*
cathol.	*catholique.*
(Choses)	présente un sens, un emploi où le mot (adjectif, verbe) ne peut s'employer qu'avec des noms de *choses* (s'oppose à *êtres vivants, animaux* ou *personnes*). Voir suj. chose.
circonst.	*circonstanciel.*
compl.	*complément.*
concret	qualifie un sens (s'oppose à *abstrait).*
cond.	*conditionnel.* Voir condit.
condit.	*conditionnel.* Voir cond.
conj.	*conjonction ; conjonctif, ive.*
conjug.	*conjugaison.* Le numéro qui suit renvoie au tableau de conjugaison correspondant situé en annexe.
/ contr. /	*contraire.*
cour.	*courant ; couramment* ; (ex. : abrév. cour. : abréviation courante).
didact.	*didactique* : mot ou emploi qui n'existe que dans la langue savante (livres d'étude, etc.) et non dans la langue parlée ordinaire.
dimin.	*diminutif.*
dir.	*direct* (ex. : v. tr. dir. : verbe transitif direct).

ellipt .... *elliptiquement* : présente une expression où un terme attendu n'est pas exprimé.
enfant. .... *enfantin* (lang. enfant. : mot, expression du langage des jeunes enfants, mais que les adultes peuvent employer aussi, en leur parlant).
euph. .... *par euphémisme.*
ex. .... *exemple* (par ex. : par exemple).
exagér. .... *exagération* (par exagér. : par exagération, présente un sens, une expression emphatique).
exclam. .... *exclamatif ; exclamation.*
ext. .... *exension* (ex. : par ext. : par extension).
f. .... *féminin.*
fam. .... *familier, familièrement* (usage parlé et même écrit de la langue quotidienne : conversation, etc. ; mais ne s'emploierait pas dans les circonstances solennelles).
fém. .... *féminin.*
fig. .... *figuré* : sens issu d'une image (valeur abstraite correspondant à un sens concret).
fut. .... *futur.*
imp. .... *imparfait.*
impér. .... *impératif* (mode du verbe).
impers. .... 1° v. impers. : verbe impersonnel.
2° *impersonnellement* (emploi impersonnel d'un verbe personnel).
indic. .... *indicatif* (mode du verbe).
ind. ou indir. ...... *indirect* (v. tr. ind. : verbe transitif indirect, dont l'objet est introduit par une préposition ; compl. ind. : complément indirect, introduit par une préposition).
indéf. .... *indéfini.*
inf. .... *infinitif.*
interj. .... *interjection* ; interjectif (ex. : loc. interj. : locution interjective).
interrog. .... *interrogatif ; interrogation.*
intr. .... *intransitif* (v. intr. : qui n'a jamais de complément d'objet dans le sens envisagé [ne pas confondre avec *absolt*]).
intransitivement .... passage d'un verbe transitif à un emploi intransitif.
invar. .... *invariable* (ex. : n. m. invar. : nom masculin invariable).
iron. .... *ironique, ironiquement*, pour se moquer (souvent par *antiphrase*).
irrég. .... *irrégulier.*
lang. .... *langage.*
littér. .... *littéraire* : désigne un mot qui n'est pas d'usage familier, qui s'emploie surtout dans la langue écrite élégante. Ce mot a généralement des synonymes d'emploi plus courant.
loc. .... *locution* (groupe de mots formant une unité et ne pouvant pas être modifié à volonté ; certaines locutions ont la valeur d'un mot grammatical). Loc. adv. : locution adverbiale, à valeur d'adverbe ; loc. conj. : locution conjonctive, à valeur de conjonction ; loc. prép. : locution prépositive, à valeur de préposition ; loc. adj. : locution adjective, à valeur d'adjectif ; loc. fig. : locution(s) figurée(s).
m. .... *masculin* (n. m. : nom masculin ; adj. m. : adjectif masculin). Le nom masculin s'emploie aussi à propos d'une femme si le mot est défini par *Personne qui...*
majusc. .... *majuscule.*
masc. .... *masculin* (au masc. : au masculin).
métaph. .... *métaphore* (par métaph. : comparaison implicite intermédiaire entre le propre et le figuré).
minusc. .... *minuscule.*
mod. .... *moderne.*
n. .... *nom*, substantif (n. m. : nom masculin ; n. f. : nom féminin ; n. m. pl. : nom masculin pluriel).
nég. .... *négatif.*
num. .... *numéral.* Voir numér.
numér. .... *numéral.* Voir num.
O.L.F. .... Office de la langue française.
opposé à .... introduit le mot de sens opposé qui sert à éclairer le sens du mot défini. Les mots *opposés* sont en général complémentaires, et non pas antonymes ou contraires (voir / contr. /).
p. .... *participe* (p. prés. : participe présent). Voir p. p. et part.
part. .... *participe.* Voir p.
pass. .... forme *passive* (d'un verbe) ; sens *passif* (d'un verbe pronominal).
péj. .... *péjoratif ; péjorativement* (avec mépris, en mauvaise part).
pers. .... *personne ; personnel* (pronom pers. : pronom personnel).
(Personnes) .... présente un sens, un emploi où le mot (adjectif, verbe) ne peut s'employer qu'avec des noms de personnes (s'oppose à *choses*). Voir suj. personne.
pl. ou plur. .... *pluriel* (ex. : n. m. pl., au plur.).
plaisant. .... *plaisanterie* (par plaisant. : emploi qui vise à être drôle, à amuser).
poét. .... mot de la langue littéraire utilisé seulement ou surtout en *poésie*.

pop. .... *populaire* : qualifie un mot ou un sens courant dans la langue parlée des milieux populaires français (souvent argot ancien répandu), qui ne s'emploierait pas normalement dans un milieu social élevé.
poss. .... *possessif* (adj. poss. : adjectif possessif).
p. p. .... *participe passé*. – REM. Les participes passés adjectifs les plus importants sont traités à l'ordre alphabétique. Les autres sont mentionnés au verbe. — p. p. adj. : participe passé adjectif ; p. p. ou au p. p. : participe passé (certains sont donnés en exemple sans mention particulière).
prép. .... *préposition* (loc. prép. : locution prépositive).
prépos. .... *prépositionnel*.
prés. .... *présent* (temps du verbe).
pron. .... *pronominal* (v. pron. : verbe pronominal).
pronominalement ... emploi pronominal isolé d'un verbe.
propos. .... *proposition*.
PROV. .... *proverbe*.
qualif. .... *qualificatif* (ex. : adj. qualif. : adjectif qualificatif).
qqch. .... *quelque chose*.
qqn .... *quelqu'un*.
rare .... mot qui, dans son usage particulier (il peut être didactique, technique, etc.), n'est employé qu'exceptionnellement.
récipr. .... *réciproque* (v. pron. récipr. : verbe pronominal réciproque).
réfl. .... *réfléchi* (v. pron. réfl. : verbe pronominal réfléchi).
région. .... *régional* (mot ou emploi particulier au français parlé dans une ou plusieurs régions, mais qui n'est pas d'usage général ou qui est senti comme propre à une région.
relig. .... terme didactique de *religion*.
REM. .... *remarque*.
s. .... *siècle*.
second. .... *secondaire*.
seult .... *seulement*.
scol. .... *scolaire* (arg. scol. : argot scolaire).
sing. .... *singulier*.
souv. .... *souvent*.
spécialt .... *spécialement*.
subj. .... *subjonctif* (mode du verbe).
suff. .... *suffixe*.
suj. .... *sujet* (suj. chose : le sujet est un nom désignant des choses ; suj. personne : le sujet est un nom désignant des personnes).
symb. .... *symbole*.
tr. .... *transitif* (v. tr. : verbe transitif, qui a un complément d'objet [exprimé ou non] ; tr. dir. : transitif direct [voir dir.] ; tr. indir. : transitif indirect [voir ind.]).
transitivement ...... passage d'un verbe intransitif à un emploi transitif.
v. .... *verbe*.
verb. .... *verbal*.
vieilli .... mot, sens ou expression encore compréhensible de nos jours, mais qui ne s'emploie plus dans la langue parlée courante.
vulg. .... *vulgaire* : mot, sens ou emploi choquant (souvent familier [fam.] ou populaire [pop.], qu'on ne peut employer entre personnes bien élevées, quelle que soit leur classe sociale).
vx .... *vieux* (mot, sens ou emploi de l'ancienne langue, incompréhensible ou peu compréhensible de nos jours et jamais employé, sauf par effet de style : archaïsme).

DICTIONNAIRE QUÉBÉCOIS DE LANGUE FRANÇAISE

a

a [ɑ] n. m. invar. ■ Première lettre, première voyelle de l'alphabet. — Loc. *De A à Z, depuis A jusqu'à Z,* du commencement à la fin. *Prouver qqch. par A + B,* de façon certaine, indiscutable. ⟨ ▶ a b c ⟩

a-, an- ■ Élément exprimant la négation *(pas),* ou la privation *(sans).* ⇒ **anormal, apolitique.**

à [a] prép. Contraction de *(à le)* en *au,* de *(à les)* en *aux.* **I.** Introduisant un objet (complément) indirect. — (D'un verbe) *Se décider à partir. Nuire à sa santé.* — (D'un nom) *Le recours à la force.* — (D'un adjectif) *Fidèle à sa parole.* — À CE QUE, pour QUE (+ subjonctif). *Je consens à ce que vous partiez,* ou *que vous partiez.* **II.** Marquant des rapports de direction. **1.** Lieu de destination. *Aller à Québec ; je pense y* aller. À la porte ! Son voyage à Paris.* — DE... À... *Du Nord au Sud.* **2.** *(De... à...)* Progression dans une série. *Du premier au dernier.* — (Temps) *J'irai de 4 à 6 heures.* — (Entre deux numéraux non successifs, marque l'approximation) ⇒ **environ.** *Des groupes de quatre à dix personnes.* **3.** Aboutissement à un point extrême. ⇒ **jusqu'**à. *Elle court à perdre haleine,* au point* de... **4.** Destination, but. ⇒ **pour.** *Donner une lettre à poster. Un verre à vin. Il n'est bon à rien.* — (Devant un infinitif) *Nous avons à manger,* quelque chose à manger. ⇒ de **quoi.** *Ce travail laisse à désirer.* **5.** Destination de personnes, attribution. *Donner de l'argent aux pauvres. Salut à tous !* — (En dédicace) *À mes amis.* **III.** Marquant des rapports de position. **1.** Position dans un lieu. ⇒ **dans, en.** *Il vit à Chicoutimi. S'installer aux États-Unis, au Mexique. Partir aux Indes.* ⇒ **en.** *Un séjour à la mer.* **2.** Position dans une situation. *Se mettre au travail. Vous êtes toujours à travailler.* ⇒ en **train** de. — *Être le premier à faire qqch.,* le premier qui fait qqch. — À (+ infinitif). *À vous priver ainsi, vous tomberez malade,* en vous privant ainsi... **3.** Position dans le temps. *Je m'en irai à cinq heures. À ces mots, elle se fâcha. Emprisonnement à perpétuité.* **4.** Appartenance. *Cet objet est à moi. À qui sont ces gants ? — À nous la liberté ! Bien à vous.* — Fam. *L'auto à mon père.* ⇒ **de** (II). — C'EST À... DE (+ infinitif) : il appartient à... de. *C'est à moi de l'aider,* c'est mon devoir, ou c'est mon tour de l'aider. — C'EST (+ adj.) À... *C'est gentil à vous d'accepter,* vous êtes gentil d'accepter. **IV.** Marquant la manière d'être ou d'agir. **1.** Moyen, instrument. ⇒ **avec, par.** *Aller à pied. Bateau à vapeur.* **2.** Manière. *Elle vit à l'aise. Acheter à crédit. Tissu à fleurs.* — À LA... (+ adj., nom, loc.). *Parler à la légère,* légèrement. *Homard à l'américaine. Victoire à la Pyrrhus. Une toile à la Marc-Aurèle Fortin,* dans le style de. **3.** Prix. *Je vous le vends à cinq dollars.* ⇒ **pour.** *Une confiserie à dix cents.* ⇒ **de.** **4.** Accompagnement. ⇒ **avec.** *Un pain aux raisins. L'homme au chapeau rond.* **5.** Association numérique. *Elles sont venues à dix, à plusieurs,* en étant dix, plusieurs à la fois. — *Deux à deux,* deux à la fois. ⇒ **par.** ⟨ ▶ à-côté, à-coup, adieu, à-Dieu-va(t), afin de, ajouré, alentour, alors, amont, aparté, à-peu-près, à-pic, aplomb, à-propos, au-delà, auparavant, auprès de, autant, ① autour, ① aval, avenir, averse, c'est-à-dire, garde-à-vous, goutte-à-goutte, mort-aux-rats, pied-à-terre, porte(-)à(-)faux, pot-au-feu, prêt-à-manger, prêt-à-monter, prêt-à-porter, tape-à-l'œil, tête-à-queue, tête-à-tête, tire-au-cul, tire-au-flanc, touche-à-tout, tout-à-l'égout, vis-à-vis, vol-au-vent ⟩

A.A. [ɑɑ] n. invar. ■ Abréviation de *alcoolique* anonyme. C'est un, une A.A.,* une personne qui a des problèmes d'alcool et qui fréquente, sous le couvert de l'anonymat, un groupement qui s'occupe du traitement de l'alcoolisme. — Le groupement lui-même. *Aller aux A.A. Faire partie des A.A.*

abaisser [abese] v. tr. ■ conjug. 1. **I. 1.** Faire descendre à un niveau plus bas. ⇒ **baisser.** *Abaisser une vitre.* / contr. **relever** / *Abaisser une perpendiculaire* (d'un point à une droite). **2.** Diminuer la quantité, faire baisser. *Abaisser le prix du pain, la température d'une pièce.* ⇒ **baisser, diminuer. 3.** *Abaisser qqn,* l'humilier. ⇒ **rabaisser.** *La misère abaisse l'humanité.* ⇒ **dégrader.** / contr. **exalter, glorifier** / **II.** S'ABAISSER v. pron. **1.** Descendre à un niveau plus bas. *Le terrain s'abaisse vers la rivière.* ⇒ **descendre. 2.** Perdre sa dignité, sa fierté. *Tu t'abaisses à lui demander pardon, à des compromissions.* ⇒ s'**avilir.** ▶ ***abaissement*** n. m. **1.** Action de diminuer (une grandeur). ⇒ **baisse, diminution.** *L'abaissement de la température, d'un prix.* / contr. **élévation, relèvement** / **2.** Vieilli. État d'une personne qui a perdu sa dignité. ⇒ **avilissement, dégradation.** ⟨ ▶ rabaisser ⟩

abandonner [abɑ̃dɔne] v. tr. ■ conjug. 1. **I. 1.** Ne plus vouloir (d'un bien, d'un droit). ⇒ **renoncer** à. *Abandonner ses biens, le pouvoir. Abandonner sa fortune à qqn.* ⇒ **donner, léguer.** *Abandonner à qqn le soin de faire qqch.* **2.** Laisser au pouvoir (de qqch.). *Vous m'abandonnez à mon triste sort.* **3.** Quitter, laisser définitivement (qqn dont on doit s'occuper, envers qui on est lié). *Abandonner ses enfants, sa femme, son mari, ses amis.* ⇒ **délaisser, plaquer,** laisser **tomber. 4.** Quitter définitivement un lieu. *Les jeunes abandonnent la campagne.* ⇒ **déserter. 5.** Renoncer à (une action difficile, pénible). *Abandonner la lutte.* ⇒ **capituler, flancher.** *Abandonner un travail.* — Sans compl. *J'abandonne !* ⇒ **démissionner,** laisser **tomber.** *Athlète qui abandonne* (en cours d'épreuve, de compétition). **6.** Cesser de soutenir, d'employer.

Abandonner une hypothèse, un procédé. **II.** S'ABANDONNER v. pron. réfl. **1.** Se laisser aller à (un état, un sentiment). *S'abandonner au désespoir, à la joie.* **2.** Se détendre, se laisser aller physiquement. **3.** Se livrer avec confiance. ⇒ s'**épancher.** **III.** (ÊTRE) ABANDONNÉ, ÉE (passif). *Cet enfant est abandonné,* dont personne ne s'occupe. — Au p. p. adj. *Un village abandonné* (par ses habitants). ► ***abandon*** n. m. **1.** Action d'abandonner, de renoncer à (qqch.) ou de laisser (qqch., qqn). *L'abandon d'un bien par qqn.* ⇒ **cession, don.** *Abandon d'un enfant. Abandon d'un projet.* / contr. **maintien** / — ABANDON SCOLAIRE : de l'école avant la fin de la période de l'obligation scolaire*. ⇒ **décrochage.** — À L'ABANDON loc. adv. : dans un état d'abandon, sans soin. ⇒ fam. **magané.** *Le quartier est à l'abandon.* **2.** Action de se laisser aller, de se détendre. *Renversée dans son fauteuil, avec abandon.* ⇒ **nonchalance.** — Calme confiant. *S'épancher avec abandon.* ⇒ **confiance.** / contr. **raideur ; méfiance** / **3.** Sports. Action d'abandonner (I, 5). *Il y a eu de nombreux abandons pendant la course.*

abaque [abak] n. m. ■ Vieilli. Boulier compteur.

abasourdir [abazuʀdiʀ] v. tr. ▪ conjug. 2. **1.** Assourdir, étourdir par un grand bruit. **2.** Étourdir par la surprise. ⇒ **hébéter, sidérer, stupéfier.** *Cette nouvelle m'a abasourdi.* — Au p. p. adj. *Elle est tout abasourdie.* ⇒ **ahuri.** ► ***abasourdissant, ante*** adj.

abat [abɑ] n. m. ■ Action d'abattre toutes les quilles avec une seule boule. *Réussir plusieurs abats au cours d'une partie.*

① ***abatis*** ou ① ***abattis*** [abati] n. m. **1.** Terrain dont on a abattu les arbres sans arracher les souches. **2.** Ensemble des arbres abattus. *Les enfants couraient au beau milieu de l'abatis.* — Branches, souches et autres résidus de l'abattage qu'on brûle ou transforme en copeaux.

② ***abatis*** ou ② ***abattis*** n. m. pl. ■ Abats de volaille (tête, cou, ailerons, pattes, foie, gésier).

abat-jour [abɑʒuʀ] n. m. invar. ■ Réflecteur qui rabat la lumière d'une lampe. *Lampe à abat-jour de soie. Des abat-jour.*

abats [abɑ] n. m. pl. ■ Parties accessoires et comestibles d'animaux tués pour la consommation. *Abats d'animaux de boucherie* (cœur, foie, rognons, tripes, langue...). *Abats de volailles.* ⇒ ② **abattis.** *Manger des abats.*

abattage [abataʒ] n. m. **1.** Action d'abattre (ce qui est vertical). *Bûcheron qui fait de l'abattage en forêt.* **2.** Action d'abattre, de tuer (un animal de boucherie).

① ***abattement*** [abatmɑ̃] n. m. ■ Diminution d'une somme à payer, d'un impôt. ⇒ **déduction.**

② ***abattement*** n. m. **1.** Grande diminution des forces physiques. ⇒ **épuisement, faiblesse, fatigue.** **2.** Dépression morale, désespoir calme. ⇒ **découragement, désespoir.** *Être dans un profond abattement.*

①, ② ***abattis*** ⇒ ①, ② **abatis.**

abattoir [abatwaʀ] n. m. **1.** Lieu où l'on tue les animaux de boucherie. ⇒ **abattage.** **2.** Fig. *Envoyer des soldats à l'abattoir,* au massacre.

abattre [abatʀ] v. tr. ▪ conjug. 41. **I.** Faire tomber. **1.** Faire tomber (ce qui est vertical), jeter à bas. *Abattre un arbre,* en le coupant à la base. *Abattre un mur, une maison.* ⇒ **démolir.** **2.** Faire tomber (un être vivant) en donnant un coup mortel. ⇒ **tuer.** *Abattre un cheval blessé. Abattre qqn,* l'assassiner avec une arme à feu. ⇒ fam. **descendre, zigouiller.** *Ils l'ont abattu d'une balle dans le ventre.* **3.** Détruire en vol (un avion). *Trois chasseurs ont été abattus.* **4.** ABATTRE SON JEU : déposer, étaler ses cartes avant la fin du jeu. — Abstrait. Dévoiler ses intentions et passer à l'action. **5.** *Abattre de la besogne,* en faire beaucoup ; travailler beaucoup et efficacement. **6.** Rendre faible, ôter les forces de (qqn). *Cette grosse fièvre l'a abattu.* ⇒ **épuiser, fatiguer.** **7.** Ôter l'énergie, l'espoir, la joie à (qqn). ⇒ **décourager, démoraliser, déprimer.** *La fatigue l'abattait complètement. Se laisser abattre.* **II.** S'ABATTRE (SUR) v. pron. réfl. **1.** Tomber tout d'un coup. ⇒ s'**affaisser,** s'**écrouler,** s'**effondrer.** *Le grand mât s'abattit sur le pont. La grêle s'est abattue sur la ville.* **2.** Se laisser tomber (sur), en volant. *Les sauterelles s'abattent sur les récoltes.* — Abstrait. Se jeter sur (pour piller). ► ***abattu, ue*** adj. **1.** Qui n'a plus de force, est très fatigué. ⇒ **faible.** *La convalescente est encore très abattue.* **2.** Triste et découragé. *Depuis la mort de son frère, elle est abattue.* ⟨ ► abat, abat-jour, abats, abattage, ② abattement, ① abatis, ② abatis, abattoir, rabat ① rabattre ⟩

abbatial, ale, aux [abasjal, o] adj. ■ Qui appartient à l'abbaye, ou à l'abbé, à l'abbesse. *Église abbatiale.*

abbaye [abei] n. f. ■ Couvent, monastère dirigé par un abbé ou une abbesse. *Des abbayes de style gothique.*

abbé [abe] n. m. **1.** Supérieur d'un monastère d'hommes érigé en abbaye. **2.** Titre donné à un prêtre séculier. *Bonjour, monsieur l'abbé. L'abbé X.* ⟨ ► abbatial, abbaye, abbesse ⟩

abbesse [abɛs] n. f. ■ Supérieure d'un couvent de religieuses érigé en abbaye.

a b c [ɑbese] n. m. invar. **1.** Vx. Petit livre pour apprendre l'alphabet et les rudiments de la lecture. ⇒ **abécédaire.** **2.** Ce qu'il faut au moins savoir (d'un métier, d'un art). *C'est l'a b c du métier.* ⇒ **base** (III). ⟨ ► abécédaire ⟩

abcès [apsɛ] n. m. invar. **1.** Amas de pus dans une cavité, un organe ou un tissu du corps. *Il faut ouvrir cet abcès. Abcès artificiel* ou *de fixation,* provoqué pour localiser une infection générale. **2.** Fig. *Crever, vider l'abcès,* extirper un mal, une cause de discorde.

abdiquer [abdike] v. tr. ▪ conjug. 1. **1.** Renoncer à (une chose). *Le président a abdiqué son autorité, le pouvoir.* **2.** Sans compl. Renoncer à agir, se déclarer vaincu. ⇒ **abandonner, céder, démissionner.** *J'abdique, c'est trop difficile !* **3.** Sans compl. Renoncer au pouvoir suprême. *Le roi abdiqua en faveur de sa fille.* ► ***abdication*** n. f. ■ Action de renoncer au pouvoir suprême, à la couronne. *Le roi Édouard VIII d'Angleterre annonça son abdication à la radio.*

abdomen [abdɔmɛn] n. m. ■ Cavité qui renferme les organes de la digestion, les viscères, à la partie inférieure du tronc. ⇒ **ventre.** *De gros abdomens.* ► ***abdominal, ale, aux*** adj. ■ De l'abdomen. *Muscles abdominaux.* — N. m. pl. *Développer ses abdominaux par l'exercice.*

abécédaire [abesedɛʀ] n. m. ■ Petit livre pour apprendre l'alphabet et les rudiments de la lecture. ⇒ **a b c.**

abeille [abɛj] n. f. ■ Insecte (hyménoptère) vivant en colonie et produisant la cire et le miel. *Un essaim, un nid d'abeilles. Elle a été piquée par une abeille. Élevage d'abeilles.* ⇒ **apiculture.** *Les abeilles sont dans la ruche*.*

abénaquis, ise [abenaki, iz] adj. et n. **1.** Relatif à une nation d'Amérindiens du Centre du Québec appartenant à la famille algonquine. *Un territoire abénaquis.* — N. (Avec une majusc.) *Une Abénaquise.*

2. N. m. *L'abénaquis,* une langue de la famille linguistique algonquienne parlée par ces Amérindiens.

aberrant, ante [abɛʀɑ̃, ɑ̃t] adj. **1.** Qui s'écarte du type normal. *Forme aberrante.* / contr. **normal** / **2.** Qui s'écarte de la règle, est contraire à la raison. *Une idée, une conduite aberrante.* ⇒ **absurde, insensé.** *C'est aberrant d'agir comme ça !* ▶ ***aberration*** n. f. **1.** Déviation du jugement, du bon sens. ⇒ **égarement, folie.** *Dans un moment d'aberration, tu lui as reproché sa gentillesse.* **2.** Idée, conduite aberrante. *C'est une aberration !*

abêtir [abetiʀ] v. tr. ▪ conjug. 2. ■ Rendre bête, stupide. ⇒ **abrutir.** *Ces lectures idiotes l'abêtissent.* — Pronominalement (réfl.). *On s'abêtit dans ce milieu.* ▶ ***abêtissant, ante*** adj. ■ ⇒ **abrutissant.** *Des travaux abêtissants.* ▶ ***abêtissement*** n. m. ■ Action d'abêtir ; son résultat.

abhorrer [abɔʀe] v. tr. ▪ conjug. 1. ■ Littér. Avoir en horreur (qqn, qqch.). ⇒ **exécrer, haïr.** / contr. **adorer** /

abîme [abim] n. m. **1.** Concret. Gouffre très profond, sans fond. ⇒ **précipice.** **2.** Abstrait. ABÎME ENTRE... : grande séparation, grande différence. *Entre un croyant et un athée, il y a un abîme.* **3.** Dans des expressions. Situation morale ou matérielle très mauvaise, dangereuse. ⇒ **perte, ruine.** *Être au bord de l'abîme, toucher le fond de l'abîme. Course à l'abîme.*

abîmer [abime] v. tr. ▪ conjug. 1. **1.** *Abîmer qqch.,* mettre en mauvais état. ⇒ **briser, casser, détériorer, endommager, esquinter, maganer, salir.** *Abîmer un meuble, un livre, un vêtement.* **2.** Fam. *Abîmer qqn,* le meurtrir, le blesser par des coups. ⇒ **arranger ;** fam. **amocher,** des paroles. *Un boxeur qui abîme son adversaire. Il abîme de bêtises tous ceux qui le dérangent.* **3.** S'ABÎMER v. pron. : se détériorer, se salir. *Range ces photos, elles vont s'abîmer.* **4.** (ÊTRE) ABÎMÉ (passif). *Ton livre est abîmé, déchiré.* — Au p. p. adj. *Un costume abîmé.*

abitibien, ienne [abitibjɛ̃, jɛn] adj. et n. ■ De l'Abitibi. *Les forêts abitibiennes.* — N. (avec une majusc.) Personne née dans cette région du Québec ou qui l'habite. ‹ ▶ témiscabitibien ›

abject, ecte [abʒɛkt] adj. ■ Qui mérite le mépris, suscite un dégoût moral. ⇒ **ignoble, infâme, infect, répugnant, vil.** *Un procédé, un chantage abject. Elle a été abjecte envers moi.* ▶ ***abjection*** [abʒɛksjɔ̃] n. f. ■ Caractère de ce qui est abject, ignoble. ⇒ **abaissement, avilissement, indignité, infamie.** *Vivre dans l'abjection.*

abjurer [abʒyʀe] v. intr. ▪ conjug. 1. ■ Renoncer solennellement à sa religion. *Le 25 juillet 1593, Henri IV abjura en l'église Saint-Denis près de Paris.* ≠ *adjurer.* ▶ ***abjuration*** n. f. ■ Action d'abjurer. ≠ *adjuration.*

ablatif [ablatif] n. m. ■ Cas de la déclinaison latine, indiquant qu'un substantif sert de point de départ ou d'instrument à l'action.

ablation [ablasjɔ̃] n. f. ■ Action d'enlever (une partie du corps) par la chirurgie. *Pratiquer l'ablation d'un rein, des amygdales.*

-able ■ Élément qu'on joint à un verbe ou à un nom pour faire un adjectif et qui signifie « qui peut être » (ex. : *buvable, récupérable ; ministrable*).

ablutions [ablysjɔ̃] n. f. pl. **1.** Lavage du corps, comme purification religieuse. **2.** *Faire ses, des ablutions,* se laver.

abnégation [abnegasjɔ̃] n. f. ■ Sacrifice volontaire de soi-même, de son propre intérêt. ⇒ **désintéressement, dévouement, sacrifice.** *Un acte d'abnégation.* / contr. **égoïsme** /

aboiement [abwamɑ̃] n. m. ■ Action d'aboyer, cri du chien.

aux abois [ozabwa] loc. adj. **1.** Concret. Se dit d'une bête chassée entourée par les chiens. *Un renard aux abois.* **2.** Abstrait. Dans une situation désespérée. *Un politicien aux abois.*

aboiteau [abwato] n. m. ■ (Surtout en Acadie) Digue étanche munie de clapets qui se ferment quand la marée monte et qui laissent s'écouler l'eau des marais quand la marée baisse facilitant ainsi la récupération des terres littorales pour la culture. *Il existe des aboiteaux dans la région de Kamouraska.* — Par ext. La surface de terrain ainsi récupérée.

abolir [abɔliʀ] v. tr. ▪ conjug. 2. ■ Annuler, supprimer (ce qui a un effet juridique). *Abolir une loi* ⇒ **abroger,** *une peine* ⇒ **annuler.** *Pétition pour abolir la peine de mort. Abolir des postes,* les supprimer. — Au p. p. adj. *Loi abolie.* ▶ ***abolition*** n. f. ■ Action d'abolir. ⇒ **suppression.** *Abolition de l'esclavage. Abolition d'une loi, d'une peine.* ⇒ **abrogation, annulation.** *Il y aura plusieurs abolitions de postes dans ce ministère.* ▶ ***abolitionnisme*** n. m. ■ Opinion, action des personnes qui veulent abolir qqch. ▶ ***abolitionniste*** n. et adj. ■ *Un, une abolitionniste. — Une campagne abolitionniste.*

abominable [abɔminabl] adj. **1.** Qui provoque de l'horreur. ⇒ **affreux, atroce, épouvantable, horrible, monstrueux.** *Un crime abominable.* **2.** Très mauvais. ⇒ **affreux, détestable, exécrable, infect.** *Un temps abominable. — Vous avez été abominable avec nous : vous nous avez insultés et mis à la porte.* ▶ ***abominablement*** adv. ▶ ***abomination*** n. f. **1.** *Avoir qqch. en abomination,* en horreur. **2.** *Une abomination,* ce qui inspire de l'horreur. *Ce chantage est une abomination.*

abondance [abɔ̃dɑ̃s] n. f. **1.** Grande quantité, quantité supérieure aux besoins. ⇒ **profusion.** / contr. **rareté** / *L'abondance des légumes sur le marché.* PROV. *Abondance de biens ne nuit pas. — Corne d'abondance,* d'où s'échappent des fruits, des fleurs (emblème de l'abondance). — EN ABONDANCE loc. adv. : abondamment. ⇒ à **foison.** *Prenez des fruits, il y en a en abondance.* **2.** Ressources supérieures aux besoins. *Vivre dans l'abondance.* ⇒ **aisance, opulence, richesse.** ▶ ***abondant, ante*** adj. ■ Qui abonde, est en grande quantité. *Une abondante nourriture.* ⇒ **copieux.** *D'abondantes lectures.* ⇒ **nombreux.** / contr. **rare ; insuffisant** / ▶ ***abondamment*** adv. ■ En grande quantité. *Il neige abondamment.* ⇒ **beaucoup.** *Servez-vous abondamment.* ⇒ **copieusement, largement.**

abonder [abɔ̃de] v. intr. ▪ conjug. 1. **1.** Être en grande quantité. *Les marchandises abondent,* sont en abondance, sont abondantes. *Les fautes abondent dans ce texte.* ⇒ **foisonner.** **2.** ABONDER EN : avoir ou produire (qqch.) en abondance. *Ce texte abonde en citations.* **3.** (Personnes) *Abonder dans le sens de qqn,* être tout à fait de son avis. ‹ ▶ abondance, surabonder ›

abonner [abɔne] v. tr. ▪ conjug. 1. ■ Prendre un abonnement pour (qqn). *Abonner un ami à un journal.* — Pronominalement (réfl.). *S'abonner à un théâtre.* ≠ *souscrire.* ▶ ***abonné, ée*** adj. et n. **1.** Qui a pris un abonnement. *Lecteurs abonnés.* — N. *Liste des abonnés du câble.* **2.** Fam. ÊTRE ABONNÉ À : être coutumier de. *Elle a subi de nouveaux échecs ; c'est une abonnée !* ▶ ***abonnement*** n. m. ■ Fait de payer par versements ou en une fois pour recevoir qqch. régulièrement ou utiliser un service (transports, etc.) pendant un certain temps. *Prendre, souscrire un abonnement à un journal. Abonnement à l'orchestre symphonique. Tarif, carte d'abonnement.* ‹ ► désabonner, réabonner ›

abord [abɔʀ] n. m. ■ Action d'aborder qqn, de venir le trouver (dans des expressions). *Être d'un abord facile, agréable.* ⇒ **accessible, parlable.** — AU PREMIER ABORD, DE PRIME ABORD loc. adv. : dès la première rencontre ; à première vue, tout de suite. *Au premier abord, je te trouve assez timide.* ► *d'* ***abord*** loc. adv. ■ En premier lieu dans le temps, avant (autre chose). *Demandons-lui d'abord son avis, nous déciderons ensuite. Tout d'abord,* avant toute chose. *Et puis d'abord...* — Avant toute chose, pour l'importance. *L'être humain est d'abord un animal.* / contr. **après, ensuite** / ► ***d'abord que*** loc. adv. ■ Fam. *Reste, d'abord que tu gardes le silence.* — Puisque. *D'abord que tu acceptes, nous irons aussi.* ► ***OK. d'abord*** loc. ■ Fam. Puisque c'est ainsi. *Tu ne veux pas me prêter ton livre. O.K. d'abord, je vais me l'acheter.*

aborder [abɔʀde] v. ▪ conjug. 1. **I.** V. intr. Arriver au rivage, sur le bord. *Aborder dans une île ; au port.* **II.** V. tr. **1.** Heurter (un navire). ⇒ **abordage. 2.** Arriver à (un lieu inconnu ou qui présente des difficultés). *Le pilote aborde le virage avec prudence.* **3.** *Aborder qqn,* aller vers qqn (qu'on ne connaît pas, ou avec qui l'on n'est pas familier) pour lui adresser la parole. ⇒ **accoster.** *Il fut abordé par une inconnue.* **4.** En venir à..., pour en parler, en débattre. ⇒ **entamer.** *Aborder un sujet, une question, un problème.* ⇒ **attaquer.** ► ***abordable*** adj. **1.** (Prix) Modéré, pas trop cher. — D'un prix raisonnable. *C'est abordable.* / contr. **cher, dispendieux, inabordable** / **2.** (Personnes) Qu'on peut aborder (II, 3). ► ***abordage*** n. m. **1.** Assaut donné à un navire ennemi en s'amarrant bord à bord avec lui (par des crochets, des grappins). *À l'abordage !* **2.** Collision de deux navires. ‹ ► abord, abords, inabordable ›

abords [abɔʀ] n. m. pl. ■ *Les abords d'un lieu,* ce qui y donne accès, l'entoure immédiatement. ⇒ **alentours, environs.** *Les abords de l'autoroute sont bien laids.*

aborigène [abɔʀiʒɛn] n. et adj. ■ Personne originaire du pays où elle vit (seulement en parlant de populations dites « primitives »). ⇒ **autochtone, indigène.** — Adj. *Population aborigène ; plante, animal aborigène d'Amérique, d'Australie.* — REM. *Arborigène est une faute ; ce mot n'existe pas.

s' ***aboucher*** [abuʃe] v. pron. ▪ conjug. 1. ■ S'ABOUCHER AVEC *qqn* : se mettre en rapport avec lui (généralement dans une affaire suspecte, une intrigue).

aboulique [abulik] adj. et n. ■ Qui est pathologiquement privé de volonté. ⇒ **apathique, velléitaire.** — N. *Un, une aboulique.*

aboutir [abutiʀ] v. intr. ▪ conjug. 2. **I.** ABOUTIR À, DANS, SUR, SOUS... **1.** Concret. Arriver par un bout ; se terminer dans. *Le couloir aboutit dans une chambre.* **2.** Abstrait. ABOUTIR À : conduire à..., en s'achevant dans. ⇒ **mener** à. *Tes projets n'aboutiront à rien.* **II. 1.** Avoir finalement un résultat. ⇒ **réussir.** *Les recherches ont abouti. L'enquête n'a pas abouti,* a échoué. / contr. **échouer** / — Fam. s'achever, se terminer. *La recherche va-t-elle aboutir bientôt ? Aboutis !,* termine ce que tu as à dire, à faire. **2.** Crever *L'abcès a abouti.* ► ***aboutissants*** n. m. pl. ■ *Les tenants et les aboutissants* (d'une affaire), tout ce à quoi elle tient et se rapporte ; (d'un cours d'eau), sa source et son embouchure. ► ***aboutissement*** n. m. **1.** Le fait d'aboutir (II), d'avoir un résultat. *L'aboutissement de ses efforts.* **2.** Ce à quoi une chose aboutit. ⇒ **résultat.** *L'aboutissement de plusieurs années de privations.*

aboyer [abwaje] v. intr. ▪ conjug. 8. **1.** Pousser un aboiement. *Le chien aboie quand un visiteur arrive.* **2.** (Suj. personne) Crier (contre qqn), injurier. *Aboyer contre, après qqn.* ‹ ► aboiement, aux abois ›

abracadabrant, ante [abʀakadabʀɑ̃, ɑ̃t] adj. ■ Extraordinaire et incohérent. *Une histoire invraisemblable, abracadabrante.*

abrasif, ive [abʀazif, iv] n. m. et adj. ■ Matière qui use, nettoie, polit (une surface dure). *Les poudres à récurer sont des abrasifs.* — Adj. *Une matière abrasive.* ► ***abrasion*** [abʀazjɔ̃] n. f. ■ Action d'user par frottement.

abréger [abʀeʒe] v. tr. ▪ conjug. 3 et 6. **1.** Diminuer la durée de. *Elle a abrégé son voyage.* ⇒ **écourter.** *Abréger sa vie, ses jours* (par la fatigue, les excès, le souci). **2.** Diminuer la matière de (un discours, un écrit). ⇒ **raccourcir, résumer, tronquer.** *Abrégez ce texte.* / contr. **allonger** / *Abrégeons ! au fait !* **3.** *Abréger un mot,* supprimer une partie des lettres. **4.** *(Être) abrégé, ée* (au passif). *Mes vacances ont été abrégées.* — Au p. p. adj. *Mot abrégé.* ⇒ **abréviation, sigle, symbole.** ► ***abrégé*** n. m. ■ Discours ou écrit réduit aux points essentiels. ⇒ **condensé, résumé ; compendium.** *L'abrégé d'une conférence, d'un livre.* — EN ABRÉGÉ loc. adv. : en résumé, en raccourci, en omettant les détails. / contr. en **détail** / ► ***abrégement*** [abʀɛʒmɑ̃] n. m. ■ *L'abrégement d'un texte.* ⇒ **abréviation.** / contr. **allongement** /

abreuver [abʀœve] v. tr. ▪ conjug. 1. **1.** Faire boire abondamment (un animal). *Abreuver un troupeau.* — Pronominalement (réfl.). *Le bétail qui vient s'abreuver.* **2.** (Suj. personne) *S'abreuver,* boire abondamment. **3.** Donner beaucoup (de qqch.) à (qqn). *Elle l'abreuvait de caresses, de compliments.* ⇒ **combler.** *Il l'a abreuvé d'injures.* ⇒ **accabler.** ► ***abreuvoir*** n. m. **1.** Lieu aménagé pour faire boire les animaux. **2.** Fam. Dans les endroits publics, distributeur d'eau potable et fraîche fonctionnant à l'aide d'un mécanisme qui commande le jet d'eau. ⇒ **fontaine.**

abréviation [abʀevjasjɔ̃] n. f. ■ Action d'abréger. ⇒ **abrégement, sigle.** — Mot abrégé. *Liste des abréviations employées dans un ouvrage.* ► ***abréviatif, ive*** adj. ■ Qui sert à abréger. *Signes abréviatifs.*

abri [abʀi] n. m. **1.** Endroit où l'on est protégé (du mauvais temps, du danger). *Chercher un abri sous un arbre.* — ABRI D'AUTO : petit bâtiment à toit en auvent à une seule pente, adossé au mur d'une maison du côté supérieur et soutenu par des poteaux ou des piliers du côté inférieur. **2.** Construction rudimentaire destinée à protéger le voyageur à la campagne, en montagne. ⇒ **refuge**, aux arrêts de train, d'autobus. ⇒ **abribus.** — *Un abri de chasseur.* ⇒ ① **cache,** ② **ouache. 3.** ABRI FISCAL : placement encouragé par l'administration publique, et qui procure au contribuable des réductions d'impôts (≠ *évasion fiscale*). **4.** À L'ABRI loc. adv. : à couvert des intempéries, des dangers. *Se mettre à l'abri,* s'abriter. *Les papiers sont à l'abri,* en lieu sûr. **5.** À L'ABRI DE loc. prép. : à couvert contre (qqch.). *Se mettre à l'abri du vent.* — Abstrait. *Être à l'abri du besoin. Il est à l'abri de tout soupçon.* — Protégé par (qqch.). *Se mettre à l'abri du feuillage.* ► ***abribus*** [abʀibys] n. m. invar. ■ Petit abri situé à l'emplacement d'un arrêt d'autobus. *Se réfugier dans un abribus.* ‹ ► abriter, sans-abri ›

abricot [abʀiko] n. m. et adj. invar. **1.** N. m. Fruit comestible à noyau, à chair et peau jaune orange. *Tarte aux abricots.* **2.** Adj. invar. D'une couleur semblable à l'abricot. *Des chemisiers abricot.* ► ***abricotier*** n. m. ■ Arbre fruitier qui produit l'abricot.

abrier [abʀije] v. tr. ▪ conjug. 7. **I. 1.** Recouvrir (qqn) d'une couverture. / contr. **découvrir, désabrier** /

Abrier un enfant pour la nuit. Être abrié. jusqu'au cou. — Au p.p. adj. *Un bébé bien abrié.* **2.** Recouvrir (qqch.) pour le protéger. *La corde de bois est abriée avec une toile.* **3.** Cacher, dissimuler une affaire. *Abrier un scandale politique.* **II.** S'ABRIER v. pron. réfl. ■ (Suj. personne) Se recouvrir d'une couverture. ⇒ se **couvrir.** *Elle s'abrie avec une grande douillette.* — REM. Ce verbe se prononce [abrij-] à tous les temps et à toutes les personnes (ex : *Elle abriait* [abrijɛ]). ‹ ▸ désabrier, rabrier ›

abriter [abʀite] v. tr. ▪ conjug. 1. **I. 1.** (Suj. personne) Mettre à l'abri. *Abriter qqn sous son parapluie.* **2.** (Abri) Protéger. *Un grand parasol qui abrite du soleil.* ⇒ **garantir. 3.** (Lieu couvert) Recevoir (des occupants). ⇒ **héberger.** *Hôtel qui peut abriter deux cents personnes.* **II.** S'ABRITER v. pron. réfl. **1.** Se mettre à l'abri (des intempéries, du danger). ⇒ se **garantir,** se **préserver,** se **protéger. 2.** Abstrait. *S'abriter derrière qqn,* faire assumer par une personne plus puissante une responsabilité, une initiative, qu'elle a partagée. ▸ ***abrité, ée*** adj. ■ Qui est à l'abri du vent (opposé à *éventé*). *Une terrasse bien abritée.*

abroger [abʀɔʒe] v. tr. ▪ conjug. 3. ■ Déclarer nul (ce qui avait été établi, institué). ⇒ **abolir, annuler.** *Abroger une loi.* ▸ ***abrogation*** [abʀɔgasjɔ̃] n. f. ■ Action d'abroger.

abrupt, -upte [abʀypt] adj. et n. m. **1.** Dont la pente est presque verticale. ⇒ **escarpé,** à **pic.** *Un sentier abrupt.* ⇒ **raide.** — N. m. Paroi abrupte. ⇒ **à-pic. 2.** (Personnes) Qui est brusque, très direct. *Il a été un peu abrupt avec elles.*

abrutir [abʀytiʀ] v. tr. ▪ conjug. 2. **1.** Rendre stupide. ⇒ **abêtir.** *Une propagande qui abrutit les gens.* **2.** Fatiguer l'esprit de (qqn), rendre stupide. — (Suj. personne) *Abrutir un enfant de travail.* ⇒ **submerger, surmener.** — (Suj. chose) *Ce vacarme m'abrutit.* ⇒ **assourdir, étourdir.** ▸ ***abruti, ie*** adj. et n. ■ Fam. Sans intelligence. *Cet enfant est complètement abruti.* ⇒ **idiot, niaiseux, stupide.** — N. Personne stupide. *Espèce d'abruti !* ▸ ***abrutissant, ante*** adj. ■ Qui abrutit (2). ⇒ **fatigant.** *Un vacarme, un travail abrutissant.* ▸ ***abrutissement*** n. m. ■ Action d'abrutir, de rendre stupide.

abscisse [apsis] n. f. ■ Coordonnée horizontale qui sert avec l'*ordonnée* à définir la position d'un point dans un plan (symb. *x*).

absence [apsɑ̃s] n. f. **I. 1.** Le fait de n'être pas dans un lieu où l'on pourrait, où l'on devrait être. *Nous avons regretté votre absence. Son absence a duré longtemps.* **2.** Le fait de manquer une séance, un cours. *Les absences d'une élève.* **3.** Le fait pour une chose de ne pas se trouver là où on s'attend à la trouver. ⇒ **manque.** *L'absence de feuilles aux arbres.* **4.** Le fait de ne pas exister. ⇒ **défaut, manque ;** préf. **a-, dés-, in-, non-, sans-.** *L'absence de fautes dans une dictée.* **5.** EN L'ABSENCE DE : lorsque (qqn) est absent. *Il est plus expansif en l'absence de sa mère.* — À défaut (de qqn qui est absent). *En l'absence de la directrice, voyez son adjoint.* / contr. **présence** / **II.** *(Une, des absences)* Le fait de ne plus se rappeler (qqch.). ⇒ **trou** de mémoire. *J'ai eu une absence : je ne me rappelais plus son nom.* ▸ ***absent, ente*** adj. **I. 1.** ABSENT DE... : qui n'est pas (dans le lieu où il, elle pourrait, devrait être). *Il est absent de son bureau, de Sherbrooke.* **2.** Qui n'est pas là où on s'attendrait à le trouver. *Le chef est absent aujourd'hui.* — N. *Dire du mal des absents.* PROV. *Les absents ont toujours tort.* **3.** (Choses) *Être absent quelque part, dans un endroit, de qqch.* ⇒ **manquer.** *Un texte où la ponctuation est absente.* / contr. **présent** / **II.** (Personnes) Qui n'a pas l'esprit à ce qu'il devrait faire. ⇒ **distrait.** *Elle était un peu absente. — Un air absent.* ⇒ **rêveur.** / contr. **attentif** / ▸ ***absentéisme*** n. m. **1.** Absence fréquente d'un lieu (de travail, de réunion, etc.), fait de ne pas participer à des activités. *Le taux d'absentéisme est plus élevé chaque année.* **2.** Comportement d'une personne *(absentéiste)* qui est souvent absente. ▸ ***s'absenter*** v. pron. ▪ conjug. 1. ■ S'éloigner momentanément (du lieu où l'on doit être, où les autres pensent vous trouver). *Elle s'est absentée quelques instants.*

abside [apsid] n. f. ■ Extrémité d'une église derrière le chœur, lorsqu'elle est en demi-cercle.

absinthe [apsɛ̃t] n. f. ■ Liqueur alcoolisée verte, nocive. *L'absinthe était en vogue en Europe à la fin du* XIXe *siècle.*

absolu, ue [apsɔly] adj. et n. **I.** Adj. **1.** Qui ne comporte aucune restriction ni réserve. ⇒ **intégral, total.** *J'ai en elle une confiance absolue. Impossibilité absolue.* ⇒ **complet.** *Pouvoir absolu.* ⇒ **despotique, totalitaire ; absolutisme.** *Monarchie absolue, roi absolu,* qui a le pouvoir absolu. **2.** (Personnes) Qui ne supporte ni la critique ni la contradiction. ⇒ **autoritaire, entier.** / contr. **accommodant, conciliant** / **3.** (Opposé à *relatif*) *Majorité absolue.* **II.** N. m. **1.** Ce qui existe indépendamment de toute condition ou de tout rapport avec autre chose. *L'absolu, s'il existe, ne peut pas être connu.* **2.** DANS L'ABSOLU : sans comparer, sans tenir compte des conditions, des circonstances. *On ne peut juger de cela dans l'absolu.* ▸ ***absolument*** adv. **1.** D'une manière absolue. *Elles veulent absolument vous voir.* ⇒ sans **faute,** à tout **prix. 2.** (Avec un adj.) Tout à fait. ⇒ **entièrement, totalement.** *C'est absolument faux.* ▸ ***absolutisme*** n. m. ■ Système de gouvernement où le pouvoir du souverain est absolu. ⇒ **autocratie, despotisme, dictature, tyrannie.** ▸ ***absolutiste*** adj. et n.

absolution [apsɔlysjɔ̃] n. f. ■ Effacement d'une faute par le pardon. *Donner l'absolution à un pécheur.* ⇒ **absoudre.**

absorber [apsɔʀbe] v. tr. ▪ conjug. 1. **1.** Laisser pénétrer et retenir (un liquide, un gaz) dans sa substance. *Le buvard absorbe l'encre.* ⇒ **boire. 2.** (Êtres vivants) Boire, manger. *Elle n'a rien absorbé depuis hier.* ⇒ **prendre. 3.** Faire disparaître en soi (surtout passif). *Toutes mes économies sont absorbées par cette dépense.* ⇒ **engloutir. 4.** Occuper (qqn) complètement. *Ce travail l'absorbe beaucoup.* — Pronominalement (réfl.). S'ABSORBER. *S'absorber dans son travail. — Être absorbé dans sa lecture.* ▸ ***absorbant, ante*** adj. **1.** Qui absorbe les liquides, les gaz. *La gaze, tissu absorbant employé en pansements.* **2.** Abstrait. Qui occupe (qqn) tout entier. *C'est un travail très absorbant.* ▸ ***absorption*** [apsɔʀpsjɔ̃] n. f. **1.** Action d'absorber. *L'absorption de l'eau par les terrains perméables.* **2.** Action de boire, de manger, d'avaler, de respirer (qqch. d'inhabituel ou de nuisible). *Suicide par absorption de barbituriques.* ⇒ **ingestion. 3.** Fusion de sociétés, d'entreprises au bénéfice d'une seule.

absoudre [apsudʀ] v. tr. ▪ conjug. 51. **1.** Remettre les péchés de (un catholique). *Absoudre un pénitent.* ⇒ **absolution. 2.** Plaisant. Pardonner à (qqn). *Je vous absous !* / contr. **condamner** / — (Passif) *Tu es absous. Elle est absoute.* ‹ ▸ absolution ›

s'abstenir [apstəniʀ] v. pron. ▪ conjug. 22. **1.** *S'abstenir de faire qqch.,* ne pas faire volontairement. ⇒ s'**empêcher, éviter,** se **garder.** *Il s'est abstenu de me questionner.* **2.** Sans compl. *S'abstenir,* ne pas agir, ne rien faire. PROV. *Dans le doute, abstiens-toi.* — Ne pas voter. ⇒ **abstention.** *De nombreux électeurs se sont abstenus.* **3.** *S'abstenir d'une chose,* s'en passer volontairement ou ne pas la faire. *S'abstenir de vin.* ⇒ **renoncer** à. *Les journaux s'abstiennent de tout commentaire.* ▶ ***abstention*** [apstɑ̃sjɔ̃] n. f. ■ Le fait de ne pas voter, de ne pas se prononcer lors d'un vote. *La motion a été adoptée par vingt voix pour, cinq contre et deux abstentions.* ▶ ***abstentionnisme*** n. m. ■ Attitude de ceux qui ne votent pas. ▶ ***abstentionniste*** n. ■ Personne qui ne vote pas. / contr. **votant** /

abstinence [apstinɑ̃s] n. f. ■ Privation de certaines nourritures, boissons (pour des raisons religieuses ou pour sa santé). *Faire abstinence une fois par semaine.* ⇒ **maigre**, n. m.

abstraction [apstʀaksjɔ̃] n. f. **1.** Fait de considérer à part dans son esprit une qualité, une relation, indépendamment de l'objet, des objets qu'on perçoit ou qu'on imagine. *L'être humain est capable d'abstraction et de généralisation.* — Qualité ou relation isolée par l'esprit. ⇒ **notion.** *La couleur, la forme sont des abstractions.* **2.** Idée (opposé à *la réalité vécue*). *La vieillesse est encore pour elle une abstraction.* **3.** FAIRE ABSTRACTION DE *qqch.* : écarter par la pensée, ne pas tenir compte de. *Je fais abstraction des difficultés. Abstraction faite de son âge,* compte non tenu de son âge. **4.** Art abstrait (4). *Abstraction lyrique.* ▶ ***abstraire*** [apstʀɛʀ] v. tr. ▪ conjug. 50. **1.** Isoler par la pensée (un objet, une personne) ; considérer par abstraction. *Abstraire une qualité d'un objet.* **2.** S'ABSTRAIRE v. pron. : s'isoler mentalement du milieu extérieur pour mieux réfléchir. *Elle arrive à s'abstraire complètement au milieu de cette agitation. S'abstraire de l'agitation, du bruit autour de soi.* ▶ ***abstrait, aite*** adj. et n. m. **1.** Considéré par abstraction. *La blancheur est une idée abstraite.* / contr. **concret** / **2.** Qui utilise l'abstraction, n'opère pas sur la réalité. *Pensée abstraite. Les mathématiques sont une science abstraite.* **3.** Qui est difficile à comprendre à cause des abstractions. *Un texte, un auteur très abstrait.* **4.** ART ABSTRAIT : qui ne représente pas le monde visible, sensible (réel ou imaginaire) ; qui utilise la matière, la ligne, la couleur pour elles-mêmes. *Peinture, toile abstraite. Un peintre abstrait.* — N. *Les abstraits.* / contr. **figuratif** / **5.** N. m. DANS L'ABSTRAIT : sans référence à la réalité concrète. ⇒ **abstraitement.** / contr. dans le **concret** / *Tout cela est bien joli dans l'abstrait !* ▶ ***abstraitement*** adv. ■ D'une manière abstraite. / contr. **concrètement** / *S'exprimer trop abstraitement.* — Dans l'abstrait.

absurde [apsyʀd] adj. et n. m. **1.** (Choses) Contraire à la raison, au bon sens, à la logique. ⇒ **déraisonnable, inepte, insensé.** *Nous avons agi de façon absurde. Réponse absurde.* / contr. **sensé** / — Bête, stupide. **2.** (Personnes) *Vous êtes absurde !,* vous dites des absurdités. **3.** N. m. Ce qui est absurde. *Raisonnement, démonstration par l'absurde.* — *Philosophie de l'absurde,* qui montre l'absurdité de la condition humaine. ▶ ***absurdement*** adv. ■ De manière absurde. ▶ ***absurdité*** n. f. **1.** Caractère absurde. *Je vais vous montrer l'absurdité de ces accusations.* **2.** *(Une, des absurdités)* Chose absurde. ⇒ **ineptie, niaiserie, sottise, stupidité.** *Ce refus est une absurdité. Dire des absurdités.*

abus [aby] n. m. invar. **1.** Action d'abuser d'une chose ; usage mauvais, excessif ou injuste. *L'abus des alcools, des plaisirs.* ⇒ **excès.** — Fam. *(Il) y a de l'abus,* de l'exagération ; les choses vont trop loin. **2.** ABUS DE CONFIANCE : délit par lequel on abuse de la confiance de qqn. **3.** ABUS PHYSIQUE : mauvais traitement subi par qqn qui est en état d'infériorité ou qui ne peut pas se défendre. *Les enfants sont souvent l'objet d'abus physiques.* — ABUS SEXUEL : acte indécent auquel une personne, souvent mineure, ne peut se soustraire. *Être l'objet d'un abus sexuel.* **4.** Coutume mauvaise. *Les abus d'un régime.* ⇒ **injustice.** ▶ ***abuser*** v. tr. ▪ conjug. 1. **1.** ABUSER DE... : user mal, avec excès. *N'abusez pas des somnifères.* **2.** *Abuser une femme* ou *d'une femme,* la maltraiter d'une manière indécente ou sexuellement, en profitant d'une supériorité physique ou d'une autre forme de domination qu'on a sur elle. — Au p. p. adj. *Un enfant abusé sexuellement.* **3.** Littér. ABUSER *qqn* : tromper (qqn). ⇒ **duper, leurrer, mystifier.** *Il a été abusé par cet escroc.* **4.** S'ABUSER v. pron. réfl. : se tromper, se méprendre. *C'est, si je ne m'abuse, la première fois.* ▶ ***abusif, ive*** adj. ■ Qui constitue un abus. *L'usage abusif d'un médicament.* ⇒ **excessif, mauvais.** ▶ ***abusivement*** adv. ⟨ ▶ désabusé ⟩

abysse [abis] n. m. ■ Surtout au plur. Fosse sous-marine très profonde. — Gouffre. ⇒ **abîme.** *Un abysse.* ▶ ***abyssal, ale, aux*** adj. ■ Très profond. ⇒ **insondable.**

acabit [akabi] n. m. ■ Péj. *De cet acabit ; du même acabit,* de cette nature, de même nature. *Ces deux livres sont du même acabit, aussi mauvais l'un que l'autre.*

acacia [akasja] n. m. **1.** Arbre à branches épineuses, à fleurs blanches ou jaunes en grappes pendantes. *L'acacia est originaire d'Amérique du Nord.* **2.** En sciences. Mimosa.

académie [akademi] n. f. **1.** Société de gens de lettres, savants, artistes. *Académie de musique, de médecine. L'Académie des sciences de Berlin. L'Académie canadienne-française fut fondée en 1944 par Victor Barbeau.* — (France) L'ACADÉMIE : l'Académie française fondée en 1635 par le cardinal de Richelieu. **2.** (France) Circonscription universitaire. *Les Facultés de l'Académie de Strasbourg.* ▶ ***académicien, ienne*** n. ■ Membre d'une Académie (*spécialt de l'Académie française*). *Les académiciens français ont un habit vert et une épée. Elle fait partie des rares académiciennes.* ▶ ***académique*** adj. **1.** Qui suit étroitement les règles conventionnelles, avec froideur ou prétention. ⇒ **conventionnel.** *Un style, un sculpteur académique.* **2.** Relatif aux études, à l'enseignement, *spécialt* de niveau supérieur. — ANNÉE ACADÉMIQUE : temps qui s'écoule entre le début et la fin de l'année scolaire ou universitaire. — REM. L'O.L.F. propose *année scolaire* ou *année universitaire* pour remplacer ce terme. ▶ ***académisme*** n. m. ■ Observation étroite des traditions académiques ; classicisme étroit. *On a parfois accusé Ingres d'académisme.*

acadien, ienne [akadjɛ̃, jɛn] adj. et n. **1.** De l'Acadie. *L'histoire et les coutumes acadiennes.* — N. (Avec une majusc.) Personne née dans cette région du Canada. ⇒ **franco-acadien.** *Les Acadiens du Nouveau-Brunswick.* **2.** N. m. *L'acadien,* une variété de français parlé aujourd'hui en Acadie. ⇒ **chiac.** ▶ ***acadianisme*** n. m. ■ Mot, sens, locution ou tournure propre au français acadien. ⇒ **canadianisme, québécisme.** *Le mot chiac est un acadianisme.* ⟨ ▶ franco-acadien ⟩

acajou [akaʒu] n. m. ■ Arbre d'Amérique à bois rougeâtre, très dur, facile à polir ; ce bois. *Un mobilier en acajou.*

acanthe [akɑ̃t] n. f. ■ Plante à feuilles très découpées. — FEUILLE D'ACANTHE : ornement d'architecture représentant une feuille très découpée.

acariâtre [akaʀjɑtʀ] adj. ■ D'un caractère désagréable, difficile. ⇒ **grincheux, hargneux.** *Quel être misanthrope et acariâtre !*

accabler [akɑble] v. tr. ▪ conjug. 1. **1.** Faire supporter à (qqn) une chose pénible. *Il nous accable de travail.* ⇒ **écraser, surcharger.** — Abstrait. *Cette* *triste nouvelle nous accable.* **2.** Combler. *Accabler qqn de bienfaits, de cadeaux.* **3.** Attaquer par la parole. *Accabler qqn d'injures, de reproches.* ⇒ **abîmer, abreuver.** **4.** *(Être) accablé de travail, de soucis, d'ennuis.* ▸ ***accablant, ante*** adj. ■ Qui accable, fatigue. *Charge, chaleur accablante.* ⇒ **écrasant.** *Un témoignage accablant.* ⇒ **accusateur.** *Une nouvelle accablante.* ⇒ **triste.** ▸ ***accablement*** n. m. ■ État d'une personne qui supporte une situation très pénible. ⇒ **abattement.**

accalmie [akalmi] n. f. ■ Calme, après l'agitation. ⇒ **apaisement.** *Un moment d'accalmie dans les luttes politiques.* / contr. **crise, tempête** /

accaparer [akapaʀe] v. tr. ▪ conjug. 1. **1.** Prendre, retenir en entier. *Accaparer le pouvoir. N'accapare pas la salle de bains ! Le travail l'accapare tout entier.* ⇒ **occuper.** **2.** *Accaparer qqn,* le retenir. *Cet invité a accaparé la maîtresse de maison.* — *Accaparer l'attention.* **3.** S'ACCAPARER v. pron. Prendre qqch. qui appartient à autrui, s'en emparer. *S'accaparer un dossier.* ▸ ***accaparement*** n. m. ■ *L'accaparement des richesses.* ▸ ***accapareur, euse*** n. et adj.

accéder [aksede] v. tr. ind. ▪ conjug. 6. — ACCÉDER À. **1.** Pouvoir entrer, pénétrer ; avoir accès. *On accède à la terrasse par un escalier intérieur.* **2.** Abstrait. Parvenir (à une fonction supérieure). *Un concours permet d'accéder à ce poste.* **3.** Donner satisfaction à. ⇒ **acquiescer, consentir, souscrire.** *Accéder aux désirs de qqn.* ‹ ▸ accessible, accession ›

accélérer [akseleʀe] v. tr. ▪ conjug. 6. **1.** Rendre plus rapide. *Accélérer l'allure, le mouvement.* ⇒ **hâter, presser.** / contr. **ralentir** / **2.** Rendre plus prompt. ⇒ **activer, avancer.** *Il faut accélérer les travaux, l'exécution de ce plan.* / contr. **retarder** / — Au p. p. adj. *Formation accélérée.* ⇒ **intensif.** **3.** Intransitivement. Augmenter la vitesse d'une voiture, la vitesse du moteur (même à l'arrêt) avec l'accélérateur. *Accélérez doucement et changez de vitesse.* / contr. **freiner** / ▸ ***accélérateur*** n. m. **1.** Organe qui commande l'admission du mélange gazeux au moteur (l'admission accrue augmente la vitesse). *Appuyer sur l'accélérateur,* sur la pédale d'accélérateur. ⇒ fam. **champignon.** **2.** *Accélérateur de particules,* appareil qui communique à des particules élémentaires (électrons, etc.) des vitesses très élevées. ⇒ **cyclotron.** ▸ ***accéléré*** n. m. ■ Au cinéma. Procédé qui accélère les mouvements. *Poursuite et bagarre en accéléré.* ▸ ***accélération*** n. f. ■ Augmentation de vitesse. *L'accélération d'un mouvement, d'un véhicule.* / contr. **ralentissement** / *Cette voiture a des accélérations foudroyantes.*

accent [aksɑ̃] n. m. **1.** Élévation ou augmentation d'intensité de la voix mettant en relief une syllabe dans le discours. *Accent d'insistance.* **2.** Signe graphique qui sert à noter des différences dans la prononciation des voyelles. *E accent aigu* (é), *grave* (è), *circonflexe* (ê). — Signe graphique qui permet de distinguer deux mots (ex. : *a* et *à, ou* et *où*). **3.** Inflexions de la voix (timbre, intensité) exprimant un sentiment. ⇒ **inflexion, intonation.** *Un accent plaintif. Un accent de sincérité.* **4.** Ensemble des caractères phonétiques distinctifs d'une communauté linguistique considérés comme un écart par rapport à la norme (dans une langue donnée). *L'accent marseillais, l'accent acadien* (en français). *L'accent français* (en français québécois). *Avoir l'accent anglais* (en français), *l'accent français* (en espagnol). **5.** METTRE L'ACCENT SUR : insister. *Le ministre a mis l'accent sur les problèmes sociaux.* ▸ ***accentuer*** v. tr. ▪ conjug. 1. **1.** Élever ou intensifier la voix sur (tel son). *On accentue la voyelle finale, en français.* **2.** Mettre un accent (2) sur (une lettre). *Accentuer un a. Elle ne sait pas accentuer correctement.* — Au p.p. adj. *Dans le mot « étêté », il y a trois lettres accentuées.* **3.** Augmenter, intensifier (qqch.). *Accentuer l'opposition des couleurs. Accentuer son effort, son action.* — Pronominalement. Abstrait. S'ACCENTUER : augmenter. ⇒ **s'intensifier** *L'amélioration s'accentue.* / contr. **diminuer** / ▸ ***accentuation*** n. f. **1.** Le fait, la manière de placer les signes appelés accents. *Fautes d'accentuation.* **2.** Le fait d'augmenter, de s'accentuer. *L'accentuation de cette évolution.* ‹ ▸ inaccentué ›

accepter [aksɛpte] v. tr. ▪ conjug. 1. **I.** ACCEPTER *qqn, qqch.* **1.** Recevoir, prendre volontiers (ce qui est offert, proposé). *Accepter un cadeau, une invitation.* — Acquiescer à. *Il accepte tout. Accepter le combat,* se montrer prêt à se battre. / contr. **refuser** / **2.** Donner son accord à. *Accepter un contrat.* **3.** *Accepter qqn,* l'admettre auprès de soi ou dans tel rôle. *Accepter qqn pour époux.* **4.** Se soumettre à une épreuve ; ne pas refuser. ⇒ se **résigner, subir, supporter.** *Il ne peut pas accepter son échec. Accepter la vieillesse, la mort.* — Pronominalement (réfl.). S'ACCEPTER : s'accommoder de ses défauts comme de ses qualités. *Elle s'accepte tel qu'elle est.* **II. 1.** ACCEPTER DE (+ infinitif) : bien vouloir. *Elle a accepté de venir, de nous aider.* **2.** ACCEPTER QUE (+ subjonctif) : supporter. *Je n'accepte pas qu'on me parle sur ce ton.* ▸ ***acceptable*** adj. **1.** Qui mérite d'être accepté. *Elle a fait une offre acceptable.* **2.** Assez bon, qui peut convenir. *Le salaire est acceptable, mais il y a trop de travail.* ▸ ***acceptation*** n. f. ■ Le fait d'accepter (une chose abstraite). ⇒ **consentement.** *Il faut obtenir l'acceptation de tous les membres du comité.* / contr. **refus** / ≠ *acception.* ‹ ▸ inacceptable ›

acception [aksɛpsjɔ̃] n. f. ■ Sens particulier d'un mot. ⇒ **signification.** *Dans quelle acception le mot est-il employé ?* ≠ *acceptation.*

① ***accès*** [aksɛ] n. m. invar. **1.** Possibilité d'aller dans (un lieu). ⇒ **entrée.** *L'accès de ce lac est interdit. Une voie d'accès.* **2.** Voie qui permet d'entrer. *Les accès de Montréal sont insuffisants.* **3.** Possibilité d'approcher (qqn). *Avoir accès auprès de qqn. Elle est d'un accès difficile.* **4.** DONNER ACCÈS À : permettre d'obtenir. *Le D.E.C. donne accès à l'université.* ⇒ **accéder.** ‹ ▸ accessible ›

② ***accès*** n. m. invar. **1.** Arrivée ou retour d'un phénomène pathologique. *Accès de fièvre.* ⇒ **poussée.** *Accès de folie.* ⇒ **crise.** **2.** Émotion vive et passagère. *Des accès de colère, de tristesse.*

accessible [aksɛsibl] adj. **1.** Où l'on peut accéder, arriver, entrer. *Cette région est difficilement accessible.* **2.** Qu'on peut payer, acheter. *Des prix accessibles.* ⇒ **abordable, raisonnable.** — ACCESSIBLE À *qqn* : qui peut être compris par. ⇒ **compréhensible.** *Science, domaine accessible aux initiés.* **3.** (Personnes) Que l'on peut approcher, voir, rencontrer. *Il est peu accessible.* **4.** Sensible à (qqch.). *Elle n'est pas accessible à la flatterie.* / contr. **inaccessible** / ▸ ***accessibilité*** n. f. ■ Possibilité d'accéder, d'arriver à. *L'accessibilité à un emploi.* ▸ ***accession*** n. f. ■ Le fait d'accéder à une dignité, une fonction supérieure, une situation meilleure. *Accession d'un prince au trône. Accession d'un État à l'indépendance. Accession (des locataires) à la propriété.* ▸ ***accessit*** [aksɛsit] n. m. ■ Distinction, récompense accordée à une personne qui, sans avoir obtenu de prix, s'en est approchée. *Un premier accessit de musique. Des accessits.* ‹ ▸ inaccessible ›

① ***accessoire*** [aksɛswaʀ] adj. ■ Qui vient avec ou après ce qui est principal, essentiel. ⇒ **annexe, secondaire.** *Une idée, une question accessoire. C'est tout à fait accessoire.* ⇒ **négligeable, superflu.** — N. m. *L'accessoire,* ce qui est accessoire. ▸ ***accessoirement*** adv. ■ D'une manière accessoire ; en plus d'un motif principal.

② ***accessoire*** n. m. **1.** Petit objet nécessaire à une représentation théâtrale, un déguisement. *Les décors, les costumes et les accessoires.* **2.** Pièce non indispensable d'une machine, d'un instrument, etc. *Pièces et accessoires d'automobile.* **3.** ACCESSOIRE (DE MODE) : élément qui complète un habillement. *Ton sac à main est un bel accessoire.* — ACCESSOIRE ÉLECTRIQUE : petit appareil électro-ménager (grille-pain, mélangeur, fer à repasser, etc.). ▶ ***accessoiriste*** n. ■ Personne qui dispose les accessoires au théâtre, au cinéma, à la télévision.

accident [aksidɑ̃] n. m. **1.** Littér. Événement non prévu, non essentiel. *Les accidents de la vie.* — Loc. PAR ACCIDENT : par hasard. **2.** Événement fâcheux, malheureux. ⇒ **contretemps, ennui, mésaventure.** *Il a cassé un verre : c'est un petit accident.* **3.** Événement imprévu et soudain qui entraîne des dégâts, met en danger. *Accident d'avion. Elle a eu un accident, sa voiture est démolie.* **4.** *Accident de terrain,* inégalité du terrain. ≠ *incident.* ▶ ***accidenté, ée*** adj. **1.** Qui présente des inégalités. *Terrain accidenté. Région accidentée,* montagneuse. / contr. **plat** / **2.** Qui a subi un accident. *Voiture accidentée.* — N. *Les accidentés de la route.* ▶ ***accidentel, elle*** adj. **1.** Qui est dû au hasard (opposé à *essentiel*). ⇒ **fortuit, imprévu.** *Cette erreur est accidentelle.* / contr. **normal** / **2.** *Mort accidentelle,* du fait d'un accident (opposé à *naturel*). ▶ ***accidentellement*** adv. ■ *Cela est arrivé accidentellement.* ⇒ par **hasard.** — *Il est mort accidentellement,* dans un accident (3).

acclamer [aklame] v. tr. ▪ conjug. 1. ■ Saluer par des cris de joie, des manifestations publiques d'enthousiasme. *La pianiste s'est fait acclamer.* / contr. **huer** / ▶ ***acclamation*** [aklamasjɔ̃] n. f. **1.** Surtout au plur. Cri collectif d'enthousiasme pour saluer (qqn) ou approuver (qqch.). ⇒ **applaudissement, hourra, vivat.** *Être accueilli par des acclamations.* **2.** *Être élu par acclamation,* sans opposition et sans scrutin.

acclimater [aklimate] v. tr. ▪ conjug. 1. **1.** Habituer (un animal, une plante) à un milieu géographique différent. *Acclimater une plante tropicale en pays tempéré.* **2.** V. pron. réfl. (Personnes) *S'acclimater,* s'habituer à un nouveau pays, milieu (au physique et au moral). **3.** Introduire quelque part (une idée, un usage). ▶ ***acclimatation*** n. f. **1.** Action d'acclimater (un animal, une plante). **2.** (France) JARDIN D'ACCLIMATATION : jardin zoologique et botanique où vivent des espèces de toutes les régions du globe. ▶ ***acclimatement*** n. m. ■ Le fait de s'habituer à un autre milieu. ⇒ **accommodation** (2). *L'acclimatement d'une espèce animale.*

accointances [akwɛ̃tɑ̃s] n. f. pl. ■ *Avoir des accointances* (dans un milieu), avoir des relations, des amis, des complicités. *Elle a des accointances dans l'édition.*

accolade [akɔlad] n. f. **1.** Le fait de mettre les bras autour du cou. ⇒ **embrassade.** *Donner, recevoir l'accolade.* **2.** Signe à double courbure ({), qui sert à réunir plusieurs lignes ou des mots, des chiffres disposés en colonnes.

accolé, ée [akɔle] adj. ■ L'un contre l'autre, l'un à côté de l'autre. *Maisons accolées.*

accommoder [akɔmɔde] v. tr. ▪ conjug. 1. **1.** ACCOMMODER *qqch.* À *qqch.* : disposer ou modifier de manière à faire convenir à. ⇒ **adapter, ajuster.** *Il faut accommoder votre projet aux circonstances.* **2.** Préparer (des aliments) pour la consommation. ⇒ **apprêter, assaisonner, cuisiner.** *Accommoder du poisson à la sauce Béchamel.* **3.** V. pron. réfl. S'ACCOMMODER À : s'adapter à (choses abstraites ; personnes). *Nous nous accommodons à notre nouvelle vie.* **4.** V. pron. S'ACCOMMODER DE : accepter comme pouvant convenir. *Elle s'accommode de tout.* ⇒ **accommodant.** *Si vous n'avez qu'une petite chambre, je m'en accommoderai.* ⇒ se **contenter.** **5.** ACCOMMODER *qnn* : rendre service à qqn. *Tu m'accommoderais en me prêtant quelques dollars.* ▶ ***accommodant, ante*** adj. ■ Qui s'accommode facilement des personnes, des circonstances. ⇒ **conciliant, sociable.** *C'est une personne qui est très accommodante, d'une humeur accommodante.* ▶ ***accommodation*** n. f. **1.** Mise au point faite par l'œil, dans la fonction visuelle. **2.** Changement par adaptation au milieu. ⇒ **acclimatement.** ▶ ***accommodement*** n. m. ■ Accord ou compromis à l'amiable. ⇒ **conciliation.** *Obtenir un accommodement.* ⟨ ▶ ② raccommoder ⟩

accompagner [akɔ̃paɲe] v. tr. ▪ conjug. 1. **1.** Se joindre à (qqn) pour aller où il va en même temps que lui. *Il veut qu'elle l'accompagne partout. Accompagnez-moi jusqu'au cégep.* **2.** (Choses) S'ajouter à, aller avec. *Les haricots accompagnent bien le gigot.* — Au p. p. adj. *Un homard accompagné de champagne.* **3.** Jouer avec (un musicien, un chanteur) une partie pour soutenir sa mélodie. ⇒ **accompagnement.** *Accompagner un violoniste au piano.* — Pronominalement (réfl.). S'ACCOMPAGNER. *Il s'accompagne à la guitare* **4.** (Suj. chose) Pronominalement S'ACCOMPAGNER DE : se produire en même temps que ; avoir pour effet, pour corollaire. *Un échec s'accompagne parfois de compensations.* ▶ ***accompagnateur, trice*** n. **1.** Personne qui accompagne la partie principale d'une exécution musicale. *Cette pianiste est l'accompagnatrice d'un violoniste.* **2.** Personne qui accompagne et guide un groupe. ⇒ **guide.** *Nous voyagerons avec une accompagnatrice.* ▶ ***accompagnement*** n. m. **1.** Ce qui est servi avec une viande, un poisson. *Servir une viande avec un accompagnement de...* **2.** Action de jouer une partie musicale de soutien à la partie principale ; cette partie. *Accompagnement de piano. Chanter sans accompagnement.* ⟨ ▶ raccompagner ⟩

accompli, ie [akɔ̃pli] adj. **1.** Qui est parfait en son genre. ⇒ **consommé, incomparable, parfait.** *Une œuvre accomplie.* **2.** Terminé. — LE FAIT ACCOMPLI : ce qui est fait, sur quoi on ne peut revenir. *Il a dû s'incliner, céder devant le fait accompli. Mettre qqn devant le fait accompli.*

accomplir [akɔ̃pliʀ] v. tr. ▪ conjug. 2. **1.** Faire effectivement (ce qui était préparé, projeté). ⇒ **effectuer, exécuter, réaliser.** *Rien ne peut l'empêcher d'accomplir ce qu'elle a résolu.* **2.** Faire (ce qui est demandé, ordonné, proposé). ⇒ **remplir, satisfaire** à. *Accomplir un souhait. Accomplir son devoir, un ordre.* ⇒ **observer.** **3.** Pronominalement (passif). S'ACCOMPLIR : se réaliser, avoir lieu. ⇒ **arriver.** *Son souhait s'est accompli.* ▶ ***accomplissement*** n. m. ■ Le fait d'accomplir, de s'accomplir. ⇒ **exécution, réalisation.** *Jusqu'à l'accomplissement de votre tâche. L'accomplissement de ses désirs.* ⟨ ▶ accompli ⟩

① ***accord*** [akɔʀ] n. m. **1.** État qui résulte d'une communauté ou d'une conformité de pensées, de sentiments. ⇒ **entente.** *L'accord est unanime, général. D'un commun accord. Ils vivent en parfait accord.* / contr. **désaccord, mésentente** / **2.** D'ACCORD. *Être d'accord,* avoir la même opinion, le même avis ou la même intention. ⇒ s'**entendre.** *Ils sont toujours d'accord. Elles se sont mises d'accord. Je suis d'accord avec vous. Il est d'accord avec l'idée,* il l'accepte — *D'accord,* j'y consens. *« Viendrez-vous demain ? – D'accord. »* ⇒ **oui** ; fam. **O.K.** **3.** UN ACCORD : arrangement entre ceux qui se mettent d'accord. ⇒ **compromis, convention, pacte, traité.** *Négocier, conclure un accord. L'accord du libre-échange. Après plusieurs heures de* *discussions, nous sommes arrivés à un accord. Un accord de principe,* qui ne mentionne pas les détails d'application et qui doit être ratifié. **4.** DONNER SON ACCORD : accepter, autoriser, permettre. ⇒ **autorisation, permission. 5.** (Choses) EN ACCORD AVEC : adapté à, qui correspond à. *Ses opinions ne sont pas en accord avec ses actes.* ⇒ **cadrer, concorder.** ▶ ***accord-cadre*** [akɔʀkɑdʀ] n. m. ■ Accord ① dont les clauses générales permettent d'orienter les modalités d'application. *Le ministre signera plusieurs accords-cadres.* ‹ ▶ désaccord ›

② ***accord*** n. m. **1.** Association de plusieurs sons (au moins trois) simultanés ayant des rapports de fréquence codifiés par les lois de l'harmonie. *Accord parfait* (tonique, médiante, dominante) ; *accord de tierce. Frapper, plaquer un accord au piano.* **2.** Action d'accorder ③ un instrument. — État d'un récepteur accordé sur une fréquence d'émission. **3.** Correspondance entre des formes du discours dont l'une est subordonnée à l'autre. *Accord du verbe avec le sujet. Accord des participes. Faute d'accord.* ‹ ▶ désaccordé ›

accordéon [akɔʀdeɔ̃] n. m. **1.** Instrument de musique à soufflet et à anches métalliques, muni d'un clavier. *Il joue de l'accordéon dans un orchestre populaire.* **2.** EN ACCORDÉON : qui forme des plis nombreux. *Chaussettes, bas en accordéon. Des portes (en) accordéon,* qui s'ouvrent en se pliant. ▶ ***accordéoniste*** n. ■ Personne qui joue de l'accordéon. *Une excellente accordéoniste.*

① ***accorder*** [akɔʀde] v. tr. ▪ conjug. 1. **1.** Consentir à donner, à laisser ou à permettre. *Accorder un crédit, un répit, un délai. Il a accordé un but à l'adversaire.* ⇒ **allouer.** *Accorder une faveur.* ⇒ **satisfaire.** *Selon la vieille coutume, elle lui a accordé la main de sa fille.* / contr. **refuser** / **2.** Attribuer. *Vous accordez trop d'importance à cet échec.* ⇒ **attacher, prêter. 3.** S'ACCORDER *qqch.* : se donner. *S'accorder un peu de répit.*

② ***s'accorder*** v. pron. ▪ conjug. 1. ■ (Personnes) S'entendre, être assortis. *Ces deux frères ne s'accordent pas entre eux.* — (Choses) *Ces couleurs s'accordent bien.* / contr. **détonner, jurer** / — *S'accorder pour* (+ infinitif), être d'accord pour. *Ils s'accordent pour adopter cette solution.* ‹ ▶ ① accord, raccorder ›

③ ***accorder*** v. tr. ▪ conjug. 1. **1.** Mettre (un ou plusieurs instruments) au même diapason. *Accorder un piano, un violon.* ⇒ ② **accord, accordeur.** — Abstrait. *Accordez vos violons,* mettez-vous d'accord. **2.** Donner à un élément du discours un aspect formel en rapport avec sa fonction ou avec la forme d'un élément dominant. *Accorder le verbe avec le sujet de la phrase.* — Pronominalement (passif). *Le verbe s'accorde avec son sujet.* ▶ ***accordeur, euse*** n. ■ Professionnel qui accorde les pianos, les orgues, etc. *Elle est accordeuse.* — REM. L'O.L.F. propose *accordeuse* au féminin. ‹ ▶ ② accord, accordéon ›

accoster [akɔste] v. ▪ conjug. 1. **1.** V. tr. Aborder (qqn) de façon cavalière. *Il a été accosté par un inconnu.* **2.** V. tr. et intr. (Bateaux) Se mettre bord à bord avec (le quai, un autre bateau). *Le navire accoste le quai.* — Sans compl. *Le navire vient d'accoster.* — ACCOSTER À. *Le brise-glace vient d'accoster à la traverse.* ▶ ***accostage*** n. m. ■ Le fait d'accoster. — Opération précédant l'amarrage de deux engins lors d'un rendez-vous spatial.

accoter [akɔte] v. ▪ conjug. 1. **I.** Appuyer d'une manière concrète. **1.** V. tr. Placer (qqch. ou qqn) de sorte qu'il ait un point d'appui. *Il accote sa pelle contre le garage. Accoter sa tête sur le bras du fauteuil. Elle accote son bébé sur son épaule.* — Pronominalement (réfl.). *S'accoter les coudes sur le bureau.* — S'appuyer d'un côté. *Il y avait un client qui s'accotait au comptoir.* **2.** Soutenir (qqch.) en appuyant, étayer (qqch.). *Accoter une porte de grange.* **3.** V. intr. Prendre appui contre qqch. d'autre. *L'arbre accote sur le chalet.* **4.** V. intr. Frotter contre (qqch.) qui constitue un obstacle. *La fenêtre ne ferme pas bien, elle accote quelque part.* **II.** Fig. **1.** Fam. Rivaliser avec (qqn), être à égalité ou supérieur à lui. *Personne ne peut l'accoter au tennis.* **2.** V. pron. Fam. (Personnes) *S'accoter,* vivre en concubinage. ▶ ***accotable*** adj. Fam. (Surtout négatif). *Cette équipe n'est pas accotable,* on ne peut pas la vaincre, avec qui on peut difficilement rivaliser. ▶ ***accoté, ée*** adj. et n. Fam. **1.** (Personnes) Qui vit en état de concubinage. *Un couple accoté.* — N. *Deux jeunes accotés viennent d'acheter cette belle maison.* ⇒ **conjoint** de fait **2.** (Choses) Appuyé, adossé. *Une bibliothèque accotée au mur.* ⇒ **adossé.** ▶ ***accotement*** n. m. ■ Espace aménagé entre la chaussée et le fossé sur une route ou une autoroute. *Stationner sur l'accotement.* ⇒ **bas-côté.** ▶ ***accotoir*** n. m. ■ Saillie d'un dossier où l'on peut appuyer sa tête.

accoucher [akuʃe] v. tr. ▪ conjug. 1. **1.** Sans compl. Donner naissance à un enfant. ⇒ **enfanter ; coucher.** *Elle accouchera dans un mois. Accoucher avant terme.* — REM. Ne se dit pas des animaux. ⇒ mettre **bas.** — V. tr. indir. ACCOUCHER DE : mettre au monde. ⇒ **engendrer.** *Elle a accouché d'un garçon.* **2.** V. tr. dir. Aider (une femme) à mettre un enfant au monde. *Son gynécologue l'a accouchée.* **3.** V. tr. indir. Péj. Élaborer difficilement. *Il a accouché d'un roman peu lisible.* — Sans compl. Fam. S'expliquer, parler. *Alors, tu accouches ?,* ça sort, ça vient ? ▶ ***accouchée*** n. f. ■ Femme qui vient d'accoucher. ⇒ **mère.** ▶ ***accouchement*** n. m. **1.** Le fait d'accoucher ; sortie de l'enfant du corps de sa mère. ⇒ **couches, enfantement.** *Elle a eu un accouchement facile.* **2.** Opération médicale par laquelle on assiste la femme qui accouche. (⇒ **obstétrique.**) *Ce médecin a fait des centaines d'accouchements.* — Loc. *Accouchement sans douleur,* entraînement pour diminuer les douleurs de l'accouchement. ▶ ***accoucheur, euse*** n. ■ Médecin qui est spécialiste des accouchements. ⇒ **gynécologue, sage-femme.**

s'accouder [akude] v. pron. ▪ conjug. 1. ■ S'appuyer sur le(s) coude(s). *Elle s'accoude à sa fenêtre.* ▶ ***accoudoir*** n. m. ■ Appui pour s'accouder. *L'accoudoir d'une portière d'automobile, d'un fauteuil.* ⇒ **appui-bras, bras.**

accoupler [akuple] v. tr. ▪ conjug. 1. **1.** Joindre, réunir par deux. *Accoupler des générateurs électriques.* — Au p. p. adj. *Bobines accouplées.* **2.** Réunir (deux choses qui jurent entre elles). *Accoupler deux mots, deux idées disparates.* **3.** Procéder à l'accouplement d'animaux. ⇒ **apparier.** — (Animaux) S'ACCOUPLER v. pron. : s'unir sexuellement. *Le bélier s'accouple à la brebis.* ▶ ***accouplement*** n. m. **1.** Le fait d'accoupler. *Barre, bielle d'accouplement.* — Abstrait. *Un étrange accouplement de mots.* ⇒ **assemblage, réunion. 2.** Union physique du mâle et de la femelle d'une espèce animale pour la reproduction.

accourir [akuʀiʀ] v. intr. ▪ conjug. 11. ■ Venir en courant, en se pressant. *Quand il a crié, je suis vite accouru (ou j'ai vite accouru).*

accoutrer [akutʀe] v. tr. ▪ conjug. 1. ■ Habiller de façon étrange, ridicule, grotesque. *Il a accoutré son fils avec ses vieux vêtements.* ⇒ **affubler.** — Pronominalement (réfl.). S'ACCOUTRER : s'habiller ridiculement. ⇒ s'**affubler,** s'**atriquer.** *Il s'accoutre d'une manière ridicule.* — Au p. p. adj. *Elle est venue bizarrement accoutrée.* ▶ ***accoutrement*** n. m. ■ Habillement étrange, ridicule. ⇒ **affublement.** *Il est arrivé chez nous dans un accoutrement un peu bizarre.*

accoutumer [akutyme] v. tr. ▪ conjug. 1. **1.** Faire prendre l'habitude de. ⇒ **habituer.** *On ne l'a pas accoutumé à travailler.* **2.** *Être accoutumé à,* avoir pris l'habitude de. *Elle est accoutumée à ce genre de remarque, à supporter ses caprices.* **3.** S'ACCOUTUMER À v. pron. réfl. : s'habituer à. *On s'accoutume à tout.* ▶ ***accoutumé, ée*** adj. **1.** Ordinaire, habituel. *À l'heure accoutumée.* **2.** COMME À L'ACCOUTUMÉE loc. adv. : comme d'ordinaire, comme d'habitude. *Elle sont passées à 8 heures, comme à l'accoutumée.* ▶ ***accoutumance*** n. f. **1.** Le fait de s'habituer, de se familiariser. *L'accoutumance au malheur.* ⇒ **adaptation, habitude. 2.** Processus par lequel un organisme tolère de mieux en mieux un agent extérieur ; son résultat. ⇒ **immunité.** *L'accoutumance progressive à un poison.* — État dû à l'usage prolongé d'une drogue (désir de continuer, etc.). ⇒ **dépendance.** ⟨ ▶ désaccoutumer, inaccoutumé, réaccoutumer ⟩

accréditer [akʀedite] v. tr. ▪ conjug. 1. **1.** *Accréditer qqn,* lui donner l'autorité nécessaire pour agir en qualité de. *Accréditer un ambassadeur auprès d'un chef d'État.* **2.** *Accréditer qqch.,* rendre croyable, plausible. *Cette nouvelle est accréditée dans de nombreux journaux.* — S'ACCRÉDITER v. pron. : se propager, se répandre. *La rumeur de sa nomination au sénat s'accréditait de jour en jour.*

accrocher [akʀɔʃe] v. ▪ conjug. 1. **I.** V. tr. **1.** Retenir, arrêter par un crochet, une chose pointue. *Être accroché par un buisson épineux. Accrocher son bas.* **2.** Heurter (un véhicule). *Le camion a accroché mon pare-chocs.* — Fam. Heurter qqch., bousculer qqn. *Accrocher la table en passant. Elle m'a accroché dans l'escalier.* **3.** Suspendre à un crochet. *Accrocher son manteau.* ⇒ **pendre.** / contr. **décrocher** / *Accrocher une pancarte au mur.* — Loc. *Avoir le cœur bien accroché,* ne pas être sujet aux maux de cœur. — Abstrait. Avoir du courage. — (Personnes) Loc. ACCROCHER SES PATINS. ⇒ **patin. 4.** Retenir l'attention de (qqn). *Ce film accroche le spectateur du début à la fin.* — Sans compl. *Voilà une affiche qui accroche.* **5.** Fig. Arrêter qqn pour s'entretenir avec lui. *Elle m'a accroché dans le corridor pour me parler.* **II.** V. intr. **1.** Présenter des difficultés de fonctionnement. *La négociation a accroché sur plusieurs points.* **2.** (Contact) S'établir. *Ça a bien accroché avec elle.* **III.** S'ACCROCHER v. pron. réfl. **1.** Se tenir avec force. ⇒ se **cramponner**, se **pogner.** *Accrochez-vous à la rampe.* **2.** V. pron. (Passif) Être suspendu, retenu par un crochet. *Cette assiette peut s'accrocher au mur.* **3.** Abstrait. *S'accrocher à son passé, à ses illusions. S'accrocher,* ne pas céder. ⇒ **tenir.** *Ils s'accrochaient avec l'énergie du désespoir.* — Fam. *S'accrocher à qqn,* l'importuner. **4.** *S'accrocher (avec qqn),* se heurter par la parole. ⇒ se **chicaner,** se **disputer.** ▶ ***accroc*** [akʀo] n. m. **1.** Déchirure faite par ce qui accroche. *Faire un accroc à son pantalon.* **2.** Difficulté qui arrête. ⇒ **anicroche, contretemps, obstacle, os.** *L'opération s'est déroulée sans le moindre accroc. Des accrocs.* ▶ ***accrochage*** n. m. **1.** Action d'accrocher. *L'accrochage d'un tableau.* **2.** Petit accident d'automobile, léger choc entre deux voitures. **3.** Bref engagement physique ou armé. *Accrochage entre deux patrouilles.* **4.** Fam. Moment de désaccord. ⇒ **chicane, dispute.** ▶ ***accroche-cœur*** n. m. ■ Mèche de cheveux recourbée comme un croc, collée sur la tempe. *Des accroche-cœurs.* ▶ ***accrocheur, euse*** adj. et n. **1.** (Personnes) Très tenace. *C'est un bon vendeur, très accrocheur ; c'est un accrocheur.* **2.** Qui retient l'attention (d'une manière grossière). *Une publicité accrocheuse.* ⟨ ▶ raccrocher ⟩

faire ***accroire*** [akʀwaʀ] v. tr. — REM. Seulement infinitif. **1.** FAIRE ACCROIRE *qqch.* À *qqn.* : faire croire qqch. qui n'est pas vrai. *Elle lui a fait accroire qu'elle partait en voyage.* ⇒ **mentir.** — N. m. plur. Loc. *Faire des accroires à qqn,* le tromper. EN FAIRE ACCROIRE À *qqn* : le tromper, lui mentir. *Il nous en fait accroire !* ⇒ **abuser, leurrer. 2.** V. pron. S'EN FAIRE ACCROIRE : afficher une attitude suffisante, se pavaner. *Depuis sa nomination il s'en fait accroire.*

accroître [akʀwɑtʀ] v. tr. ▪ conjug. 55. ■ Rendre plus grand, plus important. ⇒ **augmenter, développer, étendre.** *Accroître ses biens, sa production.* — Pronominalement (réfl.). *Sa colère s'accroissait. Mon amitié pour elle s'est accrue.* / contr. **décroître, diminuer** / ▶ ***accroissement*** n. m. ■ Le fait de croître, d'augmenter. ⇒ **augmentation.** *L'accroissement des richesses, de la production.*

*s'****accroupir*** [akʀupiʀ] v. pron. ▪ conjug. 2. ■ (Personnes) S'asseoir les jambes repliées, sur ses talons. *S'accroupir derrière un buisson pour se cacher. Elle s'est accroupie.* — (Animaux) S'asseoir sur sa croupe. *Le chien s'est accroupi.* — Au p. p. adj. *Un enfant accroupi. En position accroupie.* ▶ ***accroupissement*** n. m. ■ Position — Action de s'accroupir.

accueillir [akœjiʀ] v. tr. ▪ conjug. 12. **1.** Se comporter d'une certaine manière avec (une personne qui se présente). *Il a été froidement, aimablement accueilli.* **2.** (Choses) Recevoir bien ou mal. *Ce projet a été bien accueilli, a été accueilli par des applaudissements.* **3.** Donner l'hospitalité à. *Il nous a accueillis chez lui.* ▶ ***accueil*** [akœj] n. m. **1.** Manière de recevoir qqn, de se comporter avec lui quand on le reçoit ou quand il arrive. *Je vous remercie de votre aimable accueil. Faire bon, mauvais accueil à qqn.* **2.** Manière dont qqn accepte (une idée, une œuvre). *Le public a fait un accueil enthousiaste à ce film.* **3.** D'ACCUEIL : organisé pour accueillir. *Centre d'accueil,* chargé de recevoir des voyageurs, des réfugiés, etc. ; qui peut héberger qqn, en particulier les personnes âgées. — *Centre d'accueil,* qui offre une aide, un support temporaire aux jeunes délinquants ou aux jeunes en difficulté. — *Famille d'accueil,* qui prend charge de personnes (enfants ou adultes) qui lui sont confiées par un centre de services sociaux. *Le nombre d'enfants dans une famille d'accueil est fixé par la loi.* — *Hôtesse d'accueil.* **4.** L'ACCUEIL : la réception. *Se présenter à l'accueil de l'hôpital.* ▶ ***accueillant, ante*** adj. **1.** Qui fait bon accueil. ⇒ ① **hospitalier, recevant.** *Un hôte accueillant. Un esprit accueillant,* ouvert. **2.** (Choses) D'un abord agréable ; où l'on est bien accueilli. *Auberge, maison accueillante.*

acculer [akyle] v. tr. ▪ conjug. 1. **1.** Pousser dans un endroit où tout recul est impossible. *Acculer l'ennemi à la mer.* **2.** Abstrait. *Acculer qqn à une chose, à faire qqch.,* le contraindre. *Être acculé à la faillite.*

accumuler [akymyle] v. tr. ▪ conjug. 1. **1.** Mettre ensemble en grand nombre. ⇒ **amasser, entasser.** *Les capitalistes accumulent les richesses. Accumuler des notes.* — Pronominalement. *La neige s'accumule dans les rues.* **2.** Abstrait. Réunir en grand nombre. *Accumuler des preuves.* ▶ ***accumulateur*** n. m. ■ Appareil qui emmagasine l'énergie électrique fournie par une réaction chimique et la restitue sous forme de courant. ≠ ② **pile.** ▶ ***accumulation*** n. f. **1.** Action d'accumuler ; le fait d'être accumulé. *L'accumulation des stocks. Une accumulation de preuves accablantes.* ⇒ **quantité. 2.** Emmagasinage d'énergie électrique. *Radiateur à accumulation.*

accusateur, trice [akyzatœʀ, tʀis] n. et adj. **1.** N. Personne qui accuse. **2.** Adj. Qui constitue ou dénote une accusation. *Documents accusateurs. Un regard accusateur.*

accusatif [akyzatif] n. m. ■ Cas de la déclinaison (en latin, par ex.) qui indique que l'élément qui le porte est celui qui subit l'action (complément d'objet). *Mettre un nom à l'accusatif.*

① **accuser** [akyze] v. tr. ▪ conjug. 1. **1.** Signaler ou présenter (qqn) comme coupable. ⇒ **attaquer, charger, incriminer ; accusation, accusé.** *Ne l'accusez pas sans preuves. — Accuser qqn de... On l'accuse d'un crime, d'avoir tué qqn.* — Pronominalement (réfl.). *S'accuser,* s'avouer coupable. **2.** (Choses) *Accuser le sort, les événements,* les rendre responsables (d'un mal). ▶ ***accusation*** n. f. **1.** Action de signaler comme coupable (personnes) ou comme répréhensible (choses). *Faire une accusation. Des accusations malveillantes, fausses.* **2.** Action en justice par laquelle on désigne comme coupable, devant un tribunal. ⇒ **plainte, poursuite.** *Les principaux chefs (sujets) d'accusation. — La parole est à l'accusation* (opposé à *défense*) ▶ ***accusé, ée*** n. ■ Personne à qui on impute un délit. ⇒ **inculpé, prévenu.** *L'accusé a été interrogé par l'avocate.* ‹ ▶ accusateur, auto-accusation ›

② **accuser** v. tr. ▪ conjug. 1. **1.** Faire ressortir, faire sentir avec force. ⇒ **accentuer, marquer.** *C'est un vêtement qui accuse les lignes du corps.* — Au p. p. adj. *Des traits accusés.* — Loc. fam. *Accuser le coup,* montrer par ses réactions qu'on est affecté, moralement et physiquement. **2.** ACCUSER RÉCEPTION DE : donner avis qu'on a reçu. *J'accuse réception de votre lettre du 12.* ▶ ***accusé de réception*** n. m. ■ Avis informant qu'une chose a été reçue. *Des accusés de réception.*

acerbe [asɛʀb] adj. ■ Qui cherche à blesser ; qui critique avec méchanceté. ⇒ **caustique, sarcastique.** *Des critiques acerbes. Un ton acerbe.* ⇒ **incisif.** ‹ ▶ exacerber ›

acéré, ée [aseʀe] adj. ■ Dur, tranchant et pointu. *Griffes acérées.* — Abstrait. Intentionnellement blessant. ⇒ **acerbe.**

acéricole [aserikɔl] adj. ■ Relatif à l'acériculture. *Les produits acéricoles.* ▶ ***acériculteur, trice*** n. ■ Personne qui s'occupe d'acériculture. ▶ ***acériculture*** n. f. ⇒ **érablier, sucrier.** ■ Culture et exploitation industrielle d'une érablière*. *L'importance économique de l'acériculture au Québec n'est plus à démontrer.* ⇒ **agriculture.**

acétate [asetat] n. **1.** N. m. Sel ou ester de l'acide acétique. **2.** N. f. Feuille transparente comportant un texte ou des illustrations, qu'on projette sur un écran à l'aide d'un rétroprojecteur. ▶ ***acétique*** adj. ■ *Acide acétique,* acide du vinaigre, liquide corrosif, incolore, d'odeur suffocante. ≠ *ascétique.* ▶ ***acétone*** n. f. ■ Liquide incolore, volatil, inflammable, d'odeur pénétrante, utilisé comme solvant. ▶ ***acétylène*** n. m. ■ Gaz incolore, inflammable et toxique, produit par action de l'eau sur le carbure de calcium, utilisé dans les *lampes* et *chalumeaux à acétylène* et pour de très nombreuses synthèses organiques. *Soudure à l'acétylène.*

achalage [aʃalaʒ] n. m. ■ Fam. Action d'achaler ; son résultat. ⇒ **badrage.**

achalandé, ée [aʃalɑ̃de] adj. **1.** Qui attire beaucoup de clients. *Un magasin, un bar bien achalandé.* **2.** Qui est bien fréquenté, où il y a de nombreuses personnes. *Un restaurant, un cinéma achalandé. La brigadière surveille une intersection achalandée.*

achaler [aʃale] v. tr. ▪ conjug. 1. ■ Fam. Déranger, contrarier, agacer. *Ne m'achale pas quand je lis.* ⇒ **embêter ;** fam. **badrer.** *Elle achale toujours le petit chat.* ⇒ **importuner.** — Loc. *Se faire, se laisser achaler,* se faire déranger, se laisser importuner. ▶ ***achalé, ée,*** adj. ■ (Personne). Fam. NE PAS ÊTRE ACHALÉ loc. : qui n'a pas froid aux yeux, qui n'est pas timide, gêné, qui agit à sa guise. *Le nouveau député n'est pas achalé.* ▶ ***achalant, ante*** n. et adj. Fam. **1.** N. Personne qui en achale une autre. *Elle l'évite parce que c'est un achalant.* **2.** Adj. *Une histoire achalante,* désagréable, contrariante. **3.** (Personnes) qui dérange, qui importune (par ses manières, ses paroles, sa présence). *Un enfant très achalant.* ⇒ **déplaisant.** *Être achalant avec qqn. Espèce d'achalante !* ⇒ **fatigant.** — *Les brûlots sont très achalants.* ⇒ **agaçant, badrant, énervant, irritant.** ‹ ▶ achalage ›

s'acharner [aʃaʀne] v. pron. ▪ conjug. 1. ■ Combattre ou poursuivre avec fureur. *Il s'acharne contre, après, sur sa victime. — S'acharner à* (+ infinitif), lutter avec ténacité, persévérer. *Elle s'acharnait à le convaincre.* ▶ ***acharné, ée*** adj. ■ Qui fait preuve d'acharnement. ⇒ **enragé.** *Un adversaire, une joueuse acharnée. Un travailleur acharné. Des ennemis acharnés à se détruire.* — (Choses) *Combats acharnés.* ⇒ **furieux.** ▶ ***acharnement*** n. m. ■ Ardeur furieuse et opiniâtre dans la lutte, la poursuite, l'effort. ⇒ **opiniâtreté.** *Elle travaillait avec acharnement.*

achat [aʃa] n. m. **1.** Action d'acheter. ⇒ **acquisition.** *Faire l'achat de,* acheter. *Achat au comptant, à crédit.* **2.** Ce qu'on a acheté. *Montrez-moi un peu vos achats.*

acheminer [aʃ(ə)mine] v. tr. ▪ conjug. 1. **1.** Diriger vers un lieu déterminé. *Acheminer la correspondance.* **2.** V. pron. réfl. S'ACHEMINER : se diriger, avancer. *Nous nous acheminons vers la ville.* ▶ ***acheminement*** n. m. ■ Action d'acheminer en vue d'un transport déterminé. *L'acheminement du courrier, des colis.* ⇒ ② **expédition.**

acheter [aʃte] v. tr. ▪ conjug. 5. **1.** Acquérir (un bien, un droit) contre paiement. / contr. **vendre** / *Acheter une maison. Acheter qqch. très cher, bon marché. Je lui ai acheté un jouet,* je l'ai acheté et le lui ai donné. — Sans compl. *Elle adore acheter.* — Pronominalement (passif). *Cela s'achète dans une quincaillerie,* peut être acheté. **2.** Péj. Obtenir à prix d'argent (qqch. qui ne doit pas se vendre). *Acheter la complicité de qqn.* — Corrompre (qqn). *Acheter un fonctionnaire.* **3.** Obtenir (un avantage) au prix d'un sacrifice. *Vous achetez bien cher votre tranquillité.* ⇒ **payer.** — Au p. p. adj. *Une robe achetée, des cretons achetés,* acquis dans un magasin (par opposition à *fait* ou *fabriqué à la maison*). ▶ ***achetable*** adj. **1.** Qu'on peut acheter, abordable. **2.** NE PAS ÊTRE ACHETABLE loc. : dont le prix est excessif, trop élevé pour les moyens de qqn. ⇒ ② **cher, dispendieux.** — Que l'on ne peut corrompre. *Ce politicien n'est pas achetable.* ▶ ***acheteur, euse*** n. **1.** Personne qui achète. ⇒ **acquéreur, client.** *Je suis acheteur,* je me propose d'acheter. **2.** Agent chargé d'effectuer les achats pour le compte d'un employeur. *Les acheteurs d'un grand magasin.* ‹ ▶ achat, ① et ② racheter ›

achever [aʃve] v. tr. ▪ conjug. 5. **1.** Finir en menant à bonne fin. ⇒ **finaliser, terminer.** *Il est mort sans avoir achevé son roman. Achever ses jours, sa vie dans la retraite.* — Dire pour finir. *En achevant ces mots, elle se leva.* — Sans compl. *J'achève, puis nous partirons.* **2.** V. pron. S'ACHEVER : se terminer, prendre fin. *Le match de hockey s'achèvera dans quelques instants.* **3.** ACHEVER DE (+ infinitif). *J'ai achevé de ranger mes papiers.* — (Suj. chose) Apporter le dernier élément nécessaire pour que se réalise pleinement un état. *Ses remarques méprisantes achevèrent d'indisposer contre lui ses élèves.* **4.** Porter le coup de grâce à (qqn). *Achever un blessé.* ⇒ **tuer.** — Ruiner définitivement la santé, la fortune, le moral de (qqn). *Ce deuil l'a* *achevé, il ne s'en relèvera pas.* — Iron. Fatiguer excessivement. *Il a fallu l'écouter deux heures, ça m'a achevé.* ▶ ***achevé, ée*** adj. ■ Littér. Parfait en son genre. ⇒ **accompli.** *Un modèle achevé.* ▶ ***achèvement*** n. m. ■ Action d'achever (un ouvrage) ; fin. *La station de ski sera fermée jusqu'à l'achèvement des travaux.* / contr. **commencement** / ⟨ ▶ inachevé, parachever ⟩

achigan [aʃigɑ̃] n. m. ■ Poisson d'eau douce d'Amérique du Nord, de forme allongée et comestible. *L'achigan est une variété de perche. Pêcher l'achigan à grande bouche.* ⟨ ▶ malachigan ⟩

achopper [aʃɔpe] v. intr. ▪ conjug. 1. ■ Se trouver arrêté par une difficulté. *Achopper à un problème, sur une phrase.* ▶ ***achoppement*** n. m. ■ Loc. Abstrait. *Pierre d'achoppement,* obstacle, écueil.

① ***acide*** [asid] n. m. **1.** Tout corps capable de libérer des ions hydrogène (H^+), qui donne un sel avec une base et, en solution aqueuse, colore en rouge le papier de tournesol (pH inférieur à 7). *Acide acétique, chlorhydrique. Le calcaire est attaqué par les acides.* — Corps possédant une ou plusieurs fois dans sa molécule le radical COOH. *Acides gras. Acides aromatiques. Acides nucléiques.* ⇒ **A.D.N.** **2.** Fam. Drogue hallucinogène. ⇒ **L.S.D.** ▶ ② ***acide*** adj. **1.** Qui est piquant au goût. ⇒ **aigre.** *Fruit encore vert et acide.* **2.** Acerbe, désagréable. *Des propos, des réflexions acides.* **3.** Qui possède les propriétés des acides, est propre aux acides. *Solution, milieu acide* (opposé à *basique*). ⇒ **pH.** ▶ ***acidifier*** v. tr. ▪ conjug. 7. ■ Rendre acide, transformer en acide. ▶ ***acidité*** n. f. **1.** Saveur acide. *L'acidité du citron.* **2.** Caractère mordant, causticité. *L'acidité de sa remarque.* **3.** Qualité acide (②, 3) d'un corps. ▶ ***acidulé, ée*** adj. ■ Légèrement acide. *Bonbons acidulés.* ⟨ ▶ hyperacidité ⟩

acier [asje] n. m. **1.** Alliage de fer et de carbone, auquel on donne, par traitement mécanique ou thermique, des propriétés variées (malléabilité, résistance). *Charpente en acier.* — ACIER INOXYDABLE. *Couteaux, poêle en acier inoxydable.* **2.** L'ACIER : l'industrie, le commerce de l'acier. *Le pacte de l'acier.* **3.** Par comparaison. *Bleu acier, gris acier. Des jupes bleu acier.* — D'ACIER. *Des muscles d'acier,* durs et solides. *Avoir un moral d'acier,* à toute épreuve. ▶ ***aciérie*** n. f. ■ Usine où l'on fabrique l'acier.

acné [akne] n. f. ■ Maladie de la peau due à une inflammation des glandes sébacées. *Acné juvénile,* acné des adolescents, boutons apparaissant à la puberté.

acolyte [akɔlit] n. m. ■ Péj. Compagnon, complice qu'une personne traîne toujours à sa suite. *Le cagoulard et ses acolytes.*

acompte [akɔ̃t] n. m. **1.** Paiement partiel à valoir sur le montant d'une somme due. ⇒ **arrhes, avance, provision.** *Payer par acomptes.* **2.** Petit avantage, petit plaisir qu'on reçoit ou prend en attendant mieux.

*s'****acoquiner*** [akɔkine] v. pron. ▪ conjug. 1. ■ Péj. Se lier (à une personne peu recommandable). *Il s'acoquine avec le premier venu.*

à-côté [akote] n. m. **1.** Point, problème accessoire. *Ce n'est qu'un à-côté de la question.* **2.** Gain, salaire d'appoint. *Il gagne 500 dollars par semaine, sans compter les à-côtés.*

à-coup [aku] n. m. **1.** Discontinuité de mouvement provoquant des secousses. ⇒ **saccade.** *Le moteur fonctionne par à-coups.* **2.** PAR À-COUPS : de façon irrégulière, intermittente. *Travailler par à-coups.* ⇒ ① **bourrée.**

acoustique [akustik] adj. et n. f. **I.** Adj. **1.** Qui sert à la perception des sons. *Nerf acoustique* (ou *auditif*). **2.** Relatif au son, du domaine de l'acoustique. ⇒ **sonore.** *Les phénomènes acoustiques.* — *La phonétique acoustique,* qui étudie la nature physique des sons du langage. **II.** N. f. **1.** Partie de la physique qui traite des sons et ondes sonores. **2.** Qualité d'un local (théâtre, salle de concert) au point de vue de la propagation du son. *Bonne, mauvaise acoustique d'une salle.* ▶ ***acousticien, ienne*** n. ■ Spécialiste de l'acoustique. ⟨ ▶ électroacoustique ⟩

acquérir [akeʀiʀ] v. tr. ▪ conjug. 21. **1.** Devenir propriétaire de (un bien, un droit), par achat, échange, succession ⇒ **acquisition.** *Acquérir un immeuble.* ⇒ **acheter.** — PROV. *Bien mal acquis ne profite jamais.* **2.** Arriver à posséder (un avantage). ⇒ **gagner, obtenir.** *Il veut acquérir de la notoriété. Acquérir des qualités, des connaissances.* — Au p. p. adj. *L'expérience acquise.* — (Suj. chose) Arriver à avoir (une qualité). ⇒ **prendre.** *Ces tableaux ont acquis beaucoup de valeur.* / contr. **perdre** / **3.** (Suj. chose) Procurer la possession, la disposition de. ⇒ **valoir.** *L'aisance que ses efforts lui ont acquise.* ▶ ***acquéreur*** n. m. ■ Personne qui acquiert (un bien, un droit). ⇒ **acheteur.** *Ce tableau n'a pas trouvé acquéreur. Elle est l'acquéreur des droits de télévision.* ⟨ ▶ acquis, acquisition ⟩

acquiescer [akjɛse] v. tr. ind. ▪ conjug. 3. ■ Donner son entier consentement (à). ⇒ **accepter.** *Nous acquiesçons à votre demande.* — Sans compl. Marquer son approbation (par la parole, un geste). ⇒ **approuver.** *Elle acquiesce d'un signe de tête.* — (En incise) *Oui, acquiesça-t-elle.* / contr. **refuser** / ▶ ***acquiescement*** n. m. ■ Action d'acquiescer, par la parole ou autrement. ⇒ **acceptation, consentement.** *Un signe d'acquiescement. Elle a pris notre silence pour un acquiescement.* / contr. **refus** /

acquis, ise [aki, iz] adj. et n. m. invar. **I.** Adj. **1.** Qui a été acquis par l'individu (opposé à *ce qui est inné, à ce qui lui est naturel* ou *lui a été transmis*). *Ses qualités tant acquises que naturelles. Caractères acquis,* caractères biologiques non héréditaires. **2.** *Acquis à qqn,* dont il peut disposer de façon définitive et sûre. *Mon soutien vous est acquis.* — (Personnes) *Je vous suis tout acquis,* entièrement dévoué. **3.** Reconnu sans contestation. *Nous pouvons considérer comme acquis ce premier point. C'est un* FAIT ACQUIS : cela est incontestable. **4.** (Personnes) *Acquis à* (une idée, un parti), définitivement partisan de. *Il est maintenant acquis à notre projet.* **5.** TENIR, PRENDRE POUR ACQUIS. *Il tient (prend) pour acquis qu'elle fait partie de l'équipe* : il reconnaît cela, il l'admet. **II.** N. m. invar. Savoir acquis, expérience acquise, constituant une sorte de capital. ≠ *acquit.*

acquisition [akizisjɔ̃] n. f. **1.** Action d'acquérir. *Faire l'acquisition d'un terrain.* ⇒ **achat.** / contr. **cession, vente** / **2.** Bien acquis. *Voici ma dernière acquisition.* **3.** Fait d'arriver à posséder. *Le temps nécessaire à l'acquisition de ces connaissances.*

acquit [aki] n. m. ■ PAR ACQUIT DE CONSCIENCE : pour se garantir de tout risque d'avoir qqch. à se reprocher. ≠ *acquis.*

① ***acquitter*** [akite] v. tr. ▪ conjug. 1. **1.** Libérer (d'une obligation, d'une dette). *Ce dernier versement m'acquitte envers vous.* **2.** Payer (ce qu'on doit). ⇒ **régler.** *Acquitter des droits, ses impôts.* **3.** Pronominalement (réfl.). S'ACQUITTER DE : se libérer (d'une obligation juridique ou morale). *S'acquitter d'une promesse.* ⇒ **remplir.** ▶ ① ***acquittement*** n. m. ■ Action d'acquitter qqch. ⇒ **paiement** (plus cour.). ⟨ ▶ acquit ⟩

② ***acquitter*** v. tr. ▪ conjug. 1. ■ *Acquitter qqn,* déclarer (par jugement) un accusé non coupable. *Son* *avocate l'a fait acquitter.* / contr. **condamner** / ▶ ② ***acquittement*** n. m. ■ Action d'acquitter un accusé. *Un verdict d'acquittement.*

acre [akʀ] n. m. ou f. ■ Mesure de superficie agraire valant 4047 mètres carrés (4840 veyes carrés) ou 40,47 ares. ≠ *âcre.*

âcre [ɑkʀ] adj. ■ Qui est très irritant au goût ou à l'odorat. *L'odeur âcre du cigare éteint. La saveur âcre des citrons.* ⇒ **amer, âpre.** ≠ *acre.* ▶ ***âcreté*** [ɑkʀəte] n. f. **1.** Qualité de ce qui est âcre. *L'âcreté de la fumée.* **2.** Abstrait. Acrimonie, amertume. *L'âcreté de son ironie.*

acrimonie [akʀimɔni] n. f. ■ Mauvaise humeur qui s'exprime par des propos acerbes ou hargneux. ⇒ **aigreur.** *Elle répondit sans acrimonie à ses adversaires.*

acrobate [akʀɔbat] n. **1.** Artiste de cirque, personne exécutant des exercices d'équilibre et de gymnastique plus ou moins périlleux. *Une école d'acrobates.* ⇒ **contorsionniste, équilibriste, funambule, trapéziste. 2.** Péj. Personne très adroite qui cherche à étonner par son adresse à résoudre les difficultés. ▶ ***acrobatie*** [akʀɔbasi] n. f. **1.** Exercice, tour d'acrobate (saut périlleux, voltige, etc.). *Faire des acrobaties.* — Technique des acrobates. *Acrobatie aérienne,* manœuvres d'adresse exécutées en avion. **2.** Virtuosité qui se déploie dans la difficulté. *Ce n'est plus du piano, c'est de l'acrobatie.* ▶ ***acrobatique*** adj. ■ Qui appartient à l'acrobatie, tient de l'acrobatie. *Exercice acrobatique.*

acropole [akʀɔpɔl] n. f. ■ Ville haute des anciennes cités grecques. *Elle s'est rendue à l'acropole.* — (Avec une majusc.) *L'Acropole d'Athènes.*

acrostiche [akʀɔstiʃ] n. m. ■ Poème ou strophe où les initiales de chaque vers, lues dans le sens vertical, composent un nom ou un mot-clé. *Les envois de plusieurs ballades de Villon sont des acrostiches.*

acrylique [akʀilik] adj. ■ *Fibre acrylique,* fibre textile synthétique fabriquée à partir de l'*acide acrylique* (acide de l'éthylène). — N. m. *Une chemise en acrylique.*

① ***acte*** [akt] n. m. **1.** Pièce écrite légale qui constate un fait, une convention, une obligation. *Dresser, établir un acte de vente. Signer un acte notarié,* établi par un notaire. — PRENDRE ACTE *d'une chose* : la faire constater légalement et aussi en prendre bonne note (en vue d'une utilisation ultérieure). *Je prends acte de votre promesse.* **2.** Anciennt. Loi. *L'Acte de l'Amérique du Nord britannique.* **3.** Au plur. Recueil des discours, conférences, communications d'un congrès, d'un colloque. *Consulter les actes du dernier congrès d'astronomie.* — LES ACTES : recueil de procès-verbaux.

② ***acte*** n. m. **1.** Action humaine considérée dans son aspect objectif plutôt que subjectif ; le fait d'agir*. ⇒ **action.** *Vous êtes responsable de vos actes. Un acte de courage,* inspiré par le courage. *Passer aux actes,* agir. **2.** FAIRE ACTE DE : manifester, donner une preuve de. *Faire acte d'autorité, de bonne volonté.*

③ ***acte*** n. m. **1.** Chacune des grandes divisions d'une pièce de théâtre (subdivisées en scènes). *Tragédie classique en cinq actes. L'acte III.* **2.** Moment, époque d'une vie considérée comme dramatique. *Le dernier acte risque d'être sanglant.* ⟨ ▶ entracte ⟩

acteur, trice [aktœʀ, tʀis] n. **1.** Artiste dont la profession est de jouer un rôle à la scène, au cinéma ou à la télévision. ⇒ **comédien, interprète.** *Actrice célèbre.* ⇒ **étoile, star, vedette. 2.** Personne qui prend une part active, joue un rôle important. ⇒ **protagoniste.** *Les acteurs et les témoins de ce drame.*

à c't'heure loc. adv. ⇒ **ast(h)eure.**

① ***actif, ive*** [aktif, iv] adj. **1.** Qui agit (personnes), implique une activité (choses). *Armée active,* ou n. f., *l'active* (opposée à *la réserve*). *Méthode active,* méthode d'enseignement faisant appel à l'activité et à l'initiative de l'élève. *Population active,* partie de la population d'un pays qui est capable de travailler. *Mener une vie active.* **2.** Qui agit avec force. ⇒ **énergique.** *Un remède, un poison actif.* **3.** Qui aime à agir, à se dépenser en travaux, en entreprises. ⇒ **dynamique, entreprenant, travailleur.** *Un secrétaire actif et doué.* / contr. **inactif** / — *Une enfant active,* agitée, turbulente ⟨ ▶ activement, activer, activisme, activité, inactif, interactif, radioactif, rétroactif ⟩

② ***actif*** n. m. **1.** L'ensemble des biens ou droits constituant un patrimoine. / contr. ① **passif** / *L'actif d'une succession, de la communauté. Sommes portées à l'actif d'un bilan.* **2.** AVOIR À SON ACTIF : compter au nombre des choses qu'on a réalisées avec succès. — Par plaisant. *Un individu qui a plusieurs vols à son actif.*

③ ***actif, ive*** adj. et n. m. ■ Se dit des énoncés et des formes verbales présentant l'action comme accomplie par le sujet qui en est aussi l'agent. *Mettre une phrase à la voix active.* / contr. **passif** / N. m. *L'actif,* la forme active (ex. : *Maxime prépare ses examens*).

① ***action*** [aksjɔ̃] n. f. **I. 1.** Ce que fait qqn et par quoi il réalise une intention ou une impulsion. ⇒ **acte, fait.** *Vos actions sont irréfléchies. Faire une bonne action.* ⇒ **b. a.** *Commettre une mauvaise action. Action d'éclat,* exploit. **2.** Fait de produire un effet, manière d'agir sur qqn ou qqch. *Changement politique dû à l'action personnelle d'un ministre.* ⇒ **influence.** *Chercher des moyens d'action. L'action du remède se fait sentir. Le mur s'est détérioré sous l'action de l'humidité. En action,* en train d'agir, de produire son effet. **3.** Exercice de la faculté d'agir (opposé à la *pensée,* aux *paroles,* au *sentiment*). ⇒ **activité, effort, travail.** / contr. **inaction, passivité** / *Il est temps de passer à l'action. Un homme, une femme d'action.* — *Mettre en action,* faire agir. **4.** Combat, lutte. *Engager l'action. Dans le feu de l'action. L'action politique, revendicative.* **II.** Exercice d'un droit en justice. ⇒ **demande, poursuite, recours.** *Intenter une action en diffamation.* **III. 1.** Suite de faits et d'actes constituant le sujet d'une œuvre dramatique ou narrative. ⇒ **intrigue.** *Épisodes, dénouement d'une action tragique. L'action du film se passe en Italie.* **2.** Animation tenant aux faits et aux actes représentés ou racontés. *Film d'action.* ▶ ***actionner*** v. tr. ■ conjug. 1. **I.** Mettre en mouvement, faire fonctionner (un mécanisme). *Actionner le dispositif de départ d'un moteur. Actionner le levier.* **II.** Intenter des poursuites judiciaires. *Actionner un locataire.* ⟨ ▶ inaction, interaction, ① réaction, transaction ⟩

② ***action*** n. f. **1.** Titre cessible et négociable représentant une fraction du capital social (dans une société en commandite par actions). ⇒ fam. **part** (I) ≠ *obligation. Acheter des actions. Cote des actions à la Bourse de Toronto. La hausse, la baisse d'une action.* **2.** Fam. *Ses actions montent, baissent,* ses chances de réussir, son crédit. ▶ ***actionnaire*** n. ■ Propriétaire d'une ou plusieurs actions. *Les actionnaires touchent des dividendes. L'assemblée des actionnaires.*

Action de grâces ⇒ ① **grâce.**

activement [aktivmɑ̃] adv. ■ En déployant une grande activité, avec beaucoup d'ardeur. *Il s'en occupe activement.* / contr. **mollement** /

activer [aktive] v. tr. ■ conjug. 1. **1.** Rendre plus prompt (en augmentant l'activité). ⇒ **accélérer.** *Acti-*

ver les travaux. — Sans compl. Fam. *Allons, activons !,* pressons ! **2.** Rendre plus vif, plus agissant. *Le vent activait l'incendie.* **3.** S'ACTIVER v. pron. réfl. : déployer une grande activité, s'affairer. *Elle s'active à préparer ses vacances.*

activisme [aktivism] n. m. ■ En politique. Doctrine qui préconise l'action violente. ⇒ **extrémisme.** ▶ ***activiste*** n. ■ Partisan de l'activisme.

activité [aktivite] n. f. **1.** Qualité d'une personne active. ⇒ **dynamisme, énergie.** *Cet agent déploie une grande activité.* / contr. **inactivité** / **2.** Ensemble des actes coordonnés et des travaux de l'être humain ; fraction spéciale de cet ensemble. *Activité intellectuelle, industrielle.* — Souvent au plur. *Rédiger un rapport d'activités. J'ignore tout de ses activités.* ⇒ **occupation.** — Dans le monde inorganique. *Volcan en activité* (opposé à *éteint*). ⇒ **éruption.** *Activité solaire.* **3.** Situation d'une personne qui exerce son emploi. *Le passage de l'activité à la retraite est un moment critique pour l'employé.* **4.** EN ACTIVITÉ : se dit d'un fonctionnaire, d'un professionnel, d'un employé en service (opposé à *en retraite*), d'une industrie ou d'un commerce en fonctionnement (opposé à *en sommeil*). *Industrie, affaires en pleine activité.* ‹ ▶ inactivité, radioactivité, suractivité ›

actuaire [aktɥɛʀ] n. ■ Spécialiste de la statistique et du calcul des probabilités appliqués aux problèmes d'assurances, de prévoyance, d'amortissement. ‹ ▶ actuariel ›

actualiser [aktɥalize] v. tr. ▪ conjug. 1. **1.** Faire passer de l'état virtuel à l'état réel. **2.** Moderniser. *Actualiser ses méthodes de travail. Actualiser un atlas,* le mettre à jour. ▶ ***actualisation*** n. f. ■ *L'actualisation des souvenirs. L'actualisation d'une encyclopédie.*

actualité [aktɥalite] n. f. **1.** Caractère de ce qui se rapporte à l'époque actuelle. *Souligner l'actualité d'un problème. Ce livre n'est plus* D'ACTUALITÉ : il est dépassé. **2.** Ensemble des événements actuels, des faits tout récents. *S'intéresser à l'actualité politique, sportive.* **3.** N. f. pl. LES ACTUALITÉS : informations, nouvelles du moment (dans la presse et surtout en images). *Actualités télévisées.* ⇒ **journal, téléjournal.**

actuariel, elle [aktɥaʀjɛl] adj. ■ Relatif aux méthodes mathématiques des actuaires. *Taux actuariel,* taux de rendement d'un capital lorsque le remboursement et le paiement des intérêts sont assurés par des versements échelonnés dans le temps.

actuel, elle [aktɥɛl] adj. **1.** Qui existe, se passe au moment où l'on parle (opposé à *potentiel*). ⇒ **présent.** *À l'époque, à l'heure actuelle. Le monde actuel.* ⇒ **contemporain.** *L'actuel Premier ministre du Canada.* **2.** Qui intéresse notre époque, se trouve au goût du jour. *Une grande œuvre toujours actuelle.* / contr. **démodé** / ▶ ***actuellement*** adv. ■ Dans les circonstances actuelles, à l'heure actuelle. ⇒ **maintenant,** à **présent, présentement.** *Il est difficile actuellement de vous satisfaire.* ‹ ▶ actualiser, actualité, inactuel ›

acuité [akɥite] n. f. **1.** Caractère aigu, intense. ⇒ **intensité.** *Les oppositions sociales gardent leur acuité.* — L'acuité d'un son. **2.** Degré de sensibilité (d'un sens). *Mesure de l'acuité visuelle, auditive.* **3.** Abstrait. Finesse des facultés de l'esprit. *L'acuité d'une observation.*

acupuncture ou ***acuponcture*** [akypɔ̃ktyʀ] n. f. ■ Thérapeutique consistant dans l'introduction d'aiguilles très fines en des points précis des tissus ou des organes où elles demeurent pendant un temps variable. ▶ ***acupuncteur, trice*** ou ***acuponcteur, trice*** n. ■ Spécialiste de l'acupuncture.

adage [adaʒ] n. m. ■ Maxime pratique ou juridique, ancienne et populaire. *« Pierre qui roule n'amasse pas mousse » est un adage ancien.* ≠ *dicton*

adagio [adadʒjo] ou [adaʒjo] adv. et n. m. ■ Indication de mouvement lent, en musique. — N. m. *Un adagio,* morceau ou pièce musicale à exécuter dans ce tempo. *Des adagios.*

adapter [adapte] v. tr. ▪ conjug. 1. **1.** *Adapter qqch. à qqch.,* réunir, appliquer après ajustement. *Adapter des roulettes aux pieds d'une table.* **2.** *Adapter (qqn, qqch.) à (qqn, qqch.),* approprier, mettre en harmonie avec. *Adaptez vos dépenses à votre situation.* ⇒ **accorder.** **3.** S'ADAPTER v. pron. : se mettre en harmonie avec (les circonstances, le milieu), réaliser son adaptation biologique. ⇒ s'**acclimater,** s'**habituer.** *L'organisme s'adapte aux microbes. Il faut savoir s'adapter,* être souple, s'accommoder des circonstances. **4.** Faire l'adaptation de. *Adapter un roman pour le théâtre, pour la télévision, à l'écran.* ▶ ***adaptable*** adj. ■ Qui peut s'adapter, qu'on peut adapter (1). *Embout adaptable à un tuyau.* ▶ ***adaptateur, trice*** n. **1.** Auteur d'une adaptation (au théâtre, à la télévision, au cinéma). **2.** N. m. Dispositif permettant d'adapter un appareil à un usage autre que celui qui était prévu initialement. — REM. On emploie aussi *adapteur.* ▶ ***adaptation*** n. f. **1.** Action d'adapter ou de s'adapter, modification qui en résulte. *Adaptation d'un enseignement à l'âge des élèves. Un effort d'adaptation.* **2.** Appropriation d'un organisme aux conditions internes et externes de l'existence, permettant à cet organisme de durer et de se reproduire. ⇒ **acclimatation.** **3.** Traduction très libre d'une pièce de théâtre, comportant des modifications nombreuses qui la mettent au goût du jour ou du lieu de présentation. — Transposition à la scène ou à l'écran d'une œuvre narrative. *L'adaptation pour le cinéma de « Kamouraska », un roman d'Anne Hébert.* — Arrangement ou transcription musicale. ‹ ▶ inadapté, mésadaptation, réadapter ›

addenda [adɛ̃da] n. m. invar. ■ Ensemble de notes additionnelles à la fin d'un ouvrage, d'un travail, d'un texte. *Un, des addenda.*

additif [aditif] n. m. **1.** Supplément, article additionnel. *Un additif au budget.* **2.** Substance, produit ajouté à un autre pour modifier ses propriétés, améliorer ses caractéristiques. *Un additif chimique, des additifs alimentaires.*

addition [adisjɔ̃] n. f. **1.** Action d'ajouter en incorporant. ⇒ **adjonction.** *Addition d'un sirop à une eau-de-vie.* **2.** Écrit ajouté. ⇒ **addenda, annexe.** *Les notes et additions d'un livre.* **3.** Opération arithmétique consistant à réunir en un seul nombre toutes les unités ou fractions d'unité contenues dans plusieurs autres. ⇒ **somme.** *Faire une addition.* $1 + 1 = 2$ *est une addition.* / contr. **soustraction** / **4.** Note présentant le total des dépenses effectuées au restaurant, au café. ⇒ **note.** *Mademoiselle, l'addition ! Régler l'addition.* ▶ ***additionnel, elle*** adj. ■ Qui s'ajoute ou doit s'ajouter. *Voter un article additionnel à une loi.* ⇒ **additif.** — *Le joueur a eu une pénalité additionnelle de deux minutes.* ▶ ***additionner*** v. tr. ▪ conjug. 1. **1.** Modifier, enrichir par addition d'un élément. *Additionner de l'antigel à l'eau du radiateur.* — Au p. p. adj. *Jus de fruits additionné de sucre.* **2.** Faire l'addition de. *Additionner trois nombres.* **3.** S'ADDITIONNER v. pron. : s'ajouter. *Le chauffage et l'électricité s'additionnaient au loyer.*

adepte [adɛpt] n. **1.** Fidèle (d'une religion), partisan (d'une doctrine). *Faire des adeptes,* rallier des personnes à son point de vue. **2.** Personne qui pratique une activité. *Une adepte de la lecture ; un adepte du ski de fond.*

adéquat, ate [adekwa, at] adj. ■ Exactement proportionné à son objet, ajusté à son but. ⇒ **approprié, convenable, juste.** *C'est la réponse adéquate. Nous avons trouvé l'endroit adéquat.* / contr. **inadéquat** / ▶ ***adéquation*** n. f. ■ Rapport de convenance parfaite. ⇒ **équivalence.** *Il y a une parfaite adéquation entre ses paroles et ses actes.* ‹ ▶ inadéquat ›

① ***adhérer*** [adeʀe] v. tr. ind. ▪ conjug. 6. ■ Tenir fortement par un contact étroit de la totalité ou de la plus grande partie de la surface. ⇒ **coller.** *L'écorce adhère au bois.* ▶ ***adhérence*** n. f. **1.** État d'une chose qui adhère, tient fortement à une autre. *L'adhérence des pneus au sol.* ≠ *adhésion.* **2.** Union accidentelle de tissus contigus, dans l'organisme. *Adhérence pleurale. Avoir des adhérences.* ▶ ① ***adhérent, ente*** adj. ■ Qui adhère, tient fortement à autre chose. *Des coquillages adhérents au rocher.* ‹ ▶ adhésif ›

② ***adhérer*** v. tr. ind. ▪ conjug. 6. **1.** Se déclarer d'accord avec, partisan de. *J'adhère à votre point de vue.* **2.** S'inscrire (à une association, un parti dont on partage les vues). *Elle vient d'adhérer au fan-club des Nordiques.* ⇒ **adhésion.** ▶ ② ***adhérent, ente*** n. ■ Personne qui adhère (à un parti, une association). ⇒ **membre ;** anglic. **menbership.** *Recruter des adhérents. Carte d'adhérent.* ‹ ▶ adhésion ›

adhésif, ive [adezif, iv] adj. ■ Qui reste adhérent, collé après application. ⇒ **collant.** *Ruban adhésif,* enduit d'un produit qui le fait adhérer sans mouillage. ⇒ **scotch.** — N. m. *Un adhésif,* substance permettant de coller des surfaces. *Appliquer un adhésif sur une plaie.*

adhésion [adezjɔ̃] n. f. **1.** Approbation réfléchie. ⇒ **accord, assentiment.** *Je lui apporte mon adhésion complète.* **2.** Action d'adhérer ②, de s'inscrire (à une association, un parti). *Le parti a enregistré des adhésions massives* (⇒ ② **adhérent**). ≠ *adhérence.*

ad hoc [adɔk] loc. adj. invar. ■ Destiné expressément à l'usage qu'on veut en faire. *Il faut un instrument ad hoc.*

adieu [adjø] interj. et n. m. **1.** Interj. Formule dont on se sert en prenant congé de qqn qu'on ne doit pas revoir pendant quelque temps (opposé à *au revoir*) ou même qu'on ne doit plus revoir. *Adieu, les amis ! Dire adieu à qqn,* prendre congé de lui. **2.** (En parlant d'une chose perdue) *Adieu, la belle vie ! – Vous pouvez* DIRE ADIEU *à votre tranquillité,* y renoncer. **3.** N. m. pl. Fait de prendre congé, de se séparer de qqn. *Le moment des adieux. Faire ses adieux à qqn.*

à-Dieu-va(t) [adjøva(t)] loc. interj. ■ À la grâce de Dieu ! Advienne que pourra !

adipeux, euse [adipø, øz] adj. **1.** Fait de graisse, dans le corps des êtres humains, des animaux. *Tissu adipeux.* **2.** Gras. *Un visage adipeux.*

adjacent, ente [adʒasɑ̃, ɑ̃t] adj. **1.** Qui se trouve dans le voisinage immédiat. ⇒ **contigu, voisin.** *Lac adjacent à un bois. Les rues adjacentes.* **2.** *Angles adjacents,* qui ont même sommet, un côté commun et sont situés de part et d'autre de ce côté.

adjectif [adʒɛktif] n. m. et adj. **1.** Mot susceptible d'accompagner un substantif avec lequel il s'accorde en genre et en nombre, et qui n'est pas un article. *Adjectifs démonstratifs, exclamatifs, indéfinis, interrogatifs, numéraux, possessifs, relatifs. Adjectif qualificatif* (ci-dessous, 2). **2.** *Adjectif qualificatif* ou, ellipt, *adjectif,* qui exprime une qualité de ce qui est désigné par le nom (ex. : *sincère* dans *une amitié sincère*). *L'adjectif peut être épithète* (ex. : *une amitié sincère*) ou attribut (ex. : *mon amitié est sincère*). — *Adjectif verbal,* participe présent devenu adjectif. **3.** Adj. Qui a une valeur d'adjectif (opposé à *substantif, verbal*). *Locution adjective.* — REM. On emploie aussi *adjectival.* ▶ ***adjectivement*** adv. ■ En fonction d'adjectif.

adjoindre [adʒwɛ̃dʀ] v. tr. ▪ conjug. 49. **1.** Associer (une personne à une autre) pour aider, contrôler. *Il faut lui adjoindre quelqu'un.* — Pronominalement (réfl.). S'ADJOINDRE *: Elle s'est adjoint deux collaborateurs.* **2.** Joindre, ajouter (une chose) à une autre. *Les anciens adjoignaient souvent un nom de saint aux lieux du Québec.* ▶ ***adjoint, ointe*** [adʒwɛ̃, wɛ̃t] n. et adj. ■ Personne associée à une autre pour l'aider dans ses fonctions. ⇒ ② **aide, assistant.** *Adressez-vous à mon adjoint.* — En appos. *Directeur adjoint, professeur* adjoint.* — *Adjoint parlementaire :* député nommé pour assister un ministre. ▶ ***adjonction*** [adʒɔ̃ksjɔ̃] n. f. **1.** Action d'adjoindre (une personne, une chose). *L'adjonction de deux nouveaux membres au comité directeur.* **2.** Chose adjointe, addition.

adjudant [adʒydɑ̃] n. m. ■ Sous-officier qui, dans la hiérarchie des grades, vient au-dessus du sergent — REM. L'O.L.F. propose *adjudante* au féminin.

adjudication [adʒydikasjɔ̃] n. f. ■ Acte juridique par lequel on met des acquéreurs ou des entrepreneurs en libre concurrence. *Vente par adjudication,* aux enchères. ⇒ **adjuger** (3), **encanter.** *Adjudication de travaux.* ▶ ***adjudicataire*** n. ■ Bénéficiaire d'une adjudication. ⇒ **acquéreur.**

adjuger [adʒyʒe] v. tr. ▪ conjug. 3. **1.** Décerner. *Adjuger un prix, une récompense.* **2.** Pronominalement. Fam. S'ADJUGER *qqch.* : s'attribuer, s'emparer de. *Comme toujours, elle s'est adjugé la meilleure part.* **3.** Attribuer par adjudication*. — Au p. p. *Une fois, deux fois, trois fois, adjugé !* (vendu !)

adjurer [adʒyʀe] v. tr. ▪ conjug. 1. ■ Commander ou demander à (qqn) en adressant une adjuration. *Je vous adjure de dire la vérité.* ⇒ **implorer, supplier.** ≠ *abjurer.* ▶ ***adjuration*** n. f. ■ Prière instante, supplication. *Il s'entêtait, malgré les adjurations de sa famille.* ≠ *abjuration.*

adjuvant [adʒyvɑ̃] n. m. **1.** Médicament, traitement auxiliaire, destiné à renforcer ou compléter la médication principale. **2.** Produit, substance qui améliore les propriétés ou les caractéristiques, de ce à quoi on l'ajoute (le plâtre, l'essence, le béton, etc.). ⇒ **additif.**

admettre [admɛtʀ] v. tr. ▪ conjug. 56. **1.** Accepter de recevoir (une personne, un animal domestique). ⇒ **accueillir, agréer.** *Admettre qqn à sa table. Il a été admis à l'Académie Canadienne-française. Admettre qqn à siéger,* lui en reconnaître le droit. ⇒ **autoriser.** *Les animaux ne sont pas admis dans cet hôtel.* **2.** Considérer comme acceptable par l'esprit (par un jugement de réalité ou de valeur). *Je n'admets pas votre point de vue. Je l'admets volontiers.* — Au p. p. adj. *C'est une idée largement admise,* reconnue, acceptée comme vraie. — ADMETTRE QUE (+ subjonctif ou indicatif). *J'admets que tu as (ou tu aies) raison.* — ADMETTONS, ADMETTEZ, EN ADMETTANT QUE (+ subjonctif) : accepter à titre de simple hypothèse qu'on retient provisoirement. ⇒ **supposer.** *En admettant que cela soit vrai.* **3.** (Surtout en phrase négative) Accepter, permettre. *Elle n'admet pas la discussion.* ⇒ **supporter, tolérer.** — ADMETTRE QUE (+ subjonctif). *Il n'admet pas que vous vous opposiez à elle.* — (Suj. chose) Autoriser, permettre. ⇒ **souffrir.** *Cette règle n'admet aucune exception.* **4.** Laisser entrer. *Les gaz sont admis dans le cylindre.* ‹ ▶ admissible, admission ›

① ***administrer*** [administʀe] v. tr. ▪ conjug. 1. **1.** Gérer en faisant valoir, en défendant les intérêts. *Elle administre les biens de la communauté.* **2.** Assurer l'administration de (un pays, une circonscription). *Le maire et les conseillers administrent la municipalité.* ▶ ***administrateur, trice*** n. **1.** Personne chargée de l'administration d'un bien, d'un patrimoine ; membre d'un conseil d'administration. **2.** Personne qui a les qualités requises par les tâches d'administration. *Un bon, un médiocre administrateur.* ▶ ***administratif, ive*** adj. **1.** Relatif à l'Administration. *Les autorités administratives.* **2.** Chargé de tâches d'administration. *Directrice administrative.* ▶ ***administrativement*** adv. ■ *L'affaire sera réglée administrativement.* ▶ ***administration*** n. f. **1.** Action de gérer un bien, un ensemble de biens. ⇒ **gestion.** *Administration d'une société* (par un *conseil d'administration*). **2.** Fonction consistant à assurer l'application des lois et la marche des services publics conformément aux directives gouvernementales (opposé à *gouvernement*). *En France, l'administration des départements est confiée aux préfets.* — (Avec une majusc.) Ensemble des services et agents chargés de cette fonction (l'*Administration*). *Entrer dans l'Administration.* ⇒ **fonction** publique, **service** public. *École nationale d'administration publique* (E.N.A.P.). **3.** UNE ADMINISTRATION : service public, ensemble des fonctionnaires qui en sont chargés. *L'administration de la Société canadienne des Postes.* ▶ ***administré, ée*** n. ■ Personne soumise à une autorité administrative.

② ***administrer*** v. tr. ▪ conjug. 1. **1.** Faire prendre (un remède). *Le médecin lui administra un antidote.* **2.** Conférer les derniers sacrements à qqn. — *Administrer un malade,* lui donner l'extrême-onction. **3.** Fam. Donner, flanquer (des coups). *Sa mère lui a administré une bonne fessée.*

admirer [admiʀe] v. tr. ▪ conjug. 1. ■ Considérer avec plaisir ce qu'on juge supérieur ; avoir de l'admiration pour (ce qui est beau, grand). *Elle admire beaucoup sa mère.* / contr. **mépriser** / *Admirez sa persévérance.* — Iron. *J'admire votre confiance,* je ne suis pas si confiant. ▶ ***admirable*** adj. ■ Digne d'admiration. *Un portrait admirable. Des yeux admirables.* ⇒ **beau, merveilleux.** *Un être admirable.* ⇒ **remarquable.** ▶ ***admirablement*** adv. ■ D'une manière admirable, merveilleuse. ⇒ **merveilleusement.** *Il joue admirablement de la guitare.* ▶ ***admirateur, trice*** n. ■ Personne qui admire (un être, une œuvre). *C'est une de vos admiratrices.* ⇒ **fan** ▶ ***admiratif, ive*** adj. ■ Qui est en admiration (devant qqn, un spectacle). *Les touristes s'arrêtaient, admiratifs.* — *Regard admiratif.* ▶ ***admiration*** n. f. ■ Sentiment de joie et d'épanouissement devant ce qu'on juge supérieurement beau ou grand. ⇒ **émerveillement, ravissement.** *Être saisi, transporté d'admiration. Un cri d'admiration. Son courage fait l'admiration de tout le monde. Il était en admiration devant ce tableau.* ▶ ***admirativement*** adv. ■ D'une manière admirative, avec admiration.

admissible [admisibl] adj. **1.** (Surtout négatif) Tolérable, supportable. *Cela n'est pas admissible.* ⇒ **inadmissible. 2.** Qui peut être admis (à un emploi). *Tous les citoyens sont également admissibles à toutes fonctions, places et emplois publics.* **3.** Admis à subir les épreuves définitives, à passer un examen. *Candidate admissible.* ▶ ***admissibilité*** n. f. ■ Fait d'être admissible. *Admissibilité à la maîtrise. Critères d'admissibilité.* ⟨ ▶ inadmissible ⟩

admission [admisjɔ̃] n. f. **1.** Action d'admettre (qqn), fait d'être admis. *Son admission au cégep. Admission à un spectacle.* **2.** Fait de laisser entrer (un gaz). *Régler l'admission de la vapeur.*

admonester [admɔnɛste] v. tr. ▪ conjug. 1. ■ Littér. Réprimander sévèrement en avertissant de ne pas recommencer. *Le juge s'est contenté d'admonester le prévenu.* ▶ ***admonestation*** n. f. ■ Avertissement sévère. ⇒ **remontrance, réprimande.** *Faire une admonestation à qqn.*

A.D.N. [a(ɑ)deɛn] n. m. invar. ■ Acide présent dans le noyau des cellules vivantes, qui transmet les caractères génétiques (abrév. de *acide désoxyribonucléique*).

adolescence [adɔlɛsɑ̃s] n. f. ■ Âge qui suit la puberté et précède l'âge adulte (environ de 12 à 18 ans chez les filles, 14 à 20 ans chez les garçons). *Un amour d'adolescence.* ▶ ***adolescent, ente*** n. ■ Jeune garçon, jeune fille à l'âge de l'adolescence.

adon [adɔ̃] n. m. ■ Fam. Coïncidence, chance, heureux hasard. *C'est un adon s'il a réussi le test. Quel adon de te recontrer !* — Loc. D'ADON : (choses) qui convient, est à propos. *Un encouragement qui est bien d'adon.* (Personnes) Qui est aimable, gentil. *Cette élève est très d'adon.* PAR ADON : par hasard. *Ils se sont revus par adon.*

adonis [adɔnis] n. m. invar. ■ Jeune homme d'une grande beauté. ⇒ **éphèbe.** *Il se prend pour un adonis.*

adonner [adɔne] v. intr. ▪ conjug. 1. **I.** Fam. **1.** (Choses) Convenir (bien ou mal), arriver à propos ou non, se présenter (bien ou mal). *Peut-être que ça va adonner demain ?* — V. tr. ind. *Si ça vous adonne, venez manger à la maison.* — Pronominalement. S'ADONNER : tomber à propos ou non. *Ça s'adonne plutôt mal.* **2.** V. pron. S'ADONNER : (Personnes) tomber à propos ou non. *On s'est très mal adonné, le guichet automatique était défectueux.* **3.** V. pron. S'ADONNER : (Personnes) se trouver, arriver par hasard. *Elle s'adonnait à passer devant mon bureau quand je suis sorti.* — S'ADONNER À ÊTRE, À AVOIR. *Il s'adonne à avoir le livre que je veux.* **4.** Tomber, arriver. *La Fête du travail adonne le 7 septembre cette année.* **5.** ÇA S'ADONNE loc. : sert à marquer que qqch. est certain, que cela va de soi. *L'as-tu vue ? Ça s'adonne !* **II.** Fam. **1.** (Choses) S'harmoniser avec, aller ensemble, convenir. *Le pantalon n'adonne pas avec le veston.* — Pronominalement. S'ADONNER. *Voilà des couleurs qui s'adonneront bien ensemble.* **2.** V. pron. S'ADONNER : (Personnes) s'entendre, s'accorder, se convenir. *Bien s'adonner avec ses parents.* — Se plaire. *Il s'adonne bien avec sa blonde.* **III.** V. pron. S'ADONNER À *qqch.* : s'appliquer avec constance (à une activité, une pratique). *Elle s'adonne entièrement à l'étude.* — Au p. p. adj. *Un individu adonné à la boisson.* ⟨ ▶ adon ⟩

adopter [adɔpte] v. tr. ▪ conjug. 1. **1.** Prendre légalement pour fils ou pour fille. *C'est une enfant qu'ils ont adoptée.* **2.** Traiter comme qqn de la famille. *Les enfants ont vite adopté la nouvelle gardienne.* **3.** Faire sien en choisissant, en décidant de suivre. ⇒ **embrasser.** *Adopter un projet, une opinion, une mode.* **4.** Approuver par un vote. *L'Assemblée nationale a adopté le projet de loi.* / contr. **rejeter** / ▶ ***adoption*** [adɔpsjɔ̃] n. f. **1.** Action d'adopter (qqn), acte juridique établissant entre deux personnes (l'*adoptant* et l'*adopté*) des relations de droit analogues à celles qui résultent de la paternité et de la filiation. **2.** D'ADOPTION : qu'on a adopté, qu'on reconnaît pour sien. *La France est devenue sa patrie d'adoption.* **3.** Action d'adopter (qqch. qu'on approuve, qu'on choisit de suivre). *Adoption d'un projet de loi. L'adoption de nouvelles techniques.* ▶ ***adoptif, ive*** adj. **1.** Qui est par adoption, résulte d'une adoption. *Père, fils adoptif.* **2.** D'adoption. *C'est sa patrie adoptive.*

adorer [adɔʀe] v. tr. ▪ conjug. 1. **1.** Rendre un culte à (un dieu). — Loc. *Brûler ce qu'on a adoré,* renier son attachement (à une personne, une chose) et mépriser.

2. Aimer d'un amour ou d'une affection passionnée. *Il adore sa fille.* ⇒ **aduler.** — Au p. p. adj. *Un être, un père adoré.* — Fam. Avoir un goût très vif pour (qqch.). *Il adore la musique. J'adore les fraises.* / contr. **abhorrer, détester, haïr** / ▶ ***adorable*** adj. **1.** (Personnes, animaux) Extrêmement joli, touchant, gracieux. ⇒ **charmant, exquis.** *Une adorable petite fille.* Fam. *Vous êtes adorable.* **2.** (Choses) Très joli. *Un bibelot adorable.* ▶ ***adorablement*** adv. ■ D'une manière adorable, exquise. ▶ ***adorateur, trice*** n. **1.** Personne qui adore, rend un culte à (une divinité). *Les Incas étaient des adorateurs du Soleil.* **2.** Amoureux empressé. ▶ ***adoration*** n. f. ■ Culte rendu à un dieu, à des choses sacrées. *L'adoration des reliques.* — Amour fervent, culte passionné. *Elle est en adoration devant sa grande sœur.*

adosser [adose] v. tr. • conjug. 1. ■ Appuyer en mettant le dos, la face postérieure contre. *Adossez le piano au mur.* ⇒ **accoter.** — S'ADOSSER v. pron. réfl. : s'appuyer en mettant le dos contre. *Elle s'est adossée à la porte.* ⇒ s'**accoter.** ▶ ***adossé, ée*** adj. ■ *Adossé à,* appuyé contre. *Personne adossée à un arbre. Garage adossé au bâtiment principal.* ⇒ **accoté.**

adoucir [adusiʀ] v. tr. • conjug. 2. **1.** Rendre plus doux, plus agréable aux sens. *Produits pour adoucir la peau. Elle essaie d'adoucir sa voix. Adoucir l'eau,* la rendre moins calcaire. — Pronominalement. *Le temps s'adoucit.* ⇒ se **radoucir. 2.** Abstrait. Rendre moins rude, moins violent. *Adoucir un chagrin. La musique adoucit les mœurs.* ▶ ***adoucissant, ante*** adj. et n. m. ■ Qui diminue la douleur, l'irritation. ⇒ **émollient.** *Crème adoucissante.* — N. m. *Mettre un adoucissant dans l'eau.* ▶ ***adoucissement*** n. m. **1.** Action d'adoucir, fait de s'adoucir. *Adoucissement de l'eau. On s'attend à un adoucissement de la température.* **2.** Abstrait. Soulagement, atténuation. *Ce sera un adoucissement à vos peines.* ▶ ***adoucisseur*** n. m. ■ Appareil servant à adoucir l'eau. ‹ ▶ radoucir ›

① ***adresse*** [adʀɛs] n. f. **1.** Indication du nom et du domicile d'une personne. *J'ai oublié de mettre l'adresse sur l'enveloppe. Partir sans laisser d'adresse. — Il m'a donné une bonne adresse,* les coordonnées d'un bon restaurant, d'un bon fournisseur, etc. — Loc. *Vous vous trompez d'adresse,* ce n'est pas la personne qui convient, qui peut aider. **2.** À L'ADRESSE DE : à l'intention de. *Une remarque à l'adresse de sa cousine.* **3.** Signe (mot, formule) sous lequel est classée une information. — En informatique. Expression (nombre, lettre) représentant un emplacement de mémoire dans un ordinateur. *Mettre une information en adresse.* **4.** Anciennt. Expression des vœux et des sentiments d'une assemblée politique, adressée au souverain.

② ***adresse*** n. f. **1.** Qualité physique d'une personne qui fait les mouvements les mieux adaptés à la réussite de l'opération (jeu, travail, exercice). ⇒ **dextérité, habileté ; adroit.** / contr. **maladresse** / *Elle a beaucoup d'adresse. Jeux d'adresse.* **2.** Qualité d'une personne qui sait s'y prendre, manœuvrer comme il faut pour obtenir un résultat. ⇒ **diplomatie, doigté, finesse, ruse.** *Faites-le lui comprendre avec adresse.* ‹ ▶ maladresse ›

adresser [adʀese] v. tr. • conjug. 1. **1.** Émettre (des paroles) en direction de qqn. *Adresser un compliment, une critique, une question à qqn. Je refuse de lui adresser la parole,* de lui parler. **2.** Faire parvenir à l'adresse de qqn. *La dernière lettre que vous m'avez adressée.* **3.** Diriger (qqn) vers la personne qui convient. *Le médecin m'a adressé à une spécialiste.* **4.** V. pron. S'ADRESSER À *qqn* : lui parler ; aller le trouver, avoir recours à lui. *Je ne peux pas vous renseigner ; adressez-vous à la réceptionniste.* — (Suj. chose) Être destiné. *Le public auquel ce livre s'adresse.* ‹ ▶ ① adresse ›

adroit, oite [adʀwa, wat] adj. **1.** Qui a de l'adresse dans ses activités physiques. *Tireur adroit. Être adroit de ses mains.* ⇒ **habile.** / contr. **gauche** / **2.** Qui se conduit, manœuvre avec adresse. ⇒ **rusé.** *Une négociatrice très adroite.* ▶ ***adroitement*** adv. ■ Avec adresse ② (dans les deux sens). ⇒ **habilement** ‹ ▶ maladroit ›

aduler [adyle] v. tr. • conjug. 1. ■ Littér. Combler de louanges, de témoignages d'admiration. ⇒ **choyer, fêter.** *Aduler ses enfants. Il est recherché, adulé par la société la plus choisie.* ⇒ **adorer.** — Au p. p. adj. *Une enfant adulée.* ▶ ***adulation*** n. f. ■ Littér. Louange, admiration excessive.

adulte [adylt] adj. et n. **1.** (Êtres vivants) Qui est parvenu au terme de sa croissance. *Animal, plante adulte. — Âge adulte,* chez l'être humain, de la fin de l'adolescence au commencement de la vieillesse. ⇒ **mûr.** — *Être adulte,* avoir une psychologie, un comportement d'adulte. / contr. **infantile** / **2.** N. Homme, femme adulte. *Les enfants n'aiment pas rester avec les adultes. C'est une adulte à présent.* / contr. **adolescent, enfant** /

adultère [adyltɛʀ] n. m. et adj. **1.** N. m. Fait d'avoir volontairement des rapports sexuels avec une personne autre que son conjoint. ⇒ **infidélité.** *Demander le divorce pour cause d'adultère.* **2.** Adj. Qui commet un adultère. ⇒ **infidèle.** *Un époux adultère.* ▶ ***adultérin, ine*** adj. ■ Né d'un adultère. *Enfants adultérins.*

advenir [advəniʀ] v. intr. impers. et defectif • conjug. 22. ■ Arriver, survenir. *Si cela doit advenir, tant pis. Quoi qu'il advienne, elle partira.* — Loc. prov. *Advienne que pourra,* j'en accepte toutes les conséquences. ▶ ***advenant que*** loc. adv. ■ Si ①, supposé que. ⇒ au **cas** où. *Advenant qu'il neige, nous serons immobilisés dans le chalet.*

adventice [advɑ̃tis] adj. ■ Qui ne fait pas naturellement partie de la chose, qui s'ajoute accessoirement. *Ce sont des problèmes adventices.* ≠ *adventiste*

adventiste [advɑ̃tist] n. et adj. ■ Membre d'un mouvement religieux évangélique, d'origine américaine, qui attend un second avènement du Messie. — Adj. *L'Église adventiste.* ≠ *adventice.*

adverbe [advɛʀb] n. m. ■ Mot invariable ajoutant une détermination à un verbe (ex. : marcher *lentement*), un adjectif (ex. : *très* agréable), un adverbe (ex. : *trop* rapidement) ou à une phrase entière (ex. : *évidemment,* elle ne se presse pas). *Adverbes de lieu, de négation.* ▶ ***adverbial, ale, aux*** adj. ■ Qui a fonction d'adverbe. *Locution adverbiale* (ex. : *côte à côte*).

adversaire [advɛʀsɛʀ] n. **1.** Personne qui est opposée à une autre dans un combat, un conflit, une compétition. ⇒ **concurrent, ennemi, rival.** *Le boxeur est envoyé au tapis par son adversaire.* **2.** Personne hostile à (une doctrine, une pratique). *Les adversaires d'une politique, de la religion.* / contr. **fidèle, partisan** /

adverse [advɛʀs] adj. **1.** Littér. Opposé, contraire. *Le pays est divisé en deux blocs adverses.* / contr. **allié** / **2.** *La partie adverse,* à qui on s'oppose (surtout dans une affaire judiciaire). ▶ ***adversité*** n. f. ■ Littér. Sort contraire ; situation malheureuse d'une personne qui a éprouvé des revers. ⇒ **malheur.** *Savoir garder sa bonne humeur dans l'adversité.* ‹ ▶ adversaire ›

aérer [aeʀe] v. tr. • conjug. 6. **1.** Faire entrer de l'air dans (un lieu clos), exposer à l'air. *Aérez la chambre.* — Au p. p. adj. *Pièce bien aérée. Aérer la literie,* l'exposer à l'air. **2.** Abstrait. Rendre moins dense. *Aérer un exposé.* **3.** Fam. S'AÉRER v. pron. réfl. : prendre l'air. *Il faut vous aérer un peu.* ▶ ***aérateur*** n. m.

■ Appareil servant à l'aération. ⇒ **ventilateur.** ▶ ***aération*** n. f. ■ Action d'aérer (une pièce) ; son résultat. *Conduit d'aération.*

aérien, ienne [aeʀjɛ̃, jɛn] adj. **1.** De l'air, de l'atmosphère (opposé à *maritime, terrestre*). *La navigation aérienne.* **2.** Relatif, propre à l'aviation, assuré par l'aviation. *Transports aériens. Lignes aériennes. Forces aériennes,* aviation militaire. *Attaque aérienne.* **3.** Tendu, suspendu entre des poteaux, des pylônes (par opposition à *souterrain* ou à *sous-marin*). *Un câble, un fil aérien.* **4.** Léger comme l'air. ⇒ **immatériel.** *Avoir une grâce aérienne.* ‹ ▶ antiaérien ›

aéro- ■ Élément savant qui signifie « air », désignant soit l'atmosphère, soit la navigation aérienne, l'aviation. ▶ ***aérodrome*** [aeʀodʀom] n. m. ■ Terrain aménagé pour le décollage et l'atterrissage des avions. ▶ ***aérodynamique*** n. f. et adj. **1.** N. f. Partie de la physique qui étudie les phénomènes accompagnant tout mouvement relatif entre un corps et l'air où il baigne. **2.** Adj. Conforme aux lois de l'aérodynamique. *Profil aérodynamique d'un véhicule,* conçu pour réduire le plus possible la résistance de l'air. ▶ ***aérogare*** n. f. ■ Ensemble des bâtiments d'un aéroport réservés aux voyageurs et aux marchandises. *L'aérogare de Mirabel.* — (France) Dans une grande ville. Gare (de trains, d'autocars) desservant un aéroport. ▶ ***aéroglisseur*** n. m. ■ Véhicule qui avance sur l'eau au moyen d'un coussin d'air (équivalent français de l'anglicisme *hovercraft*). ≠ *hydroglisseur.* ▶ ***aérolithe*** ou ***aérolite*** [aeʀolit] n. m. ■ Vx. Météorite formé de roches. *Chute d'aérolithes sur la Terre.* ▶ ***aéronautique*** adj. et n. f. **1.** Adj. Relatif à la navigation aérienne. *Constructions aéronautiques.* **2.** N. f. Science de la navigation aérienne. — Technique de la construction des appareils de locomotion aérienne. ⇒ **aviation, avionnerie.** *Elle prépare un doctorat en aéronautique.* ▶ ***aéronaval, ale, als*** adj. et n. f. **1.** Adj. Qui appartient à la fois à l'aviation et à la marine. *Forces aéronavales.* **2.** N. f. (France) Ensemble des formations et installations aériennes de la marine militaire ▶ ***aérophagie*** [aeʀofaʒi] n. f. ■ Trouble caractérisé par la pénétration d'air dans l'œsophage et l'estomac. ▶ ***aéroplane*** n. m. ■ Vx. Avion. ▶ ***aéroport*** n. m. ■ Ensemble d'installations (aérodrome, aérogare, ateliers) nécessaires au trafic aérien intéressant une ville ou une région. *L'aéroport de New York.* ▶ ***aéroporté, ée*** adj. ■ Transporté par voie aérienne. *Troupes aéroportées.* ▶ ***aéroportuaire*** adj. ■ Qui concerne un aéroport. *Des installations aéroportuaires.* ▶ ***aérosol*** n. m. ■ Dispersion en fines particules d'un liquide ou d'une solution dans un gaz. — Vaporisateur. *Bombe aérosol.* — Par ext. *Un aérosol.* ▶ ***aérospatial, ale, aux*** adj. ■ Qui concerne à la fois les techniques de l'aviation et des voyages dans l'espace extra-terrestre. *Véhicules aérospatiaux.* ▶ ***aérostat*** n. m. ■ Appareil dont la sustentation dans l'air est due à l'emploi d'un gaz plus léger que l'air. ⇒ **ballon, dirigeable, montgolfière.** ▶ ***aérotrain*** n. m. ■ Véhicule sur rail unique, circulant sur un coussin d'air comprimé. ‹ ▶ anaérobie ›

aérobique [aeʀɔbik] adj. et n. f. ■ Anglic. DANSE AÉROBIQUE : gymnastique qui modèle le corps et oxygène les tissus par des mouvements rapides accompagnés de musique. — N. *Un centre d'aérobique,* où l'on pratique cette gymnastique.

affable [afabl] adj. ■ Qui accueille et écoute de bonne grâce ceux qui s'adressent à lui (elle). ⇒ **accueillant, aimable.** *Le ministre a été très affable au cours de l'audience. Des paroles affables.* ▶ ***affabilité*** n. f. ■ *Elle nous reçut avec beaucoup d'affabilité.* — *L'affabilité des propos.* ▶ ***affablement*** adv. ■ *Traiter qqn affablement.* — *Sourire affablement.*

affabulation [afabylasjɔ̃] n. f. **1.** Arrangement de faits constituant la trame d'un roman, d'une œuvre d'imagination. **2.** *(Une, des affabulations)* Récit inventé d'un menteur. ⇒ **fabulation.** *Tu t'embrouillais dans tes affabulations.*

affadir [afadiʀ] v. tr. ▪ conjug. 2. ■ Rendre fade. *Affadir une sauce.* / contr. **relever** / — Abstrait. En art. Priver de saveur, de force. *La sensiblerie des personnages affadit le sujet.* ▶ ***affadissement*** n. m. ■ Perte de saveur, de force.

affaiblir [afɛbliʀ] v. tr. ▪ conjug. 2. **1.** Rendre physiquement faible, moins fort. ⇒ fam. **maganer.** *La maladie l'a affaibli.* — Pronominalement (réfl.). *Elle s'affaiblit de jour en jour.* ⇒ **décliner, dépérir. 2.** Priver de son efficacité, d'une partie de sa valeur expressive. ⇒ **atténuer, édulcorer.** — Pronominalement (réfl.). *Le sens de cette expression s'est affaibli.* ▶ ***affaiblissant, ante*** adj. ■ Littér. Qui affaiblit (1). ⇒ **débilitant.** *Un régime affaiblissant.* ▶ ***affaiblissement*** n. m. ■ Perte de force, d'intensité. *Elle s'inquiète de l'affaiblissement de sa vue.* ⇒ **baisse.** *L'affaiblissement de l'autorité.* ⇒ **dépérissement.** *L'affaiblissement de la mémoire.* ⇒ **déclin.**

affaire [afɛʀ] n. f. **1.** Ce que qqn a à faire, ce qui l'occupe ou le concerne. *C'est mon affaire et non la vôtre. Occupez-vous de vos affaires.* — Loc. *Vous n'avez pas d'affaire à vous mêler de la conversation,* à vous occuper de ce qui ne vous concerne pas. *J'en fais mon affaire,* je m'en charge. — Ce qui intéresse particulièrement qqn, lui convient. *J'ai là votre affaire, vous en serez satisfait. Cela doit faire l'affaire,* cela doit convenir, aller. — Fam. AVOIR L'AFFAIRE loc. : savoir comment résoudre un problème, contourner une difficulté ; trouver la solution la plus adéquate, la plus rentable, être en bonne position ; avoir du flair. *Tu vas l'avoir l'affaire si tu achètes cette maison avec une vue sur le fleuve.* **2.** Fam. *Faire son affaire à qqn,* le tuer ; le punir. *Je vais lui faire son affaire.* **3.** AFFAIRE DE..., affaire où (qqch.) est en jeu. ⇒ **question.** *Une affaire de cœur, de gros sous. C'est (une) affaire de goût,* qui ne relève que du goût de chacun. — *L'affaire,* la chose en question. *Le temps ne fait rien à l'affaire.* — Fam. *L'affaire,* l'objet, la chose dont on ignore le nom ou qu'on ne veut pas désigner. *Passez-moi l'affaire qui est devant vous. C'est quoi cette affaire-là ?* ⇒ fam. **bidule, engin, gogosse, machin, patente, truc.** — *C'est une autre affaire,* c'est un problème tout différent, où d'autres facteurs interviennent. **4.** Ce qui occupe de façon embarrassante. ⇒ **difficulté, ennui.** *C'est toute une affaire,* c'est très difficile et compliqué. *Ce n'est pas une affaire. C'est l'affaire d'une seconde,* ce sera fait très vite. *Une maudite affaire,* un embêtement, un gros ennui. — *Se tirer d'affaire,* du danger, du pétrin. **5.** Ensemble de faits créant une situation compliquée, où diverses personnes, divers intérêts sont aux prises. *C'est une affaire délicate. On a voulu étouffer l'affaire.* ⇒ **scandale.** — Événement, crime posant une énigme policière. *L'affaire Kennedy n'est pas encore vraiment résolue.* — *Des affaires comme celles-là, on s'en passerait,* des situations, des choses de ce genre. **6.** Procès, objet d'un débat judiciaire. *Instruire, juger, plaider une affaire.* **7.** Marché conclu ou à conclure avec qqn. *Vous avez fait une bonne affaire, une mauvaise affaire. C'est une très grosse affaire. Faire affaire avec qqn.* ⇒ **traiter. 8.** Bonne affaire. *Achetez-le, vous ferez une affaire.* **9.** Entreprise commerciale ou industrielle. *Être à la tête d'une grosse affaire.* ⇒ **affaires** (3). **10.** AVOIR AFFAIRE. *J'ai eu affaire avec toi,* j'ai eu à traiter, à discuter avec toi. — *Vous aurez affaire à moi* (menace). — AVOIR AFFAIRE À loc. *J'ai affaire à l'école,* avoir besoin de s'y rendre pour faire qqch. ▶ ***s'affairer*** [afɛʀe] v. pron. ▪ conjug. 1. ■ Se montrer actif, empressé, s'occuper activement. ⇒ s'**agiter.** *Le portier s'affairait autour des clients qui descendaient de voiture.* ▶ ***affairé, ée*** adj. ■ Qui est ou paraît très occupé. *La responsable était très affairée. Un air affairé.* ▶ ***affairement*** n. m. ■ État, comportement d'une personne affairée. ▶ ***affaires*** n. f. pl. **1.** Ensemble des occupations et activités d'intérêt public. *Les affaires publiques.* (Avec une majusc.) *Le ministère des Affaires extérieures du Canada.* **2.** Situation matérielle d'un particulier. *Mettre de l'ordre dans ses affaires.* — Fam. État dans le développement d'une intrigue, d'une aventure amoureuse. *Où en sont tes affaires ? Cela fera avancer mes affaires.* — *Aller quelque part par affaires,* pour régler des choses. **3.** Activités économiques (commerciales et financières). ⇒ **affaire** (9), **commerce**. *Sa mère est dans les (en) affaires. C'est un homme, une femme d'affaires. Les gens d'affaires. Brasser de grosses affaires. Avoir un bon chiffre* d'affaires. Les affaires sont les affaires,* il ne faut pas faire de sentiment. — Loc. *Être, avoir l'air au-dessus de ses affaires,* avoir une entreprise, un commerce, qui fonctionne bien, qui rapporte des bénéfices ; faire des placements avantageux. — Fig. Bien dominer une situation, être en avance sur son programme, avoir une bonne marge de manœuvre. *Elle est au-dessus de ses affaires en mathématiques.* — Loc. fam. *Être d'affaires,* être habile à gérer ses intérêts financiers et personnels. *Ses petits travaux à gauche et à droite montrent comment il est d'affaires.* **4.** Objets ou effets personnels. *Cet enfant ne range jamais ses affaires.* — *Il y a toutes sortes d'affaires dans ce magasin,* toutes sortes de marchandises. ▶ ***affairiste*** n. Péj. ■ Homme (ou femme) d'affaires peu scrupuleux, avant tout préoccupé du profit. ⇒ **spéculateur.**

s'affaisser [afɛse] v. pron. ▪ conjug. 1. **1.** Plier, baisser de niveau sous un poids ou une pression. *Le sol s'est affaissé par endroits.* ⇒ s'**effondrer** ; fam. s'**effoirer.** — Fig. *L'équipe s'affaisse de match en match.* **2.** Tomber en pliant sur les jambes. *Elle perdit connaissance et s'affaissa.* ⇒ s'**abattre,** s'**écrouler.** / contr. se **redresser** / — Au p. p. adj. *Épaules affaissées,* tombantes. ▶ ***affaissement*** n. m. ■ Fait de s'affaisser, état de ce qui est affaissé. ⇒ **dépression, tassement.** *Affaissement de terrain.*

s'affaler [afale] v. pron. ▪ conjug. 1. ■ Se laisser tomber. *Il s'affale sur le divan.* ⇒ s'**avachir,** se **vautrer** ; fam. s'**effoirer,** s'**évacher.** — Au p. p. adj. *Une adolescente affalée dans un fauteuil.*

affamer [afame] v. tr. ▪ conjug. 1. ■ Faire souffrir de la faim en privant de vivres ou d'argent. *Les assiégeants pensaient affamer la population.* ▶ ***affamé, ée*** adj. **1.** Qui a très faim. *Je suis affamé.* — N. *Des affamés.* **2.** Abstrait. Avide, passionné (de). ⇒ **assoiffé.** *Il est affamé de gloire.* / contr. **comblé** / ▶ ***affameur, euse*** n. ■ Personne qui affame les gens, le peuple.

affect [afɛkt] n. m. ■ Psychologie. État affectif élémentaire. ⇒ **émotion, sentiment.** ‹ ▶ affectif, ① affection, affectueux ›

① ***affecter*** [afɛkte] v. tr. ▪ conjug. 1. **1.** Prendre, adopter (une manière d'être, un comportement) de façon ostentatoire, sans que l'intérieur réponde à l'extérieur. ⇒ **feindre, simuler.** *Quoique très inquiet, il affecta la plus grande gaieté. Elle affecte de l'ignorer.* **2.** (Choses) Revêtir volontiers, habituellement (une forme). *Cette maladie affecte des formes bizarres.* ▶ ① ***affecté, ée*** adj. ■ Qui manque de sincérité ou de naturel. ⇒ **étudié, feint.** *Des manières affectées. On est trop affecté.* ⇒ **maniéré,** ② **précieux.** / contr. ① **naturel,** ① **simple** / ▶ ① ***affectation*** n. f. **1.** Action d'affecter (un comportement). ⇒ **comédie, simulation.** *Une affectation de désintéressement.* **2.** Manque de sincérité et de naturel. ⇒ **afféterie, pose, recherche ;** fam. **frime.** *Un style plein d'affectation. Faire qqch. avec, sans affectation.* ≠ *affection.*

② ***affecter*** v. tr. ▪ conjug. 1. **1.** Destiner, réserver à un usage ou à un usager déterminé. *Les crédits que le Conseil du trésor a affectés au ministère de l'Environnement.* **2.** Procéder à l'affectation de (qqn). ⇒ **désigner, nommer.** *Il s'est fait affecter à notre bureau.* ▶ ② ***affectation*** n. f. **1.** Destination (d'une chose) à un usage déterminé. *L'affectation d'une somme à une réparation.* **2.** Désignation (de qqn) à une unité militaire, à un poste, à une fonction ; ce lieu. *Elle a rejoint sa nouvelle affectation.* ▶ ② ***affecté, ée*** adj. ■ Nommé. *Une ambassadrice nouvellement affectée à Ottawa.* ‹ ▶ désaffecté ›

③ ***affecter*** v. tr. ▪ conjug. 1. ■ Toucher en faisant une impression pénible. ⇒ **émouvoir, frapper.** *Son échec l'a beaucoup affecté.* — Pronominalement. Littér. S'affliger, souffrir. *Il s'affecte de votre silence.*

affectif, ive [afɛktif, iv] adj. ■ Qui concerne les affects, les sentiments. *États affectifs. La vie affective,* les sentiments, les plaisirs et les douleurs d'ordre moral. ‹ ▶ affectivité ›

① ***affection*** [afɛksjɔ̃] n. f. ■ Sentiment tendre qui attache à qqn. ⇒ **attachement, tendresse.** *J'ai de l'affection pour elle. Montrer de l'affection.* ⇒ **affectueux.** *Il m'a pris en affection,* il a de l'affection pour moi. / contr. **aversion** / *Affection maternelle, fraternelle.* ≠ *affectation.* ▶ ***affectionner*** v. tr. ▪ conjug. 1. **1.** Être attaché à, aimer (qqn). ⇒ **chérir.** *Il affectionne beaucoup sa vieille grand-mère.* **2.** Avoir une prédilection pour (qqch.). *Elle affectionne ce genre de robe.* / contr. **détester** / — Apprécier, aimer (un lieu). *Nous affectionnons ce beau grand lac.* ▶ ***affectionné, ée*** adj. ■ Dans une lettre. Attaché par l'affection, dévoué. *Votre neveu affectionné, votre fille affectionnée.* — Plein d'affection. *Un homme affectionné.* ‹ ▶ désaffection ›

② ***affection*** n. f. ■ Maladie considérée dans ses manifestations actuelles. *Affection aiguë.*

affectivité [afɛktivite] n. f. **1.** Ensemble des phénomènes de la vie affective, des affects*. ⇒ **sensibilité.** **2.** Aptitude à être affecté de plaisir ou de douleur. *Il est d'une affectivité excessive.*

affectueux, euse [afɛktɥø, øz] adj. ■ Qui montre de l'affection. ⇒ **tendre.** *Un enfant très affectueux. Paroles affectueuses.* ⇒ **colleux.** *Parole affectueuses* / contr. **froid** / ▶ ***affectueusement*** adv. ■ *Elle l'embrassa affectueusement.* ⇒ **tendrement.** — Dans une lettre. *Affectueusement vôtre.*

afférent, ente [afeʀɑ̃, ɑ̃t] adj. **1.** Vx. Qui se rapporte à. *Renseignements afférents à une affaire.* **2.** Droit. Qui revient à. *La part afférente à cette héritière.*

affermir [afɛʀmiʀ] v. tr. ▪ conjug. 2. **1.** Concret. Rendre plus ferme. ⇒ **raffermir.** *Un traitement qui affermit les chairs.* **2.** Abstrait. Rendre plus assuré, plus fort. ⇒ **consolider, fortifier, renforcer.** *Affermir son pouvoir, son autorité. Cela n'a fait que l'affermir dans sa résolution.* / contr. **affaiblir** / Pronominalement (réfl.). *Sa santé commence à s'affermir.* ▶ ***affermissement*** n. m. ■ *L'affermissement de la voix. L'affermissement du pouvoir.* ‹ ▶ raffermir ›

afféterie [afetʀi] n. f. ■ Littér. Abus du gracieux, du maniéré dans l'attitude ou le langage. ⇒ ① **affectation, préciosité.** / contr. ② **naturel, simplicité** /

affiche [afiʃ] n. f. ■ Feuille imprimée destinée à porter qqch. à la connaissance du public et placardée sur les murs ou des emplacements réservés à cet effet. *Affiches publicitaires. Affiche de théâtre. Coller, placarder une affiche.* — *Mettre une pièce à l'affiche,* l'annoncer. *Spectacle qui est, qui reste à l'affiche,* qu'on joue, qu'on continue de jouer. ▶ ***affichette*** n. f. ■ Petite affiche.

afficher [afiʃe] v. tr. ▪ conjug. 1. **1.** Faire connaître par voie d'affiches. *Afficher une vente aux enchères.* **2.** Poser des affiches. *Interdit d'afficher.* **3.** Montrer publiquement et avec affectation, ostentation, faire étalage de. ⇒ **affecter.** *Il affiche son mépris pour l'argent.* **4.** V. pron. réfl. S'AFFICHER AVEC *qqn* : se montrer en public accompagné de qqn (avec qui on est lié). *Il s'affiche avec sa maîtresse.* ▶ ***affichage*** n. m. **1.** Action d'afficher, de poser des affiches. *Panneaux d'affichage. Tableau d'affichage.* ⇒ **babillard.** — *L'affichage électronique,* fait à l'aide de procédés électroniques, sur un écran ou sur une bande lumineuse. — En informatique. Présentation de données, de résultats à l'écran. **2.** L'AFFICHAGE : l'ensemble des affiches. *Tout l'affichage est en français.* ▶ ***afficheur, euse*** n. ■ Personne qui colle, pose des affiches. ▶ ***affichiste*** n. ■ Dessinateur(trice) publicitaire spécialisé(e) dans la création des affiches.

*d'**affilée*** [dafile] loc. adv. ■ À la file, sans interruption. ⇒ de **suite.** *Elle a débité plusieurs histoires d'affilée.*

affiler [afile] v. tr. ▪ conjug. 1. **1.** Rendre parfaitement tranchant (un instrument). ⇒ **affûter, aiguiser.** — Au p. p. adj. *Un couteau bien affilé.* ≠ *effilé.* **2.** Tailler en pointe. *Affilez bien tous vos crayons de couleur.* **3.** Au p. p. adj. Loc. *Avoir la langue bien affilée,* être bavard et médisant, être placoteux. ▶ ***affile-crayon*** ou ***affile-crayons*** n. m. ■ Fam. Petit instrument dans lequel on aiguise les crayons, en les faisant tourner ou en les maintenant dans une cavité comportant une ou des lames. *Un affile-crayon manuel. Des affile-crayons électriques.* ⇒ **aiguise-crayon, taille-crayon.**

*s'**affilier*** [afilje] v. pron. ▪ conjug. 7. ■ Adhérer, s'inscrire (à une association). *À quel parti s'est-il affilié ?* — Au p.p. adj. *Des stations affiliées.* ▶ ***affilié, ée*** n. ■ Personne qui appartient à une organisation. ⇒ **adhérent, membre.** ▶ ***affiliation*** n. f. ■ *Le club local a demandé son affiliation à la fédération provinciale.*

affiner [afine] v. tr. ▪ conjug. 1. **1.** Purifier, procéder à l'affinage de (un métal, le verre). **2.** *Affiner les fromages,* en achever la maturation. **3.** Rendre plus fin, plus délicat. *La lecture a affiné son esprit.* — Pronominalement. *Son goût s'est affiné.* ▶ ***affinage*** n. m. ■ Action d'affiner (1, 2). *L'affinage des métaux. Une cave d'affinage.* ▶ ***affinement*** n. m. ■ Fait de s'affiner (3). ⟨ ▶ ① raffiner, ② raffiner ⟩

affinité [afinite] n. f. **1.** Rapport de conformité, de ressemblance ; lien plus ou moins sensible. *Il y a entre eux des affinités de goût.* **2.** En chimie. Action physique responsable de la combinaison des corps entre eux.

affirmer [afiʀme] v. tr. ▪ conjug. 1. **1.** Donner une chose pour vraie, énoncer un jugement comme vrai. ⇒ **assurer, avancer, certifier, soutenir.** / contr. **nier** / *On ne peut rien affirmer.* — (Avec *que* + indicatif) *J'affirme que les choses se sont passées ainsi.* — (+ infinitif) *J'affirme l'avoir rencontré ce jour-là.* **2.** Manifester de façon indiscutable. *Laissez-la affirmer sa personnalité.* — Pronominalement. *Son talent s'affirme.* ▶ ***affirmatif, ive*** adj. **1.** (Personnes) Qui affirme, ne laisse planer aucun doute. ⇒ **net.** *Elle a été très affirmative, elle ne viendra pas.* **2.** (Choses) Qui constitue, exprime une affirmation dans la forme. *Proposition affirmative* (opposé à *interrogatif, négatif*) **3.** N. f. *Répondre par l'affirmative,* répondre oui. / contr. **négative** / **4.** Adv. Dans les transmissions. Se dit pour *oui.* « M'entendez-vous ? – Affirmatif. » ▶ ***affirmativement*** adv. ■ Par l'affirmative, en disant oui. *Elle a répondu affirmativement.* / contr. **négativement** / ▶ ***affirmation*** n. f. **1.** Action d'affirmer, de donner pour vrai un jugement (qu'il soit, dans la forme, affirmatif ou négatif) ; le jugement ainsi énoncé. ⇒ **assertion.** *« Il viendra demain », « il ne viendra pas demain » sont des affirmations. En dépit de vos affirmations, je n'en crois rien.* **2.** Action, manière d'affirmer, de manifester de façon indiscutable (une qualité). ⇒ **expression, manifestation.** *Avec ce nouveau livre, on assiste à l'affirmation de sa personnalité.* ⟨ ▶ réaffirmer ⟩

affixe [afiks] n. m. ■ Élément susceptible d'être incorporé à un mot, avant, dans ou après le radical, pour en modifier le sens ou la fonction. *Les éléments aéro- et -able sont des affixes.* ⇒ **préfixe, suffixe.** ≠ *désinence.*

affleurer [aflœʀe] v. intr. ▪ conjug. 1. **1.** Apparaître à la surface du sol. *Roc qui affleure.* **2.** Abstrait. *Son mépris affleurait parfois dans leurs relations.* ≠ *effleurer.* ▶ ***affleurement*** n. m. ■ Fait d'affleurer, d'apparaître à la surface du sol. *Affleurement d'un filon.*

affliction [afliksjɔ̃] n. f. ■ Littér. Peine profonde, abattement à la suite d'un grave revers. ⇒ **détresse.** *Être dans l'affliction.*

affliger [afliʒe] v. tr. ▪ conjug. 3. **1.** Attrister profondément. ⇒ **chagriner, peiner.** *Cette nouvelle m'afflige.* — Au p. p. *Je suis affligée.* — N. *Consoler les affligés, les personnes qui souffrent, qui sont malheureuses.* — S'AFFLIGER v. pron. réfl. : être triste à cause de. / contr. se **réjouir** / *Ne vous affligez pas de son départ.* **2.** ÊTRE AFFLIGÉ DE *qqch., qqn* : devoir le (la) supporter. *Être affligé d'une bronchite chronique. Elle est affligée d'un frère stupide.* ▶ ***affligeant, ante*** adj. **1.** Qui afflige, frappe douloureusement. ⇒ **désolant.** *Il est dans une situation affligeante.* **2.** Pénible en raison de sa faible valeur. ⇒ **lamentable.** *Un film affligeant.* ⟨ ▶ affliction ⟩

affluer [aflye] v. intr. ▪ conjug. 1. **1.** (Liquide organique) Couler en abondance vers. *Le sang afflue. La colère fait affluer le sang au visage.* **2.** Se porter en foule vers, arriver en grand nombre. *Les curieux affluent à l'exposition de timbres et monnaies.* ▶ ***affluence*** [aflyɑ̃s] n. f. ■ Réunion d'une foule de personnes qui vont au même endroit. *L'affluence des clients. Évitez de prendre le métro aux heures d'affluence.* ▶ ***affluent*** n. m. ■ Cours d'eau qui se jette dans un autre. *Les affluents du Saint-Laurent.* ▶ ***afflux*** [afly] n. m. invar. **1.** Fait d'affluer (1). *Afflux de sang à la face.* **2.** Arrivée massive. ⇒ **affluence.** *Il y a eu un afflux de visiteurs.*

affoler [afɔle] v. tr. ▪ conjug. 1. **1.** Rendre comme fou, sous l'effet d'une émotion violente. ⇒ **bouleverser.** *Ce genre de beauté l'affole.* **2.** Rendre fou d'inquiétude, plonger dans l'affolement. ⇒ **effrayer.** / contr. **calmer, rassurer** / *L'absence de nouvelles finissait par l'affoler.* — Pronominalement (réfl.) S'AFFOLER : perdre la tête par affolement. *Ne vous affolez pas.* ▶ ***affolant, ante*** adj. ■ Fam. Très inquiétant, effrayant. *La vie augmente tous les jours, c'est affolant.* ▶ ***affolé, ée*** adj. ■ Qui perd son calme, son sang-froid. ⇒ **effaré, épouvanté.** *La foule affolée se mit à courir.* / contr. **calme** / ▶ ***affolement*** n. m. ■ État d'une personne affolée ; inquiétude, peur. *J'ai eu une minute d'affolement.* ⟨ ▶ raffoler ⟩

① ***affranchir*** [afʀɑ̃ʃiʀ] v. tr. ▪ conjug. 2. **1.** (Anciennt) Rendre libre (un esclave, un serf). / contr.

asservir / 2. S'AFFRANCHIR DE v. pron. réfl. : se délivrer (de tout ce qui gêne). *Peuple qui s'affranchit des traditions.* ⇒ s'**émanciper,** se **libérer. 3.** Fam. Éclairer, mettre au courant (en fournissant des renseignements). *Elle a affranchi son amie.* ⇒ mettre au **parfum** ▶ ***affranchi, ie*** n. et adj. **1.** N. Dans l'Antiquité et anciennt. Esclave affranchi. **2.** Adj. Qui s'est intellectuellement libéré des préjugés, des traditions. *Une femme affranchie,* émancipée. **3.** N. Fam. *Un, une affranchi(e),* une personne qui mène une vie libre, hors de la morale courante. *Vous jouez aux affranchis.* ▶ ① ***affranchissement*** n. m. **1.** (Anciennt) Action d'affranchir (un esclave, un serf). **2.** Délivrance, libération.

② ***affranchir*** v. tr. ▪ conjug. 2. ■ Mettre les timbres nécessaires sur (une lettre, un envoi). *Affranchir un colis.* — Au p. p. adj. *Lettre insuffisamment affranchie.* ▶ ② ***affranchissement*** n. m. ■ Action d'affranchir une lettre, un envoi expédié par la poste.

affres [afʀ] n. f. pl. ■ Littér. Angoisse accompagnant la peur, la douleur. ⇒ **tourment.** *Les affres de la mort, de la faim.* ‹ ▶ affreux ›

affréter [afʀete] v. tr. ▪ conjug. 6. ■ Prendre (un navire, un avion, un autobus, un camion, etc.) en location pour transporter des marchandises, des passagers. *Affréter plusieurs véhicules* ⇒ **noliser.** ▶ ***affrètement*** [afʀetmɑ̃] n. m. ■ Location d'un navire, d'un avion, etc.

affreux, euse [afʀø, øz] adj. **1.** Qui provoque une réaction d'effroi et de dégoût. ⇒ **abominable, atroce, effrayant, horrible, monstrueux.** *Un affreux cauchemar. Une affreuse catastrophe — Douleur affreuse,* qui fait beaucoup souffrir. **2.** Qui est extrêmement laid. ⇒ **hideux, repoussant.** *Son chien est un affreux bâtard.* — Déplaisant à voir. *Elle est affreuse sur cette photo.* **3.** Tout à fait désagréable. ⇒ **détestable.** *Il fait un temps affreux. C'est un affreux malentendu.* ▶ ***affreusement*** adv. **1.** D'une manière affreuse, particulièrement effrayante ou révoltante. ⇒ **horriblement.** *Il a été affreusement torturé.* **2.** Extrêmement, terriblement. *Je suis affreusement en retard.*

affriolant, ante [afʀijɔlɑ̃, ɑ̃t] adj. ■ Qui plaît vivement, excite l'intérêt, le désir. ⇒ **excitant, séduisant.** *Un déshabillé affriolant. Le programme n'a rien d'affriolant.*

affront [afʀɔ̃] n. m. ■ Offense faite publiquement avec la volonté de marquer son mépris et de déshonorer ou humilier. ⇒ **outrage.** *Faire un affront à qqn.*

affronter [afʀɔ̃te] v. tr. ▪ conjug. 1. **1.** Aller hardiment au-devant de (un adversaire, un danger). ⇒ **braver.** *La croyance qu'on pourra revenir vivant du combat aide à affronter la mort. Affronter une difficulté.* **2.** V. pron. récipr. S'AFFRONTER : se heurter dans un combat. *Le caribou et la meute de loups se sont affrontés.* — Fig. Disputer un match, une partie. *Ces deux équipes s'affrontent pour le championnat de la saison.* — Abstrait. S'opposer. *Deux thèses s'affrontaient.* ▶ ***affrontement*** n. m. ■ Action d'affronter, fait de s'affronter. *L'affrontement des deux grandes puissances.*

affubler [afyble] v. tr. ▪ conjug. 1. ■ Habiller bizarrement, ridiculement comme si on déguisait. *On m'avait affublé d'un chapeau ridicule.* ⇒ **accoutrer.** — Pronominalement (réfl.). *Il faut voir comment elle s'affuble.* ⇒ s'**accoutrer** s'**atriquer.**

① ***affût*** [afy] n. m. ■ Bâti servant à supporter, pointer et déplacer un canon.

② ***affût*** n. m. **1.** Endroit où l'on s'embusque pour attendre le gibier ; l'attente elle-même. *Être, se mettre à l'affût.* **2.** Abstrait. *Être* À L'AFFÛT DE : guetter l'occasion de saisir ou de faire. *Elle est à l'affût d'une affaire intéressante.* ⇒ aux **aguets.**

affûter [afyte] v. tr. ▪ conjug. 1. ■ Aiguiser (un outil tranchant). *Affûter des couteaux. Une meule à affûter.* / contr. **émousser** / — Fig. *Affûter ses arguments,* les préparer soigneusement. ▶ ***affûtage*** n. m. ■ *L'affûtage d'une scie, des patins.*

afin de [afɛ̃d(ə)] loc. prép., ***afin que*** [afɛ̃k(ə)] loc. conj. ■ Marquent l'intention, le but. ⇒ **pour.** — AFIN DE (+ infinitif). *Il prit son carnet afin d'y noter une adresse.* — AFIN QUE (+ subjonctif). *Écrivez-lui afin qu'elle soit au courant.*

a fortiori [afɔʀsjɔʀi] loc. adv. ■ À plus forte raison. — REM. On écrit aussi *à fortiori*

africain, aine [afʀikɛ̃, ɛn] adj. et n. ■ De l'Afrique et, spécialt, de l'Afrique noire. *Le continent africain.* — N. (Avec une majusc.) *Les Africains,* les Noirs d'Afrique. ▶ ***africanisme*** n. m. ■ Mot, sens, locution ou tournure propre au français d'Afrique. *Le mot balafon est un africanisme.* ▶ ***africaniste*** n. ■ Spécialiste des langues et civilisations africaines. ‹ ▶ afro-asiatique ›

afro-asiatique [afʀoazjatik] adj. et n. ■ Commun à l'Afrique et à l'Asie, surtout du point de vue politique. — N. (Avec des majusc.) *Les Afro-Asiatiques.*

agacer [agase] v. tr. ▪ conjug. 3. **1.** Mettre dans un état d'agacement. ⇒ **énerver.** *Ce bruit m'agace ! Vous m'agacez avec vos bavardages.* **2.** Taquiner (une personne, un animal) pour l'inciter à réagir. *Elle agace son frère.* — Pronominalement (récipr.). *Les élèves adorent s'agacer.* ▶ ***agaçages*** n. m. pl. ■ Fam. Fait d'agacer, de taquiner (une personne, un animal). ⇒ **taquinerie.** *Avez-vous bientôt fini vos agaçages ?* ▶ ***agace*** n. f. ■ (Sujet le plus souv. féminin) Fam. Personne qui excite, provoque sexuellement mais sans vouloir aller trop loin. ⇒ **aguicheur, allumeur, déluré, nymphette ;** vulg. **plotte.** ▶ ***agaçant, ante*** [agasɑ̃, ɑ̃t] adj. ■ Qui agace, énerve. ⇒ **énervant, irritant.** *Vos remarques sont agaçantes.* ▶ ***agacement*** n. m. ■ Énervement mêlé d'impatience. *La députée eut un geste d'agacement.* ▶ ***agaceries*** n. f. pl. ■ Mines ou paroles inspirées par une coquetterie légèrement provocante. ⇒ **avance, minauderie.** *On m'a fait des agaceries.* ⇒ **aguicher.**

agapes [agap] n. f. pl. ■ Plaisant. Festin. *Faire de joyeuses agapes.*

agate [agat] n. f. ■ Pierre semi-précieuse dont on fait des camées.

agave [agav] n. m. ■ Plante d'origine mexicaine, très décorative, dont le suc donne une boisson fermentée (⇒ **tequila**) et les feuilles des fibres textiles (⇒ **sisal**).

âge [ɑʒ] n. m. **1.** Temps écoulé depuis qu'une personne est en vie. *Wilfrid Laurier est mort à l'âge de soixante-dix-huit ans. Ils ont le même âge. Il ne paraît pas son âge. Il fait plus jeune que son âge. Une personne d'un certain âge,* qui n'est plus toute jeune. *En raison de son grand âge. J'ai passé l'âge de m'occuper de cela.* **2.** (Êtres vivants) *L'âge d'un animal, d'un arbre.* — (Choses naturelles) *L'âge d'un vin. L'âge des roches.* **3.** Période de la vie : *enfance, adolescence, jeunesse, maturité, vieillesse. Chaque âge a ses plaisirs. Un enfant encore en bas âge,* un bébé. *L'âge de raison.* ⇒ **raison.** *Le bel âge,* la jeunesse. *L'âge mûr,* la maturité. *L'âge légal a été fixé à 18 ans.* Loc. *Être en âge,* avoir atteint la majorité. *Une personne entre deux âges,* ni jeune ni vieille. LE TROISIÈME ÂGE, L'ÂGE D'OR : l'âge de la retraite, de la vieillesse. — Ensemble des personnes ayant atteint l'âge de la retraite, de la vieillesse.

— *Club de l'âge d'or,* organisme socioculturel réservé aux personnes âgées. **4.** Grande période de l'histoire. *L'âge actuel, notre âge,* l'époque contemporaine. *Il faut être de son âge,* de son temps. — Grande division de la préhistoire. *L'âge du bronze.* **5.** L'ÂGE D'OR : époque prospère, favorable. *C'était l'âge d'or du cinéma.* ► ***âgé, ée*** adj. **1.** Qui est d'un âge avancé. — REM. *Âgé* est plus courtois que *vieux. Les personnes âgées,* les vieillards. **2.** Qui a tel ou tel âge. *Le moins âgé des deux enfants. Âgé de trente ans,* qui a trente ans. ‹ ► Moyen Âge ›

agence [aʒɑ̃s] n. f. **1.** Établissement commercial servant essentiellement d'intermédiaire. *Agence de placement.* ⇒ **bureau.** *Agence de voyages. Agence immobilière. Agence de sécurité* **2.** (Avec une majusc.) Organisme gouvernemental. *L'Agence canadienne de développement international.* **3.** Organisme qui recueille et centralise des informations. *Agence de presse.*

agencer [aʒɑ̃se] v. tr. ▪ conjug. 3. ■ Disposer en combinant (des éléments), organiser (un ensemble) par une combinaison d'éléments. ⇒ **arranger, ordonner.** *L'art d'agencer les scènes d'une pièce.* ► ***agencement*** n. m. ■ Action, manière d'agencer ; arrangement résultant d'une combinaison. ⇒ **aménagement, disposition, organisation.** *L'agencement de cet appartement est remarquable. — L'agencement d'un récit.*

agenda [aʒɛ̃da] n. m. ■ Carnet contenant une page pour chaque jour, où l'on inscrit ce qu'on doit faire, ses rendez-vous, ses activités, etc. *Des agendas. Consulter son agenda.*

s'agenouiller [aʒ(ə)nuje] v. pron. ▪ conjug. 1. ■ Se mettre à genoux. *Il l'aida à fermer une valise trop pleine et dut s'agenouiller dessus. Elle s'est agenouillée pour prier.* ► ***agenouillement*** n. m. ■ Action de s'agenouiller.

① ***agent*** [aʒɑ̃] n. m. **1.** Être ou objet qui agit (opposé au *patient* qui subit l'action). *Complément d'agent,* complément d'un verbe passif, introduit par *par* ou *de,* désignant l'auteur de l'action (ex. : *directeur* dans *il a été reçu par le directeur*). **2.** Force, corps, substance intervenant dans la production de certains phénomènes. ⇒ **cause, facteur, principe.** *Les agents atmosphériques.*

② ***agent, ente*** [aʒɑ̃, ɑ̃t] n. **1.** Personne chargée des affaires et des intérêts d'un individu, d'un groupe ou d'un pays, pour le compte desquels elle agit. ⇒ **émissaire, représentant.** — N. m. *Agent secret,* des services d'espionnage. ⇒ **espion.** — *Agent de sécurité,* qui assure la sécurité, qui potège un lieu, un édifice. ⇒ **policier. 2.** Appellation de très nombreux employés de services publics ou d'entreprises privées, généralement appelés à servir d'intermédiaires entre la direction et les usagers. ⇒ **commis, courtier, employé, gérant, mandataire.** *Agents de change, d'assurances. Agent de liaison, de transmission.* — AGENT IMMOBILIER, AGENT D'IMMEUBLES : personne qui s'occuper de la vente et de l'achat d'immeubles. — AGENT DE VOYAGES : personne qui exploite une agence de voyages ou qui en est l'employée. ⇒ **voyagiste** — AGENT DE BORD : personne assignée au service des passagers d'un avion. ⇒ **hôtesse ;** anglic. **steward. 3.** (France) AGENT DE POLICE, ou ellipt. AGENT. ⇒ **gardien** de la paix ; fam. **flic.** *Deux agents l'ont emmené au commissariat.* ‹ ► agence ›

agglomérer [aglɔmeʀe] v. tr. ▪ conjug. 6. ■ Unir en un bloc cohérent (diverses matières à l'état de fragments ou de poudre ⇒ **agglutiner**), en utilisant un liant. ► ***agglomérat*** n. m. ■ Ensemble naturel d'éléments minéraux agglomérés. ⇒ **agrégat, conglomérat.** ► ***agglomération*** n. f. **1.** Action d'agglomérer (diverses matières) à l'aide d'un liant. **2.** Union, association intime. *La nation française est une agglomération de peuples.* **3.** Concentration d'habitations, ville ou village. *L'agglomération québécoise,* Québec et sa banlieue. *Ralentir en abordant une agglomération.* ► ***aggloméré*** n. m. ■ Produit, matériau obtenu par un mélange de matières diverses agglomérées. *Panneau d'aggloméré. Des meubles en aggloméré.*

agglutiner [aglytine] v. tr. ▪ conjug. 1. ■ Coller ensemble, réunir de manière à former une masse compacte. ⇒ **agglomérer.** — Pronominalement (réfl.). *Les passants s'agglutinaient devant la vitrine.* ► ***agglutinant, ante*** adj. **1.** Propre à agglutiner, à recoller. *Substances agglutinantes.* ⇒ **adhésif. 2.** En linguistique. *Langues agglutinantes,* où des affixes s'ajoutent aux mots bases, exprimant les rapports grammaticaux. ► ***agglutination*** n. f. ■ Action d'agglutiner, fait de s'agglutiner.

aggraver [agʀave] v. tr. ▪ conjug. 1. **1.** Rendre plus grave, plus condamnable. *Il a aggravé son cas.* **2.** Rendre plus douloureux, plus dangereux. *Cette imprudence a contribué à aggraver le mal.* — Pronominalement (réfl.). *L'état de la malade s'est aggravé durant la nuit.* ⇒ se **dégrader, empirer. 3.** Rendre plus violent, plus profond. ⇒ **redoubler.** *Ces mesures ont aggravé le mécontentement.* ► ***aggravant, ante*** adj. ■ Qui ajoute à la gravité de la faute. *Circonstance aggravante.* / contr. **atténuant** / ► ***aggravation*** n. f. ■ Fait de s'aggraver, d'empirer. *L'aggravation du mal.* ⇒ **recrudescence, redoublement.** *Une aggravation de la situation financière.* / contr. **amélioration** /

agile [aʒil] adj. **1.** Qui a de la facilité et de la rapidité dans l'exécution de ses mouvements. ⇒ **leste, vif.** *Une enfant agile. Les doigts agiles du pianiste. Un patineur agile.* **2.** Abstrait. Prompt dans les opérations intellectuelles. *Un esprit agile.* ⇒ **vif.** ► ***agilement*** adv. ■ *Grimper agilement.* ► ***agilité*** n. f. ■ Qualité de ce qui est agile. ⇒ **souplesse, vivacité.** *Elle grimpe avec agilité.* — Abstrait. *Agilité d'esprit.*

① ***agir*** [aʒiʀ] v. intr. ▪ conjug. 2. **1.** Faire qqch., avoir une activité qui transforme plus ou moins ce qui est. *Ce n'est pas être, pour un être humain, que de ne pas agir. Le moment est venu d'agir ; il faut agir. Elle n'a pas agi à temps.* **2.** Se comporter dans l'action de telle ou telle manière. *Vous avez agi à la légère. Elle a mal agi envers eux. Agir au nom de l'État, d'un parti. Il n'a pas agi en ami.* **3.** (Choses) Produire un effet sensible, exercer une action, une influence réelle. ⇒ **influer, opérer.** *Le remède n'agit plus.* ► ***agissant, ante*** adj. ■ Littér. Qui agit effectivement, se manifeste par des effets tangibles. ⇒ **effectif, efficace.** *Une amitié agissante.* ► ***agissements*** n. m. pl. ■ Suite de procédés et de manœuvres condamnables. ⇒ **machination, manigance.** ‹ ► réagir ›

② ***s'agir*** v. pron. impers. ▪ conjug. 2. **1.** IL S'AGIT DE (suivi d'un nom ou d'un pronom) : la chose, la personne, l'événement qui est en question, en cause, abordé ou intéressé en l'occurrence. ⇒ il est **question.** *Il s'agit dans ce livre des origines de la révolte des Patriotes de 1837. C'est de vous qu'il s'agit. De quoi s'agit-il ? Il ne s'agit pas de ça,* ce n'est pas là notre sujet. *S'agissant de...,* à propos de... — (+ infinitif) *Quand il s'agit de se mettre à table, elle est toujours la première.* **2.** IL S'AGIT DE (+ infinitif) : voilà ce qui est désormais le point important, le devoir à suivre. ⇒ il **importe.** *Il s'agit maintenant d'être sérieux. Il ne s'agit plus de discourir, il faut passer à l'action.*

agiter [aʒite] v. tr. ▪ conjug. 1. **1.** Remuer vivement en divers sens, en déterminant des mouvements irréguliers. *Pas un souffle de vent n'agitait les arbres.* **2.** Remuer pour mélanger un liquide. *Agiter le médicament avant de s'en servir.* **3.** Troubler (qqn) en déterminant un état d'agitation. ⇒ **émouvoir, exciter, inquiéter, tourmenter.** *La perspective de cette rencontre l'agite beaucoup.* **4.** Examiner et débattre (à plusieurs). *Nous avons longuement agité la question.* ⇒ **discuter.** **5.** S'AGITER v. pron. : se mouvoir, aller et venir en tous sens. ⇒ se **démener.** *Le restaurant était plein, les serveuses s'agitaient.* ⇒ s'**affairer.** — Se dépenser inutilement. *Il s'agite continuellement.* ▸ ***agitateur, trice*** n. ■ Personne qui crée ou entretient l'agitation politique ou sociale. ⇒ **factieux, fauteur de troubles, meneur.** *La police a fait expulser les agitateurs.* ▸ ***agitation*** n. f. **1.** État de ce qui est agité, parcouru de mouvements irréguliers en divers sens. *L'agitation de la rue, de la ville.* ⇒ **animation, grouillement, remue-ménage.** / contr. **calme** / **2.** État d'une personne en proie à des émotions et à des impulsions diverses et qui ne peut rester en repos. ⇒ **fièvre, nervosité.** *Elle est dans un état d'agitation indescriptible.* **3.** Mécontentement d'ordre politique ou social se traduisant par des manifestations, des revendications, des troubles. *L'agitation des étudiants inquiète le gouvernement. Faire de l'agitation.* ▸ ***agité, ée*** adj. ■ En proie à une agitation ; remué, troublé. ⇒ **agiter.** *Une mer agitée.* ⇒ **houleux.** *Son sommeil est agité.* ⇒ **inquiet.** *Une vie agitée.* ⇒ **mouvementé.** *Le malade est très agité. Les esprits étaient agités,* en effervescence. / contr. **calme** / — N. *Un agité, une agitée.*

agneau [aɲo], ***agnelle*** [aɲɛl] n. **1.** Petit de la brebis et du bélier (⇒ **mouton**). *Des agneaux.* — Fig. *Il est doux comme un agneau, c'est un agneau,* c'est un être d'un caractère très doux, très pacifique. **2.** Viande d'agneau. *Côtelettes d'agneau.* **3.** Fourrure d'agneau. *Manteau d'agneau.* **4.** Relig. (Avec une majusc.) *L'Agneau de Dieu, Jésus-Christ.* ⇒ **agnus Dei.** **5.** Loc. *Mes agneaux,* mes petits amis.

agnostique [agnɔstik] n. ■ Personne qui professe que ce qui n'est pas expérimental est inconnaissable (notamment qui n'a pas d'opinion sur la religion). ≠ *athée, irréligieux.*

agnus(-)Dei [agnusdei] ou [aɲusdei] n. m. invar. ■ Prière de la messe, commençant par ces mots (signifiant « agneau de Dieu »). — (Avec une majusc.) Jésus-Christ.

agonie [agɔni] n. f. **1.** Moments, heures précédant immédiatement la mort caractérisés par une grande détérioration physique. *Une agonie douloureuse, paisible. Être à l'agonie.* **2.** Littér. Déclin précédant la fin. *L'agonie d'un règne.* ▸ ***agoniser*** v. intr. ▪ conjug. 1. **1.** (Personnes) Être à l'agonie. ⇒ s'**éteindre.** *Un accidenté agonise sous nos yeux.* **2.** (Choses) Être près de sa fin. ⇒ **décliner,** s'**effondrer.** *L'Empire romain agonisait.* ▸ ***agonisant, ante*** adj. **1.** (Personnes) Qui agonise. — N. Moribond. *Le prêtre commence la prière des agonisants.* **2.** (Choses) Qui s'éteint, qui meurt. *Un feu agonisant. Cette coutume est agonisante.*

agora [agɔʀa] n. f. ■ Dans la Grèce antique. Grande place publique (comme le *forum* des Romains). — *Le spectacle a lieu à l'agora du Vieux-Port.* ▸ ***agoraphobie*** [agɔʀafɔbi] n. f. ■ Peur maladive des espaces libres et des lieux publics.

agrafe [agʀaf] n. f. **1.** Attache formée d'un crochet qu'on passe dans un anneau, une bride. *Une jupe fermée à la ceinture par des agrafes.* **2.** Mince fil métallique recourbé servant à assembler des papiers, et qui est plié au moment de l'utilisation. ⇒ fam. **broche ; agrafeuse.** ≠ *trombone.* ▸ ***agrafer*** v. tr. ▪ conjug. 1. **1.** Attacher avec des agrafes ⇒ fam. **brocher ;** assembler, fixer en posant des agrafes. *Elle n'arrive pas à agrafer son soutien-gorge.* / contr. **dégrafer** / **2.** Fam. Prendre au collet, arrêter. *Il s'est fait agrafer par une patrouille.* ▸ ***agrafeuse*** n. f. ■ Instrument servant à fixer des agrafes (2) pour joindre des feuilles de papier. ⇒ fam. **brocheuse.** ⟨ ▸ dégrafer, désagrafer ⟩

agraire [agʀɛʀ] adj. ■ Qui concerne la surface, le partage, la propriété des terres. *Réforme agraire. Mesures agraires.* ≠ *agricole.*

agrandir [agʀɑ̃diʀ] v. tr. ▪ conjug. 2. **1.** Rendre plus grand, plus spacieux, en augmentant les dimensions. ⇒ **allonger, élargir, étendre, grossir.** *Agrandir une ouverture.* / contr. **réduire** / — Faire paraître plus grand. *Les miroirs agrandissaient la pièce.* / contr. **rapetisser** / — Pronominalement (réfl.). S'AGRANDIR. *La ville s'est agrandie depuis vingt ans. La propriétaire veut s'agrandir,* agrandir son domaine, sa maison. **2.** Rendre plus important, plus considérable. ⇒ **développer.** *Agrandir son entreprise.* ▸ ***agrandissement*** n. m. **1.** Action d'agrandir, fait de s'agrandir. ⇒ **élargissement, extension.** *L'agrandissement continuel de Laval.* **2.** Opération photographique consistant à tirer d'un cliché une épreuve agrandie. — La photo ainsi obtenue. *Elle a obtenu un bel agrandissement.*

agréable [agʀeabl] adj. **1.** AGRÉABLE À *qqn* : qui fait plaisir (à qqn). *Il me serait agréable de vous rencontrer.* **2.** Qui plaît aux sens, qu'on voit, entend, sent avec plaisir. ⇒ **plaisant.** / contr. **désagréable** / *Une musique agréable. Il a une maison bien agréable. Elle a un physique agréable. C'est agréable de ne rien faire. — Ce sont des gens agréables.* ⇒ **fin, gentil, sympathique.** *Une soirée agréable. Caractère agréable.* ⇒ ② **agrément.** — N. m. *Joindre l'utile à l'agréable.* ▸ ***agréablement*** adv. ■ D'une manière agréable. *J'en ai été agréablement surpris.* / contr. **désagréablement** / ⟨ ▸ désagréable ⟩

agréer [agʀee] v. tr. ▪ conjug. 1. **1.** Littér. AGRÉER À *qqn* : être au gré de. ⇒ **convenir, plaire.** *Si cela vous agrée,* vous est agréable (1). **2.** Accueillir (qqch.) avec faveur. *Qui se charge de faire agréer sa demande ? Veuillez agréer mes salutations distinguées.* **3.** Admettre (qqn) en donnant son agrément. — Au p. p. adj. *L'Ordre des comptables agréés. — Un cégep agréé par le ministère de l'Éducation,* reconnu officiellement. ⟨ ▸ agréable, ① agrément, ② agrément ⟩

agrégat [agʀega] n. m. ■ Assemblage hétérogène de substances ou éléments qui adhèrent solidement entre eux. ⇒ **agglomérat.** *Les roches sont des agrégats de minéraux.*

agrégation [agʀegasjɔ̃] n. f. ■ Procédure administrative qui permet la nomination d'un professeur d'université au rang d'agrégé ; la nomination elle-même. *Obtenir son agrégation.* ▸ ***agrégé, ée*** adj. et n. ■ PROFESSEUR* AGRÉGÉ : qui a obtenu le statut de permanent dans une université, après une période de probation. — N. *Il y a plusieurs agrégées dans ce département.* — (France) Personne déclarée apte, après avoir passé un concours, a être titulaire d'un poste de professeur de lycée* ou de certaines facultés universitaires.

agréger [agʀeʒe] v. tr. ▪ conjug. 3 et 6. **1.** Surtout pronominalement et au p. p. adj. Unir en un tout (des particules solides). **2.** Intégrer un professeur d'université au personnel enseignant permanent, après une période de probation. ⇒ **admettre, incorporer, titulariser.** ⟨ ▸ agrégat, agrégation, désagréger ⟩

① ***agrément*** [agʀemɑ̃] n. m. ■ Action d'agréer ; permission, approbation émanant d'une autorité. ⇒ **consentement.** *Sous-louer avec l'agrément du propriétaire.*

② ***agrément*** n. m. **1.** Qualité d'une chose, d'un être, qui les rend agréables. ⇒ **attrait, charme, grâce.** *L'agrément d'une maison de campagne. Un voyage sans agrément.* — Loc. *Avoir de l'agrément,* du plaisir. ⇒ anglic. **fun. 2.** Dans certaines expressions. Plaisir. *Jardin d'agrément* (opposé à *potager*), plante d'agrément, voyage d'agrément (opposé à *d'affaires*). ▶ ***agrémenter*** v. tr. ▪ conjug. 1. ■ Rendre agréable, moins monotone par l'addition d'ornements ou d'éléments de variété. ⇒ **orner.** *Agrémenter un exposé de petites anecdotes.* — Au p. p. adj. *Une nappe agrémentée de broderies.* Iron. *Une dispute agrémentée de coups de poing. Une lettre agrémentée de fautes.* ⟨ ▶ désagrément ⟩

agrès [agʀɛ] n. m. pl. **1.** Fam. Équipement pour le sport (surtout la pêche et la chasse). *Préparer ses agrès de pêche.* ⇒ **attirail. 2.** Appareils utilisés pour divers exercices de gymnastique (barre fixe, barres parallèles, anneaux, corde, poutre, etc.). *Faire des exercices aux agrès.* **3.** N. m. Péj. Personne peu soigneuse de ses vêtements, de son physique. *J'étais assise à côté d'un vieil agrès.* — Personne qui ne paraît pas particulièrement intelligente ou agréable.

agresser [agʀese] v. tr. ▪ conjug. 1. ■ Commettre une agression sur. ⇒ **assaillir, attaquer.** *Deux individus l'ont agressé la nuit dernière pour le voler.* — (Agression morale) *Elle s'est sentie agressée.* ▶ ***agresseur*** n. m. **1.** Personne, groupe qui attaque le premier. *On ne sait, dans ce conflit, qui a été l'agresseur.* **2.** Personne qui commet une agression sur qqn. *L'agresseur était masqué.* ▶ ***agressif, ive*** adj. **1.** Qui a tendance à attaquer (surtout en paroles). *Un garçon agressif.* N. *C'est un agressif.* — *Attitude agressive. Il lui posa la question sur un ton agressif.* ⇒ **menaçant.** / contr. **doux** / **2.** Qui constitue une agression des sens par le milieu. *Une couleur agressive.* ⇒ **violent.** ▶ ***agressivité*** n. f. ■ Caractère agressif. *Son agressivité ne rend pas nos relations faciles.* / contr. **douceur** / ▶ ***agressivement*** adv. ■ D'une manière agressive, avec agressivité. *Elles ont gagné parce qu'elles ont joué agressivement.* ▶ ***agression*** n. f. **1.** Attaque non provoquée, injustifiée, généralement soudaine et brutale. *L'agression hitlérienne contre la Pologne.* **2.** Attaque violente contre une personne. *Agression nocturne. Passante victime d'une agression. Femme victime d'une agression sexuelle.* **3.** Attaque morale contre qqn. **4.** Action brutale (du milieu, etc.). *Le bruit des motos constitue une agression sonore.* ⟨ ▶ non-agression ⟩

agreste [agʀɛst] adj. ■ Littér. Champêtre. *Un site agreste.*

agricole [agʀikɔl] adj. **1.** (Pays, peuples) Qui se livre à l'agriculture. *La Chine est un pays agricole.* **2.** Relatif, propre à l'agriculture. ⇒ **rural.** ≠ *agraire. Produits agricoles. Coopérative agricole. Travaux agricoles.* ▶ ***agriculteur, trice*** n. ■ Personne exerçant l'une des activités de l'agriculture. ⇒ **cultivateur** (et aussi **éleveur, fermier, paysan, planteur ; acériculteur, horticulteur, maraîcher, viticulteur ; agro-alimentaire**). ▶ ***agriculture*** n. f. ■ Culture du sol et, d'une manière générale, ensemble des travaux transformant le milieu naturel pour la production des végétaux et des animaux utiles aux êtres humains. ⇒ **acériculture, culture, élevage.** *Le ministère de l'Agriculture.*

agripper [agʀipe] v. tr. ▪ conjug. 1. ■ Saisir en serrant (pour s'accrocher). ⇒ **pogner.** *Elle agrippait la barrière pour ne pas tomber. Agripper qqn par la main.* ⇒ **happer.** — Pronominalement (réfl.). S'accrocher en serrant les doigts. *Il s'agrippe aux herbes du talus.* / contr. **lâcher** /

agro- ■ Élément savant qui signifie « champ », utilisé pour ce qui concerne l'agriculture. ▶ ***agro-alimentaire*** [agʀoalimɑ̃tɛʀ] adj. et n. m. ■ Relatif aux activités industrielles (élaboration, transformation, conditionnement, etc.) qui concernent les produits de l'agriculture destinés à l'alimentation. — N. m. *Le secteur de* L'AGRO-ALIMENTAIRE, l'ensemble de ces industries. ▶ ***agronomie*** [agʀɔnɔmi] n. f. ■ Étude scientifique des problèmes (physiques, chimiques, biologiques) que pose la pratique de l'agriculture. *Enseigner à la faculté d'agronomie.* ▶ ***agronomique*** adj. ■ *Études agronomiques.* ▶ ***agronome*** n. ■ Spécialiste en agronomie. *Le maire de ce village est un agronome réputé.* ⟨ ▶ agraire, agreste, agricole ⟩

agrumes [agʀym] n. m. pl. ■ Nom collectif des oranges, citrons, mandarines et autres fruits du même genre. *Du nectar d'agrumes.* — Au sing. *Un agrume.*

aguerrir [ageʀiʀ] v. tr. ▪ conjug. 2. **1.** Habituer aux dangers de la guerre. *Aguerrir des troupes.* — Au p. p. adj. *L'armée disposait de troupes aguerries.* **2.** Habituer à des choses pénibles, difficiles. — Pronominalement (réfl.). S'endurcir. *S'aguerrir au froid, à la douleur.*

aux ***aguets*** [ozagɛ] loc. adv. ■ En position de guetteur, d'observateur en éveil et sur ses gardes. ⇒ à l'**affût,** aux **écoutes.** *Il pensait qu'on le dénoncerait et était aux aguets. Garder l'oreille aux aguets.*

aguicher [agiʃe] v. tr. ▪ conjug. 1. ■ (Sujet le plus souv. féminin) Exciter, attirer, séduire par diverses agaceries et manières provocantes. ▶ ***aguichant, ante*** adj. ■ Qui aguiche. ⇒ **provocant ;** anglic. **sexy.** ▶ ***aguicheur, euse*** adj. et n. ■ Aguichant. *Une personne aguicheuse.* ⇒ **agace, allumeuse.**

ah [ɑ] interj. **1.** Marque un sentiment vif (plaisir, douleur, admiration, impatience, etc.). **2.** Interjection d'insistance, de renforcement. *Ah ! j'y pense, pouvez-vous venir demain ? Ah bon !,* très bien, je comprends. *Ah ! mais !,* je vais me fâcher. *Ah oui ?, Ah bon !,* vraiment ? *Ah mais non !,* certainement pas. **3.** Interjection qui indique la raillerie, l'ironie lorsqu'elle est redoublée. *Ah ! ah !, je t'ai surpris.*

ahurir [ayʀiʀ] v. tr. ▪ conjug. 2. ■ Déconcerter complètement en étonnant ou en faisant perdre la tête. *Votre question m'ahurit. Il est ahuri par vos reproches.* ▶ ***ahuri, ie*** adj. et n. **1.** Surpris au point de paraître stupide. *Il a l'air tout ahuri. Une mine ahurie.* ⇒ **stupéfait. 2.** N. *Une espèce d'ahuri qui traverse la rue sans regarder.* ⇒ **abruti** ▶ ***ahurissant, ante*** adj. **1.** Qui ahurit. ⇒ **étonnant, stupéfiant.** *Une nouvelle ahurissante.* **2.** Scandaleux, excessif. *Vous avez un culot ahurissant.* ▶ ***ahurissement*** n. m. ■ État d'une personne ahurie.

aider [e(ɛ)de] v. tr. ▪ conjug. 1. **1.** V. tr. dir. Appuyer (qqn) en apportant son aide. ⇒ **assister, seconder, secourir, soulager, soutenir.** *Je lui tendis la main pour l'aider à se relever. Sa femme l'a aidé dans ses travaux.* — (Suj. chose) *Je suis patient, cela m'a beaucoup aidé.* ⇒ **servir.** / contr. **nuire** / — *La fatigue aidant, je ne pus dormir,* la fatigue y concourant aussi. *Aider qqn financièrement,* lui donner, lui prêter de l'argent. **2.** AIDER À (+ compl. chose) : faciliter, contribuer à. *Ces mesures pourront aider au rétablissement de l'économie.* ⇒ **contribuer. 3.** S'AIDER DE v. pron. : se servir de (qqch. qui n'est pas à proprement parler un instrument). *J'ai dû m'aider deux ou trois fois du dictionnaire pour traduire ce texte.* **4.** S'AIDER v. pron. : s'entraider. *Elles s'aident mutuellement.* ▶ ① ***aide*** [ɛd] n. f. **1.** Action d'intervenir en faveur d'une personne en joignant ses efforts aux siens. ⇒ **appui, assistance, collaboration, concours, coopération, secours, soutien.** *J'ai besoin de votre aide. As-tu besoin d'aide ? J'ai réussi avec l'aide de ma locataire. Venir en aide aux malheureux en leur donnant de l'argent. Demander,* *recevoir de l'aide.* — *À l'aide !,* au secours ! **2.** Assistance financière ou matérielle accordée aux personnes nécessiteuses. — AIDE SOCIALE : contribution en argent ou aide en nature accordées périodiquement et gratuitement par l'État aux personnes ou aux familles dont les ressources sont insuffisantes. *Recevoir l'aide sociale.* L'organisme gouvernemental accordant cette assistance. *Téléphoner à l'Aide sociale.* — AIDE JURIDIQUE : système qui facilite l'accès à la justice pour toute personne dans l'impossibilité d'acquitter les frais d'un procès, faute de ressources financières suffisantes. *Demain, elle se rendra au bureau local d'aide juridique.* **3.** Hockey. Participation à un but compté par un coéquipier. *Dans le match d'hier, il a obtenu un but et deux aides.* ⇒ ② **assistance, passe.** — *Le but a été compté par... avec l'aide de...,* assisté par... **4.** À L'AIDE DE loc. prép. : en se servant de, au moyen de. *Coupez les tiges à l'aide de ciseaux.* ⇒ **avec.** ▶ ② ***aide*** n. ■ Personne qui en aide une autre dans une opération et travaille sous ses ordres. ⇒ **adjoint, assistant, auxiliaire, collaborateur, second.** *Un, une aide de laboratoire, de bureau.*(+ un adj.) *Des aides familiales. Un aide de camp,* autrefois, officier d'ordonnance d'un chef militaire. — Devant un nom. *Aide-comptable. Des aides-comptables. Un aide-cuisinier.* ▶ ***aide-mémoire*** n. m. invar. ■ Abrégé, résumé destiné à soulager la mémoire en ne présentant que l'essentiel des connaissances à assimiler. ⟨ ▶ s'entraider ⟩

aïe [aj] interj. ■ Exclamation exprimant la douleur. ⇒ **ayoye, ouch, ouille.**

aïeul, eule [ajœl] n. **1.** (Plur. *aïeuls, aïeules*) Vx. Grand-père, grand-mère. **2.** (Plur. *aïeux* [ajø]) Littér. Ancêtres. *Ô Canada, terre de nos aïeux,...* — Fam. *Mes aïeux !,* s'emploie comme si l'on prenait ses ancêtres à témoin d'une chose remarquable. *Celui-là, mes aïeux, il n'est pas malin !* ⟨ ▶ bisaïeul, trisaïeul ⟩

aigle [ɛgl] n. **I.** N. m. **1.** Grand oiseau de proie diurne, au bec crochu, aux serres puissantes, qui construit son nid ⇒ **aire** (2) sur les hautes montagnes. *L'aigle est l'emblème des États-Unis.* — *Grand aigle de mer.* ⇒ **pygargue.** — (Personnes) *Des yeux d'aigle,* particulièrement perçants. — *Avoir un nez en bec d'aigle,* crochu. **2.** Fam. *Ce n'est pas un aigle,* il n'a rien d'un esprit supérieur, il n'est pas très intelligent. **II.** N. f. **1.** Femelle de l'aigle. *Une aigle et ses aiglons.* **2.** Figure héraldique. — Enseigne militaire en forme d'aigle. *Les aigles romaines. L'aigle impériale* (des armées napoléoniennes). ▶ ***aiglon*** n. m. ■ Petit de l'aigle.

aiglefin n. m. ⇒ **églefin.**

aigre [ɛgʀ] adj. **1.** Qui est d'une acidité désagréable au goût ou à l'odorat. ⇒ **acide,** ② **sur.** *Saveur, odeur aigre. Vin aigre.* ≠ *vinaigre.* **2.** *Vent aigre,* froid et piquant. — *Une voix aigre,* criarde, perçante. **3.** Plein d'aigreur. ⇒ **acerbe, mordant.** *Des paroles un peu aigres.* — N. m. *La discussion tourne à l'aigre,* s'envenime, dégénère en propos blessants. ▶ ***aigre-doux, -douce*** adj. **1.** Dont le goût est à la fois aigre et doux. *Une sauce barbecue aigre-douce.* **2.** Où l'aigreur perce sous la douceur. *Un échange de propos aigres-doux.* ▶ ***aigrelet, ette*** adj. ■ Légèrement aigre. *Un petit vin blanc aigrelet.* ▶ ***aigrement*** adv. ■ *Elle leur reprochait aigrement leur négligence.* ▶ ***aigreur*** n. f. **1.** Saveur aigre. ⇒ **acidité.** *L'aigreur du lait qui a tourné.* **2.** Au plur. DES AIGREURS : sensation d'acidité, de brûlement. *Avoir des aigreurs (d'estomac).* **3.** Mauvaise humeur se traduisant par des remarques désobligeantes ou fielleuses. ⇒ **acrimonie, amertume, animosité.** *Répliquer avec aigreur.* / contr. **douceur** / *L'aigreur d'un caractère.* ▶ ***aigrir*** v. ▪ conjug. 2. **1.** S'AIGRIR v. pron. : devenir aigre. *Le vin s'aigrit si la bouteille reste débouchée.* **2.** V. tr. Remplir d'aigreur. *Les malheurs l'ont aigri. Il est aigri,* irritable, malveillant. — Au p.p. adj. *C'est un être aigri.* ⟨ ▶ vinaigre ⟩

aigrette [ɛgʀɛt] n. f. **1.** Sorte de héron blanc, remarquable par ses plumes effilées. **2.** Faisceau de plumes surmontant la tête de certains oiseaux. *L'aigrette du paon.* **3.** Ornement fait d'un bouquet de plumes, ou d'un faisceau similaire. ⇒ **plumet.** *Turban à aigrette.*

aigu, uë [egy] adj. **1.** Terminé en pointe ou en tranchant. ⇒ **acéré, coupant, pointu.** *Oiseau au bec aigu.* — *Angle aigu,* plus petit que l'angle droit (opposé à *obtus*). *Accent aigu.* ⇒ **accent** (2) **2.** D'une fréquence élevée, en haut de l'échelle des sons. *Une note aiguë. Des voix aiguës.* ⇒ **perçant.** / contr. **grave** / — N. m. *L'aigu,* le registre le plus élevé. **3.** *Douleur aiguë,* intense et pénétrante. ⇒ **vif, violent. 4.** *Maladie aiguë,* à apparition brusque et évolution rapide (opposé à ① *chronique*). **5.** Vif et pénétrant, dans le domaine de l'esprit. ⇒ **incisif, perçant, subtil.** *Une intelligence aiguë. Cette enfant a un sens aigu des réalités.* ⟨ ▶ aiguille, aiguillon, aiguiser, suraigu ⟩

aigue-marine [ɛgmaʀin] n. f. ■ Pierre semi-précieuse, transparente et bleue (*aigue* veut dire « eau »). *Des aigues-marines.* — Adj. inv. *Des chandails aigue-marine.*

aiguille [egɥij] n. f. **1.** Fine tige d'acier pointue à une extrémité et percée à l'autre d'un trou ⇒ **chas** où passe le fil. *Enfiler une aiguille. Aiguille à coudre, à repriser.* — Loc. *Chercher une aiguille dans une botte de foin,* chercher une chose impossible à trouver ; désirer réaliser une entreprise très difficile. DE FIL EN AIGUILLE : en passant d'un sujet de conversation à l'autre. ⇒ **coq-à-l'âne.** — ENFILER L'AIGUILLE : être très habile (surtout au hockey). *Grâce à la petite ouverture entre les jambières du gardien, l'ailier gauche a enfilé l'aiguille,* il a réussi à compter un but. **2.** *Aiguille à tricoter,* tige de métal ou de matière plastique pour faire du tricot. ⇒ **broche. 3.** Tige métallique effilée des chirurgiens servant aux injections, ⇒ **seringue,** aux sutures. **4.** Tige métallique terminée en pointe qui sert à indiquer une mesure, etc. *Les aiguilles d'une pendule. L'aiguille aimantée d'une boussole.* **5.** Portion de rail mobile servant à opérer les changements de voie. ⇒ **aiguillage ; aiguiller. 6.** Sommet effilé d'une montagne. ⇒ **dent, pic. 7.** Feuille des conifères. *Aiguilles de pin, de sapins. Arbre à aiguilles* (opposé à *feuillus*). *L'aiguille du massif montagneux.* — (Avec une majusc.) L'Aiguille est un mont que l'on peut apercevoir depuis Murdochville en Gaspésie. ▶ ***aiguillette*** [egɥijɛt] n. f. ■ Ornement militaire fait de cordons tressés. ⟨ ▶ aiguiller, aiguillon ⟩

aiguiller [egɥije] v. tr. ▪ conjug. 1. **1.** Diriger (un train) d'une voie sur une autre par un système d'aiguillage. **2.** Diriger, orienter dans une voie (démarche, carrière). *Ce n'est pas moi qu'il faut voir, on vous a mal aiguillé.* ▶ ***aiguillage*** [egɥijaʒ] n. m. **1.** Manœuvre des aiguilles (5) des voies ferrées. *Poste, cabine d'aiguillage.* **2.** Appareil permettant les changements de voie. **3.** Abstrait. Orientation d'une voie qu'on suit. *Il ne fallait pas l'envoyer dans cette école, c'est une erreur d'aiguillage.* ▶ ***aiguilleur, euse*** n. ■ Agent chargé du service et de l'entretien d'un poste d'aiguillage. — *Aiguilleur du ciel,* contrôleur de la navigation aérienne. — REM. L'O.L.F. propose *aiguilleuse* au féminin.

aiguillon [egɥijɔ̃] n. m. **1.** Long bâton muni d'une pointe de fer servant à piquer les bœufs. **2.** Dard à venin de certains insectes. *Aiguillon de la guêpe.* ⇒ **dard. 3.** Abstrait. Ce qui incite à agir. ⇒ **stimulant.**

Le besoin de célébrité est l'aiguillon de ses activités. ▸ ***aiguillonner*** [egɥijɔne] v. tr. ▪ conjug. 1. ■ Stimuler, piquer. *Aiguillonner qqn pour le faire agir.*

aiguiser [egize] v. tr. ▪ conjug. 1. **1.** Rendre tranchant ou pointu. ⇒ **affiler, affûter.** *Aiguiser un couteau, des patins.* / contr. **émousser** / **2.** Rendre plus vif, plus pénétrant. *Aiguiser l'appétit, la douleur.* **3.** Littér. Affiner, polir. *Elle aiguise de subtiles pensées.* **4.** Abstrait. Loc. *Aiguiser ses patins,* se préparer à faire face à un défi, à entreprendre qqch. de très difficile (une carrière, une discussion etc.). ▸ ***aiguise-crayon*** ou ***aiguise-crayons*** n. m. ■ Petit instrument dans lequel on aiguise les crayons, en les faisant tourner ou en les maintenant dans une cavité comportant des lames. *Vider l'aiguise-crayon.* ⇒ **affile-crayon, taille-crayon.**

ail [aj] n. m. sing. ■ Plante dont le bulbe *(tête d'ail)* à odeur forte et saveur piquante est utilisé comme condiment. *Gousse d'ail. Mettre de l'ail dans un gigot. Un croûton avec du beurre à l'ail.* ⇒ **ailler.** *Sel d'ail.* AIL DES BOIS : ail qui pousse en forêt à l'état sauvage. ⟨ ▸ ailler, ailloli ⟩

① ***aile*** [ɛl] n. f. **1.** Chacun des organes du vol chez les oiseaux, les chauves-souris, les insectes. *L'oiseau bat des ailes.* — Loc. *Avoir des ailes,* courir très vite. *Cette nouvelle lui donne des ailes,* elle le transporte de joie. *Avoir du plomb dans l'aile,* être dans une mauvaise situation (personnes), être compromis (choses). *Battre de l'aile,* ne pas bien marcher (choses abstraites). — *Voler de ses propres ailes,* être indépendant, se passer de l'aide d'autrui. **2.** Partie charnue d'une volaille comprenant tout le membre qui porte l'aile. *On dîna d'une aile de poulet.* **3.** Chacun des plans de sustentation d'un avion. *Les ailes en delta des avions modernes.* **4.** Chacun des châssis garnis de toile d'un moulin à vent. ▸ ***ailé, ée*** [ɛle] adj. ■ Pourvu d'ailes. *Les fourmis mâles sont généralement ailées.* ▸ ***aileron*** [ɛlʀɔ̃] n. m. **1.** Extrémité de l'aile d'un oiseau. **2.** *Ailerons de requin,* ses nageoires. **3.** Volet articulé placé à l'arrière de l'aile d'un avion, commandé par le manche à balai, servant à virer. ▸ ***ailette*** n. f. ■ Lame métallique pour équilibrer un projectile, pour modifier l'écoulement des turbines, etc. ⟨ ▸ à tire-d'aile ⟩

② ***aile*** n. f. **1.** Partie latérale (côté) d'un bâtiment (opposé à *corps de logis*). *L'aile d'un hôpital. L'aile droite d'un château.* **2.** Partie latérale d'une armée en ordre de bataille. ⇒ **flanc.** — Gauche ou droite de l'attaque d'une équipe sportive, surtout au hockey, au football, au soccer (opposé au *centre*). *Jouer à l'aile droite.* — AILE PARLEMENTAIRE : ensemble des représentants d'un parti élus comme députés (opposé à *militant, partisan*). **3.** Partie de la carrosserie enveloppant les roues d'une automobile. *Il a embouti son aile avant droite.* **4.** *Ailes du nez,* moitiés inférieures des faces latérales du nez. ▸ ***ailier, ière*** [ɛlje, jɛʀ] n. ■ Sports. Joueur placé à l'extrême droite ou à l'extrême gauche de la ligne d'attaque (au hockey, au football, au soccer, etc.). *Un ailier gauche qui lance à droite.* ⇒ **attaquant,** ② **avant.**

-aille ■ Élément de noms, collectif à valeur péjorative (ex. : *mangeaille*).

ailler [aje] v. tr. ▪ conjug. 1. ■ Piquer d'ail (un gigot), frotter d'ail (du pain). — Au p. p. adj. *Croûton aillé.*

-ailler ■ Élément de verbes, fréquentatif et péjoratif (ex. : *criailler*).

ailleurs [ajœʀ] adv. **1.** Dans un autre lieu (que celui où l'on est ou dont on parle). *Allons ailleurs, nous sommes mal ici.* / contr. **ici** / *Vous ne trouverez cela nulle part ailleurs,* en aucun autre endroit. *Des émigrantes venues d'ailleurs,* d'un autre pays. **2.** D'AILLEURS loc. adv. : marquant que l'esprit envisage un autre aspect des choses, introduisant une restriction ou une nuance nouvelle. ⇒ d'autre **part,** du **reste ;** fam. ③ **pis.** *Tu as assez regardé la télévision, d'ailleurs il est l'heure de te coucher.* — PAR AILLEURS loc. adv. : à un autre point de vue. *Je la trouve jolie ; elle m'est par ailleurs indifférente.* **3.** Abstrait. *Être ailleurs,* penser à autre chose, être distrait. ⇒ **absent.**

ailloli ou ***aïoli*** [ajɔli] n. m. ■ Mayonnaise à l'ail. *Morue à l'ailloli.*

aimable [ɛmabl] adj. ■ Qui cherche à faire plaisir (par la parole, le sourire). ⇒ **affable,** ① **fin,** ① **gentil, sociable ;** fam. **smatte.** *Il est aimable avec tout le monde. Je vous remercie, vous êtes très aimable.* — Loc. *Être aimable comme une porte de prison* ou *de grange,* très désagréable. — *Un mot aimable.* / contr. **désagréable** / ▸ ***aimablement*** adv. ■ *Il m'a répondu très aimablement.*

① ***aimant, ante*** [ɛmɑ̃, ɑ̃t] adj. ■ Naturellement porté à aimer. ⇒ **affectueux, tendre.** *Une personne aimante.*

② ***aimant*** n. m. ■ Corps ou substance qui a reçu la propriété d'attirer le fer. — Fig. *Coller comme un aimant,* s'accrocher à qqn. ▸ ***aimantation*** n. f. ■ Action d'aimanter ; état de ce qui est aimanté. ▸ ***aimanter*** v. tr. ▪ conjug. 1. ■ Communiquer à un métal la propriété de l'aimant. ⇒ **magnétiser.** / contr. **démagnétiser** / *Aiguille aimantée de la boussole,* dont une des pointes, par suite de son aimantation, s'oriente vers le nord. ⟨ ▸ électroaimant ⟩

aimer [ɛme] v. tr. ▪ conjug. 1. **I. 1.** (Généralement avec un adv.) Éprouver de l'affection, de l'amitié*, de la tendresse, de la sympathie pour (qqn). *Un vieil ami que j'aime beaucoup.* / contr. **détester** / **2.** Éprouver de l'amour*, de la passion pour (qqn). *Elle a aimé deux hommes dans sa vie.* **II. 1.** Avoir du goût pour (qqch.). ⇒ **apprécier, goûter,** s'**intéresser** à. *Aimer la musique, le sport. Aimer la vitesse.* — Trouver bon au goût, être friand de. *Elle aime beaucoup les fruits de mer.* **2.** (+ infinitif) Trouver agréable, être content de, se plaire à. *J'aimais sortir avec toi.* — Littér. AIMER À. *J'aime à croire que,* je veux croire, espérer que. — AIMER QUE (+ subjonctif). *J'aimerais que vous me jouiez quelque chose,* je désire, je souhaite que. **3.** AIMER MIEUX : préférer. *J'aime mieux son premier livre. Il aime mieux jouer que travailler. J'aime mieux ne pas y penser.* **III.** S'AIMER v. pron. **1.** (Réfl.) Se plaire, se trouver bien. *Je ne m'aime pas dans cette robe.* **2.** (Récipr.) Être mutuellement attachés par l'affection, l'amour. *Nous nous aimons beaucoup, ma sœur et moi.* **3.** Faire l'amour. *Ils se sont aimés toute la nuit.* ⟨ ▸ aimable, ① aimant, bien-aimé, mal-aimé ⟩

aine [ɛn] n. f. ■ Partie du corps entre le haut de la cuisse et le bas-ventre. *Une joueuse blessée à l'aine.*

aîné, ée [ɛne] adj. **1.** Qui est né le premier (par rapport aux enfants, aux frères et sœurs). *Leur fils aîné est mort.* — N. *C'est moi l'aîné. L'aînée et le cadet.* **2.** AÎNÉ, ÉE DE *qqn* : personne plus âgée que telle autre. *Elle est mon aînée de deux ans.* **3.** N. m. pl. *Les aînés,* les personnes âgées. ⇒ **âge (3).** ▸ ***aînesse*** [ɛnɛs] n. f. ■ DROIT D'AÎNESSE : ancien droit avantageant considérablement l'aîné dans une succession.

ainsi [ɛ̃si] adv. **1.** (Manière) De cette façon (comme il a été dit ou comme on va dire). *Vous auriez tort d'agir ainsi. C'est ainsi qu'il faut agir. Ainsi soit-il,* formule terminant une prière. *S'il en est ainsi,* si les choses sont comme cela. *Pour ainsi dire,* formule servant à préparer, à atténuer l'expression qu'on va employer. **2.** (Conclusion) Comme vous venez de le voir, de le dire. *Ainsi rien n'a changé depuis mon départ. Ainsi donc, ils ne savent rien,* par conséquent. **3.** (Comparaison) AINSI QUE loc. conj. : de même. *Ainsi qu'il a été dit plus haut.* ⇒ **comme.** — (Coordination) *Les garçons, ainsi que les filles,* tout comme. ⇒ **et.**

aïoli n. m. ⇒ **ailloli.**

① ***air*** [ɛʀ] n. m. **1.** Fluide gazeux constituant l'atmosphère, que respirent les êtres vivants, constitué essentiellement d'oxygène et d'azote. *De l'air.* ⇒ **aérien.** *L'air de la mer, de la campagne. On manque d'air ici.* Loc. *Un courant d'air. J'ai besoin de prendre l'air,* de sortir de chez moi, d'aller me promener. *Le médecin lui a recommandé de changer d'air.* ⇒ **climat.** — Loc. fig. *Il ne manque pas d'air !,* il a du culot, du front. **2.** AIR CONDITIONNÉ : air qui, dans les maisons, les édifices, etc., est amené à une température et à un degré hygrométrique déterminés. — Installation qui fournit cet air. *Nous avons l'air conditionné.* **3.** Ce fluide en mouvement. ⇒ **vent.** *L'air est très frais aujourd'hui.* Loc. *En* PLEIN AIR : dans le vent, au-dehors. *Le plein air,* activités qui se pratiquent dehors. *Jeux de plein air. — Se promener au grand air,* là où la nature domine (parc, forêt, campagne). — LIBRE COMME L'AIR : libre de ses mouvements, de faire ce qu'on veut. **4.** Espace rempli par ce fluide au-dessus de la terre. ⇒ **ciel.** *S'élever dans l'air, dans les airs. Regarder en l'air.* ⇒ en **haut.** *Transports par air,* par voie aérienne. *Armée de l'air,* forces aériennes militaires. **5.** EN L'AIR loc. adv. *Parler en l'air,* de façon peu fondée. *Paroles, promesses en l'air,* pas sérieuses. *C'est une tête en l'air,* un étourdi. *Je vais envoyer, flanquer tout ça en l'air,* jeter tout ça, m'en débarrasser. *Elle a mis toute la pièce en l'air,* sens dessus dessous. **6.** Atmosphère, ambiance. *Prendre l'air du bureau,* s'informer de l'état d'esprit qui y règne. *Ces idées étaient dans l'air,* appartenaient à l'atmosphère intellectuelle de l'époque, du milieu. *Il y a de l'orage dans l'air,* l'atmosphère est menaçante, les esprits sont excités. **7.** AIR LIQUIDE. ⇒ ② **liquide.**

② ***air*** n. m. **1.** Apparence générale habituelle à une personne. ⇒ **allure.** *Un air pensif, attentif. Avoir l'air comme il faut,* convenable. *Il a un drôle d'air,* inquiétant. *Il y a entre elles un air de famille,* elles se ressemblent. *Un faux air de,* une ressemblance illusoire avec. **2.** Apparence expressive plus ou moins durable, manifestée par le visage, la voix, les gestes, etc. ⇒ **expression, mine.** *Il a un air pincé. Un petit air de doute.* — Plur. *Prendre des airs de* (qqn), imiter. *Prendre de grands airs,* adopter un comportement d'aristocrate, de vedette, se conduire de manière suffisante. **3.** AVOIR L'AIR DE : présenter telle apparence, physique ou morale. *Il a l'air d'une fille. Elle a l'air de sa grand-mère,* elle lui ressemble. *Il a l'air drôle, bizarre,* il semble embarrassé. — Loc. verb. (entraînant ou non l'accord de l'attribut). ⇒ **paraître.** *Elle a l'air sérieux, sérieuse. Leur vitesse n'avait pas l'air excessive.* — (Avec *de* + infinitif) ⇒ **sembler.** *Il a l'air de me détester. Ça n'a pas l'air d'aller.* — N'AVOIR L'AIR DE RIEN : avoir l'air insignifiant, sans valeur, facile (mais être réellement tout autre chose). *C'est un travail qui n'a l'air de rien.* — (Personnes) *Sans avoir l'air de rien,* sans avoir l'air d'y toucher, discrètement.

③ ***air*** n. m. ■ Mélodie d'une chanson, d'un morceau de musique. *Fredonner, siffler un air à la mode.*

aire [ɛʀ] n. f. **1.** Toute surface plane. *Aire d'atterrissage.* **2.** Lieu spécialement aménagé pour y exercer une activité. *L'aire de pique-nique sur les plaines d'Abraham. Aire de lancement.* ⇒ **lancement. 3.** AIRE DE REPOS : espace aménagé en bordure d'autoroute pour permettre aux automobilistes de prendre du repos ou de se restaurer sans gêner la circulation. ⇒ **halte** routière. **4.** Nid d'un rapace. *L'aire d'un aigle.* **5.** Portion limitée de surface, nombre qui la mesure. ⇒ **superficie. 6.** Région plus ou moins étendue occupée par certains êtres, lieu de certaines activités, certains phénomènes. ⇒ **domaine, zone.** *Aire linguistique. Aire de répartition d'une espèce animale* (aire spécifique).

airelle [ɛʀɛl] n. f. ■ Petit arbrisseau produisant des baies comestibles un peu acides ; le fruit de cet arbuste. *Le bleuet et la myrtille sont des variétés d'airelles.*

aisance [ɛzɑ̃s] n. f. **1.** Situation de fortune qui assure une vie facile. *Vivre dans l'aisance sans être vraiment riche.* ⇒ **aisé** (1). **2.** Facilité naturelle qui ne donne aucune impression d'effort. ⇒ **grâce, naturel.** *Il s'exprime avec aisance. Elle patine avec aisance.*

① ***aise*** [ɛz] adj. ■ Littér. BIEN AISE, FORT AISE, TOUT AISE : content, heureux. *Je suis bien aise de vous rencontrer.*

② ***aise*** n. f. **1.** ÊTRE À L'AISE : être bien, confortablement installé. *Je suis à l'aise (à mon aise) dans ce costume. Mettez-vous à l'aise,* débarrassez-vous des vêtements, des objets qui vous gênent. — Être content, détendu. *Elle est à l'aise en toute circonstance. Je suis mal à mon aise dans cette conversation. Mettre qqn à l'aise, à son aise,* lui donner toute facilité de s'exprimer, d'agir, lui épargner toute gêne, toute timidité. *Vous en prenez à votre aise avec les règlements,* vous ne vous gênez pas avec les règlements. *Vous en parlez à votre aise,* sans connaître les difficultés que d'autres éprouvent. *À votre aise !,* comme vous voudrez. — Dans l'aisance. *Ne vous plaignez pas, vous vivez à l'aise.* — Fam. *À l'aise,* facilement, sans effort. *Elle a tout fini à l'aise.* **2.** Au plur. SES AISES : son bien-être. *Il aime ses aises. Elle prend ses aises,* il ne se gêne pas. ▶ ***aisé, ée*** [eze] adj. **1.** Qui vit dans l'aisance. *Une famille aisée.* **2.** Littér. Qui se fait sans peine. ⇒ **facile.** *C'est un travail aisé.* — PROV. *La critique est aisée et l'art est difficile.* / contr. **difficile, malaisé** / ▶ ***aisément*** adv. ■ Facilement. *Tu peux aisément réussir.* ⟨ ▶ aisance, ① aise, malaise ⟩

aisselle [ɛsɛl] n. f. ■ Cavité qui se trouve au-dessous de la jonction du bras avec l'épaule. *Les poils des aisselles.*

aitres n. m. pl. ⇒ **êtres.**

ajonc [aʒɔ̃] n. m. ■ Arbrisseau épineux à fleurs jaunes, qui pousse en terrain sec et siliceux. *Les ajoncs des landes atlantiques en France.*

ajouré, ée [aʒuʀe] adj. ■ Percé, orné de jours ③. *Draps ajourés.*

ajourner [aʒuʀne] v. tr. . conjug. 1. ■ Renvoyer à un autre jour ou à une date indéterminée. ⇒ **différer, remettre.** *On a ajourné les élections.* — Au p. p. adj. *Une décision ajournée. — La Chambre des communes a ajourné ses travaux jusqu'après les fêtes,* elle les a suspendus temporairement, la session continuera après cette période. ▶ ***ajournement*** n. m. ■ Renvoi à une date ultérieure ou indéterminée. *Le ministre a demandé l'ajournement du débat en commission parlementaire. — L'ajournement de la session parlementaire.*

ajouter [aʒute] v. . conjug. 1. **I.** V. tr. **1.** Mettre en plus ou à côté. ⇒ **joindre** (par addition ou jonction). *Ajoutez quelques petits oignons à la sauce. Sans rien ajouter ni retrancher.* — Dire en plus. *Permettez-moi d'ajouter un mot. J'ajoute que c'est bien naturel.* **2.** Littér. AJOUTER FOI À : croire. *Elle n'ajoutait aucune foi à ces abominations.* **II.** V. tr. ind. Augmenter, accroître. *En intervenant, il ne fait qu'ajouter à la pagaille.* **III.** V. pron. S'AJOUTER : se joindre, en grossissant, en aggravant. *Au salaire s'ajoutent, viennent s'ajouter diverses primes.* ▶ ***ajout*** [aʒu] n. m. ■ Élément ajouté à l'original. ⇒ **addition.** *Épreuves surchargées d'ajouts. Les nouveaux ajouts au dictionnaire.* ⇒ **retrait.** ⟨ ▶ rajouter, surajouter ⟩

ajuster [aʒyste] v. tr. ▪ conjug. 1. **1.** Mettre aux dimensions convenables, rendre conforme à un étalon. *Ajuster une pièce mécanique.* **2.** Viser. *Le chasseur ajuste les canards.* **3.** AJUSTER À : mettre en état d'être joint à (par adaptation, par ajustage). *Ajuster un manche à un outil. Ajuster un vêtement aux mesures de qqn.* — Pronominalement (réfl.). *Couvercle qui s'ajuste mal au récipient.* **4.** Mettre en conformité, adapter. *Elle veut ajuster les faits à sa théorie.* ▶ ***ajustage*** n. m. ■ En mécanique. Action d'ajuster ; son résultat. ▶ ***ajusté, ée*** adj. ■ (Vêtements) Qui serre le corps de près. *Robe ajustée.* / contr. **ample, lâche** / ▶ ***ajustement*** n. m. **1.** Action d'ajuster ; degré de serrage ou de jeu entre deux pièces assemblées. **2.** Adaptation, mise en rapport. *Le choix et l'ajustement des termes.* ▶ ***ajusteur, euse*** n. ■ Spécialiste capable de tracer et de façonner des métaux d'après un plan, de réaliser des pièces mécaniques. ⟨ ▶ rajuster ⟩

alaise ou ***alèse*** [alɛz] n. f. ■ Drap imperméable dont on se sert pour protéger le drap de dessous du lit d'un enfant, d'un malade. ⇒ ② **piqué.**

alambic [alɑ̃bik] n. m. ■ Appareil servant à la distillation. *Des alambics.* ⟨ ▶ alambiqué ⟩

alambiqué, ée [alɑ̃bike] adj. ■ Exagérément compliqué et contourné. ⇒ **sophistiqué.** *Un esprit alambiqué.*

alanguir [alɑ̃giʀ] v. tr. ▪ conjug. 2. ■ Rendre languissant. *La chaleur l'alanguissait.* — Pronominalement (réfl.). *S'alanguir,* tomber dans un état de langueur. ▶ ***alangui, ie*** adj. ■ Languissant, langoureux. *Un air alangui. Des regards alanguis.* ▶ ***alanguissement*** n. m. ■ État d'une personne qui s'alanguit.

alarme [alaʀm] n. f. **1.** Signal pour annoncer l'approche de l'ennemi, pour avertir d'un danger. ⇒ **alerte.** *Le chien a donné l'alarme. Sonnette d'alarme. Signal d'alarme,* qui provoque l'arrêt du train. — *Donner, sonner l'alarme,* lancer des avertissements signalant des dangers menaçants. **2.** Vive inquiétude en présence d'une chose alarmante. *Ce n'était qu'une fausse alarme,* nous nous sommes inquiétés sans raison. ▶ ***alarmer*** v. tr. ▪ conjug. 1. **1.** Inquiéter en faisant pressentir un danger. *Elle a eu une rechute qui a alarmé son entourage. Alarmer l'opinion.* / contr. **rassurer** / **2.** S'ALARMER v. pron. : s'inquiéter vivement. *C'est une mère poule, elle s'alarme pour un rien.* ⇒ s'**effrayer.** ▶ ***alarmant, ante*** adj. ■ Qui alarme, est de nature à alarmer. ⇒ **inquiétant.** / contr. **rassurant** / *Des nouvelles alarmantes. Son état de santé est alarmant.* ▶ ***alarmiste*** n. et adj. ■ Personne qui répand intentionnellement des bruits alarmants. ⇒ **défaitiste, pessimiste.** — Adj. (Personnes, choses) *Article alarmiste.*

albâtre [albɑtʀ] n. m. ■ Minéral utilisé pour les objets d'art, souvent blanc. *Des vases d'albâtre.* — Poét. *D'albâtre,* d'une blancheur éclatante. *Des joues d'albâtre.*

albatros [albatʀos] n. m. invar. ■ Grand oiseau de mer, au plumage blanc et gris, au bec crochu.

albertain, aine [albɛʀtɛ̃, ɛn] adj. et n. ■ De l'Alberta. *Le pétrole albertain.* — N. (Avec une majusc.) Personne née dans cette province ou qui l'habite. ⇒ **franco-albertain.** ⟨ ▶ franco-albertain. ⟩

albinos [albinos] adj. invar. et n. invar. ■ Être humain dépourvu de pigment (cheveux, poils blancs). *Un enfant albinos. Des lapins albinos.* — N. *Un, une albinos.*

album [albɔm] n. m. **1.** Cahier personnel destiné à recevoir des dessins, des photos, des autographes, des collections diverses. *Un album de timbres. Des albums de cartes postales.* **2.** Livre où prédominent les illustrations. *Un album de bandes dessinées. Un album à colorier.* **3.** Ensemble de disques vendus ensemble. — Disque.

albumine [albymin] n. f. **1.** Protéine naturelle. **2.** *Avoir de l'albumine,* présenter de l'albumine dans les urines (médecine : *albuminurie,* n. f.). *Avoir de l'albumine dans les urines est anormal.*

alcali [alkali] n. m. **1.** Nom générique des bases et des sels basiques que donnent avec l'oxygène certains métaux dits alcalins (potassium, sodium, etc.). *Des alcalis.* **2.** Dans le commerce. Ammoniaque. ▶ ***alcalin, ine*** adj. ■ Qui appartient, a rapport aux alcalis. *Métaux alcalins. Solution alcaline.* ▶ ***alcaloïde*** [alkalɔid] n. m. ■ Substance organique d'origine végétale (rarement animale), contenant au moins un atome d'azote dans la molécule. *Les alcaloïdes ont une puissante action toxique ou thérapeutique* (caféine, cocaïne, morphine, quinine, etc.).

alchimie [alʃimi] n. f. ■ Science occulte en vogue au Moyen Âge, née de la fusion de techniques chimiques gardées secrètes et de spéculations mystiques. ⇒ **hermétisme.** ▶ ***alchimiste*** n. ■ Personne qui pratiquait l'alchimie.

alcool [alkɔl] n. m. **1.** Liquide incolore et inflammable obtenu par distillation du vin, des boissons et jus fermentés (appell. chim. : *alcool éthylique*). *Alcool à 60, à 95 degrés. Bière sans alcool. Alcool à brûler,* utilisé comme combustible. *Lampes, réchauds à alcool.* — ALCOOL À FRICTION : alcool dénaturé employé à des fins médicales ou paramédicales (massage, désinfection, etc.). *Il arrive que les robineux boivent de l'alcool à friction.* **2.** UN ALCOOL : eau-de-vie, spiritueux. *Un alcool de fruit.* — *Boire trop d'alcool. Acheter du vin à la société des alcools.* **3.** Nom générique (suff. *-ol*) des corps de mêmes propriétés chimiques que l'alcool. ▶ ***alcoolique*** [alkɔ(ɔ)lik] adj. **1.** Qui contient naturellement de l'alcool. *Les boissons alcooliques.* **2.** Qui boit trop d'alcool. ⇒ **éthylique, ivrogne ;** fam. **robineux, soûlon.** *Il est alcoolique.* — N. Personne atteinte d'alcoolisme chronique. *Désintoxiquer un, une alcoolique.* — *Faire partie des alcooliques anonymes,* d'un groupement qui s'occupe des personnes alcooliques. — Abrév. A.A. ▶ ***alcooliser*** [alkɔ(ɔ)lize] v. tr. ▪ conjug. 1. **1.** Additionner d'alcool. *Alcooliser un vin.* — Au p. p. adj. *Boisson alcoolisée,* à laquelle on a ajouté de l'alcool **2.** S'ALCOOLISER v. pron. : abuser des boissons alcooliques, s'enivrer. ▶ ***alcoolisme*** [alkɔ(ɔ)lism] n. m. ■ Abus des boissons alcooliques, déterminant un ensemble de troubles morbides ; ces troubles eux-mêmes. *La lutte contre l'alcoolisme.* ▶ ***alcootest*** ou ***alcotest*** [alkɔtɛst] n. m. ■ Épreuve permettant d'estimer la présence d'alcool dans l'air expiré par une personne. ⇒ fam. **ivressomètre.** *Faire subir une épreuve d'alcootest aux automobilistes responsables d'un accident.* — Appareil servant à mesurer le taux d'alcool. REM. Ce mot est un nom de marque déposée. ⟨ ▶ antialcoolique ⟩

alcôve [alkov] n. f. **1.** Enfoncement ménagé dans une chambre pour un ou plusieurs lits, qu'on peut fermer dans la journée. **2.** Abstrait. Lieu des rapports amoureux. *Les secrets d'alcôve. Des histoires d'alcôve.*

aldéhyde [aldeid] n. m. ■ Corps chimique formé en enlevant l'hydrogène d'un alcool. ⟨ ▶ formaldéhyde ⟩

al dente [aldɛnte] loc. adj. inv. ou loc. adv. ■ Se dit d'un aliment peu cuit et qui reste un peu ferme sous la dent. *Des spaghettis al dente. Un légume al dente.*

aléa [alea] n. m. ■ Littér. Surtout au plur. Événement imprévisible, tour imprévisible que peuvent prendre les événements. ⇒ **hasard.** *Il faut compter avec les aléas de l'examen.* ▶ ***aléatoire*** [aleatwaʀ] adj. ■ Que rend incertain, dans l'avenir, l'intervention du hasard. ⇒ **problématique.** *Son succès est bien aléatoire.* / contr. **certain** /

alémanique [alemanik] adj. et n. **1.** Relatif à la Suisse de langue allemande. — N. (Avec une majusc.) Personne née dans cette région de la Suisse ou qui l'habite, et qui en parle la langue. **2.** Relatif à l'ensemble des dialectes du haut allemand (allemand classique) parlés en Suisse. *Être de langue maternelle alémanique.*

alentour [alɑ̃tuʀ] adv. ■ Dans l'espace environnant, tout autour. *Je ne voyais rien alentour.* ▶ ***alentours*** n. m. pl. ■ Lieux voisins, environs. *Les alentours de la ville. Il n'y a personne aux alentours. — Aux alentours de* (pour marquer l'approximation). *Je viendrai aux alentours du 1er juin.* ⇒ **vers.** *Il y avait aux alentours de cent personnes sur le traversier.* ⇒ **environ ;** fam. **à l'entour de.**

① ***alerte*** [alɛʀt] adj. ■ Vif et leste (malgré l'âge, l'embonpoint, etc.). *Un petit vieux alerte et gai.* — Abstrait. Éveillé, vif. *Avoir l'esprit alerte.*

② ***alerte*** n. f. **1.** Signal prévenant d'un danger et appelant à prendre toutes mesures de sécurité utiles. *Donner l'alerte.* ⇒ **alarme.** *En cas d'alerte, vous descendrez à l'abri. Troupes en état d'alerte,* prêtes à intervenir. **2.** Situation grave et inquiétante. *L'alerte sera peut-être chaude. Une fausse alerte,* qui ne correspond à aucun danger réel. ▶ ***alerter*** v. tr. ▪ conjug. 1. ■ Avertir en cas de danger, dans le cas d'une difficulté quelconque pour que des mesures soient prises. *Il faut alerter la police. — Il faut alerter le gouvernement au sujet des dépotoirs de pneus,* il faut attirer son attention là-dessus.

alèse n. f. ⇒ **alaise.**

aléser [aleze] v. tr. ▪ conjug. 6. ■ Procéder à l'alésage de (qqch.). ▶ ***alésage*** n. m. **1.** Opération consistant à parachever, en calibrant exactement les dimensions, les trous qui traversent une pièce mécanique. **2.** Diamètre d'un cylindre automobile. *L'alésage et la course.* ▶ ***aléseur, euse*** n. ■ Spécialiste de l'alésage. ▶ ***aléseuse*** n. f. ■ Machine-outil servant à l'alésage.

alevin [alvɛ̃] n. m. ■ Jeune poisson destiné au peuplement des rivières, des lacs et des étangs. ▶ ***aleviner*** [alvine] v. tr. ▪ conjug. 1. ■ Peupler d'alevins. *Aleviner des lacs.* ⇒ **empoissonner, ensemencer.**

alexandrin [alɛksɑ̃dʀɛ̃] n. m. ■ Vers français de douze syllabes. *L'alexandrin classique a une césure à l'hémistiche.*

alezan, ane [alzɑ̃, an] adj. ■ (Cheval, mulet) Dont la robe est brun rougeâtre. *Jument alezane.* — Avec un adj. composé. *Une jument alezan clair.* — N. *Un alezan.*

algarade [algaʀad] n. f. ■ Réprimande. *Elle se moque des algarades de sa mère. — Avoir une algarade avec qqn,* une dispute. ⇒ **accrochage, chicane, engueulade, querelle.**

algèbre [alʒɛbʀ] n. f. **1.** Théorie des opérations portant sur des nombres réels (positifs, négatifs) ou complexes, et résolution des équations, avec substitution de lettres aux valeurs numériques et de la formule générale au calcul numérique particulier. *L'algèbre fait partie des mathématiques*. Un cours d'algèbre élémentaire.* — Ouvrage traitant de cette science. **2.** Chose difficile à comprendre, domaine inaccessible à l'esprit. *C'est de l'algèbre pour moi.* ⇒ **chinois, hébreu.** ▶ ***algébrique*** adj. ■ Qui appartient à l'algèbre. *Calcul numérique et calcul algébrique.* ▶ ***algébriquement*** adv.

algérien, ienne [alʒeʀjɛ̃, jɛn] adj. et n. **1.** D'Algérie. *Le Sahara algérien.* — N. (Avec une majusc.). Personne née dans ce pays ou qui en a obtenu la citoyenneté. *Les Algériens.* **2.** N. m. *L'algérien,* l'arabe parlé en Algérie.

-algie ■ Élément savant signifiant « douleur ».

algonquin, ine [algɔ̃kɛ̃, in] adj. et n. **1.** Relatif à une nation d'Amérindiens du nord-ouest du Saint-Laurent, en particulier de la vallée de l'Outaouais. — N. (Avec une majusc.). Membre de cette nation. **2.** N. m. *L'algonquin,* une langue de la famille linguistique algonquienne parlée par ces Amérindiens. — Loc. *Parler algonquin,* parler d'une manière obscure, incompréhensible. ⇒ **chinois ;** fam. **hébreux.** ▶ ***algonquien, ienne*** adj. et n. ■ Relatif à une grande famille linguistique amérindienne dont l'aire s'étend du Labrador jusqu'à la Caroline du Nord. *Le naskapi est une langue algonquienne.* — N. (Avec une majusc.) Membre de ce groupe linguistique.

algorithme [algɔʀitm] n. m. ■ Ensemble des règles opératoires propres à un calcul ou à la résolution d'un problème.

algue [alg] n. f. ■ Plante aquatique à chlorophylle des eaux douces ou salées. *Algues vertes, brunes* ⇒ **varech**, *rouges. Les rochers étaient couverts d'algues glissantes.*

alias [aljɑs] adv. ■ Autrement appelé (de tel ou tel nom). *François Marie Arouet, alias Voltaire, Philippe Panneton, alias Ringuet.* ⇒ **blason, pseudonyme, surnom.**

alibi [alibi] n. m. **1.** Moyen de défense tiré du fait qu'on se trouvait, au moment d'une infraction, dans un lieu autre que celui où elle a été commise. *Il a un alibi excellent : il était à l'hôpital quand le crime a eu lieu.* **2.** Circonstance, activité permettant de se disculper, de faire diversion. ⇒ **justification, prétexte.** *Ses contacts avec ce parti ne sont qu'un alibi.*

① ***aliénation*** [aljenasjɔ̃] n. f. **1.** Transmission qu'une personne fait d'une propriété ou d'un droit. **2.** Fait de céder ou de perdre (un droit, un bien naturel). *Ce serait une aliénation de ma liberté.*

② ***aliénation*** n. f. ■ Trouble mental grave. ⇒ **démence, folie.** ▶ ***aliéné, ée*** n. ■ Personne atteinte d'aliénation mentale, dont l'état nécessite l'internement dans un hôpital psychiatrique. ⇒ **fou.** ▶ ***aliéniste*** n. ■ Médecin spécialisé dans le traitement des aliénés. ⇒ **psychiatre.**

aliéner [aljene] v. tr. ▪ conjug. 6. **1.** Céder par aliénation ①. **2.** Perdre (un droit naturel). *Aliéner sa liberté.* **3.** (Suj. chose ; compl. second introduit par *à*) Éloigner, rendre hostile. *Ses médisances lui ont aliéné ses amis.* — S'ALIÉNER *qqn* : agir de sorte qu'il devienne hostile. *Par cette mesure, les pouvoirs publics se sont aliéné les syndicats.* ⟨ ▶ ① aliénation, inaliénable ⟩

aligner [aliɲe] v. tr. ▪ conjug. 1. **I. 1.** Ranger sur une ligne droite. ⇒ fam. **enligner.** *Aligner des chaises.* **2.** Régler les roues avant d'un véhicule automobile de manière qu'elles soient parallèles. **3.** Inscrire ou prononcer à la suite. *Aligner des chiffres, des phrases.* **4.** Abstrait. ALIGNER *sa politique, sa conduite* SUR *une* *autre,* la calquer sur elle. **II.** S'ALIGNER v. pron. **1.** Se mettre sur la même ligne. *Alignez-vous !* **2.** Abstrait. *S'aligner sur...,* se conformer fidèlement (à la « ligne » politique d'un autre). ▶ ***aligné, ée*** adj. ■ Rendu droit. *Des rues alignées.* — Au plur. Rangé en ligne droite. *Des chaises alignées contre un mur.* — *Les pays non alignés* (sur les États-Unis ou sur l'ex-U.R.S.S.). ⇒ **non-aligné.** ▶ ***alignement*** n. m. **1.** Fait d'aligner, d'être aligné au moyen de repères, selon un tracé. ⇒ fam. **enlignement.** *L'alignement des maisons dans une rue. Soldat qui se met à l'alignement, sort de l'alignement.* — Rangée (de choses alignées). **2.** Opération par laquelle on aligne les roues avant d'un véhicule automobile. ⇒ **parallélisme. 3.** Abstrait. Fait de s'aligner, d'aligner (sa politique, sa conduite). *L'alignement d'un parti sur la politique d'un État.* **4.** *Alignement monétaire,* fixation d'un nouveau cours des changes en fonction du pouvoir d'achat relatif de deux ou plusieurs monnaies. ⇒ **dévaluation.** ⟨ ▶ non-alignement ⟩

aliment [alimɑ̃] n. m. **1.** Toute substance susceptible d'être digérée, de servir à la nutrition de l'être vivant (surtout, des humains). ⇒ **agro-alimentaire, denrée, nourriture, vivres.** *Les œufs sont un aliment très riche. Cuisiner, conserver des aliments. Aliments surgelés.* **2.** Abstrait. Ce qui nourrit, entretient. *Ce scandale fournit un aliment à la curiosité du public.* ▶ ***alimentaire*** adj. **1.** Qui peut servir d'aliment. *Denrées, produits alimentaires* (⇒ **diététique.**) **2.** Relatif à l'alimentation. *Régime alimentaire. Une intoxication alimentaire. Recevoir une pension alimentaire,* une somme d'argent reçue périodiquement, à la suite d'un divorce et destinée à assurer sa subsistance ou celle de ses enfants. **3.** Qui n'a d'autre rôle que de fournir de quoi vivre. *Une besogne alimentaire.* ▶ ***alimentation*** n. f. **1.** Action ou manière d'alimenter, de s'alimenter. *Il faut varier votre alimentation. Alimentation des troupes.* ⇒ **ravitaillement. 2.** Commerce des denrées alimentaires. *Magasin d'alimentation.* — Le magasin lui-même. *Acheter du saumon dans une alimentation fine.* **3.** Action d'approvisionner (en fournitures nécessaires au fonctionnement). *Alimentation d'un terrain de camping (en électricité), d'un moteur (en combustible).* ▶ ***alimenter*** v. tr. ▪ conjug. 1. **1.** Fournir une certaine alimentation à. ⇒ **nourrir.** *Vous pouvez alimenter légèrement le malade.* — Pronominalement (réfl.). *Elle recommence à s'alimenter.* **2.** Apporter à (qqch.) les éléments indispensables à son fonctionnement, à son entretien. ⇒ **approvisionner.** *Alimenter une plinthe chauffante en électricité. Alimenter une ville en eau potable. Le Saguenay alimente ce réservoir.* **3.** Entretenir, nourrir. *Ce sujet a suffi à alimenter la conversation.* ⟨ ▶ sous-alimentation, suralimenter ⟩

alinéa [alinea] n. m. ■ Renfoncement de la première ligne d'un texte, d'un paragraphe. — Passage compris entre deux de ces lignes en retrait. ⇒ **paragraphe.** *Les troisième et quatrième alinéas.*

aliter [alite] v. tr. ▪ conjug. 1. ■ Faire prendre le lit à (un malade). — Pronominalement (réfl.). *Sa mère a dû s'aliter hier.* — Au p. p. adj. *Malade alité,* qui est au lit, ne peut se lever.

alizé [alize] n. m. ■ Vent régulier soufflant toute l'année de l'est, sur la partie orientale du Pacifique et de l'Atlantique comprise entre les parallèles 30 °N et 30 °S. *Les alizés.* — Adj. *Un vent alizé.*

allable [alabl] adj. surtout négatif. **1.** Fam. *Ce n'est pas allable dans ce coqueron,* qu'on ne veut pas habiter, où on ne veut pas se rendre parce que c'est malpropre ou en mauvais état. **2.** Qu'on ne peut pas atteindre en raison des difficultés d'accès ou de l'éloignement. *Au mois de janvier, ce n'est pas allable à l'érablière car il y a trop de neige.*

allaiter [alɛte] v. tr. ▪ conjug. 1. ■ Nourrir de son lait (un nourrisson, un petit) ; donner le sein à. *Elle allaite son enfant.* ▶ ***allaitement*** n. m. ■ *Allaitement et sevrage. Allaitement mixte,* au sein et au biberon. ≠ *halètement.*

allant [alɑ̃] n. m. ■ Ardeur d'une personne qui va de l'avant, ose entreprendre. ⇒ **entrain.** *Tu es pleine d'allant.*

allécher [a(l)leʃe] v. tr. ▪ conjug. 6. ■ Attirer par la promesse de quelque plaisir. ⇒ **appâter.** *Il a choisi ce titre pour allécher les lecteurs.* ▶ ***alléchant, ante*** adj. ■ Qui allèche, fait espérer quelque plaisir. *Une odeur alléchante.* ⇒ **appétissant.** *Une proposition alléchante,* séduisante, tentante.

allée [ale] n. f. ■ Voie, chemin bordé d'arbres, de pelouse ou de plate-bandes, et qui permet le passage, qui sert de lieu de promenade ou d'accès (dans un jardin, un parc, un bois). *Entrer sur les Plaines par la Grande Allée.* ⇒ **avenue, boulevard.** — Dans un édifice. Espace pour le passage. *Les allées d'un cinéma.* — Aux quilles. Plate-forme de bois sur laquelle on lance la boule pour abattre des quilles disposées à une extrémité. ⟨ ▶ contre-allée ⟩

allée et venue n. f. ■ Mouvement de gens qui vont et viennent. *C'était une allée et venue continuelle.* — Au plur. Démarches et déplacements divers. ⇒ **course.** *Perdre son temps en allées et venues.* ⇒ **voyagement.**

allégation [a(l)legasjɔ̃] n. f. ■ Affirmation ; ce qu'on allègue*. *Il faudra prouver vos allégations.*

allégeance [al(l)ezɑ̃s] n. f. ■ Obligation de fidélité et d'obéissance à un souverain. *Les nouveaux députés prêtent un serment d'allégeance à la reine d'Angleterre.*

alléger [a(l)leʒe] v. tr. ▪ conjug. 6 et 3. **1.** Rendre moins lourd, plus léger*. *Alléger un chargement.* / contr. **alourdir** / **2.** Rendre moins pénible (qqch.). *Alléger un mal. Alléger les impôts.* ▶ ***allégement*** [(a(l)lɛʒmɑ̃] n. m. ■ Fait ou moyen d'alléger (ce qui constitue une charge trop lourde à supporter). *Demander l'allégement des programmes scolaires.* ▶ ***allégé, ée*** adj. ■ (Aliments). Qui a une teneur réduite en graisses (lipides) ou en sucres. *Du beurre allégé. Saucisses allégées.*

alléghanien, ienne [al(l)eganjɛ̃, jɛn] adj. ■ Les Alléghanys, montagnes faisant partie de la chaîne des Appalaches qui couvrent l'Estrie et une partie de la côte de l'Est des États-Unis. *La flore alléghanienne.* ⇒ **appalachien.** — REM. L'adjectif *alléghanien* est désuet. Il a été remplacé par *appalachien.*

allégorie [a(l)legɔʀi] n. f. **1.** Suite d'éléments descriptifs ou narratifs concrets dont chacun correspond aux divers détails de l'idée abstraite qu'ils prétendent exprimer, symboliser. *Les allégories du « Roman de la Rose ».* **2.** Peinture, sculpture dont chaque élément évoque minutieusement les aspects d'une idée. *Peindre des allégories.* ▶ ***allégorique*** adj. ■ *Roman, peinture allégorique.*

allègre [a(l)lɛgʀ] adj. ■ Plein d'entrain, vif. *Marcher d'un pas allègre.* ⇒ ① **alerte.** ▶ ***allègrement*** ou ***allégrement*** [a(l)lɛgʀəmɑ̃] adv. **1.** D'une manière allègre, avec entrain. ⇒ **vivement.** *Elle part allégrement au travail.* **2.** Iron. Avec un entrain qui suppose une certaine légèreté ou inconscience. *Il nous a allégrement ruinés.* ▶ ***allégresse*** n. f. ■ Joie très vive qui d'ordinaire se manifeste publiquement. ⇒ **enthousiasme, liesse.** / contr. **tristesse** / *Au milieu de l'allégresse générale.*

allégretto [a(l)legrɛ(t)to] n. m. et adv. ■ Morceau de musique exécuté dans un temps un peu plus lent que l'allégro*. *Des allégrettos.* — Adv. (sans accord). *Un passage allegretto.*

allégro [a(l)legʀo] n. m. et adv. ■ Morceau de musique exécuté dans un tempo assez rapide. *Des allégros.* — Adv. (Sans accent) *Jouer allegro.*

alléguer [a(l)lege] v. tr. ▪ conjug. 6. **1.** Citer comme autorité, pour sa justification. *Alléguer un texte de loi, un auteur.* **2.** Mettre en avant, invoquer pour se justifier, s'excuser. ⇒ **invoquer, prétexter.** *Elle allégua une excuse de santé pour ne pas venir à la réunion.*

alléluia [a(l)leluja] interj. et n. m. **1.** Interj. Cri de louange et d'allégresse fréquent dans les psaumes. **2.** N. m. Chant liturgique chrétien d'allégresse. *Chanter des alléluias.* — Court verset précédé et suivi de ce mot, chanté à l'église.

allemand, ande [almɑ̃, ɑ̃d] adj. et n. **1.** De l'Allemagne, d'Allemagne. ⇒ **germanique.** *Le peuple allemand.* — N. (Avec une majusc.) Personne née dans ce pays ou qui en a obtenu la citoyenneté. *Les Allemandes.* **2.** N. m. *L'allemand,* la langue allemande. ‹ ▸ alémanique ›

① ***aller*** [ale] v. intr. ▪ conjug. 9. **I.** (Marquant le mouvement, la locomotion) **1.** (Êtres vivants, véhicules) Se déplacer. *Allons à pied.* ⇒ **marcher.** *Ce train va vite.* ⇒ **filer.** *Il se mit à aller et venir dans la chambre,* à faire les cent pas, à marcher de long en large. *Laissons-les aller.* ⇒ **partir.** — (Objets, messages) *Les nouvelles vont vite.* ⇒ se **propager.** **2.** (Avec un compl. de lieu) ⇒ se **rendre.** *Je pense aller à Halifax la semaine prochaine. Nous y allons aussi. L'avion qui va à Rome. Il faut que j'aille chez le coiffeur. Aller au cinéma. Allez devant, je vous rejoindrai. J'irai à sa rencontre. Où allez-vous ?* **3.** (Avec un compl. de but) *Je vais à mon travail, à la chasse, aux nouvelles.* — (+ infinitif) *Je suis allé me promener. Allez la voir. Aller magasiner.* **II.** (Sans déplacement) **1.** (Marquant une progression dans l'action) *J'ai fait la moitié du travail, mais je vais très lentement. Nous irons jusqu'au bout. Cette étudiante ira loin.* ⇒ **réussir.** *Vous allez trop loin !* ⇒ **exagérer.** — *Les choses vont trop vite.* — Fam. *Va au diable !,* laisse-moi tranquille, ne m'importune plus. **2.** Y ALLER (en parlant d'un comportement). *Vous y allez fort !,* vous exagérez. *Il n'y va pas par quatre chemins,* il va droit au but, il tranche brutalement. *Vas-y !,* cri d'encouragement. — *Y aller de son histoire,* la raconter pour contribuer (à la fête, etc.). **3.** (Auxiliaire de temps, marquant un futur prochain ; + infinitif) Être sur le point de. *Elle va arriver d'un moment à l'autre. Je vais y aller. Ça va faire des histoires. Nous allions commencer sans toi,* nous étions sur le point de commencer sans toi. — (Marquant une éventualité, avec une valeur affective) *Si elle allait ne pas venir !* **4.** Interj. ALLONS ! ALLEZ ! : sert à exhorter, à rappeler à l'ordre (une ou plusieurs personnes). *Allons, dépêche-toi ! Allez, un peu de courage ! Allons, allons, vous dites des bêtises !* — VA ! ALLEZ ! : sert à marquer une évidence mêlée de résignation. *Je te connais bien, va ! Allez, ça ne vaut pas la peine de pleurer.* — Sert à marquer un encouragement au moment de se quitter. *Allez, à tantôt. Allez, on se reverra demain.* **III.** (Marquant une évolution ou un fonctionnement) **1.** (Êtres vivants) Être dans tel ou tel état de santé. ⇒ se **porter.** *Comment allez-vous ? Je vais bien, mieux. Ça va,* je vais bien. *Ça pourrait aller mieux.* — *Bonjour, comment allez-vous ?, Salut, ça va ?,* sert de formule par laquelle on s'adresse à qqn (en arrivant, en rencontrant). ⇒ **bonjour** (1). / contr. **au revoir, bonjour** (2) / **2.** (Choses) Se trouver amené à tel ou tel état d'une évolution. *Les affaires vont bien. Cela va de soi,* c'est évident. — Impers. *Il n'en va pas de même pour moi,* le cas n'est pas le même. *Il y va de notre vie,* ce qui est en jeu, c'est notre vie. — *Laisser aller,* laisser évoluer sans intervenir. (Pronominalement) *Se laisser aller,* renoncer à diriger sa vie, s'abandonner, se décourager. **3.** (Mécanismes, appareils) Fonctionner. ⇒ **marcher.** *Sept heures ! Vous croyez que votre montre va bien ?* **4.** Être adapté, convenir à (qqn, qqch.). *Ce costume lui va bien. Ils vont bien ensemble,* ils forment un couple bien assorti. ⇒ fam. s'**adonner.** *Deux idées qui ne vont guère ensemble,* qui ne s'accordent guère. **5.** Convenir. *Ça me va,* ça me convient. *Est-ce que ça va ?,* est-ce satisfaisant ? *Ça va comme ça,* cela suffit. **6.** (Auxiliaire d'aspect, marquant la progression, suivi d'un part. prés.) *L'inquiétude allait croissant. Son mal va en empirant.* **IV.** S'EN ALLER v. pron. **1.** Partir du lieu où l'on est. ⇒ **partir.** *Je m'en vais. Va-t'en. Il veut s'en aller des Rocheuses. Elle s'en est allée toute triste.* — Par euphém. Quitter le monde. ⇒ **mourir.** *Elle s'en est allée.* — (Avec un compl. de destination) *Je m'en vais au marché, à la pêche.* **2.** (Choses) Disparaître. *Les taches d'encre s'en vont avec ce produit.* **3.** (+ infinitif) Aller (en partant). *Va-t'en voir un peu ce que fait ma fille.* **4.** (Auxiliaire de temps, futur ; seulement à la 1re pers. du prés.) *Je m'en vais tout vous raconter.* ▸ ② ***aller*** n. m. **1.** Trajet fait en allant à un endroit déterminé (opposé à *retour*). *À l'aller, j'ai pris l'autoroute Jean-Lesage.* **2.** Billet (d'autobus, d'avion, de train) valable pour une seule direction. *Je voudrais deux allers (*ou *deux aller) pour Boston.* — N. m. invar. *Un* ALLER ET RETOUR ou *un* ALLER-RETOUR : billet double comportant un coupon de retour (opposé à *simple*). **3.** *Pis aller.* ⇒ **pis.** ‹ ▸ allable, allant, allée, allée et venue, allure, contre-allée, envahir, s'évader, évasif, évasion, invasion, laisser-aller, pire-aller, pis-aller, tout-aller, va-et-vient, va-nu-pieds, va-tout, va-vite ›

allergie [alɛʀʒi] n. f. ■ Modification des réactions d'un organisme à un agent pathogène lorsque cet organisme a été l'objet d'une atteinte antérieure par le même agent. *Allergie aux pollens,* provoquée par les pollens. ▸ ***allergique*** adj. **1.** Propre à l'allergie. **2.** Qui réagit en manifestant une allergie (à une substance). *Être allergique au blanc d'œuf.* **3.** Abstrait. *Elle est allergique à la grande musique,* elle ne peut pas la supporter.

allier [alje] v. tr. ▪ conjug. 7. **1.** Associer (des éléments dissemblables). *Il allie une avarice presque sordide avec le plus grand mépris pour l'argent.* **2.** S'ALLIER : s'unir par alliance. *Ces deux pays se sont alliés pour exploiter des ressources naturelles.* — (Choses) Se combiner. ▸ ***allié, ée*** adj. et n. **1.** Uni par un traité d'alliance. *Les pays alliés.* — N. *Soutenir ses alliés.* / contr. **ennemi** / — Spécialt. *Les Alliés,* les pays alliés contre l'Allemagne au cours des guerres mondiales de 1914-1918 et 1939-1945. **2.** Personne qui apporte à une autre son appui, prend son parti. ⇒ **ami.** *J'ai trouvé en elle une alliée.* **3.** *Les alliés,* les personnes unies par alliance. *Les parents et alliés.* ▸ ***alliage*** n. m. ■ Produit métallique obtenu en incorporant à un métal un ou plusieurs éléments. *L'acier est un alliage.* ▸ ***alliance*** n. f. **1.** Union contractée par engagement mutuel. *Une alliance avec lui est difficile.* **2.** Union de puissances qui s'engagent par un traité à se porter mutuellement secours en cas de guerre. ⇒ **coalition, entente, ligue, pacte.** *Alliance défensive. Nouer, rompre une alliance.* **3.** Lien juridique établi par le mariage entre le parent d'un conjoint et l'autre conjoint (et entre les familles de l'un et de l'autre). ⇒ **parenté.** *Neveu par alliance.* **4.** Anneau nuptial que les époux portent au quatrième doigt. *Une alliance en or.* **5.** Combinaison d'éléments divers. *Une alliance de couleurs.* ‹ ▸ mésalliance, rallier ›

alligator [aligatɔʀ] n. m. ■ Reptile de l'Amérique, voisin du crocodile, au museau large et court. ⇒ **caïman.** *Des alligators.*

allitération [a(l)liteʀasjɔ̃] n. f. ■ Répétition des consonnes dans une suite de mots rapprochés. *Ton thé t'a-t-il ôté la toux ?*

allô [alo] interj. **1.** Terme conventionnel d'appel lorsqu'on s'adresse à qqn au téléphone. ⇒ **bonjour, bonsoir. 2.** Fam. Sert de formule de salutation. *Allô ! Comment vas-tu ? Allô, allô !,* salutation joyeuse.

allocation [a(l)lɔkasjɔ̃] n. f. ■ Fait d'allouer ; somme allouée. *Allocation mensuelle. Allocations familiales,* versées périodiquement par l'État aux familles qui ont des enfants (jusqu'à 18 ans). *Allocation de chômage.* ⇒ **assurance-chômage.** ≠ *allocution.*

allocution [a(l)lɔkysjɔ̃] n. f. ■ Discours familier et bref adressé par une personnalité. *Prononcer, faire une allocution. Une allocution télévisée du chef de l'État.* ≠ *allocation.*

allogène [a(l)lɔʒɛn] adj. ■ D'une origine différente de celle de la population autochtone. / contr. **indigène** / ≠ *halogène.*

allonger [alɔ̃ʒe] v. ▪ conjug. 3. **I.** V. tr. **1.** Rendre plus long. ⇒ **rallonger.** *Allonger une jupe de quelques centimètres.* **2.** *Allonger une sauce,* la rendre plus liquide. — Fam. *Allonger la sauce,* délayer (un texte, un discours). **3.** Étendre (un membre). *Allonger le bras.* — *Allonger le pas,* presser la marche en faisant des pas plus longs. **4.** Étendre qqn (sur un lit, etc.). *On allongea le blessé.* — Fam. *Il l'a allongé au tapis,* envoyé à terre. **5.** Fam. Donner (un coup) en étendant la main, la jambe. *Je vais t'allonger une gifle.* ⇒ **envoyer. 6.** Tendre, verser (de l'argent). *Elle lui a allongé cent dollars.* **II.** V. intr. Devenir plus long (dans le temps). *Les jours commencent à allonger.* ⇒ **rallonger.** / contr. **raccourcir** / **III.** S'ALLONGER v. pron. **1.** Devenir plus long (dans l'espace ou dans le temps). **2.** S'étendre de tout son long. *Je vais m'allonger un peu* (sur le lit, le divan, etc.). ⇒ se **coucher.** ▸ ***allongé, ée*** adj. ■ Étendu en longueur. *Un crâne allongé* (opposé à *aplati*). — Étendu de tout son long. *Rester allongé.* ▸ ***allongement*** n. m. ■ Fait d'allonger, de s'allonger. *L'allongement des vacances.* / contr. **raccourcissement** / ‹ ▸ rallonger ›

allophone [alɔfɔn] n. et adj. ■ Personne qui a pour langue maternelle une langue autre que celle(s) officiellement en usage ou autochtone(s) dans le pays où elle vit. *Les allophones de Montréal.* — Adj. Relatif aux allophones. *Un quartier allophone. Une ministre allophone.* ⇒ **anglophone, arabophone, francophone.**

allouer [alwe] v. tr. ▪ conjug. 1. **1.** Attribuer (une somme d'argent, une indemnité). *Allouer un crédit à qqn.* **2.** Accorder (un temps déterminé pour un travail).

allumer [alyme] v. tr. ▪ conjug. 1. **1.** Enflammer ; mettre le feu à. *Allumer une cigarette. Allumer le poêle, une pipe.* — *Allumer le feu,* le faire. / contr. **éteindre** / **2.** Exciter, éveiller de façon soudaine. *Allumer le désir de qqn.* **3.** Rendre lumineux en enflammant ou par un autre moyen. ⇒ **éclairer.** *Allumer les bougies. Allumer une lampe. Allumer l'arbre de Noël.* — Fam. *Allumer l'électricité, la radio,* faire fonctionner. — Fam. *La cuisine est allumée,* il y a de la lumière. **4.** S'ALLUMER v. pron. : s'enflammer. *Ce bois un peu humide s'allume mal.* — Devenir lumineux, briller. *Les fenêtres s'allumaient. Ses yeux s'allument.* ▸ ***allumage*** n. m. **1.** Inflammation du mélange gazeux provenant du carburateur d'un moteur. *Bougies d'allumage. Allumage électronique.* **2.** Action d'allumer (une source lumineuse). *L'allumage des phares.* / contr. **extinction** / ▸ ***allumé, ée*** adj. ■ *Une lampe allumée.* — *Le visage allumé,* rouge et luisant. ▸ ***allumette*** n. f. **1.** Brin de bois, de carton, de cire, imprégné à une extrémité d'un produit susceptible de s'enflammer par friction. *Gratter, frotter, allumer une allumette. Boîte, carton d'allumettes.* — Fam. *Des jambes comme des allumettes,* longues et maigres. *Elle est grosse comme une allumette,* elle est très mince, toute menue. **2.** En appos. *Frites allumettes,* frites coupées très finement. ▸ ***allumeur*** n. m. ■ Boîtier rassemblant les dispositifs d'avance à l'allumage, de rupture et de distribution du courant aux bougies dans un moteur. ▸ ***allumeuse*** n. f. ■ Femme qui allume le désir des hommes sans vouloir le satisfaire. ⇒ **agace, aguicheur.** ‹ ▸ autoallumage, rallumer ›

allure [alyʀ] n. f. **1.** Vitesse de déplacement. *Les camions roulent à grande allure. Accélérer, ralentir l'allure.* **2.** Manière de se déplacer, de se tenir, de se comporter. *Vous avez une allure toujours jeune. Une allure digne, grave.* **3.** (Personnes) *Avoir de l'allure,* de la distinction, de la noblesse dans le maintien. — *Être sans allure :* ridicule, niaiseux. — N. *Un, une sans allure.* ⇒ **stupide.** — Être sensé, avoir du jugement. *Il ne faut pas avoir d'allure pour croire cela.* — (Choses) *Ton idée a vraiment de l'allure,* elle a du bon sens, elle est intéressante. **4.** Fam. Apparence générale d'une chose. ⇒ anglic. **look.** *Elle a une drôle d'allure, cette maison. Votre bouquet a beaucoup d'allure. Ça a de l'allure.* ‹ ▸ sous-allure ›

allusion [a(l)lyzjɔ̃] n. f. ■ Manière d'éveiller l'idée d'une personne ou d'une chose sans en faire expressément mention. ⇒ **sous-entendu.** *Une allusion transparente. Elle n'a pas fait allusion à nos querelles passées. Comprendre, saisir une allusion.* ▸ ***allusif, ive*** adj. ■ Qui contient une allusion, procède par allusions. *Une intervention trop allusive.*

alluvions [a(l)lyvjɔ̃] n. f. plur. ■ Dépôts (cailloux, graviers, sables, boues) provenant d'un transport par les eaux courantes. *Les deltas sont formés par les alluvions des fleuves.* ▸ ***alluvial, ale, aux*** adj. ■ Fait d'alluvions. *Plaine alluviale.*

almanach [almanɑ] n. m. ■ Nom de divers annuaires ou publications ayant vaguement pour base le calendrier et qui traitent de multiples sujets d'intérêt général.

almatois, oise [almatwa, waz] adj. et n. ■ D'Alma. *La communauté almatoise.* — N. (Avec une majusc.) Personne née dans cette ville ou qui l'habite.

aloès [alɔɛs] n. m. invar. ■ Plante grasse, aux feuilles charnues et très pointues, contenant un suc amer.

aloi [alwa] n. m. ■ DE *bon, de mauvais* ALOI : de bonne, de mauvaise qualité ; qui mérite, ne mérite pas l'estime. *Un succès de bon aloi.*

alors [alɔʀ] adv. **1.** À ce moment-là ; à cette époque-là. *La France était alors en guerre contre l'Angleterre. Les hommes d'alors,* de ce temps. *Jusqu'alors,* jusqu'à cette époque. **2.** Dans ce cas, en conséquence. *Alors, n'en parlons plus. Tu es allée chez lui ? Alors, tu connais ses parents !* cf. fam. *Ça fait que* (⇒ **faire**, IV) — (Pour refuser une objection) *Et alors ?* ⇒ et **puis ;** fam. ③ **pis.** — *Il était très en retard, alors il a dû prendre un taxi.* **3.** (Pour renforcer une exclamation, une interrogation) *Alors, qu'en penses-tu ? Alors ça, c'est bien fait !* — (France) Fam. *Chouette alors ! Mince alors !* — *Non, mais alors !,* exprime l'indignation. ▸ ***alors que*** loc. conj. — REM. Se construit avec l'indicatif. ■ À un moment où au contraire..., tandis que, au lieu que. *Il fait bon chez vous, alors que chez moi on gèle.* ⇒ ③ **pendant** que. *Elle n'est pas intervenue, alors qu'elle avait promis de le faire.* ⇒ **bien** que.

alose [aloz] n. f. ■ Poisson marin voisin du hareng, comestible. — *L'alose savoureuse,* qu'on trouve en Amérique.

alouette [alwɛt] n. f. ■ Petit passereau des champs, au plumage grisâtre et brunâtre. *Chasse aux alouettes.*

L'alouette cornue, très répandue sur le continent. — Loc. *Il attend que les alouettes lui tombent toutes rôties, dans le bec,* il ne veut pas se donner la moindre peine.

alourdir [aluʀdiʀ] v. tr. ▪ conjug. 2. **1.** Rendre lourd, plus lourd. / contr. **alléger** / *Les bagages alourdissaient la voiture.* — Rendre moins alerte. *La chaleur excessive m'alourdissait.* — Fig. *Alourdir les impôts.* **2.** Donner un caractère pesant, embarrassé. *Cette tournure alourdit la phrase.* ▸ ***alourdissement*** n. m. ■ *Elle avait une sensation d'alourdissement après un repas trop copieux.*

aloyau [alwajo] n. m. ■ Morceau de viande de bœuf, renfermant le filet, le romsteck et le contre-filet. *Un morceau dans l'aloyau.*

alpaga [alpaga] n. m. ■ Tissu de soie et de laine. *Veste en alpaga.*

alpestre [alpɛstʀ] adj. ■ Propre aux Alpes (en ce qui concerne la nature visible). *Les paysages alpestres.* ⇒ **alpin.**

alpha [alfa] n. m. invar. et adj. invar. **1.** Première lettre (α) de l'alphabet grec. — *L'alpha et l'oméga,* le commencement et la fin. **2.** Adj. invar. *Particule alpha,* noyau atomique d'hélium. ▸ ***alphabet*** [alfabɛ] n. m. **1.** Système des signes graphiques (lettres) servant à la transcription des sons (consonnes, voyelles) d'une langue. *Les Phéniciens ont établi le premier modèle d'alphabet. Alphabet arabe, grec, latin.* — *Alphabet phonétique,* système de signes conventionnels servant à noter d'une manière uniforme les phonèmes des diverses langues. *L'alphabet phonétique international sert à noter les prononciations dans ce dictionnaire.* — *L'alphabet braille*.* **2.** (France) Livre à usage des enfants contenant les premiers éléments de la lecture (lettres, syllabes, mots). ⇒ **a b c** ▸ ***alphabétique*** adj. **1.** Qui concerne l'alphabet. *Écriture alphabétique.* **2.** Qui est dans l'ordre des lettres de l'alphabet. *Table alphabétique des matières.* ▸ ***alphabétiser*** v. tr. ▪ conjug. 1. ■ Apprendre à lire et à écrire à qqn. ▸ ***alphabétisation*** n. f. ■ *L'alphabétisation des réfugiés.* ▸ ***alphanumérique*** adj. ■ Qui comporte ou qui utilise des lettres et des chiffres. *Clavier, affichage alphanumérique.* ⟨ ▸ analphabète ⟩

alpin, ine [alpɛ̃, in] adj. **1.** Des Alpes. *La chaîne alpine.* — (France) *Chasseurs alpins,* troupes spécialisées dans la guerre de montagne. **2.** SKI ALPIN. ⇒ **ski.** **3.** D'alpinisme. *Club alpin.* ▸ ***alpinisme*** n. m. ■ Sport des ascensions en montagne. ▸ ***alpiniste*** n. ■ *Cordée d'alpinistes.* ⟨ ▸ transalpin ⟩

alsacien, ienne [alzasjɛ̃, jɛn] adj. et n. **1.** De l'Alsace, en France. *La plaine alsacienne.* — N. (Avec une majusc.) Personne née dans cette région de la France ou qui l'habite. *Une Alsacienne.* **2.** N. m. *L'alsacien,* dialecte allemand parlé en Alsace.

altération [alteʀasjɔ̃] n. f. **1.** Changement en mal par rapport à l'état normal. ⇒ **dégradation, détérioration ;** ① **altérer.** *Ce texte ancien a subi de nombreuses altérations. L'altération de sa santé.* **2.** Signe de musique modifiant la hauteur de la note. *Les dièses, les bémols et les bécarres sont des altérations.*

altercation [altɛʀkasjɔ̃] n. f. ■ Échange bref et brutal de propos vifs, de répliques désobligeantes. ⇒ **chicane, dispute, prise** de bec. *Elle a eu une altercation avec son frère. Une légère, une vive altercation.*

alter ego [altɛʀego] n. m. invar. ■ Personne de confiance qu'on peut charger de tout faire à sa place. ⇒ **bras** droit. *Voici ma collaboratrice et mon alter ego.*

① ***altérer*** [alteʀe] v. tr. ▪ conjug. 6. **1.** Changer en mal. ⇒ **détériorer, gâter.** *La chaleur altère les denrées périssables. Rien ne peut altérer notre amitié.* — Pronominalement (réfl.). *Les couleurs se sont altérées.* — Au p. p. adj. *Elle m'a remercié d'une voix altérée,* émue. **2.** Falsifier, fausser. *Altérer un récit.* ⇒ **tronquer.** *Altérer la vérité,* mentir. ⟨ ▸ altération, inaltérable ⟩

② ***altérer*** v. tr. ▪ conjug. 6. **1.** Exciter la soif de. *La promenade, l'émotion m'a altéré.* **2.** Abstrait. *Altéré de,* avide de. *Il est altéré de gloire.* ⇒ **assoiffé.** ⟨ ▸ désaltérer ⟩

alternance [altɛʀnɑ̃s] n. f. **1.** Succession répétée, dans l'espace ou dans le temps, qui fait réapparaître tour à tour, dans un ordre régulier, les éléments d'une série. *L'alternance des saisons. Alternance des cultures.* **2.** Variation subie par un phonème ou un groupe de phonèmes dans un système morphologique donné. *Alternance vocalique* (ex. : je *meurs,* nous *mourons*). **3.** Succession au pouvoir d'une majorité et d'une opposition (devenue majoritaire), dans un système parlementaire. ▸ ***alternateur*** n. m. ■ Génératrice de courants alternatifs. — *Un alternateur (d'automobile),* l'appareil qui produit le courant électrique nécessaire au fonctionnement du moteur. *Une panne d'alternateur.* ▸ ***alternatif, ive*** adj. **1.** Qui présente une alternance. ⇒ **périodique.** *Mouvement alternatif,* mouvement régulier qui a lieu dans un sens puis dans l'autre (piston, pendule, etc.). *Courant alternatif,* dont l'intensité varie selon une sinusoïde (opposé à *continu*). **2.** Qui constitue une solution de rechange. *Fréquenter une école alternative,* qui change les traditions. — *Un concert de musique alternative,* qui ouvre des voies nouvelles, inexplorées. — REM. Ces emplois sont critiqués. ▸ ***alternative*** n. f. **1.** Au plur. Phénomènes ou états opposés se succédant régulièrement. *Des alternatives d'exaltation et d'abattement.* **2.** Situation dans laquelle il n'est que deux partis possibles. *Dans cette alternative, il faut choisir. Laisser, proposer une alternative à qqn,* deux solutions au choix. — L'une des solutions, parmi plusieurs. — REM. Ce dernier emploi est critiqué. **3.** Solution unique de remplacement. — REM. Ce sens est critiqué. ▸ ***alternativement*** adv. ■ En alternant tour à tour. ⇒ **successivement.** *Elle est alternativement sévère et bienveillante.* ⟨ ▸ alterner ⟩

alterner [altɛʀne] v. intr. ▪ conjug. 1. ■ Se succéder en alternance. *Les beaux jours ont alterné avec les jours de pluie. Faire alterner deux spectacles.* ▸ ***alternant, ante*** adj. ■ Qui alterne. *Cultures alternantes.* ▸ ***alterné, ée*** adj. ■ En alternance. — Au plur. *Vers alternés,* qui renferment un énoncé complet. *Rimes alternées,* croisées. — Au sing. *Circulation alternée.* ⟨ ▸ alternance ⟩

altesse [altɛs] n. f. **1.** Titre d'honneur donné aux princes et princesses du sang. *Son Altesse Royale le prince de...* **2.** Personne portant ce titre. *Une altesse.*

altier, ière [altje, jɛʀ] adj. ■ Qui a ou marque la hauteur, l'orgueil du noble. ⇒ **hautain.**

altimètre [altimɛtʀ] n. m. ■ Appareil indiquant l'altitude du lieu où l'on se trouve. *L'altimètre d'un avion.*

altitude [altityd] n. f. **1.** Élévation verticale (d'un point, d'un lieu) par rapport au niveau de la mer. *L'altitude d'une plaine. Sainte-Anne-des-Monts a une faible altitude.* — *L'avion prend de l'altitude,* il s'élève. **2.** Grande altitude. *En altitude,* en montagne, à une altitude élevée.

alto [alto] n. m. **1.** Instrument de la famille des violons, d'une quinte plus grave et un peu plus grand. *Des altos.* **2.** Nom de différents instruments à vent (flûte, saxophone, etc.). ▸ ***altiste*** n. ■ Joueur d'alto. ⟨ ▸ contralto ⟩

altruisme [altʀɥism] n. m. ■ Disposition à s'intéresser et à se dévouer à autrui. / contr. **égoïsme** / *Elle* *agit par altruisme, non pour son intérêt.* ► ***altruiste*** adj. ■ *Des sentiments altruistes.* / contr. **égoïste** / — N. *Une altruiste.*

aluminium [alyminjɔm] n. m. ■ Métal blanc, léger, malléable, bon conducteur de l'électricité. *Des casseroles en aluminium.* ► ***aluminerie*** n. f. ■ Usine où l'on fabrique l'aluminium. *L'aluminerie de Jonquière.* ⟨ ► duralumin ⟩

alunir [alyniʀ] v. intr. . conjug. 2. ■ Aborder sur la Lune, prendre contact avec la Lune. *Les astronautes ont aluni en 1969.* — REM. L'O.L.F. propose *atterrir* pour remplacer ce terme. ► ***alunissage*** n. m. ■ Action d'alunir. — REM. L'O.L.F. propose *atterrissage* pour remplacer ce terme.

alvéole [alveɔl] n. m. ou f. **1.** Cellule de cire que fait l'abeille. **2.** *Alvéoles dentaires,* cavités au bord des maxillaires où sont implantées les racines des dents. *Alvéoles pulmonaires,* culs-de-sac terminaux des ramifications des bronches. **3.** Cavité ayant la forme d'une alvéole (1). *Plateau à alvéoles pour emballer les œufs.*

① ***A.M.*** [ɑɛm] adj. invar. ■ Abréviation de la locution latine *ante meridien* « avant midi » dans le système anglais, (opposé à ① *P.M.*). *L'avion part à 7 heures A.M.* ⇒ **avant-midi.**

② ***A.M.*** n. m. invar. ■ Abréviation internationale de *modulation d'amplitude* ou *d'amplitude modulée* (opposé à *F.M.*). *Écouter le A.M.* — En appos. *La radio A.M. La bande A.M.* — REM. On emploie parfois localement *M.A.*

amabilité [amabilite] n. f. ■ Qualité d'une personne aimable, manifestation de cette qualité. ⇒ **affabilité, gentillesse, obligeance.** *Veuillez avoir l'amabilité de la prévenir de ma part. L'amabilité d'une invitation.* — *(Une, des amabilités) Dire des amabilités à qqn.*

amadouer [amadwe] v. tr. . conjug. 1. ■ Amener à ses fins ou apaiser (qqn qui était hostile ou réservé) par de petites flatteries, des attentions adroites. *Je vais essayer de l'amadouer.*

amaigrir [amɛgʀiʀ] v. tr. . conjug. 2. ■ Rendre maigre, plus maigre. *Sa maladie l'a beaucoup amaigri.* — Pronominalement. *Elle s'est amaigrie.* ► ***amaigri, ie*** adj. ■ Qui est devenu maigre. *Le visage amaigri de la malade.* ► ***amaigrissant, ante*** adj. ■ Qui fait maigrir. *Il suit un régime amaigrissant.* ► ***amaigrissement*** n. m. ■ Fait de maigrir, d'avoir maigri. *Son amaigrissement m'inquiète.*

amalgame [amalgam] n. m. **1.** Mélange d'éléments différents qui ne s'accordent guère. ⇒ **assemblage. 2.** Alliage d'argent et d'étain utilisé pour obturer les dents. ► ***amalgamer*** v. tr. . conjug. 1. **1.** Concret. Unir dans un mélange. ⇒ **mélanger.** *Amalgamer les œufs et (à) la farine.* **2.** Abstrait. Mêler des éléments différents. **3.** Pronominalement. *S'amalgamer (à ou avec),* se combiner, s'associer à. *Le beurre s'amalgamait à la pâte.*

amancher [amɑ̃ʃe] v. tr. . conjug. 1. **1.** Fam. ① Tromper, duper qqn dans une affaire, une transaction. *Le vendeur les a bien amanchés.* ⇒ **rouler.** — Loc. *Se faire amancher,* se faire avoir, se faire rouler. *Il se sont fait amancher à l'examen de biologie.* **2.** V. pron. réfl. S'AMANCHER : s'habiller très mal. ⇒ s'**accoutrer,** s'**atriquer.** ≠ *emmancher.* ► ***amanché, ée*** p. p. adj Fam. **1.** Loc. *Être (bien) mal amanché,* mal habillé, mal vêtu ; mal équipé. **2.** Être mal pris (avec qqn ou qqch), être en difficulté (avec qqn ou qqch). *Avec leur petit canot, ils sont bien amanchés dans les rapides.* ► ***amanchure*** n. f. Fam. **1.** (Choses) Tout objet, petit ou grand, un peu bizarre, mal conçu. ⇒ **quétainerie.** *Enlevez-moi cette amanchure de la cuisine.* — Disposition, organisation de qqch. ⇒ **patentage. 2.** (Personnes) Tout être un peu original, excentrique ou au physique peu agréable. ⇒ fam. **grément** *Ce n'est pas possible une amanchure pareille !* — Iron. *C'est toute une amanchure,* une beauté. ≠ *emmanchure.*

amande [amɑ̃d] n. f. **1.** Fruit de l'amandier, dont la graine comestible est riche en huile. *Pâte d'amandes. Amandes salées,* pour l'apéritif. **2.** *En amande,* en forme d'amande, oblong. *Des yeux en amande.* **3.** Graine d'un fruit à noyau. *L'amande de la cerise, de l'abricot.* **4.** En appos. Invar. *Vert amande,* vert clair. *Des robes vert amande.* ≠ *amende.* ► ***amandier*** n. m. ■ Arbre dont le fruit est l'amande.

amanite [amanit] n. f. ■ Champignon à lames dont certaines espèces sont vénéneuses. ⇒ **oronge.** *L'amanite phalloïde contient un poison mortel.*

amant, ante [amɑ̃, ɑ̃t] n. **1.** Vx. N. m. et f. Personne qui aime d'amour et qui est aimée. ⇒ **amoureux, blonde, chum, soupirant. 2.** N. m. Homme qui a des relations sexuelles avec une femme à laquelle il n'est pas marié (⇒ **maîtresse**). *Elle a pris un amant.* — Au plur. *Les amants,* l'amant et sa maîtresse.

amarante [amaʀɑ̃t] n. f. **1.** Plante ornementale, aux nombreuses fleurs rouges en grappes ; fleur de cette plante. **2.** Adj. invar. Rouge pourpre. *Des étoffes amarante.*

amarrer [amaʀe] v. tr. . conjug. 1. **1.** Maintenir, retenir avec des amarres (s'oppose, en marine, à *démarrer*). *Amarrer une barque près de la berge.* **2.** Fixer, attacher avec un cordage, une chaîne. *Amarrer des caisses sur un camion.* ► ***amarrage*** n. m. ■ Action, manière d'amarrer un bâtiment dans un port, une rade, ou un ballon dirigeable à un mât. ► ***amarre*** n. f. ■ Câble, cordage servant à retenir un navire, un ballon en l'attachant à un point fixe. *Larguer les amarres.*

amasser [amase] v. tr. . conjug. 1. ■ Réunir en quantité considérable, par additions successives. ⇒ **accumuler, amonceler, entasser.** *Amasser des provisions. Amasser des richesses, de l'argent.* ⇒ **capitaliser.** — *Amasser des documents, des preuves.* ⇒ **réunir.** — S'AMASSER v. pron. : s'entasser, se rassembler en grand nombre. *La foule s'est amassée devant l'immeuble.* / contr. se **disperser,** s'**éparpiller** / ► ***amas*** [amɑ] n. m. invar. ■ Réunion d'objets venus de divers côtés, généralement par apports successifs. ⇒ **amoncellement, entassement, tas.** *Un amas de paperasses.* — *Un amas d'étoiles,* un groupe d'étoiles liées entre elles. ⟨ ► ramasser ⟩

amateur, trice [amatœʀ, tʀis] n. et adj. **1.** Personne qui aime, cultive, recherche (certaines choses). *Un amateur de musique. La collection d'un amateur.* **2.** Fam. Adj. invar. en genre. *Je ne suis pas amateur,* je ne suis pas acheteur. — *Cette belle pièce n'a pas trouvé d'amateur.* — Loc. fam. *Avis aux amateurs,* que ceux qui en veulent en profitent. *Il reste des pâtisseries et du gâteau, avis aux amateurs !* **3.** Personne qui cultive un art, une science pour son seul plaisir (opposé à *professionnel*). *Je ne suis qu'un amateur, mais j'adore peindre.* — En appos. Adj. invar. en genre. *Des peintres amateurs. Une musicienne amateur.* **4.** Personne qui pratique une activité (sport, art, etc.) sans recevoir de rémunération directe (opposé à *professionnel*). — Adj. inv. en genre. *Le hockey, la boxe amateur.* — Péj. Personne qui exerce une activité de façon négligente ou fantaisiste. ⇒ **dilettante.** *Travailler en amateur.* — REM. L'O.L.F. propose *amatrice* au féminin. ► ***amateurisme*** n. m. **1.** Condition de l'amateur, en sport (opposé à *professionnalisme*). **2.** Péj. Caractère d'un travail d'amateur (négligé, non fini, incomplet, etc.). *C'est de l'amateurisme !* ‹ ▶ radioamateur ›

amazone [amazon] n. f. ■ Femme qui monte à cheval. — Loc. EN AMAZONE, les deux jambes du même côté de la selle. *Elle monte en amazone.* ▶ ***amazonien, ienne*** adj. et n. ■ Relatif à l'Amazone, de l'Amazonie. *La grande forêt amazonienne. Des routes amazoniennes.* N. (Avec une majusc.) Personne qui est née dans cette vaste région de l'Amérique du Sud ou qui l'habite.

sans ***ambages*** [sɑ̃zɑ̃baʒ] n. f. pl. ■ Loc. Sans détours, sans s'embarrasser de circonlocutions. *Laissez-moi vous parler sans ambages.*

ambassade [ɑ̃basad] n. f. **1.** Représentation permanente d'un État auprès d'un État étranger ⇒ **consulat, délégation** (II), **légation.** ; fonction d'ambassadeur. *Attaché, secrétaire d'ambassade.* — Ensemble du personnel assurant cette mission ; résidence de l'ambassadeur et de ses services. *S'adresser, aller à l'ambassade.* **2.** Mission délicate auprès d'un particulier. *Ils sont allés en ambassade chez le directeur.* ▶ ***ambassadeur, drice*** n. **1.** Représentant permanent d'un État auprès d'un État étranger, le plus élevé dans la hiérarchie diplomatique. *Le premier ministre vient de la nommer ambassadrice au (en)...* (*Ambassadrice* se dit aussi de l'épouse d'un ambassadeur.) **2.** Personne qui est chargée d'une mission, qui représente à l'étranger une activité de son pays. *Soyez mon ambassadeur auprès de lui. Les ambassadrices de la mode française.* ≠ *consul.*

ambi- ■ Élément savant signifiant « tous les deux ».

ambiance [ɑ̃bjɑ̃s] n. f. **1.** Atmosphère matérielle ou morale qui environne une personne, une réunion de personnes. ⇒ **climat, milieu.** *Nous avions l'impression d'une ambiance hostile.* — *Musique d'ambiance,* discrète et agréable. **2.** Fam. *Il y a de l'ambiance ici,* une atmosphère gaie, pleine d'entrain.

ambiant, ante [ɑ̃bjɑ̃, ɑ̃t] adj. ■ Qui entoure de tous côtés, constitue le milieu où on se trouve. *L'air ambiant. La température ambiante.* ‹ ▶ ambiance ›

ambidextre [ɑ̃bidɛkstʀ(ə)] adj. ■ Qui se sert également bien des deux mains. *Un frappeur ambidextre,* qui peut frapper la balle des deux côtés du marbre (au baseball). — N. *Une ambidextre.*

ambigu, uë [ɑ̃bigy] adj. ■ Qui présente deux ou plusieurs sens possibles, dont l'interprétation est incertaine. ⇒ **ambivalent,** ① **équivoque.** *Elle s'est contentée d'une réponse ambiguë.* — (Personnes) Dont la nature, les intentions peuvent s'interpréter différemment. *Un geste, un sourire ambigu.* ▶ ***ambiguïté*** [ɑ̃bigɥite] n. f. **1.** Caractère de ce qui est ambigu. ⇒ **ambivalence,** ② **équivoque.** *L'ambiguïté d'une phrase, d'une situation. Lever une ambiguïté.* **2.** *(Une, des ambiguïtés) Expression ambiguë.*

ambitieux, euse [ɑ̃bisjø, øz] adj. **1.** Qui a de l'ambition, désire passionnément réussir. *Une femme ambitieuse.* — N. *L'ambitieux n'est jamais satisfait.* **2.** (Choses) Qui marque trop d'ambition. ⇒ **présomptueux, prétentieux.** *Il faut renoncer à cet ambitieux projet.* ▶ ***ambitieusement*** adv. ■ Avec ambition.

ambition [ɑ̃bisjɔ̃] n. f. **1.** Désir ardent d'obtenir les biens qui peuvent flatter l'amour-propre : pouvoir, honneurs, réussite. *Avoir de l'ambition. Il manque d'ambition.* — (Avec *de* + infinitif) *Elle a l'ambition de réussir.* **2.** Désir, souhait quant à l'avenir personnel. *Toute mon ambition est maintenant de me retirer à la campagne.* ⇒ **désir.** ▶ ***ambitionner*** v. tr. ▪ conjug. 1. **1.** Rechercher par ambition. *Il ambitionnait la première place.* ⇒ **briguer.** — (Avec *de* + infinitif) Souhaiter vivement. *J'ambitionne de vous faire plaisir.* **2.** Loc. *Ambitionner sur le pain bénit,* abuser (d'une chose, d'une situation, de qqn), exagérer. **3.** Absolt. *Cesse d'ambitionner,* d'exagérer. ‹ ▶ ambitieux ›

ambivalence [ɑ̃bivalɑ̃s] n. f. ■ Caractère de ce qui comporte deux composantes de sens contraire ou de ce qui se présente sous deux aspects. *L'ambivalence de ses sentiments pour elle.* ▶ ***ambivalent, ente*** adj. ■ Qui présente une ambivalence. ⇒ **ambigu.**

ambre [ɑ̃bʀ] n. m. ■ Résine fossilisée, dure, jaune, transparente. *Collier d'ambre. Fume-cigarette à bout d'ambre.* ▶ ***ambré, ée*** adj. ■ Qui a un reflet jaune. *Tons ambrés. Écran d'ordinateur ambré.*

ambulance [ɑ̃bylɑ̃s] n. f. ■ Véhicule automobile aménagé pour le transport des malades ou des blessés dans les hôpitaux. *Être transporté en ambulance à l'hôpital.* ▶ ***ambulancier, ière*** n. ■ Personne qui conduit une ambulance. — Adj. *Un service ambulancier,* d'ambulance.

ambulant, ante [ɑ̃bylɑ̃, ɑ̃t] adj. ■ Qui se déplace pour exercer à divers endroits son activité professionnelle. *Comédiens, musiciens ambulants. Marchand ambulant.* ‹ ▶ déambuler ›

① ***âme*** [ɑm] n. f. **1.** Principe spirituel de l'être humain, conçu dans la religion comme séparable du corps, immortel et jugé par Dieu. *Sauver, perdre son âme. Dieu ait son âme ! — Les âmes des morts. Attribuer une âme aux choses.* ⇒ **animisme. 2.** Ensemble de la sensibilité et de la pensée (opposé au *corps*). *Se donner corps et âme,* tout entier. *De toute son âme.* ⇒ **cœur.** *Rendre l'âme,* mourir. **3.** Conscience morale. *La paix de l'âme. Grandeur d'âme.* **4.** Psychisme, esprit. *État d'âme.* **5.** Être vivant, personne. *Je n'ai pas rencontré âme qui vive,* je n'ai rencontré personne. *Avoir charge d'âme. Une ville de plus de dix mille âmes. L'âme sœur**. **6.** Personne qui anime une entreprise collective. *Il était l'âme de la conjuration.* **7.** *Âme damnée,* personne dévouée à une autre jusqu'à se perdre, se damner. ‹ ▶ se désâmer ›

② ***âme*** n. f. ■ Évidement intérieur (d'une bouche à feu,...). *L'âme d'un canon, d'un fusil. — L'âme d'un violon.*

amélauchier [amelɑ̃ʃje] n. m. ■ Arbuste ayant des fleurs en grappes produisant des baies de couleur presque noire et comestibles. *L'amélauchier peut servir à l'ornementation.*

améliorer [ameljɔʀe] v. tr. ▪ conjug. 1. ■ Rendre meilleur, plus satisfaisant, changer en mieux. ⇒ **perfectionner.** *Il veut améliorer sa situation. Améliorer un texte, une traduction.* — S'AMÉLIORER v. pron. : devenir meilleur. *Ce vin s'améliore avec l'âge.* ⇒ se **bonifier.** *Leurs relations se sont améliorées.* / contr. se **détériorer** / ▶ ***amélioration*** n. f. **1.** Action de rendre meilleur, de changer en mieux ; fait de devenir meilleur, plus satisfaisant. ⇒ **progrès.** *L'amélioration de sa situation, de son sort, de son état de santé. Aucune amélioration du temps en perspective. Il s'est produit une amélioration dans les relations de ces deux pays.* / contr. **aggravation, détérioration** / **2.** *Faire des améliorations dans l'école,* apporter des changements dans l'état des lieux.

amen [amɛn] adv. ■ DIRE AMEN À : acquiescer sans discuter. *Il dit amen à tout ce qu'elle dit, à tout ce qu'elle fait.* — REM. Les prières chrétiennes se terminent par *Amen,* mot qui signifie « oui, ainsi soit-il ».

aménager [amenaʒe] v. tr. ▪ conjug. 3. **1.** Disposer et préparer méthodiquement en vue d'un usage déterminé. ⇒ **agencer, arranger.** *Le rez-de-chaussée* *avait été aménagé en laboratoires.* — *Aménager un cours d'eau,* construire un barrage à des fins hydroélectriques. **2.** Adapter pour rendre plus efficace. *Aménager l'enseignement, un projet.* ≠ *emménager.* ▶ ***aménagement*** n. m. **1.** Action, manière d'aménager (1). ⇒ **agencement, arrangement, disposition, distribution, organisation.** *L'aménagement d'un paquebot, d'une usine, d'un quartier à urbaniser.* — *L'aménagement forestier,* la réglementation étatique concernant son exploitation. — *L'aménagement du territoire,* la mise en valeur de l'espace en valorisant les ressources naturelles. **2.** Action d'aménager (2). *L'aménagement des horaires de travail.* ⇒ **modification, transformation.** ≠ *emménagement.*

amende [amɑ̃d] n. f. **1.** Peine pécuniaire prononcée en matière civile, pénale, ou fiscale. ⇒ **contravention.** *Payer une amende. Infliger une amende à qqn.* Mettre qqn à l'amende. **2.** *Faire amende honorable,* reconnaître ses torts, demander pardon. ≠ *amande.*

① ***amender*** [amɑ̃de] v. tr. ▪ conjug. 1. ■ Modifier par amendement. *Amender un projet de loi.* ▶ ***amendement*** n. m. ■ Modification proposée à un texte soumis à une assemblée délibérante. *Voter un amendement.*

② ***s'amender*** v. pron. ▪ conjug. 1. ■ Se corriger de ses fautes. *Elle s'est amendée en vieillissant.*

amène [amɛn] adj. ■ Littér. Plein d'aménité. ⇒ **aimable.** *Des propos amènes.* ‹ ▶ aménité ›

amener [amne] v. tr. ▪ conjug. 5. **1.** Mener (qqn) à un endroit ou auprès d'une personne. *Amener qqn à, chez qqn. Il reçoit tous les gens que je lui amène. Amenez votre sœur. Qu'est-ce qui vous amène ici ?,* vous fait venir. — *Mandat d'amener,* ordre de comparaître devant un juge. **2.** *Amener qqn à* (+ infinitif). Conduire, entraîner petit à petit (à quelque acte ou état). *Je l'amènerai à partager notre point de vue.* **3.** Abstrait. Diriger, conduire. *N'amenons pas la conversation sur ce sujet.* — *Savoir amener un dénouement.* ⇒ **ménager, préparer.** *C'est bien amené.* **4.** (Suj. chose) Avoir pour suite assez proche (sans qu'il s'agisse d'une conséquence nécessaire). ⇒ **causer, occasionner.** *Cela pourrait t'amener des ennuis.* **5.** Fam. S'AMENER v. pron. : venir, arriver. *Amène-toi ici !* **6.** Tirer à soi. *Pêcheur qui amène son filet. Amener les voiles,* les abaisser. ‹ ▶ ramener ›

aménité [amenite] n. f. ■ Amabilité pleine de charme d'une personne amène*. *Être plein d'aménité. Traiter qqn sans aménité,* durement.

amenuiser [amənɥize] v. tr. ▪ conjug. 1. **1.** Littér. Rendre plus mince, plus fin. ⇒ **amincir.** *Ses cheveux longs amenuisaient son visage.* **2.** S'AMENUISER v. pron. : devenir plus petit. ⇒ **diminuer.** *Ses ressources s'amenuisent.* ▶ ***amenuisement*** n. m. ■ *L'amenuisement du niveau de vie.*

amer, ère [amɛʀ] adj. **1.** Qui produit au goût une sensation âpre, désagréable (ex. : *la bile*) ou stimulante. *Saveur amère. Confiture d'oranges amères. Apéritif amer* (un *amer,* n. m.). ⇒ **âcre. 2.** Abstrait. Qui engendre, marque l'amertume. ⇒ **douloureux, pénible, triste.** *Ce fut une amère déception. Il m'a fait d'amers reproches. Il est très amer,* ses paroles sont amères. ▶ ***amèrement*** adv. ■ *Elle se plaint amèrement de votre silence.* ‹ ▶ amertume ›

américain, aine [ameʀikɛ̃, ɛn] adj. et n. **1.** De l'Amérique. *Le continent américain.* ⇒ **nord-américain, sud-américain. 2.** Des États-Unis. ⇒ **états-unien.** *La politique américaine. Le baseball est un sport américain,* originaire des États-Unis. — N. (Avec une majusc.) Personne née aux États-Unis ou qui en a obtenu la citoyenneté. — REM. On emploie parfois le mot *Américain* pour désigner un habitant de l'Amérique du Nord. *Les Américains.* **3.** N. m. *L'américain,* la langue anglaise des États-Unis. ⇒ **anglo-américain.** ▶ ***américaniser*** v. tr. ▪ conjug. 1. ■ Revêtir, marquer d'un caractère américain (2). — Pronominalement (réfl.). *L'Europe s'américanise.* — Au p. p. adj. *Une ville américanisée.* ▶ ***américanisation*** n. f. ■ Action d'américaniser, fait de s'américaniser. ▶ ***américanisme*** n. m. ■ Locution, manière de s'exprimer propre à l'anglais d'Amérique du Nord, et spécialt des États-Unis. ⇒ **anglicisme.** — Emprunt à l'américain. ‹ ▶ amérindien, anglo-américain, anti-américain, centre-américain, franco-américain, hispano-américain, italo-américain, latino-américain, nord-américain, sud-américain ›

amérindien, ienne [ameʀɛ̃djɛ̃, jɛn] adj. et n. **1.** Relatif aux peuples autochtones de l'Amérique du Nord, à l'exception des Inuits. *Les bandes amérindiennes.* — N. (Avec une majusc.) Autochtone de l'Amérique du Nord, à l'exception des Inuits. *Plusieurs groupes d'Amérindiens vivent au Québec.* ⇒ ② **indien, peau-rouge,** péj. **sauvage. 2.** N. m. *L'amérindien,* terme générique englobant toutes les langues autochtones de l'Amérique du Nord, sauf l'inuktitut. *Le mot « atoca » est un emprunt à l'amérindien.* ▶ ***amérindianisme*** n. m. ■ Mot, sens, locution ou tournure propre à l'une ou l'autre des langues amérindiennes. ⇒ **canadianisme.** ≠ *inuktitutisme* ou *inuitisme.*

amerrir [ameʀiʀ] v. intr. ▪ conjug. 2. ■ (Hydravion, cabine spatiale) Se poser à la surface de l'eau. ▶ ***amerrissage*** n. m. ■ *L'amerrissage d'un hydravion.*

amertume [amɛʀtym] n. f. **1.** Saveur amère. ⇒ **âpreté.** *La légère amertume des endives.* **2.** Sentiment durable de tristesse mêlée de rancœur, lié à une humiliation, une déception, une injustice du sort. ⇒ **découragement, dégoût, mélancolie.** *Elle pensait avec amertume à toutes ces belles années perdues.*

améthyste [ametist] n. f. ■ Pierre précieuse violette, variété de quartz.

ameublement [amœbləmɑ̃] n. m. ■ Ensemble des meubles d'un logement, considéré dans son agencement. ⇒ **décoration, mobilier.** *L'ameublement du salon est original. Tissus d'ameublement.*

ameublir [amœbliʀ] v. tr. ▪ conjug. 2. ■ Rendre meuble (le sol). *Ameublir la terre avant de la cultiver.* ▶ ***ameublissement*** n. m. ■ *L'ameublissement d'une terre avec une charrue.*

ameuter [amøte] v. tr. ▪ conjug. 1. ■ Alerter, inquiéter (un groupe de personnes) par un comportement inhabituel. *Ses cris ont ameuté tout le quartier.* — *Ameuter la foule contre qqn,* la soulever. ‹ ▶ rameuter ›

① ***ami, ie*** [ami] n. **1.** Personne avec laquelle on est lié d'amitié (⇒ **aimer**). *C'est mon meilleur ami.* ⇒ **chum.** *Nous étions entre amis. Un ami d'enfance. Il lui a parlé en ami.* — Fam. *Être ami avec* (qqn). *Faire ami-ami avec qqn,* des démonstrations d'amitié. — *Amie de fille,* amie qu'une femme avait avant de se marier. *Ami de garçon,* jeune homme non marié qu'une jeune fille fréquente. ⇒ fam. **chum.** — *Prix d'ami,* avantageux. — *Mon cher ami, ma chère amie,* termes d'affection ou de politesse. **2.** Par euphém. Amant, maîtresse. *Il est venu avec son amie.* — *Un petit ami, une petite amie,* une relation amoureuse ; un amant, une maîtresse. ⇒ fam. **chum. 3.** Personne qui est bien disposée, a de la sympathie envers une autre ou une collectivité. *Je viens en amie et non en ennemie. Ce sont des amis de la France,* des francophiles. — (Compl. chose) *Les amis du livre,* les bibliophiles. ‹ ▶ ② ami, à l'amiable, amical, amitié ›

② ***ami, ie*** adj. **1.** Lié d'amitié. *Il est très ami avec elle.* ⇒ fam. **chum.** — *Les pays amis,* alliés. *Être ami de l'ordre,* y être attaché. **2.** D'un ami ; digne d'amis. ⇒ **amical.** *Une main amie. Une maison amie.* ⇒ **accueillante.**

*à l'**amiable*** [alamjabl] loc. adv. ■ Par voie de conciliation. *Un arrangement à l'amiable serait préférable à un procès.* — *Un constat (à l')amiable,* une déclaration conjointe signée par les automobilistes victimes d'un accident sans gravité et décrivant les circonstances de l'accident.

amiante [amjɑ̃t] n. m. ■ Variété fibreuse d'un minéral du groupe des silicates ; fibres extraites de ce minéral, insensibles à l'action d'un foyer ordinaire, ne fondant qu'au chalumeau. *Une plaque en amiante.* ▸ ***amiantose*** n. f. ■ Maladie professionnelle qui provoque une inflammation pulmonaire due à l'inhalation de la poussière d'amiante. ⇒ **asbestose.**

amibe [amib] n. f. ■ Protiste des eaux douces et salées, qui se déplace à l'aide de pseudopodes, pourvu d'un noyau et se reproduisant par division indirecte. *Certaines amibes sont parasites de l'homme.*

amical, ale, aux [amikal, o] adj. ■ Qui manifeste, traduit de l'amitié. *Il a été amical avec moi. Nos relations sont amicales. Un geste amical. Un regard, un air amical.* / contr. **hostile, inamical** / — *Une réunion amicale,* d'amis. ▸ ***amicalement*** adv. ■ *Nous avons causé amicalement.* ▸ ***amicale*** n. f. ■ Association d'élèves, d'étudiants qui ont fréquenté le même établissement scolaire à une période donnée. ⇒ **conventum.** *Amicale des anciens élèves de l'école.* ‹ ▸ inamical ›

amidon [amidɔ̃] n. m. ■ Glucide emmagasiné par les organes de réserve des végétaux, sous forme de granulés qui, broyés avec de l'eau chaude, fournissent un empois. *Empeser une chemise à l'amidon.* ▸ ***amidonner*** v. tr. ▪ conjug. 1. ■ Empeser à l'amidon. — Au p. p. adj. *Col amidonné.* ▸ ***amidonnage*** n. m. ■ *L'amidonnage d'un col de chemise.*

amincir [amɛ̃siʀ] v. ▪ conjug. 2. **1.** V. tr. Faire paraître plus mince. *Sa robe noire l'amincissait.* / contr. **épaissir** / **2.** V. intr. Devenir mince. *Elle a beaucoup aminci.* ⇒ **mincir.** ▸ ***amincissement*** n. m. ■ Fait de paraître, d'être plus mince.

aminé, ée [amine] adj. ■ *Acide aminé,* constituant essentiel de la matière vivante.

amiral, ale, aux [amiʀal, o] n. ■ Officier du grade le plus élevé dans la marine militaire. — Adj. *Vaisseau amiral,* ayant à son bord un amiral, le chef d'une formation navale. — REM. L'O.L.F. propose *amirale* au féminin. ▸ ***amirauté*** n. f. ■ Corps des amiraux ; haut commandement de la marine ; siège de ce commandement. *Le premier lord de l'Amirauté,* le ministre de la marine britannique. ‹ ▸ contre-amiral, vice-amiral ›

amitié [amitje] n. f. **1.** Sentiment réciproque d'affection ou de sympathie qui ne se fonde ni sur les liens du sang, ni sur l'attrait sexuel (⇒ **ami**). *Se lier d'amitié avec qqn. J'ai de l'amitié pour vous.* — Relations amicales. *L'amitié entre deux pays.* ⇒ **entente. 2.** Marque d'affection, témoignage de bienveillance. *J'espère que vous nous ferez l'amitié de venir.* — Au plur. *Faites-lui toutes mes amitiés,* dites-lui de ma part bien des choses affectueuses.

ammoniac [amɔnjak] n. m. ■ Combinaison gazeuse d'azote et d'hydrogène, gaz à odeur piquante. ▸ ***ammoniaque*** [amɔnjak] n. f. ■ Solution aqueuse d'ammoniac employée notamment pour le dégraissage des étoffes et dans les détergents. ⇒ **alcali.**

amnésie [amnezi] n. f. ■ Perte totale ou partielle de la mémoire. ▸ ***amnésique*** adj. ■ Atteint d'amnésie. — N. *Un amnésique.*

amniotique [amniɔtik] adj. ■ Didact. *Poche amniotique,* qui enveloppe l'enfant dans l'utérus pendant la gestation. — *Liquide amniotique,* qui remplit cette poche et baigne le fœtus (cour. *les eaux*).

amnistie [amnisti] n. f. ■ Acte du pouvoir législatif prescrivant l'effacement officiel d'une ou plusieurs catégories d'infractions et annulant leurs conséquences pénales. ⇒ **grâce.** *Loi d'amnistie.* ▸ ***amnistier*** v. tr. ▪ conjug. 7. ■ Faire bénéficier d'une amnistie (des délinquants ou des délits).

amocher [amɔʃe] v. tr. ▪ conjug. 1. ■ Fam. Abîmer, blesser. *Se faire amocher.* — Pronominalement (réfl.). *Elle s'est bien amochée,* elle a enlaidi ; elle s'est blessée.

amoindrir [amwɛ̃dʀiʀ] v. tr. ▪ conjug. 2. ■ Diminuer la force, la valeur, l'importance de (qqch.). ⇒ **réduire.** *Je ne cherche pas à amoindrir son mérite.* / contr. **augmenter** / — S'AMOINDRIR v. pron. : décroître, diminuer. *Ses forces s'amoindrissent.* ▸ ***amoindrissement*** n. m. ■ Diminution, réduction.

amollir [amɔliʀ] v. tr. ▪ conjug. 2. ■ Rendre mou, moins ferme. — Au passif. *L'asphalte était amolli par la chaleur.* ⇒ **ramollir.** / contr. **durcir** / — Sans compl. (Personnes) *La paresse amollit.* — Pronominalement. S'AMOLLIR. *La cire s'amollit à la chaleur.* — (Personnes) *Il s'amollit dans l'oisiveté.* ▸ ***amollissant, ante*** adj. ■ Qui ôte de l'énergie. ⇒ **affaiblissant.** *Cette vie facile est trop amollissante.* ▸ ***amollissement*** n. m. ■ Action d'amollir, état de ce qui est amolli. ‹ ▸ ramollir ›

amonceler [amɔ̃s(ə)le] v. tr. ▪ conjug. 4. **1.** Réunir en monceau, en tas. ⇒ **entasser.** *Amonceler des feuilles mortes.* — Pronominalement (réfl.). *Les nuages s'amoncelaient au couchant.* ⇒ **amasser. 2.** Accumuler. *Elle amoncelle des documents, de l'argent.* ▸ ***amoncellement*** n. m. ■ Entassement, accumulation. *Un amoncellement de rochers, de lettres.*

amont [amɔ̃] n. m. **1.** Partie d'un cours d'eau comprise entre un point considéré et sa source. *En allant vers l'amont.* EN AMONT *de* : au-dessus de (tel point d'un cours d'eau). *Trois-Rivières est une ville située en amont de Québec,* plus loin de l'estuaire du Saint-Laurent. / contr. **aval** / **2.** Fig. Ce qui vient avant (dans une chaîne d'opérations). *Les décisions, les produits d'amont, qui sont en amont.* / contr. **aval** /

amoral, ale, aux [amɔʀal, o] adj. ■ Qui est étranger au domaine de la moralité. *Les lois de la nature sont amorales.* ≠ *immoral.*

amorce [amɔʀs] n. f. **1.** Petite masse de matière détonante servant à provoquer l'explosion d'une charge de poudre ou d'explosif ; dispositif de mise à feu. ⇒ **détonateur. 2.** Abstrait. Manière d'entamer, de commencer. ⇒ **commencement, début, ébauche.** *Cette rencontre pourrait être l'amorce d'une négociation véritable.* **3.** Informatique. Début d'un programme qui déclenche sa mise en mémoire vive. ▸ ***amorcer*** v. tr. ▪ conjug. 3. **1.** Garnir d'un appât. *Amorcer l'hameçon, la ligne.* ⇒ **appâter. 2.** Garnir d'une amorce (une charge explosive). *Amorcer un pistolet.* **3.** *Amorcer une pompe,* la mettre en état de fonctionner en remplissant d'eau le corps. **4.** Commencer à percer (un trou, une ouverture). **5.** Commencer à effectuer (qqch.), mettre en train. *Impossible d'amorcer aucune conversation. Amorcer des négociations.* **6.** En informatique. ⇒ **amorce** (3). ▸ ***amorçage*** n. m. ■ Action ou manière d'amorcer. ‹ ▸ désamorcer ›

amorphe [amɔʀf] adj. **1.** Qui n'a pas de forme cristallisée propre. *Les roches volcaniques dites vitreu-*

ses sont amorphes. — Qui n'est pas structuré. **2.** (Personnes) Sans réaction, sans énergie. / contr. **dynamique** / *Elle est amorphe. L'opinion publique est amorphe.* ⇒ **inerte.**

amortir [amɔʀtiʀ] v. tr. ▪ conjug. 2. **1.** Rendre moins violent, atténuer l'effet de. ⇒ **affaiblir.** *Tampons destinés à amortir un choc.* — Au p. p. *Les bruits me parvenaient amortis par l'humidité.* **2.** Éteindre (une dette) en effectuant des remboursements réguliers étalés sur une période déterminée. *Amortir une hypothèque sur 25 ans. Il ne peut amortir ses dettes.* **3.** Reconstituer le capital employé à l'achat d'un bien grâce aux bénéfices tirés de ce bien. *Amortir un outillage.* ▶ ***amorti*** n. m. ■ Baseball. Coup frappé au sol de façon à ce que la balle demeure entre le marbre et le monticule ou le long des lignes de jeu du champ intérieur. ⇒ **coup** retenu ② simple. *Un amorti sacrifice*.* ▶ ***amortissement*** n. m. **1.** Action d'amortir (1). *L'amortissement d'un choc.* **2.** *Amortissement financier,* extinction graduelle d'une dette. **3.** Action d'amortir (3). *L'amortissement d'une voiture, d'un réfrigérateur.* ▶ ***amortisseur*** n. m. ■ Dispositif destiné à amortir la violence d'un choc, la trépidation d'une machine. *Les amortisseurs d'une automobile.*

amossois, oise [amɔswa, waz] adj. et n. ■ De la ville d'Amos. — N. (Avec une majusc.) Personne née dans cette ville ou qui l'habite.

amour [amuʀ] n. m. **1.** Inclination envers une personne, le plus souvent à caractère passionnel, fondée sur l'instinct sexuel, mais entraînant des comportements variés (⇒ **aimer**). *L'amour qu'il a pour elle. Chagrin d'amour. Un mariage d'amour. Vivre un grand amour.* ⇒ **passion.** — Au plur. Liaison, aventure amoureuse. *Comment vont tes amours ? À vos amours !* (formule de souhait). *De brèves amours.* ⇒ **amourette, aventure, passade.** Fam. ÊTRE EN AMOUR, TOMBER EN AMOUR : être amoureux, devenir amoureux (1) **2.** FAIRE L'AMOUR : avoir des relations sexuelles. ⇒ vulg. **baiser, fourrer.** *Elle ne voulait plus faire l'amour avec lui.* **3.** Personne aimée. *Mon amour, écris-moi.* — Fam. *Vous seriez un amour si (de)...,* vous seriez très gentil si (de)... **4.** Personnification mythologique de l'amour. *Peindre des amours. Elle est jolie comme un amour.* — Fam. *Un amour de petit chapeau,* un très joli petit chapeau. **5.** Disposition à vouloir le bien d'un autre que soi et à se dévouer à lui. *L'amour du prochain.* ⇒ **altruisme, philanthropie.** *L'amour de Dieu.* / contr. **haine** / **6.** Affection entre les membres d'une famille. *L'amour maternel, paternel, filial, fraternel,* de la mère, du père (envers les enfants), des enfants (envers les parents), des frères (envers les frères et sœurs). **7.** Attachement désintéressé et profond à une valeur. *L'amour de la vérité. Avoir l'amour de son métier. — Faire une chose avec amour,* avec le soin, le souci de perfection de la personne qui aime son travail. **8.** Goût très vif (pour une chose, une activité qui procure du plaisir). ⇒ **passion.** *L'amour de la nature. L'amour du gain, des voyages.* / contr. **aversion** / **9.** Loc. *Pour l'amour de Dieu, du Christ, du ciel...,* de grâce, je vous en prie. ▶ *s'****amouracher*** v. pron. ▪ conjug. 1. ■ Parfois péj. Tomber amoureux. ⇒ s'**éprendre,** se **toquer.** *Elle s'est amourachée de son voisin.* ▶ ***amourette*** n. f. ■ Amour passager, sans conséquence. ⇒ **béguin.** *Ce n'est qu'une amourette.* ▶ ***amoureux, euse*** adj. **1.** Qui éprouve de l'amour, qui aime. *Il est amoureux d'elle.* ⇒ **épris.** — N. *C'est mon amoureux. Les deux amoureux se prenaient par la main.* **2.** Propre à l'amour, qui marque de l'amour. *La vie amoureuse des vedettes. Des regards amoureux.* **3.** Qui a un goût très vif pour (qqch.). ⇒ **fervent, fou, passionné.** *Tu deviens amoureux de la nature.* ▶ ***amoureusement*** adv. **1.** Avec amour, tendrement. *Il lui parlait amoureusement.* **2.** Avec amour, avec un soin tout particulier. *Elle avait amoureusement classé ses timbres.* ▶ ***amour-propre*** n. m. ■ Sentiment vif de la dignité et de la valeur personnelle, qui fait qu'un être souffre d'être mésestimé et désire être l'objet de l'estime d'autrui. ⇒ **fierté.** *Des blessures, des satisfactions d'amour-propre. Il a trop d'amour-propre* (⇒ **susceptible**). *Ménager, froisser l'amour-propre de qqn.* ‹ ▶ mamours ›

amovible [amɔvibl] adj. ■ Qu'on peut enlever ou remettre à volonté. *Housses amovibles pour sièges de voitures.* / contr. **inamovible** / ‹ ▶ inamovible ›

ampère [ɑ̃pɛʀ] n. m. ■ Unité d'intensité des courants électriques (symb. *A*). ▶ ***ampérage*** n. m. ■ Intensité de courant électrique. *Une lampe de faible ampérage.* ≠ *voltage.*

amphétamine [ɑ̃fetamin] n. f. ■ Médicament employé comme excitant du système nerveux central. *Les amphétamines accroissent les capacités psychiques et physiques. Un athlète bourré d'amphétamines.*

amph(i)- ■ Élément signifiant « des deux côtés, en double », ou « autour ». (Voir ci-dessous.)

amphi n. m. ⇒ **amphithéâtre.**

amphibie [ɑ̃fibi] adj. **1.** Capable de vivre à l'air ou dans l'eau, entièrement émergé ou immergé. *La grenouille est amphibie.* — N. m. Animal amphibie. **2.** Qui peut être utilisé sur terre ou dans l'eau. *Voiture, char amphibie.* ▶ ***amphibien*** n. m. ■ Animal amphibie dont la peau est criblée de glandes à sécrétion visqueuse, dont la respiration est surtout cutanée, et qui subit une métamorphose (ex. *le crapaud, la grenouille, le ouaouaron*). ⇒ **batracien.** — Au plur. *La classe des amphibiens.*

amphithéâtre [ɑ̃fiteɑtʀ] n. m. **1.** Vaste édifice circulaire antique, à gradins étagés, occupé au centre par une arène. — *En amphithéâtre,* se dit de ce qui s'étage sur une pente. *Ville en amphithéâtre.* **2.** Salle de cours en gradins (université, cégep, etc.). — (Surtout en France) Abrév. fam. AMPHI, n. m. *Des amphis.* **3.** Vaste édifice sportif dont la surface de jeu est entourée de gradins. *Les portes de l'amphithéâtre de la rue Sainte-Catherine ne seront ouvertes qu'à 18 h.* ≠ *auditorium.*

amphore [ɑ̃fɔʀ] n. f. ■ Vase antique à deux anses, à pied étroit.

ample [ɑ̃pl] adj. **1.** Qui est plus large qu'il n'est nécessaire. ⇒ **large.** ; anglic. **lousse.** *Manteau ample* (opposé à *cintré, ajusté*). **2.** D'une amplitude (2) considérable. *Une ample oscillation.* **3.** Abondant, qui se développe largement. *C'est un sujet, une matière très ample.* / contr. **bref, ramassé, restreint** / ▶ ***amplement*** adv. ■ D'une manière large, plus que suffisante. ⇒ **largement.** *Je lui ai amplement rendu ce que je lui devais.* ▶ ***ampleur*** n. f. **1.** Largeur étendue au-delà du nécessaire. *Donner de l'ampleur à une jupe.* **2.** Amplitude. *L'ampleur lente de ses mouvements.* **3.** Caractère de ce qui est abondant, qui a une grande extension ou importance. *Le mouvement, la manifestation a pris de l'ampleur. Devant l'ampleur du désastre.* ‹ ▶ amplifier, amplitude ›

amplifier [ɑ̃plifje] v. tr. ▪ conjug. 7. **1.** Augmenter les dimensions, l'intensité de. *Amplifier un son.* — S'AMPLIFIER v. pron. : prendre plus d'amplitude, d'ampleur. *Les oscillations s'amplifièrent. La musique s'amplifiait.* **2.** Développer en ajoutant des détails. *Amplifier une idée.* — Pronominalement. *La rumeur s'amplifiait de jour en jour.* — Péj. Embellir, exagérer. *Il amplifie tout ce qu'elle dit.* ▶ ***amplification*** n. f. ■ Fait d'augmenter. *L'amplification d'un son. L'am-*

plification d'un scandale. ▶ ***amplificateur*** n. m. **1.** Appareil destiné à augmenter l'amplitude d'un phénomène (oscillations électriques en particulier). **2.** Élément d'une chaîne acoustique qui précède les haut-parleurs. — Abrév. fam. *Ampli. Un ampli de 100 watts. Des amplis.*

amplitude [ɑ̃plityd] n. f. **1.** Distance entre les points extrêmes d'un arc, d'une courbe. **2.** Éloignement maximum, par rapport à sa valeur d'équilibre, d'une quantité qui varie de façon oscillatoire autour de cette valeur. *L'amplitude d'une onde.*

ampoule [ɑ̃pul] n. f. **I. 1.** Tube de verre effilé et fermé destiné à la conservation d'une dose déterminée de médicament liquide ; son contenu. *Prendre une ampoule de fortifiant matin et soir.* **2.** Globe de verre contenant le filament des lampes à incandescence, les électrodes des tubes électroniques. ⇒ fam. **lumière.** *Ampoule électrique. L'ampoule est grillée, il faut la changer. Une ampoule de 60 watts.* **II.** Cloque de la peau formée par une accumulation de sérosité. *Avoir des ampoules aux mains, aux pieds.*

ampoulé, ée [ɑ̃pule] adj. ■ (Style, expression) Emphatique, grandiloquent. / contr. **simple** / *Un discours ampoulé.*

amputer [ɑ̃pyte] v. tr. ▪ conjug. 1. **1.** Faire l'amputation de (un membre, etc.). ⇒ **couper.** — *Amputer qqn,* lui enlever un membre. *On l'a amputé d'un bras.* **2.** Couper, retrancher ; priver par suppression, retranchement. ⇒ **diminuer, mutiler.** *La pièce a été amputée de plusieurs scènes.* ▶ ***amputation*** n. f. **1.** Opération chirurgicale consistant à couper un membre, un segment de membre, une partie saillante. *Procéder à l'amputation d'un bras.* **2.** Retranchement, perte d'une certaine importance. *Ce serait une amputation de son capital.* ▶ ***amputé, ée*** adj. et n. ■ *Blessé amputé.* — N. Personne qui a subi une amputation. *Un amputé. Les amputés de guerre du Canada.*

amulette [amylɛt] n. f. ■ Petit objet qu'on porte sur soi comme porte-bonheur. ⇒ **fétiche, talisman.**

amuse-gueule [amyzgœl] n. m. invar. ■ Petit sandwich, biscuit salé, etc., servi avec l'apéritif. *Servir des amuse-gueule.*

amuser [amyze] v. tr. ▪ conjug. 1. **I. 1.** Distraire agréablement. ⇒ **divertir.** *Un rien l'amuse.* **2.** Retenir l'attention pour empêcher de surveiller. *Tu amuseras le caissier pendant qu'on ouvrira le coffre.* **II.** S'AMUSER v. pron. réfl. **1.** Se distraire agréablement. ⇒ se **divertir, jouer.** *Les enfants s'amusent bien.* / contr. s'**ennuyer** / *Il s'amuse avec son chien. Elle s'amuse à découper des photos. S'amuser à faire qqch.,* le faire par jeu. **2.** Perdre son temps à des riens. *L'étape est longue, il ne faudra pas s'amuser en route.* ▶ ***amusant, ante*** adj. ■ Qui amuse, est propre à amuser. ⇒ **divertissant, drôle, réjouissant ;** fam. **marrant, rigolo.** *Jeu amusant. Vous riez ? Cela n'a rien d'amusant. Il n'est pas amusant,* il est sérieux, triste. / contr. **ennuyant, ennuyeux, triste** / ▶ ***amusé, ée*** adj. ■ Qui traduit un état de gaieté mêlée d'ironie. *Un regard, un ton amusé.* ▶ ***amusement*** n. m. **1.** Caractère de ce qui amuse. *Faire qqch. par amusement.* **2.** Distraction agréable, divertissement. *Les amusements des enfants.* ▶ ***amuseur, euse*** n. ■ Personne qui amuse, distrait (une société, un public). *Des amuseurs publics se produiront pendant le festival d'été.* ‹ ▶ amuse-gueule ›

amygdale [amidal] n. f. ■ Chacun des deux organes (glandes) formés de tissus producteurs de lymphocytes et situés sur la paroi latérale du larynx. *Elle s'est fait opérer des amygdales et des végétations.* ▶ ***amygdalite*** n. f. ■ Inflammation des amygdales. ⇒ **angine.** *Faire, attraper une amygdalite.*

an [ɑ̃] n. m. **1.** (Précédé d'un adjectif numéral cardinal) Période de douze mois qui se succèdent à partir de n'importe quel moment. *Elle a vécu (pendant) cinq ans à Paris. Je reviendrai dans un an. Je ne l'ai pas vu depuis deux ans. Il y a un an que... Un an avant, après, plus tard. Un contrat de cinq ans.* **2.** (Précédé d'un adjectif numéral cardinal) Sert à mesurer l'âge, à partir de la naissance. *Il a quarante ans. Une femme de trente ans, âgée de trente ans. Il a dans les soixante ans. — Il va sur ses vingt ans. Sa voiture a cinq ans.* **3.** (Avec l'article et suivi d'un numéral cardinal). Sert à indiquer une date dans un calendrier. *L'an mille. En l'an 300 avant Jésus-Christ.* — Loc. fam. *S'en moquer comme de l'an quarante,* complètement, s'en ficher éperdument. **4.** (Avec l'article, sans numéral) Période de douze mois commençant le 1er janvier. *Le Jour de l'An, le premier de l'an,* le 1er janvier. *Tous les ans,* chaque année. **5.** (Sans article) PAR AN : chaque espace de douze mois. *Elle gagne tant par an.* **6.** BON AN, MAL AN loc. adv. : en faisant la moyenne des bonnes et des mauvaises années. ‹ ▶ annales, année, anniversaire, annuaire, annuel, annuité, d'antan, bisannuel, suranné, triennal ›

an- ⇒ **a-.**

anabolisant, ante [anabɔlizɑ̃] n. m. et adj. ■ Substance stimulant certains phénomènes d'assimilation métabolique, et entraînant notamment un accroissement du système musculaire. *L'usage des anabolisants est interdit dans les compétitions sportives.* — Adj. *Un test de dépistage des substances anabolisantes.*

anachorète [anakɔʀɛt] n. m. ■ Religieux contemplatif qui se retirait dans la solitude (opposé à *cénobite, moine*). ⇒ **ermite.** *Mener une vie d'anachorète,* vivre en solitaire.

anachronisme [anakʀɔnism] n. m. **1.** Confusion de dates, entre ce qui appartient à une époque et ce qui appartient à une autre. *Anachronismes dans le décor et les costumes de théâtre.* **2.** Caractère de ce qui est anachronique, d'un autre âge ; chose, usage, institution anachronique. ⇒ **survivance.** ▶ ***anachronique*** adj. **1.** Entaché d'anachronisme. **2.** Qui est déplacé à son époque, qui est d'un autre âge. *Cette façon d'élever les enfants est anachronique.* ⇒ **désuet,** vieux **jeu, périmé.**

anacoluthe [anakɔlyt] n. f. ■ Didact. Rupture ou discontinuité dans la construction d'une phrase (ex. *La circulation, à votre gré, se fait trop lentement*).

anaconda [anakɔ̃da] n. m. ■ Grand serpent d'Amérique du Sud, voisin du boa (nom zoologique *eunecte,* n. m.). *Des anacondas.*

anaérobie [anaeʀɔbi] adj. ■ Qui peut vivre dans un milieu privé d'air (micro-organisme) ; capable de fonctionner sans air (propulseur).

anagramme [anagʀam] n. f. ■ Mot obtenu par transposition des lettres d'un autre mot (ex. : *Marie-aimer, rien-nier*).

anal, ale, aux [anal, o] adj. ■ Qui appartient, est relatif à l'anus. *Un saignement anal. — Stade anal,* stade de la libido antérieur au stade génital, selon Freud.

analgésique [analʒezik] adj. ■ Qui supprime ou atténue la sensibilité à la douleur. — N. m. *La morphine est un analgésique.*

analogie [analɔʒi] n. f. **1.** Ressemblance établie par l'imagination entre deux ou plusieurs objets de pensée essentiellement différents. ⇒ **association, rapport.** *Il y a une analogie entre ces deux situations. Raisonnement* *par analogie,* qui conclut d'une ressemblance à une autre ressemblance. **2.** Langage. Action assimilatrice qui fait que certaines formes changent sous l'influence d'autres formes auxquelles elles sont associées dans l'esprit et qui détermine des créations conformes à des modèles préexistants. *« Vous disez » (incorrect) est formé par analogie avec « vous lisez ».* ▶ ***analogique*** adj. **1.** *Rapport analogique entre deux choses.* **2.** *Signal analogique,* qui représente des variations continues d'une grandeur physique (opposé à *numérique*). *Une montre analogique.* ▶ ***analogue*** adj. et n. m. **1.** Adj. Qui présente une analogie. ⇒ **comparable, semblable.** *J'ai eu une idée analogue (à la vôtre).* **2.** N. m. Être ou objet analogue à un autre. ⇒ **correspondant, équivalent.** *Ce terme n'a pas d'analogue en français.*

analphabète [analfabɛt] adj. ■ Qui ne sait ni lire ni écrire. ⇒ **illettré.** — N. *Un, une analphabète.* ▶ ***analphabétisme*** n. m. ■ État d'analphabète ; ensemble des analphabètes d'un pays.

analyse [analiz] n. f. **1.** Opération intellectuelle consistant à décomposer une œuvre, un texte en ses éléments essentiels, afin d'en saisir les rapports et de donner un schéma de l'ensemble. ⇒ **abrégé, sommaire.** *L'analyse de texte.* — Division d'une proposition en mots *(analyse grammaticale),* ou d'une phrase en propositions *(analyse logique),* dont on détermine la nature et la fonction. **2.** En sciences. Action de décomposer un mélange dont on sépare les constituants, ou une combinaison dont on recherche ou dose les éléments. / contr. **synthèse** / *Analyse du sang, des urines.* **3.** Méthode ou étude comportant un examen discursif en vue de discerner les éléments. *L'analyse de la situation politique. Analyse des sentiments.* — Loc. *En dernière analyse,* au terme de l'analyse, au fond. **4.** ⇒ **Psychanalyse.** *Être en cours d'analyse.* **5.** Calcul infinitésimal (différentiel et intégral). **6.** Opération de logique consistant à remonter d'une proposition à d'autres propositions reconnues pour vraies d'où on puisse ensuite la déduire. ⇒ méthode, raisonnement **analytique.** **7.** Informatique. Décomposition d'un problème posé pour en déceler les éléments constituants et les liens qui les unissent en vue du traitement sur ordinateur. ▶ ***analysable*** adj. ■ Qui peut être analysé. *Cette sensation était trop vive pour être analysable.* ▶ ***analyser*** v. tr. ■ conjug. 1. **1.** Faire l'analyse de. *Il est difficile d'analyser la situation politique. Analyser l'eau d'une source. Analyser un roman. Il analyse tout ce qu'elle éprouve.* ⇒ **disséquer, étudier, examiner.** — Pronominalement (réfl.). S'ANALYSER : analyser ses sentiments. *Il s'analyse trop.* **2.** ⇒ **Psychanalyser.** ▶ ***analyste*** n. **1.** Mathématicien versé dans l'analyse. **2.** *Analyste (informaticien),* spécialiste de l'analyse d'un programme informatique. *Des analystes-programmeurs.* **3.** Personne habile en matière d'analyse (3). *Cet écrivain est un excellent analyste des sentiments et des situations.* **4.** *Analyste (sportif),* spécialiste qui analyse ou commente les différentes phases de jeu d'un sport (hockey, baseball, football, etc.), surtout à la radio et à la télévision. **5.** ⇒ **Psychanalyste.** ▶ ***analytique*** adj. **1.** Qui appartient à l'analyse mathématique. *Géométrie analytique,* application de l'algèbre à la géométrie. **2.** Qui procède par analyse. *Esprit analytique,* qui considère les choses dans leurs éléments plutôt que dans leur ensemble. / contr. **synthétique** / **3.** Qui constitue une analyse, un sommaire. *Table analytique.* **4.** ⇒ **Psychanalytique.** ‹ ▶ grapho-analyse, psychanalyse ›

ananas [anana] n. m. invar. ■ Gros fruit oblong, écailleux, brun-rouge, qui porte une touffe de feuilles à son sommet, et dont la pulpe jaune est sucrée et très parfumée ; la plante qui le porte. *Ananas en tranches. Acheter une boîte d'ananas broyés. Jus d'ananas.*

anaphore [anafɔʀ] n. f. ■ Répétition d'un mot en tête de plusieurs membres de phrase, pour obtenir un effet de renforcement ou de symétrie.

anarchie [anaʀʃi] n. f. **1.** Désordre résultant d'une absence ou d'une carence d'autorité, et d'une absence de règles ou d'ordres précis. *Le pays est dans l'anarchie. Quelle anarchie dans ce service !* **2.** Anarchisme. ▶ ***anarchique*** adj. ■ *Une gestion anarchique.* ▶ ***anarchiquement*** adv. ■ *Les pavillons se sont développés anarchiquement.* ▶ ***anarchisme*** n. m. ■ Conception politique qui tend à supprimer l'État, à éliminer de la société tout pouvoir disposant d'un droit de contrainte sur l'individu. *L'anarchisme du Front de libération du Québec.* ▶ ***anarchiste*** n. et adj. **1.** Partisan de l'anarchisme ; membre d'un parti se réclamant de cette doctrine. — (Surtout en France) Abrév. fam. ANAR., n. *Les anars.* ⇒ **libertaire.** **2.** Personne qui rejette toute autorité, toute règle. **3.** Adj. *Des opinions anarchistes.*

anathème [anatɛm] n. m. **1.** Excommunication majeure prononcée contre les hérétiques ou les ennemis de la foi catholique. — Personne frappée de cette excommunication. **2.** Littér. *Jeter l'anathème sur...,* condamner. *On jette l'anathème sur les gouvernements.* ▶ ***anathématiser*** v. tr. ■ conjug. 1. **1.** Frapper d'anathème (1). ⇒ **excommunier.** **2.** Littér. Condamner avec force, maudire.

anatomie [anatɔmi] n. f. **1.** Étude scientifique, par la dissection ou d'autres méthodes, de la structure et de la forme des êtres organisés ainsi que des rapports entre leurs différents organes. ⇒ **morphologie.** *Anatomie humaine, animale, végétale. Un cours d'anatomie. Anatomie artistique,* étude des formes extérieures du corps en vue de leur représentation par l'art. **2.** Structure de l'organisme étudié par l'anatomie (1). *Caractères généraux de l'anatomie d'un crustacé.* **3.** Fam. Les formes extérieures (de qqn). *Il a une belle anatomie.* ▶ ***anatomique*** adj. ■ Relatif à l'anatomie. *Planche anatomique du cœur.*

ancêtre [ɑ̃sɛtʀ] n. **1.** Au sing. Personne qui est à l'origine d'une famille, dont qqn descend. — Au plur. *Les ancêtres,* les ascendants au-delà du grand-père. ⇒ **aïeul.** **2.** Initiateur lointain, devancier. ⇒ **précurseur.** *Considérer Nelligan comme un ancêtre du surréalisme québécois.* **3.** Au plur. Ceux qui ont vécu avant nous, les êtres humains des siècles passés. *Nos ancêtres les Français.* ▶ ***ancestral, ale, aux*** [ɑ̃sɛstʀal, o] adj. ■ Qui a appartenu aux ancêtres, qu'on tient des ancêtres. *Des traditions, des croyances ancestrales.*

anche [ɑ̃ʃ] n. f. ■ Languette mobile dont les vibrations produisent le son dans les instruments de musique dits *à anche* (clarinette, saxophone, etc.). ≠ *hanche.*

anchois [ɑ̃ʃwa] n. m. invar. ■ Petit poisson de mer commun en Méditerranée, qu'on consomme surtout mariné et salé. *Filets d'anchois à l'huile.*

ancien, ienne [ɑ̃sjɛ̃, jɛn] adj. **1.** Qui existe depuis longtemps, qui date d'une époque bien antérieure (opposé à *nouveau*). ⇒ **vieux.** *L'ancien temps. Une coutume très ancienne.* / contr. **récent** / *L'Ancien Testament. L'ancien français. Acheter un meuble ancien chez un antiquaire.* / contr. **contemporain, moderne** / — N. *Aimer l'ancien,* les objets anciens. — *Un ancien, une ancienne,* personne qui est plus âgée. **2.** (Personnes) Qui a de l'ancienneté (2). *Elle est plus ancienne que moi dans le métier.* **3.** (Devant le nom) Qui a été autrefois tel et ne l'est plus. ⇒ ② **ex-.** / contr. **nouveau** / *L'ancien député de Langelier. Une ancienne maîtresse.* **4.** Qui a existé il y a longtemps et n'existe plus. ⇒ **antique, passé.** / contr. **actuel** / *Un ancien* *modèle.* — Histoire de France. *L'Ancien Régime,* la monarchie avant la Révolution française de 1789. *Les peuples anciens,* de l'Antiquité. *L'histoire ancienne,* l'histoire de ces peuples. Loc. fam. *C'est de l'histoire ancienne,* c'est du passé. — N. (Avec une majusc.) *Les Anciens,* les peuples de l'Antiquité, les auteurs anciens. ▶ ***anciennement*** adv. ■ Dans les temps anciens, autrefois. / contr. **actuellement, aujourd'hui** / ▶ ***ancienneté*** n. f. **1.** Caractère de ce qui existe depuis longtemps. *L'ancienneté d'un bâtiment, d'une coutume.* **2.** Temps passé dans une fonction ou un grade, à compter de la date de la nomination. *Devoir son avancement à l'ancienneté.*

ancolie [ɑ̃kɔli] n. f. ■ Plante ornementale, dont les fleurs bleues, blanches ou roses ont des pétales terminés en éperon.

ancre [ɑ̃kʀ] n. f. ■ Forte pièce de métal suspendue à une chaîne, que l'on jette au fond de l'eau pour qu'elle s'y fixe et retienne le navire. *Jeter, lever l'ancre.* — Loc. fam. *Lever l'ancre,* s'en aller, mettre les voiles. — *Être à l'ancre,* être chômeur, sans occupation. ≠ *encre.* ▶ ***ancrer*** v. tr. ▪ conjug. 1. **1.** Fixer solidement. **2.** Fig. Enraciner. — Au p. p. adj. *Des préjugés ancrés dans l'esprit.* — Pronominalement (réfl.). *Il ne faut pas laisser s'ancrer dans l'opinion l'idée qu'une guerre nous menace.* ≠ *encrer.* ▶ ***ancrage*** n. m. ■ Action, manière d'ancrer, d'attacher à un point fixe. ⇒ **fixation, mouillage.** — Fig. *L'ancrage d'un parti dans une société.* ≠ *encrage.*

andante [ɑ̃dɑ̃nte] n. m. ■ Mouvement musical modéré, le second d'une sonate. *De beaux andantes.*

andouille [ɑ̃duj] n. f. **1.** (France) Charcuterie à base de boyaux de porc ou de veau, coupés en lanière et enserrés dans une partie du gros intestin, qui se mange froide, en hors-d'œuvre. *Andouille fumée.* **2.** Fam. Niaiseux, imbécile. *Quelle andouille, ce garçon ! Cesse de faire l'andouille.* ▶ ***andouillette*** n. f. ■ (France) Petite andouille fraîche qui se mange grillée comme plat de viande.

andouiller [ɑ̃duje] n. m. ■ Ramification des bois du chevreuil et des animaux de la même famille (permettant de déterminer l'âge de l'animal). ⇒ **ramure.** *Les andouillers du daim.*

andro-, -andre, -andrie ■ Éléments savants signifiant « homme, mâle ». ▶ ***androgyne*** [ɑ̃dʀɔʒin] adj. et n. m. ■ Individu qui présente certains des caractères sexuels du sexe opposé. ⇒ **hermaphrodite.** ‹ ▶ polyandre, scaphandre ›

âne [ɑn] n. m. **1.** Mammifère domestique, plus petit que le cheval, à grosse tête et longues oreilles, à robe généralement grise. ⇒ **baudet, bourricot.** *L'âne brait.* — Loc. *Têtu comme un âne.* — PROV. *Faire l'âne pour avoir de l'avoine,* simuler l'ignorance d'une chose pour qu'on nous la rappelle. **2.** *Dos d'âne,* bosse sur une route. **3.** Individu à l'esprit borné, incapable de rien comprendre. ⇒ **bête, idiot, ignorant.** *C'est un âne.* **4.** Vx. *Bonnet d'âne,* bonnet de papier figurant une tête d'âne dont on affublait autrefois les cancres pour les humilier. ‹ ▶ ânerie, ânesse, ânon, coq-à-l'âne ›

anéantir [aneɑ̃tiʀ] v. tr. ▪ conjug. 2. **1.** Détruire au point qu'il ne reste rien. ⇒ **exterminer, ruiner.** *Anéantir des troupes. Un violent orage a anéanti les champs de fraises.* **2.** Plonger dans un abattement total. ⇒ **abattre.** *L'émotion l'a anéanti.* — Par exagér. Au p. p. *Je suis anéanti,* à la fois stupéfait et consterné. **3.** S'ANÉANTIR v. pron. : disparaître complètement. ⇒ **s'écrouler, sombrer.** *Ce projet s'est anéanti dans l'oubli.* ▶ ***anéantissement*** n. m. **1.** Destruction complète. *L'anéantissement de l'ennemi, de ses espoirs.* **2.** Abattement total. ⇒ **accablement, prostration.**

anecdote [anɛkdɔt] n. f. **1.** Petite histoire curieuse ou amusante à propos d'une chose accessoire. *Son récit était plein d'anecdotes.* **2.** *L'anecdote,* le détail ou l'aspect secondaire, sans généralisation et sans portée. *Ce peintre ne s'élève pas au-dessus de l'anecdote.* ▶ ***anecdotique*** adj. **1.** Qui contient des anecdotes. *Histoire anecdotique.* **2.** Péj. Qui constitue une anecdote, ne présente pas d'intérêt général. *Détail anecdotique. Peinture anecdotique.*

anémie [anemi] n. f. **1.** Appauvrissement du sang, caractérisé par la diminution notable des globules rouges et provoquant un état de faiblesse et d'abattement. **2.** Fig. Dépérissement, crise. *L'anémie de la production.* ▶ ***anémier*** v. tr. ▪ conjug. 7. **1.** Rendre anémique. ⇒ **affaiblir, épuiser.** *Ce régime l'a beaucoup anémiée.* **2.** Fig. Surtout au p. p. *Un pays anémié par le ralentissement de l'activité économique.* ▶ ***anémique*** adj. **1.** Atteint d'anémie. *Elle était pâle et anémique.* **2.** Dépourvu de fermeté, de force. *Un style anémique.*

anémone [anemɔn] n. f. ■ Plante herbacée vivace, à tige robuste et à fleurs de diverses couleurs. *Anémone du Canada à fleur blanche. Anémone des jardins.*

ânerie [ɑnʀi] n. f. ■ Propos ou acte stupide. ⇒ **bêtise, idiotie, niaiserie, sottise.** *Vous dites une ânerie. Faire des âneries.*

ânesse [ɑnɛs] n. f. ■ Femelle de l'âne.

anesthésie [anɛstezi] n. f. ■ Suppression de la sensibilité et, spécialt, de la sensibilité à la douleur, obtenue par l'emploi des anesthésiques. ⇒ **insensibilisation.** *Anesthésie générale, locale.* ▶ ***anesthésier*** v. tr. ▪ conjug. 7. **1.** Provoquer l'anesthésie de (un organisme, un organe), en soumettant à l'action d'un anesthésique. ⇒ **endormir, insensibiliser.** **2.** Littér. Apaiser, endormir. *Anesthésier le sens critique.* ▶ ***anesthésique*** adj. et n. m. ■ Se dit d'une substance médicamenteuse employée pour obtenir une anesthésie générale ou locale. — *Un anesthésique* (cocaïne, éther, protoxyde d'azote, etc.). ▶ ***anesthésiste*** n. ■ Médecin spécialiste de l'anesthésie. — En appos. *Elle est médecin anesthésiste.*

aneth [anɛt] n. m. ■ Plante aromatique dont les feuilles et les graines sont utilisées comme assaisonnement. ⇒ **fenouil.** *Un pot de cornichons à l'aneth.*

anévrisme [anevʀism] n. m. ■ Poche résultant de l'altération de la paroi d'une artère. *La rupture d'un anévrisme. Une rupture d'anévrisme.*

anfractuosité [ɑ̃fʀaktɥozite] n. f. ■ Surtout au plur. Cavités profondes et irrégulières. ⇒ **creux, enfoncement.** *Les anfractuosités d'une côte rocheuse.*

ange [ɑ̃ʒ] n. m. **1.** Dans la religion chrétienne. Être spirituel, intermédiaire entre Dieu et l'homme, ministre et messager des volontés divines. *Anges gardiens,* appelés à protéger chacun des humains. — *Suspendre des anges dans le sapin de Noël,* des décorations en forme d'anges. **2.** Loc. *C'est son ange gardien,* la personne qui veille sur lui, le guide et le protège en tout. — Spécialt. *Les anges gardiens d'un chef d'État,* les policiers en civil responsables de sa protection. ⇒ ④ **garde** du corps. — *Le bon, le mauvais ange de qqn,* la personne qui exerce une bonne, une mauvaise influence sur qqn. *Une patience d'ange,* exemplaire, infinie. *Être aux anges,* dans le ravissement. *Un ange passe,* se dit quand il se produit dans une conversation un silence gêné et prolongé. ⇒ **Saint-Esprit.** **3.** Personne parfaite. *Sa femme est un ange. Mon ange,* terme d'affection. ▶ ***angélique*** adj. **1.** Propre aux anges. **2.** Digne d'un ange, qui évoque la perfection, l'innocence de l'ange. ⇒ **céleste, parfait, séraphique.**

Une douceur, un sourire angélique. / contr. **diabolique** / ▶ ***angelot*** n. m. ■ Petit ange représenté dans l'art religieux. ‹ ▶ archange ›

angélus [ɑ̃ʒelys] n. m. invar. ■ Prière qui se dit le matin, le midi et le soir ; son de la cloche qui l'annonce aux fidèles. *Sonner l'angélus. Des angélus.*

angevin, ine [ɑ̃ʒəvɛ̃, in] adj. et n. **1.** De la ville d'Anjou. — N. (Avec une majusc.) Personne née dans cette ville du Québec ou qui l'habite. **2.** De la ville d'Angers ou de la région d'Anjou, en France. — N. (Avec une majusc.) Personne née dans cette ville ou cette région de France ou qui l'habite.

angine [ɑ̃ʒin] n. f. **1.** (Cour. en France) Inflammation de la gorge. **2.** *Angine de poitrine,* douleurs dans la région du cœur, accompagnées d'angoisse. ⇒ **infarctus.** — *Faire de l'angine. Crise d'angine.*

angio- ■ Élément de mots savants, signifiant « vaisseau, veine ou artère ». ▶ ***angiospermes*** [ɑ̃ʒjɔspɛʀm] n. f. pl. ■ Sous-embranchement des plantes à organes de reproduction apparents, comprenant les plantes à ovules enclos et à graines enfermées dans des fruits. / contr. **gymnospermes** /

anglais, aise [ɑ̃glɛ, ɛz] adj. et n. **1.** De l'Angleterre (au sens étendu de Grande-Bretagne). ⇒ **britannique.** *Le peuple anglais.* — N. (Avec une majusc.) Personne née dans ce pays ou qui en a obtenu la citoyenneté. *Les Anglais de Londres.* **2.** N. (Avec une majusc.) Citoyen canadien dont la langue maternelle ou la langue d'adoption est l'anglais, peu importe la province où il habite. *Les Anglais de Toronto.* ⇒ **anglo-canadien, anglo-québécois, canadien-anglais.** **3.** N. m. *L'anglais,* une langue du groupe germanique, parlée principalement en Grande-Bretagne, au Canada, aux États-Unis ⇒ **américain**, et dans tout l'ancien Empire anglais (le Commonwealth). — Adj. Au Québec, où la langue anglaise prédomine. *Westmount est une ville anglaise. — Le Canada anglais, les provinces anglaises,* les provinces où les habitants sont majoritairement anglophones. **4.** *Clé anglaise.* ⇒ ① **clé.** **5.** À L'ANGLAISE. *Filer à l'anglaise,* sans prendre congé et sans être aperçu. ⇒ en **douce.** — *Pommes* (de terre) *à l'anglaise,* cuites à la vapeur. **6.** N. f. pl. ANGLAISES : longues boucles de cheveux verticales roulées en spirale. ‹ ▶ anglic-, canadien-anglais, franglais ›

angle [ɑ̃gl] n. m. **1.** Saillant ou rentrant formé par deux lignes ou deux surfaces qui se coupent. ⇒ **arête, coin, encoignure.** *Les angles d'un meuble. À l'angle de la maison, de la rue.* **2.** Figure formée par deux lignes ou deux surfaces qui se coupent, mesurée en degrés (⇒ **-gone**). *Le sommet et les côtés d'un angle. Angle droit, aigu, obtus.* **3.** *Sous un (certain) angle,* d'un certain point de vue. ⇒ **aspect.** *Si l'on étudie l'histoire sous cet angle.* ‹ ▶ angulaire, anguleux, grand-angle, rectangle, triangle ›

anglic-, anglo- ■ Éléments initiaux de mots qui signifient « anglais ». ▶ ***anglicanisme*** [ɑ̃glikanism] n. m. ■ Religion officielle de l'Angleterre, établie à la suite de la rupture d'Henri VIII avec Rome au XVIe s., sorte de compromis entre le catholicisme et le calvinisme. ▶ ***anglican, ane*** adj. ■ *Église anglicane du Canada.* — N. *Un anglican,* un adepte de l'anglicanisme. ▶ ***anglicisation*** n. f. ■ Phénomène linguistique par lequel la langue anglaise tend à s'imposer dans différentes activités (économie, culture, etc.). *Les Québécois veulent résister à l'anglicisation.* ▶ ***angliciser*** [ɑ̃glisize] v. tr. ▪ conjug. 1. ■ Rendre anglais (du point de vue du caractère, de la langue). — S'ANGLICISER v. pron. : prendre un air, un caractère anglais. *La mode s'anglicise. — Les jeunes s'anglicisent,* ils parlent de plus en plus anglais. — Au p. p. adj. *Un quartier complètement anglicisé,* où le français a cédé le pas à l'anglais. ▶ ***anglicisme*** n. m. **1.** Mot, sens, locution ou tournure propre à la langue anglaise. ⇒ **américanisme.** **2.** Emprunt à la langue anglaise. ▶ ***angliciste*** n. ■ Spécialiste de la langue, la littérature et la civilisation anglaises. ▶ ***anglo-américain, aine*** adj. et n. **I.** Adj. Commun à l'Angleterre et aux États-Unis ; commun au Canada anglais et aux États-Unis. *Les projets anglo-américains.* **II.** **1.** Adj. Relatif aux Américains d'origine anglo-saxonne. — N. (Avec des majusc.) *Les Anglo-Américaines.* **2.** N. m. *L'anglo-américain,* la langue anglaise des États-Unis. ⇒ **américain** (3). — Adj. *Un mot anglo-américain.* ▶ ***anglo-canadien, ienne*** adj. et n. **I.** Adj. Commun à l'Angleterre et au Canada. *Un échange d'étudiants anglo-canadiens.* **II.** **1.** Adj. Qui concerne les Canadiens d'expression anglaise. ⇒ **anglo-québécois, canadien-anglais.** — N. (Avec des majusc.) *Les Anglo-Canadiens de l'Ouest.* **2.** N. m. *L'anglo-canadien,* la langue anglaise du Canada. ⇒ **anglais.** — Adj. *Une expression anglo-canadienne.* ▶ ***anglomanie*** n. f. ■ Goût incontrôlé pour tout ce qui est anglais. ▶ ***anglo-normand, ande*** adj. **1.** Qui réunit des éléments anglais et normands. *Les îles anglo-normandes,* l'archipel britannique de la Manche. **2.** N. m. Dialecte français *(langue d'oïl)* qui était parlé des deux côtés de la Manche au Moyen Âge. ▶ ***anglophile*** adj. ■ Spécialt en politique. Qui a ou marque de la sympathie pour les Anglais, les Britanniques. / contr. **anglophobe** / *Dispositions anglophiles.* — N. *Une anglophile.* ▶ ***anglophilie*** n. f. ▶ ***anglophobe*** adj. ■ Qui déteste les Anglais, les Britanniques. / contr. **anglophile** / *Des sentiments anglophobes.* — N. *Devenir un anglophobe.* ▶ ***anglophobie*** n. f. ■ *Un courant d'anglophobie.* ▶ ***anglophone*** adj. et n. ■ Qui est de langue anglaise. *La presse anglophone.* — N. *Un, une anglophone.* — Où l'anglais est en usage. *Les quartiers anglophones de Montréal.* ▶ ***anglo-québécois, oise*** adj. et n. ■ Qui concerne les Québécois d'expression anglaise. *Une ministre anglo-québécoise.* ⇒ **anglo-canadien, canadien-anglais.** — N. (Avec des majusc.) *Les Anglo-Québécois de Rosemère.* — Abrév. fam. ANGLO, n. et adj. *Les Anglos.* ▶ ***anglo-saxon, onne*** adj. et n. ■ Relatif aux peuples de civilisation britannique. *Le monde anglo-saxon.* — N. (Avec des majusc.) *Les Anglo-Saxons.*

angoisse [ɑ̃gwas] n. f. ■ Malaise psychique et physique, né du sentiment de l'imminence d'un danger réel ou imaginaire. ⇒ **anxiété, inquiétude, peur.** *L'angoisse de la mort. Des frissons d'angoisse. Demander qqch. avec angoisse.* ▶ ***angoisser*** v. tr. ▪ conjug. 1. ■ Inquiéter au point de faire naître l'angoisse. / contr. **apaiser** / ▶ ***angoissant, ante*** adj. ■ Qui cause de l'angoisse. *La situation est angoissante.* ▶ ***angoissé, ée*** adj. ■ Qui éprouve ou exprime de l'angoisse. ⇒ **inquiet, tendu.** / contr. ② **calme, détendu ;** fam. **cool** / *Être angoissé par une épreuve avant un examen. Un regard angoissé.* — N. *Une angoissée.* ⇒ **anxieux.**

angora [ɑ̃gɔʀa] adj. et n. **1.** Se dit de races d'animaux (chèvres, chats, lapins) aux poils longs et soyeux. *Des chattes angoras. — Un, une angora.* **2.** *Laine angora,* textile fait de ces poils. — N. m. *De l'angora. Chandail en angora.*

angström ou ***angstrœm*** [ɑ̃gstʀøm ; ɑ̃gstʀɔm] n. m. ■ Unité de longueur employée en microphysique (un dix-millième de micron). *Des angströms.*

anguille [ɑ̃gij] n. f. **1.** Poisson d'eau douce qui se reproduit dans la mer, de forme très allongée, à peau visqueuse et glissante. *Autrefois, les Amérindiens faisaient des babiches avec la peau des anguilles.* **2.** Loc. *Il y a anguille sous roche,* il y a une chose qu'on nous cache et que nous soupçonnons.

angulaire [ɑ̃gylɛʀ] adj. **1.** Qui forme un angle. *Forme angulaire.* **2.** Loc. fig. *Pierre angulaire,* élément fondamental. ⟨ ▶ grand-angulaire ⟩

anguleux, euse [ɑ̃gylø, øz] adj. ■ Qui présente des angles, des arêtes vives. *Il a une figure anguleuse.*

anhydride [anidʀid] n. m. ■ *Anhydride d'un acide,* corps qui, une fois combiné avec l'eau, donne cet acide. *L'anhydride sulfureux.*

anicroche [anikʀɔʃ] n. f. ■ Petite difficulté qui accroche, arrête. ⇒ **incident.** *Tout s'est bien passé, à part quelques petites anicroches.*

① ***animal, aux*** [animal, o] n. m. **1.** Être vivant organisé, doué de sensibilité et qui peut se mouvoir (opposé à *minéral, végétal*). *L'homme, les bêtes sont des animaux.* ⇒ **bête.** *Animaux sauvages, domestiques. Étude des animaux.* ⇒ **zoologie.** *Société protectrice des animaux* (S.P.A.). **2.** Injure faible. Personne grossière, stupide. *Rien à faire avec cet animal-là !* ▶ ***animalerie*** n. f. ■ Magasin spécialisé dans la vente de petits animaux domestiques et d'articles les concernant. ▶ ***animalier*** n. m. ■ Peintre, sculpteur d'animaux. — En appos. *Un peintre animalier.*

② ***animal, ale, aux*** adj. **1.** Qui a rapport à l'animal (opposé à *minéral, végétal*). *Règne animal. Chaleur animale.* **2.** Qui, en l'être humain, est propre à l'animal. ⇒ **physique.** *L'instinct maternel est animal.* Spécialt. Bestial. **3.** Qui est propre à l'animal (opposé à *humain*). *La communication animale.* ▶ ***animalité*** n. f. ■ La partie animale de l'être humain. ⇒ **bestialité.**

animateur, trice [animatœʀ, tʀis] n. **1.** Personne qui présente et commente un spectacle ou une émission (radio, télévision). **2.** Personne qui dirige certaines activités culturelles. *L'animateur d'un centre récréatif.* **3.** Technicien responsable de l'animation (2) d'un film. **4.** Personne qui anime une entreprise, une société par son ardeur et son allant. *L'animatrice d'une équipe sportive.*

animation [animasjɔ̃] n. f. **1.** Fait de présenter ou de commenter un spectacle, une émission (radio, télévision). **2.** Méthode permettant de donner, par une suite d'images (dessins, photographies de poupées, etc., pris image par image), l'impression du mouvement. *Cinéma, film d'animation.* (→ dessins* animés). **3.** Caractère de ce qui est animé (4). *Discuter avec animation.* ⇒ **chaleur, vivacité.** *Il y a beaucoup d'animation dans ce quartier.* ⇒ **mouvement.** *Mettre de l'animation dans une réunion.* ⇒ **entrain. 4.** Méthodes de conduite d'un groupe qui favorisent la participation de ses membres à la vie collective. *S'occuper de l'animation dans un collège, une polyvalente.* ⇒ **animateur (2).** ⟨ ▶ réanimation ⟩

animer [anime] v. tr. ▪ conjug. 1. **1.** Douer (qqch., un lieu) de vie ou de mouvement. — Pronominalement. *La rue s'anime.* **2.** Présenter, commenter un spectacle, une émission (radio, télévision). **3.** Donner l'impulsion à (une entreprise), être à l'origine de l'activité. ⇒ **diriger.** *Animer une entreprise.* **4.** (Suj. chose) Donner de l'éclat, de la vivacité à. ⇒ **aviver.** *La joie animait son regard.* — Pronominalement (réfl.). *La conversation s'anime.* **5.** (Sentiments) Inspirer, mener (qqn). *L'espérance qui l'anime.* — Au passif et p. p. adj. *Elle est animée des meilleures intentions.* ▶ ***animé, ée*** adj. **1.** Doué de vie. ⇒ **vivant.** / contr. **inanimé** / *Les êtres animés.* **2.** Qui donne l'impression de la vie, est plein de mouvement. ⇒ **agité.** *Des rues très animées. Un quartier peu animé.* **3.** Doté de mouvement. *Dessins animés.* ⇒ **dessin. 4.** Qui est plein de vivacité, d'éclat. *Une conversation animée.* ⟨ ▶ inanimé, ranimer, réanimer ⟩

animisme [animism] n. m. ■ Attitude consistant à attribuer aux choses une âme analogue à l'âme humaine. ▶ ***animiste*** n. et adj. ■ *Sociétés, religions animistes.* — N. *Un, une animiste.*

animosité [animozite] n. f. ■ Sentiment persistant de malveillance qui porte à nuire à qqn, à lui adresser des paroles acerbes. *Je le dis sans animosité. Avoir de l'animosité contre, envers qqn.* / contr. **bienveillance** /

anis [anis] n. m. invar. **1.** Plante ombellifère cultivée pour ses propriétés aromatiques et médicinales. **2.** Boisson alcoolisée à l'anis (dite boisson *anisée*). **3.** Bonbon à l'anis. *Une boîte d'anis.* ▶ ***anisette*** n. f. ■ Liqueur préparée avec des graines d'anis.

ankylose [ɑ̃kiloz] n. f. ■ Diminution ou impossibilité absolue des mouvements d'une articulation naturellement mobile. / contr. **souplesse** / ▶ ***s'ankyloser*** v. pron. ▪ conjug. 1. ■ Être atteint d'ankylose. — Perdre de sa rapidité de réaction, de mouvement, par suite d'une immobilité, d'une inaction prolongée. ▶ ***ankylosé, ée*** adj. ■ Atteint d'ankylose. ⇒ **raide.** *J'ai les jambes ankylosées d'être resté accroupi.*

annales [anal] n. f. pl. **1.** Ouvrage rapportant les événements dans l'ordre chronologique, année par année. ⇒ **chronique. 2.** Histoire. *Cet assassin est célèbre dans les annales du crime.* **3.** Titre de revues, de recueils périodiques. *Annales de géographie. Annales de la bonne sainte Anne.*

anneau [ano] n. m. **1.** Cercle de matière dure qui sert à attacher ou retenir. ⇒ **boucle.** *Anneaux de rideau. L'anneau d'un porte-clés.* **2.** *Les anneaux,* cercles métalliques fixés à l'extrémité de deux cordes suspendues à une poutre horizontale soutenue par des poteaux verticaux. ⇒ **agrès.** *Mouvements, exercices aux anneaux.* **3.** Petit cercle d'or, d'argent, de platine qu'on met au doigt (à l'*annulaire*). *Anneau de mariage.* ⇒ **alliance, bague. 4.** Surface comprise entre deux cercles concentriques. *Anneau sphérique,* volume engendré par la rotation d'un segment de cercle autour d'un diamètre de ce cercle. **5.** ANNEAU DE GLACE : patinoire extérieure surtout destinée au patinage de vitesse. *L'anneau de glace de Sainte-Foy.* ⟨ ▶ annelé, annulaire ⟩

année [ane] n. f. **1.** Temps d'une révolution de la Terre autour du Soleil (365 jours 1/4). **2.** (Précédé d'un adj. numéral cardinal, d'un article, d'un indéfini) Période de douze mois qui se succèdent à partir de n'importe quel moment. *Pendant une année. Il est resté quelques années, plusieurs années. D'une année à l'autre. Elle revient chaque année. Des années d'attente.* — Temps correspondant à douze mois. *Il faut bien une année pour achever la construction. Consacrer une année à la recherche.* ⇒ **an. 3.** (Avec l'article et suivi d'un numéral cardinal à valeur ordinale) Sert à indiquer une date. *L'année 1900. Les années 20, 30,* entre 1920 et 1929, 1930 et 1939. **4.** Période de douze mois qui commence le 1er janvier (appelée *année civile,* opposée à *année scolaire*). *L'année en cours. L'année précédente, prochaine. En quelle année ? L'année dernière. Souhaiter à qqn la (une) bonne année le 1er janvier.* **5.** Période d'activité, d'une durée inférieure à une année, mais considérée d'année en année. *Année scolaire, théâtrale. Année académique**. **6.** (Précédé d'un ordinal) Sert à indiquer l'âge. (Précédé d'un possessif) *Notre fils est dans sa dixième année,* il va avoir dix ans. — Sert à indiquer la durée d'une occupation, d'un état. *C'est la troisième année que je te connais. Elle est en première année de droit.* ▶ ***année-lumière*** n. f. ■ Unité astronomique de distance ; distance parcourue par la lumière en une année. *Trois années-lumière.* — REM. Dans ce mot, *lumière* ne prend pas la marque du pluriel.

annelé, ée [an(ə)le] adj. ■ Disposé en anneaux. — En zoologie. *Vers annelés* (ou *annélides*).

annexe [anɛks] adj. et n. f. **I.** Qui est rattaché à qqch. de plus important, à l'objet principal. ⇒ **accessoire, secondaire.** / contr. **essentiel** / *Les pièces annexes d'un dossier.* **II.** N. f. **1.** Bâtiment annexe. *L'annexe de la polyvalente est fermée.* **2.** Pièce, document annexe. *Les annexes d'un dossier.* ▶ ***annexer*** v. tr. ▪ conjug. 1. **1.** Joindre à un objet principal une chose qui en devient la dépendance. ⇒ **incorporer, rattacher.** *Annexer des pièces à un dossier.* **2.** Faire passer sous sa souveraineté (l'ensemble ou une partie d'un État). *La ville de Québec a annexé celle de Neufchâtel en 1970.* **3.** *S'annexer qqch.*, s'attribuer, s'approprier qqch. *Elle s'est annexé le meilleur morceau.* ▶ ***annexion*** n. f. ■ *L'annexion de la Savoie à la France.* ⇒ **rattachement.**

annihiler [aniile] v. tr. ▪ conjug. 1. **1.** Réduire à rien, rendre sans effet. ⇒ **anéantir, annuler, détruire.** *Une difficulté inattendue a annihilé ses efforts.* **2.** Briser, paralyser la volonté de (qqn). *L'émotion l'annihile.* ▶ ***annihilation*** n. f. ■ *L'annihilation de ses efforts.*

anniversaire [anivɛʀsɛʀ] n. m. ■ Jour qui ramène le souvenir d'un événement arrivé à pareil jour une ou plusieurs années auparavant (donnant lieu généralement à une fête). *Aujourd'hui, c'est mon anniversaire* (de naissance). ⇒ fam. **fête.** *Offrir un cadeau d'anniversaire. Le cinquantième anniversaire de leur mariage. Célébrer le cinq centième anniversaire de la découverte de l'Amérique.* — REM. On ne dit pas *commémorer un anniversaire.* — Adj. *Jour anniversaire.*

annoncer [anɔ̃se] v. tr. ▪ conjug. 3. **1.** Faire savoir, porter à la connaissance. ⇒ **apprendre, communiquer, publier.** *Annoncer une bonne, une mauvaise nouvelle. Elle lui annonça que Jacques était parti.* **2.** V. intr. Faire de la publicité, de la réclame. *Cette librairie annonce tous les mois dans une revue culturelle.* **3.** Signaler (qqn) comme arrivant, se présentant. *Veuillez m'annoncer à la directrice.* **4.** Prédire. *Les prophètes annonçaient la venue du Messie.* **5.** (Suj. chose) Indiquer comme devant prochainement arriver ou se produire. *Cette petite fleur annonce le printemps. Ce début n'annonce rien de bon.* **6.** S'ANNONCER v. pron. : apparaître comme devant prochainement se produire. *La crise s'annonce de toutes parts.* — Se présenter comme un bon ou mauvais début. *Ça s'annonce plutôt mal !* ▶ ***annonce*** n. f. **1.** Avis par lequel on fait savoir qqch. au public, verbalement ou par écrit. ⇒ **communication, nouvelle.** *L'annonce de sa mort prochaine n'étonnait personne.* — *Une annonce télévisée,* un commercial. ⇒ **publicité. 2.** Texte, publication qui donne cet avis. *Insérer une annonce dans le supplément du mercredi.* — *Les petites annonces,* ou, fam. *les annonces classées,* textes brefs, regroupés dans un journal, pour faire connaître des offres et des demandes (d'emploi, d'appartement, d'articles divers à vendre ou à acheter.). **3.** Ce qui annonce une chose. ⇒ **indice, présage, signe.** *Ce ciel noir est l'annonce de la pluie.* ▶ ***annonceur, euse*** ou ***eure*** n. **1.** N. m. Personne, organisme, entreprise qui paie l'insertion d'une annonce dans un journal ou fait faire une émission publicitaire. **2.** Personne qui, à la radio, à la télévision, annonce les émissions, présente certaines informations, à l'exception des nouvelles. ⇒ **commentateur.** — REM. L'O.L.F. propose *annonceure* au féminin. ▶ ***annonciateur, trice*** adj. ■ Qui fait prévoir (qqch.). *Un signe annonciateur d'un changement politique.* ▶ ***Annonciation*** n. f. ■ (Avec une majusc.) Fête religieuse catholique (célébrée le 25 mars) commémorant l'annonce faite à la Vierge Marie de sa conception miraculeuse. ‹ ▶ bande-annonce ›

annoter [anɔte] v. tr. ▪ conjug. 1. ■ Accompagner (un texte) de notes critiques ; mettre sur (un livre) des notes personnelles. *Annoter une copie d'examen, d'étudiant.* — Au p. p. *Exemplaire annoté par l'auteure.* ▶ ***annotation*** n. f. ■ Surtout au plur. Note critique ou explicative qu'on inscrit sur un texte, un livre.

annuaire [anɥɛʀ] n. m. ■ Recueil publié annuellement et qui contient des renseignements variables d'une année à l'autre. *L'annuaire du téléphone.* ⇒ **bottin.** *L'annuaire des cours dispensés par l'Université.*

annuel, elle [anɥɛl] adj. **1.** Qui a lieu, revient chaque année. *Fête annuelle.* **2.** Qui dure un an seulement. *Plantes annuelles* (opposé à *plantes vivaces*). ▶ ***annuellement*** adv. ■ Par an, chaque année. ‹ ▶ bisannuel ›

annulaire [anylɛʀ] n. m. ■ Doigt auquel on met souvent un anneau, le quatrième à partir du pouce.

annuler [anyle] v. tr. ▪ conjug. 1. **1.** Déclarer ou rendre nul, sans effet. *Son mariage a été annulé. La cour a annulé le premier jugement. Annuler une commande, un rendez-vous.* ⇒ **contremander, décommander. 2.** S'ANNULER v. pron. récipr. : produire un résultat nul en s'opposant (comme un positif et un négatif). *Ces deux forces s'annulent.* ⇒ se **neutraliser. 3.** Absolt. *Les deux clubs ont annulé,* la partie s'est terminée par un pointage égal. ▶ ***annulation*** n. f. ■ Décision par laquelle on annule un acte comme entaché de nullité ou inopportun. *Annulation d'un contrat.* ⇒ **abrogation, invalidation, révocation.** / contr. **validation** / *L'annulation d'une commande.*

anoblir [anɔbliʀ] v. tr. ▪ conjug. 2. ■ Faire noble, en conférant un titre de noblesse. ≠ *ennoblir.* ▶ ***anoblissement*** n. m. ■ Action d'anoblir.

anode [anɔd] n. f. ■ Électrode positive (opposé à *cathode*).

anodin, ine [anɔdɛ̃, in] adj. **1.** (Choses) Inoffensif, sans danger. *Une blessure tout à fait anodine.* / contr. **grave** / **2.** Sans importance, insignifiant. *Un personnage bien anodin. Des propos anodins.*

anomal, ale, aux [anɔmal, o] adj. ■ En sciences. Irrégulier. ≠ *anormal.* ▶ ***anomalie*** n. f. **1.** Déviation du type normal. ⇒ **difformité, monstruosité. 2.** Écart par rapport à la normale ou à la valeur théorique (correspond à *anomal*). **3.** Bizarrerie, singularité ; exception à la règle (correspond à *anormal*). *L'anomalie d'un comportement. Des anomalies orthographiques.*

ânon [ɑnɔ̃] n. m. ■ Petit de l'ânesse et de l'âne, petit âne.

ânonner [ɑnɔne] v. intr. ▪ conjug. 1. ■ Lire, parler, réciter d'une manière pénible et hésitante. ⇒ **bredouiller.** — Transitivement. *Il ânonne un poème.*

anonyme [anɔnim] adj. **1.** (Personnes) Qui ne fait pas connaître son nom. *Le maître anonyme qui a peint ce tableau.* **2.** (Choses) Où l'auteur n'a pas laissé son nom, l'a caché. *Des lettres, des appels anonymes.* — (France) *Société anonyme,* société par actions qui n'est désignée par le nom d'aucun des associés. **3.** Impersonnel, neutre. *Ses vêtements anonymes s'adaptaient à tous les décors.* ▶ ***anonymat*** n. m. ■ État de la personne ou de la chose qui est anonyme. *Le généreux donateur a voulu garder l'anonymat.* ▶ ***anonymement*** adv. ■ En gardant l'anonymat.

anorak [anɔʀak] n. m. ■ Veste courte à capuchon, imperméable, portée notamment par les skieurs. *Des anoraks.*

anorexie [anɔʀɛksi] n. f. ■ Perte ou diminution marquée de l'appétit. / contr. **boulimie** / *Souffrir* *d'anorexie.* ▸ ***anorexique*** adj. et n. **1.** Relatif à l'anorexie. / contr. **boulimique** / *Troubles anorexiques.* **2.** Qui souffre d'anorexie. — N. *Les anorexiques.*

anormal, ale, aux [anɔʀmal, o] adj. **1.** Qui n'est pas normal, conforme aux règles ou aux lois reconnues ; qui ne se produit pas habituellement. ⇒ **irrégulier ; bizarre, étrange, extraordinaire.** ≠ *anomal. L'évolution de la maladie est anormale. Vous auriez dû recevoir ma lettre, c'est anormal. Des bruits anormaux.* **2.** *Enfants anormaux* (arriérés, handicapés intellectuels, etc.). — N. Fam. *Un anormal,* un déséquilibré. ▸ ***anormalement*** adv. ■ *Elle est anormalement gaie, aujourd'hui.*

anovulant, ante [anɔvylɑ̃, ɑ̃t] adj. et n. m. ■ Se dit d'un contraceptif empêchant l'ovulation. — N. m. *Des anovulants.*

anse [ɑ̃s] n. f. **1.** Partie recourbée et saillante de certains ustensiles, permettant de les saisir, de les porter. *L'anse d'un panier, d'une tasse.* **2.** Petite baie ① peu profonde à contours arrondis. *Elle se baigne dans l'anse Mercier.* ⇒ **crique.**

antagonisme [ɑ̃tagɔnism] n. m. ■ État d'opposition de deux forces, de deux principes. ⇒ **conflit, opposition, rivalité.** *Antagonisme entre deux personnes. Un antagonisme d'intérêts.* ▸ ***antagonique*** adj. ■ Qui est en antagonisme. *Positions antagoniques.* ▸ ***antagoniste*** adj. et n. ■ Littér. Opposé, rival. *Des partis antagonistes.* — N. Adversaire, concurrent.

d'antan [dɑ̃tɑ̃] loc. adj. invar. ■ Littér. D'autrefois, du temps passé. *Les veillées d'antan.*

antarctique [ɑ̃taʀ(k)tik] adj. **1.** Se dit du pôle Sud et des régions qui l'environnent (opposé à *arctique*). **2.** N. (Avec une majusc.) *L'Antarctique,* le continent antarctique. — Propre à ce continent. *La faune antarctique.*

anté-, ① ***anti-*** ■ Élément savant signifiant « avant » et indiquant l'antériorité (sauf dans *antéchrist* où il a le sens de « anti- »). ‹ ▸ antécédent, antédiluvien, antépénultième, antérieur ; anticiper, antidater ›

antécédent [ɑ̃tesedɑ̃] n. m. **1.** Mot représenté par le pronom qui le reprend. *Antécédent du relatif,* auquel se rapporte le relatif (ex. : *le train* que je prends). **2.** Souvent au plur. Faits antérieurs à une maladie, concernant la santé du sujet examiné, de sa famille. *Les antécédents familiaux. Vérifier les antécédents d'une patiente.* **3.** Généralt au plur. Chacun des actes, des faits appartenant au passé de qqn, en relation avec un aspect de sa vie actuelle. *Les mauvais antécédents de l'accusé.*

antéchrist [ɑ̃tekʀist] n. m. ■ Ennemi du Christ qui, selon l'Apocalypse, viendra prêcher une religion hostile à la sienne un peu avant la fin du monde. *On considérait ce philosophe comme l'antéchrist.*

antédiluvien, ienne [ɑ̃tedilyvjɛ̃, jɛn] adj. **1.** Antérieur au déluge biblique. **2.** Fam. Très ancien, tout à fait démodé. *Une voiture antédiluvienne.*

antenne [ɑ̃tɛn] n. f. **1.** Appendice sensoriel à l'avant de la tête de certains arthropodes. *Antennes de papillon, de langouste.* — Loc. (Personnes) *Avoir des antennes,* une sensibilité très aiguë, de l'intuition. — *Avoir une antenne, des antennes quelque part,* une source, des sources de renseignements. **2.** Conducteur aérien destiné à rayonner ou à capter les ondes électromagnétiques. *Antenne de télévision, de radio. Antenne parabolique.* — Émission par ondes. *Vous êtes sur l'antenne. Nous rendons l'antenne à notre studio.* — *Être à l'antenne de...,* écouter, regarder la station mentionnée. *Chers téléspectateurs, vous êtes à l'antenne de Radio-Canada.* — *Être, passer à l'antenne,* faire l'objet d'une émission. *Je passerai à l'antenne à 20 h 30.*

antépénultième [ɑ̃tepenyltjɛm] adj. ■ Qui précède le pénultième ou avant-dernier.

antérieur, eure [ɑ̃teʀjœʀ] adj. **1.** Qui est avant, qui précède dans le temps (opposé à *postérieur*). ⇒ **précédent.** *Rétablir l'état de choses antérieur.* / contr. **ultérieur** / — Grammaire. *Passé, futur antérieur.* **2.** Qui est placé en avant, devant (opposé à *postérieur,* ou en corrélation avec *inférieur* et *supérieur*). *La face antérieure de l'omoplate. Les membres antérieurs.* / contr. **postérieur** / ▸ ***antérieurement*** adv. ■ *Antérieurement à ces faits.* / contr. **postérieurement** / ▸ ***antériorité*** n. f. ■ Caractère de ce qui est antérieur (dans le temps).

anthère [ɑ̃tɛʀ] n. f. ■ Botanique. Partie supérieure de l'étamine ②.

anthologie [ɑ̃tɔlɔʒi] n. f. ■ Recueil de morceaux choisis en prose ou en vers. *Anthologie des poètes québécois du* XIX*e siècle.* — *Morceau d'anthologie,* page brillante digne de figurer dans une anthologie.

anthracite [ɑ̃tʀasit] n. m. ■ Charbon (houille) à combustion lente qui dégage beaucoup de chaleur. — (France) Adj. invar. De la couleur gris foncé de l'anthracite. *Des pantalons anthracite.*

-anthrope, anthropo- ■ Éléments savants signifiant « homme ». ▸ ***anthropocentrique*** [ɑ̃tʀɔposɑ̃tʀik] adj. ■ Qui fait de l'homme le centre du monde. ▸ ***anthropocentrisme*** n. m. ■ Philosophie anthropocentrique. ▸ ***anthropoïde*** [ɑ̃tʀɔpɔid] adj. et n. m. ■ Qui ressemble à l'homme. *Singe anthropoïde.* — UN ANTHROPOÏDE n. m. : singe de grande taille, le plus proche de l'homme. *Le gorille est un anthropoïde. Les anthropoïdes.* ▸ ***anthropologie*** n. f. ■ Ensemble des sciences qui étudient l'humain en société ≠ *sociologie.* ▸ ***anthropologique*** adj. ■ *La science anthropologique.* ▸ ***anthropologue*** ou ***anthropologiste*** n. ■ Spécialiste de l'anthropologie. ▸ ***anthropométrie*** n. f. ■ Technique de mensuration du corps humain et de ses diverses parties. ▸ ***anthropométrique*** adj. ■ *Fiche, signalement anthropométrique.* ▸ ***anthropomorphe*** [ɑ̃tʀɔpomɔʀf] adj. ■ En art. Qui représente un dieu, un animal, sous la forme d'un être humain. / contr. **zoomorphe** / ▸ ***anthropomorphisme*** n. m. ■ Tendance à concevoir la divinité à l'image de l'homme, et à attribuer aux êtres et aux choses des réactions humaines. ▸ ***anthropophage*** adj. et n. ■ (Êtres humains) Qui mange de la chair humaine. *Tribu anthropophage.* — N. *Un, une anthropophage.* ⇒ **cannibale.** ▸ ***anthropophagie*** n. f. ▸ ***anthropopithèque*** n. m. ■ Primate fossile présenté comme intermédiaire entre le singe et l'homme. ⇒ **pithécanthrope.** ‹ ▸ misanthrope, philanthrope, pithécanthrope, sinanthrope ›

② ***anti-*** ■ Élément savant exprimant l'opposition. (Voir ci-dessous les mots en *anti-*, sauf quelques-uns : *anticiper, antidater, antillais, antilope, antimoine, antiphonaire, antique.*)

antiaérien, ienne [ɑ̃tiaeʀjɛ̃, jɛn] adj. ■ Qui s'oppose aux attaques aériennes. *Défense antiaérienne.* ⇒ **D.C.A.**

antialcoolique [ɑ̃tialkɔ(ɔ)lik] adj. ■ Qui combat l'alcoolisme. *Ligue antialcoolique.*

anti-américain, aine adj. et n. ■ Hostile à l'égard de tout ce qui est américain. *Une marche de protestation anti-américaine.* — N. (Avec une majusc.). *Les anti-Américains ne démordent pas.*

antiatomique adj. ■ Qui s'oppose aux effets nocifs des radiations atomiques. *Abri antiatomique.*

antibactérien, ienne [ɑ̃tibakteʀjɛ̃, jɛn] adj. et n. m. ■ Qui élimine, détruit les bactéries. — N. m. *Des antibactériens.*

antibiotique [ɑ̃tibjɔtik] adj. et n. m. ■ Qui s'oppose à la vie de certains micro-organismes. *Propriétés antibiotiques de la pénicilline.* — N. m. Médicament pour lutter contre les infections microbiennes. *La pénicilline est un antibiotique. Être sous antibiotiques.*

antibrouillard adj. invar. ■ *Phare antibrouillard,* qui éclaire par temps de brouillard. *Des phares antibrouillard.* — N. m. *Un antibrouillard. Des antibrouillard(s).*

anti-canadien-français, canadienne-française adj. et n. ■ Hostile aux francophones du Canada, à la langue française. ⇒ **anti-français, anti-québécois.** *Un groupe de pression anti-canadien-français.* — N. (Avec une majusc. et un seul trait d'union). *Quelques irréductibles anti-Canadiens français.* — Hostile aux intérêts canadien-français.

anticancéreux, euse adj. ■ Qui combat le cancer. / contr. **cancérigène** /

antichambre n. f. ■ Pièce d'attente placée à l'entrée d'un grand appartement, d'un bureau ministériel. ⇒ **vestibule.** *L'huissier la fit attendre dans l'antichambre.* — Loc. *Faire antichambre,* attendre d'être reçu.

antichar adj. ■ Qui s'oppose à l'action des blindés. *Canons antichars.*

antichoc adj. ■ Qui protège des chocs. *Casques antichocs.*

anticiper [ɑ̃tisipe] v. ▪ conjug. 1. — REM. *Anti-* veut dire « avant » ; → anté-. **1.** V. tr. Exécuter avant le temps déterminé. *Anticiper un paiement.* **2.** V. intr. *Anticiper sur,* empiéter sur, en entamant à l'avance. *Je ne veux pas anticiper sur le récit que j'écrirai plus tard.* — Sans compl. *N'anticipons pas,* respectons l'ordre de succession des faits. ▸ ***anticipation*** n. f. **1.** Exécution anticipée d'un acte. *Régler une dette par anticipation.* ⇒ d'**avance.** **2.** Mouvement de la pensée qui imagine ou vit d'avance un événement. ⇒ **prévision.** — *Littérature, roman, film d'anticipation,* dont le fantastique est emprunté aux réalités supposées de l'avenir. ⇒ **science-fiction.** ≠ *prospective.* ▸ ***anticipé, ée*** adj. ■ Qui se fait avant la date prévue ou sans attendre l'événement. *Remboursement anticipé. Avec mes remerciements anticipés.*

anticlérical, ale, aux adj. ■ Opposé à l'influence et à l'intervention du clergé dans la vie publique. ≠ *antireligieux.* — N. *C'est une anticléricale farouche.* ▸ ***anticléricalisme*** n. m. ■ Attitude, politique anticléricale.

anticolonialisme n. m. ■ Opposition au colonialisme. ▸ ***anticolonialiste*** adj. et n. ■ Hostile au colonialisme.

anticommunisme n. m. ■ Hostilité, opposition au communisme. ▸ ***anticommuniste*** adj. et n. ■ *Une campagne anticommuniste.*

anticonceptionnel, elle adj. et n. m. **1.** Qui concerne les moyens propres à empêcher la conception des enfants. *Méthode, pilule anticonceptionnelle.* **2.** N. m. Vx. ⇒ **contraceptif.**

anticonformisme n. m. ■ Attitude opposée au conformisme. ⇒ **non-conformisme.** ▸ ***anticonformiste*** adj. et n. ■ *Un, une anticonformiste.*

anticonstitutionnel, elle adj. ■ Contraire à la constitution d'un État, d'un pays. *Mesure anticonstitutionnelle.*

anticorps n. m. invar. ■ Substance spécifique et défensive engendrée dans l'organisme par l'introduction d'un antigène, avec lequel elle se combine pour en neutraliser l'effet toxique. ⇒ **antitoxine.** *Développer des anticorps.*

anticorrosion adj. inv. ■ Qui empêche la corrosion. *Un traitement anticorrosion.* ⇒ **antirouille.**

anticyclone n. m. ■ Centre de hautes pressions atmosphériques. / contr. **cyclone** / *L'anticyclone des Açores.* / contr. ① **dépression** /

antidater v. tr. ▪ conjug. 1. — REM. *Anti-* veut dire « avant ». ■ Affecter d'une date antérieure à la date réelle. *Antidater un chèque, une lettre.* / contr. **postdater** / — Au p. p. adj. *Un contrat antidaté.*

antidémocratique adj. ■ Opposé à la démocratie ou à l'esprit démocratique.

antidépresseur ou ***antidépressif*** adj. et n. m. ■ Qui combat des états dépressifs. *Médicament antidépresseur.* — N. m. *Prendre des antidépressifs.* ⇒ **tranquillisant.**

antidérapant, ante adj. ■ Propre à empêcher le dérapage des véhicules. *Pneus antidérapants. Un tapis antidérapant,* qui empêche des personnes de glisser.

antidote [ɑ̃tidɔt] n. m. **1.** Contrepoison. ⇒ **antipoison.** **2.** Abstrait. Remède contre un mal moral. *Un bon spectacle est un antidote contre l'ennui.*

antidrogue adj. invar. ■ Qui est destiné à lutter contre le trafic et l'usage de la drogue. *Des mesures antidrogue.*

antienne [ɑ̃tjɛn] n. f. **1.** Refrain liturgique repris par le chœur entre chaque verset d'un psaume. **2.** Chose que l'on répète. ⇒ **refrain.** — Loc. *Chanter toujours la même antienne,* rabâcher, radoter, répéter. ⇒ **chanson.**

antifasciste [ɑ̃tifaʃist] adj. ■ Opposé au fascisme. *Déclarations antifascistes.* — N. *Les antifascistes.*

anti-français, aise adj. et n. **1.** Hostile à la langue française. ⇒ **anti-canadien-français, anti-québécois.** *Des immigrants anti-français.* — N. (Avec une majusc.) *Une anti-Française.* **2.** Hostile à l'égard de tout ce qui est français (1). *Des idées politiques anti-françaises.*

antigang adj. et n. m. ■ *Brigade antigang,* brigade de police qui a pour tâche de combattre toute forme de crime, notamment ceux commis par des bandes organisées. *La brigade antigang de la Sûreté du Québec.* — N. m. *Le chef de l'antigang.*

antigel n. m. ■ Produit qui abaisse le point de congélation de l'eau ou qui empêche le gel d'un objet. *Antigel pour radiateurs d'automobiles.* ⇒ **antigivre.** *De l'antigel pour les serrures d'auto.*

antigène n. m. ■ Toute substance qui peut engendrer des anticorps. *Antigènes microbiens.*

antigivre adj. et n. m. inv. ■ Qui empêche la formation de givre ou qui sert à dégivrer. *Une vitre antigivre.* — N. m. inv. *Mettre de l'antigivre dans le réservoir d'essence.* ⇒ **antigel.**

antigouvernemental, ale, aux adj. ■ Qui est contre le gouvernement, dans l'opposition.

antigrippe adj. invar. ■ Destiné à lutter contre la grippe. *Comprimés antigrippe.*

antihistaminique adj. et n. m. ■ Se dit d'une substance capable de réduire les manifestations d'allergie. — N. m. *Des antihistaminiques de synthèse.*

anti-inflammatoire adj. et n. m. ■ Se dit d'un médicament qui combat l'inflammation. — N. m. *Des anti-inflammatoires.*

antillais, aise [ɑ̃tijɛ, ɛz] adj. et n. ■ Relatif à l'archipel, aux habitants des Antilles. *Le créole antillais.* — N. (Avec une majusc.) Personne née dans cette région de l'Amérique ou qui l'habite. *Une Antillaise.*

antilope [ɑ̃tilɔp] n. f. ■ Mammifère ruminant, au corps svelte, aux hautes pattes grêles, à cornes en spirale (chez le mâle).

antimatière n. f. ■ Matière supposée constituée d'*antiparticules* (particules qui annihilent celles de la matière).

antimilitarisme n. m. ■ Opposition au militarisme. ▶ ***antimilitariste*** adj. et n. ■ *Manifestation antimilitariste.*

antimite adj. ■ Qui protège (les lainages, les fourrures) contre les mites. *Des produits antimites.* — N. m. *Un antimite.*

antimoine [ɑ̃timwan] n. m. ■ Corps simple intermédiaire entre les métaux et les métalloïdes, cassant, argenté.

antinomie [ɑ̃tinɔmi] n. f. ■ Contradiction, opposition totale. *Il y a antinomie entre ces deux façons de voir.* / contr. **accord** / ▶ ***antinomique*** adj. ■ *Deux principes antinomiques.* ⇒ **contradictoire, contraire.**

antiparasite adj. invar. ■ Qui s'oppose à la production et la propagation des parasites. *Un dispositif antiparasite.*

antiparlementarisme n. m. ■ Opposition au régime parlementaire.

antipathie [ɑ̃tipati] n. f. ■ Aversion instinctive, irraisonnée. ⇒ **éloignement, prévention.** *J'ai de l'antipathie pour ce genre de personnes. Vaincre son antipathie pour qqn.* / contr. **sympathie** / ▶ ***antipathique*** adj. ■ Qui inspire de l'antipathie. ⇒ **désagréable ; déplaisant.** *Elle m'est antipathique.* / contr. **sympathique** /

antipatriotique adj. ■ Contraire au patriotisme, aux intérêts de la patrie.

antipellicules adj. et n. m. ■ Destiné à lutter contre les pellicules. *Tu as besoin d'un shampooing antipellicules.* — N. m. *Un antipellicules.*

antiphonaire [ɑ̃tifɔnɛʀ] n. m. ■ Grand recueil de chants d'église (messes et offices), placé sur un lutrin pour être suivi à distance par les chanteurs.

antiphrase [ɑ̃tifʀɑz] n. f. ■ Manière d'employer un mot, une locution dans un sens contraire au sens véritable, par ironie ou euphémisme (ex. : *C'est vraiment un ami !,* lorsque la personne se comporte de façon inamicale).

antipode [ɑ̃tipɔd] n. m. **1.** Lieu de la terre diamétralement opposé à un autre. *L'Australie est l'antipode du Canada, est aux antipodes du Canada.* — Loc. *Aux antipodes,* très loin. **2.** Abstrait. Littér. Chose exactement opposée. *À l'antipode, aux antipodes de,* à l'opposé de.

antipoison adj. inv. ■ Se dit d'un établissement spécialisé dans la prévention et le traitement de toute forme d'intoxication. *Des centres antipoison.* ⇒ **antidote.** ≠ *contrepoison*

antipollution adj. invar. et n. m. ■ Opposé à la pollution de l'environnement. *Des produits antipollution.* — N. m. Système d'échappement installé sur une automobile pour diminuer l'émission des substances polluantes. *Son antipollution ne fonctionne pas très bien.*

antique [ɑ̃tik] adj. **1.** Vx. Qui appartient à une époque reculée, à un lointain passé. ⇒ **ancien, archaïque.** *Une antique tradition.* / contr. **moderne** / — Très vieux. *Une antique guimbarde.* **2.** Qui appartient à l'Antiquité. *Les civilisations antiques. La Grèce, l'Italie antique. Monuments antiques.* — N. m. *L'antique,* l'art, les œuvres d'art antiques. *Imiter l'antique.* ▶ ***antiquaire*** n. ■ Marchand d'objets d'art, d'ameublement et de décoration anciens. ▶ ***antiquité*** n. f. **1.** Littér. Temps très ancien, très reculé. *Cela remonte à la plus haute antiquité.* **2.** Les plus anciennes civilisations. *L'antiquité égyptienne, grecque, romaine, orientale.* **3.** (Avec une majusc.) L'antiquité gréco-romaine. *Les écrivains français du* XVII*e s. s'inspiraient de l'Antiquité.* **4.** Au plur. LES ANTIQUITÉS : les monuments, les œuvres d'art qui nous restent de l'Antiquité. — Objets d'art, meubles anciens. *Marchande d'antiquités.* ⇒ **antiquaire.** — Au sing. Objet démodé, très ancien. *Débarrassez-vous de cette antiquité.* **5.** Loc. verb. *Remonter à l'Antiquité,* donner une explication très détaillée, raconter qqch. dans le moindre détail.

anti-québécois, oise adj. et n. ■ Hostile aux francophones du Québec ; par ext. à la langue française. ⇒ **anti-canadien-français, anti-français.** *Certains journaux anglophones font preuve d'un sentiment anti-québécois.* — N. (Avec une majusc.) *Des anti-Québécois.* — Hostile aux intérêts québécois. *Une politique de taxation anti-québécoise.*

antirabique [ɑ̃tiʀabik] adj. ■ Employé contre la rage. *Vaccination antirabique.*

antiraciste adj. ■ Opposé au racisme. *Une campagne antiraciste.* ▶ ***antiracisme*** n. m.

antireligieux, euse adj. ■ Opposé à la religion. ≠ *anticlérical.*

antirides [ɑ̃tiʀid] adj. invar. ■ Qui prévient ou combat les rides. *Crème antirides.*

antirouille adj. invar. ■ Qui protège contre la rouille, ôte les taches de rouille. ⇒ **anticorosion.** *Peinture antirouille.* ⇒ **minium.**

antiscientifique adj. ■ Contraire à l'esprit scientifique. *Une explication antiscientifique.*

antisémite [ɑ̃tisemit] n. ■ Raciste animé par l'antisémitisme. — Adj. *Propagande antisémite.* ≠ *antisioniste.* ▶ ***antisémitisme*** n. m. ■ Racisme dirigé contre les juifs. ≠ *antisionisme.*

antisepsie [ɑ̃tisɛpsi] n. f. ■ Ensemble des méthodes destinées à prévenir ou à combattre l'infection en détruisant des microbes qui existent à la surface ou à l'intérieur des organismes vivants. ▶ ***antiseptique*** [ɑ̃tisɛptik] adj. ■ Propre à l'antisepsie, qui tient compte de l'antisepsie. *Remède, pansement antiseptique.* — N. m. *Le peroxyde est un antiseptique.*

antisionisme [ɑ̃tisjɔnism] n. m. ■ Hostilité contre l'État d'Israël. ≠ *antisémitisme.* ▶ ***antisioniste*** adj. et n. ■ Qui manifeste de l'antisionisme. *Des propos antisionistes.* — N. *Un, une antisioniste.* ≠ *antisémite.*

antisocial, ale, aux [ɑ̃tisɔsjal, o] adj. **1.** Contraire à la société, à l'ordre social. *Principes antisociaux.* **2.** Qui va contre les intérêts des travailleurs. *Mesure antisociale.*

anti-sous-marin, ine [ɑ̃tisumaʀɛ̃, in] adj. ■ Qui sert à combattre les sous-marins. *Grenades anti-sous-marines.*

antispasmodique adj. ■ (Médicament) Destiné à empêcher les spasmes, les convulsions.

antisportif, ive adj. ■ Hostile au sport ; contraire à l'esprit du sport. *Elle a reçu une pénalité pour sa conduite antisportive sur la glace.*

antitabac adj. inv. ■ Qui lutte contre l'usage du tabac, surtout contre la cigarette. *Une association antitabac. Des campagnes antitabac.*

antiterroriste adj. ■ Qui lutte contre le terrorisme, est relatif à cette lutte. *Des mesures antiterroristes.*

antitétanique adj. ■ Qui agit contre le tétanos. *Sérum antitétanique.*

antithèse [ɑ̃titɛz] n. f. **1.** Opposition de deux pensées, de deux expressions que l'on rapproche dans le discours pour en faire mieux ressortir le contraste. **2.** Chose ou personne entièrement opposée à une autre ; contraste entre deux aspects. *Elle ne ressemble pas à sa sœur, c'en est même l'antithèse.* ▶ ***antithétique*** [ɑ̃titetik] adj. ■ Qui emploie l'antithèse. *Style antithétique.* — Opposé, contraire. *Les aspects antithétiques d'un caractère.*

antitoxine n. f. ■ Anticorps élaboré par l'organisme qui réagit contre les toxines.

antituberculeux, euse adj. ■ Propre à combattre la tuberculose. *Vaccin antituberculeux.*

antivol adj. et n. m. ■ Relatif à un dispositif de sécurité destiné à empêcher le vol (des véhicules, etc.) et les effractions.

antonyme [ɑ̃tɔnim] n. m. ■ Mot qui, par le sens, s'oppose directement à un autre. ⇒ **contraire.** *« Chaud » et « froid » sont des antonymes.* / contr. **synonyme** /

antre [ɑ̃tʀ] n. m. **1.** Littér. Caverne, grotte (spécialt servant de repaire à une bête fauve). *L'antre du lion.* **2.** Lieu inquiétant et mystérieux.

anus [anys] n. m. invar. ■ Orifice du rectum qui donne passage aux matières fécales. ⇒ **fondement ;** fam. **trou** du cul. ⟨ ▶ anal ⟩

anxiété [ɑ̃ksjete] n. f. ■ État d'angoisse (considéré surtout dans son aspect psychique). *J'étais en proie à une vive anxiété. Elle attend dans l'anxiété.* / contr. **calme, confiance, sérénité** /

anxieux, euse [ɑ̃ksjø, øz] adj. **1.** Qui s'accompagne d'anxiété, marque de l'anxiété. *Une attente anxieuse. Regard anxieux.* **2.** Qui éprouve de l'anxiété. ⇒ **angoissé, inquiet, tourmenté.** *Il est anxieux.* — N. *C'est un anxieux,* un homme à qui l'anxiété est habituelle. — ANXIEUX DE. *Je suis anxieux du résultat, de ce qui va arriver.* — Impatient de. *Être anxieux de réussir.* / contr. **calme, confiant, serein** / ▶ ***anxieusement*** adv. ■ *Attendre anxieusement des nouvelles de qqn.* ⟨ ▶ anxiété ⟩

aorte [aɔʀt] n. f. ■ Artère qui prend naissance à la base du ventricule gauche du cœur. ▶ ***aortique*** adj. ■ *Ventricule aortique,* le ventricule gauche.

août [u] n. m. ■ Huitième mois de l'année dans le calendrier actuel (31 jours). *Elle revient de vacances en août. Les cours recommencent fin août.* ▶ ***aoûtien, ienne*** [ausjɛ̃, jɛn] n. (France) **1.** Personne qui prend ses vacances en août. **2.** Personne qui reste à Paris, dans une grande ville, en août.

apache [apaʃ] adj. et n. **1.** Relatif à une nation amérindienne du sud-ouest des États-Unis (Arizona, Colorado, Texas, Nouveau-Mexique). *Un territoire apache.* — N (Avec une majusc.) Membre de cette nation. *Geronimo était le chef des Apaches.* **2.** Vx. Malfaiteur, voyou prêt à tous les mauvais coups.

apaiser [apɛze] v. tr. ▪ conjug. 1. **1.** Amener (qqn) à des dispositions plus paisibles, plus favorables. ⇒ **calmer.** *Apaiser les esprits.* / contr. **exciter, inquiéter** / **2.** Rendre (qqch.) moins violent. ⇒ **adoucir, assoupir, endormir.** *Apaiser sa faim. Apaiser les rancœurs.* / contr. **exciter ; déchaîner** / Pronominalement (réfl.). *Sa douleur s'apaise.* ⇒ **se calmer** ▶ ***apaisant, ante*** adj. ■ Qui apporte l'apaisement, donne des apaisements. *Prononcer des paroles apaisantes.* ⇒ **lénifiant.** *Une déclaration apaisante,* rassurante. ▶ ***apaisement*** [apɛzmɑ̃] n. m. **1.** Retour à la paix, au calme. *Pendant l'apaisement qui suivit leur dispute.* **2.** Surtout au plur. Déclaration ou promesse destinée à rassurer. *Donner des apaisements à qqn.*

apanage [apanaʒ] n. m. ■ Ce qui est le propre de qqn ou de qqch. ; bien exclusif, privilège. ⇒ **lot.** *L'art ne doit pas être l'apanage d'une élite.*

aparté [apaʀte] n. m. **1.** Mot ou parole que l'acteur dit à part soi (et que le spectateur seul est censé entendre). *Des apartés.* **2.** Entretien particulier, dans une réunion. *Faire des apartés avec qqn. Elle me l'a dit en aparté.* **3.** Loc. adv. EN APARTÉ : tout bas.

apartheid [apaʀt(a)ɛd] n. m. ■ Ségrégation des populations de races différentes en Afrique du Sud. ⇒ **ségrégation.** *Lutter contre l'apartheid.*

apathie [apati] n. f. ■ Incapacité d'être ému ou de réagir (par mollesse, indifférence, état dépressif, etc.). ⇒ **indolence, inertie, paresse, résignation.** *Secouer son apathie. Une apathie profonde, durable.* — *L'apathie d'une société.* ▶ ***apathique*** adj. et n. ■ Sans ressort, sans activité. *Un public complètement apathique.* / contr. **énergique** / — N. *Un, une apathique.*

apatride [apatʀid] n. ■ Personne dépourvue de nationalité légale, qu'aucun État ne considère comme son ressortissant. *Un réfugié apatride.*

apercevoir [apɛʀsəvwaʀ] v. ▪ conjug. 28. **I.** V. tr. **1.** Voir, en un acte de vision généralement bref (qqch. qui apparaît), qu'il y ait eu attention ou non. ⇒ **discerner, remarquer.** *On apercevait le village au loin. Je n'ai fait que l'apercevoir.* ⇒ **entrevoir. 2.** Saisir par l'esprit. *J'aperçois bien ses intentions.* ⇒ **comprendre. II.** S'APERCEVOIR v. pron. **1.** Prendre conscience, se rendre compte (d'un état ou d'un processus complexe). ⇒ **remarquer.** *Je m'apercevais bien de leur manège. Elle ne s'en est pas aperçue. Je m'aperçois que je suis en retard.* **2.** (Récipr.) Se voir mutuellement. *Elles se sont aperçues de loin.* — (Passif) Être aperçu, pouvoir être aperçu. *Un détail qui s'aperçoit à peine.* ▶ ***aperçu*** n. m. **1.** Première idée que l'on peut avoir d'une chose vue rapidement. ⇒ **coup** d'œil. *Donner un aperçu de la situation,* en faire un exposé sommaire. ⇒ **résumé. 2.** Remarque, observation non développée mais qui jette un jour nouveau. *Des aperçus d'une grande sagacité.* ⟨ ▶ inaperçu ⟩

apéritif, ive [apeʀitif, iv] adj. et n. m. **1.** Adj. Littér. Qui ouvre, stimule l'appétit. *Une promenade apéritive. Boisson apéritive.* **2.** N. m. Boisson à base de vin ou d'alcool, supposée apéritive, que l'on prend avant le repas du midi ou du soir (opposé à digestif). ⇒ ① **punch.** *Offrir, prendre l'apéritif. Venez à l'heure de l'apéritif.* — Abrév. fam. APÉRO, n. m. *Des apéros.* **3.** Par extension. *Des apéritifs sans alcool.*

apesanteur [apəzɑ̃tœʀ] n. f. ■ Absence de pesanteur (dans l'espace, par exemple). *Astronautes en état d'apesanteur.*

à-peu-près [apøpʀɛ] n. m. invar. ■ Approximation grossière, donnée imprécise. *Vous faites vos calculs sur des à-peu-près.* — REM. *À peu près,* loc. adv. ⇒ **près** (II, 1).

apeurer [apœʀe] v. tr. ▪ conjug. 1. ■ Effrayer. ⇒ **épeurer.** — (Surtout usité au p. p. adj.) *Un animal apeuré. Des regards apeurés.*

aphasie [afazi] n. f. ■ Perte totale ou partielle de la capacité de parler ou de comprendre le langage parlé *(surdité verbale)* ou écrit *(cécité verbale)*, due à une lésion cérébrale. ▶ ***aphasique*** adj. ■ *Un vieillard aphasique.* — N. *Un, une aphasique.*

aphérèse [afeʀɛz] n. f. ■ Chute d'un phonème ou d'un groupe de phonèmes au début d'un mot (opposé à *apocope*). *« Bus » se dit pour « autobus » par aphérèse.*

aphone [afɔn] adj. et n. ■ Qui n'a plus de voix. *L'orateur, enrhumé, était aphone. — Des aphones.*

aphorisme [afɔʀism] n. m. ■ Énoncé très court résumant un point de science, de morale. ⇒ **adage, maxime, précepte, sentence.**

aphrodisiaque [afʀɔdizjak] adj. ■ Littér. Propre (ou supposé tel) à exciter le désir sexuel. *Une boisson aphrodisiaque.* — N. m. *Un aphrodisiaque,* une substance aphrodisiaque.

aphte [aft] n. m. ■ Petite ulcération qui se développe sur la muqueuse de la bouche ou du pharynx. ▶ ***aphteuse*** adj. f. ■ *Fièvre aphteuse,* maladie éruptive, épidémique et contagieuse, atteignant surtout les bovidés.

à-pic [apik] n. m. ■ Escarpement vertical. *L'à-pic d'un ravin, d'une falaise, d'un rocher. Des à-pics.* — REM. *À pic,* loc. adv. ⇒ ③ **pic.**

apicole [apikɔl] adj. ■ Qui a rapport à l'apiculture. *L'industrie apicole.* ▶ ***apiculteur, trice*** n. ■ Spécialiste de l'apiculture. ▶ ***apiculteuse*** n. f. ■ Art d'élever et de soigner les abeilles en vue d'obtenir le miel et la cire. ≠ *aviculture.*

apitoyer [apitwaje] v. tr. ▪ conjug. 8. ■ Toucher de pitié. ⇒ **attendrir.** *Elle cherche à m'apitoyer.* — S'APITOYER v. pron. réfl. : être touché de pitié. ⇒ **compatir.** *Il s'apitoie sur son sort.* ▶ ***apitoiement*** [apitwamɑ̃] n. m. ■ Fait de s'apitoyer. ⇒ **pitié.**

aplanir [aplaniʀ] v. tr. ▪ conjug. 2. **1.** Rendre plan ou uni (en faisant disparaître les inégalités, les aspérités). ⇒ **égaliser, niveler.** *Aplanir un chemin.* **2.** Abstrait. Faciliter (un chemin), lever (une difficulté). *Les difficultés, les obstacles sont maintenant aplanis.* ≠ *aplatir.* ▶ ***aplanissement*** n. m. ■ Action d'aplanir ; son résultat. ≠ *aplatissement.*

aplatir [aplatiʀ] v. tr. ▪ conjug. 2. **1.** Rendre plat. *Aplatir une tôle à coups de marteau, au laminoir. Aplatir de la pâte avec un rouleau.* **2.** S'APLATIR v. pron. réfl. : tomber à plat ventre. ⇒ s'**étaler.** *S'aplatir de tout son long.* — S'écraser. *Sa voiture s'est aplatie contre un arbre.* — Abstrait. *S'aplatir devant qqn,* s'humilier, ramper. ≠ *aplanir.* ▶ ***aplati, ie*** adj. ■ Dont la courbure ou la saillie est moins accentuée que dans l'état premier ou habituel. *La Terre est aplatie aux pôles.* **1.** Fam. Abattu, épuisé. *Je me sens tout aplati.* ▶ ***aplatissement*** n. m. ■ État de ce qui est aplati. ≠ *aplanissement.*

aplomb [aplɔ̃] n. m. **1.** État d'équilibre d'un corps, d'un objet vertical. / contr. **déséquilibre** / *Le mur a perdu son aplomb.* **2.** Confiance en soi. *Retrouver son aplomb.* ⇒ **sang-froid.** — Péj. Assurance qui va jusqu'à l'audace effrontée. ⇒ **culot, front, toupet.** *Vous en avez, de l'aplomb !* / contr. **timidité** / **3.** D'APLOMB loc. adv. : en équilibre stable. *Bien d'aplomb sur ses jambes, il s'immobilisa.* — Abstrait. En bon état physique et moral. *Ce mois de détente me remit d'aplomb.* **4.** Fam. D'APLOMB loc. adv. *Je l'ai frappé d'aplomb,* de plein fouet*. ▶ ***aplomber*** v. tr. ▪ conjug. 1. **1.** (Choses) Mettre d'aplomb, caler. ⇒ **raplomber.** *Aplomber un meuble.* **2.** (Personnes, animaux) S'APLOMBER v. pron. réfl. : se placer en équilibre stable pour faire qqch. *Avant de s'élancer, elle s'est aplombée sur ses skis.* ⟨ ▶ raplomber ⟩

apocalypse [apɔkalips] n. f. ■ Fin du monde. *Une vision d'apocalypse.* ▶ ***apocalyptique*** adj. ■ Qui évoque la fin du monde, de terribles catastrophes. *Un paysage apocalyptique.*

apocope [apɔkɔp] n. f. ■ Chute d'un ou plusieurs phonèmes à la fin d'un mot (opposé à *aphérèse*). *On dit « télé » pour « télévision » par apocope.*

apocryphe [apɔkʀif] adj. ■ Dont l'authenticité est au moins douteuse. ⇒ **controuvé,** ① **faux, inauthentique.** *Une lettre apocryphe de John A. Macdonald.* / contr. **authentique** /

apogée [apɔʒe] n. m. **1.** Point de l'orbite d'un astre ou d'un objet spatial (satellite, fusée, etc.) gravitant autour de la Terre où cet astre, cet objet est à sa plus grande distance de la Terre. / contr. **périgée** / **2.** Le point le plus élevé, le plus haut degré. ⇒ **comble, faîte, sommet, zénith.** *Il était à l'apogée de sa grandeur. La crise a atteint son apogée.*

apolitique adj. ■ Qui se tient en dehors de la lutte politique. *Le syndicat se déclare apolitique.* / contr. **politisé** /

apollon [apɔlɔ̃] n. m. ■ Fam. Homme d'une grande beauté. ⇒ **adonis, éphèbe.** *Ce n'est pas un apollon !*

apologie [apɔlɔʒi] n. f. ■ Discours, écrit visant à défendre, à justifier une personne, une doctrine. — Discours flatteur. *La directrice a fait l'apologie de son prédécesseur.* / contr. **condamnation, critique** / ▶ ***apologétique*** n. f. ■ Partie de la théologie ayant pour objet d'établir, par des arguments historiques et rationnels, le fait de la révélation chrétienne.

apophyse [apɔfiz] n. f. ■ Éminence à la surface d'un os. *Les vertèbres cervicales ont des apophyses aiguës.*

apoplexie [apɔplɛksi] n. f. ■ Arrêt brusque et plus ou moins complet des fonctions cérébrales, avec perte de la connaissance et du mouvement volontaire et sans que la respiration et la circulation soient suspendues. ⇒ **hémorragie** cérébrale. *Être frappé d'apoplexie.* ▶ ***apoplectique*** adj. ■ Qui a, annonce une prédisposition à l'apoplexie. *Un teint apoplectique.* ⇒ **congestionné.**

apostat [apɔsta] n. m. ■ Personne qui a renié sa foi. ⇒ **renégat.** *Julien l'Apostat.* ▶ ***apostasie*** n. f. ■ Reniement de la foi chrétienne.

a posteriori [apɔsteʀjɔʀi] adj. invar. et adv. **1.** Adj. invar. Qui est postérieur à l'expérience. *Notion a posteriori,* acquise grâce à l'expérience. **2.** Adv. Postérieurement à l'expérience. *Il a reconnu a posteriori ses torts.* / contr. **a priori** / — REM. On écrit aussi *à postériori.*

apostolat [apɔstɔla] n. m. **1.** Prédication, propagation de la foi. **2.** Mission qui requiert les qualités d'un apôtre, de l'énergie et du désintéressement. *L'enseignement est un apostolat.*

apostolique [apɔstɔlik] adj. **1.** Qui vient des apôtres, est conforme à leur mission. *L'Église catholique, apostolique et romaine.* **2.** Qui émane ou dépend du Saint-Siège. *Nonce apostolique.*

① **apostrophe** [apɔstʀɔf] n. f. **1.** Figure de rhétorique par laquelle un orateur interpelle tout à coup une personne ou même une chose qu'il personnifie. **2.** Interpellation brusque, sans politesse. *Les apostrophes des automobilistes.* **3.** *Mot (mis) en apostrophe,* dont la fonction grammaticale est de désigner la personne à qui l'on s'adresse. *Le nom « Jean » est en apostrophe dans « Jean, tais-toi ! ».* ▶ ***apostropher*** v. tr. ▪ conjug. 1. ■ Adresser brusquement la parole à (qqn), sans politesse. *Elle l'a apostrophé dans la rue pour lui dire son fait.* — Pronominalement (récipr.). *Chauffeurs qui s'apostrophent et s'injurient.*

② ***apostrophe*** n. f. ■ Signe orthographique (') qui marque l'élision d'une voyelle (ex. : *l'amour*).

apothéose [apɔteoz] n. f. **1.** Dans l'Antiquité. Déification des empereurs romains, des héros après leur mort. **2.** Honneurs extraordinaires rendus à qqn. **3.** Épanouissement sublime. *Pour les hommes de génie, la vieillesse est une apothéose.* — La partie la plus brillante d'une manifestation. *Cette pièce a été l'apothéose du festival.*

apothicaire [apɔtikɛʀ] n. m. ■ Vx. Pharmacien.

apôtre [apotʀ] n. m. **1.** Chacun des douze disciples que Jésus-Christ choisit pour prêcher l'Évangile. **2.** Celui qui propage la foi chrétienne ⇒ **prédicateur,** fait des conversions. **3.** Personne qui propage, défend une doctrine, une opinion. *Elle s'est faite l'apôtre de cette idée.* ‹ ▸ apostolat, apostolique ›

appalachien, ienne [apalaʃjɛ̃, jɛn] adj. ■ Des Appalaches, relatif aux Appalaches, une chaîne de montagnes qui s'étend de la frontière du Vermont jusqu'à l'extrémité de la Gaspésie, au Québec, et, aux États-Unis, vers le sud-ouest jusqu'en Alabama et en Géorgie. *Le plateau appalachien.* ⇒ **alléghanien.**

apparaître [apaʀɛtʀ] v. intr. ■ conjug. 57. **1.** Devenir visible, distinct ; se montrer tout à coup aux yeux. ⇒ se **manifester,** se **montrer, paraître,** se **présenter, surgir.** *Elle apparut en chemise de nuit.* **2.** Commencer d'exister, se faire jour. *Ces espèces sont apparues sur la Terre pendant l'ère tertiaire. Les difficultés n'apparaissent qu'à l'exécution.* — Abstrait. Se révéler à l'esprit par une manifestation apparente. *Tôt ou tard, la vérité apparaît.* ⇒ se **dévoiler, jaillir. 3.** APPARAÎTRE À *qqn* : se présenter à l'esprit sous tel ou tel aspect. *Tout cela m'apparaît comme une plaisanterie.* — (Suivi d'un adj. attribut) Avoir tel ou tel aspect. ⇒ **paraître, sembler.** *Cela apparaît très difficile.* **4.** Impers. IL APPARAÎT QUE (+ indicatif) : il ressort de ces constatations que ; il est clair, manifeste que. *Il apparaît, à la lecture des textes, que la loi est pour vous.* ‹ ▸ apparence, apparent, appariteur, apparition, il appert, réapparaître ›

① ***apparat*** [apaʀa] n. m. ■ Éclat pompeux, solennel (d'une cérémonie). *Le monument fut inauguré en grand apparat. Une réception sans apparat.* — D'APPARAT : de cérémonie. *Costume, discours d'apparat.*

② ***apparat*** n. m. ■ APPARAT CRITIQUE : notes et variantes d'un texte.

appareil [apaʀɛj] n. m. **I. 1.** Assemblage de pièces ou d'organes réunis en un tout pour exécuter un travail, observer un phénomène, prendre des mesures. ⇒ **machine ; instrument ; engin.** *Appareils ménagers. Appareil photo*. Appareils de gymnastique*. Appareils de prothèse*.* **2.** (Sans compl.) APPAREIL : téléphone. *Allô ! Qui est à l'appareil ?* — Avion. *L'appareil décolle.* — Dentier ; tiges métalliques pour redresser les dents. *Porter un appareil.* **II. 1.** Littér. Ensemble d'arrangements pris pour le déroulement d'une cérémonie. *Un magnifique appareil.* — Loc. *Dans le plus simple appareil,* peu habillé, en négligé ; tout nu. **2.** Ensemble d'éléments qui concourent au même but en formant un tout. *L'appareil des lois, législatif,* l'ensemble de leurs dispositions. — *L'appareil d'un parti,* l'ensemble de ses organismes administratifs permanents. *L'appareil policier d'un gouvernement.* **3.** Ensemble des organes remplissant une même fonction physiologique. ⇒ **système.** *Appareil digestif.* ▸ ① ***appareillage*** n. m. ■ Ensemble d'appareils (II) et d'accessoires divers disposés pour un certain usage. *Appareillage électrique.*

① ***appareiller*** [apaʀeje] v. intr. ■ conjug. 1. ■ (Bateaux) Se disposer au départ, quitter le mouillage, le port. ⇒ **lever** l'ancre. / contr. **mouiller** / *Le yacht a appareillé ce matin.* ▸ ② ***appareillage*** n. m. ■ Action d'appareiller, de quitter le port. ⇒ **départ.** / contr. **mouillage** /

② ***appareiller*** v. tr. ■ conjug. 1. ■ Réunir des choses semblables (pareilles*) ou qui s'accordent. ⇒ **assortir.** / contr. **dépareiller** / *Appareiller des rideaux.* — Au p. p. (Personnes) *Ils sont bien (mal) appareillés,* ils vont bien (mal) ensemble.

apparemment [apaʀamɑ̃] adv. ■ Selon toute apparence. ⇒ **censément, présumement, supposément.** *Apparemment, il n'a pas changé.*

apparence [apaʀɑ̃s] n. f. **1.** Aspect qui nous apparaît de qqch., ce qu'on voit d'une personne ou d'une chose, la manière dont elle se présente à nos yeux. ⇒ **air, mine, tournure.** *On a repeint la maison pour lui donner une belle apparence. Un garçon d'apparence maladive.* **2.** L'aspect, l'extérieur d'une chose considérés comme différents de cette chose (réalité). ⇒ **dehors, façade.** *On ne doit pas juger sur les apparences, se fier aux apparences. Un caractère indomptable sous une apparence de douceur.* — Au plur. *Garder, ménager, sauver les apparences,* ne laisser rien apercevoir de ce qui pourrait nuire à sa propre réputation ou à celle de qqn. ⇒ **bienséance, convenance.** — EN APPARENCE loc. adv. : extérieurement, autant qu'on peut en juger d'après ce qu'on voit. *La situation ne s'améliore qu'en apparence.* — CONTRE TOUTE APPARENCE loc. adv. : *en dépit de ce qui paraît. Contre toute apparence, le suspect était innocent.* **3.** (Temps) Loc. *Il y a apparence de,* probabilité, indication. *Il y a apparence de neige ce matin.*

apparent, ente [apaʀɑ̃, ɑ̃t] adj. **1.** Qui apparaît, se montre clairement aux yeux. ⇒ **visible, ostensible.** *Porter un insigne d'une manière apparente. Des défauts très apparents.* / contr. **invisible** / **2.** Abstrait. Évident, manifeste. *Sans cause apparente.* / contr. **caché** / **3.** Qui n'est pas tel qu'il paraît être ; qui n'est qu'une apparence (opposé à *véritable*). *Le mouvement apparent du Soleil autour de la Terre. Contradictions apparentes.* / contr. **réel** / ‹ ▸ apparemment ›

apparenté, ée [apaʀɑ̃te] adj. **1.** Dans des rapports de parenté. *Il est apparenté à mon mari,* de la même famille. *Elles sont apparentées.* **2.** Qui ressemble à, est en rapport avec. *Deux styles apparentés.* ▸ ***s'apparenter*** v. pron. ■ conjug. 1. — REM. S'emploie avec la prép. *à.* **1.** S'allier par le mariage. *S'apparenter à une famille.* **2.** (Choses) Avoir une ressemblance avec, être de même nature. *Le goût de l'orange s'apparente à celui de la mandarine.*

appariteur, trice [apaʀitœʀ, tʀis] n. ■ Employé (université, cégep, polyvalente) qui prépare et distribue du matériel pédagogique ou qui installe certains appareils dans les classes, les laboratoires. *Les notes de cours sont disponibles chez les appariteurs.* ⇒ **préparateur.** — REM. L'O.L.F. propose *apparitrice* au féminin.

apparition [apaʀisjɔ̃] n. f. **1.** Action d'apparaître, de se montrer aux yeux. ⇒ **manifestation.** *La soudaine apparition de boutons sur la peau.* / contr. **disparition** / — (Personnes) Le fait d'arriver, d'apparaître dans une compagnie. *Ne faire qu'une courte apparition.* **2.** Venue à l'existence (d'une chose nouvelle). *L'apparition d'une technique, de l'aviation.* — Abstrait. *L'apparition d'idées nouvelles.* **3.** Manifestation d'un être invisible qui se montre tout à coup sous une forme visible. *Apparition de Jésus-Christ aux apôtres.* **4.** Vision de cette forme visible. *Avoir des apparitions.* ⇒ **vision.** — Être imaginaire que l'on croit apercevoir. ⇒ **fantôme, revenant, spectre.** *L'apparition s'enfuit.*

appartement [apaʀtəmɑ̃] n. m. **1.** Partie d'une maison composée de plusieurs pièces qui servent d'habitation. ⇒ **logement ;** fam. **coqueron, loyer ;** anglic. **flat.** *Il y a deux appartements par étage dans cet immeuble. Louer un appartement meublé.* **2.** Pièce d'un logement, d'une maison. *Tapisser un appartement. Un logement de trois appartements.* — Au plur. Suite de pièces dans une demeure luxueuse. *La duchesse s'était retirée dans ses appartements.* ⟨ ▶ bloc-appartements ⟩

appartenir [apaʀtəniʀ] v. intr. ▪ conjug. 22. — APPARTENIR À. **1.** Être à qqn en vertu d'un droit, d'un titre. ⇒ **être** à. *Il est en possession d'un bien qui ne lui appartient pas.* **2.** (Personnes) *Appartenir à qqn,* être le bien, la chose de qqn. *Il lui appartenait corps et âme.* — Se donner physiquement. *Elle ne vous appartiendra jamais.* **3.** S'APPARTENIR v. pron. réfl. : être libre, ne dépendre que de soi-même. *Avec tous ces enfants, je ne m'appartiens plus.* **4.** Impers. Convenir, être l'apanage de. *Il appartient aux parents d'élever leurs enfants,* c'est leur rôle, leur devoir. *Il vous appartient de,* c'est à vous de. **5.** Faire partie de (qqch.). *Appartenir à une vieille famille du coin.* — *Cette question appartient à la philosophie,* en relève. ▶ ***appartenance*** n. f. **1.** Le fait d'appartenir. *Son appartenance à la communauté juive.* — *Un sentiment d'appartenance à l'Amérique,* d'identité avec elle. **2.** Mathématiques. Propriété d'être un élément d'un ensemble ($a \in P$ = *appartenance de* a *à l'ensemble* P).

appas [apɑ] n. m. pl. ▪ Vx. Attraits, charmes. *Les appas de la gloire.* ⇒ **attrait.** ≠ *appât.*

appât [apɑ] n. m. **1.** Produit, en général comestible, qui sert à attirer des animaux pour les prendre. ≠ *appeau. Mettre des appâts aux hameçons. Poisson qui mord à l'appât.* **2.** Ce qui attire, pousse à faire qqch. *L'appât du gain lui ferait faire n'importe quoi.* ≠ *appas.* ▶ ***appâter*** v. tr. ▪ conjug. 1. **1.** Garnir d'un appât. *Appâter l'hameçon.* ⇒ **amorcer. 2.** Attirer (qqn) par l'appât d'un gain, d'une récompense. ⇒ **séduire.** *Appâter qqn par de belles promesses.*

appauvrir [apovʀiʀ] v. tr. ▪ conjug. 2. **1.** Rendre pauvre. *Des guerres continuelles ont appauvri ce pays.* / contr. **enrichir** / **2.** Faire perdre sa richesse à (qqch.). *Ces cultures appauvrissent le sol. Appauvrir le sang.* ⇒ **anémier.** — Pronominalement (réfl.). *La langue risque de s'appauvrir.* ▶ ***appauvrissement*** n. m. ▪ *L'appauvrissement d'une famille. L'appauvrissement d'un gisement.* / contr. **enrichissement** /

appeau [apo] n. m. ▪ Instrument avec lequel on imite le cri des oiseaux pour les attirer au piège ; oiseau dressé à appeler les autres et à les attirer dans les filets. *Des appeaux.* ≠ *appât.*

appel [apɛl] n. m. **1.** Action d'appeler pour faire venir à soi, pour obtenir une réponse. *Crions plus fort, elles n'ont pas entendu notre appel. Répondre, accourir à un appel. Un appel au secours.* — *Appel téléphonique,* par lequel le correspondant est appelé. **2.** Action d'appeler à haute voix des personnes par leur nom afin de s'assurer de leur présence. *Faire l'appel. Être présent, répondre à l'appel. Être absent, manquer à l'appel.* **3.** Action d'appeler sous les drapeaux. *L'appel du contingent, des réservistes.* ⇒ **recrutement.** — (France) *Devancer l'appel,* s'engager dans l'armée avant l'âge légal de l'appel. *Appel aux armes.* ⇒ **mobilisation. 4.** *Faire un* APPEL DE FONDS : demander un versement de fonds à des actionnaires, des associés, des souscripteurs. **5.** (Choses) APPEL D'OFFRES : procédure administrative qui permet à plusieurs soumissionnaires d'entrer en concurrence pour obtenir un contrat, un marché. *Samedi, le ministère mettra fin à son appel d'offres.* **6.** Discours ou écrit dans lequel on s'adresse au public pour l'exhorter. ⇒ **exhortation, proclamation.** *Appel à l'insurrection. L'appel du général de Gaulle aux Français* (18 juin 1940). **7.** FAIRE APPEL À : demander, requérir comme une aide. *Faire appel à qqn, à la générosité de qqn. Faire appel à ses souvenirs,* les évoquer. — Loc. *Appel du pied,* paroles, allusion constituant une demande. **8.** En droit. FAIRE APPEL : recourir à une juridiction supérieure en vue d'obtenir la réformation d'un jugement. *Faire appel d'un jugement en Cour suprême.* — *Cour d'appel. Une décision sans appel,* sans possibilité de recours. **9.** SANS APPEL : irrémédiablement. *Le monde est voué sans appel à la protection de l'environnement.* **10.** APPEL D'AIR : tirage qui facilite la combustion dans un foyer. ⟨ ▶ appeau, rappel ⟩

① ***appeler*** [aple] v. tr. ▪ conjug. 4. **1.** Inviter (qqn) à venir, à répondre, en prononçant son nom ou par un mot, un cri, un bruit. ⇒ **interpeller ; apostropher.** *Appelez la serveuse. Appeler qqn à son aide, à son secours.* **2.** Joindre qqn par téléphone. *Je vous appellerai tous les jours pour prendre de vos nouvelles.* **3.** Inviter (qqn) à venir. ⇒ **convoquer, demander.** *Appeler le médecin.* **4.** *Appeler qqn à une charge, une fonction, un poste,* le choisir, le désigner pour. **5.** (Choses) Demander, exiger, entraîner. ⇒ **réclamer.** *Ce grave sujet appelle toute votre attention. Cette conduite appelle votre sévérité.* **6.** *Appeler l'attention de qqn sur qqch.,* faire remarquer. **7.** EN APPELER À : s'en remettre à. *S'il le faut, tu en appelleras à la Cour supérieure du Québec.* – *J'en appelle à votre bon cœur.* ▶ ***appelé, ée*** adj. et n. m. **1.** Qui est appelé. *Une carrière où il y a beaucoup d'appelés et peu d'élus,* qui est recherchée mais où il est difficile de réussir. **2.** APPELÉ À (+ infinitif) : désigné pour, dans la nécessité de. *Si nous étions appelés à partir.* **3.** (France) N. m. Jeune homme incorporé dans l'armée pour faire son service militaire. *Les appelés de cette année.* ⇒ **conscrit.** ⟨ ▶ appel, ① rappeler, ② rappeler ⟩

② ***appeler*** v. tr. ▪ conjug. 4. **1.** Donner un nom à (qqn) ou (qqch.). *Ils appelleront leur prochaine fille Hélène.* ⇒ **baptiser, nommer.** *Appeler un médecin « docteur ». C'est ce qu'on appelle une idiotie !* Loc. *Appeler les choses par leur nom,* ne pas affaiblir par des mots ce que certaines vérités peuvent avoir de dur ou de choquant. **2.** S'APPELER v. pron. : avoir pour nom. *Je m'appelle Dominique. Comment s'appelle cette fleur ?* — Fam. *Cela s'appelle parler, voilà ce qui s'appelle parler,* voilà un langage ferme et franc. ▶ ***appellation*** [apɛlasjɔ̃] n. f. **1.** Action, façon d'appeler une chose. ⇒ **dénomination, désignation.** *L'appellation d'une chose nouvelle.* **2.** Nom qu'on donne à une chose. ⇒ **nom.** *Objet qui a plusieurs appellations.* — *Appellation d'origine,* désignation d'un produit par le nom du lieu où il a été récolté ou fabriqué.

appendice [apɛ̃dis] n. m. **1.** Partie qui prolonge une partie principale, semble ajoutée à elle. **2.** Petite cavité en doigt de gant qui prolonge le cæcum. *Inflammation de l'appendice.* ⇒ **appendicite. 3.** Supplément placé à la fin d'un livre et qui contient des notes, des documents. ▶ ***appendicite*** n. f. ▪ Inflammation de l'appendice (2). *Crise d'appendicite.*

il ***appert*** [ilapɛʀ] v. impers. — REM. Ne s'emploie qu'au présent. ▪ En droit. *Il appert que* (+ indicatif), il est évident (il apparaît) que. — *Il appert qu'il neigera demain.*

*s'****appesantir*** [apəzɑ̃tiʀ] v. pron. ▪ conjug. 2. **1.** Devenir plus pesant, moins agile. Ses yeux s'appesantissaient de sommeil. **2.** *S'appesantir sur un sujet, sur des détails,* s'y arrêter, en parler trop longuement. ⇒ **insister.** / contr. **glisser** / — Sans compl. *Inutile de s'appesantir.* ▶ ***appesantissement*** n. m. ▪ État d'une personne rendue moins agile.

appétence [apetɑ̃s] n. f. ■ Littér. Tendance qui porte l'être vers ce qui peut satisfaire ses penchants naturels. ⇒ **appétit, envie.** *Son appétence de nouveauté.*

appétit [apeti] n. m. **1.** Désir de nourriture, plaisir que l'on trouve à manger. *Avoir de l'appétit. Un bon appétit. Manger sans appétit. Il a perdu l'appétit. Bon appétit !* — Abstrait. PROV. *L'appétit vient en mangeant,* plus on a, plus on veut avoir. **2.** *Appétit de,* désir pressant de (qqch.). ⇒ **soif.** *Un appétit de bonheur insatiable.* **3.** Au plur. Mouvement qui porte à rechercher ce qui peut satisfaire un besoin organique, un instinct. *Appétits naturels. Appétits sexuels.* ▶ ***appétissant, ante*** adj. **1.** Dont l'aspect, l'odeur met en appétit ; qu'on a envie de manger. *Un pâté appétissant.* **2.** Qui suscite le goût, plaît. ⇒ **affriolant, attirant, engageant.** / contr. **écœurant, repoussant** /

applaudir [aplodiʀ] v. ▪ conjug. 2. **I.** V. intr. Battre des mains en signe d'approbation, d'admiration ou d'enthousiasme. *Le public applaudit.* **II.** Littér. APPLAUDIR À *qqch.* : donner son complet assentiment à. *J'applaudis à votre initiative.* ⇒ **approuver. III.** V. tr. APPLAUDIR *qqn, qqch.* **1.** Accueillir, saluer par des applaudissements. *Applaudir une actrice.* ⇒ **acclamer.** *Son discours a été chaleureusement applaudi.* / contr. **huer** / **2.** S'APPLAUDIR DE *qqch.* : être content, heureux de qqch. ⇒ se **féliciter.** ▶ ***applaudissement*** n. m. ■ Battement des mains en signe d'approbation, d'admiration ou d'enthousiasme. ⇒ **bravo.** *Ce discours soulève des applaudissements. Les applaudissements éclatent, retentissent.* / contr. **chou, huée** /

① ***appliquer*** [aplike] v. tr. ▪ conjug. 1. **I. 1.** Mettre (une chose) sur une autre de manière qu'elle la recouvre et y adhère, ou y laisse une empreinte. *Appliquer une couche de peinture sur un mur.* ⇒ **étendre.** — Faire subir, supporter à ; faire porter sur. *Appliquer à qqn un traitement. Appliquer une punition. — Elle lui appliqua un baiser sur la joue.* **2.** Faire servir (pour telle ou telle chose, cas). ⇒ **employer, utiliser.** *Appliquer un traitement à une maladie. Appliquer une recette.* **3.** Rapporter (à un objet ce qui était dit d'un autre). *Appliquer un nom, un cas, un exemple à qqn.* ⇒ **attribuer, donner. 4.** Mettre en pratique. *Appliquer une peine. Il faut appliquer le règlement.* **II.** S'APPLIQUER v. pron. **1.** Se placer, être appliqué. *Une lame qui s'applique exactement sur une autre.* ⇒ **recouvrir. 2.** Être adapté, applicable à. ⇒ **convenir.** *Cette remarque s'applique à tout le monde.* ⇒ **concerner, intéresser, viser.** ▶ ***applicable*** adj. ■ Qu'on peut appliquer (à qqch., qqn). *Cette loi n'est pas applicable dans les autres provinces.* / contr. **inapplicable** / ▶ ① ***application*** n. f. **1.** Action de mettre une chose sur une autre de manière qu'elle la recouvre et y adhère. *L'application d'un papier peint sur un mur. Application d'une pommade sur une blessure.* **2.** Action de faire porter sur qqch. *Point d'application d'une force.* **3.** Utilisation pour, en. *L'application des sciences à l'industrie. Application d'une loi (à une catégorie de gens...).* **4.** Souvent au plur. Utilisation possible, cas d'utilisation. ⇒ **destination.** *Les applications d'un remède,* les cas dans lesquels il est applicable. *Les applications d'une découverte scientifique.* **5.** Mise en pratique. *Mettre une idée, une théorie en application. L'application des règles.* ▶ ***applicateur*** adj. et n. m. ■ Qui sert à appliquer un produit. *Tampon, pinceau applicateur.* — N. m. *Un applicateur.* ▶ ***applique*** n. f. **1.** Tout ce qui est appliqué, fixé, plaqué sur un objet pour l'orner ou le rendre solide. **2.** Appareil d'éclairage fixé au mur. ▶ ① ***appliqué, ée*** adj. ■ Mis en pratique. *Les sciences appliquées,* qui utilisent les résultats théoriques de la science (opposé à *sciences pures*). *Les arts appliqués* (décoration, mobilier). ‹ ▶ inapplicable, rappliquer ›

② ***s'appliquer*** v. pron. ▪ conjug. 1. ■ Apporter une attention soutenue (à qqch.), prendre soin de faire (qqch.). *S'appliquer à une étude, un travail.* — Sans compl. Travailler avec zèle, application. *Une élève qui s'applique.* ▶ ② ***application*** n. f. ■ Action d'appliquer son esprit, de s'appliquer ; qualité d'une personne appliquée. ⇒ **attention.** *Tu travailles avec application.* / contr. **négligence** / *Manquer d'application.* ▶ ② ***appliqué, ée*** adj. **1.** Qui s'applique. *Un étudiant appliqué.* ⇒ **studieux, travailleur. 2.** (Choses) Qui prouve l'application. *Une écriture appliquée.*

appoint [apwɛ̃] n. m. **1.** (Surtout en France) Complément d'une somme en petite monnaie. *Faire l'appoint,* ajouter le complément en petite monnaie. **2.** Ce qu'on ajoute à qqch. pour compléter. ⇒ **complément, supplément.** *Ressources, salaire d'appoint.*

appointer [apwɛ̃te] v. tr. ▪ conjug. 1. ■ Donner des appointements. ⇒ **rétribuer.** ▶ ***appointements*** n. m. pl. ■ Rétribution fixe attachée à une place, à un emploi régulier (surtout pour les employés). ⇒ **émoluments, salaire, traitement.** *Recevoir des appointements.*

appontement [apɔ̃tmɑ̃] n. m. ■ Plate-forme fixe avec tablier et pont sur pilotis le long de laquelle un navire vient s'amarrer. ≠ *quai.*

apporter [apɔʀte] v. tr. ▪ conjug. 1. **I.** Concret. **1.** *Apporter qqch. à qqn,* porter (qqch.) au lieu où est qqn. *Allez me chercher ce livre et apportez-le-moi. — Apporter une chose quelque part,* la porter avec soi en venant. *Quand vous viendrez, apportez vos outils.* **2.** Fournir pour sa part. *Apporter des capitaux.* **II.** Abstrait. **1.** Manifester, montrer (auprès de qqn, quelque part, pour faire qqch.). *Apporter du soin à qqch., à faire qqch.* ⇒ **employer, mettre. 2.** Donner, fournir (à qqn) un élément de connaissance. *Je viens vous apporter de mauvaises nouvelles.* ⇒ **apprendre.** *Son intervention n'apporte rien. Apporter des explications.* ⇒ **donner, fournir. 3.** Fournir à qqn (ce qu'on a produit, ce qu'on a fait naître). *Elle a apporté un soulagement à ma détresse.* **4.** (Choses) Être la cause de (qqch.). *Les changements que l'ordinateur a apportés dans la vie quotidienne.* ⇒ **amener, entraîner, produire.** ▶ ***apport*** n. m. **1.** Action d'apporter. Un apport d'argent. **2.** Bien apporté. *Apports en société,* biens apportés par l'actionnaire. **3.** Contribution. *Sa collaboration constitue un apport non négligeable.* ‹ ▶ rapport, ①, ②, ③, ④ rapporter ›

apposer [apoze] v. tr. ▪ conjug. 1. ■ Droit. Mettre sur qqch. *Apposer sa signature,* signer. *Apposer les scellés.*

apposition [apozisjɔ̃] n. f. ■ Procédé par lequel deux termes, simples (noms, pronoms) ou complexes (propositions), sont juxtaposés, sans lien (ex. : *la Lune, satellite de la Terre ; Québec, ville fondée par Champlain*). *Mot en apposition.*

apprécier [apʀesje] v. tr. ▪ conjug. 7. **1.** Déterminer le prix, la valeur de (qqch.). ⇒ **estimer, évaluer.** *L'expert a apprécié le mobilier à tel prix.* **2.** Déterminer approximativement, par les sens. *Apprécier une distance, une vitesse.* ⇒ **estimer, juger. 3.** Abstrait. Sentir, percevoir les qualités de (qqch.). *Il faut avoir l'esprit subtil pour apprécier une telle nuance.* ⇒ **discerner, saisir, sentir. 4.** Porter un jugement favorable sur ; aimer, goûter. *Apprécier la musique. Apprécier un plat. Je n'apprécie pas beaucoup son procédé. — Apprécier qqn.* ⇒ **estimer, priser.** / contr. **détester, mépriser** / ▶ ***appréciable*** adj. **1.** Qui peut être apprécié, évalué. *La différence est à peine appréciable.* ⇒ **sensible, visible.** — Assez considérable. ⇒ **important, notable.** *Un changement appréciable.* **2.** Qui a une valeur, de l'agrément. ⇒ **intéressant, précieux.** *Un grand parc en ville, c'est appréciable.* ▶ ***appréciation*** n. f. **1.** Action d'apprécier, de déterminer le prix, la valeur de qqch. ⇒ **estimation, évaluation. 2.** Le fait de juger. ⇒ **jugement.** *Laisser, soumettre une décision à l'appréciation de qqn.* **3.** Opinion. *Veuillez noter vos appréciations en marge du texte.* ⇒ **annotation, note, observation.** *Une appréciation favorable.* ‹ ▶ déprécier, inappréciable ›

① ***appréhender*** [apʀeɑ̃de] v. tr. ▪ conjug. 1. **1.** Arrêter (qqn). *La police a appréhendé le suspect.* / contr. **relâcher** / **2.** En philosophie. Saisir par l'esprit.

② ***appréhender*** v. tr. ▪ conjug. 1. ■ Envisager (qqch.) avec crainte, s'en inquiéter par avance. ⇒ **craindre.** *Elle appréhende cet examen.* ▶ ***appréhension*** [apʀeɑ̃sjɔ̃] n. f. ■ Action d'envisager qqch. avec crainte ; crainte vague, mal définie. ⇒ **anxiété, inquiétude, pressentiment.** *Il a un peu d'appréhension avant son examen.* / contr. **confiance** /

apprendre [apʀɑ̃dʀ] v. tr. ▪ conjug. 58. **I.** (Sens subjectif) **1.** Être avisé, informé de (qqch.). *Apprendre une nouvelle par la radio. J'ai appris que vous étiez rentré de voyage.* **2.** Chercher à acquérir un ensemble de connaissances par un travail intellectuel ou par l'expérience (opposé à *naturel*). *Apprendre l'allemand. Apprendre ses leçons. Apprendre un texte par cœur. Elle a appris le métier.* — Sans compl. S'instruire, acquérir des connaissances. *Le désir, le goût d'apprendre.* **3.** APPRENDRE À : chercher à devenir capable de. *Apprendre à lire, à écrire. Elle lui apprend à conduire. Apprendre à supporter la douleur.* ⇒ s'**habituer.** — Sans compl. *Tu apprends facilement.* **II.** (Sens objectif) **1.** Porter à la connaissance de qqn. ⇒ **avertir** de, **prévenir** de. *Je viens vous apprendre son arrivée, qu'il est arrivé.* **2.** Donner (à qqn) la connaissance, le savoir, la pratique de qqch. *Le professeur apprend aux élèves les verbes irréguliers anglais.* ⇒ **enseigner, expliquer.** *Elle m'apprend à faire du ski, à jouer aux cartes. Cette lecture m'a beaucoup appris.* **3.** Loc. *Cela lui apprendra à vivre,* cela lui servira de leçon. — *Je lui apprendrai,* je le corrigerai, je le punirai. ‹ ▶ apprenti, malappris, rapprendre ›

apprenti, ie [apʀɑ̃ti] n. **1.** Personne qui est en apprentissage. **2.** Personne qui a peu de connaissances, d'expérience (dans un domaine). *Pour les affaires, je ne suis qu'un apprenti.* **3.** (Avec un nom en appos.) *Un apprenti plombier, une apprentie pilote.* — Loc. *L'*APPRENTI SORCIER : celui qui déchaîne des événements dont il n'est pas capable d'arrêter le cours. ▶ ***apprentissage*** n. m. **1.** Le fait d'apprendre un métier manuel ou technique dans une école ou chez un particulier. *Elle fait un stage dans un centre d'apprentissage.* **2.** *Faire l'apprentissage de qqch.,* en commencer la pratique, s'y initier. *Les jeunes nations ont fait l'apprentissage de l'indépendance.*

① ***apprêter*** [apʀɛte] v. tr. ▪ conjug. 1. **1.** Vieilli. Préparer (la nourriture). *Apprêter un repas. L'art d'apprêter les mets.* ⇒ **accommoder. 2.** Technique. Soumettre à un apprêt. *Apprêter des étoffes, des cuirs, des peaux, du papier,* pour leur donner l'apparence, la consistance voulue. ▶ ***apprêt*** [apʀɛ] n. m. **1.** Opération que l'on fait subir aux matières premières (cuirs, textiles) avant de les travailler ou de les présenter. — Empesage d'une étoffe. **2.** Substance qui sert à apprêter (colle, empois, gomme). — Enduit que l'on étend sur une surface à peindre. ⇒ **couche** de fond.

② ***s'apprêter*** v. pron. ▪ conjug. 1. **1.** Se préparer (à). *S'apprêter au départ.* ⇒ se **disposer.** *Je m'apprêtais justement à vous rendre visite.* **2.** Se préparer, s'habiller. *Elle s'est apprêtée pour sortir.*

appris, ise ■ Part. passé du verbe *apprendre.*

apprivoiser [apʀivwaze] v. tr. ▪ conjug. 1. **1.** Rendre moins craintif ou moins dangereux (un animal). *Apprivoiser un oiseau de proie.* ≠ *dresser.* — Au p. p. adj. *Panthère apprivoisée.* **2.** Rendre (une personne) plus docile, plus sociable. ⇒ **adoucir, amadouer.** *Il faut apprivoiser cet enfant.* **3.** S'APPRIVOISER v. pron. : (animaux) devenir moins sauvage ; (personnes) devenir moins farouche, plus sociable, plus familier. — Littér. *S'apprivoiser à qqch.,* s'y accoutumer. ⇒ se **familiariser.** *Je commence à m'apprivoiser à cette idée.* ▶ ***apprivoisable*** adj. ■ *Un animal peu apprivoisable.* ▶ ***apprivoisement*** n. m. ■ *L'apprivoisement d'un ours.* ≠ *dressage.* — *L'apprivoisement d'une enfant farouche.*

approbateur, trice [apʀɔbatœʀ, tʀis] ou ***approbatif, ive*** [apʀɔbatif, iv] adj. ■ Qui approuve, est signe qu'on approuve. *Geste, sourire approbateur.* ⇒ **favorable.** *Un silence approbateur.* ⇒ **consentant.** *Un signe de tête approbatif.* / contr. **désapprobateur, réprobateur** / ▶ ***approbation*** n. f. **1.** Le fait d'approuver ; accord que l'on donne. *Le maire a donné son approbation à la délibération du conseil.* ⇒ **acceptation, acquiescement, adhésion, agrément, assentiment, autorisation, consentement.** / contr. **refus** / **2.** Jugement favorable ; témoignage d'estime ou de satisfaction. *Sa conduite est digne d'approbation. Manifester son approbation.* / contr. **blâme, critique, réprobation** / ‹ ▶ désapprobation ›

approcher [apʀɔʃe] v. ▪ conjug. 1. **I.** V. tr. dir. **1.** Mettre près, plus près. *Approchez ce fauteuil du foyer.* / contr. **éloigner** / **2.** Venir près, s'avancer auprès de (qqn). *Ne m'approchez pas !* **3.** Avoir libre accès auprès de qqn, le voir habituellement. ⇒ **côtoyer, fréquenter.** *C'est une personne qu'on ne peut approcher,* une personne dont l'accès, ou la fréquentation, est difficile. **II.** V. tr. ind. et intr. **1.** Venir près, plus près (de qqn, qqch.). *Approchez que je vous regarde. N'approchez pas du feu. L'avion approchait du sol. Nous approchons de Moncton.* **2.** Être près, sur le point d'atteindre. ⇒ **toucher** à. *Approcher du but, du résultat. Approcher (de) la cinquantaine.* ⇒ **friser.** — *La nuit approche.* ⇒ **venir. 3.** Abstrait. Être proche de, presque identique à. *Approcher de la perfection.* **III.** S'APPROCHER (DE) v. pron. réfl. **1.** Venir près, aller se mettre auprès de (qqn, qqch.). *Le navire s'approche de la terre. Approchez-vous (de moi).* / contr. s'**éloigner** / **2.** Abstrait. *Il veut s'approcher le plus près possible de la perfection.* ▶ ***approchable*** adj. ■ Dont on peut approcher (à la négative). *Elle est de très mauvaise humeur : elle n'est pas approchable.* ▶ ***approchant, ante*** adj. ■ Qui se rapproche de. ⇒ **proche, voisin** de. — Qui a du rapport, de la ressemblance avec. ⇒ **semblable.** *Ce n'est qu'une image de la situation plus ou moins approchante. Ça vaut dans les dix dollars ou quelque chose d'approchant.* ▶ ***approche*** n. f. **1.** À *(l', cette, son...)* APPROCHE : en approchant de. *Je presse le pas à l'approche de ma maison. Le chat ne fuyait pas à mon approche.* **2.** D'APPROCHE : pour s'approcher. Loc. *Travaux d'approche,* démarches intéressées, manœuvres pour arriver à un but. *Lunette d'approche,* qui fait paraître les objets plus proches. **3.** Au plur. Ce qui est près de. ⇒ **abord.** *Les approches d'une ville.* **4.** (Choses) Le fait d'approcher, d'être sur le point de se produire. *L'approche de la nuit, de l'hiver.* ⇒ **venue.** *À l'approche, aux approches de la trentaine.* **5.** Abstrait. Manière d'aborder l'étude d'une question. *L'approche sociologique des faits linguistiques.* ‹ ▶ inapprochable, rapprocher ›

approfondir [apʀɔfɔ̃diʀ] v. tr. ▪ conjug. 2. **1.** Rendre plus profond, creuser plus avant. *Approfondir un canal, un trou.* / contr. **combler** / **2.** Pénétrer plus avant dans une connaissance ; étudier à fond. ⇒ **creuser, fouiller.** *Approfondir une science, une question.* — Au p. p. adj. *La connaissance approfondie d'une* langue. ▶ ***approfondissement*** n. m. **1.** Action d'approfondir (1). *Travaux d'approfondissement d'un port.* **2.** Le fait de devenir, de rendre plus profond. *L'approfondissement d'un sujet, d'un problème.* ⇒ **analyse, examen.** — *L'approfondissement d'une pensée, d'un sentiment.*

approprier [apʀɔpʀije] v. tr. ▪ conjug. 7. **1.** Rendre propre, convenable à un usage, à une destination. *Approprier son discours au public.* ⇒ **adapter.** — Au p. p. adj. *Rangez cet objet à la place appropriée,* à la bonne place. ⇒ **convenable. 2.** S'APPROPRIER : faire sien ; s'attribuer la propriété de (ce qui appartient à un autre). *S'approprier le bien d'autrui. Il s'approprie des idées de sa collègue.* ⇒ s'**emparer, usurper.** *Il s'est approprié les livres qu'on lui avait prêtés.* ▶ ***appropriation*** n. f. ▪ Action de s'approprier une chose (surtout sans en avoir le droit). ‹ ▶ inapproprié ›

approuver [apʀuve] v. tr. ▪ conjug. 1. **1.** Donner son accord à (qqch.). *Le conseil a approuvé l'ordre du jour.* ⇒ **accepter, admettre, entériner, ratifier ; approbation.** / contr. **refuser, rejeter, repousser** / — Au p. p. adj. *Lu et approuvé* (formule au bas d'un acte, d'un contrat). **2.** APPROUVER *qqch.* : juger bon, trouver louable. *Elle approuve sa conduite et l'engage à persévérer.* ⇒ **apprécier, louer.** — (Avec *que* + subjonctif) *Je n'approuve pas qu'il ait cette attitude.* — APPROUVER *qqn* : être de son opinion ; le louer. *Nous l'approuvons dans sa décision, d'en avoir décidé ainsi.* / contr. **blâmer** / ‹ ▶ approbateur, désapprouver ›

approvisionner [apʀɔvizjɔne] v. tr. ▪ conjug. 1. **1.** Fournir de provisions. ⇒ **ravitailler.** *Le Moyen-Orient approvisionne le Canada en pétrole.* — *Approvisionner un compte en banque,* y déposer de l'argent. — Au p. p. adj. *Un magasin bien approvisionné,* qui offre un grand choix de marchandises. **2.** S'APPROVISIONNER : se munir de provisions. *Ils se sont approvisionnés de bois pour l'hiver.* — Sans compl. *S'approvisionner chez l'épicière du quartier.* ⇒ se **fournir.** ▶ ***approvisionnement*** n. m. **1.** Action d'approvisionner. ⇒ **ravitaillement. 2.** Ensemble des provisions rassemblées. ‹ ▶ réapprovisionner ›

approximatif, ive [apʀɔksimatif, iv] adj. **1.** Qui est fait par approximation. *Calcul, nombre approximatif.* ⇒ **approché.** / contr. **exact** / **2.** Imprécis, vague. *S'exprimer en termes approximatifs.* ▶ ***approximativement*** adv. ▪ *Cela fait approximativement 5 %.* ⇒ **environ,** à peu **près.** / contr. **exactement** / ▶ ***approximation*** n. f. **1.** Détermination approchée. *On calcule par approximation les racines des équations.* **2.** Estimation par à peu près. ⇒ **évaluation. 3.** Valeur approchée. *Ce n'est qu'une approximation.*

appuyer [apɥije] v. ▪ conjug. 8. **I.** V. tr. **1.** Soutenir ou faire soutenir, supporter. *Appuyer* (une chose) *contre, à,* la placer contre une autre qui lui servît d'appui. *Appuyer une échelle contre un mur, une cabane à une falaise.* ⇒ **accoter, adosser.** *Appuyer qqch. sur...* ⇒ **mettre, poser.** *Appuyer ses coudes sur la table.* **2.** Abstrait. Soutenir, rendre plus ferme, plus sûr. *Elle appuie ses dires sur des motifs valables.* **3.** Fournir un moyen d'action, une protection, un soutien à (qqn, qqch.). *Appuyer qqn.* ⇒ **aider, encourager, patronner, protéger, recommander ;** fam. **pistonner.** *Appuyer un candidat à une élection.* ⇒ **soutenir.** — *Appuyer la demande de qqn.* **4.** Appliquer, presser une chose (sur, contre une autre). *Appuyer le pied sur la pédale.* **II.** V. intr. APPUYER (SUR). **1.** Être soutenu ; être posé sur. *La voûte appuie sur les arcs-boutants.* ⇒ **reposer. 2.** Peser plus ou moins fortement sur. ⇒ **peser, presser.** *Appuyez sur le levier. Appuyez sur le bouton du 7ᵉ étage.* **3.** Émettre avec force (un élément par rapport à l'entourage). *Appuyer sur un mot en parlant.* **4.** Insister avec force. *Elle a appuyé sur le caractère primordial de cette question.* / contr. **glisser** / — Sans compl. *N'appuyez pas trop !* ⇒ **insister.** — Au p. p. adj. *Un compliment trop appuyé.* / contr. **discret** / **5.** Prendre une direction. *Appuyez sur la droite.* ⇒ se **diriger.** — APPUYER À *(droite, gauche),* aller vers (la droite, la gauche). **III.** S'APPUYER v. pron. **1.** S'aider, se servir comme d'un appui, d'un soutien. *Appuyez-vous sur mon bras. Elle s'est appuyée contre moi.* ⇒ **s'accoter. 2.** Se fonder, se baser sur qqn, sur qqch. *Vous pouvez vous appuyer entièrement sur elle.* ⇒ **compter.** *Il s'appuie sur des observations récentes.* ⇒ se **référer.** ▶ ***appui*** [apɥi] n. m. **I. 1.** Action d'appuyer, de s'appuyer sur qqch. PRENDRE APPUI *sur qqch.* : s'appuyer sur qqch. — HAUTEUR D'APPUI : hauteur suffisante pour s'appuyer sur le coude. *Une fenêtre à hauteur d'appui.* — POINT D'APPUI : point sur lequel une chose s'appuie. *Le point d'appui d'une poutre.* — Abstrait. *Chercher un point d'appui,* un soutien, un moyen d'action. **2.** À L'APPUI DE loc. prép. : pour appuyer, soutenir (une assertion, une opinion). *À l'appui de cette remarque, elle cite plusieurs philosophes. Avec preuves à l'appui.* **II. 1.** Ce qui sert à soutenir. ⇒ **soutien, support.** *Appui pour le coude* ⇒ **accoudoir,** *la tête* ⇒ **appui-tête.** *Appui d'une fenêtre, d'un balcon,* tablette où l'on peut s'appuyer. **2.** Abstrait. Soutien moral ou aide matérielle. *Demander l'appui de qqn.* ⇒ **aide, assistance, protection.** *Avoir un appui, de puissants appuis.* ▶ ***appui-bras*** n. m. ou ***appuie-bras*** n. m. invar. ▪ Support fixé sur la portière ou au centre du siège d'une voiture pour appuyer le bras. ⇒ **accoudoir.** *Des appuis-bras ; des appuie-bras.* ▶ ***appui-livres*** n. m. ou ***appuie-livres*** n. m. invar. ▪ Objet de bureau qui sert à maintenir des livres serrés les uns contre les autres, en position verticale. *Des appuis-livres en onyx mexicain. Des appuie-livres anciens.* — REM. Le mot s'emploie généralement au pluriel. ▶ ***appui-tête*** n. m., ou ***appuie-tête*** [apɥitɛt] n. m. invar. **1.** Dispositif destiné à soutenir la tête. *L'appui-tête réglable d'un fauteuil de dentiste. Des appuis-tête ; des appuie-tête.* **2.** Morceau de tissu qui sert à protéger l'endroit où l'on pose la tête sur un fauteuil. *Laver les appuis-tête.*

âpre [ɑpʀ] adj. **1.** Littér. Qui a une rudesse désagréable. *Froid, vent âpre.* ⇒ **rude.** — Cour. *Goût âpre,* qui produit une impression d'amertume, qui râcle la gorge. ⇒ **amer.** *Un fruit âpre.* **2.** Littér. Dur, pénible. *Une lutte âpre.* **3.** *Être* ÂPRE AU GAIN : avide. ▶ ***âprement*** adv. ▪ Avec une énergie dure. *Une victoire âprement disputée.* ⇒ **farouchement.** ‹ ▶ âpreté, aspérité ›

après [apʀɛ] prép. et adv. **I.** Prép. **1.** (Postériorité dans le temps) *Le printemps vient après l'hiver.* / contr. ① **avant** / — Loc. prép. *Après Jésus-Christ,* sert à calculer le temps (années, siècles...) à partir de la naissance de Jésus-Christ. ⇒ **apr. J.-C.** *L'empereur romain Auguste est né en 63 av. J.-C. et il est mort en 14 apr. J.-C. Ces événements sont arrivés les uns après les autres,* à la suite, en se succédant. *Ils président l'un après l'autre,* alternativement, tour à tour. *Après vous, je vous en prie,* formule de politesse. *Après ce que j'ai fait pour lui, me traiter de la sorte ! Nous allons déjeuner, après quoi nous nous mettrons en route.* — Fam. *J'ai rendez-vous avec elle après midi ou après souper,* cet après-midi ou après l'heure du souper. — APRÈS QUE (+ indicatif) loc. conj. *Elle est arrivée après que je suis parti* (*après que je sois...* est fautif). — APRÈS (+ infinitif passé). *Après avoir mangé, nous sommes sortis. Après être monté, il est redescendu.* — APRÈS COUP loc. adv. : après l'événement. ⇒ **a posteriori.** *Je n'ai compris qu'après coup.* — PAR APRÈS : ensuite. *Faites d'abord vos devoirs, par après vous sortirez.* **2.** (Postériorité dans l'espace) Plus loin. *Au bas de la côte, après le pont.* **3.** Derrière (qqn qui se déplace).

Passez après moi. **4.** Indiquant un mouvement de poursuite, de recherche. *Courir après qqn,* pour le rejoindre, le rattraper. *Courir après son argent,* pour l'obtenir, le ravoir. — Fam. ÊTRE APRÈS *qqn* : être toujours derrière lui, le suivre partout. ⇒ **importuner ; harceler.** — Fam. *Cessez de crier après moi,* de me chicaner, de me faire des reproches. **5.** Plus bas, en étant subordonné, dans un ordre, une hiérarchie. *Après le lieutenant vient le sous-lieutenant.* ⇒ **sous. 6.** APRÈS TOUT loc. adv. : après avoir tout considéré, envisagé. *Après tout, cela m'est égal.* ⇒ en **définitive,** au **fond. 7.** D'APRÈS loc. prép. : en se conformant à, à l'imitation de. ⇒ **selon, suivant.** *Juger d'après l'expérience. D'après (ce que disent) les journaux, il se serait enfui. D'après moi, elle a raison.* **8.** Fam. ÊTRE APRÈS (+ infinitif) loc. verb. : être en train de faire qqch. *Être après lire, après manger, après dormir.* **9.** Fam. Indiquant une surface, un appui. *Poser une affiche après la porte,* sur la porte. *Attache ta bicyclette après la galerie,* à la galerie. **II.** Adv. *Vingt ans après.* ⇒ plus **tard.** / contr. ① **avant** / *Les événements qui survinrent après.* ⇒ **ensuite.** *Aussitôt après. Peu de temps, longtemps après.* — Loc. D'APRÈS : qui suit, suivant. ⇒ d'**ensuite.** *La page d'après.* — CI-APRÈS loc. adv. : plus loin dans un texte. ⇒ **infra.** — (Pour engager, qqn à poursuivre) *Et après ? Et puis après ?* ⇒ fam. ③ **pis.** — (Pour marquer l'indifférence) *Elle ne viendra pas ? et après ?,* quelle importance ? ‹ ▶ après- ›

après- ■ Élément indiquant la postériorité. / contr. **avant-** / ▶ ***après-demain*** adv. ■ Au jour qui suivra demain. *L'affaire a été renvoyée à après-demain* (⇒ **surlendemain**). ▶ ***après-guerre*** n. m. ■ Période qui suit une guerre. *Des après-guerres.* ▶ ***après-midi*** n. m. ou f. invar. ■ Partie de la journée de midi jusqu'au soir (opposé à *avant-midi, soir*). ⇒ ① **P.M.** *Nous nous reverrons cet après-midi.* ⇒ **tantôt.** *Des après-midi ensoleillés.* ▶ ***après-rasage*** adj. invar. et n. m. invar. ■ Se dit d'une lotion rafraîchissante que les hommes appliquent sur leur visage après s'être rasés. — N. m. invar. *Des après-rasage.* ▶ ***après-ski*** n. m. invar. **1.** Bottillon souple, chaud, que l'on chausse lorsqu'on ne skie pas. *Des après-ski.* **2.** Réunion d'amis organisée après une journée de ski. *Être invité à un après-ski.* ⇒ anglic. **party.** ▶ ***après-vente*** adj. invar. ■ *Service après-vente,* ensemble des services d'entretien ou de réparation assuré par un commerçant, une firme, après la vente d'un produit. *Des services après-vente.*

âpreté [ɑpʀəte] n. f. **1.** Littér. Rudesse désagréable de ce qui est âpre*. / contr. **douceur** / *L'âpreté de l'hiver dans les régions nordiques. L'âpreté d'un vin.* **2.** Abstrait. Caractère dur, pénible, rude ou violent. *L'âpreté d'une lutte. L'âpreté de ses reproches.*

a priori [apʀijɔʀi] adj. invar., adv. et n. m. invar. **1.** Adj. invar. En partant de données antérieures à l'expérience. *Argument a priori,* non fondé sur les faits. / contr. **a posteriori** / **2.** Adv. Au premier abord, avant toute expérience. *A priori, c'est une bonne idée.* **3.** N. m. invar. *Ce n'est pas convaincant, vous vous fondez sur des a priori.* — REM. On écrit aussi *à priori.* ▶ ***apriorisme*** n. m. ■ Idée a priori.

apr. J.-C. [apʀɛjezykʀi] loc. prép. ■ Abréviation de *après* Jésus-Christ* (opposé à *av. J.-C.*). *Le Ve siècle apr. J.-C.* — REM. L'abréviation *ap. J.-C.* s'emploie aussi fréquemment.

à-propos [apʀɔpo] n. m. invar. ■ Ce qui vient à propos, est dit ou fait opportunément. *Esprit d'à-propos,* présence d'esprit. *Faire des digressions sans le moindre à-propos.*

apte [apt] adj. ■ Qui a des dispositions pour (faire qqch.). *Elle est apte à faire de bonnes études.* ⇒ **capable.** / contr. **incapable** / *Apte au travail de secrétariat.* / contr. **inapte** / ▶ ***aptitude*** n. f. **1.** Disposition naturelle. ⇒ **penchant, prédisposition.** *Avoir une grande aptitude à* (ou *pour*) *faire qqch.* **2.** Capacité acquise. *Un salaire en rapport avec ses aptitudes.* ⇒ **capacité.** ‹ ▶ adapter, inapte ›

aptère [aptɛʀ] adj. ■ Qui est dépourvu d'ailes. *Insecte aptère.*

aquarelle [akwaʀɛl] n. f. ■ Peinture légère sur papier avec des couleurs transparentes délayées dans de l'eau. *Faire de l'aquarelle. Une aquarelle de Jean-Paul Lemieux.* ▶ ***aquarelliste*** n. ■ Peintre à l'aquarelle.

aquarium [akwaʀjɔm] n. m. **1.** Réservoir à parois de verre dans lequel on entretient des plantes et des animaux aquatiques (poissons, etc.). *Des aquariums.* **2.** Établissement public dans lequel sont rassemblées des collections de plantes et d'animaux aquatiques. *Une visite guidée de l'aquarium.*

aquatinte [akwatɛ̃t] n. f. ■ Gravure à l'eau-forte imitant le lavis.

aquatique [akwatik] adj. ■ Qui croît, vit dans l'eau ou au bord de l'eau. *Plantes, animaux aquatiques.* ≠ *aqueux.*

aqueduc [ak(ə)dyk] n. m. **1.** Canal (surtout à l'air libre et surélevé) destiné à capter et à conduire l'eau d'un lieu à un autre. *Un aqueduc romain. L'aqueduc de Sainte-Anne-de-Beaupré. Des aqueducs.* **2.** Fam. Canalisation de distribution des eaux. *L'aqueduc municipal. Le service de l'aqueduc. – Ils ont installé l'aqueduc dans leur chalet,* l'eau courante.

aqueux, euse [akø, øz] adj. ■ En sciences. Qui est de la nature de l'eau. ≠ *aquatique.*

aquilin [akilɛ̃] adj. m. ■ *Nez aquilin,* busqué et assez fin, qui ressemble à un bec d'aigle.

aquilon [akilɔ̃] n. m. ■ Littér. Vent du nord, froid et violent.

ara [aʀa] n. m. ■ Grand perroquet grimpeur, vivant en Amérique centrale. *Des aras.*

arabe [aʀab] adj. et n. **1.** De l'Arabie. *Le pétrole arabe.* — Des peuples originaires de l'Arabie qui se sont répandus avec la religion musulmane autour du bassin méditerranéen. *La civilisation arabe.* (→ musulman.) — N. (Avec une majusc.) Au plur. *Les Arabes,* le peuple sémite originaire d'Arabie et, plus couramment, les peuples islamisés (ex. : Kabyles, Berbères). *Un, une Arabe,* une personne née dans un pays arabe ou qui y habite. **2.** N. m. *L'arabe,* une des langues sémitiques. **3.** *Chiffres arabes* (opposé à *romains*), ceux de notre numérotation. *« Quinze » en chiffres arabes* (15), *en chiffres romains* (XV). ▶ ***arabisant, ante*** n. ■ Spécialiste de la langue, de la civilisation, de la littérature arabes. ▶ ***arabiser*** v. tr. ▪ conjug. 1. ■ Donner un caractère social, culturel ou linguistique arabe à. ▶ ***arabisation*** n. f. ■ *L'arabisation de l'enseignement au Maghreb.* ▶ ***arabophone*** adj. et n. ■ Qui est de langue arabe. *Des traducteurs arabophones.* — N. *Un, une arabophone.* ‹ ▶ arabesque, panarabe ›

arabesque [aʀabɛsk] n. f. **1.** Ornement formé de lettres, de lignes, de feuillages entrelacés (d'abord propre à l'art *arabe*). **2.** Ligne sinueuse, chose dont la forme rappelle l'arabesque. *La fumée décrivait des arabesques.*

arable [aʀabl] adj. ■ Qui peut être labouré. *Terres arables.* ⇒ **labourable ; cultivable.** ≠ *aratoire.*

arachide [aʀaʃid] n. f. ■ Graine d'une plante tropicale ; cette plante. *Huile d'arachide. Arachides* *salées, non salées.* ⇒ **cacahuète, pinotte.** — BEURRE D'ARACHIDES : arachides broyées et réduites en pâte. *Un pot de beurre d'arachides croquant. Des rôties avec du beurre d'arachides.* ⇒ anglic. beurre de **pinottes*.**

arachnéen, enne [aʀakneɛ̃, ɛn] adj. ■ Littér. Qui a la légèreté de la toile d'araignée. *Une dentelle arachnéenne.*

arachnides [aʀaknid] n. f. pl. ■ Classe d'animaux arthropodes, comprenant les araignées, les scorpions...

araignée [aʀeɲe] n. f. **1.** Animal arthropode (arachnides*) caractérisé par des crochets inoculateurs de venin et des filières ventrales. *L'araignée tisse sa toile.* — TOILE D'ARAIGNÉE. **2.** Loc. fam. *Avoir une araignée dans le (au) plafond,* avoir l'esprit quelque peu dérangé. ⇒ **bardeau** (3) **3.** ARAIGNÉE DE MER : grand crabe à longues pattes.

aratoire [aʀatwaʀ] adj. ■ Qui sert à travailler la terre (⇒ **arable).** *Instruments aratoires.*

arbalète [aʀbalɛt] n. f. ■ Ancienne arme de trait, arc d'acier monté sur un fût et dont la corde se tendait avec un ressort. *Des compétitions d'arbalète.*

arbitrage [aʀbitʀaʒ] n. m. **1.** Règlement d'un différend par une ou plusieurs personnes ⇒ **arbitre,** auxquelles les parties ont décidé, d'un commun accord, de s'en remettre. *Soumettre un différend à l'arbitrage.* **2.** Fonction d'arbitre ; exercice de ces fonctions. *Une erreur d'arbitrage. L'arbitrage était pourri pendant la finale,* les décisions des arbitres étaient incorrectes, partiales.

arbitraire [aʀbitʀɛʀ] adj. **1.** Qui dépend de la seule volonté ⇒ **libre arbitre,** n'est pas lié par l'observation de règles. *Choix arbitraire.* / contr. **motivé** / — Péj. *Une interprétation arbitraire,* qui ne tient pas compte de la réalité. — N. m. *L'arbitraire de sa classification.* **2.** Qui dépend du bon plaisir, du caprice de qqn. ⇒ **injuste.** *Décision arbitraire. Détention arbitraire.* ⇒ **illégal.** / contr. **légal** / — N. m. *Lutter contre l'arbitraire.* ⇒ **despotisme, injustice.** ▶ ***arbitrairement*** adv. ■ *Décider arbitrairement qqch.*

① ***arbitre*** [aʀbitʀ] n. **1.** Droit. Personne désignée par les parties pour trancher un différend juridique. ⇒ **médiateur. 2.** Personne qui est prise pour juge dans un débat, une dispute. *Je vous fais notre arbitre, vous nous jugerez.* **3.** Personne qui est capable de juger de qqch. *Elle est l'arbitre de la mode, du bon goût.* **4.** Personne désignée pour veiller à la régularité d'une compétition, d'une épreuve de sports. ⇒ **officiel** (II) *L'arbitre a sifflé un arrêt de jeu. Un arbitre professionnel,* qui travaille dans le sport professionnel. ▶ ***arbitrer*** v. tr. ▪ conjug. 1. **1.** Intervenir, juger en qualité d'arbitre. *Arbitrer un différend, un litige.* ⇒ **juger. 2.** Contrôler la régularité d'une compétition, d'une épreuve sportive. *Arbitrer un combat de boxe, un match de football.* ⟨ ▶ arbitrage ⟩

② ***arbitre*** n. m. ■ Vx. Volonté. ⟨ ▶ arbitraire, libre arbitre ⟩

arborer [aʀbɔʀe] v. tr. ▪ conjug. 1. ■ Porter avec le désir d'être vu. *Arborer une fleur-de-lys à sa boutonnière. Arborer les couleurs de son club préféré.*

arbor(i)- ■ Élément savant signifiant « arbre ». ▶ ***arborescent, ente*** [aʀbɔʀesɑ̃, ɑ̃t] adj. ■ Qui prend la forme ramifiée, l'apparence d'un arbre. *Fougères arborescentes.* ▶ ***arborescence*** n. f. ■ Partie arborescente d'une plante ; forme ramifiée. ▶ ***arboricole*** adj. ■ Qui a rapport à l'arboriculture. *Techniques arboricoles.* ▶ ***arboriculture*** n. f. ■ Culture des arbres. *Arboriculture forestière, fruitière.* ▶ ***arboriculteur, trice*** n. ■ Personne qui se livre à l'arboriculture. ▶ ***arboretum*** [aʀbɔʀetum] n. m. ■ Lieu où l'on fait, dans un but scientifique, la culture et l'étude des arbres forestiers groupés suivant un ordre systématique ou une distribution géographique. *Des arboretums.* ▶ ***arborisation*** n. f. ■ Dessin naturel ressemblant à des végétations, à des ramifications. *Les arborisations du givre sur les vitres.*

arborite [aʀbɔʀɛt] n. m. ■ Anglic. Matériau décoratif constitué de strates en matière plastique assemblées par collage. *Un comptoir de cuisine en arborite. Des meubles plaqués avec de l'arborite.* ⇒ **formica, stratifié.** — REM. Ce mot est un nom de marque déposée.

arbre [aʀbʀ] n. m. **1.** Grand végétal ligneux (formé de bois) dont la tige ne porte de branches qu'à partir d'une certaine hauteur au-dessus du sol. *Le tronc, le feuillage d'un arbre. Arbres fruitiers* (⇒ **verger**). *Arbres forestiers* (⇒ **bois, forêt**). *Une avenue plantée d'arbres.* — *Monter dans un arbre ; grimper aux arbres.* **2.** ARBRE DE NOËL : sapin épinette, décoré et auquel on suspend des décorations (boules, lumières, guirlandes, etc.) pendant la période des fêtes de Noël. *Un arbre de Noël naturel ou artificiel.* — Loc. fam. *Avoir l'air d'un, ressembler à un arbre de Noël,* porter des vêtements ou des bijoux voyants, clinquants. **3.** Axe qui reçoit ou transmet un mouvement de rotation. *Arbre moteur. Arbre à cames* (d'un moteur à explosion). *Arbre de transmission.* **4.** ARBRE GÉNÉALOGIQUE : figure représentant un arbre dont les ramifications montrent la filiation des diverses branches d'une même famille. — Représentation, schéma avec des lignes et des subdivisions pour figurer les relations entre des choses, des idées. ▶ ***arbrisseau*** n. m. ■ Petit arbre dont la tige se ramifie dès la base. *Des arbrisseaux.* ▶ ***arbuste*** n. m. ■ Petit arbrisseau. *Des bosquets d'arbustes.* ⟨ ▶ arbor(i)- ⟩

arc [aʀk] n. m. **1.** Arme formée d'une tige souple (de bois, de métal) que l'on courbe au moyen d'une corde attachée aux deux extrémités pour lancer des flèches. *Bander, tendre un arc. Tirer des flèches avec un arc. Une championne du tir à l'arc.* — Abstrait. Loc. *Avoir plus d'une corde, plusieurs cordes à son arc,* avoir plus d'une ressource pour réussir, pour atteindre son but. **2.** Portion définie d'une courbe. *Arc de cercle. Arc de 45°.* — *En arc de cercle,* courbe, arqué, cintré. **3.** Ce qui a la forme d'un arc. ⇒ **courbe.** *L'arc des sourcils.* **4.** Courbe lumineuse qui jaillit entre deux charbons parcourus par un courant électrique. *Lampe à arc.* **5.** Courbe décrite par une voûte et qui est formée par un ou plusieurs arcs de cercle. ⇒ ② **arche.** *L'arc et les montants d'une voûte. Arc en plein cintre,* demi-cercle régulier. *Arc en ogive.* ⇒ **ogive. 6.** ARC DE TRIOMPHE : arcade monumentale sous laquelle passait le général romain triomphateur ; monument élevé sur ce modèle pour célébrer la victoire d'une armée. *L'arc de triomphe de l'Étoile, à Paris.* ▶ ① ***arcade*** n. f. **1.** Ouverture en arc ; ensemble formé d'un arc et de ses montants ou points d'appui (souvent au plur.). *Les arcades d'un cloître. Se promener sous les arcades.* **2.** ARCADE SOURCILIÈRE : proéminence au-dessus de chaque orbite, où poussent les sourcils. ⟨ ▶ s'arc-bouter, arceau, arc-en-ciel, ② arche, archer, archet, arçon, arquer ⟩

② ***arcade*** [aʀkad] n. f. ■ Salle de jeux électroniques. *Une nouvelle arcade vient d'ouvrir près de la polyvalente.*

arcanes [aʀkan] n. m. pl. ■ Littér. *Les arcanes de (la science, la politique,* etc.*),* les secrets qu'elles présentent. ⇒ **mystère.**

s'arc-bouter [aʀkbute] v. pron. ▪ conjug. 1. ■ Prendre appui sur une partie du corps pour exercer une poussée, un effort de résistance. ▶ ***arc-boutant***

[aʀkbutɑ̃] n. m. ■ Maçonnerie en forme d'arc qui soutient de l'extérieur une voûte, un mur. *Les arcs-boutants d'une cathédrale gothique.*

arceau [aʀso] n. m. ■ Partie cintrée, ce qui a la forme d'un arc. *Arceaux du jeu de croquet,* sous lesquels passe la boule. *Les arceaux d'une tonnelle.*

arc-en-ciel [aʀkɑ̃sjɛl] n. m. ■ Phénomène météorologique lumineux en forme d'arc, offrant toutes les couleurs du prisme et produit par la réfraction des rayons du soleil dans les gouttes de pluie. *Des arcs-en-ciel.* — REM. Le pluriel se prononce comme le singulier.

archaïque [aʀkaik] adj. **1.** (Mot, expression, coutume...) Qui est très ancien. — Qui est périmé. ⇒ **désuet, rétrograde, vieillot.** *Des idées archaïques.* **2.** Antérieur aux époques classiques, à l'épanouissement d'un style artistique. *La période archaïque de l'art grec.* ⇒ **primitif.** ▶ ***archaïsme*** [aʀkaism] n. m. ■ Mot, sens, expression, tour ancien qu'on emploie alors qu'il n'est plus en usage. *En France, « cèdre » et « grafigner » sont des archaïsmes.* ▶ ***archaïsant, ante*** [aʀkaizɑ̃, ɑ̃t] adj. et n. ■ / contr. **néologisme** / Qui fait usage d'archaïsmes. *Écrivain archaïsant.*

archange [aʀkɑ̃ʒ] n. m. ■ Dans la religion catholique. Ange* d'un ordre supérieur. *Les archanges Gabriel, Michel, Raphaël.* ⇒ ① **séraphin.**

① ***arche*** [aʀʃ] n. f. ■ Navire fermé qui permit à Noé d'échapper aux eaux du Déluge. *Les animaux de l'arche de Noé.*

② ***arche*** n. f. ■ Voûte en forme d'arc qui s'appuie sur les culées ou les piles d'un pont. *Les arches d'un pont.*

archéo- ■ Élément savant signifiant « ancien ». ⇒ **archéologie, archétype.**

archéologie [aʀkeɔlɔʒi] n. f. ■ Science des civilisations anciennes à partir des arts et monuments antiques. ▶ ***archéologique*** adj. ■ *Fouilles archéologiques.* ▶ ***archéologue*** n. ■ Personne qui s'occupe d'archéologie.

archer [aʀʃe] n. m. **1.** Vx. Soldat armé d'un arc. **2.** Tireur à l'arc. — REM. Le féminin *archère* est rare. ≠ *archet.*

archet [aʀʃɛ] n. m. ■ Baguette sur laquelle sont tendus des crins qui servent à faire vibrer les cordes de divers instruments de musique. *Archet de violon. Savoir tenir l'archet.* ≠ *archer.*

archétype [aʀketip] n. m. ■ Didact. Type primitif ou idéal ; original qui sert de modèle. ⇒ **modèle, prototype.**

archevêque [aʀʃəvɛk] n. m. ■ Évêque placé à la tête de plusieurs diocèses*. *Le palais de l'archevêque.* ⇒ **archiépiscopal.** ▶ ***archevêché*** [aʀʃəveʃe] n. m. **1.** Ensemble des diocèses qui sont sous la juridiction d'un archevêque. **2.** Le siège, le palais archiépiscopal. *L'archevêché de Québec.* ⇒ **archidiocèse.**

archi- [aʀʃi] ■ Élément savant qui exprime le degré extrême ou l'excès, et qui s'emploie librement pour former des adjectifs. ⇒ **extrêmement,** ② **-super, très.** *L'autobus est archiplein. Un mot archivieux. Une histoire archiconnue. C'est archifaux, elle n'est pas archimillionnaire.*

archidiocèse [aʀʃidjɔsɛz] n. m. ■ Circonscription ecclésiastique qui est placée sous la juridicition d'un archevêque. *L'archidiocèse de Québec est le plus ancien en Amérique du Nord.* ⇒ **archevêché.**

archiduc [aʀʃidyk] n. m. ■ Titre des princes de l'ancienne maison d'Autriche (fém. : ARCHIDUCHESSE).

-archie, -arque ■ Éléments savants qui servent à former des mots désignant des gouvernements, des gouvernants (ex. : MONARCHIE, TÉTRARCHIE).

archiépiscopal, ale, aux [aʀʃiepiskɔpal, o] adj. ■ Qui appartient à l'archevêque. *Dignité archiépiscopale.*

archipel [aʀʃipɛl] n. m. ■ Groupe d'îles. *L'archipel des îles de la Reine-Charlotte, près des côtes de la Colombie-Britannique.*

architecte [aʀʃitɛkt] n. **1.** Personne diplômée, capable de tracer le plan d'un édifice et d'en diriger l'exécution. *Elle est architecte. L'Ordre des architectes.* **2.** Littér. Personne ou entité qui élabore qqch. ⇒ **créateur.** *Cette réforme dont il fut l'architecte.* ▶ ***architectonique*** [aʀʃitɛktɔnik] adj. et n. f. ■ Qui est conforme à la technique de l'architecture. — N. f. L'art, la technique de la construction. ▶ ***architecture*** [aʀʃitɛktyʀ] n. f. **1.** L'art de construire les édifices. *Ce château est une merveille d'architecture. L'école d'architecture.* — *Architecture navale,* l'art de construire des vaisseaux. **2.** Disposition, caractère architectural. *L'architecture simple d'une église.* **3.** Forme, structure. *L'architecture du corps, d'une symphonie.* ▶ ***architectural, ale, aux*** adj. ■ Qui a rapport à l'architecture, qui en a le caractère. *Motif architectural. Formes architecturales.* ▶ ***architecturer*** v. tr. ▪ conjug. 1. ■ Construire avec rigueur, comme on construit un bâtiment. ⇒ **structurer.** — Au p. p. adj. (Plus cour.) *Roman bien architecturé.*

architrave [aʀʃitʀav] n. f. ■ Partie inférieure de l'entablement qui porte directement sur le chapiteau de colonnes.

archives [aʀʃiv] n. f. pl. **1.** Collection de pièces, titres, documents, dossiers anciens. *Archives nationales, municipales.* **2.** Lieu où les archives sont conservées. *Les archives d'un journal.* ▶ ***archiviste*** n. ■ Spécialiste préposé à la garde, à la conservation des archives.

arçon [aʀsɔ̃] n. m. ■ L'une des deux pièces ou arcades qui forment le corps de la selle. *Pistolets d'arçon.* — *Cheval d'arçon.* ⇒ **cheval.** ⟨ ▶ désarçonner ⟩

arctique [aʀ(k)tik] adj. ■ Des régions polaires du Grand Nord (opposé à *antarctique*). *Pôle arctique. Cercle arctique.* — N. (Avec une majusc.) *L'Arctique,* la région continentale ou l'océan. *Traverser l'Arctique.*

ardent, ente [aʀdɑ̃, ɑ̃t] adj. **1.** Littér. Qui est en feu, en combustion ; qui brûle. *Des charbons ardents.* ⇒ **incandescent.** — Loc. fig. *Être sur des charbons ardents,* brûler, bouillir d'impatience, se consumer d'inquiétude. **2.** CHAPELLE ARDENTE : où de nombreux cierges brûlent autour d'un cercueil. **3.** Littér. Qui dégage une forte chaleur. *Le soleil est ardent.* ⇒ **brûlant. 4.** (Personnes) Qui a de l'ardeur dans les sentiments, est prompt à s'enflammer. *Tu as une nature ardente.* ⇒ **bouillant, enflammé, enthousiaste, exalté, fervent, fougueux, passionné.** / contr. **indifférent, tiède** / *Tempérament ardent,* porté à l'amour physique. ⇒ **amoureux. 5.** (Sentiments) Qui est très vif. *Une ardente conviction.* ⇒ **profond.** ▶ ***ardemment*** [aʀdamɑ̃] adv. ■ Avec ardeur (2). *Je souhaite (désire) ardemment son retour.* ▶ ***ardeur*** n. f. **1.** Littér. Chaleur vive. *L'ardeur du soleil.* **2.** Énergie pleine de vivacité dans l'action ou dans le sentiment. *Son ardeur à travailler.* ⇒ **cœur, courage, énergie, entrain, fougue.** *Soutenir une opinion avec ardeur.* ⇒ **exaltation, ferveur.** — Au plur. Fam. Comportements trop passionnels. *Modérez vos ardeurs !* / contr. **indifférence, indolence, tiédeur** /

ardillon [aʀdijɔ̃] n. m. ■ Pointe de métal qui fait partie d'une boucle et s'engage dans un trou de courroie, de ceinture.

ardoise [aʀdwaz] n. f. **1.** Pierre tendre et feuilletée d'un gris bleuâtre (schiste argileux), qui sert principalement à la couverture des maisons ; plaque de cette pierre. *Toit d'ardoises.* **2.** Plaque d'ardoise dans un cadre en bois, sur laquelle on écrit avec un crayon spécial, une craie. ⇒ **tableau. 3.** (Surtout en France) Compte de marchandises, de consommations prises à crédit. *Il est très endetté, il a des ardoises partout.* ⇒ **dette.**

ardu, ue [aʀdy] adj. ■ Qui présente de grandes difficultés. ⇒ **difficile.** *Ce travail est ardu. Entreprise ardue.* / contr. **facile** /

are [aʀ] n. m. ■ (France) Mesure agraire de superficie valant cent mètres carrés. ‹ ▶ hectare ›

areligieux, euse [aʀəliʒjø, øz] adj. ■ Qui n'a aucune religion ⇒ **athée, irréligieux**, repousse ce qui concerne la religion.

aréna [aʀena] n. m. ou f. ■ Amphithéâtre* sportif couvert où se trouve une piste de patinage surtout destinée à la pratique du hockey. *Il y a un tournoi pee-wee à l'aréna municipal.* ⇒ **patinoire.** *Aller patiner à l'aréna,* faire du patin. — *Un groupe rock donnera un concert à l'aréna,* à l'amphithéâtre sportif. *Des locaux de l'aréna sont aménagés pour des activités récréatives.*

arène [aʀɛn] n. f. **1.** Aire sablée d'un amphithéâtre où les gladiateurs combattaient ; où ont lieu les courses de taureaux. **2.** Loc. DESCENDRE DANS L'ARÈNE : accepter un défi, s'engager dans un combat, une lutte. — *L'arène politique,* la politique considérée comme le lieu de luttes. **3.** Au plur. ARÈNES : amphithéâtre romain. *Les arènes de Nîmes en France.* — Amphithéâtre où se déroulent des courses de taureaux. *Les arènes de Mexico.* **4.** Estrade entourée de trois rangs de cordes sur laquelle ont lieu des combats de lutte, de boxe. *Monter dans l'arène.* ⇒ **ring.**

aréole [aʀeɔl] n. f. **1.** Cercle coloré qui entoure le mamelon du sein. **2.** Aire rougeâtre qui entoure un point enflammé (piqûre, injection, etc.). ≠ *auréole.*

aréopage [aʀeɔpaʒ] n. m. ■ Didact. Assemblée de juges, de savants, de gens de lettres très compétents (du nom du conseil politique d'Athènes, dans l'Antiquité). ≠ *aéro-.*

arête [aʀɛt] n. f. **1.** Tige du squelette des poissons osseux. *Elle s'est étranglée avec une arête.* **2.** Ligne d'intersection de deux plans. *Les arêtes d'un cube. L'arête du nez. L'arête d'une chaîne de montagnes,* entre les deux versants.

① **argent** [aʀʒɑ̃] n. m. **1.** Métal blanc, très ductile et malléable (symb. : *Ag*). *Bijoux en or et en argent. Vaisselle d'argent.* **2.** Vx. VIF-ARGENT : mercure. ⇒ **vif-argent. 3.** D'ARGENT : de la couleur, de la blancheur, de l'éclat de l'argent. *Cheveux d'argent.* ▶ ① **argenté, ée** adj. **1.** Qui est recouvert d'une couche d'argent. *Métal argenté.* **2.** Qui a la couleur, l'éclat de l'argent. *Cheveux argentés.* ▶ **argenterie** n. f. ■ Vaisselle, couverts, ustensiles d'argent. *Les voleurs ont emporté l'argenterie.* ‹ ▶ ① argentin, vif-argent ›

② **argent** n. m. **1.** Monnaie métallique, papier-monnaie et ce qui représente cette monnaie. ⇒ **capital, fonds, fortune, richesse ;** ② **cent, dollar.** (Fam. bacon, bidous, blé, foin, fric, galette, motton, pognon.) *Elle gagne beaucoup d'argent. Payer en argent* (opposé à *en nature*). *Déposer son argent en banque. Argent liquide*. Payer en argent liquide ou par cartes de crédit.* — ARGENT DE POCHE : petite somme d'argent allouée régulièrement à qqn et dépensée à sa guise. **2.** Loc. *Jeter l'argent par les fenêtres,* dépenser en gaspillant. *L'argent lui brûle les mains,* il est très dépensier. Fam. *Faire de l'argent comme de l'eau,* gagner de l'argent très facilement. *En vouloir pour son argent ; en avoir pour son argent,* en proportion de ce qu'on a donné (en argent ou autrement). *Prendre qqch. pour argent comptant,* croire naïvement ce qui est dit ou promis. — PROV. *L'argent n'a pas d'odeur,* ne garde pas la trace de sa provenance (malhonnête). — *Le temps c'est de l'argent,* il ne faut pas perdre de temps. *L'argent ne fait pas le bonheur.* ▶ ② **argenté, ée** adj. ■ Fam. Qui a de l'argent. ▶ **argentier** n. m. ■ Fam. *Le grand argentier,* le ministre des Finances. — Fam. Trésorier. ‹ ▶ désargenté ›

① **argentin, ine** [aʀʒɑ̃tɛ̃, in] adj. ■ Qui résonne clair comme l'argent. *Le son argentin d'une clochette.*

② **argentin, ine** adj. et n. ■ De l'Argentine, pays d'Amérique du Sud. *Le tango argentin.* — N. (Avec une majusc.) Personne née dans ce pays ou qui en a obtenu la citoyenneté. *Les Argentins de Buenos Aires.*

argile [aʀʒil] n. f. ■ Terre composée de silicate d'aluminium hydraté, avide d'eau, imperméable et plastique, dite *terre glaise. Argile rouge, jaune.* ▶ **argileux, euse** adj. ■ *Le terrain est argileux et glissant.*

argon [aʀgɔ̃] n. m. ■ Gaz incolore et inodore de l'air (symb. : *Ar*). *Ampoules électriques à l'argon. L'argon est un gaz rare.*

argot [aʀgo] n. m. ■ Langue familière et originale inventée par un milieu fermé, dont de nombreux mots passent dans la langue commune. ⇒ **jargon.** *L'argot du milieu,* des malfaiteurs. *Argot militaire. Parler argot. Mot d'argot.* ≠ *familier, populaire.* ▶ **argotique** adj. ■ D'argot. *Termes argotiques.*

arguer [aʀgɥe] v. ■ conjug. 1. — REM. Dans la prononciation soutenue, le *u* est prononcé comme dans la conjug. de *tuer.* **1.** V. tr. dir. Littér. Tirer argument, tirer (une conséquence) de quelque fait. *Elle argue* [aʀgy] *de ce fait que.* ⇒ **conclure, inférer. 2.** V. tr. ind. *Arguer de qqch.,* mettre qqch. en avant, en tirer argument ou prétexte. ⇒ **alléguer.** *Il arguait de sa bonne foi.* ‹ ▶ argument ›

argument [aʀgymɑ̃] n. m. **1.** Preuve à l'appui ou à l'encontre d'une proposition. *Appuyer une affirmation sur de bons arguments. Opposer ses arguments à ceux de l'adversaire.* Loc. *Argument massue,* décisif. *Être à court d'arguments. Tirer argument de,* se servir comme d'une preuve, d'une raison. ⇒ **arguer.** — *Arguments publicitaires, de vente.* **2.** Exposé sommaire du sujet que l'on va développer (au théâtre, en littérature). ⇒ **synopsis.** *L'argument d'un récit.* ▶ **argumentation** n. f. ■ Ensemble d'arguments tendant à une même conclusion. *Son argumentation est convaincante. Une argumentation rigoureuse, fragile.* ▶ **argumenter** v. intr. ■ conjug. 1. ■ Présenter des arguments ; prouver par arguments. *Argumenter sur qqch., avec qqn, contre qqn.*

argutie [aʀgysi] n. f. ■ Souvent au plur. Littér. Raisonnement pointilleux, subtilité de langage. *Se perdre en arguties.*

① **aria** [aʀja] n. m. Fam. **1.** Ennui, souci, tracas. *Les arias n'arrêtent pas cette semaine.* ⇒ **embarras, embêtement, obstacle, problème. 2.** Désordre, gâchis. *Les enfants font un aria du diable dans le sous-sol.* ⇒ **boucan, bruit. 3.** Affaires personnelles, bagage. *Ils sont débarqués à Paris avec tout leur aria.* **4.** Personne qui est un fardeau, qui dérange tout le temps. *Tu es un véritable aria.*

② ***aria*** n. f. ■ Dans la musique classique. Air, mélodie de caractère léger accompagné(e) d'un instrument ou d'un petit nombre d'instruments. *Une aria de Mozart.*

aride [aʀid] adj. **1.** Qui ne porte aucun végétal, faute d'humidité. ⇒ **stérile.** *Une région, une terre aride.* **2.** Abstrait. Qui est dépourvu d'intérêt, d'agrément, d'attrait. *Sujet, matière aride.* ⇒ **difficile, ingrat, rébarbatif, sévère.** / contr. **attrayant** / ▶ ***aridité*** n. f. **1.** *L'aridité du sol.* ⇒ **stérilité. 2.** Abstrait. *Aridité d'un sujet.* ⇒ **difficulté, sévérité.**

aristocrate [aʀistɔkʀat] n. **1.** Partisan de l'aristocratie (1). — Péj. À la Révolution française. Partisan de l'aristocratie (1), des privilèges de la noblesse. *Les aristocrates à la lanterne !* (pour être pendus) **2.** Membre de l'aristocratie (2). ⇒ **noble.** *Avoir des manières d'aristocrate.* ▶ ***aristocratie*** [aʀistɔkʀasi] n. f. **1.** Forme de gouvernement où le pouvoir souverain appartient à un petit nombre de personnes et particulièrement à une classe héréditaire. **2.** La noblesse. **3.** Littér. Petit nombre de personnes qui détiennent une prééminence en quelque domaine. ⇒ **élite.** *Une aristocratie littéraire.* ▶ ***aristocratique*** adj. ■ Qui est digne d'un aristocrate. ⇒ **élégant ; distingué, raffiné.** *Manières aristocratiques.*

arithmétique [aʀitmetik] adj. et n. f. **I.** Adj. Relatif à l'arithmétique (II), fondé sur la science des nombres rationnels. *Progression arithmétique* (opposé à *progression géométrique*), celle où la différence entre les termes consécutifs est constante (2, 4, 6, 8, 10, etc.). **II.** N. f. **1.** Partie des mathématiques qui étudie les propriétés élémentaires des nombres rationnels. ⇒ **calcul. 2.** Livre d'arithmétique.

arlequin, ine [aʀləkɛ̃, in] n. ■ Personnage bouffon de la comédie italienne, qui porte un costume fait de pièces triangulaires de toutes couleurs et un masque noir. *Des arlequins.*

armagnac [aʀmaɲak] n. m. ■ Eau-de-vie de raisin que l'on fabrique en Armagnac (France). *Des armagnacs.*

armateur [aʀmatœʀ] n. m. ■ Personne qui s'occupe de l'exploitation commerciale d'un navire. *Armateur propriétaire, locataire. Elle est armateur.*

armature [aʀmatyʀ] n. f. **1.** Assemblage de pièces de bois ou de métal qui servent à maintenir les diverses parties d'un ouvrage, qui consolide une matière fragile ou souple. ⇒ **charpente ; carcasse.** *L'armature d'un vitrail. Soutien-gorge à armature.* **2.** Ce qui sert à maintenir, à soutenir. *L'armature économique d'un pays.* ⇒ **charpente. 3.** Ensemble des dièses et des bémols placés à la clef pour indiquer la tonalité d'un morceau de musique.

arme [aʀm] n. f. **1.** Instrument ou dispositif servant à tuer, blesser ou à mettre l'ennemi dans l'impossibilité de se défendre. *Armes blanches* (couteaux, épées...), *armes à feu* (pistolets, fusils, carabines...). *Braquer, diriger une arme vers qqn. L'arme du crime est un couteau.* **2.** Dispositif ou ensemble de moyens offensifs pour faire la guerre. *Vendre des armes. Les armes atomiques* ou *nucléaires.* **3.** Au plur. Loc. *Prendre les armes,* s'apprêter au combat. *Un peuple en armes,* prêt à combattre. *Déposer, rendre les armes,* se rendre. *Passer un prisonnier par les armes,* le fusiller. **4.** *Les armes,* l'épée, le fleuret ou le sabre. ⇒ **escrime.** *Salle d'armes. Maître d'armes.* **5.** Un des corps de l'armée. *L'arme de l'infanterie, de l'artillerie. Dans quelle arme sert-elle ?* **6.** Plur. Littér. ARMES : le métier militaire. *La carrière, le métier des armes. Compagnons, frères d'armes.* — Combat, guerre. *Régler un différend par les armes.* — *Faire ses premières armes,* sa première campagne ; fig. débuter dans une carrière. — *Partir avec armes et bagages,* avec tout ce que l'on possède ; bien équipé. **7.** *(Une, des armes)* Ce qui peut agir contre un adversaire. ⇒ **argument, moyen** d'action. *La patience est une arme. Donner des armes contre soi-même. Une arme à double tranchant,* un argument, un moyen qui peut avoir deux effets opposés, se retourner contre soi. **8.** Loc. verb. *Passer l'arme à gauche,* mourir. ▶ ***armé, ée*** adj. **1.** Muni d'armes. *Troupes, forces armées. Armé jusqu'aux dents,* très bien armé. *Vol, attaque à main armée,* commis(e) par un ou plusieurs assaillants armés. **2.** Qui se fait avec des armes. *Conflit armé.* ⇒ **guerre. 3.** ARMÉ DE : garni, pourvu de (ce qui est comparé à une arme). *Plante armée de piquants.* **4.** (Personnes) Pourvu de moyens de défense. *Elle est bien armée dans la lutte pour la vie.* ▶ ***armée*** n. f. **1.** Réunion importante de troupes assemblées pour combattre. *Lever une armée. Armée d'occupation, de libération.* **2.** Ensemble des forces militaires d'un État. ⇒ **défense** nationale. *Armée de terre. Armée de l'air. Armée canadienne. Être dans l'armée* (⇒ **commando, militaire**). **3.** Grande unité réunissant plusieurs divisions formées de régiments et éventuellement réunies en *corps d'armée. La Ve armée américaine.* **4.** Grande quantité (avec une idée d'ordre ou de combat). ⇒ **multitude, troupe.** *Une armée de domestiques. Une armée de sauterelles.* **5.** (Avec des majusc.) *L'Armée du Salut,* une organisation internationale d'origine anglaise qui s'occupe des démunis. *Beaucoup d'anglophones sont membres de l'Armée du Salut.* ▶ ① ***armer*** v. tr. ▪ conjug. 1. **I. 1.** Pourvoir d'armes. *Armer les recrues.* **2.** *Armer qqn de,* lui donner comme arme, comme moyen d'attaque ou de défense. **II.** S'ARMER v. pron. **1.** Se munir (d'armes). *S'armer d'un fusil.* **2.** Loc. S'ARMER DE *courage, de patience* : rassembler son courage, sa patience. ▶ ① ***armement*** n. m. **1.** Action d'armer, de pourvoir d'armes. *L'armement des rebelles par une puissance étrangère.* **2.** Ensemble des moyens d'attaque ou de défense dont sont pourvus un soldat, une troupe. *L'armement individuel.* **3.** Au plur. Préparatifs de guerre, ensemble des moyens offensifs ou défensifs d'un pays. *La course aux armements. Le contrôle des armements.* ‹ ▶ armes, armistice, ② armer, ① armure, désarmer, gendarme, réarmer (2) ›

② ***armer*** v. tr. ▪ conjug. 1. **1.** Garnir d'une sorte d'armure ou d'armature. *Armer le béton.* — Au p. p. adj. *Béton armé.* **2.** *Armer un navire,* l'équiper, le pourvoir de tout ce qu'il faut pour prendre la mer (⇒ **armateur**). **3.** Rendre (une arme à feu) prête à tirer. **4.** Tendre le ressort d'un mécanisme de déclenchement. *Armer un appareil photo* (l'obturateur). ▶ ② ***armement*** n. m. **1.** Action d'armer un navire. **2.** Action d'armer un appareil. ‹ ▶ armateur, armature, réarmer (1) ›

armes [aʀm] n. f. pl. ■ Signes héraldiques (d'abord *armes,* drapeaux...). ⇒ **blason.** *Vaisselle aux armes du gouverneur Frontenac.* ‹ ▶ armoiries ›

armistice [aʀmistis] n. m. ■ Convention conclue entre les belligérants afin de suspendre de manière durable les hostilités. ⇒ **trêve.** *Le plus souvent, l'armistice précède la conclusion d'une paix définitive. Signer un armistice.*

armoire [aʀmwaʀ] n. f. **1.** Meuble haut et fermé par des battants, servant à ranger le linge, la vaisselle, les provisions, etc. *Armoire de cuisine. Armoire à pharmacie. Armoire de coin.* — ARMOIRE À BALAIS : placard réservé au rangement des petits accessoires ménagers (balais, porte-poussière, brosses, seaux, etc.) et des produits de nettoyage. **2.** *Armoire à glace,* dont la porte est un miroir. — Fam. Personne de carrure impressionnante, imposante, musclée. ⇒ fam. ① **pan.**

armoiries [aʀmwaʀi] n. f. pl. ■ Ensemble des emblèmes symboliques qui distinguent une famille noble ou une collectivité. ⇒ **armes, blason.** *L'héraldique est la science des armoiries.* ▶ ***armorié, ée*** [aʀmɔʀje] adj. ■ Orné d'armoiries. *Porte armoriée.*

armure [aʀmyʀ] n. f. **1.** Assemblage de plaques que revêtait l'homme d'armes pour se protéger. ⇒ **harnais.** *L'armure des chevaliers du Moyen Âge.* **2.** Ce qui couvre, défend, protège. ⇒ **défense, protection.** ▶ ***armurier*** n. m. ■ Personne qui vend ou fabrique des armes (et pas des armures). ▶ ***armurerie*** [aʀmyʀʀi] n. f. ■ Profession d'armurier. — Fabrication, commerce, dépôt d'armes.

A.R.N. [a(ɑ)ɛʀɛn] n. m. invar. ■ Abréviation de *acide ribonucléique,* un acide du noyau des cellules vivantes, qui joue un rôle important dans le transport du message génétique et la synthèse des protéines.

arnaquer [aʀnake] v. tr. ▪ conjug. 1. (Surtout en France) **1.** Fam. Escroquer, voler. **2.** Fam. Arrêter, prendre. *Ils se sont fait arnaquer.*

arôme [aʀom] n. m. ■ Odeur agréable de certaines essences naturelles de végétaux, d'essences chimiques, ou d'acides volatils. ⇒ **odeur, parfum.** *Un délicieux arôme de café. L'arôme d'un vin vieux.* ▶ ***aromate*** n. m. ■ Substance végétale odoriférante ; épice, condiment. *Le thym, le poivre, le cumin sont des aromates.* ⇒ **assaisonnement.** ▶ ***aromatique*** adj. ■ *Plante, herbe, essence aromatique.* ▶ ***aromatiser*** v. tr. ▪ conjug. 1. ■ Parfumer avec une substance aromatique.

arpège [aʀpɛʒ] n. m. ■ Accord dont on égrène rapidement les notes au lieu de les faire entendre toutes à la fois. *Faire des arpèges au piano.*

arpent [aʀpɑ̃] n. m. **1.** Mesure de longueur qui vaut 58,47 mètres ou 191,835 pieds. **2.** Mesure de superficie qui vaut 34,20 ares ou 36 802 pieds carrés. **3.** Ancienne mesure française de superficie agraire qui valait de 20 à 50 ares. ▶ ***arpenter*** v. tr. ▪ conjug. 1. **1.** Mesurer la superficie d'un terrain. **2.** Parcourir à grands pas, à grandes enjambées (un lieu délimité). *Il arpentait le salon en sacrant.* ▶ ***arpentage*** n. m. **1.** Mesure de la superficie d'un terrain. **2.** Ensemble des techniques de l'arpenteur. ⇒ **géodésie.** ▶ ***arpenteur, euse*** n. ■ Professionnel des techniques de calcul et mesure des surfaces et des relèvements de terrains. ⇒ **géomètre.** *Chaîne d'arpenteur.* — REM. L'O.L.F. propose *arpenteuse* au féminin.

arquebuse [aʀkəbyz] n. f. ■ Ancienne arme à feu qu'on faisait partir au moyen d'une mèche. ▶ ***arquebusier*** n. m. ■ Soldat armé d'une arquebuse.

arquer [aʀke] v. ▪ conjug. 1. ■ V. tr. Courber en arc. ▶ ***arqué, ée*** adj. ■ Courbé en arc. ⇒ ① **croche.** *Avoir les jambes arquées.*

arrache-clou ou ***arrache-clous*** [aʀaʃklu] n. m. **1.** Outil allongé dont la tête est recourbée et pendue (pour arracher les clous, etc.) et le pied aplati (pour soulever qqch.). ⇒ **barre** à clou(s) ; **pied-de-biche, pince-monseigneur. 2.** Fam. Habit de cérémonie, tenue de soirée. *Il a loué un arrache-clou pour le bal des finissants.*

arracher [aʀaʃe] v. tr. ▪ conjug. 1. **I.** V. tr. **1.** Enlever de terre (une plante qui y tient par ses racines). ⇒ **déraciner.** *Arracher les mauvaises herbes.* ⇒ **désherber.** *Arracher les pommes de terre* (avec une machine appelée *arracheuse*). **2.** Détacher avec un effort plus ou moins grand (une chose qui tient ou adhère à une autre). ⇒ **enlever, extirper, ôter.** *Arracher un clou avec des tenailles. Un obus lui a arraché le bras.* **3.** Enlever de force à une personne ou à une bête, lui faire lâcher (ce qu'elle retient). ⇒ **prendre, ravir.** *Arracher une arme des mains de qqn, un oiseau des griffes d'un chat.* **4.** Obtenir (qqch.) de qqn avec peine, après quelque résistance. ⇒ **extorquer.** *Arracher de l'argent à un avare.* ⇒ **soutirer.** *Arracher des aveux, un secret, une promesse, un consentement.* **5.** *Arracher qqn de...,* faire quitter un lieu à qqn par force, violence, malgré lui. ⇒ **chasser, tirer.** *Arracher qqn de sa maison.* **6.** *Arracher qqn à un état, à une situation,* l'en faire sortir malgré les difficultés ou malgré sa résistance. *Arracher qqn au sommeil, à un rêve ; à ses habitudes. Arracher qqn à la misère.* ⇒ **tirer** de. **7.** Loc. *En arracher,* éprouver des difficultés, avoir des problèmes. *Elle en a arraché avant de devenir comédienne.* **II.** S'ARRACHER v. pron. **1.** Arracher l'un à l'autre. *Ils s'arrachaient leurs vêtements.* — Fam. Fig. *S'arracher les yeux,* se dit de deux personnes qui se disputent violemment. **2.** Se disputer une chose pour se l'approprier. *On s'est arraché les dernières places pour assister au match.* — *S'arracher qqn,* se disputer sa présence. *On se l'arrache.* **3.** S'ARRACHER DE, S'ARRACHER À : se détacher, se soustraire avec effort, difficulté, peine ou regret. *S'arracher des bras d'une personne. Je ne pouvais pas m'arracher à ce souvenir. S'arracher les cheveux.* ⇒ **cheveu.** ▶ ***arrachage*** n. m. **1.** Action d'arracher une plante. *L'arrachage des pommes de terre.* **2.** *L'arrachage d'une dent.* ⇒ **extraction.** ▶ ***arraché*** loc. adv. ■ À L'ARRACHÉ [alaʀaʃe] : par un effort violent. *Gagner une course à l'arraché.* ▶ ***arrachement*** n. m. **1.** Action d'arracher. **2.** Affliction, peine que cause une séparation, un sacrifice. ⇒ **déchirement.** *L'arrachement des adieux.* ▶ ***d'arrache-pied*** [daʀaʃpje] loc. adv. ■ Sans désemparer, en soutenant un effort pénible. *Nous luttons d'arrache-pied.* ▶ ***arracheur, euse*** n. **1.** Personne qui arrache qqch. **2.** Dentiste qui arrache les dents au lieu de les réparer ou de les soigner. — Loc. *Mentir comme un arracheur de dents,* mentir effrontément, être très menteur (comme les anciens dentistes, qui promettaient de ne pas faire souffrir). **3.** N. f. Outil ou marchine qui sert à arracher (1). 〈 ▶ arrache-clou 〉

arraisonner [aʀɛzɔne] v. tr. ▪ conjug. 1. ■ *Arraisonner un navire, un avion,* procéder à un interrogatoire ou à une visite pour vérifier son chargement, sa destination, etc. ▶ ***arraisonnement*** n. m. ■ *L'arraisonnement d'un bateau par la douane.*

arranger [aʀɑ̃ʒe] v. tr. ▪ conjug. 3. **I.** V. tr. **1.** Disposer de la manière correcte ou préférée. *Arranger des fleurs dans un vase.* / contr. **déranger** / **2.** Mettre sur pied, organiser. ⇒ **combiner, organiser, préparer.** *Arranger un voyage, une entrevue.* **3.** Surtout au p. p. adj. Fam. Donner mauvaise apparence à (qqn). ⇒ **accoutrer.** *Le voilà bien arrangé ! — Ne va pas dans ce magasin, on s'y fait arranger,* voler, tromper. **4.** Loc. *Arranger le portrait* (à qqn). Maltraiter (qqn), en dire du mal. *Il l'a bien arrangé dans la description qu'il en a faite.* **5.** Remettre en état. ⇒ **réparer ;** fam. **patenter.** *Donner sa voiture à arranger. — Arranger une pièce, un appartement,* en faire l'entretien, le ménage. **6.** Vider (poisson, gibier, volaille). *As-tu arrangé les truites ?* **7.** Régler par un accord mutuel. *Arranger une affaire. On va arranger tout cela.* **8.** Être utile, pratique pour (qqn). ⇒ **convenir.** *Venez plutôt après dîner, cela m'arrange.* **9.** Loc. fam. *C'est arrangé avec le gars des vues,* truqué, organisé à l'avance de telle sorte que l'issue en soit prévisible. **II.** S'ARRANGER v. pron. **1.** Ajuster sa toilette. *Elle est allée s'arranger.* **2.** Au passif. (Choses) Être remis en état. ⇒ se **réparer.** — Aller mieux. *Les choses se sont arrangées à la fin. Ça ne s'arrange pas. Tout s'arrange !* **3.** Prendre ses dispositions, ses mesures (en vue d'un résultat). *Arrangez-vous comme vous l'entendez.* ⇒ **faire.** *S'arranger pour,* faire en sorte de. *Arrange-toi pour rester* *avec nous.* **4.** Se mettre d'accord. ⇒ s'**entendre.** *Avec elle, je m'arrangerai toujours.* **5.** S'ARRANGER DE *qqch.* ⇒ s'**accommoder.** *Ne vous inquiétez pas, je m'en arrangerai.* ▶ ***arrangeant, ante*** [aʀɑ̃ʒɑ̃, ɑ̃t] adj. ■ Qui est disposé à aplanir toute difficulté. ⇒ **accommodant, conciliant.** *Elle a été assez arrangeante.* ▶ ***arrangement*** n. m. **1.** Action de disposer les choses dans un certain ordre. ⇒ **disposition.** *L'arrangement d'une maison, d'un mobilier.* ⇒ **installation.** **2.** Adaptation d'une composition à d'autres instruments ; la composition ainsi adaptée. *Un arrangement pour piano.* **3.** Convention entre particuliers ou collectivités tendant à régler une situation juridique. ⇒ **accord, compromis.** *Un arrangement a mis fin à leur différend.* **4.** *Être d'arrangement,* accommodant, conciliant. ▶ ***arrangeur, euse*** n. ■ Personne qui arrange une composition pour d'autres instruments ou qui écrit de la musique pour orchestre d'après un thème (jazz, rock, variétés). ‹ ▶ pré(-)arrangement ›

arrérages [aʀeʀaʒ] n. m. pl. ■ Somme d'argent qui reste due d'un revenu quelconque. *Les arrérages d'un intérêt* ⇒ ② **arriéré.** ≠ *arrhes.*

arrestation [aʀɛstasjɔ̃] n. f. ■ Action d'arrêter une personne pour l'emprisonner ; état d'une personne arrêtée. / contr. **libération** / *Arrestation préventive, provisoire. Mettre qqn en état d'arrestation. Mandat d'arrestation.*

arrêt [aʀɛ] n. m. **1.** Action de s'arrêter (dans sa marche, son mouvement) ; état de ce qui n'est plus en mouvement. *Attendez l'arrêt du train pour descendre. Faire plusieurs arrêts.* ⇒ **halte.** *Voitures à l'arrêt.* ⇒ en **stationnement.** **2.** Fin d'un fonctionnement, d'une activité. *Arrêt d'un moteur. Arrêt du cœur,* syncope. *Arrêt du travail. Arrêt des hostilités.* ⇒ **cessation.** *Arrêt de travail* (pour cause médicale, syndicale). *Un arrêt de travail de quinze jours,* une grève de quinze jours. **3.** SANS ARRÊT : sans interruption. ⇒ **cesse.** *Il pleut sans arrêt depuis deux jours.* **4.** Endroit où doit s'arrêter un véhicule de transports en commun. ⇒ **station.** *Attendre à l'arrêt d'autobus. Je descends au prochain arrêt. Un arrêt ferroviaire.* **5.** Panneau de signalisation routière imposant l'arrêt momentané d'un véhicule à une intersection de voies de circulation. ⇒ **stop.** *Les arrêts sont souvent négligés par les cyclistes. Faire un arrêt.* **6.** *Mandat d'arrêt,* ordre d'incarcération. — (France) *Maison d'arrêt,* prison. **7.** Décision d'une cour souveraine ou d'une haute juridiction. ⇒ **jugement.** *Un arrêt de la Cour suprême.* — Littér. *Les arrêts du destin.* ⇒ **décret.** ‹ ▶ arrêt-court ›

arrêt-court [aʀɛkuʀ] n. ■ Baseball, balle-molle. Joueur défensif placé entre le deuxième et le troisième but. *Frapper la balle en direction de l'arrêt-court.* — La position occupée par ce joueur. *Va-t'en à l'arrêt-court.* — REM. Le terme *inter* s'emploie aussi pour exprimer cette réalité (ex. : *Un inter, un joueur d'inter*).

① ***arrêté*** [aʀete] n. m. **1.** Règlement définitif (qu'on arrête*). *Arrêté de compte.* **2.** Décision écrite d'une autorité administrative. *Des arrêtés ministériels.* — ARRÊTÉ EN CONSEIL : décision du Conseil des ministres par laquelle un règlement, une nomination est approuvé(e).

② ***arrêté, ée*** adj. **1.** Convenu, décidé. *C'est une chose arrêtée.* **2.** (Idées, projets) Inébranlable, irrévocable. ⇒ **ferme.** *Il a la volonté bien arrêtée de refuser.*

arrêter [aʀete] v. ▪ conjug. 1. **I.** V. tr. **1.** Empêcher (qqn ou qqch.) d'avancer, d'aller plus loin ; faire rester sur place. ⇒ **immobiliser, retenir.** *Arrêter un passant pour lui parler. Arrêter sa voiture. Arrêter une machine.* **2.** Interrompre ou faire finir (une activité, un processus). *Arrêter le cours de qqch.* ⇒ **intercepter.** *L'accident arrête le trafic.* **3.** Empêcher (qqn) d'agir ou de poursuivre une action. ⇒ **entraver.** *Rien ne l'arrête quand elle a choisi. Ici, je vous arrête* (dans la conversation). **4.** Faire prisonnier. ⇒ **appréhender.** *Arrêter qqn.* Fam. *Il vient de se faire arrêter* (fam. se faire agrafer, coffrer, cueillir, embarquer, épingler, pincer). ⇒ **pogner.** **5.** Fixer par un choix. *Arrêter le lieu, le jour d'un rendez-vous.* ⇒ **fixer, régler.** *Arrêter un marché.* ⇒ **conclure.** **6.** Prendre un arrêté. *Le Conseil des ministres arrête que...* **II.** V. intr. **1.** Cesser d'avancer, faire halte. *Dites au chauffeur d'arrêter.* **2.** Cesser de parler ou d'agir. / contr. **continuer** / *Elle travaille sans cesse, elle n'arrête pas. Arrête donc de gesticuler.* — Sans compl. *Maintenant, arrête ! je vais me fâcher.* **III.** S'ARRÊTER v. pron. **1.** Suspendre sa marche, ne pas aller plus loin. *Passer sans s'arrêter. S'arrêter pour se reposer.* ⇒ faire **halte.** — Faire des arrêts (1). *L'autobus scolaire s'arrête souvent pour laisser descendre les étudiants.* — *L'autoroute s'arrête à la frontière américaine,* elle ne va pas plus loin. **2.** (Mécanisme) Ne plus fonctionner. *Ma montre s'est arrêtée.* **3.** (Processus, action) S'interrompre ou finir. *Le bruit s'arrête. L'hémorragie s'est arrêtée.* — (Personnes) Cesser d'agir, d'exercer une action. ⇒ **cesser.** *S'arrêter de faire qqch.* **4.** S'ARRÊTER À : fixer son attention sur, faire attention à. *Il ne faut pas s'arrêter aux apparences. Vous vous arrêtez à bien peu de chose.* ‹ ▶ arrestation, arrêt, ① arrêté, ② arrêté ›

arrhes [aʀ] n. f. pl. ■ (France) Somme d'argent que l'on donne au moment de la conclusion d'un contrat, d'un marché. *Il a versé des arrhes en commandant son costume.* ⇒ **acompte, avance, dépôt** ≠ *arrérages.*

arriération [aʀjeʀasjɔ̃] n. f. ■ *Arriération mentale,* état d'un sujet dont l'âge mental est inférieur à l'âge réel, physique.

① *en* ***arrière*** [ɑ̃naʀjɛʀ] loc. adv. **1.** Vers le lieu, le côté qui est derrière. / contr. en **avant** / *Marcher en arrière,* à reculons. *Renverser la tête en arrière. Cheveux tirés en arrière. Faire machine, marche en arrière* (on dit aussi ellipt. faire machine, marche arrière), faire aller en arrière ; fig. revenir sur ses pas, sur ses dires. ⇒ se **rétracter.** Fam. *Passez par la porte d'en arrière,* de derrière. ⇒ par-**derrière.** **2.** À une certaine distance derrière. *Rester en arrière.* **3.** EN ARRIÈRE DE loc. prép. *Se tenir en arrière de qqn ou de qqch.,* derrière. ‹ ▶ ② arrière, arriéré, arrière- ›

② ***arrière*** [aʀjɛʀ] n. m. et adj. invar. **I.** N. m. **1.** La partie postérieure (d'une chose). ⇒ **derrière, dos.** *L'avant et l'arrière d'une voiture. Vous serez mieux à l'arrière.* / contr. **devant** / *À l'arrière du train.* ⇒ **queue.** **2.** L'ARRIÈRE : territoire ou population qui se trouve en dehors de la zone des opérations militaires (opposé à *le front*). *Elle est à l'arrière.* **3.** Au plur. *Les arrières d'une armée,* les lignes de communication. *Protéger ses arrières.* — Loc. *Assurer ses arrières,* avoir une solution de rechange en cas de difficulté. **4.** N. Joueur qui est placé derrière les attaquants et qui protège le gardien de but (hockey, etc.) ou le but (football, etc.). ⇒ **défenseur.** / contr. **attaquant, avant** / *Un arrière gauche très habile avec la rondelle.* **5.** Loc. *Prendre, avoir de l'arrière* (montre, horloge), avoir du retard sur l'heure exacte. / contr. ② **avant** / **II.** Adj. invar. Qui est à l'arrière. *Les feux arrière d'une auto. Les sièges arrière et les sièges avant.* ‹ ▶ quart-arrière ›

① ***arriéré, ée*** [aʀjeʀe] adj. **1.** Péj. Qui appartient au temps passé, n'est pas moderne. ⇒ **archaïque, démodé, rétrograde.** *Un homme aux idées arriérées. Les gens sont un peu arriérés dans ce pays,* en retard. **2.** Qui est en retard dans son développement mental. ⇒ **attardé.** *Un enfant arriéré.* — N. *Un arriéré.* ‹ ▶ arriération ›

② ***arriéré*** n. m. ■ Dette échue et qui reste due. *L'arriéré d'une pension.* ⇒ **arrérages.**

arrière- ■ Élément de noms, signifiant « qui est derrière » (ex. : *arrière-cuisine, arrière-fond, arrière-gorge, arrière-salle*) ou « qui est plus loin dans le temps » (ex. : *arrière-grand-père*). ► ***arrière-boutique*** n. f. ■ Pièce de plain-pied située en arrière d'une boutique. *Des arrière-boutiques* (on dit aussi *arrière-magasin*). ► ***arrière-garde*** n. f. **1.** Partie d'un corps d'armée qui ferme la marche. *Des arrière-gardes. De durs combats d'arrière-garde.* / contr. **avant-garde** / **2.** Ce qui est en arrière, en retard. *Les professeurs d'arrière-garde.* ► ***arrière-gorge*** n. f. ■ Fond de la gorge. *Des arrière-gorges.* ► ***arrière-goût*** n. m. **1.** Goût qui reste dans la bouche après l'absorption. *Un arrière-goût désagréable. Des arrière-goûts.* **2.** État affectif qui subsiste après le fait qui l'a provoqué (opposé à *avant-goût*). ⇒ **souvenir.** *Un arrière-goût de tristesse.* ► ***arrière-grand-mère*** n. f., ***arrière-grand-père*** n. m. ■ La mère, le père du grand-père ou de la grand-mère. ⇒ **bisaïeul.** (On dit aussi *arrière-grands-parents.*) *Des arrière-grand-mères* (l'adj. *grand* est invar.). Des arrière-grands-pères (l'adj. *grand* varie). ► ***arrière-pays*** n. m. invar. ■ Région située en arrière d'une région côtière. *Résider dans l'arrière-pays.* ► ***arrière-pensée*** n. f. ■ Pensée, intention que l'on dissimule. ⇒ **réserve, réticence.** *Elle lui attribue des arrière-pensées malveillantes. Je vous le dis sans arrière-pensée.* ► ***arrière-petit-fils*** n. m., ***arrière-petite-fille*** n. f. ■ Le fils, la fille du petit-fils, de la petite-fille. *Des arrière-petits-fils. Des arrière-petites-filles* (on dit aussi *arrière-petits-enfants*). ► ***arrière-plan*** n. m. **1.** Le plan le plus éloigné de l'œil du spectateur (opposé à *premier plan*). *Des arrière-plans.* **2.** *Être, rester à l'arrière-plan,* dans une position secondaire. ► ***arrière-saison*** n. f. ■ La dernière saison de l'année, l'automne, la fin de l'automne. *Une arrière-saison ensoleillée. Des arrière-saisons.* ► ***arrière-train*** n. m. **1.** Partie postérieure du corps d'un quadrupède. *Des arrière-trains.* **2.** Fam. Fesses (d'une personne). ⇒ fam. **cul,** ② **derrière,** ② **postérieur.**

arrimer [aʀime] v. tr. ▪ conjug. 1. ■ Caler, fixer avec des cordes (un chargement, des colis). — Au p. p. adj. *Chargement solidement arrimé.* — Fixer deux choses l'une à l'autre (dont l'une ou toutes deux sont mobiles). *Arrimer deux engins dans l'espace.* ► ***arrimage*** n. m. ■ *L'arrimage d'une cargaison. L'arrimage d'un bateau au quai.*

arrivage [aʀivaʒ] n. m. ■ Arrivée de marchandises par mer ou par une autre voie ; ces marchandises. *Un grand arrivage de fruits au marché.* — Plaisant. *Un arrivage de touristes.* ⇒ **arrivée.**

arrivant, ante [aʀivɑ̃, ɑ̃t] n. ■ Personne qui arrive quelque part. *Les arrivants et les partants.*

arrivé, ée [aʀive] n. et adj. **1.** N. *Premier, dernier arrivé,* personne qui est arrivée la première, la dernière. **2.** Adj. Qui a réussi (socialement, professionnellement). *Une personne arrivée.*

arrivée [aʀive] n. f. **1.** Action d'arriver. *Elle m'annonce son arrivée pour demain. Heure d'arrivée du courrier. Ligne d'arrivée* (d'une course). — Moment où l'on arrive. *Je vous verrai à mon arrivée.* **2.** Passage (d'un fluide) qui arrive quelque part. *Arrivée d'essence.* / contr. **sortie** / **3.** *L'arrivée du printemps, des temps froids.* ⇒ **apparition, début.** **4.** Lieu où arrivent des voyageurs, des coureurs, etc. *Où est l'arrivée ?* / contr. **départ** /

arriver [aʀive] v. intr. ▪ conjug. 1. **I. 1.** Toucher au terme de son voyage, de son trajet ; parvenir au lieu où l'on voulait aller. *Nous arriverons à Gaspé à midi. On y arrive par une rue étroite. Nous voici, nous voilà arrivés. Le train qui arrive de Winnipeg.* ⇒ **venir** de. *Arriver par le train, en auto. Arriver le premier, le dernier.* Loc. *Arriver comme un chien dans un jeu de quilles,* de façon inattendue et inopportune. — Impers. *Il est arrivé une visiteuse inattendue.* **2.** Approcher, venir vers qqn. *La voici qui arrive.* ⇒ fam. s'**amener, rappliquer.** *Il arrive à grands pas, en courant.* **3.** Atteindre à une certaine taille. *Cet enfant grandit beaucoup, il m'arrive déjà à l'épaule.* **4.** ARRIVER À (suivi d'un nom) : atteindre, parvenir à (un état). *Arriver à un certain âge. Arriver au terme de son existence.* ⇒ **atteindre, parvenir, toucher.** *Arriver à ses fins.* — ARRIVER À (+ infinitif) : réussir à ; finir par. *J'arrive à faire des économies.* — Absolt. *J'ai besoin de cette augmentation de salaire pour arriver,* pour boucler le budget, pour faire face à toutes les dépenses pour vivre. **5.** Réussir (dans la société). *Un individu qui veut à tout prix arriver.* ⇒ **arriviste. 6.** Aborder (un sujet). *Arriver à la conclusion de son discours. Quant à cette question, j'y arrive.* **7.** EN ARRIVER À : en venir à ; être sur le point de, après une évolution (et souvent malgré soi). *J'en arrive à me demander si tu as vraiment du cœur. Il faudra bien en arriver là.* **8.** Loc. verb. ARRIVER EN DESSOUS : être déficitaire, être perdant dans une affaire, un marché. *Si vous n'augmentez pas vos prix, vous arriverez en dessous.* **9.** Fig. Loc. fam. ARRIVER EN VILLE : s'adapter aux idées de son temps, se déniaiser ; finir par comprendre. ⇒ fam. **dépasser, déniaiser.** **II.** (Choses) **1.** Parvenir à destination. *Un colis est arrivé pour vous.* — Impers. *Il est arrivé une lettre.* **2.** Arriver jusqu'à (qqn). *Le bruit est arrivé jusqu'à ses oreilles.* **3.** Atteindre un certain niveau. ⇒ **atteindre,** s'**élever, monter.** *L'eau lui arrive à la ceinture.* **4.** Venir, être sur le point d'être. *Le jour, la nuit arrive,* se lève ; tombe. *Un jour arrivera où...* ⇒ **venir. 5.** (En parlant d'un fait, d'un événement, d'un accident) ⇒ **advenir,** avoir **lieu,** se **passer,** se **produire, survenir.** *Un malheur est vite arrivé. — Cela ne m'est jamais arrivé. Cela peut arriver à tout le monde,* tout le monde est exposé à pareil accident. *Cela ne m'arrivera plus, je vous le promets,* c'est une chose que je ne recommencerai plus. *Qu'est-ce qui t'arrive ?,* qu'est-ce que tu as ? — IL ARRIVE impers. *Il est arrivé un accident. Quoi qu'il arrive,* en tout cas. *Il arrive que nous sortions après souper. Il lui arrive souvent de mentir.* **6.** Balancer dans ses calculs, obtenir une réponse exacte. *Elle arrive dans ses comptes. Arrivez-vous juste ?* ► ***arriviste*** n. ■ Personne dénuée de scrupules qui veut arriver, réussir par n'importe quel moyen. ⇒ **ambitieux.** ► ***arrivisme*** n. m. ■ Caractère ou comportement de l'arriviste. ‹ ► arrivage, arrivant, arrivé, arrivée ›

arrogant, ante [aʀɔgɑ̃, ɑ̃t] adj. ■ Qui manifeste une insolence méprisante. *Une personne arrogante. Air, ton arrogant.* ⇒ **orgueilleux ; condescendant, impudent, insolent, suffisant ;** fam. **baveux, fantasse, fendant.** / contr. **déférent, humble** / — N. *Elle déteste les arrogants.* ► ***arrogance*** n. f. ■ *Répondre avec arrogance.* ⇒ **hauteur, morgue.** / contr. **déférence, humilité** /

s'arroger [aʀɔʒe] v. pron. ▪ conjug. 3. ■ S'attribuer (un droit, une qualité) sans y avoir droit. ⇒ s'**approprier,** s'**attribuer, usurper.** *Elle s'est arrogé des titres qui ne lui appartiennent pas. Les droits qu'il s'est arrogés.*

arrondir [aʀɔ̃diʀ] v. tr. ▪ conjug. 2. **1.** Rendre rond. *Arrondir les lèvres.* — Donner une forme courbe à. *Arrondir le bras.* **2.** Abstrait. Loc. *Arrondir les angles, les arêtes,* atténuer les oppositions, les dissentiments. — *Arrondir les fins de mois,* boucler son budget. **3.** Rendre plus complet. *Arrondir sa fortune.* ⇒ **augmenter.** — *Arrondir un total, un chiffre, un prix,* lui substituer le chiffre rond inférieur ou supérieur. **4.** S'ARRONDIR v. pron. : devenir rond. *Son ventre* *s'arrondit.* ▶ ***arrondi, ie*** adj. **1.** À peu près rond. *Un visage arrondi.* **2.** N. m. *L'arrondi,* le contour arrondi. ⇒ **courbe.** *L'arrondi d'une jupe* (en bas).

arrondissement [aʀɔ̃dismɑ̃] n. m. **1.** *Arrondissement historique,* territoire désigné par le gouvernement en raison de la concentration de monuments ou de sites historiques qui s'y trouvent. *L'îlot de la Place-Royale à Québec a été décrété arrondissement historique.* **2.** (France) Circonscription administrative. *Le département français est divisé en un certain nombre d'arrondissements. Chef-lieu d'arrondissement.* ⇒ **sous-préfecture.** — Subdivision administrative dans certaines grandes villes (Paris, Lyon, Marseille). *Le Ve, le XVIe arrondissement à Paris.*

arroser [aʀoze] v. tr. ▪ conjug. 1. **1.** Mouiller en versant un liquide, de l'eau sur. *Arroser des plantes.* — Fam. *Se faire arroser,* se faire mouiller par la pluie. — Littér. Par exagér. *Arroser de larmes,* pleurer sur. **2.** Couler à travers. ⇒ **traverser.** *Le Saguenay arrose la ville de La Baie.* **3.** *Arroser son repas d'un bon vin,* l'accompagner d'un bon vin en mangeant. *Arroser son café,* y verser de l'alcool. **4.** Fam. Fêter un événement en buvant. *Il faut arroser ça ! Arroser son succès, sa promotion.* **5.** (Surtout en France) Fam. *Arroser qqn,* lui donner de l'argent (pour obtenir un avantage). ⇒ **soudoyer.** ▶ ***arrosage*** n. m. ▪ Action d'arroser. *L'arrosage d'un jardin. Boyau d'arrosage.* ▶ ***arrosé, ée*** adj. **1.** Qui reçoit des précipitations. *Une région bien arrosée.* **2.** À travers quoi coule un cours d'eau. **3.** *Un repas bien arrosé,* où l'on a bu beaucoup. *Un café arrosé,* dans lequel on a versé de l'alcool. ▶ ***arroseur, euse*** n. ▪ Personne qui arrose (qqch., qqn). *L'arroseur arrosé.* ▶ ***arroseuse*** n. f. ▪ Véhicule muni d'un réservoir d'eau et destiné à l'arrosage des voies publiques. ▶ ***arrosoir*** n. m. ▪ Ustensile destiné à l'arrosage, récipient muni d'une anse et d'un long col terminé par une plaque percée de petits trous *(pomme d'arrosoir).* ‹ ▶ pistolet-arroseur ›

arsenal, aux [aʀsənal, o] n. m. **1.** Établissement où se trouve réuni tout ce qui est nécessaire à la construction, la réparation et l'armement des navires de guerre. **2.** Dépôt d'armes et de munitions. **3.** Fam. Matériel compliqué. *Elle emporte tout son arsenal de médicaments.*

arsenic [aʀsənik] n. m. ▪ Corps simple, substance cassante de couleur gris acier qui est un poison violent.

art [aʀ] n. m. **I.** Vx ou en loc. **1.** Moyen d'obtenir un résultat (par l'effet d'aptitudes naturelles) ; ces aptitudes (adresse, habileté). *L'art de faire qqch.* ⇒ **façon, manière.** *Elle a l'art de me plaire.* Plaisant. *Il a l'art d'ennuyer tout le monde. — Faire qqch. avec art.* ⇒ **adresse, habileté, savoir-faire.** *Avoir l'art et la manière.* — Loc. *Le grand art,* l'habileté suprême. *Sa façon de nous escroquer, c'est du grand art.* **2.** Ensemble de connaissances et de règles d'action, dans un domaine particulier. ⇒ **technique ; artisan.** *L'art militaire. Les arts ménagers. École des arts et métiers. École d'art dramatique. Les arts martiaux*. — Les règles de l'art,* la manière correcte de procéder. *On a réparé l'installation dans toutes les règles de l'art.* — (Avec de + infinitif) *L'art d'aimer, l'art de vivre.* **II. 1.** Expression, par les œuvres de l'humanité, d'un idéal esthétique ; ensemble des activités humaines créatrices visant à cette expression (⇒ **artiste**). *Œuvre d'art, objet d'art. Critique d'art. Galerie* d'art. Livre d'art,* contenant des reproductions d'œuvres d'art. *Histoire de l'art.* **2.** Chacun des modes d'expression de la beauté. *Les arts plastiques ou visuels. Le septième art,* le cinéma. *Les arts décoratifs. L'art dramatique,* le théâtre. **3.** Création des œuvres d'art ; ensemble des œuvres (à une époque ; dans un lieu particulier). *Étudier l'art égyptien, l'art amérindien. Visiter le Musée d'art contemporain de Montréal.* — En peinture, en sculpture. *Art abstrait* (opposé à *art figuratif*). ‹ ▶ artifice, artisan, artiste, beaux-arts ›

artère [aʀtɛʀ] n. f. **1.** Un des vaisseaux à ramifications divergentes qui, partant des ventricules du cœur, distribuent le sang à tout le corps (opposé à *veine*). *Les artères communiquent avec les veines par les capillaires.* **2.** Rue importante (d'une ville). *Évitez les grandes artères qui sont embouteillées.* ▶ ***artériel, ielle*** adj. ▪ Qui a rapport aux artères (opposé à *veineux*). *Tension artérielle.* ▶ ***artériosclérose*** [aʀteʀjoskleʀoz] n. f. ▪ Durcissement progressif des artères. ‹ ▶ trachée-artère ›

artésien, ienne [aʀtezjɛ̃, jɛn] adj. ▪ PUITS ARTÉSIEN : trou foré jusqu'à une nappe d'eau souterraine.

arthrite [aʀtʀit] n. f. ▪ Affection articulaire d'origine inflammatoire. ≠ *arthrose.* ▶ ***arthritique*** adj. et n. ▪ De l'arthrite. *Ressentir de vives douleurs arthritiques.* — N. Personne qui a de l'arthrite. *Un, une arthritique.* ▶ ***arthritisme*** n. m. ▪ Arthrite accompagnée de divers troubles.

arthropodes [aʀtʀɔpɔd] n. m. pl. ▪ Zoologie. Embranchement d'invertébrés. *Les crustacés, les insectes sont des arthropodes.* — Sing. *Un arthropode.*

arthrose [aʀtʀoz] n. f. ▪ Inflammation chronique des articulations. ≠ *arthrite.*

artichaut [aʀtiʃo] n. m. ▪ Plante potagère cultivée pour ses capitules comestibles *(tête d'artichaut). Fond d'artichaut,* le réceptacle central, charnu, qui porte les « feuilles » d'artichaut (en réalité, des bractées). *Cœurs d'artichauts,* les feuilles du cœur de petits artichauts dont le haut est coupé. *Artichaut à la vinaigrette.*

① ***article*** [aʀtikl] n. m. **1.** Partie (numérotée ou non) qui forme une division d'un texte officiel. *Article de loi. — Article de foi,* point formel de croyance dans une religion. ⇒ **dogme.** — Fig. *Prendre qqch. pour article de foi,* y croire fermement. **2.** Partie d'un écrit. ⇒ ③ **point.** *Sur cet article,* sur ce point, sur ce chapitre. ⇒ **chapitre, sujet. 3.** À L'ARTICLE DE LA MORT loc. : sur le point de mourir. *Il est à l'article de la mort.* **4.** Écrit formant un tout distinct, mais faisant partie d'une publication. *Les articles d'un dictionnaire. Article de journal, de revue.*

② ***article*** n. m. ▪ Objet de commerce. *Nous n'avons pas cet article en magasin. Articles de toilette, de voyage.*

③ ***article*** n. m. ▪ Mot qui, placé devant un nom, sert à le déterminer plus ou moins précisément, tout en marquant le genre et le nombre. *Article défini* (le, la, l', les), *indéfini* (un, une, des, de, d'), *partitif* (de, du, de la, de l', des).

① ***articuler*** [aʀtikyle] v. tr. ▪ conjug. 1. ▪ Émettre, faire entendre les sons vocaux à l'aide de mouvements des lèvres et de la langue. ⇒ **prononcer.** — Sans compl. *Bien articuler,* détacher les syllabes, les mots. ▶ ① ***articulation*** n. f. ▪ Action de prononcer distinctement les différents sons d'une langue à l'aide des mouvements des lèvres et de la langue. ⇒ **prononciation.** *Son articulation est peu nette.* ▶ ① ***articulé, ée*** adj. ▪ Formé de sons différents reconnaissables. *Langage articulé* (opposé à *inarticulé*). ‹ ▶ inarticulé ›

② ***s'articuler*** v. pron. ▪ conjug. 1. **1.** (Os) Former une articulation ②. — (Mécanisme) *L'organe de transmission s'articule sur l'arbre.* **2.** Se succéder comme éléments distincts et harmonieux d'un tout. *Les chapitres de ce livre s'articulent bien.* ▶ ***articulai-***

re adj. ■ Qui a rapport aux articulations. *Rhumatisme articulaire chronique.* ⇒ **arthrose.** ▶ ② ***articulation*** n. f. **1.** Ensemble des parties molles et dures par lesquelles s'unissent deux ou plusieurs os voisins. *L'articulation du coude, du genou.* **2.** Assemblage de plusieurs pièces mobiles les unes sur les autres. ▶ ② ***articulé, ée*** adj. ■ Construit de manière à s'articuler. *Poupée articulée,* dont on peut bouger la tête, plier les membres. ‹ ▶ se désarticuler ›

① ***artifice*** [aʀtifis] n. m. **1.** Moyen habile, ingénieux (⇒ **art**, I). *Résoudre un problème de mathématiques par un artifice de calcul.* **2.** Moyen trompeur et habile pour déguiser la vérité. ⇒ **ruse, subterfuge, tromperie.** *Tromper qqn par des artifices.* ▶ ***artificiel, elle*** adj. **1.** Qui est le produit de l'habileté humaine et non celui de la nature. ⇒ **factice ; fabriqué, faux, imité, postiche.** *Cheveux artificiels. Lac artificiel. Jambe artificielle* (prothèse). *Fleurs artificielles.* / contr. ① **naturel** / **2.** Qui est le produit des relations, des habitudes dans une société. *Des plaisirs, des besoins artificiels.* **3.** Qui ne tient pas compte des caractères naturels, des faits réels. *Classification artificielle.* ⇒ **arbitraire.** **4.** Qui manque de naturel. ⇒ **affecté, feint.** *Une gaieté artificielle,* forcée. ▶ ***artificiellement*** adv. ■ D'une manière artificielle. ▶ ***artificieux, euse*** adj. ■ Littér. Qui est plein d'artifices, de ruse. *Un diplomate artificieux.* ⇒ **rusé, retors.** *Paroles artificieuses.* / contr. **sincère** /

② *feu d'**artifice*** [fødaʀtifis] n. m. ■ Ensemble de fusées et autres explosifs à effet lumineux qu'on fait brûler pour un divertissement. ⇒ **pyrotechnie.** *Les feux d'artifice du 24 juin.* — Abstrait. Ce qui éblouit par le nombre et la rapidité des images ou des traits brillants. *Son discours est un vrai feu d'artifice.* ▶ ***artificier, ière*** n. ■ Personne qui fabrique, organise ou tire des feux d'artifice.

artillerie [aʀtijʀi] n. f. **1.** Matériel de guerre comprenant les canons, obusiers, etc. *Artillerie légère, lourde. Tir d'artillerie.* **2.** Dans l'armée. L'arme qui est chargée du service de ce matériel. ▶ ***artilleur*** n. m. ■ Militaire appartenant à l'artillerie.

*mât d'**artimon*** [madaʀtimɔ̃] n. m. ■ Mât à l'arrière d'un navire à plusieurs mâts.

artisan, ane [aʀtizɑ̃, an] n. **1.** Personne qui fait un travail manuel, qui exerce une technique traditionnelle ⇒ **art (I) à son propre compte, aidée souvent de sa famille et d'apprentis.** *Le cordonnier est un artisan. Elle est artisane en poterie.* **2.** Auteur, cause d'une chose. *Il a été l'artisan de sa fortune.* — REM. L'O.L.F. propose *artisane* au féminin ▶ ***artisanal, ale, aux*** adj. ■ Qui est relatif à l'artisan. *Métier artisanal. Cette exploitation est restée au stade artisanal. Techniques artisanales.* / contr. **industriel** / ▶ ***artisanalement*** adv. ■ / contr. **industriellement** / ▶ ***artisanat*** n. m. **1.** Métier, condition d'artisan. **2.** Ensemble des artisans.

artiste [aʀtist] n. **1.** Personne qui se voue à l'expression du beau, pratique les beaux-arts, l'art (II). *L'inspiration d'une artiste.* **2.** Créateur(trice) d'une œuvre d'art, surtout d'une œuvre plastique. *La signature de l'artiste.* **3.** Personne qui interprète une œuvre musicale ou théâtrale (opposé à *auteur, compositeur, écrivain*). ⇒ **acteur, comédien, interprète, musicien.** *Cette pianiste est une grande artiste. Entrée des artistes.* ▶ ***artistement*** adv. ■ Avec goût ; avec sens esthétique. *Des fleurs artistement disposées.* ▶ ***artistique*** adj. **1.** Qui a rapport à l'art ou aux productions de l'art. *Les richesses artistiques d'un pays.* **2.** Qui est fait, présenté avec art. *L'arrangement de cette vitrine est très artistique.* ▶ ***artistiquement*** adv. ■ Avec art. ⇒ **artistement.**

aryen, yenne [aʀjɛ̃, jɛn] n. ■ (Avec une majusc.) Type parfait de la race blanche, selon les racistes. *Les Aryens.* — Adj. *Race aryenne.*

as [ɑs] n. m. invar. **1.** Côté du dé à jouer (ou moitié de domino) marqué d'un seul point ou signe. **2.** Carte à jouer, marquée d'un seul point ou signe, qui est la carte maîtresse dans de nombreux jeux. *As de trèfle.* **3.** Loc. fam. *Être plein aux as,* avoir beaucoup d'argent. — Fam. *Être aux as,* être content, heureux, comblé. *Être paqueté aux as,* complètement ivre. — Fam. (choses) *Battre quatre as,* être insurpassable, formidable, ne pas avoir son pareil. *Gagner un bingo pareil, ça bat quatre as.* **4.** Personne qui réussit excellemment dans une activité. *Un as de l'aviation.* ⇒ **champion.** *C'est un as,* il (ou elle) est très fort(e).

asbestose [asbɛstoz] n. f. ■ (France) Maladie professionnelle qui provoque une inflammation pulmonaire due à l'inhalation de la poussière d'amiante. ⇒ **amiantose.** *Être atteint d'asbestose.*

① ***ascendant, ante*** [asɑ̃dɑ̃, ɑ̃t] adj. ■ Qui va en montant. *Mouvement ascendant.* ⇒ **ascension (3).** / contr. **descendant** / *Progression ascendante,* celle dont les termes vont en croissant.

② ***ascendant*** n. m. **1.** Influence dominante. ⇒ **autorité, empire, influence, pouvoir.** *Avoir, exercer de l'ascendant sur qqn. Subir l'ascendant de qqn.* ⇒ **charme, séduction.** **2.** Parent dont on descend. *Un ascendant en ligne directe. Des ascendants sud-américains.* / contr. **descendant** / ▶ ***ascendance*** n. f. ■ Ligne généalogique par laquelle on remonte de l'enfant aux parents, aux grands-parents ; ensemble des générations de personnes dont est issu qqn. *Ascendance paternelle, maternelle. Elle est d'ascendance bretonne.* ⇒ **famille.** / contr. **descendance** /

ascenseur [asɑ̃sœʀ] n. m. ■ Appareil qui sert à monter verticalement des personnes aux différents étages d'un immeuble et le plus souvent aussi à les descendre. *Cage de l'ascenseur. Appeler, prendre l'ascenseur.* — Loc. fig. *Renvoyer l'ascenseur,* rendre la pareille à qqn (après un service rendu, etc.). ≠ *monte-charge.*

ascension [asɑ̃sjɔ̃] n. f. **1.** (Avec une majusc.) Dans la religion chrétienne. Élévation miraculeuse de Jésus-Christ dans le ciel ; fête commémorant ce miracle. *Le jeudi de l'Ascension.* **2.** Action de gravir une montagne. *L'ascension du mont Tremblant. Faire des ascensions.* **3.** Action de s'élever dans les airs. *L'ascension d'une fusée, d'un ballon.* **4.** Montée vers un idéal ou une réussite sociale. ⇒ **montée, progrès.** *L'ascension de Bonaparte.* / contr. **chute** / ▶ ***ascensionner*** [asɑ̃sjɔne] v. intr. ▪ conjug. 1. ■ Faire une ascension (2). ▶ ***ascensionniste*** n. ■ Personne qui fait une ascension en montagne. ⇒ **alpiniste.**

ascèse [asɛz] n. f. **1.** Ensemble d'exercices physiques et moraux qui tendent à l'affranchissement de l'esprit par le mépris du corps. **2.** Privation voulue et héroïque. *Renoncer à cet argent ? C'est une ascèse !* ▶ ***ascète*** [asɛt] n. **1.** Personne qui pratique l'ascétisme, s'impose, par piété, des exercices de pénitence, des privations, des mortifications. **2.** Personne qui mène une vie austère. / contr. **jouisseur** / ▶ ***ascétique*** [asetik] adj. ■ Qui pratique les privations ; fait de privations. *Une vie ascétique.* ≠ *acétique.* ▶ ***ascétisme*** [asetism] n. m. **1.** Genre de vie religieuse des ascètes. **2.** Vie austère, continente, frugale, rigoriste. *Se priver par ascétisme.*

A.S.C.I.I. [aski] n. m. invar. ■ Anglic. Abréviation de *American Standard Code for Information Interchange. Disquette dont le contenu est en format A.S.C.I.I. Des caractères A.S.C.I.I.* — REM. Cette abréviation s'écrit le plus souvent sans points : ASCII.

-ase ■ Élément tiré de *diastase* et servant à désigner certains ferments (enzymes). — N. f. pl. *Les ases* [az], les enzymes.

asepsie [asɛpsi] n. f. ■ Méthode préventive, qui s'oppose aux maladies infectieuses, en empêchant l'introduction de microbes dans l'organisme. ⇒ **antisepsie, désinfection, pasteurisation, prophylaxie, stérilisation.** ▸ ***aseptique*** [asɛptik] adj. ■ Exempt de tout germe infectieux. *Pansement aseptique.* ▸ ***aseptiser*** v. tr. ▪ conjug. 1. ■ Rendre aseptique. *Aseptiser une plaie.* ▸ ***aseptisé, ée*** adj. ■ Abstrait. Débarrassé de toute impureté. *Un confort aseptisé,* privé de toute chaleur humaine.

asexué, ée [asɛksɥe] adj. **1.** Qui n'a pas de sexe. *Multiplication asexuée,* végétative. **2.** Qui ne semble pas appartenir à un sexe déterminé. *Une voix asexuée.* — Fam. (Personnes) Qui n'a pas de besoins sexuels, ou semble ne pas en avoir.

asiatique [azjatik] adj. et n. ■ Qui appartient à l'Asie ou qui en est originaire. *La cuisine asiatique.* — N. (Avec une majusc.) *Les Asiatiques.* ‹ ▸ afro-asiatique ›

asile [azil] n. m. **1.** Lieu où l'on se met à l'abri, en sûreté contre un danger. ⇒ **abri, refuge.** *Chercher, trouver asile, un asile. Un asile sûr.* — *Obtenir l'asile politique,* la protection qu'un État accorde aux personnes qui ont fui leur pays pour des raisons politiques. **2.** Lieu où l'on trouve la paix, le calme, la sérénité. ⇒ **retraite.** *Un asile de paix.* **3.** Vieilli. *Asile d'aliénés,* ou ellipt. *asile,* hôpital psychiatrique. — Fam. *Il mérite l'asile, il est bon pour l'asile,* il est fou.

asocial, ale, aux [asɔsjal, o] adj. ■ Qui n'est pas adapté à la vie sociale, s'y oppose violemment. *Un enfant asocial.* — N. *Des asociaux.* ⇒ **marginal.** ≠ *insociable.*

aspect [aspɛ] n. m. **I. 1.** Vx ou littér. Le fait de s'offrir aux yeux, à la vue. ⇒ **spectacle, vue.** *L'aspect du sang la rend malade.* — À L'ASPECT DE : à la vue de, en voyant. *Il se trouve mal à l'aspect du sang.* — *Au premier aspect,* au premier coup d'œil. **2.** Manière dont qqn, qqch. se présente aux yeux. ⇒ **apparence ; air, allure ;** angl. **look.** *Des fruits de bel aspect. Une jeune fille d'aspect misérable. Donner, prendre l'aspect de...* **3.** Chacune des faces sous lesquelles une chose peut être vue. ⇒ **angle, côté, face.** *Vous ne considérez qu'un seul aspect de la question, il faut l'envisager sous tous ses aspects.* **II.** Linguistique. Manière dont l'action exprimée par le verbe est envisagée dans son développement : action terminée (perfectif) ou en cours (imperfectif). Ex. : *il a mangé ; il mangeait.*

asperge [aspɛʀʒ] n. f. **1.** Plante à tige souterraine d'où naissent chaque année des bourgeons qui s'allongent en tiges charnues comestibles ; cette tige. *Des asperges vertes, des asperges blanches. Potage aux pointes d'asperges.* **2.** Fam. Personne grande et maigre. *Quelle asperge !*

asperger [aspɛʀʒe] v. tr. ▪ conjug. 3. **1.** Projeter un liquide en forme de pluie sur. *Asperger une plante.* — Pronominalement (réfl.). *Elle s'asperge d'eau froide pour tonifier l'épiderme.* **2.** Fam. Mouiller accidentellement par la projection d'un jet d'eau. *Une voiture, en passant dans une flaque, nous a aspergés d'eau sale.* ▸ ***aspersion*** [aspɛʀsjɔ̃] n. f. ■ Action d'asperger. *Baptême par aspersion* (opposé à *par immersion*).

aspérité [aspeʀite] n. f. ■ Partie saillante d'une surface inégale (« âpre »). ⇒ **rugosité, saillie.** *Les aspérités du sol.*

asphalte [asfalt] n. m. **1.** Mélange noirâtre naturel de calcaire, de silice et de bitume se ramollissant entre 50 et 100°. **2.** Préparation destinée au revêtement des chaussées, à base de brai de pétrole. ⇒ **bitume.** — Fam. *Arpenter l'asphalte,* la chaussée, le trottoir. ▸ ***asphaltage*** n. m. ■ Action d'asphalter. *L'asphaltage du boulevard aura lieu cette fin de semaine.* ⇒ **pavage.** ▸ ***asphalter*** v. tr. ▪ conjug. 1. ■ Revêtir d'asphalte. ⇒ **paver.** — Au p. p. adj. *Chaussée asphaltée.*

asphyxie [asfiksi] n. f. **1.** État pathologique déterminé par le ralentissement ou l'arrêt de la respiration. *Il est mort par asphyxie.* **2.** Abstrait. Étouffement de facultés intellectuelles, morales, dû à la contrainte. *Asphyxie morale.* ⇒ **oppression.** — Arrêt du développement. *L'asphyxie d'une industrie.* ▸ ***asphyxier*** [asfiksje] v. tr. ▪ conjug. 7. **1.** Causer l'asphyxie de. — S'ASPHYXIER v. pron. réfl. : causer son asphyxie, se donner la mort par asphyxie. *Elle s'est asphyxiée dans sa voiture.* **2.** Étouffer par une contrainte ou la suppression d'une chose vitale. ▸ ***asphyxiant, ante*** [asfiksjɑ̃, ɑ̃t] adj. **1.** Qui asphyxie. *Fumée asphyxiante. Gaz asphyxiant,* gaz toxique (employé pendant la guerre de 1914-1918). **2.** Se dit d'une atmosphère morale où l'on étouffe, où l'on s'étiole. ⇒ **étouffant.** ▸ ***asphyxié, ée*** adj. et n. **1.** Qu'on a, qui s'est asphyxié. — N. *Soins à donner aux asphyxiés.* **2.** Qui est étouffé par une contrainte. *Une industrie asphyxiée. Des libertés asphyxiées.*

① ***aspic*** [aspik] n. m. ■ Variété de vipère. *Des aspics.*

② ***aspic*** n. m. ■ Plat froid composé de légumes coupés en petits morceaux et moulés dans une gelée. *Des aspics à la tomate accompagnaient les pâtés à la viande.*

aspirer [aspiʀe] v. tr. ▪ conjug. 1. **I. 1.** Attirer (l'air) dans ses poumons. ⇒ **inspirer.** *Pour respirer, on aspire puis on expire l'air.* **2.** Attirer (un fluide) dans le nez, la bouche. ⇒ **avaler, humer, renifler.** *Aspirer une boisson avec une paille. Elle ouvrait les narines pour aspirer les bonnes odeurs de la campagne.* **3.** Attirer les fluides en faisant le vide. ⇒ **pomper.** / contr. **refouler** / **II.** V. tr. ind. ASPIRER À : porter ses désirs vers un objet. *Aspirer à un titre.* ⇒ **souhaiter ; prétendre** à. *Je n'aspire plus qu'à me reposer.* ▸ ***aspirant, ante*** adj. et n. **1.** Adj. Qui aspire (I). — Loc. *Pompe aspirante,* qui aspire de l'eau, l'élève en faisant le vide. **2.** N. Personne qui aspire à un titre, à une place. *Elle est l'aspirante au titre de meilleure nageuse.* ⇒ **candidat.** ▸ ***aspirateur*** n. m. ■ Appareil qui aspire l'air, les liquides, et spécialt, les poussières. *Brancher l'aspirateur. Passer l'aspirateur.* ⇒ **balayeuse.** ▸ ***aspiration*** n. f. **I. 1.** Action d'attirer l'air dans ses poumons. ⇒ **inspiration.** *L'aspiration et l'expiration.* **2.** Action d'aspirer des gaz, des liquides, des poussières, etc. *Tuyau d'aspiration d'un corps de pompe.* **II.** Action de porter ses désirs vers (un idéal). *Avoir de nobles aspirations.* ⇒ **désir, souhait.** ▸ ***aspiré, ée*** adj. **1.** *H aspiré,* émis en soufflant de l'air (ex. : le *h* anglais). **2.** Se dit parfois (à tort) du *h* français qui ne permet pas la liaison (ex. : *des haricots* [deaʀiko]). / contr. **muet** /

aspirine [aspiʀin] n. f. ■ Acide acétylsalicylique, remède contre les maux de tête, la douleur et la fièvre. *Comprimé d'aspirine.* — Ce comprimé. *Prendre deux aspirines.* — REM. La forme *Aspirin* est un nom de marque déposée.

assagir [asaʒiʀ] v. tr. ▪ conjug. 2. **1.** (Suj. chose) Rendre plus sage, plus calme. *Le malheur assagit les hommes. Le temps assagit les passions.* ⇒ **calmer, modérer. 2.** S'ASSAGIR v. pron. : devenir sage. *Elle s'est assagie depuis son entrée au cégep.* ⇒ se **ranger.** — (Choses) *Le style de ce peintre s'est assagi.* ▸ ***assagissement*** n. m. ■ Action d'assagir, de s'assagir.

assaillir [asajiʀ] v. tr. ▪ conjug. 13. **1.** Surtout au passif. Se jeter sur (qqn) pour l'attaquer. ⇒ **fondre** sur.

Assaillir un camp. Être assailli par des malfaiteurs. ⇒ **agresser.** *Action d'assaillir.* ⇒ **assaut. 2.** Se jeter sur (qqn). *La ministre était assaillie par des journalistes.* — *Assaillir qqn de qqch.,* harceler, accabler. *Je l'ai assailli de questions.* **3.** (Suj. chose) Attaquer brusquement. ⇒ **tourmenter.** *Les difficultés qui l'assaillent de toutes parts.* ▶ ***assaillant, ante*** adj. et n. **1.** Qui assaille. *L'armée assaillante.* **2.** N. Personne qui assaille, attaque. ⇒ **attaquant.** *Il se défendit contre ses assaillants.*

assainir [asɛniʀ] v. tr. ▪ conjug. 2. **1.** Rendre sain ou plus sain. *Assainir une région marécageuse. Assainir les finances du parti.* **2.** *Assainir une monnaie,* la rendre plus stable. ▶ ***assainissement*** n. m. ▪ *Travaux d'assainissement.* — *L'assainissement d'une monnaie, d'un marché.*

assaisonner [asɛzɔne] v. tr. ▪ conjug. 1. **1.** Accommoder (un mets) avec des ingrédients qui en relèvent le goût. *Assaisonner la salade.* **2.** Littér. Ajouter de l'agrément, du piquant à (son discours, ses écrits, ses actes). ⇒ **agrémenter, pimenter, rehausser, relever.** — Au p. p. *Une sincérité assaisonnée de malveillance.* ▶ ***assaisonnement*** n. m. **1.** Action, manière d'assaisonner (1). **2.** Ce qui sert à assaisonner (1) ; ingrédient utilisé en cuisine pour relever le goût des aliments, à l'exception du sucre. *Le sel, le citron, le piment, le vinaigre sont des assaisonnements.*

assassin [asasɛ̃] n. m. **1.** Personne qui commet un meurtre avec préméditation ou qui fait tomber qqn dans un guet-apens. ⇒ **meurtrier ; homicide.** *L'assassin s'est servi d'un revolver.* **2.** Personne qui est l'artisan de la mort de qqn. *Ce médecin est un assassin.* **3.** Adj. Plaisant. *Œillade assassine,* provocante. ▶ ***assassinat*** n. m. ▪ Meurtre commis avec préméditation, guet-apens. *L'assassinat du président Kennedy.* — Exécution d'un innocent. *L'assassinat du duc d'Enghien en 1804.* ▶ ***assassiner*** v. tr. ▪ conjug. 1. **1.** Tuer par assassinat. — Au p. p. *Il est mort assassiné.* — Tuer légalement (un innocent). **2.** Fam. Demander à (qqn) des sommes fabuleuses en paiement de qqch. *Je suis raisonnable, je ne veux pas vous assassiner.*

assaut [aso] n. m. **1.** Action d'assaillir, d'attaquer de vive force. ⇒ **attaque, offensive.** *L'assaut d'une position ennemie. Char d'assaut. Aller, monter à l'assaut. Prendre d'assaut. Repousser un assaut.* **2.** Attaque brutale, impérieuse. *Les microbes donnent l'assaut à notre organisme.* — Loc. *Prendre d'assaut* (un lieu), s'y précipiter nombreux. *Les guichets étaient pris d'assaut.* **3.** ASSAUT DE : lutte d'émulation. *Elles font assaut d'élégance. Quel assaut de zèle !*

-asse ▪ Élément servant à former des noms et des adjectifs à valeur péjorative (ex. : *dégueulasse, blondasse*).

assécher [aseʃe] v. tr. ▪ conjug. 6. **1.** Enlever l'eau, l'humidité de (un sol). ⇒ **dessécher, sécher.** *Assécher un terrain marécageux.* ⇒ **assainir, drainer. 2.** Mettre à sec (un réservoir). *Assécher une citerne.* ⇒ **vider.** ▶ ***assèchement*** [asɛʃmɑ̃] n. m. ▪ *L'assèchement d'un cours d'eau.* ⇒ **dessèchement.**

assembler [asɑ̃ble] v. tr. ▪ conjug. 1. **1.** Mettre (des choses) ensemble. *Je ne peux plus assembler deux idées.* ⇒ **réunir. 2.** Faire tenir ensemble. *Assembler les feuilles d'un livre, les pièces d'une charpente.* **3.** S'ASSEMBLER v. pron. : se réunir (en parlant d'un groupe). *La foule s'assemble sur le mont Royal pour voir le feu d'artifice.* ⇒ se **rassembler.** / contr. se **séparer** / ▶ ***assemblage*** n. m. **1.** Action d'assembler (des éléments) pour former un tout, un objet. *L'assemblage des parties d'une robe ; des pièces d'une machine.* — *Assemblage par emboîtement.* **2.** Réunion de choses assemblées. *Un cahier est un assemblage de feuilles.* ⇒ **ensemble, réunion.** ▶ ***assemblée*** n. f. **1.** Personnes réunies en un même lieu pour un motif commun. *En présence d'une nombreuse assemblée.* ⇒ **assistance, auditoire.** *Une brillante assemblée de gens célèbres.* — Vieilli. *Une assemblée contradictoire,* où les candidats à une élection s'affrontent directement. **2.** Réunion des membres d'un corps constitué ou d'un groupe de personnes, régulièrement convoqués pour délibérer en commun d'affaires déterminées. *L'association a tenu son assemblée générale.* **3.** Les membres de ce corps. *Convoquer une assemblée. Les délibérations d'une assemblée.* — (Avec une majusc.) *L'Assemblée nationale du Québec reprendra ses travaux à l'automne,* l'ensemble des parlementaires provinciaux québécois. *L'Assemblée nationale,* le lieu où siègent les parlementaires. ⇒ **parlement.** ‹ ▶ rassembler ›

assener [asene] v. tr. ▪ conjug. 5. — REM. Le *e* sans accent se prononce [e] à la différence de *amener.* **1.** Donner (un coup violent, bien appliqué). *Le joueur a assené un coup de bâton au gardien adverse.* **2.** Dire, avec brutalité (qqch. à qqn). *Assener une réplique, une vérité.*

assentiment [asɑ̃timɑ̃] n. m. ▪ Acte par lequel on acquiesce (expressément ou tacitement) à une opinion, une proposition. ⇒ **accord, approbation, consentement.** *Obtenir l'assentiment de qqn. Refuser son assentiment à une décision.* / contr. **désapprobation, refus** /

asseoir [aswaʀ] v. tr. ▪ conjug. 26. **1.** Mettre (qqn) dans la posture d'appui sur le derrière (sur un siège, etc.). *Asseoir un enfant sur une chaise.* **2.** S'ASSEOIR v. pron. : se mettre sur son séant, sur un siège, etc. *S'asseoir sur une chaise. Asseyez-vous. S'asseoir à une table,* s'attabler. *Faire asseoir (qqn),* le faire s'asseoir. / contr. se **lever** / — Loc. fam. *Ton opinion, je m'assois dessus,* je n'en fais aucun cas. — Fam. Remettre qqn à sa place, prendre en main. *Elle voulait monter sur ses grands chevaux, mais je l'ai assise tout de suite.* **3.** Fonder sur une base solide ; rendre plus assuré, plus stable. ⇒ **affermir.** *Asseoir son autorité, ses conclusions.* ‹ ▶ ② assiette, assis, assise, rasseoir ›

assermenter [asɛʀmɑ̃te] v. tr. ▪ conjug. 1. ▪ Faire prêter serment à qqn. *Assermenter un nouveau député.* ▶ ***assermentation*** n. f. ▪ Action de faire prêter serment à qqn, de prêter serment ; son résultat. *L'assermentation du premier ministre s'est déroulée devant les caméras.* ▶ ***assermenté, ée*** adj. **1.** Qui a prêté serment avant d'exercer une fonction publique, une profession. *Député, fonctionnaire, traducteur assermenté.* **2.** Qui a prêté serment devant le tribunal. *Témoin assermenté.*

assertion [asɛʀsjɔ̃] n. f. ▪ Proposition que l'on avance et que l'on soutient comme vraie. ⇒ **affirmation.** *Les faits ont vérifié ses assertions.* ≠ *insertion.*

asservir [asɛʀviʀ] v. tr. ▪ conjug. 2. **1.** Réduire à la servitude, à l'esclavage. ⇒ **assujettir.** *Asservir des hommes, un pays.* / contr. **affranchir** / **2.** Maîtriser. *Asservir les forces de la nature.* ▶ ***asservissement*** n. m. ▪ Action d'asservir ou état de ce qui est asservi. *Tenir un peuple dans l'asservissement.* ⇒ **servitude.** *L'asservissement des femmes aux coutumes.* / contr. **affranchissement, émancipation, libération** /

assesseur, eure [asɛsœʀ] n. ▪ Personne qui assiste qqn dans ses fonctions. *Assesseur du bureau de vote.* — Adjoint à un juge, à un magistrat. *Elle est assesseure.* — REM. L'O.L.F. propose *assesseure* au féminin.

assez [ase] adv. **1.** En suffisance, d'une manière suffisante. ⇒ **suffisamment.** *La maison n'est pas assez* *grande. Je suis resté assez longtemps. Il va assez bien. Elle a assez travaillé. J'ai assez bien compris. Je l'ai assez vu.* — *En voilà assez ! C'en est assez ! Assez !*, arrêtez-vous, nous n'en supporterons pas plus. **2.** ASSEZ DE (suivi d'un nom) : suffisamment. *Il y a assez de provisions pour aujourd'hui.* AVOIR ASSEZ DE *qqch. Avez-vous assez d'argent ? J'en ai assez. J'aurai assez de deux couvertures,* cela me suffira. — *En avoir assez d'une chose, d'une personne,* en être fatigué, ne plus pouvoir la supporter. *J'en ai assez de ce roman.* (→ fam. J'en ai marre, mon voyage, plein son capot ras le bol.) **3.** D'une manière faible, relative. ⇒ **passablement, plutôt.** *Elle est assez jolie. Cela paraît assez vraisemblable.* / contr. **guère** / **4.** (Verbe +) ASSEZ QUE : tellement, beaucoup. *J'ai marché assez que j'ai les pieds en sang.* **5.** Fam. Très, beaucoup. *J'ai assez aimé mon voyage à Paris ! Elle est assez fine !* ⇒ **extrêmement.**

assidu, ue [asidy] adj. **1.** Qui est régulièrement présent là où il (ou elle) doit être. *Employé assidu à son bureau.* ⇒ **exact, ponctuel, régulier. 2.** Qui est continuellement, fréquemment auprès de qqn. *Un médecin assidu auprès d'un malade.* **3.** (Choses) Soutenu, régulier. *Travail assidu. Soins assidus.* / contr. **relâché** / ▸ ***assidûment*** adv. ■ *Fréquenter assidûment une personne, un lieu.* ⇒ **régulièrement.** ▸ ***assiduité*** n. f. **1.** Présence régulière en un lieu où l'on s'acquitte de ses obligations. *L'assiduité d'une élève.* **2.** Présence continuelle, fréquente auprès de qqn. *Fréquenter qqn, sa maison avec assiduité.* **3.** Au plur. ASSIDUITÉS : manifestation d'empressement intéressé auprès d'une femme (souvent fam.). *Ses assiduités m'importunent.*

assiéger [asjeʒe] v. tr. ■ conjug. 3 et 6. **1.** Mettre le siège devant. *Assiéger une ville.* ⇒ **encercler, investir. 2.** Entourer ; tenir enfermé dans. ⇒ **encercler.** *Les flammes les assiégeaient de toutes parts.* ⇒ **assaillir.** — (D'une masse de gens) Entourer ; essayer de pénétrer dans. *Des clients assiégeaient les comptoirs.* **3.** Littér. *Assiéger qqn,* le fatiguer de ses assiduités, de ses sollicitations. — Au passif. *Être assiégé par des créanciers.* — (Choses) Assaillir, obséder. *Les malheurs, les souvenirs qui m'assiègent.* ▸ ***assiégé, ée*** n. ■ Personne qui subit un siège. *Les assiégés ne veulent pas se rendre.* / contr. **assiégeant** / ▸ ***assiégeant, ante*** n. ■ Personne qui assiège. *Repousser les assiégeants.* / contr. **assiégé** /

② ***assiette*** n. f. **1.** Pièce de vaisselle individuelle servant à contenir des aliments. *Assiette plate. Assiette creuse, à soupe. Assiette à dessert,* plus petite (plus grande que la *soucoupe*). **2.** Contenu d'une assiette. ⇒ **assiettée.** *Une assiette de bœuf mariné.* **3.** ASSIETTE DE VIANDES FROIDES ou (France) ASSIETTE ANGLAISE : assortiment de viandes froides, de charcuteries. ▸ ***assiettée*** [asjete] n. f. ■ Ce que contient ou peut contenir une assiette. ⟨ ▸ pique-assiette ⟩

① ***assiette*** [asjɛt] n. f. **1.** Équilibre, tenue du cavalier assis sur sa selle (surtout dans *avoir une bonne assiette,* bien monter). **2.** *Ne pas être* DANS SON ASSIETTE : ne pas se sentir bien (physiquement et parfois moralement). **3.** Base sur laquelle porte un droit. *Assiette d'un impôt,* matière assujettie à l'impôt, déterminée en quantité et qualité.

assigner [asiɲe] v. tr. ■ conjug. 1. **1.** ASSIGNER *qqch.* À *qqn* : attribuer (un bien) à qqn pour sa part ; destiner ou donner à qqn. *Assigner un but, une tâche, un emploi à qqn.* ⇒ **affecter. 2.** ASSIGNER *qqch.* À *qqch.* : déterminer, fixer. *Assigner un terme à une durée, des limites à une activité.* — Abstrait. *Assigner une origine commune à deux faits.* **3.** ASSIGNER *qqn* : appeler (qqn) à comparaître en justice. *Assigner qqn à résidence,* l'obliger à résider en un lieu déterminé. ▸ ***assignation*** n. f. ■ Action d'assigner à comparaître. *Assignation d'une personne comme témoin.* ⇒ **citation.**

assimiler [asimile] v. tr. ■ conjug. 1. **I. 1.** ASSIMILER *qqch., qqn* À : considérer comme semblable à. *On ne peut assimiler le professeur à l'étudiant.* ⇒ **confondre. 2.** Transformer, convertir en sa propre substance. *Il assimile mal les graisses.* **3.** Abstrait. Faire sien, intégrer des éléments acquis à sa vie intellectuelle. *Assimiler ce qu'on apprend.* **4.** Rendre semblable (des personnes) au reste de la communauté. *Assimiler des étrangers, des immigrants.* ⇒ **intégrer. II.** S'ASSIMILER v. pron. réfl. **1.** Devenir semblable ; se considérer comme semblable. **2.** Être assimilé, devenir semblable aux citoyens d'un pays. *Aux États-Unis, de nombreux immigrants se sont assimilés.* ▸ ***assimilable*** adj. **1.** Qu'on peut assimiler à qqch., traiter comme semblable. ⇒ **comparable, semblable.** *Votre situation n'est pas assimilable à la mienne.* **2.** (Choses) Susceptible d'assimilation. *Nourriture assimilable.* – Abstrait. *Des connaissances assimilables.* **3.** (Personnes) Qui peut s'assimiler. *Des immigrants facilement assimilables.* / contr. **inassimilable** / ▸ ***assimilation*** n. f. **1.** Acte de l'esprit qui considère (une chose) comme semblable (à une autre). ⇒ **identification ; comparaison.** / contr. **distinction** / **2.** Processus par lequel les êtres organisés transforment en leur propre substance les matières qu'ils absorbent. *Assimilation des aliments.* **3.** Acte de l'esprit qui s'approprie les connaissances qu'il acquiert. *L'assimilation des mathématiques.* **4.** Action d'assimiler des hommes, des peuples ; processus par lequel ces hommes, ces peuples s'assimilent. *L'assimilation progressive des immigrants, des Néo-Québécois.* ⇒ **intégration.** ▸ ***assimilé, ée*** adj. ■ Considéré comme semblable. *Les farines et les produits assimilés.* ⟨ ▸ inassimilable ⟩

assis, ise [asi, iz] adj. (⇒ **asseoir**) **1.** Appuyé sur son séant. *Être assis sur une chaise, dans une voiture. Être assis sur ses talons.* ⇒ **accroupi. 2.** *Place assise,* où l'on peut s'asseoir. **3.** Abstrait. Assuré, stable. ⇒ **établi.** *Une coutume bien assise.*

assise [asiz] n. f. **1.** Rangée de pierres qu'on pose horizontalement pour construire une muraille. **2.** Abstrait. Souvent au plur. Base. *Les assises d'une doctrine.* ⇒ **fondation, fondement.**

assises [asiz] n. f. pl. **1.** ASSISES CRIMINELLES : tribunal de la Cour supérieure qui entend et juge les causes criminelles, généralement en présence d'un jury ; cette cour. *Elle est juge aux assises criminelles.* — *Être envoyé aux assises criminelles,* jugé pour un crime. **2.** Réunion d'un parti politique, d'un syndicat. ⇒ **congrès.** *Le parti libéral a tenu ses assises à Ottawa.*

① ***assister*** [asiste] v. tr. ind. ■ conjug. 1. ■ ASSISTER À *qqch.* : être présent pour voir, entendre. *Assister à une conférence, à un match de tennis. Assister à une dispute,* en être témoin. ▸ ① ***assistance*** n. f. ■ Personnes réunies pour assister à qqch. *Sa conférence a charmé l'assistance.* ⇒ **auditoire, public, spectateur.** ▸ ① ***assistant, ante*** n. — REM. S'emploie le plus souvent au masc. plur. ■ Personne qui assiste à qqch. ⇒ **auditeur, spectateur, témoin.** *L'un des assistants posa une question.*

② ***assister*** v. tr. ■ conjug. 1. — REM. Compl. personne. **1.** Se tenir auprès de (qqn) pour le seconder. *Assister qqn dans son travail.* **2.** Vx. Aider, secourir. *Dieu vous assiste !* **3.** Être aux côtés de (un grand malade, un mourant). *Je n'ai pas pu l'assister dans ses derniers moments.* ▸ ② ***assistance*** n. f. **1.** Secours donné ou reçu. *Elle a promis son assistance. Demander assistance auprès de qqn.* **2.** Institution ou administration qui est chargée de l'aide sociale. *Recourir à l'assistance sociale.* ⇒ **aide** sociale. *Œuvres d'assistance aux démunis.* — *Assistance technique,* aide technique apportée à un pays en voie de développement. **3.** Hockey. Passe,

① aide (3). *Obtenir une assistance sur un but.* ▶ ② ***assistant, ante*** n. ■ Personne qui assiste qqn pour le seconder. ⇒ **aide, adjoint, auxiliaire.** *L'assistante du metteur en scène.* — ASSISTANTE SOCIALE : chargée de remplir un rôle social (aide matérielle, médicale et morale). — À l'Université. Étudiant diplômé qui aide le professeur dans son enseignement, ses corrections. ⇒ **auxiliaire.** *Assistant de recherche,* qui participe à une recherche sous la direction d'un professeur. *Des assistantes de recherche de deuxième cycle en foresterie.* ▶ ***assisté, ée*** adj. et n. **1.** (Personnes) Qui reçoit une aide. *Des populations assistées.* — N. *Refuser le statut d'assisté social.* **2.** (Choses) Qui est pourvu d'un système pour amplifier ou répartir l'effort exercé par l'utilisateur. *Freins assistés. Voiture à direction assistée.* **3.** (Nom de choses +) *Assisté par ordinateur,* qui fait appel à l'ordinateur. *Traduction assistée par ordinateur.* ⟨ ▶ non-assistance ⟩

associer [asɔsje] v. tr. ▪ conjug. 7. **I.** V. tr. **1.** Mettre ensemble. *Associer (en esprit) des mots, des noms. Deux êtres qui associent leurs destinées.* **2.** Réunir (des personnes) par une communauté de travail, d'intérêt, de sentiment. *Associer des ouvriers pour former un syndicat.* **3.** ASSOCIER *qqn* À *qqch.* : le faire participer à (une activité commune, un bien commun). *Associer qqn à ses affaires, à ses travaux.* ⇒ s'**adjoindre.** **4.** ASSOCIER (une chose) À (une autre). ⇒ **allier, unir.** *Elle associait le courage à la prudence,* elle était à la fois courageuse et prudente. **II.** S'ASSOCIER v. pron. **1.** *S'associer à qqn, avec qqn pour une opération, une entreprise.* ⇒ s'**allier.** **2.** Participer à ; faire sien. *Je m'associe à ses revendications.* ⇒ **adhérer.** **3.** Former société. *Plusieurs États se sont associés pour conquérir l'espace.* **4.** (Choses) S'allier à, avec. ⇒ s'**accorder,** se **marier.** *Ces couleurs, ces vêtements s'associent bien.* ▶ ***associatif, ive*** adj. ■ Qui procède par association. *Mémoire associative.* — Qui concerne les associations (3). *La vie associative.* ▶ ***associé, ée*** n. ■ Personne qui est unie à une ou plusieurs autres par communauté d'intérêt ⇒ **collaborateur, partenaire,** et notamment qui a apporté de l'argent dans une entreprise. *Sa sœur est son associée.* ▶ ***association*** n. f. **1.** Action d'associer qqn à qqch. ⇒ **participation.** *L'association des travailleurs à l'entreprise.* **2.** Réunion durable, surtout dans les affaires. *Leur association est ancienne.* ⇒ **alliance.** **3.** Groupement de personnes qui s'unissent en vue d'un but déterminé. *Former une association. Association sans but lucratif. Une association étudiante, professionnelle, sportive. Association d'États.* — (Avec une majusc.) *L'Association canadienne de normalisation, l'Association canadienne-française pour l'avancement des sciences. L'Association des employés du gouvernement.* **4.** Fait psychologique par lequel les représentations et les concepts sont susceptibles de s'évoquer mutuellement. *L'association des idées, des images.* ⇒ **enchaînement ; analogie, rapport.** **5.** UNE ASSOCIATION D'IDÉES : un ensemble d'idées, de représentations évoquées en même temps par une personne. ⟨ ▶ souveraineté-association ⟩

assoiffé, ée [aswafe] adj. et n. **1.** Qui a soif. *Les enfants sont assoiffés.* — Littér. *Assoiffé de sang.* ⇒ **altéré de.** **2.** Abstrait. *Être assoiffé d'argent, de plaisirs.* ⇒ **affamé, avide.** **3.** N. *Les assoiffés auront de quoi boire.*

assolement [asɔlmɑ̃] n. m. ■ Procédé de culture par succession et alternance sur un même terrain pour conserver la fertilité du sol.

assombrir [asɔ̃bʀiʀ] v. tr. ▪ conjug. 2. **1.** Rendre sombre. / contr. **éclaircir** / — Pronominalement (réfl.). *Le ciel s'assombrit, il va pleuvoir.* **2.** Abstrait. Rendre triste, soucieux. *Cette nouvelle a assombri les assistants.* — Pronominalement (réfl.). *Son visage s'assombrit.* ⇒ se **rembrunir.** / contr. s'**éclairer** / ▶ ***assombrissement*** n. m. ■ *L'assombrissement du ciel. L'assombrissement de son caractère.*

assommer [asɔme] v. tr. ▪ conjug. 1. **1.** Tuer à l'aide d'un coup violent sur la tête ; frapper sur (qqn) de manière à étourdir. *Le voleur a assommé le gardien de nuit.* — Pronominalement (réfl.). Se frapper violemment la tête. *Elle s'est assommée en tombant.* **2.** Accabler sous le poids de l'ennui. ⇒ **ennuyer, fatiguer, raser ; assommant.** *Il m'assomme avec ses histoires.* ▶ ***assommant, ante*** adj. ■ Fam. Qui ennuie. *Un discours assommant. Elle m'exaspère, elle est assommante.* ⇒ **ennuyant, ennuyeux ;** fam. **casse-pieds, chiant.**

Assomption [asɔ̃psjɔ̃] n. f. ■ Dans la religion catholique. (Avec une majusc.) Enlèvement miraculeux de la Sainte Vierge au ciel par les anges, célébré le 15 août.

assonance [asɔnɑ̃s] n. f. ■ Répétition de la voyelle accentuée à la fin de chaque vers basée sur une relation imparfaite entre deux sons (ex. : *belle* et *rêve* ; *pendre* et *ensemble*). *L'assonance n'est pas une rime.* ▶ ***assonancé, ée*** adj. ■ *Vers assonancés.*

assortir [asɔʀtiʀ] v. tr. ▪ conjug. 2. **1.** Mettre ensemble (des choses qui se conviennent). ⇒ **harmoniser.** *Assortir diverses nuances.* — *Assortir* (une chose) *à d'autres,* faire qu'elle aille avec. *Assortir une cravate à un costume.* **2.** Vx. S'ASSORTIR v. pron. : s'accompagner ; se compléter harmonieusement ; être orné, enrichi. *Le texte s'assortit de belles enluminures.* ▶ ***assorti, ie*** adj. **1.** Qui est en harmonie, qui va bien avec autre chose. *Pochette et cravate assorties.* — (Personnes) *Ils sont bien assortis.* **2.** *Magasin, rayon bien assorti,* bien pourvu de marchandises. **3.** Au plur. (Aliments) Variés. *Fromages assortis.* ▶ ***assortiment*** n. m. **1.** Manière dont sont assemblées des choses qui produisent un effet d'ensemble. *Un heureux assortiment de couleurs.* **2.** Assemblage complet de choses qui vont ordinairement ensemble. *Assortiment de vaisselle, de linge de table.* ⇒ **service.** **3.** Collection de marchandises de même sorte. *Assortiment de dentelles.* — Plat composé d'aliments variés de même sorte. *Un assortiment de charcuterie.* ⟨ ▶ désassorti, réassortir ⟩

assoupir [asupiʀ] v. tr. ▪ conjug. 2. **1.** Porter à un demi-sommeil. ⇒ **endormir.** *La chaleur l'assoupissait.* — (Compl. chose abstraite) Affaiblir ou suspendre momentanément. ⇒ **engourdir.** *Assoupir les sens, une douleur, un remords.* **2.** S'ASSOUPIR v. pron. réfl. : se laisser aller doucement au sommeil, s'endormir à demi. ⇒ cogner des **clous, somnoler.** *Elle s'est assoupie quelques instants après le repas.* — Abstrait. *Sa douleur s'est assoupie.* ⇒ se **calmer.** ▶ ***assoupissement*** n. m. ■ Le fait de s'assoupir ; état voisin du sommeil. ⇒ **somnolence, torpeur.**

assouplir [asupliʀ] v. tr. ▪ conjug. 2. **1.** Rendre souple, plus souple. *Assouplir du cuir. Les exercices de gymnastique assouplissent le corps.* **2.** Rendre plus malléable, maniable. *Assouplir le caractère d'un enfant violent.* ⇒ **adoucir.** *Assouplir des règles trop strictes.* **3.** S'ASSOUPLIR v. pron. *Le cuir s'assouplit. Son caractère s'est assoupli.* ▶ ***assouplissement*** n. m. ■ *Exercices d'assouplissement* (du corps). ⇒ **gymnastique.** — *L'assouplissement d'un système trop rigide.*

assourdir [asuʀdiʀ] v. tr. ▪ conjug. 2. **1.** Causer une surdité passagère ; rendre comme sourd. *Ne criez pas si fort, vous m'assourdissez !* ⇒ fam. **casser** les oreilles. **2.** Fatiguer par trop de bruit, de paroles. *Ils nous assourdissent avec leurs bavardages.* **3.** Rendre moins sonore, moins bruyant. ⇒ **amortir.** *Un tapis assourdit les pas.* — Au p. p. adj. *Les sons me parviennent assourdis.* ▶ ***assourdissant, ante*** adj. ■ Qui assourdit. *Bruit, vacarme assourdissant,* très intense. ▶ ***assourdissement*** n. m. ■ Action d'assourdir ; état d'une personne assourdie.

assouvir [asuviʀ] v. tr. ▪ conjug. 2. **1.** Littér. Calmer complètement (un violent appétit). ⇒ **apaiser, rassasier, satisfaire.** *De quoi étancher sa soif et assouvir sa faim.* **2.** Satisfaire pleinement (un désir, une passion). *Assouvir sa curiosité, sa haine.* — Au p. p. adj. *Passions assouvies.* / contr. **insatisfait** / — Pronominalement (réfl.). Littér. *Sa passion, sa colère s'est assouvie.* ▶ ***assouvissement*** n. m. ■ *L'assouvissement d'un désir, d'un besoin.* ‹ ▶ inassouvi ›

assujettir [asyʒetiʀ] v. tr. ▪ conjug. 2. **1.** Vx. Maintenir (qqn) dans l'obéissance. ⇒ **asservir, soumettre.** / contr. **affranchir** / *Les peuples que les Romains avaient assujettis.* **2.** ASSUJETTIR À : soumettre à. *Assujettir qqn à des règles.* — Au passif. *Être assujetti à l'impôt.* — Pronominalement (réfl.). *S'assujettir à une règle.* ⇒ se **soumettre.** **3.** Rendre (qqch.) fixe, immobile, stable. ⇒ **assurer** (II, 2), **attacher, fixer, maintenir.** *Assujettir un cordage.* ▶ ***assujettissant, ante*** adj. ■ (Travail) Qui assujettit, exige beaucoup d'assiduité. ▶ ***assujettissement*** n. m. ■ *L'assujettissement d'une personne à l'impôt.* — Littér. *Suivre la mode peut être un assujettissement.*

assumer [asyme] v. tr. ▪ conjug. 1. **1.** Prendre à son compte ; se charger de. *Assumer une fonction, un rôle, une responsabilité.* **2.** Accepter consciemment (une situation, un état psychique et leurs conséquences). *Assumer une situation difficile.* / contr. **refuser** / — S'ASSUMER v. pron. : se prendre en charge. *Elle s'assume pleinement.*

assurer [asyʀe] v. tr. ▪ conjug. 1. **I. 1.** ASSURER À *qqn* QUE : lui affirmer, lui garantir que. *Il m'a assuré qu'elle m'écrirait à ce sujet.* — Sans compl. dir. *C'est vrai, je vous assure.* **2.** ASSURER *qqn* DE *qqch.* : le prier de n'en pas douter. *Je puis vous assurer de sa bonne foi.* — (Choses) Permettre à (qqn) de croire. *Cet accueil l'assurait des bonnes dispositions du public.* **II. 1.** Rendre sûr ; mettre à l'abri des accidents, des risques. *La prévoyance assure l'avenir. Assurer son pouvoir.* — ASSURER *qqch.* À *qqn. L'État assure un revenu garanti aux travailleurs au cours de leur retraite.* **2.** Mettre (une chose) dans une position stable, empêcher de bouger. ⇒ **assujettir, fixer, immobiliser.** *Assurer un auvent.* **3.** Faire qu'une chose fonctionne, ne s'arrête pas. *Assurer un service.* **4.** Garantir par un contrat d'assurance. *C'est telle compagnie qui assure cet immeuble contre l'incendie. Assurer qqn,* garantir ses biens, sa vie, etc. **III.** S'ASSURER v. pron. réfl. **1.** S'ASSURER DE, QUE, SI : devenir sûr (de, que). ⇒ **vérifier, voir.** *Assurez-vous de l'exactitude de cette nouvelle. Je vais m'en assurer. Assurez-vous si (que) la porte est bien fermée.* **2.** S'ASSURER CONTRE : contracter une assurance. *Ils se sont assurés contre les accidents.* **3.** Faux pronominal. S'ASSURER *qqn, qqch.* : faire en sorte d'en avoir et d'en garder l'usage, la possession ou la maîtrise. *S'assurer la protection, la faveur de qqn. Ils se sont assuré les faveurs du ministre.* ▶ ***assurance*** n. f. **1.** Confiance en soi-même. ⇒ **aisance, aplomb, audace.** / contr. **gêne, timidité** / *Parler avec assurance. Perdre son assurance,* se démonter, être décontenancé. **2.** Promesse ou garantie qui rend certain de qqch. *Elle m'a donné des assurances sur ce point. Veuillez agréer l'assurance de ma considération distinguée* (formule épistolaire). **3.** Contrat par lequel un assureur (compagnie d'assurances) garantit à l'assuré, moyennant une prime ou une cotisation, le paiement d'une somme convenue en cas de réalisation d'un risque déterminé. *Police d'assurances. Assurance tous risques. Assurance contre les accidents, l'incendie, le vol. Assurance sur la vie ou assurance-vie.* — COMPAGNIE D'ASSURANCES *ou* LES ASSURANCES : organisme qui assure les personnes et les biens. *Faire une réclamation aux assurances.* — AGENT D'ASSURANCES. ⇒ **assureur.** — COURTIER (EN) D'ASSURANCES : professionnel qui représente un client auprès d'une compagnie d'assurances. **4.** Programme d'assurances sociales sous la juridiction d'un organisme public ; cet organisme. — ASSURANCE-AUTOMOBILE : programme de juridiction québécoise qui protège les automobilistes contre les dommages corporels causés à des personnes lors d'un accident ou d'un sinistre. *Les dommages matériels ne relèvent pas de l'assurance-automobile.* — ASSURANCE-CHÔMAGE : programme fédéral qui administre le versement de prestations régulières, mais limitées dans le temps, aux travailleurs sans emploi. *Remplir un formulaire d'assurance-chômage.* ⇒ **chômage.** — ASSURANCE-MALADIE : programme provincial par lequel le ministère de la santé défraie un patient d'une partie ou de la totalité des coûts encourus pour une visite médicale, en traitement ou une hospitalisation, en versant ce montant aux médecins, aux hôpitaux ou aux cliniques. *Présenter sa carte d'assurance-maladie à l'accueil.* — ASSURANCE-RÉCOLTE : programme provincial qui garantit un dédommagement aux agriculteurs en cas de mauvaises récoltes ou de catastrophes (sécheresse, inondation, etc.). **5.** ASSURANCE SOCIALE : programme fédéral qui assure des revenus périodiques (prestations d'assurance-chômage, pensions) à des personnes satisfaisant à certaines conditions. *Carte d'assurance sociale.* ⇒ **N.A.S.** ▶ ***assuré, ée*** adj. et n. **1.** (Choses) Qui est certain. ⇒ **évident, indubitable, infaillible, sûr.** *Tenez pour assuré qu'il viendra. Succès assuré.* **2.** (Personnes) Qui a de l'assurance. *Un air assuré.* ⇒ **sûr** de soi. / contr. **hésitant** / **3.** Qui est ferme, stable. *Une démarche assurée.* **4.** N. L'ASSURÉ : la personne garantie par un contrat d'assurance. *L'assurée paie sa prime par chèque.* ▶ ***assurément*** adv. ■ D'une manière certaine. ⇒ **certainement, certes, sûrement.** *« Viendrez-vous ? — Assurément »,* oui, certainement, bien sûr. ▶ ***assureur, euse*** ■ Personne qui assure par contrat d'assurance. *L'assureur et l'assuré* (4). ⇒ agent d'**assurances.** — REM. L'O.L.F. propose *assureuse* au féminin. — N. m. *Mon assureur,* ma compagnie d'assurances. ‹ ▶ rassurer ›

astérisque [asteʀisk] n. m. ■ Signe en forme d'étoile (*) qui indique un renvoi, ou auquel on attribue un sens convenu.

astéroïde [asteʀɔid] n. m. ■ Petite planète (invisible à l'œil nu) ou petit météore.

asthénie [asteni] n. f. ■ Manque de force, état de dépression, de faiblesse (pour des raisons neuropsychiques). ⇒ **neurasthénie.** ▶ ***asthénique*** adj. et n. ■ Qui est atteint d'asthénie. ‹ ▶ neurasthénie ›

ast(h)eure ou ***à c't'heure*** [astœʀ] (loc.) adv. ■ Fam. Maintenant, à présent. *Qu'est-ce qu'on fait astheure ?* ⇒ à cette **heure.**

asthme [asm] n. m. ■ Affection caractérisée par une gêne respiratoire et une suffocation intermittente. *Une crise d'asthme.* ▶ ***asthmatique*** adj. et n. ■ Qui souffre d'asthme. — N. *Un asthmatique.*

asti [asti] n. m. ■ Vin blanc mousseux d'Italie.

asticot [astiko] n. m. ■ (Surtout en France) Larve de la mouche à viande utilisée comme appât pour la pêche. ⇒ **ver** blanc.

asticoter [astikɔte] v. tr. ▪ conjug. 1. ■ Fam. Agacer, harceler (qqn) pour de petites choses, des détails. ⇒ **tracasser.**

astigmate [astigmat] adj. et n. ■ Qui souffre d'un trouble de la vision (dit *astigmatisme,* n. m.) dû à un défaut de la courbure de l'œil.

astiquer [astike] v. tr. ▪ conjug. 1. ■ Faire briller en frottant. *Astiquer les cuivres.* ⇒ **frotter, polir.** — Au p. p. adj. *Un meuble bien astiqué.* ▶ ***astiquage*** n. m. ■ *L'astiquage d'un meuble.*

astragale [astʀagal] n. m. **I.** Os du pied, de la rangée postérieure du tarse. *En tombant, elle s'est brisée l'astragale.* **II.** Ornement à formes arrondies. *Festons et astragales.*

astrakan [astʀakɑ̃] n. m. ■ Fourrure à poils bouclés d'une variété d'agneau d'Asie centrale tué très jeune. *Bonnet d'astrakan.*

astre [astʀ] n. m. **1.** Tout corps céleste naturel visible à l'œil nu ou à l'aide d'un instrument grossissant. ⇒ ① **étoile, planète.** *Les astres brillent, scintillent.* — Poét. *L'astre du jour,* le soleil. — Loc. *Être beau comme un astre,* être resplendissant, superbe (souvent iron.). **2.** Corps céleste considéré par rapport à son influence sur les êtres humains (⇒ **astrologie**). *Consulter les astres. Être né sous un astre favorable.* ▶ ***astral, ale, aux*** adj. ■ Astrologie. Des astres. *Influences astrales.* ‹ ▶ astro- ›

astreindre [astʀɛ̃dʀ] v. tr. ▪ conjug. 49. ■ Obliger strictement (qqn à qqch.). ⇒ **contraindre, forcer, obliger.** *Astreindre qqn à une discipline, à un régime sans sel.* — Pronominalement (réfl.). *S'astreindre à se lever tôt.* ▶ ***astreignant, ante*** [astʀɛɲɑ̃, ɑ̃t] adj. ■ Qui astreint. *Une tâche astreignante.* ⇒ **assujettissant.**

astringent, ente [astʀɛ̃ʒɑ̃, ɑ̃t] adj. et n. m. ■ Qui exerce sur les tissus vivants un resserrement. *Lotion astringente.* — N. m. *Un astringent pour les soins de la peau.*

astro- ■ Élément savant signifiant « astre ». (Voir les mots ci-dessous.)

astroblème [astʀoblɛm] n. m. ■ Cratère d'impact consécutif à la chute d'un météorite. *L'astroblème de Charlevoix.*

astrolabe [astʀolab] n. m. ■ Ancien instrument de navigation dont on se servait pour mesurer la hauteur des astres au-dessus de l'horizon.

astrologie [astʀolɔʒi] n. f. ■ Art de déterminer le caractère et de prévoir le destin des êtres humains par l'étude des influences supposées des astres. ⇒ **horoscope.** ≠ *astronomie.* ▶ ***astrologique*** adj. ■ *Prédictions astrologiques.* ▶ ***astrologue*** n. ■ *Consulter un, une astrologue.*

astronaute [astʀonot] n. ■ Personne qui se déplace dans un véhicule spatial, hors de l'atmosphère terrestre. ⇒ **cosmonaute.** *Une astronaute.* ▶ ***astronautique*** n. f. ■ Science qui a pour objet l'étude de la navigation spatiale.

astronomie [astʀɔnɔmi] n. f. ■ Science des astres, des corps célestes (y compris la Terre) et de la structure de l'univers. *Astronomie physique.* ⇒ **astrophysique.** ≠ *astrologie.* ▶ ***astronome*** n. ■ Personne qui s'occupe d'astronomie. ▶ ***astronomique*** adj. **1.** De l'astronomie. *Observations astronomiques. Lunette astronomique.* **2.** *Chiffres, nombres astronomiques,* très élevés, très grands. *Prix astronomique,* exagéré.

astrophysique [astʀofizik] n. f. ■ Partie de l'astronomie qui étudie les astres, les milieux spatiaux du point de vue physique. — Adj. *Études astrophysiques.* ▶ ***astrophysicien, ienne*** n. ■ Spécialiste de l'astrophysique.

astuce [astys] n. f. **1.** Vx. Ruse. **2.** Petite invention qui suppose de l'ingéniosité. ⇒ **artifice, ficelle, finesse.** *Les astuces du métier.* — Qualité d'une personne habile et inventive. *Elle a beaucoup d'astuce.* ▶ ***astucieux, ieuse*** adj. **1.** Vx. Rusé et perfide. *L'astucieux conquérant. L'astucieux intendant Bigot.* **2.** Qui a ou dénote une habileté fine. ⇒ **adroit, malin.** *Réponse astucieuse.* ▶ ***astucieusement*** adv. ■ *Agir astucieusement.*

asymétrie [asimetʀi] n. f. ■ Absence de symétrie, d'équilibre. *L'asymétrie d'un bâtiment.* ▶ ***asymétrique*** adj. ■ *Les traits asymétriques* (d'un visage).

ataca ⇒ **atoca.**

atavisme [atavism] n. m. **1.** Forme d'hérédité dans laquelle l'individu hérite de caractères ancestraux qui ne se manifestaient pas chez ses parents immédiats. **2.** Hérédité des caractères psychologiques ou des idées. *Son atavisme protestant.* ▶ ***atavique*** adj. ■ *Caractères ataviques.* ⇒ **héréditaire.**

atchoum [atʃum] interj. et n. m. ■ Onomatopée servant à transcrire le bruit d'un éternuement. *Faire atchoum.* — N. m. *Des atchoums sonores.* ▶ ***atchoumer*** v. intr. ▪ conjug. 1. ■ Fam. Éternuer. *Le pollen la fait atchoumer.*

atelier [atəlje] n. m. **1.** Lieu où des artisans, des ouvriers travaillent en commun. *L'atelier d'un menuisier.* **2.** Section d'une usine où des ouvriers travaillent à un même ouvrage ; l'ensemble des ouvriers qui travaillent dans un atelier. *Atelier de réparation(s). Chef d'atelier.* **3.** Lieu où travaille un artiste (peintre, sculpteur), seul ou avec des aides ; l'ensemble des artistes qui travaillent en atelier sous la direction d'un maître. **4.** Groupe de travail réuni pour discuter un sujet particulier. *Congressistes réunis en atelier.*

atermoyer [atɛʀmwaje] v. intr. ▪ conjug. 8. ■ Littér. Différer de délai en délai, chercher à gagner du temps par des faux-fuyants. *Il n'y a plus à atermoyer, il faut agir.* ⇒ **attendre, hésiter, tergiverser** ; fam. **taponner.** / contr. se **décider** / ▶ ***atermoiement*** [atɛʀmwamɑ̃] n. m. ■ (Surtout au plur.) Action d'atermoyer, de remettre à un autre moment. ⇒ **ajournement, délai.** *Après bien des atermoiements, elle a fini par accepter.*

-ateur, -atrice ■ Élément servant à former des noms d'agent et des adjectifs (ex. : *calomniateur, salvatrice*).

athée [ate] n. et adj. ■ Personne qui ne croit pas en Dieu, qui nie son existence. ⇒ **incroyant.** ≠ *agnostique, irréligieux. Le nombre des athées augmente.* — Adj. *Des personnes athées.* ▶ ***athéisme*** [ateism] n. m. ■ Attitude ou doctrine de l'athée. / contr. **déisme, théisme** /

athlète [atlɛt] n. **1.** Personne qui pratique l'athlétisme. *Les athlètes universitaires. Un corps d'athlète.* **2.** Sportif professionnel. *Les joueurs de hockey sont considérés comme des athlètes.* **3.** *C'est un athlète,* un homme fort, bien musclé. ▶ ***athlétique*** [atletik] adj. ■ Fort et musclé. *Un corps athlétique. Il est athlétique.* ▶ ***athlétisme*** n. m. ■ Ensemble des exercices physiques individuels auxquels se livrent les athlètes : course, gymnastique, lancer (du disque, du poids, du javelot), saut. *Épreuves d'athlétisme* ⇒ **décathlon, pentathlon.**

atlantique [atlɑ̃tik] adj. et n. m. **1.** (Avec une majusc.) *L'océan Atlantique* et, n. m., *l'Atlantique,* l'océan qui sépare le Nouveau Monde de l'Ancien. **2.** Qui a rapport à l'océan Atlantique, aux pays qui le bordent (opposé à *Pacifique*). *La côte atlantique de la France. Les nations atlantiques.* — Au plur. LES PROVINCES ATLANTIQUES : les Provinces maritimes* et Terre-Neuve. Au sing. *La Nouvelle-Écosse est une province atlantique.* — *L'heure* de l'Atlantique.* ‹ ▶ ① transatlantique ›

atlas [atlɑs] n. m. invar. ■ Recueil de cartes géographiques. *Un atlas historique de l'Amérique.*

atmosphère [atmɔsfɛʀ] n. f. **1.** Couche d'air qui entoure le globe terrestre. **2.** Partie de l'atmosphère terrestre la plus proche du sol où apparaissent les nuages, la pluie, la neige. *Étude de l'atmosphère.* ⇒ **météorologie.** *Un orage avait un peu rafraîchi l'atmosphère.* **3.** Le milieu, au regard des impressions qu'il produit sur nous, de l'influence qu'il exerce. ⇒ **ambiance, climat.** *Une atmosphère de travail, de vacances.* Fam. *Changer d'atmosphère, changer d'air.* **4.** Unité de mesure de la pression des gaz. *Une pression de dix atmosphères.* ▶ ***atmosphérique*** [atmɔsferik] adj. ■ Qui a rapport à l'atmosphère. *La pression atmosphérique est donnée par le baromètre. Conditions, perturbations atmosphériques* (⇒ **météorologie, temps**).

atoca [atɔkɑ] ou ***ataca*** [atakɑ] n. m. **1.** Arbrisseau des tourbières produisant de petites baies au goût acidulé qui deviennent rouges en mûrissant. ⇒ **atocatier. 2.** Le fruit de cet arbrisseau. ⇒ **canneberge.** *De la confiture d'atocas.* ▶ ***atocatier*** n. m. ■ Atoca (1). ▶ ***atocatière*** n. f. **1.** Terrain où poussent les atocas. **2.** Exploitation agricole spécialisée dans la production d'atocas. *Les atocatières de la région des Bois-Francs.*

atoll [atɔl] n. m. ■ Île en forme d'anneau entourant une lagune. *Des atolls dans l'océan Pacifique.*

atome [atom] n. m. **1.** Particule d'un élément chimique qui forme la plus petite quantité susceptible de se combiner. *La molécule d'eau* (H_2O) *contient deux atomes d'hydrogène. L'atome est formé d'un noyau et d'électrons. Fission du noyau de l'atome. L'énergie de l'atome, de son noyau* (⇒ **atomique, nucléaire**). **2.** Chose d'une extrême petitesse. — Loc. *Ne pas avoir un atome de bon sens, de raison,* en être tout à fait dépourvu. ⇒ **brin, grain, once.** — Plaisant. *Avoir des atomes crochus avec qqn,* une sympathie réciproque, des affinités. **3.** Adj. Se dit d'une catégorie sportive pour les enfants de 9 et 10 ans, *spécialt* au hockey. ⇒ **bantam, junior, midget, novice, pee-wee.** *Un club atome. Jouer atome,* dans cette catégorie. — N. *Les atomes jouent demain.* ▶ ***atomique*** [atɔmik] adj. **1.** Qui a rapport aux atomes. *Poids ou masse atomique d'une substance.* **2.** Qui concerne le noyau de l'atome et sa désintégration. ⇒ **nucléaire.** *Énergie atomique,* libérée par la fission des noyaux. *Bombe atomique. — La physique atomique.* **3.** Qui utilise les engins atomiques. *La guerre atomique. L'ère atomique. Les puissances atomiques.* ⟨ ▶ antiatomique, ① atomiser, atomisme, atomiste ⟩

① ***atomiser*** [atɔmize] v. tr. ▪ conjug. 1. ■ Détruire par un engin atomique. ▶ ***atomisé, ée*** adj. ■ Qui a subi les effets des radiations atomiques. — N. *Les atomisés d'Hiroshima qui survécurent à l'explosion de la bombe.*

② ***atomiser*** v. tr. ▪ conjug. 1. ■ Réduire (un corps) en particules extrêmement ténues, en fines gouttelettes. ⇒ **pulvériser, vaporiser.** ▶ ***atomiseur*** n. m. ■ Petit flacon, petit récipient qui atomise le liquide qu'il contient lorsqu'on presse sur le bouchon. *Atomiseur à parfum.* ⇒ ① **bombe, vaporisateur.**

atomisme [atɔmism] n. m. ■ Didact. Doctrine philosophique des Grecs qui considère l'univers comme formé d'atomes associés en combinaisons fortuites.

atomiste [atɔmist] n. ■ Savant qui s'occupe de physique atomique (ou nucléaire).

atone [atɔn] adj. **1.** (Tissus vivants) Qui manque de tonicité. *Un intestin atone.* ⇒ **paresseux. 2.** Qui manque de vie, de vigueur, de vitalité, d'énergie. *Un être atone.* ⇒ **amorphe, éteint.** / contr. **dynamique** / **3.** Qui n'est pas accentué. *Voyelle, syllabe atone.* / contr. **tonique** / ▶ ***atonie*** n. f. ■ *Atonie du corps. Tomber dans l'atonie.*

atours [atuʀ] n. m. pl. ■ Vx ou plaisant. Tout ce qui sert à la parure des femmes. *Parée de ses plus beaux atours.*

atout [atu] n. m. **1.** Aux cartes. Couleur choisie ou retournée qui l'emporte sur les autres ; carte de cette couleur. *Jouer son atout. Trèfle atout. L'atout est cœur.* **2.** Moyen de réussir. ⇒ **chance.** *Mettre, avoir tous les atouts dans son jeu. Elle a des atouts.* **3.** Fam. *Avoir de l'atout,* des qualités, des ressources pour accomplir qqch., pour réussir.

âtre [ɑtʀ] n. m. ■ Partie de la cheminée où l'on fait le feu ; la cheminée elle-même. ⇒ **foyer.**

-âtre ■ Élément qui marque un caractère approchant (ex. : *grisâtre, blanchâtre*) ou exprime une idée péjorative (ex. : *marâtre*).

*s'****atriquer*** [atʀike] v. pron. réfl. ▪ conjug. 1. ■ Péj. S'habiller de manière ridicule ⇒ **s'accoutrer,** s'**affubler,** s'**amancher ; fagoter.** — Au p. p. adj. *Ils sont drôlement atriqués.* Loc. fam. *Être atriqué comme la chienne à Jacques,* très mal habillé. — REM. Le mot s'écrit aussi *s'attriquer.*

atrium [atʀijɔm] n. m. ■ Cour intérieure de la maison romaine antique, généralement entourée d'un portique couvert. — Disposition architecturale moderne qui s'en inspire. *Des atriums.*

atroce [atʀɔs] adj. **1.** Qui est horrible, d'une grande cruauté. ⇒ **abominable, affreux, effroyable, épouvantable, monstrueux.** *Crime, vengeance atroce.* **2.** Insupportable. *Souffrances atroces. Peur atroce.* **3.** Fam. Très désagréable. *Un temps atroce.* ⇒ **mauvais.** *Une laideur atroce. Ce film est atroce,* très mauvais. ▶ ***atrocement*** adv. ■ *Elle souffre atrocement. Ce livre est atrocement ennuyeux.* ▶ ***atrocité*** n. f. **1.** Caractère de ce qui est atroce. *L'atrocité d'une action, d'un crime.* ⇒ **cruauté. 2.** Action atroce, affreusement cruelle. ⇒ **crime, torture.** *Les atrocités commises au cours de la guerre du Vietnam.* **3.** Propos blessant, accusation calomnieuse. ⇒ **horreur.** *Les atrocités que mes ennemis répandent sur mon compte.*

atrophie [atʀɔfi] n. f. ■ Défaut de nutrition d'un organe ou d'un tissu, qui se manifeste par une diminution notable de son volume ou de son poids normal. *Atrophie musculaire.* / contr. **hypertrophie** / ▶ *s'****atrophier*** [atʀɔfje] v. pron. ▪ conjug. 7. **1.** Dépérir par atrophie. *Les membres immobilisés s'atrophient.* **2.** S'arrêter dans son développement, diminuer. *L'atrophie des testicules. Cette qualité s'est atrophiée chez moi.* ⇒ se **dégrader.** ▶ ***atrophié, ée*** adj. ■ Dont le volume est anormalement petit par atrophie. *La jambe atrophiée d'un poliomyélitique, d'un accidenté.*

*s'****attabler*** [atable] v. pron. ▪ conjug. 1. ■ S'asseoir à table pour manger, boire ou jouer. *S'attabler devant une bonne bouteille.* — (ÊTRE) ATTABLÉ. *Ils sont restés attablés toute la soirée.*

attachant, ante [ataʃɑ̃, ɑ̃t] adj. ■ Qui attache, retient en touchant la sensibilité. *Un roman attachant. Elle a une personnalité attachante.*

attache [ataʃ] n. f. **1.** Action d'attacher, de retenir par un lien, seulement dans les expressions : À L'ATTACHE, D'ATTACHE. *Point d'attache d'un muscle. Chien à l'attache. Le port d'attache d'un bateau,* où il est immatriculé. **2.** *(Une, des attaches)* Objet servant à attacher. ⇒ **agrafe, épingle, trombone.** *Réunir deux* *lettres par une attache.* **3.** Au plur. LES ATTACHES : le poignet et la cheville. *Avoir des attaches fines.* **4.** Abstrait. ATTACHES : se dit des rapports affectifs ou des relations d'habitude qui lient une personne à qqn ou à qqch. *Conserver des attaches avec son pays natal.* ⇒ **lien.** *Avoir des attaches au bureau, au gouvernement.* ⇒ **relation.**

① ***attaché, ée*** [ataʃe] adj. **1.** Fixé, lié. *Prisonnier attaché.* **2.** Qui est fermé par une attache. *Porter une veste attachée ou ouverte.* **3.** (Choses) ATTACHÉ À : qui fait corps avec, associé, joint à. ⇒ **inhérent.** *Les avantages attachés à cette situation.* **4.** (Personnes) ATTACHÉ À : lié par un sentiment d'amitié, une habitude, un besoin, un goût. *Elle lui est très attachée.* ⇒ **dévoué, fidèle.** *Je suis très attaché à mes habitudes.*

② ***attaché, ée*** n. ■ Personne attachée à un service. *Attachée d'ambassade. Attaché militaire. C'est une excellente attachée de presse.* ‹ ▶ attaché-case ›

attaché-case [ataʃekɑz] n. m. ■ Anglic. Mallette rectangulaire plate qui sert de porte-documents. ⇒ **serviette.** *Des attaché-cases.*

attachement [ataʃmɑ̃] n. m. ■ Sentiment d'affection durable qui unit aux personnes ou aux choses. ⇒ **affection, amitié, amour, lien.** *Montrer de l'attachement pour qqn. Une preuve d'attachement.*

attacher [ataʃe] v. tr. ▪ conjug. 1. **I.** V. tr. **1.** Faire tenir (à une chose) au moyen d'une attache, d'un lien. ⇒ **fixer, lier, maintenir.** *Attacher un cheval à un arbre avec une chaîne.* **2.** Joindre ou fermer par une attache. ⇒ **assembler, réunir.** *Attacher les mains d'un prisonnier. Attacher son collier. Attacher sa chemise.* ⇒ **boutonner.** *Attacher ses patins.* ⇒ **lacer. 3.** Intransitivement. Coller au fond de la casserole, du plat. ⇒ prendre au **fond.** *Le ragoût a attaché.* **4.** Faire tenir, joindre ou fermer (en parlant de l'attache). *La ficelle qui attache le paquet.* **5.** Se dit d'un lien (volonté, sentiment, obligation) qui unit à qqn, à qqch. ⇒ **lier.** *De vieilles habitudes l'attachent à sa maison.* **6.** *S'attacher qqn,* s'en faire aimer. *Ce professeur a su s'attacher ses élèves. Elle s'est attaché ses petits camarades.* **7.** Mettre (une personne) au service d'une autre. ⇒ **prendre.** *Attacher deux adjoints à son service.* **8.** Adjoindre par l'esprit. *Attacher un sens à un mot.* ⇒ **associer. 9.** Attribuer (une qualité à qqch.). *Attacher du prix, de la valeur à qqch.* ⇒ **accorder.** *Il ne faut pas y attacher trop d'importance.* **II.** S'ATTACHER v. pron. **1.** Se fixer, être fixé (à qqch. ou qqn). *Le lierre s'attachait au mur.* — Se fermer, s'ajuster (d'une certaine manière). *Jupe qui s'attache avec des agrafes.* **2.** (Choses) Être rattaché à, accompagner. *Les avantages qui s'attachent à ce poste.* **3.** Prendre de l'attachement pour (qqn, qqch.). *Je me suis beaucoup attachée à ce pays.* / contr. se **détacher** / **4.** S'appliquer avec constance (à une chose). *S'attacher à son travail. S'attacher à rendre qqn heureux.* ⇒ s'**appliquer, chercher** à, s'**efforcer.** ‹ ▶ attachant, attache, ① attaché, ② attaché, attachement, détacher, rattacher ›

attaquant, ante [atakɑ̃, ɑ̃t] n. **1.** Personne qui attaque, engage le combat. ⇒ **agresseur, assaillant.** / contr. **défenseur** / *Les attaquants furent repoussés.* **2.** Joueur qui fait partie d'une ligne d'attaque (au hockey, au football, au soccer, etc.). ⇒ **ailier,** ② **avant, centre.** / contr. **arrière, défenseur** / *Un attaquant très conscient de sa défensive.*

attaque [atak] n. f. **1.** Action d'attaquer, de commencer le combat. ⇒ **offensive.** *Déclencher, repousser une attaque. Passer, se lancer à l'attaque.* **2.** Sports. Tentative pour marquer des points. ⇒ **offensive.** *Elle mène l'attaque.* — Les joueurs qui attaquent. ⇒ **offensive.** *L'attaque et la défense. C'est sa meilleure ligne d'attaque,* le groupe de joueurs qui attaquent ensemble. *Jouer à l'attaque,* à l'une ou l'autre des positions d'attaquant. *Jouer d'attaque,* ailier ou centre. Hockey. *Attaque à cinq,* supériorité numérique. ⇒ fam. jeu de **puissance. 3.** Acte de violence contre une ou plusieurs personnes. *Attaque nocturne. Attaque à main armée.* ⇒ **agression, attentat. 4.** Surtout au plur. Paroles qui critiquent durement. ⇒ **accusation, critique, insulte.** *Les attaques de l'opposition contre le gouvernement.* **5.** Accès subit, brutal de certaines maladies. ⇒ **crise.** *Avoir une attaque d'apoplexie, d'épilepsie* ou, absolt, *une attaque.* **6.** D'ATTAQUE loc. adv. fam. *Être d'attaque,* prêt à affronter les fatigues. ⇒ en pleine **forme.** ‹ ▶ contre-attaque ›

attaquer [atake] v. tr. ▪ conjug. 1. **I. 1.** Porter les premiers coups à (l'adversaire), commencer le combat. *À l'aube, l'armée ennemie nous attaqua.* **2.** S'élancer, tomber sur (qqn) pour le battre, le voler ou le tuer. ⇒ **assaillir.** *Attaquer qqn à main armée.* — Au p. p. *Passant attaqué par un malfaiteur.* **3.** En sport. Se livrer à une attaque (2). **4.** Intenter une action judiciaire contre. *Attaquer qqn en justice.* **5.** Émettre des jugements qui nuisent à (qqn ou qqch.). ⇒ **accuser, combattre, critiquer, dénigrer.** *Attaquer la réputation de qqn.* — Au p. p. *Se sentir attaqué.* — (Choses) *Dans un article qui attaque le ministre.* **6.** S'adresser avec vivacité à (qqn) pour obtenir une réponse. *Attaquer qqn sur un sujet.* **II.** Détruire la substance de (une matière). ⇒ **entamer, ronger.** *Substance corrosive qui attaque le cuivre. Le calcium attaque la tôle, l'acier.* **III.** Commencer. **1.** Aborder sans hésitation. *Attaquer un sujet, un chapitre, un discours.* ⇒ **commencer ; aborder, entamer. 2.** Fam. Commencer à manger. *Attaquer le pâté.* ⇒ **entamer. 3.** *Attaquer un morceau de musique,* en commencer l'exécution ; *une note,* en commencer l'émission. **IV.** S'ATTAQUER À **1.** Diriger une attaque contre qqn (matériellement ou moralement). ⇒ **combattre, critiquer.** *Il est dangereux de s'attaquer à ces gens.* — *S'attaquer à une politique, à un projet,* s'en prendre à, critiquer. **2.** Chercher à résoudre. *Les plus grands penseurs se sont attaqués à ce problème. S'attaquer à la pollution,* chercher à l'éliminer, la réduire. ‹ ▶ attaquant, attaque, contre-attaquer, inattaquable ›

*s'**attarder*** [ataʀde] v. pron. ▪ conjug. 1. **1.** Se mettre en retard. ⇒ se **retarder.** *Ne nous attardons pas. S'attarder chez qqn,* y rester plus longtemps que prévu. *S'attarder à parler avec qqn.* **2.** Abstrait. Ne pas avancer, ne pas progresser normalement. *S'attarder sur un sujet.* ⇒ s'**appesantir,** s'**arrêter,** s'**étendre, insister.** ▶ ***attardé, ée*** adj. **1.** Qui est en retard. *Quelques passants attardés* (hors de chez eux, le soir, la nuit). **2.** Qui est en retard dans sa croissance, son développement, son évolution. *Un enfant attardé.* ⇒ **arriéré.** — N. *Un attardé.* **3.** Qui est en retard sur son époque. ⇒ **archaïque, rétrograde.** *Des conceptions attardées.* — N. *Il n'est plus de son temps, c'est un attardé.*

atteindre [atɛ̃dʀ] v. tr. ▪ conjug. 49. **I.** Parvenir au niveau de. **1.** Parvenir à (un lieu). ⇒ **arriver** à, **gagner.** *Nous atteindrons Toronto avant la nuit.* — *Atteindre qqn par lettre, par téléphone,* réussir à communiquer avec lui. ⇒ **joindre. 2.** Parvenir à toucher, à prendre (qqch.). *Pouvez-vous atteindre ce livre sans vous déranger ?* **3.** Abstrait. Parvenir à (un état, une situation). *Atteindre un but. Elles ont atteint l'objectif qu'elles s'étaient assigné. Atteindre 70 ans.* **4.** (Choses) Parvenir à (un lieu, une hauteur, une grandeur). *Ce sommet atteint 1 000 mètres.* ⇒ s'**élever** à. *Atteindre une limite, un maximum.* **II.** Parvenir à frapper. **1.** Toucher, blesser (qqn) au moyen d'une arme, d'un projectile. *Il l'a atteint au front d'un coup de pierre.*

— (Compl. chose) *Atteindre l'objectif.* — (En parlant du projectile) *Les éclats d'obus l'atteignirent à la jambe droite. La flèche a atteint son but.* / contr. **manquer, rater** / **2.** Faire du mal à (qqn). ⇒ **attaquer, toucher.** *Le malheur qui l'a atteint. Rien ne l'atteint,* il est indifférent. ⇒ **émouvoir, troubler.** *Vos méchancetés ne l'atteignent pas.* ► ***atteint, einte*** adj. ■ Touché par un mal. *Le poumon est atteint.* — Fam. *Il est bien atteint,* il est un peu fou (→ malade). ► ***atteinte*** n. f. **1.** (Après HORS DE) Possibilité d'atteindre. *Les fuyards sont hors de votre atteinte.* ⇒ **portée.** *Sa réputation est hors d'atteinte.* ⇒ **inattaquable. 2.** Dommage matériel ou moral. *C'est une atteinte à la vie privée, à la réputation.* ⇒ **injure, outrage.** *Porter atteinte à l'honneur de qqn.* **3.** Au plur. Effets d'une maladie. ⇒ **accès, attaque.** *Elle sent les premières atteintes de son mal.* ⟨ ► inatteignable ⟩

atteler [atle] v. tr. ▪ conjug. 4. **1.** Attacher (une ou plusieurs bêtes) à une voiture, une charrue. *Atteler des bœufs à une charrette.* / contr. **dételer** / — *Atteler une locomotive, un wagon à un convoi.* / contr. **détacher** / **2.** *Atteler une voiture,* y atteler le cheval. **3.** S'ATTELER À (un travail) : s'y mettre sérieusement. *La tâche à laquelle il s'attelle, s'est attelé.* ► ***attelage*** n. m. **1.** Action ou manière d'atteler. **2.** Bêtes attelées ensemble. *Un attelage de chevaux.*

attenant, ante [atnɑ̃, ɑ̃t] adj. ■ Qui tient, touche à (un autre terrain, une autre construction, etc.). *La maison et le hangar attenant.* ⇒ **contigu.**

attendre [atɑ̃dʀ] v. tr. ▪ conjug. 41. **I.** V. tr. **1.** *Attendre qqn, qqch.,* se tenir en un lieu où qqn doit venir, une chose arriver ou se produire et y rester jusqu'à cet événement. *Je vous attendrai chez moi jusqu'à midi. Attendre le train. Attendre sous un abri la fin de l'orage. Faire la queue en attendant son tour. Attendre qqn de pied ferme,* en étant prêt à l'affronter. *On n'attend plus que vous pour partir.* **2.** *Attendre qqch.,* rester dans la même attitude, ne rien faire avant que cette chose ne se produise, n'arrive. *Attendre le moment d'agir. Attendre l'occasion favorable. Qu'attendez-vous pour accepter ?* — ATTENDRE QUE (+ subjonctif). *J'attends que ça soit fini.* — ATTENDRE DE (+ infinitif). *Attendez d'être informé avant de décider.* **3.** (Femmes) *Attendre un enfant,* être enceinte. **4.** Sans compl. ATTENDRE : rester dans un lieu pour attendre (1) qqn ou qqch. *Elle est restée deux heures à attendre ; j'ai attendu (pendant) deux heures. Je ne puis attendre plus longtemps. Détester attendre après qqn.* — (Suj. personne) *Faire attendre qqn, se faire attendre,* tarder à venir, être en retard. — Interj. *Attends ! Attendez ! Attendez un peu, je n'ai pas fini.* — (Menace) *Attendez un peu, que je vous y reprenne !* **5.** (Choses) Être prêt pour qqn. *Le dîner, la voiture vous attend.* ⇒ **prêt ; préparé.** *Le sort qui nous attend,* qui nous est réservé. **6.** Compter sur (qqn ou qqch. dont on souhaite ou redoute la venue) ; prévoir (un événement). ⇒ **escompter, prévoir.** *On attend un invité d'honneur. Vous êtes en retard : on ne vous attendait plus,* on ne comptait plus sur vous ; on ne croyait plus que vous viendriez. *C'est le contraire de ce qu'on attendait.* — ATTENDRE *qqch.* DE *qqn.* ⇒ **compter, espérer.** *Qu'attendez-vous de moi ?* **7.** Transitivement ind. *Attendre après qqn,* l'attendre avec impatience. — *Attendre après qqch.,* en avoir besoin. *Je n'attends pas après votre aide.* **II.** EN ATTENDANT loc. adv. : jusqu'au moment attendu. *Ils ont manqué leur autobus, en attendant le suivant ils se promènent.* — Loc. conj. *En attendant que* (+ subjonctif), jusqu'à ce que. *Racontez-moi tout en attendant qu'elle arrive.* — Loc. prép. *En attendant de* (+ infinitif), jusqu'à ce que vienne le moment de. *Restons sur le patio en attendant de passer à table.* **III.** V. pron. S'ATTENDRE À *qqch.* (avec un pronom pour compl.) : penser que cette chose arrivera. ⇒ **escompter, prévoir.** *De sa part, il faut s'attendre à tout. Au moment où elle s'y attend le moins.* — S'ATTENDRE À (+ infinitif). *Je m'attendais un peu à vous voir.* — S'ATTENDRE À CE QUE (+ subjonctif). *On s'attend à ce qu'il soit élu avec une forte majorité.* ⟨ ► attendu, attente, attentisme, inattendu ⟩

attendrir [atɑ̃dʀiʀ] v. tr. ▪ conjug. 2. **1.** Rendre plus tendre, moins dur. *Faire mariner une viande pour l'attendrir.* **2.** Rendre (qqn) plus sensible, plus accessible aux sentiments de compassion, de pitié. ⇒ **émouvoir, toucher.** *Tu m'attendris, tes larmes m'attendrissent.* — Pronominalement (réfl.). *S'attendrir sur le sort des malheureux.* ⇒ s'**apitoyer.** *S'attendrir sur soi-même.* — Au p. p. adj. *Un air attendri.* ⇒ **ému.** ► ***attendrissant, ante*** adj. ■ Qui porte à une indulgence attendrie. *Une naïveté attendrissante.* ► ***attendrissement*** n. m. ■ Fait de s'attendrir, état d'une personne attendrie. ⇒ **émotion ; compassion, trouble.** *Larmes d'attendrissement. Allons ! Pas d'attendrissement !*

① ***attendu, ue*** [atɑ̃dy] adj. et prép. **1.** Adj. Qu'on attend, qu'on a attendu. *Une naissance, une nouvelle attendue.* **2.** Prép. Invar. Étant donné ; étant considéré. ⇒ **vu.** *Attendu ses mœurs solitaires, il était à peine connu.* **3.** ATTENDU QUE loc. conj. : étant donné que. ⇒ **comme, parce que, puisque.** *Attendu que vous n'êtes pas venus...* ► ② ***attendu*** n. m. ■ En droit. Considération qui motive un jugement (formulée ainsi : *attendu que...*).

attentat [atɑ̃ta] n. m. **1.** Tentative criminelle contre une personne, surtout dans un contexte politique. ⇒ **agression.** *Préparer un attentat contre un homme politique. Attentat terroriste.* **2.** Tentative criminelle contre qqch. *Attentat à la liberté. Attentat aux mœurs, à la pudeur.* ⇒ **outrage.**

attente [atɑ̃t] n. f. **1.** (Personnes) Le fait d'attendre ; temps pendant lequel on attend. *L'attente n'a pas été longue. Dans l'attente de vous voir.* — *Salle, salon d'attente,* aménagé pour ceux qui attendent. — *File d'attente,* file de personnes qui attendent leur tour (à un guichet, devant une entrée, à l'arrêt d'autobus, etc.). **2.** (Choses) Le fait d'attendre. *Des dossiers en attente.* **3.** Le fait de compter sur qqch. ou sur qqn. ⇒ **désir, espoir.** *Répondre à l'attente de qqn. Contre toute attente,* contrairement à ce qu'on attendait (I, 6).

attenter [atɑ̃te] v. tr. ind. ▪ conjug. 1. ■ ATTENTER À : faire une tentative criminelle contre (quel que soit le résultat de cette tentative). ⇒ **attentat.** *Attenter à la vie de qqn,* tenter de lui donner la mort. *Attenter à la sûreté de l'État, aux libertés publiques.* ► ***attentatoire*** adj. ■ Littér. Qui attente, porte atteinte. *Mesures attentatoires à la liberté.* ⟨ ► attentat ⟩

attentif, ive [atɑ̃tif, iv] adj. **1.** Qui écoute, regarde, agit avec attention. *Auditeur, spectateur, élève attentif.* / contr. **distrait, inattentif** / **2.** Littér. ATTENTIF À : qui se préoccupe avec soin (de). *Une personne attentive à ses devoirs.* — (+ infinitif) *Être attentif à bien faire.* **3.** Qui marque de la prévenance, des attentions. *Soins attentifs.* ⇒ **assidu, zélé.** ≠ *attentionné.* ⟨ ► attentivement, inattentif ⟩

attention [atɑ̃sjɔ̃] n. f. **1.** Au sing. Concentration de l'activité mentale sur un objet déterminé. *Faire un effort d'attention. Attention soutenue. Examiner avec attention. J'attire votre attention sur ce détail,* je vous signale ce détail. *Cet ouvrage mérite toute votre attention. Elle ne prête aucune attention à mes remarques,* elle n'en tient aucun compte. — FAIRE ATTENTION À *qqch.* : l'observer, s'en occuper ; en avoir conscience. *Faites bien attention, très attention à ma* question. *Fais attention à ta bicyclette,* prends-en soin. *Attention ! vous allez tomber !* ⇒ **gare.** — FAIRE ATTENTION QUE (+ subjonctif). *Faites attention que personne ne vous voie.* **2.** *À l'attention de,* mention figurant sur un envoi (lettre, colis, etc.), pour préciser le nom du destinataire. ≠ *à l'intention de.* **3.** Au plur. Soins attentifs. ⇒ **égard(s), prévenance(s).** *Elle a des attentions délicates pour son mari.* ▶ ***attentionné, ée*** adj. ■ Qui est plein d'attentions (2) pour qqn. ⇒ **aimable, empressé, fin, prévenant.** ≠ *attentif.* ⟨ ▶ inattention ⟩

attentisme [atɑ̃tism] n. m. ■ Attitude politique consistant à attendre que les événements s'annoncent pour prendre une décision. ▶ ***attentiste*** adj. et n. ■ *Politique attentiste.*

attentivement adv. ■ D'une manière attentive. *Regarder, écouter, lire attentivement.* / contr. **distraitement** /

atténuer [atenɥe] v. tr. ▪ conjug. 1. ■ Rendre moins grave, moins vif, moins violent. ⇒ **diminuer.** *Les calmants atténuent la douleur. Cette lettre est trop brutale, il faut en atténuer les termes.* ⇒ **adoucir, modérer.** / contr. **aggraver, augmenter, exacerber** / — Pronominalement (réfl.). *Les désaccords se sont atténués.* ▶ ***atténuant, ante*** adj. ■ *Circonstances atténuantes,* faits qui atténuent la gravité d'une infraction, d'une mauvaise action. / contr. **aggravant** / ▶ ***atténuation*** n. f. ■ Action d'atténuer. ⇒ **diminution.**

atterrer [atɛʀe] v. tr. ▪ conjug. 1. ■ Jeter dans l'abattement, la consternation. ⇒ **consterner, stupéfier.** — Au passif. *Je suis atterré par cette nouvelle.* ▶ ***atterrant, ante*** adj. ■ *Une nouvelle atterrante.*

atterrir [atɛʀiʀ] v. intr. ▪ conjug. 2. **1.** (Avion, engin, passagers, pilote) Se poser à terre (opposé à *décoller, s'envoler*). *L'avion vient d'atterrir.* — Fam. *Le skieur a atterri sur le derrière,* il est tombé brutalement. **2.** Fam. Arriver finalement. *Nous avons fini par atterrir dans un petit hôtel.* ▶ ***atterrissage*** n. m. ■ *Terrain d'atterrissage pour les avions. – Le train* d'atterrissage.*

attester [atɛste] v. tr. ▪ conjug. 1. **1.** Rendre témoignage de (qqch.). ⇒ **certifier, garantir, témoigner.** *J'atteste la vérité de ce fait. J'atteste que cet homme est innocent.* **2.** Servir de témoignage. ⇒ **prouver, témoigner** de. *Ces documents attestent son innocence.* — Au p. p. adj. *C'est un fait attesté.* ▶ ***attestation*** n. f. ■ Acte, écrit ou pièce qui atteste qqch. ⇒ **certificat.** *Une attestation de bonne conduite. Une attestation en bonne et due forme. Attestation d'études, de scolarité.* — *Une attestation d'un mot,* la preuve de son existence, dans un texte, un discours, un exemple d'utilisation.

attiédir [atjediʀ] v. tr. ▪ conjug. 2. **1.** Littér. Rendre tiède. *Attiédir une boisson.* **2.** Abstrait. Rendre moins vif. *Le temps attiédit les passions.* ⇒ **affaiblir, diminuer.** — Pronominalement (réfl.). *Son ardeur s'est attiédie.* ▶ ***attiédissement*** n. m. ■ *L'attiédissement d'un sentiment.*

attifer [atife] v. tr. ▪ conjug. 1. ■ Fam. Habiller, parer d'une manière ridicule. ⇒ **accoutrer, affubler.** — S'ATTIFER v. pron. réfl. *Tu as vu comment elle s'attife ?* ⇒ s'**affubler,** s'**atriquer.**

attikamek [atikamɛk] adj. et n. **1.** Relatif à une nation d'Amérindiens de la région de la Haute-Mauricie. *Le Conseil attikamek. Une coutume attikamek.* — N. (Avec une majusc.) *Une Attikamek. Des Attikameks.* — REM. L'adj. et le nom sont invar. en genre. Dans les milieux autochtones, l'orthographe *atikamekw* est recommandée et de plus en plus usitée. **2.** N. m. *L'attikamek,* une langue de la famille linguistique algonquienne parlée par ces Amérindiens. — Adj. *Un mot attikamek.*

attique [atik] adj. ■ (Esprit) Qui a rapport à l'Attique, à Athènes, aux Athéniens. *Littérature attique.*

attirail, ails [atiʀaj] n. m. ■ Fam. Équipement compliqué, encombrant ou ridicule. *L'attirail du campeur, de la photographe.* ⇒ fam. **barda, fourbi.** *Des attirails.*

attirer [atiʀe] v. tr. ▪ conjug. 1. **1.** Tirer, faire venir à soi par une action matérielle. *L'aimant attire le fer* (⇒ **attraction**). / contr. **repousser** / — Pronominalement (récipr.) *Les astres s'attirent par les lois de la gravitation.* — Fig. *Les contraires s'attirent.* **2.** Inciter, inviter, déterminer (un être vivant) à venir. *La lumière attire les papillons. Attirer le poisson dans ses filets. Ce spectacle attire tout Montréal.* **3.** Capter, solliciter (le regard ou l'attention). *J'attire votre attention sur ce point.* **4.** Inspirer à (qqn) un sentiment agréable qui l'incite à vouloir qqch., à se rapprocher de qqn (⇒ **attrait).** *De grandes affinités les attirent l'un vers l'autre. Ce projet l'attire davantage.* ⇒ **séduire, tenter.** **5.** ATTIRER *qqch.* À, SUR *qqn* : lui faire avoir qqch. d'heureux ou de fâcheux. *Sa bonne humeur lui attira la bienveillance de l'auditoire.* ⇒ **procurer, valoir.** *Ses procédés lui attireront des ennuis.* ⇒ **causer.** — Pronominalement S'ATTIRER *qqch.* : l'amener à soi, sur soi. *Elle s'est attiré des reproches.* ⇒ **encourir.** ▶ ***attirance*** n. f. ■ Force qui attire vers qqn ou vers qqch. *Éprouver une certaine attirance pour qqn, qqch.* ⇒ **attrait.** / contr. **dégoût, répulsion** / ▶ ***attirant, ante*** adj. ■ Qui attire, exerce un attrait, une séduction. ⇒ **attachant, attrayant, séduisant.** *C'est une personne très attirante.* / contr. **repoussant** /

attiser [atize] v. tr. ▪ conjug. 1. **1.** Aviver, ranimer (un feu). **2.** Rendre plus vif. *Attiser les passions, les désirs, les haines de qqn.* ⇒ **exciter, enflammer.** / contr. **étouffer** / *Attiser une querelle.* ⇒ **envenimer.** ▶ ***attisée*** n. f. ■ Feu vif produit par une quantité de bois mise d'un seul coup. ⇒ **flambée.** *Dès qu'ils reviendront, nous ferons une attisée.*

attitré, ée [atitʀe] adj. **1.** Qui est chargé par un titre de telle ou telle fonction. *Représentante attitrée.* **2.** Habituel. *Marchand attitré,* chez qui l'on a l'habitude de se servir.

attitude [atityd] n. f. **1.** Manière de tenir son corps. ⇒ **contenance, maintien, port, pose, position, posture.** *Elle est gracieuse dans toutes ses attitudes. Attitude nonchalante, gauche.* **2.** Manière de se tenir, comportement qui correspond à une certaine disposition psychologique. ⇒ **air, allure, aspect, expression, manière.** *L'attitude du commandement.* — Affectation de ce qu'on n'éprouve pas. *Ce n'est qu'une attitude.* **3.** Disposition à l'égard de qqn ou qqch. ; ensemble de jugements et de tendances qui pousse à un comportement. ⇒ **disposition, position.** *Quelle est son attitude à l'égard de ce problème ? Elle a changé d'attitude.*

attorney [atɔʀne] n. Anglic. **1.** Aux États-Unis, homme de loi, avocat. **2.** *L'attorney général,* le ministre de la Justice des États-Unis.

attouchement [atuʃmɑ̃] n. m. ■ Action de toucher avec la main, surtout pour caresser. Spécialt. *Des attouchements sexuels.*

attraction [atʀaksjɔ̃] n. f. **I. 1.** Force qui attire. *Attraction magnétique. La loi de l'attraction universelle.* ⇒ **gravitation. 2.** Force qui tend à attirer les êtres vers qqn ou vers qqch. ⇒ **attirance, attrait.** *Elle exerce sur tous une grande attraction.* **II. 1.** Ce qui attire le public ; centre d'intérêt. *Cette église ancienne est une attraction pour les touristes.* **2.** Au plur. Spectacle de variétés au cours d'une soirée, d'un gala. *Les attractions d'une boîte de nuit.* — Distractions mises à la disposition du public (dans une foire, etc.). *Parc d'attractions. Parc d'attractions nautiques,* parc aménagé avec piscines, toboggans et jets d'eau où le public vient s'amuser. ▶ ***attractif, ive*** adj. ■ Qui a la propriété d'attirer (1). *Force attractive de l'aimant.*

attrait [atʀɛ] n. m. **1.** Ce qui attire agréablement, charme, séduit. ⇒ **charme, séduction.** *L'attrait de la nouveauté. Qui a de l'attrait.* ⇒ **attrayant, intérêt. 2.** Au plur. Littér. *Les attraits d'une personne,* ce qui attire en elle. ⇒ **appas. 3.** Le fait d'être attiré, de se sentir attiré. ⇒ **attirance, goût.** *Elle éprouve un vif attrait pour la peinture impressionniste.* / contr. **répulsion** /

attrape [atʀap] n. f. **1.** Surtout au plur. Objet destiné à surprendre (attraper, 2) qqn par amusement. *Marchand de farces et attrapes.* **2.** Tromperie. *Les rabais annoncés ne sont pas sérieux, c'est sûrement une attrape.* ⇒ **attrape-nigaud.**

attrape-nigaud [atʀapnigo] n. m. ■ Procédé destiné à attirer et à tromper les gens simples. ⇒ **attrape.** *Cette publicité n'est qu'un attrape-nigaud. Des attrape-nigauds.*

attraper [atʀape] v. tr. ▪ conjug. 1. **I. 1.** Rejoindre (qqn) et s'en saisir. *La police a fini par attraper le voleur.* ⇒ **arrêter, prendre. 2.** Tromper par une ruse. ⇒ **abuser, duper.** *Elle m'a bien attrapé.* (→ fam. Elle m'a eu.) — Au passif et au p. p. adj. *Être attrapé, bien attrapé,* avoir subi une déception (qu'on ait été trompé ou non). **3.** *Attraper qqn à* (+ infinitif), le prendre sur le fait. ⇒ **pogner, surprendre.** *Je l'ai attrapé à voler.* **4.** Faire des reproches à. ⇒ **chicaner, disputer, engueuler, gronder, réprimander.** *Elle s'est fait attraper par ses parents.* **II. 1.** Arriver à prendre, à saisir (une chose, un animal). *Attraper une balle à la volée.* — Fig. *J'ai attrapé quelques mots de leur conversation.* ⇒ **saisir. 2.** *Attraper un coup.* ⇒ **recevoir.** *Attraper un rhume, une maladie.* ⇒ **contracter ; pogner.** Loc. verb. Fam. *Attraper son coup de mort,* prendre dangereusement froid, se rendre malade. ⇒ **crève.** — Pronominalement (passif). *Une maladie qui s'attrape.* ⇒ **contagieux. 3.** *Attraper le train, l'autobus,* réussir à l'atteindre. ⇒ **avoir. 4.** Arriver à saisir par l'esprit, l'imitation. *Attraper un style, un genre.* ⇒ **imiter.** ⟨ ▶ attrape, attrape-nigaud, rattraper ⟩

attrayant, ante [atʀɛjɑ̃, ɑ̃t] adj. ■ (Spectacle, situation) Qui a de l'attrait. *Ce paysage, cet endroit n'a rien d'attrayant.* ⇒ **agréable, attirant, plaisant.** / contr. **désagréable** /

attribuer [atʀibɥe] v. tr. ▪ conjug. 1. **1.** Allouer (qqch. à qqn ou à qqch.). *De nombreux avantages lui ont été attribués.* ⇒ **octroyer. 2.** Considérer comme propre à qqn. ⇒ **prêter.** *N'attribuez pas aux autres vos propres défauts.* **3.** Rapporter (qqch.) à un auteur, à une cause ; mettre sur le compte de. *À quoi attribuer ce phénomène, ce changement ? Attribuer une toile anonyme à tel peintre.* **4.** Pronominalement. S'ATTRIBUER *qqch.* : se donner (qqch.) en partage. ⇒ s'**adjuger.** *Elle s'est attribué un titre auquel elle n'a pas droit.* ⇒ s'**approprier.** *S'attribuer tout le mérite de qqch.* ▶ ***attribuable*** adj. ■ *Une erreur attribuable à la fatigue,* résultant de la fatigue. ▶ ***attribut*** n. m. **1.** Ce qui est propre, appartient particulièrement à un être, à une chose. ⇒ **caractère, qualité.** *Le droit de pardon est un attribut du Premier ministre.* **2.** Emblème caractéristique qui accompagne une figure mythologique, une chose personnifiée, un personnage. *Le sceptre est l'attribut de la royauté.* **3.** Terme relié au sujet ou au complément d'objet par un verbe d'état (ex. : *rouge* dans *la voiture est rouge*), opposé à *épithète.* ▶ ***attribution*** n. f. **1.** Action d'attribuer. *Concours pour l'attribution d'un prix.* ⇒ **distribution, remise.** *L'attribution de bourses d'étude.* **2.** Au plur. Pouvoirs attribués au titulaire d'une fonction, à un corps ou à un service. ⇒ **pouvoir, prérogative.** *Déterminer les attributions d'un employé. Cela n'entre pas dans les attributions du ministère.*

attrister [atʀiste] v. tr. ▪ conjug. 1. ■ Rendre triste. ⇒ **chagriner, désoler, peiner.** *Son départ nous a attristés.* / contr. **consoler, égayer, réjouir** / — Au p. p. adj. *Un air attristé.* ▶ ***attristant, ante*** adj. ■ Qui attriste. ⇒ **affligeant, désolant, navrant.** *Nouvelles attristantes. Spectacle attristant.* ⇒ **pénible, triste.**

attrouper [atʀupe] v. tr. ▪ conjug. 1. ■ Assembler en troupe, spécialt de manière à troubler l'ordre public. ⇒ **ameuter, rassembler.** *Ses cris attroupèrent les passants.* — Pronominalement (réfl.). *Les manifestantes commencèrent à s'attrouper.* / contr. se **disperser** / ▶ ***attroupement*** n. m. ■ Réunion de personnes sur la voie publique, spécialt de personnes qui troublent l'ordre public. ⇒ **manifestation, rassemblement.** *Former, faire un attroupement. La police a dispersé l'attroupement.*

au, aux art. déf. ⇒ **à** et **le.**

aubaine [obɛn] n. f. **1.** Avantage, profit inattendu, inespéré. *Profiter de l'aubaine. Quelle (bonne) aubaine !* ⇒ **chance, occasion. 2.** Rabais, réduction sur une marchandise. ⇒ **occasion, solde, vente.** *Profiter des aubaines de la rentrée.* — *Prix d'aubaine,* réduit, avantageux. / contr. **dispendieux** /

① ***aube*** [ob] n. f. **1.** Première lueur du soleil levant qui commence à blanchir l'horizon ; moment de cette lueur. *L'aube précède l'aurore.* ⇒ **aurore. 2.** Littér. Commencement. *À l'aube de la Révolution tranquille.*

② ***aube*** n. f. ■ Palette (d'une roue hydraulique, d'une turbine). *Les aubes d'une roue de moulin.*

③ ***aube*** n. f. ■ Vêtement de lin blanc que le prêtre met pour célébrer la messe. — Longue robe blanche des premiers communiants.

aubépine [obepin] n. f. ■ Arbuste épineux à fleurs odorantes blanches ou roses, à floraison précoce, utilisé pour les haies vives. ⇒ **cenellier.**

auberge [obɛʀʒ] n. f. **1.** Autrefois. Maison très simple, généralement à la campagne, où l'on trouve à loger et manger en payant. — Loc. fig. *On n'est pas sorti de l'auberge,* les difficultés augmentent, vont nous retarder, nous retenir. ⇒ ne pas être sorti du **bois. 2.** Moderne. Hôtel-restaurant (à la campagne, à la montagne) qui évoque l'auberge d'autrefois et qui offre un grand confort et une nourriture de qualité. *Les auberges de Charlevoix.* — *Auberge espagnole,* lieu où l'on trouve tout ce qu'on y apporte. **3.** *Auberge de la jeunesse,* centre d'accueil hébergeant les jeunes voyageurs pour une somme modique. ▶ ***aubergiste*** n. ■ Personne qui tient une auberge.

aubergine [obɛʀʒin] n. f. **1.** Fruit oblong et violacé d'une plante potagère, consommé comme légume. *Aubergines farcies.* **2.** (Surtout en France) Adj. invar. De la couleur violet foncé de l'aubergine. *Des costumes aubergine.*

aubier [obje] n. m. ■ Partie tendre et blanchâtre qui se forme chaque année entre le bois dur et l'écorce d'un arbre.

auburn [obœʀn] adj. invar. ■ Anglic. Se dit d'une couleur de cheveux brun roux. *Des cheveux auburn.*

aucun, une [okœ̃, yn] adj. et pronom **I.** Adj. **1.** Littér. (Positif) Quelque ; quelque... que ce soit, qu'il soit (dans les phrases comparatives, dubitatives ou hypothétiques). *Il l'aime plus qu'aucune autre.* **2.** (Négatif et accompagné de la particule *ne* ou précédé de *sans*) ⇒ **pas** un. *Aucun physicien n'ignore que... Il n'y a plus aucun remède. « Avez-vous des nouvelles ? - Aucune. » Sans aucun doute.* — REM. *Aucun* ne prend pas le pluriel, sauf devant des noms qui n'ont pas de singulier (ex. : *sans aucuns frais*). **II.** Pronom **1.** (Positif) *Aucun de,* quiconque parmi. *Elle travaille plus qu'aucune de ses condisciples.* — Littér. D'AUCUNS : certains, plusieurs. *D'aucuns pourront critiquer cette attitude.* **2.** (Négatif, accompagné de *ne* ou de *sans*) *Je ne connais aucun de ses amis, aucun d'eux. Il n'en est venu aucun.* — (Dans une réponse) Pas un. *« Avez-vous eu des réponses ? - Aucune. »* ▶ ***aucunement*** adv. ■ En aucune façon, pas du tout. ⇒ **nullement ;** fam. **pantoute.**

audace [odas] n. f. **1.** Disposition ou mouvement qui porte à des actions extraordinaires, au mépris des obstacles et des dangers. *La confiance en soi donne de l'audace.* ⇒ **hardiesse.** *Une folle audace.* **2.** UNE, DES AUDACES : procédé, détail qui brave les habitudes, les goûts dominants. ⇒ **innovation, originalité.** *Les audaces de la mode.* **3.** Péj. Hardiesse impudente. ⇒ **aplomb, culot, insolence.** *Personne n'aura l'audace de réclamer. Quelle audace !* ▶ ***audacieux, ieuse*** adj. **1.** (Personnes) Qui a de l'audace (1). ⇒ **courageux, hardi.** *Trop audacieux.* ⇒ **téméraire.** / contr. **peureux, timoré** / — N. *Il faut des andacieux pour vaincre les rapides.* **2.** (Choses) Qui dénote de l'audace (1). *Un audacieux cambriolage. Conceptions audacieuses.* ⇒ **hardi, novateur.** / contr. **timide** / ▶ ***audacieusement*** adv. ■ Avec audace. / contr. **timidement** /

au-deçà, au-dedans, au-dehors, au-delà, au-dessous, au-dessus, ① ***au-devant*** loc. adv. ⇒ **deçà, dedans,** etc.

② ***au-delà*** [odlɑ] n. m. invar. ■ Le monde, la vie imaginé(e) après la mort. ⇒ **supraterrestre.** / contr. **ici**-bas / *Dans l'au-delà.*

audible [odibl] adj. ■ Qui est perceptible par l'oreille. / contr. **inaudible** / *Sons à peine audibles.* ‹ ▶ inaudible ›

audience [odjɑ̃s] n. f. **1.** Littér. Intérêt porté à qqch. par le public. *Cet ouvrage a l'audience des lecteurs les plus exigeants.* ≠ *auditoire.* **2.** Réception où l'on admet qqn pour l'écouter. ⇒ **entretien.** *Demander, obtenir une audience. Donner audience à qqn.* **3.** Séance d'un tribunal. *Audience publique, à huis clos.*

audimat [odimat] n. m. invar. ■ (Marque déposée) Appareil permettant de mesurer l'audience des chaînes de télévision. — Par ext. L'audience mesurée. *Les champions de l'audimat.*

audio- ■ Élément savant signifiant « sonore ». ▶ ***audionumérique*** [odjonymeʀik] adj. ■ *Disque audionumérique,* sur lequel les informations permettant la reproduction des sons enregistrés sont codées de manière numérique. — REM. On emploie couramment *disque compact.* ▶ ***audiophone*** n. m. ■ Petit appareil acoustique servant à renforcer les sons, que les gens qui entendent mal portent près de l'oreille. ▶ ***audiovisuel, elle*** adj. ■ Se dit d'une méthode pédagogique qui joint le son à l'image (notamment dans l'apprentissage des langues). *Méthodes audiovisuelles.* — N. m. *L'audiovisuel,* les moyens de communication, d'apprentissage audiovisuels.

auditeur, trice [oditœʀ, tʀis] n. **1.** Personne qui écoute (opposé à *locuteur*). *Les auditeurs d'une conférencière.* ⇒ **auditoire.** *Les auditeurs d'une émission de radio.* **2.** *Auditeur libre,* étudiant qui assiste à des cours universitaires sans être obligé de préparer les examens ou de faire les travaux.

auditif, ive [oditif, iv] adj. ■ Qui appartient à l'organe de l'ouïe. *Appareil auditif. Mémoire auditive,* des sons.

audition [odisjɔ̃] n. f. **1.** Fonction du sens de l'ouïe, perception des sons. *Troubles de l'audition.* **2.** Action d'entendre ou d'être entendu. *Procéder à l'audition des témoins.* **3.** Séance d'essai donnée par un artiste devant un directeur de théâtre, de spectacle, d'opéra, etc. ⇒ **essai.** *Passer une audition.* ⇒ **auditionner.** **4.** Séance musicale que donne un artiste. *La première audition mondiale d'une œuvre pour clarinette.* ▶ ***auditionner*** v. ■ conjug. 1. **1.** V. intr. Donner une audition pour obtenir un engagement. **2.** V. tr. Écouter (un artiste) qui donne une audition dans l'intention de le juger.

auditoire [oditwaʀ] n. m. ■ L'ensemble des personnes qui écoutent, des auditeurs*. ⇒ **assistance, public.** *Elle a joué devant un nombreux, un grand auditoire.* ≠ *audience.*

auditorium [oditɔʀjɔm] n. m. **1.** Salle spécialement aménagée pour les auditions et notamment les auditions musicales destinées à la radio-diffusion. *Des auditoriums.* **2.** Salle de spectacle. *La pièce sera présentée à l'auditorium.* ≠ *amphithéâtre.*

au fur et à mesure [ofyʀeam(ə)zyʀ] loc. ■ En même temps et proportionnellement ou successivement. Loc. adv. *Regardez ces photos et passez-les-nous au fur et à mesure.* — Loc. conj. et prép. *Au fur et à mesure qu'il avance dans son travail, il voit de nouvelles difficultés.*

auge [oʒ] n. f. ■ Récipient qui sert à donner à boire ou à manger aux animaux domestiques (surtout aux porcs).

augmenter [ɔgmɑ̃te] v. ■ conjug. 1. **I.** V. tr. **1.** Rendre plus grand, plus considérable par addition d'une chose de même nature. ⇒ **accroître, agrandir.** / contr. **diminuer** / *Augmenter les salaires.* — Au p. p. adj. *Édition revue et augmentée.* **2.** Pronominalement (passif). S'AUGMENTER : devenir plus grand, plus considérable. *S'augmenter de qqch. L'équipe s'est augmentée de cinq personnes.* **3.** AUGMENTER *qqn* : accroître son salaire. *J'ai été augmenté ce mois-ci.* **II.** V. intr. **1.** Devenir plus grand, plus considérable. ⇒ **croître.** *La population augmente chaque année. Aller en augmentant. Augmenter de volume.* **2.** Devenir plus cher. *Le papier a augmenté.* ▶ ***augmentation*** n. f. **1.** Action d'augmenter (I, II) ; son résultat. ⇒ **accroissement.** / contr. **diminution** / *Augmentation de volume, de longueur, de durée. Augmentation de prix.* ⇒ **hausse.** **2.** Accroissement de salaire, d'appointements. *Demander une augmentation.*

① ***augure*** [ɔgyʀ] n. m. ■ Prêtre de l'Antiquité romaine chargé d'observer certains signes afin d'en tirer des présages favorables ou non. ⇒ **devin.**

② ***augure*** n. m. — Surtout en loc. **1.** Tout ce qui semble présager qqch. ; signe par lequel on juge de l'avenir. *Tout cela n'est pas* DE BON AUGURE : ne me dit rien qui vaille. *J'en accepte l'augure.* **2.** *Oiseau de bon, de mauvais augure,* personne qui annonce de bonnes, de mauvaises nouvelles. ⇒ **oiseau** (1). ▶ ***augurer*** v. tr. ■ conjug. 1. ■ Littér. *Augurer une chose d'une autre,* en tirer une conjecture, un présage. ⇒ **présager.** *Que faut-il augurer de tout cela ?* — Absolt. *Cela augure bien, mal,* se présente, s'annonce bien, mal. ‹ ▶ inaugurer ›

auguste [ɔ(o)gyst] adj. ■ Littér. ou plaisant. Qui inspire de la vénération. ⇒ **vénérable ; sacré.** *Une auguste assemblée.* / contr. **bas, méprisable** /

aujourd'hui [oʒuʀdɥi] adv. **1.** Ce jour même, déterminé par le moment où l'on dit ce mot. *Elle part* *aujourd'hui, dès aujourd'hui. C'est tout pour aujourd'hui. Jusqu'à aujourd'hui.* **2.** Le temps où nous sommes. ⇒ **maintenant,** à **présent.** *Les États-Unis d'aujourd'hui.* — Loc. *Aujourd'hui pour demain,* du jour au lendemain.

aulne ou ***aune*** [on] n. m. ■ Arbre à bois léger de la même famille que le bouleau, qui croît dans les lieux humides.

aumône [omon] n. f. ■ Don charitable fait aux pauvres. ⇒ **bienfait, charité, obole,** ① **quête.** *La misère l'a réduit à vivre d'aumône(s). Demander l'aumône,* mendier. *Faire l'aumône à un mendiant.*

aumônier [omonje] n. m. ■ Ecclésiastique chargé de l'instruction religieuse, de la direction spirituelle dans un établissement, un corps. *L'aumônier du camp de vacances.*

auparavant [opaʀavɑ̃] adv. ■ Avant tel événement, telle action (priorité dans le temps). ⇒ **avant.** *Vous me raconterez cela, mais auparavant asseyez-vous. Un mois auparavant.* / contr. **après** /

auprès de [opʀɛdə] loc. prép. **1.** Tout près de (surtout avec un nom de personne). ⇒ à **côté, près, proche** de. *Approchez-vous, venez vous asseoir auprès de moi.* / contr. **loin** / **2.** (Rapports que l'on a avec une personne, une collectivité) *L'ambassadeur du Canada auprès de la République française.* **3.** (Point de vue) *Il passe pour un impoli auprès d'elle,* à ses yeux, dans son esprit. **4.** En comparaison de. *Ce service n'est rien auprès de ce qu'elle a fait pour moi.*

auquel [okɛl] pronom rel. ⇒ **lequel.**

aura [ɔʀa] n. f. ■ Littér. Atmosphère qui entoure ou semble entourer un être. ⇒ **émanation.** *Une aura de mystère. Des auras.*

auréole [ɔʀeɔl] n. f. **1.** Cercle dont les peintres entourent la tête de Jésus-Christ, de la Vierge et des saints. ⇒ **nimbe. 2.** Degré de gloire qui distingue qqn. *L'auréole des martyrs.* ⇒ **couronne.** *Entourer, parer qqn d'une auréole.* **3.** Trace circulaire laissée sur le papier, le tissu par une tache qui a été nettoyée. ⇒ **cerne.** *Produit qui détache sans former d'auréoles.* ≠ *aréole.* ▶ ***auréoler*** v. tr. ▪ conjug. 1. **1.** Entourer d'une auréole. **2.** Donner de l'éclat, du prestige. ⇒ **glorifier.** *Un grand nom que la légende auréole.* — Au p. p. *Auréolé de gloire.*

auriculaire [ɔʀikylɛʀ] adj. et n. m. **1.** Qui a rapport à l'oreille. *Pavillon auriculaire.* **2.** N. m. *L'auriculaire,* le petit doigt de la main (sa petitesse permet de l'introduire dans l'oreille).

aurifère [ɔʀifɛʀ] adj. ■ Qui contient de l'or. *Rivière aurifère.*

aurochs [ɔʀɔk] n. m. invar. ■ Bœuf sauvage d'Europe de grande taille et dont l'espèce est en voie d'extinction. *L'aurochs ressemble au bison.* — REM. On dit aussi *ure* [yʀ] ou *urus* [yʀys].

aurore [ɔʀɔʀ] n. f. **1.** Lueur brillante et rosée qui suit l'aube et précède le lever du soleil ; moment où le soleil va se lever (opposé à *brumante, crépuscule*). *Se lever à l'aurore.* **2.** Abstrait. Aube, commencement. *L'aurore des Temps modernes.* **3.** AURORE BORÉALE : arc lumineux (jet d'électrons solaires) qui apparaît dans les régions polaires de l'atmosphère.

ausculter [ɔskylte] v. tr. ▪ conjug. 1. ■ Explorer les bruits de l'organisme par l'auscultation. *Ausculter une malade.* ▶ ***auscultation*** n. f. ■ Action d'écouter les bruits qui se produisent à l'intérieur de l'organisme pour établir un diagnostic. *Auscultation à l'oreille, au stéthoscope.*

auspice [ɔspis] n. m. **1.** Au plur. Dans l'Antiquité romaine. Présage tiré du comportement des oiseaux. *Prendre les auspices.* **2.** Circonstances permettant d'envisager l'avenir. *De favorables, d'heureux auspices.* ⇒ **influence, présage.** — SOUS LES AUSPICES *de qqn* : avec son appui, en invoquant sa recommandation. ⇒ **égide, patronage.**

aussi [osi] adv. et conj. **I.** Adv. **1.** Terme de comparaison accompagnant un adjectif ou un adverbe, exprimant un rapport d'égalité. *Il est aussi grand que vous ; aussi grand que beau. Aussi vite que vous le pourrez, que possible.* — (Avec ellipse du second terme de comparaison) ⇒ **si.** *Je n'ai jamais rien vu d'aussi joli* (que cela). *Elle ne pensait pas qu'il était aussi âgé.* — (Avant le verbe, au sens de *bien que*) ⇒ **pour, quelque, si.** *Aussi invraisemblable que cela paraisse. Aussi riche soit-elle.* **2.** De la même façon. ⇒ **pareillement ;** fam. **itou.** *C'est aussi mon avis.* ⇒ **également.** *« Dormez bien. - Vous aussi. »* ⇒ de **même ;** fam. **avec** (IV). — AUSSI BIEN QUE : de même que. ⇒ **autant** que, **comme. 3.** Pareillement et de plus. ⇒ **encore,** en **outre.** *Elle parle l'anglais et aussi l'allemand.* ⇒ fam. **itou.** *Non seulement... mais aussi.* **II.** Conj. Marque un rapport de conséquence avec la proposition qui précède. *Ces étoffes sont belles, aussi coûtent-elles cher.* ⇒ c'est **pourquoi.** ‹ ▶ aussitôt ›

aussitôt [osito] adv. **1.** Dans le moment même, au même instant. ⇒ **immédiatement, instantanément.** *J'ai compris aussitôt ce qu'il voulait. Aussitôt après son départ.* **2.** AUSSITÔT QUE loc. conj. *Il la reconnut aussitôt qu'il la vit.* ⇒ **dès.** *Aussitôt qu'il fut parti, l'autre arriva.* ⇒ **sitôt.** *Aussitôt arrivé, il se coucha.* Loc. *Aussitôt dit, aussitôt fait,* on dit la chose et la fait aussitôt.

austère [ɔstɛʀ] adj. **1.** Qui se montre sévère pour soi, retranche sur son confort et ses plaisirs. ⇒ **ascète, puritain.** *Une personne austère.* **2.** (Vie) Dur, rigoureux, sans plaisirs. *Il a une vie très austère. Morale, discipline austère.* **3.** (Choses) Sans ornement. ⇒ **sévère.** *Cette robe est un peu austère.* ▶ ***austérité*** n. f. **1.** Caractère de ce qui est austère. *L'austérité de l'ascète, de sa vie. L'austérité d'un style.* **2.** Gestion stricte de l'économie d'un pays, avec des mesures restreignant la consommation. *Une politique d'austérité.* / contr. **abondance** /

austral, ale, als ou ***aux*** [ɔstʀal, o] adj. ■ Qui est au sud du globe terrestre (opposé à *boréal*). *Hémisphère austral. Terres australes,* avoisinant le pôle Sud. ▶ ***australien, ienne*** adj. et n. ■ Relatif à l'Australie, d'Australie. *Le dollar, l'anglais australien.* — N. (Avec une majusc.) Personne née dans ce pays ou qui en a obtenu la citoyenneté. *Les Australiens participent aux Jeux du Commonwealth.* — Spécialt. Aborigène d'Australie.

autant [otɑ̃] adv. **1.** AUTANT QUE : en même quantité, au même degré, de la même façon. *J'en souffre autant que vous. Il travaille autant qu'il peut. Rien ne plaît autant que la nouveauté.* ⇒ **comme.** Ellipt. *Autant dire la vérité,* il est aussi avantageux de. *Autant que possible,* dans la mesure du possible. *Autant que je sache,* dans la mesure où je suis au courant. **2.** AUTANT DE (suivi d'un nom) : la même quantité, le même nombre de. *Il est né autant de garçons que de filles.* — (Avec *en*) La même chose. *Tâchez d'en faire autant. Je ne peux en dire autant. — Pour autant,* pour, malgré cela. *Il a fait un effort, mais il n'en est pas moins paresseux pour autant.* **3.** Une telle quantité, un tel nombre de. ⇒ **tant.** *Je ne pensais pas qu'elle aurait autant de patience.* **4.** AUTANT... AUTANT... *Autant il est charmant avec elle, autant il est désagréable avec nous.* **5.** AUTANT COMME AUTANT loc. adv. : beaucoup, souvent, tant et plus. *Elle lui répète autant comme autant qu'il doit faire ses devoirs.* Fam. *À la finale, il* *y avait des spectateurs autant comme autant,* beaucoup, énormément. **6.** D'AUTANT loc. adv. : à proportion. *Cela augmente d'autant son profit.* — D'AUTANT QUE loc. conj. : vu, attendu que. *Je n'y suis pas allé, d'autant qu'il était déjà tard.* — D'AUTANT PLUS, MOINS QUE : encore plus, encore moins, pour la raison que. *La chaleur est accablante, d'autant plus que le vent est tombé. Il a peu d'argent et ose d'autant moins en emprunter qu'il est déjà endetté.* — D'AUTANT MIEUX QUE : encore mieux pour la raison que. *Vous économiserez l'énergie d'autant mieux que vous isolerez l'entretoit.* — D'AUTANT PLUS ! loc. adv. : à plus forte raison. — REM. La loc. *en autant que* au sens de « pourvu que », « dans la mesure où » est critiquée.

autarcie [otaʀsi] n. f. ■ État d'un pays qui se suffit à lui-même ; économie fermée. *Vivre en autarcie.*

autel [otɛl] n. m. **1.** Dans l'Antiquité. Tertre ou table de pierre à l'usage des sacrifices offerts aux dieux. *Autel consacré à Jupiter.* **2.** Table où l'on célèbre la messe. *S'approcher de l'autel* (pour communier). **3.** L'AUTEL : la religion, l'Église. *Le trône* (la royauté) *et l'autel.* ≠ *hôtel.*

auteur, eure [otœʀ] n. **1.** Personne qui est la première cause d'une chose, à l'origine d'une chose. ⇒ **créateur.** *L'auteure d'une découverte.* ⇒ **inventeur.** *Il nie être l'auteur du crime.* **2.** Personne qui écrit un livre, qui fait une œuvre d'art. *L'auteur d'un livre, d'un tableau, d'un film.* — *Un auteur,* personne qui a écrit un ou plusieurs ouvrages littéraires. ⇒ **écrivain,** homme, femme de **lettres.** *Colette est une auteure française célèbre.* — Œuvre d'un auteur. *Étudier, citer un auteur.* — DROIT D'AUTEUR : droit exclusif d'exploitation qui appartient à l'auteur sur son œuvre. ⇒ **copyright.** Au plur. *Droits d'auteur,* profits pécuniaires résultant de cette exploitation. *Toucher des droits d'auteur.* — REM. L'O.L.F. propose *auteure* au féminin. ‹ ▶ coauteur ›

authenticité [ɔ(o)tɑ̃tisite] n. f. **1.** Qualité d'un écrit, d'un discours, d'une œuvre authentique (2). *Vérifier l'authenticité d'un document.* **2.** Qualité d'un fait qui mérite d'être cru, qui est conforme à la vérité. *L'authenticité d'un événement historique.* ⇒ **véracité. 3.** Qualité d'une personne, d'un sentiment authentique (4). ⇒ **sincérité.** *L'authenticité d'un sentiment.*

authentifier [ɔ(o)tɑ̃tifje] v. tr. ▪ conjug. 7. ■ Rendre authentique. *Un sceau authentifie cette pièce.* ▶ ***authentification*** n. f. ■ *L'authentification d'un tableau par un expert.*

authentique [ɔ(o)tɑ̃tik] adj. **1.** *Acte authentique* (opposé à *acte sous seing privé*), qui fait foi par lui-même en raison des formes légales dont il est revêtu. ⇒ **notarié. 2.** Qui est véritablement de l'auteur auquel on l'attribue. *Un Borduas authentique.* / contr. **apocryphe,** ① **faux** / — *Un meuble authentique* (opposé à *de style*) **3.** Dont l'autorité, la réalité, la vérité ne peut être contestée. ⇒ **indéniable, réel, véridique, véritable, vrai.** *Fait, histoire authentique.* **4.** Qui exprime une vérité profonde de l'individu et non des habitudes superficielles, des conventions. ⇒ **sincère ; naturel.** *Une personnalité, un sentiment authentique.* / contr. **conventionnel** / ▶ ***authentiquement*** adv. ■ D'une manière authentique. ‹ ▶ authenticité, authentifier, inauthentique ›

autisme [ɔ(o)tism] n. m. ■ Didact. Attitude pathologique de détachement de la réalité extérieure accompagnée de repliement sur soi-même. ⇒ **égocentrisme, introversion.** ▶ ***autiste*** adj. ■ Atteint d'autisme. *Un enfant autiste.* — N. *Un, une autiste.* — REM. On ne dit pas, dans ce cas, *autistique* qui signifie « relatif à l'autisme ».

auto [ɔ(o)to] n. f. ■ Abréviation de *automobile. Une auto.* ⇒ **char, voiture.** *Une panne d'auto. Une radio d'auto.* — Voiture miniature. *Une auto à pédales.* ‹ ▶ autobus, autocar, autocaravane, autoneige, autochenille, autodrome, auto-école, automitrailleuse, autopatrouille, autoradio, autoroute, autostop, lave-auto, parc-autos, ① toto ›

auto- ■ Élément savant signifiant « soi-même, lui-même ». / contr. **hétéro-** / — REM. Les mots commençant par *auto-* sont formés de cet élément ou avec *auto,* n. f.

auto-accusation n. f. ■ Fait de s'accuser soi-même.

auto-allumage n. m. ■ Allumage spontané anormal du mélange carburant dans un cylindre de moteur à explosion.

autobiographie [ɔ(o)tobjɔgʀafi] n. f. ■ Biographie d'un auteur faite par lui-même. ▶ ***autobiographique*** adj. ■ *Un récit autobiographique.*

autobus [otobys] n. m. invar. **1.** Grand véhicule automobile pour le transport en commun des voyageurs, dans les villes ou entre deux villes. ⇒ **autocar, bus.** *Chauffeur d'autobus. L'autobus nº 8. L'autobus Québec-Chicoutimi,* qui fait le trajet, qui offre le service entre ces deux villes. *Arrêt d'autobus.* ⇒ **abribus.** *Autobus articulé.* — REM. En France, l'autobus est un véhicule pour le transport urbain tandis que l'autocar* est utilisé pour le transport interurbain. **2.** AUTOBUS SCOLAIRE : autobus qui sert au transport des élèves entre leur domicile et un établissement d'enseignement. *Il est interdit de dépasser un autobus scolaire arrêté sur la chaussée et dont les feux clignotent.* ‹ ▶ bus ›

autocar [otokaʀ] n. m. ■ Grand véhicule automobile pour le transport interurbain de plusieurs dizaines de personnes. *Autocar d'excursion.* ⇒ **autobus, car.** — REM. Les mots *autobus* et *autocar* ne sont synonymes que dans le sens de « transport interurbain ». En France, ils ne sont jamais synonymes. ‹ ▶ ② car ›

autocaravane [otokaʀavan] n. f. ■ Véhicule à traction autonome dont l'intérieur est aménagé pour servir de logement. ⇒ ② **campeur,** anglic. **camping-car,** ② **caravane, roulotte.**

autochenille [otoʃnij] n. f. ■ Véhicule automobile militaire ou d'exploration monté sur chenilles.

autochtone [ɔ(o)tɔktɔn] adj. et n. ■ Qui est issu du sol même où il habite. ⇒ **aborigène, amérindien, indigène, inuit.** *Peuple, race autochtone.* — N. (Avec une majusc.) *Les Autochtones.*

autocollant, ante [otokɔlɑ̃, ɑ̃t] adj. et n. m. ■ Qui adhère de soi-même sans avoir besoin d'être humecté. *Vignettes autocollantes.* — REM. On dit aussi AUTO-ADHÉSIF, IVE [otoadezif, iv]. — N. m. *Un autocollant publicitaire.*

autocrate [otokʀat] n. m. ■ Souverain dont la puissance n'est soumise à aucun contrôle. ⇒ **despote, dictateur, tyran.** ▶ ***autocratie*** n. f. ■ Forme de gouvernement où le souverain exerce lui-même une autorité sans limite. ⇒ **absolutisme, despotisme, dictature, tyrannie.** ▶ ***autocratique*** adj. ■ *Gouvernement autocratique.*

autocritique n. f. ■ Fam. *Faire son autocritique,* reconnaître ses torts.

autocuiseur [otokɥizœʀ] n. m. ■ Appareil pour cuire les aliments sous pression, plus rapidement. ⇒ **cocotte,** ① **presto.**

autodafé [otodafe] n. m. ■ Cérémonie où des hérétiques étaient condamnés au supplice du feu par l'Inquisition. *Des autodafés.* — Action de détruire par le feu. *Un autodafé de livres.*

autodéfense n. f. ■ Défense par les moyens dont on dispose. *Groupe d'autodéfense.*

autodestruction n. f. ■ Destruction (matérielle ou morale) de soi-même par soi-même. ⇒ **suicide.**

autodétermination n. f. ■ Détermination du statut politique d'un pays par ses habitants.

autodidacte [otodidakt] adj. et n. ■ Qui s'est instruit lui-même, sans maître, sans passer par l'école. *Un écrivain autodidacte. Une autodidacte.* ≠ *self-made-man.*

autodiscipline n. f. ■ Discipline que s'impose un individu ou un groupe, sans intervention extérieure.

autodrome n. m. ■ Piste fermée pour courses ou essais d'automobiles. ⇒ **circuit.** *L'autodrome de Val-Saint-Michel était très populaire il y a quelques années.*

auto-école n. f. ■ École de conduite des véhicules automobiles, qui prépare les candidats au permis de conduire. *Des auto-écoles.* ⇒ **école** de conduite.

autofinancement n. m. ■ Financement d'une entreprise par ses propres capitaux (affectation de profits aux investissements). ▶ ***s'autofinancer*** v. pron. réfl. ■ Se procurer des capitaux par l'autofinancement. *Un carnaval qui s'autofinance.*

autogestion n. f. ■ Gestion d'une entreprise par le personnel (direction et conseil de gestion).

autographe [otogʀaf] adj. et n. m. ■ Qui est écrit de la propre main de qqn. *Lettre autographe.* — N. m. *Une collection d'autographes.* ≠ *orthographe.*

automate [otomat] n. m. **1.** Appareil mû par un mécanisme intérieur et imitant les mouvements d'un être vivant. **2.** N. Personne qui agit comme une machine, sans liberté. ⇒ **machine, pantin, robot.** *Agir comme un automate.* ‹ ▶ automation, automatique, automatisme ›

automation [otomasjɔ̃] n. f. ■ Fonctionnement automatique d'un ensemble de production, sous le contrôle d'un programme unique. ≠ *automatisation.*

automatique [otomatik] adj. et n. **I.** Adj. et n. m. **1.** Qui s'accomplit sans la participation de la volonté. *Mouvement, réflexe automatique.* ⇒ **inconscient, involontaire, spontané. 2.** Qui, une fois mis en mouvement, fonctionne de lui-même, opère par des moyens mécaniques (opposé à *manuel*). *Distributeur, machine automatique. Embrayage automatique (voiture automatique). Arme automatique,* dans laquelle la pression des gaz de combustion est utilisée pour réarmer (ex. : *mitraillette*). — N. m. *Un automatique,* un pistolet automatique. (France) *L'automatique,* le téléphone automatique. **3.** Qui s'accomplit avec une régularité déterminée. *Système d'ajustement automatique des prestations d'aide sociale.* **4.** Fam. Qui doit forcément se produire. ⇒ **forcé, sûr.** *Une conséquence automatique.* **II.** N. f. Ensemble des sciences et des techniques consacrées aux dispositifs qui fonctionnent sans intervention du travail humain. ⇒ **bureautique, cybernétique, informatique, robotique.** ▶ ***automatiquement*** adv. ■ *La distribution se fait automatiquement.* — Fam. *Si vous l'en empêchez, automatiquement elle en aura deux fois plus envie.* ⇒ **forcément.** ‹ ▶ automatiser, semi-automatique ›

automatiser [otomatize] v. tr. ▪ conjug. 1. ■ Rendre automatique (2). *Automatiser la production.* ▶ ***automatisation*** n. f. ■ Emploi de machines, d'automatismes. *L'automatisation entraîne souvent des pertes d'emploi.* ≠ *automation.*

automatisme [otomatism] n. m. **1.** Ensemble des réactions rendues automatiques (par l'habitude), opposé à *réflexe.* **2.** Fonctionnement automatique d'une machine. **3.** Régularité dans l'accomplissement de certains actes, le déroulement d'événements.

automitrailleuse n. f. ■ Véhicule automobile blindé armé de mitrailleuses.

automne [otɔn] n. m. Saison qui succède à l'été et précède l'hiver, caractérisée par le déclin des jours, la chute des feuilles. *Nous étions en automne. Un bel automne.* ▶ ***automnal, ale, aux*** [otɔnal, o] adj. ■ *Pluies automnales.*

automobile [ɔ(o)tɔmɔbil] adj. et n. f. **1.** Adj. (Véhicule) Qui est mû par un moteur. *Voiture automobile. Canot automobile.* **2.** N. f. Véhicule à quatre roues (ou plus), progressant de lui-même à l'aide d'un moteur ; spécialt automobile de tourisme, à l'exclusion des camions et des autobus, autocars. ⇒ **auto, voiture ;** fam. **bagnole, bazou, char, minoune, tacot.** *Conduire une automobile.* **3.** *L'automobile,* la conduite des automobiles, le sport ; les activités économiques liées à la construction, à la vente des automobiles. **4.** Adj. Relatif aux véhicules automobiles. *Construction, industrie automobile. Assurances automobiles. Coureur automobile.* ▶ ***automobilisme*** n. m. ■ Tout ce qui concerne l'automobile ; le sport automobile. ▶ ***automobiliste*** n. ■ Personne qui conduit une automobile de tourisme (opposé à *cycliste, piéton...*). ‹ ▶ auto ›

automoteur, trice adj. ■ Qui se déplace à l'aide d'un moteur (se dit d'un objet habituellement sans moteur).

autoneige [otonɛz] n. f. ■ Véhicule monté sur chenilles pour circuler plus facilement sur la neige. ⇒ **motoneige.** ▶ ***autoneigiste*** n. ■ Personne qui conduit une autoneige. ⇒ **motoneigiste.**

autonettoyant, ante [otonetwajɑ̃, ɑ̃t] adj. ■ *Four autonettoyant,* qui a la caractéristique de pouvoir se nettoyer par son propre fonctionnement, sous l'action d'une très haute température.

autonome [ɔ(o)tɔnɔm] adj. **1.** Qui s'administre lui-même. *Gouvernement autonome.* ⇒ **indépendant.** — Qui est administré par une collectivité autonome. *Budget autonome.* **2.** Qui ne dépend de personne. ⇒ **indépendant, libre.** *Elle travaille pour être autonome.* **3.** Qui se réclame de l'autonomie (1). *Militant autonome.* **4.** Informatique. Qui est indépendant des autres éléments d'un système. *Calculateur autonome.* ▶ ***autonomie*** n. f. **1.** Droit de se gouverner par ses propres lois. *Autonomie partielle ; totale.* ⇒ **autodétermination, indépendance, souveraineté.** *Région, communauté qui réclame l'autonomie.* **2.** Faculté d'agir librement, indépendance. *Il tient à son autonomie.* **3.** Distance que peut parcourir un véhicule sans être ravitaillé en carburant. *Avion qui a une autonomie de 5000 kilomètres.* ▶ ***autonomiste*** n. et adj. ■ Partisan de l'autonomie en matière politique. ⇒ **indépendantiste, nationaliste, séparatiste, souverainiste.** *Les autonomistes québécois.* — Adj. *Un mouvement autonomiste.*

autopatrouille [otopatʀuj] n. f. ■ Véhicule utilisé par la police pour effectuer les patrouilles. — Le groupe de policiers chargé de cette activité. *L'autopatrouille est en alerte.* — REM. On emploie aussi la forme *auto-patrouille.*

autopompe n. f. ■ Camion automobile équipé d'une pompe à incendie actionnée par le moteur.

autoportrait n. m. ■ Portrait d'un peintre exécuté par lui-même. *Un autoportrait d'Arthur Villeneuve.*

autopropulsé, ée adj. ■ Qui est propulsé par ses propres moyens (se dirige sans pilote).

autopsie [ɔ(o)tɔpsi] n. f. **1.** Examen de toutes les parties d'un cadavre (notamment pour déterminer les causes de la mort). ⇒ **dissection.** *On a découvert à l'autopsie qu'il était mort empoisonné. Pratiquer une autopsie.* **2.** Fig. Analyse en profondeur de qqch. (problème, échec, défaite, etc.) pour en connaître les causes. *Les dirigeants du parti ont procédé à l'autopsie de la dernière défaite électorale.* ▶ ***autopsier*** v. tr. ▪ conjug. 7. ■ Faire l'autopsie de. ⇒ **disséquer.** *Le médecin légiste va s'occuper de l'autopsier.*

autoradio [otoʀadjo] adj. invar. et n. m. ■ (France) *Poste autoradio* ou *autoradio,* poste de radio conçu pour être fixé sur le tableau de bord d'une automobile. ⇒ **radio** d'auto. *Autoradio à lecteur de cassettes. Des autoradios.*

autorail [otoʀaj] n. m. ■ Véhicule automoteur pour le transport sur rails. *Des autorails.*

autoriser [ɔ(o)tɔʀize] v. tr. ▪ conjug. 1. **1.** AUTORISER *qqn* À (+ infinitif) : accorder à (qqn) un droit, une permission. *Un décret l'a autorisé à exploiter cette mine. Je vous autorise à ne pas y aller.* ⇒ **dispenser, exempter.** — (Suj. chose) ⇒ **permettre.** *Rien ne nous autorise à dire que...* **2.** AUTORISER *qqch.* : rendre licite. *Autoriser les sorties.* ⇒ **permettre.** / contr. **défendre, interdire** / ▶ ***autorisation*** n. f. **1.** Action d'autoriser, droit accordé par la personne qui autorise. *Autorisation de bâtir.* ⇒ **permis.** *J'ai l'autorisation de sortir.* ⇒ **permission.** / contr. **défense, interdiction** / *Obtenir, donner une autorisation.* **2.** Acte, écrit par lequel on autorise. *Montrer une autorisation.* ⇒ **permis.** ▶ ***autorisé, ée*** adj. **1.** Qui est permis. ⇒ **admis, toléré.** *Stationnement autorisé. Tournure autorisée par l'usage.* **2.** Qui a reçu autorité ou autorisation. *Association autorisée. Je me crois autorisé à dire que...* ⇒ **fondé** à. **3.** Qui fait autorité, est digne de créance. *Une critique autorisée. Les milieux autorisés démentent la nouvelle.*

autoritaire [ɔ(o)tɔʀitɛʀ] adj. **1.** Qui aime l'autorité ; qui en use ou abuse volontiers. *Un régime autoritaire.* **2.** Qui aime à être obéi. *Personne, caractère autoritaire. Air, ton autoritaire,* qui exprime le commandement, n'admet pas la contradiction. ⇒ **impératif, impérieux.** / contr. **doux, libéral** / ▶ ***autoritarisme*** n. m. ■ Caractère d'un régime politique, d'un gouvernement autoritaire. — Comportement d'une personne autoritaire.

autorité [ɔ(o)tɔʀite] n. f. **1.** Droit de commander, pouvoir (reconnu ou non) d'imposer l'obéissance. *L'autorité du supérieur sur ses subordonnés* ⇒ **hiérarchie.** *L'autorité parentale. — De sa propre autorité,* sans autorisation. — D'AUTORITÉ : sans tolérer de discussion ; sans consulter personne. *Elles l'avaient classé, d'autorité, dans la catégorie des paresseux.* **2.** Les organes du pouvoir. *Les représentants de l'autorité.* — Au plur. LES AUTORITÉS : les personnes qui exercent l'autorité. *Les autorités civiles, militaires.* **3.** Pouvoir de se faire obéir. *Ce professeur n'a aucune autorité sur ses élèves.* **4.** Supériorité de mérite ou de séduction qui impose l'obéissance sans contrainte, le respect, la confiance. ⇒ **ascendant, empire, influence, prestige.** *Cette femme a une grande autorité. Avoir, prendre de l'autorité sur qqn.* — FAIRE AUTORITÉ : s'imposer auprès de tous comme incontestable, servir de règle en quelque matière. *Un savant, un ouvrage qui fait autorité.* **5.** Personne qui fait autorité. *Invoquer une autorité à l'appui de sa thèse.* ‹ ▶ autoritaire ›

autoroute [otoʀut] n. f. ■ Large voie de communication à chaussées séparées et à sens unique, sans croisements ni passages à niveau, réservée à la circulation rapide des véhicules automobiles, et accessible seulement en des points aménagés à cet effet. *Une autoroute à quatre voies. Les autoroutes à péage sont nombreuses en France.* ▶ ***autoroutier, ière*** adj. ■ *Réseau autoroutier.*

auto-stop [otostɔp] n. m. ■ Pratique qui consiste à arrêter un véhicule, en faisant un signe du pouce, pour se faire transporter gratuitement. ⇒ **stop.** *Faire de l'auto-stop.* ⇒ faire du **pouce.** ▶ ***auto-stoppeur, euse*** n. ■ *Il avait pris deux auto-stoppeurs.* ⇒ **pouceur.**

autosuggestion [otosygʒɛstjɔ̃] n. f. ■ Action de se suggestionner soi-même, volontairement ou non.

① ***autour*** [otuʀ] loc. prép. et adv. ■ Dans l'espace qui environne qqn, qqch. — AUTOUR DE loc. prép. *Faire cercle autour de qqn, de qqch.* ⇒ **entourer.** *Les planètes gravitent autour du Soleil. Regarder tout autour de soi.* — Abstrait. *Vous tournez autour du sujet,* fam. *autour du pot. Elle a autour de quarante ans,* environ, à peu près. — AUTOUR adv. : en entourant. *Mettez du papier autour.*

② ***autour*** n. m. ■ Oiseau rapace voisin de l'épervier. ≠ *vautour.*

autre [otʀ] adj. et pronom **I.** Adj. (Épithète, avant le nom) **1.** Qui n'est pas le même. *Est-il plus heureux que les autres hommes ? J'ai une autre idée. Bien d'autres, beaucoup d'autres choses encore. Sans autre indication. Je ne vois aucun autre moyen. — Une autre fois, un autre jour. À un autre moment,* un peu plus tard. *D'autres fois,* à d'autres moments. — *L'autre fois, l'autre jour,* dans le passé. ⇒ **autrefois.** *L'autre monde,* l'au-delà (opposé à *ce bas monde).* **2.** Différent par quelque supériorité. *C'est un tout autre écrivain. Elle est d'une autre classe.* **3.** AUTRE CHOSE (sans article) : quelque chose de différent. *C'est autre chose, c'est tout autre chose,* c'est différent. *Parlons d'autre chose.* **4.** AUTRE PART loc. adv. : ailleurs. *J'irai autre part.* — D'AUTRE PART : par ailleurs. — D'UNE PART... D'AUTRE PART : d'un côté... de l'autre ; pour mettre en parallèle deux choses (idées, faits, aspects, etc.). **II.** Adj. (Après le nom ou le pronom) Qui est différent de ce qu'il était. *Il est devenu autre.* — Au plur. Fam. Pour opposer le groupe désigné au reste. *Nous autres, nous partons. C'est pour vous autres. Eux autres, ils font ce qu'ils veulent.* **III.** Pronom (nominal ou représentant un nom). **1.** Qqn, qqch. de différent. *Prendre qqn, se prendre pour un autre* (une autre personne), *une chose pour une autre. De l'un à l'autre. Je n'en veux pas d'autre. Il faut penser aux autres.* ⇒ **autrui.** *C'est quelqu'un d'autre. Aucun autre, personne d'autre ne peut faire cela.* — Loc. *Il n'en fait jamais d'autres* (erreurs, bêtises). *J'en ai vu bien d'autres* (choses étonnantes). *À d'autres !,* allez dire cela à des gens plus crédules. — ENTRE AUTRES : parmi plusieurs (personnes, choses). *Il y avait, entre autres, deux généraux et un cardinal.* — RIEN D'AUTRE : rien de plus. *Il n'y a rien d'autre.* **2.** L'UN... L'AUTRE ; LES UNS... LES AUTRES. *L'un est riche, l'autre est pauvre. L'une danse, l'autre pas. L'un et l'autre,* les deux ou l'un aussi bien que l'autre. *L'un et l'autre sont venus, est venu. Les uns et les autres sont partis. C'est tout l'un ou tout l'autre,* il n'y a pas de milieu. *Elles ne sont venues ni l'une ni l'autre.* — (Réciproque) *Aimez-vous les uns les autres.* — (Avec une prép.) *Il nous a présentés l'une à l'autre. Marcher l'un à côté de l'autre, l'un derrière l'autre.* — Loc. *L'un ne va pas sans l'autre,* les deux choses sont solidaires. ‹ ▶ autrefois, autrement, autrui ›

autrefois [otʀəfwa] adv. ■ Dans un temps passé. ⇒ **anciennement, jadis.** *Les mœurs d'autrefois. Autrefois, il en était ainsi.* / contr. **aujourd'hui, désormais, dorénavant** /

autrement [otʀəmɑ̃] adv. **1.** D'une façon autre, d'une manière différente. ⇒ **différemment.** *Il faut agir autrement. Je n'ai pas pu faire autrement que d'y aller. Autrement dit,* qui s'appelle aussi... **2.** Dans un autre cas, dans le cas contraire. ⇒ **sinon.** *Faites attention, autrement vous aurez affaire à moi.* **3.** AUTREMENT (comparatif de supériorité). ⇒ **plus ; beaucoup.** *Elle est autrement jolie, autrement mieux que sa sœur.*

autruche [otʀyʃ] n. f. **1.** Oiseau coureur de grande taille, à ailes rudimentaires. *Plume d'autruche. — Un estomac d'autruche,* qui digère tout. **2.** Loc. *Pratiquer la politique de l'autruche, faire l'autruche,* refuser de voir le danger (comme l'autruche qui se cache la tête pour échapper au péril).

autrui [otʀɥi] pronom ■ Un autre, les autres êtres humains (en complément). ⇒ le, son **prochain.** *Agir pour le compte d'autrui. L'amour d'autrui.* ⇒ **altruisme.**

auvent [ovɑ̃] n. m. ■ Petit toit en saillie pour garantir de la pluie ou du soleil. *L'auvent s'est déchiré.*

auxiliaire [ɔksiljɛʀ] adj. et n. **1.** Qui aide par son concours (sans être indispensable). *Moyen auxiliaire.* ⇒ **accessoire, annexe, complémentaire.** *Moteur auxiliaire,* de secours. **2.** N. Personne qui aide en apportant son concours (opposé à *en titre*). ⇒ **adjoint, aide, assistant, collaborateur.** *Se servir d'auxiliaires pour la préparation de son travail. Une auxiliaire d'enseignement,* qui aide le professeur dans ses cours. **3.** (France) N. Employé recruté à titre provisoire par l'Administration (non fonctionnaire). ⇒ ② **occasionnel.** / contr. **titulaire** / **4.** *Verbe auxiliaire,* ou n. m., *un auxiliaire,* verbe qui est réduit à une fonction grammaticale : la formation des temps composés des verbes. *« Avoir » et « être » sont des auxiliaires ; « faire » peut être auxiliaire.* ⟨ ▶ semi-auxiliaire ⟩

s' ***avachir*** [avaʃiʀ] v. pron. ▪ conjug. 2. **1.** Devenir mou, flasque. *Ces souliers commencent à s'avachir.* **2.** (France) (Personnes) Se laisser aller. *S'avachir à ne rien faire.* ⇒ se **relâcher ;** fam. s'**effoirer,** s'**évacher.** ▶ ***avachi, ie*** adj. **1.** Déformé et flasque. *Chaussures avachies.* **2.** (Personnes) Sans aucune énergie, sans fermeté. *Je l'ai trouvé complètement avachi.* ▶ ***avachissement*** n. m. ■ *Elle se laisse tomber dans l'avachissement.*

① ***aval*** [aval] n. m. sing. **1.** Le côté vers lequel descend un cours d'eau. *La rivière est plus belle vers l'aval.* / contr. **amont** / — EN AVAL DE loc. prép. *En aval du pont, de la ville,* au-delà, dans la direction d'une pente descendante. *La ville de Québec est située en aval de Montréal,* plus près de l'estuaire du Saint-Laurent. **2.** Fig. Ce qui vient après, dans un processus. *Si la production s'arrête, cela va créer des problèmes en aval.* / contr. **amont** /

② ***aval, als*** n. m. ■ Engagement de payer à la place de qqn, s'il ne peut le faire. — *Donner son aval à une politique,* son soutien. *Des avals.* ▶ ***avaliser*** v. tr. ▪ conjug. 1. ■ Donner son aval à, autoriser. *Avaliser une traite bancaire.*

avalanche [avalɑ̃ʃ] n. f. **1.** Masse considérable de neige qui se détache brusquement d'une montagne, qui dévale en entraînant des pierres, de la boue. *Alpiniste emporté dans une avalanche. Risque d'avalanche.* **2.** Grande quantité de. *Une avalanche de coups.* ⇒ **pluie.** *J'ai reçu une avalanche de lettres.*

avaler [avale] v. tr. ▪ conjug. 1. **1.** Faire descendre par le gosier. ⇒ **absorber, boire, ingérer, ingurgiter, manger.** *Avaler une gorgée d'eau. Avaler d'un trait, d'un seul coup, sans mâcher.* ⇒ **engloutir, gober.** *Avaler de travers,* l'épiglotte ayant laissé passer des particules alimentaires dans la trachée. **2.** Loc. *Avaler sa langue,* garder le silence. — *Tu as l'air d'avoir avalé ton parapluie,* tu es très guindé. — *Avaler des couleuvres,* subir un affront. — *Avaler un livre, un roman,* le lire avec avidité. ⇒ **dévorer. 3.** Supporter ou croire. *Vous n'allez pas avaler ça sans réagir ? C'est une histoire difficile à avaler. On peut lui faire avaler n'importe quoi.* ▶ ***avaleur, euse*** n. ■ *Avaleur d'épées, de sabres,* saltimbanque qui introduit une lame dans son tube digestif. ⟨ ▶ ①, ②, ③, ravaler ⟩

avance [avɑ̃s] n. f. **1.** Action d'avancer. *L'avance d'une armée.* ⇒ **marche, progression.** / contr. **recul, repli** / **2.** Espace qu'on a parcouru avant qqn, distance qui en sépare. *Le coureur a pris de l'avance sur les autres concurrents. Elle a gardé, perdu son avance.* **3.** Anticipation sur un moment prévu. *Avoir une heure d'avance.* / contr. **retard** / **4.** Loc. adv. À L'AVANCE : avant le moment fixé pour l'exécution (d'une opération, d'une combinaison). *Tout a été préparé à l'avance. Deux jours à l'avance.* — D'AVANCE (après un verbe) : avant le temps, avant un moment quelconque. *Payer d'avance. On connaît d'avance le résultat.* Fam. ÊTRE D'AVANCE : être rapide, efficace, alerte. ⇒ **attentif, vif.** *Une étudiante qui est d'avance. Une personne qui n'est pas d'avance.* — EN AVANCE (en attribut) : avant le temps fixé, l'horaire prévu. *Il est en avance, en avance d'une heure* (opposé à *en retard*). *Il est arrivé très en avance.* — Avancé dans son développement. *Elle est en avance sur son temps.* — Littér. PAR AVANCE : à l'avance ; d'avance. — (Formule de politesse.) *Je vous remercie d'avance pour...* **5.** *Une avance,* une somme (prêt ou emprunt) que l'on paye par anticipation. *Je vous donne une avance sur votre salaire.* ⇒ **acompte, provision. 6.** Au plur. AVANCES : premières démarches auprès d'une personne pour nouer ou renouer des relations avec elle (surtout amoureuses). *Faire des avances.*

avancé, ée [avɑ̃se] adj. **1.** Qui est en avant. *Poste avancé.* **2.** (Temps) Dont une grande partie est écoulée. *La nuit est déjà bien avancée. À une heure avancée de la nuit.* ⇒ **tardif.** — *Heure* avancée.* ⇒ **normal. 3.** Qui est en avance (sur les autres), qui a fait des progrès. *Un enfant avancé pour son âge.* ⇒ **précoce.** *Opinions, idées avancées,* à l'avant-garde des idées du temps. / contr. **démodé, retardataire** / — Qui est favorable au progrès. *Le libéralisme avancé.* **4.** Qui se rapproche du terme, touche à sa fin. *Son ouvrage est déjà très avancé.* **5.** (Personnes) *Être avancé,* avoir obtenu des avantages, des explications. Iron. *Vous voilà bien avancé !,* ce que vous avez fait ne vous a servi à rien.

avancer [avɑ̃se] v. ▪ conjug. 3. **I.** V. tr. **1.** Pousser, porter en avant. *Avancer une chaise. Il lui tendit la main, elle avança la sienne.* / contr. **reculer** / **2.** Abstrait. Mettre en avant, dans le discours. *Avancer une thèse. Il faut prouver ce que vous avancez.* ⇒ **affirmer, alléguer, prétendre. 3.** (Suj. personne) Faire arriver avant le temps prévu ou normal. *Elle a avancé son retour, la date de son retour.* **4.** Faire progresser qqch. *Avancer son travail, son ouvrage.* — (Suj. chose) *Ce retard n'avance pas mes affaires.* **5.** *Avancer de l'argent (à qqn),* prêter. *Ses parents ont avancé les premiers fonds.* **6.** (Suj. chose) AVANCER *qqn* : lui faire gagner du temps. *Aide-moi, cela nous avancera.* — (Interrog. ou négat.) Faire progresser vers un but. *Cela ne t'avance pas d'être désagréable. Je l'ai soutenu, à quoi cela m'avance-t-il ?* **II.** V. intr. **1.** Aller, se porter en avant. / contr. **reculer** / *Avancer lentement, rapidement. L'armée avance.* ⇒ **progresser. 2.** Être placé en avant, faire saillie (⇒ **avancée**). *Ce cap avance dans la mer. La lèvre inférieure avançait légèrement.* **3.** Avoir déjà fait beaucoup. ⇒ **progresser.** *Avancer dans son travail. Elle se tue au travail et n'avance pas.* **4.** (Choses) Aller vers son achèvement. *Les travaux n'avancent pas.*

5. S'écouler, être en train de passer (temps) ; approcher de sa fin (durée). *La nuit avance, il est déjà bien tard.* **6.** (Pendules) Être en avance sur le temps réel. *Ma montre avance* (opposé à *retarder*). ⇒ ② **avant. III.** S'AVANCER v. pron. **1.** Aller, se porter en avant. *La voici qui s'avance vers nous.* ⇒ **approcher, venir. 2.** Prendre de l'avance. *Il s'est avancé pour partir plus tôt.* **3.** Abstrait. S'engager dans une voie, par l'action ou la parole. *Elle évite toujours de s'avancer.* — S'AVANCER TROP : aller trop loin au risque de se compromettre, de s'engager à l'excès. *On s'était trop avancé pour reculer. Ne vous avancez pas trop, vous ne pourriez tenir votre promesse.* **4.** (Temps) S'écouler. *La nuit s'avance.* ▶ ***avancée*** n. f. **1.** Ce qui avance, forme saillie. *L'avancée d'un toit.* **2.** Abstrait. Progrès important. *Une avancée technique décisive.* ▶ ***avancement*** n. m. **1.** État de ce qui avance, progresse. ⇒ **progrès.** *L'avancement des travaux. L'avancement des connaissances.* **2.** Le fait de s'élever dans la voie hiérarchique ou dans celle des honneurs. ⇒ **promotion.** *Avoir, demander de l'avancement.* ⟨ ▶ avance, avancé ⟩

avanie [avani] n. f. ■ Plus cour. au plur. Traitement humiliant, affront public. ⇒ **humiliation, insulte, offense.** *Faire, infliger des avanies à qqn.* ≠ *avarie, avatar.*

① ***avant*** [avɑ̃] prép. et adv. **I.** Prép. **1.** (Priorité de temps, antériorité) *Elle est debout avant le lever du soleil.* / contr. **après** / *Il est arrivé avant moi,* plus tôt que moi. — *C'était un peu avant deux heures.* — Loc. prép. *Avant Jésus-Christ,* sert à calculer le temps (années, siècles...) à rebours à partir de la naissance de Jésus-Christ. ⇒ **av. J.-C.** *Le Ve siècle avant Jésus-Christ.* — AVANT DE (+ infinitif). *Réfléchissez bien avant de vous décider. Ne faites rien avant d'avoir reçu ma lettre.* — AVANT QUE (+ subjonctif). *Ne parlez pas avant qu'il ait fini, qu'il n'ait fini.* **2.** (Antériorité dans l'espace : priorité de situation ou d'ordre) *C'est la maison juste avant le bois sur votre gauche. Faire passer qqn avant les autres.* ⇒ le **premier.** — AVANT TOUT. *Cela doit passer avant tout.* ⇒ d'**abord.** *Avant tout, il faut éviter la guerre.* ⇒ **prioritairement, surtout. II.** Adv. **1.** (Temps) Plus tôt. *Quelques jours avant.* ⇒ **auparavant.** / contr. **après** / *Le jour, la nuit d'avant,* précédente. *Réfléchissez avant, vous parlerez après.* ⇒ d'**abord.** *Avant longtemps, j'agirai,* dans peu de temps. **2.** (Espace ; ordre ou situation) *Lequel des deux doit-on mettre avant ?* ⇒ en **tête. 3.** Littér. AVANT (précédé de *assez, bien, plus, si, trop...*) marque un éloignement du point de départ. *S'enfoncer trop avant dans la forêt.* ⇒ **loin, profondément.** *Je n'irai pas plus avant.* **III.** EN AVANT. **1.** Vers le lieu, le côté qui est devant, devant soi. *En avant, marche ! Se pencher en avant.* / contr. **en arrière** / *Marcher en avant.* ⇒ en **tête.** — Abstrait. *Regarder en avant,* vers l'avenir. EN AVANT DE. *L'éclaireur marche en avant de la troupe.* ⇒ ① **devant.** — *Passez par la porte d'en avant,* de devant. ⇒ par-**devant.** *Sonnez par en avant.* **2.** Abstrait. *Mettre qqch. en avant,* l'affirmer, s'en servir comme argument. — *Mettre qqn en avant,* s'abriter derrière son autorité. *Se mettre en avant,* se faire valoir par ses propos, son comportement, attirer l'attention. ▶ ② ***avant*** n. m. **1.** Partie antérieure. *L'avant d'un navire, d'une voiture. Vous serez mieux à l'avant.* / contr. **arrière** / *Vers l'avant du train.* **2.** *Aller de l'avant,* faire du chemin en avançant ; fig. s'engager résolument dans une affaire. **3.** Sports. Joueur d'une ligne d'attaque (au hockey, au football, au soccer, etc.). *Un avant qui joue au centre.* ⇒ **attaquant.** / contr. ② **arrière.** / **4.** Loc. *Prendre, avoir de l'avant* (montre, horloge), avoir de l'avance sur l'heure exacte. / contr. ② **arrière** / **5.** Adj. invar. Qui est à l'avant. *Les sièges, les places avant d'une voiture. Les roues avant et les roues arrière.* ⟨ ▶ auparavant, avancer, avant-, avant-bras, avant-coureur, avant-dernier, avant-garde, avant-goût, avant-guerre, avant-hier, avant-midi, avant-poste, avant-première, avant-projet, avant-propos, avant-scène, avant-train, avant-veille, dorénavant ⟩

avant- ■ Élément indiquant l'antériorité. / contr. **après-** / (Voir ci-dessous les mots en *avant-*.)

avantage [avɑ̃taʒ] n. m. **I. 1.** Ce par quoi on est supérieur (qualité ou biens) ; supériorité. *Avantage naturel. L'avantage de la fortune, de l'expérience.* — *À l'avantage de qqn,* de manière à lui donner une supériorité. — *Être à son avantage,* être momentanément supérieur à ce qu'on est d'habitude. **2.** Dans un combat, une lutte. *Avoir, prendre, perdre l'avantage.* ⇒ le **dessus ; succès, victoire. 3.** Point marqué au tennis par un joueur ou un camp, lorsque la marque est à 40 partout. *Avantage, jeu !* **II. 1.** Ce qui est utile, profitable. ⇒ **intérêt.** / contr. **inconvénient ; désavantage** / *Un avantage appréciable. Cette solution offre de grands avantages.* — *Avoir avantage à (faire qqch.). Vous auriez avantage à vous taire,* vous feriez mieux de vous taire. **2.** *À quoi dois-je l'avantage de votre visite ?,* le plaisir. ▶ ***avantager*** v. tr. ▪ conjug. 3. **1.** Accorder un avantage à (qqn) ; rendre supérieur par une qualité, un bien, un don. ⇒ **doter, douer.** *Je ne veux pas l'avantager au détriment des autres.* **2.** (Suj. chose) Faire valoir les avantages naturels. *Cette coiffure l'avantage.* ▶ ***avantageux, euse*** adj. **1.** Qui offre, procure un avantage. ⇒ **fructueux, profitable.** *Offre avantageuse. Prix avantageux.* ⇒ prix d'**aubaine. 2.** Qui est à l'avantage de qqn, propre à lui faire honneur. ⇒ **favorable, flatteur.** *Avoir une idée assez avantageuse de soi-même.* **3.** Prétentieux. ⇒ **fat, présomptueux.** *Un air, un ton avantageux. Prendre des poses avantageuses.* ▶ ***avantageusement*** adv. ■ D'une manière avantageuse. ⟨ ▶ davantage, désavantage ⟩

avant-bras [avɑ̃bʀɑ] n. m. invar. ■ Partie du bras qui va du coude au poignet. *Donner un coup d'avant-bras à qqn.*

avant-coureur [avɑ̃kuʀœʀ] adj. m. ■ Annonciateur, précurseur. ⇒ **prémonitoire.** *Les signes avant-coureurs du changement.*

avant-dernier, ière [avɑ̃dɛʀnje, jɛʀ] adj. ■ Qui est avant le dernier. *L'avant-dernier jour.* — N. *Il est l'avant-dernier de sa classe.*

avant-garde [avɑ̃gaʀd] n. f. **1.** Partie d'une armée qui marche en avant du gros des troupes. *Combats d'avant-garde.* / contr. **arrière-garde** / **2.** Abstrait. À L'AVANT-GARDE DE : devant, à la pointe de. *Être à l'avant-garde du progrès.* D'AVANT-GARDE : qui joue ou prétend jouer un rôle de précurseur, par ses audaces. *Littérature, œuvre, musique d'avant-garde.* — *Des avant-gardes.*

avant-goût [avɑ̃gu] n. m. ■ Sensation que procure l'idée d'un bien, d'un mal futur (opposé à *arrière-goût*). *Un avant-goût des vacances. Des avant-goûts de l'hiver.*

avant-guerre [avɑ̃gɛʀ] n. m. ou f. ■ Période qui a précédé une guerre. *La France d'avant-guerre.*

avant-hier [avɑ̃tjɛʀ] adv. ■ Le jour qui a précédé hier (⇒ **avant-veille**). *Il est parti avant-hier. Elle est venue avant-hier.*

avant-midi [avɑ̃midi] n. m. ou f. inv. ■ Partie de la journée qui va du lever du soleil jusqu'à midi (opposé à *après-midi*). ⇒ ① **A.M.** *J'ai des cours cet avant-midi. Des avant-midi brumeux.* ⇒ **matin, matinée.**

avant-poste [avɑ̃pɔst] n. m. ■ Poste avancé de l'armée. *Nos troupes ont pris leurs avant-postes.*

avant-première [avɑ̃pʀəmjɛʀ] n. f. **1.** Réunion d'information pour présenter une pièce, un film, une exposition avant la présentation au public, l'ouverture. *Des avant-premières.* **2.** *En avant-première,* avant la présentation officielle, publique.

avant-projet [avɑ̃pʀɔʒɛ] n. m. ■ Rédaction provisoire d'un projet de loi, d'un contrat ; maquette ou esquisse d'une construction, d'une œuvre d'art. *Des avant-projets.*

avant-propos [avɑ̃pʀɔpo] n. m. invar. ■ Courte introduction (présentation, avis au lecteur, etc.) placée au tout début d'un ouvrage. ⇒ **avertissement, introduction, préface.**

avant-scène [avɑ̃sɛn] n. f. ■ Loge placée près de la scène. *Une avant-scène. De belles avant-scènes.* — *L'avant-scène,* le devant de la scène. — Loc. *Être, se placer à l'avant-scène,* jouer un rôle prépondérant.

avant-train [avɑ̃tʀɛ̃] n. m. **1.** Avant d'une voiture à cheval (roues de devant et timon). *Des avant-trains.* **2.** Partie antérieure du corps d'un quadrupède (opposé à *arrière-train*).

avant-veille [avɑ̃vɛj] n. f. ■ Jour qui précède la veille (⇒ **avant-hier**). *L'avant-veille de son arrivée* (opposé à *surlendemain*) *Des avant-veilles.*

avare [avaʀ] adj. et n. **1.** Qui a de l'argent et refuse de le dépenser, même utilement. ⇒ **avaricieux, chiche, pingre, radin ;** fam. **baise-la-piastre, gratteux, regardant,** ② **séraphin, suce-la-cenne.** / contr. **généreux ; dépensier, prodigue** / *Elle est économe sans être avare.* — PROV. *À père avare, fils prodigue.* **2.** N. *Un vieil avare. Son avare de père ne lui donne pas un sou.* **3.** Littér. AVARE DE *qqch.* : qui ne prodigue pas, n'est pas généreux. *Elle est assez avare de compliments. Être avare de son temps.* ▶ **avarice** n. f. ■ Comportement de l'avare. ⇒ **pingrerie.** *Il est d'une avarice sordide.* / contr. **générosité, largesse, prodigalité** / ▶ **avaricieux, ieuse** adj. ■ Plaisant. Qui se montre d'une avarice mesquine. ⇒ **avare.**

avarie [avaʀi] n. f. ■ Dommage survenu à un navire ou aux marchandises qu'il transporte. *La cargaison a subi des avaries.* — Dommage survenu au cours d'un transport terrestre ou aérien. ≠ *avanie, avatar.* ▶ **avarié, ée** adj. ■ (Choses périssables) Détérioré. *Marchandises avariées. De la viande avariée.* ⇒ **pourri.**

avatar [avataʀ] n. m. **1.** Littér. Métamorphose, transformation. **2.** Cour. Abusivt. Mésaventure, malheur. *Les avatars de la vie.* ≠ *avanir, avarie.*

Ave ou **Ave Maria** [avemaʀjɑ] n. m. invar. ■ (Avec une ou des majusc.) Salutation angélique, prière que l'on adresse à la Sainte Vierge. *Dire des Ave.* — REM. On écrit aussi *un avé, des avés.*

avec [avɛk] prép. et adv. **I. 1.** En compagnie de (qqn). *Aller se promener avec qqn. Il a toujours son chien avec lui.* — (Sans compl.) Fam. *Elle a dansé avec toute la soirée. Elle sort avec depuis deux ans.* — En ayant (qqch.) avec soi. *Sortir avec son parapluie et son chapeau.* — Abstrait. *Être d'accord avec qqn. Il s'est marié avec une Américaine.* — (Conformité) *Je pense avec cet auteur que...* ⇒ **comme. 2.** (Marque des relations quelconques entre personnes) *Faire connaissance avec qqn. Comment se comporte-t-elle avec vous ?* ⇒ **envers, vis-à-vis** de. *Être bien, être mal avec qqn,* en bonnes, en mauvaises relations avec cette personne. **3.** (Opposition) *La guerre avec l'ennemi.* ⇒ **contre.** *Se battre avec son frère.* **4.** (En tête de phrase) *Avec vous, il n'y a que l'argent qui compte,* à vous entendre, selon vous. — En ce qui concerne (qqn). *Avec cet être-là, on ne sait jamais à quoi s'en tenir !* **5.** Fam. Loc. AVEC RIEN : sans rien. *Elle est sortie avec rien sur la tête.* **6.** Loc. D'AVEC : sert à marquer la séparation. *Elle va divorcer d'avec son mari.* **II. 1.** En même temps que. *Se lever avec le jour. Ces symptômes apparaissent avec telle maladie.* **2.** En plus. ⇒ **ainsi** que, **et.** — Fam. *Avec cela,* en plus, en outre. *Donnez-moi une pointe de tarte et avec cela une boule de crème glacée.* **3.** Malgré. *Avec tant de qualités, il n'a pas réussi.* **4.** (En tête de phrase) Étant donné la présence de. *Avec tous ces touristes, le village est bien agité.* ⇒ à **cause** de. **5.** Garni de. *Servir le poisson avec du riz. Une robe avec des dentelles.* ⇒ **à.** — *Une chambre avec vue sur la mer,* qui a vue sur la mer. **6.** Fam. Aussi. *Je vais à Sorel et elle avec.* **III. 1.** (Moyen) À l'aide de, grâce à, au moyen de. *Combattre avec un fusil. Avec telle somme, vous pouvez l'obtenir.* ⇒ **moyennant.** *Tout s'arrange avec le temps,* grâce à lui. **2.** (Manière) *J'accepte avec plaisir. Agir avec prudence.* **IV.** Adv. Fam. **1.** (Choses) *Elle a pris son manteau et elle est partie avec.* / contr. **sans** / **2.** (Précédé d'un pronom) Aussi. ⇒ **également,** de **même.** *Tu vas assister au match de hockey ? Moi avec.*

aveline [avlin] n. f. ■ Noisette oblongue.

① **avenant, ante** [avnɑ̃, ɑ̃t] adj. ■ Littér. Qui plaît par son bon air, sa bonne grâce. ⇒ **agréable, aimable, gracieux.** / contr. **revêche** / *Manières avenantes. Des maisons très avenantes.* ‹ ▶ mal(-)avenant ›

② **à l'avenant** [alavnɑ̃] loc. adv. ■ En accord, en conformité, en rapport. *Nous allons bien tous les deux et l'humeur est à l'avenant.*

avènement [avɛnmɑ̃] n. m. **1.** Accession au trône. *L'avènement de Louis XIV.* **2.** Abstrait. *L'avènement de la liberté.* ⇒ **début, instauration.** / contr. **fin** / ≠ *événement.*

avenir [avniʀ] n. m. **1.** Le temps à venir. ⇒ **futur** (opposé à *passé*). *Penser, songer à l'avenir. Calculs, projets d'avenir. Dans un avenir proche, lointain.* — À L'AVENIR loc. adv. : à partir de maintenant. ⇒ **désormais, dorénavant.** *À l'avenir, soyez plus prudent.* **2.** L'état, la situation future (de qqn). *L'avenir de qqn, son avenir.* ⇒ **destinée.** *Assurer son avenir et celui de ses enfants. Un jeune médecin d'avenir,* qui réussira. — (Choses) *Ce projet n'a aucun avenir,* il ne se réalisera pas.

aventure [avɑ̃tyʀ] n. f. **1.** UNE, DES AVENTURES : ce qui arrive d'imprévu, de surprenant ; ensemble d'événements qui concernent qqn. *Une fâcheuse aventure.* ⇒ **accident, affaire, mésaventure.** *Raconter les aventures d'un héros. Roman, film d'aventures.* — En amour. *Avoir une aventure.* ⇒ **intrigue, liaison. 2.** L'AVENTURE : ensemble d'activités, d'expériences qui comportent du risque, de la nouveauté. *L'attrait de l'aventure. L'esprit d'aventure.* **3.** Loc. adv. À L'AVENTURE : au hasard, sans dessein arrêté. *Je marchais à l'aventure.* — Littér. D'AVENTURE, PAR AVENTURE : par hasard. **4.** *Dire la* BONNE AVENTURE *à qqn* : lui prédire son avenir par la divination. *Diseuse de bonne aventure.* ▶ **aventurer** v. tr. et pron. ■ conjug. 1. **1.** Exposer avec un certain risque. ⇒ **hasarder, risquer.** *Aventurer une grosse somme dans une affaire.* **2.** V. pron. réfl. S'AVENTURER : se risquer, aller avec un certain risque. *S'aventurer la nuit sur une route peu sûre.* — *Ne vous aventurez pas à aborder un tel sujet.* ▶ **aventureux, euse** adj **1.** Qui aime l'aventure, se lance volontiers dans les aventures. ⇒ **audacieux, hardi, téméraire.** *Personne aventureuse, esprit aventureux.* / contr. **prudent** / **2.** Qui est plein d'aventures. *Vie, existence aventureuse.* / contr. **rangé** / **3.** Plein de risques. ⇒ **hasardeux, risqué.** *Un projet aventureux.* ▶ **aventureusement** adv. ■ Littér. D'une manière aventureuse. ▶ **aventurier, ière** n. ■ Personne qui cherche l'aventure, par curiosité et goût du risque, sans que les scrupules moraux l'arrêtent. — Péj. Personne qui vit d'intrigues, d'expédients. ⇒ **intrigant.** *Une ancienne aventurière.* ‹ ▶ mésaventure ›

avenu, ue [avny] adj. ■ Loc. NUL ET NON AVENU [nylenɔnavny] : inexistant, sans effet, sans suite. *Je considère cette déclaration comme nulle et non avenue.*

avenue [avny] n. f. **1.** Large voie de communication urbaine, souvent bordée d'arbres, desservant un quartier ou une partie d'une ville, et pouvant aussi conduire à un lieu bien déterminé. ⇒ **allée, boulevard, rue.** *Avenue du Parc. L'avenue des Érables.* **2.** (Dans un système de dénomination fondé sur l'orientation des voies de circulation suivant un plan en damier) Voie de communication urbaine située dans un axe perpendiculaire à celui des voies qui portent le nom de *rue. Rendez-vous au coin de la Sixième Avenue et de la Troisième Rue à Limoilou.* ⇒ **boulevard, rue.** — REM. Selon ce système (sens 2), les avenues sont généralement orientées dans la direction nord-sud.

s'avérer [avere] v. pron. ▪ conjug. 6. ■ Être reconnu comme vrai (affirmation). Littér. *La nouvelle s'est avérée.* — Cour. (+ adjectif) ⇒ **apparaître,** se **montrer,** se **révéler.** *Ce médicament s'avère dangereux. Ce raisonnement s'est avéré juste.* — Abusivt (*vér-* signifie « vrai »). *S'avérer faux, inexact, vrai.* ▶ ***avéré, ée*** adj. ■ Reconnu vrai. ⇒ **certain.** *C'est un fait avéré. Il est avéré que...* / contr. **contestable** /

averse [avɛʀs] n. f. **1.** Pluie soudaine et abondante. ⇒ à **verse, grain, ondée, orage.** *Recevoir une averse.* **2.** AVERSE DE NEIGE : Précipitation solide, soudaine et abondante, parfois violente, mais de courte durée. *La météo annonce des averses de neige.* ⇒ **bordée** de neige, **tempête** de neige. — *Une averse de grêle.*

aversion [avɛʀsjɔ̃] n. f. ■ Violente répulsion. ⇒ **antipathie, dégoût, haine, horreur, répugnance.** *Avoir de l'aversion pour* ou *contre qqn. Avoir qqn en aversion. Son aversion pour le mensonge.* / contr. **amour, goût, sympathie** /

avertir [avɛʀtiʀ] v. tr. ▪ conjug. 2. ■ Informer (qqn) de (qqch.) afin qu'il y prenne garde, que son attention soit appelée sur elle. ⇒ **annoncer, apprendre, prévenir, renseigner.** *Je vous avertis de son arrivée, qu'elle va arriver. Son instinct l'avertissait de se méfier.* — Par menace ou réprimande. ⇒ **avertissement.** *Je vous avertis qu'il faudra changer de conduite.* ▶ ***averti, ie*** adj. ■ Qui connaît bien, qui est au courant. ⇒ **expérimenté, instruit ; avisé.** *Un public averti.* — PROV. *Un homme averti en vaut deux.* / contr. **ignorant** / ▶ ***avertissement*** n. m. **1.** Action d'avertir ; appel à l'attention, à la prudence. *Suivre, négliger un avertissement.* ⇒ **avis, conseil, recommandation. 2.** Petite préface pour attirer l'attention du lecteur. ⇒ **avant-propos, introduction. 3.** Réprimande. *Un avertissement de l'arbitre.* — Mesure disciplinaire. ▶ ***avertisseur, euse*** n. m. et adj. **I.** N. m. Appareil destiné à avertir, à donner un signal. *Avertisseur d'incendie.* ⇒ **alarme.** *Avertisseur de fumée.* ⇒ **détecteur.** *Avertisseur d'automobile.* ⇒ **klaxon, trompe. II.** Adj. Qui avertit. *Panneau avertisseur.*

aveu [avø] n. m. **1.** Action d'avouer*, de reconnaître certains faits difficiles ou pénibles à révéler ; ce que l'on avoue. ⇒ **confession, déclaration.** *Un aveu franc, sincère. Faire l'aveu d'un secret. Il faut que je vous fasse un aveu : je n'aime pas les choux de bruxelles.* **2.** *Des aveux,* reconnaissance de sa culpabilité. *Arracher des aveux à un suspect. Revenir sur ses aveux.* **3.** DE L'AVEU DE loc. : au témoignage de. ‹ ▶ désaveu ›

aveugle [avœgl] adj. et n. **I.** Adj. **1.** Qui est privé du sens de la vue. *Devenir aveugle. Être aveugle de naissance.* ⇒ **non-voyant. 2.** Dont le jugement est incapable de rien discerner. *Sa passion du hockey le rend aveugle aux avantages des autres sports.* — (Sentiments, passions) Qui trouble le jugement, ne permet ni réflexion, ni jugement. *Une obéissance, une confiance aveugle. Une colère aveugle.* ⇒ **absolu, total. 3.** Qui ne laisse pas passer le jour. *Fenêtre aveugle.* **4.** Qui se fait sans voir, sans connaître les conséquences. *Choix aveugle.* **II.** N. **1.** Personne privée de la vue. *Une jeune aveugle. Des aveugles-nés.* / contr. **voyant** / — Loc. *Au royaume des aveugles, les borgnes sont rois,* les médiocres brillent lorsqu'ils se trouvent parmi les sots. **2.** EN AVEUGLE loc. adv. : sans discernement. ⇒ **aveuglément.** *Juger en aveugle.* ⇒ à l'**aveuglette.** ▶ ***aveuglement*** [avœgləmɑ̃] n. m. ■ État d'une personne dont la raison est obscurcie, le discernement troublé. ⇒ **égarement, erreur, illusion.** *Dans l'aveuglement de la colère, de la passion.* / contr. **clairvoyance, lucidité** / *Son indulgence va jusqu'à l'aveuglement.* ≠ *aveuglément* ▶ ***aveuglément*** [avœglemɑ̃] adv. ■ Sans réflexion. *Se lancer aveuglément dans une entreprise.* ≠ *aveuglement* ▶ ***aveugler*** v. tr. ▪ conjug. 1. **I. 1.** Rendre aveugle. *On l'aveugla en lui crevant les yeux.* — Au p. p. adj. Privé momentanément de la vue. *Aveuglée par les phares, la cycliste s'arrêta.* **2.** Gêner la vue, éblouir. *Le soleil m'aveugle.* **3.** Priver du jugement. *Vos préjugés vous aveuglent.* ⇒ **égarer, troubler.** — Pronominalement. *Il n'est pas bon de s'aveugler,* de se cacher la vérité. **II.** Boucher (une ouverture). *Aveugler une fenêtre, une voie d'eau.* ▶ ***aveuglant, ante*** adj. ■ Qui éblouit. *Un soleil aveuglant. Des phares aveuglants.* ⇒ **éblouissant.** — Abstrait. *Une vérité, une évidence aveuglante,* qui éclate avec force. ▶ *à l'* ***aveuglette*** loc. adv. **1.** Sans y voir clair. *Chercher qqch. à l'aveuglette.* ⇒ à **tâtons. 2.** Au hasard, sans prendre de précautions. ⇒ **aveuglément.** *Se lancer, agir à l'aveuglette.*

aviaire [avjɛʀ] adj. ■ Qui concerne les oiseaux. *Le harfang des neiges est devenu l'emblème aviaire officiel du Québec. Peste aviaire.*

aviateur, trice [avjatœʀ, tʀis] n. ■ Personne qui pilote un avion ou appartient au personnel de l'aviation. *Une combinaison d'aviateur.* ⇒ **pilote.**

aviation [avjasjɔ̃] n. f. **1.** Locomotion aérienne par les appareils plus lourds que l'air (à l'exclusion des fusées). ⇒ **aéronautique, air.** — Ensemble des techniques et des activités relatives au transport aérien. *Aviation civile, commerciale, de tourisme. Compagnie d'aviation. Terrain d'aviation,* aérodrome, aéroport. **2.** Avions. *Aviation de chasse, de bombardement.* ‹ ▶ aviateur ›

aviculture [avikyltyʀ] n. f. ■ Art d'élever des oiseaux, des volailles. ▶ ***aviculteur, trice*** n. ■ Éleveur(euse) d'oiseaux, de volailles. *Les aviculteurs de Charlevoix.* ≠ *apiculture.*

avide [avid] adj. **1.** Qui a un désir immodéré de nourriture. ⇒ **glouton, vorace.** — Poét. *Être avide de sang,* se plaire à répandre le sang. ⇒ **altéré, assoiffé. 2.** Qui désire (qqch.) avec violence. *Un héritier avide.* — AVIDE DE. *Être avide d'argent, de plaisir.* — (+ infinitif) *Être avide d'apprendre.* ⇒ **anxieux, désireux. 3.** Qui exprime l'avidité. *Regards, yeux avides.* ▶ ***avidement*** adv. ■ *Manger avidement. Écouter qqn avidement.* ▶ ***avidité*** n. f. ■ Désir ardent, immodéré de qqch. ; vivacité avec laquelle on le satisfait. *Manger avec avidité.* ⇒ **gloutonnerie, voracité.** *Son avidité pour l'argent.*

avilir [aviliʀ] v. tr. ▪ conjug. 2. **1.** Rendre vil, méprisable. ⇒ **abaisser, dégrader, déshonorer, rabaisser.** / contr. **élever, honorer** / *On cherche à l'avilir par des calomnies.* — Pronominalement (réfl.). *On s'avilit par sa lâcheté.* **2.** Littér. Abaisser la valeur de. ⇒ **déprécier.**

L'inflation avilit la monnaie. / contr. **valoriser** / ▶ ***avilissant, ante*** adj. ■ Qui avilit (1). *Une dépendance avilissante.* ⇒ **abaissant, dégradant, déshonorant.** / contr. **honorable** / ▶ ***avilissement*** n. m. Littér. **1.** Action d'avilir ; état d'une personne avilie. ⇒ **abaissement, abjection.** *Tomber dans l'avilissement.* **2.** Rare (Valeurs, prix) Le fait de se déprécier. ⇒ **baisse.** *L'avilissement de la monnaie.* / contr. **hausse** /

aviné, ée [avine] adj. ■ Qui a trop bu de vin. ⇒ **ivre, paqueté, soûl.** — *Une haleine avinée,* qui sent le vin.

avion [avjɔ̃] n. m. ■ Appareil de locomotion aérienne plus lourd que l'air, muni d'ailes et d'un organe propulseur. ⇒ **appareil ;** vx **aéroplane.** *Vieil avion.* ⇒ fam. **coucou.** *Avions à hélices. Avion à réaction.* ⇒ ② **jet.** *Avion de ligne, de transport. Avion gros-porteur. Avions de chasse, de bombardement.* ⇒ **bombardier, chasseur.** *Escadrille d'avions de chasse. Défense contre avions* (D.C.A.). — EN AVION : en vol. — PAR AVION. *Lettre par avion.* ▶ ***avion-cargo*** n. m. ■ Gros avion destiné au transport des marchandises. *Les avions-cargos de l'armée canadienne.* ▶ ***avion-citerne*** n. m. **1.** Avion équipé de réservoirs d'eau pour lutter contre les incendies de forêt. ⇒ **Canadair. 2.** Avion rempli de carburant qui ravitaille en vol d'autres avions. *Des avions-citernes.* ▶ ***avionnerie*** n. f. **1.** Usine de construction aéronautique. *L'avionnerie de Longueuil.* **2.** Industrie de la construction aéronautique. ⟨ ▶ aviateur, aviation, hydravion, porte-avions ⟩

aviron [aviʀɔ̃] n. m. **1.** Rame légère, à long manche, des embarcations sportives. *À l'aviron,* en ramant. **2.** Sport du canotage. *Faire de l'aviron.* ▶ ***avironner*** v. intr. ▪ conjug. 1. ■ Manœuvrer les avirons, faire avancer une embarcation à l'aviron. ⇒ **ramer.** ▶ ***avironneur, euse*** n. ■ Personne qui avironne. ⇒ **rameur.** *Une équipe d'avironneuses.*

avis [avi] n. m. invar. **1.** Ce que l'on pense, ce que l'on exprime sur un sujet. ⇒ **jugement, opinion, point de vue.** *Donner son avis. Être du même avis que qqn. Je suis de votre avis. Les avis sont partagés,* tout le monde n'est pas du même avis. *Changer d'avis.* — *Être d'avis de faire, qu'on fasse qqch.* — *À mon avis,* selon moi. **2.** Opinion exprimée au cours d'une délibération. ⇒ **voix, vote.** *Tous les membres ont émis un avis. Avis du Conseil du Trésor.* **3.** Ce que l'on porte à la connaissance de qqn. ⇒ **information.** *Avis au public. Des avis linguistiques. Avis de cotisation fédérale,* le montant des impôts dus par un contribuable. *Sauf avis contraire. Donner avis que...* ⇒ ② **aviser. 4.** Opinion donnée à qqn sur une conduite à tenir. *Demander, solliciter l'avis de qqn, d'un expert.* ⟨ ▶ préavis ⟩

① ***aviser*** [avize] v. tr. ▪ conjug. 1. **I.** V. tr. **1.** Apercevoir inopinément (qqch.) pour prendre, utiliser. *Il avise un portefeuille oublié sur un banc, il le ramasse.* **2.** Rare Transitivement ind. AVISER À : réfléchir, songer à (qqch.). *J'aviserai à la situation, à ce qu'il faut faire ; j'y aviserai.* **II.** S'AVISER *de* v. pron. **1.** Faire attention à qqch. que l'on n'avait pas remarqué tout d'abord. *Elle s'est brusquement avisée de cela.* ⇒ s'**apercevoir. 2.** *S'aviser de* (+ infinitif), être assez audacieux pour. *S'il s'avise de bavarder, cet élève sera averti. Qu'elle ne s'avise pas de recommencer.* ⇒ **essayer, oser.** ▶ ***avisé, ée*** adj. ■ Qui agit avec à-propos et intelligence après avoir mûrement réfléchi. ⇒ **prudent, sage.** *Une personne avisée. Vous avez été bien avisé de venir.*

② ***aviser*** v. tr. ▪ conjug. 1. ■ Littér. ou terme d'administration. Avertir (qqn de qqch.) par un avis. ⇒ **avertir, informer.** *Elle avait été avisée du mariage de son frère.* ⟨ ▶ avis (3) ⟩

avitaminose [avitaminoz] n. f. ■ Maladie provoquée par la privation de vitamines. ⇒ **hypovitaminose.**

aviver [avive] v. tr. ▪ conjug. 1. **I.** Rendre plus vif, plus éclatant. ⇒ **animer.** *Aviver le feu.* ⇒ **activer.** *L'émotion avivait son teint.* **II.** Fig. **1.** Rendre plus fort. ⇒ **exciter.** *Aviver des regrets.* ⇒ **augmenter.** *Aviver une chicane.* ⇒ **envenimer. 2.** Rendre plus douloureux. *Aviver une plaie, une douleur.* ▶ ***avivement*** n. m. ■ Littér. Action d'aviver. ⟨ ▶ raviver ⟩

av. J.-C. [avɑ̃ʒezykʀi] loc. prép. ■ Abréviation de *avant* Jésus-Christ* (opposé à *apr. J.-C.*). *Alexandre le Grand est mort à Babylone en 323 av. J.-C.*

① ***avocat, ate*** [avɔka, at] n. **1.** Personne inscrite au Barreau*, qui conseille en matière juridique, assiste ou représente ses clients en justice. *Consulter un avocat. Avocat au criminel. Un bureau d'avocats.* — (France) AVOCAT GÉNÉRAL : membre du ministère public qui supplée le procureur général. **2.** Personne qui défend (une cause, une personne). ⇒ **défenseur.** *Elle s'est faite l'avocate de cette cause.* — Loc. *L'avocat du diable,* personne qui défend volontairement une mauvaise cause (pour prouver qqch.). *Se faire l'avocat du diable,* dans une discussion, prendre le parti contraire à la majorité pour stimuler les échanges.

② ***avocat*** n. m. ■ Fruit de la grosseur d'une poire, à peau verte, à gros noyau, dont la chair a la consistance du beurre. — Adj. inv. D'une couleur vert foncé. *Des mitaines de laine avocat.* ▶ ***avocatier*** n. m. ■ Arbre dont le fruit est l'avocat.

avoine [avwan] n. f. ■ Plante graminée (céréale) dont le grain sert surtout à l'alimentation des chevaux et des volailles. *Des céréales d'avoine. Un biscuit au son d'avoine.* ⟨ ▶ folle-avoine ⟩

① ***avoir*** [avwaʀ] v. tr. ▪ conjug. 34. **I.** (Possession) **1.** *Avoir qqch.,* posséder, disposer de. *Avoir une maison. Quelle voiture avez-vous ? Auriez-vous une cigarette, un stylo ?* (pour me l'offrir, me le prêter). *Nous avons eu du beau temps, du soleil* (en un temps et en un lieu donnés). *Avoir le temps de faire qqch.* — (Avec des choses négatives) *Elle a des ennuis. Il a de grosses pertes.* ⇒ **subir. 2.** *Avoir qqn,* se dit des relations de parenté, de hiérarchie. *Avoir une femme et des enfants. Il a encore ses parents,* ses parents sont vivants. *Elle n'a plus personne dans la vie,* aucune parenté, aucun ami. — Fam. *S'il ne l'avait pas* (pour l'aider), *je me demande ce qu'il ferait.* **3.** Entrer en possession de. ⇒ **obtenir,** se **procurer.** *J'ai eu ce livre pour presque rien.* ⇒ **acheter.** *Elle a eu son D.E.C.,* elle est diplômée. *Avoir son autobus,* l'attraper. — EN AVOIR POUR : avoir d'une chose moyennant (une somme). *Il en a eu pour trente dollars,* il a payé cette somme. *En avoir pour son argent,* conclure un marché avantageux. **4.** Mettre (un certain temps) à une action. *J'en ai pour cinq minutes.* **5.** Fam. *Avoir qqn,* le tromper, le vaincre. ⇒ **pogner.** *On les aura ! Elle nous a bien eus.* ⇒ **posséder, rouler.** *Se faire, se laisser avoir.* **II.** (Manière d'être) **1.** Présenter en soi (une partie, un aspect de soi-même). *Il, elle a de grandes jambes, des cheveux blancs. Quel âge avez-vous ? Avoir du courage.* — (Choses) *Ce mur a deux mètres de haut.* ⇒ **mesurer. 2.** Éprouver dans son corps, sa conscience. ⇒ **ressentir, sentir.** *Avoir mal à la tête. Avoir faim, soif. Avoir de la peine.* — *Avoir quelque chose,* manifester une gêne, un mécontentement inconnu d'autrui. *Qu'est-ce qu'il a, qu'est-ce qu'il a à pleurer ? Elle a sûrement quelque chose.* **3.** (Présentant l'attribut, le complément ou l'adverbe qui détermine un substantif) *Avoir les yeux bleus. Elle les a bleus* (les yeux). *Avoir la tête qui tourne.* **4.** EN AVOIR À, APRÈS, CONTRE *qqn* : lui en vouloir. *Ils en ont après leur professeur.* **III.** (Verbe auxiliaire) **1.** AVOIR À (+ infinitif) : être dans l'obligation de. ⇒ **devoir.** *Avoir des lettres à écrire. Je n'ai rien à faire.* — (Sans compl. direct) *J'ai à lui parler. Personne n'a* *à se plaindre.* — N'AVOIR QU'À : avoir seulement à. *Vous n'avez qu'à tourner le bouton.* Fam. *Tu n'as qu'à, t'as qu'à* [taka] *t'en aller.* — N'AVOIR PLUS QU'À : avoir encore et seulement à. *Vous n'avez plus qu'à donner votre accord.* **2.** Auxiliaire servant à former, avec le participe passé, tous les temps composés des verbes transitifs, de la plupart des intransitifs, de *être* et de *avoir. J'ai écrit. Quand il eut terminé. Vous l'aurez voulu. Quand elle a eu fini.* **IV.** IL Y A [iljɑ ; fam. jɑ]. Expression impersonnelle servant à présenter une chose comme existant. *Il y a de l'argent dans le portefeuille. Il n'y en a pas. Où y a-t-il une pharmacie ? — Il y en a encore,* il en reste. *Il n'y a que cela de vrai. Il n'y a pas que lui,* il n'est pas le seul. — *Il y a... et...* s'emploie pour exprimer des différences de qualité. *Il y a champagne et champagne,* il en est de bon et de mauvais. — IL N'Y A QU'À (+ infinitif) : il faut seulement, ou simplement. *Il n'y avait qu'à les ramasser.* — IL N'Y EN A QUE POUR *(qqn)* : il prend beaucoup de place, on ne s'occupe, on ne parle que de lui. — Fam. (Avec le sens de *arriver, se passer*) *Qu'est-ce qu'il y a ?* ▶ ② ***avoir*** n. m. ■ Ce que l'on possède. ⇒ **argent, fortune.** *Il dilapide son avoir. Des avoirs.* ‹ ▶ ayant, m'as-tu-vu, naguère, ravoir ›

avoisiner [avwazine] v. tr. ▪ conjug. 1. ■ Être dans le voisinage, à proximité d'un lieu. *Les villages qui avoisinent la forêt.* **1.** Être proche de. *Le prix avoisinait les mille dollars.* ▶ ***avoisinant, ante*** adj. ■ Qui est dans le voisinage. ⇒ **attenant, contigu, environnant, proche, voisin.** *Dans les rues avoisinantes.* / contr. **lointain** /

avorter [avɔʀte] v. intr. ▪ conjug. 1. **1.** Accoucher spontanément ou par suite d'une intervention avant terme d'un fœtus ou d'un enfant mort. **2.** (Fruits, fleurs) Ne pas arriver à son plein développement. **3.** (Projet, entreprise) Être arrêté dans son développement, ne pas réussir. *La révolte a avorté.* ⇒ **échouer.** / contr. **réussir** / *Faire avorter un projet.* ▶ ***avortement*** n. m. **1.** Interruption naturelle, accidentelle ou provoquée d'une grossesse. *L'avortement a été légalisé dans certains pays.* ≠ *fausse couche.* **2.** Arrêt du développement d'une plante. *L'avortement des fruits.* **3.** Échec (d'une entreprise, d'un projet). ▶ ***avorteur, euse*** n. ■ Péj. Personne qui provoque un avortement (1) illégal. ▶ ***avorton*** n. m. **1.** Péj. Être petit, chétif, mal conformé. ⇒ **nabot, nain.** — *Espèce d'avorton,* formule d'injure. **2.** Tout être, animal ou végétal, qui s'est trouvé arrêté dans son évolution ou qui n'a pas atteint le développement normal dans son espèce.

avoué [avwe] n. m. ■ (France) Anciennt. Officier ministériel chargé de représenter les parties devant un tribunal, d'établir les actes de procédure (ses fonctions ont fusionné avec celles d'avocat). *Cabinet, étude d'avoué.*

avouer [avwe] v. tr. ▪ conjug. 1. **1.** Reconnaître qu'une chose est ou n'est pas ; reconnaître pour vrai (en général avec une certaine difficulté : honte, pudeur). ⇒ **admettre ; aveu.** *J'avoue qu'elle a raison. Il faut avouer que c'est bien difficile. Je vous avoue que je l'ignore.* **2.** Faire des aveux. *L'assassin a avoué.* / contr. **nier** / **3.** S'AVOUER (+ adjectif) : reconnaître qu'on est. *S'avouer coupable.* ⇒ **s'accuser.** ▶ ***avouable*** adj. ■ Qui peut être avoué sans honte. *Des motifs honorables et avouables.* ⇒ **honnête.** / contr. **inavouable** / ‹ ▶ aveu, désavouer, inavouable ›

avril [avʀil] n. m. ■ Quatrième mois de l'année dans le calendrier actuel (30 jours). *En avril. Au mois d'avril.* — *Poisson d'avril,* plaisanterie, mystification traditionnelle du 1er avril. *Ils m'ont fait courir le poisson d'avril.*

axe [aks] n. m. **1.** Ligne idéale autour de laquelle s'effectue une rotation. *L'axe de la Terre. Tourner sur, autour d'un axe.* — Géométrie. Droite autour de laquelle tourne une figure plane pour engendrer un solide de révolution. *L'axe d'un cylindre, d'une sphère.* **2.** Droite sur laquelle un sens est défini. *Axe de symétrie. Axe des x, des y.* ⇒ **coordonnée.** **3.** Pièce allongée qui sert à faire tourner un objet sur lui-même ou à assembler plusieurs pièces. ⇒ **arbre, charnière, essieu, pivot.** *L'axe d'une roue.* **4.** Ligne qui passe par le centre, dans la plus grande dimension. *L'axe du corps. L'axe d'une rue.* ▶ ***axer*** v. tr. ▪ conjug. 1. **1.** Diriger, orienter suivant un axe. *Axer une construction sur telle ou telle ligne.* **2.** Orienter. *Axer sa vie sur qqch. Elle est axée sur,* son esprit est dirigé vers. ▶ ***axial, iale, iaux*** adj. ■ Qui a rapport à l'axe, qui est dans l'axe. ‹ ▶ désaxer, coaxial ›

axiome [aksjom] n. m. **1.** Sciences. Proposition admise par tout le monde sans discussion, admise comme nécessaire (opposé à *théorème*). *« Le tout est plus grand que la partie » est un axiome commun.* **2.** Adage, maxime. ▶ ***axiomatique*** adj. et n. f. **1.** Adj. Relatif aux axiomes ; qui sert de base à un système de déductions. **2.** N. f. Recherche et organisation des axiomes, hypothèses et déductions d'une science.

ayant [ɛjɑ̃] ■ part. prés. du v. AVOIR. ▶ ***ayant cause*** n. m. ■ Droit. Personne qui a acquis d'une autre un droit ou une obligation (acheteur, donataire, héritier, légataire). *Les ayants cause.* ▶ ***ayant droit*** n. m. ■ Personne qui a des droits à qqch. *Les ayants droit à une prestation de sécurité du revenu.*

ayatollah [ajatɔlɑ] n. m. ■ Religieux musulman chiite d'un rang élevé. *Des ayatollahs.*

aylmerois, oise [elmœʀwa, waz] adj. et n. ■ D'Aylmer. *Un journal aylmerois ;* — N. (Avec une majusc.) Personne née dans cette ville de l'Outaouais ou qui l'habite. *Les Aylmeroises.*

ayoye ou ***ayoille*** [ajɔj] interj. **1.** Exclamation exprimant la douleur. ⇒ **aïe, ouch, ouille.** **2.** Fam. Exclamation exprimant l'étonnement, l'incrédulité. *« Il est tombé cinquante centimètres de neige. – Ayoye ! »*

azalée [azale] n. f. ■ Arbuste cultivé pour ses fleurs colorées ; ces fleurs. *Un buisson d'azalées.*

azimut [azimyt] n. m. **1.** Angle formé par le plan vertical d'un astre et le plan méridien du point d'observation. **2.** TOUS AZIMUTS [tuzazimyt] : dans toutes les directions. *Défense militaire tous azimuts.* — Fam. *Dans tous les azimuts,* dans toutes les directions, dans tous les sens.

azote [azɔt] n. m. ■ Corps simple (symb. *N*), gaz incolore, inodore, qui entre dans la composition de l'atmosphère (4/5) et des tissus vivants. *L'azote est impropre à la respiration. De l'azote liquide. Cycle de l'azote,* circulation des composés de l'azote dans la nature, par l'intermédiaire des organismes végétaux, animaux. ▶ ***azotate*** n. m. ■ Sel de l'acide azotique. ⇒ **nitrate.** ▶ ***azoté, ée*** adj. ■ Qui contient de l'azote. *Engrais azotés.* ▶ ***azotique*** adj. ■ *Acide azotique.* ⇒ **nitrique.**

aztèque [astɛk] adj. et n. ■ Relatif à un ancien peuple du Mexique, à sa civilisation. *L'art aztèque.* — N. (Avec une majusc.) *Les Aztèques.*

azur [azyʀ] n. m. ■ Littér. La couleur bleue du ciel, des flots. *Un ciel d'azur. La Côte d'Azur,* la région du bord de la Méditerranée, entre Cassis et Menton, en France. — REM. L'orthographe québécoise du toponyme français est *Côte-d'Azur.* ▶ ***azuré, ée*** adj. ■ De couleur d'azur. *Une teinte azurée.*

azyme [azim] adj. ■ *Pain azyme,* pain sans levain (dont on fait les hosties). — Pain mangé par les juifs à l'époque de la Pâque.

b

b [be] n. m. invar. ■ Deuxième lettre, première consonne de l'alphabet, servant à noter une labiale occlusive sonore. ‹ ▶ a, b, c ›

① ***B. A.*** [bea] n. f. invar. ■ Abréviation de *bonne action,* dans le langage des scouts. *Faire une b.a., sa b.a.*

② ***B.A.*** n. m. invar. ■ Abréviation de *baccalauréat ès arts.* ⇒ ② **bac, baccalauréat.** *Elle a un b.a. d'un collège privé.*

① ***baba*** [baba] adj. invar. ■ Fam. Frappé d'étonnement. ⇒ **ébahi, stupéfait.** *Rester baba. Ils, elles étaient complètement baba.*

② ***baba*** n. m. ■ Pâtisserie à pâte légère arrosé d'un sirop alcoolisé. *Des babas au rhum.*

babeurre [babœʀ] n. m. ■ Liquide blanc qui reste du lait après le barattage de la crème dans la préparation du beurre.

babiche [babiʃ] n.f. ■ Peau non tannée (chevreuil, orignal, anguille, etc.), très résistante, découpée en fines lanières utilisées pour tresser des objets (raquettes, sièges, etc.), pour coudre (vêtements, chaussures, etc.), pour fabriquer des collets, etc. *Des mocassins cousus avec de la babiche d'orignal.*

babil [babi(j)l] n. m. ■ Vx ou littér. Babillage. — Bruit imitant une voix qui babille. ▶ ***babiller*** [babije] v. intr. ▪ conjug. 1. ■ Parler beaucoup d'une manière enfantine. ⇒ **bavarder.** ▶ ***babillage*** n. m. ■ Action de babiller. ▶ ***babillard*** n. m. ■ Tableau d'affichage. *Mettre une annonce sur le babillard du supermarché.* — BABILLARD ÉLECTRONIQUE : écran qui sert à la diffusion des avis, des messages. *L'horaire des inscriptions est affiché régulièrement au babillard électronique.*

babines [babin] n. f. pl. ■ Lèvres pendantes (de certains animaux). — (Personnes) Fam. Lèvres. ⇒ **baboune.** *S'en lécher les babines,* se réjouir à la pensée d'une chose agréable à manger. ‹ ▶ ruine-babines ›

babiole [babjɔl] n. f. **1.** Petit objet de peu de valeur. ⇒ **bibelot. 2.** Chose sans importance. ⇒ **bagatelle, broutille, niaiserie.**

bâbord [babɔʀ] n. m. ■ Le côté gauche d'un navire, en se tournant vers l'avant. *Une île est signalée à bâbord.* / contr. **tribord** /

babouche [babuʃ] n. f. ■ Pantoufle de cuir laissant libre le talon du pied (dans les pays d'Islam). — Cette pantoufle avec un talon, utilisée comme chaussure ou chausson. ⇒ **mule.**

babouin [babwɛ̃] n. m. ■ Singe à museau allongé et aux lèvres proéminentes.

baboune [babun] n. f. ■ (Personnes) Fam. Lèvres et plus spécialt bas du visage. ⇒ **lippe.** *Avoir la baboune enflée.* ⇒ **babines.** *Recevoir une claque sur la baboune.* — Loc. verb. *Avoir la baboune, faire la baboune,* bouder, faire la moue, être mécontent. *Pourquoi fais-tu la baboune ?* — Montrer sa mauvaise humeur. ⇒ ① **marabout.** ▶ ***babouner*** v. intr. ▪ conjug. 1. ■ Fam. et plaisant. Bouder. *Un enfant qui babounait.*

baby-sitter [ba(e)bisitœʀ] n. ■ (France) Anglic. Personne qui, en échange d'argent, garde de jeunes enfants en l'absence de leurs parents. ⇒ **gardien.** *Une baby-sitter. Il fait le baby-sitter. Des baby-sitters.*

① ***bac*** [bak] n. m. **I.** Bateau à fond plat servant à traverser un cours d'eau, un lac. ⇒ **traversier.** *Le bac qui relie les deux rives.* **II.** Grand récipient. *Bac à laver.* ⇒ **baquet, cuve.** *Bac à légumes d'un réfrigérateur.* ‹ ▶ baquet ›

② ***bac*** n. m. ■ Fam. Abréviation de baccalauréat. ⇒ ② **B.A., baccalauréat, bachot.** *Avoir un bac en droit.*

baccalauréat [bakalɔʀea] n. m. **1.** Anciennt. *Baccalauréat ès art,* grade qui sanctionnait les études classiques et qui permettait de s'inscrire à l'université. *Il a obtenu son baccalauréat ès arts au Petit Séminaire de Québec en 1960.* **2.** Moderne. Premier cycle des études universitaires. *Elle est inscrite au baccalauréat en lettres.* — Ce grade. ⇒ ② **B.A.,** ② **bac,** ① **licence.** *Ils ont obtenu leur baccalauréat à l'Université du Québec à Trois-Rivières.* **3.** (France) Grade universitaire conféré à la suite d'examens qui terminent les études secondaires (lycée). — Ces examens. ‹ ▶ ② B.A., ② bac ; bachelier, bachot ›

baccara [bakaʀa] n. m. ■ Jeu de cartes (où le dix, appelé *baccara,* équivaut à zéro), qui se joue entre un banquier et des joueurs (appelés *pontes*). ⇒ **chemin de fer.**

baccarat [bakaʀa] n. m. ■ Cristal de la manufacture de Baccarat, en France. *Des verres en baccarat.*

bacchanale [bakanal] n. f. **1.** Au plur. (Avec une majusc.) Fêtes que les Anciens, les Grecs célébraient en l'honneur de Bacchus, dieu du vin. **2.** Littér. Orgie bruyante.

bacchante [bakɑ̃t] n. f. ■ Prêtresse de Bacchus, femme qui célébrait les Bacchanales.

bâche [bɑʃ] n. f. ■ Pièce de forte toile imperméabilisée qui sert à préserver les marchandises des intempéries. *Couvrir un étal, un camion d'une bâche,* *avec une bâche.* ▶ ***bâcher*** v. tr. ▪ conjug. 1. ■ Couvrir d'une bâche. / contr. **débâcher** / — Au p.p. adj. *Un camion bâché.* ▶ ***bâchage*** n. m. ■ Action de bâcher.

bachelier, ière [baʃəlje, jɛʀ] n. ■ Titulaire d'un baccalauréat.

bachot [baʃo] n. m. ■ (France) Fam. Baccalauréat. ⇒ ② **bac.** ▶ ***bachoter*** [baʃɔte] v. intr. ▪ conjug. 1. ■ (France) Préparer hâtivement un examen en vue du seul succès pratique.

bacille [basij] n. m. ■ Microbe du groupe des bactéries, en forme de bâtonnet. *Le bacille de Koch* (de la tuberculose). ▶ ***bacillaire*** [basi(l)lɛʀ] adj. ■ (Maladie) Dont la cause est un bacille. — N. *Un, une bacillaire,* tuberculeux contagieux. ‹ ▶ colibacille ›

backgammon [bakgamɔn] n. m. ■ Anglic. Jeu de dés, où l'on fait avancer des pions sur une surface à deux compartiments comportant chacun six cases triangulaires. ⇒ **trictrac.**

bâcler [bɑkle] v. tr. ▪ conjug. 1. ■ Expédier (un travail) sans soins. *Ils ont bâclé ça en dix minutes.* — Au p. p. adj. *C'est du travail bâclé.* / contr. **soigner** / ▶ ***bâcleur*** ou ***bâcleux, euse*** n. et adj. ■ Personne qui bâcle, effectue un travail sans application. *Cette réparation est l'œuvre d'un bâcleur.* — Adj. *Elle est bâcleuse.* ▶ ***bâclage*** n. m. ■ Fait de bâcler qqch. *Votre dissertation ressemble à du bâclage.*

bacon [bekɔ(œ)n] n. m. Anglic. **1.** Lard fumé et salé, assez maigre, consommé en tranches fines généralement frites. *Œufs au bacon.* **2.** (France) Filet de porc fumé et maigre. **3.** Fam. Loc. verb. *Avoir du bacon,* être riche, avoir beaucoup d'argent. ⇒ fam. avoir du **foin,** le **motton, piastre.**

bactérie [bakteʀi] n. f. ■ Être vivant formé d'une seule cellule (protiste), sans noyau, à structure très simple, considéré ni comme animal, ni comme végétal. ⇒ **bacille.** ▶ ***bactéricide*** adj. ■ Qui tue les bactéries. *Un produit bactéricide.* ▶ ***bactériologie*** n. f. ■ Partie de la microbiologie qui s'occupe des bactéries. ▶ ***bactériologique*** adj. ■ Qui se rapporte à la bactériologie. *La guerre bactériologique,* où les bactéries seraient utilisées comme arme. ▶ ***bactériologiste*** n. ■ Spécialiste en bactériologie. ‹ ▶ antibactérien ›

badaboum [badabum] interj. ■ Onomatopée exprimant le bruit d'un corps qui roule avec fracas. ⇒ fam. **patatras.** *Badaboum ! tout a dégringolé !*

badaud, aude [bado, od] n. et adj. ■ Rare au fém. Personne qui s'attarde à regarder le spectacle de la rue. ⇒ **curieux, flâneur.** *Les badauds s'attroupèrent autour de l'accident.* — Adj. *Une touriste badaude.*

badge [badʒ] n. f. ■ Anglic. Insigne comportant des inscriptions (humoristiques, subversives, informatives...). ⇒ **macaron.** *Vêtement orné d'une badge.* — REM. En France, *badge* est du masculin. *Un badge.*

badigeonner [badiʒɔne] v. tr. ▪ conjug. 1. **1.** Enduire d'une préparation à base de lait de chaux. **2.** Enduire d'une préparation pharmaceutique. *Badigeonne la plaie avec du mercurochrome. Elle s'est badigeonné la gorge.* ▶ ***badigeonnage*** n. m. ■ Action de badigeonner.

badin, ine [badɛ̃, in] adj. ■ Littér. (Humeur, ton...) Qui plaisante, aime à rire. ⇒ **enjoué, gai.** / contr. **sérieux** / ▶ ***badiner*** v. intr. ▪ conjug. 1. ■ Plaisanter avec enjouement. ⇒ s'**amuser.** *C'est une personne qui ne badine pas,* sévère. ▶ ***badinage*** n. m. ■ Action de badiner. ⇒ **jeu, plaisanterie.** *Un ton de badinage.* / contr. **sérieux** /

badine [badin] n. f. ■ Baguette mince et souple qu'on tient à la main. ⇒ **cravache.**

badminton [badmintɔn] n. m. ■ Anglic. Jeu pratiqué sur un court avec un volant et des raquettes. *Un tournoi de badminton.* ▶ ***badmintonneur, euse*** n. m. ■ Joueur de badminton.

badrer [bɑdʀe] v. tr. ▪ conjug. 1. ■ (Personnes) Fam. Agacer, importuner. ⇒ **embêter.** *Elle vient toujours me badrer quand je travaille.* ⇒ **déranger ;** fam. **achaler.** ▶ ***badrage*** n. f. ■ Fam. Fait d'embêter, d'ennuyer, de déranger ; son résultat. *Je ne veux pas de badrage pendant que je cuisine.* ⇒ **achalage.** — REM. On emploie parfois la forme *badrement.* ▶ ***badrant, ante*** adj. et n. ■ Fam. Qui agace, qui embête. *Un vendeur bien badrant.* ⇒ **bâdreur.** — *Un maringouin badrant.* ⇒ **achalant.** — N. *Bande de maudits badrants !* ⇒ **bâdreur.** ▶ ***bâdreur, euse*** n. et adj. ■ Fam. Personne qui badre. ⇒ **badrant.** *Mets-moi tous ces badreurs à la porte !* — REM. On emploie aussi la forme *bâdreux* au masculin.

baffe [baf] n. f. ■ (Surtout en France) Fam. Gifle. *Donner une baffe à qqn.* ⇒ ① **claque.**

bafouer [bafwe] v. tr. ▪ conjug. 1. ■ Littér. Traiter avec un mépris outrageant. *Bafouer les droits de l'homme.* — Tourner en dérision. ⇒ se **moquer, ridiculiser.** / contr. **exalter** /

bafouiller [bafuje] v. intr. ▪ conjug. 1. ■ Parler d'une façon embarrassée, incohérente. ⇒ fam. **raboudiner.** — (Moteurs) Avoir des ratés. ▶ ***bafouillage*** n. m. ■ Action de bafouiller. ⇒ fam. **raboudinage.** — Propos incohérents. ▶ ***bafouilleur, euse*** n. et adj. ■ Personne qui bafouille. ⇒ fam. **raboudineur.**

bagage [bagaʒ] n. m. **1.** Effets, objets que l'on emporte en déplacement, en voyage. *Elle avait pour tout bagage un sac et un parapluie.* Loc. *Plier bagage,* partir. — Plus cour. Au plur. *Les bagages,* les malles, valises, sacs... que l'on emporte en voyage. *Bagages à main,* qu'on peut porter facilement, que l'on garde avec soi (dans un avion...). *Faire enregistrer ses bagages. Mettre ses bagages à la consigne.* — Loc. *Avec armes et bagages.* ⇒ **arme** (6). **2.** Ensemble des connaissances acquises. *Son bagage scientifique est quasi nul.* ▶ ***bagagiste*** [bagaʒist] n. m. ■ Employé chargé de la manutention des bagages dans un hôtel, une gare ou un aéroport. *Donner un pourboire au bagagiste.* ‹ ▶ porte-bagages ›

bagarre [bagaʀ] n. f. **1.** Mêlée de gens qui se battent. ⇒ **rixe ;** fam. **foire.** *Je me suis trouvé pris dans la bagarre.* — Sports. *Une bagarre générale,* à laquelle tous les joueurs sont mêlés. — Échange de coups. **2.** *La bagarre,* le fait de se battre. ⇒ **bataille, querelle.** *Aimer, chercher la bagarre.* — *Il va y avoir de la bagarre.* ▶ ***bagarrer*** v. ▪ conjug. 1. **1.** V. pron. récipr. Se battre, se quereller. *Ils se sont bagarrés.* **2.** V. intr. Fam. Lutter (pour). *Il va falloir bagarrer pour l'obtenir.* ▶ ***bagarreur, euse*** n. et adj. ■ Personne qui aime la bagarre. ⇒ **batailleur, combattant.**

① ***bagatelle*** [bagatɛl] n. f. **1.** Somme d'argent peu importante. — Iron. *Il a dépensé en une soirée la bagatelle de 1000 dollars.* **2.** Chose sans importance. ⇒ **babiole, futilité, rien.** *Perdre son temps à des bagatelles.* — *Changer un pneu, c'est une bagatelle,* une chose simple, facile. ⇒ **pet. 3.** Plaisant. *La bagatelle,* l'amour physique. *Je ne suis pas porté sur la bagatelle.* ⇒ **chose, gaudriole.**

② ***bagatelle*** n. f. ■ Dessert composé de biscuits ou de restes de gâteaux séchés garnis de confiture et recouverts de blanc-manger.

bagel [bagɛl] n. m. ■ Petit pain en forme d'anneau, à la mie très ferme, qu'on mange au déjeuner ou en sandwich. *Bruncher avec des bagels. Un bagel au fromage.* — REM. L'O.L.F. propose l'orthographe *baguel.*

bagne [baɲ] n. m. **1.** Établissement pénitentiaire où étaient internés les forçats après la suppression des galères ; lieu où se purgeait la peine des travaux forcés. *Le bagne de Cayenne en Amérique du Sud.* **2.** Séjour où l'on est astreint à un travail pénible. ⇒ **enfer.** ▶ ***bagnard*** [baɲaʀ] n. m. ■ Forçat interné dans un bagne.

bagnole [baɲɔl] n. f. ■ Fam. Automobile. ⇒ **guimbarde, voiture ;** fam. **bazou, char, minoune, tacot.** *Une vieille bagnole. Il aime bien les belles bagnoles.*

bagasse [bagɔs] n. f. ■ Fam. et vieilli. Alcool frelaté fabriqué illégalement. *On n'a plus la bagasse qu'on avait !*

bagou ou ***bagout*** [bagu] n. m. ■ Disposition à parler beaucoup, souvent en essayant de faire illusion ou de tromper. ⇒ **jasette.** *Avoir du bagou.* ⇒ fam. grande **gueule.**

bague [bag] n. f. **1.** Anneau que l'on met au doigt. ⇒ **chevalière.** *Bague de fiançailles.* — Loc. *Avoir la bague au doigt,* être marié. *Passer la bague au doigt,* épouser. **2.** Objet de forme annulaire (anneau de papier qui entoure un cigare, cercle métallique servant à accoupler deux pièces d'une machine...). ⇒ **collier, manchon.** ▶ ***baguer*** v. tr. ▪ conjug. 1. ■ Garnir d'une bague, de bagues. *On bague les pigeons voyageurs.* — Au p. p. adj. *Mains baguées.*

baguenauder [bagnode] v. intr. ▪ conjug. 1. ■ (France) Fam. Se promener en flânant. ⇒ se **balader.** — Pronominalement. *Se baguenauder.*

baguette [bagɛt] n. f. **1.** Petit bâton mince et flexible. ⇒ **badine.** — Loc. *Commander, mener les gens à la baguette,* avec autorité et rigueur. — *Baguette magique,* servant aux fées, enchanteurs et magiciens pour accomplir leurs prodiges. *D'un coup de baguette magique,* comme par enchantement. — *Baguette (de chef d'orchestre),* bâton mince avec lequel il dirige. — BAGUETTES DE TAMBOUR : les deux petits bâtons avec lesquels on bat la caisse. Fig. Cheveux très raides. — L'un des deux petits bâtons servant à manger, en Extrême-Orient. *Manger du riz avec des baguettes.* **2.** Petite moulure arrondie ou plate. *Poser des baguettes sur une porte, un mur.* **3.** Pain long et mince. *Une demi-baguette pas trop cuite. Petite baguette.* ⇒ **flûte.** En appos. *Un pain baguette.* **4.** Loc. fam. *Avoir les baguettes en l'air,* les bras qui s'agitent, gesticuler ; être en colère.

bah [ba] interj. ■ Exclamation exprimant l'insouciance, l'indifférence. *Bah ! j'en ai vu bien d'autres.*

bahut [bay] n. m. ■ Buffet rustique large et bas. ⟨ ▶ transbahuter ⟩

bai, baie [bɛ] adj. et n. m. ■ D'un brun rouge, en parlant de la robe d'un cheval. *Une jument baie, des étalons bais.* — N. m. Cheval de couleur baie. ≠ *bey.*

① ***baie*** [be] n. f. ■ Échancrure profonde d'un littoral ou d'une rive. *La baie de Gaspé* — Petit golfe. ⇒ **anse, crique.** ⟨ ▶ baie-comois, baieriverain ⟩

② ***baie*** n. f. **1.** Ouverture pratiquée dans un mur, dans un assemblage de charpente pour faire une porte ⇒ **porte-fenêtre, porte-patio,** une fenêtre. *Une large baie, une baie vitrée.* **2.** BAIE VITRÉE : palissade de vitres pratiquement incassables qui entoure une patinoire, au-dessus de la bande, afin de protéger les spectateurs lors des matches de hockey. *La rondelle a durement frappé la baie vitrée.*

③ ***baie*** n. f. ■ Petit fruit charnu qui renferme des graines ou pépins. *Des oiseaux qui se nourrissent de baies. Le bleuet est une baie.*

baie-comien, ienne [bekɔmjɛ̃, jɛn] adj. et n. ■ De Baie-Comeau. *Une compagnie baie-comienne.* — N. (Avec des majusc.) Personne née dans cette ville de la Côte-Nord ou qui l'habite. *Des Baie-Comiens.*

baieriverain, aine [beʀivʀɛ̃, ɛn] adj. et n. ■ De la Baie. — N. (Avec une majusc.) Personne née dans cette ville du Saguenay ou qui l'habite. *Une Baieriveraine.*

baigner [bɛɲe] v. ▪ conjug. 1. **I.** V. tr. **1.** Mettre et maintenir (un corps, un objet) dans l'eau ou un autre liquide pour laver, imbiber. ⇒ **plonger, tremper.** *Elle baigne ses pieds dans l'eau.* — Faire prendre un bain à (qqn) pour le laver. *Baigner un enfant.* **2.** (Mer) Entourer, toucher. *La mer qui baigne cette côte.* — Littér. Envelopper complètement. *La lumière qui baignait son visage.* **3.** Mouiller. ⇒ **inonder.** *Il était baigné de sueur.* **II.** V. intr. **1.** Être plongé entièrement dans un liquide. — Loc. *Baigner dans son sang,* perdre beaucoup de sang, en être couvert. **2.** Fam. *Ça baigne (dans l'huile),* ça marche, ça va bien, sans difficultés. **III.** SE BAIGNER v. pron. réfl. Plus cour. **1.** Prendre un bain dans une baignoire. **2.** Prendre un bain pour le plaisir, pour nager (dans la mer, dans un lac, dans une piscine...). *L'été dernier, nous nous baignions tous les jours. Quand vous êtes-vous baignés ?* ▶ ***baignade*** n. f. ■ Action de se baigner (2). ⇒ **bain.** ▶ ***baigneur, euse*** n. ■ Personne qui se baigne (2). ▶ ① ***baignoire*** [bɛɲwaʀ] n. f. ■ Grand appareil sanitaire allongé, recevant l'eau courante, où une personne peut se baigner (1). ⇒ **bain** (II, 3). *Baignoire encastrée.* (Surtout en France) *Baignoire sabot,* baignoire courte où l'on se baigne assis.

② ***baignoire*** n. f. ■ (Surtout en France) Loge de rez-de-chaussée, dans une salle de spectacle. *Louer deux places dans une baignoire.*

bail, plur. ***baux*** [baj, bo] n. m. **1.** Contrat par lequel une personne ⇒ **bailleur** laisse à une autre ⇒ **locataire, preneur,** le droit de se servir d'une chose pendant un certain temps moyennant un montant déterminé ⇒ **loyer.** *Le bail d'une maison. Son bail expire le 30 juin prochain. Résilier un bail, des baux. Donner* ou *prendre* À BAIL : louer (dans les deux sens du mot). **2.** Loc. fam. *C'est tout un bail !,* c'est bien long ! *Ça fait un bail,* voilà bien longtemps. ▶ ***bailleur, bailleresse*** [bajœʀ, bajʀɛs] n. **1.** Didact. Personne qui donne une chose à bail. ⇒ **locateur.** *Le bailleur et le preneur.* **2.** BAILLEUR DE FONDS : personne qui fournit des fonds pour une entreprise déterminée. ⇒ **commanditaire.**

bâiller [bɑje] v. intr. ▪ conjug. 1. **1.** Ouvrir involontairement la bouche en aspirant. *Bâiller de sommeil, de faim. Bâiller aux corneilles.* ⇒ **bayer.** *Bâiller à se décrocher la mâchoire. Un spectacle qui fait bâiller,* qui ennuie, endort. **2.** (Choses) Être entrouvert, mal fermé. *Son col bâille. Une porte qui bâille.* ▶ ***bâillement*** n. m. **1.** Action de bâiller (1). *Un bâillement d'ennui.* **2.** Le fait de bâiller (2). ▶ ***bâilleur, euse*** n. ■ Personne qui bâille souvent. ⟨ ▶ bâillon, entrebâiller ⟩

bailli [baji] n. m. ■ Histoire. Officier qui rendait la justice (dans son *bailliage*) au nom du roi ou d'un seigneur. *Les baillis et les sénéchaux.* — REM. Le féminin de *bailli* est *baillive* (rare).

bâillon [bɑjɔ̃] n. m. ■ Ce qu'on met contre la bouche de qqn pour l'empêcher de parler, de crier. ▶ ***bâillonner*** v. tr. ▪ conjug. 1. **1.** Mettre un bâillon à (une personne). **2.** Empêcher la liberté d'expression, réduire au silence. *Le gouvernement veut bâillonner l'opposition, la presse.* ⇒ **museler.**

bain [bɛ̃] n. m. **I. 1.** Action de plonger le corps ou une partie du corps dans l'eau ou un autre liquide (pour se laver, se soigner). *Prendre un bain,* se baigner. *Bain de pieds,* pour les pieds. *Bain de siège,* pour le postérieur, le derrière. — REM. On écrit *bain-de-siège* pour l'appareil sanitaire. *Bain de vapeur,* avec de la vapeur. *Bain de boue, d'algues. Bain thérapeutique,* qui soulage certaines douleurs. *Peignoir* ou *descente de bains ; serviette de bain. Tapis de bain,* petit tapis de caoutchouc que l'on place au fond de la baignoire pour ne pas glisser ; petit tapis que l'on place par terre et sur lequel on pose les pieds en sortant de la baignoire. ⇒ **carpette.** — SALLE DE BAINS : pièce d'un logement où sont installés la baignoire, le lavabo, les appareils sanitaires. **2.** L'eau, le liquide dans lequel on se baigne. *Préparer un bain.* — Loc. ÊTRE DANS LE BAIN : participer à une affaire, être compromis, ou être pleinement engagé dans une entreprise et bien au courant. *Mon frère et moi étions dans le même bain.* **II. 1.** Action d'entrer dans l'eau pour le plaisir, pour nager. ⇒ **baignade.** *Prendre un bain. Bain de mer, de rivière. Bain en piscine. Petit bain,* partie de la piscine où l'on a pied. *Costume, maillot de bain.* **2.** BAIN DE SOLEIL : exposition volontaire au soleil, pour bronzer, pour se soigner. **3.** Baignoire. *Remplir, vider le bain.* **III.** Action de se plonger dans. *Bain de foule,* le fait de se mêler à la foule. **IV.** Au plur. BAINS : établissement public où l'on prend des bains. ⇒ **hammam, thermes.** — (Surtout en France) *Aller aux bains de mer* (⇒ **balnéaire**). **V.** Préparation liquide dans laquelle on plonge un corps, une pellicule photographique... ▶ ***bain-marie*** n. m. ■ Eau chaude dans laquelle on met un récipient contenant ce qu'on veut faire chauffer. *Une crème qu'on fait prendre au bain-marie.* — Ce récipient. *Des bains-marie.* ▶ ***bain-tourbillon*** n. m. ■ Baignoire équipée d'une pompe qui propulse l'eau par jet à travers des orifices dans les parois, l'eau ainsi projetée ayant l'effet d'un massage. ⇒ **jacuzzi.** *Des bains-tourbillon.* — REM. Ce terme est critiqué. L'O.L.F. propose *baignoire à remous* pour le remplacer.

baïonnette [bajɔnɛt] n. f. ■ Arme pointue qui s'ajuste au canon du fusil. *Une sentinelle, baïonnette au canon.*

① ***baiser*** [beze] v. tr. ▪ conjug. 1. **1.** Littér. et vx. Donner un baiser à... ⇒ **embrasser. 2.** Vulg. Faire l'amour à (qqn). *Il ne baise plus personne.* — Sans compl. *Elle baise bien.* ⇒ vulg. **fourrer, mettre** (II). **3.** Fam. Duper, attraper. ⇒ **avoir, posséder.** *Elle s'est fait baiser.* ▶ ***baise*** [bɛz] n. f. ■ Vulg. Action de baiser (2). *Il ne s'intéresse qu'à la baise.* ⇒ vulg. ② **fourrage.** ▶ ***baisemain*** [bɛzmɛ̃] n. m. ■ Geste de politesse qui consiste pour un homme à baiser la main d'une dame. *Faire le baisemain.* ▶ ***baise-la-piastre*** n. invar. ■ Fam. Personne qui est près de ses sous, avare. ⇒ fam. ② **séraphin, suce-la-cenne.** / contr. **généreux** / ▶ ② ***baiser*** n. m. ■ Action de poser sa bouche sur une personne, une chose, en signe d'affection, de respect. ⇒ fam. **bec** (3), **bécot, bise, bisou.** *Petit, gros baiser. Donner un baiser à qqn sur les deux joues. Baiser d'adieu.* — *Baiser de paix,* de réconciliation. — *Baiser de Judas,* perfide, hypocrite.

baissant [bɛsɑ̃] n. m. ■ Mouvement des eaux qui se retirent. ⇒ **jusant, reflux.** / contr. **flux, montant** /

baisse [bɛs] n. f. **1.** Le fait de baisser de niveau, de descendre à un niveau plus bas. ⇒ **diminution.** *Baisse de température.* / contr. **augmentation, montée** / — Abstrait. Affaiblissement. **2.** Diminution de prix, de valeur. *La baisse des actions.* ⇒ **chute, effondrement.** — *Jouer à la baisse,* spéculer sur la baisse des marchandises ou des valeurs. — EN BAISSE : en train de baisser. *Le cours de l'or est en baisse.* / contr. **hausse** / ▶ ***baisser*** [bese] v. ▪ conjug. 1. **I.** V. tr. **1.** Mettre plus bas ; diminuer la hauteur de. ⇒ **descendre.** *Il faut baisser les stores.* / contr. **lever, monter** / **2.** Incliner vers la terre (une partie du corps). *Baisser la tête.* ⇒ **courber, pencher.** — *Baisser le nez,* être confus, honteux. — *Baisser les yeux,* les diriger vers la terre. — *Baisser les bras,* s'avouer battu, dans un match ; ne plus lutter. **3.** Diminuer la force, l'intensité de. *Baisser la voix. Baisser la radio,* diminuer l'intensité du son. — *Baisser le ton,* être moins arrogant. **4.** Diminuer (un prix). *Les commerçants ont baissé leurs prix.* **II.** V. intr. **1.** Diminuer de hauteur. ⇒ **descendre.** *Le niveau de l'eau a baissé. La mer baisse.* — Abstrait. *Il a baissé dans mon estime,* je le juge moins bien. **2.** Diminuer d'intensité. *Le jour baisse,* il fait plus sombre. *Sa vue baisse,* il y voit moins bien. **3.** (Personnes) Perdre sa vigueur et ses moyens intellectuels. *Il a beaucoup baissé depuis cinq ans.* ⇒ ② **décliner. 4.** Diminuer de valeur, de prix. *Le vin a baissé.* / contr. **augmenter** / **III.** SE BAISSER v. pron. réfl. ⇒ se **courber,** s'**incliner,** se **pencher.** *Il faut se baisser pour passer sous cette voûte.* — Loc. *Les fraises, il n'y a qu'à se baisser pour les ramasser,* il y en a en grande quantité. ‹ ▶ abaisser, baissant, rabaisser, surbaisser ›

bajoue [baʒu] n. f. **1.** Partie latérale inférieure de la tête (de certains animaux), de l'œil à la mâchoire. *Les bajoues du porc, de l'écureuil.* **2.** Joue pendante.

bakélite [bakelit] n. f. ■ Matière plastique obtenue en traitant le formol par le phénol. — REM. Ce mot est un nom de marque déposée.

baklava [baklavɑ] n. m. ■ Pâtisserie orientale à pâte feuilletée avec du miel et des amandes. *Des baklavas.*

bal, plur. ***bals*** [bal] n. m. **1.** Réunion où l'on danse (de nos jours, réunion de grand apparat, ou au contraire populaire). *Ils vont au bal. Donner un grand bal. Ouvrir le bal,* y danser le premier et la première. *Les bals du Carnaval de Québec,* qui sont donnés pendant cette période de festivités. *Le bal de la Reine. Bal masqué,* où l'on porte des masques. *Bal costumé. Robe de bal. Bal de graduation, des finissants,* qui marque la fin d'un cycle d'études (secondaires, collégiales, etc.). **2.** (France) Lieu où se donnent des bals. *Un petit bal musette de Montmartre.* ⇒ **boîte, dancing, guinguette ;** fam. **bastringue.**

balade [balad] n. f. ■ Action de se promener. *Aimer la balade. Être en balade.* ⇒ **promenade,** faire un **tour** ②. — Excursion, sortie, voyage. *Une belle balade. Faire une balade.* ≠ *ballade.* ▶ ***balader*** v. tr. ▪ conjug. 1. **1.** Fam. Promener sans but précis. — Emmener avec soi. *Une amie qu'il balade partout.* **2.** SE BALADER v. pron. réfl. : se promener sans but. ⇒ **baguenauder, errer, flâner.** — Excursionner, voir du pays. ▶ ① ***baladeur, euse*** adj. ■ (France) *Avoir l'humeur baladeuse,* aimer se promener. ▶ ② ***baladeur*** n. m. ■ Petit récepteur radio ou lecteur de cassettes muni d'écouteurs. ⇒ anglic. **walkman.** ▶ ***baladeuse*** n. f. **1.** Lampe électrique entourée d'un grillage et munie d'un long fil qui permet de la déplacer. *À la lumière d'une baladeuse.*

baladin [baladɛ̃] n. m. ■ Vx. Comédien ambulant. ⇒ **bouffon, saltimbanque.**

balafon [balafɔ̃] n. m. ■ Instrument de musique (xylophone) africain.

balafre [balafʀ] n. f. ■ Longue entaille faite par une arme tranchante, particulièrement au visage. ⇒ **coupure, estafilade.** — Cicatrice de cette blessure. ▶ ***balafrer*** v. tr. ▪ conjug. 1. ■ Blesser par une balafre. — Au p. p. *Être tout balafré. Un visage balafré.* — N. *Henri le Balafré.*

balai [balɛ] n. m. **1.** Ustensile composé d'un long manche *(manche à balai)* auquel est fixé un faisceau de crins ou une brosse et qui sert à enlever la poussière, à pousser des ordures. *Passer le balai, donner un coup de balai,* balayer. — Loc. COUP DE BALAI : licenciement du personnel d'une entreprise, d'une administration. — MANCHE À BALAI : le bâton par lequel on tient le balai. Fig. Personne maigre. *C'est un vrai manche à balai.* — Loc. *Fou comme un balai,* personne, animal qui s'excite, qui court partout à la fois. ⇒ **étourdi.** **2.** *Balai à rouleaux, balai mécanique,* appareil à brosses roulantes, monté sur un petit chariot. **3.** BALAI À FEUILLES : outil fait d'un long manche auquel est fixé un faisceau de minces tiges métalliques formant un éventail et qui sert à ratisser. *Le balai à feuilles est rangé dans le cabanon.* **4.** Frottoir en charbon établissant le contact dans une dynamo. **5.** *Voiture balai,* dans une course à pied ou cycliste, véhicule chargé de fermer le cortège (2). *Des voitures balais.* ▶ ***balai-brosse*** n. m. ■ Brosse de chiendent montée sur un manche à balai, pour frotter le sol. *Des balais-brosses.* ⟨ ▶ balayer, ballon-balai ⟩

balalaïka [balalaika] n. f. ■ Instrument de musique russe à cordes pincées, comprenant un manche et une caisse triangulaire. *Jouer de la balalaïka. Des balalaïkas.*

balance [balɑ̃s] n. f. **I.** **1.** Instrument qui sert à peser, formé d'une tige mobile *(fléau)* à laquelle sont suspendus des plateaux dont l'un porte la chose à peser, l'autre les poids marqués. *Balance de précision. Balance automatique à un plateau,* dont l'aiguille indique le poids et le prix sur un cadran. *Balance électronique. Balance à bascule.* ⇒ **bascule.** *Balance romaine* ou *romaine,* n. f., à poids constant et qui est mobile par rapport au point de suspension. **2.** Fam. Instrument qui sert à peser des personnes. ⇒ **pèse-bébé, pèse-personne.** **3.** (Avec une majusc.) Septième signe du zodiaque (23 septembre-22 octobre). *Être du signe de la Balance.* — Ellipt. Invar. *Ils sont Balance.* **II.** Abstrait. **1.** *Mettre dans la balance,* examiner en comparant. *Mettre en balance* (deux choses), opposer le pour et le contre. ⇒ **peser.** — *Faire pencher la balance,* favoriser qqn, un parti. *Elle fait pencher la balance de son côté.* **2.** État d'équilibre. *La balance des forces. La balance de l'actif et du passif d'un compte.* ⇒ **bilan.** — *La balance du commerce,* la comparaison entre les importations et les exportations d'un pays. *La balance est favorable, en excédent,* les exportations l'emportent. **III.** Fam. LA BALANCE DE... : ce qui reste de (un tout dont une ou plusieurs parties ont été retranchées). **1.** (D'une quantité mesurable ou d'un objet) ⇒ ① **restant.** *Je paierai la balance de mon emprunt dans un mois. Donnez-moi la balance du café.* **2.** (D'un espace de temps) ⇒ ① **restant.** *La balance de ses jours. La balance de la semaine.* **3.** (D'une pluralité d'être ou de choses.) *La balance des spectateurs. La balance (des gens) se casa où elle put.* **4.** (D'une chose non mesurable.) *La balance de l'examen sera corrigée demain. Je ferai la balance.* **5.** Absolt. LA BALANCE : tout ce qui n'est pas la chose précédemment mentionnée. *Laissez-moi faire la balance.* ▶ ***balancer*** [balɑ̃se] v. ■ conjug. 3. **I.** V. tr. **1.** Mouvoir lentement (qqch.) tantôt d'un côté, tantôt d'un autre. *Elle balance les bras en marchant. L'enfant de chœur balance l'encensoir.* **2.** Fam. Jeter (avec un mouvement de bascule). *Balancez ça par la fenêtre.* ⇒ **envoyer.** — Se débarrasser de (qqch., qqn). ⇒ **jeter.** *Elle a balancé ses vieux jouets. Il veut balancer son employé.* ⇒ **renvoyer.** — (Surtout en France) Fam. Trahir, dénoncer (à la police). *Il a balancé son copain.* **3.** Équilibrer. *Balancer ses phrases,* en soigner la symétrie, le rythme. **4.** Littér. Comparer, peser. *Balancer le pour et le contre.* **II.** V. intr. Littér. et vx. Être incertain. *Sans balancer,* sans hésiter. **III.** SE BALANCER v. pron. réfl. **1.** Se mouvoir alternativement d'un côté et de l'autre. ⇒ **branler.** *Ne te balance pas sur ta chaise. Un navire qui se balance sur ses ancres.* ⇒ **flotter, osciller.** — Être sur une balançoire en marche. **2.** Fam. *S'en balancer,* s'en moquer. ⇒ fam. s'en **ficher,** s'en **foutre.** ▶ ***balancé, ée*** adj. ■ Fam. (Personnes) Bâti. *Une personne bien balancée.* ▶ ***balancement*** n. m. **1.** Mouvement alternatif et lent d'un corps, de part et d'autre de son centre d'équilibre. ⇒ **oscillation.** *Un balancement continuel de la tête.* **2.** Abstrait. État d'équilibre. — Disposition symétrique. ▶ ***balancelle*** n. f. ■ Fauteuil balançoire à plusieurs places, avec un toit en tissu, dans une cour, sur un patio. ▶ ***balancier*** n. m. **1.** Pièce dont les oscillations régularisent le mouvement d'une machine. *Le balancier d'une horloge.* **2.** Long bâton dont se servent les funambules pour maintenir leur équilibre. ▶ ***balançoire*** [balɑ̃swaʀ] ou ***balancine*** [balɑ̃sin] n. f. **1.** Sorte de bascule sur laquelle deux personnes peuvent se balancer. *Les balancines du terrain de jeux.* **2.** Siège ou compartiment suspendu entre deux cordes ou deux chaînes, et sur lequel on se balance. *Faire de la balançoire.* ⇒ **escarpolette.** **3.** Sorte de bascule formée de deux sièges à plusieurs places disposés face à face et suspendus à un châssis. *Se reposer dans la balançoire.* ▶ *se* ***balanciner*** v. pron. ■ conjug. 1. ■ Se balancer sur une balançoire. *Ils se balancinaient sur la galerie.* ⟨ ▶ contrebalancer ⟩

balayer [baleje] v. tr. ■ conjug. 8. **I.** **1.** Pousser, enlever avec un balai (la poussière, les ordures...). **2.** Entraîner avec soi (comme le fait un balai). *Le vent balaye les nuages.* ⇒ **chasser.** *Le torrent balayait tout sur son passage.* ⇒ **emporter.** **3.** Faire disparaître. ⇒ **rejeter, repousser, supprimer.** *L'armée a balayé toute résistance. Balayer ses soucis.* **4.** Sports. Remporter facilement et rapidement tous les matchs d'une série, sans en perdre un seul. *On les a balayés en quatre parties consécutives.* **II.** **1.** Nettoyer avec un balai (un lieu). *Balayer le trottoir.* **2.** Passer sur (comme le fait un balai). *Son manteau balaie le sol. Les faisceaux lumineux des projecteurs balayaient la piste.* ▶ ***balayage*** n. m. **1.** Action de balayer. ⇒ **nettoyage.** *Le balayage d'une chambre.* **2.** Action de parcourir une étendue donnée avec un faisceau. **3.** Fig. (Politique) Fait, pour un parti, de remporter un grand nombre de sièges dans une circonscription, une ville, une région, etc., lors d'une élection. *Le parti a effectué un balayage en Gaspésie.* — Son résultat. — Sports. Remporter facilement et rapidement une série de victoires. ▶ ***balayette*** n. f. ■ Petit balai à manche court. ▶ ***balayeur, euse*** n. **1.** Personne qui balaie. — Spécialt. Employé qui balaye les rues, les lieux publics. **2.** N. f. Fam. Aspirateur. *Il donne un coup de balayeuse dans son auto.* **3.** Véhicule équipé d'un balai mécanique destiné au balayage des voies publiques. ▶ ***balayures*** n. f. pl. ■ Ce que l'on enlève avec un balai. ⇒ **ordure ; cochonneries, détritus.**

balbutier [balbysje] v. ■ conjug. 7. **1.** V. intr. Articuler d'une manière hésitante et imparfaite les mots que l'on veut prononcer. ⇒ **bafouiller, bégayer, bredouiller.** *Un enfant qui balbutie et commence à parler. Elle balbutie par timidité.* **2.** V. tr. Dire en balbutiant. *Il a balbutié quelques excuses.* ▶ ***balbutiement*** n. m. **1.** Action de balbutier, manière de parler de la personne qui balbutie. *Le balbutiement d'une personne émue.* **2.** Surtout au plur. Première tentative maladroite dans un art. *Cette comédienne en est encore à ses balbutiements.*

balcon [balkɔ̃] n. m. **1.** Plate-forme en saillie sur la façade d'un bâtiment et qui communique avec les appartements. ⇒ **galerie.** *Chaises, table de balcon. Sortir sur le balcon pour prendre l'air.* **2.** Balustrade (2) d'un balcon. *Un balcon en fer forgé.* **3.** Galerie d'une salle de spectacle s'étendant d'une avant-scène à l'autre. *Fauteuils de balcon.* — Galerie d'un amphithéâtre sportif. ⇒ **loge, mezzanine.** Au plur. *Les balcons,* cette section de sièges. *La mezzanine et le balcon.*

baldaquin [baldakɛ̃] n. m. ■ Ouvrage de tapisserie fixé ou soutenu de manière qu'il s'étende au-dessus d'un lit, d'un trône. *Lit à baldaquin.*

bale n. f. ⇒ ③ **balle.**

baleine [balɛn] n. f. **I. 1.** Mammifère cétacé de très grande taille (jusqu'à 20 m de long), dont la bouche est garnie de lames cornées *(fanons). Pêche à la baleine.* **2.** BALEINE BLANCHE. ⇒ **béluga, marsouin.** — Loc. *Souffler comme une baleine,* être à bout de souffle. **II.** Vx. Fanon dont on se servait pour la garniture des corsets. — *Baleines d'acier, de matière plastique,* etc., lames flexibles. *Baleines de parapluie.* ▶ ***baleiné, ée*** adj. ■ Maintenu par des baleines (II). *Soutien-gorge, col baleiné.* ▶ ***baleinier*** n. m. ■ Navire équipé pour la pêche à la baleine. ▶ ***baleinière*** n. f. ■ Embarcation longue et légère pour la pêche à la baleine. — Canot de bord, de forme identique. ▶ ***baleineau*** n. m. ■ Petit de la baleine.

balèze [balɛz] ou ***balès*** [balɛs] adj. et n. (France) Fam. ■ Grand et fort. — N. m. *Un gros balèze.*

balise [baliz] n. f. **1.** Objet, dispositif destiné à guider un navigateur, un pilote. ⇒ **bouée, feu, signal.** **2.** Émetteur radioélectrique permettant au pilote d'un navire ou d'un avion de se diriger (*radiobalise,* n. f.). **3.** Petit poteau piqué l'hiver en bordure des terrains pour indiquer la limite avec la voie de circulation enneigée. *En novembre, la municipalité avait déjà posé toutes les balises.* **4.** Fig. Limite, jalon, norme imposée. *Fixer des balises précises à un programme d'aide sociale.* — Loc. *Poser des balises.* ▶ ***baliser*** v. tr. • conjug. 1. **1.** Garnir, jalonner (un endroit) de balises. — Au p. p. adj. *Un chemin balisé.* **2.** Fig. Encadrer, fixer des limites à qqch. *Baliser un projet.* ▶ ***balisage*** n. m. ■ Action de poser des balises, des signaux pour indiquer les dangers à éviter ou la route à suivre ; ensemble de ces signaux. *Le balisage d'un port, d'un aérodrome, d'une route.* — Ensemble de signaux placés dans l'axe du tracé d'une route, d'une voie de chemin de fer, etc.

balistique [balistik] adj. et n. f. **1.** Qui est relatif aux projectiles. *Engin balistique,* fusée. **2.** N. f. Science du mouvement des projectiles.

baliverne [balivɛʀn] n. f. ■ Propos sans intérêt, sans vérité. ⇒ **calembredaine, connerie, faribole, niaiserie, sornette.** *Débiter, dire des balivernes.*

balkanique [balkanik] adj. ■ Relatif aux Balkans. *La péninsule balkanique,* la Grèce, la Yougoslavie, l'Albanie, la Bulgarie et une petite enclave turque.

ballade [balad] n. f. **1.** Petit poème de forme régulière, composé de trois couplets ou plus, avec un refrain et un envoi. *« La Ballade des pendus » de François Villon.* **2.** Poème de forme libre, d'un genre familier ou légendaire. *Les ballades de Schiller.* **3.** Pièce musicale qui illustre le texte d'une ballade. *Les ballades de Chopin.* — Chanson sentimentale accompagnée d'une musique légère. *Les ballades de Tino Rossi.* ≠ *balade.*

ballant, ante [balɑ̃, ɑ̃t] adj. et n. m. **1.** Qui remue, se balance (faute d'être appuyé, fixé). *Elle restait (les) bras ballants.* **2.** N. m. Mouvement d'oscillation. *Une voiture chargée en hauteur a du ballant.*

ballast [balast] n. m. **1.** Réservoir d'eau de mer sur un navire. *Remplir les ballasts.* — Réservoir de plongée d'un sous-marin. ⇒ **water-ballast.** **2.** Pierres concassées que l'on tasse sous les traverses d'une voie ferrée.

① ***balle*** [bal] n. f. **I. 1.** Petite sphère, boule élastique (de matière plastique, de cuir...) dont on se sert pour divers jeux (plus petit que le ballon). ⇒ **ballon.** *Balle de ping-pong, de golf, de tennis. Jouer à la balle. Terrain de balle,* où l'on joue au baseball, à la balle-molle. *Frapper quelques balles.* — *Balle de baseball,* balle très dure. — *Balle de neige.* ⇒ **boule** de neige. **2.** Le fait de lancer une balle. — Baseball, *Balle-molle,*. Lancer qui n'atteint pas la zone des prises. *Trois balles, deux prises, le compte est complet. Balle fausse,* qui n'est pas frappée en jeu. — Loc. *Faire des balles, faire quelques balles,* échanger quelques balles sans compter les points (tennis). *Couper une balle, balle coupée. Balle de set, de match,* le coup qui décide du set, du match. **3.** Loc. *Prendre, saisir la balle au bond,* saisir avec à-propos une occasion favorable. — *Renvoyer la balle,* répliquer. — *La balle est dans votre camp,* c'est à vous d'agir, de « jouer ». — *Enfant de la balle,* personne qui a été élevée dans la profession de ses parents (se dit surtout des comédiens). **II.** Petit projectile métallique dont on charge les armes à feu, certaines pièces d'artillerie. *Balle de revolver, de mitrailleuse. Balle explosive. Balle traçante. Son corps était criblé de balles. Tirer à balles réelles, à balles blanches* (⇒ ② **blanc**). — Fam. *Recevoir douze balles dans la peau,* être exécuté (par le peloton). — Loc. Fam. *Passer comme une balle,* très vite, à la vitesse de l'éclair. ▶ ***balle-molle*** n. f. ■ Sport très apparenté au baseball*, mais dans lequel on utilise une balle un peu plus grosse et moins dure. ⇒ anglic. **softball.** ⟨ ▶ ballon, pare-balles ⟩

② ***balle*** n. f. Gros paquet de marchandises. ⇒ ① **ballot.** *Une balle de coton.* . ⟨ ▶ ballot, baluchon, déballer, ① emballer, remballer ⟩

③ ***balle*** ou ***bale*** n. f. ■ Enveloppe des graines (de céréales). *La balle d'avoine est employée pour faire des paillasses.*

ballerine [balʀin] n. f. **1.** Danseuse de ballet. *Les ballerines de l'Opéra de Paris.* **2.** Chaussure de femme rappelant un chausson de danse.

balles [bal] n. f. plur. ■ (France) Fam. Francs. (toujours au plur. et avec un nombre). *Prête-moi deux cents balles.* ⇒ **brique**

ballet [balɛ] n. m. ■ Danse classique exécutée par plusieurs personnes. *Le corps de ballet de l'Opéra de Paris,* l'ensemble des danseurs de ballets. *Un spectacle du ballet national du Canada,* de cette troupe. *Un maître de ballet.* — Ce spectacle de danse ; musique de cette danse. *Un ballet de Stravinski.* ▶ ***ballet-jazz*** n. m. ■ Ballet moderne exécuté sur un air, une musique de jazz. *Suivre des cours de ballet-jazz.*

ballon [balɔ̃] n. m. **I. 1.** Grosse balle dont on se sert pour jouer. ⇒ **balle.** *Jouer au ballon.* — Spécialt. Sports. *Le ballon rond du soccer, du basketball, du water-polo, ovale du football, du rugby.* **2.** Sphère plus légère que l'air, formée d'une pellicule très mince gonflée de gaz et qui sert de jouet aux enfants. ⇒ fam. **balloune.** *Marchand de ballons. Un lâcher de ballons.* — En appos. *Manches ballon,* gonflantes. **II.** Aérostat gonflé d'un gaz plus léger que l'air. *Les premières ascensions en ballon.* ⇒ **montgolfière.** *« Cinq semaines en ballon » de Jules Verne.* — BALLON D'ESSAI : petit ballon qu'on lance pour connaître la direction du vent. Abstrait. Expérience que l'on tente pour sonder les dispositions des gens, tâter l'opinion. — BALLON CAPTIF : retenu à terre par des cordes. — BALLON-SONDE : pour l'étude de la haute atmosphère. *Des ballons-sondes.* **III.** Fig. **1.** Vase de laboratoire en verre de forme sphérique. — Verre à boire de forme sphérique. *Un ballon de (vin) rouge.* En appos. *Verre ballon.* **2.** *Ballon d'oxygène,* vessie ou bouteille remplie d'oxygène munie d'un tube d'aspiration, pour faire respirer et ranimer qqn. — *Ballon d'alcootest,* destiné au contrôle du taux d'alcool dans le sang. Ellipt. *Les policiers l'ont fait souffler dans le ballon.* ⇒ fam. **balloune.** ▶ ***ballonné, ée*** adj. ■ Gonflé comme un ballon. *Jupe ballonnée.* — (Intestin) Distendu par les gaz. *Avoir le ventre ballonné. Être, se sentir ballonné.* ▶ ***ballonnement*** n. m. ■ Gonflement de l'abdomen dû à l'accumulation des gaz intestinaux. ▶ ***ballon-balai*** n. m. ■ Sport qui se pratique sur une patinoire, mais sans patins, entre deux équipes de cinq joueurs qui essaient de faire pénétrer un petit ballon dans le but adverse à l'aide d'une sorte de court balai. *Des joueurs de ballon-balai.* ▶ ***ballon-panier*** n. m. ■ Sport qui se pratique entre deux équipes de cinq joueurs qui essaient de lancer un ballon dans le panier du camp adverse. ⇒ ① **basket.** *Un tournoi universitaire de ballon-panier.* ▶ ***ballon-volant*** n. m. ■ Sport qui se pratique entre deux équipes de six joueurs, séparées par un filet, au-dessus duquel chaque camp doit renvoyer un ballon à la main et de volée. ⇒ anglic. **volley-ball.**

ballot [balo] n. m. ■ Petite balle ② de marchandises. — Paquet.

ballottage [balɔtaʒ] n. m. ■ Dans une élection au scrutin majoritaire. Résultat négatif d'un premier tour, aucun des candidats n'ayant recueilli le nombre de voix nécessaire pour être élu. *Il y a ballottage.* — Par ext. Situation des deux candidats les mieux placés au premier tour. *Être en ballottage.*

ballotter [balɔte] v. ▪ conjug. 1. **1.** V. tr. Faire aller alternativement dans un sens et dans l'autre. ⇒ **agiter, balancer, bardasser, remuer, secouer.** *Nous avons été bien ballottés dans cette vieille voiture.* **2.** *Être ballotté entre des sentiments contraires,* tiraillé. **3.** V. intr. Être agité, secoué en tous sens. *Poitrine qui ballotte.* ▶ ***ballottement*** n. m. ■ Mouvement d'un corps qui ballotte.

ballottine [balɔtin] n. f. ■ Préparation de viande désossée et roulée. *Ballottine de volailles.* ⇒ **galantine.**

balloune ou ***baloune*** [balun] n. f. Fam. **1.** Ballon ②. *Une balloune gonflée à l'hélium.* **2.** Bulle ②. *Faire des ballounes dans son bain.* **3.** Ballon* d'alcootest. *Souffler dans la balloune.* **4.** Loc. *Partir sur une balloune,* s'enivrer, se paqueter. ⇒ **brosse, cuite.**

balnéaire [balneɛʀ] adj. ■ Relatif aux bains de mer. *Station balnéaire.*

baloney ou ***baloné*** [balone] n. m. ■ Gros saucisson constitué d'un mélange de bœuf et de porc. *Une tranche de baloney. Un sandwich au baloné.*

balourd, ourde [baluʀ, uʀd] adj. et n. ■ Maladroit et sans délicatesse. ⇒ **épais, lourdaud.** *Il est un peu balourd. Quel balourd !* / contr. **adroit, délicat** / ▶ ***balourdise*** n. f. ■ Propos ou action du balourd. ⇒ **gaffe, maladresse, stupidité.** — Caractère balourd. *Être d'une balourdise étonnante.* / contr. **délicatesse** /

balsamique [balzamik] adj. ■ Qui a des propriétés comparables à celles du baume.

balte [balt] adj. et n. ■ Se dit des pays que baigne la mer Baltique. *Les pays baltes,* la Lituanie, la Lettonie et l'Estonie. — N. (Avec une majusc.) *Une Balte.*

baluchon ou ***balluchon*** [balyʃɔ̃] n. m. ■ Petit paquet d'effets ③ maintenus dans un carré d'étoffe noué aux quatre coins.

balustre [balystʀ] n. m. **1.** Petite colonne renflée supportant un appui. **2.** Colonnette ornant le dos d'un siège. **3.** N. f. Balustrade qui sépare le chœur de la nef, dans une église. — Fam. Loc. *Mangeur, rongeur de balustre,* personne qui affecte une grande piété (⇒ faux **dévot**) ; hypocrite. ▶ ***balustrade*** [balystʀad] n. f. **1.** Rangée de balustres portant une tablette d'appui. *La balustrade d'une terrasse.* **2.** Clôture à hauteur d'appui et à jour. *La balustrade d'un pont.* ⇒ **garde-fou, parapet, rambarde.**

balzane [balzan] n. f. ■ Tache de poils blancs aux pattes d'un cheval. *Un cheval bai avec des balzanes.*

bambin, ine [bɑ̃bɛ̃, in] n. ■ Petit garçon, petite fille. ⇒ **enfant.**

bambou [bɑ̃bu] n. m. ■ Plante à tige cylindrique ligneuse avec nœuds cloisonnants. *Une canne de bambou. Des pousses de bambou,* les bourgeons comestibles.

ban [bɑ̃] n. m. **1.** Proclamation solennelle d'un futur mariage à l'église ou au palais de justice. *On a publié les bans.* **2.** Roulement de tambour précédant la proclamation d'un ordre, la remise d'une décoration. *Ouvrir, fermer le ban.* **3.** Le corps de la noblesse féodale convoqué par le suzerain. — Loc. *Le ban et l'arrière-ban,* tout le monde. **4.** Loc. *Être en rupture de ban,* affranchi des contraintes de son état. — *Mettre qqn* AU BAN DE *la société, un pays* AU BAN DES *nations* : le rejeter, le déclarer indigne, le dénoncer au mépris public. **5.** *Un député d'arrière-ban,* un simple député, qui ne remplit pas de fonction importante au sein du gouvernement. ≠ *banc.* ‹ ▶ bannir ›

banal, ale, als [banal] adj. ■ Qui est extrêmement commun, sans originalité. ⇒ **ordinaire, courant.** *Un cas assez banal. Propos banals.* / contr. **curieux, original** / *Un récital très banal.* ⇒ anglic. **drabe.** ▶ ***banalement*** adv. ■ De manière banale. ▶ ***banaliser*** v. tr. ▪ conjug. 1. ■ Rendre banal, ordinaire. — Au p. p. adj. *Une voiture de police banalisée,* dépourvue de signes distinctifs. — Pronominalement. *Cette comparaison a fini par se banaliser.* ▶ ***banalité*** n. f. **1.** Caractère de ce qui est banal. / contr. **originalité** / **2.** Propos, écrit banal. *Ce livre est un tissu de banalités.* ⇒ **cliché, lieu** commun, **poncif.**

banane [banan] n. f. **1.** Fruit oblong à pulpe farineuse, à épaisse peau jaune, que produit la grappe de fleurs du bananier. *Un régime de bananes.* — Fig. *Glisser sur une peau de banane,* être victime d'un piège tendu par qqn. **2.** Fig. Hélicoptère allongé. — Élément de pare-chocs. — Coiffure en grosse mèche en casquette. ▶ ***bananier*** n. m. **1.** Plante arborescente dont le fruit est la banane. **2.** Cargo équipé pour le transport des bananes.

① ***banc*** [bɑ̃] n. m. **1.** Long siège, avec ou sans dossier, sur lequel plusieurs personnes peuvent s'asseoir à la fois. *Banc de pierre, de bois. Banc de jardin.* Fam. *S'asseoir sur le banc d'en avant,* sur la banquette avant d'une automobile. — Ce siège, réservé, dans une assemblée. *Le banc des députés à l'Assemblée nationale.* — Sports. *Le banc des joueurs, le banc des pénalités.* **2.** (PETIT) BANC : siège peu élevé pour une seule personne, sans bras, ni dossier, à pied(s). *Un banc de piano, de cuisine.* ⇒ **escabeau, tabouret.** *Monter sur le petit banc.* — Fam. *Être assis sur le banc (des toilettes).* ⇒ ① **lunette.** *Le banc des accusés au tribunal. La Cour du Banc de la Reine.* ≠ *ban.* ‹ ▶ banquette ›

② ***banc*** n. m. ■ Assemblage de montants et de traverses. ⇒ **bâti.** *Un banc de tourneur. Banc de scie,* qui sert à scier du bois. — BANC D'ESSAI : bâti sur lequel on monte les moteurs pour les éprouver, les tester ; ce par quoi on éprouve (une personne, une chose) ; concours pour des débutants. ≠ *ban.*

③ ***banc*** n. m. **1.** Amas de matières formant une couche plus ou moins horizontale. *Banc de sable. Banc de coraux.* ⇒ **récif. 2.** BANC DE NEIGE : amoncellement de neige provoqué par le vent ou par des travaux de déneigement. *Pelleter le banc de neige sur le trottoir.* ⇒ **congère.** *Un gros banc de glace sur le Saint-Laurent.* **3.** *Banc de poissons,* grande quantité de poissons réunis par espèce. *Un banc de harengs. — Le banc (de pêche) de Terre-Neuve,* le secteur de la mer favorable à la pêche commerciale. ≠ *ban.* ‹ ▸ banquise ›

bancaire [bɑ̃kɛʀ] adj. ■ Qui a rapport aux banques, aux opérations de banque. *Une transaction, une fraude bancaire.* ‹ ▸ interbancaire ›

bancal, ale, als [bɑ̃kal] adj. **1.** (Personnes) Qui a une jambe ou les jambes torses et dont la marche est inégale. ⇒ **boiteux.** *Des enfants bancals.* **2.** (Meuble) Qui a des pieds inégaux, et qui n'est pas d'aplomb. *Une table bancale.*

bandage [bɑ̃daʒ] n. m. **1.** Bandes de tissu appliquées sur une partie du corps, pour un pansement, pour maintenir un organe... ⇒ **bande, écharpe.** *Bandage herniaire. Enrouler, serrer, défaire un bandage.* **2.** Bande de métal ou de caoutchouc qui entoure la jante d'une roue.

① ***bande*** [bɑ̃d] n. f. **1.** Morceau d'étoffe, de cuir, de papier, de métal, etc., plus long que large, qui sert à lier, maintenir, recouvrir, border ou orner qqch. ⇒ **lanière, lien, ruban.** *Bande velcro,* pour servir de bandage, faire des pansements. — *Bande molletière,* que les soldats entouraient autour de leurs mollets. — *Bande de journal,* dont on entoure un journal plié, pour l'expédier. *Journal sous bande.* — Film de cinéma qui a cette forme. ⇒ **pellicule.** *La bande a sauté à la projection. — Bande magnétique d'un magnétophone, d'un magnétoscope* ⇒ **vidéo**, *d'un ordinateur,* etc. *Enregistrer deux bandes. La bande-son d'un film.* **2.** Partie étroite et allongée de qqch. *Chaussée à trois bandes* (limitées par une ligne). ⇒ **voie.** — Large rayure. *Les bandes d'un drapeau. — Bande de fréquence,* ensemble des fréquences comprises entre deux limites. — BANDE PUBLIQUE : bande affectée aux communications privées par émetteur-récepteur de petite puissance. ⇒ ② **B.P., C.B., citizen's band ; radioamateur.** En appos. *Un poste bande publique,* un émetteur-récepteur. — BANDE DESSINÉE : suite de dessins qui racontent une même histoire, et où les paroles et les pensées des personnages sont inscrites dans des bulles. ⇒ **B.D., comics. 3.** Rebord élastique qui entoure le tapis d'un billard. — Loc. *Faire qqch.* PAR LA BANDE : de biais, par des moyens indirects. **4.** Palissade à hauteur d'appui qui entoure une patinoire. ⇒ **clôture ;** ② **rampe.** *Le joueur patine le long de la bande.* ▸ ***bande-annonce*** n. f. ■ Courts extraits de films, déjà programmés ou dont la sortie est imminente, présentés au public. *Des bandes-annonces.* ▸ ***bandeau*** n. m. **1.** Bande qui sert à entourer le front, la tête. ⇒ **serre-tête, turban.** *Le joueur de tennis met son bandeau avant le match. Des bandeaux.* **2.** Cheveux qui serrent le front, les tempes, dans une coiffure féminine à cheveux longs. **3.** Morceau d'étoffe qu'on met sur les yeux de qqn pour l'empêcher de voir. — Loc. *Avoir un bandeau sur les yeux,* ne pas voir, ne pas comprendre qqch. de visible, de clair. ▸ ***bandelette*** [bɑ̃dlɛt] n. f. ■ Petite bande de tissu. *Les bandelettes des momies égyptiennes.* ‹ ▸ bandage, bander, banderille, banderole, plate-bande ›

② ***bande*** n. f. **1.** Groupe de personnes (notamment de rebelles) qui combattent ensemble sous un même chef. *Des bandes armées.* ⇒ **troupe.** — Groupe de malfaiteurs sous la direction d'un chef. *Bande de voleurs.* ⇒ fam. **gang.** — Groupe associé dans un même but ou par quelque affinité. *Je ne suis pas de leur bande.* ⇒ **clan, clique, coterie ;** fam. **gang. 2.** Groupe (de personnes, d'animaux). *Une bande d'écoliers. Une bande d'amies.* — Loc. *Faire* BANDE À PART : se mettre à l'écart d'un groupe (en parlant de plusieurs personnes). — Terme d'insulte collective. *Bande d'idiots !* ⇒ **tas. 3.** Communauté amérindienne, plus petite qu'une nation, constituée en vertu de la loi canadienne, et qui vit sur un territoire bien déterminé. *Un chef de bande. Le conseil de bande. La bande montagnaise.* ‹ ▸ débandade ›

③ ***bande*** n. f. ■ (Navire) *Donner de la bande,* pencher sur un bord.

bander [bɑ̃de] v. ■ conjug. 1. **1.** V. tr. Entourer d'une bande que l'on serre. *Bander le bras d'un blessé.* **2.** V. tr. Couvrir (les yeux) d'un bandeau. **3.** V. tr. Tendre avec effort. *Le tireur bande son arc.* / contr. **détendre** / **4.** V. intr. Fam. Être en érection. *Garçon qui bande.* — Vulg. (Personnes) ; fam. (choses). Loc. *Être bandé sur* (qqn, qqch.), être très attiré par (qqn, qqch.), avoir très envie de (qqn, qqch.). *Il est bandé sur les ordinateurs.* ▸ ***bandé, ée*** adj. **1.** Couvert d'un bandeau. *Les yeux bandés.* **2.** Entouré d'un bandage. *Main bandée.* ‹ ▸ débander ›

banderille [bɑ̃dʀij] n. f. ■ Pique ornée de bandes multicolores que les toreros plantent sur le cou du taureau pendant la corrida.

banderole [bɑ̃dʀɔl] n. f. ■ Petite bannière. — Bande de toile couverte d'une inscription, que l'on porte dans les défilés, les manifestations ou que l'on accroche dans un lieu public. *Les banderoles du Forum de Montréal.* ≠ *pancarte.*

bandit [bɑ̃di] n. m. **1.** Malfaiteur vivant hors la loi. ⇒ **brigand, gangster, voleur. 2.** Homme avide et sans scrupules. *Ce commerçant est un bandit.* ⇒ **filou, forban, pirate.** ▸ ***banditisme*** n. m. ■ Mœurs des bandits. *Acte de banditisme. Le grand banditisme,* les crimes graves.

en ***bandoulière*** [ɑ̃bɑ̃duljɛʀ] loc. adv. ■ Porté en étant passé d'une épaule au côté opposé du corps. *Fusil, sac en bandoulière.*

bang [baŋ] interj. et n. m. ■ Interj. Bruit d'explosion. ⇒ **boum.** — N. m. *Les bangs des avions à réaction.*

banjo [bɑ̃(d)ʒo] n. m. ■ Instrument de musique à cordes grattées, rond, dont la caisse de résonance est formée d'une membrane tendue sur un cercle de bois. *Jouer du banjo dans un orchestre de jazz traditionnel. Des banjos.*

banlieue [bɑ̃ljø] n. f. ■ Ensemble des agglomérations qui entourent une grande ville. ⇒ **environs.** *La banlieue de New York. La grande banlieue,* la banlieue la plus éloignée. *Trains, autobus, écoles de banlieue. J'habite en banlieue, dans la banlieue de Toronto. Habiter dans une banlieue dortoir.* ⇒ **cité.** ▸ ***banlieusard, arde*** n. ■ Habitant de la banlieue.

bannière [banjɛʀ] n. f. **1.** Enseigne guerrière des anciens seigneurs féodaux. — Loc. *Combattre, se ranger sous la bannière de qqn,* avec lui, dans son parti. **2.** Étendard que l'on porte aux processions. — Étendard d'un groupe, d'une association. *La bannière d'un corps de clairons.* ⇒ **banderole. 3.** *Voile en bannière,* voile dont les coins inférieurs ne sont pas fixés et qui flotte au vent.

bannir [baniʀ] v. tr. ■ conjug. 2. Littér. **1.** Condamner (qqn) à quitter un pays, avec interdiction d'y rentrer. ⇒ **exiler, expulser, proscrire, refouler.** — Sports. Chasser, expulser. *Il a été banni du baseball.* — Éloigner. *Je l'ai banni de ma maison.* **2.** (Compl. chose)

Écarter, supprimer. *C'est une idée qu'il faut bannir de votre esprit.* ⇒ **chasser, rejeter.** *Elle a banni la cigarette.* ▶ ***banni, ie*** adj. et n. **1.** Qui est banni de son pays. ⇒ **exilé.** — N. *Rappeler les bannis.* **2.** Écarté, supprimé. *C'est un sujet banni.* ▶ ***bannissement*** n. m. ■ Peine criminelle qui consiste à interdire à qqn le séjour dans son pays. ⇒ **exil, proscription.**

banque [bɑ̃k] n. f. **1.** Commerce de l'argent et des titres, effets de commerce et valeurs de bourse. *Les opérations de banque.* — (Avec une majusc.) *La Banque du Canada,* l'organisme fédéral qui émet la monnaie, qui fixe le taux d'escompte officiel et qui est responsable de la politique monétaire du pays. — *Une banque à charte,* banque privée, possédant des succursales et bénéficiant de certains privilèges accordés par le Parlement fédéral. *Les banques à charte sont soumises aux règlements de la Banque du Canada.* **2.** Établissement où se fait ce commerce. ⇒ **caisse** populaire. *Ma sœur a un compte en banque. Employé de banque.* **3.** Fam. Tirelire. *Elle met toutes ses cennes noires dans sa banque.* Jeu. Somme que l'un des joueurs tient devant lui pour payer ceux qui gagnent. *Faire sauter la banque,* gagner tout l'argent en jeu. **4.** *Banque du sang, d'organes,* service médical qui recueille du sang, etc., pour les transfusions, les greffes. — *Banque de données,* ensemble d'informations sur un sujet, centralisées et traitées par ordinateur. *Notre terminal est relié à la banque de données.* ‹ ▶ bancaire, banquier ›

banqueroute [bɑ̃kʀut] n. f. ■ Faillite accompagnée d'infractions à la loi. ⇒ **krach.** *Faire banqueroute.* ▶ ***banqueroutier, ière*** n. ■ Personne qui a fait banqueroute.

banquet [bɑ̃kɛ] n. m. ■ Grand repas, repas officiel où sont conviées de nombreuses personnes. *Donner un banquet en l'honneur de qqn.* ▶ ***banqueter*** v. intr. ▪ conjug. 4. ■ Participer à un banquet. *Les personnalités, les ministres banquettent souvent.* — Bien manger à plusieurs. ⇒ **festoyer.**

banquette [bɑ̃kɛt] n. f. ■ Banc rembourré ou canné avec ou sans dossier. *Les banquettes d'un autobus. La banquette arrière d'une automobile.* — *Les banquettes ministérielles.*

banquier, ière [bɑ̃kje, jɛʀ] n. **1.** Personne qui fait le commerce de la banque, dirige une banque. ⇒ **financier.** — Personne qui fournit de l'argent. *Je ne peux pas toujours être votre banquier.* **2.** Personne qui tient la banque à certains jeux.

banquise [bɑ̃kiz] n. f. ■ Amas de glaces flottantes formant un immense banc ③. *Les Inuits voyagent sur la banquise.*

bantam [bantam] adj. et n. ■ Anglic. Se dit d'une catégorie sportive pour les jeunes de 13 et 14 ans, spécialt au hockey. ⇒ **atome, junior, midget, novice, pee-wee.** *Un club bantam. Jouer bantam,* dans cette catégorie. — N. *Les bantams.*

baobab [baɔbab] n. m. ■ Arbre d'Afrique tropicale, à tronc énorme. *Des baobabs.*

baptême [batɛm] n. m. **I. 1.** Sacrement destiné à laver le péché originel et à faire chrétienne la personne qui le reçoit. *Donner, recevoir le baptême. Extrait de baptême,* extrait du registre paroissial attestant qu'une personne a reçu le baptême. ⇒ **baptistaire.** *Nom de baptême,* le prénom que l'on donne à la personne qui est baptisée. **2.** Bénédiction (d'un navire, d'une cloche...). — *Baptême du feu,* premier combat. *Baptême de l'air,* premier vol en avion. *J'ai reçu mon baptême de l'air cette année.* **II.** Interj. Fam. Sacre, juron (plus usuel chez les gens qui ont plus de quarante ans). *Baptême ! Tout va mal.* Absolt. *Baptême !* — *Baptême de* (+ autre juron). — Loc. *Être en baptême,* fâché, de mauvaise humeur. — N. UN BAPTÊME DE : sert à qualifier la chose, la personne qui est mentionnée. *On a regardé un baptême de bon film.* Sans compl. UN BAPTÊME : terme d'injure, de mépris. *Ah ! le baptême ! Va-t-en, mon baptême !* — Loc. adv. EN BAPTÊME : très, beaucoup. *Il fait chaud en baptême.* ▶ ***baptiser*** [batize] v. tr. ▪ conjug. 1. **1.** Administrer le baptême à (qqn). *Je te baptise au nom du Père, du Fils et du Saint-Esprit.* **2.** *Baptiser une cloche, un navire,* les bénir en leur donnant un nom. **3.** *Baptiser du vin, du lait,* y mettre de l'eau. **4.** Donner un surnom à (qqn), une appellation à (qqch.). ⇒ **appeler.** — Au p. p. adj. *Une modeste pièce baptisée salon.* ▶ ***baptismal, ale, aux*** adj. ■ Littér. Qui a rapport au baptême. *L'eau baptismale. Les fonts baptismaux.* ▶ ***baptistaire*** n. m. ■ Certificat, extrait de naissance, de baptême. *Pour obtenir un numéro d'assurance sociale, il faut présenter un baptistaire.* ≠ *baptistère.* ▶ ***baptistère*** n.m. ■ Endroit où l'on administre le baptême. ≠ *baptistaire.* ‹ ▶ débaptiser, rebaptiser ›

baquet [bakɛ] n. m. **1.** Récipient de bois, à bords bas, servant à divers usages domestiques. ⇒ **cuve.** **2.** Siège bas et très emboîtant des voitures de sport et de course. *Des baquets,* ou en appos. *des sièges baquets.*

① ***bar*** [baʀ] n. m. ■ Débit de boissons où l'on consomme debout, ou assis sur de hauts tabourets, devant un long comptoir. ⇒ **bar-salon ;** anglic. **saloon.** *Je ne vais jamais au bar.* — Ce comptoir. *Avoir un bar dans son sous-sol.* ‹ ▶ barman, bar-salon, piano-bar, snack-bar ›

② ***bar*** n. m. ■ Poisson marin carnivore, à chair très estimée.

③ ***bar*** n. m. ■ Unité de pression atmosphérique valant 10^5 pascals. *Le millième du bar.* ⇒ **millibar.** ‹ ▶ millibar ›

barachois [baʀaʃwa] n. m. ■ Banc de sable ou de gravier s'avançant dans la mer à l'embouchure d'une rivière et qui forme une petite baie. ⇒ **havre, lagune, port.** *Quelques bateaux sont à l'abri dans un barachois.*

baragouin [baʀagwɛ̃] n. m. ■ Langage incorrect et inintelligible ; langue que l'on ne comprend pas et qui paraît barbare. ⇒ **jargon ; charabia.** ▶ ***baragouiner*** v. tr. ▪ conjug. 1. ■ Parler mal (une langue). *Elle baragouine le français.*

baraka [baʀaka] n. f. ■ (France) Fam. Chance. *Il a vraiment la baraka.*

baraque [baʀak] n. f. **1.** Construction provisoire en planches. ⇒ **cabane.** *Les soldats vivaient dans des baraques.* **2.** Maison mal bâtie, peu solide. ⇒ **bicoque, masure.** **3.** Fig. Fam. Maison, établissement où l'on ne se trouve pas bien. ⇒ fam. **boîte, boutique.** *On gèle dans cette baraque.* ▶ ***baraquement*** n. m. ■ Ensemble de baraques.

baraqué, ée [baʀake] adj. ■ Fam. (Personnes) Bien fait, bien bâti. ⇒ fam. **balèze, costaud,** bien **planté.** *Il est bien baraqué,* grand et fort.

baratin [baʀatɛ̃] n. m. ■ Discours abondant qui tend à tromper, à séduire. ⇒ **boniment.** *Assez de baratin ! Ne me faites pas de baratin !* ▶ ***baratiner*** v. tr. ▪ conjug. 1. ■ Essayer d'abuser (qqn) par un baratin. *Ce vendeur baratine le client.* ▶ ***baratineur, euse*** n. et adj. ■ Personne qui baratine, a du bagou.

baratte [baʀat] n. f. ■ Instrument ou machine à battre le lait. *Baratte électrique.* ▶ ***baratter*** v. tr. ▪ conjug. 1. ■ Battre (la crème) dans une baratte pour obtenir le beurre. ▶ ***barattage*** n. m. ■ Action de baratter (la crème).

barbacane [baʀbakan] n. f. ■ Moyen Âge. Ouvrage avancé percé de meurtrières. — Meurtrière pratiquée dans le mur d'une forteresse. — Ouverture longue et étroite pratiquée dans un mur (un balcon, etc.) pour l'écoulement des eaux. ≠ *sarbacane.*

barbadien, ienne [baʀbadjɛ̃, jɛn] adj. et n. ■ Relatif à la Barbade. — N. (Avec une majusc.) Personne née dans cette île des Petites Antilles ou qui y habite.

barbant, ante [baʀbɑ̃, ɑ̃t] adj. ■ Fam. Qui barbe, ennuie. ⇒ **ennuyant,** fam. **chiant,** ① **rasant.**

barbare [baʀbaʀ] adj. et n. **1.** Étranger, pour les Grecs et les Romains et, plus tard, pour la chrétienté. *Les invasions barbares, des barbares.* **2.** N. Homme qui n'est pas civilisé. ⇒ **primitif, sauvage.** *Nous paraîtrons nous-mêmes des barbares à nos descendants. C'est un barbare,* un être sans culture. **3.** (Choses) Qui choque, qui est contraire aux règles, au goût, à l'usage. ⇒ **grossier.** *C'est une musique barbare ! Une façon de parler barbare.* ⇒ **incorrect. 4.** (Choses) Cruel, sauvage. *Un crime barbare.* ▶ ***barbarie*** n. f. **1.** Littér. État d'un peuple non civilisé. / contr. **civilisation** / **2.** Absence de goût, grossièreté de barbare. / contr. **raffinement** / **3.** Cruauté sauvage. ⇒ **sauvagerie.** *Commettre des actes de barbarie.* / contr. **bonté** / ▶ ***barbarisme*** [baʀbaʀism] n. m. ■ Faute grossière de langage, emploi de mots déformés, utilisation d'un mot dans un sens qu'il n'a pas. ⇒ **incorrection, solécisme.** *Le professeur dit que « se souviendre » (pour « se souvenir ») est un affreux barbarisme.*

barbe [baʀb] n. f. **1.** Poils qu'on laisse pousser sur le menton (ou le menton et les joues). ⇒ **barbiche, bouc, collier.** *Barbe en éventail, en pointe. Porter la barbe et la moustache.* **2.** Moins cour. Poils du menton, des joues et de la lèvre supérieure (moustache). *Avoir la barbe dure. Visage sans barbe.* ⇒ **glabre, imberbe.** — Loc. *Se faire faire la barbe,* se faire raser. *Une barbe de huit jours,* pas rasée depuis huit jours. — Loc. fig. *Rire dans sa barbe,* en se cachant, à la dérobée. — *À la barbe de qqn,* devant lui, malgré sa présence. **3.** (Surtout en France) Une VIEILLE BARBE : un vieil homme qui n'est pas à la page. **4.** (Surtout en France) *De la* BARBE À PAPA : confiserie formée de filaments de sucre. ⇒ ② **mousse. 5.** *La barbe !,* assez, cela suffit. *Quelle barbe !,* quel ennui ! (⇒ **barbant, barber**). **6.** Longs poils que certains animaux ont à la mâchoire, au museau. *Barbe de chèvre.* — Cartilages servant de nageoires aux poissons plats (ex. : *limande, barbue*). **7.** Pointe effilée de certains épis (ex : *orge*), des plumes d'oiseau. ⟨ ▶ barbant, barbelé, barber, barbet, barbiche, barbier, barbillon, barbouze, barbu, barbue, ébarber, rébarbatif ⟩

barbeau [baʀbo] n. m. **1.** Poisson d'eau douce, à barbillons. *Des barbeaux.* **2.** Insecte coléoptère, ordinairement roux. ⇒ **hanneton.** *Écraser un barbeau sur un mur.* **3.** ⇒ **barbot.**

barbecue [baʀbəkju] n. m. **1.** Appareil au charbon de bois, pour faire des grillades en plein air. ⇒ **gril, hibachi.** *Faire cuire des côtelettes sur le barbecue. Des barbecues.* — En appos. *Poêle barbecue.* **2.** Repas en plein air où on sert des viandes, du poisson apprêtés au barbecue (1). *Faire un barbecue sur le patio.* **3.** SAUCE BARBECUE : sauce épicée avec laquelle on badigeonne la viande ou le poisson à griller ou à rôtir ; sauce qui accompagne cette viande, ce poisson. *Une sauce barbecue aigre-douce.* **4.** POULET BARBECUE : poulet rôti apprêté et servi avec la sauce barbecue. *Faire venir du poulet barbecue pour le souper.* — REM. Abrév. fam. B.B.Q. ou BAR.B.Q., n. m. invar.

barbelé, ée [baʀbəle] adj. et n. m. ■ Garni de dents et de pointes. *Fil de fer barbelé.* — N. m. *Barbelés, réseau de barbelés,* ensemble d'ouvrages militaires en fil de fer barbelé.

barber [baʀbe] v. tr. • conjug. 1. Fam. **1.** Ennuyer. ⇒ **assommer** ; fam. ② **raser, tanner.** *Vous le barbez avec vos histoires.* — V. pron. réfl. *Se barber,* s'ennuyer. *On s'est barbé toute la journée.* **2.** Provoquer. ⇒ **baver.** *Il l'a barbé et ils en sont venus aux coups.* ⟨ ▶ barbant ⟩

barbet [baʀbɛ] n. m. **1.** Espèce d'épagneul (chien) à poil long et frisé. **2.** (France) Variété de rouget (poisson). *Un rouget barbet.*

barbiche [baʀbiʃ] n. f. ■ Petite barbe qu'on laisse pousser au menton. ▶ ***barbichette*** n. f. ■ Petite barbiche. *Je te tiens par la barbichette.*

barbier [baʀbje] n. m. **1.** Anciennt. Coiffeur qui faisait la barbe au rasoir à main. **2.** Vieilli. Coiffeur pour hommes. *Mon père va toujours chez le même barbier.*

barbillon [baʀbijɔ̃] n. m. ■ Filament charnu aux bords de la bouche de certains poissons (ex. : chez le *barbeau, la barbotte*).

barbiturique [baʀbityʀik] adj. et n. m. ■ (Acide) Dont les dérivés sont utilisés comme calmants, somnifères (valium, etc.). — N. m. Ces calmants. *Ne pas abuser des barbituriques.*

barbot ou ***barbeau*** [baʀbo] n. m. ■ Tache d'encre, de stylo. ⇒ ② **pâté.** *Sa feuille est pleine de barbots. Faire des barbots.* ⇒ **bavure, fion, rature.**

barboter [baʀbɔte] v. intr. • conjug. 1. **1.** S'agiter, remuer dans l'eau, la boue. *Les canards barbotent dans la mare.* ⇒ **patauger. 2.** (Gaz) Traverser un liquide. ▶ ***barbotage*** n. m. **1.** Action de barboter dans l'eau. **2.** Passage d'un gaz dans un liquide. ▶ ***barboteur*** n. m. ■ Appareil où barbote un gaz traversant un liquide. ▶ ***barboteuse*** n. f. **1.** Vêtement de jeune enfant, qui laisse nus les bras et les jambes. **2.** Petite piscine fixe ou mobile peu profonde pour les jeunes enfants. ⇒ **pataugeuse.** *Une barboteuse en plastique.*

barbotte ou ***barbote*** [baʀbɔt] n. f. **1.** Poisson d'eau douce à chair plus ou moins rougeâtre, dont la mâchoire est garnie de barbillons. **2.** (France) Nom vulgaire de la loche* et de la lotte*.

barbouiller [baʀbuje] v. tr. • conjug. 1. **1.** Couvrir d'une substance salissante. ⇒ **salir, tacher.** — Au p. p. *Le visage barbouillé de confiture.* **2.** Étaler grossièrement une couleur sur (un mur, une toile...). — Peindre grossièrement. *Un amateur qui barbouille des toiles le dimanche.* ⇒ **peinturlurer. 3.** Couvrir de gribouillages. *Barbouiller du papier.* **4.** Fam. *Barbouiller l'estomac, le cœur,* donner la nausée. — Au p. p. *Avoir l'estomac barbouillé.* **5.** Au passif et au p. p. adj. *(Être) barbouillé,* ressentir la nausée. *Il est revenu du banquet tout barbouillé.* ▶ ***barbouillage*** n. m. ■ Action de barbouiller ; son résultat. ⇒ **gribouillage ; gribouillis.** — Mauvaise peinture. ▶ ***barbouilleur, euse*** n. **1.** Personne qui barbouille. **2.** Mauvais peintre. ⟨ ▶ débarbouiller ⟩

barbouze [baʀbuz] n. f. (France) Fam. **1.** Barbe. **2.** N. m. ou f. Agent secret (police, espionnage). *Les barbouzes l'ont rattrapé à la frontière.*

barbu, ue [baʀby] adj. et n. ■ Qui a de la barbe, porte la barbe. / contr. **glabre, imberbe** /

barbue [baʀby] n. f. ■ Poisson de mer plat du même genre que le turbot.

barcarolle [baʀkaʀɔl] n. f. ■ Chanson des gondoliers vénitiens. — Air, musique sur un rythme berceur à trois temps.

① ***barda*** [baʀda] n. m. ■ Fam. L'équipement du soldat. ⇒ fam. **fourbi.** — Bagage, chargement. *Prenez tout votre barda.* ⇒ **attirail.**

② ***barda*** n. m. Fam. **1.** Bruit, tapage. *Le barda dans la rue m'a réveillé.* ⇒ **chahut. 2.** Ménage, travaux d'entretien ménager. — *Le grand barda,* le grand ménage au printemps ou à l'automne. ▶ ***bardasser*** v. intr. ▪ conjug. 1. **1.** Faire du bruit. *Je les entends bardasser dans la cuisine.* **2.** Faire du ménage, accomplir de petits travaux. — S'occuper à de menus travaux pour passer le temps, avec l'intention de ranger. *Elle bardasse dans le cabanon.* **3.** Secouer, remuer. *On s'est fait bardasser sur le traversier.* ⇒ **ballotter. 4.** V. tr. (Personnes) Bousculer, secouer qqn. *Leur mère ne se gène pas pour les bardasser quand c'est le temps.* ⇒ **bourrasser, brusquer.** — Pronominalement (récipr.). *Les enfants se bardassent dans la piscine,* ils se bousculent. **5.** Sports. Jouer agressivement, batailler ferme. *Ça bardasse sur la patinoire.*

barde [baʀd] n. m. ■ Poète celtique qui célébrait les héros et leurs exploits.

bardeau [baʀdo] n. m. **1.** Petite planche courte et mince, taillée en biseau et employée pour le revêtement des murs et des toits des maisons. *Teindre des bardeaux de cèdre.* **2.** *Bardeau (d'asphalte),* matériau de construction à base d'asphalte, présenté en feuilles longues et minces, et qui sert à recouvrir le toit des maisons. ⇒ **papier**(-)brique. *J'ai posé deux rangs de bardeaux avant la pluie.* **3.** Fig. Loc. fam. *Il lui manque un bardeau,* il est un peu fou, un peu dérangé. ⇒ **araignée** (2), ② **case.**

① ***barder*** [baʀde] v. tr. ▪ conjug. 1. **1.** Couvrir d'une armure. — Au p. p. *Un chevalier bardé de fer,* recouvert d'une armure. ⇒ **cuirassé.** — *Être bardé de décorations,* en être couvert. **2.** Entourer de fines tranches de lard (ou *bardes,* n. f.) un rôti. ‹ ▶ bardeau ›

② ***barder*** v. intr. impers. ▪ conjug. 1. ■ Fam. Prendre une tournure violente. *S'il se met en colère, ça va barder !* ⇒ fam. **brasser, chauffer.**

barème [baʀɛm] n. m. ■ Tableaux numériques donnant le résultat de certains calculs. *Le barème des cotisations, de l'impôt, des salaires.* — *Le barème de correction des examens,* l'échelle des points.

barge [baʀʒ] n. f. ■ Bateau à fond plat. — Grande péniche plate.

barguiner ou ***barguigner*** [baʀgine] v. intr. ▪ conjug. 1. **1.** Marchander. **2.** Loc. *Sans barguigner,* sans hésiter. **3.** V. tr. Échanger des objets avec qqn en évaluant leur valeur. *Je lui ai barguiné un paquet de carte de hockey pour une cassette.* — REM. La forme *barguigner* est plus fréquente en France.

baril [baʀi] n. m. ■ Petit tonneau, petite barrique. ⇒ **tonnelet.** *Des barils de pétrole, de poudre.* ▶ ***barillet*** [baʀijɛ] n. m. **1.** Petit baril. **2.** Dispositif de forme cylindrique. *Barillet d'une pendule,* boîte qui renferme le ressort moteur. *Barillet d'un revolver,* cylindre tournant où sont logées les cartouches.

bariolé, ée [baʀjɔle] adj. ■ Coloré de tons vifs et variés. ⇒ **multicolore.** *Une étoffe bariolée.* ▶ ***bariolage*** n. m. ■ Bigarrure, assemblage de diverses couleurs.

barman [baʀman] n. m. ■ Anglic. Serveur dans un bar. ⇒ **garçon** de café. *Des barmen* [-mɛn] ou *des barmans.* ▶ ***barmaid*** [baʀmed] n. f. ■ anglic. Serveuse dans un bar. *Des barmaids.*

baromètre [baʀɔmɛtʀ] n. m. ■ Instrument qui sert à mesurer la pression atmosphérique. *Le baromètre est à la pluie.* — Ce qui est sensible à des variations et permet de les apprécier. *La Bourse des valeurs, baromètre de la confiance publique.* ▶ ***barométrique*** adj. ■ *Hauteur barométrique,* hauteur de la colonne de mercure. *La pression barométrique,* atmosphérique.

baron, onne [ba(ɑ)ʀɔ̃, ɔn] n. **1.** N. m. Grand seigneur féodal, possesseur d'une *baronnie.* **2.** Possesseur du titre de noblesse entre celui de chevalier et celui de vicomte. **3.** Personnage important. *Les barons de la drogue, de la presse.*

baroque [baʀɔk] adj. et n. m. **1.** Qui est d'une irrégularité bizarre. ⇒ **biscornu, étrange, excentrique.** *Quelle idée baroque !* **2.** Se dit d'un style architectural qui s'est développé du XVIe au XVIIIe s. (d'abord en Italie), caractérisé par la liberté des formes et la profusion des ornements. *Les églises baroques de Bavière, d'Autriche.* ⇒ **jésuite, rococo.** — N. m. *Le baroque,* ce style. — Qui est à l'opposé du classicisme, laisse libre cours à la sensibilité, la fantaisie. / contr. **classique ; classicisme /**

barque [baʀk] n. f. ■ Petit bateau qui n'a pas de pont (on en voit le fond). ⇒ **embarcation.** *Barque à rames, à voiles. Barque de pêcheur.* — *Mener, conduire la barque,* diriger, être le maître. *Bien mener sa barque,* bien conduire son entreprise, sa carrière, sa vie. ▶ ***barquette*** n. f. **1.** Tartelette de forme allongée (comme un petit bateau). *Barquette aux fraises.* **2.** Petit contenant pour conditionner les petits fruits. *Des barquettes pour les bleuets.* ⇒ **casseau.** — Son contenu. ‹ ▶ débarcadère, débarquer, embarcadère, embarcation, embarquer ›

Barrabas [baʀabɑs] n. propre ■ Loc. *Être connu comme Barrabas dans la Passion,* être très connu, connu par tout le monde. ⇒ **loup.**

barrage [bɑʀaʒ] n. m. **1.** Action de barrer (un passage) ; ce qui barre (un passage). ⇒ **barrière.** *Établir un barrage à l'entrée d'une rue. Un barrage de police. Faire barrage à qqn, qqch.,* barrer la route à qqn, qqch. ; empêcher d'agir. ⇒ **obstacle. 2.** Ouvrage hydraulique construit en travers du lit d'un cours d'eau, qui a pour objet de relever le plan d'eau, d'accumuler ou d'en dériver l'eau. *Construire un barrage de retenue. Barrage d'une usine hydroélectrique. Les barrages de la Manicouagan.*

barre [bɑʀ] n. f. **1.** Pièce de bois, de métal, etc., longue et rigide. *Assommer qqn à coups de barre de fer.* — Loc. fam. *Avoir le coup de barre,* être comme assommé (épuisé, etc.). — BARRE À CLOU(S). ⇒ **arrache-clou.** — *Une barre de chocolat.* ⇒ **tablette.** *Une barre d'or.* ⇒ **lingot.** — Loc. *C'est de l'or en barre,* une valeur, un placement sûr. **2.** *Barre d'appui,* qui sert d'appui à une fenêtre. — Traverse horizontale scellée au mur et qui sert d'appui aux danseurs pour leurs exercices. *Exercices à la barre.* — BARRE FIXE : traverse horizontale sur deux montants. BARRES PARALLÈLES : appareil composé de deux barres de bois fixées parallèlement sur des montants verticaux. **3.** *Barre du gouvernail,* le levier qui actionne le gouvernail. *Être à la barre.* ⇒ **barrer.** *L'homme de barre.* ⇒ **barreur.** — Loc. fig. *Prendre, tenir la barre,* prendre, avoir la direction. ⇒ **diriger, gouverner.** *Donner un coup de barre,* changer de direction, d'orientation. **4.** *La barre du tribunal,* lieu où comparaissent les témoins, où plaident les avocats à l'audience. **5.** Amas de sable, haut-fond qui barre l'entrée d'un port ou l'embouchure d'un cours d'eau. — Déferlement violent de la houle sur les hauts-fonds. **6.** Trait allongé. *La barre d'une soustraction, d'une fraction, du t. Une barre oblique* [/]. — *Barre de mesure,* trait vertical qui sépare les mesures musicales. — *Tracer des barres blanches,* des lignes blanches, sur une route, une rue, un terrain de sports. — *Code (à) barres.* ⇒ **code. 7.** Fig. et littér.

La barre du jour, les premières lueurs de l'aube. *Ils partiront pour la pêche à la barre du jour.* **8.** Loc. AVOIR BARRE (ou BARRES) SUR *qqn* : avoir l'avantage sur lui, être en situation de force. ▶ ***barreau*** n. m. **1.** Barre servant de clôture ou de support. *Les barreaux d'une cage, d'une échelle, d'une fenêtre. Le prisonnier a scié les barreaux et s'est enfui.* — *Les barreaux d'une chaise,* les bâtons qui servent à maintenir les montants. *Mener une vie de barreau de chaise.* ⇒ **bâton** (3). **2.** Espace, autrefois fermé par une barrière, qui est réservé au banc des avocats dans les salles d'audience. — Profession, ordre des avocats. *Être inscrit au barreau.* ▶ ***barrer*** v. ▪ conjug. 1. **I.** V. tr. **1.** Fermer (une voie) au moyen d'une barre, d'un obstacle. ⇒ **boucher, couper, obstruer.** / contr. **ouvrir** / *Barrer une rue.* — Au p. p. adj. *Une rue barrée.* — *Des rochers nous barraient la route.* **2.** Fermer à l'aide d'un mécanisme (verrou, taquet, etc.), spécialt fermer avec une clé. / contr. **débarrer** / *N'oubliez pas de barrer la porte en sortant.* — Au p. p. adj. *Une armoire barrée.* — Pronominalement (passif). *Classeur qui se barre.* **3.** Empêcher le fonctionnement de qqch. d'une manière temporaire. *Elle a barré son volant,* elle l'a bloqué. *Barrer un ordinateur.* **4.** *Barrer le passage, la route à qqn,* l'empêcher de passer, d'avancer ; lui faire obstacle. ⇒ faire **barrage.** **5.** Tenir la barre du gouvernail, gouverner (une embarcation). *Barrer un voilier.* **6.** Annuler au moyen d'une barre. ⇒ **biffer, rayer.** *Barrer une phrase.* **7.** Exclure qqn d'un endroit, d'un groupe. *Barrer un architecte de sa corporation.* — Refuser d'admettre qqn dans un établissement. *On l'a barrée de ce cégep.* **8.** Fig. Paralyser, figer par le froid, l'émotion. *L'eau était si glacée qu'elle m'a barré les jambes.* — Contracter par un spasme. *L'alcool lui barre l'estomac.* **II.** **1.** (France) V. pron. réfl. Fam. SE BARRER : partir, s'enfuir. *Barre-toi !* ⇒ **filer** ; fam. **sacrer** son camp. **2.** *Se barrer les pieds, les jambes,* s'enfarger. ▶ ***barreur, euse*** n. ▪ Personne qui tient la barre du gouvernail, en particulier dans une embarcation sportive. *Une embarcation sans barreur, avec barreur.* ▶ ***barré, ée*** adj. Fam. **1.** Fermé à l'aide d'un mécanisme, spécialt fermé à clé. *Une auto barrée.* **2.** Dont l'accès est interdit, bloqué. *Lac, sentier barré. Route, rue barrée.* **3.** (Personnes) Qui est exclu d'un endroit, d'un groupe. *Joueur barré d'un club. Spectateurs barrés du Colisée de Québec.* **4.** Rayé (tissu, animal, etc.). *Une douillette barrée.* ⇒ **bariolé.** **5.** Fig. Paralysé par le froid, l'émotion. *Avoir les jambes barrées par une nouvelle.* ⇒ ① **couper.** — Contracté par un spasme. *En voulant se relever, elle a constaté qu'elle avait les reins barrés.* **6.** Loc. *Ne pas être barré à quarante,* qui est audacieux, qui a de l'assurance, qui prend des risques. — Loc. *Ne pas être barré,* qui n'est pas gêné, qui ne s'embarrasse pas de politesse. *Tu n'es pas barrée de partir sans nous remercier.* — Qui dépense sans compter. *En voyage, on n'est jamais barré.* ▶ ① ***barrette*** [baʀɛt] n. f. **1.** Ornement en forme de petite barre. *La barrette de la Légion d'honneur* (France). **2.** Pince à cheveux. *Elle porte des barrettes dans les cheveux.* ⟨ ▶ barrage, barrière, barrure, débarrer, embarrer, rebarrer, rembarrer ⟩

② ***barrette*** n. f. ▪ Toque carrée des ecclésiastiques. — Calotte de cardinal.

barricade [baʀikad] n. f. ▪ Obstacle fait de l'amoncellement d'objets divers (d'abord, des barriques) pour se protéger dans un combat de rues, une émeute..., ou pour empêcher la libre circulation. *Dresser, élever des barricades.* — Loc. fig. *Être de l'autre côté de la barricade,* dans le camp opposé. ▶ ***barricader*** v. ▪ conjug. 1. **1.** V. tr. Fermer solidement. *Une vieille porte qu'il faut barricader.* **2.** V. pron. réfl. SE BARRICADER : s'enfermer soigneusement (quelque part). — S'enfermer pour ne voir personne. *Les deux forcenés s'étaient barricadés chez eux.*

barrière [baʀjɛʀ] n. f. **1.** Assemblage de pièces de bois, de métal qui ferme un passage, sert de clôture. ⇒ **palissade.** *Les barrières d'un passage à niveau. Barrière de dégel. Barrière naturelle,* obstacle naturel qui s'oppose au passage. **2.** Abstrait. Ce qui sépare, fait obstacle. *Les barrières douanières,* les droits qui s'opposent au libre-échange des marchandises. ⟨ ▶ garde-barrière ⟩

barrique [baʀik] n. f. ▪ Tonneau d'environ 200 litres. ⇒ **fût.** *Mettre du vin en barrique. Le baril est plus petit que la barrique.* — Loc. fam. *Être plein comme une barrique,* pour avoir trop mangé, trop bu. ⇒ **outre.** ⟨ ▶ barricade ⟩

barrir [baʀiʀ] v. intr. ▪ conjug. 2. ▪ (Éléphant) Pousser un cri *(barrissement). Les éléphants barrissent.*

barrure [baʀyʀ] n. f. ▪ Dispositif de fermeture de porte, de fenêtre... ⇒ **clenche, loquet, taquet, targette, verrou.** *Il faudra changer la barrure de l'armoire.*

bar-salon [baʀsalɔ̃] ou ***salon-bar*** [salɔ̃baʀ] n. m. ▪ Établissement où l'on consomme de l'alcool et où l'on peut parfois danser. ⇒ ① **bar, piano-bar.** *Nous sommes allés dans un bar-salon pour prendre un verre.*

bary- ▪ Élément signifiant « poids, pression ».

baryton [baʀitɔ̃] n. m. ▪ Voix d'homme qui tient le milieu entre le ténor et la basse. — Celui qui a une telle voix. *Un baryton très célèbre.*

baryum [baʀjɔm] n. m. ▪ Métal d'un blanc argenté, qui décompose l'eau à la température ordinaire.

① ***bas, basse*** [bɑ, bɑs] adj., n. m. et adv. **I.** **1.** Qui a peu de hauteur. / contr. ① **haut ; élevé** / *Un mur bas. Un appartement bas de plafond,* dont le plafond n'est pas très haut. — Fam. *Être bas sur pattes,* avoir les pattes, les jambes courtes. **2.** Qui se trouve à une faible hauteur. *Les branches basses d'un arbre. Les nuages sont bas.* — *Coup bas,* coup porté au-dessous de la limite permise. — *Ce bas monde,* la terre (opposé à *l'autre monde*). ⇒ **ici-bas.** **3.** Dont le niveau, l'altitude est faible. *Les basses eaux.* ⇒ **étiage.** *Marée basse. Le Bas-Saint-Laurent,* la région où le Saint-Laurent coule à faible altitude. *La partie basse d'une ville, les bas quartiers.* (Avec des majusc.) *La Basse-Ville de Québec* / contr. **Haute-Ville** / **4.** Baissé. *Marcher la tête basse.* — Loc. *Faire* MAIN BASSE *sur qqch.* : s'en emparer. *Avoir la vue basse,* une vue courte, de myope. **5.** Peu élevé dans l'échelle des sons. ⇒ **grave.** / contr. **aigu** / *Les notes basses.* ⇒ **basse** (1). **6.** Avant le nom. Peu élevé dans un compte, une évaluation ; petit, faible ; inférieur. *Enfant en bas âge,* très jeune. *À bas prix.* ⇒ **vil.** / contr. ② **cher, dispendieux** / — *Au bas mot,* en faisant l'évaluation la plus faible. — *Bas morceaux,* en boucherie, les morceaux de qualité inférieure, de prix moindre. — Dans le rang, la hiérarchie. ⇒ **inférieur, subalterne.** *Le bas clergé sous l'Ancien Régime, en France. Une personne de basse condition.* **7.** Littér. Moralement méprisable. ⇒ **abject, ignoble, infâme, vil.** / contr. **noble** / *Une âme basse. Une basse vengeance.* **II.** Histoire. De la partie d'une période historique qui est la plus proche de nous. *Le Bas-Empire,* l'Empire romain après Constantin. *Le bas latin.* **III.** N. m. LE BAS : la partie inférieure. *Le bas du visage. Le bas d'une page. Aller de bas en haut.* — *Le bas du réfrigérateur,* la dernière tablette ou le tiroir. — *Un bas de pantalon,* le revers. — *Habiter le bas d'un immeuble,* le rez-de-chaussée, le premier étage. — *Le bas de la rue.* — *Le bas d'une paroisse,* la partie la plus proche du fleuve Saint-Laurent. — (Avec une majusc.) *Le Bas-du-Fleuve* ou *le Bas-Saint-Laurent,* région de la rive sud, de La Pocatière à Matane. — Histoire : *Le Bas-Canada,* le Québec (opposé à *Haut-Canada*). — AU BAS DE loc. prép. *Elle* *signa au bas de la page.* **IV.** Adv. BAS. **1.** À faible hauteur, à un niveau inférieur. *Les hirondelles volent bas. Mettre plus bas.* ⇒ **baisser.** *Il habite deux étages plus bas.* ⇒ au-**dessous.** — Fig. *Mettre qqn plus bas que terre,* le rabaisser en en disant beaucoup de mal. — ÊTRE BAS : en mauvais état physique ou moral. *Ce malade est bien bas. Son moral est très bas. — Tomber très bas, bien bas, être abject.* — Loc. *Avoir la mine basse,* avoir l'air désappointé, perdre contenance. **2.** METTRE BAS vx : poser à terre. *Mettre bas les armes,* les déposer, s'avouer vaincu. — Sans compl. (Animaux) *Mettre bas,* accoucher. **3.** *Plus bas,* plus loin, dans un écrit. ⇒ **ci-dessous. 4.** En dessous, dans l'échelle des sons. — À voix basse. *Parler tout bas.* ⇒ **murmurer. 5.** À BAS loc. adv. Vx. *Jeter à bas.* ⇒ **abattre, détruire.** — Exclamation hostile. *À bas le fascisme !, les fascistes !* / contr. **vive** / **6.** EN BAS : vers le bas, vers la terre. *La tête en bas.* — Au-dessous, en dessous. *Elle loge en bas.* — EN BAS DE loc. prép. *En bas de la côte,* au pied. *Les céréales sont rangées en bas de l'armoire,* sur la tablette du bas. ⟨ ▶ bajoue, bas-côté, bas-fond, bas-laurentien, bas-relief, basse, basse-cour, bassement, bassesse, basset, basson, bas-ventre, branlebas, en contrebas, contrebasse, cul-de-basse-fosse, soubassement. ⟩

② ***bas*** n. m. invar. **1.** Vêtement souple et ajusté qui sert à couvrir le pied et la jambe. *Une paire de bas. Bas de laine. Bas court.* ⇒ **chaussette, mi-bas.** — Vêtement féminin qui couvre le pied et la jambe jusqu'au haut des cuisses. *Bas de nylon. Mettre, porter des bas.* ≠ *bas-culotte, collant. — Bas au genou,* mi-bas, demi-bas. **2.** *Bas de laine,* argent économisé (d'après la coutume de garder ses économies dans un bas de laine). ≠ *bât.* ⟨ ▶ bas-culotte ⟩

basalte [bazalt] n. m. ■ Roche volcanique dont la pâte compacte et noire est formée de cristaux. *Une coulée de basalte.* ▶ ***basaltique*** adj. ■ Formé de basalte. *Une grotte basaltique.*

basané, ée [bazane] adj. ■ Se dit d'une peau brunie. ⇒ **bistré, bronzé, hâlé, tanné** ; fam. **grillé.** *Un visage basané, une peau basanée.*

bas-bleu [bablø] n. m. ■ Péj. Femme à prétentions littéraires. ⇒ **pédant.** *Des bas-bleus.*

bas-côté [bakote] n. m. **1.** Côté d'une voie où les piétons peuvent marcher. *Les bas-côtés de la voie ferrée, de la route.* **2.** Nef latérale d'une église dont la voûte est moins élevée que la nef principale.

bascule [baskyl] n. f. **1.** Pièce ou machine mobile sur un pivot dont une extrémité se lève quand on abaisse l'autre. — *Jeu de bascule,* jeu où deux personnes, assises chacune sur le bout d'une pièce de bois en équilibre sur un pivot, s'amusent à se balancer. ⇒ **balançoire.** — Fig. *Jouer à la bascule ; politique de bascule.* **2.** *Balance à bascule,* ou ellipt, *bascule,* appareil à plate-forme qui sert à peser les objets lourds, les personnes. *Se peser sur la bascule du médecin.* **3.** En informatique. Dispositif permettant de choisir entre deux fonctions. **4.** *Donner, recevoir la bascule,* pour souligner l'anniversaire d'un enfant, le faire monter et descendre en le tenant par les bras et par les jambes de façon à lui faire toucher le plancher autant de fois qu'il compte d'années. *J'ai reçu la bascule jusqu'à 12 ans.* ▶ ***basculer*** v. ▪ conjug. 1. **1.** V. intr. Faire un mouvement de bascule. ⇒ **culbuter.** *Une benne qui peut basculer* (benne *basculante*). **2.** V. tr. Faire faire un mouvement de bascule à (qqn, qqch.). **3.** V. intr. Passer brusquement dans. *Basculer dans l'opposition.*

bas-culotte [bakylɔt] n. m. ■ Sous-vêtement féminin composé d'une culotte et de bas, en une seule pièce. ⇒ **collant.** *Des bas-culottes en nylon.*

base [baz] n. f. **I. 1.** Partie inférieure d'un corps sur laquelle il porte, il repose. ⇒ **assise, fondation, fondement.** *La base d'un édifice, d'une colonne. — La base d'une montagne.* ⇒ **bas, pied.** / contr. **haut, sommet** / — En anatomie. Partie inférieure (de certains organes). *Base du cœur.* **2.** Droite ou plan à partir duquel on mesure perpendiculairement la hauteur d'un corps ou d'une figure plane. *La base d'une pyramide. La base d'un triangle,* le côté opposé au sommet. **3.** Ligne sur laquelle s'appuie une armée en campagne, point d'appui, de ravitaillement. *Base d'opérations. Base navale, aérienne.* **4.** BASE MILITAIRE : lieu où se retrouvent en permanence des logements, des installations, des équipements et autres services utiles à l'armée. *La base militaire de Valcartier.* **5.** BASE DE PLEIN AIR : lieu aménagé en pleine nature où des personnes (familles, groupes) peuvent séjourner et pratiquer toutes sortes d'activités de plein air. *La base de plein air de Sainte-Foy.* **6.** BASE DE LANCEMENT : lieu où se retrouvent les installations nécessaires à toutes les opérations de lancement des véhicules ou engins spatiaux. *La base de lancement de cap Canaveral reçoit de nombreux visiteurs.* **7.** Ce qui entre comme principal ingrédient dans un mélange, surtout dans À BASE DE. *Une sauce à base de champignons.* **II.** Sciences. **1.** Nombre qui sert à définir un système de numération, de logarithmes, etc. *La base du système décimal est dix.* **2.** Oxyde ou hydroxyde des métaux qui colore en bleu le papier de tournesol. *La base forme un sel en se combinant avec un acide.* **3.** *Base de données,* ensemble de données informatiques accessibles au moyen d'un logiciel. **III.** Abstrait. Principe fondamental sur lequel repose un raisonnement, un système, une institution. ⇒ **centre, clé** de voûte, **fond, source.** *Les bases d'une science. Donnée qui sert de base à un calcul. Être à la base de qqch.,* à l'origine, à la source. — *Salaire de base,* le plus bas, qui sert de référence. — *Les militants de (la) base,* ceux qui n'ont pas de responsabilités dans un parti ou un syndicat (opposé à l'*appareil,* aux *dirigeants*). *La base,* l'ensemble de ces militants. ▶ ***baser*** v. tr. ▪ conjug. 1. **I.** Abstrait. Faire reposer sur telle ou telle base. *Les faits sur lesquels elle base sa théorie.* ⇒ **fonder.** — SE BASER SUR : s'appuyer sur. *Sur quoi vous basez-vous pour affirmer cela ?* **II.** *Être basé quelque part,* avoir pour base (militaire), pour résidence. ⟨ ▶ hydrobase ⟩

baseball [bezbal] n. m. ■ Sport qui se pratique entre deux équipes de neuf joueurs, qui consiste, à l'aide d'un bâton, à frapper sur une balle très dure lancée par un joueur adverse (le *lanceur**) et à parcourir en une fois, ou par avancées successives, un tracé carré dont trois angles sont occupés par un but* et le dernier par le marbre*, où un point est marqué lorsqu'on le touche. ⇒ **balle-molle.** *Une équipe de baseball. Les règlements du baseball.* — REM. En France, le mot s'écrit *base-ball.* — Abrév. fam. LE BASE [ləbez] n. m. *Jouer au base.* ▶ ***baseballeur, euse*** n. ■ Joueur de baseball. *Les plus grands baseballeurs sont tous américains.*

bas-fond [bafɔ̃] n. m. **1.** Importante dépression du fond de la mer, d'un fleuve, d'une rivière, d'un lac. ⇒ **fosse.** / contr. **haut-fond** / **2.** Terrain bas et enfoncé. *Un bas-fond marécageux.* **3.** Au plur. Couches misérables de la société ; quartiers où vit cette population. *Les bas-fonds d'une grande ville.*

basic [be(a)zik] n. m. ■ Anglic. Langage informatique, dérivé du fortran, bien adapté au mode de conversation et facilement manipulable. *Travailler, programmer, écrire en basic.*

① ***basilic*** [bazilik] n. m. ■ Grand lézard d'Amérique, à crête dorsale, voisin de l'iguane.

② ***basilic*** n. m. ■ Plante à feuilles aromatiques employée comme condiment.

basilique [bazilik] n. f. ■ Église chrétienne du Moyen Âge divisée en nefs parallèles. ⇒ **cathédrale.** — Appellation de certains sanctuaires ou de certaines grandes églises archiépiscopales. *La basilique de Lourdes. La basilique de Québec.*

① ***basket*** [baskɛt] ou ***basketball*** [baskɛtbal] n. m. ■ Anglic. Ballon*-panier. *Une partie de basket.* ▸ ***basketteur, euse*** n. ■ Joueur de ballon-panier, de basketball.

② ***basket*** n. f. ■ (France) Anglic. Chaussure de sport en toile moulant la cheville, à semelle et rebords de caoutchouc. ⇒ **espadrille, tennis.** — Loc. fam. *Être à l'aise dans ses baskets,* être décontracté. *Lâche-moi les baskets,* laisse-moi tranquille.

bas-laurentien, ienne [balɔʀɑ̃sjɛ̃, jɛn] adj. et n. ■ De la région du Bas-Saint-Laurent, de La Pocatière à Matane. *Un cégep bas-laurentien.* — N. (Avec des majusc.) Personne née dans cette région administrative du Québec ou qui l'habite. *Les Bas-Laurentiennes.*

① ***basque*** [bask] n. f. ■ (Surtout au plur.) Partie d'une veste qui part de la taille et descend plus ou moins bas sur les hanches. *Les basques d'une jaquette.* — Loc. *Être toujours pendu aux basques de qqn,* ne pas le quitter d'un pas.

② ***basque*** adj. et n. **1.** Du Pays basque (région commune à la France et à l'Espagne). *La pelote basque.* — N. (Avec une majusc.) *Les Basques.* **2.** N. m. *Le basque,* langue non indo-européenne parlée au Pays basque.

bas-relief [baʀəljɛf] n. m. ■ Ouvrage de sculpture dont les figures ne forment qu'une faible saillie. *Des bas-reliefs.* / contr. **haut-relief** / ≠ *ronde-basse.*

basse [bɑs] n. f. **1.** Partie faisant entendre les sons les plus graves des accords dont se compose l'harmonie. *Jouer la basse d'un quatuor. Basse continue,* qui ne s'interrompt pas pendant la durée du morceau. **2.** *Voix de basse,* ou ellipt. *basse,* voix d'homme la plus grave. — Celui qui a une voix de basse. *Une basse de l'Opéra de Québec.* **3.** Abréviation de *contrebasse.* ‹ ▸ bassiste ›

basse-cour [baskuʀ] n. f. **1.** Cour de ferme réservée à l'élevage de la volaille et des petits animaux domestiques. *Animaux de basse-cour. Des basses-cours.* **2.** L'ensemble des animaux de la basse-cour.

bassement [bɑsmɑ̃] adv. ■ D'une manière basse, indigne, vile. *Une personne bassement intéressée.* / contr. **noblement** /

bassesse [bɑsɛs] n. f. **1.** Manque d'élévation dans les sentiments, les pensées ; absence de dignité, de fierté. ⇒ **mesquinerie, servilité.** *La bassesse de ces courtisans.* / contr. **noblesse** / **2.** Action basse, qui fait honte. ⇒ **lâcheté.** — Action servile. ⇒ **courbette, platitude.** *Prêt à toutes les bassesses, à faire des bassesses pour arriver.*

basset [basɛ] n. m. ■ Chien très bas sur pattes.

bassin [basɛ̃] n. m. **1.** Récipient portatif creux, de forme généralement ronde ou ovale. ⇒ **bac, bassine, cuvette.** — *Bassin hygiénique,* ou ellipt. *bassin,* récipient émaillé dans lequel les malades alités font leurs besoins. **2.** Construction destinée à recevoir de l'eau. *Le grand bassin des Tuileries à Paris. Les bassins d'une piscine.* **3.** *Bassin d'un port,* enceinte où les navires sont à flot. *Bassin (portuaire),* plan d'eau d'un port, fermé par des quais ou des digues et destiné à recevoir les navires. *Les voiliers de Québec 1984 ont mouillé dans le bassin Louise. Bassin de radoub,* que l'on assèche pour réparer ou construire des navires. **4.** *Bassin d'un fleuve,* territoire arrosé par ce fleuve et ses affluents. *Le Bassin, à Saint-Romuald.* — Partie élargie et surcreusée d'un cours d'eau, généralement située au pied d'une rupture de pente, où les eaux sont calmes. — Groupement de gisements houillers ou miniers. *Le bassin de Briey en Lorraine (France).* **5.** Ceinture osseuse qui forme la base du tronc et sert de point d'attache aux membres inférieurs. *Elle s'est fracturé le bassin.* ▸ ***bassine*** n. f. ■ Bassin (1) large et profond servant à divers usages domestiques ou industriels.

bassinette [basinɛt] n. f. ■ Lit de bébé assez haut muni de barreaux et dont l'un des côtés peut s'abaisser. ⇒ **couchette.** *Coucher le bébé dans sa bassinette.*

bassiste [bɑsist] n. ■ Abréviation de *contrebassiste.*

basson [ba(ɑ)sɔ̃] n. m. **1.** Instrument à vent en bois, à anche double, formant dans l'orchestre la basse de la série des bois. **2.** N. Musicien qui joue de cet instrument (On dit aussi *bassoniste*).

bastille [bastij] n. f. ■ Au Moyen Âge. Ouvrage de fortification, château fort. — (Avec une majusc.) *La Bastille, à Paris, servit de prison d'État.*

bastingage [bastɛ̃gaʒ] n. m. ■ Parapet sur le pont d'un navire. *S'appuyer au bastingage.*

bastion [bastjɔ̃] n. m. **1.** Ouvrage de fortification faisant saillie sur l'enceinte d'une place forte. **2.** Abstrait. Ce qui défend efficacement. *L'Espagne, bastion du catholicisme. Le Canada, bastion des droits de la personne.*

bastonnade [bastɔnad] n. f. ■ Vieilli. Volée de coups de bâton.

bastringue [bastʀɛ̃g] n. **1.** N. f. Vx. Sorte de danse populaire. *Danser la bastringue.* — (France) N. m. Fam. Bal de guinguette. **2.** N. m. Appareil, attirail. *Emporter tout son bastringue.* ⇒ **affaires** (4), fam. **bataclan, bazar.**

bas-ventre [bɑvɑ̃tʀ] n. m. ■ Partie inférieure du ventre, au-dessous du nombril. ⇒ **parties.** *Des bas-ventres.*

bât [bɑ] n. m. ■ Dispositif que l'on place sur le dos des bêtes de somme pour le transport de leur charge. — Loc. *C'est là que, où le bât le blesse,* c'est le défaut de sa cuirasse, c'est son point sensible. ≠ *bas.* ‹ ▸ bâter ›

bataclan [bataklɑ̃] n. m. ■ Fam. Attirail, équipage embarrassant. ⇒ fam. **bastringue, bazar.** — Loc. *Et tout le bataclan,* et tout le reste.

bataille [bataj] n. f. **1.** Combat entre deux armées. *La bataille des plaines d'Abraham.* — *Livrer bataille. Gagner, perdre une bataille. En bataille rangée,* suivant un *ordre de bataille.* **2.** Échange de coups, lutte. ⇒ **bagarre, combat, rixe.** *Une bataille de rue,* entre deux bandes rivales. **3.** EN BATAILLE. *Porter son chapeau en bataille,* de travers, n'importe comment. *Avoir les cheveux, la barbe en bataille,* en désordre. ⇒ **broussaille.** **4.** Jeu de cartes très simple. *Jouer à la bataille.* ▸ ***batailler*** v. intr. ▪ conjug. 1. **1.** S'efforcer de surmonter une difficulté, un obstacle. *Il m'a fallu batailler pour gagner ma vie.* ⇒ **lutter.** **2.** V. pron. récipr. *Se batailler,* se battre. *Ces deux joueurs se sont bataillés pendant dix bonnes minutes.* — *Les élèves se bataillent,* se chamaillent. ⇒ se **chicaner.** ▸ ***batailleur, euse*** adj. ■ Qui aime à se battre ; qui recherche les querelles. ⇒ **belliqueux, querelleur.** / contr. **pacifique** / — N. *Une batailleuse.*

bataillon [batajɔ̃] n. m. **1.** Unité militaire groupant plusieurs compagnies. *Bataillon d'infanterie. Chef de bataillon. Le bataillon du Royal 22e Régiment.* **2.** Grand nombre (de personnes). ⇒ **troupe.**

bâtard, arde [bɑtaʀ, aʀd] adj. et n. **1.** Se dit d'un enfant né hors mariage. ⇒ **naturel.** / contr. **légitime** / — N. *Les bâtards de Louis XIV.* **2.** Qui n'est pas de race pure. ⇒ **croisé.** *Un chien bâtard.* **3.** Péj. Qui tient de deux genres différents ou qui n'a pas de caractère nettement déterminé. *Une solution bâtarde.* — *Écriture bâtarde,* ou n. f., *la bâtarde,* intermédiaire entre la ronde et l'anglaise. — (France) *Pain bâtard,* ou n. m., *un bâtard,* pain de fantaisie pesant 250 g. 〈 ▸ abâtardir 〉

batardeau [bataʀdo] n. m. ■ Digue, barrage provisoire établi sur un cours d'eau. *Des batardeaux.*

batavia [batavjɑ] n. f. ■ Variété de laitue, qu'on mange en salade.

bateau [bato] n. m. **1.** Nom donné aux ouvrages flottants de toutes dimensions destinés à la navigation. ⇒ **barque, bâtiment, embarcation, navire, paquebot, vaisseau.** *Bateau à voiles.* ⇒ **voilier.** *Bateau à vapeur. Bateau à moteur.* ⇒ **yacht.** *Des bateaux-citernes.* ⇒ **tanker.** *Bateau de pêche. Bateau de plaisance.* ⇒ **yacht.** *Bateau de sauvetage.* — (France) BATEAU-MOUCHE : bateau transportant des passagers sur la Seine à Paris. *Des bateaux-mouches.* **2.** *Monter un bateau à qqn,* inventer une plaisanterie, une histoire dans le but de le tromper. ⇒ poisson d'**avril.** **3.** Loc. *Manquer le bateau,* rater une occasion de faire qqch. ▸ ***batelier, ière*** [batəlje, jɛʀ] n. ■ (France) Personne dont le métier est de conduire un bateau sur les rivières et canaux. ⇒ **marinier.** — Passeur (1).

bâter [bɑte] v. tr. ■ conjug. 1. ■ Mettre un bât (à une bête de somme). — ÂNE BÂTÉ : ignorant, imbécile. ⇒ **niaiseux.**

bat-flanc [baflɑ̃] n. m. invar. ■ Pièce de bois qui, dans les écuries, sépare deux chevaux. *Des bat-flanc.*

bathyscaphe [batiskaf] n. m. ■ Appareil destiné à conduire des observateurs dans les grandes profondeurs sous-marines.

① ***bâti, ie*** [bɑti] adj. **1.** Sur lequel est construit un bâtiment. *Une propriété non bâtie est un terrain nu, sans construction.* **2.** (Personnes) Fait. *Bien, mal bâti.* ⇒ fam. **amanché, balancé, baraqué, costaud.**

② ***bâti*** n. m. **1.** Assemblage de montants et de traverses ; charpente qui supporte les pièces d'une machine. ⇒ **châssis.** *Le bâti d'une charrue.* **2.** Couture provisoire à grands points.

batifoler [batifɔle] v. intr. ■ conjug. 1. ■ Vx ou plaisant. S'amuser à des jeux folâtres. ⇒ **folâtrer.**

batik [batik] n. m. ■ Procédé qui consiste à teindre ou à peindre du tissu, surtout de la soie, en cachant certaines zones avec de la cire. *Des cours de batik. Elle fait du batik.* — Le tissu teint ou peint. *Des batiks.*

bâtiment [bɑtimɑ̃] n. m. **1.** Ensemble des industries et métiers qui concourent à la construction des édifices. ⇒ **construction.** *Entreprise de bâtiment. Ouvrier du bâtiment. Peintre en bâtiment.* — PROV. *Quand le bâtiment va, tout va* (dans les affaires). **2.** Construction. ⇒ **bâtisse, édifice, immeuble, maison.** *Les bâtiments d'une ferme.* **3.** Gros bateau. *Un porte-avions est un bâtiment naval.*

batinse [batɛ̃s] interj. ■ Fam. Sacre, juron fréquent. *Batinse que j'ai faim !* Absolt. *Eh ! Batinse ! — Batinse de* (+ autre juron). — Loc. *Être en batinse,* fâché, de mauvaise humeur ; ne pas être content. *Elle est en batinse contre sa sœur.* — N. UN BATINSE DE : sert à qualifier la chose, la personne qui est mentionnée. *On veut faire un batinse de beau voyage.* — Sans compl. UN BATINSE : terme d'injure, de mépris. *Tu parles d'un batinse ! Mon batinse !* — Loc. adv. EN BATINSE : très, beaucoup. *Il mange en batinse.*

bâtir [bɑtiʀ] v. tr. ■ conjug. 2. **1.** Élever sur le sol, à l'aide de matériaux assemblés. ⇒ **construire, édifier.** / contr. **démolir, détruire** / *On a bâti de nouveaux immeubles, une ville nouvelle. Terrain à bâtir,* destiné à la construction. — Faire bâtir. *L'architecte qui a bâti cette maison.* — Pronominalement. Fam. *Se bâtir qqch.,* construire soi-même sa maison, un bâtiment. *Il se bâtit un abri d'auto. — Ils veulent se bâtir cette année,* construire eux-mêmes ou faire construire une maison, avec l'idée de ne plus vivre en appartement. — Être construit. *Son cabanon s'est bâti très vite.* **2.** Abstrait. Établir, fonder. *Elle a bâti rapidement son plan.* **3.** Assembler provisoirement (les pièces d'un vêtement) à grands points. *La couturière a bâti la jupe pour l'essayage.* ▸ ***bâtisseur, euse*** n. ■ Personne qui bâtit, fait beaucoup bâtir. ⇒ **architecte, constructeur.** *Un bâtisseur de villes.* ⇒ **fondateur.** *Les grands bâtisseurs de l'Amérique.* ▸ ***bâtisse*** n. f. ■ Bâtiment de grandes dimensions (parfois avec l'idée de laideur). — Toute construction d'une certaine dimension. 〈 ▸ batardeau, ① bâti, ② bâti, rebâtir 〉

batiste [batist] n. f. ■ Toile de lin très fine.

bâton [bɑtɔ̃] n. m. **1.** Long morceau de bois rond que l'on peut tenir à la main (servant d'appui). — Sports. *Bâton de ski,* tige d'acier sur laquelle le skieur s'appuie. *Bâton de hockey,* long manche terminé par une palette qui forme un angle avec lui, utilisé pour manipuler la rondelle. *Bâton de gardien de but,* dont une partie du manche est aplatie et la palette plus large que celle des autres joueurs. *Bâton de baseball,* dont le bout est plus épais que le manche et qui sert à frapper la balle. *Bâton de balle-molle,* dont le bout est plus mince que le bâton de baseball. *Bâton de golf.* — *Bâton de vieillesse,* personne qui est le soutien d'une personne âgée. — (Servant à frapper) ⇒ **gourdin, trique.** *Donner, recevoir des coups de bâton.* ⇒ **bastonnade.** **2.** Symbole d'autorité. *Bâton de commandement.* — Loc. *Le bâton de maréchal,* le couronnement de sa carrière. **3.** Loc. *Mener une vie de bâton de chaise,* une vie agitée, déréglée. ⇒ **barreau** (1). **4.** (France) *Bâton blanc d'agent de police,* pour régler la circulation. **5.** Loc. *Mettre des bâtons dans les roues,* susciter des difficultés, des obstacles. — *Parler à bâtons rompus,* de manière peu suivie, en changeant de sujet. ⇒ **coq-à-l'âne.** — *Avoir le gros bout du bâton,* avoir l'avantage, être en position de force lorsque l'on négocie ou discute. **6.** Morceau (d'une substance) en forme de bâton. *Bâton de craie, de rouge à lèvres.* **7.** Trait vertical. **8.** Fam. Loc. *C'est final bâton,* complètement fini, sans réplique possible. ▸ ***bâtonnet*** n. m. **1.** Petit bâton. *Remuer son café avec un bâtonnet.* **2.** Aliment ayant la forme d'un bâtonnet. *Des bâtonnets de poisson* ⇒ **croquette.** *Des bâtonnets de simili-crabe.* **3.** *Bâtonnets de la rétine,* éléments rouges sensibles à l'intensité des rayons lumineux.

bâtonnier, ière [bɑtɔnje, jɛʀ] n. ■ Avocat élu par ses confrères du barreau pour être le chef et le représentant de l'Ordre. *Le bâtonnier du Québec.* — REM. L'O.L.F. propose *bâtonnière* au féminin.

batracien [batʀasjɛ̃] n. m. ■ Vieilli. Autre nom de l'amphibien. — Au plur. *La classe des batraciens,* des amphibiens.

battage [bataʒ] n. m. **1.** Action de battre (le blé, etc.) pour séparer les grains de l'épi ou de la tige. — *Battage de l'or,* pour le réduire en feuilles très minces. **2.** Publicité tapageuse, exagérée, autour d'une personne ou d'une chose. ⇒ **bruit, réclame.** *On fait beaucoup de battage autour de ce livre.*

① ***battant*** [batɑ̃] n. m. **1.** Pièce métallique suspendue à l'intérieur d'une cloche contre les parois de laquelle elle vient frapper. **2.** Partie d'une porte, d'une fenêtre..., mobile sur ses gonds. ⇒ **vantail.** *Ouvrir une porte à deux battants.* **3.** Nom de diverses pièces mobiles d'instruments ou de machines. **4.** *Battant d'un pavillon de navire,* la partie qui flotte librement.

② ***battant, ante*** adj. ■ Qui bat. *Pluie battante,* très violente. *Porte battante,* qui se referme d'elle-même. — *Le cœur battant,* avec une grande émotion. — *Tambour battant,* au son du tambour ; rapidement, rondement. *Mener une consultation tambour battant.*

③ ***battant, ante*** n. ■ Personne ayant un caractère très combatif. *C'est une vraie battante.*

batte [bat] n. f. ■ Instrument pour battre, fouler, tasser. ⇒ **battoir, maillet.** *Batte de cricket,* pour renvoyer la balle. — REM. En France, on utilise le mot *batte* (n. f.) pour désigner le bâton de baseball.

battée [bate] n. f. ■ Quantité de qqch. qui nécessite une préparation ou un mélange, et que l'on fait en une fois. *Une battée de frites. Une ou deux battées de ciment et ce sera suffisant.*

battement [batmɑ̃] n. m. **1.** Choc ou mouvement de ce qui bat (⇒ **battre,** III) ; bruit qui en résulte. ⇒ **coup, heurt, martèlement.** *Battement de tambour.* — *Le battement de la pluie contre les vitres.* — *Battement de mains.* ⇒ **applaudissement.** *Battements d'ailes.* — *Battement des cils, des paupières.* **2.** Nom de mouvements des pieds (escrime), des jambes (danse), qui battent. **3.** *Le battement du cœur,* mouvement alternatif de contraction et de dilatation du cœur. *Battement du pouls.* ⇒ **pulsation.** *Avoir des battements de cœur,* sentir son cœur battre plus fort. ⇒ **palpitation. 4.** Intervalle de temps. *Nous avons un battement de vingt minutes pour changer d'avion.*

batterie [batʀi] n. f. **I. 1.** Réunion de pièces d'artillerie et du matériel nécessaire à leur service ; emplacement destiné à les recevoir. *Batterie de canons. Batterie côtière. Mettre* EN BATTERIE : en position de tir. — Unité d'un régiment d'artillerie. *Le capitaine commandant la troisième batterie.* — Loc. *Dresser ses batteries,* ses plans. *Changer de batteries. Démasquer les batteries de l'adversaire.* **2.** BATTERIE DE CUISINE : ensemble des ustensiles de métal servant à faire la cuisine. **3.** Réunion d'éléments générateurs de courant électrique. *La batterie d'une automobile.* — Fam. *Les batteries d'une lampe de poche, d'un jeu vidéo.* ⇒ ② **pile. II.** Ensemble des instruments à percussion d'un orchestre. *Il tient la batterie, est à la batterie.* ⇒ **batteur** (I).

batteur, euse [batœʀ, øz] n. **I.** Musicien qui tient la batterie (II) dans un orchestre. **II.** Ustensile ménager pour battre, mêler. ⇒ **fouet** mécanique. *Batteur à œufs.* ▸ ***batteuse*** n. f. **1.** Machine qui sert au battage (des céréales). *Des moissonneuses-batteuses-lieuses.* **2.** Appareil qui bat le métal, le réduit en feuilles par pression.

battoir [batwaʀ] n. m. **1.** Instrument qui sert à battre (le linge, les tapis...). **2.** (France) Fam. Mains larges et fortes. *Tu as vu les battoirs qu'il a !*

battre [batʀ] v. ▪ conjug. 41. **I.** V. tr. dir. **1.** Frapper à plusieurs reprises un être vivant. ⇒ **maltraiter, rosser.** *Il l'a battu comme plâtre. Elle ne bat jamais ses enfants.* ⇒ **corriger.** *Il a été battu à mort.* ⇒ **lyncher. 2.** Frapper (qqch.) avec un instrument. *Battre un tapis. Battre le blé* (⇒ **battage, batteuse**). *Battre le tambour,* le frapper avec des baguettes. — *Battre le rappel, la retraite,* rappeler les soldats. — *Battre monnaie,* fabriquer de la monnaie. — *Battre un chemin,* ouvrir, tracer un chemin dans la neige en la tapant. — Loc. *Battre le fer pendant qu'il est chaud,* profiter sans tarder d'une occasion favorable. — Loc. *Battre froid à qqn,* le traiter avec froideur. **3.** Frapper sur ou dans (qqch.) pour remuer, agiter. *Battre le beurre.* ⇒ **baratter.** *Battez deux blancs d'œufs* (⇒ **batteur,** II). *Battre le ciment.* ⇒ **mélanger ; battée.** — *Battre les cartes* (avant de les distribuer). ⇒ **mêler.** *Battre les buissons, les taillis* (⇒ **battue**). **4.** Avoir le dessus sur (un adversaire). ⇒ **défaire, vaincre.** / contr. **perdre** / *Battre à plate couture.* ⇒ **écraser.** *Elle a battu son adversaire au tennis. Se faire battre.* ⇒ **perdre.** — Loc. *Battre quatre as.* ⇒ **as** (3). **5.** Parcourir pour rechercher, explorer. *On va battre les forêts, fouiller les buissons.* — Littér. et fig. *Battre la campagne,* rêver à des sujets variés. ⇒ **déraisonner, divaguer.** — *Battre le pavé,* errer par les rues. **6.** *Battre la mesure,* marquer la mesure (III, 4), indiquer le rythme. **7.** *Battre qqch. en brèche,* attaquer (une théorie, une institution...). *On battait en brèche tous leurs arguments ; on battait tous leurs arguments en brèche.* **8.** *Battre pavillon,* naviguer sous un pavillon. *Ce navire battait pavillon grec.* **9.** *Battre son plein,* être à son point culminant. *La fête bat son plein.* **II.** V. tr. indir. Produire des mouvements répétés. *Battre des mains.* ⇒ **applaudir, claquer. III.** V. intr. **1.** Être animé de mouvements répétés. *Son pouls bat vite. Le cœur lui bat,* l'émotion lui fait battre le cœur plus vite. **2.** BATTRE CONTRE. ⇒ **frapper, heurter.** *La pluie bat contre la vitre. Une porte qui bat.* **3.** *Battre en retraite,* se battre en reculant. ⇒ **abandonner, céder. 4.** Loc. *Le club bat de l'aile.* ⇒ ① **aile. IV.** SE BATTRE v. pron. **1.** V. pron. récipr. Lutter, se donner des coups. *Ils se sont battus comme des brutes.* ⇒ se **bagarrer ;** fam. se **tabasser.** *Ils veulent se battre en duel. Les troupes se sont bien battues.* ⇒ **combattre. 2.** V. pron. réfl. Combattre contre un adversaire. *Se battre avec, contre qqn au pistolet.* — Fig. *Voilà une heure qu'il se bat avec cette serrure,* qu'il s'acharne à l'ouvrir. ▸ ***battu, ue*** adj. **1.** Qui a reçu des coups. *Les femmes battues.* — Loc. *Avoir l'air d'un chien battu.* **2.** Vaincu. *Une équipe battue.* ⇒ **perdant.** / contr. **victorieux** / — Loc. *Ne pas se tenir pour battu,* ne pas s'avouer sa défaite, ne pas se résigner. **3.** Loc. *Avoir les yeux battus,* très fatigués et cernés. **4.** Foulé par les pieds des passants, très fréquenté. *Chemin, sentier battu.* — *Terre battue,* bien tassée et durcie. *Jouer au tennis sur de la terre battue.* ‹ ▸ bataille, bataillon, bat-flanc, battage, ① battant, ② battant, ③ battant, batte, battée, battement, batterie, batteur, battoir, battu, battue, batture, combat, courbattu, débat, imbattable, rebattre ›

battue [baty] n. f. **1.** Action de battre les taillis, les bois pour en faire sortir le gibier. **2.** Fouille d'un bois, de la forêt pour retrouver qqn qui s'est égaré. *La police a organisé une grande battue pour rechercher deux scouts égarés.*

batture [batyʀ] n. f. **1.** Partie étendue et plate d'un rivage que la marée basse laisse à découvert. ⇒ **estran.** *Un chemin de batture.* — Souvent au plur. *Les battures de la Côte-de-Beauport.* **2.** (Souvent au plur.) *Battures de glace,* glace plus ou moins composée de neige, en partie fixée et accolée au rivage. — Glace laissée sur le rivage par la marée.

baud [bod] n. m. ■ Unité de vitesse de transmission de signaux correspondant à un bit* par seconde.

baudet [bodɛ] n. m. ■ Fam. Âne. *Être chargé comme un baudet,* très chargé.

baudrier [bodʀije] n. m. ■ Bande de cuir ou d'étoffe qui se porte en bandoulière et soutient un sabre, une épée, etc.

baudroie [bodʀwa] n. f. ■ Grand poisson de mer à grosse tête surmontée de tentacules.

baudruche [bodʀyʃ] n. f. **1.** Pellicule provenant de l'intestin de bœuf ou de mouton et qui sert à recouvrir ou à fabriquer divers objets. *Un ballon de, en baudruche.* **2.** Ballon de baudruche. *Elle s'est acheté une baudruche.* **3.** Homme sans consistance. *C'est une baudruche.*

bauge [boʒ] n. f. ■ Gîte boueux et sale de certains animaux. *La bauge du sanglier.*

baume [bom] n. m. **1.** Nom désignant un grand nombre de plantes odorantes (notamment les *menthes*). **2.** Résine odorante. **3.** Préparation médicamenteuse employée comme calmant. ⇒ **liniment, onguent.** — Ce qui adoucit les peines, calme la douleur, l'inquiétude. *Cette nouvelle me met du baume au cœur, dans le cœur.* ⟨ ▶ embaumer ⟩

bauxite [bɔksit] n. f. ■ Roche rougeâtre (hydrate d'alumine, de fer...), principal minerai d'aluminium.

bavard, arde [bavaʀ, aʀd] adj. et n. **1.** Qui aime à parler, parle avec abondance. ⇒ **loquace, placoteur, volubile ;** fam. **commette.** / contr. **muet, silencieux** / *Il est bavard comme une pie. — Un intarissable bavard.* **2.** Qui ne sait pas tenir un secret, parle quand il convient de se taire. ⇒ **cancanier, indiscret ;** fam. **bavasseur, commette, mémère.** ▶ ***bavarder*** v. intr. ▪ conjug. 1. **1.** Parler beaucoup, causer avec qqn de choses et d'autres. *Perdre son temps à bavarder. Cessez de bavarder !* ⇒ **discourir, jacasser ;** fam. **jaser, papoter, placoter. 2.** Divulguer des choses qu'on devrait taire. *Quelqu'un aura bavardé.* ⇒ **bavasser, jaser.** ▶ ***bavardage*** n. m. **1.** Action de bavarder. ⇒ **placotage.** — À l'écrit, le fait d'être prolixe et futile. ⇒ **verbiage. 2.** Surtout au plur. Propos de bavard. *Assez de bavardages !* ⇒ **bavassage, jacasserie, ragot.**

bavasser [bavase] v. intr. ▪ conjug. 1. Fam. **1.** Parler de façon indiscrète, divulguer ce qui devrait être tenu secret (à l'insu de qqn). ⇒ **bavarder** (2), fam. **commérer, placoter.** *Elle ne cessait de bavasser à mon sujet.* **2.** Bavarder, aimer beaucoup parler. ⇒ **jaser, placoter.** ▶ ***bavassage*** n. f. ■ Fam. Action de bavasser ; propos ainsi tenus. *C'était du bavassage.* ⇒ **placotage ;** fam. **commérage, mémérage.** ▶ ***bavasseur*** ou ***bavasseux, euse*** adj. et n. ■ Fam. Qui bavasse. *Une personne bien bavasseuse.* — N. Bavard, placoteur. ⇒ fam. **commette, mémère.**

bave [bav] n. f. **1.** Salive qui s'écoule de la bouche. *Essuyer la bave d'un bébé.* — Liquide écumeux qui sort de la bouche, dans certaines maladies (l'épilepsie, la rage, etc.) ⇒ **écume. 2.** Liquide gluant que sécrète le limaçon, l'escargot. ▶ ***baver*** v. intr. ▪ conjug. 1. **1.** Laisser couler de la bave. *Un bébé qui bave.* — Loc. *Elle en bavait d'admiration.* **2.** Fam. EN BAVER : peiner, souffrir. ⇒ fam. en **chier.** *On en a bavé pendant la traversée des rapides. Il va vous en faire baver.* **3.** *Baver sur qqn,* sur sa réputation, le calomnier, le salir. **4.** (Encre, couleur) Déborder et s'étaler. *On ne peut rien lire, l'encre a bavé.* — Par ext. *Ce stylo commence à baver, jette-le.* **5.** V. tr. Fig. Fam. (Personnes) *Baver qqn,* le provoquer d'une manière arrogante, par des insultes, des moqueries. *Il continue de nous baver. On est tanné de se faire baver.* ⇒ **achaler, barber, ennuyer.** ⟨ ▶ bavard, bavasser, ① bavette, ② bavette, baveux, bavoir, bavure ⟩

① ***bavette*** [bavɛt] n. f. **1.** Haut d'un tablier, d'une salopette, qui couvre la poitrine. — Petite serviette qu'on attache autour du cou des bébés. ⇒ **bavoir. 2.** (France) Loc. fam. *Tailler une bavette,* bavarder, placoter. ⇒ **jaser.**

② ***bavette*** n. f. ■ Partie inférieure de l'aloyau. *Un bifteck dans la bavette.*

baveux, euse [bavø, øz] adj. et n. **1.** Qui bave (1). — *Omelette baveuse,* dont l'intérieur, peu cuit, reste liquide. **2.** N. Fig. Fam. Personne qui bave (5) les autres, arrogant. ⇒ fam. **fantasse.** *Trois petits baveux m'attendaient au coin de la rue.* **3.** N. Fam. Terme d'injure. Personne grossière, effrontée. *Gang de petits baveux !*

bavoir [bavwaʀ] n. m. ■ Pièce de lingerie qui protège la poitrine des bébés. *Attacher le bavoir autour du cou.* ⇒ **bavette.**

bavure [bavyʀ] n. f. **1.** Trace, saillie que les joints d'un moule laissent sur l'objet moulé. **2.** Trace d'encre empâtant une écriture, un dessin ⇒ **barbot,** une épreuve d'imprimerie. **3.** Erreur pratique, abus. *Une bavure policière.* **4.** SANS BAVURE loc. fam. : parfaitement exécuté ; impeccablement.

bayer [baje] v. intr. ▪ conjug. 1. ■ *Bayer aux corneilles,* perdre son temps en regardant en l'air niaisement. ⇒ **bâiller** (1), **rêvasser.** ≠ *bailler.*

bayou [baju] n. m. ■ En Louisiane et dans le bas Mississipi, eaux peu profondes à faible courant ou stagnantes (bras secondaire d'un delta, méandre abandonné). *Survoler les bayous.*

bay-window [bewindo] ou ***baw-window*** [bowindo] n. f. ■ Anglic. Fenêtre en saillie sur le mur de façade d'une habitation. *Des bay-windows.* — REM. En France, on a proposé le mot *oriel* pour remplacer cet emprunt.

bazar [bazaʀ] n. m. **1.** Marché public en Orient. ⇒ **souk. 2.** Lieu, magasin où l'on vend toutes sortes d'objets, d'ustensiles de peu de valeur **3.** Maison, pièce en désordre. ⇒ **bric-à-brac, capharnaüm.** *Quel bazar !* — Fam. Affaires, attirail. ⇒ fam. **bastringue, bataclan.** *Emporter tout son bazar.* ▶ ***bazarder*** v. tr. ▪ conjug. 1. ■ Se débarrasser rapidement de (qqch.). *Je vais bazarder tout ça à l'Armée du salut.*

bazooka [bazuka] n. m. ■ Lance-roquettes antichar. *Des bazookas.*

bazou [bazu] n. m. Fam. **1.** Vieille voiture délabrée, qui n'avance pas. ⇒ **guimbarde ;** fam. **bagnole, casserole, char, minoune, tacot.** *Mon bazou est tombé en panne. Des vieux bazous.* **2.** Iron. Voiture neuve ou assez luxueuse. ⇒ fam. **limousine.** *S'acheter un beau, un gros bazou.*

B.B.C. [bibisi] n. f. invar. ■ (Avec des majusc.) Anglic. Abréviation de *British Broadcasting Corporation,* la radio-télévision anglaise. *Écouter la B.B.C.*

B.B.Q. ou ***BAR.B.Q.*** [baʀbəkju] n. m. inv. ■ Abréviation familière de *barbecue**. *Préparer le B.B.Q.* — En appos. *Un poêle BAR.B.Q.*

B.C.G. [beseʒe] n. m. invar. ■ Vaccin antituberculeux.

B.D. [bede] n. f. invar. ■ Fam. Abréviation de *bande** *dessinée. Je lis beaucoup de B.D.* — REM. On écrit aussi *bédé. Des bédés.* ⟨ ▶ bédéiste ⟩

bean n. f. ⇒ **bine.**

béant, ante [beɑ̃, ɑ̃t] adj. Littér. **1.** Grand ouvert. *Une blessure béante.* **2.** (Personnes) *Béant d'étonnement, d'admiration,* qui ouvre grand la bouche, les yeux.

béarnais, aise [beaʀnɛ, ɛz] adj. et n. ■ *Sauce béarnaise,* ou n. f., *une béarnaise,* sauce épaisse au beurre et aux œufs.

béat, ate [bea, at] adj. ■ Exagérément satisfait et tranquille. *Un sourire béat. Un optimisme béat.* ▶ ***béatement*** [beatmɑ̃] adv. ▶ ***béatification*** n. f. ■ Acte par lequel le pape *béatifie* une personne défunte, c'est-à-dire la met au rang des bienheureux. ▶ ***béa-***

titude n. f. **1.** Félicité parfaite des élus au paradis. **2.** Littér. Bonheur parfait. ⇒ **euphorie, extase.** *Être plongé dans une douce béatitude.* **3.** (Avec une majusc.) *Les Béatitudes,* les huit vertus que Jésus-Christ a exaltées dans le Sermon sur la Montagne.

beatnik [bitnik] n. et adj. ■ Anglic. Adepte d'un mouvement social et littéraire, né aux États-Unis vers 1950, en réaction contre la société de consommation et les valeurs sociales. ⇒ **anticonformiste,** anglic. **hippie.** *Les beatniks de la Californie.* — Adj. *La génération beatnik. La musique beatnik.* ≠ *freak, punk, skin.*

① ***beau*** [bo] (ou ***bel*** [bɛl] devant un nom commençant par une voyelle ou un *h* muet et dans quelques locutions), ***belle*** [bɛl] adj. **I.** Qui fait éprouver une émotion esthétique ; qui plaît à l'œil. ⇒ **joli, magnifique,** pas **pire, ravissant, splendide, superbe.** / contr. **laid** / *Un beau paysage.* — *Une très belle femme. Un enfant beau et fin.* — Bien habillé. *Il s'est fait beau pour sortir.* ⇒ **élégant.** — *À la belle étoile,* en plein air. — Loc. *Pour les beaux yeux de qqn,* pour lui plaire. — Loc. fam. *Cela me fait une belle jambe,* cela ne m'apporte rien. **II.** (Opposé à *mauvais*) **1.** Qui fait naître un sentiment d'admiration ou de satisfaction. *Un beau talent.* ⇒ **supérieur.** *Un beau geste, une belle action.* ⇒ **bon, généreux, grand, noble, sublime.** Fam. (Langage des enfants) *Ce n'est pas beau de mentir.* **2.** Qui est très satisfaisant, très réussi dans son genre. *Un beau rôti. Un beau match. Un beau voyage.* ⇒ **agréable.** *Une belle situation. Un beau coup,* bien exécuté. *L'échapper belle.* ⇒ **échapper** (III) — Loc. *Un beau jour,* un jour quelconque. *Un beau jour, tu auras toi aussi des enfants.* — (Temps) Clair, ensoleillé. / contr. **mauvais.** / *Quel beau temps ! Il fait beau.* Loc. *Beau temps, mauvais temps.* ⇒ ② **temps.** — N. m. *Le baromètre est au beau. Le temps se remet au beau.* **3.** Qui est grand, nombreux, important. *Il en reste un beau morceau.* ⇒ **bon, gros.** *Une belle somme.* ⇒ **considérable.** *Un beau vacarme.* ⇒ **grand.** *Il y a beau temps de cela,* il y a longtemps. **4.** Iron. *Une belle bronchite.* ⇒ **bon.** *C'est du beau travail !* — N. f. *En faire, en dire de belles,* faire, dire des sottises. *J'en apprends de belles,* des choses scandaleuses. — Fam. *C'est du beau !,* se dit à un enfant qui se conduit mal. — *Un bel égoïste,* un grand égoïste. — *Un beau fou, une belle folle,* un écervelé, une écervelée. **5.** AVOIR BEAU (+ infinitif) loc. verb. : bien que, quoique... (et le verbe). *J'ai beau crier, elle n'entend rien,* quoique je crie, elle n'entend rien. *Nous avons beau faire,* quoi que nous fassions. *On a beau dire...* **6.** Loc. adv. BEL ET BIEN : réellement, véritablement. *Il s'est bel et bien trompé.* — DE PLUS BELLE : de nouveau et encore plus fort. *Recommencer de plus belle.* ► ② ***beau*** n. m. **1.** Ce qui fait éprouver une émotion esthétique, un sentiment d'admiration. ⇒ **beauté.** *Le culte du beau. Les règles du beau.* **2.** Choses de belle qualité. *Elle n'aime que le beau.* **3.** *Un vieux beau,* un vieil homme trop coquet, qui cherche encore à plaire. **4.** *Faire le beau, la belle* se dit d'un chien qui se tient debout sur ses pattes postérieures. ► ***belle*** n. f. ■ Belle femme. *La belle ne disait pas non. Il est avec sa belle,* son amie (terme d'affection ou ironique). *Ma belle.* ⟨ ► beau-fils, beau-frère, beau-papa, beau-père, beauté, beaux-arts, beaux-parents, bellâtre, belle, embellir ⟩

beauceron, onne [bosʀɔ̃, ɔn] adj. et n. ■ De la Beauce, qui a trait à la Beauce. *Une industrie typiquement beauceronne.* — N. (Avec une majusc.) Personne qui est née dans cette région du Québec ou qui l'habite. *L'accueil des Beaucerons est proverbial.*

beaucoup [boku] adv. **1.** (Devant un nom : *beaucoup de*) Un grand nombre de..., une grande quantité de..., un haut degré de... *J'ai beaucoup de choses à faire.* ⇒ **bien, énormément, quantité.** / contr. **peu** / *Il n'y a pas beaucoup de monde. Vous avez eu beaucoup de chance.* **2.** De nombreuses choses, personnes. *Il a beaucoup à faire. Beaucoup sont de mon avis. C'est déjà beaucoup,* c'est déjà un beau résultat, une chose à considérer. **3.** (Avec un verbe) *Elle travaille beaucoup. Il a beaucoup changé.* ⇒ **drôlement, rudement. 4.** (Renforçant un comparatif, un adv. de quantité...) *C'est beaucoup plus rapide. Beaucoup mieux. Beaucoup trop. Je suis beaucoup moins à l'aise qu'elle.* — DE BEAUCOUP : avec une grande différence (en plus ou en moins). *Il l'a emporté de beaucoup sur son adversaire. Je suis de beaucoup son cadet.*

beau-fils [bofis] n. m. **1.** Pour un conjoint : Fils que l'autre conjoint a eu d'un précédent mariage. **2.** Gendre. *Des beaux-fils.*

beau-frère [bofʀɛʀ] n. m. **1.** Frère du conjoint, pour l'autre conjoint. **2.** Mari de la sœur ou de la belle-sœur d'une personne. *Mes deux beaux-frères s'entendent bien.*

beaujolais [boʒɔlɛ] n. m. invar. ■ Vin du Beaujolais, une région de la France. *Un petit beaujolais. Le beaujolais nouveau.*

beau-père [bopɛʀ] ou ***beau-papa*** [bopapa] n. m. **1.** Père du conjoint, pour l'autre conjoint. **2.** Pour les enfants d'un premier mariage : Le second mari de leur mère. *Des beaux-pères.*

beauportois, oise [bopɔʀtwa, waz] adj. et n. ■ De la ville de Beauport. — N. (Avec une majusc.) Personne qui est née dans cette ville ou qui y habite.

beauté [bote] n. f. **I. 1.** Caractère de ce qui est beau. / contr. **laideur** / *La beauté d'un paysage, d'un poème.* — DE TOUTE BEAUTÉ : remarquable par sa beauté. — Fam. *Terminer* EN BEAUTÉ : de façon remarquable. — Loc. *C'est une beauté de* (+ voir + qqn + infinitif), c'est admirable. *C'est une beauté de les voir patiner, danser.* **2.** Qualité d'une personne belle. *Dans tout l'éclat de sa beauté. Un institut, des produits de beauté. Un concours de beauté.* — *La beauté du diable,* la beauté que donne la jeunesse à une personne qui n'a pas d'attraits réels. — *Être en beauté,* paraître plus beau, plus belle que d'habitude. — Fam. *Se faire, se refaire une beauté,* se coiffer, se maquiller. *Elle s'est refait une beauté avant de partir.* **3.** *Une beauté,* une femme très belle. / contr. **laideron.** / **4.** N. f. pl. Littér. BEAUTÉS. Les belles choses, les beaux détails (d'un lieu, d'une œuvre...). *Les beautés du paysage.* **II.** Caractère de ce qui est moralement admirable. *La beauté d'un sacrifice. Pour la beauté du geste.*

beaux-arts [bozaʀ] n. m. pl. ■ Arts qui ont pour objet la représentation du beau et, spécialt, du beau plastique. ⇒ **architecture, gravure, peinture, sculpture.** *L'École des beaux-arts,* ou *les Beaux-Arts. Le Musée des beaux-arts de Montréal.*

beaux-parents [bopaʀɑ̃] n. m. pl. ■ Le père et la mère de son conjoint. ⇒ **beau-père, belle-mère.**

bébé [bebe] n. m. **1.** Enfant en bas âge. ⇒ **nourrisson, nouveau-né, poupon.** — *Attendre un bébé,* être enceinte. — *C'est un vrai bébé, il est resté très bébé.* ⇒ **enfant. 2.** Très jeune animal (avec le nom de l'animal en apposition). *Des bébés-lions. Un bébé-phoque.* ⇒ **blanchon.** *Des bébés-chats.* ► ***bébé-éprouvette*** n. m. ■ Enfant dont la conception se fait en laboratoire avant l'implantation dans l'utérus. Au plur. *Des bébés-éprouvettes* ou *des bébés-éprouvette.* ⟨ ► pèse-bébé, porte-bébé ⟩

bebelle [bəbɛl] n. f. ■ Fam. (Surtout au plur.) Jouet des tout jeunes enfants. ⇒ **joujou.** *Ramasser ses bebelles.* ⇒ **affaires, choses.** — Loc. *Prends tes bebelles et puis* *va dans ta cour* ou ellipt *Tes bebelles puis dans ta cour,* prend ce qui t'appartient et va-t'en chez toi. — REM. On écrit aussi *bébelle.*

bébête [bebɛt] adj. ■ Fam. Un peu bête ; niais. ⇒ **nigaud.**

bébite [bebit] ou ***bebite*** [bəbit] ou ***bibit(t)e*** [bibit] n. f. Fam. **1.** Tout genre d'insectes. *Se faire piquer par les bébites.* ⇒ **bestiole, brûlot, maringouin, moustique. 2.** Petit animal, souvent sauvage. *Une grosse bébite.* — Loc. *Les petites bébites ne mangent pas les grosses,* il ne faut pas avoir peur de plus petit que soi. ⇒ **bête. 3.** Loc. *En bébite,* beaucoup, énormément. *On a eu froid en bébite hier.* — *Être en bébite,* être fâché, en colère. *Elle était en bébite parce qu'elle a perdu son sac.* — *Avoir des bébites dans le traîneau, plein la tête,* avoir les idées dérangées. **4.** BÉBITE À PATATES : insecte aux élytres rayés de noir, parasite des plants de pommes de terre dont il dévore les feuilles. ⇒ **bête** à patates**, doryphore.**

bec [bɛk] n. m. **1.** Bouche cornée et saillante des oiseaux, démunie de dents. *Le bec crochu de l'aigle. Le héron au long bec.* — Bouche de certains animaux (tortues, céphalopodes...). **2.** Fam. (Personnes) Bouche. *Tu te laveras le bec.* — Loc. *Elle aime se sucrer le bec,* manger des choses très sucrées, des sucreries. — Loc. *Avoir, se retrouver le bec à l'eau,* ne pas avoir progressé dans une affaire, ne pas être plus avancé après qu'avant ; se retrouver démuni, être vis-à-vis de rien. *Un bec fin,* un gourmet. — Iron. *Faire, avoir le bec fin,* faire le difficile à table. — *Il n'a pas ouvert le bec,* il n'a rien dit. — *Une* PRISE DE BEC : une chicane, une altercation. ⇒ **dispute.** *Ils ont eu une prise de bec.* **3.** Fam. Baiser. *Un beau bec. Un petit bec. Donner, recevoir des becs. Fais-moi des gros becs.* ⇒ ② **bise.** *Un bec à (en) pincette(s),* en pinçant délicatement les joues. **4.** Extrémité de certains objets terminés en pointe. *Le bec d'une plume,* sa partie effilée. — Petite avancée en pointe d'un récipient, pour verser le liquide. *Le bec d'une théière, d'une casserole.* — Embouchure d'un instrument à vent. *Le bec d'une clarinette.* **5.** *Un bec Bunsen* [bɔnzɛn] (≠ *benzène*), brûleur à gaz employé dans les laboratoires. *Des becs Bunsen.* **6.** (France) Anciennt. BEC DE GAZ. ⇒ **réverbère.** — Fam. *Tomber sur un bec,* rencontrer un obstacle imprévu, insurmontable. ⇒ **os.** ▶ ***bec-de-cane*** n. m. ■ Pêne d'une serrure qui rentre lorsqu'on manœuvre le bouton, la poignée. — Cette poignée. *Des becs-de-cane.* ▶ ***bec-de-lièvre*** n. m. ■ Malformation congénitale de la face, fissure de la lèvre supérieure. *Des becs-de-lièvre.* ⟨ ▶ bécot, becquée, becqueter, bec-scie, blanc-bec, gros-bec ⟩

bécancourois, oise [bekɑ̃kuʀwa, waz] adj. et n. ■ De la ville de Bécancour. *Les usines bécancouroises.* — N. (Avec une majusc.) Personne née dans cette ville ou qui l'habite. *Une Bécancouroise.*

bécane [bekan] n. f. ■ Fam. Bicyclette ou moto. *Il va à l'école en bécane.*

bécarre [bekaʀ] n. m. ■ Signe de musique placé devant une note haussée par un dièse ou baissée par un bémol, pour la rétablir dans un ton naturel.

bécasse [bekas] n. f. **1.** Oiseau échassier migrateur, au long bec, à chair très estimée. *Des bécasses d'Amérique.* **2.** Fam. Femme sotte. ⇒ **dinde.** *Quelle bécasse !* ▶ ***bécassine*** n. f. **1.** Oiseau échassier migrateur de petite taille, au bec long, aux pattes dénudées. *Un vol de bécassines des marais.* **2.** Fam. Jeune fille très naïve.

béchamel [beʃamɛl] n. f. ■ Sauce blanche à base de lait. *On écrit « une sauce à la Béchamel, une sauce Béchamel ou une béchamel ».*

bêche [bɛʃ] n. f. ■ Outil de jardinage composé d'un fer large, plat et tranchant, adapté à un manche, et qui sert à retourner la terre. ▶ ***bêcher*** v. tr. ▪ conjug. 1. ■ Travailler, retourner (la terre) avec une bêche.

bécosses [bekɔs] n. f. pl. Fam. **1.** Anciennt. Toilettes extérieures, plutôt rudimentaires. ⇒ **chiottes.** *Les bécosses sont derrière le chalet. Aller aux bécosses,* déféquer ou uriner. — Au sing. *Où est la bécosse ?* **2.** Mod. Toilettes. *Je cherche les bécosses.*

bécot [beko] n. m. ■ Fam. Baiser. ⇒ **bec** (3). ▶ ***bécoter*** v. tr. ▪ conjug. 1. ■ Fam. Donner des bécots. — SE BÉCOTER v. pron. récipr. : s'embrasser.

becquée ou ***béquée*** [beke] n. f. ■ Ce qu'un oiseau prend dans son bec pour se nourrir ou nourrir ses petits. *Donner la becquée.*

becqueter ou ***béqueter*** [bɛkte] v. tr. ▪ conjug. 4. **1.** Piquer avec le bec. ⇒ **picorer. 2.** Fam. Manger. ⇒ ② **bouffer.** *Il n'y a rien à becqueter ici.* — REM. Variante orthographique : *becter,* conjug. 1.

bec-scie [bɛksi] n. m. ■ Canard plongeur d'Amérique au long bec effilé et dentelé sur les côtés. *Des becs-scie couronnés.*

bedaine [bədɛn] n. f. ■ Fam. Gros ventre. ⇒ fam. **bedon, bide, brioche.** *Il a une bonne bedaine. Avoir une bedaine de bière.* — Loc. (Hommes) *Être, se mettre en bedaine,* torse nu.

bedeau [bədo] n. m. ■ Employé laïque préposé au service matériel et à l'ordre dans une église. ⇒ **sacristain.** *Des bedeaux.*

bédéiste [bedeist] n. ■ Amateur, collectionneur de bandes* dessinées. ⇒ **B.D.** — REM. On emploie aussi le mot *bédéphile.*

bedon [bədɔ̃] n. m. ■ Fam. Ventre. ⇒ **bedaine,** ① **bide.** ▶ ***bedonnant, ante*** adj. ■ Fam. Qui a un gros ventre. *Un monsieur bedonnant.* ▶ ***bedonner*** v. intr. ▪ conjug. 1. ■ Prendre du ventre. *Il commence à bedonner.*

bédouin, ine [bedwɛ̃, in] n. ■ Arabe nomade du désert.

bée [be] adj. ■ (Seul emploi) BOUCHE BÉE : la bouche ouverte d'admiration, d'étonnement. *J'en suis resté bouche bée.*

beefsteak n. m. ⇒ **bifteck.**

beffroi [befʀwa] n. m. ■ Anciennt. Tour, clocher. ⇒ **campanile.** *Des beffrois.*

bégayer [begeje] v. intr. ▪ conjug. 8. **1.** Souffrir de bégaiement. **2.** S'exprimer d'une manière maladroite, hésitante, confuse. — Transitivement. *Bégayer une excuse.* ⇒ **balbutier.** ▶ ***bégaiement*** [begɛmɑ̃] n. m. **1.** Trouble de la parole, d'origine psychologique, qui se manifeste par la répétition saccadée d'une syllabe, l'hésitation et l'arrêt involontaire du débit des mots. **2.** Langage mal articulé de l'enfant qui commence à parler. ⇒ **balbutiement.** ▶ ***bégayeur, euse*** [begɛjœʀ, øz] adj. et n. ■ Qui bégaie. ⇒ **bègue.** ▶ ***bègue*** [bɛg] adj. et n. ■ Qui bégaie. — N. *Une bègue.* ⇒ **bégayeur.** — REM. Ce mot est vieilli dans l'usage courant.

bégonia [begɔnja] n. m. ■ Plante originaire d'Amérique tropicale, ornementale, cultivée pour ses fleurs. *Les différentes espèces de bégonias.*

béguin [begɛ̃] n. m. ■ Fam. Amour vif et souvent passager. *Avoir le béguin pour qqn.* — Fam. Personne qui en est l'objet. ⇒ **amoureux.** *C'est son béguin.*

beige [bɛʒ] adj. ■ De la couleur de la laine naturelle, d'un brun très clair. ⇒ anglic. **drabe.** *Des étoffes beiges. Des tissus beige clair.*

① ***beigne*** [bɛɲ] n. f. **1.** Pâtisserie qui a le plus souvent la forme d'un anneau et qui est faite de pâte sucrée cuite à grande friture. ⇒ **croquignole.** *Un beigne au miel. Une douzaine de beignes à l'érable. Beigne à la confiture,* fourré avec de la confiture (fraises, framboises, bleuets, etc.). **2.** *Trou de beigne,* petite boule de pâte à beigne frite. *Des trous de beigne avec du sucre en poudre.* — REM. Dans certaines régions du Québec, le mot est parfois au féminin. ▶ ***beignet*** n. m. **1.** Petit beigne. **2.** Pâte frite enrobant un aliment. *Des beignets aux pommes.* — Pâtisserie de pâte à choux cuite à grande friture. ⇒ **pet-de-sœur.** ▶ ***beignerie*** n. f. ■ Établissement de restauration qui vend et, généralement, qui fabrique des beignes, des beignets, des brioches. *Après avoir magasiné, ils sont allés manger dans une beignerie.*

② ***beigne*** n. f. ■ (France) Fam. Coup, gifle. ⇒ fam. **baffe,** ① **claque, tarte.**

bel adj. et adv. ⇒ ① **beau.**

bélairois, oise [belɛʀwa, waz] adj. et n. ■ De la ville de Val-Bélair. *Le conseil municipal bélairois.* — N. (Avec une majusc.) Personne qui est née dans cette ville ou qui l'habite. *Un Bélairois de naissance.*

bel canto [bɛlkɑ̃to] n. m. sing. ■ L'art du chant selon les traditions de l'opéra italien (beauté du son, virtuosité). *Il est amateur de bel canto.*

bêler [bɛle] v. intr. ■ conjug. 1. **1.** Pousser un bêlement. **2.** Se plaindre sur un ton niais. ▶ ***bêlement*** n. m. **1.** Cri du mouton, de la chèvre. **2.** Plainte niaise. ⇒ **jérémiade.** ▶ ***bêlant, ante*** adj. ■ Qui bêle.

belette [bəlɛt] n. f. ■ Petit mammifère carnassier, bas sur pattes, de forme effilée, de couleur fauve. — Loc. *Être senteux, curieux comme une belette,* très curieux, indiscret. ⇒ **fouineur.**

belge [bɛlʒ] adj. et n. ■ De Belgique, qui est propre à la Belgique. *Un restaurant belge.* ⇒ **flamand, wallon.** — N. (Avec une majusc.) Personne née dans ce pays ou qui en a obtenu la citoyenneté. *Jacques Brel était un Belge.* ▶ ***belgicisme*** n. m. ■ Mot, sens, locution ou tournure propre au français de Belgique. *Le mot doubleur est à la fois un belgicisme et un québécisme.*

bélier [belje] n. m. **I. 1.** Mâle non châtré de la brebis (opposé à **mouton**). **2.** Machine de guerre des Anciens servant à enfoncer les murailles des villes assiégées. **3.** BÉLIER MÉCANIQUE : engin sur tracteur à chenilles très puissant, équipé d'une grande lame d'acier à l'avant et utilisé dans les travaux de terrassement. ⇒ **bulldozer. II.** (Avec une majusc.) Premier signe du zodiaque (21 mars-20 avril). *Je suis du signe du Bélier, je suis du Bélier.* — Ellipt. Invar. *Elles sont Bélier.*

belladone [be(ɛl)ladɔn] n. f. ■ Plante vénéneuse à baies noires, utilisée en médecine.

bellâtre [bɛlɑtʀ] n. m. ■ Bel homme fat et niais.

belle adj. et n. f. ■ ⇒ ① **beau,** ② **beau.** ▶ ***belle-de-jour*** n. f. ■ Nom familier du liseron dont les fleurs s'ouvrent pendant la journée. *Des belles-de-jour.* ▶ ***belle-de-nuit*** n. f. ■ Plante ornementale à grandes fleurs qui s'ouvrent le soir. *Des belles-de-nuit.* ▶ ***belle-famille*** n. f. ■ Famille du conjoint. *Des belles-familles.* ▶ ***belle-fille*** n. f. **1.** Épouse d'un fils. ⇒ **bru.** *Des belles-filles.* **2.** Pour un conjoint : Fille que l'autre conjoint a eue d'un précédent mariage. *Les belles-filles et les beaux-fils.* ▶ ***belle-mère*** ou ***belle-maman*** n. f. **1.** Pour un conjoint : Mère de l'autre conjoint. *Des belles-mères.* **2.** Pour les enfants d'un premier mariage : La seconde femme de leur père. ▶ ***belle-sœur*** n. f. **1.** Sœur du conjoint, pour l'autre conjoint. **2.** Femme du frère ou du beau-frère d'une personne. *Des belles-sœurs.*

bellicisme [bɛllisism] n. m. ■ Amour de la guerre ; attitude de ceux qui poussent à la guerre. ▶ ***belliciste*** adj. et n. ■ Qui pousse à la guerre. / contr. **pacifiste** / *Un esprit belliciste.* ≠ *belliqueux.*

belligérant, ante [be(ɛl)liʒeʀɑ̃, ɑ̃t] n. et adj. ■ (État) Qui prend part à une guerre. / contr. **neutre** / ▶ ***belligérance*** n. f. ■ État de belligérant. / contr. **neutralité** /

belliqueux, euse [be(ɛl)likø, øz] adj. **1.** Qui aime la guerre, est empreint d'esprit guerrier. **2.** Agressif. *Il était d'humeur belliqueuse.* / contr. **pacifique** / ≠ *belliciste.*

belloeillois, oise [bɛlœjwa, waz] adj. et n. ■ De la ville de Beloeil. — N. (Avec une majusc.) Personne née dans cette ville du Québec ou qui l'habite. *Les Beloeilloises.*

belon [bəlɔ̃] n. m. ■ Variété d'huître plate et arrondie, à chair brune, très savoureuse.

belote [bəlɔt] n. f. ■ (France) Nom d'un jeu de cartes très populaire. *Faire une belote. Ils jouent à la belote.*

béluga [belygɑ] ou ***bélouga*** [belugɑ] n. m. ■ Mammifère cétacé carnivore blanc, plus petit que la baleine, qui vit dans les mers arctiques et dans le Saint-Laurent. ⇒ **baleine** blanche, **marsouin.** *Les bélugas forment une espèce protégée.*

belvédère [bɛlvedɛʀ] n. m. ■ Construction ou terrasse établie en un lieu élevé, et d'où la vue s'étend au loin.

bémol [bemɔl] n. m. et adj. ■ N. m. Signe musical en forme de *b* abaissant d'un demi-ton la note devant laquelle il est placé (qu'il *bémolise*) ; s'oppose à *dièse.* — Adj. *Un mi bémol.*

ben [bɛ̃] adv. et interj. ■ ⇒ Fam. ① **bien** (7).

bénédicité [benedisite] n. m. ■ Prière que les catholiques très pieux récitent avant le repas. *Des bénédicités.*

bénédictin, ine [benediktɛ̃, in] n. ■ Religieux, religieuse de l'ordre de Saint-Benoît. *Un travail de bénédictin,* qui exige beaucoup d'érudition, de recherche, de patience et de soins. ▶ ***bénédictine*** n. f. ■ Liqueur fabriquée à l'origine dans un couvent de bénédictins.

bénédiction [benediksjɔ̃] n. f. **1.** Grâce, faveur accordée par Dieu. / contr. **malédiction** / — Fam. *C'est une bénédiction,* une grande chance. **2.** Action du prêtre qui bénit les fidèles. *Donner, recevoir la bénédiction. Bénédiction nuptiale,* cérémonie du mariage religieux. — Consécration. *La bénédiction d'une église.* — Action d'un prêtre qui asperge d'eau bénite des objets profanes. *La bénédiction d'un bateau, des motos.* ⇒ **baptême. 3.** *La bénédiction (du Jour de l'An* ou *paternelle),* la cérémonie du Premier de l'An au cours de laquelle l'aîné d'une famille demande au père de bénir (2, 3) toute la famille. *Donner, recevoir la bénédiction.* **4.** Expression d'un assentiment, d'un souhait de réussite, de prospérité... *Vous avez ma bénédiction. Il y est allé avec la bénédiction du parti.*

bénéfice [benefis] n. m. **I. 1.** Avantage. / contr. **inconvénient** / *Laissons-lui le bénéfice du doute. Quel bénéfice as-tu à mentir ?* — AU BÉNÉFICE DE : au profit de. *Les acteurs ont donné un spectacle au bénéfice d'une œuvre.* **2.** Droit, faveur, privilège que la loi accorde à (qqn). *Le bénéfice des circonstances atténuantes.* **3.** *Bénéfice ecclésiastique,* patrimoine autrefois attaché à une fonction, une dignité ecclésiastique. **II.** Gain réalisé dans une opération ou une entreprise. ⇒ **profit.** / contr. **déficit, perte** / *Bénéfice net,* tous frais déduits.

Être intéressé aux bénéfices. — Différence entre le prix de vente et le prix de revient. ▶ ***bénéficiaire*** n. et adj. **1.** Personne qui bénéficie d'un avantage, d'un droit, d'un privilège, d'une prestation (de retraite, d'assurance, etc.). *Je suis le bénéficiaire de sa police d'assurance-vie,* je recevrai la somme qu'elle prévoit. — Par euphémisme. Personne qui reçoit une aide financière, un secours médical. *Les bénéficiaires de l'assurance-chômage, du B.S. Les bénéficiaires des soins de santé.* ⇒ **patient. 2.** Adj. Qui a rapport au bénéfice commercial. *La marge bénéficiaire du commerçant.* ▶ ***bénéficier*** *de* v. tr. indir. ▪ conjug. 7. ■ Profiter (d'un avantage). / contr. **pâtir** / *Vous avez bénéficié d'un traitement de faveur. C'est vous qui en bénéficierez.* ⟨ ▶ bénéfice ⟩

-bénéfice ■ Élément qui sert à former des mots composés désignant une activité destinée à recueillir des fonds pour un parti politique ou pour une œuvre (2) soutenue par un organisme à but non lucratif (ex. : *brunch-bénéfice, course-bénéfice, dîner-bénéfice, repas-bénéfice, soirée-bénéfice, souper-bénéfice, spectacle-bénéfice*. Au plur. *Des galas-bénéfices*).

bénéfique [benefik] adj. ■ Qui fait du bien. *Ce séjour lui a été bénéfique.* ⇒ **favorable, salutaire.**

benêt [bə(e)nɛ] n. m. et adj. m. ■ Niais. ⇒ **niaiseux, nigaud.** *C'est un grand benêt.* / contr. **malin** /

bénévole [benevɔl] adj. **1.** Qui fait (qqch.) sans obligation et gratuitement. *Une infirmière bénévole.* **2.** Qui est fait gratuitement et sans obligation. *Une assistance bénévole.* ⇒ **désintéressé, gratuit.** / contr. **payé, rétribué** / ▶ ***bénévolement*** adv. ■ ⇒ **gratuitement.** *J'aide bénévolement les personnes âgées.* ▶ ***bénévolat*** n. m. ■ Situation d'une personne qui accomplit un travail gratuitement, sans y être obligé.

bengali [bɛ̃gali] n. m. **1.** Petit oiseau passereau au plumage bleu et brun, originaire des Indes. *Des bengalis.* **2.** Langue parlée au Bengale.

bénin, igne [benɛ̃, iɲ] adj. **1.** Sans conséquence grave. *Accident bénin.* / contr. **grave** / *Tumeur bénigne* (opposé à *tumeur maligne*). **2.** Littér. Bienveillant, indulgent. ⇒ **doux.** *Une humeur, une critique bénigne.* / contr. **méchant** / ▶ ***bénignité*** [beniɲite] n. f. Littér. **1.** Caractère de ce qui est bénin, sans gravité. *La bénignité d'une maladie.* / contr. **gravité** / **2.** Qualité d'une personne bienveillante et douce. ⇒ **bonté.** / contr. **malignité, méchanceté** /

bénir [beniʀ] v. tr. ▪ conjug. 2. **I. 1.** (Dieu) Répandre sa bénédiction sur. ⇒ **protéger.** / contr. **maudire** / — Fam. *Dieu vous bénisse,* souhait adressé à une personne qui éternue. ⇒ à vos **souhaits. 2.** Appeler la bénédiction de Dieu sur les hommes. *Bénir les fidèles. Le prêtre qui a béni leur mariage.* — Consacrer (un objet) par des cérémonies rituelles. — (Le premier de l'an) *Papa, voulez-vous nous bénir ?,* nous donner votre bénédiction (3). **3.** Souhaiter solennellement bonheur et prospérité (en invoquant, le plus souvent, l'intervention de Dieu). *Que Dieu bénisse votre union.* **II. 1.** Glorifier, remercier (qqn, qqch.). *Je bénis le médecin qui m'a sauvé. Vous pouvez bénir ce concours de circonstances.* **2.** Loc. *Dieu soit béni !,* loué, glorifié. ▶ ***bénit, ite*** adj. ■ (Choses) Qui a reçu la bénédiction du prêtre avec les cérémonies prescrites. *Eau bénite.* ▶ ***bénitier*** n. m. ■ Vasque destinée à contenir l'eau bénite. — Fam. *Grenouille de bénitier,* bigote.

benjamin, ine [bɛ̃ʒamɛ̃, in] n. ■ Le, la plus jeune d'une famille ⇒ **dernier**-né, d'un groupe. / contr. **aîné** / ≠ *cadet.*

benne [bɛn] n. f. **1.** Sorte de caisse servant au transport de matériaux dans les mines, les chantiers. *Benne roulante* ⇒ **berline,** *suspendue.* **2.** Partie basculante d'un camion, pour décharger des matériaux. **3.** Caisse de chargement d'une grue. **4.** Cabine de téléphérique pour passagers. ⟨ ▶ télébenne ⟩

benoîtement [bənwatmɑ̃] adv. ■ Littér. D'un air doucereux.

benthique [bɛ̃tik] adj. ■ Didact. Relatif aux fonds des eaux ; qui vit au fond des eaux. *La faune et la flore benthiques.* ≠ *pélagique.*

benzène [bɛ̃zɛn] n. m. ■ Carbure d'hydrogène, liquide incolore, inflammable, dissolvant les corps gras, extrait des goudrons de houille (type de la série *benzénique*). ≠ *bec Bunsen.* ▶ ***benzine*** n. f. ■ Mélange d'hydrocarbures (benzol rectifié) vendu dans le commerce, employé notamment comme détachant. ▶ ***benzol*** n. m. ■ Mélange de carbures composé de benzène, de toluène et de xylène. ⟨ ▶ nitrobenzène ⟩

béotien, ienne [beɔsjɛ̃, jɛn] n. et adj. ■ Qui est lourd, peu ouvert aux lettres et aux arts, qui a des goûts grossiers. *C'est un béotien.*

béquée n. f. ⇒ **becquée.**

béqueter v. tr. ▪ conjug. 4. ⇒ **becqueter.**

béquille [bekij] n. f. **1.** Bâton surmonté d'une traverse sur laquelle on appuie l'aisselle ou la main pour se soutenir. *Elle a la jambe dans le plâtre et elle se déplace avec des béquilles.* **2.** Nom de divers instruments ou dispositifs de soutien, de support. ⇒ **cale, étai.** *La béquille d'une moto.*

bercail [bɛʀkaj] n. m. ■ Plaisant. Famille, foyer, pays (natal). *Rentrer au bercail.* — REM. Le pluriel *bercails* est rare.

berçante n. f. ⇒ ② **berceuse.**

berceau [bɛʀso] n. m. **1.** Petit lit de bébé, qui, le plus souvent, peut être balancé. *Berceau d'osier.* — Littér. L'âge où les enfants couchent dans un berceau. *Du berceau à la tombe.* — Lieu de naissance, d'origine (d'une personne, d'une institution...). *La Grèce fut le berceau d'une civilisation.* **2.** Architecture. Voûte en plein cintre. — Voûte de feuillage. ⇒ **tonnelle. 3.** Bâton recourbé en forme d'arc qui relie deux pieds d'une berceuse. ⇒ **arceau. 4.** Partie où s'appuie un moteur.

bercer [bɛʀse] v. tr. ▪ conjug. 3. **1.** Balancer dans un berceau. — Balancer, agiter doucement. *Elle berçait l'enfant dans ses bras.* — Pronominalement (réfl.). *Se bercer,* se balancer dans une chaise berceuse. *Elle se berce en regardant la télévision.* **2.** Au passif, p. p. et adj. Littér. (ÊTRE) BERCÉ(E) DE : accompagné de façon continue par qqch., imprégné de qqch. *Une enfance bercée du bruit de la mer. Ma jeunesse a été bercée de cette musique.* **3.** Littér. Apaiser, consoler. *Pour bercer ma peine.* **4.** Littér. Leurrer. *On l'a bercé de vaines promesses.* ⇒ **tromper.** — V. pron. réfl. *Se bercer d'illusions.* ⇒ **s'illusionner.** ▶ ***bercement*** n. m. ■ Action de bercer, balancement. ▶ ① ***berceuse*** n. f. ■ Chanson pour endormir un enfant. — Morceau de musique dont le rythme imite celui de ces chansons. ▶ ② ***berceuse*** ou ***berçante*** n. f. ■ Siège à bascule que l'on peut faire balancer d'avant en arrière par un simple mouvement du corps. ⇒ **rocking-chair.** — Adj. *Une chaise berceuse, des chaises berçantes.*

béret [beʀɛ] n. m. **1.** Coiffure de laine souple, ronde et plate. *Un béret basque. Un béret de chasseur alpin, de marin.* **2.** Anciennt. Iron. BÉRET BLANC : membre ou partisan d'un parti créditiste*.

bergamote [bɛʀgamɔt] n. f. **1.** Variété de poire fondante. **2.** Fruit du *bergamotier* (arbre du genre *citrus*). *Essence de bergamote,* utilisée en parfumerie, en confiserie. **3.** Bonbon à la bergamote.

berge [bɛʀʒ] n. f. **1.** Talus qui borde un cours d'eau, un canal. *La berge du fleuve.* ⇒ **rive.** ≠ *rivage.* **2.** Bord relevé d'un chemin, d'un fossé. ⇒ **talus.**

berger, ère [bɛʀʒe, ɛʀ] n. **1.** Personne qui garde les moutons. *Chien de berger,* dressé pour garder les troupeaux. *La bergère de Domrémy,* Jeanne d'Arc. *L'étoile du Berger,* la planète Vénus. — Personnage d'une crèche de Noël. *Les bergers et les rois mages.* **2.** N. m. Chien de berger. *Un berger allemand.* ▶ **bergerie** [bɛʀʒəʀi] n. f. ■ Lieu, bâtiment où l'on abrite les moutons. ⇒ **parc.** — *Enfermer le loup dans la bergerie,* introduire qqn dans un lieu où il peut aisément faire du mal. — Scène avec des bergers et des bergères (littér., arts : XVIIe-XVIIIe s.). ⇒ **pastorale.**

bergère n. f. ■ Fauteuil large et profond dont le siège est garni d'un coussin.

bergeronnette [bɛʀʒəʀɔnɛt] n. f. ■ Oiseau passereau, à longue queue, qui vit au bord de l'eau et dans le voisinage des troupeaux. ⇒ **hirondelle** de mer.

béribéri [beʀibeʀi] n. m. ■ Maladie due au manque de vitamine B, causée par la consommation exclusive de riz décortiqué. *Le béribéri sévit surtout en Extrême-Orient.*

berline [bɛʀlin] n. f. **1.** Type d'automobile, conduite intérieure à quatre portes et quatre glaces latérales. **2.** Benne roulante, chariot pour le transport de la houille dans les mines.

berlingot [bɛʀlɛ̃go] n. m. **1.** (Surtout en France) Bonbon aux fruits, à la menthe, en forme de pyramide. *Enfant, je mangeais beaucoup de berlingots.* **2.** Emballage de carton pour les liquides (250 ml) qui a la forme d'une petite maison carrée. *Un berlingot de lait, de jus, de mélasse.* — (France) Emballage pour les liquides qui ressemble à une petite pyramide.

berlue [bɛʀly] n. f. ■ *Avoir la berlue,* avoir des visions. ‹ ▶ éberlué ›

berme [bɛʀm] n. f. ■ Chemin laissé entre une levée et le bord d'un canal ou d'un fossé.

bermuda [bɛʀmyda] n. m. ■ Pantalon court descendant jusqu'au genou. *Des bermudas à fleurs.*

bernache [bɛʀnaʃ] n. f. **1.** Variété d'oie sauvage à bec court et au long cou noir, qui a une tache blanche sous la gorge. ⇒ **outarde.** **2.** (France) Crustacé marin (appelé aussi *bernacle* ou *anatife,* n. m.).

bernard-l'hermite ou **bernard-l'ermite** [bɛʀnaʀlɛʀmit] n. m. invar. ■ Crustacé qui loge dans des coquilles abandonnées. *Des bernard-l'(h)ermite.*

en berne [bɛʀn] loc. adj. et adv. ■ *Pavillon, drapeau en berne,* hissé à mi-mât en signe de deuil ou de détresse. — *Drapeaux mis en berne,* non déployés, roulés.

berner [bɛʀne] v. tr. ▪ conjug. 1. ■ Tromper en ridiculisant. ⇒ **duper, jouer ;** fam. **enfirouaper.** *Le gouvernement nous a trop longtemps bernés !*

bernicle ou **bernique** [bɛʀnikl, bɛʀnik] n. f. ■ Autre nom de la *patelle* (mollusque).

berrichon, onne [be(ɛ)ʀiʃɔ̃, ɔn] adj. et n. ■ Du Berry (province française). — N. (Avec une majusc.) *Un Berrichon.*

béryl [beʀil] n. m. ■ Pierre précieuse. *Le béryl vert est une émeraude, le béryl bleu une aigue-marine.*

besace [bəzas] n. f. ■ Sac long, ouvert par le milieu et dont les extrémités forment deux poches.

besicles [bezikl] n. f. pl. ■ Anciennes lunettes rondes.

besogne [bəzɔɲ] n. f. ■ Travail imposé (par la profession, etc.). ⇒ **ouvrage, tâche.** *Une lourde, une rude besogne.* — *Aller vite en besogne,* travailler rapidement ; brûler les étapes, précipiter les choses. — *C'est de la belle besogne,* du travail, de l'ouvrage bien fait. ▶ **besogneux, euse** adj. ■ Qui fait une médiocre besogne mal rétribuée. *Un gratte-papier besogneux.*

besoin [bəzwɛ̃] n. m. **I. 1.** Exigence née de la nature ou de la vie sociale. ⇒ **appétit, envie.** *La satisfaction d'un besoin. Le besoin de nourriture. Éprouver un besoin de changement, de parler. Un besoin pressant, urgent.* — Au plur. *Les besoins de qqn,* ce qu'il demande comme étant nécessaire à son existence. *Elle a de grands besoins.* — *Les besoins naturels,* la nécessité d'uriner, d'aller à la selle. — Fam. *Aller faire ses (petits) besoins,* aller à la toilette. **2.** *Le besoin de la cause,* ce qu'il est nécessaire de dire à l'appui de la cause que l'on défend. *Pour les besoins de la cause.* **3.** Loc. verb. AVOIR BESOIN DE *qqn, qqch.* : ressentir la nécessité de. ⇒ **désirer,** avoir **envie, vouloir.** *J'ai besoin de votre amitié.* — Manquer (d'une chose objectivement nécessaire). *Il a besoin de repos.* ⇒ **falloir.** *Je n'ai besoin de rien, de personne.* — (+ infinitif) Éprouver, voir la nécessité, l'utilité de. *Elle a besoin de gagner sa vie. Je n'ai pas besoin d'ajouter que,* inutile d'ajouter que. — Iron. *Vous aviez bien besoin de lui en parler !* — (Avec *que* + subjonctif) *Il a besoin qu'on le conseille,* il faut que. **4.** Impers. Littér. *Point n'est besoin de,* il n'est pas nécessaire de. *Point n'est besoin de lui en parler. S'il en est besoin, si besoin est,* si cela est nécessaire. **5.** AU BESOIN loc. adv. : en cas de nécessité, s'il le faut. *Au besoin, je vous téléphonerai.* **II.** État de privation. ⇒ **dénuement, gêne, indigence, pauvreté.** / contr. **aisance** / *Mes parents ont toujours été dans le besoin.*

bestiaire n. m. ■ Recueil de fables, de textes sur les bêtes.

bestial, ale, aux [bɛstjal, o] adj. ■ Qui tient de la bête, qui fait ressembler l'homme à la bête. ⇒ **animal, brutal.** *Une expression, une fureur bestiale.* ▶ **bestialité** n. f. ■ Caractère bestial.

bestiaux [bɛstjo] n. m. pl. ■ Ensemble des animaux qu'on élève pour la production agricole dans une ferme (à l'exclusion des animaux de basse-cour). ⇒ **bétail.**

bestiole [bɛstjɔl] n. f. ■ Petite bête, et, en particulier, insecte. ⇒ fam. **bébite.**

best-seller [bɛs(t)sɛlœʀ] n. m. ■ Anglic. Livre qui a obtenu un grand succès, qui s'est très bien vendu. *Les trois derniers romans de cet écrivain ont été des best-sellers.*

① **bêta** [bɛta] n. m. invar. ■ Deuxième lettre de l'alphabet grec β. ‹ ▶ alphabet, analphabète ›

② **bêta, asse** [bɛta, as] n. et adj. ■ Fam. Personne bête, niaise. ⇒ **niaiseux.** *C'est un gros bêta.*

bétail [betaj] n. m. sing. ■ Ensemble des animaux élevés pour la production agricole. ⇒ **bestiaux, cheptel.** *Le gros bétail,* les bovins, les chevaux. *Le petit bétail,* les ovins, les porcins. — *Traiter les hommes comme du bétail,* mal et sans respect pour la dignité humaine. ▶ **bétaillère** [betajɛʀ] n. f. ■ Véhicule servant à transporter le bétail.

① **bête** [bɛt] n. f. **I. 1.** Tout être animé, à l'exception de l'être humain. ⇒ **animal.** *Les bêtes à cornes. Bête de somme.* ⇒ ② bête de **somme.** *Bêtes féroces. Les bêtes,* les bestiaux, le bétail. *Une bête à bon Dieu,* une coccinelle. *Bête à patates.* ⇒ **bébite** à patate, **doryphore.** — BÊTE PUANTE : mouffette. **2.** Loc. *Regarder qqn comme une bête curieuse,* avec une insistance déplacée. — *Chercher la petite bête,* être extrêmement méticuleux ou s'efforcer de découvrir une erreur, une irrégularité. — *C'est sa bête noire,* il déteste cette personne, cette chose. *Les mathématiques sont sa bête noire.* **II. 1.** *La bête humaine,* l'homme dominé par ses instincts. *Une méchante bête.* **2.** *Faire la bête,* jouer l'ignorant, dire des bêtises. — (Emplois affectueux) *Grosse bête, grande bête !* ⇒ fam. ② **bêta.**

② ***bête*** adj. **1.** Qui manque d'intelligence, de jugement. ⇒ **idiot, imbécile.** / contr. **intelligent** / *Bête comme une oie, un pied, ses pieds. Il n'est pas bête, elle est loin d'être bête.* — *Pas si bête,* pas assez sot pour se laisser tromper. **2.** Qui manque d'attention, d'à-propos. *Suis-je bête ! cela m'avait échappé.* — (Choses) Stupide. *C'est bête, je ne m'en souviens pas.* **3.** Fam. Loc. *Avoir l'air bête,* laisser paraître sa mauvaise humeur. **4.** Fam. Loc. *Rester bête,* demeurer muet, être surpris, décontenancé. ⇒ **coi.** *À l'annonce de sa démission, elle est restée bête.* **5.** Fam. *Être bête avec qqn,* tenir des propos méchants, être désagréable, peu aimable. / contr. ① **fin, gentil** / — *Être bête comme ses (deux) pieds,* se montrer très brusque, être désagréable avec qqn. ▸ ***bêtement*** adv. ■ D'une manière bête, stupide. *Agir bêtement. Se faire parler bêtement.* — *Tout bêtement,* tout simplement. ⇒ **bonnement.** ‹ ▸ abêtir, bébête, ② bêta, bêtifier, bêtise, embêter, pense-bête ›

bêtifier [betifje] v. intr. ▪ conjug. 7. ■ Faire l'enfant, dire des bêtises.

bêtise [be(ɛ)tiz] n. f. **1.** Manque d'intelligence et de jugement. ⇒ **idiotie, imbécillité, sottise, stupidité.** / contr. **intelligence** / *Il est d'une rare bêtise.* **2.** Action ou parole sotte, méchante ou maladroite. *Faire, dire, chanter des bêtises.* ⇒ **niaiserie.** — Fam. Loc. *Chanter une poignée de bêtises à qqn,* lui lancer des injures, l'enguirlander. — Action, parole, chose sans valeur ou sans importance. ⇒ **bagatelle, broutille, enfantillage.** *L'enfant s'amuse à des bêtises. Ils se sont brouillés pour une bêtise,* pour un motif futile. **3.** Action déraisonnable, imprudente. ⇒ **folie.** *Il faut l'empêcher de faire des bêtises.*

béton [betɔ̃] n. m. ■ Matériau de construction issu du mélange de sable, de gravier, de ciment et d'eau. ⇒ ③ **mortier.** *Béton armé,* coulé autour d'une armature métallique. *Un blockhaus, un immeuble en béton.* — Fig. Loc. *Les paroles coulées dans le béton,* que rien ne peut faire modifier, qui sont fiables. *Une décision coulée dans le béton,* définitive. *Un contrat coulé dans le béton,* inattaquable. ▸ ***bétonné, ée*** adj. ■ Construit en béton. *Un abri bétonné.* ▸ ***bétonnière*** ou ***bétonneuse*** n. f. ■ Machine comprenant une grande cuve tournante, pour fabriquer le béton. — Camion servant à transporter le béton.

betterave [bɛtʀav] n. f. ■ Plante cultivée à racine épaisse. *Betterave fourragère,* à grosse racine rouge ou jaune, cultivée pour l'alimentation du bétail. — *Betterave potagère,* à petite racine ronde, rouge et sucrée. *Salade de betteraves.* — *Betterave sucrière,* dont on extrait le sucre. — Abrév. fam. BETTE, n. f. *Un pot de bettes,* de betteraves potagères. — Fig. Visage. *Se montrer la bette.* ⇒ fam. **binette,** ① **fraise.**

beugler [bøgle] v. intr. ▪ conjug. 1. **1.** (Bovins) Pousser des cris, des beuglements. ⇒ **meugler, mugir.** **2.** Fam. Hurler, gueuler. *Ne beuglez pas comme ça !* ▸ ***beuglement*** n. m. **1.** Cri des bovins. ⇒ **meuglement, mugissement.** **2.** Son puissant, prolongé et désagréable. *Le beuglement des radios de l'immeuble.* — Fam. Cri, hurlement poussé par qqn.

beurk [bœʀk] interj. ■ Exclamation exprimant le dégoût, l'écœurement. ⇒ **eurk,** ① **ouache ;** fam. **pouah.** *Beurk ! je n'aime pas le foie de veau.*

beurre [bœʀ] n. m. **1.** Substance alimentaire grasse et onctueuse qu'on obtient en battant la crème du lait. *Ma mère faisait la cuisine au beurre.* ⇒ **margarine.** *Du beurre salé, pasteurisé.* — BEURRE NOIR : beurre fondu qu'on a laissé noircir. *Sole au beurre noir.* — *Œil au beurre noir,* poché. — Fam. *Ça entre comme dans du beurre,* facilement. *Fondre comme du beurre dans la poêle,* (choses) disparaître très rapidement. — Fam. Loc. *Passer dans le beurre,* manquer, rater son coup en voulant frapper sur qqch. ou sur qqn, en voulant donner un coup. *C'est du beurre,* une entreprise facile. *Mettre du beurre dans les épinards,* améliorer sa situation financière. — (France) *Faire son beurre,* s'enrichir. *Ce vendeur de légumes a fait son beurre.* — Fam. Loc. *Tourner dans le beurre,* tourner à vide, ne pas se finer. *Une vis qui tourne dans le beurre. Des roues d'auto qui tournent dans le beurre,* qui patinent. **2.** *Beurre de, à...,* pâte formée d'une substance écrasée dans du beurre. *Beurre d'anchois, à l'ail.* — Substance grasse extraite de certains végétaux. *Beurre de cacao. Beurre d'érable. Beurre d'arachides** ou anglic. *beurre de pinottes**. ▸ ***beurrée*** n. f. ■ Pain ou tranche de pain recouvert de beurre ou de margarine et d'un autre produit consistant (confiture, miel, mélasse, etc.). *Elle adore les beurrées de ketchup.* ⇒ **tartine.** ▸ ***beurrer*** v. tr. ▪ conjug. 1. **1.** Recouvrir ou enduire de beurre, de margarine. *Beurrer des rôties.* ⇒ **tartiner.** — *Beurrer du pain avec du miel, de la confiture,* recouvrir de... **2.** Fam. Enduire d'une matière grasse ou sale. ⇒ **maculer.** *Beurrer ses mains avec de l'encre.* — Tacher, salir. *Beurrer une vitre en peinturant. Beurrer ses vêtements avec de l'huile.* ⇒ fam. **graisser.** — Pronominalement (réfl.) *Se beurrer,* se salir, se tacher avec qqch. qui s'étale. *Elle s'est beurré le visage avec de la suie.* — Au p. p. adj. *Des mains beurrées de gouache.* — Au p. p. adj. Fam. Ivre, soûl. *Il est complètement beurré.* ▸ ***beurrier*** n. m. ■ Récipient dans lequel on conserve, on sert le beurre. ‹ ▸ babeurre, petit-beurre ›

beuverie [bœvʀi] n. f. ■ Réunion où l'on s'enivre. ⇒ **orgie, soûlerie.**

bévue [bevy] n. f. ■ Méprise, erreur grossière due à l'ignorance ou à l'inadvertance. ⇒ **étourderie, gaffe, impair.** *Cet homme distrait commet beaucoup de bévues.*

bey [bɛ] n. m. ■ Titre porté par les souverains vassaux du sultan ou par certains hauts fonctionnaires turcs. ≠ *bai, baie.*

bi- ■ Élément signifiant « deux, deux fois » (ex. : *bicentenaire,* adj. et n. m.).

biais [bjɛ] n. m. invar. **1.** Ligne, direction oblique. — (Dans un tissu) Sens de la diagonale par rapport au droit fil. *Tailler dans le biais.* **2.** Abstrait. Côté, aspect. *C'est par ce biais qu'il faut considérer, prendre le problème.* — Moyen détourné. *Le biais est ingénieux !* **3.** DE BIAIS, EN BIAIS loc. adv. : obliquement, de travers. *Feuille de papier découpée en biais.* — En oblique, en diagonale. *Le restaurant est de biais avec la banque. Découper un morceau de tissu en biais.* ▸ ***biaiser*** v. intr. ▪ conjug. 1. ■ Employer des moyens détournés, artificieux. *On y arrivera en biaisant et en rusant.*

bibelot [biblo] n. m. ■ Petit objet curieux, décoratif. ⇒ **babiole, souvenir.** *Une étagère encombrée de bibelots.*

biberon [bibʀɔ̃] n. m. ■ Petite bouteille munie d'une tétine, servant à l'allaitement artificiel. *Nourrir un enfant au biberon. Sa sœur lui donne le biberon.*

① ***bibi*** [bibi] n. m. ■ Fam. Petit chapeau de femme. *Des bibis.*

② ***bibi*** pronom ■ Fam. Moi. *Les corvées, c'est toujours pour bibi.*

bibit(t)e n. f. ⇒ **bebite.**

bible [bibl] n. f. **1.** (Avec une majusc.) Recueil des textes de l'Ancien et du Nouveau Testament. ⇒ **écriture.** *La sainte Bible.* **2.** (Avec une majusc.) Le livre lui-même. *Une Bible illustrée. — Elle transporte sa bible dans sa serviette.* **3.** Ouvrage faisant autorité. *Ce dictionnaire est la bible de tous les cégépiens.* ‹ ▶ biblique ›

bibliobus [biblijobys] n. m. invar. ■ Véhicule aménagé en bibliothèque, où l'on peut emprunter des livres, desservant certains quartiers ou villages.

bibliographie [biblijɔgʀafi] n. f. ■ Liste des écrits relatifs à un sujet donné. *Cet ouvrage est accompagné d'une abondante bibliographie.*

bibliophile [biblijɔfil] n. ■ Personne qui aime, recherche et conserve avec soin et goût les livres rares, précieux. ▶ ***bibliophilie*** n. f. ■ Passion et science du bibliophile.

bibliothèque [biblijɔtɛk] n. f. **1.** Meuble ou assemblage de tablettes permettant de ranger et de classer des livres. *Une bibliothèque vitrée. Les rayons d'une bibliothèque.* **2.** Salle, édifice où sont classés des livres, pour la lecture ou pour le prêt. *Bibliothèque municipale. La bibliothèque de la polyvalente. Une bibliothèque nationale,* où sont rassemblés tous les livres publiés dans un pays, un État. — (Surtout en France) *Bibliothèque de gare,* librairie, kiosque (à journaux), dans une gare. **3.** Collection de livres. *Un ouvrage de sa bibliothèque personnelle.* ▶ ***bibliothécaire*** n. ■ Personne préposée à une bibliothèque.

biblique [biblik] adj. ■ Qui appartient, qui est propre à la Bible. *Études bibliques.*

bicamérisme [bikameʀism] ou ***bicaméralisme*** [bikameʀalism] n. m. ■ Système parlementaire comportant deux assemblées représentatives ou deux chambres ②. *Le bicamérisme canadien, c'est-à-dire la Chambre des communes et le Sénat. Le bicaméralisme britannique.*

bicarbonate [bikaʀbɔnat] n. m. ■ Carbonate acide. *Bicarbonate de soude* (c'est-à-dire de *sodium*), employé contre les maux d'estomac ou en patisserie (⇒ ② **soda**).

biceps [bisɛps] n. m. invar. ■ Muscle du bras qui gonfle quand on fléchit celui-ci. — Fam. *Avoir des biceps,* être musclé, fort.

biche [biʃ] n. f. ■ Femelle du cerf ou du chevreuil. *Des yeux de biche.* ‹ ▶ pied-de-biche ›

bichonner [biʃɔne] v. ▪ conjug. 1. **1.** V. tr. Arranger avec soin et coquetterie. ⇒ **pomponner.** — Être aux petits soins pour. ⇒ **soigner. 2.** V. pron. réfl. *Elle passe des heures à se bichonner.*

bicolore [bikɔlɔʀ] adj. ■ Qui présente deux couleurs. *Une écharpe bicolore.*

bicoque [bikɔk] n. f. ■ Petite maison de médiocre apparence. — Habitation mal construite ou mal entretenue. *Une vieille bicoque.* ⇒ **baraque, cabane.**

bicorne [bikɔʀn] n. m. ■ Chapeau à deux pointes. *Un bicorne d'académicien.*

biculturalisme [bicyltyʀalism] n. m. ■ Coexistence officielle et institutionnelle de deux cultures dans un même pays (Canada, Belgique, etc.), notamment de deux langues. ▶ ***biculturel, elle*** adj. ■ Qui possède deux cultures, se fonde sur deux cultures. *La politique biculturelle du Canada.*

bicyclette [bisiklɛt] n. f. ■ Véhicule à deux roues mû par un système de pédalier qui entraîne la roue arrière. *Le cadre, le guidon, la selle, le garde-boue, le porte-bagages de la bicyclette.* ⇒ ② **cycle, tandem, vélo ;** fam. **bécane, bicycle.** *Bicyclette tout terrain. Bicyclette à moteur.* ⇒ **cyclomoteur, vélomoteur.** *Une course de bicyclettes* (⇒ **cyclisme**). *Aller à bicyclette,* et fam. *en bicyclette.* ▶ ***bicycle*** n. m. Fam. **1.** Bicyclette, vélo. *Attacher son bicycle.* **2.** *Un bicycle à trois roues,* un tricycle. **3.** *Les gars de bicycle,* les motards, spécialt ceux qui se tiennent en bande.

bidasse [bidas] n. m. ■ (France) Fam. Soldat.

① ***bide*** [bid] n. m. ■ (France) Fam. Ventre. ⇒ fam. **bedaine, bedon, buffet.** *Avoir un gros bide.*

② ***bide*** n. m. ■ (Surtout en France) Fam. (Pièce de théâtre, spectacle...) Échec total. *Ça a été un bide. Faire un bide.* ⇒ ② **four ;** fam. **flop.**

bidet [bidɛ] n. m. **1.** Petit cheval de selle. — Plaisant. Cheval. **2.** (France) Cuvette oblongue et basse, sur pied, servant à la toilette intime.

① ***bidon*** [bidɔ̃] n. m. ■ Récipient portatif pour les liquides et que l'on peut fermer avec un bouchon ou un couvercle. *Un bidon de lait. Un bidon d'essence.* ⇒ **jerrycan.** ‹ ▶ bidonville ›

② ***bidon*** n. m. ■ Fam. *C'est du bidon,* du bluff, des histoires, des mensonges. *Ce n'est pas du bidon,* c'est vrai. — Adj. invar. Faux, simulé. *Un attentat bidon. Des déclarations bidon.*

se ***bidonner*** [bidɔne] v. pron. ▪ conjug. 1. ■ Fam. Rire beaucoup. ⇒ fam. se **marrer.** *Elles se sont bidonnées toute la soirée.*

bidonville [bidɔ̃vil] n. m. ■ Agglomération de baraques sans hygiène où vit la population la plus misérable. ⇒ **favela.**

bidous [bidu] n. m. pl. ■ Fam. Loc. *Avoir, posséder des bidous,* avoir de l'argent, être riche. ⇒ **argent ;** fam. avoir du **bacon,** avoir du **foin,** avoir de la **galette,** avoir le **motton.**

bidule [bidyl] n. m. ■ Fam. Objet quelconque. ⇒ fam. **affaire, bebelle, chose, gogosse, guedi, machin, patente, truc.** *Un petit bidule.*

bief [bjɛf] n. m. **1.** Portion d'un cours d'eau, d'un canal entre deux chutes, deux écluses. **2.** Canal de dérivation qui conduit les eaux d'un cours d'eau vers une machine hydraulique. *Le bief d'un moulin.*

bielle [bjɛl] n. f. ■ Tige rigide, articulée à ses extrémités et destinée à la transmission du mouvement entre deux pièces mobiles. *Les bielles d'une locomotive, d'un moteur d'automobile. — Couler une bielle,* la faire fondre.

① ***bien*** [bjɛ̃] adv. et adj. (comparatif *mieux*) **I.** Adv. **1.** D'une manière satisfaisante. / contr. **mal** / *Elle danse bien. Il a très bien réussi.* ⇒ **admirablement.** *Un roman bien écrit. Tant bien que mal ; ni bien ni mal.* ⇒ **passablement.** *Je vais bien.* **2.** D'une manière conforme à la raison, à la morale. *Il s'est bien conduit.* ⇒ **honnêtement.** — *J'ai cru bien faire,* agir comme il fallait. *C'est bien fait ! Bien bon, bien fait pour lui !,* ce qui lui arrive est mérité. — *Vous feriez bien de* (+ infinitif), vous devriez. *Vous feriez bien de vous couvrir.* **3.** (Indiquant le degré, l'intensité, la quantité) ⇒ **tout** à fait, **très.** *Nous sommes bien contents. Bien souvent. Bien sûr, bien entendu,* c'est évident, cela va de soi. *Bien mieux. Elle est bien jeune pour cet emploi.* ⇒ **trop.** *Nous avons bien ri.* ⇒ **beaucoup.** — BIEN DE, DES : beaucoup de. *Vous avez bien de la chance. Depuis bien des années. Bien des choses à tes parents.* **4.** Au moins. *Il y a bien une heure qu'il est sorti. Cela vaut bien le double.* ⇒ **largement. 5.** (Renforçant l'affirmation) *Nous* *le savons bien. C'est bien lui.* ⇒ **vraiment.** — Iron. *C'était bien la peine !* **6.** En fait et en dépit des difficultés (quoi qu'on dise, pense, fasse ; quoi qu'il arrive). *Attendons, nous verrons bien. Cela finira bien un jour. J'irais bien avec vous, mais...,* je pourrais, j'aimerais aller avec vous, mais... **7.** EH BIEN !, interjection marquant l'interrogation, l'étonnement, l'acquiescement. ⇒ fam. **ben, coudon.** *Eh bien ! Qu'en dites-vous ? Eh bien, soit ! J'accepte.* — BIEN OUI !, interjection marquant l'approbation, la confirmation. ⇒ fam. **ben.** *Il paraît qu'elle est partie ? Bien oui !* — BON DIEU !, et alors. ⇒ fam. **ben.** *Bon bien ! Qu'est-ce qu'on fait ?,* en attendant, que fait-on ? **II.** Adj. invar. **1.** Satisfaisant. *Ce sera très bien ainsi.* ⇒ **parfait.** — Juste, moral. *Ce n'est pas bien, ce que vous faites.* — En bonne santé, en bonne forme. *Elle est très bien en ce moment.* — Capable de faire ce qu'il faut. *Elle est bien dans ce rôle.* — Beau, qui a du charme, de la personnalité. ⇒ pas **pire.** *Il est bien, ce garçon.* — À l'aise, content. *Qu'on est bien !* — ÊTRE BIEN AVEC *qqn* : être en bons termes avec lui, être son ami. *Il était bien avec ses voisins.* **2.** Fam. Convenable, comme il faut, distingué. *Des gens bien.* — Qui a des qualités morales, de la valeur. *C'est une fille bien.* ⟨ ▸ bien-aimé, bien-être, bienfaisant, bienfait, bien-fondé, bienheureux, bien que, bienséant, bientôt, bienveillant, bienvenu, pensez-y bien ⟩

② ***bien*** n. m. **I. 1.** Ce qui est avantageux, agréable, utile. *Ce remède lui a fait (le plus) grand bien. Cela lui fait plus de mal que de bien. Le bien commun, public.* ⇒ **intérêt.** *C'est pour son bien. Un ami qui vous veut du bien. La santé est le plus précieux des biens.* — Iron. *Grand bien vous fasse !* — *Dire du bien de qqn, de qqch.,* en parler favorablement, en faire l'éloge. **2.** Chose matérielle que l'on peut posséder. ⇒ **capital, fortune, propriété, richesse.** *Avoir du bien. Elle dispose de ses biens.* — PROV. *Bien mal acquis ne profite jamais.* — *Biens meubles, immeubles, publics, privés.* ⇒ **propriété.** — Produits de l'économie. *Les biens de consommation.* **II.** Ce qui possède une valeur morale, ce qui est juste, honnête. *Il faut savoir discerner le bien du mal.* — *Une personne de bien,* qui pratique le bien, honnête, intègre. ⇒ **devoir.** *Faire le bien,* être charitable. — Fam. *En tout bien tout honneur,* sans mauvaise intention. *Il la voit souvent, en tout bien tout honneur.*

bien que loc. conj. ⇒ bien **que.**

bien-aimé, ée [bjɛ̃neme] adj. et n. **1.** Qui est aimé d'une affection particulière. *Un fils bien-aimé.* **2.** Littér. Personne aimée d'amour. *Ma bien-aimée. Des bien-aimé(e)s.*

bien-être [bjɛ̃nɛtʀ] n. m. invar. **1.** Sensation agréable procurée par la satisfaction de besoins physiques, l'absence de soucis. ⇒ **bonheur, plaisir.** / contr. **malaise** / **2.** Situation matérielle qui permet de satisfaire les besoins de l'existence. ⇒ **aisance, confort.** / contr. **gêne** / *Sa profession lui procurait un certain bien-être.* **3.** BIEN-ÊTRE (SOCIAL) : aide économique fournie par l'État québécois aux personnes dans le besoin. *Beaucoup de jeunes bénéficient du bien-être social.* ⇒ **B.S.** — *Le ministère de la Santé et du Bien-être social,* l'organisme public qui assure cette aide. — Fam. Loc. *Être sur le, vivre du bien-être,* recevoir des prestations de cet organisme. ⇒ **B.S.**

bienfaisant, ante [bjɛ̃fəzɑ̃, ɑ̃t] adj. ■ (Choses) Qui fait du bien, apporte un mieux, un soulagement. ⇒ **salutaire.** *L'action bienfaisante d'une cure.* / contr. **pernicieux** / ▸ ***bienfaisance*** n. f. ■ Action de faire du bien dans un intérêt social. ⇒ **assistance.** *Une association, une œuvre de bienfaisance.* / contr. **malfaisance** /

bienfait [bjɛ̃fɛ] n. m. **1.** Littér. Acte de générosité, bien que l'on fait à qqn. ⇒ **faveur, largesse, service.** *Un bienfait n'est jamais perdu,* on est toujours récompensé du bien fait à qqn. **2.** (Choses) Avantage procuré, action bienfaisante. *Les bienfaits de la civilisation, d'un traitement médical.* / contr. **méfait** / ▸ ***bienfaiteur, trice*** n. ■ Personne qui a fait du bien, apporté une aide généreuse. *Ils la considèrent comme leur bienfaitrice. Membre bienfaiteur d'une association.* ⇒ **donateur.**

bien-fondé [bjɛ̃fɔ̃de] n. m. ■ Conformité au droit. ⇒ **légitimité.** *Le bien-fondé d'une réclamation.* — Conformité à la raison, à une autorité quelconque. *Le bien-fondé d'une opinion.* — *Des bien-fondés.*

bienheureux, euse [bjɛ̃nœʀø, øz] adj. et n. **1.** Littér. Heureux. **2.** Personne à laquelle l'Église reconnaît un très haut degré de perfection chrétienne, sans toutefois l'admettre au rang des saints (⇒ **béatification**).

biennal, ale, aux [bjenal] adj. et n. f. **1.** Adj. Qui dure deux ans. — Qui a lieu tous les deux ans. ⇒ **bisannuel. 2.** N. f. Manifestation, exposition qui a lieu tous les deux ans. *Les Biennales de Venise. Une biennale de la langue française.*

bien que [bjɛ̃kə] loc. conj. (marquant la concession) ■ Quoique. — (+ subjonctif) *J'accepte, bien que je ne sois pas convaincu.* — (+ part. prés.) *Bien que sachant nager, il n'osait pas plonger.* — (Avec ellipse du verbe) *Bien que nu, il n'avait pas froid.*

bienséant, ante [bjɛ̃seɑ̃, ɑ̃t] adj. ■ Vx. Qu'il est séant (convenable) de dire, de faire. ⇒ **correct.** / contr. **malséant** / ▸ ***bienséance*** n. f. ■ Littér. Conduite sociale en accord avec les usages, respect de certaines formes. ⇒ **correction, savoir-vivre.** — Au plur. *Les bienséances,* les usages à respecter. ⇒ **convenance.** *Respecter les bienséances.*

bientôt [bjɛ̃to] adv. **1.** Dans peu de temps, dans un proche futur. ⇒ **incessamment, prochainement.** *Nous reviendrons bientôt,* d'un moment à l'autre, sous peu. — Fam. *C'est pour bientôt,* cela arrivera dans peu de temps. — À BIENTÔT loc. adv. : se dit en quittant une personne que l'on pense revoir bientôt. *Au revoir et à bientôt !* **2.** Dans un court espace de temps. ⇒ **rapidement, tôt, vite.** *Ce sera bientôt fait.* — Littér. *Cela est bientôt dit,* cela est plus facile à dire qu'à faire.

bienveillant, ante [bjɛ̃vɛjɑ̃, ɑ̃t] adj. ■ Qui a ou marque de la bienveillance. ⇒ **indulgent.** *Critique bienveillante.* / contr. **désobligeant, malveillant** / ▸ ***bienveillance*** n. f. ■ Disposition favorable envers une personne inférieure (en âge, en mérite). ⇒ **bonté, indulgence.** *Je vous remercie de votre bienveillance.* / contr. **malveillance** /

bienvenu, ue [bjɛ̃vny] adj. **1.** Littér. Qui arrive à propos. ⇒ **opportun.** *Une remarque bienvenue.* **2.** N. *Le bienvenu, la bienvenue,* personne, chose accueillie avec plaisir. *Vous serez toujours le bienvenu. Soyez la bienvenue. Votre offre est la bienvenue.* ▸ ***bienvenue*** n. f. **1.** (Dans un souhait) Heureuse arrivée de qqn. *Souhaiter la bienvenue à qqn,* lui faire bon accueil. *Bienvenue à nos invités !* **2.** Interj. Fam. Formule de politesse signifiant « je vous en prie », « il n'y a pas de quoi ». ⇒ de **rien.** — REM. Cet emploi est critiqué.

① ***bière*** [bjɛʀ] n. f. **1.** Boisson alcoolique fermentée, faite avec de l'orge germée et aromatisée avec des fleurs de houblon. *Bière brune, blonde.* — *De la bière sans alcool.* — *Une bière, s'il vous plaît !* ⇒ **bock, demi.** *Bière en fût* ou (surtout en France) *bière (à la) pression,* mise sous pression en récipients, et tirée directement dans les verres, à la brasserie, à la taverne, etc. — *Une caisse de bière,* un contenant en carton de six, douze ou vingt-quatre bouteilles. — Fam. *Une grosse bière,* *une petite bière,* une grosse (petite) bouteille. — Loc. *C'est de la petite bière,* qqch. qui n'est pas très important ; qqch. qui est facile à réaliser. **2.** BIÈRE D'ÉPINETTE : boisson gazeuse aromatisée artificiellement à l'épinette.

② ***bière*** n. f. ■ Caisse oblongue où l'on dépose un mort. ⇒ **cercueil, tombe.** *Mise en bière.*

biffer [bife] v. tr. ▪ conjug. 1. ■ Supprimer, rayer d'autorité (ce qui est écrit). ⇒ **barrer.** *Biffer un mot.*

bifteck ou ***beefsteak*** [biftɛk] n. m. ■ Tranche de bœuf grillée ou destinée à l'être. ⇒ **chateaubriand, steak, tournedos.** *Un bifteck bleu, saignant, à point, bien cuit.*

bifurquer [bifyʀke] v. intr. ▪ conjug. 1. **1.** Se diviser en deux, en forme de fourche. *La route bifurque à cet endroit.* **2.** Abandonner une voie pour en suivre une autre. *Le train a bifurqué sur une voie de garage.* — Fig. Prendre une autre orientation. *Elle a abandonné ses études et a bifurqué vers le marché du travail.* ▶ ***bifurcation*** n. f. **1.** Division en deux branches. ⇒ **embranchement, fourche. 2.** (Dans des études, des carrières...) Possibilité d'option entre plusieurs voies. *La bifurcation des études après le D.E.C.*

bigame [bigam] adj. ■ Qui est marié à deux personnes en même temps. / contr. **monogame** / — N. *Un, une bigame.* ▶ ***bigamie*** n. f. ■ État d'une personne (dite *bigame*) qui, étant déjà mariée, s'est mariée une seconde fois, sans que le premier mariage soit dissous. ⇒ **polygamie.** / contr. **monogamie** /

bigarré, ée [bigaʀe] adj. **1.** Qui a des couleurs variées. ⇒ **bariolé.** / contr. **uni** / *Des tissus bigarrés.* **2.** Formé d'éléments disparates. ⇒ **hétéroclite, mêlé.** *Une société bigarrée.* ▶ ***bigarrure*** n. f. ■ Aspect bigarré.

bigarreau [bigaʀo] n. m. ■ Grosse cerise rouge et blanche, à la chair ferme, d'un cerisier (appelé *bigarreautier*). ⇒ **cerise** de France. *Des bigarreaux.*

big bang [bigbaŋ] n. m. sing. ■ Anglic. Instant où, d'après certains astronomes, une explosion de matière a provoqué la formation de l'univers connu (12 à 15 milliards d'années avant nous).

bigorneau [bigɔʀno] n. m. ■ Petit coquillage comestible à coquille grise en spirale. *Des bigorneaux.*

bigot, ote [bigo, ɔt] adj. et n. ■ Qui manifeste une dévotion outrée et étroite. *Une vieille bigote.* ⇒ faux **dévot ;** fam. grenouille de **bénitier,** ① **punaise** de sacristie, rongeur de **balustre.** ▶ ***bigoterie*** n. f. ■ Dévotion étroite du bigot.

bigoudi [bigudi] n. m. ■ Petit objet (tige, rouleau, etc.) autour duquel on enroule chaque mèche de cheveux pour la friser. ⇒ ① **frisette.** *Elle fait sa mise en plis en mettant des bigoudis. Une femme en bigoudis.*

bigre [bigʀ] interj. ■ (Surtout en France) Fam. Exclamation exprimant la colère, le dépit, l'étonnement. ⇒ fam. **bougre,** ② **maudit.** *Bigre ! Que c'est dur !* ▶ ***bigrement*** adv. ■ (Surtout en France) Fam. Très. ⇒ fam. **bougrement, mauditement.** *Il fait bigrement chaud.*

bijou [biʒu] n. m. **1.** Petit objet ouvragé, précieux par la matière ou par le travail et servant à la parure. ⇒ **joyau.** *Bijou en or. Bijou de fantaisie. Une femme couverte de bijoux.* **2.** Tout ouvrage, relativement petit, où se révèle de l'art, de l'habileté. ⇒ **chef-d'œuvre.** *Un bijou d'architecture.* **3.** Au plur. *Les bijoux de famille,* les organes sexuels. ⇒ ① **gosse, parties.** ▶ ***bijouterie*** n. f. **1.** Fabrication, commerce des bijoux. *Il travaille dans la bijouterie.* — Les bijoux en tant qu'articles de vente. **2.** Lieu où l'on vend, où l'on expose des bijoux. *Travailler dans une bijouterie.* ▶ ***bijoutier, ière*** n. ■ Personne qui fabrique, qui vend des bijoux. ⇒ **joaillier, orfèvre.**

bikini [bikini] n. m. ■ Maillot de bain formé d'un slip très petit et d'un soutien-gorge. ⇒ **deux-pièces.** *Des bikinis.* — REM. Ce mot est un nom de marque déposée.

bilan [bilɑ̃] n. m. **1.** Tableau résumé de l'inventaire ou de la comptabilité d'une entreprise. ⇒ **balance.** *L'actif et le passif d'un bilan. — Déposer son bilan,* être en faillite. **2.** État, résultat global. *Le bilan des recherches est positif. — Faire le bilan de la partie,* donner les résultats détaillés. **3.** *Bilan de santé,* expertise médicale permettant d'apprécier l'état général des organes. ⇒ **check-up.**

bilatéral, ale, aux [bilateʀal, o] adj. **1.** Qui a deux côtés, qui se rapporte à deux côtés. *Le stationnement est bilatéral,* des deux côtés de la voie. **2.** Qui engage les parties contractantes l'une envers l'autre. ⇒ **réciproque.** *Contrat, accord bilatéral.* / contr. **unilatéral** /

bilboquet [bilbɔkɛ] n. m. ■ Jouet formé d'un petit bâton pointu à une extrémité, dans lequel on doit enfiler une boule percée qui lui est reliée par une cordelette.

bile [bil] n. f. **1.** Liquide visqueux et amer sécrété par le foie. ⇒ **fiel. 2.** Loc. *Échauffer la bile,* exciter la colère. *Se faire de la bile,* s'inquiéter, se tourmenter. ⇒ sang **d'encre ;** fam. se **biler.** ▶ *se* ***biler*** v. pron. ▪ conjug. 1. ■ (France) Fam. Se faire de la bile. ⇒ s'en **faire.** *Ne vous bilez pas !* ▶ ***biliaire*** adj. ■ Qui a rapport à la bile. *La vésicule biliaire.* ▶ ***bilieux, ieuse*** adj. **1.** Qui abonde en bile ; qui résulte de l'abondance de bile. *Un tempérament, un teint bilieux.* **2.** Littér. Enclin à la colère, rancunier. ⟨ ▶ atrabilaire ⟩

bilingue [bilɛ̃g] adj. ■ Qui est en deux langues (opposé à *monolingue, unilingue*). *Édition, enseignement bilingue.* — Où l'on parle deux langues. *Une région, un pays bilingue.* — Qui parle parfaitement deux langues. *Elle est totalement bilingue.* — N. *Les bilingues.* ▶ ***bilinguisme*** [bilɛ̃gɥism] n. m. ■ État (d'un pays) où l'on parle deux langues. *Le bilinguisme en Belgique, au Canada.* — (Personnes) Fait de parler parfaitement deux langues. *Le bilinguisme des Catalans, des Basques.* ▶ ***bilinguisation*** n. f. ■ Action de rendre bilingue ; le résultat. *La bilinguisation de la fonction publique fédérale.* ▶ ***bilinguiser*** v. tr. ▪ conjug. 1. ■ Rendre bilingue.

bill [bil] n. m. Anglic. **1.** Vieilli Projet de loi soumis au vote des députés fédéraux ou provinciaux. *Le bill a été approuvé en troisième lecture.* **2.** Projet de loi du Parlement de Grande-Bretagne.

billard [bijaʀ] n. m. **1.** Jeu pratiqué sur une table spéciale où les joueurs font rouler des billes qu'ils poussent avec un bâton (*queue de billard*). Anglic. **pool.** *Faire un (petit) billard,* une partie de billard. — *Billard américain, japonais, russe,* jeux où l'on pousse une bille qui doit éviter des quilles, passer sous des arceaux, se loger dans des trous. **2.** Table rectangulaire, munie de bandes (①, 3) et recouverte d'un tapis vert collé, sur laquelle on joue au billard. — Salle où l'on pratique ce jeu. **3.** Fam. Table d'opération chirurgicale. *Monter, passer sur le billard,* subir une opération. **4.** (France) Fam. *C'est du billard,* se dit d'une chose facile à accomplir. ⇒ ① **bière.**

① ***bille*** [bij] n. f. **1.** Boule avec laquelle on joue au billard. — Loc. *Attaquer bille en tête,* frapper la bille par sa partie supérieure ; fig. y aller carrément.

2. Petite boule de pierre, d'argile, de verre servant à des jeux d'enfants. *Une bille d'agate.* — *Les billes,* ce jeu. *Jouer aux billes. Une partie de billes.* — Loc. *Placer ses billes,* se mettre en bonne position pour obtenir qqch. *Reprendre, retirer ses billes,* se retirer d'une association. **3.** *Roulement à billes,* qui fonctionne avec de petites boules d'acier. — *Un stylo* à bille.*

② ***bille*** n. f. ■ Pièce de bois prise dans la grosseur du tronc ou de grosses branches, destinée à être débitée en planches. *Une bille de chêne.* ‹ ▸ billot ›

billet [bijɛ] n. m. **1.** Littér. Courte lettre. ⇒ **mot.** — Loc. *Billet doux,* lettre d'amour. — *Billet d'absence,* raison écrite et signée des parents pour justifier une absence de l'école. **2.** Promesse écrite, engagement de payer une certaine somme. ⇒ **effet, traite.** *Billet au porteur,* payable au détenteur à l'échéance. *Billet à ordre,* par lequel une personne s'engage à payer une somme à qqn ou à son ordre. ⇒ lettre **de change.** **3.** *Billet (de banque),* papier-monnaie émis par une banque d'État (opposé à *espèces*). ⇒ **coupure.** *Un billet de cent dollars.* Fam. *Le billet vert,* le dollar américain. **4.** Petit écrit, petit imprimé donnant entrée, accès quelque part. *Elle est entrée sans billet. Billet de théâtre, de concert. Billet d'avion, d'autobus.* (France) *Billet de quai.* ⇒ **ticket.** *Billet ouvert,* billet d'avion ne comportant pas de dates fixées à l'avance pour effectuer un voyage. *Billet de hockey. Billet de loterie.* — Fam. *Billet de saison,* billet d'abonnement. *Un billet de saison pour le baseball.* **5.** Contravention. ⇒ **ticket.** *Attraper un billet.* **6.** (France) Loc. *Je vous donne, je vous fiche mon billet que...,* je vous certifie que... ⇒ **papier.** ▸ ***billetterie*** [bijɛtʀi] n. f. **1.** (France) Distributeur de billets de banque fonctionnant avec une carte magnétique. ⇒ **guichet** automatique. **2.** Endroit au guichet où l'on vend des billets (4). *La billetterie est dans le grand hall.*

billevesée [bij(l)vəze] n. f. ■ Littér. Parole vide de sens, idée creuse. ⇒ **baliverne, sornette.**

billot [bijo] n. m. **1.** Pièce de bois tronçonnée mais non encore équarrie. ⇒ ② **bille, grume.** *Les billots flottent sur la rivière.* ⇒ fam. **pitoune.** **2.** Bloc de bois sur lequel on appuyait la tête d'un condamné à la décapitation. — Fig. *Mettre sa tête sur le billot,* risquer sa réputation, son emploi. **3.** Masse de bois ou de métal à hauteur d'appui sur laquelle on fait un ouvrage. ⇒ **bloc.** *Billot de cordonnier.*

bimbeloterie [bɛ̃blɔtʀi] n. f. ■ Fabrication ou commerce des bibelots ; ces bibelots en tant qu'articles de vente.

bimensuel, elle [bimɑ̃sɥɛl] adj. et n. ■ Qui a lieu, qui paraît deux fois par mois. *Revue bimensuelle.* — N. *Des bimensuels.* ≠ *bimestriel.*

bimestriel, elle [bimɛstʀijɛl] adj. et n. ■ Qui a lieu, qui paraît tous les deux mois. *Une publication bimestrielle.* — N. *Des bimestriels.* ≠ *bimensuel.*

bimoteur [bimɔtœʀ] adj. et n. m. ■ (Avion) Muni de deux moteurs.

binaire [binɛʀ] adj. ■ Composé de deux unités, deux éléments.

bine ou ***bean*** [bin] n. f. Fam. Anglic. **1.** Haricot blanc. *Un sac de bines.* — Au plur. *Des bines en boîte* des fèves* au lard. ⇒ **haricots** au lard. — Loc. *Avoir les yeux dans la graisse de bines,* avoir le regard d'une personne ivre, droguée, avoir l'air très fatigué ; avoir la larme à l'œil. **2.** Confiserie composée d'une petite boule de gelée très ferme recouverte de sucre coloré et qui ressemble à un gros haricot. *Elle n'aime pas les bines noires.* **3.** Visage. ⇒ **binette.** *Lui as-tu vu la bine ?* **4.** Interj. Sacre, juron. *Câline* de bine.* ▸ ***binerie*** n. f. Fam. **1.** Restaurant des quartiers populaires où la nourriture est bon marché. *Dîner dans une binerie.* ⇒ **gargote ;** fam. **boui-boui ; casse-croûte.** **2.** Magasin de peu d'importance qui vend toutes sortes de babioles.

biner [bine] v. tr. ▪ conjug. 1. ■ Remuer (la terre) pour l'ameublir, l'aérer, enlever les mauvaises herbes, en employant un outil *(une binette* ⇒ **gratte**), une machine *(une bineuse).* ▸ ***binage*** n. m. ■ Action de biner.

binette [binɛt] n. f. ■ Fam. Visage. *Une drôle de binette.* ⇒ **bine,** ① **fraise.**

bingo [bingo] n. m. et interj. **1.** N. m. Jeu de hasard collectif pratiqué sous la direction d'un meneur de jeu à l'aide de grandes cartes divisées en vingt-cinq cases numérotées dans le désordre et disposées sur cinq colonnes. ⇒ **loto ;** anglic. **jack pot.** *Un bingo paroissial. Des cartes de bingo. Jouer au bingo. Crier bingo !* signaler au meneur de jeu, en criant le mot *bingo,* qu'on a obtenu une combinaison gagnante. — *En criant bingo,* rapidement. ⇒ **subito.** **2.** Interj. fam. *Bingo !,* exclamation familière signifiant « ça y est », à propos de toutes sortes d'événements heureux ou malheureux. *Bingo ! J'ai obtenu un A à l'examen. Bingo ! il a encore poqué son auto.*

biniou [binju] n. m. ■ Sorte de cornemuse bretonne. *Des binious.*

binocle [binɔkl] n. m. ■ Vx. Lunettes sans branches se fixant sur le nez. ⇒ **lorgnon, pince-nez.** ‹ ▸ binoculaire ›

binoculaire [binɔkylɛʀ] adj. et n. f. **1.** Qui se fait par les deux yeux. *Vision binoculaire.* **2.** Qui est pour deux yeux. *Microscope binoculaire.* **3.** N. f. Jumelle à prisme employée pour l'observation, dans l'armée.

binôme [binom] n. m. ■ Expression algébrique composée de deux termes *(monômes)* séparés par le signe + ou –. *Le binôme* $2a + b^2$.

bio- ■ Élément savant signifiant « vie ».

biochimie [bjoʃimi] n. f. ■ Partie de la chimie qui traite des phénomènes vitaux.

biodégradable adj. ■ Susceptible d'être décomposé par des organismes vivants. *Le polystyrène n'est pas biodégradable.*

biographie n. f. **1.** Ouvrage (d'un *biographe*) qui a pour objet l'histoire de vies particulières. *Il a écrit une biographie de Félix Leclerc.* **2.** Faits qui constituent la vie d'un homme. *Une biographie riche en événements.* ‹ ▸ autobiographie ›

biologie n. f. ■ Science qui a pour objet l'étude de la matière vivante en général et des êtres vivants : des plantes ⇒ **botanique,** des animaux ⇒ **zoologie** et des hommes ⇒ **anthropologie.** ▸ ***biologique*** adj. ■ Relatif à la biologie. *Études biologiques.* — Qui a rapport à la vie, aux nécessités vitales. ▸ ***biologiste*** n. ■ Spécialiste de la biologie. ‹ ▸ microbiologie ›

bionique n. f. ■ Discipline qui cherche à utiliser dans l'électronique les dispositifs imités du monde vivant (notamment le fonctionnement du cerveau). ⇒ **cybernétique.** — Adj. *Un être bionique.*

biophysique n. f. ■ Partie de la physique qui traite des phénomènes vitaux.

biopsie [bjɔpsi] n. f. ■ Prélèvement d'un fragment de tissu sur un être vivant en vue d'un examen microscopique.

biotechnologie n. f. ■ Ensemble des techniques et des procédés qui mettent en œuvre des micro-organismes (comme les enzymes) pour réaliser une transformation ou une synthèse chimique, en vue d'applications industrielles. — Souvent au plur. *Les biotechnologies.*

bioxyde [biɔksid] n. m. ■ Oxyde contenant deux fois plus d'oxygène que l'oxyde simple.

bipartite [bipaʀtit] adj. ■ Qui est composé de deux éléments, de deux groupes. — *Un gouvernement bipartite,* composé par l'association de deux partis. *Accord bipartite,* entre deux partis.

bipède [bipɛd] adj. et n. m. ■ Qui marche sur deux pieds. *L'être humain est un bipède.*

biplan [biplɑ̃] n. m. ■ Avion à deux plans de sustentation (opposé à *monoplan*).

bipolaire [bipɔlɛʀ] adj. ■ Mathématiques et physique. Qui a deux pôles. ▶ ***bipolarisation*** n. f. ■ Tendance au regroupement en deux blocs des diverses forces politiques d'une nation.

bique [bik] n. f. **1.** Fam. Chèvre. *Une peau de bique.* **2.** (France) Péj. *Vieille bique,* vieille femme. *Grande bique,* grande fille. ▶ ***biquet, ette*** n. ■ Petit de la bique et du bouc. ⇒ **cabri, chevreau.**

biréacteur [biʀeaktœʀ] n. m. ■ Avion à deux réacteurs.

① ***bis, bise*** [bi, biz] adj. ■ D'un gris tirant sur le brun. *Du pain bis,* renfermant du son.

② ***bis*** [bis] adv. n. m. invar. et adj. **1.** Cri par lequel le public demande la répétition de ce qu'il vient de voir ou d'entendre (⇒ **bisser**). — Indication musicale d'avoir à répéter une phrase, un refrain. **2.** (France) Adv. Indique la répétition du numéro (sur une maison, devant un paragraphe...). *12 bis et 12 ter, rue de...* ⟨ ▶ bisser ⟩

bisaïeul, eule [bizajœl] n. ■ Littér. Arrière-grand-père, arrière-grand-mère. *Elle a encore ses bisaïeuls.* — Adj. *Mon grand-père bisaïeul.*

bisannuel, elle [bizanɥɛl] adj. **1.** Qui revient tous les deux ans. ⇒ **biennal. 2.** (Plante) Qui vit deux ans.

bisbille [bisbij] n. f. ■ Fam. Petite querelle pour un motif futile. ⇒ **chicane.** *Il est en bisbille avec son voisin.*

biscornu, ue [biskɔʀny] adj. **1.** Qui a une forme irrégulière, présentant des saillies. **2.** Fam. Compliqué et bizarre. *Quelle idée biscornue !* ⇒ **extravagant, saugrenu.**

biscotte [biskɔt] n. f. ■ Tranche de pain séchée au four. *Un paquet de biscottes.*

① ***biscuit*** [biskɥi] n. m. **I.** Petite pâtisserie plate à consistance dure ou molle. ⇒ ① **galette,** ① **gâteau** sec. *Un biscuit sec,* sans garniture. *Des biscuits nappés,* avec une garniture. — *Biscuit sandwich,* ensemble de deux biscuits entre lesquels on a placé une garniture crème, gelée, etc.). *Des biscuits sandwichs au fudge.* — *Biscuit à la cuiller,* très léger et absorbant. ⇒ fam. **doigt** de dame. — *Biscuit soda,* biscuit très sec et généralement salé, qui accompagne la soupe et les hors-d'œuvre. ⇒ **craquelin.** — *Un biscuit matelot,* un gros biscuit sec. **II.** Au hockey. Mitaine* de gardien de but avec laquelle celui-ci tient son bâton. ▶ ***biscuiterie*** n. f. ■ Industrie du biscuit. — Magasin où l'on fabrique et où l'on vend des biscuits.

② ***biscuit*** n. m. ■ Porcelaine blanche non émaillée, cuite au four qui imite le grain du marbre. — Ouvrage fait en cette matière. *Un biscuit de Saxe.*

① ***bise*** [biz] n. f. ■ Vent sec et froid soufflant du nord ou du nord-est.

② ***bise*** n. f. ■ Fam. Baiser. ⇒ **bec.** *Une grosse bise.* ⟨ ▶ bisou ⟩

biseau [bizo] n. m. **1.** Bord taillé obliquement. ⇒ **biais.** *Le biseau d'une vitre. Un miroir, un sifflet en biseau.* **2.** Outil acéré dont le tranchant est ainsi taillé. *Des biseaux.* ▶ ***biseauter*** v. tr. ▪ conjug. 1. **1.** Tailler en biseau. — Au p. p. adj. *Une glace biseautée.* **2.** Marquer (des cartes à jouer) d'un signe quelconque sur la tranche, pour tricher au jeu.

bisexué, ée [bisɛksɥe] adj. ■ (Plantes) Qui a l'organe mâle *(étamine)* et l'organe femelle *(pistil)* réunis dans la même fleur (opposé à *hermaphrodite, unisexué*). — (Plantes) Qui a sur le même pied des fleurs mâles et des fleurs femelles.

bismuth [bismyt] n. m. **1.** Métal brillant à reflets rouges, très cassant (symb. *Bi*). **2.** Nom pharmaceutique du nitrate de bismuth.

bison [bizɔ̃] n. m. ■ Grand bovidé sauvage au front large, bombé et armé de cornes courtes, aux épaules plus élevées que la croupe, à la tête ornée d'une épaisse crinière. ⇒ **aurochs.** *Un troupeau de bisons des Prairies.*

bisou [bizu] n. m. ■ Fam. Bise, baiser. ⇒ **bec.** *Je vous fais des gros bisous.*

bisoune [bizun] n. f. ■ Très fam. (Surtout pour parler des jeunes garçons.) Pénis. ⇒ très fam. **pissette.**

bisque [bisk] n. f. ■ Potage fait avec un coulis de crustacés. *Une bisque de homard.*

bissectrice [bisɛktʀis] n. f. ■ Droite qui coupe un angle en deux parties égales. *Tracer la bissectrice d'un angle.*

bisser [bise] v. tr. ▪ conjug. 1. ■ Répéter (ce qu'on vient d'exécuter), à la demande du public. ⇒ ② **bis.** — *Bisser un artiste,* demander qu'il reprenne son morceau. ⇒ **rappel.**

bissextile [bisɛkstil] adj. fém. ■ Se dit de l'année de 366 jours qui revient tous les quatre ans et dont le mois de février comporte 29 jours.

bistouri [bistuʀi] n. m. ■ Instrument de chirurgie en forme de couteau, à lame courte, qui sert à faire des incisions. *Donner un coup de bistouri.*

bistre [bistʀ] n. m. ■ Couleur d'un brun noirâtre. ▶ ***bistré, ée*** adj. ■ D'un brun noirâtre. *Un teint bistré.*

bistro ou ***bistrot*** [bistʀo] n. m. ■ Café ②, restaurant. ⇒ **taverne ;** fam. **troquet.** *Elle va souvent au bistro. C'est un pilier de bistrot.*

bit [bit] n. m. ■ Informatique. Unité élémentaire d'information pouvant prendre deux valeurs distinctes, généralement 0 et 1. *Huit bits donnent un octet*.*

bitume [bitym] n. m. ■ Mélange de carbures d'hydrogène utilisé comme revêtement imperméable des chaussées et des trottoirs. ⇒ **asphalte, goudron.** — Le sol ainsi revêtu (*bitumé*). *Rouler sur le bitume.*

bitumineux, euse [bityminø, øz] adj. ■ Qui contient du bitume, qui en a les qualités. *Les sables bitumineux de l'Athabasca.*

bivouac [bivwak] n. m. ■ Installation provisoire en plein air de troupes en campagne. ⇒ **campement, cantonnement.** *Nous établissions chaque soir un bivouac différent.* — Le lieu où la troupe est installée (où elle *bivouaque*).

bizarre [bizaʀ] adj. **1.** Qui est inhabituel, qu'on s'explique mal. ⇒ **curieux, insolite, saugrenu, singulier.** / contr. **banal, normal** / *Il a des idées bizarres. Elle n'écrit pas, c'est bizarre.* ⇒ **anormal, étrange. 2.** (Personnes) D'un caractère difficile à comprendre, fantasque. *Il, elle est un peu bizarre.* ⇒ **excentrique,**

original. ▸ ***bizarrement*** adv. ▸ ***bizarrerie*** n. f. **1.** Caractère de ce qui est bizarre, d'une personne bizarre. ⇒ **étrangeté, excentricité.** / contr. **banalité** / **2.** Chose, élément, action bizarre. *Les bizarreries de la langue française.*

bizut ou ***bizuth*** [bizy] n. m. (France) ■ Fam. Nom donné dans certaines grandes écoles aux élèves de première année. *On va chahuter les bizut(h)s.* ⇒ **nouveau.** / contr. **ancien** / ▸ ***bizutage*** n. m. ■ (France) Cérémonie estudiantine d'initiation des bizuts, comportant diverses brimades.

blabla [blablɑ] ou ***blablabla*** [blablablɑ] n. m. sing. ■ Fam. Bavardage, verbiage sans intérêt. *C'est du blablabla.*

blackjack [blakdʒak] n. m. ■ Anglic. Variété de poker où les joueurs mettent en jeu de fortes sommes. — REM. On écrit aussi *black-jack* ou *black jack.*

black-out [blakaut] n. m. invar. **1.** Obscurité totale commandée par la défense passive. *Des black-out.* — Panne générale d'électricité. **2.** *Faire le black-out sur qqch.,* faire le silence complet sur qqch., taire une affaire.

blafard, arde [blafaʀ, aʀd] adj. ■ D'une teinte pâle et sans éclat. ⇒ **blême.** *Un teint blafard.* ⇒ **livide.** *Une lumière blafarde.* / contr. **coloré** /

① ***blague*** [blag] n. f. ■ Petit sac de poche dans lequel les fumeurs mettent leur tabac.

② ***blague*** n. f. **1.** Histoire imaginée à laquelle on essaie de faire croire. ⇒ ② **farce ;** fam. **bobard,** ① **craque ;** anglic. **joke.** *Tu racontes des blagues. Il prend tout à la blague,* il ne prend rien au sérieux. Fam. *Blague à part, blague dans le coin,* pour parler sérieusement. *Sans blague !,* interjection qui marque le doute, l'étonnement, l'ironie. ⇒ sans **farce ;** anglic. sans **joke. 2.** Farce, plaisanterie. *Faire une bonne blague à qqn.* **3.** Erreur, maladresse. *Il faut réparer la blague que tu as faite.* ⇒ fam. ② **gaffe.** ▸ ***blaguer*** v. ▪ conjug. 1. **1.** V. intr. Fam. Dire des blagues. ⇒ **plaisanter.** *Vous blaguez !* **2.** V. tr. Railler sans méchanceté. ⇒ **taquiner.** *Ils n'arrêtent pas de la blaguer.* ▸ ***blagueur, euse*** n. et adj. ■ Fam. Qui a l'habitude de dire des blagues. ⇒ **farceur, plaisantin.** *Un élève très blagueur.*

blainvillois, oise [blɛ̃vilwa, waz] adj. et n. ■ De Blainville. — N. (Avec une majusc.) Personne née dans cette ville du Québec ou qui l'habite.

blair [blɛʀ] n. m. ■ (France) Fam. Nez. — Visage. ‹ ▸ blairer ›

blaireau [blɛʀo] n. m. **I.** Petit mammifère carnivore, bas sur pattes, de pelage clair sur le dos, foncé sous le ventre, qui se creuse un terrier. ⇒ **carcajou, glouton.** *Des blaireaux.* **II.** Brosse pour la barbe (généralt en poil de blaireau) que l'on utilise pour faire mousser le savon.

blairer [blɛʀe] v. tr. ▪ conjug. 1. ■ Fam. Aimer (surtout négatif). *Je ne peux pas le blairer,* je le déteste. ⇒ **sentir ;** fam. **encaisser.**

blâmer [blɑme] v. tr. ▪ conjug. 1. **1.** Porter, exprimer un jugement moral défavorable (sur qqn ou qqch.). ⇒ **condamner, critiquer, désapprouver.** / contr. **approuver, féliciter, louer** / *Elle est plus à plaindre qu'à blâmer.* **2.** Punir d'un blâme, réprimander officiellement. *Cet élève fut blâmé par la directrice.* ▸ ***blâme*** n. m. **1.** Opinion défavorable, jugement de désapprobation (sur qqn ou qqch.). ⇒ **condamnation, critique, réprobation, reproche.** *S'attirer, encourir le blâme de qqn.* / contr. **approbation, éloge** / **2.** Sanction disciplinaire. *Il mérite un blâme.* ▸ ***blâmable*** adj. ■ Qui mérite le blâme. ⇒ **condamnable, répréhensible.** *Une action blâmable.* / contr. **louable** /

① ***blanc, blanche*** [blɑ̃, blɑ̃ʃ] adj. et n. **I.** Adj. **1.** Qui est d'une couleur dont la nature offre de nombreux exemples : *blanc comme (la) neige, le lait, le lis. Fromage blanc, drapeau blanc.* — Loc. *Être, devenir blanc comme un drap,* devenir blême, pâle ; avoir peur. ⇒ **linge. 2.** D'une couleur pâle voisine du blanc. *Il a la peau blanche. Elle a des cheveux blancs. Être blanc* (opposé à rouge). ⇒ **pâle.** — Se dit de choses claires, par opposition à celles de même espèce qui sont d'une autre couleur. *Vin, pain blanc.* **3.** Qui n'est pas écrit. *Page blanche.* ⇒ **vierge.** *Bulletin (de vote) blanc.* — Loc. *Donner carte blanche à quelqu'un.* ⇒ ① **carte** (1). **4.** Qui n'a pas tous les effets habituels. *Nuit blanche,* sans sommeil. *Vers blancs,* sans rime. *Mariage blanc,* sans relations sexuelles. **II.** N. m. et f. (Avec une majusc.) UN BLANC, UNE BLANCHE : un homme, une femme appartenant à un groupe ethnique caractérisé par une faible pigmentation de la peau (opposé à *homme, femme de couleur*). ▸ ② ***blanc*** n. m. **I. 1.** Couleur blanche. *Un blanc éclatant, mat.* ⇒ **blancheur.** *Être vêtu de blanc,* de vêtements blancs. **2.** Matière colorante, qui sert à peindre. *Blanc de zinc,* oxyde de zinc. **3.** EN BLANC : avec la couleur blanche. *Peint en blanc. Photo en noir et blanc* (opposé à *en couleurs*). — Sans écriture. *Elle a laissé le nom en blanc. Chèque en blanc.* — Loc. *De but en blanc,* brusquement, de manière inconsidérée. **4.** À BLANC : de manière à devenir blanc. *Un métal chauffé à blanc. Tirer à blanc,* avec des projectiles inoffensifs. *Cartouches à blanc.* **5.** *Blanc de mémoire,* trou de mémoire, oubli. — REM. Cette expression est critiquée. **II. 1.** Se dit de la partie blanche de certaines choses. *Blanc de poulet,* la chair blanche de la poitrine. *Blanc d'œuf,* partie incolore et visqueuse formée d'albumine. / contr. **jaune** d'œuf / — *Le blanc de l'œil,* partie blanche de l'œil entourant la pupille. *Regarder qqn dans le blanc des yeux,* bien en face. — Intervalle, espace libre qu'on laisse dans un écrit. ⇒ **interligne.** *Laissez ici un blanc.* **2.** Linge blanc. *Une vente de blanc (dans un magasin).* **3.** Vin blanc. *Du rouge ou du blanc ? Un petit blanc sec. Blanc de blancs,* vin blanc fait avec du raisin blanc. ▸ ***blanc-bec*** n. m. ■ Jeune homme sans expérience et sûr de soi. *Des blancs-becs.* ▸ ***blanchâtre*** adj. ■ D'une teinte tirant sur le blanc. ▸ ***blanche*** n. f. ■ Note de musique qui vaut deux noires. *Une blanche est un ovale blanc muni d'une queue.* ▸ ***blancheur*** n. f. ■ Couleur blanche ; qualité de ce qui est blanc. *Linge d'une blancheur immaculée. La blancheur du teint.* ▸ ***blanchir*** v. ▪ conjug. 2. **I.** V. tr. **1.** Rendre blanc. ⇒ **éclaircir.** / contr. **noircir** / **2.** Couvrir d'une couche blanche ; enduire de blanc. *La neige blanchit les sommets.* — Au p. p. *Un mur blanchi à la chaux.* **3.** Laver, nettoyer (le linge blanc). *Donner son linge à blanchir.* — Au p. p. adj. *Un pensionnaire logé, nourri et blanchi,* et dont on lave le linge. **4.** Disculper, innocenter (qqn). *Il fut blanchi lors de son procès.* **5.** Donner une existence légale à des fonds dont l'origine est frauduleuse ou illicite. *Blanchir l'argent de la drogue.* **6.** Sports. Vaincre une équipe adverse par un compte à zéro. ⇒ **laver.** *Nous les avons blanchis 3 à 0.* **II.** V. intr. Devenir blanc. *Ses cheveux blanchissent.* ▸ ***blanchiment*** n. m. ■ Action de blanchir (I). *Le blanchiment d'une grange au lait de chaux. Le blanchiment d'une forte somme d'argent.* ≠ blanchissement. ▸ ***blanchissage*** n. m. **1.** Action de blanchir le linge. ⇒ **buanderie, lavage, lessive, nettoyeur.** *Envoyer du linge au blanchissage.* **2.** Sports. Fait de vaincre une équipe adverse par un compte à zéro. *Réussir un blanchissage.* ▸ ***blanchissement*** n. m. ■ Le fait de blanchir (II). *Le blanchissement des* *cheveux.* ≠ *blanchiment.* ▸ ***blanchisserie*** n. f. ▪ Établissement où l'on fait le blanchissage et le repassage du linge. ⇒ **buanderie, nettoyeur.** *Une blanchisserie automatique.* ⇒ **laverie, nettoyeur.** ▸ ***blanchisseur, euse*** n. ▪ Personne dont le métier est de blanchir le linge et de le repasser. ▸ ***blanchon*** n. m. ▪ Petit du phoque dont la fourrure reste blanche pendant quelque temps. ⇒ **bébé-phoque.** *La chasse aux blanchons remue beaucoup l'opinion publique.* ▸ ***blanc-manger*** ou ***blanc-mange*** n. m. ▪ Dessert préparé avec du lait, du sucre, de la gélatine et, parfois, des amandes. *On se sert du blanc-manger pour préparer la bagatelle. Des blancs-mangers. Des blancs-mange.* 〈 ▸ blanquette, fer-blanc 〉

blanquette [blɑ̃kɛt] n. f. **1.** Vin blanc mousseux. *Une blanquette de Limoux.* **2.** Ragoût de viande blanche, dont la sauce est liée avec un jaune d'œuf. *Une blanquette de veau.*

blasé, ée [blɑze] adj. ▪ (Personnes) Dont les sensations, les émotions ont perdu leur vigueur et leur fraîcheur, qui n'éprouve plus de plaisir à rien. ⇒ **indifférent, insensible.** *Après tant de succès, il est blasé.* ▸ *se* ***blaser*** v. pron. réfl. ▪ conjug. 1. ▪ Devenir blasé. *Elle s'est blasée de ce spectacle quotidien.*

blason [blɑ(a)zɔ̃] n. m. **1.** Ensemble des signes distinctifs et emblèmes d'une famille noble, d'une collectivité. ⇒ **armes, armoiries, écu.** *Le blason d'une famille impériale. La science héraldique est l'étude des blasons.* — Loc. *Redorer son blason,* (aristocrate) redevenir riche par un mariage. **2.** *Blason (populaire),* surnom plaisant ou flétrissant attribué à une personne, à un groupe. *Le blason des gens du Lac-Saint-Jean est « les Bleuets ».* ≠ *gentilé.*

blasphème [blasfɛm] n. m. ▪ Parole qui outrage la divinité, la religion ou quelque chose de sacré. ⇒ **sacre.** ▸ ***blasphémer*** [blasfeme] v. intr. ▪ conjug. 6. ▪ Proférer des blasphèmes, des imprécations. ⇒ **sacrer.** ▸ ***blasphématoire*** adj. ▪ Qui contient ou constitue un blasphème. ⇒ **impie, sacrilège.** *Des propos blasphématoires.* / contr. **pieux** /

-blaste, blasto- ▪ Éléments de mots savants, signifiant « germe ».

blatte [blat] n. f. ▪ (France) Insecte nocturne au corps aplati. ⇒ ② **cafard, cancrelat, coquerelle.**

blazer [blesœʀ] n. m. ▪ Anglic. Veste de sport unie. *Un blazer noir, bleu, vert.*

blé [ble] n. m. **I. 1.** Céréale dont le grain sert à l'alimentation (farine, pain). ⇒ **froment.** *Semer du blé. Un champ de blé.* Loc. *Blond, doré comme les blés,* qui a les cheveux de la couleur du blé. **2.** Le grain seul. *Moudre le blé. Un silo à blé.* **3.** *Blé noir.* ⇒ **sarrasin.** **4.** BLÉ D'INDE : maïs. *Un champ de blé d'Inde. Du blé d'Inde en grains. Mettre du sirop de blé d'Inde sur ses crêpes. Organisons une épluchette* de blé d'Inde.* — Épi de maïs. *Deux douzaines de blés d'Inde. Un blé d'Inde sucré.* **II.** (France) Argent. ⇒ fam. **foin, fric.**

bled [blɛd] n. m. **1.** En Afrique. L'intérieur des terres, la campagne. ⇒ **brousse. 2.** Fam. Lieu, village éloigné, isolé, offrant peu de ressources. ⇒ fam. **patelin, trou.** *On s'ennuie dans ce bled. Des bleds.*

blême [blɛm] adj. ▪ (Visage) D'une blancheur maladive. ⇒ **blafard, livide.** *Blême de colère.* ⇒ **pâle.** — Loc. *Être blême comme un drap,* très pâle. ⇒ ① **blanc** (I). — (Jour, lueur) Très pâle. *Un petit matin blême.* ▸ ***blêmir*** v. intr. ▪ conjug. 2. ▪ Devenir blême.

blesser [blɛse] v. tr. ▪ conjug. 1. **1.** Frapper d'un coup qui cause une blessure. ⇒ **contusionner, meurtrir.** *Blesser grièvement, mortellement.* — Pronominalement (réfl.). *Elle s'est blessée en tombant.* — Occasionner une blessure. *Ce clou m'a blessé.* — (Vêtements) Causer une douleur, faire mal. *Ces chaussures me blessent.* **2.** Causer une impression désagréable, pénible. *Des sons discordants qui blessent l'oreille.* ⇒ **déchirer, écorcher.** *Cette lumière vive me blesse les yeux.* **3.** Porter un coup pénible à (qqn), toucher ou impressionner désagréablement. ⇒ **offenser, ulcérer.** *Blesser qqn au vif,* douloureusement. *Blesser l'amour-propre de qqn,* le froisser, le vexer. ▸ ***blessé, ée*** adj. et n. **1.** Adj. Qui a reçu une blessure. *Un genou blessé. Il est grièvement blessé.* **2.** N. Personne blessée. *Un grand blessé,* une personne atteinte d'une blessure grave. *Certains invalides ou mutilés sont des blessés de guerre.* ▸ ***blessant, ante*** adj. ▪ Qui blesse, offense. ⇒ **désobligeant.** *Des paroles, des allusions blessantes.* / contr. **aimable** / ▸ ***blessure*** n. f. **1.** Lésion produite, involontairement ou pour nuire, sur les tissus vivants par une pression, un instrument tranchant ou contondant, une arme à feu ou la chaleur. ⇒ **plaie.** *Recevoir une blessure. Il faut soigner, panser ses blessures.* **2.** Atteinte morale. ⇒ **offense.** *Blessure d'amour-propre.*

blet, blette [blɛ(t), blɛt] adj. ▪ (Fruits) Qui est trop mûr, dont la chair s'est ramollie. *Une poire blette. Les nèfles se mangent blettes.*

bleu, bleue [blø] adj. et n. m. **I. 1.** Qui est d'une couleur dont la nature offre de nombreux exemples : *bleu comme un ciel sans nuages, un bleuet, un saphir... Des yeux bleus. Une robe bleue.* — (France) *Bifteck bleu,* très saignant, à peine grillé. — (France) *Zone bleue,* à stationnement limité, dans une grande ville. — (France) *Carte bleue,* nom d'une carte de crédit. **2.** Fig. *Une peur bleue,* une très grande peur. **3.** Se dit de la teinte de la peau après une contusion, un épanchement de sang. — *Elle était bleue de froid. Un froid bleu,* un très grand froid, un froid vif. *Glace bleue,* glace très lisse et très dure. *L'auto patine sur la glace bleue.* — Fam. Loc. *Être, devenir bleu (de colère),* être très en colère, très fâché. *Tomber dans les bleus,* perdre la tête. ⇒ **capoter.** — Loc. *Il en était, il en restait bleu,* stupéfait. **II.** N. m. **1.** La couleur bleue. *Bleu horizon, lavande, marine, ardoise. Des manteaux bleu-vert. Des chandails bleu marin* ou *bleu marine.* — Loc. *N'y voir que du bleu,* ne s'apercevoir de rien, n'y rien comprendre. — Matière colorante bleue. ⇒ **indigo, pastel, tournesol.** *Bleu de Prusse,* cyanure de fer. *Bleu d'outre-mer,* silicate double d'aluminium, de sodium, etc. — Teinture bleue. *Bleu de lessive. Passer le linge au bleu.* **2.** Jeune recrue. *L'arrivée des bleus dans l'armée, dans une équipe sportive.* ⇒ **conscrit, nouveau.** — Nouvel élève. ⇒ fam. **bizut.** / contr. **ancien** / *Tu me prends pour un bleu !* **3.** Marque livide sur la peau résultant d'un coup. ⇒ **ecchymose, meurtrissure** ; fam. **poque.** *Il est couvert de bleus. Elle s'est fait un bleu au bras.* **4.** AU BLEU : façon de préparer certains poissons au court-bouillon vinaigré. *Truite au bleu.* **5.** Sorte de fromage à moisissures. *Du bleu d'Auvergne,* en France. **6.** BLEU DE MÉTHYLÈNE : produit analgésique et antiseptique. **7.** Combinaison d'ouvrier, généralement en toile bleue. ⇒ **salopette.** *Un bleu de mécanicien. Des bleus de travail.* **8.** Fam. loc. *Avoir les bleus,* avoir le cafard, être triste. ⇒ **broyer** du noir ; **mélancolique.** **9.** Fam. Membre ou partisan d'un parti politique fédéral ⇒ **conservateur** ou provincial ⇒ **unioniste** à tendance conservatrice (opposé à *rouge*). — Au plur. *Les bleus,* le Parti conservateur au fédéral ou le Parti unioniste au provincial. *Elle a toujours voté pour les bleus.* — Adj. Qui appartient, qui est propre à l'un de ces partis. *Un sénateur bleu.* — Adv. *Voter bleu à Ottawa.* ▸ ***bleuâtre*** adj. ▪ Qui tire sur le bleu, n'est pas franchement bleu. *La fumée bleuâtre d'une cigarette.* ▸ ***bleuir*** v. ▪ conjug. 2. **1.** V. tr. Rendre bleu.

2. V. intr. Devenir bleu. *Son visage a bleui.* ▸ ***bleuté, ée*** adj. ■ Qui a une nuance bleue. — Qui est légèrement bleu. *Des reflets bleutés.* ‹ ▸ bleuet, cordon bleu ›

bleuet [bløɛ] n. m. **1.** Petit arbrisseau ligneux à feuilles coriaces qui produit des baies comestibles qui deviennent bleues ou noirâtres en mûrissant. *Pénétrer dans une talle de bleuets.* ⇒ **bleuetier** (1). **2.** Le fruit de cet arbrisseau. ⇒ **myrtille.** *Une tarte aux bleuets. Les cueilleurs de bleuets. Les bleuets du Lac-Saint-Jean.* **3.** (Avec une majusc.) Blason populaire pour désigner les personnes du Lac-Saint-Jean. *Une association universitaire de Bleuets.* **4.** (France) Plante à fleur bleue. ⇒ **centaurée.** — REM. La forme *bluet* est devenue plus rare. ▸ ***bleuetier, ière*** [bløətje, jɛʀ] n. **I.** N. m. Nom plus scientifique du bleuet (1). **II.** N. Personne qui exploite une bleuetière (2). ▸ ***bleuetière*** [bløətjɛʀ] n. f. **1.** Terrain où abondent les bleuets. **2.** Terrain aménagé pour la production et l'exploitation commerciale des bleuets. *Les propriétaires de bleuetières se sont regroupés en association.*

blinder [blɛ̃de] v. tr. ▪ conjug. 1. **1.** Protéger par un blindage. *Ils ont blindé ce wagon.* **2.** Fam. Endurcir, armer. *L'adversité l'a blindé.* ▸ ***blindé, ée*** adj. **1.** Qui est protégé par un blindage. *Une porte blindée. Une voiture blindée. Un train blindé. Division, régiment blindés,* composés de véhicules blindés. **2.** Fam. Endurci. ⇒ **immunisé.** *Il en a vu d'autres, il est blindé maintenant.* ▸ ***blindage*** n. m. ■ Protection (d'un navire, d'un abri, d'un véhicule, d'une porte) par des plaques de métal ; ces plaques. *Obus qui peut percer le blindage d'un char.*

blinis ou ***blini*** [blini(s)] n. m. invar. ■ Petite crêpe de sarrasin très épaisse, d'origine russe, souvent servie avec du saumon fumé ou du caviar.

blizzard [blizaʀ] n. m. ■ Très fort vent du Grand Nord accompagné de tourmentes de neige. ⇒ **poudrerie.**

① ***bloc*** [blɔk] n. m. **1.** Masse solide et pesante constituée d'un seul morceau. *Un bloc de marbre, de ciment* ou *béton, de bois. Colonne d'un seul bloc,* taillée dans un seul bloc. — Fig. Fam. Tête. *Avoir mal au bloc. Elle a un mal de bloc,* une migraine. **2.** *Bloc de papier à lettres, bloc-notes, bloc de bureau,* ensemble de feuillets de même dimension, collés ensemble sur un seul côté et facilement détachables. *Des blocs-notes.* **3.** Fam. *Au bloc,* en prison. ⇒ fam. **trou.** **4.** Éléments groupés en une masse compacte, homogène. BLOC (-)MOTEUR : groupe formé par le moteur, l'embrayage, la boîte de vitesses d'une automobile. — (France) Ensemble d'appareils sanitaires ou de cuisine groupés pour occuper le moins de place possible. *Le bloc-cuisine.* — BLOC OPÉRATOIRE. ⇒ **opératoire.** **5.** Coalition politique. *Le bloc des gauches,* les gauches alliées. *La politique des blocs* (sous l'autorité, l'un des États-Unis, l'autre de l'U.R.S.S.). — Regroupement d'intérêts. *Le bloc monétaire.* — *Faire bloc,* former un ensemble solide, s'unir. *Faire bloc contre l'agresseur.* **6.** Pâté de maisons, d'édifices entre deux rues perpendiculaires. — Aux États-Unis, distance qui séparent deux rues parallèles. *Le magasin est à trois blocs d'ici.* **7.** EN BLOC loc. adv. : en totalité, sans partage. ⇒ en **masse.** *Vous admettez en bloc toutes ses idées. Démissionner en bloc,* tous ensemble. ▸ ***bloc-appartements*** n. m. ■ Fam. Immeuble d'habitation comprenant plusieurs logements. ⇒ fam. **conciergerie ;** anglic. **condominium.** *Un bloc-appartements de quatre étages. Il vient d'acheter deux blocs-appartements.* — Abrév. BLOC n. m. *Stationner en face du bloc.* — REM. Ce terme est critiqué. ‹ ▸ blocus, ① bloquer, interbloc ›

② *à* ***bloc*** loc. adv. ■ En forçant, coinçant. *Serrer, visser à bloc avec une clé. Pneu gonflé à bloc.* — Fig. Loc. *Être gonflé à bloc,* plein d'énergie, d'espoir, de désir d'agir. ▸ ***blocage*** n. m. **1.** Action de bloquer ②. *Le blocage des freins, du ballon.* — *Blocage des prix,* action de fixer les prix et d'en empêcher la hausse. / contr. **déblocage** / **2.** Réaction négative d'adaptation d'un être vivant confronté à une situation nouvelle. *Faire un blocage psychologique.* ‹ ▸ ② bloquer, ② débloquer ›

bloke ou ***bloque*** [blɔk] n. et adj. ■ Péj. Anglic. Terme d'injure que les francophones emploient pour désigner les anglophones canadiens (opposé à *frenchie, french pea soup, frog, pepsi*). ⇒ **tête** carrée ; fam. **anglo ;** anglic. **newfie.** *Tu veux aller étudier chez les blokes ?* — Adj. *Elle est bloke.*

blockhaus [blɔkos] n. m. invar. ■ Petit ouvrage militaire défensif, étayé de poutres ou fortifié de béton. ⇒ **fortin.** *Des blockhaus.*

blocus [blɔkys] n. m. invar. ■ Investissement (d'une ville ou d'un port, d'un littoral, d'un pays) pour isoler, couper les communications avec l'extérieur. *Lever un blocus. Un blocus économique,* une série de mesures prises par un pays pour isoler économiquement un autre pays du reste du monde.

blond, onde [blɔ̃, ɔ̃d] adj. et n. **I. 1.** Adj. (Poil, cheveux) De la couleur la plus claire, proche du jaune. / contr. **brun** / *Les cheveux blonds des Nordiques.* — Qui a les cheveux blonds. *Il est blond comme les blés.* — N. *Un blond, une blonde,* une personne blonde. *Les brunes et les blondes.* **2.** N. m. La couleur blonde. *Blond cendré, doré, vénitien. Des cheveux d'un blond filasse.* **II.** D'un jaune très doux. *Un sable blond. Un bock de bière blonde, de blonde.* — *Tabac blond. Cigarette blonde* ou n. f., *une blonde.* ▸ ***blonde*** n. f. Fam. **1.** Vieilli. Petite amie, fiancée. ⇒ ③ **cavalier** (3). *Aller veiller chez sa blonde.* **2.** Mod. Femme, jeune fille, qu'on fréquente ou avec laquelle on vit maritalement. ⇒ **compagne, copain ;** fam. **partenaire ;** anglic. **chum.** *Il vient d'emménager avec sa blonde.* — Femme avec laquelle on est marié. ⇒ ② **conjoint, époux.** *Sa blonde vient d'accoucher.* ▸ ***blondasse*** adj. ■ Péj. D'un vilain blond. *Des cheveux blondasses.* ▸ ***blondeur*** n. f. ■ Qualité de ce qui est blond. ▸ ***blondinet, ette*** n. ■ Enfant blond. *Une petite blondinette.* ▸ ***blondir*** v. intr. ▪ conjug. 2. ■ Devenir blond. *Ses cheveux blondissent au soleil.* / contr. **brunir** /

bloque n. et adj. ⇒ **bloke.**

① ***bloquer*** [blɔke] v. tr. ▪ conjug. 1. ■ Réunir, mettre en bloc. ⇒ **grouper, masser.** / contr. **séparer** / *J'ai bloqué mes jours de congé.*

② ***bloquer*** v. tr. ▪ conjug. 1. **1.** Empêcher de se mouvoir. ⇒ **immobiliser.** *Freinage brutal qui bloque les roues. Un navire bloqué par les glaces. Le gardien de but n'a pas bloqué la rondelle.* ⇒ **arrêter.** — *Bloquer le crédit,* suspendre les opérations de crédit ; retenir le crédit accordé à qqn. *Bloquer un compte en banque.* — *Bloquer les prix, les salaires,* en interdire l'augmentation. **2.** Boucher, obstruer. *La route est bloquée par des travaux.* / contr. **débloquer** / **3.** Fam. Échouer à un examen, à un test, ne pas obtenir la note de passage. ⇒ **pocher ;** fam. **flopper.** / contr. **réussir** / *Tu as encore bloqué ton examen de chimie.* ‹ ▸ débloquer ›

se ***blottir*** [blɔtiʀ] v. pron. réfl. ▪ conjug. 2. ■ Se ramasser sur soi-même, de manière à occuper le moins de place possible. ⇒ se **pelotonner,** se **recroqueviller,** se **tapir.** *Il s'est blotti sous ses couvertures.* — Se mettre à l'abri, en sûreté. ⇒ se **réfugier.** *L'enfant est venu se blottir entre les bras de sa mère.*

blouse [bluz] n. f. **1.** Vêtement de travail que l'on met par-dessus les autres pour les protéger. ⇒ ② **surtout.** *Blouse blanche de chirurgien.* **2.** Chemisier de femme, large du bas. *Une blouse assortie à la jupe.* ▸ ***blouson*** n. m. ■ Veston court resserré aux hanches et qui peut s'attacher jusqu'au cou. ⇒ **coupe-vent** (II). *Blouson militaire.* — (UN) BLOUSON NOIR : jeune voyou vêtu d'un blouson de cuir noir. ⇒ **bum, veste** de cuir. *Il s'est fait agresser par deux blousons noirs.* ⟨ ▸ ② blouser ⟩

① **blouser** [bluze] v. tr. et pron. ▪ conjug. 1. ■ Vx et fam. Tromper (qqn). *Elle s'est fait blouser,* il s'est fait avoir.

② **blouser** v. intr. ▪ conjug. 1. ■ (Vêtements) Bouffer ① à la taille. ▸ ***blousant, ante*** adj.

blouson n. m. ⇒ **blouse.**

blue-jean(s) [bludʒin(s)] n. m. ■ Anglic. Pantalon de toile solide. ⇒ **jean.** *Il ne porte que des blue-jeans délavés.*

blues [bluz] n. m. invar. **1.** Forme musicale élaborée par les Noirs américains, caractérisée par une formule harmonique constante, un rythme à quatre temps. *Un chanteur, un joueur de blues.* **2.** Musique de jazz lente. ⟨ ▸ rhythm and blues ⟩

bluff [blœf] n. m. ■ Anglic. Attitude destinée à impressionner, intimider un adversaire. ⇒ fam. **frime.** *C'est du bluff, ne vous y laissez pas prendre. Il nous a eus au bluff.* ▸ ***bluffer*** v. intr. ▪ conjug. 1. ■ Pratiquer le bluff. *Il bluffe souvent au poker.* — Transitivement. Essayer de tromper (qqn) par le bluff. *Il a voulu nous bluffer.* ▸ ***bluffeur, euse*** n. et adj. ■ Personne qui bluffe.

boa [boa] n. m. **1.** Gros serpent de l'Amérique du Sud, non venimeux, carnassier, qui étouffe sa proie dans ses anneaux. ⇒ **python.** *Boa constricteur.* **2.** Tour de cou en fourrure ou en plumes. *Isadora Duncan portait souvent des boas de plumes.*

bobard [bɔbaʀ] n. m. ■ (Surtout en France) Fam. Propos, récit fantaisiste et mensonger. ⇒ **blague, boniment, placotage.** *Tu racontes des bobards. Les bobards de la presse.*

bob n. m. ⇒ **bobsleigh.**

bobèche [bɔbɛʃ] n. f. ■ Disque adapté aux chandeliers et destiné à recueillir la cire qui coule.

bobettes [bɔbɛt] n. f. pl. ■ Petite culotte portée comme sous-vêtement. ⇒ **caleçon, short, slip.** *Une paire de bobettes. Des bobettes de rechange.*

bobine [bɔbin] n. f. **I. 1.** Petit cylindre à rebords pour enrouler du fil, du ruban, un film... *Une bobine de fil. Les bobines d'un métier à tisser. Changer de bobine pendant une projection.* **2.** Cylindre sur lequel s'enroule un fil conducteur isolé qu'un courant électrique peut parcourir. **II.** Fam. Figure, tête. *Elle fait une drôle de bobine.* ▸ ***bobiner*** v. tr. ▪ conjug. 1. ■ Dévider (un fil) et l'enrouler sur une bobine (avec une *bobineuse,* un *bobinoir*). ▸ ***bobinage*** n. m. **1.** Opération de tissage qui consiste à enrouler le fil. **2.** Enroulement de fils conducteurs autour d'un noyau. *Le bobinage d'un électro-aimant.* ⟨ ▸ débobiner, embobiner, rembobiner ⟩

bobo [bobo] n. m. **1.** Lang. des enfants. Douleur physique. *Avoir bobo,* avoir mal. *J'ai bobo au genou. Se faire bobo.* **2.** Petite plaie insignifiante. *Il se plaint au moindre bobo. Des petits bobos.*

bobsleigh [bɔbslɛ] ou **bob** [bɔb] n. m. ■ Traîneau articulé à plusieurs places muni d'un volant de direction, pour descendre à grande vitesse sur des pistes de neige ou de glace aménagées.

bocage [bɔkaʒ] n. m. **1.** Type de paysage formé de prés clos par des levées de terre plantées d'arbres. *Le bocage vendéen en France.* **2.** Littér. Petit bois ; lieu ombragé.

bocal, aux [bɔkal, o] n. m. ■ Récipient à col très court et, ordinairement, à large ouverture. *Fruits conservés en bocaux. Un bocal à poissons rouges.* ⇒ **aquarium.**

boche [bɔʃ] adj. et n. ■ Péj. Injure xénophobe. Allemand. — N. (Avec une majusc.) *Un Boche.*

bock [bɔk] n. m. ■ Récipient cylindrique à anse, pour boire de la bière (d'une contenance d'environ 300 ml). ⇒ **chope.** *Une rangée de bocks.* — Son contenu. *Boire un bock.* ⇒ ② **demi.**

Boeing [bɔiŋ] n. m. invar. ■ (Avec une majusc.) Avion transcontinental (d'un constructeur américain). *Il a pris un Boeing 747 pour aller à San Francisco. Des Boeing.* — REM. Ce mot est un nom de marque déposée.

bœuf, bœufs [bœf, bø] n. m. **1.** Mammifère ruminant domestique (*bovins*), lorsqu'il est mâle (opposé à *vache*), castré (opposé à *taureau*) et adulte (opposé à *veau*). *Bœuf de labour. Bœuf de boucherie,* élevé pour l'alimentation. Loc. fam. *Il est fort comme un bœuf,* il est très fort. — Loc. *Mettre la charrue* avant les bœufs.* **2.** *Bœuf sauvage,* bison, aurochs. — *Bœuf musqué,* ovibos. **3.** *Du bœuf,* viande de bœuf ou de vache. *Un rôti de bœuf. Bœuf bouilli. Bœuf à la mode* ou (France) *bœuf-mode,* pièce de bœuf cuite à l'étouffée, assaisonnée de carottes, etc. — BŒUF MARINÉ : smoke-meat. *Un sandwich au bœuf mariné.* — BŒUF FUMÉ : pastrami. *Une assiette de bœuf fumé.* **4.** Adj. invar. Fam. *Un effet, un succès bœuf,* très grand et étonnant. **5.** Fam. Policier, surtout en autopatrouille. ⇒ fam. ① **chien,** ① **flic.** *Attention ! voilà les bœufs !* **6.** Fam. Loc. *Avoir un front* de bœuf. Avoir une face* de bœuf.* **7.** Fam. Loc. *Se mettre sur le bœuf,* embrayer en première vitesse, surtout pour la descente d'une pente raide, en parlant d'une voiture ou d'un camion. ⇒ en **petite.** / contr. en **grande.** / — REM. Dans les emplois 5, 6 et 7, le mot se prononce toujours [bø] ⟨ ▸ bouvier, œil-de-bœuf, ventre(-)de(-)bœuf ⟩

bof [bɔf] interj. ■ Exclamation exprimant le mépris, la lassitude, l'indifférence. *Bof ! Faire ça ou autre chose, c'est du pareil au même.*

① **bogue** [bɔg] n. f. ■ Enveloppe piquante de la châtaigne, du marron.

② **bogue** n. m. ■ Informatique. Fam. Erreur dissimulée dans un programme, nuisible à son bon fonctionnement. ⟨ ▸ déboguer ⟩

bohème [bɔɛm] adj. ■ (Personnes) Qui mène une vie vagabonde, sans règles ni souci du lendemain. *Il est un peu bohème.* — Par ext. *Elle a des mœurs bohèmes.* — N. *Un, une bohème,* personne qui mène cette vie. *Une vie de bohème.* — N. f. *La bohème,* ensemble des bohèmes. ≠ *bohémien.*

bohémien, ienne [bɔemjɛ̃, jɛn] n. et adj. ■ Membre de tribus nomades, vivant dans des roulottes, que l'on croyait originaires de Bohême. ⇒ **romanichel, tsigane.** — De Bohême. ≠ *bohème.*

① **boire** [bwaʀ] v. tr. ▪ conjug. 53. **1.** Avaler (un liquide). ⇒ **absorber, ingurgiter, prendre.** *Nous buvons du vin à table.* — Pronominalement (passif). *Un vin qui se boit au dessert,* qu'on boit. — *Boire un coup, un verre. Il leur paye un coup à boire,* il leur offre à boire (au bar). — *Je bois à votre santé, à ta réussite, à votre bonheur.* — Loc. *Boire comme un trou, comme une éponge,* énormément. — Loc. *Il y a à boire et à manger,* des choses disparates, bonnes et mauvaises. — *Boire* *la tasse,* en se baignant, avaler involontairement une gorgée d'eau. — *Boire du lait, du petit-lait,* se réjouir, se délecter de qqch., d'une flatterie. — Fig. *Boire les paroles de qqn,* les écouter avec attention et admiration. — Fam. loc. *Il pleut, il mouille à boire debout,* à verse, abondamment. ⇒ **hallebarde.** **2.** Prendre des boissons alcoolisées avec excès. ⇒ fam. **picoler.** *Un homme qui boit,* un alcoolique. — *Qui a bu boira,* on ne se corrige pas de ses vieux défauts. **3.** (Corps poreux, perméable) Absorber. *La terre boit l'eau d'arrosage. Ce papier boit (l'encre).* ② ***boire*** n. m. ■ *Le boire et le manger,* l'action de boire et de manger. *Les boires d'un bébé,* sa tétée, l'heure du biberon. — Loc. *En perdre le boire et le manger,* être entièrement absorbé par une occupation, un souci. ‹ ▸ boisson, buvable, buvard, buvette, buveur, imbu, pourboire ›

bois [bwɑ] n. m. invar. **I.** UN BOIS : espace couvert d'arbres. ⇒ **forêt.** *Un bois de conifères. Le bois de Boulogne à Paris. Elle va se promener dans les bois. Travailler dans le bois,* dans la forêt. — Fig. Loc. *Ne pas être sorti du bois,* ne pas être tiré d'affaire, ne pas être au bout de ses peines. ⇒ **auberge.** **II.** LE BOIS, DU BOIS : matière ligneuse et compacte des arbres. *Bois franc,* très dur (érable, chêne, merisier...), *bois mou* (pin, sapin, épinette...). *Une terre à bois. Scier, fendre du bois. Bois debout,* destiné à la récolte. — Fig. *Je ne changerais pas d'emploi pour une terre en bois debout,* pour tout l'or du monde. *Bois vert. Bois mort, sec.* — *Poêle à bois. Corde* de bois. Bois de corde** ou *bois de chauffage. Feu de bois.* — Loc. (Formule de menace) *Je vais leur faire voir de quel bois je me chauffe,* qui je suis, à qui ils ont à faire. — *Bois de construction, charpente, de menuiserie. Bois blanc,* sapin, bois léger. — *Bois rond,* bois non équarri dont on se sert pour des constructions rustiques. *Un chalet en bois rond.* DE BOIS, EN BOIS : dont la matière est le bois. *Cheval de bois.* Loc. *N'être pas de bois,* n'être pas indifférent à ce qui éveille le désir. *Toucher du bois,* pour conjurer le mauvais sort. ⇒ se **croiser.** Loc. fam. *Avoir la gueule de bois,* avoir mal à la tête après avoir trop bu. **III.** Choses en bois. **1.** *Bois de lit,* cadre en bois qui supporte le sommier. **2.** Gravure sur bois. *Un bois du* XVIe *siècle.* **3.** LES BOIS : les instruments à vent, munis de trous, en bois (parfois en métal). **4.** *Les bois d'un chevreuil,* ses cornes. ▸ ***boisé, ée*** adj. et n. m. **1.** Couvert de bois (I). *Une région boisée.* **2.** N. m. Terrain ou partie de terrain planté d'arbres. *Un beau petit boisé.* ▸ ***boisement*** n. m. ■ Action de garnir d'arbres un terrain. / contr. **déboisement** / ▸ ***boiserie*** n. f. **1.** Revêtement en bois de menuiserie. **2.** Au plur. Éléments de menuiserie d'une maison (à l'exclusion des parquets). *Boiseries peintes.* — Lambris en bois. ‹ ▸ déboiser, hautbois, pic-bois, pique-bois, reboiser, sous-bois ›

boisbriannais, aise [bwabʀijanɛ, ɛz] adj. et n. ■ Relatif à la ville de boisbriand. N. (Avec une majusc.) Personne née dans cette ville ou qui l'habite.

boisseau [bwaso] n. m. ■ Mesure de capacité pour les grains et les matières sèches équivalent à 36,36 litres ou 8 gallons. ⇒ **minot.** — Loc. *Mettre, laisser, garder qqch. sous le boisseau,* le tenir secret.

boisson [bwasɔ̃] n. f. **1.** Tout liquide qui se boit. ⇒ **breuvage.** *Boisson froide* ⇒ **rafraîchissement,** *chaude. Boisson gazeuse.* ⇒ fam. **liqueur.** *Boissons alcoolisées. Boisson forte,* à haut degré d'alcool. **2.** Boisson alcoolique. *Un débit de boissons,* un café. ⇒ **bar.** **3.** Habitude de boire de l'alcool. *Il s'adonne à la boisson.* — *Être en boisson,* ivre. ⇒ fam. **chaud.**

boîte [bwat] n. f. **1.** Récipient de matière rigide (carton, bois, métal, plastique), facilement transportable, généralement muni d'un couvercle. *Boîte de conserve. Boîte à,* destinée à recevoir (une chose). *Boîte à bijoux. Boîte à chaussures.* ⇒ **carton.** *Boîte à bonbons. Boîte à pain. Boîte à lunch,* dans laquelle un ouvrier, un écolier transporte de la nourriture. *Boîte à ouvrage,* pour ranger les objets de couture. *Boîte de,* contenant (qqch.). *Boîte d'allumettes. Boîte de bonbons.* (France) *Boîte de bière.* ⇒ **canette.** — *Boîte de camion,* caisse d'un camion. — *Boîte d'électricité* ou *boîte électrique.* — EN BOÎTE : dans une boîte. — METTRE *qqn* EN BOÎTE. Loc. fam. : se moquer de lui, le faire marcher. — Fam. *Fermer sa boîte,* se taire. ⇒ **clapet, gueule,** ① **trappe.** **2.** Loc. *Boîte à malices,* boîte à attrapes ; ensemble de moyens secrets, de ruses dont une personne dispose. — *Boîte à musique,* dont le mécanisme reproduit quelques mélodies. — *Boîte aux (à) lettres* ou fam. *boîte à malle,* boîte sur la voie publique destinée à recevoir les lettres que l'on poste ; boîte privée d'une maison où le facteur dépose le courrier. *Servir de boîte aux lettres,* d'intermédiaire dans un échange de lettres. — *Boîte postale,* boîte aux lettres réservée à un particulier ou à une entreprise dans un bureau de poste (abrév. : *B.P.*). ⇒ **case** postale. — *Boîte à gants,* petit compartiment, muni d'une porte, aménagé dans le tableau de bord d'une voiture, où l'on range des objets. ⇒ fam. **coffre** à gants. **3.** Cavité, organe creux qui protège et contient un organe, un mécanisme. *Boîte crânienne,* partie du crâne qui renferme le cerveau. — *Boîte noire,* appareil électronique qui enregistre certaines données d'un vol qui peuvent être analysées ensuite. — *Boîte de vitesses,* organe renfermant les engrenages des changements de vitesse. **4.** Fam. Maison, lieu de travail. *Il veut changer de boîte.* **5.** BOÎTE (DE NUIT) : petit cabaret ouvert la nuit où l'on boit, danse, et qui présente des spectacles. *Elle fréquente les boîtes à la mode. Il va souvent dans les boîtes de nuit.* ⇒ **club.** — Vieilli. BOÎTE À CHANSON : où des auteurs-compositeurs donnaient des récitals. ‹ ▸ boîtier, ① déboîter, emboîter, ouvre-boîtes ›

boiter [bwate] v. intr. ▪ conjug. 1. **1.** Marcher en inclinant le corps d'un côté plus que de l'autre, ou alternativement de l'un et de l'autre. ⇒ **boitiller, claudiquer.** *Elle partit en boitant,* clopin-clopant. **2.** Clocher ②. *Un raisonnement qui boite,* qui est défectueux, imparfait. ▸ ***boitiller*** v. intr. ▪ conjug. 1. ■ Boiter légèrement. ▸ ***boiterie*** n. f. ■ Infirmité, mouvement de la personne qui boite. ⇒ **claudication.** ▸ ***boiteux, euse*** adj. **1.** Qui boite. — N. *Un boiteux, une boiteuse.* **2.** Par ext. (Choses) Qui n'est pas d'aplomb sur ses pieds. ⇒ **bancal, branlant.** *Une table, une chaise boiteuse.* **3.** Qui manque d'équilibre, de solidité. *Une paix boiteuse. Un raisonnement boiteux.* ⇒ **défectueux.** — Qui présente une irrégularité. *Vers boiteux,* qui n'a pas le nombre de syllabes voulu.

boîtier [bwatje] n. m. ■ Boîte à compartiments destinés à recevoir différents objets. — *Boîtier de montre,* enveloppe de métal où s'emboîtent le cadran et le mécanisme d'une montre. — *Le boîtier d'une lampe de poche,* renfermant la pile électrique.

① ***bol*** [bɔl] n. m. **1.** Pièce de vaisselle, récipient individuel hémisphérique. *Un bol de porcelaine.* — Son contenu. *Un bol de riz. Prendre un bol de céréales pour déjeuner.* (Surtout en France). *Il a bu un bol de café au lait.* ⇒ **tasse.** — Loc. *Prendre un bol d'air,* aller au grand air. — Loc. fam. *En avoir ras le bol,* en avoir assez, en avoir plein le dos. *J'en ai vraiment ras le bol de ce chahut.* **2.** N. m. ou f. Fam. *Bol (de toilette),* cuvette des toilettes. *Fermer le couvercle du (de la) bol.* ‹ ▸ bolée, bolle ›

② ***bol*** n. m. ■ *Bol alimentaire,* masse d'aliments déglutis en une seule fois.

bolchevik [bɔlʃe(ə)vik] ou ***bolcheviste*** [bɔlʃe(ə)vist] n. **1.** Pendant la révolution russe. Partisan du bolchevisme. **2.** Anciennt. Russe communiste. — Péj. Communiste. ▸ ***bolchevisme*** n. m. ■ Doctrine adoptée en 1917, en Russie, par les partisans du collectivisme marxiste.

bolé adj. et n. ⇒ **bollé.**

bolée [bɔle] n. f. ■ Contenu d'un bol ①. *Une bolée de cidre.*

boléro [bɔleʀo] n. m. **1.** Danse espagnole à trois temps, de rythme lent ; air sur lequel on la danse. — Composition musicale inspirée de cette danse. *« Le Boléro » de Ravel.* **2.** Petite veste de femme, courte et sans manches.

bolet [bɔlɛ] n. m. ■ Champignon charnu, à pied central. ⇒ **cèpe.**

bolide [bɔlid] n. m. **1.** Loc. *Comme un bolide,* très vite, très brusquement. *Il est arrivé comme un bolide. Passer, filer comme un bolide.* **2.** Véhicule qui peut atteindre une grande vitesse. *Un bolide de course.* — Plaisant. ou iron. Véhicule quelconque. *As-tu vu son bolide ?*

bolle [bɔl] n. f. Fam. **1.** Tête. *Elle s'est cognée la bolle en tombant.* **2.** Personne très brillante, très intelligente. ⇒ fam. **bollé,** ① **crack.** *C'est une grosse bolle en informatique.* ▸ ***bollé*** ou ***bolé, ée*** adj. et n. ■ Fam. Qui est très brillant, très doué, très intelligent. *Elle est très bollée en mathématiques.* ⇒ ① **bon,** ① **fort** (I), **génial.** / contr. **poche** / — N. *Les bollés de l'école.* ⇒ fam. **bolle,** ① **crack.** / contr. **ignorant, ignare** /

bombance [bɔ̃bɑ̃s] n. f. ■ *Faire bombance,* faire une repas excellent et abondant. ⇒ **festoyer ;** fam. faire **ripaille.**

bombarde [bɔ̃baʀd] n. f. **1.** Moyen Âge. Machine de guerre qui servait à lancer de grosses pierres. **2.** Instrument de musique rudimentaire, composé d'un cadre et d'une languette flexible, que le joueur tient près de sa bouche et dont il fait vibrer la languette avec le pouce. ⇒ **guimbarde ;** fam. **ruine-babines.** *Des joueurs de bombarde.* ‹ ▸ bombarder ›

bombarder [bɔ̃baʀde] v. tr. ▪ conjug. 1. **1.** Attaquer, endommager en lançant des bombes, des obus. *Les avions ont bombardé la ville.* — Au p. p. adj. *Des villes bombardées.* **2.** Lancer de nombreux projectiles sur (qqn ou qqch.). *Les manifestants l'ont bombardé de tomates.* — Fam. *On la bombardait de télégrammes,* on lui envoyait sans arrêt des télégrammes. **3.** Fam. Nommer brusquement, élever avec précipitation (qqn) à un poste, un emploi, une dignité. *On l'a bombardé sous-ministre.* ▸ ***bombardement*** n. m. ■ Action de bombarder, de lancer des bombes ou des obus. *Un bombardement aérien. Un bombardement atomique.* ▸ ***bombardier*** n. m. **1.** Avion de bombardement. **2.** Aviateur chargé du lancement des bombes.

① ***bombe*** [bɔ̃b] n. f. **1.** Projectile creux rempli d'explosif, lancé autrefois par des canons, de nos jours lâché par des avions. *Bombe explosive, incendiaire, au phosphore. L'avion a largué une bombe de deux cents kilos. Lâcher, lancer des bombes sur une ville.* ⇒ **bombarder.** — *Bombe atomique* ou *bombe A,* utilisant l'énergie de la transmutation nucléaire. *Bombe H,* à hydrogène. — Tout appareil explosible. *Bombe à retardement. Bombe au plastic.* **2.** Fam. *Tomber, arriver comme une bombe,* brusquement, sans qu'on s'y attende. — Fig. *La nouvelle a éclaté comme une bombe.* **3.** *Bombe glacée,* glace en forme de pyramide. **4.** *Bombe au cobalt,* appareil de traitement médical du cancer. **5.** Région. Bouilloire. *Mettre de l'eau dans la bombe.* ⇒ **canard.** **6.** Atomiseur de grande dimension. *Une bombe insecticide.* — Fam. *Une bombe puante,* un atomiseur qui vaporise un liquide acide dont l'odeur est très désagréable. *Les manifestants avaient apporté des bombes puantes.* ‹ ▸ bombarde ›

② ***bombe*** n. f. ■ Fam. *Faire la bombe,* faire bombance, faire la noce. ⇒ fam. ② **bringue, foire.**

bomber [bɔ̃be] v. ▪ conjug. 1. **1.** V. tr. Rendre convexe. / contr. **creuser** / *Bomber la poitrine. Bomber le torse,* faire le fier. **2.** V. intr. Devenir convexe, gonfler. *Ce mur bombe.* ▸ ***bombé, ée*** adj. ■ Qui est ou qui est devenu convexe. ⇒ **renflé.** *Un front bombé. Une route bombée.* / contr. **concave, creux** /

bombyx [bɔ̃biks] n. m. invar. ■ Papillon dont le principal type, le *bombyx du mûrier,* a pour chenille le ver à soie.

bomme n. m. ⇒ **bum.**

bommer v. ⇒ **bummer.**

① ***bon, bonne*** [bɔ̃, bɔn] adj. et adv. — REM. Le comparatif de *bon* est *meilleur ; plus... bon* peut s'employer lorsque les deux mots ne se suivent pas : *Plus ou moins bon. Plus il est bon, plus on se moque de lui.* **I. 1.** Qui a les qualités utiles qu'on en attend ; qui fonctionne bien. ⇒ pas **pire, satisfaisant.** / contr. **mauvais** / *Avoir une bonne vue. Un bon métier. De bonnes raisons.* — En attribut. *Il est bon de* (+ infinitif), *que* (+ subjonctif), souhaitable, salutaire. *Il est bon de le savoir. Trouver bon de* (+ infinitif), *que* (+ subjonctif). **2.** (Personnes) Qui fait bien son métier, son travail ; tient bien son rôle. *Un bon élève. Bon père, bonne mère.* — ÊTRE BON EN : réussir dans un domaine. ⇒ fam. **bollé.** *Il est bon en mathématiques.* ≠ *passable.* **3.** Qui convient bien, est utile. *Est-ce que ce ticket est encore bon ?* ⇒ **valable, valide.** — BON POUR : adapté, approprié à qqch. *Un remède bon pour la gorge. Bon pour partir en voyage,* prêt à partir parce qu'on a tout ce qu'il faut. — Fam. *Nous sommes bons pour la contravention,* nous allons l'avoir. *Êtes-vous bonne pour passer me prendre ?,* disposée à, pouvez-vous le faire ? (Choses) *Elle est bonne celle-là !,* c'est qqch. d'inattendu, de surprenant. *On est bon !,* on n'y échappera pas. — BON À. *Une chose bonne à manger,* à être mangée ; comestible. *Toute vérité n'est pas bonne à dire. C'est bon à savoir.* — N. *Un bon à rien, une bonne à rien,* une personne qui ne sait pas faire grand chose. ⇒ **incapable.** — Vaurien. — N. m. BON À TIRER : épreuve bonne à être imprimée. — (Personnes) *Il n'est bon à rien, il n'est pas bon à grand-chose,* il ne sait rien faire. — À QUOI BON ? : à quoi cela sert-il ? ⇒ **pourquoi.** *À quoi bon continuer ? À quoi bon tous ces efforts ?* **4.** Qui est bien fait, mérite l'estime. *C'est du bon travail.* ⇒ **excellent.** *Un bon film.* **5.** Qui répond aux exigences de la morale. ⇒ **convenable, honorable.** *Une bonne conduite.* ⇒ **vertueux.** **6.** Agréable au goût ou à l'odorat. *Un très bon plat.* ⇒ **délicieux, succulent.** — Adv. *Ça sent bon.* **7.** Qui donne du plaisir. ⇒ **agréable.** *Passer de bonnes vacances. Une bonne histoire,* qui amuse. ⇒ **drôle.** Fam. *En avoir de bonnes,* plaisanter. — (En souhait) *Bon anniversaire ! Bonne année !* ⇒ **heureux.** **8.** LE BON (+ nom) : celui qui convient. *C'est la bonne route. À la bonne adresse.* **9.** Interj. *Bon !* Marque la satisfaction, notamment après une affaire faite, terminée. ⇒ **bien.** — Marque la surprise. *Ah, bon ?* — Marque le mécontentement. *Allons bon, voilà que ça recommence ! — Bon bien !* ⇒ ① **bien** (7). **10.** POUR DE BON loc. adv. : réellement, véritablement ; à jamais, pour toujours. *Il est parti pour de bon.* **11.** (Température) *Il fait bon,* on est bien, c'est agréable. **12.** N. m. AVOIR DU BON : présenter des avantages. *Cette proposition a certainement du bon.* **13.** Loc. adv. *Comme un bon,* très fort, beaucoup. *Elle étudie comme une bonne.* **II.** (Opposé à *mauvais*) **1.** Qui veut du bien, fait du bien à autrui. ⇒ **charitable, généreux.** / contr. **méchant** /

Cet homme est bon comme le pain. Le bon Dieu. — (Juron) *Bon Dieu !* — REM. Se dit parfois *bonyeu**, *bonguenne**. **2.** Qui entretient avec autrui des relations agréables ; qui a de la bonhomie. ⇒ **brave, fin, gentil.** *Une bonne fille. Être bon public,* de ces gens qui, au spectacle, se laissent aller, ne font pas les difficiles. *Merci, vous êtes bien bon.* ⇒ **aimable.** — (Pour souligner la difficulté de ce qui est proposé) *Demain ? Vous êtes bon ! C'est impossible !* — Fam. *Vous êtes bon, vous !,* vous avez tort de parler ainsi. **3.** Qui témoigne de bonté. *Faire une bonne action. Allons, un bon mouvement !* — (France) Fam. *Avoir qqn à la bonne,* le trouver sympathique, avoir pour lui toutes les indulgences. **III. 1.** Qui atteint largement la mesure exprimée. ⇒ **grand, gros.** *Il y a trois bons kilomètres. J'en ai fait une bonne partie.* **2.** Définitivement, totalement. *Finissons-en une bonne fois pour toutes.* **3.** *Elles étaient bonnes premières,* loin devant les autres, avec beaucoup d'avance. ‹ ► bonasse, bonbon, bondieuserie, bon enfant, bonheur, bonhomie, bonhomme, boni, bonification, bonifier, bonjour, bon marché, bonne, bonne femme, bonnement, bonsoir, bonté, bon vivant, bonus, débonnaire, embonpoint, à la bonne franquette ›

② ***bon*** n. m. **1.** Formule écrite constatant le droit d'une personne d'exiger une prestation, de toucher une somme d'argent, etc. *Bon d'alimentation. Bons du Trésor,* émis par l'État. **2.** Fam. Coupon-rabais, certificat-cadeau. ⇒ **coupon-réponse.**

bonapartisme [bɔnapaʀtism] n. m. **1.** Forme de gouvernement dont les principes rappellent ceux du gouvernement des Bonaparte. **2.** Attachement (des *bonapartistes*) à la dynastie des Bonaparte ou à leur système politique, l'Empire.

bonasse [bɔnas] adj. ■ Péj. Qui est d'une bonté excessive. ⇒ **faible, mou.** / contr. **énergique** /

bonbon [bɔ̃bɔ̃] n. m. ■ Petite friandise, de consistance ferme ou dure, faite de sirop aromatisé et parfois coloré. ⇒ **nanane.** *Des bonbons fondants, acidulés, fourrés. Un bonbon à la menthe. Des bonbons à la cenne,* vendus à l'unité. — Adj. invar. *Des vêtements rose bonbon.* ► ***bonbonnière*** [bɔ̃bɔnjɛʀ] n. f. ■ Petite boîte à bonbons en porcelaine, en argent, etc.

bonbonne [bɔ̃bɔn] n. f. **1.** Gros récipient à col étroit et court. *Une bonbonne de vin.* **2.** Récipient métallique destiné à contenir un gaz sous pression, de l'air liquide... ⇒ **bouteille.** *Des bonbonnes de gaz propane. Une bonbonne de soudeur.*

bond [bɔ̃] n. m. **1.** (Personnes, animaux) Action de bondir, de s'élever de terre par un mouvement brusque. ⇒ **saut.** *D'un bond, elle franchit l'obstacle. La balle a fait un bond inattendu.* — Loc. *Ne faire qu'un bond,* se précipiter. *Au premier coup de sonnette, je n'ai fait qu'un bond.* — (Choses) Fig. *Faire un bond,* progresser, augmenter subitement de façon notable. *Les prix ont fait un bond. Un bond en avant,* un progrès soudain et rapide. **2.** Loc. *Faire faux bond à qqn,* ne pas venir à un rendez-vous ; ne pas faire ce qu'on a promis à qqn. *Le plombier nous a fait faux bond.*

bonde [bɔ̃d] n. f. **1.** Ouverture de fond, destinée à vider l'eau d'un réservoir, d'une baignoire... — Le système de fermeture de la bonde. *Lâcher, lever la bonde,* l'ouvrir pour faire écouler l'eau. — Le bouchon. *La bonde du lavabo.* **2.** Trou percé dans un tonneau (pour le remplir ou le vider).

bondé, ée [bɔ̃de] adj. ■ (Espace clos) Qui contient le maximum de personnes. ⇒ **comble, plein ;** fam. **paqueté.** *En juillet, les terrains de camping sont bondés.* / contr. **vide** /

bondieuserie [bɔ̃djøzʀi] n. f. ■ Objet de piété de mauvais goût.

bondir [bɔ̃diʀ] v. intr. ▪ conjug. 2. **1.** S'élever brusquement en l'air par un saut. ⇒ **sauter.** *Le tigre bondit sur sa proie. — Cela me fait bondir* (d'indignation, de colère). **2.** S'élancer précipitamment. ⇒ **courir.** *Il bondit à la salle de bains. En bondissant, elle l'a attrapé au vol.* ‹ ► bond, rebondir ›

bon enfant [bɔnɑ̃fɑ̃] adj. invar. ■ Qui a une gentillesse simple et naïve. *Elle est bon enfant. Des manières bon enfant.*

bongo [bɔngo ; bɔ̃go] n. m. ■ Instrument de musique à percussion, d'origine latino-américaine, formé de deux tambours fixés l'un à l'autre et recouverts de peau sur le dessus seulement. *Des joueurs de bongo.*

bonguenne ou ***bonguienne*** [bɔ̃jɛn] n. ■ (Valeur d'adj.) Fam. Diable de. ⇒ fam. ② **maudit, mosus ;** très fam. **bonyeu, targueux.** *Cette bonguenne de propriétaire veut encore augmenter le loyer. C'est un bonguenne de bon gars.* — Interj. exprimant la surprise, l'étonnement. *Bonguenne ! je ne vous attendais pas. Il n'est pas déjà six heures ? Eh bonguenne !* — Loc. adv. EN BONGUENNE : bien ; très, beaucoup. ⇒ fam. en ② **maudit.** *J'aimerais aller avec vous en bonguenne. Il fait chaud en bonguenne. — Être en bonguenne,* fâché, en colère.

bongueu n. ⇒ **bonyeu.**

bonheur [bɔnœʀ] n. m. **I.** (LE) BONHEUR : chance. / contr. **malchance** / *Il ne connaît pas son bonheur,* il ne se rend pas compte de la chance qu'il a. — Loc. adv. AU PETIT BONHEUR : au hasard. PAR BONHEUR : heureusement. **II.** (LE) BONHEUR. **1.** État de pleine satisfaction. ⇒ **béatitude, félicité, joie, plaisir.** / contr. **malheur** / *Le bonheur parfait. La recherche du bonheur. Le bonheur d'aimer. Elle fait le bonheur de son mari,* elle le rend heureux. Fam. *Si ce crayon peut faire votre bonheur,* vous être utile. — PROV. *L'argent ne fait pas le bonheur.* **2.** (UN) BONHEUR : ce qui rend heureux. *C'est un grand bonheur pour moi.* ‹ ► porte-bonheur ›

bonhomie [bɔnɔmi] n. f. ■ Simplicité dans les manières, unie à la bonté du cœur. ⇒ **bonté, simplicité.** *Une charmante bonhomie. Une bonhomie feinte.*

bonhomme [bɔnɔm], plur. ***bonshommes*** [bɔ̃zɔm] n. m. **1.** Fam. Homme, monsieur. ⇒ **type.** *Un drôle de bonhomme.* — Fam. Homme âgé. *Il déraille, le bonhomme.* **2.** Terme d'affection en parlant à ou d'un petit garçon. *Mon bonhomme. Ce petit bonhomme a déjà cinq ans.* ⇒ **bonne femme. 3.** Figure humaine dessinée ou façonnée grossièrement. *Dessiner des petits bonshommes. — Regarder les petits bonshommes à la télévision,* les dessins animés. — *Un bonhomme de neige. — Le bonhomme Carnaval* ou *Bonhomme Carnaval,* le personnage costumé qui symbolise les fêtes du carnaval du Québec. — Son effigie. **4.** Loc. *Aller son petit bonhomme de chemin,* poursuivre ses entreprises sans hâte, sans bruit, mais sûrement. — Fam. Loc. *Expédier, envoyer qqn. chez le bonhomme,* l'envoyer au diable. **5.** *Le bonhomme sept heures,* un personnage imaginaire qu'on menace d'appeler lorsque les enfants ne veulent pas aller au lit. ⇒ **croque-mitaine. 6.** Loc. *Marcher en petit bonhomme,* accroupi. *Se mettre en petit bonhomme,* s'accroupir. ⇒ fam. **s'écrapoutir.**

boni [bɔni] n. m. ■ Somme d'argent donnée par un employeur en plus du salaire pour souligner les bons services d'un employé ou lors d'une occasion particulière. ⇒ **gratification, prime.** *Un boni annuel. Des bonis de Noël.* — Point supplémentaire, dans un jeu.

boniche ou ***bonniche*** [bɔniʃ] n. f. ■ (France) Péj. Bonne. *Une petite boniche.*

bonifacien, ienne [bɔnifasjɛ̃, jɛn] adj. et n. ■ De la ville de Saint-Boniface, au Manitoba. — N. (Avec une majusc.) Personne née dans cette ville ou qui l'habite. *Des Bonifaciens qui ont de la parenté au Québec.*

bonification [bɔnifikɑsjɔ̃] n. f. ■ Action de donner à titre de surplus. — La somme donnée à ce titre. ⇒ **boni, rabais, remise.** ≠ *bonus.*

bonifier [bɔnifje] v. tr. ▪ conjug. 7. ■ Rendre meilleur, d'un meilleur produit. *Bonifier les terres par l'assolement. Bonifier une offre,* la rendre plus avantageuse, plus intéressante. — Pronominalement (réfl.). *Se bonifier,* s'améliorer. *Le vin se bonifie en vieillissant.*

boniment [bɔnimɑ̃] n. m. **1.** Propos débité pour convaincre et attirer la clientèle. *Les boniments d'un vendeur.* — Discours trompeur pour vanter une marchandise. ⇒ **baratin.** *C'est du boniment.* **2.** Fam. Tout propos mensonger. ⇒ ② **blague ;** fam. **bobard.** *Il raconte des boniments.* ▶ ***bonimenteur, euse*** adj. et n.

bonjour [bɔ̃ʒuʀ] n. m. **1.** Souhait de bonne journée (adressé en arrivant, en rencontrant). ⇒ fam. **salut.** / contr. au **revoir** / *Elle m'a dit bonjour. Bonjour, Monsieur, Madame. Souhaiter le bonjour à qqn.* — Loc. fam. *Bien le bonjour.* — Loc. fam. *C'est simple, facile comme bonjour,* très simple, très facile. — *Bonjour les dégâts !,* les dégâts, les ennuis commencent. **2.** Salutation employée dans la journée lorsqu'on quitte qqn. ⇒ au **revoir. 3.** Formule d'accueil dans un endroit public. *Bonjour madame !,* vous désirez ? — (Au téléphone, le jour) Allô.

bon marché [bɔ̃maʀʃe] adj. invar. (comparatif : *meilleur marché*). ■ Qui n'est pas cher. ⇒ **modique.** / contr. ② **cher, coûteux, dispendieux** / *Des articles bon marché. Tu ne trouveras pas de chaussures meilleur marché.*

bonne [bɔn] n. f. **1.** Servante. ⇒ **domestique.** *Bonne à tout faire. Bonne d'enfants.* ⇒ **gouvernante. 2.** (De *bonne à tout faire*) Employée de maison qui fait le ménage, les courses, parfois la cuisine, et vit chez ses patrons. ‹ ▶ boniche ›

bonne femme [bɔnfam] n. f. **1.** Fam. Femme. *Je ne connais pas cette bonne femme.* — Péj. Épouse. *Sa bonne femme ne le quitte pas.* **2.** Terme d'affection en parlant à ou d'une petite fille. *Une petite bonne femme.* ⇒ **bonhomme. 3.** Vieilli. *Remèdes de bonne femme,* traditionnels et peu efficaces. ⇒ **grand-mère.**

bonnement [bɔnmɑ̃] adv. ■ *Tout bonnement,* franchement, simplement. *J'avoue tout bonnement que je n'en sais rien. C'est tout bonnement impossible,* vraiment impossible.

bonnet [bɔnɛ] n. m. **I. 1.** Coiffure souple sans bord. ⇒ **tuque.** *Un bonnet de laine, de fourrure. Bonnet de bain,* coiffure (imperméable) pour protéger les cheveux. ⇒ **casque.** Vx. *Bonnet d'âne,* bonnet de papier dont on affublait les cancres. — *Bonnet de nuit,* qu'on portait pour dormir. — *Avoir la tête près du bonnet,* être colérique, prompt à s'emporter. *Prendre qqch. sous son bonnet,* faire qqch. de sa propre autorité, en prendre la responsabilité. — *C'est bonnet blanc et blanc bonnet,* cela revient au même. **2.** *Un gros bonnet,* un personnage éminent, influent. ⇒ fam. ② **huile,** ① **poche. II. 1.** Chacune des deux poches d'un soutien-gorge. **2.** Second estomac des ruminants. ▶ ***bonneterie*** [bɔnɛtʀi] n. f. ■ Industrie, commerce d'articles d'habillement en tissu à mailles. — (France) Ces articles (fabriqués, vendus par le *bonnetier*). *Les bas, les chaussettes, la lingerie sont des articles de bonneterie.*

bonniche n. f. ⇒ **boniche.**

bonsaï ou ***bonzaï*** [bɔnzaj] ■ Arbre nain, cultivé en pot, obtenu par atrophie des racines et ligature des tiges et rameaux. *Des bonsaïs.*

bonsoir [bɔ̃swaʀ] n. m. **1.** Souhait de bonne soirée. — Salutation du soir (qu'on emploie lorsqu'on rencontre qqn, ou, plus souvent, lorsqu'on le quitte). *Bonsoir, Madame. Dis bonsoir à Papa. Souhaiter le bonsoir.* — Fam. *Bonsoir !,* se dit pour marquer qu'une affaire est finie, qu'on s'en désintéresse. *S'il refuse, bonsoir ! Bonsoir la visite !,* c'est fini, c'est terminé, pour dire qu'on ne s'occupe plus de qqch. **2.** (Au téléphone, le soir) Allô. *Bonsoir ! Puis-je parler à... ?* ⇒ fam. **salut.**

bonté [bɔ̃te] n. f. **1.** Qualité morale qui porte à faire le bien, à être bon pour les autres. ⇒ **altruisme, bienveillance, humanité.** / contr. **méchanceté** / *Elle est d'une grande bonté.* — Interj. *Bonté divine !* **2.** Amabilité, gentillesse. *Il a eu la bonté de m'écrire. Voulez-vous avoir la bonté de...* **3.** Au plur. Acte de bonté, d'amabilité. *Merci des bontés que vous avez eues pour moi.* — *Bonté divine !,* invocation exclamative. *Bonté divine qu'ils sont entêtés !*

bonus [bɔnys] n. m. ■ (France) Avantage consenti par un assureur au conducteur qui n'a pas d'accidents. / contr. **malus** / *Il a perdu son bonus après son accident.* ≠ *boni*

bon vivant [bɔ̃vivɑ̃] adj. m. et n. m. ■ Qui est d'humeur joviale et facile, qui aime les plaisirs. *Des bons vivants.*

bonyeu, euse ou ***bongueu, euse*** [bɔ̃jø, øz] n. ■ (Valeur d'adj.) Très fam. Diable de. ⇒ fam. **bonguenne,** ② **maudit, mosus ;** très fam. **torgueux.** *Ce petit bonyeu a encore renversé son lait. C'est une bonyeuse de bonne nouvelle.* — Interj. exprimant la surprise, l'étonnement. *Bonyeu, les voilà déjà !* — Loc. adv. EN BONYEU : bien ; beaucoup, passablement. ⇒ fam. en ② **maudit.** *« Tu veux du chocolat ? — J'aimerais cela en bonyeu. » Il neige en bonyeu.* — *Être en bonyeu,* choqué, furieux.

bonzaï n. m. ⇒ **bonsaï.**

bonze [bɔ̃z] n. m. **1.** Prêtre de la religion bouddhique. **2.** Fam. Personnage en vue, influent et parfois quelque peu prétentieux. ⇒ **pontife.** *Les bonzes d'un parti.*

bookmaker [bukmekœʀ] n. m. ■ Personne qui, dans les courses de chevaux, prend des paris et les inscrit. *Des bookmakers.* — (France. Abrév. *un book, des books*).

boom [bum] n. m. ■ anglic. Brusque hausse des valeurs. / contr. **krach** / — Prospérité soudaine et peu stable. *Un boom économique. Des booms.*

boomerang [bumʀaŋ] n. m. **1.** Arme de jet des indigènes australiens, formée d'une pièce de bois dur coudée ou courbée, qui revient à son point de départ si le but est manqué. **2.** Acte dont les effets se retournent contre l'auteur. — En appos. *Des effets boomerangs.* — Loc. verb. *Faire boomerang. Leur tentative de le compromettre a fait boomerang.*

boots [buts] n. m. ou f. pl. ■ (France) Anglic. Bottes courtes s'arrêtant au-dessus de la cheville. *Des boots neuves. D'élégants boots.* ⇒ **bottillon.**

boqueteau [bɔkto] n. m. ■ Petit bois ; bouquet d'arbres. ⇒ **bosquet, bouquet.** *Les boqueteaux du parc des Champs-de-Bataille.*

borate n. m. ⇒ **bore.**

borborygme [bɔʀbɔʀigm] n. m. ■ Bruit produit par le déplacement des gaz dans l'intestin ou l'estomac. ⇒ **gargouillement.**

① ***bord*** [bɔʀ] n. m. **1.** Contour, limite, extrémité d'une surface. ⇒ **bordure.** / contr. **centre, fond** / *Le bord d'une assiette, d'une table. Le bord de la mer. Le bord d'une rivière, de l'eau* ⇒ **berge, rive,** *d'un bois* ⇒ **lisière, orée,** *de la route* ⇒ **accotement, bas-côté.** — *Verre plein jusqu'au bord, à ras bord.* — (Vêtement) *Bord ourlé, festonné.* — BORD À BORD loc. adv. : en mettant un bord contre l'autre, sans les croiser. — Fam. DE BORD EN BORD (loc. adv.) : d'un bout à l'autre. *Traverser le pays de bord en bord.* BORD EN BORD DE : Au travers, de part en part. *La tache est visible bord en bord du tissu.* **2.** Partie circulaire d'un chapeau, perpendiculaire à la calotte. *Chapeau à large bord, à bord relevé, roulé.* **3.** ÊTRE AU BORD DE *qqch.* : en être tout près. *Il est au bord de la tombe,* mourant. *Nous étions au bord des larmes,* près de pleurer. — Loc. *Être sur le bord de,* sur le point de, à la veille de. — SUR LES BORDS : légèrement, à l'occasion. *Il est un peu escroc sur les bords.* **4.** Fam. Loc. verb. *Prendre le bord de,* la direction de. *Elle a pris le bord du bois. Prendre le bord,* s'enfuir, se sauver. *À seize ans, il prenait le bord.* — *D'un bord comme de l'autre,* d'un côté à l'autre, dans un sens ou l'autre. *D'un bord et de l'autre,* ici et là. ⟨ ▶ abord, abordable, aborder, abords, border, bordereau, bordure, déborder, inabordable, rebord, transborder ⟩

② ***bord*** n. m. **1.** Extrémité supérieure du revêtement qui, de chaque côté, couvre la membrure d'un navire. ⇒ **bâbord, tribord.** *Navire de haut bord,* haut sur l'eau. *Ils l'ont jeté par-dessus bord,* à la mer. **2.** *Dans* À, DE, DU BORD : le navire lui-même. *Monter à bord. Journal, livre de bord,* compte rendu de la vie à bord. — Loc. *Les moyens du bord,* ce qu'on a sous la main. — Fam. Loc. *Virer de bord,* changer de direction, retourner vers. *Tourner de (l'autre) bord,* retourner. *Tournez-vous de bord que je vous regarde.* — *À bord d'une voiture, d'un avion.* **3.** *Être du bord de qqn,* de son parti. *Nous sommes du même bord.* **4.** En face. *Traverser de l'autre bord de la rue.* ⇒ **côté.** ▶ ***bordages*** [bɔʀdaʒ] n. m. pl. **1.** Planches épaisses ou tôles recouvrant la membrure d'un navire. **2.** Glaces côtières qui se forment en bordure des cours d'eau. ⟨ ▶ abordage, bâbord, bordée, hors-bord, tribord ⟩

bordeaux [bɔʀdo] n. m. invar. **I.** Vin des vignobles du département de la Gironde en France. *Un verre de bordeaux blanc, rouge.* — Ellipt. *Un bordeaux,* une bouteille de vin. **II.** N. m. et adj. invar. Couleur rouge foncé ; de cette couleur. *Des vestes bordeaux.* ⇒ **bourgogne** (II).

bordée [bɔʀde] n. f. **1.** Ligne de canons rangés sur chaque bord d'un vaisseau. — Salve de l'artillerie du bord. *Lâcher sa bordée.* **2.** Partie de l'équipage de service à bord. **3.** Route parcourue par un navire qui louvoie sans virer de bord. *Faire, courir une bordée.* — (Marins, militaires) Loc. fam. *Courir, tirer une bordée,* aller de cabaret en cabaret. **4.** BORDÉE (DE NEIGE) : chute de neige abondante. ⇒ **averse** de neige, **poudrerie, tempête** de neige. *Une belle grosse bordée. La bordée des corneilles,* la dernière chute ou tempête de neige de l'hiver. *Une bordée d'injures,* une suite, un flot d'injures.

bordel [bɔʀdɛl] n. m. **1.** Vulg. Maison de prostitution. **2.** Fam. Grand désordre. ⇒ fam. **fouillis.** *Il y a un tel bordel dans sa chambre !* **3.** Fam. Juron. *Bordel ! Qu'est-ce que vous faites ?* ▶ ***bordélique*** [bɔʀdelik] adj. Fam. **1.** Où il y a du désordre. **2.** (Personnes) Qui crée du désordre.

border [bɔʀde] v. tr. ▪ conjug. 1. **1.** Occuper le bord de (qqch.). *Les arbres qui bordent le chemin.* — Au p.p. *Une route bordée d'arbres.* **2.** Garnir (un vêtement) d'un bord, d'une bordure. *Elle a bordé son tissu d'un ourlet.* — Au p.p. *Un mouchoir bordé de dentelle. Border un lit,* replier le bord des draps, des couvertures sous le matelas. — *Border qqn,* border son lit quand il est couché. *Elle allait le border dans son lit.*

bordereau [bɔʀdəʀo] n. m. ■ Relevé détaillé énumérant les divers articles ou pièces d'un compte, d'un dossier... ⇒ **état.** *Des bordereaux d'achat.* — *Il faut remplir un bordereau avant de faire un dépôt bancaire.*

bordure [bɔʀdyʀ] n. f. ■ Ce qui borde en servant d'ornement. *La bordure d'un massif, bordure de trottoir.* ⇒ ② **chaîne.** — EN BORDURE : sur le bord, le long du bord. *Ses terres sont en bordure du fleuve.* ⟨ ▶ taille-bordure ⟩

bore [bɔʀ] n. m. ■ Corps chimique, simple métalloïde, voisin du carbone (n° at. 5). ▶ ***borate*** n. m. ■ Sel de l'acide borique. ▶ ***borique*** adj. ■ Formé d'hydrogène et de bore.

boréal, ale, aux [bɔʀeal, o] adj. ■ Qui est au nord du globe terrestre. *Hémisphère boréal.* — Voisin du pôle Nord. *Aurore boréale.* ⇒ **arctique.** / contr. **austral** /

borgne [bɔʀɲ] adj. et n. **1.** Qui a perdu un œil ou ne voit plus que d'un œil. ⇒ fam. **coq-l'œil.** *Le bandeau noir d'un borgne.* **2.** *Fenêtre borgne,* donnant du jour, mais aucune vue. — *Hôtel borgne,* mal famé. ⟨ ▶ éborgner ⟩

borique adj. ⇒ **bore.**

borne [bɔʀn] n. f. **1.** Pierre ou autre marque servant à délimiter un champ, une propriété foncière, et qui sert de repère. — (France) *Borne kilométrique,* plantée à chaque kilomètre d'une route. — *Borne d'incendie.* ⇒ **borne-fontaine.** **2.** Serre-fils pour brancher un fil conducteur sur un appareil électrique. *Les bornes d'une batterie de voiture.* **3.** Au plur. Frontières, limites. *La patience humaine a des bornes.* — Limite permise. *Vous dépassez les bornes !* ⇒ **mesure.** — *Sans bornes,* illimité. *Une tristesse sans bornes.* ⇒ **infini.** ▶ ***borner*** v. tr. ▪ conjug. 1. **1.** Délimiter. *Les montagnes qui bornent l'horizon.* **2.** Abstrait. Mettre des bornes à ; renfermer, resserrer dans des bornes (4). ⇒ **limiter, réduire.** *Il faut savoir borner ses désirs.* **3.** SE BORNER À v. pron. : s'en tenir à. ⇒ se **contenter** de. *Les critiques se sont bornés à résumer la pièce.* — (Choses) Se limiter à. *L'examen s'est borné à deux questions.* ▶ ***borné, ée*** adj. **1.** (Choses) Qui a des bornes. — Qui est limité par un obstacle. *Un horizon borné.* **2.** (Personnes) Dont les capacités intellectuelles sont limitées. ⇒ **bouché, obtus.** *Esprit borné,* étroit, limité. / contr. **intelligent, ouvert** / ▶ ***borne-fontaine*** n. f. ■ Borne placée le long des rues, munie d'un dispositif d'alimentation en eau et qui est réservée à l'usage des employés municipaux et des pompiers. ⇒ **borne** d'incendie. *Des bornes-fontaines.*

bosquet [bɔskɛ] n. m. ■ Petit bois ; groupe d'arbres ou d'arbustes plantés pour l'agrément ou à des fins utilitaires. ⇒ **boqueteau, bouquet.**

bosse [bɔs] n. f. **1.** Enflure due à un choc sur une région osseuse ou à un désordre organique. ⇒ **poque.** *Elle s'est fait une bosse au front en se cognant. Elle a une bosse sur un sein.* **2.** Grosseur dorsale, difformité de la colonne vertébrale (d'un bossu). — Fam. Fig. *Rouler sa bosse,* voyager beaucoup. ⇒ **bourlinguer.** **3.** *Bosse du crâne,* protubérance du crâne considérée autrefois comme le signe d'une aptitude. — Fam. *Avoir la bosse des affaires, des mathématiques.* ⇒ **don.** **4.** Protubérance naturelle sur le dos de certains animaux. *Les deux bosses d'un chameau.* **5.** Partie renflée et arrondie sur une surface plane. / contr.

creux / *Un terrain qui présente des bosses.* ▶ ***bosseler*** [bɔsle] v. tr. ▪ conjug. 4. ■ Déformer (qqch.) par des bosses. ⇒ **cabosser ;** fam. ① **bosser.** / contr. **débosseler ;** fam. **débosser** / — Au p.p. adj. *Un terrain tout bosselé. Un chaudron bosselé.* ▶ ① ***bosser*** v. tr. ▪ conjug. 1. ■ Fam. Faire des bosses sur qqch. *Elle a bossé son auto.* ⇒ **bosseler, cabosser ;** fam. **poquer.** / contr. **débosseler ;** fam. **débosser** / — Au p. p. adj. *Une porte toute bossée.* ⇒ **bossué, poqué.** ▶ ***bossu, ue*** adj. et n. ■ Qui a une ou plusieurs bosses (2) par un vice de conformation. *Elle est bossue. Un bossu.* — Loc. fam. *Rire comme un bossu,* rire à gorge déployée. — Loc. fam. *Être bossu, chanceux comme un bossu,* être très chanceux. ▶ ***bossué, ée*** adj. ■ Qui présente des bosses. *Un crâne bossué.* ⟨ ▶ cabosser, débosseler, débosser ⟩

② ***bosser*** [bɔse] v. ▪ conjug. 1. (Surtout en France) Fam. **1.** V. intr. Travailler *Je bosse depuis six mois.* **2.** V. tr. *Bosser un examen, un concours,* le préparer activement. ⇒ fam. ② **bûcher.** ▶ ***bosseur, euse*** n. et adj. ■ (Surtout en France) Fam. Personne qui produit un gros travail. ⇒ **bûcheur.** *C'est un sacré bosseur.* — Adj. *Elle est plus bosseuse que son frère.*

boston(n)ais, aise [bɔstɔnɛ, ɛz] ou ***bostonien, ienne*** [bɔstɔnjɛ̃, jɛn] adj. et n. ■ De la ville de Boston aux États-Unis. *Une équipe bostonaise.* — N. (Avec une majusc.) Personne née dans cette ville ou qui l'habite. — REM. La forme *bostonien* est plus rare et employée davantage comme adjectif.

bot [bo] adj. ■ *Pied bot,* pied difforme par rétraction de certains muscles. *Il a un pied bot.*

botanique [bɔtanik] adj. et n. f. **1.** Adj. Relatif à l'étude des végétaux. *Le Jardin botanique de Montréal.* **2.** N. f. Science qui a pour objet l'étude des végétaux. ▶ ***botaniste*** n. ■ Spécialiste de botanique.

① ***botte*** [bɔt] n. f. ■ Chaussure qui enferme le pied et la jambe. *Des bottes de cuir. Petites, grandes bottes. Mettre ses bottes d'hiver,* des bottes fourrées qui résistent au froid et à la neige. *Bottes de ski.* — Loc. *Être à la botte de qqn, lécher les bottes de qqn,* lui obéir servilement, lui être très dévoué. Fam. *En avoir plein les bottes,* en avoir assez. ⇒ **casque.** ≠ *soulier.* ▶ ***botter*** v. tr. ▪ conjug. 1. **1.** Chausser de bottes. — Au p. p. adj. *Des motards bottés et casqués.* **2.** Donner un coup de pied (de botte) à. *Il lui a botté les fesses.* — Aux jeux de ballon. Frapper du pied (le ballon). Sans compl. *Botter en touche.* ▶ ***botté*** n. m. ■ Sports. Puissant coup de pied donné sur un ballon de football ou de soccer afin de libérer son territoire ou de marquer des points. *Un botté de dégagement, de placement.* ▶ ***bottier, ière*** n. ■ Personne qui fabrique ou vend des chaussures, des bottes sur mesure. ⇒ **chausseur.** — REM. L'O.L.F. propose *bottière* au féminin. ≠ *cordonnier.* ▶ ***bottillon*** n. m. ■ Chaussure montante confortable. ⇒ **boots.** ▶ ***bottine*** n. f. ■ Chaussure montante qui serre la cheville. *Des bottines de bébé, de travailleur.* — Fam. Loc. *Avoir les deux pieds dans la même bottine* ⇒ ① **pied.** ≠ *soulier.* ⟨ ▶ lèche-bottes, porte-bottes ⟩

② ***botte*** n. f. ■ Réunion de tiges de végétaux attachées ensemble. *Une botte de paille, de radis, d'asperges.* ▶ ***botteler*** v. tr. ▪ conjug. 4. ■ Attacher en botte(s).

③ ***botte*** n. f. ■ Coup d'épée, de fleuret, portée à l'adversaire selon les règles. *Une botte secrète.*

bottin [bɔtɛ̃] n. m. ■ Annuaire* du téléphone. *Consulter le bottin (téléphonique). Elle n'est pas dans le bottin.*

botulisme [bɔtylism] n. m. ■ Intoxication alimentaire causée par un microbe contenu dans la charcuterie, les conserves avariées.

boubou [bubu] n. m. ■ Longue tunique, vêtement traditionnel africain. *Des boubous.*

bouc [buk] n. m. **1.** Mâle de la chèvre. — Loc. BOUC ÉMISSAIRE [bukemisɛʀ] : bouc que le prêtre, dans la religion hébraïque, le jour de la fête des Expiations, chargeait des péchés d'Israël ; personne sur laquelle on fait retomber les torts des autres. *Des boucs émissaires.* — Loc. *Avoir une humeur de bouc,* être de mauvaise humeur, impatient. **2.** Barbiche. *Porter le bouc.*

① ***boucan*** [bukɑ̃] n. m. ■ Fam. Grand bruit. ⇒ **tapage, vacarme.** *Arrêtez de faire tout ce boucan !*

② ***boucan*** n. m. ■ Anciennt. Viande ou poisson fumé dont s'alimentaient les Amérindiens. — Le gril utilisé pour fumer ces aliments. ▶ ***boucaner*** v. ▪ conjug. 1. **1.** V. tr. Vx. Exposer, soumettre de la viande, du poisson à l'action de la boucane* pour les faire sécher et fumer. *Faire boucaner de la truite.* — Dessécher et colorer (la peau). ⇒ **tanner.** — Au p. p. adj. *Viande boucanée, teint boucané.* **2.** V. intr. Fam. Dégager, répandre de la fumée, par suite d'un mauvais fonctionnement ou d'un mauvais tirage. ① **fumer.** *La cheminée boucane.* ▶ ***boucane*** n. f. ■ Fam. Fumée. *Une pièce remplie de boucane. Le poêle fait de la boucane. La boucane d'une cigarette.* ▶ ***boucanage*** n. f. ■ Fam. Action de boucaner. ⇒ ① **fumage.** ⟨ ▶ emboucaner ⟩

bouche [buʃ] n. f. **1.** Cavité située à la partie inférieure du visage de l'homme, bordée par les lèvres, communiquant avec l'appareil digestif et avec les voies respiratoires. ⇒ **bec ;** fam. **gueule.** *Ouvrir, fermer la bouche. Ils s'embrassent sur la bouche.* — Les lèvres et leur expression. *Une belle bouche. Il fait la fine bouche,* le difficile. *La bouche en cœur,* en minaudant. — (Servant à manger) *Avoir la bouche pleine,* en mangeant. *Garder qqch. pour la bonne bouche,* le manger en dernier pour en conserver le goût agréable ; garder pour la fin. *Avoir l'eau* (la salive) *à la bouche,* être mis en appétit, désirer. — *Une fine bouche,* un gourmet. *Une bouche inutile,* dans une famille, une collectivité, une personne que l'on doit nourrir et qui ne rapporte rien. — (Servant à parler) *Avoir toujours un mot à la bouche,* le répéter constamment. Fam. *Avoir la parole en bouche,* être éloquent, parler avec facilité. ⇒ **loquace.** *De bouche à oreille,* en confidence. *Bouche cousue !,* gardez le secret. ⇒ **motus. 2.** Cavité buccale de certains animaux. ⇒ **gueule. 3.** Ouverture, orifice. *Une bouche de métro,* l'entrée d'une station de métro. *Une bouche d'égout. La bouche de chaleur d'un calorifère. Une bouche d'aération.* **4.** Vieilli. *La bouche d'un fleuve,* son embouchure. *Le département des Bouches-du-Rhône, en France.* ▶ ***bouche-à-bouche*** [buʃabuʃ] n. m. invar. ■ Procédé de respiration artificielle par lequel une personne insuffle avec sa bouche de l'air dans la bouche de l'asphyxié. *Pratiquer, faire le (du) bouche-à-bouche à un noyé.* ⟨ ▶ s'aboucher, bouchée, ② déboucher, mal embouché, emboucher, ② embouchure ⟩

bouché, ée adj. **1.** Fermé, obstrué. *Avoir le nez bouché* (par des mucosités). *Tuyau bouché. Le temps est bouché,* couvert. *Du vin, du cidre bouché,* en bouteille bouchée (opposé à *au tonneau*). **2.** (Personnes) Borné, imbécile. *Il est bouché des deux bouts.* ⇒ **obtus.**

bouchée [buʃe] n. f. **1.** Morceau, quantité d'aliment qu'on met dans la bouche en une seule fois. ⇒ **croquée, gorgée, léchée, mordée.** *Une bouchée de pain.* Loc. *Pour une bouchée de pain,* pour presque rien. — Loc. *Ne faire qu'une bouchée de qqn,* en triompher aisément. — *Mettre les bouchées doubles,* aller plus vite (dans un travail, etc.). **2.** BOUCHÉE À LA REINE : croûte feuilletée garnie de viandes blanches en sauce.

⇒ **vol-au-vent.** **3.** Morceau de chocolat fin fourré. **4.** Loc. *Prendre une bouchée,* manger un morceau, prendre un repas léger.

① ***boucher*** [buʃe] v. tr. ▪ conjug. 1. **1.** Fermer (une ouverture, un trou, un récipient...). *Boucher une bouteille avec un bouchon.* / contr. **déboucher, ouvrir** / — Pronominalement (réfl.). *Se boucher le nez* (en le pinçant), pour ne pas sentir une odeur. *Se boucher les oreilles,* refuser d'entendre. **2.** Obstruer (un passage, une porte...). ⇒ **barrer.** *Ce mur bouche la vue.* — Pronominalement (passif). *Le lavabo s'est bouché.* **3.** Fam. *En boucher un coin à qqn,* l'épater, le rendre muet d'étonnement. *Ça m'en bouche un coin !* — *Boucher un trou, les trous,* combler, remplacer. *Ses économies boucheront le trou.* ▸ ***bouchage*** n. m. ▪ Action de boucher. ▸ ***bouche-trou*** n. m. ▪ Péj. Personne, objet n'ayant pas d'autre utilité que de combler une place vide. *Cet acteur n'est qu'un bouche-trou. Des bouche-trous.* ‹ ▸ bouché, bouchon, ① déboucher, reboucher, rince-bouche, tire-bouchon ›

② ***boucher, ère*** n. **1.** Marchand de viande (de bœuf, de cheval, de mouton, de porc). *J'ai acheté un gigot chez le boucher.* — Par ext. Marchand de volaille, de gibier, de charcuterie, etc. **2.** Personne cruelle et sanguinaire. **3.** *C'est un vrai boucher,* se dit d'un chirurgien maladroit, d'un général peu économe de la vie de ses hommes. ▸ ***boucherie*** n. f. **1.** (LA) BOUCHERIE : commerce de la viande crue de bœuf, de mouton, de porc, de cheval. **2.** (UNE) BOUCHERIE : boutique du boucher. *Des boucheries chevalines.* — *Le comptoir de boucherie du supermarché.* **3.** *Animaux de boucherie,* élevés pour leur chair (bœuf, cheval, mouton, porc, veau). — Rural. Loc. *Faire boucherie,* abattre des animaux à la ferme (surtout des porcs) pour la consommation domestique. **4.** Tuerie, carnage. *Il a envoyé ses soldats à la boucherie.* ≠ *triperie.*

bouchervillois, oise [buʃɛʀvilwa, waz] adj. et n. ▪ De Boucherville. — N. (Avec une majusc.) Personne née dans cette ville du Québec ou qui l'habite. *Beaucoup de Bouchervillois travaillent à Montréal.*

bouchon [buʃɔ̃] n. m. **1.** Pièce ordinairement cylindrique (de liège, de verre, etc.) entrant dans le goulot des bouteilles, des flacons, et qui sert à les boucher. *Bouchon de champagne,* à tête renflée, retenu par une armature. *Ce vin sent le bouchon.* — *Bouchon d'évier, de baignoire, de lavabo.* ⇒ **bonde.** — Petite pièce cylindrique qui se visse à l'ouverture d'un bidon, d'un tube. *Le bouchon du tube de dentifrice.* **2.** *Bouchon de paille,* poignée de paille tordue (qui sert à bouchonner). **3.** Flotteur d'une ligne de pêcheur qui permet de surveiller le fil. — Loc. fig. *Envoyer, pousser le bouchon un peu loin,* aller trop loin, exagérer. **4.** Ce qui bouche accidentellement un conduit, un passage. *Bouchon (de circulation),* encombrement de voitures qui arrête la circulation. ⇒ **embouteillage.** *Il y a un bouchon sur l'autoroute Jean-Lesage.* ▸ ***bouchonner*** [buʃɔne] v. ▪ conjug. 1. **I.** V. tr. Frotter vigoureusement, frictionner. — *Bouchonner un cheval,* frotter le poil de l'animal avec un bouchon de paille ou de foin. **II.** (Surtout en France) V. intr. Former un bouchon (4). *Ça bouchonne sur l'autoroute.* ‹ ▸ tire-bouchon ›

boucle [bukl] n. f. **1.** Anneau ou rectangle métallique garni d'une ou plusieurs pointes montées sur un axe et qui sert à tendre une courroie, une ceinture. *Boucle de ceinture.* **2.** *Boucles d'oreilles,* petits bijoux qu'on fixe aux oreilles. ⇒ **pendant** d'oreilles. **3.** Ligne courbe qui s'enroule, se recoupe. *Faire une boucle avec un lacet* (≠ *nœud*). — *Des cheveux en boucles.* — Courbe très accentuée d'un cours d'eau. *Les boucles du Saint-Maurice.* ⇒ **méandre.** **4.** Suite d'instructions d'un programme informatique qui se répète régulièrement. ▸ ***bouclette*** n. f. ▪ Petite boucle (en particulier, de cheveux). ⇒ **frisette.** ▸ ***boucler*** v. ▪ conjug. 1. **I.** V. tr. **1.** Attacher, serrer au moyen d'une boucle. / contr. **déboucler** / *Boucler sa ceinture.* — *Boucler sa valise, sa malle,* les fermer ; s'apprêter à partir. **2.** Dans la presse, le journalisme. Finir de rassembler les articles et les tenir prêts à partir en composition. *Il faut boucler ce numéro avant le 15.* **3.** Fam. ⇒ **fermer.** *Il est l'heure de boucler le magasin.* — *La boucler,* se taire. *Je te conseille de la boucler.* — Enfermer, emprisonner (qqn). **4.** Parcourir entièrement (une boucle qu'on décrit, un circuit). *Elle a bouclé le second tour en 8 minutes.* — Fig. *Boucler son budget,* le mettre en équilibre, joindre les deux bouts. **5.** Entourer complètement par des troupes ou des forces de police. ⇒ **cerner, encercler.** *La police a bouclé ce pâté de maisons.* **II.** V. intr. Avoir, prendre la forme de boucles. *Ses cheveux bouclent naturellement.* ⇒ **friser.** ▸ ***bouclé, ée*** adj. ▪ Disposé en boucle. *Des cheveux bouclés* (opposé à *raides*) ▸ ***bouclage*** n. m. **1.** Mise sous clé. **2.** Opération militaire, policière par laquelle on boucle une région, une ville, un quartier. **3.** Action de boucler (I, 2). *Délai de bouclage.* ‹ ▸ déboucler ›

bouclier [buklije] n. m. **1.** Ancienne arme défensive, épaisse plaque portée au bras gauche par les gens de guerre pour se protéger. ⇒ **écu.** — Loc. *Levée de boucliers,* large démonstration d'opposition. **2.** Plaque de blindage d'un canon. — *Bouclier métallique,* appareil à cloisons étanches pour le creusement des tunnels. **3.** Tout ce qui constitue un moyen de défense, de protection. ⇒ **rempart.** *Faire un bouclier de son corps à qqn,* se mettre devant lui pour le protéger. **4.** Carapace de certains crustacés. **5.** Plate-forme étendue de roches primitives. *Le Bouclier canadien.*

bouddhisme [budism] n. m. ▪ Doctrine religieuse fondée dans l'Inde, qui succéda au brahmanisme et se répandit en Asie. *Le bouddhisme zen* (au Japon). ▸ ***bouddhiste*** n. et adj. ▪ Adepte du bouddhisme. *Prêtre bouddhiste.* ⇒ **bonze.** ▸ ***bouddhique*** adj. ▪ Relatif au bouddhisme. *Visiter un temple bouddhique.*

bouder [bude] v. ▪ conjug. 1. **1.** V. intr. Montrer du mécontentement par une attitude renfrognée, maussade. ⇒ avoir, faire la **baboune.** *Un enfant qui boude.* **2.** V. tr. Montrer cette espèce de mécontentement à (qqn). *J'ai l'impression qu'elle me boude.* — Fam. Ne plus rechercher (qqch.). *Il boude maintenant ce genre de distractions.* ⇒ **ignorer.** ▸ ***bouderie*** n. f. ▪ Action de bouder ; état de celui qui boude. ▸ ***boudeur, euse*** adj. et n. ▪ Qui boude fréquemment. ⇒ **grognon,** ① **marabout, maussade.** — Qui marque la bouderie. *Air, visage boudeur.* — N. *Des boudeurs.*

boudin [budɛ̃] n. m. **1.** Boyau rempli de sang et de graisse de porc assaisonnés. *Boudin grillé.* — *Boudin blanc,* charcuterie de forme semblable faite avec du lait et des viandes blanches. **2.** Bourrelet. — Gros doigt rond. **3.** Mèche de cheveux roulée en spirale. *Elle s'est fait des boudins.* — *Ressort à boudin,* en spirale. **4.** Fam. et péj. Femme, fille mal faite, petite et grosse. ▸ ***boudiner*** v. tr. ▪ conjug. 1. ▪ Tordre (en écheveau). — Tordre en spirale (un fil métallique), mouler (une matière malléable). ▸ ***boudiné, ée*** adj. **1.** Serré comme un boudin (dans un vêtement étriqué). *Il est boudiné dans son veston.* **2.** En forme de boudin. *Des doigts boudinés. Des feuilles boudinées,* reliées avec de multiples petits anneaux de plastique, disposés sur un support unique. ‹ ▸ raboudiner ›

boudoir [budwaʀ] n. m. **1.** Petit salon élégant et intime. **2.** Biscuit oblong recouvert de sucre cristallisé.

boue [bu] n. f. **1.** Terre, poussière détrempée (dans les rues, les chemins). ⇒ **bouette, gadoue.** *On patau-*

geait dans la boue. Taches de boue. — Loc. Traîner qqn dans la boue, couvrir de boue, l'accabler de propos infamants. 2. Limon imprégné d'éléments minéraux. Le médecin lui a ordonné des bains de boue. 3. Déchets, résidus. Des boues industrielles. Des boues rouges. ▶ ① **boueux, euse** [buø, øz] adj. 1. Plein de boue. Chemin boueux. ⇒ **bouetteux, bourbeux, crotté.** Eau boueuse. Des chaussures boueuses. 2. Qui a la consistance, l'aspect de la boue. ▶ ② **boueux** n. m. invar. ■ (France) Employé chargé d'enlever les ordures ménagères des voies publiques. ⇒ **éboueur, vidangeur.** ⟨ ▶ bouette, éboueur, garde-boue, pare-boue ⟩

bouée [bwe] n. f. ■ Corps flottant qui signale l'emplacement d'un mouillage, d'un écueil, d'un obstacle ou qui délimite une passe, un chenal. ⇒ **balise, flotteur.** — *Bouée (de sauvetage),* anneau d'une matière insubmersible. *J'ai appris à nager avec une bouée.* — Fig. Loc. *Être la bouée de sauvetage de qqn,* l'aider à s'en sortir, à se tirer d'un mauvais pas.

bouette [bwɛt] n. f. 1. Boue, vase. ⇒ littér. **fange.** *Tomber dans la bouette.* 2. Mélange de neige fondante, de sable et de sels, sur les trottoirs et sur la chaussée. ⇒ **gadoue ;** anglic. **sloche.** *Marcher dans la bouette. Les voitures roulent dans la bouette.* 3. Aliment semi-liquide, pâtée pour les animaux (porcs, vaches, etc.). ▶ **bouetteux, euse** adj. Fam. 1. Plein de bouette. ⇒ **boueux, fangeux, vaseux.** *Vêtements bouetteux. Une route de terre très bouetteuse.* 2. Qui a la consistance, l'aspect de la bouette. *Une préparation un peu bouetteuse.*

bouffant, ante adj. ⇒ ① **bouffer.**

bouffarde [bufaʀd] n. f. ■ Fam. Grosse pipe à tuyau court.

① **bouffe** [buf] adj. ■ *Opéra bouffe,* du genre lyrique léger. *Des opéras bouffes.* ⟨ ▶ bouffon ⟩

② **bouffe** ou **bouffetance** [buftɑ̃s] n. f. ■ Fam. Action de bouffer ②. — Nourriture. ⇒ fam. **boustifaille.** *Il aime bien faire la bouffe,* faire la cuisine.

bouffée [bufe] n. f. 1. Souffle qui sort par intermittence de la bouche. *Tirer des bouffées de sa pipe.* 2. Souffle d'air qui arrive par intermittence. *Une bouffée d'air froid, de parfum. Bouffée de chaleur,* sensation de chaleur qui monte brusquement au visage. 3. Manifestation, mouvement subit, passager. ⇒ **accès.** *Des bouffées d'orgueil, de colère.* — *Par bouffées,* par intervalles.

① **bouffer** [bufe] v. intr. ▪ conjug. 1. ■ (Matière souple, légère) Se gonfler et augmenter de volume. *Des cheveux, des manches qui bouffent.* ▶ **bouffant, ante** adj. ■ Qui bouffe. / contr. **collant, moulant** / *Pantalons bouffants. Manches bouffantes.* ⇒ ① **ballon.** ⟨ ▶ bouffarde, bouffée, bouffir ⟩

② **bouffer** v. tr. ▪ conjug. 1. ■ Fam. Manger. ⇒ fam. **becqueter.** *Un petit restaurant où on bouffe bien.* — Consommer. *Une voiture qui bouffe de l'essence.* ⟨ ▶ ② bouffe ⟩

bouffetance n. f. ⇒ ② **bouffe.**

bouffir [bufiʀ] v. tr. ▪ conjug. 2. ■ Déformer par une enflure morbide, disgracieuse. ⇒ **enfler, gonfler.** *La maladie avait bouffi son visage.* ▶ **bouffi, ie** adj. 1. Gonflé, enflé de manière disgracieuse. ⇒ **boursouflé, soufflé.** *Un visage bouffi. Des yeux bouffis,* dont les paupières sont gonflées. 2. Péj. *Bouffi d'orgueil, de vanité,* rempli d'orgueil...

bouffon, onne [bufɔ̃, ɔn] n. m. et adj. 1. Personnage qui était chargé de divertir un roi, un noble par ses plaisanteries. ⇒ **fou.** — Celui qui amuse. ⇒ **clown, farceur, pitre.** — *Faire le bouffon,* le clown. 2. Adj. Qui excite le gros rire, a quelque chose de grotesque et d'un peu fou. ⇒ **comique, ridicule.** *Une histoire, une scène bouffonne.* 3. (Injure) Personne ridicule, qui se conduit mal. *Espèce de bouffon, va !* ▶ **bouffonnerie** n. f. ■ Caractère bouffon. *La bouffonnerie de la situation.* — Action ou parole bouffonne. ⇒ **farce.**

bougainvillée [bugɛ̃vile] n. f. ■ Arbrisseau à feuilles persistantes, à fleurs violettes ou roses.

bouge [buʒ] n. m. ■ Établissement (bar, restaurant, cabaret, etc.) mal famé, mal fréquenté. ⇒ **boui-boui, trou.**

bougeoir [buʒwaʀ] n. m. ■ Petit chandelier bas pour les bougies.

bouger [buʒe] v. ▪ conjug. 3. I. V. intr. 1. Faire un mouvement. ⇒ **remuer ;** fam. **grouiller.** *Vous avez bougé, la photo est ratée.* — Se déplacer. *Je ne bouge pas de chez moi aujourd'hui,* je ne sors pas. 2. Fam. Changer. ⇒ fam. **grouiller.** *Les prix n'ont pas bougé.* 3. (Groupe de personnes) S'agiter par l'effet du mécontentement. ⇒ se **soulever.** *Le milieu étudiant commence à bouger.* II. V. tr. Fam. Remuer, déplacer. *Sans bouger le petit doigt,* sans rien faire pour cela. ⇒ **lever.** — Pronominalement (réfl.). *Bouge-toi de là.* ▶ **bougeotte** n. f. ■ Fam. Manie de bouger ⇒ fam. **gigotage ;** de voyager. *Avoir la bougeotte.*

bougie [buʒi] n. f. 1. Appareil d'éclairage formé d'une mèche tressée enveloppée de cire. ⇒ **chandelle.** ≠ *cierge. Nous nous éclairons à la bougie. Souffler les bougies d'un gâteau d'anniversaire.* — *La bougie du Carnaval du Québec,* sorte de loterie qui permet de financer cette activité. 2. Appareil d'allumage des moteurs à explosion. *Les bougies de la voiture sont encrassées et doivent être changées.* ⟨ ▶ bougeoir ⟩

bougonner [bugɔne] v. intr. ▪ conjug. 1. ■ Fam. Exprimer pour soi seul, souvent entre les dents, son mécontentement. ⇒ **bourrasser, grogner, grommeler, marmonner ;** fam. **râler, ronchonner.** *Vas-tu cesser de bougonner ?* ▶ **bougon, onne** ou **bougonneur** ou **bougonneux, euse** adj. et n. ■ Fam. Qui a l'habitude de bougonner. ⇒ **grognon, ronchonneur.** *Il a un bon cœur, mais il est un peu bougon.*

bougre, esse [bugʀ, ɛs] n. et interj. Fam. 1. Gaillard. *Il n'a pas froid aux yeux, le bougre !* — Individu. ⇒ **type.** *Un bon bougre,* un brave type. 2. En appos. *Bougre d'idiot !* ⇒ **espèce.** 3. (Surtout en France) Interjection exprimant le dépit, la colère. ⇒ fam. **bigre.** ▶ **bougrement** adv. ■ Fam. Très. ⇒ fam. **bigrement, rudement.** *C'est bougrement difficile.*

boui-boui [bwibwi] n. m. (France) Fam. 1. Petit restaurant où l'on mange mal. ⇒ **gargote ;** fam. **binerie ; casse-croûte.** *Des bouis-bouis.* 2. Établissement un peu louche, pas très sécuritaire. ⇒ **bouge, trou.** 3. Logement étroit, obscur, malpropre, misérable. ⇒ **gourbi ;** fam. **coqueron.** *Ils demeurent dans un boui-boui.*

bouillabaisse [bujabɛs] n. f. ■ Plat provençal de poissons à la tomate, fortement épicés, que l'on sert dans son bouillon avec des tranches de pain.

bouille [buj] n. f. ■ Fam. Figure, tête. *Elle a une bonne bouille.*

bouillir [bujiʀ] v. intr. ▪ conjug. 15. 1. Être en ébullition, s'agiter en formant des bulles sous l'action de la chaleur. *L'eau bout à 100 degrés centigrades. Faire bouillir des pommes de terre. Attendez un peu que l'eau bouille.* — Au p. p. adj. *Eau bouillie.* 2. Faire cuire dans un liquide qui bout (de la viande, des légumes...). — Au p. p. adj. *Bœuf bouilli.* — N. m. *Du bouilli.* ⇒ **pot-au-feu.** — Stériliser ou nettoyer dans l'eau qui bout. *Faire bouillir un biberon, du linge.* **3.** *Bouillir de colère, d'impatience,* être emporté par la colère, l'impatience. — Sans compl. *Bouillir,* s'impatienter, s'emporter. *Ça me fait bouillir,* m'indigne, m'exaspère. **4.** Transitivement. (Sujet personnes) Fam. Faire bouillir. *Bouillir le linge.* ▶ ***bouillant, ante*** adj. **1.** Qui bout. *Eau bouillante.* **2.** Très chaud, brûlant. *Une enfant bouillante de fièvre.* / contr. **glacé** / **3.** Littér. Ardent, emporté. *Ce bouillant jeune homme se calmera.* ▶ ***bouilleur*** n. m. ■ Distillateur. — (France) BOUILLEUR DE CRU : propriétaire qui distille chez lui ses récoltes de fruits. ▶ ***bouillie*** n. f. **1.** Aliment fait de lait ou d'eau et de farines diverses bouillis ensemble, destiné surtout aux bébés qui n'ont pas encore de dents. ⇒ **pablum.** — *C'est de la bouillie pour les chats,* se dit d'un texte confus, incompréhensible. **2.** EN BOUILLIE : écrasé. *Réduire qqch. en bouillie.* — Par exagér. *On l'a ramassé, la figure en bouillie.* ⇒ fam. **écrabouiller.** **3.** Liquide pâteux. ▶ ***bouilli*** n. m. ■ Mets composé de viande, de lard salé et de légumes (pommes de terre, choux, carottes, oignons, etc.) bouillis dans l'eau. ⇒ **pot-au-feu.** *Préparer un gros bouilli pour la fin de semaine.* ▶ ***bouilloire*** n. f. ■ Récipient métallique pansu, destiné à faire bouillir de l'eau. ⇒ ① **bombe, canard.** *Brancher la bouilloire électrique.* ≠ *samovar.* ▶ ***bouillotte*** n. f. ■ Récipient que l'on remplit d'eau bouillante pour se chauffer (dans un lit, etc.). *Une bouillotte en caoutchouc.* ‹ ▶ bouillabaisse, bouillon, court-bouillon, ébouillanter, tambouille ›

bouillon [bujɔ̃] n. m. **1.** Se dit des bulles qui se forment au sein d'un liquide en ébullition. *Retirer au premier bouillon,* dès l'ébullition. *Bouillir à gros bouillons,* très fort. ⇒ **bouillonnement.** **2.** Liquide dans lequel certaines substances ont bouilli. *Bouillon de légumes, de poulet. Bouillon gras,* dans lequel a cuit de la viande. **3.** *Boire un bouillon,* avaler de l'eau en nageant ⇒ **boire** la tasse ; essuyer une perte considérable par suite d'un mauvais placement, d'une mauvaise spéculation. **4.** *Bouillon de culture,* liquide destiné à la culture des microbes ; milieu favorable. ▶ ***bouillonner*** v. intr. ▪ conjug. 1. **1.** (Liquides) Être agité en formant des bouillons. *La source bouillonne.* **2.** Littér. Être en effervescence, s'agiter. *Les idées bouillonnent dans sa tête.* ▶ ***bouillonnement*** n. m. **1.** Agitation, mouvement d'un liquide qui bouillonne. **2.** Littér. Effervescence. *Un bouillonnement d'idées nouvelles.* ‹ ▶ court-bouillon ›

boulanger, ère [bulɑ̃ʒe, ɛʀ] n. ■ Personne qui fait et vend du pain. *C'est la boulangère du supermarché.* ▶ ***boulangerie*** n. f. **1.** (LA) BOULANGERIE : fabrication et commerce du pain. **2.** (UNE) BOULANGERIE : la boutique du boulanger. *Boulangerie-pâtisserie,* où l'on fait et vend aussi des gâteaux, des pâtisseries, des tartes.

boule [bul] n. f. **1.** Objet de forme sphérique. ⇒ **pelote.** *Rond comme une boule.* — BOULE DE NEIGE : boule que l'on forme dans la main avec de la neige. ⇒ **balle** de neige**, motte.** *Une bataille de boules de neige.* Loc. *Faire boule de neige,* augmenter de volume en roulant ; grossir. *Des dettes qui font boule de neige.* — BOULE DE GOMME : gomme à mâcher en forme de petite boule. — Loc. fam. *Mystère et boule de gomme !,* je n'en sais rien ! **2.** EN BOULE : en forme de boule. *Des arbres taillés en boule. Se rouler en boule,* se recroqueviller sur soi. **3.** Corps plein sphérique de métal, de bois, d'ivoire, qu'on fait rouler dans certains jeux. ⇒ **bille.** *Boule de quille, de croquet. Jeux de boules* ⇒ **pétanque**. *Le cochonnet et les boules.* **4.** Fam. BOULE À MITES : boule de naphtaline. Fig. Loc. fam. *Sortir des boules à mites,* de sa torpeur ; reparaître au grand jour. **5.** Fam. *La boule,* la tête. *Perdre la boule,* devenir fou, s'affoler, déraisonner. ⇒ **boussole.** **6.** Loc. *Avoir les nerfs en boule,* être très nerveux, énervé, être crispé. *Avoir une boule dans la gorge,* être très ému. — (France) Loc. fam. *Avoir les boules,* en avoir assez, être énervé. *Ça me fout les boules !* ‹ ▶ abouler, bouler, boulet, boulette, bouleverser, boulier, bouliste, boulon, ① boulot, ciboulot, débouler, roulé-boulé ›

bouleau [bulo] n. m. ■ Arbre dont l'écorce est blanche, mince et plutôt lisse. *Un bois de bouleaux. L'écorce de bouleau.* — *Bouleau des Alléghamps, bouleau jaune.* ⇒ **merisier** (2). ≠ *boulot.*

bouledogue [buldɔg] n. m. ■ Petit chien de garde trapu à mâchoires saillantes. — Loc. fam. *Avoir une humeur de bouledogue,* être de très mauvaise humeur. ⇒ de **chien.**

bouler [bule] v. intr. ▪ conjug. 1. ■ Rouler comme une boule.

boulet [bulɛ] **1.** Projectile sphérique de métal dont on chargeait les canons. — Loc. fam. *Arriver comme un boulet de canon, en trombe.* — *Boulet rouge,* qu'on faisait rougir au feu. — Loc. *Tirer à boulets rouges sur qqn,* l'attaquer violemment. **2.** Boule de métal qu'on attachait aux pieds de certains condamnés (bagnards, etc.). — (Choses, personnes) *C'est un boulet à traîner,* obligation pénible, charge dont on ne peut se délivrer. *Quel boulet !*

boulette [bulɛt] n. f. **1.** Petite boule façonnée à la main. *Boulette de pain, de papier.* — Petite boule de viande hachée, de pâte. ⇒ **croquette.** **2.** Viande hachée aplatie en forme de petit disque et constituant une portion individuelle. *Des boulettes de steak haché. Mettre du ketchup sur ses boulettes.*

boulevard [bulvaʀ] n. m. **1.** Grande artère reliant diverses parties d'un ensemble urbain et comportant habituellement au moins quatre voies, souvent séparées deux à deux par un terre-plein. *Le boulevard René-Lévesque à Montréal. Un boulevard planté d'arbres.* — (France) *Les Grands Boulevards,* à Paris, les boulevards entre la Madeleine et la Bastille. *Le boulevard périphérique, qui ceinture Paris.* **2.** *Théâtre, pièce de boulevard,* d'un comique léger, traditionnel. — *Le boulevard,* ce genre de théâtre. ▶ ***boulevardier, ière*** adj. ■ Qui a les caractères du théâtre, de l'esprit de boulevard. *Un comique boulevardier.*

bouleverser [bulvɛʀse] v. tr. ▪ conjug. 1. **1.** Mettre en grand désordre, par une action violente. ⇒ **chambouler, déranger.** / contr. **ranger** / *Chercher en bouleversant tout.* **2.** Apporter des changements brutaux dans. ⇒ **troubler.** *Cet événement a bouleversé sa vie.* **3.** Causer une émotion violente et pénible, un grand trouble à (qqn). ⇒ **émouvoir, secouer.** / contr. **calmer** / *Sa fin tragique a bouleversé ses amis.* — Au p. p. *Un visage bouleversé de douleur.* ▶ ***bouleversant, ante*** adj. ■ Très émouvant. *Un récit bouleversant.* ▶ ***bouleversement*** n. m. ■ Action de bouleverser ; son résultat. ⇒ **changement.** *Bouleversements politiques, économiques.* ⇒ **révolution.**

boulier [bulje] n. m. ■ Vx. Cadre portant des tringles sur lesquelles sont enfilées des boules et qui sert à compter. ⇒ **abaque.** — REM. On emploie aussi *boulier compteur.*

boulimie [bulimi] n. f. ■ Faim excessive. / contr. **anorexie** / — Désir intense. *Une boulimie de lecture.* ▶ ***boulimique*** adj. et n. ■ Relatif à la boulimie. / contr. **anorexique** / — N. Personne atteinte de boulimie.

boulingrin [bulɛ̃gʀɛ̃] n. m. ■ Parterre de gazon généralement entouré de bordures, de talus.

bouliste [bulist] n. ■ Personne qui joue aux boules (⇒ **pétanque**).

boulon [bulɔ̃] n. m. ■ Cheville de métal terminée à l'une de ses extrémités par une tête (ronde, carrée ou à pans) et à l'autre par un pas de vis destiné à recevoir un écrou ou par un trou dans lequel on peut passer une clavette. *Visser un boulon.* ▸ **boulonner** v. ▪ conjug. 1. ■ V. tr. Fixer au moyen de boulons. / contr. **déboulonner** / ▸ **boulonnage** n. m. **1.** Action de boulonner ; son résultat. **2.** Ensemble des boulons d'un assemblage. *Le boulonnage de la charpente métallique.* ‹ ▸ déboulonner ›

① **boulot, otte** [bulo, ɔt] adj. et n. ■ (Personnes ; surtout au fém.) Gros et court. *Une femme boulotte.* — N. *Une petite boulotte.*

② **boulot** n. m. ■ Fam. Travail. *Au boulot ! Chercher du boulot.* ≠ bouleau.

boum [bum] interj. et n. m. **1.** Interj. Bruit de ce qui tombe, explose. ⇒ **bang.** *Ça a fait boum !* **2.** N. m. *Un grand boum !* — Loc. *En plein boum économique,* en pleine activité, en pleine croissance économique. — *Le boum immobilier.* ▸ **boumer** v. intr. impers. ▪ conjug. 1. ■ (France) Fam. *Ça boume,* ça va bien. ⇒ fam. ② **gazer, marcher** (III). ‹ ▸ badaboum ›

① **bouquet** [bukɛ] n. m. **1.** Groupe serré d'arbres. ⇒ **boqueteau. 2.** Assemblage de fleurs, de feuillages coupés dont les tiges sont disposées dans le même sens. ⇒ **botte, gerbe.** *Un bouquet de violettes. Le bouquet de la mariée. Un bouquet de corsage.* — *Bouquet garni,* thym, laurier, persil. **3.** Fam. Plante ornementale. *Arroser les bouquets.* **4.** *Le bouquet d'un feu d'artifice,* les plus belles fusées. — Iron. *C'est le bouquet,* c'est le problème, l'ennui qui vient couronner les autres. ⇒ **cerise,** ② **comble. 5.** Parfum d'un vin, d'une liqueur. ⇒ **arôme.** *Ce vin a du bouquet.* ▸ **bouquetière** n. f. **1.** Personne qui fait et vend des bouquets de fleurs dans les lieux publics. **2.** Dans un mariage. Petite fille qui porte le bouquet de la mariée. ⇒ **demoiselle** d'honneur, ② **page.**

② **bouquet** n. m. ■ Variété de grosse crevette rose qui rougit à la cuisson.

bouquetin [buktɛ̃] n. m. ■ Mammifère ruminant à longues cornes, vivant à l'état sauvage dans les montagnes d'Europe. ⇒ **mouflon.**

bouquin [bukɛ̃] n. m. ■ Livre, ouvrage. *Son bouquin va paraître. Un gros bouquin.* — REM. En France le mot *bouquin* est familier. ▸ **bouquiner** v. intr. ▪ conjug. 1. **1.** Faire l'achat de livres dans une librairie, dans une bouquinerie. — *Elle a bouquiné tout l'après-midi,* elle est allée dans des librairies pour passer le temps, sans intention d'acheter. **2.** Consulter des livres, fouiller dans des livres, en vue d'une recherche. — (France) Fam. Lire. *Chercher un coin tranquille pour bouquiner.* ▸ **bouquinerie** n. f. ■ Magasin où l'on vend de vieux livres et des livres d'occasion. ⇒ **librairie.** ▸ **bouquiniste** n. ■ Marchand, marchande de livres d'occasion. *Les bouquinistes des quais de la Seine, à Paris.* ▸ **bouquineur, euse** n. ■ Personne qui aime bouquiner, qui est amateur de livres.

bourbe [buʀb] n. f. ■ Dépôt qui s'accumule au fond des eaux stagnantes. ⇒ **boue, vase.** *La bourbe d'un marais.* ▸ **bourbeux, euse** adj. ■ Qui est plein de bourbe. ⇒ **boueux.** *Eau bourbeuse* (opposé à *clair*). ▸ **bourbier** n. m. **1.** Lieu creux plein de bourbe. *Ils se sont enfoncés dans un bourbier.* — REM. Dans ce sens, on dit aussi *bourbière.* **2.** Situation très embarrassante. *Comment sortir de ce bourbier ?* ‹ ▸ embourber ›

bourbon [buʀbɔ̃] n. m. ■ Whisky à base d'alcool de maïs fabriqué aux États-Unis. *Elle préfère le scotch au bourbon.*

bourdaine [buʀdɛn] n. f. ■ Arbuste européen à écorce laxative. *Une tisane de bourdaine.* — Cette tisane. *Une bourdaine.*

bourde [buʀd] n. f. ■ Faute lourde, grossière. *Faire, dire, commettre une bourde.* ⇒ **bêtise ;** fam. **gaffe.**

bourdon n. m. **I. 1.** Insecte hyménoptère au corps lourd et velu, qui butine comme l'abeille. **2.** *Faux bourdon,* mâle de l'abeille. **II. 1.** Ton qui sert de basse continue dans certains instruments. — *Bourdon d'orgue,* jeu de l'orgue qui fait la basse. **2.** Grosse cloche à son grave. *Le bourdon de la cathédrale.* ▸ **bourdonner** v. intr. ▪ conjug. 1. **1.** Faire entendre un bourdonnement. *Une guêpe qui bourdonnait.* **2.** Émettre un son grave et continu, vibrant. — *Appareil qui bourdonne. Oreilles qui bourdonnent,* qui sont le siège d'un bourdonnement. ▸ **bourdonnement** n. m. **1.** Bruit sourd et continu que font en volant certains insectes (bourdon, mouche). *Le bourdonnement de la ruche.* **2.** Murmure sourd, confus. *Bourdonnement de voix.* — *Bourdonnement d'oreilles.*

bourg [buʀ] n. m. (France) ■ Gros village où se tiennent ordinairement des marchés. ⇒ **localité.** ▸ **bourgade** [buʀgad] n. f. ■ Petit bourg dont les maisons sont disséminées sur un assez grand espace. — Anciennt. *Une bourgade indienne,* un village amérindien. ‹ ▸ bourgeois, faubourg ›

bourgeois, oise [buʀʒwa, waz] n. et adj. **1.** Au Moyen Âge. Citoyen d'une ville, bénéficiant d'un statut privilégié. *Les bourgeois de Calais, en France.* **2.** Sous l'Ancien Régime français. Membre du tiers état, ni noble, ni prêtre, qui ne travaille pas de ses mains et possède des biens. ⇒ **roturier. 3.** Dans la société actuelle. Personne de la classe moyenne et dirigeante, qui ne travaille pas de ses mains. *Les bourgeois, les ouvriers et les cultivateurs. Un grand bourgeois.* — Adj. Propre à cette classe. *D'éducation, de culture bourgeoise. Un quartier bourgeois,* assez cossu. *Les valeurs bourgeoises,* les opinions, les valeurs conservatrices. ⇒ **petitbourgeois. 4.** Péj. Qui a un goût excessif de la sécurité et respecte les convenances sociales. *Ce qu'il peut être bourgeois !* **5.** N. f. Anciennt. Fam. *Ma bourgeoise,* ma femme. ⇒ bonne **femme.** ▸ **bourgeoisement** adv. ■ D'une manière bourgeoise, avec un esprit bourgeois. *Elle vit bourgeoisement.* ▸ **bourgeoisie** n. f. **1.** Autrefois. État de bourgeois, ensemble des bourgeois (1, 2). *La noblesse et la bourgeoisie.* **2.** Classe dominante en régime capitaliste, qui possède les moyens de production. *La bourgeoisie et le prolétariat.* — Ensemble des bourgeois (3). *La petite, la moyenne et la grande bourgeoisie française.* ‹ ▸ s'embourgeoiser, petit-bourgeois ›

bourgeon [buʀʒɔ̃] n. m. ■ Excroissance qui apparaît sur la tige ou la branche d'un arbre, et qui contient en germe les tiges, branches, feuilles, fleurs ou fruits. ③ **pousse.** *Un arbre en bourgeons.* ⇒ ① **bouton, œil.** ▸ **bourgeonner** v. intr. ▪ conjug. 1. **1.** Pousser des bourgeons. *Les arbres bourgeonnent au printemps.* **2.** *Son visage, son nez bourgeonne,* il y vient des boutons. ▸ **bourgeonnement** n. m. ■ Action de bourgeonner ; naissance de bourgeons.

bourgmestre [buʀgmɛstʀ] n. m. ■ Premier magistrat des communes* belges, suisses, hollandaises, allemandes. *Le bourgmestre est l'équivalent du maire.*

bourgogne [buʀgɔɲ] n. m. **I.** Vin des vignobles de Bourgogne en France. *Elle préfère les bourgognes aux bordeaux.* — Ellipt. *Un bourgogne,* une bouteille de ce vin. **II.** N. m. et adj. invar. Couleur rouge foncé ; de cette couleur. *Un chandail bourgogne.* ⇒ **bordeaux** (II). ‹ ▸ bourguignon ›

bourguignon, onne [buʀgiɲɔ̃, ɔn] adj. et n. ■ De la Bourgogne. — N. (Avec une majusc.) *Les Bourgui-*

gnons. — *Bœuf bourguignon,* et absolt, *bourguignon,* bœuf accommodé au vin rouge et aux oignons. *Une fondue bourguignonne.*

bourlinguer [buʀlɛ̃ge] v. intr. ▪ conjug. 1. **1.** (Navire) Avancer péniblement contre le vent et la mer. ⇒ **rouler. 2.** Naviguer beaucoup. *Il a bourlingué sur toutes les mers.* — Fam. Voyager beaucoup. ⇒ rouler sa **bosse.**

bourrade n. f. ⇒ **bourrer.**

bourrage n. m. ⇒ **bourrer.**

bourrasque [buʀask] n. f. ▪ Coup de vent impétueux et de courte durée. ⇒ **tornade, tourbillon.** *Une bourrasque de neige.* — Fig. *Il est entré dans la pièce comme une bourrasque.*

bourrasser [buʀase] v. ▪ conjug. 1. **I.** V. tr. ▪ Brusquer, malmener, rudoyer qqn. ⇒ **bardasser, bousculer.** *Bourrasser des enfants.* **II.** V. intr. **1.** *Se faire bourrasser,* malmener, rudoyer. **2.** Maugréer, bougonner. ⇒ **grogner, grommeler.** *Il bourrasse toute la journée.* ▶ ***bourrassage*** n. f. ▪ Le fait de bourrasser (II). *Au lit immédiatement et pas de bourrassage !*

bourratif adj. ⇒ **bourrer.**

bourre [buʀ] n. f. **I. 1.** Amas de poils, détachés avant le tannage de la peau de certains animaux. **2.** Déchets du peignage ou du dévidage de matières textiles (telles que la laine, le coton, la soie, etc.) servant à emplir des coussins, des matelas... ⇒ **bourrure, rembourrure. 3.** Duvet qui recouvre les bourgeons de certains arbres. **II.** (France) À LA BOURRE loc. fam : en retard. *Je suis désolé, je suis encore à la bourre.* ⟨ ▶ ① bourrée, bourrer, bourru, bourrure, débourrer, ébouriffer, rembourrer ⟩

bourreau [buʀo] n. m. **1.** Personne qui exécute les peines corporelles ordonnées par une cour de justice, et spécialt la peine de mort. **2.** Personne qui martyrise (qqn), physiquement ou moralement. *Des bourreaux d'enfants.* — Plaisant. *Bourreau des cœurs,* homme qui a du succès auprès des femmes, don Juan. ⇒ **séducteur. 3.** *Bourreau de travail,* personne qui abat beaucoup de travail. *Cette femme est un bourreau de travail.*

① ***bourrée*** [buʀe] n. f. ▪ Activité que l'on fait par intermittence mais intensément. ⇒ **à-coup.** *Donner une bourrée. Elle travaille par bourrées.*

② ***bourrée*** n. f. ▪ Danse du folklore auvergnat ; air sur lequel on l'exécute.

bourrelé, ée [buʀle] adj. ▪ *Bourrelé de remords,* tourmenté par le remords.

bourrelet [buʀlɛ] n. m. **1.** Bande que l'on fixe au bord des battants des portes et des fenêtres pour arrêter les filets d'air. **2.** Renflement allongé. — *Bourrelet (de chair, de graisse),* pli arrondi en certains endroits du corps. *Les bourrelets du ventre, de l'estomac.*

bourrelier [buʀəlje] n. m. ▪ Personne qui fait et vend des harnais, des sacs, des courroies. ⇒ **sellier.** — REM. Le féminin *bourrelière* est virtuel.

bourrer [buʀe] v. tr. ▪ conjug. 1. **1.** Emplir de bourre. ⇒ **matelasser, rembourrer.** *Bourrer un coussin.* **2.** Remplir complètement en tassant. *J'ai dû bourrer ma valise. Bourrer une pipe.* / contr. **vider** / **3.** Gaver (qqn) de nourriture. — Pronominalement (réfl.). *Elle s'est bourrée de gâteaux.* ⇒ fam. se **goinfrer.** — Fam. *Un aliment qui bourre,* emplit rapidement l'estomac. **4.** BOURRER LE CRÂNE *de qqn, à qqn,* lui raconter des histoires, essayer de lui en faire accroire. — Donner beaucoup de matière à apprendre par cœur à des élèves. **5.** *Bourrer qqn de coups,* le frapper à coups redoublés. **6.** Fig. Fam. *bourrer qqn.,* le duper, le tromper. ▶ ***bourré, ée*** adj. **1.** Rempli de, plein de (qqch.). / contr. **vide** / *Une dictée bourrée de fautes. Il est bourré de sous.* **2.** Très plein, trop plein. *Ma valise est bourrée.* ⇒ **bondé. 3.** Fam. Ivre. ⇒ fam. **chaud, paqueté.** *Il est complètement bourré.* ▶ ***bourrade*** n. f. ▪ Poussée que l'on donne à qqn, avec le poing, le coude, etc. *Une bourrade amicale.* ▶ ***bourrage*** n. m. **1.** Action de bourrer. — Matière dont on se sert pour bourrer. **2.** BOURRAGE DE CRÂNE : action insistante pour persuader. — Propagande intensive. *Je n'y crois pas, c'est du bourrage de crâne.* — Fait d'apprendre beaucoup de matière par cœur, pour des élèves. ▶ ***bourratif, ive*** adj. ▪ Fam. (Aliment) Qui bourre. *Ces biscuits sont bourratifs. Une poutine bourrative.* / contr. **léger** /

bourriche [buʀiʃ] n. f. ▪ Long panier sans anse. *Bourriche d'huîtres.*

bourricot ou ***bourriquot*** [buʀiko] n. m. ▪ Petit âne.

bourrique [buʀik] n. f. **1.** Âne ou ânesse. — Loc. *(Faire) Tourner qqn en bourrique,* l'abêtir à force d'exigences, de taquineries. **2.** Fam. Personne bête et têtue. *Quelle bourrique !* ⟨ ▶ bourricot ⟩

bourru, ue [buʀy] adj. **1.** (Choses) Qui a la rudesse, la grossièreté de la bourre. *Fil bourru.* — *Vin bourru,* vin nouveau, non fermenté. **2.** (Personnes) Rude, peu aimable. *Un homme bourru. Un air bourru.* ⇒ **malendurant, renfrogné.**

bourrure [buʀyʀ] n. f. **1.** Matériau de différentes natures servant à bourrer les coussins, les matelas... ⇒ **bourre** (I), **rembourrure. 2.** Tissu, matériel dont on se sert pour gonfler qqch. *Des bourrures de soutien-gorge.* ⇒ **rembourrage.**

① ***bourse*** [buʀs] n. f. **1.** Petit sac arrondi destiné à contenir des pièces de monnaie. ⇒ **porte-monnaie.** — Vieilli. Fam. Sac à main. *Elle a perdu sa bourse.* ⇒ **sacoche.** — Loc. *Tenir les cordons de la bourse,* disposer des finances. *Sans bourse délier,* sans qu'il en coûte rien, sans rien débourser. — L'argent. *À la portée de toutes les bourses,* bon marché. **2.** Bourse (d'études), aide financière accordée par l'État ou un organisme privé à un étudiant pour l'aider à payer ses études et pour subvenir à ses besoins pendant ce temps. *Elle a obtenu sa bourse.* — *Une bourse de perfectionnement.* ⟨ ▶ ① boursier, rembourser ⟩

② ***bourse*** n. f. (Souvent avec une majusc.) **1.** Réunion périodique de personnes qui s'assemblent pour conclure des opérations sur les valeurs mobilières ou sur des marchandises ; lieu où elles se réunissent. *Bourse des valeurs, du commerce. La Bourse (des valeurs) de Toronto. Les agents de change travaillent à la Bourse.* **2.** Ensemble des opérations traitées à la Bourse (des valeurs). *Jouer à la Bourse.* ⇒ **spéculer.** *Valeurs cotées en Bourse.* — Les cours de la Bourse. *La Bourse a monté.* ▶ ***boursicoter*** [buʀsikɔte] v. intr. ▪ conjug. 1. ▪ Faire de petites opérations en Bourse. ⇒ **spéculer.** ⟨ ▶ ② boursier ⟩

bourses n. f. pl. ▪ Enveloppe des testicules.

① ***boursier, ière*** [buʀsje, jɛʀ] n. ▪ Étudiant qui a obtenu une bourse (①, 2) d'études. *C'est un boursier du ministère de l'Éducation.* — Adj. *Étudiant diplômé boursier.*

② ***boursier, ière*** n. et adj. **1.** N. Personne qui exerce sa profession à la Bourse ②. **2.** Adj. Relatif à la Bourse. *Opérations boursières.*

boursouflé, ée [buʀsufle] adj. ▪ Qui présente des gonflements disgracieux. *Un visage boursouflé.*

⇒ **bouffi, enflé.** ▶ ***boursouflure*** n. f. ■ Gonflement que présente par endroits une surface unie. *Les boursouflures d'une peinture exposée à la chaleur.* — Enflure disgracieuse des chairs. ▶ ***boursoufler*** v. tr. ▪ conjug. 1. ■ Rendre boursouflé. ⇒ **cloquer, enfler, gonfler.** — Pronominalement. *Se boursoufler. L'émail se boursoufle.*

bouscueil [buskœj] n. m. ■ Littér. ou acad. Mouvement des glaces qui se produit sous l'action du vent, de la marée ou du courant lors du dégel printanier. ⇒ ② **débâcle.** *Ils observent le bouscueil sur le fleuve.*

bousculer [buskyle] v. tr. ▪ conjug. 1. **1.** Pousser, heurter brutalement par inadvertance. *Les voyageurs pressés le bousculaient.* — Pronominalement (récipr.). *On se bouscule pour entrer. Les idées se bousculent dans sa tête.* **2.** Modifier avec brusquerie. *Son comportement bouscule les traditions.* **3.** Faire se dépêcher. ⇒ **presser (II).** *Il n'aime pas qu'on le bouscule. J'ai été tellement bousculé ces jours-ci,* tellement occupé de choses urgentes. ▶ ***bousculade*** n. f. **1.** Remous de foule. ⇒ **cohue.** *Il s'est produit une bousculade à l'entrée.* **2.** Grande agitation, précipitation. *La bousculade du départ.* ‹ ▶ bouscueil ›

bouse [buz] n. f. ■ Fiente des bovins. *Bouse de vache.*

bousiller [buzije] v. tr. ▪ conjug. 1. **1.** Mal faire (qqch.). *Elle bousille son travail.* — Fam. Rendre inutilisable. ⇒ **abîmer, briser, casser, détraquer.** *Il a bousillé son moteur.* **2.** Fam. Tuer. *Il a bousillé son complice.* ▶ ***bousillage*** n. m. ■ Action de bousiller. — Ouvrage fait précipitamment et mal. ⇒ **gâchis.** ▶ ***bousilleur, euse*** n. ■ Fam. Personne qui bousille son travail.

boussole [busɔl] n. f. ■ Appareil composé d'un cadran au centre duquel est fixée une aiguille aimantée mobile, dont la pointe marque la direction du nord. *Ils naviguent encore à la boussole.* — Fam. *Perdre la boussole,* perdre le nord ; être troublé, affolé. ⇒ perdre la **boule.** ‹ ▶ déboussoler ›

boustifaille [bustifaj] n. f. ■ Fam. Nourriture, repas. ⇒ fam. ② **bouffe.**

bout [bu] n. m. **I. 1.** Partie d'un objet qui le termine dans le sens de la longueur. ⇒ **extrémité.** *Le bout d'une canne. Le bout du nez, du doigt. Une cigarette à bout filtre*. — À bout de bras,* au bout du bras tendu. *Bout à bout,* l'extrémité d'un objet touchant l'extrémité d'un autre. *Tirer à bout portant,* de très près. — Loc. *On ne sait (pas) par quel bout le prendre,* il est d'une humeur difficile. *Tenir le bon bout,* être en passe de réussir. *Avoir le gros bout du bâton*. Joindre* les deux bouts.* Fam. *Virer, tourner bout pour bout,* faire un tête-à-queue, faire volte-face. **2.** Extrémité (d'un espace). *Le bout de la route.* — Loc. fam. *C'est à l'autre (le) bout du monde,* très loin, hors d'atteinte. — Fig. *Aller jusqu'au bout de ses idées.* ⇒ **jusqu'au-boutisme.** *Au bout du compte,* finalement. *De bout en bout* [d(ə)butɑ̃bu], d'une extrémité à l'autre. *Tout au bout,* à l'extrême limite. *D'un bout à l'autre,* dans toute son étendue. *À tout bout de champ* [atubudʃɑ̃], à chaque instant, à tout propos. Loc. *Ce n'est pas le bout du monde,* ce n'est pas difficile, ce qui est demandé n'est pas exagéré. **3.** La fin d'une durée, de ce qui s'épuise. ⇒ **terme.** *Jusqu'au bout,* jusqu'à la fin ; complètement. *Être au bout de,* à la fin de. *Elle arrive au bout de sa carrière. Au bout d'un moment, de quelques minutes,* après. *Il y a un bout à ma patience,* des limites. ⇒ **patience.** Fam. *Il y a un bout !,* C'est assez, fini ! — ÊTRE À BOUT DE... : ne plus avoir de... *Être à bout de forces, d'arguments. Être à bout,* n'en pouvoir plus, être épuisé. *Il me pousse à bout,* il m'exaspère. *Ma patience est à bout. Venir à bout d'un travail,* aboutir, l'achever. *Venir à bout d'un adversaire,* le vaincre. — Loc. fam. AU BOUT ou AU BOUTTE [obut], formidable, épatant, à la mode, en parlant de qqn. *On l'aime bien parce qu'elle est au bout. Qqch. au bout,* extraordinaire, performant, à la dernière mode. *Un bijou, une œuvre au bout. Ordinateur qui est au boutte.* Succulent, en parlant des choses qui se mangent. *Une tarte au sucre au boutte.* ⇒ ② **super.** *Travailler au boutte,* au maximum de ses capacités. ⇒ à la **planche.** — *C'est le bout du bout,* la chose la plus extraordinaire, la plus incroyable, la dernière chose qu'on puisse imaginer. **II. 1.** Partie, fragment. ⇒ **morceau.** *Un bout de papier. Un bout de bois.* — Loc. fam. *En connaître un bout,* être compétent. **2.** Ce qui est petit, incomplet. *Un bout de lettre,* une lettre courte, rapide. *Jouer un bout de rôle,* un rôle sans importance. *Un bout de chou,* un petit enfant. — La partie d'une étendue, d'un espace. *Faire un bout de chemin.* — La partie d'une durée. *Un bon bout de temps,* un temps long. **3.** (France) Loc. fam. METTRE LES BOUTS : partir. ⇒ fam. se **barrer,** se **tirer. 4.** Vulg. *C'est le bout de la marde !* Exclamation qui marque l'étonnement, la surprise, l'incompréhension. — Très fam. BOUT DE (+ un sacre, un juron) : renforce le sacre ou le juron qu'il accompagne (ex. : *bout de crisse !, bout de bon Dieu).* ‹ ▶ aboutir, embout, jusqu'au-boutisme ›

boutade [butad] n. f. ■ Trait d'esprit, propos plaisant et révélateur. ⇒ **plaisanterie.**

boute-en-train [butɑ̃tʀɛ̃] n. m. invar. ■ Personne qui met en train, en gaieté, qui excite à la joie. *Elle était le boute-en-train de la bande. Des vrais boute-en-train.*

bouteille [butɛj] n. f. **1.** Récipient à goulot étroit, destiné à contenir un liquide. *Une bouteille de vin, de bière, d'huile... Le ventre, le cul d'une bouteille. Mettre du vin en bouteilles.* **2.** (Opposé à *litre*) Récipient contenant à peu près 75 cl de vin. *Bouteille de bourgogne, de bordeaux, de champagne. Une bouteille vide.* ⇒ fam. **cadavre.** — Loc. (Personnes) *Prendre de la bouteille,* vieillir. **3.** Son contenu. *Une bonne bouteille. Aimer la bouteille, être porté sur la bouteille,* s'adonner à la boisson. **4.** Récipient métallique destiné à contenir un gaz sous pression, de l'air liquide... ⇒ bonbonne. *Bouteille d'air comprimé. Bouteille thermos,* isolante. ‹ ▶ débouche-bouteilles, demi-bouteille, embouteiller, ouvre-bouteilles, porte-bouteilles ›

bouter [bute] v. tr. ▪ conjug. 1. ■ Vx. Pousser, chasser. *Jeanne d'Arc bouta l'ennemi hors de France.* ▶ ***bouteur*** n. m. ■ ⇒ **bulldozer.** ‹ ▶ s'arc-bouter, boutade, boute-en-train, boutoir, débouter, emboutir, rebouter ›

boutique [butik] n. f. **1.** Local où un commerçant, un artisan expose, vend sa marchandise. *C'est une petite boutique plutôt qu'un magasin. La devanture, la vitrine d'une boutique. Ils ont ouvert une boutique au centre d'achats. Fermer boutique,* cesser son commerce. — Magasin de confection d'un grand couturier. En appos. *Des robes boutique.* **2.** (France) Fam. Se dit d'une maison, d'un lieu de travail dont on est mécontent. ⇒ fam. **baraque, boîte.** ▶ ***boutiquier, ière*** n. ■ Péj. Personne qui tient boutique. ⇒ **commerçant, marchand.** ‹ ▶ arrière-boutique ›

boutoir [butwaʀ] n. m. ■ Extrémité du groin avec lequel le sanglier, le porc fouissent la terre. — Loc. *Coup de boutoir,* vive attaque, propos dur et blessant. ≠ *butoir.*

① ***bouton*** [butɔ̃] n. m. ■ Bourgeon, notamment bourgeon à fleur. *Un bouton de rose.* ▶ ***bouton-d'or*** n. m. ■ Renoncule âcre, à fleurs jaune doré. *Des boutons-d'or.* — Adj. invar. *Des coussins bouton-d'or,* de la couleur de cette fleur.

② ***bouton*** n. m. ■ Petite tumeur à la surface de la peau. ⇒ **pustule.** *Bouton d'acné. Une personne qui a des boutons.* ▶ ***boutonneux, euse*** adj. ■ Qui a des boutons sur la peau. *Un adolescent boutonneux.*

③ ***bouton*** n. m. **1.** Petite pièce, généralement ronde, servant à la décoration des vêtements ou à l'assemblage de leurs parties. *Bouton de chemise, de culotte. Boutons de manchettes amovibles. Un bouton et sa boutonnière. Recoudre un bouton.* — *Bouton-pression* ou *pression,* qui se fixe en pressant. *Des boutons-pression.* — Loc. *Il (elle) n'a pas inventé le bouton à quatre trous,* personne qui n'est pas très intelligente, très maligne, ne pas être la tête à Papineau. ⇒ **fil** (I, 4), **futé, œuf. 2.** Petite commande (d'un mécanisme, d'un appareil). ⇒ fam. ② **piton** (III). *Le bouton d'une porte.* ⇒ **poignée.** *Tourner le bouton de la radio. Appuyer sur le bouton d'une sonnette. Le bouton électrique.* ⇒ **interrupteur.** — *Bouton(-poussoir),* touche ④ que l'on enfonce avec un seul doigt pour commander une action. *Un téléphone, un mélangeur à boutons-poussoirs.* ▶ ***boutonner*** v. tr. ▪ conjug. 1. ■ Fermer, attacher (un vêtement) au moyen de boutons. *Boutonner sa veste.* / contr. **déboutonner** / — Pronominalement (passif). *Cette robe se boutonne par derrière.* — Pronominalement (réfl.). Fam. *Se boutonner,* boutonner ses vêtements. ▶ ***boutonnage*** n. m. ■ Manière dont un vêtement se boutonne. *Un manteau à double boutonnage.* ▶ ***boutonnière*** n. f. **1.** Petite fente faite à un vêtement pour y passer un bouton. — *Avoir une fleur, une décoration à la boutonnière,* à la boutonnière du revers de veste. **2.** Incision longue et étroite dans les chairs. ‹ ▶ déboutonner, reboutonner ›

bouture [butyʀ] n. f. ■ Jeune pousse coupée d'une plante qui est mise en terre pour former une nouvelle plante. ▶ ***bouturer*** v. ▪ conjug. 1. **1.** V. tr. Reproduire (une plante) par boutures. **2.** V. intr. (Plantes) Se reproduire par boutures. ▶ ***bouturage*** n. m. ■ Action de multiplier des végétaux par boutures.

bouvier, ière [buvje, jɛʀ] n. **1.** Personne qui garde et conduit les bœufs. *Les bouviers et les bergers.* **2.** N. m. *Bouvier des Flandres,* sorte de grand chien de berger.

bouvillon [buvijɔ̃] n. m. ■ Jeune bœuf. *Du foie de bouvillon.*

bouvreuil [buvʀœj] n. m. ■ Oiseau passereau au plumage gris et noir, rouge sur la poitrine.

bovidés [bɔvide] n. m. pl. ■ Famille de mammifères ongulés ruminants comprenant les bovins, les ovins (moutons), les chèvres, les antilopes, les gazelles et les chamois. — Au sing. *Le veau est un bovidé.* ≠ *bovin.*

bovin, ine [bɔvɛ̃, in] adj. et n. **1.** Qui a rapport au bœuf (espèce). *Races bovines. L'élevage bovin.* — (Personnes) Fam. *Regard, œil bovin,* morne et sans intelligence. **2.** N. m. pl. *Les bovins,* les bœufs, les vaches, les taureaux, les veaux. ≠ *bovidés.*

bow-window ⇒ **bay-window.**

box, plur. ***boxes*** [bɔks] n. m. ■ Stalle d'écurie servant à loger un seul cheval. — Compartiment cloisonné d'une salle de tribunal. *Le box des accusés.*

boxe [bɔks] n. f. ■ Sport de combat opposant deux adversaires (de la même catégorie de poids) qui se frappent à coups de poing, mais en portant des gants spéciaux *(gants de boxe). Match, combat de boxe.* ▶ ① ***boxer*** v. ▪ conjug. 1. **1.** V. intr. Livrer un combat de boxe, pratiquer la boxe. **2.** V. tr. Fam. Frapper (qqn) à coups de poing. ▶ ***boxeur, euse*** n. ■ Personne qui pratique la boxe. ⇒ **pugiliste.** *Boxeurs amateurs, professionnels.*

② ***boxer*** [bɔksœʀ] n. m. ■ Chien de garde, voisin du dogue allemand, à robe fauve ou tachetée. Des boxers.

box-office [bɔksɔfis] n. m. ■ (France) Anglic. Dans le milieu du spectacle. Échelle de succès d'après le montant des recettes. *Ce film est arrivé en tête du box-office. Des box-offices.*

boy [bɔj] n. m. ■ Jeune domestique indigène en Extrême-Orient, en Afrique, etc. Des boys.

boyau [bwajo] n. m. **I. 1.** Intestin d'un animal (ou, au plur., fam. de l'homme). ⇒ **entrailles, tripe, viscère.** *Les boyaux sont utilisés en charcuterie.* — Loc. *Rendre tripes et boyaux,* vomir. **2.** Mince corde faite avec la membrane intestinale de certains animaux, servant à garnir des instruments de musique, à monter des raquettes. *Un boyau de raquette de tennis.* **3.** Tuyau ①. *Remplir la barbotteuse avec le boyau (d'arrosage).* **II.** Fossé en zigzag reliant des tranchées, des parallèles. — Galerie de mine étroite. **III.** Pneumatique pour bicyclette de course utilisé sans chambre à air. ‹ ▶ tord-boyaux ›

boycott [bɔjkɔt] n. m. ■ Interdit jeté sur un individu, un groupe, un pays, et refus des biens qu'il met en circulation. *Le boycott d'un produit. Des boycotts.* ▶ ***boycotter*** v. tr. ▪ conjug. 1. ■ Mettre à l'index, en quarantaine. *Nous avons boycotté ce spectacle.* ▶ ***boycottage*** n. m. ■ Action de boycotter (un produit).

boy-scout [bɔjskut] n. m. ■ Vx. Scout. — Fam. Idéaliste naïf. *Une mentalité de boy-scout. Des boy-scouts.* ‹ ▶ scout ›

bozo [bozo] n. et adj. **1.** Personne un peu simplette, un peu attardée. ⇒ **idiot, niaiseux.** *Ne fais pas le bozo,* n'agis pas de manière inconsidérée. ⇒ ③ **cave, épais.**

① ***B.P.*** [bepe] ■ Abréviation de *boîte* postale.* ⇒ **C.P.**

② ***B.P.*** n. f. inv. ■ Abréviation de *bande* publique.* ⇒ **C.B.**

B.P.C. [bepese] n. m. pl. ■ Abréviation de *biphényles polychlorés,* des composés chimiques aromatiques qui, lorsqu'ils sont décomposés à chaud, peuvent libérer des produits toxiques. *Des barils de B.P.C. Les B.P.C. sont très dangereux pour l'environnement.* — REM. En France, on emploie l'abréviation *P.C.B.* pour *polychlorobiphényle.*

bracelet [bʀaslɛ] n. m. ■ Bijou en forme d'anneau, de cercle qui se porte surtout autour du poignet. ⇒ **gourmette.** *Un bracelet en or. Le bracelet d'une montre.* — *Il porte un bracelet de plastique fluorescent au bras,* une petite lanière décorative attachée au bras. — Enveloppe de cuir que certains travailleurs portent autour du poignet. *Bracelet de force.* ▶ ***bracelet-montre*** ou ***montre-bracelet*** n. m. ■ Montre montée sur un bracelet. *Des bracelets-montres.*

brachycéphale [bʀakisefal] adj. ■ Qui a le crâne arrondi, presque aussi large que long. / contr. **dolichocéphale** /

braconner [bʀakɔne] v. intr. ▪ conjug. 1. ■ Chasser ou pêcher sans permis, ou à une période, en un lieu, avec des engins interdits. ▶ ***braconnage*** n. m. ■ Action de braconner, délit d'une personne qui braconne. ▶ ***braconnier*** n. m. ■ Personne qui se livre au braconnage. *Le garde-chasse a surpris des braconniers.* — REM. Le féminin *braconnière* est rare.

bractée [bʀakte] n. f. ■ Botanique. Feuille qui accompagne la fleur (colorée, elle ressemble à une fleur).

brader [bʀade] v. tr. ▪ conjug. 1. (France) **1.** Vendre en braderie. **2.** Se débarrasser de (qqch.) à n'importe quel prix. ⇒ **liquider, sacrifier.** *Il a bradé sa voiture. On l'accuse d'avoir bradé les colonies* (d'être un *bradeur d'Empire*). ▶ ***braderie*** n. f. ■ (France) Foire où les habitants vendent à bas prix des vêtements ou objets usagés. ⇒ marché aux **puces** ①, **vente** de trottoir. — Liquidation de marchandises en plein air.

braguette [bʀagɛt] n. f. ■ Ouverture sur le devant d'un pantalon, d'une culotte.

brahmane [bʀaman] n. m. ■ Membre de la caste sacerdotale, la première des grandes castes traditionnelles de l'Inde. ▶ ***brahmanisme*** n. m. ■ Système social et religieux de l'Inde, caractérisé par la suprématie des brahmanes et l'intégration de tous les actes de la vie civile aux rites et devoirs religieux, fondement principal de l'hindouisme.

braies [bʀɛ] n. f. pl. ■ Sorte de pantalon ample qui était en usage chez les Gaulois et les peuples germaniques. ‹ ▶ débraillé ›

braille [bʀaj] n. m. ■ Alphabet conventionnel en points saillants (également applicable aux chiffres, à la musique et la sténo) inventé par Braille à l'usage des aveugles. *Un livre écrit en braille.*

brailler [bʀaje] v. intr. ▪ conjug. 1. **1.** Fam. Crier fort, parler ou chanter de façon assourdissante et ridicule. *Ils font brailler leur radio.* — Transitivement. *Brailler une chanson.* **2.** Fam. Pleurer bruyamment. ⇒ fam. **chialer.** *Arrête de brailler ! Les enfants braillent toute la journée.* ⇒ **braire. 3.** Se plaindre. *Il va brailler au bureau de la directrice.* ▶ ***braillard, arde*** ou ***brailleur, euse*** n. et adj. ■ Fam. Personne qui est en train de brailler, ou qui braille fréquemment pour des riens. ⇒ fam. **gueulard.** ▶ ***braillage*** n. m. ■ Le fait de brailler. ⇒ **chialage.** — Souvent au plur. (Enfants) *Voulez-vous cesser vos braillages !* — Péj. *Le braillage continue au bureau du patron,* les récriminations, les plaintes.

brain-trust [bʀɛntʀɔst] n. m. ■ Anglic. Petite équipe d'experts, de techniciens, etc., qui assiste une direction. ⇒ **état-major.** *Des brain-trusts.*

braire [bʀɛʀ] v. intr. ▪ conjug. 50. **1.** (Âne) Pousser un cri (*braiment*). **2.** Fam. Crier, pleurer bruyamment. *Qu'est-ce que tu as encore à braire ?* ⇒ fam. **brailler.** — PROV. *Faire et laisser braire,* agir sans se soucier des critiques.

braise [bʀɛz] n. f. ■ Bois réduit en charbons ardents. — *Des yeux de braise,* ardents. ▶ ***braiser*** v. tr. ▪ conjug. 1. ■ Faire cuire (une viande, un poisson, certains légumes) à feu doux et à l'abri de l'air. — Au p. p. adj. *Bœuf braisé.* ‹ ▶ embraser ›

bramer [bʀame] v. intr. ▪ conjug. 1. ■ (Chevreuil) Pousser un cri (*bramement*).

brancard [bʀɑ̃kaʀ] n. m. **1.** Bras d'une civière ; civière. *Le blessé a été transporté sur un brancard.* **2.** Chacune des deux barres de bois entre lesquelles on attache une bête de trait. — Fig. Loc. *Ruer* dans les brancards.* ▶ ***brancardier, ière*** n. ■ Porteur, porteuse de brancard, de civière. *Brancardières militaires.*

branche [bʀɑ̃ʃ] n. f. **I. 1.** Ramification latérale du tronc de l'arbre. *Branche morte.* — Ramification d'une partie quelconque de la plante. *Épinards, céleris en branches,* servis avec la tige complète. — Fig. Loc. *Entendre, apprendre à travers les branches,* par ouï-dire, de manière indirecte. **2.** Chacune des ramifications ou divisions (d'un organe, d'un appareil, etc.), qui partent d'un axe ou d'un centre. *Les branches d'un arbre généalogique, d'une famille,* venant d'une souche commune. *Branches collatérales, terminales d'un nerf. Les branches d'un compas, d'une paire de lunettes.* — Portion d'une courbe géométrique non fermée (parabole, etc.). **3.** Chacune des ramifications d'un cours d'eau principal. **4.** Abstrait. Division d'une œuvre ou d'un système complexe. *Les différentes branches de l'économie* ⇒ **secteur,** *de l'enseignement* ⇒ **discipline. II.** Fam. (MA) VIEILLE BRANCHE : se dit en s'adressant affectueusement à un vieil ami. *Salut, vieille branche !* ▶ ***branchage*** n. m. ■ Ensemble des branches d'un arbre. ⇒ **ramure.** — Au plur. Branches coupées. *Un sol jonché de branchages.* ‹ ▶ ébrancher, embranchement ›

brancher [bʀɑ̃ʃe] v. tr. ▪ conjug. 1. **1.** Rattacher (un circuit secondaire) à un circuit principal. ⇒ **connecter ;** anglic. **pluguer.** / contr. **débrancher, déconnecter** / *Branche la lampe sur la prise. On leur a branché le câble. Peux-tu brancher l'aspirateur ?,* sur le réseau électrique. — Pronominalement (passif). *Cet appareil se branche sur le courant électrique.* **2.** Fig. Orienter, diriger. *Elle a branché la conversation sur un autre sujet.* **3.** V. pron. (réfl.) Fig. Fam. *Se brancher,* se décider, choisir. / contr. **hésiter** / *Tu viens ou tu viens pas ? Branche-toi vite.* **4.** Au p. p. adj. Fam. Dans le coup, dans le vent. *Une discothèque branchée. Il est pas mal branché.* ▶ ***branchement*** n. m. **1.** Action de brancher ; son résultat. ⇒ **connexion.** *Réaliser le branchement d'un appareil.* **2.** Conduite, galerie, voie secondaire partant de la voie principale pour aboutir au point d'utilisation. ‹ ▶ débrancher ›

branchie [bʀɑ̃ʃi] n. f. ■ Organe de respiration des poissons, des mollusques. ▶ ***branchial, ale, aux*** [bʀɑ̃ʃjal, o] ou [bʀɑ̃kjal, o] adj. ■ Des branchies, relatif aux branchies. *La respiration branchiale.* ‹ ▶ lamellibranches ›

brandebourg [bʀɑ̃dbuʀ] n. m. ■ Passementerie (galon, broderie) ornant une boutonnière. *Une veste à brandebourgs.*

bran de scie [bʀɑ̃(ɛ̃)dsi] n. m. ■ Sciure de bois. *Autrefois, on conservait la glace dans le bran de scie.* — REM. La prononciation [bʀɛ̃dsi] est parfois critiquée.

brandir [bʀɑ̃diʀ] v. tr. ▪ conjug. 2. **1.** Agiter en tenant en l'air de façon menaçante. *Brandir une arme, un drapeau, un hockey.* **2.** Agiter en élevant pour attirer l'attention. *Le vendeur brandissait sa marchandise.*

brandon [bʀɑ̃dɔ̃] n. m. **1.** Débris enflammé. **2.** Littér. *Brandon de discorde,* personne, chose qui est source de discorde.

brandy [bʀɛnde] n. m. ■ Alcool de raisin analogue au cognac mais de moindre qualité.

branler [bʀɑ̃le] v. ▪ conjug. 1. **1.** V. tr. Remuer une partie du corps d'avant en arrière, ou d'un côté à l'autre. *Branler la tête.* ⇒ **hocher.** *Branler la jambe.* ⇒ **secouer. 2.** V. intr. Être instable, mal fixé. ⇒ **chanceler, vaciller.** *Une chaise, une dent qui branle.* **3.** (Surtout en France) Pronominalement (réfl.). Fam. *Se branler,* se masturber. **4.** V. intr. Fam. Hésiter, tergiverser. *Elle n'a pas décidé, elle branle encore.* — Loc. *Branler dans le manche,* être incertain, hésitant. **5.** Absolt. Fam. Perdre son temps, ne rien faire de particulier. ⇒ **niaiser, taponner.** *Il passe des heures à branler.* **6.** (France) V. tr. Fam. Faire, fabriquer. *Qu'est-ce qu'ils branlent ? J'en ai rien à branler.* ▶ ***branlant, ante*** adj. ■ Qui branle, est instable. *Une chaise, une échelle branlante.* ⇒ **vacillant.** ▶ *en* ***branle*** loc. adv. **1.** En oscillation. *Mettre en branle une cloche.* **2.** En mouvement, en train. *Des mots d'ordre qui mettent en branle les masses. Se mettre en branle,* en mouvement, en action. ▶ ***branle-bas*** [bʀɑ̃lba] n. m. invar. ■ *Branle-bas de combat,* ensemble des dispositions prises par un navire de guerre ou un corps d'armée en vue du combat. — Préparation agitée. *Dans le branle-bas des élections. Des branle-bas.* ▶ ***branlement*** n. m. ■ *Branlement de tête,* action, manière de branler la tête. ▶ ***branleur*** ou ***branleux, euse*** n. et adj. **1.** Fam. Personne qui ne fait rien de son temps. **2.** Personne qui hésite, tergiverse, n'arrive pas à prendre une décision. — Adj. *Elle est branleuse.* ⟨ ▶ ébranler ⟩

① ***braque*** [bʀak] n. m. ■ Chien de chasse à poils ras et à oreilles pendantes ; très bon chien d'arrêt.

② ***braque*** adj. ■ Fam. Un peu fou, écervelé. ⇒ fam. **timbré, toqué.** *Elles sont gentilles, mais un peu braques.*

braquer [bʀake] v. tr. ▪ conjug. 1. **1.** Tourner (une arme à feu, un instrument d'optique) dans la direction de l'objectif. ⇒ **diriger, pointer.** *Il a braqué son revolver sur moi.* — Fixer (le regard, l'attention, etc.). *Son regard était braqué sur nous.* — (Surtout en France) Fam. Mettre en joue (qqn) ; attaquer à main armée. *Ils ont braqué une banque.* **2.** Sans compl. Faire tourner (un véhicule) en manœuvrant la direction. *Braquer pour se stationner. Braquez à fond ! Voiture qui braque mal,* qui tourne mal, a un trop grand rayon de braquage. **3.** *Braquer qqn contre* (une personne, un projet), l'amener à s'opposer obstinément à (qqn, qqch.). ⇒ **dresser.** *Elle l'a braqué contre son ami.* — Pronominalement (réfl.). *Il s'est braqué,* il s'est buté. ▶ ***braquage*** n. m. **1.** Action de braquer les roues d'une voiture. *Braquage à droite. Rayon de braquage,* du cercle tracé par les roues extérieures braquées au maximum. **2.** (Surtout en France) Fam. Attaque à main armée. *Le braquage d'une banque.* ⇒ **holp-up,** ② **vol.**

braquet [bʀakɛ] n. m. ■ Rapport, entre le pignon et le plateau, qui commande le développement d'une bicyclette. *Le dérailleur permet de changer de braquet.*

braquette n. f. ⇒ **broquette.**

bras [bʀɑ] n. m. invar. **1.** Membre supérieur de l'être humain et de certains grands mammifères (singes), qui s'articule à l'épaule et se termine par la main. *Bras droit, gauche. Porter un enfant sur ses bras, dans ses bras. Lever un poids à bras tendu, à bout de bras.* Loc. *Lancer qqch. au bout de ses bras,* avec force, et le plus loin possible. *Elle me serre dans ses bras. Donner le bras à qqn,* pour qu'il puisse s'y appuyer en marchant. *Elle avait pris le bras, était au bras de son mari. Ils s'en vont bras dessus, bras dessous,* en se donnant le bras. — Loc. *Les bras m'en tombent,* je suis stupéfait. *Baisser les bras,* abandonner, renoncer à agir. — *Rester les bras croisés,* sans rien faire. *Avoir le bras long,* du crédit, de l'influence. *Il peut t'aider, il a le bras long.* — *Recevoir, accueillir qqn à bras ouverts,* avec effusion, empressement. *À bras raccourcis, à tour de bras,* de toute sa force, en portant des coups violents. — *Avoir qqn ou qqch. sur les bras,* être obligé de s'en occuper. — Fig. Loc. *Gros comme le bras,* beaucoup. *Aimer qqn gros comme le bras. Tomber sur qqn à bras raccourcis,* le chicaner, l'enguirlander. ⇒ fam. **engueuler.** Fam. *Coûter un bras,* coûter cher. ⇒ **fortune ;** fam. **fesse.** **2.** Segment du membre supérieur compris entre l'épaule et le coude. *Un muscle du bras.* ⇒ **biceps, triceps.** **3.** Vieilli. *Le bras séculier,* la puissance temporelle, opposée à celle de l'Église. **4.** Personne qui agit, travaille, combat. ⇒ **travailleur.** *L'industrie réclame des bras, manque de bras.* — *Le* BRAS DROIT *de qqn* : son principal agent d'exécution, son collaborateur. — Fam. *Gros bras,* un dur, un bum. *Il joue les gros bras,* les durs. **5.** Loc. adv. À BRAS : à l'aide des seuls bras (sans machine). *Il a fallu transporter tout cela à bras. Charrette à bras,* qu'on meut avec les bras. **6.** Partie du membre antérieur du cheval qui fait suite à l'épaule. — Tentacule des mollusques céphalopodes. *Les bras d'une pieuvre.* **7.** (Objets fonctionnant comme le bras) Brancard. *Les bras d'une brouette.* — Accoudoir (d'un fauteuil). — Fam. *Le bras d'escalier,* la rampe, la main-courante. *S'asseoir sur le bras de la galerie,* sur le garde-fou. — Partie mobile (d'une grue, d'un sémaphore, d'une manivelle...). *Le bras de vitesse d'une voiture,* le levier de vitesse. — BRAS DE LEVIER : distance d'une force à son point d'appui, évaluée perpendiculairement à la direction de cette force. — *Bras de tourne-disque,* qui porte la tête de lecture. **8.** Division d'un cours d'eau que partagent des îles. *Un des bras du fleuve, de la rivière.* ⇒ **embranchement.** *Bras mort,* bras abandonné où les eaux stagnent. *Bras de mer,* détroit, passage. ⟨ ▶ appui-bras, avant-bras, bracelet, à bras-le-corps, brassard, brasse, brassée, brassière, embrasse, embrasser, fier-à-bras ⟩

braser [bʀaze] v. tr. ▪ conjug. 1. ■ Techn. Souder en interposant un métal, un alliage qu'on fait fondre (*brasage,* n. m. ; *brasure,* n. f.). *Braser un joint.*

brasero [bʀazeʀo] n. m. ■ Bassin de métal, rempli de charbons ardents, posé sur un trépied. *Des braseros.*

brasier [bʀa(ɑ)zje] n. m. **1.** Masse d'objets ou matières en complète combustion du fait d'un incendie. *Le brasier d'une maison en feu.* **2.** Fig. Foyer de passions violentes, de guerre.

à ***bras-le-corps*** [abʀɑlkɔʀ] loc. adv. ■ Avec les bras et par le milieu du corps. *Il a saisi son adversaire à bras-le-corps.*

brassard [bʀasaʀ] n. m. ■ Bande d'étoffe ou ruban servant d'insigne, qu'on porte au bras. *Brassard de première communion, d'infirmier. Le brassard de la Croix-Rouge. Un brassard de deuil.*

brasse [bʀɑs] n. f. **I.** Ancienne mesure de longueur égale à cinq pieds (environ 1,60 m). — Mesure marine (à peu près équivalente) de profondeur. **II.** Nage sur le ventre par mouvements simultanés et symétriques des bras, puis des jambes ; chacun des espaces successifs ainsi parcourus. *Elle traverse la piscine en cinq brasses. Brasse papillon,* variété de brasse sportive où le nageur semble sauter hors de l'eau à chaque mouvement des bras.

brasse-camarade(s) [bʀaskamaʀad] n. m. ■ Fam. Vive discussion, grosse engueulade. *Il y a eu du brasse-camarade dans le bureau du sous-ministre.*

brassée [bʀɑse] n. f. ■ Ce que les bras peuvent contenir, porter. *Une brassée de fleurs, de bois.* — Quantité de linge qu'on peut laver en une seule fois. *Mettre une brassée de serviettes dans la laveuse.*

brasser [bʀɑse] v. tr. ▪ conjug. 1. **1.** *Brasser la bière,* préparer le moût en faisant macérer le malt dans l'eau ; fabriquer la bière. **2.** Remuer en mêlant. *Brasser la salade. Brasser son café, brasser la sauce à spaghetti. Brasser les cartes avant de les donner.* **3.** Manier (beaucoup d'argent), traiter (beaucoup d'affaires). *Il brasse des millions.* **4.** V. intr. Se faire secouer. *Les enfants se font brasser dans l'autobus scolaire.* — Fig. Être l'objet d'une réprimande, se faire dire son fait. *Il s'est fait brasser par la directrice.* **5.** V. impers. *Il se brasse qqch. par ici,* il se trame qqch., il y a conspiration. ▶ ***brassage*** n. m. **1.** Ensemble des opérations consistant à brasser la bière. — *L'industrie du brassage est un grand secteur économique.* ⇒ **brasserie.** **2.** Mélange. *Le brassage des races, des peuples.* ▶ ***brasserie*** n. f. **1.** Fabrique de bière ; industrie de fabrication de la bière. **2.** Restaurant où l'on sert surtout de la bière, qui accompagne des repas simples. ⇒ **taverne.** *Dîner dans une brasserie.* — (France) Grand café-restaurant. *Brasserie alsacienne.* ▶ ***brasseur, euse*** n. **1.** Personne qui fabrique de la bière ou en vend en gros. **2.** BRASSEUR D'AFFAIRES : personne qui s'occupe de nombreuses affaires. **3.** Nageur, nageuse de brasse. *Un excellent brasseur.* ‹ ▶ brasse, brasse-camarade ›

brassière [bʀasjɛʀ] n. f. **1.** Fam. Soutien-gorge. **2.** (France) Petite chemise de bébé, courte, à manches longues.

brave [bʀav] adj. et n. **1.** Placé après le nom. Courageux au combat, devant un ennemi. *Un homme brave.* / contr. **lâche** / — N. *Faire le brave,* affecter la bravoure. — Loc. fam. *Être brave de (faire qqch.),* être capable de, oser faire. *Es-tu brave de plonger du 10 mètres ?* **2.** Placé devant le nom. Honnête et bon avec simplicité. *Un brave homme, une brave femme. De braves gens. C'est un brave garçon.* (Surtout en France) *Mon brave,* appellation condescendante à l'égard d'un inférieur. — Parfois après le nom. D'une bonté ou d'une gentillesse un peu naïve et attendrissante. *Il est bien brave, mais il m'ennuie.* ▶ ***braver*** v. tr. ▪ conjug. 1. **1.** Défier orgueilleusement en montrant qu'on ne craint pas. *Braver les autorités. Personne n'osait braver ses ordres.* ⇒ s'**opposer. 2.** Se comporter sans crainte devant (qqch. de redoutable qu'on accepte d'affronter). ⇒ **mépriser.** *Braver le danger, la mort.* — Oser ne pas respecter (une règle, une tradition). *Nous bravions les convenances.* ▶ ***bravache*** n. m. ▪ Faux brave, fanfaron. — Adj. *Un air bravache.* ▶ ***bravade*** n. f. **1.** Démonstration de bravoure. *Agir, s'exposer par bravade.* **2.** Action ou attitude de défi insolent envers une autorité qu'on brave. ▶ ***bravoure*** n. f. **1.** Qualité de la personne qui est brave. ⇒ **courage, héroïsme, vaillance.** / contr. **lâcheté, poltronnerie** / *Elle fait preuve de beaucoup de bravoure.* **2.** *Air de bravoure,* air brillant destiné à faire valoir le chanteur. — *Morceau de bravoure,* partie d'une œuvre particulièrement brillante. ▶ ***bravement*** adv. **1.** Avec bravoure, courageusement. **2.** D'une manière décidée, sans hésitation. ⇒ **résolument.** *Il se mit bravement au travail.*

bravo [bʀavo] interj. et n. m. **1.** Interj. Exclamation dont on se sert pour applaudir, pour approuver. *Bravo ! c'est parfait.* ⇒ **félicitation.** / contr. ② **chou** / **2.** N. m. Applaudissement, marque d'approbation. / contr. ② **chou, huée** / *Les bravos éclataient dans la salle.* — REM. Le superlatif de *bravo* est *bravissimo.*

break [bʀek] n. m. Anglic. **1.** Loc. *Faire le break,* au tennis, creuser à son avantage un écart de deux jeux dans le score en gagnant son propre service et celui de son adversaire. **2.** En jazz. Interruption du jeu de l'orchestre pendant quelques mesures, créant un effet d'attente. Fam. *Prendre un break,* faire une pause.

brebis [bʀəbi] n. f. invar. **1.** Femelle adulte de l'espèce ovine (opposé à *bélier, mouton, agneau*). *Lait de brebis. Les brebis bêlent.* **2.** *Brebis galeuse,* personne dangereuse et indésirable dans un groupe. ⇒ **mouton.**

① ***brèche*** [bʀɛʃ] n. f. **1.** Ouverture faite à un mur, à une clôture. *On a colmaté la brèche.* — Ouverture dans une enceinte fortifiée ; percée d'une ligne fortifiée, d'un front. ⇒ **trouée.** *Faire, ouvrir une brèche.* — Loc. *Être toujours sur la brèche,* être prêt au combat ; être toujours au travail, en pleine activité. *Battre en brèche,* soutenir une attaque contre (un argument, le crédit de qqn). **2.** Petite entaille sur un objet d'où s'est détaché un éclat. *Faire une brèche à une assiette.* ⇒ **ébrécher.** *Elle a une brèche sur une dent.* — Dommage qui entame. *C'est une brèche sérieuse à sa fortune.* ‹ ▶ ébrécher ›

② ***brèche*** n. f. ▪ Roche formée d'éléments pointus agglomérés.

bréchet [bʀeʃɛ] n. m. ▪ Sternum saillant (des oiseaux).

bredouille [bʀəduj] adj. ▪ Qui n'a rien pris (à la chasse, la pêche), qui n'a rien obtenu (d'une entrevue, d'une démarche). *Rentrer bredouille. Elles sont revenues bredouilles.*

bredouiller [bʀəduje] v. ▪ conjug. 1. **1.** V. intr. Parler d'une manière précipitée et peu distincte. ⇒ **bafouiller, balbutier, marmonner. 2.** V. tr. Dire en bredouillant. *Bredouiller une excuse.* ▶ ***bredouillage*** ou ***bredouillement*** n. m. ▪ Paroles confuses. ⇒ **balbutiement.**

bref, brève [bʀɛf, bʀɛv] adj. et adv. **I.** Adj. **1.** De peu de durée. / contr. **long** / *Une brève rencontre.* ⇒ **court.** *À bref délai,* bientôt. **2.** De peu de durée dans l'expression, dans le discours. ⇒ **laconique.** / contr. **prolixe** / *Une brève allocution. Soyez bref,* ne faites pas un long discours. ⇒ **concis. 3.** *Syllabe, voyelle brève,* qui a une durée d'émission plus courte (que les autres syllabes, voyelles). — N. f. *Une brève* (opposé à *une longue*). **4.** N. f. plur. *Les brèves,* les nouvelles brèves, annoncées à la radio, à la télévision. **II.** Adv. **1.** Pour résumer les choses en peu de mots. ⇒ **enfin,** en **résumé.** *Bref, il n'y a rien de changé.* **2.** Littér. EN BREF loc. adv. : en peu de mots. ⇒ **brièvement.** *Voilà, en bref, les raisons de mon départ.* ‹ ▶ abréviation, brièvement, brièveté ›

brelan [bʀəlɑ̃] n. m. ▪ À certains jeux de cartes (dont l'ancien jeu dit *brelan*). Réunion de trois cartes de même valeur. *Avoir un brelan de rois, au poker.* — À certains jeux de dés. Coup amenant trois faces semblables.

breloque [bʀəlɔk] n. f. ▪ Petit bijou de fantaisie qu'on attache à une chaîne de montre, à un bracelet.

brésilien, ienne [bʀeziljɛ̃, jɛn] adj. et n. **1.** Du Brésil, caractéristique de ce pays. *Le café brésilien. La samba brésilienne.* — N. (Avec une majusc.) Personne née dans ce pays ou qui en a obtenu la citoyenneté. **2.** N. m. *Le brésilien,* la variété de portugais parlée au Brésil.

bretelle [bʀətɛl] n. f. **I. 1.** Bande de cuir, d'étoffe que l'on passe sur les épaules pour porter un fardeau. *Porter l'arme à la bretelle ou en bandoulière.* **2.** Le plus souvent au plur. Bandes de tissu, de ruban, qui maintiennent aux épaules les pièces de lingerie féminine. *Une robe à bretelles.* **3.** Bandes élastiques, passant sur les épaules, servant à retenir un pantalon. *Une paire de bretelles.* **II.** Dispositif d'aiguillage permettant de passer d'une voie ferrée à une voie voisine. — Dans un système routier. Voie de raccordement. *La bretelle d'une autoroute.*

breton, onne [bʀətɔ̃, ɔn] adj. et n. **1.** De Bretagne (région française). *Les pêcheurs bretons. Une crêpe bretonne.* — N. (Avec une majusc.) *Les Bretons.* **2.** N. m. *Le breton,* langue celtique. **3.** Qui appartient aux peuples celtiques de Grande-Bretagne et de Bretagne, à leurs traditions et leur civilisation. *Les romans bretons du XIIe siècle.*

bretzel [bʀɛdzɛl] n. m. ▪ Pâtisserie légère, souvent en forme de huit, salée et saupoudrée de cumin. *Des bretzels.*

breuvage [bʀœvaʒ] n. m. **1.** Toute boisson non alcoolisée, spécialt au restaurant. *Que voulez-vous comme breuvage ?* **2.** Boisson d'une composition spéciale ou ayant une vertu particulière. *Breuvage magique.* ⇒ **philtre.**

brève n. f. ⇒ **bref.**

brevet [bʀəvɛ] n. m. **1.** Titre ou diplôme délivré par l'État, permettant au titulaire d'exercer certaines fonctions et certains droits. *Un brevet d'enseignement primaire. Un brevet de pilote.* — *Un brevet de...,* qui atteste certaines connaissances, certaines capacités. ⇒ **diplôme.** *Un brevet de sauvetage.* **2.** *Brevet d'invention,* titre par lequel le gouvernement confère à l'auteur d'une invention un droit exclusif d'exploitation. ▶ ***breveter*** [bʀəvte] v. tr. ▪ conjug. 4. ■ Protéger par un brevet. *Faire breveter une invention.* ▶ ***breveté, ée*** adj. ■ Qui a obtenu un brevet civil ou militaire. ⇒ **diplômé.** *Officier, enseignant breveté.* — N. *Une brevetée.* — Garanti par un brevet. *Procédé breveté.*

bréviaire [bʀevjɛʀ] n. m. **1.** Livre de l'office divin, renfermant les formules de prières. *Le curé lisait son bréviaire.* **2.** Livre servant de modèle et contenant un enseignement indispensable.

bribes [bʀib] n. f. pl. **1.** Petits morceaux, fragments de discours. *Elle saisissait au passage des bribes de conversation.* **2.** Restes insignifiants. ⇒ **débris.** *Les dernières bribes de sa fortune.*

bric-à-brac [bʀikabʀak] n. m. invar. ■ Amas de vieux objets hétéroclites, destinés à la revente. *Le bric-à-brac d'un marchand de ferraille.* — Désordre. ⇒ **pêle-mêle.** *Quel bric-à-brac dans sa chambre !* ⇒ **bazar, capharnaüm.**

*de **bric et de broc*** [d(ə)bʀiked(ə)bʀɔk] loc. adv. ■ En employant des morceaux de toute provenance, au hasard des occasions. *Une chambre meublée de bric et de broc.*

① ***brick*** [bʀik] n. m. ■ Voilier à deux mâts gréés à voiles carrées.

② ***brick*** n. m. ■ Anglic. ■ Fromage d'origine américaine, fait de lait de vache, à pâte molle, légèrement friable et percée de trous.

③ ***brick*** n. m. ■ Beignet salé d'origine nord-africaine fait d'une pâte très fine renfermant généralement un œuf. *Un brick à l'œuf. Des bricks.*

bricole [bʀikɔl] n. f. **1.** Courroie du harnais qu'on applique sur la poitrine du cheval ; bretelle de porteur. **2.** Petit accessoire, menu objet. ⇒ **babiole.** *Je lui offrirai une petite bricole.* — Chose insignifiante, de peu d'importance. *On a discuté une heure sur des bricoles.* ‹ ▶ bricoler ›

bricoler [bʀikɔle] v. ▪ conjug. 1. **1.** V. intr. Gagner sa vie en faisant toutes sortes de petites besognes. — S'occuper chez soi à de petits travaux manuels (aménagements, réparations, etc.). *Il aime bien bricoler.* **2.** V. tr. Arranger, réparer tant bien que mal, de façon provisoire. ⇒ fam. **patenter, raboudiner, rafistoler.** *Bricoler un moteur.* **3.** À l'école. Exécuter de petits travaux manuels. *Les enfants bricolent en classe quelques heures par semaine.* ▶ ***bricolage*** n. m. **1.** Action, habitude de bricoler. *Le Salon du bricolage.* — Réparation faite tant bien que mal. ⇒ **broche** à pain. **2.** À l'école. Menus travaux manuels. *Le bricolage fait partie du programme scolaire au niveau élémentaire.* ▶ ***bricoleur, euse*** n. et adj. ■ Personne qui bricole, aime à bricoler. — Adj. *Elle n'est pas bricoleuse.*

bride [bʀid] n. f. **1.** Pièce du harnais fixée à la tête du cheval pour le diriger. *Un cheval tenu en bride,* maintenu à l'aide de la bride. — Loc. *Tenir la bride haute à un cheval,* la maintenir ferme pour freiner son allure. *Tenir la bride haute à qqn,* ne pas lui laisser la liberté d'action, ne rien lui céder. *Laisser la bride sur le cou à qqn,* le laisser libre. — PROV. *À cheval donné, on ne regarde pas la bride,* il ne faut pas critiquer les détails quand on reçoit l'important gratuitement. — *Aller à bride abattue, à toute bride,* en abandonnant toute la bride au cheval, très vite. — *Tourner bride,* rebrousser chemin ; changer d'avis, de conduite (⇒ tourner **casaque**). **2.** Nom de divers liens en forme d'arceau, de collier, servant à retenir ou à rejoindre des objets. *Bride d'un bouton.* ▶ ***brider*** v. tr. ▪ conjug. 1. **1.** Mettre la bride à (un cheval). — Serrer avec une bride. **2.** Littér. Contenir, gêner dans son développement (un instinct, une impulsion...). *Brider ses passions.* / contr. **libérer** / *Brider les désirs de qqn.* ▶ ***bridé, ée*** adj. **1.** (Yeux) Dont les paupières sont comme étirées latéralement. *Les Asiatiques ont les yeux bridés.* **2.** (Moteur) Dont on a volontairement limité le nombre de tours par minute.

bridge [bʀidʒ] n. m. ■ Jeu de cartes qui se joue à quatre (deux contre deux), et qui consiste, pour l'équipe qui (après les annonces) a fait la plus forte enchère, à réussir le nombre de levées correspondant. *Jouer au bridge (bridger). Joueur de bridge (bridgeur, euse). Table de bridge.*

brie [bʀi] n. m. ■ Fromage fermenté à pâte molle et croûte moisie. *Du brie et du roquefort.*

brièvement [bʀijɛvmɑ̃] adv. ■ En peu de mots. ⇒ en **bref, succinctement.** / contr. **longuement** / *Dites-nous, brièvement, ce qui s'est passé.*

brièveté [bʀijɛvte] n. f. ■ Littér. Caractère de ce qui est bref. / contr. **longueur** / *La brièveté de son exposé.*

brigade [bʀigad] n. f. **1.** Dans l'armée. Unité tactique à l'intérieur de la division. — (Histoire) *Brigades internationales,* formations de volontaires qui combattirent aux côtés des républicains pendant la guerre civile espagnole. **2.** Petit détachement. *Brigade de policiers, de pompiers. La brigade antigang.* ▶ ***brigadier, ière*** n. **1.** Officier supérieur dans certaines armées. **2.** Personne qui a, dans la cavalerie, l'artillerie, le grade le moins élevé (correspondant à *caporal*). *Brigadier-chef.* **3.** Chef d'une brigade de policiers ou (France) de gendarmes. — Gradé de police. **4.** BRIGADIER (SCOLAIRE) : personne qui veille à la sécurité des enfants circulant dans les rues près des écoles les jours de classe. *La brigadière fait signe à l'automobiliste de s'arrêter.* — REM. L'O.L.F. propose *brigadière* au féminin. ‹ ▶ embrigader ›

brigand [bʀigɑ̃] n. m. **1.** Vieilli. Homme qui se livre au vol, au pillage. ⇒ **bandit, malfaiteur, voleur.** *Un repaire de brigands.* — *Des histoires de brigands,* des histoires invraisemblables, des mensonges. **2.** Homme malhonnête. ▶ ***brigandage*** n. m. ■ Vol ou pillage commis avec violence et à main armée. — Acte de grande malhonnêteté.

briguer v. tr. ▪ conjug. 1. ■ Rechercher avec ardeur. ⇒ **ambitionner, convoiter.** *Briguer un poste, une dignité. Briguer l'honneur de...* — *Briguer les suffrages,* poser sa candidature à une élection.

briller [bʀije] v. intr. ▪ conjug. 1. **1.** Émettre ou réfléchir une lumière vive. ⇒ **étinceler, luire, rayonner, resplendir, scintiller.** *Le soleil brille. Le diamant qui brille à son doigt.* — *Faire briller des chaussures, des meubles,* en les astiquant, en les cirant. *Ses yeux brillaient,* de joie, de malice... **2.** (Personnes) Se manifester, se distinguer avec éclat. *Briller en société, à un examen.* — *Il ne brille pas par le courage, par la modestie,* le courage, la modestie ne sont pas son fort, lui font défaut. *Elle brillait par son absence,* son absence ne passait pas inaperçue. ▶ ① ***brillant, ante*** adj. **1.** Qui brille. ⇒ **ébouissant, éclatant, lumineux, radieux, rayonnant, resplendissant, scintillant.** / contr. **mat, terne** / *Une soie brillante. Des cheveux, des yeux brillants. Des étoiles brillantes.* **2.** Qui sort du commun, s'impose à la vue, à l'imagination par sa qualité. ⇒ **magnifique, splendide.** / contr. **médiocre** / *Faire une brillante carrière. Un brillant mariage.* — *Un esprit brillant. Une conversation brillante.* ⇒ **étincelant.** *Un brillant élève.* ⇒ **remarquable** ; fam. **bollé.** — *Le résultat n'est pas brillant,* est médiocre. *Ses affaires ne* *sont guère brillantes,* peu prospères. ▶ ***brillamment*** adv. ■ D'une manière brillante, avec éclat. *Il a passé brillamment son examen.* ▶ ② ***brillant*** n. m. **I.** Éclat, caractère brillant. *Le brillant de l'acier. Donner du brillant aux cheveux.* **II.** Petit diamant taillé à facettes. ▶ ***brillantine*** n. f. ■ Cosmétique à base d'huile parfumée pour faire briller les cheveux.

brimer [bʀime] v. tr. ▪ conjug. 1. ■ Tracasser (qqn) en limitant sa liberté, en lui imposant ses volontés. ⇒ **maltraiter, opprimer.** *Son chef de service le brime.* — Au p. p. adj. *Elle se sent brimée.* ▶ ***brimade*** n. f. **1.** (Surtout en France) Épreuve vexatoire, souvent aggravée de brutalité, que les anciens imposent aux nouveaux dans les régiments, les écoles. ⇒ **initiation.** *Les brimades du bizutage*.* **2.** Tracasserie, vexation infligée gratuitement. *Elle subit toutes sortes de brimades.*

brin [bʀɛ̃] n. m. **1.** Filament de chanvre, de lin. *Les brins d'une corde.* **2.** Tige, jeune pousse (d'un végétal). *Un brin d'herbe, de muguet.* — Loc. *Un beau brin de fille,* une fille grande et bien faite. **3.** Petite partie (d'un corps ou objet mince et allongé). *Un brin de paille.* ⇒ **fétu.** **4.** Petite quantité, un peu de qqch. ⇒ ① **filet.** *Un brin de sucre. Un brin de vent. Un brin de neige,* un flocon de neige. *Il tombe quelques brins de pluie,* quelques gouttelettes. **5.** Fig. Parcelle, quantité infime. *Faire un brin de cour à une femme,* lui faire un peu la cour. *Faire un brin de toilette. Un brin de lecture,* un peu. *Faire preuve d'un brin de sagesse.* — Loc. adv. *On va s'amuser un brin,* un petit peu. ‹ ▶ brindille ›

brindille [bʀɛ̃dij] n. f. ■ Branche morte, mince et assez courte. *Il allume le feu avec des brindilles.*

① **bringue** [bʀɛ̃g] n. f. ■ Fam. et péj. *Une grande bringue,* une grande fille dégingandée, d'allure négligée.

② **bringue** n. f. ■ Fam. Noce, foire. ⇒ **fête.** *On a fait la bringue, une bringue à tout casser.* ⇒ fam. ② **bombe ; nouba.**

bringuebaler [bʀɛ̃gbale] ou **brinquebaler** [bʀɛ̃kbale] v. intr. ▪ conjug. 1. ■ Se balancer, osciller. *Le vieux tacot bringuebalait sur le chemin de terre.* ⇒ **cahoter.**

brio [bʀijo] n. m. sing. ■ Technique aisée et brillante dans l'exécution musicale. *Il joua son morceau avec brio.* — Talent brillant, virtuosité. *Elle parle avec brio.*

brioche [bʀijɔʃ] n. f. **1.** Pâtisserie légère en forme de petite boule, faite avec une pâte levée. **2.** Fam. Ventre replet. ⇒ **bedaine.** *Il a pris de la brioche.* ▶ ***brioché, ée*** adj. ■ Qui a la consistance, le goût de la brioche. *Pain brioché.*

brique [bʀik] n. f. **1.** Pierre artificielle, en forme de parallélépipède, de couleur rougeâtre, fabriquée avec de la terre argileuse et employée à la construction. *Mur de brique(s).* — N. f. invar. *Une maison en brique,* construite avec ce matériau. — Adj. invar. De la couleur de la brique. *Des rouges brique. Un teint brique.* **2.** Récipient de la forme d'une brique utilisé pour certains liquides alimentaires. *Une brique de lait.* — *Une brique de crème-glacée,* un contenant de cette forme. ≠ *berlingot.* **3.** (France) Fam. Liasse de billets faisant un million d'anciens francs. ⇒ ② **balle.** — Un million d'anciens francs. *Un chèque de cent briques.* **4.** Fam. *Bouffer des briques,* n'avoir rien à manger. **5.** Loc. fam. *Attendre qqn avec une brique et un fanal,* l'attendre de pied ferme, se préparer à une vive discussion. ▶ ***briqueterie*** [bʀikɛtʀi] n. f. ■ Fabrique de briques. ≠ *tuilerie.* ▶ ***briquette*** n. f. ■ Aggloméré de charbon, de lignite, en forme de petite brique. *Un sac de briquettes pour le barbecue.* ▶ ***briqueler*** [bʀikle] v. tr. ▪ conjug. 4. ■ Revêtir un mur de briques, poser des briques. ⇒ **maçonner.** *Ils n'ont pas fini de briqueler la maison.* — REM. On emploie aussi *briqueter* (conjug. 4). ▶ ***briqueleur, euse*** [bʀiklœʀ, øz] n. ■ Ouvrier de la construction qui pose des briques. ⇒ ① **maçon.** — REM. On emploie aussi *briqueteur.* ‹ ▶ imbriqué ›

briquer [bʀike] v. tr. ▪ conjug. 1. ■ (France) Nettoyer en frottant vigoureusement de façon à faire briller. ⇒ **astiquer.** *Ils ont passé des heures à briquer leur appartement.*

briquet [bʀikɛ] n. m. ■ Petit appareil pouvant produire du feu à répétition. *Briquet à essence, à gaz.*

brise [bʀiz] n. f. ■ Vent peu violent. *Brise de mer, de terre,* soufflant de la mer vers la terre, de la terre vers la mer. ‹ ▶ pare-brise ›

briser [bʀize] v. tr. ▪ conjug. 1. **1.** Rompre, mettre en pièces. ⇒ **casser ;** fam. **défuntiser.** *Briser un jouet. Briser un verre, un miroir.* — Pronominalement (passif). *Elle s'est brisé une côte.* — Loc. *Briser les liens, les chaînes de qqn,* le libérer d'une sujétion. *Briser le cœur,* peiner, émouvoir profondément. — Au p. p. *Une voix brisée par l'émotion,* altérée. **2.** Mettre en mauvais état, endommager. ⇒ **abîmer ;** fam. **maganer.** *Elle a brisé sa bicyclette. Briser un livre, un vêtement.* **3.** Rendre inefficace par une intervention violente. ⇒ **anéantir, détruire.** *Briser la carrière de qqn. Le gouvernement veut briser toute résistance. Briser une grève,* la faire échouer. **4.** Réduire la résistance, abattre l'orgueil de (qqn). *Je les briserai !* **5.** Pronominalement (réfl.). (Mer) Déferler. — Échouer. *L'assaut vint se briser sur les lignes ennemies.* ▶ ***brisé, ée*** adj. **1.** Cassé, mis en pièces. *Des lunettes brisées.* **2.** Qui est en mauvais état, qui ne fonctionne plus. ⇒ fam. **brisé.** *Un grille-pain brisé. Des lampes brisées.* ⇒ **cassé.** — *Une voix brisée,* rauque. **3.** Abîmé, endommagé. *Un bar brisé. Un tricycle brisé.* ⇒ **brisé.** **4.** *Brisé de fatigue,* extrêmement fatigué. ⇒ **moulu.** **5.** *Ligne brisée,* composée de droites qui se succèdent en formant des angles variables. **6.** *Pâte brisée,* pâte à gâteaux malaxée incomplètement avec des morceaux de beurre. ▶ ***brisant*** n. m. ■ Rocher sur lequel les vagues se brisent et déferlent. ⇒ **écueil.** *Les brisants.* ▶ ***bris*** [bʀi] n. m. invar. **1.** Droit. Destruction, rupture. *Bris de clôture, de miroir, de scellés.* **2.** Panne, dommage. *Un bris d'électricité. Des bris de canalisation. Un bris de moteur.* ▶ ***brisées*** n. f. pl. ■ Loc. *Aller, marcher sur les brisées de qqn,* entrer en concurrence avec lui sur un terrain qu'il s'était réservé. — Loc. littér. *Suivre les brisées de qqn,* l'imiter. ▶ ***briseur, euse*** n. ■ *Briseur de grève,* personne qui ne fait pas la grève lorsqu'elle a été décidée ou personne engagée par un employeur pour remplacer un gréviste. ⇒ anglic. fam. **scab.** ▶ ***brise-fer*** ou ***brise-tout*** n. invar. ■ Personne qui casse tout ce qu'elle touche, qui ne prend pas soin de ses affaires. *Des brise-fer. Des brise-tout.* — Adj. invar. *Ces enfants sont très brise-fer.* ▶ ***brise-glace*** n. m. ■ Navire à étrave renforcée, spécialement construit pour briser la glace et ouvrir un passage afin de faciliter la navigation d'hiver. *Le traversier a été libéré par un brise-glace. Un brise-glace* ou *brise-glaces. Des brise-glaces.* ▶ ***brise-jet*** [bʀizʒɛ] n. m. invar. ■ Petit tuyau que l'on adapte à un robinet pour atténuer la force du jet et éviter les éclaboussures. *Des brise-jet.* ▶ ***brise-lames*** n. m. invar. ■ Construction élevée à l'entrée d'un port pour le protéger contre les vagues du large. ⇒ **digue.** *Un brise-lames. Des brise-lames.* ▶ ***brisure*** n. f. **1.** Cassure, fêlure. **2.** Morceau, fragment de qqch. *Les biscuits aux brisures de chocolat.* ‹ ▶ débris ›

bristol [bʀistɔl] n. m. **1.** Papier fort et blanc, employé pour le dessin, les cartes de visite. **2.** (France) Carte de visite. *Il ne faut pas signer sur un bristol. Des bristols.*

britannique [bʀitanik] adj. et n. **1.** Qui se rapporte à la Grande-Bretagne, à l'Irlande et à de petites îles proches. *Les îles Britanniques.* **2.** Qui se rapporte au Royaume-Uni. ⇒ **anglais, anglo-saxon.** *L'Empire britannique,* le Commonwealth. *Le flegme britannique.* — N. (Avec une majusc.) *Les Britanniques.* ‹ ▶ britanno-colombien. ›

britanno-colombien, ienne [bʀitanokɔlɔ̃bjɛ̃,jɛn] adj. et n. ■ De la Colombie-Britannique. — N. (Avec des majusc.) Personne née dans cette province ou qui l'habite. ⇒ **franco-colombien.** *Discuter avec des Britanno-Colombiens.* — REM. L'abréviation *colombien* est de plus en plus usuelle. ‹ ▶ franco-colombien ›

broc [bʀo] n. m. ■ Anciennt. Récipient à anse, à bec évasé, dont on se sert pour transvaser les liquides (surtout l'eau pour la toilette).

brocante [bʀɔkɑ̃t] n. f. ■ (Surtout en France) Commerce du brocanteur. ▶ ***brocanteur, euse*** n. ■ (France) Personne qui *brocante,* c'est-à-dire fait commerce d'objets anciens et de curiosités qu'elle achète d'occasion pour la revente. *Les antiquaires et les brocanteurs.*

brocart [bʀɔkaʀ] n. m. ■ Riche tissu de soie rehaussé de dessins brochés en fils d'or et d'argent. *Une robe en brocart.*

broche [bʀɔʃ] n. f. **1.** Nom de nombreux instruments et pièces à tige pointue. — Tige de fer pointue qu'on passe au travers d'une volaille ou d'une pièce de viande à rôtir, pour la faire tourner au-dessus de la flamme. *Mettre, faire cuire à la broche.* — En filature. Tige de fer recevant la bobine. — Tige utilisée en chirurgie osseuse pour fixer un os fracturé. *Ils lui ont posé deux broches sur sa fracture.* **2.** Fil de fer. *Un rouleau de broche. Une clôture en broche piquante,* en fil de fer barbelé. — *Des broches à tricoter.* ⇒ **aiguille.** — Fig. Loc. fam. *De la broche à foin,* mal fait, qui n'est pas solide. ⇒ **bricolage.** Qui est mal organisé, mal structuré. *Une compagnie de broche à foin.* / contr. **sérieux** / **3.** Fam. Agrafe. *Il n'y a plus de broches dans la brocheuse.* **4.** Bijou de femme, composé d'une épingle et d'un fermoir. ⇒ **épinglette** (1) ; anglic. ① **clip.** *Elle avait mis ses broches et ses bracelets.* ▶ ***brochette*** n. f. **1.** Petite broche servant à faire griller de petites pièces de viande, de crustacé, de poisson, de légumes ; les morceaux ainsi embrochés. *Une brochette de bœuf.* **2.** Petite broche servant à porter sur l'habit plusieurs décorations ; cette série. *Une brochette de décorations.* **3.** Fam. Personnes rangées sur la même ligne. *Former une belle brochette.* ‹ ▶ brochetterie, embrocher, tournebroche ›

brocher [bʀɔʃe] v. tr. • conjug. 1. **1.** Relier sommairement, avec simple couverture de papier. — Au p. p. adj. *Fascicule, livre broché* (opposé à *cartonné, relié*). **2.** Fam. Agrafer. *Brocher des feuilles.* **3.** Tisser en entremêlant sur le fond des fils de soie, d'argent ou d'or, de manière à former des dessins en relief. — Au p. p. adj. *Tissu broché ;* n. m. *du broché.* ▶ ***brochage*** n. m. **1.** Action, manière de brocher (les feuilles imprimées). ⇒ **reliure.** **2.** Procédé de tissage des étoffes brochées. ▶ ***brocheur, euse*** n. **1.** Ouvrier, ouvrière dont le métier est de brocher (des tissus, des livres). **2.** N. f. Machine pour le brochage des livres. **3.** N. f. Fam. Agrafeuse. *Elle a laissé sa brocheuse à l'école.* / contr. **dégrafeuse ;** fam. **débrocheuse** / ▶ ***brochure*** n. f. **1.** Décor d'un tissu broché. **2.** Petit ouvrage broché. *Une brochure de propagande. Brochure touristique.* ≠ *dépliant.* ‹ ▶ débrocher ›

brochet [bʀɔʃɛ] n. m. ■ Poisson osseux d'eau douce, étroit, élancé, au museau plat et pointu, armé de dents aiguës. *Quenelles de brochet.*

brochetterie [bʀɔʃɛtʀi] n. f. ■ Restaurant qui se spécialise dans la préparation de brochettes. ⇒ **grilladerie ; rotisserie.**

brocoli [bʀɔkɔli] n. m. ■ Variété de chou-fleur, vert et à longue tige. *Manger des brocolis avec du veau. Faire cuire du brocoli.*

brodequin [bʀɔdkɛ̃] n. m. ■ Chaussure montante de marche, lacée sur le cou-de-pied. ⇒ **godillot.** *Brodequins de soldat.*

broder [bʀɔde] v. • conjug. 1. **1.** V. tr. Orner (un tissu) de broderies. *Broder un napperon.* — Au p. p. adj. *Un mouchoir brodé.* — Exécuter en broderie. *Broder des initiales sur une chemise.* **2.** V. intr. Amplifier ou exagérer à plaisir. *Vous brodez, vous avez trop d'imagination ! Un petit fait sur lequel l'auteur a brodé.* ▶ ***broderie*** n. f. ■ Ouvrage consistant en points qui recouvrent un motif dessiné sur un tissu ou un canevas. *Un chemisier à broderies bleues.* — Art d'exécuter de tels ouvrages. — Commerce, industrie des brodeurs. ▶ ***brodeur, euse*** n. **1.** Ouvrier, ouvrière en broderie. **2.** N. f. Métier, machine à broder.

brome [bʀom] n. m. ■ Corps chimique simple, à odeur suffocante, que l'on extrait des eaux de la mer, des gisements salins. *Br est le symbole du brome.* ▶ ***bromure*** n. m. ■ Composé du brome avec un autre corps simple. *Le bromure d'argent est utilisé en photographie. Bromure de potassium,* ou absolt. *bromure,* puissant sédatif.

bronche [bʀɔ̃ʃ] n. f. ■ Chacun des deux conduits cartilagineux qui naissent à la bifurcation de la trachée-artère et se ramifient dans les poumons. ▶ ***bronchite*** [bʀɔ̃ʃit] n. f. ■ Inflammation de la muqueuse des bronches. ▶ ***broncho-*** [bʀɔ̃ko-] ■ Élément savant, signifiant « des bronches ». ▶ ***broncho-pneumonie*** n. f. ■ Inflammation du poumon (pneumonie) et des bronches.

broncher [bʀɔ̃ʃe] v. intr. • conjug. 1. ■ Dans une proposition négative. Réagir. *Elle n'a pas bronché. Sans broncher,* sans manifester d'opposition, sans murmurer ; sans paraître surpris.

bronco [bʀɔnko] ou [bʀɔ̃ko] n. m. ■ Cheval sauvage de l'Ouest canadien. *Des broncos.*

brontosaure [bʀɔ̃tozɔʀ] n. m. ■ Reptile fossile gigantesque (jusqu'à 40 m de long) herbivore, de l'ère secondaire.

bronze [bʀɔ̃z] n. m. **1.** Alliage de cuivre et d'étain. *Statue de bronze. Médaille de bronze. L'âge de bronze,* période préhistorique de diffusion de la technique du bronze (environ 2e millénaire av. J.-C.). — *Bronze d'aluminium,* alliage de cuivre et d'aluminium. **2.** Objet d'art (surtout sculpté) en bronze. — Médaille, monnaie de bronze antique. **3.** *De bronze,* qui a la dureté, la couleur, la patine du bronze. — Littér. Dur, insensible.

bronzer [bʀɔ̃ze] v. • conjug. 1. **1.** V. tr. Recouvrir de substances qui donnent l'aspect du bronze. **2.** Brunir (qqn) par les rayons du soleil, les rayons ultra-violets. ⇒ **hâler ;** fam. **griller.** *Une lampe à bronzer.* — Au p. p. adj. *Il est rentré de vacances tout bronzé.* **3.** V. intr. S'exposer au soleil pour brunir. *Bronzer au bord de la piscine. Une crème pour bronzer.* — Pronominalement. *Se bronzer au soleil.* ▶ ***bronzage*** n. m. **1.** Action de bronzer un métal. **2.** Le fait de brunir sous l'action du soleil. *Séance de bronzage.* — Son résultat. *Un beau bronzage.*

broquette [bʀɔkɛt] ou **braquette** [bʀakɛt] n. f. ■ Petit clou au bout très pointu et à tête aplatie. *Acheter des broquettes et des punaises.*

brossardois, oise [bʀɔsaʀdwa, waz] adj. et n. ■ De la ville de Brossard. — N. (Avec une majusc.) Personne née dans cette ville ou qui l'habite. *Les Brossardoises.*

brosse [bʀɔs] n. f. **1.** Ustensile de nettoyage, assemblage de filaments souples (poils, crins, fibres synthétiques) ajustés sur une monture. *Brosse à habits, à chaussures, à cheveux, à dents. Donner un coup de brosse à son pantalon,* le brosser. **2.** *Cheveux en brosse,* coupés court et droit comme les poils d'une brosse. *Porter la brosse,* les cheveux en brosse. **3.** Pinceau de peintre. *Peindre à la brosse.* **4.** Rangée de poils sur les pattes ou le torse de certains insectes (notamment pour amasser le pollen). **5.** Fig. Loc. fam. *Prendre une brosse,* s'enivrer, se soûler. ⇒ se **paqueter ; ballanne, cuite.** ▶ ***brosser*** v. tr. ▪ conjug. 1. **1.** Nettoyer, frotter avec une brosse. *Brosser ses dents. Elle s'est brossé les dents.* — Pronominalement. *Brosse-toi un peu avant de sortir,* brosse tes vêtements. **2.** Exécuter (un tableau) à la brosse. ⇒ **peindre.** — Loc. fig., *Brosser un portrait, un tableau (de qqch.),* dépeindre, représenter. *Elle nous a brossé un tableau de la situation.* **3.** Soccer. Frapper le ballon par le côté. ▶ ***brossage*** n. m. ■ Action de brosser. ▶ ***brosserie*** n. f. ■ Fabrication, commerce des brosses et ustensiles analogues (balais, plumeaux, etc.). ‹ ▶ balai-brosse, tapis-brosse ›

brou [bʀu] n. m. ■ Enveloppe verte de la noix (et de certains fruits à noyau). — BROU DE NOIX : teinture brune de menuisier, faite avec le brou de la noix.

broue [bʀu] n. f. **1.** Amas serré de bulles qui se forme à la surface des eaux agitées ⇒ **écume** ou qui s'accumule à la surface d'un autre liquide ⇒ ② **mousse.** — Mousse de savon. *L'enfant fait de la broue dans son bain.* **2.** Bulles de gaz accumulées à la surface d'un liquide sous pression. ⇒ ② **mousse.** *La broue de la bière.* **3.** Fig. Loc. fam. *Péter de la broue,* se vanter, étaler ses manières prétentieuses, s'écouter parler. — *Péteux* de broue.* ⇒ **vantard.**

brouette [bʀuɛt] n. f. ■ Petit véhicule à une roue, muni de deux barres, qui sert à transporter (à *brouetter*) des fardeaux à bras d'homme. *Brouette de jardinier.* ▶ ***brouettée*** n. f. ■ Charge, contenu d'une brouette. *Il a transporté trois brouettées de terre.*

brouhaha [bʀuɑ] n. m. ■ Bruit confus qui s'élève dans une foule. *Des brouhahas.*

brouillard [bʀujaʀ] n. m. ■ Phénomène naturel produit par des gouttes d'eau extrêmement petites qui flottent dans l'air près du sol et provoquent une diffusion intense de la lumière. ⇒ **brume.** *Brouillard épais qui rend la circulation dangereuse.* — Loc. *Être dans le brouillard,* ne pas voir clair dans une situation qui pose des problèmes. *Foncer dans le brouillard,* agir de manière déterminée, brutale, sans bien connaître la situation. ‹ ▶ antibrouillard ›

brouiller [bʀuje] v. tr. ▪ conjug. 1. **1.** Mêler en agitant, en dérangeant. — Au p. p. adj. *Œufs brouillés.* — *Brouiller les cartes,* battre les cartes ; fig. compliquer, obscurcir volontairement une affaire. *Brouiller les pistes,* faire perdre la trace, rendre les recherches difficiles. **2.** Rendre trouble. *La buée brouille les verres de mes lunettes.* — *Brouiller une émission de radio, de télévision,* empêcher qu'on la capte par brouillage. **3.** Rendre confus, embrouiller. *Vous me brouillez les idées.* — Confondre (des choses différentes). **4.** Désunir en provoquant une brouille. / contr. **réconcilier** / *Elle l'a brouillé avec sa famille.* — Au passif. *Ils sont brouillés.* Fam. *Il est brouillé avec les chiffres, avec la grammaire,* il n'y comprend pas grand-chose, il fait des fautes. **5.** Pronominalement. Devenir trouble, confus. *Sa vue se brouille. Le temps se brouille,* se gâte. — Cesser d'être ami. ⇒ se **fâcher.** *Elle s'est brouillée avec ses parents.* ▶ ***brouille*** n. f. ■ Mésentente survenant entre personnes qui entretenaient des rapports familiers ou affectueux. ⇒ **rupture.** *Leur brouille dure toujours.* ▶ ***brouillage*** n. m. ■ Trouble introduit (accidentellement ou délibérément) dans la réception des ondes de radio, de télévision, de radar. *Le brouillage des émissions clandestines.* ▶ ① ***brouillon, onne*** adj. ■ Qui mêle tout, n'a pas d'ordre, de méthode. ⇒ **confus, désordonné.** *C'est un esprit brouillon. Une activité brouillonne.* / contr. **méthodique, ordonné** / ▶ ② ***brouillon*** n. m. ■ Première rédaction d'une lettre, d'un écrit qu'on se propose de mettre au propre par la suite. *Un brouillon doit être recopié.* — *Un cahier de brouillon(s),* pour les brouillons. — Loc. adv. AU BROUILLON (opposé à *au propre*). *Fais ton problème au brouillon.* ‹ ▶ antibrouillard, brouillard, débrouillard, débrouiller, embrouiller ›

broum [bʀum] interj. ■ Onomatopée imitant l'accélération d'un moteur. ⇒ **vroum.**

broussaille [bʀusɑj] n. f. **1.** Au plur. Végétation touffue des terrains incultes (composée d'arbustes et de plantes épineuses). ⇒ **fardocher.** *Des ruines envahies par les broussailles.* **2.** *Cheveux en broussaille,* emmêlés et touffus. ⇒ **bataille.** ▶ ***broussailleux, euse*** adj. ■ Couvert de broussailles. — En broussaille. *Des cheveux, des sourcils broussailleux.* ‹ ▶ débroussailler, embroussaillé ›

brousse [bʀus] n. f. **1.** Région africaine éloignée des centres urbains et plus ou moins inculte. ⇒ **bled.** *Elle est perdue dans la brousse.* **2.** Type de végétation composée d'arbustes et dégradée des pays tropicaux. ‹ ▶ cambrousse ›

brouter [bʀute] v. ▪ conjug. 1. **1.** V. tr. (Bovidés) Manger en arrachant sur place (l'herbe, les pousses, les feuilles). ⇒ **paître.** **2.** V. intr. Se dit d'un outil tranchant ou d'un organe mécanique (embrayage) qui fonctionne par saccades (phénomène de *broutage*).

broutille [bʀutij] n. f. ■ Détail ou élément sans valeur, insignifiant. ⇒ **babiole, bricole, niaiserie.** *Ils se disputent toujours pour des broutilles.*

broyer [bʀwaje] v. tr. ▪ conjug. 8. **1.** Réduire en parcelles très petites, par pression ou choc. ⇒ **écraser, piler, triturer.** *Les molaires broient les aliments. Broyer les couleurs,* pulvériser les matières colorantes en les écrasant. — Loc. *Broyer du noir,* s'abandonner à des réflexions tristes, avoir le cafard. ⇒ avoir les **bleus.** **2.** Écraser. ⇒ fam. **écrabouiller, écrapoutir.** — Au p. p. adj. *Il a eu deux doigts broyés dans la machine.* ▶ ***broyage*** n. m. ■ Opération par laquelle on broie (1) qqch. ▶ ***broyeur, euse*** n. et adj. **1.** Ouvrier chargé du broyage. **2.** N. m. Machine à broyer. ⇒ **concasseur.** *Un broyeur à (d')ordures.* — *Un broyeur à déchets,* appareil ménager qui broie les déchets mous.

brrr [bʀʀ] interj. ■ S'emploie pour exprimer une sensation de frisson (froid, peur).

bru [bʀy] n. f. ■ Épouse d'un fils. ⇒ **belle-fille.** *Son gendre et sa bru. Des brus.*

bruant [bʀyɑ̃] n. m. ■ Petit passereau de la taille du moineau, nichant à terre ou très près du sol.

brugnon [bʀyɲɔ̃] n. m. ■ Variété de pêche à peau lisse comme la prune, à chair ferme et noyau adhérent.

bruine [bʀɥin] n. f. ■ Petite pluie très fine et froide, qui résulte de la condensation du brouillard. ⇒ **crachin.** ≠ *brume, embrun.* ▶ ***bruiner*** v. impers. ▪ conjug. 1. ■ Tomber de la bruine. *Il commence à bruiner.*

bruire [bʀɥiʀ] v. intr. ▪ conjug. 2. (sauf infinitif) ■ Littér. Rendre un son doux et confus. ⇒ **murmurer.** *Les* *feuilles bruissaient doucement.* ▶ ***bruissement*** n. m. ■ Littér. Bruit faible, confus et continu. ⇒ **frémissement, murmure.** *Bruissement d'étoffe.* ▶ ***bruit*** n. m. **1.** Ce qui, dans ce qui est perçu par l'oreille, n'est pas senti comme des paroles ou comme son musical. *Les bruits de la rue. Bruit de fond,* bruit qui se superpose à un dialogue. — (Sens collectif) *Faire du bruit, (beaucoup) trop de bruit.* ⇒ **chahut, tapage, vacarme ;** fam. ② **barda, boucan,** ③ **train.** / contr. **silence** / *La lutte contre le bruit. Il marchait sans bruit.* — Loc. *Faire du bruit,* avoir un grand retentissement. *Faire beaucoup de bruit pour rien.* **2.** Nouvelle répandue, propos rapportés dans le public. ⇒ **rumeur.** *Un bruit qui court.* ⇒ **on-dit.** *Des bruits de guerre. Des bruits de couloir. Un faux bruit,* une fausse nouvelle. **3.** Sciences. Tout phénomène se superposant à un signal et limitant la transmission de l'information. *Bruits sur un écran radar.* ▶ ***bruitage*** n. m. ■ Au théâtre, au cinéma, à la radio. Reconstitution artificielle des bruits naturels qui doivent accompagner l'action. ▶ ***bruiteur, euse*** n. ■ Spécialiste du bruitage. — REM. L'O.L.F. propose *bruiteuse* au féminin. ⟨ ▶ bruyant, ébruiter ⟩

brûler [bʀyle] v. ▪ conjug. 1. **I.** V. tr. **1.** Détruire par le feu. ⇒ **consumer, embraser, incendier.** *Il faut brûler tous ces vieux papiers, ces mauvaises herbes. Brûler un cadavre.* ⇒ **incinérer.** — Consumer pour le chauffage, la cuisine ou l'éclairage. *On a brûlé beaucoup de charbon cet hiver. Un appareil qui brûle peu d'électricité. Faire brûler un cierge à un saint, en reconnaissance.* — Loc. *Brûler les planches,* se dit d'un acteur qui joue avec une ardeur communicative. *Brûler ses dernières cartouches,* utiliser ses dernières chances, ses dernières cartes. **2.** Altérer par l'action du feu, de la chaleur, d'un caustique. *Tu as brûlé ta chemise en la repassant. La fumée me brûle les yeux.* — Sans compl. *Attention ! Ça brûle !* **3.** Fam. Griller. *La lampe est brûlée.* — Au p. p. adj. *Fusible brûlé.* **4.** Chauffer au point de donner une sensation de brûlure, d'irritation. *Le soleil brûle la peau.* **5.** Passer sans s'arrêter à (un point d'arrêt prévu). ⇒ ① **droit** (4), **griller** (I). *L'autobus a brûlé l'arrêt. Il a provoqué un accident en brûlant un feu rouge.* — Loc. *Brûler les étapes,* aller plus vite que prévu, se développer trop vite. **II.** V. intr. **1.** Se consumer par le feu. *Un bois qui brûle lentement. Sa maison a brûlé.* — Être calciné, cuire à feu trop vif. *Le rôti brûle.* ⇒ prendre au **fond.** — Flamber. *Le feu brûle dans la cheminée.* — Se consumer en éclairant, être allumé. *Ne laisse pas brûler l'électricité.* **2.** Être brûlant (2). *La gorge me brûle. Cette enfant brûle de fièvre.* — Être ardent. *Brûler d'impatience.* — BRÛLER DE (+ infinitif) : avoir un très vif désir de. *Elle brûle de lui parler.* **3.** À certains jeux ou devinettes. Être tout près de découvrir l'objet caché, la solution. *Vous brûlez.* **III.** SE BRÛLER. **1.** V. pron. réfl. S'infliger une brûlure partielle. *Elle s'est brûlée en allumant sa cigarette.* **2.** Réfl. indir. ; faux pronominal. Infliger involontairement une brûlure à une partie de son corps. *Elle s'est brûlé la main avec le fer à repasser.* — Loc. *Se brûler la cervelle,* se suicider d'un coup de feu. **3.** Fig. *Se brûler au travail,* s'exténuer. ▶ ***brûlé, ée*** adj. et n. **I.** Adj. **1.** Mort par le feu. *Elles sont mortes brûlées vives.* — Qui a brûlé. ⇒ **calciné, carbonisé.** *Un pain brûlé.* **2.** Fam. Qui a grillé. *Une ampoule brûlée.* **3.** Loc. fig. *Une tête brûlée, un cerveau brûlé,* un individu exalté, épris d'aventures et de risques. **4.** Dont l'activité clandestine est désormais connue de l'adversaire. *Notre réseau d'espionnage est brûlé.* **5.** Qui a perdu toute autorité, tout crédit. *Un homme politique aujourd'hui brûlé.* **II.** N. **1.** N. m. Odeur, goût d'une chose qui brûle ou a brûlé. *L'omelette sent le brûlé. Ça sent le brûlé.* — Loc. fam. *Ça sent le brûlé,* l'affaire tourne mal. ⇒ **roussi. 2.** BRÛLÉ ou BRÛLIS, n. m. Partie de forêt ravagée par un incendie. *Les bleuets poussent bien dans les brûlis.* — Terrain, champ dont on brûle les herbes et les broussailles pour le fertiliser ou pour préparer le sol à la culture. **3.** Personne atteinte de brûlures. *Un grand brûlé. Une brûlée.* ▶ ***brûlant, ante*** adj. **1.** Qui peut causer une brûlure, qui est excessivement chaud (opposé à *froid*). *Une casserole brûlante. Il boit son thé brûlant. Un soleil brûlant.* **2.** Qui éprouve une sensation de chaleur intense, de fièvre. *Elle a les mains brûlantes.* **3.** (Sujet, thème) Délicat, dangereux. *Un sujet d'actualité brûlant,* qui soulève les passions. **4.** (Personnes) Ardent, passionné. *Il était brûlant d'impatience, d'amour.* ▶ ***brûlage*** n. m. ■ *Brûlage des terres,* opération consistant à brûler les herbes sèches, les broussailles. *Brûlage des cheveux,* traitement consistant à en flamber la pointe. ▶ ***brûleur*** n. m. ■ Appareil destiné à mettre en présence un combustible et de l'air ou de l'oxygène afin de permettre et de régler la combustion à sa sortie. *Les brûleurs d'une cuisinière à gaz.* ▶ ***brûlot*** n. m. **1.** Petit moustique noir dont la piqûre provoque une sensation de brûlure suivie de démangeaisons. ⇒ **maringouin, mouche** noire. *Les pêcheurs tentaient de se protéger des brûlots qui arrivaient de partout.* **2.** Petit navire chargé de matières en flammes, qu'on lançait sur les bâtiments ennemis, pour les incendier. ▶ ***brûlure*** n. f. **1.** Lésion produite sur une partie du corps par l'action de la flamme, de la chaleur ou d'une substance corrosive. *Brûlures du premier, du deuxième, du troisième degré* (selon leur gravité). — Tache ou trou à l'endroit où une étoffe, un objet a brûlé. *Une brûlure de cigarette.* **2.** Sensation de chaleur intense, d'irritation dans l'organisme. *Des brûlures d'estomac.* ⇒ **aigreur.** — REM. Au sens 2, on dit aussi *des brûlements d'estomac.* ▶ ***brûle-gueule*** n. m. invar. ■ Fam. Pipe à tuyau très court. *Des brûle-gueule.* ▶ ***à brûle-pourpoint*** [abʀylpuʀpwɛ̃] loc. adv. ■ Après un verbe de déclaration. Sans préparation, brusquement. *Sa mère lui dit, lui lança à brûle-pourpoint...*

brume [bʀym] n. f. ■ Brouillard léger. *La brume du soir.* — Brouillard de mer. *Signal, corne de brume.* ≠ *bruine, embrun.* ▶ ***brumeux, euse*** adj. **1.** Couvert, chargé de brume. *Un temps brumeux.* **2.** Abstrait. Obscur, nébuleux. *Un raisonnement brumeux.* ⇒ **fumeux.** / contr. **clair** / ⟨ ▶ embrumer ⟩

brun, une [bʀœ̃, yn] adj. et n. **1.** Adj. De couleur sombre, entre le roux et le noir. ⇒ **bistre, marron, tabac.** *La couleur brune de la châtaigne. Du tabac brun. Une bière brune.* / contr. **blond** / *Des cheveux bruns.* — (Personnes) Qui a les cheveux bruns. *Elle est brune.* **2.** N. Personne qui a les cheveux bruns. *Un petit brun. Une belle brune.* ⇒ **brunette. 3.** N. m. Cette couleur. *Un brun clair. Des bottes brun foncé.* — Substance de cette couleur en peinture. **4.** N. f. *Une brune,* une cigarette brune. — Une bière brune. *Il boit des brunes* (opposé à *blonde*). ▶ ***brunâtre*** adj. ■ Tirant sur le brun. ▶ ***brunette*** n. f. ■ Fille brune. ▶ ***brunir*** v. ▪ conjug. 2. **I.** V. tr. Rendre brun. *Le soleil brunit la peau.* ⇒ **bronzer, hâler. II.** V. intr. Devenir brun, prendre une teinte brune. *Vous avez bruni.* ⇒ **bronzer.** ⟨ ▶ brunante, se rembrunir ⟩

brunante [bʀynɑ̃t] n. f. ■ *À la brunante,* au crépuscule, à la tombée de la nuit. *Ils se sont donné rendez-vous à la brunante* (→ entre chien* et loup).

brunch [bʀɔnʃ] n. m. ■ Anglic. Repas combinant le déjeuner et le dîner et qui consiste généralement en un buffet pris en groupe. ⇒ **lunch.** *Le brunch est très populaire le dimanche. Des brunchs* ou *des brunches. Des brunchs-bénéfices*.* — L'ensemble des mets qui composent ce repas. ▶ ***bruncher*** v. intr. ▪ conjug. 1. ■ Prendre le brunch. *Ils iront bruncher au restaurant en fin de semaine.* ▶ ***bruncheur, euse*** n. ■ Personne qui prend le brunch.

brushing [bʀɔʃiŋ] n. m. ■ Anglic. Mise en plis où les cheveux mouillés sont travaillés à la brosse ronde et au séchoir à main. *Des brushings. Elle s'est fait faire un brushing.* — REM. En France, ce mot est un nom de marque déposée.

brusque [bʀysk] adj. **1.** Qui agit avec une certaine rudesse, sans ménagements. ⇒ **brutal, rude, sec.** / contr. **doux** / *Vous avez été trop brusque avec elle.* **2.** Qui est soudain, que rien ne prépare, ni ne laisse prévoir. ⇒ **inattendu, subit.** *Le brusque retour du froid.* ▸ ***brusquement*** adj. ■ D'une manière brusque, soudaine. *La crise a éclaté brusquement.* ⇒ **brutalement.** ▸ ***brusquer*** v. tr. ▪ conjug. 1. **1.** Traiter d'une manière brusque, sans se soucier de ne pas heurter. *Vous avez tort de brusquer cet enfant.* ⇒ **bardasser, bourrasser, malmener. 2.** Précipiter (ce dont le cours est normalement lent, ou l'échéance éloignée). ⇒ **hâter.** *Il faut brusquer le dénouement. Ne rien brusquer.* — Au p. p. adj. *Une attaque brusquée,* décidée et exécutée soudainement. ▸ ***brusquerie*** n. f. ■ Façons brusques dans le comportement envers autrui. ⇒ **rudesse.** / contr. **douceur** / *Il le traite avec brusquerie.*

brut, ute [bʀyt] adj. **1.** Qui est à l'état naturel, n'a pas encore été façonné ou élaboré par l'homme. ⇒ **naturel, sauvage.** *Un diamant encore brut,* non taillé, non poli. *Pétrole brut,* non raffiné. — N. m. *Le prix du brut,* du pétrole brut. **2.** Qui résulte d'une première élaboration (avant d'autres transformations). *Toile brute.* ⇒ **écru.** *Champagne brut,* à faible teneur en sucre. **3.** Qui n'a subi aucune élaboration intellectuelle, est à l'état de donnée immédiate. *Tel est le fait brut. À l'état brut.* **4.** Dont le montant est évalué avant déduction des impôts, taxes et frais divers. *Salaire, bénéfice brut. Produit national brut.* — Adv. *Cela produira brut environ vingt mille dollars. Poids brut,* poids total, y compris l'emballage ou le véhicule de transport. / contr. **net** /

brutal, ale, aux [bʀytal, o] adj. **1.** (Personnes) Qui use volontiers de violence, du fait de son tempérament rude et grossier. / contr. **doux** / *Un gardien brutal.* **2.** (Actes) Qui est sans ménagement, ne craint pas de choquer. *Une franchise brutale. Des manières brutales.* ⇒ **brusque. 3.** (Choses) Qui est brusque et violent. *Le choc a été brutal.* ▸ ***brutalement*** adv. **1.** D'une manière brutale, avec brutalité. *Elle a agi brutalement.* **2.** Avec soudaineté, de manière imprévisible. *Il est mort brutalement.* ▸ ***brutaliser*** v. tr. ▪ conjug. 1. ■ Traiter d'une façon brutale. ⇒ **bourrasser, maltraiter.** *Il se plaint qu'on l'ait brutalisé pendant son interrogatoire.* — Fam. *Il ne faut pas me brutaliser,* me brusquer. ▸ ***brutalité*** n. f. **1.** Caractère d'une personne brutale. / contr. **douceur** / *Il s'exprime avec brutalité.* **2.** Au plur. Acte brutal, violence. *Victime de brutalités policières.* ⇒ **sévices. 3.** Caractère inattendu et violent. *Étourdi par la brutalité du choc.* — Fig. *La brutalité d'une description.*

brute [bʀyt] n. f. **1.** Littér. L'animal considéré dans ce qu'il a de plus éloigné de l'homme. ⇒ **bête. 2.** Personne grossière, sans esprit. *Il ne comprend rien, c'est une brute,* fam. *une brute épaisse.* **3.** Personne brutale, violente. *Grosse brute ! Il frappe comme une brute.* ⟨ ▸ abrutir, brutal ⟩

bruyant, ante [bʀɥijɑ̃, ɑ̃t] adj. **1.** Qui fait beaucoup de bruit. *Une voiture bruyante. Des enfants bruyants.* **2.** Où il y a beaucoup de bruit. *Une rue bruyante.* / contr. **calme, silencieux, tranquille** / ▸ ***bruyamment*** adv. **1.** D'une manière bruyante. *Tu pourrais te moucher moins bruyamment.* **2.** En faisant grand bruit, bien haut. *Ils ont protesté bruyamment.*

bruyère [bʀy(ɥi)jɛʀ] n. f. **1.** Petit arbrisseau des landes à petites fleurs rouge violacé. *Nous marchions dans les bruyères.* — Racine de cette plante. *Une pipe de bruyère.* **2.** Lieu où pousse cette plante. ⇒ **lande.**

bruxellois, oise [bʀysɛlwa, waz] adj. et n. ■ De la ville de Bruxelles en Belgique. *Une société bruxelloise.* — N. (Avec une majusc.) Personne née dans cette ville ou qui l'habite. *Une Bruxelloise d'adoption.*

B.S. [beɛs] n. m. invar. **1.** Abrév. fam. de *bien-être* social. S'inscrire au B.S. Aller au B.S.,* au ministère de la Santé et du Bien-être social. — Loc. *Être sur le B.S., vivre du B.S.,* bénéficier de l'aide sociale. ⇒ **bien-être. 2.** Péj. Assisté social. *Une association de B.S.*

bu, bue p. p. ⇒ **boire.**

buanderie [byɑ̃dʀi] n. f. **1.** Vieilli. Pièce d'une maison, d'un immeuble, aménagée pour faire le lavage. ⇒ **blanchisserie,** salle de **lavage.** *Descendre le panier de linge sale à la buanderie.* **2.** Fam. Blanchisserie. ⇒ **nettoyeur.** *Aller porter ses vêtements à la buanderie.*

bubon [bybɔ̃] n. m. ■ Inflammation et gonflement des ganglions lymphatiques, dans certaines maladies (syphilis, peste, etc.).

buccal, ale, aux [bykal, o] adj. ■ Didact. Qui appartient, a rapport à la bouche. *La cavité buccale.*

buccin [byksɛ̃] n. m. **1.** Gros mollusque gastéropode des côtes de l'Atlantique. ⇒ **escargot** de mer. **2.** Ancienne trompette romaine.

bûche [byʃ] n. f. **1.** Morceau de bois de chauffage, de grosseur variable. *Mettre une bûche dans la cheminée.* — Loc. fam. *Se tirer une bûche,* une chaise, pour pouvoir jaser, discuter. **2.** *Bûche (de Noël),* pâtisserie en forme de bûche spécialement faite pour les fêtes de fin d'année. *Une bûche aux confitures.* ▸ ***bûchette*** n. f. ■ Petit morceau de bois sec. ▸ ① ***bûcher*** n. m. ■ Amas de bois sur lequel on brûlait les morts ou les condamnés au supplice du feu, les livres interdits. *Jeanne d'Arc fut brûlée vive sur un bûcher.* ▸ ② ***bûcher*** [byʃe] v. tr. ▪ conjug. 1. **1.** Abattre des arbres, couper du bois avec une hache ou une scie manuelle. *Il bûche des épinettes.* — V. intr. *Ils sont partis bûcher dans la montagne.* **2.** Fig. Fam. Étudier, travailler avec acharnement. *Il bûche son droit.* ⇒ fam. ② **plancher, bosser, clencher, piocher.** — Sans compl. *Elle a bûché ferme.* ▸ ***bûcheur*** ou ***bucheux, euse*** n. et adj. ■ Personne qui étudie, travaille avec acharnement. ⇒ **bosseur, travailleur.** / contr. **paresseux** / — Adj. *Elle est plus bûcheuse que lui.* ▸ ***bûcheron, onne*** n. ■ Personne dont le métier est d'abattre du bois, des arbres dans une forêt.

bucolique [bykɔlik] n. f. et adj. **1.** N. f. Poème pastoral, églogue, idylle. **2.** Adj. Qui concerne, évoque la poésie pastorale. *Un poète bucolique.* **3.** Adj. Qui a rapport à la vie de la campagne. *Une scène bucolique.*

budget [bydʒɛ] n. m. **1.** Acte par lequel sont prévues et autorisées les recettes et les dépenses annuelles de l'État ou des autres services assujettis aux mêmes règles. *Le budget de l'État, d'une municipalité. Le discours, le vote du budget. Les dépenses inscrites au budget* (ou *budgétées* ou *budgétisées*). **2.** Revenus et dépenses d'une famille, d'un groupe. *Ils n'arrivent pas à boucler leur budget,* à joindre les deux bouts. ▸ ***budgétaire*** adj. ■ Qui a rapport au budget. *Les prévisions budgétaires.* ▸ ***budgéter*** v. ▪ conjug. 6. ou ***budgétiser*** v. ▪ conjug. 1. **1.** V. tr. Inscrire (une dépense, une recette, etc.) au budget. **2.** V. intr. Déterminer les prévisions budgétaires, établir un budget. *Nous avons budgété pour un an.* — V. tr. Prévoir un budget pour qqch. *Elle budgète l'achat d'un appartement.*

buée [bɥe] n. f. ■ Vapeur qui se dépose en fines gouttelettes formées par condensation. *Des vitres couvertes de buée.* ‹ ▶ buanderie, embuer ›

buffet [byfɛ] n. m. **1.** Meuble servant à ranger la vaisselle, l'argenterie, le linge de table, certaines provisions. ⇒ **bahut.** *Buffet de salle à manger.* **2.** Table où sont servis des plats, des pâtisseries, des rafraîchissements ; l'ensemble de ces mets et boissons. ⇒ **lunch.** *Préparer un buffet. Nous sommes invités à un buffet chaud.* **3.** (France) *Buffet de gare,* café-restaurant installé dans les gares importantes. ⇒ **buvette.** **4.** *Buffet d'orgue,* sa menuiserie. **5.** Fam. Ventre, estomac. *Il n'avait rien dans le buffet,* rien mangé. ⇒ fam. ① **bide.**

buffle [byfl] n. m. ■ Mammifère ruminant, voisin du bœuf, dont il existe plusieurs espèces en Afrique et en Asie. — Sa peau. *Sac en buffle.* — REM. Le féminin de *buffle* est *buflonne* [byflɔn].

bugle [bɔgl] n. m. ■ Instrument à vent (cuivre), utilisé notamment dans la musique militaire.

building [bildiŋ] n. m. ■ (Surtout en France) Anglic. Vaste immeuble moderne, à nombreux étages. ⇒ **gratte-ciel,** ① **tour.** *Des buildings.*

buis [bɥi] n. m. invar. **1.** Arbuste à petites feuilles persistantes vert foncé, souvent employé en bordures dans les jardins. *Buis bénit,* qu'on bénit le jour des Rameaux. — Bois jaunâtre, dense et dur de cette plante. *Un couvert à salade en buis.* **2.** If du Canada.

buisson [bɥisɔ̃] n. m. **1.** Bouquet d'arbrisseaux sauvages. *Un buisson de houx.* **2.** Mets arrangé en forme de pyramide hérissée d'épines. *Buisson d'écrevisses.* ▶ ***buissonneux, euse*** adj ■ Couvert de buissons, fait de buissons. ‹ ▶ buissonnière ›

buissonnière [bɥisɔnjɛʀ] adj. f. ■ *Faire l'école buissonnière,* flâner, se promener au lieu d'aller en classe ; ne pas aller travailler.

bulbe [bylb] n. m. **1.** Organe souterrain rempli de réserves nutritives grâce auxquelles la plante reconstitue chaque année ses parties aériennes. *Les plantes à bulbes : lis, glaïeul, tulipe, etc.* ⇒ **oignon.** **2.** Renflement arrondi et globuleux de certains organes. *Le médecin examine le bulbe de l'œil.* **3.** Coupole, dôme, en forme de bulbe végétal. *Les bulbes d'une église russe.*

bulgare [bylgaʀ] adj. et n. **1.** De Bulgarie. *Yogourt bulgare.* — N. (Avec une majusc.) *Les Bulgares.* **2.** N. m. *Le bulgare,* une langue slave.

bull-dog ou ***bulldog*** [buldɔg] n. m. ■ Chien anglais de taille moyenne, à poil ras, très musclé et très robuste. *Des bulldogs.* ≠ *bouledogue.*

bulldozer [buldozœʀ] n. m. ■ Anglic. Engin sur tracteur à chenilles très puissant, utilisé dans les travaux de terrassement. ⇒ **bélier** mécanique. *Des bulldozers.* — REM. L'O.L.F. propose *bouteur* pour remplacer ce terme. — Loc. fig. *C'est un vrai bulldozer,* une personne active et brutale. — Abrév. fam. Bull ou Boule, n. m. *Passer le boule. Des bulls.*

① ***bulle*** [byl] n. f. ■ Lettre patente du pape, désignée par les premiers mots du texte (ex. : *bulle Unigenitus*), et contenant ordinairement une constitution générale. *Une bulle d'excommunication.*

② ***bulle*** n. f. **1.** Petite sphère remplie d'air ou de gaz qui s'élève à la surface d'un liquide en mouvement, en effervescence, en ébullition. ⇒ fam. **balloune.** *Liquide qui fait des bulles.* ⇒ **effervescent, gazeux, pétillant.** — Sphère formée d'une pellicule de liquide remplie d'air, pouvant se tenir en suspension dans l'air. *Des bulles de savon.* — Adj. invar. *Du papier bulle.* **2.** Globule gazeux qui se forme dans une matière en fusion. *Les bulles du verre.* **3.** Espace, délimité par une ligne courbe fermée à côté de la bouche d'un personnage de bande dessinée, qui contient ses paroles ou ses pensées. ⇒ **phylactère.** *Les bulles d'une b. d.* **4.** Enceinte stérile dans laquelle on place dès leur naissance les enfants présentant un déficit immunitaire.

bulletin [byltɛ̃] n. m. **1.** Information émanant d'une autorité, d'une administration, et communiquée au public. ⇒ **communiqué.** *Le bulletin météorologique. Bulletin de santé,* par lequel les médecins rendent compte de l'état de santé d'un personnage important. — *Bulletin (scolaire),* rapport des professeurs et de l'administration, contenant un relevé des notes d'un élève, des remarques sur son travail et sur son comportement scolaires ainsi qu'un rapport d'assiduité. — Article de journal résumant et commentant des nouvelles dans un certain domaine. *Bulletin de l'étranger.* — Titres de certaines revues. **2.** *Bulletin de nouvelles* ou *bulletin d'information,* nouvelles brèves ou résumées, présentées à la radio ou à la télévision. ⇒ **radiojournal, téléjournal.** — *Bulletin spécial,* qui concerne une nouvelle très importante, et qui est diffusé à n'importe quel moment de la journée, même pendant une émission régulière. **3.** Certificat ou récépissé délivré à un usager. ⇒ ② **reçu.** *Bulletin de bagages, de consigne.* **4.** *Bulletin de vote,* papier indicatif d'un vote, que l'électeur dépose dans l'urne. *Bulletin nul,* irrégulier (par modification, etc.). *Bulletin blanc,* vierge (en signe d'abstention).

bum ou ***bomme*** [bɔm] n. m. ■ Fam. Voyou, vaurien. ⇒ **blouson** noir. *Une gagne de bums. Un petit bum,* un jeune voyou. ⇒ **délinquant.** — *Maudit bum !* Exclamation adressée à qqn qui fait mal à une autre personne, qui l'agresse ou la blesse. ▶ ***bummer*** ou ***bommer*** v. ▪ conjug. 1. Fam. **1.** V. tr. Quêter, demander, prendre qqch. ⇒ fam. **seiner.** *Bummer un trente-sous, une cigarette.* **2.** V. intr. Traîner, se promener un peu partout sans rien faire mais en recherchant des petits profits de toutes sortes.

bungalow [bɔngalo] n. m. **1.** Anglic. Maison indienne ① basse entourée de vérandas. **2.** Maison unifamiliale* à un étage. *Une rangée de bungalows.* ⇒ anglic. **cottage.** **3.** (France) Petit pavillon en rez-de-chaussée. *Des bungalows.*

bunker [bɔnkɛʀ] n. m. ■ Casemate construite par les Allemands pendant la Seconde Guerre mondiale. — Construction souterraine très protégée. *Des bunkers.*

buraliste [byʀalist] n. ■ (France) Personne préposée à un bureau de recette, de timbre, de poste. — Personne qui tient un bureau de tabac.

bure [byʀ] n. f. ■ Grossière étoffe de laine brune. — Vêtement de cette étoffe.

bureau [byʀo] n. m. **I. 1.** Table sur laquelle on écrit, on travaille ; meuble à tiroirs et à tablettes où l'on peut enfermer des papiers, de l'argent. ⇒ **secrétaire.** *Être assis à, derrière son bureau. Des lampes de bureau.* — *Déposer un projet sur le bureau d'une assemblée,* sur le bureau devant lequel est assis le président. **2.** Meuble de chambre dans lequel on range des vêtements, des objets. ⇒ ② **commode.** *Deux tables de nuit et un bureau.* **3.** Pièce où est installée la table de travail, avec les meubles indispensables (bibliothèque, classeurs, etc.). ⇒ **cabinet.** *Il est convoqué dans le bureau du directeur.* **4.** Lieu de travail des employés (d'une administration, d'une entreprise). *Les bureaux du gouvernement, d'une société. Employé de bureau.*

Aller au bureau, à son bureau. — ÉDIFICE À BUREAUX : immeuble dans lequel il n'y a que des bureaux. — Établissement ouvert au public et où s'exerce un service d'intérêt collectif. *Bureau de poste, bureau de change.* — (France) BUREAU DE TABAC : où se fait la vente du tabac. ⇒ **tabagie.** — Guichet. *Bureau de location d'un théâtre.* **5.** Service (assuré dans un bureau). *Un bureau d'études, un bureau d'avocate. Bureau de placement, d'aide sociale.* — *Faire du bureau,* recevoir les clients, les consultants, les patients, etc. *Tous les après-midi, l'avocate fait du bureau. Les heures de bureau d'un médecin.* ⇒ **consultation. II. 1.** Ensemble des employés travaillant dans un bureau. *Un party de bureau.* **2.** Membres d'une assemblée, d'un parti, élus par leurs collègues pour diriger les travaux, mener l'action. *Élire, renouveler le bureau. Le bureau politique. Le Bureau du Premier ministre.* **3.** *Bureau de scrutin* ou *bureau de vote,* lieu où les électeurs vont pour voter. *Le bureau de vote est installé dans le gymnase de la polyvalente.* **4.** Groupe de délégués chargés d'étudier une question. ⇒ **comité, commission.** ▶ ***bureaucratie*** n. f. **1.** Pouvoir politique des bureaux ; influence abusive de l'administration. **2.** L'ensemble des fonctionnaires considérés du point de vue de leur pouvoir dans l'État. ▶ ***bureaucratique*** adj. ■ Propre à la bureaucratie. *Une société bureaucratique.* ▶ ***bureaucrate*** n. ■ Fonctionnaire qui attribue une importance exagérée à sa fonction et abuse de son pouvoir sur le public. — Péj. Employé de bureau. ▶ ***bureautique*** n. f. ■ Application de l'informatique aux travaux de bureau. ‹ ▶ buraliste ›

burette [byʀɛt] n. f. **1.** Flacon destiné à contenir les saintes huiles, ou l'eau et le vin de la messe. **2.** Petit flacon à goulot. *Les burettes d'un huilier.* **3.** Récipient à tubulure pour verser un liquide. *Burette (de mécanicien),* pour verser l'huile de graissage. ⇒ **huilier.**

burin [byʀɛ̃] n. m. **1.** Ciseau d'acier qui sert à graver. *Une gravure au burin.* — Cette gravure. **2.** Ciseau d'acier (souvent mécanique) pour couper les métaux, dégrossir les pièces. ▶ ***buriner*** v. tr. ▪ conjug. 1. ■ Graver au burin. — Travailler les métaux au burin. ▶ ***buriné, ée*** adj. ■ (Visage, traits) Marqué et énergique. *Il a les traits burinés depuis sa maladie.*

burlesque [byʀlɛsk] adj. **1.** D'un comique extravagant et déroutant. ⇒ **bouffon.** *Un accoutrement burlesque. Film burlesque.* — Tout à fait ridicule et absurde. ⇒ **grotesque, loufoque.** *Quelle idée burlesque !* **2.** *Le genre burlesque,* ou *le burlesque,* genre littéraire parodique, à la mode au XVIIe s. ; genre comique du cinéma.

burnous [byʀnu(s)] n. m. invar. **1.** Grand manteau de laine à capuchon et sans manches que portent les Arabes. **2.** (France) Manteau de bébé, très enveloppant, à capuchon et sans manches.

burn(-)out [bœʀnawt] n. m. invar. ■ Anglic. Ensemble des troubles résultant d'un surmenage ou d'un épuisement professionnel. *Souffrir de(d'un) burn-out.*

bus [bys] n. m. invar. ■ Fam. Autobus. *Elle prend le bus tous les jours.* ‹ ▶ abribus, bibliobus, minibus, trolleybus ›

① ***buse*** [byz] n. f. **1.** Oiseau rapace diurne, aux formes lourdes, qui se nourrit de rongeurs. **2.** (Surtout en France) Fam. Personne sotte et ignorante. *Triple buse !* ▶ ***busard*** n. m. ■ Oiseau rapace diurne, à longues ailes et longue queue.

② ***buse*** n. f. ■ Conduit, tuyau. *Une buse de carburateur.*

busqué, ée [byske] adj. ■ (Nez) Qui présente une courbure convexe.

buste [byst] n. m. **1.** Partie supérieure du corps humain, de la tête à la ceinture. ⇒ **torse.** *Il marchait en redressant le buste.* — Spécialt. Poitrine de la femme. *Elle a un buste menu.* **2.** Portrait sculpté représentant la tête et une partie des épaules, de la poitrine, souvent sans les bras. *Un buste antique.* ▶ ***bustier*** n. m. ■ Soutien-gorge sans bretelles qui maintient le buste jusqu'à la taille.

but [by] n. m. **1.** Point visé, objectif. ⇒ **cible.** *Atteindre, toucher le but.* — Loc. adv. *De but en blanc* [dəbytɑ̃blɑ̃], directement, sans préparation, brusquement. *On lui a posé la question de but en blanc.* **2.** Point que l'on se propose d'atteindre. ⇒ **terme.** *Le but d'une expédition. Elle erre sans but.* **3.** Sports (hockey, soccer, hand-ball...). Espace rectangulaire situé à chaque extrémité d'une surface de jeu et généralement délimité par un filet ④ en forme de cage dans laquelle l'équipe qui attaque doit faire pénétrer la rondelle, le ballon... pour marquer un point. *Le joueur a raté le but.* — Point marqué quand la rondelle, le ballon... franchit la limite du but. *Il a compté deux buts. Gagner par trois buts à un.* — Baseball, balle-molle. Chacun des coussins de sable qui délimite trois des angles du tracé carré du champ* intérieur (le dernier angle étant le marbre*) et que le joueur essaie d'atteindre lorsqu'il frappe la balle. *Il contourne les buts. Le premier, le deuxième, le troisième but,* les joueurs qui occupent ces positions. — *Un but sur balles,* le droit pour un frappeur de se rendre au premier but après avoir reçu quatre balles lors d'une présence au bâton. **4.** Abstrait. Ce que l'on se propose d'atteindre, ce à quoi l'on tente de parvenir. ⇒ **dessein, fin, intention, objectif.** *Elle s'est fixé un but. Nous avons pour but, notre but est de...* — Loc. *Toucher au but,* être près de réussir. *Aller droit au but,* directement, sans hésiter. — Loc. prép. (critiquée) *Dans le (un) but de,* dans le dessein, avec l'intention de. ≠ *butte.* ‹ ▶ buteur, rebuter ›

butane [bytan] n. m. ■ Hydrocarbure saturé, gazeux et liquéfiable, employé comme combustible. *Une bouteille, une bonbonne de butane.* — En appos. *Gaz butane.*

① ***buter*** [byte] v. ▪ conjug. 1. **I.** V. intr. **1.** Heurter le pied (contre qqch. de saillant). *Il a trébuché après avoir buté contre une pierre* ou *sur une pierre.* — Fig. Se heurter (à une difficulté). *Elle a buté sur ce problème.* **2.** S'appuyer, être calé. ⇒ **accoter.** *La poutre bute contre le mur.* **II.** V. pron. réfl. **1.** Se heurter à (qqn, qqch.). *Ils se sont butés aux traditions.* **2.** S'entêter, être buté. ⇒ se **braquer.** *Il se bute souvent.* ≠ *butter.* ▶ ***buté, ée*** adj. ■ Entêté dans son opinion, dans son refus de comprendre. ⇒ **têtu.** — Qui exprime cet entêtement. *Un visage buté.* ▶ ***butée*** n. f. **1.** Massif de pierre destiné à supporter une poussée. — Culée d'un pont. **2.** Organe, pièce mécanique supportant un effort axial. *La butée d'une porte.* ‹ ▶ butoir, culbuter ›

② ***buter*** ou ***butter*** v. tr. ▪ conjug. 1. ■ (France) Fam. Tuer par assassinat. ⇒ ① **descendre** (III). *Il s'est fait buter.*

buteur, euse [bytœʀ, øz] n. ■ Joueur (hockey, soccer...) très habile pour marquer des buts. ⇒ **compteur, marqueur.**

butin [bytɛ̃] n. m. **1.** Ce qu'on prend aux ennemis, pendant une guerre, après la victoire. **2.** Produit d'un vol, d'un pillage. *Le voleur surpris a dû abandonner son butin. Ils se sont partagé le butin.* **3.** Produit, récolte qui résulte d'une recherche. *Notre butin est bien maigre !*

butiner [bytine] v. ▪ conjug. 1. **1.** V. intr. (Abeille) Visiter les fleurs pour y chercher la nourriture de la ruche. **2.** V. tr. Trouver çà et là. *Butiner des renseignements.* ⇒ **glaner.**

butoir [bytwaʀ] n. m. ■ Pièce ou dispositif servant à arrêter. *Butoir de chemin de fer,* placé à l'extrémité d'une voie de garage. ≠ *boutoir.*

① ***butor*** [bytɔʀ] n. m. ■ Héron au plumage fauve et tacheté, vivant dans les marais. *Le butor d'Amérique.* ⇒ **couac.**

② ***butor*** n. m. ■ Grossier personnage, sans finesse ni délicatesse. ⇒ **goujat, malappris.** — REM. Le féminin de *butor* est *butorde* (rare).

butte [byt] n. f. **1.** Tertre naturel ou artificiel où l'on adosse la cible. *Butte de tir.* ≠ *but.* — ÊTRE EN BUTTE À : être exposé à (comme si l'on servait de cible). *Elle est en butte à de nombreuses tracasseries.* **2.** Petite éminence de terre, petite colline. ⇒ **monticule, tertre.** *La butte Montmartre* ou *la Butte, à Paris. Un button rocheux.* — REM. Au sens 2, on emploie aussi *button,* n. m. ► ① ***butter*** v. tr. ▪ conjug. 1. ■ Garnir (une plante) de terre qu'on élève autour du pied (opération dite *buttage*). *Butter des pommes de terre.*

② ***butter*** v. tr. ⇒ ② **buter.**

butyr(o)- ■ Élément signifiant « beurre » (ex. : *butyreux,* qui a l'apparence, la consistance du beurre).

buvable [byvabl] adj. **1.** Qui peut se boire. *Ce vin est à peine buvable. Ampoule buvable* (opposé à *injectable*). **2.** Acceptable. ⇒ **potable.** *Un roman buvable.* ‹ ► imbuvable ›

buvard [byvaʀ] n. m. ■ Papier qui boit l'encre. — Dispositif muni de ce papier, pour sécher l'encre. En appos. *Tampon buvard.*

buvette [byvɛt] n. f. ■ (France) Petit local ou comptoir où l'on peut boire. *La buvette d'une gare.* ⇒ **buffet.**

buveur, euse [byvœʀ, øz] n. **1.** Personne qui aime boire du vin, des boissons alcoolisées. ⇒ **alcoolique.** *Une binette de buveur. Un grand, un gros buveur.* **2.** Personne qui est en train de boire. *Les buveurs à la terrasse d'un café.* — Personne qui a l'habitude de boire (telle ou telle boisson). *Les buveurs de bière, d'eau...*

byzantin, ine [bizɑ̃tɛ̃, in] adj. et n. **1.** De Byzance (ancien nom de Constantinople, aujourd'hui Istanbul). *Empire byzantin,* Empire romain d'Orient (fin IVe s. -1453). *L'art byzantin,* de l'Empire byzantin. **2.** Qui évoque, par son excès de subtilité, par son caractère formel et oiseux, les disputes théologiques de Byzance. *Des discussions, des querelles byzantines.* — N. *Une Byzantine.*

C

c [se] n. m. invar. ■ Troisième lettre, deuxième consonne de l'alphabet, servant à noter les sons [s] *(céleste, cymbale)* ou [k] *(car, court).* — REM. C cédille (ç) se prononce toujours [s] : *garçon, façade.* CH se prononce [ʃ] : *chanson, chemin* ou [k] : *chlore, chrême.* — Sports. Abréviation de *capitaine. Il porte le C du capitaine sur son chandail.* — *C* (majuscule), chiffre romain (cent). — Symbole du degré Celsius (°*C*). ⟨ ▶ abc ⟩

ça [sa] pronom dém. **1.** Fam. Cela, ceci. *Il ne manquait plus que ça. À part (de) ça.* — *C'est comme ça,* c'est ainsi. *Il y a de ça,* c'est assez vrai. *Pour ça, tu as raison,* à ce sujet. *« Ça va ? - Comme ci, comme ça »,* ni bien ni mal. *Comme ça, vous ne restez pas ? Ça a marché. Prends-le, sans ça, je le donne au suivant,* sinon. — (Personnes) *Les enfants, ça grandit vite.* **2.** (Pour marquer l'approbation) *C'est ça !* ⇒ **voilà.** — (Pour marquer l'indignation, l'étonnement, la surprise) *Ah, ça, alors !*

çà [sa] adv. de lieu. ■ ÇÀ ET LÀ : de côté et d'autre. *Quelques arbres sont plantés çà et là.* — Interj. *Ah çà, encore vous !* ⟨ ▶ en deçà ⟩

① ***cabale*** [kabal] n. f. **1.** Entente secrète de plusieurs personnes (dirigée contre qqn, qqch.). ⇒ **complot, conjuration, conspiration.** *Faire, monter une cabale contre qqn.* **2.** Personnes qui forment une cabale. ⇒ **bande, clique, faction, ligue ;** fam. **gagne. 3.** Fam. Propagande politique faite à domicile pour un candidat à une élection ou en faveur d'un parti. ⇒ **sollicitation.** *Les bleus ont commencé leur cabale.*

② ***cabale*** ou ***kabbale*** n. f. **1.** Tradition juive donnant une interprétation cachée de l'Ancien Testament. ⇒ **ésotérisme. 2.** Science prétendant faire communiquer des êtres humains avec des êtres surnaturels. ⇒ **magie, occultisme.** ▶ ***cabalistique*** adj. **1.** Qui a rapport à la science occulte. ⇒ **ésotérique, magique.** *Termes cabalistiques.* **2.** Mystérieux, incompréhensible. *Des caractères, des signes cabalistiques.*

caban [kabɑ̃] n. m. **1.** Grande veste de laine des marins. **2.** Longue veste croisée à manches longues et à capuchon. ⇒ **vareuse.** *Des cabans bleu marine.*

cabane [kaban] n. f. **1.** Petite habitation grossièrement construite ; abri sommaire. *Les enfants ont construit une cabane en branches.* ⇒ **baraque, bicoque, cahute, case, hutte.** *Une cabane en planches.* **2.** *Cabane à lapins,* pour élever des lapins. ⇒ **clapier.** *Cabane à moineaux. Cabane à chien.* ⇒ **niche. 3.** CABANE (À SUCRE) : bâtiment construit dans une érablière et où l'on prépare les produits de l'érable (sucre, sirop, tire, etc.). ⇒ **sucrerie.** *Il a une cabane à sucre dans la Beauce.* **4.** Fam. *Mettre qqn en cabane,* en prison. ⇒ fam. **taule.** — *La chicane est prise dans la cabane,* dans la maison. — Iron. *Habiter une grosse cabane,* une maison chère et luxueuse. ▶ ***cabanon*** n. m. **1.** Cellule où l'on enfermait les fous jugés dangereux. **2.** Remise dans laquelle on range notamment des outils de jardinage et les objets qui servent à l'entretien des terrains. *Sortir la tondeuse du cabanon.* **3.** (France) En Provence. Petite maison de campagne. ⟨ ▶ s'encabaner ⟩

cabaret [kabaʀɛ] n. m. **1.** Vieilli. Établissement où l'on sert des boissons. ⇒ **bistro, café, estaminet. 2.** Établissement où l'on présente un spectacle et où les clients peuvent consommer des boissons, souper, danser. ⇒ **boîte, club.** *Cabaret chic, élégant.* **3.** Fam. Plateau sur lequel on transporte de la nourriture, des boissons, un repas. *Elle dépose son cabaret à la sortie de la cafétéria.* ▶ ***cabaretier, ière*** n. ■ Personne qui est propriétaire ou gérant d'un cabaret (2). *Les années 1950 ont constitué l'âge d'or pour les cabaretiers.*

cabas [kaba] n. m. invar. ■ (France) Panier souple ou sac à provisions que l'on porte au bras. *Faire son marché avec un cabas.*

cabestan [kabɛstɑ̃] n. m. ■ Treuil à axe vertical sur lequel peut s'enrouler un câble, et qui sert à tirer, à monter des fardeaux.

cabillaud [kabijo] n. m. ■ (France) Morue fraîche. ⇒ **églefin.**

cabine [kabin] n. f. **1.** Petite chambre, à bord d'un navire. *Retenir une cabine à bord d'un paquebot.* ⇒ **couchette. 2.** *Cabine de pilotage,* d'un avion. — *Cabine spatiale,* partie où se trouve l'équipage d'un engin spatial. **3.** Petit réduit. *Cabine de bain,* où l'on se déshabille avant le bain. — *Cabine téléphonique. Cabine d'ascenseur. Cabine d'essayage. Cabine de douche.* ▶ ***cabinet*** n. m. **I. 1.** Petite pièce située à l'écart. ⇒ **cagibi, réduit.** — (France) CABINET DE TOILETTE : petite salle d'eau (avec lavabo, et parfois douche). **2.** CABINET DE TRAVAIL : pièce où l'on se retire (pour travailler). ⇒ **bureau.** — Dans une université. Petit bureau individuel. **3.** Pièce dans laquelle un médecin, un avocat travaillent et reçoivent leurs clients. ⇒ **bureau** (I, 2), **étude.** *Cabinet médical. Passez donc à mon cabinet.* **4.** Vx et fam. *Cabinet d'aisances, les cabinets.* ⇒ **toilettes, W.-C. ;** fam. **bécosses, chiottes.** *Aller au cabinet.* **II.** Le Conseil des ministres. *Le cabinet fédéral se réunit à Toronto.* — Direction d'un ministère, d'une administration municipale. *Le cabinet du ministre, du maire. Chef de cabinet.* ⟨ ▶ télécabine ⟩

câble [kabl] n. m. **1.** Faisceau de fils tressés. ⇒ **corde.** — Gros cordage, ou forte amarre en acier. *Câble de remorque. L'ascenseur est suspendu à un câble.* **2.** *Câble électrique,* fil conducteur métallique protégé par des enveloppes isolantes. *Poser des câbles sous-marins.* — *Un câble d'ordinateur.* — *Télévision par câbles.* ⇒ **câblodistribution. 3.** N. m. sing. LE CÂBLE : abrév. fam. de *câblodistribution*. Être abonné au câble. Les éliminatoires sont présentées sur le câble seulement.* **4.** Télégramme. *Envoyer un câble.* ▶ ***câbler*** v. tr. ▪ conjug. 1. **1.** Assembler (plusieurs fils) en (les) tordant ensemble en un seul câble. — Au p. p. adj. *Fil câblé.* **2.** Équiper (un territoire, une résidence) d'un système de câblodistribution. *Il ne reste qu'une région à câbler.* **3.** Envoyer (une dépêche) par câble télégraphique. *On vous câblera des instructions.* ▶ ***câblage*** n. m. **1.** Action de câbler. **2.** Technique. Fils de montage d'un appareil électrique. **3.** Ensemble des câbles d'une installation électrique. ⇒ **filerie ;** fam. **filage.** *Le câblage est défectueux.* ▶ ***câblier*** n. m. **1.** Fabricant de câbles. **2.** Navire qui transporte, pose, répare des câbles sous-marins. ▶ ***câbleur, euse*** n. ▪ Technicien spécialiste de la pose et du montage de câbles électriques. — Spécialt. Technicien qui installe la câblodistribution. ▶ ***câblé, ée*** adj. et n. **1.** Adj. Qui a accès à la câblodistribution. *Une région câblée. Des immeubles câblés.* **2.** N. Personne qui est abonnée à la câblodistribution. *Les heureux câblés.* ▶ ***câblodistribution*** n. f. ▪ Procédé de diffusion d'émissions télévisées par câbles, utilisé pour des réseaux d'abonnés à domicile ou en circuit fermé. ⇒ **câble** (3), **télédistribution.** ▶ ***câblodistributeur*** n. m. ▪ Entreprise de câblodistribution. ‹ ▶ encablure ›

caboche [kabɔʃ] n. f. ▪ Fam. Tête. ⇒ **ciboulot,** ① **coco.** — Esprit, mémoire. *Maudite caboche !,* espèce de têtu. ▶ ***cabochard, arde*** adj. et n. ▪ Entêté. ⇒ **têtu.** / contr. **docile** /

cabochon [kabɔʃɔ̃] n. m. **1.** Pierre précieuse polie, morceau de cristal poli. *Le cabochon de cristal d'un bouchon de carafe.* **2.** Personne incompétente, peu intelligente. ⇒ **ignare.** *Bande de cabochons !,* de niaiseux, d'idiots.

cabosser [kabɔse] v. tr. ▪ conjug. 1. ▪ Faire des bosses à. ⇒ **bosseler,** ① **bosser, déformer.** *Cabosser un chapeau. L'aile de sa voiture est un peu cabossée.* — Au p. p. adj. *Une vieille casserole cabossée.*

cabot [kabo] n. m. ▪ Fam. Chien. *Ce sale cabot a aboyé toute la nuit.*

cabotage [kabɔtaʒ] n. m. ▪ Navigation près des côtes. ▶ ***caboteur*** n. m. ▪ Bateau qui fait du cabotage.

cabotin, ine [kabɔtɛ̃, in] n. **1.** Mauvais acteur. **2.** Personne qui cherche à se faire remarquer par des manières prétentieuses et peu naturelles. — Adj. *Elle est un peu cabotine.* / contr. **simple** / ▶ ***cabotinage*** n. m. ▪ Comportement du cabotin.

cabrer [kabʀe] v. tr. ▪ conjug. 1. **I.** SE CABRER v. pron. **1.** (Animaux) Se dresser sur les pattes de derrière. *Des chevaux sautaient, se cabraient.* **2.** Fig. (Personnes) Se révolter. *Elles se sont cabrées à l'idée de céder.* ⇒ se **braquer,** se **buter. II.** V. tr. **1.** Faire se dresser (un animal). *Cabrer son cheval.* **2.** *Cabrer un avion,* redresser l'avant. **3.** Fig. *Cabrer qqn,* provoquer sa révolte.

cabri [kabʀi] n. m. ▪ Petit de la chèvre et du bouc. ⇒ **biquet, chevreau.** *Bonds de cabri.* — Loc. *Sauter comme un cabri.*

cabriole [kabʀijɔl] n. f. ▪ Bonds légers, capricieux, désordonnés. ⇒ **galipette, gambade.** — Culbute, pirouette. ▶ ***cabrioler*** v. intr. ▪ conjug. 1. ▪ Faire la cabriole, des cabrioles.

cabriolet [kabʀijɔlɛ] n. m. **1.** Voiture à cheval, à deux roues, à capote mobile. — Automobile décapotable. *Un cabriolet grand sport.* **2.** Autrefois. Chapeau de femme dont les bords encadraient le visage. ⇒ **capote.**

caca [kaka] n. m. **1.** Fam. ou lang. enfantin. Excrément. *Un caca de chien.* ⇒ **crotte.** *Du caca. Faire caca dans sa culotte.* — Chose sale, sans valeur. ⇒ fam. **merde.** *Ce travail, c'est du caca.* **2.** CACA D'OIE : jaune verdâtre. — Adj. invar. *Des peintures caca d'oie.* ≠ *cacatois.*

cacahuète [kakaɥɛt] ou **cacahouète** [kakawɛt] n. f. ▪ Fruit de l'arachide qui se mange grillé. ⇒ anglic. **pinotte.** *Un paquet de cacahuètes.*

cacao [kakao] n. m. **1.** Graine du cacaoyer qui sert à fabriquer le chocolat. — *Beurre de cacao,* matière grasse extraite du cacao. **2.** Poudre de cette graine que l'on dissout pour en faire une boisson chaude. *Une tasse de cacao.* ⇒ **chocolat.** ▶ ***cacaoté, ée*** adj. ▪ Qui contient du cacao. ▶ ***cacaoyer*** [kakaɔje] ou ***cacaotier*** [kakaɔtje] n. m. ▪ Arbre d'Amérique du Sud dont les fruits (appelés *cabosses*) contiennent le cacao.

cacaoui ou **kakawi** [kakawi] n. m. ▪ Petit canard sauvage qui niche dans les régions arctiques. *Des cacaouis.*

cacatoès ou **kakatoès** [kakatɔɛs] n. m. invar. ▪ Perroquet dont la tête est ornée d'une huppe aux vives couleurs.

cacatois [kakatwa] n. m. invar. ▪ Petite voile carrée au-dessus du perroquet (3).

cachalot [kaʃalo] n. m. ▪ Mammifère marin (de la famille des cétacés) de la taille de la baleine, mais qui porte des dents.

① **cache** [kaʃ] n. f. ▪ Cachette. *Une bonne cache. Une cache de chasseur,* un abri pour attendre le gibier et le surprendre. ⇒ ② **ouache**

② **cache** n. m. ▪ Papier destiné à cacher une partie d'une surface (une partie de la pellicule à impressionner, etc.). *Utiliser un cache.* — Pièce qui sert à cacher, à couvrir. *Mettre un cache devant l'objectif d'un appareil photo.*

cache-cache [kaʃkaʃ] n. m. invar. ▪ Jeu où l'un des joueurs doit découvrir les autres, qui sont cachés. ⇒ **cachette.** *Faire une partie de cache-cache.* — Loc. fig. *Jouer à cache-cache,* ne pas se rencontrer, alors qu'on se cherche.

cache-col [kaʃkɔl] ou **cache-cou** [kaʃku] n. m. invar. ▪ Foulard qui entoure le cou. ⇒ **cache-nez.** *Des cache-col en laine. Mettre son cache-cou.*

cachemire [kaʃmiʀ] n. m. **1.** Tissu ou tricot fin en poil de chèvre, mêlé de laine. *Un chandail en cachemire.* **2.** *Châle de cachemire,* à dessins caractéristiques.

cache-nez [kaʃne] n. m. invar. ▪ Grosse écharpe protégeant le cou et le bas du visage. ⇒ **cache-col, foulard.** *Des cache-nez.*

cache-pot [kaʃpo] n. m. invar. ▪ Enveloppe ou vase orné qui sert à cacher un pot de fleurs. *Des cache-pot.*

① **cacher** [kaʃe] v. tr. ▪ conjug. 1. **I.** V. tr. **1.** Soustraire (qqch.) aux regards ; empêcher (qqch.) d'être vu. ⇒ **dissimuler ;** fam. **planquer.** *Cacher un objet derrière qqch.* **2.** (Choses) Empêcher de voir. *Cet arbre cache le soleil, la vue.* ⇒ **boucher, masquer, voiler.** / contr. **montrer ; découvrir** / **3.** Fig. CACHER SON JEU : cacher son but ou les moyens par lesquels on cherche à l'atteindre. **4.** Empêcher (qqch.) d'être su, connu

⇒ **déguiser, dissimuler, taire** ; ne pas exprimer. ⇒ **rentrer.** *Cacher ses inquiétudes, son émotion.* — Ne pas dire. *Elle cache son âge. Je ne vous cache pas que je suis assez mécontent,* je l'avoue, je le reconnais. / contr. **dire, exprimer** / **II.** SE CACHER v. pron. **1.** V. pron. réfl. Faire en sorte de n'être pas vu, trouvé, se mettre à l'abri, en lieu sûr. *Un fuyard, un évadé qui se cache. Se cacher derrière un arbre, sous un drap.* — (Choses) *Le soleil s'est caché (derrière un nuage),* a disparu. **2.** SE CACHER DE *qqn* : lui cacher ce que l'on fait ou dit. — *Se cacher de qqch.,* ne pas reconnaître qqch. *Il a peur et ne s'en cache pas.* **III.** (ÊTRE) CACHÉ(E) passif. *La maison est cachée par les pins.* — Au p. p. adj. *Un trésor caché. Des sentiments cachés.* — Loc. fam. *En avoir de caché,* être riche, avoir de l'argent en réserve. *Elle dit qu'elle doit emprunter, mais on sait bien qu'elle en a de caché.* ⇒ **collé ;** fam. **motton.** ‹ ▶ ① cache, ② cache, cache-cache, cache-col, cache-cou, cache-nez, cache-pot, cache-radiateur, cache-sexe, cachette, cachotterie, mots cachés ›

② ***cacher*** adj. invar. ⇒ **kascher.**

cache-radiateur [kaʃʀadjatœʀ] n. m. invar. ■ Revêtement destiné à cacher un radiateur d'appartement. *Des cache-radiateur.*

cache-sexe [kaʃsɛks] n. m. invar. ■ Petit vêtement couvrant le bas-ventre. ⇒ **slip.** *Des cache-sexe.*

① ***cachet*** [kaʃɛ] n. m. ■ Enveloppe de pain sans levain dans laquelle on enferme un médicament en poudre. — Comprimé. *Un cachet d'aspirine.* ≠ *pilule.*

② ***cachet*** n. m. **1.** Plaque ou cylindre d'une matière dure gravée avec laquelle on imprime une marque (sur de la cire). ⇒ **sceau. 2.** Marque apposée à l'aide d'un cachet (d'un tampon). ⇒ **empreinte.** *Le cachet de la poste fera foi de la date d'expédition.* **3.** Marque, signe caractéristique, distinctif. *Ce village a du cachet,* est pittoresque. **4.** Rétribution d'un artiste, pour un engagement déterminé. *Le cachet d'un acteur.* ▶ ***cacheter*** [kaʃte] v. tr. ▪ conjug. 4. ■ Fermer avec un cachet (1) ; marquer d'un cachet (2). ⇒ **estampiller, sceller.** *Il cachette la lettre,* il la ferme en la collant. / contr. **décacheter** / ▶ ***cachetage*** n. m. ■ Action de cacheter. ‹ ▶ décacheter ›

cachette [kaʃɛt] n. f. **1.** EN CACHETTE loc. adv. : en se cachant, à la dérobée. ⇒ **discrètement,** en **secret.** *Il fume en (à la) cachette.* / contr. **ouvertement** / **2.** Endroit retiré, propice à cacher (qqch. ou qqn). *Trouver une bonne cachette.* ⇒ ① **cache ;** fam. **planque. 3.** Jeu de cache-cache. *Qui veut jouer à la cachette ?*

cachot [kaʃo] n. m. **1.** Cellule obscure, dans une prison. ⇒ **geôle.** *Mettre, jeter un prisonnier dans un cachot, au cachot.* **2.** Punition (dans une prison) qui consiste à être enfermé seul dans une cellule. *Trois jours de cachot.* ⇒ **trou (I).**

cachotterie [kaʃɔtʀi] n. f. ■ Fait d'entourer de mystère des choses sans importance ; petit secret. *Tu me fais des cachotteries.* ▶ ***cachottier, ière*** n. ■ Personne qui aime à faire des cachotteries. *Un petit cachottier.* — Adj. *Elle est cachottière.*

① ***cachou*** ou ***cashew*** [kaʃu] n. m. ■ Fruit d'un arbre exotique (*l'anacardier,* n. m.) dont l'amande se mange comme l'arachide. ⇒ **cajou.** *Un sac de cachous.*

② ***cachou*** n. m. **1.** Extrait d'un acacia ou du fruit d'un palmier (noix d'arec). — Pastille parfumée au cachou. *Boîte de cachous.* ≠ *cajou.* **2.** Adj. invar. De la couleur brun rouge du cachou. *Des bas cachou.*

cacique [kasik] n. m. ■ Autrefois. Chef indien en Amérique centrale.

cacophonie [kakofɔni] n. f. **1.** Rencontre ou répétition de sons désagréable ou ridicule. **2.** Assemblage confus ou discordant de voix, de sons. ⇒ **dissonance.** ▶ ***cacophonique*** adj. ■ (Son) Dissonant, laid.

cactus [kaktys] n. m. invar. ■ Plante à tige charnue, verte, remplie d'un suc (plantes grasses), en forme de palette ou de colonne, souvent munie de piquants.

c.-à-d. ■ Abréviation de *c'est-à-dire.*

cadastre [kadastʀ] n. m. ■ Registre public où figurent les renseignements sur la surface et la valeur des propriétés foncières. ⇒ **rôle.** *Consulter le cadastre.* ▶ ***cadastral, ale, aux*** adj. ■ Du cadastre. ▶ ***cadastrer*** v. tr. ▪ conjug. 1. ■ Mesurer, inscrire au cadastre.

cadavre [kadɑvʀ] n. m. **1.** Corps mort, de l'être humain et des gros animaux. ⇒ **corps, dépouille,** ③ **mort.** *Dépôt des cadavres à la morgue.* — *Être, rester comme un cadavre,* immobile, inerte. — Fig. Fam. *Il ressemble à un cadavre ambulant,* à une personne affaiblie, malade, pâle et maigre. **2.** Fam. Bouteille vidée. ⇒ **corps-mort.** ▶ ***cadavérique*** adj. ■ De cadavre. *Lividité, pâleur cadavérique.*

caddie [kadi] ou [kade] n. ■ Personne qui porte le matériel d'un golfeur. *Des caddies.* ≠ *cadi.*

cadeau [kado] n. m. **1.** Objet qu'on offre (à qqn). ⇒ **don, présent.** *Les petits cadeaux entretiennent l'amitié. Les cadeaux de Noël, du nouvel an.* ⇒ **étrennes.** *Un cadeau de mariage. Faire cadeau de qqch. à qqn,* offrir. — Loc. fam. *Il ne lui a pas fait de cadeau,* il a été dur avec lui (en affaires, etc.). *Ce n'est pas (c'est pas) un cadeau,* c'est une chose difficile, déplaisante, une corvée. *L'incendie de cet immeuble, je te dis que ce n'était pas un cadeau,* c'était un événement malheureux, pénible. (Personnes) *Cette enfant, c'est loin d'être un cadeau,* elle est difficile (à vivre, à supporter), elle pose des problèmes. **2.** En appos. *Paquet-cadeau,* joliment présenté. *Des paquets-cadeaux.* ‹ ▶ certificat-cadeau, emballage-cadeau ›

cadenas [kadnɑ] n. m. invar. ■ Serrure mobile en forme de petit boîtier métallique qu'on accroche à (une porte, ce qu'on veut fermer). — *Barrer une porte, un casier avec un cadenas. Un cadenas à combinaison.* ▶ ***cadenasser*** v. tr. ▪ conjug. 1. ■ Barrer avec un cadenas. — SE CADENASSER v. pron. réfl. : s'enfermer.

cadence [kadɑ̃s] n. f. **1.** Insistance de la voix sur les syllabes accentuées, en poésie ou en musique. ⇒ **harmonie, nombre.** — Rythme. *La cadence des pas.* **2.** Terminaison d'une phrase musicale, résolution d'un accord dissonant sur un accord consonant. *Cadence parfaite,* qui aboutit à la tonique. **3.** Loc. EN CADENCE : d'une manière rythmée, régulière. *Les soldats marchent en cadence.* **4.** Répétition régulière de mouvements ou de sons. *La cadence de tir d'une arme.* — Rythme du travail, de la production. *Forcer, ralentir la cadence. Une cadence infernale.* ▶ ***cadencer*** v. tr. ▪ conjug. 3. **1.** Donner de la cadence à (des phrases, des vers). ⇒ **rythmer. 2.** Conformer (ses mouvements) à un rythme. *Cadencer son pas,* le régler. ▶ ***cadencé, ée*** adj. ■ Qui est rythmé. *Les majorettes marchent à pas cadencés, au pas cadencé.*

cadet, ette [kadɛ, ɛt] n. **1.** Personne qui, par ordre de naissance, vient après l'aîné. *Le cadet, la cadette de qqn,* son frère, sa sœur plus jeune. ≠ *benjamin.* — Adj. *Frère cadet, sœur cadette.* **2.** Personne moins âgée (sans relation de parenté). *Il est mon cadet de deux ans.* **3.** Loc. C'EST LE CADET DE MES SOUCIS : c'est mon plus petit souci, ça m'est égal. ⇒ **dernier** (II). **4.** Autrefois. Gentilhomme qui servait comme soldat pour apprendre le métier des armes. *Les cadets de Gascogne, en France.* **5.** Jeune garçon ou jeune fille qui fait l'apprentissage de la vie militaire. *Un camp d'été à Valcartier pour les cadets.*

cadi [kadi] n. m. ■ Magistrat musulman qui remplit des fonctions civiles, judiciaires et religieuses. *Des cadis.* ≠ *caddie.*

cadmium [kadmjɔm] n. m. ■ Métal blanc, malléable, utilisé en alliage (protection des métaux).

cadrage [kadʀaʒ] n. m. ■ Photo, cinéma, télévision. Mise en place de l'image (⇒ **cadrer**). *Mauvais cadrage.*

cadran [kadʀɑ̃] n. m. **1.** CADRAN SOLAIRE : surface où l'heure est marquée par l'ombre d'une tige projetée par le soleil. **2.** Cercle divisé en heures (et minutes), sur lequel se déplacent les aiguilles d'une montre (horloge, pendule). — Fam. Réveille-matin. *Remonter le cadran. Mettre son cadran,* ajouter l'heure de la sonnerie. — Loc. *Faire le tour du cadran,* dormir douze heures d'affilée. ⇒ **horloge. 3.** Surface plane, divisée et graduée (d'un appareil). *Le cadran d'un téléphone* (opposé à *piton*). *Les cadrans du tableau de bord d'un avion. Un cadran lumineux.* ≠ *quadrant.*

cadre [kɑdʀ] n. m. **I. 1.** Bordure entourant un miroir, un tableau, un panneau... ⇒ **encadrement.** *Mettre une peinture dans un cadre.* ⇒ **encadrer.** — Fam. Tableau, photographie, portrait, etc., encadré. *Accrocher un cadre au mur.* **2.** Assemblage de bois destiné à contenir certains objets. *Le cadre d'une porte, d'une fenêtre.* ⇒ **châssis, chambranle.** — *Cadre de bicyclette,* tube creux qui en forme la charpente. **II.** Fig. **1.** Ce qui entoure un espace, une scène, une action. ⇒ **décor, entourage, milieu. 2.** *Être dans le cadre de..., sortir du cadre de...,* des limites prévues, imposées. ⇒ **contexte.** — *Dans le cadre de...,* dans l'ensemble organisé. *J'ai vu ce film dans le cadre d'un festival.* **3.** Tableau des emplois et du personnel qui les remplit. *Figurer sur les cadres. Être rayé des cadres,* être libéré ou licencié. **4.** N. LES CADRES : les personnes qui ont des fonctions de direction dans une entreprise. ⇒ **dirigeant.** *Une association des cadres.* — Au sing. *C'est un cadre moyen, supérieur. Il est passé cadre. C'est un jeune cadre dynamique. Elle est cadre.* — REM. L'O.L.F. propose *une cadre* au féminin. ▸ ***cadrer*** v. ▪ conjug. 1. **1.** V. intr. Aller bien (avec qqch.). ⇒ s'**accorder,** s'**assortir, concorder, convenir.** *Leurs façons de raconter l'accident ne cadrent pas ensemble.* / contr. **contredire,** s'**opposer** / **2.** V. tr. Disposer, mettre en place (les éléments de l'image photographique, cinématographique). — Projeter à la bonne place (sur l'écran). — Au p. p. adj. *Image mal cadrée.* ▸ ***cadreur, euse*** n. ■ Cinéma, télévision. Personne chargée du maniement de la caméra. ⇒ **caméraman, opérateur.** ‹ ▸ accord-cadre, cadrage, encadrer ›

caduc, uque [kadyk] adj. **1.** Littér. Qui n'a plus cours. ⇒ **démodé, dépassé, périmé, vieux.** / contr. **nouveau,** en **vigueur ;** fam. dans le **vent ;** anglic. **in.** / *Des actes juridiques caducs.* **2.** *Arbres à feuilles caduques,* qui tombent en automne (opposé à *persistantes*). ▸ ***caducité*** [kadysite] n. f. ■ Littér. État de ce qui est caduc.

caducée [kadyse] n. m. ■ Attribut de Mercure, constitué par une baguette entourée de deux serpents entrelacés et surmontés de deux courtes ailes (symbole du corps médical et des pharmaciens français). *Des caducées lumineux.*

cæcum [sekɔm] n. m. ■ Première partie du gros intestin, fermée à sa base et communiquant avec d'autres parties de l'intestin. ⇒ **côlon, iléon.** *Appendice* du cæcum. Des cæcums.*

① ***cafard, arde*** [kafaʀ, aʀd] n. ■ (France) Fam. Personne qui dénonce sournoisement les autres. ⇒ **délateur, dénonciateur, espion, mouchard ;** fam. **panier** percé. ▸ ***cafarder*** v. intr. ▪ conjug. 1. ■ (France) Fam. Faire le cafard. ⇒ **moucharder, rapporter ;** fam. **placoter.** — Transitivement. *Cafarder qqn,* le dénoncer.

② ***cafard*** n. m. ■ (Surtout en France) Insecte nocturne, de couleur noire ou brun clair, qui vit dans les maisons. ⇒ **blatte, cancrelat, coquerelle.**

③ ***cafard*** n. m. ■ *Avoir le cafard,* des idées noires. ⇒ littér. **ennui ;** fam. **bleu** (II, 8). *Ça me donne le cafard.* ▸ ***cafardeux, euse*** adj. ■ Qui a le cafard. ⇒ **triste.** — Qui donne le cafard. *Une atmosphère cafardeuse.*

① ***café*** [kafe] n. m. **1.** Graine d'une plante (le *caféier*) qui, grillée (⇒ **torréfier**) et moulue, puis infusée, fournit une boisson excitante et tonique. *Plantation de café. Balle de café.* — *Yogourt, éclair au café,* à saveur de café. *Café en grains, en poudre* (moulu). *Moulin à café.* **2.** Boisson ainsi obtenue. *Un café(-)filtre. Un café express.* ⇒ ② **express.** *Cuiller à café. Café noir,* sans lait. *Mettre du sucre dans son café. Un café crème*. Prendre une tasse de café. Faire du café. Café au lait.* — En appos. Invar. *Des pauses* café.* — Adj. invar. *Couleur café au lait.* ⇒ **brun.** — Fam. *C'est fort de café,* c'est exagéré. ⇒ **ketchup. 3.** Moment, à la fin du repas, où l'on prend le café. *Venez pour le café.* ▸ ***caféier*** [kafeje] n. m. ■ Arbuste tropical, originaire d'Abyssinie, dont le fruit contient les grains de café. ▸ ***caféine*** [kafein] n. f. ■ Alcaloïde contenu dans le café, le thé, les colas. ‹ ▸ ② café, cafétéria, cafetier, cafetière, décaféiner, pause-café ›

② ***café*** n. m. ■ Lieu public où l'on consomme des boissons et des repas simples. ⇒ **bar, bistro, brasserie.** *Garçon de café,* chargé de servir les consommations. *Prendre un verre à la terrasse d'un café.* ▸ ***café-concert*** n. m. ■ (France) Anciennt. Café où les consommateurs pouvaient écouter des chansonniers (2), de la musique. *Des cafés-concerts.* (Abrév. *caf'conc'* [kafkɔ̃s]). ▸ ***café-théâtre*** n. m. ■ Petite salle où l'on peut consommer et où se donnent des spectacles non traditionnels. *Des cafés-théâtres.*

cafetan ou ***caftan*** [kaftɑ̃] n. m. ■ Ancien vêtement oriental, ample et long.

cafétéria [kafeteʀjɑ] n. f. **1.** Dans un établissement scolaire, public, dans une entreprise, etc. Restaurant de libre-service. ⇒ **cantine** (2), **réfectoire.** *Dîner à la cafétéria du collège. Apporter son lunch à la cafétéria. La cafétéria du centre d'achat.* **2.** (France) Lieu public où l'on sert du café, des boissons non alcoolisées, des plats très simples, etc. *Des cafétérias.*

cafetier, ière [kaftje, jɛʀ] n. ■ (France) Personne qui tient un café ②.

cafetière [kaftjɛʀ] n. f. ■ Récipient permettant de préparer le café. *Une cafetière électrique.* ≠ *percolateur.*

cafouiller [kafuje] v. intr. ▪ conjug. 1. ■ Fam. Agir d'une façon désordonnée ; marcher mal. ⇒ fam. **taponner, vasouiller.** ▸ ***cafouillage*** n. m. ■ Action de cafouiller. *Dans cette affaire, il y a eu du cafouillage politique.* ▸ ***cafouillis*** n. m. invar. ■ Action de cafouiller ; désordre. *C'est un tel cafouillis quand il parle ! Ce dossier est un véritable cafouillis administratif.*

cage [kaʒ] n. f. **I. 1.** Endroit fermé (par des barreaux, du grillage) servant à tenir enfermés des animaux vivants. *Les cages d'un zoo, d'un cirque. Cage à oiseaux.* ⇒ **volière.** *Cage à poules.* — Fig. *Cage à lapins,* logement dans un grand ensemble, petit logement. ⇒ **coqueron. 2.** Sports (hockey, soccer, handball...) But. *Le gardien est devant sa cage.* ⇒ ① **filet. II. 1.** Espace clos servant à enfermer, à limiter (qqch.). *Cage de Faraday,* enceinte à parois conductrices, à l'intérieur de laquelle les objets sont isolés électriquement.**2.** *Cage d'escalier, d'ascenseur,* espace où est placé l'escalier, où fonctionne l'ascenseur.

⇒ **puits.** **3.** *Cage thoracique,* partie du corps humain formée par les vertèbres, les côtes et le sternum. ▶ ***cageot*** n. m. ■ (France) Emballage à claire-voie pour les denrées alimentaires. ⇒ **casseau.** *Des cageots de laitues, de fruits.* ⇒ **caisse.** ▶ ***cagibi*** n. m. ■ Fam. Pièce, logement de dimensions étroites. ⇒ **réduit.** *Cagibi servant de débarras. Des cagibis.*

cagneux, euse [kaɲø, øz] adj. ■ Qui a les genoux tournés en dedans. ⇒ **tordu.** *Un cheval cagneux. Des jambes cagneuses.*

cagnotte [kaɲɔt] n. f. **1.** Caisse commune (jeu, etc.). *La cagnotte du bingo.* **2.** Argent d'une cagnotte. *Gagner, remporter une cagnotte. Le montant de la cagnotte s'élève à mille dollars.*

cagoule [kagul] n. f. **1.** Manteau ou cape sans manches, muni d'un capuchon percé d'ouvertures à la place des yeux ; ce capuchon. *Cagoule de pénitent. Bandits masqués qui portent des cagoules.* **2.** Bonnet, tuque qui couvre les oreilles, la gorge, le bas du visage. ⇒ **passe-montagne.** ▶ ***cagoulard, arde*** n. ■ Bandit qui porte une cagoule (2). *Les cagoulards ont pointé leurs armes sur la caissière.*

cahier [kaje] n. m. **1.** Feuilles de papier assemblées et munies d'une couverture. ⇒ **album, calepin, carnet.** *Cahiers d'écolier. Cahier de brouillon. Des cahiers à spirale,* dont les feuilles sont maintenues par un fil métallique en spirale. *Un cahier à anneaux.* ⇒ **cartable** (1). — (France) *Cahier de textes,* agenda scolaire où l'on note les devoirs à faire, les leçons à apprendre. **2.** CAHIER DES CHARGES : énumération des clauses et conditions pour l'exécution d'un contrat. ‹ ▶ protège-cahier ›

cahin-caha [kaẽkaa] adv. ■ Fam. Tant bien que mal, péniblement. ⇒ **clopin-clopant.** *La vie continue, cahin-caha.*

cahot [kao] n. m. ■ Saut que fait une voiture en roulant sur un terrain inégal. ⇒ **heurt, secousse.** — Inégalité de la chaussée (bosse, creux, etc.). *Une route pleine de cahots.* ≠ *chaos.* ▶ ***cahoter*** v. ▪ conjug. 1. **1.** V. tr. Secouer par des cahots. **2.** V. intr. Être secoué. *La voiture cahote sur le chemin forestier.* ⇒ **bringuebaler.** ▶ ***cahotant, ante*** adj. ■ *Route, voiture cahotante.* ▶ ***cahotement*** n. m. ▶ ***cahoteux, euse*** adj. ■ *Chemin cahoteux.*

cahute [kayt] n. f. ■ (France) Mauvaise hutte ; petit réduit. ⇒ **cabane, hutte.**

caïd [kaid] n. m. **1.** En Afrique du Nord. Fonctionnaire musulman qui réunit les attributions de juge, d'administrateur, de chef de police. *Caïd algérien.* **2.** Fam. Chef d'une bande de malfaiteurs, de trafiquants. *Les caïds de la pègre.* — Loc. *Jouer au caïd,* vouloir imposer ses volontés. **3.** Fam. Personnage très important dans son milieu. *Les caïds de l'industrie.* ⇒ fam. **manitou, ponte.**

caïeu ou ***cayeu*** [kajø] n. m. ■ Botanique. Bourgeon qui se développe à partir du bulbe principal. *Caïeu de tulipe. Des caïeux d'ail.* ⇒ **gousse.**

caille [kaj] n. f. ■ Oiseau migrateur des champs et des prés, voisin de la perdrix.

caillebotis [kajbɔti] n. m. invar. ■ (France) Panneau de lattes ou assemblage de rondins servant de passage (sur un sol boueux, friable...).

cailler [kaje] v. ▪ conjug. 1. **1.** V. tr. Faire prendre en caillots. ⇒ **coaguler, figer.** *La présure caille le lait.* — Pronominalement (réfl.). *Le sang se caille.* — Au p. p. adj. *Lait caillé* ou, n. m., *caillé,* sorte de fromage blanc. **2.** V. intr. Fig. Fam. Avoir sommeil. *Elle commence à cailler.* ▶ ***caillette*** n. f. ■ Quatrième compartiment de l'estomac des ruminants, qui sécrète le suc gastrique *(présure).* ▶ ***caillot*** n. m. ■ Petite masse de sang coagulé. *Embolie causée par un caillot.*

caillou [kaju] n. m. **1.** Pierre de petite ou moyenne dimension. ⇒ **gravier, roche ; galet, rocaille.** *Des cailloux.* — Fig. *Casser des cailloux,* faire un travail dur. — *Avoir le cœur dur comme un caillou.* **2.** Fam. Pierre précieuse, diamant. **3.** Fam. ⇒ **tête.** *Il n'a pas un poil sur le caillou,* le crâne. ▶ ***caillouteux, euse*** adj. ■ Où il y a beaucoup de cailloux. *Chemin caillouteux.*

caïman [kaimɑ̃] n. m. ■ Crocodile d'Amérique à museau large et court. ⇒ **alligator.** *Des caïmans.*

cairn [kɛʀn] n. m. ■ Petit monticule de terre ou de pierres qui sert de repère ou de souvenir. *Les Amérindiens édifiaient souvent des cairns en guise de balises.*

caisse [kɛs] n. f. **I. 1.** Grande boîte (souvent en bois) utilisée pour l'emballage, le transport d'objets, de marchandises. *Une caisse de bière, de champagne. On a chargé les caisses dans le camion.* **2.** Dispositif rigide (de protection, etc.). ⇒ **caisson.** *Caisse de piano,* la boîte renfermant le mécanisme. ⇒ **buffet.** — Carrosserie d'automobile (opposé à *châssis*). **3.** *La caisse du tympan,* la cavité du fond de l'oreille. **4.** CAISSE DE SON : boîte contenant le haut-parleur d'une chaîne acoustique. **II.** Musique. Cylindre d'un instrument à percussion. ⇒ **tambour.** *Battre la caisse,* battre du tambour ; fig. faire du battage, de la réclame. *Caisse claire,* tambour plat. — GROSSE CAISSE : grand tambour utilisé dans les fanfares. **III. 1.** Coffre dans lequel on dépose l'argent, les valeurs. ⇒ **bourse, coffre-fort.** *Caisse enregistreuse. Tiroir-caisse.* — *Avoir mille dollars en caisse, dans sa caisse. Partir avec la caisse.* **2.** Bureau, guichet où se font les paiements, les versements. *Aller, passer à la caisse.* — Loc. *Vous passerez à la caisse,* vous êtes renvoyé. **3.** Argent en caisse. *Tenir la caisse. Faire sa caisse,* compter l'argent. **4.** CAISSE ÉLECTORALE : fonds recueillis (par souscription, à l'occasion de repas-bénéfices, etc.) par un parti politique et qui servent à payer les dépenses occasionnées par une campagne électorale ou par d'autres activités politiques du parti. *Il faut renflouer la caisse électorale.* **5.** CAISSE (POPULAIRE) ou fam. CAISSE POP : établissement financier qui fonctionne sur le modèle d'une coopérative. ⇒ **banque.** *La gérante de la caisse populaire.* — (France) CAISSE D'ÉPARGNE : établissement où l'on dépose de l'argent pour l'économiser et en avoir des intérêts. — (Avec une majusc.) *La Caisse de dépôt et de placement du Québec,* l'organisme provincial qui assure la gestion des fonds du régime des rentes du Québec. ▶ ***caissette*** n. f. ■ Petite caisse (I, 1). ≠ *cassette.* ▶ ***caissier, ière*** n. ■ Personne qui tient la caisse (III). ⇒ **comptable, trésorier.** *Les caissiers d'une banque. La caissière d'un cinéma.* ▶ ***caisson*** n. m. **I. 1.** Chariot de l'armée utilisé pour les transports militaires. *Caisson de munitions.* **2.** Caisse métallique pleine d'air permettant d'effectuer des travaux sous l'eau. ⇒ **cloche** à plongeur. *Caisson à air comprimé.* **3.** Loc. fam. *Se faire sauter le caisson,* se brûler la cervelle, se tirer une balle dans la tête. **II.** Architecture. Compartiment creux, orné de moulures, servant à décorer un plafond. *Une voûte à caissons.* ‹ ▶ encaissé, encaisser, intercaisses, tiroir-caisse ›

cajoler [kaʒɔle] v. tr. ▪ conjug. 1. ■ Avoir (envers qqn) des manières, des paroles tendres et caressantes. *Cajoler un enfant.* ⇒ **câliner, choyer, dorloter.** ▶ ***cajolerie*** n. f. ■ Paroles ou manières par lesquelles on cajole. ⇒ **câlinerie.** ▶ ***cajoleur, euse*** n. ■ Personne qui cajole. ⇒ **enjôleur, flatteur.** — Adj. Câlin. *Une voix cajoleuse.* / contr. **bourru, brusque** /

cajou [kaʒu] n. m. ■ (France) Cachou. *Des cajous. Noix de cajou.* ≠ ② *cachou.*

cajun [kaʒœ̃] n. et adj. **1.** (Avec une majusc.) Francophone de la Louisiane. *Les jeunes Cajuns.* — Adj. Relatif aux Cajuns. ⇒ **louisianais.** *La culture cajun. Un chanteur cajun.* **2.** N. m. *Le cajun,* un langage constitué de mots anglais et français utilisé par les Cajuns. ⇒ **joual.** *Elle ne comprend pas le cajun.* — REM. Le mot *cajun* est invariable en genre.

cal, plur. ***cals*** [kal] n. m. ■ Épaississement et durcissement de l'épiderme produits par frottement. ⇒ **callosité, durillon.** *J'ai la paume des mains pleine de cals.* ≠ *cale.* ⟨ ▸ calleux, callosité ⟩

calamine [kalamin] n. f. **1.** Minéralogie. Silicate hydraté naturel de zinc. — Minerai de zinc. **2.** Résidu charbonneux de la combustion d'un carburant dans un moteur à explosion. ▸ ***calaminé, ée*** adj. ■ Couvert de calamine (2). *Cylindres calaminés.*

calamité [kalamite] n. f. ■ Grand malheur public. ⇒ **catastrophe, désastre, fléau.** *Les inondations, la sécheresse sont des calamités pour les agriculteurs.* — Chose très triste, pénible. ⇒ **désolation, infortune, malheur.** *Sa mort est une calamité pour la famille.* / contr. **bénédiction, félicité** / ▸ ***calamiteux, euse*** adj. ■ Littér. Désastreux, catastrophique.

calandre [kalɑ̃dʀ] n. f. **1.** Machine formée de cylindres, de rouleaux, et qui sert à lisser, lustrer les étoffes, à glacer les papiers. **2.** Garniture métallique verticale sur le devant du radiateur de certaines automobiles. ≠ *calendes.* ▸ ***calandrer*** v. tr. ▪ conjug. 1. ■ Faire passer (une étoffe, un papier) à la calandre (1). ⇒ **lisser, lustrer.** ▸ ***calandrage*** n. m.

calanque [kalɑ̃k] n. f. ■ Crique entourée de rochers, en Méditerranée. *Se baigner dans une calanque.*

① ***calcaire*** [kalkɛʀ] adj. **1.** Qui contient du carbonate de calcium. *Eau calcaire.* — D'où l'on peut tirer de la chaux. *Terrain calcaire.* **2.** Chimie. De calcium. *Sels calcaires.* ▸ ② ***calcaire*** n. m. ■ Roche composée essentiellement de carbonate de calcium. ⇒ **calcite, craie, marbre.**

calcédoine [kalsedwan] n. f. ■ Pierre précieuse (silice cristallisée) d'une transparence laiteuse, légèrement teintée (agate, cornaline, jaspe, onyx...).

calcification [kalsifikasjɔ̃] n. f. ■ Dépôt de sels calcaires dans les tissus organiques (ossification ; dégénérescence calcaire). / contr. **décalcification** / ▸ ***calcifier*** v. tr. ■ Rendre calcaire. ▸ ***calcifié, ée*** adj. ■ Converti en carbonate de calcium ; qui a subi une calcification. *Des artères calcifiées.* ⟨ ▸ calcite, calcium, décalcifier ⟩

calciner [kalsine] v. tr. ▪ conjug. 1. ■ Soumettre (un corps) à l'action d'une haute température. *Calciner un métal.* — Brûler, griller. (Surtout au passif et p. p. adj.) *Une forêt calcinée. Le rôti est complètement calciné.*

calcite [kalsit] n. f. ■ Carbonate naturel de calcium, cristallisé. ⇒ ② **calcaire.** *Il a étendu de la pierre de calcite dans son entrée de garage.*

calcium [kalsjɔm] n. m. ■ Métal blanc, mou (n° at. 20), dont un oxyde est la chaux. *Carbonate de calcium.* ⇒ ② **calcaire, calcite.** — *Prendre du calcium,* des sels de calcium comme remède. — *Répandre du calcium sur la chaussée,* du sel de calcium mélangé à du sable, pour faire fondre la glace et la neige.

① ***calcul*** [kalkyl] n. m. ■ Petit corps dur, pierreux, formé par des matières qui sont normalement dissoutes dans l'organisme, et qui cause des troubles. *Calcul rénal, urinaire.* ⇒ **gravelle, pierre** (III).

② ***calcul*** n. m. **1.** Opérations effectuées sur des symboles, représentants de grandeurs. — Méthode pour représenter des relations logiques, les transformer, les développer, etc. ⇒ **algèbre, arithmétique, mathématique.** *Calcul numérique.* ⇒ **compte.** *Faire des calculs. Calcul exact, juste. Erreur de calcul.* — CALCUL MENTAL : effectué de tête, sans l'aide de signes écrits. — *Calcul algébrique. Calcul infinitésimal.* ⇒ **analyse.** *Calcul différentiel, calcul intégral,* étudiant les variations des fonctions pour des variations infiniment petites des variables. **2.** *Le calcul,* les opérations arithmétiques. *Cet enfant est bon en calcul.* **3.** Appréciation, évaluation, estimation. *D'après mes calculs, elle arrivera demain.* **4.** Moyens que l'on combine pour arriver à un but, à une fin. ⇒ **combinaison, plan, projet, stratégie.** *Faire un mauvais calcul. La malchance a fait échouer son calcul. Agir par calcul,* d'une manière intéressée. ▸ ***calculer*** v. tr. ▪ conjug. 1. **1.** Chercher, déterminer par le calcul. *Calculer un bénéfice.* ⇒ **chiffrer, compter.** *Machine à calculer.* ⇒ **calculateur, calculatrice.** — Sans compl. Faire des calculs, des calculs d'argent. ⇒ **compter.** *Savoir calculer.* **2.** Apprécier (qqch.) ; déterminer la probabilité d'un événement. ⇒ **estimer, évaluer, supputer.** *Calculer ses chances. Il a calculé qu'ils ne seront pas de retour avant la nuit.* — Décider ou faire après avoir prémédité, réglé. ⇒ **combiner.** *Calculer le moindre de ses gestes.* — Au p. p. adj. *Une générosité, une bonté calculée,* intéressée. — V. pron. Loc. fam. *Se calculer chanceux de* (+ infinitif), s'estimer chanceux de. *Elle se calcule chanceuse de travailler.* ≠ *supputer.* ▸ ***calculable*** adj. ■ Qui peut se calculer. / contr. **incalculable** / ▸ ***calculateur, trice*** n. et adj. **1.** N. Personne qui sait calculer. **2.** Adj. Habile à combiner des projets, des plans. *Elle est un peu calculatrice.* / contr. **spontané** / **3.** N. Péj. Personne qui n'agit qu'en fonction de son propre intérêt. *Ces bénévoles ne sont que des calculateurs.* — Adj. *Être calculateur.* **4.** N. m. Vx. Machine à calculer utilisant des cartes perforées. — Ordinateur pour les calculs. ▸ ***calculatrice*** n. f. ■ Machine de petites dimensions qui effectue des calculs. *Calculatrice de poche.* ⇒ **calculette.** ▸ ***calculette*** n. f. ■ Petite machine à calculer de poche. ⇒ **calculatrice.** *Calculette à mémoire.* ⟨ ▸ incalculable ⟩

① ***cale*** [kal] n. f. **1.** Espace situé entre le pont et le fond d'un navire. *Mettre des marchandises dans la cale, à fond de cale. Rat de cale.* **2.** Partie en pente d'un quai. *Cale de chargement.* **3.** Bassin que l'on peut mettre à sec, servant à la construction, à la réparation des navires. *Cale sèche, cale de radoub.* ⇒ **bassin.** ≠ *cal.*

② ***cale*** n. f. ■ Ce que l'on place sous un objet pour lui donner de l'aplomb, pour le mettre de niveau ou l'empêcher de bouger (⇒ ① **caler**). *Mettre des cales à un meuble boiteux.* ⟨ ▸ cale-pied, ① caler, décalage, décaler ⟩

calé, ée [kale] adj. Fam. **1.** (Personnes) Savant, instruit. *Il est rudement calé en physique.* ⇒ ① **fort ;** fam. **bollé. 2.** (Choses) Difficile. *C'est trop calé pour lui.* ⇒ **ardu.**

calebasse [kalbɑs] n. f. ■ Fruit d'un arbre tropical (*calebassier*) qui, vidé et séché, peut servir de récipient. — Ce récipient ; son contenu. *Une calebasse de riz.*

calèche [kalɛʃ] n. f. ■ Voiture à cheval, découverte, à quatre roues, munie d'une capote à soufflet à l'arrière, et d'un siège surélevé à l'avant. *Faire un tour de calèche dans le Vieux-Québec.* ▸ ***caléchier, ière*** n. **1.** Propriétaire de calèches de tourisme. **2.** Conducteur de calèche. ⇒ ① **cocher.** *La caléchière commente la visite touristique.*

caleçon [kalsɔ̃] n. m. ■ Surtout au plur. Sous-vêtement masculin, culotte courte et légère. ⇒ **bobettes ;** anglic. **short, slip.** *Il préfère le caleçon au slip. — L'hiver, il porte des caleçons longs,* un sous-vêtement collant qui descend jusqu'aux chevilles. ⇒ ② **combinaison.**

calembour [kalɑ̃buʀ] n. m. ■ Jeu de mots fondé sur des ressemblances de sons et des différences de sens.

calembredaine [kalɑ̃bʀədɛn] n. f. ■ Surtout au plur. Propos extravagant ; plaisanterie cocasse. ⇒ **sornette, sottise.**

calendes [kalɑ̃d] n. f. pl. ■ Premier jour de chaque mois chez les Romains. — Loc. *Renvoyer qqch. aux* CALENDES GRECQUES : reporter à un temps qui ne viendra jamais (les Grecs n'ayant jamais eu de calendes) [(→ quand les poules auront des dents ; semaine des quatre jeudis)]. ≠ *calandre.*

calendrier [kalɑ̃dʀije] n. m. **1.** Système de division du temps en années, en mois et en jours. ⇒ **chronologie.** *Calendrier grégorien* (attribué au pape Grégoire XIII). *Calendrier républicain,* institué en France en 1793 (avec des décades au lieu des semaines et avec d'autres noms de mois). **2.** Indication des mois, des jours, etc., (sur un tableau). *Un calendrier mural, de bureau. — Méthode du calendrier,* moyen de contrôle des naissances basé sur l'observation des jours du mois où la femme est fertile. — Almanach, agenda. **3.** Emploi du temps ; programme. *Établir un calendrier de travail.* ⇒ **échéancier ;** anglic. **planning.**

cale-pied [kalpje] n. m. ■ Pièce (en métal, en cuir, en plastique) adaptée à la pédale de la bicyclette, et qui maintient le pied. *Des cale-pieds.*

calepin [kalpɛ̃] n. m. ■ Petit carnet de poche. *Elle note ses rendez-vous sur un calepin. Un calepin de notes.*

① ***caler*** [kale] v. tr. ▪ conjug. 1. **1.** Mettre d'aplomb au moyen d'une cale ②. ⇒ **aplomber, assujettir, fixer.** *Caler la roue d'une automobile.* — Rendre stable. *Caler une pile de linge contre un mur.* — Au p. p. *Avoir le dos bien calé dans un fauteuil.* **2.** Rendre fixe ou immobile (une pièce mécanique). ⇒ **fixer.**

② ***caler*** v. intr. ▪ conjug. 1. **I.** S'arrêter, s'immobiliser. *Moteur qui cale.* — Transitivement. *Caler son moteur par une fausse manœuvre.* ⇒ **étouffer. II.** (Personnes) Céder, reculer ; s'arrêter. *Il a calé devant la difficulté.* **III. 1.** S'enfoncer dans un liquide, dans qqch. de mou (neige, boue) ou de meuble. *Le canot a calé au fond.* ⇒ ② **couler.** *Les lacs ont calé au début de mai,* les glaces se sont enfoncées dans l'eau. *Elle cale dans la neige.* — V. tr. Enfoncer (une coiffure) pour que le vent ne l'emporte pas. *Caler sa tuque.* **2.** V. tr. Fam. Boire rapidement, d'une seule traite. ⇒ fam. ① **descendre.** *Il a calé deux bières.* **3.** Fig. Se dégarnir (du devant vers l'arrière de la tête). *À vingt-cinq ans, il calait déjà.* — Au passif. *Il est pas mal calé.* ‹ ▸ recaler ›

calfater [kalfate] v. tr. ▪ conjug. 1. ■ Navires. Garnir d'étoupe goudronnée les joints et interstices des bordages d'une coque pour les rendre étanches. ⇒ **caréner, radouber.** ≠ *calfeutrer.*

calfeutrer [kalføtʀe] v. tr. ▪ conjug. 1. **1.** Boucher les fentes avec un bourrelet (pour empêcher l'air ou le froid de pénétrer). *Calfeutrer une fenêtre.* **2.** SE CALFEUTRER v. pron. réfl. : s'enfermer. *Se calfeutrer chez soi.* ≠ *calfater.* ▸ ***calfeutrage*** n. m. **1.** Action de calfeutrer. **2.** Ce qui sert à calfeutrer. *Poser le calfeutrage.*

calgarien, ienne [kalgaʀjɛ̃, jɛn] ■ De Calgary, en Alberta. — N. (Avec une majusc.) Personne née dans cette ville ou qui l'habite.

calibre [kalibʀ] n. m. **I. 1.** Diamètre intérieur d'un tube, du canon d'une arme. — Grosseur d'un projectile. *Obus de gros calibre.* **2.** Diamètre d'un cylindre, d'un objet sphérique. *Fruits de calibres différents.* **3.** Instrument servant à mesurer (un diamètre, une forme, etc.). ⇒ **étalon.** *Calibre d'épaisseur. Calibre pour bagues.* **II.** Fam. Importance, grosseur. *Une bêtise de grand calibre. Un escroc de ce calibre.* ⇒ **acabit, classe.** ▸ ***calibrer*** v. tr. ▪ conjug. 1. **1.** Donner le calibre (I) convenable à. **2.** Mesurer le calibre de. *Calibrer une machine.* ▸ ***calibrage*** n. m. ■ Action de calibrer. ⇒ **étalonnage.** ▸ ***calibreur, euse*** n. ■ Appareil, machine pour calibrer.

① ***calice*** [kalis] n. m. **1.** Vase sacré dans lequel on verse le vin et l'eau du sacrifice lors de la messe. **2.** Loc. *Boire le calice jusqu'à la lie,* endurer jusqu'au bout qqch. de pénible, douloureux. ⇒ **coupe.** ‹ ▸ câlice, câline ›

② ***calice*** n. m. ■ Enveloppe extérieure de la fleur.

câlice ou ***câlisse*** [kalis] interj. ■ Très fam. Sacre, juron très fréquent et employé dans toutes sortes de circonstances. *Câlice que je suis content ! Câlisse qu'elle s'est fait mal !* Absolt. *Câlice ! — Câlice de* (+ autre juron). — Loc. *Être en câlice,* très fâché, de très mauvaise humeur ; ne pas être très content. — N. UN CÂLISSE DE : sert à qualifier la chose, la personne qui est mentionnée. *C'est un câlisse de fou. Une câlisse de niaiseuse.* Sans compl. UN CÂLICE : terme d'injure, de mépris. *C'est un câlice ! Ma câlice !* — Loc. adv. EN CÂLICE : très, beaucoup. *Il neige en câlice. Elle placote en câlice.* AU PLUS CÂLICE : au plus vite. ▸ ***câlicer*** ou ***câlisser*** v. tr. ▪ conjug. 1. Très fam. **1.** Donner, porter (un coup) à qqn. *Il lui a câlissé une claque sur la gueule.* **2.** Lancer (qqch.), s'en débarrasser. *Elle a câlissé son livre au bout de ses bras.* **3.** Mettre (qqn) à la porte, (un animal) dehors. *Tu as câlissé tes parents dehors !* **4.** Abandonner, laisser tomber (qqch.). *Je câlisse tout ça là.* — S'en aller, quitter qqn. *Tu pourras câlisser ton camp ce soir.* **5.** SE CÂLICER DE v. pron. : se moquer de, se ficher de. ⇒ se **foutre** de.

calicot [kaliko] n. m. **1.** Toile de coton assez grossière. *Une chemise de calicot.* **2.** Bande de calicot portant une inscription. ⇒ **banderole.**

calife ou ***khalife*** [kalif] n. m. ■ Souverain musulman, successeur de Mahomet, qui réunissait le pouvoir spirituel et temporel. ▸ ***califat*** ou ***khalifat*** n. m. ■ Dignité, pouvoir, règne d'un calife. *Le califat de Bagdad.*

câlife [kɑlif] interj. ■ Fam. Sacre, juron plus atténué que *câlice** et qui s'emploie dans le même sens, les mêmes locutions ou expressions. *Câlife que c'est beau, laid ! — Une câlife de belle maison.* ▸ ***câlifer*** v. tr. ▪ conjug. 1. ■ Fam. Forme atténuée de *câlisser** qui s'emploie dans tous ses sens, ses locutions ou ses expressions. *Câlifer un coup de poing à qqn.* — Pronominalement. *Elle se câlife de tout le monde.*

californien, ienne [kalifɔʀnjɛ̃, jɛn] adj. et n. ■ De Californie, relatif à la Californie. *Le vin californien. Des plages californiennes.* — N. (Avec une majusc.) Personne née dans cet État américain ou qui l'habite.

à ***califourchon*** [akalifuʀʃɔ̃] loc. adv. **1.** Une jambe d'un côté, la deuxième de l'autre. ⇒ à **cheval.** *Se mettre, monter à califourchon.* ⇒ **enfourcher.** *L'enfant descend sur la rampe à califourchon.* **2.** N. m. *Le califourchon,* le derrière. *Il a reçu un coup de pied dans le califourchon.*

câlin, ine [ka(ɑ)lɛ̃, in] n. et adj. (Surtout en France) **I. 1.** N. Personne qui aime à être caressée, à être traitée avec une grande douceur ou qui aime câliner.

2. Adj. *Un enfant câlin. Un air câlin.* ⇒ **caressant, doux, fin.** / contr. **dur** / **II.** N. m. Échange de caresses, de baisers. *Un gros câlin.* — Loc. *Faire (un) câlin (à qqn).* ▶ ***câliner*** v. tr. ▪ conjug. 1. ■ Traiter avec douceur, tendresse. ⇒ **cajoler, caresser, catiner, dorloter.** *Câliner un enfant.* / contr. **bourrasser, brusquer, rudoyer** / ▶ ***câlinerie*** n. f. ■ Souvent au plur. Manières câlines. ⇒ fam. **minouchage.**

câlisse interj. ⇒ **câlice.** ▶ ***câlisser*** v. ⇒ **câlicer.**

câline [kalin] interj. ■ Fam. Sacre, juron plus atténué que *câlice*. Où ai-je mis mon livre, câline ?* Absolt. *Câline ! Câline de* (+ autre juron). *Câline de désespoir, de bine*.* — Loc. *Être en câline,* fâché, de mauvaise humeur ; ne pas être content. — N. UN CÂLINE DE : sert à qualifier la chose, la personne qui est mentionnée. *Une câline de bonne annonceuse.* Sans compl. UN CÂLINE : terme d'injure, de mépris. *C'est une câline ! Mon câline !* — Avec une nuance affective (surtout à l'égard des enfants). *Elle sait donc se faire aimer, la petite câline.* ⇒ fam. **mosur** — Loc. adv. EN CÂLINE : très, beaucoup. *C'est beau en câline.* AU PLUS CÂLINE : *au plus vite. Elle est retournée à la maison au plus câline.*

caller [kɑle] v. tr. ▪ conjug. 1. Fam. **1.** Appeler et mener les figures de certaines danses de folklore. *Elle a callé plusieurs danses.* — Sans compl. *Il calle depuis une heure.* **2.** Loc. *Caller l'orignal,* imiter le cri de la femelle afin d'attirer le mâle vers le chasseur. ▶ ***calleur, euse*** n. Fam. **1.** Personne qui calle (1). **2.** Chasseur qui calle l'orignal.

calleux, euse [kalø, øz] adj. ■ Dont la peau est durcie et épaissie. ⇒ **cal.** *Des mains calleuses.* / contr. **doux, lisse** / ‹ ▶ callosité ›

call-girl [kɔlgœʀl] n. f. ■ Anglic. Prostituée que l'on appelle par téléphone à son domicile. *Des call-girls.*

calli- ■ Élément savant signifiant « beauté ». ▶ ***calligraphe*** [ka(l)ligʀaf] n. ■ Personne qui pratique la calligraphie. ▶ ***calligraphie*** n. f. ■ Art de bien former les caractères d'écriture ; écriture formée selon cet art. ▶ ***calligraphier*** v. tr. ▪ conjug. 7. ■ Former avec beaucoup d'application, de soin (les caractères écrits).

callosité [kalozite] n. f. ■ Épaississement et durcissement de l'épiderme. ⇒ **cal, cor, durillon ; calleux.**

calmant, ante [kalmɑ̃, ɑ̃t] adj. et n. m. **1.** Qui calme la douleur, l'excitation nerveuse. *Piqûre calmante.* — Qui calme, apaise, tranquillise. Des paroles calmantes. ⇒ **apaisant, lénifiant.** / contr. **excitant** / **2.** N. m. Remède calmant. ⇒ **sédatif, tranquillisant.** *Prendre des calmants pour dormir.*

calmar [kalmaʀ] n. m. ■ Animal marin (mollusque céphalopode) à nageoires triangulaires, voisin de la seiche. ⇒ **encornet.** *Calmar frit.*

① ***calme*** [kalm] n. m. **1.** Absence d'agitation, de bruit. *Le calme de la nuit, de la campagne.* **2.** Immobilité de l'atmosphère, de la mer. *Calme plat,* calme absolu de la mer. *Le calme après la tempête.* ⇒ **accalmie. 3.** État d'une personne qui n'est ni agitée ni énervée. *Le malade a un moment de calme.* ⇒ **apaisement, détente, soulagement.** *Calme de l'âme, calme intérieur.* ⇒ **paix, quiétude, sérénité, tranquillité.** *Conserver, garder son calme.* ⇒ **assurance, maîtrise** de soi, **sang-froid.** / contr. **agitation, émotion, énervement, trouble** / ▶ ② ***calme*** adj. **1.** Qui n'est pas troublé, agité. ⇒ **tranquille.** *Air, caractère calme.* ⇒ **flegmatique, froid, impassible, tranquille ;** fam. **cool.** *Être calme et résolu.* / contr. **agité, énervé** / **2.** Qui a une faible activité. *Les affaires sont calmes.* / contr. **actif** / ▶ ***calmement*** adv. ■ Avec calme. ⇒ **tranquillement.**

▶ ***calmer*** v. tr. ▪ conjug. 1. **1.** Rendre calme, en apaisant, en diminuant (la douleur, les passions). *Cela calmera la douleur.* ⇒ **apaiser, soulager.** *Calmer son impatience, ses nerfs.* ⇒ **maîtriser, modérer.** / contr. **agiter, exciter** / **2.** Rendre (qqn) plus calme. ⇒ **apaiser.** *Calmer les mécontents.* **3.** SE CALMER v. pron. : devenir calme. *La tempête, la mer s'est calmée.* — (Personnes) Reprendre son sang-froid. ⇒ se **ressaisir.** *Calmez-vous, je vous en prie. Bon, on se calme !* ‹ ▶ accalmie, calmant ›

calomnie [kalɔmni] n. f. ■ Accusation fausse, mensonge qui attaque la réputation, l'honneur (de qqn). ⇒ **attaque, diffamation.** *Une basse calomnie.* ≠ *médisance.* ▶ ***calomnier*** v. tr. ▪ conjug. 7. ■ Attaquer l'honneur, la réputation de (qqn), par des mensonges (calomnies). ⇒ **attaquer, décrier, diffamer.** ≠ **médire.** ▶ ***calomniateur, trice*** n. ■ Personne qui calomnie. ⇒ **accusateur, dénonciateur.** ▶ ***calomnieux, euse*** adj. ■ Qui contient de la calomnie. ⇒ **diffamatoire.** *Dénonciation calomnieuse.*

calor- ■ Élément signifiant « chaleur ». ▶ ***calorie*** [kalɔʀi] n. f. ■ Unité employée pour évaluer les quantités de chaleur et pour mesurer la valeur énergétique des rations alimentaires. *Il faut en moyenne 2 500 calories par jour, pour un adulte.* ▶ ***calorifère*** n. m. ■ Appareil de chauffage distribuant dans une maison, au moyen de tuyaux, la chaleur que fournit un foyer. ⇒ ① **radiateur ; chaudière.** *Des calorifères à eau chaude.* ▶ ***calorifique*** adj. ■ Qui donne de la chaleur, produit des calories. *Rayons, radiations calorifiques.* / contr. **frigorifique** / ▶ ***calorifuge*** adj. et n. m. ■ Qui empêche la déperdition de la chaleur, qui garde la chaleur. ▶ ***calorimétrie*** n. f. ■ Partie de la physique qui s'occupe de la mesure des quantités de chaleur (dans les phénomènes d'échanges, etc.). ▶ ***calorimétrique*** adj.

① ***calot*** [kalo] n. m. ■ (France) Coiffure militaire (dite aussi *bonnet de police*).

② ***calot*** n. m. ■ Grosse bille. *Un calot de verre coloré.*

① ***calotte*** [kalɔt] n. f. **1.** Petit bonnet rond qui ne couvre que le sommet de la tête. *Les prêtres, les juifs portent la calotte.* — Péj. *La calotte,* le clergé, les prêtres. **2.** Fam. Casquette. *Mets ta calotte pour sortir.*

② ***calotte*** n. f. ■ *Calotte du crâne,* partie supérieure de la boîte crânienne. — Loc. fam. *Faire de la calotte,* avoir des excès de folie, être fou. ⇒ fam. **capoter,** faire du **chapeau.** — *Calotte sphérique,* partie d'une sphère coupée par un plan autre que médian. *Les calottes glaciaires de la Terre* (pôles Nord et Sud).

calque [kalk] n. m. **1.** Copie, reproduction calquée. *Papier(-)calque,* papier transparent pour calquer. **2.** Fig. Imitation étroite. ⇒ **plagiat. 3.** Traduction littérale d'un mot d'une autre langue. ⇒ **anglicisme.** *Les mots « ballon-panier » et « rideau de fer » sont des calques de l'anglais.* — *Un calque sémantique,* de sens. ▶ ***calquer*** v. tr. ▪ conjug. 1. **1.** Copier les traits d'un modèle sur une surface contre laquelle il est appliqué. ⇒ **décalquer.** *Elle calque une carte de géographie.* **2.** Abstrait. Imiter exactement. *Ils ont calqué leur organisation sur celle de leur concurrent.* — Au p. p. adj. *Un programme calqué sur le nôtre.* ▶ ***calquage*** n. m. ■ Action de calquer. ‹ ▶ décalcomanie, décalquer ›

caltor, coltar ou ***coaltor*** [kaltɔʀ] n. m. ■ Anglic. Goudron de houille au charbon de terre ; liquide résultant de la distillation du charbon. *Ça sent le caltor ici.* ▶ ***caltorer*** v. tr. ▪ conjug. 1. ■ Fam. Goudronner. *Les ouvriers ont caltoré le toit aujourd'hui.* — Au p. p. adj. *Toit, mur caltoré.* ▶ ***caltorage*** n. m. ■ Fam. Action de goudronner. *Le caltorage des frisures du solage.*

calumet [kalymɛ] n. m. ■ Pipe à long tuyau que les Amérindiens fumaient pendant les discussions importantes (décisions de guerre et de paix, etc.). — Loc. fig. *Offrir le calumet de la paix,* faire une offre de réconciliation.

calvados [kalvados] n. m. invar., ou (France) abrév. fam., ***calva*** [kalva] n. m. ■ Eau-de-vie de cidre. *Il vient de boire deux calvas.*

calvaire [kalvɛʀ] n. m. et interj. **I.** N. m. **1.** (Avec une majusc.) *Le Calvaire*, la colline où Jésus fut crucifié. — *Un calvaire,* une représentation de la passion du Christ. Croix de chemin qui commémore la crucifixion du Christ. *Calvaires beaucerons.* **2.** Épreuve longue et douloureuse. ⇒ **croix, martyre. II.** Interj. ■ Très fam. Sacre, juron très fréquent et employé dans toutes sortes de circonstances. *Qu'est-ce que tu veux, calvaire ? Calvaire que c'est dur !* Absolt. *Calvaire ! — Calvaire de* (+ autre juron). — Loc. *Être en calvaire,* très fâché, de très mauvaise humeur ; ne pas être content. — N. UN CALVAIRE DE : sert à qualifier la chose, la personne qui est mentionnée. *Une calvaire de bonne conductrice.* Sans compl. UN CALVAIRE : terme d'injure, de mépris. *Vous êtes des calvaires ! Mon calvaire !* — Loc. adv. EN CALVAIRE : très, beaucoup. *Il fait froid en calvaire.* — AU PLUS CALVAIRE : au plus vite.

calvinisme [kalvinism] n. m. ■ Doctrine du réformateur Calvin, qui créa le protestantisme en France. ▶ ***calviniste*** adj. et n. ■ ⇒ **protestant.** *Religion calviniste.* — N. *Les calvinistes et les luthériens* (opposé à *papiste*).

calvitie [kalvisi] n. f. ■ État d'une tête chauve. *Une calvitie précoce.*

calypso [kalipso] n. m. **1.** Danse à deux temps, originaire de la Jamaïque. *Des calypsos.* **2.** Musique de type antillais qui accompagne cette danse.

camaïeu [kamajø] n. m. ■ Peinture où l'on n'emploie qu'une couleur avec des tons différents. *Un paysage en camaïeu.*

camail, ails [kamaj] n. m. **1.** Au Moyen Âge. Armure de tête en tissu de mailles. **2.** Courte pèlerine des ecclésiastiques. *Des camails.*

camarade [kamaʀad] n. **1.** Personne qui a les mêmes habitudes, les mêmes occupations qu'une autre et des liens de familiarité avec elle. ⇒ **ami, collègue, compagnon, confrère, copain ;** fam. **chum, pote.** *Un camarade de jeu, d'enfance, de collège. Une camarade de travail.* **2.** Appellation, dans les partis communistes. *Dis-moi, camarade, à quelle heure est la réunion ?* ▶ ***camaraderie*** n. f. ■ Relations familières entre camarades. ⇒ **amitié.** ‹ ▶ brasse-camarade ›

cambiste [kɑ̃bist] n. ■ Personne qui effectue des opérations de change. ⇒ **change** (I, 2). *Une cambiste de la Bourse de Montréal.*

cambouis [kɑ̃bwi] n. m. invar. ■ Graisse, huile noircie par le frottement. *Le mécanicien a les mains noires de cambouis.*

cambrer [kɑ̃bʀe] v. tr. ▪ conjug. 1. **1.** Courber légèrement en forme d'arc. ⇒ **arquer, infléchir.** *Cambrer une poutre.* / contr. **redresser** / **2.** Redresser (la taille) en se penchant légèrement en arrière. *Cambrer les reins.* — SE CAMBRER v. pron. *Elle se cambre en marchant.* ▶ ***cambrage*** n. m. ou ***cambrement*** n. m. ■ Action de cambrer. — Fait d'être cambré. ▶ ***cambré, ée*** adj. ■ Qui forme un arc. *Taille cambrée,* creusée par derrière. ‹ ▶ cambrure ›

cambrien, ienne [kɑ̃bʀijɛ̃, jɛn] n. m. et adj. ■ N. m. *Le cambrien,* la première période de l'ère primaire. ⇒ **carbonifère** (2). — Adj. De cette période. *Des fossiles de l'époque cambrienne.* ‹ ▶ précambrien ›

cambrioler [kɑ̃bʀijɔle] v. tr. ▪ conjug. 1. ■ Dévaliser en pénétrant par effraction. *Cambrioler un appartement.* — Voler (qqn). *Ils ont été cambriolés.* ▶ ***cambriolage*** n. m. ■ ⇒ **vol.** ▶ ***cambrioleur, euse*** n. ■ Personne qui cambriole.

cambrousse [kɑ̃bʀus] n. f. ■ (France) Fam. et péj. Campagne. ⇒ **bled.**

cambrure [kɑ̃bʀyʀ] n. f. **1.** État de ce qui est cambré. ⇒ **cintrage, courbure.** *La cambrure d'une pièce de bois. La cambrure des reins.* **2.** Partie courbée entre la semelle et le talon d'une chaussure.

cambuse [kɑ̃byz] n. f. **1.** Magasin à bord d'un navire où sont conservés les vivres, les provisions. **2.** Fam. Chambre, logis pauvre, mal tenu. — Vieille maison. *Une cambuse qui tombe en ruines.*

① ***came*** [kam] n. f. ■ Pièce (arrondie ou présentant une encoche, une saillie) destinée à transmettre et à transformer le mouvement d'un mécanisme. Loc. *Arbre à cames.*

② ***came*** n. f. (Abrév. de *camelote*) ■ (France) Arg. Cocaïne, drogue. ‹ ▶ se camer ›

camée [kame] n. m. ■ Pierre fine (agate, améthyste, onyx) sculptée en relief. *Un camée monté en broche.*

caméléon [kameleɔ̃] n. m. **1.** Petit reptile d'Afrique à quatre pattes, de couleur gris verdâtre. *Le caméléon a la faculté de changer de couleur selon l'endroit où il se trouve* (pour se camoufler). **2.** Personne qui change de conduite, d'opinion au gré de l'intérêt.

camélia [kameljɑ] n. m. ■ Arbrisseau à feuilles ovales, luisantes et persistantes, à fleurs larges, rappelant la rose ; sa fleur. *Des camélias.*

camelot [kamlo] n. **1.** Personne qui distribue des journaux (⇒ **livreur** de journaux), des prospectus à domicile. *Une jeune camelot. Payer le camelot.* — (France) Vendeur de journaux. — REM. L'O.L.F. propose *une camelot* au féminin. **2.** (France) Marchand ambulant qui vend des marchandises à bas prix. ⇒ **colporteur.** *Des boniments de camelot.* ▶ ***camelote*** n. f. **1.** Fam. Marchandise de mauvaise qualité. ⇒ **pacotille, toc.** *Vendre, acheter de la camelote.* **2.** Fam. Toute marchandise. *C'est de la bonne camelote.*

camembert [kamɑ̃bɛʀ] n. m. ■ Fromage rond à croûte blanche, fait avec du lait de vache.

se camer [kame] v. pron. ■ (France) Arg. Se droguer. ⇒ arg. ② **came.** — Au p. p. *Elles sont toutes camées.*

caméra [kameʀɑ] n. f. **1.** Appareil cinématographique de prise de vues. *Des caméras. Caméra de télévision,* tube électronique de prise de vues. — *Une caméra vidéo,* un appareil portatif à magnétoscope intégré. ⇒ **caméscope.** — *Caméra de surveillance,* qui surveille les gens (dans des endroits publics : magasins, banques...) ou la circulation, à des fins de sécurité. **2.** Fam. Appareil photo. *Une caméra de 35 mm.* ▶ ***caméraman*** [kameʀaman] n. m. ■ Opérateur de prises de vues. ⇒ **cadreur, opérateur.** *Un excellent photographe et caméraman. Des caméramans.* ‹ ▶ caméscope ›

camérier [kameʀje] n. m. ■ Officier de la chambre du pape ou d'un cardinal.

caméscope [kameskɔp] n. m. ■ Petite caméra vidéo comprenant un magnétoscope intégré. *Des caméscopes.* — REM. Ce mot est un nom de marque déposée.

camion [kamjɔ̃] n. m. ■ Gros véhicule automobile transportant des marchandises. ⇒ **fardier, poids lourd.** *Louer un camion. Camion à semi-remorque.* ⇒ **semi-remorque.** — CAMION-CITERNE n. m. Camion pour le transport des liquides en vrac. *Des camions-citernes.* ▶ ***camionnage*** n. m. **1.** Transport par camion.

⇒ **routage.** **2.** Industrie du transport par camion. ▸ ***camionnette*** n. f. ■ Véhicule utilitaire, plus petit que le camion. ⇒ **fourgonnette ;** anglic. ② **pick-up.** ▸ ***camionneur, euse*** n. **1.** Conducteur de camions. ⇒ **routier.** **2.** Personne qui s'occupe de transports par camions. — REM. L'O.L.F. propose *camionneuse* au féminin.

camisole [kamizɔl] n. f. **1.** Autrefois. Vêtement court, à manches, porté sur la chemise. **2.** Sous-vêtement avec ou sans manches couvrant le haut du corps. ⇒ **maillot, tee-shirt.** *Se mettre en camisole. Une petite camisole de bébé.* **3.** CAMISOLE DE FORCE : combinaison de toile à manches fermées, garnie de liens paralysant les mouvements, que l'on faisait porter aux fous furieux. *Il mérite la camisole de force,* il est complètement fou.

camomille [kamɔmij] n. f. **1.** Plante odorante, dont les fleurs ont des propriétés digestives. **2.** Tisane, infusion des fleurs de cette plante. *Prendre de la camomille au lieu du café.*

camoufler [kamufle] v. tr. • conjug. 1. ■ Déguiser de façon à rendre méconnaissable ou invisible. ⇒ **dissimuler, maquiller.** — Pronominalement (réfl.). *Se camoufler.* — Au p. p. *Matériel de guerre camouflé par une peinture bigarrée.* — Abstrait. *Camoufler une intention, une faute.* ▸ ***camouflage*** n. m. ■ Action de camoufler. *Le camouflage des blindés.*

camouflet [kamuflɛ] n. m. ■ Littér. Vexation humiliante. ⇒ **affront, offense.**

camp [kɑ̃] n. m. **I. 1.** Lieu, constructions où des troupes s'installent pour le repos ou la défense. ⇒ **bivouac, campement, cantonnement, quartier.** *Camp retranché, fortifié.* — Base militaire. *Le camp militaire de Valcartier.* — LIT DE CAMP : facilement transportable. **2.** *Camp de prisonniers,* où sont groupés des prisonniers de guerre. — CAMP DE CONCENTRATION : lieu où l'on groupe, en temps de guerre ou de troubles, les suspects, les étrangers, les nationaux ennemis. — *Camps d'extermination (nazis),* où furent affamés, suppliciés et exterminés certains groupes ethniques (Juifs), politiques et sociaux. **3.** CAMP VOLANT : camp militaire provisoire. **4.** Terrain où s'installent des explorateurs, des campeurs. ⇒ **camping.** *Le camp de base. Feux de camp.* Loc. Abstrait. *Lever le camp,* partir. ⇒ **décamper.** Fam. *Ficher, foutre, sacrer, saprer (son) le camp* (même sens). ⇒ fam. se **barrer.** **5.** CAMP (DE VACANCES) : grand domaine situé à la campagne où des jeunes peuvent séjourner tout en s'adonnant à des sports ou des loisirs de plein air. ⇒ **colonie** de vacances. *Passer le mois de juillet dans un camp de vacances.* — *Camp musical,* spécialisé en musique. **6.** Cabane de bois construite dans la forêt et servant à abriter des pêcheurs, des chasseurs. *Un camp de pêche, un camp de chasse.* — *Camp de bûcherons,* dans lequel habitent les travailleurs forestiers. ⇒ **chantier.** *Camp forestier,* emplacement sur lequel sont installés les habitations des travailleurs forestiers ainsi que d'autres bâtiments d'une exploitation forestière. **7.** CAMP D'ÉTÉ : chalet aménagé sommairement. ⇒ ① **campagne** (3). **8.** CAMP SAISONNIER : endroit où les Inuits et les Amérindiens installent leurs tentes pour un court séjour, suivant l'époque de l'année. **9.** CAMP D'ENTRAÎNEMENT : courte période de préparation intense et de mise en forme auxquelles sont soumis les sportifs (hockey, base-ball, football...) avant d'entreprendre leur saison d'activités. *Le début, la fin du camp d'entraînement.* — Période d'évaluation des joueurs avant la saison, surtout des recrues. **II.** Se dit de groupes qui s'opposent, se combattent. *Être dans un camp. Il est passé dans le camp opposé.* ⇒ **faction, groupe, parti.** — Sports. Chacune des équipes qui s'opposent. *Le camp adverse.* ‹ ▸ ① camper, décamper ›

① ***campagne*** [kɑ̃paɲ] n. f. **1.** Vx. Plaine. — *En rase campagne,* dans un lieu non défendu, dans une plaine sans arbres. **2.** *La campagne,* les terres cultivées, hors d'une ville. *Les travaux de la campagne.* ⇒ **champ(s), terre.** **3.** Endroits où on cultive la terre, on élève des animaux (opposé à *la ville*). *Vivre à la campagne.* — *Maison de campagne.* ⇒ **chalet, résidence** secondaire. ▸ ***campagnard, arde*** adj. et n. **1.** Qui vit à la campagne. — *Un air, un aspect campagnard.* ⇒ **rustique.** **2.** N. *Un campagnard, une campagnarde.* ⇒ **cultivateur, habitant.** / contr. **bourgeois, citadin** / ‹ ▸ cambrousse, campagnol ›

② ***campagne*** n. f. **1.** Les manœuvres des troupes, la guerre. *Les troupes sont en campagne.* — *Une campagne,* une opération de guerre. *Les campagnes d'Italie, d'Égypte.* — Loc. *Se mettre en campagne,* partir en voyage, ou à la découverte. — *Faire campagne pour, contre qqn,* militer pour, contre lui. **2.** *Une campagne,* période d'activité, d'affaires, de prospection, de propagande. *Campagne publicitaire. Campagne électorale. Campagne de presse.* — *Campagne de financement,* collecte de fonds organisée (par un parti politique, une société ou un organisme à but non lucratif) en vue de financer des activités, le fonctionnement. *Elle est présidente de la campagne de financement du Carnaval de Québec.* — *Campagne de souscription,* collecte de fonds organisée pour financer une œuvre de bienfaisance ou autre. *Il contribue à la campagne de souscription de Centraide.*

campagnol [kɑ̃paɲɔl] n. m. ■ Mammifère rongeur, au corps plus ramassé que le rat, à queue courte et poilue. *Le rat des champs est un campagnol.* ⇒ **mulot.**

campanile [kɑ̃panil] n. m. ■ Tour isolée (clocher) souvent près d'une église. ⇒ **beffroi.** *La rue du Campanile.*

campanule [kɑ̃panyl] n. f. ■ Plante herbacée, à clochettes violettes.

① ***camper*** [kɑ̃pe] v. intr. • conjug. 1. **1.** S'installer, être installé dans un camp. *L'armée campait aux portes de la ville.* — Coucher sous la tente, faire du camping. *Je campais en montagne.* **2.** S'installer provisoirement quelque part. *Il campe chez des amis en attendant de trouver un logement.* ▸ ***campement*** n. m. **1.** Action de camper. ⇒ **bivouac, cantonnement.** *Matériel de campement.* **2.** Lieu, installations où l'on campe. ▸ ① ***campeur, euse*** n. **1.** Personne qui pratique le camping. **2.** Jeune qui effectue un séjour dans un camp de vacances. *Chaque hutte peut loger six campeurs.* ▸ ② ***campeur*** n. m. ■ Camionnette aménagée pour faire du camping. ⇒ **autocaravane ;** anglic. **camping-car,** ② **caravane, roulotte.**

② ***camper*** v. tr. • conjug. 1. **1.** Placer, poser (qqch.) avec décision, avec une certaine audace. ⇒ **installer.** *Camper son chapeau sur sa tête.* **2.** Fig. *Camper un récit,* le mettre en valeur. **3.** SE CAMPER v. pron. réfl. : se tenir dans une attitude hardie ou provocante. ⇒ se **dresser,** se **planter.** *Elle se campa devant moi.* **4.** Au p. p. adj. *Un enfant bien campé sur ses jambes,* solide. — Fig. *Un récit bien campé,* bien construit.

camphre [kɑ̃fʀ] n. m. ■ Substance aromatique, blanche, transparente, d'une odeur vive, provenant du bois du camphrier. ▸ ***camphré, ée*** adj. ■ Qui contient du camphre. *Alcool camphré.* ▸ ***camphrier*** [kɑ̃fʀije] n. m. ■ Arbuste d'Extrême-Orient (laurier du Japon), dont le bois distillé donne le camphre. ‹ ▸ solucamphre ›

camping [kɑ̃piŋ] n. m. **1.** Activité touristique qui consiste à vivre en plein air, sous la tente ou dans une caravane, et à voyager avec le matériel nécessaire. *Faire du camping.* ⇒ ①, ② **campeur.** *Terrain de* *camping.* — *Camping sauvage,* camping pratiqué dans des lieux qui ne sont pas aménagés à cet effet. **2.** Terrain aménagé pour camper. *Il y a deux campings près de la réserve faunique.* ▸ ***camping-car*** n. m. ■ Anglic. ② Campeur. ⇒ **autocaravane,** ② **caravane, roulotte.** *Des camping-cars.* ▸ ***camping-gaz*** n. m. invar. ■ Petit réchaud portatif pour le camping. *Des camping-gaz.* ⟨ ▸ canot-camping. ⟩

campivalleusien, ienne [kɑ̃pivaløsjɛ̃, jɛn] adj. et n. ■ De la ville de Salaberry-de-Valleyfield. — N. (Avec une majusc.) Personne née dans cette ville ou qui l'habite.

campus [kɑ̃pys] n. m. invar. ■ Vaste domaine où sont regroupés les bâtiments d'enseignement, les résidences des étudiants et les diverses installations d'un établissement d'enseignement universitaire ou collégial. *Le campus de l'université Laval.* ⇒ **cité** universitaire. — L'ensemble des bâtiments d'un établissement universitaire ou collégial, même s'ils sont dispersés en plusieurs endroits. *Le campus de l'université du Québec à Montréal.*

camus, use [kamy, yz] adj. ■ Qui a le nez court et plat.

canada [kanadɑ] n. f. ■ Ancienne variété de pomme de reinette. *Des canadas.*

canadair [kanadɛʀ] n. m. invar. ■ Avion-citerne équipé pour lutter contre les incendies de forêt. *Des canadair.* — REM. Ce mot est un nom de marque déposée.

canadien, ienne [kanadjɛ̃, jɛn] adj. et n. ■ Du Canada ou qui concerne le Canada. *Les provinces canadiennes. La politique canadienne sur l'environnement.* — N. (Avec une majusc.) Personne née au Canada ou qui en a obtenu la citoyenneté. ⇒ **Amérindien, Inuit.** *Les Canadiens français.* ⇒ **Acadien, Néo-Québécois, Québécois ; Nord-Américain.** *Les Canadiens anglais.* ⇒ **anglais** (2), **Néo-Canadien.** ▸ ***canadien-anglais, canadienne-anglaise*** adj. et n. ■ Du Canada anglais (2) ou qui concerne les Canadiens d'expression anglaise. ⇒ **anglo-canadien, anglo-québécois ; anglophone.** *Une famille canadienne-anglaise.* — N. (Avec une majusc. et sans trait d'union) *Beaucoup de Canadiens anglais habitent l'Estrie.* ⇒ fam. **Anglo ;** péj. **bloke.** ▸ ***canadien-français, canadienne-française*** adj. et n. **1.** Du Canada français, spécialt du Québec, ou qui concerne les Canadiens d'expression française. ⇒ **franco-canadien ; acadien, franco-albertain, franco-colombien, franco-manitobain, franco-ontarien, franco-québécois, franco-ténois, franco-terre-neuvien, franco-yukonais, fransaskois, québécois ; francophone.** *Une association canadienne-française.* — N. (Avec une majusc. et sans trait d'union) *Les Canadiens français de Vancouver.* **2.** Histoire. Qui concerne les descendants des Français venus s'établir en Nouvelle-France. ⇒ **franco-canadien ; acadien, québécois.** — N. (Avec une majusc. et sans trait d'union) *Les Canadiens français furent de grands explorateurs.* ▸ ***canadianisme*** n. m. ■ Mot, sens, locution ou tournure propre au français du Canada. ⇒ **acadianisme, amérindianisme, inuitisme, québécisme.** ▸ ***canadienne*** n. f. **1.** Manteau d'hiver arrivant à mi-cuisse, en gros tissu, comportant un capuchon, et qui s'attache à l'aide de boutons en fuseau. ⇒ anglic. **duffel-coat. 2.** (France) Manteau trois-quarts doublé de peau de mouton ou de fourrure. ▸ ***canado-*** ■ Élément initial qui signifie « Canada » (ex. : *canado-américain, canado-belge*). ⟨ ▸ anglo-canadien, anti-canadien-français, canada, canadair, franco-canadien, italo-canadien, néo-canadien, transcanadien ⟩

canaille [kanɑj] n. f. et adj. **1.** *(La canaille)* Ensemble de gens méprisables. ⇒ **pègre, racaille. 2.** *(Une, des canailles)* Personne malhonnête, nuisible. ⇒ **bandit, coquin, crapule, fripouille.** — Terme d'affection appliqué aux enfants. Fam. *Petite canaille !* ⇒ fam. **bandit. 3.** Adj. Vulgaire, avec une pointe de perversité. *Des manières canailles.* ▸ ***canaillerie*** n. f. ■ Caractère d'une canaille ou d'une action de canaille. ⇒ **malhonnêteté.** *C'est de la canaillerie.* — *Une canaillerie,* une action malhonnête. ⇒ **crapulerie.**

canal, plur. ***canaux*** [kanal, kano] n. m. **I. 1.** Lit ou partie d'un cours d'eau. ⇒ **bras.** — Voie d'eau artificielle. *Canal navigable ; d'irrigation. Canal maritime. Le canal Lachine.* **2.** Bras de mer. ⇒ **détroit, passe.** *Le canal de Mozambique.* **II. 1.** Conduit permettant le passage d'un liquide, d'un gaz. ⇒ **aqueduc, conduite, tube, tuyau ; canalisation. 2.** Domaine de fréquence occupé par un émetteur de télévision. ⇒ ② **chaîne.** *Sur quel canal émettent-ils ?* — Station de télévision émettant sur cette fréquence. *Regarder un film sur un (au) canal anglais.* **3.** Cavité allongée ou conduit de l'organisme, autre que les artères et les veines. ⇒ **vaisseau.** *Canal biliaire, rachidien. Un traitement de canal dentaire.* **III.** Fig. Agent ou moyen de transmission. ⇒ **intermédiaire.** *J'ai appris cela par le canal d'un ami.* ▸ ***canaliser*** v. tr. ▪ conjug. 1. **1.** Rendre (un cours d'eau) navigable. — Sillonner (une région) de canaux. **2.** Fig. Empêcher de se disperser, diriger dans un sens déterminé. ⇒ **centraliser, concentrer.** *Canaliser la foule, les manifestants. Elle canalise ses énergies.* / contr. **éparpiller** / *On canalise la circulation automobile.* ▸ ***canalisation*** n. f. **1.** Action de canaliser. *La canalisation du Saint-Laurent.* **2.** Ensemble des conduits (canaux) par lesquels sont distribués l'eau, le gaz de ville, etc. ⇒ **branchement, tuyauterie.** *Une canalisation de gaz, d'électricité.*

canapé [kanape] n. m. **1.** Long siège à dossier, parfois à bras, où plusieurs personnes peuvent s'asseoir ensemble et qui peut servir de lit de repos *(canapé-lit).* ⇒ **divan, fauteuil, sofa. 2.** Tranche de pain, biscotte, biscuit sur lesquels on met de petites choses à manger. *Œufs sur canapés. Canapés au saumon.*

canard [kanaʀ] n. m. **I. 1.** Oiseau à pattes palmées (palmipède), au bec jaune, large, aux ailes longues et pointues. *Femelle du canard* ⇒ **cane,** *petit du canard* ⇒ **caneton.** *Canard sauvage.* ⇒ **cacaoui.** *Canard noir. Canard de basse-cour.* **2.** Loc. *Marcher comme un canard.* ⇒ se **dandiner.** — *Être mouillé, trempé comme un canard,* très mouillé. — *Un froid de canard,* très vif. — *Cela lui coule comme l'eau sur le dos d'un canard,* le laisse indifférent. **II.** Fig. **1.** Région. Bouilloire. ⇒ ① **bombe.** *Remplir le canard.* **2.** (Surtout en France) Fam. Fausse nouvelle lancée dans la presse. ⇒ **bobard, bruit.** *Lancer des canards.* — Péj. Journal. *Il n'y a rien à lire, dans ce canard !* ≠ *torchon.*

canarder [kanaʀde] v. tr. ▪ conjug. 1. ■ Tirer sur (qqn, qqch.) d'un lieu où l'on est à couvert. ⇒ **tirer.** *Se faire canarder.*

canari [kanaʀi] n. m. ■ Serin des Canaries, à la livrée jaune et brun olivâtre. *Des canaris.* — Adj. invar. *Une robe jaune canari.*

canasson [kanasɔ̃] n. m. ■ Fam. Cheval.

canasta [kanastɑ] n. f. ■ Jeu de cartes (2 jeux de 52 et 4 jokers) qui consiste à réaliser des séries de 7 cartes de même valeur.

① ***cancan*** [kɑ̃kɑ̃] n. m. ■ Bavardage où l'on dit du mal des gens. ⇒ **placotage, potin, ragot ; commérage.** *Dire, colporter des cancans sur qqn.* ▸ ***cancaner*** v. intr. ▪ conjug. 1. ■ Faire des cancans. ⇒ **placoter.** ▸ ***cancanier, ière*** adj. et n. ■ Qui cancane. ⇒ **placoteur.** *Être très cancanier.*

② ***cancan*** n. m. ■ (France) Danse excentrique et tapageuse (quadrille), spectacle traditionnel du Montmartre de 1900. *French cancan.*

cancer [kɑ̃sɛʀ] n. m. **1.** (Avec une majusc.) Quatrième signe du zodiaque (du 22 juin au 22 juillet). *Être du signe du Cancer, être du Cancer.* — Ellipt. Invar. *Elles sont Cancer.* — *Le tropique du Cancer,* le tropique boréal (opposé à *Capricorne*). **2.** Tumeur maligne, maladie grave causée par une multiplication anarchique de cellules. *Cancer de l'estomac, du sein. Cancer du sang.* ⇒ **leucémie. 3.** Abstrait. Ce qui ronge, détruit. ▸ ***cancéreux, euse*** adj. et n. **1.** De la nature du cancer. *Tumeur cancéreuse.* **2.** Qui est atteint d'un cancer. — N. *Un, des cancéreux.* ▸ ***cancérigène*** ou ***cancérogène*** adj. ■ Qui cause ou peut causer le cancer. *La cigarette est cancérigène.* ▸ ***cancérologie*** n. f. ■ Étude du cancer. ▸ ***cancérologue*** n. ■ Spécialiste du cancer. ‹ ▸ anticancéreux ›

cancre [kɑ̃kʀ] n. m. ■ (France) Fam. Écolier paresseux et nul.

cancrelat [kɑ̃kʀəla] n. m. ■ (France) Insecte nocturne qui vit dans les maisons. ⇒ **blatte,** ② **cafard, coquerelle.**

candélabre [kɑ̃delabʀ] n. m. ■ Grand chandelier à plusieurs branches. ⇒ **flambeau.**

candeur [kɑ̃dœʀ] n. f. ■ Qualité d'une personne pure et innocente, sans défiance. ⇒ **ingénuité, innocence, naïveté.** *Une candeur d'enfant. Être plein de candeur.* ⇒ **candide.** / contr. **dissimulation, fourberie, ruse** /

candi [kɑ̃di] adj. m. ■ SUCRE CANDI : épuré et cristallisé.

candidat, ate [kɑ̃dida, at] n. ■ Personne qui cherche à obtenir une place, un poste, un titre. *Il y a plusieurs candidats à ce concours.* ⇒ **concurrent, participant.** *Se porter, être candidat à des élections.* ▸ ***candidature*** [kɑ̃didatyʀ] n. f. ■ État de candidat. *Annoncer, poser sa candidature à un poste.*

candide [kɑ̃did] adj. ■ Qui a de la candeur, exprime la candeur. ⇒ **ingénu, innocent, naïf, pur, simple.** *Air candide. Réponse candide.* / contr. **faux, fourbe, rusé** / ▸ ***candidement*** adv. ■ *Répondre candidement.*

cane [kan] n. f. ■ Femelle du canard. ≠ *canne.* ‹ ▸ bec-de-cane ›

caneton [kantɔ̃] n. m. ■ Petit de la cane et du canard.

canette ou ***cannette*** [kanɛt] n. f. **I.** Bobine recevant le fil de trame dans une machine à coudre, un métier à tisser. **II. 1.** Petit contenant en métal, à usage commercial, pour les liquides (boissons gazeuses, jus de fruits, bière, etc.). ⇒ **boîte.** *Une canette de cola. Des canettes vides. Canettes consignables.* — Son contenu. *Boire une canette de bière.* **2.** (France) Petite bouteille de bière ; son contenu.

canevas [kanvɑ] n. m. invar. **1.** Grosse toile claire et à jour qui sert de support aux ouvrages de tapisserie à l'aiguille. *Broderie sur canevas.* **2.** Donnée première d'un ouvrage. ⇒ **ébauche, esquisse, plan, scénario.** *Travailler sur un bon canevas.*

caniche [kaniʃ] n. m. ■ Espèce de chien barbet à poil frisé. *Suivre qqn comme un caniche,* pas à pas, fidèlement.

canicule [kanikyl] n. f. ■ Époque de grande chaleur (l'étoile *Sirius* ou *Canicule* se lève et se couche avec le soleil du 22 juillet au 23 août). *Il est sorti sans chapeau en pleine canicule.* / contr. **froid** / ▸ ***caniculaire*** adj. ■ Torride. *Chaleur caniculaire.*

canidés [kanide] n. m. pl. ■ Famille de mammifères carnivores digitigrades, au museau allongé, au corps élancé, aux pattes hautes, ayant quatre doigts derrière, et cinq devant. — Au sing. *Le loup est un canidé.* ‹ ▸ canin ›

canif [kanif] n. m. ■ Petit couteau de poche à lames qui se replient dans le manche. *Elle affile son crayon avec un canif. Des canifs.*

canin, ine [kanɛ̃, in] adj. ■ Relatif au chien. *Race, espèce canine. Exposition canine.*

canine [kanin] n. f. ■ Dent pointue entre les prémolaires et les incisives.

caniveau [kanivo] n. m. ■ Bordure d'une rue, le long de la chaîne de trottoir, qui sert à l'écoulement des eaux. ⇒ **ruisseau.** *Des caniveaux.*

cannabis [kanabis] n. m. ■ Chanvre indien ① utilisé comme drogue hallucinogène. ⇒ **haschisch, marijuana ;** fam. **herbe ;** anglic. ② **pot.**

canne [kan] n. f. **1.** Tige droite de certaines plantes (roseau, bambou...). — CANNE À SUCRE : haute plante herbacée, de laquelle on extrait du sucre. *Sucre de canne.* **2.** Bâton de bois travaillé sur lequel on appuie la main en marchant. *Se promener la canne à la main. Les aveugles portent une canne blanche.* — *La canne à pommeau d'or,* un trophée remis au capitaine du navire qui arrive le premier dans un port, au début de chaque nouvelle année. **3.** CANNE À PÊCHE : longue perche flexible, souvent en plusieurs bouts, portant une ligne de pêche. **4.** Fam. Jambe. ⇒ fam. **guibole.** *Il ne tient pas sur ses cannes.* ≠ *cane.*

canneberge [kanbɛʀʒ] n. f. ■ Atoca. *Une sauce aux canneberges. Du jus de canneberge.*

cannelé, ée [kanle] adj. ■ Qui présente des cannelures. *Colonne cannelée.* / contr. **lisse** /

cannelle [kanɛl] n. f. ■ Écorce aromatique du *cannelier* utilisée en cuisine. ⇒ **cinnamone.** *Cannelle en poudre, en bâtonnets. Un gâteau à la cannelle.*

cannelloni [kanɛl(l)ɔni] n. m. ■ Pâte alimentaire en forme de tube et garnie d'une farce. *Des cannellonis.*

cannelure [kanlyʀ] n. f. ■ Sillon creusé verticalement dans du bois, de la pierre, du métal. ⇒ **moulure, rainure.** *Les cannelures d'une colonne, d'un vase.* — Botanique. Strie sur la tige de certaines plantes. *Les cannelures du céleri.*

canner [kane] v. tr. • conjug. 1. ■ Garnir (le fond, le dossier d'un siège) avec des cannes de jonc, de rotin ou avec de la babiche entrelacées. ⇒ **rempailler.** — Au p. p. adj. *Chaise cannée.* ▸ ***cannage*** n. m. ■ Action de canner ; son résultat.

cannette n. f. ⇒ **canette.**

cannibale [kanibal] n. ■ Anthropophage. ▸ ***cannibalisme*** n. m. ■ Anthropophagie.

canoé ou ***canoë*** [kanɔe] n. m. ■ (Surtout en France) Embarcation légère et portative manœuvrée à la pagaie (⇒ **canot, kayak, pirogue**) ; sport de ceux qui s'en servent. *Descendre une rivière en canoé. Faire du canoé.* ⇒ **canot.** — REM. L'orthographe *canoë* est vieillie en français québécois. ▸ ***canoéiste*** [kanɔeist] n. ■ Personne qui pratique le sport du canoé. ⇒ **canoteur, kayakiste.** ▸ ***canoéisme*** n. m. ■ Sport, activité du canoéiste. ⇒ **kayakisme.**

① ***canon*** [kanɔ̃] n. m. **1.** Arme à feu non portative (pièce d'artillerie) servant à lancer des projectiles lourds (obus). *Poudre à canon. Canon antiaérien, antichar. Canon à tube court.* ⇒ **mortier, obusier.** — Fam. CHAIR À CANON : les soldats exposés à être tués.

2. Tube (d'une arme à feu). *Le canon d'un fusil, d'un revolver. Baïonnette au canon,* fixée au bout du fusil. ‹ ► canonner ›

② ***canon*** n. m. **1.** Loi ecclésiastique concernant la foi et la discipline religieuse. — Adj. *Droit canon,* droit ecclésiastique. **2.** Ensemble des livres reconnus par les Églises chrétiennes comme appartenant à la Bible. *Canon de l'Ancien, du Nouveau Testament* (⇒ **Bible**). **3.** *Canon de la messe,* partie essentielle de la messe qui va de la Préface au Notre Père. **4.** Règles pour déterminer les proportions idéales. *Le canon de la beauté.* ⇒ **idéal, type.** ‹ ► canonique, canoniser ›

③ ***canon*** n. m. ■ Composition musicale dans laquelle les voix partent l'une après l'autre et répètent le même chant. *Canon à deux voix. Canon et fugue.*

canonique [kanɔnik] adj. **1.** Didact. Conforme aux canons (②, 1). *Livres canoniques,* qui composent le canon (2). **2.** Loc. fam. *Être d'un âge canonique,* respectable. **3.** Didact. Qui pose une règle ou correspond à une règle. ⇒ **normatif.**

canoniser [kanɔnize] v. tr. ▪ conjug. 1. ■ Inscrire (une personne) sur la liste des saints ; reconnaître comme saint. *Le pape a canonisé Marguerite Bourgeois en 1982.* — Au passif. *Marguerite d'Youville fut la première Canadienne de souche à être canonisée (en 1990).* ► ***canonisation*** n. f. ■ *La canonisation est proclamée par le pape.*

canonner [kanɔne] v. tr. ▪ conjug. 1. ■ Tirer au canon sur (un objectif). ⇒ **bombarder, mitrailler.** *Canonner une position ennemie.* ► ***canonnade*** n. f. ■ Tir d'un ou plusieurs canons. ► ***canonnier, ière*** n. ■ Soldat qui sert un canon. ► ***canonnière*** n. f. ■ Petit navire armé de canons.

canot [kano] n. m. **1.** Embarcation d'origine amérindienne, non pontée, de forme allongée, relevée aux extrémités, légère et portative, et qui se manœuvre à la pagaïe simple. ⇒ **bateau, canoé, chaloupe, kayak, rabaska.** *Une excursion en canot d'écorce. Assister à une course en canot sur le fleuve.* — CANOT DE SAUVETAGE : embarcation insubmersible utilisée pour porter secours aux passagers d'un navire en détresse. — *Canot pneumatique,* en toile imperméable et gonflable. *Un canot automobile ou à moteur.* ⇒ **vedette, yacht. 2.** Par ext. Navigation en canot. *Faire du canot.* — Activité sportive ou de loisir qui en résulte. **3.** (France) Petit bateau, petite embarcation non pontée (à aviron, rame, moteur, voile). ⇒ **barque, canoé, chaloupe. 4.** N. m. pl. Fam. Couvre-chaussures. ⇒ **caoutchouc,** ② **claque ;** fam. **chaloupes.** ► ***canoter*** v. intr. ▪ conjug. 1. ■ Naviguer en canot. *Ils ont canoté jusqu'aux Grands Lacs.* — Spécialt. Faire du canot, comme activité sportive ou de loisir. *Elle est partie canoter sur le lac.* ► ***canotable*** adj. ■ (Cours d'eau) Sur lequel on peut canoter. ⇒ **kayakable.** *Cette rivière est canotable jusqu'aux rapides.* ► ***canotage*** n. m. ■ Fait de canoter. — *Faire du canotage,* du canot, comme sport ou activité de loisir. ► ***canoteur, euse*** n. ■ Personne qui canote. ⇒ **canoéiste, kayakiste.** ► ***canot-camping*** n. m. invar. ■ Sport ou activité de loisir qui combine le canot (2) et le camping.

canotier [kanɔtje] n. m. ■ Chapeau de paille à fond plat.

cantal, als [kɑ̃tal] n. m. ■ Fromage à pâte ferme fabriqué dans le Cantal (Auvergne, France). ⇒ **fourme.** *Des cantals.*

cantaloup [kɑ̃talu(p)] n. m. ■ Melon à côtes rugueuses.

cantate [kɑ̃tat] n. f. ■ Poème lyrique destiné à être mis en musique ; cette musique. *Une cantate de Bach.* ≠ *cantique.*

cantatrice [kɑ̃tatʀis] n. f. ■ Chanteuse professionnelle d'opéra ou de chant classique. *Une grande cantatrice.* ⇒ **diva.**

cantilène [kɑ̃tilɛn] n. f. **1.** Autrefois. Chant profane. — Littér. Texte lyrique. ⇒ **complainte. 2.** Chant monotone, mélancolique.

cantine [kɑ̃tin] n. f. **1.** Salle à manger réservée aux militaires ou à certains groupes d'ouvriers. ⇒ **cafétéria.** — CANTINE MOBILE : camionnette spécialement équipée qui assure un service de restauration rapide en faisant la tournée de différents endroits (chantiers de construction, garages, etc.) à l'heure des repas, de la pause-santé. ⇒ fam. **popote** roulante. **2.** (France) Établissement où l'on sert à manger, à boire aux personnes d'une collectivité. ⇒ **buvette, cafétéria** (1), **réfectoire.** *La cantine d'une école, d'une entreprise.* **3.** Coffre de voyage, malle rudimentaire (en bois, métal). ► ***cantinier, ière*** n. ■ Personne qui est propriétaire d'un service de cantine mobile.

cantique [kɑ̃tik] n. m. ■ Chant religieux, consacré à la gloire de Dieu. ≠ *cantate.*

canton [kɑ̃tɔ̃] n. m. **1.** Division territoriale historique de forme généralement rectangulaire (environ 260 kilomètres carrés), servant à la concession des terres publiques. ⇒ anglic. **township.** *Les cantons de l'Abitibi. Cette ville chevauche deux cantons.* — (Avec une majusc.) *La ville de Rock Forest est située dans les Cantons-de-l'Est.* **2.** Chacun des États composant la Confédération helvétique (la Suisse). *Le canton de Berne.* **3.** (France) Division territoriale d'un arrondissement. ► ***cantonal, ale, aux*** adj. **1.** Du canton (2). *Les lois cantonales, en Suisse* (opposé à *fédéral*). **2.** (France) *Élections cantonales,* des conseils généraux.

à la ***cantonade*** [alakɑ̃tɔnad] loc. adv. ■ En présence de personnes et sans s'adresser à qqn en particulier. *Parler, questionner à la cantonade.*

cantonner [kɑ̃tɔne] v. ▪ conjug. 1. **1.** V. tr. Établir, faire séjourner (des troupes) en un lieu déterminé. ⇒ **camper.** — *Cantonner qqn,* l'isoler. **2.** V. intr. Camper. *Les troupes cantonnent au pied de la colline.* **3.** V. tr. Établir (qqn) d'autorité dans un lieu, dans un état. *On cantonne les immigrés dans des emplois subalternes.* **4.** SE CANTONNER v. pron. : se retirer dans un lieu où l'on se croit en sûreté. *Il se cantonne chez lui.* — Abstrait. *Se cantonner dans ses études, dans ses recherches.* ⇒ se **borner.** *Elle se cantonne dans des rôles dramatiques,* elle se restreint, se limite à. ► ***cantonnement*** n. m. ■ Action de cantonner des troupes ; lieu où elles cantonnent. ⇒ **bivouac, campement.**

canular [kanylaʀ] n. m. ■ Fam. Blague, farce ; fausse nouvelle.

canule [kanyl] n. f. ■ Petit tuyau que l'on adapte à l'extrémité d'une seringue, d'un tube à injection.

canyon [kanjɔn] n. m. ■ Gorge ou ravin étroit, profond, creusé par un cours d'eau dans une chaîne de montagnes. *Les canyons du Colorado.*

C.A.O. [seao] n. f. invar. ■ Abréviation de *conception assistée par ordinateur.*

caoutchouc [kautʃu] n. m. **1.** Substance élastique, imperméable, provenant de la sève de certaines plantes ou fabriquée artificiellement. ⇒ **gomme.** *Caoutchouc synthétique. Une paire de bottes en caoutchouc. Caoutchouc mousse* (marque déposée), renfermant des bulles d'air dans sa masse. **2.** *Un caoutchouc,* un vêtement caoutchouté (⇒ **imperméable**) ; un élastique. — N. m. plur. Couvre-chaussures imperméables en caoutchouc. ⇒ ② **claque ;** fam. **canots ; chaloupes. 3.** Hockey. Rondelle. ⇒ **disque ;** anglic. **puck.** *Lancer le* *caoutchouc sur la bande.* ▸ ***caoutchouter*** v. tr. ▪ conjug. 1. ▪ Enduire de caoutchouc. — Au p. p. adj. *Tissu caoutchouté,* imperméabilisé. ▸ ***caoutchouteux, euse*** adj. ▪ Qui a la consistance du caoutchouc. *Cette viande est caoutchouteuse.* ⇒ **cartonneux.**

① ***cap*** [kap] n. m. ▪ Loc. DE PIED EN CAP : des pieds à la tête. ⇒ **complètement.**

② ***cap*** n. m. **1.** Pointe de terre qui s'avance dans la mer. ⇒ **pointe, promontoire.** *Le cap de Bonne Espérance.* — Escarpement. *Le cap Diamant.* **2.** Loc. fig. *Franchir, dépasser le cap de la trentaine.* **3.** Direction d'un navire. *Mettre le cap sur un endroit,* se diriger vers lui. *Changer de cap.*

capable [kapabl] adj. **1.** *Capable de qqch.,* qui est en état, a le pouvoir d'avoir (une qualité), de faire (qqch.). *Elle est capable de sérieux. Capable de tout,* qui emploie tous les moyens pour aboutir à un résultat. *Je ne suis pas capable,* je ne peux pas. **2.** CAPABLE DE (+ infinitif). ⇒ **apte** à, **propre** à, **susceptible** de. *Il est, il se sent capable de réussir. Je ne serai pas capable de finir avant demain,* je suis dans l'impossibilité de. **3.** Sans compl. Qui a de l'habileté, de la compétence. ⇒ **adroit, fort, habile, qualifié.** *C'est un ouvrier très capable.* / contr. **incapable ; inapte, incompétent** / — *Une étudiante capable.* ⇒ **brillant, intelligent ;** fam. **bollé. 4.** Sans compl. Qui a une grande force physique, une grande vigueur. *C'est une joueuse capable.* ‹ ▸ incapable ›

capacité [kapasite] n. f. **I.** Propriété de contenir une certaine quantité de substance. ⇒ **contenance, mesure, quantité, volume.** *La capacité d'un récipient. Récipient d'une grande capacité.* **II. 1.** Puissance, pouvoir de faire (qqch.). ⇒ **aptitude, force.** *Capacité productrice d'une société. — L'usine a doublé sa capacité de production.* **2.** Qualité d'une personne qui est en état de comprendre, de faire (qqch.). ⇒ **capable ; compétence, faculté.** *Il a une grande capacité de travail, d'adaptation.* / contr. **incapacité** / — Au plur. Moyens, possibilités. *Capacités intellectuelles. Ce travail est au-dessus de ses capacités.* ‹ ▸ incapacité ›

caparaçonner [kapaʀasɔne] v. tr. ▪ conjug. 1. ▪ Revêtir, couvrir (un cheval) d'un *caparaçon,* armure d'ornement. — REM. *Carapaçonner* est une faute.

cape [kap] n. f. **1.** Vêtement de dessus, sans manches, qui enveloppe le corps et les bras. ⇒ **houppelande, pèlerine.** — Loc. *Histoire, roman* DE CAPE ET D'ÉPÉE : dont les personnages sont des héros chevaleresques. **2.** Loc. fig. RIRE SOUS CAPE : en cachette. ⇒ à la **dérobée** (→ rire dans sa barbe).

capelan [kaplɑ̃] n. m. ▪ Petit poisson argenté qui vit dans l'eau salée. — REM. On emploie aussi la forme *caplan.*

capeline [kaplin] n. f. ▪ Chapeau de femme à très larges bords souples.

capharnaüm [kafaʀnaɔm] n. m. ▪ Fam. Lieu qui renferme beaucoup d'objets en désordre. *La boutique de cette antiquaire est un capharnaüm.* ⇒ **bazar, bric-à-brac.**

capillaire [kapillɛʀ] adj. **1.** Se dit des vaisseaux sanguins les plus fins (dernières ramifications). *Veines, vaisseaux capillaires.* — N. m. LES CAPILLAIRES. — *Tube capillaire,* très fin. **2.** Qui concerne les cheveux, la chevelure. *Lotion capillaire.* ▸ ***capillarité*** n. f. **1.** État de ce qui est fin comme un cheveu. **2.** Ensemble des phénomènes qui se produisent à la surface des liquides (dans les tubes *capillaires,* notamment).

capine [kapin] n. f. ▪ Petite coiffure en forme de capuchon que portent les bébés. *Une capine de laine.*

capitaine [kapitɛn] n. **1.** Littér. Chef militaire. *Les grands capitaines de l'Antiquité.* **2.** Officier qui commande une compagnie (unité de 100 à 200 hommes). *Le capitaine d'artillerie, de cavalerie. Le capitaine porte trois galons ; on lui dit : « Mon capitaine ».* — Par anal. *Capitaine de police. Capitaine des pompiers.* **3.** Officier qui commande un navire de commerce (sur les bateaux de pêche : *patron*). *Capitaine commandant un paquebot.* ⇒ **commandant. 4.** Chef (d'une équipe sportive). ⇒ **C.** *Le capitaine d'une équipe de hockey, de soccer.* — REM. L'O.L.F. propose *une capitaine* au féminin.

① ***capital, ale, aux*** [kapital, o] adj. **1.** Qui est le plus important, le premier. ⇒ **essentiel, fondamental, primordial, principal.** *Cela est d'un intérêt capital, c'est capital. Un événement capital.* / contr. **accessoire, secondaire ; insignifiant** / — *Un péché* capital.* **2.** PEINE CAPITALE : de mort. *Au Canada, la peine capitale a été abolie.* ‹ ▸ capitale ›

② ***capital, aux*** n. m. **1.** Somme d'argent que l'on possède ou que l'on prête (opposé à *intérêt*). **2.** Somme que l'on confie à une entreprise et qui produit des bénéfices. *Capital en nature* (terres, bâtiments, matériel). *Capital en valeur* (argent, fonds). *Engager, investir un capital, des capitaux. Le capital d'une société.* — Fortune. *Avoir un joli capital.* **3.** Absolt. Toute richesse destinée à produire un revenu ou de nouveaux biens ; moyens de production. *Le capital provient du travail et des richesses naturelles.* — *Les* CAPITAUX : les sommes en circulation. *Circulation, fuite des capitaux. Des capitaux importants ont été investis dans l'industrie.* — Fig. *Posséder un bon capital intellectuel. Se faire un capital politique en réduisant les impôts.* **4.** Ensemble de ceux qui possèdent les moyens de production. ⇒ **capitaliste.** *Le capital et le prolétariat.* ‹ ▸ capitaliser, capitalisme ›

capitale [kapital] n. f. **1.** Ville qui occupe le premier rang (hiérarchique) dans un État, une province ; siège du gouvernement. *La capitale fédérale, provinciale. La capitale n'est pas toujours la plus grande ville d'un pays.* (Avec une majusc.) *Québec, la Vieille Capitale.* **2.** Grande lettre. ⇒ **majuscule.** *Les titres sont imprimés en capitales.*

capitaliser [kapitalize] v. ▪ conjug. 1. **1.** V. tr. Transformer en capital. *Capitaliser des intérêts.* **2.** V. intr. Amasser de l'argent. ⇒ **thésauriser.** ▸ ***capitalisation*** n. f. ▪ Action de capitaliser ; son résultat.

capitalisme [kapitalism] n. m. **1.** Régime économique et social dans lequel les capitaux, source de revenu, appartiennent à des personnes privées (*capitalisme libéral*). — Par ext. *Capitalisme d'État* ⇒ **étatisme. 2.** Ensemble des capitalistes, des pays capitalistes, libéraux. / contr. **communisme, socialisme** / ▸ ***capitaliste*** n. et adj. **1.** N. Personne qui possède des capitaux. — Fam. Personne riche. *Un gros capitaliste.* **2.** Adj. Relatif au capitalisme. *Économie capitaliste.* ⇒ **libéral.** *Société bourgeoise et capitaliste.* / contr. **prolétaire, communiste** /

capitation [kapitasjɔ̃] n. f. ▪ Don en argent effectué annuellement par chaque catholique adulte à la fabrique de sa paroisse. ⇒ **dîme.**

capiteux, euse [kapitø, øz] adj. ▪ Qui monte à la tête, qui produit une certaine ivresse. ⇒ **enivrant, excitant.** *Vin, parfum capiteux.* — Fig. *Une femme aux charmes capiteux,* qui trouble les sens.

capiton [kapitɔ̃] n. m. ▪ Chacune des divisions formées par la piqûre dans un siège rembourré. ▸ ***capitonnage*** n. m. ▪ Action de capitonner ; rembourrage. *Un capitonnage épais, moelleux.* ▸ ***ca-***

pitonner v. tr. ▪ conjug. 1. ■ Rembourrer en piquant (l'étoffe) d'espace en espace. *Capitonner une porte.* — Au p. p. adj. *Fauteuil capitonné.*

capitulaire [kapitylɛʀ] adj. et n. m. **1.** Relatif aux assemblées d'un chapitre (de religieux). *La salle capitulaire d'un monastère.* **2.** N. m. Histoire. Nom donné à des règlements d'un roi ou d'un empereur franc.

capitule [kapityl] n. m. ■ Botanique. Partie d'une plante formée de fleurs insérées les unes à côté des autres (et formant une seule *fleur* au sens courant du mot).

capituler [kapityle] v. intr. ▪ conjug. 1. **1.** Se rendre à un ennemi par un pacte. *Capituler avec les honneurs de la guerre.* **2.** Abandonner sa position, s'avouer vaincu. ⇒ **céder.** / contr. **résister, tenir** / ▸ ***capitulation*** n. f. ■ Action de capituler. ⇒ **reddition.** *Capitulation sans conditions. Une capitulation infamante.* / contr. **résistance** / — *Les joueurs ont capitulé à la deuxième période,* ils ont abandonné la lutte.

capok n. m. ⇒ **kapok.**

caporal, ale, aux [kapɔʀal, o] n. **1.** Militaire qui a le grade le moins élevé dans les armes à pied, l'aviation. ⇒ **brigadier.** *Le Petit Caporal,* surnom donné par ses soldats à Napoléon Ier. — CAPORAL-CHEF : celui qui a le grade supérieur au caporal. *Des caporaux-chefs.* **2.** N. m. Tabac juste supérieur au tabac de troupe. *Du caporal ordinaire.* — REM. L'O.L.F. propose *caporale* au féminin.

① ***capot*** [kapo] n. m. ■ Couverture métallique protégeant un moteur. *Le capot d'une automobile. Regarder sous le capot, ouvrir le capot* (pour examiner, réparer le moteur).

② ***capot*** n. m. **1.** Manteau d'étoffe ou de fourrure pour les hommes. *S'acheter un capot d'hiver. Un capot de fourrure, de poil.* ⇒ **chat** sauvage. **2.** Fig. Loc. fam. *En avoir plein son (le) capot,* en avoir assez, en avoir ras le bol. — *Virer, tourner son capot (de bord),* changer d'allégeance politique ; changer d'avis, d'idée. ⇒ **casaque, veste ;** fam. **vire-capot.** ‹ ▸ vire-capot ›

capote [kapɔt] n. f. **1.** Grand manteau militaire. *Capote kaki de l'infanterie.* **2.** Couverture mobile de certains véhicules. *La capote d'une automobile décapotable.* **3.** Fam. *Capote (anglaise),* préservatif masculin. ⇒ **condom, contraceptif.**

capoter [kapɔte] v. intr. ▪ conjug. 1. **1.** (Bateaux, véhicules) Être renversé, se retourner. *Le bateau, l'automobile a capoté.* ⇒ **chavirer. 2.** Fig. Fam. Échouer. *Le projet a capoté.* **3.** (Personnes) Fig. Fam. Perdre la tête, déraisonner ; devenir fou. *Si elle ne se repose pas, elle va capoter.* — S'exciter, s'énerver. *Tu capotes pour rien.* ▸ ***capoté, ée*** p. p. adj. et n. Fam. **1.** (Personnes) Qui est devenu fou, qui a perdu la tête. — Qui est excité, énervé. *Elle est complètement capotée.* — N. *Une bande de capotés.* **2.** (Choses) Qui excite, qui retient l'intérêt. ⇒ **débile** (II) ; fam. **pété.** *Une musique capotée. Un cours capoté.* **3.** (Personnes) Qui vit en dehors de toute réalité, souvent à cause de la drogue. ⇒ **drogué ;** fam. **pété ;** anglic. **flyé.** *Il est de plus en plus capoté.* ▸ ***capotant, ante*** adj. ■ Fam. Qui manque de mesure, exubérant. ⇒ **délirant, dément ;** fam. **dingue, génial.**

cappuccino ou ***capucino*** [kaputʃino] n. m. ■ Café au lait mousseux saupoudré de chocolat, d'origine italienne. *Des cappuccinos.*

câpre [kɑpʀ] n. f. ■ Bouton à fleur du câprier que l'on confit dans le vinaigre pour servir d'assaisonnement. *Servir des câpres avec le saumon.* ‹ ▸ câprier ›

caprice [kapʀis] n. m. **1.** Envie subite et passagère, fondée sur la fantaisie et l'humeur. ⇒ **désir ; boutade, lubie, toquade.** *Suivre son caprice. Avoir des caprices.* — Amour passager. ⇒ **béguin, toquade.** — (Enfants) Exigence accompagnée de colère. *Il va encore faire un caprice. On passe à cette enfant tous ses caprices.* **2.** Au plur. (Choses) Changements fréquents, imprévisibles. *Les caprices de la mode.* ▸ ***capricieux, ieuse*** adj. et n. **1.** Qui a des caprices. ⇒ **fantasque, instable.** *Enfant capricieux.* / contr. **sage** / — N. *Un capricieux, une capricieuse.* **2.** (Choses) Dont la forme, le mouvement varie. ⇒ **irrégulier.** *Arabesques capricieuses.* ▸ ***capricieusement*** adv.

capricorne [kapʀikɔʀn] n. m. **1.** (Avec une majusc.) Dixième signe du zodiaque (du 21 décembre au 19 janvier). *Être du signe du Capricorne, être du Capricorne.* — Ellipt. Invar. *Elles sont Capricorne.* — *Le tropique du Capricorne,* le tropique austral (opposé à *Cancer*). **2.** Grand insecte (coléoptère) dont la larve creuse de longues galeries.

câprier [kɑpʀije] n. m. ■ Arbre à tige souple, dont les boutons à fleurs ⇒ **câpre** sont utilisés comme condiment.

caprin, ine [kapʀɛ̃, in] adj. ■ Didact. Relatif à la chèvre. *Espèces caprines.*

capsule [kapsyl] n. f. **1.** Anatomie. Membrane, cavité en forme de poche, de sac. *Capsule articulaire, synoviale.* — Botanique. Fruit dont l'enveloppe est sèche et dure. *Capsule de coton.* **2.** Petite coupe de métal garnie de poudre (armes à feu). ⇒ **amorce.** *Pistolet d'enfant à capsules.* ⇒ **pétard. 3.** Sorte de bouchon en métal qui sert à fermer une bouteille. *Capsule de bouteille de bière. Enlever la capsule.* ⇒ **décapsuler.** *Une capsule dévissable.* **4.** *Capsule spatiale,* partie d'un engin spatial où prennent place les astronautes. ▸ ***capsuler*** v. tr. ▪ conjug. 1. ■ Boucher avec une capsule. *Capsuler une bouteille.* — Au p. p. adj. *Des bouteilles capsulées.* ‹ ▸ décapsuler, gélule ›

capter [kapte] v. tr. ▪ conjug. 1. **1.** Chercher à obtenir par un procédé habile (une chose abstraite). *Capter l'attention.* **2.** *Capter une source, l'eau d'une rivière,* amener l'eau à un point déterminé. ⇒ **canaliser. 3.** *Capter un message, une émission de radio, un canal américain,* recevoir ou intercepter. ≠ *captiver.*

captieux, euse [kapsjø, øz] adj. ■ Littér. Qui cherche, sous des apparences de vérité, à tromper. ⇒ **fallacieux, spécieux.** *Raisonnement, discours captieux.* / contr. **correct, vrai** /

captif, ive [kaptif, iv] adj. et n. **1.** Littér. (⇒ **captivité**) Qui a été fait prisonnier au cours d'une guerre. *Un roi captif.* — N. *Captifs réduits en esclavage.* **2.** BALLON CAPTIF : retenu par un câble. **3.** (Animaux) Privé de liberté. *Oiseau captif,* en cage. — Fig. (Personnes) ⇒ **asservi, esclave.** *Il est captif de ses passions.*

captiver [kaptive] v. tr. ▪ conjug. 1. ■ Attirer et fixer (l'attention) ; retenir en séduisant. ⇒ **charmer, enchanter, passionner, séduire.** *Captiver l'attention, l'esprit. Ce livre me captive* — Pronominalement. *Il s'est captivé à ce sport.* / contr. **ennuyer** / ≠ *capter.* ▸ ***captivant, ante*** adj. ■ *Une lecture captivante.* ⇒ **passionnant, prenant.** / contr. **ennuyant, ennuyeux** /

captivité [kaptivite] n. f. ■ État de celui qui est captif, prisonnier de guerre. ⇒ **emprisonnement.** *Vivre en captivité. Retour de captivité.* / contr. **liberté** / — *Un lion qui vit en captivité,* dans un zoo.

capture [kaptyʀ] n. f. **1.** Action de capturer. ⇒ **prise, saisie.** *La capture d'un navire. Capture d'un criminel.* ⇒ **arrestation. 2.** Ce qui est pris. *Une belle* *capture.* ► **capturer** v. tr. ▪ conjug. 1. ■ S'emparer de (un être vivant). ⇒ **arrêter, pogner, prendre.** *Capturer un malfaiteur. Capturer un animal féroce.* / contr. **lâcher, libérer** /

capuche [kapyʃ] n. f. ■ Petit capuchon. ► **capuchon** n. m. **1.** Large bonnet attaché à un vêtement, et que l'on peut rabattre sur la tête. *Un capuchon détachable. Le capuchon d'un imperméable.* ⇒ **capuche. 2.** Couvercle de tuyau. — Bouchon de stylo en forme de tube fermé. *Visser, mettre le capuchon.* ⟨ ► encapuchonner ⟩

capucin, ine [kapysɛ̃, in] n. ■ Religieux réformé de l'ordre de Saint-François. ⇒ **franciscain.**

capucine [kapysin] n. f. ■ Plante à feuilles rondes et à fleurs jaunes, orangées ou rouges ; cette fleur.

capucino n. m. ⇒ **cappuccino.**

caquelon [kaklɔ̃] n. m. ■ Poêlon assez profond dans lequel on prépare une fondue. *Mettre le fromage, le bouillon dans le caquelon.*

caquet [kakɛ] n. m. **1.** Gloussement, cri de la poule au moment où elle pond. **2.** Bavardage prétentieux ou ennuyeux. ⇒ **babil, jactance.** Loc. fig. *Rabattre, rabaisser le caquet à qqn, de qqn,* l'obliger à se taire. ⇒ **clouer** le bec. **3.** Loc. fam. *Avoir le caquet bas,* être déprimé, découragé, à la suite d'une déception, d'une mauvaise nouvelle. ► **caqueter** [kakte] v. intr. ▪ conjug. 4. **1.** Glousser au moment de pondre. *Les poules caquettent.* **2.** Fig. Bavarder d'une façon indiscrète, désagréable. ⇒ **jacasser.** ► **caquetage** n. m. ■ *Les caquetages de la basse-cour.*

① **car** [kaʀ] conj. ■ Conjonction de coordination qui introduit une explication (preuve, raison de la proposition qui précède). ⇒ à **cause** que, **parce que, puisque.** *Il ne viendra pas aujourd'hui, car il est malade.*

② **car** n. m. ■ Fam. Autocar. *Un car de trente places. Des cars de touristes.*

carabine [kaʀabin] n. f. ■ Fusil léger à canon court. *Tir à la carabine.* ► **carabinier** n. m. ■ En Italie. Gendarme. — En Espagne. Douanier.

carabiné, ée [kaʀabine] adj. ■ Fam. Fort, violent. *Un orage carabiné. — Une grippe carabinée.*

caracoler [kaʀakɔle] v. intr. ▪ conjug. 1. ■ (Chevaux, cavaliers) Faire des voltes, des sauts. *Elle caracolait sur son cheval.*

① **caractère** [kaʀaktɛʀ] n. m. **I.** Marque. **1.** Signe gravé ou écrit, élément d'une écriture. ⇒ **lettre, symbole.** *Caractères hiéroglyphiques, grecs. Écrire en gros, en petits caractères.* **2.** Tige de métal portant une lettre, utilisée pour l'impression typographique ; son empreinte. *Caractères d'imprimerie. Caractères romains, italiques. Les caractères de ce livre sont très lisibles.* **II.** Abstrait. Signe ou ensemble de signes. **1.** Trait propre à une personne, à une chose, et qui permet de la distinguer d'une autre, de la juger. ⇒ **attribut, caractéristique, indice, marque, particularité.** *Caractères distinctifs, individuels, particuliers. — Avoir un caractère officiel,* être officiel. *Conférer, revêtir tel caractère. Sa maladie n'a, ne présente aucun caractère de gravité.* **2.** Sans compl. Air personnel, original. ⇒ **originalité, personnalité.** *Un style plat et sans caractère. Cette maison a du caractère.* ⇒ **cachet.** ► **caractériser** v. tr. ▪ conjug. 1. **1.** Montrer avec précision, mettre en relief les caractères distinctifs de (une personne, une chose). ⇒ **distinguer, marquer, préciser.** — Pronominalement. *Son action se caractérise par sa disponibilité auprès des jeunes.* **2.** Constituer le caractère ou l'une des caractéristiques de. ⇒ **définir, déterminer.** *La générosité qui vous caractérise.* — Au p. p. adj. *Une rougeole caractérisée.* ⇒ **net.** ► **caractérisation** n. f. ■ Manière de se caractériser (choses, personnes) ; fait de caractériser. ► **caractéristique** adj. et n. f. **1.** Qui permet de distinguer, de reconnaître. *Différence, propriété caractéristique. Une voix caractéristique.* ⇒ **particulier, propre, spécifique, typique. 2.** N. f. Ce qui sert à caractériser. ⇒ **caractère.** *Les caractéristiques d'une machine, d'un avion.* ⇒ **particularité.**

② **caractère** n. m. **1.** Ensemble des manières habituelles de sentir et de réagir qui distinguent un individu d'un autre. ⇒ **individualité, nature, personnalité, tempérament.** *Caractère froid, exubérant, passionné. Cet enfant a un caractère difficile. Étude des caractères.* ⇒ **caractérologie.** *Elle a bon, mauvais caractère. C'est un trait de son caractère.* **2.** Sans compl. *Avoir du caractère.* ⇒ **énergie, fermeté, volonté.** *Manquer de caractère.* **3.** Personne considérée dans son individualité, son originalité. *C'est un caractère.* ⇒ **personnalité. 4.** *Le caractère d'une nation.* ⇒ **âme, génie.** *Le caractère français.* ► **caractériel, ielle** adj. et n. Didact. **1.** Du caractère. *Troubles caractériels.* **2.** Qui présente des troubles du caractère. *Un enfant caractériel.* — N. *Une caractérielle.* ► **caractérologie** n. f. ■ Étude des types de caractères.

carafe [kaʀaf] n. f. **1.** Récipient à base large et col étroit. *Une carafe d'eau. Du vin en carafe.* **2.** (France) Fam. Tête. *Recevoir un coup sur la carafe.* ► **carafon** n. m. ■ Petite carafe. *Carafon de vin, de liqueur.*

caraïbe [kaʀaib] adj. et n. ■ De la population indigène des Antilles et des côtes voisines. ⇒ **antillais.** — N. (Avec une majusc.) *Une Caraïbe,* une Indienne caraïbe. ► **caraïbéen, enne** adj. ■ Des Caraïbes. *Une île caraïbéenne.*

caramboler [kaʀɑ̃bɔle] v. tr. ▪ conjug. 1. ■ Bousculer, heurter. — Pronominalement (récipr.). *Plusieurs voitures se sont carambolées au carrefour.* ► **carambolage** n. m. **1.** Coup dans lequel une bille en touche deux autres au billard. **2.** Série de chocs, de chutes. *Carambolage d'automobiles sur une route enneigée.*

caramel [kaʀamɛl] n. m. **1.** Produit alimentaire brun noir, brillant, aromatique, obtenu en faisant fondre du sucre à une assez haute température. *Crème, sauce (au) caramel. Mettre du caramel sur une rôtie.* **2.** *(Un, des caramels)* Bonbon au caramel. *Caramels mous.* **3.** Adj. invar. Roux clair. ► **caraméliser** v. tr. ▪ conjug. 1. **1.** Transformer (du sucre) en caramel. *Caraméliser du sucre.* — Au p. p. adj. *Sucre caramélisé.* — Pronominalement (réfl.). *Le sucre se caramélise.* **2.** Mêler, enduire de caramel. *Caraméliser de la crème glacée.*

carapace [kaʀapas] n. f. **1.** Organe dur, qui protège le corps de certains animaux. *La carapace des tortues.* **2.** Ce qui protège. ⇒ **armure, cuirasse.** — Abstrait. *La carapace de l'égoïsme, de l'indifférence.*

carat [kaʀɑ] n. m. **1.** Unité de mesure : chaque vingt-quatrième d'or fin contenu dans une quantité d'or. *Or à dix-huit carats.* **2.** Unité de poids (0,2 g) qui sert dans le commerce des pierres précieuses. *Diamant de dix carats.*

① **caravane** [kaʀavan] n. f. **1.** Groupe de voyageurs réunis pour franchir une région désertique, peu sûre (avant les moyens de transport modernes ou quand ils ne sont pas utilisables). *Caravane de nomades.* — PROV. *Les chiens aboient, la caravane passe,* il faut laisser crier les envieux, les médisants. **2.** Groupe de personnes qui se déplacent. *La caravane publicitaire fait le tour du Québec.* ► ① **caravanier** n. m. ■ Conducteur d'une caravane ①.

② **caravane** n. f. ■ Remorque d'automobile aménagée pour servir de logement aux vacanciers.

⇒ **roulotte ; autocaravane,** ② **campeur ;** anglic. **camping-car.** ▶ ② ***caravanier, ière*** n. ■ Vacancier ou personne qui utilise une caravane ②. ▶ ***caravanage*** n. m. ■ Voyage et séjour en caravane ; camping itinérant en caravane. ⟨ ▶ autocaravane, tente-caravane ⟩

caravansérail [kaʀavɑ̃seʀaj] n. m. **1.** En Orient. Vaste cour, entourée de bâtiments où les caravanes font halte. **2.** Lieu fréquenté par un grand nombre d'étrangers.

caravelle [kaʀavɛl] n. f. ■ Ancien navire à voiles (XVe-XVIe s.). *Les caravelles de Christophe Colomb.*

carbone [kaʀbɔn] n. m. **1.** Corps simple, non métallique, très répandu dans la nature et qui se trouve dans tous les corps vivants (⇒ **carbonate, carbonique**). *Carbone cristallisé* ⇒ **diamant, graphite**, *amorphe* ⇒ **charbon.** OXYDE DE CARBONE : gaz incolore et inodore, nocif. *Cycle du carbone,* série de ses combinaisons dans les êtres vivants. — CARBONE 14 : isotope radioactif du carbone qui permet de dater les restes d'êtres vivants disparus (bois, fossiles, etc.). **2.** *Un* (PAPIER) CARBONE : papier enduit d'une couche pigmentée sur une face et destiné à obtenir des doubles, notamment en dactylographie. ▶ ***carbonate*** n. m. ■ Chimie. Sel ou ester de l'acide carbonique. ⇒ **bicarbonate.** *Carbonate de calcium.* ⇒ **calcaire.** ▶ ***carbonater*** v. tr. ▪ conjug. 1. ■ Transformer en carbonate. — Additionner de carbonate. ▶ ***carbonifère*** adj. et n. m. **1.** Technique. Qui contient du charbon. *Terrain carbonifère.* **2.** N. m. Géologie. Époque géologique de l'ère primaire. ⇒ **cambrien.** ▶ ***carbonique*** adj. ■ Se dit d'un anhydride résultant de la combinaison du carbone et de l'oxygène. *L'anhydride* ou *gaz carbonique est un gaz incolore présent dans l'atmosphère.* — NEIGE CARBONIQUE : anhydride carbonique solide. — *Acide carbonique.* ⇒ **carbonate.** ▶ ***carboniser*** v. tr. ▪ conjug. 1. ■ Transformer en charbon. ⇒ **brûler, calciner.** *L'incendie a carbonisé la forêt entière.* — Cuire à l'excès. *Le rôti est carbonisé.* — Au p. p. adj. *Une rôtie carbonisée.* ▶ ***carbonisation*** n. f. ▶ ***carburant*** n. m. ■ Combustible liquide qui, mélangé à l'air ⇒ **carburation**, peut être utilisé dans un moteur dit à explosion. *Du carburant ordinaire ou du super ? Du carburant diesel.* — Fam. *Emporter du carburant,* des boissons. ▶ ***carburateur*** n. m. ■ Appareil qui, dans un moteur à explosion, sert à effectuer la carburation (2). *Flotteur, gicleur d'un carburateur. Commande du carburateur,* accélérateur. ▶ ***carburation*** n. f. **1.** Enrichissement en carbone d'un corps métallique. **2.** Mélange de l'air et d'un carburant. *La carburation se fait mal.* ▶ ***carbure*** n. m. **1.** Composé du carbone à deux éléments. *Carbures d'hydrogène* (hydrocarbures). *Carbures acycliques,* saturés (méthane, éthane, propane, butane) et non saturés (éthylène, acétylène). *Carbures cycliques* (ex. : *le benzène*). **2.** Carbure de calcium. ▶ ***carburer*** v. intr. ▪ conjug. 1. **1.** Effectuer la carburation. *Ce moteur carbure mal.* **2.** Fam. Boire beaucoup de boissons alcoolisées. *Au cours de la soirée, on a carburé pas mal fort.* ⟨ ▶ bicarbonate, chlorofluorocarbone, hydrocarbure, supercarburant ⟩

carcajou [kaʀkaʒu] n. m. ■ Mammifère carnivore au pelage brun foncé marqué par deux bandes jaunâtres. ⇒ **blaireau, glouton.**

carcan [kaʀkɑ̃] n. m. **1.** Collier de fer fixé à un poteau où l'on attachait par le cou un criminel. ⇒ **pilori. 2.** Ce qui engonce, serre le cou. — Abstrait. ⇒ **assujettissement, contrainte.** *Le carcan de la discipline.*

carcasse [kaʀkas] n. f. **1.** Ensemble des ossements décharnés du corps d'un animal. ⇒ **squelette.** — *La carcasse d'une volaille,* ce qui reste après avoir enlevé les cuisses, les ailes et les blancs. **2.** Fam. Le corps humain. *Promener sa vieille carcasse.* **3.** Charpente (d'un appareil, d'un ouvrage) ; assemblage des pièces soutenant un ensemble. ⇒ **armature, charpente.** *Une carcasse métallique. La carcasse d'un bâtiment.* **4.** *La carcasse d'un avion abattu, d'une voiture accidentée.* ⟨ ▶ se décarcasser ⟩

carcéral, ale, aux [kaʀseʀal, o] adj. ■ De la prison, qui a rapport à la prison. *L'univers carcéral.*

cardage [kaʀdaʒ] n. m. ■ Opération par laquelle on carde.

cardan [kaʀdɑ̃] n. m. ■ Système de suspension dans lequel le corps suspendu conserve une position invariable malgré les mouvements de son support. JOINT DE CARDAN *d'une automobile.*

carde [kaʀd] n. f. ■ Peigne ou machine à tambours servant à carder (laine ; coton).

carder [kaʀde] v. tr. ▪ conjug. 1. ■ Peigner, démêler (les fibres textiles). *Carder de la laine, du coton.* — Au p. p. adj. *Laine cardée,* dont les fibres sont démêlées grossièrement. *Un vêtement en laine cardée.* ▶ ***cardeur, euse*** n. **1.** Personne qui carde la laine. **2.** CARDEUSE n. f. : machine qui ouvre et nettoie la laine des matelas. ⟨ ▶ cardage, carde ⟩

cardiaque [kaʀdjak] adj. et n. **1.** Du cœur. *Une crise, un malaise cardiaque.* ⇒ **infarctus.** *Le muscle cardiaque,* le cœur. **2.** Adj. et n. Atteint d'une maladie de cœur. *Un(e) cardiaque ; elle est cardiaque.*

cardigan [kaʀdigɑ̃] n. m. ■ (Surtout en France) Veste de laine tricotée à manches longues, et boutonnée devant. ⇒ **chandail, gilet, tricot.**

① ***cardinal, aux*** [kaʀdinal, o] n. m. **1.** Dans l'Église catholique. Prélat* participant au gouvernement de l'Église (électeur et conseiller du pape). *Réunion des cardinaux,* conclave. **2.** Oiseau passereau américain au plumage rouge foncé, qu'on trouve aussi dans le sud du Québec et de l'Ontario. ▶ ***cardinalice*** adj. ■ Qui appartient au cardinal (1). *Le pourpre, le palais cardinalice.*

② ***cardinal, ale, aux*** adj. **1.** Littér. Qui sert de pivot, de centre. ⇒ **capital, essentiel, fondamental.** *Idées cardinales.* **2.** *Nombres cardinaux* (opposés à *ordinaux*), désignant une quantité (ex. : *quatre* dans *maison de quatre pièces*). — *Adjectifs numéraux* cardinaux.* **3.** *Les quatre points cardinaux* (Nord, Est, Sud, Ouest). ⇒ ① rose **des vents.**

cardio- ■ Élément signifiant « cœur ». ▶ ***cardiogramme*** [kaʀdjo(ɔ)gʀam] n. m. ■ Enregistrement des mouvements du cœur. ⇒ **électrocardiogramme.** ▶ ***cardiographie*** n. f. ■ Étude graphique des mouvements du cœur. ▶ ***cardiologie*** n. f. ■ Étude du cœur et de ses affections. *Le service de cardiologie d'un hôpital.* ▶ ***cardiologue*** n. ■ Médecin spécialisé dans les maladies du cœur. ⟨ ▶ électrocardiogramme ⟩

carême [kaʀɛm] n. m. **1.** Période de quarante jours d'abstinence et de privations entre le mercredi des Cendres et le jour de Pâques, dans la religion chrétienne. *Le ramadan musulman correspond au carême.* **2.** Privation de nourriture, de plaisirs pendant cette période. *Rompre le carême. Faire carême,* observer le jeûne pendant cette période. — Loc. fam. *Face de carême,* maigre ; triste. ⟨ ▶ mi-carême ⟩

carence [kaʀɑ̃s] n. f. **1.** Situation d'une personne incapable de faire face à ses responsabilités. *La carence du gouvernement.* ⇒ **impuissance, inaction. 2.** Absence ou insuffisance d'un ou de plusieurs éléments indispensables à la nutrition. *Carence en* *vitamine C.* — *Carence affective,* manque ou absence d'affection parentale. **3.** DÉLAI, PÉRIODE DE CARENCE : délai au cours duquel on ne reçoit pas de prestations (assurance-chômage, assurance-salaire...), au début d'une période de chômage, d'invalidité, etc.

carène [kaʀɛn] n. f. **1.** Partie immergée de la coque d'un navire. **2.** Carénage. *Mettre, abattre un navire en carène,* le coucher sur le côté pour le réparer. ▶ ***caréner*** [kaʀene] v. tr. ▪ conjug. 6. **1.** Nettoyer, réparer la carène de (un navire). ⇒ **radouber. 2.** Donner une forme (à la carrosserie d'une auto, d'un avion, etc.) qui facilite sa progression. — Au p. p. adj. *Une locomotive carénée.* ▶ ***carénage*** n. m. **1.** Action de caréner. **2.** Lieu où l'on carène des navires. *Un navire au carénage.* ⇒ **radoub. 3.** Carrosserie carénée, aérodynamique. *Le carénage d'une moto.*

caresse [kaʀɛs] n. f. ■ Manifestation physique de la tendresse. — Attouchement tendre ou sensuel. *Caresse affectueuse.* ⇒ **cajolerie, étreinte.** *Faire des caresses à qqn. Couvrir qqn de caresses.* — Littér. *La caresse du vent, du soleil.* ▶ ***caresser*** v. tr. ▪ conjug. 1. **1.** Toucher en signe de tendresse. ⇒ Fam. **minoucher** *Caresser un enfant.* ⇒ **cajoler, câliner.** *Caresser un chien.* ⇒ **flatter.** — Pronominalement (récipr.). SE CARESSER : se faire, s'échanger des caresses, le plus souvent sensuelles. Réfl. Se masturber. **2.** Effleurer doucement, agréablement. *Le vent caresse ses cheveux.* **3.** Fig. Entretenir complaisamment (une idée, un espoir). ⇒ **nourrir.** *Caresser un projet, un rêve.* — Loc. fam. *Caresser la bouteille,* être porté sur la boisson. ▶ ***caressant*** adj. **1.** Qui aime les caresses, qui est tendre et affectueux. ⇒ **cajoleur, câlin.** / contr. **froid, insensible** / *Un enfant caressant.* **2.** (Gestes, manières) Doux comme une caresse. *Regard caressant.* ⇒ **tendre.** *Une voix caressante.*

cargaison [kaʀgɛzɔ̃] n. f. **1.** Marchandises chargées sur un navire, ou dans un camion. ⇒ **charge, chargement, fret.** *Arrimer une cargaison. Une cargaison de bois, de pétrole.* **2.** Fam. ⇒ **collection, réserve.** *Il a toute une cargaison d'histoires drôles.*

cargo [kaʀgo] n. m. **1.** Navire destiné surtout au transport des marchandises. *Cargo minéralier, pétrolier. Des cargos.* **2.** Avion*-cargo. *Le cargo aérien.* ⟨ ▶ avion-cargo ⟩

carguer [kaʀge] v. tr. ▪ conjug. 1. ■ Serrer (les voiles) contre leurs vergues ou contre le mât au moyen de cordages (appelés *cargues,* n. f.).

cari n. m. ⇒ **curry.**

cariatide [kaʀjatid] n. f. ■ Statue de femme soutenant une corniche sur sa tête.

caribou [kaʀibu] n. m. **1.** Mammifère ruminant de grande taille, aux bois longs et aplatis, au pelage grisâtre, qui vit dans les régions froides de l'hémisphère Nord. ⇒ ② **élan, renne.** *La chasse au caribou. Un panache de caribou,* les bois. *Un troupeau de caribous.* ≠ *orignal.* **2.** Vin rouge doux auquel on a ajouté de l'alcool naturel. *Un petit verre de caribou.* — Nom commercial d'une liqueur apéritive.

caricature [kaʀikatyʀ] n. f. **1.** Dessin, peinture qui, par l'exagération de certains détails (traits du visage, proportions), tend à ridiculiser le modèle. ⇒ **charge.** *La caricature de la page éditoriale d'un quotidien.* — *Faire dans un roman la caricature d'une société.* ⇒ **satire. 2.** Fig. Ce qui évoque sous une forme caricaturale. *Son agitation n'est que la caricature de l'énergie.* — Reproduction déformée. ⇒ **simulacre, parodie.** *Une caricature de la vérité.* **3.** Vieilli. Personne laide et habillée de façon ridicule. ▶ ***caricatural, ale, aux*** adj. **1.** Qui tient de la caricature, qui y prête. ⇒ **burlesque, comique, grotesque.** *Un profil caricatural.* **2.** Qui déforme en ridiculisant. *Description, interprétation caricaturale.* ▶ ***caricaturer*** v. tr. ▪ conjug. 1. ■ Faire la caricature de (qqn). *Caricaturer le Premier ministre.* — Représenter sous une forme caricaturale. ⇒ **parodier, railler, ridiculiser.** ▶ ***caricaturiste*** n. ■ Artiste (spécialt dessinateur) qui fait des caricatures. *La caricaturiste d'un journal.*

carie [kaʀi] n. f. ■ Maladie des os et des dents qui entraîne leur destruction. — CARIE DENTAIRE : lésion qui détruit l'émail et l'ivoire de la dent en formant une cavité. ▶ ***carier*** v. tr. ▪ conjug. 7. ■ Attaquer par la carie. ⇒ **gâter.** — Pronominalement. *Votre dent s'est cariée.* — Au p. p. adj. *Une dent cariée peut carier les dents voisines.*

carillon [kaʀijɔ̃] n. m. **1.** Ensemble de cloches accordées de telle sorte qu'on puisse les faire vibrer ensemble. *Le carillon d'une église.* **2.** *Le carillon (d'une horloge, d'une pendule),* système de sonnerie qui se déclenche automatiquement pour indiquer les heures. — *Le carillon d'une porte d'entrée.* **3.** Air exécuté par un carillon ; sonnerie de cloches vive et gaie. ▶ ***carillonner*** v. intr. ▪ conjug. 1. **1.** Sonner en carillon. *Les cloches carillonnent.* — Transitivement. *Carillonner une fête,* l'annoncer par un carillon. — Au p. p. adj. *Fête carillonnée,* solennelle. **2.** Fam. Sonner bruyamment la cloche d'une porte d'entrée. *Carillonner à la porte.* **3.** Transitivement. Fig. Faire savoir à grand bruit. *Carillonner une nouvelle.*

carlingue [kaʀlɛ̃g] n. f. ■ Partie où prennent place les passagers et l'équipage (d'un avion).

carmagnole [kaʀmaɲɔl] n. f. ■ Ronde chantée et dansée par les révolutionnaires français, en 1793. *Dansons la carmagnole.*

carme [kaʀm] n. m. ■ Religieux de l'ordre de Notre-Dame-du-Mont-Carmel. ▶ ***carmélite*** n. f. ■ Religieuse de l'ordre du Mont-Carmel.

carmin [kaʀmɛ̃] n. m. ■ Colorant ou couleur rouge vif. ⇒ **rouge, vermillon.** — Adj. invar. *Des étoffes carmin.* ⇒ **carminé.** ▶ ***carminé, ée*** adj. ■ Rouge vif. *Un vernis à ongles carminé.*

carnage [kaʀnaʒ] n. m. ■ Action de tuer un grand nombre (d'animaux, d'hommes). ⇒ **boucherie, hécatombe, massacre, tuerie.** *Un affreux, un monstrueux carnage.*

carnassier, ière [kaʀnasje, jɛʀ] adj. et n. ■ Qui se nourrit de viande, de chair crue. ⇒ **carnivore.** *Les animaux carnassiers. Le lion est un animal carnassier. La belette est carnassière.* — N. m. *Les carnassiers.*

carnation [kaʀnasjɔ̃] n. f. ■ Couleur, apparence de la chair d'une personne. ⇒ **teint.** *Une jolie carnation.*

carnaval, als [kaʀnaval] n. m. **1.** Période réservée aux divertissements, qui va du jour des Rois (Épiphanie) au carême (mercredi des Cendres). ⇒ **jour gras. 2.** Grande fête populaire, divertissements publics (bals, défilés) du carnaval (1). *Déguisements, masques de carnaval. Le carnaval de Québec, de Chicoutimi. Des carnavals. La rue du Carnaval* (de Québec), où étaient érigés les monuments et sculptures de glace pendant la période du carnaval. *Le bonhomme* Carnaval.* ▶ ***carnavalesque*** adj. ■ Digne du carnaval. *Un spectacle carnavalesque.* ▶ ***carnavaleux, euse*** n. ■ Participant à un carnaval, spécialt au carnaval de Québec. *Les trompettes des carnavaleux. Les joyeuses carnavaleuses.* ▶ ***carnavaler*** v. intr. ▪ conjug. 1. ■ Participer aux activités d'un carnaval. *Ça carnavalait cette nuit !*

carné, ée [kaʀne] adj. ■ Composé de viande. *Alimentation carnée.*

carnet [kaʀnɛ] n. m. **1.** Petit cahier de poche. ⇒ **agenda, calepin, répertoire.** *Inscrire, noter sur un carnet. Carnet d'adresses. Carnet de notes,* servant à consigner les notes d'un élève. *Carnet de commandes,* total des commandes d'une entreprise. **2.** Assemblage de feuillets détachables. *Carnet à souche. Carnet de chèques.* ⇒ **chéquier. 3.** Réunion de billets, timbres, etc., détachables. *Achète-moi deux carnets d'autobus, de timbres.*

carnivore [kaʀnivɔʀ] adj. et n. m. **1.** Adj. Qui se nourrit de chair. ⇒ **carnassier.** — *Plantes carnivores,* qui peuvent capturer de petits animaux, des insectes. **2.** N. m. pl. *Les* CARNIVORES : ordre de mammifères qui, grâce à leurs dents et à leur système digestif, peuvent manger beaucoup de chair crue. — Au sing. *Le chat est un carnivore.*

carolingien, ienne [kaʀɔlɛ̃ʒjɛ̃, jɛn] adj. ■ De l'empereur Charlemagne, de son époque, de sa dynastie. *L'Empire carolingien. Art carolingien.*

carotide [kaʀɔtid] n. f. ■ Chacune des deux grosses artères qui conduisent le sang du cœur à la tête.

carotte [kaʀɔt] n. f. **1.** Plante potagère dont la racine est sucrée et comestible. *Carottes fourragères.* — Spécialt. La racine rouge de la carotte potagère. *Manger des carottes. Carottes râpées.* — Loc. fam. *Les carottes sont cuites,* tout est fini, perdu. **2.** Adj. invar. *Des cheveux rouge carotte, couleur carotte.* **3.** Échantillon cylindrique d'une matière retirée du sol, d'un arbre. ▶ ***carotène*** n. m. ■ Matière colorante jaune ou rouge que l'on trouve dans des végétaux (carotte), chez les animaux. ‹ ▶ pèle-carottes ›

caroubier [kaʀubje] n. m. ■ Arbre à feuilles persistantes, à fleurs rougeâtres, qui produit un fruit sucré (appelé *caroube* ou *carouge,* n. f.).

carouge [kaʀuʒ] n. m. ■ Oiseau passereau nord-américain au plumage noir (chez le mâle), au bec conique et pointu, qu'on trouve dans les endroits humides. *Le carouge à épaulettes est une variété d'étourneau.*

carougeois, oise [kaʀuʒwa, waz] adj. et n. ■ De Cap-Rouge. *Une entreprise carougeoise.* — N. (Avec une majusc.) Personne née dans cette ville ou qui l'habite.

① ***carpe*** [kaʀp] n. f. **1.** Gros poisson d'eau douce couvert de larges écailles. *Carpe de rivière, d'étang.* **2.** Loc. fig. SAUT DE CARPE : saut où l'on se rétablit sur les pieds, d'une détente, étant couché sur le dos. — Loc. fam. *Bâiller comme une carpe,* bâiller en ouvrant largement la bouche. *Être, rester muet comme une carpe,* ne pas dire un mot.

② ***carpe*** n. m. ■ Anatomie. Double rangée de petits os (huit chez l'être humain) qui soutiennent le poignet. ‹ ▶ métacarpe ›

carpette [kaʀpɛt] n. f. ■ Petit tapis. ⇒ **descente** de lit.

carquois [kaʀkwa] n. m. invar. ■ Étui destiné à contenir des flèches.

① ***carré, ée*** [kaʀe] adj. **1.** Qui forme une figure à quatre angles droits et à côtés égaux. ⇒ ② **carré.** *Plan carré. Tournevis à tête carrée.* — *Mètre carré,* surface d'un carré ayant un mètre de côté (abrév. : m²). *Cette pièce fait quinze mètres carrés.* **2.** Qui a à peu près la forme d'un carré géométrique. *Fenêtre carrée. Tour carrée.* — *Épaules carrées,* larges, robustes (⇒ **carrure**). — Fig. Fam. *Tête* carrée.* ⇒ fam. **Anglo ;** péj. **bloke. 3.** Abstrait. Dont le caractère est nettement tranché, accentué. *Une réponse carrée* (⇒ **carrément**). **4.** *Racine carrée.* ⇒ **racine.** ▶ ② ***carré*** n. m. **1.** Quadrilatère dont les quatre angles sont droits et les quatre côtés égaux. *Les carrés d'un damier, d'un papier.* ⇒ **case ; carreau, quadrillage.** — Foulard, fichu carré. *Elle portait un carré de soie imprimée.* **2.** Figure rappelant un carré. *Cultiver un carré de terre.* — Fam. Place publique découverte et entourée de bâtiments. *Le carré d'Youville, à Québec.* ⇒ **place. 3.** Troupe disposée pour faire face des quatre côtés. *Former le carré.* **4.** Chambre d'un navire servant de salon ou de salle à manger aux officiers. *Le carré des officiers.* **5.** Produit d'un nombre par lui-même. *Seize est le carré de quatre.* / contr. **racine** carrée / **6.** *Un carré d'as,* au poker, les quatre as. **7.** Morceau d'aliment en forme de cube, qui ressemble à un cube. *Des carrés de sucre, de beurre.* ⇒ **plaquette.** — Pâtisserie plate découpée en portion individuelle. *Carré au chocolat, à la confiture, aux dattes*.* ▶ ③ ***carré*** adv. ■ Fam. Directement. ⇒ **carrément ;** fam. **direct.** *Il lui est entré carré dedans. Elle s'est dirigée carré vers le bureau de la directrice,* sans hésiter et rapidement, en droite ligne. ▶ ***carrée*** n. f. ■ (France) Fam. Chambre. ⇒ fam. **piaule.** ▶ ***carreau*** [kɑʀo] n. m. **I. 1.** Pavé plat, de forme carrée. ⇒ ① **dalle, pavé, tuile.** *Des carreaux de céramique.* **2.** Sol pavé de carreaux. ⇒ **carrelage.** *Laver le carreau.* — Loc. fig. *Rester sur le carreau,* être tué ou grièvement blessé ; être abandonné ; ne pas être retenu lors d'une sélection. *Cinq candidats sont restés sur le carreau.* **3.** Plaque de verre dont sont munies les fenêtres, les portes vitrées. ⇒ **vitre.** *Laveur de carreaux. Encore un carreau de cassé.* — *Ouvrir, fermer le carreau,* le petit panneau vitré d'une double fenêtre. **II. 1.** Au plur. Assemblage symétrique de plusieurs carrés. *Étoffe à carreaux. Des chemises à carreaux.* **2.** Dans les cartes à jouer. Série dont la marque distincte est un carreau rouge. **3.** (France) Loc. fam. *Se tenir* À CARREAU : être sur ses gardes. ▶ ***carreauté, ée*** adj. **1.** Se dit d'un tissu, d'une étoffe à carreau. ⇒ **damier.** *Des chemises carreautées. Un couvre-lit carreauté.* — N. *Elle porte du carreauté,* un vêtement carreauté. **2.** Se dit de toute chose quadrillée. *Du papier carreauté.* ‹ ▶ bécarre, carreler, carrelet, carrément, se carrer, carrure ›

carrefour [kaʀfuʀ] n. m. **1.** Lieu relativement large où se croisent plusieurs voies de communication. ⇒ **bifurcation, croisement, embranchement.** — *Carrefour giratoire,* rond-point. **2.** Situation nouvelle où l'on doit choisir entre diverses voies. *Parvenir, se trouver à un carrefour.* — Croisement d'influences. *Un carrefour d'idées.* — En appos. *Sciences carrefours.*

carreler [kaʀle] v. tr. ▪ conjug. 4. **1.** Paver avec des carreaux. — Au p. p. adj. *Une entrée de garage carrelée.* **2.** Tracer des carrés sur (une feuille de papier, une toile). ⇒ **quadriller.** ▶ ***carrelage*** n. m. ■ Action de carreler. *Le carrelage d'une cuisine.* — Pavage, plancher, sol fait de carreaux. ⇒ **dallage.** *Poser un carrelage.* ▶ ***carreleur, euse*** n. ■ Personne qui pose des carreaux.

carrément [kɑʀemɑ̃] adv. ■ D'une façon nette, décidée, sans détours. ⇒ ③ **carré, fermement, franchement, hardiment, nettement.** *Parler, répondre carrément,* sans ambages. *Dire carrément ce que l'on pense.* / contr. **indirectement, timidement** / — Fam. *Il est carrément idiot.* ⇒ **complètement.** *Elle l'a giflé. Carrément !*

se ***carrer*** [ka(ɑ)ʀe] v. pron. ▪ conjug. 1. ■ *Se carrer dans un fauteuil, dans sa voiture,* s'y installer confortablement ; s'y mettre à l'aise. ⇒ **s'étaler,** se **prélasser.**

① ***carrière*** [kaʀjɛʀ] n. f. ■ Lieu d'où l'on extrait des matériaux de construction (pierre, roche), surtout à ciel ouvert (opposé à *mine*). *Carrière de pierres, de sable. Creuser, exploiter, fouiller une carrière. Les filons, les* *puits d'une carrière.* ≠ *mine.* ▸ ***carrier*** n. m. ■ Celui qui exploite une carrière comme entrepreneur ou comme ouvrier.

② ***carrière*** n. f. **1.** Littér. Voie où l'on s'engage. *Entrer dans la carrière,* dans la vie active. **2.** Métier, profession qui présente des étapes, une progression. *Le choix d'une carrière. La carrière littéraire.* — FAIRE CARRIÈRE *(dans)* : réussir (dans une profession). *Il a fait carrière dans le cinéma.* — *Militaire* DE CARRIÈRE (opposé à *appelé, mobilisé*). *Professeur de carrière,* qui a enseigné durant toute sa vie active.

carriole [kaʀjɔl] n. f. **1.** Voiture d'hiver montée sur patins bas et tirée par des chevaux. *Faire un tour de carriole.* ⇒ anglic. **sleigh-ride.** *Une peau de carriole.* **2.** (France) Petite charrette campagnarde.

carrossable [kaʀɔsabl] adj. ■ Où peuvent circuler des voitures. *Chemin carrossable.* ⇒ ① **praticable.**

carrosse [kaʀɔs] n. m. **1.** Ancienne voiture à chevaux, de luxe, à quatre roues, suspendue et couverte. *Le carrosse du roi.* **2.** Voiture d'enfant à caisse suspendue. ⇒ **landau, poussette.** *Le bébé dort dans son carrosse. Un carrosse de poupée.*

carrosser [kaʀɔse] v. tr. ▪ conjug. 1. ■ Munir (un véhicule) d'une carrosserie. — Au p. p. adj. *Châssis carrossé.* ▸ ***carrosserie*** n. f. **1.** Industrie, commerce des carrossiers. **2.** Caisse d'une automobile (capot, toit, coffre, portes, ailes). *Carrosserie sur châssis.* ▸ ***carrossier, ière*** n. ■ Ouvrier spécialisé dans la construction, la réparation de carrosseries d'automobiles. ⇒ **débosseleur ;** fam. **débosseur.**

carrousel [kaʀuzɛl] n. m. **1.** Parade où des cavaliers se livrent à des exercices. **2.** Attraction foraine où des chevaux (de bois, de plastique) sont disposés autour d'un axe et entraînés par lui. ⇒ ① **manège. 3.** Fig. Ensemble d'objets mobiles qui évoluent. *Un carrousel d'avions, de motos.* **4.** Tapis roulant sur lequel les passagers d'un avion récupèrent leurs bagages. *Le carrousel numéro...* **5.** Boîte ronde et compartimentée, pour ranger des diapositives.

carrure [kaʀyʀ] n. f. **1.** Largeur du dos, d'une épaule à l'autre. *Forte carrure. Veste trop étroite de carrure.* **2.** Abstrait. Force, valeur (d'une personne). *Son prédécesseur était d'une autre carrure.* ⇒ **envergure, stature.**

carry n. m. ⇒ **curry.**

cartable [kaʀtabl] n. m. **1.** Cahier à couverture rigide muni d'anneaux qui s'ouvrent et se ferment, dans lequel on place des feuilles mobiles. ⇒ **cahier** à anneaux. **2.** (France) Sac, sacoche d'écolier. ⇒ **sac** d'école, **serviette.** *Il porte son cartable sur le dos, à la main.*

① ***carte*** [kaʀt] n. f. **1.** Rectangle ou carré de papier, de carton. — Loc. *Donner* CARTE BLANCHE *à qqn* : le laisser libre de choisir, de décider. **2.** Petit carton rectangulaire dont l'une des faces porte une illustration et qui est utilisé dans différents jeux (on dit aussi *carte à jouer*). *Un jeu de 32, de 52 cartes.* ⇒ **carreau, cœur, pique, trèfle.** *Faire une partie de cartes. Jouer aux cartes. Brasser, distribuer les cartes.* — Loc. fig. BROUILLER LES CARTES : compliquer, obscurcir volontairement une affaire. *Jouer sa* DERNIÈRE CARTE : tenter sa dernière chance. *Jouer* CARTES SUR TABLE : agir franchement, sans rien cacher. — CARTE DE SPORT (HOCKEY, BASE-BALL, FOOTBALL, *etc* : petit carton rectangulaire dont l'une des faces porte la photographie d'un joueur et l'autre des renseignements sur sa carrière (date de naissance, équipes, statistiques). *Collectionner les cartes de hockey.* **3.** Liste des plats, des consommations avec leurs prix. *Manger à la carte,* en choisissant librement (opposé à prendre le *menu, table d'hôte**). **4.** CARTE (DE VISITE ou, fam., D'AFFAIRES) : petit carton sur lequel on fait imprimer son nom, son adresse, sa profession, etc. — *Carte d'invitation.* ⇒ **carton. 5.** CARTE (POSTALE) : carte dont l'une des faces sert à la correspondance, l'autre portant une photographie, une illustration. *J'ai reçu une carte postale du Japon.* **6.** Papier prouvant l'identité d'une personne et sur lequel sont notés certains renseignements ou certains droits dont elle bénéficie. *Carte d'identité. Carte d'assurance-maladie. Carte d'assurance sociale. Carte de compétence,* certificat de qualification dans un métier. *Carte d'étudiant.* — (France) CARTE GRISE : titre de propriété d'un véhicule automobile. ⇒ **certificat** d'immatriculation. — CARTE D'AUTOBUS, DE MÉTRO : carte d'abonnement qui permet d'utiliser librement les transports en commun dans une ville ou une municipalité. ⇒ **passe.** — CARTE DE CRÉDIT : carte permettant d'effectuer certains achats, payés ultérieurement sur le compte d'une banque (opposé à *en espèces).* — CARTE D'ACCÈS À BORD ou D'EMBARQUEMENT : carte qui indique le numéro de vol, l'heure et la porte d'embarquement ainsi que le numéro de siège du passager. **7.** *Carte perforée, mécanographique,* portant, sous forme de perforations à des emplacements déterminés, des renseignements pouvant être interprétés et utilisés en machine. ⇒ **fiche.** — *Carte électronique, magnétique.* ‹ ▸ cartomancie, ② cartouche, encart, mandat-carte, pancarte, porte-cartes ›

② ***carte*** n. f. **1.** Représentation à échelle réduite de la surface totale ou partielle du globe terrestre. *Carte universelle.* ⇒ **mappemonde, planisphère.** *Recueil de cartes.* ⇒ **atlas.** *Carte géologique, routière. Carte du Québec.* — *Carte électorale,* qui indique les limites des circonscriptions fédérales ou provinciales. — *Carte du ciel* (⇒ **astrologie, cosmographie**). *Carte de la Lune.* — *Carte muette,* sans indication de noms. **2.** Fig. Loc. *Perdre la carte,* perdre la tête, perdre le nord (⇒ **capoter)** ; s'évanouir. Fam. *Être à côté de la carte,* dans l'erreur, se tromper. ⇒ **plaque.** ‹ ▸ cartographie, cartothèque ›

cartel n. m. **1.** Entente regroupant des entreprises ayant des activités proches en vue de supprimer la concurrence et de s'assurer la domination du marché. ⇒ **alliance, association, collusion, consortium, trust.** — *Le cartel de la drogue.* **2.** Association de groupements (politiques, syndicaux) en vue d'une action commune. *Le cartel des nationalistes.*

carter [kaʀtɛ(œ)ʀ] n. m. ■ Anglic. Enveloppe de métal servant à protéger un mécanisme. *Le carter d'une chaîne de bicyclette, d'un moteur. Des carters.*

cartésien, ienne [kaʀtezjɛ̃, jɛn] adj. **1.** Relatif à Descartes, à sa philosophie. **2.** (Raisonnement ; personnes) Clair, logique. *Un esprit cartésien.* / contr. **confus, obscur** /

cartilage [kaʀtilaʒ] n. m. ■ Tissu animal résistant mais élastique et souple (squelette des vertébrés inférieurs et des embryons des vertébrés supérieurs). *Le cartilage du nez, de l'oreille.* ▸ ***cartilagineux, euse*** adj. ■ Composé de cartilage (opposé à *osseux*). *Tissus cartilagineux.*

cartographie [kaʀtɔgʀafi] n. f. ■ Technique de l'établissement, du dessin et de l'édition des cartes ② et plans. ▸ ***cartographe*** n. ■ Spécialiste qui prépare les cartes. ▸ ***cartographique*** adj.

cartomancie [kaʀtɔmɑ̃si] n. f. ■ Prédiction de l'avenir par l'interprétation des cartes (①, 2). ▸ ***cartomancien, ienne*** n. ■ Tireur(euse) de cartes, voyant(e).

carton [kaʀtɔ̃] n. m. **1.** Matière assez épaisse, faite de pâte à papier (papier grossier ou ensemble de feuilles collées). *Du carton gris ; ondulé. Une feuille de carton* ou *un carton. — Recevoir un carton d'invitation.* ⇒ **carte.** — *Des murs en carton,* minces et à travers lesquels on entend tout. **2.** *En* CARTON-PÂTE : factice. *Un décor de film en carton-pâte.* — Fig. *Des personnages en carton-pâte,* faux. **3.** Boîte, réceptacle en carton fort. *Carton à chapeau, à chaussures.* — Dossier. — CARTON À DESSINS : grand portefeuille. **4.** (France) FAIRE UN CARTON : tirer à la cible* ; fig. et fam. tirer (sur qqn). ▶ ***cartonnage*** n. m. **1.** Industrie de la fabrication des objets en carton. **2.** Reliure en carton avec un dos en toile. — Emballage en carton. ⇒ **emboîtage.** *Une boîte de (en) carton. — Un carton de cigarettes.* ⇒ ① **cartouche.** *Un carton d'allumettes.* ⇒ **pochette.** ▶ ***cartonné, ée*** adj. ■ (Livres) Recouvert d'une reliure en carton (opposé à *broché, relié*). ▶ ***cartonnier, ière*** n. ■ Fabricant, marchand de carton. ▶ ***cartonneux, euse*** adj. ■ Qui a l'aspect du carton. — Fig. (Aliments) Qui est durci et séché, qui a le goût du carton. ⇒ **caoutchouteux, pâteux.** ▶ ***cartothèque*** [kaʀtɔtɛk] n. f. **1.** Salle, édifice où sont classées des cartes ②, pour la consultation ou pour le prêt. **2.** Collection de cartes. *Une belle cartothèque privée.*

① ***cartouche*** [kaʀtuʃ] n. f. **1.** Enveloppe contenant la charge d'une arme à feu. *La douille, l'amorce d'une cartouche. Cartouche à blanc. — Les* DERNIÈRES CARTOUCHES : les dernières réserves. **2.** Petit étui cylindrique. *La cartouche d'encre d'un stylo.* ⇒ **recharge. 3.** Emballage contenant un certain nombre (8 ou 10) de paquets de cigarettes. *Une cartouche de légères.* ⇒ **carton.** ▶ ***cartouchière*** n. f. ■ Sac ou boîte à cartouches.

② ***cartouche*** n. m. ■ Ornement sculpté ou dessiné, en forme de carte à demi déroulée et destiné à recevoir une inscription. *Décoration en cartouche.*

① ***cas*** [kɑ] n. m. invar. **I.** Emplois généraux. **1.** Ce qui arrive. ⇒ **circonstance, conjoncture, événement, fait, situation.** *Un cas grave, important ; cas étrange, rare. Cas imprévu. C'est un* CAS D'ESPÈCE : un cas spécial. *C'est le cas de* (+ infinitif), le moment. *C'est bien le cas de le dire. — Dans le cas présent ; dans ce cas-là.* — (Avec *en*) *En ce cas.* ⇒ **alors.** Loc. prép. EN CAS DE : dans l'hypothèse de. *En cas d'accident, qui faut-il prévenir ? En cas de besoin,* s'il est besoin. **2.** Loc. conj. EN CAS QUE (+ subjonctif), AU CAS OÙ, QUE (+ conditionnel) : en admettant que, à supposer que. ⇒ **quand, si.** *En cas qu'il vienne. Au cas où (que) je ne serais pas à l'heure, commencez à manger. Au cas, dans le cas, pour le cas où elle viendrait.* — EN AUCUN CAS (dans une proposition négative). ⇒ **jamais.** *En aucun cas je n'accepterai de partir.* — Loc. adv. EN TOUT CAS : quoi qu'il arrive, de toute façon. *En tout cas, je vous aurai prévenu.* Absolt. Exprime le souhait de mettre fin à la discussion, l'argumentation et de voir ce qui arrivera. **3.** FAIRE GRAND CAS DE *qqn, qqch.* : lui accorder beaucoup d'importance. FAIRE CAS DE. ⇒ **apprécier, considérer, estimer.** *Faire peu de cas, ne pas faire de cas, ne faire aucun cas de qqn, qqch.* **II. 1.** Situation définie par la loi pénale. ⇒ **crime, délit.** *Soumettre un cas au juge. C'est un cas de légitime défense. Un cas de divorce.* **2.** CAS DE CONSCIENCE : difficulté sur un point de morale, de religion (⇒ **casuiste**). — Scrupule. **3.** État ou évolution de l'état d'une personne, du point de vue médical. *Un cas grave.* — Le malade lui-même. *Untel est un cas intéressant.* — Personne présentant des caractères psychologiques singuliers. *Cette élève, c'est vraiment un cas.* ‹ ▶ casuiste, en-cas, le cas échéant, occasion ›

② ***cas*** n. m. invar. ■ Chacune des formes d'un mot qui est modifié et qui correspondent à des fonctions grammaticales précises dans la phrase. ⇒ **désinence ; déclinaison.** *Les six cas du latin. Le cas sujet en ancien français. Le russe, l'allemand ont conservé des cas.*

casanier, ière [kazanje, jɛʀ] adj. ■ Qui aime à rester chez soi. ⇒ **sédentaire ;** fam. **pantouflard.** *Une personne casanière.* / contr. **bohème** /

casaque [kazak] n. f. **1.** Anciennt. Veste. — Veste en soie des jockeys. **2.** Loc. fig. TOURNER CASAQUE : fuir ; tourner le dos à ceux de son parti, changer de parti, d'opinion. ⇒ **bride,** ② **capot, veste.**

cascade [kaskad] n. f. **1.** Chute d'eau de faible débit ; succession de chutes d'eau. ⇒ ① **cataracte.** — Fig. *Une cascade de chiffres, de malheurs,* une suite, une succession de. **2.** Ce qui se produit de manière saccadée. *Cascade de rires, d'applaudissements.* **3.** Acrobatie des cascadeurs. ▶ ***cascader*** v. intr. ▪ conjug. 1. ■ Tomber en cascade. *Un torrent qui cascade sur une pente.* ▶ ***cascadeur, euse*** n. ■ Acrobate qui tourne les scènes dangereuses d'un film. *L'actrice était doublée par une cascadeuse.*

① ***case*** [kɑz] n. f. ■ Habitation simple, traditionnelle, dans des pays exotiques. *Cases africaines.* ⇒ **hutte, paillote.**

② ***case*** n. f. **1.** Carré ou rectangle dessiné sur un damier, un échiquier, etc. *Les 64 cases de l'échiquier. Les cases d'une page de b.d.,* chacun des dessins. **2.** Compartiment d'un meuble, d'un casier. *Tiroir à plusieurs cases. L'écolier range ses affaires dans sa case. — Case postale,* boîte* postale. ⇒ **C.P. 3.** (France) Loc. fam. *Il lui manque une case, il a une case en moins, une case (de) vide,* il est anormal, fou. ⇒ **bardeau.** — *Revenir à la case départ,* recommencer à zéro. ‹ ▶ caser, casier ›

caséine [kazein] n. f. ■ Substance qui constitue l'essentiel des matières azotées du lait.

casemate [kazmat] n. f. ■ Abri enterré, protégé contre les obus, les bombes. ⇒ **blockhaus, fortin.** *Casemates d'un fort.*

caser [kɑze] v. tr. ▪ conjug. 1. Fam. **1.** Mettre à la place qu'il faut ; dans une place qui suffit. ⇒ **placer ;** fam. **fourrer.** *Il a réussi à caser tous ses bagages dans le coffre de la voiture.* **2.** Établir (qqn) dans une situation. *Ils ont deux filles à caser,* à marier. *Il a casé son neveu dans l'Administration.* — Pronominalement (réfl.). *Il cherche à se caser,* à se marier ; à se trouver un emploi. ‹ ▶ recaser ›

caserne [kazɛʀn] n. f. **1.** (France) Bâtiment destiné au logement des militaires. ⇒ **baraquement, quartier.** *Être à la caserne,* être soldat. — Troupes logées dans une caserne. *Toute la caserne sera consignée. Plaisanteries, habitudes de caserne,* de soldat. **2.** Vieilli. Bâtiment où se rassemblent, travaillent les pompiers. ⇒ **poste** de pompiers. *La caserne numéro sept.* **3.** Fam. Établissement où règne une discipline sévère. *Cet internat est une vraie caserne.* ▶ ***casernement*** n. m. ■ Ensemble des constructions d'une caserne.

cash [kaʃ] adv. et n. m. invar. Anglic. Fam. **1.** *Payer cash.* ⇒ **comptant, espèces.** *Cent mille dollars cash.* **2.** Argent, monnaie. *As-tu un peu de cash ?*

casher adj. ⇒ **kascher.**

casier [kɑzje] n. m. **1.** Ensemble de cases, de compartiments formant meuble. *Casier à livres, à disques, à bouteilles. Casiers métalliques* (de bureau). **2.** CASIER JUDICIAIRE : relevé des condamnations prononcées contre qqn. *Il a un casier judiciaire vierge,* sans condamnation.

casino [kazino] n. m. ■ Établissement de plaisir, de spectacle, où les jeux d'argent sont autorisés. *La salle de jeux, le restaurant d'un casino. Des casinos.*

casoar [kazɔaʀ] n. m. ■ Grand oiseau coureur qui porte sur le front une sorte de casque.

casque [kask] n. m. **1.** Coiffure rigide qui couvre et protège la tête. *Casque militaire.* — *Les casques bleus,* les troupes internationales de l'O.N.U. — Casque léger, en matière plastique. *Casque de motocycliste. Le port du casque de sécurité est obligatoire sur le chantier. Casque de hockey, de football.* — *Un casque en (de) poil,* une toque de fourrure. — *Un casque de bain,* un bonnet de bain. **2.** Ensemble constitué par deux écouteurs. *Un casque de baladeur.* **3.** Appareil à air chaud qui coiffe la tête et qui sert à sécher les cheveux. ⇒ **séchoir.** *Être sous le casque.* **4.** Loc. fam. *En avoir plein le (son) casque,* en avoir assez, en avoir par-dessus la tête, être débordé. ⇒ ① **botte,** ② **capot,** ① **claque, ras** le bol, **voyage ;** vulg. **cul.** ▶ *casqué, ée* adj. ■ Coiffé d'un casque. ⟨ ▶ casquette ⟩

casquer [kaske] v. intr. ▪ conjug. 1. ■ (France) Fam. Donner de l'argent, payer. ⇒ **débourser ;** fam. **cracher.** *Faire casquer qqn.*

casquette [kaskɛt] n. f. ■ Coiffure garnie d'une visière. ⇒ fam. **calotte.** *Casquette de toile. Casquette de marin, d'aviateur. Casquette de base-ball, de golf.*

cassable [kɑsabl] adj. ■ Qui risque de se casser facilement. ⇒ **cassant, fragile.** / contr. **incassable** / ⟨ ▶ incassable ⟩

cassant, ante [kɑsɑ̃, ɑ̃t] adj. **1.** Qui se casse. *Métal cassant.* **2.** Qui manifeste son autorité par des paroles dures. ⇒ **absolu, brusque, sec, tranchant.** *Un ton cassant, des paroles cassantes.* / contr. **conciliant, doux** /

cassation [kasasjɔ̃] n. f. ■ Annulation (d'une décision) par une cour compétente. *Cassation d'un testament.* — (France) *La Cour de cassation,* la juridiction suprême de l'ordre judiciaire français. ⇒ **Cour** suprême.

casse [kɑs] n. f. **1.** Action de casser. ⇒ **bris.** *Ces objets sont mal emballés, il y aura de la casse.* — *Il va y avoir de la casse,* de la bagarre. **2.** (France) *Mettre une voiture à la casse,* à la ferraille. ⇒ **cimetière** de voitures.

cassé, ée [kɑse] adj. et n. **1.** Brisé, mis en pièces. *Une tasse cassée. Deux bras cassés.* **2.** (France) Qui est en mauvais état, qui ne fonctionne plus. ⇒ **brisé.** *Une chaise cassée. Une télévision cassée.* — *Voix cassée,* rauque, qui émet irrégulièrement les sons. **3.** Abîmé, endommagé, brisé. *Une assiette cassée,* ébréchée, fêlée. **4.** (Personnes) Fam. Fauché, sans le sou, qui n'a plus d'argent. ⇒ **démuni ;** fam. **désargenté.** *Des étudiants cassés.* — N. *Ce sont des cassés.* — Loc. fam. *Être cassé comme un clou,* complètement fauché, sans un seul sou. ⇒ **pauvre.**

casseau ou **cassot** [kaso] n. m. **1.** Petit récipient cubique (en bois, en carton, en plastique, etc.) pour conditionner certains produits alimentaires périssables (petits fruits, frites, etc.). ⇒ **barquette** (2). *Des casseaux pour les fraises.* — Son contenu. *Un cassot de bleuets.* **2.** Fig. Loc. fam. (Personnes) *Être maigre comme un casseau,* très maigre. ⇒ **chicot,** ① **clou** (I, 3), **échalote, fil.**

casse-cou [kɑsku] n. invar. et adj. invar. **1.** N. m. invar. Passage difficile, lieu où l'on risque de tomber. — (France) *Crier casse-cou à qqn,* l'avertir d'un danger. **2.** N. invar. Fam. Personne qui s'expose, sans réflexion, à un danger. ⇒ **audacieux, imprudent, risque-tout, téméraire.** *Une vraie casse-cou.* — Adj. invar. *Elles sont casse-cou.*

casse-croûte n. m. invar. **1.** Restaurant spécialisé dans la préparation de repas rapides, à consommer sur place ou à emporter, et généralement commandés au comptoir par le client. ⇒ **gargote ;** fam. **binerie, boui-boui ;** anglic. **snack-bar.** *Aller chercher une poutine au casse-croûte.* **2.** Repas léger pris rapidement. ⇒ **lunch ;** anglic. **snack.** *Des casse-croûte.* — Cette nourriture.

casse-gueule n. m. invar. et adj. invar. ■ Fam. Endroit dangereux où l'on risque de tomber. *Cet escalier est un véritable casse-gueule.* — Adj. invar. Dangereux, risqué. *C'est casse-gueule.*

casse-noisette(s), casse-noix n. m. invar. ■ Petit instrument composé de deux leviers et qui sert à casser des noisettes, des noix. *Des casse-noisettes, des casse-noix.*

casse-pieds n. invar. ■ (Surtout en France) Fam. Personne insupportable, ennuyeuse. ⇒ **importun ;** fam. **achalant, chiant, emmerdeur.** — Adj. invar. *Ce qu'elles sont casse-pieds !*

casser [kɑse] v. ▪ conjug. 1. **I.** V. tr. **1.** Mettre en morceaux, diviser (une chose rigide) d'une manière soudaine, par choc, coup, pression. ⇒ **briser, broyer, écraser, rompre.** *Casser une assiette, un verre, une vitre. La foudre a cassé une branche. Casser qqch. en (deux, ..., mille) morceaux.* / contr. **réparer ; recoller** / *Casser du bois,* le couper (à la hache). — Loc. CASSER LA CROÛTE : manger (⇒ **casse-croûte**). CASSER LE MORCEAU : avouer, dénoncer. (France) CASSER DU SUCRE SUR LE DOS *de qqn* : dire du mal de qqn en son absence. — CASSER SA PIPE : mourir. — CASSER LA TÊTE DE *qqn* : assourdir, fatiguer, importuner. ⇒ **achaler, badrer, embêter.** *Il nous casse la tête avec ses discours. Ne te casse pas la tête !,* ne te fatigue pas. — Fam. *Casser la gueule, la figure à qqn,* se battre avec lui, le rosser. *Se casser la figure, la face, le cou,* tomber ; avoir un accident. **2.** Rompre l'os (d'un membre, du nez, etc.). ⇒ **fracturer.** *Elle lui a cassé le nez.* — Fam. CASSER LES PIEDS *à qqn* : l'ennuyer, le déranger. *Il casse les pieds à tout le monde.* ⇒ **casse-pieds. 3.** (France) Fam. Endommager de manière à empêcher le fonctionnement de (qqch.). ⇒ **briser, détériorer.** *Il a cassé sa montre, sa bicyclette, la porte.* — Au p. p. adj. Loc. *Payer les pots* cassés.* — Fam. *Casser le moral,* démoraliser. **4.** Fam. ÇA NE CASSE RIEN : ça n'a rien d'extraordinaire. — Fam. À TOUT CASSER : à toute allure *(elle conduit sa voiture à tout casser)* ; tout au plus *(ça coûtera dix dollars à tout casser)* ; très beaucoup *(il fait froid à tout casser).* Loc. adj. Extraordinaire. *Un film, un repas à tout casser.* **5.** Abstrait. Annuler un acte, un jugement, une sentence (⇒ **cassation**). / contr. **ratifier, valider** / — *Casser les prix,* les faire diminuer brusquement. **6.** (Compl. personne) Dégrader, démettre de ses fonctions. *Casser un officier.* **7.** (Compl. personne) Abstrait. Venir à bout du mauvais caractère de qqn. *L'armée a réussi à le casser.* **II.** V. pron. **1.** (Passif) *Le verre, la tige d'une fleur se cassent facilement.* **2.** Se rompre, se fracturer un os. *Il s'est cassé l'os de la joue.* **3.** (France) Réfl. (Personnes) Fam. Se fatiguer. *Elle ne s'est pas cassée.* **III.** V. intr. Se rompre, se briser. *Le verre a cassé en tombant.* ⟨ ▶ cassable, cassant, cassation, casse, cassé, casse-cou, casse-croûte, casse-gueule, casse-noisettes, casse-noix, casse-pieds, casse-tête, casseur, cassure, concasser ⟩

casserole [ka(ɑ)sʀɔl] n. f. **1.** Ustensile de cuisine de forme cylindrique, à manche. ⇒ **chaudron.** — Loc. fam. *Passer à la casserole,* être mis à rude épreuve. **2.** Fam. Mauvaise voiture. ⇒ **bazou, guimbarde.**

casse-tête [kɑstɛt] n. m. invar. **1.** Massue grossière ; matraque. ⇒ **tomahawk. 2.** Jeu de patience, composé d'éléments découpés qu'il faut assembler pour reconstituer un dessin, une photographie. ⇒ anglic. **puzzle.** *Un casse-tête de mille morceaux. Un casse-tête* *chinois,* un problème, un jeu dont la solution est difficile à trouver. **3.** Travail compliqué qui fatigue l'esprit. *Ce problème est un casse-tête.*

cassette [kasɛt] n. f. **1.** Anciennt. Petit coffre destiné à ranger de l'argent, des bijoux. ⇒ **coffret.** — Fam. *Je prendrai cette somme sur ma cassette,* mon argent. **2.** Boîtier de petite taille muni de bobines de bandes magnétiques défilant dans les deux sens. *Poste de radio à cassettes.* ⇒ **radiocassette.** *Elle s'est acheté un lecteur de cassettes.* ⇒ **magnétophone, minicassette.** *Cassette pour magnétoscope. Une cassette vidéo.* ⇒ **vidéocassette.** — Abusivt. Bande magnétique. *Enregistrer sur disque ou sur cassette.* ‹ ▸ magnétocassette, minicassette, radiocassette, vidéocassette ›

casseur, euse [kɑsœʀ, øz] n. **1.** Personne qui casse qqch. *Les casseurs de pierres.* **2.** Adj. Fam. Qui casse par maladresse. *Cette serveuse est casseuse.* **3.** Fam. *Un casseur de party, de veillée,* un trouble-fête. ⇒ **rabat-joie.** — REM. On emploie aussi la forme familière *casseux.*

cassis [kasis] n. m. invar. ■ Groseillier noir à feuilles odorantes, avec les fruits duquel on fabrique une liqueur. ⇒ **gadellier ; gadelle.** — Cette liqueur. *Un verre de cassis.*

cassolette [kasɔlɛt] n. f. **1.** Réchaud à couvercle percé de trous dans lequel on fait brûler des parfums. ⇒ **encensoir 2.** Ustensile de cuisine.

cassonade [kasɔnad] n. f. ■ Sucre de couleur brune qui n'a été raffiné qu'une fois. ⇒ **sucre** brun. *Faire fondre de la cassonade.*

cassot n. m. ⇒ **casseau.**

cassoulet [kasulɛ] n. m. ■ (France) Ragoût préparé avec de la viande (confit d'oie, de canard, mouton ou porc) et des haricots blancs.

cassure [kɑsyʀ] n. f. **1.** Endroit où un objet a été cassé. ⇒ **brèche, faille, fracture. 2.** Abstrait. Coupure, rupture. *Une cassure dans une vie, une amitié.* **3.** Loc. fam. *Ce n'est pas une cassure,* cela peut attendre, ce n'est pas très urgent.

castagnettes [kastaɲɛt] n. f. pl. ■ Petit instrument de musique espagnol composé de deux pièces de bois creusées, réunies par un cordon, et que l'on fait claquer l'une contre l'autre. *Jouer des castagnettes.*

caste [kast] n. f. **1.** Classe sociale fermée (d'abord en Inde). *La caste des prêtres ; la caste des guerriers.* **2.** Péj. Classe de la société (fermée, jalouse de ses privilèges). ⇒ **clan.** *Esprit, orgueil, préjugés de caste. La caste des gens riches.*

castillan, ane [kastijɑ̃, an] adj. et n. **1.** De Castille (province d'Espagne), propre à la Castille. *Le folklore castillan.* — N. (Avec une majusc.) Personne qui est née dans cette province d'Espagne ou qui l'habite. **2.** N. m. *Le castillan,* la langue officielle de l'Espagne. ⇒ **espagnol ; catalan.**

castor [kastɔʀ] n. m. **1.** Mammifère rongeur aquatique, d'assez grande taille, aux pattes postérieures palmées, à large queue plate. *Certains castors construisent des digues de terre battue.* — Emblème animal du Canada. *Le castor figure au revers de la pièce de 5 cents.* **2.** Fourrure de cet animal. *Manteau, chapeau de castor.* **3.** Vieilli. HUILE DE CASTOR : huile de ricin*.

castrer [kastʀe] v. tr. ▪ conjug. 1. ■ Pratiquer la castration sur. ⇒ **châtrer.** ▸ ***castration*** n. f. ■ Opération par laquelle on prive un individu, mâle ou femelle, de la faculté de se reproduire.

casuiste [kazɥist] n. m. ■ Théologien qui s'applique à résoudre les cas de conscience. ⇒ ① **cas** (II, 2). ▸ ***casuistique*** n. f. **1.** Partie de la théologie morale qui s'occupe des cas de conscience. **2.** Péj. Subtilité complaisante (en morale).

cataclysme [kataklism] n. m. **1.** Bouleversement de la surface de la terre par une catastrophe (inondation, tremblement de terre, etc.). **2.** Terrible catastrophe. ⇒ **calamité.**

catacombe [katakɔ̃b] n. f. ■ Cavité souterraine ayant servi de sépulture. ⇒ **cimetière.** *Les catacombes de Rome.*

catadioptre [katadjɔptʀ(ə)] n. m. ■ Dispositif réfléchissant la lumière et rendant visible la nuit le véhicule, l'obstacle qui le porte. ⇒ **cataphote.** *Les catadioptres d'un garde-fou.*

catafalque [katafalk] n. m. ■ Décoration funèbre au-dessus du cercueil.

catalan, ane [katalɑ̃, an] adj. et n. **1.** De Catalogne (française et espagnole). — N. (Avec une majusc.) *Les Catalans.* **2.** N. m. *Le catalan,* langue romane parlée en Catalogne, aux Baléares. ⇒ **castillan.**

catalepsie [katalɛpsi] n. f. ■ Suspension complète du mouvement volontaire des muscles. ⇒ **léthargie, paralysie.** ▸ ***cataleptique*** adj. ■ De la catalepsie. — N. Personne atteinte de catalepsie.

catalogne [katalɔɲ] n. f. ■ Étoffe faite de bandes (restes, retailles) de tissu de différentes couleurs et dont on fait des tapis, des couvertures, des tentures. — Objet en tissu fabriqué avec la catalogne, spécialt. les tapis. *Mettre une catalogne au pied du lit.*

catalogue [katalɔg] n. m. **1.** Liste énumérative méthodique accompagnée de détails, d'explications. ⇒ **index, inventaire, répertoire.** *Le catalogue d'une bibliothèque,* qui sert au classement des livres. *Dresser un catalogue.* **2.** Liste de marchandises, d'objets à vendre. *Un catalogue de grand magasin, de maison de vente par correspondance. Catalogue illustré.* **3.** Livre illustré fournissant des renseignements sur un artiste, sur ses œuvres, sur sa carrière. *Un catalogue d'exposition. Le catalogue de la rétrospective de Borduas.* ▸ ***cataloguer*** v. tr. ▪ conjug. 1. **1.** Classer, inscrire par ordre. **2.** Péj. Classer (qqn) en le jugeant de manière définitive. *Il t'a catalogué, pour lui tu es un paresseux.* ▸ ***catalogage*** n. m. ■ Ensemble des opérations par lesquelles on élabore un catalogue (1).

catalyse [katɑliz] n. f. ■ Action par laquelle une substance rend possible une réaction chimique, par sa seule présence (en augmentant la vitesse de réaction). ▸ ***catalyser*** v. tr. ▪ conjug. 1. **1.** Agir comme catalyseur. **2.** Fig. Déclencher, par sa seule présence (une réaction, un processus). *Catalyser l'enthousiasme, le mécontentement.* ▸ ***catalyseur*** n. m. ■ Ce qui catalyse. — Abstrait. *Jouer le rôle de catalyseur.*

catamaran [katamaʀɑ̃] n. m. ■ Bateau à deux flotteurs parallèles. *Les catamarans et les trimarans.* ≠ *trimaran.*

cataphote [katafɔt] n. m. ■ Dispositif réfléchissant la lumière et rendant visible la nuit le véhicule, l'obstacle qui le porte. ⇒ **catadioptre.** *Le cataphote d'une bicyclette.*

cataplasme [kataplasm] n. m. **1.** Bouillie médicinale que l'on applique, entre deux linges, sur une partie du corps. *Cataplasme sinapisé.* ⇒ **sinapisme. 2.** (France) Fam. Aliment épais et indigeste. *Ce potage est un vrai cataplasme.* ⇒ **emplâtre. 3.** Loc. fig. *C'est un cataplasme sur une jambe de bois,* une mesure inutile, inefficace.

catapulte [katapylt] n. f. **1.** Machine de guerre antique qui lançait de lourds projectiles. **2.** Machine qui permet de lancer des avions, des fusées. ▶ ***catapultage*** n. m. ■ *Le catapultage d'une fusée.* ▶ ***catapulter*** v. tr. ■ conjug. 1. **1.** Lancer par catapulte (2). **2.** Lancer, projeter violemment. — Abstrait. Envoyer subitement (qqn) dans un lieu, une situation. ⇒ fam. **bombarder.**

① ***cataracte*** [kataʀakt] n. f. ■ Chute des eaux d'un grand cours d'eau (plus grande que la *cascade*) dont la dénivellation est importante. *La cataracte du Niagara.* — *Des cataractes de pluie,* des chutes violentes.

② ***cataracte*** n. f. ■ Opacité du cristallin (milieu transparent de l'œil) ou de sa membrane, qui s'oppose au passage de la lumière et entraîne des troubles de la vision. *Être opéré de la cataracte.*

catastrophe [katastʀɔf] n. f. **1.** Malheur effroyable et brusque. ⇒ **calamité, cataclysme, désastre.** *Une catastrophe aérienne. Courir à la catastrophe.* — Loc. EN CATASTROPHE : d'urgence, pour éviter le pire ; très vite. *Atterrir en catastrophe. Partir en catastrophe.* **2.** Fam. Événement fâcheux. ⇒ **accident, ennui.** ▶ ***catastrophé, ée*** adj. ■ Fam. Abattu, comme par une catastrophe. *Il en est tout catastrophé.* ▶ ***catastrophique*** adj. **1.** Qui a les caractères d'une catastrophe. ⇒ **affreux, désastreux, effroyable, épouvantable, terrible.** *Un tremblement de terre catastrophique.* **2.** Qui peut provoquer une catastrophe. *Le gouvernement a pris des mesures catastrophiques.* **3.** Très mauvais. *Ses résultats en classe sont catastrophiques.*

catéchiser [kateʃize] v. tr. ■ conjug. 1. ■ Endoctriner, sermonner. ▶ ***catéchisme*** n. m. ■ Vieilli. Enseignement élémentaire de la doctrine et de la morale chrétiennes. ⇒ **catéchèse.** *Apprendre sa leçon de catéchisme.* — Livre contenant cet enseignement. *Mon petit catéchisme.* — Lieu où l'on donne cette instruction. *Aller au catéchisme.* ▶ ***catéchèse*** n. f. ■ Enseignement de la doctrine et des préceptes chrétiens (opposé à *morale*). ⇒ **catéchisme.** *Un cours de catéchèse.*

catégorie [kategɔʀi] n. f. ■ Classe dans laquelle on range des objets de même nature. ⇒ **espèce, famille, genre, groupe, ordre, série.** *Catégorie d'aliments, de marchandises. Ranger des livres par catégories.* — *Catégories grammaticales,* qui classent les mots (ex. : *verbe, nom, adverbe*).

catégorique [kategɔʀik] adj. ■ Qui ne permet aucun doute, ne souffre pas de discussion. ⇒ **absolu, indiscutable.** *Affirmation, réponse catégorique ; un refus catégorique.* ⇒ **formel.** *Une position catégorique.* ⇒ **clair, net.** — *Elle a été catégorique sur ce point.* / contr. **équivoque, évasif** / ▶ ***catégoriquement*** adv. ■ D'une manière catégorique. ⇒ **carrément, franchement.**

cathare [kataʀ] n. et adj. ■ (Avec une majusc.) *Les Cathares,* secte chrétienne hérétique du Moyen Âge, dans le Sud-Ouest de la France. — Adj. *L'hérésie cathare.*

cathédrale [katedʀal] n. f. **1.** Église principale d'un diocèse où se trouve le siège de l'évêque (abusivt toute grande et belle église). ⇒ **basilique.** *La cathédrale de Québec.* **2.** En appos. *Verre cathédrale,* translucide.

catherinette [katʀinɛt] n. f. ■ Vx. Jeune fille qui fête la Sainte-Catherine (fête traditionnelle de toutes celles qui ne sont pas encore mariées à 25 ans).

cathéter [katetɛʀ] n. m. ■ Médecine. Sonde cannelée destinée à ouvrir, à élargir un canal, un orifice. ▶ ***cathétérisme*** n. m. ■ Sondage par cathéter.

cathode [katɔd] n. f. ■ Électrode* de sortie du courant. / contr. **anode** / ▶ ***cathodique*** adj. ■ Qui provient de la cathode. *Rayons cathodiques.* — *Tube cathodique,* à rayons cathodiques.

catholicisme [katɔlisism] n. m. ■ Religion chrétienne dans laquelle le pape exerce l'autorité en matière de dogme et de morale. ⇒ **Église.** ▶ ***catholique*** adj. et n. **1.** Relatif au catholicisme ; qui le professe. *La religion, la foi catholique. L'Église catholique, apostolique et romaine.* **2.** N. *Un bon catholique.* ⇒ **croyant, pratiquant. 3.** Fam. *Une chose pas (très) catholique,* louche. **4.** Loc. fam. *Être plus catholique que le pape,* très minutieux, attentif au moindre détail jusqu'à la maniaquerie ; être d'une honnêteté sans faille, scrupuleuse.

en ***catimini*** [ɑ̃katimini] loc. adv. ■ En cachette, discrètement, secrètement. ⇒ en **tapinois.** *S'approcher, faire qqch. en catimini.*

catin [katɛ̃] n. f. **1.** Fam. Poupée. *Une belle catin.* **2.** Péj. Femme qui mène une vie dissolue. *Les catins de la rue Saint-Laurent.* ⇒ **prostitué, putain ;** très fam. **guidoune ;** vulg. **plotte. 3.** Pansement en forme de fourreau qu'on met autour d'un doigt. ⇒ **doigtier, poupée.** ▶ ***catiner*** v. intr. ■ conjug. 1. **1.** Jouer à la poupée. **2.** Dorloter, cajoler un bébé. ⇒ **cajoler, choyer, gâter, pouponner.** ▶ ***catinage*** n. m. ■ Action de catiner.

catogan [katɔgɑ̃] n. m. ■ Nœud, ruban, élastique qui attache les cheveux derrière la tête.

cauchemar [koʃmaʀ] n. m. **1.** Rêve pénible dont l'élément dominant est l'angoisse. *Elle a fait un affreux cauchemar.* **2.** Personne ou chose qui effraie, obsède. ⇒ **hantise, tourment.** *L'orthographe, c'est son cauchemar !* ▶ ***cauchemarder*** v. intr. ■ conjug. 1. ■ Faire des cauchemars. ▶ ***cauchemardesque*** ou ***cauchemardeux, euse*** adj. ■ D'un cauchemar ; digne d'un cauchemar. *Une vision cauchemardesque.*

caucus [kɔkɥs] n. m. **1.** Réunion à huis clos au cours de laquelle des députés ou la direction d'un parti politique discutent des affaires du parti. *Le caucus des péquistes. La présidente du caucus.* — Ensemble des personnes ainsi réunies. *Le caucus se prononcera demain sur l'avortement.* **2.** Réunion de personnes qui discutent de choses qui les concernent. *Un caucus de joueurs, de famille.* **3.** Football. Conciliabule stratégique que tiennent les joueurs à l'offensive avant chaque essai.

caudal, ale, aux [kodal, o] adj. ■ Relatif à la queue. *Nageoire caudale.*

causal, ale [kozal] adj. (Rare au masc. plur. *-als*). ■ Qui concerne la cause, lui appartient, ou la constitue. *Lien causal.* — Grammaire. *« Car » est une conjonction causale* (elle annonce la raison de ce qui a été dit). ▶ ***causalité*** n. f. ■ Qualité de cause. — Rapport de la cause à l'effet.

causant, ante [kozɑ̃, ɑ̃t] adj. ■ Fam. Qui parle volontiers ; qui aime à causer ②. ⇒ **bavard, causeur, communicatif, loquace, jasant.** / contr. **silencieux, taciturne** / *Il n'est pas très causant.*

① ***cause*** [koz] n. f. **1.** Ce par quoi un événement, une action humaine arrive, se fait. ⇒ **origine ; motif, raison.** *Il n'y a pas d'effet sans cause. La cause de sa réussite. Les causes de l'accident.* — *Être cause de, être cause que.* ⇒ ① **causer.** — Loc. prép. À CAUSE DE *qqn, qqch.* : par l'action, l'influence de ; en raison de. *Tout est arrivé à cause de lui. Je lui pardonne à cause de son âge. L'avion n'a pu décoller à cause du mauvais temps.* — Fam. À CAUSE QUE : parce que. ⇒ **car.** *Je n'ai pas fini mes devoirs à cause que je m'endormais.*

— POUR CAUSE DE. *Le magasin est fermé pour cause d'inventaire.* — ET POUR CAUSE : pour une raison bien connue, qu'il est inutile de rappeler. **2.** Ce qui fait qu'une chose existe. ⇒ **fondement, origine.** *Cause première,* qui est indépendante de toute autre cause. / contr. **conséquence, effet** / **3.** Loc. *Pour la bonne cause,* le bon motif, sans intérêt personnel ; fam. pour épouser. ⟨ ▶ ayant cause, causal, causalité, ① causer ⟩

② ***cause*** n. f. **1.** Affaire qui fait l'objet d'un procès. *Cause civile, criminelle. L'avocate plaide la cause de l'accusé.* — Loc. PLAIDER *(une, sa)* CAUSE : défendre (soi, qqn, qqch.). *Avoir, obtenir* GAIN DE CAUSE : l'emporter, obtenir ce qu'on voulait. EN TOUT ÉTAT DE CAUSE : de toute manière. **2.** EN CAUSE. *Être en cause,* être l'objet du débat, de l'affaire. METTRE EN CAUSE : appeler, citer au débat une personne ; accuser, attaquer, suspecter. REMETTRE EN CAUSE : remettre en question. METTRE HORS DE CAUSE : dégager de tout soupçon, disculper. — *En désespoir de cause,* comme dernière ressource, tout autre moyen étant impossible. — *En connaissance de cause,* en connaissant les faits. **3.** Ensemble des intérêts à soutenir, à faire triompher. ⇒ **parti.** *La cause de la liberté. Une cause injuste. Défendre, soutenir la cause de qqn.* — Loc. PRENDRE FAIT ET CAUSE *pour qqn* : prendre son parti, le défendre, le soutenir. — FAIRE CAUSE COMMUNE *avec qqn* : mettre en commun ses intérêts.

① ***causer*** [koze] v. tr. ▪ conjug. 1. ■ Être cause de. ⇒ **amener, entraîner, motiver, occasionner, produire, provoquer, susciter.** *Causer un malheur. Causer un chagrin à qqn. L'incendie a causé des dégâts.*

② ***causer*** v. intr. ▪ conjug. 1. **1.** S'entretenir familièrement avec qqn. ⇒ **parler ; bavarder, jaser, placoter.** *Nous causons ensemble. Causer avec qqn. Causer cinéma, sports.* **2.** Trans. indir. (incorrect). *Causer de qqch. à qqn.* Fam. *Hé, toi, je te cause !* — Loc. *Causer de la pluie et du beau temps,* parler, discuter de choses et d'autres. ▶ ***causerie*** n. f. **1.** Entretien familier. ⇒ **conversation. 2.** Discours, conférence sans prétention. *Une causerie littéraire.* — En appos. *Un dîner causerie,* au cours duquel un conférencier prend la parole. ▶ ***causette*** n. f. ■ Fam. *Faire la causette, un brin de causette,* bavarder, jaser familièrement. ⇒ **jasette.** ▶ ***causeur, euse*** adj. et n. **1.** Qui aime à causer. ⇒ **causant, jaseur. 2.** N. Personne qui cause volontiers. *Un aimable, un insupportable causeur.* ⇒ **placoteur.** ⟨ ▶ causant, causeuse ⟩

causeuse [kozøz] n. f. ■ Petit canapé à deux places. *Une causeuse en velours.*

caustique [kostik] adj. **1.** Qui désorganise, brûle les tissus animaux et végétaux. ⇒ **acide, brûlant, corrosif.** *Substance caustique. Soude caustique.* **2.** Abstrait. Qui attaque, blesse par la moquerie et la satire. ⇒ **mordant, narquois.** *Avoir l'esprit caustique.* / contr. **bienveillant** / ▶ ***causticité*** n. f. **1.** Caractère d'une substance caustique. *Causticité d'un acide.* **2.** Abstrait. Tendance à dire, à écrire des choses caustiques, mordantes. *La causticité d'une remarque.*

cauteleux, euse [kotlø, øz] adj. ■ Qui agit d'une manière hypocrite et habile. ⇒ **hypocrite, sournois.** *Air cauteleux, manières cauteleuses.* / contr. **franc** /

cautère [ko(o)tɛʀ] n. m. ■ Ce qui brûle les tissus vivants, pour cicatriser et guérir. ▶ ***cautériser*** v. tr. ▪ conjug. 1. ■ Brûler au cautère. *Cautériser une plaie.* ▶ ***cautérisation*** n. f. ■ Action de cautériser.

caution [kosjɔ̃] n. f. **1.** Garantie d'un engagement. ⇒ **cautionnement, dépôt ; assurance, gage.** *Verser une caution,* de l'argent pour servir de garantie. *Être libéré sous caution.* **2.** Loc. adj. SUJET À CAUTION : sur qui ou sur quoi l'on ne peut compter, avoir confiance (⇒ **douteux, suspect**). **3.** La personne qui fournit une garantie, un témoignage. ⇒ **garant, témoin.** ▶ ***cautionnement*** n. m. ■ Somme d'argent destinée à servir de garantie. *Déposer 10 000 $ en cautionnement.* ⇒ **gage, garantie.** ▶ ***cautionner*** v. tr. ▪ conjug. 1. ■ Être la caution de (une idée, une action) en l'approuvant. ⇒ **soutenir.** *Personne ne veut cautionner cette politique.* ⟨ ▶ précaution ⟩

cavalcade [kavalkad] n. f. **1.** Défilé de cavaliers, de chars (3). *Cavalcade de la section équestre de la G.R.C.* **2.** Fam. Course rapide, désordonnée et bruyante. *Une calvacade d'enfants.* — Cette troupe désordonnée, bruyante.

cavaler [kavale] v. intr. ▪ conjug. 1. ■ Fam. Courir, fuir, filer. ▶ ***cavale*** n. f. ■ (France) Arg. Action de s'enfuir de prison. *Être en cavale,* être en fuite.

cavalerie [kavalʀi] n. f. **1.** Ensemble de troupes à cheval, d'unités de cavaliers. *Cavalerie légère* (chasseurs, hussards, spahis). *Grosse cavalerie* (cuirassiers), lourdement armée. — Fig. *C'est de la grosse cavalerie,* cela manque de finesse. **2.** L'un des corps de l'armée ne comprenant, à l'origine, que des troupes à cheval. *La cavalerie moderne est motorisée.* ⇒ **blindé, char. 3.** Ensemble de chevaux. ⇒ **écurie.** *La cavalerie d'un cirque.*

① ***cavalier, ière*** [kavalje, jɛʀ] n. **I.** (Personnes) **1.** Personne qui est à cheval. *Un bon cavalier,* qui monte bien à cheval. *Les cavaliers qui participent à une course de chevaux.* ⇒ **jockey. 2.** N. m. Militaire servant dans la cavalerie. **II.** N. m. (Choses) **1.** Pièce du jeu d'échecs qui passe du noir au blanc, du blanc au noir, en oblique et en sautant une case. **2.** Pièce métallique courbe. ⇒ **crampe.** ≠ *chevalier.*

② ***cavalier, ière*** n. **1.** N. m. Homme qui accompagne une dame. *Elle donnait le bras à son cavalier. Cavalier servant.* ⇒ **chevalier. 2.** Personne avec qui on forme un couple dans une réunion, un bal. ⇒ **partenaire.** *Vous n'avez pas vu ma cavalière ?* **3.** Vx. Personne que l'on fréquente sérieusement. ⇒ **amoureux, blonde** (1). *Ma grand-mère parle toujours de son premier cavalier.* **4.** Loc. fig. *Faire cavalier seul,* agir seul dans une entreprise, se mettre à l'écart.

③ ***cavalier, ière*** adj. ■ Qui traite les autres sans égards, sans respect. ⇒ **brusque, hardi, insolent.** *Procédé cavalier, réponse cavalière.* ⇒ **impertinent.** / contr. **respectueux** / ▶ ***cavalièrement*** adv. ■ D'une manière brusque et un peu insolente. *On l'a traité cavalièrement.*

① ***cave*** [kav] n. f. **1.** Local souterrain, ordinairement situé sous une habitation. ⇒ **sous-sol.** *Cave voûtée. L'escalier de la cave. On conserve les vins dans une cave.* ⇒ **cellier.** — Partie de ce local où l'on conserve certains aliments (légumes, conserves, etc.). ⇒ **caveau.** *Une cave à patates.* — Loc. *De la cave au grenier,* de bas en haut, entièrement. **2.** Les vins conservés dans une cave. *La cave d'un restaurant. Avoir une bonne cave,* de bons vins. ⟨ ▶ caveau, caviste ⟩

② ***cave*** adj. **1.** *Un œil cave,* enfoncé. **2.** *Veines caves,* grosses veines qui amènent au cœur tout le sang du corps par l'oreillette droite. ⟨ ▶ caverne, cavité, concave, excaver ⟩

③ ***cave*** n. et adj. **1.** Fam. Personne qui manque de jugement, d'intelligence, imbécile. ⇒ **bozo, con, épais, idiot, niaiseux.** *Prendre qqn pour un cave. Arrête de faire le cave.* ⇒ fam. **innocent.** *Elle passe pour une cave. Vous êtes pas écœurés de mourir bande de caves ! C'est assez !,* inscription figurant sur la murale du Grand Théâtre de Québec. — Adj. *Avoir l'air cave. Un film cave,* plat, sans intérêt. **2.** (France) N. m. Arg. Personne qui se laisse duper ; qui n'est pas du milieu.

caveau [kavo] n. m. **1.** Réduit sous un escalier, petite cave. **2.** Partie d'une cave où l'on conserve certains aliments. ⇒ ① **cave.** *Le caveau à légumes.* **3.** (France) Cabaret, théâtre de chansonniers (2). *Les caveaux de Montmartre.* **4.** Construction souterraine (dans les églises, les cimetières) servant de sépulture. ⇒ **tombeau.** *Caveau de famille.* — REM. On emploie aussi la forme *cavreau.*

caverne [kavɛʀn] n. f. **1.** Cavité naturelle de grande taille creusée dans la roche. ⇒ **grotte.** — *L'âge des cavernes,* où les hommes vivaient dans des cavernes (troglodytes). **2.** Creux qui se forme après l'écoulement du pus d'un abcès (perte de substance) dans le poumon. *Cavernes pulmonaires.* ▶ ***caverneux, euse*** adj. ■ (Sons) Qui semble venir des profondeurs d'une caverne. *Voix caverneuse.* ⇒ **grave, sépulcral.**

caviar [kavjaʀ] n. m. ■ Œufs d'esturgeon. *Caviar russe, iranien. Un canapé au caviar.*

caviste [kavist] n. ■ Employé(e) chargé(e) des soins de la cave, des vins. *Le, la caviste d'un restaurant.* ⇒ **sommelier.**

cavité [kavite] n. f. ■ Espace vide à l'intérieur d'un corps solide. ⇒ **creux, trou, vide.** *Agrandir, boucher une cavité. Les cavités d'un rocher.* — *Les cavités du nez* ⇒ **narine,** *des yeux* ⇒ **orbite.**

cawcher adj. ⇒ **kascher.**

cayeu n. m. ⇒ **caïeu.**

C.B. [sibi] n. m. ou f. invar. ■ Anglic. Abréviation de *Citizen's Band.* ⇒ **bande** publique, ② **B.P.** — REM. L'O.L.F. propose l'abréviation *B.P.* pour remplacer ce mot.

CD-ROM [sedeʀɔm] n. m. invar. ■ Anglic. Abréviation de *Compact Disc Read Only Memory,* disque optique compact (⇒ **D.O.C.**) qui a une grande capacité de mémoire (textes, images, sons). *Consulter une banque de données sur CD-ROM.*

① ***ce*** [s(ə)] m. sing. ; ***cette*** [sɛt] f. sing. ; ***ces*** [se(ɛ)] pl. ; adj. dém. — REM. *Ce* prend la forme CET [sɛt] devant voyelle ou *h* muet au masculin. ■ Devant un nom, sert à montrer la personne ou la chose désignée par le nom. *Cet arbre. Cette chose. Ces pays. Ces enfants sont bruyants.* — Sert à indiquer un temps rapproché (passé ou présent). *Ces derniers temps. Cette semaine. Ce soir. Où vas-tu ce midi ?* — Renforcé par les particules adverbiales *-ci* et *-là,* après le nom. *Ce livre-ci. Cet homme-là.* ‹ ▶ ceci, cela ›

② ***ce*** [s(ə)] pronom dém. — REM. *Ce* s'écrit *ç'* devant les formes du verbe *être* et du verbe *avoir* qui commencent par *a,* et *c'* devant celles qui commencent par *e.* ■ Sert à désigner la chose que la personne qui parle a dans l'esprit. ⇒ **ça. 1.** C'EST, CE DOIT (PEUT) ÊTRE. (Avec un adj. ou un p. p.) *C'est facile. Ce n'est pas difficile. C'est fini. Ç'avait été terrible.* — (Avec un compl. prépos.) *C'est à vous. C'est pour demain. C'est à voir,* il faut voir. Indique une distance *(c'est à trois kilomètres d'ici),* une durée *(c'est à quinze minutes à pied),* un moment précis *(c'est à sept heures).* — (Avec un nom ou un pronom) Met en valeur un membre de phrase. *C'était le bon temps. Ce sont de braves gens. Ce sont, c'étaient eux* (mais *c'est vous, c'est nous*). — Indique un prix. *C'est vingt dollars. C'est vingt-cinq cents chacun.* **2.** C'EST... QUI, C'EST... QUE : sert à détacher en tête un élément. *C'est une bonne idée que vous avez là. C'est vous qui le dites ! C'est que* exprime la cause (s'il est malade, c'est qu'il a trop travaillé), l'effet *(puisque vous m'avez appelé, c'est donc que vous voulez me parler).* **3.** C'EST À... DE... *C'est à elle de jouer. C'est à compter de la semaine prochaine que les cours commencent.* **4.** CE QUE, QUI, DONT..., CE À QUOI, POUR QUOI. *Ce dont on parle.* — Fam. CE QUE : combien, comme. *Ce que c'est beau ! Ce que tu es chic !* **5.** CE, objet direct (sans *que, qui...*). ⇒ **cela.** *Ce me semble,* il me semble. *Ce disant, ce faisant. Pour ce faire.* — *Sur ce,* là-dessus. *Sur ce, je vous quitte.* **6.** EST-CE [ɛs] : dans une formule interrogative. *Est-ce que vous voulez souper ici ? Est-ce toi ? Qui est-ce ? Qu'est-ce que c'est ?* ‹ ▶ cependant, c'est-à-dire, est-ce que, n'est-ce pas, parce que ›

céans [seɑ̃] adv. ■ Vx. Ici, dedans. — Loc. *Le maître de céans,* le maître de maison. ≠ *séant.*

ceci [səsi] pronom dém. ■ (Opposé à *cela*) Désigne la chose la plus proche, ce qui va suivre, ou simplement une chose opposée à une autre. *Ceci me plaît mais pas cela. Ceci dit, voilà l'argent.*

cécité [sesite] n. f. ■ État d'une personne aveugle. *Être frappé de cécité.*

céder [sede] v. • conjug. 6. **I.** V. tr. **1.** Abandonner, laisser (qqch.) à qqn. ⇒ **concéder, donner, livrer, passer ;** fam. **refiler.** *Céder sa place, son tour à qqn. Céder du terrain,* reculer. / contr. **garder, regagner** / **2.** Transporter la propriété d'une chose à une autre personne. ⇒ **livrer, vendre ; cessible, cession. II.** V. tr. ind. **1.** CÉDER À : ne plus résister, se conformer à la volonté de (qqn). ⇒ **obéir,** se **soumettre.** *Céder à qqn. Il ne cède pas à ses adversaires. Céder à un enfant.* — *Céder à qqch. Céder à la tentation, à la fatigue, au découragement.* ⇒ **succomber.** / contr. **résister** / **2.** Loc. *Ne le céder en rien à qqn,* être son égal. **3.** Sans compl. ⇒ **capituler, renoncer.** *Céder par faiblesse, par lassitude.* / contr. **tenir** / **4.** (Choses) Ne plus résister à la pression, à la force. ⇒ **fléchir, plier, rompre.** *Une branche qui cède sous le poids des fruits.* ‹ ▶ ① concéder, ② concéder, rétrocéder ›

cédille [sedij] n. f. ■ Petit signe que l'on place sous la lettre *c (ç)* suivie des voyelles *a, o, u,* pour indiquer qu'elle doit être prononcée [s]. *« Acquiesçait » s'écrit avec une cédille.*

cèdre [sɛdʀ] n. m. **1.** Conifère d'Amérique du Nord aux feuilles très dentelées, dont le bois est léger, résistant à la pourriture et très odorant. ⇒ **thuya.** *Des cèdres blancs.* — Bois de cèdre. *Une clôture, des bardeaux de cèdre. Coffre en (de) cèdre.* **2.** *Cèdre rouge,* genévrier de Virginie. **3.** Grand arbre originaire d'Afrique et d'Asie, à branches presque horizontales en étages. *Les cèdres du Liban.* ▶ ***cédrière*** ou ***cèdrière*** [se(ɛ)dʀijɛʀ] n. f. ■ Bois où poussent les cèdres (1), terrain planté de cèdres (1).

cégep [seʒɛp] n. m. ■ Établissement public d'enseignement collégial général ou professionnel. ⇒ ① **collège ; D.E.C., secondaire, université.** *La directrice du cégep. Des cégeps.* — Cours collégial. *Elle entre au cégep l'an prochain.* — REM. *Cégep* est l'abréviation de *collège d'enseignement général et professionnel.* ▶ ***cégépien, ienne*** n. et adj. **1.** N. Étudiant de cégep. ⇒ **collégien.** *Des cégépiens intéressés.* **2.** Adj. Propre aux réalités non pédagogiques du cégep. ⇒ ① **collégial.** *La vie cégépienne, la presse cégépienne.* — REM. On ne dira pas *un enseignement, un cours* cégépien, des études* cégépiennes.* ⇒ ① **collégial.**

ceindre [sɛ̃dʀ] v. tr. • conjug. 52. ■ Littér. Mettre autour de son corps, de sa tête (qqch.). *Il ceindra sa ceinture fléchée. Un bandeau rouge ceignait sa tête.* ▶ ***ceinture*** [sɛ̃tyʀ] n. f. **I. 1.** Bande servant à serrer la taille, à ajuster les vêtements à la taille ; partie d'un vêtement (jupe, robe, pantalon) qui s'ajuste autour de la taille. *Une ceinture de cuir, de tissu. Boucler, serrer sa ceinture. Ceinture de soldat.* ⇒ **ceinturon.** — CEINTURE (FLÉCHÉE) : ceinture de laine tressée, longue et large, à fond rouge et à motifs multicolores en forme de flèches, qui se porte l'hiver sur le manteau à l'occasion des divertissements populaires. *La ceinture* *du carnaval. Le port de la ceinture fléchée est une vieille tradition.* **2.** Loc. fam. *Se serrer la ceinture,* se priver de nourriture, se passer de qqch. — PROV. *Bonne renommée vaut mieux que ceinture dorée* (que la richesse). **3.** Sports. Bande d'étoffe qui retient le kimono (sa couleur qualifie la classe des judokas). *Être ceinture noire,* de la catégorie la plus forte. **4.** Dispositif qui entoure la taille. *Ceinture de natation, de sauvetage,* qui permet de se maintenir sur l'eau. — *Ceinture (de sécurité)* (dans un avion, une voiture). *Attachez vos ceintures !* **II.** Partie du corps serrée par la ceinture. ⇒ **taille.** *Entrer dans l'eau jusqu'à la ceinture.* **III.** Ce qui entoure. *Autoroute, chemin de ceinture,* qui entoure une ville. ▸ ***ceinturer*** v. tr. ▪ conjug. 1. **1.** Entourer d'une enceinte. *Ceinturer une ville de murailles.* **2.** Prendre (qqn) par la taille, en le serrant avec les bras. *Ceinturer son adversaire.* ▸ ***ceinturon*** n. m. ■ Grosse ceinture de l'uniforme militaire. — *Le ceinturon d'un chasseur.* ‹ ▸ ① enceinte, ② enceinte ›

cela [s(ə)la] pronom dém. **1.** (Opposé à *ceci*) Désigne ce qui est plus éloigné, ce qui précède, ou simplement une chose opposée à une autre. *Donnez-moi ceci, pas cela.* **2.** Cette chose. ⇒ **ça,** ② **ce** (5). *Ne pensez pas à cela. Cela ne fait rien. Tout cela est faux.*

célèbre [selɛbʀ] adj. ■ Très connu. ⇒ **fameux, illustre, renommé.** *Un musicien, une artiste célèbre. Un lieu célèbre. Porter un nom célèbre. Se rendre célèbre,* se faire connaître. *Date tristement célèbre.* / contr. **ignoré, inconnu** /

célébrer [selebʀe] v. tr. ▪ conjug. 6. **1.** Accomplir solennellement. *Le prêtre a célébré le mariage.* — *Célébrer la messe.* **2.** Marquer (un événement) par une cérémonie, une démonstration. ⇒ **fêter.** *Célébrer un anniversaire, une victoire.* ⇒ **commémorer. 3.** Littér. Faire publiquement la louange de. ⇒ **glorifier, vanter.** *Célébrer la mémoire de qqn. Célébrer les mérites, les exploits de qqn.* ▸ ***célébrant*** n. m. ■ Prêtre qui célèbre la messe. ▸ ***célébration*** n. f. ■ Action de célébrer une cérémonie, une fête. *La célébration d'un mariage. Célébration d'un anniversaire.* ⇒ **commémoration.** *La célébration de la Saint-Jean.* ▸ ***célébrité*** n. f. **1.** Réputation qui s'étend au loin. ⇒ **notoriété, renom, renommée.** *La célébrité d'une personne, d'un nom, d'une œuvre.* **2.** Personne célèbre, illustre. ⇒ **personnalité.** *Les célébrités du monde artistique.*

celer [s(ə)le] v. tr. ▪ conjug. 5. ■ Littér. Garder, tenir secret. ⇒ **cacher, dissimuler.** ‹ ▸ déceler, receler ›

céleri [sɛlʀi] n. m. ■ Plante aromatique cultivée pour les côtes de ses pétioles ou pour ses racines comestibles. *Une branche, un pied de céleri.*

célérité [seleʀite] n. f. ■ Grande rapidité (dans le geste, l'action). ⇒ **promptitude, vitesse.** *Agir avec une étonnante célérité.* / contr. **lenteur** /

célesta [selɛsta] n. m. ■ Instrument de musique à percussion et à clavier. *Des célestas.*

céleste [selɛst] adj. **1.** (Opposé à *terrestre*) Relatif au ciel. ⇒ **aérien.** *Les espaces célestes. La voûte céleste,* le ciel. **2.** Qui appartient au ciel, considéré comme le séjour de la divinité, des bienheureux. *La béatitude, le bonheur céleste.* / contr. **terrestre ; humain** / **3.** Merveilleux, surnaturel. ⇒ **divin.** *Une beauté céleste. La musique céleste.*

célibat [seliba] n. m. ■ État d'une personne en âge d'être mariée et qui ne l'est pas, ne l'a jamais été. *Vivre dans le célibat.* ▸ ***célibataire*** [selibatɛʀ] adj. et n. ■ Qui vit dans le célibat. *Elle est célibataire.* — N. *C'est un célibataire endurci.* — Loc. *Mère célibataire,* femme célibataire qui a un ou des enfants.

celle, celles pronom dém. f. ⇒ **celui.**

cellier [sɛlje] n. m. ■ Lieu aménagé pour y conserver du vin, des provisions. ⇒ **cave, chai.**

cellophane [se(ɛ)lɔfan] n. f. ■ Feuille transparente obtenue à partir de la cellulose et employée pour protéger des produits alimentaires. *Fromage sous cellophane,* sous emballage de cellophane. — En appos. *Papier cellophane.* Au masculin. Fam. *Acheter du cellophane.* — REM. Ce mot est un nom de marque déposée.

① ***cellule*** [sɛlyl] n. f. **1.** Cavité qui isole ce qu'elle enferme. — Compartiment. *Les cellules d'une ruche d'abeilles.* ⇒ **alvéole. 2.** Élément fondamental constituant tous les organismes vivants. *Noyau, membrane d'une cellule. Cellules nerveuses* (neurones). **3.** Ensemble des structures d'un avion (ailes, fuselage). **4.** *Cellule photo-électrique,* transformant la lumière en courant électrique (libération d'électrons par un métal). *Porte à cellule photoélectrique* (œil électrique). **5.** Abstrait. Élément isolable d'un ensemble. *La famille, cellule de la société. Les cellules d'un parti, d'un groupement politique.* ⇒ **faction, section.** *La cellule Chénier du F.L.Q.* ▸ ① ***cellulaire*** adj. ■ De la cellule, relatif aux cellules. *La division cellulaire.* ‹ ▸ cellulite, cellulose, monocellulaire, unicellulaire ›

② ***cellule*** n. f. ■ Petite pièce isolée où l'on est enfermé. ⇒ **cachot.** *Cellule de prisonnier. Cellule de moine.* ▸ ② ***cellulaire*** adj. ■ *Système, régime cellulaire,* d'après lequel les prisonniers sont enfermés dans des cellules séparées. *Voiture* ou *fourgon cellulaire,* véhicule de police divisée en cellules. ⇒ fam. **panier** à salade.

cellulite [sɛlylit] n. f. ■ Gonflement du tissu conjonctif sous-cutané.

celluloïd [sɛlylɔid] n. m. ■ Matière plastique flexible, inflammable.

cellulose [sɛlyloz] n. f. ■ Matière contenue dans la membrane des cellules végétales. ▸ ***cellulosique*** adj. ■ Constitué de cellulose.

Celsius [sɛlsjys] adj. et n. m. invar. ■ (Avec une majusc.) Degré de température exprimé sur une échelle de 100 (symb. °C). ⇒ **centigrade ; Fahrenheit.** *Degré, échelle Celsius. Il fait 25 °C. Cette nuit il fera -20 °C.* Fam. *On a eu un 30 Celsius hier.*

celtique [sɛltik] ou ***celte*** [sɛlt] adj. et n. **1.** Qui a rapport aux Celtes, groupe de peuples de langue indo-européenne, dont la civilisation s'étendit sur l'Europe occidentale (XIIᵉ au IIᵉ s. av. J.-C.). *Les Gaulois, peuple celtique.* — N. (Avec une majusc.) *Les Celtes.* **2.** N. m. *Le celtique,* une langue indo-européenne de laquelle sont issus le breton, le gaulois, l'irlandais.

celui [səlɥi] m. sing. ; ***celle*** [sɛl] f. sing. ; ***ceux*** [sø] m. plur. ; ***celles*** [sɛl] f. plur. ; pronom dém. ■ Désigne la personne ou la chose dont il est question dans le discours. *Les paysages de la Gaspésie sont plus variés que ceux de l'Abitibi. Celui qui vient. Ce sont celles dont j'ai parlé.*

celui-ci [səlɥisi], ***celui-là*** [səlɥila] pronom dém. m. sing. (et ***celle-ci, celle-là*** f. sing. ; ***ceux-ci, ceux-là*** m. plur. ; ***celles-ci, celles-là*** f. plur.) ■ Marque la même opposition que *ceci* et *cela. J'ai enfants, celui-ci est le plus jeune.*

cément [semɑ̃] n. m. ■ Revêtement de la racine dentaire. ≠ *ciment.*

cénacle [senakl] n. m. ■ Réunion d'un petit nombre d'hommes, de femmes de lettres, d'artistes, de philosophes. ⇒ **cercle, club, société.**

cendre [sɑ̃dʀ] n. f. **1.** Poudre qui reste quand on a brûlé certaines matières organiques. *Cendre de bois, de papier. Les cendres d'un foyer. Cendres de cigarettes. Cuire des pommes de terre sous la cendre. Couver* sous la cendre.* **2.** Matière qui se réduit facilement en poudre. *Cendres volcaniques,* matières volcaniques analogues aux laves. **3.** Loc. *Mettre, réduire en cendres,* détruire par le feu, l'incendie. **4.** *Les cendres, la cendre de qqn,* ce qui reste de son cadavre après incinération. — *Renaître de ses cendres,* revivre, se ranimer. ⇒ **phénix. 5.** *Les Cendres,* symbole de la dissolution du corps ⇒ **poussière**, avec lesquelles le prêtre trace une croix sur le front des fidèles le premier jour du carême, le *mercredi des Cendres.* ▸ ***cendré, ée*** adj. ■ Qui a la couleur grisâtre de la cendre. *Des cheveux gris cendré, blond cendré.* ▸ ***cendreux, euse*** adj. ■ Qui contient de la cendre, a l'aspect de la cendre. *Teint cendreux.* ▸ ***cendrier*** [sɑ̃dʀije] n. m. ■ Petit récipient, plateau où les fumeurs font tomber les cendres de leur cigarette, de leur cigare, de leur pipe. *Vider les cendriers. Un cendrier rempli de mégots.*

cendrée [sɑ̃dʀe] n. f. ■ Mélange de mâchefer et de sable utilisé comme revêtement des pistes de stade.

Cène [sɛn] n. f. ■ (Avec une majusc.) Repas que Jésus-Christ prit avec ses apôtres la veille de la Passion* et au cours duquel il institua l'Eucharistie*. *La dernière Cène.* ≠ *scène.*

cenellier ou ***senellier*** [s(ə)nɛlje] n. m. ■ Arbuste épineux sauvage à fleurs blanches ou roses. ⇒ **aubépine.** ▸ ***cenelle*** ou ***senelle*** n. f. ■ Baie rouge du cenellier (aubépine) et du houx. *Cueillir des cenelles. Aller aux cenelles.*

cenne n. f. ⇒ ② **cent.**

cénobite [senɔbit] n. m. ■ Moine qui vivait en communauté (opposé à *anachorète, ermite*).

cénotaphe [senɔtaf] n. m. ■ Tombeau élevé à la mémoire d'un mort et qui ne contient pas son corps. ⇒ **sépulcre.**

cens [sɑ̃s] n. m. invar. ■ Autrefois. Montant de l'impôt que devait payer un individu pour être électeur ou éligible. *Cens électoral.* ‹ ▸ recenser ›

censé, ée [sɑ̃se] adj. ■ (+ infinitif) Qui est supposé, regardé comme. ⇒ **présumé, supposé.** *Il est censé être à Paris. Elle n'est pas censée le savoir.* ≠ *sensé.* ▸ ***censément*** adv. ■ En apparence, par supposition. ⇒ **apparemment, présumément, supposément.** *Elle devait censément arriver vers 20 h.*

censeur [sɑ̃sœʀ] n. m. **1.** Histoire. Magistrat romain chargé du cens*, qui critiquait ses concitoyens. — Littér. Personne qui contrôle, critique les opinions, les actions des autres. *Un censeur sévère. S'ériger en censeur des actes d'autrui.* **2.** Personne qui applique la censure. — REM. L'O.L.F. propose *censeure* au féminin. ‹ ▸ censure ›

censure [sɑ̃syʀ] n. f. **1.** Vx. Action de critiquer ; condamnation d'une opinion. / contr. **approbation, éloge, louange** / — Mod. *Motion* de censure.* **2.** Autorisation préalable donnée par un gouvernement aux publications, aux spectacles. *L'ancien Bureau de la censure. Abolir la censure.* — Service qui délivre cette autorisation. *La censure militaire a ouvert cette lettre.* ▸ ***censurer*** v. tr. ▪ conjug. 1. **1.** Interdire (une publication, un spectacle). — Au p. p. adj. *Film, scène censuré(e).* **2.** Voter une motion de censure contre le gouvernement.

① ***cent*** [sɑ̃] adj. et n. m. **I.** Adj. **1.** Adjectif numéral cardinal. — REM. 1. *Cent* prend la marque du pluriel : *trois cents,* sauf quand il est suivi d'un autre nombre : *trois cent quatre.* Il s'accorde devant *million* et *milliard* qui sont des noms : *trois cents millions deux cent mille personnes.* 2. On fait la liaison avec les mots commençant par une voyelle ou un *h* muet : *cent ans* [sɑ̃tɑ̃], *deux cents hommes* [døsɑ̃zɔm], sauf devant *un, une, unième, onze, onzième.* — Dix fois dix (100). ⇒ **hecto-.** *Cent enfants. Deux cents dollars. Onze cents,* mille cent. **2.** Un grand nombre (→ Trente-six, cinquante-six, ① mille). *Je lui ai dit cent fois. Faire les cent pas,* aller et venir. **3.** Centième. *Page trois cent.* **II.** N. m. *Le nombre cent. Le produit de cent multiplié par cent.* — Fam. UN, DES CENT(S) : un, des billets de cent dollars. — Loc. *Gagner des mille et des cents,* beaucoup d'argent. — POUR CENT (précédé d'un numéral) : pourcentage. *Cinquante pour cent* (50 %), la moitié. — *Il est Québécois à cent pour cent ; cent pour cent Québécois.* ⇒ **pure laine.** *Une chemise cent pour cent coton.* ⇒ **entièrement.** ▸ ***centaine*** n. f. ■ Groupe de cent unités. *Il y avait une centaine de personnes dans la salle.* — Ensemble de cent, d'environ cent éléments de même nature. *Une centaine de kilomètres, de personnes.* — *Par centaines.* ‹ ▸ bicentenaire, centenaire, centésimal, centi-, centième, centime, centimètre, centuple, centurion, pourcentage, quatre-cent-vingt-et-un, tricentenaire ›

② ***cent*** [sɛn(t)] ou ***cenne*** [sɛn] n. f. **1.** Centième partie du dollar canadien ou américain (symb. ¢). — Pièce de monnaie d'une valeur de une cent. ⇒ **sou.** *Une cent canadienne, américaine.* Fam. *Des cennes noires,* des pièces d'une cent. — *Cinq, dix, vingt-cinq* (⇒ **trente sous**) *cents,* pièce ayant ces valeurs. *Donne-moi deux cinq cents pour un dix cents.* **2.** Au plur. Sous, petite monnaie. *Une poignée de cents.* — Argent. *As-tu quelques cents à me prêter ? Elle pense à se faire quelques cents cet été.* ⇒ **dollar.** — Loc. *Ne pas avoir une cenne,* être pauvre, démuni. *Ils n'ont pas une cenne à eux. Je n'ai plus une cenne cette semaine.* **3.** Vx. *Le Quinze cents,* magasin à succursales multiples qui vendait des marchandises à prix modique. *S'acheter des bas au Quinze cents.* **4.** Fig. Loc. fam. (Choses) *Ça (ne) vaut pas cinq cennes, une cenne (noire),* ça n'est d'aucune valeur, ça ne vaut pas grand-chose. ⇒ **char** (6), ① **clou.** (Personnes) *Je ne vaux pas cinq cennes aujourd'hui,* je ne peux rien faire de bien, je me sens faible, diminué. — *Tourner sur un dix cents.* ⇒ **épingle.** — REM. En France, le mot *cent* est masculin et il se prononce [sɛnt]. Il ne s'écrit jamais *cenne.* ‹ ▸ suce-la-cenne ›

centaure [sɑ̃tɔʀ] n. m. ■ Être imaginaire, moitié homme et moitié cheval.

centaurée [sɑ̃tɔʀe] n. f. ■ Bleuet (3).

centenaire [sɑ̃tnɛʀ] adj. et n. **1.** Adj. Qui a au moins cent ans. *Un chêne centenaire.* ⇒ **séculaire.** — N. *Un, une centenaire,* une personne qui a cent ans. **2.** N. m. Centième anniversaire. *Célébrer le centenaire de la fondation d'une ville.*

centésimal, ale, aux [sɑ̃tezimal, o] adj. ■ Dont les parties sont des centièmes ; divisé en cent.

centi- ■ Élément signifiant « centième ». ▸ ***centigrade*** [sɑ̃tigʀad] adj. et n. **1.** Adj. Vieilli. Divisé en cent degrés (symb. *°C*). ⇒ **Celsius.** *Thermomètre centigrade.* **2.** N. m. Géométrie. Centième partie du grade. ▸ ***centigramme*** n. m. ■ Centième du gramme (cg). ▸ ***centilitre*** n. m. ■ Centième du litre (cl).

centième [sɑ̃tjɛm] adj. et n. **1.** Adj. ordinal de CENT. Qui a rapport à cent, pour l'ordre, le rang. *Le centième spectateur.* — N. *Elle est arrivée la centième,* au centième rang. **2.** N. m. Chacune des parties d'un tout divisé en cent parties égales. *Douze centièmes de seconde.*

centime [sɑ̃tim] n. m. ■ (France) Le centième du franc. *Une pièce de vingt centimes.*

centimètre [sɑ̃timɛtʀ] n. m. **1.** Centième du mètre (cm). *Centimètre carré* (cm^2), *cube* (cm^3). **2.** Ruban gradué servant à prendre les mesures. ⇒ **galon,** ② **mètre,** ③ **verge.**

centrage [sɑ̃tʀaʒ] n. m. ■ Détermination du centre. *Centrage d'une pièce mécanique.*

① ***central, ale, aux*** [sɑ̃tʀal, o] adj. **1.** Qui est au centre, qui a rapport au centre. *Point central. L'Europe, l'Amérique centrale. Les provinces centrales. Quartier central.* / contr. **périphérique** / **2.** Qui constitue l'organe directeur, principal. *Pouvoir central* (opposé à *local*). *Le gouvernement central.* ⇒ **fédéral.** — *Chauffage* central. Maison, prison centrale,* où sont envoyés et groupés des prisonniers.

② ***central*** n. m. ■ *Central téléphonique, télégraphique,* lieu où aboutissent les fils d'un réseau.

centrale n. f. **1.** Usine qui produit du courant électrique. *Centrale hydroélectrique. Centrale atomique* ou *nucléaire.* **2.** Groupement national de syndicats. ⇒ **confédération.** *La centrale des enseignants du Québec.* ⇒ **C.E.Q.**

centraliser [sɑ̃tʀalize] v. tr. ▪ conjug. 1. ■ Réunir dans un même centre, ramener à une direction unique. ⇒ **concentrer, rassembler, réunir.** / contr. **décentraliser** / *Centraliser les pouvoirs.* — Au p. p. adj. *Un pays centralisé.* / contr. **décentralisé** / ▸ ***centralisateur, trice*** adj. ■ Qui centralise. / contr. **décentralisateur** / ▸ ***centralisation*** n. f. ■ Action de centraliser. / contr. **décentralisation** / ‹ ▸ décentraliser ›

centre [sɑ̃tʀ] n. m. **I. 1.** Point intérieur situé à égale distance de tous les points d'un cercle, d'une sphère. *Le centre de la Terre.* / contr. **bord, extrémité, périphérie** / **2.** Milieu approximatif. *Au centre du Québec. Le centre de la ville* ou *le centre-ville.* **3.** Point intérieur doué de propriétés actives, dynamiques. — Point où s'applique la résultante de forces. CENTRE DE GRAVITÉ *d'un corps* : des forces exercées par la pesanteur sur toutes les parties de ce corps. — *Centres nerveux,* parties du système nerveux constituées de substance grise et reliées par les nerfs aux divers organes. **4.** Lieu caractérisé par l'importance de ses activités, de son influence. *La Bourse est le centre des affaires.* ⇒ **base, siège.** — UN CENTRE : lieu où diverses activités sont groupées. ⇒ **agglomération, ville ; quartier, rue.** *La rue Saint-Jacques à Montréal est le centre des affaires.* — *Un centre d'accueil*. Un centre médical.* ⇒ ① **clinique.** *Un centre communautaire. Centre commercial* ou *centre d'achats,* ensemble de magasins de détail regroupés au même endroit. ⇒ **galerie.** — Organisme qui coordonne plusieurs activités. *Elle travaille dans un centre de recherche du gouvernement. Le Centre national des arts, à Ottawa. Le Centre de formation et d'orientation des immigrants (C.O.F.I.).* — Soins de santé. *Le centre hospitalier (universitaire). Les centres locaux de services communautaires* (abrév. *C.L.S.C.*). *Un centre de service social,* un établissement dispensant des services spécialisés de protection sociale aux personnes dont l'autonomie est menacée. ⇒ **C.R.S.S.S. 5.** Abstrait. Point où des forces sont concentrées. *Un centre d'intérêt.* — Chose, personne principale. *Elle se croit le centre du monde.* ⇒ **base, cœur, nombril. 6.** (Surtout en France) Parti politique, électorat dont les opinions se situent entre la droite et la gauche. *Un député du centre.* ⇒ **centriste. II.** Sport. Partie centrale du terrain. Joueur placé au centre de la ligne d'attaque. ⇒ **attaquant.** *Le centre et ses ailiers.* ▸ ***centrer*** v. tr. ▪ conjug. 1. **1.** Ramener, disposer au centre, au milieu. *Centrer un titre. Centrer la cible.* **2.** Ajuster au centre. *Centrer une roue.* ⇒ **centrage. 3.** CENTRER SUR : donner comme centre (d'action, d'intérêt). **4.** Soccer. Sans compl. Ramener le ballon vers l'axe du terrain. *L'ailier a centré près des buts.* ‹ ▸ anthropocentrique, centrage, ① central, ② central, centrale, centraliser, centre-américain, centriste, concentrer, concentrique, décentraliser, décentrer, déconcentrer, égocentrique, épicentre, ① excentrique ›

centre-américain, aine [sɑ̃tʀameʀikɛ̃, ɛn] adj. et n. ■ Relatif à l'Amérique centrale. ⇒ **latino-américain ; nord-américain, sud-américain.** *La politique centre-américaine du gouvernement des États-Unis.* — N. (Avec des majusc.) Personne née dans l'un des pays de cette partie de l'Amérique ou qui l'habite. *Les Centre-Américaines.*

centrifuge [sɑ̃tʀifyʒ] adj. ■ Qui tend à repousser loin du centre. *Force centrifuge.* / contr. **centripète** / ▸ ***centrifuger*** v. tr. ▪ conjug. 3. ■ Séparer par un rapide mouvement de rotation (des éléments de densité différente). ▸ ***centrifugation*** n. f. ▸ ***centrifugeur*** n. m., ***euse*** n. f. ■ Appareil agissant par force centrifuge.

centripète [sɑ̃tʀipɛt] adj. ■ Qui tend à rapprocher du centre. *Force centripète.* / contr. **centrifuge** /

centriste adj. et n. ■ (Surtout en France) Qui appartient au centre politique. *Députés centristes.*

centuple [sɑ̃typl] adj. et n. m. ■ Qui est cent fois plus grand. — N. m. *Le centuple. Être récompensé au centuple.* ▸ ***centupler*** v. ▪ conjug. 1. **1.** V. tr. Multiplier par cent. **2.** V. intr. Être porté au centuple. *La production a centuplé en cinquante ans.*

centurion [sɑ̃tyʀjɔ̃] n. m. ■ Officier qui commandait une compagnie de cent hommes (une *centurie*), dans l'Antiquité romaine.

cep [sɛp] n. m. ■ Pied (de vigne). *Des ceps de vigne.* ≠ *cèpe.* ▸ ***cépage*** n. m. ■ Variété de plant de vigne cultivée. *Cépage blanc, noir.*

cèpe [sɛp] n. m. ■ Variété de gros champignon à chapeau brun *(bolet comestible). Des cèpes à la bordelaise.* ≠ *cep.*

cependant [s(ə)pɑ̃dɑ̃] conj. et adv. ■ Exprime une opposition, une restriction. ⇒ **néanmoins, pourtant, toutefois.** — Conj. *Personne ne l'a cru, cependant il disait la vérité.* — Adv. *Personne ne l'a cru, il disait cependant la vérité.*

céphalique [sefalik] adj. ■ Didact. De la tête. *Douleurs céphaliques* (ou, n. f., *céphalée*), maux de tête.

céphalopodes [sefalɔpɔd] n. m. pl. ■ Classe de mollusques supérieurs caractérisés par un pied à tentacules munis de ventouses. — Au sing. *La pieuvre est un céphalopode.*

C.E.Q. [seəky] n. f. invar. ■ Abréviation de *Centrale des enseignants du Québec,* un syndicat d'enseignants du primaire et du secondaire.

céramique [seʀamik] n. f. **1.** Technique et art du potier, de la fabrication des objets en terre cuite. *Céramique et poterie*.* **2.** Matière dont sont faits les objets, récipients en faïence, porcelaine, terre cuite. *Des tuiles de céramique peinte.* ≠ *faïence, porcelaine.* ▸ ***céramiste*** n. et adj. ■ Artiste qui fait, décore des objets en céramique.

cerbère [sɛʀbɛʀ] n. m. **1.** *Cerbère,* nom du chien qui gardait les Enfers, dans la mythologie grecque. **2.** Iron. *Un cerbère,* un portier, un gardien sévère. — Sports. Gardien de but. *Le cerbère quitta rapidement sa cage.*

cerceau [sɛʀso] n. m. **1.** Cintre, demi-cercle en bois, en fer qui sert de support. ⇒ **arceau.** *Cerceaux d'une bâche de voiture ; d'une tonnelle.* **2.** Cercle (de bois, métal...). *Jouer au cerceau,* avec un cercle que l'on fait rouler par terre, que l'on fait tourner autour de la taille, etc. **3.** Cercle (de plastique, de métal) servant à retenir les cheveux.

cercle [sɛʀkl] n. m. **I. 1.** Courbe plane dont tous les points sont à égale distance d'un point fixe (le *centre*). *Diamètre, rayon d'un cercle. Demi-cercle. Cercles concentriques.* **2.** Circonférence d'un cercle. ⇒ **rond.** *Entourer d'un cercle,* cercler, encercler. — *Cercles que décrit un oiseau, un avion.* **3.** Se dit d'objets circulaires (anneau, disque, collier), d'instruments gradués. **4.** Disposition en rond de personnes ou d'objets. *Un cercle de chaises. Former un cercle autour de qqn.* **5.** Groupe de personnes qui ont l'habitude de se réunir. *Un petit cercle d'amis. Un cercle littéraire. Le cercle des fermières.* — Local dont disposent les membres d'une association pour se réunir. ⇒ **club.** *Cercle militaire, universitaire.* **II.** Abstrait. **1.** Ce dont on fait le tour, dont on embrasse l'étendue. ⇒ **domaine, étendue, limite.** *Étendre le cercle de ses occupations, de ses relations.* **2.** CERCLE VICIEUX ou CERCLE : raisonnement faux où l'on donne pour preuve la supposition d'où l'on est parti. — Situation dans laquelle on est enfermé. ▶ ***cercler*** v. tr. ▪ conjug. 1. ■ Entourer, munir (qqch.) de cercles, de cerceaux. *Cercler un tonneau.* ▶ ***cerclage*** n. m. ■ Action de cercler. *Le cerclage d'une barrique.* ‹ ▶ demi-cercle, encercler ›

cercueil [sɛʀkœj] n. m. ■ Longue caisse dans laquelle on enferme le corps d'un mort pour l'ensevelir. ⇒ ② **bière, sarcophage, tombe.** *Des cercueils.*

céréale [seʀeal] n. f. ■ Plante dont les grains servent de base à l'alimentation (avoine, blé, maïs, millet, orge, riz, sarrasin, seigle, sorgho). *Farine de céréales.* — (Au plur.) Aliment à base de grains de céréales transformés. *Manger des céréales au déjeuner.* ▶ ***céréalier, ière*** adj. ■ De(s) céréales. *Cultures céréalières. Navires, cargos céréaliers.* ▶ ***céréaliculture*** n. f. ■ Culture et exploitation industrielle des céréales. ▶ ***céréaliculteur, trice*** n. ■ Personne qui s'occupe de céréaliculture. *Les céréaliculteurs de l'Ouest.*

cérébral, ale, aux [seʀebʀal, o] adj. **1.** Qui a rapport au cerveau. *Congestion, hémorragie cérébrale. Les hémisphères cérébraux,* les deux moitiés du cerveau. **2.** Qui concerne l'esprit, l'intelligence, la pensée. ⇒ **intellectuel.** *Travail, surmenage cérébral.* **3.** (Personnes) Qui vit surtout par la pensée, par l'esprit. — N. *C'est un cérébral pur.* ⇒ **intellectuel.** ▶ ***cérébro-spinal, ale, aux*** [seʀebʀospinal, o] adj. ■ Relatif au cerveau et à la moelle épinière.

cérémonie [seʀemɔni] n. f. **1.** Ensemble des règles solennelles qui accompagnent la célébration du culte religieux ; fête sacrée. *Cérémonie du baptême, du mariage.* **2.** Ensemble des formes extérieures (pompe, apparat) destinées à marquer, à commémorer un événement de la vie sociale. *Les cérémonies de la fête de l'armistice. Habit de cérémonie.* **3.** Au plur. Manifestations excessives de politesse dans la vie privée. *Il a reçu ses invités avec beaucoup de cérémonies.* — Loc. fig. *Faire des cérémonies,* faire des manières. ⇒ **cérémonieux.** *Voilà bien des cérémonies pour si peu de chose. Sans cérémonie,* avec simplicité. ⇒ **chichi, complication, façon, formalité.** ▶ ***cérémonial, als*** n. m. ■ Ensemble de règles que l'on observe lors d'une cérémonie. *Cérémonial du mariage.* ⇒ **étiquette.** *Le cérémonial de la remise des médailles. Le cérémonial diplomatique. Des cérémonials.* ▶ ***cérémonieux, euse*** adj. ■ Qui fait trop de cérémonies, qui manque de naturel. ⇒ **affecté, gesteur.** — *Un ton, un air cérémonieux.* ⇒ **solennel.** / contr. **familier, simple, sans-façon** / ▶ ***cérémonieusement*** adv. ■ D'une manière cérémonieuse.

cerf [sɛʀ] n. m. ■ (France) Mammifère ruminant vivant en troupeaux dans les forêts ⇒ **cervidés** ; le mâle adulte, qui porte de longues cornes ramifiées (appelées *bois*). *Femelle du cerf.* ⇒ **biche.** *Jeune cerf.* ⇒ **faon.** *Les cerfs brament.* — *Cerf de Virginie.* ⇒ **chevreuil.** ≠ *serf.* ‹ ▶ cerf-volant, cervidés, loup-cervier ›

cerfeuil [sɛʀfœj] n. m. ■ Plante herbacée aromatique cultivée comme condiment. *Omelette au cerfeuil.*

cerf-volant [sɛʀvɔlɑ̃] n. m. **1.** (France) Gros insecte volant (coléoptère) dont les pinces dentelées rappellent les bois du chevreuil. **2.** Légère armature sur laquelle on tend un papier fort, du plastique souple ou une étoffe, et qui peut s'élever en l'air lorsqu'on la tire face au vent avec une ficelle. *Lancer des cerfs-volants.*

cerise [s(ə)ʀiz] n. f. **1.** Petit fruit charnu arrondi, à noyau, à peau lisse brillante, rouge, produit par le cerisier. ⇒ **bigarreau, griotte.** *Cerises sauvages,* merises. *Le kirsch est une eau-de-vie de cerise. Cerises à* (fam. *en*) *grappes,* cerises noirâtres produites par le cerisier de Virginie. — *Cerises de France,* cerises charnues, juteuses et sucrées cultivées dans un verger. **2.** Adj. invar. *Rouge cerise,* vermeil. *Des rubans cerise.* **3.** Fig. Loc. fam. *Mettre la cerise sur le gâteau (le sundae),* ajoutez l'élément qui met le point final à qqch. — Iron. *C'est la cerise sur le gâteau (le sundae),* c'est le bouquet, le comble. **4.** Fig. et très fam. *Perdre sa cerise,* sa virginité. ⇒ très fam. ① **fraise.** ▶ ***cerisaie*** n. f. ■ Lieu planté de cerisiers. ▶ ***cerisier*** n. m. ■ Arbre fruitier à fleurs blanches en bouquet, qui produit la cerise ; bois du cerisier, employé en ébénisterie. *Une table en cerisier.*

cerne [sɛʀn] n. m. **1.** Cercle coloré qui entoure parfois les yeux, une plaie. ⇒ **bleu.** *Les cernes (des yeux) sont le signe de la fatigue ou du manque de sommeil.* **2.** Trait qui souligne un contour, dans un dessin. **3.** Trace circulaire laissée sur le papier, le tissu, etc., par une tache. ⇒ **auréole.** *Un cerne sur un pantalon. Les cernes de la baignoire, d'un col de chemise,* les traces de saletés. ▶ ***cerné, ée*** adj. ■ Entouré d'une zone de couleur brune ou bleuâtre. *Avoir les yeux cernés.* — *Une nappe cernée. Un lavabo cerné.*

cerner [sɛʀne] v. tr. ▪ conjug. 1. **1.** Entourer par des troupes. ⇒ **encercler.** *Les blindés cernèrent le nid de mitrailleuses.* — Au passif. *Nous étions cernés. Tout le quartier a été cerné par la police.* ⇒ **boucler. 2.** Entourer par un trait. *Cerner une figure d'un trait bleu.* **3.** Fig. *Cerner un problème, une difficulté, une question,* en faire le tour, le délimiter. ‹ ▶ cerne ›

certain, aine [sɛʀtɛ̃, ɛn] adj. et pronom **I.** Adj. épithète après le nom. **1.** Qui ne peut manquer de se produire, qui arrivera. ⇒ **assuré, inévitable, sûr ; certitude.** *Son succès est certain, un succès certain. Il est certain que nous réussirons.* / contr. **douteux, incertain** / **2.** Qui ne laisse place à aucun doute, qui est considéré comme vrai. *Une bonne volonté certaine.* ⇒ **véritable.** *C'est possible, mais ce n'est pas certain.* ⇒ **confirmé, réel, vrai. 3.** (Personnes) Qui considère une chose pour vraie. ⇒ **assuré, convaincu.** *Je suis certaine d'y arriver, que j'y arriverai. J'en suis certain,* j'en ai la certitude. **II.** Adj. avant le nom. **1.** (Précédé de l'art. indéf.) Imprécis, difficile à fixer. *Elle restera un certain temps. Jusqu'à un certain point. D'un certain âge,* qui n'est plus tout jeune. *Il lui a fallu un certain courage,* pas mal de courage. **2.** UN CERTAIN (+ nom de personne) : quelqu'un dont on ne connaît pas le nom. *Une certaine madame... désire te parler.* — Avec une nuance de dédain, de mépris, d'ignorance affectée. *Un certain ministre n'a pas répondu à ma question.* **3.** Au plur. Quelques-uns parmi d'autres. *Certaines personnes. Dans certains pays.* **III.** Pronom plur. CERTAINS :

certaines personnes. *Certains disent, certains prétendent. Certains de vos amis.* ⇒ **plusieurs. IV.** Adv. Certainement. *Elle est là certain, je viens de lui parler.* — Loc. fam. *Certain ma catin,* bien sûr, sans aucun doute. *« L'as-tu bien vue ? — Certain ma catin. »* ▸ ***certainement*** adv. **1.** D'une manière certaine. ⇒ **certain** (IV), **certes.** *Cela arrivera certainement.* ⇒ **définitivement, fatalement, indubitablement, nécessairement, sûrement. 2.** (Renforce une affirmation) *Il est certainement le plus doué.* ⇒ **certain** (IV), **évidemment, vraiment.** *« Croyez-vous que cela vaille la peine ? — Certainement. »* ‹ ▸ incertain ›

certes [sɛʀt] adv. ■ Vieilli ou littér. Certainement. ⇒ **assurément.** *Certes, elle a raison.*

certificat [sɛʀtifika] n. m. **1.** Document écrit, signé d'une personne autorisée et attestant la vérité de (qqch.). ⇒ **attestation.** *Certificat de scolarité. Certificat médical. Certificat de cessation d'emploi,* indiquant la nature et la durée du travail d'un salarié mis au chômage. **2.** *Certificat de placement, de dépôt à terme,* remis par une institution financière à la personne qui place de l'argent. **3.** *Certificat d'immatriculation,* qui atteste qu'un véhicule automobile a été immatriculé. **4.** Nom donné à différents diplômes et aux examens que l'on passe pour les obtenir. *Elle a un certificat d'enseignement secondaire. Un certificat de littérature.* ▸ ***certificat-cadeau*** n. m. ■ Petit document publicitaire qu'on échange contre un cadeau ou qui donne droit à un rabais sur une marchandise. ⇒ ② **bon, coupon-rabais, coupon-réponse.** *Découper des certificats-cadeaux dans un journal.*

certifier [sɛʀtifje] v. tr. ▪ conjug. 7. **1.** Assurer qu'une chose est vraie. ⇒ **affirmer, garantir.** *Certifier qqch. à qqn. Je vous certifie que...* **2.** Garantir l'authenticité de (qqch.) par un écrit. *Certifier une signature.* — Au p. p. *Copie certifiée conforme,* dont la conformité avec l'original est garantie. *Chèque* certifié.*

certitude [sɛʀtityd] n. f. **1.** Caractère d'une affirmation à laquelle on croit profondément. ⇒ **évidence, vérité ; certain.** *La certitude d'un fait. La certitude d'un témoignage.* **2.** État de l'esprit qui ne doute pas. ⇒ **conviction, croyance.** *J'ai la certitude qu'elle viendra.* ‹ ▸ incertitude ›

cérumen [seʀymɛn] n. m. ■ Substance grasse et jaune qui est sécrétée dans le conduit de l'oreille externe. ⇒ fam. **cire.** *Un bouchon de cérumen l'empêchait d'entendre.*

céruse [seʀyz] n. f. ■ Colorant blanc que l'on employait en peinture. *Blanc de céruse.*

cerveau [sɛʀvo] n. m. **I.** Concret. **1.** Masse nerveuse contenue dans le crâne de l'être humain (cerveau (2), cervelet, bulbe, pédoncules cérébraux). ⇒ **encéphale.** *Tumeur au cerveau.* **2.** Partie antérieure et supérieure de l'encéphale* des vertébrés, formée des deux hémisphères cérébraux et de leurs annexes (méninges). *Lobes, circonvolutions du cerveau.* **II. 1.** Abstrait. Siège de la pensée, du raisonnement ; facultés mentales. ⇒ **esprit, intelligence, raison, tête ; cervelle.** *Cerveau bien organisé.* Fam. *Avoir le cerveau dérangé, fêlé,* être fou. — *Faire travailler son cerveau,* réfléchir, chercher intellectuellement. — Personne remarquablement intelligente. ⇒ fam. **bollé.** *C'est un grand cerveau, un cerveau. C'est le cerveau de la bande. Des cerveaux.* — Loc. *Lavage de cerveau,* imposition d'une forme de pensée. **2.** Organe central de direction. ⇒ **centre. 3.** *Cerveau électronique,* tout appareil qui effectue des opérations complexes portant sur de l'information. ⇒ **calculateur, ordinateur.** ▸ ***cervelet*** n. m. ■ Partie postérieure et inférieure de l'encéphale. ▸ ***cervelle*** n. f. **1.** Substance nerveuse constituant le cerveau. Loc. fam. *Se brûler, se faire sauter la cervelle,* se tuer d'un coup de pistolet dans la tête. **2.** Partie du cerveau d'animaux qui se mange (veau, agneau...). *Une cervelle au beurre.* **3.** Facultés mentales. ⇒ **cerveau** (II), **esprit.** *Tête sans cervelle. Cervelle d'oiseau.* ⇒ **écervelé, étourdi.** Loc. fam. *Se creuser la cervelle,* faire des efforts de réflexion. ⇒ ① **coco.** *Avoir qqch. qui trotte dans la cervelle,* une idée qu'on ne parvient pas à voir clairement, une préoccupation. ⇒ **chicoter.** ‹ ▸ écervelé ›

cervelas [sɛʀvəla] n. m. invar. ■ (France) Saucisson cuit, gros et court.

cervical, ale, aux [sɛʀvikal, o] adj. ■ De la région du cou, de la nuque. *Vertèbre cervicale.*

cervidés [sɛʀvide] n. m. pl. ■ Famille de mammifères ongulés ruminants qui portent des bois (ex. : *caribou, cerf, chevreuil*). — Au sing. *Le wapiti est un cervidé.*

cervoise [sɛʀvwaz] n. f. ■ Bière d'orge, de blé, chez les Anciens et au Moyen Âge.

ces adj. dém. plur. ⇒ ① **ce.**

césarienne [sezaʀjɛn] n. f. ■ Opération chirurgicale de la paroi abdominale permettant de tirer l'enfant du corps de la mère lorsque l'accouchement ne peut s'effectuer naturellement.

césarisme [sezaʀism] n. m. ■ Système de gouvernement dans lequel un seul homme (comme *César*) détient tous les pouvoirs. ⇒ **despotisme, dictature.** *Le césarisme des Bonaparte, en France.*

cessant, ante [sɛsɑ̃, ɑ̃t] adj. ■ *Toute(s) chose(s), toute(s) affaire(s) cessante(s),* en interrompant tout le reste, en priorité.

cessation [sɛsasjɔ̃] n. f. ■ Fait de prendre fin (de cesser) ou de mettre fin à qqch. ⇒ **abandon, arrêt, fin, interruption, suspension.** *Cessation des hostilités,* armistice, trêve. ⇒ **cessez-le-feu.** *Cessation du travail. Cessation d'emploi,* fin d'un emploi par mise à pied ou départ volontaire de l'employé. / contr. **continuation** / ≠ *cession.*

cesse [sɛs] n. f. – En loc. négatives. **1.** *N'avoir de cesse que* (+ subjonctif), ne pas s'arrêter avant que... *Il n'aura (pas) de cesse qu'il n'obtienne ce qu'il veut.* **2.** Loc. adv. SANS CESSE : sans arrêt, sans discontinuer. ⇒ **constamment, continuellement, toujours.** *Elle travaille sans cesse.*

cesser [sɛse] v. ▪ conjug. 1. **1.** V. intr. (suj. chose) Se terminer ou s'interrompre. ⇒ s'**arrêter, finir.** *Le vent a cessé. La fièvre a cessé.* ⇒ **disparaître, tomber.** / contr. **continuer, durer, persister** / — FAIRE CESSER *qqch.* : arrêter, interrompre. *Faire cesser un scandale, des querelles.* **2.** V. tr. ind. CESSER DE (+ infinitif). ⇒ **achever,** s'**arrêter.** *Cesser d'agir, de parler. Son influence, son action cesse de se faire sentir,* disparaît, passe. — NE (PAS) CESSER DE : continuer. *Il n'a cessé de m'importuner jusqu'à ce qu'il obtienne satisfaction.* **3.** V. tr. (suj. animé) Faire finir. ⇒ **arrêter.** *Cesser tout effort, le travail, ses fonctions.* ⇒ **abandonner.** ▸ ***cessez-le-feu*** [sɛselfø] n. m. invar. ■ Arrêt des combats. ⇒ **armistice.** ‹ ▸ cessant, cessation, cesse, incessant ›

cessible [sɛsibl] adj. ■ Droit. Qui peut être cédé. ⇒ **négociable.** *Ces actions ne sont pas cessibles avant deux ans.* ‹ ▸ incessible ›

cession [sɛsjɔ̃] n. f. ■ Action de céder (un droit, un bien). *Cession de bail.* ⇒ **transmission.** *Acte de cession.* ⇒ **vente.** / contr. **achat, acquisition** / ≠ *cessation, session.* ▸ ***cessionnaire*** n. ■ Personne à qui une cession a été faite.

c'est-à-dire [sɛ(e)tadiʀ] loc. conj. **1.** Mot qui annonce une explication, une précision ou une qualification (abrév. *c.-à-d.*). *Un radjah, c'est-à-dire un prince de l'Inde.* **2.** *C'est-à-dire que,* en conséquence. *Il n'y a plus d'eau, c'est-à-dire que nous allons mourir de soif.*

césure [sezyʀ] n. f. ■ Repos à l'intérieur d'un vers après une syllabe accentuée. ⇒ **coupe.**

cet, cette adj. dém. ⇒ ① **ce.**

cétacés [setase] n. m. pl. ■ Famille de mammifères aquatiques à forme de poisson, à membres (antérieurs) transformés en nageoires. ⇒ **baleine, béluga, cachalot, dauphin, marsouin.** — Au sing. *Le narval est un cétacé.* Adj. *Un animal cétacé.*

cétone [setɔn] n. f. ■ Nom des corps chimiques de constitution analogue à celle de l'acétone.

ceux pronom dém. m. plur. ⇒ **celui.**

cf. [kɔ̃fɛʀ] — REM. Il n'y a pas de prononciation des lettres de l'abréviation. ■ Abréviation de l'impératif latin *confer* (compare). *Le signe « cf. » sert à renvoyer à un mot, une expression, etc.*

C.F.C. [seɛfse] n. m. invar. ■ Abréviation de *chlorofluorocarbure. Aérosol sans C.F.C.*

C.G.S. [seʒeɛs] ■ Abréviation de l'ancien système d'unités physiques (centimètre, gramme, seconde).

chacal, als [ʃakal] n. m. ■ Mammifère carnivore d'Asie et d'Afrique ressemblant au renard. *Une bande de chacals.*

cha-cha-cha [tʃatʃatʃa] n. m. invar. ■ Danse d'origine mexicaine, à trois temps. *Danser des cha-cha-cha. Musique de cha-cha-cha.*

chacun, une [ʃakœ̃, yn] pronom indéf. **1.** Personne ou chose prise individuellement dans un ensemble, un tout. *Chacun de nous, chacune d'elles, chacun d'entre eux. Chacun des deux,* l'un et l'autre. *Ils ont bu chacun sa bouteille* ou *chacun leur bouteille. Chacune rentra chez elle, chez soi.* — *Les stylos coûtent un dollar chacun,* l'unité, la pièce. **2.** Toute personne. *À chacun selon son mérite. Chacun son métier.* — *Tout un chacun,* n'importe qui.

chafouin, ine [ʃafwɛ̃, in] adj. ■ Rusé, sournois. *Mine chafouine.*

① ***chagrin, ine*** [ʃagʀɛ̃, in] adj. ■ Littér. Qui est d'un caractère ou d'une humeur triste, morose. *Une humeur chagrine.* ⇒ **maussade, mélancolique, morose.** — Qui révèle de la tristesse. *Visage chagrin. Avoir l'air chagrin.* / contr. **content, gai, satisfait** /

② ***chagrin*** n. m. ■ *Le, du chagrin,* état moralement douloureux. ⇒ **affliction, douleur, peine.** *Avoir du chagrin, beaucoup de chagrin.* — *Un chagrin,* peine ou déplaisir causé par un événement précis. *Il en a eu un grand, un terrible chagrin. Chagrin d'amour.* — Loc. fam. *Noyer son chagrin dans le vin, dans l'alcool,* s'enivrer pour l'oublier. ▸ ***chagriner*** v. tr. ▪ conjug. 1. **1.** Rendre (qqn) triste. ⇒ **affliger, attrister, peiner.** *Son départ me chagrine,* me fait de la peine. **2.** Pronominalement (passif). SE CHAGRINER : se couvrir (temps, ciel). ⇒ fam. se **morpionner.** *Le temps se chagrine, il va pleuvoir.*

③ ***chagrin*** n. m. ■ Cuir dont la surface présente de petits grains, fait de peau de mouton, de chèvre, d'âne, et utilisé en reliure. *Un livre relié en chagrin.* — Abstrait. *C'est une peau de chagrin,* cela ne cesse de rétrécir.

chahut [ʃay] n. m. ■ Agitation bruyante (d'écoliers). ⇒ **charivari, tapage.** *Faire du chahut. Quel chahut !* ▸ ***chahuter*** v. ▪ conjug. 1. **1.** V. intr. Faire du chahut. *En classe, il passe son temps à dormir ou à chahuter.* **2.** V. tr. *Chahuter un professeur,* manifester contre lui par un chahut. **3.** V. tr. (Surtout en France) *Chahuter qqch.,* bousculer. *Ne chahutez pas ces cartons !* ▸ ***chahuteur, euse*** n. et adj. ■ ⇒ **turbulent.**

chai [ʃɛ] n. m. ■ Magasin situé au rez-de-chaussée (≠ *cave*) où l'on emmagasine les alcools, les vins en fûts. ⇒ **cellier.** *Visiter les chais d'une coopérative vinicole.*

① ***chaîne*** [ʃɛn] n. f. **I. 1.** Succession d'anneaux de métal entrelacés (⇒ **chaînon, maille**) servant de lien, d'ornement, etc. *Mettre des chaînes à un prisonnier.* ⇒ **enchaîner.** *Chaîne d'ancre.* — *Chaîne de sûreté,* qui retient une porte entrebâillée. — Bijouterie. Attache ornementale. ⇒ **chaînette, gourmette.** *Elle porte autour du cou une fine chaîne en or.* **2.** Suite d'anneaux métalliques servant à transmettre un mouvement. *Chaîne de bicyclette.* **3.** *Chaîne d'arpenteur,* pour les mesures. **4.** Au plur. Assemblage de chaînes, qu'on met aux pneus pour éviter de glisser sur la neige, la glace. *Il y a trop de neige, on va mettre les chaînes.* **II.** Abstrait. Ce qui attache, enchaîne, rend esclave. ⇒ **asservissement, lien.** *Briser, secouer ses chaînes,* se délivrer. ▸ ***chaînette*** n. f. ■ Petite chaîne. ▸ ***chaînon*** n. m. **1.** Anneau d'une chaîne. ⇒ **maillon. 2.** Abstrait. Lien intermédiaire. *Il manque un chaînon dans la reconstitution des faits. Le chaînon manquant dans l'évolution de l'être humain,* entre le singe et l'humain. ‹ ▸ déchaîner, enchaîner ›

② ***chaîne*** n. f. **I.** Objet (concret ou abstrait) composé d'éléments successifs solidement liés. **1.** Ensemble des fils parallèles disposés dans le sens de la longueur d'un tissu, entre lesquels passe la trame*. **2.** Suite d'accidents de relief rattachés entre eux (opposé à *massif*). *Chaîne de montagnes.* ⇒ **cordillère. 3.** Chimie. Ensemble des atomes (de carbone) liés, dans les molécules organiques. — Succession de réactions chimiques. *Réaction en chaîne.* **4.** Ensemble d'appareils concourant à la transmission de signaux. *Chaîne (haute-fidélité),* électrophone formé d'éléments séparés (platine, amplificateur, haut-parleurs). *Il a une bonne chaîne stéréo.* — (France) Ensemble d'émetteurs de télévision émettant un même programme. *Poste de télévision équipé pour recevoir toutes les chaînes.* ⇒ **canal.** — Spécialt. Ensemble des stations de radio et de télévision appartenant ou étant affiliées à la Société Radio-Canada. *Écouter la chaîne française.* **5.** Installation formée de postes successifs de travail et du système conduisant des uns aux autres. *Chaîne de montage, automatisée. Travail à la chaîne.* **6.** *Chaîne (de magasins, d'hôtels...),* ensemble (de magasins, d'hôtels...) dépendant d'une même société. *Une chaîne de pharmacies.* **7.** CHAÎNE DE TROTTOIR ou CHAÎNE DE RUE : bordure de béton ou de pierre de taille qui marque le dénivellement entre le trottoir et la chaussée. **II.** (Personnes) Ensemble de personnes qui se transmettent qqch. de l'une à l'autre. — Loc. *Faire la chaîne.*

① ***chair*** [ʃɛʀ] n. f. **1.** Substance molle du corps de l'être humain (ou d'animaux), muscles ; aspect extérieur du corps, de la peau. *La chair et les os.* — Loc. EN CHAIR ET EN OS : en personne. — *Être* BIEN EN CHAIR : avoir de l'embonpoint, avoir la chair ferme. — *Avoir la chair de poule,* la peau qui se hérisse ; trembler de peur. ⇒ **frisson.** *Donner la chair de poule,* faire peur. — *Couleur chair,* de la couleur rose de la peau, dans la race blanche. *Des bas couleur chair.* **2.** (Au sens de viande) NI CHAIR, NI POISSON : sans caractère ferme ; indécis. — Préparation de viande hachée. *Chair à saucisses. Hacher menu comme chair à pâté,* très fin. — (Avec un adj. qui qualifie) Partie comestible d'animaux (quand on ne peut pas dire *viande*), de fruits. *Ces volailles, ce poisson ont une chair délicate, tendre. Une pêche à chair blanche.* ≠ *chaire, chère* (dans *bonne chère*).

② **chair** n. f. **1.** La nature humaine, le corps (opposé à l'*esprit*, à l'*âme*). *Le Verbe s'est fait chair.* ⇒ **incarnation. 2.** Littér. Les instincts, les besoins du corps ; les sens (⇒ **charnel).** *Les plaisirs de la chair.*

chaire [ʃɛʀ] n. f. **1.** Tribune élevée du haut de laquelle un ecclésiastique adresse aux fidèles ses instructions et ses enseignements. *Le curé monte en chaire pour prêcher.* — Vx. Tribune où s'installait un professeur d'université pour faire son cours. **2.** Poste de professeur (dans une université). *La chaire de droit, d'histoire. Une chaire vient d'être créée.* ≠ *chair, chère.*

chaise [ʃɛz] n. f. **1.** Siège à dossier généralement sans bras. *Chaise de cuisine, de parterre. Chaise droite.* — CHAISE BERCEUSE ou CHAISE BERÇANTE : ⇒ ② **berceuse.** — Fam. *Chaise roulante.* ⇒ **fauteuil.** — CHAISE LONGUE : fauteuil muni d'un appui pour les jambes ; siège de toile pliant. ⇒ **transatlantique.** *Faire de la chaise longue,* s'étendre. — CHAISE HAUTE : chaise pour bébé, surélevée par de longs pieds, munie de bras et d'une tablette qui se rabat. — Loc. *Se trouver, être assis* ENTRE DEUX CHAISES : dans une situation incertaine, instable. *Mener une vie de bâton* (de barreau) de chaise.* **2.** CHAISE À PORTEURS : autrefois, petit abri muni d'un siège, dans lequel on se faisait porter par deux hommes. ⇒ **palanquin. 3.** CHAISE ÉLECTRIQUE : siège utilisé pour l'électrocution des condamnés à mort (aux États-Unis).

chaland [ʃalɑ̃] n. m. ■ Bateau à fond plat pour le transport des marchandises. ⇒ **péniche.** *Chaland-citerne* (pour le transport des liquides). *Train de chalands,* tirés par un remorqueur.

châle [ʃɑl] n. m. ■ Grande pièce d'étoffe que les femmes portent sur leurs épaules. ⇒ **écharpe,** ③ **fichu.** *Un châle de soie.*

chalet [ʃalɛ] n. m. **1.** Maison de campagne construite en bois et généralement située près du bord de l'eau. *Passer l'été, la fin de semaine au chalet. Un chalet habitable à l'année.* **2.** Maison de plaisance ou habitation principale imitée des chalets suisses (avec des balcons et un long toit à deux pentes faisant saillie). *Ils se sont fait construire un chalet dans les Laurentides.* **3.** Habitation construite en forêt, rudimentaire et aménagée sommairement. ⇒ **camp** d'été. *Chalet en bois rond à vendre.* **4.** Sports, loisirs. Bâtiment central d'une installation sportive ou de loisirs où sont rassemblés les différents services offerts. *Le chalet des skieurs. — Le chalet des golfeurs,* le club.

chaleur [ʃalœʀ] n. f. **I. 1.** Température plus ou moins élevée de la matière (par rapport au corps humain) ; sensation produite par un corps chaud. *La chaleur de l'eau bouillante, d'un fer rouge.* ⇒ **brûlure.** — Température de l'air qui donne à l'organisme une sensation de chaud. *Chaleur douce, modérée* ⇒ **tiédeur** ; *accablante, étouffante* ⇒ **canicule, étuve, fournaise.** *Grosse chaleur. Quelle chaleur, aujourd'hui !* / contr. **froid** / **2.** Sciences. Phénomène physique qui se transmet et dont l'augmentation se traduit notamment par l'élévation de la température. *Chaleur spécifique,* qui élève de 1 °C la température de 1 g de substance. **II.** Passion intérieure (d'une personne, de ses sentiments) ; force des sentiments. ⇒ **ardeur, exaltation, passion, vivacité ; chaleureux.** *La chaleur de ses convictions. La chaleur de son amitié.* / contr. **froideur, indifférence** / ▸ ***chaleureux, euse*** [ʃaløʀø, øz] adj. ■ Qui montre, qui manifeste de la chaleur (II). ⇒ **ardent, enthousiaste.** *Accueil chaleureux. Ami chaleureux.* / contr. **froid, tiède** / ▸ ***chaleureusement*** adv. ■ ⇒ **chaudement.** / contr. **froidement** /

châlit [ʃɑli] n. m. ■ Cadre de lit.

chaloupe [ʃalup] n. f. **1.** Embarcation non pontée. *Chaloupes de sauvetage. Une chaloupe à moteur.* ⇒ **bateau, canot.** — Petite barque à rames. *Aller faire un tour de chaloupe sur le lac.* ⇒ **verchère. 2.** N. f. pl. Fam. Couvre-chaussures. ⇒ **caoutchoucs,** ② **claque ;** fam. **canots.**

chaloupé, ée [ʃalupe] adj. ■ (Démarche, danse) Qui est balancé. *Valse chaloupée.*

chalumeau [ʃalymo] n. m. **1.** Appareil qui produit et dirige un jet de flammes à une température élevée. *Des chalumeaux. Soudure au chalumeau.* **2.** Petit tube (de métal, de plastique) inséré dans l'entaille d'un érable et qui permet à la sève de s'égoutter dans le récipient accroché à l'arbre. ⇒ **goutterelle.**

chalut [ʃaly] n. m. ■ Filet en forme d'entonnoir, attaché à l'arrière d'un bateau. *Pêcher le hareng au chalut. Jeter, ramener le chalut.* ▸ ***chalutier*** n. m. ■ Bateau de pêche gréé pour la pêche au chalut.

chamade [ʃamad] n. f. ■ (Cœur) *Battre la chamade,* battre à grands coups.

se chamailler [ʃamɑje] v. pron. ▪ conjug. 1. ■ Fam. Se quereller bruyamment pour des raisons insignifiantes. ⇒ se **batailler,** se **chicaner,** se **disputer.** *Arrêtez donc de vous chamailler !* ▸ ***chamaillage*** ou ***chamaillerie*** n. f. ■ Fam. Dispute, querelle. ⇒ **tiraillage.** ▸ ***chamailleur*** ou ***chamailleux, euse*** adj. et n. ■ Qui se chamaille.

chamarré, ée [ʃamaʀe] adj. ■ Rehaussé d'ornements aux couleurs éclatantes. *Des étoffes chamarrées d'or.* ▸ ***chamarrure*** n. f. ■ Ornement d'une étoffe, d'un vêtement chamarré.

chambarder [ʃɑ̃baʀde] v. tr. ▪ conjug. 1. ■ Fam. Bouleverser, mettre en désordre. *On a tout chambardé dans la maison.* ⇒ fam. **chambouler.** *Il veut chambarder la société,* faire la révolution. / contr. **conserver, maintenir** / ▸ ***chambardement*** n. m. ■ Fam. Action de chambarder ; désordre, changement brutal. ⇒ **remue-ménage.**

chambellan [ʃɑ̃bɛ(l)lɑ̃] n. m. ■ Gentilhomme de la cour chargé du service de la chambre d'un souverain (roi, empereur). *Les chambellans de la cour. Le Grand Chambellan.*

chamblyen, enne [ʃɑ̃bljɛ̃, ɛn] adj. et n. ■ De la ville de Chambly. — N. (Avec une majusc). Personne née dans cette ville ou qui l'habite. *Une Chamblyenne.*

chambouler [ʃɑ̃bule] v. tr. ▪ conjug. 1. ■ Fam. Bouleverser, mettre sens dessus dessous. ⇒ fam. **chambarder.**

chambranle [ʃɑ̃bʀɑ̃l] n. m. ■ Encadrement d'une porte, d'une fenêtre, d'une cheminée.

chambranlant, ante [ʃɑ̃bʀɑ̃lɑ̃, ɑ̃t] adj. ■ (Choses) Sur le point de s'écrouler. *Une clôture chambranlante*

① **chambre** [ʃɑ̃bʀ] n. f. **1.** Pièce où l'on couche. ⇒ fam. **piaule.** *Chambre à coucher. Chambre d'hôtel, d'hôpital. Une chambre simple, double. Chambre à deux lits. Chambre d'étudiant. Chambre de bonne. Chambre à louer.* — Loc. (Couples) *Faire chambre à part,* ne pas coucher ensemble, ne plus avoir de rapports sexuels. — GARDER LA CHAMBRE : ne pas sortir de chez soi, par suite d'une maladie. — Fam. CHAMBRE DE BAINS : pièce aménagée pour y faire sa toilette. ⇒ **salle** de bains. Par euph. Toilettes. — MAISON DE CHAMBRES : habitation dont le propriétaire loue les chambres à des personnes seules. ⇒ ② **pension.** *Il réside dans une maison de chambres depuis un an.* **2.** Loc. DE CHAMBRE.

Robe de chambre. Valet, femme de chambre, domestiques attachés au service personnel. **3.** Pièce, compartiment à bord d'un navire. *Chambre des machines.* **4.** Pièce maintenue à basse température et qui sert à conserver (des aliments, etc.). *Chambre froide, frigorifique.* **5.** CHAMBRE FORTE : pièce blindée munie de mécanismes de sécurité où l'on entrepose de l'argent, des documents et des objets de valeur. ⇒ **coffre, coffre-fort.** **6.** CHAMBRE DES JOUEURS : vestiaire. ▶ ***chambrette*** n. f. ■ Petite chambre (1). ▶ ***chambrée*** n. f. ■ Ensemble de ceux qui couchent dans une même pièce ; la pièce où couchent les soldats. ⇒ **dortoir.** *Toute la chambrée sera punie. Balayer la chambrée.* ▶ ***chambrer*** v. ▪ conjug. 1. **1.** V. intr. Loger dans une maison de chambres. — Louer une chambre meublée dans une maison privée. ⇒ ② **pensionner.** *Elle chambre près du campus.* **2.** V. tr. Mettre (le vin) à la température de la pièce, le réchauffer légèrement. *On chambre les vins rouges.* — Au p. p. adj. *Vin chambré.* ▶ ***chambreur, euse*** n. ■ Locataire d'une chambre, dans une maison de chambres ou une maison privée. ⇒ **pensionnaire.** *Il a été un chambreur pendant dix ans.* ‹ ▶ antichambre ›

② ***chambre*** n. f. **1.** (Avec une majusc.) *La Chambre des communes* (ellipt. *Les Communes*) et, parfois, *la Chambre basse,* les députés fédéraux. — *La Chambre haute,* le Sénat. — (France) Assemblée législative. *La Chambre des députés* (ou *Assemblée nationale) et le Sénat forment le Parlement.* — (Grande-Bretagne) *La Chambre des communes et la Chambre des lords.* **2.** (France) Section de certains tribunaux. *Première chambre, seconde chambre du tribunal correctionnel. La chambre d'accusation.* **3.** (États-Unis) *La Chambre des Représentants,* organe du pouvoir législatif américain (avec le Sénat), qui vote les lois financières. *La Chambre des Représentants constitue la Chambre basse.* **4.** Assemblée chargée de défendre les intérêts (d'une profession, d'un métier). *Chambre de commerce,* assemblée représentative des commerçants et industriels. *La chambre des notaires.* ‹ ▶ bicamérisme ›

③ ***chambre*** n. f. ■ Cavité. **1.** CHAMBRE NOIRE : boîte fermée où une petite ouverture (avec ou sans lentille) fait pénétrer les rayons lumineux et qui sert à reproduire sur un écran l'image des objets. — Pièce presque sans lumière et spécialement aménagée pour le développement de la pellicule (photo, cinéma). *Travailler en chambre noire.* **2.** (Dans un moteur) *Chambre d'explosion d'un moteur. Chambre de combustion.* **3.** CHAMBRE À AIR : enveloppe de caoutchouc gonflée d'air, partie intérieure d'un pneumatique. *Réparer une chambre à air.*

chameau [ʃamo] n. m. **1.** Grand mammifère ruminant à pelage laineux, à bosses sur le dos ; chameau à deux bosses *(chameau d'Asie),* parfois opposé au dromadaire *(chameau d'Arabie)* à une bosse. *La sobriété du chameau. Transport à dos de chameau. Caravane de chameaux. — Poil de chameau,* tissu en poils de chameau. **2.** Fam. Personne méchante, désagréable. ⇒ fam. **cochon, garce, salaud.** *Cette personne est un vieux chameau.* — Adj. *Il (elle) est pas mal chameau !* ▶ ***chamelier*** [ʃaməlje] n. m. ■ Personne qui conduit les chameaux et en prend soin. ▶ ***chamelle*** [ʃamɛl] n. f. ■ Femelle du chameau.

chamois [ʃamwa] n. m. invar. **1.** Ruminant à cornes recourbées qui vit dans les montagnes. *Chamois des Pyrénées* (France). **2.** Peau de mouton, de chèvre, préparée par chamoisage. *Gant de chamois. — (Peau de) chamois,* qui sert à nettoyer, à sécher les vitres, etc. — Adj. invar. Couleur jaune clair. *Une veste chamois.* ▶ ***chamoisage*** n. m. ■ Ensemble d'opérations par lesquelles on rend certaines peaux (mouton, chèvre) aussi souples que la peau de chamois véritable.

champ [ʃɑ̃] n. m. **I.** Espace ouvert et plat. ⇒ **campagne. 1.** Étendue de terre propre à la culture. ⇒ ② **clos.** *Cultiver, labourer un champ. Champ de blé. — En plein champ,* au milieu de la campagne. — Loc. fam. *Prendre le champ.* ⇒ ② **clos, fossé. 2.** LES CHAMPS : toute étendue cultivée, cultivable. ⇒ **campagne.** *La vie des champs. Fleurs, fruits des champs. — À travers champs,* hors des chemins. **3.** Terrain, espace. CHAMP DE BATAILLE : lieu des combats, dans une guerre. *Rester sur le champ de bataille,* y être tué. *Mourir, tomber au* CHAMP D'HONNEUR : à la guerre. — Terrain délimité et réservé à une activité. *Champ de manœuvre, d'exercices. Champ d'aviation.* ⇒ **terrain.** *Champ de courses.* ⇒ **hippodrome.** — *Champ clos,* où avaient lieu les tournois*. — Base-ball, balle-molle. CHAMP INTÉRIEUR : partie du terrain où sont disposés le marbre et les buts, et au centre duquel est situé le monticule du lanceur. *Dans le champ intérieur, il y a six joueurs.* CHAMP (EXTÉRIEUR) : partie du terrain comprise entre les trois buts et la limite arrière du terrain (la clôture). *Un joueur de champ.* ⇒ **voltigeur.** *Le champ gauche, centre, droit,* les subdivisions du champ extérieur. Chacun des joueurs qui occupe ces positions. *Le champ centre attrape la balle.* — Loc. PRENDRE DU CHAMP : reculer pour prendre de l'élan ; prendre du recul. **II. 1.** Domaine d'action (⇒ **sphère**). *Élargir le champ de ses connaissances. Donner libre champ à son imagination.* ⇒ ① **cours.** *Laisser le champ libre à,* donner une liberté d'action. **2.** Loc. adv. SUR-LE-CHAMP ⇒ **aussitôt, immédiatement.** *Partir sur-le-champ.* — Loc. adv. fam. À TOUT BOUT DE CHAMP [atubudʃɑ̃] : à tout instant. **III.** Espace limité (concret ou abstrait) réservé à certaines opérations ou doué de propriétés. **1.** *Champ (des instruments d'optique),* portion d'espace qui est vue dans l'instrument ou enregistrée (film). *Sortir du champ. Être hors champ. — Le champ visuel,* l'espace qu'embrasse l'œil immobile. **2.** CHAMP OPÉRATOIRE : zone dans laquelle l'intervention chirurgicale est pratiquée. **3.** Zone où se manifeste un phénomène magnétique ou électrique, un système de forces. *Champ magnétique.* **4.** Partie d'un support informatique réservée à une catégorie spécifique d'information. *Un champ alphanumérique.* ‹ ▶ champêtre, contrechamp ›

champagne [ʃɑ̃paɲ] n. m. ■ Vin blanc de Champagne (France), rendu mousseux. *Bouteille, bouchon de champagne. Sabler le champagne. Boire une coupe de champagne.* ▶ ***champagnette*** n. f. ■ Vin mousseux de piètre qualité, à prix abordable. *Servir de la champagnette.* ▶ ***champagniser*** v. tr. ▪ conjug. 1. ■ Traiter (les crus de Champagne, un vin) pour en faire du champagne. — Au p. p. *Vins champagnisés* (dit abusivt *champagnes*).

champenois, oise [ʃɑ̃pənwa, waz] adj. et n. ■ De Champagne, en France. — N. (Avec une majusc.) Personne née dans cette région de la France ou qui l'habite. *Les Champenois.*

champêtre [ʃɑ̃pɛtʀ] adj. ■ Littér. Qui appartient aux champs, à la campagne cultivée. ⇒ **rural, rustique.** *Vie champêtre. Repas champêtre.*

champignon [ʃɑ̃piɲɔ̃] n. m. **1.** Végétal sans chlorophylle (sans feuilles) formé d'un pied surmonté d'un chapeau, à nombreuses espèces (comestibles ou vénéneuses). *Ramasser des champignons. Omelette aux champignons. Champignon de couche ; champignon de Paris. — Pousser comme un champignon,* grandir très vite. *Ville champignon,* qui se développe vite. **2.** Ce qui a la forme d'un champignon. *Champignon d'un portemanteau.* — Fam. Pédale d'accélérateur. *Appuyer sur le champignon,* accélérer. ⇒ fam. **suce ;** anglic. ② **gaz.** — *Champignon atomique,* nuage d'une explosion atomique. **3.** Botanique. Végétal inférieur (sans tige ni feuilles), dépourvu de chlorophylle (opposé à *algues, mousses*) et dont les cellules ont un noyau (opposé à *bactéries*). *Les champignons comprennent des levures, moisissures, etc.* ▸ ***champignonnière*** [ʃɑ̃piɲɔnjɛʀ] n. f. ■ Lieu où l'on cultive les champignons (1) sur couche.

champion, onne [ʃɑ̃pjɔ̃, ɔn] n. et adj. **1.** Personne qui défend avec acharnement (une cause). ⇒ **défenseur, partisan.** *Elle s'était faite la championne du vote des femmes.* **2.** Vainqueur d'une épreuve sportive (championnat). *Le champion du monde du tir à l'arc. Championne du Canada, champion québécois.* — Équipe qui termine en tête du classement à la fin d'une saison. *Les champions de la saison régulière. Champion de division. Le champion des marqueurs,* le joueur qui a obtenu le plus de points au cours de la saison. — Adj. *L'équipe championne.* **3.** Fam. Personne remarquable. ⇒ **as.** — Adj. *Il est champion, c'est champion !,* remarquable. ⇒ **épatant, formidable.** ▸ ***championnat*** n. m. ■ Épreuve sportive officielle à l'issue de laquelle le vainqueur obtient un titre. *Le championnat mondial, nord-américain de natation.* — *Remporter le championnat des compteurs, des frappeurs,* finir en tête de tous les autres.

champlure [ʃɑ̃plyʀ] ou ***champleure*** [ʃɑ̃plœʀ] n. f. ■ Fam. Robinet. *La champlure d'eau chaude. Fermer la champlure d'eau froide. Les champlures de la baignoire. La champlure d'un tonneau, d'une cruche d'eau.*

chance [ʃɑ̃s] n. f. **1.** *Bonne, mauvaise chance,* manière favorable ou défavorable selon laquelle un événement se produit (opposé à *fatalité*) ⇒ **hasard** ; puissance qui préside au succès ou à l'insuccès ⇒ **fortune, sort.** *Souhaiter bonne chance à qqn.* **2.** CHANCES : possibilités de se produire par hasard. ⇒ **éventualité, probabilité.** *Il y a beaucoup de chances, il y a des chances,* c'est probable. *Il y a des chances qu'elle réussisse. Calculer ses chances de succès.* **3.** *La chance,* bonne chance. ⇒ **bonheur, veine.** *Avoir de la chance.* ⇒ **chanceux.** *Avoir la chance de* (+ infinitif), avoir l'occasion de. *Prendre, courir la (une) chance de* (+ infinitif), essayer, tenter de. *Je cours la chance de le rencontrer,* il y a une possibilité que je puisse le rencontrer. *Par chance,* par bonheur. *Donner sa chance à qqn,* lui donner la possibilité de réussir. *Donner une chance à qqn,* lui fournir l'occasion de se racheter, de se faire valoir. — *Par chance, une chance que,* heureusement. *Par chance que tu étais là, car j'avais oublié mes clés.* — *Pas de chance !* ⇒ fam. **bol, pot, veine.** / contr. **déveine, malchance** / ‹ ▸ chanceux, malchance ›

chanceler [ʃɑ̃sle] v. intr. ▪ conjug. 4. **1.** Vaciller sur sa base, pencher de côté et d'autre comme si on allait tomber. ⇒ **flageoler, tituber.** *Il chancelle comme un homme ivre.* **2.** (Suj. chose) Être menacé de ruine, de chute. *Sa fortune chancelle.* — Montrer de l'hésitation. *Sa mémoire chancelle.* / contr. s'**affermir** / ▸ ***chancelant, ante*** adj. ■ *Un pas chancelant. Santé chancelante.* ⇒ **faible.**

chancelier, ière [ʃɑ̃səlje, jɛʀ] n. **1.** Personne qui est chargée de garder les sceaux, qui en dispose. **2.** (Angleterre) *Le chancelier de l'Échiquier,* le ministre des Finances. **3.** (Autriche, Allemagne) Premier ministre. ▸ ***chancellerie*** [ʃɑ̃sɛlʀi] n. f. ■ Services d'un chancelier. — *La chancellerie d'un consulat, d'une ambassade,* les services administratifs.

chanceux, euse [ʃɑ̃sø, øz] adj. ■ Qui a de la chance, que la chance favorise. ⇒ fam. **merdeux, veinard.** / contr. **malchanceux** / Loc. *Être chanceux dans sa malchance,* s'en tirer à bon compte.

chancre [ʃɑ̃kʀ] n. m. ■ Dans certaines maladies infectieuses, perte de substance formant une plaie qui ronge la peau. *Chancre syphilitique.*

chandail, ails [ʃɑ̃daj] n. m. ■ Gros tricot de laine ou de tissu synthétique sans ouverture sur le devant. ⇒ **gilet, pull-over.** *Chandail de sport, chandail à col roulé. Des chandails de joueurs,* des maillots aux couleurs d'une équipe sportive. *Il porte le chandail numéro 7.* — Tout vêtement de tissu, ajusté et couvrant le haut du corps, à manches courtes ou longues, sans ouverture sur le devant. ⇒ **maillot, tee-shirt.** *Un chandail en coton ouaté. Un petit chandail,* mince et en coton.

Chandeleur [ʃɑ̃dlœʀ] n. f. ■ (Avec une majusc.) Fête de la présentation de Jésus-Christ au Temple (2 février). *La fête de la Chandeleur.*

chandelle [ʃɑ̃dɛl] n. f. **1.** Mèche tressée enveloppée de suif qui servait à s'éclairer. — Fam. Bougie. *Mettre des chandelles sur un gâteau. Un souper aux chandelles.* **2.** Loc. DEVOIR UNE (FIÈRE) CHANDELLE *à qqn* : avoir des obligations envers une personne qui a rendu un grand service. — *Des économies de* BOUTS DE CHANDELLES : insignifiantes. — *Brûler la chandelle par les deux bouts,* dépenser trop ; se dépenser trop (en travaillant beaucoup, en faisant toujours la fête...). — *En voir trente-six chandelles,* avoir un éblouissement à la suite d'un coup sur la tête. **3.** Montée verticale (d'une balle, d'un avion). *L'avion monte en chandelle. Le joueur frappe une chandelle au deuxième but,* une balle très haute et rapprochée du marbre*. ▸ ***chandelier*** [ʃɑ̃dəlje] n. m. ■ Support destiné à recevoir des chandelles, cierges, bougies. ⇒ **bougeoir, candélabre, flambeau.** *Un chandelier d'argent, de cuivre.* — *Le chandelier à sept branches,* dans la religion juive, chandelier du culte.

chanfrein [ʃɑ̃fʀɛ̃] n. m. ■ Partie de la tête du cheval comprise entre le front et les naseaux.

changer [ʃɑ̃ʒe] v. ▪ conjug. 3. **I.** V. tr. **1.** Céder (une chose) contre une autre. ⇒ **échanger, troquer.** *Changer une chose pour, contre une autre.* — (Sans prép.) *Changer de l'argent* (contre une autre monnaie). ⇒ **change.** — Fam. *Changer un chèque,* l'encaisser. ⇒ fam. **échanger.** — REM. Cet emploi est critiqué. **2.** Remplacer (qqch., qqn) par une chose, une personne (de même nature). *Changer sa voiture. Changer le personnel d'une administration. Changer les draps.* — Loc. fam. *Changer quatre trente-sous pour une piastre,* ne faire aucun bénéfice dans une transaction. **3.** CHANGER *qqch., qqn* DE... : mettre dans un autre (état, lieu). *Changer qqch. de place.* ⇒ **déplacer, transférer.** *Changer qqn de poste.* ⇒ **muter. 4.** Rendre autre ou différent (compl. abstrait ou indéfini). ⇒ **modifier.** *Changer sa manière de vivre. Changer ses plans, ses projets. Cela ne change rien à l'affaire. Vouloir tout changer.* ⇒ **bouleverser, transformer.** — Fam. *Changer les idées à qqn.* ⇒ **divertir.** (Pronominalement. Réfl.) *Se changer les idées,* faire autre chose que ce que l'on fait en ce moment. ⇒ se **détendre.** — (Suj. chose) *Changer qqn. Cette nouvelle coiffure vous change,* vous fait paraître différent. **5.** CHANGER *qqch.* EN. ⇒ **convertir, transformer.** *Changer un doute en certitude. Changer qqch. en bien, en mieux* ⇒ **améliorer**, *en mal, en pire* ⇒ **aggraver. 6.** CHANGER *qqch.* À : modifier un élément de. *Ne rien changer à ses habitudes.* **II.** V. tr. indir. (Suj. personne) CHANGER DE. **1.** *Changer de place (avec qqn),* se déplacer, permuter. *Changer de direction, d'endroit, de côté.* **2.** *Changer de,* abandonner, quitter, remplacer (une chose) pour une autre de la même espèce. *Changer de vitesse. Changer de gouvernement. Elle a changé de coiffure. Changer de vêtements. Il change sans cesse de sujet, d'avis.* — (Personnes) Remplacer.

Nous allons changer de professeur. Changer de ministre. **3.** (Sens passif) Avoir, recevoir un autre caractère. *La rue a changé d'aspect, de nom.* **III.** V. intr. Devenir autre, différent, éprouver un changement. ⇒ **évoluer,** se **modifier,** se **transformer, varier.** / contr. **durer, rester, subsister** / *Les choses ont changé. Le temps change.* ⇒ **changeant.** *Elle n'a pas changé, elle est toujours la même.* — Iron. *Pour changer,* comme d'habitude. *Et pour changer, elle est encore en retard.* **IV. 1.** V. tr. CHANGER *qqn* : changer ses vêtements. *Changer un enfant, un bébé.* ⇒ **langer. 2.** SE CHANGER v. pron. : changer de vêtements. *Vous êtes bien mouillé, changez-vous.* ▶ ***change*** n. m. **I. 1.** *Gagner, perdre au change,* à l'échange. ⇒ **troc. 2.** Échange de deux monnaies de pays différents. *Bureau de change. Agent de change.* ⇒ **cambiste, changeur.** *Frais de change. Contrôle des changes.* — Prix demandé pour convertir la monnaie nationale en monnaie étrangère. ⇒ **taux.** *Cote des changes.* — LETTRE DE CHANGE. ⇒ **billet** à ordre, **effet. 3.** Fam. Monnaie, petite monnaie. *As-tu du change pour un dollar ?* — Loc. fig. *Prendre tout son (petit) change* (pour faire qqch.), déployer tous les efforts, puiser dans ses dernières ressources physiques ; avoir peine à réaliser qqch. — REM. Ce dernier emploi (3) est critiqué. **II.** Loc. *Donner le change à qqn,* lui faire prendre une chose pour une autre. ⇒ **tromper ; abuser. III.** *Change, change complet,* couche*-culotte jetable. ⇒ **lange.** ▶ ***changeable*** [ʃɑ̃ʒabl] adj. ■ Qui peut être changé. ⇒ **modifiable, remplaçable.** / contr. **immuable** / ▶ ***changeant, ante*** adj. **1.** Qui peut changer, se modifier souvent. ⇒ **variable ; incertain, instable.** *Temps changeant. Humeur changeante.* ⇒ **capricieux, instable.** *Il est bien changeant dans ses opinions.* / contr. **fixe, immuable, stable** / **2.** Dont l'aspect, la couleur change suivant le jour sous lequel on le regarde. Étoffe changeante. ⇒ **chatoyant.** ▶ ***changement*** n. m. **1.** Fait de changer, de se modifier, de varier. *Changement de...,* modification quant à (tel caractère). *Changement d'état, de forme.* ⇒ **altération, modification, transformation.** / contr. **constance, fixité, stabilité** / — (Choses) Fait de changer. *Il y a eu un brusque changement de temps. Changement de programme. Changement de décor. Le changement de vitesse.* — Fam. *Faire le changement d'huile de son auto,* la vidange. — REM. Cet emploi est critiqué. **2.** (Personnes) *Changement de...,* le fait de quitter une chose pour une autre. *Changement d'adresse. Vous avez besoin d'un changement d'air.* **3.** *Le changement,* état de ce qui évolue, se modifie (choses, circonstances, états psychologiques). *Aimer, craindre le changement,* les modifications des conditions de vie. *Changement brusque, total.* ⇒ **bouleversement.** *Changement graduel, progressif.* ⇒ **évolution, gradation, progression. 4.** *Un changement,* chose, circonstance qui change, évolue. *Ç'a été un grand changement dans sa vie.* ▶ ***changeur, euse*** n. **1.** Personne qui effectue des opérations de change (I, 2). **2.** N. m. Machine permettant d'obtenir de la monnaie. ⟨ ▶ cambiste, échanger, libre-échange, inchangé, interchangeable, de rechange ⟩

chanoine [ʃanwan] n. m. ■ Ecclésiastique qui fait partie du conseil de l'évêque. *Chanoine titulaire, honoraire. Anneau de chanoine,* symbole de cette fonction. *Assemblée de chanoines.* ⇒ ② **chapitre.**

① ***chanson*** [ʃɑ̃sɔ̃] n. f. **1.** Texte mis en musique, souvent divisé en couplets et refrain, destiné à être chanté. ⇒ **chant, mélodie.** *L'air, les paroles, les couplets, le refrain d'une chanson. Une chanson d'amour. Des chansons folkloriques. Des chansons à répondre,* dont les spectateurs reprennent une partie pour répondre au chanteur. *Chanter, écouter des chansons.* — *Une boîte* à chansons.* **2.** Chant, bruit harmonieux. *La chanson du vent dans les feuilles.* **3.** Fig. et fam. *C'est toujours la même chanson,* les mêmes propos. ⇒ **histoire.** *Chanter toujours la même chanson,* répéter, rabâcher la même chose. ⇒ **antienne.** ▶ ***chansonnette*** n. f. ■ Petite chanson sur un sujet léger. ⟨ ▶ chansonnier ⟩

② ***chanson*** n. f. ■ Littér. Poème épique du Moyen Âge, divisé en strophes. *Une chanson de geste. La Chanson de Roland.*

chansonnier, ière [ʃɑ̃sɔnje, jɛʀ] n. **1.** Artiste qui écrit les paroles, compose la musique et interprète ses chansons. ⇒ **compositeur**-interprète. *Félix Leclerc était un grand chansonnier. La chansonnière donnait des spectacles dans une boîte à chansons.* **2.** (France) Personne qui compose ou improvise des chansons, des monologues satiriques, des sketches et qui se produit sur une scène. ⇒ **humoriste.** *Les chansonniers de Montmartre.*

① ***chant*** [ʃɑ̃] n. m. **I. 1.** Émission de sons musicaux par la voix humaine ; technique, art de la musique vocale. *Apprendre le chant. Exercices de chant.* **2.** *Un chant,* un air chanté, une composition musicale destinée à la voix, généralement sur des paroles. ⇒ **air, chanson, mélodie.** *Chant de joie. Chant de deuil. Chants populaires. Chants d'Église.* ⇒ **cantique. 3.** Formes particulières de musique vocale. *Chant grégorien,* chant ordinaire de l'Église catholique romaine. ⇒ **plain-chant.** *Chant choral.* **4.** Bruit modulé, musique (comparée au chant). *Le chant du violon. Le chant des oiseaux.* ⇒ **ramage.** *Le chant du rossignol. Le chant des cigales. Au chant du coq,* au point du jour. — Fig. *Le chant du cygne,* la dernière et la plus belle composition d'un artiste. **II.** Poésie lyrique ou épique. — Chaque division d'un poème épique ou didactique. *Les douze chants de l'Énéide.* ⟨ ▶ contre-chant, plain-chant ⟩

② ***de chant*** [dəʃɑ̃] loc. adv. ■ *Mettre, poser de chant une pierre,* de sorte que sa face longue soit horizontale et en profondeur. ⟨ ▶ chantourner ⟩

chantage [ʃɑ̃taʒ] n. m. ■ Action d'exiger de qqn de l'argent ou un avantage en menaçant de révéler un scandale, de faire contre lui une action hostile. ⇒ **extorsion, racket ;** faire **chanter** (I, 3). *Faire du chantage.* ⇒ **maître chanteur.**

chanter [ʃɑ̃te] v. . conjug. 1. **I.** V. intr. **1.** Former avec la voix une suite de sons musicaux (chant). *Chanter juste, faux* (⇒ **détonner ;** fam. **fausser** (II)). *Chanter fort, à tue-tête.* ⇒ **beugler, crier.** *Chanter doucement.* ⇒ **chantonner, fredonner.** *Chanter en chœur,* ensemble, à l'unisson. **2.** (Oiseaux, certains insectes) Crier. ⇒ **gazouiller, siffler.** *L'alouette, le coq chantent.* **3.** Loc. FAIRE CHANTER *qqn* : exercer un chantage sur lui. **4.** Fam. *Si ça me (lui, vous) chante,* si ça me (lui, vous) convient, me (lui, vous) plaît. **II.** V. tr. **1.** Émettre (des sons musicaux), exécuter (un morceau de musique vocale). *Chanter un air, une chanson.* — Fam. *Qu'est-ce que tu nous chantes là ?* ⇒ **conter, dire, raconter.** *Chanter des bêtises à qqn,* l'engueuler. **2.** Littér. *Chanter qqn, qqch.,* célébrer par le chant, la poésie. ⇒ **exalter.** *Homère a chanté les exploits d'Ulysse.* — Loc. *Chanter les louanges de qqn,* faire de grands éloges de qqn. — *Chanter la pomme* (à une femme), chercher à lui plaire, lui faire la cour. ⇒ **charme** (3). ▶ ***chantant, ante*** adj. **1.** Qui chante, a un rôle mélodique. *Basse chantante.* **2.** *Voix chantante,* mélodieuse. *Accent chantant. L'accent marseillais est très chantant.* ▶ ***chanteur, euse*** n. **1.** Personne qui chante, qui fait métier de chanter. ⇒ **chansonnier** (1), **diseuse.** *Poètes et chanteurs de l'Antiquité et du Moyen Âge.* ⇒ **barde, ménestrel, troubadour, trouvère.** *Chanteur amateur, professionnel. Chanteur de charme. Chanteuse d'opéra.* ⇒ **cantatrice,**

diva. *Chanteur populaire.* **2.** Adj. *Oiseaux chanteurs.* **3.** *Un chanteur de pomme,* un séducteur, un homme volage. — REM. Dans ce sens, le féminin est inusité. ‹ ▶ ① chant, chantage, chantonner, chantre, déchanter, maître chanteur ›

① ***chanterelle*** [ʃɑ̃tʀɛl] n. f. ■ Corde la plus fine, ayant le son le plus aigu, dans un instrument à cordes. *Chanterelle de violon.*

② ***chanterelle*** n. f. ■ Champignon comestible en forme de coupe jaune. ⇒ **girolle.**

chantier [ʃɑ̃tje] n. m. **1.** Lieu où se fait un vaste travail collectif sur des matériaux. *Chantier de construction. Travailler sur un chantier. Chantier naval. Chantier (forestier).* ⇒ **camp** (5), **exploitation.** Surtout au plur. *Travailler dans les chantiers.* **2.** Loc. *Mettre (un travail, etc.)* SUR LE CHANTIER, EN CHANTIER : commencer. **3.** Fam. *Quel chantier !* ⇒ **bazar, désordre.**

chantilly [ʃɑ̃tiji] n. f. invar. ⇒ **crème** (I,1).

chantonner [ʃɑ̃tɔne] v. intr. et tr. ▪ conjug. 1. ■ Chanter à mi-voix. ⇒ **fredonner.** ▶ ***chantonnement*** n. m.

chantourner [ʃɑ̃tuʀne] v. tr. ▪ conjug. 1. ■ Découper (une pièce de bois ou de métal) suivant un profil donné.

chantre [ʃɑ̃tʀ] n. **1.** Personne dont la fonction est de chanter dans un service religieux. — En appos. *Le maître chantre,* le premier en importance. **2.** Littér. Personne qui chante, célèbre, prend la défense de. *Le chantre des races opprimées.*

chanvre [ʃɑ̃vʀ] n. m. **1.** Plante à tige droite, à feuilles en palmes. — *Chanvre indien,* qui produit le haschisch. ⇒ **cannabis. 2.** Textile de la tige du chanvre. *Toile de chanvre.*

chaos [kao] n. m. invar. ■ Confusion, désordre complet. *Ses affaires sont dans un chaos épouvantable.* ≠ *cahot.* ▶ ***chaotique*** [kaɔtik] adj. ■ Qui a l'aspect d'un chaos, en désordre. *Un amas chaotique.*

chaparder [ʃapaʀde] v. tr. ▪ conjug. 1. ■ Fam. Dérober, voler (de petites choses). ⇒ fam. **chiper,** ① **piquer** (III). ▶ ***chapardage*** n. m. ▶ ***chapardeur, euse*** adj. et n. ■ Qui fait de petits larcins. *Une petite fille chapardeuse.*

chape [ʃap] n. f. **1.** Manteau de cérémonie que portent les évêques, les prêtres pour certains offices. *Une chape de drap d'or. La chape de l'officiant.* **2.** Objet recouvrant qqch. ⇒ **couvercle, enveloppe.** *Chape de bielle, de poulie. Une chape de plomb.* — Fig. *Une chape de plomb,* une atmosphère très lourde, un objet très lourd. ‹ ▶ rechaper ›

① ***chapeau*** [ʃapo] n. m. **1.** Coiffure de forme assez rigide (opposé à *bonnet, coiffe*). ⇒ **coiffure, couvre-chef.** *Chapeaux d'homme,* canotier, feutre, haut-de-forme, melon. *Chapeau de cow-boy. Chapeau mou. Mettre, enlever son chapeau.* — *Un coup de chapeau* (pour saluer). — *Chapeaux de femme,* bibi, feutre, toque... **2.** Loc. *Faire (obtenir) le tour du chapeau,* au hockey, marquer trois buts dans un match, par un seul joueur. — Loc. *Je lui tire mon chapeau,* je l'admire. — Loc. fam. *Parler à travers son chapeau,* à tort et à travers, sans connaissance de cause. *Porter le chapeau,* être responsable de qqch. pour les autres. *Il travaille du chapeau,* il est un peu dérangé, un peu fou. ⇒ fam. faire de la **calotte.** *Passer le chapeau,* faire la quête, recueillir de l'argent, des fonds. — Fam. *Chapeau !,* bravo !, c'est magnifique. ▶ ***chapeauter*** v. tr. ▪ conjug. 1. **1.** Coiffer d'un chapeau. **2.** Fam. Exercer un contrôle sur (qqn, qqch.). *L'employée qui chapeaute le service des communications.* ⇒ **coiffer.** ‹ ▶ chapelier ›

② ***chapeau*** n. m. **1.** Partie supérieure d'un champignon. **2.** CHAPEAU CHINOIS : instrument de musique formé d'un disque de cuivre garni de clochettes. **3.** Partie supérieure ou latérale (qui protège). *Chapeau de roue.* ⇒ **enjoliveur.** — Fam. *Prendre un virage sur les chapeaux de roues,* très vite. **4.** Texte court qui surmonte et présente un autre texte (après le titre). *Chapeau d'un article de journal.*

chapelain [ʃaplɛ̃] n. m. ■ Prêtre qui dessert une chapelle privée. ⇒ **aumônier.**

chapelet [ʃaplɛ] n. m. **1.** Objet de dévotion en forme de collier, composé de grains enfilés que l'on fait glisser entre ses doigts en récitant des prières ; ces prières. *Dire, réciter son chapelet.* — Fam. *Défiler, dévider son chapelet,* raconter dans le détail et à la suite. *Un chapelet d'injures.* **2.** Succession de choses identiques ou analogues. *Un chapelet de saucisses. Un chapelet de bombes.*

chapelier, ière [ʃapəlje, jɛʀ] n. et adj. **1.** Personne qui fait ou vend des chapeaux pour hommes et pour femmes. ⇒ **modiste. 2.** Adj. *L'industrie chapelière.*

chapelle [ʃapɛl] n. f. **I. 1.** Lieu consacré au culte dans une demeure particulière, un couvent, un séminaire, un monastère. ⇒ **oratoire.** *La chapelle du Petit Séminaire de Québec. Dans la chapelle des Ursulines.* **2.** Église n'ayant pas le titre de paroisse. *La Sainte-Chapelle* (à Paris). **3.** Partie d'une église où se dresse un autel secondaire. *Une chapelle latérale. La chapelle de la Sainte Vierge.* **4.** MAÎTRE DE CHAPELLE : personne chargée de diriger le chant, à l'église. **II.** Groupe de personnes qui restent entre elles et refusent les idées des autres. ⇒ **coterie.** *Un esprit de clan et de chapelle.* ‹ ▶ chapelain ›

chapelure [ʃaplyʀ] n. f. ■ Pain séché (ou biscotte), râpé ou émietté, dont on saupoudre certains mets. ⇒ **panure.**

chaperon [ʃapʀɔ̃] n. m. ■ Personne qui accompagne une jeune fille ou une jeune femme par souci des convenances. *Servir de chaperon à qqn.* ▶ ***chaperonner*** v. tr. ▪ conjug. 1. ■ Plaisant. Accompagner (une jeune fille) en qualité de chaperon.

chapiteau [ʃapito] n. m. **1.** Partie élargie qui couronne une colonne. *Chapiteaux grecs* (corinthien, dorique, ionien). *Les chapiteaux sculptés des églises romanes, gothiques.* **2.** Tente d'un cirque. *Sous le chapiteau. Le chapiteau,* le cirque.

① ***chapitre*** [ʃapitʀ] n. m. **1.** Chacune des parties suivant lesquelles se divise un livre, un code. ⇒ **section, titre. 2.** Sujet dont on parle. ⇒ **matière, objet, question.** *Être sévère sur le, au chapitre de la discipline. En voilà assez sur ce chapitre.*

② ***chapitre*** n. m. **1.** Assemblée ou communauté de religieux, de chanoines réunis pour délibérer de leurs affaires. — Lieu où siège le chapitre. ⇒ salle **capitulaire. 2.** Loc. *Avoir* VOIX AU CHAPITRE : avoir le droit de donner son avis, avoir droit à la parole. ▶ ***chapitrer*** v. tr. ▪ conjug. 1. ■ Réprimander (qqn). *Chapitrer un mauvais élève.* ⇒ faire la **morale, sermonner.**

chapon [ʃapɔ̃] n. m. ■ Vx ou littér. Jeune coq châtré que l'on engraisse pour la table. ⇒ **coquelet, poulet.**

chaptaliser [ʃaptalize] v. tr. ▪ conjug. 1. ■ Ajouter du sucre au moût avant la fermentation (du vin). ▶ ***chaptalisation*** n. f.

chaque [ʃak] adj. indéf. sing. **1.** Qui fait partie d'un tout et qui est pris, considéré à part. *Chaque chose à sa place. À chaque instant. Chaque trimestre,* tous les trois mois. — (Accord du verbe) *Chaque officier et* *chaque soldat feront leur devoir* (le même devoir pour tous). *Chaque ouvrier et chaque ingénieur fera son travail* (chacun son travail propre). – Loc. (À) CHAQUE FOIS QUE : lorsque, quand. *Tu peux revenir chaque fois que tu en as envie.* **2.** Chacun. *Ces livres coûtent cinq dollars chaque.* ‹ ▸ chacun ›

char [ʃɑʀ] n. m. **1.** Voiture à quatre roues, tirée par un animal, utilisée à la campagne. ⇒ **chariot, charrette.** *Char à foin. Char à bœufs. Char à bancs,* pour le transport des personnes. **2.** Fam. Automobile. *Il serre son char l'hiver. Changer son bazou pour un char de l'année,* pour une voiture du modèle le plus récent. *Un char de police.* ⇒ **autopatrouille. 3.** Antiquité. Voiture à deux roues (utilisée dans les jeux, les cérémonies publiques, les combats). *Course de chars.* **4.** Voiture décorée, portant des personnages, des masques. *Char de carnaval. Char allégorique.* **5.** *Char (d'assaut),* automobile blindée et armée montée sur chenilles. ⇒ **tank.** *Régiment de chars.* **6.** Fig. Fam. UN CHAR DE..., une grande quantité, beaucoup. *Il a bu un char de bière. Il y avait un char de monde au défilé.* — Loc. très vulg. *Faire manger un char de marde à qqn,* l'insulter comme du poisson pourri, l'invectiver. — Loc. fam. *Ça (ne) vaut pas les chars,* cela n'a pas beaucoup de valeur, cela ne vaut pas grand-chose. ⇒ ② **cent** (4.) *C'est, ce n'est pas les (gros) chars, les chars en plein air,* ce n'est pas extraordinaire, ce qu'il y a de mieux (choses, personnes). ⇒ **laid, moche.** / contr. **extraordinaire, magnifique** / — *Avoir déjà vu passer les (gros) chars,* n'être pas né d'hier, en avoir vu d'autres. ‹ ▸ antichar, chariot, charrette, charrier, charroi, charron, charrue ›

charabia [ʃaʀabja] n. m. ▪ Fam. Langage, style incompréhensible ou incorrect. *Ce texte est un pur charabia.* ⇒ **baragouin, jargon.**

charade [ʃaʀad] n. f. ▪ Jeu où l'on doit deviner un mot de plusieurs syllabes décomposé en parties dont chacune forme un mot défini. ⇒ **devinette.** *Le mot de la charade s'appelle « le tout »* (mon premier, mon second, mon tout).

charançon [ʃaʀɑ̃sɔ̃] n. m. ▪ Insecte coléoptère nuisible. *Charançon du blé.* ▸ ***charançonné, ée*** adj. ▪ Attaqué par les charançons. *Blé charançonné.*

① ***charbon*** [ʃaʀbɔ̃] n. m. **1.** Combustible solide, noir, d'origine végétale, tiré du sol (⇒ **anthracite, houille, lignite**) ou obtenu par la combustion lente et incomplète du bois *(charbon de bois* ⇒ **briquette**). — *Exploitation du charbon.* ⇒ **charbonnages.** *Mine de charbon.* **2.** *Un charbon,* un morceau ou une parcelle de charbon. *Viande grillée sur du charbon de bois. Avoir un charbon dans l'œil.* ⇒ **escarbille.** — Loc. *Être sur des charbons ardents,* éprouver de l'anxiété, de l'embarras, de l'impatience. **3.** Fusain. *Dessin au charbon.* ▸ ***charbonnages*** n. m. pl. ▪ Mines de houille. *Les charbonnages du nord de la France.* ⇒ **mine.** ▸ ***charbonner*** v. tr. ▪ conjug. 1. ▪ Noircir, dessiner avec du charbon. *Se charbonner le visage.* ▸ ***charbonneux, euse*** adj. ▪ Qui a l'aspect du charbon ou qui est noir de charbon. ▸ ***charbonnier, ière*** n. et adj. **1.** Personne qui vend du charbon. — Loc. *La foi du charbonnier,* la croyance naïve de l'être simple. **2.** N. m. Cargo destiné au transport du charbon en vrac. **3.** Adj. Qui a rapport au commerce, à l'industrie du charbon. *Industrie charbonnière.* ⇒ **houiller.**

② ***charbon*** n. m. **1.** Maladie infectieuse. *Ce mouton a le charbon.* **2.** Maladie des végétaux produisant une poussière noire.

charcuter [ʃaʀkyte] v. tr. ▪ conjug. 1. ▪ Fam. Opérer maladroitement (un malade). *Un mauvais chirurgien l'a charcuté.*

charcuterie [ʃaʀkytʀi] n. f. **1.** Industrie et commerce de la viande de porc, des préparations à base de porc. **2.** Spécialités à base de viande de porc (andouille, baloney, boudin, cervelas, cretons, jambon, pâté, saucisse, saucisson...). — Au plur. Assortiment de viandes de porc. *Manger des charcuteries.* **3.** Boutique, comptoir de charcutier. *Acheter du jambon à la charcuterie.* ▸ ***charcutier, ière*** n. ▪ Personne qui prépare et qui vend du porc frais, de la charcuterie et divers plats.

chardon [ʃaʀdɔ̃] n. m. ▪ Plante à feuilles épineuses. *Nettoyer un champ de ses chardons.*

chardonneret [ʃaʀdɔnʀɛ] n. m. **1.** Oiseau passereau d'un jaune vif, qui est granivore. *Le chardonneret des pins.* **2.** (France) Oiseau chanteur, au plumage coloré.

① ***charge*** [ʃaʀʒ] n. f. **I. 1.** Ce qui pèse sur (qqn, qqch.) ; ce que porte ou peut porter un animal, un véhicule, un bâtiment. ⇒ **fardeau, poids ;** ① **charger.** *Porter une charge sur les épaules. Charge utile d'un véhicule. Augmenter la charge.* — PRENDRE EN CHARGE *un passager dans un véhicule.* **2.** Technique. Poussée. *Pilier supportant une charge.* **II.** Quantité de poudre, projectiles, que l'on met dans une arme à feu, une mine. ⇒ **cartouche, poudre.** *La charge d'un fusil. Charge d'explosifs, de dynamite.* **III. 1.** Quantité d'électricité à l'état statique. ⇒ **potentiel.** *Charge négative, positive.* **2.** Quantité d'électricité emmagasinée dans un accumulateur. *Mettre une batterie (de voiture) en (sur la) charge.* **IV.** Abstrait. **1.** Ce qui met dans la nécessité de faire des frais, des dépenses. ⇒ **obligation.** *Charges de famille. Personne* À LA CHARGE *de qqn* : nourrie et entretenue par lui. *Une famille à la charge du Bien-être social.* — PERSONNE À CHARGE : conjoint, enfants, etc., pris en compte, lors de la déclaration de revenu, par la personne qui voit à leur subsistance et à leur entretien. — *Le loyer comprend les charges* (d'entretien de l'immeuble, d'électricité, d'eau, de chauffage). — Impôt, taxe. *Charges sociales,* imposées par l'État. — À CHARGE DE REVANCHE : avec l'engagement d'en faire autant. **2.** Fonction dont on a tout le soin, responsabilité (publique). ⇒ **dignité, emploi, poste.** *Une charge de notaire. Les devoirs de sa charge. On lui a confié la charge de faire...* — Loc. *Avoir* CHARGE D'ÂME : la responsabilité morale de qqn. PRENDRE EN CHARGE : sous sa responsabilité. **3.** Fait qui pèse sur la situation d'un accusé. ⇒ **présomption, preuve.** *Ceci constitue une charge contre le prévenu. Témoin* À CHARGE : qui accuse. / contr. **décharge** / **4.** Littér. Ce qui exagère le caractère de qqn pour le rendre ridicule. ⇒ **caricature, imitation.** *Un portrait à charge.* — Exagération comique. *Jouer un rôle en charge.* ‹ ▸ ② décharge, ② décharger, ③ décharger ›

② ***charge*** n. f. ▪ Attaque rapide et violente. ⇒ **assaut.** *Charge de police. À la charge !* — Loc. *Revenir, retourner à la charge,* insister dans ses démarches, ses demandes, ses prières.

③ ***charge*** n. f. ▪ Cours d'eau par lequel un lac reçoit son eau, spécialt endroit où ce cours d'eau aboutit à un lac (opposé à ① *décharge*).

chargé, ée [ʃaʀʒe] n. **1.** CHARGÉ D'AFFAIRES : agent diplomatique, représentant son pays à l'étranger. **2.** CHARGÉ(E) DE COURS ou D'ENSEIGNEMENT : personne qui a la responsabilité d'un ou de plusieurs cours (cégep, école professionnelle, université) mais qui ne fait pas partie du corps professoral de l'institution (opposé à *professeur*).

chargeant, ante [ʃaʀʒɑ̃, ɑ̃t] adj. ▪ Fam. Difficile à digérer, lourd. ⇒ **indigeste, pesant.** *Trop manger de charcuterie, c'est très chargeant.*

chargement [ʃaʀʒəmɑ̃] n. m. **1.** Action de charger (un animal, une voiture, un navire). *Chargement d'un camion, d'un wagon.* / contr. **déchargement** / — Marchandises chargées. ⇒ **cargaison, charge.** *Chargement trop lourd, mal arrimé.* **2.** Action de charger, de garnir (un four, une arme à feu, un appareil photographique). ⇒ **remplissage.**

① ***charger*** [ʃaʀʒe] v. tr. ▪ conjug. 3. **I. 1.** Mettre sur (un homme, un animal, un véhicule, un bâtiment) un certain poids d'objets à transporter. ⇒ ① **charge.** *On le chargea de paquets.* / contr. **décharger** / — Au p. p. *Avoir les bras chargés de paquets. Une automobile très chargée.* **2.** Placer, disposer pour être porté. ⇒ **mettre, placer.** *Charger une valise sur son épaule.* ⇒ **porter.** *Charger du charbon dans une cale. Charger les bagages dans le coffre* — Fam. (Surtout en France) *Taxi qui charge un client,* le fait monter. **3.** Mettre dans (une arme à feu) ce qui est nécessaire au tir. / contr. ① **décharger** / *Charger un fusil.* — Au p. p. adj. *Un fusil chargé.* — *Charger une caméra,* y mettre la pellicule. **4.** Accumuler de l'électricité dans. *Charger une batterie d'accumulateurs.* **II.** Abstrait. **1.** CHARGER *qqch., qqn* DE : faire porter à. *Charger le peuple d'impôts.* ⇒ **écraser.** — *Charger sa mémoire de détails.* ⇒ **encombrer, surcharger.** — Revêtir d'une fonction, d'un office. ⇒ ① **charge** (IV, 2). *On l'a chargé de faire le compte rendu de la séance.* — SE CHARGER DE : s'occuper de... en prenant la responsabilité. ⇒ **assumer, endosser.** *Je me charge de lui, je m'en charge.* **2.** CHARGER *qqn* : apporter des preuves ou des indices de sa culpabilité ; calomnier. ‹ ▸ ① charge, ③ charge, chargé, chargeant, chargement, chargeur, chargeuse, ① décharge, ① décharger, monte-charge, recharger, surcharger ›

② ***charger*** v. tr. ▪ conjug. 3. ■ Attaquer avec impétuosité, par une charge ②. *Charger l'ennemi.* — Sans compl. *La cavalerie chargea. Chargez !* ‹ ▸ ② charge ›

chargeur [ʃaʀʒœʀ] n. m. **I.** Dispositif permettant d'introduire plusieurs cartouches dans le magasin d'une arme à répétition. *Chargeur de mitraillette. Vider plusieurs chargeurs en tirant.* **II.** N. (Personnes) **1.** Personne qui charge une arme automatique. **2.** Négociant qui possède la cargaison d'un navire. — REM. L'O.L.F. propose *chargeuse* (sens II) au féminin.

chargeuse [ʃaʀʒøz] n. f. ■ Engin de chantier équipé d'un godet mobile et servant à la manutention des matériaux. *Chargeuse à pneus, à chenilles.*

chariot [ʃɑʀjo] n. m. **1.** Voiture à quatre roues pour le transport des fardeaux. *Chariot de ferme.* ⇒ **char, charrette.** *Transport par chariot.* — *Chariot à bagages,* pour transporter les bagages, dans les gares, les aéroports. *Chariot d'épicerie,* en forme de grand panier métallique et dans lequel on dépose les marchandises. — Appareil de manutention. ⇒ **diable.** *Chariot élévateur.* **2.** Pièce d'une machine qui transporte, déplace (une charge). *Chariot de machine à écrire, de machine-outil.*

charisme [kaʀism] n. m. ■ Qualité d'une personnalité qui a le don de plaire, de s'imposer, dans la vie publique. ⇒ **magnétisme.**

charité [ʃaʀite] n. f. **1.** Amour du prochain (vertu). ⇒ **altruisme, bienfaisance, humanité, miséricorde.** *Dévouement plein de charité.* / contr. **dureté, égoïsme** / — PROV. *Charité bien ordonnée commence par soi-même.* **2.** Bienfait envers les pauvres. ⇒ **secours.** *Faire la charité. Œuvre de charité. Demander la charité,* une aumône. ▸ ***charitable*** adj. **1.** Qui a de la charité pour son prochain. / contr. **dur, égoïste** / *Vous n'êtes pas très charitable envers lui.* **2.** Inspiré par la charité. *Avis, conseil charitable* (souvent iron.). ▸ ***charitablement*** adv. ■ *Elle lui a charitablement offert de l'aider.*

charivari [ʃaʀivaʀi] n. m. ■ Grand bruit, tumulte. ⇒ **chahut, vacarme, tapage.**

charlatan [ʃaʀlatɑ̃] n. m. **1.** Vendeur ambulant qui débitait des drogues, arrachait les dents. — Mauvais médecin, imposteur. — Personne qui pratique illégalement la médecine. **2.** Personne qui recherche la notoriété par des promesses, des grands discours. *Un charlatan politique.* ▸ ***charlatanesque*** adj. ■ De charlatan. ▸ ***charlatanisme*** n. m. ■ Caractère, comportement du charlatan. ⇒ **cabotinage.**

charlemagne [ʃaʀləmaɲ] n. m. ■ Jeu de cartes qui réunit deux équipes de deux personnes qui doivent réaliser les contrats annoncés. *Une partie de charlemagne. Jouer au petit, au grand charlemagne. Le charlemagne se joue avec 34 cartes.*

charlesbourgeois, oise [ʃaʀləbuʀʒwa, waz] adj. et n. ■ De Charlesbourg. — N. (Avec une majusc.) Personne née dans cette ville ou qui l'habite.

charlevoisien, ienne [ʃaʀləvwazjɛ̃, jɛn] adj. et n. ■ De la région de Charlevoix, propre à cette région. *L'industrie forestière charlevoisienne. Le tourisme charlevoisien.* — N. (Avec une majusc.). Personne née dans cette région du Québec ou qui l'habite. *L'accueil des Charlevoisiens est proverbial.*

charlotte [ʃaʀlɔt] n. f. ■ Entremets à base de fruits ou de crèmes aromatisées, entouré de biscuits ou de tranches de pain. *Charlotte aux poires. Charlotte au chocolat. Charlotte russe.*

charmant, ante [ʃaʀmɑ̃, ɑ̃t] adj. **1.** Qui a un grand charme, qui plaît beaucoup. ⇒ **séduisant ; charmeur.** *Le prince charmant des contes de fées.* **2.** Qui est très agréable (à regarder, à fréquenter). ⇒ **délicieux, ravissant.** *Votre robe est charmante. Un site charmant.* — (Personnes) *Une jeune fille charmante. Il a été tout à fait charmant.* — Iron. Désagréable. *Charmante soirée !*

charme n. m. **1.** (Dans des expressions) Enchantement ; action magique. *Exercer, jeter un charme.* ⇒ **sort.** *Mettre, tenir qqn* SOUS LE CHARME. *Le charme est rompu,* l'illusion cesse. — *Se porter* COMME UN CHARME : jouir d'une santé robuste. **2.** Qualité de ce qui attire, plaît ; attirance. ⇒ **agrément, attrait, séduction.** *Charme irrésistible. Le charme de la nouveauté.* — Aspect agréable. *Cela a son charme. L'automne ne manque pas de charme,* a du charme. **3.** *Faire du charme,* essayer de plaire. ⇒ **chanter** (II, 2). **4.** Au plur. *Les charmes d'une femme,* ce qui fait sa beauté, sa grâce. ⇒ **appas.** ▸ ***charmer*** v. tr. ▪ conjug. 1. **1.** Attirer, plaire par son charme. ⇒ **ravir, séduire.** *Ce livre, ce spectacle nous a charmés.* ⇒ **captiver, transporter.** / contr. **déplaire** / **2.** (ÊTRE) CHARMÉ, ÉE passif (terme de politesse) : enchanté. ⇒ **ravi.** *J'ai été charmé de vous voir, de votre visite.* — Au p. p. adj. *Charmé de faire votre connaissance.* ▸ ***charmeur, euse*** n. **1.** Personne qui plaît, qui séduit les gens. ⇒ **séducteur.** *C'est un grand charmeur* (souvent iron.). — Adj. *Elle souriait d'un air charmeur.* ⇒ **charmant. 2.** *Charmeur, charmeuse de serpents,* personne qui présente des serpents venimeux et les rend inoffensifs en les tenant « sous le charme » d'une musique. ‹ ▸ charmant ›

charmille [ʃaʀmij] n. f. ■ (Surtout en France) Berceau de verdure. *Se promener sous une charmille.*

charnel, elle [ʃaʀnɛl] adj. **1.** Qui a trait aux choses du corps, de la chair (opposé à *spirituel*). ⇒ **corporel, matériel, sensible. 2.** Relatif à la chair (à l'instinct sexuel). ⇒ **sensuel.** *Instinct, amour charnels. Acte charnel.* ⇒ **sexuel.** / contr. **platonique, pur** / ▶ ***charnellement*** adv.

charnier [ʃaʀnje] n. m. **1.** Lieu où l'on déposait les corps (la chair), les ossements des morts. ⇒ **ossuaire. 2.** Lieu où sont entassés des cadavres. *Les charniers des camps de concentration.*

charnière [ʃaʀnjɛʀ] n. f. **1.** Assemblage composé de deux pièces métalliques réunies par un axe (autour duquel l'une des deux peut tourner). *Charnière de portes.* ⇒ **gond. 2.** Abstrait. Point de jonction. *Être à la charnière de deux époques.* — Adj. *Période charnière.*

charnu, ue [ʃaʀny] adj. ■ Bien fourni de chair (muscles). *Lèvres charnues.* / contr. **décharné** / — *Fruit charnu,* dont la pulpe est épaisse.

charognard [ʃa(ɑ)ʀɔɲaʀ] n. m. **1.** Vautour (qui mange les charognes). **2.** Injure. Exploiteur impitoyable des malheurs des autres. ⇒ **chacal, vautour.**

charogne [ʃa(ɑ)ʀɔɲ] n. f. **1.** Corps de bête morte en état de putréfaction. **2.** Fam. Terme d'injure. ⇒ **ordure, saleté.** *Maudite charogne !* — Personne qui n'a aucune pitié pour les autres et qui les exploite. ⇒ **crapule ; dégueulasse, ignoble.** ⟨ ▶ charognard ⟩

charpente [ʃaʀpɑ̃t] n. f. **1.** Assemblage de pièces de bois ou métalliques destinées à soutenir une construction. *Charpente de soutien.* ⇒ **armature, bâti, carcasse, châssis.** *Charpente provisoire.* ⇒ **échafaudage.** *Bois de charpente.* **2.** *La charpente du corps humain,* les parties osseuses qui servent au soutien du corps humain. ⇒ **carcasse, ossature.** *Avoir une solide charpente,* être bien charpenté. **3.** Plan, structure (d'un ouvrage littéraire). *La charpente d'un roman.* ▶ ***charpenter*** v. tr. ■ conjug. 1. **1.** Tailler (des pièces de bois) pour une charpente. *Charpenter une poutre.* **2.** Organiser, construire (un discours, une œuvre littéraire). — Au p. p. adj. *Pièce bien charpentée,* bien construite. **3.** (Personnes) Passif et p. p. adj. *Être solidement charpenté.* ⇒ **bâti.** ▶ ***charpentier*** n. m. ■ Personne qui fait des travaux de charpente. ≠ *menuisier.* — REM. L'O.L.F. propose *charpentière* au féminin.

charpie [ʃaʀpi] n. f. **1.** Amas de fils tirés de vieilles toiles, qui servait à faire des pansements. **2.** Débris (fils, mousse, bouts de tissu...) captés par le filtre d'une lessiveuse automatique. *Le panier à charpie.* **3.** Loc. *Mettre, réduire* EN CHARPIE : déchirer, déchiqueter. *De la viande trop cuite, réduite en charpie.* ⟨ ▶ écharper ⟩

charrette [ʃaʀɛt] n. f. **1.** Voiture à deux ou à quatre roues, à ridelles, servant à transporter des fardeaux. ⇒ **carriole, char, chariot, tombereau.** *Atteler, conduire une charrette. Fabricant de charrettes.* ⇒ **charron.** *Une charrette de foin.* **2.** *Charrette à bras,* tirée par une ou deux personnes. ▶ ***charretée*** [ʃaʀte] n. f. ■ Contenu d'une charrette. *Une charretée de foin.* ▶ ***charretier, ière*** n. ■ Conducteur de charrette. — *Jurer comme un charretier,* grossièrement.

charrier [ʃaʀje] v. tr. ■ conjug. 7. **1.** Transporter dans un chariot, une charrette. ⇒ **charroyer.** *Charrier du foin.* — Fam. Transporter qqch. dans un véhicule, dans ses bras. *Elle charrie ses meubles.* **2.** Entraîner, emporter dans son cours. *La rivière charrie du sable, des blocs de glace.* ⇒ **charroyer. 3.** Fam. *Charrier qqn,* se moquer de lui, abuser de sa crédulité. ⇒ **mystifier ;** fam. faire **marcher.** — Intransitivement. *Tu charries.* ⇒ **exagérer, plaisanter.** ▶ ***charriage*** n. m. **1.** Action de charrier. *Le charriage du fumier.* **2.** Surtout au plur. Fam. Fait d'exagérer. ⇒ **exagération.** *Vas-tu cesser tes charriages ? C'est du charriage.* — REM. On emploie aussi la forme *charroyage(s).*

charron [ʃaʀɔ̃] n. m. ■ Celui qui fabrique des chariots, des charrettes.

charroyer [ʃaʀwaje] v. tr. ■ conjug. 8. ■ Charrier.

charrue [ʃaʀy] n. f. **1.** Instrument agricole servant à labourer et dont la pièce principale est un soc tranchant. *Charrue tirée par un tracteur. Labourer à la charrue.* — Loc. *Mettre la charrue devant, avant les bœufs,* faire d'abord ce qui devrait être fait ensuite. **2.** Fam. CHARRUE (À NEIGE) : engin qui dégage la chaussée obstruée par la neige. ⇒ **chasse-neige, gratte, souffleuse.**

charte [ʃaʀt] n. f. **1.** Moyen Âge. Titre de propriété, de vente, de privilège accordé par un seigneur. — BANQUE À CHARTE : ⇒ **banque.** (France) *L'École des chartes,* école instituée pour préparer des spécialistes des documents anciens (ou *chartistes*). **2.** Histoire. Constitution politique accordée par un souverain. — Lois et règles fondamentales d'une organisation officielle. *La Charte des Nations Unies. La Charte de la langue française. La Charte québécoise des droits et liberté de la personne.*

charter [ʃaʀtɛʀ] n. m. ■ (France) Anglic. Avion affrété. ⇒ **nolisé.** *Partir en charter. Compagnie de charters,* louant des avions pour un vol. — En appos. *Vol charter.*

chartreux, euse [ʃaʀtʀø, øz] n. **1.** Religieux, religieuse de l'ordre de Saint-Bruno. **2.** N. f. Liqueur aux herbes (fabriquée par les chartreux).

chas [ʃɑ] n. m. invar. ■ Trou (d'une aiguille). *Faire passer le fil par le chas d'une aiguille.* ≠ *chat.*

① ***chasse*** [ʃas] n. f. **I. 1.** Action de chasser, de poursuivre les animaux *(gibier)* pour les manger ou les détruire. ⇒ **cynégétique.** *Aller à la chasse.* — DE CHASSE. *Permis de chasse. Partie de chasse. Chiens de chasse.* — CHASSE À COURRE : avec des chiens, sans armes à feu. ⇒ **vénerie.** — *Chasse au fusil. Chasse organisée.* ⇒ **battue.** *Chasse à l'orignal, aux canards.* — *Chasse sous-marine,* consistant à poursuivre le poisson avec un fusil lance-harpon. ⇒ **pêche. 2.** Période où l'on a le droit de chasser. *La chasse est ouverte.* **3.** Terre réservée pour la chasse. *Cette chasse est à vendre. Une chasse gardée*.* — Loc. fig. *C'est chasse gardée, ici.* **II.** Poursuite ; action de poursuivre. *Faire, donner la chasse (à...). Chasse à l'homme,* poursuite (d'un individu recherché). — Poursuite (d'un bâtiment ou d'un avion ennemi). *Prendre un bombardier en chasse.* — *Avion de chasse,* avion très rapide chargé de poursuivre et de détruire les avions ennemis. ⇒ **chasseur.** ⟨ ▶ garde-chasse ⟩

② ***chasse*** n. f. ■ Techniques. Écoulement rapide donné à une retenue d'eau (pour nettoyer un conduit, dégager un chenal). *Bassin, écluse de chasse.* — Loc. cour. CHASSE (D'EAU). *Chasse de cabinets. Actionner la chasse d'eau.*

chassé-croisé [ʃasekʀwaze] n. m. ■ Échange réciproque et simultané (de place, de situation...). *Des chassés-croisés.*

chasse-mouches [ʃasmuʃ] n. m. invar. ■ Éventail ou petit balai de crins pour écarter les mouches. *Des chasse-mouches en crins de cheval.*

chasse-neige [ʃasnɛʒ] n. m. invar. **1.** Dispositif (éperon) pour déblayer la neige. ⇒ **gratte.** — Véhicule qui en est muni. ⇒ fam. **charrue** à neige **; souffleuse.** *Les chasse-neige ont déblayé la route.* **2.** Position du skieur qui écarte les talons de ses skis. *Descendre une pente en chasse-neige.*

chasser [ʃase] v. ■ conjug. 1. **I.** V. tr. **1.** Poursuivre (les animaux) pour les tuer ou les prendre. ⇒ **chasse.** *Chasser le lièvre, la perdrix.* — Sans compl. *Il aime* *chasser.* **2.** Mettre, pousser dehors ; faire sortir de force. ⇒ **exclure, expulser, renvoyer.** — (Personnes) *Chasser un indésirable. On la chasse de son emploi.* ⇒ **congédier, renvoyer.** / contr. **garder, retenir ; accueillir** / **3.** Faire partir (qqn). *Les maçons, les peintres me chassent de chez moi.* **4.** Faire partir, éliminer (qqch.). *Chasser une mauvaise odeur. Chasser une idée de son esprit. Le vent chasse les nuages.* **II.** V. intr. Être poussé, entraîné malgré une résistance. *Le navire chasse sur son ancre,* il se déplace en entraînant son ancre. *L'ancre chasse,* elle ne tient pas le fond. *Les roues chassent sur le verglas.* ⇒ **déraper, patiner.** ▸ ***chasseur, euse*** n. **1.** Personne qui pratique la chasse (surtout au fusil). ⇒ **coureur** de bois. *Un bon, un mauvais chasseur. Chasseur sans permis.* ⇒ **braconnier.** — *Chasseur d'images,* photographe, cinéaste à la recherche d'images, de scènes originales. **2.** Domestique portant un uniforme, attaché à un hôtel, à un restaurant. ⇒ **groom.** *Le chasseur d'un grand hôtel.* **3.** (France) Se dit de certains corps de troupes. *Chasseurs à pied, chasseurs alpins.* **4.** N. m. Avion léger, rapide et maniable destiné aux combats aériens (avion de chasse). *Chasseur à réaction. Chasseur-bombardier.* ▸ ***chasseresse*** n. f. et adj. ■ Littér. Femme qui chasse. *Diane chasseresse,* déesse de la chasse. ‹ ▸ ① chasse, ② chasse, chassé-croisé, chasse-mouches, chasse-neige, garde-chasse, pourchasser ›

chassieux, euse [ʃasjø, øz] adj. ■ Qui a une humeur* gluante (une *chassie*) aux paupières. *Yeux chassieux.*

châssis [ʃɑsi] n. m. invar. **1.** Cadre destiné à maintenir en place des planches, des vitres, du tissu, du papier. ⇒ **bâti, cadre, charpente.** **2.** Encadrement (d'une ouverture ou d'un vitrage) ; vitrage encadré. *Châssis de verre. Châssis des portes et des fenêtres.* — Fam. Fenêtre. *Nettoyer les vitres du châssis,* les carreaux. *Regarder par le châssis. Poser les châssis doubles,* les doubles fenêtres pour empêcher le froid de pénétrer à l'intérieur. — Fig. Loc. fam. *Des châssis doubles,* des lunettes. **3.** Cadre sur lequel on fixe la toile après l'avoir tendue. *Le châssis d'un tableau.* **4.** Charpente ou bâti de machines, de véhicules. *Le châssis d'une automobile supporte la carrosserie.* — Fam. *Un beau châssis,* un beau corps de femme.

chaste [ʃast] adj. **1.** Qui s'abstient des plaisirs sexuels. ⇒ **pur.** **2.** Plein de chasteté. ⇒ **décent, modeste, pudique.** *Une chaste jeune fille. Amour chaste. Chaste baiser. Des oreilles chastes.* ⇒ **innocent.** / contr. **impur, sensuel** / ▸ ***chastement*** adv. ▸ ***chasteté*** n. f. ■ *Vivre dans la chasteté.* / contr. **débauche, luxure** /

chasuble [ʃazybl] n. f. **1.** Manteau à deux pans, qui le prêtre revêt pour célébrer la messe. *Chasuble brodée.* **2.** Vêtement sans manches qui a cette forme. — En appos. *Robe chasuble.*

chat, chatte [ʃa, ʃat] n. **I. 1.** Petit mammifère familier à poil doux, aux yeux oblongs et brillants, à oreilles triangulaires, aux griffes retractiles. ⇒ **matou ;** fam. **minet, minou.** *Chat commun, chat de gouttière. Chat domestique, sauvage. Chat angora, siamois. Le chat miaule. Le chat ronronne. Une chatte et ses chatons.* **2.** CHAT (SAUVAGE) : raton laveur ; sa fourrure. *Porter un manteau* ou fam. *un capot de chat (sauvage).* **3.** Loc. et prov. (au masc.). *La nuit tous les chats sont gris,* on confond les personnes, les choses dans l'obscurité. — *Quand le chat n'est pas là, les souris dansent,* les subordonnés prennent des libertés quand le maître est absent. — *Chat échaudé craint l'eau froide,* une mésaventure rend prudent à l'excès. — *À bon chat, bon rat,* la défense, la réplique vaut, vaudra l'attaque. — *Être, vivre comme chien et chat,* éprouver de l'antipathie, de la haine l'un pour l'autre, se chamailler à tout instant. — *Écrire comme un chat,* d'une manière illisible. ⇒ **griffonner.** — *Appeler un chat un chat,* appeler les choses par leur nom. — *Avoir un chat dans la gorge,* être enroué, ne plus pouvoir parler. — *Il n'y a pas un chat,* il n'y a absolument personne. — *Il n'y a pas de quoi fouetter un chat,* la faute, l'affaire est insignifiante. — *Avoir d'autres chats à fouetter,* d'autres affaires en tête, plus importantes. — *Donner sa langue au chat,* s'avouer incapable de répondre à une question. **4.** Adj. *Elle est chatte,* douce, caressante. — Terme d'affection. *Mon chat, ma petite chatte.* **5.** Personne qui poursuit les autres (à un jeu), jeu de poursuite. ⇒ anglic. **tag.** *Jouer à chat perché.* **6.** Mammifère carnivore dont le chat (1) est le type. *Chats sauvages.* ⇒ **chat-tigre, guépard, ocelot.** **II.** CHAT À NEUF QUEUES : fouet à neuf lanières. ≠ *chas.* ‹ ▸ chat-huant, chatière, ① chaton, chatterie, chat-tigre ›

châtaigne [ʃɑtɛɲ] n. f. ■ Fruit du châtaignier, masse farineuse enveloppée d'une écorce lisse de couleur brun rougeâtre. ⇒ ① **marron.** ▸ ***châtaigneraie*** n. f. ■ Lieu planté de châtaigniers. ▸ ***châtaignier*** [ʃɑteɲe] n. m. ■ Arbre de grande taille, vivace, à feuilles dentées. ‹ ▸ châtain ›

châtain, aine [ʃatɛ̃, ɛn] adj. ■ (Cheveux) De couleur brun clair. *Cheveux châtains. Une femme châtaine,* aux cheveux châtains. — Fam. *Une belle châtaine.*

château [ʃɑto] n. m. **1.** Demeure féodale fortifiée et défendue (par des remparts, des tours et des fossés). ⇒ **citadelle, fort, forteresse.** *Un château fort ; un château féodal.* **2.** Habitation seigneuriale ou royale ; grande et belle demeure. ⇒ **palais.** *Le château Ramezay. Les châteaux de la Loire, en France. Acheter un petit château.* ⇒ **gentilhommière, manoir.** — *Mener une vie de château,* une vie oisive, pleine de confort et de luxe. **3.** Grand hôtel qui ressemble à un château. *Le Château Frontenac. Le Château Laurier.* **4.** Fig. *Château fort,* personne acquise depuis longtemps au même parti. *Un château fort libéral.* — Loc. *Faire, bâtir des châteaux en Espagne,* échafauder des projets impossibles à réaliser. **5.** CHÂTEAU DE CARTES : échafaudage de cartes, fragile. — Abstrait. *Son projet s'est écroulé comme un château de cartes.* **6.** CHÂTEAU D'EAU : grand réservoir à eau. ▸ ***châtelain, aine*** [ʃɑtlɛ̃, ɛn] n. **1.** Seigneur ou dame d'un château féodal. **2.** Personne qui possède ou qui habite un château.

chateaubriand ou ***châteaubriant*** [ʃɑtobʀijɑ̃] n. m. ■ Épaisse tranche de filet de bœuf grillé. *Un chateaubriand pour deux.*

châteauguois, oise [ʃɑtogwa, waz] adj. et n. ■ De la ville de Châteauguay. — N. (Avec une majusc.) Personne qui est née dans cette ville ou qui l'habite.

chat-huant [ʃaɥɑ̃] n. m. ■ Rapace nocturne qui possède deux touffes de plumes semblables à des oreilles de chat. ⇒ **chouette, harfang, hulotte.** *Des chats-huants.*

châtier [ʃɑtje] v. tr. ▪ conjug. 7. Littér. **1.** Infliger une peine pour corriger. ⇒ **punir.** / contr. **récompenser** / *Châtier un coupable.* — *Châtier l'insolence de qqn.* **2.** Rendre (le style) plus correct et plus pur. ⇒ **corriger, épurer.** — Au p. p. adj. *Style, langage châtié.* ⇒ **dépouillé, pur.** ‹ ▸ châtiment ›

chatière [ʃatjɛʀ] n. f. ■ Petite ouverture (passage pour les chats, trou d'aération).

châtiment [ʃɑtimɑ̃] n. m. ■ Peine sévère. ⇒ **punition ; châtier.** *Châtiment corporel. Châtiment sévère. Infliger un châtiment. Recevoir, subir un châtiment.* / contr. **récompense** /

chatoiement [ʃatwamɑ̃] n. m. ■ Reflet changeant de ce qui chatoie. ⇒ **miroitement.** *Le chatoiement d'une étoffe, d'une pierre précieuse.*

① **chaton** [ʃatɔ̃] n. m. ■ Petit de la chatte et du chat. *Une portée de chatons.*

② **chaton** n. m. ■ Tête d'une bague où s'enchâsse une pierre précieuse.

③ **chaton** n. m. **1.** Botanique. Assemblage de fleurs de certains arbres, se présentant sous la forme d'un épi. *Chatons de noisetier.* **2.** Petits amas de poussière d'aspect cotonneux. ⇒ **mouton** (II, 3).

chatouiller [ʃatuje] v. tr. • conjug. 1. **1.** Produire, par des attouchements légers et répétés sur la peau, des sensations qui provoquent un rire convulsif. *Chatouiller la plante des pieds (à qqn).* — Pronominalement. *Enfants qui se chatouillent.* **2.** Faire subir un léger picotement. ⇒ **agacer, picoter.** *Ce tricot me chatouille.* **3.** Abstrait. Exciter doucement par une sensation, une émotion agréable. *Chatouiller le palais. Chatouiller la vanité de qqn.* ⇒ **flatter.** ▶ ***chatouille*** n. f. ■ Fam. Action de chatouiller. *Faire des chatouilles. Elle craint les chatouilles.* ▶ ***chatouillement*** n. m. **1.** ⇒ **chatouille. 2.** Léger picotement. *Éprouver un léger chatouillement dans la gorge.* ▶ ***chatouilleux, euse*** adj. **1.** Qui est sensible au chatouillement. **2.** Qui se fâche aisément ; qui réagit vivement. ⇒ **irritable, susceptible.** *Il est chatouilleux sur ce sujet. Amour-propre chatouilleux.*

chatoyer [ʃɑtwaje] v. intr. • conjug. 8. ■ Changer de couleur, avoir des reflets différents suivant le jeu de la lumière. ⇒ **miroiter.** *Des pierres précieuses, des étoffes qui chatoient.* ▶ ***chatoyant, ante*** adj. ■ Qui a des reflets vifs et changeants. ⟨ ▶ chatoiement ⟩

châtrer [ʃɑtʀe] v. tr. • conjug. 1. **1.** Rendre (un homme, un animal mâle) impropre à la reproduction en mutilant les testicules. ⇒ **castrer ; stérile.** *Châtrer un taureau, un chat.* — Au p. p. adj. *Homme châtré.* ⇒ **castrat, eunuque. 2.** Fig. *Châtrer un livre, un ouvrage littéraire,* le mutiler par des retranchements.

chatte n. f. ⇒ **chat.**

chatterie [ʃatʀi] n. f. ■ Caresse, cajolerie. *Faire des chatteries à un enfant.*

chatterton [ʃatɛʀtɔn] n. m. ■ Ruban de toile isolant et très adhésif. *Recouvrir un fil électrique de chatterton.*

chat-tigre [ʃɑtigʀ] n. m. ■ Nom de certaines espèces de chat sauvage (ex. : *ocelot*). *Des chats-tigres.*

chaud, chaude [ʃo, ʃod] adj. et n. m. **I.** Adj. **1.** (Opposé à *froid, frais*) Qui est à une température plus élevée que celle du corps ; qui donne une sensation de chaleur (⇒ **chaleur, chauffer**). *Eau chaude. À peine chaud* ⇒ **tiède**, *très, trop chaud* ⇒ **bouillant, brûlant.** *Cet enfant est chaud,* il a de la fièvre. ⇒ **fiévreux.** *Repas chaud. Climat chaud et humide.* ⇒ **tropical.** — Adv. *Servez chaud. Buvez chaud.* **2.** Qui réchauffe ou garde la chaleur. *Le soleil n'est pas très chaud. Un lainage chaud.* **3.** Qui est ardent, sensuel. *Un tempérament chaud.* ⇒ fam. ① chaud **lapin. 4.** Qui met de l'animation, de la passion dans ce qu'il fait. ⇒ **ardent, chaleureux, enthousiaste, fervent, passionné.** *De chauds admirateurs. Une chaude partisane. Il n'est pas très chaud pour cette affaire.* — Où il y a de l'animation, de la passion. *Une chaude discussion.* ⇒ **animé, vif. 5.** *Une voix chaude,* grave et bien timbrée. — *Tons chauds, couleurs chaudes,* couleurs brillantes, éclatantes. **6.** Fam. Ivre, soûl. ⇒ fam. **paqueté.** *Il est chaud depuis hier soir. Un gars chaud.* **II.** N. m. **1.** (Employé avec *le froid*) *Le chaud,* la chaleur. *Craindre le chaud autant que le froid.* — Fig. Loc. *Ne faire ni chaud ni froid (à qqn),* laisser qqn indifférent. / contr. **réjouir** / *Sa chance ne me fait ni chaud ni froid.* **2.** AU CHAUD : dans des conditions telles que la chaleur ne se perde pas. *Tenir un plat au chaud. Être bien au chaud. Rester au chaud,* ne pas sortir. **3.** Nominal (après un verbe). *Avoir chaud, très, trop chaud.* — Abstrait. *J'ai eu chaud,* j'ai eu peur. — Fam. *On crève de chaud, ici ! — Il fait chaud, très chaud. Ça me donne chaud. Un vêtement qui tient chaud,* qui protège bien du froid. **4.** À CHAUD loc. adv. : en mettant au feu, en chauffant. — *Opérer à chaud,* faire une opération en pleine crise. / contr. à **froid.** / ▶ ***chaudement*** adv. **1.** De manière à conserver sa chaleur. *Être habillé chaudement.* **2.** Avec chaleur, animation. *Applaudir, féliciter chaudement.* ⇒ **chaleureusement.** / contr. **froidement** / ▶ ***chaudière*** n. f. **1.** Récipient où l'on transforme de l'eau en vapeur, pour fournir de l'énergie thermique (chauffage) ou mécanique, électrique. ⇒ fam. **fournaise.** *Chaudière d'un chauffage central. Chaudière à charbon, à mazout.* **2.** Fam. Seau. *Une chaudière en plastique.* Son contenu. *Une chaudière d'eau.* — Récipient sans anse accroché à l'érable pour recueillir la sève. ▶ ***chaudiérée*** n. f. ■ Fam. Contenu d'un seau. ⇒ **chaudière.** *Des chaudiérées de bleuets.* ▶ ***chaudron*** n. m. ■ Récipient métallique pour faire chauffer (bouillir, cuire) qqch. ⇒ **casserole.** *Mettre la viande dans un chaudron. Un chaudron de cuivre.* ▶ ***chaudronnée*** n. f. ■ Contenu d'un chaudron. *Une chaudronnée de soupe.* ▶ ***chaudronnerie*** n. f. ■ Industrie, commerce des récipients métalliques, des chaudières ; ces objets ; le lieu où ils se fabriquent, se vendent. ⟨ ▶ échauder ⟩

chauffage [ʃofaʒ] n. m. **1.** Action de chauffer ; production de chaleur. / contr. **refroidissement** / *Chauffage d'un appartement. Appareils de chauffage* (calorifère, chaudière, plinthe, poêle, radiateur). *Chauffage au charbon, à l'électricité. Mettre, abaisser, arrêter le chauffage. Le chauffage d'une voiture.* ⇒ **chaufferette.** — CHAUFFAGE CENTRAL : par distribution de la chaleur provenant d'une source unique. **2.** Ensemble des installations qui chauffent. *Le chauffage est détraqué.*

chauffant, ante [ʃofɑ̃, ɑ̃t] adj. ■ Qui chauffe, produit de la chaleur. *Plaque chauffante. Couverture chauffante* (électrique). *Plinthe* chauffante.*

chauffard [ʃofaʀ] n. m. ■ Mauvais conducteur. ⇒ ② **chauffeur.** *Il s'est fait renverser par un chauffard.*

chauffe-eau [ʃofo] n. m. invar. ■ Grand réservoir producteur d'eau chaude. *Des chauffe-eau électriques, au gaz.*

chauffer [ʃofe] v. • conjug. 1. **I. 1.** V. tr. Élever la température de ; rendre (plus) chaud. *Chauffer trop fort.* ⇒ **brûler, griller, surchauffer.** — Fam. (Faire) *chauffer le poêle, la fournaise,* l'attiser, l'alimenter. — Au p. p. adj. *Métal chauffé à blanc.* **2.** Fam. Conduire un véhicule automobile. *Elle chauffe un autobus scolaire.* **II.** V. intr. **1.** Devenir chaud. *Le café chauffe.* / contr. **refroidir** / *Faire chauffer de l'eau.* **2.** S'échauffer à l'excès, dangereusement. *Le moteur, l'essieu, la roue chauffe.* **3.** Produire de la chaleur. *Ce four chauffe bien.* **4.** Fam. *Ça va chauffer.* ⇒ fam. **barder. III.** SE CHAUFFER v. pron. **1.** S'exposer à la chaleur. *Se chauffer au soleil.* **2.** Chauffer sa maison. *Se chauffer au bois, au charbon, au mazout, à l'électricité.* — Au p.p. adj. Loc. CHAUFFÉ ET ÉCLAIRÉ : (appartement, logement...) dont le chauffage et l'électricité sont aux frais du propriétaire. — Loc. fig. *Montrer de quel bois on se chauffe,* de quoi on est capable (pour punir, attaquer...). **3.** (France. Sportifs, etc.) Se mettre en train avant un effort. ⇒ s'**échauffer ;** fam. se **réchauffer.** ▶ ***chaufferette*** [ʃofʀɛt] n. f. **1.** Radiateur électrique portatif. **2.** Dispositif de chauffage de l'intérieur d'un véhicule automobile. *Mettre la chaufferette en marche.* ▶ ***chaufferie*** n. f. ■ Endroit d'une usine, d'un navire, où sont les chaudières. ▶ ① ***chauffeur*** n. m. ■ Celui qui est chargé d'entretenir le feu d'une chaudière. ⟨ ▶ chauffage, chauffant, chauffe-eau, échauffer, réchaud, réchauffer, surchauffer ⟩

② ***chauffeur, euse*** n. **1.** Personne dont le métier est de conduire un véhicule automobile. *Chauffeur de camion.* ⇒ **routier.** *La grève des chauffeurs d'autobus. Elle est chauffeuse de taxi. Louer une voiture sans chauffeur.* **2.** *Chauffeur du dimanche,* mauvais conducteur. ⇒ **chauffard.** ⟨ ▶ chauffard ⟩

chauler [ʃole] v. tr. ▪ conjug. 1. ■ Traiter par la chaux. *Chauler des arbres fruitiers* (pour détruire les parasites). — Blanchir à la chaux. *Chauler le mur de la grange.* ▶ ***chaulage*** n. m.

chaume [ʃom] n. m. **1.** Partie de la tige des céréales qui reste sur pied après la moisson. ⇒ **paille.** — Champ où le chaume est encore sur pied. **2.** Paille qui couvre le toit des maisons. *Un toit de chaume.* ▶ ***chaumière*** n. f. ■ Petite maison couverte de chaume. — Loc. *Une chaumière et un cœur,* un amour paisible à la campagne.

chaussée [ʃose] n. f. **1.** Partie d'une voie publique où circulent les voitures (opposé à *trottoir, bas-côté*). ⇒ **route.** *Chaussée asphaltée. Chaussée mouillée, enneigée. Déblayer la chaussée. Traverser la chaussée.* **2.** Talus, levée de terre (digue ou chemin). ⇒ **barrage.** *Une chaussée de castor.* ⟨ ▶ rez-de-chaussée ⟩

chausse-pied [ʃospje] n. m. ■ Morceau de corne, de métal, employé pour faciliter l'entrée du pied dans la chaussure. ⇒ **cuiller,** ① **langue.** *Des chausse-pieds.*

chausser [ʃose] v. tr. ▪ conjug. 1. **I. 1.** Mettre (des chaussures) à ses pieds. *Chausser des pantoufles, des sandales. — Chausser du 8 1/2 ou* (France) *du 40,* porter des chaussures de cette pointure. — *Chausser des patins. Elle chausse ses raquettes, ses skis,* elle les fixe à ses mocassins, à ses bottes. Loc. *Chausser les patins,* aller patiner. — Fig. *Chausser ses lunettes,* les mettre sur son nez. **2.** Mettre des chaussures à (qqn). *Il faut chausser cet enfant.* — Pronominalement. *Se chausser avec un chausse-pied.* / contr. **déchausser** / **II. 1.** Entourer de terre le pied (d'une plante). ⇒ **renchausser.** *Chausser un arbre.* **2.** Garnir de pneus (une voiture). — Au p. p. adj. *Une voiture chaussée de pneus d'hiver.* Ellipt. *Une automobile bien chaussée,* dont les pneus sont en bon état. ⟨ ▶ chausse-pied, chaussette, chausseur, chausson, chaussure, ① déchausser, ② se déchausser, renchausser ⟩

chausses [ʃos] n. f. pl. ■ Autrefois. Culotte qui descendait jusqu'aux genoux *(haut-de-chausses)* ou jusqu'aux pieds *(bas-de-chausses).* — (France) Loc. littér. *Être, courir après les chausses de qqn, à ses chausses,* le poursuivre. ⇒ ① **basque.** ⟨ ▶ haut-de-chausse(s) ⟩

chausse-trape ou ***chausse-trappe*** [ʃostʀap] n. f. **1.** Trou recouvert, cachant un piège. **2.** Embûche. ⇒ **piège.** *Méfiez-vous des chausse-trapes dans ce problème.*

chaussette [ʃosɛt] n. f. ■ Vêtement tricoté qui couvre le pied et le bas de la jambe ou le mollet. ⇒ ② **bas, mi-bas.** *Une paire de chaussettes de laine. Repriser des chaussettes. Des chaussettes courtes.* ⇒ **socquette.** — Fam. *Jus de chaussette,* mauvais café.

chausseur n. m. ■ Fabricant, marchand de chaussures. ⇒ **bottier.**

chausson [ʃosɔ̃] n. m. **1.** Chaussure (1) souple, légère et chaude. ⇒ **pantoufle, savate ;** fam. **pichou.** — Chaussure tricotée, spécialt. pour nouveau-né. *Des chaussons en laine synthétique.* ⇒ **patte.** — Chaussure souple employée pour certains exercices. *Chausson de danse.* ≠ *soulier.* **2.** Pâtisserie formée d'un rond de pâte feuilletée replié contenant de la compote. *Chausson aux pommes.* **3.** Fig. Fam. Personne mal dégrossie, sans éducation. ⇒ péj. **colon, habitant.** *Tu parles d'un moyen chausson, ce gars-là !*

chaussure [ʃosyʀ] n. f. **1.** Partie du vêtement qui protège le pied. *Des gens qui marchent sans chaussures.* **2.** Chaussure (1) solide, basse et fermée (opposé à *chausson, sabot, sandale, botte*). ⇒ **soulier ;** fam. **godasse.** *Chaussures de marche, de sport.* ⇒ **mocassin ;** ② **basket, espadrille, tennis.** *Chaussures habillées.* ⇒ **escarpin.** *Faire réparer des chaussures chez le cordonnier.* — Loc. fig. *Trouver chaussure à son pied,* trouver la personne ou la chose qui convient exactement. **3.** Industrie, commerce des chaussures. *Les ouvriers de la chaussure.* ⟨ ▶ couvre-chaussures ⟩

chaut (Seule forme actuelle de l'ancien verbe *chaloir*) ■ Littér. PEU ME (M'EN) CHAUT [pøme(ɑ̃)ʃo] : peu m'importe (avec un compl. direct, ou *que* + subjonctif).

chauve [ʃov] adj. ■ Qui n'a plus ou presque plus de cheveux. ⇒ **dégarni, dénudé, déplumé ; calvitie.** *Il est chauve. Tête chauve.* — N. *Un chauve.* ▶ ***chauve-souris*** [ʃovsuʀi] n. f. ■ Mammifère à ailes membraneuses, qui aime l'obscurité. ⇒ **roussette.** *Il a peur des chauves-souris.*

chauvin, ine [ʃovɛ̃, in] adj. ■ Qui a une admiration exagérée, partiale et exclusive pour son pays. ⇒ **xénophobe.** — N. *Un, une chauvin(e). — Les partisans de cette équipe sont très chauvins.* ▶ ***chauvinisme*** n. m. ■ Nationalisme, patriotisme agressif et exclusif. — Attitude, comportement très partisan. ⇒ **partisannerie.**

chaux [ʃo] n. f. invar. ■ Oxyde de calcium ; substance blanche qui existe à l'état naturel dans les pierres calcaires (marbre, craie). ⇒ **calcaire.** *On obtient la chaux en faisant cuire les pierres calcaires dans des fours à chaux. Chaux vive,* qui ne contient pas d'eau. *Badigeonner de la chaux. Étendre de la chaux dans un jardin.* ⟨ ▶ chauler ⟩

chavirer [ʃaviʀe] v. ▪ conjug. 1. **I.** V. intr. **1.** (Navires) S'incliner de telle sorte que l'eau entre par les ouvertures du pont et le fait se retourner sur lui-même. ⇒ **couler, sombrer.** *La barque a chaviré. — Ils ont chaviré au milieu du lac.* **2.** Se renverser. *Ses yeux chavirèrent.* ⇒ se **révulser. II.** V. tr. **1.** Faire chavirer. *Chavirer un navire pour le réparer.* **2.** Au p. p. *J'en suis tout chaviré,* ému, retourné.

cheap [tʃip] adj. Anglic. fam. **I.** (Personnes) **1.** Quelconque, médiocre, commun. *Un politicien cheap.* Loc. *Être cheap. — Agir d'une manière très cheap,* mesquine. — N. *Une bande de cheaps.* **2.** Qui témoigne d'avarice, qui n'aime pas dépenser. ⇒ ① **chiche, pingre ;** fam. **séraphin.** / contr. **généreux, prodigue** / *Il est trop cheap pour s'acheter un nouveau manteau.* **3.** Loc. *Avoir l'air cheap,* sans classe, peu élégant. ⇒ loc. fam. faire **dur.** — *Être trop cheap pour...,* avoir l'esprit trop étroit, être inconscient de. *Ils sont trop cheaps pour se préoccuper de l'avenir de la planète.* **II.** (Choses) **1.** De peu de valeur, bon marché, de piètre qualité. ⇒ **quétaine.** / contr. ① **cher, coûteux, dispendieux** / *Des vêtements cheaps.* — Loc. *Faire cheap,* être ordinaire, commun, mal paraître ; de pacotille. *Un ensemble de fauteuils qui font cheap dans ce salon.* ⇒ **quétaine. 2.** Peu résistant, peu solide. *Un meuble cheap.* **3.** Faible, bas. *Un salaire cheap.* ⇒ **modeste.**

check-up [tʃɛkɔp] n. m. invar. ■ Anglic. Examen approfondi de l'état de santé d'une personne. ⇒ **bilan** de santé. *On lui a fait un check-up. Des check-up.*

cheddar [ʃɛdaʀ] n. m. ■ Fromage de lait de vache, à pâte dure, d'origine anglaise. *Du cheddar fort. Une brique, un paquet de cheddar.*

① ***chef*** [ʃɛf] n. **1.** Personne qui est à la tête, qui dirige, commande, gouverne. ⇒ **commandant, directeur, dirigeant, maître, patron, supérieur.** *Les ordres du chef. Chefs hiérarchiques. Obéir à ses chefs. Un tempérament de chef.* **2.** CHEF DE... : personne qui dirige en titre. *Le chef de l'État, un chef d'État,* monarque, président, roi, empereur, etc. *Chef de bureau. Une chef de service. Chef d'entreprise.* ⇒ **directeur, patron.** *Chef d'équipe.* ⇒ **contremaître.** *Chef de parti. Le chef de l'opposition. Une chef de cabinet. Chef de police.* ⇒ **directeur. 3.** Dans un corps hiérarchisé militaire ou paramilitaire. Celui qui commande. *Les soldats et leurs chefs.* ⇒ **officier.** — *Chef d'état-major. Chef de bataillon,* commandant. *Chef de section,* lieutenant, sous-lieutenant ou caporal. **4.** Personne qui dirige, commande effectivement (sans titre). ⇒ **leader, meneur.** *Un chef de bande* (bandits, brigands...), *de gang.* — CHEF DE FAMILLE : personne sur qui repose la responsabilité de la famille. *Elle est maintenant chef de famille.* **5.** CHEF D'ORCHESTRE : personne qui dirige l'orchestre. *Des chefs d'orchestre.* — Fig. Personne qui organise. **6.** CHEF (CUISINIER). *Gâteau, salade, pâté du chef.* — (Appellatif) *Chef, deux steaks saignants !* **7.** En appos. *Entraîneur-chef. Infirmière-chef, médecin-chef. Gardien-chef.* **8.** Fam. Personne remarquable. ⇒ **as, champion.** *C'est un chef. Une véritable chef de file.* **9.** EN CHEF loc. adv. : en qualité de chef ; en premier. *Ingénieur, rédacteur en chef. Général en chef.* ⟨ ▸ chefferie, cheftaine, sous-chef ⟩

② ***chef*** n. m. ■ Loc. (Au sens ancien de *tête*) **1.** DE SON (PROPRE) CHEF : de sa propre initiative. *Elle a fait cela de son propre chef.* **2.** AU PREMIER CHEF : essentiellement. *Il importe, au premier chef, que...* **3.** Au plur. *Les chefs d'(une) accusation,* les points principaux sur lesquels se fonde une accusation. ▸ ***chef-d'œuvre*** [ʃɛdœvʀ] n. m. **1.** Œuvre capitale et difficile qu'un artisan devait faire pour passer maître dans son métier. — La meilleure œuvre (d'un auteur, d'un artiste). *C'est son chef-d'œuvre.* **2.** Œuvre, chose très remarquable, parfaite. *Cette cathédrale est un chef-d'œuvre.* ⇒ **merveille.** *Accomplir des chefs-d'œuvre d'habileté, d'intelligence.* ⇒ **prodige.** ▸ ***chef-lieu*** [ʃɛfljø] n. m. ■ (France) Ville qui est le centre administratif d'une circonscription territoriale (arrondissement, canton, commune). *Chef-lieu de département.* ⇒ **préfecture.** *Des chefs-lieux d'arrondissement, de canton.* ⟨ ▸ couvre-chef, derechef ⟩

chefferie [ʃɛfʀi] n. f. ■ Direction d'un parti politique. *Elle annonce sa candidature à la chefferie. Congrès, course à la chefferie.* — Fam. *Se présenter à la chefferie,* poser sa candidature.

cheftaine [ʃɛftɛn] n. f. ■ Jeune fille, jeune femme responsable d'un groupe de jeunes scouts (louveteaux), de guides, d'éclaireuses. ⇒ ② **jeannette.**

cheik(h) ou ***scheik*** [ʃɛk] n. m. ■ Chef de tribu chez les Arabes.

chelem ou ***schelem*** [ʃlɛm] n. m. **1.** Réunion, dans la même main, de toutes les levées dans certains jeux de cartes (bridge). *Petit chelem,* toutes les levées moins une. *Grand chelem.* **2.** Sport. GRAND CHELEM : série complète de victoires. *Cette joueuse de tennis a gagné le grand chelem.* — Base-ball. Circuit* réussi lorsque tous les buts sont occupés. *Le vingtième grand chelem de sa carrière.*

chemin [ʃ(ə)mɛ̃] n. m. **I. 1.** Voie qui permet d'aller d'un lieu à un autre ⇒ **route** ; bande déblayée assez étroite qui suit les accidents du terrain (opposé à *route*). ⇒ **piste, sentier.** *Le chemin qui mène à la ferme. Chemin de terre,* non asphalté. ⇒ **gravelle.** *Chemin de montagne. Chemin de rang. Chemin de traverse,* qui coupe à travers la campagne. *Un chemin caillouteux. Être toujours sur les chemins* (→ Par monts et par vaux). — Fig. Loc. *Être dans le chemin,* ruiné, sans le sou. ⇒ **pauvre.** *Mettre qqn dans le chemin,* le ruiner. ⇒ **déposséder. 2.** Voie de communication d'intérêt local, en milieu rural, et d'importance secondaire par rapport à la route. *Quitter la route pour prendre le chemin.* **3.** CHEMIN DU ROY ou ROI : (Histoire) voie de communication publique principale qui reliait autrefois les villes et les villages. *Le tronçon le plus ancien du chemin du roy a été établi entre Québec et Montréal.* **4.** CHEMIN DE RONDE : étroit couloir construit le long de la partie supérieure d'une muraille. **5.** Distance, espace à parcourir pour aller d'un lieu à un autre. ⇒ **parcours, route, trajet.** *La ligne droite est le plus court chemin d'un point à un autre. Ils ont fait la moitié du chemin ; ils sont à mi-chemin.* — Loc. *Se mettre en chemin,* partir. *Poursuivre, passer son chemin,* continuer à marcher ; ne pas s'arrêter. — *Faire du chemin,* aller loin, avancer rapidement ; (abstrait) réussir ; progresser rapidement. CHEMIN FAISANT : pendant le trajet. — EN CHEMIN : en cours de route. *Elles l'ont rencontré en chemin.* **6.** Direction, voie d'accès. *Montrer, indiquer à qqn son chemin. Rebrousser chemin,* revenir sur ses pas. *Le chemin des écoliers,* le plus long. *Se frayer un chemin dans les fourrés, à travers la foule.* — LE CHEMIN DE LA CROIX : suivi par Jésus portant sa croix. CHEMIN DE CROIX : les 14 tableaux *(stations)* qui illustrent ce chemin, dans les églises. *Faire un (son) chemin de croix,* s'arrêter pour prier à chacune des stations ; fig. traverser des difficultés. — PROV. *Tous les chemins mènent à Rome,* il y a de nombreux moyens pour obtenir un résultat. **7.** En parlant d'un corps qui se déplace. *Chemin parcouru par un projectile.* ⇒ **trajectoire. II.** Abstrait. Conduite qu'il faut suivre pour arriver à un but. ⇒ **moyen, voie.** *Il n'arrivera pas à ses fins par ce chemin, il n'en prend pas le chemin. Être en bon chemin,* en passe de réussir. — *Je n'irai pas par quatre chemins,* j'agirai franchement, sans détours (→ Aller droit au but). ▸ ***chemin de fer*** [ʃ(ə)mɛ̃dfɛʀ] n. m. **1.** Vieilli. Moyen de transport utilisant la voie ferrée ; l'exploitation de ce moyen de transport (⇒ **ferroviaire**). *Voie de chemin de fer.* ⇒ **rail, voie** ferrée. *Prendre le chemin de fer.* ⇒ **train.** *Chemin de fer électrique. Station de chemin de fer,* gare. **2.** Entreprise qui exploite des lignes de chemin de fer. *Les chemins de fer canadiens. Employés des chemins de fer.* ⇒ **cheminot. 3.** Chemin de fer en miniature servant de jouet. ▸ ***chemineau*** n. m. ■ Personne qui parcourt les chemins et qui vit de petites besognes, d'aumônes ou de larcins. ⇒ **clochard, mendiant, vagabond.** *Des chemineaux.* ≠ *cheminot.* ⟨ ▸ acheminer, cheminer, cheminot, à mi-chemin ⟩

cheminée [ʃ(ə)mine] n. f. **1.** Construction comprenant un espace aménagé pour faire du feu et un tuyau qui sert à évacuer la fumée. ⇒ **âtre,** ① **foyer.** *Faire une flambée dans la cheminée. Ramoner une cheminée. Tuyau de cheminée. Feu de cheminée.* ⇒ **incendie. 2.** Partie inférieure de la cheminée qui sert d'encadrement au foyer. *Cheminée de marbre.* **3.** Partie supérieure du conduit qui évacue la fumée. *Les cheminées fument sur les toits. Tuyau de cheminée.* ⇒ **poêle.** — *Cheminée de navire.* — *Cheminée d'usine,* tuyau de maçonnerie surmontant un foyer. — Loc. fam. *Fumer comme une cheminée,* beaucoup. ⇒ **locomotive ;** fam. **engin. 4.** *Cheminée d'un volcan,* par où passent les matières volcaniques. **5.** Couloir de montagne vertical et étroit. **6.** Trou, conduit cylindrique. *Cheminée d'aération.*

cheminer [ʃ(ə)mine] v. intr. ▪ conjug. 1. **1.** (Personnes) Faire du chemin, et spécialt un chemin long et pénible, que l'on parcourt lentement. ⇒ **aller, marcher.** **2.** (Choses) Avancer lentement. *Cette idée chemine dans son esprit.* ⇒ **progresser.** ▸ ***cheminement*** n. m. **1.** Action de cheminer. ⇒ **marche.** *Lent cheminement.* **2.** Avance lente, progressive. *Cheminement de la pensée.* — *Le cheminement scolaire,* les étapes suivies par un étudiant au cours de la scolarisation.

cheminot [ʃ(ə)mino] n. m. ▪ Employé de chemin de fer. ≠ *chemineau.*

① ***chemise*** [ʃ(ə)miz] n. f. **1.** Vêtement couvrant le torse (porté souvent sur la peau). — *Chemise d'homme,* vêtement qui se porte sous le veston. *Col, pan de chemise. Chemise à manches longues, courtes. Une chemise en tissu synthétique. Chemise à carreaux.* — *Être en chemise,* sans autre vêtement ; porter une chemise et non un chandail. *Il est en chemise et en cravate.* — *Être, se mettre en queue de chemise,* sans pantalon. *Se promener dans la maison en queue de chemise.* — *Être en manches, en bras de chemise,* sans veston. — CHEMISE DE NUIT : long vêtement de nuit (analogue à une robe). ⇒ fam. **jaquette.** **2.** Chemise d'uniforme de certaines formations politiques paramilitaires ; ces formations. *Chemises noires,* fascistes, *brunes,* nazies. **3.** Loc. *Se soucier de (une chose) comme de sa première chemise,* n'y accorder aucun intérêt. — *Changer de (qqch.) comme de chemise,* en changer souvent. *Il change d'avis comme de chemise.* — Fam. *Ils sont comme cul et chemise,* inséparables. ▸ ***chemiserie*** n. f. ▪ Industrie et commerce des chemises et sous-vêtements d'homme, d'accessoires vestimentaires ; magasin, comptoir d'un grand magasin où l'on vend ces objets. ▸ ***chemisette*** n. f. ▪ Chemise, blouse ou corsage léger à manches courtes. ▸ ① ***chemisier, ière*** n. ▪ Fabricant ou marchand d'articles de chemiserie. ⟨ ▸ ② chemisier ⟩

② ***chemise*** n. f. ▪ Couverture cartonnée dans laquelle on insère les pièces d'un dossier. *Ranger des papiers dans une chemise.* — Fam. *Une chemise-accordéon,* à soufflet.

② ***chemisier*** n. m. ▪ Corsage de femme, à col, fermé par-devant. ⇒ **blouse.** — En appos. *Une robe chemisier.*

chenal, aux [ʃənal, o] n. m. ▪ Passage naturel ou artificiel (entre des terres ou des hauts-fonds) ouvert à la navigation entre un port, une rivière ou un étang et la mer, dans le lit d'un fleuve. ⇒ **canal, passe.**

chenapan [ʃ(ə)napɑ̃] n. m. ▪ Vx ou plaisant. ⇒ **bandit, vaurien.** — (À des enfants) *Sortez d'ici, chenapans !* ⇒ **coquin, galopin.**

chêne [ʃɛn] n. m. ▪ Grand arbre à fleurs en chatons, à feuilles lobées, répandu surtout en Europe. *Des chênes rouges, blancs. Fruit du chêne.* ⇒ **gland.** — (France) CHÊNE VERT. — Bois de chêne. *Un parquet de chêne. Un escalier en chêne.* ▸ ***chêne-liège*** n. m. ▪ Variété de chêne à feuillage persistant, qui fournit le liège. *Des chênes-lièges.*

chenet [ʃ(ə)nɛ] n. m. ▪ Une des pièces métalliques jumelles qu'on place à l'intérieur d'une cheminée et sur lesquelles on dispose les bûches.

chenil [ʃ(ə)nil] n. m. **1.** Abri pour les chiens (de chasse). **2.** Lieu où l'on garde les chiens des particuliers.

① ***chenille*** [ʃ(ə)nij] n. f. ▪ Larve des papillons, à corps allongé formé d'anneaux et généralement velu. *La chenille file une enveloppe où elle s'enferme* ⇒ **cocon** *et se transforme en papillon* ⇒ **chrysalide.** *Les chenilles sont nuisibles aux arbres.* ⟨ ▸ écheniller ⟩

② ***chenille*** n. f. ▪ Sorte de courroie de transmission articulée isolant du sol les roues d'un véhicule pour lui permettre de se déplacer sur tous les types de terrains. *Véhicules à chenilles.* ⇒ **char** d'assaut, **motoneige, tank, tracteur ;** anglic. **bulldozer.** ▸ ***chenillé, ée*** adj. ▪ Muni de chenilles. *Véhicule chenillé.* ▸ ***chenillette*** n. f. ▪ Petit véhicule automobile sur chenilles. *Les chenillettes déblaient les trottoirs.* ⟨ ▸ autochenille ⟩

chenu, ue [ʃəny] adj. **1.** Littér. Qui est devenu blanc de vieillesse. *Tête chenue.* **2.** Fam. Petit, maigrelet.

cheptel [ʃɛptɛl] n. m. ▪ Ensemble des bestiaux (d'une exploitation agricole, d'une région, d'un pays). ⇒ **troupeau.** *Le cheptel ovin, porcin d'une région.*

chèque [ʃɛk] n. m. ▪ Écrit par lequel une personne (tireur) donne l'ordre de remettre, soit à son profit, soit au profit d'un tiers, une certaine somme à prélever sur son crédit (sur son compte ou celui d'un autre). *Chèque bancaire. Un carnet de chèques.* ⇒ **chéquier.** *Faire un chèque à qqn. Payer par chèque* (opposé à *en espèces*). *Chèque sans provision*.* *Chèque visé* ou *certifié,* pour lequel la banque garantit la somme inscrite au destinataire. *Chèque de voyage,* payable en espèces dans tout établissement bancaire, dans les bureaux de change du pays où l'on se rend. — *Chèque en blanc,* où la somme à payer n'est pas indiquée. (Abstrait) *Donner un chèque en blanc à qqn,* lui donner carte blanche.

① ***cher, chère*** [ʃɛʀ] adj. **1.** Surtout avant le nom. Qui est aimé ; pour qui on éprouve une vive affection. *Ses chers amis. Mon cher petit.* **2.** Avant le nom. (Dans des tournures amicales, des formules de politesse) *Cher Monsieur. Mon cher, ma chère.* **3.** CHER À : que l'on considère comme précieux. ⇒ **estimable.** *Le thé cher aux Anglais. Son souvenir nous est cher.* / contr. **indifférent** / ⟨ ▸ chèrement (1), chérir ⟩

② ***cher, chère*** adj. et adv. **I.** Adj. (Attribut ou après le nom) **1.** Qui est d'un prix élevé. ⇒ **coûteux, dispendieux, inabordable, onéreux.** *Ces vêtements sont trop chers. Une voiture chère.* / contr. **bon marché** / **2.** Qui exige de grandes dépenses. ⇒ **dispendieux.** *La vie est chère à Paris* (⇒ **cherté**). **3.** Qui fait payer un prix élevé. ⇒ **chérant.** *Ce marchand est cher.* **II.** Adv. À haut prix. *Cela me coûte cher. Ce livre vaut cher. Marchande qui vend très cher.* Fam. *Je l'ai eu pour pas cher.* — Fig. Loc. fam. *Ça va* (+ pronom) *coûter (très) cher,* valoir des ennuis à qqn. *Ta petite blague va te coûter très cher. Personne, chose qui ne vaut pas cher,* qui n'est guère solide ; qui n'est pas en forme (personnes). *Tu me le paieras cher,* j'ai l'intention de me venger de toi. ▸ ***chérant, ante*** [ʃeʀɑ̃, ɑ̃t] ▪ Qui vend trop cher (3). *Une commerçante chérante.* ⟨ ▸ chèrement (2), cherté, enchère, renchérir, surenchère ⟩

chercher [ʃɛʀʃe] v. tr. ▪ conjug. 1. **1.** S'efforcer de découvrir, de trouver (qqn ou qqch.). ⇒ **rechercher.** *Chercher qqn dans la foule. Chercher un objet que l'on a perdu. Chercher un taxi.* **2.** Essayer de découvrir (la solution d'une difficulté, une idée, etc.). *Chercher la solution d'un problème. Chercher un moyen. Chercher ses mots, en parlant. Qu'allez-vous chercher là ?* ⇒ **imaginer, inventer.** Loc. *Chercher midi à quatorze heures,* compliquer les choses inutilement. — Sans compl. *Tu n'as pas assez cherché.* ⇒ **réfléchir.** **3.** CHERCHER À (+ infinitif) : essayer de parvenir à. ⇒ s'**efforcer, tâcher,** ③ **tenter, viser.** *Chercher à savoir, à comprendre. Chercher à oublier.* **4.** Essayer d'obtenir. *Chercher un emploi. Chercher un appartement.* — (Sans art. devant le nom) *Chercher fortune, querelle.* **5.** Envoyer, venir prendre (qqn ou qqch.). *Venez me chercher ce soir. Je viendrai vous chercher à la gare.* **6.** Fam.

Provoquer. *Je ne suis pas méchant, mais si tu me cherches, attention à toi !* **7.** (Choses) Fam. ⇒ **atteindre.** *Ça va chercher dans les mille dollars,* le prix atteindra environ mille dollars. ▶ ***chercheur, euse*** n. et adj. **I.** (Personnes) **1.** Rare ou loc. Personne qui cherche. *Chercheur d'or.* **2.** Personne qui se consacre à la recherche scientifique (opposé à *praticien*). ⇒ **savant, scientifique.** *Les chercheurs de l'Institut québécois de la recherche sur la culture (I.Q.R.C.), du Centre de recherches industrielles du Québec (C.R.I.Q.).* **II.** (Choses) *Chercheur de télescope,* petite lunette adaptée à un télescope. — Adj. *Tête chercheuse d'une fusée, d'un missile.* ⇒ **tête.** ‹ ▶ recherchér ›

chère [ʃɛʀ] n. f. ■ Littér. Nourriture. *Chère délectable, exquise.* — Loc. FAIRE BONNE CHÈRE : bien manger. ≠ *chair, chaire.*

chèrement [ʃɛʀmɑ̃] adv. (⇒ **cher**) **1.** D'une manière affectueuse et tendre. ⇒ **affectueusement, tendrement.** *Aimer chèrement qqn.* **2.** En consentant de grands sacrifices. *Vendre chèrement sa vie. Il paya chèrement son succès.*

chérir [ʃeʀiʀ] v. tr. ▪ conjug. 2. **1.** Aimer tendrement, avoir beaucoup d'affection pour. ⇒ **affectionner, aimer.** *Chérir son enfant, ses amis. Chérir le souvenir de qqn.* ⇒ **vénérer. 2.** Littér. S'attacher, être attaché à (qqch.). *Elle chérissait son pays, son pays lui était cher* (1). ▶ ***chéri, ie*** adj. et n. **1.** Tendrement aimé. *Sa femme chérie. Mes enfants chéris.* **2.** N. *C'est le chéri de ses parents.* — (Entre personnes très intimes) *Mon chéri, ma petite chérie. Oui, chéri.*

cherté [ʃɛʀte] n. f. ■ État de ce qui est cher ② ; prix élevé. ⇒ **coût ; prix.** *La cherté de la vie.*

chérubin [ʃeʀybɛ̃] n. m. **1.** Ange. **2.** *Avoir une figure, un teint de chérubin,* un visage rond et des joues colorées. — Bel enfant. ⇒ **ange.** *C'est un chérubin.*

chétif, ive [ʃetif, iv] adj. ■ De faible constitution ; d'apparence fragile. ⇒ **malingre, rachitique.** / contr. **robuste, vigoureux** / *Enfant chétif. Un arbre chétif.*

cheval, aux [ʃ(ə)val, o] n. m. **I. 1.** Grand mammifère *(équidé)* à crinière, domestiqué par l'homme comme animal de trait et de transport. — Se dit surtout du mâle (opposé à *jument*), du mâle adulte (opposé à *poulain*). ⇒ fam. **canasson.** *Cheval sauvage.* ⇒ **mustang.** *Cheval reproducteur.* ⇒ **étalon.** *Cheval pur-sang,* de race pure. *Cheval de petite taille.* ⇒ **poney.** *Cheval de course. Cheval de selle.* ⇒ **monture.** *Monter, sauter sur son cheval.* ⇒ **chevaucher.** *Faire une chute de cheval. Atteler un cheval à une calèche. — Le cheval hennit. Cheval qui trotte, galope, rue, se cabre. — Cheval de trait. — Monter un cheval à califourchon, en amazone.* **2.** À CHEVAL loc. adj. et adv. : sur un cheval. *Aller à cheval.* ⇒ ① **chevaucher, monter ; équitation.** — À califourchon (une jambe d'un côté, et l'autre de l'autre). *Être à cheval sur une branche d'arbre.* — Une partie d'un côté, une partie de l'autre. *À cheval sur deux périodes.* ⇒ **chevaucher. 3.** Équitation. *Aimer le cheval. Faire du cheval. Costume, culotte de cheval,* de cavalier. **4.** Loc. *Fièvre de cheval,* très forte. *Remède de cheval,* puissant. — *Monter sur ses grands chevaux,* s'emporter. *Être à cheval sur les principes,* y tenir rigoureusement ; être strict, rigide, sévère. **5.** Fam. *C'est un grand, un vrai cheval,* une grande femme masculine. *C'est un vrai cheval,* une personne infatigable et qui a une santé de fer. *C'est pas un mauvais cheval,* il n'est pas méchant. **6.** CHEVAL DE RETOUR : récidiviste. **7.** CHEVAL DE BATAILLE : argument, sujet favori, auquel on revient. ⇒ fam. ① **dada. II.** Figure représentant un cheval. CHEVAL DE BOIS : jouet d'enfant à bascule ou à roulettes sur lequel on peut monter. — CHEVAUX DE BOIS : manège circulaire des foires représentant des chevaux. *Faire un tour de chevaux de bois.* ⇒ **manège.** — CHEVAL D'ARÇONS OU CHEVAL-ARÇONS n. m. invar. : appareil de gymnastique, gros cylindre rembourré sur quatre pieds, qui sert à des exercices de saut, de voltige. — *Cheval de Troie,* dans l'Iliade, cheval de bois gigantesque dans les flancs duquel les guerriers se cachèrent pour pénétrer dans Troie. **III.** CHEVAL-VAPEUR (symb. *Ch*), ou simplement CHEVAL : ancienne unité de puissance équivalant à 736 watts. ⇒ **force** (IV). *Des chevaux-vapeur.* — CHEVAL FISCAL (symb. *CV*), ou simplement CHEVAL. *Une vieille huit-chevaux,* une voiture de huit chevaux fiscaux. ▶ ***chevalier*** n. m. **1.** Moyen Âge. Noble admis dans l'ordre de la chevalerie (ils combattaient *à cheval*). ≠ ① *cavalier.* ⇒ **paladin, preux.** *Il a été armé chevalier. Bayard, le chevalier sans peur et sans reproche. Les chevaliers de la Table ronde.* — Loc. *Chevalier errant,* qui allait par le monde pour redresser les torts. — Fig. *Chevalier servant,* celui qui entoure une femme d'hommages, fait tout pour lui être agréable. **2.** Membre d'un ordre militaire et religieux, au Moyen Âge. *Les chevaliers de Malte.* **3.** De nos jours. Membre d'un ordre honorifique. *Chevalier de Colomb.* **4.** Dans la noblesse. Celui qui est au-dessous du baron. ▶ ***chevaleresque*** adj. ■ Digne d'un chevalier (1). ⇒ **généreux.** *Bravoure, conduite chevaleresque.* ▶ ***chevalerie*** n. f. ■ Institution militaire d'un caractère religieux, propre à la noblesse féodale. ⇒ **chevalier.** *Les règles de la chevalerie étaient la bravoure, la courtoisie, la loyauté, la protection des faibles.* — Moyen Âge. Un des corps de l'armée formé par les chevaliers. *Romans de chevalerie,* où sont décrits les exploits, les amours des chevaliers. ▶ ***chevalière*** n. f. ■ Bague à large chaton plat sur lequel sont gravées des armoiries, des initiales. ▶ ***chevalin, ine*** adj. **1.** Du cheval. *Races chevalines. Boucherie chevaline,* où l'on vend de la viande de cheval. **2.** Qui évoque le cheval. *Il a une tête chevaline.* ▶ ① ***chevaucher*** v. ▪ conjug. 1. **1.** V. intr. Littér. Aller à cheval. **2.** V. tr. Être à cheval, à califourchon sur. *Les sorcières chevauchent des manches à balai.* ▶ ***chevauchée*** n. f. ■ Promenade, course à cheval. *Une longue chevauchée.* ▶ ② ***chevaucher*** v. intr. ▪ conjug. 1. ■ Se recouvrir en partie, empiéter, être à cheval l'un sur l'autre. ⇒ se **recouvrir.** *Dents qui chevauchent.* — Pronominalement. *Se chevaucher* (même sens). *Tuiles, bardeaux qui se chevauchent.* ▶ ***chevauchement*** n. m. ■ Position de choses qui chevauchent. ‹ ▶ chevalement, chevalet ›

chevalement [ʃ(ə)valmɑ̃] n. m. ■ Assemblage de madriers et de poutres qui supportent un mur, une construction. ⇒ **étai.**

chevalet [ʃ(ə)valɛ] n. m. **1.** Support qui sert à tenir à la hauteur voulue l'objet sur lequel on travaille. *Chevalet de menuisier. Chevalet de peintre,* qui supporte le tableau, la toile. **2.** Mince pièce de bois placée d'aplomb sur la table de certains instruments à cordes pour soutenir les cordes tendues. *Le chevalet d'un violon.*

chevelu, ue [ʃəvly] adj. et n. m. **1.** Garni de cheveux. *Le cuir chevelu.* ⇒ **cuir. 2.** Qui a de longs cheveux. *Des jeunes gens chevelus.* / contr. **chauve, tondu** /

chevelure [ʃəvlyʀ] n. f. **1.** Ensemble des cheveux. *Une chevelure abondante. Une chevelure emmêlée.* ⇒ **peignure, tignasse. 2.** *Chevelure d'une comète,* traînée lumineuse qui la suit.

chevet [ʃ(ə)vɛ] n. m. **1.** Partie du lit où l'on pose sa tête. ⇒ **tête.** *Lampe, table* DE CHEVET : qui sont à la tête du lit. ⇒ de **nuit.** *Livre de chevet,* livre préféré qu'on lit souvent ou avant de s'endormir. **2.** AU CHEVET *de qqn* : auprès de son lit. *Rester au chevet d'un malade,* rester auprès de lui pour le soigner.

cheveu [ʃ(ə)vø] n. m. **1.** Poil qui recouvre le crâne humain (cuir chevelu). Surtout au plur. : *les cheveux. Plantation, naissance des cheveux. Cheveux plats, raides. Cheveux souples, frisés, bouclés, crépus.* — *Cheveux noirs, bruns, châtains, roux, blonds. Cheveux gris, poivre et sel, blancs. Porter les cheveux courts, longs. Perdre ses cheveux* (⇒ **chauve**). *Avoir les cheveux en désordre, en bataille, hirsutes* (⇒ **décoiffé, dépeigné, ébouriffé, échevelé**). *Démêler, peigner ses cheveux. Se faire couper les cheveux. Se teindre les cheveux. Une coupe de cheveux* (⇒ **coiffeur**). — Loc. *Cheveux au vent,* cheveux libres de toute attache. **2.** Fig. Loc. *Se prendre aux cheveux,* se battre. *S'arracher les cheveux,* être désespéré et furieux. — *Faire dresser les cheveux sur la tête,* inspirer un sentiment d'horreur. — Fam. *Avoir mal aux cheveux,* avoir mal à la tête pour avoir trop bu. *Se faire des cheveux (blancs),* se faire du souci. — *Tiré par les cheveux,* amené d'une manière forcée et peu logique. *Un raisonnement tiré par les cheveux.* — *Jouer dans les cheveux de qqn,* le duper, le tromper. ⇒ **rouler.** — Au sing. *À un cheveu (près),* à très peu de chose (près). *Cela a tenu à un cheveu,* cela a failli arriver, se réaliser. — *Arriver, venir comme un cheveu sur la soupe,* arriver à contretemps, mal à propos, à l'improviste. *Ne pas toucher à un cheveu d'une personne,* ne pas lui faire de mal. *Couper, fendre les cheveux en quatre,* se perdre dans un raisonnement pointilleux, faire des distinctions subtiles. ⇒ **pinailler.** **3.** Au plur. *Cheveux d'ange,* guirlande d'arbre de Noël faite de filaments très brillants. ‹ ▸ chevelu, chevelure, échevelé, sèche-cheveux ›

① ***cheville*** [ʃ(ə)vij] n. f. **1.** Tige de bois ou de métal dont on se sert pour boucher un trou, assembler des pièces. *Cheville d'assemblage.* ⇒ **boulon, clou, goupille, taquet ;** anglic. ② **pin.** *Enfoncer, ficher, planter une cheville.* — Loc. *Un trou, une cheville,* répondre du tac au tac. **2.** CHEVILLE OUVRIÈRE : grosse cheville qui joint l'avant-train avec le corps d'une voiture ; fig. agent, instrument essentiel (d'une entreprise, d'un organisme). *Être la cheville ouvrière d'un complot, d'une association, d'une affaire.* ⇒ **centre, pivot. 3.** Pièce qui sert à tendre les cordes d'un instrument de musique. **4.** Loc. fam. *Être* EN CHEVILLE *avec qqn* : associé plus ou moins secrètement avec lui. ▸ ***cheviller*** v. tr. ▪ conjug. 1. ■ Joindre, assembler (des pièces) avec des chevilles. *Cheviller une porte, une table.* — Au p. p. adj. Loc. (France) *Avoir l'âme chevillée au corps,* avoir la vie dure.

② ***cheville*** n. f. ■ Saillie des os de l'articulation du pied ; partie située entre le pied et la jambe. *Elle s'est foulé la cheville. Avoir la cheville fine. Robe qui arrive à la cheville.* — Fig. *Ne pas arriver* À LA CHEVILLE DE *qqn* : lui être inférieur.

③ ***cheville*** n. f. ■ Versification. Terme de remplissage permettant la rime ou la mesure (inutile au sens). *Poésie bourrée de chevilles.*

cheviotte [ʃəvjɔt] n. f. ■ Laine des moutons d'Écosse ; étoffe faite avec cette laine. *Une veste de cheviotte.*

① ***chèvre*** [ʃɛvʀ] n. f. **1.** Mammifère ruminant, à cornes arquées, à pelage fourni, apte à grimper et à sauter ; se dit surtout de la femelle de cette espèce (opposé à *bouc*), de la femelle adulte (opposé à *chevreau*). ⇒ fam. **bique, biquette.** *Barbiche de chèvre. La chèvre bêle. Lait, fromage de chèvre.* **2.** Loc. *Ménager la chèvre et le chou,* ne pas prendre parti ; réserver sa décision jusqu'à ce qu'un parti l'emporte. ▸ ***chevreau*** [ʃəvʀo] n. m. **1.** Petit de la chèvre et du bouc. ⇒ **biquet, cabri.** *Bondir, gambader comme un chevreau.* **2.** Peau de chèvre ou de chevreau qui a été tannée. *Chaussures, gants de chevreau.* ▸ ***chevrette*** [ʃəvʀɛt] n. f. ■ Jeune chèvre. ‹ ▸ chèvrefeuille, chevreuil, chevroter, chevrotine ›

② ***chèvre*** n. f. ■ Appareil servant à soulever des fardeaux ; poulie montée sur un trépied ou chevalet.

chèvrefeuille [ʃɛvʀəfœj] n. m. ■ Plante, arbrisseau grimpant, à fleurs jaunes parfumées.

chevreuil [ʃəvʀœj] n. m. ■ Mammifère ruminant ⇒ **cervidés** qui vit en forêt, au pelage d'un brun-roux en été et brun-gris en hiver, dont le mâle porte des bois. ⇒ **cerf** de Virginie. *Le chevreuil brame. Aller à la chasse au chevreuil.*

chevron [ʃəvʀɔ̃] n. m. **1.** Pièce de bois sur laquelle on fixe des lattes qui soutiennent la toiture. ⇒ **madrier.** *Trois maisons, qui n'ont ni poutres ni chevrons* (chanson de Cadet Rousselle). **2.** Galon en V renversé porté sur les manches des uniformes et qui marque l'ancienneté de service. *Chevrons de sergent* (⇒ **chevronné**). — Motif décoratif en zigzag. *Tissu à chevrons.* — *Balise à chevrons,* balise de signalisation routière comportant une série de traits en V renversés (jaunes sur fond noir).

chevronné, ée [ʃəvʀɔne] adj. ■ Qui est expérimenté (comme un soldat qui a des *chevrons,* des galons d'ancienneté). *Un conducteur chevronné.*

chevroter [ʃəvʀɔte] v. intr. ▪ conjug. 1. ■ Parler, chanter d'une voix tremblotante (comme un bêlement de chèvre). *Vieillards dont la voix chevrote. Chanteur qui chevrote.* ▸ ***chevrotant, ante*** adj. ■ *Voix chevrotante,* tremblante et cassée. ▸ ***chevrotement*** n. m. ■ Tremblement (de la voix). *Le chevrotement d'un vieillard.*

chevrotine [ʃəvʀɔtin] n. f. ■ Balle sphérique, gros plomb pour tirer le chevreuil, les bêtes fauves.

chewing-gum [ʃwiŋgɔm] n. m. ■ (France) Anglic. Gomme à mâcher. ⇒ ① **gomme.** *Mastiquer du chewing-gum. Paquet de chewing-gum. Des chewing-gums.*

chez [ʃe] prép. **1.** Dans la demeure de, au logis de (qqn). *Venez chez moi. Il est rentré chez lui. Chacun chez soi. Elle est sans doute chez elle. Allons manger chez Tintin,* dans ce restaurant. *Je vais chez Monsieur X, chez le coiffeur, chez le dentiste. Je vais chez nous, chez vous, chez eux* (se dit, qu'il y ait une ou plusieurs personnes dans la demeure, le logis). — *Ils vivent encore chez eux,* chez leurs parents. — Loc. *Être partout chez soi, se sentir chez soi,* ne pas être gêné. *Faites comme chez vous,* mettez-vous à l'aise. — (Précédé d'une autre prép.) *Je viens de chez eux. Elles passèrent par chez nous.* — Loc. adj. *Bien de chez nous,* typiquement canadien ou québécois (souvent iron.). **2.** Dans la nation de, dans le groupe de. *Chez les Anglais. Chez les Grecs de l'Antiquité. Chez les politiciens.* **3.** Dans l'esprit, dans le caractère, dans les œuvres, le discours de (qqn). *C'est une réaction courante chez lui. Cette remarque est chez Voltaire.* ▸ ***chez-elle*** [ʃezɛl], ***chez-eux*** [ʃezø], ***chez-lui*** [ʃelɥi], ***chez-moi*** [ʃemwa], ***chez-nous*** [ʃenu], ***chez-soi*** [ʃeswa], ***chez-toi*** [ʃetwa], ***chez-vous*** [ʃevu] n. m. invar. ■ Domicile personnel (avec valeur affective). *Ton petit chez-toi. Des chez-soi confortables. Elle n'aime pas quitter son petit chez-elle. Que dis-tu de leur chez-eux ?*

chiac [ʃjak] n. et adj. **1.** (Avec une majusc.) Surnom, sobriquet donné aux Acadiens. *Des Chiacs.* — Adj. *Une chanteuse chiac.* **2.** N. m. *Le chiac,* le parler populaire acadien. *Ils parlent le chiac.* En appos. *Parler chiac.*

chialer [ʃjale] v. intr. ▪ conjug. 1. Fam. **1.** Pleurer, brailler. / contr. ① **rire** / **2.** Se plaindre sans cesse, critiquer sans arrêt. ⇒ **rechigner.** *Tu chiales au moindre problème.* ▸ ***chialeur*** ou ***chialeux, euse*** n. et adj. ■ Fam. Personne qui chiale. ⇒ **braillard.** *Quelle bande de chialeurs.* — Adj. *Maudit chialeux !* ▸ ***chialage*** n. m. ■ Fam. Fait de chialer ⇒ **braillage.** *Encore* *du chialage !* — Souvent au plur. *J'en ai assez de vos chialages,* de vos plaintes, de vos récriminations. ⇒ **litanie.**

chiant, ante [ʃjɑ̃, ɑ̃t] adj. ■ Fam. Qui ennuie ou contrarie, qui fait chier. *C'est pas possible comme tu es chiant !* ⇒ **barbant, ennuyeux, tannant.** *C'est chiant !* ⇒ fam. **emmerdant.** ≠ *chieur.*

chianti [kjɑ̃ti] n. m. ■ Vin rouge de la province de Sienne (Italie). *Une bouteille de chianti. Des chiantis.*

chiard [ʃjaʀd] n. m. **1.** Hachis de pommes de terre coupées, d'oignons bouillis auquel on ajoute des restes de viande, de volaille. ⇒ **fricassée.** — Nourriture qui n'est pas très appétissante. **2.** Fig. fam. Désordre, situation confuse, embarrassante, incohérente. ⇒ anglic. **free for all.** *Aux dernières élections, il y a eu tout un chiard dans un bureau de scrutin.* — Loc. *(Ne pas) faire un chiard de qqch,* (ne pas) en faire tout un plat (③), toute une histoire. **3.** Fig. Fam. Grande fête, soirée avec beaucoup d'invités, beaucoup d'animation. ⇒ anglic. **party.** *Elle a organisé un gros chiard dans une discothèque.*

chiasse [ʃjas] n. f. ■ Fam. Colique, diarrhée. *Avoir la chiasse.* ⇒ fam. **courante, flux, turista, va-vite.**

chic [ʃik] n. m. et adj. invar. **I.** N. m. fam. **1.** AVOIR LE CHIC POUR (+ infinitif) : faire (qqch.) avec facilité, aisance, élégance. *Elle a le chic pour recevoir.* — Iron. (le plus souvent). *Il a le chic pour m'énerver.* **2.** Élégance hardie, désinvolte. ⇒ **caractère, chien, originalité, tournure.** *Elle a du chic. Son chapeau a du chic.* **II.** Adj. invar. **1.** Élégant. *Une toilette chic. Elle est chic,* bien habillée. — *Les gens chic* (→ les gens bien). — *Les quartiers chic,* les beaux quartiers. **2.** (Surtout en France. Avant le nom) Fam. Beau, agréable. *On a fait un chic voyage.* **3.** (Personnes ; actes) Sympathique, généreux, serviable. *C'est un chic type. Elle a été chic avec nous. C'est chic de sa part. Ce n'est pas chic.* ⇒ **fin, gentil.** **4.** Loc. BON CHIC BON GENRE : d'une élégance discrète et traditionnelle. *Une jeune fille bon chic bon genre.* — Abrév. fam. *B.C. B.G.* [besebeʒe] **III.** (France) Interj. fam. marquant le plaisir, la satisfaction. ⇒ fam. ② **chouette ;** anglic. **fun.** *Chic alors !* ‹ ► chiqué ›

① ***chicane*** [ʃikan] n. f. **1.** Difficulté, incident qu'on suscite dans un procès pour embrouiller l'affaire (⇒ **chicaner**). — Péj. Procédure (avec les complications dont elle s'accompagne). **2.** Querelle, contestation où l'on est de mauvaise foi. ⇒ **argutie, bisbille, dispute, tracasserie.** *La chicane part, prend* ou, cour., *pogne. Chercher la chicane, des chicanes à qqn. Les éternelles chicanes entre voisins. Des chicanes d'enfants.* — Loc. *Être en chicane avec qqn,* brouillé.

② ***chicane*** n. f. ■ Passage en zigzag qu'on est obligé d'emprunter. *Chicanes d'un barrage de police.*

chicaner [ʃikane] v. ▪ conjug. 1. **1.** V. intr. Élever des contestations mal fondées, chercher querelle sur des riens. ⇒ **ergoter, contester.** *Chicaner sur, à propos de qqch.* **2.** V. tr. Chercher querelle à (qqn). *Chicaner qqn sur, pour qqch. Je ne vous chicanerai pas là-dessus.* **3.** Gronder, réprimander. *Chicaner son fils.* ⇒ ① **disputer, quereller.** — *Il s'est fait chicaner par sa mère.* — Pronominalement (récipr.) *Se chicaner,* se quereller, se batailler. ⇒ se **chamailler,** se **disputer,** s'**obstiner,** se **pogner.** ► ***chicaneur*** ou ***chicaneux, euse*** n. ■ Personne qui chicane, qui aime à chicaner. ⇒ **chamailleur, querelleur.** — Adj. *Esprit chicaneur.* ⇒ **pointilleux.** / contr. **arrangeant, conciliant** / ► ***chicanier, ière*** adj. ■ Qui chicane sur les moindres choses. *Il est très chicanier.* ‹ ► ① chicane ›

chicano [(t)ʃikano] n. et adj. ■ Mexicain qui a émigré aux États-Unis. *Une chicano.* — Adj. *Les travailleurs chicanos.*

① ***chiche*** [ʃiʃ] adj. ■ *Être chiche de* (paroles, actions), avare. *Il est assez chiche de ses compliments.* / contr. **généreux** / ► ***chichement*** adv. ■ Pauvrement, comme un avare. *Vivre chichement.* ⇒ **modestement, petitement.**

② *pois* ***chiche*** ⇒ **pois.**

chichi [ʃiʃi] n. m. ■ Fam. Comportement qui manque de simplicité. ⇒ **affectation, minauderie.** *Faire du chichi.* ⇒ **cérémonie, embarras, façon, manière, simagrée.** *Pas tant de chichis !* ► ***chichiteux, euse*** adj. ■ Fam. Qui fait du chichi, des manières. ⇒ **taponneur ;** fam. **téteur.** — N. *Un chichiteux de la plus belle espèce.*

chicorée [ʃikɔʀe] n. f. **1.** Plante herbacée dont les feuilles se mangent en salade. *Chicorée sauvage. Chicorée frisée.* ⇒ **scarole.** **2.** Racine torréfiée de la chicorée ; boisson chaude qu'on en tire, rappelant le café. *Une tasse de chicorée.*

chicot [ʃiko] n. m. **1.** Morceau qui reste d'une dent ; dent cassée, usée. *Une bouche pleine de chicots.* **2.** Reste d'une branche, d'un tronc d'arbre cassé ou coupé. *Ramasser les chicots.* **3.** Fig. Loc. fam. (Personnes) *Être maigre comme un chicot,* très maigre. ⇒ **casseau,** ① **clou** (I, 3).

chicoter [ʃikɔte] v. tr. ▪ conjug. 1. (Compl. dir. personne) Fam. **1.** Tracasser, inquiéter. *Cette idée me chicote depuis quelque temps. Son comportement me chicote,* m'intrigue. ⇒ **chiffonner.** **2.** Faire souffrir légèrement. ⇒ **agacer, déranger.** *J'ai une dent qui me chicote depuis quelques jours.* — Loc. *Avoir qqch. qui (me, te...) chicote,* un léger mal qu'on ne peut identifier. *Elle a qqch. qui la chicote dans le dos.*

chicoutimien, ienne [ʃikutimjɛ̃, jɛn] adj. et n. ■ De la ville de Chicoutimi, propre à Chicoutimi. — N. (Avec une majusc.) Personne née dans cette ville ou qui l'habite. *Il a épousé une Chicoutimienne.*

chié [ʃje] adj. ■ Fig. Loc. fam. TOUT CHIÉ : (Après un nom, un pronom) tout craché. *C'est son portrait tout chié.* — Dont le comportement est semblable à. *C'est son professeur tout chié, sa mère tout chiée.* ⇒ en **peinture.** — Loc. Très fam. *Un frais* chié.*

① ***chien, chienne*** [ʃjɛ̃, ʃjɛn] n. **I.** **1.** Mammifère domestique dont il existe de nombreuses races élevées pour remplir certaines fonctions auprès de l'homme. ⇒ **canin, cyno-.** *Un chien, une chienne.* ⇒ fam. ① **cabot, toutou.** *Le chien aboie, glapit, jappe, hurle. Petit du chien.* ⇒ **chiot.** *Chien en laisse. Envoyer son chien dehors. Chien esquimau*.* ⇒ **husky.** *Chien de race. Chien bâtard. Chien de chasse. Meute de chiens.* — *Chien couchant* ou *chien d'arrêt,* qui lève le gibier en plaine et le ramène quand il est abattu. *Chien courant,* qui donne de la voix quand il est sur la piste du gibier. — *Chien de garde. Attention, chien méchant. Chien policier. Chien de berger surveillant son troupeau.* — *Races de chiens,* barbet, basset, berger, bouledogue, braque, caniche, cocker, danois, dogue, épagneul, esquimau, fox, husky, labrador, lévrier, limier, mâtin, molosse, pékinois, roquet, saint-bernard, terrier... **2.** Loc. *Garder à qqn un chien de sa chienne,* lui garder rancune et lui ménager une vengeance. — *Se regarder en chiens de faïence,* se dévisager avec hostilité. — *Recevoir qqn comme un chien dans un jeu de quilles,* très mal. — *S'entendre, vivre comme chien et chat,* en se disputant constamment. — *Son chien est mort,* il n'a pas réussi, il n'y a plus rien à faire. ⇒ **échec.** — *Suivre qqn comme un chien (de poche),* être toujours sur ses talons, près de lui. — *Cela n'est pas fait pour les chiens,* on peut, on doit s'en servir, l'utiliser. — *Faire le chien couchant,* être flatteur, obséquieux, lâche. — *Entre chien et loup,* au crépuscule, quand la nuit commence à tomber. ⇒ **brunante.** — Fam. *Être* *atriqué, habillé comme la chienne à Jacques.* ⇒ **s'atriquer.** — Interj. *Nom d'un chien!* (juron familier). — PROV. *Qui veut noyer son chien l'accuse de la rage,* tout prétexte est bon quand on veut se débarrasser de qqn ou de qqch. **3.** Loc. DE CHIEN. *Avoir, éprouver un mal de chien,* rencontrer bien des difficultés. *Métier, travail de chien,* très pénible. — *Vie de chien,* difficile, misérable. — *Temps de chien,* très mauvais temps. ⇒ **dégueulasse.** *Être d'une humeur de chien,* de très mauvaise humeur. ⇒ **massacrant ;** fam. **bouledogue.** — *Traiter qqn comme un chien,* très mal, sans égard ni pitié. *Mourir, être enterré comme un chien,* dans un total abandon. *Être malade comme un chien,* extrêmement malade. — EN CHIEN : très, beaucoup. *Il pleut en chien.* — *Être un chien,* fâché, en colère. **4.** Loc. *Les* CHIENS ÉCRASÉS : les faits divers sans importance, dans un journal. — CHIEN CHAUD. ⇒ **hot-dog** (REM). **5.** Fig. Fam. Policier. ⇒ fam. **bœuf,** ① **flic.** **6.** Loc. fam. *Être chien avec qqn,* méchant, dur. ⇒ fam. **écœurant.** — Terme d'injure. *Un tel, c'est un (vieux) chien (sale).* **7.** Au féminin. *Chienne de vie !* — Fam. *La chienne,* la peur, la frousse. *Il a eu la chienne de sa vie.* **II.** *Chien de mer,* petit requin (roussette). **III.** *Chien de prairie,* petit rongeur nord-américain dont le cri ressemble à celui du chien. ‹ ▸ chiendent, chien-guide, chien-loup, chiot ›

② ***chien*** n. m. **1.** Pièce d'une arme à feu qui guide le percuteur. *Le chien d'un fusil de chasse.* **2.** Loc. *Être couché* EN CHIEN DE FUSIL : les genoux repliés.

③ ***chien*** n. m. sing. **1.** (Femmes) *Avoir du chien,* du chic, de la séduction. ⇒ **allure.** **2.** Loc. fam. *Avoir du chien dans le corps,* de l'entrain, être dynamique, décidé. — *Ces élèves ont pas mal de chien,* ils sont entreprenants, courageux ; ils ne sont pas gênés, ils ont du front.

chiendent [ʃjɛ̃dɑ̃] n. m. **1.** Herbe vivace très commune à racines développées, nuisible aux cultures. **2.** Racine de chiendent séchée. *Brosse de chiendent.*

chien-guide [ʃjɛ̃gid] n. m. ■ Chien spécialement dressé pour conduire une personne aveugle. *Des chiens-guides.*

chien-loup [ʃjɛ̃lu] n. m. ■ Chien qui ressemble au loup (berger allemand). *Des chiens-loups.*

chienne [ʃjɛn] n. f. ■ Fam. Blouse de travail en grosse toile, longue et ample, portée par-dessus les vêtements pour les protéger. ⇒ **sarrau.** — Blouse de laboratoire en coton. *L'appariteur porte une chienne bleue. Le professeur de chimie a oublié sa chienne.*

chier [ʃje] v. intr. ▪ conjug. 7. **1.** Vulg. Se décharger le ventre des excréments. ⇒ **déféquer, faire ;** fam. faire **caca.** **2.** Abstrait. Fam. *Faire chier qqn,* l'embêter. *Tu me fais chier.* ⇒ fam. **emmerder,** faire **suer.** *On se fait chier ici,* on s'ennuie. ⇒ fam. s'**emmerder.** **3.** Fig. Loc. très fam. *Envoyer chier qqn,* l'envoyer au diable. *Va chier,* va au diable. — Pronominalement Fig. Loc. très fam. *Se chier le cœur,* se désâmer. ⇒ très fam. **se fendre.** ▸ ***chieur*** ou ***chieux, ieuse*** adj. Fam. (Personnes) **1.** Qui hésite à faire qqch., qui n'ose pas. ⇒ **craintif,** ① **lâche, peureux, poltron.** *Qu'est-ce que tu attends pour sauter, tu es bien chieur ?* — N. *Des chieux, on n'en veut pas ici.* ≠ *chiant.* **2.** Qui contrarie, dérange fortement. *Elle est chieuse avec ses exigences.* ⇒ fam. **emmerdant.** ‹ ▸ chiant, chiasse, chié, chiottes, chiure ›

chiffe [ʃif] n. f. **1.** Vx. Chiffon. **2.** Fam. *Chiffe molle,* personne d'un caractère faible. *C'est une chiffe molle.* ▸ ***chiffon*** n. m. **1.** Morceau de vieille étoffe. ⇒ **guenille.** *Commerce des chiffons* (⇒ **chiffonnier**). — *Chiffon à poussière,* morceau de toile, de laine, servant à enlever la poussière. — EN CHIFFON : chiffonné (vêtement, etc.). **2.** *Un* CHIFFON DE PAPIER : un document sans valeur ; un traité qu'on signe sans avoir l'intention de le respecter. **3.** Au plur. Fam. *Parler chiffons,* parler de toilettes, de parures. ▸ ***chiffonner*** v. tr. ▪ conjug. 1. **1.** Froisser, mettre en chiffon. ⇒ **friper, plisser.** / contr. **défriper, défroisser** / *Chiffonner une robe.* **2.** Abstrait. *Cela me chiffonne.* ⇒ **chagriner, chicoter, intriguer, taquiner.** ▸ ***chiffonnage*** ou ***chiffonnement*** n. m. ■ Action de chiffonner. — État de ce qui est chiffonné. ▸ ***chiffonné, ée*** adj. ■ Qui est froissé. *Un papier chiffonné. Repasser un vêtement chiffonné.* — Loc. *Figure chiffonnée,* aux traits fatigués ou un peu irréguliers. ▸ ***chiffonnier, ière*** n. **1.** Personne qui ramasse les vieux chiffons pour les vendre. ⇒ **guenillou.** **2.** Loc. *Se disputer, se battre comme des chiffonniers,* d'une manière violente et bruyante. *Vêtu comme un chiffonnier,* fripé, sale. ‹ ▸ échiffer ›

chiffre [ʃifʀ] n. m. **I.** **1.** Chacun des caractères qui représentent les nombres. *Les chiffres arabes* (1, 2, 3, 4, 5, 6, 7, 8, 9, 0). *Les chiffres romains* (I, V, X, L, C, D, M). *Un nombre de plusieurs chiffres.* **2.** Nombre représenté par les chiffres. *Le chiffre des dépenses.* ⇒ **montant, somme, total.** *Le chiffre de la population. En chiffres ronds* (⇒ **arrondir**). — CHIFFRE D'AFFAIRES : total des ventes effectuées pendant une année. **II.** **1.** Signe de convention servant à correspondre secrètement. *Le chiffre,* l'ensemble de ces signes. ⇒ **code.** *Avoir la clé du chiffre* (⇒ **chiffrer, déchiffrer**). *Le chiffre d'un coffre-fort.* ⇒ **combinaison.** **2.** Entrelacement de lettres initiales. ⇒ **monogramme.** *Faire graver son chiffre. Il portait une bague gravée à son chiffre.* ▸ ***chiffrer*** v. ▪ conjug. 1. **I.** **1.** V. tr. Noter à l'aide de chiffres. Évaluer en chiffres. *Chiffrer ses revenus à trente mille dollars par année.* **2.** V. intr. (Suj. chose) Atteindre un prix élevé. *Toutes ces dépenses finissent par chiffrer.* **II.** V. tr. Écrire en chiffres (II, 1). *Chiffrer une correspondance secrète.* ⇒ **coder.** — Au p. p. adj. *Message chiffré.* ▸ ***chiffrable*** adj. ■ Qu'on peut chiffrer, qu'on peut exprimer par des chiffres. *Est-ce chiffrable au dollar près ?* ▸ ***chiffrage*** ou ***chiffrement*** n. m. ■ Opération par laquelle on chiffre (II). ⇒ **codage.** ▸ ***chiffreur, euse*** n. ■ Employé(e) qui fait le chiffrement. ‹ ▸ déchiffrer, indéchiffrable ›

chignole [ʃiɲɔl] n. f. ■ Perceuse à main ou électrique.

chignon [ʃiɲɔ̃] n. m. **1.** Partie de la chevelure féminine relevée et ramassée derrière la tête. *Elle s'est fait un chignon.* **2.** Loc. (Femmes) *Se crêper le chignon,* se battre, se disputer. *Elles se sont crêpé le chignon.* **3.** Derrière du cou. ⇒ **nuque.** *Sa mère l'a pris, attrapé par le chignon du cou.*

chiite [ʃiit] adj. et n. ■ Dans l'islam. Relatif à la secte des partisans d'Ali, gendre du prophète Mohammed (Mahomet), qui soutiennent que ses descendants doivent conserver le pouvoir religieux (être imam ou calife). *Des intégristes chiites.* — REM. On écrit aussi *shi'ite.* — N. *Les chiites s'opposent aux sunnites.* ≠ *sunnite.*

chili [ʃili] n. m. ■ Mets épicé composé de gros haricots rouges, de bifteck haché, d'oignons et de sauce tomate, d'origine sud-américaine. *Préparer un chili. Des chilis.* — En appos. *Sauce chili,* sauce tomate épicée servant à assaisonner les mets de type sud-américain. *Une bouteille de sauce chili.* — REM. Le mot *chili* est l'abréviation de l'espagnol mexicain *chile con carne.*

chilien, ienne [ʃiljɛ̃, jɛn] adj. et n. **1.** Du Chili, propre au Chili. *Le cuivre chilien.* — N. (Avec une majusc.) Personne née dans ce pays ou qui en a obtenu la citoyenneté. *Les Chiliens de Montréal.*

chimère [ʃimɛʀ] n. f. **1.** Monstre imaginaire (à tête de lion et queue de dragon) qui crache des flammes. **2.** Idées sans rapport avec la réalité. ⇒ **illusion, imagination, rêve, utopie.** *Ses projets sont des chimères.* ▶ ***chimérique*** adj. **1.** Sans rapport avec la réalité. *Imaginations, rêves chimériques.* ⇒ **illusoire, impossible, utopique.** *Ses projets sont tout à fait chimériques.* / contr. **raisonnable, réel** / **2.** Littér. Qui se complaît dans les chimères. *Personne chimérique.* ⇒ **rêveur, utopiste, visionnaire.** *Un esprit chimérique.*

chimie [ʃimi] n. f. ■ Science de la constitution des divers corps matériels, de leurs transformations et de leurs propriétés. *Chimie générale. Chimie minérale, organique. Chimie biologique.* ⇒ **biochimie.** *Chimie industrielle. La chimie du pétrole.* ⇒ **pétrochimie.** — *Cours de chimie. Professeur de chimie.* ▶ ***chimique*** adj. ■ Relatif à la chimie, aux corps qu'elle étudie. *Formule, symbole chimique. Propriétés chimiques d'un corps.* — *Produits chimiques,* corps obtenus par l'*industrie chimique* (opposé à *naturel, organique*). *Un colorant chimique.* — N. m. sing. Fam. *Il y a beaucoup de chimique dans la nourriture,* de produits de nature chimique. ▶ ***chimiquement*** adv. ■ D'après les lois, les formules de la chimie. *De l'eau chimiquement pure.* ▶ ***chimiste*** n. ■ Personne qui s'occupe de chimie, pratique et étudie la chimie. *Expert, ingénieur chimiste. Une chimiste.* ▶ ***chimiothérapie*** n. f. ■ Traitement médical, notamment du cancer, par des substances chimiques. *Elle a subi des traitements de chimiothérapie.* — Abrév. fam. CHIMIO n. f. *Aller en chimio. Perdre ses cheveux à cause de la chimio.* ⟨ ▶ alchimie, biochimie, électrochimie, pétrochimie, physicochimique ⟩

chimpanzé [ʃɛ̃pɑ̃ze] n. m. ■ Grand singe anthropoïde*, qui vit en Afrique. *Des chimpanzés.*

chinchilla [ʃɛ̃ʃila] n. m. **1.** Petit mammifère rongeur qui vit au Pérou et au Chili. **2.** Sa fourrure gris clair (une des plus chères). *Un manteau de chinchilla.*

chiné, ée [ʃine] adj. ■ (Étoffes, laine) Fait de fils de couleurs alternées. *Une veste chinée noir et blanc.*

chinois, oise [ʃinwa, waz] adj. et n. **1.** De Chine ⇒ **sino-** ; qui imite un certain goût propre à la Chine. *La République chinoise. Un pavillon chinois,* petit kiosque à toit pointu et découpé. *Paravent chinois. Supplice chinois,* très cruel. *Restaurant chinois. Mets chinois.* — *Casse-tête chinois.* — N. (Avec une majusc.) Personne née dans ce pays ou qui en a obtenu la citoyenneté. *Les Chinois. Une Chinoise.* **2.** N. m. Personne qui subtilise à l'excès. *Quel chinois !* ⇒ **chinoiserie.** — Adj. *C'est un peu chinois.* **3.** N. m. *Le chinois,* une langue monosyllabique parlée et écrite (avec des caractères idéographiques) en Chine. — Fig. *C'est du chinois,* c'est incompréhensible. ⇒ **algonquin ;** fam. **hébreu.** ▶ ***chinoiserie*** n. f. **1.** Bibelot dans le goût chinois. *Une étagère garnie de chinoiseries.* **2.** Complication inutile et extravagante. *Les chinoiseries administratives.* ⟨ ▶ indochinois ⟩

chinook [ʃinuk] n. m. ■ Vent chaud et sec des montagnes Rocheuses, qui souffle sur les Prairies et vers les côtes des États de Washington et d'Orégon.

chiot [ʃjo] n. m. ■ Jeune chien. *Une portée de chiots.*

chiottes [ʃjɔt] n. f. pl. fam. **1.** Cabinets d'aisances. ⇒ petit **coin, toilette, W.-C. ;** fam. **bécosses.** — Au sing. *Une chiotte,* une toilette. **2.** Au sing. Endroit sale et en désordre, mal entretenu. *C'est une vraie chiotte ici !*

chiourme [ʃjuʀm] n. f. ■ Autrefois. Ensemble de rameurs d'une galère, de forçats. ⟨ ▶ garde-chiourme ⟩

chiper [ʃipe] v. tr. ▪ conjug. 1. Fam. **1.** Dérober, voler. ⇒ fam. **faucher,** ① **piquer.** *On m'a chipé mon stylo.* **2.** (Surtout en France) Attraper. *Chiper un rhume.* ⇒ **choper, pogner.**

chipie [ʃipi] n. f. ■ Femme au caractère désagréable, difficile à vivre. ⇒ **mégère, pimbêche.** *Vieille chipie ! Petite chipie !* — Terme affectueux pour un enfant, surtout les petites filles.

chipolata [ʃipɔlata] n. f. ■ (France) Petite saucisse courte et plate. *Des chipolatas.*

chipoter [ʃipɔte] v. intr. ▪ conjug. 1. **1.** Manger par petits morceaux, sans plaisir. *Chipoter dans son assiette.* **2.** Marchander mesquinement ; discuter sur des vétilles. ⇒ **ergoter, pinailler.** *Elle chipote sur les dépenses.* ▶ ***chipoteur, euse*** n. et adj. ■ Personne qui chipote.

chips [tʃips] n. f. pl. ■ Anglic. Pommes de terre coupées en minces rondelles puis frites. ⇒ **croustilles, juliennes.** *Un sac, un paquet de chips. Des chips B.B.Q., au ketchup, au vinaigre,* aromatisées. — Au m. sing. *Un petit, un gros chips,* un petit, un gros sac. — Au f. sing. *Une chips,* un morceau (rondelle).

① **chique** [ʃik] n. f. **1.** Morceau de tabac que l'on mâche. — *Une chique de gomme,* un morceau de gomme à mâcher. ⇒ **mâchée. 2.** Loc. fam. (Surtout en France) COUPER LA CHIQUE à qqn : l'interrompre brutalement (→ Couper le sifflet). ⟨ ▶ chicot, chiquer ⟩

② **chique** n. f. ■ Variété de puce dont la femelle peut s'enfoncer dans la chair de l'être humain et y provoquer des abcès. ≠ *tique.*

chiqué [ʃike] n. m. ■ (France) Fam. Attitude prétentieuse qui manque de naturel. ⇒ **bluff, cinéma ;** fam. **broue** (3), **esbroufe.** *C'est du chiqué ! Il fait ça au chiqué.*

chiquenaude [ʃiknod] n. f. ■ Coup donné avec un doigt que l'on a plié contre le pouce et que l'on détend brusquement. ⇒ **pichenette, pichenotte.** *Projeter une boulette de pain d'une chiquenaude.* — Fig. Petite impulsion ; poussée.

chiquer [ʃike] v. tr. et intr. ▪ conjug. 1. **1.** Mâcher (du tabac). *Tabac à chiquer.* **2.** Fam. Récriminer, râler. ⇒ **rechigner ;** fam. **chialer.** — Loc. *Chiquer sa guenille,* disputer sur tout et sur rien.

chir(o)- ■ Élément savant signifiant « main ». ▶ ***chiromancie*** [kiʀomɑ̃si] n. f. ■ Art de deviner l'avenir, le caractère de qqn par les lignes de sa main. ▶ ***chiromancien, ienne*** n. ■ Diseur, diseuse de bonne aventure. ⇒ **voyante.** *Des chiromanciennes.* ▶ ***chiropratique*** [kiʀopʀatik] n. f. ■ Méthode de traitement médical par manipulations effectuées sur diverses parties du corps, notamment la colonne vertébrale. *Un centre de chiropratique.* ▶ ***chiropraticien, ienne*** n. ■ Spécialiste de la chiropratique. — Abrév. fam. CHIRO, n. *Des chiros. Allez chez une chiro.*

chirurgie [ʃiʀyʀʒi] n. f. ■ Partie de la médecine qui comporte une intervention manuelle et instrumentale (surtout à l'intérieur du corps). *Chirurgie des os, du cœur. Chirurgie esthétique, plastique,* qui restaure ou modifie les formes extérieures du corps. *Chirurgie dentaire.* ▶ ***chirurgical, ale, aux*** adj. ■ Relatif à la chirurgie. *Opération, intervention chirurgicale. Instruments chirurgicaux.* ▶ ***chirurgien, ienne*** n. **1.** Médecin qui pratique la chirurgie. *Le chirurgien opère avec l'aide de ses assistants. Chirurgien-major,* dans l'armée. — *Elle est chirurgienne.* **2.** *Chirurgien-dentiste.* ⇒ **dentiste.** ⟨ ▶ chir(o)- ⟩

chistera [ʃisteʀa] n. f. ou m. ■ Instrument d'osier en forme de gouttière recourbée, qui sert à lancer la balle à la pelote basque.

chiure [ʃjyʀ] n. f. ■ Excrément d'insectes. *Des chiures de mouches.* — Fig. *Des chiures de mouches,* une petite chose sans importance, trois fois rien.

chlamyde [klamid] n. f. ■ Manteau court et fendu, agrafé sur l'épaule, dans l'Antiquité grecque.

chlamydia [klamidja] n. m. ■ Bactérie responsable de nombreuses infections chez l'être humain et de maladies transmises sexuellement. *Attraper le chlamydia.*

chlore [klɔʀ] n. m. ■ Corps simple, jaune verdâtre, d'odeur suffocante. *Propriétés décolorantes, antiseptiques du chlore.* ▸ ***chloré, ée*** adj. ■ Qui contient du chlore. *L'eau chlorée d'une piscine.* ▸ ***chlorhydrique*** [klɔʀidʀik] adj. ■ ACIDE CHLORHYDRIQUE : composé de chlore et d'hydrogène. — Solution de ce gaz dans l'eau, liquide incolore, fumant, corrosif. ▸ ***chlorofluorocarbone*** [klɔʀɔflyɔʀɔkaʀbɔn] n. m. ■ Chimie. Composé gazeux ou liquide utilisé comme propulseur dans les bombes aérosols, comme isolant ou comme réfrigérant, et dont la libération provoque la dissociation des molécules d'ozone de la haute atmosphère. ⇒ **C.F.C.** ▸ ***chloroforme*** [klɔʀɔfɔʀm] n. m. ■ Liquide incolore, employé comme anesthésique. *Endormir qqn au chloroforme.* ▸ ***chloroformer*** v. tr. ▪ conjug. 1. ■ Anesthésier au chloroforme. ‹ ▸ chlorure, polychlorure ›

chlorophylle [klɔʀɔfil] n. f. ■ Matière colorante des parties vertes de la plante. *La lumière, facteur nécessaire à la production de la chlorophylle.* ▸ ***chlorophyllien, ienne*** adj. ■ De la chlorophylle. *Fonction chlorophyllienne,* par laquelle, sous l'action de la lumière, la chlorophylle absorbe le gaz carbonique et rejette l'oxygène.

chlorure [klɔʀyʀ] n. m. **1.** Nom générique des composés binaires du chlore. *Les chlorures,* sels résultant de la combinaison de l'acide chlorhydrique avec une base. ⇒ **sel.** *Chlorure de sodium* (sel marin). **2.** *Chlorures décolorants,* mélanges industriels utilisés à des fins de blanchiment, de nettoyage, de désinfection. ⇒ eau de **Javel.**

chnoque n. ⇒ **schnock.**

choc [ʃɔk] n. m. **1.** Entrée en contact de deux corps qui se rencontrent violemment ; ébranlement qui en résulte. ⇒ **coup, heurt, percussion.** *Choc brusque, violent. Le choc des verres, des épées.* ⇒ **cliquetis.** *Choc violent.* ⇒ **collision.** *Résister aux chocs. Une onde de choc.* **2.** Rencontre violente (de personnes). *Le choc de deux armées ennemies.* ⇒ **bataille, combat.** *Soutenir le choc,* résister à un assaut. *Troupes, unités* DE CHOC : qui sont toujours en première ligne. ⇒ **commando.** **3.** Abstrait. *Choc des opinions, des idées, des caractères, des passions, des intérêts.* ⇒ **antagonisme, conflit, opposition.** — *Être en état de choc. Donner un choc à qqn, recevoir un choc,* une émotion brutale. — *Après son accident, elle a souffert d'un violent choc nerveux.* — *Choc opératoire, traumatique, anesthésique.* ⇒ **commotion.** — CHOC EN RETOUR : contrecoup d'un choc, d'un événement sur la personne qui l'a provoqué ou sur le point d'où il est parti. ⇒ **contre-choc.** **4.** En appos. Invar. Qui provoque un choc psychologique (surprise, intérêt, émotion). *Un discours choc. Des prix choc.* ‹ ▸ antichoc, choquer, contre-choc, électrochoc, entrechoquer, pare-chocs ›

chocolat [ʃɔkɔla] n. m. **1.** Substance alimentaire (pâte solidifiée) faite de cacao broyé avec du sucre, de la vanille, etc. *Chocolat à croquer. Morceau, barre, tablette de chocolat ; bouchée au chocolat. Chocolat au lait, aux noisettes. Du chocolat noir, blanc. Une boîte de chocolats. Des fondues au chocolat.* — Aliment qui contient du chocolat. *Gâteau, carré au chocolat. Cornet, crème glacée au chocolat. Des biscuits au chocolat.* **2.** Boisson faite de poudre de chocolat ou de cacao délayée. *Une tasse de chocolat. Un chocolat chaud. Du lait au chocolat.* **3.** Brun-rouge foncé. — Adj. invar. *Des robes chocolat, brun chocolat.* **4.** Loc. fam. *Être chocolat,* être réussi. ⇒ fam. **ketchup.** *L'affaire est chocolat.* ▸ ***chocolaté, ée*** [ʃɔkɔlate] adj. ■ Parfumé au chocolat. ▸ ***chocolatier, ière*** n. et adj. ■ Personne qui fabrique, qui vend du chocolat. — Adj. *L'industrie chocolatière.*

① ***chœur*** [kœʀ] n. m. **1.** Réunion de chanteurs ⇒ **choriste** qui exécutent un morceau d'ensemble. ⇒ **chorale.** *Un chœur d'enfants. Faire partie des chœurs de l'Opéra de Montréal.* **2.** Composition musicale destinée à être chantée par plusieurs personnes (⇒ **choral**). **3.** Dans le théâtre de l'Antiquité. Troupe de personnes qui dansent et chantent ensemble. *Le chœur des tragédies grecques.* **4.** *Le chœur des rieurs, des mécontents,* l'ensemble. **5.** EN CHŒUR : ensemble, unanimement. ⇒ faire **chorus,** agir de **concert.** *Chanter en chœur. S'ennuyer en chœur.* ‹ ▸ choral, chorégraphie, choriste, ① chorus ›

② ***chœur*** n. m. ■ Partie de la nef d'une église, devant le maître-autel, où se tiennent les chantres, le clergé et, parfois le public, pendant l'office. — *Enfant* de chœur.*

choir [ʃwaʀ] v. intr. — REM. Seulement : *je chois, tu chois, il choit ; je chus ; chu, chue* au p. p. **1.** Littér. Être entraîné de haut en bas. ⇒ **tomber.** **2.** Fam. LAISSER CHOIR. ⇒ **abandonner, plaquer.** *Après de belles promesses, il nous a laissés choir.* ‹ ▸ ① chute, ② chute, déchéance, déchoir, échéance, échoir, échu ›

choisir [ʃwaziʀ] v. tr. ▪ conjug. 2. **1.** *Choisir qqch., qqn,* prendre de préférence, faire choix de. *Choisir une carrière. On l'a choisi pour ce poste.* ⇒ **désigner, distinguer, nommer.** *Choisir ses vêtements, ses amis. Choisir ses lectures.* ⇒ **sélectionner.** **2.** Se décider entre deux ou plusieurs partis ou plusieurs solutions. ⇒ **opter,** se **prononcer, trancher.** *Décidez-vous, il faut choisir. Choisir si l'on part, si l'on reste. Elle a choisi de partir.* ▸ ***choisi, ie*** adj. ■ Excellent ; pris pour sa qualité. *Œuvres, textes choisis.* ⇒ **anthologie.** *S'exprimer en termes choisis,* élégants. ‹ ▸ choix ›

choix [ʃwa] n. m. invar. **1.** Action de choisir, décision par laquelle on donne la préférence à une chose, à une possibilité en écartant les autres (opposé à *sort*). *Faire un bon, un mauvais choix. Son choix est fait.* ⇒ **décision, résolution.** **2.** Pouvoir, liberté de choisir (actif) ; existence de plusieurs partis entre lesquels choisir (passif). *On lui laisse le choix.* ⇒ **option.** *Choix entre deux partis.* ⇒ **alternative, dilemme.** *Vous avez le choix. À (son, votre) choix.* — AU CHOIX : qui laisse la possibilité de choisir. *Dessert au choix. Les petits ou les grands, au choix.* — *N'avoir que l'embarras* du choix.* — *Ne pas avoir le choix,* être obligé de faire qqch. **3.** Ensemble de choses parmi lesquelles on peut choisir. *Ce magasin offre un très grand choix d'articles.* ⇒ **assortiment, éventail.** **4.** Ensemble de choses choisies pour leurs qualités. ⇒ **sélection.** *Choix de livres, de poésies.* ⇒ **anthologie, recueil.** — DE CHOIX : de prix, de qualité. *Un morceau de choix.*

chol(é)- ■ Élément savant signifiant « bile » (⇒ **colère, mélancolie.**) ▸ ***cholédoque*** [kɔledɔk] adj. m. ■ *Canal cholédoque,* qui conduit la bile dans le duodénum. ▸ ***cholestérol*** n. m. ■ Substance du sang, de la bile, dont l'excès provoque des troubles de nature cardiaque, et qui provient en partie des aliments. *Le taux de cholestérol d'une personne.*

choléra [kɔleʀa] n. m. ■ Très grave maladie épidémique caractérisée par des selles fréquentes, des vomissements, des crampes, un grand abattement. ▸ ***cholérique*** adj. et n. ■ Du choléra. ≠ *colérique*

chômer [ʃome] v. intr. ▪ conjug. 1. **1.** Vx. Suspendre son travail pendant les jours fériés. — Au p. p. adj. *Jours chômés,* pendant lesquels on ne travaille pas. **2.** Cesser le travail par manque d'ouvrage. *Il chôme depuis deux mois* (plus cour. : *être en chômage*). **3.** Loc. *Ne pas chômer,* travailler beaucoup. *Elle n'a pas chômé aujourd'hui !* ▸ ***chômage*** n. m. **1.** Interruption du travail. *Industrie exposée au chômage.* **2.** Inactivité forcée (des personnes) due au manque de travail, d'emploi. / contr. **plein-emploi** / *Ouvriers en chômage. Être,* (fam.) *tomber en chômage.* **3.** Régime fédéral qui fournit une indemnité aux travailleurs sans emploi. ⇒ **assurance**-chômage. *Elle s'est inscrite au chômage. Être sur le (l'assurance-) chômage.* — Fam. *Recevoir du chômage,* des prestations. ▸ ***chômeur, euse*** n. ■ Personne qui est sans travail, en chômage (2). ⇒ **sans-emploi, sans-travail.**

chope [ʃɔp] n. f. ■ (Surtout en France) Récipient cylindrique à anse, pour boire la bière. ⇒ **bock.** — Son contenu. ‹ ▸ chopine ›

choper [ʃɔpe] v. tr. ▪ conjug. 1. (France) Fam. **1.** Voler. ⇒ fam. **chiper, faucher,** ① **piquer** (III). *Choper une montre.* **2.** Arrêter, prendre (qqn). ⇒ fam. **pincer, pogner.** *Le voleur s'est fait choper.* **3.** Attraper. *J'ai chopé un bon rhume.* ⇒ fam. **ramasser.**

chopine [ʃɔpin] n. f. ■ Ancienne mesure de capacité pour les liquides, valant 0,568 litre (abrév. *chop.*). ⇒ **gallon.** — Récipient de cette contenance. *Une chopine vide.* — Par ext. Fam. (Dans le système métrique) Demi-litre. *Une chopine de lait.*

chop suey [tʃɔpsuwi] n. m. ■ Anglic. Plat américano-chinois composé de légumes variés (germes de soja, champignons, etc.) émincés et sautés, accompagnés de viande (porc, poulet, etc.) coupée en lamelles. *Manger du chop suey dans un restaurant chinois. Des chop sueys.*

choquer [ʃɔke] v. tr. ▪ conjug. 1. **1.** Contrarier ou gêner en heurtant les goûts ; notamment en agissant contre les bienséances. ⇒ **heurter, indigner, offusquer, scandaliser.** *Cette façon d'agir me choque.* **2.** Agir, aller contre, être opposé à. *Choquer la bienséance, le bon sens, la raison.* ⇒ **contrarier.** / contr. **convenir, plaire** à / **3.** *Faire choquer qqn,* le faire fâcher, le mettre en colère. *Elle fait choquer son frère.* — Pronominalement (réfl.). *Se choquer,* se fâcher. *Si je me choque, tu vas y goûter.* — Au p. p. adj. *Il est choqué,* fâché, furieux. *Je l'ai rarement vue choquée comme cela.* ▸ ***choquant, ante*** adj. ■ Qui heurte la délicatesse, la bienséance, le goût, le bon sens. ⇒ **déplacé, inconvenant, indécent, malséant.** *Des propos choquants. Une injustice choquante,* révoltante. ‹ ▸ entrechoquer ›

choral, ale, aux ou ***als*** [kɔʀal, o] adj. et n. m. **1.** (Plur. CHORAUX) Adj. Qui a rapport aux chœurs. *Chants choraux. Musique chorale.* **2.** (Plur. CHORALS) N. m. Chant religieux. *Des chorals de Bach. Un choral de Noël.* ▸ ***chorale*** [kɔʀal] n. f. ■ Groupe musical qui exécute des œuvres vocales, des chœurs. ⇒ **chœur.** *Une chorale paroissiale.*

chorégraphie [kɔʀegʀafi] n. f. **1.** Art de composer des ballets, d'en régler les figures et les pas. ⇒ **danse.** **2.** Notation d'une danse sur le papier au moyen de signes spéciaux. ▸ ***chorégraphe*** n. ▸ ***chorégraphique*** adj. ■ *Partie chorégraphique d'un opéra.*

choriste [kɔʀist] n. ■ Personne qui chante dans un chœur (opposé à *soliste*). *Les choristes de l'Opéra de Montréal.*

chorizo [tʃɔʀizo] n. m. ■ Saucisson espagnol pimenté. *Des chorizos.*

① ***chorus*** [kɔʀys] n. m. invar. ■ FAIRE CHORUS : se joindre à d'autres pour dire comme eux, être du même avis. ⇒ **approuver.**

② ***chorus*** n. m. invar. ■ Jazz. Improvisation sur le thème. *Un chorus de trompette.*

chose [ʃoz] n. f. **I. 1.** Terme le plus général par lequel on désigne tout ce qui existe et qui est concevable comme un objet unique (concret ; abstrait ; réel ; mental). ⇒ **être, événement, objet.** *Imaginer une chose. C'est une chose bien agréable que de rencontrer un ami. Avant toute chose,* premièrement. *De deux choses l'une,* de deux possibilités. **2.** *Les choses,* le réel. ⇒ **fait, phénomène, réalité.** *Regarder les choses en face. Aller au fond des choses. Appeler les choses par leur nom,* parler franchement. — (Opposé à *idée, mot*) *Le nom et la chose.* — Spécialt. Réalité matérielle non vivante ; objet concret. *Les êtres* (vivants) *et les choses. Un tas de choses.* **3.** Surtout au plur. Ce qui a lieu, ce qui se fait, ce qui existe. *Les choses humaines, de ce monde. La nature des choses. Par la force des choses. Les choses vont, tournent mal. Ne pas faire les choses à moitié. C'est la moindre des choses,* c'est le minimum. **4.** *La chose,* ce dont il s'agit. *Je vais vous expliquer la chose. Comment a-t-il pris la chose ? C'est chose faite.* **5.** (Par pudeur) *La chose,* les relations sexuelles. *Ne pas être très porté sur la chose.* **6.** (Avec *dire, répéter,* etc.) Paroles, discours. *Je vais vous dire une bonne chose. Dites-lui bien des choses de ma part,* faites-lui mes compliments. **II.** Loc. **1.** AUTRE CHOSE. *C'est autre chose, tout autre chose.* ⇒ **différent.** *Je cherche autre chose d'aussi beau* (masc.). — LA MÊME CHOSE. *Ce n'est pas la même chose.* **2.** QUELQUE CHOSE loc. indéfinie, masc. (abrév. *qqch.*). ⇒ de **quoi.** *Chercher quelque chose. Elle mange quelque chose de bon. Il faut faire quelque chose,* intervenir. *C'est déjà quelque chose,* c'est mieux que rien. *Il lui est arrivé quelque chose,* un accident, un ennui. **3.** PEU DE CHOSE : une chose (acte, objet) peu importante. *C'est bien peu de chose.* ⇒ **peu. III.** N. m. ou appos. Fam. Ce qu'on ne peut ou ne veut pas nommer. ⇒ **affaire, bebelle, bidule, machin, patente, truc.** *Donne-moi le chose que j'ai mis sur la table.* — (Avec une majusc.) Fam. Personne dont on a oublié le nom ou qui est inconnue. *Monsieur, madame Chose. C'est Chose qui te demande au téléphone.* — Adj. Fam. *Se sentir* TOUT CHOSE : éprouver un malaise difficile à analyser. *Elle se sent toute chose.* ‹ ▸ grand-chose ›

① ***chou*** [ʃu] n. m. **1.** Plante à plusieurs variétés sauvages ou cultivées pour l'alimentation (surtout le *chou cabus* ou *pommé,* à gros bourgeon terminal). *Feuilles de chou. Soupe aux choux. Salade de chou. Choux fermentés.* ⇒ **choucroute.** — (Autres espèces) *Chou rouge,* que l'on consomme cru, en salade. *Chou de Bruxelles,* à longues tiges, donnant de petits bourgeons comestibles. ⇒ aussi **brocoli, chou-fleur, chou-rave.** — Vieilli ou fam. CHOU DE SIAM : navet. — *Cigare au chou* ou *chou farci,* viande hachée enroulée dans une feuille de chou et farcie avec du riz. **2.** Loc. fam. *Feuille de chou,* écrit, journal de peu de valeur. — *Faire chou blanc,* ne pas réussir une affaire. — *Faire ses choux gras,* tirer profit (d'une affaire avantageuse). *Jeter ses choux gras,* se débarrasser de choses encore utilisables, en bon état ; jeter de la nourriture encore bonne ; ne pas être très économe. — (France) *Aller planter ses choux,* se retirer à la campagne. **3.** *Mon chou, mon petit chou,* expressions de tendresse. ⇒ **chouchou,** ② **chouette,** ③ **coco, homme** (V). *Bout de chou,* petit enfant. — Fam. Adj. invar. *Elle est très chou.* ⇒ **fin, gentil, joli. 4.** CHOU À LA CRÈME : pâtisserie légère et soufflée. *Pâte à choux,* dont on fait les choux. — CHOU (DE NOËL) : ruban décoratif plié pour former une petite boule. *Mettre un chou sur un cadeau.* ‹ ▶ chouchou, chou-fleur, chou-rave, coupe-choux ›

② ***chou*** interj. et n. m. invar. **1.** Interj. Exclamation dont on se sert pour réprouver qqch., protester en public. / contr. **bravo !** / *Chou ! bande d'incapables. Crier chou à qqn.* **2.** N. m. invar. Cri de dérision, de réprobation, de protestation poussé en public. ⇒ **huée.** / contr. **bravo** / *Les chou succédaient aux applaudissements.*

chouan [ʃwɑ̃] n. m. ■ Insurgé royaliste de l'ouest de la France, pendant la Révolution française. ▶ ***chouannerie*** n. f. ■ Mouvement des chouans.

choucas [ʃukɑ] n. m. invar. ■ Oiseau noir, voisin de la corneille.

chouchou, oute [ʃuʃu, ut] n. ■ Fam. Favori, préféré. ⇒ ① **chou (3), protégé.** *Le chouchou du professeur. Les chouchous et les chouchoutes.* ▶ ***chouchouter*** v. tr. ▪ conjug. 1. ■ Dorloter, gâter.

choucroute [ʃukʀut] n. f. ■ Mets préparé avec des choux découpés en fins rubans que l'on fait légèrement fermenter dans une saumure et que l'on sert avec de la charcuterie.

① ***chouette*** [ʃwɛt] n. f. ■ Oiseau rapace nocturne. ⇒ **harfang.** *La chouette hulule. Chouette des bois.* ⇒ **hulotte.** *Chouette des clochers.* ⇒ **effraie.** *Petite chouette.* ≠ *hibou.*

② ***chouette*** adj. **1.** (Surtout en France) Fam. Agréable, beau. *Elle est chouette, ta voiture. C'est chouette,* c'est digne d'admiration, d'éloge. ⇒ fam. ② **super. 2.** (Surtout en France) Interj. Fam. *Ah, chouette, alors !* ⇒ **chic ;** anglic. **fun. 3.** *Ma chouette,* expression de tendresse, d'affection à l'égard des petites filles. ⇒ ① **chou, chouchou ; homme** (V). *Viens ma chouette.*

chou-fleur [ʃuflœʀ] n. m. ■ Variété de chou dont on mange les fleurs qui forment une masse blanche, charnue. *Du chou-fleur mariné. Des choux-fleurs.*

chou-palmiste n. m. ⇒ **palmiste.**

chou-rave [ʃuʀav] n. m. ■ Variété de chou cultivé pour ses racines. *Des choux-raves.*

chow-chow [tʃawtʃaw] n. m. ■ Anglic. Chien d'une race d'origine chinoise, de taille moyenne, à beau poil abondant. *Les chows-chows sont des chiens de compagnie.*

choyer [ʃwaje] v. tr. ▪ conjug. 8. ■ Soigner avec tendresse, entourer de prévenances. ⇒ **cajoler, catiner, chouchouter, combler, entourer, gâter.** *Elle choie ses enfants.* — Au p. p. adj. *Une enfant très choyée.*

chrême [kʀɛm] n. m. ■ Huile consacrée, employée dans certains sacrements, certaines cérémonies des Églises catholique et orthodoxe. *Le saint chrême est formé d'huile d'olive mêlée de baume.* ≠ *crème.*

chrétien, ienne [kʀetjɛ̃, jɛn] adj. et n. **I.** Adj. **1.** Qui professe la foi en Jésus-Christ. *Le monde chrétien. Le roi Très Chrétien,* titre des rois de France. ≠ *musulman, païen.* **2.** Du christianisme. *La religion chrétienne. L'ère chrétienne,* qui commence à la naissance de Jésus-Christ. *Civilisation chrétienne.* **II.** N. Personne qui professe le christianisme. ⇒ **catholique, orthodoxe, protestant, réformé.** *Les chrétiens russes, grecs... Les chrétiens célèbrent la fête de Noël.* ▶ ***chrétiennement*** adv. ■ *Vivre chrétiennement.* ▶ ***chrétienté*** [kʀetjɛ̃te] n. f. ■ Ensemble des peuples chrétiens, et des pays où le christianisme domine. ‹ ▶ christianiser, christianisme ›

chrisser v. ⇒ ① **crisser.**

christ [kʀist] n. m. **I. 1.** (Avec une majusc.) Nom donné à Jésus de Nazareth. ⇒ **Messie, Seigneur.** *Le Christ. Jésus-Christ.* **2.** Figure de Jésus-Christ attaché à la croix. ⇒ **crucifix.** *Un christ d'ivoire.* **II.** ⇒ **crisse.** ‹ ▶ antéchrist ›

christiania [kʀistjanjɑ] n. m. ■ Technique d'arrêt par un brusque quart de tour des skis.

christianiser [kʀistjanize] v tr. ▪ conjug. 1. ■ Rendre chrétien, convertir au christianisme. ⇒ **évangéliser.** — Au p. p. adj. *Pays christianisé.* ▶ ***christianisation*** n. f. ‹ ▶ déchristianiser ›

christianisme [kʀistjanism] n. m. ■ Religion fondée sur l'enseignement, la personne et la vie de Jésus-Christ. *Elle s'est convertie au christianisme.*

chromatique [kʀo(ɔ)matik] adj. **1.** Musique. Qui est composé d'une suite de demi-tons (opposé à *diatonique*). **2.** Relatif aux couleurs. **3.** Biologie. Des chromosomes. *Réduction chromatique,* réduction de moitié du nombre des chromosomes contenus dans le noyau de la cellule.

chrome [kʀom] n. m. **1.** Métal gris, brillant, dur (utilisé en alliages : acier inoxydable, etc.). **2.** Pièce métallique en acier au chrome (notamment dans la carrosserie d'une automobile). *Nettoyer les chromes de sa voiture.* ▶ ***chromer*** v. tr. ▪ conjug. 1. ■ Recouvrir (un métal) de chrome. — Au p. p. adj. *Acier chromé* (inoxydable). N. m. *Du chromé.* ▶ ***chromé, ée*** n. et adj. ■ Fig. Péj. Personne qui prend très soin de son apparence et qui est d'une élégance très voyante, souvent fausse et superficielle. ⇒ **parvenu ;** fam. **quétaine.** *Les chromés des discothèques.* — Adj. *Une allure chromée.*

chromo [kʀomo] n. m. **1.** Image lithographique en couleur (abrév. de *chromolithographie*). — Péj. Toute image en couleur de mauvais goût. **2.** N. Fig. Péj. Personne laide, qui ne soigne pas son apparence. *Des chromos.*

chromo-, -chromie, -chrome ■ Éléments savants signifiant « couleur ». ‹ ▶ chromatique (2), chromosome, mercurochrome, monochrome, polychrome ›

chromosome [kʀomozom] n. m. ■ Élément de la cellule vivante, de forme caractéristique et en nombre constant (46 chez l'être humain) situé dans le noyau de la cellule. *Une paire de chromosomes. Les chromosomes sont le support des facteurs héréditaires.* ⇒ **gène.** ▶ ***chromosomique*** adj. ■ Relatif aux chromosomes. ⇒ **chromatique** (3). *Maladie chromosomique.*

① ***chronique*** [kʀonik] adj. **1.** (Maladie) Qui dure longtemps, se développe lentement et réapparaît sans cesse (opposé à *aigu*). *Bronchite chronique.* **2.** (Choses nuisibles) Qui dure ou se répète. *Chômage, mévente chronique.* ▶ ***chroniquement*** adv. ■ En se reproduisant souvent.

② ***chronique*** n. f. **1.** Recueil de faits historiques, rapportés dans l'ordre de leur succession. ⇒ **annales, histoire, mémoires, récit.** *Les chroniques de Froissart.* **2.** Au sing. Ensemble des nouvelles qui circulent. — Loc. *Défrayer la chronique,* en être l'objet. **3.** Partie d'un journal consacrée à un sujet particulier. ⇒ **article, courrier, nouvelle, rubrique.** *Une chronique artistique, littéraire, sportive.* — Par ext. Partie d'une émission d'information (radio, télévision) consacrée à un sujet particulier. *La chronique rock.* ▶ ***chroniquer*** v. tr. ▪ conjug. 1. ■ Écrire sous forme de chronique. ▶ ***chroniqueur, euse*** n. **1.** Auteur de chroniques historiques. ⇒ **historien, mémorialiste. 2.** Journaliste chargé d'une chronique de journal. *Chroniqueur* *littéraire.* — Par ext. Responsable d'une chronique à la radio, à la télévision. *Une chroniqueuse sportive de Radio-Canada.*

-chronique, -chronisme ■ Éléments savants signifiant « temps ». Voir les suivants. ⟨ ▸ anachronique, ① chronique, ② chronique, synchrone ⟩

chrono n. m. Fam. ⇒ **chronomètre.**

chrono-, -chrone ■ Éléments savants signifiant « temps ».

chronologie [kʀɔnɔlɔʒi] n. f. **1.** Science de la fixation des dates des événements historiques. ⇒ **annales, calendrier. 2.** Succession des événements dans le temps. ▸ ***chronologique*** adj. ■ *Respecter l'ordre chronologique.* ▸ ***chronologiquement*** adv. ■ Dans l'ordre du temps.

chronomètre [kʀɔnɔmɛtʀ] n. m. ■ Instrument de précision qui marque les minutes, les secondes et parfois les dixièmes, les centièmes, les millièmes de seconde. ⇒ ② **montre.** *Chronomètre en or. Le chronomètre indique 9,97 s pour le 100 m. Il reste trois minutes au chronomètre.* — Abrév. fam. CHRONO [kʀɔno] ▸ ***chronométrage*** n. m. ■ *Le chronométrage d'une épreuve sportive.* ▸ ***chronométrer*** v. tr. ▪ conjug. 6. ■ Sports ; industrie, etc. Mesurer avec précision, à l'aide d'un chronomètre, la durée de (un événement). *Chronométrer une course, un match.* — Au p. p. adj. *Trois périodes chronométrées.* ▸ ***chronométreur, euse*** n. ■ Personne qui chronomètre (une course, etc.). ▸ ***chronométrique*** adj. ■ Relatif à la mesure exacte du temps. *Une exactitude, une précision chronométrique.*

chrys(o)- ■ Élément savant signifiant « or ».

chrysalide [kʀizalid] n. f. **1.** État intermédiaire par lequel passe la chenille avant de devenir papillon. ⇒ **nymphe.** *Chrysalide du ver à soie.* ⇒ **cocon. 2.** Loc. *Sortir de sa chrysalide,* devenir beau (adolescent), connu. ⇒ ① **coquille.**

chrysanthème [kʀizɑ̃tɛm] n. m. ■ Plante ornementale qui fleurit en automne. — Fleur composée de cette plante, en forme de grosses boules, et de couleurs variées. *Tombe fleurie de chrysanthèmes.*

C.H.U. [seaʃy] n. m. invar. ■ Abréviation de *centre hospitalier universitaire. Le C.H.U.L.*[ʃyl], *le Centre hospitalier de l'université Laval. Des C.H.U.*

chuchoter [ʃyʃɔte] v. intr. ▪ conjug. 1. **1.** Parler bas, indistinctement, en remuant à peine les lèvres. ⇒ **murmurer, susurrer.** *Des élèves qui chuchotent en classe. Chuchoter à l'oreille de qqn.* **2.** Transitivement. Dire (qqch.) à voix basse. *Elle m'a chuchoté quelques mots à l'oreille.* ⇒ **souffler. 3.** Produire un bruit confus, indistinct. ⇒ **bruire.** ▸ ***chuchotement*** n. m. ou ***chuchoterie*** n. f. ■ Action de chuchoter. ⇒ **murmure.** *Entendre un léger chuchotement.* — REM. Le mot *chuchoterie* s'emploie le plus souvent au pluriel (ex. : *Les chuchoteries des enfants).*

chuinter [ʃɥɛ̃te] v. intr. ▪ conjug. 1. **1.** (Choses) Produire un sifflement assourdi. *Jet de vapeur qui chuinte.* **2.** (Personnes) Prononcer les consonnes sifflantes (*s* et *z*) comme *ch* et *j.* ▸ ***chuintant, ante*** adj. ■ Qui chuinte. — N. f. Se dit des sons [ʃ] : *che* et [ʒ] : *je. Une chuintante.* ▸ ***chuintement*** n. m. ■ Bruit continu et sourd.

chum [tʃɔm] n. et adj. Anglic. Fam. **1.** Ami fidèle. ⇒ **camarade, copain ;** fam. **pote.** *C'est mon grand chum. De vieux chums.* — Adj. *Elle est très chum avec lui. On est bien chums tous les trois,* très amis. — *Une chum de bureau,* une collègue de travail. *Des chums d'université,* des confrères, consœurs. **2.** Petit ami. *Avoir un chum. Sortir avec son chum.* ⇒ **blonde, copain. 3.** Personne avec laquelle on vit maritalement ou avec laquelle on est marié. ⇒ **compagnon, compagne,** ② **conjoint, époux, femme, mari ;** fam. **blonde.** *Mon, ma chum m'attend pour le souper.*

chut [ʃyt] interj. ■ Se dit pour demander le silence. ⇒ **silence.** *Chut ! on nous écoute. Faire chut* (en mettant un doigt sur la bouche).

① ***chute*** [ʃyt] n. f. **I.** Fait de tomber. Concret. **1.** (Personnes) *Faire une chute dans un escalier. Chute à pic. Bruit de chute. Chute en patins. Une chute à bicyclette.* **2.** (Choses) *Chute de pluie* (⇒ **pluie**), *chute de neige.* ⇒ **bordée.** — *Lois de la chute des corps.* ⇒ **pesanteur.** CHUTE LIBRE : mouvement d'un corps soumis à son seul poids. — POINT DE CHUTE : lieu où tombe un projectile ; endroit où l'on se fixe au terme d'une activité, d'un voyage. — CHUTE À DÉCHETS ou À ORDURES : vide-ordures. — *Une chute à linge. Une chute à courrier.* **3.** CHUTE (D'EAU) : produite par la différence de niveau entre deux parties consécutives d'un cours d'eau. ⇒ **cascade, cataracte, saut.** *La chute* ou fam. *les chutes Montmorency.* — Absolt. Au plur. *Les chutes du Niagara.* **4.** Action de se détacher (de son support naturel). *Chute de pierres.* ⇒ **éboulement.** *La chute des cheveux. La chute des feuilles.* **II.** Abstrait. **1.** Fait de passer dans une situation plus mauvaise, d'échouer. ⇒ **échec, faillite.** *La chute de Wilfrid Laurier. Entraîner qqn dans sa chute.* — (Institutions, gouvernements) ⇒ **culbute, renversement.** *La chute d'un régime.* **2.** Action de tomber moralement. ⇒ **déchéance, faute, péché.** *La chute d'Adam par le péché.* **3.** (Choses) Diminution de valeur ou d'intensité. *Chute de pression, de température.* ⇒ **baisse.** *Chute de la monnaie.* ⇒ **dépréciation, dévaluation.** ▸ ② ***chute*** n. f. **1.** Partie où une chose se termine, s'arrête, cesse (surtout dans : *la chute des reins,* le bas du dos). **2.** Surtout au plur. Reste d'étoffe inutilisé (tombé en coupant qqch.). ▸ ***chuter*** v. intr. ▪ conjug. 1. **1.** (Pièce de théâtre, candidat, etc.) Subir un échec. **2.** Ne pas effectuer les levées prévues, à certains jeux de cartes. ⇒ **découdre,** être **décousu. 3.** Tomber, choir. *Elle a chuté dans l'escalier. Chuter sur la patinoire.* ⟨ ▸ parachute, rechute ⟩

chypriote ou ***cypriote*** [ʃipʀiɔt, sipʀiɔt] adj. et n. ■ De l'île et de l'État de Chypre ; propre à cet endroit. *La question chypriote.* — N. (Avec une majusc.) Personne née dans cette république ou qui en a obtenu la citoyenneté.

① ***ci*** [si] adv. **1.** (Placé immédiatement devant un adjectif ou un participe) Ici. — CI-ANNEXÉ, ÉE, CI-INCLUS, USE. CI-JOINT, JOINTE. *Recevez ci-joints les documents.* REM. *Ci-annexé, ci-inclus, ci-joint* sont invariables s'ils sont placés en tête de phrase ou immédiatement devant le nom *(vous trouverez ci-joint copie de la lettre)* et variables s'ils sont placés devant un nom précédé lui-même d'un article ou d'un adjectif possessif ou numéral *(vous trouverez ci-jointe la copie de la lettre).* — (Après un nom précédé de *ce, cette, ces, celui, celle*) *Cet homme-ci. Ces jours-ci.* **2.** Loc. adv. CI-DESSUS : plus haut, supra ; CI-DESSOUS : plus bas, infra ; CI-CONTRE : en regard, en face. *Voir la carte ci-contre.* — DE-CI DE-LÀ : de côté et d'autre. — PAR-CI PAR-LÀ : en divers endroits (→ Çà et là) ; à diverses reprises, de temps à autre. **3.** CI-GÎT : ici est enterré (de l'ancien verbe *gésir : il gît*). ⟨ ▸ celui-ci, voici ⟩

② ***ci*** pronom dém. et n. m. (Employé avec *ça*) **1.** Pronom dém. *Demander ci et ça. Ne faire ni ci ni ça,* ne pas hésiter à faire qqch., ne pas tergiverser. ⇒ **deux** (II, 2). — Fam. *Comme ci comme ça,* tant bien que mal. **2.** N. m. invar. *Faire, dire des ci et des ça,* faire, dire un peu n'importe quoi.

cible [sibl] n. f. ■ But que l'on vise et contre lequel on tire. *Tirer à la cible.* — Abstrait. *Servir de cible aux railleries de qqn,* de point de mire. — En appos. *Langue cible* (d'un document, d'un discours traduit, opposé à *langue source*). ► **cibler** v. tr. ▪ conjug. 1. ■ Viser (un objectif commercial, publicitaire ; un public).

ciboire [sibwaʀ] n. m. **1.** Vase sacré en forme de coupe, où l'on conserve les hosties. **2.** [sibwɛʀ] interj. ■ Très fam. Sacre, juron fréquent et employé dans toutes sortes de circonstances. *Ciboire laisse-nous tranquilles ! Je me suis brûlé, ciboire !* Absolt. *Ciboire !* — *Ciboire de* (+ autre juron). — Loc. *Être en ciboire,* très fâché, de très mauvaise humeur ; ne pas être très content. — N. UN CIBOIRE DE : sert à qualifier la chose, la personne qui est mentionnée. *On a fait un ciboire de beau voyage.* Sans compl. UN CIBOIRE : terme d'injure, de mépris. *Tu es un ciboire ! Mes ciboires !* — Loc. adv. EN CIBOIRE : très, beaucoup. *Elle est distraite en ciboire.* — REM. La forme *saint-ciboire* [sɛ̃sibwɛʀ] est également très employée ainsi que la variante familière *cibole.*

ciboulette [sibulɛt] n. f. ■ Plante à petits bulbes réunis par les racines, dont les feuilles sont employées dans les assaisonnements.

ciboulot [sibulo] n. m. ■ Fam. Tête. *Avoir une idée dans, derrière le ciboulot.* ⇒ fam. **caboche,** ① **coco.**

cicatrice [sikatʀis] n. f. **1.** Marque laissée par une plaie après la guérison. *Cicatrice d'écorchure, de brûlure. Avoir une cicatrice à la face.* ⇒ **balafre. 2.** Traces laissées par le malheur, la guerre. *Les cicatrices d'un divorce.* ► **cicatriser** v. tr. ▪ conjug. 1. **1.** Faire guérir, faire se refermer (une plaie, la partie du corps blessée). — Pronominalement. *La brûlure ne se cicatrise pas bien.* — Au p. p. adj. *Sa jambe est cicatrisée.* / contr. **rouvrir** / **2.** Abstrait. *Cicatriser une blessure d'amour-propre, une douleur.* ⇒ **apaiser, guérir.** / contr. **aviver** / ► **cicatrisation** n. f. ■ Processus par lequel se réparent les plaies, les blessures. *La blessure est en voie de cicatrisation.*

cicérone [siseʀɔn] n. m. ■ Guide. *Des cicérones.*

-cide ■ Élément signifiant « tuer » (ex. : *homicide, insecticide*).

cidre [sidʀ] n. m. ■ Boisson obtenue par la fermentation alcoolique du jus de pomme. *Pommes à cidre. Cidre bouché,* champagnisé.

Cie ■ Abréviation de *compagnie* (3).

① **ciel,** plur. **cieux, ciels** [sjɛl, sjø] n. m. **I.** (Plur. CIELS : multiplicité réelle ou d'aspects ; CIEUX : collectif à nuance affective, relig.) **1.** Espace visible au-dessus de nos têtes, et qui est limité par l'horizon. *La voûte du ciel, des cieux.* ⇒ **firmament.** *Un ciel étoilé.* — Loc. SOUS LE CIEL : ici-bas, au monde. À CIEL OUVERT : en plein air. *Une piscine à ciel ouvert. Lever les yeux, les bras, les mains* AU CIEL. *Tomber du ciel,* arriver à l'improviste. *Remuer ciel et terre*.* — (Qualifié, selon son aspect dû au temps. Plur. *Des ciels*) *Ciel bleu ; nuageux. Des ciels orageux, de plomb.* — Loc. *Neiger à plein ciel,* énormément, beaucoup. — Invar. *Bleu ciel,* bleu clair. **2.** Sciences. Apparence de l'espace extraterrestre, vu de la Terre ; voûte où semblent se mouvoir les astres. *La carte du ciel.* ⇒ **cosmographie.** — Loc. (D'après les cercles de l'astronomie antique) *Être au septième ciel,* dans le ravissement. **II.** (Plur. CIEUX) **1.** Séjour des dieux, des puissances surnaturelles. ⇒ **au-delà.** *Notre Père qui êtes aux cieux* (prière du Notre Père). *Le royaume des cieux.* **2.** Séjour des bienheureux, des élus à qui est accordée la vie éternelle. ⇒ **paradis.** *Mériter le ciel. Il est au ciel,* il est mort et sauvé (opposé à *enfer*). / contr. **damné** / **3.** La divinité, la providence. *La justice, la clémence du ciel.* PROV. *Aide-toi, le ciel t'aidera.* — Interj. *Ciel !* (surprise désagréable). *Le ciel soit loué ! Plût au ciel !,* si cela pouvait être ! ► ② **ciel,** plur. **ciels** n. m. **1.** CIEL DE LIT : baldaquin au-dessus d'un lit. ⇒ **dais.** *Des ciels de lit.* **2.** Voûte, plafond d'une excavation (mine, carrière). *Des ciels de carrière.* — *Une mine d'amiante à ciel ouvert,* à l'air libre, à la surface du sol. ‹ ► arc-en-ciel, gratte-ciel ›

cierge [sjɛʀʒ] n. m. **1.** Chandelle de cire, longue et effilée, en usage dans les églises. ≠ *bougie, lampion. Faire brûler un cierge à un saint,* en remerciement. — Loc. *Être droit comme un cierge,* très droit, raide. **2.** Plante grasse de l'Amérique tropicale qui forme de hautes colonnes verticales. ⇒ **euphorbe.**

cigale [sigal] n. f. ■ Insecte dont les quatre ailes sont membraneuses, abondant dans les régions chaudes. *Le cri, le chant des cigales* (le bruit que fait le mâle). *La cigale et la fourmi.*

cigare [sigaʀ] n. m. **1.** Petit rouleau de feuilles de tabac que l'on fume. *Fumer un gros cigare. Petit cigare,* ou CIGARILLO (n. m.). **2.** *Cigare au chou.* ⇒ **chou.** ► **cigarette** n. f. ■ Petit rouleau de tabac haché et enveloppé dans un papier fin. ⇒ fam. **clope, pipe, sèche.** *Un paquet, une cartouche de cigarettes. Cigarettes à bouts filtres. Il fume des cigarettes, la cigarette. Arrêter la cigarette,* cesser de fumer. ‹ ► coupe-cigares, fume-cigare, porte-cigarettes ›

cigogne [sigɔɲ] n. f. ■ Grand oiseau échassier aux longues pattes, au bec rouge, long, droit. *Un nid de cigognes. Les cigognes sont des oiseaux migrateurs.* — Loc. *Attendre la cigogne,* être enceinte.

ciguë [sigy] n. f. ■ Plante très toxique ; poison extrait d'une variété de cette plante *(grande ciguë). Dans la Grèce antique, on donnait la ciguë aux condamnés à mort. Socrate fut condamné à boire la ciguë.*

cil [sil] n. m. **1.** Chacun des poils qui garnissent le bord libre des paupières et protègent le globe oculaire. *Battre des cils. Faux cils* (que l'on peut adapter au bord des paupières). **2.** Filament très fin recouvrant une partie de certaines cellules (protoplasme). *Cils vibratiles des protozoaires* (appelés *ciliés,* n. m. pl.). ‹ ► ciller ›

cilice [silis] n. m. ■ Chemise, ceinture de crin ou d'étoffe rude portée par pénitence, mortification religieuse. *Porter, prendre le cilice.*

ciller [sije] v. intr. ▪ conjug. 1. ■ Fermer et rouvrir rapidement les yeux. ⇒ **cligner, papilloter.** *Une grande lumière la faisait ciller.* — *Ne pas ciller,* ne pas broncher (par crainte) ; ne pas fermer les yeux.

cimaise [simɛz] n. f. **1.** Moulure qui forme la partie supérieure d'une corniche. **2.** Moulure à hauteur d'appui sur les murs d'une chambre, hauteur où l'on accroche les tableaux. *Avoir les honneurs de la cimaise* (pour exposer).

cime [sim] n. f. ■ Extrémité pointue (d'un arbre, d'un rocher, d'une montagne). ⇒ **faîte, sommet.** *Grimper jusqu'à la cime d'un sapin. Les cimes neigeuses d'une chaîne de montagnes.* / contr. **base, pied** / ‹ ► cimaise, cimier ›

ciment [simɑ̃] n. m. ■ Matière solide, à base de calcaire, de bauxite ou de chaux, et qui, mélangé avec un liquide, forme une pâte durcissant à l'air ou dans l'eau. ⇒ **béton.** *Sac de ciment. Mur, pilier en ciment. Des blocs* de ciment.* — CIMENT ARMÉ : dans lequel on a noyé une armature métallique (→ béton armé). ≠ *cément, mortier.* ► **cimenter** v. tr. ▪ conjug. 1. **1.** Lier avec du ciment ; enduire de ciment. *Cimenter un mur de pierres.* — Au p. p. adj. *Sol cimenté.* **2.** Abstrait. Rendre plus ferme, plus solide. ⇒ **affermir,**

consolider, lier, unir. *Les difficultés ont cimenté leur amitié.* / contr. **désagréger** / ▶ ***cimenterie*** n. f. ■ Industrie du ciment. — Usine où se fabrique le ciment. ⟨ ▶ fibrociment ⟩

cimeterre [simtɛʀ] n. m. ■ Sabre oriental, à lame large et recourbée. ⇒ **yatagan.**

cimetière [sim(ə)tjɛʀ] n. m. **1.** Lieu où l'on enterre les morts. ⇒ **nécropole, ossuaire.** *Cimetière souterrain.* ⇒ **catacombe.** *Porter un mort au cimetière.* ⇒ **enterrement.** *Le cimetière paroissial.* — *Un cimetière de voitures,* lieu où sont entassées des carcasses de voitures. ⇒ **casse** (2). **2.** Littér. Lieu où sont mortes beaucoup de personnes. *Le champ de bataille n'était plus qu'un vaste cimetière.*

cimier [simje] n. m. ■ Ornement qui forme la partie supérieure, la cime* d'un casque.

cinabre [sinabʀ] n. m. ■ Littér. Couleur rouge du sulfure de mercure. ⇒ **vermillon.**

ciné [sine] n. m. ■ Fam. Cinéma. *Aller au ciné.*

ciné- ■ Élément savant signifiant « mouvement ». ⟨ ▶ cinématique, cinématographe, -cinèse, cinétique ⟩

cinéaste [sineast] n. ■ Personne qui exerce une activité créatrice et technique ayant rapport au cinéma (metteur en scène, opérateur, réalisateur).

ciné-club [sineklyb(ɔ)b] n. m. **1.** Salle de cinéma où l'on présente des films de répertoire. **2.** Groupement d'amateurs de cinéma, qui organisent des projections de films de qualité, des débats, et qui étudie la technique, l'histoire du cinéma. *Des ciné-clubs.*

cinéma [sinema] n. m. **1.** Procédé permettant d'enregistrer photographiquement et de projeter des vues animées. *Du cinéma.* ⇒ **cinématographique.** *Cinéma sonore, parlant.* — *Salle de cinéma,* où l'on projette des films. **2.** Salle de projections. ⇒ **ciné-club.** *Un grand cinéma. Cinéma d'essai,* où l'on projette des films sélectionnés. **3.** Art de composer et de réaliser des films. *Le cinéma est appelé le septième art. Plateau, studio de cinéma. Acteur, vedette, réalisateur* ⇒ **metteur** en scène, *techniciens de cinéma. Critique de cinéma.* — Ensemble de films ; art, industrie cinématographique. *Le cinéma hollywoodien, français, québécois. Histoire du cinéma.* **4.** *C'est du cinéma,* c'est invraisemblable (→ du roman). *Faire son cinéma.* ⇒ **comédie** (II). ▶ ***cinémascope*** n. m. ■ Procédé de cinéma sur écran large par déformation optique de l'image. *Un film en cinémascope.* ▶ ***cinémathèque*** n. f. ■ Endroit où l'on conserve les films de cinéma et où, en général, on les projette. *Aller voir un film ancien à la cinémathèque. Une cinémathèque subventionnée. La Cinémathèque québécoise.* ⟨ ▶ ciné, cinéaste, ciné-club, ciné-parc, cinéphile, cinérama, cinéreportage, cinéroman, télécinéma ⟩

cinématique [sinematik] n. f. ■ Partie de la mécanique qui étudie les mouvements sans s'intéresser aux causes qui les provoquent.

cinématographe [sinematɔgʀaf] n. m. ■ Histoire. Appareil capable de reproduire le mouvement par une suite de photographies, inventé par les frères Lumière. — Vx ou didact. Cinéma. ▶ ***cinématographique*** adj. ■ Qui se rapporte au cinéma. *Art, technique cinématographique.* ⟨ ▶ cinéma ⟩

ciné-parc [sinepaʀk] n. m. ■ Cinéma en plein air où les spectateurs peuvent regarder un film sur un écran géant tout en demeurant dans leur voiture. *Des ciné-parcs.*

cinéphile [sinefil] adj. et n. ■ Amateur et connaisseur en matière de cinéma.

cinéraire [sineʀɛʀ] adj. ■ Littér. Qui renferme ou est destiné à renfermer les cendres d'un mort. *Vase, urne cinéraire.*

cinérama [sineʀama] n. m. ■ Procédé de cinéma sur plusieurs grands écrans juxtaposés.

cinéreportage [sineʀəpɔʀtaʒ] n. m. ■ Reportage filmé. *Tourner un cinéreportage.* ▶ ***cinéreporter*** n. ■ Journaliste qui effectue des cinéreportages.

cinéroman [sineʀɔmɑ̃] n. m. **1.** Film à épisodes (1920-1930), comparable au roman-feuilleton. — Mod. Photo-roman. *Des cinéromans.* **2.** Roman écrit en fonction de son adaptation pour le cinéma ou la télévision.

-cinèse ■ Élément savant signifiant « mouvement ». ⇒ **ciné-.**

cinétique [sinetik] adj. ■ Qui a le mouvement pour principe. *Énergie cinétique,* moitié du produit de la masse d'un point matériel par le carré de la vitesse qui l'anime (1/2 mv^2).

cing(h)alais ou ***singhalais, aise*** [sɛ̃galɛ, ɛz] adj. et n. ■ Vx. De Ceylan (aujourd'hui, Sri Lanka). ⇒ **sri-lankais.** — N. (Avec une majusc.) *Les Cingalais.*

cinglant, ante [sɛ̃glɑ̃, ɑ̃t] adj. **1.** Qui cingle. *Une bise cinglante.* **2.** Fig. Plus cour. Qui blesse. ⇒ **blessant, vexant.** *Une remarque, une leçon cinglante.*

cinglé, ée [sɛ̃gle] adj. et n. ■ Fam. Un peu fou. ⇒ fam. **dingue, toqué.** — N. *C'est un vrai cinglé.*

① ***cingler*** [sɛ̃gle] v. intr. ▪ conjug. 1. ■ (Navires) Faire voile dans une direction. ⇒ **naviguer.** *Le navire cingle vers les Bahamas.*

② ***cingler*** v. tr. ▪ conjug. 1. **1.** (Suj. personne) Frapper fort (qqn) avec un objet mince et flexible (baguette, bâton, corde, fouet, lanière). *Il lui cingla les jambes d'un coup de fouet.* — Hockey. *Deux minutes de pénalité pour avoir cinglé.* **2.** (Vent, pluie, neige) Frapper, fouetter. *Le vent violent lui cinglait la figure.* ⟨ ▶ cinglant, cinglé ⟩

cinnamome [sinamɔm] n. m. **1.** Arbrisseau aromatique, camphrier, cannelier. **2.** Aromate tiré du cinnamome cannelier utilisé par les Anciens. ⇒ **cannelle.**

cinq adj. invar. et n. m. invar. **I.** ([sɛ̃] devant consonne ; [sɛ̃k] dans les autres cas) **1.** Adj. numéral cardinal invar. (5 ; V, chiffre romain). *Les cinq* [sɛ̃] *doigts de la main. Cinq fois.* ⇒ **quintuple.** — *Dans cinq minutes,* très bientôt. *Il était moins cinq,* cela allait arriver dans fort peu de temps. Fam. *Ça (ne) vaut pas cinq cennes.* ⇒ ② **cent.** — *Les cinq lettres,* euphémisme pour « merde ». *Je lui ai dit les cinq lettres.* **2.** Adj. numéral ordinal invar. ⇒ **cinquième.** *Numéro cinq. Page cinq. Il est cinq heures. Charles V* (Charles Quint). **II.** N. m. invar. [sɛ̃k]. **1.** Nombre premier (quatre plus un). *Le nombre cinq.* — *Des cinq cents,* des pièces de monnaie de cette valeur. Fam. UN, DES CINQ : un, des billets de cinq dollars. *Tu n'aurais pas un cinq de trop ?* — Loc. *Un* CINQ (-) À (-) SEPT : réception de fin d'après-midi, entre cinq et sept heures. — Carte à jouer marquée de cinq points. *Le cinq de pique.* — Loc. fam. EN CINQ SEC : très rapidement. **2.** Chiffre qui représente ce nombre (5). *Elle fait ses cinq comme des S.* ▶ ***cinquième*** [sɛ̃kjɛm] adj. et n. **1.** Numéral ordinal (correspond à *cinq*). *Le cinquième étage.* — N. *Se présenter le (la) cinquième.* **2.** Se dit d'une fraction d'un tout divisé également en cinq (1/5). *La cinquième partie d'un héritage.* — N. m. *Consacrer un cinquième du budget au loyer.* ▶ ***cinquièmement*** adv. ■ En cinquième lieu. ⇒ **cinq.** ▶ ***cinquante*** [sɛ̃kɑ̃t] adj. et n. m. **1.** Adj. numéral cardinal invar. (50 ; L, chiffre romain)

Dix fois cinq. *Cinquante pages.* — CINQUANTE-SIX : nombre utilisé familièrement pour désigner un grand nombre indéterminé. (⇒ ① **cent**, ① **mille, trente-six**) *J'ai cinquante-six choses à faire avant mon départ.* Par exagér. *Cinquante-six mille.* ⇒ **beaucoup, énormément, plusieurs.** — Adj. numéral ordinal invar. Cinquantième. *La page cinquante.* **2.** N. m. Le nombre cinquante. — Fam. UN, DES CINQUANTE(S) : un, des billets de cinquante dollars. *M'échangerais-tu cinq dix pour un cinquante ?* ▶ ***cinquantaine*** n. f. ■ Nombre de cinquante ou environ. *Approcher de la cinquantaine,* de cinquante ans. *Une cinquantaine d'invités.* ▶ ***cinquantenaire*** n. m. ■ Cinquantième anniversaire. ⇒ **jubilé.** ▶ ***cinquantième*** adj. et n. **1.** Numéral ordinal (correspond à *cinquante*). — N. *Il est le, elle est la cinquantième de sa promotion.* **2.** Adj. et n. m. Se dit d'une fraction d'un tout divisé également en cinquante (1/50). *La cinquantième partie de ses revenus.*

① ***cintre*** [sɛ̃tʀ] n. m. **1.** Courbure de la surface intérieure (d'une voûte, d'un arc). — EN PLEIN CINTRE : dont la courbure est un demi-cercle (opposé à *arc en ogive*). *Arc en plein cintre.* ⇒ **berceau. 2.** Échafaudage en arc de cercle sur lequel on construit les voûtes. ⇒ **coffrage.**

② ***cintre*** n. m. ■ Barre courbée munie d'un crochet servant à suspendre les vêtements. ⇒ fam. **support.** *Suspendre une chemise sur un cintre.*

cintrer [sɛ̃tʀe] v. tr. ▪ conjug. 1. **1.** Bomber, courber. *Cintrer une barre.* **2.** Rendre (un vêtement) ajusté à la taille. *Cintrer une robe.* — Au p. p. adj. *Jupe cintrée.* ‹ ▶ ① cintre, ② cintre, cintré ›

cipaille [sipaj] ou ***cipâte*** [sipɑt] n. m. **1.** Pâté profond préparé avec des pommes de terre recouvertes de pâte et plusieurs sortes de viandes (lièvre, perdrix...) découpées en morceaux, accompagnées de lard salé et baignant dans une sauce. ≠ *tourtière.* **2.** Dessert régional fait à base de pâte et de fruits. *Un cipaille aux framboises.* — REM. On trouve aussi les variantes *six-pâtes* et *sipaille.*

cirage [siʀaʒ] n. m. **1.** Action de cirer. *Le cirage des parquets.* **2.** Produit dont on se sert pour rendre les cuirs brillants. *Cirage noir. Cirage à chaussures.* **3.** Fam. (Surtout en France) *Être dans le cirage,* ne plus rien voir ; ne plus rien comprendre.

circoncision [siʀkɔ̃sizjɔ̃] n. f. ■ Excision totale ou partielle du prépuce (ablation rituelle pratiquée sur les jeunes garçons juifs et musulmans, et dans les civilisations animistes). ▶ ***circoncis*** adj. masc. invar. ■ Qui a subi la circoncision. *Un enfant circoncis.* ▶ ***circoncire*** v. tr. ▪ conjug. 37. (sauf le p. p. *circoncis, ise*). ■ Pratiquer la circoncision sur.

circonférence [siʀkɔ̃feʀɑ̃s] n. f. **1.** Vx. Cercle. — Périmètre (d'un cercle). *La circonférence d'un cercle est égale au produit du diamètre par pi* (= 3,1416). **2.** Tour d'une surface ronde. ⇒ **pourtour.** *La circonférence d'une ville.*

circonflexe [siʀkɔ̃flɛks] adj. ■ ACCENT CIRCONFLEXE : signe (ˆ) placé sur certaines voyelles longues (pâte) ou comme signe distinctif (dû — du).

circonlocution [siʀkɔ̃lɔkysjɔ̃] n. f. ■ Manière d'exprimer sa pensée d'une façon indirecte. ⇒ **périphrase.** *Après de longues circonlocutions.* ≠ *circonvolution.*

circonscription [siʀkɔ̃skʀipsjɔ̃] n. f. ■ Division d'un pays, d'un territoire. *Circonscription territoriale, administrative. Une circonscription électorale provinciale, fédérale,* représentée par un député. ⇒ **comté.** *Une circonscription municipale, scolaire,* représentée par un conseiller municipal, un commissaire (d'école). *Circonscription militaire.* ⇒ **région.**

circonscrire [siʀkɔ̃skʀiʀ] v. tr. ▪ conjug. 39. **1.** Décrire une ligne, une circonférence qui limite autour de (un lieu). *Circonscrire un espace.* **2.** Enfermer dans des limites. ⇒ **borner, limiter.** *On a réussi à circonscrire l'épidémie, l'incendie. Circonscrire son sujet.* ⇒ **délimiter.** / contr. **étendre** /

circonspect, ecte [siʀkɔ̃spɛ(kt), ɛkt] adj. ■ Qui prend bien garde à ce qu'il ou elle dit et fait. ⇒ **attentif, avisé, prudent, réservé.** *Il n'est pas assez circonspect dans le choix de ses amis.* — *Tenir un langage circonspect.* / contr. **imprudent, léger** / ▶ ***circonspection*** [siʀkɔ̃spɛksjɔ̃] n. f. ■ *Elle a agi avec circonspection.* ⇒ **précaution, prudence.**

circonstance [siʀkɔ̃stɑ̃s] n. f. **1.** Particularité qui accompagne un fait, un événement, une situation. ⇒ **condition.** *Exposer un fait jusque dans ses moindres circonstances.* ⇒ **détail.** — *Circonstances atténuantes,* qui diminuent la peine normale d'un condamné. — *Complément de circonstance,* servant à préciser des rapports de temps, de lieu, de manière, de cause, de condition. ⇒ **circonstanciel. 2.** Ce qui constitue, caractérise le moment présent. ⇒ **conjoncture, situation.** *Il faut profiter de la circonstance.* — LES CIRCONSTANCES : la situation. *Étant donné les circonstances.* ⇒ **événement.** *Dans les circonstances actuelles, présentes. Se montrer à la hauteur des circonstances.* — DE CIRCONSTANCE : qui est fait ou est utile pour une occasion particulière. *Un ouvrage, une repartie de circonstance. Un habit, une figure de circonstance* (grave et triste). ▶ ***circonstancié, ée*** adj. ■ Qui comporte de nombreux détails. *Un rapport circonstancié,* détaillé. ▶ ***circonstanciel, ielle*** adj. ■ Se dit du complément qui apporte une détermination secondaire de circonstance. *Complément circonstanciel de lieu, de temps.*

circonvenir [siʀkɔ̃vniʀ] v. tr. ▪ conjug. 22. ■ Agir sur (qqn) avec ruse et artifice, pour parvenir à ses fins, obtenir ce que l'on souhaite. ⇒ **entortiller, tromper.** *Circonvenir ses juges. Il a été circonvenu.*

circonvolution [siʀkɔ̃vɔlysjɔ̃] n. f. ■ Enroulement, sinuosité autour d'un point central. *Décrire des circonvolutions.* — Chose enroulée. *Les circonvolutions cérébrales,* replis sinueux à la surface du cerveau, en forme de bourrelets. ≠ *circonlocution.*

circuit [siʀkɥi] n. m. **1.** Distance à parcourir pour faire le tour. *La piste a quatre kilomètres de circuit.* **2.** Chemin (long et compliqué) parcouru pour atteindre un lieu. — Loc. *En circuit fermé,* en revenant à son point de départ. — Tour organisé. *Faire le circuit des musées new-yorkais.* — Itinéraire en circuit fermé de certaines courses (auto, moto...). *Le circuit d'Indianapolis.* **3.** Suite ininterrompue de conducteurs électriques. *Circuit fermé,* permettant le passage du courant. *Mettre une lampe en circuit, hors circuit. Émission de télévision en circuit fermé,* retransmise pour un public restreint dans une salle spécialement aménagée. — Loc. fig. ÊTRE HORS CIRCUIT : ne pas ou ne plus être impliqué dans une affaire. *Depuis qu'elle ne travaille plus, elle est hors circuit.* **4.** Mouvement d'aller et retour (des biens, des services). *Le circuit des capitaux. Circuit de distribution. Circuit commercial.* Au base-ball, à la balle-molle. (COUP DE) CIRCUIT : balle frappée en jeu et hors des limites du terrain, bonne pour un point. ⇒ **chelem, coup** sûr. *Coup de circuit au champ centre. Réussir un circuit de deux points,* avec un joueur sur les buts. *Un circuit intérieur,* à l'intérieur des limites du terrain et lorsqu'un joueur fait le tour complet des buts sans s'arrêter. ‹ ▶ coupe-circuit, court-circuit. ›

① ***circulaire*** [siʀkylɛʀ] adj. **1.** Qui décrit un cercle. *Mouvement circulaire.* **2.** Qui a ou rappelle la forme d'un cercle. ⇒ **rond.** *Bassin circulaire.* **3.** *Voyage circulaire,* dont l'itinéraire ramène au point de départ. ⇒ **circuit.** ⟨ ► demi-circulaire, semi-circulaire ⟩

② ***circulaire*** n. f. **1.** Lettre (souvent administrative) reproduite à plusieurs exemplaires et adressée à plusieurs personnes à la fois. *Circulaire polycopiée.* **2.** Feuillet publicitaire (dépliant, brochure, prospectus, journal, etc.) distribué régulièrement par les postes. *Découper les coupons-rabais dans les circulaires des supermarchés.*

circulation [siʀkylasjɔ̃] n. f. **1.** Fait ou possibilité d'aller et venir, de se déplacer en utilisant les voies de communication. ⇒ ① **trafic.** *La circulation est difficile dans les grandes villes. Accident de la circulation.* **2.** Ensemble des véhicules qui circulent. *Détourner la circulation. Policier qui dirige la circulation.* **3.** Mouvement des fluides (liquides, gaz). *La circulation de l'air,* son renouvellement. *La circulation du sang. La circulation de la sève dans les plantes.* **4.** Mouvements (des biens, des produits) ; échanges. *Circulation de l'argent, des capitaux.* ⇒ **roulement.** **5.** *Mettre, mise* EN CIRCULATION : répandre, action de répandre. *La mise en circulation du nouveau dollar.*

circulatoire [siʀkylatwaʀ] adj. ■ Relatif à la circulation du sang. *L'appareil circulatoire. Troubles circulatoires.*

circuler [siʀkyle] v. intr. ▪ conjug. 1. **1.** Aller et venir ; se déplacer sur les voies de communication. *Les passants circulent.* ⇒ **passer,** se **promener.** *Circulez !,* avancez, ne restez pas là ! **2.** (Fluides) Passer dans un circuit. *Le sang circule dans le corps.* — (Air, fumée) Se renouveler par la circulation. **3.** Passer, aller de main en main. *L'argent, les capitaux circulent.* **4.** (Informations) Se propager. ⇒ **courir.** *Ce bruit circule dans la ville.* ⟨ ► circulation, circulatoire ⟩

circum- ■ Préfixe signifiant « autour » (ex. : *circumnavigation,* n. f., *circumpolaire,* adj.).

cire [siʀ] n. f. **1.** Matière molle, jaunâtre, produite par les abeilles. *Alvéoles en cire d'une ruche.* — *Poupée, figurine de cire.* — Fam. Cérumen. *De la cire d'oreille.* **2.** Préparation (cire et essence de térébenthine) pour l'entretien des parquets. ⇒ **encaustique.** **3.** *Cire à cacheter,* préparation de gomme laque et de résine. *Cacheter une lettre à la cire.* ≠ *stéarine* ► ***cirer*** v. tr. ▪ conjug. 1. **1.** Enduire, frotter de cire, d'encaustique. *Cirer un parquet, des meubles* (pour les nettoyer, les faire reluire). ⇒ **encaustiquer.** **2.** Enduire de cirage. *Cire tes chaussures. Cirer sa voiture.* ► ① ***ciré, ée*** adj. ■ Qu'on a passé à la cire. *Parquet ciré. Des chaussures bien cirées.* ► ***cireur, euse*** n. **1.** Personne qui s'occupe de cirer les parquets ou les chaussures. **2.** N. f. Appareil ménager qui cire les parquets. ► ***cireux, euse*** adj. ■ Qui a la consistance, l'aspect blanc jaunâtre de la cire. *Visage, teint cireux.* ⇒ **blafard, blême, livide, pâle.** ⟨ ► cirage ⟩

② ***ciré*** adj. et n. m. **1.** Adj. TOILE CIRÉE : enduite d'un vernis qui la rend imperméable. — PAPIER CIRÉ : papier d'emballage imprégné de paraffine ou d'une préparation qui le rend imperméable. *Un rouleau de papier ciré.* **2.** N. m. Vêtement imperméable de tissu plastifié ou caoutchouté. *Des cirés de marin. Elle portait un ciré jaune.*

cirque [siʀk] n. m. **1.** Sorte de théâtre circulaire (bâtiment fixe ou grande tente ⇒ **chapiteau**) où ont lieu des exercices d'équitation, de domptage, d'équilibre, des exhibitions. *Cirque ambulant. Mener des enfants au cirque.* — Entreprise qui organise ce genre de spectacle. *Le cirque Un tel. Il est clown dans un cirque.* **2.** Fam. Activité désordonnée. *Allons, silence ! Qu'est-ce que c'est que ce cirque ?* — *Faire son cirque.* ⇒ **cinéma** (4). **3.** Amphithéâtre pour les jeux publics (chez les anciens Romains). **4.** Amphithéâtre naturel de parois abruptes dans le flanc d'une montagne, d'origine glaciaire. *Le cirque Robson est situé en Colombie-Britannique.* **5.** Grand cratère creusé à la surface d'un astre, spécialt la Lune, par un météorite. *Les cirques lunaires.*

cirrhose [siʀoz] n. f. ■ Maladie du foie caractérisée par des granulations. *Cirrhose alcoolique du foie.*

cirrus [si(ʀ)ʀys] n. m. invar. ■ Nuage élevé, en flocons ou filaments. *Des cirrus.*

cisaille [sizɑj] n. f. ■ Surtout au plur. Gros ciseaux (ou pinces coupantes) servant à couper les métaux, à élaguer les arbres. *Des cisailles de jardinier.* ⇒ **sécateur.** ► ***cisailler*** v. tr. ▪ conjug. 1. ■ Couper (qqch.) avec des cisailles. *Cisailler des fils de fer barbelés.* ► ***cisaillement*** n. m. ■ Action de cisailler.

ciseau [sizo] n. m. ■ Outil d'acier, en biseau à l'une de ses extrémités, qui sert à tailler des matières dures (bois, fer, acier). *Un ciseau à (pour le) bois. Un ciseau de sculpteur, de graveur* ⇒ **burin,** *de maçon. Tailler au ciseau.* — Loc. fam. *Faire qqch. en criant ciseau,* le faire très rapidement, en peu de temps. ⇒ ① **lapin.** ► ***ciseaux*** n. m. pl. **1.** Instrument formé de deux branches d'acier, tranchantes sur une partie de leur longueur (lame), réunies et croisées en leur milieu sur un pivot, et qui sert à couper. *Des ciseaux* ou *une paire de ciseaux. Ciseaux de couturière. Ciseaux à ongles.* **2.** *Sauter en ciseaux,* en écartant et rapprochant les jambes. ► ***ciseler*** [sizle] v. tr. ▪ conjug. 5. ■ Travailler avec un ciseau (des ouvrages de métal, de pierre). *Ciseler un bijou.* — Au p. p. adj. *Des bijoux ciselés.* ► ***ciseleur, euse*** n. ■ Personne qui fait un travail de ciselure. ► ***ciselure*** n. f. ■ Ornement ciselé. *Bijou orné de fines ciselures.*

citadelle [sitadɛl] n. f. **1.** Forteresse qui défendait une ville. ⇒ **château** fort, **fortification.** *Une citadelle imprenable. Assiéger une citadelle. La citadelle de Québec.* **2.** Fig. Centre, bastion. *Rome, citadelle du catholicisme.*

citadin, ine [sitadɛ̃, in] adj. et n. **1.** De la ville (opposé à *terrien*). ⇒ **urbain.** *Populations, habitudes citadines.* / contr. **rural** / **2.** N. *Un citadin,* un habitant d'une grande ville. / contr. **cultivateur, fermier, paysan** /

citation [sitasjɔ̃] n. f. **1.** Passage cité (d'un auteur, d'un personnage célèbre). ⇒ **exemple, extrait, passage.** — Loc. FIN DE CITATION : signale qu'on a fini de rapporter mot à mot les écrits, les paroles d'autrui (→ Fermez les guillemets). **2.** Papier qui oblige (qqn) à comparaître en justice. *Citation devant le tribunal civil.* **3.** Mention honorable d'un militaire, d'une unité, qui se sont distingués. *Citation à l'ordre du jour.*

cité [site] n. f. **1.** Ville importante considérée spécialement sous son aspect de personne morale. *Une cité commerçante. La Loi sur les cités et villes.* — Se dit parfois de la partie la plus ancienne d'une ville. *L'île de la Cité* (à Paris). *La Cité de Londres.* **2.** Loc. *Avoir* DROIT DE CITÉ *quelque part* : avoir un titre à y être admis, à y figurer. **3.** Groupe d'immeubles ayant une même destination. *La cité parlementaire de Québec.* ⇒ **colline.** *Une cité universitaire.* ⇒ **campus.** — (France) *Cités ouvrières, cités universitaires,* où habitent les ouvriers, les étudiants. *Cité-dortoir,* lieu d'habitation où les gens ne sont là que pour la nuit, leurs occupations régulières étant situées dans une ville voisine. ⇒ **banlieue.** ⟨ ► citadelle, citadin, citoyen ⟩

citer [site] v. tr. ▪ conjug. 1. **1.** Rapporter (ce qu'a dit ou écrit quelqu'un d'autre). *Je cite ses propres paroles.*

Citer un passage d'un auteur; citer une romancière. **2.** Alléguer. *Citer un exemple à l'appui d'un fait.* **3.** Mentionner. *Citer qqn en exemple.* ⇒ **donner** en exemple. *Citer qqn pour sa bravoure.* **4.** Convoquer (qqn) pour comparaître en justice. *Être cité comme témoin.* **5.** Décerner une citation militaire à. *Citer une unité à l'ordre de l'armée.* ‹ ▶ citation ›

citerne [sitɛʀn] n. f. **1.** Réservoir dans lequel on recueille les eaux de pluie. *Eau de citerne.* **2.** Compartiment, cuve contenant un carburant, un liquide. ⇒ **réservoir.** En appos. *Bateau-citerne.* ‹ ▶ avion-citerne, wagon-citerne ›

cithare [sitaʀ] n. f. ■ Instrument de musique, sans manche, composé d'une sorte de caisse sur laquelle sont tendues des cordes. ≠ *guitare, sitar* (instrument indien). ▶ ***cithariste*** n. ■ Joueur de cithare.

citizen's band [sitizənsband] n. f. ■ Anglic. Bande* publique. ⇒ ② **B.P.**; anglic. **C.B.**; **radioamateur.** — REM. L'O.L.F. propose *bande publique* pour remplacer ce mot.

citoyen, enne [sitwajɛ̃, ɛn] n. **1.** Individu considéré du point de vue de ses droits politiques. — Habitant d'un pays qui vit en république. ⇒ **ressortissant.** *Un citoyen canadien et un sujet britannique. Accomplir son devoir de citoyen,* voter. **2.** *Citoyen du monde,* qui met l'intérêt de l'humanité au-dessus du nationalisme. **3.** Fam. *Un drôle de citoyen,* un individu bizarre. ▶ ***citoyenneté*** n. f. ■ Qualité de citoyen. *La citoyenneté canadienne.* ⇒ **nationalité.** ‹ ▶ concitoyen ›

citrique [sitʀik] adj. ■ *Acide citrique,* que l'on peut extraire du jus de citron.

citron [sitʀɔ̃] n. m. **1.** Fruit du citronnier, de couleur jaune clair et de saveur acide. ⇒ ② **lime.** *Écorce, zeste de citron. Jus de citron. Citron pressé.* — *Presser qqn comme un citron,* tirer tout le profit possible de qqn. **2.** Fam. Tête. ⇒ fam. **caboche, ciboulot, citrouille.** *Elle n'a rien dans le citron.* **3.** Fam. Objet acheté qui a un ou des vices de fabrication, spécialt une automobile. ▶ ***citronnade*** n. f. ■ Boisson rafraîchissante et sucrée, parfumée au citron. ⇒ **limonade.** ▶ ***citronnelle*** n. f. ■ Plante contenant une essence à odeur de citron. ▶ ***citronnier*** n. m. ■ Arbre qui produit le citron. — Son bois. *Une table en citronnier.* ‹ ▶ citrique, presse-citron ›

citrouille [sitʀuj] n. f. **1.** Espèce de courge arrondie et volumineuse d'un jaune orangé. *Confitures, tarte à la citrouille. Acheter une citrouille pour l'Halloween.* **2.** Fam. ⇒ **tête**; fam. **citron.**

civet [sivɛ] n. m. ■ Ragoût (de lièvre, lapin, gibier) cuit avec du vin, des oignons. *Manger du lapin en civet. Civet de chevreuil.*

civette [sivɛt] n. f. **1.** Petit mammifère au pelage gris, à poche contenant une matière odorante. **2.** Parfum extrait de la matière que sécrète la civette.

civière [sivjɛʀ] n. f. ■ Brancard porté pour transporter les malades, les blessés. *On l'a transporté sur une (en) civière jusqu'à l'ambulance.*

① ***civil, ile*** [sivil] adj. **1.** Relatif à l'ensemble des citoyens. ≠ *civique.* GUERRE CIVILE : entre les citoyens d'un même État. ⇒ **révolution.** — *Droits civils,* que la loi civile garantit à tous les citoyens. **2.** Relatif aux rapports entre les individus (opposé à *criminel*). *Le Code civil.* — (En matière criminelle) *Se constituer, se porter* PARTIE CIVILE : demander des dommages-intérêts pour un préjudice, en dehors de la peine entraînée par le délit. **3.** Qui n'est pas militaire. *Les autorités civiles.* — N. *Les militaires et les civils. S'habiller en civil* (opposé à *en tenue*). Dans le civil, dans la vie civile. **4.** Qui n'est pas religieux. *Mariage, enterrement civil.* **5.** ANNÉE CIVILE ⇒ **année** (4). ▶ ***civilement*** adv. **1.** En matière civile. *Elle est civilement responsable.* **2.** (Opposé à *religieusement*) *Se marier civilement,* au palais de justice. **3.** De manière civilisée. *Se conduire civilement.* ‹ ▶ civiliser, civisme ›

② ***civil, ile*** adj. ■ Littér. Qui observe les usages de la bonne société. ⇒ **aimable, courtois, poli ; civilité.** *Il n'a pas été civil à mon égard.* ‹ ▶ civilité, incivil ›

civiliser [sivilize] v. tr. • conjug. 1. **1.** Faire passer une collectivité à un état social plus évolué (dans l'ordre moral, intellectuel, artistique, technique) ou considéré comme tel. ⇒ **civilisation.** *Les Grecs ont civilisé l'Occident.* — Pronominalement. *Peuple qui se civilise.* **2.** Fam. Rendre plus raffiné, plus aimable. — Pronominalement (réfl.). *Il se civilise à votre contact.* — Au p. p. adj. *Une personne civilisée,* bien éduquée. ▶ ***civilisé, ée*** adj. et n. ■ Qui a une civilisation complexe et riche. / contr. **barbare, primitif, sauvage** / ▶ ***civilisateur, trice*** adj. et n. ■ Qui répand la civilisation. *Religion, philosophie civilisatrice.* ▶ ***civilisation*** n. f. **1.** *La civilisation,* ensemble des caractères communs aux vastes sociétés les plus évoluées ; ensemble des acquisitions des sociétés humaines (opposé à *nature, barbarie*). ⇒ **progrès.** *Les bienfaits de la civilisation.* **2.** *(Une, des civilisations)* Ensemble de phénomènes sociaux (religieux, moraux, esthétiques, scientifiques, techniques) d'une grande société ou d'un groupe de sociétés. ⇒ **culture.** *La civilisation chinoise, égyptienne. Un musée des civilisations amérindiennes.* — *Un cours de civilisation québécoise.* **3.** Fait de devenir civilisé.

civilité [sivilite] n. f. **1.** Vx. Politesse. — Loc. *Formule de civilité,* de politesse. **2.** Au plur. Démonstration de politesse. *Présenter ses civilités à qqn,* ses compliments. ⇒ **hommage, salutation.**

civique [sivik] adj. ■ Relatif au citoyen. ≠ *civil. Droits civiques. Courage, vertu, acte civique.* ⇒ **patriotique.** — *Instruction civique,* portant sur les devoirs du citoyen. *Sens civique,* sens de ses responsabilités et de ses devoirs de citoyen. ▶ ***civisme*** n. m. ■ Sens civique. ⇒ **patriotisme.** *Faire preuve de civisme.*

clac [klak] interj. ■ Onomatopée imitant un bruit sec, un claquement. ⇒ **clic.** — N. m. *J'ai entendu un clac.* ‹ ▶ claquage, claquant, claque, claquement, se claquemurer, claquer, claquette ›

clafoutis [klafuti] n. m. invar. ■ Pâtisserie cuite au four, à base de lait, d'œufs et de fruits. *Un clafoutis aux cerises.*

claie [klɛ] n. f. **1.** Treillis d'osier à claire-voie. *Claie à sécher les fromages.* **2.** (France) Treillage en bois ou en fer. *Claie métallique.* ⇒ **grille.** *Claie de parc.* ⇒ **clôture.**

① ***clair, aire*** [klɛʀ] adj. **I.** Concret. **1.** Qui a l'éclat du jour, reçoit beaucoup de lumière. ⇒ **clarté.** *Cette chambre est très claire. Temps clair,* sans nuage. ⇒ **lumineux.** *Il fait clair.* / contr. **obscur, sombre** / **2.** Qui n'est pas foncé, est faiblement coloré. *Couleur, étoffe claire. Cheveux châtain clair. Vert clair. Yeux clairs.* ⇒ **pâle. 3.** Peu serré, peu épais. *Les blés sont clairs.* ⇒ **clairsemé.** *Une purée, une sauce trop claire,* d'une consistance trop légère. / contr. **épais** / **4.** Pur et transparent. *De l'eau claire.* / contr. **sale** / **5.** (Sons) Qui est net et pur. ⇒ **argentin.** *Son, timbre clair. D'une voix claire.* **II.** Abstrait. **1.** Aisé, facile à comprendre. ⇒ **lumineux, net.** / contr. **obscur ; incompréhensible** / *Des idées claires et précises. Cet auteur n'est pas clair. Rendre plus clair.* ⇒ **clarifier.** — Loc. *C'est clair comme le jour, comme de l'eau de roche.* **2.** Manifeste, sans équivoque. ⇒ **apparent, certain, évident, sûr.** / contr. **douteux** / *La chose est claire. Il est clair que vous vous trompez. Cette affaire n'est pas claire,* elle est suspecte. ▶ ***clairement*** adv. **1.** D'une manière claire. ⇒ **distinctement, nettement.** *Distinguer clairement les virages de la route.* **2.** D'une manière claire à l'esprit. ⇒ **nettement, simplement.** *Expliquer clairement une histoire.* / contr. **confusément, obscurément** / ▶ ② ***clair*** n. m. (En expressions ou au plur.) **1.** CLAIR DE LUNE : lumière que donne la Lune. — *Le clair de terre* (vu de la Lune). **2.** Au plur. Parties éclairées *(les clairs et les noirs d'un dessin)* ; parties peu serrées *(les clairs d'une étoffe).* **3.** AU CLAIR. *Mettre sabre au clair,* le sortir du fourreau. — Loc. TIRER *qqch.* AU CLAIR : éclaircir, élucider (une affaire confuse, obscure). *Il faudrait tirer cette affaire au clair.* **4.** *Dépêche* EN CLAIR : dépêche en langage ordinaire (opposé à *chiffré*). **5.** LE PLUS CLAIR : la plus grande partie. *Passer le plus clair de son temps à dormir.* ▶ ③ ***clair*** adv. **1.** D'une manière claire. ⇒ **clairement.** *Essayons d'y voir clair,* de comprendre. **2.** *Parler clair,* sans réticence, sans ménagement, sans détour. ⇒ **franchement, nettement.** ▶ ***claire*** n. f. ■ Bassin d'eau de mer dans lequel se fait l'affinage des huîtres. — Ces huîtres. *Des claires* ou *des fines de claire.* ▶ ***clairière*** n. f. ■ Endroit dégarni d'arbres dans un bois, une forêt. ⇒ **éclaircie.** *Nous avons pique-niqué dans une petite clairière.* ▶ ***claire-voie*** n. f. **1.** Clôture ajourée. ⇒ **barrière, grillage, treillage.** *Regarder par une claire-voie. Des claires-voies.* **2.** Loc. À CLAIRE-VOIE : qui présente des vides, des jours. *Volet, caisse, emballage à claire-voie.* ▶ ***clair-obscur*** n. m. **1.** Opposition des lumières et des ombres d'une peinture. *Des clairs-obscurs de Rembrandt.* **2.** Lumière douce, tamisée. ⇒ **pénombre.** *Dans le clair-obscur d'un sous-bois.* / contr. **clarté, netteté** / ‹ ▶ clairon, clairsemé, clairvoyant, clarifier, clarinette, clarté, ① éclair, ② éclair, éclairage, éclaircir, éclairer ›

clairette [klɛʀɛt] n. f. ■ Cépage blanc du Midi de la France ; vin mousseux qu'il produit. *De la clairette de Limoux.*

clairon [klɛʀɔ̃] n. m. **1.** Instrument à vent (cuivre), analogue à la trompette, à son clair, utilisé surtout dans l'armée. ⇒ **trompette** de cavalerie. **2.** Personne qui sonne le clairon. ▶ ***claironner*** v. tr. ▪ conjug. 1. ■ Annoncer avec éclat, affectation. *Claironner son succès, sa victoire.* ⇒ **proclamer.** ▶ ***claironnant, ante*** adj. ■ *Voix claironnante,* forte, aiguë.

clairsemé, ée [klɛʀsəme] adj. **1.** Qui est peu serré, répandu de distance en distance. ⇒ **épars.** *Des arbres clairsemés. Une tête aux cheveux clairsemés.* **2.** Fig. Peu dense. *Population clairsemée.* / contr. **dense, serré** /

clairvoyant, ante [klɛʀvwajɑ̃, ɑ̃t] adj. ■ Qui voit les choses d'une façon claire et lucide. *Esprit clairvoyant.* ⇒ **pénétrant, perspicace.** ▶ ***clairvoyance*** n. f. ■ *Rien n'échappe à sa clairvoyance.* ⇒ **discernement, lucidité, perspicacité.** / contr. **aveuglement** /

clamer [kla(ɑ)me] v. tr. ▪ conjug. 1. ■ Manifester en termes violents, par des cris. ⇒ **crier, hurler.** *Clamer son indignation, son mécontentement. Clamer son innocence.* ⇒ **proclamer.** ▶ ***clameur*** n. f. ■ Ensemble de cris confus. ⇒ **bruit, tumulte.** *Une immense clameur.* ‹ ▶ acclamer, déclamer, s'exclamer, proclamer ›

clan [klɑ̃] n. m. **1.** Dans certaines sociétés. Groupe composé de parents ayant à l'origine un ancêtre unique. *Le totem du clan. Chef de clan.* — Par analogie. *Clan de scouts.* **2.** Petit groupe fermé de personnes qui ont des idées, des goûts communs. ⇒ **caste, coterie ;** fam. **gang.** *Esprit de clan.* ⇒ esprit de **clocher.**

clandestin, ine [klɑ̃dɛstɛ̃, in] adj. et n. ■ (Choses) Qui se fait en cachette et qui a un caractère défendu, illicite*. ⇒ **secret.** *Journal clandestin.* / contr. **autorisé, légal** / — (Personnes) *Passager clandestin,* qui ne s'est pas fait connaître, n'a pas de billet. — *Travailleurs immigrés clandestins,* qui ont passé illégalement une frontière pour trouver du travail. — N. *Un clandestin.* ▶ ***clandestinement*** adv. ■ ⇒ **secrètement.** ▶ ***clandestinité*** n. f. ■ Caractère clandestin. *Vivre dans la clandestinité.*

clapet [klapɛ] n. m. **1.** Soupape en forme de couvercle à charnière. *Les clapets d'une pompe.* **2.** Fam. Bouche (qui parle). *Ferme ton clapet,* tais-toi. ⇒ ① **trappe ;** fam. **boîte, gueule.** *Quel clapet !* ⇒ **caquet.**

clapier [klapje] n. m. ■ Cabane où l'on élève des lapins. *Litière d'un clapier. Lapin de clapier.*

clapoter [klapɔte] v. intr. ▪ conjug. 1. ■ (Surfaces liquides) Être agité de petites vagues qui font un bruit caractéristique en s'entrechoquant. *On entendait l'eau du lac clapoter doucement.* ▶ ***clapotement, clapotage*** n. m. ou ***clapotis*** [klapɔti] n. m. invar. ■ Bruit et mouvement de l'eau qui clapote. *Le clapotis des vagues, de la marée.*

clapper [klape] v. intr. ▪ conjug. 1. ■ Produire un bruit sec (un *clappement*) avec la langue en la détachant brusquement du palais. *Faire clapper sa langue.* ≠ *claquer.*

claquage [klakaʒ] n. m. ■ Distension d'un ligament musculaire. ⇒ **déchirure.** *Le coureur, victime d'un claquage, a dû abandonner.*

claquant, ante [klakɑ̃, ɑ̃t] adj. ■ Fam. Qui fatigue, éreinte, claque (II, 4). ⇒ **épuisant ;** fam. **crevant.** *Un travail claquant.*

① ***claque*** [klak] n. f. **1.** Coup donné avec le plat de la main. *Donner, recevoir une claque sur la joue.* ⇒ ② **beigne, gifle,** ② **soufflet, tape ;** fam. **mornifle.** — Loc. fam. *Manger une claque,* en recevoir une. — Loc. *Tête, face à claques,* visage déplaisant. **2.** *La claque,* autrefois, les personnes payées pour applaudir un spectacle. **3.** Loc. fam. EN AVOIR SA CLAQUE : en avoir par-dessus la tête, assez (→ Plein le casque, le cul, le dos, ras le bol). *J'en ai ma claque.* — *Donner la claque,* foncer, apporter un effort supplémentaire. — *Manger sa claque,* essuyer une cuisante défaite. — *Tchéquer ses claques,* être sur ses gardes, faire attention, prendre ses précautions.

② ***claque*** n. f. ■ (Surtout au plur.) Couvre-chaussures imperméables en caoutchouc portés par-dessus les souliers pour les protéger (de la neige, de la pluie, de la boue). ⇒ **caoutchoucs, pardessus ;** fam. **canots, chaloupes.** *Porter des claques neuves. Des claques basses* ou *des petites claques,* qui ne couvrent que la semelle et le talon des chaussures d'homme. *Un spectateur a lancé une claque sur la patinoire.*

se ***claquemurer*** [klakmyʀe] v. pron. ▪ conjug. 1. ■ Se tenir enfermé (chez soi). ⇒ s'**embarrer,** s'**encabaner.** *Elle se claquemure.* — Au p. p. adj. *Il passe son temps claquemuré dans sa chambre.*

claquer [klake] v. ▪ conjug. 1. **I.** V. intr. **1.** Produire un bruit sec et sonore. *Faire claquer ses doigts, sa langue. Ses dents claquent.* — Par ext. (Personnes) *Claquer des dents* (de froid, de peur). ⇒ **grelotter, trembler.** — *Un volet qui claque.* ⇒ **battre.** *Faire claquer la porte,* en signe de mécontentement. ≠ *clapper.* **2.** Fam. *L'affaire lui a claqué dans les doigts,* lui a échappé. **3.** Fam. Mourir. ⇒ fam. **crever. II.** V. tr. **1.** Donner une claque à (qqn). ⇒ **gifler. 2.** Faire claquer. *Elle a claqué la porte.* — Abstrait. *Claquer la porte,* partir, abandonner son poste en raison d'un désaccord profond avec l'autorité, la direction. *Ils ont* *claqué la porte de l'école,* démissionné de l'enseignement, quitté l'école. **3.** Fam. (Personnes) Dépenser en gaspillant. ⇒ **dilapider.** *Il a claqué deux cents dollars en une soirée.* **4.** Fam. Éreinter, fatiguer. ⇒ **exténuer.** *Claquer un cheval. Ce travail m'a claqué.* — Pronominalement. *Elle s'est claqué un muscle.* ⇒ **claquage.** ▶ ***claquement*** n. m. ■ Fait de claquer ; choc, bruit qui en résulte. ⇒ **coup.** *Claquement des doigts. Le claquement sec d'une portière de voiture.* ▶ ***claquette*** n. f. ou ***claquoir*** n. m. **1.** Petit instrument formé de deux planchettes réunies par une charnière, et servant à donner un signal (en claquant). *Claquette de plan de tournage d'un film. Autrefois un coup de claquoir marquait la fin de la récréation.* **2.** Au plur. CLAQUETTES : lames de métal fixées aux semelles, qui permettent de danser en marquant le rythme. *Danseur à (de) claquettes.* — Cette danse. *Faire des claquettes.* — Au sing. *Danser la claquette.* ‹ ▶ claquage, claquant, claque, se claquemurer ›

clarifier [klaʀifje] v. tr. ▪ conjug. 7. **1.** Rendre plus pur, éliminer les substances étrangères. ⇒ **décanter, filtrer, purifier.** / contr. **troubler** / *Clarifier un sirop, un mélange.* **2.** Abstrait. Rendre plus clair, plus facile à comprendre. ⇒ **éclaircir, élucider.** *Lisez ce livre : cela clarifiera vos idées. Clarifier une situation embrouillée.* / contr. **embrouiller** / ▶ ***clarification*** n. f. ■ ⇒ **éclaircissement.**

clarinette [klaʀinɛt] n. f. ■ Instrument de musique (à sons *clairs*), à anche ajustée sur un bec. ▶ ***clarinettiste*** n. ■ Personne qui joue de la clarinette.

clarisse [klaʀis] n. f. ■ Religieuse de l'ordre de Sainte-Claire.

clarté [klaʀte] n. f. **I.** Concret. **1.** Lumière ; caractère de ce qui est clair*. *Faible clarté.* ⇒ **lueur.** *La clarté intense du soleil.* ⇒ **éclat.** / contr. **noirceur, obscurité** / **2.** Transparence, limpidité. *La clarté de l'eau était un peu troublée. La clarté du verre.* **II.** Abstrait. **1.** Qualité de ce qui est facilement intelligible, se comprend sans effort. ⇒ **netteté, précision.** *S'exprimer, parler avec clarté.* ⇒ **clairement.** *Clarté d'esprit. La clarté d'une situation.* **2.** Au plur. Littér. Connaissances, notions. *J'ai quelques clartés là-dessus.* ⇒ **connaissance.**

① ***classe*** [klɑs] n. f. **I.** (Dans un groupe social) Ensemble des personnes qui ont en commun une fonction, un genre de vie, une idéologie et surtout une même situation économique, dans le groupe. ⇒ **caste, groupe.** *Les classes sociales. Les classes dirigeantes* (opposé au *peuple*). *Classes moyennes. La classe laborieuse, la basse classe,* le prolétariat. *La classe défavorisée. Lutte des classes.* **II. 1.** Ensemble d'individus ou d'objets qui ont des caractères communs. ⇒ **catégorie, espèce, sorte.** *Ce livre s'adresse à toutes les classes de lecteurs.* **2.** Sciences naturelles. Grande division, après l'embranchement. ≠ *règne. La classe des mammifères.* **3.** (Après un ordinal, etc.) Grade, rang concernant l'importance, la valeur, la qualité. *Voyager en première classe. Un soldat de deuxième classe ;* ellipt *un deuxième classe.* — *Ils n'ont pas la même classe,* la même valeur. *Avoir de la classe,* de la distinction. ⇒ **allure.** ‹ ▶ classer, classification ›

② ***classe*** n. f. **1.** Ensemble d'élèves groupés selon le degré dans les études primaires et secondaires. *Il est en classe de troisième, année de secondaire. Camarade de classe. La rentrée des classes.* **2.** Enseignement dispensé à un groupe ; durée de cet enseignement. ⇒ **cours, leçon.** *Une classe d'histoire. Des livres de classe. Faire la classe,* enseigner. — *Classe d'accueil,* destinée aux élèves non francophones qui doivent parfaire leur français avant de fréquenter une classe ordinaire. *Classe d'immersion,* dans laquelle les élèves suivent une partie ou la totalité de leurs cours dans une langue seconde. **3.** Salle de classe. *Il y a plus de vingt classes dans l'école.* — Loc. *Aller en classe,* à l'école. ‹ ▶ classique, interclasse ›

③ ***classe*** n. f. (France) **1.** Tous les jeunes gens qui atteignent l'âge du service militaire la même année. *La classe (de) 1990.* Fam. *Être bon pour la classe,* apte au service militaire. **2.** *Être de la classe,* du groupe qui doit être libéré dans l'année où l'on est. — La libération. *Vive la classe !*

classer [klɑse] v. tr. ▪ conjug. 1. **1.** Diviser en classes (①, II), en catégories. ⇒ **répartir ; diviser.** *Classer les plantes, les insectes.* **2.** Ranger (dans une catégorie). *Classer le lapin parmi les rongeurs.* — Pronominalement (réfl.). *Se classer dans, parmi,* être au rang de. *Elle se classe parmi les meilleurs.* — Fam. *Classer un individu,* le juger (mal) définitivement. *Je l'ai tout de suite classé.* ⇒ **cataloguer. 3.** Concret. Mettre dans un certain ordre, à son ordre. ⇒ **arranger,** ① **ranger, trier.** *Classer des papiers. Classer un dossier.* / contr. **déclasser, mêler** / — Fig. *Classer une affaire,* la considérer comme terminée, ne plus s'en occuper. *Affaire classée.* ▶ ***classement*** n. m. **1.** Action de ranger dans un certain ordre ; façon dont un ensemble est classé. ⇒ **arrangement, classification ; ordre.** *Classement alphabétique, logique. Documentaliste spécialiste du classement.* / contr. **désordre** / **2.** Place d'une personne dans une compétition. *Il a eu un bon classement.* ▶ ***classeur*** n. m. ■ Meuble métallique à tiroirs ou à compartiments qui sert à classer des papiers. ⇒ fam. **filière.** *Il range ses notes de cours dans un classeur. Mettre une chemise dans le tiroir du classeur. Des classeurs en carton,* des petites boîtes, avec ou sans couvercle. ‹ ▶ déclasser, inclassable, reclasser, surclasser ›

classicisme [klasisism] n. m. **1.** Ensemble des caractères propres aux grandes œuvres littéraires et artistiques de l'Antiquité et du XVIIe s. (en Europe occidentale). **2.** Caractère des œuvres classiques. *Le classicisme de Boileau.*

classification [klasifikasjɔ̃] n. f. ■ Action de distribuer, de ranger par classes, par catégories ; classement. ▶ ***classificateur, trice*** n. et adj. ■ Qui établit des classifications.

classique [klasik] adj. et n. m. **I.** adj. **1.** Qu'on enseigne dans les classes. *Les auteurs classiques du programme.* **2.** Qui appartient à la civilisation gréco-latine (opposé à *moderne*). *Langues classiques. Enseignement classique.* — Anciennt. COURS CLASSIQUE : formation scolaire de niveau secondaire qui était basée sur l'étude du latin et du grec. ⇒ **baccalauréat** (1), **humanités.** *Les études classiques.* — N. m. *Le classique durait huit ans.* — *Collège classique,* établissement d'enseignement qui offrait le cours classique, dirigé par des prêtres, des religieux ou des religieuses. **3.** Qui appartient aux grands auteurs du XVIIe s., imitateurs des Anciens (opposé à *romantique*) ; qui en a les caractères. *Théâtre classique. Style classique* (opposé à *romantique, baroque, archaïque*). **4.** MUSIQUE CLASSIQUE : (→ grande musique) musique des grands auteurs de la tradition musicale occidentale (opposé à *musique folklorique, légère, de variétés*). *Préférer le jazz à la musique classique* (→ le classique, III, 3). *Disques classiques,* de musique classique. **II.** adj. Qui est conforme aux usages, ne s'écarte pas des règles établies, de la mesure. *Un veston de coupe classique.* ⇒ **sobre.** — Qui est conforme aux habitudes. ⇒ **habituel, traditionnel.** Fam. *C'est le coup classique,* c'était prévu. **III.** N. m. **1.** Auteur classique (I). *Les grands classiques.* **2.** Ouvrage pour les classes. *Collection des classiques latins, français.* — Ouvrage reconnu comme excellent (dans un genre). *Ce film est devenu un* *classique (du genre).* **3.** Musique classique. *Aimer le classique. Écouter, jouer du classique.* ▶ ***classiquement*** adv. ■ D'une manière classique, habituelle. ‹ ▶ classicisme, néo-classique ›

claudication [klodikasjɔ̃] n. f. ■ Littér. Fait de boiter. ⇒ **boiterie.** — REM. On emploie aussi le verbe *claudiquer* (conjug. 1.)

clause [kloz] n. f. ■ Disposition particulière (d'un acte). ⇒ **convention, disposition.** *Les clauses d'un contrat, d'un testament. Respecter, violer une clause. Une clause stipule que...* — CLAUSE DE STYLE (que l'on retrouve habituellement dans tous les contrats de même nature) : disposition toute formelle, sans importance.

claustral, ale, aux [klostʀal, o] adj. ■ Relatif au cloître ou qui l'évoque. ⇒ **monacal, religieux.** *Un silence claustral.* ▶ ***claustration*** n. f. ■ Littér. État de qqn qui est enfermé dans un lieu clos. ⇒ **isolement.** ▶ ***claustrophobie*** [klostʀɔfɔbi] n. f. ■ Angoisse d'être enfermé. ▶ ***claustrophobe*** adj. et n. ■ Qui souffre de claustrophobie. *Des personnes très claustrophobes.* — N. *Une claustrophobe.*

claveau [klavo] n. m. ■ Pierre taillée en coin, utilisée dans la construction des voûtes, des corniches. *Les claveaux d'une arcade.* ≠ *clé de voûte.*

clavecin [klavsɛ̃] n. m. ■ Instrument de musique à claviers et à cordes pincées. ⇒ ② **épinette.** ≠ *piano. Jouer du clavecin.* ▶ ***claveciniste*** n. ■ Personne qui joue du clavecin.

clavette [klavɛt] n. f. ■ Petite cheville plate que l'on passe dans l'ouverture d'un boulon, d'une grosse cheville pour l'immobiliser. *Clavette de sûreté.*

clavicule [klavikyl] n. f. ■ Os en forme d'S très allongé, formant la partie antérieure de l'épaule. *Fracture de la clavicule.*

clavier [klavje] n. m. **1.** Ensemble des touches de certains instruments de musique (piano, clavecin, orgue, synthétiseur), sur lesquelles on appuie les doigts pour obtenir les sons. **2.** *Le clavier d'une machine à écrire, d'une linotype, d'un micro-ordinateur. Clavier de saisie.*

① ***clé*** ou ***clef*** [kle] n. f. **I.** Ce qui sert à ouvrir. **1.** Instrument de métal servant à faire fonctionner le mécanisme d'une serrure. *La clé* (ou *clef*) *d'une porte, d'une armoire, d'un cadenas. Des clés de voiture. Trousseau de clés.* ⇒ **porte-clés.** *La porte est fermée à clé.* ⇒ **barrer.** — Loc. *Mettre la clé sous la porte,* partir furtivement, disparaître, déménager. — *Mettre la clé dans la porte,* cesser les opérations, fermer (une entreprise). — *Mettre qqn sous clé,* le tenir enfermé (sous les verrous). — *Mettre qqch. sous clé,* dans un meuble fermé. **2.** Loc. LA CLÉ (CLEF) DES CHAMPS : la liberté. *Prendre la clé des champs,* s'enfuir. **II. 1.** (Écrit CLÉ) Outil servant à serrer ou à démonter certaines pièces (écrous, boulons). *Clé à molette. Clé anglaise* ou *à mâchoires mobiles.* **2.** CLÉ (CLEF) DE VOÛTE : pierre en forme de coin placée à la partie centrale d'une voûte et servant à maintenir en équilibre les autres pierres. ≠ *claveau.* — Abstrait. Point important, partie essentielle, capitale d'un système. *La clé de voûte d'une argumentation.* **III.** En appos. avec ou sans trait d'union. Ce qui commande l'accès. *Occuper une position clé.* ⇒ **stratégique.** *Industrie clé,* de laquelle dépendent beaucoup d'autres industries. *Des mots clés. Le personnage-clé d'une intrigue,* sur qui repose l'essentiel de l'œuvre. — Ce qui explique, qui permet de comprendre. ⇒ **explication, solution.** *La clé du mystère.* — REM. Sauf dans certaines expressions, l'orthographe *clef* est vieillie. ‹ ▶ porte-clés ›

② ***clé*** ou ***clef*** n. f. ■ Signe mis au commencement d'une portée musicale et qui indique, par sa forme et sa position, le nom de la note placée sur cette ligne. *Clef de sol, de fa.* — Loc. À LA CLÉ (CLEF) : avec, à la fin de l'opération. *Il y a une récompense à la clef.*

clématite [klematit] n. f. ■ Plante grimpante à fleurs en bouquet. ⇒ **viorne.**

clémence [klemɑ̃s] n. f. **1.** Littér. Vertu qui consiste, de la part de qui dispose d'une autorité, à pardonner les offenses et à adoucir les châtiments. ⇒ **humanité, indulgence, magnanimité.** *Un trait, un acte de clémence. La clémence d'un juge.* / contr. **rigueur, sévérité** / **2.** *La clémence de la température, du temps,* la douceur. ▶ ***clément, ente*** adj. ■ Qui manifeste de la clémence. ⇒ **généreux, humain, indulgent, magnanime.** — *Un hiver clément,* peu rigoureux. ⇒ **doux.** ‹ ▶ inclément ›

clémentine [klemɑ̃tin] n. f. ■ Sorte de petite mandarine à peau fine. *Acheter les clémentines du Maroc.*

clenche [klɑ̃ʃ] n. f. ■ Petit bras de levier, dans le loquet d'une porte. ⇒ **barrure.** ▶ ***clencher*** v. ■ conjug. 1. **1.** V. tr. Fermer une porte de manière que la clenche s'engage dans l'entaille de la butée d'arrêt. *Clencher la porte d'une clôture.* **2.** V. intr. Fig. Fam. Comprendre, saisir. *Après deux ou trois explications il a clenché.* **3.** V. intr. Fam. Étudier avec ardeur, acharnement. ⇒ fam. ② **bûcher, piocher.** *Elle en a clenché un coup avant l'examen.* ‹ ▶ déclencher, enclencher ›

cleptomane n. et adj. ⇒ **kleptomane ; cleptomanie,** n. f. ⇒ **kleptomanie.**

clerc [klɛʀ] n. m. **1.** Celui qui est entré dans l'état ecclésiastique (⇒ **clergé**). *Clerc tonsuré.* / contr. **laïc** / **2.** Anciennement. Personne instruite. ⇒ **lettré, savant.** — Loc. *Être* GRAND CLERC *en la matière.* ⇒ **compétent, expert.** *Pas besoin d'être grand clerc pour savoir cela.* **3.** (France) Employé des études d'officiers publics et ministériels. *Clerc de notaire.* **4.** Loc. *Faire un* PAS DE CLERC : commettre une erreur, une maladresse par inexpérience. ‹ ▶ clergé, clérical ›

clergé [klɛʀʒe] n. m. ■ Ensemble des ecclésiastiques. *Le clergé catholique. Clergé régulier. Être membre du clergé.*

clergyman [klɛʀʒiman] n. m. ■ Pasteur anglo-saxon. *Des clergymen* [-mɛn].

clérical, ale, aux [kleʀikal, o] adj. **1.** Relatif au clergé. **2.** Adj. et n. Partisan des prêtres, de l'Église et de sa politique. *Parti clérical. Les cléricaux.* / contr. **anticlérical** / ▶ ***cléricalisme*** n. m. ■ Opinion des partisans d'une intervention du clergé dans la politique. ‹ ▶ anticlérical ›

clic [klik] interj. ■ Onomatopée imitant un bruit, un claquement sec. ⇒ **clac.** — N. m. *J'entends les clics clics d'une horloge.* ‹ ▶ cliqueter, déclic. ›

cliché [kliʃe] n. m. **1.** Image négative (d'une photo). — Photographie. **2.** Péj. Idée ou expression trop souvent utilisée. ⇒ **banalité, lieu** commun, **poncif.** *Une conversation pleine de clichés.* **3.** Plaque en relief pour la reproduction, l'impression typographique.

client, ente [klijɑ̃, ɑ̃t] n. **1.** Personne qui achète ou demande des services moyennant rétribution. *Les clients d'un supermarché, d'un notaire. Magasin plein de clients,* d'acheteurs. ⇒ **achalandé.** *Une cliente de l'hôtel.* — Personne qui se sert toujours au même endroit. ⇒ **habitué ; fidèle.** *Servez-le bien, c'est un client.* **2.** Consommateur, importateur. *La C.É.I. est un très gros client du Canada sur le marché du blé.* ▶ ***clientèle*** n. f. **1.** Ensemble de clients, d'acheteurs.

La clientèle d'un médecin. Avoir une grosse clientèle. La clientèle d'un centre de ski. **2.** Adepte, public. *Une clientèle électorale.* **3.** Fait d'être client, d'acheter. *Il voudrait obtenir la clientèle de cette riche famille.*

cligner [kliɲe] v. ▪ conjug. 1. **1.** V. tr. Fermer à demi ou fermer et ouvrir rapidement (les yeux). ⇒ **ciller.** — V. tr. indir. CLIGNER DE L'ŒIL (pour faire un signe, pour aguicher). ⇒ **clin d'œil, œillade. 2.** V. intr. (Yeux, paupières) Se fermer et s'ouvrir. *La lumière vive faisait cligner ses yeux.* ▶ ***clignement*** n. m. **1.** *Clignement d'yeux.* **2.** Littér. (Lumière) Le fait de briller par intermittence. ⇒ **clignotement.** ▶ ***clignoter*** v. ▪ conjug. 1. **1.** V. tr. indir. Cligner coup sur coup rapidement et involontairement. *Clignoter des yeux.* **2.** V. intr. Éclairer et s'éteindre alternativement à brefs intervalles. ⇒ **scintiller.** *Les bouées clignotent sur le fleuve.* — Faire fonctionner un clignotant (II, 1). ▶ ***clignotant, ante*** adj. et n. m. **I. 1.** (Yeux) Qui clignote. **2.** (Lumière) Scintillant, intermittent. *Une lumière clignotante.* **II.** N. m. **1.** Lumière intermittente, qui sert à indiquer la direction que va prendre un véhicule (opposé à *feu fixe*). *Mettre son clignotant pour tourner à gauche.* **2.** Lumière clignotante indiquant qqch. (danger, réparation...). *Le clignotant rouge signale une déviation.* **3.** Indice dont l'apparition signale un danger (dans un plan, un programme économique). ▶ ***clignotement*** n. m. **1.** Fait de clignoter. *Le clignotement des yeux.* **2.** Fait de s'éclairer et de s'éteindre alternativement à très brefs intervalles. *Le clignotement des feux de circulation.* ⟨ ▶ clin d'œil ⟩

climat [klima] n. m. **1.** Ensemble de circonstances atmosphériques et météorologiques (humidité, pressions, températures...) propres à une région. *Climat continental, maritime, équatorial, tropical, désertique, tempéré. Climat agréable, sain ; malsain. Climat sec, humide, pluvieux ; chaud, froid.* **2.** Atmosphère morale, conditions (de la vie, d'une situation). ⇒ **ambiance, milieu.** *Dans un climat d'hostilité. Changer de climat.* ▶ ***climatique*** [klimatik] adj. ▪ Qui a rapport au climat. *Conditions climatiques.* — *Station climatique,* où l'on envoie les malades à cause des vertus curatives du climat. ▶ ***climatiser*** v. tr. ▪ conjug. 1. **1.** Maintenir (un lieu) à une température agréable, par une installation qui permet le réchauffement et surtout le refroidissement selon les besoins. *Climatiser un appartement.* **2.** Adapter (un appareil) à l'action des climats extrêmes. ▶ ***climatisé, ée*** adj. ▪ *Air climatisé.* ⇒ **conditionné.** *Salle de cinéma, voiture climatisée.* ▶ ***climatisation*** n. f. ▪ Moyens employés pour obtenir, dans une pièce, une atmosphère constante (température, humidité), à l'aide d'appareils. ▶ ***climatiseur*** n. m. ▪ Appareil de climatisation. ⟨ ▶ acclimater, microclimat ⟩

clin d'œil [klɛ̃dœj] n. m. **1.** Mouvement rapide de la paupière ⇒ **clignement** pour faire signe. *Des clins d'œil, d'yeux.* ⇒ **œillade.** *Faire un clin d'œil à qqn.* **2.** EN UN CLIN D'ŒIL : en un temps très court. *Elle disparut en un clin d'œil.*

① ***clinique*** [klinik] n. f. **1.** Centre médical où des patients peuvent recevoir des soins, subir de légères interventions qui ne nécessitent pas l'hospitalisation. *Le faire opérer dans une clinique. Une clinique dentaire.* **2.** Fam. *Clinique externe,* consultations externes d'un hôpital. — *Clinique (de donneurs) de sang,* collecte de sang. — *Clinique de* (hockey, jardinage, photo, etc.), session d'enseignement, cours pratiques. **3.** (France) Établissement privé dirigé par un médecin, ou *chef de clinique,* et dans lequel les malades sont opérés ou soignés (opposé à *hôpital*). *Clinique d'accouchement.* — REM. Les expressions données au sens 2 sont parfois critiquées. ⟨ ▶ polyclinique ⟩

② ***clinique*** adj. et n. f. **1.** Adj. Qui observe directement (au lit des malades) les manifestations de la maladie. *Médecine clinique.* **2.** N. f. Enseignement médical donné au chevet des malades. ▶ ***clinicien, ienne*** n. ▪ Médecin praticien.

clinquant, ante [klɛ̃kɑ̃, ɑ̃t] n. m. et adj. **1.** Mauvaise imitation de métaux, de pierreries. ⇒ **camelote, faux, simili.** *Le mauvais goût du clinquant.* **2.** Éclat trompeur, tapageur. **3.** Adj. Qui brille d'un éclat voyant, vulgaire. *Des bijoux clinquants. Une décoration trop clinquante.*

① ***clip*** [klip] n. m. ▪ Anglic. Bijou qui se fixe par une pince (variante abusive *un clips*). ⇒ **broche, épinglette** (1).

② ***clip*** [klip] n. m. ▪ Anglic. Abréviation de *vidéoclip*. Tourner des clips.*

clique [klik] n. f. **1.** Terme d'injure en politique. Groupe de personnes peu estimables. ⇒ **bande. 2.** Ensemble des tambours et des clairons d'une musique militaire. ⇒ **fanfare.** — Corps de tambours et clairons d'un organisme de loisirs. ⇒ **harmonie.** *La clique des raquetteurs Frontenac.*

cliques [klik] n. f. pl. ▪ Fam. PRENDRE SES CLIQUES ET SES CLAQUES : s'en aller en emportant tout ce que l'on possède.

cliqueter [klikte] v. intr. ▪ conjug. 4. ▪ Produire un cliquetis. ▶ ***cliquetis*** [klikti] n. m. ▪ Série de bruits secs que produisent certains corps sonores qui se choquent. *Un cliquetis de verres et d'assiettes, de clés, d'épées.* — Fig. *Cliquetis de mots,* verbiage.

clitoris [klitɔʀis] n. m. invar. ▪ Petit organe érectile de la vulve.

cliver [klive] v. tr. ▪ conjug. 1. ▪ Fendre (un corps minéral, un diamant) dans le sens naturel de ses couches. — Pronominalement. *Le mica se clive en fines lamelles* (appelées *clivures,* n. f.). ▶ ***clivage*** n. m. **1.** Action de cliver, de se cliver. — Loc. *Plan de clivage d'une roche,* selon lequel elle se fend. **2.** Fig. Séparation par plans, par niveaux. *Le clivage des opinions. Les clivages sociaux.*

cloaque [klɔak] n. m. ▪ Lieu malpropre, malsain (surtout lorsqu'il y a des liquides).

clochard, arde [klɔʃaʀ, aʀd] n. ▪ Personne socialement inadaptée, qui vit sans travail ni domicile, dans les grandes villes. ⇒ **itinérant, mendiant, robineux, vagabond.**

① ***cloche*** [klɔʃ] n. f. **1.** Instrument creux, évasé, en métal sonore (bronze), dont on tire des vibrations retentissantes et prolongées en frappant les parois, à l'extérieur ou par l'intérieur, grâce à un battant*. ⇒ **bourdon, carillon.** *Cloches qui tintent pour le glas. Les cloches sonnent à toute volée. Les cloches de Pâques.* — Loc. *N'entendre qu'un* SON DE CLOCHE : qu'un avis. Fam. SONNER LES CLOCHES *à qqn* : le réprimander fortement. **2.** À l'école. Avertisseur du début ou de la fin de chaque cours. *Au son de la cloche, les élèves rejoignent leur classe.* **3.** Objet creux qui recouvre, protège. *Cloche à fromage.* — CLOCHE À PLONGEUR : dispositif à l'abri duquel on peut séjourner sous l'eau. ⟨ ▶ ① clocher, clochette ⟩

② ***cloche*** n. f. ▪ Fam. Personne incapable, niaiseuse et maladroite. *C'est une vieille cloche.* — Adj. *Elle est un peu cloche.*

à ***cloche-pied*** [aklɔʃpje] loc. adv. ▪ En tenant un pied en l'air et en sautant sur l'autre. *Aller, sauter à cloche-pied.*

① ***clocher*** [klɔʃe] n. m. **1.** Bâtiment élevé d'une église dans lequel on place les cloches. ⇒ **campanile.**

La flèche, le coq, l'horloge du clocher. **2.** Loc. *Querelles, rivalités de clocher,* purement locales, insignifiantes. *Esprit de clocher,* chauvinisme. ‹ ▶ clocheton ›

② ***clocher*** v. intr. ▪ conjug. 1. ■ Être défectueux ; aller de travers. *Raisonnement, combinaison qui cloche. Il y a quelque chose qui cloche,* qui ne va pas. ‹ ▶ clochard, à cloche-pied ›

clocheton [klɔʃtɔ̃] n. m. ■ Ornement en forme de petit clocher.

clochette [klɔʃɛt] n. f. **1.** Petite cloche. ⇒ **sonnette.** *Clochettes suspendues au cou du bétail.* ⇒ **grelot. 2.** Fleur, corolle en forme de petite cloche. *Les clochettes du muguet.*

cloison [klwazɔ̃] n. f. **1.** Division plus légère que le mur, qui limite les pièces d'une maison. *Écouter derrière la cloison. Abattre, percer une cloison.* **2.** Séparation entre les parties intérieures (d'un navire). *Cloison étanche.* **3.** Ce qui divise l'intérieur (d'une cavité), détermine des compartiments. *Cloison des fosses nasales.* **4.** Abstrait. Barrière, séparation. *Abattre, faire tomber les cloisons.* ▶ ***cloisonner*** v. tr. ▪ conjug. 1. ■ Séparer par des cloisons. ⇒ **compartimenter.** — Au p. p. adj. *Une société cloisonnée,* dans laquelle chaque groupe évolue indépendamment des autres. ▶ ***cloisonnement*** n. m. ■ Manière dont une chose est cloisonnée (division, séparation). ▶ ***cloisonnette*** n. f. ■ Cloison mobile qui circonscrit le poste de travail d'une personne dans un grand bureau à aires ouvertes. *Les cloisonnettes permettent de travailler dans un isolement relatif.*

cloître [klwatʀ] n. m. **1.** Partie d'un monastère interdite aux profanes et fermée par une enceinte ⇒ **clôture** ; le monastère ⇒ **abbaye, claustral, clôture** (2), **couvent**. *Le cloître des carmélites à Dolbeau.* **2.** Dans un monastère ou une église. Galerie à colonnes qui encadre une cour ou un jardin carré. *Le cloître roman de Saint-Trophime, à Arles, en France.* ▶ ***cloîtrer*** v. tr. ▪ conjug. 1. **1.** Faire entrer comme religieux, religieuse dans un monastère fermé. *Cloîtrer une jeune fille.* — Au p. p. adj. *Religieux cloîtrés.* **2.** Enfermer, mettre à l'écart (qqn). — Pronominalement (réfl.). *Se cloîtrer,* vivre à l'écart du monde. ⇒ s'**enfermer,** se **retirer.** — Abstrait. *Se cloîtrer dans ses idées, ses habitudes.*

clone [klon] n. m. **1.** Individu génétiquement semblable à un autre et provenant d'une cellule unique par reproduction non sexuelle. **2.** Informatique. (Micro-) ordinateur compatible (logiciel et matériel) avec un autre modèle. *Les clones coûtent moins cher que les modèles originaux.* ▶ ***clonage*** n. m. **1.** Reproduction exacte (⇒ **clone**) d'un animal ou d'un végétal à partir de l'une de ses cellules. **2.** Informatique. Copie exacte d'un autre système informatique. ▶ ***cloner*** v. tr. ▪ conjug. 1. ■ Reproduire, copier par clonage. — Au p. p. adj. *Un micro cloné.*

clope [klɔp] n. (France) Fam. **1.** N. m. Mégot. *Le clochard ramasse les clopes dans la rue.* **2.** N. f. Cigarette. ⇒ fam. **sèche.** *Donne-moi une clope.*

clopiner [klɔpine] v. intr. ▪ conjug. 1. ■ Marcher avec peine, en traînant le pied. ⇒ **boiter.** ▶ ***clopin-clopant*** [klɔpɛ̃klɔpɑ̃] loc. adv. ■ Fam. En clopinant. *Aller clopin-clopant.*

cloporte [klɔpɔʀt] n. m. ■ Petit animal (arthropode) qui vit sous les pierres.

cloque [klɔk] n. f. ■ Petite poche de la peau pleine de sérosité. ⇒ **ampoule.** — Petite poche d'air. *Des cloques sous la tapisserie.* ▶ ***cloquer*** v. intr. ▪ conjug. 1. ■ Former des cloques, des boursouflures en se soulevant. — *La peinture cloque,* elle se boursoufle.

clore [klɔʀ] v. tr. ▪ conjug. 45. **1.** Vx. Fermer pour empêcher l'accès. ⇒ **enclore. 2.** Terminer ; déclarer terminé. *Clore un débat, une discussion, une négociation.* ⇒ **clôturer** (2). *Clore la séance d'une assemblée.* **3.** Loc. *Clore le bec à qqn,* le faire taire. ⇒ **clouer.** ▶ ① ***clos, close*** [klo, kloz] adj. **1.** Littér. Fermé. *Espace clos. Volets clos. Trouver porte close,* ne trouver personne. *Avoir les yeux clos.* — Loc. *Vivre en vase clos,* confiné. — À HUIS CLOS, LE HUIS CLOS. ⇒ **huis. 2.** Achevé, terminé. *La séance, la session est close. L'incident est clos.* **3.** *Période close,* au cours de laquelle on ne peut rembourser intégralement un prêt. *La période close de votre hypothèque est de deux ans.* ▶ ② ***clos*** [klo] n. m. invar. **1.** Terrain cultivé et fermé par des haies, des murs, des fossés. *Des clos d'arbres fruitiers.* **2.** Champ, pâturage, pacage. *Les vaches sont dans le clos. Traverser un petit clos.* **3.** Vignoble. *Un clos qui donne un bourgogne réputé.* **4.** Loc. fam. *Prendre le clos,* perdre le contrôle de sa voiture et se retrouver dans le décor. ⇒ **champ, fossé.** ▶ ***clôture*** n. f. **1.** Ce qui sert à obstruer le passage, à enclore un espace. ⇒ **barrière, enceinte, fermeture.** *Mur, porte de clôture. Clôture métallique.* ⇒ **grille.** *Clôture de broche, de bois. La clôture d'un jardin, d'une propriété.* **2.** Limite d'un terrain de sports. *La rondelle rebondit sur la clôture,* sur la bande. *Le frappeur expédie la balle de l'autre côté de la clôture,* de la palissade qui forme la limite arrière du terrain de base-ball. Enceinte où des religieux vivent cloîtrés. ⇒ **cloître. 3.** Action de terminer, de déclarer la fin (de qqch.). *Clôture d'une séance. Séance de clôture. Motion* de clôture.* ▶ ***clôturer*** v. tr. ▪ conjug. 1. **1.** Fermer par une clôture. *Il a clôturé son terrain.* **2.** Déclarer terminé. ⇒ **achever, clore.** *Clôturer les débats, la séance.* ⇒ **lever.** ‹ ▶ éclore, enclore ›

① ***clou*** [klu] n. m. **I. 1.** Petite tige de métal à pointe et le plus souvent à tête, qui sert à fixer, assembler, suspendre. ⇒ **crampe** (II). *Petits clous.* ⇒ **broquette.** *Tête de clou. Clous sans (pas de) tête. Planter des clous.* ⇒ **clouer.** — PROV. *Un clou chasse l'autre,* ce qui disparaît est remplacé par une chose (ou une personne) identique. **2.** (France) Fam. *Les clous,* le passage (autrefois, signalé par de gros clous) que les piétons doivent emprunter pour traverser la chaussée. *Traversez dans les clous !* ⇒ passage **clouté. 3.** Loc. fig. *Maigre comme un clou,* très maigre. ⇒ **casseau, chicot.** *Cogner des clous,* sommeiller, somnoler assis avec des mouvements de la tête de haut en bas. *Il tombe des clous,* il pleut à verse, à torrents. ⇒ **corde** (I, 11) ; fam. **hallebarde.** Fam. *Ça ne vaut pas un clou,* cela ne vaut rien. ⇒ ② **cent.** — (France) *Des clous !,* rien du tout. **II. 1.** *Clou de girofle,* bouton du giroflier, en forme de clou à tête, utilisé comme épice. **2.** Furoncle. ▶ ***clouer*** v. tr. ▪ conjug. 1. **1.** Fixer, assembler avec des clous. *Clouer une caisse, des planches. Clouer un tableau au mur.* / contr. **déclouer** / — Au p. p. adj (Opposé à *vissé*). *Du contreplaqué cloué.* **2.** Fixer avec un objet pointu. *Il le cloua au sol d'un coup d'épée.* — Abstrait. Fixer, immobiliser. *Une maladie l'avait cloué au lit.* — Au passif. *Être, rester cloué sur place* (par la peur, l'émotion, la surprise). ⇒ **paralyser. 3.** Loc. CLOUER LE BEC *à qqn* : réduire (qqn) au silence. ⇒ **clore.** ▶ ***clouage*** n. m. ■ Action ou manière de clouer. — Son résultat. — *Il n'y a pas de clouage dans ce mur,* de bois assez solide pour y clouer qqch. ▶ ***clouté, ée*** adj. **1.** Garni de clous. *Une ceinture cloutée. Des chaussures cloutées.* **2.** PASSAGE CLOUTÉ : passage de la chaussée limité par des grosses têtes de clou (actuellement remplacées par des bandes peintes). ⇒ fam. **clou** (I, 2). ‹ ▶ arrache-clou, déclouer ›

② ***clou*** n. m. **1.** (France) Fam. Mont-de-piété (où l'on accrochait les objets mis en gage). *Mettre ses bijoux au clou.* **2.** *Le clou du spectacle,* ce qui accroche l'attention des spectateurs, la meilleure partie. **3.** Mauvaise voiture ou bicyclette, motocyclette... ⇒ fam. **bagnole, bazou, guimbarde, minoune.** *Un vieux clou.*

clown [klun] n. **1.** Personnage de cirque, habillé de blanc *(clown blanc).* — Comique de cirque qui, très maquillé et grotesquement accoutré, fait des pantomimes et des scènes de farce. *Des clowns.* **2.** Farceur, pitre. *Faire le clown.* ⇒ **guignol.** ▸ ***clownerie*** [klunʀi] n. f. ■ Farce digne d'un clown. *Faire des clowneries.* ⇒ **pitrerie.** ▸ ***clownesque*** [klunɛsk] adj. ■ Qui a rapport au clown. — Digne d'un clown.

C.L.S.C. [seɛlɛsse] n. m. invar. ■ Abréviation de *centre* local de services communautaires,* établissement qui dispense à la population locale des services de santé et de soutien (personnes âgées, mères de famille, etc.) destinés à faciliter l'organisation de la communauté.

club [klyb] n. m. **1.** Société constituée pour aider ses membres à exercer diverses activités désintéressées (sports, voyages). ⇒ **association, ciné-club.** *Le Club automobile du Québec. Un club de bridge. Un club de l'âge* d'or. Des clubs de tennis. Club de chasse, de pêche. — Le club de golf de... Rendez-vous au club,* au chalet* central. — CLUB (SOCIAL) : organisme philanthropique qui regroupe des personnes ayant des centres d'intérêt communs. *Le club Richelieu, le club Rotary, le club Kiwanis.* **2.** Équipe sportive. *Un club de hockey, de football. Le club local,* qui reçoit ; *le club visiteur,* qui vient d'ailleurs. **3.** Cercle privé où des habitués (membres) passent leurs heures de loisir. *Un club universitaire. Un club anglais. Passer la soirée à son club. Des clubs.* **4.** CLUB (DE NUIT) : fam. boîte* de nuit. ⇒ **cabaret.** *Fréquenter les clubs.* Groupe politique. ⟨ ▸ ciné-club, fan-club, vidéoclub ⟩

club-sandwich [klɔbsɑ̃dwitʃ] n. m. ■ Gros sandwich composé de trois tranches de pain grillées entre lesquelles on a disposé du jambon ou du poulet, de la laitue, des rondelles de tomate et du bacon. *Des clubs-sandwichs avec mayonnaise. Un demi-club-sandwich.* — Abrév. fam. CLUB, n. m. *Commander un club.* — REM. Le mot peut s'écrire sans trait d'union.

club vidéo n. m. ⇒ **vidéoclub.**

co- ■ Élément signifiant « avec, ensemble » (ex. : *coaccusé, coacquéreur, codétenu, codirecteur* et ci-dessous, *coadjuteur, coauteur, coaxial, coexistence, cohabiter,* etc.). ⇒ **con-**

coadjuteur [koadʒytœʀ] n. m. ■ Ecclésiastique adjoint à un prélat. *Le coadjuteur d'un évêque.* — En appos. *Un prêtre coaodjuteur.*

coaguler [koagyle] v. tr. ▪ conjug. 1. ■ Transformer (une substance organique liquide) en une masse solide. ⇒ **cailler, figer.** *Coaguler du sang. La présure coagule le lait.* — SE COAGULER v. pron. réfl. ⇒ **prendre.** / contr. **fondre, liquéfier** / ▸ ***coagulation*** n. f. ■ Fait de se coaguler. *La coagulation du sang.* / contr. **liquéfaction** /

coaliser [koalize] v. ▪ conjug. 1. **I.** SE COALISER v. pron. réfl. **1.** Former une coalition. ⇒ s'**allier,** se **liguer.** *Les puissances européennes se coalisèrent contre Napoléon.* — Au p. p. adj. *Les puissances coalisées.* — N. *Les coalisés.* **2.** S'unir, s'entendre (contre qqn). **II.** COALISER v. tr. : faire se coaliser. ⇒ **ameuter, liguer, réunir.** *Il a coalisé tout le monde contre nous.* ▸ ***coalition*** [koalisjɔ̃] n. f. **1.** Réunion momentanée (de puissances, de partis ou de personnes) dans la poursuite d'un intérêt commun. ⇒ **alliance, association, entente, ligue.** *Coalition politique, de partis.* ⇒ **bloc, front.** **2.** Union, avec un but commun et contre qqn. *Coalition d'intérêts.*

coaltar n. m. ⇒ **caltor.**

coasser [koase] v. intr. ▪ conjug. 1. ■ (Grenouilles, crapauds) Pousser son cri. ≠ *croasser.* ▸ ***coassement*** n. m. ■ *On entendait le coassement des grenouilles.* ≠ *croassement.*

coauteur, eure [kootœʀ] n. ■ Personne qui a écrit un livre, un article, etc., en collaboration avec une autre.

coaxial, iale, iaux [koaksjal, jo] adj. ■ Qui a le même axe qu'un autre objet. *Câble coaxial* (deux conducteurs concentriques).

cobalt [kɔbalt] n. m. ■ Métal dur, blanc-gris à reflets (symb. Co). *Acier au cobalt. Cobalt 60, radioactif* ou, n. m., *radiocobalt. Bleu de cobalt. Bombe au cobalt* (irradiations médicales).

cobaye [kɔbaj] n. m. ■ Petit mammifère rongeur, appelé *cochon d'Inde. On utilise les cobayes comme sujets d'expérience* (physiologie, médecine). — Loc. *Servir de cobaye,* être utilisé comme sujet d'expérience.

cobol [kɔbɔl] n. m. ■ Informatique. Langage de programmation pour la gestion.

cobra [kobʀɑ] n. m. ■ Serpent venimeux *(naja),* à cou dilatable orné d'un dessin rappelant des lunettes (appelé aussi *serpent à lunettes*).

coca [kɔkɑ] n. f. ■ Substance extraite de la feuille d'un arbrisseau d'Amérique (stimulant). ▸ ***coca-cola*** [kokakolɑ] n. m. invar. ■ Boisson gazeuse à base de coca et de cola. *Boire du coca-cola. Bouteille de coca-cola.* — Abrév. fam. COKE, (France) COCA, n. m. *Des cokes. Boire du coke. Prendre un coke,* une bouteille, un verre de coca-cola. — REM. Ce mot est un nom de marque déposée. ⟨ ▸ cocaïne ⟩

cocagne [kɔkaɲ] n. f. **1.** Loc. PAYS DE COCAGNE : pays imaginaire où l'on a tout en abondance. **2.** Loc. MÂT DE COCAGNE : au sommet duquel sont suspendus des objets ou friandises qu'il faut aller détacher en grimpant.

cocaïne [kɔkain] n. f. ■ Alcaloïde extrait du végétal qui donne la coca, utilisé en médecine pour ses propriétés analgésiques et anesthésiques. ⇒ **drogue ;** fam. ④ **coco,** ② **coke ;** ② **crack.** *Abus de la cocaïne.* ▸ ***cocaïnomane*** n. ■ Personne qui fait un usage abusif de la cocaïne, en est intoxiquée. ⟨ ▸ ④ coco ⟩

cocarde [kɔkaʀd] n. f. **1.** Insigne aux couleurs nationales. *Cocarde tricolore, en France.* **2.** Ornement en ruban, nœud décoratif. ▸ ***cocardier, ière*** n. et adj. (France) **1.** Patriote exalté. **2.** Adj. Chauvin, militariste.

cocasse [kɔkas] adj. ■ Fam. Qui est d'une étrangeté comique, qui étonne et fait rire. *Une situation cocasse.* ⇒ **burlesque.** / contr. **sérieux** / ▸ ***cocasserie*** n. f. ■ Bouffonnerie, drôlerie.

coccinelle [kɔksinɛl] n. f. ■ Insecte coléoptère au corps rouge ou orangé tacheté de noir (appelé *bête à bon Dieu*).

coccyx [kɔksis] n. m. invar. ■ Petit os situé à l'extrémité inférieure de la colonne vertébrale, articulé avec le sacrum. — Fam. *Tomber sur le coccyx ; se faire mal au coccyx,* au derrière.

① ***coche*** [kɔʃ] n. f. **1.** Entaille, encoche. *Faire des coches sur un arbre.* **2.** Petite marque placée à côté d'un mot, d'un nom. ⇒ ② **crochet.** *J'ai fait une coche à côté des choses qu'il faut acheter.* **3.** Fig. Loc. fam. *Être à côté, en dehors de la coche,* être dans l'erreur, être passé à côté de la question. — *Faire une coche mal taillée,* avoir un écart de conduite, faire une bêtise. ⟨ ▸ ② cocher, encoche ⟩

② ***coche*** [kɔʃ] n. m. **1.** Autrefois. Grande voiture tirée par des chevaux, qui servait au transport des voyageurs. **2.** Loc. fig. MANQUER LE COCHE : perdre l'occasion de faire une chose utile, profitable. ‹ ► ① cocher, cochère ›

cochenille [kɔʃnij] n. f. ■ Insecte dont on tirait une teinture rouge écarlate.

① ***cocher, ère*** [kɔʃe, ɛʀ] n. ■ Personne qui conduit une voiture à cheval. ⇒ **conducteur ; caléchier, postillon.** *Cocher de fiacre.*

② ***cocher*** v. tr. ▪ conjug. 1. ■ Marquer d'un trait, d'un signe. *Cocher un nom sur une liste.*

cochère [kɔʃɛʀ] adj. f. ■ PORTE COCHÈRE : dont les dimensions permettent l'entrée d'une voiture (autrefois d'un *coche*).

cochon [kɔʃɔ̃] n. m. **I. 1.** Porc élevé pour l'alimentation (mâle, opposé à *truie*). ⇒ **goret, pourceau.** *Engraisser, élever des cochons. Cochon de lait,* jeune cochon. — Loc. *Gros, sale comme un cochon. Manger* (⇒ **ogre**), *écrire comme un cochon,* malproprement. ⇒ **cochonner.** — *Il a une tête de cochon,* mauvais caractère. ⇒ **têtu.** — *Temps de cochon,* mauvais temps. — *Coup* de cochon.* **2.** COCHON D'INDE : cobaye. **3.** Chair du cochon. ⇒ **porc.** *Manger du cochon.* ⇒ **cochonnaille.** *Du ragoût de patte (de cochon).* **4.** Fam. Tirelire ayant souvent la forme d'un petit cochon. *Un cochon de cennes noires.* **II.** N. et adj. Fam. COCHON, ONNE : personne malpropre, au physique ou au moral. ⇒ **dégoûtant, sale.** *Quel cochon !* — Adj. *Histoire cochonne,* licencieuse. ⇒ **corsé, égrillard, grivois, scabreux.** ‹ ► cochonnaille, cochonner, cochonnerie, cochonnet ›

cochonnaille [kɔʃɔnɑj] n. f. ■ Fam. Charcuterie (avec l'idée d'abondance et de préparations simples, campagnardes).

cochonner [kɔʃɔne] v. tr. ▪ conjug. 1. **1.** Fam. Faire (un travail) mal, salement. ⇒ **bâcler.** — Au p. p. adj. *C'est du travail cochonné.* **2.** Fam. *Cochonner qqn,* agir dans le dos de qqn, lui faire du tort.

cochonnerie [kɔʃɔnʀi] n. f. **1.** Fam. Malpropreté ; chose sale ou mal faite, sans valeur. *Il ne vend que des cochonneries. C'est de la cochonnerie.* ⇒ **saleté. 2.** Au plur. Choses laissées à la traîne. ⇒ **traîneries.** *Rangez vos cochonneries dans la garde-robe.* — Balayures. *Ramasser les cochonneries.*

cochonnet [kɔʃɔnɛ] n. m. ■ Petite boule servant de but aux joueurs de boules (pétanque).

cocker [kɔkœʀ] n. m. ■ Petit chien de chasse voisin de l'épagneul, à longues oreilles tombantes. *Des cockers roux.*

cocktail ou ***coquetel*** [kɔktɛl] n. m. **1.** Mélange de boissons contenant de l'alcool. *Un cocktail au gin. Préparer un cocktail dans un mélangeur. Des cocktails.* **2.** Réunion où l'on boit. *Inviter des amis à un cocktail.* **3.** Mélange. *Un cocktail de parfums embaumait la pièce.* — COCKTAIL MOLOTOV : explosif. *Des cocktails Molotov.*

① ***coco*** [kɔko] n. m. **1.** NOIX DE COCO : fruit du cocotier. *Beurre, huile de coco. Lait de coco,* liquide contenu dans la noix de coco. **2.** Fam. Tête. ⇒ **caboche.** *Mets-toi qqch. sur le coco, il fait froid.* Loc. *Avoir le coco à l'air,* être tête nue. ⇒ **nu-tête.** *Avoir un coco,* être chauve, avoir la tête rasée ou les cheveux coupés ras. Fig. *Se mettre, se rentrer qqch. dans le coco,* comprendre, saisir. *Vas-tu finir par te mettre ça dans le coco ? Se creuser le coco,* la cervelle. ⇒ fam. **caboche, ciboulot, méninge.** ‹ ► cocotier ›

② ***coco*** n. m. ■ Lang. enfantin. Œuf (⇒ ② **cocotte**).

③ ***coco*** n. m. **1.** Individu, personnage bizarre, dangereux. ⇒ **type, zèbre.** *Un vilain coco, un drôle de coco.* **2.** (fém. COCOTTE) Terme d'affection. ⇒ ① **chou.** *Mon petit coco, ma cocotte.*

④ ***coco*** n. f. ■ (France) Fam. Cocaïne. ⇒ ② **coke.**

cocon [kɔkɔ̃] n. m. ■ Enveloppe formée par un long fil de soie enroulé, dont les chenilles de nombreuses espèces de papillons s'entourent. *Cocon de ver à soie.* — Loc. *S'enfermer dans son cocon,* s'isoler, se retirer.

cocorico [kɔkɔʀiko] ou ***coquerico*** [kɔk(ə)ʀiko] n. m. ■ Chant du coq. *Des cocoricos éclatants.*

cocotier [kɔkɔtje] n. m. ■ Palmier au tronc élancé surmonté d'un faisceau de feuilles, et qui produit la noix de coco. ≠ *coquetier.*

① ***cocotte*** [kɔkɔt] n. f. **1.** Lang. enfantin. Poule. — COCOTTE EN PAPIER : carré de papier plié en forme d'oiseau. **2.** (Surtout en France) Péj. Fille, femme de mœurs légères. ⇒ fam. **catin, poule.** *Une grande cocotte.* **3.** Terme d'encouragement adressé à un cheval. *Hue, cocotte !* **4.** Terme d'affection. ⇒ ③ **coco.**

② ***cocotte*** n. f. ■ Marmite ronde, en fonte. — *Cocotte-minute,* autocuiseur. *Des cocottes-minute.* — REM. Le mot *cocotte-minute* est un nom de marque déposée.

③ ***cocotte*** n. f. ■ Cône des conifères, spécialt du pin. ⇒ **pomme** de pin. *Ramasser des cocottes.*

cocu, ue [kɔky] n. m. et adj. ■ Fam. Mari dont la femme est infidèle. — Adj. Trompé (mari, femme, amant...). ⇒ **corne** (I). — Loc. *Avoir une veine de cocu,* beaucoup de chance. ► ***cocuage*** n. m. ■ Fam. État de la personne qui est cocue. ► ***cocufier*** v. tr. ▪ conjug. 7. ■ Fam. Faire cocu. ⇒ **tromper.**

coda [kɔdɑ] n. m. ■ Conclusion d'un morceau de musique. *Des codas.* ⇒ ① **finale.**

code [kɔd] n. m. **1.** Recueil de lois. — Ensemble des lois et dispositions légales relatives à une matière. *Livre, article d'un code. Le Code civil. Code du travail. Code criminel. Le Code Morin,* employé dans les assemblées délibérantes. — *Se tenir dans les marges du code,* de la loi. **2.** Décret ou loi de grande importance, réglant un domaine particulier. — CODE POSTAL : code alphanumérique (trois lettres et trois chiffres) facilitant le tri postal. *N'oubliez pas d'indiquer votre code postal. Le code postal est G1S 1S2.* — (France) Code à cinq chiffres. *Son code postal est 75016.* — Fam. CODE RÉGIONAL : indicatif téléphonique régional (trois chiffres). *Le code régional de Québec est 418.* — CODE (À) BARRES : code formé de lignes verticales parallèles numérotées apposé sur les produits de consommation et permettant un enregistrement automatique à la caisse. — REM. On emploie aussi l'expression *code universel des produits* (abrév. *C.U.P.*). — CODE DE LA ROUTE. *Bien connaître le code de la route.* — Puissance réduite des phares d'automobile, feux de croisement. *Se mettre en code. Phares code* ou, n. m. pl., *les codes,* ces phares à puissance réduite. *Allumer ses codes.* **3.** Ensemble de règles, de préceptes, de prescriptions. ⇒ **règlement.** *Le code de l'honneur.* **4.** Recueil de conventions ; dictionnaire des équivalences entre un langage naturel et un langage non naturel. *Code de signaux. Un code informatique. Code secret. Déchiffrer, décrypter un code* (⇒ **décoder**). — Structure qui permet de produire des messages. *Les langues sont des codes.* ► ***coder*** v. tr. ▪ conjug. 1. ■ Mettre (un écrit, des données) en code (4) ; procéder au codage de. *Coder un message secret.* — Au p. p. adj. *Un télex codé.* ► ***codage*** n. m. ■ Opération qui consiste à mettre qqch. en code (4) ; le résultat de cette opération. *Un codage informatisé.* ‹ ► codifier, décoder, digicode, encoder ›

codicille [kɔdisil] n. m. ■ Acte ajouté à un testament pour le modifier.

codifier [kɔdifje] v. tr. ▪ conjug. 7. **1.** Réunir des dispositions légales dans un code. *Codifier le droit aérien.* **2.** Rendre rationnel ; ériger en système organisé. ▶ ***codification*** n. f.

codinde n. ⇒ **coq-d'Inde.**

coefficient [kɔefisjɑ̃] n. m. **1.** Nombre qui multiplie la valeur d'une quantité. ⇒ **facteur.** *Affecter d'un coefficient.* — Valeur relative d'une épreuve d'examen. *Les mathématiques ont un fort coefficient.* **2.** Nombre caractérisant une propriété. *Coefficient de dilatation, d'élasticité.* **3.** Facteur, pourcentage. *Il faut prévoir un coefficient d'erreur.*

coéquipier, ière [kɔekipje, jɛʀ] n. ■ Personne qui fait équipe avec d'autres ou qui fait partie de la même équipe que d'autres. *Il s'entraîne en compagnie de ses coéquipiers.*

coercitif, ive [kɔɛʀsitif, iv] adj. ■ Didact. Qui exerce une contrainte (une *coercition*). *Force coercitive. Des moyens coercitifs.* / contr. **facultatif, libre** /

① ***cœur*** [kœʀ] n. m. **1.** Organe central de l'appareil circulatoire. — Chez l'être humain. Viscère musculaire conique situé entre les deux poumons (⇒ **cardiaque, cardio-**). *Cœur droit, cœur gauche,* moitiés du cœur divisées, chacune, en deux cavités (oreillette, ventricule). *Contraction* (systole), *dilatation* (diastole) *du cœur. Battement du cœur. Opération chirurgicale* À CŒUR OUVERT. Fam. *Une crise de (du) cœur,* un infarctus. **2.** Poitrine. *Il la serra tendrement sur, contre son cœur.* **3.** *J'ai encore mon souper* SUR LE CŒUR : sur l'estomac. *Avoir* MAL AU CŒUR : avoir des nausées. *Avoir le cœur barbouillé. Soulever le cœur de qqn,* l'écœurer, le dégoûter. ‹ ▶ écœurer, haut-le-cœur ›

② ***cœur*** n. m. **1.** Siège des sensations et des émotions. *Serrement de cœur. Une douleur, un chagrin qui arrache, brise, fend, serre le cœur. Avoir le cœur gros* (de peine). **2.** Dans des loc. Siège du désir, de l'humeur. *Accepter, avouer, consentir* DE BON CŒUR, *de grand cœur, de tout cœur, de gaieté de cœur* : avec plaisir. / contr. à **contrecœur** / — *De tout son cœur,* de toutes ses forces. — *Si le cœur vous en dit,* si vous en avez le désir. *Avoir le cœur à...,* avoir envie de. *Je n'ai pas le cœur à rire.* — *Avoir, prendre qqch.* À CŒUR : y prendre un intérêt passionné. *Cela lui tient à cœur,* il y tient. — À CŒUR JOIE : avec grand plaisir, enthousiasme, jusqu'à satiété. *S'en donner à cœur joie.* — Fam. *Avoir une crotte sur le cœur,* garder de la rancune, du ressentiment envers qqn. **3.** Siège des sentiments, des passions. *Les sentiments que le cœur éprouve, ressent. Avoir un cœur sensible.* — Siège de l'amour. *Cœur fidèle. Affaire de cœur. Offrir, refuser son cœur.* — *Être beau (belle) comme un cœur,* très beau, très joli. **4.** Bonté, sentiments altruistes. *Avoir bon cœur, avoir du cœur.* ⇒ **charité, générosité, sensibilité.** *Avoir un cœur d'or. Homme, femme de cœur.* — *Avoir le cœur sur la main,* être généreux. *Avoir un cœur de pierre, ne pas avoir de cœur,* être sans pitié. — Personne considérée dans ses sentiments, ses affections. *C'est un brave cœur.* — Terme d'affection. *Mon cœur, mon petit cœur.* **5.** Littér. Qualités de caractère, siège de la conscience. *Noblesse du cœur.* ⇒ **âme.** — Courage. *Le cœur lui manqua. Elle n'aura pas le cœur de faire cela.* — *Avoir du cœur au ventre,* du courage, de l'énergie. Très fam. *Se chier* le cœur.* **6.** Pensée secrète, intime de (qqn). *Dans le secret de son cœur,* dans son for intérieur. *Ouvrir son cœur.* ⇒ se **confier.** Loc. *Parler à cœur ouvert.* ⇒ se **livrer. 7.** Loc. *Je veux en avoir le* CŒUR NET : être fixé là-dessus. — PAR CŒUR : de mémoire. *Apprendre, savoir, réciter par cœur.* — Fam. À CŒUR DE : à longueur de. *Elle lit à cœur de jour. Geler à cœur d'année.* ‹ ▶ accroche-cœur, à contrecœur, crève-cœur, Sacré-Cœur, sans-cœur ›

③ ***cœur*** n. m. ■ Ce qui rappelle la forme ou la situation du cœur ①. **1.** Fam. *Faire la* BOUCHE EN CŒUR : affecter l'amabilité. ⇒ **minauder. 2.** Cartes. Une des quatre couleurs, dont les points sont figurés par des cœurs. *As de cœur.* **3.** Partie centrale de qqch. ⇒ **centre, milieu.** *Le cœur d'une laitue, d'un fruit. Des cœurs d'artichaut. Un cœur de pomme.* ⇒ ② **coton, trognon.** — *Cœurs en chocolat.* — *Cœur de palmier,* chou-palmiste* comestible. *Des cœurs de palmier en conserve.* — *Drummondville est situé au cœur du Québec.* (Avec une majusc.) *Le Cœur-du-Québec,* le centre de la province. **4.** AU CŒUR DE *l'hiver, de l'été* : au plus fort de l'hiver, de l'été. — *Le cœur du sujet, de la question,* le point essentiel, capital.

coexistence [kɔɛgzistɑ̃s] n. f. ■ Existence simultanée. — COEXISTENCE PACIFIQUE : principe de tolérance réciproque de l'existence du groupe adverse de nations (entre nations socialistes et capitalistes). / contr. **guerre** froide / ▶ ***coexister*** [kɔɛgziste] v. intr. ▪ conjug. 1. ■ Exister ensemble, en même temps.

① ***coffrage*** [kɔfʀaʒ] n. m. ■ Dispositif qui moule et maintient le béton que l'on coule ; sa pose. *Procéder au coffrage.*

coffre [kɔfʀ] n. m. **I. 1.** Meuble de rangement en forme de caisse qui s'ouvre en soulevant le couvercle. *Coffre à outils, à jouets. Coffre de cèdre.* **2.** Caisse où l'on range de l'argent, des choses précieuses. ⇒ **coffre-fort.** *Les coffres des banques.* ⇒ **coffret ; chambre** forte. **3.** *Coffre (d'une voiture),* espace aménagé pour le rangement, souvent à l'arrière. ⇒ **malle.** — Fam. *Coffre à gants.* ⇒ **boîte** à gants. **4.** COFFRE (À CRAYONS) : pochette, étui qui sert à ranger le matériel d'écriture pour l'école. **II.** Fam. Poitrine. *Avoir du coffre,* du souffle, de la résistance. ▶ ***coffre-fort*** n. m. ■ Coffre métallique destiné à recevoir de l'argent, des documents, des objets précieux. *Chiffre, combinaison d'un coffre-fort. Des coffres-forts.* ▶ ***coffret*** n. m. ■ Petit coffre ; boîte. *Un coffret à bijoux.* — *Coffret de sûreté.* ⇒ **coffre** (2). ▶ ① ***coffrer*** v. tr. ▪ conjug. 1. ■ Fam. ⇒ **emprisonner.** ‹ ▶ coffrage ›

② ***coffrer*** [kɔfʀe] v. intr. ▪ conjug. 1. ■ (Bois) Gondoler, se déformer, travailler sous l'action de l'eau, de l'humidité. *Le plancher du chalet s'est mis à coffrer cet hiver.* — Au p. p. adj. *Une planche coffrée.* ▶ ② ***coffrage*** n. m. ■ *Le coffrage du bois.*

cogiter [kɔʒite] v. intr. ▪ conjug. 1. ■ Iron. Réfléchir. *Ne le dérange pas, il cogite.* ▶ ***cogitation*** n. f. ■ ⇒ **méditation.**

cogito [kɔʒito] n. m. ■ Argument de base de la philosophie de Descartes : « je pense » (donc je suis).

cognac [kɔɲak] n. m. ■ Eau-de-vie de raisin réputée de la région de Cognac, en France. *Boire un bon cognac. Des cognacs.*

cognée [kɔɲe] n. f. ■ Grosse hache à biseau étroit, à long manche. *Une cognée de bûcheron.* — Loc. *Jeter le manche après la cognée,* se décourager par lassitude, dégoût. ⇒ **abandonner, renoncer.**

cogner [kɔɲe] v. ▪ conjug. 1. **1.** V. tr. dir. Fam. Heurter, frapper sur (qqch.). *Cogner involontairement un meuble.* — Base-ball, balle-molle. *Le frappeur cogne la balle.* — Fam. *Cogner (qqn, qqch.) d'aplomb,* très solidement. *Elle l'a cogné d'aplomb.* Loc. *Cogner des clous** — Fam. (Compl. personne) Battre, rosser. ⇒ fam. **tabasser.** *Arrête, ou je te cogne !* **2.** V. tr. ind. Frapper fort, à coups répétés. *Cogner sur... ; cogner à, contre la porte.* ⇒ **heurter. 3.** V. intr. Frapper ; heurter. *Il* cogne dur. *J'entends quelque chose qui cogne. Le moteur cogne,* fait un bruit sourd. — Loc. *Avoir le cœur qui cogne,* qui palpite, qui bat fort. **4.** V. pron. *Se cogner,* se heurter. *Elle s'est cognée à un meuble.* — Fig. Loc. *Se cogner la tête contre les murs,* se heurter à de très grosses difficultés, souvent insurmontables, chercher à s'en sortir.

cohabiter [kɔabite] v. intr. ▪ conjug. 1. ■ Habiter, vivre ensemble. *La crise du logement les oblige à cohabiter.* — Fig. *Deux partis qui cohabitent au pouvoir.* ▶ ***cohabitation*** n. f. ■ Fait de cohabiter. — Fig. *La cohabitation de deux tendances politiques opposées.*

cohérence [kɔeʀɑ̃s] n. f. ■ Liaison, rapport étroit d'idées qui s'accordent entre elles ; absence de contradiction. *Son raisonnement manque de cohérence.* / contr. **confusion, incohérence** / ▶ ***cohérent, ente*** adj. ■ Qui se compose de parties liées et harmonisées entre elles. ⇒ **harmonieux, logique, ordonné.** *Idées cohérentes.* / contr. **incohérent** / ‹ ▶ incohérent ›

cohésion [kɔezjɔ̃] n. f. **1.** Force qui unit les parties d'une substance matérielle (molécules). **2.** Abstrait. Caractère d'un ensemble dont les parties sont unies, harmonisées. *La cohésion d'un groupe.* ⇒ **union, unité.** / contr. **confusion, désagrégation** /

cohorte [kɔɔʀt] n. f. **1.** Antiquité. Corps d'infanterie, constitué de centuries (⇒ **centurion**), qui formait la dixième partie de la légion romaine. **2.** Fam. Groupe, bande. *Ils forment une joyeuse cohorte.*

cohue [kɔy] n. f. **1.** Assemblée nombreuse et tumultueuse. ⇒ **foule, multitude.** *Cohue grouillante.* **2.** Bousculade, désordre, dans une assemblée nombreuse. ⇒ **mêlée.** *Il y avait trop de cohue à ce bal. La cohue des grands magasins.*

coi, coite [kwa, kwat] adj. ■ Vx. Tranquille et silencieux. Loc. *Se tenir coi.* ⇒ **muet, pantois.** *Ils en sont restés cois.*

coiffe [kwaf] n. f. ■ Coiffure féminine en tissu, encore portée dans quelques régions rurales. *Coiffe de Bretonne, de Hollandaise. Des femmes en coiffes.* — Coiffure religieuse encore portée par certaines sœurs, dans certaines communautés.

coiffer [kwafe] v. tr. ▪ conjug. 1. **1.** Couvrir la tête de (qqn). *Coiffer qqn, se coiffer d'un chapeau. Le chapeau qui la coiffe.* **2.** Recouvrir (qqch.), surmonter (de qqch.). *Coiffer une lampe d'un abat-jour.* **3.** Arranger les cheveux de (qqn). ⇒ **peigner.** *Aller se faire coiffer* (chez le coiffeur). — Pronominalement (réfl.). *Elle est en train de se coiffer.* — Au p. p. *Il est toujours mal coiffé,* dépeigné. **4.** Réunir sous son autorité, être à la tête de. ⇒ **chapeauter.** *Ce directeur coiffe les services commerciaux.* ▶ ***coiffeur, euse*** n. ■ Personne qui fait le métier d'arranger les cheveux. *Coiffeur pour hommes,* qui coiffe et fait la barbe. ⇒ vieilli **barbier.** *Coiffeur pour dames. Aller chez le coiffeur.* ▶ ***coiffeuse*** n. f. ■ Petite table de toilette munie d'une glace (devant laquelle les femmes se coiffent, se maquillent). *Une coiffeuse en acajou.* ▶ ***coiffure*** n. f. **1.** Ce qui sert à couvrir la tête ou à l'orner (béret, bonnet, chapeau, coiffe, toque, tuque ; filet, mantille, etc.). *Sortir sans coiffure.* ⇒ **nu-tête. 2.** Arrangement des cheveux. ⇒ **peignure.** *Coiffure d'homme, en brosse, plaquée. Elle change souvent de coiffure.* — Métier de coiffeur. *Étudier la coiffure. Salon de coiffure,* atelier de coiffeur. ‹ ▶ coiffe, décoiffer, recoiffer ›

① ***coin*** [kwɛ̃] n. m **1.** Instrument en forme de prisme triangulaire (en bois, en métal) pour fendre des matériaux, serrer et assujettir certaines choses. ⇒ **cale ; coincer. 2.** Morceau d'acier gravé en creux, poinçon. — Loc. *Une réflexion marquée au coin du bon sens,* empreinte de bon sens. ‹ ▶ coincer ›

② ***coin*** n. m. **1.** Angle rentrant ou saillant. *Figure géométrique à quatre coins. Manger sur le coin d'une table. Signe d'écriture en forme de coin.* ⇒ **cunéiforme.** — *Les quatre coins d'une chambre.* ⇒ **encoignure.** *Punir un enfant en le mettant au coin. Retenir une place de coin, un coin fenêtre* (dans un compartiment de chemin de fer). — *Le coin de la rue,* l'endroit où deux rues se coupent. *Le restaurant du coin. Aller chez le dépanneur du coin,* qui est tout près. — *Le coin d'un bois,* l'endroit où une route coupe un bois. Loc. *Je ne voudrais pas le rencontrer au coin d'un bois,* dans un lieu isolé. — *Lire au coin du feu,* à côté de la cheminée. *Le coin de la bouche, des yeux. Regarder qqn, qqch. du coin de l'œil. Regard en coin,* de côté. **2.** Petit espace ; portion d'un espace. *Un coin de la cour. De quel coin viens-tu ?,* de quel endroit, de quelle région. — Loc. *Cultiver un coin de terre. Se cacher dans un coin. Chercher qqch. dans tous les coins.* — Fam. *Aller au* PETIT COIN : aux toilettes. **3.** Abstrait. Petite partie ou domaine peu connu. — Loc. *Connaître une question* DANS (TOUS) LES COINS : parfaitement. Fam. *Tourner les coins ronds,* ne pas soigner un travail. ⇒ **bâcler. 4.** Loc. fam. *Tu m'en bouches un coin,* tu m'étonnes. ‹ ▶ recoin ›

coincer [kwɛ̃se] v. tr. ▪ conjug. 3. **1.** Assujettir, fixer en immobilisant. ⇒ **bloquer, caler.** *Coincer un meuble avec une cale, un coin. Elle a coincé sa fermeture Éclair.* — Pronominalement (réfl.). *Ce mécanisme se coince, s'est coincé.* **2.** Fam. Mettre dans l'impossibilité de se mouvoir, d'agir. *On a coincé le voleur.* ⇒ **pincer. 3.** Fam. *Coincer qqn,* le mettre dans l'embarras, dans l'impossibilité de répondre. *Elle l'a coincé sur cette question.* ⇒ **coller.** ▶ ***coincement*** n. m. ■ État de ce qui est coincé. ‹ ▶ décoincer ›

coïncider [kɔ(o)ɛ̃side] v. intr. ▪ conjug. 1. **1.** Arriver, se produire en même temps ; être synchrone. *Sa venue coïncide avec l'événement. Les deux faits coïncidèrent.* **2.** (Figures géométriques) Se recouvrir exactement sur tous les points. *Ces deux cercles de même rayon coïncident.* **3.** Correspondre exactement, s'accorder. ⇒ se **recouper.** *Les deux témoignages coïncident.* / contr. **diverger** / ▶ ***coïncidence*** n. f. ■ Fait de coïncider. ⇒ **concordance.** — Événements qui arrivent ensemble par hasard. ⇒ **adon, correspondance, rencontre, simultanéité.** *Coïncidence curieuse, étonnante. Quelle coïncidence !* ▶ ***coïncident, ente*** adj. ■ Didact. Qui coïncide (dans l'espace ou dans le temps).

coin-coin [kwɛ̃kwɛ̃] n. m. invar. ■ Onomatopée imitant le cri du canard. *Des coin-coin.*

coing [kwɛ̃] n. m. ■ (Surtout en France) Fruit du *cognassier,* ayant la forme d'une poire, de couleur jaune. *Les coings ne se consomment que cuits. Confiture de coings.* — Loc. *Être jaune comme un coing,* avoir le teint très jaune.

coït [kɔit] n. m. ■ Accouplement du mâle avec la femelle. ⇒ **copulation.**

coke n. m. ⇒ **coca-cola** (abrév.).

① ***coke*** [kok] n. m. ■ Variété de charbon résultant de la carbonisation ou de la distillation de certaines houilles grasses. *Coke métallurgique,* servant au chauffage des hauts fourneaux. *Usage domestique du coke en agglomérés.* ▶ ***cokéfaction*** [kokefaksjɔ̃] n. f. ■ Transformation de la houille en coke (par la chaleur). ▶ ***cokéfier*** v. tr. ▪ conjug. 7. ■ Transformer en coke.

② ***coke*** n. f. ■ Anglic. Abréviation familière de *cocaïne.* ⇒ ④ **coco.** *Prendre de la coke.*

col- ⇒ **con-.**

① ***col*** [kɔl] n. m. **1.** Partie du vêtement qui entoure le cou. *Col de chemise. Col dur,* empesé. *Faux col, col* *amovible. Col bateau, cravate. Col chinois* ou *col Mao. Chandail à col roulé. — Col marin. — Les* COLS BLANCS : les employés de bureaux. *Les* COLS BLEUS : les travailleurs manuels, les employés municipaux. **2.** Loc. FAUX COL *d'un verre de bière* : mousse. *Un bock sans faux col.* ⇒ ① **collet.** ‹ ▸ collerette, ① collet, se colleter ›

② ***col*** n. m. ■ Vx. Cou. ‹ ▸ accolade, accolé, cache-col, col-de-cygne, ② collet, collier, colporter, décolleter, encolure, torticolis ›

③ ***col*** n. m. **1.** Partie étroite, rétrécie (d'un récipient). ⇒ **goulot.** *Le col d'un vase, d'une bouteille.* **2.** Partie rétrécie (d'une cavité de l'organisme : *col de la vessie, de l'utérus* ; d'un os : *col du fémur*).

④ ***col*** n. m. ■ Passage entre deux sommets de montagne. ⇒ **défilé, gorge.** *Le col est enneigé et fermé aux voitures. Le col Kicking Horse dans les montagnes Rocheuses.*

cola ou ***kola*** [kola] n. m. ■ Produit stimulant extrait de la graine d'un arbre d'Afrique (le *kolatier*) ; boisson à base de ce produit. *Une canette de cola.* ‹ ▸ coca-cola ›

colchique [kɔlʃik] n. m. ■ Plante des prés humides, à fleurs roses d'automne, très vénéneuse.

cold-cream [koldkʀim] n. m. ■ Anglic. Crème pour la peau, faite de blanc de baleine, de cire blanche, d'huile d'amandes douces.

col-de-cygne [kɔldəsiɲ] n. m. ■ Instrument, robinet ou conduit, à double courbe (comme le cou d'un cygne). *Des cols-de-cygne.*

-cole ■ Suffixe signifiant « qui concerne la culture, l'habitation » (ex. : *arboricole, viticole*).

coléoptère [kɔleɔptɛʀ] n. m. ■ Insecte à quatre ailes dont deux (les *élytres*) sont cornées. *Le scarabée est un coléoptère.* — Au plur. *Les coléoptères,* l'ordre qui comprend ces insectes.

colère [kɔlɛʀ] n. f. **1.** Violent mécontentement accompagné d'agressivité. ⇒ **courroux, emportement, fureur, irritation, rage, rogne.** / contr. **calme, douceur** / *Accès, crise, mouvement de colère. Être rouge de colère. Être dans une colère noire,* terrible. ⇒ **bleu** (I). *Passer sa colère sur qqn, qqch.* — EN COLÈRE. *Être, se mettre en colère (contre qqn* ou fam. *après qqn),* manifester sa colère. **2.** *(Une, des colères)* Accès, crise de colère. *Avoir des colères terribles. Faire une colère* (se dit des enfants). Loc. fam. *Piquer une colère.* ▸ ***coléreux, euse*** adj. ■ Qui se met facilement en colère. ⇒ **agressif, emporté, irascible,** ① **malin, violent.** *Un enfant coléreux. Caractère, tempérament coléreux.* / contr. **calme, doux** / ▸ ***colérique*** adj. ■ Coléreux. ⇒ **irascible.** *Une personne, un caractère, un tempérament colérique.* ≠ *cholérique.* ‹ ▸ décolérer ›

colibacille [kɔlibasil] n. m. ■ Bacille parasite de l'intestin. ▸ ***colibacillose*** n. f. ■ Maladie, trouble causé par les colibacilles.

colibri [kɔlibʀi] n. m. ■ Oiseau d'Amérique de très petite taille, à plumage éclatant, à long bec. ⇒ **oiseau-mouche.** *Des colibris.*

colifichet [kɔlifiʃɛ] n. m. ■ Petit objet de fantaisie, sans grande valeur. ⇒ **babiole, bagatelle.**

colimaçon [kɔlimasɔ̃] n. m. **1.** Limaçon, escargot. **2.** EN COLIMAÇON loc. adv. : en hélice. *Escalier en colimaçon.*

colin [kɔlɛ̃] n. m. ■ Poisson comestible (même famille que la morue).

colin-maillard [kɔlɛ̃majaʀ] n. m. ■ Jeu où l'un des joueurs, les yeux bandés, doit chercher les autres à tâtons, en saisir un et le reconnaître. *Jouer à (au) colin-maillard.*

colique [kɔlik] n. f. **1.** Souvent au plur. Douleur ressentie au niveau des viscères abdominaux. ⇒ **colite, entérite.** *Les coliques des bébés.* ⇒ fam. mal de **ventre.** *Coliques spasmodiques. Colique hépatique, néphrétique,* due à l'obstruction des canaux biliaires, des uretères par un calcul. **2.** Au sing. Diarrhée. ⇒ fam. **chiasse, turista, va-vite.** *Avoir la colique.* — Fig. *Avoir la colique,* avoir peur. ⇒ **trouille.**

colis [kɔli] n. m. invar. ■ Objet assez grand destiné à être expédié et remis à qqn. ⇒ **paquet.** *Faire, ficeler un colis. Envoyer un colis. Colis postal.*

colite [kɔlit] n. f. ■ Inflammation du côlon (intestin) ; douleur qui en résulte. ⇒ **colique** (1). *Souffrir de colite.*

collaborer [kɔ(l)labɔʀe] v. ■ conjug. 1. **1.** V. tr. ind. (À, AVEC) Travailler en commun (à qqch. ; avec qqn). ⇒ **coopérer.** *Collaborer à une revue, à un journal.* ⇒ **participer** à. *Collaborer avec qqn.* **2.** V. intr. Agir en tant que collaborateur (2). ▸ ***collaborateur, trice*** n. **1.** Personne qui collabore à une œuvre commune. ⇒ **adjoint, aide, associé, collègue.** *Les collaborateurs d'une revue scientifique.* **2.** Au cours de l'occupation allemande en France (1940-1944). Français partisan de l'envahisseur allemand. — Abrév. fam. *collabo. Une collabo. Des collabos.* ▸ ***collaboration*** n. f. **1.** Travail en commun, action de collaborer. ⇒ ① **concours.** *La collaboration d'un spécialiste à une revue. Livre écrit* EN COLLABORATION. ⇒ **association.** *Apporter sa collaboration à une œuvre.* ⇒ **aide, concours, participation.** **2.** (France) Mouvement, attitude des collaborateurs (2).

collage [kɔlaʒ] n. m. ■ Action de coller. — État de ce qui est collé. — Composition artistique faite d'éléments collés. *Les collages de Picasso.*

collant, ante [kɔlɑ̃, ɑ̃t] adj. et n. m. **1.** Qui adhère, qui colle. ⇒ **adhésif.** *Papier collant.* ⇒ ② **scotch.** *Neige collante.* ⇒ **pelotant. 2.** Qui s'applique exactement sur une partie du corps. ⇒ **ajusté, moulant, serré.** *Robe collante.* / contr. **bouffant, flottant, large** / — N. m. UN COLLANT : un pantalon, un maillot collant. — Sous-vêtement féminin assez épais composé d'une culotte et de bas, en une seule pièce, porté par temps froid. ⇒ **bas-culotte.** *Enfiler son collant, ses collants.* **3.** Chaud, humide et inconfortable. *Une journée très collante. De la neige collante,* molle et fondante. **4.** Fam. (Personnes) Ennuyeux, dont on ne peut se débarrasser. *Ce qu'il peut être collant !* ⇒ fam. **crampon, importun,** pot de **colle, tache, tannant.** / contr. **discret** / ‹ ▸ autocollant ›

collatéral, ale, aux [kɔlateʀal, o] adj. **1.** Didact. Qui est sur le côté. *Artère collatérale. Nef collatérale d'une église.* ⇒ **bas-côté. 2.** *Parents collatéraux,* membres d'une même famille descendant d'une même personne. *Les frères, les cousins, les oncles sont des parents collatéraux.* — N. *Les collatéraux.*

collation [kɔlasjɔ̃] n. f. **1.** Action de conférer à qqn un titre, un grade universitaire. *La collation des grades.* **2.** Repas léger. ⇒ **casse-croûte, croûte** (I), **en-cas, lunch** ; anglic. **snack.** *Collation de l'après-midi.* ⇒ **goûter.**

collationner [kɔlasjɔne] v. tr. ■ conjug. 1. ■ Comparer (plusieurs versions ou copies d'un texte) pour reconnaître les concordances, les divergences. *Collationner un écrit avec l'original.* ⇒ **confronter.** ≠ *collectionner.* ▸ ***collationnement*** n. m. ■ Action de collationner.

① ***colle*** [kɔl] n. f. ■ Matière gluante adhésive. ⇒ **glu.** *Tube, pot de colle. Colle à tapisserie. Enduire, badigeonner qqch. de colle. Colle forte.* COLLE DE PÂTE : colle végétale (gélose). — Fig. Fam. POT DE COLLE : personne dont on ne peut se débarrasser. ⇒ fam. **collant, crampon, tache, tannant.** *Quel pot de colle, ce garçon !* ‹ ► coller, colloïdal ›

② ***colle*** n. f. Arg. scol. **1.** Question imprévue, souvent difficile. *Poser une colle.* **2.** (France) Consigne, retenue, devoir donné en punition. *Donner une colle,* coller (I, 5). ‹ ► incollable ›

collecte [kɔlɛkt] n. f. **1.** Action de recueillir des dons, des contributions, etc. ⇒ **quête.** *Faire une collecte pour, au profit d'une œuvre. — Une collecte de sang.* ⇒ fam. **clinique. 2.** Ramassage. *La collecte du lait dans les fermes. — La collecte des données,* le rassemblement, la cueillette. ► ***collecter*** v. tr. ▪ conjug. 1. **1.** Réunir par une collecte. ⇒ **rassembler.** *Collecter des fonds.* ⇒ **quêter, solliciter. 2.** Ramasser en se déplaçant. *Collecter le lait, les ordures.* ► ***collecteur, trice*** n. et adj. **1.** Personne qui recueille les cotisations, les taxes. *Collecteur d'impôts.* ⇒ **percepteur. 2.** Organe ou dispositif qui recueille ce qui était épars. *Collecteur d'ondes.* ⇒ **antenne.** — Conduite qui recueille le contenu d'autres conduites. *Collecteur d'eaux pluviales.* **3.** Adj. Qui recueille. *Égout collecteur.*

collectif, ive [kɔlɛktif, iv] adj. et n. m. **1.** Qui comprend ou concerne un ensemble de personnes. *Œuvre, entreprise collective. Démission collective. Véhicule collectif* (opposé à *particulier*), autobus, train... *Propriété collective.* ⇒ **collectivisme.** / contr. **individuel, particulier, privé** / **2.** Grammaire. Se dit d'un terme singulier et concret représentant un ensemble d'individus (opposé à *distributif*). *« Foule » est un mot collectif.* **3.** Au plur. *Les équipements collectifs,* l'ensemble des bâtiments et installations mis au service d'une collectivité. ‹ ► collectivement, collectiviser, collectivité ›

collection [kɔlɛksjɔ̃] n. f. **1.** Réunion d'objets (notamment d'objets précieux, intéressants). *Les collections d'un musée. Collection privée. Une belle collection de livres* ⇒ **bibliothèque**, *de timbres. Elle fait collection de... —* Fam. *En voilà toute une collection* (de choses), un grand nombre. ⇒ **quantité. 2.** Recueil d'ouvrages, de publications ayant une unité. *Ouvrage publié dans une collection. Une collection de science-fiction.* **3.** Ensemble des modèles présentés en même temps. *La sortie des collections d'été des grands couturiers.* ► ***collectionner*** v. tr. ▪ conjug. 1. ■ Réunir pour faire une collection (1). ⇒ **ramasser.** — Fam. *Il collectionne les contraventions, les échecs,* il en a beaucoup. ⇒ **accumuler.** ≠ *collationner.* ► ***collectionneur, euse*** n. ■ Personne qui fait des collections. ⇒ **amateur.** *Un collectionneur de timbres* (⇒ **philatéliste**), *de monnaies* (⇒ **numismate**).

collectivement [kɔlɛktivmɑ̃] adv. ■ De façon collective ; ensemble.

collectiviser [kɔlɛktivize] v. tr. ▪ conjug. 1. ■ Rendre collectif, gérer collectivement. ⇒ **étatiser, nationaliser.** *Collectiviser des terres.* ► ***collectivisation*** n. f. ■ ⇒ **nationalisation.** *La collectivisation des moyens de production.* ► ***collectivisme*** n. m. ■ Système social dans lequel les moyens de production et d'échange sont la propriété de la collectivité (souvent, de l'État ⇒ **étatisme**). ⇒ **communisme, marxisme.** / contr. **capitalisme, libéralisme** / ► ***collectiviste*** adj. et n. ■ *Une société collectiviste.*

collectivité [kɔlɛktivite] n. f. **1.** Ensemble d'individus groupés (naturellement ou pour atteindre un but commun). ⇒ **communauté, groupe, société.** *Les collectivités professionnelles.* ⇒ **association, corporation, corps, ordre, syndicat. 2.** Circonscription administrative dotée de la personnalité morale. *Le budget des collectivités locales.*

① ***collège*** [kɔlɛʒ] n. m. **1.** Établissement scolaire qui offre l'enseignement secondaire ou collégial. ⇒ **cégep, polyvalente ;** anglic. **high school.** *Fréquenter un collège privé. J'allais au collège classique*. La cour du collège. Jadis, les garçons allaient au collège, les jeunes filles au couvent. — Les collèges d'enseignement général et professionnel.* ⇒ **cégep. 2.** (France) Établissement d'enseignement secondaire. ≠ *lycée. Collège d'État. Collège municipal. Collège technique.* **3.** Époque des études collégiales. *Nous nous sommes perdus de vue après le collège.* ► ① ***collégial, iale, iaux*** adj. et n. m. **1.** Qui a rapport à l'enseignement dispensé dans les cégeps et dans les établissements analogues. ⇒ ① **collège.** *Le cours collégial. —* N. m. *Le collégial.* **2.** Qui a rapport aux activités non pédagogiques du collège. ⇒ **cégépien.** *Elle fait partie de l'équipe de basketball collégial.* ► ***collégien, ienne*** n. ■ Élève d'un collège. ⇒ **cégépien, écolier.**

② ***collège*** n. m. **1.** COLLÈGE ÉLECTORAL : ensemble des électeurs d'une circonscription. **2.** Corps (de chanoines, d'évêques). *Le Sacré Collège* (des cardinaux). ► ② ***collégial, iale, iaux*** adj. **1.** Qui a rapport à un collège de chanoines. *Église collégiale* ou, n. f., *une collégiale.* **2.** Qui est exercé par un groupe, collectivement. *Le pouvoir collégial.* ‹ ► intercollégial ›

collègue [kɔ(l)lɛg] n. ■ Personne qui exerce une fonction par rapport à ceux qui exercent une fonction analogue. ⇒ **confrère, consœur.** *Un futur collègue. C'est ma collègue. Des collègues de bureau.*

coller [kɔle] v. ▪ conjug. 1. **I.** V. tr. **1.** Joindre et faire adhérer deux surfaces avec de la colle. ⇒ **agglutiner, fixer.** *Coller une affiche sur un mur, un timbre sur une enveloppe.* / contr. **décoller** / — Au p. p. adj. *Une enveloppe collée. —* Loc. fam. *En avoir de collé,* avoir beaucoup d'argent de côté, avoir les moyens. **2.** (Suj. chose) Faire adhérer, rendre gluant. *La sueur avait collé ses cheveux. —* Au p. p. adj. *Des vêtements collés au corps.* **3.** *Coller* (le corps, qqn) *contre, sur, à* (qqch.), l'appliquer fortement. ⇒ **appuyer.** *Coller son visage contre la vitre. Coller son oreille à une porte,* pour écouter. — Pronominalement. *Se coller à, contre* (qqch., qqn). **4.** Fam. Donner, mettre de force. *Collez ça dans un coin !* ⇒ fam. **ficher.** *Il lui a collé un zéro.* ⇒ fam. **flanquer. 5.** (France) Fam. Infliger une retenue à. ⇒ **consigner, punir ;** ② **colle.** — *Coller un candidat,* le refuser à un examen. ⇒ **ajourner, recaler, refuser.** — Au passif. *Il a été collé à son examen. Je suis collée* (opposé à *reçu*). **6.** Rester obstinément avec (qqn). *Il nous a collés tout l'après-midi.* **II.** V. intr. **1.** Adhérer. *Ce papier colle.* **2.** Fam. Loc. *Qqch. ne colle pas dans cette histoire,* ne marche pas, ne va pas. — *Ça colle ?,* ça va ?, ça marche ? **III.** V. tr. ind. COLLER À : s'adapter étroitement. *Mot qui colle à une idée,* qui la traduit exactement. ‹ ► collage, collant, colleur, décoller, encoller, incollable, recoller ›

collerette [kɔlʀɛt] n. f. ■ Tour de cou plissé, petit collet, porté parfois par les femmes. ⇒ **fraise.** *Une collerette en dentelle.*

① ***collet*** [kɔlɛ] n. m. **I. 1.** Col. *Collet de chemise.* — Fig. COLLET MONTÉ loc. adj. invar. : qui affecte l'austérité (comme les femmes qui avaient un collet très haut). *Ils sont trop collet monté.* ⇒ **affecté, guindé.** — *Prendre, saisir qqn* AU COLLET, *lui mettre la main au collet* : arrêter qqn, le faire prisonnier, l'attaquer. **2.** Mousse d'un verre de bière. ⇒ faux **col. II.** *Collet de la dent,* partie de la dent entre la couronne et la gencive. ‹ ► se colleter ›

② ***collet*** n. m. ■ Nœud coulant pour prendre certains animaux (au cou). ⇒ **lacet.** *Braconnier qui tend des collets à lièvre.*

se ***colletailler*** [kɔltɑje] v. pron. ▪ conjug. 1. ■ Se bousculer quelque peu. *Les jeunes élèves se colletaillaient dans le corridor.*

se ***colleter*** [kɔlte] v. pron. ▪ conjug. 4. ■ Se battre ; prendre au collet*. ⇒ s'**empoigner.** *Se colleter avec qqn. Ils se sont colletés comme des voyous.* — *Se colleter avec les difficultés,* se débattre.

colleur ou ***colleux, euse*** [kɔlœʀ, ø, øz] n. et adj. **1.** Personne qui fait le métier de coller du papier de tapisserie, des affiches. *Il est colleur d'affiches.* **2.** Fam. Enfant, personne affectueuse. **3.** Fam. Personne qui n'en quitte pas une autre d'une seule semelle. — Adj. *Des étudiants colleux.*

colley [kole] n. m. ■ Chien de berger écossais à long museau. *Des petits colleys.*

collier [kɔlje] n. m. **1.** Cercle en matière résistante qu'on fait porter à certains animaux pour pouvoir les attacher. *Collier de chien.* **2.** Partie du harnais qui entoure le cou des bêtes attelées (cheval, etc.). — Loc. *Prendre, reprendre le collier,* un travail dur et de longue durée. *Donner un* COUP DE COLLIER : fournir un effort énergique mais momentané. **3.** Bijou, ornement qui se porte autour du cou. *Collier de perles ; de diamants* ⇒ **rivière**. **4.** *Collier de barbe,* barbe courte taillée régulièrement et rejoignant les cheveux des tempes. **5.** Cercle de renfort (par ex. autour d'un tuyau). *Collier de serrage.* ⟨ ▸ collerette ⟩

collimateur [kɔlimatœʀ] n. m. ■ Partie d'un instrument de visée qui permet d'orienter avec précision (pour le tir, etc.). *Collimateur de visée.* — Loc. *Avoir, prendre qqn dans le (son) collimateur,* le surveiller très étroitement.

colline [kɔlin] n. f. **1.** Petite élévation de terrain dont les versants sont généralement en pente douce. ⇒ **butte, coteau, hauteur.** *Le sommet, le pied d'une colline.* **2.** *La colline parlementaire,* le lieu où sont situés les édifices des parlements fédéral et provincial. ⇒ **cité.** *Le restaurant de la colline parlementaire de Québec.*

collision [kɔlizjɔ̃] n. f. **1.** Choc de deux corps qui se rencontrent. ⇒ **heurt, impact.** *Collision entre deux voitures.* ⇒ **accident.** *Les collisions des particules nucléaires. Entrer en collision avec...,* heurter. **2.** Abstrait. Lutte, combat ; désaccord. *La collision des idées opposées, des préjugés.* ≠ *collusion.*

colloïdal, ale, aux [kɔlɔidal, o] adj. ■ Sciences. Se dit de corps (*colloïde,* n. m.) qui ressemblent à une colle, une gelée. *État colloïdal. Systèmes colloïdaux.*

colloque [kɔ(l)lɔk] n. m. ■ Débat entre plusieurs personnes sur des questions théoriques, scientifiques. ⇒ **conférence, discussion.** — Réunion pour ce débat. ⇒ **congrès, forum, séminaire, symposium, table** ronde. *Organiser un colloque.*

collusion [kɔ(l)lyzjɔ̃] n. f. ■ Entente secrète au préjudice d'un tiers. ⇒ **complicité, connivence.** ≠ *collision.*

collyre [kɔliʀ] n. m. ■ Médicament qui s'applique sur la conjonctive de l'œil.

colmater [kɔlmate] v. tr. ▪ conjug. 1. ■ Boucher, fermer. ⇒ **combler.** *Colmater une fissure, une brèche avec du plâtre.* ▸ ***colmatage*** n. m. ■ Action de colmater ; son résultat.

colocataire [kolɔkatɛʀ] n. ■ Personne qui est locataire d'un appartement, d'une maison avec une ou plusieurs autres personnes.

colombage [kɔlɔ̃baʒ] n. m. ■ Grosse pièce de bois de construction longue et étroite servant de support. ⇒ **deux-par-quatre, madrier, poutre, solive.** *Clouer du contreplaqué sur les colombages. Des colombages métalliques,* en tôle.

colombe [kɔlɔ̃b] n. f. **1.** Littér. Pigeon, considéré comme symbole de douceur, de pureté, de paix. *La blanche colombe.* **2.** Nom de certaines espèces du genre pigeon. ⇒ **palombe, ramier.** ▸ ***colombier*** n. m. ■ Littér. Pigeonnier. ▸ ***colombophile*** [kɔlɔ̃bofil] adj. et n. ■ Qui élève, dresse des pigeons voyageurs. *Société colombophile.* — N. *Les colombophiles.*

colon [kɔlɔ̃] n. m. **1.** Personne qui est allée peupler, exploiter une colonie ; habitant d'une colonie. *Les colons des Pays-d'en-Haut.* ⇒ **défricheur.** *Les premiers colons d'Amérique.* ⇒ **pionnier.** *Les colons français d'Algérie.* **2.** Vx. Fermier, cultivateur. ⇒ **habitant.** **3.** Fig. Péj. Personne ignorante, sans éducation, peu débrouillarde. ⇒ **habitant, niaiseux.** *Se comporter en colon. Faire le colon,* l'idiot. — Loc. *Avoir l'air colon,* mal dégrossi. ⟨ ▸ colonial ⟩

côlon [ko(o)lɔ̃] n. m. ■ Portion moyenne du gros intestin. *Inflammation du côlon.* ⇒ **colite.** ⟨ ▸ colique, colite ⟩

colonel, elle [kɔlɔnɛl] n. ■ Officier supérieur qui commande un régiment, ou une formation, un service de même importance. *Les quatre galons d'un colonel (les trois galons du lieutenant-colonel).* — REM. L'O.L.F. propose *colonelle* au féminin. ⟨ ▸ lieutenant-colonel ⟩

colonial, ale, aux [kɔlɔnjal, o] adj. et n. **1.** Relatif aux colonies. / contr. **métropolitain** / *Régime colonial ; expansion coloniale* (⇒ **colonialisme, impérialisme**). **2.** N. Habitant ou originaire des colonies. ⇒ **colon.** ▸ ***colonialisme*** n. m. ■ Péj. Système d'expansion coloniale. ⇒ **colonisation.** ▸ ***colonialiste*** adj. et n. ■ Relatif au colonialisme. *Politique colonialiste.* — N. Partisan du colonialisme. ▸ ***colonie*** n. f. **I. 1.** Anciennt. Établissement fondé dans un pays moins développé par une nation appartenant à un groupe dominant ; ce pays, placé sous la dépendance du pays occupant, qui en tire profit. *Ensemble de colonies* (⇒ **empire**). *Les colonies françaises, britanniques. Indépendance des colonies.* ⇒ **décolonisation.** — (Histoire du Québec) Région, paroisse ouverte à la colonisation. *La colonie du* XVII*e* *siècle.* **2.** (France) COLONIE (PÉNITENTIAIRE) : établissement pour jeunes délinquants. — COLONIE DE VACANCES ; groupement d'enfants des villes que l'on fait séjourner à la campagne. ⇒ **camp** de vacances. **II. 1.** Groupe de personnes d'une colonie (I). ⇒ **colon.** **2.** Ensemble des personnes originaires d'une même province, d'une même ville, qui habitent une autre région ou ville. *La colonie saguenayenne, italienne de Montréal. La colonie québécoise de Paris.* — Groupe de personnes vivant en communauté. *Une petite colonie d'artistes.* **3.** Réunion d'animaux vivant en commun. *Une colonie d'abeilles.* ▸ ***coloniser*** v. tr. ▪ conjug. 1. **1.** Faire d'un pays une colonie (I, 1). / contr. **décoloniser.** / *Coloniser un pays pour le mettre en valeur, en exploiter les richesses.* — Au p. p. adj. *Pays colonisés.* — N. *Les colonisés et les colonisateurs.* **2.** Mettre en valeur et exploiter (une région éloignée). *Le curé Labelle voulait coloniser le nord des Laurentides.* ▸ ***colonisateur, trice*** adj. et n. ■ Qui colonise. *Nation colonisatrice.* — N. *Les colonisateurs* (opposé à *colonisé*). ▸ ***colonisation*** n. f. **1.** Fait de peupler de colons, de transformer en colonie. *La colonisation de l'Amérique et de l'Afrique par l'Europe.* **2.** Mise en valeur, exploitation des pays devenus colonies. ⇒ **colonialisme, impérialisme.** — *La colonisation de l'Abitibi,* son développement, l'exploitation et la culture de ses terres. ⇒ **peuplement ;** ① **concession.** ⟨ ▸ anticolonialisme, décoloniser, néocolonialisme ⟩

① ***colonne*** [kɔlɔn] n. f. **I. 1.** Support vertical d'un édifice, ordinairement cylindrique. ⇒ **pilastre, pilier, poteau.** *Petite colonne.* ⇒ **colonnette.** *Colonne adossée, engagée,* partiellement intégrée dans un mur. *Rangée de colonnes.* ⇒ **colonnade. 2.** Monument formé d'une colonne isolée. ⇒ **obélisque, stèle.** *La colonne Wolfe, à Québec. La colonne Vendôme, à Paris.* **3.** Formation géologique dressée. *Colonnes basaltiques.* ⇒ **orgue. II.** (Objets dressés ou allongés) **1.** *Colonne d'air, d'eau, de mercure,* masse de ce fluide dans un tube vertical. — *Une colonne de fumée, de feu.* **2.** COLONNE MONTANTE : groupant les canalisations d'un immeuble. ▸ ***colonnade*** n. f. ■ File de colonnes sur une ou plusieurs rangées, formant un ensemble architectural. *La colonnade du Louvre, à Paris.* ‹ ▸ colonnette ›

② ***colonne*** n. f. ■ Section qui divise verticalement une page manuscrite ou imprimée. *Titres sur deux, trois colonnes.* — Loc. *Cinq colonnes à la* (page) *une,* espace occupé par les grands titres, dans certains journaux.

③ ***colonne*** n. f. **1.** Corps de troupe disposé sur peu de front et beaucoup de profondeur. *Colonne d'infanterie. Défiler colonne par huit.* **2.** CINQUIÈME COLONNE : les services secrets d'espionnage ennemi sur un territoire.

④ ***colonne vertébrale*** n. f. ■ Tige osseuse articulée qui soutient l'ensemble du squelette des vertébrés (chez l'être humain, 33 vertèbres). ⇒ **épine** dorsale ; **rachidien.** *Déviation de la colonne vertébrale.* ⇒ **scoliose.**

colonnette n. f. ■ Petite colonne.

colophane [kɔlɔfan] n. f. ■ Résine servant à frotter les crins des archets (de violons, etc.).

coloquinte [kɔlɔkɛ̃t] n. f. ■ Plante dont les fruits ronds, amers (appelés *chicotins*) fournissent un purgatif.

colorant, ante [kɔlɔʀɑ̃, ɑ̃t] adj. et n. m. **1.** Qui colore. *Substances, matières colorantes. Shampooing colorant.* **2.** N. m. Substance colorée qui peut se fixer à une matière pour la teindre. ⇒ **couleur, teinture.** *Les colorants alimentaires. Garanti sans colorants.* ▸ ***coloration*** n. f. **1.** Action de colorer ; état de ce qui est coloré. ⇒ **coloris.** *Coloration (des cheveux) faite par le coiffeur.* ⇒ **teinture.** *La coloration de la peau.* ⇒ **couleur. 2.** *Coloration de la voix, d'un sentiment,* aspect particulier.

-colore ■ Élément signifiant « couleur » (ex. : *incolore, tricolore*). ‹ ▸ bicolore, multicolore, tricolore ›

colorer [kɔlɔʀe] v. tr. . conjug. 1. **1.** Revêtir de couleur, donner une teinte à. ⇒ **teindre, teinter** (bleuir, jaunir, rougir, verdir, etc.). *Le soleil colore le couchant.* — Pronominalement. *Les raisins commencent à se colorer.* / contr. **décolorer** / **2.** Surtout pronominalement. Donner un aspect particulier, changeant. *Son étonnement se colorait d'inquiétude.* ⇒ se **teinter.** ▸ ***coloré, ée*** adj. **1.** Qui a de vives couleurs. *Un teint coloré.* **2.** Animé, expressif. *Une description colorée et pittoresque.* ⇒ **imagé.** — (Personnes) *Une étudiante colorée,* originale, qui s'exprime de manière très expressive. ▸ ***colorier*** v. tr. . conjug. 7. ■ Appliquer des couleurs sur (une surface, notamment du papier). *Colorier un dessin. Colorier aux crayons de couleur, à l'aquarelle. Un cahier, un album à colorier.* ⇒ **dessin, dessiner.** ▸ ***coloriage*** n. m. ■ Action de colorier ; son résultat. *Un coloriage d'enfant.* ▸ ***coloris*** [kɔlɔʀi] n. m. invar. **1.** Effet qui résulte du choix, du mélange et de l'emploi des couleurs dans un tableau. *Beauté, vigueur d'un coloris.* **2.** Couleur d'objets fabriqués. *Ce tissu existe dans plusieurs coloris.* ▸ ***coloriste*** n. ■ Peintre qui s'exprime surtout par la couleur. *Les coloristes et les dessinateurs.* ‹ ▸ colorant, décolorer ›

colossal, ale, aux [kɔlɔsal, o] adj. ■ Qui est extrêmement grand. ⇒ **démesuré, énorme, gigantesque, immense, titanesque.** *Taille colossale. Une statue colossale.* — Fig. *Un État d'une puissance colossale. Elle a une mémoire colossale. Il a hérité d'une fortune colossale.* / contr. **minuscule, petit** / ▸ ***colossalement*** adv. ■ *Il est colossalement riche.* ⇒ **immensément.** ▸ ***colosse*** n. m. **1.** Statue d'une grandeur extraordinaire. *Le colosse de Rhodes.* **2.** Personne, animal de haute et forte stature, d'une grande force apparente. *Cet homme est un colosse.* ⇒ **géant, hercule. 3.** Personne ou institution considérable, très puissante. *Un colosse de l'industrie.* ⇒ **magnat.**

colporter [kɔlpɔʀte] v. tr. . conjug. 1. **1.** Transporter avec soi (des marchandises) pour vendre. *Colporter des livres.* **2.** Transmettre (une information) à de nombreuses personnes (souvent péj.). ⇒ **divulguer, placoter, propager, répandre.** *Colporter une nouvelle, une histoire scandaleuse.* ▸ ***colportage*** n. m. ■ Action de colporter. — Métier de colporteur. ⇒ **porte à porte.** ▸ ***colporteur, euse*** n. ■ Marchand(e) ambulant(e) qui vend ses marchandises de porte en porte. ⇒ **camelot, démarcheur, représentant, vendeur** itinérant.

colt [kɔlt] n. m. ■ Revolver ou pistolet automatique d'une marque américaine (par ex. dans les histoires de l'Ouest américain). *Le cow-boy tira son colt. Des colts.*

coltar n. m. ⇒ **caltor.**

columbarium [kɔlɔ̃baʀjɔm] n. m. ■ Édifice d'un cimetière où l'on place les urnes cinéraires. *Des columbariums.* ≠ *crématorium, funérarium.*

colza [kɔlza] n. m. ■ Plante à fleurs jaunes cultivée comme plante fourragère, et pour ses graines. *Huile de colza. Champ de colza.*

com- ⇒ **con-.**

coma [koma] m. m. **1.** Perte prolongée de conscience, de sensibilité, dans de graves états pathologiques. ⇒ **inconscience.** *Être dans le coma.* **2.** État d'une personne sans connaissance dans la période qui précède la mort. *Tomber dans le coma.* ▸ ***comateux, euse*** adj. et n. ■ Qui a rapport au coma. *État comateux.* — Qui est dans le coma. — N. *Un comateux.*

combat [kɔ̃ba] n. m. **1.** Action de deux ou de plusieurs adversaires armés, de deux armées qui se battent. ⇒ **affrontement, engagement, mêlée, rencontre.** *Combat offensif* ⇒ **attaque,** *défensif. Combat aérien, naval. Les combats font rage.* — LIVRER COMBAT *contre* : se battre contre. ⇒ **bataille.** — *Être mis* HORS DE COMBAT : dans l'impossibilité de poursuivre la lutte. — DE COMBAT : de guerre. *Char, gaz de combat. Tenue de combat.* **2.** Lutte organisée. *Combat de boxe.* ⇒ **match.** — (Animaux) *Combat de coqs.* — Bagarre. *Les joueurs engagent le combat sur la glace.* — Loc. *Être (mis) hors de combat,* dans l'impossibilité de poursuivre la lutte. **3.** Littér. Lutte, opposition. *Un combat d'esprit, de générosité.* ⇒ **assaut, émulation.** — Lutte de l'être humain contre les obstacles, les difficultés. *La vie est un combat perpétuel.* ▸ ***combatif, ive*** [kɔ̃batif, iv] adj. ■ Qui est porté au combat, à la lutte. ⇒ **agressif, belliqueux.** *Esprit, instinct combatif. Humeur combative.* — *Joueur combatif,* qui harcèle sans cesse l'adversaire, qui est plein d'ardeur au jeu. ▸ ***combativité*** n. f. ■ Penchant pour le combat, la lutte. *La combativité d'une troupe.* ▸ ***combattant, ante*** n. **1.** Personne qui prend part à un combat, à une guerre. ⇒ **soldat ;** autrefois **guerrier.** *Une armée de cent mille combattants.* — *Les combattants d'une armée,* ceux qui se battent (opposé aux *non-combattants* : l'intendance, le service sanitaire).

— ANCIENS COMBATTANTS : combattants d'une guerre terminée, groupés en associations. ⇒ **vétéran.** — Adj. *Unité combattante.* **2.** Fam. Personne qui se bat à coups de poing. ⇒ **adversaire, antagoniste, bagarreur, batailleur.** *Séparer les combattants.* ▶ ***combattre*** v. ▪ conjug. 41. **I.** V. tr. **1.** Se battre, lutter contre (qqn). *Combattre un adversaire, l'ennemi.* — Faire la guerre à. *Montcalm combattit les Anglais.* **2.** S'opposer à. *Combattre un argument.* ⇒ **attaquer, réfuter.** / contr. **approuver, soutenir** / **3.** Aller contre, s'efforcer d'arrêter (un mal, un danger). *Combattre un incendie. Combattre ses habitudes. Il faut combattre le cancer, le sida.* **II.** V. tr. ind. et intr. **1.** Livrer combat (contre, avec qqn ; pour qqch.). *Combattre contre son ennemi, avec ses alliés, pour son pays. Combattre avec courage. Combattre pour une cause.* — Faire la guerre. ⇒ **se battre.** *Ces troupes vont monter en ligne pour combattre.* **2.** Lutter (contre un obstacle, un danger, un mal). *Combattre contre la faim, la maladie, la cigarette.* / contr. **faciliter** /

combien [kɔ̃bjɛ̃] adv., conj. et n. m. invar. **1.** Dans quelle mesure, à quel point. ⇒ **comme.** *Si vous saviez combien je l'aime ! Combien elle a changé !* ⇒ **que** ; fam. **ce** que. **2.** COMBIEN DE : quelle quantité, quel nombre. ⇒ fam. **comment.** *Combien a-t-il de livres ? Depuis combien de temps êtes-vous ici ? Dans combien de temps serons-nous arrivés ?* — Sans compl. Quelle quantité (distance, temps, prix, etc.). *Combien vous dois-je ?* Fam. *Ça fait combien ? C'est combien ? Combien ?* **3.** N. m. invar. Fam. *Le combien.* ⇒ **quantième.** *Le combien sommes-nous ?,* quel jour sommes-nous ? *« Tous les combien passe l'autobus ? — Toutes les dix minutes. »* **4.** *Ô combien !* (souvent en incise). *Un personnage équivoque, ô combien !,* très équivoque.

① ***combinaison*** [kɔ̃binɛzɔ̃] n. f. **1.** Assemblage d'éléments dans un arrangement déterminé. *Combinaison de couleurs, de lignes.* ⇒ **disposition, organisation.** *La combinaison gagnante du 6/49.* **2.** Union des atomes, des éléments qui entrent dans un composé. *La combinaison de deux volumes d'hydrogène et d'un volume d'oxygène donne de l'eau.* ⇒ **synthèse.** / contr. **analyse, décomposition** / **3.** Souvent péj. Organisation précise de moyens en vue d'assurer le succès d'une entreprise. ⇒ **arrangement, combine, manœuvre.** *Des combinaisons financières, politiques.* **4.** Système d'ouverture d'un coffre-fort. ⇒ **chiffre.** — *Un cadenas à combinaison,* à chiffres et non à clé. ⟨ ▶ combine ⟩

② ***combinaison*** n. f. **1.** Sous-vêtement féminin, comportant un haut et une partie remplaçant le jupon. **2.** (Surtout au plur.) Vieilli. Sous-vêtement masculin collant couvrant tout le corps, du cou aux chevilles. ⇒ **caleçon.** *Grand-père porte des combinaisons de laine.* — Abrév. fam. COMBINE, n. f. *Des combines.* — Vêtement (surtout de travail, de sport, de combat...) d'une seule pièce (pour hommes, femmes, enfants), réunissant la partie du haut et le pantalon. *Combinaison de mécanicien.* ⇒ **bleu, salopette.** *Combinaison de ski, de motoneige.* ⇒ **habit.**

combinatoire [kɔ̃binatwaʀ] adj. ▪ Sciences. Relatif aux combinaisons (①, 1).

combine [kɔ̃bin] n. f. ▪ Fam. Moyen astucieux et souvent déloyal employé pour parvenir à ses fins. ⇒ **système, truc.** *Tu connais la combine pour entrer sans payer ?* ⇒ fam. **resquille.** ▶ ***combinard, arde*** adj. et n. ▪ Péj. Qui utilise la combine. *C'est un combinard.* ⇒ **débrouillard.**

combiner [kɔ̃bine] v. tr. ▪ conjug. 1. **1.** Réunir (des éléments), le plus souvent dans un arrangement déterminé. ⇒ **arranger, disposer.** *Combiner des signes, des mouvements, des sons.* / contr. **isoler, séparer** / **2.** Organiser en vue d'un but précis. ⇒ **agencer** ; **combinaison.** *Combiner un voyage, des projets. Combiner un mauvais coup.* ⇒ **manigancer, tramer.** ▶ ***combiné, ée*** adj. et n. m. **I.** Adj. Qui forme une combinaison. *Opérations combinées,* faites par plusieurs armées. **II.** N. m. **1.** Partie mobile d'un appareil téléphonique réunissant écouteur et microphone. *Décrocher le combiné.* — Appareil réunissant récepteur-radio, tourne-disque, etc. **2.** Épreuve sportive complexe (en ski : descente et slalom). ⟨ ▶ ① combinaison, ② combinaison, combinatoire ⟩

① ***comble*** [kɔ̃bl] n. m. **1.** Construction surmontant un édifice et destinée à en supporter le toit. ⇒ **charpente.** *Comble métallique, comble en bois.* **2.** *Le comble* ou, au plur., *les combles,* partie la plus haute d'une construction. — Loc. SOUS LES COMBLES : sous le toit. *Il loge sous les combles.* **3.** Loc. DE FOND EN COMBLE [d(ə)fɔ̃tɑ̃kɔ̃bl] : de bas en haut (de la cave au grenier). *Détruire, fouiller de fond en comble,* complètement.

② ***comble*** n. m. ▪ Plus haut degré. ⇒ **maximum, sommet.** *C'est le comble du ridicule. Être* AU COMBLE DE *la joie.* — Ellipt. *C'est le comble, c'est un comble !,* il ne manquait plus que cela (se dit d'une chose désagréable). ⇒ ① **bouquet, cerise.**

③ ***comble*** adj. **1.** Rempli de monde. ⇒ **encombré, plein.** *Impossible d'entrer dans la salle, qui était comble. L'autobus est comble.* ⇒ **bondé, bourré, complet.** / contr. **vide** / **2.** Loc. *La mesure est comble* (pleine), on n'en supportera pas plus. ⇒ ① **vase.**

combler [kɔ̃ble] v. tr. ▪ conjug. 1. **1.** Remplir (un vide, un creux). ⇒ **boucher, colmater.** *Combler un fossé.* ⇒ **remblayer.** *Combler un interstice.* ⇒ **obturer. 2.** Fig. Pourvoir à un emploi, un poste. *Le département a comblé le poste de professeur vacant.* **3.** Abstrait. *Combler une lacune. Combler un déficit. Combler les vœux de qqn,* les exaucer. **4.** COMBLER *qqn* DE : lui donner (qqch.) à profusion. *On l'a comblée de cadeaux. Cela me comble de joie.* — *Combler qqn,* le satisfaire pleinement. ▶ ***comblé, ée*** adj. ▪ Qui a obtenu tout ce qu'il (elle) espérait. *Je suis comblé,* très satisfait. ▶ ***comblement*** n. m. **1.** Action de combler (1). *Le comblement d'un puits.* **2.** Fait d'être comblé. ⟨ ▶ ③ comble ⟩

comburant, ante [kɔ̃byʀɑ̃, ɑ̃t] adj. ▪ Se dit d'un corps qui, en se combinant avec un autre corps, opère la combustion de ce dernier (le *combustible*). — N. m. *L'oxygène est un comburant.* ≠ *combustible.*

combustible [kɔ̃bystibl] adj. et n. m. **1.** Adj. Qui a la propriété de brûler. *Matière combustible. Ce carton est très combustible.* **2.** N. m. Corps utilisé pour produire de la chaleur en brûlant. ≠ *comburant. Combustibles solides* (anthracite, bois, houille...), *liquides* (essence, mazout, pétrole), *gazeux* (butane, gaz). — Élément qui entretient une réaction nucléaire en chaîne. ▶ ***combustion*** [kɔ̃bystjɔ̃] n. f. **1.** Fait de brûler entièrement. *La combustion d'un gaz dans un brûleur. Moteur à combustion interne. Un poêle à combustion lente ou contrôlée.* **2.** Chimie. Combinaison d'un corps avec l'oxygène. ⇒ **oxydation.** *Combustion vive,* avec un dégagement de lumière et de chaleur. *Combustion lente* (ex. : *la rouille*). ⟨ ▶ comburant, incombustible ⟩

comédie [kɔmedi] n. f. **I. 1.** Pièce de théâtre, film ayant pour but de divertir en représentant les ridicules des caractères et des mœurs d'une société (opposé à *drame, tragédie*). *Les comédies de Molière. Une courte comédie.* ⇒ **farce, sketch.** *Comédie musicale,* spectacle, film associant la musique, la danse, le chant et la parole. **2.** LA COMÉDIE : le genre comique*. *Préférer la comédie à la tragédie.* **II.** Attitude fausse et théâtrale. *Allons, pas de comédie !* ⇒ **caprice.** *Jouer la* *comédie,* affecter, feindre (des sentiments, des pensées). *Quelle comédie !* ► ***comédien, ienne*** n. et adj. **1.** Personne qui joue des pièces de théâtre (opposé à *tragédien*), tourne dans des films ou à la télévision. ⇒ **acteur, artiste.** *Une troupe de comédiens. Mauvais comédien.* **2.** Personne qui se compose une attitude, « joue la comédie ». ⇒ **hypocrite.** *Quel comédien !* — Adj. *Elle est un peu comédienne.* ⇒ **cabotin.** **3.** (Opposé à *tragédien*) Acteur comique. *Il est meilleur comédien que tragédien.* ‹ ► tragi-comédie ›

comestible [kɔmɛstibl] adj. et n. m. pl. **1.** Qui peut servir d'aliment aux humains. *Denrées comestibles.* / contr. **immangeable, toxique** / *Champignons comestibles.* / contr. **vénéneux** / **2.** (France) N. m. pl. COMESTIBLES : denrées alimentaires. *Boutique de comestibles. Marchand de comestibles.*

comète [kɔmɛt] n. f. **1.** Astre présentant un noyau brillant (tête) et une gigantesque traînée gazeuse (chevelure et queue), qui décrit une orbite en forme d'ellipse autour du Soleil. *La comète de Halley.* **2.** Loc. *Tirer des* PLANS SUR LA COMÈTE : faire des projets chimériques (→ des châteaux en Espagne). ≠ *planète.*

cométique [kɔmetik] n. m. ■ Long traîneau inuit bas, tiré par des chiens. *Des cométiques.*

comics ou ***comiques*** [kɔmik] n. m. pl. Anglic. Fam. **1.** Bandes* dessinées périodiques. ⇒ **B.D. ; illustré.** *Lire des comics américains. Des comics de science-fiction.* — Bandes dessinées, dessins d'humour des journaux. *Les comics de fin de semaine.* **2.** Dessins* animés. ⇒ **bonhomme.** *Regarder les comiques avant le souper.*

comique [kɔmik] adj. et n. m. **1.** Qui appartient à la comédie. *Pièce, film comique. Le genre, le style comique. Auteur comique.* / contr. **dramatique** / **2.** N. Acteur, actrice habituellement chargé(e) de jouer des personnages comiques. ⇒ **humoriste.** *C'est une grande comique.* **3.** N. m. *Le comique,* le genre comique ; les éléments comiques au théâtre. *Le comique de caractère, de situation.* **4.** Qui provoque le rire. ⇒ **amusant, cocasse, drôle ;** fam. **crampant, marrant, rigolo, tordant.** *Il est comique avec ses grands airs.* / contr. **sérieux, triste** / — N. m. *Le comique de cette aventure, c'est...* ► ***comiquement*** adv. ■ D'une manière risible. ‹ ► comiques, opéra-comique, tragi-comique ›

comiques n. m. pl. ⇒ **comics.**

comité [kɔmite] n. m. **1.** Réunion de personnes prises dans un corps plus nombreux (assemblée, société) pour s'occuper de certaines affaires. ⇒ **commission.** *Élire, désigner un comité. Être membre d'un comité, siéger à un comité de sélection.* — *Comité de citoyens. Comité de parents,* dans les écoles. *Comité mixte,* de patrons et d'employés. *Comité de gestion.* **2.** EN PETIT COMITÉ : entre intimes. *Souper, réception en petit comité.* ‹ ► sous-comité ›

① ***commandant, ante*** [kɔmɑ̃dɑ̃, ɑ̃t] n. **1.** Personne qui a un commandement militaire (quel que soit son grade). ⇒ **chef.** *Commandant en chef, en second.* **2.** Premier grade dans la hiérarchie des officiers supérieurs (armées de terre, de l'air et la marine). *Oui, mon commandant !* **3.** Officier qui commande un navire, un avion. *Le commandant est sur la passerelle.* — *Commandant de bord.* ⇒ **pilote.** — REM. L'O.L.F. propose *commandante* au féminin.

② ***commandant, ante*** adj. ■ Fam. Autoritaire. *Elle est un peu commandante.*

① ***commande*** [kɔmɑ̃d] n. f. **1.** Ordre par lequel un client demande une marchandise ou un service à fournir dans un délai déterminé (⇒ **achat**). *Passer une commande au fournisseur. Vous paierez à la commande. Bon de commande. Au restaurant, la serveuse, le garçon prend les commandes.* **2.** Loc. SUR COMMANDE : à la demande. *Faire qqch. sur commande.* — DE COMMANDE : qui n'est pas sincère. ⇒ **affecté, artificiel.** *Rire, sourire de commande. Enthousiasme, zèle de commande.*

② ***commande*** n. f. ■ Organe capable de déclencher, arrêter, régler des mécanismes. *Moteur à commande électrique. Une commande à distance.* ⇒ **télécommande.** — AUX COMMANDES. *Être aux commandes d'un avion.* — *Tenir les commandes,* diriger, avoir en main une affaire. ⇒ **rêne.** ‹ ► servocommande ›

commandement [kɔmɑ̃dmɑ̃] n. m. **1.** Ordre bref, donné à voix haute pour faire exécuter certains mouvements. *À mon commandement : garde à vous !* **2.** Règle de conduite édictée par l'autorité de Dieu, d'une Église. ⇒ **loi, précepte.** *Les dix commandements.* **3.** Pouvoir, droit de commander. ⇒ **autorité, direction.** *Prendre, exercer le commandement.* **4.** Autorité militaire qui détient le commandement des forces armées. *Le haut commandement des forces armées.* ⇒ **état-major.**

① ***commander*** [kɔmɑ̃de] v. ■ conjug. 1. **I.** V. tr. dir. **1.** COMMANDER *qqn* : exercer son autorité sur (qqn) en lui dictant sa conduite. *Elle n'aime pas qu'on la commande.* ⇒ **conduire, diriger.** *Il commande ses employés à la baguette.* — Avoir l'autorité hiérarchique sur. *L'officier qui commande le régiment.* **2.** COMMANDER *qqch.* : donner l'ordre de ; diriger (une action). / contr. **défendre, interdire** / *Commander une attaque, la retraite.* — Pronominalement (passif). SE COMMANDER. *La sympathie ne se commande pas,* elle ne dépend pas de la volonté. **3.** (Suj. chose) Rendre absolument nécessaire. *Faire ce que les circonstances commandent.* ⇒ **exiger, nécessiter.** **4.** Demander à un fabricant, à un fournisseur par une commande (⇒ **acheter**). *Commander un costume. Commander qqch. par lettre, par téléphone, sur catalogue. Commander un plat, au restaurant. Commander du poulet B.B.Q. par téléphone,* à un restaurant qui livre des commandes à domicile. ⇒ **demander** (I, 4) **; livreur.** / contr. **décommander** / **II.** V. tr. ind. COMMANDER À. **1.** *Commander à qqn de* (+ infinitif), lui donner ordre de. *Elle commande aux auditeurs de se taire.* ⇒ **enjoindre, imposer, ordonner, prescrire.** **2.** Abstrait. *Commander à. Commander à ses passions, à ses instincts,* les dominer. **III.** V. intr. Exercer son autorité ; donner des ordres et les faire exécuter. *Il ne sait pas commander. Qui est-ce qui commande ici ?* ⇒ **décider, diriger.** ‹ ► ① commandant, ② commandant, ① commande, commandement, commandeur, commando, décommander, recommander, télécommander ›

② ***commander*** v. tr. ■ conjug. 1. (Suj. chose) **1.** Dominer en empêchant l'accès de. *Cette position d'artillerie commande toute la plaine.* **2.** Faire fonctionner. *La pédale qui commande les freins* (⇒ ② **commande**). ‹ ► ② commande, télécommande ›

commandeur [kɔmɑ̃dœʀ] n. m. ■ Chevalier d'un ordre (militaire, honorifique). — (France) *Commandeur de la Légion d'honneur* (grade au-dessus de l'officier).

commandite [kɔmɑ̃dit] n. f. **1.** Société formée de deux sortes d'associés : les premiers *(commanditaires)* avancent des fonds à des associés *(commandités* ou *gérants),* seuls responsables de la gestion et répondant des dettes de la société. **2.** Soutien financier du commanditaire, à des fins publicitaires. *La commandite d'une compagnie de bière.* ► ***commanditaire*** n. m. **1.** Bailleur de fonds dans une société en commandite. **2.** Personne, entreprise qui soutient financièrement ou matériellement qqn (personne, équipe, etc.) ou qqch. (organisation, manifestation culturelle ou sportive) en vue d'en retirer des avantages publicitaires. *Les commanditaires d'un festival d'été. Voici maintenant un message de notre commanditaire* (à la radio, à la télévision). ▶ ***commanditer*** v. tr. ▪ conjug. 1. **1.** Fournir des fonds à (une société en commandite). **2.** Financer (une entreprise, qqn). **3.** Soutenir financièrement ou matériellement qqn ou qqch. à des fins publicitaires. — Au p. p. adj. *Une émission commanditée par...* ▶ ***commandité, ée*** n. ▪ Personne commanditée pour gérer les fonds apportés par les commanditaires.

commando [kɔmɑ̃do] n. m. ▪ Groupe de combat employé pour les opérations rapides, isolées. *Un commando de parachutistes. Un raid de commandos. Un commando de terroristes.*

comme [kɔm] conj. et adv. **I.** Conj. **1.** (Comparaison) De la même manière que, au même degré que. *Il a réussi comme sa sœur. Il écrit comme il parle. Il agit comme s'il avait vingt ans* (condition) ; *elle faisait des signes comme pour nous appeler* (but). *Il est bavard comme une pie* (est bavarde). *Riche comme Crésus. Courir comme un lièvre. Il fait doux comme au printemps.* — TOUT COMME. *Ils ne sont pas divorcés mais c'est tout comme,* c'est la même chose. — Fam. COMME TOUT. ⇒ **extrêmement.** *Elle est jolie comme tout.* **2.** (Addition) Ainsi que ; et. *J'oublierai cela comme le reste.* **3.** (Manière) De la manière que. *Riche comme elle est, elle pourra vous aider. Comme il vous plaira,* selon votre désir. — *Comme de juste,* comme il est juste. *Comme de raison,* fam. *comme de bien entendu,* évidemment. *Comme de fait, tu es en retard. Faites votre travail comme il faut,* bien. — Fam. COMME IL FAUT loc. adj. invar. *Une personne très comme il faut.* ⇒ **bien, correct, distingué, respectable.** — COMME QUOI... *Faites-lui un certificat comme quoi son état de santé nécessite du repos* (un certificat disant que...). *Elle a quitté la région : comme quoi tu n'as pas pu la voir aujourd'hui* (ce qui prouve que). — Fam. *Comme qui dirait,* en quelque sorte. *Ils sont, comme qui dirait, vos obligés.* — Ellipt. (Atténuatif) *Il était comme fou.* — COMME CELA, fam. COMME ÇA. ⇒ **ainsi.** *Comme ça tout le monde sera content.* — *Comme ci, comme ça,* ni bien ni mal. ⇒ fam. **couci-couça.** *« Comment allez-vous ? — Comme ci, comme ça. »* **4.** Tel (telle) que. *Je n'ai jamais rencontré d'intelligence comme la sienne.* **5.** (Attribution, qualité) En tant que, pour. *Je l'ai choisie comme secrétaire. Comme directrice, elle est efficace.* **II.** Conj. **1.** Cause (de préférence en tête de phrase). ⇒ **parce que, puisque.** *Comme elle arrive demain, il faut préparer une chambre.* **2.** Temps (Simultanéité) *Nous sommes arrivés comme il partait.* ⇒ **alors** que, **tandis** que. **III.** Adv. (Interrog. et exclam.) **1.** Marque l'intensité. ⇒ **combien, que.** *Comme c'est cher !* **2.** En subordonnée. ⇒ **comment.** *Tu sais comme il est. Regardez comme elle court !*

commémorer [kɔ(m)memɔʀe] v. tr. ▪ conjug. 1. ▪ Rappeler par une cérémonie le souvenir de (une personne, un événement). ⇒ **célébrer, fêter.** *Commémorer la victoire.* ▶ ***commémoratif, ive*** adj. ▪ Qui rappelle le souvenir d'une personne, d'un événement. *Plaque commémorative. Désignation commémorative,* appellation (d'un lieu) qui honore la mémoire d'un personnage important. ▶ ***commémoration*** n. f. **1.** Cérémonie destinée à rappeler le souvenir (d'une personne, d'un événement). ⇒ **anniversaire, fête.** *La commémoration d'une fête nationale, d'une bataille, d'un événement ancien de cent ans.* ⇒ **centenaire,** *etc.* **2.** Mémoire, souvenir. *Garder un objet en commémoration d'un événement.*

commencer [kɔmɑ̃se] v. ▪ conjug. 3. **I.** V. tr. **1.** Faire la première partie de (une chose ou une série de choses) ; faire exister (ce qui est le résultat d'une activité). ⇒ **amorcer, entamer, entreprendre.** / contr. **finir** / *Commencer un travail, une affaire, une entreprise.* ⇒ **créer, fonder. 2.** Être au commencement de. *Le mot qui commence la phrase.* — (Durée) *Nous commençons l'année aujourd'hui. Elle ne fait que commencer ses études.* **3.** V. tr. ind. (Personnes) COMMENCER DE ou À (+ infinitif) : être aux premiers instants (de l'action indiquée par le verbe). *Commencer à faire qqch. Il commençait à dormir lorsqu'on l'éveilla.* — Fam. *Je commence à en avoir assez,* j'en ai assez. *Ça commence à (bien) faire !,* ça suffit ! — (Choses) *Les arbres commencent à avoir des feuilles.* — Impers. *Il commence à neiger, à pleuvoir.* **4.** (Personnes) COMMENCER *qqch.* PAR *qqch. Commencer son travail par la fin.* — (Sans compl. dir.) *Par où, par quoi allez-vous commencer ? Commençons par toi.* **II.** V. intr. **1.** Entrer dans son commencement. *L'année commence au 1*[er] *janvier. Le film commencera à 20 h. Cela commence bien, mal.* ⇒ **débuter, démarrer, partir. 2.** (Choses) COMMENCER PAR *qqch.* : avoir pour début. *Le texte commence par une description.* ▶ ***commençant, ante*** adj. et n. ▪ Personne qui commence dans une activité, un domaine. ⇒ **débutant.** / contr. **finissant** / ▶ ***commencement*** n. m. **1.** Fait de commencer ; ce qui commence. / contr. **achèvement** / **2.** Ce qui vient d'abord (dans une durée, un processus) ; première partie. ⇒ **début.** / contr. ② **fin** / *Le commencement de l'année, du printemps.* ⇒ **arrivée.** *Le commencement des hostilités.* ⇒ **déclenchement, ouverture.** *Le commencement de la vie.* ⇒ **naissance.** *Du commencement à la fin,* de bout en bout. — *Il y a un commencement à tout,* on ne peut réussir parfaitement qqch. dès le premier essai. — Loc. *Le commencement de la fin,* l'étape, la phase finale de qqch. (mort, défaite, etc.). **3.** Partie qui se présente, que l'on voit avant les autres (dans l'espace). *Le commencement d'une rue, d'un couloir.* ⇒ **entrée. 4.** Au plur. LES COMMENCEMENTS : les premiers développements, les débuts. *Ses commencements ont été pénibles.* ‹ ▶ recommencer ›

commensal, ale, aux [kɔmɑ̃sal, o] n. ▪ (France) Didact. Personne qui mange habituellement à la même table avec une ou plusieurs autres. ⇒ **hôte.** *Les commensaux de qqn,* ses invités pour un repas.

commensurable [kɔ(m)mɑ̃syʀabl] adj. ▪ Se dit d'une grandeur qui a une commune mesure avec une autre. ⇒ **comparable.** *Nombres commensurables.* / contr. **incommensurable** / ‹ ▶ incommensurable ›

comment [kɔmɑ̃] adv., n. m. invar. et conj. **1.** Adj. interrog. *Comment allez-vous ? Comment cela ?,* expliquez mieux. *Comment est-il venu ?,* par quel moyen ? *Comment (dites-vous) ?,* exclamation qui invite à répéter. ⇒ **pardon ;** fam. **hein, quoi. 2.** Fam. Combien (quantité, nombre, distance, prix, temps, etc.). *Comment en veux-tu ? Dix fois dix, ça fait comment ? Comment fait-il à l'extérieur ?* **3.** Interrogation indirecte. *Il ne sait comment elle prendra la chose.* ⇒ **comme.** *N'importe comment,* mal. **4.** N. m. invar. Manière. *Chercher les pourquoi et les comment.* **5.** Exclamation exprimant l'étonnement, l'indignation. ⇒ **quoi.** *Comment ! c'est ainsi que tu me parles ? Comment, tu es encore ici ?* **6.** *Comment donc !,* en signe d'approbation. *Mais comment donc !* ⇒ bien **sûr, évidemment.** Fam. *Et comment !* (→ je te crois ; tu parles !).

commentaire [kɔ(m)mɑ̃tɛʀ] n. m. **1.** Ensemble des explications, des remarques que l'on fait à propos d'un texte. ⇒ **exégèse, explication, glose, observation.** *Commentaire littéraire.* ⇒ **explication** de textes.

2. Remarque, observation. *Commentaires de presse.* Fam. *Cela se passe de commentaires,* c'est évident. — *Sans commentaire !* loc. fam., la chose se suffit à elle-même (souvent péj.). ▶ ***commenter*** [kɔ(m)mɑ̃te] v. tr. ▪ conjug. 1. **1.** Expliquer (un texte) par un commentaire. *Commenter un poème.* **2.** Faire des remarques, des observations sur (des faits) pour expliquer, exposer. *Commenter les nouvelles. Journaliste qui commente l'actualité à la radio. Commenter un match,* le décrire ou l'analyser. ▶ ***commentateur, trice*** n. **1.** Personne qui est l'auteur d'un commentaire. ⇒ **critique, exégète.** *Les commentateurs de la Bible.* **2.** Personne qui commente les nouvelles, les émissions (radio, télévision). ⇒ **annonceur, chroniqueur, présentateur.** *Commentateur sportif,* personne qui décrit ou analyse (⇒ **analyste**) un match.

commérage [kɔmeʀaʒ] n. m. ▪ Fam. Bavardage indiscret (comme celui d'une commère). ⇒ ① **cancan, médisance, placotage, potin, racontar, ragot ; bavassage, mémérage.** *Des commérages malveillants.*

commerce [kɔmɛʀs] n. m. **I. 1.** Opération qui a pour objet la vente d'une marchandise, d'une valeur, ou l'achat de celle-ci pour la revendre ⇒ **affaires** ; entreprise qui fait cette opération. *Le commerce, l'agriculture et l'industrie. Être dans le commerce, faire du commerce.* ⇒ **commerçant.** *Employé, représentant de commerce. Commerce international. Le commerce intérieur, extérieur. Cela ne se trouve plus dans le commerce, est hors commerce. Ce produit n'est pas encore dans le commerce,* n'est pas encore en vente. **2.** *Le commerce,* les commerçants. *Le petit commerce.* **3.** *Un commerce,* un magasin de détail. *Ouvrir, tenir un commerce.* **4.** Trafic (de choses morales). *Un commerce honteux.* — Loc. *Il fait commerce de son nom.* **II.** Littér. Relations que l'on entretient dans la société. ⇒ **fréquentation, rapport.** Loc. *Être d'un commerce agréable.* ▶ ***commerçant, ante*** [kɔmɛʀsɑ̃, ɑ̃t] n. et adj. **1.** N. Personne qui fait du commerce (notamment du commerce de détail) par profession. ⇒ **marchand, négociant.** *Un commerçant honnête. Commerçant en gros* ⇒ **grossiste**, *en détail* ⇒ **détaillant**. *Le magasin d'un commerçant.* — Adj. *Un État commerçant.* **2.** Adj. Qui a le sens du commerce. *Elle est très commerçante.* — Où il y a de nombreux commerces. *Rue très commerçante.* ▶ ***commercer*** v. intr. ▪ conjug. 3. ▪ Faire du commerce. *Le Canada commerce avec tous les pays du monde.* ▶ ***commercial, iale, iaux*** adj. et n. m. **1.** Qui a rapport au commerce. *Les Hautes études commerciales* (abrév. fam. H.É.C., n. f. pl.). *Droit commercial. Société commerciale. Opérations commerciales. Un centre* commercial.* ⇒ **centre** d'achats. **2.** Fam. Se dit d'une œuvre destinée uniquement au succès commercial. *Un film commercial* (opposé à *artistique*). **3.** N. m. *Un commercial,* un message publicitaire (à la radio, à la télévision). ▶ ***commercialement*** adv. ▪ Du point de vue commercial. *C'est un produit commercialement rentable.* ▶ ***commercialiser*** v. tr. ▪ conjug. 1. ▪ Rendre (qqch.) l'objet d'un commerce. ▶ ***commercialisation*** n. f. ▪ *La commercialisation d'un produit.*

commère [kɔmɛʀ] n. f. ▪ Fam. Personne qui sait et colporte toutes les nouvelles. ⇒ **bavard, placoteur ;** fam. **bavasseur, mémère.** *Ce garçon est une grande commère.* ⇒ fam. **commette.** *Propos de commère.* ⇒ **commérage.** ▶ ***commérer*** v. intr. ▪ conjug. 6. ▪ Faire du commérage. ⇒ **placoter ;** fam. **bavasser, mémérer.** *Ils ont comméré tout le long du voyage.* — Transitivement. *Elle est allée commérer qqch. à sa mère.* ⟨ ▶ commérage ⟩

commette [kɔmɛt] n. et adj. ▪ Fam. Personne qui raconte tout à tout le monde qu'elle rencontre. ⇒ **bavard, placoteur ;** fam. **bavasseur, commère, mémère.** *Du placotage de vieilles commettes.* — Adj. *Il est très commette.*

① ***commettre*** [kɔmɛtʀ] v. tr. ▪ conjug. 56. **1.** Accomplir, faire (une action blâmable ou regrettable). *Commettre une maladresse, une imprudence. Commettre une injustice à l'égard de qqn. Commettre un délit, un crime.* ⇒ **perpétrer. 2.** V. pron. passif. SE COMMETTRE. *De nombreuses fautes se commettent par étourderie.* — Impers. *Il s'est commis beaucoup d'atrocités pendant la guerre.* ⟨ ▶ commis, commissaire, commission ⟩

② *se* ***commettre*** v. pron. ▪ conjug. 56. ▪ Compromettre sa dignité, son caractère, ses intérêts. *Elle s'est commise avec des gens méprisables.*

comminatoire [kɔminatwaʀ] adj. ▪ Destiné à intimider. ⇒ **menaçant.** *Ton, lettre comminatoire.*

commis [kɔmi] n. invar. **1.** Agent subalterne (administration, banque, bureau, maison de commerce). ⇒ **employé.** *Les commis d'un grand magasin.* ⇒ **vendeur.** *Une commis de bureau. Commis aux écritures.* **2.** *Les* GRANDS COMMIS *de l'État* : hauts fonctionnaires. **3.** Vieilli. N. m. COMMIS VOYAGEUR : représentant, voyageur de commerce. — REM. L'O.L.F. propose *une commis* au féminin.

commisération [kɔmizeʀasjɔ̃] n. f. ▪ Sentiment de pitié qui fait prendre part à la misère d'autrui. ⇒ **compassion, miséricorde.** *Éprouver, avoir de la commisération pour qqn.* / contr. **dureté, indifférence** /

commissaire [kɔmisɛʀ] n. **1.** Fonctionnaire chargé de fonctions spéciales. *Commissaire du gouvernement. Le haut-commissaire du Canada à Londres.* **2.** COMMISSAIRE À L'ASSERMENTATION : personne légalement autorisée à recevoir et attester un serment, une affirmation solennelle. **3.** Personne qui vérifie qu'une épreuve sportive se déroule régulièrement. — *Le commissaire du base-ball,* qui veille à l'intégrité de ce sport. **4.** (France) COMMISSAIRE (DE POLICE) : officier de police judiciaire (supérieur à l'*inspecteur*). *Commissaire divisionnaire, principal.* **5.** COMMISSAIRE D'ÉCOLE : membre élu d'une commission ② scolaire. *Des commissaires d'école.* ▶ ***commissaire-priseur*** n. m. ▪ Personne chargée de l'estimation des objets, des œuvres, des meubles ainsi que de leur vente aux enchères. ⇒ **encanteur.** *Des commissaires-priseurs.* ▶ ***commissariat*** n. m. **1.** Emploi, fonction de commissaire. — *Elle travaille au haut-commissariat,* dans cet organisme gouvernemental. **2.** (France) Bureau et services d'un commissaire de police. ⇒ poste de **police.** *Faire une déclaration de perte au commissariat.*

① ***commission*** [kɔmisjɔ̃] n. f. **1.** Message oral qu'on charge qqn de transmettre. *J'ai une commission pour toi de la part de tes parents.* **2.** Action d'aller chercher ou de porter un objet pour qqn. *On l'a envoyé faire une commission.* — Au plur. *Les commissions,* les achats de provision pour l'usage quotidien. ⇒ **course, emplette. 3.** (Surtout en France) Lang. enfantin. *Faire la grosse, la petite commission,* aller à la selle, uriner. ⇒ fam. faire **caca,** faire **pipi. 4.** Droit, commerce. Charge, mandat. *Faire la commission,* acheter, placer des marchandises pour le compte d'un autre. **5.** Pourcentage qu'un intermédiaire perçoit pour sa rémunération. ⇒ **prime.** *Toucher quinze pour cent de commission.* ▶ ***commissionnaire*** n. **1.** Personne dont le métier est de faire les commissions du public. ⇒ **coursier, porteur. 2.** Personne qui agit pour le compte d'une autre, dans une opération commerciale.

② ***commission*** n. f. **1.** Réunion, ensemble de personnes déléguées pour étudier un projet, préparer ou contrôler un travail. ⇒ **bureau, comité.** *Être membre d'une commission. Commissions parlementaires. Commission d'enquête sur la langue française. La Commission de la santé et de la sécurité du travail (C.S.S.T.). La Commission de transports de la Communauté* urbaine de Québec (C.T.C.U.Q.).* **2.** COMMISSION SCOLAIRE : administration locale (ville, région) dont relèvent les écoles élémentaires et secondaires. *La Commission scolaire régionale Chauveau. Une commission scolaire intégrée.* — L'ensemble du corps électif des commissaires d'école. ‹ ▶ sous-commission ›

commissure [kɔmisyʀ] n. f. ■ Point de jonction (des lèvres). *Commissures des lèvres,* aux angles de la bouche.

① ***commode*** [kɔmɔd] adj. **1.** Qui se prête aisément à l'usage qu'on en fait. ⇒ ② **pratique.** / contr. **malcommode** / *Un habit commode. Lieu commode pour la conversation. Commode à manier.* / contr. **compliqué, incommode** / **2.** (Action) Facile, simple. *Ce que vous me demandez là n'est pas commode.* / contr. **difficile** / Fam. *C'est trop commode,* c'est une solution de facilité. **3.** (Personnes ; négatif) *Il n'est pas commode,* il est sévère, exigeant. *Être peu commode à vivre.* ▶ ***commodément*** adv. ■ D'une manière commode. *S'installer commodément,* à son aise. ▶ ***commodité*** n. f. **1.** Qualité de ce qui est commode. ⇒ **agrément.** *La commodité d'un lieu. Pour plus de commodité.* / contr. **incommodité** / **2.** Au plur. *Les commodités de la vie,* ce qui rend la vie plus agréable, plus confortable. ⇒ **aise. 3.** Équipement apportant le confort à un logement. *Cet appartement est pourvu de toutes les commodités.* ‹ ▶ accommoder, incommode, incommoder, malcommode, ① raccommoder ›

② ***commode*** n. f. ■ Meuble de chambre à hauteur d'appui, muni de tiroirs, où l'on range du linge, des objets. ⇒ **bureau** (I).

commodore [kɔmɔdɔʀ] n. m. ■ Officier de marine britannique ou américain qui vient immédiatement au-dessous du contre-amiral.

common law [kɔmɔnlo] n. f. ■ Système juridique de l'Angleterre et des pays qui ont choisi le droit anglais comme modèle. *Le droit civil québécois ne relève pas de la common law.*

commotion [kɔmɔsjɔ̃] n. f. **1.** Ébranlement violent (de l'organisme ou d'une de ses parties) par un choc direct ou indirect. ⇒ **traumatisme.** *Commotion cérébrale.* **2.** Violente émotion. ⇒ **bouleversement, ébranlement.** *La mort de leur fils a été une terrible commotion pour eux.* ▶ ***commotionner*** v. tr. ▪ conjug. 1. ■ (Suj. chose) Frapper (qqn) d'une commotion. ⇒ **choquer, traumatiser.** *La décharge électrique, cette émotion l'a fortement commotionné.*

commuer [kɔmɥe] v. tr. ▪ conjug. 1. ■ Changer (une peine) en une peine moindre. *La sentence de prison à perpétuité a été commuée en quinze ans* (⇒ **commutation**). ≠ *commuter.* ▶ ***commuable*** ou ***commutable*** adj. ■ Qui peut être commué. *Peine commuable.*

commun, une [kɔmœ̃, yn] adj. **I. 1.** Qui appartient, qui s'applique à plusieurs personnes ou choses. *La salle commune d'un pensionnat. Avoir des intérêts communs avec qqn. Tout est commun entre eux. Un but commun. Avoir des caractères communs.* ⇒ **comparable, identique, semblable.** / contr. **différent, distinct, particulier** / *Le plus petit commun multiple.* ⇒ **P.P.C.M.** — COMMUN À [kɔmœa] : propre également à (plusieurs). *Mur mitoyen, commun à deux propriétés.* **2.** Qui se fait ensemble, à plusieurs. / contr. **individuel** / *Œuvre commune.* ⇒ **collectif.** *Vie commune. D'un commun accord* [dœ̃kɔmœ̃nakɔʀ]. ⇒ **unanimement.** — EN COMMUN : ensemble. *Personnes qui vivent en commun.* ⇒ ② **commune.** *Mettre en commun,* partager. *Les transports* en commun.* **3.** Qui appartient au plus grand nombre ou le concerne. ⇒ **général, public, universel.** / contr. **particulier** / *L'intérêt, le bien commun.* — NOM COMMUN : (Grammaire) nom de tous les individus de la même espèce (opposé à *nom propre*). *« Arbre », « livre » sont des noms communs.* — Loc. N. m. *Le commun des mortels,* la majorité (opposé aux *privilégiés*). **II. 1.** Qui est ordinaire. ⇒ **banal, courant, habituel.** / contr. **exceptionnel, extraordinaire** / *C'est une réaction assez commune.* — *Un vêtement commun,* d'une qualité inférieure. — PEU COMMUN. *Il est d'une force peu commune,* très grande. — N. m. *Hors du commun,* extraordinaire. **2.** Qui se rencontre fréquemment. ⇒ **répandu.** *Une variété d'oiseaux commune. Lieu* commun.* **3.** (Personnes, manières) Qui n'appartient pas à l'élite, n'est pas distingué. ⇒ **quelconque, vulgaire.** / contr. **distingué, éduqué** / *Il a des manières très communes.* ‹ ▶ communauté, ② commune, communément, communier (2), communisme, communs, excommunier ›

communal, ale, aux [kɔmynal, o] adj. ■ (France) Qui appartient à une commune. *École communale* ou, n. f., *la communale.*

communard, arde [kɔmynaʀ, aʀd] n. et adj. ■ (France) Partisan de la Commune de Paris, socialiste et patriote, en 1871. ⇒ **fédéré.**

communauté [kɔmynote] n. f. **I. 1.** Groupe social dont les membres vivent ensemble, ou ont des biens, des intérêts communs. ⇒ **collectivité.** *Une petite communauté d'écologistes. Vivre en communauté,* en mettant tout en commun. ⇒ ② **commune.** *Communauté nationale,* État, nation. **2.** Groupe de religieux qui vivent ensemble. ⇒ **congrégation, ordre. 3.** COMMUNAUTÉ URBAINE : organisme régional (créé par une loi provinciale) responsable de l'administration, de la gestion et de la coordination de certains services offerts aux municipalités membres ainsi qu'à leurs contribuables. ⇒ **conurbation.** *La Communauté urbaine de Montréal (C.U.M.). La Communauté urbaine de Québec (C.U.Q.). La Communauté urbaine de l'Outaouais (C.U.O.).* **4.** Groupe d'États. *La Communauté économique européenne (C.E.E.)* ou *le Marché commun est une organisation des Communautés européennes.* **II.** État, caractère de ce qui est commun. *Leur communauté de goûts, de vues.* ⇒ **accord, unité.** *Une communauté d'idées, d'intérêts, d'affections.* **III.** Régime où les biens des deux époux sont communs ; ces biens. *Être marié sous le régime de la communauté.* ▶ ***communautaire*** adj. ■ Qui a rapport à la communauté, à une communauté. *Vie communautaire.*

① ***commune*** [kɔmyn] n. f. **1.** (France) La plus petite subdivision administrative du territoire, administrée par un maire, des adjoints et un conseil municipal. ⇒ **municipalité. 2.** (France) Dans l'histoire. Ville administrée par ses citoyens (indépendante du seigneur féodal). — *La Commune,* la municipalité de Paris, qui devint Gouvernement révolutionnaire (⇒ **communard**). **3.** Terrain utilisé en commun pour le pâturage, la culture ou d'autres usages. *La commune de Berthier.* **4.** *La Chambre des communes* et, ellipt, *les Communes* ⇒ ② **chambre.** ‹ ▶ communal, communard ›

② ***commune*** n. f. ■ Groupe de personnes qui vivent ensemble et qui mettent leurs biens en commun. *Faire l'expérience de la vie en commune.* — Lieu où vivent ces personnes. *Une commune de l'Abitibi.*

communément [kɔmynemɑ̃] adv. ■ Suivant l'usage commun, ordinaire. ⇒ **couramment, habituellement, ordinairement.** *On dit communément...* / contr. **exceptionnellement, rarement** /

communiant, ante [kɔmynjɑ̃, ɑ̃t] n. ■ Personne, enfant qui communie. *Premier communiant,* qui fait sa première communion.

communier [kɔmynje] v. intr. ▪ conjug. 7. **1.** Relig. catholique. Recevoir le sacrement de l'eucharistie. *Communier sous les deux espèces.* **2.** Être en union spirituelle (⇒ **communion**). ▸ ***communion*** n. f. **1.** Fait de communier, de recevoir le sacrement de l'eucharistie. *Table de communion. La première* ou fam. *petite communion.* — Autrefois. *La communion solennelle.* — Partie de l'office au cours de laquelle a lieu la communion. **2.** Union de ceux qui ont la même religion. *La communion des fidèles.* **3.** *Être* EN COMMUNION *d'idées, de sentiments avec* : partager les mêmes idées, etc. ⇒ **accord.** ‹ ▸ communiant, excommunier ›

communiquer [kɔmynike] v. ▪ conjug. 1. **I.** V. tr. **1.** Faire connaître (qqch. à qqn). ⇒ **divulguer, livrer, publier.** *Communiquer une nouvelle, un renseignement à qqn.* ⇒ **révéler.** *Communiquer ses sentiments à qqn.* **2.** Faire partager. *Elle nous a communiqué son enthousiasme.* **3.** (Choses) Rendre commun à ; transmettre (qqch.). *Corps qui communique son mouvement à un autre. Le Soleil communique sa lumière et sa chaleur à la Terre.* **II.** V. intr. **1.** Être, se mettre en relation. *Communiquer avec un ami. Deux personnes qui communiquent par lettres* ⇒ **correspondre**, *par téléphone* ⇒ **téléphoner**, *par radio, etc. Communiquer en français, en anglais avec qqn.* **2.** (Choses) Être en rapport avec, par un passage. *Cette chambre communique avec la salle de bains. Corridor qui fait communiquer plusieurs pièces.* ⇒ **desservir.** ▸ ***communiqué*** n. m. ■ Avis qu'un service compétent communique au public. ⇒ **annonce, bulletin, note.** *Des communiqués de presse. Un communiqué ministériel. Le communiqué des opérations* (en temps de guerre). ▸ ***communicable*** adj. ■ Qui peut, qui doit être communiqué. *Une impression difficilement communicable.* ▸ ***communicant, ante*** adj. ■ Qui communique, établit une communication. *Des chambres communicantes. Une porte communicante.* — REM. Ne pas confondre avec *communiquant* (part. prés. de *communiquer*). ▸ ***communicatif, ive*** adj. **1.** Qui se communique facilement. *Rire communicatif.* ⇒ **contagieux.** **2.** (Personnes) Qui aime à communiquer ses idées, ses sentiments. ⇒ **expansif.** *Vous n'êtes pas très communicatif, aujourd'hui.* / contr. ① **renfermé, secret, taciturne** / ▸ ***communication*** n. f. **1.** Fait de communiquer, d'établir une relation avec (qqn, qqch.). *Communication entre deux personnes. Être* EN COMMUNICATION *avec un ami, un correspondant.* ⇒ **correspondance, rapport.** — Toute relation dynamique qui intervient dans un fonctionnement. *Théorie des communications.* ⇒ ① **information** (II). *Étude du sens et de la communication.* ⇒ **sémiologie, sémiotique.** **2.** Action de communiquer qqch. à qqn ; résultat de cette action. ⇒ ① **information** (I) ; **média.** — *La communication d'une nouvelle à un journaliste. Demander communication d'un dossier.* — *Une communication,* message, information. *J'ai une communication très importante à vous faire.* ⇒ **message.** — Au plur. *Le ministère des Communications. Étudiante en communications.* **3.** Moyen technique par lequel des personnes communiquent ; message qu'elles se transmettent. ⇒ **transmission.** *Une communication téléphonique.* Ellipt. *Prendre la communication.* **4.** Ce qui permet de communiquer dans l'espace ; passage d'un lieu à un autre. *Couper les communications,* les voies. — *Porte* DE COMMUNICATION. *Voies, moyens de communication,* routes, chemins de fer, cours d'eau, etc. ▸ ***communicateur, trice*** n. et adj. **1.** Personne qui travaille dans le domaine des communications. *Des communicateurs réunis en colloque.* **2.** Personne qui fait efficacement passer une information ⇒ **média**, un message, une idée. — Adj. *Elle est bonne communicatrice.* ‹ ▸ incommunicable, intercom, radiocommunication, télécommunication ›

communisant, ante [kɔmynizɑ̃, ɑ̃t] adj. et n. ■ Qui sympathise avec les communistes. *Des syndicalistes communisants.*

communisme [kɔmynism] n. m. **1.** Organisation politique, sociale, fondée sur la propriété collective. ⇒ **collectivisme, socialisme.** **2.** Système social où les biens de production appartiennent à la communauté. *Première phase (étatique, socialiste) du communisme.* / contr. **capitalisme** / **3.** Politique, doctrine des partis communistes. *Le communisme russe, chinois, cubain. Communisme léniniste.* ▸ ***communiste*** adj. et n. **1.** Du communisme. *Doctrines communistes.* **2.** Qui cherche à faire triompher la cause de la révolution sociale. *Parti communiste.* **3.** Qui appartient aux organisations, aux États qui se réclament du marxisme. **4.** Adj. et n. Partisan du communisme. — Membre d'un parti communiste. ‹ ▸ anticommunisme, communisant ›

communs [kɔmœ̃] n. m. pl. ■ Ensemble des bâtiments servant aux cuisines, aux garages, aux écuries. *Les communs d'un château.*

commutable adj. ⇒ **commuable.**

commuter [kɔmyte] v. intr. ▪ conjug. 1. ■ Modifier en substituant un élément à un autre. *Faire commuter deux éléments, deux mots dans une phrase.* ≠ *commuer.* ▸ ***commutateur*** n. m. ■ Appareil permettant de modifier un circuit électrique ou les connexions entre circuits. ⇒ ③ **bouton, interrupteur ;** fam. ② **piton.** ▸ ***commutation*** n. f. **1.** Substitution, remplacement. **2.** COMMUTATION DE PEINE : substitution d'une peine plus faible à la première peine (⇒ **commuer**).

compact, acte [kɔ̃pakt] adj. et n. **1.** Qui est formé de parties serrées, dont les éléments constitutifs sont très cohérents. ⇒ **dense, serré.** *Bloc, pâté d'immeubles compact. Foule compacte.* / contr. **dispersé** / **2.** (Voitures, mécanismes) D'un faible encombrement relatif. — N. f. *Une compacte automatique.* — *Disque compact* (n. m. *un compact*), audionumérique*. *Des disques compacts.* ▸ ***compacité*** n. f. ■ Didact. Caractère de ce qui est compact. ▸ ***compacter*** v. tr. ▪ conjug. 1. **1.** Soumettre qqch. à une réduction de volume en tapant, poussant, serrant. ⇒ **compresser, tasser.** *Compacter la neige, les bagages.* — Au p. p. adj. *Un sol compacté.* **2.** Comprimer des données informatiques par codage, sans perte d'information. ▸ ***compactage*** n. m. ■ Fait de compacter. ⇒ **compression.** *Le compactage des données.* — Son résultat.

compagne [kɔ̃paɲ] n. f. **1.** Amie. *Des, ses compagnes d'école, de travail.* ⇒ **camarade, copine ;** fam. **chum.** **2.** Épouse, concubine, maîtresse. ⇒ **ami,** ② **conjoint ;** fam. **blonde, chum.** ‹ ▸ compagnon ›

compagnie [kɔ̃paɲi] n. f. **1.** Présence auprès de qqn, fait d'être avec qqn. *Apprécier, rechercher la compagnie de qqn.* ⇒ **présence, société.** / contr. **isolement, solitude** / — Loc. *Aller* DE COMPAGNIE *avec.* ⇒ **accompagner.** *Voyager de compagnie,* ensemble. — Vx. *Dame de compagnie,* qui reste auprès d'une personne âgée, malade. — *Dans la compagnie,* EN COMPAGNIE *de...* : avec. — *Fausser compagnie à.* ⇒ **quitter.** *Tenir compagnie à,* rester auprès de. *Sa fille lui tient compagnie.* — *Être de bonne (mauvaise) compagnie,* bien (mal) élevé. **2.** Vx. Réunion de personnes. — Loc. fam. *Bonsoir, salut la compagnie !* **3.** Association de personnes que rassemblent des statuts communs. ⇒ **entreprise, société ;** abrév. **Cie.**

Être président de compagnie. Une grosse compagnie. Compagnie à numéro, anonyme. *Compagnie commerciale, financière. Compagnie d'assurances. Compagnie aérienne,* entreprise de transport aérien. *Compagnie de fiducie,* personne morale responsable d'une fiducie. ⇒ **société.** — Troupe théâtrale permanente. ⇒ **théâtre.** *Les jeunes compagnies.* **4.** Unité de formation d'infanterie placée sous les ordres d'un capitaine. *Les compagnies d'un bataillon. Les sections d'une compagnie.* — (France) *La Compagnie républicaine de sécurité.* ⇒ **C.R.S.** ⟨ ▶ accompagner ⟩

compagnon [kɔ̃paɲɔ̃] n. m. **1.** Personne qui partage la vie, les occupations d'autres personnes, par rapport à elles. ⇒ **ami, camarade, copain ;** fam. **chum ; compagne.** *Compagnon d'études* ⇒ **condisciple,** *de travail* ⇒ **collègue,** *de voyage. Compagnon d'infortune. Le compagnon d'une femme.* ⇒ **ami, concubin,** ② **conjoint ;** anglic. **chum.** (correspond à *compagne*). **2.** Celui qui n'est plus apprenti et n'est pas encore artisan ou ouvrier qualifié, dans certains métiers. *Il fait son stage en plomberie et n'est encore que compagnon.*

comparable [kɔ̃paʀabl] adj. ■ Qui peut être comparé (avec qqn ou avec qqch.). ⇒ **analogue, approchant.** *Rien n'est comparable à cela.* / contr. **incomparable** / ⟨ ▶ incomparable ⟩

comparaison [kɔ̃paʀɛzɔ̃] n. f. **1.** Fait d'envisager ensemble (deux ou plusieurs objets de pensée) pour en chercher les différences ou les ressemblances. ⇒ **comparer ; rapprochement.** *Établir une comparaison entre... ; faire la comparaison. Mettre une chose* EN COMPARAISON *avec une autre.* ⇒ en **parallèle.** *Soutenir la comparaison. — Adverbes de comparaison,* indiquant un rapport de supériorité, d'égalité ou d'infériorité (ex. : *plus, autant*). — *Degrés de comparaison,* positif, comparatif, superlatif *(bon, meilleur, le meilleur).* **2.** Loc. EN COMPARAISON DE : par rapport à. ⇒ **auprès** de, **relativement** à. — *Par comparaison à, avec.* ⇒ fam. **comparé** à, avec. — *Sans comparaison,* d'une manière nette, évidente. *Ce pays est le plus riche, sans comparaison, de toute l'Amérique.* **3.** Rapport établi entre un objet et un autre terme, dans le langage. ⇒ **image, métaphore.** *« Beau comme le jour », « gai comme un pinson » sont des comparaisons.*

comparaître [kɔ̃paʀɛtʀ] v. intr. ▪ conjug. 57. ■ Se présenter par ordre. *Comparaître en jugement, en justice. Comparaître devant un juge* (⇒ **comparution**). ⟨ ▶ comparution ⟩

comparatif, ive [kɔ̃paʀatif, iv] adj. et n. m. **1.** Adj. Qui contient ou établit une comparaison. *Méthode, étude comparative.* **2.** N. m. *Le comparatif,* le second degré dans la signification des adjectifs. *Comparatif de supériorité* ⇒ **plus,** *d'égalité* ⇒ **aussi,** *d'infériorité* ⇒ **moins.** *Adjectifs, adverbes au comparatif. « Plus vieux », « moins longtemps » sont des comparatifs de « vieux », « longtemps ». Comparatif irrégulier* (ex. : *meilleur, pire*). ▶ ***comparativement*** adv. ■ Par comparaison. ⇒ fam. **comparé** à, avec. *Comparativement à autre chose. Il fait froid ce mois-ci, comparativement à l'année dernière.*

comparer [kɔ̃paʀe] v. tr. ▪ conjug. 1. **1.** Examiner les rapports de ressemblance et de différence de..., entre... ⇒ **confronter, rapprocher ; comparaison.** *Comparer un écrivain avec un autre, à un autre. Comparer plusieurs artistes entre eux.* — Sans compl. *Comparez avant de choisir.* **2.** Rapprocher en vue d'assimiler ; mettre en parallèle. *Comparer la vie à une aventure.* — Pronominalement. *Ces choses ne sauraient se comparer.* ▶ ***comparé, ée*** adj. **1.** Qui étudie les rapports entre plusieurs objets d'étude. *Anatomie comparée. Littérature comparée,* étudiant les influences, les échanges entre littératures. **2.** Loc. fam. *Comparé à, avec,* par comparaison, comparativement à, avec. ▶ ***comparatisme*** n. m. ■ Étude comparée. — Littérature comparée. ▶ ***comparatiste*** n. et adj. ■ Spécialiste d'une science comparée, de la littérature comparée. — Adj. *Une analyse comparatiste.* ⟨ ▶ comparable, comparaison, comparatif ⟩

comparse [kɔ̃paʀs] n. ■ Personne dont le rôle est secondaire, insignifiant. ⇒ **complice.** *Il a retrouvé ses comparses.*

compartiment [kɔ̃paʀtimɑ̃] n. m. **1.** Division pratiquée dans un espace pour loger des personnes ou des choses en les séparant. ⇒ **case.** *Coffre, tiroir à compartiments. Les compartiments pour les bagages à main.* **2.** Division d'une voiture de chemin de fer (voyageurs), délimitée par des cloisons. *Compartiment (pour) non-fumeurs.* **3.** Subdivision d'une surface (par des figures régulières). *Les compartiments d'un damier.* **4.** Abstrait. Division. ▶ ***compartimenter*** v. tr. ▪ conjug. 1. ■ Diviser en compartiments, par classes, par catégories nettement séparées. ⇒ **cloisonner.** *Une société très compartimentée.* ▶ ***compartimentage*** n. m.

comparution [kɔ̃paʀysjɔ̃] n. f. ■ Action de comparaître. *La comparution des témoins.*

compas [kɔ̃pɑ] n. m. invar. **1.** Instrument composé de deux branches jointes par une charnière et que l'on écarte plus ou moins pour mesurer des angles, tracer des circonférences. *Tracer un cercle au compas.* — Loc. *Avoir le compas dans l'œil,* juger à vue d'œil, avec une grande précision. **2.** Instrument formé d'une aiguille aimantée placée sur un pivot et portant la rose des vents, utilisé par les marins. ⇒ **boussole.** *Compas gyroscopique. Naviguer au compas.*

compassé, ée [kɔ̃pase] adj. ■ Dont le comportement est affecté et guindé. ⇒ **empesé.** *Un être compassé.* / contr. **naturel, simple** / *Manières compassées.*

compassion [kɔ̃pasjɔ̃] n. f. ■ Sentiment qui porte à plaindre et à partager les maux d'autrui. ⇒ **sympathie ; commisération, miséricorde, pitié.** *Avoir de la compassion pour qqn.* ⇒ **compatir.** / contr. **dureté, indifférence** /

compatible [kɔ̃patibl] adj. ■ Qui peut s'accorder avec autre chose, exister en même temps. ⇒ **conciliable.** *Des caractères compatibles. La fonction de ministre n'est pas compatible avec celle de président de compagnie.* / contr. **incompatible** / ▶ ***compatibilité*** n. f. ■ *Compatibilité d'humeur. Un micro-ordinateur compatible,* conforme à certaines normes techniques. ⟨ ▶ incompatible ⟩

compatir [kɔ̃patiʀ] v. tr. ind. ▪ conjug. 2. — COMPATIR À. ■ Avoir de la compassion pour (une souffrance). ⇒ s'**apitoyer,** s'**attendrir.** *Elle compatit à notre douleur.* ▶ ***compatissant, ante*** adj. ■ Qui prend part aux souffrances d'autrui. *Il est compatissant aux malheurs d'autrui. Un regard compatissant.* / contr. **dur, insensible** /

compatriote [kɔ̃patʀijɔt] n. ■ Personne originaire du même pays qu'une autre. *Nous sommes compatriotes. Aider une compatriote.* ⇒ **citoyen, concitoyen.**

compendium [kɔ̃pɑ̃djɔm] n. m. ■ Liste abrégée, résumé. ⇒ **condensé.** *Le ministère de la Santé et des Services sociaux vient de publier le compendium des médicaments.*

compenser [kɔ̃pɑ̃se] v. tr. ▪ conjug. 1. ■ Équilibrer (un effet par un autre). ⇒ **contrebalancer, corriger, neutraliser.** *Compenser une perte par un gain.* — Sans compl. *Pour compenser, je t'emmènerai au théâtre.*

— Pronominalement (récipr.). *Leurs caractères se compensent.* ▶ ***compensé, ée*** adj. ■ Équilibré. *Semelle compensée,* qui forme un seul bloc avec le talon (chaussures hautes). ▶ ***compensateur, trice*** adj. ■ Qui compense. *Bénéfice compensateur d'une perte. Indemnité compensatrice.* ▶ ***compensation*** n. f. **1.** Avantage qui compense (un désavantage). *Compensation reçue pour des services rendus, des dommages.* ⇒ **indemnité ; dédommagement, réparation.** — EN COMPENSATION : en revanche. ⇒ en **contrepartie.** *Si l'appartement est petit, en compensation nous avons une vue magnifique.* **2.** Action, fait de compenser, de rendre égal. *Compensation entre les gains et les pertes.* ‹ ▶ récompense ›

compère [kɔ̃pɛʀ] n. m. **1.** Vx. Terme d'amitié. Ami, camarade. *Compère le renard.* **2.** Celui qui, sans qu'on le sache, est de connivence avec qqn pour abuser le public ou faire une supercherie. ⇒ **acolyte, complice.** *Le prestidigitateur avait deux compères dans la salle.*

compétence [kɔ̃petɑ̃s] n. f. **1.** Connaissance approfondie, reconnue, qui confère le droit de juger ou de décider en certaines matières. ⇒ **capacité, qualité.** / contr. **incompétence** / *Avoir de la compétence, des compétences. Elle s'est occupée de cette affaire avec compétence. Cela n'entre pas dans mes compétences.* — Fam. Personne compétente. *C'est une compétence en la matière.* **2.** Aptitude légale ; aptitude d'une juridiction à instruire et juger un procès. *Cette affaire relève de la compétence fédérale.* ⇒ **attribution, domaine, ressort. 3.** Connaissance d'un système de règles par un sujet parlant une langue, qui le rend apte à produire ou à comprendre une infinité de phrases (opposé à performance). ▶ ***compétent, ente*** adj. **1.** Capable de bien juger d'une chose en vertu de sa connaissance approfondie en la matière. ⇒ **capable, expert, qualifié.** *Un critique compétent. Elle est compétente en archéologie.* / contr. **incompétent, nul** / **2.** Qui a la compétence légale, juridique. *Le tribunal compétent est la Cour suprême.* ‹ ▶ incompétence, incompétent ›

compétitif, ive [kɔ̃petitif, iv] adj. ■ Qui peut supporter la concurrence du marché. ⇒ **concurrentiel.** *Prix compétitifs.* ▶ ***compétition*** n. f. **1.** Recherche simultanée par deux ou plusieurs personnes d'un même avantage, d'un même résultat. ⇒ **concurrence, rivalité.** *Compétition entre partis politiques. Sortir vainqueur d'une compétition.* **2.** *Compétition sportive,* épreuve disputée entre plusieurs concurrents. ⇒ **match.** *Sport de compétition.*

compilateur, trice n. **1.** Didact. Personne qui réunit des documents dispersés. ⇒ **recherchiste. 2.** Péj. Auteur qui emprunte aux autres. ⇒ **plagiaire.** ▶ ***compilation*** n. f. ■ Rassemblement de documents. ▶ ***compiler*** v. tr. ■ conjug. 1. ■ Rassembler (des extraits, des documents, des informations) pour former un recueil, un ensemble. *Compiler les journaux. Elle compilait les statistiques du match.* ≠ *compulser.*

complainte [kɔ̃plɛ̃t] n. f. ■ Chanson populaire d'un ton plaintif. *Des complaintes de matelots.*

complaire [kɔ̃plɛʀ] v. tr. ind. ■ conjug. 54. **1.** Littér. *Complaire à qqn,* lui être agréable. / contr. **déplaire** / **2.** SE COMPLAIRE (À, DANS) v. pron. réfl. : trouver son plaisir, sa satisfaction. *Se complaire dans son erreur. Elles se sont complu à faire, à dire cela.* ⇒ **aimer.** ▶ ***complaisance*** [kɔ̃plɛzɑ̃s] n. f. **1.** Disposition à s'accommoder aux goûts, aux sentiments d'autrui pour lui plaire. *Attendre qqch. de la complaisance de qqn. Montrer de la complaisance.* ⇒ **amabilité, empressement, serviabilité.** — Péj. *Sourire, rire* DE COMPLAISANCE : en vue de plaire, peu sincère. *Certificat de complaisance,* délivré à une personne qui n'y a pas droit. *Médecin qui délivre des certificats de complaisance.* **2.** Sentiment dans lequel on se complaît par faiblesse, vanité. ⇒ **contentement, satisfaction.** *S'écouter, se regarder avec complaisance,* être content de soi. ⇒ **fatuité.** ▶ ***complaisant, ante*** adj. **1.** Qui a de la complaisance envers autrui. ⇒ **aimable, empressé, prévenant, serviable.** *Vous n'êtes pas très complaisant. Elle s'est montrée complaisante envers (pour) lui.* — *Personne complaisante,* qui ferme les yeux sur les intrigues galantes de son conjoint. **2.** Qui a ou témoigne de la complaisance envers soi-même. ⇒ **indulgent.** *Se regarder d'un œil complaisant.* ⇒ **satisfait.** ▶ ***complaisamment*** adv. ■ Avec ou par complaisance. *Il m'a écouté complaisamment.*

complément [kɔ̃plemɑ̃] n. m. **1.** Ce qui s'ajoute ou doit s'ajouter à une chose pour qu'elle soit complète. ⇒ **achèvement.** — *Un complément d'information. Fournir le complément d'une somme d'argent.* ⇒ **appoint. 2.** Mot ou proposition rattaché(e) à un autre mot ou à une autre proposition, pour en compléter ou en préciser le sens. *Mot employé en fonction de complément. Complément du nom, du verbe, de l'adjectif. Nature du complément : déterminatif, explicatif ; complément d'objet, d'attribution, de circonstance, d'agent* (avec un verbe passif). *Le complément indirect est introduit par une préposition.* **3.** *Complément d'un angle,* ce qu'il faut lui ajouter pour obtenir un angle droit. ▶ ***complémentaire*** adj. **1.** Qui apporte un complément. *Renseignement complémentaire.* / contr. **principal** / **2.** (⇒ **complément**, 3) *Angle, arc complémentaire.* **3.** Fam. *Élection complémentaire,* qui a lieu dans une circons-cription laissée vacante à la suite de la démission ou du décès de son député. ⇒ **partiel. 4.** *Couleurs complémentaires,* dont la combinaison donne la lumière blanche. ▶ ***complémenter*** v. tr. ■ conjug. 1. ■ Rendre complet ⇒ **compléter**, par un complément.

① ***complet, ète*** [kɔ̃plɛ, ɛt] adj. **1.** Auquel ne manque aucun des éléments qui doivent le constituer. / contr. **incomplet** / *Un assortiment complet. Les œuvres complètes de Nelligan. Aliment complet,* qui réunit tous les éléments nécessaires à l'organisme humain. *Pain complet,* qui renferme aussi du son. **2.** Qui a un ensemble achevé de qualités, de caractères. / contr. **imparfait** / *Donner une idée, une image complète de qqch. Une étude complète.* ⇒ **exhaustif.** *Ruine, destruction complète.* ⇒ **total.** — (Personnes) *Un joueur, un artiste complet,* sans lacune, sans défaut majeur. **3.** (Sens faible : avant ou après le nom) Qui possède tous les caractères de son genre. ⇒ **accompli, achevé, parfait.** *C'est un complet idiot. Il est tombé dans un complet discrédit, dans un discrédit complet.* **4.** Tout à fait réalisé. *Dans l'obscurité complète.* ⇒ **absolu.** — Écoulé. *Dix années complètes.* ⇒ **accompli, révolu. 5.** Avec toutes les parties, tous les éléments qui le composent en fait. ⇒ **entier, total.** *Son mobilier complet se réduit à deux chaises.* — N. m. AU (GRAND) COMPLET : en entier. ⇒ **intégralement.** *Le parti, au complet, a approuvé son chef.* ⇒ à l'**unanimité. 6.** Qui n'a plus de place disponible. ⇒ **bondé, bourré, plein.** *Stationnement, motel complet.* / contr. **libre, vide** / ▶ ***complètement*** adv. **1.** D'une manière complète. ⇒ **entièrement.** *Lire un ouvrage complètement.* **2.** Tout à fait, vraiment. *Il est complètement fou, idiot.* ‹ ▶ compléter, incomplet ›

② ***complet*** n. m. ■ Vêtement masculin en deux (ou trois) pièces assorties : veston, pantalon (et gilet). ⇒ **costume, habit.** *Des complets* ou *des complets-veston.*

compléter [kɔ̃plete] v. tr. ■ conjug. 6. **1.** Rendre complet. *Compléter une collection, l'assortiment d'un magasin. Elle complète ses études de droit,* elle les termine. *Nous compléterons le reste du trajet après le* *souper.* **2.** SE COMPLÉTER v. pron. récipr. : se parfaire en s'associant. *Leurs caractères se complètent.* — (Passif) Être complété. ▶ ***complétif, ive*** adj. ■ (Propositions) Qui joue le rôle d'un complément. — N. f. *Une complétive.*

① ***complexe*** [kɔ̃plɛks] adj. **1.** Qui contient, qui réunit plusieurs éléments différents. *Question, problème complexe* (⇒ **complexité**). **2.** Difficile, à cause de sa complication. ⇒ **compliqué.** / contr. **clair, simple** / ‹ ▶ complexité ›

② ***complexe*** n. m. ■ Ensemble des traits personnels, acquis dans l'enfance, doués d'une puissance affective et généralement inconscients. *Complexe d'infériorité,* ensemble des conduites manifestant une lutte contre un pénible sentiment d'infériorité. Fam. *Avoir des complexes,* être timide, manquer de confiance en soi. ⇒ **gêne.** *Ça lui donnait des complexes. Être sans complexes,* agir avec aplomb, assurance. / contr. **peureux** / ▶ ***complexé, ée*** adj. et n. ■ Fam. Timide, inhibé. ⇒ **gêné, pogné.** ‹ ▶ décomplexer ›

③ ***complexe*** n. m. ■ Grand ensemble industriel. *Un complexe minier.* — Ensemble d'industries concourant à une production particulière. *Un grand complexe industriel.* — Ensemble de bâtiments groupés en fonction de leur utilisation. *Un complexe universitaire, sportif, commercial. Le Complexe Desjardins. Le Complexe scientifique, à Québec.*

complexion [kɔ̃plɛksjɔ̃] n. f. ■ Littér. Constitution, tempérament. *Être d'une complexion délicate, faible.* ⇒ **nature.**

complexité [kɔ̃plɛksite] n. f. ■ État, caractère de ce qui est complexe. *Un problème d'une effroyable complexité.* ⇒ **complication, difficulté.** / contr. **simplicité** / *Cette agente de recherche occupe un poste de complexité supérieure,* qui exige une grande compétence dans le domaine.

complication [kɔ̃plikasjɔ̃] n. f. **1.** Caractère de ce qui est compliqué. *La complication d'une machine.* ⇒ **complexité.** *La situation est d'une complication inextricable.* / contr. **simplicité** / **2.** Concours de circonstances capables de créer des embarras, d'augmenter une difficulté. *Éviter, fuir les complications.* **3.** Au plur. Phénomènes morbides nouveaux, au cours d'une maladie. ⇒ **aggravation.** *Le médecin craint des complications. Des complications postopératoires,* consécutives à une intervention chirurgicale.

complice [kɔ̃plis] adj. et n. **1.** Qui participe avec qqn à une action répréhensible. *Être complice d'un vol.* **2.** Qui favorise l'accomplissement d'une chose. *Le silence, la nuit semblaient complices.* **3.** N. *L'auteur du crime et ses complices ont été arrêtés.* ⇒ **acolyte, comparse.** ▶ ***complicité*** n. f. **1.** Participation à la faute, au délit ou au crime commis par un autre. *Être accusé de complicité de meurtre.* **2.** Entente profonde, spontanée entre personnes. ⇒ **accord, connivence.** *Agir en complicité avec qqn. Une complicité muette.* / contr. **désaccord** /

complies [kɔ̃pli] n. f. pl. ■ Relig. catholique. La dernière heure de l'office divin (après les vêpres).

compliment [kɔ̃plimɑ̃] n. m. **1.** Paroles louangeuses que l'on adresse à qqn pour le féliciter. ⇒ **éloge, félicitation, louange.** / contr. **blâme** / *Faire des compliments à qqn. Tous mes compliments pour votre réussite ! Compliment sincère, hypocrite.* **2.** Paroles de politesse. *Je vous charge de mes compliments pour M. Untel.* **3.** Petit discours adressé à qqn pour lui faire honneur, souvent dit ou lu par un enfant. *Réciter un compliment en vers.* ▶ ***complimenter*** v. tr. ▪ conjug. 1. ■ Faire un compliment, des compliments à. ⇒ **féliciter.** *Complimenter qqn sur, pour son élégance. Complimenter un élève pour son succès à un examen.* / contr. **blâmer** / ▶ ***complimenteur, euse*** adj. et n. ■ Qui fait trop de compliments. ⇒ **flagorneur, flatteur.**

compliquer [kɔ̃plike] v. tr. ▪ conjug. 1. **1.** Rendre complexe et difficile à comprendre. ⇒ **embrouiller.** / contr. **simplifier** / *Ce n'est pas la peine de compliquer cette affaire.* **2.** SE COMPLIQUER v. pron. : devenir compliqué. ⇒ se **corser.** *La situation se complique ; ça se complique.* ▶ ***compliqué, ée*** adj. **1.** Qui possède de nombreux éléments difficiles à analyser. *Un mécanisme compliqué.* ⇒ **complexe.** / contr. ① **simple** / *Une histoire compliquée.* ⇒ **confus. 2.** Difficile à comprendre. / contr. **facile** / *Écoutez, ce n'est pas compliqué, vous prenez la première rue à droite.* **3.** Qui aime la complication. *Un esprit compliqué.* — N. Fam. *Vous, vous êtes un compliqué.* ‹ ▶ complication ›

complot [kɔ̃plo] n. m. ■ Projet concerté secrètement (contre qqn, contre une institution). *Faire, tramer, ourdir un complot. Tremper dans un complot contre l'État.* ⇒ **conjuration, conspiration, machination.** ▶ ***comploter*** v. ▪ conjug. 1. **1.** V. tr. ind. COMPLOTER DE : préparer par un complot. *Comploter de tuer qqn.* **2.** V. tr. dir. Préparer secrètement et à plusieurs. ⇒ **manigancer, tramer.** *Qu'est-ce que vous complotez là ?* **3.** V. intr. Conspirer, intriguer. *Comploter contre qqn.* ▶ ***comploteur, euse*** n. ■ ⇒ **conspirateur.**

componction [kɔ̃pɔ̃ksjɔ̃] n. f. ■ Gravité recueillie et affectée. *Il a servi le vin avec componction.* ⇒ **cérémonie.** / contr. **désinvolture** /

comporter [kɔ̃pɔʀte] v. tr. et pron. ▪ conjug. 1. **1.** V. tr. Permettre d'être, d'aller avec ; inclure en soi ou être la condition de. ⇒ **contenir, impliquer, inclure.** *Toute règle comporte des exceptions. Cette solution comporte de nombreux avantages.* **2.** Concret. Comprendre en soi. ⇒ **avoir.** *La maison comportait un sous-sol aménagé et deux étages.* ⇒ se **composer** de. **3.** SE COMPORTER v. pron. réfl. : se conduire, agir d'une certaine manière. ⇒ **comportement.** *Comment s'est-elle comportée devant cette nouvelle ?* ⇒ **réagir. 4.** V. pron. (Choses) Fonctionner, marcher. *Ma voiture se comporte très bien sur l'autoroute.* ▶ ***comportement*** n. m. **1.** Manière de se comporter. ⇒ **attitude, conduite, manière.** *Le comportement d'un auditoire. Le comportement d'un élève en classe.* **2.** Psychologie. Ensemble des réactions objectivement observables. *Psychologie du comportement.* **3.** (Choses) Manière de fonctionner, de réagir. *J'aime le comportement de ma traction avant sur une route glacée.*

composer [kɔ̃poze] v. ▪ conjug. 1. **I.** V. tr. **1.** Former par la réunion d'éléments. ⇒ **agencer, assembler, constituer.** / contr. **défaire** / *Composer un bouquet de fleurs.* — *Composer un livre, un poème.* ⇒ **créer, écrire.** *Composer une sonate* (⇒ **compositeur**). **2.** Assembler des caractères d'imprimerie pour former (un texte). *Composer un livre au plomb, avec la linotype* (machine à composer), *par photocomposition* ⇒ **photocomposer.** — *Composer un numéro de téléphone.* ⇒ fam. **pitonner, signaler. 3.** Élaborer, adopter (une apparence, un comportement). ⇒ **affecter.** *Composer son attitude, son maintien.* — Fig. pronominalement *Se composer une attitude,* ne rien laisser paraître (de sa joie, de son mécontentement...). **4.** (Suj. chose) Constituer en tant qu'élément. *Les pièces qui composent un service de vaisselle.* **II.** V. intr. **1.** S'accorder (avec qqn ou qqch.) en faisant des concessions. ⇒ **traiter, transiger.** *Composer avec l'ennemi.* **2.** Faire une composition (parfois, pour un examen). *Les élèves sont en train de composer.* **III. 1.** SE COMPOSER v. pron. passif : être formé. ⇒ **comporter, comprendre.** *La maison se compose de deux étages.* **2.** (ÊTRE) COMPOSÉ,

ÉE. *L'assemblée est composée de douze personnes.* ▶ ***composant, ante*** adj. et n. **1.** Qui entre dans la composition de qqch. *Corps composant.* ⇒ **élément.** — N. m. UN COMPOSANT : élément d'un corps composé. *L'hydrogène est un composant de l'eau.* — Élément qui entre dans la composition d'un circuit électronique. *L'industrie des composants. Un composant d'ordinateur.* **2.** N. f. UNE COMPOSANTE : en mécanique, partie, force qui se combine pour produire une résultante. — Élément d'un ensemble complexe. *Les composantes de la personnalité.* ▶ ***composé, ée*** adj. et n. m. **1.** Formé de plusieurs éléments. ⇒ **complexe.** / contr. **simple** / *Corps (chimique) composé,* formé par la combinaison de deux ou plusieurs corps simples. N. m. *Un composé chimique.* — *Mot composé,* (opposé à *dérivé*) formé de plusieurs mots ou précédé d'un préfixe (ex. : *antigel, chemin de fer, chou-fleur*). — N. m. *Les composés et les dérivés.* — *Temps composé* (opposé à *simple*), formé de l'auxiliaire (avoir, être) et du participe passé du verbe. **2.** N. m. Ensemble formé de parties différentes. ⇒ **amalgame, mélange.** ‹ ▶ composite, compositeur, composition, décomposer, surcomposé, recomposer ›

composite [kɔ̃pozit] adj. ■ Formé d'éléments très différents. *Style, mobilier composite. Une assemblée composite.* ⇒ **hétérogène.** / contr. **homogène, simple** /

compositeur, trice [kɔ̃pozitœʀ, tʀis] n. **1.** Personne qui compose des œuvres musicales. *Un grand, un célèbre compositeur.* ⇒ **musicien.** *Une chanteuse-compositrice. Un compositeur-interprète.* ⇒ **chansonnier. 2.** Personne qui compose des lignes et des pages avec des caractères d'imprimerie. ⇒ **typographe.**

composition [kɔ̃pozisjɔ̃] n. f. **I. 1.** Action ou manière de former un tout en assemblant plusieurs éléments ; disposition des éléments. ⇒ **agencement, arrangement, organisation, structure.** / contr. **analyse, décomposition** / *La composition d'un mélange. La composition d'un menu.* — *La composition d'une assemblée,* ce qui la compose. **2.** Imprimerie. Action de composer un texte. *La composition de ce livre est achevée* (⇒ **photocomposition**). **3.** Loc. (Personnes) *Être de bonne composition,* accommodant, facile à vivre. **II. 1.** Surtout en musique. Action de composer (une œuvre d'art) ; façon dont une œuvre est composée. *Pendant la composition de son opéra. Elle nous a montré des vers de sa composition.* — *Une composition,* l'œuvre composée. **2.** *Composition (française),* exercice scolaire de français et de littérature. ⇒ **dissertation, rédaction. 3.** (France) Épreuve scolaire comptant pour un classement, en toute matière. *Les compositions trimestrielles. Corriger des compositions. Composition d'histoire.* — Abrév. fam. *Compo,* n. f. *Des compos.* ‹ ▶ photocomposition ›

compost [kɔ̃pɔst] n. m. ■ Engrais formé par le mélange fermenté de débris organiques avec de la terre et des matières calcaires. ⇒ **humus, terreau.** *Une usine de compost.*

composter [kɔ̃pɔste] v. tr. ▪ conjug. 1. ■ Perforer à l'aide d'un composteur. *Autrefois on compostait les billets d'autobus.* — Au p. p. adj. *Billets compostés.* ▶ ***composteur*** n. m. ■ Appareil mécanique portant des lettres ou des chiffres amovibles et servant à perforer des billets de chemin de fer, des factures. ▶ ***compostage*** n. m. ■ Action de composter ; son résultat.

compote [kɔ̃pɔt] n. f. **1.** Entremets fait de fruits coupés en quartiers ou écrasés, cuits avec de l'eau et du sucre. *Une compote de pommes.* ≠ *confiture, marmelade.* **2.** Fam. *Avoir la tête, les membres en compote,* meurtris. ▶ ***compotier*** [kɔ̃pɔtje] n. m. ■ Plat en forme de coupe (utilisé d'abord pour servir de la compote).

compréhensible [kɔ̃pʀeɑ̃sibl] adj. **1.** Qui peut être compris. ⇒ **clair, intelligible.** *Expliquer qqch. d'une manière compréhensible.* **2.** Qui s'explique facilement. ⇒ **concevable.** *Une attitude compréhensible. C'est très compréhensible.* ⇒ **normal.** / contr. **incompréhensible** / ≠ *compréhensif.* ‹ ▶ incompréhensible. ›

compréhensif, ive [kɔ̃pʀeɑ̃sif, iv] adj. ■ (Personnes) Qui est apte à comprendre autrui. ⇒ **bienveillant, indulgent, tolérant.** *Des parents compréhensifs. C'est un professeur compréhensif, il vous excusera sûrement.* / contr. **bête, borné, incompréhensif** / ≠ *compréhensible.* ▶ ***compréhension*** n. f. **1.** Faculté de comprendre, de percevoir par l'esprit, par le raisonnement. *La compréhension du problème.* ⇒ **intelligence. 2.** (Choses) Possibilité d'être compris. ⇒ **clarté.** *La ponctuation est utile à la compréhension d'un texte.* **3.** Qualité par laquelle on comprend autrui. ⇒ **indulgence, tolérance.** *Être plein de compréhension à l'égard des autres.* ⇒ **compréhensif.** *Manquer, faire preuve de compréhension.* / contr. **incompréhension, intolérance** / ‹ ▶ incompréhensif, incompréhension ›

① ***comprendre*** [kɔ̃pʀɑ̃dʀ] v. tr. ▪ conjug. 58. **1.** (Suj. chose) Contenir en soi, être formé de (plusieurs éléments). ⇒ **comporter,** se **composer, compter, renfermer.** *Les Grands Lacs comprennent les lacs Huron, Érié, Ontario, Michigan et Supérieur.* **2.** (Suj. personne) Faire entrer dans un ensemble. ⇒ **intégrer.** *Le propriétaire a compris le chauffage et l'éclairage dans le prix du loyer.* — COMPRIS, ISE p. p. adj. ⇒ **inclus.** *Le pourboire est, n'est pas compris. Vingt dollars, tout compris.* — Loc. invar. Y COMPRIS *qqch., qqn* : qqch., qqn étant compris dans ce qu'on désigne. *Elle travaille tous les jours, y compris les dimanches, le dimanche. Tous frais payés, y compris les réparations.* — REM. Si le nom précède la locution, celle-ci s'accorde alors en genre et en nombre. *Tous frais payés, les réparations y comprises* (mais : y compris les réparations).

② ***comprendre*** v. tr. ▪ conjug. 58. (Suj. personne) **1.** Avoir une idée nette de ; saisir le sens de. ⇒ **pogner ;** fam. **clencher,** ② **piger.** *Fait de comprendre qqch.* ⇒ **compréhension.** *Chose facile à comprendre.* ⇒ **compréhensible.** *Chercher à comprendre ce qu'elle a dit. Comprendre une explication, une plaisanterie.* ⇒ **saisir.** — Sans compl. *Je comprends.* — *Tout comprendre. Comprendre qqch. à...,* comprendre un peu, en partie. *Comprends-tu quelque chose aux mathématiques ? Je n'y comprends rien. Faire comprendre.* ⇒ **démontrer, expliquer, montrer.** *Il parle mieux l'anglais qu'il ne le comprend.* — *Comprendre qqn,* ce qu'il dit, écrit. — Au p. p. adj. *Une leçon bien comprise.* **2.** Se faire une idée claire des causes, des motifs de (qqch.). ⇒ **saisir, sentir.** *Je comprends sa colère, ses raisons.* — COMPRENDRE QUE (+ subjonctif). *Je comprends qu'il soit furieux. Je ne comprends pas qu'il puisse s'ennuyer.* ⇒ **concevoir. 3.** Se rendre compte de (qqch.). ⇒ s'**apercevoir, voir.** *On comprenait enfin la gravité de la situation. Ah ! Je comprends !* (→ j'y suis, je vois !). COMPRENDRE POURQUOI, COMMENT (+ indicatif). COMPRENDRE QUE (+ indicatif). *Je compris qu'il s'ennuyait en ma présence.* **4.** Avoir une attitude compréhensive envers (qqch., qqn). *Comprendre la plaisanterie,* l'admettre sans se vexer. *Comprendre les choses,* avoir l'esprit large. *Je comprends ton père, il n'a pas tout à fait tort de se fâcher. Personne ne me comprend* (⇒ **incompris**). ▶ ***comprenette*** [kɔ̃pʀənɛt] ou ***comprenure*** [kɔ̃pʀənyʀ] n. f. ■ Fam. Faculté de comprendre. *Il a la comprenette un peu dure, rouillée.*

Loc. *Être dur de comprenure,* lent à obéir (⇒ **obstiné, têtu) ; lent d'esprit.** ‹ ▶ compréhensible, compréhensif, compréhension, incompris ›

compresse [kɔ̃pʀɛs] n. f. ■ Morceau de gaze, de linge fin plusieurs fois replié, que l'on applique sur une partie malade. ⇒ **pansement.** *Compresse stérilisée. Une compresse d'eau chaude, froide.*

compresser v. tr. ⇒ **compression.**

compresser [kɔ̃pʀese] v. tr. ▪ conjug. 1. **1.** Comprimer. *Compresser du gaz carbonique* (⇒ **compression**). / contr. **décompresser** / **2.** Réduire la vitesse d'un véhicule à l'aide du frein moteur. *Dans les pentes raides, il faut compresser.* **3.** Fig. Réduire, serrer. ⇒ **compacter.** *Le gouvernement va compresser le budget.* — Au p. p. adj. *Personnel compressé.* ‹ ▶ compresseur, compressible, compression, décompresser ›

compresseur [kɔ̃pʀesœʀ] n. m. et adj. m. **1.** Appareil qui comprime les gaz. *Le compresseur d'un moteur Diesel. Des compresseurs d'air.* **2.** ROULEAU COMPRESSEUR : véhicule muni d'un gros cylindre, employé dans les travaux publics. — Fig. *Le rouleau compresseur de l'administration a eu pour résultat une réduction de personnel.* ‹ ▶ turbocompresseur ›

compressible [kɔ̃pʀesibl] adj. **1.** Qui peut être comprimé. ⇒ **condensable.** *L'air est compressible.* **2.** Fig. Qui peut être diminué, restreint. *Des dépenses compressibles.* / contr. **incompressible** / ▶ ***compressibilité*** n. f. ■ *La compressibilité des gaz.* — Fig. *La compressibilité des effectifs, des dépenses.* ‹ ▶ incompressible ›

compression [kɔ̃pʀesjɔ̃] n. f. **1.** Action de comprimer ; son résultat. ⇒ **pression.** *La compression de l'air.* / contr. **dilatation** / **2.** Réduction forcée. ⇒ **compactage.** *La compression des dépenses. Il y a eu, à l'usine, une compression de personnel.* / contr. **augmentation** / — Réduction brusque de la vitesse d'un moteur. ⇒ **frein** moteur. *Avant de descendre la côte, la chauffeuse mit l'autobus sur la (en) compression.*

comprimer [kɔ̃pʀime] v. tr. ▪ conjug. 1. **1.** Exercer une pression sur (qqch.) et en diminuer le volume. ⇒ **compresser, presser, serrer ; compression.** *Comprimer une artère pour éviter l'hémorragie. Comprimer un objet entre deux choses.* ⇒ **coincer, écraser. 2.** Fig. Empêcher de se manifester. *Comprimer sa colère, ses larmes.* ⇒ **refouler, retenir.** / contr. **exprimer, extérioriser** / **3.** *Comprimer les dépenses,* les réduire ⇒ **compresser ; compression.** ▶ ① ***comprimé, ée*** adj. ■ Diminué de volume par pression. *Air comprimé.* ▶ ② ***comprimé*** n. m. ■ Pastille pharmaceutique faite de poudre comprimée. ⇒ ① **cachet.** *Prenez deux comprimés dans un verre d'eau.* ≠ *pilule.*

compris p. p. adj. ⇒ ① **comprendre.**

compromettre [kɔ̃pʀɔmɛtʀ] v. tr. ▪ conjug. 56. ■ Mettre dans une situation dangereuse, difficile, critique (en exposant au jugement d'autrui). ⇒ **exposer, impliquer.** *Compromettre qqn en l'engageant dans des affaires malhonnêtes. Compromettre sa santé, sa réputation.* ⇒ **risquer.** *Compromettre ses chances.* ⇒ **diminuer.** — Au passif et p. p. adj. (ÊTRE) COMPROMIS. *Les associés les plus compromis. Un ministre compromis dans une affaire de patronage.* ▶ ***compromettant, ante*** adj. ■ Qui compromet ou peut compromettre. *Il a des relations compromettantes. Un document compromettant. Ce n'est pas compromettant,* cela n'engage à rien. ▶ ***compromis*** [kɔ̃pʀɔmi] n. m. invar. ■ Arrangement suivant lequel on se fait des concessions mutuelles. ⇒ **accord, transaction.** *En arriver, consentir à un compromis. Il a fallu d'interminables discussions pour parvenir à un compromis.* ▶ ***compromission*** n. f. **1.** Action par laquelle on est compromis. *Sa compromission dans cette affaire pourrait briser sa carrière politique.* **2.** Acte par lequel on fait ce qu'on désapprouve moralement. *Elle n'accepte aucune compromission.*

comptable [kɔ̃tabl] adj. et n. **1.** Adj. Littér. Qui a des comptes à rendre ; responsable. *N'être comptable à personne de ses actions.* **2.** Qui concerne la comptabilité. *Plan comptable.* **3.** N. Personne dont la profession est de tenir les comptes. *Expert-comptable. Chef comptable. Une bonne comptable. Des comptables agréés (*abrév. C.A., n. m. invar. *Une C.A., des C.A.).* ▶ ***comptabiliser*** [kɔ̃tabilize] v. tr. ▪ conjug. 1. **1.** Inscrire dans la comptabilité. **2.** Prendre en compte dans un total. *Comptabiliser tous ses appels téléphoniques.* ▶ ***comptabilité*** [kɔ̃tabilite] n. f. **1.** Tenue des comptes ; ensemble des comptes tenus selon les règles. *La comptabilité d'une entreprise. Livres de comptabilité.* **2.** Service chargé d'établir les comptes. ⇒ **facturation.** *Le directeur, le chef de la comptabilité.* ‹ ▶ expert-comptable ›

comptage n. m. ; ***comptant*** adj. m., n. m. et adv. ⇒ **compter.**

compte [kɔ̃t] n. m. ≠ *comte, conte.* **1.** Action d'évaluer une quantité ⇒ **compter** ; cette quantité ⇒ **calcul, énumération.** *Faire un compte. Le compte exact des dépenses.* — Loc. *Compte à rebours.* ⇒ **rebours.** — Sports. Résultat, nombre de points. ⇒ **marque,** ② **pointage, score.** *Le compte final est de 3 à 2 pour le club local.* **2.** Énumération, calcul des recettes et des dépenses. ⇒ **comptabilité.** *Les comptes d'une entreprise. Les articles d'un compte. Vérifier un compte.* — Au plur. *Faire ses comptes. Livre de comptes. Les comptes de l'État.* ⇒ **vérificateur** général. — État de l'avoir et des dettes d'une personne, dans un établissement financier. *Faire ouvrir un compte dans une banque. Avoir un compte en banque. Compte courant,* sur lequel le client effectue les opérations les plus fréquentes (dépôts, retraits, chèques). *Un compte de chèques. Un compte d'épargne. Approvisionner, débiter son compte. Son compte est à découvert. Compte débiteur*, créditeur*.* — *Laisser une marchandise pour compte,* la laisser au vendeur. — Fig. *Un* LAISSÉ POUR COMPTE. ⇒ **laissé-pour-compte. 3.** (Argent dû) *Donner, régler son compte à un employé,* lui donner son dû ; le congédier. ⇒ **licencier, renvoyer.** — Fam. Facture. *Payer le compte du téléphone.* — Fam. RÉGLER SON COMPTE *à qqn* : lui faire un mauvais parti. RÈGLEMENT DE COMPTES : explication violente ; attentat, meurtre (spécialt dans le milieu du crime organisé). — *Son compte est bon,* il aura ce qu'il mérite. *Il a eu son compte,* tout ce qu'il pouvait supporter. **4.** À BON COMPTE : à bon prix. *En être quitte, s'en tirer à bon compte,* sans trop de dommage. **5.** *Elle y trouve son compte.* ⇒ **avantage, bénéfice, intérêt, profit. 6.** Loc. À CE COMPTE-LÀ : d'après ce raisonnement. *Au bout du compte,* tout bien considéré. EN FIN DE COMPTE : après tout, pour conclure. Fam. *Fichez-nous la paix, à la fin du compte.* — *Être* LOIN DU COMPTE (du total) : se tromper de beaucoup. — TOUT COMPTE FAIT : tout bien considéré. **7.** Loc. AU COMPTE DE *(à son compte), pour le compte de qqn* : pour qqn. *Travailler à son compte,* travailler pour soi, être autonome. *Partir* (une entreprise) *à son compte,* démarrer son propre commerce après avoir été employé. *Pour mon compte,* en ce qui me concerne. — *Il n'y a rien à dire sur son compte,* à son sujet. METTRE *qqch.* SUR LE COMPTE DE *qqch. On a mis son erreur sur le compte de la fatigue.* ⇒ **attribuer, imputer. 8.** TENIR COMPTE DE *qqch.* : prendre en considération, accorder de l'importance à. — COMPTE TENU DE : si l'on tient compte de, étant donné. **9.** *Demander des comptes,* RENDRE COMPTE, *des comptes* : demander, faire le rapport de ce que l'on a fait, de ce que l'on a vu, pour faire savoir, expliquer ou justifier. ⇒ **explication, rapport.** *N'avoir de comptes à rendre à personne. Rendre compte de sa mission.* ⇒ **compte rendu.** — SE RENDRE COMPTE. ⇒ s'**apercevoir, comprendre, découvrir, remarquer, voir.** *Se rendre compte d'une chose. Elle s'est rendu compte de son erreur. Je me rends compte que vous êtes mécontent.* ▶ ***compte rendu*** [kɔ̃tʀɑ̃dy] n. m. ■ Texte par lequel on rend compte, on expose. *Faire le compte rendu d'une réunion. Des comptes rendus de livres, de films,* leur analyse critique. ⟨ ▶ laissé-pour-compte ⟩

compte-gouttes [kɔ̃tgut] n. m. invar. **1.** Petite pipette en verre servant à doser des médicaments. *Des compte-gouttes.* **2.** Loc. *Au compte-gouttes,* en très petite quantité à la fois. *Fournir des indications au compte-gouttes.*

compter [kɔ̃te] v. ▪ conjug. 1. **I.** V. tr. **1.** Déterminer (une quantité) par le calcul ; établir le nombre de. ⇒ **chiffrer, dénombrer.** *Compter les spectateurs d'un théâtre. Compter une somme d'argent. Compter les points d'une partie de billard* (⇒ **compte**). — Pronominalement (passif). *Ses erreurs ne se comptent plus,* sont innombrables. **2.** Mesurer avec parcimonie. *Compter l'argent que l'on dépense.* — Au p. p. adj. *Marcher à pas comptés.* **3.** Mesurer. *Compter les jours, les heures,* trouver le temps long. — Loc. *Il faut compter plusieurs heures pour faire cela,* plusieurs heures sont nécessaires. *Il faut compter mille dollars pour la réparation de la voiture.* — Au passif. Loc. *Ses jours sont comptés,* il lui reste peu de temps à vivre. ⇒ fam. **décompter.** **4.** Comprendre dans un compte, un total. ⇒ **inclure.** *Ils étaient quatre, sans compter les enfants. N'oubliez pas de me compter. Un club qui compte de nombreux partisans.* **5.** Sports. Marquer un ou des points. ⇒ **scorer.** *Il a compté deux buts.* Sans compl. *Il lance et compte.* V. intr. *Compter dans un filet désert.* **6.** Avoir l'intention de (+ infinitif). *Elle compte pouvoir partir demain.* ⇒ **espérer, penser.** — (Avec *que* + indicatif) *Je compte bien qu'il viendra. Je comptais qu'il viendrait.* ⇒ s'**attendre, croire.** **7.** SANS COMPTER QUE : sans considérer que. **II.** V. intr. **1.** Calculer. *Compter sur ses doigts. Cet enfant sait lire, écrire et compter. Elle compte jusqu'à vingt-cinq. Donner, dépenser, recevoir* SANS COMPTER : généreusement. **2.** COMPTER AVEC *qqn, qqch.* : tenir compte de. *Il faut compter avec l'opinion.* **3.** COMPTER SUR : pouvoir disposer de, s'appuyer sur. *Je compte sur un remboursement d'impôt. Comptez sur moi. — Elles comptent l'une sur l'autre,* elles se font confiance. — Y COMPTER. *J'y compte bien,* je l'espère bien. **4.** Avoir de l'importance. ⇒ **importer.** *Cela compte peu, ne compte pas.* — Fam. *Compter pour du beurre,* ne pas compter. **5.** Être (parmi). *Compter parmi, au nombre de, faire partie de.* ⇒ **figurer.** *Compter parmi les meilleurs,* être au nombre des meilleurs. **6.** À COMPTER DE : à partir de. *À compter d'aujourd'hui.* ≠ *conter.* ▶ ***comptage*** [kɔ̃taʒ] n. m. ■ Fait de compter. ⇒ **dénombrement, recensement.** *Faire un comptage rapide. Le comptage des voitures circulant sur une route.* ▶ ***comptant*** [kɔ̃tɑ̃] adj. m., n. m. et adv. **1.** Adj. Que l'on compte sur-le-champ. *Argent comptant,* payé immédiatement et en espèces (opposé à *chèque, à terme, à tempérament*). — Loc. *Prendre qqch. pour (de l')argent comptant, pour du comptant,* croire trop facilement ce qui est dit. **2.** Loc. *Au comptant,* en argent comptant. *Acheter, vendre au comptant* (opposé à *à crédit*). **3.** Adv. *Payer, régler comptant,* en argent comptant. ⇒ **cash.** / contr. par **chèque,** par **carte** de crédit / ▶ ***compte-tours*** [kɔ̃ttuʀ] n. m. invar. ■ Appareil comptant les tours faits par l'arbre d'un moteur, dans un temps donné. ⇒ **tachymètre.** ▶ ***compteur, euse*** [kɔ̃tœʀ, øz] n. **1.** N. m. Appareil servant à compter, à mesurer en unités un temps (une vitesse, un volume...). *Le compteur (du taxi) indique 7,50 $. Faire du cent (kilomètres) à l'heure au compteur* (de vitesse). ⇒ **odomètre.** *Compteur Geiger,* qui compte les particules émises par un corps radioactif. *Des compteurs Geiger.* — Appareil servant à mesurer des consommations domestiques. *Compteur à gaz, à eau, d'électricité. Relever le compteur.* **2.** Sports. Joueur qui marque un ou des points, spécialt au hockey. ⇒ **marqueur,** ③ **pointeur, scoreur ; buteur.** *Le meilleur compteur de son équipe.* — En appos. *Un champion compteur,* le joueur qui remporte le titre de meilleur pointeur au cours d'une saison. ≠ *conteur.* ⟨ ▶ acompte, comptable, compte, compte-gouttes, comptine, comptoir, décompte, mécompte, recompter ⟩

comptine [kɔ̃tin] n. f. ■ Chanson enfantine (chantée ou parlée) servant à désigner le joueur, la joueuse à qui sera attribué un rôle particulier dans un jeu (ex. : *Am, stram, gram*).

comptoir [kɔ̃twaʀ] n. m. **1.** Table, support long et étroit, sur lequel le marchand reçoit l'argent (et le comptait), montre les marchandises. *Le comptoir d'un magasin. Comptoir (d'un débit de boissons),* table longue et étroite sur laquelle sont servies les consommations. ⇒ **bar, zinc.** *J'ai pris un café au comptoir.* **2.** COMPTOIR (DE CUISINE) : surface de travail fixe située à proximité de l'évier. *Un comptoir de cuisine prémoulé. Préparer les légumes sur le comptoir. Nettoyer le comptoir. — Le comptoir de salle de bains,* la surface plane à proximité du lavabo. **3.** Installation commerciale d'une entreprise dans un pays éloigné ; entente entre producteurs pour la vente de leurs produits. *Comptoir de vente en commun.* ⇒ **coopérative.** ▶ ***comptoir-lunch*** n. m. ■ Restaurant ou section d'un restaurant où l'on peut prendre des repas rapides assis sur un tabouret devant une table longue et étroite. ⇒ **casse-croûte.** *S'arrêter dans un comptoir-lunch pour dîner. Des comptoirs-lunch.*

compulser [kɔ̃pylse] v. tr. ▪ conjug. 1. ■ Consulter, examiner, feuilleter. *Compulser des notes pour retrouver un renseignement.* ≠ *compiler.* ▶ ***compulsif, ive*** adj. et n. ■ Qui ne peut s'empêcher de faire qqch. *Un joueur de carte compulsif. Une acheteuse compulsive.*

comte [kɔ̃t] n. m. ■ Titre de noblesse qui, dans la hiérarchie nobiliaire, prend rang après le marquis et avant le vicomte. ≠ *compte, conte.* ▶ ***comté*** n. m. **1.** (France) Domaine dont le possesseur prenait le titre de comte. *Terre érigée en comté.* **2.** (Canada, États-Unis, Angleterre, Commonwealth) Division territoriale, administrative ou électorale. ⇒ **division** de recensement. *Le comté de Laurier. Le comté de Kent en Angleterre. Le shérif du comté de Lafayette dans le Wisconsin (É.-U.).* — Fam. Circonscription électorale fédérale ou provinciale. *Le comté de Chauveau. La députée de notre comté est ministre. — Municipalité régionale de comté,* territoire administratif regroupant des municipalités ou des territoires non organisés, sur lequel s'exerce une autorité définie par une loi. ⇒ **M.R.C.** *Le Fjord-du-Saguenay est une municipalité régionale de comté du Saguenay-Lac-Saint-Jean.* — Vx. *Un conseil de comté,* les maires des municipalités rattachés à un comté. ▶ ***comtesse*** n. f. ■ Femme possédant le titre équivalant à celui de comte. — Femme d'un comte. ⟨ ▶ vicomte ⟩

con, conne [kɔ̃, kɔn] n. et adj. Fam. et vulg. **1.** N. Terme d'injure. Imbécile, idiot. ⇒ ③ **cave, niaiseux.** *Faire le con. Quelle bande de cons ! C'est une conne. Maudits cons !* **2.** Adj. *Elle est vraiment con, conne.* — REM. L'adj. s'emploie aussi à la forme masculine avec un sujet féminin. — *Une histoire conne.* — Impers. *C'est* *con,* c'est bête. *C'est con qu'il ne soit pas venu.* **3.** Loc. À LA CON : mal fait, inepte. ⇒ **quétaine ;** fam. ③ **cave,** à la **noix.** *Un film à la con.* ‹ ▸ connerie, déconner ›

con- (et ***col-, com-, cor-***) ■ Préfixe signifiant « avec ». ⇒ **co-.**

concasser [kɔ̃kɑse] v. tr. ▪ conjug. 1. ■ Réduire (une matière solide) en petits fragments. ⇒ **broyer, écraser.** *Concasser du poivre. Concasser de la pierre.* — Au p. p. adj. *Du sucre concassé.* ▸ ***concassage*** n. m. ■ *Le concassage des pierres.* ▸ ***concasseur*** n. m. ■ Appareil servant à concasser. ▸ ***concassé*** n. m. ■ Pierres réduites en fragments, petits cailloux. ⇒ **gravelle, gravier, gravillon.** *Faire venir un voyage de concassé. Mélanger du concassé au ciment.*

concave [kɔ̃kav] adj. ■ Qui présente une surface courbe en creux. *Surface, miroir concave.* / contr. **convexe** / ▸ ***concavité*** n. f. ■ Forme concave ; cavité, creux. *Les concavités d'un rocher.*

① ***concéder*** [kɔ̃sede] v. tr. ▪ conjug. 6. ■ Accorder (qqch.) à qqn comme une faveur. ⇒ **céder, donner, octroyer.** *On concède un privilège. Ce droit lui a été concédé pour deux ans.* ‹ ▸ ① concession ›

② ***concéder*** v. tr. ▪ conjug. 6. ■ Dans une discussion, céder sur (un point). ⇒ ② **concession.** *Je vous concade ce point. Concdez que j'ai raison sur ce point.* — Sports. *Concder un but à l'quipe adverse.* ⇒ ① **accorder, allouer, donner.** / contr. **contester, refuser** / ‹ ▸ ② concession ›

concentrer [kɔ̃sɑ̃tʀe] v. tr. ▪ conjug. 1. **1.** Réunir en un point (ce qui était dispersé). *Concentrer des troupes,* rassembler, réunir. / contr. **disperser** / *Concentrer le tir sur un point donné.* **2.** Diminuer la quantité d'eau contenue dans (un liquide). *Concentrer un bouillon.* / contr. **diluer** / **3.** Appliquer avec force sur un seul objet. *Concentrer son énergie, son attention.* — SE CONCENTRER v. pron. réfl. *Se concentrer sur un problème. Taisez-vous, je me concentre.* ▸ ***concentré, ée*** adj. **1.** Qui contient une faible proportion d'eau (opposé à *léger*). *Du bouillon concentré. Du lait concentré.* ⇒ **condensé.** — N. m. *Un concentré de tomate.* — Fam. *C'est du concentré,* c'est très dense. **2.** Dont l'esprit est accaparé par qqch., attentif. *Avoir l'air concentré.* / contr. **distrait** / ▸ ***concentration*** n. f. **1.** Réunion en un centre, en un même lieu. *La concentration des troupes en un point du territoire.* ⇒ **rassemblement.** *Concentration économique,* réunion (d'entreprises) sous une direction commune. / contr. **dispersion** / — Loc. *Camp* de concentration.* **2.** Ce qui réunit des éléments assemblés. *Les grandes concentrations urbaines.* ⇒ **agglomération. 3.** Chimie. Le fait de concentrer ou d'être concentré. *Point, degré de concentration* (rapport entre la quantité d'un corps et sa solution). **4.** Abstrait. Application de tout l'effort intellectuel sur un seul objet. *Concentration d'esprit. Ce travail exige une grande concentration.* ⇒ **attention, réflexion.** / contr. **dispersion, distraction, éparpillement** / ▸ ***concentrationnaire*** adj. ■ Relatif aux camps de concentration, à la répression pénitentiaire massive. — *L'univers concentrationnaire.*

concentrique [kɔ̃sɑ̃tʀik] adj. **1.** (Courbes, cercles, sphères) Qui a un même centre. *Trois enceintes concentriques de murailles.* **2.** *Mouvement concentrique,* vers le centre.

concept [kɔ̃sɛpt] n. m. **1.** Idée générale ; représentation mentale d'un objet ou d'un ensemble d'objets ayant des caractères communs. ⇒ ① **conception, notion.** *Le concept d'arbre, de liberté. Les concepts scientifiques, philosophiques et les notions de la vie courante. Le terme qui désigne un concept.* **2.** Idée efficace. *Un tout nouveau concept publicitaire.* ‹ ▸ conceptuel ›

① ***conception*** [kɔ̃sɛpsjɔ̃] n. f. ■ Façon de concevoir ①, de comprendre ou d'imaginer, de prévoir (qqch.). *Il a une curieuse conception du travail en groupe. Conception artistique, technique. Conception assistée par ordinateur.* ⇒ **C.A.O.** — Chose conçue ; idée, plan. *Des conceptions hardies.* ⇒ **idée, vue.** ▸ ***concepteur, trice*** n. ■ Personne qui recherche des idées nouvelles (mode, publicité, mise en scène, etc.). *Elle travaille comme conceptrice dans une agence de publicité.*

② ***conception*** n. f. ■ Formation d'un nouvel être dans l'utérus maternel à la suite de la réunion d'un spermatozoïde et d'un ovule ; moment où un enfant (un petit) est conçu. ⇒ **fécondation, génération ;** ② **concevoir.** — (Avec une majusc.) *L'Immaculée Conception,* la Vierge Marie, conçue exempte du péché originel. — Cette fête (8 décembre). ‹ ▸ anticonceptionnel ›

conceptuel, elle adj. ■ Du concept, relatif au concept. ⇒ **notionnel.** *Une image conceptuelle. Un classement conceptuel,* par concept.

concerner [kɔ̃sɛʀne] v. tr. ▪ conjug. 1. ■ (Suj. chose) Avoir rapport à, s'appliquer à. ⇒ **intéresser, regarder, toucher.** *Voici une lettre qui vous concerne. Cela ne vous concerne pas,* ce n'est pas votre affaire. — EN CE QUI CONCERNE... : dans le domaine de... ▸ ***concernant*** prép. ■ À propos, au sujet de. ⇒ **touchant.** *Des mesures concernant la circulation des véhicules.*

concert [kɔ̃sɛʀ] n. m. **1.** Séance musicale. *Concert donné par un seul musicien.* ⇒ **audition, récital.** *Aller au concert. Salle de concerts. — Assister à un concert-bénéfice* (⇒ **-bénéfice**). **2.** Loc. *Le concert des nations,* leurs relations, leurs liens vus comme une unité. — DE CONCERT loc. adv. : en accord. ⇒ **conjointement,** ② de **conserve, ensemble.** *Elles ont agi de concert.* **3.** *Des concerts de louanges, d'approbations, de bénédictions,* des louanges, etc., nombreuses et concordantes. ‹ ▸ café-concert, concertiste, concerto ›

concerter [kɔ̃sɛʀte] v. tr. ▪ conjug. 1. **1.** Projeter ensemble, en discutant. ⇒ **arranger, conjuguer, organiser.** *Concerter un projet, une décision.* — Au p. p. adj. *Un plan concerté.* — SE CONCERTER v. pron. récipr. : s'entendre, se consulter pour agir de concert. **2.** Décider après réflexion. — Au p. p. adj. *Une étourderie concertée,* une fausse étourderie, un acte voulu ayant l'apparence d'une étourderie. ▸ ***concertation*** n. f. ■ Fait de se concerter, de discuter ensemble. — Son résultat. *La concertation des grandes puissances.* ‹ ▸ déconcerter ›

concertiste [kɔ̃sɛʀtist(ə)] n. ■ Musicien qui donne des concerts. ⇒ **soliste.**

concerto [kɔ̃sɛʀto] n. m. ■ Composition en forme de sonate, pour orchestre et un instrument soliste. *Concerto pour piano (violon) et orchestre. Des concertos.*

① ***concession*** [kɔ̃sɛsjɔ̃] n. f. **1.** Attribution par une collectivité de terrains ou des ressources du sous-sol pour les mettre en valeur. *Des concessions de mines.* ⇒ **cession. 2.** Terre concédée. *Concession pétrolière, forestière.* — Terrain d'un cimetière, loué ou acheté. *Une concession familiale.* **3.** Ensemble des lots qui forment un rang. **4.** Au plur. Anciennt. Terres à cultiver données par l'État à ceux qui allaient s'installer dans des régions ouvertes à la colonisation. *Les colons des concessions de l'Abitibi.* **5.** Au plur. Partie plus ou moins éloignée d'une localité ou d'une municipalité rurale. *Elle est née dans les concessions.* — Vieilli. Péj. *Habiter dans les concessions,* loin des villes, de la civilisation. ⇒ fam. **creux.** ▸ ***concessionnaire*** n. **1.** Personne qui a obtenu une concession de terrain à exploiter, de travaux à exécuter. — Adj. *Société concessionnaire.*

2. Intermédiaire qui a reçu un droit exclusif de vente dans une région. ⇒ **dépositaire.** *Les concessionnaires d'une marque d'automobiles.*

② **concession** n. f. ■ Fait d'abandonner à son adversaire un point de discussion, de concéder ② ; ce qui est abandonné. *Faire une concession à son adversaire. Elles se sont fait des concessions mutuelles.* ⇒ **compromis.**

① **concevoir** [kɔ̃səvwaʀ] v. tr. ▪ conjug. 28. **1.** Former (un concept). ⇒ ① **conception.** *L'esprit conçoit les idées.* **2.** Avoir une idée claire de. ⇒ **comprendre, saisir.** *Je ne conçois pas ce qu'il veut dire.* Pronominalement. *Cela se conçoit facilement.* CONCEVOIR QUE (+ indicatif). *Je conçois que tu es fatigué* (je me rends compte que) ; (+ subjonctif) *Je conçois que tu sois fatigué* (je comprends). **3.** Créer par l'imagination. ⇒ **imaginer, inventer.** *Concevoir un projet, un dessein.* — Au passif et au p. p. adj. *Cet ouvrage est bien conçu. Un plan ainsi conçu.* **4.** Éprouver (un état affectif). *Concevoir de l'amitié pour qqn.* ▸ **concevable** [kɔ̃səvabl] adj. ■ Qu'on peut imaginer, concevoir ; que l'on peut comprendre. ⇒ **compréhensible, imaginable.** *Cela n'est pas concevable.* ⇒ **pensable.** *Il est très concevable que...* / contr. **improbable, inconcevable** / ‹ ▸ inconcevable, préconçu ›

② **concevoir** v. tr. ▪ conjug. 28. ■ Former (un enfant) dans son utérus par la conjonction d'un ovule et d'un spermatozoïde ; devenir, être enceinte. ⇒ **engendrer ;** ② **conception.** *Concevoir un enfant.* — Sans compl. *Femme qui ne peut plus concevoir.* — Au passif et au p. p. adj. *Un bébé conçu en éprouvette.*

concierge [kɔ̃sjɛʀʒ] n. ■ Personne qui a la garde et l'entretien d'un immeuble, d'une maison importante. ⇒ **gardien, portier.** *La concierge est dans l'escalier. L'appartement du concierge.* ▸ **conciergerie** n. f. ■ Fam. Immeuble d'habitation divisé en appartements. ⇒ fam. **bloc-appartements.** *Elle est propriétaire de plusieurs conciergeries.*

concile [kɔ̃sil] n. m. ■ Assemblée des évêques de l'Église catholique. *Les décisions, les actes d'un concile.* ▸ **conciliaire** adj. ■ D'un concile. *Décisions conciliaires. Les Pères conciliaires,* les évêques réunis en concile.

conciliabule [kɔ̃siljabyl] n. m. ■ Conversation où l'on chuchote, comme pour se confier des secrets.

concilier [kɔ̃silje] v. ▪ conjug. 7. **1.** V. tr. Faire aller ensemble, rendre harmonieux (ce qui était très différent, contraire). ⇒ **harmoniser.** / contr. **opposer** / *Concilier les opinions. Comment concilier des intérêts divergents ? — Concilier la richesse du style avec (et) la simplicité.* ⇒ **allier, réunir. 2.** Littér. Réconcilier (des personnes). / contr. **diviser** / **3.** V. pron. SE CONCILIER *qqn* : le disposer favorablement envers soi. *Se concilier l'amitié de qqn. Elle s'est concilié les bonnes grâces de son professeur.* ⇒ s'**attirer, gagner.** ▸ **conciliant, ante** adj. ■ Qui est porté à maintenir la bonne entente avec les autres, par des concessions ②. ⇒ **accommodant, coulant.** *Il est d'un caractère conciliant. Prononcer des paroles conciliantes.* ⇒ **apaisant.** ▸ **conciliateur, trice** n. ■ Personne qui s'efforce de concilier des personnes entre elles. ⇒ **arbitre, médiateur.** *Jouer les conciliateurs.* ▸ **conciliation** n. f. **1.** Action de concilier des opinions, des intérêts ; son résultat. ⇒ **arbitrage, médiation.** — *Faire preuve d'un esprit de conciliation.* ⇒ **conciliant. 2.** Règlement amiable d'un conflit. ‹ ▸ inconciliable, irréconciliable, réconcilier ›

concis, ise [kɔ̃si, iz] adj. ■ Qui s'exprime en peu de mots. ⇒ **bref, dense, dépouillé, laconique, sobre, succinct.** *Pensée claire et concise. Écrivain concis.* / contr. **diffus, prolixe** / ▸ **concision** n. f. ■ Qualité de ce qui est concis. ⇒ **brièveté, sobriété.** *La concision du style, de la pensée.*

concitoyen, enne [kɔ̃sitwajɛ̃, ɛn] n. ■ Citoyen du même État, d'une même ville (qu'un autre). ⇒ **compatriote.** *Mes chers concitoyens.*

conclave [kɔ̃klav] n. m. ■ Assemblée des cardinaux pour élire un nouveau pape.

conclure [kɔ̃klyʀ] v. tr. ▪ conjug. 35. **I.** V. tr. dir. **1.** Amener à sa fin par un accord. *Conclure qqch. avec qqn.* ⇒ **régler, résoudre.** *Conclure une affaire, un marché. Les deux clubs ont conclu un échange. Conclure un traité, la paix.* ⇒ **signer.** — Au p. p. adj. *Marché conclu.* **2.** Terminer (un discours, un ouvrage). ⇒ **conclusion.** *Il a conclu son livre par une citation.* — Sans compl. *Concluez !* / contr. **commencer** / **3.** CONCLURE QUE (+ indicatif) : tirer (une conclusion). *Je conclus que vous avez tort.* **II.** V. tr. ind. **1.** CONCLURE DE : tirer (une conséquence) de prémisses données. ⇒ **démontrer.** *Conclure de qqch. à qqch. Conclure de la beauté du style à l'intérêt de l'œuvre. J'en conclus que tu étais coupable.* **2.** CONCLURE À : tirer (une conclusion, un enseignement). *Les enquêteurs concluent à l'assassinat.* — Décider. *Les juges conclurent à l'acquittement.* ▸ **concluant, ante** adj. ■ Qui apporte une preuve irréfutable. *Argument concluant.* ⇒ **convaincant, décisif, probant.** *Expérience concluante. Une démarche concluante.* ⇒ **fructueux.** ▸ **conclusion** n. f. **1.** Arrangement final (d'une affaire). ⇒ **règlement, solution.** *La conclusion d'une affaire, d'un traité.* — Fin. *Les événements approchent de la (de leur) conclusion.* **2.** Ce qui termine (un récit, un ouvrage). ⇒ **dénouement, épilogue, fin.** / contr. **début, introduction** / *La conclusion d'un discours, d'un livre. La conclusion d'une fable.* ⇒ **morale. 3.** Jugement qui suit un raisonnement. *Sa conclusion est fausse. Déduire, tirer une conclusion de qqch.* ⇒ **enseignement.** *Arriver à la conclusion que...* — EN CONCLUSION loc. adv. : pour conclure, en définitive. ⇒ **ainsi, donc.**

concocter [kɔ̃kɔkte] v. tr. ▪ conjug. 1. ■ Plaisant. Préparer, élaborer soigneusement. *Elle nous a concocté un plat extraordinaire. Il leur a concocté un beau discours.*

concombre [kɔ̃kɔ̃bʀ] n. m. ■ Plante herbacée rampante (cucurbitacée) ; son fruit, qui se consomme comme légume ou en hors-d'œuvre (cru). *Salade de concombres. Petits concombres à la russe.* ⇒ **cornichon.**

concomitant, ante [kɔ̃kɔmitɑ̃, ɑ̃t] adj. ■ Qui accompagne un autre fait, coïncide avec lui. ⇒ **coexistant, simultané.** *Symptômes concomitants d'une maladie. Tenue concomitante de deux ateliers de travail dans un colloque. Cours concomitant* (opposé à *préalable*).

① **concordance** [kɔ̃kɔʀdɑ̃s] n. f. **1.** Fait d'être semblable, de correspondre aux mêmes idées, de tendre au même résultat. ⇒ **accord, conformité ; concorder.** / contr. **désaccord ; contradiction** / *La concordance de deux situations.* ⇒ **ressemblance, similitude.** *La concordance de deux témoignages. Mettre ses actes* EN CONCORDANCE *avec ses principes.* **2.** *Concordance des temps,* règle subordonnant le choix du temps du verbe dans certaines propositions complétives à celui du temps dans la proposition complétée (ex. : *Je regrette qu'il vienne ; je regrettais qu'il vînt. Si j'avais su, je ne serais pas venu*).

② **concordance** n. f. ■ Index alphabétique des mots contenus dans un texte, avec l'indication des passages où ils se trouvent (pour comparer). *Concordance de la Bible.*

concordant, ante [kɔ̃kɔʀdɑ̃, ɑ̃t] adj. ■ Surtout au plur. Qui concorde(nt). *Témoignages concordants.* / contr. **discordant, opposé** /

concordat [kɔ̃kɔʀda] n. m. ■ Accord écrit à caractère de compromis. ⇒ **convention.** *Concordat entre le pape et un État souverain.*

concorder [kɔ̃kɔʀde] v. intr. ▪ conjug. 1. **1.** Être semblable ; correspondre au même contenu. ⇒ en **accord** avec. *Les renseignements, les témoignages concordent.* ⇒ **correspondre ; concordant.** *Faire concorder des chiffres.* **2.** Pouvoir s'accorder. *Concorder avec... Ses projets concordent avec les nôtres. Leurs caractères ne concordent pas.* ▶ ***concorde*** n. f. ■ Paix qui résulte de la bonne entente ; union des volontés. ⇒ **accord, entente.** *Un esprit de concorde. La concorde ne règne pas toujours entre eux.* / contr. **discorde, dissension** / ‹ ▶ ① concordance, ② concordance, concordant, concordat ›

① ***concourir*** [kɔ̃kuʀiʀ] v. tr. ind. ▪ conjug. 11. — CONCOURIR À. **1.** Tendre à un but commun ; contribuer avec d'autres à un même résultat. ⇒ **collaborer,** ② **conspirer** à. *Ces efforts concourent au même but.* **2.** (Directions) Converger. ▶ ① ***concours*** [kɔ̃kuʀ] n. m. invar. **1.** Fait d'aider, de participer. ⇒ **collaboration.** *Prêter son concours à un projet.* **2.** Loc. CONCOURS DE CIRCONSTANCES : rencontre de circonstances, hasard (heureux ou non). ⇒ **coïncidence.**

② ***concourir*** v. intr. ▪ conjug. 11. ■ Entrer, être en compétition pour obtenir un prix, un emploi promis aux meilleurs (⇒ **concours ; concurrent**). *Elle va concourir pour le championnat mondial.* ▶ ② ***concours*** n. m. **1.** Épreuve dans laquelle plusieurs candidats entrent en compétition pour un nombre limité de places, de récompenses. *Les candidats d'un concours. La fonction publique recrute des employés par voie de concours. Un concours de beauté.* — Suite d'épreuves organisées ⇒ **jeu** et dotées de prix. *Grand concours publicitaire.* **2.** Compétition sportive. *Concours hippique.* ‹ ▶ hors-concours ›

concret, ète [kɔ̃kʀɛ, ɛt] adj. et n. m. **1.** Qui peut être perçu par les sens ou imaginé ; qui correspond à un élément de la réalité. / contr. **abstrait** / *Exemple concret* (portant sur un cas particulier). *Un nom concret,* qui désigne un être ou un objet. / contr. **abstrait** / *Rendre concret.* ⇒ **concrétiser.** *Tirer d'une situation des avantages concrets.* ⇒ **matériel, réel.** *Ils ont pris des mesures concrètes pour améliorer la situation.* **2.** N. m. LE CONCRET : qualité de ce qui est concret ; ensemble des choses concrètes. ⇒ **réel.** — DANS LE CONCRET : en référence à la réalité concrète. / contr. dans l'**abstrait** / ▶ ***concrètement*** adv. **1.** Relativement à ce qui est concret. / contr. **abstraitement** / **2.** En fait, en pratique. ⇒ **pratiquement.** *Concrètement, quel avantage en tirez-vous ?* ▶ ***concrétiser*** v. tr. ▪ conjug. 1. ■ Rendre concret (ce qui était abstrait). ⇒ **matérialiser.** *Concrétiser sa pensée par des exemples. Concrétiser un projet.* — Pronominalement (passif). SE CONCRÉTISER : devenir concret, réel. *Ses espoirs se concrétisent.* ⇒ se **matérialiser,** se **réaliser.** ▶ ***concrétisation*** n. f. ■ Fait de (se) concrétiser. ⇒ **matérialisation, réalisation.** *La concrétisation d'un rêve.* — Son résultat.

concrétion [kɔ̃kʀesjɔ̃] n. f. ■ Réunion de parties en un corps solide ; ce corps. *Concrétion calcaire, pierreuse.*

conçu, ue p. p. adj. ⇒ **concevoir.**

concubinage [kɔ̃kybinaʒ] n. m. ■ État d'un homme et d'une femme qui vivent comme mari et femme sans être mariés (opposé à *union légitime*). ⇒ **union** libre ; s'**accoter ; conjoint** de fait. *Ils vivent en concubinage* (ils sont *concubins*).

concupiscence [kɔ̃kypisɑ̃s] n. f. ■ Penchant aux plaisirs des sens. *Concupiscence de la chair.* ⇒ **sensualité.** ▶ ***concupiscent, ente*** adj. et n. m. ■ Littér. ou plaisant. Empreint de concupiscence. *Regard concupiscent.* / contr. **chaste, pur** /

concurrence [kɔ̃kyʀɑ̃s] n. f. **1.** Littér. Rivalité entre plusieurs personnes, plusieurs forces poursuivant un même but. ⇒ **compétition, rivalité.** *Entrer en concurrence avec qqn.* **2.** Rapport entre producteurs, commerçants qui se disputent une clientèle. *Libre concurrence. Concurrence déloyale. Des prix défiant toute concurrence,* très bas. — Ensemble des concurrents. **3.** Loc. JUSQU'À CONCURRENCE DE : jusqu'à ce qu'une somme parvienne à en égaler une autre. *Il doit rembourser jusqu'à concurrence de dix mille dollars.* ▶ ***concurrencer*** v. tr. ▪ conjug. 3. ■ Faire concurrence à (qqn, qqch.). *Elle les concurrence dangereusement.* ▶ ***concurrentiel, ielle*** adj. ■ Où la concurrence (2) s'exerce. *Marchés concurrentiels. Prix concurrentiels,* qui permettent de soutenir la concurrence. ⇒ **compétitif.** ▶ ***concurrent, ente*** n. et adj. **1.** Personne en concurrence avec une autre, d'autres. ⇒ **adversaire, émule, rival.** *Éliminer, vaincre un concurrent. Concurrent malheureux.* ⇒ **participant.** *Les concurrents ont tous pris part au concours, à l'épreuve.* ⇒ **candidat.** **2.** Fournisseur, commerçant qui fait concurrence à d'autres. *Son concurrent vend moins cher que lui.* — Adj. *Les entreprises concurrentes.* ▶ ***concurremment*** [kɔ̃kyʀamɑ̃] adv. **1.** Conjointement, de concert. *Agir concurremment avec qqn. Dans certains pays, on emploie concurremment deux langues.* **2.** En concurrence avec qqn d'autre. *Ils se présentèrent concurremment pour un emploi.*

condamner [kɔ̃dane] v. tr. ▪ conjug. 1. **1.** Frapper d'une peine, faire subir une punition à (qqn), par un jugement. *Condamner un coupable à une peine. Il a été condamné pour meurtre.* / contr. **acquitter** / — N. m. *Un condamné.* **2.** Obliger (à une chose pénible). ⇒ **forcer, obliger.** *L'état de nos finances nous condamne à l'économie. Être condamné à l'inaction. Ses fractures le condamnent à rester couché plusieurs mois.* **3.** Interdire ou empêcher formellement (qqch.). *La loi condamne la bigamie.* **4.** Faire en sorte qu'on n'utilise pas (un lieu, un passage). *Condamner une porte, une pièce.* — Au p. p. adj. *Ouverture condamnée. Maison condamnée,* abandonnée et dont toutes les ouvertures sont obstruées avec des planches, des panneaux. **5.** Blâmer avec rigueur. ⇒ **réprouver.** *Condamner la violence. Les grammairiens condamnent ce mot.* ⇒ **proscrire.** / contr. **recommander** / ▶ ***condamné, ée*** adj. et n. **1.** ⇒ **condamner.** **2.** Qui n'a aucune chance de guérison, va bientôt mourir. *Un malade condamné.* ⇒ **incurable, perdu.** ▶ ***condamnable*** adj. ■ Qui mérite d'être condamné. ⇒ **blâmable, critiquable, répréhensible.** *Action, attitude, opinion condamnable.* / contr. **louable** / ▶ ***condamnation*** n. f. **1.** Décision de justice qui condamne une personne à une obligation ou à une peine. *Condamnation pour vol. Infliger une condamnation à qqn.* ⇒ **peine, sanction.** *Condamnation à la prison.* / contr. **acquittement** / **2.** Action de blâmer (qqn ou qqch.). ⇒ **attaque, critique.** *Ce livre est la condamnation du régime actuel.* / contr. **éloge** /

condenser [kɔ̃dɑ̃se] v. tr. ▪ conjug. 1. **1.** Rendre (un fluide) plus dense ; réduire à un plus petit volume. ⇒ **comprimer, compresser, réduire.** / contr. **dilater** / *Condenser un gaz par pression.* — Pronominalement. *Le brouillard se condense en gouttes.* — Au p. p. adj. *Lait condensé,* concentré. **2.** Réduire, ramasser (l'expression de la pensée). *Condenser un récit.* ⇒ **abréger, dépouiller.** — Au p. p. adj. *Texte condensé.* (⇒ **condensé**). ▶ ***condensable*** adj. ■ Qui peut être condensé (1). ⇒ **compressible.** ▶ ***condensé*** n. m. ■ Discours ou écrit réduit aux points essentiels. ⇒ **abrégé, compendium, résumé.** ▶ ***condensateur*** n. m. ■ Appareil permettant d'accumuler de l'énergie électrique. ⇒ **accumulateur.** ≠ *condenseur.* — REM. Dans certains domaines (optique, photographie), *condensateur* et *condenseur* sont synonymes. ▶ ***condensation*** n. f. **1.** Phénomène par lequel un gaz, une vapeur, diminue de volume et augmente de densité. / contr. **dilatation** / *Condensation de l'air par pression. Condensation de la vapeur d'eau en buée, en rosée.* **2.** Accumulation d'énergie électrique sur une surface. ⇒ **condensateur.** ▶ ***condenseur*** n. m. ■ Techniques. Appareil dans lequel se fait une condensation (1). ≠ *condensateur.*

condescendre [kɔ̃de(ɛ)sɑ̃dʀ] v. tr. ind. ▪ conjug. 41. ■ CONDESCENDRE À : daigner consentir (avec hauteur). *Il ne condescendra pas à cela, à nous parler.* ▶ ***condescendance*** n. f. ■ Supériorité bienveillante mêlée de mépris. ⇒ **arrogance, hauteur.** *Un air de condescendance insupportable.* ▶ ***condescendant, ante*** adj. ■ Hautain, supérieur. ⇒ **suffisant ;** fam. **baveux.** *Un sourire, un ton condescendant.*

condiment [kɔ̃dimɑ̃] n. m. ■ Substance de saveur forte destinée à relever le goût des aliments. ⇒ **assaisonnement, épice.** *Les câpres, le poivre sont des condiments.* — Moutarde assaisonnée, assez douce.

condisciple [kɔ̃disipl] n. m. ■ Compagnon d'études. *Ils furent condisciples au collège.* ⇒ **camarade, collègue, confrère.**

condition [kɔ̃disjɔ̃] n. f. **I. 1.** Rang social, place dans la société. ⇒ **classe.** *L'inégalité des conditions sociales. Être de condition modeste.* **2.** Situation où se trouve un être vivant (notamment l'être humain). *La condition humaine.* ⇒ **destinée, sort.** *La condition féminine.* **3.** État passager, relativement au but visé. EN *(bonne, mauvaise)* CONDITION *(pour)* : dans un état favorable à. *Cet élève est en bonne condition pour passer son examen,* bien préparé. *La condition physique d'un athlète.* ⇒ **forme. 4.** Loc. METTRE EN CONDITION : préparer les esprits (par la propagande). ⇒ **conditionner.** — *Se mettre en condition,* en forme physiquement. **II. 1.** État, situation, fait dont l'existence est indispensable pour qu'un autre état, un autre fait existe. *Remplir les conditions exigées. C'est une condition nécessaire, suffisante.* — *Les conditions d'un échange,* les clauses. **2.** *Dicter, poser ses conditions.* ⇒ **exigence.** — *Se rendre* SANS CONDITION : sans restriction, purement et simplement. **3.** Loc. À (LA) CONDITION *de* (+ infinitif). ⇒ ① **si.** *Vous partirez en vacances, à condition de réussir votre examen. À (la) condition que* (+ indicatif futur ou subjonctif), pourvu que. *Vous pouvez faire une promenade à la condition que vous serez, que vous soyez à l'heure pour le repas.* — SOUS CONDITION. *Faire qqch. sous condition,* en respectant certaines conditions préalables. **4.** Au plur. Ensemble de faits dont dépend qqch. ⇒ **circonstance(s).** *Les conditions de vie dans un milieu donné. Les conditions atmosphériques. Dans de bonnes, de mauvaises conditions. Elle travaille dans de bonnes conditions. Les conditions d'admission au cégep. Dans ces conditions,* dans ce cas. — *Conditions de prix. Obtenir des conditions avantageuses.* ▶ ***conditionnel, elle*** adj. et n. m. **1.** Qui dépend de certaines conditions, d'événements incertains. ⇒ **hypothétique.** / contr. **absolu, inconditionnel** / *Promesse conditionnelle. Liberté conditionnelle* (pour un détenu). **2.** *Le mode conditionnel.* — N. m. *Le conditionnel,* mode du verbe (comprenant un temps présent et deux passés) exprimant un état ou une action subordonnée à quelque condition (ex. : *J'irais* si vous le vouliez). — Se dit aussi du futur dans le passé, employé dans la concordance des temps (ex. : J'affirmais *qu'il viendrait*). ▶ ***conditionnellement*** adv. ■ Sous une ou plusieurs conditions. ⟨ ▶ conditionner, inconditionnel ⟩

conditionner [kɔ̃disjɔne] v. tr. ▪ conjug. 1. **1.** Préparer, traiter (des produits) selon certaines règles, avant de les présenter au public. ⇒ **emballer, présenter, traiter.** *Conditionner des produits, des articles,* pour l'expédition et la vente. **2.** (Suj. chose) Être la condition de. *Son retour conditionne mon départ,* de son retour dépend* mon départ. **3.** Influencer moralement ou intellectuellement (qqn). — Au passif. *Ils ont été conditionnés par la propagande.* ▶ ***conditionné, ée*** adj. **1.** Soumis à des conditions. **2.** Qui a subi un conditionnement. *Produits conditionnés.* **3.** AIR CONDITIONNÉ. ⇒ **air.** ▶ ***conditionnement*** n. m. **1.** Fait de conditionner (1). *Le conditionnement du blé.* — Emballage et présentation (d'un produit) pour la vente. *Le conditionnement d'un médicament.* **2.** *Conditionnement d'air.* ⇒ **climatisation. 3.** Fait de conditionner (3). *Le conditionnement du public par les médias.* ⇒ **conditionner. 4.** *Le conditionnement physique,* le fait de faire des exercices physiques (culture, éducation physiques).

condo n. m. ⇒ **condominium** (abrév.).

condoléances [kɔ̃dɔleɑ̃s] n. f. pl. ■ Expression de la part que l'on prend à la douleur de qqn. ⇒ **sympathie.** *Présenter, offrir ses condoléances à l'occasion d'un deuil.*

condom [kɔ̃dɔm] n. m. ■ Préservatif masculin. ⇒ fam. **capote.** *Des condoms.*

condominium [kɔ̃dɔminjɔm] n. m. ■ Anglic. Forme de copropriété* d'un immeuble. — Immeuble, appartement acquis selon le mode de copropriété. *Habiter dans un condominium.* — Abrév. fam. CONDO, n. m. *Visiter des condos. Acheter, louer un condo.*

condor [kɔ̃dɔʀ] n. m. ■ Oiseau rapace de très grande taille, au plumage noir, frangé de blanc aux ailes. ⇒ **vautour.** *Le condor des Andes. Des condors.*

① ***conducteur, trice*** [kɔ̃dyktœʀ, tʀis] n. **1.** Personne qui dirige, mène. *Un conducteur d'hommes,* chef, guide. **2.** Personne qui conduit (des animaux, un véhicule ⇒ **chauffeur**). *Un conducteur de bestiaux. Conducteur, conductrice de camions.* ⇒ **camionneur, routier.** *Conducteur d'automobile.* ⇒ **automobiliste, chauffeur. 3.** CONDUCTEUR DE TRAVAUX : contremaître.

② ***conducteur*** adj. m. **1.** Qui conduit. *Fil conducteur.* **2.** *Les corps conducteurs,* ceux qui laissent passer le courant électrique, la chaleur (opposé à *isolants*). *Certains corps deviennent conducteurs (de l'électricité) à très basse température* (supraconducteurs). *Le fer est un bon conducteur de l'électricité.* ▶ ***conduction*** [kɔ̃dyksjɔ̃] n. f. ■ Physique. Transmission de la chaleur, de l'électricité dans un corps conducteur. ⟨ ▶ semiconducteur ⟩

conduire [kɔ̃dɥiʀ] v. tr. ▪ conjug. 38. — REM. Part. passé *conduit, ite.* **I. 1.** Mener (qqn) quelque part. ⇒ **accompagner, emmener, guider,** ① **reconduire.** *Conduire qqn chez le médecin. Conduire un enfant à l'école. Elle s'est fait conduire à la gare. Se laisser conduire comme un enfant,* faire preuve d'une docilité extrême. **2.** Diriger (un animal, un véhicule). *Conduire une voiture.* ⇒ **chauffer** (I, 2). — Sans compl. *Savoir conduire. Apprendre à conduire. Permis* de conduire.* **3.** (Choses) Faire passer, transmettre. *Corps qui conduisent la chaleur, l'électricité.* ⇒ ② **conducteur. 4.** (Choses) Faire aller (quelque part). *Ses traces nous ont conduits jusqu'ici.* — Sans compl. *Cette route conduit à la ville.* ⇒ **mener. 5.** Faire agir, mener en étant à la tête. ⇒ **commander, diriger.** *Conduire une entreprise. Le chef conduit l'orchestre symphonique.* **6.** Abstrait. Entraîner (à un sentiment, un comportement). *Conduire qqn au désespoir.* ⇒ **pousser, réduire. II.** SE CONDUIRE v. pron. réfl. : agir, se comporter. *Les* façons de se conduire. ⇒ ① conduite. Se conduire mal. Ils se sont conduits comme des imbéciles. ▶ **conduit** n. m. ■ Canal étroit, tuyau par lequel s'écoule un fluide. ⇒ **tube** ; ② **conduite.** *Conduit d'eau. Conduit souterrain.* — (Dans le corps humain) *Conduit auditif, lacrymal.* ▶ ① **conduite** n. f. **I. 1.** Action de conduire qqn ou qqch. ; son résultat. ⇒ **accompagnement.** *Sous la conduite de qqn.* Fam. *Je vais faire un bout, un brin de conduite avec vous,* vous accompagner. — Action de conduire une automobile. *La conduite en ville, sur route. Suivre des cours de conduite.* **2.** *Une* CONDUITE INTÉRIEURE : une automobile entièrement couverte. **II. 1.** Action de diriger, de commander. ⇒ **commandement, direction.** *Laissez-lui la conduite de cette affaire.* **2.** Façon d'agir, manière de se comporter. ⇒ **attitude, comportement.** *Une conduite étrange. Bonne, mauvaise conduite* (⇒ **inconduite**). *La conduite d'un élève en classe,* sa façon d'observer la discipline scolaire. *Zéro de conduite.* ▶ ② **conduite** n. f. ■ Canalisation. *Conduite d'eau* ⇒ **aqueduc**, *de gaz* ⇒ **gazoduc**. ‹ ▶ ① conducteur, ② conducteur, éconduire, inconduite, ① reconduire ›

cône [kon] n. m. **1.** Figure géométrique à base circulaire ou elliptique, terminée en pointe (⇒ **conique**). — *Cône d'un volcan,* formé par les laves refroidies autour de la cheminée. — *Cône de sécurité* ou *cône de déviation,* balise (de couleur orange) que l'on installe dans les lieux dangereux (routes, chantiers) pour avertir du danger ou dévier la circulation. **2.** Fruit des conifères. ⇒ ③ **cocotte.** *Des cônes de sapin.* ‹ ▶ conifère, conique, tronconique ›

confection [kɔ̃fɛksjɔ̃] n. f. **1.** Préparation (d'un plat, d'un mélange). *La confection d'un plat. Des tartes de sa confection.* **2.** *La confection,* l'industrie des vêtements qui ne sont pas faits sur mesure. *Vêtements de confection.* ⇒ **prêt-à-porter.** *Maison de confection. Être dans la confection.* ▶ **confectionner** v. tr. ■ conjug. 1. ■ Faire, préparer. *Confectionner un plat.* ⇒ **cuisiner** ; plaisant. **concocter.** *Il lui a confectionné une veste de laine.*

confédération [kɔ̃fedeʀasjɔ̃] n. f. **1.** Union de plusieurs États qui s'associent tout en gardant leur souveraineté. ⇒ **fédération.** *La Confédération canadienne,* l'association politique formée par les dix provinces du Canada qui, tout en conservant certains pouvoirs, sont soumises à un pouvoir central. ⇒ **fédéralisme.** *Célébrer la Confédération,* la Fête du Canada, le 1er juillet. *Les Pères de la Confédération.* — *La Confédération helvétique,* la Suisse. **2.** Groupement d'associations, de fédérations, etc. *La Confédération des syndicats nationaux (C.S.N.).* ⇒ **syndicat.** ▶ **confédéral, ale, aux** adj. ■ De la confédération. ▶ **confédéré, ée** adj. et n. **1.** Adj. Réuni. ⇒ **fédéré** en confédération. *Les cantons suisses sont confédérés.* **2.** (Aux États-Unis) N. *Les Confédérés,* les Sudistes, opposés aux Fédéraux (Nordistes) pendant la guerre de Sécession américaine.

conférence [kɔ̃feʀɑ̃s] n. f. **1.** Assemblée de personnes discutant d'un sujet important. ⇒ **assemblée, congrès.** *Conférence diplomatique, internationale ; conférence au sommet.* — Réunion de travail (dans une entreprise). *Le directeur est en conférence avec ses collaborateurs.* ⇒ en **réunion. 2.** Discours, causerie où l'on traite en public une question. *Faire, donner une conférence.* **3.** CONFÉRENCE DE PRESSE : réunion où une ou plusieurs personnalités s'adressent aux journalistes puis répondent à leurs questions. *Le premier ministre a donné, a tenu une conférence de presse.* ▶ **conférencier, ière** n. ■ Personne qui parle en public, qui fait des conférences (2). ‹ ▶ téléconférence, vidéoconférence ›

① **conférer** [kɔ̃feʀe] v. tr. ■ conjug. 6. **1.** Accorder (qqch. à qqn) en vertu du pouvoir qu'on a de le faire. ⇒ **attribuer.** *Conférer un grade, un titre.* **2.** (Suj. chose) Donner. *Les privilèges que confère l'âge.*

② **conférer** v. tr. ind. ou intr. ■ conjug. 6. ■ Littér. S'entretenir sur un sujet. ⇒ **parler.** *Conférer de son affaire avec son avocat.* ‹ ▶ conférence ›

confesser [kɔ̃fɛse] v. tr. ■ conjug. 1. **I.** *Confesser qqch.* **1.** Relig. catholique. Déclarer (ses péchés) au prêtre, dans le sacrement de la pénitence. *Il a confessé ses péchés.* — Pronominalement (réfl.). *Se confesser* (à un prêtre). **2.** Déclarer spontanément, reconnaître pour vrai (qqch. qu'on a honte de [ou réticence à] confier). ⇒ **avouer, reconnaître.** *Confesser son erreur, ses torts. Il confessa son crime.* **3.** Littér. Proclamer (sa croyance). **II.** *Confesser qqn.* **1.** Entendre en confession. *Le prêtre qui la confesse.* **2.** Fam. Faire parler. *Son frère se charge de le confesser.* ▶ **confesse** n. f. ■ À (LA) CONFESSE. *Aller à (la) confesse,* aller se confesser. ⇒ en **confession.** ▶ **confesseur** n. m. ■ Prêtre à qui l'on se confesse. ▶ **confession** n. f. **1.** Aveu de ses péchés à un prêtre. ⇒ **confesse, pénitence.** *Entendre qqn en confession. Le secret absolu de la confession.* — Fam. *On lui donnerait le bon Dieu sans confession,* se dit d'une personne d'apparence vertueuse (et trompeuse). **2.** Déclaration que l'on fait (d'un acte blâmable) ; action de se confier. ⇒ **aveu ; confidence.** *Confession complète, entière, sans réticences. La confession d'un crime, d'une faute.* — CONFESSIONS : titre d'ouvrages où l'auteur expose avec franchise les fautes, les erreurs de sa vie. *« Les Confessions » de saint Augustin, de Jean-Jacques Rousseau.* **3.** Religion, croyance. ⇒ **confessionnalité ; confessionnel.** ▶ **confessionnal, aux** n. m. ■ Relig. catholique. Lieu fermé dans lequel le prêtre, séparé du pénitent par une grille, entend sa confession. *Des confessionnaux.* ▶ **confessionnel, elle** adj. ■ Relatif à une confession (3), à une religion. *Querelles confessionnelles.* ⇒ **religieux.** *École confessionnelle,* que fréquentent les élèves d'une religion déterminée (opposé à *laïque*). *Des écoles non confessionnelles.* ▶ **confessionnalité** n. f. ■ Caractère confessionnel. *Une école de confessionnalité catholique.* ⇒ **confession** (3). — (Personnes) *Être de confessionnalités différentes.*

confetti [kɔ̃fɛti] n. m. ■ Petite rondelle de papier coloré qu'on lance par poignées pendant les mariages, les fêtes. *Des confettis.*

confiance [kɔ̃fjɑ̃s] n. f. **1.** Espérance ferme, assurance d'une personne qui se fie à qqn ou à qqch. ⇒ **foi, sécurité.** / contr. **crainte, défiance, doute** / *Avoir une confiance absolue en (qqch., qqn). Elle a une entière confiance en son médecin. J'ai confiance dans la capacité de mes collaborateurs. Avoir confiance dans un remède. Il est très consciencieux, vous pouvez lui faire confiance. Donner, témoigner sa confiance. Gagner, obtenir, mériter, perdre, tromper la confiance de qqn.* / contr. **méfiance** / — *Homme, personne* DE CONFIANCE : à qui l'on se fie. ⇒ **sûr.** — *Poste de confiance,* qui exige une personne sûre. — *De confiance* loc. adv., sans doute ni méfiance. *Acheter qqch. de confiance, en (toute) confiance.* **2.** Sentiment de sécurité d'une personne qui compte sur elle-même. ⇒ **assurance, hardiesse.** *Manquer de confiance (en soi).* **3.** Sentiment de sécurité qui règne dans le public. *Le nouveau gouvernement a fait renaître la confiance.* **4.** *Vote de confiance,* à l'Assemblée nationale, à la Chambre des communes, vote favorable au gouvernement. / contr. **blâme** / ▶ **confiant, ante** adj. **1.** Qui a confiance en qqn ou en qqch. *Être confiant dans le succès.* **2.** Qui a confiance en soi. *Il attend, confiant et tranquille.* **3.** Enclin à la confiance, à l'épanchement. *Caractère trop confiant.* ⇒ **bonasse, crédule.** / contr. **défiant, méfiant** /

confidence [kɔ̃fidɑ̃s] n. f. **1.** Communication d'un secret qui concerne soi-même. ⇒ **confession.** *Faire une confidence à qqn.* ⇒ se **confier.** *Elle n'a pas reçu de confidences.* **2.** Loc. *Dans la confidence,* dans le secret. — EN CONFIDENCE loc. adv. : secrètement. ▶ ***confident, ente*** n. ■ Personne qui reçoit les plus secrètes pensées de qqn. ⇒ **confesseur.** *Être le confident des projets de qqn. Une confidente discrète.* — Théâtre. Personnage secondaire qui reçoit les confidences des principaux personnages. ▶ ***confidentiel, ielle*** adj. ■ Qui se dit, se fait sous le sceau du secret. *Avis, document, entretien confidentiel, ultra-confidentiel.* ⇒ **secret.** ▶ ***confidentiellement*** adv. ▶ ***confidentialité*** n. f. ■ Caractère confidentiel de qqch. *La confidentialité d'une décision.*

confier [kɔ̃fje] v. tr. ▪ conjug. 7. **1.** Remettre (qqn, qqch.) aux soins d'une personne dont on est sûr. ⇒ **abandonner, laisser.** *Confier l'un de ses enfants à un ami. Confier une mission à qqn.* **2.** Communiquer (qqch. de personnel) sous le sceau du secret. *Confier ses secrets à un ami.* — Pronominalement (réfl.). *Se confier.* ⇒ **confidence.**

configuration [kɔ̃figyʀasjɔ̃] n. f. ■ Didact. Forme extérieure (d'une chose). *La configuration du terrain.*

confiner [kɔ̃fine] v. tr. ▪ conjug. 1. **1.** V. tr. ind. Toucher aux limites. ⇒ **confins.** *Les prairies qui confinent à la rivière.* — Fig. *Sa docilité confine à la bêtise.* **2.** V. tr. dir. Forcer à rester dans un espace limité. ⇒ **enfermer.** *Il voudrait confiner les femmes dans leur rôle de mères de famille.* — SE CONFINER v. pron. réfl. *Se confiner chez soi.* ⇒ s'**isoler.** — *Se confiner dans un rôle.* ⇒ se **cantonner.** ▶ ***confiné, ée*** adj. **1.** ⇒ **confiner (2).** *Elle reste confinée dans sa chambre.* **2.** *Atmosphère confinée,* renfermée. ▶ ***confinement*** n. m. ■ ⇒ **confiner** (2). ⟨ ▶ confins ⟩

confins [kɔ̃fɛ̃] n. m. pl. ■ Parties d'un territoire situées à son extrémité, à sa frontière. ⇒ **limite.** *La Gaspésie aux confins du Québec.*

confire [kɔ̃fiʀ] v. tr. ▪ conjug. 37. – Rare sauf à l'indicatif et au p. p. ■ Préparer (des fruits) dans du sucre. ⇒ **confit.** ⟨ ▶ confiserie, confit, confiture ⟩

confirmer [kɔ̃fiʀme] v. tr. ▪ conjug. 1. **1.** CONFIRMER *qqn* DANS : rendre (qqn) plus ferme, plus assuré. ⇒ **affermir, encourager, fortifier.** *Nous l'avons confirmé dans sa résolution. Confirmer qqn dans son emploi, ses fonctions.* **2.** Rendre certain, affirmer l'exactitude, l'existence de (qqch.). ⇒ **assurer, certifier, corroborer.** *Confirmer l'exactitude d'un fait.* / contr. **démentir, nier** / — CONFIRMER QUE (+ indicatif ou conditionnel). *Je vous confirme qu'il ne viendra pas. On nous a confirmé que le spectacle était annulé. Les résultats confirment que...* ⇒ **démontrer, prouver.** — *L'exception confirme la règle.* — Pronominalement. *La nouvelle se confirme.* **3.** Conférer le sacrement de la confirmation (2) à. — Au passif et au p. p. adj. *Elle est confirmée. Enfants confirmés.* — N. *Les confirmés.* ▶ ***confirmation*** n. f. **1.** Ce qui rend une chose plus certaine. ⇒ **affirmation, certitude.** / contr. **annulation, démenti** / *La confirmation d'une nouvelle, d'une promesse. Confirmation officielle. Il est absent de Montréal pour quelques mois, j'en ai eu la confirmation aujourd'hui.* **2.** Sacrement de l'Église catholique destiné à confirmer le chrétien dans la grâce du baptême.

confiserie [kɔ̃fizʀi] n. f. **1.** Commerce, magasin, usine du confiseur. **2.** Produits à base de sucre, fabriqués et vendus par les confiseurs. *Déguster des confiseries, de la confiserie.* ⇒ **sucrerie ; bonbon.** ▶ ***confiseur, euse*** n. ■ Personne qui fabrique et vend des sucreries.

confisquer [kɔ̃fiske] v. tr. ▪ conjug. 1. **1.** Prendre (ce qui appartient à qqn) par une mesure de punition. ⇒ **saisir.** *Confisquer des marchandises de contrebande. Le professeur lui a confisqué sa calculatrice de poche.* ⇒ **confiscation.** **2.** Prendre (qqch.) à son profit ⇒ **accaparer, voler.** ▶ ***confiscation*** n. f. ■ Fait de confisquer qqch. — Peine par laquelle un bien est confisqué à son propriétaire.

confit, ite [kɔ̃fi, it] adj. et n. m. **1.** Adj. FRUITS CONFITS : trempés dans des solutions de sucre (et glacés, givrés). ⇒ **confire.** **2.** N. m. Préparation de viande cuite et mise en conserve dans sa graisse. *Un confit d'oie.*

confiture [kɔ̃fityʀ] n. f. ■ Souvent au plur. Fruits coupés qu'on a fait cuire dans du sucre pour les conserver (au sens large, inclut les *marmelades* et *gelées*). *Faire, manger de la (des) confiture(s). De la confiture de fraises. Pot de confitures. Des, les confitures.* ≠ *compote* (1), *marmelade.*

conflagration [kɔ̃flagʀasjɔ̃] n. f. **1.** Grand incendie qui détruit plusieurs bâtiments. *L'incendie menaçait de tourner en conflagration.* **2.** Bouleversement de grande portée. *La menace d'une conflagration mondiale.* ⇒ **conflit, guerre.**

conflit [kɔ̃fli] n. m. **1.** Guerre ou contestation entre États. *Les conflits internationaux. Conflit armé.* ⇒ **guerre.** / contr. **accord, paix** / **2.** Rencontre d'éléments, de sentiments contraires, qui s'opposent. ⇒ **antagonisme, lutte, opposition.** *Un conflit d'intérêts, de passions. Entrer en conflit avec qqn. Les conflits sociaux.* ▶ ***conflictuel, elle*** [kɔ̃fliktɥɛl] adj. ■ Qui constitue une source de conflits. *Situation conflictuelle.*

confluent [kɔ̃flyɑ̃] n. m. ■ Endroit où deux cours d'eau, deux courants marins ou deux glaciers se joignent. ⇒ **jonction, rencontre.** *Pointe de terre au confluent de deux cours d'eau.*

① ***confondre*** [kɔ̃fɔ̃dʀ] v. tr. ▪ conjug. 41. **1.** Littér. Remplir d'un grand étonnement. ⇒ **déconcerter, étonner.** *Son insolence me confond. Il restait confondu.* **2.** Réduire (qqn) au silence, en lui prouvant publiquement son erreur, ses torts. *Confondre un menteur.* ⇒ **démasquer ; confus** (I), **confusion** (I). **3.** Pronominalement (réfl.). *Se confondre en remerciements, en excuses,* multiplier les remerciements, les excuses. ▶ ***confondant, ante*** adj. ■ Très étonnant. *Une ressemblance confondante.*

② ***confondre*** v. tr. ▪ conjug. 41. **1.** Littér. Réunir, mêler pour ne former qu'un tout. ⇒ **mêler, unir.** *Fleuves qui confondent leurs eaux.* **2.** Prendre (une personne, une chose) pour une autre. / contr. **distinguer** / *Confondre deux jumeaux. Confondre une chose et (avec) une autre. Elle confond les dates.* — Sans compl. Faire une confusion (II)*. ⇒ se **tromper.** *Il est possible que je confonde.* **3.** SE CONFONDRE v. pron. réfl. : se mêler, s'unir ; être impossible à distinguer de. *Tout se confondait dans son esprit.*

conformation [kɔ̃fɔʀmasjɔ̃] n. f. ■ Disposition des différentes parties (d'un corps organisé). ⇒ **constitution, forme, organisation.** *La conformation du squelette. Mauvaise conformation* (difformité, malformation). *Présenter un vice de conformation.*

conforme [kɔ̃fɔʀm] adj. **1.** Dont la forme est semblable (à celle d'un modèle). ⇒ **identique, semblable.** / contr. **différent** / *Cette écriture est conforme à la vôtre. Copie conforme (à l'original).* **2.** Qui s'accorde (avec qqch.), qui convient à sa destination. ⇒ **assorti.** / contr. **opposé** / *Mener une vie conforme à ses goûts.* ▶ ***conformément*** adv. ■ D'après, selon. *Conformément à la loi. Conformément au plan prévu.* / contr. **contrairement, inversement** / ⟨ ▶ conformer, conformisme, conformité ⟩

conformer [kɔ̃fɔʀme] v. tr. ▪ conjug. 1. **1.** Littér. Rendre conforme, semblable (au modèle). ⇒ **adapter.** *Conformer son attitude à celle des autres.* **2.** SE CONFORMER v. pron. réfl. : devenir conforme ; se comporter de manière à être en accord avec. *Se conformer aux façons de vivre de qqn.* ⇒ s'**accommoder.** *Conformez-vous strictement aux ordres.* ⇒ **obéir, observer.** / contr. s'**opposer** / ▸ ***conformé, ée*** adj. ▪ Qui a une conformation (bonne ou mauvaise). *Être bien, mal conformé.* ‹ ▸ conformation ›

conformisme [kɔ̃fɔʀmism] n. m. ▪ Fait de se conformer aux normes, aux usages. ⇒ **traditionalisme.** *Elle refusait le conformisme de ses parents. Le conformisme bourgeois.* / contr. **marginalité, non-conformisme, originalité** / ▸ ***conformiste*** adj. et n. ▪ *Esprit conformiste. Il est conformiste.* ⇒ **conservateur** (III). / contr. **marginal** / — *C'est un, une conformiste.* / contr. **non(-)conformiste** / ‹ ▸ anticonformisme, non(-)conformiste ›

conformité [kɔ̃fɔʀmite] n. f. ▪ Caractère de ce qui est conforme. ⇒ **accord, concordance.** *Conformité d'une chose avec une autre, de deux choses.* / contr. **opposition** / — *Être* EN CONFORMITÉ *de goûts. En conformité avec,* conformément à. *Agir en conformité avec ses principes.*

confort [kɔ̃fɔʀ] n. m. ▪ Tout ce qui contribue au bien-être, à la commodité de la vie matérielle. *Le confort d'un appartement.* / contr. **inconfort** / *Avoir tout le confort.* — *Confort intellectuel,* bien-être facile de l'esprit (conformisme, satisfaction de soi). ▸ ***confortable*** adj. **1.** Qui procure, présente du confort. / contr. **incorfortable** / *Maison confortable.* **2.** (Quantité) De nature à assurer la sécurité, le bien-être, l'aisance. *Il a des revenus confortables.* ⇒ **important.** *Une majorité confortable.* **3.** (Personnes) Fam. Être à l'aise, se sentir bien dans (vêtements, sièges, etc.). *Elle est confortable dans son chandail.* — REM. Ce dernier emploi est critiqué. ▸ ***confortablement*** adv. ▪ *Être installé confortablement dans un fauteuil,* très à son aise. ‹ ▸ inconfort ›

conforter [kɔ̃fɔʀte] v. tr. ▪ conjug. 1. ▪ Renforcer (qqn) dans un comportement, une idée. *Cette expérience l'a conforté dans ses certitudes.* ‹ ▸ réconforter ›

confrère [kɔ̃fʀɛʀ] n. m. ▪ Homme qui appartient à une société, à une compagnie, considéré par rapport aux autres membres. ⇒ **collègue.** *Un confrère et une consœur. Un confrère de collège. Mon cher confrère.* ▸ ***confraternel, elle*** adj. ▪ Plaisant. De confrère. *Salutations confraternelles.* ▸ ***confrérie*** n. f. ▪ Association pieuse de laïcs. *La confrérie des Enfants de Marie.*

confronter [kɔ̃fʀɔ̃te] v. tr. ▪ conjug. 1. **1.** Mettre en présence (des personnes) pour comparer leurs affirmations. ⇒ **opposer.** *Confronter des témoins (entre eux). Confronter un témoin avec l'accusé.* **2.** ÊTRE CONFRONTÉ À, AVEC *qqch.* : se trouver en face de. *Elle est confrontée à des difficultés insurmontables. L'accusé fut confronté à sa première déclaration.* **3.** Comparer pour mettre en évidence des ressemblances ou des différences. *Confronter deux textes, deux opinions.* ▸ ***confrontation*** n. f. **1.** Action de confronter (des personnes, des choses). *Confrontation de témoins. La confrontation de deux civilisations.* **2.** Sports. Match qui oppose deux équipes, deux adversaires. ⇒ **joute, partie ; combat, rencontre.** *La confrontation s'est terminée par un pointage nul.*

confus, use [kɔ̃fy, yz] adj. **I.** (Personnes) **1.** Qui est embarrassé par pudeur, par honte. ⇒ **gêné, honteux, troublé ; confusion** (I). *Confus d'être pris sur le fait. Je suis confuse d'arriver en retard.* ⇒ **désolé.** *Je suis confus, excusez-moi.* **2.** Dont les idées ne sont pas cohérentes, l'esprit ne fonctionne pas bien. *Personne âgée confuse.* **II.** (Choses) **1.** Dont les éléments sont mêlés de façon telle qu'il est impossible de les distinguer. ⇒ **désordonné, indistinct.** *On voyait vaguement un amas, un groupe confus. Un bruit confus de voix.* ⇒ **brouhaha. 2.** Qui manque de clarté. ⇒ **embrouillé, obscur.** / contr. **clair, distinct** / *Souvenir confus, idées confuses.* ⇒ **mêlé.** *Style, langage confus. Une affaire, une situation confuse.* ▸ ***confusément*** adv. ▪ Indistinctement. *Comprendre confusément qqch.* ⇒ **vaguement.** / contr. **clairement** /

confusion [kɔ̃fyzjɔ̃] n. f. **I.** Trouble d'une personne confuse (I). ⇒ **embarras, gêne.** *Rougir de confusion. Remplir qqn de confusion.* — *Vieillard dans un état de confusion totale.* **II. 1.** État de ce qui est confus ; situation embrouillée. ⇒ **désordre, trouble.** *Une confusion indescriptible. Confusion politique.* **2.** Manque de clarté, d'ordre dans ce qui touche les opérations de l'esprit. *La confusion des idées. Jeter la confusion dans les esprits.* ⇒ **trouble. 3.** Action de confondre entre elles (des personnes, des choses). ⇒ **erreur, méprise.** *Confusion de noms, de dates. Vous faites une confusion sur la date. Une grossière confusion.*

congé [kɔ̃ʒe] n. m. **1.** Permission de s'absenter, de quitter un service, un emploi, un travail. *Congé de maladie, de maternité.* ⇒ **repos.** *Congé annuel.* ⇒ **vacances.** *Prendre un jour, une journée, une semaine de congé.* — Loc. *Congés payés,* auxquels les salariés ont droit annuellement. *Passer ses congés à la campagne.* **2.** *Donner son congé à qqn,* le renvoyer. *Recevoir son congé.* **3.** DONNER, PRENDRE CONGÉ : l'autorisation de partir. ▸ ***congédier*** v. tr. ▪ conjug. 7. **1.** Inviter à se retirer, à s'en aller. ⇒ **éconduire.** *Elle le congédia d'un signe, après l'entrevue.* **2.** *Congédier un salarié, un employé.* ⇒ **licencier,** mettre à **pied, renvoyer.** / contr. **embaucher, engager, recruter** / ▸ ***congédiement*** [kɔ̃ʒedimɑ̃] n. m.

congeler [kɔ̃ʒle] v. tr. ▪ conjug. 5. **1.** Faire passer à l'état solide par l'action du froid. ⇒ **geler.** — Pronominalement. *L'eau se congèle à 0 °C en augmentant de volume.* **2.** Soumettre au froid (au-dessous du point de congélation). ⇒ **surgeler.** *Congeler de la viande, des fruits.* — Au p. p. adj. *Viande congelée.* / contr. **décongeler, dégeler** / ▸ ***congélateur*** n. m. ▪ Appareil électroménager pour la congélation des aliments. — Partie d'un réfrigérateur où l'on place les aliments pour les congeler. *Mettre la crème glacée au congélateur.* ▸ ***congélation*** n. f. **1.** Passage de l'état liquide à l'état solide par refroidissement. *Point de congélation de l'eau,* 0 °C. **2.** Action de soumettre un produit au froid (plus vif que la réfrigération) pour le conserver. *Congélation de la viande.* ‹ ▸ décongeler ›

congénère [kɔ̃ʒenɛʀ] n. ▪ Animal qui appartient au même genre, à la même espèce. *Cet animal et ses congénères.* — Fam. (Personnes) *Vos congénères.* ⇒ **pareil, semblable.**

congénital, ale, aux [kɔ̃ʒenital, o] adj. **1.** (Opposé à *acquis*) (Caractère) Qui existe dès la naissance. **2.** *Maladie, malformation congénitale,* dont l'origine se situe avant la naissance. ≠ *héréditaire.* **3.** Fam. et fig. Inné. *L'optimisme congénital des Américains. Une bêtise congénitale.*

congère [kɔ̃ʒɛʀ] n. f. ▪ (France) Amas de neige entassée par le vent. ⇒ **banc** de neige.

congestif, ive [kɔ̃ʒɛstif, iv] adj. ▪ Qui a rapport à la congestion. ▸ ***congestion*** [kɔ̃ʒɛstjɔ̃] n. f. ▪ Afflux de sang dans une partie du corps. *Congestion cérébrale. Congestion pulmonaire.* ▸ ***congestionner*** v. tr. ▪ conjug. 1. **1.** Produire une congestion dans. — Surtout au passif et p. p. adj. *Avoir le visage congestionné,* *être congestionné.* ⇒ **rouge. 2.** Encombrer. *Congestionner une rue, une route.* ⇒ **embouteiller.** ⟨ ▶ décongestionner ⟩

conglomérat [kɔ̃glɔmeʀɑ] n. m. **1.** Roche formée par des fragments agglomérés. **2.** Assemblage informe (de choses). *Un conglomérat d'objets hétéroclites.*

congratuler [kɔ̃gʀatyle] v. tr. ▪ conjug. 1. ■ Plaisant. Faire un compliment, des félicitations. ⇒ **féliciter.** *On se bousculait pour congratuler le champion.* — SE CONGRATULER v. pron. récipr. : échanger des compliments. *Ils se sont longuement congratulés.* ▶ ***congratulation*** n. f. ■ Surtout au plur. Compliment, félicitation.

congrégation [kɔ̃gʀegasjɔ̃] n. f. ■ Communauté de prêtres, de religieux, de religieuses. ⇒ **compagnie, ordre.** *Religieuse membre de la congrégation Notre-Dame.*

congrès [kɔ̃gʀɛ] n. m. invar. **1.** Réunion diplomatique. *Le congrès de Vienne.* **2.** (Avec une majusc.) Corps législatif (Sénat et Chambre des représentants) des États-Unis. *Le premier ministre a fait un discours devant le Congrès. Le Congrès américain constitue la Chambre haute.* **3.** Réunion de personnes qui se rassemblent pour échanger leurs idées ou se communiquer leurs études. ⇒ **biennale.** *Congrès et colloques. Congrès international de médecine.* — *Le Congrès du Parti québécois,* une réunion politique. ⇒ ③ **convention.** ▶ ***congressiste*** n. **1.** Membre du Congrès américain. **2.** Personne qui prend part à un congrès.

congru, ue [kɔ̃gʀy] adj. ■ PORTION CONGRUE : revenu, ressources à peine suffisant(es) pour subsister. *Réduire qqn à la portion congrue.* ⟨ ▶ incongru ⟩

conifère [kɔnifɛʀ] n. m. ■ Arbre dont les organes reproducteurs sont en forme de cônes (pomme de pin) et qui porte des aiguilles persistantes (ex. : *cèdre, épinette, if, pin, sapin...*). — Au plur. *Les conifères,* cette famille d'arbres (opposé à *feuillus*). *Forêt de conifères. Les conifères sont des résineux.*

conique [kɔnik] adj. et n. f. ■ Qui a la forme d'un cône. *Engrenage, pignon conique.* — N. f. Courbe qui résulte de la section d'un cône par un plan.

conjecture [kɔ̃ʒɛktyʀ] n. f. ■ Opinion fondée sur des probabilités. ⇒ **hypothèse, supposition.** *En être réduit aux conjectures. Se perdre en conjectures,* envisager de nombreuses hypothèses, être perplexe. ≠ *conjoncture.* ▶ ***conjectural, ale, aux*** adj. ■ Fondé sur des suppositions. ≠ *conjoncturel.* ▶ ***conjecturer*** v. tr. ▪ conjug. 1. ■ Littér. Croire, juger par conjecture. ⇒ **présumer, supposer.** *Il conjecturait son départ, qu'il allait partir.*

① ***conjoint, ointe*** [kɔ̃ʒwɛ̃, wɛ̃t] adj. ■ Joint avec ; uni. *Problèmes conjoints. Note conjointe.* ▶ ***conjointement*** adv. ■ Ensemble.

② ***conjoint, ointe*** n. ■ Personne jointe (à une autre) par les liens du mariage. ⇒ **époux, femme, mari.** *Le conjoint de..., son conjoint. Les futurs conjoints,* les fiancés. — CONJOINT DE FAIT : personne avec laquelle on vit maritalement. ⇒ **compagne, compagnon ;** fam. **accoté, blonde, chum ; union** libre.

conjonctif, ive [kɔ̃ʒɔ̃ktif, iv] adj. **1.** *Tissu conjonctif,* qui occupe les intervalles entre les organes. **2.** *Locutions conjonctives,* jouant le rôle de conjonctions (ex. : *après que, bien que, de telle sorte que*).

conjonction [kɔ̃ʒɔ̃ksjɔ̃] n. f. **1.** Action de joindre. *La conjonction de la science et de l'imagination. Conjonction des planètes* (terme d'astrologie). / contr. **opposition** / **2.** Mot qui sert à joindre deux mots ou groupes de mots. *Conjonctions de coordination,* union *(et),* opposition *(mais, pourtant),* alternative ou négation *(ni, ou),* conséquence *(donc),* conclusion *(ainsi, enfin). Conjonctions de subordination,* qui établissent une dépendance entre les éléments qu'elles unissent *(comme, quand, que).*

conjonctive [kɔ̃ʒɔ̃ktiv] n. f. ■ Muqueuse qui joint le globe de l'œil aux paupières. ▶ ***conjonctivite*** n. f. ■ Inflammation de la conjonctive.

conjoncture [kɔ̃ʒɔ̃ktyʀ] n. f. ■ Situation qui résulte d'une rencontre de circonstances. *Une conjoncture favorable, difficile. Profiter de la conjoncture. Étude de conjoncture,* étude d'une situation économique occasionnelle (opposé à *structure*) en vue d'une prévision. ≠ *conjecture.* ▶ ***conjoncturel, elle*** adj. ■ Relatif à la conjoncture économique. *Politique conjoncturelle.* ≠ *conjectural.*

conjugal, ale, aux [kɔ̃ʒygal, o] adj. ■ Relatif à l'union entre le mari et la femme. ⇒ **matrimonial.** *Amour conjugal.*

conjuguer [kɔ̃ʒyge] v. tr. ▪ conjug. 1. **1.** Littér. Joindre ensemble. ⇒ **combiner, concerter, unir.** *Elles ont conjugué leurs efforts.* **2.** Réciter ou écrire la conjugaison de (un verbe). — Pronominalement (passif). *Le verbe « manger » se conjugue avec l'auxiliaire « avoir ».* ▶ ***conjugaison*** n. f. ■ Ensemble des formes verbales ; tableau ordonné de toutes les formes d'un verbe suivant les voix, les modes, les temps, les personnes, les nombres. *Apprendre la conjugaison d'un verbe. Conjugaison régulière, irrégulière. Première, deuxième... conjugaison.*

conjuration [kɔ̃ʒyʀasjɔ̃] n. f. ■ Action préparée secrètement par un groupe de personnes (contre qqn ou qqch.). ⇒ **complot, conspiration.** *Une vaste conjuration se préparait contre le gouvernement. La conjuration des mécontents. C'est une conjuration !* ▶ ***conjuré, ée*** n. ■ Membre d'une conjuration. *Les conjurés ont préparé un attentat contre le chef de l'État.* ▶ ① ***conjurer*** v. tr. ▪ conjug. 1. ■ Littér. Préparer par un complot (la perte de qqn). ⇒ **comploter, conspirer.** *Conjurer la mort d'un dictateur.*

② ***conjurer*** v. tr. ▪ conjug. 1. **1.** Détourner, dissiper (une menace), écarter (un danger). *Conjurer un péril, le mauvais sort.* **2.** Littér. Adjurer, implorer. ⇒ **supplier.** *Je vous conjure de me croire ; je vous en conjure.*

connaissance [kɔnɛsɑ̃s] n. f. **I. 1.** Fait ou manière de connaître. ⇒ **conscience ; compréhension.** / contr. **ignorance** / *Connaissance intuitive. Connaissance abstraite, expérimentale. La connaissance d'une langue étrangère (par qqn).* **2.** Loc. *Avoir connaissance de,* connaître, savoir. *Je n'ai pas eu connaissance de ce dossier.* — *À ma connaissance,* autant que je sache. — *Au meilleur de ma connaissance,* le mieux que je peux. — *Prendre connaissance* (d'un texte, etc.). — *En connaissance de cause,* avec raison et justesse, à bon escient. *Parler, agir en (toute) connaissance de cause.* **3.** Dans des loc. Fait de sentir, de percevoir. ⇒ **conscience, sentiment.** *Avoir toute sa connaissance.* ⇒ **lucidité.** *Perdre connaissance* ou fam. *tomber, rester sans connaissance.* ⇒ **s'évanouir ;** fam. tomber dans les **pommes, syncope.** *Être sans connaissance,* évanoui. ⇒ **inconscient.** *Elle a repris connaissance,* elle est revenue de son évanouissement. — Fig. Loc. fam. Être sans connaissance : furieux, hors de soi. *À la suite de son échec, elle était sans connaissance.* — Être très surpris, très étonné. **4.** *Les connaissances* (sens objectif), ce que l'on sait, pour l'avoir appris. ⇒ **culture, éducation, savoir.** *Connaissances acquises. Approfondir, enrichir ses connaissances. Il a de grandes connaissances en électronique.* **II. 1.** FAIRE CONNAISSANCE : connaître (qqn) pour la première fois. *J'ai fait* *connaissance avec elle, j'ai fait sa connaissance. Nous avons fait connaissance. Faire plus ample connaissance avec qqn. — Lier connaissance avec qqn.* — DE CONNAISSANCE : connu. *Une personne, un visage de connaissance. Nous sommes en pays de connaissance,* dans un milieu connu. **2.** UNE CONNAISSANCE : une personne que l'on connaît. ⇒ **relation.** *Ce n'est pas un ami, c'est une simple connaissance. Est-ce qqn de votre connaissance ?* ▶ ***connaisseur*** ou ***connaissant, ante*** n. **1.** Personne compétente. ⇒ **amateur.** *Être connaisseur en vins. Le critique d'art examinait les tableaux en connaisseur. Ses résultats montrent qu'on a affaire à une grande connaissante.* — Adj. *Il, elle est très connaisseur.* **2.** Fam. Loc. *Faire le (son petit, son gros) Jos connaissant,* la personne qui sait tout. ⇒ fam. **Jos.**

connaître [kɔnɛtʀ] v. tr. ▪ conjug. 57. ■ Avoir présent à l'esprit ; être capable de former l'idée, le concept, l'image de. **I.** CONNAÎTRE *qqch.* **1.** Se faire une idée de. *Connaître un fait.* ⇒ **savoir.** / contr. **ignorer** / *Faire connaître une chose, une idée,* apprendre. — Au p. p. *C'est bien connu.* ⇒ **notoriété.** Loc. *Ni vu ni connu,* personne n'en saura rien. — N. m. *Le connu et l'inconnu.* **2.** *Connaître qqch.,* en avoir l'expérience. *Connaître un pays, une ville. Je connais un bon restaurant chinois. Il connaît bien son métier.* — Loc. *Elle connaît New York comme le fond de sa poche,* à fond, très bien, dans tous les recoins. **3.** Avoir présent à l'esprit ; pouvoir utiliser. *Connaître un texte, une œuvre à fond. Elle ne connaît pas grand-chose à l'aviation. Il n'y connaît rien. Il connaît plusieurs langues étrangères,* il sait, il parle... — SE CONNAÎTRE À *qqch.* ; S'Y CONNAÎTRE *en qqch.* : être très compétent. *S'y connaître en musique.* **4.** Éprouver, ressentir. *Connaître la faim, les privations.* **5.** *Elle ne connaît que le règlement,* rien d'autre ne l'influence. **6.** (Suj. chose) Avoir. *Ce nouveau modèle connaît un grand succès.* ⇒ **rencontrer.** *Sa gentillesse ne connaît pas de bornes,* n'a pas de bornes. **II.** CONNAÎTRE *qqn.* **1.** Être conscient de l'existence de (qqn). *Connaître qqn de nom.* Loc. fam. *Connaître qqn comme si on l'avait tricoté,* le connaître fort bien. — Être capable de reconnaître. *Je vous connaissais de vue avant qu'on ne nous présente.* — Au p. p. *Il est très connu,* célèbre. **2.** Avoir des relations sociales avec. *Chercher à connaître une personne en vue.* — Pronominalement (récipr.). *Ils se sont connus en Italie.* **3.** Se faire une idée de la personnalité de (qqn). ⇒ **apprécier, comprendre, juger.** *Vous apprendrez à les connaître.* — Pronominalement (réfl.). *Elle se connaît mal. — Ne plus se connaître,* perdre son sang-froid, la tête. ‹ ▶ connaissance, inconnaissable, inconnu, méconnaître, ① reconnaître, ② reconnaître ›

conne n. et adj. ⇒ **con.**

connecter [kɔnɛkte] v. tr. ▪ conjug. 1. ■ Unir par une connexion ; mettre en liaison (plusieurs appareils électriques). ⇒ **brancher.** / contr. **débrancher, déconnecter** / ‹ ▶ déconnecter ›

connerie [kɔnʀi] n. f. ■ Fam. et vulg. Imbécillité, absurdité. ⇒ **niaiserie.** — Action, parole inepte. *Il dit des conneries.* ⇒ fam. **déconner.**

connétable [kɔnetabl] n. m. ■ Histoire. Sous l'Ancien Régime français. Grand officier de la couronne, chef suprême de l'armée.

connexe [kɔnɛks] adj. ■ Qui a des rapports étroits avec autre chose. ⇒ **analogue, uni, voisin.** *Affaires, matières, idées, sciences connexes.* / contr. **indépendant, séparé** / ▶ ***connexion*** [kɔnɛksjɔ̃] n. f. ■ Fait d'être connexe. ⇒ **affinité, analogie.** *La connexion des faits entre eux.* — Liaison d'un appareil à un circuit électrique. ⇒ **branchement ; connecter.**

connivence [kɔnivɑ̃s] n. f. ■ Entente secrète. — Accord tacite. ⇒ **entente, intelligence.** *Échanger un sourire de connivence. Agir, être de connivence avec qqn.* ⇒ être de **mèche** ③.

connotation [kɔnɔtasjɔ̃] n. f. ■ Sens particulier ou effet de sens d'un mot, d'un énoncé qui vient s'ajouter au sens ordinaire selon la situation ou le contexte. *Le mot « habitant » a pris une connotation péjorative.*

connu, ue adj. ⇒ **connaître.**

conquérir [kɔ̃keʀiʀ] v. tr. ▪ conjug. 21. **1.** Acquérir par les armes, soumettre par la force. *Conquérir un pays.* ⇒ **soumettre, vaincre.** — Obtenir en luttant. *Conquérir le pouvoir. Conquérir un marché.* / contr. **perdre** / **2.** Acquérir une forte influence sur. ⇒ **envoûter, séduire, subjuguer.** *Conquérir les cœurs. Conquérir l'estime de ses supérieurs.* — Au passif. *Être conquis par qqn.* ▶ ***conquérant, ante*** n. et adj. **1.** Personne qui fait des conquêtes par les armes. ⇒ **guerrier, vainqueur.** *Guillaume le Conquérant.* — Adj. *Les nations conquérantes.* **2.** Personne qui séduit les cœurs, les esprits. **3.** Adj. Fam. *Un air conquérant,* prétentieux, un peu fat. ▶ ***conquête*** [kɔ̃kɛt] n. f. **1.** Action de conquérir. ⇒ **domination, prise, soumission.** / contr. **abandon, perte** / *Faire la conquête d'un pays. La Conquête (anglaise) de 1760. La conquête de l'espace.* — Au plur. Ce qui est conquis. *Les conquêtes sociales. Les conquêtes de la science.* — Territoire conquis. *Les conquêtes romaines. Conserver, étendre ses conquêtes.* **2.** Action de séduire (qqn) ; pouvoir sur ceux que l'on a conquis. *Il a fait sa conquête,* il lui a plu. **3.** Fam. Personne séduite, conquise. *Vous avez vu sa dernière conquête ?* ‹ ▶ reconquérir ›

conquistador [kɔ̃kistadɔʀ] n. m. ■ Histoire. Conquérant espagnol ou portugais de l'Amérique, au XVIe siècle. *Des conquistadors.*

consacrer [kɔ̃sakʀe] v. tr. ▪ conjug. 1. **1.** Rendre sacré en dédiant à Dieu (⇒ **consécration**). *Consacrer une église.* **2.** CONSACRER *qqch.* À : destiner (qqch.) à un usage. ⇒ **donner, passer.** *Consacrer sa jeunesse à l'étude, sa vie aux démunis. Combien de temps pouvez-vous me consacrer ?* ⇒ **accorder.** — Pronominalement (réfl.). *Elle s'est consacrée à son travail, à ses enfants. Se consacrer à une œuvre.* ▶ ***consacré, ée*** adj. **1.** Qui a reçu la consécration religieuse. *Hostie consacrée.* **2.** Qui est de règle, normal dans une circonstance. *C'est l'expression consacrée.* ⇒ **habituel, rituel.**

consanguin, ine [kɔ̃sɑ̃gɛ̃, in] adj. ■ Qui est parent du côté du père. *Des cousins consanguins* (opposé à *utérin*).

consciemment [kɔ̃sjamɑ̃] adv. ■ D'une façon consciente. / contr. **inconsciemment** /

conscience [kɔ̃sjɑ̃s] n. f. ■ Faculté qu'a l'être humain de connaître sa propre réalité et de la juger (opposé à *monde extérieur*). **I.** *(Conscience psychologique)* **1.** Connaissance immédiate de sa propre activité psychique. / contr. **inconscience** / *Avoir la conscience de soi, de soi-même. Conscience d'exister, de vivre. Perdre conscience,* connaissance. ⇒ **coma.** **2.** *Avoir, prendre conscience de qqch.,* une connaissance immédiate, spontanée. *Elle a conscience de sa force, de son talent. Cet enfant n'a aucune conscience du danger. J'en ai pris conscience récemment.* ⇒ s'**apercevoir.** **II.** *(Conscience morale)* **1.** Connaissance intérieure que chacun a de ce qui est bien et mal et qui le pousse à porter un jugement de valeur morale sur ses propres actes. *Une conscience droite, pure. Avoir une conscience élastique,* peu exigeante. *Agir selon sa conscience. Avoir la conscience tranquille. Vous aurez cela* SUR LA CONSCIENCE : vous en serez responsable, coupable.

— EN CONSCIENCE : en toute franchise, honnêtement. *En mon âme et conscience* (formule de serment). **2.** BONNE CONSCIENCE : état de la personne qui estime (souvent à tort) n'avoir rien à se reprocher. *Avoir bonne conscience d'avoir fait son devoir.* — *Avoir* MAUVAISE CONSCIENCE : sentiment pénible d'avoir mal agi. **3.** CONSCIENCE PROFESSIONNELLE : honnêteté que l'on apporte à l'exécution de son travail. ▶ ***consciencieux, ieuse*** adj. **1.** Qui obéit à la conscience morale, qui accomplit ses devoirs avec conscience. ⇒ **honnête.** *Employé consciencieux.* **2.** Qui est fait avec conscience. *Examen, travail consciencieux.* / contr. **bâclé** / ▶ ***consciencieusement*** adv. ▶ ***conscient, ente*** adj. et n. m. **1.** (Personnes) Qui a conscience (I) de ce qu'il fait ou éprouve. *L'homme, la femme est un être conscient. Elle est consciente de ses responsabilités, de la situation.* — *Il est encore conscient,* il a toute sa connaissance. / contr. **inconscient.** / **2.** (Choses) Dont on a conscience (I). *États conscients.* — N. m. *Le conscient et l'inconscient.* ‹ ▶ consciemment, inconscience, objecteur de conscience, subconscient ›

conscription [kɔ̃skʀipsjɔ̃] n. f. **1.** Histoire. Enrôlement obligatoire des civils dans l'armée. *En 1939-1945, les Québécois se sont farouchement opposés à la conscription.* **2.** (France) Inscription des jeunes gens pour le service militaire. ⇒ **recrutement.** ▶ ***conscrit*** n. m. **1.** Histoire. Civil enrôlé obligatoirement. **2.** (France) Jeune homme inscrit pour accomplir son service militaire. — Soldat nouvellement recruté. ⇒ **recrue** ; fam. **bleu.** *Les conscrits de la classe 1992. Enrôler des conscrits.*

consécration [kɔ̃sekʀasjɔ̃] n. f. **1.** Action de consacrer à la divinité. *La consécration des hosties.* — Action par laquelle le prêtre consacre le pain et le vin, à la messe ; ce moment de la messe. *L'élévation suit la consécration.* **2.** Action de sanctionner, de rendre durable (⇒ **consacré**). *Recevoir la consécration du temps* (par le temps). *La consécration d'une œuvre par le succès.*

consécutif, ive [kɔ̃sekytif, iv] adj. **1.** Au plur. Qui se suit dans le temps. *Pendant six jours consécutifs.* ≠ *successif.* **2.** CONSÉCUTIF À : qui suit, résulte de. *La fatigue consécutive à un effort violent.* **3.** Grammaire. *Proposition consécutive,* qui exprime une conséquence. ▶ ***consécutivement*** adv. ■ ⇒ **successivement.**

① ***conseil*** [kɔ̃sɛj] n. m. **1.** Opinion donnée à qqn sur ce qu'il doit faire. ⇒ **avis, recommandation.** *Le, les conseils donnés à qqn par qqn. Conseil prudent. Je vous donne le conseil d'attendre.* ⇒ **conseiller.** *Dangereux, mauvais conseil. Demander conseil à qqn. Suivre un conseil. Un bon conseil : refusez.* — *Une personne de bon conseil,* sage, avisée. **2.** Incitation qui résulte de qqch. *Les conseils de la colère.* — PROV. *La nuit porte conseil.* **3.** *Avocat-conseil, expert-conseil, ingénieur-conseil* (qui donnent des avis). *Des avocats-conseils.* — *Conseil juridique,* personne dont la profession est d'assister les particuliers et les entreprises en matière de droit. ⇒ ③ **conseiller, consultant.** ‹ ▶ expert-conseil ›

② ***conseil*** n. m. ■ Réunion de personnes qui délibèrent, donnent leur avis sur des affaires publiques ou privées. ⇒ **assemblée, réunion.** *Les membres, le président d'un conseil. Le conseil syndical délibère.* — Institutions politiques. *Le Conseil du Trésor,* groupe composé du ministre des Finances et de quelques autres ministres. *Le Conseil privé du gouvernement fédéral.* Anciennt. *Le Conseil législatif,* la Chambre haute du Parlement provincial, jusqu'en 1968. *Le Conseil des ministres* ou *Conseil exécutif,* réunion des ministres sous la présidence du chef de l'État ou du gouvernement. *Conseils municipaux, de ville,* chargés de régler les affaires des municipalités, des villes. *Le conseil de bande.* ⇒ ② **bande.** *Le Conseil des arts du Canada. Le Conseil du statut de la femme. Un Conseil régional de la santé et des services sociaux (C.R.S.S.S.). Un Conseil de comté*.* — Institutions internationales. *Le Conseil de sécurité* (de l'Organisation des Nations Unies). *Le Conseil de l'Europe.* — CONSEIL D'ADMINISTRATION : dans une société, réunion d'actionnaires élus pour gérer les affaires (abrév. *C.A.*). — LE CONSEIL DE L'ORDRE *des avocats, des médecins.* — *Conseil de discipline.* — *Conseil de classe,* réunion d'élèves qui sont élus délégués d'une classe. — *Conseil de famille,* réunion de personnes qui donnent leur avis sur le choix d'un tuteur ou d'un curateur. ▶ ① ***conseiller, ère*** n. ■ Membre d'un conseil. *Des conseillères municipales.* ⇒ **échevère.**

② ***conseiller*** [kɔ̃seje] v. tr. ▪ conjug. 1. **1.** Indiquer à qqn (ce qu'il doit faire ou ne pas faire). *Conseiller qqch. à qqn.* ⇒ **inspirer, recommander, suggérer.** / contr. **déconseiller** / *Je vous conseille la prudence.* — V. tr. ind. *Conseiller (à qqn) de faire qqch.* **2.** Guider (qqn) en lui indiquant ce qu'il doit faire. *Conseiller un ami dans l'embarras.* — Au passif. *Vous avez été mal conseillé.* ▶ ③ ***conseiller, ère*** n. ■ Personne qui donne des conseils. ⇒ **personne-ressource.** *Un bon conseiller. Une conseillère juridique.* ⇒ ① **conseil.** *Des conseillers d'élèves. Un conseiller pédagogique,* qui conseille les administrateurs et les enseignants en matière de pédagogie et de programmes. *Conseiller du Roi* ou *de la Reine (C.R.),* titre conféré à des membres éminents du barreau canadien, sur recommandation du procureur général. — *La colère est mauvaise conseillère.* — *Conseiller, conseillère d'orientation (scolaire, professionnelle).* ⇒ **orienteur.** ‹ ▶ conseil, déconseiller ›

consensus [kɔ̃sɑ̃(ɛ̃)sys] n. m. invar. ■ Accord entre personnes. *Le consensus social. Des consensus.*

consentir [kɔ̃sɑ̃tiʀ] v. tr. ▪ conjug. 16. **I.** V. tr. ind. CONSENTIR À : accepter qu'une chose se fasse. ⇒ **acquiescer.** *Les parents ont consenti au mariage. J'y consens avec plaisir. Je consens à ce qu'il y aille.* — (+ infinitif) *Elle consent à lui payer cette somme.* — PROV. *Qui ne dit mot consent,* la personne qui se tait ne s'oppose pas. **II.** V. tr. dir. **1.** *Consentir que* (+ subjonctif). ⇒ **admettre, permettre.** *Je consens qu'il y aille.* / contr. **interdire** / **2.** Accorder (un avantage) à qqn. *Consentir un prêt à un ami.* / contr. **refuser** / ▶ ***consentement*** n. m. ■ Acquiescement donné à un projet ; décision de ne pas s'y opposer. ⇒ **accord, assentiment, permission.** *Accorder, refuser son consentement. Se marier sans le consentement de ses parents* (pour des mineurs). / contr. **interdiction, opposition** /

conséquence [kɔ̃sekɑ̃s] n. f. **1.** Suite qu'une action, un fait entraîne. ⇒ **effet, résultat, suite.** *La cause et les conséquences. Conséquences sérieuses, graves. Avoir (qqch.) pour conséquence. Les inondations ont eu pour conséquence une flambée des prix agricoles. Cela ne tire pas à conséquence,* c'est sans inconvénient, sans importance. *Sans conséquence,* sans suite fâcheuse ; qui ne mérite pas l'attention. **2.** EN CONSÉQUENCE loc. adv. : conformément à ce qui précède. *Nous agirons en conséquence.*

conséquent, ente [kɔ̃sekɑ̃, ɑ̃t] adj. **1.** Qui agit ou raisonne avec esprit de suite. ⇒ **logique.** *Être conséquent avec ses principes dans ses actions.* **2.** PAR CONSÉQUENT loc. adv. : comme suite logique. *Il pleut, par conséquent nous ne sortirons pas.* ⇒ **ainsi, donc.** **3.** Fam. (Emploi critiqué) Important. *C'est une affaire conséquente.* ▶ ***conséquemment*** adv. **1.** Comme suite logique. ⇒ par **conséquent.** *On annonce une* *grosse tempête, conséquemment les écoles fermeront.* **2.** *Conséquemment à,* par suite de, en conséquence de. *Conséquemment à l'augmentation des inscriptions, la commission scolaire réagira.* ⟨ ► conséquence, inconséquent ⟩

conserver [kɔ̃sɛʀve] v. tr. ▪ conjug. 1. **1.** Maintenir en bon état, préserver de l'altération, de la destruction. ⇒ **entretenir, garder.** *C'est un ancien danseur, et il a conservé toute sa souplesse. Conserver des denrées alimentaires.* ⇒ **conserve. 2.** Ne pas laisser disparaître ; faire durer. ⇒ **garder.** *Conserver un souvenir. Conserver une tradition.* **3.** Ne pas perdre, garder (avec soi). *Conserver un, son emploi. Conserver son calme. Conserver un espoir.* / contr. **perdre** / **4.** Ne pas jeter. *Conserver des lettres.* — Au passif et p. p. adj. *(Être) conservé, ée. Des manuscrits conservés dans une bibliothèque. Harengs conservés dans l'huile. Un monument bien conservé.* Fam. *Être bien conservé,* paraître moins que son âge. ► ***conservateur, trice*** n. et adj. **I.** N. m. Ce qui sert à la conservation (des aliments). **II.** N. Personne qui a la charge de conserver des choses précieuses. *Le conservateur du musée, des archives. Elle est conservatrice des arts contemporains.* **III.** Adj. et n. **1.** Adj. Qui adhère aux valeurs, aux institutions traditionnalistes. ⇒ **conformiste.** / contr. **contestataire, progressiste, révolutionnaire** / *Une personne très conservatrice.* **2.** N. Membre ou partisan d'un parti politique (fédéral ou provincial) défenseur d'un ordre social et d'idées établis (opposé à *libéral*). ⇒ **unioniste ;** fam. **bleu.** *Les conservateurs ont gagné les élections.* — Adj. *Un ministre conservateur. Des comtés conservateurs. Une association conservatrice. Le Parti progressiste-conservateur* ou *Parti conservateur* (abrév. *P.C.*). — Adv. *Elle votait conservateur.* — En Angleterre. Tory (opposé à *travailliste*). ► ***conservatisme*** n. m. ▪ État d'esprit des conservateurs. ⇒ **conformisme, traditionalisme.** / contr. **progressisme** / ► ***conservation*** n. f. **1.** Action de conserver, de maintenir intact ou dans le même état. ⇒ **entretien, garde, sauvegarde.** *Être chargé de la conservation d'un monument. Instinct de conservation* (de soi-même, de sa propre vie). / contr. **suicide** / — *La conservation des aliments par le froid.* ⇒ **congélation.** *Agent de conservation* ⇒ **conservateur** (I). **2.** État de ce qui est conservé. ► ***conservatoire*** n. m. ▪ École qui forme des musiciens, des comédiens. *Un premier prix du Conservatoire de musique.* ► ① ***conserve*** n. f. **1.** Substance alimentaire conservée dans un récipient hermétiquement fermé. *Acheter, faire des conserves de légumes. Des boîtes de conserve.* **2.** EN CONSERVE : en boîte (opposé à *frais*). *Des petits pois en conserve.* — Plaisant. *Mettre en conserve,* garder indéfiniment. *La musique en conserve,* les disques. ► ***conserverie*** n. f. **1.** Industrie des conserves alimentaires. *La rentabilité économique des conserveries.* **2.** Usine, fabrique de conserves. *Travailler dans une conserverie.*

② ***de conserve*** [dəkɔ̃sɛʀv] loc. adv. ▪ Ensemble. *Naviguer, aller de conserve,* en compagnie. *Agir de conserve,* d'accord avec qqn. ⇒ de **concert.**

considérable [kɔ̃sideʀabl] adj. ▪ (Grandeurs, quantités) Très important. ⇒ **grand.** *Dépense considérable. Des sommes considérables.* / contr. **faible, petit** / ► ***considérablement*** adv. ▪ En grande quantité ; beaucoup. ⇒ **énormément.**

considérer [kɔ̃sideʀe] v. tr. ▪ conjug. 6. **1.** *Considérer qqch.,* envisager par un examen attentif, critique. ⇒ **examiner, observer.** *Considérer une chose sous tous ses aspects. C'est un point à considérer.* **2.** *Considérer qqn,* faire cas de (qqn). ⇒ **estimer.** *Un bénévole que l'on considère beaucoup.* / contr. **mépriser** / — CONSIDÉRER *qqn, qqch.* COMME. ⇒ **juger, tenir** pour. *Je le considère comme un ami.* — Pronominalement (réfl.). *Il se considère comme un personnage.* **3.** CONSIDÉRER QUE (+ indicatif). ⇒ **estimer, penser.** *Je considère qu'elle a raison, qu'elle a eu raison.* **4.** Au passif et p. p. adj. (ÊTRE) CONSIDÉRÉ, ÉE : regardé(e) comme. *Elle est considérée comme la meilleure journaliste québécoise. Il est très considéré dans la ville,* très estimé. TOUT BIEN CONSIDÉRÉ : tout étant examiné. ► ***considération*** n. f. **1.** Motif, raison que l'on considère pour agir. *Diverses considérations l'ont porté à cette démarche. Je ne peux pas entrer dans ces considérations.* **2.** *Digne de considération,* d'attention. **3.** *Prendre* EN CONSIDÉRATION : tenir compte de, considérer comme important. ⇒ prendre en **compte.** — EN CONSIDÉRATION DE loc. prép. : en tenant compte de, par égard pour. **4.** Estime que l'on porte à qqn. ⇒ **déférence, égard.** / contr. **mépris** / *Avoir la considération de ses chefs.* ⟨ ► considérable, déconsidérer, inconsidéré, reconsidérer ⟩

① ***consigner*** [kɔ̃siɲe] v. tr. ▪ conjug. 1. ▪ Mentionner, rapporter par écrit. ⇒ **enregistrer.** *Consigner un détail au procès-verbal. Consigner une réflexion, une pensée dans son journal intime.* ⇒ **noter.**

② ***consigner*** v. tr. ▪ conjug. 1. **I.** (Surtout en France) (*Consigner qqn*) Empêcher (qqn) de sortir par mesure d'ordre, par punition. ⇒ **retenir.** *Consigner un soldat au quartier. Consigner un élève indiscipliné.* ⇒ fam. **coller ; consigne. II.** (*Consigner qqch.*) **1.** Interdire l'accès de. *La police a consigné la salle.* **2.** Mettre à la consigne. *Consigner ses bagages.* **3.** Facturer (un emballage) en s'engageant à reprendre et à rembourser. *Elle a consigné des canettes.* — Au p. p. adj. *Bouteilles consignées* (opposé à *perdu*). *Emballages non consignés* (dits *emballages perdus*). ► ***consignable*** adj. ▪ Qui peut être consigné. *Bouteilles, canettes consignables.* ► ***consignation*** n. f. ▪ Action de consigner un emballage ; consigne. ► ***consigne*** n. f. **I. 1.** Instruction stricte. *Donner, transmettre la consigne. Les consignes de sécurité.* **2.** (France) Défense de sortir par punition. ⇒ ① **retenue ;** arg. ② **colle. II. 1.** Service chargé de la garde des bagages ; lieu où les bagages sont déposés. *La consigne d'une gare, d'un aéroport. Mettre sa valise à la consigne automatique.* **2.** Somme remboursable versée à la personne qui consigne un emballage. *Cinq cents de consigne pour une canette.* ⇒ **consignation.** *Se faire rembourser la consigne d'une bouteille.*

consister [kɔ̃siste] v. tr. ind. ▪ conjug. 1. **1.** *Consister* EN, DANS : se composer de. *Ce bâtiment consiste en trente appartements.* ⇒ **comporter, comprendre.** *En quoi consiste votre projet ?* **2.** *Consister* À (+ infinitif). *La sagesse consiste maintenant à patienter,* est de... ► ***consistance*** n. f. **1.** Degré plus ou moins grand de solidité ou d'épaisseur (d'un corps). ⇒ **dureté, fermeté, solidité.** *La consistance de la boue. La consistance dure, molle, visqueuse d'une substance.* — *Prendre consistance,* durcir. **2.** Abstrait. État de ce qui est ferme, solide. ⇒ **solidité.** *Caractère, esprit sans consistance.* ► ***consistant, ante*** adj. **1.** Qui est ferme, épais. *Une sauce trop consistante.* ⇒ **épais. 2.** Qui a de la consistance (2). / contr. **inconsistant** / ⟨ ► inconsistant ⟩

consistoire [kɔ̃sistwaʀ] n. m. ▪ Assemblée de cardinaux. — Assemblée de ministres du culte protestants.

consœur [kɔ̃sœʀ] n. f. ▪ Femme qui appartient à une société, à une compagnie, considérée par rapport aux autres membres (et notamment aux autres femmes). ⇒ **collègues.** *Ses consœurs et ses confrères.*

consolant, ante [kɔ̃sɔlɑ̃, ɑ̃t] adj. ▪ Propre à consoler. ⇒ **consolateur, réconfortant.** *Pensée, parole consolante. Il est consolant de se dire que cela ne durera pas longtemps.* / contr. **attristant** /

consolateur, trice [kɔ̃sɔlatœʀ, tʀis] adj. et n. ■ (Personnes ; actes) Qui console. *Des paroles consolatrices.* ⇒ **consolant.** — N. *C'est la consolatrice des affligés.* ▸ ***consolation*** n. f. ■ Soulagement apporté à la douleur, à la peine de qqn. ⇒ **réconfort.** *Paroles de consolation. Il aura la consolation de savoir qu'on le regrette. — Prix, lot de consolation.*

console [kɔ̃sɔl] n. f. **1.** Moulure saillante en forme de S, qui sert de support. *La console d'une corniche.* **2.** Table adossée contre un mur et dont les pieds ont la forme d'une console. *Console de style contemporain.* **3.** *Console d'orgue,* meuble qui porte les claviers, etc. **4.** Élément périphérique ou terminal (d'un ordinateur). *L'unité centrale et les consoles.* ⇒ **terminal.** — Pupitre d'enregistrement sonore. *La console d'un studio d'enregistrement.*

consoler [kɔ̃sɔle] v. tr. • conjug. 1. **1.** Soulager (qqn) dans son chagrin, dans sa douleur. ⇒ **apaiser, soulager.** / contr. **accabler, désoler** / *On ne peut le consoler de sa peine.* **2.** V. pron. réfl. SE CONSOLER DE *qqch.* : trouver en soi une consolation. *Il ne se console pas de la mort de sa femme.* ⇒ **inconsolable. 3.** (Choses) Apporter un réconfort, une compensation à. *Ce souvenir la console de bien des regrets.* ‹ ▸ consolant, consolateur, inconsolable ›

consolider [kɔ̃sɔlide] v. tr. • conjug. 1. **1.** Rendre (qqch.) plus solide, plus stable. ⇒ **accoter, renforcer, soutenir.** *Consolider un édifice, une charpente.* — Abstrait. Rendre solide, durable. *Ils ont consolidé leur alliance par un traité.* ⇒ **confirmer.** *Consolider sa fortune. Consolider sa position.* **2.** *Consolider une rente, un emprunt,* le garantir. — Au p. p. adj. *Fonds consolidés,* garantis. — Administration. *Le fonds consolidé de la province,* l'avoir en caisse du Gouvernement. ▸ ***consolidation*** n. f. ■ *La consolidation d'un mur.*

① ***consommé, ée*** [kɔ̃sɔme] adj. ■ Parvenu à un degré élevé de perfection. ⇒ **accompli, achevé, parfait.** *Diplomate consommé. Habileté consommée.* (⇒ ② **consommer**).

② ***consommé*** n. m. ■ Bouillon de viande concentré. *Un consommé de poulet.*

① ***consommer*** [kɔ̃sɔme] v. tr. • conjug. 1. **1.** Amener (une chose) à destruction en utilisant sa substance, en faire un usage qui la rend ensuite inutilisable ou la fait disparaître. ⇒ **user** de, **utiliser.** *Consommer ses provisions. Consommer des aliments,* boire, manger. — Pronominalement (passif). *Ce plat se consomme froid. — Consommer de l'électricité.* **2.** Intransitivement. Prendre une consommation dans un établissement de restauration. *Consommer à la terrasse d'un café, comptoir.* **3.** (Choses) User (du combustible, etc.). *Cette voiture consomme trop d'essence, consomme trop.* ▸ ***consommateur, trice*** **1.** Personne qui achète et utilise des biens et des services (opposé à *producteur*). *Produit qui passe directement du producteur au consommateur.* ⇒ **acheteur.** *La protection des consommateurs.* **2.** Personne qui prend une consommation (①, 2). ▸ ① ***consommation*** n. f. **1.** Utilisation de biens et de services (opposé à *production*). *Faire une grande consommation de papier à lettres. La consommation d'électricité. La production et la consommation. Biens de consommation. Société de consommation,* dont l'équilibre économique repose sur l'importance de la consommation. **2.** Ce qu'un client commande comme boisson alcoolisée dans un établissement. *Payer une consommation à un ami.*

② ***consommer*** v. tr. • conjug. 1. Littér. **1.** Mener (une chose) au terme de son accomplissement. *Consommer son œuvre.* **2.** *Consommer un forfait, un crime.* ⇒ **accomplir, commettre.** — Au passif. *Le mariage a-t-il été consommé ?,* les époux ont-ils eu une relation sexuelle ? ▸ ② ***consommation*** n. f. ■ Achèvement, fin. *Jusqu'à la consommation des siècles.* ‹ ▸ ① consommé ›

consomption [kɔ̃sɔ̃psjɔ̃] n. f. ■ Amaigrissement et dépérissement, dans une maladie grave et prolongée.

consonance [kɔ̃sɔnɑ̃s] n. f. **1.** Ensemble de sons (accord) considéré traditionnellement dans la musique occidentale comme plus agréable à l'oreille (opposé à *dissonance*). **2.** Uniformité ou ressemblance du son final de deux ou plusieurs mots. ⇒ **assonance, rime. 3.** Succession, ensemble de sons. *Un nom aux consonances harmonieuses, bizarres.* ▸ ***consonant, ante*** adj. ■ Qui produit une consonance ; est formé de consonances (1, 2). / contr. **dissonant** /

consonne [kɔ̃sɔn] n. f. **1.** Phonème (bruit : *consonnes sourdes* ; ou son et bruit : *consonnes sonores*) produit par le passage de l'air à travers le pharynx, la bouche, formant obstacles. *Les consonnes et les voyelles. Les consonnes bilabiales* [b, p] *se prononcent avec les lèvres.* **2.** Lettre représentant une consonne. ▸ ***consonantique*** adj. ■ Relatif aux consonnes (opposé à *vocalique*). ‹ ▸ semi-consonne ›

consort [kɔ̃sɔʀ] n. et adj. m. **1.** Rare N. m. pl. *Un tel* ET CONSORTS : et ceux qui agissent avec lui ; et les gens de même espèce (souvent péj.). **2.** Adj. PRINCE CONSORT : époux d'une reine, quand il ne règne pas lui-même. *Le prince consort en Angleterre.*

consortium [kɔ̃sɔʀsjɔm] n. m. ■ Groupement volontaire d'entreprises dans un but économique commun. *Des consortiums d'achat* (⇒ **comptoir**).

① ***conspirer*** [kɔ̃spiʀe] v. intr. • conjug. 1. ■ S'entendre secrètement pour renverser le pouvoir ou contre qqn, qqch. ⇒ **comploter, conjurer, manigancer.** *Conspirer pour renverser le gouvernement.* ▸ ***conspirateur, trice*** n. ■ Personne qui conspire. ⇒ **comploteur.** *Prendre un air de conspirateur,* un air mystérieux. ▸ ***conspiration*** n. f. **1.** Accord secret entre deux ou plusieurs personnes en vue de renverser le pouvoir établi. ⇒ **complot, conjuration.** *Le chef d'une conspiration. Démasquer une conspiration contre le gouvernement.* **2.** Entente dirigée contre qqn ou qqch. *C'est la conspiration du silence.*

② ***conspirer*** v. tr. ind. • conjug. 1. ■ CONSPIRER À : contribuer au même effet. ⇒ ① **concourir** à. *Tout conspire à son succès, à le faire réussir.*

conspuer [kɔ̃spɥe] v. tr. • conjug. 1. ■ Manifester bruyamment et en groupe contre (qqn). ⇒ **huer, injurier.** *Conspuer un orateur. Elle s'est fait conspuer.* / contr. **acclamer, applaudir** /

constable [kɔ̃stabl] n. ■ Personne qui appartient à un service de police. ⇒ ② **agent, policier.** *Un constable a noté ma déclaration. Elle est constable à Montréal.* — Titre de cette personne. *Constable Untel.* ▸ ***constabulaire*** adj. ■ Relatif au constable. *La force constabulaire de Hull,* les policiers au service de cette ville.

constance [kɔ̃stɑ̃s] n. f. **1.** Persévérance dans ce que l'on entreprend. *La constance d'un amour ; la constance en amour.* ⇒ **fidélité.** / contr. **inconstance** / — Patience. *Vous avez de la constance de l'attendre si longtemps.* **2.** Qualité de ce qui ne cesse d'être le même. ⇒ **continuité, permanence, persistance.** *La constance d'un phénomène. La constance de la pluie en cette saison.* / contr. **changement** / ▸ ***constant, ante*** adj. **1.** (Personnes ; actes) Littér. Persévérant. *Être constant dans la poursuite d'un but.* **2.** (Choses) Qui persiste dans l'état où il (elle) se trouve ; qui ne s'interrompt pas. ⇒ **continuel, permanent, persistant.**

/ contr. **changeant** / *Manifester un intérêt constant. Quantité constante.* — N. f. *Une* CONSTANTE : un élément qui ne varie pas (dans un calcul). / contr. **variable** / ▶ ***constamment*** adv. ■ D'une manière continuelle. ⇒ **invariablement, toujours.** *Il est constamment malade.* ⇒ **chronique.** ‹ ▶ inconstance, inconstant ›

constantin, ine [kɔ̃stɑ̃tɛ̃, in] adj. et n. ■ De Saint-Constant. — N. (Avec une majusc.) Personne née dans cette ville de la Montérégie ou qui l'habite. *Les Constantines.*

constater [kɔ̃state] v. tr. ▪ conjug. 1. ■ Établir par expérience directe la vérité, la réalité de. ⇒ **observer, reconnaître, remarquer.** *Constater un fait, la réalité d'un fait. Constater une erreur. Je constate que vous êtes en retard. Vous pouvez constater (par) vous-même qu'il n'est pas venu.* ▶ ***constat*** [kɔ̃stɑ] n. m. **1.** Procès-verbal dressé pour décrire un état de fait. *Constat d'un policier. Les deux automobilistes accidentés ont établi un constat amiable*.* **2.** *Constat de...,* ce par quoi on constate (qqch.). *Dresser un constat d'échec.* ▶ ***constatation*** n. f. ■ Action de constater pour attester ; fait constaté. ⇒ **observation.** *La constatation d'un fait. Procéder aux constatations d'usage. Je suis arrivée à la constatation suivante...*

constellation [kɔ̃ste(ɛl)lasjɔ̃] n. f. ■ Groupe apparent d'étoiles dans une zone déterminée du ciel qui présente un aspect reconnaissable. *La constellation de la Grande Ourse.*

constellé, ée [kɔ̃ste(ɛl)le] adj. ■ Parsemé d'objets brillants. *Ciel constellé. Robe constellée de paillettes.*

consterner [kɔ̃stɛʀne] v. tr. ▪ conjug. 1. **1.** Jeter brusquement (qqn) dans un abattement profond. ⇒ **abattre, accabler, atterrer, attrister, désoler, navrer.** *Cette nouvelle m'a consterné. Il nous a consternés par sa nullité.* **2.** Au passif et p.p. adj. *(Être) consterné, ée. Je suis consterné par son attitude. Un air, un visage consterné.* ⇒ **atterré, abattu.** / contr. **heureux, réjoui** / ▶ ***consternant, ante*** adj. ▶ ***consternation*** n. f. ■ Abattement, accablement. ⇒ **désarroi, désolation, stupeur.** / contr. **joie** / *La nouvelle de sa mort a jeté la consternation dans l'assistance.*

constipation [kɔ̃stipasjɔ̃] n. f. ■ Difficulté dans l'évacuation des selles ; état d'une personne qui éprouve cette difficulté. *Laxatif contre la constipation.* / contr. **diarrhée** / ▶ ***constiper*** v. tr. ▪ conjug. 1. **1.** Causer la constipation de (qqn). — Sans compl. *Le riz constipe.* — Au p. p. *Il est constipé.* **2.** Fam. CONSTIPÉ, ÉE : anxieux, contraint, embarrassé. ⇒ **empesé, gêné, guindé, pogné.** *Avoir l'air constipé,* mal à l'aise, non naturel.

constituant, ante adj. et n. ⇒ **constituer ;** ② **constitution.**

constituer [kɔ̃stitɥe] v. tr. ▪ conjug. 1. **1.** (Choses) Concourir, avec d'autres éléments, à former (un tout). ⇒ **composer.** *Parties qui constituent un tout. Les articles qui constituent un traité.* **2.** Être. *Cette action constitue un délit. Cela constitue un progrès.* **3.** (Personnes) Organiser, créer (une chose complexe). *Constituer une société commerciale.* — Pronominalement. *Elle s'est constitué une belle collection.* ⇒ se **monter.** / contr. **défaire** / **4.** V. pron. réfl. *Se constituer prisonnier,* se livrer. ⇒ se **rendre.** *Ils se sont constitués prisonniers.* **5.** *Être bien constitué,* avoir une bonne constitution ①. ▶ ① ***constituant, ante*** adj. ou ***constitutif, ive*** adj. ■ Qui entre dans la composition de. *Les éléments constitutifs, constituants de l'eau.* — N. f. *Une constituante,* un élément, une partie. *L'université du Québec à Rimouski est une constituante de l'Université du Québec,* un établissement qui fait partie d'un réseau ayant un siège social commun. ‹ ▶ ① constitution, reconstituer ›

① ***constitution*** [kɔ̃stitysjɔ̃] n. f. **1.** Manière dont une chose est composée. ⇒ **arrangement, disposition, forme, organisation.** *La constitution d'une substance.* **2.** Action de constituer (un ensemble) ; son résultat. ⇒ **composition, création, élaboration.** *La constitution d'une société, d'un fan club.* **3.** Ensemble des caractères congénitaux (d'un individu). ⇒ **conformation.** *Forte, robuste constitution.* ▶ ① ***constitutionnel, elle*** adj. ■ De la constitution (3). *Faiblesse constitutionnelle (de qqch.).*

② ***constitution*** n. f. ■ Charte, textes fondamentaux qui déterminent la forme du gouvernement d'un pays, les droits de ses citoyens et la structure des pouvoirs publics. *Voter une constitution. Réviser, réformer la constitution. La Constitution canadienne. Loi conforme à la Constitution.* ⇒ **constitutionnel.** ▶ ② ***constituant, ante*** adj. et n. f. ■ Qui est chargé de faire une constitution. *Assemblée constituante.* — (France) N. f. *La Constituante,* l'Assemblée française de 1789. ▶ ② ***constitutionnel, elle*** adj. **1.** Relatif (ou conforme, soumis) à une constitution. *Monarchie constitutionnelle. Cette loi n'est pas constitutionnelle.* / contr. **anticonstitutionnel, inconstitutionnel** / *Le débat constitutionnel.* **2.** *Droit constitutionnel,* qui étudie la structure et le fonctionnement du pouvoir politique (branche du droit public). ▶ ***constitutionnellement*** adv. ■ D'une manière conforme à la constitution. ▶ ***constitutionnaliste*** n. ■ Spécialiste d'une ou de plusieurs constitutions. *Une constitutionnaliste québécoise.* ‹ ▶ anticonstitutionnel, inconstitutionnel ›

constricteur [kɔ̃stʀiktœʀ] adj. m. ■ Anatomie. Qui resserre. *Muscles constricteurs.* — Zoologie. *Boa constricteur* ou CONSTRICTOR : qui étreint sa proie dans ses anneaux. ‹ ▶ vasoconstricteur ›

construire [kɔ̃stʀɥiʀ] v. tr. ▪ conjug. 38. — REM. Part. passé : *construit, ite.* **1.** Bâtir, suivant un plan déterminé (opposé à *démolir*). ⇒ **édifier.** / contr. **détruire** / *Construire une maison, un pont sur une rivière. Construire un navire, des automobiles.* — Pronominalement. Fam. *Se construire qqch.,* se bâtir qqch. *Il s'est construit un patio. — Ils vont se construire cet été. — Son chalet s'est construit rapidement,* a été construit. **2.** Abstrait. Faire exister (un système complexe) en organisant des éléments mentaux. ⇒ **élaborer.** *Construire une intrigue.* ⇒ **composer.** *Construire un système, une théorie.* — Tracer (une figure géométrique) selon un schéma. *Construisez un triangle isocèle. Construire une phrase* (⇒ **construction**). ▶ ***constructeur, trice*** [kɔ̃stʀyktœʀ, tʀis] adj. et n. **1.** Personne qui bâtit, construit. *Une époque de grands constructeurs. Les constructeurs de cathédrales.* ⇒ **architecte, bâtisseur.** *Constructeur d'automobiles, d'avions.* **2.** Fig. *Un constructeur d'empire.* ⇒ **bâtisseur.** / contr. **destructeur** / ▶ ***constructif, ive*** adj. **1.** Capable de construire, d'élaborer, de créer. ⇒ **créateur.** *Un esprit constructif.* / contr. **négatif** / **2.** Positif. *Une proposition, une critique constructive.* ▶ ***construction*** [kɔ̃stʀyksjɔ̃] n. f. **1.** Action de construire. ⇒ **assemblage, édification.** / contr. **démolition, destruction** / *La construction d'une maison, d'un mur.* — EN CONSTRUCTION : en train d'être construit. *Une maison en construction. — La construction d'une automobile.* ⇒ **fabrication.** — *Matériaux de construction,* servant à la construction. — *La construction,* le domaine du bâtiment. *Les vacances des ouvriers de la construction.* — Industrie qui construit certains objets. *Les constructions aéronautiques.* — *Jeu de construction,* formé d'éléments que l'on peut assembler pour construire un ensemble. **2.** Ce qui est construit, bâti. ⇒ **bâtiment,**

édifice, immeuble. *Une belle construction en pierres de taille. Plans, devis d'une construction.* **3.** Action de composer, d'élaborer une chose abstraite ; cette chose. ⇒ **composition.** *C'est une simple construction de l'esprit. Construction géométrique,* figure. — Place relative des mots dans la phrase (⇒ **syntaxe**). *Construction grammaticale.* ‹ ▶ reconstruction, reconstruire ›

consubstantiel, ielle [kɔ̃sypstɑ̃sjɛl] adj. ■ Qui est unique par la substance ; inséparable. ▶ ***consubstantialité*** n. f. ■ Unité et identité de substance des personnes de la Trinité (qui sont consubstantielles). *La consubstantialité du Père et du Fils.*

consul, ule [kɔ̃syl] n. **I.** Histoire. **1.** Nom donné à chacun des deux magistrats qui exerçaient l'autorité suprême, sous la République romaine. **2.** (France) Nom de chacun des trois magistrats auxquels la Constitution de l'an VIII avait confié le gouvernement de la République française. *Bonaparte, premier consul.* **II.** Agent chargé par un gouvernement de la défense des intérêts de ses nationaux et de fonctions administratives dans un pays étranger. *Être consul de France à Québec.* ≠ *ambassadeur.* — REM. L'O.L.F. propose *consule* au féminin. ▶ ***consulaire*** adj. ■ D'un consul, relatif au consulat. *Un agent consulaire. Le corps consulaire.* ▶ ***consulat*** n. m. **1.** Charge de consul. **2.** Bureaux, services dirigés par un consul (II). *Aller au consulat pour obtenir un visa.* ‹ ▶ proconsul ›

consulter [kɔ̃sylte] v. ▪ conjug. 1. **I.** V. tr. **1.** Demander avis, conseil à (qqn). *Consulter un ami. Consulter un médecin, un expert. Consulter qqn sur, au sujet de qqch.* — Pronominalement (récipr.). *Se consulter,* délibérer, discuter avec d'autres. **2.** Regarder (qqch.) pour y chercher des explications, des renseignements. *Consulter un manuel. Consulter un dictionnaire. Ouvrage à consulter. Consulter sa montre. Consulter l'horaire des autobus.* **II.** (France) V. intr. (Médecins) Donner des consultations (3), faire du bureau. *Le docteur consulte tous les matins.* ▶ ***consultant, ante*** n. et adj. ■ Personne qui donne des consultations. ⇒ ① **conseil.** *Avocat, médecin consultant. Des consultantes en micro-informatique.* ▶ ***consultatif, ive*** adj. ■ Qui est constitué pour donner des avis mais non pour décider. *Comité consultatif.* / contr. **délibératif, souverain** / *À titre consultatif,* pour simple avis. ▶ ***consultation*** n. f. **1.** Action de prendre avis. *La, une consultation de l'opinion.* ⇒ **enquête.** *Consultation électorale.* ⇒ **vote.** *La consultation d'un ouvrage, d'un document.* ⇒ **examen. 2.** (Savants, avocats, médecins) Action de donner des avis. *Les consultations que donne un expert. Un service de consultations,* qui répond aux questions des usagers. **3.** (France) Fait de recevoir les malades. *Cabinet, heures de consultation.* — Moment, service de consultation. *La consultation d'un hôpital.* — Au plur. *Les consultations externes.* ⇒ fam. **clinique** externe.

consumer [kɔ̃syme] v. tr. ▪ conjug. 1. **1.** Littér. (Suj. nom abstrait) Épuiser complètement les forces de (qqn). ⇒ **abattre, anéantir, user.** *La passion, le chagrin le consume. La maladie qui le consumait.* — SE CONSUMER v. pron. réfl. *Se consumer,* épuiser sa santé, ses forces. *Elle se consume de douleur, d'ennui. Elle se consumait en efforts inutiles.* ⇒ s'**épuiser. 2.** Détruire par le feu. ⇒ **brûler, calciner, embraser.** *Le feu a consumé tout un quartier.* ⇒ **incendier.** — Au p. p. adj. *Bois à demi consumé.*

contact [kɔ̃takt] n. m. **1.** Position, état relatif (de corps qui se touchent). *Le contact de deux choses, entre deux choses, d'une chose et d'une autre. Point de contact. Être, entrer* EN *contact,* se joindre, se toucher. AU *contact de l'air.* — *Lentilles, verres* DE CONTACT : verres correcteurs de la vue qui s'appliquent sur l'œil (verres cornéens, lentilles cornéennes). **2.** *Contact électrique,* entre conducteurs, permettant le passage du courant. — Dispositif permettant l'allumage d'un moteur à explosion. *Clé de contact. Couper le contact.* **3.** Relation entre personnes. *Les contacts humains.* — EN CONTACT *avec* : en relation. *Entrer, se mettre en contact avec qqn.* — *Au contact de qqn,* sous son influence. *Il devient plus aimable à votre contact.* — *Prendre contact avec qqn.* ▶ ***contacter*** v. tr. ▪ conjug. 1. ■ Prendre contact avec (qqn). ⇒ **rencontrer, toucher.** *Contacter qqn par téléphone.*

contagieux, ieuse [kɔ̃taʒjø, jøz] adj. **1.** Qui se communique par la contagion. ⇒ **transmissible.** *Maladie, fièvre contagieuse.* **2.** Agent de contagion. *Cet homme est contagieux.* — N. *Un contagieux.* **3.** Abstrait. Qui se communique facilement. *Rire, enthousiasme contagieux.* ⇒ **communicatif.**

contagion [kɔ̃taʒjɔ̃] n. f. **1.** Transmission d'une maladie à une personne bien portante, par contact (direct ou indirect). ⇒ **contamination, infection.** *S'exposer à la contagion. Pendant la contagion,* la maladie contagieuse. **2.** Imitation involontaire. ⇒ **propagation, transmission.** *La contagion du bâillement.* ‹ ▶ contagieux ›

contaminer [kɔ̃tamine] v. tr. ▪ conjug. 1. ■ Transmettre une infection à. ⇒ **infecter.** — Rendre dangereux (par la radioactivité, une infection, etc.). — Au p. p. adj. Infecté ; capable de transmettre la contagion. *Eau contaminée. Une région contaminée,* rendue dangereuse (par la radioactivité, une infection, etc.). ▶ ***contamination*** n. f. ■ Infection causée par des germes. ⇒ **contagion.** — Action de contaminer par la radioactivité. *La contamination de l'eau d'une rivière.*

conte [kɔ̃t] n. m. ■ Récit de faits, d'aventures imaginaires, destiné à distraire. ⇒ **histoire, récit ; conter.** *Les Contes de Perrault.* — CONTE DE FÉES : récit merveilleux ; fig. aventure, fait étonnant et charmant. — Histoire, phénomène invraisemblable. *C'est un conte à dormir debout.* ≠ *comte, compte.*

contempler [kɔ̃tɑ̃ple] v. tr. ▪ conjug. 1. ■ Considérer attentivement ; s'absorber dans l'observation de. *Contempler un spectacle. Il la contemple avec admiration.* ▶ ***contemplatif, ive*** adj. **1.** Qui aime la contemplation, la méditation. *Esprit contemplatif.* **2.** *Ordre contemplatif,* ordre religieux voué à la méditation. *Religieux contemplatif.* — N. *Un contemplatif.* ▶ ***contemplation*** n. f. **1.** Fait de s'absorber dans l'observation attentive (de qqn, qqch.). *La contemplation du ciel. En contemplation. Rester en contemplation devant une œuvre d'art.* ⇒ **admiration, extase. 2.** Concentration de l'esprit sur des sujets intellectuels ou religieux. ⇒ **méditation ; contemplatif.** *Être plongé, s'abîmer dans la contemplation. Elles ont toutes deux le goût de la solitude et de la contemplation.*

contemporain, aine [kɔ̃tɑ̃pɔʀɛ̃, ɛn] adj. **1.** CONTEMPORAIN DE : qui est du même temps que. *Jacques Cartier était contemporain de François I*[er]. — N. *Les contemporains de Voltaire.* — *Des événements contemporains,* qui se sont produits à la même époque. **2.** Qui est de notre temps. ⇒ **actuel, moderne.** *Le français contemporain. Étudier les auteurs contemporains, la littérature contemporaine.* / contr. **ancien** /

contempteur, trice [kɔ̃tɑ̃ptœʀ, tʀis] n. ■ Littér. Personne qui méprise, dénigre (qqn, qqch.). *Les contempteurs de la morale.*

① ***contenance*** [kɔ̃tnɑ̃s] n. f. ■ Manière de se tenir, de se présenter. ⇒ **air, allure, attitude, comportement, mine.** *Contenance assurée, modeste, embarrassée. Il a* *fait bonne contenance quand il a appris la mauvaise nouvelle,* il a gardé son sang-froid, il a montré du courage. — Loc. *Se donner, prendre une contenance,* déguiser son embarras. *Perdre contenance,* être subitement déconcerté (⇒ **décontenancé**). ‹ ▶ décontenancer ›

② ***contenance*** n. f. ■ Quantité de ce qu'un récipient peut contenir. ⇒ **capacité, contenu.** *La contenance d'une bouteille, d'un réservoir.* ▶ ***contenant*** [kɔ̃tnɑ̃] n. m. ■ Ce qui contient qqch. ⇒ **récipient.** *Le contenant et le contenu.* ▶ ***conteneur*** [kɔ̃t(ə)nœʀ] n. m. ■ Grande caisse métallique de dimensions normalisées pour le transport des marchandises. *Décharger des conteneurs.* — *Mettre les déchets dans un conteneur,* un grand bac mis à la disposition des usagers. ‹ ▶ porte-conteneur ›

contenir [kɔ̃tniʀ] v. tr. ▪ conjug. 22. **1.** Avoir, comprendre en soi, dans sa capacité, son étendue, sa substance. ⇒ **enfermer.** *Ce minerai contient une forte proportion de métal. Une grande enveloppe contenant le courrier.* — *Ce livre contient des erreurs.* **2.** Avoir une capacité de. ⇒ **tenir.** *Ce cinéma peut contenir mille spectateurs.* **3.** Empêcher (des personnes, des groupes) d'avancer, de s'étendre. ⇒ **limiter, maintenir, retenir.** *Contenir la foule, les manifestants.* **4.** Empêcher (un sentiment) de se manifester, de s'exprimer. *Contenir ses larmes.* ⇒ **refouler.** *Contenir son émotion, sa colère.* / contr. **exprimer** / **5.** V. pron. réfl. Ne pas exprimer un sentiment fort. ⇒ se **dominer,** se **maîtriser,** se **retenir ;** ① **contenu.** *Essayez de vous contenir. Elle s'est contenue malgré sa douleur.* ‹ ▶ ② contenance, ① contenu, ② contenu ›

content, ente [kɔ̃tɑ̃, ɑ̃t] adj. ■ Satisfait. **1.** *Content de qqch.* ⇒ **enchanté, heureux, ravi.** *Je suis assez content de mon acquisition,* elle me plaît assez. — NON CONTENT *d'être endetté, il emprunte à tous ses amis :* il ne lui suffit pas de. ⇒ **non** seulement. **2.** *Être content que* (+ subjonctif). *Je serais content que vous veniez me voir.* ⇒ **heureux. 3.** *Content de qqn,* satisfait de son comportement. *Je suis content de vous.* — *Content de soi,* vaniteux. ⇒ **fat. 4.** Sans compl. Gai, joyeux. *Elle a l'air tout content.* / contr. **ennuyé, insatisfait, mécontent, triste** / ▶ ***contenter*** v. tr. ▪ conjug. 1. **1.** Rendre (qqn) content en lui donnant ce qu'il désire. ⇒ **combler, satisfaire.** / contr. **mécontenter** / *On ne peut pas contenter tout le monde.* ⇒ **plaire** à. *Un rien les contente.* — *Contenter son envie, sa curiosité.* ⇒ **assouvir. 2.** SE CONTENTER DE v. pron. réfl. : être satisfait (de qqch.), ne rien demander de plus. ⇒ s'**accommoder,** s'**arranger.** *Se contenter d'un repas par jour.* — *Pour réponse, elle s'est contentée de sourire.* ▶ ***contentement*** n. m. ■ Satisfaction. *Son contentement fait plaisir à voir. Contentement de soi.* / contr. **mécontentement** / ‹ ▶ mécontent ›

contentieux [kɔ̃tɑ̃sjø] n. m. invar. ■ Ensemble des litiges ; service qui s'occupe des affaires litigieuses (dans une entreprise). *Le responsable du contentieux. Le contentieux d'un ministère.*

① ***contenu, ue*** [kɔ̃tny] adj. ■ Que l'on se retient d'exprimer, que l'on contient (⇒ **contenir,** 4). *Une émotion contenue.* ⇒ **réprimé.** / contr. **exprimé, violent** /

② ***contenu*** n. m. **1.** Ce qui est dans un contenant. *Le contenu d'un récipient. L'étiquette indique la nature du contenu.* **2.** Substance, teneur. *Le contenu d'une lettre, d'un livre.*

conter [kɔ̃te] v. tr. ▪ conjug. 1. **1.** Dire (une histoire imaginaire, un conte) pour distraire. ⇒ plus cour. **raconter.** *Veux-tu nous conter des blagues ?* — Faire le récit de. ⇒ **narrer.** *Conter son voyage de pêche.* **2.** Vieilli. Dire (une chose inventée) pour tromper. *Que me contez-vous là ?* ⇒ **chanter** (II). — Loc. EN CONTER *à qqn :* abuser, tromper. *Elle ne s'en laisse pas conter, il ne faut pas lui en conter. En conter une belle (de belles),* raconter qqch. de scandaleux. **3.** Loc. *Conter des peurs* ou pronominalement *se conter des peurs,* dire, raconter des choses effrayantes, des histoires épouvantables. ≠ *compter.* ▶ ***conteur, euse*** n. ■ Personne qui compose, dit ou écrit des contes. *Les poètes conteurs* (troubadours...). *Félix Leclerc était un conteur.* ≠ *compteur.* ‹ ▶ conte, raconter ›

contester [kɔ̃tɛste] v. tr. ▪ conjug. 1. **1.** Mettre en discussion (le droit, les prétentions de qqn). ⇒ **discuter.** / contr. **admettre, reconnaître** / *Contester le titre, la succession de qqn.* — Sans compl. *Les jeunes aiment contester* (⇒ **contestataire, contestation**). **2.** Mettre en doute. ⇒ **nier.** / contr. **croire** / *Contester un fait. Contester que* (+ subjonctif). *Je conteste qu'il l'ait dit.* (Avec la négation) *Je ne conteste pas qu'il l'a (qu'il l'ait) dit. Je ne conteste pas qu'elle réussisse, qu'elle réussira.* — Au p. p. *Cette théorie est très contestée. Un peintre contesté.* ▶ ***contestable*** adj. ■ Qui peut être contesté. ⇒ **discutable.** *Vous avez sur la question des idées contestables. Une hypothèse contestable.* ▶ ***contestataire*** adj. et n. ■ Qui conteste. *Les étudiants contestataires.* / contr. **conservateur, passif, soumis** / ▶ ***contestation*** n. f. **1.** Fait de contester qqch. ; discussion sur un point contesté. ⇒ **controverse, débat.** *Élever une contestation sur un point. La contestation d'un droit.* **2.** Vive opposition. *Entrer en contestation avec qqn.* ⇒ **dispute, opposition, querelle.** — Fait de contester l'ordre établi. ▶ *sans* ***conteste*** [sɑ̃kɔ̃tɛst] loc. adv. ■ Sans contredit, sans discussion possible. ⇒ **assurément, incontestablement.** *Shakespeare est, sans conteste, le plus grand dramaturge anglais.* ‹ ▶ incontestable, incontesté ›

contexte [kɔ̃tɛkst] n. m. **1.** Ensemble du texte qui entoure un élément de la langue (un mot, une phrase...). *Vous comprendrez mieux en regardant le contexte.* **2.** Ensemble des circonstances dans lesquelles se produit un fait. ⇒ **cadre** (II). *Le contexte politique. Dans un contexte particulier.*

contexture [kɔ̃tɛkstyʀ] n. f. ■ Manière dont les éléments d'un tout organique complexe se présentent. ⇒ ① **constitution, organisation, structure.** *La contexture des os, des muscles.*

contigu, uë [kɔ̃tigy] adj. ■ Qui touche (à autre chose). ⇒ **attenant, avoisinant.** *Deux maisons contiguës.* ⇒ **jumelé.** *Chambre contiguë à une autre.* / contr. **éloigné, séparé** / ▶ ***contiguïté*** [kɔ̃tigɥite] n. f. ■ ⇒ **mitoyenneté, proximité.**

continence [kɔ̃tinɑ̃s] n. f. ■ État d'une personne qui s'abstient de tout plaisir charnel. ⇒ **chasteté, pureté.** ▶ ① ***continent, ente*** adj. ■ Vx. Qui pratique la continence. ⇒ **chaste.** ‹ ▶ incontinence ›

② ***continent*** [kɔ̃tinɑ̃] n. m. ■ Grande étendue de terre limitée par un ou plusieurs océans. *La dérive des continents. L'Ancien Continent,* l'Europe, l'Asie, l'Afrique. *Le Nouveau Continent,* les deux Amériques. ▶ ***continental, ale, aux*** adj. ■ Relatif à un continent. *Climat continental,* des régions éloignées des mers. ‹ ▶ intercontinental, sous-continent, transcontinental ›

contingences [kɔ̃tɛ̃ʒɑ̃s] n. f. pl. ■ Choses qui peuvent changer, qui n'ont pas une importance capitale. *Les contingences de la vie quotidienne,* les événements terre à terre. ▶ ① ***contingent, ente*** adj. ■ Qui peut se produire ou non. ⇒ **accidentel, éventuel, occasionnel.** / contr. **nécessaire** / *Événement contingent,* soumis au hasard.

② **contingent** n. m. **1.** Groupe, ensemble de personnes. *Un contingent de touristes débarque de l'avion nolisé.* **2.** Part que chacun apporte ou reçoit. *Apporter son contingent à une œuvre.* ⇒ **contribution.** *Un contingent de marchandises.* ▶ ***contingenter*** v. tr. ▪ conjug. 1. ■ Fixer un contingent (2) limité, précis à. ⇒ **limiter.** *Contingenter une production, une importation. — Contingenter un cours,* en limiter les inscriptions. — Au p. p. adj. *Une classe contingentée.* ▶ ***contingentement*** n. m. ■ *Le contingentement des produits importés. Le contingentement de l'admission à un programme de cours.*

continu, ue [kɔ̃tiny] adj. **1.** Qui n'est pas interrompu dans le temps. ⇒ **continuel, incessant, ininterrompu.** / contr. **discontinu, intermittent** / *Mouvement continu. Un bruit continu. Fournir un travail, un effort continu.* ⇒ **assidu.** *Courant continu.* / contr. **alternatif, discontinu** / — *Journée continue,* horaire de travail ne comportant qu'une brève interruption pour le repas. **2.** Composé de parties non séparées (opposé à *discret*). *Ligne, alignement continu.* ▶ ***continuel, elle*** adj. ■ Qui dure sans interruption ou se répète à intervalles rapprochés. ⇒ **constant, continu, perpétuel.** *Nous avons eu des pluies continuelles pendant un mois. Faire des efforts continuels.* / contr. **interrompu, momentané** / ▶ ***continuellement*** adv. ■ D'une manière continuelle, sans arrêt. *Travailler continuellement. Nous avons continuellement des réclamations.* ⇒ sans **cesse, constamment,** sans **relâche.** ▶ ***continuité*** n. f. ■ Caractère de ce qui est continu. ⇒ **persistance.** *La continuité d'une action. Assurer la continuité d'une tradition.* / contr. **discontinuité, interruption** / — Loc. *Solution de continuité,* interruption, discontinuité. ▶ ***continûment*** adv. ■ D'une manière continue (plus actif que *continuellement*). ‹ ▶ discontinu, solution de continuité ›

continuer [kɔ̃tinɥe] v. ▪ conjug. 1. **I.** V. tr. **1.** Faire ou maintenir encore, plus longtemps ; ne pas interrompre (ce qui est commencé). ⇒ **poursuivre.** / contr. **interrompre** / *Continuer ses études. Continuer une œuvre jusqu'à son achèvement. Continuer son chemin.* — Transitivement ind. CONTINUER À, CONTINUER DE (+ infinitif). *Continuer à parler, de parler.* — Sans compl. *Vous pouvez continuer. Continuez !* **2.** Prolonger (qqch.) dans l'espace. *Continuer une ligne, une route.* **II.** V. intr. (Suj. chose) **1.** Ne pas s'arrêter. ⇒ **durer.** *La fête, la séance continue.* **2.** S'étendre plus loin. ⇒ se **prolonger.** *Cette route continue jusqu'à Chibougamau.* ⇒ **aller.** ▶ ***continuateur, trice*** n. ■ Personne qui continue ce qu'une autre a commencé. ⇒ **successeur.** *Les continuateurs de Darwin.* ▶ ***continuation*** n. f. ■ Action de continuer (qqch.) ; fait d'être continué. ⇒ **poursuite** (II), **suite.** *La continuation de la guerre.* / contr. **interruption** / *Se charger de la continuation d'une œuvre.* — Fam. *Bonne continuation !,* souhait adressé à qqn qui semble se plaire à ce qu'il fait. ‹ ▶ discontinuer ›

contondant, ante [kɔ̃tɔ̃dɑ̃, ɑ̃t] adj. ■ Didact. *Instrument contondant, arme contondante,* qui blesse, meurtrit sans couper ni percer.

contorsion [kɔ̃tɔʀsjɔ̃] n. f. **1.** Attitude anormale par torsion des membres, du corps. **2.** Attitude outrée, gestes affectés. ⇒ **agitation, grimace, simagrée.** *Inutile de faire toutes ces contorsions.* ▶ ***se contorsionner*** v. pron. réfl. ▪ conjug. 1. ■ Faire des contorsions. ▶ ***contorsionniste*** n. ■ Acrobate spécialisé dans les contorsions.

contour [kɔ̃tuʀ] n. m. **1.** Limite extérieure (d'un objet, d'un corps). ⇒ **bord, tour.** *Le contour d'une table, d'un vase ; d'un personnage.* ⇒ **silhouette.** *Contour précis, net, imprécis. Tracer les contours d'une figure. Les contours du corps humain.* ⇒ **courbe, forme, galbe, ligne. 2.** Au plur. Formes sinueuses. *Les contours d'une rivière.* ⇒ **détour, lacet, méandre.** ▶ ***contourné, ée*** adj. **1.** Qui présente des courbes, a un contour compliqué. **2.** Affecté et compliqué. *Style, raisonnement contourné.* ⇒ **tarabiscoté.** ▶ ***contourner*** v. tr. ▪ conjug. 1. ■ Faire le tour de, passer autour. *La route qui contourne la ville. Contourner les positions de l'ennemi. Contourner un obstacle.* ⇒ **éviter.** ‹ ▶ incontournable ›

contra- ■ Élément savant signifiant « contre ; en sens contraire ». ⇒ **contre-.** ▶ ***contraception*** [kɔ̃tʀasɛpsjɔ̃] n. m. ■ Ensemble des moyens employés pour rendre les rapports sexuels inféconds (empêcher d'avoir un enfant), chez la femme ou chez l'homme. ▶ ***contraceptif, ive*** adj. ■ Qui empêche les rapports sexuels d'aboutir à la conception d'un enfant. ⇒ **anticonceptionnel.** *Pilule contraceptive.* ⇒ **pilule.** — N. m. *Un contraceptif.* ‹ ▶ contradicteur, contravention ›

① **contracter** [kɔ̃tʀakte] v. tr. ▪ conjug. 1. ■ S'engager à faire, à respecter par contrat. *Contracter un mariage, une assurance, une obligation.* ▶ ***contractant, ante*** adj. et n. ■ Qui s'engage par contrat. — N. *Les contractants.* ▶ ***contracteur, euse*** n. ■ Fam. Sans compl. Entrepreneur (2). *Discuter avec le contracteur.* — REM. Cette forme est parfois critiquée. ‹ ▶ souscontracteur ›

② **contracter** v. tr. ▪ conjug. 1. **1.** Prendre (une habitude, un sentiment, de qqn, de qqch.). ⇒ **former, prendre.** *Contracter une habitude. Il a contracté cette manie de son père.* **2.** Attraper (une maladie). ⇒ **pogner.**

③ **contracter** v. tr. ▪ conjug. 1. ■ Réduire dans sa longueur, son volume. ⇒ **raccourcir, resserrer.** *Le froid contracte certains métaux. — Contracter les muscles.* ⇒ **raidir, tendre.** — SE CONTRACTER v. pron. réfl. *Le cœur se contracte et se dilate alternativement* (⇒ **contraction**). ▶ ***contracté, ée*** p. p. adj. **1.** *Muscles contractés. Son visage était un peu contracté.* — (Personnes) Inquiet, tendu. / contr. **décontracté** / **2.** Qui est formé de deux éléments réunis en un seul. *Du est un article contracté (de + le).* ▶ ***contraction*** [kɔ̃tʀaksjɔ̃] n. f. **1.** Réaction du muscle qui se raccourcit et se gonfle. *Contraction violente.* ⇒ **crampe, spasme.** *Contractions des muscles du visage.* ⇒ **crispation.** / contr. **décontraction, relâchement** / *Les contractions d'une femme qui accouche.* ⇒ **douleur(s). 2.** *Contraction de texte,* résumé, synthèse. ‹ ▶ décontracter ›

contractuel, elle [kɔ̃tʀaktɥɛl] adj. et n. **1.** Stipulé par contrat. *Obligation contractuelle.* **2.** Qui est engagé par contrat et sur une base temporaire pour effectuer un travail précis. ⇒ ② **occasionnel.** / contr. **permanent** / *Une traductrice contractuelle.* — N. *Des contractuels.* **3.** (France) N. *Un contractuel,* agent de police chargé de faire respecter les règles de stationnement. *Une contractuelle nous a mis une contravention.*

contradicteur, trice [kɔ̃tʀadiktœʀ, tʀis] n. ■ Personne qui contredit. ⇒ **adversaire, opposant.** *Un contradicteur courtois ; acharné. Cette députée, cette journaliste est une contradictrice redoutable.*

contradiction [kɔ̃tʀadiksjɔ̃] n. f. **1.** Action de contredire qqn ; échange d'idées entre ceux qui se contredisent. ⇒ **objection, opposition.** / contr. **approbation** / *Elle ne supporte pas la contradiction. Porter la contradiction dans un débat. — Esprit de contradiction,* disposition à contredire, à s'opposer constamment. **2.** Relation entre deux termes, deux propositions qui affirment et nient. *Il y a contradiction entre « A est vrai » et « A n'est pas vrai ».* — Absurdité, invraisemblance. *Un tissu de contradictions.* **3.** Action de se contredire. *Être en proie à des contradictions. Les contradictions internes d'un système.* / contr. **concordance** / ▶ ***contradictoire*** adj. **1.** Qui contredit une affirmation. ⇒ **contraire.** *Affirmation contradictoire à une autre, d'une autre.* / contr. **compatible** / **2.** Où il y a contradiction, discussion. *Débat, examen contradictoire.* **3.** Qui implique contradiction, incompatibilité. ⇒ **incompatible.** *Tendances, influences contradictoires.* / contr. **concordant** / ▶ ***contradictoirement*** adv.

contraindre [kɔ̃tʀɛ̃dʀ] v. tr. ▪ conjug. 52. **1.** *Contraindre qqn à faire qqch.*, lui imposer de faire qqch. contre sa volonté. ⇒ **forcer, obliger.** *Les circonstances l'ont contraint à faire cela.* ⇒ **entraîner, pousser.** *Décidez librement, je ne veux pas vous contraindre.* **2.** SE CONTRAINDRE v. pron. réfl. *Se contraindre devant qqn*, se retenir. ⇒ se **maîtriser.** *Se contraindre à faire qqch.*, se forcer. ⇒ ① s'**obliger.** **3.** ÊTRE CONTRAINT DE (+ infinitif). *Elle a été contrainte d'accepter.* ▶ ***contraignant, ante*** [kɔ̃tʀɛɲɑ̃, ɑ̃t] adj. ■ Qui contraint, gêne et oblige. *Une obligation, une nécessité contraignante.* ⇒ **astreignant, pénible.** ▶ ***contraint, ainte*** adj. **1.** Qui est gêné, mal à l'aise. *Avoir un air contraint, une mine contrainte.* ⇒ **embarrassé, emprunté. 2.** Loc. *Contraint et forcé,* sous la contrainte. ≠ *contrit.* ▶ ***contrainte*** n. f. **1.** Violence exercée contre qqn ; entrave à la liberté d'action. *Empêcher d'agir par la contrainte.* ⇒ ① **force.** — Loc. *Agir sous la contrainte.* **2.** Gêne, retenue (surtout dans *sans contrainte*). *Il parla sans aucune contrainte.* ‹ ▶ précontraint ›

contraire [kɔ̃tʀɛʀ] adj. et n. m. **I.** Adj. **1.** Qui présente la plus grande différence possible (en parlant de deux choses du même genre) ; qui s'oppose (à qqch.). ⇒ **contradictoire, incompatible, inverse, opposé.** / contr. **pareil, semblable** / *Deux opinions contraires. Son attitude est contraire à la raison.* **2.** Qui, en s'opposant, gêne le cours d'une chose. ⇒ **défavorable.** *Vents contraires. La chance lui est contraire.* / contr. **favorable** / **II.** N. m. **1.** Ce qui est opposé (logiquement). *Le contraire de qqch. Faire le contraire de ce que l'on dit. C'est tout le contraire. Dire une chose et son contraire,* se contredire. *Elle dit toujours le contraire* (⇒ **contradiction ; contredire**). **2.** Mot qui, par le sens, s'oppose directement à un autre. ⇒ **antonyme.** / contr. **synonyme** / *« Blanc » et « noir » sont des contraires.* **3.** AU CONTRAIRE loc. adv. : d'une manière opposée. ⇒ **contrairement,** par **contre.** *Il ne pense pas qu'à lui ; au contraire, il est très dévoué. Tout au contraire.* — AU CONTRAIRE DE loc. prép. : d'une manière opposée à. ▶ ***contrairement*** adv. ■ *Il fait beau contrairement aux prévisions.* ⇒ **inversement.** / contr. **conformément** /

contralto [kɔ̃tʀalto] n. m. ■ La plus grave des voix de femme. — Celle qui a cette voix. *Des contraltos.* ≠ *alto.*

contrarier [kɔ̃tʀaʀje] v. tr. ▪ conjug. 7. **1.** Avoir une action contraire, aller contre, s'opposer à (qqch.). ⇒ **combattre, contrecarrer, gêner, résister** à. *Contrarier les projets de qqn.* / contr. **aider, favoriser** / **2.** Causer du dépit, du mécontentement à (qqn) en s'opposant à lui. ⇒ **chagriner, fâcher, mécontenter.** *Il cherche à vous contrarier.* **3.** (Suj. chose) Rendre inquiet, mal à l'aise. *Cette histoire me contrarie un peu.* / contr. **contenter, réjouir** / — Au p. p. adj. *Elle a l'air très contrariée.* ▶ ***contrariant, ante*** adj. **1.** Qui est porté à contrarier (1). *Un esprit contrariant.* **2.** Qui contrarie (3). *Comme c'est contrariant !* ⇒ **ennuyeux.** ▶ ***contrariété*** n. f. ■ Déplaisir causé par ce qui contrarie (3). *Éprouver une vive contrariété.* ⇒ **mécontentement.** / contr. **satisfaction** /

contraste [kɔ̃tʀast] n. m. **1.** Opposition de deux choses dont l'une fait ressortir l'autre. ⇒ **antithèse, opposition.** *Contraste entre deux choses, de deux choses. Un contraste de couleurs. Contrastes d'idées.* — *Par contraste,* par l'opposition avec son contraire. ⇒ **comparaison. 2.** *Contraste d'une image,* variation de l'ombre et de la lumière à l'intérieur de cette image. *Régler le contraste de la télévision.* ▶ ***contrasté, ée*** adj. ■ Qui présente des contrastes. *Couleurs contrastées.* ▶ ***contraster*** v. intr. ▪ conjug. 1. ■ *Contraster avec qqn, qqch.*, être en contraste (avec) ; s'opposer d'une façon frappante. *Des couleurs, des expressions qui contrastent entre elles. La beauté de la vieille ville contraste avec la laideur des grands ensembles.*

contrat [kɔ̃tʀa] n. m. **1.** Convention par laquelle une ou plusieurs personnes s'obligent à donner, à faire ou à ne pas faire qqch. vis-à-vis de qqn. ⇒ **convention, pacte.** *Un contrat d'échange, de louage, de vente, de prêt. Contrat de travail. Contrat de mariage. Stipuler par contrat.* ⇒ **contractuel. 2.** Acte qui enregistre cette convention. *Rédiger un contrat en bonne et due forme. Signer un contrat avec qqn.* ‹ ▶ ① contracter, contractuel ›

contravention [kɔ̃tʀavɑ̃sjɔ̃] n. f. **1.** Infraction que les lois punissent d'une amende ; cette amende. *Attraper une contravention pour infraction au code de la route.* ⇒ **billet ;** anglic. **ticket.** — Procès-verbal de cette infraction. *Trouver une contravention sur son pare-brise.* **2.** EN CONTRAVENTION : en infraction à un règlement, etc. *Être, se mettre en contravention.*

① ***contre*** [kɔ̃tʀ] prép. et adv. **I.** (Proximité, contact) ⇒ **auprès** de, **près** de, **sur.** *Pousser le lit contre le mur. Se serrer contre qqn. Joue contre joue.* — Adv. *Appuyez-vous contre.* **II.** (Opposition) **1.** À l'opposé de, dans le sens contraire à. *Nager contre le courant. Contre toute attente,* contrairement à ce qu'on attendait. — PAR CONTRE loc. adv. : au contraire, en compensation. ⇒ en **revanche.** *Le magasin est assez exigu, par contre il est bien situé.* **2.** En dépit de. ⇒ **malgré, nonobstant.** *Contre toute apparence, c'est elle qui a raison. Envers et contre tout,* en dépit de tout. **3.** En opposition à, dans la lutte avec (surtout après les verbes *combattre, lutter,* etc.). ⇒ **avec.** *Se battre, être en colère contre qqn. Être contre qqch. ou qqn,* s'opposer, combattre. — Adv. *Voter pour ou contre.* — *Avoir qqch. contre (qqch., qqn),* ne pas approuver entièrement, ne pas aimer. *Je n'ai rien contre eux.* — Adv. *Je n'ai rien contre.* **4.** Pour se défendre, se protéger de. *S'abriter contre la pluie. S'assurer contre l'incendie. Un médicament contre le rhume.* **5.** En échange de. *Je te donne mon briquet contre ton couteau de poche. Envoi contre remboursement.* ▶ ② ***contre*** n. m. **1.** LE POUR ET LE CONTRE. *Peser le pour et le contre,* les avantages et les inconvénients. **2.** À certains jeux, exercices. Coup contre l'adversaire. — Action de contrer (2), aux cartes. ‹ ▶ contraire, contrarier, contraste, contrer, à l'encontre, malencontreux, rencontrer ›

contre- ■ Élément qui signifie « opposé, contraire » (invar. au plur. : *des contre-attaques*). — REM. Dans les composés, on prononce le *e* devant consonne : [kɔ̃tʀəʃɑ̃, kɔ̃tʀədɑ̃s], etc.

contre-allée [kɔ̃tʀale] n. f. ■ (France) Allée latérale, parallèle à la voie principale. *Garer sa voiture dans la contre-allée. Des contre-allées.*

contre-amiral, aux n. m. ■ Officier général de la marine, immédiatement au-dessous du vice-amiral. *Des contre-amiraux.* — REM. Le féminin *contre-amirale* est virtuel.

contre-attaque n. f. ■ Brusque mouvement offensif d'une troupe attaquée. ⇒ **contre-offensive.** *Des contre-attaques.* — Sports. Relance de l'offensive. ⇒ **contre-offensive.** ▶ ***contre-attaquer*** v. tr. et intr.

▪ conjug. 1. ▪ Faire une contre-attaque (contre...). *L'ennemi contre-attaqua immédiatement.* — Sports. Relancer l'offensive. *L'ailier gauche contre-attaquait.* ⇒ **contre-offensive.**

contrebalancer [kɔ̃tʀəbalɑ̃se] v. tr. ▪ conjug. 3. **1.** Compenser en étant égal à. *Les avantages contrebalancent les inconvénients.* **2.** Fam. SE CONTREBALANCER DE v. pron. réfl. : se moquer de. ⇒ fam. se **balancer** de. *Elle s'en est toujours contrebalancée. Ton histoire, je m'en contrebalance.* ⇒ fam. se **contrefiche,** se **contrefoutre.**

contrebande [kɔ̃tʀəbɑ̃d] n. f. ▪ Introduction clandestine, dans un pays, de marchandises prohibées ; ces marchandises. *Marchandises de contrebande. Faire la contrebande de la cigarette.* ▶ ***contrebandier, ière*** n. ▪ Personne qui fait de la contrebande.

en ***contrebas*** [ɑ̃kɔ̃tʀəba] loc. adv. ▪ À un niveau inférieur. *La route passe en contrebas.* — Loc. prép. *La maison se trouve en contrebas du chemin.*

contrebasse [kɔ̃tʀəbɑs] n. f. **1.** Le plus grand et le plus grave des instruments à cordes et à archet. **2.** N. Musicien qui joue de la contrebasse. *Il est contrebasse dans un orchestre.* ⇒ **contrebassiste.** ▶ ***contrebassiste*** n. ▪ Musicien qui joue de la contrebasse. ⇒ **bassiste.** ⟨ ▶ bassiste ⟩

contrecarrer v. tr. ▪ conjug. 1. ▪ S'opposer directement à. ⇒ **gêner.** *Contrecarrer les projets de qqn.*

contrechamp n. m. ▪ Cinéma. Prise de vues dans le sens opposé à celui d'une autre prise *(champ)* ; plan ainsi filmé. *Champ et contrechamp.* ≠ *contre-chant.*

contre-chant n. m. ▪ Phrase mélodique sur les harmonies du thème, et jouée en même temps que lui. *Des contre-chants.* ≠ *contrechamp.*

contre-choc n. m. ▪ Choc* de retour. *Des contre-chocs.*

à ***contrecœur*** loc. adv. ▪ Malgré soi, avec répugnance. *Faire une chose à contrecœur.* / contr. de bon **cœur, volontiers** /

contrecoup n. m. ▪ Événement qui se produit en conséquence indirecte d'un autre. ⇒ **réaction.** *Subir le contrecoup d'un désastre. Par contrecoup.*

à ***contre-courant*** loc. adv. ▪ En remontant le courant ; en sens contraire des autres.

contre-culture n. f. ▪ Courant culturel qui va à l'encontre de la culture établie ou dominante. *La culture du livre et la contre-culture de la bande dessinée.* ▶ ***contre-culturel, elle*** adj. ▪ Relatif à la contre-culture. *Un magazine contre-culturel.*

contredanse n. f. ▪ Danse où les couples de danseurs se font face et exécutent des figures ; son air. ⇒ **quadrille ;** anglic. **set** (III).

contredire [kɔ̃tʀədiʀ] v. tr. ▪ conjug. 37. — REM. 2e pers. du plur. *vous contredisez.* **1.** S'opposer à (qqn) en disant le contraire de ce qu'il dit. ⇒ **démentir, obstiner ; contradiction.** / contr. **approuver** / *Contredire qqn. Vous le contredisez sans cesse. Contredire le témoignage de qqn.* — (Choses) *Son témoignage contredit ce que vous prétendez.* **2.** Pronominalement (réfl.). *Se contredire,* dire des choses contradictoires successivement. **3.** (Choses) Aller à l'encontre de. *Les événements ont contredit ses prédictions, ses espérances.* ▶ *sans* ***contredit*** loc. adv. ▪ Sans qu'il soit possible d'affirmer le contraire. ⇒ **assurément, certainement.** *Ce joueur est, sans contredit, le meilleur.* ⇒ sans **conteste.**

contrée [kɔ̃tʀe] n. f. ▪ Littér. ou région. Étendue de pays. ⇒ **région.** *Une contrée riche, fertile.*

contre-espionnage n. m. ▪ Organisation chargée de la surveillance des espions ; cette surveillance. *Faire du contre-espionnage.*

contre-expertise n. f. ▪ Expertise destinée à en contrôler une autre. *Des contre-expertises.*

contrefaçon n. f. ▪ Action d'imiter *(contrefaire)* une œuvre littéraire, artistique, industrielle au préjudice de son auteur ; cette imitation. ⇒ **copie, falsification, plagiat.** *La contrefaçon d'un livre, d'un produit. Délit de contrefaçon de billets de banque* (⇒ **faux-monnayeur**).

contrefaire v. tr. ▪ conjug. 60. **1.** Imiter pour tourner en dérision. ⇒ **caricaturer.** *Contrefaire la voix, la démarche de qqn.* **2.** Imiter frauduleusement. ⇒ **contrefaçon.** *Contrefaire une monnaie, une signature.* ⇒ **falsifier. 3.** Changer, modifier l'apparence de (qqch.) pour tromper. ⇒ **déguiser.** *Contrefaire son écriture.* ▶ ***contrefait, aite*** adj. ▪ (Personnes) Difforme. *Le pauvre est tout contrefait.* ⟨ ▶ contrefaçon ⟩

contre-fenêtre n. f. ▪ Partie intérieure d'une double-fenêtre. *Des contre-fenêtres.*

se ***contreficher*** ou *se* ***contrefoutre*** v. pron. réfl. ▪ conjug. *fiche, foutre.* ▪ Fam. Se moquer complètement (de). ⇒ fam. se **contrebalancer.** *Je m'en contrefiche.* — REM. L'infinitif *se contrefiche* est usuel en France.

contre-filet n. m. ▪ (Surtout en France) Morceau de bœuf correspondant aux lombes (côtés du dos) de l'animal. ⇒ **faux-filet.** *Des contre-filets.*

contrefort n. m. **1.** Pilier, mur servant d'appui à un autre mur. *Les contreforts d'une terrasse, d'une voûte.* **2.** Chaîne de montagnes latérales. *Le contrefort du plateau laurentien.*

se ***contrefoutre*** v. pron. ⇒ se **contreficher.**

contre-indiqué, ée adj. ▪ Qui ne convient pas, est dangereux (dans un cas déterminé). ⇒ **déconseiller.** *Ces médicaments sont contre-indiqués pour les enfants.* ▶ ***contre-indication*** n. f. ▪ Médecine. Circonstance où il serait dangereux d'employer un traitement, un médicament. *Des contre-indications.*

contre-interrogatoire n. m. ▪ Interrogatoire d'un témoin mené par la partie adverse. *Des contre-interrogatoires.*

à ***contre-jour*** loc. adv. ▪ En tournant le dos à la lumière, en étant éclairé par derrière.

contremaître, esse n. ▪ Personne qui est responsable d'une équipe d'ouvriers. — REM. L'O.L.F. propose *contremaîtresse* au féminin.

contremander [kɔ̃tʀəmɑ̃de] v. tr. ▪ conjug. 1. ▪ Annuler, décommander. *J'ai contremandé tous mes rendez-vous de la semaine.* — V. intr. *Le match est contremandé en raison de la pluie.*

contre-manifestation n. f. ▪ Manifestation organisée pour faire échec à une autre. *Organiser deux contre-manifestations.*

contremarche n. f. ▪ Partie verticale de chaque marche d'un escalier.

contre-offensive n. f. ▪ Contre-attaque en vue d'enlever à l'ennemi l'initiative des opérations. *Des contre-offensives.* — Sports. Relance de l'offensive. *Le gardien de but a mis fin à la contre-offensive.* ⇒ **contre-attaque.**

contre-ordre n. m. ⇒ **contrordre.**

contrepartie n. f. **1.** Sentiment, avis contraire. *Soutenir la contrepartie d'une opinion.* **2.** Chose qui s'oppose à une autre en la complétant ou en l'équilibrant. *Obtenir une contrepartie financière.* ⇒ **compensation.** *Obtenir de l'argent en contrepartie.* — Loc. adv. *En contrepartie,* en compensation. ⇒ par **contre,** en **revanche.** *Vous aurez moins de lumière au rez-de-chaussée, mais en contrepartie vous disposerez d'un grand terrain.*

contre-pente n. f. ■ Pente opposée à une autre pente. *À contre-pente. Des contre-pentes.*

contre-performance n. f. ■ Mauvaise performance, résultat insatisfaisant. *Notre équipe a livré une contre-performance. L'escrimeur a eu une contre-performance,* une défaite inattendue.

contrepèterie [kɔ̃tʀəpɛtʀi] n. f. ■ Interversion des lettres ou des syllabes d'un ensemble de mots produisant un sens burlesque, souvent obscène (ex. : *femme folle à la messe* et *femme molle à la fesse*).

contre-pied n. m. **1.** Ce qui est diamétralement opposé à (une opinion, un comportement). ⇒ **contrepartie.** *Vos opinions sont le contre-pied des siennes. Prendre le contre-pied de qqch.,* faire exactement le contraire pour s'opposer. **2.** Sports. *Être* À CONTRE-PIED : sur le mauvais pied (pour une action). *Le ballon l'a surpris à contre-pied.*

contreplaqué ou ***contre-plaqué*** n. m. ■ Bois formé de plaques minces collées sous pression, à fibres opposées. *Des panneaux* ou fam. *des feuilles de contre-plaqué. Acheter du contre-plaqué. Un mur en contreplaqué.*

contre-plongée n. f. ■ Cinéma, télévision. Prise de vues faite de bas en haut (à l'inverse de la plongée). *Séquence filmée en contre-plongée. Des contre-plongées.*

contrepoids n. m. invar. **1.** Poids qui fait équilibre à un autre poids. *Les contrepoids d'une horloge.* **2.** Ce qui équilibre, neutralise. ⇒ **contrepartie, équilibre.** *Servir de contrepoids, faire contrepoids à qqch.* ⇒ **contre-balancer.**

contrepoint n. m. **1.** Art de composer de la musique en superposant des dessins mélodiques. *Apprendre l'harmonie et le contrepoint. Le contrepoint s'applique au canon et à la fugue.* **2.** Motif secondaire qui se superpose à qqch. *La musique doit fournir un contrepoint aux images d'un film.* — Loc. adv. *En contrepoint,* en même temps.

contrepoison n. m. ■ Substance destinée à combattre, à neutraliser l'effet d'un poison. ⇒ **antidote.** *Administrer un contrepoison.* ≠ *antipoison.*

contre-porte n. f. **1.** Double porte pour protéger du froid ou du bruit. *Des contre-portes.* **2.** Face intérieure d'une porte aménagée pour recevoir des objets, des accessoires. *La contre-porte d'un réfrigérateur, d'une voiture.*

contreproposition n. f. ■ Proposition qu'on fait pour l'opposer à une autre.

contrer v. ▪ conjug. 1. **1.** V. tr. Fam. S'opposer avec une certaine vigueur et avec succès à (qqn). *Se faire contrer. Contrer l'adversaire,* le neutraliser, le gêner. **2.** V. intr. Cartes. S'opposer à la demande d'un joueur. ⇒ ② **contre** (2).

contre-révolution n. f. ■ Mouvement politique, social, destiné à combattre une révolution. *Des contre-révolutions.* ▶ ***contre-révolutionnaire*** adj. et n.

① ***contresens*** [kɔ̃tʀəsɑ̃s] n. m. invar. **1.** Interprétation contraire à la signification véritable. *Faire un contresens et des faux sens dans une traduction.* **2.** Erreur dans une interprétation. *Un contresens historique.* **3.** À CONTRESENS loc. adv. : dans un sens contraire au sens normal. ⇒ à l'**envers,** à **rebours.** *Interpréter une phrase à contresens.*

② *à* ***contresens*** loc. adv. ■ Dans le mauvais sens. *Emprunter une rue à contresens,* en sens interdit.

contresigner v. tr. ▪ conjug. 1. ■ Apposer une deuxième signature à. *Document contresigné par un ministre.*

contretemps n. m. invar. **1.** Événement, circonstance qui s'oppose à ce que l'on attendait. ⇒ **difficulté, empêchement, ennui.** *Un fâcheux contretemps.* — À CONTRETEMPS loc. adv. : au mauvais moment. *Arriver à contretemps.* **2.** Musique. Action d'attaquer un son sur un temps faible.

contre-terrorisme n. m. ■ Lutte violente contre le terrorisme, par les mêmes méthodes. *Les terrorismes et les contre-terrorismes.* ▶ ***contre-terroriste*** n. et adj. ■ *Des contre-terroristes.*

contre-torpilleur n. m. ■ Navire de guerre rapide, de tonnage réduit, fortement armé. ⇒ **destroyer.** *Des contre-torpilleurs.*

contre-valeur n. f. ■ Valeur échangée contre une autre.

contrevenir [kɔ̃tʀəv(ə)niʀ] v. tr. ind. ▪ conjug. 22. ■ CONTREVENIR À : agir contrairement (à une prescription, à une obligation). ⇒ **enfreindre, transgresser.** *Il a contrevenu à la loi, au règlement* (⇒ **contravention**). ▶ ***contrevenant, ante*** n. ■ Personne qui contrevient à une loi, à un règlement. *Les contrevenants seront mis à l'amende, poursuivis.*

contrevent n. m. ■ Volet extérieur d'une fenêtre. ⇒ **jalousie, persienne.** *Ouvrir, fermer les contrevents.*

contre-vérifier v. tr. ▪ conjug. 7. ■ Vérifier une nouvelle fois dans le but de contrôler une première vérification. ▶ ***contre-vérification*** n. f. ■ Fait de contre-vérifier ; son résultat. *Elle a fait les contre-vérifications nécessaires.*

contrevérité ou ***contre-vérité*** n. f. ■ Affirmation visiblement contraire à la vérité. ⇒ **mensonge.** *Des contrevérités.*

contre-visite n. f. ■ Nouvelle visite destinée à contrôler les résultats d'une première inspection. *Des contre-visites.*

à ***contre-voie*** loc. adv. ■ Du côté du train opposé au quai. *Descendre à contre-voie.*

contribuable [kɔ̃tʀibɥabl] n. ■ Personne qui paye des impôts. *Répartition de l'impôt entre les contribuables.*

contribuer [kɔ̃tʀibɥe] v. tr. ind. ▪ conjug. 1. ■ CONTRIBUER À : aider à l'exécution d'une œuvre commune ; avoir part (à un résultat). ⇒ **concourir, coopérer, participer.** *Contribuer au succès d'une entreprise.* ▶ ***contribution*** n. f. **1.** Part que chacun donne pour une charge, une dépense commune. ⇒ **part, quote-part.** *Voilà ma contribution.* **2.** (France) Au plur. Impôt. *Payer des contributions.* ⇒ **contribuable.** *Contributions indirectes,* établies sur les objets de consommation. ⇒ **taxe.** — Administration chargée de la répartition et du recouvrement des impôts. *Fonctionnaires des contributions.* **3.** Collaboration à une œuvre commune. ⇒ **aide, concours.** *Apporter sa contribution à une science.* — METTRE *qqn, qqch.* À CONTRIBUTION : utiliser les services de (qqn, qqch.). 〈 ▶ contribuable 〉

contrit, ite [kɔ̃tʀi, it] adj. ■ Qui marque le repentir. *Air contrit.* ⇒ **chagrin, penaud.** *Contenance, mine contrite.* ≠ *contraint.* ▶ ***contrition*** [kɔ̃tʀisjɔ̃] n. f.

1. Douleur vive et sincère d'avoir offensé Dieu. ⇒ **pénitence.** *Acte de contrition.* 2. Littér. Remords, repentir.

contrôle [kɔ̃tʀol] n. m. 1. Vérification (d'actes, de droits, de documents). ⇒ **inspection.** *Le contrôle d'une comptabilité. Le contrôle des cartes d'accès à bord. Contrôle d'identité,* des pièces d'identité par la police. *Le contrôle des passeports à la frontière, à l'aéroport.* 2. Tout examen, pour surveiller ou vérifier. *Exercer un contrôle sur qqn, qqch. Des passagers soumis à un contrôle de sécurité.* 3. Fait de maîtriser. *Perdre le contrôle de sa voiture. Le contrôle de la rondelle, du ballon. — Le contrôle de soi-même.* ⇒ **maîtrise.** 4. *Contrôle des naissances,* libre choix d'avoir ou non des enfants (par ex. grâce aux méthodes contraceptives). ▶ ***contrôler*** v. tr. ▪ conjug. 1. 1. Soumettre à un contrôle. ⇒ **examiner, inspecter, vérifier.** 2. Maîtriser ; dominer. *Contrôler ses réactions.* — SE CONTRÔLER v. pron. réfl. : rester maître de soi. ⇒ se **maîtriser.** 3. Avoir sous sa domination, sa surveillance. *Armée, puissance qui contrôle une région stratégique.* ▶ ***contrôleur, euse*** n. 1. Personne qui exerce un contrôle, une vérification. ⇒ **inspecteur.** *Un contrôleur des dépenses dans un grand magasin.* ⇒ **vérificateur.** *Contrôleur de billets. Les contrôleurs de l'air.* 2. Appareil de réglage, de contrôle. *Contrôleur de marche, de vitesse* (⇒ **régulateur**). ▶ ***contrôlable*** adj. ▪ Qui peut être contrôlé, vérifié. *Une affirmation contrôlable.* / contr. **incontrôlable** / ‹ ▶ incontrôlable ›

contrordre ou **contre-ordre** n. m. ▪ Ordre qui annule un ordre précédent. *Il y a contrordre. Partez, sauf contrordre.*

controuvé, ée [kɔ̃tʀuve] adj. ▪ Inventé ; qui n'est pas exact. ⇒ **apocryphe,** ① **faux, mensonger.** *Nouvelle controuvée,* inventée de toutes pièces. / contr. **authentique, vrai** /

controverse [kɔ̃tʀɔvɛʀs] n. f. ▪ Discussion sur une question, une opinion. ⇒ **chicane, polémique.** *Soulever, provoquer une vive controverse.* ▶ ***controversé, ée*** adj. ▪ Qui fait l'objet d'une controverse. ⇒ **contesté, discuté.** *Une théorie très controversée.*

par **contumace** [paʀkɔ̃tymas] loc. adv. ▪ *Être condamné par contumace,* sans être présent, après avoir refusé de comparaître. ⇒ par **défaut.**

contusion [kɔ̃tyzjɔ̃] n. f. ▪ Meurtrissure produite par un choc sans qu'il y ait déchirure de la peau. ⇒ **bleu, bosse, ecchymose.** *Légère contusion.* ▶ ***contusionner*** v. tr. ▪ conjug. 1. ▪ Blesser par contusion. ⇒ **meurtrir.** — Au p. p. adj. *Jambe, bras contusionné.*

conurbation [kɔnyʀbasjɔ̃] n. f. ▪ Grand ensemble urbain formé par plusieurs villes rapprochées (quand elle est immense, on parle de *mégalopole*). *La conurbation montréalaise.* ⇒ **communauté** urbaine.

convaincre [kɔ̃vɛ̃kʀ] v. tr. ▪ conjug. 42. 1. Amener (qqn) à reconnaître la vérité d'une proposition ou d'un fait. ⇒ **persuader.** *Convaincre qqn de qqch. Nous l'avons convaincu de la nécessité de recommencer. Nous l'avons convaincu de nous laisser partir. Réussir à convaincre qqn.* 2. *Convaincre (qqn) de (qqch.),* donner des preuves de (sa faute, sa culpabilité). *Convaincre qqn d'imposture, de trahison. Il a été convaincu de mensonge.* ▶ ***convaincant, ante*** adj. ▪ Qui est propre à convaincre. *Démonstration, preuve convaincante. Ce n'est pas très convaincant.* — REM. Participe : *convainquant* ; adjectif : *convaincant.* ▶ ***convaincu, ue*** adj. ▪ Qui possède, qui exprime la certitude de. ⇒ **certain, persuadé, sûr.** / contr. **sceptique** / *Elle est convaincue de ne pas se tromper.* — Sans compl. Sûr de son opinion. *Parler d'un ton convaincu.* ⇒ **assuré.** — *Un partisan, un politicien convaincu,* qui ne remet pas en cause son adhésion.

convalescence [kɔ̃valesɑ̃s] n. f. ▪ Période de transition entre la fin d'une maladie et le retour à la santé. *Sa convalescence a été longue, rapide. — Être, entrer en convalescence,* aller mieux. *Maison de convalescence.* ⇒ **repos.** ▶ ***convalescent, ente*** adj. ▪ Qui est en convalescence. *Il est encore convalescent.* ⇒ **faible.** — N. *Un convalescent, une convalescente.*

① **convenir** [kɔ̃vniʀ] v. tr. ind. ▪ conjug. 22. 1. CONVENIR À *qqch.* : être approprié à (qqch.). *Les vêtements qui conviennent à la circonstance.* — Sans compl. *Cela pourra convenir.* ⇒ **aller.** 2. CONVENIR À *qqn* : être agréable ou utile (à qqn) ; être conforme à son goût. ⇒ **agréer, plaire.** *Cela me convient parfaitement. J'irai si ça me convient* (→ si le cœur m'en dit ; fam. *si ça me chante*). 3. Impers. IL CONVIENT (avec *de* + infinitif) : il est conforme aux usages, aux nécessités, aux besoins. ⇒ être à **propos.** *Il convenait de se taire.* — IL CONVIENT QUE (+ subjonctif). *Il convient que vous y alliez,* vous devez y aller. 4. SE CONVENIR v. pron. récipr. : être approprié l'un à l'autre ; se plaire mutuellement. ▶ ***convenable*** adj. 1. Qui convient, est approprié. *Convenable à, pour (l'occasion, les circonstances...). Choisir le moment convenable.* ⇒ **favorable, opportun.** 2. Suffisant, acceptable. *Un salaire convenable, à peine convenable.* ⇒ **correct.** *Des résultats d'examen convenables.* ⇒ **passable.** 3. Conforme aux règles, aux conventions de la bienséance. ⇒ **correct, honnête.** / contr. **inconvenant, incorrect** / *Des manières convenables. Une tenue convenable.* ▶ ***convenablement*** adv. ▪ D'une manière convenable. *Il est payé convenablement.* — Correctement. *Une personne pauvre, mais convenablement vêtue.* ▶ ***convenance*** n. f. 1. Littér. Caractère de ce qui convient. ⇒ **conformité, harmonie.** *Convenance d'humeur, de caractère.* 2. Ce qui convient à qqn. ⇒ **goût.** *Consulter les convenances de qqn. Prendre un congé pour des raisons de convenance personnelle.* ⇒ **utilité.** — À MA, TA, SA CONVENANCE : quand cela me, te, lui conviendra. *Choisissez une heure à votre convenance.* 3. Au plur. *Les convenances,* ce qui est en accord avec les usages, les bienséances. ⇒ ① **convention(s).** *Observer, respecter les convenances.* ‹ ▶ inconvenant, inconvénient ›

② **convenir** v. tr. ind. ▪ conjug. 22. 1. (Suj. sing.) CONVENIR DE : reconnaître la vérité de ; tomber d'accord sur. ⇒ **avouer, reconnaître.** *Vous devriez en convenir.* — CONVENIR QUE (+ indicatif, conditionnel). *Je conviens que c'est, que ce serait imprudent. Il faut convenir qu'elle a raison.* ⇒ **admettre.** 2. (Suj. plur.) Faire un accord, s'accorder sur. ⇒ s'**entendre ; convention.** *Ils ont convenu d'une date pour la prochaine réunion.* — (+ infinitif) *Ils conviennent de partir ensemble.* ⇒ **décider.** *Ils ont convenu* (ou littér. : *ils sont convenus) d'y aller.* — Passif. *Il a été convenu que,* on a décidé que. — Au p. p. Loc. COMME CONVENU : comme il a été décidé. *Nous vous rejoindrons demain, comme convenu.* ⇒ comme **prévu.** ‹ ▶ convenu, déconvenue, disconvenir ›

① **convention** [kɔ̃vɑ̃sjɔ̃] n. f. 1. Accord de deux ou plusieurs personnes portant sur un fait précis. ⇒ **arrangement, contrat, entente, traité ;** ② **convenir** (2). *Conventions diplomatiques, commerciales.* ⇒ **accord, traité.** CONVENTION COLLECTIVE : accord entre salariés et employeurs réglant les conditions de travail. *Le syndicat négocie une nouvelle convention collective.* 2. Au plur. *Les conventions,* ce qu'il est convenu de penser, de faire, dans une société ; ce qui est admis sans critique. *Les conventions sociales.* ⇒ **convenance(s).** *Les conventions du théâtre, du roman.* ⇒ **procédé.** 3. DE CONVENTION loc. adv. : qui est admis par convention. ⇒ **conventionnel.** ▶ ① ***conventionnel, elle*** adj. 1. Qui résulte d'une convention. *Acte, clause conventionnelle.* **2.** Qui résulte d'une décision, n'est pas imposé par la nature. *Signe, caractère conventionnel.* ⇒ **arbitraire. 3.** Conforme aux conventions sociales ; peu naturel, peu sincère. *Il a des idées très conventionnelles.* **4.** *Armement conventionnel,* non nucléaire, classique. ► ***conventionnellement*** adv.

② ***convention*** n. f. ■ Assemblée exceptionnelle réunie pour établir ou modifier la constitution d'un État. — France. LA CONVENTION (1792-1795). ► ② ***conventionnel*** n. m. ■ (France) Histoire. Membre de la Convention.

③ ***convention*** n. f. ■ États-Unis. Congrès d'un parti pour désigner son candidat à la présidence. *La convention républicaine, démocrate.*

conventuel, elle [kɔ̃vɑ̃tɥɛl] adj. ■ Qui appartient à une communauté religieuse (un couvent). *La vie conventuelle.*

conventum [kɔ̃vɑ̃tɔm] n. m. ■ Réunion d'élèves qui ont fréquenté le même établissement scolaire à une période donnée. ⇒ **amicale.** *Le conventum de la promotion de 1968.*

convenu, ue [kɔ̃vny] adj. ■ Qui est le résultat d'un accord. *Chose convenue.* ⇒ **décidé.** *Vous aurez ce livre au prix convenu.* — COMME CONVENU. ⇒ ② **convenir.**

converger [kɔ̃vɛʀʒe] v. intr. ▪ conjug. 3. **1.** Se diriger (vers un point commun). ⇒ se **concentrer.** *Point où convergent plusieurs routes.* ⇒ **carrefour.** *Les regards convergèrent sur elle,* se dirigèrent tous sur elle. **2.** Abstrait. Tendre au même résultat ; aller en se rapprochant. *Leurs théories convergent.* / contr. **diverger** / ► ***convergence*** n. f. **1.** Fait de converger. *La convergence de deux lignes.* **2.** Action d'aboutir au même résultat, de tendre vers un but commun. ⇒ **concours.** *La convergence des efforts, des volontés.* / contr. **divergence** / ► ***convergent, ente*** adj. — REM. Part. : *convergeant* ; adj. : *convergent.* **1.** Qui converge. *Lignes convergentes.* **2.** Qui tend au même résultat, se rapproche des autres. *Des efforts convergents.* / contr. **divergent** /

conversation [kɔ̃vɛʀsasjɔ̃] n. f. **1.** Échange spontané de propos ; ce qui se dit dans un tel échange. ⇒ **bavardage,** ② **entretien, jasette.** *Engager, détourner la conversation. Un sujet de conversation. Faire la conversation avec qqn ;* fam. *à qqn. Avoir une conversation téléphonique avec qqn.* ⇒ **appel, communication. 2.** *La conversation de qqn,* sa manière de parler ; ce qu'il (elle) dit dans la conversation. *Elle change de conversation,* de sujet. — Fam. *Avoir de la conversation,* parler avec aisance. ⇒ **jasette.** ► ***conversationnel, elle*** adj. ■ *Mode conversationnel* (d'utilisation d'un ordinateur), qui permet de dialoguer avec la machine. ⇒ **interactif.** ► ***converser*** v. intr. ▪ conjug. 1. ■ Parler avec (une ou plusieurs personnes) d'une manière spontanée. ⇒ **bavarder,** ② **causer,** ② s'**entretenir, jaser, placoter.** *Nous avons conversé un moment.*

conversion [kɔ̃vɛʀsjɔ̃] n. f. (⇒ **convertir**) **1.** Fait de passer d'une croyance considérée comme fausse à la vérité présumée. *La conversion d'un athée. La conversion des Amérindiens.* — *Conversion au libéralisme, au communisme.* **2.** Fait de transformer (qqch. en autre chose). *Conversion des poids et mesures* (en unités nouvelles). *La conversion d'une somme d'argent liquide en valeurs.* ‹ ► reconversion ›

converti adj. et n. ⇒ **convertir.**

convertible [kɔ̃vɛʀtibl] adj. **1.** Qui peut être l'objet d'une conversion (2). *Rente convertible* (ou *convertissable*). *Billet convertible en or.* **2.** Fam. *Une auto convertible,* décapotable. — N. m. ou f. *Un, une convertible.* ► ***convertibilité*** n. f. ■ *La convertibilité d'un papier-monnaie.* ‹ ► inconvertible ›

convertir [kɔ̃vɛʀtiʀ] v. tr. ▪ conjug. 2. **1.** Amener (qqn) à croire, à adopter une croyance, une religion (considérée comme vraie). *Convertir des Africains au christianisme, à l'islam ; des Européens au bouddhisme. Convertir un sceptique à la foi.* ⇒ **conversion.** — Faire adhérer (à une opinion). ⇒ **rallier.** — SE CONVERTIR v. pron. réfl. *Il s'est converti à l'islam, au judaïsme. Elle s'est convertie à votre avis.* **2.** (Compl. chose) Transformer. *Convertir sa fortune, ses biens en espèces.* ⇒ **réaliser.** *Convertir une rente, une obligation. Convertir une fraction en nombre décimal.* ► ***converti, ie*** adj. et n. ■ Qui a passé d'une croyance (religion) à une autre (considérée comme vraie). *Des chrétiens convertis au judaïsme, à l'islam.* — Sans compl. *Des protestants convertis* (au catholicisme). — N. *Un converti.* Loc. *Prêcher un converti,* vouloir convaincre qqn qui l'est déjà. ► ***convertisseur*** n. m. ■ Appareil, dispositif qui transforme, modifie. *Un convertisseur d'énergie.* ‹ ► conversion, inconvertible, reconvertir ›

convexe [kɔ̃vɛks] adj. ■ Courbé, arrondi en dehors. ⇒ **bombé, renflé.** *Lentille, miroir convexe.* / contr. **concave** / ► ***convexité*** n. f. ■ État d'un corps convexe. ⇒ **courbure.** *La convexité de la colonne vertébrale.* / contr. **concavité** /

conviction [kɔ̃viksjɔ̃] n. f. (⇒ **convaincre**) **1.** Certitude fondée sur des preuves évidentes. *Parler avec conviction et chaleur. J'en ai la conviction,* j'en suis convaincu. — Sérieux. *Jouer son rôle avec beaucoup de conviction.* — UNE CONVICTION : une opinion ferme. ⇒ **croyance.** *Elle agit selon ses convictions personnelles.* / contr. **doute, scepticisme** / **2.** PIÈCE À CONVICTION : objet dont se sert la justice comme élément de preuve dans un procès pénal.

convier [kɔ̃vje] v. tr. ▪ conjug. 7. **1.** Inviter (qqn) à un repas, une réunion. *Convier qqn à une réception.* **2.** Inviter, engager (qqn) à (une activité). *Convier qqn à faire qqch. Le beau temps nous convie à la promenade.*

convive [kɔ̃viv] n. ■ Personne invitée à un repas en même temps que d'autres. *Un, une agréable convive.* ⇒ **hôte.** *D'agréables convives.*

convocation [kɔ̃vɔkasjɔ̃] n. f. **1.** Action de convoquer (qqn, un ensemble de personnes). *Se rendre, répondre à une convocation.* **2.** Feuille de convocation. *Présenter sa convocation à la réceptionniste.*

convoi [kɔ̃vwa] n. m. **1.** Ensemble de voitures militaires, de navires faisant route sous la protection d'une escorte (⇒ **convoyer**). **2.** Groupe de véhicules, de personnes qui font route ensemble. *Des convois de prisonniers.* **3.** Train. *Ajouter une rame au convoi.* **4.** Cortège funèbre. ⇒ **enterrement.**

convoiter [kɔ̃vwate] v. tr. ▪ conjug. 1. ■ Désirer avec avidité (une chose disputée ou qui appartient à un autre). *Convoiter le bien d'autrui, la première place.* ► ***convoitise*** n. f. ■ Désir extrême et sans scrupule de posséder une chose. ⇒ **avidité, envie,** ② **jalousie.** *Regarder qqch. avec convoitise.*

convoler [kɔ̃vɔle] v. intr. ▪ conjug. 1. ■ Plaisant. *Convoler (en justes noces),* se marier. *Ils viennent de convoler.*

convoquer [kɔ̃vɔke] v. tr. ▪ conjug. 1. **1.** Appeler (plusieurs personnes) à se réunir. *Convoquer une assemblée, le conseil de discipline. On les a convoqués par lettre, par téléphone.* **2.** Faire venir (une seule personne) auprès de soi. *Le directeur m'a convoqué dans son bureau.* ‹ ► convocation ›

convoyer [kɔ̃vwaje] v. tr. ▪ conjug. 8. ■ Accompagner pour protéger. ⇒ **escorter.** *Blindés, avions qui convoient un transport de troupes, de munitions* (⇒ **convoi**). ▸ ***convoyeur, euse*** n. et adj. **1.** Personne qui convoie qqch. *Convoyeur de fonds.* — Adj. *Des agents convoyeurs.* **2.** N. m. Bâtiment (3) qui en convoie d'autres. **3.** N. m. Transporteur automatique. *Tapis roulant servant de convoyeur (de marchandises).*

convulser [kɔ̃vylse] v. tr. ▪ conjug. 1. ■ Agiter, tordre par des convulsions. ⇒ **contracter, crisper.** *La peur convulsait ses traits.* — Au p. p. *Un visage convulsé par la douleur.* ⇒ **convulsionné.** ▸ ***convulsif, ive*** adj. **1.** Caractérisé par des convulsions. *Maladies convulsives.* **2.** Qui a le caractère mécanique, involontaire et violent des convulsions. ⇒ **spasmodique ; nerveux.** *Effort, geste, rire convulsif.* ▸ ***convulsivement*** adv. ■ *S'agiter convulsivement.* ▸ ***convulsion*** n. f. **1.** Contraction violente, involontaire des muscles. ⇒ **spasme.** *Se tordre dans les convulsions.* **2.** Agitation violente ; trouble soudain. ⇒ **secousse.** *Les convulsions politiques d'une révolution.* ▸ ***convulsionner*** v. tr. ▪ conjug. 1. ■ Donner des convulsions à. — Au p. p. adj. *Visage convulsionné.* ⇒ **convulsé.**

cool [kul] adj. invar. Anglic. Fam. **1.** Calme, détendu ; sans angoisse, ni inquiétude. ⇒ **flegmatique, insouciant ;** fam. **relax.** / contr. **angoissé, inquiet, tendu** / *Des étudiants cool. Une chanson, de la musique cool.* **2.** (Personnes) Ouvert, sans préjugés. ⇒ anglic. **fun.** *Un professeur cool.* **3.** Loc. *Être bien, très, pas mal cool. Elle porte des vêtements pas mal cool,* décontractés. ⇒ **relâché.** — *Prendre ça cool,* ne pas s'en faire, ne pas s'énerver pour rien, garder son calme.

coopérer [koo(ɔɔ)peʀe] v. intr. ▪ conjug. 6. ■ Opérerconjointement (avec qqn). ⇒ **collaborer.** — Transitivement ind. *Coopérer à une entreprise.* ▸ ***coopérant, ante*** n. ■ Spécialiste envoyé au titre de la coopération (2) dans un pays étranger. *Des coopérants québécois ont enseigné le français en Louisiane.* ▸ ***coopératif, ive*** adj. **1.** Qui est fondé sur la coopération (1), la solidarité. *Système coopératif.* **2.** (Personnes) Qui apporte volontairement son aide. *Il ne s'est pas montré très coopératif.* ▸ ***coopérative*** n. f. ■ Groupement de producteurs ou de consommateurs dont les intérêts sont communs formant une entreprise où les droits de chaque associé (appelé *coopérateur*) à la gestion sont égaux et où le profit est réparti entre eux, au prorata de leur activité. ⇒ **association, mutuelle ;** abrév. **coop.** *Coopérative d'achat, de vente, de production. Coopérative agricole, de pêcheurs. Les caisses populaires sont gérées comme une coopérative.* — Abrév. fam. COOP, n. f. *Des coops. Aller faire son épicerie à la coop.* ▸ ***coopératisme*** n. m. ■ Système économique fondé sur des entreprises gérées à parts égales par toutes les personnes qui y travaillent. ▸ ***coopération*** n. f. **1.** Action de participer à une œuvre commune. ⇒ **collaboration.** *Apporter sa coopération à une entreprise.* ⇒ **aide, concours.** *Ils travaillent en coopération avec un centre de recherche.* **2.** Politique d'entente et d'échange culturels, économiques, politiques ou scientifiques entre États de niveau de développement comparable. *La coopération franco-québécoise.* — Politique par laquelle un pays apporte sa contribution au développement de nations moins développées. *Coopération agricole, industrielle. Elle s'occupe de la coopération en éducation.*

coopter [ko(ɔ)ɔpte] v. tr. ▪ conjug. 1. ■ Nommer, admettre dans une assemblée (le sujet désigne ceux qui en font déjà partie). *Coopter un nouveau membre.* ▸ ***cooptation*** n. f. ■ *Être choisi, nommé par cooptation.*

coordination [kooʀdinasjɔ̃] n. f. **1.** Mise en ordre des parties d'un tout en vue d'obtenir un résultat déterminé. ⇒ **organisation ; coordonner.** *La coordination des opérations d'une troupe.* **2.** (Opposé à *subordination*) *Conjonction de coordination,* liant des mots ou des propositions de même nature ou fonction *(et, ou, donc, or, ni, mais, car).* ▸ ***coordinateur*** ou ***coordonnateur, trice*** adj. et n. ■ Qui coordonne. *Bureau coordinateur.* — *Un coordinateur harmonise leurs activités. Les coordonnateurs du trafic aérien.*

coordonnée [kooʀdɔne] n. f. **1.** Chacun des éléments qui déterminent la position d'un point par rapport à un système de référence, sur un plan (abscisse, ordonnée) ou dans l'espace (abscisse, ordonnée, cote). — Latitude et longitude. *Les coordonnées géographiques s'expriment en degrés, minutes, secondes.* **2.** Au plur. Fam. Renseignements sur le moment et le lieu où l'on peut trouver qqn. *Donnez-moi vos coordonnées,* votre adresse, votre numéro de téléphone, etc. **3.** Proposition liée à une autre par une conjonction de coordination. ⟨ ▸ coordination, coordonnée ⟩

coordonner [kooʀdɔne] v. tr. ▪ conjug. 1. **1.** Organiser les différentes parties d'un ensemble selon certains rapports et pour former un tout. ⇒ **agencer, combiner, ordonner, organiser.** *Coordonner une chose à une autre, avec une autre. Elle coordonne les travaux des différentes équipes.* / contr. **désorganiser** / **2.** Relier (des mots, des propositions) par une conjonction de coordination.

copain, copine [kɔpɛ̃, kɔpin] n. ■ Camarade (de classe, de travail). ⇒ **ami, collègue, confrère, consœur ;** anglic. **chum.** *Ce sont de bons copains. Une bande de copains. Une copine de classe.* — Petit ami. ⇒ fam. **blonde ;** anglic. **chum.** *Elle a amené son copain.* — REM. En France, le mot *copain* est familier.

copeau [kɔpo] n. m. ■ Éclat, mince morceau détaché (d'une pièce de bois, etc.) par un instrument tranchant. *Brûler des copeaux.* — *Copeaux d'acier, de cuivre.*

copiage [kɔpjaʒ] n. m. ■ Fait de copier (dans un examen) ou d'imiter servilement. ⇒ **plagiat.**

copie [kɔpi] n. f. **I. 1.** Reproduction d'un écrit. ⇒ **double, duplicata, photocopie.** *Copie exacte, fidèle. Ce document est une copie, nous n'avons pas l'original.* **2.** Écrit sur lequel l'imprimeur compose. ⇒ **manuscrit.** *Copie manuscrite, dactylographiée.* — Fam. *Journaliste en mal de copie,* qui manque de sujet d'article. **3.** Devoir, examen scolaire. *Elle a plusieurs copies à corriger.* — *Avoir, recevoir une copie,* une punition qui consiste pour un élève à recopier qqch. (un texte, une phrase, etc.) un certain nombre de fois. ⇒ **pensum. II. 1.** Reproduction (d'une œuvre d'art originale). ⇒ **imitation.** *La copie d'un tableau.* — Exemplaire (d'un film de cinéma). *Faire tirer vingt copies.* **2.** Imitation (d'une œuvre). *Ce livre n'est qu'une pâle copie.* ⇒ **plagiat.** ▸ ***copier*** v. tr. ▪ conjug. 7. **1.** Reproduire (un écrit). ⇒ **calquer, reproduire.** *Copier fidèlement un texte, un passage.* — *Vous me copierez deux fois cette page de dictionnaire,* retranscrire à la main. **2.** Imiter frauduleusement. ⇒ **tricher.** *Il a copié le cours, son voisin.* — Intransitivement. *Elle a copié (sur le voisin).* **3.** Reproduire (une œuvre d'art). ⇒ **imiter.** *Copier un tableau de maître.* **4.** Imiter (qqn, ses manières). *Il copie les Américains qu'il fréquente.* ▸ ***copieur, euse*** n. **1.** Élève qui copie sur ses camarades ou sur ses livres de classe. ⇒ **tricheur. 2.** N. m. Photocopieur. ⟨ ▸ copiage, copiste, photocopie, polycopie, recopier, télécopie ⟩

copieux, euse [kɔpjø, øz] adj. ■ Abondant. *Repas copieux.* ⇒ **plantureux.** / contr. **frugal** / *Un copieux pourboire.* ⇒ **généreux.** / contr. **mesquin, pauvre** / ▸ ***copieusement*** adv. ■ Beaucoup ; abondamment. *Manger, boire copieusement. Elle s'est copieusement ennuyée à la campagne.*

copilote [kopilɔt] n. ■ Pilote qui seconde le premier pilote.

copine n. f. ⇒ **copain.**

copiste [kɔpist] n. ■ Personne dont le travail est de copier des manuscrits, de la musique. *Faute de copiste.*

copra ou ***coprah*** [kɔpʀɑ] n. m. ■ Amande du fruit du cocotier (noix de coco) décortiqué, produisant de l'huile.

coprésider [kopʀezide] v. tr. ▪ conjug. 1. ■ Assurer une présidence conjointement avec une autre personne ou avec des représentants de plusieurs organismes ou gouvernements. *Elle copréside une séance plénière.* ▶ ***coprésidence*** n. f. ■ Fait de coprésider. *Le Québec assurera la coprésidence de la prochaine conférence fédérale-provinciale.* — Cette fonction. *Nommer qqn à la coprésidence d'un congrès.* ≠ *vice-présidence.* ▶ ***coprésident, ente*** n. ■ Personne ou puissance participant à une coprésidence. *Le Canada, la France et les États-Unis étaient les coprésidents d'un comité international sur la sécurité aérienne.* ≠ *vice-président.*

coproduction [kopʀɔdyksjɔ̃] n. f. ■ Production (d'un film) par plusieurs producteurs (appelés *coproducteurs*) ; ce film. *Une coproduction franco-canadienne.*

copropriété [kopʀɔpʀijete] n. f. ■ Propriété de plusieurs personnes sur un seul bien. *Immeuble en copropriété.* ⇒ **condominium.** *Copropriété divise,* chaque copropriétaire ne possède que sa partie, *indivise,* chaque copropriétaire a sa quote-part, définie par contrat. ▶ ***copropriétaire*** n. ■ *Ce sont les copropriétaires du bateau.*

copulation [kɔpylasjɔ̃] n. f. ■ Accouplement du mâle avec la femelle. ⇒ **coït.**

copule [kɔpyl] n. f. ■ Ce qui lie le « sujet » à l'« attribut ». *Le verbe « être » est une copule.*

copyright [kɔpi(e)ʀajt] n. m. ■ Anglic. Droit exclusif que détient un auteur ou son représentant à exploiter une œuvre (symb. ©). ⇒ **propriété.**

① ***coq*** [kɔk] n. m. **1.** Oiseau de basse-cour, mâle de la poule. *Les coqs et les poules. Crête de coq. Le chant du coq.* ⇒ **cocorico.** *Manger du coq au vin.* **2.** Iron. *Le coq du village,* le garçon le plus admiré des femmes. **3.** *Être comme un* COQ EN PÂTE : être soigné, dorloté. **4.** *Poids coq,* catégorie de boxeurs (50,800 kg – 53,520 kg). — *Des poids coq.* **5.** Loc. *Passer, sauter du coq à l'âne.* ⇒ **coq-à-l'âne.** — *Être fier comme un coq,* très fier. — *Être, devenir rouge comme un coq,* rougir de gêne, d'émotion, de honte, de colère, etc. ⇒ **oreille** (I, 3). — *Chanter le coq,* se vanter, se glorifier ; être fier de son coup. ‹ ▶ ② coco, cocorico, ① cocotte, coq-à-l'âne, coquelet, coquet ›

② ***coq*** ou ③ ***coque*** [kɔk] n. m. ■ Sports. Fam. Coquille (3). *Un coq de joueur de hockey.*

coq-à-l'âne [kɔkalɑn] n. m. invar. ■ Passage sans transition et sans motif d'un sujet à un autre. ⇒ **bâton** (5). *Des coq-à-l'âne.*

coq(-)d'Inde ou ***codinde*** [kɔdɛ̃d] n. ■ Fam. Niaiseux, sot, stupide. ⇒ **imbécile ;** fam. ③ **cave, innocent.** *Se faire servir par des codindes. Espèce de coq d'inde !* — Adj. *Il est un peu codinde.*

coq-l'œil [kɔklœj] adj. et n. invar. Fam. **1.** Borgne. *C'est un accident qui les a rendus coq-l'œil. Tu es bien coq-l'œil aujourd'hui, tu ne me vois pas ?,* aveugle, distrait. — N. *Des coq-l'œil.* **2.** N. invar. Personne atteinte de strabisme. ⇒ **loucheur.** *Une coq-l'œil.* **3.** Injure à qqn qui ne regarde pas où il va. *Maudit coq-l'œil !, tu ne peux pas faire attention !*

① ***coque*** [kɔk] n. f. **1.** Enveloppe rigide (de certains fruits). *Coque d'amande, de noisette, de noix.* ⇒ ① **coquille. 2.** Coquillage comestible (mollusque bivalve). **3.** ŒUF À LA COQUE : cuit dans sa coquille et encore mou. *Cuire ses œufs à la coque trois minutes.* ‹ ▶ coquetier ›

② ***coque*** n. f. **1.** Ensemble de la membrure et du revêtement extérieur (d'un navire). **2.** Bâti rigide qui remplace le châssis et la carrosserie. *Coque d'automobile.* ‹ ▶ monocoque, multicoque ›

③ ***coque*** n. m. ⇒ ② **coq.**

-coque ■ Élément savant signifiant « grain ». ‹ ▶ diplocoque, gonocoque, pneumocoque, staphylocoque, streptocoque ›

coquelet [kɔklɛ] n. m. ■ Jeune coq (en cuisine). *Coquelet au vin blanc.* ≠ *poulet.*

coquelicot [kɔkliko] n. m. ■ Petit pavot sauvage à fleur d'un rouge vif qui croît dans les champs. *Le coquelicot est l'emblème des Anciens combattants.* — Loc. *Rouge comme un coquelicot,* rouge de confusion, de timidité. ⇒ **tomate.**

coqueluche [kɔklyʃ] n. f. **1.** Maladie contagieuse, caractérisée par une toux convulsive. *Enfant atteint de coqueluche.* **2.** *Être* LA COQUELUCHE DE : être aimé, admiré de. ▶ ***coquelucheux, euse*** adj. ■ De la coqueluche (1). — Adj. et n. Qui a la coqueluche.

coquerelle [kɔkʀɛl] n. f. ■ Insecte nocturne au corps noir ou brun qui vit dans les habitations. ⇒ **blatte,** ② **cafard, cancrelat.**

coquerico n. m. ⇒ **cocorico.**

coqueron [kɔkʀɔ̃] n. m. Fam. **1.** Lieu de rangement exigu, espace minuscule. *Serrer les outils dans le coqueron.* **2.** Petit appartement, maison très modeste, souvent insalubre. ⇒ **galitas, gourbi ;** fam. **boui-boui ;** anglic. **flat ; étriqué.** *Habiter dans un (petit) coqueron.*

coquet, ette [kɔkɛ, ɛt] adj. **I. 1.** Vieilli. Qui cherche à plaire aux personnes du sexe opposé. *Se montrer coquet, empressé auprès des femmes. Femme coquette.* — N. f. *Une coquette.* **2.** Qui veut plaire par sa mise, qui a le goût de la toilette. *Une petite fille coquette.* **3.** Qui a un aspect plaisant, soigné. *Logement, mobilier coquet.* **II.** Fam. D'une importance assez considérable. *Un héritage (assez, plutôt) coquet. Il m'en a coûté la coquette somme de...* ▶ ***coquettement*** adv. ■ D'une manière coquette (I). *Béret coquettement posé sur l'oreille. Maison coquettement meublée.* ‹ ▶ coquetterie ›

coquetel n. m. ⇒ **cocktail.**

coquetier [kɔktje] n. m. ■ Petite coupe dans laquelle on met un œuf pour le manger à la coque. ⇒ ① **coque** (3). ≠ *cocotier.*

coquetterie [kɔkɛtʀi] n. f. ■ (⇒ **coquet**) **1.** Souci de plaire en attirant l'attention ; comportement qui en résulte. *Son refus de se joindre à la discussion, c'est de la coquetterie,* un comportement affecté. — *Avoir une coquetterie dans l'œil* loc. fam., loucher légèrement. **2.** Goût de la toilette. *Il est d'une coquetterie exagérée.* ⇒ **élégance. 3.** Légère affectation. *Ils ont la coquetterie des idées à la mode.*

coquillage [kɔkijaʒ] n. m. **1.** Mollusque marin pourvu d'une coquille. *Manger des coquillages.* ⇒ **fruit** de mer. **2.** La coquille elle-même. *Collier de coquillages.*

① ***coquille*** [kɔkij] n. f. **I. 1.** Enveloppe calcaire qui recouvre le corps de la plupart des mollusques et d'autres animaux aquatiques. ⇒ **carapace, coque,**

coquillage. *Coquille bivalve. Coquille enroulée du limaçon.* — Loc. *Rentrer dans sa coquille* (comme l'escargot), se replier sur soi. *Sortir de sa coquille,* se dégêner, s'extérioriser. — COQUILLE SAINT-JACQUES : coquille d'un mollusque (que les pèlerins de Saint-Jacques-de-Compostelle fixaient à leur manteau et à leur chapeau) ; ce mollusque comestible. ⇒ **pétoncle.** **2.** Objet représentant une coquille. *Coquille à hors-d'œuvre.* **II. 1.** Enveloppe dure (des noix, noisettes, etc.) ⇒ ① **coque** ; enveloppe calcaire (des œufs d'oiseaux). *La coquille de cet œuf est fêlée.* **2.** COQUILLE DE NOIX : petit bateau, barque. **3.** Sports. Pièce d'équipement qui protège les parties génitales masculines. ⇒ fam. ② **coq.** ► ***coquillettes*** n. f. pl. ■ Pâtes alimentaires en forme de petites coquilles. ‹ ► coquillage ›

② ***coquille*** n. f. ■ Faute typographique, lettre substituée à une autre ou omise. *Épreuve pleine de coquilles. Corriger une coquille.*

coquin, ine [kɔkɛ̃, in] n. et adj. **1.** Vx. Personne vile, capable d'actions blâmables. ⇒ **bandit, canaille.** *Un infâme coquin.* **2.** (Surtout en France) Personne, surtout enfant, qui a de la malice, de l'espièglerie. *Petit coquin !* ⇒ **garnement.** — Adj. (Enfants) *Cette petite fille est bien coquine.* ⇒ **espiègle.** ‹ ► s'acoquiner ›

cor- ⇒ **con-.**

① ***cor*** [kɔʀ] n. m. **1.** Instrument à vent en métal, contourné en spirale et terminé par une partie évasée. *Cor de chasse* (les chasseurs disent *trompe*). *Cor d'harmonie,* instrument d'orchestre. *Cor à piston* ou *cor chromatique.* — COR ANGLAIS : hautbois alto. **2.** Loc. À COR ET À CRI : en insistant bruyamment. *Réclamer qqch., qqn à cor et à cri.* ≠ *corps.*

② ***cor*** n. m. ■ Petite tumeur dure siégeant en général au-dessus des articulations des phalanges des orteils. ⇒ **cal, callosité, durillon.** *Avoir des cors au pied.*

corail, aux [kɔʀaj, o] n. m. **1.** Animal marin des mers chaudes, qui sécrète un squelette calcaire ⇒ **polypier**, de couleur rouge ou blanche. *Les coraux groupés en colonies peuvent former des récifs* (atoll). **2.** La matière calcaire qui forme les coraux, appréciée en bijouterie. — En appos. *Couleur corail,* celle du corail rouge. ► ***corallien, ienne*** [kɔʀaljɛ̃, jɛn] adj. ■ Formé de coraux. *Récifs coralliens.*

Coran [kɔʀɑ̃] n. m. ■ (Avec une majusc.) Livre sacré des musulmans contenant la doctrine islamique. *Verset du Coran.* ► ***coranique*** adj. ■ Qui a rapport au Coran. *École coranique,* école musulmane traditionnelle.

corbeau [kɔʀbo] n. m. ■ Oiseau à plumage noir ou gris *(grand corbeau et corneille). Le corbeau croasse. Noir comme un corbeau,* très noir, très brun. *« Le Corbeau et le Renard », fable de La Fontaine.*

corbeille [kɔʀbɛj] n. f. **I. 1.** Panier léger. *Corbeille de jonc.* Loc. *Corbeille à ouvrage,* dans laquelle on met l'ouvrage de tricot, de racommodage, etc., en cours. *Corbeille à pain,* pour présenter le pain sur la table. *Corbeille à papier,* ustensile de bureau où l'on jette les papiers. — Contenu d'une corbeille. *Une magnifique corbeille de fruits.* **2.** *Corbeille de mariage,* cadeaux offerts aux nouveaux mariés. **II. 1.** Espace circulaire entouré d'une balustrade et réservé aux agents de change, à la Bourse. ⇒ **parquet. 2.** Balcon situé immédiatement au-dessus de l'orchestre d'une salle de spectacle. ⇒ **mezzanine.**

corbillard [kɔʀbijaʀ] n. m. ■ Voiture servant à transporter les morts jusqu'à leur lieu de sépulture. ⇒ **fourgon** mortuaire. *Draperies noires d'un corbillard. Mettre un cercueil dans le corbillard.*

cordage [kɔʀdaʒ] n. m. **1.** Lien servant au gréement d'un navire et à la manœuvre d'une machine. ⇒ **corde.** *Attacher, tirer, hisser avec un cordage.* ⇒ **filin. 2.** Pose des cordes d'une raquette de tennis. — Ensemble de ces cordes.

corde [kɔʀd] n. f. **I. 1.** (Sens général) Réunion de brins d'une matière textile tordus ensemble. ⇒ **câble, cordage, ficelle.** *Une corde en crin. Une corde très résistante. Des semelles de corde. Alpinistes reliés par une corde.* ⇒ **cordée.** *Échelle de corde.* — SOUQUE* À LA CORDE. — (Autres matières) *Une corde en matière plastique.* Loc. CORDE À LINGE : fil sur lequel on met le linge à sécher. ⇒ **étendoir.** *Planter un poteau de corde à linge.* — Loc. fam. *Passer la nuit, dormir, coucher sur la corde à linge,* avoir l'air fatigué parce qu'on a couché ailleurs que chez soi ou passé une mauvaise nuit, une nuit blanche ; fêter toute la nuit. **2.** Loc. *Avoir plus d'une corde, plusieurs cordes à son arc,* plusieurs moyens pour parvenir à ses fins. — *Donner, laisser de la corde à qqn,* lui laisser une marge de manœuvre, une certaine liberté. — *Tirer sur la corde,* abuser d'un avantage, de la patience d'une personne. **3.** Segment d'une ligne droite coupant un cercle. **4.** Lien que l'on passe autour du cou de qqn pour le pendre. — Loc. fig. *Se mettre la corde au cou,* se mettre dans une situation pénible de dépendance ; se marier (surtout des hommes). *Parler de corde dans la maison d'un pendu,* faire une allusion maladroite et désobligeante ; gaffer. *Laisser à qqn (de) la corde pour se pendre,* lui demander qqch. d'impossible à réaliser. **5.** Trame d'une étoffe devenue visible par l'usure. *Vêtement qui montre la corde, usé jusqu'à la corde.* **6.** Corde qui, dans les hippodromes, limite intérieurement la piste. *Tenir la corde,* rester près de cette corde. — *Prendre un virage à la corde,* en serrant de très près le bord intérieur du virage. **7.** Fil sur lequel les acrobates font des exercices. *Danseur de corde.* — Loc. *Être sur la* CORDE RAIDE : dans une situation délicate. **8.** CORDE À DANSER ou (France) À SAUTER : corde munie de poignées que l'on fait tourner. *Danse, danser à la corde.* **9.** CORDE LISSE, CORDE À NŒUDS : servant à grimper. **10.** *Les cordes de l'arène,* qui la limitent. *Être envoyé dans les cordes.* **11.** Loc. fig. *Il pleut des cordes,* très fort (→ à verse, à boire debout). ⇒ fam. ① **clou** (I, 3), **hallebarde.** **II. 1.** Boyau, crin, fil métallique tendu qui produit les sons sur certains instruments. *Instruments à cordes et instruments à vent. Quatuor à cordes.* — *Les cordes, dans un orchestre* (violons, altos, violoncelles, contrebasses). **2.** Loc. *Faire vibrer, toucher la corde sensible,* parler à une personne de ce qui la touche le plus. **III. 1.** CORDES VOCALES : replis musculaires et membraneux du larynx, entre lesquels se trouve la glotte, et qui vibrent pour rendre les sons. **2.** *Ce n'est pas* DANS MES CORDES : ce n'est pas de ma compétence. **IV.** Unité de mesure de volume pour le bois débité et empilé, correspondant à 128 pieds cubes (4,2 m^3). ⇒ **stère.** *Le marchand mesure le bois à la corde.* — Pile de bois mesurée à la corde. ⇒ **cordée** (II). *Deux cordes de bois de pâte.* — *Bois de corde,* bois de chauffage vendu à la corde. ► ***cordeau*** n. m. **1.** Petite corde que l'on tend entre deux points pour obtenir une ligne droite. *Le jardinier plante au cordeau. Tracer une rue au cordeau.* — Loc. fig. AU CORDEAU : de façon nette et régulière. *Ici, tout semble être tiré au cordeau.* **2.** (Animaux de trait) Au plur. Guides, rênes pour diriger. — Loc. fam. *Tenir les cordeaux raides à qqn,* être sévère avec lui, le surveiller. **3.** Mèche d'une mine. *Cordeau Bickford.* ► ***cordée*** n. f. **1.** Groupe d'alpinistes attachés pour faire une ascension. *Premier de cordée,* personne qui mène la caravane. *Se mettre en cordée.* ⇒ s'**encorder. 2.** CORDÉE DE BOIS. ⇒ **corde** (IV). **3.** *Cordée de linge,* quantité de choses (vêtements, lingerie, etc.) étendue en une seule fois sur une corde à linge. ▶ *cordelette* n. f. ■ Corde fine. ▶ *cordelière* n. f. ■ Corde à plusieurs nœuds servant de ceinture ; cordon. *La cordelière de son sac.* ▶ *corder* v. tr. ▪ conjug. 1. **I. 1.** Lier avec une corde. ⇒ **attacher.** *Corder un paquet.* ⇒ **cercler, ficeler. 2.** Garnir de cordes (une raquette de tennis). **II. 1.** Empiler régulièrement du bois débité. *Il corde son bois dans le cabanon.* — Spécialt. Mesurer du bois à la corde (IV). — Par ext. Empiler du bois transformé. *Corder des planches, des colombages.* **2.** Fam. Disposer en rang, *corder des bouteilles dans le tambour,* en pile, *corder des livres sur une table.* **3.** Fam. Entasser des personnes, des choses dans. ⇒ **serrer, tasser.** *On corde les étudiants dans les classes. Elle corde ses vêtements dans son sac de voyage.* — (Personnes) V. pron. récipr. S'entasser, se serrer. ⇒ se **tasser.** *Les passagers se cordaient dans le métro. Se corder les uns sur les autres.* ▶ *cordé, ée* adj. **I. 1.** Empilé régulièrement. *Du bois bien cordé. Des boîtes cordées dans la garde-robe.* **2.** Fam. Disposé en rang, en pile. *Pots cordés dans une armoire.* **3.** Entassé, serré dans. ⇒ **tassé.** *Des invités cordés dans le salon. Des spectateurs cordés comme des sardines.* **II.** Côtelé. *Un pantalon en velours cordé.* ⇒ ① **côte** (II). ‹ ▶ cordage, cordier, cordon, cordonnet, s'encorder, monocorde ›

cordi- ■ Élément savant qui signifie « cœur ». ⇒ **cardio-.** ‹ ▶ cordial ›

① ***cordial, iaux*** [kɔʀdjal, jo] n. m. ■ Médicament qui améliore le fonctionnement du cœur, qui stimule. *Administrer un cordial à un malade. Prendre un cordial.*

② ***cordial, iale, iaux*** adj. **1.** Qui vient du cœur. ⇒ **affectueux, amical, bienveillant, chaleureux.** / contr. **froid, indifférent ; hostile** / *Accueil cordial. Sentiments cordiaux. Un homme affectueux et cordial.* **2.** Fam. *Elle lui voue une antipathie, une haine cordiale,* très vive. ▶ *cordialement* adv. ■ D'une manière cordiale, spontanée. *Il lui a parlé cordialement. Cordialement vôtre ; cordialement* (formule d'amitié, en fin de lettre). ▶ *cordialité* n. f. ■ Affection, bienveillance qui se manifeste avec simplicité. ⇒ **chaleur, sympathie.** *La cordialité d'une personne. Manquer de cordialité. Son institutrice lui parle avec cordialité.*

cordillère [kɔʀdijɛʀ] n. f. ■ Chaîne de montagnes séparées par des plateaux et des vallées. *La cordillère des Andes.*

cordon [kɔʀdɔ̃] n. m. **I. 1.** Petite corde (attache, ornement, tirage). ⇒ **cordelière, cordonnet, frange, lacet, lien.** *Attacher, nouer (qqch.) avec un cordon, des cordons. Cordon de sonnette, de rideaux. Les cordons d'un tablier.* — *Cordon (électrique),* qui sert à brancher divers appareils électroménagers. *Le cordon de la bouilloire, du grille-pain.* — Loc. *Tenir les cordons de la bourse,* régler les dépenses. *Cordons de souliers.* ⇒ **lacet. 2.** *Cordon Bickford.* ⇒ **cordeau. II.** Ruban qui sert d'insigne aux membres d'un ordre honorifique. **III.** (Parties allongées) **1.** *Cordon ombilical,* qui rattache l'embryon au placenta. **2.** Tendon saillant. **IV. 1.** Série (de plusieurs choses ou personnes alignées). ⇒ **file, ligne, rangée.** *Un cordon de policiers formait barrage. Cordon de troupes. Cordon sanitaire,* ligne de postes de surveillance dans une région où règne une épidémie. **2.** *Cordon littoral,* bande de terre ou d'une rive et qui enferme la plupart du temps une lagune qui émerge à peu de distance d'une côte de sable ou de galets. ▶ *cordonnet* n. m. ■ Petit cordon (I). ‹ ▶ cordon-bleu ›

cordon-bleu [kɔʀdɔ̃blø] n. ■ Personne qui fait très bien la cuisine. *Sa femme est une véritable cordon-bleu. Des cordons-bleus.*

cordonnier, ière [kɔʀdɔnje, jɛʀ] n. ■ Artisan qui répare, entretient les chaussures, les articles de cuir. *Le cordonnier ressemelle les chaussures.* ≠ *bottier.* — PROV. *Les cordonniers sont toujours les plus mal chaussés.* ▶ *cordonnerie* [kɔʀdɔnʀi] n. f. ■ Commerce, boutique, atelier du cordonnier. *Faire réparer ses chaussures à la cordonnerie.*

coreligionnaire [kɔʀəliʒjɔnɛʀ] n. ■ Personne qui professe la même religion qu'une autre. *Les coreligionnaires de qqn.*

coriace [kɔʀjas] adj. et n. **1.** (Viande) Très dur ; qui ne se laisse pas couper, mâcher, etc., facilement. / contr. **tendre** / *Viande coriace.* **2.** (Personnes) Qui ne cède pas. ⇒ **dur.** *Elle est coriace en affaires.* — N. *C'est une coriace.* ⇒ **dur.**

coriandre [kɔʀjɑ̃dʀ] n. f. ■ Plante annuelle dont le fruit séché, aromatique, est employé comme assaisonnement, ainsi que dans la fabrication de liqueurs.

corindon [kɔʀɛ̃dɔ̃] n. m. ■ Pierre précieuse très dure, diversement colorée (aigue-marine, améthyste, rubis, saphir, topaze).

corinthien, ienne [kɔʀɛ̃tjɛ̃, jɛn] adj. et n. ■ Se dit de l'ordre d'architecture grecque, caractérisé par des colonnes élancées, aux chapiteaux ornés de feuilles d'acanthe. *Style corinthien. Chapiteau corinthien.* ≠ *dorique, ionique.*

cormier [kɔʀmje] n. m. ■ Arbre qui produit de petits fruits orangés en boules. ⇒ **mascou, mascouabina, sorbier.** ▶ *corme* n. f. ■ Fruit du cormier. ⇒ **sorbe.**

cormoran [kɔʀmɔʀɑ̃] n. m. ■ Oiseau palmipède au plumage sombre, bon plongeur.

cornac [kɔʀnak] n. m. ■ Personne chargée des soins et de la conduite d'un éléphant domestiqué (surtout en Inde).

cornaline [kɔʀnalin] n. f. ■ Variété d'agate translucide, rouge. ⇒ **calcédoine.**

corne [kɔʀn] n. f. **I. 1.** Excroissance épidermique, dure et pointue, sur la tête de certains animaux. *Les cornes des ruminants. Cornes ramifiées et massives du chevreuil.* ⇒ **andouiller, bois.** *Transpercer à coups de corne.* ⇒ **encorner.** — BÊTES À CORNES : bœufs, vaches, chèvres. — Loc. *Prendre le taureau par les cornes,* prendre de front les difficultés, s'attaquer à un problème avec ténacité, énergie. — *Faire, montrer les cornes à qqn,* se moquer de lui, les mains au-dessus de la tête et les doigts disposés de manière à représenter une paire de cornes. **2.** Appendice comparé à une corne. *Les cornes* (pédicules oculaires) *d'un escargot.* **3.** Loc. fam. *Avoir, porter des cornes,* être trompé (mari, femme). ⇒ **cocu. 4.** Angle saillant, coin. *À la corne du bois. Faire une corne à la page d'un livre.* ⇒ ① **corner. II. 1.** *La corne,* la substance compacte qui constitue les productions dures de l'épiderme (ongles, cornes, sabots, griffes, bec des oiseaux, fanons de baleine, écailles de tortue). *Peigne de corne.* — CORNE À CHAUSSURES : chausse-pied (fait de corne, à l'origine). **2.** Couches mortes de l'épiderme qui forment des callosités. **III.** Instrument sonore fait d'une corne (1) creuse. ⇒ **cor, cornet, trompe.** *Une corne de berger.* — Avertisseur sonore. *Une corne de brume.* ▶ *corné, ée* adj. ■ Qui a la consistance dure de la corne (II). ‹ ▶ bicorne, biscornu, Capricorne, ① corner, cornet, cornette, cornier, cornu, cornue, écorner, encorner, licorne, racornir, tricorne ›

corned-beef [kɔʀnbif] n. m. invar. ■ Viande de bœuf en conserve. ⇒ **singe** (4).

cornée [kɔʀne] n. f. ■ Enveloppe antérieure et transparente de l'œil. ▶ *cornéen, enne* [kɔʀneɛ̃, ɛn] adj. ■ De la cornée. *Lentilles cornéennes,* verres optiques de contact.

corneille [kɔʀnɛj] n. f. **1.** Oiseau du genre corbeau, plus petit que le grand corbeau, à queue arrondie et plumage noir. *Corneille grise. Corneille noire* ou *corbeau corneille.* — Loc. *Hiver, bordée, tempête des corneilles,* chute de neige abondante au printemps. *Bayer* aux corneilles.* **2.** Fig et péj. Surnom donné aux religieux (frères), religieuses (sœurs).

cornélien, ienne [kɔʀneljɛ̃, jɛn] adj. ■ Qui appartient à Pierre Corneille, évoque ses héros, ses tragédies. *Un héros cornélien,* qui fait passer son devoir au-dessus de tout. *Un dilemme cornélien.*

cornemuse [kɔʀnəmyz] n. f. ■ Instrument de musique à vent composé d'un sac de cuir et de deux ou trois tuyaux percés de trous. ⇒ **musette.** *Cornemuse bretonne, auvergnate* (cabrette), *écossaise* (pibrock). ⇒ **biniou.**

① ***corner*** v. tr. ▪ conjug. 1. ■ Plier en forme de corne (I, 4), relever un coin de. *Corner les pages d'un livre.* — Au p. p. adj. *Feuille cornée.* ⟨ ▶ écorner ⟩

② ***corner*** [kɔʀnɛʀ] n. m. ■ (France) Anglic. Faute commise par un joueur de football (soccer) qui a envoyé le ballon derrière la ligne de but de son équipe. *Le ballon sort en corner.* — Coup accordé à l'équipe adverse à la suite de cette faute. *Le corner est tiré d'un angle du terrain.*

① ***cornet*** [kɔʀnɛ] n. m. ■ CORNET À PISTONS : instrument à vent, cuivre analogue à la trompette, mais plus court. *Jouer du cornet.* ▶ ***cornettiste*** n. ■ Joueur (euse) de cornet. *Le cornettiste d'un orchestre de jazz traditionnel.*

② ***cornet*** n. m. ■ Objet en forme de corne ; récipient conique. *Un cornet de crème glacée. Cornet de papier,* papier roulé en corne et susceptible de contenir qqch. — *Un cornet de frites.* — *Cornet à dés,* godet qui sert à agiter et à jeter les dés.

cornette [kɔʀnɛt] n. f. ■ Autrefois. Coiffure de certaines religieuses.

corn(-)flakes [kɔʀnflɛks] n. m. pl. ■ Anglic. Céréales de flocons de maïs grillés et croustillants, consommés avec du lait. *Un bol de corn flakes. Manger des corn-flakes* ou fam. *du corn-flakes.*

corniaud [kɔʀnjo] n. m. et adj. ■ (France) Fam. Imbécile. ⇒ **niaiseux.** — Adj. *Ce qu'il peut être corniaud !*

corniche [kɔʀniʃ] n. f. **1.** Partie saillante qui couronne un édifice. — Ornement en saillie sur un mur, un meuble, autour d'un plafond. *Corniche de plâtre. La corniche d'une armoire.* **2.** Saillie naturelle surplombant un escarpement. *Route en corniche,* qui domine un à-pic, surplombe un lac, la mer. — Cette route. *Suivre la corniche.*

cornichon [kɔʀniʃɔ̃] n. m. **1.** Petit concombre* cueilli avant sa maturité et conservé dans du vinaigre. ⇒ **marinades ;** anglic. **pickles.** *Bol de cornichons.* **2.** Niais, naïf, inintelligent. ⇒ **imbécile ;** fam. ③ **cave, corniaud.** *Quel cornichon !*

cornier, ière [kɔʀnje, jɛʀ] adj. ■ Qui est au coin, à l'angle. *Les poteaux corniers d'une charpente.* ▶ ***cornière*** n. f. ■ Pièce cornière, en équerre.

cornouiller [kɔʀnuje] n. m. ■ Arbre commun dans les haies, les bois. ⇒ **quatre-temps.** *Les cornouillers de la Colombie-Britannique.*

cornu, ue [kɔʀny] adj. **1.** Qui a des cornes. *Animal cornu. Diable cornu.* **2.** Qui a la forme d'une corne, présente des saillies en forme de corne. *Blé cornu,* ergoté.

cornue [kɔʀny] n. f. ■ Récipient à col étroit, long et courbé, qui sert à distiller. ⇒ **alambic.** *Le col d'une cornue.*

corollaire [kɔʀɔlɛʀ] n. m. ■ Proposition dérivant immédiatement d'une autre. — Conséquence, suite naturelle.

corolle [kɔʀɔl] n. f. ■ Ensemble des pétales d'une fleur. — *En corolle,* en forme de corolle de fleur.

coron [kɔʀɔ̃] n. m. ■ (Dans le nord de la France, dans les pays miniers) Ensemble d'habitations identiques, disposées régulièrement et construites pour les mineurs. *Habiter un coron.*

coronaire [kɔʀɔnɛʀ] adj. ■ Anatomie. Disposé en couronne. *Artères coronaires.* ≠ *coroner.* ▶ ***coronarien, ienne*** adj. et n. ■ Relatif aux artères coronaires. *Elle fait de l'insuffisance coronarienne.* — N. *Un coronarien.*

coroner [kɔʀɔnɛʀ] n. ■ Officier de justice appelé à faire enquête sur la cause d'une mort violente ou suspecte. ⇒ **juge** d'instruction, **procureur ; légiste.** *La coroner s'est rendue en Gaspésie pour son enquête.* ≠ *coronaire.*

corporation [kɔʀpɔʀasjɔ̃] n. f. **1.** Autrefois. Association d'artisans, groupés en vue de réglementer leur profession et de défendre leurs intérêts. *Maîtres, apprentis, compagnons d'une corporation.* ⇒ **communauté.** *Une corporation d'artisans, de marchands.* **2.** Ensemble des personnes qui exercent le même métier, la même profession. ⇒ ③ **corps.** *La corporation des notaires.* **3.** *Une* CORPORATION DE LA COURONNE. ⇒ **société.** — *Une corporation municipale,* un conseil* municipal. ▶ ***corporatif, ive*** adj. ■ Des corporations. *Problèmes corporatifs.* — *Esprit corporatif,* esprit de corps. ▶ ***corporatisme*** n. m. ■ Doctrine qui préconise les groupements professionnels du type des corporations. ⟨ ▶ incorporer ⟩

corporel, elle [kɔʀpɔʀɛl] adj. ■ Relatif au corps. ⇒ **physique.** *Châtiment corporel. Punition corporelle.*

① ***corps*** [kɔʀ] n. m. invar. ■ Partie matérielle des êtres animés. **1.** Organisme humain (opposé à *esprit,* à *âme*). *Étude du corps humain,* anatomie, physiologie. *Les parties du corps : membres* (bras, jambe, main, pied), *tête* (crâne, cou, visage), *tronc* (épaule, buste, poitrine, sein, dos, hanche, ceinture), *bassin, ventre, parties génitales. Un corps sain et vigoureux. Un corps bien formé, bien proportionné. Un petit corps d'enfant. Les attitudes, les gestes, les mouvements du corps. Trembler, frissonner* DE TOUT SON CORPS : tout entier. — CORPS À CORPS [kɔʀakɔʀ] loc. adv. : en serrant le corps d'un autre contre le sien (dans la lutte). *Combattre, lutter corps à corps.* — N. m. *Un corps à corps,* lutte corps à corps. — Loc. CORPS ET ÂME [kɔʀzeɑm] : tout entier, sans restriction. **2.** Cadavre. *La levée du corps aura lieu à 11 h. Porter un corps en terre.* — Fam. Loc. *Aller au corps,* se rendre au salon funéraire. **3.** Tronc (opposé à *membres*). *Une grosse tête sur un petit corps. Entrer dans l'eau jusqu'au milieu du corps.* ⇒ **mi-corps.** **4.** Loc. (où *corps* signifie *être humain*) *Garde du corps.* — Loc. *À son corps défendant,* malgré soi, à contrecœur. — *Se jeter, se lancer* À CORPS PERDU *dans une entreprise* : avec fougue, impétuosité. ≠ *cor.* ⟨ ▶ à bras-le-corps, corporel, corps-mort, corpulent, corsage, corset, garde-corps, haut-le-corps, justaucorps, à mi-corps ⟩

② ***corps*** n. m. invar. **I. 1.** Partie principale. *Le corps d'un bâtiment* (opposé à *aile*). — *Le corps d'une lettre, d'un article,* le texte même, sans les indications secondaires. — *Le corps d'une théorie, d'une doctrine,* les éléments essentiels. **2.** Loc. *Navire perdu* CORPS ET

BIENS [kɔʀzebjɛ̃] : le navire lui-même et les marchandises. **II.** Objet matériel. **1.** *Corps céleste.* ⇒ **astre, satellite. 2.** Objet matériel caractérisé par ses propriétés physiques. *Volume, masse d'un corps. La chute des corps.* ⇒ **pesanteur.** *Corps solides, liquides, gazeux.* — CORPS SIMPLE : constitué par un seul élément chimique. — Loc. CORPS NOIR : corps absorbant toutes les radiations qu'il reçoit. **3.** Élément anatomique qui peut être étudié isolément (organe, etc.). *Corps calleux, jaune, strié.* — *Introduction d'un corps étranger dans l'organisme.* **III. 1.** Épaisseur, consistance. *Ce papier a du corps.* **2.** Force (d'un vin). ⇒ **corsé. IV.** Loc. PRENDRE CORPS : devenir réel ; commencer à s'organiser ; prendre forme. FAIRE CORPS AVEC : adhérer, ne faire qu'un. ⟨ ▶ anticorps, corser ⟩

③ ***corps*** n. m. invar. **1.** Groupe formant un ensemble organisé sur le plan des institutions. ⇒ **association, communauté.** *Le corps politique. Le corps électoral,* l'ensemble des électeurs. *Les corps constitués,* les organes de l'Administration et les tribunaux. **2.** Se dit de compagnies, ordres, administrations. *Corps diplomatique. Le corps enseignant.* ⇒ **corporation.** *Le corps médical, policier. Le corps des pompiers.* — *Avoir l'*ESPRIT DE CORPS : se sentir solidaire du groupe auquel on appartient. **3.** Unité militaire administrativement indépendante (bataillon, régiment). *Rejoindre son corps. Chef de corps.* — *Corps d'armée,* formé de plusieurs divisions. **4.** *Corps de ballet.* ⇒ **ballet.** *Un corps de clairons, de majorettes,* un ensemble.

corps-mort [kɔʀmɔʀ] n. m. **1.** Tronc d'arbre abattu ou renversé attaqué par la décomposition. *Des corps-morts échoués sur la rive.* **2.** Bouteille (alcool, bière, vin...) vide. ⇒ **cadavre.** *Corder les corps-morts sur une tablette.*

corpulence [kɔʀpylɑ̃s] n. f. ■ Ampleur du corps humain (taille, grosseur). *Il est de forte corpulence.* ⇒ **embonpoint.** ▶ ***corpulent, ente*** adj. ■ Qui est d'une forte corpulence. ⇒ **gras, gros.** / contr. **maigre** /

corpus [kɔʀpys] n. m. invar. ■ Didact. Ensemble limité de textes ou de données réuni à des fins de recherche et d'analyse. *Un corpus linguistique.*

corpuscule [kɔʀpyskyl] n. m. **1.** Petite parcelle de matière (atome, molécule) ; petit élément anatomique. **2.** Physique. Vieilli. Élément constituant observable séparément (ex. : *électron*). ⇒ **particule.** ▶ ***corpusculaire*** adj. ■ Physique. Des corpuscules. *La théorie corpusculaire de la lumière. Physique corpusculaire.* ⇒ **atomique, nucléaire.**

corral, als [kɔʀal] n. m. ■ Enclos où l'on parque le bétail (bœufs, taureaux), dans certains pays latino-américains. *Des corrals.*

correct, ecte [kɔʀɛkt] adj. **1.** Qui respecte les règles, dans un domaine déterminé. / contr. **faux, incorrect** / *Phrase grammaticalement correcte.* **2.** Conforme aux usages, aux mœurs. ⇒ **bienséant, convenable.** *Cela n'est pas correct venant d'un inférieur. Une tenue correcte est de rigueur. Ce n'est pas très correct de répondre comme cela à ta grand-mère.* **3.** Conforme à la morale. *Il n'a pas été correct avec elle. Correct en affaires.* ⇒ **honnête, régulier. 4.** Fam. Qui, sans présenter de graves fautes, n'est pas remarquable par sa qualité. ⇒ **moyen, passable.** *Votre devoir est tout juste correct. Un motel modeste, mais correct.* ⇒ **convenable. 5.** Adj. invar. Qui convient, qui est bien. ⇒ **O.K.** *Tout est correct, tu peux partir. « Vous vous êtes fait mal ? – Non, c'est correct »,* ça va. *Hé là ! C'est correct !,* ça suffit, il faut arrêter. — Adv. *D'accord.* ⇒ **O.K.** *On se revoit demain, correct ?* ▶ ***correctement*** adv. **1.** Sans faute, d'une manière correcte. *Tiens-toi correctement !* ⇒ **convenablement.** *Écrire correctement.* **2.** Assez bien. *Elle gagne correctement sa vie.* ⟨ ▶ incorrect ⟩

correcteur, trice [kɔʀɛktœʀ, tʀis] n. **1.** Personne qui corrige en relevant les fautes, les erreurs, et qui note. *Des correcteurs d'examen.* ⇒ **examinateur. 2.** Personne qui corrige les épreuves d'imprimerie. *Il est correcteur dans une maison d'édition. Elle est chef correctrice.* **3.** *Correcteur liquide* ou *liquide correcteur,* liquide blanc utilisé pour masquer des mots qu'on veut corriger, changer, supprimer... dans un texte manuscrit ou dactylographié. *Un contenant de correcteur liquide.* **4.** *Correcteur orthographique, grammatical,* logiciel de correction automatique de texte.

correctif, ive [kɔʀɛktif, iv] adj. et n. m. **1.** Adj. Qui a le pouvoir de corriger. *Gymnastique corrective.* **2.** N. m. Antidote, contrepartie qui atténue. *Il faudrait trouver un correctif à cette mesure trop sévère.* — *Apporter un correctif à un communiqué,* une rectification.

correction [kɔʀɛksjɔ̃] n. f. **I.** Action de corriger. **1.** Changement que l'on fait à un ouvrage pour l'améliorer. ⇒ **rectification, remaniement, reprise, retouche.** *Corrections de forme, de fond.* — *Correction des épreuves d'imprimerie,* indication des erreurs ; exécution matérielle des changements indiqués sur épreuve. — Action de corriger des devoirs, des travaux, les épreuves d'un examen. *La correction de l'écrit n'est pas terminée.* — *Logiciel de correction automatique de texte.* ⇒ **correcteur. 2.** Opération qui rend exact. *La correction d'une observation. Correction de tir.* **3.** Châtiment corporel ; coups donnés à qqn. ⇒ **châtiment, punition,** fam. **volée.** *Si tu n'es pas sage, tu vas recevoir une correction !* **4.** (France) MAISON DE CORRECTION : autrefois, lieu où les mineurs délinquants étaient placés. ⇒ centre d'**accueil. II. 1.** Qualité de ce qui est correct. *La correction d'une traduction, du langage.* ⇒ **exactitude, justesse. 2.** Comportement correct (2 ou 3). *Être d'une parfaite correction.* ⇒ **politesse.** / contr. **incorrection** / ⟨ ▶ correctionnel, incorrect ⟩

correctionnel, elle [kɔʀɛksjɔnɛl] adj. et n. f. ■ Qui a rapport aux actes qualifiés de délits par la loi. *Peine correctionnelle. Tribunal correctionnel.* — (France) N. f. Fam. LA CORRECTIONNELLE : le tribunal correctionnel. *Passer en correctionnelle.*

corrélatif, ive [kɔʀelatif, iv] adj. ■ Qui est en corrélation, qui présente une relation logique avec autre chose. ⇒ **correspondant, relatif.** / contr. **autonome, indépendant** / ▶ ***corrélativement*** adv. ▶ ***corrélation*** n. f. ■ Lien, rapport réciproque. *Il n'y a aucune corrélation entre ces événements.* ⇒ **correspondance, interdépendance.** *Mettre en corrélation deux choses.* / contr. **autonomie** /

① ***correspondre*** [kɔʀɛspɔ̃dʀ] v. ▪ conjug. 41. **1.** V. tr. ind. CORRESPONDRE À. Être en rapport de conformité (avec qqch.), être conforme, se rapporter (à). ⇒ s'**accorder, aller.** *L'an I de l'Hégire correspond à l'an 622 de l'ère chrétienne. Ce récit ne correspond pas à la réalité.* **2.** V. intr. Changer de ligne ou de moyen de transport. *Elle a correspondu à l'entrée de l'université.* — Établir la correspondance. *L'autobus et le métro correspondent en face du collège.* ▶ ① ***correspondance*** [kɔʀɛspɔ̃dɑ̃s] n. f. **1.** Rapport logique entre un terme donné et un ou plusieurs autres termes ⇒ **conséquent**, déterminés par le premier ; rapport de conformité. ⇒ **accord, analogie.** *Correspondance d'idées, de sentiments entre deux personnes.* ⇒ **affinité.** — Grammaire. *Correspondance des temps,* qui règle le temps de la subordonnée par rapport au temps du verbe principal. ⇒ **concordance. 2.** Liaison entre deux lignes ou deux moyens de transport. ⇒ **changement.** *Un autobus assurera la correspondance à la gare. Station de métro avec correspondance. Voyageurs en* *correspondance pour Vancouver.* — Moyen de transport qui assure la correspondance (chemin de fer, autobus, navette, métro, avion). *Attendre la correspondance.* — Titre de transport qui permet de changer de ligne afin de poursuivre un trajet sans payer une nouvelle fois. *Présenter sa correspondance au chauffeur.* ▶ ① ***correspondant, ante*** adj. ■ Qui a un rapport avec qqch. ; qui y correspond. ⇒ **relatif.** *Les éléments correspondants de deux séries.* ‹ ▶ ② correspondre ›

② ***correspondre*** v. intr. ▪ conjug. 41. **1.** Avoir des relations par lettres, par téléphone (avec qqn). *Nous avons cessé de correspondre.* ⇒ s'**écrire.** *Correspondre avec qqn.* **2.** (Suj. chose) Être en communication. ⇒ **communiquer.** *Ces deux pièces correspondent.* ▶ ② ***correspondance*** n. f. ■ Relation par écrit entre deux personnes ; échange de lettres. *Une correspondance amicale, une correspondance commerciale.* ⇒ **courrier.** *Avoir, entretenir une correspondance avec qqn. Cours par correspondance. Vente par correspondance* (abrév. *V.P.C.*). — Ensemble des lettres qui constituent la correspondance. *La correspondance de Saint-Denys Garneau.* ▶ ② ***correspondant, ante*** n. **1.** Personne avec qui l'on entretient des relations épistolaires. *Avoir des correspondants dans plusieurs pays.* — Personne à qui on téléphone. *Le numéro de votre correspondant a changé.* **2.** Personne employée par un journal, la radio, la télévision, une agence d'informations pour envoyer des nouvelles d'un lieu éloigné. ⇒ **envoyé.** *Correspondant de guerre. Le correspondant de Radio-Canada en Europe.* ≠ *envoyé.* **3.** Personne qui communique des informations secrètes (à un gouvernement). ⇒ **espion.** *Un honorable correspondant des services de sécurité.*

corrida [kɔʀida] n. f. **1.** Course de taureaux. *Des corridas.* **2.** Fam. Dispute, agitation. *Quelle corrida !*

corridor [kɔʀidɔʀ] n. m. ■ Passage couvert mettant en communication plusieurs pièces d'un même étage. ⇒ **couloir, passage.** *Au fond du corridor, à droite. Des corridors. — Un grand corridor,* un dégagement.

corrigé [kɔʀiʒe] n. m. **1.** Devoir donné comme modèle. ⇒ **modèle, solution.** *Le livre du maître contient les corrigés. Dicter le corrigé d'un devoir, d'un examen.* **2.** Document fournissant les réponses à des problèmes, des exercices, etc.

corriger [kɔʀiʒe] v. tr. ▪ conjug. 3. **1.** Ramener à la règle (ce qui s'en écarte ou la personne qui s'en écarte). ⇒ **amender, reprendre.** *Corriger un enfant. Corriger les défauts de qqn.* — Pronominalement (réfl.). *Se corriger de son mauvais caractère.* **2.** Supprimer (les fautes, les erreurs). *Corriger complètement une œuvre, un travail.* ⇒ **remanier, reprendre, revoir.** — *Corriger des épreuves d'imprimerie.* ⇒ **correction ; correcteur. 3.** Relever les fautes de (qqch.) en vue de donner une appréciation, une note. *Corriger des devoirs, des copies, un examen.* **4.** Rendre exact ou plus exact. ⇒ **rectifier.** *Corriger une observation.* **5.** Ramener à la mesure (qqch. d'excessif) par une action contraire. ⇒ **adoucir, atténuer, compenser.** *Corriger l'effet d'une parole trop dure.* **6.** Infliger un châtiment corporel, donner des coups. ⇒ **battre ;** fam. **tapocher.** *Il s'est fait corriger.* ‹ ▶ corrigé, incorrigible ›

corroborer [kɔʀɔbɔʀe] v. tr. ▪ conjug. 1. ■ Donner appui, ajouter de la force à (une idée, une opinion). ⇒ **confirmer, renforcer.** *Plusieurs indices corroborent les soupçons.* / contr. **démentir** / *Cette nouvelle corrobore tout ce qu'on avait supposé.*

corroder [kɔʀɔde] v. tr. ▪ conjug. 1. ■ Détruire lentement, progressivement, par une action chimique. ⇒ **attaquer, ronger, rouiller.** *Les acides corrodent les métaux* (⇒ **corrosif**). — Au p. p. adj. *Des ailes de voiture corrodées par le calcium.* ‹ ▶ anticorrosion, corrosif, corrosion ›

corrompre [kɔʀɔ̃pʀ] v. tr. — REM. conjug. 41, sauf *il corrompt* [-ʀɔ̃]. **I.** Altérer en décomposant. *La chaleur corrompt la viande.* ⇒ **avarier, gâter. II.** Fig. **1.** Littér. Altérer, gâter (ce qui était pur, bon). *L'usage corrompt certains mots.* ⇒ **abâtardir, déformer.** / contr. **améliorer** / **2.** Altérer ce qui est sain, honnête, dans l'âme. ⇒ **avilir, dépraver, pervertir.** *Corrompre la jeunesse.* **3.** (Compl. personne) Engager (qqn) par des dons, des promesses ou par la persuasion, à agir contre sa conscience, son devoir. ⇒ **acheter, soudoyer.** *Corrompre un témoin.* ▶ ***corrompu, ue*** adj. **1.** Altéré, en décomposition. / contr. **frais** / **2.** *Goût, jugement corrompu.* ⇒ **faux, mauvais.** — (Moral) *Une jeunesse corrompue.* ⇒ **dépravé.** / contr. **pur, vertueux** / **3.** Qu'on a corrompu, qu'on peut corrompre. *Politicien corrompu.* ⇒ **vénal.** ‹ ▶ corrupteur ›

corrosif, ive [kɔʀozif, iv] adj. **1.** Qui corrode ; qui a la propriété de corroder. ⇒ **caustique.** *Les acides sont corrosifs.* **2.** Qui ronge, détruit. ⇒ **destructif.** *Une œuvre, une ironie corrosive.*

corrosion [kɔʀozjɔ̃] n. f. ■ Action de corroder ; son résultat. *Corrosion par un acide. La corrosion des voitures l'hiver.* ‹ ▶ anticorrosion ›

corroyer [kɔʀwaje] v. tr. ▪ conjug. 8. ■ Apprêter (le cuir), l'assouplir après le tannage. — Au p. p. adj. *Peaux corroyées.* ▶ ***corroyage*** n. m. ■ *Le corroyage des peaux.* ▶ ***corroyeur*** n. m. ■ Ouvrier qui corroie les cuirs. — REM. Le féminin *corroyeuse* est virtuel.

corrupteur, trice [kɔʀyptœʀ, tʀis] n. et adj. **1.** N. Personne qui soudoie, achète qqn. *Le corrupteur et les témoins corrompus ont été punis.* **2.** Adj. Littér. Qui corrompt moralement. ⇒ **malfaisant, nuisible.** *Des spectacles corrupteurs.* ▶ ***corruption*** [kɔʀypsjɔ̃] n. f. **1.** Altération (de la substance) par décomposition. ⇒ **infection, pourriture, putréfaction. 2.** Littér. Altération (du jugement, du goût, du langage). ⇒ **corrompre** (II, 1). **3.** Fait de corrompre moralement ; état de ce qui est corrompu. ⇒ **avilissement, perversion.** *La corruption des mœurs.* **4.** Moyens que l'on emploie pour faire agir qqn contre son devoir, sa conscience ; fait de se laisser corrompre. *Corruption de fonctionnaire. Corruption électorale.* ‹ ▶ incorruptible ›

corsage [kɔʀsaʒ] n. m. ■ Vêtement féminin qui recouvre le buste. ⇒ **blouse, chemisier.** *Corsage montant, décolleté.* ≠ *corselet.*

corsaire [kɔʀsɛʀ] n. m. **1.** Autrefois. Navire armé par des particuliers, avec l'autorisation du gouvernement (lettres de course*, II, 1) d'attaquer les navires d'autres pays (ennemis). ≠ *pirate.* — Capitaine qui commandait ce navire. *Jean Bart, Surcouf sont de célèbres corsaires.* **2.** Aventurier, pirate. ≠ *forban.*

corse [kɔʀs] adj. et n. **1.** De la Corse (île de la Méditerranée ; département français). — N. (Avec une majusc.) *Les Corses.* **2.** N. m. *Le corse est un dialecte italien.*

corselet [kɔʀsəlɛ] n. m. **1.** Vêtement féminin (costumes folkloriques) qui serre la taille et se lace sur le corsage. ≠ *corsage, corset* (1). **2.** Partie antérieure du thorax, chez certains insectes, comme les coléoptères. *Le corselet d'une abeille.*

corser [kɔʀse] v. tr. ▪ conjug. 1. **1.** Rendre plus forte (une substance comestible). *Corser une sauce.* ⇒ **épicer. 2.** *Corser l'action d'une pièce, l'intrigue d'un roman,* accroître l'intérêt. — Pronominalement (réfl.). *L'affaire se corse,* elle se complique. ▶ ***corsé, ée*** adj. **1.** Qui est fort (au goût). *Un café corsé.* — *Un vin* *corsé,* qui a du corps. *Un assaisonnement corsé.* ⇒ **relevé. 2.** Qui est exagéré, dépasse les bornes. *Une facture corsée.* ⇒ **salé.** — *Une histoire corsée,* scabreuse. ⇒ **cochon** (II), de **fesse, grivois, licencieux.**

corset [kɔʀsɛ] n. m. **1.** Gaine baleinée et lacée, en tissu résistant, qui serre la taille et le ventre des femmes. ⇒ **gaine.** ≠ *corselet* (1). **2.** Corselet (1). ‹ ▶ corselet, corseté ›

corseté, ée [kɔʀsəte] adj. ■ Raide, guindé (comme quelqu'un qui porte un corset).

cortège [kɔʀtɛʒ] n. m. **1.** Suite de personnes qui en accompagnent une autre. ⇒ **suite.** *Le cortège d'un haut personnage. Se former en cortège. Un cortège de députés.* **2.** Groupe organisé qui avance. ⇒ **défilé, procession.** *Le cortège des manifestants partira de la place d'Armes.* — *Un cortège funèbre.* — Fig. *La guerre et son cortège d'horreurs.*

cortex [kɔʀtɛks] n. m. invar. ■ Partie externe (écorce) du cerveau (terme savant). *Le cortex cérébral.*

cortisone [kɔʀtizɔn] n. f. ■ Hormone employée en thérapeutique.

corvée [kɔʀve] n. f. **1.** Histoire. Travail gratuit que les serfs, les roturiers devaient au seigneur. *Corvée seigneuriale.* **2.** Obligation ou travail pénible et inévitable. *Quelle corvée !* **3.** Travail que font à tour de rôle les hommes d'un corps de troupe, les membres d'une communauté. *Être de corvée. Corvée de patates* (épluchage des pommes de terre). **4.** Travail collectif, volontaire et bénévole, afin d'aider qqn en difficulté. *Le curé organise une corvée pour reconstruire une maison incendiée.*

corvette [kɔʀvɛt] n. f. ■ Petit navire d'escorte. — *Capitaine de corvette,* grade équivalant à celui de commandant dans l'armée de terre.

coryphée [kɔʀife] n. m. ■ Chef de chœur, dans le théâtre grec de l'Antiquité.

coryza [kɔʀiza] n. m. ■ Inflammation de la muqueuse des fosses nasales (rhume* de cerveau). *Des coryzas.*

cosaque [kɔzak] n. m. ■ Cavalier de l'armée russe.

cosinus [kɔsinys] n. m. invar. ■ Mathématiques. Sinus* du complément d'un angle (symb. : *cos*). *Des cosinus.*

-cosme ■ Élément savant signifiant « monde » (ex. : *microcosme*).

cosmétique [kɔsmetik] adj. et n. m. **1.** Adj. (Produits) Qui concerne les soins de beauté. — N. m. pl. *Un assortiment de cosmétiques,* de produits de beauté. **2.** Produit servant à fixer et lustrer la chevelure. ⇒ **brillantine, laque, spray.**

cosm(o)- ■ Élément savant signifiant « univers ». ▶ ***cosmique*** [kɔsmik] adj. **1.** Du monde extraterrestre *(cosmos). Les corps cosmiques.* ⇒ **astral, céleste, sidéral.** *Vaisseau cosmique.* ⇒ **spatial. 2.** Loc. RAYONS COSMIQUES : rayonnement de grande énergie, d'origine cosmique, que l'on peut étudier sur Terre par ses effets sur l'atmosphère (ionisation). ▶ ***cosmogonie*** n. f. ■ Théorie expliquant la formation de l'Univers, de certains objets célestes. ▶ ***cosmogonique*** adj. ▶ ***cosmographie*** n. f. ■ Astronomie descriptive (notamment, du système solaire). ▶ ***cosmographique*** adj. ▶ ***cosmologie*** n. f. ■ Science des lois physiques de l'Univers, de sa formation. ▶ ***cosmonaute*** n. ■ Voyageur de l'espace. ⇒ **astronaute.** *Les cosmonautes soviétiques.* ▶ ***cosmopolite*** adj. ■ Qui s'accommode de tous les pays, de mœurs nationales variées. *Une existence cosmopolite.* — Qui comprend des personnes de tous les pays, subit des influences de nombreux pays. *Ville cosmopolite.* ▶ ***cosmopolitisme*** n. m. ■ Caractère cosmopolite. *Le cosmopolitisme d'un milieu.* ▶ ***cosmos*** n. m. invar. **1.** L'Univers, l'espace extraterrestre considéré comme un système bien ordonné. **2.** Espace extraterrestre. *Envoyer une fusée dans le cosmos* (⇒ **cosmonaute**). ‹ ▶ macrocosme, microcosme ›

cosse n. f. ■ Enveloppe qui renferme les graines de certaines légumineuses. ⇒ **écale.** *Des cosses de haricots* (⇒ **fève**), *de petits pois.* ‹ ▶ écosser ›

cossu, ue [kɔsy] adj. ■ Qui a une large aisance. ⇒ **riche.** *Des marchands cossus.* — Qui dénote l'aisance. *Maison cossue.*

costal, ale, aux [kɔstal, o] adj. ■ Qui appartient aux côtes. *Muscles, nerfs costaux. Vertèbres costales.* ‹ ▶ intercostal ›

costaud, aude [kɔsto, od] adj. et n. **1.** Fam. Fort, robuste. / contr. **faible, malingre** / *Il est drôlement costaud. Il nous faut un gars costaud pour monter le piano au cinquième étage. Cet enfant n'est pas très costaud, il est souvent malade.* — (Au moral) *Il faut être costaud pour résister à un si grand malheur.* **2.** (Choses) Solide. *Une armoire costaude.*

costume [kɔstym] n. m. **1.** Pièces d'habillement qui constituent un ensemble. ⇒ **vêtement ; tenue.** *Le décor et les costumes sont très réussis.* **2.** Vêtement d'homme composé d'un veston, d'un pantalon et parfois d'un gilet. ⇒ **complet, habit.** *Costume de confection.* **3.** COSTUME DE BAIN : vêtement de bain pour la plage, la piscine. ⇒ **maillot.** — Fam. *Un costume de ski* ⇒ ② **combinaison**, *de gymnastique.* ▶ ***costumer*** v. tr. ▪ conjug. 1. ■ Revêtir d'un déguisement. *On l'a costumé en cosmonaute.* — Pronominalement (réfl.). *Il se costume en pierrot.* — Au p. p. adj. *Il est costumé,* déguisé. *Bal costumé.* ▶ ***costumier, ière*** n. ■ Personne qui fait, vend ou loue des costumes de théâtre.

cotation [kɔtasjɔ̃] n. f. ■ Action de coter. *Cotation des titres en Bourse.* ⇒ **cours.**

cote [kɔt] n. f. **1.** Marque (alpha-)numérique utilisée pour classer des livres dans une bibliothèque, des documents, etc. *Chercher la cote d'un périodique.* **2.** Constatation officielle des cours (d'une valeur, d'une monnaie), par ex. en Bourse. *Actions inscrites à la cote.* **3.** (Appréciation) *La cote d'un cheval,* estimation à sa valeur, de ses chances de victoire. *La cote d'un artiste,* la valeur marchande de ses œuvres. — COTE D'AMOUR : appréciation d'un candidat, basée sur une estimation de sa valeur morale, sociale. — *Cote de popularité d'un homme politique.* — COTE D'ÉCOUTE : rapport, exprimé en pourcentage, entre le nombre de foyers qui écoutent une émission (radio, télévision) et le nombre de foyers susceptibles de la capter. *Ligne ouverte qui a une haute cote d'écoute.* — Fam. *Avoir la cote,* être apprécié, estimé. **4.** Chiffre indiquant une dimension, un niveau. — COTE D'ALERTE : niveau d'un cours d'eau au-delà duquel commence l'inondation. — Fig. Point critique. *Le chômage a atteint la cote d'alerte.* ≠ *côte, cotte.* ▶ ***coté, ée*** adj. ■ Qui a une cote (2, 3). ⇒ **coter.** *Un cheval bien coté. Une peintre très cotée.* ‹ ▶ coter, cotiser ›

① ***côte*** [kot] n. f. **I. 1.** Os plat du thorax, de forme courbe, qui s'articule sur la colonne vertébrale et le sternum. *Les douze paires de côtes,* délimitant la cage thoracique humaine. — SE TENIR LES CÔTES : rire démesurément. — *Côte de bœuf, de veau, d'agneau.* ⇒ **côtelette ; entrecôte. 2.** CÔTE À CÔTE : l'un, l'une à côté de l'autre. *Ils marchaient côte à côte.* **II. 1.** Partie saillante. *Côte de melon, de salade.* **2.** Rayure saillante (d'un tissu, d'un tricot). *Étoffe, velours à côtes.* ⇒ **cordé** (II), **côtelé.** ‹ ▶ côté, côtelé, côtelette, entrecôte ›

② ***côte*** n. f. **1.** Pente qui forme l'un des côtés d'une colline. ⇒ **coteau.** *Les côtes du Rhône (France) sont plantées de vignobles.* ⇒ **côtes-du-rhône. 2.** Voie ou partie de voie de communication en pente (opposé à *plat*). ⇒ **montée, pente.** *Monter la côte. Le cycliste peinait en grimpant la côte. — Être à mi-côte,* au milieu d'une côte. — Fig. Loc. *Remonter la côte,* se remettre progressivement de qqch. (maladie, dépression, situation difficile, etc.). ‹ ► coteau, côtes-du-rhône ›

③ ***côte*** n. f. **1.** Bande de terre qui borde l'océan ou la mer. ⇒ **bord, littoral, rivage.** *Côte sablonneuse, basse. La Côte d'Azur* ou sans compl. *la Côte. Nous passerons nos vacances sur la côte américaine. Les côtes canadiennes.* — Rive d'un cours d'eau. *La Basse-Côte-Nord. La Côte-Nord,* la région qui s'étend de Tadoussac à Blanc-Sablon. **2.** Histoire. Rang du bord de l'eau. ⇒ **concession.** *La côte Saint-Paul et la côte Saint-Pierre, à Montréal, furent établies au* XVIIIe *siècle.* ≠ *cote.* ‹ ► côtier, côtoyer, garde-côte ›

côté [kote] n. m. **1.** Région des côtes (de l'aisselle à la hanche). ⇒ **flanc ;** ① **côte.** *Recevoir un coup dans le côté.* — Loc. POINT DE CÔTÉ : douleur aiguë au-dessous des côtes. — Partie droite ou gauche de tout le corps. *Se coucher sur le côté. À mes (vos, ses) côtés,* près de moi (vous, lui). **2.** (Choses) Partie qui est à droite ou à gauche. *Monter dans une voiture par le côté gauche. Les côtés de la route.* ⇒ **bas-côté.** — *Mettez-vous de ce côté, de l'autre côté.* **3.** Ligne ou surface qui constitue la limite (d'une chose). ⇒ ② **bord.** *Les quatre côtés d'un carré. Les deux côtés d'une feuille de papier,* recto, verso. — Sports. *Les lignes de côté,* qui délimitent la surface de jeu, dans le sens de la longueur. *Le banc des joueurs est placé le long des lignes de côté.* **4.** Abstrait. *Les bons et les mauvais côtés d'une entreprise. Ne voir que le mauvais côté des choses.* ⇒ **aspect.** *Les bons côtés de qqn.* ⇒ **qualité. 5.** (Après DE) ⇒ **endroit, partie, point.** *De ce côté-ci ; de ce côté-là,* par ici, par là. *De tous côtés,* partout. — Abstrait. *De ce côté-là je n'ai pas à me plaindre.* — Ellipt et fam. *Côté finance, ça peut aller. — D'un côté... de l'autre,* d'une part... d'autre part. — DU CÔTÉ DE : dans la direction de (avec mouvement) ou aux environs de (sans mouvement). *Du côté de la fenêtre. Elle habite du côté de l'église. Il est parti du côté opposé au vôtre. — C'est mon grand-père du côté de ma mère,* cette lignée. *Le côté paternel. — De mon côté,* en ce qui me concerne. *De mon côté, j'essaierai de vous aider. — Aller de mon, de son côté,* dans sa propre famille, dans celle du conjoint. *À Noël, nous irons réveillonner de son côté.* — DE CÔTÉ loc. adv. *Marcher de côté,* de travers (opposé à *de face*). *Se jeter de côté,* faire un écart. *Laisser de côté,* à l'écart. *Mettre de côté,* en réserve (économiser). *Mise de côté,* marchandise mise en réserve et pour laquelle le client désireux de payer plus tard verse un acompte. *Faire une mise de côté d'un mois.* **6.** À CÔTÉ loc. adv. : à une distance proche. *Il demeure à côté,* tout près. *Passons à côté,* dans la pièce voisine. *Les gens d'à côté.* — À CÔTÉ DE loc. prép. ⇒ **auprès** de, **contre.** *Se placer, marcher à côté de qqn.* Abstrait. *Vos ennuis ne sont pas graves à côté des miens.* ⇒ en **comparaison.** — *Être, passer à côté de la question. — La rondelle est passée à côté du filet,* à l'extérieur, sans le toucher. — Loc. fam. *Être à côté de la coche, de la carte,* dans l'erreur ; perdu. ‹ ► s'accoter, à-côté, bas-côté, côtoyer, haut-côté ›

coteau [kɔto] n. m. ■ Versant d'une colline ou d'une terrasse. *Au pied du coteau, à flanc de coteau.* ⇒ ② **côte.**

côtelé, ée [kotle] adj. ■ Qui est couvert de côtes (①, II, 2). *Étoffe, velours côtelé.* ⇒ **cordé** (II).

côtelette [kotlɛt] n. f. ■ Côte (①, I, 1) des animaux de taille moyenne (mouton, porc). *Des côtelettes d'agneau, de mouton, de porc.*

coter [kɔte] v. tr. ▪ conjug. 1. **1.** Marquer d'une cote, de cotes. ⇒ **numéroter. 2.** Indiquer le cours de (une valeur, une marchandise). ⇒ **estimer, évaluer.** — Au p. p. adj. *Valeur cotée en Bourse.* ‹ ► cotation ›

coterie [kɔtʀi] n. f. ■ Littér. Réunion de personnes soutenant ensemble leurs intérêts. ⇒ **caste, chapelle, clan.** *Une coterie politique.*

côte-saint-luçois, oise [kotsɛ̃lyswa, waz] adj. et n. ■ De Côte-Saint-Luc. — N. (Avec des majusc.) Personne née dans cette ville ou qui l'habite. *Les Côtes-Saint-Luçoises.*

côtes-du-rhône [kotdyʀon] n. m. invar. ■ Vin rouge des côtes du Rhône, en France. *Un côtes-du-rhône.*

cothurne [kɔtyʀn] n. m. ■ Chaussure montante à semelle très épaisse portée par les acteurs tragiques, dans l'Antiquité, pour paraître très grands.

côtier, ière [kotje, jɛʀ] adj. ■ Qui est relatif aux côtes ③, au bord de la mer. *Navigation côtière. Région côtière. La garde côtière. Fleuve côtier,* petit cours d'eau dont la source est proche de la côte et qui se jette dans la mer. ‹ ► nord-côtier ›

cotillon [kɔtijɔ̃] n. m. ■ Réunion accompagnée de danses et de jeux, le plus souvent à l'occasion d'une fête. *Objets pour bals et cotillons* (serpentins de papier, etc.).

cotiser [kɔtize] v. ▪ conjug. 1. **1.** SE COTISER v. pron. : contribuer, chacun pour sa part, à réunir une certaine somme en vue d'une dépense commune. *Se cotiser pour offrir un cadeau d'anniversaire à qqn.* **2.** V. intr. (même sens). *As-tu cotisé pour le cadeau ?* — Verser une cotisation (2). *Cotiser à l'assurance-chômage.* ► ***cotisant, ante*** adj. et n. ■ Qui cotise. ► ***cotisation*** n. f. **1.** Imposition ou collecte d'argent. *Souscrire à une cotisation.* **2.** Somme à verser par les membres d'une association, en vue des dépenses communes. *Payer, verser, envoyer sa cotisation.* ⇒ **quote-part.** — Somme versée par un salarié ou un employeur au titre d'un régime de retraite ou de prévoyance. *La cotisation syndicale est retenue à la source.*

① ***coton*** [kɔtɔ̃] n. m. **1.** Filaments soyeux qui entourent les graines du cotonnier. *Balle de coton. Tissu de coton.* — Fil de coton. *Coton à broder, à repriser.* — Étoffe fabriquée avec cette matière. *Une chemise en (de) coton.* — COTON OUATÉ : tissu dont une face est molletonnée. *Un chandail, un pantalon en coton ouaté. Des cotons ouatés,* des chandails. — Tissu utilisé en chirurgie pour faire des pansements. ⇒ **gaze.** — *Coton à fromage,* tissu non croisé qui sert à emballer le fromage ainsi qu'à divers usages domestiques. ⇒ ① **étamine. 2.** *Coton hydrophile,* dont on a éliminé les substances grasses et résineuses. ⇒ **ouate.** — Loc. *Élever un enfant dans du coton,* en l'entourant de soins excessifs. **3.** Loc. *Filer un mauvais coton,* être dans une situation dangereuse, pénible ; être en mauvaise santé, de mauvais poil. — *Avoir les jambes, les bras comme du coton,* être très faible. ► ***cotonnade*** n. f. ■ Étoffe fabriquée avec du coton. *De la cotonnade.* ► ***cotonneux, euse*** adj. **1.** Couvert d'un duvet ressemblant au coton. *Feuille cotonneuse.* **2.** Semblable à de la ouate. *Ciel cotonneux. Brume cotonneuse.* ► ***cotonnier*** n. m. ■ Arbrisseau aux fleurs jaunes ou pourpres, aux graines entourées de poils soyeux (⇒ **coton**). ► ***cotonnier, ière*** adj. ■ Qui a rapport au coton. *Industrie cotonnière.* ► ***coton-tige*** n. m. ■ Bâtonnet dont les deux bouts sont garnis d'ouate, pour curer les oreilles, le nez. ⇒ **cure-oreille.** *Une boîte de cotons-tiges.*

② ***coton*** n. m. **1.** Ce qui reste quand on a enlevé la partie comestible (d'un fruit, d'un légume). ⇒ **tro-**

gnon. *Des cotons de pomme.* ⇒ ③ **cœur. 2.** Tige de maïs dont les épis sont enlevés. — Épi de maïs dégarni de ses grains. *Un coton de blé d'Inde.* **3.** Fig. Loc. fam. *C'est coton,* difficile. *C'est pas mal coton ce que tu me demandes. Un problème coton. — Être (rendu) au coton,* à bout de force, épuisé ; à bout de ressource. ⇒ **rouleau.** — *Aller au coton,* aller à fond de train, jusqu'à la limite de ses forces ; travailler avec acharnement. ⇒ fam. à **mort.** *Son projet lui tient tellement à cœur qu'elle y va au coton. — Chose usée, maganée au coton,* au maximum, à l'extrême.

côtoyer [kotwaje] v. tr. ▪ conjug. 8. **1.** Aller le long de. ⇒ **border, longer.** *Côtoyer la rivière.* **2.** *Côtoyer qqn. Dans son métier, elle côtoie beaucoup d'artistes.* ⇒ **coudoyer. 3.** Abstrait. Se rapprocher de. ⇒ **frôler.** *Cela côtoie le ridicule.*

cottage [kɔtedʒ] n. m. Anglic. **I. 1.** Maison unifamiliale* à étage. ⇒ Anglic. **bungalow.** *Vivre dans un cottage en ville.* **2.** (France) Petite maison de campagne élégante de style rustique. *Des cottages.* **II.** *Fromage cottage,* fromage blanc préparé à partir de lait écrémé.

cotte [kɔt] n. f. **1.** Autrefois. COTTE DE MAILLES : armure défensive à mailles métalliques. ⇒ **haubert. 2.** (France) Vêtement de travail, pantalon et devant montant sur la poitrine. ⇒ **bleu, combinaison, salopette.** ≠ *cote.* ‹ ▸ surcot ›

cotylédon [kɔtiledɔ̃] n. m. ▪ Feuille ou lobe qui naît sur l'axe de l'embryon d'une plante (réserve nutritive). *Plantes à un, deux cotylédons.* ‹ ▸ monocotylédone, dicotylédone ›

cou [ku] n. m. **1.** Partie du corps (de certains vertébrés) qui unit la tête au tronc. *Le long cou du héron, de la girafe.* — (Des personnes) ⇒ **gorge, nuque.** *Avoir un long cou. Un cou de taureau,* large, puissant. *Partie du vêtement qui entoure le cou.* ⇒ **col, collerette, encolure.** *Robe qui dégage le cou.* ⇒ **décolleté.** *Porter un bijou, un foulard autour du cou.* — Loc. *Sauter, se jeter, se pendre au cou de qqn,* l'embrasser avec effusion. *Serrer le cou,* étrangler. *Tordre le cou (à qqn),* donner la mort par strangulation. *Couper le cou (de, à qqn),* trancher la tête. *Se rompre, se casser le cou,* se blesser. *Prendre ses jambes à son cou,* se sauver en courant. — *Jusqu'au cou,* complètement. *Il est endetté jusqu'au cou.* **2.** *Le cou* ou *le col d'une bouteille,* le goulot. ‹ ▸ cache-col, cache-cou, casse-cou, col, collet, cou-de-pied, licou ›

couac [kwak] n. m. **1.** Variété de héron, butor d'Amérique. **2.** Son faux et discordant. *Trompette qui fait un couac. Des couacs.*

couard, arde [kwaʀ, aʀd] adj. et n. ▪ Littér. Qui est lâchement peureux. ⇒ **lâche, poltron.** / contr. **brave, courageux** / ▸ ***couardise*** n. f. ▪ Littér. Poltronnerie.

couchage [kuʃaʒ] n. m. **1.** Action de coucher, de se coucher. *Le couchage des troupes.* **2.** Ensemble des objets qui servent au coucher. *Le couchage des campeurs. Matériel, sac de couchage.*

couchant, ante [kuʃɑ̃, ɑ̃t] adj. et n. m. **1.** *Chien couchant.* ⇒ **chien. 2.** *Soleil couchant,* près de disparaître sous l'horizon. **3.** N. m. Le côté de l'horizon où le soleil se couche (opposé à *levant*). ⇒ **occident, ouest, ponant.** — Son aspect.

① ***couche*** [kuʃ] n. f. **1.** Substance étalée sur une surface. ⇒ **apprêt, enduit.** *Une couche de plâtre. Couche de peinture, de vernis. Étaler une couche de beurre sur une tranche de pain.* — COUCHE DE FOND : apprêt, peinture que l'on étend sur une surface à peindre. **2.** *Champignons de couche,* qui poussent sur une couche d'engrais. **3.** Disposition d'éléments en zones superposées. *Couches géologiques. Couches horizontales,* bancs, strates. — Région, sphère. *Les couches de l'atmosphère.* **4.** Catégorie, classe. *Les couches sociales.*

② ***couche*** n. f. ▪ Vx. Lit. *Partager la couche de qqn. Couche nuptiale.*

③ ***couche*** n. f. ▪ Sous-vêtement dont on enveloppe les bébés au-dessous de la ceinture. ⇒ **lange.** *Changer la couche, les couches d'un bébé. — Couche jetable. Des couches-culottes.* ⇒ **change** (III). — Loc. fam. *Avoir (encore) la couche aux fesses,* être jeune et manquer d'expérience.

① ***coucher*** [kuʃe] v. ▪ conjug. 1. **I.** V. tr. Mettre (qqn) au lit. *Coucher un enfant.* **II.** V. intr. **1.** S'étendre pour prendre du repos. *Coucher tout habillé.* — Loc. *Chambre à coucher.* ⇒ **chambre.** — *Allez, va (te) coucher,* se dit à un chien que l'on veut éloigner. **2.** Loger, passer la nuit. ⇒ **dormir, gîter.** *Coucher chez des amis, à l'hôtel. Coucher sous la tente, dans le foin. Coucher à la belle étoile,* en plein air. *Coucher sous les ponts.* — Loc. fam. *Un nom* À COUCHER DEHORS : difficile à prononcer et à retenir. *Il fait un temps à ne pas coucher dehors,* un très mauvais temps. — *Coucher sur la corde* à linge.* **3.** *Coucher avec qqn,* partager son lit. Fam. Avoir des relations sexuelles avec.(→ faire l'amour avec). **III.** SE COUCHER v. pron. réfl. **1.** Se mettre au lit (pour se reposer, dormir). ⇒ s'**allonger,** s'**étendre ;** fam. aller au **dodo,** se **pieuter.** *Se coucher tôt. Se coucher sur le dos, le ventre. C'est l'heure de se coucher.* — Au p. p. *Être, rester couché,* au lit. — PROV. *Comme on fait son lit on se couche* il faut subir les conséquences de ses actes. **2.** S'étendre. *Se coucher dans l'herbe.* — Se courber (sur qqch.). *Les rameurs se couchent sur les avirons.* ‹ ▸ couchage, couchant, ② couche, ② coucher, ③ coucher, couche-tard, couche-tôt, couchette, coucheur, découcher, recoucher ›

② ***coucher*** v. tr. ▪ conjug. 1. **I. 1.** Rapprocher de l'horizontale (ce qui est naturellement vertical). ⇒ **courber, incliner, pencher.** *Coucher une échelle le long d'un mur.* **2.** COUCHER *un fusil* EN JOUE : l'ajuster à l'épaule et contre la joue pour tirer. ⇒ **épauler.** *Coucher qqn en joue,* le viser. **3.** Mettre par écrit. ⇒ **consigner, inscrire, porter.** *Coucher un article dans un acte, un contrat.* **II.** V. pron. réfl. (Soleil, astres) Descendre vers l'horizon. ⇒ **couchant.** / contr. ① se **lever** / *Le soleil va bientôt se coucher.* **III.** Au passif et p. p. adj. (ÊTRE) COUCHÉ, ÉE. *Les blés étaient couchés par le vent. Écriture couchée,* très penchée. *Voilier couché sur l'eau.*

③ ***coucher*** n. m. **1.** Action de se coucher. / contr. ② **lever** / *C'est l'heure du coucher.* **2.** Moment où un astre (spécialt, le Soleil) descend et se cache sous l'horizon. *Au coucher du soleil.* ⇒ **crépuscule ; couchant.** *Un coucher de soleil.*

couches [kuʃ] n. f. pl. ▪ État de la femme qui accouche. ⇒ **accoucher.** *Être en couches.* — Enfantement. *Les couches ont été pénibles.* ‹ ▸ accouchée, accoucher, fausse-couche ›

couche-tard [kuʃtaʀ] n. invar. ▪ Personne qui a l'habitude de, qui aime se coucher tard. ⇒ **veilleur.** / contr. **couche-tôt** / *Des couche-tard.* — Par ext. Personne qui aime faire la fête. ⇒ **fêtard, noctambule.** ▸ ***couche-tôt*** n. invar. ▪ Personne qui a l'habitude de, qui aime se coucher tôt. / contr. **couche-tard** / *Une couche-tôt.*

couchette [kuʃɛt] n. f. **1.** Petit lit, spécialt lit de jeune enfant fermé de barreaux. *Mettre le bébé dans sa couchette.* ⇒ **bassinette. 2.** Lit sommaire (navire, train). *Compartiment à couchettes.* ≠ *wagon-lit. Réserver une couchette de seconde classe.* **3.** Fam. LA

COUCHETTE : le fait de coucher avec qqn, d'avoir des relations sexuelles sans amour. *Aimer la couchette.* ⟨ ▸ wagon-couchettes ⟩

coucheur, euse [kuʃœʀ, øz] n. ■ MAUVAIS COUCHEUR : personne de caractère difficile. ⇒ **hargneux, querelleur.**

couci-couça [kusikusa] loc. adv. ■ Fam. À peu près, ni bien ni mal, comme-ci comme-ça. *« Comment allez-vous ? – Couci-couça. »*

① ***coucou*** [kuku] n. m. **I. 1.** Oiseau grimpeur, de la taille d'un pigeon, au plumage gris cendré barré de noir. *Un nid de coucous.* **2.** Pendule qui imite le cri du coucou (en guise de sonnerie). **II.** Avion d'un modèle ancien. *Les coucous de la guerre de 1914-1918.*

② ***coucou*** n. m. ■ Primevère sauvage, à fleurs jaunes. *Un bouquet de coucous.*

③ ***coucou*** exclam. ■ Cri des enfants qui jouent à cache-cache. *Coucou, me voilà !*

coude [kud] n. m. **I. 1.** Partie extérieure du bras à l'endroit où il se plie. *Le coude et la saignée du bras. S'appuyer sur le coude.* ⇒ s'**accouder.** *Donner un coup de coude à qqn, pousser qqn du coude pour l'avertir.* — Loc. *Lever le coude,* boire beaucoup. — *L'huile de coude,* l'énergie musculaire. ⇒ **genou.** *Travailler coude à coude,* côte à côte. — *Jouer des coudes,* pour se frayer un passage à travers une foule ; fig. se tailler une place (dans la société, une entreprise, etc.) en bataillant ferme. — *Se tenir, se serrer les coudes,* s'entraider. **2.** Partie de la manche d'un vêtement, qui recouvre le coude. *Veste trouée aux coudes.* **3.** Sports. Pièce d'équipement qui sert à protéger les coudes. *Porter des coudes en jouant au football.* **II. 1.** Angle saillant dans le tracé d'un cours d'eau, d'une voie. *Les coudes d'une rivière, d'un chemin.* ⇒ **courbe, détour, tournant.** *Le tuyau du poêle fait deux coudes.* **2.** Au plur. Pâtes alimentaires en forme de coude. ⇒ **macaroni.** ▸ ***coudé, ée*** adj. ■ Qui présente un coude (II). *Tuyau, levier coudé.* ▸ ***coudée*** n. f. **1.** Ancienne mesure de longueur (50 cm). **2.** *Avoir ses (les)* COUDÉES FRANCHES : la liberté d'agir. ▸ ***coudoyer*** [kudwaje] v. tr. ▪ conjug. 8. ■ Passer tout près de. *Coudoyer des gens dans la foule.* — Abstrait. Être en contact avec. *Elle coudoie des gens très variés.* ⇒ **côtoyer.** ▸ ***coudoiement*** n. m ■ Fait de coudoyer (qqn, qqch.). ⟨ ▸ s'accouder ⟩

cou-de-pied [kudpje] n. m. ■ Dessus du pied. *Il a le cou-de-pied cambré, le cou-de-pied très fort. Des cous-de-pied.* — Partie de la chaussure qui y correspond. *≠ coup de pied.*

coudon [kudɔ̃] interj. Fam. **1.** Marque l'interrogation, l'étonnement. ⇒ eh **bien !** *Coudon ! Qu'en penses-tu ?* **2.** À propos. *Coudons ! J'avais qqch. à te demander.* **3.** Sert à attirer l'attention de l'interlocuteur. ⇒ **dire** (V : *dis, dites (donc)*). *Tu m'attends, coudon ?* **4.** Marque l'embarras, la résignation. ⇒ tant ① **pis,** ① **vouloir** (I). *Je ne l'ai pas fait exprès, coudon ! Coudon ! Tu reviendras demain.* — Ellipt. *Coudon !,* que veux-tu, que voulez-vous ; je ne pouvais pas faire autrement. **5.** Marque l'impatience, la hâte de faire qqch. ⇒ **mais** enfin. *Coudon, les enfants vont-ils arriver bientôt ? Qu'est-ce qu'ils font tes parents, coudon ?*

coudre [kudʀ] v. tr. ▪ conjug. 48. ■ Assembler au moyen d'un fil passé dans une aiguille (⇒ **cousu**). *Coudre un bouton à un vêtement. Coudre une robe, un vêtement,* assembler, coudre ses éléments. ⇒ **couture.** — Sans compl. *Savoir coudre. Machine à coudre. Coudre à la main, à la machine.* — *Le médecin coud la plaie,* il la referme au moyen d'un fil. ⇒ **recoudre.** ⟨ ▸ cousu, découdre, décousu, recoudre ⟩

coudrier [kudʀije] n. m. ■ Noisetier. *Baguette de coudrier.*

couenne [kwɛn] n. f. **1.** Peau de porc, flambée et raclée. *La couenne et le lard.* **2.** Fig. Loc. fam. *Avoir la couenne dure (épaisse),* être résistant, endurci à l'épreuve, être capable d'encaisser. / contr. **vulnérable** /

① ***couette*** [kwɛt] n. f. ■ Édredon que l'on met dans une housse amovible. ⇒ **douillette.**

② ***couette*** n. f. ■ Fam. Mèche ou touffe de cheveux. *Avoir une couette dans l'œil,* qui descend dans le visage. *Se faire une (des) couette(s),* qu'on retient par une barrette, un lien. ▸ ***couetté, ée*** ou ***couetteux, euse*** adj. et n. ■ Dont les cheveux sont emmêlés, en désordre. ⇒ **dépeigné, échevelé ; ébouriffer.** *Au réveil, elle était très couettée.* — N. *Des couettés.*

couguar [kugaʀ] ou ***cougouar*** [kugwaʀ] n. m. ■ Puma.

couic [kwik] interj. ■ Onomatopée imitant un petit cri, un cri étranglé.

couille [kuj] n. f. ■ Souvent au plur. Vulg. Testicule. ⇒ fam. ① **gosse.** — Fig. *Ne pas avoir de couilles,* de courage. ▸ ***couillon, onne*** [kujɔ̃, ɔn] n. et adj. ■ Fig. et très fam. Imbécile. ▸ ***couillonner*** v. tr. ▪ conjug. 1. ■ Fam. Tromper, trahir. ⇒ jouer dans le **dos.** ▸ ***couillonnade*** n. f. ■ Fam. Bêtise. ⇒ fam. **connerie.**

couiner [kwine] v. intr. ▪ conjug. 1. ■ Fam. Pousser de petits cris ; pleurer. ⇒ **piailler.** — (Choses) Grincer. ▸ ***couinement*** n. m. ■ Cri bref et aigu de certains mammifères (lièvre, lapin, etc.).

coulage [kulaʒ] n. m. **1.** Action de couler (①, II). *Le coulage du café.* — *Le coulage d'un métal en fusion dans un moule.* **2.** Fam. Gaspillage. *Il y a du coulage.* **3.** Fam. Révélation d'informations destinées à demeurer secrètes. ⇒ **divulgation, fuite, indiscrétion.** *Il y a eu du coulage avant l'examen.*

① ***coulant, ante*** [kulɑ̃, ɑ̃t] adj. **1.** NŒUD COULANT : formant une boucle qui se resserre quand on tire. **2.** Fam. Glissant, à cause de la neige, de la glace, de la boue, de la cire, etc. *Les trottoirs sont coulants. Un plancher coulant.* **3.** Qui semble se faire aisément, sans effort. ⇒ **aisé, facile.** *Style coulant.* **4.** Fam. (Personnes) Accommodant, facile. *Le patron est assez coulant.* ⇒ **indulgent ;** anglic. **cool.**

② ***coulant*** n. m. ■ Pièce qui glisse le long de qqch. ⇒ **anneau.** *Le coulant d'une ceinture.*

① ***coulée*** [kule] n. f. **1.** (Métal, lave) Fusion et écoulement. *La coulée des laves d'un volcan.* **2.** Masse de matière en fusion que l'on verse dans un moule. *Trou de coulée.* — *Une coulée de béton.*

② ***coulée*** n. f. **1.** Petit cours d'eau qui coule au fond d'un ravin, ruisseau. **2.** Région. Ravin. *La coulée des Canayens* (en Gaspésie).

① ***couler*** [kule] v. ▪ conjug. 1. **I.** V. intr. **1.** (Liquides) Se déplacer, se mouvoir naturellement. ⇒ s'**écouler.** *Eau qui coule d'une source.* ⇒ **jaillir.** *Couler fort, à flots.* ⇒ **ruisseler.** *Les érables commencent à couler,* la sève s'écoule dans les seaux. *La lave coule.* ⇒ **coulée.** *Couler goutte à goutte.* — *Laisser couler ses larmes. Le sang coulait de la blessure. Le sang a coulé,* il y a eu des blessés ou des morts. — Loc. *Cette histoire a fait couler beaucoup d'encre,* on en a beaucoup parlé, discuté. **2.** (Solides) Amollir, devenir mou. ⇒ **ramollir.** *Certains fromages coulent.* — Se liquéfier. ⇒ **fondre.** *Le beurre, la crème glacée coulent. L'asphalte est en train de couler.* **3.** S'en aller rapidement. ⇒ s'**écouler.** *L'argent lui coule des doigts. Le temps coule.* — Loc. *Couler de source,* être évident, être la conséquence logique et naturelle de ce qui précède. ⇒ **découler.** **4.** Laisser échapper un liquide. ⇒ **fuir.** *Le robinet coule. Stylo qui coule,* qui laisse échapper l'encre. *Avoir le nez qui coule.*

II. V. tr. **1.** Faire passer (un liquide) d'un lieu à un autre. ⇒ **verser.** *Couler un liquide à travers un linge,* passer. ⇒ **coulage.** — Mouler. *Couler de la cire, du bronze.* — *Couler du béton.* **2.** Faire passer (un solide) de... à..., laisser s'échapper. ⇒ **glisser.** *Faire couler du sable dans sa main.* — Transmettre discrètement, glisser. *Couler un mot à l'oreille de qqn. Elle lui a coulé un regard complice.* **3.** *Couler une vie heureuse, des jours heureux.* ⇒ **passer.** — Fam. *Se la couler douce,* mener une vie heureuse, sans complication (→ ne pas s'en faire). **III.** SE COULER v. pron. réfl. : (personnes ; animaux) passer d'un lieu à un autre, sans faire de bruit. ⇒ se **glisser.** *Se couler dans son lit. Se couler adroitement dans la foule.* ‹ ▸ coulage, ① coulant, ② coulant, ①,② coulée, coulis, ① coulisse, couloir, découler, écouler ›

② ***couler*** v. ▪ conjug. 1. **1.** V. intr. S'enfoncer dans l'eau. *Le navire a coulé à pic.* ⇒ ② **caler, sombrer.** **2.** V. tr. Faire sombrer. *Le sous-marin a coulé plusieurs navires en les torpillant.* — Discréditer, ruiner (qqn ; une entreprise). — Pronominalement. *Elle s'est coulée en publiant ce livre.* **3.** V. tr. Fam. Échouer, rater (un examen, une matière...). / contr. **réussir** / *Elle a coulé son examen d'algèbre. Couler un cours, une année.* ⇒ **foirer.**

couleur [kulœʀ] n. f. **I. 1.** Qualité de la lumière renvoyée par la surface des objets, perçue par le sens de la vue et permettant de distinguer des surfaces indépendamment des formes *(une couleur, les couleurs)* ; propriété que l'on attribue à la lumière, aux objets de produire une telle impression *(la couleur).* ⇒ **coloris, nuance, teinte, ton.** *Couleur claire ; foncée. Les couleurs du spectre* (violet, indigo, bleu, vert, jaune, orangé, rouge). *Couleurs fondamentales,* jaune, rouge et bleu. *Un manteau de couleur verte. Les couleurs des feuilles d'érable à l'automne.* — Adj. *Des bas couleur chair. Un ciel couleur de feu.* Loc. *En voir, en faire voir à qqn* DE TOUTES LES COULEURS : subir, faire subir des choses désagréables. **2.** Au plur. Zones colorées d'un drapeau. *Les couleurs nationales. Envoyer les couleurs.* ⇒ **drapeau, pavillon.** — *Porter les couleurs d'un club de hockey,* l'uniforme et les signes distinctifs. **3.** Chacune des quatre marques, aux cartes (carreau, cœur, pique, trèfle). — Atout. Loc. *Annoncer la couleur* (proposer aux joueurs une couleur qui servira d'atout). Fig. *Annoncer ses couleurs,* dire ce qu'on a à dire. **4.** Teinte naturelle (de la peau humaine). *La couleur de la peau. Une jolie couleur de peau.* — Carnation rose de la figure dans la race blanche. *Reprendre des couleurs.* — Loc. HAUT EN COULEUR : qui a un teint très coloré ; fig. très pittoresque. *Une personne haute en couleur.* — *Changer de couleur,* par émotion, colère. ⇒ **bleu** (I), **noir** (I), **rouge** (I), **vert** (I). *Homme, femme* DE COULEUR : qui n'appartient pas à la race blanche (se dit surtout des Noirs). **5.** Teintes, nuances d'un tableau. *Le fondu des couleurs. La vérité de la couleur. La science de la couleur.* **6.** Loc. COULEUR LOCALE : en peinture, couleur propre à chaque objet, indépendamment des lumières et des ombres ; fig. ensemble des traits extérieurs caractérisant les personnes et les choses dans un lieu, un temps donné. *L'abus de la couleur locale, du pittoresque.* — Adj. invar. *Des scènes de rue très couleur locale.* **II. 1.** Toute couleur autre que blanc, noir ou gris ; couleur vive. *Vêtements noirs ou de couleur. Film, télévision, photographies* EN COULEURS (opposé à *en noir et blanc*). — Spécialt. *Tissu, linge de couleur. Le blanc et la couleur.* **2.** Fig. Loc. *Rêver en couleurs,* se faire des illusions, rêver à l'impossible. ⇒ **château. III.** Substance colorante. ⇒ **colorant, pigment ; peinture, teinture.** *Couleurs délavées, à l'huile. Tube, crayon de couleur.* **IV. 1.** Apparence, aspect particulier que prennent les choses suivant la présentation, les circonstances. *Brusquement, le récit prend une couleur tragique. Ce journal est d'une couleur politique indécise.* ⇒ **tendance.** **2.** SOUS COULEUR DE loc. prép. : avec l'apparence de, sous le prétexte de. *Attaquer sous couleur de se défendre.* **3.** Fam. *On n'en voit pas la couleur,* l'apparence. *L'argent qu'il te doit, tu n'en verras jamais la couleur,* tu ne l'auras jamais. ‹ ▸ -colore, porte-couleurs ›

couleuvre [kulœvʀ] n. f. **1.** Serpent non venimeux. **2.** Loc. AVALER DES COULEUVRES : subir des affronts sans protester ; croire n'importe quoi.

coulis n. m. invar. ▪ Produit résultant de la cuisson concentrée de substances alimentaires passées au tamis. *Un coulis de tomates, de framboises. Coulis d'écrevisses.* ⇒ **bisque.**

① ***coulisse*** [kulis] n. f. **1.** Support ayant une rainure le long de laquelle une pièce mobile peut glisser ; cette pièce. ⇒ **glissière.** *Fenêtre, porte, placard* À COULISSE. ⇒ **coulissant.** *Trombone à coulisse.* **2.** Trace, traînée d'un liquide qui a coulé sur une surface verticale. ⇒ **dégoulinade.** *Des coulisses de peinture sur un mur.* **3.** Ourlet qu'on fait à un vêtement, une étoffe, pour y passer un cordon, un lacet de serrage. **4.** *Un regard* EN COULISSE : oblique. ⇒ en **coin.** ▸ ***coulissant, ante*** adj. ▪ Qui glisse sur des coulisses. *Porte coulissante* (ou *à coulisse*). ▸ ***coulisser*** v. ▪ conjug. 1. **1.** V. intr. Glisser sur des coulisses. *Porte qui coulisse.* **2.** V. tr. Garnir (un vêtement) de coulisses (2). *Coulisser des rideaux.* — Au p. p. adj. *Des chaussons de bébé coulissés.*

② ***coulisse*** n. f. — REM. Ce mot s'emploie surtout au plur. **1.** Partie d'un théâtre située sur les côtés et en arrière de la scène, derrière les décors et qui est cachée aux spectateurs. *Le machiniste, l'électricien sont dans les coulisses.* **2.** Côté caché, secret. *Se tenir dans la coulisse,* se tenir caché tout en participant à une action. *Les coulisses de la politique.* ⇒ **dessous.**

couloir [kulwaʀ] n. m. **1.** Passage étroit et long, pour aller d'une pièce à l'autre. ⇒ **corridor, galerie, passage.** *Le couloir d'un appartement. Les couloirs du métro.* — *Les couloirs de Radio-Québec,* le milieu. *Ce sont des bruits de couloir,* des informations, des nouvelles non confirmées. ⇒ **rumeur.** **2.** Passage étroit. *Couloir d'autobus* ou *couloir réservé,* partie de la chaussée réservée à la circulation des autobus et (en France) des taxis. ⇒ **travée.** *Couloir aérien,* itinéraire que doivent suivre les avions. **3.** Une des deux bandes situées de part et d'autre du rectangle formant la partie médiane du court de tennis. *Les couloirs ne sont utilisés que dans le double.*

coulpe [kulp] n. f. ▪ Loc. BATTRE SA COULPE : témoigner son repentir ; s'avouer coupable. ‹ ▸ culpabilité ›

country [kɔntʀe] adj. invar. et n. m. invar. Anglic. **1.** Relatif à un genre musical qui rappelle la vie du Far West (ranchs, cow-boys) américain et de l'Ouest canadien. ⇒ anglic. **western.** *La musique country. Une émission de chansons country.* — Par ext. *Une chanteuse, un chanteur country.* **2.** N. m. invar. *Le country,* cette musique, ces chansons. *Le palmarès du country.*

coup [ku] n. m. **I. 1.** Mouvement par lequel un corps matériel vient en heurter un autre ; impression produite par ce qui heurte. ⇒ **choc, heurt, tamponnement.** *Coup sec, violent. Donner un coup de poing sur la table. Elle s'est donné un coup contre un meuble.* ⇒ se **cogner.** — Choc brutal que l'on fait subir à qqn pour faire mal. *Donner un coup, des coups à qqn.* ⇒ **battre, frapper.** *Rendre coup pour coup. Rouer de coups.* Loc. fam. *Manger un (des) coup(s),* en recevoir. COUP DE POING. COUP DE PIED* (≠ *cou-de-pied*). *Coup bas,* donné plus bas que la ceinture ; fig., procédé déloyal. — (Coups donnés par les animaux) *Coup de bec, de corne, de sabot, de griffe.* — Choc donné à qqn avec un objet, une arme blanche. *Coup de bâton, de fouet. Coup d'épée, de couteau.* **2.** Décharge (d'une arme à feu) ; ses effets (action du projectile). ⇒ **détonation.** *Coup de feu. Coups de canon, de fusil. Le coup est parti.* — COUP DOUBLE : coup qui tue deux pièces de gibier. *Faire coup double,* obtenir un double résultat par un seul effort. **3.** Fig. Acte, action qui attaque, frappe qqn. *Frapper, porter un grand coup.* Fam. TENIR LE COUP : résister, supporter. *Il a pris un coup de vieux,* il a vieilli subitement. — Fam. COUP DUR : accident, ennui grave, pénible. — Loc. fam. *Se faire jouer un coup de cochon,* un vilain tour, une mauvaise blague ; se faire jouer d'une manière déloyale. *Faire un coup de cochon à qqn.* — *Faire un coup à qqn,* lui jouer un tour. *Faire d'une pierre* deux coups.* — SOUS LE COUP DE : sous la menace, l'action, l'effet de. *Être sous le coup d'une condamnation. Être sous le coup d'une émotion.* **II.** (Souvent COUP DE...) **1.** Mouvement (d'une partie du corps de l'être humain ou d'un animal). *Coup d'aile.* ⇒ **battement.** *Coup de reins.* — *Coup d'œil,* regard bref. — COUP DE MAIN : aide, appui. *On te donnera un coup de main pour déménager ta bibliothèque.* — COUP DE MAIN : attaque exécutée à l'improviste, avec hardiesse et promptitude. ⇒ **attaque. 2.** Mouvement (d'un objet, d'un instrument). *Coup de balai, de brosse, de torchon,* nettoyage rapide. *Coup de peigne. Coup de crayon. Coup de pioche, de marteau. Coup de frein. Coup de chapeau,* salut. *Coup de fil, coup de téléphone,* appel. — Fam. *En mettre, en forcer un coup,* travailler dur. — Loc. À COUPS DE : à l'aide de. *Enfoncer des clous à coups de marteau. Fendre du bois à grands coups de hache.* — Fig. *Traduire à coups de dictionnaire.* — Chaque fois. *Miser à coups de cent dollars.* **3.** Fonctionnement, bruit (d'un appareil sonore). *Coup de gong, de sifflet, de sonnette. Les douze coups de midi.* — *Sur le coup de midi,* à midi juste. **4.** Action brusque, soudaine ou violente (d'un élément, du temps) ; impression qu'elle produit. *Coup de chaleur, de froid, de foudre, de soleil, de vent. Des coups de tonnerre.* — Fig. *Le coup de foudre*. Attraper* son coup de mort.* **5.** Fait de lancer (les dés) ; action d'un joueur (jeux de hasard, puis d'adresse). *Un coup de dés. Coup adroit, bien joué.* — (Sports) COUP DROIT : tennis, fait de frapper la balle avec la face de la raquette, après rebond (opposé à *volée, revers*). — (Soccer) *Coup franc*.* (Football, soccer) *Coup d'envoi.* (Base-ball, balle-molle) *Coup de circuit*. Coup sûr,* balle frappée en jeu et qui permet au joueur d'atteindre les buts. ⇒ **double,** ② **simple, triple.** *Il a réussi un coup sûr au champ droit.* Ellipt. *Un coup de deux buts,* un double. *Coup retenu.* ⇒ **amorti. 6.** Quantité absorbée en une fois. *Boire un coup de trop.* Fam. *Je te paye, t'offre un coup,* un verre. Loc. *Prendre un coup,* prendre un verre. ⇒ fam. **balloune, brosse ;** se **paqueter. III. 1.** Action subite et hasardeuse. *Coup de chance,* action réussie par hasard ; hasard heureux. *Réussir, manquer son coup.* ⇒ **échouer.** *Coup de maître, coup d'essai. Faire un coup d'argent,* beaucoup d'argent rapidement. *Mauvais coup. Manigancer, préparer son coup. Je vais t'expliquer le coup,* l'affaire. *Discuter* le coup. Un coup monté,* préparé à l'avance. — Spécialt. *Coup de force. Coup d'État,* révolution, putsch. **2.** Loc. fam. *Être, mettre* DANS LE COUP : participer, faire participer à une affaire. *Être hors du coup,* ne pas être dans le coup. — *Valoir le coup (de),* la peine (de). *Cela vaut le coup d'essayer.* — (France) *Être* AUX CENTS COUPS : très inquiet. — *Faire les quatre cents coups,* commettre des actes dangereux, se livrer à des excès. **3.** Au sens de *fois* (dans des loc.). *Du premier coup.* DU COUP : de ce fait. *À tous les coups* ou fam. *à tous coups,* chaque fois. *Du même coup,* par la même action, occasion. *Ce coup-ci, c'est le bon.* — *D'un coup sec,* brusquement, soudainement. *Elle a disparu d'un coup sec.* **4.** Loc. Action rapide, faite en une fois. *Coup sur coup,* sans interruption, l'un après l'autre. — *Sur le coup,* immédiatement. — *Après coup,* plus tard, après. — *À coup sûr,* sûrement, infailliblement. ⇒ **décidément.** — *Tout d'un coup, tout à coup,* brusquement, soudain. — Fam. *Un coup que,* aussitôt que, dès que. *Un coup que la décision est prise, tout s'arrange.* — *Tout à (d'un) coup que,* si par hasard. *Tout à coup qu'elle arriverait !* ⟨ ▶ à-coup, contrecoup, coup-de-poing ⟩

coupable [kupabl] adj. et n. **1.** Qui a commis une faute. ⇒ **fautif ; culpabilité.** *Être coupable d'un délit* ⇒ **délinquant**, *d'un crime* ⇒ **criminel**. *Plaidez-vous coupable, ou non coupable ?* — N. *Rechercher, trouver les coupables.* **2.** (Choses) Blâmable, condamnable. *Commettre une action coupable. Un amour coupable.* ⇒ **illicite.**

coupage [kupaʒ] n. m. ■ Action de mélanger des liquides différents. *Le coupage d'un vin par un autre. Le coupage d'un biberon,* afin de réduire le lait.

coupant, ante [kupɑ̃, ɑ̃t] adj. **1.** Qui coupe. ⇒ **aigu.** *Attention, le bord est très coupant, coupant comme une lame de rasoir. Pince coupante.* **2.** Autoritaire. *Ton coupant.* ⇒ **bref, tranchant. 3.** Loc. fam. *Au plus coupant,* le plus rapidement possible, au plus vite. ⇒ fam. au plus **sacrant.** *Va chercher l'infirmière au plus coupant.*

coup-de-poing [kudpwɛ̃] n. m. ■ Arme de main, masse métallique percée pour le passage des doigts. *Des coups-de-poing américains.*

① **coupe** [kup] n. f. **1.** Verre à boire, plus large que profond, et reposant sur un pied. *Coupe de cristal. Une coupe à champagne.* ≠ *flûte.* — Son contenu. *Prendre une coupe de mousseux.* — PROV. *Il y a loin de la coupe aux lèvres,* les projets, les promesses et les réalisations sont deux choses bien différentes. **2.** Prix qui récompense le vainqueur d'une compétition sportive, d'un championnat. ⇒ **trophée.** *Gagner la coupe Stanley* (au hockey). — La compétition. *La coupe Davis* (tennis). *La coupe du monde de soccer.* ⟨ ▶ coupole, soucoupe ⟩

② **coupe** n. f. **I.** Action de couper. **1.** Abattage des arbres en forêt ; étendue de forêt à abattre. *Coupe sombre* (où on laisse une partie des arbres), *coupe claire* (où on ne laisse que des arbres clairsemés), *coupe à blanc* (où l'on coupe tous les arbres). *Coupe réglée,* soumise à certaines règles. *Choix des arbres à conserver dans une coupe. Le parterre de coupe,* l'étendue abattue. — *La coupe du gazon.* ⇒ **tonte.** — Loc. fig. COUPE SOMBRE : suppression importante. *On a fait une coupe sombre dans le personnel.* **2.** Manière dont on taille l'étoffe, le cuir, pour en assembler les pièces. *Suivre des cours de coupe.* **3.** *Coupe de cheveux,* manière dont on coupe les cheveux. *Une coupe punk,* un type de coupe. **II. 1.** Contour, forme de ce qui est coupé ; endroit où une chose a été coupée. *La coupe d'un tronc d'arbre scié.* **2.** Dessin d'un objet qu'on suppose coupé par un plan. *La coupe d'un navire, d'une maison. Plan en coupe.* **3.** Versification. Légère pause. **III. 1.** Division d'un jeu de cartes en deux paquets. **2.** Loc. *Être, se trouver* SOUS LA COUPE *de qqn* : être dans la dépendance de qqn.

coupé [kupe] n. m. ■ Automobile fermée à deux portes (deux places principales). *Des coupés sport.*

coupe-chou(x) [kupʃu] n. m. (invar.) ■ Fam. Sabre court.

coupe-cigares [kupsigaʀ] n. m. invar. ■ Instrument pour couper les bouts des cigares. *Un, des coupe-cigares.*

coupe-circuit [kupsiʀkɥi] n. m. invar. ■ Appareil qui interrompt un circuit électrique par la fusion d'un de ses éléments ⇒ **fusible**, lorsque le courant est trop important, en cas de court-circuit. ⇒ **disjoncteur, plomb(s).** *Des coupe-circuit.* ≠ *court-circuit.*

coupe-coupe [kupkup] n. m. invar. ■ Sabre pour couper les branches, ouvrir une voie dans la forêt vierge. ⇒ **machette.** *Des coupe-coupe.*

coupée [kupe] n. f. ■ Ouverture dans le flanc d'un navire, qui permet d'y entrer ou d'en sortir. *Échelle de coupée.*

coupe-feu [kupfø] n. m. inv. **1.** Porte ou autre type d'obstacle qui résiste au feu et qui empêche la propagation des incendies dans un bâtiment. *Y a-t-il des coupe-feu dans cet édifice ?* **2.** Barrière étanche pour fermer le passage de l'air entre les pièces d'une construction empêchant ainsi ou retardant la propagation des incendies. — En appos. *Un mur coupe-feu.* ≠ *pare-feu.*

coupe-file [kupfil] n. m. invar. ■ Carte officielle de passage, qui permet de passer en priorité. *Les coupe-file d'un journaliste.*

coupe-froid [kupfʀwa] n. m. invar. ■ Petite bande (de caoutchouc, de feutre, etc.) fixée le long d'une fenêtre ou d'une porte pour empêcher l'infiltration de l'air et réduire les pertes de chaleur. *Poser un coupe-froid autour d'une porte.* — REM. On emploie aussi le terme *coupe-bise.*

coupe-gorge [kupgɔʀʒ] n. m. invar. ■ Lieu, passage dangereux, fréquenté par des malfaiteurs. *La nuit, les ruelles de ce quartier sont de vrais coupe-gorge.*

coupe-ongles [kupɔ̃gl] n. m. invar. ■ Petite pince servant à couper les ongles.

coupe-papier [kuppapje] n. m. invar. ■ Instrument (lame de bois, d'os, de corne, etc.) servant à couper le papier. *Ouvrir son courrier avec un coupe-papier. Des coupe-papier.*

① ***couper*** [kupe] v. tr. ▪ conjug. 1. **I.** Concret. **1.** Diviser (un corps solide) avec un instrument tranchant ; séparer en tranchant. *Couper du pain avec un couteau. Couper du papier avec des ciseaux. Couper du bois. Couper une tranche de jambon. Couper du pain en tranches. Couper un morceau de pain. Couper en deux, en quatre morceaux.* ⇒ **partager.** — Préparer des morceaux de tissu à assembler pour en faire un vêtement. *Couper une jupe.* ⇒ **tailler.** — Au p. p. adj. *Veste bien coupée.* ⇒ ② **coupe. 2.** Enlever une partie de (qqch.) avec un instrument tranchant. *Couper les branches inutiles d'un arbre. Couper de l'herbe. Couper les cheveux, les ongles (de, à qqn).* ⇒ **tailler.** *Couper la tête.* ⇒ **décapiter.** — Fig. Loc. *Couper bras et jambes à qqn,* lui ôter tout moyen d'agir. ⇒ **barrés.** *Un brouillard à couper au couteau,* très épais. **3.** Intransitivement. Être tranchant. *Les éclats de verre coupent,* sont coupants. *Ce couteau ne coupe plus.* **4.** Blesser en faisant une entaille. *Cet enfant a coupé son frère à la main.* — SE COUPER v. pron. réfl. *Il s'est coupé en se rasant.* **II. 1.** Diviser en plusieurs parties. ⇒ **fractionner, partager, scinder, sectionner.** — (Suj. chose) *Cette haie coupe le champ.* **2.** Passer au milieu, au travers de (qqch.). ⇒ **traverser.** *Ce chemin en coupe un autre.* ⇒ **croiser.** *Couper par le sentier.* — Pronominalement. *Les deux routes se coupent à angle droit.* — Sans compl. *Couper à travers champs, couper par le (au) plus court,* passer par le plus court chemin, prendre un raccourci. ⇒ ① **piquer** (IV), **pogner. 3.** Enlever (une partie d'un texte, une scène de film...). *Couper qqch. dans un discours.* **4.** Interrompre (une action, un discours). *Couper sa journée par une sieste, en faisant la sieste.* ⇒ **entrecouper.** — *Couper une communication téléphonique.* ⇒ **interrompre.** *Je vous coupe la parole. Couper l'appétit, la faim à qqn.* — *Couper le souffle,* essouffler, gêner la respiration. Fig. Loc. *La nouvelle m'a coupé le souffle,* très surpris, estomaqué. **5.** Arrêter, barrer. *Couper le chemin à qqn,* passer devant lui. *Couper les voies ferrées, les ponts,* les rendre impraticables. Fig. *Couper le crédit, les vivres à qqn,* lui refuser de l'argent. **6.** Interrompre le passage de. *Couper le contact. Couper l'eau, le courant. Coupez !,* arrêtez la prise de vues, la prise de son. **III. 1.** Mélanger à un autre liquide. ⇒ **coupage.** *Couper son vin,* l'additionner d'eau. **2.** *Couper une balle de tennis,* la renvoyer de telle sorte qu'elle rebondisse anormalement, qu'elle ait un effet inattendu. — Au p. p. adj. *Balle coupée.* **3.** *C'est à vous de couper,* de diviser le jeu de cartes en deux. — Prendre avec l'atout. *Je coupe le carreau ;* ellipt *je coupe.* ‹ ▶ coupage, coupant, ② coupe, coupé, coupe-choux, coupe-cigares, coupe-circuit, coupe-coupe, coupée, coupe-feu, coupe-file, coupe-froid, coupe-gorge, coupe-ongles, coupe-papier, couperet, coupeur, coupe-vapeur, coupe-vent, coupon, coupure, découper, entrecouper, recoupement, ① recouper, ② recouper, surcouper ›

② ***couper*** v. tr. ind. ▪ conjug. 1. **1.** Fam. COUPER À. ⇒ **éviter.** *Couper à une corvée,* y échapper. *Elle n'y coupera pas.* **2.** COUPER COURT À : faire cesser, suspendre. *Couper court à une discussion.*

couperet [kupʀɛ] n. m. **1.** Couteau à large lame pour trancher ou hacher la viande. ⇒ **hachoir.** — Fig. *Mettre, faire tomber le couperet dans* (les dépenses, le personnel...), effectuer des compressions, des réductions de. ⇒ fam. **coupure. 2.** *Le couperet de la guillotine,* la lame tranchante de la guillotine.

couperose [kupʀoz] n. f. ■ Inflammation chronique de la peau du visage, caractérisée par des taches rougeâtres. ▶ ***couperosé, ée*** adj. ■ Atteint de couperose. *Teint, visage couperosé.* — Qui a le visage rouge par plaques.

coupeur, euse [kupœʀ, øz] n. **1.** Vieilli. Personne dont la profession est de couper les vêtements. ⇒ **tailleur. 2.** *Coupeur de,* personne qui coupe (qqch.). *Les coupeurs de têtes,* dans certaines tribus primitives. — Loc. fig. *C'est un coupeur de cheveux en quatre.* ⇒ **chicaneur.**

coupe-vapeur [kupvapœʀ] n. m. invar. ■ Film d'un matériau très étanche qui empêche la diffusion de la vapeur d'eau. *Dans les maisons modernes, on installe systématiquement des coupe-vapeur dans les murs.*

coupe-vent [kupvɑ̃] n. m. invar. **1.** Dispositif en angle aigu, pour réduire la résistance de l'air. — Loc. fam. (France) *Avoir un profil, un nez en coupe-vent,* aigu, pointu. **2.** Blouson léger dont le tissu protège contre le vent. *Des coupe-vent imperméables.*

couple [kupl] n. m. **1.** Un homme et une femme réunis. *Former un beau couple. Un couple de jeunes mariés. Couple mal assorti.* — (Animaux) *Un couple de pigeons,* le mâle et la femelle. **2.** N. f. sing. Fam. *Une couple de,* quelques. *Elle a travaillé pendant une couple d'heures. Éplucher une couple de patates de plus.* (Sans compl.) *Je vais en prendre une couple.* **3.** Sciences. Ensemble de deux forces de même direction, de même intensité, et de sens contraire. ▶ ***coupler*** v. tr. ▪ conjug. 1. ■ Assembler deux à deux. ⇒ **jumeler.** *Coupler des roues de wagon.* — Au p. p. adj. *Roues couplées.* ▶ ***couplage*** n. m. ■ Fait de coupler ; assemblage (de pièces mécaniques, d'éléments électriques). ‹ ▶ accoupler, couplet, découplé ›

couplet [kuplɛ] n. m. **1.** Chacune des parties d'une chanson comprenant généralement un même nombre de vers, et séparées par le refrain. ⇒ **stance, strophe.** **2.** Fam. Propos répété souvent. ⇒ **jérémiade, radotage, refrain.** *Il nous fatigue avec son éternel couplet sur la faillite de l'école.*

coupole [kupɔl] n. f. ■ Voûte hémisphérique d'un dôme. *La coupole du Capitole* (à Washington), *du Panthéon* (à Paris). *Être reçu sous la Coupole* (de l'Institut), à l'Académie française.

coupon [kupɔ̃] n. m. **1.** Pièce d'étoffe roulée. **2.** Feuillet que l'on détache d'un titre financier. *Coupon d'obligation.* **3.** Élément détachable correspondant à l'acquittement d'un droit. ⇒ **billet.** *Coupon mensuel d'une carte d'autobus.* ⇒ **passe, ticket.** **4.** COUPON-RÉPONSE : petit rectangle imprimé sur une annonce publicitaire, qu'on découpe et envoie pour recevoir des renseignements, acheter quelque chose. — COUPON(-RABAIS) : petit rectangle imprimé donnant droit à une réduction lors d'un achat de marchandise. ⇒ ② **bon, certificat-cadeau.** *Des coupons-rabais de 10 %. Un coupon d'essence de 1 $.*

coupure [kupyʀ] n. f. **1.** Blessure faite par un instrument tranchant. ⇒ **entaille.** *Coupure au visage.* ⇒ **balafre, estafilade.** *Elle s'est fait une coupure.* ⇒ se **couper. 2.** Séparation nette, brutale. ⇒ **cassure, fossé.** *Il y a une coupure entre ces deux périodes de sa vie.* / contr. **unité, continuité** / **3.** Suppression d'une partie (d'un ouvrage, d'une pièce de théâtre, d'un film). / contr. **addition** / — Fam. *Effectuer des coupures budgétaires, de personnel,* une réduction, une diminution. **4.** *Coupures de journaux,* articles découpés. ⇒ **découpure. 5.** Billet de banque de moindre ou de plus grande valeur que le billet type. *Une coupure de 10 $. Il veut la somme en petites, en grosses coupures.* **6.** Interruption (du courant électrique, du gaz, de l'eau). ⇒ **panne.** *Il y aura une coupure de quatre heures à cinq heures.*

① **cour** [kuʀ] n. f. ■ Espace découvert situé à l'arrière d'une habitation, d'un bâtiment, et souvent clôturé. *Jouer dans la cour.* — (Surtout en France) *Cour d'honneur,* située devant l'entrée principale d'un bâtiment. — *Au fond de la cour. Cour d'école, cour de récréation. Cour de ferme.* ⇒ **basse-cour.** *Cour à bois,* endroit où le marchand stocke le bois, et les matériaux de construction. ‹ ► basse-cour ›

② **cour** n. f. **I. 1.** Résidence du souverain et de son entourage. *Vivre à la cour. La noblesse de cour.* **2.** Entourage du souverain. ⇒ **courtisan(s).** *Toute la cour assistait à la cérémonie.* — Le souverain et ses ministres. — (France) Loc. EN COUR. *Être bien en cour,* être bien introduit (auprès de qqn d'important). **3.** Cercle de personnes empressées autour d'une autre en vue d'obtenir ses faveurs. *La cour d'un banquier, d'un auteur célèbre. Elle a une cour d'admirateurs.* Loc. FAIRE LA COUR *à* (une femme, etc.) : chercher à plaire, à obtenir les faveurs de. **II.** Tribunal. — COUR D'APPEL : juridiction permanente de seconde instance, chargée de juger les appels. *La Cour supérieure* (Québec), *la Cour suprême* (Canada). *La Cour municipale. La Cour des petites créances. Une cour d'assises.* (France) *La Cour de cassation*.* — *Se présenter* ou fam. *aller, passer en cour,* être convoqué au tribunal, comparaître en justice. — LA COUR : l'ensemble des magistrats d'une juridiction lorsqu'ils siègent. *La cour a prononcé son verdict. Messieurs, la Cour !* ‹ ► courtois, hors cours ›

courage [kuʀaʒ] n. m. **1.** Fait d'agir malgré les difficultés, énergie dans l'action, dans une entreprise. *Avoir du courage pour le travail, au travail. Je n'ai pas le courage de continuer : c'est trop dur. Entreprendre, faire qqch. avec courage.* / contr. **paresse** / — Loc. *S'armer de courage. Perdre courage,* se préparer à abandonner, à céder. — *Bon courage !,* formule d'encouragement. **2.** Fait de ne pas avoir peur ; force devant le danger ou la souffrance. ⇒ **bravoure ;** fam. ② **cran.** / contr. **lâcheté** / *Combattre, se battre avec courage.* ⇒ **héroïsme, vaillance.** *Un courage allant jusqu'à la témérité.* ⇒ **audace, témérité.** — Loc. *Prendre son courage à deux mains,* se décider malgré la difficulté, la peur, la timidité. **3.** *Le courage de faire qqch.,* la volonté plus ou moins cruelle. *Je n'ai pas le courage de lui refuser cette aide. Elle a eu le courage de dire la vérité.* ► **courageux, euse** adj. **1.** Qui a du courage ; agit malgré le danger ou la peur. ⇒ **brave, vaillant ; héroïque, intrépide, téméraire.** *Un soldat courageux.* / contr. **lâche, peureux** / — Énergique. *Il n'est pas très courageux pour l'étude.* / contr. **paresseux** / **2.** Qui manifeste du courage. *Attitude, réponse courageuse.* ► **courageusement** adv. ■ Avec courage. *Travailler, se battre courageusement.* ‹ ► décourager, encourager ›

courailler [kuʀɑje] v. intr. ▪ conjug. 1. Fam. **1.** Rechercher constamment des aventures amoureuses. ⇒ **courir** (II). *Plus jeune, il couraillait toutes les fins de semaine.* **2.** Se déplacer d'un endroit à un autre, courir à gauche et à droite. *Pour trouver ce disque, elle a couraillé dans plusieurs magasins.* **3.** Surtout des enfants. S'énerver, se chamailler en courant. *Courailler dans les escaliers.* ► **courailleur** ou **courailleux, euse** n. et adj. ■ Fam. Personne qui couraille (1). ⇒ **coureur** (II), **débauché.** — Adj. *Elle est très courailleuse. C'est un petit courailleur.* ► **couraillage** n. m. Fam. **1.** Action de courailler. *Le couraillage dans les discothèques. Faire du couraillage dans les centres d'achat,* courir les magasins. **2.** Jeu de poursuite accompagné de chamaillage, de bousculade. *Vous avez encore fait du couraillage dans la cour de l'école ? Cessez vos couraillages !* ⇒ **galopade.**

① **courant, ante** [kuʀɑ̃, ɑ̃t] adj. **I. 1.** CHIEN COURANT : qui court. **2.** EAU COURANTE : distribuée par tuyaux. ⇒ **aqueduc.** *Avoir l'eau courante à son chalet.* **3.** (Temps, action) Qui est présent, s'écoule, se fait au moment où l'on parle. ⇒ en **cours ; actuel.** *L'année courante. Le dix courant,* le dix de ce mois. *Les affaires courantes* (opposé à *affaires extraordinaires*). — N. m. *Dans le courant de la semaine,* pendant. **II.** Qui a cours d'une manière habituelle. ⇒ **commun, habituel, normal, ordinaire.** *Le langage courant. C'est une réaction courante chez les timides. Mot courant* (opposé à *littéraire*), fréquent, usuel (abrégé *cour.* dans ce dictionnaire). / contr. **extraordinaire, rare** / *C'est le prix courant.* — *Un compte* courant.* ► **couramment** [kuʀamɑ̃] adv. **1.** Sans difficulté, avec aisance. *Parler couramment une langue étrangère.* / contr. **difficilement, mal** / **2.** D'une façon habituelle, ordinaire. ⇒ **communément, habituellement, ordinairement.** *Cela se fait, se dit couramment.* / contr. **rarement** / ‹ ► main-courante ›

② **courant** n. m. **1.** Masse d'eau, de liquide qui se déplace dans une direction déterminée. ⇒ **cours.** *Le courant de la rivière. Un courant rapide, impétueux. Suivre, remonter le courant. Les courants marins,* déplacement de masses d'eau dans une direction quelconque dans les océans. *Le courant du Labrador.* **2.** COURANT D'AIR : passage d'air froid. *Craindre les courants d'air. Un courant d'air a violemment fermé la porte.* **3.** COURANT *(électrique)* : déplacement d'électricité dans un conducteur. *Courant continu. Courant alternatif. Fréquence, intensité d'un courant. Couper le courant. Panne de courant.* **4.** Déplacement orienté. *Les courants de populations* (émigration, immigration). *Le courant de la circulation.* — Abstrait. *Les courants de l'opinion.* ⇒ **mouvement. 5.** AU COURANT : informé. *Mettre, tenir qqn au courant de qqch.,* avertir. *Se mettre au courant. Cette revue est bien au courant,* elle est au fait de l'actualité.

courante [kuʀɑ̃t] n. f. ■ (Surtout en France) Fam. Diarrhée. ⇒ **colique ;** fam. **chiasse, turista, va-vite.** *Avoir la courante.*

courbatu, ue [kuʀbaty] adj. ■ Littér. Qui ressent une lassitude extrême dans tout le corps. ⇒ **courbaturé, moulu.** ▶ ***courbature*** n. f. ■ Sensation de fatigue douloureuse due à un effort prolongé ou à un état fébrile. ⇒ **lassitude.** *Ressentir une courbature dans les membres.* ▶ ***courbaturer*** v. tr. ▪ conjug. 1. ■ Donner une courbature à (qqn). *Il manquait d'exercice, la séance de gymnastique l'a courbaturé.* ▶ ***courbaturé, ée*** adj. ■ Qui a des courbatures. ⇒ **courbatu.** *Elle s'est réveillée toute courbaturée.*

① ***courbe*** [kuʀb] adj. ■ Qui change de direction sans former d'angles ; qui n'est pas droit (surtout des figures géométriques). ⇒ **arrondi, bombé, cintré,** ① **croche** (I), **incurvé, recourbé.** *Surface, ligne courbe. Une planche courbe.* / contr. **droit** / — Base-ball. *Une balle courbe,* qui forme un arc en se dirigeant vers le marbre (opposé à *rapide*). Ellipt. N. f. *Lancer des courbes.*

② ***courbe*** n. f. **1.** Ligne courbe. *La courbe des sourcils. La route fait une courbe.* ⇒ ① **croche** (II), **tournant, virage.** — Au plur. *Les courbes d'une femme,* la ligne des seins, des hanches. — Géométrie. Lieu des positions successives d'un point qui se meut d'après une loi déterminée. *Courbes fermées* (cercle, ellipse). — Géographie. Inflexion dans le tracé d'un cours d'eau. ⇒ **méandre.** — COURBE DE NIVEAU : ligne qui unit tous les points de même altitude sur une carte topographique. **2.** Ligne représentant la loi, l'évolution d'un phénomène (⇒ **diagramme, graphique**). *Une courbe de température. Les courbes de la production, des prix.*

courber [kuʀbe] v. tr. ▪ conjug. 1. **1.** Rendre courbe (ce qui est droit). ⇒ **arrondir, cintrer, crocher, fléchir, incurver.** *Courber une branche.* **2.** Pencher en abaissant. *Courber le front, la tête sur un livre.* ⇒ **incliner.** — Au p. p. adj. *Un vieux tout courbé.* ⇒ ① **croche, voûté.** — *Courber la tête, le front,* obéir. *Refuser de courber la tête devant un supérieur.* **3.** Intransitivement. Devenir courbe. ⇒ **ployer.** *Courber sous le poids.* **4.** SE COURBER v. pron. réfl. *La branche se courbe sous le poids des fruits.* — (Personnes) Se baisser. *On devait se courber pour entrer, tant la porte était basse.* ▶ ***courbette*** n. f. ■ Surtout au plur. Action de s'incliner exagérément, avec une politesse obséquieuse. ⇒ **révérence, salut.** — Loc. *Faire des courbettes à, devant qqn,* être servile avec lui, lui être soumis. ▶ ***courbure*** n. f. ■ Forme de ce qui est courbe. *Courbure rentrante* (concavité), *sortante* (convexité). *La courbure d'un nez aquilin. La courbure de la terre.* ‹ ▶ courbe, recourber ›

coureur, euse [kuʀœʀ, øz] n. et adj. **I. 1.** Personne qui court. *Un coureur rapide, infatigable.* / contr. **marcheur** / — Base-ball. Joueur qui occupe l'un des buts. *Le coureur tente de voler le deuxième but.* — *Oiseaux coureurs* (autruche, casoar). **2.** Athlète qui participe à une course sportive (avec un compl. ou un adj.). *Coureur à pied. Coureur de 110 mètres haies. Coureuse de marathon. Coureur cycliste sur route, sur piste* (pistard, routier). *Coureur automobile.* **3.** N. m. Histoire. COUREUR DE (DES) BOIS : aventurier qui s'occupait de la traite des fourrures et qui adoptait souvent le mode de vie amérindien. *Les coureurs de bois de la Nouvelle-France.* — Vieilli. Chasseur, pêcheur, trappeur ; homme qui vivait de divers travaux en forêt. ⇒ **forestier, voyageur ; camp. II.** N. et adj. Homme, femme constamment à la recherche d'aventures amoureuses. ⇒ **courailleur.** *Un vieux coureur. Un coureur de jupons. C'est une petite coureuse.* — Adj. *Elle est un peu coureuse. Il est très coureur.* — REM. Au sens II, on emploie aussi *coureux.* ‹ ▶ avant-coureur ›

courge [kuʀʒ] n. f. **1.** Plante potagère, cultivée pour ses fruits appelés *courges, citrouilles, potirons.* **2.** Fruit d'une variété de courge. ▶ ***courgette*** n. f. ■ Variété de courge plus petite. *Courgettes farcies.*

courir [kuʀiʀ] v. ▪ conjug. 11. **I.** V. intr. (Êtres animés) **1.** Se déplacer par une suite d'élans, en reposant alternativement le corps sur l'une puis l'autre jambe, et d'une allure généralement plus rapide que la marche (opposé à *marcher*). ⇒ **course ; filer, trotter ;** fam. **cavaler, foncer.** *Les enfants courent dans le parc. Courir à toutes jambes, à perdre haleine, à fond de train,* très vite. — PROV. *Rien ne sert de courir, il faut partir à point.* — *Courir après qqn,* pour le rattraper. — *Courir* (+ infinitif), aller en courant (faire qqch.). *La petite fille courut embrasser sa maman.* — Loc. *Courir après son ombre,* poursuivre de vains efforts vers un but inaccessible, entretenir un espoir chimérique ; essayer de rattraper le temps perdu. **2.** Aller vite, sans précisément courir. ⇒ se **dépêcher, précipiter.** *Ce n'est pas la peine de courir, nous avons le temps. Je prends ma voiture et je cours vers vous ; j'y cours. Les gens courent à ce spectacle,* ils y vont avec empressement. — Fig. *Courir à sa perte, à sa ruine, à un échec.* — Fam. *Courir après qqn,* le rechercher avec assiduité. *Courir après une femme.* ⇒ **coureur ;** fam. **courailleur.** *Courir après qqch.,* essayer de l'obtenir. *Courir après la richesse, le succès.* — Fam. *Tu peux toujours courir !,* attendre (se dit d'un souhait qui ne se réalisera pas, ou pour refuser qqch.). **3.** (Choses) Se mouvoir avec rapidité. *L'ombre des nuages courait sur la plaine. L'eau qui court.* ⇒ **couler ; courant, cours.** *Laisser courir sa plume sur le papier.* **4.** Être répandu, passer de l'un à l'autre. ⇒ **circuler,** se **propager,** se **répandre.** *Faire courir une nouvelle. Le bruit court que...,* on dit que... **5.** (Temps) Suivre son cours, passer. *L'année, le mois qui court.* ⇒ **courant,** en **cours.** — Loc. *Par les temps qui courent,* à l'époque où nous sommes. — *L'intérêt de cet emprunt court à partir de tel jour,* sera compté à partir de ce jour. — Fam. *Laisser courir,* laisser faire, laisser aller (→ laisser tomber). **II.** V. tr. **1.** Loc. Poursuivre à la course, chercher à attraper. *Il ne faut pas courir deux lièvres à la fois,* poursuivre deux buts en même temps. **2.** Participer à (une épreuve de course). *Courir le cent mètres. Ce cheval a couru le grand prix.* **3.** Rechercher, aller au-devant de. *Courir les aventures.* — *Courir un danger,* y être exposé. *Courir un risque. Courir sa chance.* ⇒ **essayer, tenter.** **4.** Parcourir. *Courir les rues, la campagne.* — Loc. *Cette histoire court les rues,* est connue partout. **5.** Fréquenter assidûment. ⇒ **hanter.** *Courir les théâtres, les concerts, les magasins* (⇒ **magasiner**). *Courir les filles, les garçons.* ⇒ fam. **courailler ; coureur** (II). ‹ ▶ accourir, ① concourir, ② concourir, ① courant, ② courant, courante, coureur, à courre, courrier, cours, course, couru, discourir, encourir, parcourir, ② recourir ›

courlis [kuʀli] n. m. invar. ■ Oiseau échassier migrateur, à long bec courbe, qui vit près de l'eau.

① ***couronne*** [kuʀɔn] n. f. **I. 1.** Cercle qu'on met autour de la tête comme parure ou marque d'honneur. *Une couronne de fleurs, de lauriers. La couronne d'épines,* que l'on mit par dérision à Jésus-Christ, en l'appelant le roi des Juifs. **2.** Cercle de métal qu'on met autour de la tête comme insigne d'autorité, de dignité. ⇒ **diadème.** *Couronne de prince, de roi.* **3.** Royauté, souveraineté. *La couronne d'Angleterre. Donner la couronne à qqn.* ⇒ **couronner.** *Héritier de la couronne.* **4.** (Avec une majusc.) LA COURONNE : le pouvoir suprême de l'État canadien. *Le procureur de la Couronne,* le ministère public (dans une affaire criminelle). *Une société**, une corporation de la Couronne. Circuler sur les terres de la Couronne,* du gouvernement. **II.** (Forme circulaire) **1.** EN COURONNE : en cercle. *Greffe en couronne.* **2.** Objet circulaire ; ensemble de choses disposées en cercle, en anneau. *Couronne mortuaire. Ni fleurs ni couronnes* (se dit d'un enterrement très simple). — Partie visible de la dent (opposé à *racine*). Capsule de métal, de porcelaine, dont on entoure une dent. *Il faut vous poser une couronne.* ≠ *pont.* — Cercle lumineux. ⇒ **auréole, halo.** *La couronne d'une aurore boréale. Couronne solaire.* ▶ ***couronner*** v. tr. ▪ conjug. 1. **I. 1.** Coiffer (qqn) d'une couronne. — Décerner un prix, une récompense à (qqn, qqch.). *Couronner le lauréat. Couronner un livre.* **2.** Proclamer (qqn) souverain en le ceignant d'une couronne. *Couronner une reine.* ⇒ **sacrer. II.** Littér. Orner, entourer (la tête, le sommet) comme fait une couronne. *Un diadème couronnait son front. La neige qui couronne les cimes.* **III.** Littér. Achever en complétant, en rendant parfait. ⇒ **accomplir.** *Couronner une œuvre.* — Iron. *Et pour couronner le tout, il arrive en retard.* **IV.** Au passif et p. p. adj. (ÊTRE) COURONNÉ, ÉE. *Il a été couronné empereur.* — Loc. *Les* TÊTES COURONNÉES : les souverains. — *Un vainqueur couronné de lauriers. Un ouvrage couronné par un prix littéraire.* ▶ ***couronnement*** n. m. **I.** Cérémonie au cours de laquelle on couronne un souverain. ⇒ **sacre.** *Le couronnement d'un roi.* **II. 1.** Ce qui termine et orne le sommet (d'un édifice, d'un meuble). *Le couronnement d'un édifice, d'une colonne.* **2.** Ce qui achève, rend complet. *Ce succès fut le couronnement de sa carrière.*

à courre [akuʀ] loc. adv. et adj. ▪ CHASSE À COURRE : avec les chiens courants et à cheval.

courrier [kuʀje] n. m. **1.** Transport des dépêches, des lettres, des journaux. ⇒ ① **poste.** *Courrier maritime, aérien. Je vous réponds par retour du courrier.* **2.** Ensemble des lettres (⇒ ② **correspondance**), dépêches, journaux envoyés ou à envoyer. ⇒ anglic. **malle.** *Le courrier est arrivé. Faire son courrier. Envoyer, poster le courrier. Lire son courrier. Courrier recommandé.* ⇒ **recommander** (I, 4). *Le courrier électronique,* expédié par télématique. **3.** Article, chronique d'un journal. *Courrier mondain, littéraire.* — *Le* COURRIER DU CŒUR : où les lecteurs font part de leurs problèmes sentimentaux et demandent des conseils. ▶ ***courriériste*** n. ▪ Journaliste qui fait une chronique. ⇒ **chroniqueur.** *Elle est courriériste théâtrale.* — *Courriériste parlementaire,* journaliste accrédité auprès de la galerie de la presse parlementaire. ⟨ ▶ long-courrier, moyen-courrier ⟩

courroie [kuʀwa] n. f. ▪ Bande étroite d'une matière souple et résistante servant à lier, à attacher. *Courroie de cuir. Les courroies du harnais.* — *Courroie de transmission,* qui transmet le mouvement d'une poulie à une autre. *Courroie de ventilateur* (auto).

courroucé [kuʀuse] adj. ▪ Littér. Loc. *Avoir, prendre un air courroucé,* offensé, irrité. *Être courroucé par qqch.* ▶ ***courroux*** [kuʀu] n. m. invar. ▪ Littér. Irritation véhémente contre un offenseur. ⇒ **colère.** *Être en courroux. Essuyer le courroux de qqn,* être victime de sa colère.

① ***cours*** [kuʀ] n. m. invar. **I.** Écoulement continu (de l'eau des fleuves, rivières, ruisseaux). ⇒ **courant.** *Cours rapide. Descendre le cours du fleuve.* — COURS D'EAU. ⇒ **fleuve, rivière, ruisseau, torrent.** *Cours d'eau qui traverse, arrose une région. Des cours d'eau navigables.* **II.** Loc. DONNER LIBRE COURS À *sa douleur, sa joie* : ne plus la contenir, la laisser éclater. ⇒ **manifester. III.** Suite continue dans le temps. ⇒ **déroulement, succession.** *Le cours des saisons. Le cours de la vie.* ⇒ **durée.** *Le cours des événements. Suivre son cours,* évoluer normalement. — AU, EN COURS (DE). ⇒ **durant, pendant.** *Au cours de sa carrière. En cours de carrière. L'année en cours. Le vieux quartier est en cours de rénovation. Les travaux sont en cours. Affaires en cours.* — EN COURS DE ROUTE : pendant. **IV. 1.** Prix auquel sont négociées des marchandises, des valeurs (qui circulent normalement). ⇒ **cote, taux.** *Le cours du yen, le cours de l'or. Acheter, vendre au cours du marché, de la Bourse. Au cours du jour* et, sans compl., *au cours. Le cours actuel d'une action* (par oppos. à *valeur nominale*). **2.** AVOIR COURS : avoir valeur légale. — Être reconnu, utilisé. *Ces usages n'ont plus cours.* ⟨ ▶ encours, au long ④ cours, parcours ⟩

② ***cours*** n. m. invar. **1.** Enseignement suivi sur une matière déterminée. *Faire, donner un cours* (professeur). *Suivre un cours. Cours de chimie. Prendre des cours de musique, de danse.* ⇒ **conférence, leçon.** *J'ai un cours de physique ce matin. Le cours dure une heure. Cours obligatoire, à option. Notes de cours,* notes prises par un élève pendant un cours ; notes distribuées par le professeur et contenant l'essentiel d'un cours. *Des cours privés,* des leçons particulières. *Suivre des cours par correspondance.* **2.** Degré des études suivies. *Cours élémentaire. Le cour classique**. *Cours du soir, d'été,* enseignement de nature généralement postscolaire. **3.** (France) Établissement scolaire, généralement privé. *Cours de jeunes filles.*

③ ***cours*** n. m. invar. ▪ (France) Large voie de communication (avenue) servant de promenade (dans quelques villes). *Le cours Mirabeau, à Aix-en-Provence.*

④ ***au long cours*** [olɔ̃kuʀ] loc. adj. ▪ *Voyage au long cours,* longue traversée. *Capitaine au long cours.* ⇒ **long-courrier.** ⟨ ▶ long-courrier ⟩

course [kuʀs] n. f. **I. 1.** Action de courir, d'aller plus vite qu'à la marche, en courant. *Une course folle,* très rapide. *Rattraper qqn à la course.* — Loc. *Au pas de course,* en marchant très vite. *Elle est venue à la course,* rapidement et aussitôt que possible. *Être (toujours) à la course,* pressé. — Loc. fig. À BOUT DE COURSE : épuisé. **2.** Épreuve de vitesse. *Course à pied. Course de vitesse, de fond. Course de chevaux. Course de trot. Course cycliste.* — *Des courses-bénéfices** — Au plur. Courses de chevaux. *Champ de courses,* hippodrome. *Aller, jouer aux courses.* — Loc. fam. *Être dans la course,* être au courant, savoir ce qu'il faut faire. ⇒ fam. dans le **coup.** *Elle est dans la course à la chefferie,* parmi les candidats. **3.** COURSE DE TAUREAUX : ⇒ **corrida. II. 1.** Action de parcourir un espace. ⇒ **parcours, trajet.** *Faire une longue course en montagne.* ⇒ **excursion, randonnée.** — Trajet payé (en taxi). *Le prix de la course.* — Histoire. LETTRE DE COURSE : autorisation donnée par le roi de poursuivre et piller les navires de l'ennemi. *Faire la course,* être corsaire*. **2.** Au plur. Déplacements pour porter, aller chercher qqch. (France) GARÇON DE COURSE. ⇒ ② **coursier.** — Achats. *Faire des courses dans plusieurs magasins.* ⇒ **commission, emplette, magasinage. 3.** (Choses) Littér. Mouvement plus ou moins rapide. ⇒ **cours, mouvement.** *La course d'un projectile. La course du temps.* ⇒ **fuite, succession.** ▶ ① ***coursier*** [kuʀsje] n. m. ▪ Littér. Grand et beau cheval de bataille, de tournoi (palefroi). ≠ *destrier.* ▶ ② ***coursier, ière*** n. ▪ Personne chargée de faire les courses dans une entreprise, une administration, un hôtel. ⇒ **chasseur, commissionnaire.** ≠ *livreur.* ⟨ ▶ à mi-course ⟩

coursive [kuʀsiv] n. f. ▪ Couloir étroit à l'intérieur d'un navire.

① ***court, courte*** [kuʀ, kuʀt] adj. et adv. **I.** Adj. **1.** Qui a peu de longueur d'une extrémité à l'autre (relativement à la taille normale ou par comparaison avec une autre chose). / contr. **long** / *Rendre (plus)* *court,* raccourcir, écourter. *Robe courte. Jambes courtes. Cheveux courts,* coupés court. — *La ligne droite est le plus court chemin d'un point à un autre.* — Loc. *Avoir la vue courte,* ne pas voir de loin ; n'avoir pas assez de prévoyance. **2.** Qui a peu de durée. ⇒ **bref, éphémère, fugitif, passager.** / contr. **durable, long** / *Trouver le temps court. Les jours d'hiver sont courts. Un court moment. Livre, récit, roman très court.* ⇒ **bref.** — (Suj. personne) *Être court,* bref dans la parole, l'écrit. *Rester court,* manquer d'idées. Loc. À COURT TERME : dans un avenir rapproché. **3.** *Avoir la mémoire courte,* oublier vite. — *Avoir l'haleine, la respiration courte, le souffle court,* s'essouffler facilement et très vite. **4.** Fam. *Deux heures, c'est un peu court,* insuffisant. **II.** Adv. **1.** De manière à rendre court. *Elle lui coupa les cheveux court.* **2.** Loc. fig. COUPER COURT À *un entretien* : l'interrompre au plus vite, brusquement. — RESTER COURT : ne plus savoir quoi dire, que répondre. — TOURNER COURT : ne pas aboutir. **3.** TOUT COURT : sans rien d'autre. *La vérité tout court.* ⇒ **nu. 4.** DE COURT. *Prendre qqn de court,* à l'improviste ; ne pas lui laisser de temps pour réagir. **5.** À COURT (DE). *Être à court d'argent,* en manquer. *À court d'arguments, d'idées.* ‹ ▶ arrêt-court, courbattu, court-bouillon, court-circuit, courtepointe, court-vêtu, écourter, écourticher, raccourcir, ultracourt ›

② ***court*** [kuʀ, kɔʀt] n. m. ■ Terrain aménagé pour le tennis. *Sur les courts,* au tennis. — *Un court de badminton.*

courtage [kuʀtaʒ] n. m. **1.** Profession du courtier. *Faire du courtage en assurances. Le courtage immobilier.* **2.** Commission du courtier. *Des frais de courtage.*

court-bouillon [kuʀbujɔ̃] n. m. ■ Bouillon dans lequel on fait cuire du poisson. *Flétan au court-bouillon. Des courts-bouillons.*

court-circuit [kuʀsiʀkɥi] n. m. ■ Interruption du courant par fusion des « plombs ». *Des courts-circuits.* ≠ *coupe-circuit.* ▶ ***court-circuiter*** v. tr. ▪ conjug. 1. **1.** Mettre en court-circuit. **2.** Fam. Laisser de côté (un intermédiaire normal) en passant par une voie plus rapide. *Il s'est fait court-circuiter par son concurrent.*

courtepointe [kuʀtəpwɛ̃t] n. f. ■ Couverture de lit ouatée et piquée, faite de plusieurs morceaux de tissu. ⇒ **couvre-lit, couvre-pied, douillette.**

courtier, ière [kuʀtje, jɛʀ] n. ■ Agent qui met en rapport vendeurs et acheteurs pour des opérations de Bourse ou de commerce. *Courtiers libres.* ⇒ **agent, commissionnaire, représentant.** *Courtier en (d')assurances, en (d')immeubles. Courtière en valeurs mobilières.* ‹ ▶ courtage ›

courtisan [kuʀtizɑ̃] n. m. **1.** Personne qui est attachée à la cour, qui fréquente la cour d'un souverain. **2.** Fig. Personne qui cherche à plaire aux gens influents en leur faisant la cour. ⇒ **flatteur.** — Adj. *Poète courtisan. Des habitudes courtisanes,* de flatterie, de servilité. ‹ ▶ courtiser ›

courtisane [kuʀtizan] n. f. ■ Vieilli. Femme entretenue, d'un rang social assez élevé.

courtiser [kuʀtize] v. tr. ▪ conjug. 1. ■ Faire la cour à (qqn), chercher à plaire. *Courtiser une femme.* — *Courtiser un parti politique.*

courtois, oise [kuʀtwa, waz] adj. **1.** Qui est très poli, avec raffinement. ⇒ **aimable.** *Un homme courtois.* — Qui manifeste de la courtoisie. *Un refus courtois.* / contr. **discourtois, impoli** / **2.** *Poésie courtoise* (du Moyen Âge), qui exalte l'amour d'une manière raffinée. ▶ ***courtoisement*** adv. ▶ ***courtoisie*** n. f. **1.** Politesse raffinée. ⇒ **civilité.** *Visite de courtoisie,* faite par politesse. **2.** Fam. *Voiture de courtoisie,* que le garagiste prête au client dont la voiture nécessite une longue réparation. ⇒ ① **service.**

court-vêtu, ue [kuʀvɛty] adj. ■ Dont le vêtement est court. ⇒ fam. **écourtiché.** *Des adolescentes court-vêtues.*

couru, ue [kuʀy] adj. **1.** Recherché. *C'est un spectacle très couru.* **2.** Fam. *C'était couru,* prévu. ⇒ **certain, sûr.**

couscous [kuskus] n. m. invar. ■ Semoule roulée en grains servie avec de la viande, des légumes et du bouillon. *Couscous au poulet.*

① ***cousin, ine*** [kuzɛ̃, in] n. ■ Se dit des enfants et des descendants de personnes qui sont frères et sœurs. *Cousins germains* ou *cousins propres,* ayant un grand-père (ou une grand-mère) commun(e). *Des cousins éloignés* ou *des petits-cousins,* issus de germains. Fam. *Une cousine de la fesse gauche,* une cousine éloignée. ‹ ▶ petit-cousin ›

② ***cousin*** n. m. ■ Moustique. ⇒ **maringouin.**

coussin [kusɛ̃] n. m. **1.** Pièce d'une matière souple, cousue et remplie d'un rembourrage, servant à supporter une partie du corps. ⇒ **oreiller.** *Des coussins bourrés de laine. Les coussins d'un fauteuil, d'un siège de voiture. S'asseoir sur des coussins.* **2.** Base-ball, balle-molle. Chacun des sacs de sable qui délimite les angles du champ intérieur. ⇒ **but.** *Frapper la balle en direction du deuxième coussin.* **3.** *Coussin d'air,* zone d'air comprimé qui sert de support. *Véhicule sur coussin d'air* (aéroglisseur, etc.). ▶ ***coussinet*** n. m. **1.** Petit coussin. **2.** Mécanique. Pièce soutenant une extrémité d'un arbre de transmission. *Coussinet de rail,* pièce de fonte qui supporte un rail. **3.** Partie charnue de la patte (d'un chat).

cousu, ue [kuzy] adj. **1.** Joint par une couture. *Feuillets cousus.* — Loc. *Être (tout)* COUSU D'OR : très riche. **2.** Fam. COUSU MAIN : à la main. — Fam. *C'est du cousu main,* de première qualité.

coût [ku] n. m. ■ Somme que coûte une chose. ⇒ **prix, montant.** *Le coût d'une marchandise. Le coût de la vie augmente.* ▶ ***coûtant*** [kutɑ̃] adj. m. ■ Loc. PRIX COÛTANT : prix qu'une chose a coûté. *Revendre qqch. au prix coûtant,* sans bénéfice.

couteau [kuto] n. m. **1.** Instrument tranchant servant à couper, composé d'une lame et d'un manche. *Couper qqch. avec un couteau. La pointe, le tranchant d'un couteau,* de sa lame. *Affûter, aiguiser les couteaux. Couteau de poche, couteau pliant,* dont la lame rentre dans le manche. ⇒ **canif.** *Couteau de cuisine. Couteau de table. Couteau à découper. Couteau électrique. Couteau à prélart, à linoléum.* — (Arme) ⇒ **coutelas, poignard.** *Couteau à cran d'arrêt.* — Loc. *Être à couteaux tirés,* en guerre ouverte. *Jouer du couteau,* se battre au couteau. *Coup de couteau. Mettre le couteau sur (sous) la gorge de (qqn),* contraindre par la menace. — Fig. *Les couteaux volent bas,* on se lance des allusions perfides, des allusions voilées. *Donner un coup de couteau dans le dos de qqn,* le trahir. *Nuit des longs couteaux,* des ententes secrètes, des jeux de coulisse. **2.** Nom d'outils et instruments tranchants. *Couteau à papier.* ⇒ **coupe-papier.** *Couteau de vitrier.* — Petite truelle de peintre. *Peindre au couteau.* **3.** *Couteau de balance,* arête du prisme triangulaire qui porte le fléau. **4.** Coquillage qui ressemble à un manche de couteau. ▶ ***couteau-scie*** n. m. ■ Couteau dont la lame porte des dents, et qu'on utilise pour couper le pain, les aliments. *Des couteaux-scies.* ▶ ***coutelas*** [kutlɑ] n. m. invar. ■ Grand couteau à lame large et tranchante, utilisé en cuisine ou comme arme. ▸ ***coutellerie*** [kutɛlʀi] n. f. **1.** Industrie, fabrication des instruments tranchants ; produits de cette industrie. *Coutellerie ordinaire, de table. Coutellerie fine. — Travailler dans une coutellerie.* **2.** Fam. Service de couverts de table rangé dans un coffret. ⇒ **ménagère.** *Sortir la coutellerie pour la visite.* ‹ ▸ porte-couteau ›

coûter [kute] v. ▪ conjug. 1. **I.** V. intr. et tr. ind. *Coûter à qqn.* **1.** Nécessiter le paiement d'une somme pour être obtenu. ⇒ **revenir, valoir.** *Somme que coûte une chose.* ⇒ **coût, montant, prix.** *Combien cela coûte-t-il ? Coûter cher.* ⇒ **dispendieux.** *Les vingt dollars que ce livre m'a coûté.* — REM. Le participe est invariable ; le complément circonstanciel de prix n'étant pas complément d'objet. **2.** COÛTER CHER : causer, entraîner des frais, des dépenses. *Cette habitude lui coûte cher.* ⇒ **dispendieux.** *Cela pourrait vous coûter cher,* vous attirer des ennuis. **II. 1.** V. tr. Causer (une peine, un effort à qqn). *Ce départ lui a coûté bien des larmes. Les efforts que ce travail lui a coûtés.* — Causer (une perte). *Coûter la vie,* faire mourir. *Cela lui coûte sa tranquillité.* **2.** V. intr. et tr. ind. COÛTER À. Être pénible, difficile. *Cet effort lui a coûté.* Loc. *Il n'y a que le premier pas qui coûte.* — Impers. *Il m'en coûte de vous l'avouer.* Loc. *Ça me coûte (de),* j'hésite à faire, à dire qqch., je suis réticent. **3.** COÛTE QUE COÛTE loc. adv. : à tout prix, quels que soient les efforts à faire, les peines à supporter. ▸ ***coûteux, euse*** adj. **1.** Qui coûte cher ; cause de grandes dépenses. ⇒ ② **cher, dispendieux, ruineux.** *Les voyages sont coûteux.* / contr. **économique, gratuit** / **2.** Fig. Qui a des conséquences fâcheuses, qui entraîne des pertes. *Cette victoire a été coûteuse,* à cause des blessures subies par des joueurs. ▸ ***coûteusement*** adv. ▪ D'une manière coûteuse. *Ils sont logés trop coûteusement pour leurs moyens.* / contr. **économiquement** / ‹ ▸ coût ›

coutil [kuti] n. m. ▪ Toile croisée et serrée, en fil ou coton. *Pantalon de coutil.* — Plur. *Coutils* [kuti].

coutume [kutym] n. f. **1.** Pratique établie par l'usage à laquelle la plupart se conforment, dans un groupe social. *Vieille, ancienne coutume.* ⇒ **tradition, usage.** *Les coutumes d'un peuple.* ⇒ **mœurs.** *La poignée de main est une coutume occidentale.* **2.** Loc. *Une fois n'est pas coutume,* pour une fois, on peut faire une exception. *Je travaillerai dimanche, une fois n'est pas coutume.* — AVOIR COUTUME DE : être accoutumé à, avoir l'habitude de. *Ils ont coutume de passer Noël en famille.* — Loc. adv. DE COUTUME (surtout employé dans les comparatifs) : d'habitude, d'ordinaire. *Elle est moins aimable que de coutume.* ▸ ***coutumier, ière*** adj. **1.** Littér. Que l'on fait d'ordinaire. ⇒ **habituel.** / contr. **inaccoutumé** / *Les travaux coutumiers.* **2.** *Droit coutumier,* ensemble de règles juridiques que constituent les coutumes. **3.** *Il est (n'est pas)* COUTUMIER DU FAIT : il le fait (ne le fait pas) souvent. ‹ ▸ accoutumer, désaccoutumer, inaccoutumé, réaccoutumer ›

couture [kutyʀ] n. f. **I. 1.** Action de coudre. *Faire de la couture.* **2.** Profession de ceux qui confectionnent des vêtements. *Travailler, être dans la couture.* — Profession de couturier. *Une maison de couture.* — *La* HAUTE COUTURE : la conception et la fabrication des vêtements féminins qui créent la mode. **II. 1.** Assemblage par une suite de points exécutés avec du fil et une aiguille. *Les coutures d'un vêtement, d'une chaussure. Bas sans coutures.* **2.** Loc. *Examiner* SOUS TOUTES LES COUTURES : dans tous les sens, très attentivement. — BATTRE À PLATE COUTURE : complètement, par un grand écart dans les points. **3.** Cicatrice laissée par des points chirurgicaux (⇒ **couturé**). ▸ ***couturier, ière*** n. **1.** Personne qui dirige une maison de couture, crée des modèles ; cette maison. *Collection d'un grand couturier. La griffe d'une célèbre couturière.* — REM. Dans ce sens, l'O.L.F. propose *couturière* au féminin. **2.** Personne qui coud, qui exécute, à son propre compte, des vêtements, surtout pour les femmes. *Commander un ensemble chez sa couturière.* ▸ ***couturé, ée*** adj. ▪ Marqué de cicatrices. ⇒ **balafré.** *Visage couturé.*

couvée n. f. **1.** Ensemble des œufs couvés par un oiseau. *Ces poussins sont de la même couvée.* **2.** Ensemble des petits qui viennent d'éclore. ⇒ **nichée.** *Toute la couvée piaillait.*

couvent [kuvɑ̃] n. m. **1.** Maison dans laquelle des religieuses vivent en commun ; ces religieuses. ⇒ **communauté, monastère ; conventuel.** *Un couvent de carmélites, de cloîtrées. Cloître, chapelle d'un couvent. — Entrer au couvent,* prendre le voile (femmes). **2.** École de jeunes filles dirigée par des religieuses. *Elle enseigne dans un couvent.*

① ***couver*** [kuve] v. tr. ▪ conjug. 1. **I. 1.** (Oiseaux) Se tenir pendant un certain temps sur des œufs pour les faire éclore. *La poule couve ses œufs* (⇒ **couvée, couveuse**). **2.** *Couver qqn,* l'entourer de soins attentifs. ⇒ **surprotéger.** *Cette mère couve ses enfants.* ⇒ **protéger.** — COUVER DES YEUX : regarder (qqn, qqch.) avec convoitise. **II. 1.** Entretenir, nourrir, préparer mystérieusement. *Couver des projets de vengeance.* ⇒ **tramer. 2.** *Couver une maladie,* porter en soi les germes (⇒ **incubation**). ‹ ▸ couvée, couveuse ›

② ***couver*** v. intr. ▪ conjug. 1. ▪ Être entretenu sourdement jusqu'au moment de se découvrir, de paraître. *Le feu couve sous la cendre.* — Fig. *La révolte couvait depuis longtemps.* ⇒ se **préparer.**

couvercle [kuvɛʀkl] n. m. ▪ Pièce mobile qui s'adapte à l'ouverture (d'un contenant) pour le fermer. ⇒ fam. ③ **couvert.** *Le couvercle d'une boîte, d'un coffre. Mettre, soulever le couvercle d'une marmite.*

① ***couvert*** [kuvɛʀ] n. m. **1.** Ce qu'on met sur la table pour le repas. *Mettre le couvert.* **2.** Ustensiles de table pour une personne. *Une table de six couverts. Votre couvert est mis chez nous.* **3.** Cuiller, couteau et fourchette. *Des couverts en argent.*

② ***couvert*** n. m. **1.** *Donner le gîte* (le logement) *et le couvert* (la nourriture) *à qqn.* **2.** Loc. À COUVERT DE loc. prép. ; À COUVERT loc. adv. : dans un lieu où l'on est couvert, protégé. *À couvert de la pluie. Se mettre à couvert,* se protéger. **3.** SOUS (LE) COUVERT DE : en étant abrité ; sous la responsabilité ou la garantie de (qqn) ; sous l'apparence, le prétexte de (qqch.). *Sous (le) couvert de la franchise, elle nous dit des choses très désagréables.*

③ ***couvert, erte*** adj. **I. 1.** Qui a un vêtement. *Bien couvert ; chaudement couvert. — Restez couvert,* gardez votre coiffure. — Qui a une couverture sur soi, qui est abrié. *Le bébé est bien couvert.* **2.** Qui a sur lui, au-dessus de lui (qqch.). *Il est couvert de boue. — Ciel couvert (de nuages),* nuageux. *Allée couverte.* **3.** À MOTS COUVERTS : en termes obscurs, voilés. **II.** Protégé par qqn (⇒ **couvrir**, II, 2). *Quoi qu'il fasse, il est toujours couvert par le directeur.* — Protégé par qqch., par une situation. *De toutes les façons, vous êtes couvert. Être couvert par l'assurance-maladie.* **III.** N. m. Fam. Couvercle. *Mettre un couvert sur un chaudron. Ferme le couvert de la boîte.*

couverte [kuvɛʀt] n. f. ▪ Fam. Couverture. *S'abrier avec une grosse couverte de laine. Des couvertes carreautées.* — Loc. fig. *Tirer la couverte de son bord, de son côté.* ⇒ **couverture** (I).

couverture [kuvɛʀtyʀ] n. f. **I.** Concret. **1.** Pièce de toile, de drap pour recouvrir. *Couverture de voyage.* ⇒ **plaid.** — Pièce de tissu (souvent de laine) qu'on place sur les draps, qu'on borde sous le matelas, et qui recouvre le lit. ⇒ fam. **couverte.** — Loc. fig. *Amener, tirer la couverture à soi, de son bord, de son côté,* s'approprier la meilleure ou la plus grosse part d'une chose. ⇒ fam. **couverte. 2.** Ce qui couvre, recouvre un livre, un cahier. *Couverture cartonnée.* — Enveloppe dont on recouvre un livre pour le protéger. ⇒ **couvre-livre, jaquette.** *Couverture de cahier en matière plastique.* ⇒ **protège-cahier. 3.** Toit. *Le couvreur répare les bardeaux de la couverture. Monter sur la couverture.* **II.** Abstrait. **1.** Ce qui sert à couvrir (II), à protéger. *Troupes de couverture* chargées de couvrir, de défendre une zone. — Fig. Affaire servant à dissimuler une activité secrète. *Son commerce est une couverture.* **2.** Garantie donnée pour assurer le paiement d'une dette. ⇒ **provision. 3.** Fait de couvrir un événement, pour un journaliste. *La couverture des éliminatoires du hockey.*

couveuse [kuvøz] n. f. **1.** Poule qui couve. *Une bonne couveuse.* **2.** *Couveuse (artificielle),* étuve où l'on fait éclore les œufs. — Appareil à température constante pour élever les nouveau-nés prématurés fragiles. ⇒ **incubateur.** *Mettre un prématuré en couveuse.*

couvre- ■ Élément invariable de noms composés, tiré du verbe *couvrir (des couvre-...).* ► ***couvre-chaussures*** n. m. pl. ■ Chaussures souples et imperméables portées par-dessus les souliers pour les protéger des intempéries (pluie, neige, boue). ⇒ ① **botte, caoutchoucs,** ② **claque, pardessus ;** fam. **canots, chaloupes.** ► ***couvre-chef*** [kuvʀəʃɛf] n. m. ■ Par plaisant. Ce qui couvre la tête. ⇒ **chapeau, coiffure.** *Des couvre-chefs.* ► ***couvre-feu*** n. m. **1.** Signal qui indique l'heure de rentrer chez soi. *Des couvre-feux.* **2.** Interdiction de sortir après une heure fixée (mesure de police). ► ***couvre-lit*** n. m. ■ Couverture légère servant de dessus de lit. ⇒ **courtepointe, dessus-de-lit.** *Des couvre-lits.* ► ***couvre-livre*** n. m. ■ Protection souple recouvrant un livre. ⇒ **couverture, liseuse.** *Des couvre-livres.* ► ***couvre-matelas*** n. m. invar. ■ Drap qui emboîte le matelas. ⇒ **drap-housse.** *Un couvre-matelas à motif floral.* ► ***couvre-pied*** n. m., ou ***couvre-pieds*** n. m. invar. ■ Couverture qui recouvre une partie du lit, à partir des pieds. *Des couvre-pieds chauds, douillets.* ⇒ **édredon.** — Par ext. Couverture qui recouvre tout le lit. ⇒ ① **couette, douillette.**

couvreur, euse [kuvʀœʀ, øz] n. **1.** Personne qui fait ou répare les toitures des maisons. **2.** Sports. Joueur chargé de surveiller (⇒ **couvrir**) un joueur de l'équipe adverse, en général son opposant. *Elle essaie de se débarrasser de sa couvreuse.* — REM. L'O.L.F. propose *couvreuse* au féminin.

couvrir [kuvʀiʀ] v. tr. ▪ conjug. 18. ■ Revêtir d'une chose, d'une matière pour cacher, fermer, orner, protéger. **I. 1.** Garnir (un objet) en disposant qqch. dessus. ⇒ **recouvrir.** *Couvrir un plat avec un couvercle. Couvrir un objet d'un enduit. Couvrir un sol d'un tapis.* — (Suj. chose) Être disposé sur. *La housse qui couvre ce fauteuil. Linoléum qui couvre le sol.* **2.** SE COUVRIR v. pron. réfl. : se mettre des vêtements chauds. *Couvrez-vous bien.* — Mettre un chapeau. / contr. **découvrir** / — Mettre une couverture sur soi. ⇒ **s'abrier.** / contr. **désabrier** / *Elle se couvre avec une catalogne.* — V. tr. Mettre une couverture sur qqn. *Couvrir un enfant.* **3.** Parsemer (qqch., qqn) d'une grande quantité de. *Couvrir une tombe de fleurs. Couvrir de boue un passant,* l'éclabousser. — Pronominalement. *Les rues se couvrent de neige.* — COUVRIR *qqn* DE : lui donner beaucoup de. *Couvrir qqn de caresses, de baisers. On l'a couvert de cadeaux.* ⇒ **combler.** *On l'a couvert d'injures.* ⇒ **accabler.** *Couvrir qqn de honte. Couvrir qqn de compliments.* — Pronominalement (réfl.). *Elle s'est couverte de ridicule.* — (Choses) Être éparpillé, répandu sur. *Les feuilles couvrent le sol.* ⇒ **joncher.** — Pronominalement (passif). *Le ciel, le temps se couvre (de nuages).* ⇒ se **chagriner ;** fam. se **morpionner ;** ③ **couvert** (I, 2). **4.** Cacher en mettant qqch. par-dessus, autour. *Couvrir ses livres de classe,* pour les protéger. ⇒ **recouvrir.** *Cela couvre un mystère, une énigme.* ⇒ **receler.** *Couvrir la voix de qqn.* ⇒ **dominer, étouffer. II. 1.** Interposer (qqch.) comme défense, protection. ⇒ **garantir, protéger.** *Couvrir qqn de son corps.* **2.** Abriter (qqn) par son autorité, sa protection. *Ce chef couvre toujours ses subordonnés, ses aides.* — Sports. *Surveiller un joueur de l'équipe adverse.* ⇒ **couvreur.** — Pronominalement (réfl.). *Se couvrir,* se protéger. — Passif *(être couvert par)* et p. p. adj. ⇒ ③ **couvert** (II). **3.** Donner une garantie, la somme d'argent qu'il faut. ⇒ **garantir, approvisionner.** *Couvrir ses frais. Cette somme doit suffire à couvrir vos dépenses.* — *Couvrir un emprunt, une souscription,* souscrire la somme demandée. **4.** Assurer l'information concernant un événement, un fait d'actualité. *La télévision couvre la réunion des premiers ministres provinciaux.* **III.** Parcourir (une distance). *Les concurrents ont couvert les cent premiers kilomètres en deux heures.* ⟨ ► couvercle, ① couvert, ③ couvert, couverte, couverture, couvre-, couvreur, découvrir, recouvrir ⟩

cover-girl [kɔvɛʀgœʀl] n. f. ■ Anglic. Jeune fille, jeune femme qui pose pour les photographies de mode des magazines. *Des cover-girls.* ⇒ **modèle.**

covoiturage [kovwatyʀaʒ] n. m. ■ Transport, dans une voiture particulière, de plusieurs passagers qui partagent les frais d'utilisation du véhicule. *Ils ont mis sur pied un système de covoiturage pour aller au travail.*

cowansvillois, oise [kowansvilwa, waz] adj. et n. ■ De Cowansville. — N. (Avec une majusc.) Personne née dans cette ville ou qui l'habite.

cow-boy ou ***cowboy*** [kawbɔj ; kobɔj] n. m. Anglic. **1.** Gardien de troupeaux dans l'ouest des États-Unis, personnage essentiel de la légende de l'Ouest américain. *Film de cow-boys.* ⇒ **western.** *Les cow-boys et les Indiens. Des chansons de cow-boys.* ⇒ **country.** *Les enfants aimaient jouer au cow-boy.* **2.** Fam. *Les cow-boys de la route,* les conducteurs dangereux, ceux qui font de la vitesse.

coyote [kɔjɔt] n. m. ■ Mammifère carnivore d'Amérique, voisin du chacal.

C.P. [sepe] ■ Abréviation de *case* postale.* ⇒ ① **B.P.**

C.Q.F.D. [sekyɛfde] ■ Abréviation de *ce qu'il fallait démontrer,* formule qui conclut une démonstration, un raisonnement, spécialt, en mathématiques.

crabe [kʀab] n. m. ■ Nom courant de plusieurs crustacés à corps arrondi, dont les pattes sont disposées autour du corps (araignées de mer, tourteaux, etc.). *Le crabe des neiges, le crabe nordique. Les pinces du crabe. La carapace du crabe.* — Loc. *Marcher en crabe,* de côté. — Loc. PANIER DE CRABES : groupe d'individus intriguant les uns contre les autres.

crac [kʀak] interj. ■ Mot imitant un bruit sec (choc, rupture), ou évoquant une chose brusque. *Cric, crac !* — N. m. *Un grand crac,* un craquement. *Des crics, cracs.* ⟨ ► craqueler, craquer, craqueter ⟩

cracher [kʀaʃe] v. ▪ conjug. 1. **I.** V. intr. **1.** Projeter de la salive, des mucosités de la bouche. *Cracher par terre. Défense de cracher.* — Loc. fig. *Qui crache en l'air, cela lui retombera sur le nez,* qui attaque doit s'attendre tôt ou tard à une riposte. **2.** Fam. *Cracher sur qqch.,* *qqn,* exprimer un violent mépris. — *Il ne crache pas sur l'alcool,* il l'aime bien. **3.** *Cette plume, ce stylo crache,* l'encre en jaillit. ⇒ **couler. 4.** Émettre des crépitements. *Haut-parleur, radio qui crache.* ⇒ **crachoter. II.** V. tr. **1.** Lancer (qqch.) de la bouche. *Cracher un bonbon.* ⇒ **rejeter** — Loc. fam. *Cracher ses poumons,* tousser violemment. **2.** *Cracher des bêtises, des injures.* ⇒ **proférer. 3.** Fam. Donner (de l'argent) ; payer. ⇒ fam. **casquer. 4.** Émettre en lançant. *Cracher de la fumée, des flammes. Volcan qui crache de la lave.* ▶ ***crachat*** n. m. ■ Matière crachée, rejetée par la bouche (salive, mucosité). ▶ ***craché, ée*** adj. ■ TOUT CRACHÉ (après un n., un pronom) : très ressemblant. ⇒ en **peinture ;** fam. tout **chié.** *C'est son père tout craché.* ▶ ***crachement*** n. m. **1.** Action de cracher. — Ce qu'on crache. *Un crachement de sang.* **2.** Projection (de gaz, de vapeurs, de flammes). **3.** Crépitement. *Les crachements des haut-parleurs.* ▶ ***crachoir*** n. m. ■ Petit récipient dans lequel on peut cracher. — Fam. TENIR LE CRACHOIR : parler sans arrêt. *Tenir le crachoir à qqn,* l'écouter sans pouvoir placer un mot. — PRENDRE LE CRACHOIR : prendre la parole, le contrôle de la discussion, de la conversation. ▶ ***crachoter*** v. intr. ■ conjug. 1. **1.** Cracher un peu. **2.** Émettre des crépitements ⇒ **cracher** (I, 4). *Une vieille radio qui crachote.* ▶ ***crachotement*** n. m. ■ Action de crachoter. — Bruit de ce qui crachote. ⟨ ▶ crachin, recracher ⟩

crachin [kʀaʃɛ̃] n. m. ■ Pluie fine et serrée. ⇒ **bruine.** ▶ ***crachiner*** v. impers ■ conjug. 1. ■ Faire du crachin. ⇒ **bruiner, pleuvoter.**

① ***crack*** [kʀak] n. m. ■ Fam. *C'est un crack,* un sujet remarquable. ⇒ **as ;** fam. **bolle, bollé.** *Des cracks.*

② ***crack*** n. m. ■ Anglic. Cocaïne cristallisée qui est d'une très grande toxicité. *Fumer du crack.*

craie [kʀɛ] n. f. **1.** Calcaire naturel. *Craie blanche. Falaise de craie.* ⇒ **crayeux. 2.** Calcaire réduit en poudre et moulé (en bâtons) pour écrire, tracer des signes. *Un morceau de craie. Écrire au tableau avec de la craie, à la craie.* — *(Une, des craies)* Bâtonnet de craie pour écrire. ⟨ ▶ crayeux, crayon ⟩

craindre [kʀɛ̃dʀ] v. tr. ■ conjug. 52. **1.** Envisager (qqn, qqch.) comme dangereux, nuisible, et en avoir peur. ⇒ **redouter.** *Craindre le danger.* / contr. **braver** / *Elle ne viendra pas, je le crains. Ne craignez rien. Il sait se faire craindre.* **2.** CRAINDRE QUE (+ subjonctif). Avec la négation complète : *Je crains qu'il ne parte pas,* qu'il reste. — REM. Lorsque les verbes des deux propositions sont à l'affirmatif, le *ne* explétif est facultatif. *Je crains qu'il (ne) parte,* je crains son départ. Après l'emploi négatif ou interrogatif de *craindre,* on ne met pas le *ne. Je ne crains pas qu'il parte. Craignez-vous qu'elle parte ?* **3.** CRAINDRE DE (+ infinitif). *Elle craint d'être découverte. Je ne crains pas d'affirmer,* je n'hésite pas à affirmer. **4.** (Plantes, choses) Être sensible à. *Ces arbres craignent le froid.* ⟨ ▶ crainte ⟩

crainte [kʀɛ̃t] n. f. **1.** Sentiment par lequel on craint (qqn ou qqch.) ; appréhension inquiète. ⇒ **angoisse, anxiété, frayeur ;** plus cour. **peur.** *L'espoir et la crainte de l'avenir. Avoir une grande crainte que...* ⇒ **craindre.** *Soyez sans crainte à ce sujet. N'ayez crainte, elle viendra.* **2.** DANS LA CRAINTE DE ; DE CRAINTE DE ; PAR CRAINTE DE loc. prép. (devant un nom de chose ou un infinitif). *Dans la crainte de son départ. Dans la crainte d'échouer, par crainte d'échouer.* — DE CRAINTE QUE loc. conj. (+ subjonctif, avec *ne* explétif). *De crainte qu'on ne vous entende.* ▶ ***craintif, ive*** adj. ■ Qui est sujet à la crainte (occasionnellement ou, surtout, habituellement). ⇒ **inquiet, peureux ;** fam. **chieur.** *C'est un enfant craintif. Caractère, naturel craintif.* / contr. **audacieux, brave, courageux** / ▶ ***craintivement*** adv.

cramoisi, ie [kʀamwazi] adj. **1.** D'une couleur rouge foncé, tirant sur le violet. *Soie cramoisie.* **2.** (Teint, peau) Très rouge. *Il est devenu cramoisi.*

crampe [kʀɑ̃p] n. f. **1.** Contraction douloureuse, involontaire et passagère des muscles. *Avoir une crampe au mollet.* — *Crampe d'estomac,* douleur gastrique. **2.** Clou recourbé, à deux pointes parallèles. ⇒ ① **cavalier.** *Fixer un fil le long de la plinthe avec des crampes.* ⇒ **crampon.** ▶ ***crampant, ante*** adj. ■ Fam. Très drôle, très amusant. ⇒ **comique, crevant, désopilant, hilarant, tordant.** / contr. ① **plat** / *Une humoriste crampante. C'est crampant cette histoire.* ▶ ***crampé, ée*** adj. Fam. **1.** Contracté par une crampe. *Avoir l'estomac crampé. Être crampé par la douleur.* **2.** Tordu de rire. *Des spectateurs crampés de rire.* ▶ ***cramper*** v. tr. ■ conjug. 1. ■ Fixer, retenir qqch. avec des crampes. ⇒ **cramponner.** *Cramper du fil barbelé sur des piquets.* — Au p. p. adj. *De la broche crampée.*

crampon [kʀɑ̃pɔ̃] n. m. **I. 1.** Pièce de métal servant à attacher, assembler deux éléments (agrafe, crochet). ⇒ **crampe. 2.** *Chaussures à crampons,* munies de clous, de petits cylindres de cuir, caoutchouc, etc., destinés à empêcher de glisser. — *Pneu à crampons,* pneu d'hiver muni de pointes d'acier améliorant l'adhérence sur la glace, la neige. **3.** Racines de fixation qui apparaissent le long de la tige (d'une plante grimpante). *Les crampons du lierre.* **II.** Fam. Personne importune et tenace. ⇒ fam. **tache.** *Quel crampon !* — Adj. invar. *Ils sont crampon.* ⟨ ▶ cramponner ⟩

cramponner [kʀɑ̃pɔne] v. tr. ■ conjug. 1. **1.** Fixer, retenir avec des crampons. ⇒ **cramper.** *Cramponner un tissu sur des baguettes.* **2.** Fig. Saisir, retenir qqch. avec force. *Elle cramponnait la rampe. Cramponner le chandail de qqn.* **3.** SE CRAMPONNER À v. pron. réfl. : s'accrocher, s'attacher ; se tenir fermement. ⇒ s'**agripper,** se **retenir ;** se **pogner.** / contr. **lâcher, laisser** / *Se cramponner au bras, au cou de qqn.* — Fig. *Se cramponner à une idée, à un espoir.*

① ***cran*** [kʀɑ̃] n. m. **1.** Entaille faite à un corps dur et destinée à accrocher, à arrêter qqch. ⇒ ① **coche, encoche.** *Hausser d'un cran une étagère. Les crans d'une crémaillère. Entailler par des crans.* ⇒ **créneler** (2). **2.** *Monter, hausser ; baisser d'un cran,* passer à qqch. de supérieur, d'inférieur (⇒ **augmenter, diminuer**). **3.** Entaille où s'engage une pièce mobile (tête de gâchette d'une arme à feu, etc.). *Couteau à cran d'arrêt.* **4.** Entaille servant de repère. **5.** Trou servant d'arrêt dans une sangle, une courroie. *Serrer sa ceinture de deux crans.* ▶ ***cranter*** v. tr. ■ conjug. 1. ■ Faire des crans (I) à (qqch.). — Au p. p. adj. *Pignon cranté.* ⟨ ▶ ② cran ⟩

② ***cran*** n. m. **1.** Fam. Audace, courage. ⇒ **estomac** (III). *Il a du cran. Elle a eu le cran de refuser.* **2.** (France) *Être* À CRAN : prêt à se mettre en colère (→ À bout de nerfs). ⇒ **exaspéré.** *Il l'a mis à cran.*

crâne [kʀɑn] n. m. **1.** Boîte osseuse renfermant le cerveau. *Les os du crâne et ceux de la face forment la tête. Fracture du crâne. Crâne de bœuf.* **2.** Tête, sommet de la tête. *Avoir le crâne chauve. Avoir mal au crâne.* — Cerveau. *Bourrage de crâne.* ▶ ***crânien, ienne*** adj. ■ Du crâne. *Boîte crânienne. Os crâniens.*

crâner [kʀɑne] v. intr. ■ conjug. 1. Fam. **1.** Affecter la bravoure, le courage, la décision. ⇒ **fanfaronner,** se **vanter.** — Faire le malin. *Ce n'est pas le moment de crâner.* **2.** Prendre un air vaniteux. ⇒ fam. **frimer.** ▶ ***crâneur, euse*** n. et adj. ■ Fam. ⇒ **prétentieux.** *Faire le crâneur.* — Adj. *Elle est un peu crâneuse.* / contr. **modeste** /

① ***crapaud*** [kʀapo] n. m. ■ Batracien à tête large, au corps trapu recouvert d'une peau verruqueuse. ≠ *grenouille.*

② ***crapaud*** n. m. **1.** Défaut dans un diamant, une pierre précieuse. ⇒ **paille. 2.** Le plus petit des pianos à queue.

crapet [kʀapɛ] n. m. ■ Petit poisson d'Amérique du Nord vivant dans les eaux douces, au corps arrondi et très coloré. *Le crapet ressemble à la perche. — Des crapets-soleils.*

crapule [kʀapyl] n. f. ■ Individu très malhonnête. ⇒ **bandit, canaille, escroc ;** fam. **bum, charogne, crosseur, fripouille.** *C'est une crapule.* — Adj. *Il, elle est un peu crapule.* ▸ ***crapulerie*** n. f. ■ Caractère, action de crapule. ▸ ***crapuleux, euse*** adj. ■ Très malhonnête et sordide. ⇒ **horrible, ignoble, infâme.** (Surtout dans : *crime, assassinat... crapuleux,* accompli pour voler.) *Mener une vie crapuleuse,* de débauche sordide. ▸ ***crapuleusement*** adv.

craquage [kʀakaʒ] n. m. ■ Procédé de raffinage du pétrole.

① ***craque*** [kʀak] n. f. Fam. **1.** Mensonge par exagération. *Il nous a poussé des craques.* ⇒ ② **blague, farce ;** anglic. **joke. 2.** Allusion ironique, parole blessante. ⇒ ① **pique** (II), **pointe** (III), **vacherie ;** fam. **patarafe.** *Ils passent leur temps à s'envoyer des craques.* — REM. L'emploi de ce mot au sens 2 est parfois critiqué.

② ***craque*** n. f. ■ Fam. Ouverture étroite et longue, plus ou moins profonde, à la surface d'une matière solide. ⇒ **crevasse, fêlure, fente, fissure, lézarde.** *Son patin est resté pris dans une craque sur la patinoire. La peinture fait des craques sur le mur. — Les craques du visage, du front,* les rides, les plis. — REM. Ces emplois sont parfois critiqués.

craqueler [kʀakle] v. tr. ▪ conjug. 4. ■ Fendiller (une surface polie). ⇒ **craquer** (II). *Craqueler de la porcelaine.* — Pronominalement (réfl.). *La terre se craquelle sous l'effet de la sécheresse.* — Au p. p. adj. *Émail craquelé.* ▸ ***craquelage*** n. m. ▸ ***craquelure*** n. f. ■ Fendillement du vernis, de l'émail, etc.

craquelin n. m. ■ Biscuit non salé et croquant. *Une boîte de craquelins.* ⇒ **biscuit** soda.

craquer [kʀake] v. **I.** V. intr. conjug. 1. **1.** Produire un bruit sec. *On entend le parquet craquer. Faire craquer ses doigts en tirant sur les articulations. — La neige craque sous les pas.* ⇒ ② **crisser. 2.** Se déchirer brusquement. *Les coutures ont craqué.* — Se casser. **3.** Loc. fig. PLEIN(E) À CRAQUER : complètement plein. *La salle était pleine à craquer.* **4.** Abstrait. *Ses nerfs ont craqué, il n'a pas pu se dominer.* — (Suj. personne). Céder à une pression psychologique, s'effondrer. *Tu te surmènes, tu vas craquer.* — Céder à la tentation. *Je craque !* — Fam. *Être craqué (du cerveau),* fou. ⇒ fam. **fêlé. 5.** Fig. Être ébranlé, menacer ruine. *Le gouvernement craque. Ses projets ont craqué.* ⇒ **échouer ;** fam. **capoter. II.** V. tr. Fam. **1.** Fendiller, fêler. ⇒ **craqueler, fendre.** *L'enfant a craqué un vase.* — V. intr. *La vitre a craqué à cause du froid.* — Au passif. *Le miroir est craqué.* — Au p. p. adj. *Des murs craqués* (⇒ **lézardé**), *du cuir craqué.* **2.** Fig. Loc. *Être riche à craquer,* très riche. — REM. Ces emplois (II) sont parfois critiqués. **III.** V. tr. *Craquer une allumette,* l'allumer en la frottant. ▸ ***craquement*** n. m. ■ Bruit sec (d'une chose qui se rompt, éclate, etc.). ⇒ **crac.** *On entend des craquements sinistres. Le craquement des feuilles sèches.* ▸ ***craqueter*** [kʀakte] v. intr. ▪ conjug. 4. ■ Produire des craquements répétés. ⟨ ▸ ② craque, craqueler, craquelin ⟩

① ***crasse*** [kʀas] adj. f. **1.** IGNORANCE *(bêtise...)* CRASSE : totale et grossière. *Tu es d'une ignorance crasse.* **2.** Adj. Loc. fam. *Avoir les yeux crasses,* qui dénotent un état d'esprit grivois, licencieux. ⇒ **égrillard.** — Surtout des enfants. Caressants, cajoleurs. *Elle a un petit œil crasse ce matin.* ⇒ **enjôleur.**

② ***crasse*** n. f. **1.** Couche de saleté. *Mains couvertes de crasse. Enlever la crasse,* décrasser. **2.** *Une crasse,* une méchanceté, une indélicatesse. ⇒ ① **craque, saleté, vacherie.** *Faire une crasse à qqn.* ▸ ***crasseux, euse*** adj. ■ Qui est couvert de crasse, très sale. *Une chemise crasseuse. Un escalier crasseux et puant.* ▸ ***crassier*** n. m. ■ Amoncellement des scories de hauts fourneaux. ⇒ **terril.** ⟨ ▸ décrasser, encrasser ⟩

-crate, -cratie, -cratique ■ Éléments savants signifiant « force, pouvoir ». ⟨ ▸ aristocrate, autocrate, bureaucrate, démocrate, gérontocratie, phallocrate, ploutocrate, technocrate, théocratie ⟩

cratère [kʀatɛʀ] n. m. ■ Dépression d'un volcan, généralement circulaire, par laquelle s'échappent des matières en fusion (laves, cendres). — *Les cratères de la Lune,* les dépressions creusées par l'impact des météorites. ⇒ **astroblème.**

cravache [kʀavaʃ] n. f. **1.** Baguette mince et flexible dont se servent les cavaliers. ⇒ **badine, jonc.** *Coup de cravache.* **2.** Loc. *À la cravache,* brutalement. *Mener qqn à la cravache.* ▸ ***cravacher*** v. tr. ▪ conjug. 1. **1.** Frapper à coups de cravache. *Cravacher un cheval. — Elle a fini la course en cravachant. — Cravacher qqn,* le brutaliser. **2.** Fam. Aller vite. *Il a dû cravacher pour finir à temps.*

cravate [kʀavat] n. f. **1.** Bande d'étoffe que l'on noue autour du cou (surtout cravate d'homme qui se passe sous le col de chemise et se noue par-devant). *Cette cravate va bien avec son costume. Il aime mieux les nœuds papillon que les cravates. Faire un nœud de cravate. Épingle à (de) cravate.* **2.** Bande d'étoffe, insigne de haute décoration. *Cravate de commandeur de la Légion d'honneur, en France.* **3.** Loc. fam. *S'en jeter un* (un verre) DERRIÈRE LA CRAVATE. ⇒ **boire.** ⟨ ▸ cravater ⟩

cravater [kʀavate] v. tr. ▪ conjug. 1. **1.** Attaquer (qqn) en le prenant et en le serrant par le cou. **2.** Fam. Prendre, attraper (qqn). *Le voleur s'est fait cravater.* ⇒ fam. **pincer, pogner. 3.** V. pron. réfl. *Se cravater,* se mettre une cravate. — Au passif et au p. p. adj. *Être cravaté,* porter une cravate.

crawl [kʀol] n. m. ■ Nage rapide qui consiste en un battement continu des jambes et un tirage alternatif des bras. *Nager le crawl.* ▸ ***crawler*** [kʀole] v. intr. ▪ conjug. 1. ■ Nager le crawl. — Au p. p. adj. *Dos crawlé,* crawl nagé sur le dos. ▸ ***crawleur, euse*** n. ■ Personne qui nage le crawl. *Les crawleuses de l'équipe olympique.* — En appos. *Un champion crawleur.*

crayeux, euse [kʀɛjø, øz] adj. **1.** De la nature de la craie. *Terrain, sol crayeux.* **2.** De la couleur de la craie. ⇒ **blanchâtre.** *Avoir un teint crayeux.*

crayon [kʀɛjɔ̃] n. m. **1.** Petite baguette, généralement en bois, servant de gaine à une longue mine. *Écrire, dessiner au crayon. Boîte de crayons de couleur. Des crayons à mine.* ⇒ **porte-mine.** *Des crayons au (de) plomb.* **2.** Bâtonnet. *Crayon de rouge à lèvres.* ⇒ **bâton, tube. 3.** Dessin au crayon. *Les crayons de cet artiste sont très recherchés.* ▸ ***crayonner*** v. tr. ▪ conjug. 1. ■ Dessiner, écrire au crayon, de façon sommaire. *Crayonner des notes, un croquis.* ▸ ***crayonnage*** n. m. ■ Action de crayonner. — Griffonnage au crayon. ▸ ***crayon-feutre*** n. m. ■ Stylo dont la pointe est en feutre ou en matière synthétique. *Des crayons-feutres.* — Abrév. fam. FEUTRE, n. m. *Prête-moi ton feutre.* ⟨ ▸ affile-crayon, aiguise-crayon, taille-crayon ⟩

créance [kʀeɑ̃s] n. f. ■ Droit en vertu duquel une personne ⇒ **créancier** peut exiger qqch., une somme d'argent de qqn. ⇒ **débiteur**. / contr. **dette** / *Avoir une créance sur qqn.* — REM. *Créance* et *crédit* viennent de mots latins signifiant « croire ». — *Recouvrer une créance.* — Titre établissant la créance. ▶ ***créancier, ière*** n. ■ Titulaire d'une créance ; personne à qui il est dû de l'argent. *Être poursuivi par ses créanciers. Payer, rembourser ses créanciers.* / contr. **débiteur** /

créateur, trice [kʀeatœʀ, tʀis] n. et adj. **I.** N. **1.** Personne qui crée, qui tire qqch. du néant. *Le créateur du ciel et de la terre,* Dieu. — Sans compl. et avec une majusc. *Adorer le Créateur.* **2.** Auteur (d'une chose nouvelle). *Le créateur d'un genre littéraire, d'une théorie scientifique.* ⇒ **inventeur.** *Les créateurs de la musique rock.* — Absolt. *C'est un créateur.* / contr. **imitateur** / — *Le créateur, la créatrice d'un rôle,* le premier, la première interprète. **3.** *Le créateur d'un produit.* ⇒ **producteur.** *La maison X est la créatrice exclusive de ce modèle. Une créatrice de mode.* **II.** Adj. Qui crée ou invente. *Esprit, cerveau créateur. L'imagination créatrice.* ▶ ***créatif, ive*** adj. ■ Qui est d'esprit inventif, qui favorise la création. *Un esprit créatif.* — N. *Les créatifs,* dans une entreprise de publicité, ceux qui inventent (opposés à *ceux qui administrent, gèrent*). ▶ ***création*** [kʀeasjɔ̃] n. f. **I.** (*La création*) **1.** Action de donner l'existence, de tirer du néant. La création du monde. ⇒ **genèse. 2.** Ensemble des choses créées ; le monde créé. ⇒ **monde, nature, univers.** *Les merveilles de la création.* — Loc. *Toutes les plantes* DE LA CRÉATION : toutes les plantes qui existent. **II.** (*Une création, la création de...*) **1.** Action de faire, d'organiser (une chose qui n'existait pas encore). ⇒ **conception, élaboration, invention, réalisation.** / contr. **abolition, destruction** / *La création d'une ville. Création d'une société.* ⇒ **fondation.** *Elles font partie de l'entreprise depuis sa création.* ⇒ **commencement, début.** *Création d'idées nouvelles.* ⇒ **apparition, naissance.** — *La création d'emplois est une priorité.* — Fait de créer une œuvre. / contr. **imitation** / **2.** Ce qui est créé. *Les plus belles créations de l'être humain.* ⇒ **œuvre.** — Nouvelle fabrication ; modèle inédit. *Les dernières créations des grands couturiers.* ▶ ***créature*** n. f. **1.** Être qui a été créé, tiré du néant (opposé à *créateur*). **2.** *Créature humaine.* ⇒ **enfant, femme, homme, humain.** *Une créature,* un être humain. ⇒ **personne. 3.** Femme (surtout péj.). *Une malheureuse créature.* **4.** *La créature de qqn,* personne qui tient sa fortune, sa position de qqn à qui elle est dévouée. ⇒ **esclave, favori, protégé.**

crécelle [kʀesɛl] n. f. **1.** Moulinet de bois formé d'une planchette mobile qui tourne bruyamment autour d'un axe. *Bruit de crécelle,* sec et aigu. *Jouer avec une petite crécelle en bois.* **2.** *Voix de crécelle,* aiguë, désagréable.

crèche [kʀɛʃ] n. f. **I.** Mangeoire où Jésus fut placé à sa naissance, dans l'étable de Bethléem, selon la tradition de Noël ; petit édifice représentant l'étable de Bethléem ou une grotte. *Installer une crèche (de Noël) dans l'église. Faire la crèche au pied de l'arbre,* installer les décorations (maisons, animaux) et les personnages de Noël sous le sapin. **II. 1.** Anciennt. Établissement où l'on recevait les enfants abandonnés nés hors du mariage ainsi que les jeunes orphelins, en attendant de les faire adopter. **2.** (France) Établissement, asile destiné à recevoir dans la journée les enfants de moins de trois ans. ⇒ **garderie, pouponnière.** ▶ ***crécher*** v. intr. ▪ conjug. 6. ■ Fam. Habiter, loger. *Il crèche chez l'un de ses chums.*

crédible [kʀedibl] adj. ■ Qui peut être cru. / contr. **incroyable** / — Qui est vraisemblable, qui peut réussir. *Une politique crédible.* ▶ ***crédibilité*** n. f. ■ Caractère de ce qui est croyable. ⇒ **plausibilité, vraisemblance.** *La crédibilité d'un témoignage. Son histoire manque de crédibilité.* / contr. **invraisemblance** /

crédit [kʀedi] n. m. **I.** Influence dont jouit une personne ou une chose auprès de qqn, par la confiance qu'elle inspire. ⇒ **autorité, influence, pouvoir.** — REM. *Crédit,* comme *créance,* est rattaché par son origine à *croire.* — *Jouir d'un grand crédit auprès de qqn.* — Loc. EN CRÉDIT. *Être en crédit auprès de qqn.* ⇒ **faveur.** / contr. **discrédit** / *Elle n'a plus aucun crédit. Cette opinion acquiert du crédit dans tel milieu.* **II.** Situation d'une personne autorisée à ne pas payer immédiatement, à emprunter. **1.** Loc. À CRÉDIT : sans exiger de paiement immédiat (opposé à *au comptant*). ⇒ à **tempérament.** *Vendre, vente à crédit.* — FAIRE CRÉDIT À *qqn* : ne pas exiger un paiement immédiat. — *Carte* de crédit.* **2.** Opération par laquelle une personne met une somme d'argent à la disposition d'une autre ; cette somme. ⇒ **prêt ; avance.** *Établissement* ou fam. *compagnie de crédit.* ⇒ **finance.** *Accorder, obtenir un crédit. Un crédit bancaire.* — (France) Nom d'établissements de crédit. *Le Crédit agricole.* **3.** Au plur. Sommes allouées sur un budget pour un usage déterminé. *Crédits budgétaires. Vote des crédits municipaux.* **4.** Partie d'un compte où sont inscrites les sommes remises ou payées à la personne qui tient le compte. *Balance du crédit et du débit.* **III.** Unité qui sert à exprimer la valeur d'une composante (cours, stage, recherche) d'un programme d'études secondaire, collégial, universitaire. *Il lui manque quelques crédits avant d'obtenir son diplôme. Un cours de trois crédits.* — REM. L'O.L.F. propose *unité* pour remplacer ce terme. ▶ ***créditer*** v. tr. ▪ conjug. **1.** Porter au crédit de (qqn, son compte). *Créditer un compte de mille dollars.* / contr. **débiter** / **2.** Reconnaître une équivalence en crédits (III) pour un cours, un stage, une recherche déjà effectuée et réussie. ▶ ***créditeur, trice*** n. ■ Personne qui a des sommes portées à son crédit. — Adj. *Compte, solde créditeur.* / contr. **débiteur** / ‹ ▶ discrédit ›

créditiste [kʀeditist] n. et adj. ■ N. (Anciennt.) Membre ou partisan d'un parti politique fédéral *(Le Crédit social)* ou québécois *(Le Ralliement des créditistes)* défenseur d'un certain ordre économique. ⇒ **bérêt** blanc. — Mod. Membre ou partisan d'un parti créditiste provincial encore actif. *Les créditistes de la Colombie-Britannique.* — Adj. *Un gouvernement créditiste. Une réunion créditiste. Le vote créditiste,* en faveur de ce parti. — Adv. *Voter créditiste.*

credo [kʀedo] n. m. **1.** (Avec une majusc. et invar.) Formule contenant les articles fondamentaux d'une foi religieuse. *Credo catholique,* symbole des Apôtres. — REM. *Credo* signifie « je crois » en latin. **2.** Principes sur lesquels on fonde son opinion, sa conduite. ⇒ **règle.** *Il nous a exposé son credo politique. Des credo(s).*

crédule [kʀedyl] adj. ■ Qui a une confiance aveugle en ce qu'il entend ou lit. ⇒ **naïf, simple ;** fam. **gogo.** *Vous êtes trop crédule.* / contr. **incrédule, sceptique** / ▶ ***crédulité*** n. f. ■ Grande facilité à croire. ⇒ **candeur, confiance, naïveté.** *Un charlatan qui abuse de la crédulité du public.* ‹ ▶ incrédule ›

créer [kʀee] v. tr. ▪ conjug. 1. **1.** Donner l'existence, l'être à ; tirer du néant. *Dieu créa le ciel et la terre.* / contr. **anéantir** / **2.** Faire, réaliser (qqch. qui n'existait pas encore). ⇒ **concevoir, élaborer, inventer, produire.** / contr. **détruire** / *Créer une science, un genre littéraire.* — Sans compl. *L'artiste, le poète créent.* — Établir ou organiser. *Créer une ville, des emplois.* **3.** *Créer un rôle,* en être le premier interprète. *Créer un spectacle,* le mettre en scène. **4.** Fabriquer ou mettre en vente (un produit nouveau). *La maison X a créé et lancé ce produit.* **5.** (Suj. chose) Être la cause de. ⇒ **causer, produire, provoquer.** *La fonction crée l'organe. La publicité crée des besoins nouveaux.* — (Suj. personne) *Sa famille lui crée des ennuis. Créer sa place dans la société,* faire ce qu'il faut pour que sa valeur soit reconnue. **6.** SE CRÉER *qqch.* : susciter pour soi-même. ⇒ **imaginer.** *Se créer des illusions, des besoins. Elle s'est créé des habitudes.* ‹ ▸ créateur, création, procréer, recréer ›

crémage [kʀɛ(e)maʒ] n. m. ■ Garniture crémeuse et aromatisée qui recouvre les gâteaux et certaines pâtisseries. ⇒ **glaçage.** *Donne-moi la recette du crémage. Un crémage à l'érable. Dans les biscuits sandwich il y a parfois du crémage,* une garniture à la crème. — Fait de crémer un gâteau, une pâtisserie. *Elle s'occupe du crémage des petits gâteaux.*

crémaillère [kʀemajɛʀ] n. f. **1.** Autrefois. Tige de fer à crans qu'on suspendait dans une cheminée pour y accrocher une marmite. — Loc. PENDRE LA CRÉMAILLÈRE : célébrer, par un repas, une fête, son installation dans un nouveau logement, un nouveau bureau. **2.** Pièce munie de crans. *Une étagère à crémaillère.* — Rail denté. *Automobile avec direction à crémaillère. Chemin de fer, funiculaire à crémaillère.*

crémation [kʀemasjɔ̃] n. f. ■ Littér. Action de brûler le corps des morts. ⇒ **incinération.** ▸ ***crématoire*** adj. ■ FOUR CRÉMATOIRE : où l'on réduit les corps en cendres. — N. m. *La fumée des crématoires. Les crématoires et les chambres à gaz des camps d'extermination nazis.* ▸ ***crématorium*** [kʀematɔʀjɔm] n. m. ■ Lieu où l'on incinère le corps des morts. ≠ *columbarium, funérarium, incinérateur.*

crème [kʀɛm] n. f. **I. 1.** Matière grasse du lait, dont on fait le beurre. *Crème fraîche. De la crème de table. Fromage à la crème. Crème fouettée, crème Chantilly,* fortement émulsionnée (pour la pâtisserie, etc.). *Sucre* à la crème.* — En appos. Invar. CAFÉ CRÈME : avec de la crème ou du lait. *Des cafés crème.* — N. m. *Un crème,* un café crème. (France) *Des grands crème(s).* **2.** CRÈME GLACÉE : crème aromatisée, congelée et fondante, mangée comme dessert ou rafraîchissement. ⇒ ① **glace ; parfait.** *De la crème glacée à la vanille. Un cornet de crème glacée aux brisures de chocolat.* ≠ *sorbet* (jus de fruits). — REM. On dit familièrement *crème à glace.* **3.** Fam. *C'est la crème des mères,* la meilleure des mères. **4.** Entremets composé ordinairement de lait et d'œufs. *Crème pâtissière. Crème renversée. Des crèmes caramel. Une crème-dessert.* ⇒ **pouding. 5.** Liqueur épaisse (en général sucrée). *De la crème de menthe, de cassis.* **6.** Préparation utilisée dans la toilette et les soins de la peau. *Crème à raser. Crème solaire. Une crème de beauté. Crème de corps.* ≠ *chrême.* **II.** Adj. invar. D'une couleur blanche légèrement teintée de jaune. *Des gants crème.* ▸ ***crémeux, euse*** [kʀɛ(e)mø, øz] adj. ■ Qui contient beaucoup de crème (1). *Du lait bien crémeux.* — Qui a la consistance, l'aspect de la crème. *Du beurre d'arachides crémeux.* ▸ ***crémerie*** [kʀɛmʀi] n. f. (France) **1.** Magasin où l'on vend les produits laitiers. ⇒ **laiterie. 2.** Loc. fam. *Changer de crémerie,* aller ailleurs. ▸ ***crémier, ière*** [kʀemje, jɛʀ] n. ■ (France) Commerçant qui vend des produits laitiers, des œufs, etc. ▸ ***crémer*** [kʀɛ(e)me] v. tr. ▪ conjug. 6. ■ Recouvrir, garnir de crémage. ⇒ ② **glacer.** *Les enfants crèment un gâteau.* ‹ ▸ crémage, écrémer ›

crémone [kʀemɔn] n. f. ■ (Surtout en France) Espagnolette servant à fermer les fenêtres, composée d'une tige de fer qu'on hausse ou qu'on baisse en faisant tourner une poignée.

créneau [kʀeno] n. m. **1.** Ouverture pratiquée au sommet d'un rempart et qui servait à la défense. ⇒ **meurtrière.** *Des créneaux.* **2.** Espace disponible entre deux véhicules en stationnement. — (Surtout en France) *Faire un créneau,* se stationner. **3.** Place disponible sur un marché ; domaine de commercialisation. *C'est un bon, un nouveau créneau.* ▸ ***créneler*** [kʀɛ(e)nle] v. tr. ▪ conjug. 4. **1.** Munir de créneaux (1). *Créneler une muraille.* — Au p. p. adj. *Muraille, tour crénelée.* **2.** Entailler en disposant des crans. ⇒ **denteler.** *Créneler une pièce de monnaie.*

créole [kʀeɔl] n. et adj. **1.** N. (Avec une majusc.) Personne de race blanche, née dans les anciennes colonies européennes (Antilles, Guyane, Réunion). *Un, une Créole.* **2.** Adj. Propre aux Créoles. *Restaurant créole. La cuisine créole. Un riz créole.* **3.** Adj. et n. m. *Parlers créoles, les créoles,* langues provenant du contact du français, de l'espagnol, du portugais avec des langues indigènes ou importées (africaines). ⇒ **sabir.** *Les créoles français des Caraïbes, de l'océan Indien. Le créole haïtien.*

créosote [kʀeozɔt] n. m. **1.** Liquide huileux et incolore, d'odeur forte, utilisé pour la désinfection et la protection du bois. *Badigeonner des madriers avec du créosote.* **2.** Substance produite par la décomposition du bois par le feu, qui se dépose sur les parois de la cheminée et des tuyaux et qui est très inflammable.

crêpage [kʀɛpaʒ] n. m. ■ Action de crêper (les cheveux). Fam. *Un* CRÊPAGE DE CHIGNON : violente dispute.

① ***crêpe*** [kʀɛp] n. f. ■ Fine galette faite d'une pâte liquide composée de lait, de farine et d'œufs, frite et saisie à la poêle. *Crêpe de sarrasin* ⇒ **galette**, *de froment. Manger des crêpes au sirop d'érable pour déjeuner. Crêpes salées, sucrées. Crêpes bretonnes. Marchand de crêpes* (CRÊPIER, IÈRE n.). — Loc. fam. *Retourner qqn comme une crêpe,* le faire complètement changer d'avis. ▸ ***crêperie*** n. f. ■ Établissement où l'on vend, où l'on consomme des crêpes. *Crêperie bretonne.*

② ***crêpe*** n. m. **1.** Tissu léger de soie, de laine fine, ayant un aspect granuleux. *Crêpe de Chine.* — Morceau de crêpe noir, porté en signe de deuil. ⇒ ② **voile.** — *Papier de crêpe.* ⇒ **crêpé. 2.** Caoutchouc laminé en feuilles. *Chaussures à semelles de crêpe.* ▸ ***crépon*** n. m. ■ Crêpe (1) épais. ‹ ▸ crêpé ›

crêpé, ée [kʀɛpe] adj. ■ *Papier crêpé* ou *de crêpe,* papier gaufré utilisé pour la décoration, l'emballage.

crêper [kʀɛpe] v. tr. ▪ conjug. 1. **1.** Rebrousser (les cheveux) de manière à les faire gonfler. — Au p. p. adj. *Des cheveux crêpés.* **2.** Loc. fam. SE CRÊPER LE CHIGNON : se battre, se prendre aux cheveux. ‹ ▸ crêpage, crépu ›

crépi [kʀepi] n. m. ■ Couche de plâtre, de ciment d'aspect raboteux, dont on revêt une muraille. *Refaire le crépi d'une maison.* ▸ ***crépir*** v. tr. ▪ conjug. 2. ■ Garnir (une muraille) d'un crépi. *Crépir un mur.* — Au p. p. adj. *Des murs crépis.* ▸ ***crépissage*** n. m. ■ Action de crépir (un mur). *Crépissage à la truelle.* — État d'une surface crépie. ‹ ▸ décrépir ›

crépiter [kʀepite] v. intr. ▪ conjug. 1. ■ Faire entendre une succession de bruits secs. *Le feu crépite.* ⇒ **grésiller, pétiller.** *Les applaudissements crépitaient.* ▸ ***crépitation*** n. f., ou ***crépitement*** n. m. ■ Fait de crépiter. *Le crépitement du feu, d'une mitrailleuse.*

crépu, ue [kʀepy] adj. ■ (Cheveux) Dont la frisure est très serrée, ne fait pas de boucles. *Cheveux crépus des Noirs.*

crépuscule [kʀepyskyl] n. m. ■ Lumière incertaine qui succède immédiatement au coucher du soleil.

⇒ **brunante.** *Au crépuscule, à l'heure du crépuscule,* à la nuit tombante. ⇒ **tombée** du jour. ▸ ***crépusculaire*** adj. ■ Du crépuscule. *Une lumière crépusculaire.*

crescendo [kʀe(ɛ)ʃɛndo] adv. et n. m. invar. **1.** Adv. En augmentant progressivement l'intensité sonore. *Jouer crescendo.* — *Aller crescendo,* aller en augmentant. *Sa nervosité allait crescendo.* / contr. **decrescendo** / **2.** N. m. invar. Son d'intensité croissante ; amplification (d'un son). *Des crescendo.*

cresson [kʀɛsɔ̃] n. m. ■ Plante herbacée à tige rampante et à petites feuilles rondes ; ces feuilles comestibles. *Salade de cresson.* ▸ ***cressonnière*** n. f. ■ Lieu baigné d'eau où l'on cultive le cresson.

crésus [kʀezys] n. m. invar. ■ Personne extrêmement riche. ⇒ **craquer** (II). *C'est un crésus* (plus souvent *il est riche comme Crésus).*

crétacé, ée [kʀetase] adj. et n. m. ■ Qui correspond à une période géologique de la fin du secondaire, au cours de laquelle se sont formés (notamment) les terrains à craie. — N. m. *Le crétacé supérieur.*

crête [kʀɛt] n. f. **1.** Excroissance charnue, rouge, dentelée, sur la tête de certains oiseaux gallinacés. *Crête de coq.* **2.** Ligne de faîte (d'une montagne, d'un mur, etc.). *La crête d'une montagne* ⇒ **cime**, *d'un toit.* **3.** Arête supérieure (d'une vague). *Des vagues aux crêtes frangées d'écume* (opposé à *creux*). **4.** Météorologie. *Crête de haute pression,* ligne de haute pression entre deux dépressions.

crétin, ine [kʀetɛ̃, in] n. **1.** Personne atteinte de débilité mentale (crétinisme). **2.** Personne stupide. ⇒ **idiot, imbécile, niaiseux.** *Bande de crétins !* — Adj. *Il est vraiment crétin.* ▸ ***crétinerie*** n. f. ■ Action de crétin. ⇒ **bêtise, niaiserie, sottise.** ▸ ***crétinisme*** n. m. **1.** Arriération mentale avec retard du développement physique et affectif. **2.** Grande bêtise. ⇒ **idiotie, imbécillité, niaiserie, stupidité.**

cretonne [kʀətɔn] n. f. ■ Toile de coton très forte. *Des rideaux de cretonne.*

cretons [kʀətɔ̃] n. m. pl. **1.** Charcuterie en pâté faite de porc ou de veau haché, cuit et assaisonné. *Des sandwichs aux cretons. Elle met de la moutarde sur ses cretons.* ≠ *rillettes.* — Loc. fig. *Geler comme des cretons,* avoir très froid. **2.** Au sing. (Personnes) Fam. Niaiseux, idiot. ⇒ **imbécile** ; fam. ③ **cave, coq-d'Inde, innocent.** *Mon espèce de creton.* — Terme d'affection adressé aux enfants. *Viens voir grand-maman, mon petit creton.*

creuser [kʀøze] v. • conjug. 1. **I.** V. tr. **1.** Rendre creux en enlevant de la matière ; faire un, des trous dans (qqch.). ⇒ **évider, trouer.** *Creuser la terre.* — *L'exercice creuse l'estomac, m'a creusé* (donné faim). — SE CREUSER *la tête, la cervelle* : faire un grand effort de réflexion, de mémoire. Sans compl. *Si tu (te) creuses un peu, tu trouveras la solution.* **2.** Donner une forme concave à. *La maladie lui a creusé les joues, les yeux.* — Au p. p. adj. *Visage creusé de rides.* **3.** Abstrait. Approfondir. *Creuser une idée, une question, un sujet.* **II.** V. tr. Faire (qqch.) en enlevant de la matière. *Creuser un trou, une fosse, un tunnel, un puits.* **III.** SE CREUSER v. pron. réfl. **1.** Devenir creux, prendre une forme creuse. *Ses joues se creusent.* **2.** (Trou) Se former. *Des excavations se sont creusées pendant le tremblement de terre.* — Fig. *Un fossé s'est creusé entre eux.* **IV.** V. intr. Faire, approfondir un trou. *Creuser dans la terre. Les sauveteurs ont creusé toute la nuit.* ‹ ▸ surcreusé ›

creuset [kʀøzɛ] n. m. **1.** Récipient qui sert à faire fondre ou calciner certaines substances. — Partie inférieure d'un haut fourneau où se trouve le métal en fusion. **2.** Littér. Lieu où diverses choses se mêlent, où une chose s'épure. *Le creuset du temps, de la souffrance.*

creux, euse [kʀø, øz] adj. et n. **I.** Adj. **1.** Qui est vide à l'intérieur. *Tige creuse, arbre creux. Ventre, estomac creux,* vide. / contr. **plein** / **2.** *Son creux,* celui d'un objet creux sur lequel on frappe. — Adv. *Sonner creux.* **3.** Vide de sens. *Paroles creuses. Jugement, raisonnement creux,* peu solide. ⇒ **vain. 4.** *Heures creuses,* pendant lesquelles les activités sont ralenties. **5.** Qui présente une courbe rentrante, une concavité. *Assiette creuse,* qui peut contenir des liquides. / contr. **plat** / *Pli creux,* qui forme un creux en s'ouvrant. — *Chemin creux,* en contrebas, entre des haies, des talus. — *Visage creux, joues creuses.* ⇒ **maigre. 6.** Profond. *Un puits creux. Au milieu du lac, c'est très creux.* **7.** Fig. et fam. *C'est creux d'où tu viens,* loin des villes, de la civilisation. ⇒ **concessions ; habitant. II.** N. m. **1.** Vide intérieur dans un corps. ⇒ **cavité, enfoncement, trou. 2.** Partie concave. *Présenter des creux et des bosses. Dans le creux de la main,* la paume. *Le creux des reins* (opposé à *plat du dos*). — *Avoir un creux à (dans) l'estomac* ou ellipt *avoir un (petit) creux,* avoir faim. — *Le creux d'une vague* (opposé à *crête*). Loc. *Être dans le creux de la vague,* au plus bas (du succès, de la réussite). ‹ ▸ creuser, creuset ›

crevaison [kʀəvɛzɔ̃] n. f. ■ Action de crever (objet gonflé : ballon, pneu) ; son résultat. *La crevaison d'un pneu.* ⇒ anglic. **flat.** *Réparer une crevaison.*

crevant, ante [kʀəvɑ̃, ɑ̃t] adj. **1.** Fam. Qui crève (II, 3), exténue. ⇒ **épuisant, fatigant.** *C'est un travail crevant.* **2.** Fam. Qui fait crever de rire. ⇒ **amusant, drôle ;** fam. **crampant.** *Il est crevant avec ce chapeau-là.*

crevasse [kʀəvas] n. f. **1.** Fente profonde à la surface (d'une chose). *Crevasse d'un mur.* ⇒ ② **craque, fêlure, fissure, lézarde.** *Crevasse dans le sol.* ⇒ **faille.** — Cassure étroite et profonde dans la glace. *À cause des crevasses, on ne peut plus patiner sur le lac.* **2.** N. f. pl. Petites fentes de la peau, généralement provoquées par le froid. ⇒ **engelure, gerçure.** *Avoir des crevasses aux mains.* ▸ ***crevasser*** v. tr. • conjug. 1. ■ Faire des crevasses sur, à (qqch.). *Le froid lui a crevassé les mains.* ⇒ **craqueler, fissurer.** — Au p. p. adj. *Sol crevassé.*

crever [kʀəve] v. • conjug. 5. **I.** V. intr. **1.** S'ouvrir en éclatant, par excès de tension. *Nuage qui crève. Sac trop plein qui risque de crever.* ⇒ **craquer.** *Le pneu de sa bicyclette, de sa voiture a crevé.* ⇒ **éclater ; crevaison. 2.** (Personnes) Être trop gros, trop rempli de. *Crever de graisse.* — *Crever d'argent. Crever d'orgueil, de jalousie, de dépit. C'est à crever de rire,* à éclater de rire. ⇒ **crevant** (2). **3.** (Animaux, plantes) Mourir. *Arrosez cette plante, ou elle va crever.* — (Personnes) Fam. *Elle va crever.* ⇒ fam. **claquer.** — Fam. *Il fait une chaleur à crever. Crever de froid, de faim,* avoir très froid, faim. **II.** V. tr. **1.** Faire éclater (une chose gonflée ou tendue). *Crever un ballon.* — Au p. p. adj. *Pneu crevé.* **2.** (Choses) Loc. *Crever les yeux,* être bien en vue ; être évident. ⇒ **sauter** aux yeux. *Crever le plafond,* dépasser la limite supérieure. **3.** Exténuer par un effort excessif. *Crever un cheval.* — (Personnes) Fam. *Ce travail nous crève. Ce voyage l'a complètement crevé.* ⇒ **épuiser, fatiguer ;** fam. **claquer.** — Pronominalement (réfl.). *Se crever au travail.* ▸ ***crève*** [kʀɛv] n. f. ■ (France) Fam. *Attraper, avoir la crève,* attraper du mal, attraper froid. ⇒ **crever** (I, 3) ; (→ attraper* son coup de mort). ▸ ***crevé, ée*** adj. **1.** (Animaux) Mort. *Un chien crevé.* **2.** Fam. (Personnes) Épuisé, très fatigué. ⇒ fam. **claqué.** ▸ ***crève-cœur*** [kʀɛvkœʀ] n. m. invar. ■ Grand déplaisir mêlé de dépit. — En appos. *Une défaite crève-cœur,* inattendue, imméritée, qui se produit aux derniers instants d'un match. ▶ ***crève-la-faim*** [kʀɛvlafɛ̃] ou ***crève-faim*** [kʀɛvfɛ̃] n. m. invar. Fam. **1.** Miséreux qui ne mange pas à sa faim. **2.** Iron. Personne qui a un grand appétit. *C'est un vrai crève-faim.* ⇒ **ogre.** ⟨ ▶ crevaison, crevant, crevasse, increvable ⟩

crevette [kʀəvɛt] n. f. ■ Petit crustacé marin, ou d'eau douce, dont certaines espèces sont comestibles : *crevette rose* (bouquet), *grise.* ⇒ **scampi.**

① ***cri*** [kʀi] n. m. **1.** Son perçant émis par la voix. *Jeter, pousser des cris.* ⇒ **crier.** *Un long cri. Cri aigu, strident* ⇒ **hurlement**, *étouffé. Un cri de surprise, de joie, de douleur.* — Loc. *À cor* et à cri.* **2.** Parole(s) prononcée(s) très fort, sur un ton aigu. *Cri d'alarme, d'appel. Cris de protestation.* ⇒ **clameur.** *Cris d'approbation* (acclamation, hourra). Loc. *Jeter les hauts cris,* protester. — Fam. *Le dernier cri* (de la mode), sa toute dernière nouveauté. **3.** Opinion manifestée hautement. **4.** Mouvement intérieur (de la conscience). *C'est le cri du cœur,* l'expression non maîtrisée d'un sentiment sincère. **5.** Son émis par les animaux. *Le cri du chat est le miaulement. Cris d'oiseaux.* ▶ ***criailler*** [kʀi(j)ɑje] v. intr. ▪ conjug. 1. ■ Crier sans cesse, se plaindre fréquemment. ▶ ***criaillerie*** n. f. ■ Surtout au plur. Plainte répétée sur des sujets anodins. ⇒ **jérémiade.** ▶ ***criaillage*** ou ***criaillement*** n. m. ■ Surtout au plur. Fam. Cris désagréables et répétés. *Les criaillages des enfants. — Pas de couraillage ni de criaillage dans les corridors.* ▶ ***criant, ante*** adj. ■ Qui fait protester. *Injustice criante.* ⇒ **choquant, révoltant.** — Très manifeste. ⇒ **évident.** *Une preuve criante. Une explication criante de mauvaise foi.* ▶ ***criard, arde*** adj. et n. m. **I.** Adj. **1.** Qui crie désagréablement. *Un enfant criard.* **2.** Aigu et désagréable. *Sons criards. Voix criarde.* ⇒ **aigu, perçant.** / contr. **harmonieux** / **3.** Qui choque la vue. *Couleur criarde,* trop vive. ⇒ **hurlant.** / contr. **discret** / **II.** N. m. Fam. Klaxon. ⇒ **avertisseur.** *Peser sur le criard. — Le criard d'une usine,* la sirène.

② ***cri, crie*** adj. et n. **1.** Relatif à une nation d'Amérindiens du Nord-du-Québec et de quelques autres provinces. *Un village cri.* — N. (Avec une majusc.) Membre de cette nation. *Les Cries.* **2.** N. m. *Le cri,* une langue de la famille linguistique algonquienne parlée par ces Amérindiens.

crible [kʀibl] n. m. **1.** Instrument percé d'un grand nombre de trous, et qui sert à trier des objets de grosseur inégale (passoire, tamis). **2.** Fig. PASSER *une idée, une opinion* AU CRIBLE : l'examiner avec soin, pour distinguer le vrai du faux, le bon du mauvais. ▶ ***cribler*** v. tr. ▪ conjug. 1. **1.** Trier avec un crible. ⇒ **tamiser.** **2.** Percer de trous, comme un crible. *Cribler une cible de flèches.* — Au p. p. *Des corps criblés de blessures.* — Loc. *Être criblé de dettes,* en avoir beaucoup. ⇒ **accablé.**

cric [kʀik] n. m. ■ Appareil à crémaillère et à manivelle permettant de soulever à une faible hauteur certains fardeaux très lourds. ⇒ **vérin ;** anglic. **jack.** *Cric d'automobile.*

cricket [kʀikɛ] n. m. ■ Anglic. Sport britannique, qui se pratique entre deux équipes de douze joueurs, avec des bâtons aplatis à une extrémité et une balle. *Le base-ball dérive du cricket.* ≠ *criquet, croquet.*

crier [kʀije] v. ▪ conjug. 7. **I.** V. intr. **1.** Jeter un ou plusieurs cris. ⇒ **beugler, brailler, gueuler, hurler.** *Enfant qui crie.* ⇒ **pleurer.** *Crier comme un putois, comme un sourd, comme un perdu,* crier fort. *Crier à tue-tête* ou fam. *crier par la tête.* — (Animaux, et spécialt. oiseaux) Pousser son cri. **2.** Parler fort, élever la voix. *Il ne sait pas parler sans crier. — Crier contre qqn, après qqn,* lui manifester de la colère sur un ton élevé. — CRIER À *qqch.* : dénoncer *(crier à la trahison, à l'injustice, au scandale)* ou proclamer *(crier au miracle).* **3.** (Choses) Produire un bruit aigre, désagréable. ⇒ **grincer.** *Les gonds de la porte, les essieux crient.* **II.** V. tr. **1.** Dire à qqn d'une voix forte. *Il lui criait de se taire, qu'il se taise. Crier des ordres. Crier des injures à qqn.* Loc. fam. *Crier* (des injures, des bêtises) *par la tête à qqn,* injurier, engueuler qqn. — Faire hautement connaître. *Crier son innocence.* ⇒ **affirmer, clamer, proclamer.** *N'allez pas le crier sur les toits.* **2.** Loc. *Crier famine, crier misère,* se plaindre de la faim, de la misère. *Crier victoire, vengeance.* **3.** Au p. prés. Loc. fam. *En criant (bingo, ciseau, lapin),* rapidement, dans le temps de le dire. ⇒ **subito.** *Elle a préparé ses bagages en criant lapin.* **III.** V. tr. ind. Lancer un appel pour avertir et demander de l'aide. *Crier au secours, à l'aide, au feu.* ▶ ***criée*** [kʀije] n. f. ■ *Vente à la criée,* ou *la criée,* vente publique aux enchères. ⇒ **encan.** ▶ ***crieur, euse*** n. **1.** Vieilli. Marchand ambulant qui annonce en criant ce qu'il vend. — *Crieur de journaux.* **2.** Personne qui crie. *Les crieurs vont finir par se taire.* ⟨ ▶ ① cri, décrié, s'écrier, se récrier ⟩

① ***crime*** [kʀim] n. m. **1.** Infraction grave, que les lois punissent d'une peine afflictive ou infamante (opposé à *contravention* ou à *délit*). *Les crimes sont jugés par la Cour criminelle. — Crime de guerre.* **2.** Assassinat, meurtre. ⇒ **homicide.** *Commettre un crime. Un crime horrible. Crime passionnel. Ce n'est pas un accident, c'est un crime. L'arme du crime. Un crime parfait,* impossible à découvrir. — *Le crime organisé,* le milieu des malfaiteurs. ⇒ **maffia.** — PROV. *Le crime ne paie pas,* on ne profite jamais d'un crime. **3.** Faute blâmable que l'on grossit. *C'est un crime d'avoir abattu de si beaux arbres.* — Loc. *Ce n'est pas un crime,* ce n'est pas interdit. *Ce n'est pas un crime de se tromper.* ▶ ***criminel, elle*** adj. et n. **I.** N. **1.** Droit. Personne coupable d'un crime (1). ⇒ **malfaiteur, voleur.** *Le criminel et ses complices. Criminel de guerre,* qui commet des atrocités au cours d'une guerre. **2.** Assassin, meurtrier. **II.** Adj. **1.** Relatif à un crime. *Un acte criminel. Un incendie criminel. Une intention criminelle,* de faire un crime. **2.** Relatif aux actes délictueux et à leur répression (⇒ **pénal**). *Droit criminel.* **3.** Fam. (Actes, gestes) Très regrettable. *C'est criminel de laisser perdre ce bon vin !* ▶ ***criminalité*** n. f. ■ Ensemble des actes criminels. *Augmentation de la criminalité.* ▶ ***criminellement*** adv. **1.** D'une manière criminelle. **2.** Devant une juridiction criminelle. *Être tenu criminellement responsable d'un accident, d'un incendie. Poursuivre qqn criminellement.* ▶ ***criminologie*** n. f. ■ Science de la criminalité. ▶ ***criminologiste*** ou ***criminologue*** n. ■ Spécialiste de criminologie. ⟨ ▶ incriminer, récriminer ⟩

② ***crime*** interj. ■ Fam. Sacre, juron plus atténué que *crisse*. Fais attention, crime, tu ne vois pas clair !* Absolt. *(Maudit) crime ! — Crime de* (+ autre juron). *Crime de marche, de câline.* — Loc. *Être en crime,* fâché, en colère, de mauvaise humeur ; ne pas être content. — N. UN CRIME DE : sert à qualifier la chose, la personne mentionnée. *Un crime de beau bateau.* Sans compl. UN CRIME : terme d'injure, de mépris. *Tu parles d'un crime, toi ! Ma crime !* — Loc. adv. EN CRIME : très, beaucoup. *Aimer qqn en crime.*

crin [kʀɛ̃] n. m. **1.** Poil long et rude qui pousse au cou (crinière) et à la queue de certains animaux (chevaux, etc.). **2.** Ce poil utilisé à divers usages. *Crin de ligne pour pêcher. Gant de crin.* **3.** *Crin végétal,* fibres préparées pour remplacer le crin animal. **4.** Loc. À TOUS CRINS (du cheval qui a tous ses crins) : complet, ardent, énergique. *Révolutionnaire à tous crins* ou *à* tout crin. **5.** Fam. Loc. *Avoir les oreilles dans le crin* ou (France) *être comme un crin,* de mauvaise humeur. ▶ ***crinière*** n. f. **1.** Ensemble des crins qui garnissent le cou (de certains animaux). *Crinière du lion, du cheval.* **2.** Fam. Chevelure abondante. ⟨ ▶ crinoline ⟩

crinoline [kʀinɔlin] n. f. ■ Jupe de dessous, garnie de crins, de baleines et de cercles d'acier flexibles, que les femmes portaient pour faire bouffer les robes. ⇒ **panier.** *Robe à crinoline.*

crique [kʀik] n. **1.** N. f. Enfoncement du rivage dans une côte rocheuse où les petits bâtiments peuvent se mettre à l'abri. ⇒ **anse, baie, calanque. 2.** N. m. Petit ruisseau. *Pêcher dans un crique.*

criquet [kʀikɛ] n. m. ■ Insecte volant et sauteur, de couleur grise ou brune, très vorace, appelé abusivement *sauterelle* (les « nuages de sauterelles » sont formés de *criquets pèlerins*). ⇒ **grillon.** *Les criquets dévorent les récoltes.* ≠ cricket.

crise [kʀiz] n. f. **1.** Accident qui atteint une personne en bonne santé apparente, ou aggravation brusque d'un état chronique. ⇒ **accès, attaque ;** ① **critique.** *Être pris d'une crise. Crise d'appendicite, d'asthme. Une légère crise cardiaque.* ⇒ **infarctus. 2.** Manifestation soudaine et violente (d'émotions). *Piquer une crise de colère. Crise de désespoir.* — Loc. CRISE DE NERFS : manifestation hystérique. — Par ext. *Une crise d'indépendance.* **3.** Phase grave dans une évolution (événements, idées). *Période de crise. Le pays est en crise. Crise économique, politique. La Grande Crise,* la crise économique de 1929. *La Crise d'octobre* (en 1970). *La crise du pétrole. La crise monétaire. Crise ministérielle,* période pendant laquelle le gouvernement démissionnaire n'est pas remplacé par un nouveau.

crisper [kʀispe] v. tr. ▪ conjug. 1. **1.** Contracter les muscles, la peau de. *Angoisse, douleur qui crispe le visage.* — SE CRISPER. *Sa figure se crispe. Ne vous crispez pas, détendez-vous.* — (Mains) Se refermer, s'agripper convulsivement. *Sa main se crispa sur la poignée de la porte.* ⇒ **cramponner.** / contr. **décontracter, détendre** / **2.** Fam. *Crisper qqn,* lui causer une vive impatience. ⇒ **agacer, énerver, impatienter, irriter.** *Il a le don de me crisper. Sa nonchalance me crispe.* **3.** Au passif et p. p. adj. (ÊTRE) CRISPÉ. *Avoir les mains crispées sur le volant.* ▶ ***crispant, ante*** adj. ■ (Personnes, actes) Qui crispe (2), agace. *Une attente crispante.* ▶ ***crispation*** n. f. **1.** Contraction involontaire et brusque des muscles. **2.** Mouvement d'agacement, d'impatience. ⟨ ▶ décrispation ⟩

crisse ou **chrisse** [kʀis] interj. **1.** Très fam. Sacre, juron très fréquent et employé dans toutes sortes de circonstances. *Crisse qu'il est tannant ! Crisse qu'il y a de la circulation !* Absolt. *Crisse ! — Crisse de* (+ autre juron). — Loc. *Être en crisse,* très fâché, de très mauvaise humeur ; ne pas être très content. *Elle est en crisse après lui.* — N. UN CRISSE DE : sert à qualifier la chose, la personne qui est mentionnée. *C'est un crisse de malade. Une crisse de belle maison.* Sans compl. UN CRISSE : terme d'injure, de mépris. *C'est une crisse ! Mon gros crisse !* — Loc. adv. EN CRISSE : très, beaucoup. *Ils ont de l'argent en crisse. Elle voyage en crisse.* — AU PLUS CRISSE : au plus vite. **2.** Fam. *Des oreilles de crisse.* ⇒ **oreille.** ▶ ① ***crisser*** ou ***chrisser*** v. tr. ▪ conjug. 1. Très fam. **1.** Donner, porter un coup à qqn. *Elle lui a crissé un coup de poing.* **2.** Lancer qqch., s'en débarrasser. *Crisser une canette vide par la fenêtre.* **3.** Mettre (qqn) à la porte, (un animal) dehors. *Crisser un employé dehors.* **4.** Abandonner, laisser tomber (qqch.). *Nous voulions tout crisser là.* — S'en aller, quitter qqn. *Crisser son camp de la maison. — Crisser le pain à qqn,* le laisser tranquille. **5.** SE CRISSER DE : v. pron. se moquer de, se ficher de. ⇒ se **foutre** de. *Tu te crisses de moi.* — Loc. *Avoir un œil qui se crisse de l'autre,* loucher. ⇒ fam. **coq-l'œil.** ▶ ***crissant, ante*** adj. verbal ■ Très fam. Fâchant, ennuyant. *C'est plutôt crissant ce qui t'arrive. Personne qui est crissante.* ⇒ **importune ;** fam. **achalant.**

② **crisser** [kʀise] v. intr. ▪ conjug. 1. ■ (Objets durs et lisses) Produire un bruit de frottement. ⇒ **grincer.** *Gravier qui crisse sous les pas. Par temps froid, la neige crisse sous les pas.* ⇒ **craquer.** ▶ ***crissement*** n. m. ■ Fait de crisser ; bruit de ce qui crisse. *Le crissement des pneus dans les virages.*

cristal, aux [kʀistal, o] n. m. **I. 1.** Minéral naturel transparent et dur. *Un morceau de cristal de roche. Le cristal, symbole de pureté.* **2.** Variété de verre (verre au plomb) plus transparent et plus lourd que le verre ordinaire (opposé à *verre blanc*). ⇒ **cristallerie.** *Cristal de Bohême, de Baccarat. Des verres, des coupes en cristal.* **II.** Forme géométrique définie ⇒ ① **cristallin** (2), prise par certaines substances minérales ou solidifiées. *Cristaux de glace, de givre.* ⇒ **frasil.** *Cristaux à facettes.* ▶ ***cristallerie*** n. f. **1.** Fabrication, fabrique d'objets en cristal (I, 2). ⇒ **verrerie. 2.** Ensemble d'objets en cristal. *Cristallerie de Baccarat.* ▶ ① ***cristallin, ine*** adj. **1.** Clair, transparent comme le cristal. ⇒ **limpide, pur.** *Eaux cristallines. — Son cristallin,* pur et clair. **2.** Relatif à un état solide où la disposition des atomes produit des formes géométriques définies (opposé à *amorphe*). ⇒ **cristal** (II). *Réseau cristallin. Roche cristalline,* formée de cristaux. ▶ ② ***cristallin*** n. m. ■ Partie transparente de l'œil, en arrière de la pupille, en forme de lentille à deux faces convexes. (Selon sa courbure, l'œil est myope, presbyte, etc.) ▶ ***cristalliser*** v. ▪ conjug. 1. **I. 1.** V. tr. Faire passer (un corps) à l'état de cristaux (II). *Cristalliser un sel par dissolution.* — Au p. p. adj. *Sucre cristallisé,* en petits cristaux. **2.** V. intr. Passer à l'état cristallin. *Substance qui cristallise lentement.* **II.** Abstrait. Littér. **1.** V. tr. Rassembler des éléments épars en un tout cohérent ; rendre fixe, stable. ⇒ **fixer, stabiliser.** *Les événements ont brusquement cristallisé la menace de guerre. Cristalliser des énergies, des sentiments.* **2.** V. intr. (Sentiments, idées) Se fixer. ▶ ***cristallisation*** n. f. **1.** Phénomène par lequel un corps passe à l'état de cristaux. **2.** Concrétion de cristaux. *De belles cristallisations.* **3.** Littér. (Sentiments, idées) Action de se cristalliser. *Cristallisation des souvenirs.* ▶ ***cristallisoir*** n. m. ■ Récipient en verre, à bords bas, utilisé dans les laboratoires. ▶ ***cristallo-*** ■ Élément savant signifiant « cristal ». ▶ ***cristallographie*** n. f. ■ Science qui étudie les formes cristallines (minéralogie). ▶ ***cristallophyllien, ienne*** [kʀistalofiljɛ̃, jɛn] adj. ■ Géologie. Relatif aux terrains transformés par métamorphisme général. ▶ ***cristaux*** [kʀisto] n. m. pl. ■ Carbonate de sodium en cristaux (⇒ **cristal**, II), utilisé pour nettoyer.

critère [kʀitɛʀ] n. m. **1.** Caractère, signe qui permet de distinguer une chose, une notion ; de porter sur un objet un jugement d'appréciation. **2.** Ce qui sert de base à un jugement. *Son seul critère est l'avis de son père. Ce n'est pas un critère,* une raison ou une preuve. ▶ ***critérium*** [kʀiteʀjɔm] n. m. ■ Épreuve sportive servant à classer, à éliminer les concurrents. *Critérium cycliste. Des critériums.*

critiquable [kʀitikabl] adj. ■ Qui mérite d'être critiqué, sujet à la critique. ⇒ **discutable.** *Son attitude est plus que critiquable, elle est condamnable.* / contr. **irréprochable, louable** /

① **critique** [kʀitik] adj. **1.** Qui a rapport a une crise (1) ; qui décide de l'issue d'une maladie. *La période critique de l'épidémie est maintenant passée. — L'âge* *critique.* ⇒ **ménopause. 2.** (Situation difficile) Qui fait prévoir des suites fâcheuses ou très importantes. ⇒ **décisif ; crucial.** *Se trouver dans une situation critique.* ⇒ **dangereux, grave. 3.** Sciences. *Point critique,* état limite entre l'état liquide et l'état gazeux. *Pression, température, volume critique. Vitesse critique.*

② ***critique*** n. et adj. **I.** N. f. Examen en vue de porter un jugement. **1.** Art de juger les ouvrages de l'esprit, les œuvres littéraires, artistiques ; jugement sur une œuvre. *La critique dramatique, artistique. Faire la critique d'une pièce de théâtre.* ⇒ **analyse, examen. 2.** Jugement intellectuel, moral. *Critique de la connaissance, de la vérité. Faire sa propre critique.* ⇒ **autocritique. 3.** Tendance de l'esprit à émettre des jugements sévères, défavorables. / contr. **approbation, éloge** / *La critique et la louange. Ne pas admettre, ne pas supporter les critiques.* — *Une, des critiques,* un, des jugement(s) défavorable(s). *Elle ne tolère aucune critique.* **II. 1.** N. Personne qui fait profession de juger, de commenter les ouvrages de l'esprit, les œuvres d'art (à la radio, dans la presse). ⇒ **commentateur.** *Critique littéraire, musical ; critique d'art.* **2.** N. f. Ensemble des critiques. *La critique a bien accueilli son livre.* **III.** Adj. **1.** Qui décide de la valeur, des qualités et des défauts des ouvrages de l'esprit, des œuvres d'art. *Considérations, jugements critiques.* **2.** Qui examine la valeur logique d'une assertion, l'authenticité d'un texte. *Examen critique. Remarques critiques. Édition critique,* établie soigneusement après critique et comparaison des textes originaux. — ESPRIT CRITIQUE : qui n'accepte aucune assertion sans s'interroger d'abord sur sa valeur. *Manquer d'esprit critique.* — *Regarder qqn, qqch.* D'UN ŒIL CRITIQUE. ⇒ **curieux, soupçonneux.** / contr. **crédule, naïf** / **3.** Qui critique (I, 2). ⇒ **négatif.** / contr. **constructif** / *Elle s'est montrée très critique.* ▶ ***critiquer*** v. tr. ▪ conjug. 1. **1.** Examiner (les ouvrages d'art ou d'esprit) pour en faire ressortir les qualités et les défauts. ⇒ **analyser, étudier, examiner, juger. 2.** Émettre un jugement faisant ressortir les défauts (de qqn, qqch.). ⇒ **blâmer, condamner ;** fam. **arranger, éreinter, taper** sur. *Critiquer avec violence, injustement. Il a peur de se faire critiquer.* / contr. **admirer, approuver, louer** / ▶ ***critiqueur*** ou ***critiqueux, euse*** n. et adj. ▪ Personne qui a la manie de tout critiquer (2), qui se plaint toujours. / contr. **louangeur** / — Adj. *Au restaurant, il est toujours critiqueur.* ‹ ▶ autocritique, critiquable ›

croasser [kʀɔase] v. intr. ▪ conjug. 1. ▪ (Corbeaux, corneilles) Pousser son cri. ≠ *coasser.* ▶ ***croassement*** n. m. ▪ Cri du corbeau. ≠ *coassement.*

croc [kʀo] n. m. **1.** Dent pointue de certains animaux (⇒ **canine**). *Les crocs d'un chien.* **2.** Fig. Loc. *Montrer les crocs,* prendre une attitude menaçante. **3.** *Moustaches en crocs,* moustaches recourbées. ‹ ▶ accrocher, croc-en-jambe, ① croche, crochet, crochir, crochu, décrocher, par raccroc, raccrocher ›

croc-en-jambe [kʀɔkɑ̃ʒɑ̃b] n. m. ▪ Manière de faire tomber qqn en lui tirant une jambe avec le pied. ⇒ **croche-pied, jambette.** *Des crocs-en-jambe.*

① ***croche*** adj. et n. **I.** Adj. **1.** Courbe, crochu. *Avoir le nez, une jambe croche.* ⇒ **arqué.** / contr. ① **droit** / *Il a le dos croche,* courbé, voûté. **2.** Tordu, de travers. ⇒ ③ **gauche, incurvé.** *Une règle qui est croche. Des planches croches.* — Adv. *Couper, scier croche,* de travers. *Tu as scié le madrier tout croche.* **3.** Posé, disposé, accroché de travers. *La nappe est croche. L'un des livres de la pile est croche. Elle redresse les cadres croches.* **II.** N. **1.** N. m. Détour, tournant (chemin, cours d'eau). ⇒ ② **courbe,** ③ **crochet, méandre, sinuosité.** *Il y a plusieurs croches sur cette route. Le fleuve fait un croche en amont.* **2.** N. Fig. et fam. (Personnes) Malhonnête, tricheur, hypocrite. — (Choses) *Un contrat qui paraît croche.* ⇒ **fourbe, traitre.** / contr. **honnête, intègre** / *Ce sont des croches.* — Adj. *Des gens qui sont croches.* **3.** Loc. *Une tête croche,* une tête sans cervelle. ⇒ **écervelé ;** fam. **bum.** *C'est une vraie tête croche,* il est enclin à préparer de mauvais coups.

② ***croche*** [kʀɔʃ] n. f. ▪ Note de musique dont la queue porte un crochet et qui vaut la moitié d'une noire. *Double, triple, quadruple croche,* croche portant deux, trois, quatre crochets et valant la moitié, le quart, le huitième de la croche.

croche-pied [kʀɔʃpje] n. m. ▪ Fait d'accrocher au passage la jambe de qqn avec le pied, pour le faire tomber. ⇒ **croc-en-jambe, jambette ; enfarger.** *Ils se font des croche-pieds.*

① ***crochet*** [kʀɔʃɛ] n. m. **I. 1.** Pièce de métal recourbée, pour prendre ou retenir qqch. *Crochet de boucherie,* servant à suspendre la viande. **2.** Attache mobile servant à fixer qqch. *Pendre un tableau à un crochet.* **3.** Instrument présentant une extrémité recourbée. *Crochet de serrurier.* **4.** Fig. Loc. *Être, vivre* AUX CROCHETS *de qqn* : à ses dépens, à ses frais. **II.** Tige dont l'extrémité recourbée retient le fil qui doit passer dans la maille. *Travail au crochet.* Ouvrage fait avec cet instrument. *Faire du crochet.* ▶ ***crocheter*** v. tr. ▪ conjug. 5. ▪ Ouvrir (une serrure) avec un crochet (I, 3). ▶ ***crochetage*** n. m. ▪ Action de crocheter. ▶ ***crocheteur*** n. m. ▪ (France) Voleur qui crochète les serrures. ⇒ **cambrioleur.** ≠ *serrurier.*

② ***crochet*** n. m. **1.** Signe graphique, parenthèse à extrémité en angle droit : [...]. *Mettre un mot, la prononciation entre crochets.* **2.** Marque graphique en forme de V. ⇒ ① **coche.** *Mettre un petit crochet à côté des noms.*

③ ***crochet*** n. m. ▪ Détour brusque. ⇒ ② **courbe,** ① **croche** (II). *La route fait un crochet.* — Détour. *Je ferai un crochet par chez vous en allant au bureau.*

④ ***crochet*** n. m. ▪ Boxe. Coup de poing où le bras frappe vers l'intérieur, en se pliant. *Envoyer un crochet du droit* ou *de droite.*

crochir [kʀɔʃiʀ] v. ▪ conjug. 2. **1.** V. tr. Rendre croche, courbe. ⇒ **recourber.** / contr. **décrochir, redresser.** / *Il a crochi son pare-chocs dans l'accident.* — Au p. p. adj. *Un clou crochi.* **2.** V. intr. Se tordre, se déformer. ⇒ **gauchir.** *Les madriers ont crochi au soleil. La tablette crochit sous le poids des livres,* elle ploie, elle plie. ‹ ▶ ① croche, décrochir ›

crochu, ue [kʀɔʃy] adj. **1.** Qui est recourbé. ⇒ ① **croche** (I). *Il a un grand nez crochu. Des doigts, des ongles crochus.* **2.** Loc. fam. *Ils ont des* ATOMES CROCHUS : des affinités, des sympathies.

crocodile [kʀɔkɔdil] n. m. **1.** Grand reptile à fortes mâchoires, à quatre courtes pattes, qui vit dans les fleuves des régions chaudes. ⇒ **alligator, caïman.** *Les crocodiles des Everglades* (États-Unis). — Loc. LARMES DE CROCODILE : larmes hypocrites. **2.** Peau de crocodile traitée. *Sac en crocodile.* — (Surtout en France) Abrév. fam. CROCRO, n. m. *Un portefeuille en croco.*

crocus [kʀɔkys] n. m. invar. ▪ Plante à bulbe dont une espèce est le safran. — Fleur printanière de cette plante. *Des crocus jaunes.*

croire [kʀwaʀ] v. ▪ conjug. 44. **I.** V. tr. dir. **1.** Penser que (qqch.) est véritable, donner une adhésion de principe à. ⇒ **accepter, admettre, penser.** / contr. **douter, nier** / *Croire une histoire. Je crois ce que vous dites. Il ne croit que ce qu'il voit. Faire croire qqch. à qqn,* convaincre, persuader. **2.** *Croire qqn,* penser que ce qu'il dit est vrai. *Vous pouvez croire cet homme. Croire qqn sur parole,* sans vérifier. — Fam. *Je vous crois !, je te crois !,* je pense ainsi, et aussi c'est évident ! **3.** EN CROIRE : s'en rapporter à (qqn). *Si vous m'en croyez, vous ne lui prêterez pas ce livre. Si j'en crois ce qu'on raconte.* — Loc. *Ne pas en croire ses yeux, ses oreilles,* s'étonner de ce qu'on voit, entend. **4.** CROIRE QUE (+ indicatif) : considérer comme vraisemblable ou probable (sans être sûr). ⇒ **estimer, juger, penser.** *Je crois qu'elle viendra ; je ne crois pas qu'elle viendra. Je croyais qu'elle viendrait. Je crois que c'est vrai. Je crois que oui. Nous lui avons fait croire que nous serions absents.* — *On croirait qu'il dort* (mais il ne dort pas). *On croirait qu'il est mort* (→ On dirait que). *Je vous prie de croire que je ne dirai rien,* vous pouvez être sûr que... — REM. Si *croire que* est à la forme négative ou interrogative, on peut employer le subjonctif pour indiquer un doute plus grand. *Croyez-vous qu'elle vienne ? Je ne crois pas qu'elle vienne. Je ne crois pas que ce soit facile.* **5.** CROIRE (+ infinitif) : sentir, éprouver comme vrai (ce qui ne l'est pas absolument). *J'ai cru, j'ai bien cru réussir. Je croyais arriver plus tôt.* **6.** CROIRE (suivi d'un attribut) ⇒ **estimer, supposer.** *On l'a crue disparue. On croit ce pays à la veille de la guerre.* — SE CROIRE v. pron. réfl. (suivi d'un attribut). *Il se croit plus fort, plus malin qu'il n'est. Tu te crois intelligent ? Il se croit qqch. ; il se croit un grand homme,* il se prend pour. *Elle s'est crue morte.* — Sans attribut. *Se croire,* avoir de la prétention, se prendre pour qqn d'autre. **II.** V. tr. ind. CROIRE À, EN. **1.** *Croire à une chose,* la tenir pour réelle, vraisemblable ou possible. *Croire aux promesses de qqn.* ⇒ **compter** sur. *Ne plus croire à rien. Elle y croit dur comme fer,* elle en est très fermement convaincue. *Croire en qqch.,* avoir confiance en qqch. *Croire en l'avenir. Il pensait que j'aurais cru en sa parole.* **2.** CROIRE EN *qqn* : avoir confiance en lui. ⇒ **compter** sur, se **fier** à. *Nous croyons en nos amis.* **3.** (Avec *à*) Être persuadé de l'existence et de la valeur de (tel dogme, tel être religieux). *Croire à l'Évangile. Croire à l'astrologie.* — Loc. fam. *Il croit au père Noël,* il est naïf. — CROIRE EN DIEU : avoir la foi religieuse. **4.** CROIRE À *qqch.* : considérer comme probable, comme très possible. *Elle croit de plus en plus au danger atomique. Je ne crois plus au succès. Croire à la victoire.* **III.** V. intr. (Sens fort) **1.** Avoir une attitude d'adhésion intellectuelle. *Certains croient sans comprendre.* **2.** Avoir la foi religieuse (⇒ **croyant**). *Le besoin de croire.* ⟨ ▸ accroire, croyable, croyance, incroyable, mécréant ⟩

croisade [kRwazad] n. f. **1.** Histoire. Expédition entreprise par les chrétiens coalisés pour délivrer les lieux saints qu'occupaient les musulmans. **2.** Tentative pour diriger l'opinion dans une lutte. ⇒ **campagne.** *Une croisade contre l'alcoolisme. Une croisade antitabac.* ▸ ① ***croisé*** n. m. ■ Celui qui partait en croisade. *L'armée des croisés.*

② ***croisé, ée*** [kRwaze] adj. **1.** Disposé en croix, qui se croisent. *Bâtons croisés.* — *Rester les bras croisés.* (fig., rester à ne rien faire). — (Vêtements) Dont les bords croisent. *Veston croisé* (opposé à *veston droit*). **2.** *Rimes croisées* (opposé à *plat*), rimes qui alternent (en *a, b, a, b ; b, c, b, c*). *Mots croisés.* ⇒ **mot. 3.** Qui est le résultat d'un croisement, n'est pas de race pure. *Race croisée.* ⇒ **hybride.** ⟨ ▸ chassé-croisé, mots(-) croisés ⟩

croisée [kRwaze] n. f. **1.** *La croisée des chemins,* l'endroit où ils se coupent. ⇒ **croisement. 2.** Châssis vitré qui ferme une fenêtre ; la fenêtre. *Ouvrir, fermer la croisée.*

① ***croiser*** [kRwaze] v. ▪ conjug. 1. **I.** V. tr. **1.** Disposer (deux choses) l'une sur l'autre, en forme de croix. *Croiser les jambes.* — Pronominalement. *Se croiser les bras,* rester dans l'inaction. Fig. Loc. *Se croiser les doigts,* pour conjurer le mauvais sort. ⇒ toucher du **bois. 2.** CROISER LE FER : engager les épées ; se battre à l'épée. **3.** Passer au travers d'une ligne, d'une route. ⇒ **couper, traverser.** *La voie ferrée croise la route.* — Passer à côté de, en allant en sens contraire. *Croiser qqn dans la rue. Train qui en croise un autre sur une double voie.* **4.** (Personnes) Passer près de qqn en allant dans une autre direction. ⇒ **rencontrer.** *Nous l'avons croisée la semaine dernière.* **II.** V. intr. **1.** (Bords d'un vêtement) Passer l'un sur l'autre. *Faire croiser un vêtement* (⇒ ② **croisé**). **2.** (Navires) Aller et venir dans un même parage. *La flotte croise dans le Saint-Laurent, sur les côtes* (⇒ **croiseur, croisière**). **III.** SE CROISER v. pron. récipr. **1.** Être ou se mettre en travers l'un sur l'autre. *Les deux chemins se croisent à angle droit.* **2.** (Personnes, véhicules) Passer l'un près de l'autre en allant dans une direction différente ou opposée. ⇒ se **rencontrer.** *Ils se sont croisés dans l'escalier. Les patineurs se croisent sur le lac gelé.* — *Leurs regards se sont croisés,* se sont rencontrés rapidement. *Nos lettres se sont croisées,* ont été envoyées en même temps. ▸ ① ***croisement*** n. m. **1.** Action de disposer en croix, de faire se croiser ; disposition croisée. *Croisement des jambes. Le croisement de deux voitures sur une route.* — *Les feux de croisement.* ⇒ **code. 2.** Point où se coupent deux ou plusieurs voies. ⇒ **croisée, intersection.** *Vous vous arrêterez au croisement.* ⇒ **carrefour.** *Un croisement dangereux.* ⟨ ▸ ② croisé, croisée, croiseur, croisière, décroiser, entrecroiser ⟩

② ***croiser*** v. tr. ▪ conjug. 1. ■ Accoupler (des animaux, des plantes d'espèces différentes). ⇒ **métisser.** *Croiser deux races de chevaux.* ▸ ② ***croisement*** n. m. ■ Hybridation, métissage. *Améliorer une race de bovins par des croisements.*

croiseur [kRwazœR] n. m. ■ Navire de guerre rapide, armé de canons. *Croiseur léger, lourd.* ≠ *torpilleur.*

croisière [kRwazjɛR] n. f. ■ Voyage effectué par un paquebot, un navire de plaisance (⇒ ① **croiser** II, 2). *Croisière sur le Saguenay. Partir en croisière.* — *Croisière aérienne,* voyage d'agrément organisé, par avion. — Loc. VITESSE DE CROISIÈRE : (Bateau, avion) la meilleure allure moyenne sur une longue distance. — Par ext. *La vitesse de croisière d'une voiture.* Fig. *Le programme de recherche a atteint sa vitesse de croisière.*

croisillon [kRwazijɔ̃] n. m. **1.** Traverse d'une croix. — Moitié du transept (d'une église). **2.** Barre qui partage une baie, un châssis de fenêtre. *Fenêtre à croisillons.*

croissance [kRwasɑ̃s] n. f. **1.** (Organismes) Fait de croître, de grandir. ⇒ **développement.** *La croissance d'une plante, d'un animal. Enfant arrêté dans sa croissance. Maladie de croissance.* **2.** (Choses) ⇒ **accroissement, augmentation, développement, progression.** *La croissance d'une ville, d'une population. Croissance économique,* développement de la production. *Assurer la croissance. Croissance rapide, ralentie.* ⇒ **développement.** ⟨ ▸ excroissance ⟩

① ***croissant*** [kRwasɑ̃] n. m. **1.** Forme échancrée de la partie éclairée de la Lune (pendant qu'elle croît et décroît). *Croissant de lune.* **2.** Forme du croissant de lune. **3.** Petite pâtisserie feuilletée, salée, en forme de croissant. *Prendre un café et un croissant au déjeuner.* **4.** Rue en demi-cercle dont les extrémités débouchent sur une même voie. ▸ ***croissanterie*** n. f. ■ Établissement de restauration où l'on vend, où l'on consomme des croissants, des croissants sandwichs, du prêt-à-manger.

② ***croissant, ante*** adj. ■ Qui croît, s'accroît, augmente. *Un nombre croissant. Avec une colère croissante.* ⇒ **grandissant.** / contr. **décroissant** /

croître [kʀwɑtʀ] v. intr. ▪ conjug. 55. — REM. Au p. p., seul le masculin singulier s'écrit avec l'accent circonflexe : *crû ;* mais *crue, crus.* Ne pas confondre avec les formes de *croire.* **1.** (Êtres organisés) Grandir progressivement jusqu'au terme du développement normal. ⇒ se **développer, grandir, pousser ; croissance.** *Les végétaux croissent lentement.* — Littér. (Personnes) ⇒ **grandir.** *Elle croissait en sagesse, en beauté,* devenait plus sage, plus belle, en grandissant. Loc. *Ne faire que croître et embellir,* se dit d'une chose qui augmente en bien, et iron. en mal. **2.** (Choses) Devenir plus grand, plus nombreux. ⇒ **augmenter,** se **développer.** *La chaleur ne cesse de croître. Croître en nombre, en volume.* / contr. **décroître** / ‹ ▶ accroître, croissance, ② croissant, ① cru, décroître, décrue, excroissance, recrue, surcroît ›

croix [kʀwa] n. f. invar. **1.** Poteau muni d'une traverse et sur lequel on attachait des condamnés pour les faire mourir (spécialt celui où Jésus fut cloué et mis à mort). *Le supplice de la croix* (⇒ **crucifier**). — (Dans le christianisme) *Chemin de croix.* ⇒ **chemin.** — *Porter sa croix,* supporter ses épreuves avec résignation. — *Le signe de la croix,* signe que l'on fait en portant la main droite au front, à la poitrine, puis successivement aux deux épaules, de la gauche vers la droite. **2.** Représentation symbolique de la croix de Jésus-Christ. *Croix érigée sur un chemin* (ou *croix de chemin*), *croix noire de la tempérance, placée sur un mur.* ⇒ **calvaire, crucifix.** — Loc. fam. *C'est la croix et la bannière,* c'est toute une histoire, c'est très difficile (comme dans une procession). — (Autres symboles) *Croix de Lorraine,* à double croisillon. *Croix grecque,* à branches égales. *Croix de Saint-André,* en X. *Croix gammée*.* — Bijou en forme de croix. **3.** Décoration d'ordres de chevalerie. *La croix de Malte.* — (France) *La croix de la Légion d'honneur.* CROIX DE GUERRE : médaille conférée aux soldats qui se sont distingués au cours d'une guerre. *La croix Victoria,* décoration suprême pour un acte de bravoure. **4.** (Avec des majusc.) CROIX-ROUGE : organisme d'entraide et de secours. *Le comité international de la Croix-Rouge.* **5.** Marque formée de deux traits croisés. *Faire une croix au bas d'un acte* (en guise de signature). — Loc. fig. *Faire une croix sur qqch.,* y renoncer définitivement. **6.** EN CROIX : à angle droit ou presque droit. *Avoir, mettre les bras en croix.* ‹ ▶ chassé-croisé, croisade, ① croisé, ① croiser, croisillon ›

croquant, ante adj. ■ Qui croque sous la dent. *Cornichons croquants. Pâtisserie croquante.* ⇒ **croustillant.** *Des pâtes croquantes.* ⇒ **al** dente.

croquée [kʀɔke] n. f. ■ Bouchée (d'un aliment que l'on croque). *Prendre une croquée de pomme.*

croque-mitaine [kʀɔkmitɛn] n. m. ■ (France) Personnage imaginaire qu'on évoque pour effrayer les enfants. ⇒ **bonhomme** (5), père **fouettard.** — Personne qui fait peur. *Il veut jouer les croque-mitaines.*

croque-monsieur [kʀɔkməsjø] n. m. invar. ■ Sandwich au jambon sur lequel on fait griller du fromage. ⇒ **sandwich** au fromage grillé. *Des croque-monsieur.* — (France) Abrév. fam. UN CROQUE.

croque-mort [kʀɔkmɔʀ] n. m. ■ Fam. Entrepreneur de pompes funèbres, employé des pompes funèbres. *Des croque-morts.* — Loc. *Avoir l'air d'un croque-mort,* macabre, lugubre.

① ***croquer*** [kʀɔke] v. ▪ conjug. 1. **1.** V. intr. Faire un bruit sec (en parlant des choses que l'on broie avec les dents). ⇒ **craquer.** *Salade, fruit vert qui croque.* **2.** V. tr. Broyer sous la dent (ce qui fait un bruit sec). *Croquer un bonbon ou le sucer. Chocolat à croquer* (opposé à *chocolat à cuire*). — Intransitivement. *Croquer dans une pomme,* mordre. — Fig. *Croquer dans la vie,* vivre pleinement, avec enthousiasme. ‹ ▶ croquant, croquée, croque-mitaine, croque-monsieur, croque-mort, croquette, croqueuse ›

② ***croquer*** v. tr. ▪ conjug. 1. **1.** Prendre rapidement sur le vif en quelques coups de crayon, de pinceau. ⇒ **ébaucher, esquisser ; croquis.** *Croquer une silhouette.* **2.** Fam. *Jolie, mignonne* À CROQUER : très jolie. *Elle est à croquer, avec ce manteau-là.* ‹ ▶ croquis ›

croquet [kʀɔkɛ] n. m. ■ Jeu qui consiste à faire passer des boules de bois sous des arceaux au moyen d'un maillet, selon un trajet déterminé par des règles. *Faire une partie de croquet.* ≠ *cricket.*

croquette [kʀɔkɛt] n. f. ■ Boulette de viande, de volaille, de poisson, etc., panée et frite dans l'huile. *Des croquettes de poulet. Des croquettes au saumon congelées.* ⇒ **bâtonnet.**

croqueuse [kʀɔkøz] n. f. ■ Fam. *Une* CROQUEUSE DE DIAMANTS : femme entretenue qui dilapide l'argent, les bijoux. — *Une* CROQUEUSE D'HOMMES : femme qui a beaucoup d'aventures amoureuses.

croquignole [kʀɔkiɲɔl] ou ***croquecignole*** [kʀɔksiɲɔl] n. f. ■ Pâtisserie qui est faite de pâte sucrée cuite à grande friture. ⇒ **beigne, beignet.** *Croquignole saupoudrée de sucre.* — Biscuit croquant.

croquis [kʀɔki] n. m. invar. **1.** Dessin, esquisse rapide. ⇒ **ébauche.** *Elle nous a fait un croquis pour montrer comment sont disposées les pièces de l'appartement.* **2.** *Croquis coté.* ⇒ **épure.**

cross [kʀɔs] ou ***cross-country*** [kʀɔskɔntʀe] n. m. invar. ■ Course à pied en terrain varié, avec des obstacles. *Faire du cross. Champion de cross.* ‹ ▶ cyclo-cross, moto-cross ›

crossage n. m. ⇒ **crosser.**

① ***crosse*** [kʀɔs] n. f. **1.** Bâton pastoral (d'évêque ou d'abbé) dont l'extrémité supérieure se recourbe en volute. **2.** (France) Bâton recourbé utilisé dans certains jeux pour pousser ou frapper un objet (balle, rondelle...). *Crosse de cricket, de hockey sur gazon* (⇒ **bâton**). **3.** Sport d'équipe qui se pratique avec une balle et un bâton dont l'une des extrémités est terminée par un panier en filet. *La crosse est d'origine amérindienne.* — Bâton utilisé pour jouer à la crosse. **4.** Extrémité recourbée. *La crosse de l'aorte. Les crosses de fougères.*

② ***crosse*** n. f. ■ Partie postérieure (d'une arme à feu portative). *Appuyer la crosse du fusil contre l'épaule pour tirer* (→ Mettre en joue). — Loc. *Mettre la crosse en l'air,* refuser de combattre.

crosser [kʀɔse] v. ▪ conjug. 1. **1.** (Hommes) Vulg. V. pron. réfl. SE CROSSER : se masturber. **2.** Fam. V. tr. Fig. Tromper, rouler qqn dans une affaire. *L'agent de voyage les a crossés.* — V. intr. Loc. *Se faire crosser,* se faire avoir. ▶ ***crossage*** n. m. **1.** (Hommes) Vulg. Masturbation. **2.** Fam. Fait de tromper, rouler qqn. **3.** Fam. Perte de temps inutile, niaiserie, chose sans importance. ⇒ fam. **taponnage, tétage.** *Une discussion qui n'est que du crossage.* — Loc. *C'est du crossage de mouches.* ▶ ***crosseur*** ou ***crosseux, euse*** n. et adj. **1.** Vulg. Personne qui se masturbe. **2.** Fam. Escroc, malhonnête. *C'est un crosseur, mais pas un bandit.* — Adj. *Être crosseur.* **3.** Fam. Taponneur, personne qui niaise.

crosses n. f. pl. ■ Fam. *Chercher des crosses à qqn,* lui chercher querelle. ⇒ **pou.**

crotale [kʀɔtal] n. m. ■ Serpent très venimeux, qui porte au bout de la queue une succession de cônes creux produisant un bruit de crécelle *(serpent à sonnettes).*

crotte [kRɔt] n. f. **1.** Excrément solide en petites boules (de certains animaux). *Crottes de chèvre, de lapin.* — CROTTE DE BIQUE : chose sans valeur. *C'est de la crotte de bique.* — Excrément solide (animal ou humain). *Des crottes de chien.* — *Crotte de moineau, de pigeon.* ⇒ **fiente.** — Fam. CROTTE DE NEZ : sécrétion nasale durcie. ⇒ **morve.** *Rouler ses crottes de nez.* Fig. Jeune enfant, tout petit. **2.** Fam. *Crotte !,* interjection de dépit. ⇒ fam. **flûte,** ② **maudit, merde, zut.** *Crotte de bœuf !* — Loc. *Avoir une crotte sur le cœur*.* **3.** Fam. *Crottes de fromage* ou *fromage en crottes,* fromage en grains. ▶ ***crottin*** n. m. **1.** Excrément du cheval. **2.** (France) Petit fromage de chèvre. *Des crottins de Chavignol.* ‹ ▶ crotté ›

crotté, ée [kRɔte] adj. ■ Couvert de boue. ⇒ ① **boueux.** *Des bottes toutes crottées.* — *Une chemise crottée de peinture,* salie, tachée. — Fam. *Les jeunes sont rentrés du terrain de jeu tout crottés,* sales. ⇒ **malpropre.** — N. péj. *Une gang de crottés.* ‹ ▶ décrotter, indécrottable ›

crouler [kRule] v. intr. ▪ conjug. 1. **1.** (Constructions, édifices) Tomber en s'affaissant, ou menacer de tomber. ⇒ s'**écrouler,** s'**effondrer.** *Cette maison menace de crouler. La voiture croulait sous le poids des bagages.* — Fig. *La salle croule sous les applaudissements.* **2.** S'effondrer. *Tous ses projets ont croulé.* ▶ ***croulant, ante*** adj. et n. **1.** Qui menace ruine. *Des murs croulants.* **2.** N. Fam. Personne âgée ou d'âge mûr (dans le lang. des jeunes). ‹ ▶ s'écrouler ›

croup [kRup] n. m. ■ Médecine. Laryngite diphtérique très grave.

croupe [kRup] n. f. **1.** Partie postérieure arrondie qui s'étend des hanches à l'origine de la queue de certains animaux (cheval, par ex.). ⇒ **derrière, fesse.** — EN CROUPE : à cheval et sur la croupe, derrière la personne en selle. *Prendre qqn en croupe.* **2.** Sommet arrondi (d'une colline, d'une montagne). ▶ *à* ***croupetons*** [akRuptɔ̃] loc. adv. ■ Dans une position accroupie. *Se mettre, être à croupetons.* ▶ ***croupion*** n. m. ■ Extrémité postérieure du corps (de l'oiseau), supportant les plumes de la queue. *Un croupion de volaille.* ‹ ▶ s'accroupir ›

croupier, ière [kRupje, jɛR] n. ■ Employé d'une maison de jeu qui tient le jeu, paie et ramasse l'argent pour le compte de l'établissement.

croupir [kRupiR] v. intr. ▪ conjug. 2. **1.** Rester sans couler et se corrompre (liquides) ; demeurer dans l'eau stagnante. ⇒ **pourrir.** *Eau qui croupit au fond d'un puits. Des fleurs fanées croupissaient dans un vase.* — Au p. p. adj. *Eau croupie.* **2.** (Personnes) Demeurer (dans un état mauvais, pénible) sans pouvoir en sortir. ⇒ **moisir.** *Ils croupissent dans l'ignorance, la pauvreté.* ▶ ***croupissant, ante*** adj. ■ *Eaux croupissantes.* ⇒ **stagnant.**

crouser v. tr. ⇒ **cruiser.**

croustillant, ante [kRustijɑ̃, ɑ̃t] adj. **1.** Qui craque sous la dent comme une croûte de pain frais. ⇒ ② **croquant.** *Pain, biscuit croustillant.* — N. *Un croustillant aux pommes,* une pâtisserie. **2.** Amusant, léger, grivois. *Des détails assez croustillants.* ▶ ***croustiller*** v. intr. ▪ conjug. 1. ■ Croquer sous la dent (sans résister autant que ce qui croque). *Des biscuits qui croustillent.* ▶ ***croustilles*** n. f. pl. ■ Pommes de terre coupées en minces rondelles puis frites. ⇒ anglic. **chips.** *Un sac de croustilles ondulées.* — Au sing. *Donne-moi une croustille,* un morceau (rondelle).

croûte [kRut] n. f. **I. 1.** Partie extérieure du pain, durcie par la cuisson. *Manger la croûte et laisser la mie. Des croûtes de pain,* des restes de pain sec. ⇒ **croûton.** — Premier ou dernier morceau (tranche) d'un pain. ⇒ **entame.** *Elle ne mange pas la croûte.* **2.** Loc. fam. *Casser la croûte,* manger. *Manger, prendre une croûte,* prendre un goûter, une collation ; manger rapidement, sur le pouce. ⇒ **luncher.** *Gagner sa croûte,* sa nourriture, sa vie. — *Manger des croûtes, avoir (encore) des croûtes à manger,* grandir, vieillir. *Tu as encore des croûtes à manger avant d'obtenir ton permis de conduire.* **3.** Pâte cuite qui enveloppe ou recouvre un pâté, un vol-au-vent, une tarte. *Pâté en croûte. Une croûte de tarte.* **4.** Partie superficielle du fromage (qui ne se mange pas). **II. 1.** Partie superficielle durcie (du sol, etc.). *La croûte terrestre,* la partie superficielle du globe terrestre. ⇒ **écorce.** — Plaque qui se forme sur une plaie. ⇒ **escarre, gale.** *Faire tomber la croûte d'une plaie.* **2.** Couche durcie qui se forme sur la neige, par suite de l'action du gel et du dégel. **3.** Première ou dernière planche sciée dans un tronc d'arbre et dont la face non équarrie garde son écorce. ⇒ **dosse.** *Des croûtes d'érable. Se servir de la croûte comme bois de chauffage.* **III.** Fam. Mauvais tableau. *Ce peintre ne fait que des croûtes.* ▶ ***croûter*** v. intr. ▪ conjug. 1. **1.** Fam. Manger (→ casser la croûte). **2.** Former une croûte. *Au printemps, la neige croûte.* — Pronominalement. PROV. *Sa plaie s'est croûtée.* ▶ ***croûton*** n. m. **1.** Extrémité d'un pain long. *Manger le croûton.* — Petite croûte ou morceau de pain frit utilisé en cuisine. *Des croûtons à l'ail.* **2.** Personne arriérée, d'esprit borné. *Un vieux croûton.* ‹ ▶ casse-croûte, encroûter ›

croyable [kRwajabl] adj. ■ (Choses) Qui peut ou doit être cru. *C'est à peine croyable, ce n'est pas croyable.* ⇒ **imaginable, pensable, possible, vraisemblable.** / contr. **incroyable** /

croyance [kRwajɑ̃s] n. f. **1.** Action, fait de croire une chose vraie, vraisemblable ou possible. ⇒ **certitude, conviction, foi.** / contr. **défiance** / *La croyance à la grandeur de l'homme. Croyance dans, en qqch.* **2.** Ce que l'on croit (surtout en matière religieuse). / contr. **incroyance** / *Croyances religieuses.* ⇒ **conviction.** *Respecter toutes les croyances.* ⇒ **dogme.** ▶ ***croyant, ante*** adj. et n. **1.** Adj. Qui a une foi religieuse. ⇒ **pieux, religieux.** / contr. **athée, incroyant** / *Il n'est plus croyant.* Il a perdu la foi. **2.** N. *Une croyante.* ⇒ **fidèle.** ‹ ▶ incroyant ›

C.R.S.S.S. [seɛRtRwaɛs] n. m. invar. ■ Abréviation de *Conseil régional de la santé et des services sociaux.*

① **cru** [kRy] n. m. **1.** Vignoble. *Les grands crus de France.* — *Un grand cru.* ⇒ **vin.** — Loc. DU CRU. *Un vin du cru,* du terroir. *Les auteurs du cru,* du pays où l'on se trouve. **2.** Loc. DE SON CRU, *de son propre cru* : de son invention propre. *Raconter une histoire de son cru.*

② **cru, crue** adj. **1.** (Aliments) Qui n'est pas cuit. *Légumes qui se mangent crus.* ⇒ **crudité.** *Des oignons crus. Bifteck presque cru.* ⇒ **bleu.** — N. m. *Le cru et le cuit.* **2.** (Couleurs, lumière) Que rien n'atténue. ⇒ **brutal.** *Lumière crue. Couleur crue,* qui tranche violemment sur le reste. **3.** Exprimé sans ménagement. *Dire la chose toute crue. Faire une description crue.* — Adj. ⇒ **crûment.** *Je vous le dis tout cru.* — *Une histoire crue,* osée. ⇒ fam. **cochon** (II). **4.** À CRU. *Monter à cru,* monter à cheval sans selle. ‹ ▶ crudité, crûment, écru ›

③ **cru, crue** adj. ■ (Air, temps) Froid et humide. *Habille-toi chaudement, c'est cru aujourd'hui. Il fait cru dans la cave.*

cruauté [kRyote] n. f. **1.** Tendance à faire souffrir. ⇒ **férocité, méchanceté, sadisme.** *Traiter qqn avec cruauté.* — *La cruauté d'un geste, d'un acte.* **2.** (Choses)

Caractère de ce qui est très nuisible. ⇒ **dureté, rigueur.** *La cruauté du sort.* **3.** *(Une, des cruautés)* Action cruelle. ⇒ **atrocité.** *C'est une injustice et une cruauté inutile.*

cruche [kʀyʃ] n. f. **1.** Récipient, souvent de grès ou de terre, à col étroit, à large panse. *Cruche vernissée. Cruche à eau.* — Loc. prov. *Tant va la cruche à l'eau* (qu'à la fin elle casse), à s'exposer à un danger, on finit par le subir. **2.** Fam. Personne niaiseuse, bête et ignorante. ⇒ fam. **gourde.** *Les cruches veulent toujours s'asseoir au fond de la classe.* ⇒ **niaiseux.** *Quelle cruche !,* quel imbécile ! ▶ ***cruchon*** n. m. ■ Petite cruche. ⇒ **pichet.** *Un cruchon de vin.*

cruci- ■ Élément savant signifiant « croix ». ▶ ***crucifère*** adj. ■ Botanique. Dont les fleurs ont des pétales en croix. — N. f. pl. *Les crucifères* (famille de plantes). *La giroflée est une crucifère.* ▶ ***cruciverbiste*** [kʀysivɛʀbist] n. ■ Amateur de mots-croisés. ⇒ **mots-croisiste.**

crucial, ale, aux [kʀysjal, o] adj. ■ Fondamental, très important (« marqué d'une croix »). ⇒ **capital, décisif.** *Année, question cruciale. Point crucial.*

crucifier [kʀysifje] v. tr. • conjug. 7. ■ Attacher (un condamné) sur la croix pour l'y faire mourir. *Jésus fut crucifié sur le Calvaire.* — Loc. fig. *Crucifier qqn sur la place publique,* le dénoncer brutalement, révéler crûment ses faiblesses ou ses actes répréhensibles. — N. *Un crucifié.* ▶ ***crucifiement*** n. m. ■ Supplice de la croix. ⇒ **crucifixion.** *Le crucifiement de saint Pierre.* ▶ ***crucifix*** [kʀysifi] n. m. invar. ■ Croix sur laquelle est représenté Jésus crucifié. *Un crucifix d'ivoire.* ▶ ***crucifixion*** n. f. ■ Crucifiement du Christ. — Sa représentation en peinture, en sculpture.

crudité [kʀydite] n. f. **I.** Surtout au plur. Légumes, fruits consommés crus. ⇒ **verdure.** *Assiette de crudités.* **II. 1.** Brutalité (d'une sensation). *La crudité des couleurs, de la lumière.* ⇒ ② **cru. 2.** Caractère cru (3). *La crudité d'une description.* ⇒ **réalisme.** *Parler avec crudité.*

crue [kʀy] n. f. ■ Élévation du niveau dans un cours d'eau, un lac ; niveau maximal (d'un cours d'eau). *La crue des eaux.* ⇒ **montée.** / contr. **baisse, étiage** / *Rivière en crue.*

cruel, elle [kʀyɛl] adj. **1.** Qui prend plaisir à faire, à voir souffrir. ⇒ **féroce, inhumain, sadique.** / contr. **bon, humain** / *Homme cruel.* ⇒ **bourreau, monstre.** *Être cruel avec les animaux. Être cruel envers, pour qqn, à l'égard de qqn.* **2.** Qui dénote, témoigne de cruauté. ⇒ **méchant.** *Action, parole cruelle. Joie cruelle.* ⇒ **mauvais.** *Ironie cruelle.* ⇒ **féroce.** — *Guerre cruelle.* ⇒ **sanglant. 3.** Littér. *Femme cruelle,* qui fait souffrir ceux qui l'aiment. **4.** (Choses) Qui fait souffrir. *Destin cruel.* ⇒ **implacable, inexorable.** *Une peine, une perte cruelle.* ⇒ **douloureux, pénible.** *C'est une cruelle épreuve pour lui. Ma demande l'a plongé dans un cruel embarras.* ▶ ***cruellement*** adv. **1.** Avec cruauté. ⇒ **férocement, méchamment.** *Traiter qqn cruellement.* **2.** D'une façon douloureuse, pénible. *Souffrir cruellement.* ⇒ **affreusement, atrocement.** *Les médicaments faisaient cruellement défaut.* ⟨ ▶ cruauté ⟩

cruiser ou ***crouser*** [kʀuze] v. tr. ■ Anglic. Draguer. *Cruiser les filles, les garçons.* — Sans compl. *Aller cruiser dans les bars* ▶ ***cruiseur, euse*** n. ■ Fam. Personne qui recherche une, des aventures amoureuses. ⇒ fam. **dragueur.**

crûment [kʀymɑ̃] adv. **1.** D'une manière crue (3), sèche et dure, sans ménagement. ⇒ **brutalement, durement.** *Il lui a dit (tout) crûment qu'il le méprisait.* **2.** *Éclairer un lieu crûment,* d'une lumière crue.

crustacés [kʀystase] n. m. pl. **1.** Zoologie. Classe d'animaux arthropodes, au corps formé de segments munis chacun d'une paire d'appendices, à carapace. *Le cloporte fait partie des crustacés.* — Au sing. *La crevette est un crustacé.* **2.** Ces animaux, lorsqu'ils vivent dans l'eau et sont comestibles (crabe, crevette, écrevisse, homard, langouste, langoustine).

cruzeiro [kʀuzeʀo] n. m. ■ Monnaie du Brésil (a remplacé le *cruzado*). *Des cruzeiros.*

cryo- ■ Élément savant signifiant « froid ».

crypte [kʀipt] n. f. ■ Caveau souterrain servant de sépulcre (dans certaines églises). *La crypte de la basilique de Sainte-Anne-de-Beaupré.* — Chapelle souterraine.

crypto- ■ Élément savant signifiant « caché ». ▶ ***cryptogame*** adj. et n. m. pl. ■ (Plantes) Qui a les organes de la fructification peu apparents. *Les champignons sont des plantes cryptogames.* — N. m. pl. *Les cryptogames* (algues, champignons...). — Au sing. *La fougère est un cryptogame.* ▶ ***cryptogamique*** adj. ■ *Maladies cryptogamiques,* maladies des végétaux provoquées par les champignons. ▶ ***cryptogramme*** n. m. ■ Ce qui est écrit en caractères secrets, en langage chiffré. ▶ ***cryptographie*** n. f. ■ Code secret déchiffrable par l'émetteur et le destinataire seulement. ▶ ***cryptographique*** adj. ■ *Message cryptographique.* ⟨ ▶ décrypter ⟩

crypton n. m. ⇒ **krypton.**

C.S.D. [seɛsde] n. f. invar. ■ Abréviation de *Centrale des syndicats démocratiques.*

C.S.N. [seɛsɛn] n. f. invar. ■ Abréviation de *Confédération des syndicats nationaux.*

C.T. [sete] n. m. invar. ■ Administration gouvernementale. Abréviation de *Conseil du Trésor.* — *Un C.T.,* le document requis de ce ministère afin de pouvoir effectuer certaines dépenses gouvernementales. *Recevoir le C.T. autorisant l'achat de micro-ordinateurs. Un C.T. (de) voyage.*

à ***c't'heure*** adv. ⇒ **astheure.**

cubain, aine [kybɛ̃, ɛn] adj. et n. ■ De Cuba. — N. (Avec une majusc.) *Les Cubains.*

cube [kyb] n. m. **1.** Solide à six faces carrées égales (hexaèdre régulier), ou objet cubique. *Des cubes de bois. Ces maisons sont des cubes de béton. Trois cubes de sucre.* ⇒ ② **carré.** — *Jeu de cubes,* cubes (de bois, de plastique, etc.) avec lesquels les enfants font des constructions. **2.** En appos. Se dit d'une mesure qui exprime le volume d'un corps. *Mètre cube* (m^3), *centimètre cube* (cm^3). — *Cube d'un nombre,* produit de trois facteurs égaux à ce nombre. ⇒ **puissance.** *Le cube de 2 est 8 ; a^3 est le cube de a.* **3.** (Aliments) Morceau découpé en forme de cube. *Des cubes de veau. Du bœuf en cubes. Des carottes coupées en petits cubes.* ⇒ ① **dé.** ▶ ***cubage*** n. m. ■ Évaluation d'un volume ; volume évalué. *Le cubage d'air de cette pièce est insuffisant pour trois personnes.* ▶ ***cubique*** adj. **1.** Du cube. *La forme cubique d'une caisse. Une maison cubique.* **2.** RACINE CUBIQUE *d'un nombre* : nombre qui, élevé au cube (à la puissance 3), donne ce nombre. *La racine cubique de 27 est 3.* ▶ ***cubisme*** n. m. ■ École d'art, qui se proposait de représenter les objets décomposés en éléments géométriques simples. ▶ ***cubiste*** adj. et n. ■ *Peintre cubiste. Les cubistes.*

cubitus [kybitys] n. m. invar. ■ Le plus gros des deux os de l'avant-bras, articulé avec l'humérus (coude).

cucu ou ***cucul*** [kyky] adj. invar. ■ Fam. Niaiseux, un peu ridicule. *Des films un peu cucul.*

cucurbitacée [kykyʀbitase] n. f. ■ Plante appartenant à la famille comprenant le concombre, la courge (citrouille, potiron), le melon, etc.

cueillir [kœjiʀ] v. tr. ▪ conjug. 12. **1.** Détacher (une partie d'un végétal) de la tige. *Cueillir des fleurs, des fruits.* **2.** Littér. Prendre. *Cueillir un baiser.* **3.** Fam. *Cueillir qqn,* le prendre aisément au passage. *Cueillir un voleur.* ⇒ fam. **pincer, pogner.** — Loc. *Être cueilli à froid,* être pris par surprise. ▶ ***cueillette*** [kœjɛt] n. f. **1.** Action de cueillir. *La cueillette des pommes, des fraises.* ⇒ **récolte. 2.** Ensemble des fleurs ou des fruits cueillis. *Une belle cueillette.* **3.** Ramassage des produits végétaux comestibles (dans les groupes humains qui ignorent la culture). *Ils vivent de chasse et de cueillette.* ▶ ***cueilleur, euse*** n. ■ Personne qui cueille. *Les cueilleurs de fraises, de bleuets. — Les cueilleurs d'eau d'érable,* les personnes qui la recueillent. ⇒ **ramasseur.** ⟨ ▶ accueillir, ① recueillir ⟩

cuiller ou ***cuillère*** [kɥijɛʀ] n. f. **1.** Ustensile formé d'un manche et d'une partie creuse, qui sert à transvaser ou à porter à la bouche les aliments liquides ou peu consistants. *Cuiller et fourchette assorties.* ⇒ **couvert.** *Cuiller à soupe* ou *cuiller à pot,* grande cuiller pour servir le potage. ⇒ ② **louche.** *Cuiller à soupe* ou fam. *à table,* pour manger le potage. *Cuiller à dessert. Cuiller à thé, à café* ou *petite cuiller. Le manche d'une cuiller, un manche de cuiller.* — Contenu d'une cuiller. ⇒ **cuillerée.** *Deux cuillers à soupe de beurre fondu. — Jouer des (aux) cuillers,* accompagner le rythme d'une musique folklorique en frappant deux cuillers, mises dos à dos, entre la paume de la main et la cuisse. **2.** Ustensile de forme analogue. *Pêcher à la cuiller,* avec une sorte de petite cuiller (sans manche) garnie d'hameçons. — Pièce qui maintient la goupille d'une grenade. — *Une cuiller à chaussure,* un chausse-pied. ⇒ ① **langue. 3.** Loc. fam. *Serrer la cuiller de (qqn),* lui serrer la main. ⇒ fam. **pince.** — *Faire une chose en deux coups de cuiller à pot,* très vite. — *Être à ramasser à la petite cuiller,* être en piteux état. — *Ne pas y aller avec le dos de la cuiller,* agir sans modération. ▶ ***cuillerée*** [kɥijɛʀe] n. f. ■ Quantité contenue dans une cuiller. *Prenez une cuillerée à table de sirop matin et soir. Ajouter une demie cuillerée à thé de sel. Une cuillerée à soupe, à table de sucre.*

cuir [kɥiʀ] n. m. **1.** Peau des animaux séparée de la chair, tannée et préparée. *Cuir souple. Cuir de bœuf, de veau* ⇒ **vélin**, *de chèvre* ⇒ **maroquin**, *de mouton* ⇒ **basane, chagrin**. *Veston, jupe, blouson de (en) cuir. Semelles de cuir. Les premières cuirasses étaient en cuir.* **2.** *Le* CUIR CHEVELU : la peau du crâne. **3.** (Animaux ; personnes) Peau épaisse et dure. *Le cuir du rhinocéros.* ⟨ ▶ cuirasse, cuirette, rond-de-cuir, similicuir ⟩

cuirasse [kɥiʀas] n. f. **1.** Arme défensive, souvent en métal, qui recouvre le buste. ⇒ **armure.** — *Le* DÉFAUT DE LA CUIRASSE : l'intervalle entre le bord de la cuirasse et les pièces qui s'y joignent ; fig. l'endroit faible, le côté sensible. ⇒ **talon** d'Achille. *Chercher, trouver le défaut de la cuirasse.* **2.** Revêtement d'acier qui protège les navires. ⇒ **blindage. 3.** Défense, protection. *Elle a une cuirasse d'indifférence.* ⇒ **carapace.** ▶ ① ***cuirassé, ée*** adj. ■ Protégé, endurci. *Il est cuirassé contre les désillusions.* ⇒ **blindé.** ▶ ② ***cuirassé*** n. m. ■ Grand navire de guerre blindé et armé d'artillerie lourde. *Le cuirassé Potemkine.* ≠ *cuirassier.* ▶ ***cuirasser*** v. tr. ▪ conjug. 1. **1.** Armer, revêtir d'une cuirasse. ⇒ **blinder. 2.** V. pron. réfl. Fig. SE CUIRASSER *contre qqch.* : se protéger contre (qqch.), se rendre insensible à (qqch.). ⇒ s'**aguerrir,** s'**endurcir.** *Se cuirasser contre la douleur.* ▶ ***cuirassier*** n. m. ■ Soldat d'un régiment de grosse cavalerie. — *Le cinquième cuirassier* (régiment de cuirassiers). ≠ *cuirassé.*

cuire [kɥiʀ] v. ▪ conjug. 38. — REM. Passé simple inusité ; part. passé *cuit(e).* **I. 1.** V. tr. Rendre propre à l'alimentation par le feu, la chaleur. ⇒ **cuisson.** *Cuire de la viande, des légumes. Cuire un morceau de viande au four, à la broche, à sec* ⇒ **griller, rôtir,** *avec une matière grasse* ⇒ **frire**. *Cuire qqch. à feu doux, à feu vif.* — Transformer par l'action du feu. *Cuire la porcelaine.* **2.** Loc. fam. *Être* DUR À CUIRE : opposer une grande résistance. — N. *Un dur à cuire.* **3.** (Sources de chaleur) Opérer la cuisson de (qqch.). *Le four cuit bien la pâtisserie.* **II.** V. intr. **1.** Devenir propre à l'alimentation par l'action du feu. *Les pâtes doivent cuire dans beaucoup d'eau. La soupe cuit doucement, cuit à feu doux.* ⇒ **mijoter. 2.** Fam. (Suj. personne) *Cuire dans son jus. Cuire,* avoir très chaud. *Ouvrez les fenêtres, on cuit là-dedans !* ⇒ **étouffer. 3.** *(Cuire à qqn)* Produire une sensation d'échauffement, de brûlure. ⇒ **brûler.** *Les mains lui cuisent. Les yeux me cuisent.* ⇒ **piquer.** — Loc. *Il vous en cuira,* vous vous en repentirez, vous en souffrirez par votre faute. ▶ ***cuisant, ante*** [kɥizɑ̃, ɑ̃t] adj. ■ Qui provoque une douleur, une peine très vive. *Une déception, une blessure cuisante.* ⇒ **aigu, douloureux, vif.** *Remarque, réflexion cuisante.* ⇒ **blessant, cinglant.** — *Une cuisante défaite électorale,* un échec retentissant, qui affecte beaucoup. ⟨ ▶ autocuiseur, biscuit, cuisson, cuisine, cuit, cuite, recuire ⟩

cuirette [kɥiʀɛt] n. f. ■ Matière plastique imitant le cuir. ⇒ **similicuir.** *Des sièges recouverts de cuirette.*

cuisine [kɥizin] n. f. **1.** Pièce d'une habitation, dans laquelle on prépare et fait cuire des aliments. *Table, chaises, meubles de cuisine. Ustensiles de cuisine* (casseroles, poêles, etc.). *Batterie de cuisine. — Manger dans la cuisine. — Cuisine d'été,* petite pièce ajoutée au corps principal d'une maison de campagne. ⇒ **cuisinette, haut-côté. 2.** Préparation des aliments ; art de préparer les aliments. ⇒ art **culinaire.** *Faire la cuisine. La cuisine québécoise. Les recettes de la cuisine chinoise. La haute cuisine,* la cuisine raffinée. **3.** Fam. ou péj. Manœuvre, intrigue louche. ⇒ fam. **magouille.** *La cuisine électorale, parlementaire.* **4.** Aliments préparés qu'on sert aux repas. ⇒ fam. **bouffe, boustifaille, popote, tambouille.** *Être amateur de bonne cuisine,* gourmet. ▶ ***cuisiné, ée*** adj. ■ Préparé selon les règles de la cuisine. *Des crudités et des plats cuisinés.* ▶ ***cuisiner*** v. ▪ conjug. 1. **1.** V. intr. Faire la cuisine. *Elle cuisine bien.* **2.** V. tr. Préparer, accommoder. *Cuisiner de bons petits plats.* **3.** V. tr. Fig. Fam. *Cuisiner qqn,* l'interroger, chercher à obtenir de lui des aveux par tous les moyens. ▶ ***cuisinette*** n. f. **1.** Petite cuisine. ⇒ anglic. **dînette.** *Un deux pièces et demie avec cuisinette.* **2.** Cuisine d'été. ▶ ***cuisinier, ière*** n. ■ Personne qui a pour fonction de faire la cuisine. ⇒ **chef ;** fam. **cuistot.** *Aide-cuisinier.* ⇒ **marmiton.** — Personne qui sait faire la cuisine. *Elle est très bonne cuisinière.* ⇒ **cordon-bleu.** ▶ ***cuisinière*** n. f. ■ Appareil électroménager servant à chauffer, à cuire les aliments. ⇒ fam. ① **poêle.** *Cuisinière électrique, à gaz. Le tiroir, le four d'une cuisinière.* ⟨ ▶ cuistot ⟩

cuisse [kɥis] n. f. **1.** Partie du membre inférieur qui s'articule à la hanche et va jusqu'au genou. *Short qui s'arrête à mi-cuisse, en haut des cuisses.* — (Animaux) *Manger une cuisse de poulet.* ⇒ **pilon.** *Cuisse du mouton* ⇒ **gigot**, *du cochon* ⇒ **jambon**, *du chevreuil* ⇒ **cuissot**. **2.** Loc. fam. *Se croire sorti de la cuisse de Jupiter,* être très orgueilleux. — (Femmes) *Avoir la cuisse légère,* accepter facilement d'avoir des aventures amoureuses. ▶ ***cuissard, arde*** n. et adj. **1.** N. m. Garniture de protection de la cuisse. **2.** Adj. *Bottes cuissardes,* qui montent jusqu'au milieu des cuisses. — N. f. plur. *Des cuissardes.* ⟨ ▶ cuissot, entrecuisse ⟩

cuisson [kɥisɔ̃] n. f. **1.** Action de cuire ; préparation des aliments par le feu, la chaleur. *Cette viande demande une cuisson prolongée. Temps de cuisson.* **2.** Préparation par le feu. *Cuisson industrielle de la* *porcelaine.* **3.** Sensation analogue à une brûlure ; douleur cuisante (⇒ **cuire** II, 3). *La cuisson d'une piqûre de guêpe.*

cuissot [kɥiso] n. m. ■ Cuisse (du gros gibier). *Cuissot de chevreuil, de sanglier.*

cuistot [kɥisto] n. m. ■ Fam. Cuisinier professionnel (surtout dans une communauté).

cuistre [kɥistʀ] n. m. ■ Littér. Pédant vaniteux et ridicule. — Adj. *Il est un peu cuistre.* ▶ ***cuistrerie*** n. f. ■ Pédantisme, procédé de cuistre.

cuit, cuite [kɥi, kɥit] adj. **1.** Qui a subi la cuisson afin d'être consommé. / contr. ② **cru** / *Aliment cuit à point, bien cuit. Légumes cuits à l'eau, à la vapeur. Filet de bœuf bien cuit.* / contr. **bleu, saignant** / — N. m. *Le cru et le cuit.* **2.** Qui a subi la cuisson pour un usage particulier. *Terre cuite.* **3.** *Être cuit,* pris, vaincu. ⇒ fam. **fait, fichu, refait.** — *C'est du tout cuit,* c'est réussi d'avance. ⟨ ▶ précuit ⟩

cuite [kɥit] n. f. ■ Fam. *Prendre une cuite, une bonne cuite,* s'enivrer (France, fam. *se cuiter,* conjug. 1.). ⇒ **balloune, brosse.**

cuivre [kɥivʀ] n. m. **I.** Métal rouge, très malléable, bon conducteur électrique (symb. *Cu*). *Mine de cuivre. Alliages de cuivre,* airain, bronze, laiton. — *Casseroles en cuivre.* **II.** Au plur. Objets en cuivre. **1.** LES CUIVRES : ensemble d'instruments de cuisine, d'objets d'ornement en cuivre, en laiton. *Faire les cuivres,* les nettoyer. **2.** Ensemble des instruments à vent en cuivre employés dans l'orchestre. *Les cuivres d'une fanfare.* ▶ ***cuivré, ée*** adj. **1.** Qui a la couleur rougeâtre du cuivre. *Reflets cuivrés. Avoir la peau cuivrée.* ⇒ **bronzé, hâlé.** **2.** Qui a un timbre éclatant (comme un instrument de cuivre). *Voix cuivrée et chaude.*

cul [ky] n. m. **1.** Fam. Derrière, postérieur humain. ⇒ **arrière-train.** *Tomber sur le cul. Il a un gros cul. Donner un coup de pied au cul à qqn.* — En appos. *Du papier cul,* du papier hygiénique. — *Un film, un livre de cul,* érotique, pornographique. — Loc. fig. *Il en est resté sur le cul,* très étonné. *Être comme cul et chemise,* inséparables. *Avoir le cul sur la paille,* être ruiné, sans ressource. ⇒ **derrière.** — Vulg. *En avoir plein le cul,* en avoir assez. ⇒ **casque, dos.** *Se fendre le cul pour faire qqch.,* faire de gros efforts. *Ça me fend le cul !,* cela me choque. — *Avoir le feu au cul,* fuir, se précipiter ; être très fâché, en colère. *Se grouiller le cul,* aller vite, se dépêcher, accélérer. — *Se pogner le cul,* perdre son temps, ne pas travailler. ⇒ **s'ennuyer.** *Se faire pogner le cul,* se faire peloter, taponner. **2.** Fig. Fam. *Jouer un cul à qqn, se faire jouer un cul,* (se faire) rouler, tromper. — *Un temps de cul,* un mauvais temps. *Il a fait un temps de cul toute la semaine.* — *Un trou de cul.* ⇒ ③ **cave, idiot, imbécile, niaiseux.** — Personne de peu d'envergure, qui a peu de moyens financiers, mais qui joue les importants. *Un gros trou du cul.* — (Nom de chose +) *de cul,* qui n'est pas solide, ne vaut pas grand-chose, fonctionne mal. *C'est une auto de cul.* **3.** Interj. fam. Exprime l'étonnement, la surprise. *Maudit cul !, Mon cul !,* je m'en fiche, je m'en fous. — Injure. *Quel trou de cul !* — Adj. *Il (elle) est pas mal trou de cul !* Par anal. (emploi non vulgaire). Fond de certains objets. *Cul de bouteille.* ⇒ **Cul-de-...** — *Faire* CUL SEC *en buvant* : vider le verre d'un trait. ⟨ ▶ acculer, cucu, culasse, culbute, cul-de-..., culée, culot, culotte, cul-terreux, éculé, gratte-cul, lèche-cul, peigne-cul, recul, tape-cul, ti-cul, tire-au-cul, tutu ⟩

culasse [kylas] n. f. **1.** Extrémité postérieure du canon (d'une arme à feu). *Charger un canon par la culasse. Culasse mobile,* pièce d'acier contenant le percuteur. **2.** Partie supérieure du cylindre (d'un moteur à combustion ou à explosion), dans laquelle les gaz sont comprimés. *Joint de culasse.*

culbute [kylbyt] n. f. **1.** Tour qu'on fait en mettant la tête en bas et les jambes en haut, de façon à retomber de l'autre côté. ⇒ **cabriole, galipette, pirouette.** **2.** Chute où l'on tombe brusquement à la renverse. ⇒ **dégringolade.** *Il a fait une culbute dans l'escalier.* — (France) Fam. *Faire la culbute,* faire faillite, être ruiné. ▶ ***culbuter*** v. ▪ conjug. 1. **I.** V. intr. Faire une culbute (2), tomber à la renverse. ⇒ **dégringoler.** *La voiture a culbuté dans le fossé.* ⇒ **verser.** **II.** V. tr. **1.** Faire tomber brusquement (qqn). ⇒ **renverser.** *Pousser qqn pour le culbuter.* **2.** Bousculer, pousser. *Culbuter l'ennemi.* ⇒ **enfoncer, repousser.** *Culbuter tous les obstacles.* ▶ ***culbuteur*** n. m. **1.** Appareil qui sert à faire basculer un récipient, un wagon pour le vider de son contenu. **2.** Dans un moteur à explosion. Levier oscillant placé au-dessus des cylindres et servant à ouvrir et à fermer les soupapes.

cul-de- [kyd(ə)] ■ Élément de composés (où *cul* veut dire « fond »). ▶ ***cul-de-basse-fosse*** n. m. ■ Cachot souterrain. *Des culs-de-basse-fosse.* ▶ ***cul-de-four*** n. m. ■ Voûte formée d'une demi-coupole (quart de sphère). *Des culs-de-four.* ▶ ***cul-de-jatte*** adj. et n. ■ Infirme qui n'a plus de jambes. *Des culs-de-jatte.* ▶ ***cul-de-lampe*** n. m. ■ Ornement, dans un texte, un livre, à la fin d'un chapitre (la forme de certains rappelle le dessous d'une lampe d'église). *Des culs-de-lampe.* ▶ *en* ***cul-de-poule*** [ɑ̃kydpul] loc. adv. ■ *Bouche en cul-de-poule,* qui s'arrondit et se resserre en faisant une petite moue. ▶ ***cul-de-sac.*** n. m. **1.** (Signalisation routière) Rue, voie sans issue. ⇒ **impasse.** *Des culs-de-sac.* **2.** Carrière, entreprise sans issue, qui ne mène à rien. *Cette situation est un cul-de-sac.*

culée [kyle] n. f. ■ Massif de maçonnerie destiné à contenir la poussée d'un arc, d'une arche, d'une voûte. *La culée d'un pont.*

culinaire [kylinɛʀ] adj. ■ Qui a rapport à la cuisine (2). ⇒ **gastronomique.** *Art culinaire.*

culminer [kylmine] v. intr. ▪ conjug. 1. ■ Atteindre la plus grande hauteur. *Montagne, pic qui culmine au-dessus des sommets voisins.* ⇒ **dominer.** ▶ ***culminant, ante*** adj. **1.** Qui atteint sa plus grande hauteur. — POINT CULMINANT. *Le point culminant d'une chaîne de montagnes.* Abstrait. *Le point culminant d'une évolution* ⇒ **apogée,** *d'une crise* ⇒ **comble, maximum** *d'une histoire* ⇒ **sommet.** **2.** Littér. Qui domine. *Sommet culminant.*

① ***culot*** [kylo] n. m. **1.** Partie inférieure (de certains objets). ⇒ **fond.** — Fond métallique. *Un culot d'obus.* **2.** Résidu métallique au fond d'un creuset. — Résidu qui se forme au fond d'une pipe. ▶ ① ***culotté, ée*** adj. **1.** *Pipe culottée,* dont le fourneau est couvert d'un dépôt noir (culot). **2.** Noirci par un dépôt. *Cuir culotté.* ▶ ① ***culotter*** v. tr. ▪ conjug. 1. ■ Fumer (une pipe) jusqu'à ce qu'elle soit culottée.

② ***culot*** n. m. ■ Aplomb, audace. ⇒ ② **cran, estomac** (III). *Quel culot !* ⇒ **toupet.** *Il a du culot, un sacré culot.* ▶ ② ***culotté, ée*** adj. ■ Qui a du culot. *Tu es culotté de me faire venir pour rien.* ⇒ fam. **gonflé.**

culotte [kylɔt] n. f. **1.** (Souvent au plur.) Vêtement masculin de dessus qui couvre de la ceinture aux genoux (d'abord serré aux genoux, et opposé à *pantalon*) et dont la partie inférieure est divisée en deux éléments habillant chacun une jambe. *La culotte* ou *les culottes. Culottes courtes.* ⇒ **short.** *Culottes longues.* ⇒ **pantalon.** *Une paire de culottes. User son fond, ses fonds de culotte sur les bancs de l'école.* — Sports.

Culottes de hockey, de soccer. Culottes de base-ball, de jogging. Culotte de cheval. — Loc. fam. *Se faire prendre les culottes à terre (baissées),* de manière tout à fait inattendue, à l'improviste, en flagrant délit. *Trembler, faire, chier, pisser dans ses culottes,* avoir très peur. — *Dans ce ménage, c'est la femme qui porte la culotte,* c'est elle qui commande. **2.** *Petite(s) culotte(s),* sous-vêtement (de femme, d'enfant) qui couvre le bas du ventre, avec deux ouvertures pour les jambes. ⇒ **bobettes, slip.** — *Culotte d'enfant, de bébé. Mettre une culotte en plastique par-dessus la couche.* ▶ ② ***culotter*** v. tr. ▪ conjug. 1. ■ Mettre une culotte à (qqn). — Au passif et p. p. adj. *Être culotté(e), bien culotté(e),* avoir une culotte. ⟨ ▶ bas-culotte, déculotter, enculotter, jupe-culotte, reculotter, sans-culotte ⟩

culpabilité [kylpabilite] n. f. ■ État d'une personne qui est coupable. *Nier sa culpabilité. Sa culpabilité n'est pas établie, n'est pas certaine.* / contr. **innocence** / — *Sentiment de culpabilité,* sentiment par lequel on se sent coupable. ▶ ***culpabiliser*** v. tr. ▪ conjug. 1. ■ Donner un sentiment de culpabilité à (qqn). / contr. **déculpabiliser** /

culte [kylt] n. m. **1.** Hommage religieux rendu à la divinité ou à un saint personnage. *Rendre un culte à une sainte.* **2.** Pratiques réglées par une religion, pour rendre hommage à la divinité. ⇒ **liturgie.** *Ministre du culte,* prêtre. **3.** Service religieux protestant. *Assister au culte.* **4.** Admiration mêlée de vénération (pour qqn ou qqch.). ⇒ **adoration, amour, dévouement, passion.** *Rendre, vouer un culte à qqn. Avoir un culte pour ses parents. Avoir le culte de la justice, de l'argent.*

cul-terreux [kytɛʀø] n. m. ■ (France) Péj. Terme injurieux. Paysan. ⇒ **habitant.** *Des culs-terreux.*

-culteur ■ Élément savant signifiant « qui cultive » (ex : *agriculteur, rotoculteur*).

① ***cultiver*** [kyltive] v. tr. ▪ conjug. 1. **1.** Travailler (la terre) pour lui faire produire des végétaux utiles aux besoins de l'être humain. ⇒ **défricher, labourer ; agriculture,** ① **culture.** *Cultiver un champ, un coin de terre, son jardin* (⇒ **cultivateur, culture**). — Pronominalement (passif). *Cette terre se cultive facilement.* — Au p. p. adj. *Terre cultivée.* / contr. ① **inculte** / **2.** Soumettre (une plante) à divers soins en vue de favoriser sa venue ; faire pousser, venir. *Cultiver la vigne, des céréales.* — Au p. p. adj. *Plante cultivée.* / contr. **sauvage** / ▶ ***cultivable*** adj. ■ Qui peut être cultivé. ⇒ **arable, labourable.** *Région, terre cultivable.* ▶ ***cultivateur, trice*** n. **1.** Personne qui cultive la terre, exploite une terre. ⇒ **agriculteur, campagnard, fermier, habitant, paysan.** *Les petits cultivateurs.* **2.** (France) N. m. Machine qui fait un labourage superficiel. ⇒ **charrue.** ⟨ ▶ minicultivateur ⟩

② ***cultiver*** v. tr. ▪ conjug. 1. **1.** Former par l'éducation, l'instruction. ⇒ **éduquer, former, perfectionner ;** ② **culture.** *Cultiver l'intelligence, les bonnes dispositions d'un enfant.* **2.** S'intéresser à (qqch.), consacrer son temps, ses soins à. ⇒ s'**adonner,** s'**intéresser.** *Cultiver un art. Cultiver le paradoxe.* **3.** Entretenir des relations amicales avec (qqn). *Cultiver ses relations.* ⇒ **soigner.** *C'est une personne à cultiver.* **4.** SE CULTIVER v. pron. réfl. : cultiver (1) son esprit, son intelligence. *Avoir le souci de se cultiver.* ▶ ***cultivé, ée*** p. p. adj. ■ Qui a de la culture (2). / contr. **béotien, épais,** ② **inculte** / *Esprit cultivé. Il est peu cultivé, mais intelligent.*

① ***culture*** [kyltyʀ] n. f. **1.** Action de cultiver (1) la terre. ⇒ **agriculture.** *La culture d'un champ, d'un verger. Pays de petite, de grande culture.* **2.** Terres cultivées. *L'étendue des cultures.* ⇒ **plantation.** **3.** Action de cultiver (un végétal). *Culture de la vigne* ⇒ **viticulture**, *culture fruitière* ⇒ **arboriculture**, *culture de l'érable* ⇒ **acériculture**, *culture des plantes* ⇒ **horticulture ; floriculture**. *Cultures tropicales.* **4.** Méthode consistant à faire vivre et proliférer des organismes vivants (bactéries), des cellules en milieu approprié. *Culture microbienne. Bouillon de culture.* ⇒ **bouillon.** ⟨ ▶ monoculture, polyculture ⟩

② ***culture*** n. f. **1.** Développement de certaines facultés de l'esprit par des exercices intellectuels appropriés ; ensemble des connaissances acquises. ⇒ **éducation, formation.** *Culture philosophique, scientifique. Culture générale,* dans les domaines considérés comme nécessaires à tous (en dehors des spécialités, des métiers). *Culture de masse,* diffusée par les grands médias. *Avoir de la culture.* ⇒ **cultivé. 2.** Ensemble des aspects intellectuels (littérature, art, religion, etc.) d'une civilisation. *La culture occidentale, orientale.* — Civilisation ; aspects particuliers de la vie en société (souvent opposé à *nature*). **3.** CULTURE PHYSIQUE : développement méthodique du corps par des exercices appropriés et gradués. ⇒ **conditionnement** physique, **éducation** physique, **gymnastique.** *Séances de culture physique.* ▶ ***culturel, elle*** adj. ■ Qui est relatif à la culture, à la civilisation. *Relations culturelles. Centre culturel,* lieu public destiné à accueillir des *activités culturelles* (arts, musique, spectacles). ▶ ***culturisme*** n. m. ■ Culture physique destinée à développer certains muscles de façon apparente. ⇒ **musculation.** *Le culturisme féminin.* ▶ ***culturiste*** adj. et n. **1.** Qui concerne le culturisme. **2.** Personne qui pratique le culturisme. *Le champion mondial des culturistes.* ⟨ ▶ biculturalisme, contre-culture, multiculturalisme, puériculture ⟩

cumin [kymɛ̃] n. m. ■ Plante à graines aromatiques ; ces graines utilisées comme assaisonnement. *Fromage de Munster au cumin. Liqueur au cumin.* ⇒ **kummel.**

cumuler [kymyle] v. tr. ▪ conjug. 1. ■ Réunir en sa personne (plusieurs choses différentes). *Cumuler des droits, deux fonctions.* ▶ ***cumul*** n. m. ■ Action de cumuler. *Cumul de fonctions, de charges,* réunion en une même personne de plusieurs fonctions publiques ou mandats électifs. ▶ ***cumulatif, ive*** adj. ■ Qui s'ajoute à, qui ajoute. *Un effet cumulatif. Les gains salariaux cumulatifs.* ⟨ ▶ accumuler ⟩

cumulus [kymylys] n. m. invar. ■ Gros nuage arrondi présentant des parties éclairées. *Des cumulus et des nimbus.* ⟨ ▶ strato-cumulus ⟩

cunéiforme [kyneifɔʀm] adj. ■ Qui a la forme d'un coin. *Écriture cunéiforme* (des Assyriens, des Mèdes, des Perses), constituée de signes en forme de clous, de coins.

cupide [kypid] adj. ■ Littér. Qui est avide d'argent. ⇒ **avare, rapace.** *Un homme d'affaires cupide.* / contr. **désintéressé, généreux** / ▶ ***cupidité*** n. f. ■ Désir immodéré de l'argent, des richesses. ⇒ **âpreté, avidité.** / contr. **désintéressement** /

cupule [kypyl] n. f. ■ Partie d'un végétal formant une petite coupe couverte d'écailles. *La cupule d'un gland.*

curable [kyʀabl] adj. ■ Qui peut être guéri (⇒ **cure**). ⇒ **guérissable.** *Malade, maladie curable.* / contr. **incurable** /

curaçao [kyʀaso] n. m. ■ Liqueur faite avec de l'eau-de-vie, de l'écorce d'oranges amères et du sucre.

curare [kyʀaʀ] n. m. ■ Poison végétal paralysant, dont se servent certains Indiens d'Amérique du Sud tropicale pour empoisonner leurs flèches.

curateur, trice [kyʀatœʀ, tʀis] n. ■ Personne qui a la charge d'assister, de veiller aux intérêts d'une autre personne (mineur, aliéné). ⇒ ① **tuteur.** *Un curateur public,* désigné par le gouvernement.

curatif, ive [kyʀatif, iv] adj. ■ Relatif à la cure d'une maladie. *Traitement curatif.*

① ***cure*** [kyʀ] n. f. **I. 1.** Traitement médical d'une certaine durée ; méthode thérapeutique particulière. — Traitement dans une station thermale (⇒ **saison**). *Faire une cure.* ⇒ **curiste. 2.** Usage abondant (de qqch.) par hygiène ou pour se soigner. ⇒ **régime.** *Faire une cure de raisin. Cure d'air, de repos, de sommeil.* **II.** Loc. N'AVOIR CURE DE *qqch.* : ne pas s'en soucier. *Il n'en a cure. Je n'ai cure, nous n'avons cure de vos protestations.* ⟨ ► curatif, curiste, incurable, manucure, pédicure ⟩

② ***cure*** n. f. **1.** Fonction de curé. Paroisse. *Une cure de village.* **2.** Résidence du curé. ⇒ **presbytère.** ► ***curé*** [kyʀe] n. m. **1.** Prêtre placé à la tête d'une paroisse. *L'abbé X, curé de telle paroisse. Monsieur le curé et son vicaire.* **2.** Fam. (Souvent péj.) Prêtre catholique. ⇒ **abbé.** *Les curés,* le clergé.

curée [kyʀe] n. f. **1.** Portion de la bête tuée que l'on donne aux chiens de chasse. **2.** Ruée vers les places, le butin. *La curée des places.* — Loc. fig. *Envoyer qqn. à la curée,* au devant de sévères critiques ; l'envoyer affronter une situation explosive, délicate.

curer [kyʀe] v. tr. ▪ conjug. 1. ■ Nettoyer (qqch.) en raclant. ⇒ **racler.** *Curer un fossé, une citerne. Se curer les dents, les oreilles.* ► ***cure-dent*** n. m. ou ***cure-dents*** [kyʀdɑ̃] n. m. invar. ■ Petit instrument pour se curer les dents. *Des cure-dents.* ► ***cure-oreille*** n. m. ou ***cure-oreilles*** [kyʀɔʀɛj] n. m. invar. ■ Instrument, petite spatule, pour se nettoyer l'intérieur de l'oreille. ⇒ **coton-tige.** *Des cure-oreilles.* ► ***cure-pipe*** [kyʀpip] n. m. ■ Instrument servant à nettoyer le fourneau d'une pipe. *Des cure-pipes.* ► ***curette*** n. f. **1.** Outil muni d'une partie tranchante, pour racler. ⇒ **racloir. 2.** Médecine. Petite cuiller à long manche destinée à être introduite dans les cavités du corps pour en extraire des corps étrangers. ► ***curetage*** [kyʀtaʒ] n. m. ■ Opération qui consiste à nettoyer avec une curette une cavité naturelle (utérus, articulation, etc.) ou accidentelle (abcès). *Avoir, subir un curetage.* ⟨ ► récurer ⟩

① ***Curie*** [kyʀi] n. f. ■ (Avec une majusc.) Ensemble des administrations qui constituent la Cour de Rome, le gouvernement pontifical.

② ***curie*** n. m. ■ Unité de mesure de l'activité d'une substance radioactive (du nom de Marie Curie). *Le becquerel a remplacé le curie en 1975.*

curieux, euse [kyʀjø, øz] adj. et n. **I. 1.** Qui est désireux (de voir, de savoir). *Curieux de connaître, d'apprendre. Il est curieux de botanique.* / contr. **indifférent** / *Esprit curieux,* qui ne néglige aucune occasion de s'instruire. **2.** Sans compl. Qui cherche à connaître ce qui ne le regarde pas. ⇒ **indiscret ;** fam. **écornifleur.** / contr. **discret** / *Vous êtes trop curieux. Elle est curieuse, elle veut savoir ce que font ses voisins.* — N. *Petite curieuse !* **3.** N. Personne qui s'intéresse à qqch. par simple curiosité. *Un attroupement de curieux.* ⇒ **badaud.** — Amateur, collectionneur. **II.** (Avant ou après le nom) Qui donne de la curiosité ; qui attire et retient l'attention. ⇒ **bizarre, drôle, étonnant, étrange, singulier.** / contr. **banal, ordinaire** / *Une curieuse habitude. Une curieuse coïncidence. C'est une chose curieuse. Ce qui est curieux, c'est que...* Loc. *Ne me regardez pas comme une bête curieuse.* ► ***curieusement*** adv. ■ Bizarrement, étrangement. *Curieusement, elle n'a pas réagi à la nouvelle.* ► ***curiosité*** n. f. **I. 1.** Tendance qui porte à apprendre, à connaître des choses nouvelles. / contr. **indifférence** / *Contenter, satisfaire la curiosité de qqn en lui racontant ce qui s'est passé.* **2.** Désir de savoir les secrets, les affaires d'autrui. ⇒ **indiscrétion.** / contr. **discrétion** / *La curiosité est un vilain défaut. Il a été puni de sa curiosité.* **II.** *(Une, des curiosités)* Chose curieuse (II) ; notamment, objet recherché par les curieux, les amateurs. ⇒ **nouveauté, rareté.** *Magasin de curiosités. Cet objet n'est pas beau, ce n'est qu'une curiosité. Visiter les curiosités d'une ville. Une curiosité de la nature.*

curiste [kyʀist] n. ■ Personne qui fait une cure thermale.

curling [kœʀliŋ] n. m. ■ Anglic. Sport d'hiver qui consiste à faire glisser sur la glace et vers une cible une lourde pierre plate et ronde. ⇒ **palet.** *Joueur de curling* (ou *curleur).*

curriculum vitæ [kyʀikylɔmvite] n. m. invar. ■ Ensemble des indications relatives à l'état civil, aux études et diplômes, à la carrière professionnelle et aux activités passées de qqn ; le document comportant ces indications. *Envoyer son curriculum vitæ à un employeur éventuel.* — Abrév. *Un curriculum* ou fam. *un cucu* [kyky]. ⇒ **C.V.**

curry [kyʀi], ***cari*** ou ***carry*** [kaʀi] n. m. ■ Assaisonnement indien composé de piment et d'autres épices pulvérisées. *Riz au curry. — Un curry de volaille,* une volaille au curry. ≠ *safran.*

curseur [kyʀsœʀ] n. m. **1.** Petit index qui glisse dans une coulisse pratiquée sur une règle, un compas, etc. **2.** Petit repère mobile affiché à l'écran d'un ordinateur, indiquant où doit s'effectuer la prochaine opération. ⇒ ① **pointeur.** *Déplacer le curseur.*

cursif, ive [kyʀsif, iv] adj. ■ Bref, rapide. *Style cursif. Écriture cursive,* d'un type tracé rapidement.

cursus [kyʀsys] n. m. invar. ■ Ensemble des études à poursuivre dans une matière donnée. *Des cursus universitaires.*

curv(i)- ■ Élément savant signifiant « courbe ». ► ***curviligne*** adj. ■ Didact. Formé par des lignes courbes. ⟨ ► incurver ⟩

cutané, ée [kytane] adj. ■ Qui appartient à la peau. ⇒ **épidermique.** *Infection cutanée.* ⟨ ► cuti-réaction, sous-cutané ⟩

cute [kjut] adj. Anglic. Fam. **1.** Beau, joli. ⇒ **mignon.** / contr. **laid** / *Un enfant très cute. C'est cute cet endroit.* — Bien habillé, chic. *Elle s'est fait cute pour sortir.* ⇒ **élégant. 2.** Plaisant, agréable. ⇒ anglic. **fun.** *C'est cute ici !* **3.** Gentil, fin. *Regardez, c'est cute ce qu'il fait. Elle est donc cute.*

cutex [kytɛks] n. m. invar. ■ Vernis à ongles. *Se mettre du cutex.* — REM. Ce mot est un nom de marque déposée.

cuti-réaction [kytiʀeaksjɔ̃] n. f. ■ Test médical pour déceler certaines maladies (tuberculose). *Des cuti-réactions.* — Abrév. CUTI, n. f. *Des cutis.*

cuve [kyv] n. f. **1.** Grand récipient utilisé pour la fermentation du raisin. **2.** Grand récipient (dans quelques techniques). *Cuve de teinturier, de blanchisseur.* ⇒ **baquet.** — *Mettre de l'eau dans une cuve.* ► ***cuvée*** n. f. **1.** Quantité de vin qui se fait à la fois dans une cuve. *Vin de la première cuvée.* **2.** Produit de toute une vigne. *La cuvée (de) 1991.* ⟨ ► cuvelage, cuver, cuvette ⟩

cuvelage [kyvlaʒ] n. m. ■ Techniques. Revêtement destiné à consolider un puits (de mine, de pétrole, etc.).

cuver [kyve] v. ▪ conjug. 1. **1.** V. intr. Séjourner dans la cuve pendant la fermentation. *Faire cuver le vin.*

2. V. tr. Cour. *Cuver son vin,* dissiper son ivresse en dormant, en se reposant. ⇒ **digérer.** — *On les laissa cuver leur colère,* on a attendu qu'elle passe.

cuvette [kyvɛt] n. f. **1.** Récipient portatif large, peu profond, qui sert principalement à la toilette. ⇒ **bassin.** — Partie d'un lavabo où coule l'eau. **2.** Partie profonde de l'appareil sanitaire qui sert de toilette. ⇒ fam. ① **bol.** *Nettoyer la cuvette.* **3.** Renflement de la partie inférieure du tube (d'un baromètre). **4.** Dépression de terrain fermée de tous côtés. ⇒ **bassin, entonnoir.** *Une ville construite dans une cuvette.*

C. V. [seve] n. m. invar. ■ Abréviation de *curriculum* vitæ. Veuillez expédier votre C. V. à l'adresse suivante.*

cyan(o)- ■ Élément savant signifiant « bleu sombre ». ▸ ***cyanhydrique*** [sjanidʀik] adj. ■ *Acide cyanhydrique* (composé d'hydrogène et de *cyanogène,* gaz toxique), poison violent. ▸ ***cyanose*** n. f. ■ Coloration bleue ou noirâtre de la peau due à une maladie. ▸ ***cyanure*** n. m. ■ Sel de l'acide cyanhydrique. *Les cyanures sont toxiques. S'empoisonner au cyanure.*

cybernétique [sibɛʀnetik] n. f. ■ Science des communications et de la régulation dans l'être vivant et la machine. *La cybernétique est à l'origine de l'informatique.* — Adj. De la cybernétique. ▸ ***cybernéticien, ienne*** n. ■ Spécialiste de la cybernétique.

cyclable [siklabl] adj. ■ Réservé aux cycles (2) : bicyclettes et vélomoteurs. *Piste cyclable.*

cyclamen [siklamɛn] n. m. ■ Plante dont les fleurs mauves ou blanches très décoratives sont portées par un pédoncule recourbé en crosse. *Faire pousser des cyclamens.*

① ***cycle*** [sikl] n. m. **1.** Suite de phénomènes se renouvelant sans arrêt dans un ordre immuable. *Le cycle des saisons, des heures. Le cycle de l'eau dans la nature* (évaporation, condensation, précipitation, ruissellement et infiltration). — Sciences. Série de changements subis par un système, qui le ramène à son état primitif. *La fréquence d'un courant alternatif se mesurait en cycles par seconde. Cycle (d'un moteur à explosion) à quatre temps, à deux temps.* — *Cycle (menstruel),* déroulement régulier et continuel des phénomènes physiologiques chez la femme et le mammifère femelle. ⇒ **menstrues, règles. 2.** Dans certaines littératures. Série de poèmes se déroulant autour d'un même sujet et où l'on retrouve les mêmes personnages. ⇒ ② **geste. 3.** Subdivision d'un niveau d'enseignement. *L'enseignement primaire et secondaire comptent chacun deux cycles. Le premier cycle* (⇒ **baccalauréat**), *le deuxième cycle* (⇒ **maîtrise**) *et le troisième cycle* (⇒ **doctorat**) *universitaires. Les cycles supérieurs,* postérieurs au baccalauréat. — (France) Subdivision de l'enseignement secondaire. ▸ ***cyclique*** adj. **1.** Relatif à un cycle ; qui se produit selon un cycle (1). *Un phénomène cyclique.* **2.** Chimie. COMPOSÉS CYCLIQUES : dont la molécule forme une chaîne fermée. ⟨ ▸ cyclotron, encyclopédie, hémicycle, recyclage ⟩

② ***cycle*** n. m. ■ Véhicule à deux roues, sans moteur ⇒ **bicyclette** ou avec un petit moteur ⇒ **cyclomoteur.** *Piste pour les cycles.* ⇒ **cyclable.** ▸ ***cyclisme*** n. m. ■ Pratique ou sport de la bicyclette. ⇒ **vélo.** ▸ ***cycliste*** adj. et n. **1.** Adj. Qui concerne le cyclisme. *Courses, coureurs, champions cyclistes.* **2.** N. Personne qui va à bicyclette (opposé à *automobiliste, piéton...*). *La voiture a renversé un cycliste.* ▸ ***cyclo-cross*** [siklokʀɔs] n. m. invar. ■ Épreuve de cyclisme en terrain accidenté. *Participer à des cyclo-cross.* ▸ ***cyclomoteur*** n. m. ■ Bicyclette à moteur (moins de 50 cm³). ⇒ **vélomoteur.** ▸ ***cyclomotoriste*** n. ■ Personne qui roule en cyclomoteur. ⟨ ▸ bicyclette, cyclable, motocyclette, tricycle ⟩

cyclone [siklon] n. m. **1.** Bourrasque, tempête violente caractérisée par des vents tourbillonnants. ⇒ **ouragan, tornade, typhon.** — Zone de basse pression ou dépression où l'air est ascendant. / contr. **anticyclone** / **2.** *Cette personne est un cyclone,* elle bouleverse tout. *Arriver comme un cyclone,* en trombe. ⇒ **tornade.** ⟨ ▸ anticyclone ⟩

cyclope [siklɔp] n. m. **1.** Géant mythologique monstrueux qui n'avait qu'un seul œil au milieu du front. **2.** Feu d'arrêt installé dans la lunette arrière ou sur le coffre d'une automobile. ⇒ ① **feu** (III, 2), **stop.** ▸ ***cyclopéen, éenne*** adj. ■ Énorme, gigantesque (comme les travaux des *Cyclopes* de la mythologie grecque). ⇒ **colossal, titanesque.** *Travail cyclopéen.*

cyclotron [siklɔtʀɔ̃] n. m. ■ Accélérateur circulaire de particules (électrons, protons).

cygne [siɲ] n. m. **1.** Grand oiseau palmipède, à plumage blanc (rarement noir), à long cou flexible. *Une blancheur de cygne,* éclatante. — *Un cou de cygne,* long et flexible. **2.** Loc. *Le* CHANT DU CYGNE (d'après la légende du chant merveilleux du cygne mourant) : le dernier chef-d'œuvre d'un créateur. **3.** Duvet de cygne. *Manteau garni de cygne.* **4.** BEC DE CYGNE : robinet dont la forme évoque un bec de cygne. ⟨ ▸ col-de-cygne ⟩

cylindre [silɛ̃dʀ] n. m. **1.** Solide engendré par une droite mobile tournant autour d'un axe auquel elle est parallèle. *Un tuyau, un tube sont des cylindres. Diamètre, calibre du cylindre.* **2.** Rouleau exerçant une pression uniforme. *Cylindre de laminoir.* **3.** Enveloppe cylindrique, dans laquelle se meut le piston d'une machine, d'un moteur. *Une quatre, une six cylindres,* une automobile à quatre, à six cylindres. ▸ ***cylindrée*** n. f. ■ Volume des cylindres (d'un moteur). *Voiture de 1 500 cm³ de cylindrée. Une grosse cylindrée,* moto ou voiture de grosse cylindrée. ▸ ***cylindrer*** v. tr. . conjug. 1. ■ Faire passer (qqch.) sous un rouleau ou donner la forme d'un cylindre à. ▸ ***cylindrique*** adj. ■ Qui a la forme d'un rouleau (bobine, tambour, tube, etc.). ⇒ **tubulaire.** *Colonne cylindrique.*

cymbale [sɛ̃bal] n. f. ■ Chacun des deux disques de cuivre ou de bronze, légèrement coniques au centre, qui composent un instrument de musique à percussion. *Donner un coup de cymbales.*

cynégétique [sineʒetik] adj. ■ Didact. Qui se rapporte à la chasse.

cynique [sinik] adj. et n. **1.** Qui appartient à l'école philosophique de l'Antiquité qui cherchait le retour à la nature en méprisant les conventions sociales, l'opinion publique et la morale commune. **2.** Qui exprime sans ménagement des sentiments, des opinions contraires à la morale reçue. ⇒ **impudent.** *Un individu cynique. Elle est un peu cynique. Attitude cynique.* — N. *Un, une cynique.* ▸ ***cyniquement*** adv. ■ D'une manière cynique (2). ▸ ***cynisme*** n. m. **1.** Doctrine des philosophes cyniques. **2.** Attitude cynique.

cyn(o)- ■ Élément savant signifiant « chien ». ▸ ***cynocéphale*** [sinosefal] n. m. ■ Singe à museau allongé comme celui d'un chien. ⇒ **babouin.** ⟨ ▸ cynégétique ⟩

cyprès [sipʀɛ] n. m. invar. **1.** Arbre (conifère) à feuillage vert sombre, à forme droite et élancée. *Rangée, allée de cyprès. Le cyprès est fréquent dans les régions méditerranéennes.* **2.** Dans certaines régions (Abitibi, Lac-Saint-Jean, etc.) Pin gris.

cyprin [sipʀɛ̃] n. m. ■ Nom donné aux poissons de la famille de la carpe, du goujon, etc. *Cyprin doré* (ou *poisson rouge*).

cypriote adj. et n. ⇒ **chypriote.**

cyrillique [siʀi(l)lik] adj. ■ *Alphabet cyrillique,* alphabet slave, attribué à saint Cyrille de Salonique. *Le russe s'écrit en caractères cyrilliques.*

cyst(i)-, cysto- ■ Éléments savants signifiant « vessie » ou « sac ». ▶ ***cystite*** n. f. ■ Inflammation de la vessie. *Avoir de la cystite, une cystite.*

cyt(o)-, -cyte ■ Préfixe et suffixe signifiant « cavité, cellule ». ▶ ***cytologie*** [sitolɔʒi] n. f. ■ Partie de la biologie qui étudie la cellule vivante. ⇒ **histologie.** ▶ ***cytologiste*** n. ■ Spécialiste de la cytologie. *Les généticiens et les cytologistes.* ▶ ***cytoplasme*** n. m. ■ Partie de la substance vivante de la cellule qui entoure le noyau, les vacuoles. ⇒ **protoplasme.** ⟨ ▶ leucocyte, lymphocyte, oocyte, phagocyte ⟩

czardas [ksaʀdɑs] n. m. invar. ■ Danse hongroise formée d'une partie lente et d'une partie rapide ; sa musique. — REM. On écrit parfois *csardas.*

d

d [de] n. m. **1.** Quatrième lettre, troisième consonne de l'alphabet, notant la dentale sonore [d], qui s'assourdit en liaison en [t] : *un grand homme* [œgʀɑ̃tɔm]. **2.** Fam. *Système D,* système des gens *débrouillards.* **3.** *D,* chiffre romain, représentant le nombre cinq cents.

d' prép. élidée ou art. élidé. ⇒ **de.**

d'abord loc. adv. ⇒ **abord.**

① ***dactylo*** [daktilo] n. ■ (Surtout au fém.) Personne dont la profession est d'écrire ou de transcrire des textes, en se servant de la machine à écrire ou du micro-ordinateur. ⇒ ① **secrétaire.** *Dactylo qui tape une lettre à la machine. La dactylo utilise un nouveau traitement de texte. C'est une bonne dactylo.* — (Attribut ; aussi au masc.) *Êtes-vous dactylo ?* ▶ ***dactylographie*** ou ② ***dactylo*** n. f. ■ Technique de la frappe ② sur un clavier de machine à écrire ou d'ordinateur. — Fam. *Une* DACTYLO, une machine à écrire. *Prête-moi ta dactylo pour une semaine.* ▶ ***dactylographier*** v. tr. ▪ conjug. 7. ■ Écrire (un texte) en dactylographie. ⇒ **taper.** — Au p. p. adj. *Texte dactylographié.* ⟨ ▶ sténodactylo ⟩

dactylo-, -dactyle ■ Éléments savants signifiant « doigt ».

① ***dada*** [dada] n. m. ■ Fam. Idée à laquelle on revient sans cesse. ⇒ **cheval** de bataille, **marotte.** *C'est son dada. — Son dada, c'est le tricot,* son passe-temps.

② ***dada*** [dada] n. m. ■ Dénomination adoptée par un mouvement artistique et littéraire révolutionnaire, en 1916. — Adj. *Le mouvement dada* (ou *dadaïsme,* n. m.).

dadais [dadɛ] n. m. invar. ■ Garçon niais et de maintien gauche. ⇒ **nigaud, sot.** *Espèce de grand dadais !*

dague [dag] n. f. ■ Autrefois. Épée courte ou long poignard.

dahlia [dalja] n. m. ■ Plante ornementale à tubercules, dont les fleurs ont des couleurs riches et variées ; cette fleur. *Des dahlias orange.*

daigner [deɲe] v. tr. ▪ conjug. 1. ■ Consentir à (faire qqch.) soit en faveur d'une personne (inférieure) qui n'en paraît pas indigne, soit parce qu'on ne juge pas cette chose indigne de soi. ⇒ **condescendre** à. *Elle a daigné lui parler. Il n'a pas daigné répondre. Daignez agréer mes hommages,* formule de respect. ≠ *dénier.* ⟨ ▶ dédaigner ⟩

daim [dɛ̃] n. m. **1.** Mammifère ruminant aux andouillers supérieurs larges et aplatis et à la robe tachetée. **2.** Cuir traité comme la peau de daim (suédé). *Chaussures, gants de daim.* — REM. Le féminin de *daim* est *daine* (rare).

dais [dɛ] n. m. invar. **1.** Ouvrage (de bois, de tissu) qui s'étend au-dessus d'un autel, d'un siège ou d'un lit. ⇒ **baldaquin, ciel** de lit. **2.** Pièce d'étoffe tendue, soutenue par de petits montants. *Lors de la procession de la Fête-Dieu, le dais protégeait le Saint-Sacrement.*

dalaï-lama n. m. ⇒ ② **lama.**

daleau n. m. ⇒ dalot.

① ***dalle*** [dal] n. f. ■ Plaque de pierre dure, ou d'une matière similaire (béton, etc.), destinée au pavement du sol, au revêtement. ⇒ **carreau, pavé, tuile.** — *Une dalle funéraire,* une pierre recouvrant une tombe. — *Une dalle imbriquée.* ⇒ **pavé.** ⟨ ▶ daller ⟩

② ***dalle*** n. f. ■ Fam. Gouttière. *Installer une dalle plastifiée.* ⟨ ▶ dalot ⟩

③ ***que dalle*** [kədal] pronom indéf. ■ (France) Arg. Rien. *On n'y comprend que dalle.*

daller [dale] v. tr. ▪ conjug. 1. ■ Revêtir de dalles. *Daller l'entrée d'un immeuble.* — Au p. p. adj. *Cuisine dallée.* ▶ ***dallage*** n. m. ■ Action de daller ; ensemble de dalles. ⇒ **carrelage, pavage.** *Dallage de marbre.*

dalmatien [dalmasjɛ̃] n. m. ■ Chien à poil ras, de taille moyenne, à robe blanche tachetée de noir ou de brun.

dalot ou ***daleau*** [dalo] n. m. **1.** Partie profonde de la gouttière. *Les feuilles obstruent le dalot.* — Tuyau de descente de la gouttière. *La dalle et le dalot sont disjoints.* **2.** Bordure latérale creuse de l'allée de quilles. *La boule est tombée dans le dalot.* — Loc. *Faire un dalot,* envoyer sa boule involontairement dans le dalot.

daltonien, ienne [daltɔnjɛ̃, jɛn] adj. et n. ■ Qui ne perçoit pas certaines couleurs ou confond les couleurs (surtout rouge et vert). — N. *Une daltonienne.* ▶ ***daltonisme*** n. m. ■ Anomalie héréditaire du daltonien.

dam [dɑ̃ ; dam] n. m. ■ Littér. AU GRAND DAM *de qqn* : à son préjudice, à son détriment. ⟨ ▶ damner ⟩

damas [damɑ(s)] n. m. invar. ■ Tissu dont les dessins brillants sur fond mat à l'endroit se retrouvent mats sur fond brillant à l'envers. *Linge de table en damas.* ▶ ***damassé, ée*** adj. ■ Tissé comme le damas. *Nappe damassée.*

damasquiné, ée [damaskine] adj. ■ Qui porte des incrustations de métal. *Poignard damasquiné.*

① ***dame*** [dam] n. f. **I. 1.** Femme de haute naissance. *Une grande dame,* une femme d'esprit noble, élevé. — Femme de la haute société. *C'est une dame, une vraie dame.* — *La première dame,* l'épouse d'un chef d'État, d'un maire. — Loc. *Dame patronnesse,* qui se consacre à des œuvres de bienfaisance. *Les Dames de Sainte-Anne. Dame de compagnie,* appointée pour tenir compagnie à une personne âgée. **2.** Vieilli. Femme mariée. *Est-ce une dame ou une jeune fille ?* — Fam. *Ma petite dame, ma bonne dame.* ⇒ **madame. 3.** Femme. *Qui est cette dame ?* **II.** Une des pièces maîtresses, dans certains jeux. — *Jeu de dames,* qui se joue à deux avec des pions sur un damier. *Jouer aux dames et aux échecs.* — DAME : pion doublé sur la dernière rangée, qui peut prendre les autres pions en tous sens. *Aller à dame.* — Cartes. Chacune des quatre cartes où est figurée une reine. *Dame de pique.* ‹ ▸ damer, damier, madame, mesdames, Notre-Dame ›

② ***dame*** interj. ■ (France) Fam. et région. (Ancien mot signifiant « seigneur ») Assurément !, bien sûr ! ⇒ **certes,** ma **foi, pardi.** *« Ils sont partis ? – Dame oui ! »*

① ***damer*** [dame] v. tr. ▪ conjug. 1. ■ Loc. DAMER LE PION *à qqn* : l'emporter sur lui (⇒ **dame,** II).

② ***damer*** v. tr. ▪ conjug. 1. ■ Tasser le sol avec un engin. ⇒ **compacter.** *Damer une pente de ski.* — Au p. p. adj. *Piste damée.*

damier [damje] n. m. ■ Surface divisée en cent carreaux alternativement blancs et noirs (jeu de dames), ou de couleurs contrastées. ⇒ **échiquier.** — *Tissu en damier,* à carreaux. ⇒ **carreauté.**

damner [dɑne] v. tr. ▪ conjug. 1. **1.** Condamner aux peines de l'enfer. / contr. **sauver** / **2.** Conduire à la damnation. *Damner son âme.* — Pronominalement. *Elle s'est damnée.* / contr. **sauver** / **3.** Loc. fam. *Faire damner qqn,* le faire choquer, enrager. *Cet enfant m'a fait damner toute la journée.* ▸ ***damnation*** [dɑnasjɔ̃] n. f. ■ Condamnation aux peines de l'enfer ; ces peines. ⇒ **châtiment, supplice.** / contr. **salut** / *Enfer et damnation !* ▸ ***damné, ée*** adj. et n. **1.** (Attribut ou après le nom) Condamné aux peines de l'enfer. — *Une âme damnée.* ⇒ ① **âme.** — N. *Les damnés,* les réprouvés. / contr. **élu** / *Souffrir comme un damné,* d'une manière abominable, atrocement. *Travailler comme un damné,* sans interruption, d'arrache-pied. **2.** Adj. (Avant le nom) Fam. Qui cause de l'humeur. ⇒ **maudit, sale, satané.** *Cette damnée histoire. Cette damnée porte grince toujours.* — Interj. fam. exprimant la désapprobation. *Laissez-le faire, damné !* ‹ ▸ condamner ›

dan [dan] n. m. ■ Judo. Chacun des dix grades supérieurs des judokas titulaires de la ceinture noire. — En appos. *Il, elle est troisième dan.*

dancing [dɑ̃siŋ] n. m. ■ (France) Établissement public où l'on danse. *Des dancings.*

se ***dandiner*** [dɑ̃dine] v. pron. ▪ conjug. 1. ■ Se balancer gauchement, se déhancher. ▸ ***dandinement*** n. m.

dandy [dande] n. m. ■ Homme qui se pique d'une suprême élégance dans sa mise et ses manières. *Des dandys.*

danger [dɑ̃ʒe] n. m. ■ Ce qui menace la sûreté, l'existence d'une personne ou d'une chose. ⇒ **péril.** *Danger de mort. Elle est hors de danger,* sauvée. — *Danger public* (personnes). *Cet automobiliste est un danger public.* — *Ses jours sont en danger.* — *Courir un danger.* ⇒ **risque.** — *Il n'y a pas de danger,* ça n'arrivera sûrement pas. — Fam. *Pas de danger qu'il arrive en avance.* ▸ ***dangereux, euse*** [dɑ̃ʒʀø, øz] adj. **1.** Qui constitue ou présente un danger. *Maladie dangereuse.* ⇒ **grave.** *Un produit dangereux. Un virage dangereux. Un sport dangereux. S'engager sur un terrain dangereux. Entreprise dangereuse.* ⇒ **hasardeux, périlleux, téméraire.** *Dangereux pour qqn.* **2.** (Personnes) Qui est capable de nuire. *Un fou dangereux. Un dangereux malfaiteur.* — (Animaux) Qui s'attaque à l'homme (piqûre, morsure). *La vipère est dangereuse.* ⇒ **nuisible.** / contr. **inoffensif** / ▸ ***dangereusement*** adv. ■ *Conduire dangereusement.*

danois, oise [danwa, waz] adj. et n. **1.** Du Danemark. — N. (Avec une majusc.) *Les Danois.* **2.** N. m. *Le danois,* une langue scandinave parlée au Danemark. **3.** N. m. invar. Chien de très grande taille, à poil court.

dans [dɑ̃] prép. ■ Préposition indiquant la situation d'une personne, d'une chose par rapport à ce qui la contient (⇒ **inter-, intra-**). **1.** LIEU. *Se promener dans un bois, dans une ville. Être dans sa chambre,* à l'intérieur de. ⇒ **dedans.** *Les clés sont dans ma poche. Lire qqch. dans un livre, dans un journal* (mais *sur une affiche*). *Grimper dans un arbre, dans un escabeau.* ⇒ **sur.** *Être assis dans un fauteuil* (mais *sur une chaise*). *Dans la rue, la côte* (mais *sur un boulevard, une avenue...*). *C'est dans la banlieue de Québec. Il y a un grand parc dans Saint-Félicien. Monter dans une voiture.* ⇒ **en.** *Apercevoir qqn dans la foule.* ⇒ au **milieu.** / contr. **hors** de / — *C'est dans ses projets.* ⇒ faire **partie.** *Cette idée est dans Descartes.* ⇒ **chez.** — (Milieu, situation) *Elle est dans l'armée. Il travaille dans la métallurgie. Elle est dans les affaires, dans l'édition.* **2.** MANIÈRE. *Être dans une mauvaise position. Agir dans les règles.* ⇒ **selon.** *Dans l'attente, l'espoir de.* **3.** TEMPS. Pendant. *Cela lui arriva dans son enfance. Le vol a eu lieu dans la soirée. Nous irons dans le mois de juin.* ⇒ **en.** — (Futur). ⇒ d'**ici.** *« Quand partez-vous ? – Dans quinze jours. » Dans un instant,* bientôt. **4.** DANS LES : un chiffre voisin de. *Cela coûte dans les cent dollars.* ⇒ **environ.** ‹ ▸ dedans ›

danse [dɑ̃s] n. f. **1.** Suite de mouvements rythmés du corps, exécutés au son d'une musique *(une danse) ; technique qui règle ces mouvements (la danse). Pas, figure de danse. Danses anciennes, folkloriques. Danse carrée,* danse de folklore sous la direction d'un meneur. (⇒ **calleur**). ⇒ **quadrille,** anglic. **set** (III). *Danse classique.* ⇒ **ballet ; chorégraphie.** *Chaussons de danse,* permettant de faire les pointes. — *Danse sociale, danse de compétition. Danses modernes. Réunions de danse.* ⇒ **bal, sauterie, surprise-partie ;** fam. **party.** *Piste, orchestre de danse.* — *Salle de danse.* ⇒ **dancing. 2.** Musique sur laquelle on danse. **3.** Fam. *Entrer dans la danse,* agir, participer à qqch. ⇒ **scène.** — Péj. MENER LA DANSE : diriger une action collective. **4.** *Danse de Saint-Guy,* épilepsie. ▸ ***danser*** v. ▪ conjug. 1. **I.** V. intr. Exécuter une danse. *Apprendre à danser. Faire danser qqn,* danser avec lui. *Aller danser dans une boîte de nuit, une discothèque. Des cordes* à danser. Un ours qui danse au son du tambourin.* — Loc. fam. *Ne pas savoir sur quel pied danser,* ne savoir que faire, hésiter. **II.** V. tr. Exécuter (une danse). *Danser une valse. Un couple qui danse le rock.* — Pronominalement. *Le menuet ne se danse plus.* ▸ ***dansant, ante*** adj. **1.** Qui danse. *Chœur dansant.* — Fig. *Des reflets dansants.* **2.** Qui est propre à faire danser. *Musique dansante.* **3.** Pendant lequel on danse. *Thé dansant. Soirée dansante.* ▸ ***danseur, euse*** n. **1.** Personne dont la profession est la danse. *Une danseuse de ballet.* ⇒ **ballerine.** *Danseuse étoile et première danseuse. Danseur mondain,* qui avait les mêmes fonctions que l'entraîneuse. — *Danseur, danseuse à gogo*.* ⇒ anglic. **gogo-boy, gogo-girl.** — *Danseuse topless*.* — *Danseur, danseuse de corde.*

⇒ **funambule.** **2.** Cyclisme. EN DANSEUSE : en pédalant debout, le corps balancé à droite et à gauche. **3.** Personne qui danse avec un ou une partenaire. ⇒ **cavalier.** *Des couples de danseurs.* ‹ ▶ contredanse ›

dantesque [dɑ̃tɛsk] adj. ■ *Spectacle, vision dantesque,* qui évoque l'enfer (tel que Dante l'a décrit). ⇒ **apocalyptique.**

dard [daʀ] n. m. **1.** Organe pointu et creux de certains animaux, servant à piquer, à inoculer un venin. ⇒ **aiguillon.** *Dard d'abeille, de scorpion.* **2.** Ancienne arme de jet. ⇒ **javelot.** **3.** Fléchette. *Lancer un dard sur la cible.* — *Jeu de fléchettes. Joueuse de dard.* ▶ ***darder*** [daʀde] v. tr. ▪ conjug. 1. **1.** Lancer (ce qui est assimilé à un dard, une flèche). ⇒ **jeter.** *Le soleil darde ses rayons. Darder sur qqn des regards furibonds.* **2.** Hockey. Donner un coup à un joueur avec la pointe de la lame du hockey. *Darder un adversaire entraîne une pénalité majeure.* **3.** V. pron. (réfl.) SE DARDER SUR, VERS : se précipiter, se jeter, s'élancer sur, vers. ⇒ se **lancer,** se **ruer ;** fam. se **garrocher.** *Elle s'est dardée vers ses parents. Se darder sur les aubaines. Pourquoi te dardes-tu sur lui ?* ⇒ se **jeter.** ▶ ***dardage*** n. m. ■ Hockey. Action de darder (2) ; son résultat. *Sa blessure est consécutive à un dardage.*

dare-dare [daʀdaʀ] loc. adv. ■ Fam. Promptement. ⇒ en toute **hâte, précipitamment, vite.** *Accourir dare-dare.*

darne [daʀn] n. f. ■ Tranche (de gros poisson). *Une darne de saumon, de flétan.*

dartre [daʀtʀ] n. f. ■ Maladie de la peau qui durcit, se dessèche et se détache. ⇒ **gourme, impétigo.** ≠ *tartre.*

datcha [datʃɑ] n. f. ■ Maison de campagne, en Russie. *Des datchas.* ≠ *isba.*

date [dat] n. f. **1.** Indication du jour, du mois et de l'année où s'est produit un fait. *Date de naissance. Date historique* (d'un événement historique). *À quelle date ?,* quel jour ? *En date du..., à la date du... Date de fraîcheur* d'un produit. Prendre date,* fixer avec qqn la date d'un rendez-vous. **2.** L'époque où un événement s'est produit. ⇒ **an, année.** *Une amitié de vieille date,* ancienne. *Ils se connaissent de longue date,* depuis longtemps. *De fraîche date,* depuis peu (de temps). — Loc. *Faire date,* marquer un moment important. ▶ ***datation*** n. f. ■ Action de dater, de mettre la date (sur une pièce). *Datation et signature d'un acte de vente.* — Action d'attribuer une date (à qqch.). *La datation d'une œuvre d'art. Datation au carbone 14.* ▶ ***dater*** v. ▪ conjug. 1. **1.** V. tr. Mettre la date sur (un écrit, un acte). *Dater une lettre. As-tu daté ton chèque ?* **2.** Déterminer la date de. *Dater une pièce archéologique.* **3.** V. intr. DATER DE : avoir commencé d'exister (à telle époque). *Le dernier versement date du mois de janvier. Un pont qui date du temps de la colonisation.* ⇒ **remonter** à. *Cela ne date pas d'hier,* c'est ancien. — Loc. prép. *À dater de,* à partir de. ⇒ à **compter.** *À dater d'aujourd'hui.* **4.** V. intr. Sans compl. Faire date. *Cet événement date dans sa vie.* ⇒ **marquer.** — Être démodé. *Costume qui date.* ▶ ***dateur, euse*** adj. ■ Qui sert à dater. ⇒ **horodateur.** *Timbre dateur.* ‹ ▶ antidater, horodateur, postdater ›

datif [datif] n. m. ■ Cas du nom, de l'adjectif, marquant le complément d'attribution, dans les langues à déclinaisons.

datte [dat] n. f. ■ Fruit comestible du dattier. *Régime de dattes. Datte sèche.* — CARRÉ AUX DATTES : pâtisserie faite de dattes cuites disposées entre deux couches d'une préparation à base d'avoine ou de gruau. ▶ ***dattier*** n. m. ■ Palmier qui donne des dattes. — En appos. *Des palmiers dattiers.*

daube [dob] n. f. ■ Manière de faire cuire certaines viandes à l'étouffée dans un récipient fermé. *Bœuf en daube.*

① ***dauphin*** [dofɛ̃] n. m. ■ Mammifère marin cétacé carnivore dont la tête se prolonge en forme de bec armé de dents.

② ***dauphin*** n. m. **1.** Histoire. Titre donné à l'héritier présomptif de la couronne de France (en général le fils aîné du roi). — (Avec une majusc.) La personne portant ce titre ; le fils aîné du roi de France. *Le Dauphin.* **2.** Successeur choisi par un chef d'État, une personnalité importante. *Le dauphin du président.* ▶ ***Dauphine*** n. f. ■ Autrefois. La femme du Dauphin. *Madame la Dauphine.*

dauphinois, oise [dofinwa, waz] adj. et n. ■ Du Dauphiné, province française. *Gratin dauphinois.* — N. (Avec une majusc.) *Les Dauphinois.*

daurade ou ***dorade*** [dɔʀad] n. f. ■ Poisson comestible à reflets dorés ou argentés, des mers chaudes ou tempérées.

davantage [davɑ̃taʒ] adv. **1.** (Modifiant un verbe) Plus. *En vouloir davantage. Bien davantage.* — *Son frère est intelligent, mais elle l'est davantage. Qu'est-ce qui vous plairait davantage ?* le plus. — DAVANTAGE DE : plus de. *Mettre davantage de crème sur ses bleuets.* **2.** Plus longtemps. *Ne restez pas davantage. Inutile d'attendre davantage.* **3.** DAVANTAGE QUE : plus que. *La qualité importe bien davantage que la quantité.* / contr. **moins** /

davier [davje] n. m. ■ Chirurgie. Pince à longs bras de leviers et à mors très courts. *Extraire une dent avec un davier.*

D.C.A. [deseɑ] n. f. invar. ■ Abréviation de *défense contre avions,* l'artillerie antiaérienne.

D.D.T. [dedete] n. m. invar. ■ Nom d'un insecticide organique.

① ***de*** [d(ə)], ***du*** [dy] (pour *de le*), ***des*** [de(ɛ)] (pour *de les*) prép. — REM. *De* s'élide en *d'* devant une voyelle ou un *h* muet. **I.** (Après un verbe ou un nom) Origine concrète ou abstraite. **1.** LIEU, PROVENANCE. *Sortir de chez soi. Revenir de Paris, du Mexique. Porcelaine de Chine.* — Abstrait. *Se tirer d'embarras.* — Particule nobiliaire. *Jean de La Fontaine. Duc de Talleyrand.* **2.** TEMPS. À partir de (tel moment). *Du 15 mars au 15 mai.* — Pendant. *Travailler de nuit. De nos jours,* à l'époque actuelle. *Il n'a rien fait de la journée.* **3.** CAUSE. *Être puni de ses fautes.* ⇒ **pour.** *Fou de joie. Mort de fatigue. Mourir de faim. Trembler de peur. Sauter de joie. Être contrarié de ce qu'il pleut.* ⇒ **parce que.** *Être heureux de sortir.* **4.** MOYEN, INSTRUMENT. ⇒ **avec.** *Être armé d'un bâton. Coup de coude. Jouer du violon.* **5.** MANIÈRE. *Citer de mémoire. De l'avis de tous.* ⇒ **selon.** **6.** MESURE. *Avancer d'un pas. Retarder de cinq minutes. Une montagne haute de 3 000 mètres. Une tour de vingt-cinq étages. Gagner dix dollars de l'heure.* — DE... EN. Marque l'intervalle. *De place en place. D'heure en heure. De loin en loin.* — DE... À, marque l'imminence, l'approximation. *D'une minute à l'autre. Elle sera là d'ici à une heure.* **7.** AGENT, AUTEUR. Par. *Les œuvres de Laure Conan. Un tableau de Borduas. La musique de Haydn. Être aimé de tous.* ⇒ **par.** **II.** Relations (entre deux noms ou un adj. et un nom). **1.** APPARTENANCE. *Le fils d'Henri. Le style de Flaubert.* ⇒ fam. **à** (III). **2.** QUALITÉ, DÉTERMINATION. *La couleur du ciel. La valeur d'une idée.* — *Les gens d'affaires, une critique d'art,* de ces professions, ces milieux. **3.** MATIÈRE. *Sac de papier.* ⇒ **en.** *Tas de sable. Jus d'oranges. Salade de haricots.* **4.** GENRE, ESPÈCE. *Robe de bal. Regard de pitié. Une bibliothèque de médecine. Une salle d'entraînement.* **5.** CONTENU. *Verre d'eau. Paquet de cigarettes. Troupeau de moutons. Collection de timbres.* **6.** Totalité ou partie d'un ensemble. *Les moutons d'un troupeau. L'un de nous.* ⇒ **entre, parmi.** *Le plus travailleur des deux. Le meilleur de tous.* — (Entre deux noms répétés pour marquer l'excellence) *L'as des as. Le fin du fin.* — (Après un adj.) En ce qui concerne. *Être rouge de figure, large d'épaules.* **III.** Fonctions grammaticales. **1.** COMPLÉMENT (objet d'une action). — Après les v. tr. indir. *(se souvenir de qqn),* ou employés indirectement *(penser du mal de qqn).* — (Après le nom) *La pensée de la mort. Un abus de confiance.* — (Après l'adj.) *Être avide de richesses.* — (Après l'adv.) *Il agit indépendamment de moi.* **2.** APPOSITION (après le nom). *La ville de Jonquière. Ce génie de Nelligan.* **3.** ATTRIBUT (avec les v. *traiter, qualifier*). *Qualifier un journal de tendancieux. Traiter qqn de menteur.* — (Emphatique) *C'est d'un réussi !, d'un quétaine !* **4.** DEVANT UN INFINITIF. — (Sujet) *C'est à nous d'y aller. Il leur est pénible de devoir partir.* — (Compl. d'objet d'un v. tr.) *Cesser de parler.* — (À valeur active de narration) Littér. *Et les enfants de sauter et de crier,* se mirent à sauter et crier. **5.** DEVANT UN ADJ., PRONOM, PART. PASSÉ, ADV. — (Facultatif) *Avoir trois jours (de) libres. Avoir de l'argent (de) placé à la fiducie.* — (Obligatoire) *Cinq minutes de plus. Quoi de neuf ? Rien de nouveau.* — Avec EN. *Il y en a deux d'abîmés.* ‹ ▶ au-delà, coup-de-poing, en deçà, dedans, dehors, delà, depuis, derechef, derrière, dessous, ① et ② dessus, dorénavant, pardessus, pied-de-biche, pied-de-poule, pied-de-roi, pot-de-vin, prince-de-galles, quart-de-rond, raz(-)de(-)marée, repris de justice, rez-de-chaussée, ris de veau, rond-de-cuir, tête-de-nègre, à-tire-d'aile, tripe(-)de(-)roche, ventre(-)de(-)bœuf, vert-de-gris ›

② ***de, du*** (pour *de le*), ***de la, des*** (*de les*) art. partitif ■ Article précédant les noms de choses qu'on ne peut compter. **1.** Devant un nom concret. *Boire du vin, un peu d'eau.* — (Devant un pluriel qui n'a pas de singulier) *Manger des cretons.* **2.** Devant un nom concret nombrable qui a la valeur d'une espèce. *Manger du lapin.* **3.** Devant un nom abstrait. *Éprouver de la répulsion. Jouer de la musique.* — (Devant un nom propre) *Jouer du Mozart.*

③ ***de*** art. indéfini. ■ ⇒ **des.** *Elle a de bonnes idées.* — (Élidé) *Il m'a fait d'amers reproches.*

de-, dé-, des, dés- ■ Préfixe qui indique l'éloignement, la séparation, la privation, l'opposition.

① ***dé*** [de] n. m. **1.** Petit cube dont chaque face est marquée de un à six. *Cornet à dés.* — *Coup de dés,* affaire qu'on laisse au hasard. — *Les dés sont jetés,* la résolution est prise quoi qu'il advienne. **2.** Aliments. Petit morceau coupé en cube. *Des dés de fromage. Légumes coupés en dés.*

② ***dé*** n. m. ■ Petit étui cylindrique, à surface piquetée, destiné à protéger le doigt qui pousse l'aiguille. *Des dés à coudre. Un dé en argent.* — Fam. DÉ À COUDRE : verre à boire très petit.

dé ⇒ **de-.**

dealer [dilœʀ] n. ■ Anglic. Revendeur de drogue (illégale). ⇒ anglic. **pusher.**

déambuler [deɑ̃byle] v. intr. ▪ conjug. 1. ■ Marcher sans but précis, selon sa fantaisie. ⇒ se **promener.** *Elle déambulait dans la maison, de pièce en pièce. Des touristes déambulaient dans les rues.* ▶ ***déambulation*** n. f. ■ Action de déambuler.

① ***débâcle*** [debɑkl] n. f. **1.** Fuite soudaine. *Retraite qui s'achève en débâcle.* ⇒ **débandade, déroute. 2.** Effondrement soudain. *C'est la débâcle pour son entreprise.* ⇒ **faillite, ruine ;** fam. **déconfiture.**

② ***débâcle*** n. f. ■ Rupture de la couche de glace (d'un cours d'eau) au moment du dégel. ⇒ **bouscueil.** / contr. **embâcle** / *La débâcle de la rivière Chaudière.*

déballer [debale] v. tr. ▪ conjug. 1. **1.** Sortir et étaler (ce qui était dans un contenant : caisse, paquet, colis). ⇒ **dépaqueter.** / contr. **paqueter** / *Déballer la marchandise. Déballer ses affaires, ses cadeaux de Noël* (⇒ **développer**). / contr. **emballer** / **2.** Fam. Exposer sans retenue (ce qui était caché). *Déballer ses petits secrets.* ▶ ***déballage*** n. m. ■ *Le déballage d'une caisse.*

débandade [debɑ̃dad] n. f. **1.** Le fait de se disperser rapidement et en tous sens. ⇒ **débâcle, déroute, fuite.** *La police chargea les manifestants ; ce fut la débandade.* **2.** À LA DÉBANDADE loc. adv. : dans la confusion. *Tout va à la débandade.*

débander [debɑ̃de] v. ▪ conjug. 1. **1.** V. tr. Ôter la bande de. *On lui débanda les yeux.* **2.** V. intr. Fam. Cesser d'être en érection. — Loc. fig. *Être débandé,* décontenancé, dépité.

débaptiser [debatize] v. tr. ▪ conjug. 1. ■ Changer le nom de (un lieu). *Débaptiser une rue.* — Au p. p. adj. *Rue débaptisée.*

débarbouiller [debaʀbuje] v. tr. ▪ conjug. 1. ■ Débarrasser la figure de ce qui l'a salie, barbouillée. ⇒ **laver, nettoyer.** *Débarbouiller un enfant.* — Pronominalement (réfl.). *Va te débarbouiller !* ▶ ***débarbouillette*** n. f. ■ Petit carré de tissu éponge (⇒ **ratine**) avec lequel on fait sa toilette, on se débarbouille. ⇒ **gant** de toilette. *Se savonner avec une débarbouillette. Mettre une débarbouillette mouillée sur le front d'une personne qui se sent mal.*

débarcadère [debaʀkadɛʀ] n. m. ■ Lieu aménagé pour l'embarquement et le débarquement (de passagers, de marchandises). ⇒ **appontement, embarcadère, quai.** *Les marchandises sont sur le débarcadère.*

débardeur, euse [debaʀdœʀ, øz] n. **1.** Personne qui décharge et charge un navire, un véhicule de transport. ⇒ **docker.** *Un syndicat de débardeurs.* **2.** N. m. Tricot court, sans col ni manches et très échancré. — Au sens 1, l'O.L.F. propose *débardeuse* au féminin.

débarquer [debaʀke] v. ▪ conjug. 1. **I.** V. tr. Faire sortir d'un navire. / contr. **embarquer** / *Débarquer des marchandises.* ⇒ **décharger.** — Sortir qqch. d'un véhicule. *Débarquer les bagages. Ils débarquent les meubles du camion.* — (Personnes) Fam. Sortir, faire sortir qqn d'un véhicule. *Débarquer un malade de l'ambulance.* **II.** V. intr. **1.** (Personnes) Quitter un navire. *Tous les passagers ont débarqué.* ⇒ **descendre** à terre. — Descendre d'un véhicule. *Débarquer d'un autobus, d'un avion. Débarquons de l'auto.* — Fam. Descendre de. *Débarque du toit. Le chat ne veut pas débarquer de sur la table.* — *L'ennemi n'a pas pu débarquer,* n'a pu prendre pied. ⇒ **débarquement (3). 2.** Fam. *Débarquer chez qqn,* arriver à l'improviste. **3.** Fam. *Il débarque,* il n'est pas au courant, il est naïf. ▶ ***débarquement*** n. m. **1.** Action de débarquer (des personnes, des marchandises). *Passerelle de débarquement.* / contr. **embarquement** / **2.** Action d'une personne qui débarque. *Le débarquement des astronautes sur la lune.* **3.** Opération militaire consistant à débarquer un corps expéditionnaire en territoire ennemi. ⇒ **descente.** *Troupes de débarquement. Le débarquement allié en Normandie.* ▶ ***débarque*** n. f. Loc. fam. **1.** *Prendre une débarque,* faire une mauvaise chute, tomber. ⇒ fam. **fouille** (II), **plonge.** *Elle a pris* *une débarque sur la glace.* **2.** Fig. *Prendre une débarque,* subir une importante perte financière, par suite d'une mauvaise transaction. *S'ils ne vendent pas leurs actions tout de suite, ils vont prendre une moyenne débarque. Quelques actions ont pris une débarque aujourd'hui.* ⇒ **chuter, dégringoler.** — *Prendre une débarque* (dans un examen, à une élection, etc.), subir un échec, un revers important.

débarrasser [debaʀase] v. tr. ▪ conjug. 1. ■ Enlever ce qui embarrasse. *Débarrasser une pièce. Débarrasser un bureau des paperasses qui le couvrent. Vous pouvez débarrasser (la table),* enlever le couvert. *Débarrasser qqn de son manteau.* — *Débarrasser qqn d'un mal.* ⇒ **soulager.** — (Personnes) Loc. Fam. *Débarrasser le plancher,* s'en aller, partir. ⇒ ① **foutre** le camp. — SE DÉBARRASSER v. pron. *Se débarrasser d'un objet inutile* ⇒ **jeter ;** fam. **balancer, bazarder,** *d'une affaire* ⇒ **liquider, vendre.** *Faire ses devoirs pour se débarrasser,* se libérer, faire autre chose. *Se débarrasser de qqn,* l'éloigner, et par euphém., le faire mourir. *Débarrassez-vous.* ⇒ se **défaire,** se **déshabiller.** ▶ ***débarras*** [debaʀɑ] n. m. invar. **1.** Fam. Délivrance de ce qui embarrassait. *Ouf, quel débarras ! Il est parti,* BON DÉBARRAS ! **2.** Endroit où l'on remise les objets qui encombrent. ⇒ **grenier, remise ;** fam. **coqueron.**

débarrer [debɑʀe] v. tr. ▪ conjug. 1. **1.** Ouvrir (une voie) en enlevant les barres, les obstacles. *Ils viennent de débarrer la rue après les travaux.* ⇒ **ouvrir. 2.** Ouvrir ce qui est fermé à l'aide d'un mécanisme (verrou, taquet, etc.), spécialt ouvrir avec une clé. ⇒ **déverrouiller.** / contr. **barrer** / *Débarrer le coffre de l'auto.* — Au p. p. adj. *Une porte débarrée.* — Sans compl. *Débarrer un ordinateur. Il débarre son volant,* il le débloque.

débat [deba] n. m. **1.** Action de débattre une question. *Éclaircir le débat. Soulever un débat. Ouvrir, reprendre le débat.* — Discussion organisée et dirigée. *Débat télévisé.* **2.** Au plur. Discussion des assemblées politiques. ⇒ **délibérations.** *Débats parlementaires.* — Phase d'un procès. *La clôture des débats.*

① ***débattre*** [debatʀ] v. tr. ▪ conjug. 41. ■ Examiner contradictoirement avec un ou plusieurs interlocuteurs. ⇒ **discuter.** *Débattre un prix. Prix à débattre.* ⇒ **marchander.** *Débattre les conditions d'un accord.* ⇒ **négocier.** ⟨ ▶ débat ⟩

② ***se débattre*** v. pron. ▪ conjug. 41. **I.** Lutter, en faisant beaucoup d'efforts pour se défendre. ⇒ se **démener.** *Se débattre comme un beau diable, comme un diable dans l'eau bénite, comme un forcené. Se débattre contre qqch.* **II.** V. intr. Palpiter, battre très fort d'une manière déréglée. *Le cœur lui débat depuis ce matin.*

débauche [deboʃ] n. f. **1.** Excès dans la jouissance des plaisirs sensuels. ⇒ **dépravation, dévergondage, luxure.** *Vivre dans la débauche. Inciter des mineurs à la débauche.* ⇒ **prostitution. 2.** Usage déréglé de qqch. ⇒ **abus, excès.** *Une débauche de couleurs.* ▶ ***débauché, ée*** adj. et n. ■ Qui vit dans la débauche. — N. *Un, une débauché(e).* ⇒ **courailleur, coureur, libertin, noceur ; guidoune.**

débaucher [deboʃe] v. tr. ▪ conjug. 1. **I. 1.** Renvoyer (des ouvriers) faute de travail. ⇒ **congédier, licencier.** *Le patron a dû débaucher du personnel pour raisons économiques.* / contr. **embaucher** / **2.** Engager qqn à quitter son emploi pour aller travailler dans une entreprise concurrente. *Débaucher une informaticienne.* **II.** Fam. Détourner (qqn) de ses occupations, pour se divertir. *Se faire débaucher par un ami.* ⇒ **déniaiser.** ⟨ ▶ débauche, réambaucher ⟩

débenture [debɑ̃tyʀ] n. f. ■ Obligation non garantie. *Acheter des débentures.*

débile [debil] adj. et n. **I. 1.** Adj. Qui manque de force physique. *Un enfant débile.* ⇒ **chétif, frêle, malingre. 2.** N. *Un débile (mental),* personne atteinte de débilité (âge mental entre 7 et 10 ans). **II. 1.** Adj. et n. Fam. Imbécile, idiot. *Il est complètement débile.* ⇒ fam. **demeuré, malade** (II), *Un raisonnement débile.* ⇒ **inepte. 2.** Iron. Extraordinaire, exceptionnel, fantastique. ⇒ fam. au **bout, capoté, époustouflant,** ② **super.** *De la musique rock débile. Un spectacle débile.* ▶ ***débilité*** n. f. ■ Faiblesse permanente du corps ou de l'esprit. / contr. **force, vigueur** / *Débilité mentale,* faiblesse native des facultés intellectuelles. ⇒ **arriération.** ▶ ***débiliter*** v. tr. ▪ conjug. 1. ■ Rendre débile. ⇒ **affaiblir.** *La chaleur l'a débilité.* — Démoraliser. ▶ ***débilitant, ante*** adj. ■ Qui affaiblit *(climat débilitant)* ; démoralise *(atmosphère débilitante).*

se débiner [debine] v. pron. ▪ conjug. 1. **1.** Fam. Se sauver, s'enfuir. — Fuir ses responsabilités. *Quand son tour est venu, il s'est débiné.* **2.** Loc. *Être débiné,* décontenancé, effondré. *À la suite de ce refus, elle était très débinée.*

① ***débit*** [debi] n. m. **1.** Écoulement continu des marchandises par la vente au détail. *Article de faible, de bon débit.* **2.** (France) DÉBIT DE TABAC, *de boissons...* : endroit où l'on vend du tabac, etc. **3.** Manière d'énoncer, de réciter. ⇒ **élocution.** *Avoir un débit lent, rapide.* **4.** Quantité de fluide, de liquide qui s'écoule en un temps donné. *La rivière a un débit rapide.* ▶ ① ***débiter*** v. tr. ▪ conjug. 1. **1.** Écouler (une marchandise) par la vente au détail (⇒ **débit**). **2.** Dire à la suite (des choses incertaines ou sans intérêt). *Débiter des niaiseries, des stupidités.* — Dire en public avec monotonie (un texte étudié). *Il débitait son discours sans conviction.* **3.** Faire s'écouler (une quantité de fluide dans un temps donné). *Le courant est débité par une dynamo.* ▶ ***débitant, ante*** n. ■ (France) Personne qui tient un débit (2). *Débitant de boissons, de tabac.*

② ***débit*** n. m. ■ Compte des sommes dues par une personne à une autre. *Nous mettons l'argent que vous avez retiré à votre débit.* — Partie d'une comptabilité où figurent ces sommes. *Inscrire, porter une somme au débit (d'un compte).* / contr. **crédit** / ▶ ② ***débiter*** v. tr. ▪ conjug. 1. ■ Rendre débiteur. *Débiter qqn d'une somme.* — *Débiter un compte de telle somme.* — Passif. *Votre chèque n'a pas encore été débité.* / contr. **créditer** / ▶ ***débiteur, trice*** n. **1.** Personne qui doit (de l'argent) à qqn. ⇒ **emprunteur.** / contr. **créancier, créditeur** / — Adj. *Compte débiteur,* où les débits excèdent le crédit. *Solde débiteur d'un compte, d'un bilan.* **2.** Personne qui a une dette morale. *Je reste votre débitrice.*

③ ***débiter*** v. tr. ▪ conjug. 1. ■ Découper (une matière) en morceaux utilisables. *Débiter (à la scie) un arbre en planches. Débiter un bœuf.* ▶ ***débitage*** n. m. ■ Opération par laquelle on débite qqch. *Le débitage des épinettes.*

déblais n. m. pl. ⇒ **déblayer.**

déblatérer [deblateʀe] v. intr. ▪ conjug. 6. ■ Parler longtemps et avec violence (contre qqn, qqch.). ⇒ **critiquer, médire** de, **placoter** contre**, vitupérer.** *D blat rer contre qqn, sur qqn, sur qqch. Elle d blat rait contre sa famille.* — V. tr. *Il d blat rait des injures contre le gouvernement.*

déblayer [deblɛje] v. tr. ▪ conjug. 8. **1.** Débarrasser (un endroit) de ce qui encombre, obstrue. ⇒ **dégager.** *Déblayer l'entrée. Déblayer son pare-brise.* ⇒ **déneiger, gratter. 2.** Loc. *Déblayer le terrain,* faire disparaître les premiers obstacles avant d'entreprendre. ⇒ **aplanir, préparer.** ▶ ***déblaiement*** ou ***déblayage*** n. m.

■ Opération par laquelle on déblaie (un lieu, un passage). *Le déblaiement des artères de la ville se fera de nuit.* ⇒ **dégagement, déneigement.** *L'équipe de déblayage.* ▶ ***déblais*** n. m. pl. ■ Terres, décombres enlevés en déblayant. *Enlever les déblais.* ⟨ ▶ remblai ⟩

① ***débloquer*** [deblɔke] v. tr. ▪ conjug. 1. ■ Remettre (une chose bloquée) en marche. *Débloquer le volant.* ⇒ **débarrer** — Remettre en circulation, en vente. *Débloquer des marchandises. Débloquer des crédits. Débloquer un compte en banque.* / contr. **bloquer** / ▶ ***déblocage*** n. m. ■ *Le déblocage des prix.*

② ***débloquer*** v. intr. ▪ conjug. 1. ■ (Surtout en France) Fam. Divaguer, déraisonner. ⇒ fam. **déconner.**

déboguer [debɔge] v. tr. ▪ conjug. 1. ■ Informatique. Corriger, supprimer les erreurs de programmation (⇒ fam. ② **bogue**).

déboire [debwaʀ] n. m. ■ Surtout au plur. Impression pénible laissée par un événement dont on avait espéré mieux. ⇒ **déception, déconvenue, désillusion.** *Éprouver, essuyer des déboires. Il a eu de nombreux déboires dans ses affaires.* ⇒ **échec, ennui.**

déboiser [debwaze] v. tr. ▪ conjug. 1. ■ Dégarnir (un terrain) des bois qui le recouvrent. / contr. **boiser, reboiser** / — Pronominalement (passif). *En quelques années, tout le secteur s'est déboisé,* ses bois ont été coupés. ▶ ***déboisement*** n. m.

① ***déboîter*** [debwate] v. tr. ▪ conjug. 1. **1.** Faire sortir de ce qui emboîte. *Déboîter une porte. Déboîter des tuyaux.* ⇒ **disjoindre. 2.** Sortir (un os) de l'articulation. ⇒ ① **démettre, désarticuler,** se **forcer** (III), **luxer.** *Elle s'est déboîté l'épaule.* **3.** Fam. Détruire, réduire en morceaux. *L'enfant a déboîté ses jouets.* — Au p. p. adj. *Une table toute déboîtée,* en mauvais état. — (Personnes) Fig. *Être déboîté,* en piteux état. ▶ ***déboîtement*** n. m.

② ***déboîter*** v. intr. ▪ conjug. 1. ■ (Surtout en France) (Véhicules) Sortir d'une file. *L'auto a déboîté pour doubler. Il a déboîté sans prévenir.* / contr. ② se **rabattre** /

débonnaire [debɔnɛʀ] adj. ■ Doux, pacifique. *Il est calme et débonnaire.* — Inoffensif. *Air, aspect débonnaire.* / contr. **dur, sévère** /

déborder [debɔʀde] v. ▪ conjug. 1. **I.** V. intr. **1.** Répandre une partie de son contenu liquide par-dessus bord. *Rivière qui déborde. Verre plein à déborder.* — Loc. *C'est la goutte d'eau qui fait déborder le vase,* la petite chose pénible qui s'ajoute à tout le reste et fait que l'ensemble devient insupportable (→ l'étincelle qui met le feu aux poudres). **2.** (Solides) Être rempli à pleine capacité, trop plein. *Le panier à provisions déborde. — La salle débordait de spectateurs.* (En parlant du contenu) Se répandre par-dessus bord. ⇒ **couler,** s'**échapper.** *L'eau a débordé (du vase). — La brouette déborde.* **3.** Se répandre, se manifester avec force. *Son enthousiasme déborde.* ⇒ **débordant. II.** V. tr. ind. DÉBORDER DE : être plein (d'un sentiment, d'un principe qui s'exprime avec force). ⇒ **éclater** de. *Déborder de santé. Elle déborde de bonne humeur, de joie.* **III.** V. tr. **1.** Dépasser (le bord) ; être en saillie. *Cette maison déborde (les autres). — Déborder le front ennemi.* — Fig. Aller plus loin que. *Cette question déborde le cadre du débat.* **2.** *Déborder un lit,* tirer les draps, les couvertures qui étaient engagés sous les bords du matelas. ▶ ***débordant, ante*** adj. ■ Qui déborde (I, 3). *Joie débordante.* ⇒ **exubérant.** *Être débordant de vie, de santé,* déborder (II) de... ⇒ **pétulant.** *Activité débordante.* ▶ ***débordé, ée*** adj. ■ Submergé. *Être débordé (de travail). Une élève débordée.* ▶ ***débordement*** n. m. ■ Le fait de se répandre en abondance. *Un débordement de paroles, d'injures.* ⇒ **déluge, flot, torrent.** *Débordement de joie* ⇒ **effusion, explosion,** *de vie* ⇒ **exubérance.**

débosseler [debɔsle] v. tr. ▪ conjug. 4. ■ Supprimer les bosses de. ⇒ fam. **débosser.** / contr. **bosseler, cabosser ;** fam. ① **bosser** / *Débosseler un pare-chocs.* — Au p. p. adj. *Un chaudron débosselé.* ▶ ***débosselage*** n. m. ■ Action de débosseler qqch. ⇒ fam. **débossage.** ▶ ***débosseleur, euse*** n. **1.** Ouvrier spécialisé dans la réparation de carrosseries d'automobiles. ⇒ **carrossier ;** fam. **débosseur.** *Prendre rendez-vous chez un débosseleur.* **2.** Personne qui débosselle qqch. — Adj. *Elle est débosseleuse d'argenterie.*

débosser [debɔse] v. tr. ▪ conjug. 1. ■ Fam. Débosseler. / contr. **bosseler, cabosser ;** fam. ① **bosser** / *Faire débosser une portière.* — Au p. p. adj. *Un abat-jour débossé.* ▶ ***débossage*** n. m. ■ Fam. Débosselage. *Le débossage d'un plat en argent.* ▶ ***débosseur, euse*** n. ■ Fam. Débosseleur. ⇒ **carrossier.** *Une apprentie débosseuse.* — Adj. *Il est débosseur dans un garage.*

① ***déboucher*** [debuʃe] v. tr. ▪ conjug. 1. **1.** Débarrasser de ce qui bouche. *Déboucher un lavabo.* **2.** Débarrasser de son bouchon. ⇒ **ouvrir ; décapsuler.** *Déboucher une bouteille.* / contr. **boucher** / ▶ ***débouchage*** n. m. ■ *Le débouchage d'un évier.* ▶ ***débouche-bouteilles*** n. m. invar. ■ Fam. Ustensile servant à ouvrir les bouteilles capsulées. ⇒ **décapsuleur, ouvre-bouteilles.** *Où est le débouche-bouteilles ?* — Abrév. DÉBOUCHE, n. m. *Elle a acheté deux débouches.*

② ***déboucher*** v. intr. ▪ conjug. 1. **1.** Passer d'un lieu resserré dans un lieu plus ouvert. *Déboucher d'une petite rue sur le boulevard.* **2.** (Voie, passage) Aboutir à un lieu ouvert, une artère plus large. ⇒ **donner** sur. *Rue qui débouche sur une place. — Fleuve qui débouche dans l'océan.* **3.** Abstrait. *Déboucher sur,* aboutir, mener à. *Les discussions ont débouché sur un compromis.* ▶ ***débouché*** n. m. **1.** Moyen d'assurer la vente d'un produit. *Ne pas trouver de débouchés.* — Lieu de cette vente. ⇒ **marché.** *Ouvrir des débouchés à une production.* **2.** Perspective de situation. *Les débouchés offerts à un ingénieur.*

déboucler [debukle] v. tr. ▪ conjug. 1. ■ Ouvrir en détachant une boucle. ⇒ **dégrafer.** / contr. **boucler.** / *Déboucler sa ceinture.*

débouler [debule] v. intr. ▪ conjug. 1. Fam. **1.** Tomber en roulant. *Des pierres ont déboulé du haut de la falaise. Elle a déboulé dans l'escalier.* — V. tr. Fam. *Débouler le cap, les marches. Faire débouler qqch.,* le faire rouler de haut en bas. *Il fait débouler de la terre dans le trou.* ⇒ **dégringoler, dévaler. 2.** (Personnes) Faire irruption. *Il a déboulé chez eux en pleine nuit.* ⇒ **débarquer.**

déboulonner [debulɔne] v. tr. ▪ conjug. 1. **1.** Démonter (ce qui était boulonné). *Déboulonner une pièce mécanique.* / contr. **boulonner** / **2.** Fam. Déposséder (qqn) de sa place, de son influence. ⇒ **destituer, évincer.**

débourser [debuʀse] v. tr. ▪ conjug. 1. ■ Tirer de sa bourse, de son portefeuille (une certaine somme). ⇒ **dépenser, payer.** *Sans rien débourser, sans débourser un sou,* gratuitement. ▶ ***débours és*** n. m. pl. ■ Somme déboursée. ⇒ **dépense,** ② **frais.** *L'achat d'une voiture entraîne des déboursés considérables.* — Au sing. *L'augmentation des taxes représente un déboursé imprévu.*

déboussoler [debusɔle] v. tr. ▪ conjug. 1. ■ Fam. Désorienter (qqn), faire qu'il ne sache plus où il en est. — Au p. p. *Il est complètement déboussolé depuis son échec.* ⇒ **désemparé, perdu.**

debout [dəbu] adv. **1.** (Choses) Verticalement ; sur l'un des bouts. *Mettre un meuble debout.* **2.** (Personnes) Sur ses pieds (opposé à *assis, couché*). *Se tenir debout. Se mettre debout.* ⇒ se **lever.** — Interj. *Debout !, levez-vous !* — Levé. *Être debout dès l'aube.* Loc. *Dormir debout,* éprouver un grand besoin de dormir au point de s'assoupir sans être couché ; être très fatigué. — *Il va mieux, il est déjà debout,* guéri, rétabli. **3.** *Être (encore) debout,* être en bon état (mur, construction). *Après le tremblement de terre, il restait peu de maisons debout.* — Résister à la destruction. *Cette vieille institution tient encore debout.* — *Tenir debout* (souv. négatif), être solide. *Elle ne tient pas (plus) debout,* elle est très fatiguée. — Abstrait. *Théorie qui ne tient pas debout,* insoutenable. *Ton histoire ne tient pas debout,* elle est incohérente, invraisemblable. *C'est une histoire à dormir debout,* qu'on ne peut croire, insensée. ⇒ **abracadabrant.** — *Se tenir debout,* être digne de respect, faire face aux événements avec courage. *Un peuple qui se tient debout,* qui résiste courageusement aux épreuves. — Loc. fam. *Il pleut à boire* debout.*

débouter [debute] v. tr. ▪ conjug. 1. ■ Droit. Rejeter par jugement, par arrêt, la prétention de (qqn). *Le tribunal l'a débouté de sa demande.*

déboutonner [debutɔne] v. tr. ▪ conjug. 1. **1.** Ouvrir en dégageant les boutons de la boutonnière. ⇒ **défaire.** *Déboutonner son pardessus.* **2.** SE DÉBOUTONNER v. pron. réfl. : déboutonner ses vêtements. / contr. se **boutonner** / — Se confier sans pudeur, sans retenue.

débraillé, ée [debʀɑje] adj. et n. m. **1.** Dont les vêtements sont en désordre, ouverts. ⇒ **désordonné.** *Tenue débraillée.* — *Un air, une allure débraillée.* ⇒ **négligé.** — N. m. *Le débraillé de sa tenue.* ⇒ **laisser-aller.** **2.** Fig. *Une conversation débraillée,* sans retenue, très libre.

débrancher [debʀɑ̃ʃe] v. tr. ▪ conjug. 1. **1.** Arrêter (un appareil électrique) en supprimant son branchement. *Débrancher un fer à repasser.* ⇒ **éteindre.** / contr. **brancher** / **2.** Fam. *Débrancher un malade,* faire cesser le fonctionnement des appareils qui le maintiennent artificiellement en vie. *La famille a demandé qu'on le débranche.*

débrayer [debʀɛje] v. ▪ conjug. 8. **1.** V. tr. Interrompre la liaison entre le moteur et les roues. / contr. **embrayer** / *Débrayer, passer les vitesses et embrayer.* **2.** V. intr. *Les travailleurs ont débrayé ce matin,* ils ont cessé le travail, se sont mis en grève. ▶ ***débrayage*** n. m. **1.** Le fait de débrayer. / contr. **embrayage** / **2.** Cessation du travail ; mouvement de grève. *Un débrayage illégal.*

débridé, ée [debʀide] adj. ■ Sans retenue. ⇒ **déchaîné, effréné.** *Imagination débridée.* ⇒ **déréglé.**

débrider [debʀide] v. tr. ▪ conjug. 1. ■ Dégager (qqch.) de ce qui serre comme une bride. *Débrider un abcès.* ⇒ **inciser, ouvrir.**

débris [debʀi] n. m. invar. **1.** Rare au sing. Reste (d'un objet brisé, d'une chose en partie détruite). ⇒ **fragment, morceau.** *Les débris d'un vase. Débris de bouteille.* ⇒ **tesson.** *Les débris d'une maison démolie.* ⇒ **décombres.** **2.** Au plur. Littér. ⇒ **reste.** *Les débris d'une armée,* ce qui en reste après la défaite. *Réunir les débris de sa fortune.*

débrocher [debʀɔʃe] v. tr. ▪ conjug. 1. ■ Fam. Enlever les agrafes qui attachent des feuilles. ⇒ **dégrafer.** / contr. **agrafer** ; fam. **brocher** / *Débrocher des factures.* — Au p. p. adj. *Feuilles débrochées.* ▶ ***débrochage*** n. m. ■ Fam. Action de débrocher. ⇒ **dégrafer.** ▶ ***débrocheuse*** n. f. ■ Fam. Dégrafeuse. / contr. **agrafeuse** ; fam. **brocheuse** /

débrouiller [debʀuje] v. tr. ▪ conjug. 1. **I.** **1.** Démêler (ce qui est embrouillé). *Débrouiller les fils d'un écheveau.* **2.** Tirer de la confusion. ⇒ **démêler, éclaircir.** *Débrouiller une affaire.* ⇒ **résoudre.** *Les contradictions ont été débrouillées.* **II.** SE DÉBROUILLER v. pron. : se tirer habilement d'affaire. *Se débrouiller avec ce qu'on a.* ⇒ s'**arranger.** *Se débrouiller tout seul. Je ne suis pas fort aux échecs, mais je me débrouille.* ⇒ fam. se **démerder.** *Je vais me débrouiller pour trouver le chemin.* ▶ ***débrouillard, arde*** adj. ■ Fam. Qui sait se débrouiller. ⇒ **habile, malin.** *C'est un garçon débrouillard.* — N. *Un débrouillard, une débrouillarde.* ▶ ***débrouillardise*** n. f. ■ Qualité d'une personne débrouillarde.

débroussailler [debʀusɑje] v. tr. ▪ conjug. 1. **1.** Débarrasser (un terrain) des broussailles. ⇒ **défricher, effardocher.** **2.** Abstrait. Rendre plus clair, moins touffu. *Débroussailler un texte, un problème.*

débusquer [debyske] v. tr. ▪ conjug. 1. **1.** Chasser (le gibier) du bois. *Débusquer un lièvre.* **2.** Faire sortir de sa position, de son refuge. ⇒ **chasser, déloger.** *Débusquer l'ennemi. On l'a débusqué de sa cachette.*

début [deby] n. m. **1.** Commencement. *Le début d'un livre. Appointements de début.* ⇒ **initial.** — *Le début du jour, de la semaine, de l'année. Du début à la fin. Au début, tout au début, au tout début.* / contr. **fin** / — Fam. *Début janvier, je serai à Paris.* **2.** Au plur. *Les débuts de qqn,* sa première apparition (à la scène, dans le monde, etc.). *Cet acteur a fait ses débuts au théâtre.* ▶ ***débuter*** v. intr. ▪ conjug. 1. **1.** (Personnes) Faire ses premiers pas dans une carrière. *Débuter comme dactylo.* — Commencer à paraître sur la scène, l'écran, etc. *Un comédien qui débute.* **2.** (Choses) Commencer. *Histoire qui débute mal.* / contr. **finir, terminer** / *Le téléroman débute la semaine prochaine.* **3.** V. tr. Commencer. *Débuter un repas par une entrée. L'équipe a mal débuté la saison.* — REM. Le dernier emploi (3) est parfois critiqué. ▶ ***débutant, ante*** adj. et n. ■ Personne qui débute. ⇒ **apprenti, commençant, novice.** / contr. **expert, spécialiste** / *Une infirmière débutante.* / contr. **expérimenté** / — N. *Cours pour débutants. Un salaire de débutant.* — N. f. Jeune fille qui sort pour la première fois dans la haute société.

D.E.C. [dɛk] n. m. invar. ■ Abréviation de *diplôme d'études collégiales.* ⇒ **D.E.S.** *Elle a obtenu son D.E.C dans un cégep montréalais.*

déca [deka] n. m. ■ (Surtout en France) Abrév. fam. Café décaféiné. *Deux décas et un (café) normal.*

déca- ■ Élément savant signifiant « dix » (ex. : *décalitre, décamètre*). ≠ *déci-*.

en deçà [ɑ̃d(ə)sa] loc. adv. et prép. ■ EN DEÇÀ (DE) loc. adv. : de ce côté-ci, sans franchir un point donné. *Ne passez pas le fleuve, restez en deçà.* — EN DEÇÀ DE loc. prép. *Rester en deçà de la vérité,* ne pas l'atteindre. / contr. au-**delà** de / — *Cette réparation peut se faire en deçà d'une heure,* en moins d'une heure. ⇒ **en** ① **dedans** de.

décacheter [dekaʃte] v. tr. ▪ conjug. 4. ■ Ouvrir (ce qui est cacheté). *Il décachette une lettre.* / contr. **cacheter** /

décade [dekad] n. f. ■ Période de dix jours. ≠ *décennie.*

décadence [dekadɑ̃s] n. f. ■ Acheminement vers la ruine. ⇒ **affaiblissement, chute, déclin.** *Grandeur et décadence. Civilisation en décadence. La décadence des mœurs. Tomber en décadence.* — Les derniers siècles de l'Empire romain. *Les poètes de la décadence.* ▶ ***décadent, ente*** adj. ■ Qui est en décadence, marque un déclin. *Peuple décadent. Art décadent.*

décaèdre [dekaɛdʀ] adj. et n. m. ■ **1.** Adj. Qui a dix faces. **2.** N. m. Solide de dix faces. *Un décaèdre.*

décaféiner [dekafeine] v. tr. • conjug. 1. ■ Traiter (le café) pour enlever la caféine. — Au p. p. adj. *Café décaféiné.* — N. m. *Du décaféiné. Deux décaféinés.* ⇒ fam. **déca.**

décagone [dekagɔn] n. m. ■ Polygone qui a dix côtés et dix angles.

décalage [dekalaʒ] n. m. **1.** Le fait de décaler dans l'espace, le temps ; écart temporel ou spatial. *Décalage horaire entre l'Est et l'Ouest du pays. Souffrir du décalage (horaire) après un voyage en avion.* **2.** Manque de correspondance entre deux choses, deux faits. ⇒ **écart ; désaccord.** *Le décalage entre ses prétentions et ses possibilités.*

décalcifier [dekalsifje] v. tr. • conjug. 7. ■ Priver d'une partie de son calcium. — Pronominalement (réfl.). *Organisme qui se décalcifie.* ▶ ***décalcifiant, ante*** adj. ▶ ***décalcification*** n. f. ■ *La décalcification des os.*

décalcomanie [dekalkɔmani] n. f. ■ Procédé par lequel on décalque des images peintes sur du papier ; ces images. *Faire des décalcomanies.*

décaler [dekale] v. tr. • conjug. 1. ■ Déplacer un peu de la position normale. ⇒ **avancer, reculer ; changer.** *Décaler une table. Décaler qqch. en avant, en arrière.* — (Temps) *Décaler un horaire. Décaler un rendez-vous.*

décalitre [dekalitʀ] n. m. ■ Mesure de capacité qui vaut dix litres (dal). ≠ *décilitre.*

décalquer [dekalke] v. tr. • conjug. 1. ■ Reporter le calque de (qqch., dessin, tableau) sur un support (papier, toile, étoffe, etc.). ⇒ **imprimer.** *Décalquer une carte géographique.* ▶ ***décalquage*** n. m. ■ Action de décalquer. *Le décalquage d'un dessin.* ▶ ***décalque*** n. m. ■ Reproduction par décalquage. ‹ ▶ décalcomanie ›

décamètre [dekamɛtʀ] n. m. ■ Mesure de longueur qui vaut dix mètres (dam). ≠ *décimètre.*

décamper [dekɑ̃pe] v. intr. • conjug. 1. ■ S'en aller précipitamment. ⇒ **déguerpir,** s'**enfuir, fuir,** se **sauver ;** fam. **repousser.** *Décamper sans demander son reste,* fuir sans rien emporter.

décan [dekɑ̃] n. m. ■ Chacune des trois dizaines de degrés comptées par chaque signe du zodiaque. *Le premier décan du Scorpion.*

décanter [dekɑ̃te] v. tr. • conjug. 1. ■ Débarrasser (un liquide) des matières qu'il contient en suspension. ⇒ **clarifier, épurer.** — Pronominalement (réfl.). *Laisser le vin se décanter. — Décanter ses idées,* se donner un temps de réflexion pour mieux comprendre. ⇒ **éclaircir.** Pronominalement (réfl.). *La situation se décante et tout paraît plus clair.*

décaper [dekape] v. tr. • conjug. 1. ■ Nettoyer (une surface métallique) des dépôts qui la recouvrent. ⇒ **poncer.** *Décaper du cuivre.* — Débarrasser (une surface) de la crasse ou d'un enduit. *Décaper des parquets sales. Décaper de vieux meubles.* — Au p. p. adj. *Une armoire bien décapée.* ▶ ***décapage*** n. m. ■ *Le décapage des boiseries.* ▶ ***décapant*** n. m. ■ Produit servant à décaper. — Adj. *Un produit décapant.*

décapiter [dekapite] v. tr. • conjug. 1. **1.** Trancher la tête de (qqn). ⇒ **couper** la tête, **guillotiner.** — Au p. p. adj. *Un cadavre décapité.* **2.** *Décapiter un arbre,* en enlever la partie supérieure. ⇒ **étêter.** **3.** Supprimer ce qui est à la tête de (un mouvement). *Décapiter un parti politique en exilant ses chefs.* ▶ ***décapitation*** n. f. ■ *La décapitation d'un réseau terroriste.*

décapoter [dekapɔte] v. tr. • conjug. 1. ■ Enlever la capote, le toit mobile de. *Décapoter sa voiture.* ⇒ **découvrir.** ▶ ***décapotable*** adj. ■ Qui peut être décapoté. ⇒ fam. **convertible.** *Voiture décapotable* et, n. f., *une* ou fam. m. *un décapotable.*

décapsuler [dekapsyle] v. tr. • conjug. 1. ■ Enlever la capsule de. ⇒ **ouvrir ; déboucher.** *Décapsuler une bouteille.* ▶ ***décapsuleur*** n. m. ■ Ustensile servant à enlever les capsules de bouteilles. ⇒ **ouvre-bouteilles ;** fam. **débouche-bouteilles.**

*se **décarcasser*** [dekaʀkase] v. pron. • conjug. 1. ■ Fam. Se donner beaucoup de peine pour parvenir à un résultat. ⇒ se **démener ;** fam. se **désâmer,** très fam. se **chier,** se **fendre.**

décathlon [dekatlɔ̃] n. m. ■ Compétition masculine d'athlétisme combinant dix épreuves disputées successivement par les mêmes athlètes. ⇒ **heptathlon, pentathlon.** ▶ ***décathlonien*** n. m. ■ Athlète spécialiste du décathlon, ou qui y participe. ⇒ **heptathlonienne, pentathlonien.**

décatir [dekatiʀ] v. tr. • conjug. 2. **1.** Débarrasser (une étoffe) du lustre que lui ont donné les apprêts. **2.** Pronominalement (réfl.). *Se décatir,* perdre toute fraîcheur. *Comme elle s'est décatie !* — Au p. p. adj. *Un vieillard décati.*

décéder [desede] v. intr. • conjug. 6. ■ (Personnes) Mourir. *Il est décédé depuis peu.* ⇒ ③ **feu, mort.** — Au p. p. adj. *Femme décédée dans un accident.* — REM. Se conjugue avec l'auxiliaire *être.* ‹ ▶ décès ›

déceler [desle] v. tr. • conjug. 5. **1.** Découvrir (ce qui était celé, caché). ⇒ **détecter, trouver.** *Déceler un secret, une intrigue. Déceler une fuite de gaz.* ⇒ **détecter.** **2.** (Choses) Être l'indice de. ⇒ **révéler, trahir.** *Son ton décèle une certaine inquiétude.* ⇒ **dénoter.** ▶ ***décelable*** adj. ■ Qui peut être décelé. *Une amélioration à peine décelable.* ≠ *desceller, desseller.*

décélération [deseleʀasjɔ̃] n. f. ■ Réduction de la vitesse. ⇒ **ralentissement.** *La décélération d'une fusée. Décélération de l'avion avant l'atterrissage.* / contr. **accélération** /

décembre [desɑ̃bʀ] n. m. ■ Douzième et dernier mois de l'année dans le calendrier actuel (31 jours). *Le 25 décembre.* ⇒ **Noël.**

décence [desɑ̃s] n. f. ■ Respect de ce qui touche les bonnes mœurs, les convenances. ⇒ **bienséance, pudeur.** *Garder une certaine décence.* — Tact. *Ayez donc la décence de vous taire !* / contr. **indécence** / ▶ ***décent, ente*** adj. **1.** Qui est conforme à la décence. ⇒ **bienséant, convenable.** *Il aurait été plus décent de te taire. Tenue décente.* ⇒ **modeste, réservé.** / contr. **indécent** / **2.** Acceptable. *Il a une situation décente. Elle joue du piano d'une manière décente.* ⇒ **correct.** ▶ ***décemment*** [desamɑ̃] adv. **1.** D'une manière décente. ⇒ **convenablement.** *Elle était habillée très décemment.* ⇒ **correctement.** **2.** Raisonnablement. *Décemment, il ne pouvait pas s'abstenir.* ‹ ▶ indécent ›

décennie [deseni] n. f. ■ Période de dix ans. *La prochaine décennie.* ≠ *décade.*

décentraliser [desɑ̃tʀalize] v. tr. • conjug. 1. ■ Rendre plus autonome (ce qui est centralisé). *Décentraliser l'Administration.* — Au p. p. adj. *Un ministère décentralisé.* ▶ ***décentralisation*** n. f. ■ Action de décentraliser ; son résultat. *Décentralisation politique, administrative.* ⇒ **régionalisation.** / contr. **centralisation** / ▶ ***décentralisateur, trice*** adj. ■ Qui est relatif à la décentralisation. / contr. **centralisateur** / *Politique décentralisatrice.* — N. *Les décentralisateurs.*

décentrer [desɑ̃tʀe] v. tr. ▪ conjug. 1. ■ Déplacer le centre de, ce qui était au centre. *Décentrer légèrement l'axe d'un rouage, un rouage.*

déception [desɛpsjɔ̃] n. f. ■ Le fait d'être déçu. ⇒ **déconvenue, désappointement, désillusion ; décevoir.** *Causer, éprouver une déception.* — Ce qui déçoit. *C'est une cruelle déception pour nous.*

décerner [desɛʀne] v. tr. ▪ conjug. 1. **1.** Droit. Ordonner juridiquement. *Décerner un mandat d'arrêt, d'amener contre qqn.* **2.** Accorder à qqn (une récompense, une distinction). ⇒ **conférer, octroyer.** *Décerner un trophée à une équipe.* — *Décerner un diplôme à qqn,* lui attribuer. — Abusivt. *L'arbitre a décerné une pénalité majeure.*

décès [desɛ] n. m. invar. ■ Mort d'une personne (⇒ **décéder**). *Acte de décès. Depuis son décès,* depuis qu'il est décédé. — *Magasin fermé pour cause de décès.* ⇒ **deuil.** — REM. S'emploie surtout dans le langage administratif ou par euphémisme.

décevoir [dɛsəvwaʀ] v. tr. ▪ conjug. 28. ■ Tromper (qqn) dans ses espoirs, son attente. *Cet élève m'a déçu.* ▶ ***décevant, ante*** adj. ■ Qui déçoit, ne répond pas à ce qu'on espérait. ⇒ **désappointant.** *Un voyage décevant.* ⟨ ▶ déception, déçu ⟩

déchaîner [deʃɛne] v. tr. ▪ conjug. 1. **1.** Donner libre cours à (une force). *Déchaîner les passions.* ⇒ **provoquer, soulever.** *Déchaîner l'hilarité générale. Déchaîner l'opinion contre qqn.* ⇒ **ameuter. 2.** SE DÉCHAÎNER v. pron. : se déclencher avec violence. *La tempête s'était déchaînée.* — (Personnes) Se mettre en colère, s'emporter (contre qqn, qqch.). *Il s'est déchaîné contre cet abus.* ▶ ***déchaîné, ée*** adj. **1.** Déclenché dans toute sa violence. *Une mer déchaînée.* ⇒ **démonté. 2.** (Personnes) Très excité, qu'on ne peut arrêter. *Cet enfant est déchaîné.* — *Une rockeuse déchaînée,* très exubérante. ▶ ***déchaînement*** n. m. ■ Action de déchaîner, de se déchaîner ; son résultat. *Le déchaînement des éléments.* ⇒ **fureur.** — (Sentiments, passions) ⇒ **explosion, transport.** *Un déchaînement de colère, de violence, de haine.*

déchanter [deʃɑ̃te] v. intr. ▪ conjug. 1. ■ Fam. Changer de ton ; rabattre de ses prétentions, de ses espérances, perdre ses illusions. *Elle commence à déchanter.*

① ***décharge*** [deʃaʀʒ] n. f. **1.** Lieu où l'on jette (les ordures, etc.). ⇒ **dépotoir.** *Décharge publique.* **2.** *De décharge,* par où l'on jette (tuyau, etc.). *Tuyau de décharge.* **3.** Cours d'eau dans lequel un lac déverse son trop-plein d'eau, spécialt l'endroit d'un lac d'où part ce cours d'eau (opposé à ③ *charge*). *Elles campent près de la décharge.*

② ***décharge*** n. f. **1.** Libération d'une obligation, d'une dette ; acte qui atteste cette libération (⇒ **reçu**). *Signer une décharge.* **2.** À... DÉCHARGE : en levant les charges qui pèsent sur un accusé. *Témoin à décharge,* qui dépose à l'appui de la défense. / contr. à **charge** / *Il faut dire, à sa décharge...,* pour l'excuser.

③ ***décharge*** n. f. ⇒ ③ **décharger.**

① ***décharger*** [deʃaʀʒe] v. tr. ▪ conjug. 3. **1.** Débarrasser de sa charge (une personne, un navire, un véhicule, etc.). **2.** Enlever (un chargement). ⇒ **débarquer.** *Décharger des marchandises, des passagers.* **3.** *Décharger une arme,* en enlever la charge. / contr. ① **charger** / — Au p. p. adj. *Pistolet déchargé.* ▶ ***déchargement*** n. m. ■ *Le déchargement d'un camion, d'un navire.* / contr. **chargement** / ⟨ ▶ ① décharge ⟩

② ***décharger*** v. tr. ▪ conjug. 3. **1.** Débarrasser ou libérer (qqn) d'une charge, d'une obligation, d'une responsabilité. ⇒ **dispenser.** *Être déchargé d'une corvée.* — Pronominalement (réfl.). *Elle s'est déchargée de certains travaux sur ses collaborateurs.* **2.** Libérer d'une accusation. *Décharger un accusé.* ⇒ **disculper, innocenter. 3.** *Décharger sa conscience* (en avouant). ⇒ **soulager.** / contr. ① **charger** / ⟨ ▶ ② décharge ⟩

③ ***décharger*** v. tr. ▪ conjug. 3. **1.** Faire partir (une arme à feu) sur (qqn) ou dans (qqch.). ⇒ **tirer.** *Il a déchargé son pistolet sur sa victime.* **2.** SE DÉCHARGER v. pron. : perdre son potentiel électrique. *La pile s'est déchargée.* — Au passif et p. p. adj. *La pile est déchargée.* ▶ ③ ***décharge*** n. f. **1.** Le fait de décharger une ou des armes à feu. ⇒ **fusillade, salve. 2.** Brusque diminution d'un potentiel électrique. *La décharge d'une batterie.* — *Décharge électrique,* passage d'une charge électrique d'un conducteur à un autre. *Recevoir une décharge électrique.*

décharné, ée [deʃaʀne] adj. ■ Amaigri à l'extrême. *Visage décharné.* ⇒ **émacié, maigre.**

① ***déchausser*** [deʃose] v. tr. ▪ conjug. 1. ■ Enlever les chaussures de (qqn). *Déchausser un enfant.* — Au p. p. adj. *Personne déchaussée.* — Pronominalement (réfl.). *Se déchausser.* — Par ext. *Déchausser des skis, des patins,* les ôter des pieds. / contr. se **chausser** /

② *se* ***déchausser*** v. pron. ▪ conjug. 1. ■ *Dent qui se déchausse,* qui n'est plus bien maintenue par la gencive dans l'alvéole dentaire et finit par tomber. — Au p. p. adj. *Dent déchaussée.*

dèche [dɛʃ] n. f. ■ Fam. Manque d'argent, grande gêne. ⇒ **misère, pauvreté.** *Être, vivre dans la dèche,* sans le sou, dans le dénuement.

déchéance [deʃeɑ̃s] n. f. **1.** Le fait de déchoir ; état d'une personne déchue. ⇒ **chute, disgrâce.** *La déchéance d'un souverain.* — *Déchéance physique* ⇒ **décrépitude, vieillissement,** *morale, intellectuelle* ⇒ **avilissement, dégradation. 2.** Perte d'un droit. *Déchéance de la puissance paternelle.*

déchet [deʃɛ] n. m. **1.** Surtout au plur. Partie d'une matière rejetée comme inutilisable ou inconsommable. ⇒ **débris, résidu.** *Déchets de viande. Mettre les déchets sur le trottoir,* les ordures ménagères. ⇒ **détritus ;** fam. **vidanges.** *Déchets radioactifs, toxiques* (agents de pollution). *Broyeur* à déchets.* — *Il y a du déchet,* de la perte. **2.** Personne déchue, méprisable. *C'est un déchet de l'humanité, un pauvre déchet.*

déchiffrer [deʃifʀe] v. tr. ▪ conjug. 1. **1.** Lire (ce qui est écrit en chiffres ou dans une écriture inconnue). *Déchiffrer un message. Déchiffrer des hiéroglyphes.* ⇒ **décoder, décrypter.** — Lire (une écriture peu lisible). *Le pharmacien n'a pas pu déchiffrer l'ordonnance.* **2.** *Déchiffrer de la musique,* la lire à première vue. ▶ ***déchiffrable*** adj. ■ Qui peut être déchiffré. ⇒ **lisible.** *Une inscription déchiffrable.* / contr. **indéchiffrable** / ▶ ***déchiffrage*** n. m. ■ Action de déchiffrer (de la musique). ⟨ ▶ indéchiffrable ⟩

déchiqueter [deʃikte] v. tr. ▪ conjug. 4. **1.** Déchirer irrégulièrement en petits morceaux. *Déchiqueter de la viande à belles dents.* **2.** Mettre en pièces, en lambeaux. — Au p. p. *Avoir eu la main déchiquetée par une grenade.*

déchirer [deʃiʀe] v. tr. ▪ conjug. 1. **I. 1.** Mettre en morceaux. *Déchirer une lettre. Déchirer qqch. en petits morceaux. Il a déchiré les brouillons.* — Partager en deux (une étoffe) en la tirant des deux côtés à la fois, ou y faire un accroc. *Elle a déchiré sa robe.* — Au p. p. adj. *Chemise déchirée.* — *Se déchirer un muscle,* se rompre des fibres musculaires. — Fig. *Un cri perçant déchira le silence.* ⇒ **rompre, traverser. 2.** Causer une vive douleur physique ou morale à. *Toux qui déchire* *la poitrine. Déchirer le cœur de, à qqn.* ⇒ **fendre.** — *Cette musique me déchire les oreilles,* elle est forte et bruyante. **3.** Troubler par de tragiques divisions. ⇒ **diviser.** *La guerre civile déchire le pays.* — Au p. p. adj. *Pays déchiré.* **II.** SE DÉCHIRER v. pron. **1.** (Passif) Devenir déchiré, se fendre. *L'enveloppe s'est déchirée. Sa robe s'est déchirée en s'accrochant.* **2.** Se faire réciproquement du mal, de la peine avec violence. *Des amants qui se déchirent.* ⇒ s'**entre-déchirer.** ▶ ***déchirant, ante*** adj. ■ Qui déchire le cœur, émeut fortement. *Spectacle déchirant.* ⇒ **navrant.** *Des cris déchirants.* ▶ ***déchirement*** n. m. **1.** Rare. Action de déchirer ; son résultat. **2.** Grande douleur morale avec impression de rupture intérieure. *Le déchirement des séparations.* ▶ ***déchirure*** n. f. **1.** Fente faite en déchirant. ⇒ **accroc.** — Rupture ou ouverture irrégulière dans les tissus, les chairs. ⇒ **claquage, lacération.** *Une déchirure musculaire.* **2.** Déchirement moral. ‹ ▶ s'entre-déchirer ›

déchoir [deʃwaʀ] v. intr. ▪ conjug. 25. — REM. Pas d'imparfait ni de p. prés. ■ Tomber dans un état inférieur à celui où l'on était. ⇒ s'**abaisser.** *Il croirait déchoir en étant aimable. Vous pouvez accepter sans déchoir.* — *Être déchu de ses droits civiques. Déchoir qqn de sa citoyenneté,* l'en priver. ▶ ***déchu, ue*** adj. ■ Qui n'a plus (une position supérieure, un avantage). *Un prince déchu.* ⇒ **déchéance.** — Privé de l'état de grâce. *Ange déchu.*

déchristianiser [dekʀistjanize] v. intr. ▪ conjug. 1. ■ Faire cesser (un pays, un groupe humain) d'être chrétien. ▶ ***déchristianisation*** n. f.

déci- ■ Élément savant signifiant « dixième partie » (ex : *décigramme, décilitre, décimètre*) ≠ *déca-*. ‹ ▶ décimer ›

décibel [desibɛl] n. m. ■ Unité de puissance sonore (symb. *dB*).

décider [deside] v. tr. ▪ conjug. 1. **I.** V. tr. dir. **1.** Prendre la décision (2) de. *Décider une opération.* Sans compl. *C'est moi qui décide.* — (*de* + infinitif, ou *que* + indicatif) *Elle décide de ne pas aller travailler, qu'elle n'ira pas travailler.* **2.** Amener (qqn à agir). *Décider qqn à faire qqch. Je l'ai décidé à rester.* ⇒ **convaincre, persuader, pousser. II.** V. tr. ind. DÉCIDER DE *qqch.* (Personnes) Disposer en maître par son action ou son jugement. *Décider de l'éducation de ses enfants. Elle décidera des mesures à prendre au moment opportun.* — (Choses) Déterminer, être la cause principale. *Ce concours décidera de son avenir.* **III.** SE DÉCIDER v. pron. **1.** (Passif) Être tranché, résolu. *Ça s'est décidé très vite.* **2.** (Réfl.) *Se décider à,* prendre la décision de. ⇒ se **résoudre.** *Se décider à une opération. Il faut qu'il se décide à travailler.* — *Décidez-vous donc !,* prenez donc une décision ! ⇒ fam. se **brancher.** / contr. **hésiter** / **3.** (Réfl.) *Se décider pour,* donner la préférence à. ⇒ **choisir, opter,** se **prononcer.** *Ils se sont finalement décidés pour un voyage aux États-Unis.* **IV.** Au passif. ÊTRE DÉCIDÉ À : avoir pris la décision de. ⇒ **déterminé, résolu.** *J'y suis décidé. Il est décidé à acheter cette maison.* ▶ ***décidé, ée*** adj. **1.** Qui n'hésite pas pour prendre un parti. ⇒ **résolu.** *Une femme décidée.* — *Un air décidé, une allure décidée.* **2.** Arrêté par décision. *C'est une chose décidée.* ⇒ **réglé, résolu.** ▶ ***décidément*** adv. de phrase ■ D'une manière décisive, définitive. *Décidément, je n'ai pas de chance !* ⇒ à **coup** (III) sûr, **manifestement.** — Interj. indiquant une constatation, un jugement, un étonnement. *Décidément !* ⇒ eh **bien, franchement.** ▶ ***décideur, euse*** n. et adj. ■ Personne physique ou morale ayant le pouvoir de décision. *Les nouveaux décideurs.* — Adj. *Un organisme décideur.* ‹ ▶ décisif, décision ›

décigramme [desigʀam] n. m. ■ Dixième partie du gramme (dg). ▶ ***décilitre*** n. m. ■ Dixième partie d'un litre (dl). ≠ *décalitre.* ▶ ***décimètre*** n. m. ■ Dixième partie du mètre (dm). ≠ *décamètre.*

décimal, ale, aux [desimal, o] adj. et n. f. ■ Qui procède par dix ; qui a pour base le nombre dix. *Nombre décimal,* composé d'une partie entière et d'une partie constituée par une fraction décimale. *3,25 est un nombre décimal.* — N. f. DÉCIMALE : Chacun des chiffres placés après la virgule, dans un nombre décimal. *3,25 a deux décimales.*

décimer [desime] v. tr. ▪ conjug. 1. ■ Faire périr une grande proportion (d'un ensemble de personnes ou d'animaux). *Épidémie qui décime une population, une ville, un troupeau.* — REM. D'abord, faire mourir un sur dix.

décimètre n. m. ⇒ **décigramme.**

décisif, ive [desizif, iv] adj. **1.** (Choses) Qui décide. ⇒ **capital, prépondérant.** *La pièce décisive d'un procès.* — Qui résout une difficulté, tranche un débat. ⇒ **concluant, péremptoire.** *Un argument décisif.* — Qui conduit à un résultat définitif, capital. *Moment décisif. Le match décisif,* qui décidera du gagnant. ⇒ **déterminant.** *Victoire, défaite décisive,* par une grande marge (de points, de votes, etc.). **2.** (Personnes) Qui annonce la décision. *Prendre un ton décisif.* ⇒ **péremptoire, tranchant.**

décision [desizjɔ̃] n. f. **1.** Jugement qui apporte une solution. ⇒ **arrêt, décret, sentence, verdict.** *Décision judiciaire, administrative.* **2.** Fin de la délibération dans l'acte volontaire de faire ou ne pas faire (une chose). ⇒ **détermination, résolution.** *Prendre une décision.* ⇒ **décider.** *Elle a pris la décision de retourner vivre à la campagne.* ⇒ **parti.** *Sa décision est prise. Obliger qqn à prendre une décision. Revenir sur sa décision,* l'annuler, changer d'idée. **3.** Qualité qui consiste à ne pas atermoyer ou changer sans motif ce qu'on a décidé. ⇒ **caractère, fermeté, volonté.** *Esprit de décision. Agir avec décision, beaucoup de décision.* / contr. **hésitation** / ‹ ▶ indécision ›

déclamer [deklɑme] v. tr. ▪ conjug. 1. ■ Dire en rythmant fortement ou avec emphase. *Déclamer un texte, un poème.* ▶ ***déclamation*** [deklamasjɔ̃] n. f. ■ Action de déclamer. — Péj. Emploi de phrases emphatiques ; ces phrases. ▶ ***déclamatoire*** adj. ■ Emphatique. *Ton, style déclamatoire.*

déclarer [deklaʀe] v. tr. ▪ conjug. 1. **1.** Faire connaître (un sentiment, une volonté...) d'une façon claire. ⇒ **proclamer.** *Déclarer ses intentions.* — *Déclarer la guerre à un pays,* ouvrir les hostilités contre lui. — (Avec attribut) *On l'a déclaré coupable.* — DÉCLARER QUE (+ indicatif). ⇒ **assurer, prétendre.** *Il a déclaré que c'était faux.* **2.** Faire connaître (à une autorité) l'existence de (une chose, une personne, un fait). *Avez-vous qqch. à déclarer* (à la douane) *? Déclarer ses revenus.* ⇒ **déclaration. 3.** SE DÉCLARER v. pron. : donner son avis. *Elle ne veut pas se déclarer sur ce point.* ⇒ se **prononcer.** *Se déclarer pour, contre.* — (Avec attribut) Se dire (tel). *Elle se déclare lésée dans cette affaire.* — Faire une déclaration (d'amour). *Ne pas oser se déclarer.* — (Phénomène dangereux) Se manifester. *La fièvre s'est déclarée brusquement.* ⇒ **apparaître, commencer.** ▶ ***déclaré, ée*** adj. ■ *Être l'ennemi déclaré de qqn.* ⇒ ① **juré.** ▶ ***déclaration*** [deklaʀasjɔ̃] n. f. **1.** Action de déclarer ; discours ou écrit par lequel on déclare. *Déclaration des droits de l'homme. Le témoin a confirmé ses déclarations. Déclaration officielle. Faire une déclaration solennelle. Faire une déclaration à la presse.* **2.** Aveu qu'on fait à une personne de l'amour qu'on éprouve pour elle (souvent iron.). *Déclaration d'amour. Faire sa déclaration à qqn.* **3.** Action de déclarer l'existence d'une situation de fait ou de droit. *Déclarations d'état civil* (décès, naissance). *Faire sa déclaration d'impôts,* des revenus imposables. **4.** *Déclaration de guerre,* action de déclarer la guerre.

① ***déclasser*** [deklɑse] v. tr. ▪ conjug. 1. ■ Déranger (des objets classés). ⇒ **déplacer.** *Déclasser des papiers, des livres.*

② ***déclasser*** v. tr. ▪ conjug. 1. **1.** Faire passer dans une classe, une catégorie inférieure. *Déclasser un hôtel. Il se plaint d'être déclassé dans son nouvel emploi.* — Au p. p. adj. *Produit déclassé.* **2.** Rétrograder (un concurrent). *Il est arrivé premier, mais on l'a déclassé.*

déclencher [deklɑ̃ʃe] v. tr. ▪ conjug. 1. **1.** Déterminer la production de (un phénomène) par un mécanisme. *Déclencher la sonnerie d'un réveil. L'ouverture de la portière déclenche une sonnerie d'alarme.* **2.** Déterminer brusquement (une action, un phénomène). ⇒ **provoquer.** *Déclencher une révolte, une crise. Déclencher la panique.* — *Le premier ministre déclenchera des élections,* il les annoncera. — Pronominalement (réfl.). *Le processus se déclenche.* ⇒ **commencer.** ▸ ***déclenchement*** n. m. ■ *Le déclenchement des hostilités.*

déclic [deklik] n. m. **1.** Mécanisme qui déclenche. *Faire jouer un déclic.* **2.** Bruit sec produit par ce qui se déclenche. *Le déclic d'un appareil photo. Des déclics répétés.*

déclin [deklɛ̃] n. m. ■ Matériau de revêtement extérieur dont les éléments (planches, tôles, etc.) sont disposés horizontalement de manière à se chevaucher partiellement les uns les autres ; ce revêtement. *Un déclin d'aluminium. Réparer le déclin.*

① ***décliner*** [dekline] v. tr. ▪ conjug. 1. **1.** Repousser (ce qui est proposé, attribué). *Décliner une invitation, un honneur.* ⇒ **refuser.** — *Décliner toute responsabilité.* ⇒ **rejeter.** **2.** Appliquer le système des déclinaisons, en grammaire. *Décliner « rosa », « dominus ».* — Pronominalement. *Adjectif qui se décline.* **3.** *Décliner ses nom, prénoms, titres et qualités.* ⇒ **dire, énoncer.** ▸ ***déclinable*** adj. ■ Susceptible d'être décliné (2). *Mot déclinable.* / contr. **indéclinable** / ▸ ***déclinaison*** n. f. ■ Ensemble des formes ⇒ **désinence** que prennent les noms, pronoms et adjectifs des langues à flexion, suivant les nombres, les genres et les cas. *Les cinq déclinaisons latines. La déclinaison allemande, hongroise.* ‹ ▸ indéclinable ›

② ***décliner*** v. intr. ▪ conjug. 1. ■ Être dans son déclin. ⇒ **baisser, diminuer, tomber.** *Le jour commence à décliner.* — *Sa santé décline.* ⇒ **affaiblir, décroître.** ▸ ② ***déclin*** [deklɛ̃] n. m. ■ État de ce qui diminue, commence à régresser. ⇒ **décroissance.** *Le déclin de popularité d'un musicien. Être sur son déclin. Le déclin du jour.* ⇒ **brunante, crépuscule.** — *Le déclin de la vie, de l'âge.* ⇒ **vieillesse.** — *Une civilisation en déclin.* ⇒ **décadence.** ▸ ***déclinant, ante*** adj. ■ Qui est sur son déclin. *Forces déclinantes.* ‹ ▸ ① déclin ›

déclivité [deklivite] n. f. ■ État de ce qui est en pente. *La déclivité d'un terrain.* ⇒ **inclinaison.**

déclouer [deklue] v. tr. ▪ conjug. 1. ■ Défaire (ce qui est cloué). *Déclouer une caisse.*

décocher [dekɔʃe] v. tr. ▪ conjug. 1. **1.** Lancer par une brusque détente. *Décocher un coup à qqn.* **2.** Envoyer comme une flèche. *Décocher une remarque.* ≠ *décrocher.*

décoction [dekɔksjɔ̃] n. f. ■ Action de faire bouillir dans un liquide une substance pour en extraire les principes solubles ; liquide ainsi obtenu. ⇒ **infusion, tisane.** *Préparer une décoction de plantes, de racines.*

décoder [dekɔde] v. tr. ▪ conjug. 1. ■ Analyser le contenu d'un message (selon un code). ⇒ **déchiffrer, décrypter.** ▸ ***décodage*** n. m. ■ Action de décoder ; son résultat. ▸ ***décodeur, euse*** n. ■ Appareil ou personne affecté(e) au décodage. — N. m. Dispositif destiné à restituer en clair un signal de télévision codé à l'émission. *Décodeur requis.*

décoiffer [dekwafe] v. tr. ▪ conjug. 1. ■ Déranger la coiffure, l'ordonnance des cheveux de (qqn). ⇒ **dépeigner.** *Le vent l'a décoiffé.* Au p. p. *Être décoiffé.* / contr. **coiffer, recoiffer** /

décoincer [dekwɛ̃se] v. tr. ▪ conjug. 3. ■ Dégager (ce qui est coincé, bloqué). *Décoincer un tiroir bloqué.* ⇒ **débloquer.**

décolérer [dekɔlere] v. intr. ▪ conjug. 6. ■ (Emploi négatif) *Ne pas décolérer,* ne pas cesser d'être en colère.

① ***décoller*** [dekɔle] v. ▪ conjug. 1. **1.** Détacher ce qui est collé. *Décoller un timbre.* — Pronominalement. *Affiche qui se décolle.* **2.** Au p. p. adj. *Oreilles décollées,* qui s'écartent de la tête. ▸ ***décollement*** n. m. ■ Action de décoller. — Séparation d'un organe, ou d'une partie d'organe, des régions anatomiques qui lui sont normalement adhérentes. *Un décollement de la rétine.*

② ***décoller*** v. intr. ▪ conjug. 1. ■ (Appareils de locomotion aérienne) Quitter le sol (la mer, etc.), opposé à *amerrir, atterrir.* ⇒ s'**envoler.** *Pas un avion ne décolle pour cause de brume.* ⇒ **partir.** ▸ ***décollage*** n. m. ■ *Les passagers doivent attacher leur ceinture avant le décollage.* / contr. **atterrissage** /

décolleter [dekɔlte] v. tr. ▪ conjug. 4. **1.** Couper (un vêtement) de sorte qu'il dégage le cou. ⇒ **échancrer.** *Décolleter un corsage.* — Au p. p. adj. *Robe décolletée,* qui laisse voir le cou et une partie de la gorge. **2.** Pronominalement. *Se décolleter,* porter un vêtement décolleté. — Au passif. *Elle était très décolletée.* ▸ ***décolleté*** n. m. **1.** Bords d'un vêtement décolleté. *Un décolleté de soie. Un décolleté en pointe.* — *Elle porte un décolleté,* une robe décolletée. **2.** Partie de la gorge laissée nue par le décolleté. *Elle a un beau décolleté.*

décoloniser [dekɔlɔnize] v. tr. ▪ conjug. 1. ■ (État) Rendre ou accorder l'indépendance à un pays annexé ⇒ **colonie** (I, 1) ou à un peuple. / contr. **coloniser** / ▸ ***décolonisation*** n. f. ■ Cessation, pour un pays, de l'état de colonie ; processus par lequel une colonie devient indépendante. ⇒ **indépendance, souveraineté.** / contr. **colonisation** / *La décolonisation de l'Afrique.*

décolorer [dekɔlɔre] v. tr. ▪ conjug. 1. **1.** Altérer, effacer la couleur de. *L'eau oxygénée décolore les cheveux.* — *Elle s'est décoloré les cheveux.* **2.** SE DÉCOLORER v. pron. : perdre sa couleur. ⇒ se **faner,** ① **passer** (III, 3). *Les affiches se sont décolorées au soleil.* ▸ ***décolorant, ante*** adj. et n. m. ■ Qui décolore. *Produit décolorant.* — N. m. *L'eau de Javel est un décolorant.* ▸ ***décoloration*** n. f. ■ *Décoloration des cheveux.* ▸ ***décoloré, ée*** adj. ■ Qui a perdu sa couleur. *Étoffe décolorée.* ⇒ **délavé, passé.** *Cheveux décolorés,* rendus plus clairs.

décombres [dekɔ̃bʀ] n. m. pl. ■ Amas de matériaux provenant d'un édifice détruit. ⇒ **déblais, débris, gravats, ruine.** *Être enfoui sous les décombres.*

décommander [dekɔmɑ̃de] v. tr. ▪ conjug. 1. ■ Annuler la commande de (une marchandise). ⇒ **contremander.** *Décommander une robe.* — Annuler une invitation. *Décommander un repas.* — Pronominalement. *Se décommander,* annuler un rendez-vous.

① ***décomposer*** [dekɔ̃poze] v. tr. ▪ conjug. 1. ■ Diviser, séparer en éléments constitutifs. ⇒ **désagréger, dissocier.** *Décomposer la lumière solaire* (au moyen d'un prisme). — *Décomposer une phrase en propositions. Décomposer un nombre en facteurs premiers.* — Effectuer, en séparant les éléments. *Décomposer un pas de danse.* ▸ ***décomposable*** adj. ■ Qui peut être décomposé. *Ce texte est décomposable en trois parties. Avoir un numéro de loto décomposable,* qui comporte des séries de chiffres gagnants par groupes de cinq, de quatre ou de trois. ▸ ① ***décomposition*** n. f. ■ Action de décomposer. *La décomposition de l'eau en hydrogène et oxygène.* ⇒ **analyse.** ‹ ▸ indécomposable ›

② ***décomposer*** v. tr. ▪ conjug. 1. **1.** Altérer chimiquement (une substance organique). ⇒ **putréfier.** — Pronominalement. *Poisson qui commence à se décomposer.* ⇒ **pourrir. 2.** Altérer passagèrement (les traits du visage). *Il est décomposé,* pâle et défait. — Au p. p. adj. *Avoir une mine décomposée.* ▸ ② ***décomposition*** n. f. ■ Altération (d'une substance organique, chimique) suivie de putréfaction. ⇒ **pourriture.** *Cadavre en décomposition.*

décompresser [dekɔ̃pʀese] v. ▪ conjug. 1. **1.** V. tr. Cesser ou diminuer la compression de. — Réduire la pression d'un gaz. / contr. **compresser** / **2.** V. intr. Fam. Relâcher la tension nerveuse. ⇒ **détendre** (II), se **décontracter, relaxer.** ▸ ***décompression*** [dekɔ̃pʀesjɔ̃] n. f. ■ Cessation ou diminution de la compression, de la pression d'un gaz. ⇒ **détente, dilatation.**

décompte [dekɔ̃t] n. m. **1.** Ce qu'il y a à déduire sur une somme qu'on paie. ⇒ **réduction. 2.** Décomposition d'un tout (somme, etc.) en ses éléments. *Faire le décompte d'un salaire. Faire le décompte des fiches.* ≠ *dénombrement.* ▸ ***décompter*** v. tr. ▪ conjug. 1. **1.** Déduire, retrancher. *Il faut décompter les frais de voyage.* ⇒ **défalquer. 2.** Fam. Dire de qqn que ses jours sont comptés. *À l'hôpital, on l'a décompté.* ≠ *dénombrer.*

déconcerter [dekɔ̃sɛʀte] v. tr. ▪ conjug. 1. ■ Faire perdre contenance à (qqn) ; jeter dans l'incertitude de ce qu'il faut faire, dire ou penser. ⇒ **démonter, désarçonner, désorienter, embarrasser.** *Se laisser facilement déconcerter.* ▸ ***déconcertant, ante*** adj. ■ Qui déconcerte. ⇒ **déroutant.** *Attitude déconcertante.*

déconfit, ite [dekɔ̃fi, it] adj. ■ Penaud, dépité. *Air déconfit, mine déconfite.*

déconfiture [dekɔ̃fityʀ] n. f. **1.** Fam. Échec, défaite morale. ⇒ **déroute.** *La déconfiture d'un parti politique.* **2.** Fam. Ruine financière. ⇒ **banqueroute,** ① **débâcle, faillite.** *L'entreprise est en pleine déconfiture.*

décongeler [dekɔ̃ʒle] v. tr. ▪ conjug. 5. ■ Ramener (ce qui était congelé) à son état antérieur. ⇒ **dégeler.** / contr. **congeler, surgeler.** / *Décongeler de la nourriture. Faire décongeler qqch. au micro-ondes.* — Au p. p. adj. *Viande décongelée.* ▸ ***décongélation*** n. f. ■ *La décongélation des aliments surgelés.*

décongestionner [dekɔ̃ʒɛstjɔne] v. tr. ▪ conjug. 1. **1.** Faire cesser la congestion de. *Décongestionner les poumons.* **2.** Dégager. *Décongestionner la circulation urbaine.* ▸ ***décongestionnant*** ou ***décongestif*** adj. et n. m. ■ Qui atténue ou fait disparaître une congestion. *Un médicament décongestionnant.* — N. m. *Des décongestionnants. Prendre un décongestif.*

déconnecter [dekɔnɛkte] v. tr. ▪ conjug. 1. ■ Supprimer les connexions de (un circuit électrique). ⇒ **débrancher.** / contr. **brancher, connecter** / ▸ ***déconnexion*** n. f. ■ Action de déconnecter. — Son résultat. / contr. **connexion** /

déconner [dekɔne] v. intr. ■ Fam. Dire des absurdités, des conneries. *Arrête de déconner !* — Faire des conneries. *Il passe son temps à déconner.*

déconseiller [dekɔ̃sɛje] v. tr. ▪ conjug. 1. ■ Conseiller de ne pas faire. ⇒ **dissuader.** *Déconseiller à qqn qqch., de faire qqch. Je vous déconseille de partir seul, de rouler de nuit. Je vous déconseille cette voiture, elle est trop fragile.* — Au p. p. adj. *C'est tout à fait déconseillé,* contre-indiqué.

déconsidérer [dekɔ̃sideʀe] v. tr. ▪ conjug. 6. ■ Priver (qqn) de la considération, de l'estime d'autrui. *Ses erreurs l'ont déconsidéré auprès de ses collègues.* — SE DÉCONSIDÉRER v. pron. : se discréditer, perdre l'estime dont on jouissait. *Elle s'est déconsidérée aux yeux du public.*

décontenancer [dekɔ̃tnɑ̃se] v. tr. ▪ conjug. 3. ■ Faire perdre contenance à. — Pronominalement. *Il se décontenance facilement.* ⇒ se **démonter.** — Au p. p. *Il était tout décontenancé,* déconcerté.

décontracter [dekɔ̃tʀakte] v. tr. ▪ conjug. 1. **1.** Faire cesser la contraction musculaire de. ⇒ **relâcher.** *Décontracter ses muscles.* **2.** SE DÉCONTRACTER v. pron. : se détendre. ⇒ **décompresser,** se **relaxer.** / contr. **contracter** / ▸ ***décontracté, ée*** adj. **1.** (Muscle) Relâché. — Détendu. **2.** Fam. Insouciant, sans crainte ni angoisse. *Il est très décontracté. Allure, ton décontracté.* ⇒ **désinvolte ;** fam. **cool.** / contr. **contracté** / *Elle paraît très décontractée,* très à l'aise. ▸ ***décontraction*** [dekɔ̃tʀaksjɔ̃] n. f. **1.** Relâchement des muscles. / contr. **contraction** / **2.** Détente du corps. / contr. **raideur** / — Absence d'angoisse. / contr. **angoisse, anxiété** /

déconvenue [dekɔ̃vny] n. f. ■ Désappointement causé par un insuccès, une mésaventure, une erreur. ⇒ **déception.** *Éprouver une grande déconvenue.*

décor [dekɔʀ] n. m. **1.** Ensemble servant à décorer (un intérieur), ou naturellement décoratif. ⇒ **ambiance, atmosphère, cadre.** *Vivre dans un décor somptueux. Un décor de verdure.* **2.** Représentation figurée du lieu où se passe l'action (théâtre, cinéma, télévision). — Loc. fig. CHANGEMENT DE DÉCOR : modification brusque d'une situation. **3.** Fam. (Véhicules) *Entrer, se retrouver* DANS LE DÉCOR : quitter accidentellement la route. ⇒ fam. prendre le **clos** ②. ▸ ① ***décorer*** v. tr. ▪ conjug. 1. ■ Pourvoir d'accessoires destinés à embellir. ⇒ **orner.** *Décorer un appartement. Décorer un sapin de Noël avec des guirlandes.* ▸ ***décorateur, trice*** n. ■ Personne qui fait des travaux de décoration ou qui exécute des décors. *Décorateur d'appartements. Décoratrice de théâtre.* — Adj. *Il veut être décorateur.* — *Une décoratrice ensemblière,* qui crée des aménagements décoratifs. ▸ ***décoratif, ive*** adj. ■ Qui sert à décorer. *Plantes décoratives. Peinture décorative.* ⇒ **ornemental.** *Un musée d'arts décoratifs.* ▸ ① ***décoration*** n. f. ■ Action de décorer ; ce qui décore. *La décoration d'un appartement.*

② ***décorer*** v. tr. ▪ conjug. 1. ■ Remettre à (qqn) une décoration (insigne). *Décorer un soldat. Il va être décoré (de l'Ordre du Canada,* etc.*).* ▸ ② ***décoration*** n. f. ■ Insigne d'un ordre honorifique. ⇒ **cordon, croix, médaille, palme, rosette, ruban.** *Procéder à une remise de décorations. Poitrine couverte de décorations.*

décortiquer [dekɔʀtike] v. tr. ▪ conjug. 1. ■ Dépouiller de son enveloppe. *Décortiquer des arachides, du riz, des écrevisses.* — Au p. p. adj. *Amandes décortiquées.* ⇒ **écorcer.** *Acheter des crevettes décortiquées.* — *Décortiquer un texte,* l'étudier dans ses moindres détails. ⇒ **éplucher.** ▸ ***décorticage*** n. m. ■ *Le décorticage du grain.*

décorum [dekɔʀɔm] n. m. sing. ■ Ensemble des règles à observer pour tenir son rang dans la haute société. ⇒ **bienséance, protocole.** *Observer le décorum. Les règles du décorum. Décorum royal.*

découcher [dekuʃe] v. intr. ▪ conjug. 1. ■ Coucher hors de chez soi.

découdre [dekudʀ] v. tr. ▪ conjug. 48. **1.** Défaire (ce qui est cousu). *Découdre une doublure, un bouton.* — Pronominalement. *Le sac s'est décousu.* ⇒ se **démancher. 2.** (Surtout en France) EN DÉCOUDRE : se battre. *Il va falloir en découdre.* ‹ ▶ décousu ›

découler [dekule] v. intr. ▪ conjug. 1. ■ S'ensuivre par développement naturel. ⇒ **procéder, provenir, résulter.** *Les conséquences qui découlent de son acte. Les résultats qui en découlent.*

découper [dekupe] v. tr. ▪ conjug. 1. **1.** Diviser en morceaux, en tranches, en coupant ou en détachant (une pièce de viande, de volaille, une pâtisserie, etc., qu'on sert à table). *Découper une dinde. Veux-tu découper le gâteau ?* — Sans compl. *Couteau à découper.* **2.** Couper régulièrement suivant un contour, un tracé. *Découper une pièce de bois. Découper un article de presse.* **3.** SE DÉCOUPER SUR v. pron. : se détacher avec des contours nets. *Montagnes qui se découpent sur le ciel.* **4.** DÉCOUPÉ, ÉE p. p. adj. : qui a été découpé ; qui présente des entailles. *Une reproduction découpée dans une revue. Côte découpée. Feuille de chêne découpée.* ▶ ***découpage*** n. m. **1.** Action de découper. *Le découpage de tôles au chalumeau. Découpage d'images en carton.* — *Le découpage d'une carte électorale,* la subdivision d'un territoire en circonscription. **2.** Image à découper ou découpée. *Faire des découpages.* ▶ ***découpure*** n. f. **1.** Papier découpé. *Une découpure de journal.* ⇒ **coupure. 2.** Bord découpé. *Les découpures d'une dentelle, d'une côte rocheuse.* ‹ ▶ redécouper ›

décourager [dekuʀaʒe] v. tr. ▪ conjug. 3. **1.** (Suj. personne ou chose) Rendre (qqn) sans courage, sans énergie, ni envie d'action. *Cette mauvaise nouvelle l'a découragé. Je ne voudrais pas vous décourager. Les médecins ne se laissaient pas décourager par le nombre de blessés.* ⇒ **abattre, accabler, démoraliser.** / contr. **encourager** / — Pronominalement. SE DÉCOURAGER. *Ils se découragent à la première difficulté.* — Au p. p. *Être découragé,* abattu, triste. **2.** (Suj. personne) Empêcher d'agir, de persévérer (avec *de* + infinitif). *Elle m'a découragé de partir.* ⇒ **dissuader.** ▶ ***décourageant, ante*** adj. ■ Propre à décourager, à rebuter. / contr. **encourageant** / *Nouvelle décourageante.* — (Personnes) *Vous êtes décourageant !* ⇒ **démoralisant, déprimant.** ▶ ***découragement*** n. m. ■ État d'une personne découragée. *Se laisser aller au découragement.* ⇒ ② **abattement, désespoir.** / contr. **courage** /

décousu, ue [dekuzy] adj. **1.** Dont la couture a été défaite (⇒ **découdre**). *Ourlet décousu.* / contr. **cousu** / **2.** Qui est sans suite, sans liaison. ⇒ **incohérent.** *Conversation décousue.* / contr. **suivi** (2) /

découvrir [dekuvʀiʀ] v. tr. ▪ conjug. 18. **I.** Concret. **1.** Dégarnir de ce qui couvre. *Découvrir un plat.* — Ne pas couvrir, dégager. *Robe qui découvre le dos.* ⇒ **dénuder. 2.** Priver de ce qui protège. ⇒ **exposer.** *Découvrir une frontière.* **II. 1.** Apercevoir. *Du haut de la colline, on découvre la mer.* — *Découvrir un ami dans la foule.* **2.** Faire connaître (ce qui est caché). ⇒ **divulguer, révéler.** *Découvrir ses projets. Découvrir son jeu,* laisser connaître ses intentions. **3.** Arriver à connaître (ce qui était resté caché ou ignoré). ⇒ **trouver.** *Découvrir un trésor. Découvrir une belle région inconnue des touristes. Découvrir la cause d'une maladie.* ⇒ **déceler.** *Découvrir un virus* (⇒ **découverte**), *un vaccin* (⇒ **inventer**). DÉCOUVRIR QUE (+ indicatif). ⇒ **comprendre.** *J'ai découvert que vous étiez très compétente.* **4.** Parvenir à connaître (ce qui était délibérément caché ou qqn qui se cachait). *Découvrir un secret, un complot. Craindre d'être découvert.* ⇒ **surprendre. III.** SE DÉCOUVRIR v. pron. **1.** Ôter ce dont on est couvert. *Il s'agite et se découvre en dormant.* ⇒ se **désabrier.** / contr. s'**abrier,** se **couvrir** / **2.** Ôter son chapeau, sa coiffure. *Se découvrir par respect, par politesse.* **3.** (Temps) Devenir moins couvert. *Le ciel se découvre.* ⇒ se **dégager,** s'**éclaircir. 4.** (Personnes) Apprendre à se connaître. ▶ ① ***découvert, erte*** adj. ■ Qui n'est pas couvert. *Avoir la tête découverte.* — Loc. *À visage découvert,* sans masque ; sans détour. — *Terrain découvert.* ▶ ② ***découvert*** n. m. ■ Ensemble des avances consenties par une banque. *Le découvert d'une caisse, d'un compte.* ▶ ***à découvert*** loc. adv. **1.** Dans une position qui n'est pas couverte, protégée. *Se trouver à découvert dans la campagne.* **2.** (Compte en banque) Où il n'y a pas (plus) assez d'argent. *Ton compte est à découvert, il faut verser de l'argent.* **3.** ⇒ **franchement, ouvertement.** *Agir à découvert,* sans rien cacher. ▶ ***découverte*** n. f. **1.** Action de découvrir ce qui était ignoré, inconnu. *Découverte d'un trésor, d'un secret. La découverte de l'Amérique.* ⇒ **exploration.** — *La découverte scientifique. Une grande découverte.* — À LA DÉCOUVERTE loc. adv. : afin d'explorer, de découvrir. *Aller, partir à la découverte,* à l'aventure. **2.** Ce qu'on a découvert. *Montrez-moi votre découverte.* ⇒ **trouvaille.** ▶ ***découvreur, euse*** n. ■ Personne qui découvre, a découvert (qqch. ⇒ **inventeur**, un lieu). *Les grands découvreurs.* — En appos. *Marie Curie, découvreuse du radium.*

décrasser [dekʀase] v. tr. ▪ conjug. 1. ■ Débarrasser de la crasse. ⇒ **laver, nettoyer.** *Décrasser du linge. Elle s'est décrassé la figure.* ⇒ **débarbouiller.** ▶ ***décrassage*** n. m. ■ *Le décrassage d'un poêle.*

décrépir [dekʀepiʀ] v. tr. ▪ conjug. 2. ■ Dégarnir du crépi. *Décrépir un mur.* — Au p. p. adj. *Façade décrépie.* ≠ *décrépit.*

décrépit, ite [dekʀepi, it] adj. ■ Qui est dans une extrême déchéance physique. ⇒ **usé, vieux ;** fam. **magané.** *Une vieille décrépite.* ≠ *décrépi.* ▶ ***décrépitude*** n. f. ■ *La décrépitude d'une civilisation. Tomber en décrépitude.*

décret [dekʀɛ] n. m. **1.** Décision écrite émanant du pouvoir exécutif et qui a force de loi. ⇒ **arrêté, ordonnance.** *Décret publié dans la Gazette officielle.* — Ensemble de règles définissant les normes de travail d'un groupe de salariés. *Le nouveau décret de la construction.* **2.** Littér. Décision, volonté d'une puissance supérieure. *Les décrets de la Providence.* ⇒ **arrêt.** ▶ ***décréter*** [dekʀete] v. tr. ▪ conjug. 6. **1.** Ordonner par un décret, régler. *Décréter la mobilisation.* **2.** Décider avec autorité. *Décréter que* (+ indicatif). *Elle décrète qu'on voyagera de nuit. Il a décrété qu'il resterait.*

décrié, ée [dekʀije] adj. ■ Littér. Attaqué dans sa réputation, dénigré. *Un personnage décrié.*

décrire [dekʀiʀ] v. tr. ▪ conjug. 39. **1.** Représenter dans son ensemble, par écrit ou oralement. ⇒ **dépeindre ; description.** *Décrire une plante, un animal. Décrire en détail.* ⇒ **détailler. 2.** Tracer ou suivre (une ligne courbe). *La route décrit une courbe.* ‹ ▶ descriptif, description ›

décrispation [dekʀispasjɔ̃] n. f. ■ Fait de détendre ; détente (rapports politiques et sociaux). / contr. **crispation** /

décrocher [dekʀɔʃe] v. tr. ▪ conjug. 1. **1.** Détacher une chose qui était accrochée. *Décrocher un tableau.*

⇒ **dépendre.** *Décrocher son veston du portemanteau.* / contr. **accrocher** / — *Décrocher le récepteur téléphonique.* Sans compl. *Ça y est ! Quelqu'un a décroché.* / contr. **raccrocher** / **2.** Fam. Atteindre, obtenir. ⇒ **dénicher.** *Décrocher une bonne situation.* **3.** Intransitivement. Rompre le contact avec un ennemi, se replier. — Renoncer à suivre ou à rattraper. *Les deux premiers couraient trop vite : j'ai décroché.* — Fig. Renoncer à suivre, à comprendre. *Le cours est trop difficile : la moitié des élèves a décroché. Décrocher de l'école,* quitter l'école (⇒ **décrochage** scolaire). **4.** Se détacher de, soit en renonçant à suivre, soit en allant plus vite. *Il a décroché du peloton dans une échappée.* ≠ *décocher.* ▶ ***décrochage*** n. m. **1.** Action, fait de décrocher. **2.** Fig. Fait d'interrompre une activité, une relation. — DÉCROCHAGE (SCOLAIRE) : abandon des études avant la fin de la période de l'obligation scolaire. *Il faut trouver un remède au décrochage. — Le décrochage d'un emploi,* l'abandon prématuré d'un travail, d'un milieu professionnel. ▶ ***décrocheur, euse*** n. ■ Élève qui abandonne ses études. ⇒ **décrochage** scolaire ; anglic. **dropout.**

décrochir [dekʀɔʃiʀ] v. tr. ▪ conjug. 2. ■ Redonner une forme droite à. ⇒ **redresser.** / contr. **crochir, recourber** / *Décrochir des clous.* — Au p. p. adj. *Une lame décrochie.*

décroiser [dekʀwaze] v. tr. ▪ conjug. 1. ■ Faire cesser d'être croisé. *Décroiser les bras, les jambes. Décroiser les fils d'un métier à tisser.*

décroître [dekʀwɑtʀ] v. intr. — REM. conjug. 55., sauf p. p. : *décru, sans accent circonflexe* ■ Diminuer progressivement. ⇒ **baisser, diminuer.** *Les eaux ont décru, sont décrues. Ses forces décroissent chaque jour.* ⇒ s'**affaiblir.** *La fièvre décroît.* ⇒ **tomber.** / contr. s'**accroître, croître** / ▶ ***décroissance*** n. f. ■ État de ce qui décroît. ⇒ **déclin, diminution.** *La décroissance de la natalité.* ▶ ***décroissant, ante*** adj. ■ Qui décroît. *Aller en nombre décroissant.* ▶ ***décrue*** n. f. ■ Baisse du niveau (d'un cours d'eau en crue). ⇒ **étiage.** / contr. **crue** /

décrotter [dekʀɔte] v. tr. ▪ conjug. 1. ■ Nettoyer en ôtant la boue. *Décrotter des chaussures.* ▶ ***décrottoir*** n. m. ■ Lame de fer servant à décrotter les chaussures. 〈 ▶ indécrottable 〉

décrypter [dekʀipte] v. tr. ▪ conjug. 1. ■ Traduire (des messages chiffrés dont on ne possède pas la clef). ⇒ **déchiffrer, décoder.** *Décrypter un texte.*

déçu, ue [desy] adj. ■ (⇒ **décevoir**) **1.** (Espoir) Qui n'est pas réalisé. *Une attente déçue.* **2.** (Personnes) Qui éprouve, qui a éprouvé une déception. *Je suis très déçu par qqn, qqch. Un enfant déçu. Clients, spectateurs déçus.* / contr. **comblé, content** /

déculotter [dekylɔte] v. tr. ▪ conjug. 1. **1.** Enlever la culotte, le pantalon de (qqn). *Déculotter un enfant.* — SE DÉCULOTTER v. pron. : enlever sa culotte, son pantalon. **2.** Fig. Fam. Causer la ruine de qqn, lui enlever tout ce qu'il possède. *Quelques mauvaises transactions l'ont complètement déculotté. — Déculotter un adversaire,* le vaincre complètement. **3.** Pronominalement (réfl.) Fig. Fam. *Se déculotter,* ne pas compter à la dépense, ne pas agir de façon mesquine. **4.** Fig. Fam. Avoir une attitude servile. *Se déculotter devant qqn.*

décupler [dekyple] v. tr. ▪ conjug. 1. **1.** Augmenter d'au moins dix fois. *Décupler sa fortune.* — Abstrait *La colère décuplait ses forces.* **2.** Intransitivement. Devenir dix fois plus grand. *Le prix du terrain a décuplé.*

dédaigner [dedeɲe] v. tr. ▪ conjug. 1. **1.** V. tr. dir. Considérer avec dédain, mépris. *Dédaigner les honneurs.* — Négliger. *Ce n'est pas à dédaigner. Dédaigner les insultes,* ne pas en tenir compte. **2.** V. tr. ind. DÉDAIGNER DE (+ infinitif). *Elle dédaigne de répondre.* / contr. **daigner** / ▶ ***dédaignable*** adj. ■ (En tournure négative) *Cet avantage n'est pas dédaignable,* n'est pas à dédaigner. ▶ ***dédaigneux, euse*** adj. **1.** Qui a ou exprime du dédain. ⇒ **fier, hautain, méprisant.** *C'est un homme dédaigneux. Air dédaigneux. Ils ont pris un ton méprisant et dédaigneux pour me répondre.* ⇒ **supérieur.** — N. *Faire le dédaigneux,* ne pas faire cas de (qqch.). **2.** Qui lève le nez sur la nourriture. ⇒ **dégoûté.** — N. *Faire la dédaigneuse,* la difficile. ⇒ fam. **farfiner.** ▶ ***dédaigneusement*** adv. ■ *Regarder dédaigneusement qqch.* ▶ ***dédain*** [dedɛ̃] n. m. ■ Le fait de dédaigner. ⇒ **arrogance, mépris.** *Considérer avec dédain. Sourire de dédain. — Le dédain de l'argent. Avoir le plus complet dédain, n'avoir que du dédain pour qqn, qqch. — Avoir du dédain pour la viande de cheval,* de la répulsion. ⇒ **dégoût.** — Loc. *Avoir dédain de,* dédaigner, ne pas aimer.

dédale [dedal] n. m. **1.** Lieu où l'on risque de s'égarer à cause de la complication des détours. ⇒ **labyrinthe.** *Un dédale inextricable de rues.* **2.** Abstrait. Ensemble de choses compliquées, embrouillées. *On se perd dans le dédale de ses raisonnements. Le dédale d'une intrigue politique, policière.*

① ***dedans*** [d(ə)dɑ̃] adv. **1.** À l'intérieur. ⇒ **dans.** *Vous attendrai-je dehors ou dedans ? « Avez-vous mis le chèque dans l'enveloppe ? – Oui, il est dedans. » — Rentrer dedans* (dans qqch., qqn), heurter violemment. *Attention au poteau, vous allez rentrer en plein dedans.* Fam. Se précipiter sur (qqn) pour le battre. *Il va lui rentrer dedans.* **2.** Loc. LÀ-DEDANS : à l'intérieur de ce lieu, en cet endroit. *Il est caché là-dedans.* ⇒ **là.** — DE DEDANS, PAR-DEDANS : de, par l'intérieur. *Le froid saisit en venant de dedans. Il est passé par-dedans.* — EN DEDANS : vers l'intérieur. / contr. en ① **dehors** / *Vide en dedans.* ⇒ **creux.** *C'est mieux en dehors qu'en dedans.* — Vers le côté intérieur. *Marcher les pieds en dedans.* — Fam. *Il est en dedans depuis six mois,* en prison. — EN DEDANS DE : en moins de. ⇒ en **deçà** de. *Elle a fait son examen en dedans d'une heure.* — REM. Cet emploi d'*en dedans* est parfois critiqué.

② ***dedans*** n. m. invar. **1.** *Le dedans.* ⇒ **intérieur.** *Le dedans d'une maison. Ce bruit vient du dedans.* **2.** AU-DEDANS loc. adv. : à l'intérieur, dedans. / contr. au-**dehors** ② / *Assurer la paix au-dedans.* — Loc. prép. *Au-dedans de,* à l'intérieur de. *Au-dedans de nous,* dans notre for* intérieur.

dédicace [dedikas] n. f. ■ Hommage qu'un auteur fait de son œuvre à qqn, par une inscription imprimée en tête de l'ouvrage. ⇒ **dédier.** — Formule manuscrite sur un livre, une photographie pour en faire hommage à qqn. *Une belle, une aimable dédicace.* ⇒ **envoi.** ▶ ***dédicacer*** v. tr. ▪ conjug. 3. ■ Mettre une dédicace sur. — Au p. p. adj. *Livre dédicacé à un ami. Une photo dédicacée.*

dédier [dedje] v. tr. ▪ conjug. 7. **1.** Mettre (un ouvrage) sous le patronage de qqn, par une inscription imprimée ou gravée en tête de l'œuvre. ⇒ **dédicacer.** *Elle a dédié son premier roman à sa mère.* **2.** Littér. Consacrer, vouer. *Dédier ses efforts à l'intérêt public.* — Au p.p.adj. *Une église dédiée à la Vierge.* 〈 ▶ dédicace 〉

*se **dédire*** [dediʀ] v. pron. ▪ conjug. 37. — REM. Se conjugue comme *dire* sauf 2ᵉ pers. plur. indicatif : *vous vous dédisez,* et impératif : *dédisez-vous.* ■ Ne pas tenir sa parole. *Se dédire d'une promesse, d'un engagement.* ⇒ **manquer** à, se **rétracter.** ▶ ***dédit*** n. m. ■ Faculté de ne pas exécuter ou d'interrompre un engagement (en abandonnant une certaine somme). *En cas de dédit.* — Le montant de l'indemnité. *Payer un dédit.*

dédommager [dedɔmaʒe] v. tr. ▪ conjug. 3. **1.** Indemniser (qqn) d'un dommage subi. ⇒ **payer.** *Dédommager qqn d'une perte.* **2.** Donner une compensation à (qqn). ⇒ **compenser.** *On vous dédommagera de toutes vos peines. Comment pourrai-je jamais vous dédommager ?* ▶ ***dédommagement*** n. m. **1.** Réparation d'un dommage. ⇒ **indemnité.** *Obtenir une somme d'argent en dédommagement de, à titre de dédommagement.* **2.** Ce qui compense un dommage. ⇒ **consolation.** *C'est un dédommagement à ses peines.*

dédouaner [dedwane] v. tr. ▪ conjug. 1. **1.** Faire sortir (qqch.) de la garde de la douane. *Dédouaner des marchandises.* — Au p. p. adj. *Voiture dédouanée.* **2.** *Dédouaner qqn,* le relever du discrédit dans lequel il était tombé. *Ses amis, ses actes récents l'ont dédouané.* ⇒ **blanchir, disculper.** — Pronominalement. *Chercher à se dédouaner.*

dédoubler [deduble] v. tr. ▪ conjug. 1. ■ Partager en deux. ⇒ **diviser.** *Dédoubler un fil de laine. Dédoubler une classe,* dans une école. — *Dédoubler un autobus,* faire partir deux autobus au lieu d'un. — SE DÉDOUBLER v. pron. : être dédoublé ; se séparer en deux. — Fig. *Je ne peux pourtant pas me dédoubler,* être à deux endroits à la fois. ▶ ***dédoublement*** n. m. **1.** Action de dédoubler ; son résultat. **2.** *Dédoublement de la personnalité,* état d'un sujet qui présente deux types de comportement : l'un normal, l'autre pathologique.

dédramatiser [dedʀamatize] v. tr. ▪ conjug. 1. ■ Réduire, ôter le caractère dramatique de. ⇒ **minimiser.** / contr. **dramatiser, exagérer** / *Il faut dédramatiser le débat, la situation.*

① ***déduire*** [dedɥiʀ] v. tr. ▪ conjug. 38. ■ Retrancher (une certaine somme) d'un total à payer. ⇒ **défalquer, retenir.** *Déduire d'un compte les sommes déjà versées.* ▶ ***déductible*** adj. et n. m. **1.** adj. Qui peut être admis en déduction (d'un revenu, d'un bénéfice). *Frais déductibles. Une dépense déductible d'impôt.* **2.** N. m. Fam. Part d'un dommage qu'un assuré doit assumer. ⇒ **franchise.** — REM. L'emploi de ce mot au sens 2 est parfois critiqué. ▶ ① ***déduction*** n. f. ■ Le fait de déduire. ⇒ **décompte.** *Déduction faite des acomptes, il vous reste trois cents dollars à verser.*

② ***déduire*** v. tr. ▪ conjug. 38. ■ Conclure, décider ou trouver (qqch.) par un raisonnement, à titre de conséquence. ⇒ **inférer.** / contr. **induire** / *De ce que vous exposez, on peut déduire que l'issue est proche,* il ressort, il résulte que... — Pronominalement. *La solution se déduit naturellement de l'hypothèse.* ⇒ **découler.** ▶ ② ***déduction*** n. f. ■ Raisonnement par lequel on déduit ; ce qui est déduit. / contr. ① **induction** /

déesse [deɛs] n. f. **1.** Divinité féminine. *Vénus, déesse de l'amour. Les dieux* et les déesses.* **2.** Loc. *Une allure de déesse,* d'une grâce souveraine. — *Un corps de déesse,* aux lignes parfaites.

défaillir [defajiʀ] v. intr. ▪ conjug. 13. ■ Tomber en défaillance. ⇒ **s'évanouir,** se trouver **mal.** *Être sur le point de défaillir. Elle soutenait le malade qu'elle sentait défaillir. Il défaille de faim.* ▶ ***défaillance*** [defajɑ̃s] n. f. **1.** Diminution importante et momentanée des forces physiques. ⇒ **évanouissement, faiblesse.** *Avoir une défaillance. Une défaillance cardiaque,* une insuffisance. ⇒ **déficience. 2.** (Choses) Faiblesse, incapacité. *Devant la défaillance des pouvoirs publics.* ⇒ **carence. 3.** *Sans défaillance,* sans défaut, qui agit ou fonctionne sans faiblesse. *Une mémoire sans défaillance.* ▶ ***défaillant, ante*** adj. ■ (Forces physiques ou morales) Qui s'affaiblit, décline, vient à manquer. ⇒ **chancelant, faible.** *Mémoire défaillante.*

défaire [defɛʀ] v. tr. ▪ conjug. 60. **I. 1.** Réduire (ce qui était construit, assemblé) à l'état d'éléments. *Défaire une installation. Défaire un tricot. Défaire un nœud.* **2.** Supprimer l'ordre, l'arrangement de (qqch.). *Défaire sa valise,* en défaire le contenu. *Défaire son lit.* — Spécialt. Ouvrir en détachant, en dénouant. *Défaire un paquet.* **3.** Détacher, dénouer (les pièces d'un vêtement). *Défaire sa cravate, sa ceinture.* **4.** Mettre en déroute. *Défaire une armée.* ⇒ **vaincre ; défaite. II.** SE DÉFAIRE v. pron. **1.** Cesser d'être fait, arrangé. *Couture, nœud qui se défait.* — *Les destinées se font et se défont.* **2.** Se débarrasser (de qqn ou qqch.). *Se défaire d'un employé.* ⇒ **congédier, renvoyer.** *Se défaire de mauvaises habitudes.* ⇒ **perdre.** — Se débarrasser (de qqch.) en vendant. *Se défaire d'un vieux meuble. Je ne veux pas m'en défaire.* ▶ ***défait, aite*** adj. **1.** Qui n'est plus fait, arrangé. *Lit défait.* ⇒ en **désordre. 2.** Qui semble épuisé. *Visage défait. Mine défaite.* **3.** *Armée défaite,* battue, vaincue. ▶ ***défaite*** n. f. **1.** Perte d'une bataille. *Essuyer une défaite.* — Perte d'une guerre. *La défaite des plaines d'Abraham en 1759.* **2.** Échec. *Défaite électorale.* / contr. **victoire** / **3.** Fam. Prétexte, mauvaise excuse. ⇒ **échappatoire.** *Elle s'est trouvé une défaite pour ne pas venir.* ▶ ***défaitisme*** n. m. ■ Attitude de ceux qui ne croient pas à une victoire (et préconisent la cessation des hostilités, l'abandon). — Pessimisme. *Faire preuve de défaitisme.* ▶ ***défaitiste*** adj. et n. ■ *Des propos défaitistes.* ⇒ **pessimiste.** — N. *La guerre s'éternisait et le nombre des défaitistes augmentait.*

défalquer [defalke] v. tr. ▪ conjug. 1. ■ Retrancher d'une somme, d'une quantité. ⇒ **déduire.** *Défalquer des frais d'une somme à payer.* ⇒ ① **rabattre**

① ***défaut*** [defo] n. m. **1.** Absence de ce qui serait nécessaire ou désirable. ⇒ **manque.** *Défaut d'organisation. Défaut d'attention.* — FAIRE DÉFAUT : manquer. *Le temps nous fait défaut.* — *Jugement par défaut,* rendu par le tribunal contre une personne qui ne se présente pas, qui fait défaut. ⇒ par **contumace. 2.** EN DÉFAUT : en faute. *Prendre, trouver qqn en défaut. Être, se mettre en défaut,* ne pas respecter une règle, un engagement. / contr. en **règle** / **3.** À DÉFAUT DE loc. prép. ⇒ **faute** de. *À défaut d'un deux-pièces, je prendrai un studio.* — Loc. adv. *À défaut,* s'il n'y a pas mieux.

② ***défaut*** n. m. **1.** Imperfection physique. ⇒ **anomalie.** *Défaut de prononciation. Défaut de fabrication.* **2.** Partie imparfaite, anormale dans une matière. *Les défauts d'une étoffe. Ce diamant a un léger défaut. Un appareil qui a des défauts.* ⇒ **défectueux.** — Loc. *Le défaut de la cuirasse,* la partie la plus faible de qqch., la faiblesse de qqn (⇒ ② **talon** d'Achille). **3.** Imperfection morale. ⇒ ② **travers.** / contr. **qualité** / *Gros et petits défauts.* **4.** Ce qui est imparfait, insuffisant dans une œuvre, une activité. *Les défauts d'une peinture.* — *Les défauts d'une théorie, d'un système, d'une méthode.* ⇒ **inconvénient, insuffisance.**

défaveur [defavœʀ] n. f. ■ Perte de la faveur, de l'estime. ⇒ **discrédit.** *S'attirer la défaveur du public. Être en défaveur auprès de qqn,* en disgrâce. ‹ ▶ défavorable, défavoriser ›

défavorable [defavɔʀabl] adj. ■ Qui n'est pas favorable. *Circonstances défavorables.* ⇒ **contraire, désavantageux.** *Le directeur s'est montré défavorable au projet. La situation nous est défavorable. Avis, opinion défavorable.* ▶ ***défavorablement*** adv.

défavoriser [defavɔʀize] v. tr. ▪ conjug. 1. **1.** Priver (qqn) d'un avantage (consenti à un autre). *Des mesures qui défavorisent les petits commerçants.* ⇒ **désavantager, frustrer, léser. 2.** Au passif et p. p. adj. (ÊTRE) DÉFAVORISÉ, ÉE. *Être défavorisé par le sort. Candidat défavorisé.* ▶ ***défavorisé, ée*** adj. et n. ■ (Personnes) Qui est pauvre, qui manque de ressources. / contr. **favorisé, privilégié, riche** / *Une famille défavorisée.*

— *Un quartier défavorisé. Les pays défavorisés.* ⇒ **sous-développé.** — (Surtout au plur.) N. *Les défavorisés.* ⇒ **démuni.**

défectif, ive [defɛktif, iv] adj. ■ (Verbe) Qui ne possède pas toutes les formes du type de conjugaison auquel il appartient (ex : *choir, clore, quérir*).

défection [defɛksjɔ̃] n. f. **1.** Abandon d'une cause, d'un parti d'un pays auquel on appartient. *Faire défection.* **2.** Fait de ne pas venir là où l'on était attendu. *Malgré la défection de plusieurs exposants, le salon aura lieu.*

défectueux, euse [defɛktɥø, øz] adj. ■ Qui présente des imperfections, des défauts. ⇒ ① **imparfait, insuffisant, mauvais.** *Article défectueux. Installation défectueuse.* — *Raisonnement défectueux.* ⇒ **boiteux, incorrect.** ▶ ***défectuosité*** n. f. ■ État de ce qui est défectueux. — Partie défectueuse. *Les défectuosités d'un mécanisme.*

① ***défendre*** [defɑ̃dʀ] v. tr. ▪ conjug. 41. **I. 1.** Protéger (qqn ou qqch.) contre une attaque en se battant. *Défendre qqn au péril de sa vie. Défendre une frontière. Il a bien défendu son pays, son parti. Défendre sa patrie contre des envahisseurs.* — *Défendre chèrement sa vie.* — *Le gardien de but défend sa cage contre les attaques de l'adversaire.* **2.** Loc. À SON CORPS DÉFENDANT : à contrecœur. *Elle a accepté à son corps défendant.* **3.** Soutenir (qqn, qqch.) contre les accusations, les attaques. *L'avocat défend son client.* ⇒ **plaider** pour. *Défendre une opinion, un point de vue.* ⇒ **soutenir.** **4.** (Choses) Protéger contre les attaques. *Vêtement qui défend bien du froid.* ⇒ **garantir, préserver. II.** SE DÉFENDRE v. pron. **1.** Résister à une attaque. ⇒ **lutter.** *Se défendre comme un lion.* ⇒ se **battre.** — Fam. Être apte à faire qqch. *Il se défend bien,* il se débrouille. *Je me défends bien en espagnol.* **2.** Se justifier. *Elle n'a pas pu se défendre contre cette accusation.* — Refuser d'admettre. *Il se défend d'être bon.* ⇒ **nier. 3.** SE DÉFENDRE DE, CONTRE : se protéger, se préserver. *Se défendre du froid, de la pluie. Se défendre contre le découragement.* — *Se défendre d'un sentiment de pitié.* ⇒ se **retenir.** — (+ infinitif). ⇒ s'**interdire.** *Elle se défend de conclure. Elle se défend d'intervenir.* ⇒ se **garder. 4.** Au passif. Être défendable. *Votre position se défend.* ▶ ***défendable*** adj. ■ Qui peut être défendu. *Cette position n'est pas défendable.* ⇒ **indéfendable.** — *C'est défendable,* ça se défend, c'est raisonnable, explicable, etc. ▶ ***défendu, ue*** p. p. adj. ■ *Une frontière bien défendue.* ▶ ① ***défense*** [defɑ̃s] n. f. **1.** Action de défendre (un lieu) contre des ennemis. / contr. **attaque** / *La défense du pays. Ligne, position de défense. Ouvrage de défense,* abri, fortification. *Défense contre avions.* ⇒ **D.C.A.** — DÉFENSE NATIONALE : ensemble des moyens visant à assurer l'intégrité matérielle d'un territoire contre les attaques de l'étranger. *Le ministère de la Défense.* — *Défense passive,* moyens de protection contre les bombardements aériens. **2.** Action de défendre, de protéger, de soutenir (qqn, qqch.). *Prendre la défense d'un enfant. La défense d'un idéal.* **3.** Le fait de se défendre, de résister (au moral et au physique). *Moyens de défense. L'instinct de défense. Ne pas opposer de défense.* — *Légitime défense,* par laquelle un acte interdit par la loi pénale est permis en cas d'agression. — *La défense de l'organisme contre les microbes, l'infection.* **4.** Action de défendre qqn ou de se défendre contre une accusation. *N'avoir rien à dire pour sa défense.* — Le fait de défendre (qqn qui doit être jugé). *Un avocat assurera la défense de l'accusé.* ⇒ **défenseur.** *La parole est à la défense* (opposé à *accusation*). **5.** Sports. *La défense,* les joueurs dont le rôle est d'empêcher l'adversaire de marquer des points au hockey, au football, au soccer, etc.). ⇒ **défensive.** / contr. **attaque, offensive** / — Cette position. *Jouer à la défense.* — *Joueur de défense.* ⇒ **arrière, défenseur.** / contr. **attaquant** / ▶ ***défenseur*** n. m. **1.** Personne qui défend qqn ou qqch. contre ceux qui l'attaquent. ⇒ **champion, protecteur.** *Un défenseur des libertés. Elle s'est faite le défenseur des droits de la personne.* **2.** Personne qui soutient une cause, une doctrine. ⇒ **avocat, champion, partisan.** *Les défenseurs du libéralisme, du socialisme.* **3.** Personne chargée de soutenir les intérêts d'une partie, devant le tribunal. ⇒ **avocat.** *C'est une avocate célèbre qui sera son défenseur.* **4.** Sports. Joueur de défense. ⇒ **arrière.** *Le défenseur patine à reculons.* — REM. Le féminin *défenseuse* est virtuel. ▶ ***défensif, ive*** adj. **1.** Qui est fait pour la défense. *Armes défensives. Alliance défensive et offensive.* **2.** Hockey. *Joueur défensif,* avant qui se préoccupe davantage de la défense que de l'attaque (opposé à *joueur offensif*). — Sports. *Un match défensif,* où la défensive domine. ▶ ***défensive*** n. f. **1.** Disposition à se défendre sans attaquer. *Être, se tenir sur la défensive,* prêt à se défendre contre l'attaque. / contr. **offensive** / **2.** Sports. *La défensive,* la défense. / contr. **offensive** / *Le gardien de but doit se fier à la défensive qu'il a devant lui.* ‹ ▶ auto-défense, indéfendable ›

② ***défendre*** v. tr. ▪ conjug. 41. ■ DÉFENDRE *qqch.* À *qqn* ; DÉFENDRE À *qqn* DE (+ infinitif) : ordonner de ne pas avoir, de ne pas faire. ⇒ **interdire.** *Le médecin lui défend l'alcool, de boire de l'alcool. La loi défend cela.* — *Défendre que* (+ subjonctif). *Elle défend qu'on sorte.* — Au passif et p. p. adj. *Le tabac lui est défendu. Il est strictement défendu de fumer ; c'est défendu.* ⇒ **défense** de. ▶ ② ***défense*** n. f. ■ Le fait de défendre, d'interdire. ⇒ **interdiction.** *Une défense absolue, stricte.* — *Défense de* (+ infinitif). *Défense d'afficher.* — Loc. littér. FAIRE DÉFENSE DE : interdire. / contr. **autorisation, permission** /

défenestrer [defənɛstʀe] v. tr. ▪ conjug. 1. ■ Faire tomber, jeter (qqn) par une fenêtre.

① ***et*** ② ***défense*** n.f. ■ ⇒ ① **et** ② **défendre.**

③ ***défense*** n. f. ■ Dent très saillante (chez quelques animaux), qui leur sert de moyen de défense. *Les défenses d'un sanglier, d'un éléphant.* — Spécialt. Défense d'éléphant. *L'ivoire des défenses.*

déféquer [defeke] v. intr. ▪ conjug. 6. ■ Didact. Expulser les matières fécales. ⇒ fam. faire **caca ;** vulg. **chier.**

① ***déférer*** [defeʀe] v. tr. ▪ conjug. 6. ■ Traduire (un accusé) devant l'autorité judiciaire compétente. *Déférer un coupable à la justice.* ≠ ② *déférer, déferrer.*

② ***déférer*** v. tr. indir. ▪ conjug. 6. ■ Céder (à qqn) par respect. *Déférer au désir de qqn.* ⇒ s'en **rapporter,** s'en **remettre.** ≠ ① *déférer, déferrer.* ▶ ***déférence*** n. f. ■ Considération très respectueuse que l'on témoigne à qqn. *Traiter qqn avec déférence. Faire qqch. par déférence.* ⇒ **égard, respect.** ▶ ***déférent, ente*** adj. ■ *Se montrer déférent envers une personne âgée. Parler à un supérieur sur un ton déférent.*

déferler [defɛʀle] v. intr. ▪ conjug. 1. ■ Se dit des vagues qui se brisent en écume en roulant sur elles-mêmes. — Se précipiter à la manière d'une vague. *Les manifestants déferlèrent sur la place.* ▶ ***déferlement*** n. m. ■ *Le déferlement des vagues.* ⇒ **ressac.** — Abstrait. *Un déferlement d'enthousiasme.*

déferrer [defɛʀe] v. tr. ▪ conjug. 1. ■ *Déferrer un cheval,* lui retirer le ou les fers qu'il a aux sabots. *Le maréchal-ferrant ferrait et déferrait les chevaux.* ≠ *déférer.*

défi [defi] n. m. **1.** Déclaration agressive par laquelle on exprime à qqn qu'il ou elle est incapable de faire une chose. *Lancer un défi. Mettre qqn* AU DÉFI *de faire qqch.* ⇒ **défier.** *Je vous mets au défi de faire comme moi. Relever le défi,* prendre au mot. **2.** DÉFI À : refus de s'incliner devant (qqn ou qqch.). *Un défi au bon sens.* ⇒ **insulte. 3.** Obstacle, difficulté à surmonter (dans la société, dans l'activité économique).

défiance [defjɑ̃s] n. f. ■ Sentiment d'une personne qui se défie. ⇒ **méfiance, suspicion.** *Un air de défiance. Inspirer, éveiller la défiance ; mettre en défiance.* / contr. **confiance** / ▸ ***défiant, ante*** adj. ■ *Un air défiant.* ⇒ **méfiant.** / contr. **confiant** /

déficient, ente [defisjɑ̃, ɑ̃t] adj. ■ Qui présente une insuffisance organique ou mentale. *Organisme déficient.* ⇒ **défaillant.** *Intelligence déficiente. Cet enfant est déficient.* ⇒ **débile, retardé.** ▸ ***déficience*** n. f. ■ *Déficience mentale.*

déficit [defisit] n. m. ■ Ce qui manque pour équilibrer les recettes avec les dépenses. *Déficit budgétaire. Combler un déficit.* / contr. **bénéfice, profit** / ▸ ***déficitaire*** adj. ■ Qui se solde par un déficit. *Budget, entreprise déficitaire.* / contr. **bénéficiaire** / — Insuffisant. *Récolte déficitaire.* / contr. **excédentaire** /

① ***défier*** [defje] v. tr. ▪ conjug. 7. **1.** Mettre (qqn) au défi de faire qqch. — Mod. DÉFIER *qqn* DE (+ infinitif) : mettre au défi. *Je vous défie de faire mieux.* — Jeux. *Défier un adversaire. Défier qqn aux échecs,* lui proposer de jouer, pour le battre. **2.** (Choses) N'être aucunement menacé par. *Des prix qui défient toute concurrence.* **3.** Refuser de se soumettre à. ⇒ **affronter, braver.** *Défier la mort.* ‹ ▸ défi ›

② ***se défier*** v. pron. ▪ conjug. 7. ■ Littér. Avoir peu de confiance en ; être, se mettre en garde contre. ⇒ se **méfier.** *Je me défie de ses promesses. Se défier de soi-même,* avoir peu de confiance en soi, en ses capacités. ⇒ **douter.** / contr. se **fier** / ‹ ▸ défiance ›

défigurer [defigyʀe] v. tr. ▪ conjug. 1. **1.** Abîmer le visage de. *Des brûlures au visage l'ont défiguré.* — Au passif. *Être défiguré par la variole.* ≠ *dévisager.* **2.** Donner une reproduction ou une description fausse de. ⇒ **dénaturer.** *Défigurer les faits.* ⇒ **déformer, travestir.** *Défigurer les intentions de qqn.*

① ***défiler*** [defile] v. intr. ▪ conjug. 1. **1.** Marcher en file, en colonne. *Défiler deux par deux. Des majorettes défilaient.* **2.** Se succéder sans interruption. *Les visiteurs ont défilé toute la journée. Images qui défilent devant les yeux. Mille pensées défilaient dans sa tête.* ▸ ① ***défilé*** n. m. ■ Passage naturel, étroit et encaissé, entre des hauteurs. ⇒ **couloir, passage.** *Défilé entre deux montagnes.* ▸ ② ***défilé*** n. m. ■ Manœuvre des troupes qui défilent. *Assister à un défilé militaire.* — Marche de personnes, de voitures disposées en colonne, en file. *Défilé de manifestants.* ⇒ **cortège.** *Le défilé d'un carnaval.* ⇒ fam. ② **parade.** *Un défilé religieux.* ⇒ **procession.** *Un défilé de mode.* — Succession. *Un défilé de visiteurs, de témoins.*

② ***se défiler*** v. pron. ▪ conjug. 1. ■ Fam. Se cacher ou se récuser au moment critique. ⇒ se **dérober.** *Je comptais sur eux, ils se sont tous défilés.*

définir [definiʀ] v. tr. ▪ conjug. 2. **1.** Déterminer par une formule précise l'ensemble des caractères qui appartiennent à un concept, à une idée générale (et correspondent à une classe de choses). *On définit un concept et on décrit un objet. Définir un mot,* donner ses significations (⇒ **définition**). **2.** Caractériser (une chose, une personne particulière). *Une sensation difficile à définir.* ⇒ **indéfinissable. 3.** Préciser l'idée de. ⇒ **déterminer.** *Conditions qui restent à définir.* ▸ ***défini, ie*** adj. **1.** Qui est défini. *Mot bien défini.* **2.** Qui est déterminé, précis. *Avoir une tâche définie à remplir. Dans des proportions définies.* / contr. **indéfini, indéterminé** / **3.** ARTICLE DÉFINI : (opposé à *indéfini*) qui se rapporte (en principe) à un objet particulier, déterminé (masc. *le,* fém. *la,* plur. *les*). ▸ ***définissable*** adj. ■ Que l'on peut définir. *Une impression difficilement définissable.* / contr. **indéfinissable** / ▸ ***définition*** n. f. **1.** (opposé à *théorème*) Opération par laquelle on définit un concept (en énumérant ses caractères ou tous les objets auxquels il renvoie). — Phrase qui définit un élément du lexique (mot, expression). *La définition d'un mot. Définition d'un mot à plusieurs sens.* ⇒ **acception, signification.** — Loc. *Par définition,* en vertu de conventions logiques acceptées. *Par définition, un carré à quatre côtés égaux.* **2.** Caractérisation ⇒ **description** ou action de préciser. ⇒ **sens.** ‹ ▸ définitif, indéfini, indéfinissable, redéfinir ›

définitif, ive [definitif, iv] adj. **1.** Qui est défini, fixé de manière qu'il n'y ait plus à revenir sur la chose. ⇒ **irrémédiable, irrévocable.** / contr. **provisoire, temporaire** / *Les résultats définitifs d'un examen. Sa résolution est définitive.* **2.** EN DÉFINITIVE loc. adv. : après tout, tout bien considéré, en dernière analyse. ⇒ **finalement.** *En définitive, ils ont opté pour la solution la plus simple.* ▸ ***définitivement*** adv. **1.** *C'est une affaire définitivement réglée.* / contr. **passagèrement, provisoirement, temporairement** / **2.** Fam. Certainement, sans aucun doute. ⇒ **assurément.** *« Viendrez-vous demain ? - Définitivement. »* — REM. Ce dernier emploi est critiqué.

déflagration [deflagʀasjɔ̃] n. f. ■ Explosion. *La déflagration a fait sauter toutes les vitres de l'immeuble.*

déflation [deflasjɔ̃] n. f. ■ Diminution progressive ou suppression de l'inflation (souvent par réduction des échanges, des revenus, du pouvoir d'achat). / contr. **inflation** /

déflecteur [deflɛktœʀ] n. m. ■ Petit volet orientable d'une vitre de portière d'automobile, servant à aérer.

déflorer [deflɔʀe] v. tr. ▪ conjug. 1. **1.** Faire perdre la virginité à (une fille). ⇒ **dépuceler** ; pour **déniaiser. 2.** Abstrait. Faire perdre sa nouveauté, sa fraîcheur à. *Je ne veux pas déflorer le sujet.*

défoliation [defɔljasjɔ̃] n. f. ■ Chute anormale des feuilles d'un arbre entraînée par des produits chimiques ou des insectes. ▸ ***défoliant, ante*** adj. et n. m. **1.** Adj. Qui provoque la défoliation. *Une substance défoliante.* **2.** N. m. Produit chimique destiné à la défoliation des arbres et des surfaces végétales. *Un puissant défoliant.* ▸ ***défoliateur, trice*** adj. ■ Qui cause la chute des feuilles d'un arbre. *Les insectes défoliateurs.*

défoncer [defɔ̃se] v. tr. ▪ conjug. 3. **1.** Briser, abîmer par enfoncement. *Défoncer une porte.* ⇒ **enfoncer.** — Sans compl. Fam. *Ils se sont fait défoncer,* on a pénétré dans leur maison par effraction. — *Défoncer un siège, un sommier.* ⇒ **éventrer. 2.** Labourer profondément. *Défoncer un terrain en friche pour le préparer à la culture.* **3.** V. pron. réfl. Fam. SE DÉFONCER : s'injecter une dose importante de drogue. ⇒ se **droguer. 4.** Fam. Mettre beaucoup d'énergie, de vigueur à faire qqch. *Elle se défonce pour remporter la coupe.* ▸ ***défoncé, ée*** adj. **1.** Brisé, abîmé par enfoncement. *Un vieux fauteuil défoncé.* **2.** Qui présente de grandes inégalités, de larges trous. *Route, chaussée défoncée.*

déformer [defɔʀme] v. tr. ▪ conjug. 1. **1.** Altérer la forme de. *Il a déformé son pantalon. L'usage a déformé ses chaussures.* — Pronominalement. *Se déformer,* perdre sa forme. *Cette étagère se déforme sous le poids* des livres. ⇒ **arrondir, crochir.** — Au p. p. adj. *Une veste toute déformée.* ⇒ **avachi, fatigué. 2.** Altérer en changeant. *Vous déformez ma pensée.* ⇒ **dénaturer, travestir.** ▸ ***déformant, ante*** adj. ▪ Qui déforme. *Miroirs déformants.* ▸ ***déformation*** n. f. ▪ Action de déformer, de se déformer. — Altération de la forme. — Abstrait. *Déformation de l'esprit.* — DÉFORMATION PROFESSIONNELLE : manières de penser, d'agir prises dans l'exercice d'une profession, et abusivement appliquées à la vie courante. ‹ ▸ indéformable ›

défouler [defule] v. tr. ▪ conjug. 1. **1.** Fam. (Suj. chose). Permettre, favoriser l'extériorisation des pulsions. *Viens danser ! Ça va te défouler.* **2.** V. pron. réfl. SE DÉFOULER : libérer, extérioriser ses instincts, son agressivité. *Pendant le carnaval, la population se défoule.* ▸ ***défoulement*** n. m. ▪ Fait de se défouler. *Un défoulement général.* / contr. **refoulement** /

se ***défraîchir*** [defʀɛʃiʀ] v. pron. ▪ conjug. 2. ▪ (Couleurs, étoffes, vêtements) Perdre sa fraîcheur. — Au p.p.adj. *Une robe défraîchie.*

défrayer [defʀeje] v. tr. ▪ conjug. 8. **1.** Décharger (qqn) de ses frais (en payant, en le remboursant). *Sa société ne l'a pas défrayé.* — Au passif. *Être défrayé de tout.* **2.** *Défrayer la conversation, la manchette,* en être l'objet, le sujet essentiel.

défricher [defʀiʃe] v. tr. ▪ conjug. 1. ▪ Rendre propre à la culture (une terre en friche). *Défricher une terre.* — Loc. *Défricher le terrain.* ⇒ **déblayer.** *Défricher un domaine scientifique,* en faire une première étude. ▸ ***défrichage*** ou ***défrichement*** n. m. ▸ ***défricheur, euse*** n. et adj. ▪ Histoire de la colonisation. Personne qui défrichait la forêt pour en faire des terres cultivables. ⇒ **colon, habitant.** *Les défricheurs de l'Abitibi.* — Adj. *Un peuple défricheur.*

défriper [defʀipe] v. tr. ▪ conjug. 1. ▪ Remettre en état (ce qui est fripé). ⇒ **défroisser.** / contr. **chiffonner, friper, froisser** / *Défriper un pantalon en le repassant.*

défriser [defʀize] v. tr. ▪ conjug. 1. **1.** Défaire la frisure de. *Défriser une chevelure crépue.* — Au p. p. Adj. *Cheveux défrisés par la pluie.* / contr. **friser** / **2.** Fam. (Compl. personne) Déplaire, contrarier (en parlant d'un fait). *Il y a quelque chose qui me défrise.* ‹ ▸ indéfrisable ›

défroisser [defʀwase] v. ▪ conjug. 1. ▪ Remettre en état (ce qui est froissé). ⇒ **défriper.** / contr. **chiffonner, friper, froisser** / *Défroisser un billet.*

défroque [defʀɔk] n. f. ▪ Vieux vêtements démodés et bizarres. ⇒ **frusques, guenilles, hardes.** *Qu'est-ce que c'est que cette défroque ?*

défroqué, ée [defʀɔke] adj. ▪ Qui a abandonné l'état de moine, de prêtre ou de religieux. *Un prêtre défroqué,* qui a abandonné le froc ② *Une sœur défroquée.* — N. *Un défroqué.*

défunt, unte [defœ̃, œ̃t] adj et n. **1.** Littér. Qui est mort. ⇒ ③ **feu.** *Sa défunte mère.* — N. *Les enfants de la défunte. Prière pour les défunts.* **2.** Littér. ⇒ **passé, révolu.** *Les amours défunt(e)s.* ▸ ***défuntiser*** v. tr. ▪ conjug. 1. ▪ Fam. Briser, réduire en pièces. ⇒ **abîmer, détériorer** ; fam. **déglinguer, démantibuler.** *Défuntiser des bebelles, un meuble.* — Au p. p. adj. *Un livre défuntisé,* très magané. *Mécanisme, appareil défuntisé,* qui ne fonctionne plus.

dégager [degaʒe] v. tr. ▪ conjug. 3. **I. 1.** Cesser d'engager, libérer d'un engagement. *Dégager sa parole, sa responsabilité.* **2.** Libérer (de ce qui enveloppe, retient). *Dégager un blessé des décombres. Dégager sa main.* — (Vêtements) Rendre plus libre. *Encolure qui dégage la tête.* **3.** Laisser échapper (un fluide, une émanation). ⇒ **exhaler, répandre.** *Les plantes dégagent du gaz carbonique.* **4.** Isoler (un élément, un aspect) d'un ensemble. ⇒ **extraire, tirer.** *Dégager la morale des faits,* la mettre en évidence. *Dégager l'idée principale.* **II.** Débarrasser, libérer (de ce qui encombre). *Dégager la voie publique.* — Fam. (Personnes) *Allons, dégagez !,* partez, circulez. — Sports. *Dégager la rondelle à l'autre bout de la patinoire,* la lancer là. **III.** SE DÉGAGER v. pron. **1.** Libérer son corps de ce qui l'enveloppe, le retient. *Faire des efforts pour se dégager.* **2.** Se libérer (d'une obligation, d'une contrainte). *Je me suis dégagé à temps de cette affaire.* **3.** Devenir libre de ce qui encombre. *La rue se dégage peu à peu. Le ciel se dégage.* ⇒ s'**éclaircir.** / contr. se **couvrir** / *Mon nez se dégage.* ⇒ se **déboucher. 4.** Sortir (d'un corps). ⇒ **émaner,** s'**exhaler.** *Odeur qui se dégage.* **5.** Se faire jour. *La vérité se dégage peu à peu.* ⇒ se **manifester.** *Il se dégage de cela que...* ⇒ **ressortir, résulter.** ▸ ***dégagé, ée*** adj. **1.** Qui n'est pas recouvert, encombré. *Ciel dégagé,* sans nuages. / contr. ③ **couvert** / *Nuque, front dégagé,* que les cheveux, les vêtements découvrent. *Vue dégagée,* large et libre. ⇒ **imprenable. 2.** Qui a de la liberté, de l'aisance. *Démarche dégagée. — Un air, un ton dégagé.* ⇒ **cavalier, désinvolte.** ▸ ***dégagement*** n. m. **1.** Action de dégager, de libérer (de ce qui retient, obstrue). *Le dégagement des blessés. Le dégagement des rues.* ⇒ **déblaiement. 2.** Action de sortir, de se dégager. ⇒ **émanation.** *Un dégagement de vapeur, de chaleur.* **3.** Passage ; espace libre. *Cette maison manque de dégagements. — Rendez-vous dans le grand dégagement de l'école.* ⇒ **hall. 4.** Sports. Action de libérer la zone défensive en dégageant (II) la rondelle, le ballon. *Un dégagement le long de la bande. Botté* de dégagement.* — Son résultat. *Dégagement refusé.* ⇒ **hors-jeu.**

dégainer [degɛne] v. tr. ▪ conjug. 1. ▪ Tirer (une arme) de son étui. *Dégainer son revolver.* — Sans compl. Sortir une arme pour se battre. *Il dégaina le premier.* / contr. **rengainer** /

dégarnir [degaʀniʀ] v. tr. ▪ conjug. 2. **1.** Dépouiller de ce qui garnit. ⇒ **vider.** *Dégarnir une vitrine.* **2.** SE DÉGARNIR v. pron. : perdre une partie de ce qui garnit. *Ses tempes se dégarnissent,* ses cheveux tombent. *Il se dégarnit,* il perd ses cheveux. ⇒ ② **caler** (III) ; fam. se **déplumer.** — Au p. p. adj. *Un front dégarni.*

dégât [degɑ] n. m. (⇒ **gâter**) ▪ Dommage résultant d'une cause violente. *La grêle a causé de graves dégâts. Constater les dégâts.* — Fam. *Il y a du dégât. — Limiter les dégâts,* éviter le pire.

dégeler [deʒle] v. ▪ conjug. 5. **I.** V. tr. **1.** Faire fondre (ce qui était gelé). ⇒ **décongeler.** / contr. **congeler, geler, surgeler** / *Faire dégeler des aliments. Dégeler les tuyaux à eau,* faire fondre la glace qui les obstrue. **2.** Fam. *Dégeler qqn,* lui faire perdre sa froideur, sa réserve. ⇒ **dégêner, dérider.** *Dégeler l'atmosphère,* la détendre. — *Dégeler les relations entre deux pays,* les rendre plus étroites. — Pronominalement. *Elle commence à se dégeler.* **3.** Débloquer. *Dégeler des crédits, un compte.* **II.** V. intr. Cesser d'être gelé. *La rivière a dégelé.* ▸ ***dégel*** n. m. **1.** Fonte naturelle de la glace et de la neige, lorsque la température s'élève. *C'est la période du dégel.* **2.** Fig. Diminution de la tension politique entre États, reprise des relations après une période de stagnation. ⇒ **détente.** *Le dégel des relations Est-Ouest.* ▸ ***dégelée*** n. f. **1.** Volée de coups. ⇒ **correction, râclée** ; fam. **dérouillée, raclée.** *Recevoir une bonne dégelée.* **2.** Fig. Défaite complète et écrasante. *Le club ne s'est pas remis de sa dernière dégelée.*

dégêner [deʒɛne] v. tr. ▪ conjug. 1. **1.** Faire perdre sa gêne, sa timidité à qqn. ⇒ **dégourdir** ; fam. **dégeler,**

déniaiser. / contr. **gêner, intimider** / *Séjourner dans un camp de vacances l'a dégêné un peu.* — Pronominalement (réfl.). *Elle va finir par se dégêner.* ⇒ se **dégourdir ;** fam. se **déniaiser.**

dégénérer [deʒeneʀe] v. intr. ▪ conjug. 6. **1.** Littér. Perdre les qualités héréditaires. ⇒ s'**abâtardir.** *Races qui dégénèrent.* — Perdre ses qualités. ⇒ s'**avilir,** se **dégrader,** se **pervertir.** *Le goût dégénère.* / contr. se **régénérer** / **2.** DÉGÉNÉRER (EN) : se transformer (en ce qui est pis). ⇒ **tourner.** *Dispute qui dégénère. Rhume qui dégénère en bronchite.* ▸ ***dégénéré, ée*** adj. ■ Qui a perdu les qualités de sa race, de son espèce. *Un arbre, une plante dégénéré(e),* rabougri(e). — Fam. *Il est un peu dégénéré.* ⇒ fam. **taré.** ▸ ***dégénérescence*** n. f. **1.** Le fait de dégénérer (1). **2.** Détérioration (d'un tissu vivant, d'un organe). *La dégénérescence d'un tissu.*

dégingandé, ée [deʒɛ̃gɑ̃de] cour. [degɛ̃gɑ̃de] adj. ■ Fam. Qui a quelque chose de disproportionné dans sa haute taille et de disloqué dans la démarche. *Un jeune homme dégingandé.*

dégivrer [deʒivʀe] v. tr. ▪ conjug. 1. ■ Enlever le givre de. *Dégivrer un réfrigérateur.* ▸ ***dégivrage*** n. m. ■ *Le dégivrage de la vitre arrière d'une voiture.* ▸ ***dégivreur*** n. m. ■ Appareil, système pour enlever le givre. *Le dégivreur de lunette arrière* (dans un véhicule).

déglinguer [deglɛ̃ge] v. tr. ▪ conjug. 1. ■ Fam. Disloquer. ⇒ **démolir, désarticuler ;** fam. **défuntiser, maganer.** *Déglinguer un appareil.* — Au p. p. adj. *Une bicyclette toute déglinguée.*

déglutir [deglytiʀ] v. tr. et intr. ▪ conjug. 2. ■ Avaler (la salive, les aliments). ▸ ***déglutition*** n. f.

dégommer [degɔme] v. tr. ▪ conjug. 1. ■ Fam. Destituer (qqn) d'un emploi ; faire perdre une place. ⇒ **limoger ;** fam. **vider.** *Il s'est fait dégommer.*

dégonfler [degɔ̃fle] v. tr. ▪ conjug. 1. **1.** Faire cesser d'être gonflé. ⇒ **dessouffler.** / contr. **gonfler, souffler** / *Dégonfler un ballon.* — Pronominalement. *Pneu qui se dégonfle.* — Au p. p. adj. *Un pneu dégonflé.* **2.** Fam. (Suj. personne) SE DÉGONFLER v. pron. : manquer de courage, d'énergie au moment d'agir. ⇒ avoir **peur ;** fam. **flancher.** *Il y avait quelques risques, alors il s'est dégonflé.* — Au p. p. substantivé. *Passer pour un dégonflé.* ▸ ***dégonflage*** n. m. ■ (sens 1 et 2) ⇒ **dessoufflage.** ▸ ***dégonflement*** n. m. ■ (sens 1)

dégorger [degɔʀʒe] v. intr. ▪ conjug. 3. **1.** Déborder, déverser son contenu liquide (dans). *L'égout dégorge dans le collecteur.* **2.** (Dans une préparation culinaire) Rendre un liquide (eau, sang). *Faire dégorger des escargots, des concombres.* ▸ ***dégorgement*** n. m.

dégoter ou ***dégotter*** [degɔte] v. tr. ▪ conjug. 1. ■ Fam. ⇒ **découvrir, dénicher, trouver.** *Où avez-vous dégoté ce bouquin ?* — Pronominalement. *Elle s'est dégotée un emploi d'été.*

dégouliner [deguline] v. intr. ▪ conjug. 1. ■ Couler lentement, goutte à goutte ou en filet. *La pluie dégouline du toit.* ⇒ **ruisseler.** *La crème dégouline sur ton chemisier.* ▸ ***dégoulinade*** n. f. ■ Trace de liquide qui a coulé. ⇒ ① **coulisse.**

dégoupiller [degupije] v. tr. ▪ conjug. 1. ■ Enlever la goupille de. *Dégoupiller une grenade.* — Au p. p. adj. *Une grenade dégoupillée.*

dégourdir [deguʀdiʀ] v. tr. ▪ conjug. 2. **1.** Faire sortir de l'engourdissement. *Elle s'est dégourdi les jambes.* — Pronominalement. *Avoir envie de se dégourdir.* **2.** Débarrasser (qqn) de sa timidité, de sa gêne. Pronominalement. *Depuis deux ans, elle s'est pas mal dégourdie.* ⇒ fam. se **dégeler,** se **déniaiser.** ▸ ***dégourdi, ie*** adj. ■ Qui n'est pas gêné pour agir ; qui est habile et actif. ⇒ **débrouillard, malin.** / contr. ② **gourde, stupide** / *Il n'est pas très dégourdi. Une enfant dégourdie.* ⇒ **déluré.** — N. *C'est un dégourdi, une petite dégourdie.*

dégoût [degu] n. m. **1.** Manque de goût (pour la nourriture). ⇒ **dédain, répugnance, répulsion.** *Le dégoût de la viande. Ressentir du dégoût pour...* **2.** Aversion éprouvée pour qqch., qqn. / contr. **attirance, attrait** / *Le dégoût du travail. Ce spectacle inspire le dégoût.* **3.** Fait de se désintéresser par lassitude. *Avoir le dégoût de tout.* ⇒ **écœurement.** **4.** *Un dégoût,* sentiment de répugnance, de lassitude. ▸ ***dégoûter*** v. tr. ▪ conjug. 1. **1.** Inspirer du dégoût, une répugnance (physique, morale). *Le lait me dégoûte. Tout me dégoûte.* ⇒ **déplaire.** *Leurs procédés me dégoûtent.* **2.** DÉGOÛTER DE : ôter l'envie de. *C'est à vous dégoûter d'être bon.* **3.** SE DÉGOÛTER v. pron. : prendre en dégoût. *Se dégoûter d'un plat, de qqn.* ⇒ se **lasser.** — *Je me dégoûte.* — Au passif. *Être dégoûté de.* ⇒ **dégoûté.** ≠ *dégoutter.* ▸ ***dégoûtant, ante*** adj. **1.** Qui inspire du dégoût, de la répugnance (au physique et au moral). ⇒ **écœurant, repoussant, répugnant.** *C'est dégoûtant ici !* ⇒ **crasseux, sale.** Fam. *Tu es sale, dégoûtant.* **2.** Moral. *C'est un individu dégoûtant.* ⇒ **abject, ignoble.** — Fam. Grossier, obscène. *Raconter des histoires dégoûtantes.* ⇒ **cochon, sale.** — N. *Vous êtes un vieux dégoûtant.* ⇒ **écœurant.** ▸ ***dégoûté, ée*** adj. **1.** Qui éprouve facilement du dégoût (en particulier pour la nourriture). ⇒ **dédaigneux, délicat, difficile.** — *Dégoûté de vivre.* ⇒ **las.** — N. *Faire le dégoûté,* se montrer difficile (sans raison). — *Il n'est pas dégoûté,* il se contente de n'importe quoi. **2.** DÉGOÛTÉ DE : qui n'a pas ou plus de goût pour. ⇒ **fatigué, las, lassé.** *Être dégoûté de vivre, de tout.*

dégoutter [degute] v. intr. ▪ conjug. 1. **1.** Couler goutte à goutte. *La sueur lui dégoutte du front.* **2.** Laisser tomber goutte à goutte. *Cheveux qui dégouttent de pluie.* ≠ *dégoûter.* ▸ ***dégouttière*** n. f. **1.** Surtout au plur. Liquide qui dégoutte, spécialt l'eau. *Fermez bien le robinet pour arrêter les dégouttières.* **2.** Eau de pluie qui tombe d'un toit, d'une gouttière. *J'ai reçu une dégouttière dans le cou. Il y a des dégouttières sur l'asphalte,* des gouttes de pluie qui tombent. — Glaçon, glace fondant(e) qui dégoutte. **3.** Eau qui s'infiltre dans une construction et qui dégoutte. *Mettre un seau pour recueillir les dégouttières.* — Loc. fam. *En prendre une dégouttière,* boire beaucoup d'alcool.

dégradé, ée [degʀade] adj. et n. m. ■ (Lumière, couleur) Dont l'intensité s'affaiblit progressivement. *Des tons dégradés.* — N. m. *Des effets de dégradé. Le dégradé d'une couleur.*

dégrader [degʀade] v. tr. ▪ conjug. 1. **1.** Destituer (un militaire, un policier...) **2.** Littér. Faire perdre sa dignité, son honneur à (qqn). ⇒ **abaisser, avilir.** *L'alcool, l'abus des plaisirs dégrade l'individu.* Pronominalement. *Elle se dégrade en faisant cela.* **3.** Détériorer (un édifice, un objet). *Dégrader des monuments.* — Pronominalement. *Propriété qui se dégrade.* ⇒ fam. **se maganer** Fig. *Son état de santé se dégrade.* ⇒ s'**aggraver.** *La situation sociale se dégrade.* ⇒ se **détériorer.** ▸ ***dégradant, ante*** adj. ■ Qui abaisse moralement. ⇒ **avilissant.** *La misère est dégradante. Vivre dans une misère dégradante.* ▸ ***dégradation*** n. f. **1.** Destitution infamante d'un grade, d'une dignité. *Dégradation militaire.* **2.** Le fait de dégrader (2). **3.** Détérioration d'un édifice, d'une propriété. ⇒ **déprédation.** — Fig. *La dégradation d'une situation. La dégradation des conditions de travail.* ⇒ **détérioration.** ⟨ ▸ biodégradable ⟩

dégrafer [degʀafe] ou ***désagrafer*** [dezagʀafe] v. tr. ▪ conjug. 1. ■ Défaire, détacher ce qui est agrafé. *Elle dégrafe une pile de factures.* ⇒ fam. **débrocher.** *Dégrafer sa jupe.* — SE DÉGRAFER v. pron. : se défaire. *Sa robe s'est dégrafée.* / contr. **agrafer** / ▸ ***dégrafeuse*** n. f. ■ Petit instrument de bureau servant à enlever les agrafes. ⇒ fam. **débrocheuse.** / contr. **agrafeuse** ; fam. **brocheuse** /

dégraisser [degʀese] v. tr. ▪ conjug. 1. **1.** Débarrasser (qqch.) de la couche de graisse qui recouvre. *Dégraisser un bouillon, une sauce ; de la viande.* **2.** Nettoyer de ses taches de graisse. *Dégraisser le dessus de la cuisinière.* — (France) *Donner un costume à dégraisser.* ⇒ **détacher.** / contr. **graisser ; tacher** / ▸ ***dégraissage*** n. m. ■ Action de dégraisser ; son résultat. *Le dégraissage d'un vêtement.* ⇒ **nettoyage.**

① ***degré*** [dəgʀe] n. m. ■ Littér. Marche d'un escalier. *Les degrés d'un escalier.* — Au plur. Littér. Escalier. *Les degrés d'un temple.*

② ***degré*** n. m. **I.** **1.** Niveau, position dans un ensemble hiérarchisé. ⇒ **échelon.** *Les degrés de l'échelle sociale. Le degré de perfection, d'automatisme d'une machine. Le plus bas, le plus haut degré* ⇒ **sommet** *de la hiérarchie.* **2.** État de développement dans une évolution. ⇒ **stade.** *Le premier, le dernier degré. Brûlure du (au) second degré.* — Loc. *À, jusqu'à un certain degré.* AU PLUS HAUT DEGRÉ. ⇒ **point.** *Être ambitieux au plus haut degré.* — PAR DEGRÉ(S) loc. adv. ⇒ **graduellement, progressivement ;** par **échelon,** par **étape,** par **palier.** *S'avancer par degrés.* **3.** État intermédiaire. ⇒ **gradation.** *Il y a des degrés entre... Il y a des degrés dans le malheur.* **II.** Dans un système organisé, et sans idée de hiérarchie, de valeur. **1.** Proximité relative dans la parenté. *Le père et le fils sont parents au premier degré. Cousins au premier, au second degré.* **2.** *Degré de comparaison* (de l'adjectif qualificatif, de l'adverbe). *« Aussi... que », « plus... que », « le plus », « le moins », « très » sont des formes adverbiales qui marquent le degré de comparaison ou d'intensité de l'adjectif qualificatif.* **3.** *Équation du premier, du second degré,* dont l'inconnue est à la première, à la seconde puissance. **4.** Loc. AU SECOND DEGRÉ. *Plaisanterie, humour au second degré,* dont le sens est exagéré au point de se retourner en son contraire. — *C'est du second degré,* de l'humour au second degré.

③ ***degré*** n. m. **1.** La 360e partie de la circonférence, unité de mesure des angles. *Angle de 90 degrés* ou *angle droit.* — *Degré de latitude, de longitude,* l'espace compris entre deux parallèles, deux méridiens. *36°4' de latitude sud.* **2.** Division d'une échelle de température. *Degré Fahrenheit* (symb. °F). *Degré centigrade* ou *Celsius* (symb. °C), centième de la différence entre la température de la glace fondante (0°) et celle de l'eau bouillante (100°). *La température a baissé d'un degré. Il fait trente degrés à l'ombre.* — *Degré de concentration d'un alcool,* nombre de cm^3 d'alcool pur par 100 cm^3 de mélange. *Alcool à 90 degrés. Vin de 11, 12 degrés. bière de 5 degrés.*

dégressif, ive [degʀesif, iv] adj. ■ Qui va en diminuant. *Tarif, taux dégressif.* — *Impôt dégressif,* dont le taux diminue à mesure que le revenu imposé augmente. / contr. **progressif** /

dégrever [degʀəve] v. tr. ▪ conjug. 5. ■ Alléger, atténuer la charge fiscale. *Dégrever un contribuable.* ▸ ***dégrèvement*** n. m. ■ *Accorder un dégrèvement d'impôt.* ⇒ **exemption, réduction.**

dégriffer [degʀife] v. tr. ▪ conjug. 1. **1.** Enlever les griffes à un animal, spécialt au chat. — Au p. p. adj. *Chatte dégriffée.* **2.** Enlever à (un vêtement, etc.) la griffe de (un couturier). — Au p. p. adj. *Vêtements dégriffés* (vendus moins chers).

dégrimper [degʀɛ̃pe] v. ▪ conjug. 1. **1.** V. intr. Faire descendre (qqn, un animal), descendre d'un endroit élevé. *Dégrimpez de sur l'escabeau. Dégrimper d'une échelle.* — Fig. *Dégrimpe de dans les rideaux,* calme-toi, reprends tes esprits. / contr. **grimper** / **2.** V. tr. Faire descendre (qqn, un animal), le descendre de l'endroit où il est monté, installé ; descendre qqch. d'un endroit élevé. *Dégrimpe le chat de sur tes épaules. Dégrimper une plante de sur le réfrigérateur.*

dégringoler [degʀɛ̃gɔle] v. ▪ conjug. 1. **1.** V. intr. Descendre précipitamment. ⇒ **tomber.** *La neige dégringole du toit. Les livres ont dégringolé de l'étagère. Elle a dégringolé dans l'escalier.* ⇒ fam. prendre une **débarque.** — Fam. Abstrait. *Un chiffre d'affaires qui dégringole.* **2.** V. tr. Descendre très rapidement. *Dégringoler l'escalier. Il a dégringolé la pente à toute vitesse.* ⇒ **dévaler.** ▸ ***dégringolade*** n. f. ■ Fam. Action de dégringoler ; son résultat. *La dégringolade des cours en Bourse.* ⇒ **chute.** *La dégringolade des résultats scolaires.*

dégriser [degʀize] v. tr. ▪ conjug. 1. **1.** Tirer (qqn) de l'état d'ivresse. ⇒ fam. **dessoûler.** / contr. **enivrer** / *L'air frais l'a dégrisé.* **2.** Détruire les illusions, l'enthousiasme, l'exaltation de (qqn). ⇒ **désillusionner.** / contr. **griser** /

dégrossir [degʀosiʀ] v. tr. ▪ conjug. 2. **1.** Travailler (qqch.) dans une matière brute de manière à donner une première forme encore imparfaite, avant la forme définitive. *Dégrossir un bloc de marbre.* **2.** Fam. *Dégrossir qqn,* lui donner des rudiments de formation, de savoir-vivre. ⇒ **civiliser ;** fam. **arriver** en ville **; déniaiser.** *Son séjour à la ville l'a dégrossi.* — Pronominalement. *Elle se dégrossit.* — Au p. p. adj. Loc. *Mal dégrossi,* grossier. ▸ ***dégrossissage*** n. m. ■ Action de dégrossir (1). *Le dégrossissage d'une pièce de bois.*

déguenillé, ée [degənije] adj. ■ Qui est vêtu de guenilles. ⇒ **dépenaillé, loqueteux ; guenillou.**

déguerpir [degɛʀpiʀ] v. intr. ▪ conjug. 2. ■ Abandonner précipitamment la place. ⇒ **décamper,** s'**enfuir,** se **sauver.** *Ils ont déguerpi avant l'arrivée de la police. Faire déguerpir qqn.* ⇒ **chasser.**

dégueulasse [degœlas] adj. ■ Fam. et vulg. Sale, répugnant (au physique ou au moral). ⇒ **dégoûtant, infect.** *Un travail dégueulasse,* très mauvais. *Un temps dégueulasse.* ⇒ ① **chien.** / contr. **divin** / — N. *Quel dégueulasse !* ⇒ **salaud ;** fam. **écœurant.** — *C'est pas dégueulasse,* (France) *c'est pas dégueu* [degø], c'est très bon.

dégueuler [degœle] v. ▪ conjug. 1. ■ Fam. et vulg. Vomir. ⇒ **rendre** (II, 1), fam. **renvoyer, restituer.** ‹ ▸ dégueulasse ›

déguiser [degize] v. tr. ▪ conjug. 1. **I.** Modifier pour tromper. *Déguiser son visage, sa voix. Déguiser son écriture.* ⇒ **contrefaire.** — Abstrait. Littér. Cacher sous des apparences trompeuses. *Déguiser sa pensée.* ⇒ **dissimuler.** *Déguiser la vérité.* ⇒ **masquer. II.** SE DÉGUISER v. pron. : s'habiller de manière à être méconnaissable. *Se déguiser en arlequin.* ⇒ se **travestir.** — (ÊTRE) DÉGUISÉ(E). *Il est déguisé pour l'Halloween. Enfants déguisés.* ▸ ***déguisement*** n. m. ■ Vêtement qui déguise. *Un déguisement de carnaval.*

déguster [degyste] v. tr. ▪ conjug. 1. **1.** Boire ou manger avec grand plaisir. — Apprécier (une boisson, un aliment). ⇒ **savourer.** *Déguster un bon plat, un vieil alcool.* **2.** Goûter (un vin) pour apprécier la qualité. **3.** (France) Fam. Sans compl. Subir un mauvais traitement. ⇒ ① **goûter.** *Qu'est-ce que j'ai dégusté !* ▸ ***dégustateur, trice*** n. ■ Professionnel(le) qui goûte les vins. ▸ ***dégustation*** n. f. ■ Action, fait de déguster

(1, 2). *Une dégustation de vins et fromages,* repas au cours duquel on sert plusieurs sortes de vins et de fromages.

se ***déhancher*** [deɑ̃ʃe] v. pron. ▪ conjug. 1. ■ Se balancer sur ses hanches, en marchant. ⇒ se **dandiner,** se **tortiller.** ▶ ***déhanchement*** n. m. **1.** Mouvement d'une personne qui se déhanche. **2.** Position du corps lorsque son poids repose sur une hanche. *Le déhanchement d'une statue.*

① ***dehors*** [dəɔʀ] adv. **1.** À l'extérieur. *Aller dehors,* sortir. *Allez jouer dehors. Je serai dehors toute la journée,* hors de chez moi. — *Mettre, jeter qqn dehors,* chasser, congédier, renvoyer. **2.** DE DEHORS, PAR-DEHORS loc. adv. : de, par l'extérieur. *Elle appelle de (du) dehors. Il est passé par-dehors.* — EN DEHORS loc. adv. : vers l'extérieur. / contr. en ① **dedans** / *Marcher les pieds en dehors. La porte s'ouvre en dehors. Se pencher en dehors.* ⇒ ② au-**dehors.** — Fam. *Ils vivent en dehors,* dans une autre ville, une autre province, un autre pays. — EN DEHORS DE loc. prép. : hors de, à l'extérieur de. *Il habite en dehors de la ville. C'est en dehors de la question.* ⇒ à **côté.** *En dehors de vous, personne n'est au courant.* ⇒ **excepté, hormis.** / contr. **dans,** ① **dedans** / *En dehors de ses heures de travail, elle enseigne,* en plus de, en sus de. Fam. *En dehors de ça,* à part cela. *En dehors de ça, tout va bien ?*

② ***dehors*** n. m. invar. **1.** *Le dehors.* ⇒ **extérieur.** *Le dehors d'une boîte. Ce bruit vient du dehors. Les ennemis du dehors et du dedans.* **2.** LES DEHORS : l'aspect, l'apparence extérieure. ⇒ **enveloppe, masque.** *Des dehors trompeurs. Sous des dehors plaisants.* **3.** AU-DEHORS loc. adv. : à l'extérieur. ② au-**dedans** / *Le liquide se répand au-dehors. Se pencher au-dehors.* ⇒ ① en **dehors.** — DU DEHORS : de l'extérieur. *Les bruits du dehors.* — AU-DEHORS DE loc. prép. *Au-dehors du pays.*

déifier [deifje] v. tr. ▪ conjug. 7. ■ Considérer (qqn, qqch.) comme un dieu. ⇒ **diviniser.** *Déifier l'humain, la liberté, l'argent.*

déisme [deism] n. m. ■ Position philosophique de ceux qui admettent l'existence d'une divinité, d'un dieu, sans accepter de religion. / contr. **athéisme** / ▶ ***déiste*** n. ■ Personne qui professe le déisme.

déjà [deʒɑ] adv. de temps **1.** Dès maintenant. *Elle a déjà fini son travail. Il est déjà quatre heures.* — Dès ce moment-là. *Quand il arriva, son ami était déjà parti.* — Loc. adv. D'ORES ET DÉJÀ : à partir de maintenant. **2.** Auparavant, avant. *Je l'ai déjà rencontrée ce matin.* **3.** Fam. (Renforçant une constatation). *C'est déjà bien beau. Ce n'est déjà pas si mal.* — (En fin de phrase, pour réitérer une question) *Comment vous appelez-vous, déjà ?*

déjection [deʒɛksjɔ̃] n. f. ■ Évacuation d'excréments ; excréments.

① ***déjeuner*** [deʒœne] v. intr. ▪ conjug. 1. **1.** Prendre le repas du matin. *Partir à l'école sans déjeuner. Elle déjeune d'une rôtie et d'un café.* **2.** (France) Prendre le repas du milieu de la journée (repas du midi). ⇒ ① **dîner.** *Nous avons déjeuné dans une pizzeria.* ▶ ② ***déjeuner*** n. m. **1.** Repas du matin. ⇒ petit **déjeuner ; brunch.** *C'est l'heure du déjeuner.* **2.** (France) Repas du milieu de la journée. ⇒ ② **dîner.** *Prendrez-vous du vin au déjeuner ?* **3.** Les mets qui composent le déjeuner (1, 2). *Manger des œufs et du bacon pour son déjeuner.* — *Salade et poisson, voilà mon déjeuner.* **4.** (Surtout en France) PETIT DÉJEUNER : repas léger du matin. ⇒ ② **déjeuner** (1). *Elle prend un croissant et un café crème au petit déjeuner.* — (France) *Petit déjeuner anglais* (pain grillé, œufs, bacon, etc.), *petit déjeuner continental* (croissants, crème, etc.). — REM. Dans les circonstances officielles, on emploie *petit déjeuner* au lieu de *déjeuner* (1) et *déjeuner* (2) au lieu de *dîner* (1). Ex : *Le ministre invite son homologue français à un déjeuner qui aura lieu à 13 h 00.* — En France, on dit parfois et familièrement *déjeuner* (1) au lieu de *petit déjeuner.*

déjouer [deʒwe] v. tr. ▪ conjug. 1. **1.** Faire échouer (les manœuvres de qqn). *Déjouer une intrigue, un complot.* — *Déjouer la surveillance.* ⇒ **tromper** (3). **2.** Sports. Manœuvrer la rondelle, le ballon... de manière à empêcher un adversaire de s'en emparer. ⇒ **feinter.** *Il a déjoué les autres joueurs grâce à une manœuvre très habile.*

se ***déjuger*** [deʒyʒe] v. pron. ▪ conjug. 3. Revenir sur un jugement exprimé, un parti pris. ⇒ **changer** d'avis, se **dédire.** *Il peut difficilement se déjuger.*

delà [dəlɑ] prép. et adv. de lieu **1.** PAR-DELÀ loc. prép. : plus loin que, de l'autre côté de. *Par-delà les mers.* — *Par-delà les apparences.* **2.** Adv. AU-DELÀ : plus loin. *La maison est un peu au-delà.* — AU-DELÀ DE loc. prép. : plus loin de, que. *C'est au-delà de tout ce que vous pouvez imaginer.* / contr. en **deçà** / **3.** N. m. L' AU-DELÀ. ⇒ **au-delà.** ‹ ▶ au-delà ›

délabrer [delɑbʀe] v. tr. ▪ conjug. 1. **1.** Mettre en mauvais état. ⇒ **endommager, ruiner ;** fam. **maganer.** *Délabrer sa santé par des excès.* **2.** SE DÉLABRER v. pron. : devenir en mauvais état. ⇒ se **dégrader ;** fam. se **maganer.** *La maison se délabre. Sa santé se délabre.* — Au p. p. adj. *Un vieux château tout délabré. Santé délabrée.* ▶ ***délabrement*** n. m. ■ ⇒ **ruine.** *Le vieux manoir était dans un état de délabrement avancé.*

délacer [delase] v. tr. ▪ conjug. 3. ■ Desserrer ou retirer (une chose lacée). *Délacer ses chaussures.* ⇒ **dénouer.** / contr. **lacer** / ≠ *délasser.*

délai [delɛ] n. m. **1.** Temps accordé pour faire qqch. *Travail exécuté dans le délai fixé. Marchandise livrée dans les délais. Agir dans les délais,* en temps utile. **2.** Prolongation de temps accordée pour faire qqch. ⇒ **sursis.** *Se faire donner un délai. Accorder un délai d'un mois à qqn, pour qqch.* — SANS DÉLAI : sur-le-champ. *Immédiatement et sans délai.* **3.** Temps à l'expiration duquel on sera tenu de faire une certaine chose. ⇒ **terme.** — *Délai de préavis,* qui met fin à un contrat de travail. — *Nous prendrons une décision, dans les plus brefs délais,* bientôt, très prochainement. ⇒ **rapidement.**

délaisser [delɛse] v. tr. ▪ conjug. 1. **1.** Laisser (qqn) sans secours ou sans affection. ⇒ **abandonner.** *Il délaisse sa famille, ses amis.* **2.** Abandonner (une activité). *Délaisser son travail.* ⇒ **négliger.** ▶ ***délaissé, ée*** adj. **1.** (Personnes) Laissé sans affection, sans aide ni secours. *Une personne délaissée.* **2.** (Choses) Abandonné. *La recherche fondamentale est trop délaissée.* ▶ ***délaissement*** n. m. ■ Littér. État de ce qui est délaissé.

délasser [delɑse] v. tr. ▪ conjug. 1. ■ Tirer de l'état de lassitude, de fatigue. ⇒ **détendre, reposer.** *Écouter de la musique délasse (l'esprit).* — SE DÉLASSER v. pron. : se reposer en se distrayant. ⇒ ① se **relaxer.** *Aller au cinéma pour se délasser.* / contr. **fatiguer, lasser** / ≠ *délacer.* ▶ ***délassant, ante*** adj. ■ Reposant. ▶ ***délassement*** n. m. **1.** Le fait de se délasser (physiquement ou intellectuellement). ⇒ **détente, loisir.** *Avoir besoin de délassement.* **2.** Ce qui délasse. ⇒ **amusement, distraction.** *La lecture est un délassement.*

délateur, trice [delatœʀ, tʀis] n. ■ Personne qui dénonce pour des motifs méprisables ou vénaux. ⇒ **dénonciateur, indicateur.** ▶ ***délation*** n. f. ■ Dénonciation de caractère méprisable ou contre rémunération. *Faire une délation. Une méprisable délation.*

délavé, ée [delave] adj. ■ Dont la couleur est, ou semble trop étendue d'eau. ⇒ **décoloré, pâle.** *Le ciel est d'un bleu délavé.* — Décoloré (par l'action de l'eau ou d'un produit détersif). *Un jean délavé.*

délayer [deleje] v. tr. ▪ conjug. 8. **1.** Mélanger (une substance) à un liquide. ⇒ **diluer, dissoudre.** *Délayer de la farine dans de l'eau. Délayer de la colle, du ciment.* **2.** *Délayer une pensée, une idée, un discours,* l'exposer trop longuement, de manière diffuse. / contr. **synthétiser** / — Au p. p. *Son article est trop long, un peu délayé.* ▸ ***délayage*** [delɛjaʒ] n. m. ■ Action de délayer (1 et 2). — Ce qui est délayé.

delco [dɛlko] n. m. ■ Système d'allumage d'un moteur à explosion (bobine). — REM. Ce mot est un nom de marque déposée.

se délecter [delɛkte] v. pron. ▪ conjug. 1. ■ Prendre un très grand plaisir (à qqch.). ⇒ se **régaler, savourer.** *Je me suis délecté à l'écouter parler.* ▸ ***délectable*** adj. ■ Littér. Qui est très agréable. *Mets délectable.* ⇒ **savoureux.** ▸ ***délectation*** n. f. ■ Plaisir que l'on savoure. ⇒ **délice.** *Déguster un bon plat avec délectation. Écouter avec délectation.* ⇒ **ravissement.**

déléguer [delege] v. tr. ▪ conjug. 6. **1.** Charger (qqn) d'une mission, en transmettant son pouvoir. *Déléguer un représentant à une assemblée.* **2.** Transmettre, confier (une autorité, un pouvoir) pour un objet déterminé. *Déléguer son autorité, ses pouvoirs à qqn.* ▸ ***délégation*** n. f. **I. 1.** Acte par lequel on délègue ; attribution, transmission pour un objet déterminé. *Délégation de pouvoir (à qqn).* **2.** Ensemble des personnes déléguées. *Faire partie d'une délégation. Envoyer, recevoir une délégation.* **II.** Représentation permanente d'une province auprès d'un État étranger ⇒ **ambassade, légation** ; fonction de délégué. *La délégation du Québec à Londres.* — Ensemble du personnel assurant cette mission ; résidence du délégué, locaux et services. *Téléphoner à la délégation.* ▸ ***délégué, ée*** n. et adj. ■ Personne qui a été chargée d'une fonction, d'un pouvoir. ⇒ **émissaire, mandataire, porte-parole, représentant.** *Nommer un délégué. Délégué du personnel. Délégué syndical. Une déléguée de classe. — Le délégué général du Québec à Paris,* le représentant de cette province auprès du gouvernement français. — Adj. *Une étudiante, une productrice déléguée.*

délester [delɛste] v. tr. ▪ conjug. 1. **1.** Décharger de son lest. ⇒ **alléger.** *Délester un navire.* — Pronominalement. *Le navire, l'avion se déleste d'une charge, de son carburant.* **2.** Iron. *On l'a délesté de son portefeuille,* on le lui a volé (→ On l'a soulagé de...). **3.** Décongestionner (une voie, le trafic routier), par des déviations. **4.** Réduire la charge dans certains secteur d'un réseau électrique. *Hydro-Québec a délesté quelques lignes de transmissions.* ▸ ***délestage*** n. m. ■ Action de délester (1, 3 et 4). *Itinéraire de délestage.*

délétère [deletɛʀ] adj. ■ *Gaz délétère,* qui met la santé, la vie en danger. ⇒ **nocif, toxique.**

délibérer [delibeʀe] v. intr. et tr. ind. ▪ conjug. 6. **1.** Discuter avec d'autres personnes en vue d'une décision à prendre. ⇒ se **consulter.** *Le jury délibère. — Délibérer de, sur qqch. On n'a pas encore délibéré de l'affaire.* **2.** Littér. Réfléchir sur une décision à prendre, peser le pour et le contre. ⇒ **réfléchir.** *Elle délibère sur la conduite à tenir.* ▸ ***délibérant, ante*** adj. ■ Qui délibère (opposé à *consultatif*). *Assemblée délibérante.* ▸ ***délibératif, ive*** adj. ■ Qui a qualité pour voter, décider dans une délibération (opposé à *consultatif*). *Avoir voix délibérative dans une assemblée.* ▸ ***délibération*** n. f. **1.** Action de délibérer avec d'autres personnes. ⇒ **débat, discussion, examen.** *Mettre (une question) en délibération.* **2.** Au plur. Débats des assemblées politiques. *Les délibérations de la Chambre des communes.* **3.** Examen réfléchi. *Décision prise après mûre délibération.* ⇒ **réflexion.** ▸ ***délibéré, ée*** adj. **1.** Qui a été délibéré, discuté et décidé. ⇒ **intentionnel, réfléchi, voulu.** *Par volonté délibérée.* — DE PROPOS DÉLIBÉRÉ : exprès, volontairement. **2.** Assuré, décidé. *D'un air délibéré.* ▸ ***délibérément*** adv. ■ De manière délibérée. / contr. à la **légère, inconsidérément** /

délicat, ate [delika, at] adj. **1.** Littér. Qui plaît par la qualité, la finesse. *Parfum délicat.* ⇒ **subtil.** *Nourriture délicate.* ⇒ **raffiné.** — Qui plaît par la finesse de l'exécution. *La touche délicate d'un peintre.* ⇒ **léger ; élégant.** *Travail délicat,* fini avec soin. **2.** Que sa finesse rend sensible aux moindres influences extérieures. ⇒ **fragile.** *Peau, fleur délicate. — Un enfant délicat,* facilement malade. / contr. **robuste** / **3.** Dont la subtilité, la complexité rend la compréhension ou l'exécution difficile. ⇒ **embarrassant, malaisé.** *Problème, question délicat(e).* ⇒ **complexe.** *Une situation délicate.* ⇒ **périlleux. 4.** (Personnes) Qui est doué d'une grande sensibilité. *Esprit délicat.* ⇒ **raffiné, subtil.** *Oreille délicate.* — (Au moral) *Il est peu délicat en affaires.* ⇒ **scrupuleux.** — *Attention, pensée délicate,* pleine de sensibilité, de tact. **5.** Que sa grande sensibilité rend difficile à contenter. ⇒ **exigeant.** *Il ne faut pas être si délicat.* — N. *Il fait le délicat,* le difficile (6). ▸ ***délicatement*** [delikatmɑ̃] adv. ■ Finement *(dentelles délicatement ouvragées)* ; légèrement *(prendre délicatement qqch.)* ; élégamment *(agir délicatement).* ▸ ***délicatesse*** [delikatɛs] n. f. **1.** Littér. Qualité de ce qui est fin, délicat. *La délicatesse d'un mets. La délicatesse des traits d'un visage.* ⇒ **joliesse. 2.** Finesse et précision dans l'exécution, le toucher. *Faire, prendre qqch. avec délicatesse.* ⇒ **délicatement. 3.** Caractère de ce qui est fragile par suite de sa finesse. *La délicatesse et la blancheur de sa peau.* **4.** Aptitude à sentir, à juger, à exprimer finement. ⇒ **sensibilité.** *Délicatesse de goût, de jugement. Délicatesse du langage, du style.* **5.** Sensibilité morale dans les relations avec autrui. ⇒ **discrétion, tact.** *Elle s'est tue par délicatesse. Manquer de délicatesse. La délicatesse de ses procédés.* ‹ ▸ indélicat ›

délice [delis] n. **I.** DÉLICES n. f. pl. : plaisir qui ravit, transporte. *Les délices de l'amour. Lieu de délices* (⇒ **paradis**). — Loc. *Faire ses délices de qqch.,* y prendre un grand plaisir. **II.** N. m. Plaisir vif et délicat. ⇒ **félicité, joie.** *Quel délice, de vivre ici ! C'est un délice, un vrai délice de l'écouter chanter. — Ce rôti est un délice.* ⇒ **régal.** ▸ ***délicieux, ieuse*** adj. ■ Qui procure un vif plaisir, est extrêmement agréable. ⇒ **exquis.** *Sensation délicieuse.* ⇒ **divin.** *Femme délicieuse.* ⇒ **charmante.** *Fruits délicieux.* ⇒ **délectable.** ▸ ***délicieusement*** adv. ■ *Il fait délicieusement beau.*

délictueux, euse [deliktɥø, øz] adj. ■ Qui a le caractère d'un délit. ⇒ **répréhensible.** *Des manœuvres financières délictueuses.*

délié, ée [delje] adj. et n. m. **1.** Littér. Fin, mince. *Une taille déliée.* ⇒ **élancé.** — N. m. *Un délié,* la partie fine, déliée d'une lettre (opposé à *plein*). *Les pleins et les déliés d'une écriture à la plume.* **2.** *Un esprit délié,* qui a beaucoup de pénétration. ⇒ ① **fin, pénétrant, subtil.**

délier [delje] v. tr. ▪ conjug. 7. **I. 1.** Dégager (qqch., qqn) de ce qui lie. ⇒ **détacher.** *Délier les mains d'un prisonnier.* ⇒ **libérer.** — Défaire le nœud de. ⇒ **dénouer.** *Délier une corde.* **2.** Loc. *Sans bourse délier,* sans rien payer, gratis. — Loc. fig. *Délier la langue de qqn,* le faire parler. — Pronominalement. *Les langues se délient,* on parle. — Au p. p. adj. *Avoir la* *langue déliée,* être bavard, placoteur. **II.** Libérer (qqn) d'un engagement, d'une obligation. ⇒ **affranchir, dégager.** *Délier qqn d'une promesse.*

délimiter [delimite] v. tr. ▪ conjug. 1. ■ Déterminer les limites de. *Délimiter la frontière entre deux États.* ⇒ **borner, limiter.** — Former la limite de. *Clôtures qui délimitent une propriété.* ⇒ **séparer.** — Abstrait. *Délimiter les attributions de qqn.* ⇒ **définir, fixer.** *Délimiter son sujet.* ⇒ **circonscrire.** ▶ ***délimitation*** n. f. ■ *La délimitation d'un champ.* ⇒ **bornage.** *Délimitation de frontières.* ⇒ **démarcation.**

délinquant, ante [delɛ̃kɑ̃, ɑ̃t] n. et adj. ■ Personne qui commet un délit. *Les jeunes délinquants.* ⇒ fam. **bum.** — Adj. *L'enfance délinquante.* ▶ ***délinquance*** n. f. ■ Ensemble des crimes et des délits considérés sur le plan social. ⇒ **criminalité.** *Délinquance juvénile.*

déliquescence [delikɛsɑ̃s] n. f. ■ Littér. Décadence complète ; perte de la force, de la cohésion. ⇒ **décomposition, ruine.** *Tomber en déliquescence. Société en déliquescence.* ▶ ***déliquescent, ente*** adj. ■ En état de déliquescence.

délire [deliʀ] n. m. **1.** Forme de confusion mentale due à certaines fièvres ou intoxications. *Le malade est en plein délire. Les délires de la fièvre.* **2.** Maladie mentale caractérisée par un désordre de la personnalité qui se manifeste par des idées et des perceptions anormales. *Délire paranoïaque, verbal, de persécution.* — *C'est du délire !,* c'est de la folie. **3.** Exaltation, enthousiasme exubérant. *Foule en délire. Quand elle apparut, ce fut du délire.* ▶ ***délirer*** v. intr. ▪ conjug. 1. **1.** Avoir le délire. ⇒ **divaguer ;** fam. **déparler.** *Le malade délire. — Il délire !* ⇒ **déraisonner ;** fam. ② **dérailler. 2.** Être en proie à une émotion qui trouble l'esprit. *Délirer de joie, de colère, d'enthousiasme.* ▶ ***délirant, ante*** adj. ■ Qui manque de mesure, exubérant. ⇒ fam. **capotant.** *Une imagination délirante.* ⇒ **effréné, extravagant.** *Joie délirante.* — Totalement déraisonnable. *C'est délirant !* ⇒ **démentiel, fou.**

delirium tremens [delirjɔmtʀemɛ̃(ɛn)s] n. m. invar. ■ (Mots latins signifiant « délire troublant ») Délire (1) aigu accompagné d'agitation et de tremblement, particulier aux alcooliques sevrés ou en état de manque.

délit [deli] n. m. **1.** (Sens large) *Délit (pénal),* toute infraction à la loi, punie par elle. ⇒ **contravention, crime.** *Coupable de délit.* ⇒ **délinquant.** — *Le* CORPS DU DÉLIT : le fait matériel qui constitue le délit, indépendamment des circonstances. — FLAGRANT DÉLIT : infraction qui est en train ou qui vient de se commettre. ⇒ sur le **fait.** *Un flagrant délit d'adultère.* — Fig. *Je vous prends en flagrant délit de mensonge !* **2.** (Sens restreint) *Délit (correctionnel),* infraction punie de peines correctionnelles (opposé à *contravention* ou à *crime*). ⇒ **délictueux.** ‹ ▶ délictueux ›

① ***délivrer*** [delivʀe] v. tr. ▪ conjug. 1. **1.** Rendre libre. ⇒ **libérer.** *Délivrer un prisonnier.* **2.** *Délivrer qqn de,* rendre libre en écartant, en supprimant. ⇒ **débarrasser, libérer.** *Délivrer qqn d'un importun, d'un rival. Délivrer qqn d'un mal, d'une crainte.* **3.** SE DÉLIVRER v. pron. : se libérer, se dégager de. ⇒ s'**affranchir,** se **dépêtrer.** *Se délivrer d'un fardeau. Se délivrer d'une obsession.* **4.** Au p. p. *Cette obsession dont je ne me sens pas délivrée.* ▶ ① ***délivrance*** n. f. **1.** Action de libérer (qqn) d'une gêne, d'un mal, d'un tourment ; impression agréable qui en résulte. ⇒ **soulagement.** *« Ouf ! ils sont partis. Quelle délivrance ! »* **2.** Médecine. Fin de l'accouchement.

② ***délivrer*** v. tr. ▪ conjug. 1. ■ Remettre (qqch.) à qqn. *On lui a délivré un certificat, un reçu. Le médecin délivre une ordonnance.* ▶ ② ***délivrance*** n. f. ■ *La délivrance d'un passeport à qqn.*

déloger [delɔʒe] v. tr. ▪ conjug. 3. ■ Faire sortir (qqn) du lieu qu'il, elle occupe. ⇒ **chasser, expulser ;** fam. **vider.** *Déloger un locataire. Déloger l'ennemi de ses positions.*

déloyal, ale, aux [delwajal, o] adj. ■ Qui n'est pas loyal. ⇒ **faux, trompeur.** *Être déloyal envers qqn.* — *C'était déloyal de nous prendre par surprise.* — *Procédé, concurrence déloyal(e).* ▶ ***déloyauté*** [delwajote] n. f. ■ Manque de loyauté. ⇒ **fausseté, malhonnêteté, perfidie, traîtrise.** *Faire acte de déloyauté.* — *La déloyauté d'un procédé.*

delta [dɛltɑ] n. m. **1.** N. m. invar. Quatrième lettre de l'alphabet grec (Δ). *Des delta majuscules.* **2.** Dépôt d'alluvions émergeant à l'embouchure d'un fleuve et la divisant en bras de plus en plus ramifiés. ⇒ **estuaire.** *Le delta du fleuve Mackenzie. Des deltas immenses.* **3.** *Ailes d'avion en delta,* en triangle. — En appos. Invar. *Avions à ailes delta.* ▶ ***deltaplane*** n. m. ■ Aile volante, planeur très léger supportant une personne. — REM. On dit aussi *aile delta, aile libre.* — Ce sport. *Faire du deltaplane.* — REM. Ce mot est un nom de marque déposée. ▶ ***deltaplaneur, euse*** n. ■ Adepte du deltaplane. ‹ ▶ deltoïde ›

deltoïde [dɛltɔid] adj. et n. m. ■ Anatomie. Du muscle triangulaire de l'épaule. — *Le deltoïde.*

déluge [delyʒ] n. m. **1.** Envahissement de la terre par les eaux, selon la Bible. *L'arche de Noé échappa au déluge.* — Loc. *Remonter au déluge,* très loin dans le passé. *Après moi (nous) le déluge !,* profitons du présent sans souci des catastrophes à venir. **2.** Pluie très abondante, torrentielle. ⇒ **trombe, cataracte ; diluvien.** *La pluie redouble et devient un déluge.* — *Déluge de larmes.* ⇒ **torrent.** *Un véritable déluge de paroles. Les spectateurs ont lancé un véritable déluge d'objets sur la glace,* une grande quantité.

déluré, ée [delyʀe] adj. ■ Qui a l'esprit vif et avisé, qui est habile à se tirer d'embarras. ⇒ **dégourdi, déniaisé, espiègle,** ② **malin.** / contr. **empoté** / *Une enfant délurée.* — *Air déluré.* ⇒ **éveillé, vif.** — Péj. D'une hardiesse excessive, provocante. ⇒ **arrogant, effronté ;** fam. **agace.** / contr. **niaiseux** / *C'est une fille bien délurée.*

démagnétiser [demaɲetize] v. tr. ▪ conjug. 1. ■ Faire disparaître les propriétés magnétiques d'un objet. / contr. **aimanter, magnétiser** / *Démagnétiser une carte de crédit.* — Au p. p. adj. *Disquette démagnétisée.*

démagogie [demagɔʒi] n. f. ■ Politique par laquelle on flatte les passions populaires pour mieux les exploiter. *Faire de la démagogie pour se faire élire.* ⇒ **démagogue.** ▶ ***démagogique*** adj. ■ *Discours démagogiques.* ▶ ***démagogue*** n. ■ Personne qui fait de la démagogie. *Le démagogue est le pire ennemi de la démocratie. C'est une démagogue.* — Adj. *Politicien démagogue.*

se ***démailler*** [demaje] v. pron. ▪ conjug. 1. ■ Avoir les mailles qui se défont. *Son bas s'est démaillé.* ⇒ **filer.** ‹ ▶ indémaillable ›

demain [d(ə)mɛ̃] adv. et n. m. **I.** Le jour suivant celui où s'exprime la personne qui parle. *Je viendrai demain ; aujourd'hui, je n'ai pas le temps.* **1.** Adv. *Demain dans la matinée, demain matin.* — Loc. *Demain il fera jour,* rien ne presse d'agir aujourd'hui. *Ce n'est pas pour demain ;* fam. *c'est pas demain la veille,* ce n'est pas pour bientôt. **2.** N. m. *Vous avez tout demain pour réfléchir.* — Après une prép. À DEMAIN :

nous nous reverrons demain. *Au revoir, et à demain !* — PROV. *Il ne faut pas remettre à demain ce qu'on peut faire le jour même.* — *À partir de demain. C'est pour demain.* (Surtout en France) *Demain en huit,* dans huit jours à dater de demain. **II.** Dans un avenir plus ou moins proche. **1.** Adv. Plus tard. *Aujourd'hui c'est ainsi, mais demain ?* **2.** N. m. L'avenir. *Le monde de demain.* ⇒ **futur.** ‹ ▶ après-demain, lendemain ›

se ***démancher*** [demɑ̃ʃe] v. pron. ▪ conjug. 1. **1.** Se séparer de son manche. *Mon marteau se démanche.* — Au p. p. adj. *Un couteau démanché.* **2.** Fam. Se démettre. *Elle s'est démanché le bras.* **3.** V. tr. Défaire, démonter qqch. *Démancher un lit pour le déménager.* — *Il a démanché un panneau d'armoire, une vis,* il les a enlevés. *Démanche la prise de courant,* retire-la du mur. — Pronominalement (passif). *Un bouton, un fil qui se démanche.* ⇒ se **découdre.** — Au p. p. adj. *Un câble démanché.*

demande [d(ə)mɑ̃d] n. f. **I. 1.** Action de demander (I). ⇒ **désir, souhait.** *Demande faite avec insistance.* ⇒ **réclamation, revendication.** *Demande d'emploi,* candidature. — *Faire une demande ; adresser, formuler, présenter une demande. Répondre favorablement à une demande. Faire qqch. sur la demande, à la demande de qqn. À la demande générale.* **2.** *Demande en mariage,* démarche par laquelle on demande une jeune fille en mariage à ses parents. — Absolt. *Faire sa demande.* Vx. *La grande demande,* officielle et solennelle. **3.** Quantité de produits ou de services que des acheteurs sont disposés à prendre à un prix donné. *La loi de l'offre et de la demande. Il y a une forte demande pour les lecteurs de disques compacts.* — Loc. adv. *En demande,* qui est ou fait l'objet de demandes. ⇒ **demandé.** *Une artiste en demande. Un livre très en demande.* **4.** Action intentée en justice pour faire reconnaître un droit. ⇒ **requête.** *Former une demande en divorce.* **5.** Annonce par laquelle on s'engage à réaliser un contrat, aux cartes (bridge). **II.** Vx. Question. *Livre, catéchisme par demandes et réponses.* ▶ ***demander*** v. tr. ▪ conjug. 1. **I. 1.** Faire connaître à qqn (ce qu'on désire obtenir de lui). *Demander qqch. à qqn. Elle lui a demandé son stylo. Demander un renseignement. Demander à qqn son avis, un conseil. Demander une faveur.* ⇒ **solliciter.** *Demander la permission de faire qqch. Demander son dû.* ⇒ **réclamer, revendiquer.** *Demander aide, assistance, secours. Demander l'aumône,* mendier. *Demander pardon,* s'excuser. — Loc. *S'enfuir sans demander son reste,* précipitamment. — Indiquer (ce que l'on veut gagner). *Demander dix dollars de l'heure.* — DEMANDER À (+ infinitif ; les deux verbes ont le même sujet). *Demander à s'asseoir. Il demande à venir avec nous. Elle a demandé au surveillant à sortir* (⇒ **permission**). — DEMANDER DE (+ infinitif ; les deux verbes n'ont pas le même sujet). ⇒ **exiger, ordonner, prier, sommer, supplier.** *Je vous demande de me répondre, de m'écouter. Je vous demande de partir,* je demande que vous partiez. *Elle m'a demandé de lui répondre rapidement. Elle m'a demandé d'emmener son fils à l'hôpital. Je te demande d'être à l'heure. Je ne t'ai pas demandé de venir.* — DEMANDER QUE (+ subjonctif ; le sujet de la complétive est différent de celui du verbe *demander*). *J'ai demandé que le docteur vienne.* **2.** Réclamer par une demande (4) en justice. ⇒ **requérir.** *Ils ont demandé des dommages-intérêts. Demander le divorce.* **3.** Fam. Vouloir, avoir envie de. ⇒ **désirer, souhaiter.** *Ne demander qu'à se laisser convaincre, qu'à croire. Voilà tout ce que je demande.* — Loc. NE PAS DEMANDER MIEUX QUE : consentir volontiers. *Je ne demande pas mieux que d'y aller.* — Fam. IL *(elle...)* NE DEMANDE QUE ÇA : il (elle...) en a envie. **4.** Prier de donner, d'apporter (qqch.). ⇒ **réclamer.** *Demander l'addition à un serveur. Demander un taxi par téléphone,* faire venir. *Demander une pizza par téléphone,* faire livrer à domicile. ⇒ **commander. 5.** Faire venir, faire chercher (qqn). *Demander qqn* (fam. *après qqn*). *On vous demande au téléphone. Descendez, on vous demande. On demande un médecin.* — Rechercher pour un travail. *On demande une biologiste.* **6.** *Demander qqn en mariage.* — Loc. *Demander la main (d'une jeune fille),* déclarer qu'on souhaite l'épouser. **7.** Faire connaître (ce qu'on attend de qqn). ⇒ **attendre** de, **compter** sur. *Demander beaucoup (d'efforts) à qqn.* ⇒ **exiger.** Fam. *Il ne faut pas leur en demander trop.* — (Compl. chose) *Demander beaucoup de (à) la vie.* **8.** (Choses) Avoir pour condition de succès, de réalisation. ⇒ **exiger, nécessiter, réclamer, requérir.** *Votre proposition demande réflexion. C'est un travail qui demande beaucoup de patience. Le voyage demande trois heures.* ⇒ **prendre.** — DEMANDER À (+ infinitif). *Cette toile demande à être examinée de près.* **II.** Interroger. **1.** Essayer de savoir (en interrogeant qqn). *Demander son chemin, son nom à qqn. Demander le prix de qqch. Demander quand, pourquoi, comment...* Fam. *Demander une question.* ⇒ **poser.** Fam. *Je ne te demande pas l'heure,* mêle-toi de tes affaires. — Fam. *Je vous (le) demande ; je vous demande un peu !,* marque l'étonnement, la réprobation. — Sans compl. *Vous pouvez demander.* ⇒ **questionner. 2.** SE DEMANDER v. pron. : se poser une question à soi-même. *Je me demande ce qu'elle va faire. Elle s'est demandé pourquoi il avait agi ainsi.* ⇒ **ignorer.** *Je me demande s'il va pleuvoir.* ▶ ***demandé, ée*** p. p. adj. ▪ Qui est ou fait l'objet de demandes. ⇒ en **demande.** *Personne très demandée,* dont on sollicite beaucoup les services. *Article demandé,* en vogue. ⇒ en **demande** (I, 3). ▶ ***demandeur, euse*** n. **1.** Droit (fém. *demanderesse*). Personne qui intente une action en justice contre qqn. ⇒ **plaignant, requérant. 2.** *Demandeur, demandeuse d'emploi,* personne qui cherche du travail. ⇒ **chômeur.** ‹ ▶ redemander ›

démanger [demɑ̃ʒe] v. intr. ▪ conjug. 3. **1.** Faire ressentir une démangeaison (à qqn). ⇒ fam. **gratter.** *Le bras, la jambe lui démange.* **2.** *Ça me (le...) démange de* (+ infinitif), j'ai (il a) extrêmement envie de... *Ça me démange de lui dire son fait.* Loc. *La main, le poing lui démange,* il a envie de frapper, de se battre. *La langue lui démange,* il a grande envie de parler. ▶ ***démangeaison*** [demɑ̃ʒɛzɔ̃] n. f. ▪ Picotement ou irritation de la peau, sensation qui donne envie de se gratter. *Les piqûres de brûlots provoquent des démangeaisons.* — Fig. et fam. *Avoir une démangeaison de,* avoir envie de.

démanteler [demɑ̃tle] v. tr. ▪ conjug. 5. **1.** Démolir (des fortifications). *Démanteler une place forte.* ⇒ **raser. 2.** Fig. Abattre, détruire. *Démanteler un empire, une institution.* ⇒ **abolir, désorganiser.** — Pronominalement. *L'association s'est démantelée.* ⇒ se **désagréger.** ▶ ***démantèlement*** n. m. ▪ *Le démantèlement d'un réseau d'espionnage, de braconniers.*

démantibuler [demɑ̃tibyle] v. tr. ▪ conjug. 1. ▪ Fam. Démolir, défaire de manière à rendre inutilisable ; mettre en pièces. ⇒ **démonter, disloquer ;** fam. **défuntiser, déglinguer.** *Démantibuler un meuble.* — Au p. p. adj. *Appareil tout démantibulé.*

démaquiller [demakije] v. tr. ▪ conjug. 1. ▪ Enlever le maquillage, le fard de. *Démaquiller une actrice. Démaquiller ses yeux.* — Pronominalement (réfl.). *Se démaquiller.* ▶ ***démaquillage*** n. m. ▶ ***démaquillant, ante*** adj. et n. m. ▪ Qui sert à démaquiller. *Lait démaquillant, crème démaquillante.* — N. m. *Un démaquillant.*

démarcage n. m. ⇒ **démarquage.**

démarcation [demaʀkasjɔ̃] n. f. **1.** Action de limiter ; ce qui limite. ⇒ **délimitation, frontière,**

séparation. *Démarcation entre la terre et l'eau. Ligne de démarcation,* frontière. **2.** Ce qui sépare nettement deux choses. ⇒ **limite.** *La démarcation des partis politiques.*

① ***démarche*** [demaʀʃ] n. f. **1.** Manière de marcher. ⇒ **allure, marche, pas.** *Démarche aisée, assurée, digne, énergique, majestueuse.* **2.** Manière de progresser dans un raisonnement, une façon de penser. *La démarche de la pensée.* ⇒ **cheminement.**

② ***démarche*** n. f. ■ Tentative auprès de qqn, d'une administration, pour réussir une entreprise. ⇒ **requête, sollicitation.** *Faire des démarches. Il faut effectuer bien des démarches pour trouver du travail. Tenter une démarche auprès de qqn ; en faveur de qqn, pour aider qqn.* ▶ ***démarcheur, euse*** n. ■ Vendeur(euse) qui sollicite la clientèle à domicile. ⇒ **colporteur, représentant.**

① ***démarquer*** [demaʀke] v. tr. ▪ conjug. 1. **1.** Priver de sa, de ses marques. *Démarquer du linge,* en découdre la marque. / contr. **marquer** / **2.** Copier en apportant quelques modifications. ⇒ **imiter, plagier.** *Démarquer une œuvre littéraire.* **3.** (France) Baisser le prix d'un article (en changeant la marque). *Démarquer des articles pour les solder.* ⇒ **dégriffer.** ▶ ***démarquage*** ou ***démarcage*** n. m. ■ Fait de démarquer (2).

② ***se démarquer*** v. pron. ▪ conjug. 1. **1.** Dans certains sports. Se libérer d'une surveillance étroite par l'adversaire. — Au p. p. adj. *Un joueur démarqué.* / contr. **marqué** / **2.** SE DÉMARQUER *de qqn* : prendre ses distances par rapport à qqn de manière à ne pas être confondu avec lui. *Elle tient à se démarquer de son prédécesseur.*

démarrer [demaʀe] v. ▪ conjug. 1. **1.** V. intr. Commencer à rouler, à partir. *La voiture démarra brusquement.* **2.** Se mettre à marcher, à réussir. *Son affaire commence à démarrer, démarre lentement.* ⇒ ① **partir.** **3.** V. tr. Fam. Mettre en marche, commencer. *Démarrer un moteur. Démarrer une enquête, un projet.* ⇒ **lancer.** ▶ ***démarrage*** n. m. ■ *Faire un démarrage en trombe. — Le démarrage d'une entreprise, d'une carrière, d'une campagne électorale.* ⇒ **départ.** ▶ ***démarreur*** n. m. ■ Système servant à mettre en marche un moteur. ⇒ anglic. ② **starter.** *Le démarreur d'une voiture.* ⟨ ▶ redémarrer ⟩

démasquer [demaske] v. tr. ▪ conjug. 1. **1.** Faire connaître (qqn, un comportement) pour ce qu'il est, sous des apparences trompeuses. ⇒ **confondre.** *Démasquer un hypocrite, un coupable ; un complot.* **2.** Loc. *Démasquer ses batteries,* dévoiler ses intentions secrètes.

① ***démêler*** [demɛle] v. tr. ▪ conjug. 1. ■ Séparer (ce qui était emmêlé, mêlé). *Démêler ses cheveux.* ⇒ **coiffer, peigner.** *Démêler des clous de différentes tailles.* ▶ ***démêlage*** n. m. ▶ ***démêloir*** n. m. ■ Peigne à grosses dents servant à démêler les cheveux. ▶ ***démêlure*** n. f. ■ Petite touffe de cheveux enlevée par le peigne. ⟨ ▶ ② démêler ⟩

② ***démêler*** v. tr. ▪ conjug. 1. **1.** Débrouiller, éclaircir (une chose compliquée). *Démêler une affaire délicate,* la tirer au clair. ⇒ **résoudre.** **2.** SE DEMÊLER v. pron. réfl. : se débrouiller, se tirer d'affaire. *Cette enfant se démêle toute seule dans les autobus.* **3.** Littér. *Avoir qqch. à démêler avec qqn,* à discuter, à débattre (⇒ **démêlé**). ▶ ***démêlé*** n. m. **1.** Au sing. Affaire compliquée dans laquelle chacun veut avoir raison. ⇒ **litige.** *Ils ont eu un démêlé à propos de l'héritage.* **2.** Au plur. Difficulté due à des oppositions, des opinions opposées. — Spécialt. *Avoir des démêlés avec la justice.* ⇒ **ennui(s).**

*d'**emblée*** loc. adv. ⇒ **emblée.**

démembrer [demɑ̃bʀe] v. tr. ▪ conjug. 1. ■ Diviser en parties (ce qui forme un tout, devrait rester entier). ⇒ **découper, morceler, partager.** *Démembrer un domaine, un empire. — Démembrer une organisation terroriste.* ⇒ **démanteler.** ▶ ***démembrement*** n. m. ■ *Le démembrement des grands domaines.* ⇒ **morcellement.** — *Le démembrement du défilé aura lieu au parc municipal.*

déménager [demenaʒe] v. ▪ conjug. 3. **1.** V. tr. Transporter (des objets) d'un logement dans un autre. *Déménager ses meubles, ses livres. — Je voudrais déménager cette armoire au sous-sol,* la changer de pièce. **2.** V. intr. Changer de logement ; quitter le logement qu'on occupe pour emménager ailleurs. *Nous déménageons à la fin de juin.* ▶ ***déménagement*** n. m. ■ Action de déménager ; transport d'objets d'un logement à un autre. *Faire son déménagement. Entreprise* (⇒ **déménageur**), camion de déménagement. / contr. **emménagement** / — Fam. *Votre déménagement est dans le camion,* l'ensemble des meubles et des objets déménagés. ▶ ***déménageur, euse*** n. **1.** N. Personne (en général, homme) dont le métier est de faire des déménagements. **2.** N. m. Entreprise de transport spécialisée dans les déménagements. *Réserver un déménageur.*

démence [demɑ̃s] n. f. **1.** Ensemble des troubles mentaux graves. ⇒ **aliénation, folie.** *Sombrer dans la démence.* **2.** Conduite extravagante. *C'est de la démence, de la pure démence d'agir ainsi.* ⇒ **folie, inconscience.** ▶ ***dément, ente*** adj. et n. **1.** Qui est atteint de démence. *Un dément dangereux.* ⇒ **fou.** — *Acte dément.* ⇒ **démentiel.** **2.** Fam. *C'est dément !,* absurde, démesuré. — Extraordinaire. ⇒ **délirant ;** fam. **capotant, capoté, dingue.** ▶ ***démentiel, ielle*** [demɑ̃sjɛl] adj. **1.** De la démence. *État démentiel.* **2.** Absurde, fou. *C'est un projet absolument démentiel.* / contr. **raisonnable** /

*se **démener*** [demne] v. pron. ▪ conjug. 3. **1.** S'agiter violemment. ⇒ se **débattre,** se **remuer.** Loc. *Se démener comme un beau diable, comme le diable dans l'eau bénite.* **2.** Se donner beaucoup de peine (pour arriver à un résultat). ⇒ s'**agiter,** se **dépenser.** *Il faut se démener pour réussir. Se démener pour achever un travail à la date promise.* ⇒ se donner du **mal.** *Elle s'est beaucoup démenée pour réussir son examen.*

démentir [demɑ̃tiʀ] v. tr. ▪ conjug. 16. **1.** Contredire (qqn) en prétendant qu'il n'a pas dit la vérité. ⇒ **désavouer.** *Je n'ai pas osé le démentir.* **2.** Prétendre (qqch.) contraire à la vérité. ⇒ **nier.** *Démentir formellement un bruit, une nouvelle. Elle dément l'avoir dit. — Démentir que* (+ indicatif ou subjonctif). *Le porte-parole a démenti que l'entrevue ait eu lieu. On n'a pas démenti que l'entrevue a eu lieu.* ⇒ **démenti.** / contr. **confirmer** / **3.** (Choses) Aller à l'encontre de. ⇒ **contredire, infirmer.** *Les résultats démentent les pronostics.* **4.** SE DÉMENTIR v. pron. : cesser de se manifester (surtout au négatif). *Son courage ne s'est jamais démenti,* est resté aussi grand, sans défaillance. ▶ ***démenti*** n. m. ■ Action de démentir ; ce qui dément qqch. ⇒ **dénégation, désaveu.** *Opposer un démenti formel à une nouvelle. Sa présence est un démenti aux accusations portées.*

*se **démerder*** [demɛʀde] v. pron. ▪ conjug. 1. ■ Fam. Se débrouiller. *Il s'est bien démerdé.* ⇒ s'en **sortir.**

démériter [demeʀite] v. intr. ▪ conjug. 1. ■ Agir de manière à encourir le blâme, la désapprobation (de qqn). *Démériter aux yeux de qqn. En quoi a-t-elle démérité ?* ▶ ***démérite*** n. m. ■ POINT DE DÉMÉRITE : mauvais point qui va au dossier d'un conducteur lorsque celui-ci commet une infraction aux règlements de la circulation. *Brûler un feu rouge entraîne automatiquement trois points de démérite au dossier de l'automobiliste.* — REM. L'expression *point d'inaptitude* serait préférable.

démesure [deməzyʀ] n. f. ■ Manque de mesure dans les sentiments, les attitudes. *Tomber dans l'exagération et la démesure.* ⇒ **excès, outrance.** ▶ ***démesuré, ée*** adj. **1.** Qui dépasse la mesure ordinaire. ⇒ **colossal, gigantesque, immense, titanesque.** *Un empire démesuré.* **2.** D'une très grande importance, intensité. ⇒ **énorme, excessif, immense.** *Un orgueil démesuré. Son ambition est démesurée. Tu as des prétentions démesurées.* ▶ ***démesurément*** adv. ■ ⇒ **énormément, immensément.** *Un nez démesurément long.*

① ***démettre*** [demɛtʀ] v. tr. ▪ conjug. 56. ■ Déplacer (un os, une articulation). ⇒ **disloquer,** se **forcer** (III), **luxer ;** fam. se **démancher.** *Il lui a démis le poignet. Elle s'est démis le pied en faisant du ski* (⇒ **démis**). ⟨ ▶ démis ⟩

② ***démettre*** v. tr. ▪ conjug. 56. **1.** Retirer (qqn) d'un emploi, d'un poste, etc. ⇒ **casser, destituer, relever.** *On l'a démise, elle a été démise de ses fonctions.* **2.** V. pron. réfl. SE DÉMETTRE DE : quitter (ses fonctions) volontairement ou sous une contrainte. ⇒ **abdiquer, démissionner, partir.** *Se démettre d'une charge.* ⟨ ▶ démission ⟩

au ***demeurant*** [odəmœʀɑ̃] loc. adv. ■ Littér. Pour ce qui reste (à dire) ; en ce qui concerne le reste. ⇒ d'**ailleurs,** au **reste.** *Au demeurant, je ne suis pas concerné.*

① ***demeure*** [dəmœʀ] n. f. ■ (Le fait de rester, situation) **1.** Loc. *Mise* EN DEMEURE : sommation. ⇒ **ultimatum.** — Loc. *Mettre qqn en demeure* (de faire une chose), sommer. **2.** Loc.Il y a (il n'y a pas) PÉRIL EN LA DEMEURE : le moindre retard entraînerait un inconvénient (n'en entraînerait aucun). **3.** À DEMEURE loc. adv. : en permanence, d'une manière stable. *S'installer à demeure dans les Laurentides.* — REM. Ne pas confondre avec ② *demeure* (habitation). ⇒ **demeurer.**

demeuré, ée [dəmœʀe] adj. et n. ■ Fam. Qui a une intelligence faible, peu développée. ⇒ **arriéré, débile.** *Il est gentil, mais un peu demeuré. — Des demeurés.*

demeurer [dəmœʀe] v. intr. ▪ conjug. 1. **I.** Auxiliaire *être.* **1.** (Personnes) Rester. *Il ne peut pas demeurer en place.* ⇒ **tenir.** — Continuer à être (dans une situation). *Il est demeuré ferme, calme. Il est toujours demeuré dans une passivité absolue. Elle en demeure encore étonnée. Demeurer muet, silencieux.* — Loc. EN DEMEURER LÀ : en rester* là, ne pas continuer. **2.** (Choses) Continuer d'exister. *Les souvenirs qui demeurent, qui demeurent en nous.* — Continuer d'être (dans un état, une situation). *Ses intentions demeurent obscures. Ce qui est arrivé m'est demeuré incompréhensible.* **II.** Auxiliaire *avoir.* Habiter, résider. *Nous avons demeuré à Paris pendant cinq ans,* nous sommes restés, nous avons vécu à Paris. *Demeurer dans une rue, sur un boulevard.* ⇒ **habiter.** ▶ ② ***demeure*** n. f. **1.** Vieilli. ⇒ **habitation. 2.** Maison (belle ou importante, souvent ancienne). *Une superbe demeure du* XIXe *siècle.* **3.** Loc. fig. *La* DERNIÈRE DEMEURE : la tombe, le cimetière. *Conduire qqn à sa dernière demeure,* l'enterrer. ⟨ ▶ au demeurant, ① demeure, demeuré ⟩

① ***demi, ie*** [d(ə)mi] adj. et adv. **I.** Adj. REM. *Demi* reste invariable et se rattache au nom qu'il qualifie par un trait d'union. — Divisé par deux ; qui est la moitié d'un, d'une. *Un demi-kilomètre. Un demi-kilo de cubes de bœuf. Une demi-livre de viande hachée. Un demi-litre de lait.* ⇒ **chopine.** *Trois demi-cuillerées. Un demi-verre de vin.* — Qui n'est pas entier, complet, parfait. *Une demi-conscience. Dans la demi-obscurité.* ⇒ **semi-.** / contr. **plein, total / II.** Adj. **1.** ET DEMI(E). Et la moitié d'un, d'une. — REM. *Demi* s'accorde en genre seulement. *Cinq heures et demie*(→ la demie de cinq heures). *Minuit, midi et demi. Une douzaine, une livre et demie. Dix centimètres et demi.* **2.** Habitation. ET DEMIE adj. f. : relatif à la partie, d'un logement qui, par ses dimensions réduites, compte pour une demi-pièce. *Habiter dans un quatre pièce et demie.* — Ellipt. *Louer un deux et demie.* **III.** Adv. À moitié, pas entièrement. *Une boîte demi-pleine. Des enfants demi-nus.* **IV.** À DEMI loc. adv. : à moitié. ⇒ **partiellement,** à **moitié.** — Avec un verbe. *Il l'a à demi rassurée ; il ne l'a rassurée qu'à demi. Ouvrir un tiroir à demi. Je ne l'estime qu'à demi. Faire qqch. à demi.* ⇒ **imparfaitement.** — Avec un adjectif ou un p. p. *Elles étaient à demi sourdes. Ils étaient à demi morts de faim.* ⇒ **presque.**

② ***demi, ie*** n. **I.** N. m. **1.** UN DEMI : la moitié d'une unité. *Un demi ou 0,5 ou 1/2.* — (France) *Un demi,* verre de bière (qui contenait à l'origine un demi-litre). *Garçon, un demi pression ! Il a bu trois demis.* ⇒ **bock. 2.** Sports d'équipe (football, rugby...). Joueur placé entre les avants et les arrières. — *Demi de mêlée.* **II.** N. f. LA DEMIE : la fin de la demi-heure (qui suit une heure quelconque). *La demie de cinq heures, (*ou *cinq heures et demie),* 5 h 30 ou 17 h 30. *Nous sortirons à la demie.*

demi- ■ Élément, de l'adjectif *demi,* qui désigne la division par deux (ex. : *demi-douzaine*) ou le caractère incomplet, imparfait (ex. : *demi-jour*). ⇒ **semi-.** — Voir ci-dessous.

demiard [dəmjaʀ] n. m. ■ Ancienne mesure de capacité pour les liquides valant 0,284 litre (abrév. *dem.*). ⇒ **gallon.** — Récipient de cette contenance. ⇒ **berlingot.** *Un demiard de carton.* — Par ext. Fam. (Dans le système métrique) Quart de litre. *Un demiard de crème.*

demi-bouteille [d(ə)mibutɛj] n. f. ■ Petite bouteille contenant environ 37 cl. *Deux demi-bouteilles de vin.* — Abrév. *Une demie.* ≠ *demi-litre.*

demi-cercle [d(ə)misɛʀkl] n. m. ■ Moitié d'un cercle limitée par le diamètre (180 degrés). *Table en demi-cercle.* ⇒ **demi-lune.** *Des demi-cercles. — Se tenir en demi-cercle.* ▶ ***demi-circulaire*** adj. ■ En forme de demi-cercle. *Une rue demi-circulaire.* ⇒ ① **croissant, semi-circulaire.**

demi-dieu [d(ə)midjø] n. m. ■ Personnage mythologique issu d'une mortelle et d'un dieu, d'une déesse et d'un mortel, ou divinisé par ses exploits. ⇒ **héros.**

demi-douzaine [d(ə)miduzɛn] n. f. ■ Moitié d'une douzaine ou six unités. *Trois demi-douzaines d'huîtres,* une douzaine et demie. — Approximativement six. *Une demi-douzaine d'amis.*

demi-droite [d(ə)midʀwat] n. f. ■ Portion de droite limitée par un point (appelé *origine*). *Deux demi-droites.* ≠ *segment.*

demi-finale [d(ə)mifinal] n. f. ■ Avant-dernière épreuve d'un championnat, d'une coupe, d'une compétition. ⇒ anglic. **semi-finale** *Notre équipe a remporté la demi-finale. Les demi-finales du hockey.* ▶ ***demi-finaliste*** n. ■ Concurrent, équipe admis(e) à participer à une demi-finale. *Voici les noms des demi-finalistes...* — Adj. *Une équipe demi-finaliste.*

demi-fond [d(ə)mifɔ̃] n. m. sing. ■ Sports. *Course de demi-fond,* de moyenne distance (800 à 3 000 m).

demi-frère [d(ə)mifʀɛʀ] n. m. ■ Frère par le père ou la mère seulement. *Elle a deux demi-frères.*

demi-heure [d(ə)mijœʀ] n. f. ■ Moitié d'une heure ou trente minutes. *Il y a une demi-heure d'attente. Il passe un autobus toutes les demi-heures. J'ai rendez-vous dans une demi-heure,* dans environ trente minutes.

demi-jour [d(ə)miʒuʀ] n. m. ■ Clarté faible comme celle de l'aube ou du crépuscule. *Un demi-jour blafard. Des demi-jours.* ▶ ***demi-journée*** n. f. ■ Moitié d'une journée, matinée ou après-midi. *Je vais prendre une ou deux demi-journée(s) de congé de maladie.*

demi-kilo [d(ə)mikilo] n. m. ■ Masse de cinq cents grammes. ⇒ ② **livre** (2). *Un demi-kilo de jambon.* — REM. La forme *demi-kilogramme* s'emploie aussi.

démilitariser [demilitaʀize] v. tr. ▪ conjug. 1. ■ Priver (une zone, un pays) de sa force militaire. ▶ ***démilitarisation*** n. f. ■ *La démilitarisation de l'Allemagne au lendemain de la Seconde Guerre mondiale.*

demi-litre [d(ə)militʀ] n. m. ■ Moitié d'un litre. *Un demi-litre de lait.* — (Souvent sans compl.) *Nous prendrons un demi-litre,* de vin rouge ou blanc. — Contenu d'un demi-litre. *Boire un demi-litre de jus.* ≠ *demi-bouteille.*

demi-livre [d(ə)milivʀ] n. f. **1.** Masse d'environ 227 grammes (8 onces). *Une demi-livre de jambon tranché.* **2.** (France) Masse de 250 grammes.

demi-longueur [d(ə)milɔ̃gœʀ] n. f. et adj. **1.** N. f. *Gagner d'une demi-longueur,* de la moitié de la longueur (du cheval, du bateau), dans une course. *Deux demi-longueurs.* **2.** Adj. *Des robes demi-longueurs,* qui descendent à mi-jambe.

demi-lune [d(ə)milyn] n. f. ■ Objet en forme de demi-cercle. *Une table en demi-lune.* — Adj. invar. *Commode demi-lune.* ⇒ **demi-circulaire.** — Petit gâteau individuel. *Des demi-lunes au chocolat.*

demi-mal [d(ə)mimal] n. m. sing. ■ Inconvénient moins grave que celui qu'on prévoyait. *C'est un (à) demi-mal.* Loc. *Il n'y a que demi-mal.*

demi-mesure [d(ə)mim(ə)zyʀ] n. f. **1.** Moyen insuffisant et provisoire. ⇒ **compromis.** *Avoir horreur des demi-mesures. Ce n'est pas avec des demi-mesures que l'on va enrayer l'épidémie.* **2.** Confection de vêtements d'après les principales mesures (⇒ sur **mesure**).

*à **demi-mot*** [ad(ə)mimo] loc. adv. ■ Sans qu'il soit nécessaire de tout exprimer. *Comprendre à demi-mot.*

déminer [demine] v. tr. ▪ conjug. 1. ■ Débarrasser (un lieu) des mines qui en rendent l'accès dangereux. ▶ ***déminage*** n. m. ▶ ***démineur, euse*** n. ■ Technicien(ienne) du déminage.

demi-pause n. f. ■ Musique. Silence qui équivaut à la moitié d'une pause (égal à une blanche). *Des demi-pauses.*

demi-pension [d(ə)mipɑ̃sjɔ̃] n. f. **1.** Pension partielle, dans laquelle on ne prend qu'un repas, généralement le dîner ou le souper. *Des demi-pensions. Prendre la demi-pension dans un hôtel.* **2.** (France) *Demi-pension dans un établissement scolaire,* qui ne comporte que le repas du midi (opposé à *externat, internat*). ▶ ***demi-pensionnaire*** n. ■ Élève qui rentre chez lui les fins de semaine. *Ils, elles sont demi-pensionnaires au collège, au couvent.*

demi-place [d(ə)miplas] n. f. ■ (France) Place à demi-tarif ou à tarif réduit (transports, spectacles) dont bénéficient certaines catégories de personnes. *Deux demi-places et une place entière.*

demi-plan [d(ə)miplɑ̃] n. m. ■ Portion de plan limitée par une droite de ce plan. *Les deux demi-plans.*

demi-portion [d(ə)mipɔʀsjɔ̃] n. f. ■ Fam. Personne petite, insignifiante (qui n'aurait droit qu'à la moitié d'une portion ou d'un repas). *C'est cette demi-portion qui te fait peur ? Des demi-portions.*

démis, ise [demi, iz] adj. **1.** (Os, articulations) Déplacé, luxé. ⇒ **démettre.** *Un poignet démis.* **2.** Personnes) À qui l'on a retiré son poste, ses fonctions. *Cadre démis de ses responsabilités.*

demi-saison [d(ə)misɛzɔ̃] n. f. ■ L'automne ou le printemps. *Vêtement de demi-saison,* ni trop léger, ni trop chaud. *Pendant les demi-saisons.*

demi-sel [d(ə)misɛl] adj. invar. et n. m. invar. (France) **1.** Adj. invar. Qui n'est que légèrement salé. ⇒ **léger** (II). *Du beurre demi-sel. — Fromage demi-sel.* **2.** N. m. invar. Fromage gras et frais légèrement salé. *Des demi-sel.*

demi-sœur [d(ə)misœʀ] n. f. ■ Sœur par le père ou la mère seulement. *Les deux demi-sœurs.*

demi-sommeil [d(ə)misɔmɛj] n. m. ■ État intermédiaire entre le sommeil et l'état de veille. ⇒ **somnolence.** *J'étais dans un demi-sommeil quand le téléphone a sonné. Des demi-sommeils interrompus.*

demi-soupir [d(ə)misupiʀ] n. m. ■ Musique. Silence dont la durée est égale à la moitié d'un soupir. *Des demi-soupirs.*

démission [demisjɔ̃] n. f. **1.** Acte par lequel on se démet d'une fonction, d'une charge. *Donner sa démission. Accepter la démission de qqn. Exiger, demander la démission de qqn.* **2.** Action de qqn qui renonce à poursuivre son effort. *La démission d'un étudiant après un échec à un examen.* ⇒ **abandon, abdication.** *La démission de l'esprit.* ▶ ***démissionner*** v. intr. ▪ conjug. 1. ■ Donner sa démission. ▶ ***démissionnaire*** adj. ■ Qui vient de donner sa démission. *La ministre démissionnaire.*

demi-tarif [d(ə)mitaʀif] n. m. ■ Tarif réduit de moitié. *Place à demi-tarif. Des demi-tarifs.* — Adj. invar. *Billets demi-tarif.* / contr. plein **tarif** /

demi-teinte [d(ə)mitɛ̃t] n. f. **1.** Teinte qui n'est ni claire ni foncée. *Peinture en demi-teintes.* **2.** Sonorité adoucie. *Chanter en demi-teinte.*

demi-ton [d(ə)mitɔ̃] n. m. ■ Musique. Le plus petit intervalle entre deux degrés successifs de l'échelle musicale. *Deux demi-tons. Il y a un demi-ton entre mi et fa, si et do.*

demi-tour [d(ə)mituʀ] n. m. **1.** Moitié d'un tour que l'on fait sur soi-même. *Des demi-tours.* **2.** Loc. *Faire demi-tour,* retourner sur ses pas.

démiurge [demjyʀʒ] n. m. ■ Littér. Créateur, organisateur (d'un univers). — Fig. *Le romancier est un démiurge.*

démobiliser [demɔbilize] v. tr. ▪ conjug. 1. **1.** Rendre à la vie civile (des troupes mobilisées). — Au p. p. adj. *Soldats démobilisés.* / contr. **mobiliser** / **2.** Faire tomber la combativité de (militants, etc.). *L'impasse dans la négociation risque de démobiliser les grévistes.* ▶ ***démobilisation*** n. f. ■ Action de démobiliser. *La démobilisation des troupes.*

démocratie [demɔkʀasi] n. f. ■ Forme de gouvernement dans laquelle la souveraineté appartient au peuple et aux représentants qu'il se choisit librement ; État ainsi gouverné. *Être en démocratie. Démocratie libérale,* pratiquée dans les pays occidentaux. *Démocratie directe ; parlementaire. — Démocratie populaire,* régime socialiste, à parti unique (communiste). ▶ ***démocrate*** n. et adj. **1.** Partisan de la démocratie. *Une démocrate sincère.* **2.** Membre ou partisan d'un parti politique américain à tendance libérale prônant un pouvoir central fort et l'ouverture aux relations avec les autres nations (opposé à *républicain*). *Le nouveau président est un démocrate.* — Adj. *Une représentante démocrate. Le parti démocrate des États-Unis.* ▶ ***démocratique*** adj. **1.** Qui appartient à la démocratie. *Institution, régime démocratique.* **2.** Libéral. *Esprit démocratique.* — Qui laisse à tous la liberté d'opinions, d'expression. *Une loi démocratique.* / contr. **totalitaire** / — *La Centrale des syndicats démocratiques* (abrév. *C.S.D.*). **3.** *Le Nouveau Parti démocratique* (abrév. *N.P.D.*), un parti politique (fédéral ou provincial) à tendance social-démocrate. ⇒ **néo-démocrate** ▶ ***démocratiquement*** adv. ■ *Élire démocratiquement des représentants.* ▶ ***démocratiser*** v. tr. ▪ conjug. 1. ■ Rendre démocratique, populaire. ▶ ***démocratisation*** n. f. ■ *La démocratisation de l'enseignement.* ‹ ▶ antidémocratique, néo-démocrate, social-démocrate ›

démodé, ée [demɔde] adj. ■ Qui n'est plus à la mode. *Vêtement, prénom démodé.* ⇒ **suranné, vieillot.** — *Théories, procédés démodés.* ⇒ **dépassé, désuet, périmé.** / contr. **contemporain, moderne** / ▶ *se* ***démoder*** v. pron. ▪ conjug. 1. ■ Passer de mode, n'être plus à la mode.

démographie [demɔgʀafi] n. f. ■ Étude statistique des populations humaines (composition, croissance, répartition, déplacements). ▶ ***démographique*** adj. ■ Qui appartient à la démographie. *Phénomène démographique.* — De la population (du point de vue du nombre). *Poussée démographique.* ▶ ***démographe*** n. ■ Spécialiste de la démographie. *Une bonne démographe.*

demoiselle [d(ə)mwazɛl] n. f. **1.** Courtois ou iron. Jeune fille. *Quand ces demoiselles voudront bien m'écouter.* **2.** DEMOISELLE D'HONNEUR : jeune fille qui accompagne la mariée. ⇒ **bouquetière.** *Les demoiselles et les garçons d'honneur.* **3.** Libellule. ‹ ▶ mademoiselle, mesdemoiselles ›

démolir [demɔliʀ] v. tr. ▪ conjug. 2. **I.** *Démolir qqch.* (opposé à *construire*). **1.** Défaire (une construction) en abattant pièce à pièce. ⇒ **abattre, détruire, raser.** *Démolir un mur, un vieux quartier.* — Au p. p. *Ville démolie par un bombardement.* **2.** Abstrait. Détruire entièrement. ⇒ **anéantir, ruiner.** *Démolir une doctrine. Démolir l'autorité de qqn.* **3.** Mettre (qqch.) en pièces. ⇒ **briser, casser ;** fam. **bousiller, déglinguer.** *Démolir une voiture. Cet enfant démolit tous ses jouets.* — Mettre en mauvais état. ⇒ **abîmer ;** fam. **esquinter, maganer.** *Ces médicaments m'ont démoli l'estomac !* **II.** *Démolir qqn.* **1.** Fam. Mettre hors de combat, en frappant. ⇒ **assommer, battre, massacrer.** *Si tu m'énerves, je vais te démolir ! Il s'est fait démolir par un gros costaud.* — Fatiguer. *La chaleur me démolit.* **2.** Ruiner le crédit, la réputation, l'influence de (qqn). *Démolir un concurrent.* ▶ ***démolisseur, euse*** n. ■ Personne qui démolit un bâtiment. *Une équipe de démolisseurs.* ▶ ***démolition*** n. f. ou ▶ ***démolissage*** n. m. **1.** Action de démolir une construction. *La démolition d'un bâtiment. Un vieux quartier en démolition. Chantier de démolition.* **2.** (France) Au plur. Matériaux des constructions démolies. ⇒ **décombres, ruine(s).** *Vieille pendule retrouvée sous les démolitions.* — REM. La forme *démolissage* s'emploie surtout au sens figuré (voir *démolir,* (II).

démon [demɔ̃] n. m. **1.** Ange révolté contre Dieu, rejeté par lui (déchu), qui pousse les humains à faire le mal. *Les démons.* ⇒ **diable.** — LE DÉMON : Satan, prince des démons. *Le démon appelé Lucifer. Être possédé du démon.* **2.** Personne méchante, malfaisante. — *C'est un vrai petit démon,* un enfant très espiègle, très turbulent. ⇒ **diable. 3.** LE DÉMON DE : personnification d'une mauvaise tentation, d'un défaut. *Le démon du jeu ; de la curiosité.* — *Le* DÉMON DE MIDI : tentation de nature affective et sexuelle qui s'empare des humains vers le milieu de leur vie. **4.** Loc. fam. *Être, se mettre en démon,* en colère, se fâcher. — *En démon,* beaucoup, très. *Elle travaille en démon.* **5.** Interjection exprimant la surprise, l'admiration. *Démon ! j'ai falli gagner la loto !* ▶ ***démoniaque*** [demɔnjak] adj. ■ Digne du démon, pervers. ⇒ **diabolique, satanique.** *Rire, sourire démoniaque. Fureur démoniaque.* ‹ ▶ pandémonium ›

démonstrateur, trice [demɔ̃stʀatœʀ, tʀis] n. **1.** Dans un grand magasin. Personne qui présente un article (appareil ménager, etc.) en expliquant son fonctionnement, pour le vendre. ≠ *représentant.* **2.** N. m. Article en démonstration, spécialt une voiture dont le client peut faire l'essai. — REM. Ce dernier emploi est parfois critiqué.

① ***démonstratif*** [demɔ̃stʀatif] adj. m. ■ *Adjectif démonstratif,* qui sert à montrer la personne ou la chose désignée par le nom auquel il est joint. ⇒ **ce.** — *Pronom démonstratif,* qui désigne un être, un objet, représente un nom, une idée. ⇒ **ce ; celui ; ceci, cela ; ça.**

② ***démonstratif, ive*** adj. ■ (Personnes) Qui manifeste vivement ses sentiments (éprouvés ou simulés). ⇒ **expansif.** *Les Méridionaux sont souvent démonstratifs. Cet enfant est peu démonstratif.*

démonstration [demɔ̃stʀasjɔ̃] n. f. **1.** Opération mentale, raisonnement qui établit une vérité. *La démonstration d'un théorème.* **2.** Action de montrer par des expériences les données d'une science, le fonctionnement d'un appareil. *La démonstration d'un professeur. Elle a fait une démonstration de chimie.* — *Démonstration faite par un vendeur* (⇒ **démonstrateur**). *Une démonstration à domicile.* **3.** Signes extérieurs volontaires qui manifestent les intentions, les sentiments. ⇒ **marque.** *Démonstrations de joie, d'amitié. Démonstration de force.*

① ***démonter*** [demɔ̃te] v. tr. ▪ conjug. 1. ■ Étonner au point de faire perdre l'assurance. ⇒ **déconcerter, interloquer.** *Son aplomb me démonte.* — *Cette mauvaise nouvelle l'a démonté,* découragé, déprimé. ⇒ **démoraliser.** — Pronominalement. *Elle ne s'est pas démontée pour si peu.* ‹ ▶ indémontable ›

② ***démonter*** v. tr. ▪ conjug. 1. ■ Défaire (un tout, un assemblage) en séparant les éléments. ⇒ **démancher.** / contr. ② **monter** ① **remonter** / *Démonter un échafaudage, une machine, une pendule.* — Pronominalement. *Ce vélo, ce lit se démonte.* ▶ ***démontable*** adj. ■ Qui peut être démonté. *Jouet démontable.* ▶ ***démontage*** n. m. ■ *Le démontage d'une roue de secours.* ▶ ***démonté, ée*** adj. **1.** Dont on a démonté les éléments. *Un moteur démonté.* **2.** *Mer démontée,* bouleversée par la tempête. ⇒ **agité, houleux.** *L'océan était démonté* (⇒ **tempête**). / contr. **calme** /

démontrer [demɔ̃tʀe] v. tr. ▪ conjug. 1. **1.** (Suj. personne) Établir la vérité de (qqch.) d'une manière évidente et rigoureuse. ⇒ **établir, prouver.** *Démontrer un théorème.* — Loc. *Démontrer qqch. par A plus B,* rigoureusement. *Ceci n'est plus à démontrer,* c'est évident. **2.** (Suj. chose) Fournir une preuve de. ⇒ **établir, indiquer.** *Ces faits démontrent la nécessité d'une réforme.* ⇒ **justifier.** ▶ ***démontrable*** adj. ■ Qui peut être démontré. ‹ ▶ démonstrateur, ① démonstratif, ② démonstratif, démonstration, indémontrable ›

démoraliser [demɔʀalize] v. tr. ▪ conjug. 1. ■ Affaiblir le moral, le courage de (qqn). ⇒ **abattre,**

décourager, déprimer. *Ce nouvel échec l'a complètement démoralisé.* ⇒ ① **démonter.** — Pronominalement. Se décourager. ▶ ***démoralisant, ante*** adj. ■ Qui démoralise, qui est de nature à décourager. ⇒ **décourageant.** *Un échec démoralisant.* ⇒ **déprimant.** ▶ ***démoralisation*** n. f. ■ *La démoralisation des chômeurs.*

démordre [demɔʀdʀ] v. tr. indir. ▪ conjug. 41. ■ DÉMORDRE DE (surtout nég.) : renoncer à. ⇒ **abandonner, renoncer.** *Elle ne démordra pas de son opinion, elle n'en démordra pas. Rien ne peut l'en faire démordre,* il est très entêté.

démotiver [demɔtive] v. tr. ▪ conjug. 1. ■ Faire perdre (à qqn) toute motivation, toute envie ou toute raison de continuer à faire qqch. / contr. **encourager, inciter, motiver** / *Démotiver les employés.* — Pronominalement. *Se démotiver.* — Au p. p. adj. *Des étudiants démotivés.* ▶ ***démotivation*** n. f. ■ Fait de démotiver. — Son résultat. *La démotivation est totale.*

démouler [demule] v. tr. ▪ conjug. 1. ■ Retirer (qqch.) du moule. *Démouler une statue. Démouler un gâteau.* ▶ ***démoulage*** n. m. ■ *Le démoulage d'une tarte.*

démultiplier [demyltiplije] v. tr. ▪ conjug. 7. ■ Réduire la vitesse de (dans la transmission d'un mouvement). — Au p. p. adj. *Vitesse démultipliée.* Par ext. *Pignons démultipliés.* ▶ ***démultiplication*** n. f. ■ Rapport de réduction de vitesse.

démunir [demyniʀ] v. tr. ▪ conjug. 2. (Surtout infinitif et passif) ■ Dépouiller (d'une chose essentielle) ; priver. *Être démuni de tout. Se laisser démunir.* — Pronominalement. *Se démunir (de son argent).* ⇒ se **dessaisir.** — Sans compl. *J'étais complètement démuni,* à court d'argent. ⇒ **pauvre ;** fam. **cassé, désargenté, fauché.** ▶ ***démuni, ie*** n. ■ Personne qui vit sous le seuil de la pauvreté. ⇒ **défavorisé, pauvre.** / contr. **fortuné, riche** / *Les démunis de la société.* — Adj. *Les enfants démunis,* qui sont dans un certain état de pauvreté, à qui il manque l'essentiel. ⇒ **nécessiteux.**

démystifier [demistifje] v. tr. ▪ conjug. 7. **1.** Détromper (les victimes) d'une duperie collective. *Démystifier un public trop crédule.* / contr. **abuser, berner, mystifier** / **2.** Dissiper par des explications claires le caractère mystérieux de (qqch.). ≠ *démythifier.* ▶ ***démystification*** n. f.

démythifier [demitifje] v. tr. ▪ conjug. 7. ■ Faire cesser le caractère mythique, imaginaire, irréel, idéalisé de (qqn, qqch.). *Il faut démythifier Napoléon.* — *Démythifier une notion.* / contr. **mythifier** / ≠ *démystifier.*

dénatalité [denatalite] n. f. ■ Diminution du nombre de naissances ; natalité décroissante insuffisante.

dénationaliser [denasjɔnalize] v. tr. ▪ conjug. 1. ■ Restituer à la propriété privée (une entreprise nationalisée). ⇒ **privatiser.** / contr. **nationaliser** / ▶ ***dénationalisation*** n. f. ■ ⇒ **privatisation.**

dénaturer [denatyʀe] v. tr. ▪ conjug. 1. **1.** (Suj. personne) Changer la nature de. ⇒ **altérer, corrompre.** *Dénaturer du vin.* — Abstrait. Donner une fausse apparence à. *Dénaturer un fait, un événement.* ⇒ **déformer.** *Dénaturer la pensée, les paroles de qqn,* par une fausse interprétation. ⇒ **défigurer, déformer, travestir.** *Dénaturer un texte,* lui donner une signification qu'il n'a pas. **2.** (Suj. chose) *Ce qui peut dénaturer le goût, l'odeur de qqch.,* les modifier en mal. ▶ ***dénaturé, ée*** adj. ■ Altéré jusqu'à perdre les caractères considérés comme naturels, chez l'humain. *Goûts dénaturés.* ⇒ **dépravé, pervers.** *Mœurs dénaturées.* — *Parents dénaturés,* qui négligent de remplir leurs devoirs à l'égard de leurs enfants.

dénégation [denegasjɔ̃] n. f. **1.** Action de nier (qqch.). ⇒ **contestation, démenti, désaveu.** *Malgré ses dénégations, on le crut coupable. Un geste de dénégation.* **2.** Psychologie. *La dénégation,* paroles, attitudes qui révèlent une tendance, un sentiment en le niant, en le refusant consciemment.

déneiger [deneʒe] v. tr. ▪ conjug. 1. ■ Débarrasser (un lieu, une chose) de la neige qui le (la) recouvre. ⇒ **déblayer, gratter.** *Déneiger les boulevards. Elle déneige sa galerie. Il va déneiger son auto,* la dégager du banc de neige en déblayant la neige qui l'emprisonne. ⇒ **déprendre.** — Sans compl. *Après la tempête, il va falloir déneiger.* ⇒ **pelleter, souffler.** — Au p. p. adj. *Un toit de garage déneigé.* — (Suj. personne) SE DÉNEIGER v. pron. réfl. : enlever la neige que l'on a sur ses vêtements. ▶ ***déneigement*** n. m. ■ Opération qui consiste à déblayer ou enlever la neige. *Le déneigement des grandes artères.* ⇒ **déblaiement, grattage.** *Déneigement de nuit. Camions de déneigement,* dans lesquels on transporte la neige. ▶ ***déneigeur, euse*** n. **1.** Personne qui déneige, spécialt les employés municipaux affectés au déneigement des rues. **2.** N. f. Petit engin mécanique monté sur chenilles, qui sert à déneiger les trottoirs, les passages étroits. ⇒ **gratte.** — Petite souffleuse à neige. *Passer la déneigeuse devant son entrée de garage.*

déni [deni] n. m. ■ *Déni (de justice),* refus de rendre justice à qqn, d'être juste, équitable envers lui. ⇒ **injustice.**

déniaiser [denjɛze] v. tr. ▪ conjug. 1. Fam. **1.** Rendre (qqn) moins niaiseux, moins gauche. ⇒ **dégêner, dégourdir.** — Au p. p. adj. *Une personne déniaisée.* ⇒ **déluré. 2.** V. pron. réfl. SE DÉNIAISER : prendre de l'assurance, de l'aplomb ; apprendre des choses nouvelles. ⇒ fam. **arriver** en ville, **dégrossir.** *Voilà quelques suggestions pour vous déniaiser un peu.* **3.** Initier qqn aux plaisirs sexuels. ⇒ **débaucher ; déflorer ;** fam. **dépuceler.** *Sa blonde l'a déniaisé.* — Pronominalement. *Il s'est déniaisé à seize ans.* **4.** V. pron. réfl. *Se dépêcher, se hâter.* ⇒ fam. se **grouiller.** *Déniaise-toi, on va être en retard !* — (Ellipt, sans le pronom réfl.) *Déniaisons !,* dépêchons !

dénicher [deniʃe] v. tr. ▪ conjug. 1. **1.** Enlever (un oiseau) du nid. **2.** Faire sortir de sa cachette. *On finira bien par dénicher le voleur.* **3.** Découvrir à force de recherches. ⇒ **trouver.** *Dénicher un appartement, une situation.*

denier [dənje] n. m. **1.** Ancienne monnaie romaine d'argent. *Les trente deniers de Judas.* **2.** Au plur. Loc. DE MES (TES, SES) DENIERS : avec mon (ton, son) propre argent. *Je l'ai payé de mes deniers.* — *Les* DENIERS PUBLICS : les revenus de l'État.

dénier [denje] v. tr. ▪ conjug. 7. ■ Refuser injustement d'accorder. *Dénier qqch. à qqn,* ⇒ **déni.** *Je dénie à ce livre toute originalité.* ≠ *daigner.* ⟨ ▶ déni, indéniable ⟩

dénigrer [denigʀe] v. tr. ▪ conjug. 1. ■ S'efforcer de faire mépriser (qqn, qqch.) en disant du mal, en niant les qualités. ⇒ **critiquer, noircir, rabaisser.** *Dénigrer ses collègues. On a beaucoup dénigré cet ouvrage, cette méthode.* — Sans compl. *Il ne sait que dénigrer et critiquer.* — Au p. p. adj. *Une femme dénigrée.* ⇒ **décrié.** ▶ ***dénigrement*** n. m. ■ Action de dénigrer. *Paroles, esprit de dénigrement.* — PAR DÉNIGREMENT. *Ce mot ne s'emploie plus que par dénigrement,* péjorativement.

dénivellation [denivɛlasjɔ̃] ou ***dénivellement*** [denivɛlmɑ̃] n. f. ■ Différence de niveau entre deux points. *Les dénivellations d'une région montagneuse.* ⇒ **inégalité, pente.**

dénombrer [denɔ̃bʀe] v. tr. ▪ conjug. 1. ■ Faire le compte de ; énoncer (chaque élément) en comptant. ⇒ **recenser.** *Dénombrer les habitants d'une ville.* ≠ *décompter* ▶ ***dénombrement*** n. m. ■ Action de dénombrer (des personnes, des choses). ⇒ **comptage, énumération, recensement.** *Le dénombrement des bulletins de vote.* — Son résultat. ≠ *décompte.*

dénominateur [denɔminatœʀ] n. m. ■ Celui des deux termes (d'une fraction) qui indique en combien de parties l'unité a été divisée. *Numérateur et dénominateur.* — DÉNOMINATEUR COMMUN : celui que l'on obtient en réduisant plusieurs fractions au même dénominateur. Fig. Caractère, point commun (à des choses ou des personnes).

dénominatif, ive [denɔminatif, iv] adj. ■ Qui sert à nommer, à désigner. *Terme dénominatif.* — N. m. *Les dénominatifs.* ▶ ***dénomination*** n. f. ■ Nom affecté (à une chose, une notion). ⇒ **appellation, désignation.** *Donner une dénomination nouvelle à qqch.* ⇒ **dénommer.**

dénommer [denɔme] v. tr. ▪ conjug. 1. ■ Donner un nom à (une personne, une chose). ⇒ **appeler, désigner, nommer.** *Comment dénomme-t-on cet instrument, ce genre de travail ?* ▶ ***dénommé, ée*** n. ■ (Suivi d'un nom propre) Celui, celle qui est appelé(e). *Le dénommé Un tel,* le sieur Un tel. *Un dénommé Tremblay,* un certain Tremblay.

dénoncer [denɔ̃se] v. tr. ▪ conjug. 3. **1.** Annoncer la rupture de. ⇒ **annuler.** *Dénoncer un traité, un contrat.* **2.** Faire connaître (une mauvaise action). *Dénoncer des abus.* — Signaler (qqn) comme coupable. *Dénoncer qqn à la police.* ⇒ **donner** (II, 8), **livrer ;** fam. **moucharder.** *Dénoncer ses complices.* — Pronominalement (réfl.). *Il s'est dénoncé à la police.* ▶ ***dénonciateur, trice*** n. ■ Personne qui dénonce qqn à la justice. ⇒ **délateur, indicateur, mouchard.** — Adj. *Lettre dénonciatrice.* ▶ ***dénonciation*** n. f. ■ *La dénonciation d'un accord.* ⇒ **annulation, rupture.** *La dénonciation d'un coupable, d'un crime par qqn. Ses dénonciations l'ont fait rejeter par le milieu.* ⇒ **délation, mouchardage, trahison.**

dénoter [denɔte] v. tr. ▪ conjug. 1. ■ Désigner par une caractéristique. ⇒ **indiquer, marquer, signifier.** *Les symptômes qui dénotent une maladie. Cette remarque dénote une certaine naïveté.*

dénouer [denwe] v. tr. et pron. ▪ conjug. 1. **I.** Défaire (une chose nouée). ⇒ **détacher.** *Dénouer une corde, un ruban. Dénouer ses lacets.* ⇒ **délacer.** — Abstrait. *Dénouer une intrigue.* ⇒ **débrouiller, démêler, résoudre.** **II.** V. pron. SE DÉNOUER. **1.** Se défaire. *Lacets qui se dénouent.* — Se délier. *Les langues se dénouent,* on parle. **2.** (Difficulté) S'éclaircir, se résoudre. *La crise se dénoue enfin.* ▶ ***dénouement*** n. m. **1.** Manière dont se dénoue une action au théâtre. *Le dénouement inattendu de la pièce.* **2.** Manière dont se dénoue une affaire difficile. ⇒ **conclusion, issue.** *Un heureux dénouement. Brusquer le dénouement. Le dénouement d'une affaire.*

dénoyauter [denwajote] v. tr. ▪ conjug. 1. ■ Séparer (un fruit) de son noyau. *Dénoyauter des dattes.* — Au p. p. adj. *Fruits dénoyautés.*

denrée [dɑ̃ʀe] n. f. **1.** Produit comestible servant à l'alimentation de l'être humain *(denrées alimentaires)* ou du bétail. ⇒ **aliment ; provision.** *Denrées périssables, denrées non périssables.* **2.** *Le talent est une denrée rare,* une chose rare.

dense [dɑ̃s] adj. **1.** Qui est compact, épais. *Brouillard dense.* ⇒ **impénétrable.** *Feuillage dense.* ⇒ **touffu.** / contr. **clairsemé** / — *Une foule dense,* nombreuse et rassemblée. *La circulation était devenue moins dense,* moins importante. **2.** Abstrait. (Paroles, écrits) Qui renferme beaucoup d'éléments en peu de place. *Un livre dense. Style dense.* ⇒ **concis, ramassé.** **3.** Qui a une certaine densité (2). *L'eau est plus dense que l'air.* ▶ ***densité*** [dɑ̃site] n. f. **1.** Qualité de ce qui est (plus ou moins) dense. *Densité de population* ou *démographique,* rapport entre le nombre d'habitants d'un territoire et sa superficie. *La densité de population québécoise est de 4,3 habitants au km².* **2.** Rapport qui existe entre la masse d'un certain volume d'un corps homogène et celle d'un même volume d'eau (ou d'air, pour les gaz). *La densité des roches, des minéraux.* **3.** Abstrait. Caractère de ce qui est riche par rapport à l'expression. *La densité d'un style* (⇒ **dense,** 2). ⟨ ▶ condenser ⟩

dent [dɑ̃] n. f. **I. 1.** Chacun des organes annexes de la bouche, durs et calcaires, implantés sur le bord libre des deux maxillaires. *Les 32 dents d'un adulte.* ⇒ **canine, incisive, molaire, prémolaire.** *On mord, on mâche avec les dents. Enfant qui fait ses dents,* dont les dents percent. *Les dents du haut, du bas. Dents de lait,* premières dents destinées à tomber vers l'âge de sept ans. *Dents de sagesse,* les quatre troisièmes molaires qui poussent généralement après dix-neuf ans. *Des petites dents.* ⇒ **quenotte.** *Se laver, se curer les dents. Brosse à dents. Des dents gâtées, cariées. Une dent creuse. Mal, rage de dents. Se faire soigner les dents, arracher une dent chez le dentiste.* Fam. *Pâte à dents.* ⇒ **dentifrice.** — Animaux. *Les dents d'un chien.* ⇒ **croc.** *Dents de requins.* **2.** Loc. *Serrer les dents* (de douleur, de colère). *Claquer des dents* (de froid, de peur, de fièvre). *Grincer des dents* (de rage contenue). — *Ne pas desserrer les dents,* se taire obstinément. *Parler entre ses dents,* peu distinctement. *Montrer les dents* (comme pour mordre), menacer. *Avoir, garder une dent contre qqn,* de l'animosité, du ressentiment. ⇒ **hostilité.** *Avoir la dent dure,* être sévère dans la critique. *Coup de dent,* critique méchante, blessante. *Mordre, déchirer à belles dents,* critiquer violemment. *Avoir les dents longues,* de grandes prétentions. *Se casser les dents,* échouer. *Être armé jusqu'aux dents. Être sur les dents,* très occupé. ⇒ **débordé.** *Quand les poules auront des dents,* jamais. — *Manger du bout des dents,* comme à regret, sans appétit. ⇒ **dédaigner ; dégoût.** *N'avoir rien à se mettre sous la dent,* n'avoir rien à manger. — (France). Loc. fam. *Avoir la dent,* avoir faim. **II.** Chacun des éléments allongés et pointus (d'un instrument, d'un mécanisme, d'un objet). *Les dents d'un peigne, d'un rateau, d'une fourche, d'une fourchette. Les dents d'une faucheuse.* — *Les dents d'une scie, d'une roue d'engrenage* (⇒ **denté**). — Loc. *En dents de scie,* en présentant des pointes aiguës et des creux. ▶ ***dentaire*** adj. ■ Relatif aux dents. *Abcès dentaire. Plaque dentaire,* pellicule acide qui attaque l'émail des dents, causant parfois la *carie dentaire.* — *Chirurgie, art dentaire.* ⇒ **dentisterie.** *Les soins dentaires. Prothèse dentaire.* ⇒ **appareil, couronne, dentier,** ① **pont.** *Du fil, de la soie dentaire,* que l'on passe entre les dents pour les nettoyer. *École dentaire,* où l'on forme les dentistes. ▶ ***dental, ale, aux*** adj. ■ (Consonnes) Qui se prononcent en appliquant la langue contre les dents. — N. f. *Les consonnes d* [d] *et t* [t] *sont des dentales.* ▶ ***denté, ée*** adj. ■ Dont le bord présente des saillies pointues, aiguës (dent, II). *Roue dentée.* ⟨ ▶ chiendent, cure-dent, dentelé, dentelle, dentier, édenter, protège-dents, trident ⟩

al ***dente,*** loc. ⇒ **al dente**

dentelé, ée [dɑ̃tle] adj. ■ Qui présente des pointes et des creux aigus. *Côte dentelée.* — *Feuille dentelée* (ou *dentée*). ▶ ***dentelure*** n. f. ■ Découpure de ce qui est dentelé. *La dentelure des timbres.*

dentelle [dɑ̃tɛl] n. f. **1.** Tissu très ajouré, orné de dessins, et qui présente généralement un bord dentelé. *Col, robe de dentelle. Un volant en dentelle,* entièrement exécuté en dentelle. *Dentelle au fuseau, à la machine.* **2.** En appos. Invar. *Crêpes dentelle,* très fines. ▶ ***dentellière*** [dɑ̃təljɛʀ] n. f. ■ Ouvrière, machine qui fabrique de la dentelle. *« La Dentellière », tableau de Vermeer.* — Adj. *L'industrie dentellière.* ‹ ▶ dentelé ›

dentier [dɑ̃tje] n. m. ■ Appareil amovible formé d'une série de dents artificielles que l'on porte dans la bouche. ≠ *protège-dents.* ⇒ **prothèse ;** fam. ② **râtelier ; partiel,** ① **pont.** ▶ ***dentifrice*** n. m. ■ Préparation propre à nettoyer et à blanchir les dents. ⇒ fam. pâte à **dents.** *Tube de dentifrice.* — Adj. *Pâte, gel dentifrice.* ▶ ***dentiste*** n. ■ Spécialiste des soins dentaires. *Diplôme de chirurgien dentiste. Aller chez son, sa dentiste. Bureau de dentiste.* ≠ *denturologiste.* ▶ ***dentisterie*** n. f. ■ Chirurgie dentaire. ⇒ **odontologie.** ▶ ***dentition*** n. f. ■ Ensemble des dents. — Didact. Formation et apparition des dents. *Première dentition.* ▶ ***denture*** n. f. ■ Littér. Ensemble des dents (d'une personne, d'un animal). ⇒ **dentition.** *Avoir une belle denture.* ▶ ***denturologiste*** ou ***denturologue*** n. ■ Spécialiste de la fabrication, de la réparation et du nettoyage des prothèses dentaires. ≠ *dentiste.*

dénuder [denyde] v. tr. ▪ conjug. 1. ■ Mettre à nu ; dépouiller (qqch.) de ce qui recouvre. ⇒ **découvrir.** *Une robe qui dénude le dos.* — *Dénuder un fil électrique,* enlever la gaine isolante qui le recouvre. — Pronominalement. *Les gens qui se dénudent sur les plages,* qui se mettent presque nus. — *Cet arbre se dénude,* perd ses feuilles. ▶ ***dénudé, ée*** adj. **1.** Mis à nu. *Bras dénudés.* **2.** Dégarni. *Crâne dénudé,* chauve. *Sol dénudé,* sans végétation.

dénué, ée [denɥe] p. p. et adj. ■ DÉNUÉ DE : démuni, dépourvu de. *Être dénué de tout.* ⇒ **manquer.** — Abstrait. *Il est dénué d'imagination.* ⇒ **sans.** *Ce livre est dénué d'intérêt. Des accusations, des rumeurs, dénuées de tout fondement.* ▶ ***dénuement*** [denymɑ̃] n. m. ■ État d'une personne qui est dénuée du nécessaire. ⇒ **indigence, misère, pauvreté.** *Être dans un grand dénuement.*

déodorant [deɔdɔʀɑ̃] n. m. et adj. ■ Produit destiné à supprimer les odeurs corporelles. *Déodorant en vaporisateur, en bâton.* — Adj. *Des savons déodorants.* ≠ *désodorisant.*

déontologie [deɔ̃tɔlɔʒi] n. f. ■ Didact. Ensemble des règles et des devoirs régissant une profession. *Adopter un code de déontologie. Déontologie médicale,* ensemble des règles et des devoirs professionnels du médecin.

dépanner [depane] v. tr. ▪ conjug. 1. **1.** Réparer (un mécanisme en panne). *Dépanner une voiture.* — *Un mécanicien est venu nous dépanner.* **2.** Fam. Tirer (qqn) d'embarras en rendant service, en prêtant de l'argent. *Si vous avez des ennuis d'argent, je vous dépannerai.* ▶ ***dépannage*** n. m. **1.** Réparation de ce qui était en panne. *Voiture de dépannage.* **2.** Action de tirer d'embarras. ▶ ① ***dépanneur*** n. m. ■ Professionnel (mécanicien, électricien, etc.) chargé de dépanner. — REM. Le féminin *dépanneuse* est virtuel. ▶ ② ***dépanneur, euse*** n. ■ N. m. Épicerie de quartier dont les heures d'ouverture sont plus étendues que les horaires autorisés pour les autres établissements commerciaux, destinée surtout à des achats rapides. ⇒ **supermarché.** *Aller chercher de la bière au dépanneur. Certains dépanneurs sont ouverts vingt-quatre heures par jour.* — Par ext. N. Personne qui exploite un dépanneur. *Souvent les dépanneurs de banlieue tiennent aussi une station libre-service.* — REM. Le terme *accommodation* ne s'emploie pas au sens de « dépanneur ». ▶ ***dépanneuse*** n. f. ■ Camion utilisé pour remorquer les automobiles en panne. ⇒ **remorqueuse.** *Faire venir la dépanneuse.*

dépaqueter [depakte] v. ▪ conjug. 4. **1.** V. tr. Défaire un paquet ; sortir et étaler qqch. qui était emballé dans un contenant (caisse, boîte...). ⇒ **déballer.** / contr. **emballer, paqueter** / *Dépaqueter les sacs d'épicerie. Il faut dépaqueter les boîtes de déménagement. Dépaqueter un cadeau.* — Sans compl. *Demain, on va dépaqueter,* vider les boîtes, les caisses de déménagement. **2.** V. pron. (passif). Fam. Cesser d'être soûl, ivre. ⇒ fam. se **dessoûler.** / contr. s'**enivrer,** se **soûler ;** fam. se **paqueter** / ▶ ***dépaquetage*** n. m. ■ Action de dépaqueter. / contr. **emballage** / *Le dépaquetage de la vaisselle.* — Son résultat.

dépareiller [depaʀeje] v. tr. ▪ conjug. 1. ■ Rendre incomplet (un ensemble de choses assorties ou semblables). *Dépareiller un service de table.* ▶ ***dépareillé, ée*** adj. ■ (Collection, série) Qui n'est pas complet ; qui est composé d'éléments qui ne sont pas assortis. ⇒ **désassorti.** / contr. **appareillé** / *Serviettes dépareillées.*

déparer [depaʀe] v. tr. ▪ conjug. 1. ■ Nuire à la beauté, au bon effet de. ⇒ **enlaidir.** *Cette construction dépare le quartier.* — *C'est un faux ; cela dépare sa collection.*

déparler [depaʀle] v. intr. ▪ conjug. 1. ■ Fam. Délirer, divaguer. *Sa commotion cérébrale l'a fait déparler pendant un moment. Ça fait une heure que tu déparles,* que tu dis n'importe quoi, que tu ne sais pas ce que tu dis.

① **départ** [depaʀ] n. m. **1.** Action de partir. *Départ en voyage. Le jour, l'heure du départ. Préparatifs de départ. Être* SUR LE (SON) DÉPART : prêt à partir. *Le départ du courrier.* ⇒ **levée.** — En sports. *Ligne de départ. Signal de départ. Donner, prendre le départ. Les chevaux vont prendre le départ.* / contr. **arrivée** / — Abstrait. *Prendre un bon, un mauvais départ,* bien, mal commencer. **2.** Le lieu d'où l'on part. *Quai de départ. Rendez-vous au départ.* **3.** Le fait de quitter un lieu, une situation. *Exiger le départ d'un employé.* ⇒ **démission, licenciement, renvoi. 4.** Commencement d'une action, d'une série, d'un mouvement. *Nous n'avions pas prévu cela* AU DÉPART : au début. *L'idée de départ,* initiale. — *Le point de départ d'une intrigue, d'un complot.*

② **départ** n. m. ■ Loc. FAIRE LE DÉPART *entre deux choses* (abstraites) : les séparer, les distinguer nettement. ⇒ **départager.** *Il faut faire le départ entre le courage et la témérité.*

départager [depaʀtaʒe] v. tr. ▪ conjug. 3. **1.** Faire cesser d'être à égalité. *Question pour départager les gagnants d'un concours.* **2.** Choisir entre (deux opinions, deux camps). *Venez nous départager.*

département [depaʀtəmɑ̃] n. m. **1.** Branche spécialisée d'une administration, d'un organisme. *Le département des antiquités d'un musée.* — Le département de cardiologie d'un hôpital.*Le département de santé communautaire* (abrév. *D.S.C.*). — (Éducation) Regroupement d'enseignants d'une même discipline ou de disciplines apparentées, à des fins pédagogiques et administratives. *Le département d'histoire et de géographie.* — L'administration d'un département. *Le département engage des chargés de cours.* **2.** (France) Division administrative du territoire français placée sous l'autorité d'un préfet. *Le département de la Charente. Chef-lieu de département.* ⇒ **préfecture.** *Les cantons d'un département ; les départements d'une région.* **3.** Politique. Secteur administratif dont s'occupe un ministre. ⇒ **ministère.** *Le département de* *l'Intérieur en France. Le département d'État américain,* le ministère qui s'occupe des affaires extérieures des États-Unis. — Histoire. *Le département de l'Instruction publique* (qui a précédé le ministère de l'Éducation). ▶ ***départemental, ale, aux*** adj. **1.** Relatif à un département (1). *Une réunion départementale. Un programme départemental.* **2.** (France) Qui appartient au département (2) ; qui est du ressort du département. *Commission départementale. — Route départementale* ou, n. f., *une départementale.*

se **départir** v. pron. ▪ conjug. 16. — SE DÉPARTIR DE. ■ Se séparer (de), abandonner (une attitude). *Sans se départir de son impassibilité, de son calme.* ⇒ **sortir** de. *Il ne se départ pas de ses bonnes manières. Elle s'est départie de sa nonchalance. Son cousin s'est départi de ses actions,* il les a vendues.

dépasser [depɑse] v. tr. ▪ conjug. 1. **1.** Aller plus loin que (qqn, qqch.) en allant plus vite. *Elle nous a dépassés à mi-côte.* ⇒ **distancer.** *Dépasser une voiture.* ⇒ **doubler.** *Il est interdit de dépasser la vitesse limite,* d'excéder celle-ci, de rouler plus vite qu'il n'est permis. — Pronominalement (récipr.). *Les coureurs cherchent à se dépasser* (les uns les autres). **2.** Aller plus loin que (qqch.). *Dépasser la ligne d'arrivée.* **3.** Aller plus loin en quantité, dimensions, importance. *Dépasser qqn de la tête,* être plus grand d'une tête. *Un entretien qui dépasse dix minutes.* ⇒ **excéder.** *Les résultats dépassent mes prévisions. Cela dépasse mes possibilités.* — Sans compl. direct. *Sa jupe dépasse de son manteau ; elle dépasse,* elle est plus longue. **4.** Aller plus loin (qu'un autre) dans un domaine. *Dépasser qqn en violence, en cruauté.* ⇒ **surpasser.** **5.** Aller au-delà de (certaines limites). ⇒ **outrepasser.** *Dépasser la mesure, les bornes, les limites,* exagérer. — *Les mots ont dépassé sa pensée. Cela dépasse mes forces. Cela le dépasse,* c'est trop difficile pour lui ; ou bien il ne peut l'imaginer, l'admettre. **6.** SE DÉPASSER v. pron. réfl. : faire effort pour être supérieur à ce qu'on est. *Cette fois, elle va tâcher de se dépasser.* **7.** Au passif et p. p. adj. ÊTRE DÉPASSÉ(E) : battu, vaincu. *Être dépassé par les événements,* être incapable d'y faire face. *Il est complètement dépassé !* ▶ ***dépassé, ée*** adj. ■ (Choses) Abandonné, remplacé par quelque chose de nouveau, de mieux. *Des théories, des idées dépassées.* ⇒ **désuet, périmé.** ▶ ***dépassement*** n. m. **1.** Action de dépasser. *Un dépassement dangereux* (en voiture). **2.** Fait de dépasser (un budget). *Dépassement de crédit.* **3.** Littér. Action de se dépasser soi-même.

se **dépatouiller** [depatuje] v. pron. ▪ conjug. 1. ■ Fam. Se tirer d'une situation difficile, d'un mauvais pas. ⇒ se **dépêtrer.** *Laissez-le se dépatouiller tout seul.* ⇒ se **débrouiller ;** fam. se **démerder.**

dépaver [depave] v. tr. ▪ conjug. 1. ■ Dégarnir d'asphalte, de pavés. *Dépaver une rue.* / contr. **paver, repaver** / ▶ ***dépavage*** n. m. ■ *Le dépavage d'une entrée de garage, d'un trottoir.*

dépayser [depeize] v. tr. ▪ conjug. 1. **1.** Mettre mal à l'aise par changement de décor, de milieu, d'habitudes. ⇒ **dérouter, désorienter.** *Ce voyage nous a complètement dépaysés.* **2.** (ÊTRE) DÉPAYSÉ, ÉE. *Étranger dépaysé dans une ville inconnue. Elle se sent dépaysée dans sa nouvelle école.* ⇒ **perdu.** ▶ ***dépaysement*** n. m. ■ État d'une personne dépaysée. — Changement agréable d'habitudes. ⇒ **exotisme.** *Rechercher le dépaysement.*

dépecer [depəse] v. tr. ▪ conjug. 5. — REM. Attention à la cédille devant *a* et *o.* ■ Mettre en pièces, en morceaux (un animal). ⇒ **débiter, découper.** *Dépecer un chevreuil.* ≠ *dépiauter.* ▶ ***dépeçage*** n. m. ■ *Le dépeçage d'un bœuf.*

① **dépêcher** [depeʃe] v. tr. ▪ conjug. 1. ■ Envoyer (qqn) en hâte pour porter un message. *Il m'a dépêché auprès de vous pour vous prier de passer à son bureau. Dépêcher une émissaire.* ▶ ***dépêche*** [depɛʃ] n. f. ■ Communication transmise par voie rapide. ⇒ **télécopie, télégramme.** *Recevoir une dépêche.*

② *se* **dépêcher** v. pron. ▪ conjug. 1. ■ Se hâter, faire vite. ⇒ se **presser ;** fam. se **déniaiser,** se **grouiller.** *Elle s'est dépêchée de finir. Dépêchez-vous.* — (Ellip. sans le pronom réfl.) *Allons, dépêchons !*

dépeigner [depɛɲe] v. tr. ▪ conjug. 1. ■ Décoiffer, déranger l'arrangement des cheveux de (qqn). — Au p. p. adj. *Elle est toute dépeignée.* ⇒ **couetté.**

dépeindre [depɛ̃dʀ] v. tr. ▪ conjug. 52. ■ Décrire et représenter par le discours. *Il est bien tel qu'on me l'a dépeint. On s'est trompé en la dépeignant ainsi.*

dépenaillé, ée [dep(ə)nɑje] adj. ■ Dont les vêtements sont détachés, mal attachés. ⇒ **débraillé, déguenillé.** *Il est tout dépenaillé.*

dépendamment [depɑ̃damɑ̃] adv. ■ DÉPENDAMMENT DE loc. prép., QUE loc. conj. : selon que, suivant que, advenant que ; compte tenu de, que ; en fonction de. ⇒ fam. **dépendant.** *Dépendamment de la température, nous irons nous baigner.* / contr. **indépendamment** / *Le comportement change dépendamment qu'on est pour ou contre.* ▶ ***dépendant*** adv. ■ DÉPENDANT DE loc. prép., QUE loc. conj. : fam. selon, suivant. ⇒ **dépendamment.** *J'aviserai dépendant de la couleur. Dépendant qu'il y aura dix ou vingt participants, nous prendrons deux voitures ou un autobus.* ‹ ▶ indépendamment ›

① **dépendre** [depɑ̃dʀ] v. tr. indir. ▪ conjug. 41. — DÉPENDRE DE. **1.** Ne pouvoir se réaliser sans l'action ou l'intervention (d'une personne, d'une chose). ⇒ **résulter.** *L'effet dépend de la cause. Si cela ne dépendait que de moi !* ⇒ **tenir** à. *Cela dépend des circonstances, des conditions. « Est-ce que tu viendras ? — Ça dépend »,* peut-être. — Impers. *Il dépend de qqn de* (+ infinitif). *Il dépend de vous de réussir. Il dépend de qqn que* (+ subjonctif). *Il ne dépend pas de moi qu'elle vienne.* **2.** Faire partie de qqch. ⇒ **appartenir** à. *Ce parc dépend du gouvernement. Dépendre d'une juridiction.* ⇒ **relever.** **3.** Être sous l'autorité de. *Ne dépendre de personne, ne dépendre que de soi.* ▶ ***dépendance*** [depɑ̃dɑ̃s] n. f. **1.** Rapport qui fait qu'une chose dépend d'une autre. ⇒ **corrélation.** *Dépendance entre des faits.* **2.** Le fait pour une personne de dépendre de qqn ou de qqch. ⇒ **assujettissement, servitude, sujétion.** *Être dans, sous la dépendance de qqn.* ⇒ **coupe, joug,** ② **vouloir.** / contr. **indépendance** / *Être sous la dépendance de la cigarette, de la drogue.* ▶ ***dépendant, ante*** adj. et n. **1.** Adj. Qui dépend de qqn ou de qqch. *Ces deux choses sont dépendantes l'une de l'autre. Être dépendant de qqn,* sous sa dépendance, sa volonté. ⇒ **subordonné, tributaire.** / contr. **indépendant** / **2.** N. Personne à charge. *Dans la déclaration de revenu, on tient compte des dépendants.* ▶ ***dépendances*** n. f. pl. ■ Terre, bâtiment dépendant d'un domaine, d'un immeuble, d'une résidence. *La propriété a, possède de nombreuses dépendances.* ‹ ▶ dépendamment, indépendant, interdépendant ›

② **dépendre** v. tr. ▪ conjug. 41. ■ Retirer (ce qui est pendu). ⇒ **décrocher, détacher.** *Dépendre un tableau.*

dépens [depɑ̃] n. m. pl. **I.** Frais judiciaires à la charge de la personne condamnée. *Être condamné aux dépens, à payer les dépens.* **II.** AUX DÉPENS DE [odepɑ̃d(ə)] loc. prép. **1.** En faisant supporter la dépense par. *Il vit à mes dépens.* ⇒ à la **charge,** aux **crochets** de, aux **frais** de. **2.** En causant du dommage (à qqn ou qqch.). ⇒ au **détriment.** *S'amuser, rire aux dépens de qqn. Apprendre qqch. à ses dépens,* par une expérience désagréable.

① ***dépense*** [depɑ̃s] n. f. **1.** Action de dépenser. *Le montant d'une dépense. S'engager dans des dépenses.* ⇒ **frais.** *Dépense imprévue. Argent de poche pour les petites dépenses. Faire de grosses, de grandes dépenses.* ⇒ **débours.** *Les dépenses des Fêtes,* pour les cadeaux, les réceptions de cette période. — Loc. *Faire face à la dépense.* ⇒ **payer.** *Regarder, ne pas regarder à la dépense,* être économe, prodigue. *Pousser à la dépense.* **2.** *(La, les dépenses de qqn)* Somme dépensée ; compte sur lequel est portée la dépense.*Colonne des dépenses.* ⇒ **débit.** — *Dépenses publiques,* faites par les personnes publiques dans un but d'utilité publique. ⇒ **finance ; budget.** **3.** Usage, emploi (de qqch.). *Dépense de temps. Dépense physique ; dépense de forces ; dépense nerveuse. Cela exige une grande dépense d'énergie.* — Quantité d'une matière consommée. ⇒ **consommation.** *Dépense d'essence, de chaleur. Les dépenses d'électricité.* ▶ ② ***dépense*** n. f. ■ Lieu où l'on range des provisions destinées à la table. *Utiliser une armoire comme dépense. Conserver les pots de confiture dans une dépense.* ▶ ***dépenser*** v. tr. ▪ conjug. 1. **I.** Employer de l'argent (pour acheter qqch.). *Dépenser une somme importante. Ne pas dépenser un sou.* ⇒ **débourser.** — Sans compl. *Dépenser sans compter.* / contr. **économiser ; gagner** / — Pronominalement (passif). *À l'époque de Noël, il se dépense beaucoup d'argent.* **II. 1.** Employer (son temps, ses efforts). *Dépenser beaucoup de force pour rien.* ⇒ **prodiguer. 2.** SE DÉPENSER v. pron. : faire des efforts. ⇒ se **démener.** *Se dépenser physiquement,* se donner beaucoup de mouvement. *Elle se dépense sans compter,* elle se donne beaucoup de mal. ⇒ se **dévouer.** ▶ ***dépensier, ière*** adj. ■ Qui aime dépenser (I), qui dépense excessivement. ⇒ **flambeur.** *Il est très dépensier.* / contr. **avare, chiche, économe,** ② **séraphin** / ⟨ ▶ dépens ⟩

déperdition [depɛʀdisjɔ̃] n. f. ■ Diminution, perte. *Déperdition de chaleur, de lumière.*

dépérir [depeʀiʀ] v. intr. ▪ conjug. 2. **1.** S'affaiblir progressivement. *Cet enfant dépérit faute de soins. Plante qui dépérit.* ⇒ s'**étioler.** *Dépérir à vue d'œil,* très rapidement. — *Santé, forces qui dépérissent.* ⇒ se **délabrer,** se **détériorer. 2.** (Suj. chose) S'acheminer vers la ruine, la destruction. *Affaire qui dépérit.* ⇒ **péricliter.** ▶ ***dépérissement*** n. m. ■ Fait de dépérir (1, 2).

se dépêtrer [depɛtʀe] v. pron. ▪ conjug. 1. ■ Abstrait. Se tirer (d'une situation), se dégager (de ce qui empêche les mouvements). ⇒ se **délivrer.** *On ne peut pas se dépêtrer de cette situation.* ⇒ fam. se **dépatouiller.** — Se dégager (de quelqu'un). *Je ne peux pas m'en dépêtrer.* / contr. s'**empêtrer** /

dépeupler [depœple] v. tr. ▪ conjug. 1. ■ Dégarnir d'habitants (une région, une agglomération). *L'exode rural a peu à peu dépeuplé les campagnes.* — Pronominalement. *Région qui se dépeuple.* / contr. **repeupler** / ▶ ***dépeuplé, ée*** adj. ■ Qui a perdu ses habitants. *Village dépeuplé.* ⇒ **abandonné, désert.** ▶ ***dépeuplement*** n. m. ■ *Le dépeuplement des campagnes.*

déphasé, ée [defaze] adj. ■ Qui n'est pas en accord, en harmonie avec la réalité présente. *Je me sens complètement déphasé.*

dépiauter [depjote] v. tr. ▪ conjug. 1.Fam. ■ Dépouiller (un animal) de sa peau. ⇒ **écorcher.** *Dépiauter un lièvre.* ≠ *dépecer.*

dépilatoire [depilatwaʀ] adj. ■ Qui fait tomber, supprime les poils. ⇒ **épilatoire.** *Crème dépilatoire.*

dépister [depiste] v. tr. ▪ conjug. 1. **1.** Retrouver (qqn) en suivant sa trace, sa piste. *Dépister un criminel.* **2.** Découvrir (ce qui est peu apparent, ce qu'on dissimule). ⇒ **déceler.** *Dépister une maladie, un virus.* **3.** Sports. Chercher à découvrir les jeunes joueurs amateurs qui sont prometteurs pour une carrière professionnelle. ≠ *repêcher.* ▶ ***dépistage*** n. m. **1.** (Surtout sens 2) *Le dépistage de la tuberculose, du cancer.* **2.** Sports. Activité, travail du dépisteur. ≠ *repêchage.* ▶ ***dépisteur, euse*** n. et adj. ■ Sports. Spécialiste qui cherche à dépister les futurs joueurs professionnels. *Les dépisteurs regardent évoluer les joueurs juniors. Un dépisteur-chef,* le responsable d'un groupe de dépisteurs. — Adj. *Elle est dépisteuse à temps partiel.* — *Les dépisteurs de talents* (chanson, musique, etc.).

① ***dépit*** [depi] n. m. ■ Chagrin mêlé de colère, dû à une déception, à un froissement d'amour-propre. ⇒ **amertume, rancœur.** *Éprouver du dépit. La réussite de sa jeune sœur lui cause du dépit. Réagir par dépit, avec dépit.* ▶ ***dépiter*** v. tr. ▪ conjug. 1. ■ Causer du dépit à (qqn). *Ce refus l'a dépité.* ⇒ **vexer.** ▶ ***dépité, ée*** p. p. et adj. ■ Qui éprouve du dépit. *Il est tout dépité.* — *Un air, un sourire dépité.*

② ***en dépit de*** [ɑ̃depid(ə)] loc. prép. ■ Sans tenir compte de. ⇒ **malgré.** *Il a agi en dépit de mes conseils. Elle n'arrive à rien en dépit de ses efforts.* — Loc. *En dépit du bon sens,* très mal. *Cette affaire est dirigée en dépit du bon sens.*

déplacer [deplase] v. tr. ▪ conjug. 3. **I.** V. tr. **1.** Changer (une chose) de place. *Déplacer des objets, des meubles.* ⇒ **bouger, déménager.** — Abstrait. *Déplacer la question, le problème,* changer le point sur lequel porte la difficulté. **2.** Faire changer (qqn) de poste. *Déplacer un fonctionnaire.* ⇒ **muter. II.** SE DÉPLACER v. pron. **1.** (Choses) Changer de place. *Les masses d'air qui se déplacent.* **2.** (Êtres vivants) Quitter sa place. ⇒ **bouger, circuler.** *Sans se déplacer,* en restant sur place. — Changer de place, de lieu. ⇒ **avancer, marcher,** se **mouvoir.** *Avoir de la difficulté à se déplacer.* — Faire un déplacement, voyager. *Il ne se déplace qu'en avion. Elle se déplace souvent de Québec à Montréal.* **3.** Agir de manière inconvenante (par des propos, des gestes). *Il est incapable de prendre un verre sans se déplacer.* ▶ ***déplacé, ée*** adj. **1.** Qui n'est pas à sa place, qui est dérangé. *Meubles déplacés.* **2.** Qui n'est pas dans le lieu, la situation appropriée. ⇒ **inapproprié.** *Sa présence est déplacée.* **3.** Qui manque aux convenances, est de mauvais goût. ⇒ **incongru, inconvenant.** *Tenir des propos déplacés. Question déplacée.* **4.** PERSONNE DÉPLACÉE : qui a dû quitter son pays lors d'une guerre, d'un changement de régime politique. ▶ ***déplacement*** n. m. **1.** Action de déplacer, de se déplacer. *Le déplacement d'un meuble. Déplacement de population. Moyens de déplacement.* ⇒ **locomotion. 2.** Voyage auquel oblige un métier, une charge. *Il est continuellement en déplacement. Frais, indemnités de déplacement.*

déplaire [deplɛʀ] v. tr. indir. ▪ conjug. 54. — DÉPLAIRE À. **1.** Ne pas plaire ; causer du dégoût, de l'aversion. *Cette personne me déplaît (souverainement),* m'est antipathique. *Ce genre de travail déplaît à tout le monde.* ⇒ **rebuter.** / contr. **plaire** / — (+ *de* et l'infinitif ou *que* et le subjonctif). Être désagréable. *Cela me déplaît de jouer les surveillants. Cela me déplaît que tu négliges ton travail.* — Impers. *Il me déplaît d'agir ainsi,* il m'est désagréable, pénible. ⇒ **coûter. 2.** Causer une irritation passagère. ⇒ **fâcher, indisposer.** *Votre attitude a déplu au directeur.* — Loc. *Ne vous en déplaise,* que cela vous plaise ou non. **3.** V. pron. Ne pas se trouver bien (là où l'on est). ⇒ s'**ennuyer.** *Elle s'est toujours déplu à Miami.* / contr. se **plaire** / ▶ ***déplaisant, ante*** adj. **1.** Qui ne plaît pas. *Personne déplaisante.* ⇒ **antipathique.** / contr. **plaisant** / **2.** Qui contrarie, agace. ⇒ **désagréable.** *Un bruit déplaisant.*

Un visage déplaisant. Une réflexion déplaisante. ⇒ **désobligeant.** *Il est tout à fait déplaisant d'être mêlé à cette affaire.* — N. *Un petit déplaisant,* un enfant turbulent, agité. ⇒ **agaçant, désagréable.** *Une espèce de déplaisante.* ⇒ **commère, placoteur.** ▶ ***déplaisir*** n. m. ■ Impression désagréable. ⇒ **contrariété, mécontentement.** *C'est avec déplaisir que j'ai appris votre échec. Faire un travail sans déplaisir,* avec (un certain) plaisir. / contr. **plaisir** /

déplanter [deplɑ̃te] v. tr. ▪ conjug. 1. ■ Ôter de terre pour planter ailleurs. *Déplanter un arbre.* ⇒ **dépoter.** / contr. **planter, replanter** /

déplâtrer [deplɑtʀe] v. tr. ▪ conjug. 1. ■ Libérer (une partie du corps) du plâtre qui la soutenait. *On a déplâtré sa jambe.* — Retirer le plâtre de (qqn). *On l'a déplâtré.* ▶ ***déplâtrage*** n. m.

déplier [deplije] v. tr. ▪ conjug. 7. **1.** Étendre ce qui était plié. *Déplier une serviette. Déplier une carte routière.* ⇒ **déployer. 2.** Pronominalement (passif). *Ça se déplie,* ça peut être déplié. — S'étendre. *Parachute qui se déplie pendant le saut.* ⇒ s'**ouvrir.** ▶ ***dépliage*** n. m. ▶ ***dépliant, ante*** n. m. et adj. **1.** N. m. Feuille insérée dans un livre, ou prospectus qu'on déplie pour le consulter. *Un dépliant publicitaire.* ⇒ fam. **pamphlet.** ≠ *brochure.* **2.** Adj. Qui se déplie. ⇒ **pliant.** *Fauteuil dépliant.*

déplisser [deplise] v. tr. ▪ conjug. 1. ■ Défaire les plis de (une étoffe, un vêtement). — Pronominalement. *Cette jupe se déplisse facilement.* ▶ ***déplissage*** n. m.

déplorer [deplɔʀe] v. tr. ▪ conjug. 1. **1.** Pleurer sur (qqch.). *Déplorer les malheurs de qqn.* ⇒ **compatir** à. *Déplorer la perte d'un ami. On déplore un grand nombre de victimes dans cette hécatombe.* **2.** Regretter beaucoup. *Déplorer un événement. Nous avons déploré votre absence.* — (+ *que* et le subjonctif). *Je déplore qu'elle ne puisse pas venir.* ▶ ***déplorable*** adj. **1.** Qui mérite d'être déploré. ⇒ **attristant, navrant.** *Situation déplorable. Vous êtes dans un état déplorable.* ⇒ **lamentable. 2.** Très regrettable. ⇒ **fâcheux.** *Un choix, une erreur déplorable. Incident déplorable. Il est déplorable de* (+ infinitif). *Il est déplorable que* (+ subjonctif). **3.** Très mauvais. ⇒ **détestable, exécrable.** *Goût, exemple, tenue déplorable. Des notes déplorables.* ⇒ **médiocre, minable.** *Il fait un temps déplorable.*

déployer [deplwaje] v. tr. ▪ conjug. 8. **1.** Développer dans toute son extension (une chose qui était pliée). *L'oiseau déploie ses ailes.* ⇒ **étendre.** *Déployer une carte, une étoffe.* ⇒ **déplier.** / contr. **plier** / — *Drapeau qui se déploie au vent.* — Loc. *Rire* À GORGE DÉPLOYÉE : rire aux éclats, d'un rire qui gonfle la gorge. **2.** Disposer sur une plus grande étendue. *Déployer des objets en éventail.* — Déployer une armée. — Pronominalement. *Troupes qui se déploient pour combattre.* ⇒ **déploiement. 3.** Montrer dans toute son étendue. *Déployer un luxe provocant.* ⇒ **exhiber.** *Déployer un grand courage, toute son énergie, des trésors d'ingéniosité.* ⇒ **manifester, prodiguer.** *Déployer ses talents.* ⇒ **illustrer.** ▶ ***déploiement*** [deplwamɑ̃] n. m. ■ Action de déployer ; étalage, démonstration. *Le déploiement des forces de police. — Film à grand déploiement.*

se ***déplumer*** [deplyme] v. pron. ▪ conjug. 1. ■ Perdre ses plumes naturellement. — Fig. Fam. Perdre ses cheveux. ⇒ se **dégarnir.** *Il commence à se déplumer.* — Au p. p. adj. *Il est tout déplumé.*

dépoitraillé, ée [depwatʀaje] adj. ■ Fam. Qui porte un vêtement largement ouvert sur la poitrine. ⇒ **débraillé.**

dépoli, ie [depɔli] adj. ■ Qui a perdu son poli, son éclat. *Miroir dépoli.* ⇒ **terni.** — VERRE DÉPOLI : qui laisse passer la lumière mais non les images. *Vitres en verre dépoli.*

dépolitiser [depɔlitize] v. tr. ▪ conjug. 1. ■ Ôter tout caractère politique à. *Dépolitiser un débat.* / contr. **politiser** / ▶ ***dépolitisation*** n. f. ■ *La dépolitisation d'un syndicat.*

dépolluer [depɔlɥe] v. tr. ▪ conjug. 1. ■ Diminuer ou supprimer les effets de la pollution d'un lieu. *Dépolluer les cours d'eau.* ▶ ***dépollution*** n. f. ■ Action de dépolluer. *La dépollution d'une rivière, d'une ville.* — Son résultat.

déponent, ente [depɔnɑ̃, ɑ̃t] adj. ■ Se dit d'un verbe latin à forme passive et sens actif.

① ***déporter*** [depɔʀte] v. tr. ▪ conjug. 1. **1.** Infliger la peine de déportation à. **2.** Envoyer dans un camp de concentration. ▶ ***déportation*** n. f. **1.** Exil définitif d'un condamné politique. **2.** Déplacement d'une population que l'on exile. ①⇒ **dérangement** *Les Acadiens gardent le souvenir de la déportation de leurs ancêtres en Lousiane en 1755.* — Histoire. (Absolt. et avec une majusc.) *La Déportation,* celle des Acadiens. **3.** Internement dans un camp de concentration. *La déportation des juifs par les nazis. Résistants morts en déportation.* ▶ ***déporté, ée*** n. **1.** Interné dans un camp de concentration. *Camp de déportés. Ancien déporté et prisonnier de guerre.* **2.** Exilé.

② ***déporter*** v. tr. ▪ conjug. 1. ■ (Suj. chose) Dévier de sa direction, entraîner hors de sa route, de sa trajectoire. *Un vent violent a déporté la voiture sur le bas-côté de la route.* — Au passif. *Être déporté par le vent.*

① ***déposer*** [depoze] v. tr. ▪ conjug. 1. **I.** (Suj. personne) **1.** Poser (une chose que l'on portait). *Déposer un fardeau ; une gerbe sur une tombe. Déposer ses livres sur une table. — Déposer les armes,* cesser le combat. **2.** Laisser (qqn quelque part, lorsqu'on est en voiture). *Déposez-moi ici.* **3.** Mettre en lieu sûr, en dépôt. *Déposer ses bagages à la consigne. Déposer de l'argent à la banque.* ⇒ **verser.** *Elle vient déposer de l'argent.* / contr. **retirer** / **4.** *Déposer une plainte en justice.* ⇒ **plainte.** — *Déposer une marque.* ⇒ **enregistrer ; déposé. 5.** *Déposer un roi, un empereur,* destituer. **II.** (Suj. chose) Se dit des liquides qui laissent un dépôt. *Eaux qui déposent du limon.* — Intransitivement. *Ce liquide dépose.* ⇒ se **décanter.** — Pronominalement. *La poussière se dépose (sur les meubles).* ▶ ***déposant, ante*** [depozɑ̃] n. ■ Personne qui dépose de l'argent dans un établissement bancaire. ⇒ **épargnant.** *Les déposants d'une caisse populaire.* ▶ ***déposé, ée*** adj. ■ (Modèle, objet fabriqué) Qu'on a fait enregistrer afin d'éviter les contrefaçons. *Marque déposée. Nom déposé.* ▶ ***dépositaire*** n. **1.** Personne à qui l'on confie un dépôt. *Le, la dépositaire d'une lettre.* — Commerçant qui a des marchandises en dépôt. *Être le seul dépositaire d'une marque.* ⇒ **concessionnaire. 2.** Littér. Personne qui reçoit (une confidence, une mission). *La dépositaire d'un secret.* ‹ ▶ dépôt ›

② ***déposer*** v. intr. ▪ conjug. 1. ■ Faire une déposition. ⇒ **témoigner.** *Déposer contre, en faveur de qqn.* ▶ ***déposition*** n. f. ■ Déclaration que fait sous la foi du serment la personne qui témoigne en justice. ⇒ **témoignage.** *Faire, signer sa déposition. Recueillir une déposition.*

déposséder [depɔsede] v. tr. ▪ conjug. 6. ■ Priver (qqn) de la possession (d'une chose). ⇒ **dépouiller.** *Déposséder qqn de ses biens.* ▶ ***dépossession*** n. f. ■ *La dépossession d'un héritier par des créanciers.*

dépôt [depo] n. m. **1.** Action de déposer ①, de placer en lieu sûr. *Le dépôt d'un testament chez un notaire.* / contr. **retrait** / **2.** Ce qui est confié au dépositaire pour être gardé et restitué ultérieurement. *Confier un dépôt à qqn. Dépôts bancaires,* les fonds déposés en banque (opposé à *retrait*). *Certificat de dépôt. Des dépôts à terme,* de l'argent placé pour une durée déterminée. ⇒ **placement.** — Fam. Somme déposée en preuve de sa bonne foi. ⇒ **acompte, caution, versement.** *Perdre son dépôt.* — REM. Ce sous-sens familier est parfois critiqué. **3.** Lieu où l'on dépose certaines choses, où l'on gare du matériel. *Dépôt de marchandises.* ⇒ **entrepôt, magasin.** *Autobus au dépôt, qui quitte le dépôt.* — (France) Prison où sont gardés les prisonniers de passage. *Conduire un prévenu au dépôt.* **4.** DÉPÔT LÉGAL : remise obligatoire à une bilbiothèque nationale de quelques exemplaires des livres et de certaines œuvres visuelles enregistrées, lors de leur publication. **5.** Particules solides qui se déposent au fond d'un liquide composé au repos. *Dépôt des vins.* ⇒ **lie.** *Il y a du dépôt.* ▶ ***dépotoir*** [depɔtwaʀ] n. m. ■ Fam. Endroit où l'on met des objets de rebut. *Cette pièce sert de dépotoir.* ⇒ **débarras.** — Décharge publique. *Le dépotoir municipal. — Dépotoir à neige,* où les camions jettent la neige ramassée dans les rues.

dépoter [depɔte] v. tr. ▪ conjug. 1. ■ Enlever (une plante) d'un pot de fleurs. ⇒ **déplanter.**

① ***dépouiller*** [depuje] v. tr. ▪ conjug. 1. **I. 1.** Littér. Dégarnir de ce qui couvre. *L'automne dépouille les arbres (de leurs feuilles).* **2.** Distribuer les cadeaux disposés au pied de l'arbre de Noël. *On dépouillera le sapin à minuit.* ⇒ **dépouillement. 3.** Déposséder (qqn) en lui enlevant ce qu'il a. *Des voleurs l'ont dépouillé.* ⇒ **dévaliser.** *Dépouiller qqn,* le priver de ses biens, de ses revenus. ⇒ **spolier.** — (Compl. chose) *Dépouiller un pays de ses richesses.* **II.** Littér. **1.** Abandonner, ôter (ce qui couvre). ⇒ **enlever, quitter, retirer.** *Dépouiller une étagère de ses bibelots.* **2.** *Dépouiller tout orgueil,* y renoncer. — *Dépouiller son style,* le priver de tout ornement. **III.** SE DÉPOUILLER v. pron. **1.** Ôter. *Se dépouiller de ses vêtements.* — Perdre. *Les arbres se dépouillent de leurs feuilles.* **2.** Se défaire (de), abandonner. *Se dépouiller de ses biens en faveur de qqn.* ▶ ***dépouillé, ée*** adj. ■ *Arbre, branche dépouillé(e).* ⇒ **dénudé.** — *Style dépouillé,* sans ornement. ⇒ **sobre.** ▶ ***dépouille*** n. f. **1.** Littér. *Dépouille (mortelle),* le corps humain après la mort. ⇒ **cadavre. 2.** Peau enlevée à un animal sauvage. *La dépouille d'un ours.* ▶ ① ***dépouillement*** n. m. **1.** Action de dépouiller, de se dépouiller (de qqch). *Le dépouillement injuste des héritiers.* ⇒ **spoliation. 2.** Distribution des cadeaux. *Le dépouillement de l'arbre de Noël.* **3.** Privation, pauvreté volontaire. — Fig. *Le dépouillement du style,* grande sobriété.

② ***dépouiller*** v. tr. ▪ conjug. 1. ■ Analyser, examiner minutieusement (un document). *Dépouiller son courrier. Dépouiller un livre. — Dépouiller un scrutin,* faire le compte des suffrages après le vote. ▶ ② ***dépouillement*** n. m. ■ *Le dépouillement d'un dossier, d'une correspondance. — Procéder au dépouillement (des votes d'un scrutin).*

① ***dépourvu, ue*** [depuʀvy] adj. ■ DÉPOURVU(UE) DE : qui manque de, n'a plus ou n'a pas (qqch.). / contr. **doté, muni, pourvu** / *Être dépourvu de qualités, d'argent,* être sans qualités ⇒ **dénué**, sans argent ⇒ **démuni.** *Un livre dépourvu d'intérêt. Un vêtement dépourvu de fantaisie.*

② ***au dépourvu*** [odepuʀvy] loc. adv. — Surtout dans PRENDRE QQN AU DÉPOURVU. ■ Sans que l'on soit préparé, averti. ⇒ à l'**improviste.** *Votre question me prend au dépourvu.*

dépoussiérer [depusjeʀe] v. tr. ▪ conjug. 6. ■ Débarrasser de sa poussière (un lieu, une chose) ⇒ **épousseter** par des moyens mécaniques. *Dépoussiérer un tapis.* ▶ ***dépoussiérage*** n. m.

dépraver [depʀave] v. tr. ▪ conjug. 1. ■ Amener (qqn) à désirer le mal, à s'y complaire. ⇒ **corrompre, pervertir.** *Dépraver un adolescent.* ▶ ***dépravé, ée*** adj. ■ Corrompu moralement. *Mœurs dépravées. Personne dépravée,* et n., *un, une dépravé(e),* personne qui a des goûts dépravés. ⇒ **pervers, vicieux.** ▶ ***dépravation*** n. f. **1.** Déviation contraire à la normale (en morale). *La dépravation des mœurs.* — Débauche. **2.** Goût dépravé. *C'est de la dépravation !* ⇒ **vice.**

déprécier [depʀesje] v. tr. ▪ conjug. 7. **I.** V. tr. DÉPRÉCIER *qqch., qqn* (suj. personne) : ne pas apprécier à sa valeur réelle ; chercher à déconsidérer. ⇒ **critiquer, décrier, dénigrer, rabaisser.** *Ils cherchent à vous déprécier par jalousie, par rivalité.* **II.** SE DÉPRÉCIER v. pron. (suj. chose) : perdre de sa valeur. *Une voiture qui se déprécie. Monnaie qui se déprécie,* dont le pouvoir d'achat baisse (⇒ se **dévaloriser).** ▶ ***dépréciation*** n. f. ■ Diminution de la valeur d'un bien, d'une devise ; état de ce qui est déprécié. *Dépréciation des marchandises, de la monnaie.* ⇒ **dévalorisation.**

déprédation [depʀedasjɔ̃] n. f. ■ Administration. Dommage matériel causé aux biens d'autrui, aux biens publics. ⇒ **dégradation, détérioration.** *Les déprédations causées par des vandales. Les émeutiers se sont livrés à des déprédations.*

déprendre [depʀɑ̃dʀ] v. tr. ▪ conjug. 58. ■ Dégager. *Déprendre sa ligne du fond de l'eau. Déprendre son auto du banc de neige.* ⇒ **déneiger.** *Déprendre un nœud dans un lacet,* le défaire. — (Personnes) *Déprendre qqn,* le tirer d'affaire. — SE DÉPRENDRE v. pron. : se dégager. *Se déprendre d'une ornière.* ⇒ se **sortir** de. — Se tirer d'une situation délicate. *Il ne sait comment se déprendre de tous ses mensonges. Essayer de se déprendre de ses créanciers.* ⇒ se **débarrasser.**

① ***dépression*** [depʀesjɔ̃] n.f. **I.** Enfoncement, concavité dans le relief. ⇒ **creux.** *Dépression de terrain.* **II.** *Dépression atmosphérique,* baisse de la pression atmosphérique où l'air est ascendant (temps pluvieux, froid). / contr. **anticyclone** /

② ***dépression*** n. f. **I.** État mental pathologique caractérisé par de la lassitude, du découragement, de la faiblesse, de l'anxiété. ⇒ **épuisement, mélancolie, neurasthénie** ; fam. **déprime.** *Avoir des moments de dépression,* être déprimé. — *Dépression nerveuse,* crise d'abattement. *Être en train de faire une dépression.* **II.** Crise économique caractérisée par la baisse de la production et l'augmentation marquée du chômage. ▶ ***dépressif, ive*** adj. ■ Relatif à la dépression. *États dépressifs. Une personne dépressive,* sujette à la dépression. ‹ ▶ antidépresseur, maniaco-dépressif ›

déprimer [depʀime] v. tr. ▪ conjug. 1. **1.** Affaiblir physiquement ou moralement. ⇒ **abattre, décourager, démoraliser** ; ② **dépression.** *La mort de son fils l'a beaucoup déprimé.* **2.** (ÊTRE) DÉPRIMÉ, ÉE. *Se sentir déprimé. Je l'ai trouvée très déprimée.* ▶ ***déprimant, ante*** adj. ■ Qui déprime. *Climat déprimant.* ⇒ **débilitant.** — *Occupation morne et déprimante.* ⇒ **démoralisant.** — *Elle est déprimante.* ⇒ **décourageant.** ▶ ***déprime*** n. f. ■ Fam. Le fait d'être déprimé. ⇒ ② **dépression.**

dépuceler [depysle] v. tr. ▪ conjug. 4. ■ Fam. Faire perdre son pucelage à (une fille, un garçon). ⇒ **déflorer** ; fam. **déniaiser.** ▶ ***dépucelage*** n. f. ■ Fait de dépuceler. — Perte du pucelage.

depuis [d(ə)pɥi] prép. **I.** À partir de. (Temps) **1.** À partir de (un moment passé). ⇒ **dès.** *Depuis le*

15 mars, à partir de cette date. *Depuis le matin jusqu'au soir,* du matin au soir. *Depuis quand ?* (quel moment). — Adv. *Nous ne l'avons plus vu depuis. Depuis, nous sommes inquiets.* — À partir de (une époque passée). *Depuis sa mort. — Depuis Platon, Aristote.* — DEPUIS QUE loc. conj. (+ indicatif). *Depuis qu'elle est partie.* **2.** Pendant la durée passée qui sépare du moment dont on parle. *On vous cherche depuis dix minutes,* il y a dix minutes que... ⇒ **voilà.** *« Vous ne l'avez pas vu depuis combien de temps ? — Depuis quelques jours. » Depuis longtemps. Depuis peu,* récemment. *Elle est partie la semaine dernière ; depuis lors, nous sommes sans nouvelle. Depuis le temps que...,* il y a si longtemps. *Depuis le temps que je lui dis d'être prudent !* **II.** (Espace) **1.** DEPUIS... JUSQU'À : de cet endroit à tel autre. ⇒ **de.** *Depuis Toronto jusqu'à Ottowa.* **2.** DEPUIS employé seul, marque la provenance avec une idée de continuité. *Depuis Chicoutimi, il pleut. On l'entend depuis le perron,* du perron. — Abusivt. *Transmis depuis Vancouver,* de Vancouver. **III.** DEPUIS... JUSQU'À : exprime une succession ininterrompue dans une série. *Depuis le début jusqu'à la fin ; depuis A jusqu'à Z. Depuis le haut jusqu'en bas.* — Ellipt. *Costumes depuis 250 dollars,* à partir de.

dépurer [depyʀe] v. tr. ▪ conjug. 1. ■ Didact. Rendre plus pur. ⇒ **épurer, purifier.** *Dépurer le sang.* ▸ ***dépuratif, ive*** adj. et n. m. ■ Qui purifie l'organisme, en favorisant l'élimination des toxines, des poisons. *Plante dépurative.* — N. m. *Prendre un dépuratif.* ⇒ **purgatif.**

député, ée [depyte] n. ■ Membre élu de l'Assemblée nationale ou de la chambre des communes, représentant une circonscription électorale. ⇒ **parlementaire.** *Être élue députée provinciale, fédérale. Un député-ministre. Un simple député,* sans responsabilité au sein du gouvernement ou de l'opposition officielle. — (France) *La Chambre des députés* ou *Assemblée nationale.* ▸ ***députation*** n. f. **1.** Fonction de député. *Candidat à la députation.* **2.** Ensemble des députés. *La députation fédérale.*

déraciner [deʀasine] v. tr. ▪ conjug. 1. **1.** Arracher (ce qui tient au sol par des racines). ⇒ **extirper.** *L'orage a déraciné plusieurs arbres.* / contr. **enraciner** / **2.** Abstrait. *Déraciner une erreur.* **3.** *Déraciner qqn,* l'arracher de son pays, de son milieu. — N. *Un déraciné.* ▸ ***déracinement*** n. m.

① ***dérailler*** [deʀɑje] v. intr. ▪ conjug. 1. ■ (Wagons, trains) Sortir des rails. *Faire dérailler un train.* ▸ ***déraillement*** n. m. ▸ ***dérailleur*** n. m. ■ Sur une bicyclette, changement de vitesse (qui fait que la chaîne « déraille » et change de pignon).

② ***dérailler*** v. intr. ▪ conjug. 1. ■ Fonctionner anormalement. *Voix qui déraille.* — Fam. S'écarter du bon sens. ⇒ **déraisonner, divaguer.** *Tu déréailles drôlement !*

déraison [deʀɛzɔ̃] n. f. ■ Littér. Manque de raison dans les paroles ou la conduite. *C'est le comble de la déraison !* ▸ ***déraisonnable*** adj. ■ Qui n'est pas raisonnable. ⇒ **absurde, insensé.** *Conduite déraisonnable.* ⇒ **inacceptable.** ▸ ***déraisonner*** v. intr. ▪ conjug. 1. ■ Littér. Tenir des propos dépourvus de raison, de bon sens. ⇒ **divaguer ;** fam. ② **dérailler.** *Vous déraisonnez !*

① ***déranger*** [deʀɑ̃ʒe] v. tr. ▪ conjug. 3. **1.** Déplacer de son emplacement assigné ; mettre en désordre (ce qui était rangé). ⇒ **bouleverser, chambarder, déplacer.** *Déranger des papiers. Ne dérangez pas mes affaires.* **2.** Troubler le fonctionnement, l'action normale de (qqch.). ⇒ **dérégler, détraquer.** *L'orage a dérangé le temps.* ▸ ***dérangé, ée*** adj. ■ Détraqué. *Il a le cerveau, l'esprit un peu dérangé.* ⇒ **malade.** — *Avoir l'estomac, le foie un peu dérangé,* indisposé. ▸ ① ***dérangement*** n. m. **1.** Mise en désordre. **2.** Dérèglement (dans le fonctionnement). *Réseau informatique en dérangement.* **3.** Légère indisposition. ⇒ ② **trouble.** *Un dérangement intestinal.* **4.** Déplacement. ⇒ **déportation** (2). *Le grand dérangement des Acadiens en 1755.* — Histoire. (Absolt et avec une majusc.) *le grand Dérangement* (des Acadiens).

② ***déranger*** v. tr. ▪ conjug. 3. ■ Gêner (qqn) dans son travail, ses occupations. ⇒ **importuner.** *Excusez-moi de vous déranger. J'ai demandé à la secrétaire de ne me déranger sous aucun prétexte. — Comme il était en retard, il a dû déranger plusieurs spectateurs,* les obliger à se déplacer pour le laisser passer. — SE DÉRANGER v. pron. : quitter ses occupations, son travail. *Ne vous dérangez pas pour moi.* ▸ ② ***dérangement*** n. m. ■ ⇒ **gêne, trouble.** *Causer du dérangement à qqn. Pour vous éviter du dérangement.*

déraper [deʀape] v. intr. ▪ conjug. 1. ■ (Voitures, bicyclettes, etc.) Glisser sur le sol. — Par ext. (Personnes) *Le skieur a dérapé sur la glace.* ▸ ***dérapage*** n. m. ■ Le fait de déraper. *Un dérapage dangereux.* — Fig. Changement non contrôlé. ⟨ ▸ antidérapant ⟩

dératé [deʀate] n. m. ■ (Surtout en France) Loc. *Courir* COMME UN DÉRATÉ : très vite.

dératiser [deʀatize] v. tr. ▪ conjug. 1. ■ Débarrasser (un lieu) des rats. ▸ ***dératisation*** n. f. ■ Action de dératiser.

derby [dœʀbe] n. m. ■ Grande course de chevaux qui a lieu chaque année. *Le derby du Kentucky. Des derbys* ou *des derbies.*

derechef [dəʀəʃɛf] adv. ■ Littér. Une seconde fois ; encore une fois. ⇒ de **nouveau.** *Elle attira derechef mon attention.*

dérégler [deʀegle] v. tr. ▪ conjug. 6. **1.** Faire qu'une chose ne soit plus réglée ; mettre en désordre. ⇒ **bouleverser, déranger, détraquer, troubler.** *L'orage a déréglé le temps. Dérégler un mécanisme délicat.* **2.** Troubler l'ordre moral, la discipline de. *Cette liaison a déréglé sa vie.* ▸ ***déréglé, ée*** adj. **1.** Dont l'ordre, le fonctionnement a été troublé. *Appétit, estomac déréglé. Pendule déréglée.* **2.** Qui est hors de la règle, de l'équilibre (intellectuel, moral, etc.). *Vie déréglée.* ⇒ **désordonné.** — Excessif, démesuré. *Imagination déréglée.* ⇒ **débridé.** ▸ ***dérèglement*** n. m. ■ *Le dérèglement du temps, des saisons.* ▸ ***déréglementation*** n. f. ■ Fait de laisser un secteur d'activité sans réglementation ou d'alléger une réglementation existante. *La déréglementation des tarifs aériens.*

se ***dérhumer*** [deryme] v. pron. ▪ conjug. 1. ■ Fam. Se râcler la gorge pour que la voix soit plus nette. ⇒ s'**éclaircir, hum.** *Elle se dérhumait toujours avant de parler au micro.* ≠ *se désenrhumer.*

dérider [deʀide] v. tr. ▪ conjug. 1. ■ Rendre moins soucieux, moins triste (comme si on enlevait les rides du front). *Rien ne le déride.* ⇒ **égayer.** — SE DÉRIDER v. pron. : sourire ; rire. *Il ne s'est pas déridé de la soirée.*

dérision [deʀizjɔ̃] n. f. **1.** Mépris qui incite à rire, à se moquer de (qqn, qqch.). ⇒ **dédain, ironie.** *Dire qqch. par dérision,* moquerie. *Être un objet de dérision.* ⇒ **risée.** — TOURNER EN DÉRISION : se moquer d'une manière méprisante de (qqn, qqch.). **2.** Chose insignifiante, dérisoire. *Deux dollars de l'heure : c'est une dérision !,* c'est trop peu. ▸ ***dérisoire*** adj. ■ Qui est si insuffisant que cela semble une moquerie. ⇒ **insignifiant, ridicule.** *Un salaire dérisoire. Une proposition, une offre dérisoire.*

① ***dériver*** [deʀive] v. ▪ conjug. 1. **I.** V. tr. **1.** Détourner (des eaux) de leur cours pour leur donner une nouvelle direction. *Dériver l'eau d'un lac. Dériver un cours d'eau.* **2.** Faire dévier. *Dériver l'attention, les préoccupations de qqn.* **II.** V. intr. **1.** S'écarter de sa direction, sous l'effet des vents, des courants. *Le bateau a dérivé. L'avion risque de dériver vers l'est.* **2.** Fig. Changer de direction, de cours, de manière incontrôlée. *Dériver vers la drogue.* ▶ ***dérivatif*** n. m. ■ Ce qui permet de détourner l'esprit de ses préoccupations. ⇒ **distraction, divertissement, exutoire.** *Chercher un dérivatif à ses ennuis.* ▶ ① ***dérivation*** n. f. **1.** Action de dériver (les eaux). *Canal de dérivation.* **2.** Communication entre deux points d'un circuit, au moyen d'un second conducteur. ▶ ***dérive*** n. f. **I. 1.** Déviation d'un navire, d'un avion, sous l'effet des vents ou des courants. — *La dérive des continents,* théorie selon laquelle les continents actuels proviendraient de la division d'un continent unique. **2.** Le fait de se laisser entraîner, de s'écarter (d'un objectif, de sa voie). *Il y a une dérive dangereuse dans son projet.* **3.** Loc. À LA DÉRIVE : en dérivant (navire). — Fig. *Entreprise qui va à la dérive,* qui n'est plus tenue en main, guidée. **II.** Dispositif qui empêche un navire de dériver. *Une dérive immergée.* ▶ ***dériveur*** n. m. ■ Bateau muni d'une dérive (II).

② ***dériver*** v. tr. ind. ▪ conjug. 1. ■ DÉRIVER DE : découler, provenir, venir de. *Mot qui dérive du grec, du latin. Les malheurs qui dérivent de la guerre.* ▶ ② ***dérivation*** n. f. ■ Formation de mots à partir d'une racine et d'affixes (suffixes, préfixes). *« Saison » donne « saisonnier » par dérivation. Dérivation et composition.* ⇒ **dérivé.** ▶ ***dérivé*** n. m. **1.** Mot qui dérive d'un autre mot, d'une racine (opposé à *mot composé*). *Les dérivés d'un verbe, d'un nom.* — Adj. *Adverbe en « -ment » dérivé (d'un adjectif).* **2.** Substance obtenue par la transformation d'une autre. *Le plastique est un dérivé du pétrole.* ▶ ***dérivée*** n. f. ■ Mathématiques. *Dérivée d'une fonction d'une variable,* limite vers laquelle tend le rapport de l'accroissement de cette fonction à l'accroissement de la variable lorsque celui-ci tend vers zéro.

dermato-, derm(o)-, -derme ■ Éléments savants signifiant « peau ». ▶ ***dermatologie*** [dɛʀmatɔlɔʒi] n. f. ■ Partie de la médecine qui étudie et soigne les maladies de la peau (ou *dermatoses,* n. f.). ▶ ***dermatologue*** n. ■ Spécialiste de la dermatologie.

derme [dɛʀm] n. m. ■ Couche profonde de la peau, située sous l'épiderme. *Le derme et l'épiderme.* ▶ ***dermique*** adj. ■ Du derme. *Tissu dermique.* ⟨ ▶ dermato-, échinoderme, épiderme, hypodermique, intradermique, pachyderme, taxidermie ⟩

dernier, ière [dɛʀnje, jɛʀ] adj. et n. **I. 1.** Adj. (Avant le nom) Qui vient après tous les autres, après lequel il n'y en a pas d'autre. / contr. **premier** / *Le dernier mois de l'année. Prendre le dernier autobus. Les derniers préparatifs. À la dernière minute. Aux dernières nouvelles. Être à sa dernière heure. — Ce n'est pas la première fois ni la dernière. Dépenser jusqu'à son dernier sou. Faire un dernier effort.* ⇒ **suprême, ultime.** *Mettre la dernière main, la dernière touche à qqch.,* régler les ultimes détails. *C'est mon dernier mot !,* ma dernière offre, ma dernière proposition. *Elle veut toujours avoir le dernier mot,* l'emporter dans une discussion. *En dernier lieu.* — (Après le nom) *Jugement* dernier.* — (Attribut) *Il est dernier, bon dernier,* classé nettement derrière les autres. **2.** N. *Le dernier de la classe. La dernière des guerres,* France, (fam. *La der des ders*). **3.** EN DERNIER loc. adv. : à la fin, après tous les autres. *Cela vient en dernier. J'irai te voir en dernier,* pour terminer. **II.** Extrême. **1.** Le plus haut, le plus grand. *Au dernier point, au dernier degré. Cela me déplaît au dernier point. Protester avec la dernière énergie.* **2.** Le plus bas, le pire, le moindre. *Une marchandise de dernière qualité, de dernier choix, de dernier ordre. C'est le dernier de mes soucis.* ⇒ **cadet.** — N. *Être traitée comme la dernière des dernières.* **III.** Qui est le plus proche du moment présent. *L'an dernier.* ⇒ **passé.** *La dernière guerre. Être habillé à la dernière mode.* — N. *Le petit dernier.* ⇒ **benjamin** ⇒ **dernier-né.** — *Oui, répondit ce dernier,* celui dont on vient de parler. ▶ ***dernièrement*** adv. ■ Ces derniers temps. ⇒ **récemment.** *Il est venu nous voir tout dernièrement.* ▶ ***dernier-né, dernière-née*** n. **1.** Enfant qui, dans une famille, est né le dernier (opposé à *premier-né*). ⇒ **benjamin, dernier** (III). *La dernière-née est déjà à la maternelle.* **2.** (Choses) Le plus récent, le dernier modèle. *Le dernier-né de ses livres.* ⟨ ▶ avant-dernier ⟩

dérober [deʀɔbe] v. tr. ▪ conjug. 1. **I.** V. tr. **1.** Littér. Prendre furtivement (ce qui appartient à autrui). ⇒ **subtiliser, voler ;** fam. ① **piquer** (III). *Dérober une montre.* **2.** Obtenir (qqch.) par des moyens peu honnêtes. *Dérober un secret.* ⇒ **surprendre.** — *Dérober un baiser,* embrasser par surprise. **3.** (Suj. chose) Masquer. *Un rideau d'arbres qui dérobe le village aux regards. Une haie touffue nous dérobait la vue.* **4.** Cacher, dissimuler. *Dérober son regard.* **II.** SE DÉROBER v. pron. **1.** SE DÉROBER À : éviter d'être vu, pris par (qqn). ⇒ **échapper,** se **soustraire.** *Se dérober aux regards. Se dérober à la surveillance de qqn. — Se dérober à ses obligations.* ⇒ **manquer** à. **2.** Éviter de répondre, d'agir. *Chercher à se dérober.* **3.** S'éloigner, s'écarter de qqn. *Il lui prit le bras ; elle ne se dérobait pas.* **4.** (Choses) *Se dérober sous.* ⇒ **manquer.** *Le sol se dérobe sous ses pas.* ▶ ***dérobade*** n. f. ■ Action de fuir devant une obligation, un engagement. *Répondez-moi, pas de dérobade.* ⇒ **fuite.** ▶ ***dérobé, ée*** adj. **1.** Pris, volé. *On a retrouvé chez un receleur les bijoux dérobés.* **2.** (Passage, lieu clos) Caché, secret. *Escalier dérobé. S'enfuir par une porte dérobée,* qui permet de sortir d'une maison ou d'y entrer sans être vu. ⇒ **secret.** ▶ *à la* ***dérobée*** loc. adv. ■ En cachette *(faire qqch. à la dérobée)* ; furtivement *(regarder qqn à la dérobée).*

① ***déroger*** [deʀɔʒe] v. tr. indir. ▪ conjug. 3. ■ DÉROGER À : manquer à l'observation d'une loi, à l'application d'une règle, d'une tradition. *Déroger à la loi.* ⇒ **désobéir, enfreindre.** *Déroger à ses habitudes.* ⇒ **modifier.** ▶ ***dérogation*** n. f. ■ *Une dérogation à une loi.* ⇒ **infraction.** — *Obtenir, demander une dérogation.* ⇒ **dispense.**

② ***déroger*** v. intr. ▪ conjug. 3. ■ Littér. Faire une chose indigne de sa position, de ses principes, etc. ⇒ s'**abaisser.** *Il croirait déroger en faisant ce métier.*

dérougir [deʀuʒiʀ] v. intr. ▪ conjug. 2. ■ (Forme négative) Fig. NE PAS DÉROUGIR : ne pas diminuer, ne pas se calmer ; continuer d'augmenter. ⇒ **désemplir.** / contr. **cesser, ralentir** / *Les ventes n'ont pas dérougi depuis une semaine. Au bureau, ils ne dérougissent pas,* ils travaillent continuellement, sans arrêt. *Le téléphone n'a pas dérougi aujourd'hui,* il n'a pas cessé de sonner.

① ***dérouiller*** [deʀuje] v. ▪ conjug. 1. (France) Fam. **1.** V. intr. Être battu. *Qu'est-ce qu'il a dérouillé !* **2.** V. tr. Battre. *Il l'a drôlement dérouillé. Il s'est fait dérouiller.* ▶ ***dérouillée*** n. f. ■ Fam. *Recevoir une dérouillée,* des coups, une volée. ⇒ **correction, dégelée, râclée.**

② ***dérouiller*** v. tr. ▪ conjug. 1. ■ Fam. Redonner de l'exercice à (ce qui était « rouillé »). *Se dérouiller les jambes,* les dégourdir en marchant. ⇒ se **dégourdir.** *Elle s'est dérouillé les jambes.*

dérouler [deʀule] v. tr. ▪ conjug. 1. **1.** Défaire, étendre (ce qui était roulé). ⇒ **déployer, développer.** *Dérouler une pièce d'étoffe, une bobine de fil.* ⇒ **dévi-**

der. / contr. **enrouler** / **2.** Montrer, développer successivement. *Dérouler ses souvenirs dans sa mémoire.* — SE DÉROULER v. pron. : prendre place dans le temps, en parlant d'une suite ininterrompue d'événements, de pensées. ⇒ s'**écouler,** se **passer.** *La cérémonie s'est bien déroulée. — Le lieu où se déroule l'action.* ▶ ***déroulement*** n. m. **1.** *Le déroulement d'un câble.* **2.** *Le déroulement de l'action dans une pièce de théâtre, un film.*

déroute [deʀut] n. f. ■ Fuite désordonnée de troupes battues ou prises de panique. ⇒ **débâcle, débandade ; déconfiture.** *C'est la déroute. Mettre l'ennemi en déroute. L'armée en déroute,* battue. — *Une équipe en déroute,* battue à plate couture.

dérouter [deʀute] v. tr. ▪ conjug. 1. **I.** *Dérouter un navire, un avion,* le faire changer d'itinéraire, de destination. *En raison du brouillard, on a dérouté l'avion vers (sur) un autre aéroport.* ⇒ **détourner. II.** Rendre (qqn) incapable de réagir, de se conduire comme il faudrait. ⇒ **déconcerter.** *Dérouter un candidat par des questions inattendues.* ⇒ **embarrasser.** — Au passif et p. p. adj. *Je me sens déroutée,* désorientée. ▶ ***déroutant, ante*** adj. ■ Qui déroute. ⇒ **déconcertant.** *Une attitude déroutante.* ⟨ ▶ déroute ⟩

derrick [dɛ(e)ʀik] n. m. ■ Anglic. Bâti métallique supportant l'appareillage servant à forer les puits de pétrole. *Des derricks.*

① ***derrière*** [dɛʀjɛʀ] prép. et adv. ■ Du côté opposé au visage, à la face, au côté visible (d'une chose). **I.** Prép. **1.** En arrière, au dos de. / contr. **devant** / *Derrière le mur. Se cacher derrière qqn.* — Fig. *Derrière les apparences...,* au-delà, sous. *Il faut oublier et laisser derrière vous les rancunes.* — DE DERRIÈRE, PAR-DERRIÈRE loc. prép. *Elle sortit de derrière la haie. Passez par-derrière la maison,* derrière, par le derrière (de). ⇒ en ① **arrière.** — Abstrait. *Avoir une idée, qqch. (de) derrière la tête,* arrière-pensée. **2.** À la suite de. *Marcher l'un derrière l'autre.* ⇒ **après.** — *Laisser qqn loin derrière soi,* dépasser, surpasser. *Il faut être toujours derrière lui,* le surveiller. **II.** Adv. **1.** Du côté opposé à la face, à l'endroit ; en arrière. *Vêtement qui se boutonne derrière. Il est resté derrière, loin derrière. Prendre place derrière,* sur la banquette arrière. **2.** PAR-DERRIÈRE loc. adv. *Attaquer qqn par-derrière* (dans le dos). — *On dit du mal de lui par-derrière* (derrière son dos). ▶ ② ***derrière*** n. m. **1.** Le côté opposé au *devant,* la partie postérieure. *Loger sur le derrière (de l'immeuble). Porte de derrière.* ⇒ en ① **arrière. 2.** Partie du corps de l'être humain et de certains animaux qui comprend les fesses et le fondement. ⇒ fam. **arrière-train, cul, foufoune, péteux,** ② **postérieur.** *S'asseoir, tomber sur le derrière.* — Loc. *Mourir le derrière sur la paille,* dans la pauvreté, le dénuement. ⇒ fam. **cul.**

① ***des*** prép. ; art. ⇒ ① **et** ② **de**

② ***des*** [de] art. indéf., plur. de UN, UNE. **1.** Devant un nom commun. *Un livre, des livres.* — REM. *Des* est remplacé par *de* devant un adjectif *(Avoir de bonnes idées)* sauf si l'adjectif fait corps avec le nom *(Manger des petits fours).* **2.** Fam. Devant un nom de nombre, avec une valeur emphatique. *Il soulève des cinquante kilos comme un rien. Se coucher à des deux, trois heures du matin.*

des-, dés- ⇒ **de-**

D.E.S. [deəɛs] n. m. invar. ■ Abréviation de *diplôme d'études secondaires.* ⇒ **D.E.C.** *Elle a reçu son D.E.S. par la poste.*

dès [dɛ] prép. **I.** (Temps) **1.** À partir de. ⇒ **depuis.** *Dès cette époque.* ⇒ **déjà.** *Se lever dès l'aube. Dès sept heures je serai prête. Dès à présent.* ⇒ **désormais.** *Vous viendrez me voir dès mon retour.* ⇒ **sitôt.** *Vous commencerez votre travail dès demain. Dès demain vous pourrez partir.* **2.** DÈS LORS loc. adv. : dès ce moment, aussitôt. *Dès lors, elle décida de partir.* — En conséquence. *Il a fourni un alibi, dès lors il est hors de cause.* — DÈS LORS QUE loc. conj. : dès l'instant où ; étant donné que, puisque. **3.** DÈS QUE (+ indicatif) loc. conj. : dès l'instant où. ⇒ fam. un **coup** que. *Dès qu'on sera là. Dès que je fus parti.* ⇒ **aussitôt** que, **sitôt** que. **II.** (Lieu) À partir de. *Dès l'entrée, dès la porte.* ⟨ ▶ déjà, désormais ⟩

désabonner [dezabɔne] v. tr. ▪ conjug. 1. ■ Faire cesser d'être abonné. *Veuillez me désabonner à la revue, au câble.*

désabrier [dezabʀije] v. tr. ▪ conjug. 7. **1.** Découvrir (qqn), lui enlever des couvertures. / contr. **abrier, couvrir** / *L'infirmière a désabrié la malade. Être désabrié,* ne plus être abrié. / contr. **rabrier** / — Au p. p. adj. *Un enfant désabrié.* **2.** (Choses) Enlever ce qui sert à abrier. *On a désabrié les fauteuils,* enlever les housses. **3.** SE DÉSABRIER : v. pron. réfl. (Suj. personne) Se découvrir, enlever, repousser des couvertures. / contr. s'**abrier,** se **couvrir** / *Se désabrier pendant la nuit.* — REM. Ce verbe se prononce [dezabʀij-] à tous les temps et à toutes les personnes (ex. : *Elle désabriera* [dezabʀij(ə)ʀɑ]).

désabusé, ée [dezabyze] adj. ■ Qui a perdu ses illusions. *Être désabusé. — Sourire désabusé.* ⇒ **désenchanté.** — N. *Les désabusés.*

désaccord [dezakɔʀ] n. m. **1.** (Personnes) Le fait de n'être pas d'accord ; état de personnes qui s'opposent. ⇒ **désunion, différend, dissension, mésentente.** *Un léger désaccord. Être, se trouver* EN DÉSACCORD *avec qqn sur qqch.* **2.** (Choses) Le fait de ne pas s'accorder, de ne pas aller ensemble. ⇒ **discordance, incompatibilité, opposition.** *Il y a désaccord entre ses opinions et sa conduite.*

désaccordé, ée [dezakɔʀde] adj. ■ (Instruments de musique) Qui n'est plus accordé. *Le piano est désaccordé.* ⇒ **faux.**

désaccoutumer [dezakutyme] v. tr. ▪ conjug. 1. ■ Littér. Faire perdre une habitude à (qqn). ⇒ **déshabituer.** / contr. **accoutumer** / — Pronominalement. *Je me suis désaccoutumé du bruit. Elle s'est désaccoutumée de fumer.*

désaffecté, ée [dezafɛkte] adj. ■ Qui n'est plus affecté à sa destination première. *Église, école désaffectée.*

désaffection [dezafɛksjɔ̃] n. f. ■ Perte de l'attachement qu'on éprouvait (pour qqn, qqch.). ⇒ **détachement.** *La désaffection croissante des citoyens à l'égard des institutions. Désaffection pour une coutume.*

désagrafer v. tr. ■ conjug. 1 ⇒ **dégrafer.**

désagréable [dezagʀeabl] adj. **1.** (Choses) Qui déplaît, donne du déplaisir. ⇒ **déplaisant, pénible.** / contr. **agréable** / *Odeur, goût, impression désagréable. Chose désagréable à voir, à entendre. Il est désagréable de* (+ infinitif). *Ce n'est pas désagréable,* c'est assez agréable. — *Être désagréable à qqn. Cela lui est désagréable.* **2.** (Personnes) Qui se conduit de manière à choquer, blesser. *Vous êtes très désagréable. Il est désagréable avec tout le monde.* ⇒ **insupportable, odieux.** / contr. **agréable** / ▶ ***désagréablement*** adv. ■ *Être désagréablement surpris.* ⇒ **péniblement.**

désagréger [dezagʀeʒe] v. tr. ▪ conjug. 3 et 6. **1.** Décomposer (qqch.) en séparant les parties liées, agrégées. ⇒ **dissocier, dissoudre.** *La pluie désagrège les* *roches calcaires.* — Pronominalement. *Un carré de sucre qui se désagrège dans le café.* **2.** Décomposer en détruisant l'unité. ⇒ **démanteler, désunir.** — Pronominalement. *Tout son système de défense s'est désagrégé.* ⇒ s'**écrouler.** ▶ ***désagrégation*** n. f. ■ *La désagrégation d'une pierre friable.*

désagrément [dezagʀemɑ̃] n. m. ■ Chose désagréable ; sujet de contrariété. ⇒ **difficulté, ennui, souci.** *Je vous cause bien des désagréments. S'attirer des désagréments. La situation présente certains désagréments.* ⇒ **inconvénient.** *Supporter les désagréments d'un déménagement.* / contr. **agrément, plaisir** /

désaltérer [dezalteʀe] v. intr. ▪ conjug. 6. ■ Apaiser la soif de (qqn). *Boisson qui désaltère.* — Pronominalement. *Se désaltérer,* boire. *Se désaltérer à une source.* ▶ ***désaltérant, ante*** adj. ■ Qui désaltère. *Le thé est très désaltérant.*

se ***désâmer*** [dezɑme] v. pron. réfl. ▪ conjug. 1. ■ Fam. Faire beaucoup d'efforts, dépenser beaucoup d'énergie pour aider qqn ou pour réaliser qqch. ⇒ fam. se **décarcasser ;** très fam. se **chier,** se **fendre.** *Ils se sont désâmés pour construire leur maison.*

désamorcer [dezamɔʀse] v. tr. ▪ conjug. 3. **1.** Enlever l'amorce de. *Désamorcer un pistolet.* **2.** Interrompre le fonctionnement de (ce qui devait être amorcé).— Au passif. *La pompe est désamorcée.* / contr. **amorcer** / — Abstrait. Empêcher le déclenchement de. *Désamorcer un conflit.* ▶ ***désamorçage*** n. m.

désappointer [dezapwɛ̃te] v. tr. ▪ conjug. 1. ■ Décevoir (qqn) en trompant son attente. *Vous me désappointez.* ▶ ***désappointé, ée*** p. p. et adj. ■ Qui n'a pas obtenu ce qu'il attendait et en est déçu. *Être tout désappointé. Avoir un air désappointé.* ⇒ **dépité.** *Je suis désappointé de ce refus.* ▶ ***désappointement*** n. m. ■ État, sensation d'une personne désappointée. ⇒ **déception, déconvenue.** *Cacher son désappointement. Éprouver un léger désappointement.* ▶ ***désappointant, ante*** adj. ■ Qui cause un désappointement. *Des résultats scolaires désappointants.*

désapprobateur, trice [dezapʀɔbatœʀ, tʀis] adj. ■ Qui désapprouve, marque la désapprobation. *Air, ton désapprobateur. Sa mère lui lança un regard désapprobateur.* / contr. **approbateur** / ▶ ***désapprobation*** n. f. ■ Action de désapprouver. / contr. **approbation** / *Un murmure de désapprobation s'éleva dans la salle.* ⇒ **réprobation.**

désapprouver [dezapʀuve] v. tr. ▪ conjug. 1. ■ Juger d'une manière défavorable ; trouver mauvais. ⇒ **condamner, critiquer, réprouver.** *Désapprouver un projet, la conduite de qqn. Je les désapprouve d'avoir répliqué. Désapprouver que* (+ subjonctif). *Il (ne) désapprouve (pas) que vous veniez demain.* / contr. **approuver** / ⟨ ▶ désapprobateur ⟩

désarçonner [dezaʀsɔne] v. tr. ▪ conjug. 1. **1.** Mettre (qqn) hors des arçons, jeter à bas de la selle. *Le cheval a désarçonné son cavalier.* ⇒ **démonter.** **2.** Confondre (qqn) dans une discussion, mettre à bout d'arguments. ⇒ **déconcerter, démonter.** *Cela me désarçonne.* — Au p. p. *Être désarçonné.* ⇒ **désorienté.**

désargenté, ée [dezaʀʒɑ̃te] adj. ■ Fam. Qui est démuni d'argent. ⇒ fam. **cassé.** *Je suis plutôt désargenté en ce moment.*

① ***désarmer*** [dezaʀme] v. tr. ▪ conjug. 1. **1.** Enlever (par la force) ses armes à (qqn). *Désarmer un malfaiteur.* **2.** Limiter ou supprimer les armements militaires de. *Désarmer un pays.* — Intransitivement. *Les grandes puissances ont décidé de désarmer.* **3.** *Désarmer un navire,* en retirer le matériel et l'équipage. ▶ ***désarmement*** [dezaʀməmɑ̃] n. m. **1.** Action de désarmer (un soldat, une garnison). **2.** Réduction ou suppression des armements. *Le désarmement progressif des grandes puissances. Conférences du (sur) le désarmement.* / contr. **armement** / *Le désarmement nucléaire.* **3.** *Le désarmement d'un navire* (⇒ ① **désarmer, 3**).

② ***désarmer*** v. tr. ▪ conjug. 1. **1.** Laisser sans défense ; rendre moins sévère. *Son rire, son inconscience me désarme.* — Au passif. ÊTRE DÉSARMÉ, ÉE. *Il est désarmé devant les difficultés.* **2.** Intransitivement. (Sentiment hostile, violent. Surtout négatif.) Céder, cesser. *Son hostilité ne désarme pas.* ▶ ***désarmant, ante*** adj. ■ Qui enlève toute sévérité ou laisse sans défense. *Une modestie désarmante. Une naïveté désarmante.* ⇒ **touchant.**

désarroi [dezaʀwa] n. m. ■ Trouble moral qui entraîne l'indécision. ⇒ **égarement.** *Être en plein désarroi, en grand désarroi.* ⇒ **affolement, consternation, détresse.** / contr. **joie** /

se ***désarticuler*** [dezaʀtikyle] v. pron. ▪ conjug. 1. ■ Plier ses membres en tous sens. ⇒ se **contorsionner.** *Clown qui se désarticule.* — Au p. p. adj. *Pantin désarticulé.*

désassorti, ie [dezasɔʀti] adj. ■ Incomplet, dépareillé. *Service de table désassorti.* / contr. **assorti** /

désastre [dezastʀ] n. m. **1.** Malheur très grave, ruine qui en résulte. ⇒ **calamité, cataclysme, catastrophe,** ② **fléau.** *Un désastre irréparable. Mesurer l'étendue du désastre. Désastre qui frappe une famille, un pays. Cette défaite fut un désastre.* — Par exagér. *Ce temps, c'est un vrai désastre !* **2.** Échec entraînant de graves conséquences. *Désastre financier, commercial.* ⇒ **banqueroute, déconfiture, déroute, faillite.** *Nous courons au désastre.* ⇒ **malheur.** ▶ ***désastreux, euse*** adj. ■ Très fâcheux. *Un temps désastreux. Les effets désastreux des mesures prises.*

désavantage [dezavɑ̃taʒ] n. m. ■ Condition d'infériorité. ⇒ **handicap, inconvénient.** *Cette situation présente des désavantages.* ⇒ **désagrément.** — *Se montrer à son désavantage,* sous un jour défavorable. *Tourner au désavantage de qqn.* ⇒ **détriment, préjudice.** ▶ ***désavantager*** v. tr. ▪ conjug. 3. ■ Faire subir un désavantage à (qqn), mettre en désavantage. *Désavantager un héritier au profit d'un autre.* ⇒ **frustrer, léser.** / contr. **avantager** / ▶ ***désavantageux, euse*** adj. ■ Qui cause ou peut causer un désavantage. ⇒ **défavorable.** *Position désavantageuse. Un accord désavantageux pour nous.* / contr. **avantageux** /

désavouer [dezavwe] v. tr. ▪ conjug. 1. **1.** Refuser de reconnaître pour sien. *Elle a désavoué ses premiers livres.* ⇒ **renier.** **2.** Déclarer qu'on n'est pas d'accord avec (qqn, les actes de qqn qu'on approuvait). ⇒ **condamner, désapprouver.** *Désavouer la conduite de qqn. Désavouer un procédé déloyal.* — Au p. p. *Homme politique désavoué par son parti.* ▶ ***désaveu*** n. m. ■ Action de désavouer. *C'est un désaveu de la politique de son prédécesseur. En agissant ainsi, il encourt le désaveu de ses supérieurs.*

désaxer [dezakse] v. tr. ▪ conjug. 1. ■ Faire sortir (qqn) de l'état normal, habituel. ⇒ **déséquilibrer.** *Cette vie l'a désaxé.* ▶ ***désaxé, ée*** p. p. et adj. ■ Déséquilibré. *Il est un peu désaxé,* et n., *c'est une désaxée,* une déséquilibrée.

desceller [desɛle] v. tr. ▪ conjug. 1. ■ Arracher, détacher (ce qui est fixé dans la pierre). *Desceller une grille.* / contr. **sceller** / ≠ *déceler, desseller.*

① ***descendre*** [desɑ̃dʀ] v. ▪ conjug. 41. **I.** V. intr. (Auxiliaire *être*) **1.** Aller du haut vers le bas ⇒ **tomber,** en gardant le contrôle du mouvement. *Action, fait de descendre.* ⇒ **descente, chute.** / contr. **monter** / — *Descendre d'un arbre. Descendre* (d'un étage) *par l'ascenseur, par l'escalier. Ils sont descendus en courant. Descendre en parachute. — Descendre dans la rue,* aller manifester. *Descendre en ville,* aller en ville. **2.** Aller vers le sud. *Nous descendons jusqu'à Miami.* — Aller vers un point en aval d'un cours d'eau. *En partant de Québec, nous descendrons à Gaspé en auto.* — Cour. Passer du point de départ au point de destination. *De la maison à Moncton, je descends à Montréal en une douzaine d'heures.* **3.** Loger, au cours d'un voyage. *Descendre chez des amis, à l'hôtel.* **4.** Cesser d'être monté (sur, dans). *Descendre de cheval, de train, de voiture.* ⇒ **débarquer.** — *Descendre à terre* (d'un navire). ⇒ **débarquer. 5.** Faire irruption ⇒ **descente,** I, 2). *La police est descendue dans cet hôtel.* **6.** Aller vers ce qui est considéré comme plus bas. *Il est descendu dans mon estime.* ⇒ **baisser.** *Il est descendu bien bas !* ⇒ **tomber.** *Descendre de haut.* ⇒ **déchoir. 7.** *Descendre jusqu'au (moindre) détail,* examiner successivement des choses de moins en moins importantes. **II.** (Choses) **1.** Aller de haut en bas. *Les impuretés du liquide descendent au fond (du récipient).* ⇒ se **déposer.** *Les cours d'eau descendent vers la mer.* ⇒ **couler.** *Le soleil descend sur l'horizon.* ⇒ se **coucher.** — Sans compl. *La noirceur descend,* elle vient. *L'avion commence à descendre.* **2.** S'étendre de haut en bas. *Ce pardessus lui descend aux chevilles.* **3.** Aller en pente. *La colline descend jusqu'au fleuve.* **4.** Diminuer de niveau. ⇒ **baisser.** *La marée descend. Le thermomètre est descendu d'un degré. — Les prix descendent.* ⇒ **diminuer. III.** V. tr. (Auxiliaire *avoir*) **1.** Aller en bas, vers le bas de. *Elle a descendu l'escalier quatre à quatre. Ils ont descendu la colline, la rivière* (en bateau). **2.** Porter de haut en bas. *Descendre des meubles d'un camion.* ⇒ **débarquer.** *Tu peux descendre les valises.* **3.** Fam. Faire tomber ; abattre. *La D.C.A. a descendu un avion.* — Fam. *Descendre un malfaiteur.* ⇒ **abattre,** ② **buter, tuer. 4.** Fam. Boire rapidement et complètement le contenu d'une bouteille, d'un verre. ⇒ fam. **caler.** *Il a descendu deux ou trois bières, dans le temps de le dire.* ► ① ***descendant, ante*** adj. ■ Qui descend. *Chemin descendant.* / contr. **montant** / ► ***descendeur, euse*** n. ■ Cycliste, skieur spécialiste des descentes rapides. *C'est un bon descendeur.* ► ***descente*** [desɑ̃t] n. f. **I. 1.** Action de descendre, d'aller d'un lieu élevé dans un autre plus bas. *Faire, effectuer une descente dans un puits, une mine. Descente en parachute. Une descente aux flambeaux,* à ski. — *À la descente,* en descendant. *Elle nous attendait à la, à notre descente de (du) train.* **2.** Irruption soudaine (en vue d'un contrôle, d'une perquisition). *Descente de police.* — Fam. *Faire une descente dans une boîte de nuit.* — Sports. Vive attaque dans le camp adverse. ⇒ **échappée. 3.** (Choses) *L'avion commence, amorce sa descente* (en vue d'atterrir). — Déplacement de haut en bas, spécialt *descente d'un organe. Souffrir d'une descente d'estomac.* **II.** Action de déposer (une chose), de porter en bas. *Tout est terminé sauf la descente de quelques meubles.* — DESCENTE DE CROIX : représentation de Jésus-Christ qu'on détache de la croix. **III.** Ce qui descend, va vers le bas. **1.** Chemin, pente par laquelle on descend. *Descente rapide, douce. Freiner dans les descentes. Au bas de la descente.* / contr. **montée** / **2.** DESCENTE DE LIT : petit tapis sur lequel on pose les pieds en descendant du lit. ⇒ **carpette.** — *Une descente de bain,* un peignoir de bain. ‹ ► redescendre ›

② ***descendre*** v. tr. ▪ conjug. 41. ■ Tenir son origine, être issu de. ⇒ **venir** de. *Descendre d'une vieille famille, d'une famille modeste.* ► ***descendance*** n. f. ■ Ensemble des descendants. ⇒ **postérité, progéniture.** *Il a une nombreuse descendance.* / contr. **ascendance** / ► ② ***descendant, ante*** n. ■ Personne qui est issue d'un ancêtre (enfants, petits-enfants, arrière-petits-enfants...). ⇒ **descendance.**

description [dɛskʀipsjɔ̃] n. f. **1.** Action de décrire, énumération des caractères de (qqch., qqn). *La description d'un objet, d'un animal, d'une plante. Une description d'emploi, de poste.* **2.** Dans une œuvre littéraire. Peinture de choses concrètes. *Description vivante, pittoresque.* ► ***descriptif, ive*** [dɛskʀiptif, iv] adj. ■ Qui décrit, s'attache à décrire. *Les passages descriptifs d'un roman. Musique descriptive* (opposé à *pur*). — *Géométrie descriptive,* technique de représentation plane des figures de l'espace.

désemparé, ée [dezɑ̃paʀe] adj. ■ Qui ne sait plus où il en est, qui ne sait plus que dire, que faire. ⇒ **affolé, déconcerté, décontenancé.** *Se sentir tout désemparé.* ⇒ **perdu.**

désemparer [dezɑ̃paʀe] v. intr. ▪ conjug. 1. ■ Loc. littér. SANS DÉSEMPARER : sans s'interrompre. *Travailler sans désemparer.*

désemplir [dezɑ̃pliʀ] v. intr. ▪ conjug. 2. ■ (Forme négative) *Ne pas désemplir,* être constamment plein (lieu). ⇒ **dérougir.** *Sa boutique ne désemplit pas.* — Pronominalement. *L'aréna se désemplit,* se vide de ses spectateurs.

désenchanté, ée [dezɑ̃ʃɑ̃te] adj. ■ Qui a perdu son enthousiasme, ses illusions. ⇒ **blasé, déçu, désabusé.** / contr. **satisfait** / *Il est revenu désenchanté. Sourire désenchanté.* ► ***désenchantement*** n. m. ■ *Le désenchantement de ceux qui se heurtent à la réalité.* ⇒ **désillusion.**

désencombrer [dezɑ̃kɔ̃bʀe] v. tr. ▪ conjug. 1. ■ Faire cesser d'être encombré. *Désencombrer la voie publique.* / contr. **encombrer** /

désencrer [dezɑ̃kʀe] v. tr. ▪ conjug. 1. ■ Enlever l'encre sur le papier en vue de son recyclage. ► ***désencrage*** n. m. ■ Opération qui consiste à désencrer le papier au moyen de procédés chimiques. *Une usine de désencrage.*

désenfler [dezɑ̃fle] v. ▪ conjug. 1. ■ Cesser d'être enflé. ⇒ **dégonfler.** *La joue a désenflé* (intransitivement) ; *s'est désenflée* (pronominalement) ; *est désenflée* (passif).

désennuyer [dezɑ̃nɥije] v. tr. ▪ conjug. 8. ■ Délasser, distraire (qqn) qui s'ennuie. *Le cinéma désennuie.* — V. pr. réfl. *Elle lit pour se désennuyer.* ► ***désennui*** n. m. ■ Distraction, loisir. *Regarder le hockey est devenu son seul désennui.*

se ***désenrhumer*** [dezɑ̃ʀyme] v. pron. ▪ conjug. 1. ■ Traiter un rhume pour s'en débarrasser, s'en guérir. *Utiliser un vaporisateur nasal pour se désenrhumer.* — Intransitivement. *Elle commence à être désenrhumée.* ≠ *dérhumer.*

désépaissir [dezepɛsiʀ] v. tr. ▪ conjug. 2. ■ Rendre moins épais. *Désépaissir les cheveux. Il faut désépaissir la sauce.*

déséquilibre [dezekilibʀ] n. m. **1.** Absence d'équilibre. ⇒ **instabilité.** *Être en position de déséquilibre.* — Abstrait. *Le déséquilibre des forces. Il y a déséquilibre entre l'offre et la demande.* ⇒ **disproportion, inégalité. 2.** (Personnes) État psychique qui se manifeste par des difficultés d'adaptation, des changements d'attitude immotivés, des réactions asociales. ► ***déséquilibrer*** v. tr. ▪ conjug. 1. **1.** Faire perdre l'équilibre à (qqch., qqn). *Attitude qui déséquilibre (le corps).* **2.** Causer un déséquilibre mental chez (qqn). *Cette dernière épreuve l'a complètement déséquilibré.* ► ***déséquilibré, ée*** adj.

■ Qui n'a pas ou n'a plus son équilibre. — (Personnes) *Il est un peu déséquilibré* (mentalement). — N. *C'est un déséquilibré.* ⇒ **désaxé.**

① ***désert, erte*** [dezɛʀ, ɛʀt] adj. **1.** Sans habitants. *Île déserte.* ⇒ **inhabité.** — Peu fréquenté. *Quartier retiré et désert.* **2.** Privé provisoirement de ses occupants. ⇒ **vide.** *Maison déserte. Un stade désert.* / contr. **occupé** /

② ***désert*** n. m. ■ Zone très sèche, aride et inhabitée. *L'Arctique est un désert froid. Le désert du Sahara, de Mojave, en Californie. Désert de sable, de pierres.* — Loc. *Prêcher dans le désert,* sans être entendu. ▶ ***désertique*** adj. **1.** Qui appartient au désert. *Des plantes désertiques.* **2.** Qui a certains caractères du désert. ⇒ **aride, inculte.** *Région désertique. Climat désertique.*

déserter [dezɛʀte] v. ▪ conjug. 1. **1.** V. tr. Abandonner (un lieu où l'on devrait rester). ⇒ **abandonner, quitter.** *Déserter son poste.* — *Les jeunes désertent les campagnes pour travailler en ville.* — Abstrait. *Déserter une cause, un parti.* — V. intr. Abandonner l'armée sans permission. *Une bonne partie de l'armée a déserté.* ▶ ***déserteur*** n. m. ■ Soldat qui déserte ou qui a déserté. ⇒ **fuyard.** ▶ ***désertion*** n. f. ■ Action de déserter, de quitter l'armée sans autorisation. *Un soldat coupable de désertion.*

désespérer [dezɛspeʀe] v. ▪ conjug. 6. **I. 1.** V. tr. indir. (Avec *de*) Perdre l'espoir à propos de, en ce qui concerne. *Désespérer d'une chose, d'une personne, de Dieu. On commençait à désespérer du succès. J'ai désespéré de lui. Désespérer de faire qqch. Elle ne désespère pas de réussir un jour.* — Littér. Désespérer que (+ subjonctif). *Je ne désespère pas qu'il réussisse, qu'il ne réussisse.* **2.** V. intr. Cesser d'espérer. *Il ne faut pas désespérer, tout s'arrangera.* **II.** V. tr. **1.** Affliger, décevoir profondément ; décourager. *Cet enfant me désespère.* ⇒ **désoler.** **2.** SE DÉSESPÉRER v. pron. : s'abandonner au désespoir. ⇒ se **désoler.** *Ne vous désespérez pas, nous avons encore beaucoup d'espoir de la retrouver.* ▶ ***désespérance*** n. f. ■ Littér. État d'une personne qui n'a aucune espérance, qui a perdu foi, confiance. ⇒ **désespoir.** / contr. **espérance** / ▶ ***désespérant, ante*** adj. ■ Qui fait perdre espoir, qui lasse. ⇒ **décourageant.** *Il est d'une lenteur désespérante. Il fait un temps désespérant,* dont on n'espère pas qu'il s'améliore. *Cet enfant est désespérant, nous n'en ferons jamais rien.* ▶ ***désespéré, ée*** adj. **1.** Qui est réduit au désespoir. *C'est un homme désespéré.* N. *Un désespéré.* — Par exagér. Désolé, navré. *Je suis désespéré de vous avoir fait attendre.* **2.** Qui exprime le désespoir. ⇒ **triste.** *Regard désespéré.* **3.** Extrême ; dicté par le danger. *C'est un effort désespéré, une tentative désespérée.* **4.** Qui ne laisse aucune espérance. *La situation est désespérée.* — *Le malade est dans un état désespéré.* ▶ ***désespérément*** adv. **1.** Avec désespoir. *Elle se sentait désespérément seule.* — *La salle restait désespérément vide,* il n'y avait plus d'espoir qu'elle se remplisse. **2.** Avec acharnement. *Il cherchait désespérément à se faire comprendre. Lutter désespérément.* ⟨ ▶ désespoir ⟩

désespoir [dezɛspwaʀ] n. m. **1.** Perte de tout espoir (⇒ **désespérance**). / contr. **espoir** / — Peine, tristesse extrême et sans remède. ⇒ **détresse.** *Sombrer dans le désespoir. S'abandonner au désespoir. Lutter contre le désespoir.* ⇒ **découragement.** **2.** Par exagér. Ce qui cause une grande contrariété. *Cet enfant fait le désespoir de ses parents.* — Être AU DÉSESPOIR : regretter vivement. *Je suis au désespoir de n'avoir pu vous rendre service.* **3.** Loc. adv. *En désespoir de cause,* comme dernière tentative et sans grand espoir de succès. **4.** Fam. Interj. *Désespoir qu'il fait froid !* — Loc. adv. *En désespoir,* très, beaucoup. *Il neige en désespoir. Elle est en désespoir,* très fâchée.

déshabiller [dezabije] v. tr. ▪ conjug. 1. **1.** Dépouiller (qqn) de ses vêtements. ⇒ **dévêtir.** / contr. **habiller, rhabiller** / *Déshabiller un enfant pour le mettre au lit.* **2.** SE DÉSHABILLER v. pron. : enlever ses habits. *Se déshabiller pour se coucher.* — Ôter les vêtements destinés à être portés au-dehors (chapeau, manteau, gants, etc.). *Déshabillez-vous.* ▶ ***déshabillage*** n. m. ■ Action de déshabiller, de se déshabiller. ⇒ **strip-tease.** ▶ ***déshabillé*** n. m. ■ Vêtement féminin d'étoffe légère, plus luxueux que le peignoir ou la robe de chambre. *Elle s'est mise en déshabillé.*

déshabituer [dezabitɥe] v. tr. ▪ conjug. 1. ■ Faire perdre une habitude à (qqn). ⇒ **désaccoutumer.** *Déshabituer qqn de l'alcool, de la drogue.* ⇒ **désintoxiquer.** — SE DÉSHABITUER v. pron. : se défaire d'une habitude. *Se déshabituer de fumer.*

désherber [dezɛʀbe] v. tr. ▪ conjug. 1. ■ Enlever les mauvaises herbes de. ⇒ **sarcler.** *Désherber les allées d'un parc.* ▶ ***désherbage*** n. m. ▶ ***désherbant*** n. m. ■ Produit qui détruit les mauvaises herbes.

déshériter [dezeʀite] v. tr. ▪ conjug. 1. **1.** Priver (qqn) de l'héritage auquel il a droit. *Menacer un parent de le déshériter.* **2.** Priver (qqn) des avantages naturels. ⇒ **désavantager.** *La nature l'a bien déshérité.* ▶ ***déshérité, ée*** adj. et n. **1.** Privé d'héritage. *Un enfant déshérité.* **2.** Fig. Privé d'avantages naturels, financiers. ⇒ **défavorisé.** *Les populations les plus déshéritées.* — N. *Les déshérités.*

déshonneur [dezɔnœʀ] n. m. **1.** Perte de l'honneur. *Ne pas survivre au déshonneur. Il n'y a pas de déshonneur à...,* il n'y a pas de honte à... **2.** Personne qui cause le déshonneur. *Être le déshonneur de la famille.* ⇒ **honte, mouton** noir. / contr. **gloire, honneur** / ▶ ***déshonorer*** [dezɔnɔʀe] v. tr. ▪ conjug. 1. **1.** Porter atteinte à l'honneur de (qqn). ⇒ **flétrir, salir.** *Déshonorer qqn par des calomnies. Cette action l'a déshonoré. On se croirait déshonoré de travailler de ses mains.* **2.** Vieilli. *Déshonorer une femme, une jeune fille,* la séduire, abuser d'elle (en général sans violence ≠ *violer*). **3.** SE DÉSHONORER v. pron. : perdre son honneur. ▶ ***déshonorant, ante*** adj. ■ Qui déshonore. ⇒ **ignominieux.** — *Conduite déshonorante.* ⇒ **avilissant.**

déshumidifier [dezymidifje] v. tr. ▪ conjug. 7. ■ Réduire le taux d'humidité de qqch. (air, corps...). *Déshumidifier le sous-sol.* ▶ ***déshumidification*** n. f. ■ Action de déshumidifier. — Son résultat. ▶ ***déshumidificateur*** n. m. ■ Appareil qui sert à déshumidifier. / contr. **humidificateur** /

déshydrater [dezidʀate] v. tr. ▪ conjug. 1. **1.** Enlever l'eau qui entre dans la composition de (un corps). ⇒ **dessécher.** *Déshydrater des aliments (fruits, légumes) pour les conserver.* **2.** (Suj. personne) SE DÉSHYDRATER v. pron. : perdre l'eau nécessaire à l'organisme. *Il s'est déshydraté lors de sa maladie.* ▶ ***déshydraté, ée*** adj. **1.** Privé de son eau ou d'une partie de son eau. *Légumes déshydratés* (pour la conserve). — *Organisme déshydraté.* **2.** Fam. Assoiffé. *Je suis complètement déshydratée.* ▶ ***déshydratation*** n. f. ■ Action de priver (un corps) de son eau. ⇒ **dessèchement.**

desiderata [dezideʀata] n. m. pl. ■ Ce qu'on désire. *Veuillez nous faire connaître vos desiderata,* ce dont vous regrettez le défaut, l'absence. ⇒ **revendication, souhait.**

design [de(i)zajn] n. m. ■ Anglic. Esthétique industrielle appliquée à la recherche de formes nouvelles et adaptées à leur fonction (pour les objets utilitaires, les meubles, l'habitat en général). *Un design très contemporain.* ⇒ anglic. **look.** — Adj. invar. *Des meubles design.* ▶ ***designer*** [de(i)zajnœʀ] n. ■ Anglic. Spécialiste du design. ⇒ **dessinateur, styliste.** *Une designer.* — Par ext. Décorateur contemporain, qui adopte le style design.

désigner [deziɲe] v. tr. ▪ conjug. 1. **I.** Indiquer de manière à faire distinguer de tous les autres (par un geste, une marque, un signe). *Désigner une personne, un objet. Désigner qqn, qqch. du doigt.* ⇒ **montrer.** *Désigner qqn par son nom.* ⇒ **appeler, nommer. II. 1.** Choisir (qqn) pour une activité, un rôle. *Il a été désigné pour entreprendre les recherches. Le professeur a désigné une élève pour surveiller la classe.* **2.** (Suj. chose) ⇒ **destiner** à, **qualifier.** *Ses qualités la désignent pour ce rôle. — Il est tout désigné pour...* ▸ ***désignation*** n. f. **1.** Action de désigner, de choisir. *La désignation d'un délégué, d'un candidat.* ⇒ **élection, nomination. 2.** Ce qui désigne (mot, signe). ⇒ **appellation, dénomination.** *Cet objet a plusieurs désignations.* ⇒ **nom ; terme.**

désillusion [dezi(l)lyzjɔ̃] n. f. ▪ Perte d'une illusion. *Éprouver des désillusions. Quelle désillusion !,* quelle déception. ▸ ***désillusionner*** v. tr. ▪ conjug. 1. ▪ Faire perdre ses illusions à. ⇒ **décevoir.** *Une expérience malheureuse l'a désillusionné.*

désincarné, ée [dezɛ̃kaʀne] adj. ▪ Qui néglige ou méprise les choses matérielles (souvent iron.). *Avoir un air désincarné.*

désinence [dezinɑ̃s] n. f. ▪ Élément variable qui s'ajoute au radical d'un mot pour produire les formes des conjugaisons, des déclinaisons. ⇒ **flexion.** *En latin, les cas des mots se distinguent par leur désinence. Désinences verbales marquant la personne, le nombre, le temps.* ≠ *affixe, suffixe.*

désinfecter [dezɛ̃fɛkte] v. tr. ▪ conjug. 1. ▪ Débarrasser des germes d'infection. ⇒ **assainir, purifier.** *Désinfecter la chambre d'un malade. Désinfecter une plaie avec du peroxyde.* ▸ ***désinfectant, ante*** adj. et n. m. ▪ Qui sert à désinfecter. *Produit désinfectant.* — N. m. *Un désinfectant.* ▸ ***désinfection*** n. f. ▪ Opération hygiénique qui a pour but de désinfecter. ⇒ **antisepsie, asepsie, stérilisation.** *La désinfection d'un champ opératoire.* / contr. **infection** / *La désinfection d'une salle d'hôpital, de vêtements.*

désinformation [dezɛ̃fɔʀmasjɔ̃] n. f. ▪ Utilisation des techniques de l'information pour induire le public en erreur, cacher les faits.

désinstitutionnalisation [dezɛ̃stitysjɔnalizasjɔ̃] n. f. ▪ Conception du traitement des maladies mentales favorisant l'abandon de l'hospitalisation traditionnelle pour la personne malade. ⇒ **réinsertion.** *La désinstitutionnalisation vise aussi les délinquants, les handicapés physiques, les personnes âgées et, parfois, les détenus.*

désintégrer [dezɛ̃tegʀe] v. tr. ▪ conjug. 6. ▪ Transformer (la matière) en énergie en détruisant sa structure d'atomes. *Désintégrer complètement.* ⇒ **annihiler.** — Pronominalement. *Se désintégrer,* se détruire complètement. *En explosant, la cabine spatiale s'est désintégrée.* — Fig. *Elle s'est désintégrée dans la nature,* elle est complètement disparue. ▸ ***désintégration*** n. f. ▪ Transformation des atomes d'un élément par rupture de leurs noyaux. ⇒ **transmutation.** *Désintégration de la matière, spontanée ou provoquée.* — Fig. Destruction complète.

désintéressé, ée [dezɛ̃teʀese] adj. **1.** (Personnes) Qui n'agit pas par intérêt personnel, qui ne recherche pas le profit, l'argent. ⇒ **altruiste, généreux.** / contr. **intéressé** / *C'est une personne parfaitement désintéressée.* **2.** Bénévole. *Attitude, conduite désintéressée. Donner un conseil désintéressé.* **3.** Qui n'obéit pas à des considérations utilitaires. *Recherche désintéressée.* **4.** Objectif, impartial. *Un jugement désintéressé.* ▸ ***désintéressement*** n. m. ▪ Détachement de tout intérêt personnel. ⇒ **altruisme.** *Agir avec désintéressement.* ≠ *désintérêt.*

se ***désintéresser*** [dezɛ̃teʀese] v. pron. ▪ conjug. 1. ▪ Ne plus porter intérêt (à). ⇒ **abandonner.** *Se désintéresser de son travail.* ⇒ **négliger.** — *Il s'est complètement désintéressé de son fils.* / contr. s'**intéresser** / ▸ ***désintérêt*** n. m. ▪ Absence d'intérêt (pour qqch.). *Son désintérêt pour la politique est total,* la politique ne l'intéresse pas du tout. ≠ *désintéressement.*

désintoxiquer [dezɛ̃tɔksike] v. ▪ conjug. 1. **1.** V. tr. Guérir (qqn) d'une intoxication. *Désintoxiquer un alcoolique, une droguée.* **2.** Fam. SE DÉSINTOXIQUER v. pron. : se débarrasser de ses toxines. *Sentir le besoin de se désintoxiquer.* ▸ ***désintoxication*** n. f. ▪ Traitement qui a pour but de guérir une intoxication par substances toxiques. *Cure de désintoxication,* appliquée à un alcoolique ou à un toxicomane.

désinvolte [dezɛ̃vɔlt] adj. ▪ Qui fait montre d'une liberté un peu insolente, d'une légèreté excessive. *Manières désinvoltes.* ⇒ **cavalier.** *Être un peu trop désinvolte.* ⇒ **sans-gêne.** ▸ ***désinvolture*** n. f. ▪ Attitude, tenue, tournure désinvolte. ⇒ **laisser-aller, légèreté.** *Répondre avec désinvolture.*

désir [deziʀ] n. m. **1.** *(Un, des désirs)* Envie d'obtenir qqch. pour en avoir du plaisir (opposé à *réalité*). ⇒ **aspiration, envie.** *Exprimer, formuler un désir.* ⇒ **souhait, vœu.** *Vos désirs sont (pour nous) des ordres. On cherche à satisfaire tous ses désirs, ses moindres désirs. Prendre ses désirs pour des réalités,* s'imaginer que la réalité est conforme à ce qu'on souhaite. — DÉSIR DE : action de désirer qqch. *Le désir de changement, d'évasion.* — (+ infinitif) *Le désir de réussir* (ambition, volonté), *de savoir* (curiosité). **2.** *(Le, du désir)* Envie du plaisir sexuel suscitée par qqn. *Éprouver du désir pour qqn.* ▸ ***désirer*** v. tr. ▪ conjug. 1. **1.** Tendre consciemment vers (ce que l'on aimerait posséder), éprouver le désir de. ⇒ **ambitionner, aspirer** à, **convoiter, souhaiter, vouloir.** *Désirer qqch. Si vous le désirez,* si vous voulez. — Loc. *N'avoir plus rien à désirer,* être comblé. **2.** DÉSIRER QUE (+ subjonctif). *Elle désire qu'il vienne la voir.* — DÉSIRER (+ infinitif). *Je désire m'entretenir avec vous.* ⇒ **vouloir. 3.** LAISSER À DÉSIRER : être incomplet, imparfait. *Ce travail laisse à désirer. Ses manières laissent à désirer.* **4.** SE FAIRE DÉSIRER : se montrer peu pressé de satisfaire le désir qu'on a de nous voir (souv. iron.). **5.** (Par courtoisie) Vouloir (un objet, un service). *Je désirerais cette veste,* je voudrais l'acheter. **6.** Éprouver du désir (2) pour (qqn). *Elle ne désire plus son mari.* **7.** Sans compl. *Vous désirez ?,* formule d'accueil dans un endroit public, adressée à qqn qui demande qqch. ⇒ **bonjour** (3). ▸ ***désirable*** adj. **1.** Qui mérite d'être désiré ; qui excite le désir. ⇒ **enviable, souhaitable, tentant.** *Présenter toutes les qualités désirables.* / contr. **indésirable** / **2.** Qui inspire ou peut inspirer un désir sexuel. *Il, elle est encore désirable.* ▸ ***désireux, euse*** adj. ▪ *Désireux de* (+ infinitif), qui veut, a envie de. *Être désireux de mieux faire.* ⟨ ▸ indésirable ⟩

se ***désister*** [deziste] v. pron. ▪ conjug. 1. ▪ Renoncer à un mandat lorsqu'on n'a pas été élu au premier tour de scrutin. ⇒ se **retirer.** *Se désister en faveur de qqn. Il a refusé de se désister.* ▸ ***désistement*** n. m. ▪ *Les deux partis alliés feront des désistements réciproques.*

désobéir [dezo(ɔ)beiʀ] v. tr. indir. ▪ conjug. 2. ▪ DÉSOBÉIR À. **1.** Ne pas obéir (à qqn), en refusant de faire ce qu'il (elle) commande ou en faisant ce qu'il (elle) défend. ⇒ s'**opposer.** / contr. **obéir** / *Désobéir à* *ses parents, à ses chefs.* — *Ces enfants ont désobéi.* **2.** *Désobéir à un ordre, à la loi.* ⇒ **contrevenir ; enfreindre, transgresser.** ▶ ***désobéissance*** n. f. ■ Action de désobéir. — Ce qu'on fait en désobéissant. *Un cas de désobéissance civile.* ▶ ***désobéissant, ante*** adj. ■ Qui désobéit (ne se dit guère que des enfants). ⇒ **indiscipliné, indocile, insubordonné.** / contr. **obéissant** /

désobliger [dezɔbliʒe] v. tr. ▪ conjug. 3. ■ Littér. Indisposer (qqn) par des actions ou des paroles qui froissent l'amour-propre. ⇒ **froisser, peiner, vexer.** *Vous me désobligeriez beaucoup en refusant.* ▶ ***désobligeant, ante*** adj. ■ Qui désoblige ; qui est peu aimable. ⇒ **désagréable.** *Une réponse, une remarque désobligeante.* / contr. **aimable** /

désodoriser [dezɔdɔʀize] v. tr. ▪ conjug. 1. ■ Débarrasser (un lieu) d'une odeur au moyen d'un traitement approprié (substance chimique, produit parfumé). *Désodoriser une pièce.* ▶ ***désodorisant, ante*** adj. ■ Qui désodorise. *Produit désodorisant.* — N. m. *Un désodorisant.* ≠ *déodorant.*

désœuvré, ée [dezœvʀe] adj. ■ Qui ne fait rien et ne cherche pas à s'occuper. ⇒ **inactif, inoccupé, oisif.** *Des adolescents désœuvrés.* — N. *C'est un désœuvré.* ▶ ***désœuvrement*** n. m. ■ État d'une personne désœuvrée. ⇒ **inaction.** *Faire qqch. par désœuvrement,* pour passer le temps.

désoler [dezɔle] v. tr. ▪ conjug. 1. ■ Causer une affliction extrême à (qqn). ⇒ **affliger, attrister, consterner, navrer.** *Cet échec me désole.* — Pronominalement. *Elle se désole de ne pouvoir vous aider.* / contr. se **réjouir** / — Contrarier. *Ce contretemps me désole.* ▶ ***désolation*** n. f. **1.** Peine extrême. / contr. **joie** / *La nouvelle de sa mort a plongé sa famille dans la désolation.* ⇒ **consternation. 2.** État de ce qui est désolé (1). ▶ ***désolant, ante*** adj. ■ Qui contrarie. ⇒ **contrariant, ennuyeux.** *C'est vraiment désolant !* ▶ ***désolé, ée*** adj. **1.** Désert et triste. *Un endroit désolé.* **2.** Affligé, éploré. *Avoir l'air désolé.* **3.** Par exagér. *Être désolé,* regretter. *Je suis désolée de vous déranger si tôt. Désolé, je ne puis vous renseigner,* excusez-moi.

se ***désolidariser*** [desɔlidaʀize] v. pron. ▪ conjug. 1. ■ Cesser d'être solidaire. *Se désolidariser de, d'avec qqch., qqn.* ⇒ **abandonner.**

désopilant, ante [dezɔpilɑ̃, ɑ̃t] adj. ■ Qui fait rire de bon cœur ; très drôle. ⇒ **comique, crevant ;** fam. **crampant.** *Histoire désopilante.* ⇒ **tordant.** — *Cet acteur est désopilant.*

désordonné, ée [dezɔʀdɔne] adj. **1.** Littér. Qui n'est pas conforme à la règle, au bon ordre. *Conduite, vie désordonnée.* ⇒ **déréglé, dissolu. 2.** (Personnes) Qui manque d'ordre, ne range pas ses affaires. *Un chercheur désordonné.* **3.** Qui est en désordre ; où il y a du désordre. *Des vêtements désordonnés.* ⇒ **débraillé.** *Un bureau désordonné.* **4.** *Mouvements désordonnés,* qui manquent de coordination. / contr. **ordonné** /

désordre [dezɔʀdʀ] n. m. **1.** Absence d'ordre ; abondance d'objets mal ou non rangés. *Mettre qqch. en désordre, du désordre quelque part.* ⇒ **bouleverser, chambarder, déranger.** *Pièce en désordre. Quel désordre !* ⇒ **fouillis, pagaille.** — *Désordre dans les affaires publiques, dans l'Administration.* ⇒ **gaspillage. 2.** Trouble fonctionnel (de l'organisme, etc.). ⇒ **perturbation. 3.** Absence d'ordre ou rupture de l'ordre dans un groupe, une communauté. ⇒ **anarchie.** *Semer le désordre.* — Au plur. Trouble qui interrompt la tranquillité publique, l'ordre social. ⇒ **agitation, bagarre, émeute.** *De graves désordres ont éclaté.*

désorganiser [dezɔʀganize] v. tr. ▪ conjug. 1. ■ Détruire l'organisation de. ⇒ **déranger, troubler ; déstabiliser.** *Désorganiser les plans de qqn.* — Au p. p. *Le parti est désorganisé.* ▶ ***désorganisation*** n. f. ■ Le fait de désorganiser. — État de ce qui est désorganisé.

désorienter [dezɔʀjɑ̃te] v. tr. ▪ conjug. 1. **1.** Faire perdre la bonne direction à. *Le brouillard m'a désorienté et j'ai perdu mon chemin.* **2.** Rendre (qqn) hésitant sur ce qu'il faut faire, sur le comportement à avoir. ⇒ **déconcerter, désarçonner, embarrasser, troubler.** *Elle désoriente ses lecteurs par ses changements d'opinion.* — Au p. p. *Il est tout désorienté.* ⇒ **dépaysé, indécis, mêlé, perdu.**

désormais [dezɔʀmɛ] adv. ■ À partir du moment actuel. ⇒ à l'**avenir, dorénavant.** *Désormais, je ne l'écouterai plus. Les portes seront désormais fermées après 17 h.*

désosser [dezose] v. tr. ▪ conjug. 1. ■ Ôter l'os, les os de. *Désosser une dinde.* — Au p. p. adj. *Viande désossée.*

despote [dɛspɔt] n. **1.** Souverain qui gouverne avec une autorité arbitraire et absolue. ⇒ **dictateur, tyran.** *La volonté du despote.* **2.** Personne qui exerce une autorité tyrannique. *Cet enfant est un despote qui tyrannise ses parents.* — Adj. *Un mari despote,* despotique. — REM. Le féminin *une despote* est rare. ▶ ***despotique*** adj. ■ Tyrannique. *Un souverain, un patron despotique. Parents despotiques.* ▶ ***despotisme*** n. m. **1.** Pouvoir absolu du despote. — Forme de gouvernement dans lequel tous les pouvoirs sont réunis dans les mains d'un seul. ⇒ **dictature, tyrannie.** *Combattre le despotisme.* **2.** Littér. Autorité tyrannique. *Le despotisme de certains parents.*

se ***desquamer*** [dɛskwame] v. pron. ▪ conjug. 1. ■ Se détacher par petites lamelles. *La peau se desquame après la rougeole, une insolation.* ⇒ **peler ;** fam. **pleumer.** ▶ ***desquamation*** n. f. ■ Élimination des couches superficielles de l'épiderme sous forme de petites lamelles ⇒ **squame.**

desquels, desquelles [de(ɛ)kɛl] pronom relat. ⇒ **lequel.**

dessaisir [desɛziʀ] v. tr. ▪ conjug. 2. **1.** Enlever à (qqn) ce dont il est saisi. *Dessaisir un tribunal d'une affaire.* **2.** V. pron. *Se dessaisir de...,* renoncer à la possession de, se déposséder de. ⇒ se **débarrasser.** *Se dessaisir d'une lettre. Je ne peux, je ne veux pas m'en dessaisir.* / contr. **conserver, garder** /

dessaler [desale] v. tr. ▪ conjug. 1. ■ Rendre moins salé ou faire cesser d'être salé. / contr. **saler** / *Dessaler de la morue en la faisant tremper.* — Intransitivement. *Mettre des harengs à dessaler.*

dessécher [deseʃe] v. tr. ▪ conjug. 6. **I. 1.** Rendre sec (ce qui contient naturellement de l'eau). ⇒ **sécher ; assécher.** *Chaleur qui dessèche le sol.* ⇒ **brûler.** *Le froid dessèche la peau. Le froid dessèche les lèvres et les fait gercer.* — Au p. p. adj. *Fruits desséchés.* ⇒ **déshydraté.** — Pronominalement. *La peau se dessèche au soleil.* **2.** Rendre maigre. *La maladie l'a desséché.* — Au p. p. adj. *Vieillard desséché.* ⇒ **décharné.** — Pronominalement. Fig. *Se dessécher de chagrin.* ⇒ **languir. II.** Rendre insensible, faire perdre à (qqn) la faculté de s'émouvoir. ⇒ **endurcir.** *Dessécher le cœur.* ▶ ***desséchant, ante*** adj. ■ Qui dessèche. *Vent desséchant.* ▶ ***dessèchement*** n. m. ■ ⇒ **dessiccation ; assèchement.** *Le dessèchement de la peau.* ⇒ **déshydratation.**

dessein [desɛ̃] n. m. **1.** Littér. Idée d'exécuter qqch. ⇒ **but, intention, objectif.** *Avoir des desseins secrets. Former le dessein de retourner dans son pays,* le désir, le projet. — DANS LE DESSEIN DE : dans l'intention de ; en vue de. *Il a fait cela dans le dessein de vous nuire.* — *Nourrir de grands desseins.* **2.** À DESSEIN loc. adv. :

avec intention, de propos délibéré. ⇒ **exprès.** *Elle l'a fait à dessein. C'est à dessein qu'on ne vous a pas prévenu. — Elle est venue à dessein de vous parler,* avec l'intention de, avec l'idée de. ≠ *dessin.* ‹ ▶ sans-dessein ›

desseller [desɛle] v. tr. ▪ conjug. 1. ■ Ôter la selle de. *Desseller un cheval.* / contr. **seller** / ≠ *déceler, desceller.*

desserrer [desere] v. tr. ▪ conjug. 1. **1.** Relâcher (ce qui était serré). ⇒ **défaire.** / contr. **serrer, resserrer** / *Desserrer sa ceinture d'un cran. Elle desserra ses lacets de patin. Desserrer une vis, un écrou. — Desserrer son étreinte.* — Pronominalement. Devenir moins serré. *L'écrou s'est desserré.* **2.** *Desserrer les dents,* ouvrir la bouche. — Loc. *Ne pas desserrer les dents,* ne rien dire. ▶ ***desserrage*** n. m. ■ Action de desserrer. *Le desserrage d'une vis.*

dessert [desɛʀ] n. m. ■ Mets sucré, fruits, pâtisserie servis après le plat principal ou (notamment en France) après le fromage. *Enfant privé de dessert.* — Moment du dessert. *Ils en sont au dessert.*

① ***desserte*** [desɛʀt] n. f. ■ (Transports) Le fait de desservir une localité. ⇒ **service.** *La desserte d'un port par voie ferrée. Voie, chemin de desserte.*

② ***desserte*** n. f. ■ Meuble où l'on pose les plats quand on met ou dessert la table. ⇒ **buffet.** *Desserte roulante.*

③ ***desserte*** n. f. ■ Circonscription religieuse où la juridiction d'un ministre du culte (curé, pasteur...) s'exerce de l'extérieur, le plus souvent d'une paroisse voisine.

① ***desservir*** [desɛʀviʀ] v. tr. ▪ conjug. 14. **1.** Faire le service de (une cure, une chapelle...). *Desservir une paroisse.* **2.** Faire le service de (un lieu). ⇒ ① **desserte.** *Aucun autobus ne dessert ce village.* ⇒ **passer** par. — Au p. p. adj. *Ville bien desservie,* reliée aux autres par de nombreux moyens de transport. **3.** Donner dans, faire communiquer. *L'entrée dessert plusieurs pièces.* ▶ ***desservant*** n. m. ■ Ecclésiastique qui dessert une cure, une chapelle, une paroisse. ⇒ **curé.** ‹ ▶ ① desserte, ③ desserte ›

② ***desservir*** v. tr. ▪ conjug. 14. ■ Débarrasser (une table) des plats qui ont été servis. *Desservir la table.* — Sans compl. *Nous avons fini, on peut desservir.* ‹ ▶ ② desserte ›

③ ***desservir*** v. tr. ▪ conjug. 14. ■ Rendre un mauvais service à (qqn). ⇒ **nuire.** *Desservir qqn auprès de ses amis. Son air bourru l'a desservi.* / contr. **aider** / — Pronominalement. *Elle s'est desservie par sa franchise.*

dessiccation [desikasjɔ̃] n. f. ■ Opération par laquelle on prive (des gaz, des solides) de l'humidité qu'ils renferment. ⇒ **déshydratation ; dessécher.**

dessiller [desije] v. tr. ▪ conjug. 1. ■ Loc. verb. *Dessiller les yeux de, à qqn,* l'amener à voir, à connaître ce qu'il ignorait ou voulait ignorer. ⇒ **ouvrir** les yeux.

dessin [dɛ(e)sɛ̃] n. m. **1.** Représentation ou suggestion graphique des objets sur une surface ; œuvre (d'art) qui en découle. *Faire un dessin. Dessins d'enfants. Des cahiers de dessin.* ⇒ **colorier, dessiner.** *Dessin humoristique, publicitaire.* Loc. fam. *Inutile, pas besoin de faire un dessin,* la chose est parfaitement claire. — DESSIN ANIMÉ : film composé d'une suite de dessins (film d'animation). ⇒ **bonhomme ;** fam. **comics. 2.** L'art, la technique du dessin. *École, professeur de dessin. Carton à dessin.* **3.** Représentation de la forme des objets par des lignes, dans un but scientifique, industriel. *Dessin géométrique. — Dessin industriel.* ⇒ **épure.** *Le dessin assisté par ordinateur* (abrév. *D.A.O.*). **4.** Traits qui semblent tracés sur les formes naturelles. ⇒ **contour, ligne.** *Le dessin d'un visage.* ≠ *dessein.* ▶ ***dessiner*** v. tr. ▪ conjug. 1. **1.** (Suj. personne) Représenter ou suggérer par le dessin. *Dessiner qqch. sur le vif.* ⇒ **croquer.** *« Dessine-moi un mouton », disait le Petit Prince. Dessiner des personnages au crayon, au fusain. — Un cahier à dessiner.* ⇒ **colorier, dessin.** — (Sans compl. direct) *Elle dessine bien. Mal dessiner.* ⇒ **gribouiller. 2.** (Suj. chose) Faire ressortir les contours, le dessin de. *Vêtement qui dessine les formes (du corps).* — Au p. p. adj. *Bouche bien dessinée,* d'une jolie forme. — SE DESSINER v. pron. : paraître avec un contour net. *Une montagne se dessine au loin.* ⇒ se **profiler.** *Un sourire se dessina sur ses lèvres.* — Abstrait. *Les projets commencent à se dessiner,* à prendre forme. ⇒ se **préciser,** prendre **tournure.** ▶ ***dessiné, ée*** adj. **1.** Représenté par le dessin. *Une fleur dessinée.* **2.** Loc. BANDE* DESSINÉE. ⇒ **B.D.** *Album, livre, journal de bandes dessinées.* ▶ ***dessinateur, trice*** n. ■ Personne qui pratique l'art du dessin (artistique, décoratif, industriel...). ⇒ **designer ; cartographe.** *Dessinateur humoristique.* ⇒ **caricaturiste.** *Dessinatrice de mode.* ⇒ **modéliste.**

dessouder [desude] v. tr. ▪ conjug. 1. ■ Ôter la soudure de. *Dessouder des tuyaux.* — Pronominalement. SE DESSOUDER : se défaire, en parlant de ce qui était soudé. *Les fils se dessoudent.*

dessouffler [desufle] v. tr. ▪ conjug. 1. ■ Dégonfler qqch. / contr. **gonfler, souffler** / *Laisser dessouffler un ballon.* — Pronominalement. *Un pneu qui se dessouffle.* — Au p. p. adj. *Pneu dessoufflé.* — (Sans compl.) *Une balloune qui dessouffle.* ▶ ***dessoufflage*** n. m. ■ Dégonflage. / contr. **gonflage, soufflage.** / *Tes pneus ont besoin d'un léger dessoufflage.*

dessoûler [desule] v. ▪ conjug. 1. Fam. **1.** V. tr. Tirer (qqn) de l'ivresse. *Le grand air l'a dessoûlé.* ⇒ **dégriser. 2.** V. intr. Cesser d'être soûl. *Il ne dessoûle pas,* il est toujours ivre. — Pronominalement (passif). *Se dessoûler.* ⇒ fam. se **dépaqueter.** / contr. s'**enivrer,** se **soûler ;** fam. se **paqueter** / — REM. On écrit aussi *dessaouler.*

① ***dessous*** [d(ə)su] adv. ■ Mot indiquant la position d'une chose sous une autre (opposé à *dessus*). **1.** À la face inférieure (opposé à *dessus*), dans la partie inférieure (opposé à *dehors*). *Le prix du vase est marqué dessous.* **2.** Loc. PAR-DESSOUS. *Baissez-vous et passez par-dessous* ou fam. *par en dessous.* — EN DESSOUS : contre la face inférieure. *Soulevez ce livre, le billet est en dessous,* sous le livre. — Loc. fam. *Arriver* en dessous. — Rire en dessous,* en dissimulant son rire. ⇒ sous **cape.** *Regarder en dessous,* sournoisement. *Agir en dessous,* hypocritement. Fam. *Faire un coup (à qqn) par en dessous,* traîtreusement. — CI-DESSOUS : sous ce qu'on vient d'écrire, plus bas. ⇒ **infra.** — LÀ-DESSOUS : sous cet objet, cette chose. *Le chat s'est caché là-dessous. — Il y a qqch. là-dessous,* cela cache, dissimule qqch. **3.** PAR-DESSOUS loc. prép. *Le chat est passé par-dessous le* ou fam. *par en dessous du grillage.* — DE DESSOUS. *Elle a tiré un livre de dessous la pile.*

② ***dessous*** n. m. invar. **1.** (Opposé à *dessus*) Face inférieure (de qqch.) ; ce qui est sous, ou plus bas (que qqch.). / contr. ② **dessus** / *Le dessous des pieds, des bras. Le dessous d'une assiette.* ⇒ **envers.** *L'étage du dessous.* ⇒ **inférieur.** *Les gens du dessous.* ⇒ d'en **bas.** *Vêtements de dessous,* sous-vêtements. **2.** (DESSOUS-DE-...) Nom de certains objets qui se placent sous qqch. (pour isoler, protéger). *Un, des dessous-de-bouteille. Un, des dessous-de-plat.* **3.** Au plur. Ce qui est caché. *Les dessous de la politique.* ⇒ **secret.** — UN, DES DESSOUS-DE-TABLE : argent donné secrètement pour obtenir un avantage (en affaires). ⇒ **pot-de-vin.** Loc. *Payer qqn (par) en dessous de la table,* sans que celui qui reçoit l'argent le déclare au fisc. ⇒ travail au **noir** (8). **4.** Au plur. LES DESSOUS : vêtements de dessous féminins. ⇒ **sous-vêtement** (1). **5.** Loc. *Être dans le trente-sixième dessous,* dans une très mauvaise situation. — *Avoir le dessous,* être dans un état d'infériorité (lutte, discussion). **6.** AU-DESSOUS loc. adv. : en bas. *Il n'y a personne au-dessous. On en trouve à trente dollars et au-dessous.* **7.** AU-DESSOUS DE loc. prép. : plus bas que, inférieur à. ⇒ **sous.** *Jupe au-dessous du genou. Cinq degrés au-dessous de zéro.* ⇒ **moins.** *Être au-dessous de sa tâche,* n'être pas capable de l'assumer. *Être au-dessous de tout,* n'être capable de rien (personne, œuvre). ⇒ **nul ;** fam. **nouille.** ⟨ ► dessous-de-bouteille, etc. (Voir ci-dessus) ⟩

① ***dessus*** [d(ə)sy] adv. ■ Mot indiquant la position d'une chose sur une autre (opposé à *dessous*). **1.** À la face supérieure (opposé à *dessous*), extérieure (opposé à *dedans*). *Prenez l'enveloppe, l'adresse est dessus. Ce siège est solide, asseyez-vous dessus.* **2.** (Idée de contact) ⇒ **sur** (et compl.). *Relever sa robe pour ne pas marcher dessus.* Fam. *Sauter, taper, tirer, tomber dessus.* — Fig. Tout contre. *Vous avez le nez dessus. Mettre le doigt dessus,* deviner. *Mettre la main dessus.* ⇒ **saisir ; trouver. 3.** Loc. PAR-DESSUS. *La barrière n'est pas haute, vous pouvez sauter par-dessus. Placez ces caisses les unes par-dessus les autres.* ⇒ **sur.** — CI-DESSUS : au-dessus de ce qu'on vient d'écrire, plus haut. ⇒ **supra.** — LÀ-DESSUS : sur cela. *Écrivez là-dessus.* — Abstrait. *Comptez là-dessus !,* iron., n'y comptez pas. *Là-dessus, elle nous quitta,* sur ce. — À ce sujet. *Je connais beaucoup de choses là-dessus.* **4.** PAR-DESSUS loc. prép. *Sauter par-dessus le mur.* — *Par-dessus tout,* principalement. ⇒ **surtout.** *Soyez prudent par-dessus tout.* — Loc. *En avoir par-dessus la tête de (qqch.),* en avoir assez de. ⇒ fam. ① **bol,** ② **capot, dos, voyage ;** vulg. **cul.** *J'en ai par-dessus la tête de vos histoires.* — *Par-dessus le marché,* en plus. **5.** Loc. *Mettre qqch. sens dessus dessous.* ⇒ ② **sens.**

② ***dessus*** n. m. invar. **1.** (Opposé à *dessous*) Face, partie supérieure (de qqch.). / contr. ② **dessous** / *Le dessus de la main, d'une table. L'étage du dessus ; les voisins du dessus.* ⇒ d'en **haut.** — Loc. *Le dessus du panier,* ce qu'il y a de meilleur. **2.** DESSUS-DE- : nom de certains objets qui se placent sur qqch. (pour protéger, garnir). *Un, des dessus-de-cheminée.* — UN, DES DESSUS-DE-LIT : pièce d'étoffe qui recouvre la literie. ⇒ **couvre-lit. 3.** *Avoir le dessus.* ⇒ **avantage, supériorité.** *Avoir le dessus dans un combat, une discussion.* ⇒ **gagner.** — *Prendre, reprendre le dessus,* réagir, surmonter un état pénible, physique ou moral. ⇒ se **relever,** se **remettre.** *Ils reprennent le dessus peu à peu,* ils parviennent à boucler leur budget. **4.** AU-DESSUS loc. adv. : en haut, supérieur. *Les chambres sont au-dessus. La température atteint 40° et au-dessus.* ⇒ **plus.** — Fig. *Il n'y a rien au-dessus,* de mieux. **5.** AU-DESSUS DE loc. prép. : plus haut que, supérieur à. ⇒ **sur.** *L'avion est au-dessus de la mer. Enfants au-dessus de quinze ans.* — *Le colonel est au-dessus du capitaine* (en grade). *Être au-dessus de (qqch.),* dominer une situation, mépriser. *Ces critiques ne le gênent pas, il est au-dessus de ça. Elle est au-dessus de ses affaires*.* ⟨ ► pardessus ; dessus-de-lit, etc. (Voir ci-dessus) ⟩

déstabiliser [destabilize] v. tr. ▪ conjug. 1. ■ Enlever à (un pays, une économie, etc.) la stabilité ; rendre (une situation politique) moins stable ou instable. ⇒ **désorganiser.** ► ***déstabilisation*** n. f. ■ *La déstabilisation du régime.*

destin [dɛstɛ̃] n. m. **1.** Puissance qui, selon certaines croyances, fixerait de façon irrévocable le cours des événements. ⇒ **destinée, fatalité.** *Pour les chrétiens, la notion de providence* a remplacé celle de destin. Le sentiment dramatique du destin.* **2.** Ensemble des événements soumis au hasard ou à la fatalité, à la nécessité, et qui composent la vie d'un être humain, considérés comme résultant de causes distinctes de sa volonté. ⇒ **destinée, sort.** *Avoir un destin tragique.* **3.** Ce qu'il adviendra (de qqch.). ⇒ **avenir, fortune.** *Le destin d'un ouvrage littéraire. Le destin d'une civilisation.* ► ***destinée*** n. f. **1.** Littér. Destin (1). **2.** Destin particulier (d'un être). *Tenir entre ses mains la destinée de qqn. La destinée d'un peuple.* **3.** Avenir, sort (de qqch.). *La destinée qui était réservée à cette œuvre.* ⇒ **avenir. 4.** Littér. Vie, existence. *Finir sa destinée,* mourir. *Unir sa destinée à qqn,* l'épouser. ⟨ ► prédestiner ⟩

destiner [dɛstine] v. tr. ▪ conjug. 1. — DESTINER À. **1.** Fixer d'avance (pour être donné à qqn). ⇒ **assigner, attribuer, réserver.** *Je vous destine ce poste. Être destiné à... Il était destiné au succès, à réussir. Cette remarque vous était destinée,* était pour vous, vous concernait. **2.** Fixer d'avance pour être employé (à un usage). ⇒ **affecter.** *Je destine cette somme à l'achat d'un costume.* **3.** Préparer (qqn) à un emploi, à une occupation, à un état. *Son père la destine à la magistrature.* — Pronominalement. *Il se destine à la diplomatie.* ► ***destinataire*** n. ■ Personne à qui s'adresse un envoi, un message. *Le destinataire d'une lettre.* / contr. **expéditeur** / ► ***destination*** n. f. **1.** Ce pour quoi une personne ou une chose est faite, ce à quoi elle est destinée. *Cet appareil n'a pas d'autre destination.* ⇒ **emploi, usage, utilisation.** *La destination d'une somme d'argent.* **2.** Lieu où l'on doit se rendre ; lieu où une chose est adressée. ⇒ **but.** / contr. **origine, provenance** / *Contrôler la destination d'un envoi, d'un paquet. Partir pour une destination lointaine. Destination inconnue.* — À DESTINATION. *Arriver à destination. Avion à destination de New York* (opposé à *en provenance de*). ⇒ **pour.** / contr. en **provenance** de / ⟨ ► prédestiner ⟩

destituer [dɛstitɥe] v. tr. ▪ conjug. 1. ■ Priver (un personnage important, un fonctionnaire) de sa charge, de sa fonction, de son emploi. ⇒ ② **démettre, licencier, limoger, renvoyer, révoquer.** *Destituer un cadre.* — Au p. p. adj. *Magistrat destitué (de ses fonctions).* ► ***destitution*** n. f. ■ Révocation disciplinaire ou pénale. ⇒ **déposition, renvoi.** *La destitution d'un officier.*

destrier [dɛstʀije] n. m. ■ Cheval de bataille, au Moyen Âge (opposé à *palefroi,* cheval de cérémonie).

destroyer [dɛstʀwaje, dɛstʀwajœʀ] n. m. ■ Contre-torpilleur. *Des destroyers.*

destructeur, trice [dɛstʀyktœʀ, tʀis] n. et adj. **1.** Personne qui détruit. *Les Romains furent les destructeurs de Carthage.* **2.** Adj. Qui détruit. *Guerre destructrice.* ⇒ **meurtrier.** *Un ouragan destructeur.* — Abstrait. *Idée, philosophie destructrice.* ⇒ **subversif.** / contr. **constructif, créateur** / ► ***destructif, ive*** adj. ■ Qui a le pouvoir de détruire. ⇒ **destructeur.** *Le pouvoir destructif d'un explosif.*

destruction [dɛstʀyksjɔ̃] n. f. ■ Action de détruire. **1.** Action de jeter bas, de faire disparaître (une construction). / contr. **construction,** ① **édification** / *Un quartier voué à la destruction. Destruction d'une ville par un incendie, par les bombardements.* ⇒ **dévastation. 2.** Action d'altérer profondément (une substance). *Destruction des tissus organiques par certains acides.* **3.** Action de tuer (des êtres vivants). *Destruction d'une armée* ⇒ **anéantissement, extermination,** *d'un peuple* ⇒ **génocide, massacre**. *Destruction des insectes.* **4.** Action de faire disparaître, de démolir, de mettre au rebut, etc. *Procéder à la destruction de* *papiers compromettants.* **5.** Le fait de se dégrader jusqu'à disparaître. ⇒ **dégradation.** *La destruction d'une civilisation.* ‹ ▶ autodestruction, indestructible ›

désuet, ète [desɥɛ, ɛt ; dezɥɛ, ɛt] adj. ■ Qui a le caractère d'une époque ancienne. ⇒ **archaïque, démodé, suranné, vieillot.** *Le charme romantique et désuet d'une gravure.* / contr. **moderne** / ▶ ***désuétude*** n. f. ■ TOMBER EN DÉSUÉTUDE : être abandonné, hors d'usage. *Loi tombée en désuétude. Cette expression est tombée en désuétude,* est sortie de l'usage.

désunir [dezyniʀ] v. tr. ▪ conjug. 2. ■ Faire cesser l'union morale, jeter le désaccord entre. *Désunir une famille, un ménage.* ⇒ **brouiller.** ▶ ***désuni, ie*** adj. **1.** Séparé par un désaccord. *Famille désunie. Couple désuni.* **2.** *Coureur, sportif désuni,* dont les mouvements ne sont plus coordonnés. ▶ ***désunion*** n. f. ■ Désaccord entre personnes qui devraient être unies. / contr. **harmonie, union** / *La désunion entre époux. Amener, faire régner la désunion entre une personne et une autre.*

① ***détacher*** [detaʃe] v. tr. ▪ conjug. 1. **I. 1.** Dégager (qqn, qqch.) de ce qui attachait ou de ce qui était attaché avec. ⇒ **délier.** *Détacher un chien. Détacher des vêtements.* ⇒ **déboutonner, défaire, dégrafer.** / contr. **attacher** / *Détacher ses patins.* ⇒ **délacer, dénouer. 2.** Enlever (un élément) d'un ensemble. *Détacher une remorque, un wagon d'un convoi. Détacher un timbre en suivant le pointillé.* **3.** Loc. *Ne pouvoir détacher ses regards, ses pensées, son attention de...* ⇒ **détourner, distraire.** *Elle ne pouvait détacher ses yeux du spectacle.* **4.** Faire partir (qqn) loin d'autres personnes pour faire qqch. *Détacher qqn au-devant d'un hôte.* ⇒ **dépêcher, envoyer. 5.** Affecter provisoirement (un fonctionnaire, un employé) à un autre service. *Il faudrait détacher un professionnel au ministère de l'Environnement.* **6.** Ne pas lier. *Détacher ses lettres en écrivant. Parler en détachant bien les mots. Détacher nettement les syllabes.* ⇒ **articuler.** — Au p.p.adj. *Notes détachées.* **II.** SE DÉTACHER v. pron. **1.** (Concret) Cesser d'être attaché. *Le chien s'est détaché.* **2.** Se séparer. *Fruits qui se détachent de l'arbre. Coureur qui se détache du peloton* (en allant plus vite). **3.** Apparaître nettement comme en sortant d'un fond. ⇒ se **découper,** se **profiler, ressortir.** *Le portrait se détache sur un fond sombre.* **4.** (Personnes) Ne plus être attaché par le sentiment, l'intelligence, à (qqn, qqch.). *Ils se détachent l'un de l'autre,* ils s'aiment de moins en moins. *Se détacher des plaisirs,* y renoncer. ⇒ se **désintéresser.** / contr. s'**attacher** / ▶ ***détachable*** adj. ■ Qu'on peut détacher. *Coupons détachables.* ▶ ***détaché, ée*** adj. **I. 1.** Qui n'est plus attaché ; qui n'attache plus. *Lien détaché.* / contr. **attaché** / **2.** Séparé d'un tout. — PIÈCES DÉTACHÉES : servant au remplacement des pièces usagées d'un mécanisme. **3.** *Fonctionnaire, employé détaché,* affecté temporairement à d'autres fonctions que les siennes. **II.** Qui a ou qui exprime du détachement (I, 1). *Un ton froid et détaché.* ▶ ***détachement*** n. m. **I. 1.** État d'une personne qui s'est détachée de qqch. ⇒ **désintérêt, indifférence, insensibilité.** *Répondre, parler avec détachement, en affectant le détachement.* ⇒ **désinvolture, insouciance.** / contr. **attachement** / **2.** Situation d'un fonctionnaire, d'un employé provisoirement affecté à d'autres fonctions. *Être en détachement. Son détachement est fini.* **II.** Petit groupe (de soldats, policiers, etc.) séparés (détachés) pour un service spécial. *Envoyer un détachement militaire en reconnaissance, un détachement blindé en renfort.*

② ***détacher*** v. tr. ▪ conjug. 1. ■ Débarrasser des taches. ⇒ **dégraisser, nettoyer.** *Apporter chez le nettoyeur un costume à détacher.* ▶ ***détachage*** n. m. ■ Action d'enlever les taches. ⇒ **nettoyage.** ▶ ***détachant*** n. m. ■ Produit qui enlève les taches. ▶ ***détacheur, euse*** n. **1.** Personne qui nettoie les vêtements. ⇒ **nettoyeur, teinturier. 2.** N. m. En appos. *Flacon détacheur,* contenant un détachant.

détail, ails [detaj] n. m. **1.** (DE DÉTAIL, AU DÉTAIL) Le fait de livrer, de vendre ou d'acheter par petites quantités ou à l'unité ce qu'on a acheté en gros. *Commerce de détail. Vendre au détail.* ⇒ **détaillant.** *Prix de détail.* / contr. en (au) **gros** (III) / **2.** LE DÉTAIL DE... : action de considérer un ensemble dans ses éléments, un événement dans ses particularités. *Relation d'un fait avec le détail des circonstances.* ⇒ **énumération.** *Faire le détail d'un inventaire.* — Les éléments détachés d'un ensemble. *Entrer, se perdre dans le détail. Ne pas s'occuper du détail.* — EN DÉTAIL : dans toutes ses parties, toutes ses particularités. *Racontez-nous cela en détail.* — DE DÉTAIL. *C'est une question de détail,* un point mineur. **3.** UN, DES DÉTAIL(S) : élément non essentiel d'un ensemble ; circonstance particulière. *Je connais tous les détails. Donnez-moi des détails sur leur rencontre. Travailler, soigner les détails* (dans une œuvre), fignoler. — *C'est un détail,* c'est une chose sans importance ou secondaire (par rapport à l'essentiel). ▶ ***détailler*** [detaje] v. tr. ▪ conjug. 1. **1.** Vendre (une marchandise) par petites quantités, au détail. *Nous ne détaillons pas ce produit.* **2.** Littér. Considérer, exposer (qqch.) avec toutes ses particularités. *Détailler un plan.* — Examiner (qqn) en détail. *Elle le détaillait des pieds à la tête.* — Au p.p.adj. *Exposé détaillé et complet sur une question,* minutieux, précis. ▶ ***détaillant, ante*** n. ■ Vendeur au détail. *Le grossiste approvisionne le détaillant. Un détaillant d'essence.*

détaler [detale] v. intr. ▪ conjug. 1. ■ Fam. Partir subitement en courant, généralement pour s'enfuir. ⇒ **décamper, filer.** *Le lièvre détalait. Les enfants surpris ont détalé.*

détartrer [detaʀtʀe] v. tr. ▪ conjug. 1. ■ Débarrasser du tartre. *Détartrer une chaudière. Se faire détartrer les dents par le dentiste.* ▶ ***détartrage*** n. m. ■ Élimination du tartre. *Le détartrage de la cafetière électrique.* — Action de détartrer les dents. ▶ ***détartrant*** ou ***détartreur*** n. m. ■ Produit empêchant ou diminuant la formation de tartre dans les conduits.

détaxer [detakse] v. tr. ▪ conjug. 1. ■ Réduire ou supprimer la taxe sur. *Détaxer un produit.* — Au p. p. adj. *Acheter un parfum détaxé dans un aéroport.* ▶ ***détaxe*** n. f. **1.** Réduction ou suppression d'une taxe. / contr. **surtaxe** / *La détaxe à l'exportation.* **2.** Loc. EN DÉTAXE : hors taxes. *Acheter un cognac en détaxe.* — *La détaxe,* la boutique hors taxes.

détecter [detɛkte] v. tr. ▪ conjug. 1. ■ Déceler l'existence de (un objet, un phénomène caché). *Détecter une fuite de gaz.* ▶ ***détecteur, trice*** n. m. et adj. **1.** Appareil servant à détecter. *Un détecteur de fumée ou de feu.* ⇒ **avertisseur.** *Détecteur d'ondes, de métal. Détecteur de mines,* appareil pour déceler les mines terrestres. *Détecteur de radar,* appareil permettant de repérer la présence d'un radar dans une voiture de police. *La possession d'un détecteur de radar est illégale.* **2.** Adj. *Lampe détectrice.* ▶ ***détection*** n. f. ■ Action de détecter. *Détection électromagnétique par radar.* ‹ ▶ indétectable, télédétection ›

détective [detɛktiv] n. **1.** Policier chargé des enquêtes, des investigations. ⇒ **enquêteur.** *Un détective de la sûreté du Québec.* **2.** DÉTECTIVE (PRIVÉ) : personne chargée d'enquêtes policières privées. — REM. En France, on dit aussi *un privé.*

déteindre [detɛ̃dʀ] v. intr. ▪ conjug. 52. **1.** Perdre sa couleur. ⇒ se **décolorer.** *Cette étoffe déteint facilement.*

Ce rideau a déteint au soleil. Déteindre au lavage. **2.** DÉTEINDRE SUR : communiquer une partie de sa couleur, de sa teinture à. *Cette gravure a déteint sur la page suivante.* — Fig. Avoir de l'influence sur. ⇒ **influencer, marquer.** *Elle a complètement déteint sur lui.*

dételer [detle] v. ▪ conjug. 4. **1.** V. tr. Détacher (une bête attelée ou l'attelage). *Le caléchier dételle son cheval. Dételer les bœufs d'une charrue. Dételer une charrue.* / contr. **atteler** / **2.** V. intr. Cesser de faire qqch. ⇒ s'**arrêter.** *On a travaillé toute la journée sans dételer.*

détendre [detɑ̃dʀ] v. tr. ▪ conjug. 41. **I.** Relâcher (ce qui était tendu, contracté). *Détendre la jambe.* / contr. **tendre** / — Pronominalement. *Un ressort qui se détend brusquement.* **II. 1.** Délasser, faire cesser la tension de (qqn, qqch.). ⇒ fam. **décompresser,** se **relaxer.** *Sortons un peu, ça nous détendra.* — Pronominalement. *Détendez-vous !,* laissez-vous aller. ⇒ se **décontracter. 2.** Au p. p. DÉTENDU, UE. Qui ne manifeste aucune tension. *Il était détendu,* très calme. *Une atmosphère très détendue.* ⇒ **décontracté.** ‹ ▶ détente ›

détenir [detniʀ] v. tr. ▪ conjug. 22. **1.** Garder, tenir en sa possession. ⇒ **posséder ; détenteur.** *Un club qui détient un trophée de championnat. Détenir un objet volé.* ⇒ **receler. 2.** Fig. Avoir, posséder. *Elle détient la clé du mystère. Détenir un secret. Détenir le pouvoir. Détenir le record du monde. Détenir un monopole.* **3.** Garder, retenir (qqn) en captivité. ⇒ **détenu.** *Détenir un délinquant en prison.* ▶ ***détenteur, trice*** [detɑ̃tœʀ, tʀis] n. ▪ Personne qui détient qqch. *Le détenteur d'un objet volé.* ⇒ **receleur.** *Les détenteurs du pouvoir. Détenteur d'armes, de munitions. La détentrice d'un prix, du record.* ▶ ***détention*** n. f. **1.** Le fait de détenir qqch., de l'avoir à sa disposition. *Détention d'armes.* **2.** Action de détenir qqn ; état d'une personne détenue. ⇒ **captivité, emprisonnement, réclusion.** *Arrestation et détention préventive d'un criminel. Détention arbitraire. Être en détention,* détenu. ▶ ***détenu, ue*** [detny] n. ▪ Personne qui est maintenue en captivité. ⇒ **prisonnier.** *Détenu politique ; de droit commun.*

détente [detɑ̃t] n. f. **1.** Relâchement (de ce qui est tendu). *La détente d'un ressort.* **2.** Sports. Capacité pour un athlète d'effectuer un mouvement rapide, instantané (au moment du saut, d'un lancer, etc.). *Avoir une belle détente.* **3.** Armes à feu. Pièce qui sert à faire partir le coup. *Appuyer sur la détente.* — REM. On emploie abusivement *gâchette.* **4.** Loc. fam. *Il est* DUR À LA DÉTENTE : il est difficile d'obtenir qqch. de lui ; il ne comprend pas vite. **5.** Expansion d'un gaz précédemment soumis à une pression. *La détente d'un gaz, des gaz.* / contr. **compression** / **6.** Relâchement d'une tension intellectuelle, morale, nerveuse ; état agréable qui en résulte. *Elle n'a pas un moment de détente.* ⇒ **délassement, répit, repos.** *Ces enfants ont besoin d'une détente.* ⇒ **distraction, récréation. 7.** Diminution de la tension internationale. *Politique de coexistence et de détente.* ⇒ **dégel.** / contr. **tension** /

détergent, ente [detɛʀʒɑ̃, ɑ̃t] adj. ▪ Qui nettoie en entraînant par dissolution les impuretés. ⇒ **détersif.** — N. m. *Un détergent.*

détériorer [deteʀjɔʀe] v. tr. ▪ conjug. 1. **1.** Mettre (une chose) en mauvais état, de sorte qu'elle ne puisse plus servir. ⇒ **abîmer, briser, casser, démolir, dégrader, endommager ;** fam. **défuntiser, déglinguer, démantibuler, esquinter, maganer.** *Détériorer un appareil, une machine. L'humidité détériore les tentures.* — Pronominalement. *Se détériorer,* s'altérer. — Au p. p. adj. *Du vieux matériel détérioré.* ⇒ **usé ;** fam. **magané. 2.** Fig. *Détériorer sa santé par des excès.* ⇒ **délabrer.** — Pronominalement. *Les relations entre les deux pays se sont détériorées.* ⇒ se **gâter.** ▶ ***détérioration*** n. f. ▪ Action de détériorer, de mettre en mauvais état ; son résultat. ⇒ **dégradation, déprédation.** *La détérioration d'un appareil, d'une machine. Détérioration de marchandises.* ⇒ **altération.** — Fig. *La détérioration des conditions de vie.*

déterminer [detɛʀmine] v. tr. ▪ conjug. 1. **1.** Indiquer, délimiter avec précision. ⇒ **définir, délimiter, évaluer, fixer, préciser, spécifier.** *Déterminer le sens d'un mot. Cette distance est difficile à déterminer.* ⇒ **estimer.** *Déterminer la date, le lieu d'un événement.* ⇒ **arrêter. 2.** Entraîner la décision de (qqn). ⇒ **décider ; conduire, inciter, persuader.** *Ses amis, ces difficultés l'ont déterminé à partir.* — SE DÉTERMINER À v. pron. : prendre la détermination, la décision de. ⇒ se **décider,** se **résoudre.** *Ils se sont déterminés à accepter.* **3.** (Choses) Être la cause de ; être à l'origine de (un phénomène, un effet). ⇒ **causer, provoquer.** *Les événements qui ont déterminé la chute du régime. Les conditions qui déterminent l'action humaine.* ⇒ **déterminisme.** ▶ ***déterminant, ante*** adj. et n. m. **1.** Adj. Qui détermine qqn dans sa conduite. *Cette raison a été déterminante. — Participer à qqch. de manière déterminante.* ⇒ **décisif, essentiel.** *Le point déterminant,* qui décide de la victoire. **2.** N. m. Mot qui en détermine un autre. *Les articles, les adjectifs possessifs, démonstratifs, sont des déterminants du substantif* (ex. : *sa* dans *sa maison*). ▶ ***déterminatif, ive*** adj. ▪ Qui détermine, précise le sens d'un mot. *Complément déterminatif* (ex. : *hiver* dans *un manteau d'hiver*). ▶ ***détermination*** n. f. **1.** Action de déterminer, de délimiter avec précision ; état de ce qui est déterminé. ⇒ **caractérisation, définition, délimitation.** *La détermination de la latitude d'un lieu. La détermination d'un nom par un article.* **2.** Relation entre deux éléments de connaissance, de telle façon que, de la connaissance du premier, il est possible de déterminer le second. *La détermination d'un phénomène* (soumis au *déterminisme*). **3.** Résultat psychologique de la décision. ⇒ ① **résolution.** *Sa détermination était bien arrêtée.* **4.** Attitude d'une personne qui agit sans hésitation, selon les décisions qu'elle a prises. ⇒ **décision, fermeté.** / contr. **irrésolution** / *Agir avec détermination. Faire preuve de détermination.* ▶ ***déterminé, ée*** adj. **1.** Qui a été précisé, défini. ⇒ **arrêté, certain, précis.** / contr. **indéterminé** / *Une quantité déterminée d'énergie.* **2.** Qui se détermine, se décide. ⇒ **décidé, résolu.** *C'est une personne déterminée.* / contr. **irrésolu** / **3.** Soumis au déterminisme. *Phénomènes entièrement déterminés.* ▶ ***déterminisme*** n. m. **1.** Ordre des faits suivant lequel les conditions d'existence d'un phénomène sont fixées, déterminées absolument (ces conditions étant posées, le phénomène ne peut pas ne pas se produire). *Déterminisme historique.* / contr. **hasard** / **2.** Doctrine philosophique suivant laquelle tous les événements sont liés et déterminés à l'avance. ▶ ***déterministe*** adj. ▪ *Philosophie déterministe.* ‹ ▶ autodétermination, indétermination, indéterminé, prédéterminer ›

déterrer [deteʀe] v. tr. ▪ conjug. 1. **1.** Retirer de terre (ce qui s'y trouvait enfoui). / contr. **enfouir, enterrer** / *Déterrer un mort.* ⇒ **exhumer.** — Au p. p. adj. *Cadavre déterré.* — N. *Il a une mine de déterré,* pâle, cadavérique. **2.** Fig. Découvrir (ce qui était caché). ⇒ **dénicher.** *J'ai déterré une lettre de Montcalm dans les archives.* — Tirer, sortir de l'oubli. *Déterrer une vieille affaire.* **3.** Fam. Tirer qqch. de sous la neige (⇒ **déneiger**), la paille, le foin, etc., à l'exclusion de la terre. *Déterrer sa voiture après une tempête.* / contr. fam. **enterrer** /

détersif, ive [detɛʀsif, iv] adj. et n. ▪ Qui nettoie, en dissolvant les impuretés. *Produit détersif* (savon, lessive, etc.). — N. m. *Un détersif.* ⇒ **détergent.**

détester [detɛste] v. tr. ▪ conjug. 1. **1.** Avoir de l'aversion pour (qqn). ⇒ **haïr.** / contr. **adorer, aimer** / *Il déteste son beau-père. Va-t'en, je te déteste !* — Pronominalement (récipr.). *Ils se détestent.* **2.** Ne pas pouvoir supporter (qqch.). *Il déteste le bruit. Détester les enfants. Je déteste attendre. Détester que* (+ subjonctif). *Je déteste qu'on me fasse attendre. Ne pas détester qqch.,* aimer assez. *C'est une personne qui ne déteste pas le bon vin.* ▶ ***détestable*** adj. ■ Très désagréable ou très mauvais. *Quel temps détestable !* ⇒ **affreux, vilain.** *Être d'une humeur détestable.* ⇒ **exécrable.** *Une détestable habitude. — Un enfant détestable.* ⇒ **agité, haïssable, insupportable.** ▶ ***détestablement*** adv. ■ *Il joue détestablement,* très mal.

détoner [detɔne] v. intr. ▪ conjug. 1. — REM. Ne prend qu'un *n.* ≠ *détonner.* ■ Exploser avec bruit (par combustion rapide, réaction chimique violente, détente d'un gaz) et avec une grande vitesse de décomposition. *Faire détoner un explosif.* ▶ ***détonant, ante*** adj. ■ Qui est susceptible de détoner. *Mélange détonant,* mélange de gaz capables de s'enflammer et de détoner. ▶ ***détonateur*** n. m. ■ Amorce (capsule ou autre) qui fait détoner un explosif. *Détonateur de bombe.* ▶ ***détonation*** n. f. ■ Bruit soudain et violent de ce qui détone. ⇒ **déflagration, explosion.** *J'ai entendu une forte détonation.*

détonner [detɔne] v. intr. ▪ conjug. 1. **1.** Sortir du ton, en musique ; chanter faux (⇒ fam. **fausser** (II)). *Un chanteur qui détonne.* **2.** Ne pas être dans le ton, ne pas être en harmonie avec le reste. *Ce fauteuil rustique détonne dans un salon design.* ≠ *détoner.*

détour [detuʀ] n. m. **1.** Tracé qui s'écarte du chemin direct (voie, cours d'eau). ⇒ **lacet, méandre.** *La route fait des détours.* ⇒ ② **courbe,** ② **croche.** *Au détour du chemin,* à l'endroit où il tourne. ⇒ **tournant.** — Fam. Déviation. *Il y avait un long détour sur le boulevard.* **2.** Action de parcourir un chemin plus long que le chemin direct ; ce chemin. *J'ai fait un détour pour vous dire bonjour.* ⇒ **crochet.** / contr. **raccourci** / *Détour obligatoire pour cause de travaux.* ⇒ **déviation.** **3.** Moyen indirect de faire ou d'éluder qqch. ⇒ **biais, faux-fuyant, ruse, subterfuge.** *Pas tant de détours, au fait ! — Sans détour,* simplement, sans ambages. ▶ ***détourné, ée*** adj. **1.** Qui n'est pas direct, qui fait un détour. *Chemin détourné.* **2.** (Moyen) Indirect. *Prendre des moyens détournés pour parvenir à ses fins.* ⇒ **détour.** *Un reproche, un compliment détourné.* ▶ ***détournement*** n. m. **1.** Action de changer le cours, la direction. *Le détournement d'un cours d'eau.* ⇒ **dérivation.** — *Détournement (d'avion),* action de contraindre l'équipage d'un avion à changer de direction. **2.** Action de soustraire à son profit. *Un détournement de fonds, d'argent confié.* ⇒ **vol.** **3.** DÉTOURNEMENT DE MINEUR : séduction d'une mineure, d'un mineur par une personne majeure (punie par la loi). ▶ ***détourner*** v. tr. ▪ conjug. 1. **I. 1.** Changer la direction de (qqch.). *Détourner un cours d'eau,* changer son tracé initial. ⇒ **dériver.** *Détourner un convoi.* ⇒ **dérouter.** *Détourner un avion* (spécialt le contraindre à changer de destination). **2.** Changer le cours de. *Elle détourna la conversation. Détourner l'attention de qqn. Détourner les soupçons sur une autre personne.* **3.** Écarter (qqn du chemin à suivre). *Détourner qqn de sa route.* — Abstrait. *Détourner qqn du droit chemin, du devoir.* ⇒ **dévoyer.** *Détourner qqn d'un projet, d'une résolution,* l'y faire renoncer. ⇒ **dissuader.** **II.** Tourner d'un autre côté, pour éviter qqch. *Détourner la tête, les yeux, ses regards.* — Pronominalement. SE DÉTOURNER (pour ne pas voir ou pour ne pas être vu). *Elle se détourna d'un air dédaigneux.* **III.** Soustraire (qqch.) à son profit. *Détourner des fonds.* ⇒ **voler.**

détracteur, trice [detʀaktœʀ, tʀis] n. ■ Personne qui cherche à rabaisser le mérite de qqn, la valeur de qqch. ⇒ **accusateur, critique.** *Les détracteurs d'un homme politique, d'une doctrine.* / contr. **admirateur** /

détraquer [detʀake] v. ▪ conjug. 1. **1.** V. tr. Déranger dans son mécanisme, dans son fonctionnement. ⇒ **dérégler, détériorer ;** fam. **déglinguer.** *Il a détraqué son poste de radio.* **2.** V. pron. Fam. Déranger. *Se détraquer l'estomac, les nerfs. — Un mécanisme qui se détraque. Le temps se détraque,* se gâte. ▶ ***détraqué, ée*** adj. et n. **1.** Dérangé dans son fonctionnement. *Horloge détraquée.* — Fam. *Santé détraquée.* **2.** *Avoir le cerveau détraqué.* ⇒ **dérangé.** — N. *C'est un détraqué.* ⇒ **déséquilibré.** ▶ ***détraquement*** n. m. ■ *Le détraquement d'un mécanisme.* ⇒ **dérèglement.**

détrempe [detʀɑ̃p] n. f. ■ Couleur délayée dans de l'eau additionnée d'un agglutinant (gomme, colle, œuf). *Peindre en, à la détrempe. Décors de théâtre peints à la détrempe.* — Tableau fait avec cette couleur.

détremper [detʀɑ̃pe] v. tr. ▪ conjug. 1. ■ Amollir ou délayer en mélangeant avec un liquide. ⇒ **délayer.** *Détremper des couleurs. — La pluie avait détrempé la piste.* — Au p. p. adj. *Détrempé,* très mouillé et amolli. *Voile détrempée (par les vagues).*

détresse [detʀɛs] n. f. **1.** Sentiment d'abandon, de solitude, d'impuissance que l'on éprouve dans une situation difficile (besoin, danger, souffrance). ⇒ **désarroi.** *Une âme en détresse.* **2.** Situation difficile et très pénible. — Manque dramatique de moyens matériels. ⇒ **malheur, misère.** *La détresse des populations sinistrées. Vivre dans la détresse, dans une détresse totale.* **3.** Situation périlleuse (d'un navire, d'un avion). ⇒ **perdition.** *Signal de détresse.* ⇒ **S.O.S.** *En détresse,* en perdition. *Avion, navire en détresse.*

détriment [detʀimɑ̃] n. m. ■ À *(mon, son...)* DÉTRIMENT ; AU DÉTRIMENT DE : au désavantage, au préjudice de. *Cet arrangement s'est conclu à mon détriment. Il a avantagé son fils aîné dans sa succession au détriment des autres enfants. Dans ce pays, on a encouragé le développement de l'industrie au détriment de tout le reste.* / contr. **avantage** /

détritus [detʀitys] n. m. invar. ■ Matériaux réduits à l'état de débris inutilisables ; ordures. ⇒ **déchets ;** fam. **vidanges.** *Les détritus tombés des poubelles.*

détroit [detʀwa] n. m. ■ Passage maritime naturel resserré entre deux côtes et faisant communiquer deux étendues d'eau. ⇒ **bras** ③ **manche.** *Le détroit de Belle-Isle est situé entre le Labrador et Terre-Neuve. Le Pas de Calais, détroit entre la France et la Grande-Bretagne.*

détromper [detʀɔ̃pe] v. tr. ▪ conjug. 1. ■ Tirer (qqn) d'erreur. ⇒ **désabuser.** *Je veux vous en détromper, vous détromper sur ce point.* — SE DÉTROMPER v. pron. : revenir de son erreur. *Détrompez-vous,* n'en croyez rien.

détrôner [detʀone] v. tr. ▪ conjug. 1. **1.** Déposséder (qqn) de la souveraineté, du trône. *Détrôner un roi.* ⇒ **déposer, destituer.** **2.** Faire cesser la prééminence, le pouvoir de (qqn, qqch.). ⇒ **éclipser, supplanter.** *Les jupes courtes ont détrôné les jupes longues. Une équipe qui en détrône une autre,* qui remporte un championnat.

détrousser [detʀuse] v. tr. ▪ conjug. 1. ■ Vx ou plaisant. Dépouiller (qqn) de ce qu'il porte, en usant de la violence. ⇒ **dévaliser, voler.** *Détrousser un voyageur.*

détruire [detʀɥiʀ] v. tr. ▪ conjug. 38. **1.** Défaire entièrement, jeter bas (une construction). ⇒ **abattre,**

démolir, raser ; destruction. / contr. **bâtir, construire** / *Détruire un édifice.* — Au p. p. *Une ville détruite par un tremblement de terre.* **2.** Altérer jusqu'à faire disparaître. ⇒ **anéantir, supprimer.** *Détruire par le feu,* brûler. *Le feu a tout détruit. Les pluies torrentielles ont détruit les récoltes. Détruire une lettre, un document.* / contr. **conserver, garder** / **3.** Supprimer (un ou plusieurs êtres vivants) en ôtant la vie. ⇒ **tuer.** *L'épidémie a détruit la population du village.* ⇒ **exterminer.** *Ce produit détruit tous les insectes.* ⇒ **tuer.** *Les rongeurs sont détruits par les serpents.* — Pronominalement. *Il a tenté de se détruire.* ⇒ se **suicider. 4.** Fig. Défaire entièrement (ce qui est établi, organisé, élaboré). ⇒ **anéantir, supprimer.** / contr. **édifier, fonder** / *Détruire un usage, une institution, une théorie. Cette mésaventure détruisit tous ses espoirs.* ⇒ **dissiper. 5.** SE DÉTRUIRE v. pron. récipr. : s'annuler, avoir une action contraire. *Effets qui se détruisent.*

dette [dɛt] n. f. **1.** Argent qu'une personne ⇒ **débiteur** doit à une autre. / contr. **créance** / *Faire des dettes.* ⇒ s'**endetter.** *Être en dette avec qqn. Être accablé, criblé de dettes. Payer, rembourser une dette.* — PROV. *Qui paye ses dettes s'enrichit.* — DETTE PUBLIQUE : ensemble des dettes contractées par un État et qu'il doit rembourser. ⇒ **emprunt. 2.** Devoir que l'on doit accomplir en échange d'un service rendu. ⇒ **engagement, obligation.** *Acquitter une dette de reconnaissance envers qqn, à l'égard de qqn. Avoir une dette envers la société.* Loc. *Payer sa dette à la justice, à la société,* purger sa peine. ⟨ ▸ endetter ⟩

deuil [dœj] n. m. **1.** Douleur, affliction que l'on éprouve de la mort de qqn. *Sa mort fut un deuil cruel. Jour de deuil.* **2.** Mort d'un proche. ⇒ **perte.** *Il vient d'avoir plusieurs deuils dans sa famille.* **3.** Signes extérieurs de la mort d'un parent, d'un proche, consacrés par l'usage. *Vêtements de deuil* (noirs dans la chrétienté, blancs chez les bouddhistes,...). Loc. *Porter le deuil. Être* EN DEUIL. — Fam. *Avoir les ongles en deuil,* noirs, sales. **4.** Fam. FAIRE SON DEUIL *d'une chose* : se résigner à en être privé. *Tu peux faire ton deuil de ce projet !* ⟨ ▸ endeuiller ⟩

deus ex machina [deu(y)sɛksmakina] n. m. invar. ■ Personnage, événement dont l'intervention peu vraisemblable apporte un dénouement inespéré à une situation sans issue ou tragique (d'abord au théâtre : un dieu est amené sur scène à l'aide d'une machine). *Des deus ex machina.*

deux [dø] adj. invar. et n. m. invar. **I.** Adj. numéral cardinal invar. **1.** Un plus un (2, II). *Les deux yeux* [ledøzjø]. *Les deux côtés de la rue. Les deux bouts d'un bâton. Deux cents. Ils sont venus tous (les) deux. Deux fois plus.* ⇒ **double.** *Deux personnes.* ⇒ **couple, duo.** *Deux choses.* Loc. *De deux choses l'une,* il n'y a que deux possibilités. **2.** *Un ou deux...,* quelques. Loc. *Deux poids deux mesures,* deux façons de juger, différentes selon les objets. — (Opposé à *le même*) Loc. *Cela, ça* FAIT DEUX : ce sont des choses bien distinctes. *L'amour et l'amitié, ça fait deux.* — (Pour indiquer un petit nombre, opposé à *beaucoup de, nombreux*) *C'est à deux pas,* tout près. *Vous y serez en deux minutes.* **3.** Adj. numéral ordinal invar. ⇒ **deuxième, second.** *Numéro deux. Tome deux.* **II.** N. m. invar. **1.** Nombre premier succédant à 1 (un). *Le nombre deux. Un et un font deux. Cent cinquante-deux* (152). *Un virgule deux* (1,2). *Les deux tiers* (2/3). Loc. *Deux à deux ; deux par deux. Couper qqch. en deux.* ⇒ ① **demi, moitié.** — Loc. *C'est clair comme deux et deux font quatre,* c'est évident. — LE DEUX, UN DEUX : carte à jouer *(un deux de trèfle),* dé marqué de deux points. — Deuxième jour du mois. *Nous sommes le deux.* — Numéro deux (d'une rue, etc.). *Elle habite au deux.* — Fam. UN, DES DEUX : un, des billets de deux dollars. *As-tu de la monnaie pour un deux ?* — Péj. *Être aux deux,* être à la fois homosexuel et hétérosexuel. **2.** Loc. fam. *En moins de deux,* très vite. — *Ne faire ni une (un) ni deux,* se décider rapidement, sans tergiverser. ⇒ ② **ci.** — *Entre les deux,* ni ceci ni cela ; à moitié. *« Fait-il chaud ou froid ? – Entre les deux. »* — PROV. *Jamais deux sans trois,* ce qui arrive deux fois a toute chance d'arriver une troisième fois. **3.** Chiffre qui représente ce nombre. *Le deux romain* (II). *Le deux arabe* (2). *Effacez ce deux.* ▸ ***deuxième*** [døzjɛm] adj. et n. ■ Qui succède au premier. ⇒ **second.** *Le deuxième chapitre d'un livre. Le deuxième étage,* et ellipt *habiter au deuxième. Un deuxième classe,* un simple soldat. *Elle est arrivée (la) deuxième.* ▸ ***deuxièmement*** adv. ■ En deuxième lieu (fam. *deuzio*). ⇒ **secundo.** ▸ ***deux-par-quatre*** n. m. invar. ■ Colombage qui a deux pouces* (5,08 cm) d'épaisseur sur quatre (10,16 cm) de largeur. *Poser des deux-par-quatre.* — REM. Ce mot est un calque de l'anglais. ▸ ***deux-pièces*** n. m. invar. **I. 1.** Ensemble féminin comprenant une jupe et une veste du même tissu. **2.** Maillot de bain formé d'une culotte et d'un soutien-gorge. ⇒ **bikini. II.** Appartement de deux pièces principales. ▸ ***deux-points*** n. m. invar. ■ Signe de ponctuation, formé de deux points superposés (:), placé avant une explication, une énumération. ▸ ***deux-roues*** [døʀu] n. m. invar. ■ Véhicule à deux roues (bicyclette, cyclomoteur, moto). ▸ ***deux-temps*** [døtɑ̃] n. m. invar. ■ Moteur à deux temps ; véhicule ayant ce moteur (voiture, deux-roues). ⟨ ▸ entre-deux, entre-deux-guerres, vingt-deux ⟩

deux-montagnais, aise [dømɔ̃taɲɛ, ɛz] adj. et n. ■ De la ville de Deux-Montagnes. — N. (Avec des majusc.) Personne née dans cette ville ou qui l'habite.

dévaler [devale] v. ▪ conjug. 1. **1.** V. intr. Aller vers le bas, brutalement ou très rapidement. ⇒ **descendre, tomber.** *Rochers qui dévalent de la montagne.* ⇒ **débouler. 2.** V. tr. Descendre rapidement (qqch.). ⇒ **dégringoler.** *Il dévalait l'escalier quatre à quatre.*

dévaliser [devalize] v. tr. ▪ conjug. 1. **1.** Voler à (qqn) ce qu'il a sur lui, avec lui. *Des bandits l'ont dévalisé.* **2.** Vider (un lieu) des biens qui s'y trouvent. ⇒ **cambrioler.** *Des cambrioleurs ont dévalisé son appartement.* — Fig. *Dévaliser un magasin,* y faire des achats importants.

dévaloriser [devalɔʀize] v. tr. ▪ conjug. 1. **1.** Diminuer la valeur (spécialt de la monnaie). ⇒ **déprécier, dévaluer.** — Pronominalement. *Monnaie qui se dévalorise.* — Au p. p. adj. *Marchandise dévalorisée,* qui a perdu de sa valeur. **2.** Déprécier, faire mal juger (qqn, qqch.). *Il cherche à le dévaloriser auprès de ses amis. Dévaloriser le travail de qqn.* — Pronominalement. *Elle se dévalorise en faisant cela.* ▸ ***dévalorisation*** n. f. ■ *L'inflation entraîne la dévalorisation de la monnaie.* ≠ *dévaluation.*

dévaluer [devalɥe] v. tr. ▪ conjug. 1. ■ Abaisser la valeur légale de (une monnaie). *Dévaluer le dollar.* — Au p. p. adj. *Une monnaie dévaluée.* ▸ ***dévaluation*** n. f. ■ Abaissement de la valeur légale d'une monnaie. *Dévaluation du dollar, de la livre.* ≠ *dévalorisation.*

devancer [d(ə)vɑ̃se] v. tr. ▪ conjug. 3. **1.** Être devant (d'autres qui avancent), laisser derrière soi. ⇒ **dépasser, distancer.** *Un coureur cycliste qui devance le peloton.* **2.** Être avant, quant au rang, au mérite, dans la recherche commune du même but. ⇒ **surpasser.** *Devancer tous ses rivaux.* **3.** Arriver avant (qqn) dans le temps. ⇒ **précéder.** *Nous vous avons devancés au rendez-vous.* **4.** Aller au-devant de. *Devancer les désirs de qqn.* ⇒ **prévenir.** *Elle a devancé toutes les objections.* ⇒ **prévoir. 5.** Faire (qqch.) en avance. *Devancer un déménagement.* — (France) *Devancer l'appel,* s'engager dans l'armée avant d'avoir l'âge d'y être appelé.

▶ ***devancier, ière*** n. ■ Personne qui en a précédé une autre dans ce qu'elle fait. ⇒ **prédécesseur.** *Marcher sur les traces de ses devanciers.* / contr. **successeur** /

① ***devant*** [d(ə)vɑ̃] prép. et adv. **I.** Prép. **1.** Du même côté que le visage d'une personne, que le côté visible ou accessible d'une chose. ⇒ en **avant,** en **face, vis-à-vis.** / contr. **derrière** / *Elle a arrêté sa voiture devant le magasin. Ne vous mettez pas devant moi, je ne vois rien. Ôtez-vous de devant moi.* **2.** En présence de (qqn, qqch.). *Ne dites pas cela devant nous. Pleurer devant tout le monde. Tous les humains sont égaux devant la loi.* ⇒ à l'**égard** de. *Reculer devant le danger.* **3.** Dans la direction qui est en face d'une personne, d'une chose ; à l'avant de. *Aller droit devant soi.* — Abstrait. *Avoir du temps, de l'argent devant soi,* en réserve. ⇒ **affaires** (3). **II.** Adv. **1.** Du côté du visage d'une personne, de la face d'une chose ; en avant. *Passez devant puisque vous êtes pressé. Vêtement qui se ferme devant.* — PAR-DEVANT : du côté qui est devant. *Voiture endommagée par-devant. Passez par-devant.* ⇒ ① **avant. 2.** Loc. *Sens devant derrière.* ⇒ ② **sens.** ⟨ ▶ devancer, ② devant, devanture ⟩

② ***devant*** n. m. **1.** La partie qui est placée devant. *Chambres sur le devant.* / contr. **arrière** / *Les pattes de devant* (d'un animal). ⇒ **antérieur. 2.** *Prendre* LES DEVANTS : devancer qqn ou qqch. pour agir avant ou l'empêcher d'agir. **3.** AU-DEVANT DE loc. prép. : à la rencontre de. *Nous irons au-devant de vous.* Fig. *Aller au-devant du danger,* s'exposer témérairement. *Aller au-devant des désirs de qqn,* les combler avant qu'il les exprime. ⇒ **prévenir.**

devanture [dəvɑ̃tyʀ] n. f. **1.** Façade, revêtement du devant d'une boutique. *Faire refaire la devanture d'un magasin.* — Par ext. Façade d'un immeuble, d'une maison. **2.** Étalage des marchandises, soit à la vitrine, soit dehors. *Flâner en regardant les devantures des magasins* (→ faire du lèche-vitrines).

dévaster [devaste] v. tr. ▪ conjug. 1. ■ Ruiner (un pays) en détruisant totalement les richesses. ⇒ **ravager, saccager.** *Les guerres ont dévasté cette région. Les criquets ont dévasté les récoltes.* ⇒ **détruire.** ▶ ***dévastateur, trice*** adj. ■ Qui dévaste, détruit tout. *Torrent dévastateur. Une guerre dévastatrice.* ▶ ***dévastation*** n. f. ■ Action de dévaster ; son résultat. ⇒ **ravage.** *Les dévastations du cyclone, causées par le cyclone.*

déveine [devɛn] n. f. ■ Fam. Malchance. *Quelle déveine !* ⇒ **guigne ;** fam. **poisse.**

développement [devlɔpmɑ̃] n. m. **I.** Concret. **1.** Action de développer (une pellicule photographique). *Le développement et le tirage d'une pellicule.* **2.** Distance correspondant à un tour de pédale de bicyclette. **II. 1.** (Organismes, organes) Action de se développer. ⇒ **croissance.** *Le développement des bourgeons, d'une tige. Être arrêté, gêné dans son développement. Le développement de l'intelligence, de l'esprit (par la culture).* **2.** Progrès, en extension ou en qualité. *Le développement du commerce, d'une affaire. Affaire prospère, en plein développement.* ⇒ **essor, extension.** — Loc. *Pays* EN VOIE DE DÉVELOPPEMENT (tend à remplacer l'expression *pays sous-développé*). — *Les développements d'un incident,* ses prolongements. **3.** Exposition détaillée d'un sujet. ⇒ **exposé, détail.** *Entrer dans des développements superflus.* **III.** Secteur inhabité qu'un constructeur immobilier transforme en quartier résidentiel, en traçant les rues et en érigeant des maisons. *Déménager dans un nouveau développement. Un développement domiciliaire, résidentiel.* ⇒ **secteur.** — *Un développement industriel.* ⟨ ▶ sous-développement ⟩

développer [devlɔpe] v. tr. ▪ conjug. 1. **I. 1.** Étendre (ce qui était plié) ; donner toute son étendue à. *Développer une toile.* ⇒ **déplier.** *Armée qui développe ses ailes.* ⇒ **déployer, étendre. 2.** Enlever ce qui enveloppe (qqch.). ⇒ **déballer.** *Développer les cadeaux de Noël.* / contr. **emballer, envelopper.** / — *Développer le couvre-lit,* le rabattre vers le pied du lit, en le pliant. **3.** *Développer un cliché, une pellicule,* faire apparaître les images fixées sur la pellicule, au moyen de procédés chimiques. *Donner une pellicule à développer.* **4.** Faire croître ; donner de l'ampleur à. *Les exercices physiques développent la musculature. Développer l'intelligence d'un enfant. Développer son savoir, ses connaissances.* ⇒ **enrichir. 5.** Exposer en détail, étendre en donnant plus de détails. ⇒ **expliquer ;** fam. **élaborer.** / contr. **résumer** / *Développer un argument, un chapitre.* **II.** SE DÉVELOPPER v. pron. **1.** (Êtres vivants) Croître, s'épanouir. *Adolescent qui se développe rapidement.* — Au p. p. adj. *Poitrine très développée. La vue est le sens le plus développé chez les oiseaux.* **2.** Abstrait. Prendre de l'extension, de l'importance. *L'affaire s'est développée.* ⟨ ▶ développement, sous-développé ⟩

① ***devenir*** [dəvniʀ] v. intr. ▪ conjug. 22. **1.** Passer d'un état à (un autre), commencer à être (ce qu'on n'était pas). *Devenir plus grand, plus gros. Il est devenu fou. Elle est devenue riche et célèbre. Devenir ministre. Elle est devenue sa femme.* — (Suj. chose) *Le temps devient froid. La situation devenait difficile.* — Se transformer. *L'ogre devint une souris et le chat la croqua. Devenir une source de désagrément.* **2.** Être dans un état, avoir un sort, un résultat nouveau (dans les phrases interrogatives ou dubitatives). *Qu'allons-nous devenir ? Que sont devenues vos belles résolutions ? Qu'est devenu mon chapeau ?,* où est-il passé ? — Fam. *Qu'est-ce que vous devenez ?,* se dit pour demander des nouvelles d'une personne qu'on n'a pas vue depuis quelque temps. ▶ ② ***devenir*** n. m. ■ Didact. Le passage d'un état à un autre ; la suite des changements (opposé à *état*). ⇒ **changement.** *Le devenir du monde.* ⇒ **futur.** *La conscience est en perpétuel devenir.* ⇒ **évolution.** ⟨ ▶ redevenir ⟩

dévergondé, ée [devɛʀgɔ̃de] adj. ■ Qui ne respecte pas les règles de la morale ni les normes sociales reconnues. *Des jeunes gens dévergondés. Une allure dévergondée.* ⇒ **débauché.** — N. Surtout au fém. Personne jeune dont la conduite est trop libre. *Une petite dévergondée.* ▶ *se* ***dévergonder*** v. pron. ▪ conjug. 1. ■ Devenir dévergondé. ▶ ***dévergondage*** n. m. ■ Conduite dévergondée, licencieuse. ⇒ **débauche, lubricité, luxure.**

déverrouiller [devɛʀuje] v. tr. ▪ conjug. 1. ■ Ouvrir en tirant le verrou. ⇒ **débarrer.** *Déverrouiller une porte.*

par- ***devers*** [paʀdəvɛʀ] loc. prép. ■ En la possession de. ⇒ **avec.** *Je garde ces papiers par-devers moi.*

déverser [devɛʀse] v. tr. ▪ conjug. 1. **1.** V. pron. SE DÉVERSER : couler d'un lieu dans un autre. *L'eau se déverse dans le bassin. Les eaux usées des usines se déversent dans la rivière.* ⇒ s'**écouler,** se **jeter,** se **vider. 2.** Déposer, laisser tomber en versant. *Les avions ont déversé des tonnes de bombes sur l'objectif.* **3.** Laisser sortir, répandre en grandes quantités. *Chaque métro déverse des flots de voyageurs.* — Abstrait. *Déverser sa rancune.* ▶ ***déversement*** n. m. ■ Action de déverser. *Déversement accidentel de pétrole dans un cours d'eau.* ▶ ***déversoir*** n. m. **1.** Orifice par lequel s'écoule le trop-plein des eaux d'un canal, d'un réservoir. ⇒ **vanne.** *Le déversoir d'un barrage.* **2.** Cours d'eau qui reçoit les eaux d'un autre cours d'eau moins considérable. *Le Saint-Laurent est le déversoir du Saint-Maurice.*

dévêtir [devɛtiʀ] v. tr. ▪ conjug. 20. Littér. **1.** Dépouiller (qqn) de ses vêtements. ⇒ **déshabiller.** *Dévêtir un blessé.* **2.** V. pron. SE DÉVÊTIR : enlever ses vêtements, certains vêtements.

dévider [devide] v. tr. ▪ conjug. 1. **1.** Dérouler. *Dévider une bobine de fil.* **2.** *Dévider un chapelet,* le faire passer entre ses doigts.

dévier [devje] v. ▪ conjug. 7. **1.** V. intr. Se détourner, être détourné de sa direction, de sa voie. *La balle, la rondelle a dévié.* — DÉVIER DE *qqch.* : s'écarter de. *Dévier de son chemin.* — Abstrait. *Dévier de ses principes. Dévier de la bonne voie.* ⇒ **sortir. 2.** V. tr. Écarter de la direction normale. *Dévier la circulation. Le gardien a fait dévier le tir à côté du but.* ▶ ***déviation*** n. f. **I. 1.** Action de sortir de la direction normale ; son résultat. *La déviation d'un avion par rapport à sa route.* **2.** Changement anormal de position dans le corps. *Une déviation de la colonne vertébrale.* ⇒ **déformation, scoliose. 3.** Fig. Changement (considéré comme mauvais). ⇒ **aberration, écart. II. 1.** Action de dévier (un projectile, un véhicule). *Déviation des véhicules pour cause de travaux.* **2.** Chemin que doivent prendre les véhicules déviés. ⇒ **détour.** *Emprunter une déviation.* ⇒ **cône** de sécurité. ▶ ***déviationnisme*** n. m. ▪ Attitude qui s'écarte de la doctrine, chez les membres d'un parti politique. / contr. **orthodoxie** / ▶ ***déviationniste*** n. et adj. ▪ *Les déviationnistes de droite, de gauche.*

devin, devineresse [dəvɛ̃, dəvinʀɛs] n. ▪ Vieilli. Personne qui prétend découvrir ce qui est caché, prédire l'avenir par des moyens qui ne relèvent pas d'une connaissance naturelle ou ordinaire. ⇒ ① **augure, prophète, voyant.** *Les devins babyloniens, grecs, romains, sibériens* (appelés *chamans* [ʃaman], n. m.), *africains...* — Loc. *Je ne suis pas devin,* je ne puis savoir, deviner, prévoir cela. ▶ ***deviner*** v. tr. ▪ conjug. 1. **1.** Parvenir à connaître par conjecture, supposition, intuition. ⇒ **découvrir, entrevoir, pressentir, trouver.** *Deviner un secret. Deviner les intentions de qqn. Je devine où elle veut en venir.* ⇒ **voir. 2.** Trouver la solution de (une énigme). *Deviner une charade.* ▶ ***devinette*** n. f. ▪ Question posée sous une forme bizarre ou plaisante, et dont il faut deviner la réponse. ⇒ **énigme.** *Poser une devinette.* — Au plur. Jeu où l'on pose des questions. *Les enfants jouent aux devinettes.*

devis [d(ə)vi] n. m. invar. ▪ État détaillé des travaux à exécuter avec l'estimation des prix. *Demander, établir un devis pour une réparation. Le devis d'un peintre, d'un imprimeur.*

dévisager [devizaʒe] v. tr. ▪ conjug. 3. ▪ Regarder (qqn) avec attention, avec insistance. ⇒ **fixer.** *Les élèves dévisageaient le nouveau avec curiosité.* ≠ *défigurer.*

① ***devise*** [d(ə)viz] n. f. **1.** Formule qui accompagne l'écu dans les armoiries. *Devise des chevaliers.* **2.** Paroles exprimant une pensée, un sentiment, un mot d'ordre. *« Je me souviens », devise du Québec. « D'un océan à l'autre », devise du Canada.* **3.** Règle de vie, d'action. *Ne pas m'en faire, voilà ma devise.*

② ***devise*** n. f. ▪ Valeur étrangère négociable dans un pays. — Monnaie étrangère. *Prix des devises étrangères.* ⇒ **change.** *Le cours officiel des devises. Le franc français est une devise européenne.*

deviser [dəvize] v. intr. ▪ conjug. 1. ▪ Littér. S'entretenir familièrement. ⇒ ② **causer, converser, jaser, parler, placoter.** *Nous devisions gaiement. Deviser de choses et d'autres.*

dévisser [devise] v. ▪ conjug. 1. **1.** V. tr. Défaire (ce qui est vissé). *Dévisser le bouchon d'un tube, un tube.* **2.** V. intr. Alpinisme. Lâcher prise et tomber, en montagne. ▶ ***dévissage*** n. m. ▪ *Le dévissage d'un bocal.* ▶ ***dévissable*** adj. ▪ Qu'on peut dévisser. *Bouchon, capsule de bière dévissable.*

de visu [devizy] loc. adv. ▪ Après l'avoir vu, pour l'avoir vu. *Se rendre compte de qqch. de visu.*

dévitaliser [devitalize] v. tr. ▪ conjug. 1. ▪ Priver (une dent) de son tissu vital (pulpe et nerfs). ⇒ **traitement** de canal. — Au p. p. adj. *Une molaire dévitalisée.*

dévoiler [devwale] v. tr. ▪ conjug. 1. **1.** Enlever le voile de (qqn), ce qui cache (qqch.). ⇒ **découvrir.** *Dévoiler une statue que l'on inaugure.* — Pronominalement. *Musulmane qui se dévoile.* **2.** Découvrir (ce qui était secret). ⇒ **révéler.** *Dévoiler un secret, un complot. Il ne veut pas dévoiler ses intentions. On va dévoiler les noms des gagnants,* les annoncer publiquement. — Pronominalement. Se montrer, se manifester, devenir connu. ⇒ **apparaître.** *Le mystère se dévoile peu à peu.* / contr. **cacher, taire** / ▶ ***dévoilement*** n. m. ▪ Action de dévoiler, de se dévoiler.

① ***devoir*** [d(ə)vwaʀ] v. tr. ▪ conjug. 28. — REM. Part. passé masc. sing. *dû,* fém. *due,* plur. *du(e)s.* **I.** DEVOIR À. **1.** Avoir à payer (une somme d'argent), à fournir (qqch. en nature) à qqn. *Tu me dois vingt dollars. Payer ce que l'on doit* (⇒ **dette**). — Au passif. *L'argent qui m'est dû.* **2.** Être redevable (à qqn ou à qqch.) de ce qu'on possède. ⇒ **tenir** de. *Elle ne veut rien devoir à personne. Devoir la vie à qqn,* avoir été sauvé par lui. — (Avec *de* + infinitif) *Je lui dois d'être en vie. Je lui dois d'avoir réussi.* — *Être dû à,* avoir pour cause. *Sa réussite est due au hasard. Ce tableau est dû à Picasso,* est son œuvre. **3.** Être tenu à (qqch., par rapport à qqn) par la loi, les convenances, la morale. *Je vous dois des excuses. On lui doit le respect. Je lui dois bien cela,* il le mérite pour les services qu'il m'a rendus. — Pronominalement. SE DEVOIR DE. *Je me dois de te prévenir,* c'est un devoir pour moi. **II.** (+ infinitif) **1.** Être dans l'obligation de (faire qqch.). ⇒ **avoir** à. *Il doit terminer ce travail ce soir. Vous auriez dû me prévenir. — Tu as agi comme tu devais* (faire). — (Au conditionnel) *Tu devrais aller la voir à l'hôpital,* ce serait bien si... — *Il a dû s'arrêter tellement il était fatigué.* **2.** (Exprimant la nécessité) *Cela devait arriver ; il devait en être ainsi. Elle devait mourir deux jours plus tard,* elle est morte deux jours après le jour dont je parle. **3.** Avoir l'intention de. ⇒ **penser.** *Nous devions l'emmener avec nous, mais il est tombé malade.* **4.** (Exprimant la vraisemblance, la probabilité, l'hypothèse) *On doit avoir froid dans un tel pays. Vous devez vous tromper,* vous vous trompez, selon moi. *Il ne devait pas être bien tard quand il est parti.* **III.** SE DEVOIR v. pron. **1.** (Réfl.) Être obligé de se consacrer à. *Se devoir à ses enfants.* **2.** (Passif impers.) *Comme il se doit,* comme il le faut, ou fam. comme c'était prévu. ▶ ② ***devoir*** n. m. **1.** *Le devoir,* obligation morale générale. *Agir par devoir. Une personne de devoir,* qui respecte l'obligation morale. **2.** *(Un, des devoirs)* Ce que l'on doit faire, défini par le système moral que l'on accepte, par la loi, les convenances, les circonstances. ⇒ **charge, obligation, responsabilité, tâche.** *Accomplir, faire, remplir, suivre son devoir. Droits et devoirs. Assumer tous les devoirs d'un rôle, d'une charge.* — Loc. *Il est de mon devoir de* (+ infinitif). *Manquer à son devoir, à tous ses devoirs.* — *Devoir professionnel,* attaché à une profession. *Faire son devoir de citoyen,* voter. **3.** Au plur. Loc. *Rendre à qqn* LES DERNIERS DEVOIRS : aller à son enterrement. **4.** Exercice scolaire qu'un professeur fait faire à ses élèves. *Corriger des devoirs.* ⟨ ▶ dû, indu, redevable ⟩

dévolu, ue [devɔly] adj. et n. m. **1.** Acquis, échu par droit. *Succession dévolue à l'État, faute d'héritiers.*

2. N. m. Loc. JETER SON DÉVOLU *sur une personne, sur une chose* : fixer son choix sur elle, manifester la prétention de l'obtenir.

dévorer [devɔʀe] v. tr. ▪ conjug. 1. **1.** Manger en déchirant avec les dents. *Le tigre dévore sa proie.* — Par exagér. Passif. *Être dévoré par les moustiques.* **2.** (Personnes) Manger avidement, gloutonnement (qqch.). ⇒ **engloutir, engouffrer.** — Absolt. *Cet enfant ne mange pas, il dévore.* **3.** Lire avec avidité. *Elle dévore des romans.* **4.** *Dévorer qqn, qqch. des yeux,* regarder avec avidité (ce qu'on désire, ce qui intéresse passionnément). **5.** Faire disparaître rapidement. *Les flammes dévoraient l'édifice.* ⇒ **brûler, consumer.** *Cela dévore tout mon temps.* ⇒ **absorber. 6.** Faire éprouver une sensation pénible, un trouble violent à (qqn). ⇒ **ronger, tourmenter.** *La soif, le mal qui le dévore. L'impatience me dévorait.* — Au passif. *Être dévoré de jalousie, de remords.* ▶ ***dévorateur, trice*** ou ***dévoreur, euse*** n. ■ Qui dévore. *La chenille est une dévoratrice insatiable.* ▶ ***dévorant, ante*** adj. **1.** *Une faim dévorante,* qui pousse à manger beaucoup. ⇒ **avide. 2.** Qui consume, détruit. *Un feu dévorant.* — Fig. *Une passion dévorante.* ⇒ **ardent, brûlant, dévastateur.**

dévot, ote [devo, ɔt] adj. et n. **1.** Qui est sincèrement attaché à la religion et à ses pratiques. ⇒ **pieux.** *Les personnes dévotes.* **2.** N. FAUX DÉVOT : personne qui affecte hypocritement une dévotion outrée. ⇒ **bigot, tartufe ; balustre,** ① **punaise.** ▶ ***dévotion*** n. f. **1.** Attachement sincère et fervent à la religion et à ses pratiques. ⇒ **piété.** *Être rempli de dévotion. Objets de dévotion* (ex. : *chapelet, croix,* etc.). — Péj. *Être confit en dévotion.* **2.** Au plur. Pratique de dévotion. *Faire ses dévotions.* **3.** Culte que l'on rend (à un saint, etc.). *La dévotion à la Vierge.* — REM. *Dévotion,* comme *dévot,* se dit surtout de la religion chrétienne. **4.** Fig. Attachement, dévouement. *Il a une véritable dévotion pour sa fiancée.* ⇒ **adoration, vénération.** — *Être* À LA DÉVOTION DE *qqn* : lui être tout dévoué.

se ***dévouer*** [devwe] v. pron. ▪ conjug. 1. **1.** Faire une chose pénible (effort, privation) au profit d'une personne, d'une cause. ⇒ se **sacrifier.** *Il est toujours prêt à se dévouer. Elle s'est dévouée pour le soigner.* **2.** Au passif. *Être dévoué à qqn,* être prêt à le servir, lui être acquis. *Il lui est tout dévoué.* ▶ ***dévoué, ée*** adj. ■ Qui consacre tous ses efforts à servir qqn, à lui être agréable. *C'est l'ami le plus dévoué.* ⇒ **fidèle, serviable.** *Veuillez croire à mes sentiments dévoués,* (formule par laquelle on termine une lettre). ▶ ***dévouement*** [devumɑ̃] n. m. **1.** Action de sacrifier sa vie, ses intérêts (à une personne, à une communauté, à une cause). ⇒ **abnégation, sacrifice.** *Dévouement d'un savant à son œuvre.* **2.** Disposition à servir, à se dévouer pour qqn. ⇒ **bonté.** *Soigner qqn avec beaucoup de dévouement.*

dévoyé, ée [devwaje] adj. et n. ■ Qui est sorti du droit chemin en agissant contre la morale. *Un jeune homme dévoyé.* ⇒ **dévergondé.** — N. *Un(e) jeune dévoyé(e),* qui a commis des actes répréhensibles. ⇒ **délinquant.**

dextérité [dɛksteʀite] n. f. **1.** Adresse des mains ⇒ **doigté** ; délicatesse, aisance dans l'exécution de qqch. ⇒ **adresse, agilité, légèreté.** *Manier le pinceau avec dextérité.* / contr. **gaucherie** / **2.** Adresse d'esprit pour mener une affaire à bien. ⇒ **art, habileté.** *Elle a négocié l'affaire avec dextérité.*

dézipper [dezipe] v. tr. ▪ conjug. 1. ■ Ouvrir une fermeture à glissière. *Elle dézippe sa jupe.* — SE DÉZIPPER v. pron. réfl. *Se dézipper en un temps record.* — Au p. p. adj. *Parka dézippé.* Loc. *Être dézippé,* avoir la braguette ouverte.

dézoner [dezone] v. tr. ▪ conjug. 1. ■ Supprimer ou modifier par une loi le zonage d'un territoire. / contr. **zoner** / ▶ ***dézonage*** n. m. ■ Le fait de dézoner un territoire. *Le dézonage agricole.*

di- ■ Élément signifiant « deux fois ». ⇒ **bi-.**

à ***dia*** [adja] loc. adv. ■ À gauche. *Tirer à hue et à dia,* en sens contraire ; en employant des moyens qui se contrarient.

dia- ■ Élément signifiant « séparation, distinction » (ex. : *diacritique*) ou « à travers » (ex. : *diapositive*).

diabète [djabɛt] n. m. ■ Maladie liée à un trouble de l'assimilation des glucides (sucres) et se traduisant par la présence de sucre dans l'urine. *Avoir, faire du diabète.* ▶ ***diabétique*** adj. ■ Qui est atteint de diabète. *Il est diabétique.* — N. *Un(e) diabétique. Régime sans sucre pour diabétiques.*

① ***diable*** [djɑbl] n. m. **I. 1.** Démon, personnage représentant le mal, dans la tradition populaire. *Un diable à queue fourchue.* **2.** *Le diable,* le prince des démons. ⇒ **démon.** — Loc. *Ne craindre ni Dieu ni diable. Donner, vendre son âme au diable. Avoir* LE DIABLE AU CORPS : avoir de l'énergie pour faire le mal ; avoir une vitalité incontrôlable. *S'agiter comme un diable dans l'eau bénite,* COMME UN BEAU DIABLE : se démener. *Que le diable m'emporte si...,* (renforce ce qui est dit). — *Tirer le diable par la queue,* avoir peine à vivre avec de maigres ressources. ⇒ **misère.** *C'est bien le diable si...,* ce serait bien étonnant, extraordinaire. — *Ce n'est pas le diable,* ce n'est pas difficile. *Ce n'est pas, ça ne vaut pas diable,* ce n'est pas intéressant ; ce n'est pas terrible, extraordinaire ; ce n'est pas bien fait. *Ce film n'est pas diable. Ta réparation, ça ne vaut pas diable.* — *Mener le diable à qqn,* lui faire des misères, lui mettre des bâtons dans les roues. — *Mener le diable,* faire du bruit, du grabuge, du vacarme. ⇒ fam. faire du **train.** — *Faire noir comme chez le diable,* être très obscur (une pièce, un lieu). — *Le diable est aux vaches,* il y a des discussions, des désaccords internes dans un groupe ; la pagaille règne (→ c'est le bordel). **3.** AU DIABLE : très loin. *Habiter au diable,* ou fam. *au diable vert. Envoyer qqn au (chez le) diable,* le renvoyer avec colère ou impatience. ⇒ **bonhomme ;** fam. **expédier, paître, rembarrer ;** très fam. **chier.** *Allez au diable !,* où vous pouvez ; laissez-moi tranquille. — À LA DIABLE : sans soin, de façon désordonnée. ⇒ ① **pousser** (I, 1). *Travail fait à la diable.* — DU DIABLE : extrême, excessif. *Il fait un froid, un vent du diable. Un vacarme du diable. Une peur* DE TOUS LES DIABLES. *Se faire l'avocat* du diable.* — EN DIABLE : très, terriblement. *Il est paresseux en diable. Elle est en (beau) diable,* fâchée, en colère. ⇒ **furieux ;** fam. ② **maudit. 4.** Interj. (Exprimant la surprise, l'étonnement admiratif ou indigné) ⇒ vx **diantre.** *Diable ! C'est un peu cher. Où diable est-il caché ?* **II.** (Personnes) **1.** Enfant vif, emporté, turbulent, insupportable. *Cet enfant est un vrai diable.* — Adj. *Elle est bien diable.* ⇒ **turbulent. 2.** *Un* PAUVRE DIABLE : homme malheureux, pauvre, pitoyable. *Un bon diable,* brave homme (bon bougre). — *Un grand diable,* homme très grand, dégingandé. **3.** DIABLE DE (valeur d'adj.) : bizarre, singulier ou mauvais. ⇒ **drôle.** *Un diable d'homme. Des diables d'histoires, d'aventures.* ▶ ***diablement*** adv. ■ Fam. Très. ⇒ **rudement, terriblement.** *Elle est diablement forte sur ce sujet.* ▶ ***diablerie*** n. f. **1.** Parole, action pleine de turbulence, de malice. *Ces enfants ne cessent d'inventer des diableries pour se distraire.* ⇒ **espièglerie. 2.** Au Moyen Âge. Mystère ② dans lequel des diables étaient en scène. ▶ ***diablesse*** n. f. ■ Diable femelle. — Femme très active, remuante. ▶ ***diablotin*** n. m. ■ Petit diable. — Jeune enfant très espiègle. ▶ ***diabolique*** adj. **1.** Qui tient du diable. *Pouvoir diabolique.* ⇒ **démoniaque.** **2.** Extrêmement méchant. *Un sourire diabolique. Invention, machination diabolique,* pleine de ruse et de méchanceté. ⇒ **infernal, satanique.** ‹ ▸ endiablé ›

② ***diable*** n. m. ■ Petit chariot à deux roues qui sert à transporter des caisses, des sacs, etc.

diabolo [djabolo] n. m. ■ (France) Boisson faite de limonade et d'un sirop. *Des diabolos menthe.*

diachylon [djaʃilɔ̃] n. m. ■ Sorte de toile adhésive utilisée pour faire des pansements. ⇒ **sparadrap ;** anglic. **plasteur.** *Un grand bout de diachylon.*

diacre [djakʀ] n. m. ■ Homme faisant partie du clergé catholique, qui a reçu le second des ordres majeurs (dit *diaconal, ale, aux* [djakɔnal, o] adj.), mais n'est pas (encore) prêtre. ‹ ▸ sous-diacre ›

diacritique [djakʀitik] adj. ■ Grammaire. Se dit des signes d'écriture (points, accents) qui permettent de distinguer deux mots. *Dans « à », dû », « où », les accents sont des signes diacritiques.*

diadème [djadɛm] n. m. **1.** Bandeau qui, dans l'Antiquité, était l'insigne du pouvoir monarchique. **2.** Bijou féminin en forme de couronne, que l'on pose sur les cheveux.

diagnostic [djagnɔstik] n. m. **1.** Action de déterminer une maladie d'après ses symptômes. *Erreur de diagnostic.* **2.** Prévision, hypothèse tirée de signes. *Faire le diagnostic d'une crise économique. Un diagnostic de crise.* ▸ ***diagnostiquer*** [djagnɔstike] v. tr. ▪ conjug. 1. ■ Reconnaître (une maladie) en faisant le diagnostic. *Diagnostiquer une typhoïde.* — Déceler, prévoir, d'après des indices. *Les experts hésitent à diagnostiquer une crise économique.*

diagonale [djagɔnal] n. f. **1.** Droite qui joint deux sommets non consécutifs (opposés) d'un polygone. *Les deux diagonales d'un rectangle.* **2.** EN DIAGONALE. *Traverser une rue en diagonale,* en biais, obliquement. — Fam. *Lire le journal, un article en diagonale,* très rapidement.

diagramme [djagʀam] n. m. **1.** Tracé géométrique sommaire des parties d'un ensemble et de leur disposition les unes par rapport aux autres. *Le diagramme d'une fleur.* **2.** Tracé destiné à présenter sous une forme graphique le déroulement et les variations (d'un phénomène). ⇒ **courbe, graphique.** *Diagramme de natalité. Le diagramme des exportations.*

dialecte [djalɛkt] n. m. ■ Forme nettement distincte, régionale, d'une langue. *Dialecte rural.* ⇒ **patois.** *Le wallon, dialecte français de Belgique* (différent du français régional de Belgique). ≠ *idiome.* ▸ ***dialectal, ale, aux*** adj. ■ D'un dialecte. ▸ ***dialectologie*** n. f. ■ Étude des dialectes. ▸ ***dialectologue*** n. ■ Spécialiste de la dialectologie.

dialectique [djalɛktik] n. f. et adj. **1.** Ensemble des moyens mis en œuvre dans la discussion en vue de démontrer, réfuter. *Une dialectique savante.* — Recherche de la vérité par la discussion, le dialogue. **2.** Méthode de pensée qui procède par l'opposition des contraires (thèse, antithèse) et s'efforce ensuite de résoudre ses oppositions dans une synthèse. *La dialectique marxiste.* **3.** Adj. Qui opère par la dialectique (2). *Le matérialisme historique et dialectique de Marx.* ▸ ***dialecticien, ienne*** n. ■ Personne qui emploie les procédés de la dialectique dans ses raisonnements.

dialogue [djalɔg] n. m. **1.** Entretien entre deux personnes. ⇒ **conversation.** / contr. **monologue** / *Les deux interlocuteurs ont eu un long dialogue.* ⇒ **entretien.** *Entamer, poursuivre un dialogue avec qqn.* — Contact, discussions entre deux groupes. *Le gouvernement veut renouer le dialogue avec les syndicats.* ⇒ **négociation, pourparlers.** **2.** Ensemble des paroles qu'échangent les personnages (d'une pièce de théâtre, d'un film, d'un récit). *Elle est l'auteure du dialogue, des dialogues de ce film.* ⇒ **scénariste.** *Ce dialogue manque de vérité.* **3.** Ouvrage littéraire, philosophique, en forme de conversation. *Les dialogues de Platon.* ▸ ***dialoguer*** v. ▪ conjug. 1. **1.** V. intr. Avoir un dialogue (avec qqn). ⇒ s'**entretenir.** *Les deux ministres ont dialogué. — Dialoguer avec un ordinateur* (→ mode conversationnel). **2.** V. tr. Mettre en dialogue. *Dialoguer un roman pour le porter à l'écran.* ▸ ***dialoguiste*** n. ■ Auteur du dialogue d'un film. ⇒ **scénariste.**

diamant [djamɑ̃] n. m. **1.** Pierre précieuse, la plus brillante et la plus dure de toutes. *Bague sertie de diamants. Diamant taillé. Diamant monté seul.* ⇒ **solitaire.** *Parure, rivière de diamants.* **2.** Instrument au bout duquel est enchâssée une pointe de diamant et qui sert à couper le verre, les miroirs. *Diamant de vitrier.* **3.** Pointe de lecture d'un électrophone. *Saphirs et diamants.* **4.** *Pointe de diamant,* motif décoratif reproduisant la forme d'un diamant. *Une armoire ancienne en pointe de diamant.* ▸ ***diamantaire*** n. ■ Personne qui taille ou vend des diamants. ⇒ **joaillier.** ▸ ***diamanté, ée*** adj. ■ Garni de diamants. ▸ ***diamantifère*** adj. ■ Qui contient du diamant. *Sable diamantifère.*

diamètre [djamɛtʀ] n. m. **1.** Ligne droite qui passe par le centre d'un cercle, d'une sphère. **2.** La plus grande largeur ou grosseur d'un objet cylindrique ou arrondi. *Le diamètre d'un arbre. Diamètre d'un tube.* ⇒ **calibre.** ▸ ***diamétralement*** adv. ■ Loc. *S'opposer diamétralement.* ⇒ **absolument, entièrement.** *Opinions, intérêts diamétralement opposés.*

diantre [djɑ̃tʀ] interj. ■ (France) Vx. Juron qui marquait l'étonnement, la perplexité ou l'admiration. ⇒ ① **diable.**

diapason [djapazɔ̃] n. m. **1.** Petit instrument d'acier en forme de fourche, qui donne le la lorsqu'on le fait vibrer. **2.** AU DIAPASON : en harmonie avec les idées, les dispositions (de qqn, d'un groupe). *Être, se mettre au diapason de qqn.*

diaphane [djafan] adj. **1.** Qui laisse passer à travers soi les rayons lumineux sans laisser distinguer la forme des objets. ⇒ **translucide.** *Le verre dépoli est diaphane.* / contr. **opaque** / **2.** Littér. Très pâle et qui donne une impression de fragilité. *Teint, peau diaphane. Des mains diaphanes,* blanches et à la peau fine.

diaphragme [djafʀagm] n. m. **1.** Muscle large et mince qui sépare la poitrine de l'abdomen. **2.** Membrane vibrante de certains appareils acoustiques. *Diaphragme de haut-parleur, de microphone.* **3.** Disque opaque percé d'une ouverture réglable, pour faire entrer plus ou moins de lumière dans un appareil de photo. *Régler l'ouverture du diaphragme.* **4.** Préservatif pour les femmes. ⇒ **stérilet.**

diapositive [djapozitiv] ou ***diapo*** [djapo] n. f. ■ Photo exécutée sur un support transparent et destinée à la projection. *Elle nous a montré ses diapos de Grèce. Passer des diapositives en couleurs. Un projecteur à diapos.* ▸ ***diaporama*** n. m. ■ Montage ou projection de diapositives, accompagné ou non d'une trame sonore, destiné à un public particulier. *Des diaporamas.*

diapré, ée [djapʀe] adj. ■ Littér. De couleur variée et changeante. *Papillon diapré. Étoffe diaprée.* ⇒ **cha-**

toyant. *Une prairie diaprée de fleurs.* ▶ ***diaprure*** n. f. ■ Aspect de ce qui est diapré. *La diaprure des ailes d'un papillon.*

diarrhée [djaʀe] n. f. ■ Évacuation fréquente d'excréments liquides. ⇒ **colique ;** fam. **chiasse, courante, flux, turista, va-vite.** *Avoir la diarrhée.* / contr. **constipation** /

diaspora [djaspɔʀɑ] n. f. **1.** Histoire. Dispersion des Juifs exilés de leur pays. — Dispersion d'un peuple. *La diaspora palestinienne.* **2.** Population ainsi dispersée. *La diaspora québécoise de Californie.*

diastole [djastɔl] n. f. ■ Mouvement de dilatation du cœur qui alterne avec la contraction. ⇒ **systole.** *Le sang pénètre dans le cœur par la diastole.*

diatomée [djatɔme] n. f. ■ Algue brune microscopique, formée d'une seule cellule.

diatonique [djatɔnik] adj. ■ Qui procède par tons et demi-tons consécutifs (opposé à *chromatique*). *Gamme diatonique.*

diatribe [djatʀib] n. f. ■ Critique violente. *Se lancer dans une longue diatribe contre qqn, qqch. Il a écrit une diatribe contre le gouvernement.* ⇒ **pamphlet.**

dichotomie [dikɔtɔmi] n. f. ■ Didact. Division, opposition (entre deux éléments, deux idées).

dico [diko] n. m. ■ (France) Fam. Dictionnaire. *Des vieux dicos. Regarde dans le dico.*

dicotylédone [dikɔtiledɔn] adj. et n. f. ■ (Plantes) Dont la graine a deux cotylédons*. — N. f. pl. *Les dicotylédones,* nom d'une classe de végétaux. — Au sing. *Une dicotylédone.*

dictaphone [diktafɔn] n. m. ■ Magnétophone servant à la dictée du courrier.

dictateur, trice [diktatœʀ, tʀis] n. ■ Personne qui, après s'être emparée du pouvoir, l'exerce sans contrôle. ⇒ **despote, tyran.** *Un dictateur fasciste. Dictateurs militaires.* — Fig. *Faire son petit dictateur. Des paroles de dictatrice.* ▶ ***dictatorial, iale, iaux*** adj. ■ *Des pouvoirs dictatoriaux.* ▶ ***dictature*** n. f. **1.** Histoire. Magistrature extraordinaire, la plus élevée de toutes, chez les Romains. **2.** Concentration de tous les pouvoirs (entre les mains d'un individu, d'une assemblée, d'un parti, d'une classe). *La dictature de Cromwell* (Angleterre), *de la Convention* (France). *Dictature militaire. La dictature fasciste.* — *Dictature du prolétariat* (dans les régimes socialistes). **3.** Pouvoir absolu, suprême dans un domaine quelconque. *Exercer une dictature scientifique, littéraire.*

dictée [dikte] n. f. **1.** Action de dicter. *Écrire une lettre sous la dictée.* — Abstrait. *Parler, agir sous la dictée des circonstances, des événements.* **2.** Exercice scolaire consistant en un texte lu qui doit être transcrit selon les règles de l'orthographe. *Avoir trois fautes dans sa dictée.* ▶ ***dicter*** v. tr. ▪ conjug. 1. **1.** Dire (qqch.) à haute voix en détachant les mots ou les membres de phrases, pour qu'une autre personne les écrive. *Dicter une lettre à son secrétaire. Dicter ses instructions. Dicter aux élèves l'énoncé d'un problème.* **2.** Indiquer en secret, à l'avance, à qqn (ce qu'il doit dire ou faire). *Dicter à qqn sa conduite. Son attitude, ses réponses ont été dictées,* on lui a fait la leçon. — (Suj. chose) *L'attitude de nos adversaires dictera la nôtre.* ⇒ **commander. 3.** Stipuler et imposer. *Dicter ses conditions.* ⇒ **diktat.**

diction [diksjɔ̃] n. f. ■ Manière de dire, de réciter un texte, des vers, etc. ⇒ **élocution.** *Professeur de diction. Elle avait une diction très nette.*

dictionnaire [diksjɔnɛʀ] n. m. **1.** Recueil de mots, d'expressions d'une langue, présentés dans un ordre convenu et destiné à apporter une information. ⇒ **glossaire, lexique, vocabulaire ;** fam. **dico.** *Dictionnaire alphabétique, dictionnaire chinois par clés, dictionnaire idéologique, analogique. Chercher un mot dans un dictionnaire, consulter un dictionnaire. Entrée, article de dictionnaire. Dictionnaire bilingue,* qui donne la traduction des mots, expressions d'une langue dans une autre selon les sens et les emplois. *Dictionnaire de langue,* donnant les mots de la langue générale, leur usage (opposé à *dictionnaire encyclopédique*). *Dictionnaire encyclopédique,* donnant des informations sur les choses désignées par les mots, et traitant les noms propres. ⇒ **encyclopédie.** *Dictionnaires spécialisés, terminologiques,* donnant des informations sur les concepts désignés par les termes techniques, scientifiques, etc. *Un dictionnaire de biologie. Dictionnaire de synonymes, de néologismes, de régionalismes.* **2.** Ensemble des mots différents contenus dans un texte (un livre, une œuvre, etc.). ⇒ **lexique, répertoire. 3.** Fam. Personne qui sait tout. *C'est un vrai dictionnaire, un dictionnaire vivant !* ⇒ **encyclopédie.**

dicton [diktɔ̃] n. m. ■ Phrase exprimant une idée générale sous une forme proverbiale. *« Pierre qui roule n'amasse pas mousse » est un vieux dicton.* ⇒ **proverbe.** ≠ *adage, maxime.*

-didacte ■ Élément savant, signifiant « qui enseigne, apprend » (ex. : *autodidacte*).

didacticiel [didaktisjɛl] n. m. ■ Informatique. Logiciel à fonction pédagogique.

didactique [didaktik] adj. et n. f. **1.** Qui vise à instruire, qui a rapport à l'enseignement. *Ouvrages didactiques.* **2.** Qui appartient à la langue des sciences et des techniques. *Terme didactique.* **3.** Étude des théories et des méthodes de l'enseignement général ou spécialisé. ⇒ **pédagogie.** *La didactique des langues. Cours, programme de didactique générale.* ‹ ▶ didacticiel ›

dièdre [djɛdʀ] adj. et n. m. ■ Géométrie. Qui est déterminé par la rencontre de deux plans. *Un angle dièdre.* — N. m. *Un dièdre.*

dièse [djɛz] n. m. ■ Musique. Signe d'altération accidentelle élevant d'un demi-ton chromatique la note devant laquelle il est placé (♯) ; s'oppose à *bémol.* — Adj. invar. *Un do dièse.* ▶ ***diéser*** v. tr. ▪ conjug. 6. ■ Placer un dièse devant une note pour la hausser. — Au p. p. adj. *Note diésée.*

diesel [djezɛl] n. m. ■ Moteur à combustion interne, dans lequel l'allumage est obtenu par compression. — En appos. *Un moteur, du carburant diesel.* — *Un diesel,* un véhicule à moteur diesel. *Des diesels.*

① ***diète*** [djɛt] n. f. **1.** Régime alimentaire particulier. **2.** Cour. Privation totale ou partielle de nourriture pour raison médicale ou hygiénique. ⇒ **régime.** *Se mettre à la diète.* ▶ ***diététique*** adj. et n. f. **1.** Adj. Relatif au régime d'alimentation. **2.** N. f. Règles à suivre pour une alimentation équilibrée. — Science de l'alimentation, qui étudie la valeur nutritive, calorifique, etc., des aliments. *Elle est technicienne en diététique.* ▶ ***diététiste*** ou ***diététicien, ienne*** n. ■ Spécialiste de la diététique. *La profession de diététiste.* ≠ *nutritionniste.*

② ***diète*** n. f. ■ Histoire. Assemblée politique (en Allemagne, Suède, Pologne, Suisse, Hongrie). *Luther comparut devant la diète de Worms.*

dieu [djø] n. m. **I.** ■ Principe d'explication de l'existence du monde et des êtres humains, représenté par un être supérieur, tout-puissant (dont les attributs et caractères varient selon les religions) ; cet être, considéré comme devant être seul ou non. *Croire en* *un dieu, en Dieu, en des dieux* (⇒ **déiste**). *Les athées pensent qu'il n'y a pas de dieu(x).* **II. 1.** (Avec une majusc. *Dieu*, et l'article) Être suprême unique (dans une religion monothéiste). *Le Dieu des chrétiens, des musulmans* (Allah), *des Juifs* (Jéhovah, Yahvé). — Loc. (Chez les chrétiens) *Le* BON DIEU. *Remercier le bon Dieu.* Loc. *On lui donnerait le bon Dieu sans confession,* iron. il (elle) semble d'une parfaite innocence. — Juron. *Bon Dieu de bon Dieu !* ⇒ fam. **bonguenne ;** très fam. **bonyeu.** — Interj. Marque l'étonnement, la surprise. *Ma grande foi du bon Dieu, je te croyais mort !* **2.** (*Dieu*, sans article, avec une majusc.) L'être éternel, créateur de l'univers (en particulier selon la religion chrétienne). *Le fils de Dieu,* Jésus, le Christ. *La mère de Dieu,* la Vierge Marie. *Dieu le père, le fils et le Saint-Esprit ; Dieu en trois personnes.* ⇒ **trinité.** — Loc. *Recommander son âme à Dieu,* se préparer chrétiennement (ou religieusement) à la mort. — PROV. *L'homme propose, Dieu dispose,* les projets sont souvent contrariés par les circonstances. **3.** Dans des locutions. DIEU SAIT... (Pour appuyer une affirmation ou une négation) *Dieu sait si je dis la vérité.* — (Pour exprimer l'incertitude) *Dieu sait ce que nous ferons demain. Dieu seul le sait ! — À la grâce de Dieu. Dieu vous bénisse ! Dieu merci ! Dieu soit loué !,* Fam. *C'est pas Dieu possible !,* c'est incroyable. **4.** Interjection marquant un sentiment vif ; apostrophe. *Ah, mon Dieu ! Mon Dieu, mon Dieu !, que va-t-il se produire ? Mon Dieu que c'est joli ! Grand Dieu !* — Jurons. *Nom de Dieu ! Tonnerre de Dieu !* **III.** (Dans le polythéisme) UN DIEU, LES DIEUX. **1.** Être supérieur doué d'un pouvoir sur les humains et d'attributs particuliers. ⇒ **divinité ; idole.** *Les dieux égyptiens, assyriens. Les dieux, les déesses, et les demi-dieux de la Grèce. Les dieux et les génies de l'animisme.* **2.** Loc. *Il est beau comme un dieu (grec),* très beau. *Jurer ses grands dieux,* jurer solennellement. *Faire qqch. comme un dieu,* parfaitement. **3.** Personne (ou chose) divinisée. *C'est son dieu,* elle a un culte pour lui. ⇒ **héros, idole.** ⟨ ▸ adieu, à-Dieu-va(t), bondieuserie, demi-dieu, hôtel-Dieu, prie-Dieu ⟩

diffamer [difame] v. tr. ▪ conjug. 1. ■ Chercher à porter atteinte à la réputation, à l'honneur de (qqn). ⇒ **décrier, discréditer, médire** de. *Diffamer un adversaire. Diffamer injustement un honnête homme.* ⇒ **calomnier.** / contr. ① **louer** / ▸ ***diffamateur, trice*** n. ■ Personne qui diffame. ⇒ **calomniateur.** ▸ ***diffamation*** n. f. **1.** Action de diffamer. ⇒ **calomnie, médisance. 2.** Écrit, parole qui diffame. *Les diffamations d'un pamphlétaire. Des poursuites en diffamation.* ▸ ***diffamatoire*** adj. ■ Qui a pour but la diffamation. *Article diffamatoire.*

différemment adv., ***différence*** n. f., ***différent*** adj., etc. ⇒ ② **différer.**

① ***différer*** [difeʀe] v. tr. ▪ conjug. 6. ■ Remettre à un autre temps ; éloigner la réalisation de (qqch.). ⇒ **remettre, repousser, retarder.** *Différer un paiement, une réponse.* — Littér. *Partez sans différer.* ⇒ **attendre, tarder.** ▸ ***différé, ée*** adj. ■ Qui est fait ou qui est renvoyé à un moment ultérieur. *Crédit, paiement différé. — Émission différée de télévision,* donnée après avoir été faite et enregistrée, et non en même temps. — N. m. *Émission en différé* (opposé à *en direct*).

② ***différer*** v. intr. ▪ conjug. 6. **1.** Être différent, dissemblable. ⇒ se **différencier,** se **distinguer.** *Elles diffèrent en un point, par ce trait. Mon opinion diffère sensiblement de la sienne.* **2.** Varier, avoir des aspects dissemblables. *Les prix diffèrent selon les magasins.* ▸ ***différend*** n. m. ■ Désaccord résultant d'une opposition d'opinions, d'intérêts entre des personnes. ⇒ **démêlé, désaccord, dispute, dissension, mésentente.** *Avoir un différend avec qqn. Il essaye de résoudre les différends entre eux.* / contr. **accord** / ≠ *différent.* ▸ ***différence*** [difeʀɑ̃s] n. f. **1.** Caractère *(une différence)* ou ensemble des caractères *(la différence)* qui distingue une chose d'une autre, un être d'un autre. ⇒ **dissemblance.** / contr. **identité** / *Une légère différence. Il y a entre eux une grande différence d'âge. Différence d'opinions.* ⇒ **divergence.** — *Faire la différence entre deux choses,* la percevoir, la sentir. ⇒ **distinction.** *Différence de prix. — Cela ne fait pas de différence,* n'atténue pas le geste, la faute. — Loc. fam. *Ne pas faire un pli sur la différence (de qqn),* ne pas le déranger, ne pas l'émouvoir. — À LA DIFFÉRENCE DE : se dit pour opposer des personnes, des choses différentes. *À la différence de sa sœur, il n'aime pas la campagne.* / contr. **comme,** à **l'instar** de / **2.** DIFFÉRENCE SPÉCIFIQUE : caractère qui distingue une espèce des autres espèces du même genre. *La taille constitue une différence spécifique entre la souris et l'éléphant, tous deux des mammifères.* **3.** Quantité qui, ajoutée à une quantité, donne une somme égale à une autre. *La différence entre deux grandeurs. Voilà déjà deux cents dollars, vous paierez la différence.* ⇒ **complément.** ▸ ***différencier*** v. tr. ▪ conjug. 7. **I. 1.** Marquer ou apercevoir une différence entre. *Différencier deux espèces auparavant confondues.* ⇒ **distinguer, séparer. 2.** (Suj. chose) *Son mauvais caractère le différencie de son frère.* **II.** SE DIFFÉRENCIER v. pron. **1.** Être caractérisé par telle ou telle différence. ⇒ se **distinguer ; différer.** *Elles se différencient par leurs activités.* **2.** Devenir différent, de plus en plus différent. ⇒ se **distinguer.** *Les cellules se différencient.* **3.** Se rendre différent. *Les joueurs de l'équipe A ont revêtu un chandail rouge pour se différencier de leurs adversaires.* ▸ ***différenciateur, trice*** adj. ■ Qui différencie. ▸ ***différenciation*** n. f. **1.** Action de se différencier. *La différenciation des cellules produit les différents tissus de l'organisme, pendant la croissance de l'embryon. — La différenciation des fonctions.* **2.** Action de différencier. ⇒ **distinction.** *On ne fait pas la différenciation entre eux ; la différenciation est difficile.* ▸ ***différent, ente*** adj. **1.** Qui diffère, qui présente une différence (par rapport à une autre personne, une autre chose). ⇒ **autre, dissemblable, distinct.** / contr. **identique, semblable** / *La route offre des aspects différents à l'aller et au retour.* ⇒ **divers.** *Opinions différentes.* ⇒ **divergent.** *Deux versions complètement différentes. Des conceptions tout à fait différentes. Votre méthode de travail est bien différente de celle de votre collègue. Les deux sœurs sont très différentes* (par le caractère). **2.** Au plur. (Avant le nom) Distincts. *Différentes personnes me l'ont dit.* ⇒ **divers, plusieurs.** ≠ *différend.* ▸ ***différemment*** [difeʀamɑ̃] adv. ■ D'une manière autre, différente ⇒ **autrement.** *Je pense différemment de vous.* ▸ ***différentiel, elle*** [difeʀɑ̃sjɛl] adj. et n. m. **I.** Adj. **1.** *Calcul différentiel,* partie des mathématiques qui a pour objet l'étude des variations infiniment petites des fonctions. **2.** *Psychologie différentielle,* qui étudie des différences psychologiques entre les individus. **II.** N. m. LE DIFFÉRENTIEL : engrenage réunissant les deux moitiés d'essieu d'un véhicule automobile. ⟨ ▸ indifférencié, indifférent ⟩

difficile [difisil] adj. **1.** Qui ne se fait qu'avec effort, avec peine. ⇒ **ardu, compliqué, dur, forçant, laborieux, malaisé, pénible ; raide ;** fam. ② **coton ;** anglic. **tough.** / contr. **aisé, facile** / *Entreprise, opération, travail difficile. C'est difficile à faire. C'est difficile à dire. Un nom difficile à prononcer. L'incendie était difficile à éteindre, car les maisons étaient en bois. Il est difficile, il m'est difficile d'en parler.* **2.** Qui demande un effort intellectuel, des capacités (pour être compris, résolu). *Texte difficile. Problème difficile.* ⇒ **complexe, compliqué.** *Morceau de musique difficile* (à jouer). — PROV. *La critique est aisée, et l'art est difficile.* **3.** (Accès, passage) Qui présente un danger, une incommodité.

⇒ **dangereux, périlleux.** *Route difficile.* **4.** Qui donne du souci, du mal. *Position, situation difficile. Avoir des débuts difficiles. Le plus difficile reste à faire.* **5.** (Personnes) Avec qui les relations ne sont pas aisées. *Enfant difficile. Il est difficile à vivre.* **6.** (Personnes) Qui n'est pas facilement satisfait. ⇒ **exigeant.** *Être, se montrer difficile sur la nourriture.* ⇒ **dédaigneux.** *Faire le (la) difficile.* ▶ ***difficilement*** adv. ■ D'une manière difficile ; avec peine. *Écriture difficilement lisible. Le blessé respirait difficilement. Un spectacle difficilement supportable.* / contr. **facilement** / ‹ ▶ difficulté ›

difficulté [difikylte] n. f. **1.** Caractère de ce qui est difficile ; ce qui rend qqch. difficile. *La difficulté d'une entreprise, d'un travail. Un problème d'une certaine difficulté. La difficulté d'une recherche.* ⇒ **aridité.** *Aimer la difficulté. Le malade marchait avec une extrême difficulté.* / contr. **facilité** / *Réussir sans difficulté,* sans peine. **2.** DIFFICULTÉ À (+ infinitif). ⇒ **peine.** *Difficulté à s'exprimer. Nous avons de la difficulté à comprendre cela,* du mal. **3.** UNE, DES DIFFICULTÉS : ce qu'il y a de difficile en qqch. ; chose difficile. ⇒ **embarras, empêchement, ennui ;** fam. **accroc, os.** *Difficultés matérielles, financières, sentimentales.* ⇒ **tracas.** *Vaincre les difficultés.* ⇒ **embûches.** *Cela ne fait aucune difficulté,* c'est facile. *Il a des difficultés avec son associé,* il est en désaccord avec lui. **4.** Raison alléguée, opposition soulevée contre qqch. ⇒ **objection.** *Elle n'a pas fait de difficultés pour venir.* **5.** EN DIFFICULTÉ : dans une situation difficile. *Alpinistes en difficulté. Mettre qqn en difficulté.* — *Élève en difficulté,* qui a besoin de mesures médicales, sociales ou pédagogiques particulières afin de poursuivre sa formation scolaire. / contr. **doué, surdoué, talentueux** /

difforme [difɔʀm] adj. ■ Qui n'a pas la forme et les proportions naturelles (se dit surtout du corps humain). ⇒ **contrefait, déformé.** *Depuis qu'il a grossi, il est devenu difforme. Un monstre difforme.* ▶ ***difformité*** n. f. ■ Défaut grave de la forme physique, anomalie dans les proportions. ⇒ **déformation.** *Une difformité congénitale.* ⇒ **malformation.**

diffraction [difʀaksjɔ̃] n. f. ■ Phénomène (production de franges) qui se produit lorsqu'un faisceau lumineux passe près d'un corps opaque ou par une fente.

diffus, use [dify, yz] adj. **1.** Qui est répandu dans toutes les directions. *Douleur diffuse. Lumière diffuse* (due à une réflexion irrégulière). **2.** Abstrait. Littér. Qui délaye sa pensée. ⇒ **verbeux.** *Un style diffus. Écrivain diffus.* / contr. **concis** /

diffuser [difyze] v. tr. • conjug. 1. **1.** Répandre. *Diffuser la lumière, la chaleur.* **2.** Émettre, transmettre par ondes hertziennes ⇒ **radiodiffusion, télédiffusion.** — Au p. p. adj. *Discours, concert diffusé en direct.* **3.** Répandre dans le public. *Diffuser une nouvelle. Diffuser des idées, des sentiments.* **4.** Distribuer (un ouvrage de librairie). *L'éditeur s'est entendu avec les messageries pour diffuser cette collection.* — Au p. p. adj. *Un livre mal diffusé.* ▶ ***diffuseur*** n. m. ■ Personne, société qui diffuse (un ouvrage). *Cet éditeur est le diffuseur de nos ouvrages.* ▶ ***diffusion*** n. f. **1.** Action de diffuser des ondes sonores. *Émetteur de radio qui assure la diffusion d'un programme.* ⇒ **émission, radiodiffusion ; télédiffusion, transmission.** **2.** Le fait de se répandre. ⇒ **expansion, propagation.** *La diffusion d'une nouvelle. La diffusion des connaissances humaines, de l'instruction.* ⇒ **vulgarisation.** **3.** Distribution (d'un ouvrage). *La diffusion de cette revue est mauvaise.* ‹ ▶ diffus, radiodiffuser, rediffusion, télédiffuser ›

digérer [diʒeʀe] v. tr. • conjug. 6. **1.** Faire la digestion de (un aliment, un repas). *Le bébé digère mal le lait.* **2.** Mûrir par la réflexion, par un travail intellectuel comparé à la digestion. ⇒ **assimiler.** *Digérer une lecture.* — Au p. p. adj. *Connaissances mal digérées.* **3.** Fam. Supporter patiemment (qqch. de fâcheux). ⇒ **avaler.** *C'est dur à digérer,* c'est difficile à supporter, à oublier. *Digérer un affront, une injure. Je ne peux pas digérer ce procédé.* ▶ ***digestible*** ou ***digeste*** adj. ■ Qui peut être facilement digéré. *Aliment très digestible.* ⇒ **léger.** / contr. **indigeste** / ▶ ***digestif, ive*** adj. et n. m. **1.** Qui contribue à la digestion. *L'appareil digestif* (bouche, gosier, œsophage, estomac, intestin). **2.** Relatif à la digestion. *Trouble digestif.* **3.** N. m. *Un digestif,* un alcool, une liqueur, pris après le repas du midi ou du soir (opposé à *apéritif*). ▶ ***digestion*** [diʒɛstjɔ̃] n. f. ■ Ensemble des transformations que subissent les aliments dans le tube digestif avant d'être assimilés. *Digestion difficile, lente. Ne vous baignez pas pendant la digestion.* ‹ ▶ indigeste ›

digicode [diʒikɔd] n. m. ■ Dispositif de contrôle d'accès à clavier numérique codé commandant l'ouverture d'une porte, d'une portière. *Le digicode est un accessoire de luxe sur une automobile.* — REM. En France, ce mot est un nom de marque déposée.

① ***digital, ale, aux*** [diʒital, o] adj. ■ Qui appartient aux doigts. *Empreintes digitales.* ▶ ***digitale*** n. f. ■ (Surtout en France) Plante herbacée vénéneuse portant une longue grappe de fleurs pendantes à corolle en forme de doigtier. ▶ ***digit(o)-*** ■ Élément savant signifiant « doigt ». ▶ ***digitigrade*** adj. et n. m. pl. ■ Zoologie. (Animaux) Qui marche en appuyant les doigts (et non pas la plante du pied) sur le sol (ex. : *chat, chien* ; opposé à *plantigrade*). — N. m. pl. *Les digitigrades.* — Au sing. *Le tigre est un digitigrade.* ‹ ▶ digicode, prestidigitateur ›

② ***digital, ale, aux*** adj. Anglic. **1.** *Calcul, code digital,* utilisant un système binaire (1, 0). **2.** Relatif aux quantités mesurées sous forme discrète, discontinue, numérique (⇒ ② **discret**). *Affichage digital. Montre digitale.* ▶ ***digitaliser*** v. tr. • conjug. 1. ■ Codifier, convertir (des informations continues) en numérique, en discontinu.

digne [diɲ] **I.** DIGNE DE... **1.** Qui mérite (qqch.). *Être digne d'admiration. Un objet digne d'intérêt. Un témoin digne de foi.* **2.** Qui est en accord, en conformité (avec qqn ou qqch.). *Ce roman est digne d'un grand écrivain. Avoir un adversaire digne de soi.* **II.** Qui a de la dignité. *Il sut rester digne en cette circonstance.* ⇒ **grave, respectable.** *Un maintien très digne. Un air très digne.* ▶ ***dignement*** adv. ■ Avec dignité. *Se comporter dignement.* ▶ ① ***dignité*** [diɲite] n. f. ■ Fonction, titre ou charge qui donne à qqn un rang éminent. *Les plus hautes dignités. La dignité de président, d'évêque.* ▶ ***dignitaire*** n. m. ■ Personne revêtue d'une dignité. *Un dignitaire de l'Église. Les hauts dignitaires de l'État.* ▶ ② ***dignité*** n. f. **1.** Respect que mérite qqn, qqch. ⇒ **grandeur, noblesse.** *Principe de la dignité de la personne humaine. Elle a trop de dignité pour s'abaisser ainsi.* **2.** Respect de soi. ⇒ **amour-propre, fierté, honneur.** *Il manque cruellement de dignité. Perdre toute dignité.* ‹ ▶ indigne ›

digression [digʀesjɔ̃] n. f. ■ Développement oral ou écrit qui s'écarte du sujet. *Il fit une longue digression pour expliquer un point important. Se perdre dans des digressions.*

digue [dig] n. f. ■ Ouvrage en longueur destiné à contenir les eaux ou à faire obstacle à des mouvements d'eau. ⇒ **aboiteau, chaussée, jetée, môle.** *Digue fluviale. Les digues des polders en Hollande.* — *Une digue construite par les castors.* ‹ ▶ endiguer ›

diguidou adv. ⇒ **tiguidou.**

diktat [diktat] n. m. ■ Chose imposée, en politique internationale. *Les diktats des grandes puissances.* ⇒ *Dicter* (3).

dilapider [dilapide] v. tr. ▪ conjug. 1. ■ Dépenser (des biens) de manière excessive et désordonnée. *Dilapider sa fortune.* ⇒ **gaspiller ;** fam. **claquer** (II). / contr. **épargner** / ► ***dilapidateur, trice*** adj. et n. ■ *Un dilapidateur des finances publiques.* ► ***dilapidation*** n. f. ■ Action de dilapider. *La dilapidation d'un héritage. Une politique de dilapidation. La dilapidation des richesses naturelles d'un pays.* ⇒ **gaspillage.** / contr. **économie** /

dilater [dilate] v. tr. ▪ conjug. 1. **1.** Augmenter le volume de (qqch.). / contr. **contracter** / — Au p. p. adj. *Les pupilles dilatées,* agrandies. — *Dilater ses narines.* ⇒ **gonfler.** — Abstrait. *Joie qui dilate le cœur.* **2.** SE DILATER v. pron. : augmenter de volume. ⇒ **gonfler.** *Métal qui se dilate à la chaleur.* ► ***dilatable*** adj. ■ *Corps dilatable.* ⇒ **expansible.** ► ***dilatation*** n. f. ■ Action de dilater ; fait de se dilater. *La dilatation de la pupille. Dilatation d'un solide sous l'effet de la chaleur.* / contr. **contraction** / ⟨ ► vasodilateur ⟩

dilatoire [dilatwaʀ] adj. ■ Droit. Qui tend à retarder par des délais, à prolonger un procès. *Se servir de moyens, de manœuvres dilatoires.* — *Une réponse dilatoire,* qui vise à gagner du temps. ⇒ *évasif.*

dilemme [dilɛm] n. m. ■ Obligation dans laquelle se trouve une personne de choisir entre deux propositions contraires ou contradictoires qui présentent chacune des désavantages. ⇒ **alternative.** *Comment sortir de ce dilemme ?*

dilettante [dilɛtɑ̃t] n. ■ Personne qui s'occupe d'une chose avec plaisir et goût, mais sans y mettre beaucoup d'assiduité. *Pratiquer un art, un sport en dilettante.* ⇒ en **amateur.** *Faire son travail en dilettante. Des dilettantes.* ► ***dilettantisme*** n. m. ■ Amateurisme. *Faire qqch. par dilettantisme. Le dilettantisme en art.*

① ***diligence*** [diliʒɑ̃s] n. f. ■ (Anciennt) Voiture à chevaux qui servait à transporter des voyageurs. *Le conducteur de diligence était le postillon. L'attaque de la diligence par les Indiens est un des thèmes des films de western.*

diligent, ente [diliʒɑ̃, ɑ̃t] adj. ■ Littér. Qui montre une activité empressée dans l'exécution d'une chose. *Une secrétaire diligente.* / contr. **lent, négligent** / ► ② ***diligence*** n. f. ■ Vx ou littér. Activité empressée, dans l'exécution d'une chose. ⇒ **célérité, empressement, zèle.** *Sa diligence à nous épargner tout désagrément.* — Loc. *Faire diligence,* se dépêcher. ► ***diligemment*** [diliʒamɑ̃] adv.

diluer [dilɥe] v. tr. ▪ conjug. 1. ■ Délayer, étendre (une substance) dans un liquide. *Diluer du sirop avec de l'eau, dans de l'eau.* — Au p. p. adj. *Alcool dilué,* additionné d'eau. / contr. **condenser** / ► ***diluant, ante*** adj. et n. m. ■ Qui dilue, qui sert à diluer qqch. (peinture, vernis...). — N. m. *Un diluant pour la peinture.* ► ***dilution*** n. f. ■ Action de diluer. — Substance diluée.

diluvien, ienne [dilyvjɛ̃, jɛn] adj. **1.** Qui a rapport au déluge (1). **2.** *Pluie diluvienne,* très abondante. ⟨ ► antédiluvien ⟩

dimanche [dimɑ̃ʃ] n. m. ■ Septième jour de la semaine*, qui succède au samedi ; jour consacré à Dieu, au repos, dans les civilisations chrétiennes (⇒ **dominical**). *Le dimanche de Pâques. Passer ses dimanches en famille.* — *Porter ses vêtements du dimanche,* ses plus beaux vêtements. — Loc. DU DIMANCHE. *Peintre du dimanche,* peintre amateur. *Un chauffeur, des conducteurs du dimanche,* dont la conduite peu assurée dénote un manque de pratique. ⟨ ► s'endimancher ⟩

dîme [dim] n. f. ■ Somme d'argent versée chaque année, et volontairement, par les catholiques à la fabrique de leur paroisse afin de subvenir aux besoins du culte. ⇒ **capitation.**

dimension [dimɑ̃sjɔ̃] n. f. **I.** Grandeur mesurable ou calculable. **1.** Grandeur réelle, mesurable, qui détermine la portion d'espace occupée par un corps. *Des objets de toutes les dimensions.* ⇒ **taille.** *Une ville de dimensions modestes.* **2.** Grandeur qui mesure un corps dans une direction. ⇒ **mesure ; largeur, longueur ; épaisseur, hauteur, profondeur.** *Noter, prendre les dimensions de qqch. Les dimensions d'un livre.* ⇒ **format. 3.** Grandeur réelle qui détermine la position d'un point. *Espace à une dimension* (ligne droite), *à deux dimensions* (plan), *à trois dimensions* (géométrie dans l'espace). *La troisième dimension,* perspective d'un tableau. *La quatrième dimension,* d'après la théorie de la relativité, le temps. **II. 1.** Importance, valeur. ⇒ **calibre, taille.** *Comment a-t-on pu commettre une faute de cette dimension ?* **2.** Aspect significatif d'une chose. *Ce problème a des dimensions politiques.* ⟨ ► tridimensionnel ⟩

diminuer [diminɥe] v. ▪ conjug. 1. **I.** V. tr. **1.** Rendre plus petit (une grandeur). ⇒ **réduire.** / contr. **augmenter** / *Diminuer la longueur d'une jupe. Diminuer la hauteur d'une clôture. Diminuer le prix d'un objet.* ⇒ **baisser.** *Diminuer les impôts.* **2.** (De ce qui n'est pas mesurable) Rendre moins grand, moins fort. *La maladie a diminué ses forces.* ⇒ **affaiblir.** *On débroussaille dans les forêts pour diminuer les risques d'incendie. Diminuer la joie, l'enthousiasme de qqn. Des mesures qui tendent à diminuer les souffrances des réfugiés.* **3.** Réduire les mérites, la valeur de (qqn). *Prendre plaisir à diminuer les autres.* ⇒ **déprécier, rabaisser. II.** V. intr. Devenir moins grand, moins considérable. ⇒ **baisser, décroître.** / contr. **augmenter, croître** / *La chaleur a diminué aujourd'hui. Les réserves diminuent. La vente va en diminuant. Les jours diminuent.* ⇒ **raccourcir.** — *Les fraises ont diminué,* leur prix a baissé. ► ***diminué, ée*** adj. **1.** Rendu moins grand. *Intervalle (musical) diminué.* **2.** (Personnes) Amoindri, affaibli. *Je l'ai trouvé bien diminué depuis sa maladie.* ► ***diminutif, ive*** adj. et n. m. **1.** Qui ajoute une idée de petitesse. *« -et, -ette » sont des suffixes diminutifs.* **2.** N. m. *Un diminutif,* mot formé d'une racine et d'un suffixe diminutif. *« Jardinet » est le diminutif de « jardin », « pommette » le diminutif de pomme, « Pierrot » le diminutif de « Pierre ».* ► ***diminution*** n. f. ■ Action de diminuer ; son résultat. ⇒ **baisse, réduction.** *La diminution du nombre des décès. La diminution des prix, des impôts, des salaires. Les effectifs scolaires sont en constante diminution ces dernières années. Diminution brutale.* ⇒ **chute.** *Diminution des forces, de l'énergie.* ⇒ **affaiblissement.** / contr. **augmentation** /

dinar [dinaʀ] n. m. ■ Unité monétaire de la Yougoslavie, de la Tunisie, de l'Algérie et de l'Irak. *Deux, cent dinars.*

dinde [dɛ̃d] n. f. **1.** Femelle du dindon. *À Noël, on sert la dinde avec des atocas.* **2.** Personne stupide. *Quelle dinde !* ⇒ fam. **bécasse.**

dindon [dɛ̃dɔ̃] n. m. **1.** Grand oiseau mâle de basse-cour, dont la tête et le cou sont recouverts d'une membrane granuleuse, rouge violacé. ⇒ **dinde.** *Le dindon glougloute. Chasser le dindon sauvage.* **2.** Loc. *Être le dindon de la farce,* la victime de la plaisanterie. ► ***dindonneau*** n. m. ■ Petit de la dinde et du dindon. *Des dindonneaux. Rôti de dindonneau.*

① ***dîner*** [dine] v. intr. ▪ conjug. 1. **1.** Prendre le repas du milieu de la journée (repas du midi). ⇒ ① **déjeuner, luncher.** *Elle dîne au restaurant. Dîner à l'école.* — *Salle* à dîner.* **2.** (France) Prendre le repas du soir. ⇒ ① **souper.** *Nous dînons à vingt heures. Inviter qqn à dîner.* — PROV. *Qui dort dîne* le sommeil fait oublier la faim. ▸ ② ***dîner*** n. m. **1.** Repas de midi. ⇒ ② **déjeuner, lunch.** *L'heure du dîner. Un dîner de gens d'affaires. Un dîner-causerie,* au cours duquel un invité donne une courte conférence. *Des dîners-bénéfices*.* **2.** (France) Repas du soir. ⇒ ② **souper.** *Un dîner de famille.* **3.** Les mets qui composent le dîner (1, 2). *Apporter son dîner à l'école.* ⇒ **lunch.** *Dîner fin, copieux.* — REM. Dans les circonstances officielles, on emploie *déjeuner* (2) au lieu de *dîner* (1) et *dîner* (2) au lieu de *souper* (1). Ex. *Le Premier ministre offre un dîner qui aura lieu au Château Frontenac à 20 h 00.*

dînette [dinɛt] n. f. **1.** (Surtout en France) Petit repas, vrai ou simulé. *Les enfants jouent à la dînette.* **2.** *Dînette de poupée,* service de table servant de jouet aux enfants. **3.** Anglic. Petite cuisine dans un motel. ⇒ **cuisinette.** — Coin aménagé dans une cuisine pour prendre des repas.

ding interj. et n. m. ⇒ **dring.**

dinghy [diŋgi] n. m. ▪ Anglic. Canot pneumatique de sauvetage. *Des dinghies.*

dingo [dɛ̃go] adj. et n. **1.** (France) Fam. Fou. ⇒ **malade ;** fam. **cinglé, dingue.** *Elle est complètement dingo !* — *De vrais dingos.* **2.** Chien sauvage d'Australie.

dingue [dɛ̃g] adj. et n. ▪ Fam. Fou. ⇒ **dingo.** *Vous êtes dingue ! Il mène une vie de dingue.* — Au sens positif. Extraordinaire ⇒ ② **super ;** fam. **capotant, capoté.** *Une fête complètement dingue.*

dinosaure [dinozɔʀ] n. m. ▪ Énorme animal fossile (reptile) quadrupède, herbivore, de l'ère secondaire. — Fig. Personne, chose importante et archaïque. *Les dinosaures de la politique.*

diocèse [djɔsɛz] n. m. ▪ Circonscription ecclésiastique placée sous la juridiction d'un évêque. *Le diocèse de Montréal est l'un des plus importants de la province.* ▸ ***diocésain, aine*** adj. et n. ▪ Relatif à un diocèse. *L'administration diocésaine.* — N. m. Personne qui fait partie d'un diocèse. ‹ ▸ archidiocèse ›

diode [djɔd] n. f. ▪ Dispositif électronique à deux électrodes.

dionysiaque [djɔnizjak] adj. **1.** Relatif à Dionysos (Bacchus), dieu du vin. *Le culte dionysiaque, dans l'Antiquité grecque.* **2.** Caractérisé par l'inspiration, et non par l'ordre, la mesure.

dioxine [diɔksin] n. f. ▪ Sous-produit de la fabrication d'un dérivé chloré du phénol, très toxique. *Les dioxines peuvent causer les lésions cutanées.* — REM. Ce mot est un nom de marque déposée.

diphtérie [difteʀi] n. f. ▪ Maladie microbienne, contagieuse, caractérisée par la formation de pseudo-membranes sur le larynx, le pharynx, provoquant des étouffements. ▸ ***diphtérique*** adj. et n. ▪ *Angine diphtérique.* ⇒ **croup.** — N. *Un(e) diphtérique.*

diphtongue [diftɔ̃g] n. f. ▪ Voyelle dont la tenue comporte un changement d'articulation produisant une variation de timbre. *Les diphtongues de l'anglais* (ex. : la voyelle dans *take,* prononcée [tejk]).

dipl-, diplo- ▪ Éléments savants signifiant « double ».

diplodocus [diplɔdɔkys] n. m. invar. ▪ Grand reptile de l'ère secondaire (différent du *dinosaure*).

diplomate [diplɔmat] n. **1.** N. Personne qui est chargée par un gouvernement de fonctions diplomatiques, de négociations avec un gouvernement étranger. *L'ambassadeur est un diplomate. Cette femme est une grande diplomate.* **2.** N. et adj. Personne qui sait mener une affaire avec tact. ⇒ **habile.** *Elle n'est pas assez diplomate pour les réconcilier.* ▸ ***diplomatie*** [diplɔmasi] n. f. **1.** Branche de la politique qui concerne les relations entre les États : représentation des intérêts d'un gouvernement à l'étranger, affaires internationales... *Les moyens de la diplomatie. Faire appel à la diplomatie pour régler un différend.* **2.** Carrière diplomatique ; ensemble des diplomates. *Entrer dans la diplomatie.* **3.** Habileté, tact dans la conduite d'une affaire. ⇒ **doigté.** *Il faut de la diplomatie pour lui faire accepter cette offre.* ▸ ***diplomatique*** adj. **1.** Relatif à la diplomatie. *Relations diplomatiques. Incidents diplomatiques. Rompre les relations diplomatiques avec un État. Corps diplomatique et corps consulaire. La valise* diplomatique.* — *Maladie diplomatique,* prétendue maladie qui sert de prétexte à une absence, etc. **2.** (Des actions, des manières) ⇒ **adroit, habile.** *Ce n'est pas diplomatique.* ▸ ***diplomatiquement*** adv. ▪ *Le litige a été résolu diplomatiquement,* par la diplomatie. — *Elle a répondu diplomatiquement à son patron,* avec habileté.

diplôme [diplom] n. m. **1.** Acte qui confère et atteste un titre, un grade. ⇒ **baccalauréat, brevet, certificat, D.E.C., D.E.S., doctorat, licence, maîtrise.** *Décerner, obtenir un diplôme. Diplôme de bachelier, de licencié. Examen, concours pour l'obtention du diplôme.* — Examen pour obtenir un diplôme. *Passer un diplôme.* **2.** (En France) *Le diplôme,* diplôme d'études supérieures (D.E.S.), décerné, après examen d'un mémoire, à des licenciés. ▸ ***diplômé, ée*** adj. ▪ Qui a obtenu un diplôme. ⇒ **gradué.** *Infirmière diplômée.* — N. *Les diplômés du premier cycle universitaire. Une diplômée.*

diptères [diptɛʀ] n. m. pl. ▪ Ordre d'insectes à métamorphoses complètes (œuf, larve, nymphe, insecte), à deux ailes, dont la tête porte une trompe. *La mouche, le moustique sont des diptères.* — Au sing. *Un diptère.* — Adj. *Un insecte diptère.*

diptyque [diptik] n. m. **1.** Tableau pliant formé de deux volets pouvant se rabattre l'un sur l'autre. ≠ *triptyque.* **2.** Œuvre littéraire, artistique en deux parties symétriques.

① ***dire*** [diʀ] v. tr. ▪ conjug. 37. **I.** (Suj. personne) *Dire* (+ nom ou pronom) ; *dire* (+ infinitif) ; *dire que* (+ indicatif ou conditionnel). Exprimer (la pensée, les sentiments, les intentions) par la parole. **1.** Exprimer, communiquer (à qqn). *Dites-moi vos projets. Dire des bêtises. Elle dit l'avoir déjà rencontré. Il dit être malade, qu'il est malade. Dites-moi qui vous êtes, où vous allez. J'ai quelque chose à vous dire. Je vous l'ai dit cent fois.* ⇒ **répéter.** *Elle ne sait plus que dire, plus quoi dire. Dire ce qu'on pense. Dire la vérité, des mensonges.* — Loc. *À ce qu'il dit,* selon ses paroles. ⇒ ② **dire.** — *Il sait ce qu'il dit,* il parle en connaissance de cause. *Il ne sait pas ce qu'il dit,* il dit n'importe quoi. — Loc. *Dire son fait, ses quatre vérités à qqn,* lui faire savoir ce qu'on pense réellement de lui. *À vrai dire, à dire vrai,* véritablement, vraiment. — *C'est beaucoup dire,* c'est exagéré. — *C'est tout dire,* il n'y a rien à ajouter. — *Pour tout dire,* en somme, en résumé. — *Ce n'est pas une chose à dire,* il vaudrait mieux ne pas en parler. — *Cela va sans dire,* la chose est évidente. — *C'est vous qui le dites,* je ne suis pas de votre avis. — *Ce disant,* en disant cela. *Cela dit,* ces mots ayant été dits. *Cela dit, revenons à notre histoire.* (On dit aussi *ceci dit*) *Ceci dit, elle s'en alla.* — *(Cela) Soit dit en passant,* à propos d'autre chose. — *Entre nous soit dit* ou *soit dit entre nous,* confidentiellement. — *Je vous l'avais dit,* *je l'avais bien dit,* je l'avais prévu. — *À qui le dis-tu, le dites-vous !,* exprime que la personne qui parle connaît, a éprouvé ce dont il s'agit aussi bien que son interlocuteur. — *Je ne vous le fais pas dire,* vous l'avez dit spontanément. — Fam. (langue parlée) *Disons ; je veux dire* (en incise). *Les bêtises qu'il a pu faire, je te dis pas !,* il en a tellement fait que je ne peux pas en parler. *Il est fou, je vais te dire !* **2.** Pronominalement. SE DIRE (QUE) : dire à soi-même, penser. *Je me disais bien que c'était impossible.* **3.** Affirmer. *Je dis ce que j'ai à dire. Il a dit : je serai là. On m'a dit qu'il serait là. Ça va mal tourner, c'est moi qui vous le dis,* j'en suis sûr. **4.** Révéler. *Elle ne veut pas dire la vérité. Personne ne m'a rien dit. Je vais tout vous dire.* ⇒ **avouer.** — *Dire la bonne aventure.* ⇒ **prédire.** **5.** Décider, convenir de (qqch.). *Venez cette semaine, disons jeudi.* — Au p. p. Loc. À L'HEURE DITE : à l'heure fixée, convenue. *Il est arrivé à l'heure dite.* — *Tenez-vous le pour dit,* considérez que c'est un ordre. — *Aussitôt dit, aussitôt fait,* la chose a été réalisée sans délai. — *Tout est dit,* la chose est réglée. **6.** Exprimer et avoir (une opinion). *Dire du bien de qqch. On en a dit du mal.* ⇒ **médire.** *Que vont en dire les gens ?* ⇒ **qu'en-dira-t-on.** *Avoir son mot à dire sur qqch. Dites-moi ce que vous pensez de cette affaire. Que diriez-vous d'une promenade ? Il ne sera pas dit que je l'ai abandonné,* je ne l'abandonnerai pas. — DIRE QUE (en tête de phrase) : exprime l'étonnement, l'indignation, la surprise. *Dire qu'elle n'a pas encore vingt ans !* — ON DIRAIT *que* (+ indicatif) : on penserait, on croirait. *On dirait qu'il vient chez nous* (→ il semble). — (Suivi d'un nom) *À le voir jouer, on dirait un enfant. Ce poisson ressemble à de la viande, on dirait de la viande.* — Pronominalement. *On se dirait en France,* on se croirait. **7.** Raconter (un fait, une nouvelle). ⇒ fam. **placoter.** *Je vais vous dire la nouvelle. Je vais vous dire comment cela s'est passé, pourquoi nous sommes en retard. Je vais le dire à ma mère !* ⇒ **rapporter.** — *Je me suis laissé dire que,* j'ai entendu dire, mais sans y ajouter entièrement foi, que. *On dit qu'il est mort,* le bruit court que. **8.** DIRE QUE (+ subjonctif) ; DIRE DE (+ infinitif) : exprimer (une volonté, un ordre). ⇒ **commander, ordonner.** *Allez lui dire de venir, qu'il vienne. Je vous avais dit d'agir autrement, je vous l'avais bien dit.* ⇒ **recommander.** *Ne pas se le faire dire deux fois,* faire qqch. avec empressement. **9.** Dans des loc. Énoncer une objection. ⇒ **objecter.** *Qu'avez-vous à dire à cela ? Il y aurait beaucoup à dire là-dessus. Je n'ai rien à dire contre (ceci, cette personne).* ⇒ **redire.** *Vous avez beau dire, c'est elle qui a raison.* — PROV. *Bien faire et laisser dire,* il faut faire ce qu'on croit bien sans se soucier des critiques. **II.** Employer (un élément de la langue) en parlant. **1.** *Dire une phrase, un mot.* ⇒ **énoncer.** *Il a dit quelques mots.* — Loc. *Il ne dit mot,* il se tait. *Avoir son mot à dire,* son opinion à donner. *Elle partit sans mot dire,* sans parler, en silence. **2.** Reproduire (un énoncé) en le lisant, en le récitant. *Dire ses prières. L'actrice a très bien dit cette réplique.* **3.** Avec une forme citée. *Dire bonjour, dire oui, non. Dire ouf !* — Le compl. est un énoncé (discours direct). *Elle a dit : « Je reviens tout de suite. » Vous venez ? dit-il. Il faut dire « infarctus » et non pas « infractus ». Il est, comme on dit, cassé comme un clou.* **4.** SE DIRE : s'employer, en parlant d'un mot, d'une phrase. *Cela ne se dit plus. « Chien » se dit « dog » en anglais,* lui correspond pour le sens. **III.** Exprimer par le langage (écrit ou oral). **1.** Exprimer par écrit. ⇒ **écrire.** *Je vous ai dit dans ma lettre que... Je ne sais ce que dit la loi à ce sujet.* — *La loi dit que.* ⇒ **stipuler.** **2.** (Avec un adv. ou une expression adverbiale) Rendre plus ou moins bien la pensée ; faire entendre plus ou moins clairement qqch. (par la parole ou l'écrit). ⇒ **exprimer.** *Dire qqch. en peu de mots ; dire clairement ; dire carrément, crûment qqch.* — Loc. *Il ne croit pas si bien dire,* il ne sait pas que ce qu'il dit correspond tout à fait à la réalité. — *Pour ainsi dire ;* fam. *comme qui dirait,* approximativement, à peu près. — *Autrement dit,* en d'autres termes. **3.** (Auteur) Exprimer, révéler (qqch. de nouveau, de personnel). *Cet écrivain n'a rien à dire.* **IV.** (Suj. chose) **1.** Faire connaître, exprimer par un signe, une manifestation quelconque. ⇒ **exprimer, manifester, marquer, montrer.** *Son silence en dit long.* **2.** Fam. Avoir tel aspect. *Qu'est-ce que ça dit ?,* quelle allure, quelle valeur cela a-t-il ? **3.** CELA ME DIT, NE ME DIT RIEN : me tente, ne me tente pas. *Cela ne me dit rien de bon. Si cela vous disait, nous irions nous promener.* — Loc. *Si le cœur vous en dit,* si vous en avez envie. **4.** VOULOIR DIRE : — (Suj. personne) Avoir l'intention d'exprimer. *Que veux-tu dire par là ?* — (Suj. chose) Signifier. *Que veut dire cette phrase latine ? Ces deux mots veulent dire la même chose. Que veut dire son retard ? Cela veut dire qu'elle ne viendra pas.* — Loc. C'EST DIRE : cela montre. *Elle est partie, c'est dire qu'elle en avait assez.* — *C'est bien pour dire,* c'est de valeur, c'est dommage. *C'est bien pour dire, mais tu as perdu la partie.* **V.** Loc. (À l'impératif) DIS, DITES (DONC) ! : sert à attirer l'attention de l'interlocuteur (comme *écoutez !, vous !, toi !,* etc.). ⇒ **coudon.** *Dis, tu viens ? Dis donc (dites donc), fais (faites) attention !* ▶ ② ***dire*** n. m. **1.** Au plur. LES DIRES : ce qu'une personne déclare, rapporte (souvent péj.). *Selon les dires des voisins.* **2.** AU DIRE DE : d'après ce que qqn déclare. *Au dire de sa femme, il aurait tous les torts.* — Loc. *Avoir pour son dire,* être d'avis que. *J'ai pour mon dire que le bonheur n'existe pas,* selon moi... ‹ ▶ c'est-à-dire, contredire, se dédire, disable, diseur, dit, édit, lieu-dit, médire, on-dit, ouï-dire, prédire, qu'en-dira-t-on, redire, soi-disant ›

direct, ecte [diʀɛkt] adj. et n. m. **I.** Adj. **1.** Qui est en ligne droite, sans détour. / contr. **indirect** / *C'est le chemin le plus direct pour arriver à la ville.* **2.** Fig. Sans détour. *Attaque directe. Faire une allusion directe.* **3.** Qui se fait sans intermédiaire. *Prendre une part directe dans une affaire. La cause directe d'un phénomène.* — *Complément direct,* construit sans préposition. *Les verbes transitifs directs sont suivis d'un complément d'objet direct.* — *Discours, style direct,* pour rapporter des paroles dites (opposé à *indirect*). *Les verbes de parole* (dire, raconter...) *introduisent le style direct.* **4.** Qui ne s'arrête pas (ou peu). *Autobus direct,* ou n. m., *un direct. L'avion est direct pour Tokyo. Un vol direct.* **II.** N. m. **1.** Boxe. Coup droit. *Un direct du gauche.* **2.** EN DIRECT (radio, télévision) : transmis sans enregistrement, au moment même (opposé à *en différé, enregistré*). *Émission en direct.* ▶ ***directement*** adv. **1.** En droite ligne, sans détour. *Vous rentrez directement chez vous, ou vous faites des courses ?* **2.** Sans intermédiaire. ⇒ **immédiatement.** *Directement du producteur, du fabricant au consommateur. Elle a été directement mise en cause.* / contr. **indirectement** / ‹ ▶ indirect ›

directeur, trice [diʀɛktœʀ, tʀis] n. et adj. **1.** Personne qui dirige, est à la tête (d'une entreprise, d'un établissement, d'une administration). ⇒ **chef, patron, président.** *Le directeur général d'une société. Président-directeur général* ⇒ **P.-D.G.** *Directeur de journal. Madame la Directrice. Directeur d'école. Les directrices adjointes.* **2.** *Directeur de conscience,* prêtre qui dirige qqn en matière de morale et de religion. ⇒ **confesseur.** **3.** Adj. Qui dirige. ⇒ **dirigeant.** *Comité directeur. L'idée directrice d'un ouvrage. Ligne directrice.* ‹ ▶ directoire, directorial, sous-directeur ›

directif, ive [diʀɛktif, iv] adj. ■ Qui impose une orientation précise. *Méthode directive. Il est très directif avec ses élèves.* ⇒ **autoritaire.** *Développer une pédagogie moins directive.* ▶ ***directive*** n. f. ■ Surtout au plur.

Ensemble des indications sur la façon de procéder que donne une autorité aux personnes chargées d'une entreprise, d'une mission. *Donner des directives à qqn.* ⇒ **instruction, ordre.** *Recevoir des directives de ses supérieurs.*

direction [diʀɛksjɔ̃] n. f. **I. 1.** Action de diriger (I), de conduire. *On lui a confié la direction de l'entreprise.* ⇒ **administration, gérance, gestion.** *Je travaille sous sa direction.* ⇒ **autorité. 2.** Fonction, poste de directeur. *Être nommé à la direction du personnel.* — Le directeur, les directeurs d'une entreprise. *Demander à rencontrer la direction. La direction lui offre un poste intéressant à l'étranger.* — Bâtiments, bureaux des directeurs. *Aller à la direction.* **II. 1.** Ligne suivant laquelle un corps se meut, une force s'exerce. *La direction, le sens, l'intensité d'une force.* — Caractère commun à toutes les droites, à tous les plans parallèles. *Chaque direction comprend deux sens opposés.* **2.** Orientation ; voie à suivre pour aller à un endroit. *La girouette sert à connaître la direction du vent. Quelle direction a-t-il prise ? Changer de direction,* tourner. — Loc. prép. *Dans la direction de... En direction de...* ⇒ **vers.** *Train en direction de Toronto. Nous partons en direction de l'Ouest.* **3.** Abstrait. *Faire des expériences dans une direction nouvelle.* **4.** Ensemble des mécanismes qui permettent de guider les roues d'une voiture (dont le volant). *Direction à vis, à crémaillère. Direction assistée. Il faut régler la direction.* 〈 ► servodirection, unidirectionnel 〉

directoire [diʀɛktwaʀ] n. m. **1.** (France) Groupe de personnes *(directeurs)* qui commandent politiquement. — En histoire de France. (Avec une majusc.) *Le Directoire,* dans la Constitution de l'an III, conseil de cinq membres chargé du pouvoir exécutif ; le régime politique durant cette période. — *Le style Directoire,* le style de cette époque (fin XVIIIe s.). **2.** Groupe des directeurs (dans certaines sociétés financières, économiques).

directorial, iale, iaux [diʀɛktɔʀjal, jo] adj. ■ D'un directeur. *Les bureaux directoriaux. Les fonctions directoriales.*

dirham [diʀam] ou ***dirhem*** [diʀɛm] n. m. ■ Unité monétaire du Maroc. *Vingt dirhams.*

diriger [diʀiʒe] v. tr. ▪ conjug. 3. **I. 1.** Conduire, mener (une entreprise, une opération, des affaires) comme maître ou chef responsable. ⇒ **administrer, gérer, organiser.** *Diriger une usine. Diriger un théâtre. Diriger une revue. Diriger un pays.* ⇒ **dirigeant.** *Personne qui dirige.* ⇒ **directeur.** — *Diriger une discussion, un débat.* — Au p. p. adj. *Économie dirigée,* dirigisme*. **2.** Conduire l'activité de (qqn). *Diriger des collaborateurs, une équipe.* **3.** Exercer une action, une influence intellectuelle ou morale sur (qqn, qqch.). *Diriger une étudiante diplômée. Ce professeur dirige plusieurs maîtrises et doctorats.* **II. 1.** Guider (qqch.) dans une certaine direction (avec une idée de déplacement, de mouvement). *Diriger une voiture.* **2.** DIRIGER SUR, VERS : envoyer. *Diriger un colis sur Calgary. Diriger un convoi vers telle ville.* ⇒ **acheminer.** *Diriger qqn sur une administration.* — DIRIGER *qqch.* CONTRE : destiner agressivement, orienter de façon hostile. *Diriger une arme contre qqn.* Au passif. *Cet article est dirigé contre vous.* **3.** Orienter de manière à envoyer. *Diriger une lumière,* par ext. *une lampe de poche sur, vers qqn, qqch.* ⇒ **braquer.** *Diriger son regard vers qqch.* **4.** SE DIRIGER v. pron. *Elle se dirige vers la porte pour sortir.* ► ***dirigeable*** [diʀiʒabl] adj. et n. m. ■ BALLON DIRIGEABLE : qu'on peut diriger (opposé à *libre*). — N. m. *Un dirigeable. Les zeppelins étaient de grands dirigeables.* ► ***dirigeant, ante*** adj. et n. **1.** Qui dirige. *Les classes dirigeantes.* **2.** N. Personne qui dirige. *Les dirigeantes d'une entreprise.* ⇒ **cadre, directeur.** *Les dirigeants d'un mouvement, d'un parti.* ⇒ **chef.** *Le pays et ses dirigeants.* ⇒ **gouvernant.** ► ***dirigisme*** n. m. ■ Système dans lequel l'État assume la direction des mécanismes économiques, en conservant les cadres de la société capitaliste. / contr. **libéralisme** / ► ***dirigiste*** adj. ■ Partisan du dirigisme. 〈 ► directeur, directif, direction, directoire 〉

di(s)- ■ Élément savant indiquant la séparation (ex. : *digression, disjoindre*), ou le défaut (ex. : *disharmonie, dissemblable*).

disable [dizabl] adj. ■ (Valeur d'interj.) Loc. Fam. NE PAS ÊTRE DISABLE : extraordinaire, exceptionnel, hors du commun. ⇒ **effrayant, indisable, remarquable ;** fam. au **bout.** *Ce n'est pas disable comme ils sont accueillants. Cet incendie de forêt est si catastrophique que ce n'est pas disable* (⇒ **racontable**). — REM. Souvent sous la forme *c'est pas disable.* 〈 ► indisable 〉

discal, ale, aux [diskal, o] adj. ■ Relatif à un disque, spécialt à un disque qui se trouve entre deux vertèbres. *Une hernie discale.*

discerner [disɛʀne] v. tr. ▪ conjug. 1. **1.** Percevoir (un objet) par rapport à ce qui l'entoure. ⇒ **distinguer, identifier, reconnaître.** *Discerner la présence de qqn dans l'ombre. Discerner un bruit lointain.* **2.** Se rendre compte de la nature, de la valeur de (qqch.) ; faire la distinction entre (deux choses mêlées, confondues). ⇒ **différencier.** *Discerner le vrai du faux, d'avec le faux.* ⇒ **démêler.** *Discerner une nuance subtile dans un texte.* ⇒ **saisir, sentir.** / contr. **confondre** / ► ***discernable*** adj. ■ Qui peut être discerné, perçu, senti. *Un accent nettement discernable.* ► ***discernement*** n. m. ■ Capacité de l'esprit à juger clairement et sainement des choses. ⇒ **jugement,** bon **sens.** *Manquer de discernement. Agir sans discernement.* 〈 ► indiscernable 〉

disciple [disipl] n. ■ Personne qui reçoit l'enseignement d'un maître à penser (morale, religion, philosophie). *Aristote, disciple de Platon. Les disciples de Jésus-Christ. Elle a été une de ses disciples.* / contr. **maître, professeur** / 〈 ► condisciple, ① discipline 〉

① ***discipline*** [disiplin] n. f. ■ Branche de la connaissance, en tant que sujet d'études. *Elle enseigne deux disciplines, le français et l'histoire. Les disciplines scientifiques.*

② ***discipline*** n. f. **1.** Règle de conduite que l'on s'impose. *S'astreindre à une discipline sévère.* **2.** Règle de conduite commune aux membres d'un corps, d'une collectivité et destinée à y faire régner le bon ordre ; obéissance à cette règle. / contr. **indiscipline** / *Ce professeur fait régner la discipline dans sa classe. Discipline militaire.* — *Conseil de discipline* (d'un établissement d'enseignement ; d'un corps de magistrats, etc.), chargé de sanctionner les infractions à la discipline. ► ***disciplinaire*** adj. ■ Qui se rapporte à la discipline, et spécialt aux sanctions. *Mesures disciplinaires.* ► ***discipliné, ée*** adj. ■ Qui observe la discipline. ⇒ **obéissant, soumis.** / contr. **indiscipliné** / *On dit que les Français ne sont guère disciplinés.* 〈 ► autodiscipline, indiscipline, interdisciplinaire 〉

disc-jockey [diskʒɔkɛ] n. ■ Anglic. Personne chargée de la présentation des disques (4) de variétés à la radio, dans les discothèques. ⇒ **animateur, présentateur.** *Des disc-jockeys.*

disco [disko] n. et adj. invar. ■ N. m. Musique de danse inspirée du jazz et du rock. *Écouter du disco.* — N. f. *Participer à une disco,* à une soirée où l'on diffuse du disco. — Adj. invar. *Des chansons disco.*

discographie [diskɔgʀafi] n. f. ■ Répertoire des enregistrements sur disques (4). *La discographie de Mozart, du jazz.*

disco-mobile [diskomɔbil] n. f. ■ Organisme privé qui loue le matérial musical, sonore et visuel nécessaire à l'organisation d'une réunion de divertissement (soirée dansante, festival, mariage, etc.), et qui propose également les services d'un animateur. *Au lieu d'engager un orchestre pour le bal des finissants, nous utiliserons la disco-mobile.* — Abrév. fam. DISCO n. f.

discontinu, ue [diskɔ̃tiny] adj. et n. m. **1.** Qui n'est pas continu, qui n'offre pas de solution de continuité. *Ligne discontinue.* ⇒ ② **discret.** — N. m. *Le discontinu.* **2.** Qui n'est pas continuel. ⇒ **intermittent, momentané, temporaire.** *Effort, mouvement, bruit discontinu.* ▶ ***discontinuer*** v. ▪ conjug. 1. **1.** V. tr. Cesser, interrompre. ⇒ **suspendre.** *Discontinuer une série télévisée.* — Au p. p. adj. *Modèle de meuble discontinué,* qui n'est plus fabriqué ou disponible. **2.** V. intr. Loc. SANS DISCONTINUER : sans arrêt. ⇒ sans **cesse,** sans **trêve.** *Il pleut sans discontinuer depuis hier. Elle a parlé deux heures sans discontinuer.* ▶ ***discontinuité*** n. f. ■ Absence de continuité.

disconvenir [diskɔ̃vniʀ] v. tr. indir. ▪ conjug. 22. ■ Littér. NE PAS DISCONVENIR DE *qqch.* : l'admettre, être d'accord. *Qu'il soit sérieux, je n'en disconviens pas,* je ne le nie pas. / contr. **convenir** /

discophile [diskɔfil] adj. et n. ■ Amateur de musique enregistrée ; collectionneur de disques (4).

discordant, ante [diskɔʀdɑ̃, ɑ̃t] adj. ■ Qui manque d'harmonie, qui ne s'accorde pas. ⇒ **incompatible, opposé.** *Voix discordantes. Caractères discordants. Couleurs discordantes.* ▶ ***discordance*** n. f. ■ Défaut d'accord, d'harmonie. ⇒ **disharmonie, dissonance.**

discorde [diskɔʀd] n. f. ■ Littér. Opposition d'idées, d'opinions pouvant conduire à des affrontements. ⇒ **désaccord.** / contr. **concorde, entente** / *Entretenir, semer la discorde dans une famille, entre des personnes.* — Loc. *Pomme de discorde,* sujet de discussion et de division.

discothèque [diskɔtɛk] n. f. **1.** Collection de disques (4). — Meuble, lieu où on conserve des disques. — Organisme de prêt de disques. *Une discothèque universitaire.* **2.** Lieu de réunion ⇒ **club** où l'on peut danser au son d'une musique enregistrée. ⇒ **boîte.** — *Une discothèque mobile.* ⇒ **disco-mobile.** ▶ ***discothécaire*** n. ■ Personne chargée du fonctionnement d'une discothèque (1). *La discothécaire d'un poste de radio.* ⟨ ▶ disco-mobile ⟩

discourir [diskuʀiʀ] v. intr. ▪ conjug. 11. ■ Péj. Parler sur un sujet en le développant inutilement. ⇒ **disserter, pérorer ;** fam. **placoter.** *Agissez au lieu de discourir !* ▶ ***discoureur, euse*** n. ■ Personne qui aime à discourir. ⇒ **phraseur, placoteur.** ⟨ ▶ discours ⟩

discours [diskuʀ] n. m. invar. **1.** Propos que l'on tient. *Le discours qu'il m'a tenu.* **2.** Péj. (Opposé à *l'action*) *Cela aura plus d'effet que tous les discours. Assez de discours, des actes !* ⇒ **bavardage, placotage.** **3.** Développement oratoire fait devant une réunion de personnes. ⇒ **allocution, harangue ;** fam. **laïus, speech.** *Prononcer un discours. Un discours politique. Discours d'ouverture, de clôture. Le discours du Trône,* prononcé par le gouverneur général lors de l'inauguration d'une session du parlement canadien. **4.** Expression verbale de la pensée. ⇒ **parole ; langage.** *Les parties du discours,* les catégories grammaticales traditionnelles (nom, article, adjectif, verbe, etc.). **5.** Titre d'écrits littéraires didactiques développant un sujet. *Le « Discours de la méthode » de Descartes.* **6.** En linguistique. Ensemble des énoncés, des messages parlés ou écrits (opposé à *langue, système*). — *Le discours direct*, indirect*. Discours rapporté.*

discourtois, oise [diskuʀtwa, waz] adj. ■ Qui n'est pas courtois. ⇒ **impoli, indélicat.** / contr. **courtois** / *Il s'est montré discourtois envers la vieille dame. Des paroles discourtoises.*

discrédit [diskʀedi] n. m. ■ Diminution de la confiance, de l'estime *(crédit)* dont jouissait une personne, une idée. ⇒ **déconsidération, défaveur.** *Jeter le discrédit sur qqn. Être, tomber en discrédit auprès de qqn.* / contr. **crédit, faveur** / *Cette théorie est tombée dans le discrédit.* ▶ ***discréditer*** v. tr. ▪ conjug. 1. ■ Faire perdre à (qqn, qqch.) l'estime dont il ou elle jouissait. ⇒ **déconsidérer.** *Chercher à discréditer un rival.* — SE DISCRÉDITER v. pron. *Il s'est discrédité dans l'esprit de ses collègues.*

① ***discret, ète*** [diskʀɛ, ɛt] adj. **1.** (Personnes) Qui témoigne de retenue, se manifeste peu dans les relations sociales, n'intervient pas dans les affaires d'autrui. ⇒ **gêné, réservé.** / contr. **effronté, indiscret, sans-gêne** / *Il est trop discret pour vous poser des questions, pour abuser de votre hospitalité.* **2.** (Choses) Qui n'attire pas l'attention, ne se fait guère remarquer. *Une allusion discrète. Faire une cour discrète à qqn. Vêtements, bijoux discrets.* ⇒ **distingué, sobre.** / contr. **voyant ; tapageur** / **3.** Qui garde les secrets qu'on lui confie. *Je vous en prie, soyez discrète là-dessus.* ▶ ***discrètement*** adv. ■ D'une manière discrète, qui n'attire pas l'attention. *Nous sommes partis discrètement, sur la pointe des pieds. Faire discrètement allusion à qqch.* / contr. **ostensiblement** / *S'habiller discrètement.* ⇒ **sobrement.** ▶ ① ***discrétion*** [diskʀesjɔ̃] n. f. **1.** Qualité d'une personne discrète. ⇒ **délicatesse, réserve, tact.** *Elle a trop de discrétion pour vous rendre visite sans prévenir.* **2.** Qualité consistant à savoir garder les secrets. *Vous pouvez compter sur sa discrétion. Discrétion assurée.* ⟨ ▶ indiscret ⟩

② ***discret, ète*** adj. ■ Didact. *Quantité discrète,* composée d'éléments séparés (opposé à *quantité continue*). ⇒ **discontinu.** *Les nombres sont des quantités discrètes.*

② ***à (la) discrétion*** loc. adv. et prép. **1.** Loc. adv. À DISCRÉTION : comme on le veut, autant qu'on veut. ⇒ à **volonté.** *Il y aura du vin à discrétion* ⇒ fam. ① à **gogo.** **2.** Loc. prép. À LA DISCRÉTION DE *qqn* : en dépendant entièrement de lui. *La décision est à son entière discrétion. Tout est à sa discrétion.* ⇒ à la **merci** de. ▶ ***discrétionnaire*** adj. ■ Qui est laissé à la discrétion de qqn, qui confère à qqn le pouvoir de décider. *disposer de pouvoirs discrétionnaires.*

discrimination [diskʀiminasjɔ̃] n. f. **1.** Littér. Action de discerner, de distinguer les choses les unes des autres avec précision. ⇒ **différenciation, distinction.** *Ne pas faire la discrimination entre l'essentiel et le superflu.* **2.** Le fait de séparer un groupe social des autres en le traitant plus mal. *Cette loi s'applique à tous sans discrimination,* de façon égalitaire. *Discrimination raciale.* ⇒ **ségrégation.** ▶ ***discriminatoire*** adj. ■ Qui tend à distinguer un groupe humain des autres, à son détriment. *Mesures discriminatoires.* ▶ ***discriminer*** v. tr. ▪ conjug. 1. ■ Littér. Faire la discrimination entre. ⇒ **distinguer.**

disculper [diskylpe] v. ▪ conjug. 1. **1.** V. tr. Prouver l'innocence de (qqn). *Disculper un ami des accusations dirigées contre lui.* ⇒ **innocenter, justifier.** / contr. **inculper** / *Ce document disculpe l'accusée et prouve que le juge l'a inculpée à tort.* **2.** SE DISCULPER v. pron. réfl. : se justifier, s'excuser. *Se disculper auprès de qqn, aux yeux de qqn. Je ne cherche pas à me disculper.* ▶ ***disculpation*** n. f. ■ Fait de disculper (qqn).

discursif, ive [diskyʀsif, iv] adj. ■ Littér. Qui procède par une série de raisonnements successifs (opposé à *intuitif*). *Méthode discursive. Intelligence discursive.*

discussion [diskysjɔ̃] n. f. **1.** Action de discuter, d'examiner (qqch.), seul ou avec d'autres. ⇒ **examen.** *La discussion d'un projet de loi, du budget à l'Assemblée nationale.* **2.** Le fait de discuter (une décision), de s'y opposer par des arguments. *Obéissez, et pas de discussion !* **3.** Échange d'arguments, de vues contradictoires. ⇒ **débat, échange** de vues. *Il y a eu une longue discussion au sujet de l'augmentation des salaires. Prendre part à la discussion. Toute discussion avec toi est impossible.* **4.** Vive contestation. ⇒ **altercation, chicane, dispute, querelle.** *Ils ont eu ensemble une violente discussion.*

discuter [diskyte] v. ▪ conjug. 1. **1.** V. tr. Examiner (qqch.) par un débat, en étudiant le pour et le contre. ⇒ **débattre ; critiquer.** *Discuter un point litigieux.* **2.** Mettre en question, considérer comme peu certain, peu fondé. *Discuter l'existence, la vérité de qqch.* ⇒ **contester.** *Une autorité que personne ne discute.* **3.** Spécialt. Opposer des arguments à (une décision), refuser d'exécuter. *Vous n'avez pas à discuter mes ordres.* **4.** V. intr. Parler avec d'autres en échangeant des idées, des arguments sur un sujet. *Discuter sur un point avec qqn. Nous avons discuté (de) politique.* — Transitivement. Fam. *Discuter le coup.* ⇒ **bavarder, placoter. 5.** SE DISCUTER v. pron. (Suj. chose) *La chose se discute. Cela peut se discuter,* être mis en question. ▶ ***discutable*** adj. **1.** Qu'on peut discuter, dont la valeur n'est pas certaine. ⇒ **contestable.** *Affirmation discutable. C'est fort discutable.* / contr. **indiscutable** / **2.** Plutôt mauvais. ⇒ **douteux.** *C'est d'un goût discutable.* ▶ ***discuté, ée*** adj. ▪ Qui soulève des discussions, qui ne fait pas l'unanimité. ⇒ **controversé, critiqué.** / contr. **incontesté** / *Théorie discutée. Un homme très discuté,* dont la valeur est mise en cause. ⟨ ▶ discussion, indiscutable ⟩

disert, erte [dizɛʀ, ɛʀt] adj. ▪ Littér. Qui parle avec facilité et élégance. ⇒ **éloquent.** *Un orateur disert. Elle a été assez diserte sur ce sujet.*

disette [dizɛt] n. f. ▪ Manque de vivres. ⇒ **famine, pénurie.** *Année de disette.* / contr. **abondance** /

diseur, euse [dizœʀ, øz] n. **1.** Dans des loc. Personne qui dit. *Diseur de bons mots,* qui dit des bons mots en toute occasion. — *Diseuse de bonne aventure,* femme qui prédit l'avenir. ⇒ **voyante. 2.** N. f. Vieilli. Chanteuse qui interprète des chansons à caractère poétique, sur un ton souvent déclamatoire. *Une diseuse québécoise.*

disgrâce [dizgʀɑs] n. f. **1.** Perte des bonnes grâces, de la faveur d'une personne dont on dépend. ⇒ **défaveur.** *La disgrâce d'un haut fonctionnaire, d'un ministre. Tomber, être en disgrâce. Subir sa disgrâce avec résignation.* **2.** Vx. Événement malheureux. ⇒ **infortune, malheur.** *Pour comble de disgrâce.* ▶ ***disgracié, iée*** adj. et n. **1.** Qui n'est plus en faveur, est tombé en disgrâce. *Un ministre disgracié.* **2.** Peu favorisé, mal partagé. ⇒ **défavorisé.** *Être disgracié (de la nature, par la nature),* laid, malade ou infirme. ▶ ***disgracier*** v. tr. ▪ conjug. 7. ▪ Priver (qqn) de la faveur qu'on lui accordait. *Les rois absolus pouvaient disgracier leurs ministres.* — *Être disgracié,* en disgrâce.

disgracieux, euse [disgʀasjø, øz] adj. ▪ Qui n'a aucune grâce, n'est pas conforme à l'étiquette, au savoir-vivre. *Maintien, geste disgracieux.* ⇒ **inélégant.** *Un visage disgracieux.*

disjoindre [dizʒwɛ̃dʀ] v. tr. ▪ conjug. 49. **1.** Écarter les unes des autres (des parties jointes entre elles). ⇒ **désunir, séparer.** *Disjoindre les planches d'une table.* — Pronominalement. *Les planches commencent à se disjoindre.* **2.** Abstrait. Séparer. *Disjoindre deux questions, deux accusations,* les traiter comme distinctes. ⇒ **isoler.** / contr. **joindre ; rapprocher** / ▶ ***disjoint, ointe*** adj. **1.** Qui n'est plus joint. *Planches disjointes.* **2.** Abstrait. Séparé. *Questions disjointes,* qui n'ont rien à voir ensemble. ⇒ **différent, distinct.** / contr. **conjoint, lié** / ⟨ ▶ disjoncteur, disjonction ⟩

disjoncteur [dizʒɔ̃ktœʀ] n. m. ▪ Interrupteur automatique de courant électrique. ⇒ **coupe-circuit.** *Le disjoncteur vient de sauter.*

disjonction [dizʒɔ̃ksjɔ̃] n. f. ▪ Action de disjoindre (deux questions, des idées) ; son résultat. ⇒ **séparation.** *La disjonction de deux questions.* / contr. **conjonction** /

disloquer [dislɔke] v. tr. ▪ conjug. 1. **1.** Déplacer violemment (les parties d'une articulation). ⇒ **démettre, désarticuler.** *Le coup, l'accident lui a disloqué l'épaule. Elle s'est disloqué une articulation.* **2.** Séparer violemment, sortir de leur place normale (les parties d'un ensemble), séparer les éléments de. *Disloquer les rouages d'une machine. Disloquer une machine.* ⇒ **briser, casser, démolir.** — Pronominalement. *Cortège qui se disloque.* ⇒ se **disperser,** se **séparer.** Au passif et p. p. adj. (ÊTRE) DISLOQUÉ(E). *La chaise est disloquée. Une voiture toute disloquée.* ⇒ **déglingué.** ▶ ***dislocation*** n. f. **1.** (Articulations) Le fait de se disloquer. *La dislocation d'un membre.* ⇒ **déboîtement, déplacement. 2.** Séparation violente. — *La dislocation d'un empire.* ⇒ **démembrement. 3.** (Personnes en groupe) Action de se séparer. *La dislocation du cortège s'opéra au rond-point.* ⇒ **dispersion.**

disparaître [dispaʀɛtʀ] v. intr. ▪ conjug. 57. **I.** Ne plus être vu ou visible. **1.** Cesser de paraître, d'être visible. ⇒ s'en **aller,** s'**évanouir.** *Le soleil disparaît derrière un nuage. Elle a disparu dans la foule. Le village disparut au tournant de la route. Nous regardions le bateau s'éloigner jusqu'au moment où il disparut à nos yeux.* **2.** S'en aller. ⇒ **fuir, partir.** *Ils ont disparu sans laisser de traces.* ⇒ **disparu.** — Partir à la dérobée. ⇒ s'**éclipser,** s'**esquiver.** — (En parlant d'objets qu'on ne peut retrouver) *Mes gants ont disparu,* je les ai perdus. **3.** FAIRE DISPARAÎTRE *qqn, qqch.* : le soustraire à la vue ; enlever, cacher. *Faire disparaître un document compromettant.* **II. 1.** Cesser d'être, d'exister. *Le grand écrivain qui vient de disparaître,* de mourir. *Le brouillard a disparu vers dix heures.* ⇒ se **dissiper.** *La rougeur de son visage commence à disparaître.* ⇒ s'**effacer. 2.** Abstrait. *Ses craintes, ses soucis ont disparu en un clin d'œil.* ⇒ s'**évanouir.** *Cette coutume commence à disparaître.* ⇒ se **perdre. 3.** FAIRE DISPARAÎTRE *qqch.* ⇒ **détruire, effacer.** *Le temps a fait disparaître cette inscription. Médicament qui fait disparaître la fièvre.* ⇒ **chasser.** ▶ ***disparition*** [dispaʀisjɔ̃] n. f. **1.** Le fait de n'être plus visible. *La disparition du soleil à l'horizon.* / contr. **apparition, émergence, réapparition** / **2.** Action de partir d'un lieu, de ne plus se manifester ⇒ **départ ;** surtout, absence inexplicable. *La disparition de l'enfant remonte à huit jours. Constater la disparition d'une grosse somme d'argent.* **3.** Action de disparaître en cessant d'exister. ⇒ **mort, ; extinction, fin.** *La disparition d'une espèce animale, végétale. La disparition d'une civilisation.* ▶ ***disparu, ue*** adj. et n. **1.** Qui a cessé d'être visible. *Chercher à l'horizon un navire disparu.* **2.** Qui a cessé d'exister. *Retrouver les traces d'une civilisation disparue. Les dinosaures sont des animaux disparus.* **3.** (Personnes) Qu'on ne retrouve pas ; considéré comme perdu, mort. *Marin disparu en mer.* — N. *La catastrophe minière a fait deux morts et trois disparus.* — *Être porté disparu,* considéré comme mort. *Un soldat porté disparu.* **4.** N. Littér. Mort, défunt. *Notre chère disparue.*

disparate [dispaʀat] adj. **1.** Qui n'est pas en accord, en harmonie avec ce qui l'entoure ; dont la diversité est choquante. ⇒ **discordant, hétéroclite, hétérogène.** *Des ornements, des vêtements disparates.* **2.** Dont les éléments sont mal accordés. / contr. **assorti** / *Un mobilier disparate.* ▶ ***disparité*** n. f. ■ Absence d'harmonie entre les éléments ; caractère disparate. ⇒ **dissemblance ; disproportion.** *Il y a entre eux une grande disparité d'âge. Les disparités salariales.* / contr. **parité** /

dispendieux, ieuse [dispɑ̃djø, jøz] adj. ■ Qui est cher par rapport aux moyens dont une personne dispose. ⇒ **inabordable.** *Cette maison est trop dispendieuse pour nos moyens.* Qui exige une grande dépense. ⇒ ② **cher, coûter** cher, **coûteux, onéreux.** / contr. anglic. fam. **cheap** / *Il a des goûts dispendieux.*

① ***dispenser*** [dispɑ̃se] v. tr. ▪ conjug. 1. ■ Littér. (Suj. personnes, puissances supérieures) Distribuer avec générosité, abondance. ⇒ **accorder, donner, prodiguer, répandre.** *La providence dispense ses bienfaits. Dispenser des compliments à tout le monde. Dispenser des soins. — Le Soleil dispense sa chaleur à la Terre.* ▶ ***dispensaire*** n. m. ■ Vieilli. Centre médical implanté en milieu défavorisé ou sous-développé, où l'on donne, où l'on *dispense* gratuitement des consultations, des soins. ⇒ **C.L.S.C.** *Se faire soigner dans un dispensaire, au dispensaire.*

② ***dispenser*** v. tr. ▪ conjug. 1. DISPENSER *qqn* DE *qqch.,* DE *faire qqch.* **1.** Autoriser (qqn) à ne pas (remplir une obligation) ; permettre à (qqn) de ne pas faire. *On l'a dispensé d'assister à la réunion. Dispensez-moi de cette corvée. Dispenser qqn d'une taxe.* ⇒ **exonérer.** — (Suj. chose) *Sa réponse nous dispense des démarches prévues, d'envoyer une lettre.* **2.** *Je vous dispense de,* je vous le défends, ceci me déplaît. *Je vous dispense à l'avenir de vos visites. — Dispensez-moi de vos réflexions.* ⇒ **épargner. 3.** SE DISPENSER v. pron. : se permettre de ne pas faire (qqch.). *Se dispenser de travailler. On ne peut pas se dispenser de les aider.* **4.** Au passif et p. p. adj. (ÊTRE) DISPENSÉ, ÉE DE. *Cette élève est dispensée de gymnastique. Être dispensé du cours d'anglais.* ⇒ **exempt.** ▶ ***dispense*** n. f. ■ Autorisation spéciale, donnée par une autorité, de faire ce qui est défendu ou de ne pas faire ce qui est prescrit. *Avoir, obtenir une dispense. Dispense d'âge.* ⇒ **dérogation.** *Dispense du service militaire.* ⇒ **exemption.** *Dispense de droits, d'impôts.* ⇒ **exonération.** ⟨ ▶ indispensable ⟩

disperser [dispɛʀse] v. tr. ▪ conjug. 1. **1.** Jeter, répandre çà et là. ⇒ **disséminer, éparpiller, répandre.** *Disperser au vent les morceaux d'une lettre déchirée.* **2.** Répartir çà et là, en divers endroits, de divers côtés. *Disperser le tir*. Disperser un attroupement, des manifestants.* — Pronominalement. *La foule se dispersa après le spectacle.* — Abstrait. *Disperser ses efforts, ses forces, son attention,* les faire porter sur plusieurs points, ne pas les concentrer. ⇒ fam. s'**écartiller. 3.** Pronominalement. SE DISPERSER : s'occuper à des activités trop diverses. *Il se disperse et ne sera jamais un spécialiste.* **4.** Au passif et p. p. adj. (ÊTRE) DISPERSÉ, ÉE. *Quelques arbres fruitiers étaient dispersés dans le jardin. Une documentation dispersée. Un habitat dispersé.* ⇒ **clairsemé, disséminé.** ▶ ***dispersion*** n. f. **1.** Action de (se) disperser ; état de ce qui est dispersé. *La dispersion d'un peuple* (⇒ **diaspora**). *Donner l'ordre de dispersion à la fin d'une manifestation. La dispersion des élèves à la sortie de l'école. — Dispersion de la lumière,* décomposition d'une lumière formée de radiations de différentes longueurs d'onde. **2.** Abstrait. Péj. Application de l'esprit (qui *se disperse*) à des sujets trop différents. ⇒ **éparpillement.** / contr. **concentration** /

disponible [dispɔnibl] adj. **1.** (Choses) Dont on peut disposer. ⇒ **libre.** *Nous avons deux places disponibles. Appartement disponible.* **2.** (Personnes) *Officier, fonctionnaire disponible,* qui n'est pas en activité, mais demeure à la disposition de l'armée (⇒ **réserviste**), de l'Administration. **3.** (Personnes) Qui n'est lié ou engagé par rien. ⇒ **libre.** *Nous sommes disponibles pour cette affaire. Si vous êtes disponible samedi prochain, venez nous rendre visite.* ▶ ***disponibilité*** n. f. **1.** (Personnes) Situation des fonctionnaires disponibles (2). *Être (mis) en disponibilité,* conserver son emploi, mais ne pas se présenter au travail pour différentes raisons (abolition de poste, manque de travail...). **2.** État de ce qui est disponible (3). *Disponibilité d'esprit.* **3.** Au plur. *Les disponibilités,* les sommes d'actif dont on peut immédiatement disposer (opposé à *immobilisations*). ⇒ **espèces.** ⟨ ▶ indisponibilité, indisponible ⟩

dispos, ose [dispo, oz] adj. ■ Qui est en bonne disposition pour agir. ⇒ en **forme, gaillard.** *Je ne me sens pas très dispos.* Loc. *Être* FRAIS ET DISPOS : reposé, en bonne forme. *Elle est fraîche et dispose.* / contr. **fatigué, indisposé** /

① ***disposer*** [dispoze] v. tr. ▪ conjug. 1. ■ Arranger, placer (plusieurs choses, personnes) dans un certain ordre. *Disposer les assiettes et les verres sur la table en mettant le couvert. Disposer des choses en ligne, en cercle.* — Pronominalement. *Se disposer en rangs, à la file.* ⇒ se **mettre,** se **placer.** ▶ ① ***disposé, ée*** adj. ■ *Objets disposés symétriquement.* ▶ ① ***disposition*** n. f. ■ Action de disposer, de mettre dans un certain ordre ; son résultat. *Une disposition régulière d'objets. La disposition des pièces d'un appartement* ⇒ **distribution**, *des meubles dans une pièce* ⇒ **arrangement**.

② ***disposer*** v. tr. ind. et intr. ▪ conjug. 1. **I. 1.** DISPOSER *qqn* À *qqch.,* À *faire qqch.* : préparer psychologiquement (qqn à qqch.). *Disposer qqn à une mauvaise nouvelle.* — Engager (qqn à faire qqch.). ⇒ **inciter.** *Nous l'avons disposé à vous recevoir.* **2.** SE DISPOSER (À) v. pron. : se mettre en état, en mesure de ; être sur le point de. *Je me disposais à partir quand il est arrivé.* ⇒ se **préparer. II.** V. tr. indir. DISPOSER DE. **1.** Avoir à sa disposition, avoir la possession, l'usage de. ⇒ **avoir.** *Elle dispose d'une voiture. Nous ne disposons pas de la câblodistribution. Vous pouvez en disposer, je n'en ai plus besoin.* ⇒ **prendre.** *Je ne dispose que de quelques minutes. Les renseignements dont nous disposons.* **2.** *Disposer de qqn,* l'employer, le traiter comme on le veut. *Je suis à votre service, disposez de moi. Le droit des peuples à disposer d'eux-mêmes.* **3.** Sans compl. *Disposer,* disposer de soi (dans la construction *pouvoir disposer*). *Vous pouvez disposer,* vous pouvez vous en aller (c'est un supérieur qui parle) (→ Je ne vous retiens* pas). **III.** V. intr. Décider ; organiser de manière obligatoire. PROV. *L'homme propose, Dieu dispose.* ▶ ② ***disposé, ée*** adj. **1.** *Être disposé à,* être préparé à, avoir l'intention de. ⇒ **prêt** à. *Nous sommes tout disposés à vous rendre service.* **2.** *Être bien, mal disposé envers qqn,* lui vouloir du bien, du mal. ▶ ② ***disposition*** n. f. **I. 1.** DISPOSITION À : tendance à. *Une disposition à attraper des rhumes.* ⇒ **prédisposition.** — Aptitude à faire qqch. (en bien ou en mal). ⇒ **aptitude, don, inclination, penchant, prédisposition, talent, tendance, vocation.** *Avoir des dispositions pour l'étude.* **2.** (Correspond à *se disposer à, être disposé à*) Au plur. Intentions (envers qqn). *Être dans de bonnes dispositions à l'égard de qqn.* **II.** Le fait de pouvoir se servir de qqch., dans À... DISPOSITION. *Elle a mis sa voiture à notre disposition. Je suis à votre entière disposition pour vous faire visiter la ville. Les moyens, le personnel mis à votre disposition.* **III. 1.** Au plur. Moyens, précautions par lesquels on se prépare à qqch. ⇒ **mesure.** *Prendre ses dispositions pour partir en voyage. J'ai pris toutes les dispositions nécessaires.*

⇒ **précaution. 2.** Clause d'un acte juridique (contrat, testament, donation) *Dispositions entre vifs*.* **3.** Point fixé, réglé par une loi, un arrêté, un jugement... *Les dispositions que renferme cet article. Le testament contenait une disposition particulière.* ‹ ▶ dispositif, indisposer, prédisposer ›

dispositif [dispozitif] n. m. **1.** Manière dont sont disposés les pièces, les organes d'un appareil ; mécanisme. *Dispositif de sûreté. Dispositif de commande.* **2.** Ensemble de moyens militaires disposés conformément à un plan. *Un dispositif d'attaque, de défense.*

disproportion [dispʀɔpɔʀsjɔ̃] n. f. ■ Défaut de proportion, trop grande différence (entre deux ou plusieurs choses). ⇒ **disparité, inégalité.** *La disproportion d'âge, de fortune entre deux personnes. La disproportion de la peine et de la punition. La disproportion d'une chose avec une autre, entre une chose et une autre. La disproportion d'une punition avec la faute.* ▶ ***disproportionné, ée*** adj. ■ Qui manque de proportion. ⇒ **inégal.** *Récompense disproportionnée au mérite. Réaction disproportionnée.* ⇒ **exagéré, excessif.** *Une tête disproportionnée,* trop grosse ou trop petite par rapport au corps.

① ***disputer*** [dispyte] v. tr. ▪ conjug. 1. **1.** Fam. Réprimander (qqn). *Disputer qqn.* ⇒ **attraper, chicaner, gronder.** *Elle s'est fait disputer par sa mère.* **2.** V. pron. SE DISPUTER : avoir une querelle, un échange violent de paroles. ⇒ se **chamailler,** se **chicaner,** se **quereller.** *Se disputer avec un collègue.* — (Récipr.) *Ils n'arrêtent pas de se disputer.* ⇒ s'**obstiner.** ▶ ***dispute*** n. f. ■ Échange violent de paroles (arguments, reproches, insultes) entre personnes qui s'opposent. ⇒ **altercation, chicane, discussion, obstination, querelle.** *Une dispute d'amoureux. Dispute qui s'élève, éclate entre plusieurs personnes. Sujet de dispute.*

② ***disputer*** v. ▪ conjug. 1. V. tr. **1.** Lutter pour la possession ou la conservation d'une chose à laquelle un autre prétend. *Disputer un poste, la victoire à des rivaux.* — Pronominalement. *Animaux qui se disputent une proie.* — *Disputer le terrain,* le défendre avec acharnement. **2.** *Disputer un match, un combat, un concours,* le faire en vue de remporter la victoire, le succès. — Pronominalement (passif). *Le match s'est disputé hier à Boston.* — Au p.p.adj. *Une course chaudement disputée.*

disquaire n. ⇒ **disque.**

disqualifier [diskalifje] v. tr. ▪ conjug. 7. **1.** Exclure d'une épreuve, en raison d'une infraction au règlement. *Disqualifier un boxeur pour coup bas.* — Au passif et p. p. adj. *Elle fut disqualifiée. Un cheval disqualifié.* **2.** SE DISQUALIFIER v. pron. : perdre le droit à une position en faisant preuve d'indignité, d'incapacité. *Il s'est disqualifié en tenant de pareils propos.* ▶ ***disqualification*** n. f. ■ *La disqualification d'un concurrent.*

disque [disk] n. m. **1.** Plaque circulaire de matière dure que les athlètes lancent en pivotant sur eux-mêmes. *Lancer le disque.* — Hockey. Rondelle. ⇒ **caoutchouc ;** anglic. **puck.** *Le disque a pénétré dans le but.* **2.** Surface visible (de certains grands astres). *Le disque du Soleil, de la Lune.* **3.** Objet de forme ronde et plate (cercle, cylindre de peu de hauteur). — *Disque d'embrayage,* qui met en rapport le volant du moteur et l'arbre d'embrayage. **4.** Plaque circulaire sur laquelle sont enregistrés des sons en minces sillons spiralés. anglic. ② **record.** *Disque microsillon de longue durée (un disque 33 tours, 45 tours,* ou *un 33, 45 tours). Disque noir,* ce disque (opposé à *disque compact, audionumérique** ; à *disque laser*). *Mettre un disque,* le faire jouer. *Présentatrice de disques.* ⇒ anglic. **disc-jockey.** — Loc. fam. *Changer de disque,* parler d'autre chose. **5.** Cartilage élastique situé entre deux vertèbres. *Il s'est déplacé un disque.* **6.** Informatique. Support d'information. *Bandes et disques magnétiques. Disque souple.* ⇒ **disquette.** *Disque dur* ou *rigide,* qui possède une grande capacité de stockage. — *Disque vidéo (vidéodisque).* — *Disque optique compact.* ⇒ **D.O.C.** ▶ ***disquaire*** n. ■ Marchand(e) de disques (4). *Un, une disquaire.* ▶ ***disquette*** n. f. ■ Petit disque (6) souple pour la mise en mémoire de données. ‹ ▶ discal, disc-jockey, disco, discographie, discophile, discothèque, endisquer, tourne-disque, vidéodisque ›

dissection [disɛksjɔ̃] n. f. ■ Action de disséquer un corps organisé. ⇒ **autopsie.** *La dissection d'un cobaye, d'une grenouille.*

dissemblable [disɑ̃blabl] adj. ■ Se dit de deux ou plusieurs personnes ou choses qui ne sont pas semblables, bien qu'ayant entre elles des caractères communs. ⇒ **différent, disparate.** / contr. **pareil, semblable** / *Ils sont trop dissemblables pour s'entendre.* ▶ ***dissemblance*** n. f. ■ Manque de ressemblance entre des êtres, des choses. ⇒ **différence, disparité.** *La tortue et le serpent appartiennent à la classe des reptiles malgré leurs dissemblances.*

disséminer [disemine] v. tr. ▪ conjug. 1. **1.** Répandre en de nombreux points assez écartés. ⇒ **disperser, éparpiller, semer.** *Le vent dissémine les graines de certains végétaux.* **2.** Disperser. *Disséminer les troupes.* — Pronominalement. *Les hommes se sont disséminés.* — Au p. p. adj. *Informations disséminées.* ▶ ***dissémination*** n. f. **1.** Dispersion (des graines). **2.** Éparpillement, dispersion. *La dissémination des habitants en milieu rural.* — Abstrait. *La dissémination des idées.* ⇒ **diffusion, propagation.**

dissension [disɑ̃sjɔ̃] n. f. ■ Littér. Division profonde de sentiments, d'intérêts, de convictions. ⇒ **désaccord, différend, discorde, dissentiment, divorce.** *Dissensions familiales, civiles. On n'a pas pu mettre fin aux dissensions existantes.* / contr. **concorde, harmonie** /

dissentiment [disɑ̃timɑ̃] n. m. ■ Différence dans la manière de juger, de voir, qui crée des heurts. ⇒ **conflit, désaccord.** *Il y a dissentiment entre nous sur ce point.*

disséquer [diseke] v. tr. ▪ conjug. 6. **1.** Diviser méthodiquement les parties de (une plante, un corps organisé) en vue d'en étudier la structure. ⇒ **autopsier.** *Disséquer le pistil d'une fleur. Disséquer un animal* (⇒ **dissection**). **2.** Analyser minutieusement et méthodiquement. ⇒ **éplucher.** *Disséquer un ouvrage ; un auteur.* ‹ ▶ dissection ›

disserter [disɛʀte] v. intr. ▪ conjug. 1. ■ Faire un développement écrit, ou le plus souvent oral, sur une question, un sujet. ⇒ **discourir, traiter** de. *Disserter sur la politique, de politique.* ▶ ***dissertation*** n. f. **1.** Texte où l'on disserte. ⇒ **discours, traité. 2.** Exercice écrit que doivent rédiger les élèves des classes du secondaire, les cégépiens et les étudiants, sur des sujets littéraires, philosophiques, historiques. *Corriger des dissertations.* — Abrév. fam. *Dissert(e)* [disɛʀt].

dissidence [disidɑ̃s] n. f. ■ Action ou état de ceux qui se séparent d'une communauté religieuse, politique, sociale. ⇒ **révolte, scission, sécession, séparation.** *Entrer, être en dissidence.* — Groupe de dissidents. *Rejoindre la dissidence.* ▶ ***dissident, ente*** adj. ■ Qui est en dissidence, qui fait partie d'une dissidence. *Église, province dissidente.* ⇒ **séparatiste.** — N. Personne qui manifeste son opposition (dans un parti, un pays). *Les dissidents soviétiques. Une députée dissidente.*

dissimuler [disimyle] v. tr. ▪ conjug. 1. **1.** Ne pas laisser paraître (ce qu'on pense, ce qu'on éprouve, ce qu'on sait) ⇒ **cacher, camoufler, taire**, ou chercher à en donner une idée fausse ⇒ **déguiser**. *Dissimuler sa jalousie, sa joie, ses véritables projets.* — *Se dissimuler les dangers d'une entreprise,* refuser de les voir. — (Avec *que* + indicatif) *Je ne vous dissimulerai pas que cette solution ne me convient guère.* **2.** Empêcher de voir (une chose concrète). ⇒ **masquer, voiler.** — (Suj. personne) *Elle dissimule le paquet derrière son dos.* — (Suj. chose) *Une tenture dissimule la porte.* **3.** Ne pas déclarer, par fraude. *Dissimuler une partie de ses bénéfices.* **4.** SE DISSIMULER v. pron. : cacher sa présence ou la rendre très discrète. *Se dissimuler derrière un pilier.* ▶ ***dissimulateur, trice*** adj. et n. ▪ Qui dissimule. *Un caractère dissimulateur.* — N. Personne qui dissimule. *C'est une dissimulatrice.* ⇒ **hypocrite.** ▶ ***dissimulation*** n. f. **1.** Action de dissimuler ; comportement d'une personne qui dissimule. *Agir avec dissimulation.* ⇒ **duplicité, hypocrisie, sournoiserie.** / contr. **franchise** / **2.** Action de dissimuler (de l'argent). *Dissimulation de bénéfices, d'honoraires dans une déclaration de revenus.* ▶ ***dissimulé, ée*** adj. **1.** Caché. *Sentiment dissimulé. Défaut bien dissimulé.* **2.** Qui dissimule. ⇒ **cachottier, dissimulateur, sournois.** *Une personne de tempérament faible et dissimulé.*

dissiper [disipe] v. tr. ▪ conjug. 1. **I. 1.** Faire cesser en dispersant. *Le soleil dissipe les brouillards.* ⇒ **chasser.** — Pronominalement. *La brume se dissipe.* ⇒ **disparaître.** — Abstrait. *Dissiper un trouble, un malaise.* ⇒ **anéantir, supprimer.** *Dissiper un malentendu.* ⇒ **éclaircir.** *Dissiper les craintes, les soupçons, les illusions de qqn.* **2.** Dépenser follement. ⇒ **gaspiller.** *Dissiper son patrimoine, une fortune.* ⇒ **dilapider. II.** SE DISSIPER v. pron. (Suj. personne) : devenir dissipé, ne plus garder sa réserve. *Les élèves se dissipent en fin de journée.* ▶ ***dissipation*** n. f. **I. 1.** Fait de se dissiper (1). *La dissipation de la brume.* **2.** Action de dissiper en dépensant avec prodigalité. ⇒ **dilapidation, gaspillage. II.** Mauvaise conduite d'une personne (surtout, d'un élève) soumise à une discipline collective. ⇒ **indiscipline.** ▶ ***dissipé, ée*** adj. **1.** Qui s'amuse quand il faudrait écouter ou travailler. *Enfant, élève dissipé.* ⇒ **espiègle, turbulent ; dissipation** (II). / contr. **appliqué, sage, studieux** / **2.** Littér. Frivole, déréglé. *Mener une vie dissipée.* ⇒ **dissolu.** / contr. **rangé** /

dissocier [disɔsje] v. tr. ▪ conjug. 7. **1.** Séparer (des éléments qui étaient associés). *Dissocier les molécules d'un corps, dissocier un corps.* ⇒ **désagréger, désintégrer.** — Pronominalement. *Éléments qui se dissocient.* **2.** Abstrait. *Dissocier deux questions.* ⇒ **disjoindre.** / contr. **associer** / ▶ ***dissociable*** adj. ▪ Qui peut être dissocié. / contr. **indissociable** / *Les deux problèmes ne sont pas dissociables.* ▶ ***dissociation*** n. f. ▪ Action de dissocier ; son résultat. *La dissociation d'un composé chimique en ses éléments.* — Séparation. *La dissociation de deux problèmes.* ‹ ▶ indissociable ›

dissolu, ue [disɔly] adj. ▪ *Vie dissolue, mœurs dissolues,* corrompues, débauchées. ⇒ **dépravé, déréglé.** / contr. **rangé** /

dissolution [disɔlysjɔ̃] n. f. **1.** Décomposition (d'un agrégat, d'un organisme) par la séparation des éléments constituants. *Dissolution des matières animales, végétales.* **2.** Action de mettre fin légalement. *Dissolution du mariage,* divorce. *Prononcer la dissolution d'une assemblée.* ⇒ **dissoudre** (2). *La dissolution du Parlement,* le fait de mettre fin au mandat d'une assemblée élue avant terme ou pour en renouveler la composition à l'expiration d'un mandat. **3.** Le fait, pour un corps chimique, de passer à l'état de solution. *Dissolution du sel dans l'eau.* **4.** Liquide résultant de la dissolution. ⇒ **solution.** — Colle au caoutchouc, utilisée pour la réparation des chambres à air. ▶ ***dissolvant, ante*** adj. et n. m. **1.** Qui dissout (1), forme une solution avec un corps. **2.** N. m. Liquide qui dissout (un corps). ⇒ **solvant.** — Produit pour ôter le vernis à ongles. **3.** Qui détruit les principes, les croyances. *Une critique dissolvante.*

dissonance [disɔnɑ̃s] n. f. **1.** Réunion de sons dont la simultanéité ou la succession est désagréable. / contr. **euphonie** / **2.** Intervalle musical ou accord qui appelle une consonance*. **3.** Abstrait. *Dissonance entre les principes et la conduite.* ⇒ **désaccord.** / contr. **harmonie** / ▶ ***dissonant, ante*** adj. ▪ Qui fait dissonance. *Sons dissonants.*

dissoudre [disudʀ] v. tr. ▪ conjug. 51. **1.** Désagréger (un corps solide ou gazeux) au moyen d'un liquide dans lequel ses molécules se dispersent. (⇒ **dissolution, dissolvant**). *On peut dissoudre le sucre dans l'eau ; l'eau dissout le sucre* (→ le sucre est *soluble* dans l'eau). — Pronominalement. *Le savon se dissout dans l'eau. Se dissoudre en. La neige se dissout en eau.* **2.** Mettre légalement fin à (une association). *Dissoudre un parti.* — Au p. p. adj. *Assemblée dissoute. Comité dissous.* ‹ ▶ dissolution ›

dissuader [disɥade] v. tr. ▪ conjug. 1. ▪ DISSUADER *qqn* DE : amener (qqn) à renoncer (à faire qqch.). ⇒ **détourner.** *Elle m'a dissuadé d'accepter.* ▶ ***dissuasif, ive*** [disɥazif, iv] adj. ▪ Propre à dissuader l'ennemi d'attaquer. *Stratégie dissuasive. La menace dissuasive des armes nucléaires.* — *Un argument dissuasif.* ▶ ***dissuasion*** [disɥazjɔ̃] n. f. ▪ Action de dissuader ; son résultat. *Forces de dissuasion,* destinées à dissuader l'adversaire d'attaquer. ⇒ **dissuasif.**

dissyllabique [disi(l)labik] adj. et n. m. ▪ (Mots, vers) Qui est composé de deux syllabes. *Le mot « chemin » est dissyllabique.* / contr. **monosyllabique** / — REM. On dit aussi *c'est un dissyllabe.*

dissymétrie [disimetʀi] n. f. ▪ Défaut de symétrie. ⇒ **asymétrie.** *La dissymétrie d'un visage.* ▶ ***dissymétrique*** adj. ▪ *Façade dissymétrique d'un palais.*

distance [distɑ̃s] n. f. **1.** Longueur, espace linéaire qui sépare une chose d'une autre. ⇒ **écart, éloignement, espace, étendue, intervalle.** *Les oiseaux migrateurs parcourent d'énormes distances. La distance entre deux lieux. Distance de la Terre à la Lune. Distance parcourue par qqn.* ⇒ **chemin, trajet.** — À... DISTANCE. *À grande, à petite distance de... Arbres plantés à égale distance les uns des autres. Influence exercée à distance,* de loin. **2.** Espace qui sépare deux personnes. — Loc. *Prendre ses distances,* s'aligner en étendant le bras horizontalement. — *Tenir qqn à distance respectueuse,* l'empêcher d'approcher. Fig. *Tenir à distance,* tenir à l'écart. *Garder ses distances,* repousser la familiarité en se tenant dans la réserve. **3.** Écart entre deux moments du temps. ⇒ **intervalle.** *Ces deux livres ont été publiés à deux ans de distance.* **4.** Différence notable de rang, de condition, de valeur (séparant des personnes ou des choses). ⇒ **abîme.** *La distance qui nous sépare. La distance entre le désir et la réalité.* ▶ ***distancer*** v. tr. ▪ conjug. 3. ▪ Dépasser (ce qui avance) d'une certaine distance. ⇒ **devancer ;** fam. **semer.** *Le champion les a tous distancés.* — Abstrait. *Se laisser distancer par un concurrent.* ⇒ **surpasser.** ▶ ***distant, ante*** adj. **1.** Qui est à une certaine distance. ⇒ **éloigné, loin.** *Ces deux villes sont distantes (l'une de l'autre) d'environ vingt kilomètres.* **2.** (Personnes) Qui garde ses distances, reste sur la réserve. ⇒ **froid, réservé.** *Il s'est montré distant envers nous.* — *Un air distant.* / contr. **familier** / ‹ ▶ équidistant ›

distendre [distɑ̃dʀ] v. tr. ▪ conjug. 41. **I.** Allonger, étirer en soumettant à une forte tension. *Distendre un* *ressort.* ⇒ **tendre.** **II.** SE DISTENDRE v. pron. **1.** Se tendre, s'étirer. *La peau se distend.* **2.** (Liens) Se relâcher, être moins serré. *Leurs liens d'amitié se sont distendus.*

distiller [distije] v. ▪ conjug. 1. **I.** V. tr. **1.** Laisser couler goutte à goutte. ⇒ **sécréter.** *Le pin distille la résine.* — Fig. *Distiller son venin,* répandre, laisser se répandre des méchancetés. — *Son discours distillait l'ennui.* **2.** Soumettre (qqch.) à la distillation. *Distiller un mélange dans un alambic. Purifier de l'eau en la distillant. Alcool obtenu en distillant des fruits.* — Au p. p. adj. *De l'eau distillée,* absolument pure. **3.** Littér. Fabriquer lentement (une chose précieuse, un suc,...). *L'abeille distille le miel.* **II.** V. intr. Se séparer (d'un mélange) par distillation. *Le carburant diesel commence à distiller vers 230 °C.* ▸ ***distillateur, trice*** [distijatœʀ, tʀis] n. ▪ Personne qui fabrique et vend les produits obtenus par la distillation. — Fabricant d'eau-de-vie. *Un distillateur de cognac, d'armagnac.* ▸ ***distillation*** [distijasjɔ̃] n. f. ▪ Procédé qui consiste à convertir en vapeur un liquide mêlé à un corps non volatil, ou des liquides mêlés, puis à le (les) condenser afin de les séparer. *Distillation des fruits, des grains pour obtenir de l'eau-de-vie. La distillation des plantes aromatiques. La distillation fractionnée des produits pétroliers.* ▸ ***distillerie*** [distijʀi] n. f. ▪ Lieu où l'on fabrique les produits de la distillation. *Des distilleries de gin. Les alambics d'une distillerie.*

distinct, incte [distɛ̃, ɛ̃kt] adj. **1.** Qui ne se confond pas avec qqch. d'analogue, de voisin. ⇒ **différent, indépendant, séparé.** *Problèmes, domaines distincts. La tête du serpent n'est pas toujours distincte du tronc.* **2.** Qui se perçoit nettement. *Parler d'une voix distincte.* ⇒ **clair, net.** / contr. **confus** / ▸ ***distinctement*** [distɛ̃ktəmɑ̃] adv. ▪ *Voir, entendre distinctement.* ⇒ **clairement, nettement.** *Parler distinctement,* en articulant bien. ‹ ▸ indistinct ›

distinctif, ive [distɛ̃ktif, iv] adj. ▪ Qui permet de distinguer. ⇒ **caractéristique, typique.** *Les caractères distinctifs d'une espèce. Attribut, signe, trait distinctif.* ▸ ***distinction*** [distɛ̃ksjɔ̃] n. f. **1.** Action de distinguer, de reconnaître pour autre, différent. ⇒ **différenciation, discrimination, répartition, séparation.** *Faire la distinction entre deux choses.* ⇒ **départ.** — SANS DISTINCTION. *Recevoir tout le monde sans distinction.* ⇒ **indistinctement.** *Sans distinction d'âge. Sans distinction de race, de religion.* **2.** Le fait d'être distinct, séparé. *Les distinctions sociales.* **3.** Supériorité qui place au-dessus du commun. *La distinction de sa naissance.* ⇒ **noblesse.** **4.** *(Une, des distinctions)* Marque d'estime, honneur qui récompense le mérite. ⇒ **décoration, dignité.** *Obtenir une haute distinction.* **5.** *(La distinction)* Élégance, délicatesse et réserve dans la tenue et les manières. *Avoir de la distinction.* ⇒ ① **classe, distingué.** / contr. **vulgarité** /

distingué, ée [distɛ̃ge] adj. **1.** Littér. Remarquable par son rang, son mérite. ⇒ **éminent, supérieur.** *C'est l'un des peintres les plus distingués du siècle.* **2.** Politesse. *Recevez l'assurance de mes sentiments distingués.* **3.** Qui a de la distinction (5). *Votre amie est très distinguée. Air distingué.* ⇒ **éduquer.** / contr. **quétaine ; vulgaire** /

distinguer [distɛ̃ge] v. tr. ▪ conjug. 1. **I.** **1.** (Le suj. désigne une différence, un trait caractéristique) Permettre de reconnaître (une personne ou une chose d'une autre). ⇒ **différencier.** *La raison, le langage distingue l'humain des animaux.* **2.** Reconnaître (une personne ou une chose) pour distincte (d'une autre). ⇒ **différencier, isoler, séparer.** / contr. **confondre** / *On ne peut distinguer ces jumeaux l'un de l'autre. Distinguer le vrai du faux.* ⇒ **démêler, discerner.** *Distinguer les divers sens d'un mot.* **3.** Mettre (qqn) à part des autres, en le remarquant comme supérieur. *Je l'ai tout de suite distingué.* ⇒ **remarquer.** **4.** Percevoir d'une manière distincte, sans confusion. *On commence à distinguer les montagnes.* ⇒ **discerner.** *Le brouillard est si épais qu'on peut à peine distinguer sa main devant soi.* ⇒ **voir.** *On distingua le bruit d'une voiture qui ralentissait.* ⇒ **entendre.** *Distinguer qqn au milieu d'une foule.* ⇒ **identifier, remarquer, repérer.** *Une douceur où l'on distingue de l'amertume.* **II.** SE DISTINGUER v. pron. **1.** Être ou se rendre distinct, différent de. ⇒ **différer.** *Ces espèces se distinguent par leur couleur.* **2.** S'élever au-dessus des autres, se faire remarquer. ⇒ s'**illustrer,** se **signaler.** *Elle se distingue par son talent. Il se distingue de son frère par son courage. Il se distingua pendant la guerre. Quel bon gâteau ! La cuisinière s'est distinguée.* ‹ ▸ distinctif, distinction, distingué ›

distique [distik] n. m. ▪ Groupe de deux vers renfermant un énoncé complet.

distorsion [distɔʀsjɔ̃] n. f. **1.** État d'une partie du corps qui se tourne d'un seul côté. **2.** Déformation de l'image d'un objet, du son (dans un appareil sonore). **3.** Déséquilibre (entre plusieurs facteurs), entraînant une tension. *Distorsion entre l'offre et la demande d'un produit. Distorsion entre le but et les moyens.*

distraire [distʀɛʀ] v. tr. ▪ conjug. 50. **1.** Détourner (qqn) de l'objet auquel il s'applique, de ce dont il est occupé. *Distraire qqn de ses travaux, de ses occupations. Ne le distrayez pas de son travail.* ⇒ **déranger.** *Ne vous laissez pas distraire. Il faut le distraire de ses ennuis, de son chagrin.* **2.** Faire passer le temps agréablement. ⇒ **amuser, désennuyer, divertir, égayer ; distraction** (2). *Comment distraire nos hôtes ?* / contr. **ennuyer** / — Pronominalement. *Elle a besoin de se distraire.* ⇒ s'**amuser,** se **détendre.** ▸ ***distraction*** [distʀaksjɔ̃] n. f. **1.** Manque d'attention habituel ou momentané aux choses dont on devrait normalement s'occuper, l'esprit étant absorbé par un autre objet. ⇒ **inattention ; distrait.** *Son travail se ressent de sa distraction.* — UNE DISTRACTION : action qui procède de la distraction. *Avoir des distractions.* ⇒ **absence.** *Les distractions des savants.* ⇒ **étourderie.** *Il a mis du sel dans son café par distraction.* **2.** Diversion apportée par une occupation propre à délasser l'esprit. ⇒ **désennui.** *Il faut à cette enfant un peu de distraction.* ⇒ **détente.** — UNE DISTRACTION : occupation qui apporte la distraction. ⇒ **divertissement.** *Le jeu, la promenade sont ses distractions quotidiennes.* ▸ ***distrait, aite*** adj. **1.** Absorbé par autre chose. *Il m'a paru distrait.* ⇒ **absent.** *Écouter d'une oreille distraite.* **2.** Qui est ordinairement occupé d'autre chose que de ce qu'il fait, ou de ce qu'on lui dit. *Il est si distrait qu'il ne sait jamais où il a mis ses affaires.* ⇒ **étourdi,** dans la **lune.** / contr. **attentif** / ▸ ***distraitement*** adv. ▪ De façon distraite. *Dans la salle d'attente, je feuilletais distraitement une revue.* ▸ ***distrayant, ante*** [distʀɛjɑ̃, ɑ̃t] adj. ▪ Avec quoi l'on peut se distraire, se détendre l'esprit. ⇒ **amusant, délassant, divertissant.** *Film distrayant.* / contr. **ennuyeux** /

distribuer [distʀibɥe] v. tr. ▪ conjug. 1. **1.** Donner à plusieurs personnes prises séparément (une partie d'une chose ou d'un ensemble de choses). ⇒ **donner, partager, répartir.** *Distribuer des uniformes aux soldats. Distribuer des tracts. Distribuer son travail, du travail à chacun.* **2.** Donner un grand nombre, au hasard. ⇒ **dispenser, prodiguer.** *Distribuer des saluts, des sourires, des coups.* **3.** (Suj. chose) Répartir dans plusieurs endroits. ⇒ **amener, conduire.** *Les conduites qui distribuent l'eau dans une ville.* **4.** Répartir (plusieurs choses) d'une manière particulière, selon un certain ordre. ⇒ **ordonner, organiser.** *Distribuer un film* (aux exploitants), en assurer la distribution

(⇒ **distributeur**). *Distribuer des tâches. Distribuer des rôles à des acteurs.* — Au p. p. adj. *Appartement bien distribué,* où la disposition des pièces est rationnelle, agréable. ▶ ***distributeur, trice*** n. et adj. **1.** Personne qui distribue. *Distributeur de films,* personne dont le métier est de distribuer les copies des films aux cinémas. **2.** Appareil servant à distribuer. — Automobiles. Mécanisme qui répartit entre les cylindres les étincelles fournies par l'allumage. — Appareil qui distribue qqch. au public. *Distributeur d'essence.* ⇒ **pompe.** *Distributeur* ou *distributrice (automatique),* appareil public qui distribue des objets en échange d'une ou plusieurs pièces de monnaie glissées dans une fente. *Une distributrice de cigarettes.* — Adj. *Une machine distributrice. Appareil distributeur de billets de banque.* ⇒ **billetterie, guichet** automatique. **3.** Personne qui distribue (qqch.). *Un distributeur, une distributrice de tracts à la sortie du métro.* ▶ ***distribution*** n. f. **1.** Répartition à des personnes. *Distribution de prix. Distribution du courrier par le facteur. La distribution de vivres aux populations sinistrées.* **2.** *La distribution d'une pièce, d'un film,* l'ensemble des acteurs qui l'interprètent. *Une bonne distribution.* **3.** Répartition à des endroits différents. *Distribution des eaux,* ensemble des moyens permettant d'approvisionner une ville en eau potable (⇒ **aqueduc**). **4.** Arrangement (de choses) selon un certain ordre. *La distribution des chapitres dans un livre.* ⇒ **ordonnance, ordre. 5.** Spécialt (logement). Division en pièces distinctes et différentes. ⇒ **agencement.** *La distribution de cet appartement est peu pratique.* ▶ ***distributif, ive*** adj. **1.** Droit. *Justice distributive,* qui donne à chacun la part qui lui revient ; fig., fam. qui sanctionne ou récompense de façon équitable. **2.** Grammaire. Qui sert à désigner en particulier (opposé à *collectif*). *« Chaque » est un adjectif distributif.* **3.** Mathématiques. *La multiplication est distributive par rapport à l'addition :* $a \times (b + c) = (a \times b) + (a \times c)$. ‹ ▶ câblodistribution, redistribuer, télédistribution ›

district [distʀikt] n. m. ■ Division administrative d'un territoire. *Ce territoire est divisé en plusieurs districts. Le district judiciaire de Québec. Certains pays fédéraux ont un district fédéral. Le district de Columbia, aux États-Unis.*

dit, dite [di, dit] adj. **1.** Surnommé. *Louis XV, dit le Bien-Aimé.* **2.** Joint à l'article défini (LEDIT, LADITE, etc.) il sert à désigner, en droit, ce dont on vient de parler. *Ledit acheteur. Ladite maison. Lesdits plaignants.* **3.** Loc. *Proprement dit.* ⇒ ① **proprement.**

dithyrambe [ditiʀɑ̃b] n. m. ■ Littér. Éloge enthousiaste, emphatique. ⇒ **panégyrique.** ▶ ***dithyrambique*** adj. ■ *Elle a parlé de vous en termes dithyrambiques.*

diurétique [djyʀetik] adj. et n. m. ■ Qui augmente l'excrétion d'urine, qui fait uriner. — N. m. *Le fenouil est un diurétique.*

diurne [djyʀn] adj. ■ Qui se montre le jour. *Rapaces, papillons diurnes. Fleur diurne,* qui s'ouvre le jour et se ferme pendant la nuit. — Qui a lieu le jour. *Températures diurnes. Les activités diurnes.* / contr. **nocturne** /

diva [diva] n. f. ■ Cantatrice de grande réputation. *Des divas.* — Grande vedette. *Une diva de la mode.*

divaguer [divage] v. intr. ▪ conjug. 1. ■ Dire n'importe quoi, ne pas raisonner correctement. ⇒ **déraisonner ;** fam. ② **débloquer, dérailler.** *Qu'est-ce que tu dis ? Tu divagues complètement. — La fièvre le faisait divaguer.* ⇒ **délirer ;** fam. **déparler.** ▶ ***divagation*** n. f. ■ Le fait de déraisonner. *Les divagations d'un malade.* ⇒ **délire.**

divan [divɑ̃] n. m. **1.** Long siège à dossier et à bras où plusieurs personnes peuvent s'asseoir ensemble. ⇒ **canapé, fauteuil, sofa.** *Elle lit sur le divan.* **2.** (Surtout en France) Long siège sans dossier ni bras qui peut servir de lit (le *canapé* a un dossier). *Il couche sur un divan.* ▶ ***divan-lit*** n. m. ■ Divan qui se transforme en lit. *Des divans-lits.*

divergence [divɛʀʒɑ̃s] n. f. **1.** État de ce qui diverge, de ce qui va en s'écartant. ⇒ **dispersion.** / contr. **convergence** / *La divergence de deux droites.* ⇒ **écartement. 2.** Grande différence. *Divergence d'idées, d'opinions, de vues.* ⇒ **désaccord, différence.** / contr. **accord** / ▶ ***divergent, ente*** adj. **1.** Qui diverge, qui va en s'écartant. *Rayons divergents. Droites divergentes.* / contr. **convergent** / **2.** Qui ne s'accorde pas. ⇒ **différent.** *Idées, opinions divergentes.* / contr. **concordant** / ≠ *divergeant* (part. prés. de *diverger*). ▶ ***diverger*** v. intr. ▪ conjug. 3. **1.** Aller en s'écartant de plus en plus (en parlant d'éléments rapprochés à leur point de départ). *Les côtés d'un angle divergent. Ici, les deux routes divergent.* / contr. **converger** / — Abstrait. S'écarter de plus en plus (d'une origine commune, d'un type commun). *Ces deux partis, les politiques de ces deux pays ont divergé.* **2.** Être en désaccord. ⇒ s'**opposer.** *Leurs interprétations divergent sur ce point.*

divers, erse [divɛʀ, ɛʀs] adj. **1.** Littér. Au sing. Changeant ou varié. *C'est un esprit, un talent très divers.* ⇒ **varié. 2.** Au plur. Qui présentent des différences intrinsèques et qualitatives (en parlant de choses que l'on compare). ⇒ **différent, dissemblable, varié.** *Les peuples divers du pourtour de la Méditerranée. Les divers sens d'un mot. Parler sur les sujets les plus divers.* — *Frais divers,* qui ne sont pas classés dans une rubrique précise. **3.** FAITS DIVERS : rubrique sous laquelle on groupe les incidents du jour (accidents, crimes, etc.). — Au sing. *Un fait divers.* **4.** Au plur. (Devant un substantif) Adj. indéfini. ⇒ **plusieurs, quelques.** *Diverses personnes m'en ont parlé. En diverses occasions. Je l'ai rencontré à diverses reprises.* ▶ ***diversement*** adv. ■ D'une manière diverse, de plusieurs manières différentes. ⇒ **différemment.** *Un fait diversement interprété par les commentateurs. Elles ont réagi diversement à sa proposition.* ▶ ***diversifier*** v. tr. ▪ conjug. 7. ■ Rendre divers. ⇒ **varier.** *Il faut diversifier l'enseignement.* — Pronominalement. *Les sciences se sont peu à peu diversifiées.* ▶ ***diversité*** n. f. ■ Caractère, état de ce qui est divers (1, 2). ⇒ **variété.** *La diversité de la vie. La diversité des goûts, des opinions.* / contr. **monotonie, uniformité** /

diversion [divɛʀsjɔ̃] n. f. ■ Littér. Action qui détourne qqn de ce qui le préoccupe, le chagrine, l'ennuie. ⇒ **dérivatif.** *Un travail régulier sera une diversion à son ennui. — Faire diversion à,* détourner, distraire de. *L'arrivée du nouveau professeur fit diversion.*

divertir [divɛʀtiʀ] v. tr. ▪ conjug. 2. ■ Distraire en délassant. ⇒ **amuser, égayer.** / contr. **ennuyer ;** fam. **emmerder** / *Le spectacle nous a bien divertis. Il faut instruire en divertissant.* — SE DIVERTIR v. pron. : se distraire, se récréer. *Vous devriez vous divertir un peu. Se divertir à jouer aux échecs.* ▶ ***divertissant, ante*** adj. ■ ⇒ **distrayant, drôle, réjouissant.** *Spectacle divertissant.* / contr. **ennuyeux** / ▶ ***divertissement*** n. m. ■ Action de divertir ; moyen de se divertir. ⇒ **amusement, délassement, distraction, passe-temps, plaisir.** *Elle se livre à ce travail pour son divertissement personnel. La chasse, la pêche sont ses divertissements favoris.*

dividende [dividɑ̃d] n. m. **1.** Nombre à diviser par un autre (appelé *diviseur*). **2.** Part des bénéfices versée périodiquement (à des actionnaires, des cotisants, des associés). *Toucher des dividendes.*

divin, ine [divɛ̃, in] adj. **1.** Qui appartient à Dieu, aux dieux. *Bonté, justice divine* (opposé à *humain*). *La divine providence. Droit divin,* considéré comme révélé par Dieu aux humains. *Une monarchie de droit divin. Le divin enfant* [lədivinɑ̃fɑ̃], l'enfant Jésus. **2.** Qui est dû à Dieu, à un dieu. *Le culte divin.* **3.** Excellent, parfait. ⇒ **céleste, sublime, suprême.** *Une poésie, une musique divine.* — (Personnes, choses) Très agréable. *Il fait un temps divin.* ⇒ **délicieux.** / contr. fam. **dégueulasse** / ▶ ***divinement*** adv. ■ D'une manière divine (3), parfaite. ⇒ **parfaitement, souverainement, suprêmement.** *Elle chante divinement. Il fait divinement beau.* ▶ ***diviniser*** v. tr. ▪ conjug. 1. **1.** Mettre au rang des dieux. ⇒ **déifier.** *Les Romains divinisaient leurs empereurs.* **2.** Donner une valeur sacrée ou une grande valeur à (qqn, qqch.). ⇒ **exalter, glorifier.** *Diviniser l'amour.* ▶ ***divinisation*** n. f. ■ *La divinisation d'un pharaon, d'un héros.* ▶ ***divinité*** n. f. **1.** Nature de Dieu. *La divinité de Jésus-Christ.* **2.** UNE DIVINITÉ : être divin. ⇒ **déesse, dieu.** *Les divinités mythologiques. Les divinités grecques. Les divinités de la terre, de la mer.* **3.** Personne ou chose qu'on adore, que l'on considère comme une puissance surnaturelle.

divination [divinasjɔ̃] n. f. **1.** Art de découvrir ce qui est caché par des moyens qui ne relèvent pas d'une connaissance naturelle. ⇒ **devin ;** suff. **-mancie.** *La divination antique était fondée sur l'interprétation de signes, présages et prodiges* (→ augure, auspice...). *La divination de l'avenir par une voyante.* **2.** Faculté, action de deviner, de prévoir. ⇒ **intuition, prévision, sagacité.** *Comment pouvait-elle être au courant ? C'est de la divination.* ▶ ***divinatoire*** adj. ■ Relatif à la divination. *Art, science divinatoire.* ⇒ **prophétique.**

diviser [divize] v. tr. ▪ conjug. 1. **1.** Séparer (une chose ou un ensemble de choses) en plusieurs parties. ⇒ **fractionner, fragmenter ; morceler, partager.** *Diviser une somme. Diviser un terrain, un domaine.* **2.** DIVISER *qqch.* EN : partager (une quantité) en quantités égales plus petites. *Divisez-le en cinq. Diviser une tarte en plusieurs parts. L'année est divisée en mois.* — *Diviser un ouvrage littéraire en chapitres.* ⇒ **subdiviser.** — DIVISER ENTRE *Il veut diviser sa fortune entre ses enfants.* **3.** DIVISER PAR : chercher, calculer combien de fois une quantité est contenue dans une autre. / contr. **multiplier** / *Diviser un nombre par quatre.* — Au p. p. adj. *Neuf divisé par trois* (9 : 3). **4.** SE DIVISER v. pron. : se séparer ou être séparé en parties. *L'œuf se divise en cellules. Route qui se divise à un carrefour.* ⇒ **bifurquer,** se **ramifier.** *Son discours se divise en trois parties.* **5.** Semer la discorde, la désunion entre (des personnes, des groupes). ⇒ **brouiller, désunir, opposer.** / contr. **rapprocher** / *Oppositions qui divisent les esprits. Leurs opinions les divisent. Une question qui divise le pays. L'affaire Dreyfus divisa la France.* — Au p. p. adj. *Une opinion publique divisée.* — Loc. prov. *Diviser pour régner,* opposer les autres entre eux pour garder le pouvoir, l'influence. ▶ ***diviseur*** n. m. ■ Nombre par lequel on en divise un autre (appelé *dividende*). ▶ ***divisible*** adj. ■ Qui peut être divisé. *Les nombres pairs sont divisibles par deux.* / contr. **indivisible** / ▶ ***divisibilité*** n. f. ■ *Divisibilité d'un nombre. Divisibilité par deux.* / contr. **indivisibilité** / ▶ ***division*** n. f. **1.** Action de diviser ; état de ce qui est divisé (rare en emploi concret). ⇒ **fragmentation, morcellement.** *La division d'une propriété en parts.* ⇒ **partage. 2.** Opération, calcul ayant pour but, connaissant le produit de deux facteurs (⇒ **dividende**) et l'un d'eux (⇒ **diviseur**), de trouver le facteur inconnu (⇒ **quotient**). *Je n'arrive pas à faire cette division. La table des divisions.* **3.** DIVISION DU TRAVAIL : organisation économique consistant dans la décomposition et la répartition des tâches. **4.** Séparation d'un objet de pensée en ses éléments. *La division d'un livre en chapitres. Division en classes.* ⇒ **classification, subdivision. 5.** Le fait de se diviser (en...). *La division d'un cours d'eau en plusieurs bras.* **6.** Trait qui divise. *Tracer des divisions sur un thermomètre.* ⇒ **graduation.** — Petit tiret que l'on place à la fin d'une ligne, après une partie d'un mot, pour indiquer que l'autre partie en est reportée à la ligne suivante. ⇒ **tiret. 7.** Partie d'un tout divisé. *Divisions administratives d'un territoire. Division de recensement. Division d'enregistrement,* établie pour l'inscription des titres fonciers et autres droits réels prévus par la loi. *Les grandes divisions du règne animal. Divisions et subdivisions.* — Réunion de plusieurs services (dans une administration). *Chef de division.* — Regroupement de plusieurs équipes à partir d'éléments communs (situation géographique...). *La division ouest compte sept clubs. Disputer le championnat de division.* (France) *Première, deuxième division,* dans laquelle un club est admis pour disputer un championnat. *Tomber en deuxième division.* **8.** Grande unité militaire réunissant des corps de troupes (régiments) d'armes différentes et des services. *Division blindée. Général de division* (ou, France, DIVISIONNAIRE, *adj. et n. m.)* **9.** Séparation, opposition d'intérêts, de sentiments entre plusieurs personnes. ⇒ **désaccord, rupture.** *Mettre, semer la division dans une famille, dans les esprits.* / contr. **union** / ▶ ***divis, ise*** adj. ■ Partagé, divisé. / contr. **indivis** / *Propriétés divises.* ‹ ▶ indivis, indivisible, subdiviser ›

divorce [divɔʀs] n. m. **1.** Séparation d'intérêts, de sentiments, etc. ⇒ **désaccord, rupture, séparation.** *Il y a divorce entre la théorie et la pratique, entre les intentions et les résultats.* **2.** Rupture légale du mariage civil, du vivant des époux. *Demander le divorce. Elle est, ils sont en instance de divorce. Son divorce d'avec Françoise.* ▶ ***divorcer*** v. intr. ▪ conjug. 3. ■ Se séparer par le divorce (de l'autre époux). / contr. **épouser** / *Elle a divorcé avec (d'avec, de) lui. Ils ont divorcé.* — Sans compl. *Elle a décidé de divorcer.* — Au passif et p. p. adj. *Il est divorcé depuis deux ans.* ▶ ***divorcé, ée*** adj. et n. ■ Séparé par le divorce. *Parents divorcés. — Édouard VIII a épousé une divorcée.*

divulguer [divylge] v. tr. ▪ conjug. 1. ■ Porter à la connaissance du public. ⇒ **dévoiler, ébruiter, proclamer, publier, répandre.** *Divulguer un secret, une nouvelle. Les journaux ont divulgué l'entretien.* / contr. **cacher** / ▶ ***divulgation*** n. f. ■ Action de divulguer (qqch.) ; son résultat. ⇒ **propagation, révélation ;** fam. **coulage.** *Divulgation de secrets d'État.*

dix [dis] adj. invar. et n. m. invar. **1.** Adj. numéral cardinal invariable ([di] devant un nom commençant par une consonne,[diz] devant un nom commençant par une voyelle,[dis] dans les autres cas). Nombre égal à deux fois cinq, à neuf plus un (10). *Dix cents. Les dix doigts des deux mains. Dix mille* (10 000). — *Répéter, recommencer dix fois la même chose,* un grand nombre de fois. — Sans nom. *Ils étaient dix* [dis]. Loc. *Neuf fois sur dix,* presque toujours. **2.** Adj. numéral ordinal invariable. ⇒ **dixième.** *Le roi Charles X* (Charles dix). *Page dix. Il est dix heures.* **3.** N. m. invar. [dis] Le nombre 10. *Dix et dix font vingt. Soixante-dix* (70) ; *quatre-vingt-dix* (90). *Noter sur dix. Dix sur dix.* Fig. *Recevoir qqn dix sur dix au téléphone,* l'entendre clairement, parfaitement. *Le dix,* spécialt, le dixième jour *(le dix du mois),* le numéro dix *(elle habite au dix).* — Carte, dé, domino... marqué de dix signes. *Dix de carreau. Amener un dix.* — Fam. UN, DES DIX : un, des billets de dix dollars. *Un dix américain.* ▶ ***dixième*** [dizjɛm] adj. et n. **1.** Qui succède au neuvième. *Elle habite au dixième (étage). Il a fini (le) dixième.* **2.** N. m. Partie d'un tout divisé également en dix. *Les neuf dixièmes.* ▶ ***dixièmement*** adv. ■ En dixième lieu. ▶ ***dix-huit*** [dizɥit] adj. invar. et n. m. invar. **1.** Adj.

numéral cardinal invar. Dix plus huit (18). *Elle a dix-huit ans. Dix-huit cents* (1 800) ou *mille huit cents.* — Adj. numéral ordinal invar. Dix-huitième. *Louis XVIII* (Louis dix-huit). **2.** N. m. *Le numéro gagnant est le dix-huit.* ▶ ***dix-huitième*** adj. et n. ■ *Les grands écrivains français du dix-huitième siècle.* ▶ ***dix-neuf*** [diznœf] adj. invar. et n. m. invar. **1.** Adj. numéral cardinal invar. (19). *Dix-neuf ans* [diznœvɑ̃]. — Adj. numéral ordinal. invar. *Page dix-neuf.* **2.** N. m. *Dix-neuf est un nombre premier.* ▶ ***dix-neuvième*** adj. et n. ■ *Il habite au dix-neuvième étage d'une tour.* ▶ ***dix-sept*** [dissɛt] adj. invar. et n. m. invar. **1.** Adj. numéral cardinal invar. (17). *Dix-sept cents* (1 700). — Adj. numéral ordinal invar. *Le numéro dix-sept.* **2.** N. m. Nombre formé de dix plus sept. ▶ ***dix-septième*** adj. et n. ■ *Il est le dix-septième de sa classe.* ▶ ***dix-onces*** [dizɔ̃s] n. m. invar. ■ Bouteille d'alcool d'une contenance de 0,283 litre. ⇒ **quarante-onces, vingt-six-onces.** *Acheter un dix-onces de rhum.* ‹ ▶ dizaine, quatre-vingt-dix, soixante-dix ›

dizaine [dizɛn] n. f. **1.** Groupe de dix unités (nombre). *Une dizaine de mille. Le chiffre des dizaines.* **2.** Réunion de dix personnes, de dix choses (ou environ) de même nature. *Une dizaine de livres. Il y a une dizaine d'années.* **3.** *Une dizaine de chapelet,* série de dix grains d'un chapelet ; série de dix prières qui y correspond.

djellaba [dʒelabɑ] n. f. ■ Longue robe à manches longues et à capuchon, portée par les hommes et les femmes, en Afrique du Nord. *Des djellabas bleues.*

djihad [dʒiad] n. m. ■ Guerre sainte menée par les musulmans pour propager ou pour défendre l'islam.

do [do] n. m. invar. ■ Premier son de la gamme naturelle. ⇒ **ut.** *Do dièse, do bémol. Dans la notation allemande, anglaise, do est désigné par C.*

doberman [dɔbɛʀman] n. m. ■ Chien de garde appartenant à une race d'origine allemande, à poils ras, de forme svelte. *Des dobermans.*

D.O.C. [dɔk] n. m. invar. ■ Abréviation de *disque optique compact.* ⇒ anglic. **CD-ROM.** *Une banque de terminologie accessible sur un D.O.C.*

docile [dɔsil] adj. ■ Qui obéit facilement. ⇒ **obéissant.** *Caractère docile.* ⇒ **facile, maniable.** — *Animal, monture docile.* / contr. **indocile** / — *Cheveux dociles,* qui se coiffent aisément. ▶ ***docilement*** adv. ■ *Elle me suivit docilement.* ▶ ***docilité*** n. f. ■ Comportement soumis ; tendance à obéir. ⇒ **obéissance.** *Il se résigna avec docilité.* ‹ ▶ indocile ›

docimologie [dɔsimɔlɔʒi] n. f. ■ Étude scientifique et pratique du contrôle des connaissances par des examens, des tests, des concours. *Le département de docimologie d'une faculté des sciences de l'éducation.* ▶ ***docimologue*** n. ■ Spécialiste de la docimologie. ▶ ***docimologique*** adj.

dock [dɔk] n. m. (France) Anglic. **1.** Vaste bassin entouré de quais et destiné au chargement et au déchargement des navires. ⇒ **quai. 2.** Au plur. Hangars, magasins situés en bordure de ce bassin. ⇒ **entrepôt.** *Docks à blé. Aller se promener aux docks.* ▶ ***docker*** [dɔkœʀ] ou, France, [dɔkɛʀ] n. m. (Surtout en France) Anglic. ■ Ouvrier qui travaille au chargement et au déchargement des navires. ⇒ **débardeur.** *Grève des dockers.*

docte [dɔkt] adj. ■ Vieilli. Érudit, savant. — Péj. *Un docte personnage.* ⇒ **pédant.** ▶ ***doctement*** adv. ■ *Parler doctement.* ⇒ **savamment.** ‹ ▶ ① docteur ›

① ***docteur*** [dɔktœʀ] n. — REM. S'emploie le plus souvent avec un compl. **1.** N. m. *Les* DOCTEURS DE L'ÉGLISE : les théologiens qui ont enseigné les dogmes du christianisme. *Saint Augustin était un docteur de l'Église catholique.* **2.** Personne qui est promue au plus haut grade universitaire dans une faculté. ⇒ **doctorat.** *Docteur ès lettres. Docteur en droit. Une docteur(e) en médecine. Elle est docteur(e) ès sciences.* — REM. *Docteur ès* doit être suivi d'un nom au pluriel sans article (*ès* veut dire « dans les »). L'O.L.F. propose *docteure* au féminin. ▶ ***doctoral, ale, aux*** [dɔktɔʀal, o] adj. ■ Péj. *Air, ton doctoral,* l'air, le ton grave, solennel de celui qui pontifie. ⇒ **docte, doctrinaire, pédantesque.** ▶ ***doctorat*** n. m. ■ Études universitaires de troisième cycle ; grade de docteur. ⇒ Anglic. **Ph. D.** *Avoir un doctorat ès lettres, en médecine. Thèse de doctorat.* — Abrév. fam. Doc, n. m. *Être inscrit au doc.* ‹ ▶ ② docteur, post-doctoral ›

② ***docteur*** n. ■ Personne qui possède le titre de docteur en médecine et qui exerce la médecine ou la chirurgie. ⇒ **médecin ;** fam. **toubib.** *Il, elle est docteur(e). Appeler, faire venir le docteur. Aller chez le docteur. La docteure Marie Tremblay.* ⇒ **doctoresse.** — (Appellatif) *Bonjour, docteur.* — REM. L'O.L.F. propose *docteure* au féminin. ▶ ***doctoresse*** n. f. ■ Vieilli. Femme médecin.

doctrine [dɔktʀin] n. f. **1.** Ensemble de principes, de croyances, de règles qu'on affirme être vrais et par lesquels on prétend fournir une interprétation des faits, orienter ou diriger l'action. ⇒ **dogme, système, théorie.** *La doctrine de l'Église. Les adeptes d'une doctrine. Doctrines politiques, religieuses, morales, philosophiques.* **2.** Ensemble des travaux juridiques destinés à exposer ou à interpréter le droit (opposé à *législation* et à *jurisprudence*). ▶ ***doctrinaire*** n. et adj. **1.** Personne qui se montre étroitement attachée à une doctrine, à une opinion. ⇒ **dogmatique. 2.** Adj. Doctoral, sentencieux. *Parler d'un ton doctrinaire.* ▶ ***doctrinal, ale, aux*** adj. ■ Qui se rapporte à une doctrine, aux systèmes de doctrine. *Querelles doctrinales.* ‹ ▶ endoctriner ›

document [dɔkymɑ̃] n. m. **1.** Écrit qui sert de preuve ou de renseignement. *Documents scientifiques. Les archives sont l'ensemble des documents.* **2.** Objet ou texte servant de preuve, de témoignage. ⇒ **pièce** à conviction. *C'est un document précieux pour l'enquête. Document historique. Document cinématographique. Document sonore.* **3.** Pièce qui permet d'identifier une marchandise en cours de transport. ▶ ***documentaliste*** n. ■ Personne dont le métier est de réunir, classer, conserver et utiliser des documents. ⇒ **rechercheiste.** ▶ ① ***documentaire*** adj. **1.** Qui a le caractère d'un document, repose sur des documents. *Ce livre présente un réel intérêt documentaire. Un film documentaire.* — Loc. adv. *À titre documentaire,* à titre de renseignement. **2.** Qui concerne l'information des documents. *L'analyse documentaire.* ▶ ② ***documentaire*** n. m. ■ Film instructif destiné à montrer des faits enregistrés et non élaborés pour l'occasion (opposé à *film de fiction*). *Des documentaires de court métrage.* ▶ ***documenter*** v. tr. ■ conjug. 1. **1.** Fournir des documents à (qqn). ⇒ **informer.** *Documenter qqn sur une question.* — Pronominalement. *Il s'est documenté sur ce sujet.* — Au passif et p. p. adj. (ÊTRE) DOCUMENTÉ, ÉE. *Elle est très bien documentée sur...* **2.** Appuyer, étayer sur des documents (surtout au p. p.). *Thèse solidement documentée.* ▶ ***documentation*** n. f. **1.** Recherche de documents. *Travail, fiches de documentation.* **2.** Ensemble de documents sur un sujet. *Réunir une documentation. Une riche documentation. La documentation informatisée.* — Local, service de documentation. *Aller à la documentation.* — Abrév. fam. *La doc.* **3.** Connaissances, travail de documentaliste. ‹ ▶ porte-documents ›

dodéca- ■ Élément savant signifiant « douze ». ▶ ***dodécagone*** [dodekagɔn] n. m. ■ Polygone qui a douze côtés et douze angles. ▶ ***dodécaphonique***

[dɔdekafɔnik] adj. ■ (Musique) Qui utilise la série de douze sons. ⇒ **sériel.** *La musique dodécaphonique abandonne les modes* (musique modale) *et les tons, la gamme* (musique tonale). ▶ ***dodécaphonisme*** n. m. ▶ ***dodécaphoniste*** adj. et n. ▶ ***dodécasyllabe*** [dɔdekasi(l)lab] adj. et n. m. ■ Qui a douze syllabes. *Vers dodécasyllabe.* ⇒ **alexandrin.** — N. m. *Un dodécasyllabe.*

dodeliner [dɔdline] v. intr. ▪ conjug. 1. ■ Se balancer doucement. *Elle s'endormait en dodelinant de la tête.*

dodo [dodo] n. m. Lang. enfantin. **1.** Sommeil. *Faire dodo,* dormir. *De gros dodos.* **2.** Lit. *Aller au dodo.*

dodu, ue [dɔdy] adj. ■ Bien en chair. ⇒ **gras.** *Une dinde, une oie dodue. Des bras dodus.* ⇒ **potelé.** / contr. **maigre** /

doge [dɔʒ] n. m. ■ Chef élu de l'ancienne république de Venise (ou de Gênes). *Le palais des Doges.*

dogme [dɔgm] n. m. **1.** Point de doctrine établi ou regardé comme une vérité fondamentale, incontestable (dans une religion, une école philosophique). *Les dogmes du christianisme. Le dogme de la Sainte Trinité. Admettre comme un dogme que...* ⇒ **loi ; dogmatique. 2.** LE DOGME : l'ensemble des dogmes d'une religion (spécialt de la religion chrétienne). *Enseigner le dogme.* ▶ ***dogmatique*** adj. **1.** Didact. Relatif au dogme. *Théologie dogmatique. Querelles dogmatiques.* — Qui admet certaines vérités ; qui affirme des principes (opposé à *sceptique*). *Philosophie dogmatique.* **2.** Qui exprime ses opinions d'une manière péremptoire. ⇒ **doctrinaire, systématique.** *Elle est très dogmatique. Un marxiste, un libéral dogmatique. Ton dogmatique.* ⇒ **doctoral, sentencieux.** ▶ ***dogmatiser*** v. intr. ▪ conjug. 1. ■ Exprimer son opinion d'une manière absolue, sentencieuse, tranchante. ▶ ***dogmatisme*** n. m. ■ Caractère de ce qui est dogmatique (2). *Le dogmatisme de qqn, de ses idées. C'est une personne d'un dogmatisme effrayant.*

dogue [dɔg] n. m. ■ Chien de garde trapu, à grosse tête, à fortes mâchoires, au museau écrasé. ⇒ **bouledogue, bull-dog.**

doigt [dwa] n. m. **I. 1.** Chacun des cinq prolongements qui terminent la main de l'être humain. *Les cinq doigts de la main.* ⇒ **pouce, index, majeur** (ou *médius*), **annulaire, auriculaire** (ou PETIT DOIGT). — Par ext. *Les doigts de pied.* ⇒ **orteil.** — *Empreinte du doigt* (⇒ ① **digital**). — *Avoir des doigts longs et fins ; épais et courts comme des boudins. Ne mange pas avec les doigts. Lever le doigt* (pour demander la parole, etc.). — Loc. *On peut les compter sur les doigts de la main, sur le bout des doigts,* il y en a peu (au plus dix). *Vous avez mis le doigt sur la difficulté,* vous l'avez trouvée. *Faire toucher une chose du doigt,* convaincre qqn par des preuves palpables. — *Montrer qqn du doigt,* le désigner, l'accuser, lui faire honte. — *Se, s'en mordre les doigts, les pouces,* regretter, se repentir. *Se faire taper sur les doigts,* se faire réprimander. — *Ne rien faire de ses dix doigts,* être paresseux, incapable. *Ils sont comme les deux doigts de la main,* très unis. *Ne pas lever le petit doigt,* ne pas intervenir, ne pas faire le moindre effort. *Sans bouger le petit doigt,* sans rien faire pour cela. — *Savoir qqch. sur le bout des doigts,* parfaitement. — *Se mettre, se fourrer le doigt dans l'œil (jusqu'au coude),* se tromper grossièrement. ⇒ se **fourvoyer.** — *Être obéi, servi au doigt et à l'œil,* exactement, ponctuellement. ⇒ **promptement. 2.** Extrémité articulée des pieds, des pattes de certains animaux (et de la main du singe). *Doigts munis de griffes.* **3.** *Les doigts d'un gant,* parties qui recouvrent les doigts. — Fam. DOIGT DE DAME : biscuit* à la cuiller. **II.** Mesure approximative, équivalant à un travers de doigt. *Jupe trop courte d'un doigt. Boire un doigt de vin,* une très petite quantité. ⇒ **goutte.** — *À un doigt de,* très près. *La balle est passée à un doigt du cœur. Être à deux doigts de la mort,* tout près. ▶ ***doigtier*** [dwatje] n. m. ■ Fourreau pour protéger un doigt. ⇒ **catin.** ▶ ***doigté*** [dwate] n. m. **1.** Choix et jeu des doigts dans l'exécution d'un morceau de musique. *Cette pianiste a un bon doigté.* ⇒ **dextérité** *Doigtés de guitare.* — Par ext. Adresse des doigts. *Le doigté d'une dactylo.* **2.** Délicatesse dans l'habileté. ⇒ **diplomatie, savoir-faire, tact.** *Ce genre d'affaire demande du doigté.* ⟨ ▶ rince-doigts ⟩

doléances [dɔleɑ̃s] n. f. pl. ■ Plaintes pour réclamer au sujet d'un grief ou pour déplorer des malheurs personnels. ⇒ **plainte, réclamation.** *Présenter ses doléances. Les cahiers de doléances des États généraux français de 1789.* ⟨ ▶ condoléances ⟩

dolent, ente [dɔlɑ̃, ɑ̃t] adj. ■ Vieilli. Qui se sent malheureux et cherche à se faire plaindre. *Il est toujours dolent. Un ton dolent.* ⇒ **plaintif.**

dolichocéphale [dɔlikɔsefal] adj. et n. ■ (Êtres humains) Qui a le crâne long. / contr. **brachycéphale** /

dollar [dɔlaʀ] n. m. ■ Unité monétaire du Canada, des États-Unis et de plusieurs autres pays (Australie, Hong-Kong, Barbade, Jamaïque...), divisée en 100 cents (symb. *$*). ⇒ fam. **piastre.** *Des chèques de voyage en dollars. Le dollar américain.* — *Un billet de vingt dollars. Des pièces d'un dollar.* ⇒ fam. **huard.** ⟨ ▶ eurodollar, narcodollar, pétrodollar ⟩

dolmen [dɔlmɛn] n. m. ■ Monument mégalithique ; grosses pierres agencées en forme de table gigantesque. *Des dolmens.* ≠ *menhir.*

dom [dɔ̃] n. m. invar. **1.** Titre donné à certains religieux (bénédictins, chartreux, trappistes). *Le style architectural Dom Bellot.* **2.** Ancien titre donné à certains nobles espagnols et portugais. ⇒ **don.** *Le « Dom Juan » de Molière.*

D.O.M. [dɔm] n. m. invar. ■ (France) Abréviation de *département* d'*outre-mer. Les D.O.M.-T.O.M.,* les départements et territoires d'outre-mer. *Saint-Pierre-et-Miquelon est un D.O.M.*

domaine [dɔmɛn] n. m. **1.** Grande propriété (terres, bâtiments...) généralement caractérisée par un aménagement paysager ou architectural. ⇒ **propriété, terre.** *Bois, chasses, prairies, fermes composant un domaine. Il a hérité d'un vaste domaine dans les Laurentides. Domaine vinicole.* — *Le domaine public,* ne pouvant appartenir aux particuliers (cours d'eau, rivages, forêts, routes, voies ferrées, etc.). ⇒ **domanial. 2.** Loc. *Tomber dans le* DOMAINE PUBLIC : se dit des œuvres littéraires, musicales, artistiques qui, après un temps déterminé par les lois (50 ans, plus les années de guerre) cessent d'être la propriété des auteurs ou de leurs héritiers. **3.** Lieu où qqn se considère comme chez lui. *Sa chambre, c'est son domaine.* — (Êtres vivants) *La forêt tropicale, domaine des singes, des serpents, des lianes.* **4.** Ce qu'embrasse un art, une science, un sujet, une idée. ⇒ **monde, univers.** *Ce domaine est encore fermé aux savants.* ⇒ **sphère.** *Dans tous les domaines,* en toutes matières, dans tous les ordres d'idée. — LE DOMAINE DE *qqn* : ce qu'il connaît plus particulièrement. *L'art médiéval est son domaine.* ⇒ **branche, discipline, spécialité.** ▶ ***domanial, iale, iaux*** [dɔmanjal, jo] adj. ■ Qui appartient au domaine public. *Forêts, terres domaniales.*

dôme [dom] n. m. **1.** Sommet arrondi de certains grands édifices. *Dôme hémisphérique.* ⇒ **coupole.** *Le dôme de l'oratoire Saint-Joseph.* **2.** Littér. *Un dôme de feuillages, de verdure.* ⇒ **voûte.**

domestique [dɔmɛstik] adj. et n. **I.** Adj. **1.** (Vx, sauf dans des expressions) Qui concerne la vie à la maison, en famille. *Travaux domestiques. Querelles domestiques.* ⇒ **familial.** *Les dieux domestiques chez les anciens Romains,* ceux du foyer (⇒ **pénate**). **2.** (Animaux) Qui vit auprès de l'humain pour l'aider ou le distraire. ⇒ **apprivoisé ; domestiquer.** / contr. **sauvage** / *Le chien, le chat, le cheval sont des animaux domestiques. Le chat domestique* (opposé à *chat sauvage*). **II.** N. Personne chargée du service personnel, chez un employeur. ⇒ **bonne, femme** de chambre, de ménage **; cuisinier ; valet** de chambre. — REM. On dit officiellement *employé(e) de maison, gens de maison.* — Péj. *Nous sommes traités comme des domestiques. Je ne suis pas son domestique.* ⇒ **esclave, larbin, valet.** ▸ ***domesticité*** n. f. ■ Ensemble des domestiques. *La domesticité d'un château.* ⇒ **personnel.** ‹ ▸ domestiquer ›

domestiquer [dɔmɛstike] v. tr. ▪ conjug. 1. **1.** Rendre domestique (une espèce animale sauvage). ⇒ **apprivoiser.** *En Asie, on domestique l'éléphant.* — Au p. p. adj. *Un animal domestiqué.* **2.** Littér. Amener à une soumission totale, mettre dans la dépendance. ⇒ **asservir, assujettir.** *Le gouvernement a domestiqué l'opposition.* **3.** Rendre utilisable (une force). *Domestiquer la force des torrents* (pour produire de l'énergie électrique). ▸ ***domestication*** n. f. ■ Action de domestiquer ; son résultat. ⇒ **apprivoisement, asservissement.** *La domestication de l'énergie des marées.*

domicile [dɔmisil] n. m. ■ Lieu ordinaire d'habitation, demeure légale et habituelle. ⇒ **logement, résidence.** *Il a élu domicile au 473, boulevard...,* il a pris pour domicile. *Personne* SANS DOMICILE : nomade, vagabond. *Abandonner le domicile conjugal* (en parlant d'un des conjoints). — À DOMICILE loc. adv. : dans la demeure même de qqn. *Livrer un colis à domicile. Le facteur porte les lettres à domicile. Travailler à domicile,* chez soi. *Disputer une partie à domicile,* dans sa propre ville. / contr. fam. à l'**extérieur** / ▸ ***domiciliaire*** adj. ■ *Visite, perquisition domiciliaire,* faite dans le domicile de qqn par autorité de justice. — Fam. *Un développement* domiciliaire.* ⇒ **résidentiel.** *Relancer la construction domiciliaire,* des résidences familiales. ▸ ***domicilié, ée*** adj. ■ Qui a un domicile (quelque part). *Il est domicilié à Dolbeau.*

dominer [dɔmine] v. ▪ conjug. 1. **I.** V. tr. **1.** Avoir, tenir sous sa suprématie, sous sa domination. *Les Romains dominèrent tout le bassin méditerranéen et une partie de l'Europe.* ⇒ **régir, soumettre.** — Être plus fort que. ⇒ **surpasser.** *Il a dominé tous ses concurrents, tous ses adversaires* (→ ci-dessous II, 1). **2.** Avoir une influence décisive sur. *Ce problème, cette question domine toute l'affaire.* **3.** Maîtriser. *Dominer sa colère, son trouble. Se laisser dominer par ses passions.* — SE DOMINER v. pron. : être ou se rendre maître de soi, de ses réactions. *Ne pleurez pas, dominez-vous !* **4.** Avoir au-dessous de soi (dans l'espace environnant). ⇒ **surplomber.** *Monument qui domine une ville. Du haut de cette tour, on domine toute la ville. Il domine ses voisins de la tête.* ⇒ **dépasser. 5.** Abstrait. *Écrivain qui domine son sujet,* qui est capable de le voir, de l'embrasser dans son ensemble. ⇒ **maîtriser. II.** V. intr. **1.** (Personnes) Être le plus fort. *Elle cherche à dominer.* ⇒ **commander.** — *Notre équipe a dominé pendant la première mi-temps.* ⇒ **mener. 2.** Être le plus apparent, le plus important, parmi plusieurs éléments. ⇒ l'**emporter, prédominer.** *Les femmes dominent dans cette assemblée,* il y a surtout des femmes. *Un imprimé où le rouge domine.* ▸ ***dominant, ante*** adj. **1.** Qui exerce l'autorité sur d'autres. *Nation dominante.* **2.** Qui est le plus important, l'emporte parmi d'autres. ⇒ **prépondérant, principal.** *Trait dominant. Les couleurs dominantes du tableau. Les idées dominantes d'un ouvrage. Vents dominants,* ceux d'une direction donnée les plus fréquents. **3.** Qui domine, surplombe, surmonte. ⇒ **culminant, élevé.** *Le château, l'église est dans une position dominante.* — Abstrait. *Elle occupe une place dominante dans l'entreprise.* ⇒ **éminent.** / contr. **inférieur** / ▸ ***dominante*** n. f. **1.** Ce qui est dominant (2), essentiel, caractéristique parmi plusieurs choses. *La dominante de son œuvre est l'ironie.* **2.** Cinquième degré de la gamme diatonique ascendante. *Le sol est la dominante dans la gamme de do.* ▸ ***dominateur, trice*** n. et adj. **1.** N. Littér. Personne ou puissance qui exerce l'autorité sur d'autres. *L'Angleterre fut la dominatrice des mers.* **2.** Adj. Qui aime à dominer (1) les autres. *Avoir un air dominateur.* ⇒ **autoritaire.** ▸ ***domination*** n. f. **1.** Action, fait de dominer ; autorité souveraine. ⇒ **empire, suprématie.** *L'Asie, l'Afrique ont rejeté la domination de l'Europe. Vivre sous une domination étrangère. En 1965, le Tibet est passé sous la domination de la Chine.* **2.** Le fait d'exercer une influence déterminante. *Il exerce sur tous une domination irrésistible.* ⇒ **ascendant, emprise.** ‹ ▸ prédominer ›

① ***dominicain, aine*** [dɔminikɛ̃, ɛn] n. ■ Religieux, religieuse de l'ordre des *frères prêcheurs,* fondé par saint Dominique au début du XIIIᵉ siècle. *Un couvent de dominicains.* — Adj. *Le costume dominicain. Une sœur dominicaine.*

② ***dominicain, aine*** adj. et n. ■ De l'île de Saint-Domingue *(République Dominicaine).* — N. (Avec une majusc.) Personne née dans cette île ou qui l'habite.

dominical, ale, aux [dɔminikal, o] adj. ■ Littér. Qui a rapport au dimanche. *Repos dominical. Promenade dominicale.* — *L'oraison, la prière dominicale.*

dominion [dɔminjɔn] n. m. ■ Chacun des États qui appartenaient autrefois à la couronne d'Angleterre, aujourd'hui indépendants et membres du Commonwealth. *Le Canada et la Jamaïque sont des dominions.* (Avec une majusc.) *La fédération des colonies britanniques en Amérique du Nord fut constituée en 1867 et elle portait le nom de Dominion du Canada.*

domino [dɔmino] n. m. **1.** Ancien costume de bal masqué, robe flottante à capuchon. *Porter un domino.* **2.** Petite plaque dont le dessus est divisé en deux parties portant de zéro à six points noirs. *Un domino marqué d'un seul point.* — Au plur. LES DOMINOS : jeu qui se joue avec ces plaques (au nombre de 28). *Jouer aux dominos. Faire une partie de dominos.*

dommage [dɔmaʒ] n. m. **1.** Préjudice subi par qqn. ⇒ **détriment, tort.** *Dommage matériel, moral. Subir un dommage.* — DOMMAGES-INTÉRÊTS (ou *dommages et intérêts*) : indemnité due par l'auteur d'un délit en réparation du préjudice causé. *Réclamer des dommages-intérêts. Il a été condamné à verser un dollar (symbolique) de dommages-intérêts.* **2.** Dégât matériel causé aux choses. *L'inondation a provoqué de grands dommages.* DOMMAGES DE GUERRE : dus pour les destructions causées par la guerre. **3.** *C'est dommage, c'est bien dommage,* c'est une chose fâcheuse, regrettable. *C'est dommage de, quel dommage de* (+ infinitif). *Ce serait dommage de l'abîmer. Quel dommage d'abattre de si beaux arbres ! C'est dommage pour eux.* ⇒ **tant** pis pour, de **valeur.** *C'est dommage que, quel dommage que, il est dommage que* (+ subjonctif). *C'est dommage qu'il soit parti si tôt. — Dommage que vous ne puissiez l'attendre !* — Loc. *Beau dommage,* mais oui, assurément. ⇒ **certainement, évidemment.** *« Puis-je t'emprunter ta souffleuse ? – Tu as beau dommage. » « Viendras-tu dimanche ? – Beau dommage que oui. »* ▸ ***dommageable*** adj. ■ Qui cause du dommage. ⇒ **fâcheux, nuisible, préjudiciable.** *Ces erreurs sont dommageables à la nation entière.* / contr. **profitable, utile** / ‹ ▸ dédommager, endommager ›

dompter [dɔ̃te] v. tr. ▪ conjug. 1. **1.** Réduire à l'obéissance (un animal sauvage, dangereux). ⇒ **dresser.** *Dompter des fauves.* **2.** Soumettre à son autorité (qqn, un groupe de personnes). ⇒ **maîtriser,** ① **mater, soumettre, vaincre.** *Dompter des rebelles, des insoumis.* — *Dompter ses passions.* — Fam. Corriger physiquement qqn. *Ils ont dompté énergiquement leurs enfants.* ▸ ***dompteur, euse*** [dɔ̃tœʀ, øz] n. ▪ Personne qui dompte. *Un dompteur de tigres. Les dompteurs d'un cirque. Elle est dompteuse.* ‹ ▸ indomptable ›

① ***don*** [dɔ̃] n. m. **1.** Action d'abandonner gratuitement (⇒ **donner**) à qqn la propriété ou la jouissance de qqch. FAIRE DON DE *qqch.* À *qqn.* — *Le don de soi.* ⇒ **dévouement, sacrifice. 2.** Ce qu'on abandonne à qqn sans rien recevoir de lui en retour. ⇒ **cadeau, donation, présent.** *Ce tableau est un don d'un célèbre collectionneur. Faire un don à une œuvre charitable.* **3.** Qualité, avantage psychologique, intellectuel, etc., considérés comme donnés (par la nature, le sort, Dieu). ⇒ **aptitude, douance, génie, talent.** *Avoir le don de la parole, de l'éloquence, de l'à-propos,* être doué pour. ⇒ **doué.** *Un don pour les sciences, les langues, le commerce.* — Iron. *Il a le don de m'agacer.*

② ***don*** [dɔ̃] n. m. invar., ***doña*** [dɔnja] n. f. invar. ▪ Titre d'honneur des nobles d'Espagne, qui se place ordinairement devant le prénom. *Doña Isabel, don Pedro.* ⇒ **dom.** ‹ ▸ don Juan, don Quichotte ›

donateur, trice [dɔnatœʀ, tʀis] n. **1.** Personne qui fait un don, des dons à une œuvre. *Un généreux donateur.* **2.** Personne qui fait une donation (opposé à *donataire*). ▸ ***donation*** n. f. ▪ Contrat par lequel le *donateur* abandonne un bien en faveur du *donataire* qui l'accepte. ⇒ ① **don, libéralité.** *Faire une donation par acte notarié. L'université a reçu une donation de cent mille dollars.* ≠ *dotation.* ▸ ***donataire*** n. ▪ Personne à qui une donation est faite (opposé à *donateur*). ≠ *légataire.*

donc [dɔ̃k] conj. **1.** Conjonction qui sert à amener la conséquence, la conclusion de ce qui précède. ⇒ par **conséquent.** *Il était là tout à l'heure : il n'est donc pas bien loin. J'ai refusé ; donc, inutile d'insister.* — Transition pour revenir à un sujet, après une digression. *Je disais donc que...* **2.** S'emploie pour exprimer la surprise causée par ce qui précède ou ce que l'on constate. ⇒ **ainsi.** *Elle voulait donc venir ici ? Vous habitez donc là ? Allons donc !* — Exprime le doute. *Qui donc ?* — Pour renforcer une injonction. *Taisez-vous donc ! Venez donc par ici !* Fam. *Dites donc, vous là-bas !*

donjon [dɔ̃ʒɔ̃] n. m. ▪ Tour principale qui dominait le château fort.

don Juan [dɔ̃ʒɥɑ̃] n. m. ▪ Séducteur sans scrupule (souvent iron.). *Méfiez-vous, c'est un don Juan ! Des don Juans.*

donne [dɔn] n. f. ▪ Action de distribuer (*donner,* II, 2) les cartes au jeu. *À vous la donne. Mauvaise donne.* ⇒ **maldonne.** — Fig. Distribution, répartition (des chances, des forces). *Une nouvelle donne politique.*

donné, ée [dɔne] adj. et n. m. **1.** Connu, déterminé. *Nombres donnés dans l'énoncé d'un problème.* ⇒ **donnée.** *À une distance donnée.* — Loc. *À un moment donné,* tout à coup. ⇒ **brusquement, subitement. 2.** Loc. prép. ÉTANT DONNÉ. ⇒ **vu.** *Étant donné les circonstances présentes, il faut agir vite.* — ÉTANT DONNÉ QUE (+ indicatif) : en considérant que, puisque. *Étant donné qu'elle ne vient pas, nous pouvons partir.* **3.** N. m. *Le donné,* ce qui est immédiatement présenté à l'esprit (opposé à *ce qui est construit, élaboré*).

donnée [dɔne] n. f. **1.** Ce qui est donné, connu, déterminé dans l'énoncé d'un problème, et qui sert à découvrir ce qui est inconnu. *Les données du problème.* **2.** Ce qui est admis, connu ou reconnu, et qui sert de base à un raisonnement, de point de départ pour une recherche. *Les données d'une science, d'une recherche expérimentale. Données statistiques. Analyser les données d'un corpus.* — En informatique. Représentation conventionnelle d'une information. *Banque, base de données. Traitement des données.*

donner [dɔne] v. ▪ conjug. 1. **I.** V. tr. Mettre (qqch.) en la possession de qqn (DONNER *qqch.* À *qqn*). **1.** Abandonner à qqn sans rien demander en retour (une chose que l'on possède ou dont on jouit). ⇒ **offrir.** *Donner qqch. par testament.* ⇒ **léguer ; legs.** *Donner de l'argent, un pourboire, des étrennes à qqn.* — Sans compl. *Elle aime mieux donner que recevoir.* — Au p. p. adj. Spécialt. *Ce manteau est donné,* très bon marché. / contr. ② **cher, coûteux, dispendieux** / *Cent dollars pour cela ! ce n'est pas donné,* c'est cher. **2.** Abstrait. Faire don de (qqch. à qqn). *Il lui a donné son amitié. Donner sa vie, son sang pour la patrie,* faire le sacrifice de sa vie. **3.** DONNER *qqch.* POUR, CONTRE *qqch.* : céder (qqch.) en échange d'autre chose. ⇒ **céder, fournir.** *Donner qqch. contre, pour de l'argent. Elle m'a donné deux billes contre une image.* ⇒ **échanger.** — Par ext. *Donnez-moi un kilo de pommes.* ⇒ **vendre.** — Loc. adv. DONNANT, DONNANT : en ne donnant qu'à la condition de recevoir en échange. — DONNER (une somme) DE *qqch.* : payer qqch. *Je vous en donne cent dollars* (d'une marchandise). ⇒ **offrir.** — Payer (une certaine somme à qqn). *Combien donne-t-il à ses ouvriers ? On lui donne X dollars (de) l'heure.* — *Donner qqch. pour* (+ infinitif). *Je donnerais beaucoup pour savoir la vérité.* **4.** Confier (une chose) à qqn, pour un service. ⇒ **remettre.** *Donner ses chaussures au cordonnier, son passeport à un douanier.* **II.** V. tr. Mettre à la disposition de (qqn), DONNER À. **1.** Mettre à la disposition, à la portée de. ⇒ **fournir, offrir, procurer.** *Voulez-vous donner des sièges aux invités ? Donner du travail à un chômeur. Donner la main à qqn,* le tenir par la main. *Donner à* (+ infinitif) *à qqn. Donnez-lui à manger.* **2.** Distribuer des cartes aux joueurs. *Elle est en train de donner les cartes.* — Sans compl. *C'est à vous de donner* (→ à vous de faire). **3.** Organiser et offrir à des invités, à des spectateurs. *Donner un bal, une réception. Qu'est-ce qu'on donne cette semaine au cinéma ?* ⇒ **jouer, présenter. 4.** Communiquer, exposer (qqch.) à qqn. *Donnez-moi votre adresse. Donner de ses nouvelles à qqn. Je vais vous donner tous les détails sur cette question. Donner son avis. Donner un renseignement, des explications, un conseil à qqn. Professeur qui donne des cours.* — Loc. *Je vous le donne en mille*.* **5.** Transmettre par contagion. *Il lui a donné son rhume.* ⇒ **passer ;** fam. **refiler. 6.** Accepter de mettre (qqch.) à la disposition, à la portée de qqn. ⇒ **accorder, concéder, octroyer.** *Donnez-moi un peu de temps, de répit.* ⇒ **laisser.** *Donner son accord. Donner sa parole (d'honneur),* jurer, promettre. *Donner sa chance à qqn.* — (Sans article) *Donner libre cours à sa colère.* DONNER PRISE : mériter ou recevoir sans pouvoir réagir (une critique). → Prêter le flanc. *Tu donnes prise à toutes les calomnies.* **7.** (Avec deux compl. de personne) *Donner sa fille (en mariage) à un jeune homme. Elle a donné deux fils à son mari.* **8.** Dénoncer à la police. *Son complice l'a donné.* ⇒ **livrer ; donneur** (3). **9.** Assigner à qqn, à qqch. (une marque, un signe, etc.). ⇒ **assigner, fixer, imposer.** *Donner un prénom à un enfant. Donner un titre à un ouvrage. Donner une note à un travail.* ⇒ **noter.** — DONNER *qqch.* À (+ infinitif). *Donner un livre à relier, des chaussures à réparer. On m'a donné cela à faire.*

10. Impers. passif. ÊTRE DONNÉ À *qqn* : être en son pouvoir, être une chose possible pour lui. *Il ne lui a pas été donné de vivre assez longtemps pour finir son livre. Il n'est pas donné à tout le monde d'avoir ce courage,* tout le monde n'a pas... **III.** V. tr. Être l'auteur, la cause de. **1.** Produire (une œuvre). *Cet écrivain donne un roman par an.* ⇒ **publier. 2.** (Suj. personne, chose) Être la cause de (le compl. exprime un sentiment, un fait psychologique). ⇒ **causer, susciter.** *Cet enfant me donne bien du souci. Cela me donne une idée. Cela vous donnera l'occasion de...* ⇒ **fournir, procurer.** — *Cette émission me donne envie de dormir. Ce travail me donne chaud, soif. La marche donne de l'appétit.* — Loc. *Donner lieu, matière, occasion, sujet.* ⇒ **causer, provoquer.** — DONNER À *rire, à penser,* etc. : faire rire, penser, etc. **3.** (Choses concrètes) Sans compl. indir. Produire. *Les fleurs, les fruits que donne un arbre. Cette forêt donne plusieurs cordes de bois au km².* ⇒ **rapporter, rendre.** — Avoir pour conséquence, pour résultat. *Je me demande ce que ça va donner. Les recherches n'ont rien donné.* **4.** Faire sentir à (qqn, un animal) l'effet d'une action physique. *Donner un baiser, une gifle à qqn ; un coup à un chien. — Donner un coup de pied à une table, dans la table.* ⇒ fam. ① **ficher,** ② **flanquer,** ① **foutre,** ② **sacrer.** — Effectuer sur une chose (une opération qui en modifie l'état). *Donner un coup de peigne, de balai. Donner une couche de peinture à un banc.* **5.** Conférer (un caractère nouveau) à une personne ou à une chose par une opération, une action qui la modifie. *Donner de la solidité à... Cet argument donne de la valeur à sa thèse.* — Loc. *Donner le jour, la vie à un enfant,* engendrer. *Donner la mort,* mettre à mort, tuer. **6.** Abstrait. Considérer (une qualité, un caractère) comme propre à qqn, à qqch. ⇒ **accorder, attribuer, prêter, supposer.** *Quel âge lui donnez-vous ? Donner de la valeur, du prix, de l'importance.* ⇒ **attacher. 7.** DONNER POUR : présenter comme étant. *Je vous le donne pour ce qu'il vaut. Donner une chose pour vraie.* — Pronominalement. *Se donner pour un progressiste,* se faire passer pour **IV.** V. intr. **1.** Porter un coup (contre, sur). ⇒ **cogner, frapper, heurter.** *Le navire alla donner sur les écueils. Il alla donner de la tête contre le mur.* ⇒ se **taper.** Loc. *Ne plus savoir où donner de la tête,* être affolé, surmené. **2.** Se porter (dans, vers). ⇒ s'**engager,** se **jeter, tomber.** *Donner dans un piège.* — Se laisser aller à. *Donner dans un défaut, dans le ridicule.* **3.** Attaquer, charger, combattre. *L'état-major a fait donner les blindés.* **4.** DONNER SUR : être exposé, situé ; avoir vue, accès sur. *Porte qui donne sur la rue, sur un patio.* **V.** SE DONNER v. pron. **1.** (Réfl.) Faire don de soi-même. ⇒ se **consacrer,** se **vouer.** *Elle se donne à ses enfants. Se donner à l'étude.* ⇒ s'**adonner.** — Vieilli. Se dit d'une femme qui accepte de faire l'amour. **2.** (Faux pron.) Donner à soi-même. *Le parti s'est donné un nouveau président. — Se donner du mal, de la peine. Se donner un tour de rein,* se faire. *Donnez-vous la peine d'entrer. — Ils s'en sont donné à cœur joie,* ils ont fait cela avec enthousiasme. *Se donner la mort.* ⇒ se **suicider.** — *Se donner en spectacle,* se faire remarquer en public. **3.** (Récipr.) ⇒ **échanger.** *Ils se donnèrent des coups, des baisers.* — Loc. SE DONNER LE MOT. *Ils se donnèrent le mot pour arriver en même temps.* ⇒ s'**entendre.** — *Se donner la main.* ▶ ***donneur, euse*** n. **1.** Personne qui donne (qqch. d'abstrait). *Une donneuse de leçons, de conseils.* **2.** Personne qui donne (un tissu vivant, un organe, etc.). *Un donneur, une donneuse de sang* (pour les transfusions). *Il est donneur universel. Donneur de sperme* (pour l'insémination artificielle). *Le donneur et le receveur* (dans une transplantation d'organes). **3.** Personne qui donne (II, 8), dénonce qqn à la police. ⇒ **dénonciateur, indicateur, mouchard.** ⟨ ▶ s'adonner, ① don, donation, donataire, donateur, donne, donné, donnée, maldonne, redonner ⟩

don Quichotte [dɔ̃kiʃɔt] n. m. ■ Homme généreux, naïf et exalté (comme le héros de Cervantès) qui s'attaque sans efficacité aux injustices. *Jouer les don Quichottes.* — Adj. *Il, elle est un peu don Quichotte.*

dont [dɔ̃] ([dɔ̃t] devant voyelle) pronom ■ Pronom relatif de forme invariable qui peut remplacer le nom de personnes, d'animaux ou de choses. Il représente dans la surbordonnée un terme de la principale (appelé *antécédent*). Les antécédents peuvent être féminins ou masculins, singuliers ou pluriels : *la maison* (antécédent) *dont je rêve. Dont* introduit une proposition relative, à l'intérieur de laquelle il joue le rôle d'un complément introduit par la préposition *de.* Il peut être remplacé par *de qui* (personnes) ou *duquel, de laquelle, de quoi* (choses). *La personne dont (de qui) vous parlez. La maison dont (de laquelle) vous êtes propriétaire.* **I.** Exprimant le complément (de lieu, moyen, etc.) du verbe. **1.** Avec le sens adverbial de *d'où. La chambre dont je sors.* — Il marque aussi la provenance, la descendance. *La famille dont il est issu.* **2.** (Moyen, instrument, agent, manière) *La manière dont elle est habillée.* — Au sujet de qui, de quoi. *Cet homme dont je sais qu'il a été marié. La personne dont on me disait qu'elle conviendrait.* **II.** Exprimant l'objet. **1.** (Objet du verbe) *La personne dont on parle. La maison dont je rêve. Voilà ce dont il faut vous occuper.* **2.** (Compl. de l'adjectif) *Le malheur dont vous êtes responsable. C'est ce dont je suis fière.* **III.** Exprimant le compl. de nom. **1.** Possession, qualité, matière (compl. d'un nom ou d'un pronom). *Cette plante dont les fleurs sont bleues. La ville dont vous êtes la mairesse.* — REM. On ne doit pas dire *la personne dont le cartable de son fils a été perdu* mais *dont le fils a perdu son cartable* ; ni *l'homme dont je compte sur l'aide,* mais *sur l'aide de qui je compte.* **2.** Partie d'un tout (compl. d'une expression partitive) *Des livres dont trois sont reliés ; dont j'ai gardé une dizaine.* — Amenant une proposition sans verbe. *C'est un long texte dont voici l'essentiel. Quelques-uns étaient là, dont votre père,* parmi lesquels.

donzelle [dɔ̃zɛl] n. f. ■ (Surtout en France) Péj. Jeune fille ou femme, parfois prétentieuse et ridicule.

doper [dope] v. tr. ▪ conjug. 1. ■ Administrer un stimulant à. ⇒ **droguer.** *Doper un cheval de course, un sportif.* — Pronominalement. *Se doper avant un examen,* prendre un excitant. ▶ ***dopage*** n. m. ■ Emploi de certains excitants pour améliorer ses performances (physiques, sportives...) ; ces excitants eux-mêmes. *Le dopage est dangereux et interdit. Ce coureur a été suspendu pour dopage.* ▶ ***dope*** n. f. ■ Anglic. Fam. Drogue. *Fumer, prendre de la dope.* ▶ ***dopé, ée*** adj. et n. ■ Fam. Drogué. ⇒ **toxicomane.** *Un athlète dopé. — Les dopés.*

dorade n. f. ⇒ **daurade.**

① ***doré*** [dɔʀe] n. m. ■ Poisson d'eau douce aux grands yeux saillants, au corps allongé et aux flancs à reflets dorés. *La chair du doré est très estimée. Le doré jaune, bleu ou noir.*

dorénavant [dɔʀenavɑ̃] adv. ■ À partir du moment présent, à l'avenir. ⇒ **désormais.** *Dorénavant, elle viendra tous les dimanches.*

dorer [dɔʀe] v. tr. ▪ conjug. 1. **1.** Revêtir (un objet, une surface) d'une mince couche d'or. *Dorer un cadre de miroir.* **2.** Loc. fam. DORER LA PILULE *à qqn* : lui faire accepter une chose désagréable au moyen de paroles aimables, flatteuses. ⇒ **tromper. 3.** Donner une teinte dorée à. *Faire dorer des pommes de terre.* — Pronominalement. *Se dorer au soleil,* bronzer. ⇒ fam. **griller.** ▶ ② ***doré, ée*** adj. **1.** Qui est recouvert d'une mince couche d'or ou d'une substance imitant l'or. *Boutons dorés d'un uniforme. Livre* DORÉ SUR TRANCHE. *Argent* *doré,* vermeil. **2.** Qui a l'éclat, la couleur jaune cuivré de l'or. *Cheveux dorés.* **3.** *La* JEUNESSE DORÉE : jeunes gens riches, élégants et oisifs. ▶ ***doreur, euse*** n. ■ Personne dont le métier est de dorer. *Doreur sur bois. Doreur-relieur.* ‹ ▶ ① doré, dorure, mordoré, redorer ›

d'ores et déjà loc. ⇒ **ores.**

dorique [dɔʀik] adj. et n. m. ■ *L'ordre dorique,* ou n. m., *le dorique,* le premier et le plus simple des trois ordres d'architecture grecque. *Colonne dorique.* ≠ *corinthien, ionique.*

dorloter [dɔʀlɔte] v. tr. ▪ conjug. 1. ■ Entourer de soins, de tendresse ; traiter délicatement (qqn). ⇒ **cajoler, catiner, chouchouter, choyer.** *Dorloter son enfant. Il se fait dorloter par sa femme.*

dormir [dɔʀmiʀ] v. intr. ▪ conjug. 16. **1.** Être dans l'état de sommeil. ⇒ fam. **pioncer, roupiller.** *Il dort encore. Dormir dans un lit, sur un divan, par terre. Le bébé dort dans les bras de sa maman. Elle dort profondément. Dormir très tard,* se lever tard. Loc. *Dormir à poings fermés, comme un loir,* profondément. — *Dormir d'un sommeil léger.* ⇒ **sommeiller.** Loc. *Ne dormir que d'un œil,* légèrement. — *J'ai mal dormi. Avoir envie de dormir.* — *Dormir debout,* avoir sommeil. *Histoire à dormir debout,* extravagante. ⇒ **abracadabrant, invraisemblable.** — *Vous pouvez dormir tranquille,* loc. *dormir sur vos deux oreilles,* soyez rassuré. — Loc. *Elle n'en dort pas,* cela l'empêche de dormir (en parlant d'une préoccupation). **2.** Se dit de la nature, d'un lieu pendant la nuit ou aux moments de moindre activité. *Tout dort dans la maison. La ville dort.* **3.** Être dans l'inactivité. *Dormir sur son travail,* le faire lentement, sans courage. ⇒ **traîner ;** fam. **taponner, téter.** *Ce n'est pas le moment de dormir.* **4.** (Suj. chose) Ne pas produire, ne pas avoir d'effets. *Laisser dormir qqch.,* ne pas s'en occuper. *Un roman qui dort dans un tiroir,* qui n'a pas encore été présenté à un éditeur. *Des capitaux qui dorment,* ne rapportent pas d'intérêt. **5.** (Eau) Stagner. *L'eau qui dort.* ⇒ ① **dormant** (2). ▶ ***dormable*** adj. ■ (Souvent en emploi négatif) Fam. Dont les conditions aident au sommeil. *Il fait si chaud dans la chambre que ce n'est pas dormable.* ▶ ① ***dormant, ante*** adj. **1.** Vx. Qui dort. — Loc. *La Belle au bois dormant* (qui dort dans le bois). **2.** (Eau) Qui n'est agité par aucun courant. ⇒ **immobile, stagnant.** *Une eau dormante.* **3.** Terme technique. Qui ne bouge pas. ⇒ **fixe ;** ② **dormant.** — Qui ne s'ouvre pas. *Vitrage dormant.* / contr. **ouvrant** / *Ligne* (de pêche) *dormante,* qui reste fixée à la rive, ou au bateau, sans que le pêcheur la tienne. *Manœuvres dormantes* (sur un bateau), qui ne sont pas déplacées. ▶ ② ***dormant*** n. m. ■ Partie fixe (d'une fenêtre, d'une baie). ▶ ③ ***dormant*** n. m. ■ Traverse de chemin de fer. *Les dormants empilés le long de la voie ferrée.* ▶ ***dormeur*** ou ***dormeux, euse*** n. **1.** Personne en train de dormir. *Dormeur, dormeuse qui ronfle, qui rêve.* **2.** Personne qui dort beaucoup, aime à dormir. *C'est un gros dormeur, c'est une dormeuse.* **3.** N. f. Vêtement de nuit pour jeune enfant ou pour bébé, fait d'une seule pièce, avec des manches longues et des jambes avec pieds. ⇒ ② **combinaison.** *Une dormeuse pour petite fille.* ‹ ▶ dortoir, endormir, se rendormir ›

dorsal, ale, aux [dɔʀsal, o] adj. ■ Qui appartient au dos ; du dos (d'une personne, d'un animal). *L'épine* dorsale. Nageoires dorsales et nageoires ventrales.* ‹ ▶ épine dorsale ›

dortoir [dɔʀtwaʀ] n. m. ■ Grande salle commune où dorment les membres d'une communauté. *Le dortoir d'un collège.* — BANLIEUE DORTOIR, VILLE DORTOIR, (France) CITÉ DORTOIR : où la population passe la nuit, le lieu de travail étant différent. *Des villes dortoirs.*

dorure [dɔʀyʀ] n. f. **1.** Mince couche d'or décorative. *La dorure d'un cadre de tableau.* **2.** Ornements dorés. *Uniforme couvert de dorures.* **3.** Action de recouvrir d'une couche d'or. *Spécialiste de la dorure sur bois.* ⇒ **doreur.** *La dorure de la porcelaine.*

doryphore [dɔʀifɔʀ] n. m. ■ Insecte aux élytres rayés de noir, parasite des plants de pommes de terre dont il dévore les feuilles. ⇒ **bébite** à patates, **bête** à patates.

dos [do] n. m. invar. **I. 1.** Partie du corps de l'être humain qui s'étend des épaules jusqu'aux reins, de chaque côté de la colonne vertébrale. *Relatif au dos.* ⇒ **dorsal.** *Il a un dos large. Le dos voûté d'un vieillard.* — Par euph. *Le bas du dos,* les fesses. — Loc. AVOIR BON DOS, LE DOS LARGE : se dit d'une personne ou d'une chose que l'on charge d'une responsabilité pour s'en décharger soi-même. *Son travail a bon dos,* est un mauvais prétexte. — Fam. *En avoir* PLEIN LE DOS : être excédé de qqn, qqch., en avoir assez. ⇒ ② **capot, voyage ;** fam. **casque ;** vulg. **cul.** — AU DOS : dans le dos, sur le dos. *Mettez les mains au dos. Sac au dos.* — DANS LE DOS. *Robe décolletée dans le dos. Cacher qqn dans son dos,* derrière son dos. *Passer la main dans le dos de qqn,* le flatter. *Faire froid dans le dos,* effrayer. *Tirer dans le dos de qqn,* par-derrière. — Loc. fig. *Agir, jouer, parler dans le dos de qqn,* par-derrière, sans qu'il le sache. ⇒ **cochonner.** *Se faire jouer dans le dos par qqn,* se faire faire du tort par qqn, se faire avoir. — DE DOS : du côté du dos (opposé à *de face*). *C'est elle, vue de dos,* montrant le dos. *Cette coiffure est mieux de dos.* — DERRIÈRE LE DOS. *Cacher qqch. derrière le, son dos.* — Loc. fig. *Faire qqch. derrière le dos de qqn,* sans qu'il en soit averti, sans son consentement. — DOS À DOS [do(z)ado]. *Placer deux personnes dos à dos,* chacune tournant le dos à l'autre. *Renvoyer deux personnes, deux parties dos à dos,* sans donner raison à personne. — SUR LE DOS. *Se coucher, s'allonger sur le dos. Avoir un sac sur le dos. N'avoir rien à se mettre sur le dos,* n'avoir rien pour s'habiller. — Loc. fig. *Mettre qqch. sur le dos de qqn,* l'en accuser, l'en rendre responsable. *Cela vous retombera sur le dos,* vous en supporterez les conséquences. ⇒ **nez.** — *Être toujours sur (derrière) le dos de qqn,* surveiller ce qu'il fait ; l'accuser de tous les méfaits. ⇒ **harceler.** *Avoir qqn sur le dos. Se laisser manger la laine sur le dos,* se faire, se laisser exploiter par qqn. **2.** TOURNER LE DOS *à qqch., à qqn* : se présenter de dos. *Le dos tourné à la porte,* le dos contre la porte. *Dès qu'il a le dos tourné,* dès qu'il s'absente un instant. — Marcher dans une direction opposée à celle que l'on veut ou que l'on doit prendre. *Le village n'est pas dans cette direction, vous lui tournez le dos.* **3.** Face supérieure du corps (des animaux) opposé à *ventre. Faire le gros dos,* bomber le dos en raidissant les pattes postérieures (chat). *Monter sur le dos d'un cheval* (→ sur un cheval). — À DOS DE. *Transport à dos de chameau, de mulet.* **II. 1.** Partie (d'un vêtement) qui couvre le dos. *Le dos d'une robe.* **2.** Dossier. *Le dos d'une chaise.* **3.** Partie supérieure et convexe. *Dos et paume de la main.* ⇒ **revers.** *Dos et plante du pied.* — (Choses) *Le dos d'une fourchette.* **4.** Côté opposé au tranchant. *Le dos d'une lame, d'un couteau.* **5.** Partie d'un livre qui unit les deux plats (opposé à *tranche*). *Titre au dos d'un livre.* **6.** Envers (d'un papier écrit). ⇒ **verso.** *L'endroit et le dos de la feuille. Signer au dos d'un chèque.* ‹ ▶ adosser, dos d'âne, dossard, dosse, ① dossier, endosser, tourne-dos ›

dos-d'âne [dodɑn] n. m. invar. ■ Bombement transversal (d'une chaussée). ⇒ **bosse, cahot.** / contr. **nid-de-poules** / *Ralentir avant le dos-d'âne.*

dose [doz] n. f. **1.** Quantité (d'un médicament) qui doit être administrée en une fois. *À haute, à faible dose. Diminuer, augmenter, forcer la dose. Ne pas dépasser* *la dose prescrite.* **2.** Quantité. *Boire sa dose de vin.* ⇒ **ration.** — *Avoir une bonne dose de sottise.* ⇒ **couche.** ▶ ***doser*** v. tr. ▪ conjug. 1. **1.** Déterminer la dose de (un médicament). *Compte-gouttes pour doser un remède.* **2.** Déterminer la proportion des éléments qui entrent dans un mélange. *Doser les ingrédients pour faire une sauce.* ⇒ **mesurer, proportionner, régler.** — Abstrait. *Il faut savoir doser l'ironie.* ▶ ***dosage*** n. m. ▪ Action de doser ; son résultat. ⇒ **posologie.** *Faire un dosage.* ▶ ***doseur*** n. m. ▪ *Bouchon doseur d'un flacon,* qui donne la mesure d'une dose. ‹ ▶ surdose ›

dossard [dɔsaʀ] n. m. ▪ Carré d'étoffe que les athlètes, les sportifs ou les joueurs d'une équipe portent sur le dos et qui indique leur numéro d'ordre.

dosse [dɔs] n. f. ▪ Première ou dernière planche sciée dans un tronc d'arbre, et dont une face non équarrie est recouverte d'écorce. ⇒ **croûte.**

① ***dossier*** [dosje] n. m. ▪ Partie (d'un siège) sur laquelle on appuie le dos. *Le dossier d'une chaise.*

② ***dossier*** n. m. ▪ Ensemble des pièces relatives à une affaire, à une personne, et placées dans une chemise, un classeur... *Constituer, établir un dossier. Un dossier d'inscription. Je vais examiner le dossier de ce fonctionnaire. Elle cherche un dossier dans son ordinateur. Dossier scolaire,* relatif à un élève.

dot [dɔt] n. f. ▪ Vieilli. Bien qu'une femme apporte en se mariant. *Elle a une grosse dot. Il l'épouse pour sa dot.* ▶ ***doter*** v. tr. ▪ conjug. 1. **1.** Vieilli. Pourvoir d'une dot. *Doter richement sa fille.* **2.** Fournir en équipement, en matériel (surtout au p. p.). *Régiment doté d'armes modernes.* ⇒ **équiper, munir. 3.** Pourvoir de certains avantages. ⇒ **favoriser, gratifier.** *La nature a doté son esprit de brillantes qualités.* ▶ ***dotation*** n. f. **1.** Action d'attribuer un revenu ; ce revenu. *La dotation d'un hôpital, d'une fondation.* **2.** Action de doter d'un équipement, de matériel. *La dotation d'un service en véhicules.* **3.** Action de combler un poste vacant. *Le Service de la dotation en personnel d'un ministère.*

douance [duɑ̃s] n. f. ▪ Qualité d'une personne qui est douée, qui possède des aptitudes très supérieures à la moyenne dans un ou plusieurs domaines. ⇒ ① **talent.**

douane [dwan] n. f. **1.** Branche de l'Administration publique chargée d'établir et de percevoir les droits imposés sur les marchandises, à la sortie ou à l'entrée d'un pays. *La douane canadienne. Payer des droits de douane.* **2.** Lieu où est établi le bureau de la douane. *Passer à la douane, passer la douane. La douane d'un poste frontière.* **3.** Droit de douane. ⇒ **taxe.** *Marchandise exemptée de douane.* ▶ ① ***douanier, ière*** n. ▪ Fonctionnaire de la douane. *Douanier qui fouille une valise. Elle est douanière.* ▶ ② ***douanier, ière*** adj. ▪ Relatif à la douane, à la réglementation des importations et exportations. *Barrière douanière. Tarif douanier.* ‹ ▶ dédouaner ›

double [dubl] adj. et n. **I.** Adj. **1.** Qui est répété deux fois, qui vaut deux fois (la chose désignée), ou qui est formé de deux choses identiques. *Consonne double* (ex. : *nn*). *Des doubles rideaux. Des fenêtres doubles* ou *des doubles(-)fenêtres.* ⇒ **châssis.** *Des fenêtres à double vitrage. Un lit double,* à deux places. / contr. ① **simple** / *Un double menton. Barrer une porte à double tour* (de clé). *En double exemplaire.* — (Avec *de* et un compl.) *Une surface double d'une autre.* **2.** (Personnes ; actes) Qui a deux aspects dont un seul est révélé. ⇒ **duplicité.** *Il est double, son attitude est double. Jouer un double jeu*. Mener une* DOUBLE VIE : mener, en marge de sa vie normale, habituelle, une existence que l'on tient cachée. **II.** N. m. **1.** Quantité qui équivaut à deux fois une autre. *Dix est le double de cinq. Elle gagne le double, plus du double.* **2.** Chose semblable à une autre. *Le double d'une facture, d'un acte.* ⇒ **copie, duplicata, reproduction.** — EN DOUBLE loc. adv. : en deux exemplaires. *Les articles que j'ai en double. Voir (en) double,* avoir la vue troublée. **3.** Sports. Partie de tennis, de ping-pong, entre deux équipes de deux joueurs (opposé à *simple*). *Un double messieurs. Les championnats de double.* Baseball. *Jouer un double,* deux matchs dans la même journée entre les deux mêmes équipes. **4.** Baseball, balle-molle. Coup* sûr de deux buts. *Cogner, frapper un double.* ▶ ① ***doublement*** adv. ▪ De deux manières, pour une double raison. *Elle est doublement fautive. Ils se trompent doublement.* ▶ ***doublet*** [dublɛ] n. m. ▪ Mot de même étymologie, mais de forme et de signification différentes. *« Hôpital » et « hôtel » sont des doublets.* ‹ ▶ doubler, gras-double ›

doubler [duble] v. ▪ conjug. 1. **I.** V. tr. **1.** Rendre double. *Elle a doublé sa fortune. Il faut doubler la dose. Doubler le pas,* marcher deux fois plus vite ; augmenter son allure. ⇒ **accélérer. 2.** Mettre qqch. en double, unir deux à deux. / contr. **dédoubler** / *Doubler des fils de tissage.* **3.** Garnir intérieurement de qqch. qui recouvre, augmente l'épaisseur. *Doubler un vêtement de fourrure.* — Au p. p. adj. *Des bottes, des mitaines doublées.* ⇒ **doublure. 4.** V. pron. SE DOUBLER DE. ⇒ s'**accompagner.** *Des compliments qui se doublent d'une moquerie.* **5.** Dépasser un autre véhicule sur la voie qu'il suit. *Voiture qui double un camion.* — Sans compl. *Défense de doubler dans une côte. Doubler sans visibilité est très dangereux.* **6.** Remplacer (qqn) qui ne peut jouer. *Personne qui double un acteur dans une pièce.* ⇒ **doublure** (2). **7.** Faire le doublage de (un film, un acteur). — Au p. p. adj. *Film doublé* (opposé à *en version originale, sous-titré*). **8.** Recommencer une deuxième fois une classe, une matière scolaire. ⇒ **redoubler.** *Doubler un cours de mathématiques. Doubler sa troisième année.* **II.** V. intr. Devenir double. *Le chiffre des importations a doublé.* ▶ ***doublage*** n. m. **1.** Remplacement d'un acteur par un autre, au théâtre. **2.** Remplacement de la bande sonore originale d'un film par l'enregistrement d'autres voix, en une langue différente. *Le doublage d'un film américain en français.* ▶ ② ***doublement*** n. m. ▪ Action de rendre double. *Le doublement des effectifs.* ▶ ***doubleur, euse*** n. ▪ Élève qui redouble une classe, une matière scolaire. ⇒ **redoublant, redoubleur.** ▶ ***doublure*** n. f. **1.** Matière (étoffe, etc.) qui sert à garnir la surface intérieure de qqch. *Un manteau à doublure de soie.* **2.** Acteur, actrice qui remplace, en cas de besoin celui, celle qui devait jouer. *La doublure d'une vedette de cinéma. Pour une scène dangereuse, la doublure est un cascadeur.* ‹ ▶ dédoubler, redoubler ›

en douce loc. adv. ⇒ **doux.**

douceâtre [dusɑtʀ] adj. ▪ Qui est d'une douceur fade. *Un goût douceâtre. Un air, un sourire douceâtre.* ⇒ **doucereux.**

doucement [dusmɑ̃] adv. **1.** Sans employer une grande énergie, sans hâte, sans violence. / contr. ① **fort, rapidement** / *On frappa doucement à la porte.* ⇒ **légèrement.** / contr. **violemment** / *Voiture qui roule doucement.* ⇒ **lentement.** *Travailler doucement,* sans se hâter. ⇒ **mollement.** *Éclairer doucement.* ⇒ **faiblement.** *Parler doucement,* à voix basse. **2.** Sans heurter, sans faire de peine. *Reprendre qqn doucement,* avec bonté, sans sévérité. / contr. **brusquement** / **3.** Médiocrement ; assez mal. ⇒ **couci-couça.** *« Comment va le malade ? – Tout doucement. »* **4.** Interjection pour inviter au calme, à la modération. *Doucement, ne nous emballons pas !*

douceur [dusœʀ] n. f. **1.** Qualité de ce qui procure aux sens un plaisir délicat. *La douceur d'une musique,* *d'un parfum. La douceur d'une peau fine. La douceur de la température.* **2.** Qualité d'un mouvement progressif et aisé, de ce qui fonctionne sans heurt ni bruit. *La douceur d'un mécanisme.* — EN DOUCEUR loc. adv. *Voiture qui démarre en douceur.* **3.** Impression douce, plaisir modéré et calme. ⇒ **joie, satisfaction.** *La douceur de vivre.* ⇒ **bien-être, bonheur. 4.** Qualité morale qui porte à ne pas heurter autrui de front, à être patient, conciliant, affectueux. ⇒ **bienveillance, bonté, gentillesse, indulgence.** *Douceur de caractère.* / contr. **violence** / — *Faire qqch. avec douceur. Elle lui parla avec une grande douceur. Prendre qqn par la douceur,* l'amener à faire ce qu'on veut sans le brusquer. / contr. **brutalité, dureté, rigueur** / **5.** Au plur. DES DOUCEURS : des friandises, des sucreries. — Au sing. *Manger une petite douceur.* ▶ ***doucereux, euse*** [dusʀø, øz] adj. ■ D'une douceur affectée. ⇒ **mielleux, sucré.** *Un air, un ton doucereux.* — N. *Faire le doucereux.*

douche [duʃ] n. f. **1.** Projection d'eau en jet ou en pluie qui arrose le corps. *Prendre une douche froide. Passer, être sous la douche.* Fam. *Il a besoin d'une douche,* d'être calmé. **2.** DOUCHE ÉCOSSAISE : chaude, puis froide ; paroles, événements très désagréables qui suivent immédiatement une parole, un événement très agréable. **3.** Système pour prendre une douche. *Baignoire avec douche. La douche est brisée.* — Au plur. Ensemble des installations permettant de prendre des douches. *Les douches d'un centre sportif.* **4.** Averse ; liquide qui asperge une personne. *L'orage l'a surpris, il a pris une bonne douche.* **5.** Ce qui détruit un espoir, une illusion ⇒ **déception, désappointement**, rabat les prétentions, ramène au sens des réalités. *Il ne s'attendait pas à un pareil échec, quelle douche pour lui !* ▶ ***doucher*** v. tr. ▪ conjug. 1. **1.** Arroser au moyen d'une douche. *Doucher un enfant.* — Pronominalement. *Se doucher,* prendre une douche. **2.** *Nous avons été douchés par l'orage.* ⇒ **mouiller, tremper.**

doudoune [dudun] n. f. **1.** Fam. Veste en duvet. *Mettre sa doudoune pour faire du ski.* **2.** Fam. et péj. Grosse femme. ⇒ fam. **toutoune.** *Les grosses doudounes font du magasinage.*

doué, ée [dwe] adj. **1.** DOUÉ(ÉE) DE : qui possède naturellement. *Elle est douée d'une bonne mémoire.* **2.** DOUÉ(ÉE) POUR : qui a un don, des dons. ⇒ **surdoué, talentueux ;** fam. **bollé.** / contr. en **difficulté** / *Un étudiant doué pour les mathématiques.* ⇒ **bon.** *Il est très doué pour la musique.* — Sans compl. *Un enfant très doué,* qui a des dons naturels. — Fam. *T'es pas doué, toi,* tu es maladroit, incapable. ▶ ***douer*** v. tr. ▪ conjug. 1. ■ (Dieu, la nature, etc.) Pourvoir de qualités, d'avantages. ⇒ **avantager, doter.** *La nature l'a doué de beaucoup de patience.* ‹ ▶ douance, surdoué ›

douille [duj] n. f. **1.** Pièce de métal cylindrique qui sert à adapter un instrument à un manche. *La douille d'une bêche. La douille d'un porte-plume.* — Pièce métallique dans laquelle on fixe le culot d'une ampoule. *Visser l'ampoule dans la douille.* **2.** Cylindre qui contient l'amorce et la charge de la cartouche. *Douille d'obus, de fusil.*

douillet, ette [dujɛ, ɛt] adj. **1.** Qui est délicatement moelleux. ⇒ **confortable, doux.** *Lit douillet. Vêtement douillet,* moelleux et chaud. *Un intérieur douillet,* confortable. **2.** (Personnes) Exagérément sensible aux petites douleurs physiques. *Il ne faut pas être si douillet.* / contr. **courageux, endurant** / — N. *Faire le douillet.* ▶ ***douillette*** n. f. **1.** Couverture rembourrée qui recouvre le lit. ⇒ ① **couette, courtepointe, couvre-pieds, édredon. 2.** (France) Manteau, vêtement ouaté (spécialt, d'ecclésiastique). ▶ ***douillettement*** adv. ■ *Élever un enfant trop douillettement.*

douleur [dulœʀ] n. f. **1.** Sensation physique pénible. / contr. **plaisir** / *Ressentir une douleur dans l'épaule* (⇒ **souffrir**). *Cri de douleur. Un blessé qui se tord de douleur. Douleur aiguë, lancinante, sourde. Remède qui calme la douleur.* — Au plur. *Les douleurs de l'accouchement* ou ellipt *les douleurs.* ⇒ **contraction. 2.** Sentiment ou émotion pénible résultant d'un manque, d'une peine, d'un événement malheureux. ⇒ **chagrin, peine, souffrance.** / contr. **bonheur** / *J'ai eu la douleur de perdre ma mère. Confier sa douleur à qqn.* PROV. *Les grandes douleurs sont muettes,* on ne peut pas les exprimer. ▶ ***douloureux, euse*** adj. **1.** Qui cause une douleur, s'accompagne de douleur physique. *Sensation douloureuse. Maladie douloureuse.* / contr. **indolore** / **2.** Qui est le siège d'une douleur physique. *Avoir les pieds douloureux* ⇒ **endolori. 3.** Qui cause une douleur morale. *Séparation douloureuse. Un moment douloureux,* rempli de douleurs. ⇒ **pénible, triste.** / contr. **agréable, plaisant** / ▶ ***douloureuse*** n. f. ■ Fam. La facture à payer. *J'ai reçu la douloureuse.* ▶ ***douloureusement*** adv. ■ *Ils ont été douloureusement éprouvés par la mort de leur mère.* ‹ ▶ endolori, indolore, souffre-douleur ›

doute [dut] n. m. **1.** État de l'esprit qui est incertain de la réalité d'un fait, de la vérité de paroles, de la conduite à adopter dans une circonstance. ⇒ **hésitation, incertitude, perplexité.** *Être dans le doute au sujet de qqch.* PROV. *Dans le doute, abstiens-toi.* — HORS DE (TOUT) DOUTE. *Cela est hors de doute,* certain, incontestable. — METTRE EN DOUTE. *Je mets en doute sa sincérité.* ⇒ **contester. 2.** Position philosophique qui consiste à ne rien affirmer d'aucune chose. ⇒ **scepticisme.** *Le doute cartésien.* **3.** UN DOUTE : jugement par lequel on doute de qqch. *Avoir un doute (des doutes) sur l'authenticité d'un document. Il n'y a pas de doute, pas l'ombre d'un doute,* la chose est certaine. *Cela ne fait aucun doute.* — *Il n'y a pas de doute que... ; nul doute que...* (avec *ne* + subjonctif). *Nul doute qu'il ne vienne.* (+ indicatif) *Il n'y a pas de doute qu'il viendra.* **4.** SANS DOUTE loc. adv. : selon toutes les apparences. — REM. L'expression *sans doute* implique aujourd'hui, qu'il y a au contraire un doute. ⇒ **apparemment, peut-être, probablement, vraisemblablement.** *Elle a sans doute oublié. Sans doute arrivera-t-elle demain.* — Marquant une concession. *C'est sans doute vrai, mais...* — SANS NUL (AUCUN) DOUTE : certainement, assurément. *« Vous viendrez ? – Sans aucun doute. »* ▶ ① ***douter*** v. tr. ind. et dir. ▪ conjug. 1. **1.** Être dans l'incertitude de (la réalité d'un fait, la vérité d'une assertion). DOUTER DE. *Je doute de son succès. « Il acceptera ? – J'en doute fort. » N'en doutez pas,* soyez-en certain. — DOUTER QUE (+ subjonctif). *Je doute fort qu'il vous reçoive. Je ne doute pas que vous remplissiez dignement votre mission.* **2.** Mettre en doute (des croyances fondamentales considérées comme des vérités). *Les sceptiques doutent de tout.* **3.** NE DOUTER DE RIEN : aller de l'avant sans s'inquiéter des difficultés. **4.** Ne pas avoir confiance en (qqn, qqch.). ⇒ se **défier,** se **méfier.** *Douter de qqn, de sa parole.* ▶ ② ***se douter*** v. pron. ▪ conjug. 1. ■ SE DOUTER DE : considérer, se représenter comme tout à fait probable (ce dont on n'a pas connaissance). ⇒ **croire, deviner, imaginer, pressentir, soupçonner.** *Vous doutiez-vous de cela ? Je ne me doutais de rien. Il est très mécontent, je m'en doute ; je ne m'en serais jamais douté.* — SE DOUTER QUE (+ indicatif) ⇒ **supposer.** *Je me doute que c'est difficile. Nous nous doutions bien qu'elle ne viendrait pas.* ▶ ***douteux, euse*** adj. **1.** Dont l'existence ou la réalisation n'est pas certaine, dont on peut douter. ⇒ **incertain.** / contr. **assuré** / *Un fait douteux. Son succès est douteux.* ⇒ **problématique.** — IL EST DOUTEUX QUE (+ subjonctif). *Il est douteux qu'il vienne ce soir.* (Négatif, + indicatif ou subjonctif) *Il n'est* *pas douteux qu'elle va venir, qu'elle vienne.* **2.** Dont la nature n'est pas certaine, sur quoi on s'interroge. *Sens douteux d'une phrase, d'une proposition.* ⇒ **ambigu.** **3.** Qui n'a pas ou ne semble pas avoir les qualités qu'on en attend. *Un jour douteux,* une clarté faible. *Viande douteuse* (peut-être avariée, opposé à *frais*), champignon douteux (peut-être vénéneux). *Décoration d'un goût douteux,* plutôt mauvais. **4.** Qui n'est guère propre. *Verres, vêtements douteux.* **5.** Qui n'inspire pas confiance, qui éveille la méfiance. *Un personnage douteux.* ⇒ **suspect.** *Une réputation douteuse.* ‹ ▶ redouter ›

① ***douve*** [duv] n. f. ■ Fossé, originellement rempli d'eau, autour d'un château. *Les douves d'une forteresse.*

② ***douve*** n. f. ■ Planche servant à la fabrication des tonneaux.

doux, douce [du, dus] adj. et adv. **I.** Adj. **1.** Qui a un goût faible ou sucré (opposé à *acide, amer, épicé, fort, piquant, salé,* etc.). ⇒ péj. **douceâtre.** *Amandes, oranges, pommes douces. Vin doux,* sucré (opposé à *vin sec*). — *Eau douce,* eau des lacs et des rivières, non salée (opposé à *eau de mer, eau salée*). **2.** Agréable au toucher par son caractère lisse, souple (opposé à *dur*). / contr. **rêche, rude, rugueux** / *Peau douce. Lit, matelas très doux.* ⇒ **moelleux.** **3.** Qui épargne les sensations violentes, désagréables. *Cette année, l'hiver a été doux.* ⇒ **clément, tempéré.** *Doux murmures.* ⇒ **léger.** *Lumière douce.* ⇒ **tamisé.** **4.** Qui procure une jouissance calme et délicate. ⇒ **agréable.** *Un espoir bien doux. Avoir la vie douce.* ⇒ **facile.** **5.** Qui n'a rien d'extrême, d'excessif. ⇒ **faible.** *Pente douce. Cuire à feu doux. Châtiment trop doux.* — MÉDECINES DOUCES *(homéopathie, acuponcture,* etc.*).* **6.** (Personnes) Qui ne heurte, ne blesse personne, n'impose rien, ne se met pas en colère. ⇒ **bienveillant,** ① **fin, gentil, indulgent, patient.** / contr. **agressif, brutal, dur, sévère, violent** / *Une jeune fille douce. Elle est douce avec ses enfants. Doux comme un agneau, comme un mouton.* ⇒ **inoffensif.** — N. *C'est un doux,* un homme doux. **7.** Qui exprime des sentiments tendres, amoureux. — Loc. *Faire les yeux doux,* regarder amoureusement. *Un billet doux,* galant. **8.** *Mon doux !,* interjection exprimant différents sentiments (joie, malheur...). *Mon doux que tu es chanceuse ! Mon doux ! j'ai perdu mon porte-monnaie. Mon doux Seigneur qu'il fait froid !* **II.** Adv. **1.** Loc. fam. FILER DOUX : obéir humblement sans opposer de résistance. **2.** FAIRE DOUX : faire un temps agréable. / contr. **froid** / *Début mars, il fera doux.* **3.** Fam. EN DOUCE : sans bruit, avec discrétion. *Partir en douce. En douce, elle a réussi mieux que tout le monde,* sans en avoir l'air. ‹ ▶ adoucir, aigre-doux, douceâtre, doucement, douceur, radoucir, redoux, saindoux, taille-douce ›

douze [duz] adj. invar. et n. invar. **1.** Adj. numéral cardinal invar. Nombre correspondant à dix plus deux (12). *Les douze mois de l'année. Soixante-douze* (72). *Douze cents* ou *mille deux cents* (1 200). **2.** Adj. numéral ordinal invar. ⇒ **douzième.** *Numéro douze. Douze heures trente,* ou plus cour. *midi et demi. Le douze mai.* **3.** N. m. Le nombre douze. *Trois fois quatre font douze. Le douze (numéro).* **4.** N. m. Ellipt. Fam. UN DOUZE : un fusil de chasse de calibre douze. *S'acheter un douze.* ▶ ***douzaine*** n. f. **1.** Réunion de douze choses de même nature. *Une douzaine d'œufs, d'huîtres.* **2.** Quantité indéterminée se rapprochant de douze. *Un garçon d'une douzaine d'années.* — Loc. fam. *À la douzaine,* en quantité. ▶ ***douzième*** adj. et n. **1.** Adj. ordinal. *Le douzième et dernier mois de l'année. Habiter le Douzième Rang.* — N. *Arriver le, la douzième.* **2.** Se dit d'une fraction d'un tout divisé également en douze. — N. m. *Un douzième des candidats a été reçu.* ▶ ***douzièmement*** adv. ■ En douzième lieu. ‹ ▶ demi-douzaine ›

doyen, enne [dwajɛ̃, ɛn] n. **1.** Universitaire responsable de l'administration d'une faculté. *Le doyen de la faculté des Lettres.* **2.** Personne qui est le plus ancien des membres d'un corps, par ordre de réception. *Le doyen des députés de l'Assemblée nationale.* **3.** Personne la plus âgée (on dit aussi *doyen d'âge*). *La doyenne du village est centenaire.*

drabe [dʀab] adj. Anglic. Fam. **1.** Beige. *Un manteau drabe.* **2.** (Personnes) Qui est sans caractère, très effacé. *Des employés drabes.* — N. *C'est un, une drabe.* — (Choses) Très ordinaire, banal. ⇒ **stéréotypé.** *Une musique, un spectacle drabe. Elle trouve la vie drabe,* ennuyeuse.

drachme [dʀakm] n. f. ■ Dans la Grèce antique. Monnaie d'argent divisée en six oboles. — Unité monétaire de la Grèce moderne.

draconien, ienne [dʀakɔnjɛ̃, jɛn] adj. ■ D'une excessive sévérité. ⇒ **énergique, radical, rigoureux ;** anglic. **drastique** (II). *Le gouvernement a pris des mesures draconiennes.*

draft, draffe ou ***draught*** [dʀaf] n. f. ■ Anglic. Bière en fût. ⇒ ① **pression.** *Boire de la draft.* — Le contenu d'un verre. *Prendre une draft dans une brasserie. Des drafts.*

dragage [dʀagaʒ] n. m. ■ Action de draguer. *Le dragage d'une rivière.*

dragée [dʀaʒe] n. f. **1.** (Surtout en France) Confiserie, amande ou praline recouverte de sucre durci. *Un cornet de dragées. Dragées de baptême, roses* (filles), *bleues* (garçons). **2.** Préparation pharmaceutique à sucer, formée d'un médicament recouvert de sucre. **3.** Loc. TENIR LA DRAGÉE HAUTE *à qqn,* lui faire sentir son pouvoir, lui tenir tête.

dragon [dʀagɔ̃] n. m. **I.** **1.** Animal fabuleux qu'on représente généralement avec des ailes, des griffes et une queue de serpent, et qui crache du feu. *Un dragon gardait les pommes d'or du jardin des Hespérides.* **2.** Dans l'iconographie chrétienne. Figure du démon (⇒ **serpent**). *Saint Georges terrassant le dragon.* **3.** Plaisant. Loc. *Un* DRAGON DE VERTU : une femme affectant une vertu farouche. **II.** (France) **1.** Autrefois. Soldat de cavalerie. *Expédition des dragons contre les huguenots* (protestants), *sous Louis XIV* (appelée *dragonnade,* n. f.). **2.** Soldat de certaines unités de blindés.

dragonne [dʀagɔn] n. f. ■ Cordon, galon qui garnit la poignée d'un sabre, d'une épée. — Courroie d'un appareil photo, d'un bâton de ski, d'un parapluie, etc., qu'on passe au poignet.

① ***drague*** [dʀag] n. f. **1.** Filet de pêche en forme de poche et dont la partie inférieure racle le fond. *Drague à huîtres, à moules. Pêcheur à la drague.* **2.** Engin mécanique installé sur un navire et destiné à curer les fonds des fleuves, canaux, estuaires, à creuser les bassins et chenaux des ports. *Drague à godets. Drague suceuse.* ▶ ① ***draguer*** v. tr. ▪ conjug. 1. ■ Curer, nettoyer (le lit d'une rivière, le fond d'un port) à la drague. *Draguer un bassin.* ▶ ① ***dragueur*** n. m. ■ Bateau muni d'une drague. — Navire destiné à la recherche et à l'enlèvement des mines sous-marines. *Dragueur de mines.* ‹ ▶ dragage ›

② ***draguer*** v. tr. ▪ conjug. 1. ■ Fam. Chercher à racoler (qqn). ⇒ anglic. **cruiser.** *Draguer les filles.* — Sans compl. *Il drague dans les discothèques.* ▶ ② ***drague*** n. f. ■ Fam. Le fait de draguer.

▶ ② ***dragueur, euse*** n. ■ Fam. Personne qui recherche une, des aventures amoureuses. ⇒ fam. **cruiseur.**

drain [dʀɛ̃] n. m. **1.** Tube percé de trous et destiné à favoriser l'écoulement des liquides (pus, etc.) dans l'organisme. *Placer un drain dans une plaie.* **2.** Tuyau servant à faire écouler l'eau des sols trop humides. *Mettre des drains dans un terrain.* ▶ ***drainer*** [dʀɛne] v. tr. ▪ conjug. 1. **1.** Débarrasser (un terrain) de l'excès d'eau par le drainage. ⇒ **assécher.** / contr. **irriguer** / *Drainer un marais.* — Au p. p. adj. *Prairie drainée.* — (Cours d'eau) Rassembler les eaux d'un territoire. — *Drainer une plaie,* favoriser l'écoulement des liquides (pus, etc.) en plaçant un drain. **2.** Faire affluer en attirant à soi (pour conserver ou pour dériver). *Drainer la main-d'œuvre étrangère par une politique d'immigration. Drainer les capitaux étrangers dans la province.* ▶ ***drainage*** n. m. ■ Écoulement de l'eau retenue en excès dans les terres, grâce à un système de canalisations. *Le drainage d'un marais. Eaux de drainage.*

drakkar [dʀakaʀ] n. m. ■ Ancien navire à voile carrée et à rames des pirates normands (Vikings). *Les drakkars normands.*

dramatique [dʀamatik] adj. et n. **1.** (Ouvrage littéraire) Destiné au théâtre ; relatif aux ouvrages de théâtre. *Art dramatique,* l'ensemble des activités théâtrales. *Musique dramatique,* la musique composée pour la scène. ⇒ **opéra.** — *Émission dramatique,* de théâtre. ⇒ **théâtral.** N. f. *Une dramatique.* **2.** Qui s'occupe de théâtre. *Auteur, poète dramatique.* ⇒ **dramaturge. 3.** Qui est susceptible d'émouvoir vivement le spectateur, au théâtre. ⇒ **émouvant, poignant.** *Situation, dénouement dramatique.* **4.** (Événements réels) Très grave et dangereux ou pénible. ⇒ **terrible, tragique.** *La situation est dramatique. Cela n'a rien de dramatique,* ce n'est pas bien grave. ▶ ***dramatiquement*** adv. ■ D'une manière dramatique, tragique. *L'affaire se termina dramatiquement.* ⇒ **tragiquement.** ▶ ***dramatiser*** v. tr. ▪ conjug. 1. ■ Accorder une importance exagérée à. ⇒ **exagérer.** / contr. **dédramatiser** / *Il ne faut rien dramatiser, la situation n'est pas perdue.* ▶ ***dramaturge*** n. ■ Auteur d'ouvrages destinés au théâtre. *Une dramaturge de talent.* ‹ ▶ dédramatiser, mélodramatique ›

drame [dʀam] n. m. **1.** Histoire littéraire. Genre théâtral comportant des pièces dont l'action généralement tragique s'accompagne d'éléments réalistes, familiers, comiques. *Le drame bourgeois* (genre du XVIIIe siècle), *le drame romantique* (XIXe siècle). **2.** Toute pièce d'un caractère grave, pathétique (opposé à *comédie*). *« La Dalle-des-Morts », drame en trois actes de Félix-Antoine Savard.* ≠ *tragédie* **3.** Événement ou suite d'événements tragiques, terribles. ⇒ **catastrophe, tragédie.** *Un drame affreux, sanglant. Il ne faut pas en faire un drame,* dramatiser. *Un drame passionnel.* ‹ ▶ dramatique, mélodrame, psychodrame ›

drap [dʀɑ] n. m. **1.** Tissu de laine dont les fibres sont feutrées par le foulage. *Drap fin, gros drap. Costume de drap.* **2.** DRAP DE LIT ou DRAP : pièce de toile rectangulaire, qui sert à isoler le corps soit du matelas *(drap de dessous* ou *drap housse), soit des couvertures (drap de dessus* ou *drap plat). Une paire de draps.* — *Drap-housse* ou fam. *drap contour,* drap de dessous dont les coins sont cousus de manière à emboîter le matelas. ⇒ **couvre-matelas.** *Des draps-housses.* **3.** Loc. fig. DANS DE BEAUX DRAPS : dans une situation critique. *Nous voilà dans de beaux draps !* ÊTRE BLANC* COMME UN DRAP. ▶ ***draper*** v. tr. ▪ conjug. 1. **1.** Habiller (qqn) de vêtements amples, formant des plis harmonieux. *Draper un mannequin dans une soierie.* — Pronominalement. *Se draper dans une cape.* **2.** (Étoffe) Recouvrir en formant des plis. **3.** Disposer (une étoffe) de manière qu'elle forme des plis harmonieux. *Couturier qui drape une étoffe sur un mannequin.* — Au p. p. adj. *Étoffe drapée.* — N. m. *Un beau drapé.* **4.** Loc. *Se draper dans sa dignité,* affecter une attitude de dignité offensée, orgueilleuse. ▶ ***draperie*** [dʀapʀi] n. f. **1.** Tissu de laine, dans le commerce. ⇒ **lainage. 2.** Étoffe, vêtement ample et formant de grands plis. *Les draperies d'une sculpture.* ⇒ **drapé. 3.** (Surtout au plur.) Étoffe de tenture drapée. *Les draperies d'une fenêtre.* ▶ ***drapier, ière*** n. ■ Fabricant, marchand de drap (1). — En appos. *Des marchands drapiers.*

drapeau [dʀapo] n. m. **1.** Étoffe attachée à une hampe et portant les couleurs, les emblèmes d'une nation, d'un groupement, d'un chef, pour servir de signe de ralliement, de symbole. ⇒ **étendard,** ③ **pavillon.** *Le drapeau à feuille d'érable du Canada. Le drapeau québécois comporte quatre fleurs de lis sur fond bleu.* ⇒ **fleurdelisé.** *Hisser un drapeau. Garnir un édifice de drapeaux.* ⇒ **pavoiser.** *Mettre les drapeaux en berne*. Drapeau rouge,* emblème révolutionnaire. *Drapeau blanc,* drapeau qui, en temps de guerre, indique à l'ennemi qu'on veut parlementer ou se rendre. *Drapeau noir,* des pirates, des anarchistes. **2.** Drapeau servant de signal. *Drapeau rouge d'un arbitre. Drapeau à carreaux blancs et noirs utilisé lors des courses automobiles.* **3.** Symbole de l'armée, de la patrie. *Le respect du drapeau.* — Loc. *Être* SOUS LES DRAPEAUX : être en activité de service dans l'armée. ‹ ▶ porte-drapeau ›

drastique [dʀastik] adj. **I.** Médecine. Qui exerce une action particulièrement énergique. *L'huile de ricin est un remède drastique. Un purgatif drastique.* — N. *Un drastique.* **II.** Anglic. (Choses) Sévère, énergique, radical. ⇒ **draconien.** *Prendre des mesures drastiques contre les fumeurs.* ⇒ **contraignant.** *Le gouvernement a procédé à des coupures drastiques dans les budgets municipaux.* ⇒ **considérable, massif.** — (Personnes) *Il s'est montré drastique avec son fils.* ⇒ **intraitable.** ▶ ***drastiquement*** adv. ■ D'une manière drastique (II), draconienne.

draught n. f. ⇒ **draft.**

drave [dʀav] n. f. ■ (Anciennt.) Transport des billes de bois par flottage. *Faire la drave était très dangereux.* ▶ ***draver*** v. tr. ▪ conjug. 1. ■ Faire la drave, spécialt diriger le flottage des billes de bois. ⇒ ② **flotter** (II). — (Sans compl.) *Il est parti draver.* ▶ ***draveur*** n. m. ■ Ouvrier forestier qui fait la drave. *« Menaud, maître-draveur », œuvre de Félix-Antoine Savard.* — REM. Le féminin est inusité.

① ***dresser*** [dʀese] v. tr. ▪ conjug. 1. **I.** V. tr. **1.** Tenir droit et verticalement. ⇒ **lever.** *Chien, cheval qui dresse les oreilles.* — Loc. *Dresser l'oreille,* écouter attentivement, diriger son attention. **2.** Faire tenir droit. ⇒ **élever, ériger.** *Dresser un monument, une statue. Dresser un lit, une tente.* ⇒ **monter. 3.** Disposer comme il le faut. ⇒ **installer, préparer.** — *Dresser la table, le couvert,* mettre. *Dresser un plat,* le présenter. **4.** Faire, établir avec soin ou dans la forme prescrite. *Dresser une carte, un plan.* ⇒ **élaborer.** *Dresser un inventaire. Je vais dresser la liste des cadeaux de Noël. Dresser un procès-verbal.* **5.** Abstrait. *Dresser une personne contre une autre,* mettre en opposition. ⇒ **braquer, monter. II.** SE DRESSER v. pron. **1.** (Êtres vivants) Se mettre droit. *Se dresser sur la pointe des pieds pour mieux voir.* **2.** (Suj. chose) Être droit. *Montagne qui se dresse à l'horizon.* ⇒ s'**élever.** *Les obstacles qui se dressent sur la route.* **3.** Abstrait. *Se dresser contre qqn.* ⇒ s'**opposer** à. *Le peuple, le pays s'est dressé contre l'envahisseur, l'oppresseur.* ‹ ▶ dressoir, redresser ›

② ***dresser*** v. tr. ▪ conjug. 1. **1.** Habituer (un animal) à faire docilement et régulièrement qqch. *Dresser un chien à rapporter le gibier. Dresser des animaux de cirque, des fauves.* ⇒ **dompter.** — Au p. p. adj. *Des animaux dressés.* **2.** Fam. Faire céder, plier (qqn). ⇒ **mater.** *Je vais te dresser. Ça le dressera.* ▸ ***dressage*** n. m. **1.** Action de dresser un animal. *Dressage savant des animaux de cirque.* **2.** Fam. Éducation très sévère. ▸ ***dresseur, euse*** n. ■ Personne qui dresse des animaux. *Dresseur de chiens.*

dressoir [dʀɛswaʀ] n. m. ■ Vx. Étagère, buffet anciens où sont disposés des objets faisant partie du service de la table (vaisselle, récipients). ⇒ **vaisselier.**

dribbler [dʀible] v. ▪ conjug. 1. **1.** V. intr. Basketball. Courir en faisant rebondir le ballon avec la main sans en perdre le contrôle. — Soccer. Courir en poussant devant soi le ballon à petits coups de pied sans en perdre le contrôle. *Le joueur arrive en dribblant.* **2.** V. tr. *Dribbler un adversaire,* le passer en dribblant. ▸ ***dribble*** [dʀibl] n. m. ■ Action de dribbler. *Trois dribbles successifs.*

① ***drille*** [dʀij] n. m. ■ *Un* JOYEUX DRILLE : un joyeux compagnon, un homme jovial. ⇒ **luron.**

② ***drille*** [dʀil] n. f. ■ Anglic. Tige d'acier qui peut être fixée à une perceuse ou un vilebrequin et qui sert à forer les bois, les métaux. ⇒ ② **fraise.** *Une drille à bois, à métaux.* — Fraise du dentiste. ▸ ***driller*** v. ▪ conjug. 1. Fam. **1.** V. tr. Forer, fraiser. *La dentiste a drillé la dent carriée.* **2.** V. intr. Effectuer un travail (forage, fraisage) à l'aide d'une drille. *Il drillait dans le mur.* ▸ ***drillage*** n. m. ■ Fam. Action de driller. ⇒ **forage, fraisage.**

dring [dʀiŋ] ou ***ding*** [diŋ] interj. et n. m. ■ Onomatopée évoquant le bruit d'une sonnette ou du téléphone. — Répété : *Dring, dring !* — (Sonnette) Alterné : *Ding, dong !*

drive [dʀajv] n. m. ■ Anglic. Coup droit, au tennis. *Des drives.* Golf. Long coup frappé au départ d'un trou.

drogue [dʀɔg] n. f. **1.** Médicament dont on conteste l'utilité, l'efficacité ou dont on condamne l'usage. *Toutes les drogues que lui ordonne son médecin lui font plus de mal que de bien.* **2.** LA DROGUE : toxiques, stupéfiants (cocaïne, morphine, L.S.D., etc.). ⇒ fam. **dope.** *Faire le trafic de la drogue.* ▸ ***drogué, ée*** adj. et n. ■ (Personnes) Qui se drogue. ⇒ **toxicomane ;** fam. **capoté, dopé.** *Un jeune homme drogué.* ⇒ **gelé ;** anglic. **stone.** — *Une droguée.* ▸ ***droguer*** v. tr. ▪ conjug. 1. **1.** Faire prendre à (un malade) beaucoup de drogues. — Pronominalement. *Il se détruira la santé à force de se droguer.* **2.** Faire prendre de la drogue, des stupéfiants à. *On l'a drogué.* — Pronominalement. *Il se drogue depuis des années.* ⇒ fam. se **défoncer.** ‹ ▸ antidrogue ›

droguerie [dʀɔgʀi] n. f. ■ (France) Commerce et magasin de produits chimiques et pharmaceutiques les plus courants, des produits de toilette, d'hygiène, de ménage, d'entretien. ⇒ **pharmacie, quincaillerie.** ▸ ***droguiste*** n. ■ (France) Personne qui tient une droguerie. ⇒ **marchand** de couleurs. ⇒ **pharmacien, quincaillier.**

① ***droit, droite*** [dʀwa, dʀwat] adj. et adv. **I.** Adj. **1.** Qui est sans déviation, d'un bout à l'autre. / contr. **courbe,** ① **croche** (I) / *Barre droite. Se tenir droit. Être droit comme un I, un piquet,* très droit. *Ligne droite,* dont la direction est constante ; qui va d'un point à un autre par le chemin le plus court. *Il y a deux kilomètres en ligne droite. La route est droite.* **2.** Vertical. / contr. **oblique** / *Tenez la soupière bien droite. Remettre droit ce qui est tombé.* ⇒ **debout.** *Écriture droite* (opposé à *penché*). *Angle droit,* de 90°. *Ces deux rues se coupent à angle droit.* **3.** Dont les formes sont verticales. *Veston droit,* bord à bord (opposé à *veston croisé*). *Jupe droite.* **4.** Abstrait. (Personnes) Qui ne s'écarte pas d'une règle (morale). ⇒ **droiture.** *Un homme simple et droit.* ⇒ **honnête, juste, loyal, sincère. II.** Adv. En ligne droite. *Marcher droit. Viser droit. C'est droit devant vous, tout droit. Aller droit devant soi.* — Loc. *Passer, continuer tout droit,* dépasser son point de destination par inadvertance. *Je n'ai pas reconnu la maison et je suis passé tout droit. Passer tout droit au feu rouge, à l'arrêt,* ne pas s'arrêter. ⇒ **brûler** (4). — Abstrait. ALLER DROIT : par la voie la plus rapide. ⇒ **directement.** *Aller droit au but. Allez droit au fait. Cette intention me va droit au cœur.* — MARCHER DROIT : bien se conduire, être obéissant. *Il va falloir marcher droit !* — Loc. *Passer tout droit,* se réveiller plus tard que l'heure prévue. *Elle est arrivée en retard à son cours parce qu'elle est passée tout droit ce matin.* ‹ ▸ droite, droiture, ① endroit, ② endroit ›

② ***droit, droite*** adj. et n. m. **I.** Adj. Qui est du côté opposé à celui du cœur de l'observateur. / contr. ① **gauche** / *Le côté droit* (⇒ **droite**). *La main droite. La rive droite d'une rivière* (dans le sens du courant). — Sports. *L'ailier droit,* qui joue à la droite du joueur de centre. **II.** N. m. Le poing droit du boxeur. *Direct, crochet du droit.* — Sports. *Jouer à droite,* à l'aile droite. ‹ ▸ droitier ›

③ ***droit*** n. m. **I.** UN DROIT, DES DROITS. **1.** Ce que chacun peut exiger, ce qui est permis, selon une règle morale, sociale. *Les droits naturels. Priver qqn de ses droits. Les Droits de la personne. Le droit des peuples à disposer d'eux-mêmes. Disposer d'un droit de veto*.* — AVOIR LE DROIT DE (+ infinitif). *On n'a pas le droit de me juger. Elles n'ont pas le droit de sortir le soir.* ⇒ **permission.** — AVOIR DROIT À (+ substantif). *Vous avez droit à des excuses.* — ÊTRE EN DROIT DE : avoir le droit de. *Vous êtes en droit de réclamer un dédommagement. Être dans son (bon) droit* (opposé à *dans son tort*). **2.** Ce qui est exigible ou permis par conformité à une règle précise (loi, règlement). ⇒ **faculté, prérogative, privilège.** *Droits civiques, droits du citoyen, droits politiques,* électorat, éligibilité. — *Droits civils, privés. Défendre ses droits devant la justice. Droit de chasse, de stationnement. Le droit de vote.* — Au plur. *Droits d'auteur* (⇒ **auteur**). — Loc. *Tous droits réservés,* droit exclusif d'exploitation. **3.** Ce qui donne une autorité morale considérée comme légitime. *Les droits de l'amitié. Avoir des droits à la reconnaissance de qqn.* **4.** Au plur. Somme d'argent, redevance exigée. ⇒ **contribution, impôt, taxe.** *Droits d'inscription à l'université.* ⇒ ② **frais.** *Droits de scolarité. Droits de douane.* **II.** LE DROIT. **1.** Ce qui constitue le fondement des droits de la personne vivant en société. ⇒ **légalité, justice, morale.** *Du droit.* ⇒ **juridique.** *Opposer le droit au fait.* PROV. *La force prime le droit.* — Loc. FAIRE DROIT. *Faire droit à une demande,* la satisfaire. — À BON DROIT loc. adv. : d'une façon juste et légitime (opposé à *à tort*). *Elle peut à bon droit se plaindre.* — DROIT DIVIN : doctrine du XVIIe s., d'après laquelle le roi est directement investi par Dieu. *Monarchie de droit divin.* **2.** Règles juridiques en vigueur dans un État. *Droit canadien, anglais. Droit romain. Droit commun,* règles générales, lorsqu'il n'y a aucune dérogation particulière. *Les prisonniers de droit commun* (opposé à *prisonniers politiques*). *Le tribunal de droit commun* (opposé à *tribunal d'exception*). — Loc. adv. DE DROIT : légal, prévu par les textes juridiques. — DE PLEIN DROIT : sans qu'il soit nécessaire de manifester de volonté, d'accomplir de formalité. — QUI DE DROIT : personne ayant un droit sur..., personne compétente. *Adressez-vous à qui de* *droit.* — EN DROIT. ⇒ **juridiquement.** *Être responsable en droit* (s'oppose à *en fait*). — *Droit public et droit privé. Droit civil,* traitant des personnes (capacité, famille, mariage), des biens, des successions, des obligations... *Droit constitutionnel,* partie du droit public relative à l'organisation de l'État (pouvoir ; souveraineté ; constitution, régime). — *Droit pénal* ou *criminel,* qui a trait aux infractions et aux peines, à la procédure criminelle. **3.** La science juridique. *Étudiante en droit. Faire son droit.* ⟨ ▶ ayant droit, passe-droit ⟩

① ***droite*** [dʀwat] n. f. / contr. **gauche** / **1.** Le côté droit, la partie droite. *Il ne sait pas distinguer sa droite de sa gauche. Se diriger vers la droite. C'est à votre droite, sur votre droite.* **2.** Le côté droit d'un chemin, d'une route. *Tenir, garder sa droite.* **3.** (Surtout en France) *La droite d'une assemblée politique,* les députés des partis conservateurs (qui siègent à droite du président). — Fraction de l'opinion publique conservatrice ou réactionnaire. *Toute la droite a voté pour lui. Journal d'extrême droite.* **4.** Loc. adv. À DROITE : du côté droit. *Tourner à droite.* — De droite et de gauche, de tous côtés. — Sur la partie droite de la chaussée. *Roulez à droite !* — Fam. Avec les gens de droite, en politique. *Voter à droite.* — Adj. *Elle est très à droite.*

② ***droite*** n. f. ■ Ligne dont l'image est celle d'un fil parfaitement tendu et qui, en géométrie euclidienne, est le chemin le plus court d'un point à un autre. / contr. **courbe** / *Par deux points on peut faire passer une droite et une seule. Droites parallèles.* ⟨ ▶ demi-droite ⟩

droitier, ière [dʀwatje, jɛʀ] adj. ■ Qui se sert mieux de la main droite que de la main gauche (⇒ **ambidextre**). — N. *Un droitier.* / contr. **gaucher** /

droiture [dʀwatyʀ] n. f. ■ Qualité d'une personne droite (①, I, 4), dont la conduite est conforme aux lois de la morale, du devoir. ⇒ **franchise, honnêteté, loyauté.** *Une grande droiture d'esprit.*

drôle [dʀol] adj. **I.** Comique. **1.** Qui prête à rire, fait rire. ⇒ **amusant, comique, plaisant ;** fam. **crampant, marrant, rigolo, tordant.** / contr. ① **plat** / *Il est drôle avec ce petit chapeau. Une histoire drôle. La situation actuelle n'est pas drôle,* elle est triste. **2.** (Personnes) Qui sait faire rire. ⇒ **amusant, gai.** *Cette humoriste est drôle.* **II.** Bizarre. **1.** Qui est anormal, étonnant.⇒ **bizarre, curieux, étonnant, étrange, singulier.** / contr. **normal** / *La porte était restée ouverte, ça m'a semblé drôle.* (Avec *que* + subjonctif) *Nous trouvons drôle qu'il ait oublié de nous prévenir.* — Loc. *C'est encore drôle !,* ce n'est pas si certain que cela. / contr. **sûr** / *« Elle viendra demain. – C'est encore drôle ! »* — (Personnes) *Vous êtes drôle ! Qu'auriez-vous fait à ma place ? Se sentir tout drôle,* ne pas se sentir comme d'habitude. **2.** DRÔLE DE... *Un drôle d'instrument. Il porte une drôle de casquette. Faire une drôle de tête. Un drôle de type, de malade,* qui étonne, ou dont il convient de se méfier. **3.** Fam. (Intensif) Rude. ⇒ **sacré.** *Cet homme a une drôle de poigne,* une forte poigne. *Il faut une drôle de patience pour supporter cela,* il en faut beaucoup. ▶ ***drolatique*** [dʀolatik] adj. ■ Littér. Qui a de la drôlerie, qui est récréatif et pittoresque. ⇒ **cocasse.** *Un personnage drolatique.* ▶ ***drôlement*** adv. **1.** Bizarrement. *Elle est drôlement accoutrée. Vous vous comportez drôlement.* **2.** Fam. De manière extraordinaire. ⇒ **bien, fameusement, rudement.** *Les prix ont drôlement augmenté. Elle est drôlement jolie, drôlement bien.* ⇒ **très.** ▶ ***drôlerie*** [dʀolʀi] n. f. **1.** Parole ou action drôle et pittoresque. ⇒ **bouffonnerie, facétie.** *Dire des drôleries.* **2.** Caractère de ce qui est drôle. *Situation pleine de drôlerie.*

dromadaire [dʀɔmadɛʀ] n. m. ■ Mammifère voisin du chameau, à une seule bosse. — REM. On appelle souvent les dromadaires *chameaux* (par confusion).

-drome, -dromie ■ Éléments savants, signifiant « course » ou « piste » (ex. : *autodrome, hippodrome*).

dropout ou ***drop-out*** [dʀɔpawt] n. ■ Anglic. Élève qui abandonne ses études avant la fin de la période de l'obligation scolaire. ⇒ **décrocheur.** *Des dropouts.* — *Les dropouts de la société,* ceux qui décrochent ou ont décroché d'une activité. — REM. L'O.L.F. propose *décrocheur* pour remplacer cet anglicisme.

dru, drue [dʀy] adj. **1.** Qui pousse vigoureusement. ⇒ **épais, touffu.** *Herbe haute et drue. Une barbe drue et noire.* / contr. **clairsemé** / **2.** Adv. *La pluie, la neige tombent dru.*

drugstore [dʀœgstɔʀ] n. m. ■ (France) Anglic. Ensemble moderne formé d'un bar, d'un restaurant, de divers magasins (alimentation, livres et journaux, pharmacie...), et parfois de salles de cinéma. *Des drugstores.* — REM. Au Canada, ce mot se prononce [dʀɔgstɔʀ].

druide [dʀɥid] n. m. ■ Prêtre gaulois ou celte. *Chaque année, les druides cueillaient le gui sacré sur les chênes.* ▶ ***druidique*** adj. ■ *Monuments druidiques.*

drummondvillois, oise [dʀɔmɔnvilwa, waz] adj. et n. ■ De Drummondville. *Le festival drummondvillois de folklore.* — N. (Avec une majusc.) Personne née dans cette ville ou qui l'habite.

druze ou ***druse*** [dʀyz] adj. et n. ■ Qui appartient à une population musulmane arabophone de Syrie, du Liban et de Palestine. *Les populations druzes du Liban.* — N. (Avec une majusc.) *Une Druze.*

dry [dʀaj] adj. invar. et n. m. invar. ■ Anglic. *Champagne dry,* sec ; *extra-dry,* très sec. — *Du dry gin. Des dry martinis.*

D.S.C. [deɛsse] n. m. invar. ■ Abréviation de *département de santé communautaire. Le D.S.C. d'un centre hospitalier.*

du [dy] art. **1.** Article défini contracté. *Venir du Portugal.* ⇒ ① **de** et **le. 2.** Article partitif. *Manger du pain.* ⇒ ② **de.**

dû, due [dy] adj. et n. m. **1.** Que l'on doit. *Somme due, intérêts dus.* ⇒ **impayé.** Loc. prov. *Chose promise, chose due.* — *Colis expédié en port dû.* **2.** DÛ À : qui est causé par. *Ces troubles sont dus à votre accident.* **3.** *Acte en* BONNE ET DUE FORME : rédigé conformément à la loi et revêtu des formalités nécessaires. **4.** N. m. Ce qui est dû. *Réclamer son dû.* — REM. L'accent circonflexe sur *dû* disparaît au féminin (*due*) et au pluriel (*dus, dues*). ⟨ ▶ dûment ⟩

dualisme [dɥalism] n. m. **1.** Doctrine ou système qui admet la coexistence de deux principes irréductibles. **2.** Coexistence de deux éléments différents. ⇒ **dualité.** ▶ ***dualiste*** adj. ■ *Philosophie, religion dualiste.* ▶ ***dualité*** n. f. ■ Caractère ou état de ce qui est double en soi ; coexistence de deux éléments de nature différente. *La dualité linguistique du Canada.* / contr. **unité** /

dubitatif, ive [dybitatif, iv] adj. ■ Qui exprime le doute. *Réponse dubitative.* / contr. **affirmatif** /

duc [dyk], ***duchesse*** [dyʃɛs] n. **1.** Personne qui porte le titre de noblesse le plus élevé après celui de prince. *Le duc d'Édimbourg. La duchesse de Windsor.* **2.** N. f. *Duchesse (du carnaval),* jeune fille, jeune femme qui représente un duché lors du Carnaval de Québec. ⇒ **reine.** ▶ ***ducal, ale, aux*** adj. ■ Qui appartient à un duc, à une duchesse. *Couronne ducale. Palais ducal.* ⟨ ▶ archiduc, duché, ① grand-duc ⟩

ducat [dykɑ] n. m. ■ Ancienne monnaie d'or.

duce [dutʃe] n. m. ■ (Avec une majus.) *Le Duce,* titre pris par Mussolini, chef de l'Italie fasciste.

duché [dyʃe] n. m. **1.** Seigneurie, principauté à laquelle le titre de duc était attaché. **2.** Subdivision territoriale de Québec et de ses environs, à l'occasion du Carnaval d'hiver de Québec. (⇒ **duchesse**). *Les sept duchés du Carnaval. Le duché de Montcalm.* ▶ ***duchesse*** n. f. **I.** ⇒ **duc. II.** Invar. et en appos. Nom d'une variété de pomme. *Des pommes duchesse.* — (France) Nom d'une variété de poire fondante.

ductile [dyktil] adj. ■ Qui peut être allongé, étendu, étiré sans se rompre. *Métaux ductiles.*

① ***duel*** [dyɛl] n. m. **1.** Combat entre deux personnes dont l'une exige de l'autre la réparation d'une offense par les armes. *Se battre en duel.* **2.** Compétition, lutte acharnée entre deux personnes, deux équipes. *Ils se sont livrés un beau duel.* — DUEL ORATOIRE : échange de répliques entre deux orateurs. ⇒ **débat, joute.** ▶ ***duelliste*** n. ■ Personne qui se bat en duel.

② ***duel*** n. m. ■ Grammaire. Nombre distinct du pluriel qui s'emploie dans certaines langues (comme le grec ancien) pour désigner deux personnes, deux choses. *Singulier, duel et pluriel.*

duettiste [dɥetist] n. ■ Personne qui joue ou qui chante une partie dans un duo.

duffel-coat [dœfœlkot] n. m. ■ (France) Anglic. Manteau trois-quarts avec capuchon, en gros tissu de laine. ⇒ **canadienne.** *Des duffel-coats.*

dulcinée [dylsine] n. f. ■ Plaisant. (Nom de la femme aimée de don Quichotte) Femme inspirant une passion romanesque. *Il soupire auprès de sa dulcinée.* ⇒ **bien-aimée.**

dûment [dymɑ̃] adv. ■ Selon les formes prescrites en droit. *Un fait dûment constaté.* / contr. **indûment** /

dune [dyn] n. f. ■ Butte, colline de sable fin édifiée par le vent sur le bord des mers ou dans l'intérieur des déserts. *Les dunes de Cape Cod, des Îles-de-la-Madeleine.*

dunette [dynɛt] n. f. ■ Superstructure élevée sur le pont arrière d'un navire et s'étendant sur toute sa largeur. ⇒ ② **gaillard.** *Le capitaine est sur la dunette.*

duo [dɥo] n. m. **1.** Composition musicale pour deux voix ou deux instruments. *Chanter en duo. Des duos.* **2.** Fam. *Duo d'injures,* échange d'injures. **3.** Plaisant. Couple ; deux personnes. *Ils forment un curieux duo.* ⇒ **paire.** ⟨ ▶ duettiste ⟩

duodécimal, ale, aux [dɥɔdesimal, o] adj. ■ Qui a pour base le nombre douze. *Numération duodécimale.* ≠ *décimal.*

duodénum [dɥɔdenɔm] n. m. ■ Partie de l'intestin grêle qui s'étend du pylore au côté gauche de la deuxième vertèbre lombaire. ▶ ***duodénal, ale, aux*** adj. ■ Du duodénum.

dupe [dyp] n. f. et adj. **1.** Personne que l'on trompe sans qu'elle en ait le moindre soupçon. ⇒ **pigeon.** *Être la dupe de qqn. C'est un marché de dupes,* où l'on est abusé. **2.** Adj. (Seulement attribut) *Il me ment, mais je ne suis pas dupe,* je le sais. — (Compl. chose) *Les hommes sont facilement dupes de ce qui flatte leur orgueil. Je ne suis pas dupe de ses grands airs,* je ne m'y laisse pas prendre. ▶ ***duper*** v. tr. ▪ conjug. 1. ■ Littér. Prendre pour dupe. ⇒ **tromper ;** fam. **avoir, bourrer, enfirouaper, pogner, posséder,** ② **rouler.** *Il est facile à duper. On nous a dupés,* on s'est moqué de nous. ▶ ***duperie*** n. f. ■ Littér. Action de duper (qqn), tromperie.

duplessisme [dyplɛsism] n. m. ■ Période (surtout de 1944 à 1959) pendant laquelle Maurice Duplessis a dirigé le Québec avec une poigne de fer et en imposant des valeurs très conservatrices et nationalistes. ⇒ Grande **noirceur ; Union** nationale. *Le duplessisme a aussi été une période de stagnation économique.* ▶ ***duplessiste*** n. et adj. ■ N. Partisan, défenseur du duplessisme. ⇒ **unioniste.** — Adj. *Le régime duplessiste.*

duplex [dyplɛks] n. m. invar. **I.** Système de télécommunications qui permet d'assurer simultanément l'envoi et la réception de messages. *Émission en duplex.* **II. 1.** (France) Appartement à deux niveaux d'habitation réunis par un escalier intérieur. **2.** Maison comprenant deux logements superposés, le plus souvent pourvus d'entrées indépendantes. ⇒ **triplex. 3.** Immeuble d'habitation formé de deux maisons identiques séparées par un mur mitoyen. ⇒ **jumelé ; quadruplex, triplex.** *Un quartier de duplex.*

duplicata [dyplikatɑ] n. m. invar. ■ Second exemplaire (d'une pièce ou d'un acte qui doit porter cette mention). *Le duplicata d'une carte d'étudiant.* ⇒ **double.** / contr. **original** / *Des duplicata.*

duplicateur [dyplikatœʀ] n. m. ■ Appareil, machine servant à reproduire un document à un grand nombre d'exemplaires. ⇒ **photocopieur.**

duplicité [dyplisite] n. f. ■ Caractère d'une personne qui a deux attitudes, joue deux rôles. ⇒ **fausseté, hypocrisie.** *Il y a beaucoup de duplicité dans son attitude. Cette duplicité va les perdre.*

duquel pronom relat. ⇒ **lequel.**

dur, dure [dyʀ] adj., adv. et n. **I.** Adj. **1.** Qui résiste à la pression, au toucher (opposé à *doux*) ; qui ne se laisse pas entamer facilement. ⇒ **résistant, rigide, solide ; dureté.** *Le fer, l'acier sont des métaux durs. Lit dur. Roches dures et roches tendres. Viande dure,* qu'on mâche avec peine. ⇒ **coriace.** *Du pain dur,* sec. ⇒ **rassis.** / contr. **frais** / *Œuf dur,* cuit dans sa coque assez longtemps pour être durci. *Sucre dur.* / contr. **mou** / *Col dur.* ⇒ **empesé.** *Crayon dur,* à mine dure. / contr. **mou, tendre** / — Fig. *De l'eau dure,* qui renferme des sels de calcium et de magnésium, et qui ne produit pas de mousse avec le savon. **2.** Qui résiste à l'effort, à une action. *Cette porte est dure,* résiste quand on l'ouvre ou la ferme. — *Être* DUR D'OREILLE (et fam. en France *dur de la feuille*) : être un peu sourd. *Avoir la tête dure,* ne rien comprendre, *être entêté. Avoir la vie dure,* résister longtemps à la mort. Abstrait. *Des préjugés qui ont la vie dure.* ⇒ **tenace.** — DUR À *qqch.* : (personnes) résistant. *Être dur à la tâche.* ⇒ **courageux, endurant.** — Loc. *Il est dur à la détente,* il ne comprend pas vite. — *Dur à...* (+ infinitif). ⇒ **difficile.** *Instrument dur à manier. Aliment dur à digérer* (et abstrait *cet affront est dur à digérer, à avaler).* **3.** Difficile. ⇒ anglic. **tough.** *Ce problème est dur. C'est trop dur, pas mal dur pour moi.* / contr. **facile** / **4.** Pénible à supporter. *Vous êtes mineur ? Ça doit être dur. Un climat très dur.* ⇒ **rigoureux.** *Une dure tempête.* ⇒ **violent.** *Une dure leçon.* ⇒ **sévère.** *Ce fut une dure épreuve.* ⇒ **rude.** *De durs combats.* ⇒ **acharné.** *Être à dure école. — Un coup dur* (⇒ **coup**). *Mener, rendre la vie dure à qqn,* le rendre malheureux. **5.** Désagréable (à voir, à entendre), par un caractère brutal. *Avoir les traits* (du visage) *durs,* accusés et sans grâce. / contr. **doux** / **6.** Qui manque de cœur, d'humanité ou d'indulgence. *Une personne dure.* ⇒ **inflexible, inhumain, sévère.** / contr. **doux,** ① **fin, gentil, tendre** / *Être dur pour qqn, envers qqn. La critique a été dure. Répondre sur un ton dur. Un air dur.* **7.** (Personnes) Loc. fam. *Faire dur,* être mal habillé. ⇒ **quétaine.** *Tu fais dur avec ton chapeau.* — Dire des sottises, des niaiseries. ⇒ **niaiseux.** *Vous faites dur quand vous parler d'environnement.* (Choses) Être de mauvais goût, laid, de médiocre qualité. ⇒ **affreux ;**

quétaine. *Ces meubles font dur dans le salon.* ⇒ anglic. fam. **cheap.** — Agir mal à propos, à l'encontre du bon sens ; faire le contraire de ce qu'on a dit. *Vous faites dur vous autres, vous dites que vous venez camper puis vous ne venez pas.* **II.** Adv. Fam. Avec violence ou intensité. *Frapper, cogner dur.* ⇒ **fort.** / contr. **doucement** / *Travailler dur. Le sol est gelé bien dur.* **III.** N. **1.** N. m. Ce qui est dur. — Loc. EN DUR : construit en matériau dur. / contr. **préfabriqué** / *Bâtiment en dur.* **2.** DURE n. f. *Coucher sur la dure,* par terre, sur la terre nue. — *Élevé à la dure,* de manière rude. — *En voir de dures,* subir des épreuves pénibles. **3.** N. Fam. Personne qui n'a peur de rien, ne recule devant rien. ⇒ fam. **bum.** *Jouer les durs. C'est une dure.* Loc. *Un dur de dur.* — *Un dur, une dure à cuire,* une personne qui ne se laisse ni émouvoir ni mener. ‹ ▶ durcir, durement, dureté, durillon, endurcir, endurer, induration ›

durable [dyʀabl] adj. ■ De nature à durer longtemps. *Une construction durable. Amour durable.* / contr. **passager** / *Un souvenir durable.* / contr. **éphémère** / ▶ ***durablement*** adv. ■ De manière à durer ; pendant longtemps.

duralumin [dyʀalymɛ̃] n. m. ■ Alliage léger d'aluminium, de cuivre, de magnésium et de manganèse.

durant [dyʀɑ̃] prép. **1.** (Avant le nom) Pendant la durée de. ⇒ **pendant.** *Durant la nuit. Durant l'été. Durant tout le* XVII*e siècle.* **2.** (Après le nom, dans quelques loc.) *Parler une heure durant,* complète, entière. *Vous toucherez cette rente votre vie durant.*

durcir [dyʀsiʀ] v. ▪ conjug. 2. **I.** V. tr. **1.** Rendre dur, ferme. *La sécheresse durcit le sol.* ⇒ **solidifier.** / contr. **amollir** / **2.** Rendre plus ferme, plus intransigeant. *Ils ont durci leur attitude depuis cette réunion.* — Pronominalement. *Leur position s'est durcie.* **3.** Faire paraître dur, plus dur. *Cette coiffure lui durcit les traits, le visage.* / contr. **adoucir** / **II.** V. intr. Devenir dur, ferme. *Ce pain durcit rapidement.* ⇒ **rassir, sécher.** ▶ ***durcissement*** n. m. **1.** Le fait de durcir ; son résultat. *Durcissement de l'argile, du ciment.* **2.** Le fait de devenir plus intransigeant. *Durcissement d'une attitude politique.* ‹ ▶ endurcir ›

durée [dyʀe] n. f. **1.** Espace de temps qui s'écoule entre le début et la fin (d'un phénomène, d'une action). ⇒ **temps.** *La durée d'un spectacle, d'un voyage. Pendant une durée de quinze jours. De longue durée* (⇒ **durable**). *Un bonheur de courte durée,* éphémère, momentané. **2.** Sentiment du temps qui passe, temps vécu. ⇒ **temps. 3.** Temps pendant lequel un son doit être entendu, un silence maintenu. ⇒ **valeur** (III, 2).

durement [dyʀmɑ̃] adv. **1.** D'une manière brutale, pénible à supporter. *On l'a frappé durement. Il a été durement éprouvé par cette perte Être élevé durement.* ⇒ à la **dure. 2.** Sans bonté, sans humanité. *Parler, répondre durement.* / contr. **doucement, gentiment** /

durer [dyʀe] v. intr. ▪ conjug. 1. **I.** (Choses) **1.** Avoir une durée de. *Le spectacle a duré deux heures. Leur conversation dure encore, dure depuis midi. Cela a assez duré. Ça durera ce que ça durera,* tant pis si ça ne dure pas plus longtemps. **2.** Sans compl. DURER : durer longtemps. *Le beau temps dure.* ⇒ se **maintenir.** *Faire durer,* prolonger, entretenir. *Faire durer le plaisir.* ⇒ **étirer. 3.** Résister contre les causes de destruction, d'usure. ⇒ se **conserver, tenir.** *La pierre dure plus que le bois. Ce costume a duré deux ans.* — *Cette ration devra vous durer huit jours.* **II.** (Personnes. À la forme négative) Fam. **1.** Continuer à vivre. *J'ai l'impression que mon père ne durera pas longtemps encore.* — Résister. *Le coureur ne durera pas plus d'une heure.* **2.** Conserver un emploi, un statut... *Si ça continue, tu ne dureras pas longtemps dans ce bureau, à ce poste.* — Demeurer là où on est. ⇒ **rester.** *Elle ne peut pas durer plus d'une journée dans une grande ville.* ‹ ▶ durée, endurer ›

dureté [dyʀte] n. f. **1.** Propriété de ce qui est dur (1). *La dureté du marbre, du diamant.* **2.** Défaut d'harmonie, de douceur. *La dureté des traits du visage. La dureté d'un dessin.* **3.** Caractère de ce qui est pénible à supporter. *La dureté d'une condition. L'excessive dureté d'un châtiment.* ⇒ **sévérité. 4.** (Personnes) Manque de sensibilité, de cœur. ⇒ **insensibilité, rudesse.** *Traiter qqn avec dureté.* — *Dureté d'âme, de cœur. Dureté du regard.* / contr. **douceur** /

durillon [dyʀijɔ̃] n. m. ■ Callosité qui se forme sur la plante des pieds et la paume des mains par épaississement de l'épiderme. ⇒ **cal, cor, oignon.**

durit ou ***durite*** [dyʀit] n. f. ■ Tuyau, conduite en caoutchouc traité pour les raccords de canalisations des moteurs à explosion. *Changer une durit.* — REM. Ce mot est un nom de marque déposée.

duvet [dyvɛ] n. m. **I. 1.** Petites plumes molles et très légères qui poussent les premières sur le corps des oisillons et qu'on trouve sur le ventre et le dessous des ailes chez les oiseaux adultes. *Le duvet des poussins. Duvet de cygne. Oreiller de duvet.* **2.** Sac de couchage bourré de duvet ou d'une matière analogue. *Le duvet d'un campeur.* **II. 1.** Poils fins et doux (chez certains animaux et certaines plantes). *Feuilles couvertes d'un léger duvet.* **2.** Poils très fins (de certaines parties du corps humain). *Le duvet de ses joues.* ▶ ***duveté, ée*** [dyvte] adj. ■ Couvert de duvet. *Pêche duvetée. Lèvre duvetée.* ▶ *se* ***duveter*** v. pron. ▪ conjug. 5. ■ Se couvrir de duvet. ▶ ***duveteux, euse*** adj. ■ Qui a beaucoup de duvet.

dynamique [dinamik] adj. et n. f. **I. 1.** Relatif aux forces, à la notion de force. *Électricité dynamique,* le courant électrique. / contr. **statique** / **2.** Qui considère les choses dans leur mouvement, leur transformation. / contr. **statique** / **3.** (Personnes, actes) Qui manifeste une grande vitalité, de la décision et de l'entrain. *Elle est très dynamique.* / contr. **mou** / **II.** N. f. **1.** *La dynamique,* partie de la mécanique qui étudie le mouvement considéré dans ses rapports avec les forces qui en sont les causes. **2.** Ensemble des forces qui s'exercent dans un phénomène. *La dynamique sociale.* — *Une dynamique de groupe(s),* les interactions qui régissent les comportements en groupe. **3.** Force orientée vers un progrès, un développement. *Déclencher une dynamique révolutionnaire.* ▶ ***dynamisme*** n. m. **1.** Doctrine qui pose le mouvement ou le devenir comme primitif (opposé à *statisme*). *Le dynamisme philosophique de Bergson.* **2.** ⇒ **énergie, entrain, vitalité.** *Il manque de dynamisme.* ‹ ▶ aérodynamique, électrodynamique, hydrodynamique, thermodynamique ›

dynamite [dinamit] n. f. ■ Substance explosive, composée d'un mélange de nitroglycérine et de matières solides. ⇒ ② **explosif.** *Attentat à la dynamite.* — Fam. *C'est de la dynamite, ce bonhomme,* il est remuant, explosif. *Ces documents, cette révélation, c'est de la dynamite,* cela va faire du bruit, avoir un effet « explosif ». ▶ ***dynamiter*** v. tr. ▪ conjug. 1. ■ Faire sauter à la dynamite. *Dynamiter un pont.* ▶ ***dynamitage*** n. m. ▶ ***dynamiteur, euse*** n. **1.** Ouvrier préposé au dynamitage (dans une mine, pour les excavations...). **2.** Auteur d'attentats à la dynamite.

dynamo [dinamo] n. f. ■ (Abréviation de *machine dynamo-électrique*) Machine transformant l'énergie mécanique en énergie électrique. *La dynamo d'une automobile charge les accumulateurs. Des dynamos de bicyclette.*

dynam(o)- ■ Élément savant signifiant « force ». ▸ ***dynamomètre*** [dinamɔmɛtʀ] n. m. ■ Instrument servant à mesurer l'intensité des forces. ‹ ▸ dynamique, dynamite, dynamo, dyne ›

dynastie [dinasti] n. f. **1.** Succession des souverains d'une même famille. *La dynastie des Capétiens. La* XVIIIe *dynastie des pharaons.* **2.** Succession de personnes célèbres, dans une même famille. *La dynastie des Kennedy. Une dynastie de financiers.* ▸ ***dynastique*** adj. ■ D'une dynastie.

dyne [din] n. f. ■ Unité principale de force dans le système C.G.S. : force qui, appliquée à une masse de 1 gramme, lui communique une accélération de 1 cm par seconde.

dys- [dis] ■ Élément savant signifiant « difficulté, trouble » (ex. : *dyslexie* [dislɛksi], n. f., difficulté à lire ; *dysménorrhée* [dismenɔʀe], n. f., règles douloureuses). ▸ ***dysfonctionnement*** n. m. ou ***dysfonction*** n. f. ■ Trouble dans le fonctionnement. *Dysfonctionnement rénal.*

dysenterie [disɑ̃tʀi] n. f. ■ Maladie infectieuse caractérisée par une inflammation ulcéreuse du gros intestin.

dyspepsie [dispɛpsi] n. f. ■ Digestion difficile. *Souffrir de dyspepsie.*

dystrophie [distʀɔfi] n. f. ■ Anomalie de développement ou dégénérescence d'un organe ou d'une structure anatomique. *La dystrophie musculaire.*

e

e [ə] n. m. ■ Cinquième lettre, deuxième voyelle de l'alphabet. — REM. Le *e* est ouvert [ɛ] dans *mer, près, bête ;* fermé [e] dans *et, chanter, assez ;* muet (ou caduc) [ə] dans *petit. Un e minuscule. — Des vitamines* E.* — En physique, *e,* symbole de l'électron.

E.A.O. [əao] ■ Abréviation de *enseignement* assisté par ordinateur.*

eau [o] n. f. **I. 1.** Liquide naturel, inodore, incolore et transparent quand il est pur. *L'eau est formée d'hydrogène et d'oxygène. La formule chimique de l'eau est H_2O. Eau de pluie. Eau de source. Nappe d'eau souterraine. L'eau gèle à 0 °C* ⇒ **glace**, *s'évapore à 100 °C* ⇒ **vapeur**. *L'eau douce,* des rivières, des lacs..., *l'eau salée,* de la mer, de l'océan. *L'eau dure,* riche en minéraux. *Boire de l'eau en mangeant. Pommes de terre (cuites) à l'eau. Robinet d'eau froide, d'eau chaude. Réservoir à (d')eau chaude. Laver qqch. à grande eau,* en faisant couler l'eau. *Une bouteille d'eau minérale. De l'eau bénite. L'eau de Pâques*.* — Loc. *Mettre de l'eau dans son vin,* le couper ; fig. modérer ses prétentions. — Loc. fam. *Être dans l'eau chaude, bouillante,* dans une mauvaise situation. **2.** Loc. PRENDRE L'EAU : (Vêtements) être perméable. FAIRE EAU : (Bateaux) laisser entrer l'eau par une brèche. — Fig. *C'est le feu et l'eau,* se dit de deux personnes qui ne s'entendent pas du tout. *Boire de l'alcool comme de l'eau,* beaucoup, en grande quantité. **3.** (France) Au plur. LES EAUX : les eaux minérales d'une station thermale. *Aller aux eaux, prendre les eaux,* faire une cure thermale. *Une ville d'eaux.* **4.** Étendue ou masse plus ou moins considérable de ce liquide. *La surface, le fond de l'eau. Un joli cours d'eau. Traverser l'eau,* aller d'une rive ou d'une côte à une autre. *Aller sur l'eau.* ⇒ **naviguer.** *Mettre un navire à l'eau,* le lancer. *Il est tombé à l'eau et s'est noyé.* Fig. *Nos projets sont (tombés) à l'eau,* ils ont échoué. *Avoir un chalet au bord de l'eau.* — Au plur. *Basses eaux,* niveau le plus bas d'un cours d'eau. *Les grandes eaux,* jets d'eau et cascades d'un parc. *Eaux territoriales,* zone de mer s'étendant des côtes d'un pays jusqu'à une ligne considérée comme sa frontière maritime. **5.** Solution où il entre de l'eau. *Eau de Seltz,* eau gazeuse. *Eau oxygénée. Eau de Cologne, eau de toilette,* préparation alcoolisée parfumée avec des essences de fleurs, etc. *Eau de lavande.* ⇒ **lotion, parfum.** *Peinture à l'eau* (opposé à *peinture à l'huile*). — EAU D'ÉRABLE : sève de l'érable à sucre qui est recueillie au printemps et avec laquelle on prépare les produits de l'érable (sirop, tire...). **6.** EAU LOURDE : composé d'hydrogène lourd et d'oxygène. **II.** Dans des expressions. Sécrétion liquide incolore du corps humain. *J'étais tout en eau,* en sueur. *Avoir l'eau à la bouche,* saliver devant un mets appétissant ; être particulièrement attiré, tenté par qqch. de désirable. *La description de ce repas me mettait l'eau à la bouche.* — Au plur. Liquide amniotique. *La poche des eaux. Perdre les (ses) eaux.* **III.** Transparence, pureté (des pierres précieuses). *Un diamant de la plus belle eau.* — Iron. *Un escroc, un imbécile de la plus belle eau,* ce qu'on peut trouver de mieux en fait d'escroc, d'imbécile. ► ***eau-de-feu*** [odfø] n. f. ■ Histoire. Eau-de-vie, alcool. *Les Amérindiens échangeaient souvent des fourrures contre de l'eau-de-feu.* ► ***eau-de-vie*** [odvi] n. f. ■ Liquide alcoolique provenant de la distillation du jus fermenté des fruits *(eau-de-vie naturelle)* ou de la distillation de céréales, fruits, tubercules. ⇒ **alcool, boisson, eau-de-feu ;** fam. **gnôle.** *Cerises, prunes à l'eau-de-vie. Des eaux-de-vie.* ► ***eau-forte*** n. f. **1.** Acide dont les graveurs se servent pour attaquer le cuivre, là où le vernis a été enlevé par la pointe. *Graveur à l'eau-forte.* ≠ *pointe sèche.* **2.** Gravure utilisant ce procédé. *Livre illustré d'eaux-fortes originales.* ⟨ ► chauffe-eau, eau de Javel*, tirant d'eau, Verseau ⟩

ébahir [ebaiʀ] v. tr. ▪ conjug. 2. ■ Frapper d'un grand étonnement. ⇒ **abasourdir, stupéfier.** *Voilà une nouvelle qui m'ébahit.* — Au p. p. adj. *J'en suis tout ébahie. Un air ébahi.* ⇒ **ahuri, pantois, stupéfait ;** fam. **épaté.** ► ***ébahissement*** n. m. ■ Étonnement extrême. ⇒ **stupéfaction, surprise.**

ébarber [ebaʀbe] v. tr. ▪ conjug. 1. ■ Débarrasser des aspérités, bavures (une surface ou une pièce mécanique, des feuilles de papier, etc.). ⇒ **limer.**

s'***ébattre*** [ebatʀ] v. pron. ▪ conjug. 41. ■ Littér. Se donner du mouvement pour s'amuser. *Les enfants s'ébattent dans la piscine.* ⇒ **folâtrer, jouer.** ► ***ébats*** [eba] n. m. pl. ■ (Personne, animal) Littér. ou plaisant. Jeux, mouvements d'un être qui s'ébat. — *Ébats amoureux,* activités érotiques.

ébaucher [eboʃe] v. tr. ▪ conjug. 1. **1.** Donner la première forme à (une matière). ⇒ **dégrossir.** *Ébaucher un diamant,* commencer à le tailler. **2.** Donner la première forme à (un ouvrage). ⇒ **esquisser.** *Elle commençait à ébaucher son tableau.* — Concevoir, préparer dans les grandes lignes (une idée, un projet). **3.** Commencer sans exécuter jusqu'au bout. ⇒ **esquisser.** *J'ai ébauché un geste.* — Pronominalement. *Un rapprochement s'ébauche entre les deux pays.* / contr. **achever** / ► ***ébauche*** n. f. **1.** Première forme, encore imparfaite, que l'on donne à une œuvre. ⇒ **esquisse.** *Un tableau, une sculpture à l'état d'ébauche. L'ébauche d'un poème.* **2.** Première manifestation, commencement. *L'ébauche d'un sourire.* ► ***ébauchoir*** n. m. ■ Outil pour ébaucher (1).

ébène [ebɛn] n. f. ■ Bois de l'arbre dit *ébénier,* très noir, d'un grain uni et d'une grande dureté. *Un coffret d'ébène.* — Loc. *Noir comme l'ébène.* ▶ **ébéniste** n. ■ Artisan spécialisé dans la fabrication des meubles de luxe. ▶ **ébénisterie** n. f. ■ Art, métier de l'ébéniste ; fabrication des meubles de luxe, ou décoratifs. *L'acajou, l'orme sont des bois d'ébénisterie.*

éberlué, ée [ebɛʀlɥe] adj. ■ Ébahi, stupéfait. *La foule éberluée restait muette.*

éblouir [ebluiʀ] v. tr. ▪ conjug. 2. **1.** Troubler (la vue, ou une personne dans sa vision) par un éclat qui fait mal aux yeux. ⇒ **aveugler.** *Ses phares nous éblouissaient.* — Au passif. *Nous étions éblouis par le soleil.* **2.** Frapper d'admiration. ⇒ **émerveiller.** *Nous étions éblouis par ce spectacle.* — Impressionner, séduire. *Il veut nous éblouir.* ▶ **éblouissant, ante** adj. **1.** Qui éblouit. *Une lumière éblouissante.* ⇒ **aveuglant, éclatant.** *Une blancheur éblouissante.* **2.** D'une beauté merveilleuse, d'une qualité brillante. ⇒ **fascinant.** *Une pièce de théâtre éblouissante.* / contr. **terne** / ▶ **éblouissement** n. m. **1.** Trouble de la vue provoqué par une cause interne (faiblesse, congestion), ou extérieure (lumière trop forte, choc), et généralement accompagné de vertige. *Avoir un, des éblouissements.* **2.** Émerveillement, enchantement. *Ce spectacle était un éblouissement.*

ébonite [ebɔnit] n. f. ■ Vieilli. Matière plastique dure et noire, isolante, obtenue par la vulcanisation du caoutchouc. *Téléphone en ébonite.*

éborgner [ebɔʀɲe] v. tr. ▪ conjug. 1. ■ Rendre borgne. — Pronominalement. *J'ai failli m'éborgner,* me crever un œil.

éboueur, euse [ebuœʀ, øz] n. ■ Personne chargée de l'enlèvement des ordures ménagères. ⇒ ② **boueux, vidangeur.**

ébouillanter [ebujɑ̃te] v. tr. ▪ conjug. 1. ■ Passer à l'eau bouillante. ⇒ **échauder.** *Ébouillanter des légumes.* ⇒ **blanchir.** — Pronominalement. S'ÉBOUILLANTER : se brûler avec de l'eau bouillante. *Elles se sont ébouillantées en renversant la théière.*

s'ébouler [ebule] v. pron. ▪ conjug. 1. ■ Tomber par morceaux, en s'affaissant. *La corde de bois s'est éboulée.* ⇒ **crouler,** s'**effondrer.** ▶ **éboulement** n. m. ■ Chute de terre, de rochers, matériaux, constructions qui s'éboulent. *Des mineurs victimes d'un éboulement.* ⇒ **affaissement, effondrement.** *Risques d'éboulement.* ▶ **éboulis** n. m. invar. ■ Amas lentement constitué de matériaux, de débris éboulés. *Marcher à travers des éboulis de roches.*

ébouriffer [ebuʀife] v. tr. ▪ conjug. 1. ■ Mettre (les cheveux) en désordre. — Au p. p. adj. *Être tout ébouriffé,* échevelé. ⇒ **embroussaillé, hirsute.**

ébrancher [ebʀɑ̃ʃe] v. tr. ▪ conjug. 1. ■ Dépouiller (un arbre) de ses branches. *Ébrancher des érables.* ⇒ **élaguer, émonder, tailler.** ▶ **ébranchage** n. m. ■ Action d'ébrancher.

ébranler [ebʀɑ̃le] v. tr. ▪ conjug. 1. **1.** Faire trembler, vibrer par un choc. ⇒ **secouer.** *La détonation a ébranlé les vitres.* **2.** Abstrait. Mettre en danger de crise ou de ruine. ⇒ **compromettre.** / contr. **consolider** / *Les événements ont ébranlé le régime, la confiance.* **3.** Rendre peu ferme, incertain (les opinions, le moral de qqn). *Cet accident a ébranlé sa santé.* ⇒ **affaiblir.** — (Compl. personne) Troubler, faire chanceler dans ses convictions. *Rien ne pouvait l'ébranler. Vos objections ne l'ont pas ébranlée.* ⇒ **troubler. 4.** S'ÉBRANLER v. pron. réfl. : se mettre en branle, en marche. *Le cortège s'ébranle lentement.* ▶ **ébranlement** n. m. **1.** Oscillation ou vibration produite par un choc ou une secousse. ⇒ **commotion.** *L'ébranlement des vitres, du sol.* ⇒ **tremblement. 2.** Abstrait. Fait d'ébranler (un régime, des institutions). ‹ ▶ inébranlable ›

ébrécher [ebʀeʃe] v. tr. ▪ conjug. 6. ■ Endommager en entamant le bord de. *Ébrécher un plat, un couteau.* — Au p. p. adj. *Des assiettes ébréchées. Une dent ébréchée.*

ébriété [ebʀijete] n. f. ■ (Surtout style admin.) Ivresse. *Un individu en état d'ébriété,* ivre. ⇒ fam. **chaud, soûl, paqueté.**

s'ébrouer [ebʀue] v. pron. ▪ conjug. 1. **1.** (Cheval) Souffler bruyamment en secouant la tête. **2.** Souffler en s'agitant. *Le plongeur s'ébroue en sortant de l'eau.*

ébruiter [ebʀɥite] v. tr. ▪ conjug. 1. ■ Faire circuler (une nouvelle qui aurait dû rester secrète). ⇒ **divulguer ; fuite.** *Il ne faut pas ébruiter nos projets.* — Pronominalement. *Toute l'affaire s'est ébruitée.* ⇒ se **répandre.**

ébullition [ebylisjɔ̃] n. f. **1.** État d'un liquide soumis à l'action de la chaleur, et dans lequel se forment des bulles de vapeur qui viennent crever à la surface (⇒ **bouillir**). *Attendre l'ébullition avant de jeter les pâtes dans la casserole. Amener un liquide à ébullition. Point d'ébullition,* température où un liquide se met à bouillir. **2.** Fig. EN ÉBULLITION : dans un état de vive agitation, de surexcitation. ⇒ **effervescence.** *Tout le quartier était en ébullition.*

écaille [ekaj] n. f. **1.** Petite plaque qui recouvre la peau (de certains poissons, de reptiles). *Les écailles du serpent.* — Petite lame coriace imbriquée enveloppant certains organes de végétaux (bourgeons, bulbes). **2.** Matière qui recouvre la carapace des tortues de mer. *Lunettes à monture d'écaille.* — Résine synthétique imitant cette matière. ≠ *écale.* ▶ ① **écailler** v. tr. ▪ conjug. 1. **1.** Enlever, racler les écailles de (un poisson). *Écailler une carpe.* **2.** Ouvrir (une huître). ⇒ ② **écailler. 3.** Faire tomber en écailles (un enduit). — Faire un éclat. *J'ai écaillé un coin de la laveuse.* — Pronominalement. *La peinture s'était écaillée.* ▶ ② **écailler, ère** n. ■ Personne qui ouvre et vend des huîtres. ▶ **écailleux, euse** adj. **1.** Qui a des écailles. *La peau écailleuse du lézard.* **2.** Qui se détache par écailles. *Peinture écailleuse.*

écale [ekal] n. f. **1.** Enveloppe recouvrant la coque des noix, noisettes, amandes, arachides, châtaignes. **2.** Cosse. *Écales de petits pois.* ≠ *écaille.* ▶ **écaler** v. tr. ▪ conjug. 1. **1.** Enlever l'écale de (noix, amandes...). ⇒ **décortiquer. 2.** Écosser. *Écaler des haricots.*

écarlate [ekaʀlat] n. f. et adj. **1.** N. f. Couleur d'un rouge éclatant tirée de la cochenille. — Étoffe teinte de cette couleur. **2.** Adj. Très rouge. *À ces mots, il est devenu écarlate* (de honte, de confusion). ⇒ **cramoisi.**

écarquiller [ekaʀkije] v. tr. ▪ conjug. 1. ■ Ouvrir démesurément (les yeux). ⇒ fam. **écartiller.** *Elle écarquille les yeux.* — Au p. p. adj. *Des yeux écarquillés d'étonnement.*

écart [ekaʀ] n. m. **1.** Distance qui sépare deux choses qu'on écarte ou qui s'écartent. ⇒ **écartement.** — GRAND ÉCART [gʀɑ̃tekaʀ] : écart des jambes d'avant en arrière de telle façon qu'elles soient à l'horizontale. *Faire le grand écart.* **2.** Différence entre deux grandeurs ou valeurs (dont l'une, en particulier, est une moyenne ou une grandeur de référence). *L'écart entre le prix de revient et le prix de vente.* ⇒ **variation.** *Écart de température.* **3.** Action de s'écarter, de s'éloigner d'une direction ou d'une position. *Son cheval a fait un écart sur le côté, en arrière.* **4.** *Un écart, des écarts de conduite, de langage.* ⇒ **erreur, faute. 5.** Loc. adv. À

L'ÉCART : dans un endroit écarté, à une certaine distance (de la foule, d'un groupe). *Elle se tenait à l'écart.* — Abstrait. *Tenir qqn à l'écart,* ne pas le faire participer à une activité. *On les tient à l'écart.* — Loc. prép. À L'ÉCART DE. *La maison était un peu à l'écart de la route. Se tenir à l'écart d'une affaire de famille,* ne pas s'en mêler.

écarteler [ekaʀtəle] v. tr. ▪ conjug. 5. **1.** Déchirer en quatre (un condamné) en faisant tirer ses membres par quatre chevaux (ancien supplice). **2.** Abstrait. Tirailler. — (Sujet personne) Au passif. *Il est écartelé entre ses sentiments et ses intérêts.* ⇒ **partager ;** fam. **écartiller.** ▸ ***écartèlement*** n. m. **1.** Supplice consistant à écarteler. **2.** Abstrait. État d'une personne écartelée (2), tiraillée. ≠ *écartement.*

① ***écarter*** [ekaʀte] v. tr. ▪ conjug. 1. **1.** Mettre (plusieurs choses ou plusieurs parties d'une chose) à quelque distance les unes des autres. ⇒ **séparer.** / contr. **rapprocher** / *Écarter les doigts, les jambes.* **2.** Mettre à une certaine distance (d'une chose, d'une personne). ⇒ **éloigner.** *Il faut écarter la table du mur.* — Repousser (qqch., qqn qui barre le passage). *Il écarta son frère pour passer.* Abstrait. *Tous les obstacles étaient enfin écartés.* ⇒ **lever.** — Éloigner de soi. *Écarter toute idée préconçue.* — Exclure. ⇒ **éliminer.** *On l'a écarté de l'équipe.* **3.** Éloigner d'une direction. *Écarter une rivière de son lit.* ⇒ **détourner. 4.** (Choses) Fam. Égarer, perdre. *Écarter ses clés.* **5.** S'ÉCARTER v. pron. : se disperser. *Les nuages s'écartent. Ses doigts s'écartent.* ⇒ s'**ouvrir.** — S'éloigner (d'un lieu, d'une direction). *Écartez-vous de là. Nous nous écartons de la bonne route.* — Se détourner de, ne pas suivre (une ligne). *L'artiste s'écarte de la nature, de son modèle...* / contr. **rapprocher** / **6.** V. pron. (Personnes) Fam. S'égarer, se perdre. ⇒ se **mêler.** *Ne va pas par là, tu peux t'écarter.* — Au p. p. adj. *Un enfant écarté.* — Au p. prés. *Une forêt, c'est écartant,* on risque de s'y égarer. ▸ ① ***écarté, ée*** adj. **1.** Assez éloigné des centres, des lieux de passage. ⇒ **isolé.** *Un chemin, un endroit écarté.* **2.** Au plur. *Les bras écartés,* éloignés l'un de l'autre. **3.** Fam. Fou, dérangé. ⇒ ① **timbré.** *Une personne passablement écartée. — Au réveil de l'anesthésie, elle était un peu écartée,* perdue, confuse. ▸ ***écartement*** n. m. ▪ Espace qui sépare une chose d'une ou plusieurs autres. ⇒ **écart, distance.** *L'écartement des essieux.* ≠ *écartèlement.* ‹ ▸ écart ›

② ***écarter*** v. tr. ▪ conjug. 1. ▪ (France) Dans les jeux de cartes. Rejeter de son jeu (une ou plusieurs cartes). ▸ ② ***écarté*** n. m. ▪ Jeu de cartes où chaque joueur peut, si l'adversaire l'accorde, écarter les cartes qui ne lui conviennent pas et en recevoir de nouvelles.

écartiller [ekaʀtije] v. tr. ▪ conjug. 1. Fam. **1.** Ouvrir au maximum. ⇒ ① **écarter.** *Elle écartille les bras. Écartiller les yeux.* ⇒ **écarquiller.** — Pronominalement. *S'écartiller les jambes.* **2.** (Sujet personne) Au passif. *Être écartillé,* être partagé entre deux choses contradictoires. ⇒ **écarteler, tirailler. 3.** V. pron. Faire porter ses actions, ses efforts sur plusieurs choses à la fois, ne pas se concentrer. ⇒ **disperser.**

ecchymose [ekimoz] n. f. ▪ Tache (noire, jaunâtre) produite par l'épanchement du sang sous la peau. ⇒ plus cour. **bleu, hématome.**

ecclésiastique [eklezjastik] adj. et n. m. **1.** Relatif à une Église, à son clergé (opposé à *séculier*). / contr. **laïque** / *L'état, la vie ecclésiastique.* **2.** N. m. Membre d'un clergé. ⇒ **ministre, pasteur, prêtre, religieux.**

écervelé, ée [esɛʀvəle] adj. et n. ▪ Qui est sans cervelle, sans jugement. ⇒ **étourdi, fou,** tête **croche.** *Une petite écervelée.*

échafaud [eʃafo] n. m. **1.** Plate-forme en charpente destinée à l'exécution des condamnés. *Il finira sur l'échafaud.* — Autrefois. Peine de mort par décapitation. *Les assassins risquaient l'échafaud.* **2.** Échafaudage. *Louer un échafaud.*

échafauder [eʃafode] v. ▪ conjug. 1. **1.** V. intr. Construire un échafaudage. *Échafauder pour bâtir un mur.* **2.** V. tr. Former par des combinaisons hâtives et fragiles. *Il échafaude des projets.* ▸ ***échafaudage*** n. m. **1.** Construction temporaire, passerelles, plates-formes soutenues par une charpente (sur la façade ou à l'intérieur d'un bâtiment à édifier ou à réparer). ⇒ **échafaud.** *Un échafaudage en tubes métalliques. Dresser un échafaudage pour réparer un toit, pour peindre une cage d'escalier.* **2.** Assemblage de choses posées les unes sur les autres. ⇒ **pyramide.** *Un échafaudage de livres.* — Assemblage complexe et peu solide (de faits, de preuves, d'arguments...). *Un échafaudage d'hypothèses, de mensonges.*

échalas [eʃalɑ] n. m. invar. ▪ (France) Pieu en bois que l'on enfonce dans le sol au pied d'un arbuste, d'un cep de vigne pour le soutenir. ⇒ ② **tuteur.** — Loc. *Il est sec, raide comme un échalas. — Un grand échalas,* une personne grande et maigre. ⇒ **échalote, escogriffe ;** fam. ② **perche.**

échalote ou ***échalotte*** [eʃalɔt] n. f. **1.** Oignon vert, à tige longue et mince. *Des queues d'échalote.* — Fig. *Une échalote,* une personne grande et maigre. ⇒ **échalas ;** fam. ② **perche ;** anglic. **jack.** Loc. *Être maigre comme une échalote.* ⇒ fam. **casseau. 2.** Variété d'ail à bulbe plus petit et au goût moins fort. *Sauce à l'échalote, aux échalotes.*

échancrer [eʃɑ̃kʀe] v. tr. ▪ conjug. 1. ▪ Creuser ou découper en creux (arrondi ou angle). *Il faut échancrer l'encolure.* ▸ ***échancré, ée*** adj. ▪ *Un corsage échancré. La côte est profondément échancrée,* découpée. ▸ ***échancrure*** n. f. ▪ Partie échancrée. *L'échancrure d'une robe.* ⇒ **décolleté.** *L'échancrure d'un rivage.* ⇒ ① **baie, golfe.**

échanger [eʃɑ̃ʒe] v. tr. ▪ conjug. 3. **1.** Laisser (qqch.) à qqn en recevant une autre chose en contrepartie. ⇒ **troquer.** *Échanger une marchandise contre une autre, contre de l'argent.* — (Sujet au plur.) Donner et recevoir (des choses équivalentes). *Elles échangent des timbres.* **2.** Adresser et recevoir en retour. *Il a échangé avec elle un léger sourire.* — (Sujet au plur.) Se faire des envois, des communications réciproques de (choses du même genre). *Ils ont échangé des lettres. Les spectateurs échangeaient leurs impressions.* **3.** Fam. Encaisser. ⇒ fam. **changer.** *Échanger un chèque.* — REM. Cet emploi (3) est critiqué. ▸ ***échangeable*** adj. ▪ (Choses) Qui peut être échangé, faire l'objet d'un échange. *Une marchandise échangeable, non échangeable.* ▸ ***échange*** n. m. **1.** Opération par laquelle on échange (des biens, des services, des personnes). *Proposer un échange à un collectionneur. Discuter d'un échange de prisonniers. Un échange de joueurs.* — Contrat par lequel on donne une chose contre une autre. *Un échange d'appartements.* **2.** Au plur. Commerce, opération commerciale. *Le volume des échanges. Les échanges internationaux. — Le libre*-échange.* **3.** ÉCHANGE DE : communication réciproque (de documents, renseignements, etc.). *Un échange de lettres, de politesses. Un échange de vues.* **4.** Passage de substances entre la cellule et le milieu extérieur. *Échanges gazeux.* **5.** EN ÉCHANGE loc. adv. : de manière qu'il y ait échange. ⇒ en **contrepartie,** en **retour.** — EN ÉCHANGE DE loc. prép. : pour compenser, remplacer, payer. ▸ ***échangeur*** n. m. **1.** Appareil destiné à réchauffer ou refroidir un liquide, un gaz au moyen d'un autre fluide à une température différente. **2.** Intersection routière à plusieurs niveaux, sans croisement. *Un échangeur d'autoroutes.* ⇒ **trèfle, viaduc.** ‹ ▸ libre-échange ›

échantillon [eʃɑ̃tijɔ̃] n. m. **1.** Petite quantité (d'une marchandise) qu'on montre ou qu'on remet gratuitement pour donner une idée de l'ensemble. *Boîte, cahier d'échantillons d'étoffes. Recevoir un échantillon de parfum.* **2.** Spécimen remarquable (d'une espèce, d'un genre). ⇒ **exemple, représentant.** *Il a rapporté du Brésil plusieurs échantillons de papillons très rares.* **3.** Fraction représentative d'une population, choisie en vue d'un sondage. *Un échantillon de mille personnes.* ▶ ***échantillonner*** v. tr. ▪ conjug. 1. **1.** Prélever, choisir des échantillons de (tissus, produits, etc.). **2.** Choisir comme échantillon en vue d'un sondage. ▶ ***échantillonnage*** n. m. ■ Action d'échantillonner. — Collection d'échantillons. *Un bon échantillonnage.*

échapper [eʃape] v. ▪ conjug. 1. **I.** V. tr. ind. ÉCHAPPER À. **1.** Cesser d'être prisonnier de (un lieu, une personne). *Ils ont échappé à leur gardien.* — Se tirer (d'un danger). *Elle a échappé à l'accident.* **2.** Cesser d'appartenir, perdre le contrôle de. *Elle sentait que son fils lui échappait.* — *Son nom m'échappe,* je ne peux pas m'en souvenir. **3.** Être prononcé contre la volonté du sujet. *Je regrette les paroles qui m'ont échappé.* **4.** Éviter (qqn, qqch. de menaçant). *Il s'est caché pour échapper à la police. Vous ne pourrez pas y échapper.* ⇒ fam. ② **couper.** — (Choses) N'être pas touché, contrôlé, compris par. *Rien ne lui échappe,* il remarque tout. *Le sens de cette phrase m'échappe.* **II.** V. tr. ind. ÉCHAPPER DE. (Choses) Cesser d'être tenu, retenu. *La tasse lui a échappé des mains.* ⇒ **glisser, tomber. III.** V. tr. dir. (Choses) Laisser tomber par inadvertance. *Échapper un couteau. Échapper une truite,* la perdre parce qu'elle s'est décrochée de l'hameçon. *Laisser échapper une occasion,* la perdre, la laisser passer. — Loc. L'ÉCHAPPER BELLE : échapper de justesse à un danger. **IV.** V. pron. S'ÉCHAPPER (DE). **1.** S'enfuir, se sauver. *Les prisonniers se sont échappés.* — S'en aller, partir discrètement. *Il s'est échappé de la réunion.* ⇒ s'**esquiver. 2.** (Choses) Sortir. *Le gaz s'échappe du tuyau.* ⇒ **échappement** (2). *L'eau s'échappe par les fissures.* ⇒ **suinter. 3.** Sports. Faire une échappée, se distancer de tous les adversaires pour se trouver seul. ▶ ***échappatoire*** n. f. ■ Moyen détourné par lequel on cherche à se tirer d'embarras. ⇒ **dérobade,** ② **expédient, faux-fuyant ;** fam. **défaite.** *Elle essaya de s'en tirer par une échappatoire. Aucune échappatoire n'est possible.* ⇒ **subterfuge.** ▶ ***échappée*** n. f. **1.** Sports. Action menée par un ou plusieurs coureurs cyclistes qui lâchent le peloton. *Prendre la tête d'une échappée.* — Attaque d'un hockeyeur qui s'en va seul vers le gardien de but adverse. *Avoir une échappée, être en échappée. But compté sur une échappée.* **2.** Espace libre mais resserré (ouvert à la vue, à la lumière). *Avoir une échappée sur la campagne.* — *Par échappées,* à de rares et brefs moments. ▶ ***échappement*** n. m. **1.** Mécanisme d'horlogerie qui règle le mouvement. **2.** Dernière phase de la distribution et de la circulation de la vapeur dans les cylindres. — Dernier temps du cycle d'un moteur pendant lequel les gaz brûlés sont évacués. / contr. **admission** / *Échappement libre,* par lequel les gaz sortent directement du moteur. *Le pot d'échappement d'un véhicule automobile. Échappement silencieux.* ⇒ **silencieux.** ‹ ▶ réchapper ›

écharde [eʃaʀd] n. f. ■ Petit fragment pointu de bois ou épine qui a pénétré sous la peau par accident. *Avoir une écharde dans le doigt.* ≠ *écharpe.*

écharogner [eʃa(ɑ)ʀɔɲe] v. tr. ▪ conjug. 1. ■ Couper, découper qqch. maladroitement, surtout les tissus, les viandes. *Écharogner un jambon.*

écharpe [eʃaʀp] n. f. **1.** Large bande d'étoffe servant d'insigne de dignité. *L'écharpe tricolore des députés français.* — *Avoir un bras* EN ÉCHARPE, soutenu par un bandage passé par-dessus une épaule. — EN ÉCHARPE loc. adv. : en bandoulière ; en oblique. *Le camion a été pris en écharpe,* accroché sur le côté. **2.** (Surtout en France) Longue bande de tissu, de tricot qu'on porte autour du cou. ⇒ **cache-col, cache-nez, foulard. 3.** Pièce d'étoffe dont les femmes se couvrent les épaules. ⇒ **châle,** ③ **fichu.** ≠ *écharde.*

écharper [eʃaʀpe] v. tr. ▪ conjug. 1. ■ Déchiqueter, massacrer. *L'assassin a failli se faire écharper par la foule.* ⇒ **lyncher.** — Loc. *Se faire écharper,* fortement critiquer, aussi bien en actes qu'en paroles.

échasse [eʃas] n. f. ■ Chacun des deux longs bâtons munis d'un étrier pour le pied, permettant de se déplacer dans des terrains difficiles. *Les bergers des Landes (en France) étaient montés sur des échasses. Jouer sur des échasses.* ▶ ***échassiers*** n. m. pl. ■ Ancien ordre d'oiseaux des marais auxquels leurs longues pattes permettent de marcher sur des fonds vaseux. — Au sing. *Le héron est un échassier.*

échauder [eʃode] v. tr. ▪ conjug. 1. **1.** Passer, laver à l'eau chaude. — Tremper dans l'eau bouillante (des légumes, des fruits pour les peler). *Échauder des tomates.* ⇒ **ébouillanter. 2.** (Personnes) *Se faire échauder, être échaudé,* être victime d'une mésaventure, éprouver un dommage, une déception qui servent de leçon. — Au p. p. PROV. *Chat échaudé craint l'eau froide.*

échauffer [eʃofe] v. tr. ▪ conjug. 1. **1.** Rare. Rendre chaud par degrés. *Le soleil échauffe le sol.* ⇒ **chauffer.** / contr. **refroidir** / — Loc. *Échauffer la bile,* exciter la colère. *Il commence à nous échauffer les oreilles,* à nous énerver. **2.** Déterminer l'échauffement, l'altération de. **3.** Produire une sensation de brûlure sur la peau par frottement. ⇒ **irriter.** *Couche qui échauffe les fesses.* — Au p. p. adj. *Avoir la peau échauffée.* **4.** S'ÉCHAUFFER v. pron. : entraîner ses muscles avant un match, une épreuve. *L'athlète court un peu pour s'échauffer.* ⇒ fam. se **réchauffer.** — S'animer, se passionner en parlant. *Elle s'échauffait dès qu'on abordait son sujet favori.* ▶ ***échauffaison*** n. f. ■ Irritation de la peau produite par frottement ou par un manque d'hygiène. ⇒ **érythème.** *Le bébé a une petite échauffaison sur une fesse.* ▶ ***échauffement*** n. m. **1.** Fait de s'échauffer. / contr. **refroidissement** / *L'échauffement du sol. L'échauffement d'une pièce mécanique.* **2.** Action d'échauffer le corps (par des mouvements appropriés). *Les sportifs font des exercices d'échauffement.* ⇒ fam. **réchauffement.**

échauffourée [eʃofuʀe] n. f. ■ Courte bataille. ⇒ **accrochage, bagarre.**

échauguette [eʃogɛt] n. f. ■ Guérite en pierre dépassant les murs, aux angles des châteaux forts, des bastions, pour surveiller. ⇒ ② **poivrière.**

échéance [eʃeɑ̃s] n. f. **1.** Date à laquelle expire un délai, à laquelle on doit payer, faire qqch. ⇒ **expiration, terme ; échoir.** *L'échéance d'un loyer. Fixer une échéance.* — Obligations, paiement dont l'échéance tombe à une date donnée. *Faire face à une lourde échéance.* — Date à laquelle une chose doit arriver, une faute se payer. **2.** À LONGUE, À BRÈVE ÉCHÉANCE loc. adv. : à long, à court terme. *Obtenir des résultats à brève échéance,* rapidement. ▶ ***échéancier*** n. m. ■ Calendrier, programme de travail. *Se fixer un échéancier très précis, très serré.*

échéant ■ Loc. adv. LE CAS ÉCHÉANT [ləkazeʃeɑ̃] : si l'occasion se présente. ⇒ **éventuellement.**

① **échec** [eʃɛk] n. m. **1.** Le fait de ne pas réussir, de ne pas obtenir qqch. ⇒ ② **échouer ; revers.** / contr. **réussite, succès** / *Son échec à l'examen. Subir, essuyer* *un échec.* — Insuccès, faillite (d'un projet, d'une entreprise). ⇒ fam. ② **bide, flop.** *Tentative vouée à l'échec.* **2.** EN ÉCHEC loc. adv. *Tenir qqn en échec,* l'empêcher de réussir, d'avoir l'avantage, le mettre en difficulté. **3.** *Faire échec à,* empêcher, faire échouer. *Faire échec à des manœuvres frauduleuses.* **4.** Hockey. *Mise en échec,* coup d'épaule donné à un adversaire pour l'empêcher de s'emparer de la rondelle et le sortir du jeu. *Mettre, être mis en échec.*

② ***échec*** n. m. **I.** Au plur. LES ÉCHECS : jeu dans lequel deux joueurs font manœuvrer l'une contre l'autre deux séries de 16 pièces diverses (pion, fou, cavalier, tour, roi, reine), sur une tablette divisée en 64 cases (⇒ **échiquier**). *Un jeu d'échecs. Partie, problème d'échecs.* **II.** Au sing. Situation du roi ou de la reine qui se trouve sur une case battue par une pièce de l'adversaire. — *Échec au roi.* — Adj. *Vous êtes échec et mat,* vous avez perdu la partie. ‹ ▶ échiquier ›

échelle [eʃɛl] n. f. **1.** Objet formé de deux montants réunis de distance en distance par des barreaux transversaux (⇒ **échelon**) servant de marches. ⇒ **escabeau.** *Monter sur une échelle, à l'échelle. Accoter l'échelle sur un mur. Échelle simple,* qu'on appuie sur un mur. *Échelle pliante, double. Échelle d'incendie.* — *Échelle de corde,* dont les montants sont en corde. — (Bateaux) *Échelle de coupée,* servant à monter à bord. — Loc. *Faire la* COURTE ÉCHELLE *à qqn* : l'aider à s'élever en lui offrant comme points d'appui les mains puis les épaules. L'aider à réussir. — *Il n'y a plus qu'à tirer l'échelle,* ce n'est plus la peine de continuer, d'insister. — *Échelle à saumons,* passe migratoire. — Fam. *Faire une échelle dans un bas de nylon,* une maille verticale. ⇒ **estafilade. 2.** Suite continue ou progressive. ⇒ **hiérarchie, série.** *Échelle (sociale),* hiérarchie des conditions, des situations dans un groupe. *Être en haut, en bas de l'échelle. Échelle des valeurs.* — *L'échelle des sons.* ⇒ **gamme.** — *L'échelle des salaires, des traitements. Échelle mobile,* système où le prix ou le salaire doit suivre les variations du coût de la vie. **3.** Rapport existant entre une longueur et sa représentation sur la carte ; proportion (d'un modèle réduit, d'un plan). *1 mm représente 100 m à l'échelle de 1/100 000. L'échelle d'une maquette, d'un modèle réduit. Carte à grande échelle,* représentant sur une grande surface un terrain peu étendu. *Faire qqch. sur une grande échelle,* en grand, largement. **4.** Série de divisions (sur un instrument de mesure, un tableau, etc.). ⇒ **graduation.** *L'échelle d'un thermomètre. L'échelle Celcius, Fahrenheit. Échelle de Beaufort,* graduation de 0 à 12 donnant la force du vent, en météorologie. *Échelle de Richter,* graduation de 0 à 8 donnant l'intensité d'un tremblement de terre, en sismologie. — À L'ÉCHELLE (DE) loc. prép. : selon un ordre de grandeur, à la mesure de. *Ce problème se pose à l'échelle nationale, à l'échelle de la nation.* ▶ ***échelon*** [eʃlɔ̃] n. m. **1.** Traverse d'une échelle. Les échelons sont en bois, en métal. ⇒ **barreau, degré. 2.** Ce par quoi on monte, on descend d'un rang à un autre. *S'élever par échelons,* graduellement. — Position d'un fonctionnaire à l'intérieur d'un grade, d'une classe. *Avancer d'un échelon.* **3.** À L'ÉCHELON (DE) loc. prép. : selon le niveau (d'une administration, etc.). *À l'échelon municipal, provincial, national.* **4.** Militaire. Élément d'une troupe fractionnée en profondeur. *Échelon d'attaque.* ▶ ***échelonner*** v. tr. ▪ conjug. 1. **1.** Disposer (plusieurs choses) à une certaine distance les unes des autres, ou par degrés. ⇒ **graduer. 2.** Distribuer dans le temps, exécuter à intervalles réguliers. *On a prévu d'échelonner les paiements.* ⇒ **étaler.** — Pronominalement. *Les maisons s'échelonnent sur la colline,* s'étagent. *Les travaux s'échelonneront sur un an.* ⇒ se **répartir.** ▶ ***échelonnement*** n. m. ■ *L'échelonnement des paiements.*

écheniller [eʃnije] v. tr. ▪ conjug. 1. ■ Débarrasser (un arbre, une haie) des chenilles qui s'y trouvent. *Écheniller une haie.* ▶ ***échenillage*** n. m.

écheveau [ɛʃvo] n. m. **1.** Assemblage de fils repliés et réunis par un fil de liage. *Un écheveau de laine à mettre en pelote. Défaire un écheveau.* **2.** Loc. fig. *Démêler l'écheveau d'un récit, d'une situation,* éclaircir ce qui est embrouillé, compliqué.

échevelé, ée [eʃəvle] adj. **1.** Dont les cheveux sont en désordre. ⇒ **décoiffé, ébouriffé, hirsute ;** fam. **couetté. 2.** Désordonné. *Une danse échevelée. Une histoire échevelée.*

échevin [ɛʃ(ə)vɛ̃] n. m. ■ Vieilli ou fam. Conseiller municipal. ⇒ **édile.** ▶ ***échevinage*** n. m. ■ Fonction d'échevin ; durée d'exercice de cette fonction. *Se présenter à l'échevinage.*

échiffer [eʃife] v. tr. ▪ conjug. 1. ■ Effilocher, user par frottement (un vêtement, un tissu). ⇒ **élimer.** *Échiffer un jean.* — Au p. p. adj. *Un tapis tout échiffé.*

échine [eʃin] n. f. **1.** Colonne vertébrale de l'être humain et de certains animaux ; région correspondante du dos. — Loc. *Courber, plier l'échine,* se soumettre. *Avoir l'échine souple,* être prêt à faire des courbettes. **2.** Viande de porc correspondant à une partie de la longe. *Acheter une côte de porc dans l'échine.* ▶ ***s'échiner*** [eʃine] v. pron. ▪ conjug. 1. ■ Se donner beaucoup de peine, s'éreinter. *S'échiner à faire le grand ménage.*

échinodermes [ekinɔdɛʀm] n. m. plur. ■ Nom zoologique d'animaux marins à symétrie en rayons autour d'un centre (étoiles de mers, oursins, etc.). — Au sing. *Un échinoderme.*

échiquier [eʃikje] n. m. **1.** Tableau divisé en soixante-quatre cases alternativement blanches et noires et sur lequel on joue aux échecs. — Damier, quadrillage. *En échiquier,* se dit d'objets disposés en une série de carrés comme sur un échiquier. **2.** Lieu où se joue une partie serrée, où s'opposent plusieurs intérêts. *La place d'un pays sur l'échiquier mondial.* **3.** (Angleterre) Avec une majusc. Administration financière centrale. *Le chancelier de l'Échiquier* (ministre des Finances).

écho [eko] n. m. **1.** Réflexion du son par un obstacle qui le répercute ; le son ainsi répété. *Entendre un écho.* — En fonction d'adj. *C'est un écho dans le tunnel,* il y a, il peut y avoir un écho. **2.** Ce qui est répété par qqn. ⇒ **bruit, nouvelle.** *J'ai eu un écho, des échos de leurs discussions.* — *Les échos d'un journal,* rubrique consacrée aux petites nouvelles mondaines ou locales. ⇒ **échotier. 3.** *Se faire l'écho de certains bruits,* les répandre. ⇒ **propager. 4.** Accueil et réaction favorable. ⇒ **réponse.** *Sa protestation est restée sans écho.* ≠ *écot.* ▶ ***échographie*** [eko(ɔ)gʀafi] n. f. ■ Méthode utilisée en médecine pour explorer, au moyen d'ultrasons, divers organes du corps. *Échographie du foie, de l'œil. L'échographie est utilisée dans la surveillance des grossesses pour contrôler le développement du fœtus.* ‹ ▶ échotier ›

échoir [eʃwaʀ] v. intr. et défectif : *il échoit, ils échoient ; il échut ; il échoira ; il échoirait ; échéant ; échu.* ■ Littér. Être dévolu par le sort ou par un hasard. *Le rôle, le sort qui m'échoit, qui m'est échu.* ‹ ▶ échéance, échéant, échu ›

échoppe [eʃɔp] n. f. ■ (Surtout en France) Petite boutique. *Une échoppe de cordonnier. Des échoppes d'artisans.*

échotier, ière [ekɔtje, jɛʀ] n. ■ (France) Rédacteur des échos dans un journal. *Un échotier des spectacles.*

① ***échouer*** [eʃwe] v. intr. ▪ conjug. 1. **1.** (Navire) Toucher le fond par accident et se trouver arrêté dans sa marche. — Être poussé, jeté sur la côte. *Le navire a échoué, est échoué.* — Plus cour. S'ÉCHOUER v. pron. *Le cargo s'est échoué.* — Au p. p. adj. *Une baleine échouée.* **2.** S'arrêter par lassitude, ou comme poussé par le hasard. *Ils avaient échoué dans un restaurant bondé.* ▸ ***échouage*** n. m. ▪ Le fait d'échouer (1), de s'échouer. *L'échouage d'une barque.*

② ***échouer*** v. intr. ▪ conjug. 1. ▪ Ne pas réussir (dans une entreprise, un examen...). ⇒ fam. ② **couler, échec.** *Il a échoué dans ses projets, au concours.* — Transitivement. *Échouer un examen, un travail.* — (Choses) ⇒ **manquer, rater.** *Toutes ses tentatives avaient échoué.* ⇒ **avorter.** *Faire échouer un plan.* ⇒ faire **échec** à.

échu, ue [eʃy] adj. ▪ (⇒ **échoir**) Arrivé à échéance. *Terme échu. Délai échu,* expiré.

éclabousser [eklabuse] v. tr. ▪ conjug. 1. **1.** Couvrir d'un liquide salissant qu'on a fait rejaillir. ⇒ **arroser, asperger.** *La voiture a éclaboussé les passants.* **2.** Abstrait. Salir par contrecoup. *Ce scandale a éclaboussé beaucoup de personnalités.* — (Suj. personne) Humilier par l'étalage de son luxe. *Depuis qu'il est riche, il veut éclabousser tout le monde.* ⇒ **écraser.** ▸ ***éclaboussure*** n. f. **1.** Goutte d'un liquide salissant qui a rejailli. ⇒ **tache.** — Souvent au plur. *Un pantalon couvert d'éclaboussures.* **2.** Littér. Au plur. Tache (à la réputation, etc.). *En cas de scandale, vous recevrez des éclaboussures.*

① ***éclair*** [eklɛʀ] n. m. **1.** Lumière intense et brève, formant une ligne sinueuse et ramifiée, provoquée par une décharge électrique pendant un orage. *Le ciel était sillonné d'éclairs. La lueur des éclairs. — Des éclairs de chaleur.* — Loc. Au sing. *Avec la rapidité de l'éclair, comme un éclair, comme l'éclair,* très rapidement. *Elle est partie comme un éclair.* ⇒ **flèche.** — En appos. Invar. Très rapide. *Il m'a fait une visite éclair. Des voyages éclair.* ⇒ **bref. 2.** Lumière vive, de courte durée. ⇒ anglic. **flash.** *Un éclair de magnésium.* — Lueur dans le regard. *Un éclair de malice.* **3.** Manifestation soudaine et passagère ; bref moment. *Un éclair de génie, de lucidité, de bon sens.*

② ***éclair*** n. m. ▪ Petite pâtisserie allongée, fourrée d'une crème cuite (au café, au chocolat, à l'érable) et glacée sur le dessus.

éclairage [eklɛʀaʒ] n. m. **1.** Action, manière d'éclairer la voie publique, les locaux par une lumière artificielle. *Éclairage électrique. L'éclairage d'une vitrine. Un éclairage éblouissant, faible. Appareil d'éclairage.* ⇒ **luminaire.** *L'éclairage des rues. — Éclairage indirect,* qui éclaire par réflexion sur les parois, sur le plafond. **2.** Distribution de la lumière (naturelle ou artificielle). *Le mauvais éclairage de ce rez-de-chaussée.* — Manière, propre à un peintre, d'éclairer une scène. **3.** Manière de décrire, d'envisager ; point de vue. *Sous cet éclairage, votre démarche est justifiée.* ⇒ **angle, aspect.** ▸ ***éclairagiste*** n. ▪ (Théâtre, cinéma, spectacle, télévison) Personne qui s'occupe de l'éclairage. ▸ ***éclairant, ante*** adj. ▪ Qui a la propriété d'éclairer. *Des fusées éclairantes.* — Fig. *Des explications peu éclairantes.*

éclaircir [eklɛʀsiʀ] v. tr. ▪ conjug. 2. **1.** Rendre plus clair, moins sombre. / contr. **assombrir** / *Éclaircir une couleur, une teinte.* — Pronominalement. Devenir plus clair. *Le ciel, le temps s'est éclairci. — S'éclaircir la voix, la gorge,* se racler la gorge pour que la voix soit plus nette. ⇒ fam. se **dérhumer. 2.** Rendre moins épais, moins dense. *Elle a demandé au coiffeur de lui éclaircir les cheveux. — Éclaircir une sauce.* ⇒ **allonger. 3.** Rendre clair pour l'esprit. ⇒ **débrouiller, élucider.** *Un mystère, une énigme qu'on n'a pas éclaircis.* ⇒ **résoudre.** ▸ ***éclaircie*** n. f. **1.** Endroit clair qui apparaît dans un ciel nuageux, brève interruption du temps pluvieux ou couvert. ⇒ **embellie.** *Profiter d'une éclaircie pour sortir.* **2.** Clairière naturelle ou artificielle. *Camper dans une éclaircie.* ▸ ***éclaircissement*** n. m. ▪ Explication (d'une chose obscure ou douteuse), note explicative, renseignement. *L'éclaircissement d'un passage obscur.* — Explication tendant à une mise au point, à une justification. *Obtenir des éclaircissements. Elle a donné des éclaircissements sur son projet.* ⇒ **renseignement.** *Sans éclaircissement, sans un mot d'éclaircissement,* sans explication.

éclairer [eklɛʀe] v. tr. ▪ conjug. 1. **I. 1.** Répandre de la lumière sur (qqch. ou qqn). / contr. **obscurcir** / *La lampe éclaire la chambre.* — Pourvoir de la lumière nécessaire. *Éclairer une salle au néon.* — Au p. p. adj. *Les locataires sont chauffés et éclairés.* Loc. *À louer : appartement* CHAUFFÉ ET ÉCLAIRÉ. — Commander l'éclairage de (un lieu). *Une minuterie éclaire l'escalier.* — Pronominalement. *Prendre une bougie pour s'éclairer dans la cave. Aujourd'hui, on s'éclaire à l'électricité.* **2.** Répandre une espèce de lumière sur (le visage) ; rendre plus clair. ⇒ **illuminer.** *Un sourire éclaira son visage.* **3.** Intransitivement. *Cette lampe n'éclaire plus, éclaire mal.* **II.** V. impers. Faire des éclairs. *Il a plu et éclairé toute la soirée.* **III.** Abstrait. **1.** Mettre (qqn) en état de voir clair, de discerner le vrai du faux. ⇒ **instruire.** *Éclairez-nous sur ce sujet.* ⇒ **informer. 2.** Rendre clair, intelligible. ⇒ **clarifier, expliquer.** / contr. **embrouiller** / *Ce commentaire éclaire la pensée de l'auteur.* — Pronominalement. *Maintenant, tout s'éclaire,* s'explique. ▸ ***éclairé, ée*** adj. ▪ Qui a de l'instruction, de l'esprit critique. ⇒ **cultivé.** *Un public éclairé,* capable d'apprécier ce qu'on lui présente. — *Un conseil éclairé,* avisé. ▸ ***éclairement*** n. m. ▪ Durée ou intensité de la lumière ; rapport de cette intensité à la surface éclairée. ‹ ▸ ① éclair, éclairage, éclaireur ›

éclaireur, euse [eklɛʀœʀ, øz] n. **1.** N. Soldat envoyé en reconnaissance. *Un détachement d'éclaireurs.* — Loc. EN ÉCLAIREUR : pour reconnaître le terrain, voir si la voie est libre. **2.** Membre de certaines associations de scouts. ⇒ ② **guide, louveteau,** ② **jeannette.**

éclat [ekla] n. m. **I. 1.** Petit morceau, fragment d'un corps qui éclate, qu'on brise. *Éclat de verre. Faire un éclat sur un meuble.* ⇒ ① **écailler.** *Il a été blessé par un éclat d'obus.* Loc. EN ÉCLATS. *La vitre vole en éclats,* se brise. **2.** Bruit violent et soudain. *Des éclats de voix.* ⇒ **cri.** *Elle partit d'un grand éclat de rire.* **3.** Loc. FAIRE UN ÉCLAT : provoquer un scandale en manifestant son opinion. *S'il est mécontent, il est capable de faire un éclat.* **II. 1.** Lumière vive. *L'éclat de la neige était insoutenable. L'éclat de son regard.* **2.** (Couleur) Vivacité et fraîcheur. *L'éclat des fleurs. L'éclat du teint.* **3.** Caractère de ce qui est brillant, magnifique. *Dans tout l'éclat de sa réussite.* — D'ÉCLAT : remarquable, éclatant. *Action, coup d'éclat.*

éclater [eklate] v. intr. ▪ conjug. 1. **1.** Se rompre avec violence et généralement avec bruit, en projetant des fragments, ou en s'ouvrant. ⇒ **exploser, sauter.** *L'obus a éclaté. Le pneu arrière droit a éclaté.* ⇒ **crever. 2.** Retentir avec un bruit violent et soudain. *Des applaudissements éclatent.* — Loc. (Personnes) *Éclater de rire. L'enfant éclata en sanglots.* **3.** (Choses) Se manifester tout à coup en un début brutal. ⇒ **commencer,** se **déclarer.** *L'incendie, la guerre a éclaté.* **4.** Littér. Apparaître de façon manifeste, évidente. *La vérité éclate.* **5.** S'ouvrir, éclore (boutons, bourgeons). *Les tulipes sont à la veille d'éclater.* **6.** Fam. S'ÉCLATER v. pron. : se divertir, s'amuser sans contrainte. *Ils se* *sont éclatés toute la fin de semaine.* ▸ ***éclatant, ante*** adj. **1.** Qui fait un grand bruit. *Le son éclatant de la trompette.* **2.** Qui brille avec éclat, dont la couleur a de l'éclat. ⇒ **brillant, éblouissant.** / contr. **terne** / *Linge d'une blancheur éclatante. Être éclatant de santé,* rayonnant. ⇒ fam. **pétant. 3.** Qui se manifeste de la façon la plus frappante. ⇒ **remarquable.** *Un mérite, des dons éclatants. Une éclatante revanche. Une mauvaise foi éclatante,* évidente. ▸ ***éclatement*** n. m. **1.** Fait d'éclater. *L'éclatement d'une bombe.* ⇒ **explosion.** *L'éclatement d'un pneu.* ⇒ **crevaison ;** anglic. **flat. 2.** *L'éclatement d'un parti,* sa division brutale en groupes nouveaux. ⇒ **scission.** *L'éclatement d'un conflit,* son début. ▸ ***éclaté, ée*** adj. ■ MAÏS ÉCLATÉ : grains de maïs soufflés. ⇒ anglic. **popcorn.** ‹ ▸ éclat ›

éclectique [eklɛktik] adj. **1.** Philosophie. Qui emprunte des éléments à plusieurs systèmes. **2.** (Personnes) Qui n'a pas de goût exclusif, ne se limite pas à une catégorie d'objets. *Il est éclectique en amour, dans ses lectures.* — *Esprit, attitude éclectique.* ▸ ***éclectisme*** n. m. **1.** Philosophie éclectique. **2.** Disposition d'esprit éclectique. *Faire preuve d'éclectisme dans ses relations.*

éclipse [eklips] n. f. **1.** Disparition passagère d'un astre, quand un autre corps céleste passe entre cet astre et la source de lumière ou entre cet astre et le point d'observation. *Une éclipse de Soleil, de Lune. Éclipse totale, partielle.* — (Lumière artificielle) Arrêt momentané. **2.** Période de fléchissement, de défaillance. *Avoir des éclipses de mémoire.* — *Une éclipse de quelques années,* une absence volontaire. — À ÉCLIPSES : qui apparaît et disparaît de façon intermittente. ⇒ **sporadique.** *Une activité à éclipses. Phare à éclipses.* ▸ ***éclipser*** v. tr. ▪ conjug. 1. **1.** Provoquer l'éclipse de (un autre astre). — Rendre momentanément invisible. ⇒ **voiler.** *Un nuage éclipse le soleil.* ⇒ **cacher. 2.** Empêcher de paraître, de plaire, en brillant soi-même davantage. ⇒ **surpasser.** *Elle a éclipsé tous les concurrents.* **3.** S'ÉCLIPSER v. pron. : s'en aller à la dérobée. ⇒ s'**échapper,** s'**esquiver.** *Je me suis éclipsé avant la fin* (→ filer à l'anglaise).

écliptique [ekliptik] n. m. ■ Grand cercle d'intersection du plan de l'orbite terrestre avec la sphère céleste ; ce plan.

éclisse [eklis] n. f. **1.** Plaque de bois mince qui maintient les os d'un membre fracturé. **2.** Pièce d'acier reliant les rails de chemin de fer. *Jonction par éclisse.*

éclopé, ée [eklɔpe] adj. ■ Qui marche péniblement en raison d'un accident ou d'une blessure. ⇒ **boiteux, estropié.** — N. *Une bande d'éclopés.*

éclore [eklɔʀ] v. intr. ▪ conjug. 45. **1.** (Œufs) S'ouvrir. *Les œufs éclosent, ont éclos, viennent d'éclore.* **2.** Se dit d'une fleur en bouton qui s'ouvre. ⇒ **éclater, fleurir.** — Au p. p. adj. *Une fleur à peine éclose.* **3.** Fig. *Des lectures qui font éclore une vocation,* naître, paraître. ▸ ***éclosion*** n. f. **1.** (Œufs) Fait d'éclore. *La poule couve les œufs jusqu'à l'éclosion.* **2.** (Fleurs) Épanouissement. **3.** Littér. Naissance, apparition. *L'éclosion d'un projet, de nouveaux talents.*

écluse [eklyz] n. f. ■ Dans une voie d'eau, un canal, espace limité par des portes munies de vannes, et destiné à retenir ou à lâcher l'eau. *Les écluses d'un canal* (destinées à faire passer les bateaux aux changements de niveau). *Les écluses de Saint-Ours. Ouvrir, fermer les écluses,* les portes de l'écluse. ▸ ***écluser*** v. tr. ▪ conjug. 1. **1.** Faire passer (un bateau) par une écluse. *Écluser un cargo.* **2.** (Surtout en France) Fam. Boire. ▸ ***éclusier, ière*** n. ■ Personne chargée de la manœuvre d'une écluse.

écœurer [ekœʀe] v. tr. ▪ conjug. 1. **1.** Dégoûter au point de donner envie de vomir. *Les odeurs de cuisine l'écœuraient.* **2.** Dégoûter, en inspirant l'indignation ou le mépris. *Toutes ces intrigues l'écœuraient.* **3.** Décourager, démoraliser profondément. *Ses échecs répétés l'ont écœuré.* — Pronominalement. *Ils ont fini par s'écœurer.* ⇒ se **fatiguer ;** fam. se **tanner.** — Au passif. *Elle est écœurée de travailler pour rien.* ⇒ **découragé. 4.** Fam. Agacer, taquiner qqn ; le harceler sans arrêt. ⇒ fam. **achaler, baver, emmerder, tanner.** *Arrête de m'écœurer avec tes histoires. Se faire écœurer.* ▸ ***écœurant, ante*** adj. et n. **1.** Qui écœure, soulève le cœur. ⇒ **dégoûtant.** / contr. **appétissant** / *Des odeurs écœurantes.* — Fade, trop gras ou trop sucré. *Un gâteau écœurant.* **2.** Moralement répugnant, révoltant. *Une écœurante servilité.* **3.** Qui crée une espèce de malaise, de découragement. ⇒ **décourageant, démoralisant.** *Elle a une facilité ! C'en est écœurant.* **4.** Par exagér. *Un dessert écœurant,* riche et sucré. — En fonction adv. Très, beaucoup. ⇒ **épeurant.** *C'est écœurant comme il fait beau,* incroyable. **5.** N. (Personnes) Fam. Salaud, répugnant (au physique ou au moral). ⇒ **crasseux, dégoûtant, ignoble, infect ;** fam. **chien** (I, 6), **dégueulasse, sale.** *Un gros écœurant.* — Adj. *C'est un être écœurant,* sans pitié. ⇒ **indigne. 6.** Loc. adv. *En écœurant,* très, beaucoup. *Elle est belle en écœurant.* ▸ ***écœurement*** n. m. **1.** État d'une personne qui est écœurée. ⇒ **nausée. 2.** Dégoût profond, répugnance. *On est pris d'écœurement à le voir agir si malhonnêtement.* **3.** Découragement. *L'écœurement provoqué par de mauvais résultats.* ▸ ***écœuranterie*** n. f. ■ Souvent au plur. Parole, action répugnante et méprisante à l'égard de qqn. ⇒ **infamie.** *Dire, faire des écœuranteries à qqn.*

école [ekɔl] n. f. **1.** Établissement dans lequel est donné un enseignement collectif (général ou spécialisé). *École primaire* (ou, autrefois, *la petite école*). *École maternelle. École polyvalente.* ⇒ **polyvalente.** *École secondaire.* ⇒ anglic. **high school.** *École de danse, de dessin.* ⇒ **cours.** *Les élèves d'une école.* ⇒ **écolier.** Vieilli. *Une maîtresse d'école.* ⇒ **enseignant, instituteur, professeur.** — *Une école de rang. Cours d'école. L'École nationale d'administration publique* (É.N.A.P.). *L'école polytechnique.* — Fam. *Faire l'école,* enseigner, dans les petites classes surtout. — *École de conduite.* ⇒ **auto-école.** — Loc. *Renvoyer qqn à l'école, lui conseiller de retourner à l'école,* lui montrer qu'il ne connaît pas la question. — Établissement d'enseignement primaire. *École publique, laïque. École privée, confessionnelle. Elle va bientôt aller à l'école.* — L'ensemble des élèves et des enseignants d'une école. *L'école aura congé à telle date.* — Fam. *Avoir de l'école,* il y a classe, cours. *On n'a pas d'école cet après-midi à cause de la tempête.* **2.** Instruction, exercice militaire. *L'école du soldat.* — Loc. *Haute école,* équitation savante. **3.** Ce qui est propre à instruire et à former ; source d'enseignement. *Une école de courage.* — Loc. (avec *à*). *Avec vous, il est à bonne école,* vous saurez le former. *À l'école de...,* en recevant l'enseignement qu'apporte... *Il a été à rude école,* le malheur, les difficultés l'ont instruit. **4.** Groupe ou suite de personnes, d'écrivains, d'artistes qui se réclament d'un maître ou professent les mêmes doctrines. ⇒ **mouvement.** *L'école classique, romantique, surréaliste. L'école de Rubens. Le manifeste d'une école.* — Ensemble de peintres qu'on peut rapprocher par leur origine et leur style. *L'école flamande. L'école de Paris* (XXe s.). — Loc. FAIRE ÉCOLE : avoir des disciples, des adeptes. ▸ ***écolier, ière*** n. ■ Enfant qui fréquente l'école primaire, suit les petites classes d'une école secondaire, d'une polyvalente. ⇒ **élève.** *Une bande d'écoliers.* ≠ *étudiant.* ‹ ▸ auto-école ›

écologie [ekɔlɔʒi] n. f. ■ Étude des milieux où vivent les êtres vivants, ainsi que des rapports de ces êtres avec le milieu. ▶ ***écologique*** adj. ■ Relatif à l'écologie. ⇒ **environnemental.** *Les problèmes écologiques dans la société industrielle.* ▶ ***écologiste*** n. **1.** Spécialiste de l'écologie. **2.** Partisan de la défense de la nature, de la qualité de l'environnement. ⇒ **environnementaliste.** — (Surtout en France) Abrév. fam. ÉCOLO [ekɔlo] adj. et n. *Elles sont écolos.* ⟨ ▶ écosystème ⟩

éconduire [ekɔ̃dɥiʀ] v. tr. ▪ conjug. 38. **1.** Repousser (un solliciteur), ne pas accéder à la demande de (qqn). ⇒ **refuser.** *Un des soupirants qu'elle a éconduits.* **2.** Congédier, renvoyer. *Il a éconduit l'importun.* / contr. **accueillir, recevoir** /

① ***économe*** [ekɔnɔm] n. ■ Vieilli. Personne chargée de l'administration matérielle, des recettes et dépenses dans une communauté religieuse, un établissement hospitalier, un collège. ⇒ **intendant.** ▶ ***économat*** n. m. ■ Fonction d'économe ; bureaux d'un économe.

② ***économe*** adj. ■ Qui dépense avec mesure, sait éviter toute dépense inutile. *Elle est trop économe.* / contr. **dépensier** / *Être économe de ses louanges, de son temps,* ne pas donner ses louanges, son temps sans compter. ⟨ ▶ ② économie ⟩

① ***économie*** [ekɔnɔmi] n. f. **1.** ÉCONOMIE POLITIQUE : science des phénomènes concernant la production, la distribution et la consommation des richesses, des biens matériels, dans un groupe humain. *Étudier l'économie politique.* — REM. On dit aussi, dans ce sens, *l'économie.* **2.** Activité, vie économique. *L'économie canadienne,* agriculture, industrie, commerce, etc. *Économie libérale, dirigée, socialiste.* ▶ ***économétrie*** n. f. ■ Étude statistique des données économiques. ▶ ① ***économique*** adj. ■ Qui concerne la production, la distribution, la consommation des richesses, leur étude (économie politique). *La vie économique et sociale. Une grave crise économique.* ▶ ① ***économiquement*** adv. ■ Par rapport à la vie ou à la science économique. — Loc. *Les économiquement faibles,* ceux qui ont des ressources insuffisantes. ⇒ **pauvre.** ▶ ***économiste*** n. ■ Spécialiste de l'économie politique.

② ***économie*** n. f. **1.** Littér. L'ÉCONOMIE : gestion où l'on évite toute dépense inutile. *Pratiquer l'économie,* être économe ②. ⇒ **épargne.** / contr. **gaspillage** / **2.** UNE, DES ÉCONOMIE(S) : ce qu'on épargne, ce qu'on évite de dépenser. *Une sérieuse économie. Faire des économies d'énergie.* — Loc. *Des économies de bouts de chandelle,* insignifiantes. — *Une économie de temps, de fatigue.* ⇒ **gain.** — *Faire l'économie de,* éviter. *Elle a fait l'économie d'une explication difficile.* **3.** Au plur. DES ÉCONOMIES : somme d'argent conservée, économisée. *Faire, avoir des économies, de petites économies.* ▶ ② ***économique*** adj. ■ Qui réduit la dépense, les frais. / contr. **coûteux, dispendieux, onéreux** / *Trouver une façon plus économique de se loger. Une voiture économique,* qui consomme peu. ▶ ② ***économiquement*** adv. ■ En dépensant peu. ▶ ***économiser*** v. tr. ▪ conjug. 1. **1.** Dépenser, utiliser avec mesure. — *Savoir économiser ses forces, son temps.* ⇒ **ménager.** *Économiser l'électricité.* / contr. **gâcher, gaspiller** / **2.** Mettre de côté en épargnant. ⇒ fam. **sauver** (III). *Nous arrivons à économiser un peu d'argent tous les mois.* ▶ ***économiseur*** n. m. ■ Dispositif pouvant théoriquement faire réaliser des économies (d'essence, de gaz, etc.).

③ ***économie*** n. f. ■ Littér. Organisation des éléments (d'un ensemble) ; manière dont sont distribuées les parties. *L'économie du récit, de l'œuvre.*

écoper [ekɔpe] v. tr. ▪ conjug. 1. **1.** Vider (un bateau) avec un instrument (appelé *écope,* n. f.). — Sans compl. *Il va falloir écoper.* **2.** V. tr. ind. Fam. Recevoir (une punition). *Il a écopé de deux mois de prison.*

écorce [ekɔʀs] n. f. **1.** Enveloppe d'un tronc d'arbre et de ses branches, qu'on peut détacher du bois. *L'écorce argentée des peupliers.* **2.** Enveloppe coriace (de certains fruits : melon, orange...). ⇒ **peau, pelure, zeste. 3.** *Écorce terrestre,* partie superficielle du globe. ⇒ **croûte.** ▶ ***écorcer*** v. tr. ▪ conjug. 3. ■ Dépouiller de son écorce (un arbre, les fruits). ⇒ **éplucher.** *Écorcer un pamplemousse.* ⇒ **peler.**

écorcher [ekɔʀʃe] v. tr. ▪ conjug. 1. **1.** Dépouiller de sa peau (un corps). *Écorcher un lapin.* **2.** Blesser en entamant superficiellement la peau. *Des ronces lui ont écorché les mains.* ⇒ **égratigner, grafigner, griffer.** — Pronominalement. *Elle s'est écorchée.* — Par exagér. *Ces hurlements écorchent les oreilles.* — Au p. p. adj. *Front écorché. Ça t'écorcherait la bouche de dire merci ?* **3.** Déformer, prononcer de travers. ⇒ **estropier ;** fam. **maganer.** *Il écorche tous les noms propres.* ▶ ***écorché, ée*** n. ■ Personne écorchée. — Loc. *Crier, hurler comme un écorché vif.* ▶ ***écorchure*** n. f. ■ Déchirure légère de la peau. ⇒ **égratignure, grafigne, griffure.** *Ses écorchures au genou sont sans gravité.* ⟨ ▶ écorchis ⟩

écorchis [ekɔʀʃi] n. m. pl. ■ Rives abruptes d'une rivière minées par l'eau.

écore [ekɔʀ] n. m. ■ Terrain en forte pente. *Se tenir loin de l'écore.* — Bord escarpé d'un cours d'eau. *Le lac des Écores.*

écorner [ekɔʀne] v. tr. ▪ conjug. 1. **1.** Casser, endommager un angle de. — Au p. p. adj. *Des livres tout écornés par l'usage.* **2.** Loc. *Il vente à écorner les bœufs,* très fort.

écornifler [ekɔʀnifle] v. ▪ conjug. 1. Fam. **1.** V. intr. Chercher à voir ce qui se passe dans une autre pièce, dans une autre maison... ; chercher à surprendre ou découvrir des secrets. ⇒ **espionner, fouiner, fureter ;** fam. **sentir** (III). *Écornifler par la fenêtre. Tu as encore écornifié dans ma chambre.* **2.** V. tr. *Écornifler qqn,* le surveiller de manière indiscrète. ▶ ***écornifleur*** ou ***écornifleux, euse*** n. et adj. ■ Fam. Personne qui écornifle. ⇒ **curieux, indiscret ;** fam. **renifleur, senteur.** — Adj. *Un enfant écornifleur.* ▶ ***écorniflage*** n. m. ■ Fam. Action d'écornifler, de mettre son nez partout.

écossais, aise [ekɔsɛ, ɛz] adj. et n. ■ De l'Écosse. *Les lacs écossais.* ⇒ **loch.** — N. (Avec une majusc.) *Les Écossais. Le kilt des Écossais.* — *Tissu écossais,* ou n. m., *écossais,* tissu de fils de laine peignée disposés par bandes de couleurs différentes se croisant à angle droit (opposé à *uni*). *Cravate, jupe écossaise,* en tissu écossais. ⇒ **carreauté.** / contr. **uni** / — N. m. *L'écossais* la langue celtique d'Écosse. Dialecte anglais de l'Écosse. ⟨ ▶ néo-écossais ⟩

écosser [ekɔse] v. tr. ▪ conjug. 1. ■ Dépouiller (des pois, des haricots) de la cosse. ⇒ **écaler.** *Des haricots à écosser,* à manger en grains (opposé à *haricots verts*).

écosystème [ekosistɛm] n. m. ■ Unité écologique de base formée par le milieu vivant et les organismes animaux et végétaux qui y vivent. *La pollution des écosystèmes fluviaux par le mercure.*

écot [eko] n. m. ■ Loc. *Payer son écot,* sa quote-part pour un repas à frais communs. ≠ *écho.*

écouler [ekule] v. pron. et tr. ▪ conjug. 1. **1.** V. pron. Couler hors d'un endroit. ⇒ se **déverser.** *L'eau s'écoule par le trop plein.* — (Personnes) Se retirer en groupe. *La foule s'écoulait lentement.* **2.** (Temps) Se passer. *La semaine s'est écoulée bien vite.* — Au p. p. adj. *Les années écoulées,* qui se sont écoulées. **3.** V. tr. Vendre de façon continue jusqu'à épuisement. *Des produits faciles à écouler.* — *Écouler de faux billets,* les faire passer dans la circulation. ▶ ***écoulement*** n. m. **1.** Fait de s'écouler, mouvement d'un liquide qui s'écoule.

⇒ **déversement.** *Gouttière servant à l'écoulement des eaux d'un toit.* ⇒ **évacuation.** *Canal, conduit, fossé d'écoulement. L'écoulement sanguin.* **2.** Mouvement de personnes, de véhicules qui se retirent d'un lieu. *Faciliter l'écoulement de la foule.* **3.** Possibilité d'écouler (des marchandises). ⇒ **débit.** *L'écoulement des récoltes, des marchandises sur le marché. Vente d'écoulement d'électroménagers.*

écoumène [ekumɛn] n. m. ■ Partie de la surface terrestre que l'être humain peut habiter et organiser selon ses besoins. — REM. On trouve aussi les orthographes *ékoumène* et *œkoumène.*

écourter [ekuʀte] v. tr. ▪ conjug. 1. **1.** Vx. Rendre plus court en longueur. ⇒ **raccourcir.** *Écourter un manteau.* **2.** Rendre plus court en durée. *J'ai dû écourter mon séjour.* **3.** Rendre anormalement court. ⇒ **tronquer.** *Fausser la pensée d'un auteur en écourtant les citations.* — Au p. p. adj. *Un dénouement écourté.*

écourticher [ekuʀtiʃe] v. tr. ▪ conjug. 1. ■ Fam. Couper un vêtement trop court. ⇒ **raccourcir.** ▶ ***écourtiché, ée*** adj. Fam. **1.** (Vêtement) Qui est trop court. *Des manches écourtichées. Une jupe écourtichée.* **2.** (Surtout des femmes) Qui est vêtu courtement, qui porte un vêtement trop court. ⇒ **court-vêtu.** *Une fille tout écourtichée.*

écouter [ekute] v. tr. ▪ conjug. 1. **1.** S'appliquer à entendre, prêter son attention à (des bruits, des paroles). *Vous n'avez pas écouté ce que je disais. Il entendait la conversation mais ne l'écoutait pas. Écouter un disque. Elle l'écoutait chanter. Écoute s'il pleut.* — Au p. p. adj. *Un des orateurs les plus écoutés aux Communes.* — Sans compl. Prêter une oreille attentive. *Allô, j'écoute ! S'instruire en écoutant. N'écouter que d'une oreille,* distraitement. *Écouter aux portes,* écouter indiscrètement derrière une porte. ⇒ **écornifler.** *Écoute, écoutez !,* s'emploie pour attirer l'attention de l'interlocuteur sur ce qu'on va dire. **2.** Recevoir, accepter. *Vous n'avez jamais voulu écouter nos conseils.* ⇒ **suivre.** *Ces enfants n'écoutent pas leurs parents.* ⇒ **obéir.** — *N'écouter que son courage, son devoir,* se laisser uniquement guider par lui. **3.** V. pron. S'ÉCOUTER. *Il s'écoute parler,* il parle lentement et avec complaisance, en s'admirant. — Suivre son inspiration. *Si je m'écoutais, je n'irais pas.* — Prêter une trop grande attention à sa santé. ⇒ s'**observer.** *Ne vous écoutez pas tant, vous irez mieux.* ▶ ***écoute*** n. f. **1.** *Être* AUX ÉCOUTES (à un endroit où on peut guetter, écouter) : être aux aguets, très attentif. *Journaliste aux écoutes de l'actualité.* **2.** Détection par le son. *Appareil d'écoute sous-marine,* servant à repérer des sous-marins. *Poste d'écoute.* **3.** Action d'écouter une communication téléphonique, une émission radiophonique. *Les heures de grande écoute. Restez à l'écoute. Prenez l'écoute,* commencez à écouter. *Casque d'écoute.* ⇒ **écouteur.** *Table d'écoute,* permettant d'intercepter les communications téléphoniques. ▶ ***écouteur*** n. m. **1.** Partie du récepteur téléphonique qu'on applique sur l'oreille pour écouter. *Prendre l'écouteur.* **2.** (Souvent au plur.) Récepteur qu'on place sur les oreilles (⇒ **casque**) ou dans une oreille pour écouter (la radio, des cassettes...). *Mettre les écouteurs pour ne pas déranger les enfants.* ⟨ ▶ réécouter ⟩

écoutille [ekutij] n. f. ■ Ouverture rectangulaire pratiquée dans le pont d'un navire et qui permet l'accès aux étages inférieurs. *Fermer les écoutilles.*

écouvillon [ekuvijɔ̃] n. m. ■ Brosse cylindrique pour nettoyer un objet creux (canon, etc.). *Nettoyer une bouteille avec un écouvillon.* ⇒ **goupillon.**

écrabouiller [ekʀabuje] v. tr. ▪ conjug. 1. ■ Fam. Écraser, réduire en bouillie (un être vivant, un membre, une chose). ⇒ **broyer ;** fam. **écrapoutir.** *Regarde où tu marches, tu écrabouilles les fleurs.* ⇒ **écraser.**

écran [ekʀɑ̃] n. m. **1.** Panneau, enveloppe ou paroi destinée à protéger de la chaleur, d'un rayonnement, des actions électriques ou magnétiques. *Écran métallique.* **2.** Objet interposé qui dissimule ou protège. *Un écran de fumée.* ⇒ **rideau.** *Faire écran de (avec) sa main.* **3.** Surface sur laquelle se reproduit l'image d'un objet. *Écran de projection* ou *écran,* surface blanche sur laquelle sont projetées des images photographiques ou cinématographiques. *Écran de cinémascope.* — Loc. Cinéma. *Crever l'écran,* avoir beaucoup de présence. *C'est un acteur qui crève l'écran.* — Surface fluorescente sur laquelle se forme l'image dans les tubes cathodiques. *L'écran d'un récepteur de télévision.* — *Un écran d'ordinateur. Un écran radar.* **4.** *L'écran,* l'art cinématographique. *Porter un roman à l'écran,* en tirer un film. — *Le* PETIT ÉCRAN : la télévision. *Une vedette du petit écran.* ⟨ ▶ page-écran ⟩

écrapoutir [ekʀaputiʀ] v. tr. ▪ conjug. 2. Fam. **1.** Écraser, réduire en miettes, en bouillie (un être vivant, un membre, une chose). ⇒ **broyer, comprimer ;** fam. **écrabouiller.** *Écrapoutir un maringouin sur son bras.* — Au p. p. adj. *Eurk !, une bebite écrapoutie.* **2.** S'ÉCRAPOUTIR v. pron. : s'accroupir. ⇒ **bonhomme** (6). *Elle s'écrapoutissait pour cueillir les fraises.*

écraser [ekʀɑze] v. tr. ▪ conjug. 1. **1.** Aplatir et déformer (un corps) par une forte compression, par un choc violent. *Écraser une limace sous son pied.* ⇒ fam. **écrabouiller, écrapoutir.** *La porte en se refermant lui a écrasé le doigt. Écraser du poivre, de l'ail.* ⇒ **piler.** *Écraser une cigarette,* ou sans compl. *écraser,* éteindre une cigarette. *Vous devriez écraser,* cesser de fumer. — Pronominalement. *L'avion s'est écrasé au sol.* **2.** Renverser et passer sur le corps de. *Il s'est fait écraser* (par une automobile). — Au p. p. adj. *La rubrique des chiens écrasés,* dans un journal, les faits divers sans intérêt. **3.** Fam. Appuyer fortement sur. *Elle a écrasé la pédale de frein.* — Pronominalement. Se serrer à l'extrême, s'entasser. *La foule s'écrasait dans le métro.* **4.** Dominer par sa masse, faire paraître bas ou petit. *Les grands immeubles écrasaient les maisonnettes.* — (Personnes) Dominer, humilier. *Il nous écrase de son luxe.* **5.** *Écraser qqn de...* ⇒ **accabler, surcharger.** — Au passif. *Le peuple était écrasé d'impôts.* **6.** Vaincre, réduire totalement (un ennemi, une résistance). ⇒ **anéantir.** *L'armée a écrasé l'insurrection. Notre équipe a été écrasée,* a subi une lourde défaite. **7.** Fam. *Écrase !,* n'insiste pas, laisse tomber ! **8.** S'ÉCRASER v. pron. : se faire petit. *Je m'écrasais contre le mur pour les laisser passer.* — Fam. *S'écraser devant qqn,* ne pas protester, ne rien dire. *Tu ferais mieux de t'écraser.* — *Je m'écraserais bien dans un fauteuil,* m'installer pour me reposer. ⇒ fam. s'**effoirer,** s'**évacher.** ▶ ***écrasé, ée*** adj. ■ Très aplati, court et ramassé. *Un nez écrasé.* ▶ ***écrasant, ante*** adj. **1.** Extrêmement lourd. *Un poids écrasant. Une responsabilité écrasante. Des dettes écrasantes. Il faisait une chaleur écrasante.* ⇒ **accablant.** **2.** Qui entraîne l'écrasement de l'adversaire. *Faire preuve d'une supériorité écrasante. Remporter une victoire par une majorité écrasante.* ▶ ***écrasement*** n. m. **1.** Action d'écraser, fait d'être écrasé. *L'écrasement du raisin dans la cuve.* **2.** Destruction complète (des forces d'un adversaire). ⇒ **anéantissement.** *L'écrasement des forces ennemies, d'une révolte.* ⟨ ▶ écrabouiller ⟩

écrémer [ekʀeme] v. tr. ▪ conjug. 6. **1.** Dépouiller (le lait) de la crème, de la matière grasse. — Au p. p. adj. *Lait écrémé, partiellement écrémé.* ⇒ **maigre.** **2.** Dépouiller des meilleurs éléments (un ensemble, un groupe). *Sa collection a déjà été écrémée,* les pièces rares n'y sont plus. ▶ ***écrémage*** n. m. ■ Action d'écrémer (1). *L'écrémage du lait pour faire le beurre.* ▶ ***écrémeuse*** n. f. ■ Machine à écrémer le lait.

écrevisse [ekʀəvis] n. f. ■ Crustacé d'eau douce, de taille moyenne, aux pattes antérieures armées de fortes pinces. *Préparer des écrevisses au court-bouillon.* — (France) Loc. *Marcher, aller comme une écrevisse,* à reculons. — *Rouge comme une écrevisse* (comme les écrevisses après la cuisson).

s'écrier [ekʀije] v. pron. ▪ conjug. 7. ■ Dire d'une voix forte et émue. ⇒ s'**exclamer.** *Elle s'écria que c'était injuste. « Dépêchez-vous ! » s'écria-t-il.* ‹ ▶ se récrier ›

écrin [ekʀɛ̃] n. m. ■ Boîte ou coffret où l'on range des bijoux, des objets précieux. *Ranger l'argenterie dans les écrins.*

écrire [ekʀiʀ] v. tr. ▪ conjug. 39. **I. 1.** Tracer (des signes d'écriture, un ensemble organisé de ces signes). *Effacez ce que vous avez écrit. Écrire un paragraphe. Écrire quelques mots sur (dans) un cahier.* — Sans compl. *Apprendre à écrire. Ils ne savent ni lire, ni écrire. Écrire mal, comme ses pieds. Écrire gros, fin. Écrire en majuscules. Écrire lisiblement. Écrire au brouillon, au propre.* — Orthographier. *Je ne sais pas écrire son nom.* Pronominalement. *« Appeler » s'écrit avec deux p.* **2.** Consigner, noter par écrit. ⇒ **inscrire, marquer.** *J'ai dû écrire son adresse quelque part.* **3.** Rédiger (un message destiné à être envoyé à qqn). *Il écrivait une longue lettre à sa mère.* Pronominalement. *Ils ne s'écrivent plus.* — Sans compl. Faire de la correspondance. *Elle n'aime pas écrire.* **4.** Annoncer par lettre (⇒ **écriveux**). *Je lui ai écrit que j'étais malade.* **II. 1.** Composer (un ouvrage scientifique, littéraire). *Elle a commencé à écrire ses mémoires.* ⇒ **rédiger.** *Il n'a rien écrit cette année.* ⇒ **publier.** *« Que fais-tu dans la vie ? – J'écris des livres. »,* je suis écrivain. — Sans compl. Composer un texte pour la publication. *Écrire en prose, en vers. Elle écrit dans un grand journal.* — Sans compl. Être écrivain et produire. — *Écrire un concerto,* le composer. **2.** Exprimer sa pensée par le langage écrit. *Il écrit comme il parle. Écrire bien, mal. L'art d'écrire,* de bien écrire. **3.** Exposer (une idée) dans un ouvrage. *On leur a reproché d'avoir écrit que...* ▶ ① ***écrit*** n. m. **1.** Document écrit. *Un écrit anonyme.* **2.** Ouvrage de l'esprit, composition littéraire, scientifique. ⇒ **livre, œuvre.** *Les écrits des Anciens.* **3.** Épreuves écrites d'un examen ou d'un concours (opposé à *oral*). *On attend les résultats de l'écrit. L'écrit et l'oral.* **4.** PAR ÉCRIT loc. adv. : par un document écrit. / contr. **oralement** / *Je veux que vous m'en donniez l'ordre par écrit.* ▶ ② ***écrit, ite*** adj. **1.** Tracé par l'écriture. *Des notes très mal écrites.* — Couvert de signes d'écriture. *Deux pages écrites et une page blanche.* **2.** Exprimé par l'écriture, par des textes (opposé à *verbal*). / contr. **oral, parlé** / *La langue écrite. Un examen écrit.* **3.** Qui est voulu par la providence ou le destin, fixé et arrêté d'avance. *C'était écrit.* ⇒ **fatal.** *Il est écrit qu'on n'y arrivera jamais.* ▶ ***écriteau*** n. m. ■ Surface plane portant une inscription en grosses lettres, destinée à faire connaître qqch. au public. ⇒ **pancarte.** *Un écriteau annonçait que la maison était à vendre. Des écriteaux.* ▶ ***écriture*** n. f. **1.** Système de signes visibles, tracés, représentant le langage parlé. *Écriture idéographique* (ex. : *hiéroglyphes*), alphabétique. **2.** Type de caractères adopté dans un tel système. *Écriture gothique, romaine, arabe, russe (cyrillique). L'écriture syllabique des Inuits.* **3.** Manière personnelle dont on trace les caractères en écrivant ; ces caractères. ⇒ **graphologie.** *Avoir une belle écriture, une écriture illisible. J'ai reconnu votre écriture.* **4.** Littér. Manière d'écrire (II) d'une personne (style), d'une époque, etc. *L'écriture automatique,* technique des surréalistes visant à traduire la pensée spontanée. — Acte d'écrire. **5.** Droit. Écrit. *Faux en écriture.* — Au plur. Actes de procédure nécessaires à la soutenance d'un procès. — Inscription d'une opération comptable. *Passer une écriture. Tenir les écritures,* la comptabilité. **6.** (Avec une majusc.) *L'Écriture, les (Saintes) Écritures,* les livres saints. ⇒ **Bible.** ▶ ***écrivain, aine*** n. **1.** Personne qui compose, écrit des ouvrages littéraires. ⇒ **auteur.** *Les grands écrivains. Le style d'un écrivain. Elle est écrivaine. Un écrivain traduit en plusieurs langues.* **2.** ÉCRIVAIN PUBLIC : personne qui écrit (des lettres, etc.) pour ceux qui ne savent pas ou savent mal écrire. — REM. L'O.L.F. propose *écrivaine* au féminin. ≠ *écrivailleur, écriveux.* ▶ ***écrivailleur, euse*** [ekʀivɑ(ɑ)jœʀ, øz] ou ***écrivaillon*** [ekʀivɑ(ɑ)jɔ̃] n. ■ Péj. Homme ou femme de lettres médiocre (qui ne fait qu'*écrivailler* ou *écrivasser*). ≠ *écrivain, écriveux* ▶ ***écriveur*** ou ***écriveux, euse*** adj. et n. ■ (Souvent en emploi négatif) Qui aime écrire (I, 4) des lettres. *Elle n'est pas très écriveuse.* — N. *C'est une famille d'écriveurs.* ≠ *écrivain, écrivailleur.* ‹ ▶ récrire ›

① ***écrou*** [ekʀu] n. m. ■ Procès-verbal constatant qu'un individu a été remis à un directeur de prison, et mentionnant la date et la cause de l'emprisonnement. *Registre d'écrou. Levée d'écrou,* constatation de la remise en liberté d'un détenu. ▶ ***écrouer*** v. tr. ▪ conjug. 1. ■ Inscrire sur le registre d'écrou, emprisonner. *Il a été écroué à la prison de Port-Cartier.* ⇒ **incarcérer.** / contr. **élargir, libérer** /

② ***écrou*** n. m. ■ Pièce de métal, de bois, etc., percée d'un trou fileté pour le logement d'une vis ou d'un boulon. ⇒ **taraud**. *Serrer, desserrer des écrous.*

s'écrouler [ekʀule] v. pron. ▪ conjug. 1. **1.** Tomber soudainement de toute sa masse. ⇒ s'**abattre,** s'**affaisser, crouler,** s'**ébouler,** s'**effondrer ;** fam. s'**effoirer.** *Des pans de murs s'écroulaient dans les flammes.* — Au p. p. adj. *Une maison écroulée.* **2.** Abstrait. Subir une destruction, une fin brutale. ⇒ **sombrer.** *Sa fortune, son autorité s'est écroulée. Tous ses projets s'écroulent.* **3.** Fam. (Personnes) Se laisser tomber lourdement. ⇒ s'**affaler.** *Elle s'écroula dans un fauteuil.* **4.** Fig. Être accablé de. *Le soir, il s'écroulait de fatigue.* — Fam. *S'écrouler (de rire),* n'en plus pouvoir à force de rire. Au p. p. adj. *Rien qu'à le voir, on était tous écroulés.* ▶ ***écroulement*** n. m. **1.** Fait de s'écrouler, chute soudaine. ⇒ **effondrement, ruine.** *L'écroulement d'un mur.* **2.** Fig. Destruction soudaine et complète. ⇒ **anéantissement, ruine.** *Après l'écroulement de l'Empire. L'écroulement de sa raison.* **3.** Fait de s'écrouler physiquement, de s'effondrer.

écru, ue [ekʀy] adj. ■ Qui n'est pas blanchi, lessivé (chanvre, soie...). *Toile écrue.*

-ectomie ■ Élément savant signifiant « ablation » (ex. : *appendicectomie*). ⇒ **-tomie.**

ectoplasme [ektɔplasm] n. m. ■ Émanation visible du corps du médium ②. — Par plaisanterie. Personne faible, molle, silencieuse qu'on ne remarque pas. ⇒ **zombie.**

① ***écu*** [eky] n. m. **1.** Histoire. Bouclier des hommes d'armes au Moyen Âge. **2.** Champ en forme de bouclier où sont représentées les pièces des armoiries ; ces armoiries. ⇒ **écusson. 3.** Ancienne monnaie française. *Un écu d'or.* — Plaisant. *Je n'ai plus un (seul) écu,* un sou. ⇒ **cenne, rond** (I, 5). ‹ ▶ écusson ›

② ***écu*** ou ***E.C.U.*** [eky] n. m. invar. ■ Sigle de l'expression anglaise *European Currency Unit,* unité de compte du système monétaire européen. ≠ ① *écu.*

écubier [ekybje] n. m. ■ Ouverture ménagée à l'avant d'un navire, sur le côté de l'étrave, pour le passage des câbles ou des chaînes.

écueil [ekœj] n. m. **1.** Rocher, banc de sable, amoncellement de roches à fleur d'eau contre lequel un navire risque de se briser ou de s'échouer. ⇒ **brisant, récif.** *Heurter un écueil. Se briser sur, contre un écueil.* **2.** Obstacle dangereux, cause d'échec. ⇒ **danger.** *La vie est pleine d'écueils. C'est là l'écueil.*

écuelle [ekɥɛl] n. f. ■ Assiette large et creuse sans rebord ; son contenu. *Une écuelle en bois, en terre.*

éculé, ée [ekyle] adj. **1.** Dont le talon est usé, déformé. *Des savates éculées.* **2.** Usé, qui a perdu toute fraîcheur, toute originalité, à force d'avoir servi. *Ces plaisanteries éculées ne font plus rire.* ⇒ **rebattu.**

écumant, ante adj. ⇒ **écumer.**

① ***écume*** [ekym] n. f. **1.** Mousse blanchâtre qui se forme à la surface des liquides agités, chauffés ou en fermentation. ⇒ **broue,** ② **mousse.** *L'écume d'un bouillon. L'écume d'un torrent, de la mer.* **2.** Bave mousseuse de certains animaux. *Mufle couvert d'écume.* — Bave mousseuse qui vient aux lèvres d'une personne en colère ou en proie à une attaque (épilepsie, etc.). — Sueur blanchâtre qui s'amasse sur le corps d'un cheval, d'un taureau. **3.** Impuretés, scories qui flottent à la surface des métaux en fusion. ▸ ***écumeux, euse*** adj. ■ Qui forme de l'écume, se couvre d'écume. ⇒ **écumant.** *Cascade écumeuse.* ‹ ▸ écumer ›

② ***écume*** n. f. ■ Silicate naturel de magnésium. (On dit aussi *écume de mer*). *Une pipe en écume.*

écumer [ekyme] v. ▪ conjug. 1. **I. 1.** V. intr. (Mer) Se couvrir d'écume. ⇒ **moutonner. 2.** (Animaux) Baver. *Le cheval écumait.* — (Personnes) *Écumer (de rage),* être au dernier degré de la fureur. **II.** V. tr. **1.** Débarrasser (qqch.) de son écume, des impuretés. ⇒ **écumoire.** *Il faut écumer les confitures. Écumer un pot-au-feu.* **2.** Fig. *Écumer les mers, les côtes,* y exercer la piraterie. — Prendre ce qui est le plus profitable ou intéressant dans... *Les antiquaires ont écumé la région.* — Fam. *Écumer les bars,* les fréquenter assidûment. ▸ ***écumant, ante*** adj. ■ Qui écume (I). *Une mer écumante.* ⇒ **écumeux.** — *Chien écumant.* — (Personnes) *Être écumant de rage.* ▸ ***écumoire*** n. f. ■ Ustensile de cuisine composé d'un disque aplati, percé de trous, monté sur un manche, servant à écumer le bouillon, le sirop, etc. — Loc. *Comme une écumoire, en écumoire,* criblé, percé de nombreux trous. ⇒ **passoire.**

écureuil [ekyʀœj] n. m. ■ Petit mammifère rongeur au pelage roux, brun, noir ou gris, à la queue longue et en panache. ⇒ **suisse, tamia.** *Des écureuils gris. Un écureuil volant.* ⇒ **polatouche.** — Fourrure de cet animal. *Une veste en écureuil.* — Loc. *Être vif, souple, agile comme un écureuil.*

écurie [ekyʀi] n. f. **1.** Bâtiment destiné à loger des chevaux, ânes, mulets. *Écurie de ferme. Garçon d'écurie.* ⇒ **lad, palefrenier.** — Loc. *C'est une vraie écurie,* se dit d'un local très sale. ⇒ **porcherie, soue.** — *Entrer quelque part comme dans une écurie,* sans saluer, d'une façon impolie. *Vous vous croyez dans une écurie !* **2.** Ensemble des bêtes logées dans une écurie. — ÉCURIE (DE COURSES) : ensemble des chevaux qu'un propriétaire fait courir ; chevaux appartenant à un même propriétaire et s'alignant dans la même course. — Voitures de course, coureurs, cyclistes courant pour une même marque. ≠ *étable.*

écusson [ekysɔ̃] n. m. **1.** Petit écu (2). **2.** Plaque blasonnée servant d'enseigne, de panonceau. — Petit morceau d'étoffe cousu sur un uniforme, qui indique l'arme, l'unité ou le service. — Petit morceau d'étoffe, petite pièce de métal qui indique l'appartenance à un groupe organisé ou à une institution (collège, université...). *L'écusson d'une équipe pee-wee. L'écusson de la province de Québec.* ▸ ***écussonner*** v. tr. ▪ conjug. 1. ■ Orner d'un écusson.

écuyer, yère [ekɥije, jɛʀ] n. **1.** N. m. Gentilhomme qui était au service d'un chevalier, d'un prince. — Personne qui était préposée aux écuries d'un prince. **2.** Personne sachant bien monter à cheval. ⇒ **amazone, cavalier.** *Une bonne écuyère. Bottes d'écuyère.* — Personne qui fait des exercices d'équitation dans un cirque.

eczéma [ɛk(g)zemɑ] n. m. ■ Maladie de la peau, caractérisée par des vésicules, des rougeurs et des plaques qui se détachent. *L'eczéma provoque des démangeaisons.* ▸ ***eczémateux, euse*** adj. ■ De l'eczéma. — Adj. et n. Qui a de l'eczéma, qui est de la nature de l'eczéma.

edelweiss [edɛlvajs; -vɛs] n. m. invar. ■ Plante alpine, couverte d'un duvet blanc et laineux. *Un bouquet d'edelweiss.*

edam ou ***édam*** [edam] n. m. ■ Fomage hollandais à pâte ferme, en forme de boule généralement recouverte de paraffine colorée (rouge ou jaune).

éden [edɛn] n. m. ■ Littér. (Avec une majusc.) *L'Éden,* le Paradis. — (Avec *un, des*) *Cette région est un véritable éden,* un lieu très agréable. *Des édens.*

édenter [edɑ̃te] v. tr. ▪ conjug. 1. ■ Casser les dents de (un objet). *Édenter un engrenage, un peigne.* ▸ ***édenté, ée*** adj. et n. **1.** Qui a perdu une partie ou la totalité de ses dents. *Un vieillard édenté.* **2.** LES ÉDENTÉS n. m. pl. : ordre de mammifères sans incisives ou pourvus d'une seule sorte de dents (paresseux, fourmiliers, etc.). — Au sing. *Un édenté.*

édicter [edikte] v. tr. ▪ conjug. 1. ■ Établir, prescrire par une loi, par un règlement. ⇒ **décréter, promulguer.** *Édicter une loi.*

édicule [edikyl] n. m. **1.** Chapelle ou dépendance d'un édifice religieux. **2.** Petite construction édifiée sur la voie publique (kiosque, abribus).

① ***édifier*** [edifje] v. tr. ▪ conjug. 7. **1.** Bâtir (un édifice, un ensemble architectural). ⇒ **construire.** / contr. **détruire** / **2.** Abstrait. Établir, créer (un vaste ensemble). *Édifier une théorie.* — Au p. p. adj. *Le savoir édifié par l'humanité.* ▸ ① ***édification*** n. f. **1.** Action d'édifier, de construire (un édifice). *L'édification d'une ville nouvelle.* ⇒ **construction.** / contr. **destruction** / **2.** Abstrait. Création (de ce qui se construit). *L'édification d'une œuvre, d'une théorie, d'une science.* ▸ ***édifice*** n. m. **1.** Bâtiment important. ⇒ **construction, monument.** *Bâtir, élever, détruire un édifice. Les édifices publics. Un édifice à bureaux*.* — Tout immeuble qui a une certaine hauteur. *« Où habite-t-elle ? – Dans l'édifice, en face. »* **2.** Abstrait. Ensemble vaste et organisé. *L'édifice de la civilisation.* — Loc. *Apporter sa pierre à l'édifice,* contribuer à une entreprise.

② ***édifier*** v. tr. ▪ conjug. 7. **1.** Porter à la vertu, à la piété, par l'exemple ou par le discours. / contr. **scandaliser** / **2.** Iron. Mettre à même d'apprécier, de juger sans illusion. *Après son dernier discours, nous voilà édifiés !* ▸ ***édifiant, ante*** adj. **1.** Qui édifie, porte à la vertu, à la piété. *Une vie édifiante.* **2.** Iron. Particulièrement instructif. *Voilà un témoignage édifiant sur les mœurs de l'époque.* ▸ ② ***édification*** n. f. ■ Action de porter à la vertu, à la piété. *Pour l'édification des fidèles.* — Action d'instruire. *Je vous le dis pour votre édification.*

édile [edil] n. m. **1.** Antiquité. Magistrat romain qui était chargé de l'inspection des édifices, de l'approvisionnement de la ville. **2.** N. Personne élue à un poste de conseiller ou de maire d'une municipalité. ⇒ vieilli **échevin.**

édit [edi] n. m. **1.** Histoire. Acte législatif émanant des anciens rois de France. *L'édit de Nantes* (en 1598). **2.** Antiquité. Règlement publié par un magistrat romain. — Constitution impériale, à Rome. *L'édit de Dioclétien* (contre les chrétiens).

éditer [edite] v. tr. ▪ conjug. 1. **1.** Publier et mettre en vente (un livre). *Éditer des romans, des ouvrages techniques.* ⇒ **publier.** — *Éditer un auteur,* éditer ses ouvrages. **2.** Littér. Faire paraître (un texte qu'on présente, annote, etc.). *Éditer une pièce classique avec des notes critiques. Ce professeur édite des textes du Moyen Âge.* **3.** Informatique. Préparer un document ou une partie d'un document contenu dans un fichier d'ordinateur pour l'impression. ▶ ***éditeur, trice*** n. **1.** Personne (ou société) qui assure la publication et la mise en vente des ouvrages d'un auteur, d'un musicien, etc. *Libraire éditeur.* — Adj. *Société éditrice de films.* **2.** Littér. Érudit qui établit et fait paraître un texte. **3.** Informatique. N. m. *Éditeur de textes,* logiciel d'aide à l'édition (I, 3). ▶ ***édition*** n. f. **I. 1.** Reproduction et diffusion d'une œuvre intellectuelle ou artistique par un éditeur (1). ⇒ **publication.** *Maison, société d'édition.* **2.** Ensemble des exemplaires d'un ouvrage publié ; série des exemplaires édités en une fois. ⇒ **tirage.** *La nouvelle édition d'un livre.* ⇒ **réédition.** *Édition originale,* première édition en librairie d'un texte inédit. *Édition revue et corrigée. Acheter un roman dans une édition de poche. Édition reliée, brochée.* — Ensemble des exemplaires d'un journal imprimés en une fois. *Dernière édition. Édition spéciale.* **3.** Métier, activité de l'éditeur. *Travailler dans l'édition.* **4.** Informatique. *Édition assistée par ordinateur,* préparation d'une publication à l'aide d'un logiciel. ⇒ **éditique.** — Abrév. É.A.O., n. f. *Édition électronique.* **II.** Action d'éditer (un texte qu'on présente, annote, etc.). — Texte ainsi édité. *Édition critique,* établie soigneusement après critique des textes originaux. ▶ ***éditique*** n. f. ▪ Informatique. Technique de l'édition électronique ou assistée par ordinateur. ⇒ **publication.** ▶ ① ***éditorial, ale, aux*** adj. ▪ Qui concerne l'activité d'édition ; de la maison d'édition. *Équipe, politique éditoriale.* ‹ ▶ ② éditorial, inédit, rééditer ›

② **éditorial, aux** [editɔʀjal, o] n. m. ▪ Article qui provient de la direction d'un journal, d'une revue et qui correspond à une orientation générale. *Lire l'éditorial dans un quotidien.* ▶ ***éditorialiste*** n. ▪ Personne qui écrit l'éditorial d'un journal, d'une revue.

edmonton(n)ien, ienne [ɛdmɔntɔnjɛ̃, jɛn] adj. et n. ▪ De la ville d'Edmonton, en Alberta. — N. (Avec une majusc.) Personne née dans cette ville ou qui l'habite.

édredon [edʀədɔ̃] n. m. ▪ Couvre-pied de duvet (d'eider, d'oie, etc.), de plume ou de fibres synthétiques. ⇒ **couette, douillette.**

éducateur, trice [edykatœʀ, tʀis] n. et adj. **1.** N. Personne qui s'occupe d'éducation, qui donne l'éducation. *Le métier d'éducateur.* ⇒ **pédagogue.** *Les parents sont les premiers éducateurs.* **2.** *Éducateur spécialisé,* personne qui travaille auprès des enfants ou des jeunes en difficulté, dans un établissement scolaire ou dans un centre de rééducation. **3.** Adj. Éducatif. *La mission éducatrice de la musique.*

éducatif, ive [edykatif, iv] adj. ▪ Qui a l'éducation pour but ; qui éduque, forme efficacement. *Des jeux éducatifs. Des méthodes éducatives.* ⇒ **pédagogique.**

éducation [edykasjɔ̃] n. f. **1.** Façon d'assurer la formation et le développement d'un être humain ; les moyens pour y parvenir. *Recevoir une bonne éducation.* ⇒ **formation.** *Faire l'éducation d'un enfant. Le ministère de l'Éducation,* appelé autrefois ministère de l'Instruction publique. ⇒ **pédagogie.** *L'éducation préscolaire,* la maternelle. — ÉDUCATION PERMANENTE : formation continue destinée à maintenir ou à accroître les connaissances professionnelles (⇒ **recyclage**), intellectuelles ou culturelles des adultes. ÉDUCATION PHYSIQUE : ensemble des exercices physiques, des sports propres à favoriser le développement harmonieux du corps. ⇒ **gymnastique, sport.** *Éducation sexuelle,* destinée à informer sur la vie sexuelle et à lever les tabous qui l'entourent. *Éducation civique,* destinée à former le citoyen. ⇒ **instruction. 2.** Développement méthodique (d'une faculté, d'un organe). ⇒ **exercice.** *L'éducation de la volonté, de la mémoire, du goût.* **3.** Connaissance et pratique des usages de la société. ⇒ **politesse, savoir-vivre.** *Cette personne a beaucoup d'éducation. Il manque d'éducation.* ≠ *instruction.*

édulcorer [edylkɔʀe] v. tr. ▪ conjug. 1. **1.** Adoucir par addition de sucre, de sirop (un médicament). **2.** Rendre plus faible dans son expression. ⇒ **adoucir, atténuer.** *Rapporter des propos violents en les édulcorant.* ▶ ***édulcorant, ante*** adj. et n. m. ▪ Adj. Se dit d'une substance qui donne une saveur douce. — N. m. *La saccharine est un édulcorant artificiel.*

éduquer [edyke] v. tr. ▪ conjug. 1. ▪ Former par l'éducation. ⇒ **élever.** *Elle a bien éduqué ses enfants.* — Au p. p. adj. *Être bien, mal éduqué,* avoir (⇒ **distingué**), ne pas avoir (⇒ **commun** (II)) de belles manières, un comportement civilisé. ‹ ▶ éducateur, éducatif, éducation, rééduquer ›

effacer [efase] v. ▪ conjug. 3. **I.** V. tr. **1.** Faire disparaître sans laisser de trace (ce qui était marqué). ⇒ **gommer, gratter.** *Efface ce qui est écrit au tableau. Effacer un mot écrit dans la marge. Gomme à effacer.* ⇒ **efface,** ② **gomme.** *Le voleur a effacé ses empreintes. Effacer une bande magnétique, magnétoscopique.* — (Choses) Rendre moins net, moins visible. *Le temps a effacé l'inscription.* **2.** Faire disparaître, faire oublier. *Effaçons le passé.* **3.** Empêcher de paraître, de briller (en brillant davantage). ⇒ **éclipser.** *Sa réussite efface toutes les autres.* **4.** Tenir de côté ou en retrait, de manière à présenter le moins de surface ou de saillie. *Alignez-vous, effacez l'épaule droite.* **II.** S'EFFACER v. pron. **1.** (Choses) Disparaître plus ou moins. ⇒ s'**estomper.** *Ce crayon s'efface facilement. Des lignes qui s'effacent dans la brume.* — Abstrait. *Son souvenir ne s'effacera jamais.* **2.** (Personnes) Se tenir de façon à paraître ou à gêner le moins possible. *Elle s'efface pour laisser passer ses invités. — L'exécutant doit s'effacer devant l'auteur. L'enfant s'efface par timidité.* **3.** (Personnes) Fam. Disparaître rapidement de la vue de qqn. *Efface-toi avant que je me fâche.* ▶ ***efface*** n. f. ▪ Petit bloc de caoutchouc ou d'élastomère servant à effacer. ⇒ ② **gomme.** *Me prêterais-tu ton efface ? L'efface au bout d'un crayon. Une efface à encre.* ▶ ***effacé, ée*** adj. **1.** Qui a disparu ou presque disparu. *Une inscription effacée.* **2.** Qui a peu d'éclat, qui a passé. *Des teintes effacées.* **3.** (Personnes) Qui ne se fait pas voir, reste dans l'ombre. ⇒ **modeste.** *Une mère de famille douce et effacée. Jouer un rôle effacé.* ▶ ***effacement*** n. m. **1.** Action d'effacer ; son résultat. ⇒ **gommage. 2.** Attitude effacée, modeste. *Vivre dans l'effacement.* — REM. Au sens 1, on emploie aussi *effaçage.* ‹ ▶ ineffaçable ›

effardocher [efaʀdɔʃe] v. tr. ▪ conjug. 1. ▪ Couper les fardoches, débroussailler. ▶ ***effardochage*** n. m. ▪ Action d'effardocher.

effarer [efaʀe] v. tr. ▪ conjug. 1. ▪ Troubler en provoquant un effroi mêlé de stupeur. ⇒ **affoler,**

effrayer, stupéfier. *L'audace de ses plans nous a effarés.* ▸ ***effaré, ée*** adj. ■ Qui éprouve un effroi mêlé de surprise. ⇒ **effrayé, égaré.** *Un air, un regard effaré.* ▸ ***effarant, ante*** adj. ■ Qui effare ou étonne en indignant. *Il est d'une inconscience effarante.* — Par exagér. *Elle roule toujours à une vitesse effarante. Mais c'est effarant !,* incroyable, épouvantable. ▸ ***effarement*** n. m. ■ État d'une personne effarée. ⇒ **effroi, stupeur, trouble.** *Il y eut dans la salle un moment d'effarement.*

effaroucher [efaʀuʃe] v. tr. ▪ conjug. 1. **1.** Effrayer (un animal) de sorte qu'on le fait fuir. ⇒ **apeurer, épeurer.** *Attention, vous allez effaroucher le gibier.* **2.** Mettre (qqn) dans un état de crainte ou de défiance. / contr. **rassurer** / *Un rien suffit à l'effaroucher,* à le choquer, à l'offusquer. — Au p. p. adj. *Un cheval effarouché. Une enfant tout effarouchée.* ▸ ***effarouchement*** n. m. ■ État d'une personne effarouchée.

① ***effectif, ive*** [efɛktif, iv] adj. ■ Qui se traduit par un effet, par des actes réels. ⇒ **concret, positif, réel, tangible.** / contr. **imaginaire** / *Apporter une aide effective.* ▸ ***effectivement*** adv. **1.** D'une manière effective. ⇒ **réellement.** *Pourrons-nous nous y opposer effectivement ?* **2.** Adv. de phrase. S'emploie pour confirmer une affirmation. ⇒ en **effet.** *Effectivement, il s'est trompé. Effectivement, tu aurais mieux fait de rester chez toi.*

② ***effectif*** n. m. **1.** Nombre réglementaire des soldats qui constituent une formation militaire. *L'effectif d'un bataillon.* — Au plur. *Nous avons augmenté nos effectifs,* nos troupes. **2.** Nombre des membres (d'un groupe). *L'effectif d'une classe. Les effectifs d'une entreprise. L'effectif scolaire, étudiant.*

effectuer [efɛktɥe] v. tr. ▪ conjug. 1. ■ Faire, exécuter (une opération complexe ou délicate, technique). ⇒ **accomplir.** *Il faut effectuer les réformes indispensables. Effectuer une dépense.* — Pronominalement. *Un mouvement qui s'effectue en deux temps.*

efféminé, ée [efemine] adj. ■ (Souvent péj.) Qui a les caractères physiques et moraux qu'on prête traditionnellement aux femmes. *Des manières efféminées.* ⇒ **féminin.** / contr. **mâle, viril** /

effervescence [efɛʀvesɑ̃s] n. f. **1.** Bouillonnement produit par un dégagement de gaz lorsque certaines substances entrent en contact. *La chaux vive est en effervescence au contact de l'eau.* **2.** Agitation, émotion vive mais passagère. ⇒ **fermentation, mouvement.** *Une effervescence révolutionnaire. Cet événement a mis tout le pays en effervescence.* ⇒ **ébullition ; agitation, émoi.** ▸ ***effervescent, ente*** adj. ■ En effervescence. *Boisson effervescente,* gazeuse. *Des comprimés effervescents.* — *Une foule effervescente.* ⇒ **agité, excité, tumultueux.**

① ***effet*** [e(ɛ)fɛ] n. m. **1.** Ce qui est produit par une cause. ⇒ **conséquence, résultat, suite.** / contr. **cause** / *Rapport de cause à effet. Un effet du hasard. Les mesures sont restées sans effet. Ressentir les effets de la fatigue.* — Puissance transmise (par une force, une machine). *Machine à double effet.* — SOUS L'EFFET DE : à cause de, sous l'action de. *Il a eu cet accrochage sous l'effet de l'alcool.* **2.** Phénomène particulier (acoustique, électrique, etc.) apparaissant dans certaines conditions. ⇒ effet de **serre*.** **3.** (Exécution) Loc. *Loi qui prend effet à telle date,* qui devient applicable, exécutoire à cette date. — EN EFFET loc. adv. : s'emploie pour introduire un argument, une explication. ⇒ **car.** *En effet, je lui ai demandé de venir.* ⇒ **effectivement.** — À CET EFFET : en vue de cela, pour cet usage. — À L'EFFET DE : afin que, pour que. À L'EFFET QUE : parce que. **4.** Impression produite (sur qqn). *Un effet de surprise. Son intervention a fait très mauvais effet sur l'auditoire.* — FAIRE EFFET, FAIRE DE L'EFFET : produire une vive impression. ⇒ faire **sensation.** *Son discours nationaliste a fait beaucoup d'effet.* — FAIRE L'EFFET DE : donner l'impression de, avoir l'air de. *Il nous fait l'effet d'un revenant. Cela m'a fait l'effet d'un reproche.* **5.** Impression esthétique recherchée par l'emploi de certaines techniques. *Manquer, rater son effet.* — Sans compl. (Surtout péj.) *Des phrases à effet,* prétentieuses. — Au plur. Impression recherchée par des gestes, des attitudes. *Faire des effets de jambes, de voix.* **6.** Sports. *Donner de l'effet à* (une balle de baseball, de tennis, un ballon, etc.), lui imprimer un mouvement de rotation qui modifie sa trajectoire normale.

② ***effet*** n. m. ■ EFFET (DE COMMERCE) : titre donnant droit au paiement d'une somme d'argent à une échéance (billet, chèque, lettre de change, traite). *Payer, encaisser un effet.* — *Effets publics,* rentes, obligations, bons du Trésor, émis et garantis par l'État, les provinces, les établissements publics.

effets n. m. pl. ■ Le linge et les vêtements. ⇒ **vêtement.** *Ranger ses effets dans une valise. Des effets militaires.*

effeuiller [e(ɛ)fœje] v. tr. ▪ conjug. 1. **1.** Dépouiller de ses feuilles. *Effeuiller une branche. Effeuiller des artichauts.* — Au p. p. adj. *Un arbre effeuillé.* **2.** Dépouiller de ses pétales. — (Par jeu ou par superstition) *Effeuiller la marguerite,* pour savoir si on est aimé, en disant, à chaque pétale qu'on enlève : « il (ou elle) m'aime, un peu, beaucoup, passionnément, à la folie, pas du tout ».

efficace [e(ɛ)fikas] adj. **1.** (Choses) Qui produit l'effet qu'on en attend. ⇒ **actif, puissant, souverain.** *Un remède, un traitement efficace. Elle m'a apporté une aide efficace.* **2.** (Personnes) Dont la volonté, l'activité produisent leur effet. *Un collaborateur efficace.* ⇒ **efficient.** / contr. **inefficace** / ▸ ***efficacement*** adv. ■ D'une manière efficace. *Vous avez su intervenir efficacement.* ▸ ***efficacité*** n. f. **1.** Caractère de ce qui est efficace. ⇒ **action.** **2.** Capacité de produire le maximum de résultats avec le minimum d'effort, de dépense. ⇒ **efficience, rendement.** *Rechercher l'efficacité. Avoir le sens de l'efficacité. Il travaille correctement, mais il manque d'efficacité.* ‹ ▸ inefficace ›

efficient, ente [e(ɛ)fisjɑ̃, ɑ̃t] adj. **1.** Qui produit un effet par soi-même, qui est à l'origine d'une chose. *Une cause efficiente.* **2.** Dont le rendement donne de bons résultats, qui est efficace. *Une secrétaire efficiente.* ▸ ***efficience*** n. f. ■ Efficacité, capacité de rendement. *L'efficience d'un organisme, d'une technique.*

effigie [e(ɛ)fiʒi] n. f. **1.** (Peinture, sculpture) Représentation d'une personne. ⇒ **image, portrait.** — Loc. *Pendre, brûler, exécuter qqn en effigie,* pendre, brûler, exécuter un mannequin le représentant. — Représentation d'un personnage réel ou imaginaire qui est le symbole d'une fête. *L'effigie du Bonhomme Carnaval.* **2.** Représentation du visage (d'une personne), sur une monnaie, une médaille. *Pièce de monnaie à l'effigie d'un roi, d'une reine.*

① ***effiler*** [e(ɛ)f(f)ile] v. tr. ▪ conjug. 1. **1.** Défaire (un tissu) fil à fil. ⇒ **effilocher.** *Effiler un tissu. Effiler des haricots verts,* en enlever les fils. — Pronominalement. *Le bord de son écharpe s'effile.* ▸ ① ***effilé*** n. m. ■ Frange d'une étoffe, formée en effilant la chaîne du tissu. *Les effilés d'un châle.* ▸ ***effilocher*** v. tr. ▪ conjug. 1. ■ Effiler (des tissus, des chiffons) pour réduire en bourre, en ouate. — Au p. p. adj. Qui laisse échapper des fils. *Un chandail tout effiloché aux poignets.* ⇒ **échiffé.** — Pronominalement. (Tissu) *S'effilocher,* devenir effiloché. ⇒ **s'effranger.**

② ***effiler*** v. tr. ▪ conjug. 1. ■ Rendre allongé et fin ou pointu. ⇒ **allonger, amincir.** *Elle effile la pointe de son crayon. — Effiler les cheveux,* en amincissant les mèches à leur extrémité. ▸ ② ***effilé, ée*** adj. ■ Qui va en s'amincissant ; mince et allongé. *Un crayon bien effilé. Des doigts effilés.* / contr. **épais, large** / ≠ *affilé.*

efflanqué, ée [e(ɛ)f(f)lɑ̃ke] adj. et n. **1.** Adj. (Surtout du cheval) Trop maigre. *Un vieux cheval efflanqué.* ⇒ **maigre, squelettique.** — (Personnes) *Il paraissait tout efflanqué dans cet uniforme.* **2.** N. Personne qui semble manquer d'énergie, être paresseuse. ⇒ **fainéant, flancmou, nonchalant.** *Une espèce de grand efflanqué toujours évaché.*

effleurer [e(ɛ)flœʀe] v. tr. ▪ conjug. 1. **1.** Toucher légèrement, du bout des doigts, des lèvres. ⇒ **frôler.** *Elle effleura mon bras.* **2.** Abstrait. Toucher à peine à (un sujet), examiner superficiellement. *Il n'a fait qu'effleurer le problème.* — (Choses) Faire une impression légère et fugitive sur (qqn). *Cette idée ne m'avait jamais effleuré.* ▸ ***effleurement*** n. m. ■ Caresse ou atteinte légère. ⇒ **frôlement.**

efflorescence [e(ɛ)flɔʀesɑ̃s] n. f. ■ Littér. Floraison, épanouissement (d'un art, d'idées...). ▸ ***efflorescent, ente*** adj. ■ Littér. En pleine floraison. *Une végétation efflorescente.* ⇒ **luxuriant.**

effluent [e(ɛ)flyɑ̃] n. m. ■ Ensemble des eaux usées, des eaux de ruissellement évacuées par les égouts.

effluve [e(ɛ)flyv] n. m. **1.** Littér. (Surtout au plur.) Émanation qui se dégage d'un corps vivant, ou de certaines substances. ⇒ **exhalaison.** *Les effluves légers des tilleuls en fleur.* **2.** *Effluve électrique,* décharge électrique à faible luminescence. *L'air est chargé d'effluves avant un orage.*

*s'**effoirer*** [efwaʀe] v. pron. ▪ conjug. 1. Fam. **1.** (Choses) S'écrouler, s'affaisser sous le poids ou faute d'appui. ⇒ s'**effondrer.** *Le mur de la grange a fini par s'effoirer.* — Au p. p. adj. *Toit effoiré sous le poids de la neige.* **2.** (Personnes) Se laisser tomber lourdement, comme une masse. ⇒ s'**affaler,** s'**écrouler,** s'**effondrer ;** fam. s'**évacher.** *J'étais tellement fatigué que je me serais effoiré n'importe où.* — Au p. p. adj. *Des étudiants effoirés sur leur table,* étendus, évachés. ⇒ **étaler.** **3.** S'évanouir. ⇒ s'**affaisser.** *Il s'est effoirée à cause de la chaleur.*

*s'**effondrer*** [e(ɛ)fɔ̃dʀe] v. pron. ▪ conjug. 1. **1.** Crouler sous le poids ou faute d'appui. ⇒ s'**affaisser,** s'**écrouler ;** fam. s'**effoirer.** *La galerie s'est effondrée sur les mineurs.* **2.** Fig. S'écrouler, ne plus tenir. *Toute son histoire s'effondre.* **3.** (Personnes) Tomber comme une masse. *Il s'est effondré dans le fauteuil.* Spécialt. *Les soldats s'effondraient par dizaines,* tombaient morts ou blessés. — Céder brusquement. *Interrogé pendant des heures, le suspect a fini par s'effondrer.* ⇒ **craquer.** ▸ ***effondré, ée*** adj. ■ *Un toit effondré.* — (Personnes) Très abattu, sans réaction (après un malheur, un échec). *Après l'accident, il est resté complètement effondré.* ▸ ***effondrement*** n. m. **1.** Fait de s'effondrer. ⇒ **éboulement, écroulement.** *L'effondrement d'un mur, d'un toit.* **2.** Fig. Chute, fin brutale. ⇒ **ruine.** *L'effondrement de l'Empire romain. L'effondrement du prix des matières premières.* **3.** (Personnes) État d'abattement extrême. *Être dans un état d'effondrement complet.* — Écroulement physique. *L'effondrement d'un sportif après des efforts trop violents.*

*s'**efforcer*** [e(ɛ)fɔʀse] v. pron. ▪ conjug. 3. **1.** S'EFFORCER DE (+ infinitif) : faire tous ses efforts, employer toute sa force, son adresse, son intelligence en vue de (faire, comprendre, etc.). *Je m'efforce de rester calme. Il s'efforce de m'entraîner, de me convaincre.* ⇒ s'**appliquer,** s'**évertuer, tâcher.** **2.** Littér. S'EFFORCER À (+ nom) : faire des efforts pour atteindre un but. *Elle s'efforçait à un travail soigneux.* ▸ ***effort*** [efɔʀ] n. m. **1.** Activité d'un être conscient qui emploie toutes ses forces pour agir, vaincre une résistance (extérieure ou intérieure). *Effort physique* (caractérisé par les contractions musculaires). *Effort intellectuel,* tension de l'esprit. *Un effort de mémoire, d'imagination. Un effort soutenu, constant. Faire un effort, des efforts pour...* ⇒ s'**efforcer.** *Faire tous ses efforts,* tout son possible. *Continuez vos efforts.* — Loc. *Je veux bien faire un effort,* envisager une aide financière. ⇒ **sacrifice ; fournir** (II). *Allons, faites un petit effort !,* manifestez votre bonne volonté. — *Un partisan du moindre effort,* un paresseux. *Il ne fait aucun effort,* il ne travaille pas. — Loc. adv. *Elle le fait sans effort,* facilement. **2.** En sciences, technique. Force exercée. *Effort de traction, de torsion.* — Force de résistance aux forces extérieures. *L'effort des arches d'un pont.*

effraction [e(ɛ)fʀaksjɔ̃] n. f. ■ Bris de clôture ou de serrures. *Vol avec effraction* (circonstance aggravante). *Pénétrer dans une maison par effraction.* ≠ *infraction.*

effraie [e(ɛ)fʀɛ] n. f. ■ Rapace nocturne, chouette diurne au plumage clair, destructeur(trice) de rongeurs. ≠ *orfraie.*

effranger [e(ɛ)fʀɑ̃ʒe] v. tr. ▪ conjug. 3. ■ Effiler sur les bords de manière que les fils pendent. — Plus cour. Pronominalement. *Le bas du pantalon commence à s'effranger.* ⇒ s'**effilocher.**

effrayer [e(ɛ)fʀeje] v. tr. ▪ conjug. 8. ■ Frapper de frayeur, faire peur à. ⇒ **apeurer, épeurer, épouvanter, terrifier.** / contr. **rassurer** / *Les coups de tonnerre l'effrayaient. Il est facile à effrayer.* — Au p. p. adj. *Ils se sauvaient, effrayés par les flammes.* — Pronominalement. Avoir peur. *Elle s'effraie pour rien.* ⇒ s'**affoler.** ▸ ***effrayant, ante*** [efʀɛjɑ̃, ɑ̃t] adj. **1.** Qui inspire ou peut inspirer de la frayeur. ⇒ **effroyable, épeurant, épouvantable, terrible.** / contr. **rassurant** / *J'ai fait un cauchemar effrayant.* **2.** Fam. Extraordinaire, extrême. ⇒ **formidable.** *Il fait une chaleur effrayante. Ça coûte un prix effrayant.* **3.** Adv. Fam. Très, beaucoup. *Elle travaille effrayant* ou loc. adv. *une affaire effrayante.* ‹ ▸ frayeur ›

effréné, ée [e(ɛ)fʀene] adj. ■ Littér. Qui est sans retenue, sans mesure. *Une course effrénée.* — Abstrait. *Une jalousie effrénée.* ⇒ **démesuré, immodéré.**

effriter [e(ɛ)fʀite] v. tr. ▪ conjug. 1. **1.** Rendre friable, réduire en poussière. *Effriter un croûton de pain.* — S'EFFRITER v. pron. : se désagréger progressivement, tomber en poussière. *Le bois vermoulu s'effritait.* **2.** Fig. S'EFFRITER v. pron. : s'affaiblir en perdant des éléments. ⇒ s'**amenuiser.** *La majorité gouvernementale s'effrite à chaque vote.* ▸ ***effritement*** n. m. ■ Fait de s'effriter, état de ce qui est effrité. ⇒ **désagrégation.**

effroi [e(ɛ)fʀwa] n. m. ■ Littér. Grande frayeur, souvent mêlée d'horreur. ⇒ **épouvante, terreur.** *Un cri d'effroi.* ‹ ▸ effroyable ›

effronté, ée [e(ɛ)fʀɔ̃te] adj. et n. ■ Qui est d'une grande insolence, qui n'a honte de rien. *Voilà des gens bien effrontés !* / contr. **timide** / — N. *Taisez-vous, petit effronté !* ⇒ **insolent ;** fam. **baveux.** ▸ ***effrontément*** adv. ■ D'une manière effrontée. *Mentir effrontément.* ▸ ***effronterie*** n. f. ■ Caractère, attitude d'une personne effrontée. ⇒ **impertinence, impudence, insolence.** / contr. **timidité** / *La petite gang la regardait avec effronterie.*

effroyable [e(ɛ)fʀwajabl] adj. **1.** Très effrayant. *Une effroyable catastrophe.* ⇒ **effrayant, terrible.** *Le tremblement de terre fut effroyable. Cette famille vivait dans une misère effroyable.* **2.** Fig. Énorme. *C'est effroyable,* *le temps que l'on peut perdre.* ⇒ **effrayant** (2). ▶ ***effroyablement*** adv. ■ Extrêmement, terriblement. *Une affaire effroyablement compliquée.*

effusion [e(ɛ)fyzjɔ̃] n. f. **1.** *Effusion de sang,* action de faire couler le sang (dans une action violente). *L'ordre a été rétabli sans effusion de sang.* **2.** Littér. Manifestation sincère d'un sentiment. *Elle nous a remerciés avec effusion.* / contr. **froideur** / *Je n'aime guère toutes ces embrassades et effusions.* ⇒ ② **épanchement.**

*s'**égailler*** [egaje] v. pron. ▪ conjug. 1. ■ Littér. Se disperser, s'éparpiller. *Le jeu commençant, les enfants s'égaillèrent dans le bois pour s'y cacher.* ≠ *égayer* (qui se prononce autrement).

égal, ale, aux [egal, o] adj. et n. **1.** (Personnes, choses) Qui est de même quantité, dimension, nature, qualité ou valeur. ⇒ **identique, même ; équivalent.** / contr. **inégal ; différent** / *Elle a découpé la tarte en parts égales. Deux quantités égales à une même troisième sont égales entre elles. Ils sont de force égale.* — Loc. *Toutes choses égales d'ailleurs,* en supposant que tous les autres éléments de la situation restent les mêmes. — *N'avoir d'égal que...,* n'être égalé que par. *Sa sottise n'a d'égale que sa méchanceté.* **2.** Qui met à égalité. *La partie n'est pas égale.* — (France) Loc. *Faire jeu égal,* se dit d'adversaires qui se montrent de force égale. **3.** (Personnes) Qui est sur le même rang ; qui a les mêmes droits ou charges. ⇒ **pareil.** *Tous les citoyens sont égaux devant la loi. Être, rester égal à soi-même,* garder le même caractère. — N. Personne égale par le mérite ou par la condition. *La femme est l'égale de l'homme. Il a trouvé son égal.* Loc. *Traiter d'égal à égal avec qqn,* sur un pied d'égalité. — *Sans égal(e),* qui n'a pas son pareil, inégalable. *Elle est d'une gentillesse sans égal(e).* Invar. au masc. plur. *Des élans sans égal.* — *À l'égal de,* autant que. **4.** Qui est toujours le même ; qui ne varie pas. ⇒ **constant, régulier.** / contr. **irrégulier** / *Un pouls égal. Il parlait d'une voix égale. Une humeur toujours égale.* **5.** Loc. *Ça m'est (bien, complètement, parfaitement, tout à fait) égal,* ça ne m'intéresse pas. ⇒ **indifférent.** *Faites ce que vous voulez, ça m'est bien égal.* — *C'est égal,* quoi qu'il en soit, malgré tout. *C'est égal, je préfère ne pas le voir.* ▶ ***également*** adv. **1.** D'une manière égale. *Sa fortune doit être également partagée entre ses deux enfants.* **2.** De même, aussi. ⇒ fam. **itou.** *Je lui ai parlé, mais je tiens à vous en parler également.* ▶ ***égaler*** v. tr. ▪ conjug. 1. **1.** Être égal à. *Une œuvre que rien n'égale en beauté.* — Avoir la même qualité, le même intérêt que. *La réalité égale et souvent dépasse la fiction.* **2.** Être égal en quantité à. *Deux plus trois égalent cinq* (2 + 3 = 5). — REM. Le verbe peut rester au singulier. *Deux plus trois égale cinq.* **3.** *Égaler un record,* réussir le même temps, le même nombre de points. ≠ *égaliser.* ▶ ***égaliser*** v. tr. ▪ conjug. 1. **1.** Rendre égal quant à la quantité ou aux dimensions. *Le jardinier égalise les rameaux d'une haie. Se faire égaliser les cheveux.* — Aplanir, niveler (un terrain, une surface...). **2.** Intransitivement. Obtenir le même nombre de points, de buts que l'adversaire. *À la mi-temps, l'équipe adverse avait égalisé.* ≠ *égaler.* ▶ ***égalisation*** n. f. ■ Action d'égaliser. *L'égalisation des salaires de diverses zones. Notre équipe a obtenu l'égalisation,* a réussi à égaliser. ▶ ***égalité*** n. f. **1.** Caractère de ce qui est égal. *L'égalité des forces en présence. Les joueurs sont à égalité (de points).* ⇒ **ex æquo.** *Créer l'égalité.* ⇒ **égaliser.** *Comparatif d'égalité (aussi, autant... que).* **2.** Rapport entre individus égaux. *L'égalité devant la loi. Égalité civile, politique. L'égalité des chances.* **3.** Rapport entre des grandeurs égales ; formule qui exprime ce rapport. *L'égalité de deux nombres.* **4.** Qualité de ce qui est constant, régulier. *J'admire l'égalité de son humeur.* ▶ ***égalisateur, trice*** adj. ■ Qui égalise. *Le point, le but égalisateur,* (dans les sports, les jeux). ▶ ***égalitaire*** adj. ■ Qui vise à l'égalité (2) entre les humains. *La répartition égalitaire des richesses.* ⟨ ▶ inégal ⟩

égard [egaʀ] n. m. **1.** Loc. AVOIR ÉGARD À : considérer (une personne ou une chose) avec une particulière attention. *Il faut avoir égard aux circonstances.* — EU ÉGARD À loc. prép. : en considération de, en tenant compte de. ⇒ ② **vu.** *Il ne participe plus aux compétitions eu égard à son âge.* — À L'ÉGARD DE loc. prép. : pour ce qui concerne (qqn). ⇒ **envers.** *Votre indifférence à mon égard, à l'égard de ma famille.* — À CET ÉGARD loc. adv. : sous ce rapport, de ce point de vue. *Ne craignez rien à cet égard.* — À TOUS ÉGARDS loc. adv. : sous tous les rapports. *Un appartement agréable à tous égards.* **2.** Considération d'ordre moral, déférence, respect. *Si je l'ai fait, c'est par égard pour votre mère. Vous agissez sans égard pour vos parents.* — Au plur. Marques de considération, d'estime. *On les a reçus avec les égards dus à leur rang. Avoir des égards pour qqn.* ⇒ **gentillesse.**

égarer [egaʀe] v. tr. ▪ conjug. 1. **1.** Mettre hors du bon chemin. ⇒ **fourvoyer.** *Le guide nous a égarés.* — Mettre (une chose) à une place qu'on oublie ; perdre momentanément. *J'ai égaré mes clés.* ⇒ **perdre ;** fam. **écarter. 2.** (Compl. personne) Mettre hors du droit chemin, écarter de la vérité, du bien. ⇒ **tromper.** *La passion, la colère vous égare.* **3.** V. pron. S'ÉGARER : (Choses, personnes) se perdre. ⇒ fam. s'**écarter.** *La lettre a dû s'égarer. Il s'est égaré dans la forêt.* — Fig. Faire fausse route, sortir du sujet. *La discussion s'égare.* — (Personnes) Sortir du bon sens. *Sa raison s'égarait.* ▶ ***égaré, ée*** adj. **1.** Qui a perdu son chemin. ⇒ fam. **écarter.** *Un voyageur égaré.* — Qui a été égaré. *Un objet égaré.* **2.** Qui est comme fou ; trahit le désordre mental. *Un regard égaré.* ▶ ***égarement*** n. m. ■ Littér. État d'une personne qui s'écarte du bon sens. ⇒ **dérèglement, désordre.** *Dans un moment d'égarement, il l'a frappé.*

égayer [egɛje] v. tr. ▪ conjug. 8. **1.** Littér. Rendre gai, amuser. ⇒ **dérider, divertir, réjouir.** *Elle savait nous égayer par ses plaisanteries.* — (Choses) Rendre agréable, colorer d'une certaine gaieté. *Des bibelots, des rideaux qui égaient une pièce. Cet intermède a égayé la séance.* **2.** S'ÉGAYER v. pron. : s'amuser. *S'égayer aux dépens de qqn,* en se moquant. ≠ *s'égailler* (qui se prononce autrement).

égérie [eʒeʀi] n. f. ■ Conseillère, inspiratrice (d'un homme politique, d'un artiste).

égide [eʒid] n. f. ■ Littér. Loc. SOUS L'ÉGIDE DE : sous la protection de (une autorité, une loi). *Prendre qqn sous son égide.*

églantier [eglɑ̃tje] n. m. ■ Rosier sauvage. ▶ ***églantine*** n. f. ■ Fleur de l'églantier.

églefin [egləfɛ̃] ou ***aiglefin*** [ɛgləfɛ̃] n. m. ■ Poisson de mer, proche de la morue. *Églefin fumé.* ⇒ anglic. **haddock.** *Filet d'églefin.*

église [egliz] n. f. **I.** (Avec une majusc.) *L'Église.* **1.** Ensemble des personnes qui ont la foi en Jésus-Christ. ⇒ **chrétienté. 2.** Ensemble de fidèles unis, au sein du christianisme, dans une communion particulière. ⇒ **confession, religion.** *L'Église catholique, orthodoxe. Les Églises réformées ou protestantes.* **3.** L'Église catholique. *Les prières, les cérémonies, les chants de l'Église. L'Église et l'État.* **4.** L'état ecclésiastique, l'ensemble des ecclésiastiques. ⇒ **clergé.** *Un homme d'Église. L'Église, l'Épée, la Robe,* les trois états (Église, noblesse, magistrature), sous l'Ancien Régime, en France. **II.** *(Une, des églises)* Édifice consacré au culte de la religion chrétienne, surtout catholique (on dit *temple* pour le culte protestant). ⇒ **basilique, cathédrale, chapelle, oratoire ; abbatiale.** *Église paroissiale. Église romane, gothique. Aller à l'église,* dans une église particulière ou en général dans les églises. *Elle ne va plus à l'église,* elle ne pratique plus la religion.

ego [ego] n. m. invar. ■ Le moi, en tant que principe unificateur de l'expérience interne. *Cela flatte son ego. Des égo démesurés.* ⟨ ► alter ego ⟩

égocentrique [egosɑ̃tʀik] adj. ■ Qui rapporte tout à soi. ⇒ **égoïste.** ► **égocentrisme** n. m. ■ Tendance à tout rapporter à soi, à ne s'intéresser vraiment qu'à soi. ⇒ **égoïsme.**

égoïne [egɔ(w)in] n. f. ■ Petite scie à main, composée d'une lame terminée par une poignée (on s'en sert seul). — En appos. *Une scie égoïne.*

égoïsme [egɔism] n. m. ■ Attachement excessif à soi-même qui fait que l'on recherche exclusivement son plaisir et son intérêt personnels. ⇒ **égocentrisme.** / contr. **altruisme ; générosité** / — Tendance, chez les membres d'un groupe, à tout subordonner à leur intérêt. *Un égoïsme de classe.* ► **égoïste** adj. et n. ■ Qui fait preuve d'égoïsme, est caractérisé par l'égoïsme. *Une attitude égoïste. Il se conduit en égoïste.* / contr. **altruiste** / ► **égoïstement** adv. ■ D'une manière égoïste. *Profiter égoïstement de la situation.* ⟨ ► égocentrique ⟩

égorger [egɔʀʒe] v. tr. ▪ conjug. 3. ■ Tuer (un animal, un être humain) en lui coupant la gorge. *Égorger un cochon.* ⇒ **saigner.** *La victime a été égorgée à coups de rasoir.* ► **égorgeur, euse** n. ■ Assassin qui égorge ses victimes.

s'égosiller [egozije] v. pron. ▪ conjug. 1. **1.** Se fatiguer la gorge à force de parler, de crier. ⇒ s'**époumoner.** *Il s'égosillait à lui expliquer comment s'y prendre.* **2.** (Surtout en parlant des oiseaux) Chanter longtemps le plus fort possible.

égout [egu] n. m. ■ Canalisation, généralement souterraine, servant à l'écoulement et à l'évacuation des eaux ménagères et industrielles des villes. *Les eaux d'égout. Le réseau d'égout, des égouts de la ville.* — BOUCHE D'ÉGOUT : orifice sur le bord d'une chaussée pour l'écoulement des eaux. ⇒ fam. **grille.**

égoutter [egute] v. tr. ▪ conjug. 1. ■ Débarrasser (une chose) d'un liquide qu'on fait écouler goutte à goutte. *Égoutter des légumes. Fromages frais qu'on n'a pas encore égouttés.* — Pronominalement. Perdre son eau goutte à goutte. *Laisser la vaisselle s'égoutter.* ► **égouttoir** n. m. ■ Appareil qui sert à faire égoutter qqch. *Égouttoir à vaisselle, à fromages.*

égrapper [egʀape] v. tr. ▪ conjug. 1. ■ Détacher (les fruits) de la grappe. *Égrapper des raisins, des groseilles.* — Au p. p. *Marc égrappé,* de *raisins égrappés.*

égratigner [egʀatiɲe] v. tr. ▪ conjug. 1. **1.** Écorcher, en déchirant superficiellement la peau. ⇒ **érafler, grafigner, griffer.** *Le chat lui a égratigné la main.* — Pronominalement. *Elle s'est égratignée en cueillant des mûres.* — Entamer superficiellement (une matière quelconque). ⇒ **érailler.** *Le vernis du meuble a été égratigné.* — Au p. p. adj. *Une montre, une aile égratignée.* **2.** Abstrait. Blesser légèrement par un mot, un trait ironique. *Les critiques l'ont un peu égratigné.* ► **égratignure** n. f. ■ Blessure superficielle et sans gravité. ⇒ **écorchure, éraflure, grafigne.** *Il s'est tiré de l'accident sans une égratignure,* sans la moindre blessure.

égrener [egʀəne] v. tr. ▪ conjug. 5. **1.** Dégarnir de ses grains (un épi, une cosse, une grappe). *Égrener du blé.* **2.** Fam. Réduire en fines miettes. ⇒ **émietter.** *Elle égrène du pain sec, des biscuits.* **3.** *Égrener un chapelet,* en faire passer chaque grain successivement entre ses doigts à chaque prière. **4.** Faire entendre un à un, de façon détachée. *L'horloge égrène les heures.* **5.** S'ÉGRENER v. pron. : s'allonger en file en se divisant en éléments successifs. *La bande commença à s'égrener.* ► **égrenage** n. m. ■ Action d'égrener. *L'égrenage du maïs.*

égrillard, arde [egʀijaʀ, aʀd] adj. ■ Qui se complaît dans des propos ou des sous-entendus licencieux. ⇒ **scabreux.** / contr. **pudibond, réservé** / *À la fin du repas, il devenait égrillard. Une chanson égrillarde.* ⇒ **osé, salé ;** fam. **cochon** (II), ① **crasse.**

égyptien, ienne [eʒipsjɛ̃, jɛn] adj. et n. ■ De l'Égypte (ancienne ou moderne). *Le delta égyptien.* — N. (Avec une majusc.) *Les Égyptiens.* — N. m. *L'égyptien ancien,* la langue des anciens Égyptiens (⇒ **hiéroglyphe**). *L'égyptien moderne,* l'arabe d'Égypte. ► **égyptologie** n. f. ■ Connaissance de l'ancienne Égypte, de son histoire, de sa langue, de sa civilisation. ► **égyptologue** n. ■ Spécialiste d'égyptologie ; archéologue qui s'occupe des antiquités égyptiennes.

eh [e] interj. ■ Exclamation, qui exprime la surprise, la contradiction, l'admiration, la joie. *Eh ! Fais attention ! Eh ! que je suis heureuse !* — Renforce le mot suivant. *Eh oui ! c'est comme ça !* ≠ *hé.*

éhonté, ée [eɔ̃te] adj. ■ Qui n'a pas honte en commettant des actes répréhensibles. ⇒ **cynique, impudent.** *Un tricheur éhonté. — C'est un mensonge éhonté.*

eider [ɛdɛʀ] n. m. ■ Genre de grand canard nordique fournissant un duvet apprécié. ⇒ **moyac.** *Des eiders.*

éjaculer [eʒakyle] v. intr. ▪ conjug. 1. ■ Émettre le sperme. ► **éjaculation** n. f. ■ Émission du sperme ; fait d'éjaculer.

éjecter [eʒɛkte] v. tr. ▪ conjug. 1. **1.** Rejeter en dehors. *La douille est éjectée quand le tireur réarme.* **2.** Fam. (Compl. personne) Expulser, renvoyer. *Il s'est fait éjecter avec perte et fracas.* ► **éjectable** adj. ■ *Siège, cabine éjectable,* qui peut être éjecté(e) hors de l'avion, avec son occupant, en cas de perdition. ► **éjecteur** n. m. ■ Appareil, mécanisme servant à éjecter une pièce, à évacuer un fluide. *L'éjecteur d'un fusil.* ► **éjection** n. f. ■ Action d'éjecter, fait d'être éjecté (1 et 2). *L'éjection d'une douille.* — Fam. *L'éjection d'un contestataire, lors d'une réunion.*

élaborer [elabɔʀe] v. ▪ conjug. 1. **I.** V. tr. **1.** Préparer mûrement, par un lent travail de l'esprit. ⇒ **combiner, former.** *Nous avons soigneusement élaboré ce plan. Élaborer une théorie.* ⇒ **construire. 2.** Produire (une substance organique) par une transformation physiologique. *Les globules blancs élaborent des antitoxines.* **II.** V. intr. Fam. ÉLABORER SUR (une question, un sujet) : donner des précisions, développer. ⇒ **détailler, expliquer.** *Pourriez-vous élaborer un peu sur votre expérience ?* — Sans compl. *Il faudrait élaborer davantage.* — Transitivement. *Élaborer un article.* — Au passif et au p. p. adj. *Ce chapitre est assez élaboré.* ► **élaboration** n. f. **1.** Action d'élaborer par un travail intellectuel. *L'élaboration d'un projet, d'un ouvrage.* **2.** Production (d'une substance organique) par une transformation physiologique. *L'élaboration de la bile par le foie.*

élaguer [elage] v. tr. ▪ conjug. 1. **1.** Dépouiller (un arbre) des branches superflues. ⇒ **ébrancher, tailler.** *Élaguer des branches mortes.* **2.** Fig. Débarrasser des détails ou développements inutiles. *Il faut élaguer votre exposé.* — Retrancher. *Il y a beaucoup à élaguer dans cet article.* ► **élagage** n. m. ■ Action d'élaguer. *L'élagage d'un arbre.*

① ***élan*** [elɑ̃] n. m. **1.** Mouvement par lequel on s'élance. *Elle a mal calculé son élan.* — Mouvement progressif préparant l'exécution d'un saut, d'un exercice. *Le sauteur prend son élan. Donner de l'élan à une balançoire,* la faire aller et venir en la poussant. *Papa, donne-moi des élans.* ⇒ **poussée.** — Mouvement d'une chose lancée. *Un camion emporté par son élan.* **2.** Fig. Mouvement ardent, subit, qu'un vif sentiment inspire. ⇒ **transport.** *Il ne sait pas contenir ses élans. Un élan d'enthousiasme.* — Mouvement affectueux, moment d'expansion. *Il n'a jamais un élan vers elle. Élans amoureux.*

② ***élan*** n. m. ■ Grand cervidé des pays nordiques (Amérique, Europe), à grosse tête, aux bois aplatis en éventail. *L'élan d'Amérique,* l'orignal. ⇒ **caribou, renne.**

élancé, ée [elɑ̃se] adj. ■ Mince et svelte. *Une jeune fille élancée.*

① ***élancer*** [elɑ̃se] v. intr. ▪ conjug. 3. ■ Causer des élancements. *Son doigt (lui) élance. Ça m'élance.* ▸ ***élancement*** n. m. ■ Douleur brusque, aiguë, lancinante.

② ***s'élancer*** v. pron. ▪ conjug. 3. ■ Se lancer en avant avec force et vitesse. ⇒ se **précipiter,** se **ruer ;** ① **élan.** *Les passants s'élancèrent à sa poursuite. — Le frappeur, le joueur s'élance,* il se prépare à frapper sur la balle, la rondelle.

① ***élargir*** [elaʀʒiʀ] v. tr. ▪ conjug. 2. **1.** Rendre plus large. / contr. **rétrécir** / *On a élargi la route.* ⇒ **agrandir.** *Elle a dû élargir sa jupe.* — Pronominalement. Devenir plus large. *Le sentier s'élargissait.* — Au p. p. adj. *Des souliers élargis.* — Faire paraître plus large. *Cette veste élargit sa taille, lui élargit les épaules.* **2.** Abstrait. Rendre plus ample, plus général. ⇒ **étendre.** / contr. **limiter** / *Il faut élargir le débat.* — Au p. p. adj. *Le gouvernement s'appuiera sur une majorité élargie.* **3.** Intransitivement. Fam. *Il a élargi,* il a pris de la carrure. ⇒ **forcir, grossir.** ▸ ① ***élargissement*** n. m. **1.** Action d'élargir, fait de s'élargir. *Les travaux d'élargissement d'une rue.* **2.** Abstrait. Action de rendre plus ample. ⇒ **développement, extension.** *L'élargissement d'une influence. — L'élargissement des cadres d'une ligue sportive,* l'augmentation du nombre des équipes.

② ***élargir*** v. tr. ▪ conjug. 2. ■ Mettre en liberté (un détenu). ⇒ **libérer, relâcher.** / contr. **écrouer, emprisonner, incarcérer** / ▸ ② ***élargissement*** n. m. ■ Mise en liberté (d'un détenu). / contr. **emprisonnement, incarcération** / *Les avocats ont obtenu son élargissement.*

élasticité [elastisite] n. f. **1.** Propriété qu'ont certains corps de reprendre (au moins partiellement) leur forme et leur volume primitifs quand la force qui s'exerçait sur eux cesse d'agir. *L'élasticité du caoutchouc, des gaz.* **2.** Souplesse (de l'allure, des mouvements). *L'élasticité de la démarche du chat.* **3.** Abstrait. Possibilité de s'interpréter, de s'appliquer de façons diverses. / contr. **rigidité** / *Profiter de l'élasticité d'un règlement.* — Faculté d'adaptation d'un phénomène à des influences extérieures. *L'élasticité de l'offre et de la demande.* ▸ ***élastique*** adj. et n. **I.** Adj. **1.** Qui a de l'élasticité. ⇒ **compressible, extensible, flexible.** *Les gaz sont très élastiques.* — Fait d'une matière douée d'élasticité. *Bretelles élastiques.* **2.** Souple. *Une foulée élastique.* **3.** Abstrait. Dont on peut étendre le sens, l'application. / contr. **rigide, rigoureux** / *Une notion assez élastique.* — Péj. *Une conscience, une morale élastique,* sans rigueur, très accommodante. **II.** N. m. Tissu souple contenant des fils de caoutchouc. *Des bretelles en élastique.* — Ruban d'une matière élastique. ⇒ **caoutchouc ;** fam. **lastique.** *Mettre des élastiques à des chaussettes. Une boîte d'élastiques.* ▸ ***élastomère*** n. m. ■ Caoutchouc synthétique. *Semelles en élastomère.* ‹ ▸ lastique ›

eldorado [ɛldɔʀado] n. m. ■ Pays merveilleux d'abondance et de délices (→ pays de cocagne). *Des eldorados.*

électeur, trice [elɛktœʀ, tʀis] n. ■ Personne qui a le droit de vote dans une élection. ⇒ **voteur.** *L'inscription d'un électeur sur une liste électorale. Le candidat sollicite le suffrage des électeurs.* ▸ ***élection*** [elɛksjɔ̃] n. f. **1.** Choix, désignation d'une ou plusieurs personnes par un vote (opposé à *sort*). *Procéder à l'élection du président. — Les (élections) législatives,* des députés. *Élection fédérale, provinciale. L'élection présidentielle,* d'un président. *Les (élections) municipales,* des conseillers municipaux. *Élection(s) générale(s). Élection partielle,* qui a lieu lorsqu'une circonscription est devenue vacante pendant une législature. ⇒ fam. **complémentaire.** *Élection(s) scolaire(s),* des commissaires d'école. *Fixer la date des élections. L'élection du conseil de classe. — L'élection de la reine du Carnaval, de Miss Univers.* **2.** Loc. D'ÉLECTION : qu'on a choisi. *C'est sa patrie d'élection. — Une promesse d'élection,* qui n'est jamais tenue. ⇒ **gascon.** ▸ ***électif, ive*** [elɛktif, iv] adj. ■ Nommé ou conféré par élection. *Le pape est électif. Une charge élective.* ▸ ***électoral, ale, aux*** adj. ■ Relatif aux élections. *Loi électorale. Réunion électorale. Liste électorale,* des électeurs. *Circonscription électorale, carte électorale.* ⇒ fam. **comté.** ▸ ***électorat*** n. m. **1.** Qualité d'électeur, usage du droit d'électeur. *Au Québec, les femmes ont obtenu l'électorat en 1940.* **2.** Ensemble des électeurs. *L'électorat québécois. L'électorat féminin, l'électorat souverainiste.* ‹ ▸ pré-électoral, réélection ›

électricité [elɛktʀisite] n. f. ■ Une des formes de l'énergie, mise en évidence par la structure de la matière ; ensemble des phénomènes causés par une charge électrique. *Électricité et magnétisme.* ⇒ **électromagnétisme.** *Électricité statique,* en équilibre (phénomènes d'électrisation par frottement, par contact). ⇒ **électrostatique.** *Électricité dynamique,* courant électrique. ⇒ **électrodynamique.** — Loc. fig. *Il y a de l'électricité dans l'air,* les gens sont nerveux, excités. — Cette énergie dans son usage domestique. *Se chauffer à l'électricité. Payer un compte d'électricité. Une panne, une coupure d'électricité.* Fam. *Allumer, éteindre l'électricité,* l'éclairage électrique. ▸ ***électricien, ienne*** n. ■ Technicien(ienne) ou ouvrier(ère) spécialisé(e) dans le matériel et les installations électriques. ▸ ***électrifier*** v. tr. ▪ conjug. 7. **1.** Faire fonctionner en utilisant l'énergie électrique. *Électrifier une ligne de chemin de fer.* — Au p. p. adj. *Une ligne électrifiée. — Une clôture électrifiée,* dans laquelle circule un courant électrique. **2.** Pourvoir d'énergie électrique. *Électrifier un village.* ▸ ***électrification*** n. f. ■ Action d'électrifier. *L'électrification du réseau ferroviaire.* ▸ ***électrique*** adj. **1.** Propre ou relatif à l'électricité. *L'énergie électrique. Charge, courant électrique. L'équipement électrique d'un pays.* — Qui utilise l'électricité. *L'éclairage électrique.* **2.** Qui fonctionne à l'électricité. *Les appareils électriques. Fer à repasser, four, rasoir électriques. Il joue au train électrique. — La chaise* électrique.* **3.** *Bleu électrique,* bleu vert, très vif. ▸ ***électriquement*** adv. ■ Par l'énergie électrique. *Horloge mue électriquement.* ‹ ▸ électriser, électro-, électrocuter, électrode, électron, hydro(-)électrique, photo-électrique, radioélectrique, thermoélectrique, tribo-électricité ›

électriser [elɛktʀize] v. tr. ▪ conjug. 1. **1.** Communiquer à (un corps) des propriétés, des charges électriques. — Au p. p. *Corps électrisé par frottement.*

2. Fig. Animer, pousser à l'action, en produisant une impression vive, exaltante. ⇒ **enflammer, galvaniser, transporter.** *L'orateur avait électrisé la foule.* ▶ ***électrisation*** n. f. ■ Action d'électriser, fait d'être électrisé.

électro- ■ Élément signifiant « électrique ». ‹ ▶ électroacoustique, électrocardiogramme, électrochimie, électrochoc, électrodynamique, électroencéphalogramme, électrogène, électrolyse, électromagnétisme, électroménager, électrophone, électrostatique, électrotechnique ›

électroacoustique [elɛktʀoakustik] adj. et n. f. ■ Technique de production, d'enregistrement et de reproduction des sons. — Adj. *Musique électroacoustique.*

électroaimant [elɛktʀoɛmɑ̃] n. m. ■ Aimant artificiel, composé d'un barreau de fer doux sur lequel sont fixées deux bobines parcourues par un courant électrique.

électrocardiogramme [elɛktʀokaʀdjɔgʀam] n. m. ■ Tracé obtenu par enregistrement des phénomènes électriques du cœur vivant (ou *électrocardiographie*). — Abrév. É.C.G., n. m. invar.

électrochimie [elɛktʀoʃimi] n. f. ■ Étude et technique des applications industrielles de l'électricité. *Une usine d'électrochimie.* ▶ ***électrochimique*** adj.

électrochoc [elɛktʀoʃɔk] n. m. ■ Procédé de traitement psychiatrique consistant à provoquer une perte de conscience, suivie de convulsions, par le passage d'un courant alternatif à travers la boîte crânienne. *On lui a fait des électrochocs.*

électrocuter [elɛktʀɔkyte] v. tr. ▪ conjug. 1. ■ Tuer par une décharge électrique. *Dans certains États des États-Unis, on électrocute les condamnés à mort.* — Pronominalement. *Il a failli s'électrocuter en touchant le fil.* ▶ ***électrocution*** n. f. ■ Action d'électrocuter, de s'électrocuter. *Électrocution produite par une ligne à haute tension. L'électrocution d'un condamné.* ‹ ▶ hydrocution ›

électrode [elɛktʀɔd] n. f. ■ Conducteur par lequel le courant arrive ou sort. ⇒ **anode, cathode.** — Chacune des tiges (de graphite, de métal) entre lesquelles on fait jaillir un arc électrique.

électrodynamique [elɛktʀodinamik] n. f. et adj. **1.** N. f. Partie de la physique qui traite de l'électricité dynamique (courants électriques). **2.** Adj. Qui appartient au domaine de cette science.

électroencéphalogramme [elɛktʀoɑ̃sefalɔgʀam] n. m. ■ Tracé obtenu par enregistrement de l'activité électrique du cerveau. *Un électroencéphalogramme plat signale la mort clinique.* — Abrév. É.E.G., n. m. invar.

électrogène [elɛktʀɔʒɛn] adj. ■ *Groupe électrogène,* formé par un moteur et un système dynamo-électrique.

électrolyse [elɛktʀɔliz] n. f. ■ Décomposition chimique (de certaines substances en fusion ou en solution) obtenue par le passage d'un courant électrique. ▶ ***électrolyte*** n. m. ■ Corps qui peut être décomposé par électrolyse (*électrolysé*).

électromagnétisme [elɛktʀomaɲetism] n. m. ■ Partie de la physique qui étudie les interactions entre courants électriques et champs magnétiques (phénomènes dits *électromagnétiques*).

électroménager [elɛktʀomenaʒe] adj. m. ■ (Appareils ménagers) Qui utilise l'énergie électrique (fers, aspirateurs, réfrigérateurs, bouilloires, etc.). *L'appareillage électroménager.* — N. m. *Une exposition d'électroménagers. Le rayon de l'électroménager d'un grand magasin.*

électromoteur, trice [elɛktʀomɔtœʀ, tʀis] adj. ■ Qui développe de l'électricité sous l'action d'un agent mécanique ou chimique. — *Force électromotrice,* quotient de la puissance électrique dirigée dans un circuit, par l'intensité du courant qui le traverse. ⇒ **volt.** — Abrév. F.É.M., n. f. invar.

électron [elɛktʀɔ̃] n. m. ■ Particule élémentaire extrêmement légère, gravitant normalement autour du noyau atomique, et chargée d'électricité négative. *Les électrons sont l'un des constituants de la matière.* ▶ ① ***électronique*** adj. **1.** Propre ou relatif aux électrons. *Émission, flux électronique.* **2.** Qui appartient à l'électronique ②, fonctionne suivant les lois de l'électronique. *Microscope électronique. Calculateur électronique.* ⇒ **ordinateur.** *Montre électronique.* ⇒ **quartz.** — Qui est fait par des procédés électroniques. *La mise en service d'un annuaire électronique. Écouter de la musique électronique.* ▶ ② ***électronique*** n. f. ■ Partie de la physique étudiant les phénomènes où sont mis en jeu des électrons à l'état libre ; technique dérivant de cette science (utilisation des tubes électroniques, des transistors). ▶ ***électronicien, ienne*** n. ■ Spécialiste de l'électronique. *Après ses études, elle sera électronicienne.*

électrophone [elɛktʀɔfɔn] n. m. ■ Vieilli. Appareil de reproduction sonore des enregistrements sur disque. ⇒ **pick-up, tourne-disque.**

électrostatique [elɛktʀostatik] adj. et n. f. **1.** Adj. Propre ou relatif à l'électricité statique. *Machines électrostatiques.* **2.** N. f. Partie de la physique traitant des phénomènes d'électricité statique.

électrotechnique [elɛktʀotɛknik] adj. et n. f. **1.** Adj. Relatif aux applications techniques de l'électricité. **2.** N. f. Étude de ces applications. ▶ ***électrotechnicien, ienne*** n. ■ Spécialiste d'électrotechnique. *Obtenir un diplôme d'électrotechnicien.*

élégant, ante [elegɑ̃, ɑ̃t] adj. **1.** Qui a de la grâce et de la simplicité (formes naturelles ou créées par l'être humain). ⇒ **gracieux.** *La forme élégante d'une colonnade. Porter un costume très élégant.* **2.** (Personnes, lieux fréquentés) Qui a de l'élégance, du chic. ⇒ **chic, distingué.** / contr. **négligé, vulgaire** / *Une femme élégante. Un restaurant élégant,* fréquenté par une clientèle élégante. **3.** Qui a de la pureté dans l'expression. *Un style élégant. Dire des choses désagréables d'un ton élégant.* **4.** Qui a de l'élégance morale, intellectuelle. *Un procédé peu élégant. C'est la solution la plus élégante.* ▶ ***élégamment*** adv. ■ Avec élégance. *Il est toujours élégamment vêtu. Parler élégamment. Tu n'as pas agi très élégamment.* ▶ ***élégance*** n. f. **1.** Qualité esthétique de ce qui est élégant. *Un meuble remarquable par l'élégance de ses formes, de ses proportions.* **2.** Choix heureux des expressions, style harmonieux. *S'exprimer avec élégance.* ⇒ **délicatesse.** / contr. **grossièreté** / *Une phrase d'une grande élégance.* — Surtout au plur. *Une, des élégance(s),* tournure, expression élégante (souvent péj.). ⇒ **ornement.** **3.** Bon goût manifestant un style personnel dans l'habillement, la parure, les manières. ⇒ **chic, distinction.** / contr. **vulgarité** / *L'élégance de sa toilette. Elle est toujours vêtue avec une grande élégance, avec une élégance raffinée.* **4.** Bon goût, distinction morale ou intellectuelle accompagnés d'aisance. *Ses façons de faire manquent d'élégance.* ⇒ **délicatesse.** *L'élégance d'une démonstration, d'une solution.* ‹ ▶ inélégant ›

élégie [eleʒi] n. f. ■ Poème lyrique exprimant une plainte douloureuse, des sentiments mélancoliques. *Les élégies de Ronsard, de Chénier.* ▶ ***élégiaque*** adj. et n. ■ Propre à l'élégie. *Des poésies élégiaques.*

élément [elemɑ̃] n. m. **I. 1.** Chacune des choses dont la combinaison, la réunion forme une autre chose, un tout. ⇒ **composant(e), morceau, partie.** / contr. **ensemble** / *Les éléments d'un assemblage. Vous avez là tous les éléments du problème.* — Un des « objets » qui constituent un ensemble mathématique, logique. *« L'élément a appartient à l'ensemble A » s'écrit « a ∈ A ».* **2.** Partie (d'un mécanisme, d'un appareil) composée de séries semblables. *Les éléments d'un radiateur, d'un accumulateur. Éléments préfabriqués* (construction). **3.** Au plur. Premiers principes sur lesquels on fonde une science, une technique. *Apprendre les éléments de la physique.* ⇒ ① **fondement, rudiment. 4.** Personne appartenant à un groupe. *Il nous faut recruter de nouveaux éléments. Les bons éléments d'une classe. Les éléments cultivés de la société* (opposé au *peuple*). — Sing. collectif. *L'élément féminin y était fortement représenté.* **5.** Formation militaire appartenant à un ensemble plus important. *Des éléments blindés, motorisés.* **II. 1.** Vx. Principe constitutif des corps matériels. *On distinguait quatre éléments* (terre, eau, air, feu). **2.** Au plur. LES ÉLÉMENTS : l'ensemble des forces naturelles qui agitent la terre, la mer, l'atmosphère. *Lutter contre les éléments déchaînés.* **3.** *L'élément de qqn,* milieu, entourage habituel ou favorable où il est à l'aise. *Quand on discute politique, elle est dans son élément.* **4.** Corps chimique simple. *Les éléments hydrogène* (H) *et oxygène* (O) *de l'eau* (H_2O). *Des éléments radioactifs.* ▶ ***élémentaire*** adj. **I. 1.** Didact. Qui concerne les éléments (I, 1). **2.** Qui contient, qui concerne les premiers éléments d'une science, d'un art. *Traité de géométrie élémentaire.* — *Les classes élémentaires d'une école. Cours élémentaire,* entre la maternelle et le secondaire. ⇒ ① **primaire.** *Suivre un cours élémentaire de cuisine,* de base. **3.** Très simple, réduit à l'essentiel, au minimum. ⇒ **rudimentaire.** *La plus élémentaire des politesses voulait que vous lui répondiez. Ce sont des précautions élémentaires. C'est élémentaire,* c'est évident ; c'est le minimum. **II.** D'un élément (II, 4) chimique. ‹ ▶ oligo-élément ›

éléphant [elefɑ̃] n. m. **1.** Très grand mammifère herbivore, à corps massif, à peau rugueuse, à grandes oreilles plates, à nez allongé en trompe et à défenses. *Éléphant mâle, femelle* (parfois *une éléphante,* n. f.). *Des défenses d'éléphant. L'éléphant barrit.* — Fam. Se dit d'une personne très grosse, à la démarche pesante. Loc. *C'est un éléphant dans un magasin de porcelaine,* un lourdaud qui intervient dans une affaire délicate. *Avoir une mémoire d'éléphant,* une mémoire exceptionnelle, plus spécialt. ne jamais oublier le mal qui nous est fait, être rancunier. **2.** ÉLÉPHANT DE MER : phoque à trompe, de grande taille. **3.** Fam. *Éléphant blanc,* construction qui a coûté très cher mais dont l'utilisation est limitée, que peu de gens fréquentent. *L'aéroport de Mirabel est un éléphant blanc.* ▶ ***éléphanteau*** n. m. ■ Petit de l'éléphant, très jeune éléphant. *Des éléphanteaux.*

élevage n. m. ⇒ ② **élever.**

élève [elɛv] n. **I. 1.** Personne qui reçoit ou suit l'enseignement d'un maître (dans un art, une science) ou d'un précepteur. ⇒ **disciple.** *Ce tableau est d'un élève de Léonard de Vinci.* **2.** Enfant, adolescent qui reçoit l'enseignement donné dans un établissement d'enseignement. ⇒ **cégépien, collégien, écolier, lycéen.** (REM. Pour les universités, on dit *étudiant.*) *C'est une excellente élève. Un mauvais élève.* ⇒ **cancre.** *Élève doué, élève en difficulté*. Élève interne, externe. Le classement des élèves.* **3.** *Élève officier,* militaire qui suit des cours pour obtenir un grade d'officier. **II.** Loc. *Prendre un élève,* élever l'enfant de qqn d'autre (parent, ami, voisin...) comme le sien propre et sans l'adopter légalement. ⇒ famille d'**accueil.** ≠ *étudiant.*

① ***élever*** [elve] v. tr. ▪ conjug. 5. **I. 1.** Mettre ou porter plus haut. ⇒ **hisser, lever, soulever.** / contr. **baisser** / — Tenir haut, dresser. *Elle élève les bras au-dessus de sa tête.* **2.** Faire monter à un niveau supérieur. ⇒ **hausser.** / contr. **diminuer** / *Les pluies ont élevé le niveau de la rivière. Élever la maison d'un étage.* — Construire (en hauteur). *Élever un mur, un bâtiment.* ⇒ **bâtir.** *On lui a élevé une statue.* ⇒ **dresser, ériger. 3.** Abstrait. Soulever, susciter. *Ils ont élevé plusieurs objections.* **II.** Fig. **1.** Porter à un rang supérieur. *Il a été élevé au grade supérieur.* ⇒ **promouvoir. 2.** Porter à un degré supérieur. ⇒ **augmenter, relever.** *La Banque du Canada a élevé le taux (d') de l'escompte.* — *Élever un nombre à la puissance deux, trois...,* le mettre au carré, au cube... — *Élever le ton, la voix,* parler plus haut ; parler avec autorité. *Il a élevé la voix en sa faveur,* il l'a fortement défendu. *Élever la voix contre qqn,* l'accuser. *Elle n'ose plus élever la voix,* parler. **3.** Rendre moralement ou intellectuellement supérieur. *Cette lecture élève l'esprit.* **III.** S'ÉLEVER v. pron. **1.** Aller plus haut, prendre de la hauteur. *Le cerf-volant s'élève dans le ciel.* **2.** (Hauteur, édifice) Aller jusqu'à une certaine hauteur. *Les falaises s'élevaient à cent mètres au-dessus de la mer.* **3.** Fig. *Le ton de la discussion s'élevait,* devenait plus fort. **4.** (Personnes) S'ÉLEVER CONTRE : intervenir (comme en se dressant) pour combattre. *Je m'élève contre son attitude.* **5.** (Personnes) Arriver à un rang supérieur. *Il s'est élevé par son seul travail.* ⇒ **réussir. 6.** (Choses mesurables) Augmenter, devenir plus haut. *La température s'élève. — Le prix s'élève à mille dollars. Les réparations s'élèvent à vingt mille dollars.* ▶ ***élévateur, trice*** adj. et n. **1.** Adj. Se dit de muscles qui élèvent, relèvent (certaines parties du corps). *Le muscle élévateur de la paupière.* **2.** *Appareil élévateur,* ou n. m., *élévateur,* appareil capable d'élever qqch. à un niveau supérieur. *Chariot élévateur.* ≠ *ascenseur, monte-charge.* — ÉLÉVATEUR À GRAINS : silo dans lequel les grains sont tenus en mouvement et aérés par des appareils élévateurs et transporteurs. ▶ ***élévation*** n. f. **1.** Action de lever, d'élever ; position élevée. *Mouvement d'élévation du bras.* **2.** Moment de la messe où le prêtre élève l'hostie et le vin consacrés. **3.** Fait de s'élever. ⇒ **montée.** *L'élévation du niveau des eaux.* — Fig. *Une forte élévation de température.* ⇒ **augmentation, hausse.** / contr. **baisse** / *L'élévation de la voix,* son passage à un ton plus haut. **4.** *(Une, des élévations)* Terrain élevé. ⇒ **éminence, hauteur.** *Une élévation nous cachait la vue.* **5.** Fig. Action d'élever, de s'élever (à un rang éminent, supérieur). *Son élévation à la dignité d'archevêque.* ⇒ **accession. 6.** Caractère noble, élevé (de l'esprit). ⇒ **noblesse.** *Une grande élévation d'idées, de sentiments.* ▶ ① ***élevé, ée*** adj. **1.** Situé à une certaine hauteur. ⇒ **haut.** / contr. **bas** / *Une colline peu élevée. Le point le plus élevé.* **2.** Qui atteint une grande importance. *Une température élevée.* **3.** Littér. Supérieur moralement ou intellectuellement. ⇒ **noble.** *Avoir un sentiment très élevé de son devoir.* ‹ ▶ surélever ›

② ***élever*** v. tr. ▪ conjug. 5. **1.** Amener (un enfant) à son plein développement physique et moral en subvenant aux besoins. ⇒ **entretenir, nourrir, soigner.** *Ils ont eu beaucoup de mal à élever cet enfant.* **2.** Faire l'éducation de (un être humain). ⇒ **éduquer.** *On l'a élevé en lui donnant de bons principes. Élever des enfants à l'école.* ⇒ **élève. 3.** Faire l'élevage de (un animal). *Élever des lapins.* ▶ ***élevage*** n. m. ■ Action d'élever (les animaux domestiques ou utiles), art de les faire naître, de veiller à leur développement, leur entretien, leur reproduction. *L'élevage du bétail. L'élevage des abeilles, des vers à soie.* ⇒ **culture.** *Un élevage de dindes.* — Sans compl. Élevage du bétail. *Un pays d'élevage, d'élevage extensif.* ▶ ② ***élevé, ée*** adj.

■ BIEN, MAL ÉLEVÉ, ÉE : qui a reçu une bonne, une mauvaise éducation (⇒ **malotru**), est poli, impoli. — *Il est mieux élevé, moins bien élevé que sa sœur.* — N. MAL ÉLEVÉ, ÉE. ⇒ **impoli, grossier.** *Il s'est conduit comme un mal élevé. Une mal élevée.* — Fam. *C'est très mal élevé de dire, de faire ça,* c'est une preuve de mauvaise éducation, d'impolitesse. ⇒ **impoli, incorrect.** ▶ ***éleveur, euse*** n. ■ Personne qui pratique l'élevage. *Propriétaire et éleveur de chevaux de course.* ‹ ▶ élève (II) ›

elfe [ɛlf] n. m. ■ Génie de l'air, dans la mythologie scandinave. ⇒ **sylphe ;** ② **esprit.**

élider [elide] v. tr. ▪ conjug. 1. ■ Effacer (une voyelle) par l'élision. — Au p. p. adj. *Article élidé* (ex. : *l'* pour *le, la*).

éligible [eliʒibl] adj. ■ Qui est dans les conditions requises pour pouvoir être élu (député, etc.), admis (à un concours, etc.). *Elle est éligible.* ▶ ***éligibilité*** n. f. ■ Capacité à être candidat (à une élection, à un concours, à un prix). ‹ ▶ inéligible, rééligible ›

élimer [elime] v. tr. ▪ conjug. 1. ■ User (une étoffe) par le frottement, à force de s'en servir. ⇒ **échiffer.** *Élimer sa veste aux coudes.* — Au p. p. adj. *Chemise élimée aux poignets.*

éliminer [elimine] v. tr. ▪ conjug. 1. **1.** Écarter à la suite d'un choix, d'une sélection. ⇒ **exclure, rejeter.** *Le comité de sélection a éliminé la moitié des candidats.* — (ÊTRE) ÉLIMINÉ, ÉE (passif). *À la troisième étape, il était éliminé. Le club a été éliminé en quatre parties consécutives.* — Au p. p. adj. *Les équipes éliminées du championnat.* **2.** Supprimer par un moyen quelconque. *Éliminer les difficultés. Éliminer les inconnues d'une équation.* — Pronominalement. *Ces erreurs peuvent s'éliminer facilement.* **3.** Faire disparaître en supprimant l'existence. *La dictature a éliminé les opposants.* ⇒ **tuer ;** fam. **liquider. 4.** Évacuer (les déchets, toxines, etc.). ⇒ **excréter.** — Sans compl. *Il élimine mal.* ▶ ***élimination*** n. f. **1.** Action d'éliminer, fait d'être éliminé. *L'élimination de notre équipe en demi-finale.* — *Procéder par élimination,* écarter toutes les hypothèses que le raisonnement ou l'expérience empêchent d'admettre. **2.** Évacuation des substances nuisibles et inutiles, de déchets résultant du métabolisme. ⇒ **excrétion.** ▶ ***éliminatoire*** adj. et n. f. **1.** Adj. Qui sert à éliminer (1). *Les séries éliminatoires. Cette mauvaise note n'est pas éliminatoire.* **2.** (Surtout au plur.) N. f. Épreuve sportive dont l'objet est de sélectionner les équipes, les joueurs, les sujets les plus qualifiés en éliminant les autres. *Sais-tu quand auront lieu les éliminatoires ? Participer aux éliminatoires.*

élire [eliʀ] v. tr. ▪ conjug. 43. **1.** Désigner, choisir (qqn) pour occuper une dignité, une fonction par voie de suffrages (opposé à *nommer*). ⇒ **élection.** *Élire un candidat à l'unanimité. Être élu pour cinq ans.* **2.** Loc. *Élire domicile,* se fixer (dans un lieu) pour y habiter. ‹ ▶ éligible, élu, réélire ›

élision [elizjɔ̃] n. f. ■ Effacement d'une voyelle finale devant une voyelle initiale ou un h muet. *Élision du a de « la » devant « amie » : l'amie ; du e de « le » devant « homme » : l'homme.*

élite [elit] n. f. **1.** Ensemble des personnes les plus remarquables (d'un groupe, d'une communauté), opposé à *la foule. L'élite de l'armée, de l'université.* — D'ÉLITE : qui appartient à l'élite ; éminent, supérieur. *Un sujet d'élite. Un tireur d'élite.* **2.** (Au plur.) LES ÉLITES : les personnes qui, par leur valeur, occupent le premier rang. ▶ ***élitisme*** n. m. ■ Le fait de favoriser une élite. *L'élitisme d'un enseignement.* ▶ ***élitiste*** adj. ■ Qui favorise l'élite sans se soucier du niveau moyen. *Un enseignement scientifique élitiste.*

élixir [eliksiʀ] n. m. ■ Vieilli. Préparation pharmaceutique, mélange de sirops, d'alcool et de substances aromatiques. *Un élixir pour calmer la toux.*

elle, elles [ɛl] pronom pers. f. — REM. Quand *elles* est placé devant le verbe, la liaison est obligatoire (ex. *elles aiment* [ɛlzɛm]). ■ Pronom personnel féminin sujet (⇒ **il**) ou complément de la troisième personne. *Elle arrive. Je l'ai vue, elle. Adressez-vous à elles. Dites-lui, à elle.* (REM. *Parlez-lui,* et non *parlez à elle.*) *C'est pour elle. Elle-même l'a dit,* elle en personne. *Elles-mêmes.* — Fam. Désigne l'histoire, le fait dont on parle. *Cette blague, elle est bien bonne.* ‹ ▶ chez-elle ›

ellébore ou ***hellébore*** [e(ɛl)lebɔʀ] n. m. ■ Herbe dont la racine a des propriétés purgatives, vermifuges, et qui passait autrefois pour guérir la folie.

① ***ellipse*** [elips] n. f. ■ Omission de un ou plusieurs mots dans une phrase qui reste cependant compréhensible. *Ellipse du verbe, du nom. « Chacun pour soi » pour « chacun agit pour soi » est une ellipse.* ▶ ① ***elliptique*** adj. ■ Qui présente une ellipse, des ellipses. *Une proposition elliptique.* — Qui ne développe pas toute sa pensée. *C'est une façon de s'exprimer un peu trop elliptique.*

② ***ellipse*** n. f. ■ Courbe plane fermée dont chaque point est tel que la somme de ses distances à deux points fixes (appelés *foyers*) est constante. *Les ellipses que décrivent les planètes.* ▶ ***ellipsoïde*** [elipsɔid] n. m. et adj. **1.** N. m. *Ellipsoïde de révolution,* solide engendré par une ellipse tournant autour d'un de ses axes. **2.** Adj. Qui a la forme d'une ellipse. ▶ ② ***elliptique*** adj. ■ Qui appartient à l'ellipse, est en ellipse. *Orbite elliptique.*

élocution [elɔkysjɔ̃] n. f. ■ Manière de s'exprimer oralement, d'articuler et d'enchaîner les phrases. ⇒ **articulation.** *Elle a une grande facilité d'élocution. Un défaut d'élocution.*

élodée ou ***hélodée*** [elɔde] n. f. ■ Petite plante d'eau douce, à fleurs blanches, qui se reproduit rapidement, fréquemment employée dans les aquariums.

éloge [elɔʒ] n. m. **1.** Discours pour célébrer qqn ou qqch. *Les éloges académiques. Un éloge funèbre,* où l'on expose les mérites d'un défunt. **2.** Jugement favorable (qu'on exprime au sujet de qqn). ⇒ **compliment, félicitation, louange.** / contr. **blâme, critique** / *Il a été couvert, comblé d'éloges. On ne parle d'elle qu'avec éloge.* — *Faire l'éloge de qqn,* le louer. *C'est tout à son éloge,* à son honneur. ▶ ***élogieux, ieuse*** adj. ■ Qui renferme un éloge, des éloges. ⇒ **flatteur, louangeur.** *Parler de qqn en termes élogieux. Des paroles élogieuses.* ▶ ***élogieusement*** adv. ■ D'une manière élogieuse. *Les critiques ont parlé élogieusement de ce film.*

éloigner [elwaɲe] v. tr. ▪ conjug. 1. **1.** Mettre ou faire aller à une certaine distance, loin. ⇒ **écarter, reculer, repousser.** *Éloignez les enfants du feu. Cet accident éloigne la date de mon départ.* ⇒ **retarder. 2.** Fig. Écarter, détourner qqn. *Cette révélation l'a éloigné de la politique.* **3.** S'ÉLOIGNER v. pron. ⇒ **s'en aller, partir.** *Ne t'éloigne pas trop,* ne va pas trop loin. — Sans compl. *Il s'éloignait lentement.* — Abstrait. *Elle s'éloigne de lui,* elle l'aime moins, s'en détache. *Nous nous éloignons du sujet.* ▶ ***éloigné, ée*** adj. **1.** Qui est à une certaine distance, à une assez grande distance (dans l'espace ou dans le temps). / contr. **proche** / *Un pays éloigné. Un passé peu éloigné.* — ÉLOIGNÉ, ÉE DE. *Il vit éloigné de sa famille. C'est une maison éloignée de la ville.* **2.** Abstrait. Qui a des liens de parenté indirects avec (qqn). / contr. **proche** / *Un cousin éloigné.* **3.** Littér. *Je ne suis pas éloigné de croire (de* *penser) que,* je le crois (pense) presque. ▸ ***éloignement*** n. m. **1.** Mesure par laquelle on éloigne (qqn). **2.** Fait d'être éloigné dans l'espace. / contr. **proximité** / — (Personnes) *Son éloignement a été de courte durée.* ⇒ **absence.** (Choses) *L'éloignement de deux villes.* **3.** Fait d'être éloigné dans le temps. *Avec l'éloignement, les faits prennent un autre sens.* ⇒ **recul.** **4.** Littér. Fait de se tenir à l'écart ; aversion.

élongation [elɔ̃gasjɔ̃] n. f. ■ Lésion produite par un étirement ou une rupture d'un muscle, d'un tendon. *Une élongation au genou droit.*

éloquence [elɔkɑ̃s] n. f. **1.** Don de la parole, facilité pour bien s'exprimer. ⇒ **verve ;** péj. **bagou, faconde.** *J'ai eu besoin de toute mon éloquence pour le décider. Parler avec éloquence.* **2.** Art de toucher et de persuader par le discours. ⇒ **rhétorique.** *L'éloquence politique, religieuse.* **3.** Qualité de ce qui, sans parole, est expressif, éloquent. *L'éloquence d'une mimique.* — Caractère probant. *L'éloquence des chiffres.*

éloquent, ente [elɔkɑ̃, ɑ̃t] adj. **1.** Qui a de la facilité pour s'exprimer par la parole. *Un avocat éloquent.* — Qui est dit ou écrit avec éloquence. *S'exprimer en termes éloquents.* **2.** Qui parle volontiers (sur un sujet). *Vous n'êtes pas très éloquent sur ce problème.* **3.** Qui, sans discours, est expressif, révélateur. *Un geste éloquent.* — Qui est probant, parle de lui-même. *Ces chiffres sont éloquents.* ▸ ***éloquemment*** [elɔkamɑ̃] adv. ■ Avec éloquence. *Parler, plaider éloquemment.* ‹ ▸ éloquence ›

élu, ue [ely] adj. et n. **I.** Désigné par élection. ⇒ **élire.** — N. *Les élus.* **II. 1.** Choisi par Dieu. — N. *Les élus de Dieu,* destinés à la vie éternelle. — Loc. *Il y a beaucoup d'appelés mais peu d'élus,* les chances de réussir sont faibles. **2.** N. Personne que le cœur choisit. *« Il va se marier. – Quelle est l'heureuse élue ? »*

élucider [elyside] v. tr. ▪ conjug. 1. ■ Rendre clair (ce qui présente à l'esprit des difficultés). ⇒ **clarifier, éclaircir, expliquer, résoudre,** tirer au **clair.** *L'enquête n'a pas encore permis d'élucider l'affaire.* ≠ *éluder.* ▸ ***élucidation*** n. f. ■ Action d'élucider. ⇒ **éclaircissement, explication.** *L'élucidation d'une question difficile.*

élucubration [elykybʀasjɔ̃] n. f. ■ Surtout au plur. Péj. Œuvre ou théorie laborieusement édifiée et peu sensée, peu réaliste. *Je ne vais pas continuer à écouter ces élucubrations.*

éluder [elyde] v. tr. ▪ conjug. 1. ■ Éviter avec adresse, par un artifice, un faux-fuyant. ⇒ **escamoter, esquiver,** ① **patiner,** se **soustraire, tourner.** *Il essaie d'éluder le problème, la difficulté.* ≠ *élucider.*

élytre [elitʀ] n. m. ■ Aile dure et cornée (des insectes coléoptères) qui recouvre l'aile inférieure à la façon d'un étui. *Les élytres du hanneton, du scarabée.*

émacié, ée [emasje] adj. ■ Qui est très amaigri, marqué par un amaigrissement extrême. ⇒ **maigre.** *Un visage émacié.* ⇒ **famélique.**

émail, aux [emaj, o] n. m. **1.** Vernis constitué par un produit vitreux, coloré, fondu, puis solidifié. *De l'émail.* **2.** Peinture très résistante (à l'eau, à l'humidité), au fini lustré. ⇒ **latex.** *Donner une couche d'émail dans la cuisine.* **3.** Au plur. ÉMAUX : ouvrage d'orfèvrerie émaillé. *Des émaux peints.* **4.** Tôle, fonte émaillée. *L'émail de la cuisinière est légèrement écaillé.* **5.** Substance transparente extrêmement dure, qui recouvre l'ivoire de la couronne des dents (opposé à *pulpe*). ▸ ***émailler*** v. tr. ▪ conjug. 1. **1.** Recouvrir d'émail (opération dite *émaillage*). *Émailler une porcelaine.* — Au p. p. adj. *De la fonte émaillée.* **2.** Littér. (Suj. chose) Orner de points de couleur vive. *Les fleurs qui émaillent les prés.* **3.** Fig. Semer (un ouvrage) d'ornements divers. ⇒ **enrichir.** *Émailler un texte de citations.* — Fig. Iron. *Lettre émaillée de fautes.* ▸ ***émailleur, euse*** n. ■ Personne qui fabrique des émaux ; ouvrier spécialisé dans l'émaillage des métaux.

émanciper [emɑ̃sipe] v. tr. ▪ conjug. 1. **1.** Affranchir (un mineur) de la puissance paternelle ou de la tutelle. **2.** Affranchir (qqn) de la tutelle d'une autorité supérieure. ⇒ **libérer.** / contr. **asservir** / *Émanciper les femmes.* — S'ÉMANCIPER v. pron. réfl. : s'affranchir (d'une tutelle, d'une sujétion, de servitudes). *Il s'est émancipé de la tutelle familiale.* **3.** Fam. Prendre des libertés, rompre avec les contraintes morales et sociales. *Elle m'a l'air de s'être drôlement émancipée, d'être bien émancipée.* ⇒ **affranchi, libéré** (3). ▸ ***émancipation*** n. f. **1.** Acte par lequel un mineur est affranchi de la puissance paternelle ou de la tutelle. **2.** Action d'affranchir ou de s'affranchir d'une autorité, de servitudes ou de préjugés. ⇒ **libération.** / contr. **asservissement** / *Mouvement d'émancipation de certains pays.* ⇒ **décolonisation.** *L'émancipation de la femme.*

émaner [emane] v. intr. ▪ conjug. 1. **1.** Provenir comme de sa source naturelle. ⇒ **découler, dériver.** *Ce communiqué émane du gouvernement.* **2.** Provenir (d'une source physique). *La lumière émane du soleil.* — (Gaz, liquides, radiations) S'échapper d'un corps. *Les geysers émanent du sol.* ⇒ **jaillir.** **3.** Provenir comme par rayonnement. *Un charme particulier émanait de cette femme.* ▸ ***émanation*** n. f. **1.** Ce qui émane, procède d'autre chose. ⇒ **expression.** *Le pouvoir, dans une démocratie, est une émanation de la volonté populaire.* **2.** Émission ou exhalaison de particules impalpables, de corpuscules. *Des émanations gazeuses. Émanations volcaniques. Les émanations d'un égout,* mauvaises odeurs. ⇒ **miasme.** **3.** Gaz radioactif produit par la désagrégation du radium, du thorium et de l'actinium.

émarger [emaʀʒe] v. tr. ind. ▪ conjug. 3. ■ *Émarger à,* toucher le traitement affecté à un emploi. *Fonctionnaire qui émarge au budget d'un ministère.*

émasculer [emaskyle] v. tr. ▪ conjug. 1. **1.** Priver (un mâle) des organes de la reproduction. ⇒ **castrer, châtrer.** **2.** Fig. Dépouiller de sa force originelle. *Le traducteur a émasculé la phrase.*

émaux n. m. pl. ⇒ **émail.**

embâcle [ɑ̃bakl] n. f. ■ Obstruction d'un cours d'eau par l'amoncellement de glaces ou de divers matériaux qui en font monter le niveau. / contr. ② **débâcle** / *Les embâcles de la rivière Chaudière.* — Amoncellement de billes de bois sur un cours d'eau. *Les draveurs essayaient de dégager l'embâcle.*

① ***emballer*** [ɑ̃bale] v. tr. ▪ conjug. 1. **1.** Mettre (un objet, une marchandise) dans une enveloppe qui protège, sert au transport, à la présentation. ⇒ **empaqueter, envelopper, paqueter.** / contr. **déballer, dépaqueter** / *Emballer soigneusement des verres.* **2.** (France) Fam. Arrêter (qqn). ⇒ **écrouer, embarquer, pogner.** *La police l'a emballé.* ▸ ***emballage*** n. m. ■ Action d'emballer. ⇒ **conditionnement.** *L'emballage des fruits. Les frais d'emballage sont à votre charge.* — Ce qui sert à emballer. *Papier d'emballage. Emballage consigné. Emballage perdu,* qui ne sert qu'une fois, que l'expéditeur ou le vendeur ne reprend pas. ▸ ***emballeur, euse*** n. ■ Personne spécialisée dans l'emballage. — *La jeune emballeuse du supermarché,* qui met les achats dans les sacs. ▸ ***emballage-cadeau*** n. m. ■ Emballage spécial fait au magasin lors de l'achat de qqch. qu'on veut offrir en cadeau à qqn. *Des emballages-cadeaux.* ‹ ▸ préemballé, remballer ›

② **emballer** v. tr. **I.** V. tr. **1.** *Emballer un moteur,* le faire tourner trop vite. **2.** Fam. Enchanter, enthousiasmer. ⇒ **ravir.** *Ça ne m'emballe pas d'aller au cinéma.* **II.** S'EMBALLER v. pron. **1.** (Cheval) Prendre le mors aux dents, échapper à la main du cavalier. — *Le moteur s'emballe,* prend un régime de marche trop rapide. **2.** (Personnes) Se laisser emporter par un mouvement irréfléchi, céder à l'impatience ou à l'enthousiasme. ⇒ partir en **peur.** *Ne nous emballons pas !* ⇒ se **précipiter.** *Calme-toi, tu t'emballes pour rien.* ⇒ s'**emporter.** ▶ ***emballement*** n. m. ■ Fait de s'emballer ; enthousiasme irréfléchi. ⇒ **engouement.** *Méfiez-vous des emballements.*

embarcadère [ɑ̃baʀkadɛʀ] n. m. ■ Emplacement aménagé (dans un port, sur une côte, un rivage) pour permettre l'embarquement des voyageurs et des marchandises. ⇒ **appontement, débarcadère.**

embarcation [ɑ̃baʀkasjɔ̃] n. f. ■ Bateau de petite dimension, ou canot. ⇒ **barque.** *Mettre une embarcation à la mer.*

embardée [ɑ̃baʀde] n. f. **1.** Brusque changement de direction (d'un bateau, sous l'effet du vent, du courant ou d'un coup de barre involontaire). **2.** Écart brusque et dangereux. *La voiture a fait une embardée pour éviter le piéton.*

embargo [ɑ̃baʀgo] n. m. **1.** Interdiction faite par un gouvernement, par mesure de représailles à l'endroit d'un pays, de laisser partir les navires étrangers mouillés dans ses ports ou de laisser exporter certaines marchandises. *Mettre, lever l'embargo.* **2.** Interdiction de laisser circuler (un objet, une nouvelle). *Mettre l'embargo sur une information. Des embargos.*

embarquer [ɑ̃baʀke] v. ▪ conjug. 1. **I.** V. tr. **1.** Mettre, faire monter dans un navire. *Embarquer des passagers à l'escale.* / contr. **débarquer** / *Embarquer des marchandises, du matériel.* ⇒ **charger.** — Recevoir par-dessus bord (un paquet de mer). **2.** Charger (dans un véhicule). *On embarquait les marchandises dans le camion.* ⇒ **charger.** / contr. **débarquer, décharger** / — (Personnes) Fam. *Nous l'avons embarqué dans le train,* nous l'avons accompagné et installé. *Embarquer qqn qui fait du pouce,* le prendre à bord d'une voiture. *Des agents l'ont embarqué,* arrêté. ⇒ fam. **emballer.** **3.** Engager, dans une affaire difficile dont on ne peut sortir de sitôt. *Je me suis laissé embarquer dans une drôle d'histoire.* **II.** V. intr. **1.** Monter à bord d'un bateau pour un voyage. *C'est l'heure d'embarquer.* — Monter dans un véhicule. / contr. **débarquer** / *C'est l'heure d'embarquer dans l'autobus.* — Fam. Monter sur. *Ne laisse pas le chat embarquer sur le fauteuil.* ⇒ **grimper.** *Embarque sur mes genoux.* **2.** Passer et se répandre par-dessus bord. *La mer embarque.* **III.** S'EMBARQUER v. pron. **1.** Monter à bord d'un bateau. *Nous nous embarquerons à New York.* — *S'embarquer pour* (+ nom de lieu), partir en direction de, voyager vers. *On s'embarque pour l'Europe.* (Durée) *S'embarquer pour deux, trois mois,* partir, voyager. **2.** Fig. S'engager, s'aventurer (dans une affaire qui comporte des risques). *Elle s'est embarquée dans cette affaire sans réfléchir.* ▶ ***embarquement*** n. m. ■ Action d'embarquer, de s'embarquer. / contr. **débarquement** / *L'embarquement du matériel.* ⇒ **chargement.** *Les formalités d'embarquement. L'embarquement des passagers. Présenter sa carte d'embarquement.* ‹ ▶ rembarquer ›

embarras [ɑ̃baʀa] n. m. invar. **I.** **1.** Position gênante, situation difficile et ennuyeuse. *Être dans l'embarras. Il m'a mis dans l'embarras.* ⇒ **pétrin,** ② **trouble.** *Un embarras pécuniaire. Aider un ami dans l'embarras.* **2.** UN EMBARRAS : un obstacle, une gêne. *Susciter des embarras à qqn.* ⇒ **difficulté.** — Fam. Personne qui gêne, encombre. *C'est un moyen embarras ce garçon !* **3.** Incertitude de l'esprit, perplexité. *Votre offre me met dans l'embarras.* Loc. *Vous n'avez que* L'EMBARRAS DU CHOIX : la seule difficulté est de choisir. **4.** État d'une personne qui éprouve un malaise pour agir ou parler. ⇒ **confusion, gêne,** ② **trouble.** *Elle ne pouvait dissimuler son embarras. Il baissait les yeux avec embarras.* **5.** Loc. *Faire de l'embarras, des embarras,* faire des manières, manquer de naturel. ⇒ **façon, histoire.** **II.** EMBARRAS GASTRIQUE : troubles de l'estomac et de l'intestin provoqués par une infection, une intoxication.

embarrasser [ɑ̃baʀase] v. tr. ▪ conjug. 1. **I.** **1.** Gêner dans les mouvements. / contr. **débarrasser** / *Posez donc votre manteau, il vous embarrasse.* **2.** Encombrer (qqn) de sa présence. ⇒ **déranger, importuner ;** fam. **achaler.** *Je m'en vais, je vois bien que je vous embarrasse.* **3.** Mettre dans une position difficile. ⇒ **gêner.** *Cette initiative va embarrasser le gouvernement.* — Rendre hésitant, perplexe. ⇒ **déconcerter, troubler.** *Sa question m'embarrasse.* ⇒ **embêter.** **II.** V. pron. **1.** S'encombrer. *Je me suis embarrassé inutilement d'un parapluie.* — Se soucier, tenir compte exagérément. ⇒ s'**inquiéter,** se **préoccuper.** *Elle ne s'embarrasse pas de l'avenir.* **2.** Fig. S'EMBARRASSER DANS : s'empêtrer. *Il finit par s'embarrasser dans ses mensonges.* ⇒ s'**embrouiller.** ▶ ***embarrassant, ante*** adj. **1.** Qui met dans l'embarras. ⇒ **difficile, gênant.** *C'est une situation, une question embarrassante.* ⇒ **embêtant.** *Une objection embarrassante,* à laquelle on a du mal à répondre. **2.** Qui encombre. ⇒ **encombrant.** *Enlevez donc ces paquets embarrassants.* ▶ ***embarrassé, ée*** adj. **1.** Gêné dans ses mouvements. *Avoir les mains embarrassées.* — *Avoir l'estomac embarrassé,* avoir un peu d'embarras gastrique. **2.** Qui éprouve de l'embarras. ⇒ **indécis, perplexe.** *Il était embarrassé, ne savait que répondre.* — Qui montre de la gêne. ⇒ **gauche, gêné, timide.** *Un air embarrassé.* **3.** Qui est compliqué, manque d'aisance ou de clarté. ⇒ **confus, obscur.** *Se lancer dans des explications embarrassées.* ‹ ▶ débarrasser, embarras ›

embarrer [ɑ̃baʀe] v. tr. ▪ conjug. 1. ■ Enfermer (une personne, un animal), volontairement ou non, dans un endroit d'où elle, il ne peut pas sortir. *Elle a embarré sa sœur dans la cave. Embarrer son chien dans la maison.* — S'EMBARRER v. pron. (réfl.) : s'enfermer quelque part, de sorte que l'on ne puisse pas sortir ou que personne ne puisse entrer. *S'embarrer dans la salle de bain. S'embarrer dans sa chambre pour étudier.* ⇒ se **claquemurer,** se **cloîtrer,** se **murer.** Fig. *Il s'est embarré pendant trois jours pour préparer ses examens,* il n'a vu personne. — Au passif et au p. p. adj. *Être embarré quelque part. Un chat embarré depuis le matin.* — Plaisant. *Être, rester embarré dehors,* avoir oublié ou perdu ses clés.

embaucher [ɑ̃boʃe] v. tr. ▪ conjug. 1. ■ Engager (une personne) en vue d'un travail. / contr. **débaucher, licencier** / *On l'a embauché dans un garage.* Sans compl. *Ici, on embauche.* — Entraîner (qqn) dans une activité. *Il m'a embauché pour son déménagement.* ▶ ***embauchage*** n. m. ou ***embauche*** n. f. ■ Action d'embaucher. ⇒ **engagement, recrutement.** *Une offre d'embauche.* ‹ ▶ réembaucher ›

embaumer [ɑ̃bome] v. tr. ▪ conjug. 1. **1.** Remplir (un cadavre) de substances qui permettent de le dessécher et de le conserver. *Les anciens Égyptiens embaumaient les morts.* **2.** Préparer le corps des défunts pour l'exposition dans un funérarium. **3.** Remplir d'une odeur agréable. ⇒ **parfumer.** *Des roses embaumaient la chambre.* / contr. **empester, puer** / — Sans compl. Répandre une odeur très agréable. Fam. (Négatif) *Ça n'embaume pas (la rose, etc.),* ça sent mauvais. ▶ ***embaumement*** n. m. ■ Action d'embaumer (un cadavre, un défunt). ⇒ **thanatologie, thanatopraxie.** ▶ ***embaumeur, euse*** n. ■ Personne dont le métier est d'embaumer les morts. ⇒ fam. **croque-mort.**

embellie [ɑ̃bɛli] n. f. ■ Accalmie (sur la mer). — Brève amélioration de la température. ⇒ **éclaircie.**

embellir [ɑ̃beliʀ] v. ▪ conjug. 2. **I.** V. tr. **1.** Rendre beau ou plus beau (une personne, un visage). ⇒ **enjoliver.** / contr. **enlaidir** / *Cette coiffure l'embellit.* ⇒ **flatter.** *L'amour embellit.* — Rendre plus agréable à l'œil, orner (un lieu, une maison...). *Ils ont embelli leur maison. Les ormes embellissaient le parc.* **2.** Faire apparaître sous un plus bel aspect. *L'imagination embellit la réalité.* ⇒ **idéaliser, poétiser.** *L'auteur a embelli l'histoire, les personnages.* — Rendre trop beau. *Vous embellissez la situation.* **II.** V. intr. Devenir beau, plus beau. *Cet enfant embellit tous les jours.* ▶ ***embellissement*** n. m. ■ Action ou manière d'embellir, de rendre plus agréable à l'œil (une ville, une maison). / contr. **enlaidissement** / *Les récents embellissements de notre ville.* — Modification tendant à embellir la réalité. *Il y a des embellissements dans votre histoire.* ⇒ **enjolivement.** ‹ ▶ embellie ›

emberlificoter [ɑ̃bɛʀlifikɔte] v. tr. ▪ conjug. 1. ■ Entortiller, embrouiller (qqn, pour le tromper). ⇒ **embobiner ;** fam. **enfirouaper.** *Vous n'arriverez pas à l'emberlificoter* — Pronominalement. *Il s'emberlificotait dans ses explications.* — Au p. p. adj. *Une lettre emberlificotée,* embarrassée.

embêter [ɑ̃bete] v. tr. ▪ conjug. 1. **1.** Ennuyer fortement. *Ce spectacle m'embête.* ⇒ fam. **emmerder,** ② **raser. 2.** Contrarier fortement. *Ça m'embête d'être en retard. Ne l'embête donc pas !* ⇒ **agacer, importuner ;** fam. **achaler, badrer. 3.** S'EMBÊTER v. pron. réfl. : s'ennuyer. *On s'est drôlement embêtés à cette soirée. Il ne s'embête pas,* il n'est pas à plaindre. **4.** Embarrasser. *Votre question m'embête.* — Au passif. *Être embêté par qqch.* — Au p. p. adj. *Une personne embêtée,* qui ne sait pas quoi faire, quoi dire. ⇒ **indécis.** ▶ ***embêtant, ante*** adj. ■ Qui embête. ⇒ **ennuyeux.** *Quel embêtant !* ⇒ **déplaisant, énervant, fatigant, importun ;** fam. **achalant.** *C'est une histoire bien embêtante.* ⇒ **contrariant.** *Un problème embêtant.* ⇒ **difficile, embarrassant.** ▶ ***embêtement*** n. m. ■ *(Un, des embêtements)* Chose qui donne du souci. ⇒ **contrariété, ennui, tracas.** *J'ai assez d'embêtements comme ça.*

*d'****emblée*** [dɑ̃ble] loc. adv. ■ Du premier coup, au premier effort fait. ⇒ **aussitôt.** (→ D'entrée de jeu) *Le projet a été adopté d'emblée. L'équipe marqua d'emblée un but.*

emblème [ɑ̃blɛm] n. m. **1.** Figure symbolique généralement accompagnée d'une devise. **2.** Figure, attribut destinés à représenter une autorité, un métier, un parti. ⇒ **insigne.** *La fleur de lis est l'emblème du Québec. — Hercule a pour emblème la massue.* ⇒ **attribut.** ▶ ***emblématique*** adj. ■ Qui présente un emblème, se rapporte à un emblème. ⇒ **allégorique, symbolique.** *La colombe est la figure emblématique de la paix.*

embobiner [ɑ̃bɔbine] v. tr. ▪ conjug. 1. ■ Fam. Tromper en embrouillant. ⇒ **emberlificoter, entortiller ;** fam. **enfirouaper.** *Elle s'est fait facilement embobiner.*

emboîter [ɑ̃bwate] v. tr. ▪ conjug. 1. **1.** Faire entrer (une chose dans une autre ; plusieurs choses l'une dans l'autre). ⇒ **ajuster, encastrer, enchâsser.** *Emboîter des tuyaux. Emboîter un outil dans un manche.* ⇒ **emmancher.** — Fig. *Se faire emboîter,* se faire mettre en boîte. ⇒ **embouteiller.** — Pronominalement. *Les deux pièces s'emboîtent exactement. Les pièces d'un casse-tête s'emboîtent.* **2.** Envelopper exactement comme une boîte. *Ces chaussures emboîtent bien le pied.* **3.** Loc. EMBOÎTER LE PAS *à qqn* : marcher juste derrière lui (comme si on mettait le pied juste à l'endroit où il a marché), le suivre pas à pas. — Abstrait. Suivre docilement, imiter. *Dès qu'il proposait quelque chose, ses amis lui emboîtaient le pas.* ▶ ***emboîtage*** n. m. **1.** Enveloppe d'un livre de luxe (chemise et étui). **2.** Au plur. Jeu pour enfants, constitué d'objets qui s'emboîtent. ▶ ***emboîtement*** n. m. ■ Assemblage de deux pièces qui s'emboîtent l'une dans l'autre. *L'emboîtement d'un os dans un autre. Pavé* à emboîtement.* ‹ ▶ remboîter ›

embolie [ɑ̃bɔli] n. f. ■ Obstruction brusque d'un vaisseau par un corps étranger. *Mourir d'une embolie.*

embonpoint [ɑ̃bɔ̃pwɛ̃] n. m. ■ État d'un corps bien en chair, un peu gras. ⇒ **corpulence ; obésité.** *Avoir tendance à l'embonpoint. Prendre de l'embonpoint,* engraisser.

emboucaner [ɑ̃bukane] v. tr. ▪ conjug. 1. ■ Enfumer un lieu, le remplir de fumée. *Il faudrait nettoyer la cheminée, sinon tu risques d'emboucaner la maison. — Se faire emboucaner,* incommoder par la fumée (spécialt du tabac). — Pronominalement. *La pièce s'emboucane.* — Au p. p. adj. *Une chambre emboucanée.*

mal ***embouché, ée*** [malɑ̃buʃe] adj. ■ Qui parle mal, dit des gros mots, des grossièretés. ⇒ **impoli ;** fam. mal **engueulé.** *Elle est assez mal embouchée.*

emboucher [ɑ̃buʃe] v. tr. ▪ conjug. 1. ■ Mettre à sa bouche (un instrument à vent). *Il emboucha son saxophone et attaqua le morceau.* ▶ ① ***embouchure*** n. f. ■ Bout (d'un instrument à vent), qu'on met contre les lèvres pour jouer. *L'embouchure d'un clairon. Changer d'embouchure.*

② ***embouchure*** n. f. ■ Ouverture par laquelle un cours d'eau se jette dans une mer ou un lac. ⇒ **bouche, delta,** ① **décharge, estuaire.** *Ville bâtie à l'embouchure d'un fleuve.*

embourber [ɑ̃buʀbe] v. tr. ▪ conjug. 1. ■ Enfoncer dans un bourbier. ⇒ **enliser.** — Au passif. *Notre voiture était embourbée,* ou pronominalement, *s'était embourbée. — Elle s'est embourbée dans le banc de neige,* elle y est restée prise ou enfoncée. — Fig. *S'embourber dans des explications obscures,* s'embrouiller. — Au p. p. adj. *Des roues embourbées.*

*s'****embourgeoiser*** [ɑ̃buʀʒwaze] v. pron. ▪ conjug. 1. ■ Prendre les habitudes, l'esprit de la classe bourgeoise (goût de l'ordre, du confort, respect des conventions). *Il a perdu le goût de l'aventure : il s'embourgeoise.* ▶ ***embourgeoisement*** n. m. ■ Fait de s'embourgeoiser.

embout [ɑ̃bu] n. m. ■ Garniture de protection qui se place au bout (d'une canne, d'un parapluie, etc.). ⇒ **bout.** *Un embout en caoutchouc. L'embout métallique d'une chaussure de sécurité.*

embouteiller [ɑ̃buteje] v. tr. ▪ conjug. 1. **1.** Mettre en bouteilles. *Embouteiller le sirop d'érable, les boissons gazeuses.* — Au p. p. adj. *Ce vin est embouteillé au Québec. Eau minérale embouteillée en France.* **2.** Obstruer (une voie de communication) en provoquant un encombrement. *Le camion en panne embouteillait la rue.* — Fig. *Se faire embouteiller,* se faire mettre en boîte, se faire bloquer (dans une discussion, etc.). ▶ ***embouteillage*** n. m. **1.** Action d'embouteiller ; son résultat. *L'embouteillage du vin s'est terminé très tard.* **2.** Encombrement qui arrête la circulation. ⇒ **bouchon.** *Je suis resté bloqué dans un embouteillage.*

emboutir [ɑ̃butiʀ] v. tr. ▪ conjug. 2. **1.** Travailler (un métal) avec un instrument (marteau, repoussoir), pour y former le relief d'une empreinte ; travailler (une plaque de métal) pour la courber, l'arrondir. **2.** Enfoncer en heurtant violemment. *Un camion a embouti l'arrière de ma voiture.* ▶ ***emboutissage*** n. m. ▪ Opération consistant à emboutir (une plaque de métal). *Emboutissage fait à la machine.*

embouveter [ɑ̃buvte] v. tr. ▪ conjug. 4. ▪ Emboîter des pièces de bois (planches, lattes...) dont un côté comporte une languette et l'autre une rainure. — Au p. p. adj. *Un plancher en bois embouveté.* ▶ ***embouvetage*** n. m. ▪ Opération consistant à embouveter. *Quand les planches sont croches, l'embouvetage est difficile.*

embranchement [ɑ̃bʀɑ̃ʃmɑ̃] n. m. **1.** Division en branches ou rameaux secondaires (d'une voie, d'une canalisation...) ; voie, direction ayant son origine sur la voie ou direction principale. ⇒ **bifurcation, fourche, ramification. 2.** Point de jonction de ces voies. ⇒ **carrefour, croisement.** *À l'embranchement des deux routes.* **3.** Chacune des grandes divisions du monde animal ou végétal. *L'embranchement des vertébrés.* ≠ *classe, règne.* ▶ ***embrancher*** v. tr. ▪ conjug. 1. ▪ Raccorder (une voie, une canalisation) à une ligne déjà existante. *Embrancher une voie ferrée à la ligne principale.* ⇒ **brancher.** ‹ ▶ sous-embranchement ›

embraser [ɑ̃bʀaze] v. tr. ▪ conjug. 1. Littér. **1.** Enflammer, incendier. *Le feu embrase la forêt.* — Abstrait. *La guerre a embrasé le Moyen-Orient,* s'y est répandue. **2.** Éclairer vivement, illuminer. *Le soleil couchant embrasait le ciel.* **3.** Fig. Emplir d'une passion ardente. *L'amour embrasait son cœur.* ⇒ **enflammer.** ▶ ***embrasement*** n. m. ▪ Le fait d'embraser, d'être embrasé. *L'embrasement de l'horizon par le soleil couchant.*

embrasser [ɑ̃bʀase] v. tr. ▪ conjug. 1. **1.** Prendre et serrer entre ses bras, en particulier pour marquer son amour ou son affection. **2.** Donner un baiser, des baisers à (qqn). — REM. On ne dit plus *baiser,* v. ⇒ fam. **frencher.** *Avant de partir, il l'embrassa sur les deux joues.* — (À la fin d'une lettre) *Embrasse toute la famille pour moi. Je t'embrasse.* — Pronominalement (récipr.). *Ils s'embrassaient sur la bouche. Ils se sont embrassés.* **3.** Littér. et fig. Adopter (une opinion, un parti). *Embrasser la cause de la paix.* Choisir (une carrière). *Embrasser la profession d'avocat.* PROV. *Qui trop embrasse mal étreint,* qui veut trop entreprendre risque de ne rien réussir. **4.** Fig. Saisir par la vue dans toute son étendue. *De là, elle embrassait d'un coup d'œil toute la région.* — Appréhender par la pensée de façon globale (un ensemble de faits, de problèmes). *Un auteur, un ouvrage qui embrasse toutes ces questions.* ▶ ***embrassade*** n. f. ▪ Action de deux personnes qui s'embrassent (1, 2) amicalement. ⇒ **accolade.** *Quand ils se retrouvèrent, ce furent des embrassades.* ▶ ***embrasse*** n. f. ▪ Cordelière ou pièce d'étoffe servant à retenir un rideau. *Des rideaux à embrasses.*

embrasure [ɑ̃bʀazyʀ] n. f. **1.** Ouverture pratiquée dans l'épaisseur d'un mur pour recevoir une porte, une fenêtre. **2.** Espace vide compris entre les parois du mur. *Sa mère se tenait dans l'embrasure de la porte.*

embrayer [ɑ̃bʀeje] v. ▪ conjug. 8. **1.** V. tr. Mettre en communication (une pièce mobile) avec l'arbre moteur. *Embrayer une courroie.* — Sans compl. Établir la communication entre un moteur et la machine qu'il entraîne. / contr. **débrayer** / *Débrayer, changer de vitesse et embrayer.* **2.** V. intr. (Suj. personne, groupe de personnes) EMBRAYER SUR *qqch., qqn* : fig. et fam. Commencer à discourir. *Quand il embraye sur ses vacances, on ne peut plus l'arrêter.* — À l'impératif. *embrayons !,* dépêchons-nous, démarrons, accélérons les choses. ▶ ***embrayage*** n. m. ▪ Mécanisme permettant d'établir la communication entre un moteur et une machine ou de les désaccoupler sans arrêter le moteur. *Une pédale d'embrayage. Faire patiner l'embrayage.* ‹ ▶ débrayer ›

embrigader [ɑ̃bʀigade] v. tr. ▪ conjug. 1. ▪ Rassembler, réunir sous une même autorité et en vue d'une action commune. ⇒ **enrégimenter, enrôler.** *Elle ne veut pas se laisser embrigader.* ▶ ***embrigadement*** n. m. ▪ Action d'embrigader. ⇒ **recrutement.**

embrocation [ɑ̃bʀɔkasjɔ̃] n. f. ▪ Application d'un liquide huileux et calmant produisant de la chaleur. — Ce liquide. *Les embrocations utilisées pour les massages.*

embrocher [ɑ̃bʀɔʃe] v. tr. ▪ conjug. 1. **1.** Enfiler (une viande, des morceaux de viande) sur une broche, sur des brochettes. *Embrocher une volaille.* **2.** Fam. Transpercer (qqn) d'un coup d'épée.

embrouiller [ɑ̃bʀuje] v. tr. ▪ conjug. 1. **1.** Emmêler (des fils). ⇒ **enchevêtrer.** / contr. **débrouiller, démêler** / *Embrouiller un écheveau, une pelote de laine.* **2.** Abstrait. Compliquer, rendre obscur (qqch.). ⇒ **brouiller.** *Vous embrouillez la situation au lieu de l'éclaircir.* **3.** Fig. Troubler (qqn), lui faire perdre le fil de ses idées. *Vous m'avez embrouillé.* — Pronominalement (réfl.). Se perdre (dans qqch.). *Elle s'embrouille dans ses explications.* ⇒ s'**embarrasser,** s'**enfarger.** ▶ ***embrouillamini*** n. m. ▪ Fam. Désordre ou confusion extrême. ⇒ **imbroglio.** ▶ ***embrouillé, ée*** adj. ▪ Extrêmement compliqué et confus. *Des explications embrouillées. Avoir l'esprit embrouillé.* ⇒ **brouillon.** *Une photo embrouillée.* ⇒ **flou.** ▶ ***embrouillement*** n. m. ▪ Fait d'être embrouillé. ⇒ **complication, enchevêtrement.**

embroussaillé, ée [ɑ̃bʀusɑje] adj. **1.** Couvert de broussailles, en broussailles. **2.** Fig. *Des cheveux embroussaillés,* emmêlés. ⇒ **ébouriffer, hirsute.**

embrumer [ɑ̃bʀyme] v. tr. ▪ conjug. 1. **1.** Couvrir de brume. — Au p. p. adj. *Un horizon embrumé.* **2.** Abstrait. *Embrumer les idées, le cerveau,* y mettre de la confusion. — Au p. p. adj. *Avoir le cerveau embrumé par l'alcool.*

embrun [ɑ̃bʀœ̃] n. m. ▪ Surtout au plur. Poussière de gouttelettes formées par les vagues qui se brisent, et emportée par le vent. *Des embruns glacés.* ≠ *bruine, brume.*

embryo- ▪ Élément savant, signifiant « embryon ». ▶ ***embryologie*** [ɑ̃bʀijɔlɔʒi] n. f. ▪ Science qui traite de l'embryon et de son développement. ⇒ **génétique.**

embryon [ɑ̃bʀijɔ̃] n. m. **1.** Organisme en voie de développement dans l'œuf des ovipares, et chez l'animal vivipare ou la femme, avant d'être un fœtus. — Ensemble de cellules donnant naissance à la « plantule » (la jeune tige) d'une graine. **2.** Fig. et littér. Ce qui commence d'être, mais qui n'est pas achevé. ⇒ **commencement, germe.** *Un embryon d'organisation.* ▶ ***embryonnaire*** adj. **1.** Relatif ou propre à l'embryon. **2.** Fig. Qui n'est qu'en germe, à l'état rudimentaire. *Un plan à l'état embryonnaire,* d'ébauche. ‹ ▶ embryo- ›

embûches [ɑ̃byʃ] n. f. pl. ▪ Difficultés se présentant comme un piège, un traquenard. *Un sujet plein d'embûches. Elle a triomphé de toutes les embûches.* ⇒ **obstacle.**

embuer [ɑ̃bɥe] v. tr. ▪ conjug. 1. ▪ Couvrir d'une buée, d'une sorte de buée. *Les larmes embuaient ses yeux.* — Pronominalement. *Les vitres s'embuent.* — Au p. p. adj. *Des pare-brise embués.*

embuscade [ɑ̃byskad] n. f. ■ Manœuvre par laquelle on dissimule une troupe en un endroit propice, pour surprendre et attaquer l'ennemi. ⇒ **guet-apens.** *Dresser, préparer une embuscade. Se mettre, se tenir, être* EN EMBUSCADE. *Tomber dans une embuscade.*

embusquer [ɑ̃byske] v. tr. ▪ conjug. 1. ■ Mettre en embuscade, poster en vue d'une agression. *Il embusqua les soldats derrière les rochers.* — Pronominalement (réfl.). *La troupe s'était embusquée derrière le bois.* ▶ ***embusqué, ée*** adj. et n. ■ Adj. *Des gens embusqués dans un fourré. — Une voleuse embusquée.* ⇒ **caché.** UN, UNE EMBUSQUÉ, ÉE : une personne qui s'est fait embusquer (2). ⟨ ▶ embuscade ⟩

éméché, ée [emeʃe] adj. ■ Un peu ivre. ⇒ **gai,** ② **gris ;** fam. **pompette.**

émeraude [emʀod] n. f. **1.** Pierre précieuse d'un vert bleuté, variété de béryl (ou de corindon). *Un collier d'émeraudes.* **2.** Adj. invar. D'un vert qui rappelle celui de l'émeraude. *Des rayures émeraude.*

émerger [emɛʀʒe] v. intr. ▪ conjug. 3. **1.** Sortir d'un milieu liquide de manière à apparaître à la surface. / contr. **immerger** / *L'îlot émerge à marée basse.* — Sortir d'un milieu quelconque. ⇒ **apparaître.** *Une silhouette émerge de l'ombre.* **2.** Fig. Se manifester, apparaître plus clairement. ⇒ se **dégager,** se faire **jour.** *La vérité finissait par émerger.* — Fam. Devenir actif, attentif. *Le matin, elle a du mal à émerger,* à être bien réveillée. ▶ ***émergence*** n. f. **1.** Sortie (d'un rayon, d'un fluide, d'un nerf). **2.** Apparition d'un organe biologique nouveau ou de propriétés nouvelles d'ordre supérieur. **3.** Abstrait. Apparition soudaine (dans une suite d'événements, d'idées). *L'émergence d'une solution à un problème.*

émeri [emʀi] n. m. ■ Abrasif fait d'une roche (corindon) réduite en poudre. *Papier, toile (d')émeri,* enduits de colle forte et saupoudrés de *poudre d'émeri.* ⇒ papier **sablé**

émérite [emeʀit] adj. **1.** Qui, par une longue pratique, a acquis une compétence, une habileté remarquable. ⇒ **éminent.** / contr. **novice** / *C'est une cavalière émérite. — Un fonctionnaire émérite,* qui a longtemps pratiqué un métier, une profession, qui y a vieilli. **2.** PROFESSEUR ÉMÉRITE : professeur d'université qui est à la retraite mais conserve certains avantages rattachés à son ancienne fonction. ▶ ***éméritat*** n. m. ■ Situation, état d'un professeur émérite. *On a proposé son maître à l'éméritat.*

émerveiller [emɛʀveje] v. tr. ▪ conjug. 1. ■ Frapper d'étonnement et d'admiration. ⇒ **éblouir, enchanter, fasciner.** *Ce film nous a émerveillés.* S'ÉMERVEILLER (DE) v. pron. réfl. : éprouver un étonnement agréable (devant qqch. d'inattendu qu'on juge merveilleux). *L'enfant s'émerveillait de voir les avions décoller. Elle s'émerveille devant la mer.* — Au p. p. adj. *Un regard émerveillé.* ▶ ***émerveillement*** n. m. ■ Fait d'être émerveillé. ⇒ **enchantement.**

émettre [emɛtʀ] v. tr. ▪ conjug. 56. **1.** Mettre en circulation, offrir au public (des billets, des chèques, des emprunts...). *La Banque du Canada a émis un nouveau dollar métallique en 1987.* — Au p. p. *Emprunt émis par l'État.* **2.** Exprimer (un vœu, une opinion...). *Personne n'a émis un avis autorisé. Émettre un doute, des réserves.* **3.** Projeter spontanément hors de soi, par rayonnement (des radiations, des ondes). *Les étoiles émettent des radiations.* — Au p. p. *Les particules émises par le noyau d'un corps radioactif.* — Envoyer (des signaux, des images) sur ondes électromagnétiques. Sans compl. Faire des émissions. ⇒ **diffuser.** ▶ ***émetteur, trice*** n. et adj. **1.** Personne, organisme qui émet des billets, des effets). *L'émetteur d'un chèque. Une banque émettrice d'un emprunt.* **2.** *Poste émetteur* ou, n. m., *émetteur,* ensemble des dispositifs et appareils destinés à produire des ondes électromagnétiques capables de transmettre des sons et des images. *Émetteurs radiophoniques, de télévision.* — Station qui effectue des émissions de radio, de télévision (opposé à *récepteur*). ⟨ ▶ émission ⟩

émeute [emøt] n. f. ■ Soulèvement populaire, généralement spontané et non organisé. ⇒ **agitation.** ≠ *révolte, révolution.* ▶ ***émeutier, ière*** n. ■ Personne qui excite à une émeute ou qui y prend part. *En 1918, les émeutiers s'opposant à la conscription attaquèrent la police dans la Basse-Ville de Québec.*

-émie ■ Élément final de mots médicaux signifiant « sang ». ⇒ **anémie, leucémie.**

émietter [emjɛte] v. tr. ▪ conjug. 1. **1.** Réduire en miettes, désagréger en petits morceaux. ⇒ fam. **égrener.** *Il émiette du pain pour les oiseaux.* — Au p. p. *Une roche émiettée par l'érosion.* **2.** Fig. Morceler à l'excès. *Émietter une propriété en parcelles.* — Éparpiller, disperser (une activité, un effort...). ▶ ***émiettement*** n. m. ■ Fait d'être émietté, morcelé à l'excès. *L'émiettement de la propriété rurale.*

émigrer [emigʀe] v. intr. ▪ conjug. 1. **1.** Quitter son pays pour aller s'établir dans un autre, momentanément ou définitivement. ⇒ s'**expatrier.** / contr. **immigrer** / *Beaucoup de gens émigrent pour des raisons économiques.* **2.** (Animaux) Quitter périodiquement et par troupes une contrée pour séjourner ailleurs. ⇒ **migration.** *Les oies blanches émigrent à l'automne vers le Sud.* ▶ ***émigrant, ante*** n. ■ Personne qui émigre (opposé à *immigrant*). ▶ ***émigration*** n. f. ■ Action d'émigrer. ⇒ **exode.** / contr. **immigration** / *Pays à forte émigration.* ▶ ***émigré, ée*** n. ■ Personne qui s'est expatriée (pour des raisons politiques, économiques, etc.), opposé à *immigré. Les travailleurs émigrés. Un émigré politique.*

émincer [emɛ̃se] v. tr. ▪ conjug. 3. ■ Couper en tranches minces (une viande, du lard, des oignons...). ▶ ***émincé, ée*** adj. et n. m. **1.** Adj. *Du fromage émincé,* coupé en tranches minces. **2.** N. m. Fine tranche de viande. *Des émincés de gigot.* — Plat à base d'aliments émincés. *Un émincé de volaille.*

① ***éminence*** [eminɑ̃s] n. f. ■ Élévation de terrain plus haute que son entourage et relativement isolée. ⇒ **hauteur, monticule, tertre.** *Un observatoire a été établi sur cette éminence.*

② ***éminence*** n. f. ■ Titre d'honneur qu'on donne aux cardinaux (abrév. *S.É.*). *La mitre de son Éminence. L'éminence grise d'un chef politique, d'un parti,* le conseiller intime et secret. ▶ ***éminent, ente*** adj. **1.** Qui est au-dessus du niveau commun, d'ordre supérieur. / contr. **médiocre** / *Elle a rendu d'éminents services.* **2.** (Personnes) Très distingué, remarquable. *Un éminent spécialiste.* ▶ ***éminemment*** [eminamɑ̃] adv. ■ Au plus haut degré. *J'en suis éminemment convaincu.*

émir [emiʀ] n. m. ■ Titre honorifique donné autrefois au chef du monde musulman, aux descendants du Prophète, puis à des princes, des gouverneurs, des chefs militaires de l'Islam. ▶ ***émirat*** n. m. ■ Territoire musulman gouverné par un émir. *L'émirat de (du) Koweït.* (Avec une majusc.) *L'État des Émirats arabes unis.* ≠ *sultanat.*

① ***émissaire*** [emisɛʀ] n. ■ Agent chargé d'une mission secrète. *Envoyer un émissaire.*

② ***émissaire*** adj. m. ⇒ **bouc** émissaire.

émission [emisjɔ̃] n. f. **1.** Fait d'émettre*, de projeter au-dehors (un liquide physiologique, un gaz sans pression). *Émission d'urine, de sperme, de vapeur.* **2.** Production (de sons vocaux). *Lire une phrase d'une seule émission de voix.* **3.** Production en un point donné et rayonnement dans l'espace (d'ondes électromagnétiques, de particules élémentaires, de vibrations, etc.). *Émission de chaleur. Émission lumineuse.* — Transmission à l'aide d'ondes électromagnétiques, de signaux, de sons et d'images. ⇒ **émettre** (3) ; **radiodiffusion, télédiffusion, télévision.** — Cour. Ce qui est ainsi transmis. ⇒ fam. **programme.** *L'horaire des émissions de la soirée. Nos émissions sont terminées. Hier, j'ai regardé une bonne émission.* **4.** Mise en circulation (de monnaies, titres, effets, etc.). *L'émission des obligations d'épargne.* — Action d'offrir au public (des emprunts, des actions).

emmagasiner [ɑ̃magazine] v. tr. ▪ conjug. 1. **1.** Mettre en magasin, entreposer (des marchandises). ⇒ **stocker.** *Emmagasiner de l'outillage dans un entrepôt.* **2.** Fig. Garder dans l'esprit, dans la mémoire. ⇒ **amasser.** *Toutes les connaissances qu'elle a emmagasinées.* ▸ ***emmagasinage*** n. m. ▪ Action d'emmagasiner.

emmailloter [ɑ̃majɔte] v. tr. ▪ conjug. 1. ▪ Envelopper complètement (un corps, un membre, un objet). *On a emmailloté sa main blessée. Elle s'est emmailloté les pieds dans une couverture.* — Au passif et au p. p. adj. *Être emmailloté de couvertures. Un bébé bien emmailloté.*

emmancher [ɑ̃mɑ̃ʃe] v. tr. ▪ conjug. 1. **1.** Ajuster sur un manche, engager et fixer dans un support. ⇒ **emboîter.** *Essayez de mieux emmancher ce balai.* **2.** Fig. et fam. Engager, mettre en train (une activité, un processus). — Surtout au p. p. adj. *Une affaire mal emmanchée.* ≠ *amancher.*

emmanchure [ɑ̃mɑ̃ʃyʀ] n. f. ▪ Chacune des ouvertures d'un vêtement, faites pour adapter une manche ou laisser passer le bras. *Un veston étroit aux emmanchures.* ⇒ **entournure.** ≠ *amanchure.*

emmêler [ɑ̃mɛle] v. tr. ▪ conjug. 1. ▪ Mêler l'un à l'autre, d'une manière désordonnée. ⇒ **embrouiller, enchevêtrer.** *Emmêler les fils d'un écheveau.* — Pronominalement. *Tous les fils se sont emmêlés.* — Au p. p. adj. *Cheveux emmêlés. Une intrigue très emmêlée,* embrouillée. — Fam. *Il s'emmêle les pieds,* il s'embrouille (dans une explication). / contr. **démêler** / ▸ ***emmêlement*** n. m. ▪ Action d'emmêler ; fait d'être emmêlé. ⇒ **enchevêtrement, fouillis.**

emménager [ɑ̃menaʒe] v. intr. ▪ conjug. 3. ▪ S'installer dans un nouveau logement. / contr. **déménager** / *Ils ont emménagé dans un grand appartement.* ≠ *aménager.* ▸ ***emménagement*** n. m. ▪ Action d'emménager. ⇒ **installation.** / contr. **déménagement** / ≠ *aménagement.*

emmener [ɑ̃mne] v. tr. ▪ conjug. 5. **1.** Mener avec soi (qqn, un animal) en allant d'un lieu à un autre. ⇒ **amener.** *Si tu veux, j'emmène les enfants.* — REM. Avec un compl. désignant un objet, on emploie *emporter. Emporte toutes les valises et n'oublie pas d'emmener le chat.* — Mener avec soi en allant quelque part. *Je vous emmène à Sherbrooke.* — REM. *Emmener* suppose que l'accompagnateur reste avec l'accompagné (*Je vous emmène à la piscine,* j'y vais avec vous ; *je vous amène à la piscine,* jusqu'à la piscine.). *Je t'emmène chez mon frère. Emmène-moi ailleurs.* — (+ infinitif) *Elle nous a emmenés dîner dans un restaurant japonais.* **2.** (Suj. chose) Conduire, transporter au loin. *L'avion les emmène en Afrique.* ‹ ▸ remmener ›

emmenthal ou ***emmental*** [emɑ̃(ɛ̃)tal] n. m. ▪ Fromage de gruyère, à croûte jaune, présentant de grands trous. ⇒ **gruyère.**

emmerder [ɑ̃mɛʀde] v. tr. ▪ conjug. 1. **1.** Fam. (Suj. personne) Causer des ennuis à (qqn) ; (Suj. chose) représenter des ennuis pour (qqn). ⇒ **agacer, embêter, empoisonner, ennuyer, importuner ;** fam. **achaler, écœurer, enquiquiner, tanner.** *Arrête de m'emmerder avec tes histoires.* — Au p. p. *Il est bien emmerdé maintenant.* — Pronominalement. Se donner du mal. *Ne t'emmerde pas à le réparer.* **2.** Fam. Faire naître l'ennui. / contr. **divertir** / *Ce genre de film m'emmerde.* **3.** Tenir pour négligeable (par défi). *Les gens du quartier ? Je les emmerde.* ▸ ***emmerdant, ante*** adj. ▪ Fam. Qui contrarie, dérange fortement. ⇒ **embêtant,** fam. **chieur.** *C'est bien emmerdant, ça !* — Qui fait naître l'ennui. ⇒ **ennuyeux.** *C'est un roman plutôt emmerdant.* ▸ ***emmerdement*** n. m. ▪ Fam. Gros ennui. ⇒ **difficulté, embêtement,** ② **trouble.** *Elle a toujours des emmerdements. Ah ! Quel emmerdement !* ⇒ **guigne, pépin, tuile.** — (Surtout en France) Abrév. fam. EMMERDE. n. f. *Avoir des emmerdes.* ▸ ***emmerdeur, euse*** n. ▪ Fam. Personne particulièrement embêtante, soit ennuyeuse, soit agaçante et tatillonne. ⇒ **casse-pieds, enquiquineur, gêneur, importun ;** fam. **téteur.** *Ne l'invite pas, c'est une emmerdeuse.*

emmitoufler [ɑ̃mitufle] v. tr. ▪ conjug. 1. ▪ Envelopper dans des fourrures, des vêtements chauds et moelleux. — Pronominalement (réfl.). Se couvrir chaudement des pieds à la tête. *S'emmitoufler dans un gros manteau.* — Au p. p. adj. *Un bébé bien emmitouflé.*

emmurer [ɑ̃myʀe] v. tr. ▪ conjug. 1. ▪ Enfermer (qqn) dans un cachot muré. — *L'éboulement les a emmurés.* ⇒ **emprisonner.** — Abstrait. *S'emmurer, être emmuré dans le silence,* se couper, être coupé des autres.

émoi [emwa] n. m. Littér. **1.** Agitation, effervescence. — EN ÉMOI. *Tout le quartier était en émoi.* **2.** Trouble qui naît de l'appréhension, ou d'une émotion sensuelle. *L'émoi du jeune homme était visible.*

émollient, ente [emɔljɑ̃, ɑ̃t] adj. et n. m. ▪ Qui a pour effet d'amollir, de relâcher des tissus enflammés. ⇒ **adoucissant.** *Remède émollient.* — N. m. *Des émollients.*

émoluments [emɔlymɑ̃] n. m. pl. ▪ Rétribution représentant un traitement fixe ou variable (opposé à *salaire*). ⇒ **appointements, honoraires, rémunération.**

émonder [emɔ̃de] v. tr. ▪ conjug. 1. ▪ Débarrasser (un arbre) des branches mortes ou inutiles, nuisibles, des plantes parasites. ⇒ **élaguer, tailler.** ▸ ***émondage*** n. m. ▪ Action d'émonder.

émotif, ive [emɔtif, iv] adj. **1.** Relatif à l'émotion. ⇒ **émotionnel.** *Avoir un comportement émotif.* **2.** (Personnes) Qui réagit par des émotions fortes ; qui est facilement ému (⇒ **émouvoir**). ⇒ **impressionnable, sensible.** *Soyez patient avec lui, il a un caractère très émotif.* — N. *Un émotif, une émotive.* ▸ ***émotivité*** n. f. ▪ Caractère d'une personne émotive. *Une enfant d'une grande émotivité.* / contr. **flegme** /

émotion [emosjɔ̃] n. f. ▪ État affectif intense, caractérisé par des troubles divers (pâleur, accélération du pouls, tremblements, etc.). *L'émotion l'étouffait, le paralysait. Sa voix se brisa d'émotion. Causer l'émotion, une émotion.* ⇒ **émouvoir.** — État affectif, plaisir ou douleur nettement prononcé. ⇒ **sentiment.** *Elle évoquait ses souvenirs avec émotion.* / contr. **froideur** / Fam. *Tu nous as donné des émotions,* tu nous as fait peur. ▸ ***émotionnel, elle*** adj. ▪ Propre à l'émotion, qui a le caractère de l'émotion. *Les états émotionnels.* ▸ ***émotionner*** v. tr. ▪ conjug. 1. ▪ Toucher par une émotion. ⇒ **émouvoir.** — Au passif. *Être émotionné.*

frais ***émoulu, ue*** [fʀɛemuly] adj. ■ Récemment sorti (d'une école). Fém. : *frais* ou *fraîche émoulue. Elles sont frais émoulues* ou *fraîches émoulues du cégep.*

émousser [emuse] v. tr. ▪ conjug. 1. **1.** Rendre moins coupant, moins aigu. / contr. **aiguiser** / *Émousser la pointe d'un outil.* **2.** Littér. Rendre moins vif, moins pénétrant, moins incisif. ⇒ **affaiblir, amortir, atténuer.** *Les images violentes de la télévision émoussent la sensibilité.* — Pronominalement. *Son chagrin s'est émoussé avec le temps.* ▸ ***émoussé, ée*** adj. **1.** Rendu moins aigu, moins tranchant. *Couteau émoussé.* **2.** Littér. Rendu moins vif. *Sentiments émoussés* (par l'habitude).

émoustiller [emustije] v. tr. ▪ conjug. 1. ■ Fam. Mettre de bonne humeur en excitant. *Le champagne avait l'air de les émoustiller.* ⇒ **égayer.** — *Ce film érotique les a émoustillés,* excités sensuellement, sexuellement. ▸ ***émoustillant, ante*** adj. ■ ⇒ **excitant.**

émouvoir [emuvwaʀ] v. tr. ▪ conjug. 27. **1.** Agiter (qqn) par une émotion. ⇒ **émotionner, remuer.** *Cette lettre, cette nouvelle m'a beaucoup ému.* — Pronominalement. Se troubler. *Elle s'émeut à l'idée de partir. Sans s'émouvoir,* sans s'inquiéter. **2.** Toucher (qqn, un groupe) en éveillant un intérêt puissant. *Ce roman a ému toute une génération. Vous n'êtes pas facile à émouvoir.* ▸ ***émouvant, ante*** adj. ■ Qui émeut, qui fait naître une émotion désintéressée (compassion, admiration). ⇒ **pathétique, poignant, touchant.** *Une cérémonie émouvante.* ⟨ ▸ émotif, émotion, ému ⟩

empailler [ɑ̃pɑje] v. tr. ▪ conjug. 1. **1.** Bourrer de paille (la peau d'animaux morts qu'on veut conserver). ⇒ ② **naturaliser.** — Au p. p. adj. *Un oiseau empaillé.* Loc. fam. *Avoir l'air empaillé,* peu dégourdi. ⇒ **empoté,** ② **gauche. 2.** Mettre de la paille autour de (qqch.) pour protéger. *Empailler de jeunes arbres. Empailler des bouteilles.* **3.** *Empailler un siège,* en garnir le fond avec différents matériaux (paille, cuir, babiche...). ⇒ **rempailler.** ▸ ***empaillage*** n. m. ■ Action d'empailler. ⇒ ② **naturalisation, taxidermie.** *L'empaillage des oiseaux.* — *L'empaillage d'une chaise.* ⇒ **rempaillage.** ▸ ***empailleur, euse*** n. ■ Personne qui empaille des animaux (⇒ **taxidermiste**), des sièges (⇒ **rempailleur**). ⟨ ▸ rempailler ⟩

empaler [ɑ̃pale] v. tr. ▪ conjug. 1. **1.** Soumettre au supplice du pal. **2.** S'EMPALER v. pron. réfl. : tomber sur un objet pointu qui s'enfonce à travers le corps. *Il est venu s'empaler sur une fourche.*

empanaché, ée [ɑ̃panaʃe] adj. ■ Orné d'un panache. *Un casque empanaché.*

empaqueter [ɑ̃pakte] v. tr. ▪ conjug. 4. ■ Faire un paquet de (linge, marchandises, etc.). ⇒ **emballer, paqueter.** / contr. **déballer, dépaqueter** / *Il empaquette ses livres. Empaqueter la vaisselle.* ▸ ***empaquetage*** n. m. ■ Action d'empaqueter ; son résultat.

s'emparer [ɑ̃paʀe] v. pron. ▪ conjug. 1. **1.** Prendre violemment ou indûment possession (de). ⇒ **conquérir, enlever,** se **saisir.** / contr. **restituer** / *Les insurgés se sont emparés d'un dépôt d'armes. Les terroristes se sont emparés de plusieurs otages. L'armée s'est emparée du pouvoir.* **2.** Se rendre maître (d'un esprit, d'une personne) au point de dominer. — (Suj. chose) Envahir la conscience (de qqn). *La rêverie, l'émotion qui s'emparait de moi. Le sommeil s'empara de lui.* **3.** Se saisir (de qqch.), parvenir à prendre. *Le gardien de but réussit à s'emparer de la rondelle.*

empâter [ɑ̃pɑte] v. tr. ▪ conjug. 1. ■ Rendre épais, pâteux. *L'excès de vin lui empâte la langue.* — Pronominalement (réfl.). Épaissir, grossir. *Ses joues s'empâtaient.* ▸ ***empâté, ée*** adj. **1.** Devenu épais. ⇒ **bouffi.** / contr. **émacié** / *Des traits empâtés.* **2.** Qui manque d'énergie, qui évite de faire des efforts. ⇒ **fainéant, flanc-mou, nonchalant, pâte-molle ;** littér. **indolent.** *Un étudiant empâté.* — N. *Une empâtée.* — Injure. *Espèce d'empâté !* ▸ ***empâtement*** n. m. ■ Épaississement produisant un effacement des traits. *L'empâtement du menton.* ≠ *empattement.*

empattement [ɑ̃patmɑ̃] n. m. **1.** Maçonnerie en saillie à la base d'un mur. **2.** Distance séparant les essieux d'une voiture. ≠ *empâtement.*

empêcher [ɑ̃pɛʃe] v. tr. ▪ conjug. 1. **1.** *Empêcher qqch.,* faire en sorte que ne se produise pas qqch. ; rendre impossible en s'opposant. ⇒ **interdire.** / contr. **permettre** / *J'ai tout fait pour empêcher ce mariage. L'inondation empêche la circulation. Vous n'empêcherez pas que la vérité (ne) soit connue.* — Loc. *(Il)* N'EMPÊCHE *que..., cela n'empêche pas que* : cependant, malgré cela. *N'empêche que j'ai raison,* j'ai quand même raison. Fam. *N'empêche,* ce n'est pas une raison. **2.** *Empêcher qqn de faire qqch.,* faire en sorte qu'il ne puisse pas. *Tu empêches les autres de travailler.* — (Suj. chose) *Rien ne m'empêchera de faire ce que j'ai décidé. Qu'est-ce qui vous en empêche ?* **3.** Pronominalement. (Souvent négatif) Se défendre, se retenir de. *On ne pouvait s'empêcher de rire.* **4.** *Être empêché,* retenu par des occupations. *Vous l'excuserez, il a été empêché.* ▸ ***empêchement*** n. m. ■ Ce qui empêche d'agir, de faire ce qu'on voudrait. ⇒ **contretemps, difficulté, obstacle.** *Il n'y a pas d'empêchement. En cas d'absence ou d'empêchement. J'ai eu un empêchement de dernière minute.* ▸ ***empêcheur, euse*** n. ■ Loc. *Empêcheur de danser, de tourner en rond,* ennemi de la gaieté. ⇒ **rabat-joie, trouble-fête.**

empeigne [ɑ̃pɛɲ] n. f. ■ Dessus (d'une chaussure), du cou-de-pied jusqu'à la pointe.

empenner [ɑ̃pe(ɛ)ne] v. tr. ▪ conjug. 1. ■ Garnir (une flèche) de plumes ou d'ailerons stabilisateurs. ▸ ***empennage*** [ɑ̃pe(ɛ)naʒ] n. m. ■ Surfaces placées à l'arrière des ailes ou de la queue d'un avion, et destinées à lui donner de la stabilité.

empereur [ɑ̃pʀœʀ] n. m. **1.** Chef souverain de certains États (appelés *empire*). ⇒ **mikado, tsar.** *L'empereur et l'impératrice.* — En France. *L'Empereur,* Napoléon Ier, puis Napoléon III. **2.** Histoire. Détenteur du pouvoir suprême, dans l'Empire romain, le Saint Empire germanique, etc. *Les empereurs romains. L'empereur d'Autriche.* — REM. Le féminin du mot *empereur* est *impératrice.*

emperler [ɑ̃pɛʀle] v. tr. ▪ conjug. 1. ■ Littér. Couvrir de gouttelettes. *La sueur emperlait son front.* — Au p. p. *Des prés emperlés de rosée.*

empeser [ɑ̃pəze] v. tr. ▪ conjug. 5. ■ Apprêter (un tissu) en amidonnant (avec de l'*empois*). ⇒ **amidonner.** *Empeser un col de chemise.* ▸ ***empesé, ée*** adj. **1.** Qu'on a empesé. *Col empesé.* ⇒ **dur. 2.** Abstrait. Apprêté, dépourvu de naturel. ⇒ **compassé.** *Il a encore son air empesé.* ⇒ **constipé, guindé ;** fam. **pogné.** *Un style empesé,* qui manque de naturel. ▸ ***empesage*** n. m. ■ Action d'empeser ; son résultat.

empester [ɑ̃pɛste] v. ▪ conjug. 1. **1.** V. tr. Infester de mauvaises odeurs. ⇒ **empuantir, puer.** / contr. **embaumer** / *Vous nous empestez avec votre fumée.* **2.** V. intr. Sentir très mauvais. *Ça empeste, ici !* — Dégager (une odeur désagréable). *Son haleine empeste la bière.*

empêtrer [ɑ̃pɛtʀe] v. tr. ▪ conjug. 1. **1.** Entraver, engager (qqn ou les pieds, les jambes) dans qqch. qui retient ou embarrasse. — Pronominalement (réfl.). *Il s'empêtrait dans ses bagages.* ⇒ s'**enfarger** **2.** Fig.

Engager dans une situation difficile, embarrassante. Surtout passif et pron. *Il est encore empêtré dans des difficultés financières.* — Pronominalement (réfl.). *Elle s'empêtrait dans ses explications.* ⇒ s'**embrouiller.** / contr. se **dépêtrer** /

emphase [ɑ̃faz] n. f. ■ Ton, style déclamatoire abusif ou déplacé. ⇒ **déclamation, grandiloquence.** *Il parle avec emphase pour dire les choses les plus banales.* / contr. ② **naturel, simplicité** / ▶ ***emphatique*** [ɑ̃fatik] adj. ■ Plein d'emphase. ⇒ **ampoulé, déclamatoire, grandiloquent, pompeux.** / contr. **simple** /

emphysème [ɑ̃fizɛm] n. m. ■ Médecine. Gonflement produit par une infiltration gazeuse dans le tissu cellulaire (notamment du poumon). ▶ ***emphysémateux, euse*** adj. et n. ■ Relatif à l'emphysème ; atteint d'emphysème pulmonaire.

empiècement [ɑ̃pjɛsmɑ̃] n. m. ■ Partie supérieure (d'une robe ou d'une jupe) qui maintient la partie ample du bas. *Robe à empiècement.*

empierrer [ɑ̃pjɛʀe] v. tr. ▪ conjug. 1. ■ Couvrir d'une couche de pierres, de gravier. *Les employés de la voirie sont en train d'empierrer la route.* — Au p. p. adj. *Chemin empierré.* ▶ ***empierrement*** n. m. ■ Action d'empierrer ; couche de pierres concassées.

empiéter [ɑ̃pjete] v. intr. ▪ conjug. 6. **1.** EMPIÉTER SUR (une propriété, un droit...) : prendre indûment et par une lente progression un peu de (cette propriété, ce droit). *Empiéter sur le terrain du voisin.* **2.** (Choses) Déborder sur. *Un garage de toile qui empiète sur le trottoir.* ▶ ***empiétement*** n. m. ■ Action d'empiéter.

s'empiffrer [ɑ̃pifʀe] v. pron. ▪ conjug. 1. ■ Manger gloutonnement. ⇒ se **bourrer,** se **gaver.** *Il attend le moment du dessert pour s'empiffrer de gâteaux.*

empiler [ɑ̃pile] v. tr. ▪ conjug. 1. **1.** Mettre en pile. *Elle empile ses livres, faute de place. Empiler du bois.* ⇒ **corder** (II). **2.** Entasser (des êtres vivants) dans un petit espace. — Pronominalement (réfl.). *Les voyageurs s'empilaient sur le quai.* ▶ ***empilage*** ou ***empilement*** n. m. ■ Action d'empiler (des choses) ; choses empilées. ⇒ **amoncellement,** ① **pile.** ≠ *empilage.* ▶ ***empilade*** n. f. ■ Sports. (Personnes) Fait de s'empiler (2), de s'entasser pêle-mêle. *L'empilade a commencé avant le coup de sifflet de l'arbitre.* — Son résultat. *Une empilade de joueurs.* ≠ *empilage.* ⟨ ▶ rempiler ⟩

empire [ɑ̃piʀ] n. m. **1.** Autorité, domination absolue. *Les États qui se sont disputé l'empire du monde.* — Fig. *Être* SOUS L'EMPIRE *de* : sous l'influence, la domination. *Personne qui est sous l'empire de la drogue.* **2.** (Avec une majusc.) Autorité souveraine d'un chef d'État qui porte le titre d'empereur ; État ou ensemble d'États soumis à cette autorité. *L'Empire romain.* — *L'Empire,* période où la France fut un État gouverné par un empereur. *Le premier Empire* (Napoléon Ier). *Le second Empire* (Napoléon III). — *Style, meuble Empire,* du premier Empire. **3.** Ensemble de pays, de territoires colonisés par une puissance. *L'empire colonial de la Grande-Bretagne au* XIXe *siècle.* **4.** Loc. *Pas pour un empire !,* pour rien au monde. *Je ne viendrais pas pour un empire.*

empirer [ɑ̃piʀe] v. ▪ conjug. 1. **1.** V. intr. (Situation, état) Devenir pire. ⇒ se **dégrader ;** fam. **rempirer.** *Son mal a empiré depuis hier. La situation économique empire rapidement.* **2.** V. tr. Rendre pire (une situation, les choses). *Votre intervention n'a fait qu'empirer les choses.* ⇒ **aggraver.** / contr. **améliorer** /

empirique [ɑ̃piʀik] adj. ■ Qui ne s'appuie que sur l'expérience, qui reste au niveau de l'expérience spontanée ou commune, n'a rien de rationnel ni de systématique. *C'est moins une méthode qu'un procédé empirique.* ⇒ **pragmatique.** ▶ ***empiriquement*** adv. ■ De façon empirique. ▶ ***empirisme*** n. m. **1.** Esprit, caractère empirique. *L'empirisme d'une méthode de travail.* **2.** Théorie philosophique (des *empiristes*), d'après laquelle toutes nos connaissances viennent de l'expérience (opposé à *rationalisme*).

emplacement [ɑ̃plasmɑ̃] n. m. ■ Place choisie et aménagée par l'être humain (pour une construction, une installation). ⇒ **endroit.** *Le commerçant a choisi un bon emplacement. Déterminer l'emplacement d'une usine. L'emplacement des ruines aztèques.* — Lieu, place de stationnement. *Emplacement réservé aux livraisons.*

emplâtre [ɑ̃plɑtʀ] n. m. **1.** Médicament externe se ramollissant légèrement à la chaleur et devenant alors adhérent. **2.** N. Fam. Individu sans énergie, bon à rien, lent et peu débrouillard. *Quel emplâtre !* ⇒ **empoté,** ② **gauche, maladroit.**

emplette [ɑ̃plɛt] n. f. **1.** Vieilli. Achat (de marchandises courantes mais non quotidiennes). ⇒ **course(s), magasinage.** *Faire l'emplette d'un chapeau.* **2.** Au plur. *Faire ses, des emplettes,* ses achats. — Objets que l'on a achetés. *Montrez-moi vos emplettes.*

emplir [ɑ̃pliʀ] v. tr. ▪ conjug. 2. **1.** Remplir. *Emplir une valise.* — Au p. p. adj. *Verre empli jusqu'au bord.* ⇒ **plein.** — Pronominalement. *La barque s'emplissait d'eau.* **2.** Occuper par soi-même (la capacité d'un réceptacle, une place vide). *La foule emplissait les rues.* **3.** Fig. Faire accroire qqch. à qqn. *N'essaie pas de m'emplir avec tes histoires,* de m'en faire accroire. ⟨ ▶ désemplir, ① remplir ⟩

emploi [ɑ̃plwa] n. m. **1.** Action ou manière d'employer une chose ; ce à quoi elle est employée. ⇒ **usage, utilisation.** *Faire un bon, un mauvais emploi de son temps, de son argent. Mot susceptible de divers emplois.* — MODE D'EMPLOI : notice expliquant la manière de se servir d'un objet, de préparer un aliment conditionné. *Le mode d'emploi d'une enveloppe de soupe.* — EMPLOI DU TEMPS : répartition dans le temps de tâches à effectuer ; règlement, tableau établissant cette répartition. ⇒ **calendrier, échéancier, programme.** *Avoir un emploi du temps très chargé,* être très occupé. — Loc. *Cela fait* DOUBLE EMPLOI : c'est inutile, cela répond à un besoin déjà satisfait par autre chose. **2.** Ce à quoi s'applique l'activité rétribuée (d'un employé, d'un salarié). ⇒ **place, situation.** *Avoir, exercer un emploi. Il, elle est sans emploi,* au chômage. *Il cherche de l'emploi,* du travail. *Offres, demandes d'emploi* (par petites annonces). *S'inscrire comme demandeur d'emploi.* — *(L'emploi)* Somme du travail humain effectivement employé et rémunéré, dans un système économique. *Le marché de l'emploi.* **3.** Genre de rôle dont est chargé un acteur. *Avoir, tenir l'emploi du jeune premier.* — Loc. *Avoir le physique (la tête) de l'emploi,* avoir l'air de ce qu'on fait. ⟨ ▶ plein-emploi, sans-emploi, sous-emploi, suremploi ⟩

employer [ɑ̃plwaje] v. tr. ▪ conjug. 8. **1.** Faire servir à une fin (un instrument, un moyen, une force...). *Vous avez bien employé votre temps, votre argent. Elle emploie un terme impropre.* ⇒ se **servir, utiliser.** *Il ne sait pas employer son temps.* — Au p. p. adj. *Une somme d'argent bien employée.* — Pronominalement. *Cette expression ne s'emploie plus.* **2.** Faire travailler (qqn) pour son compte en échange d'une rémunération. *Cette entreprise emploie plusieurs milliers d'ouvriers.* **3.** S'EMPLOYER À v. pron. : s'occuper avec ardeur et constance. *Elle s'emploie à trouver une solution convenable. Elle s'y emploie.* ⇒ se **consacrer.** ▶ ***employé, ée*** n. ■ Salarié (généralement payé à la semaine ou aux quinze jours) qui est employé (2) à un travail non manuel (opposé à *ouvrier*). ⇒ **agent, commis.** *Les* *employés d'un ministère.* ⇒ **fonctionnaire.** *Employé de banque. Une employée de la poste.* ▶ ***employeur, euse*** n. ■ Personne employant du personnel salarié. ⇒ **patron.** ‹ ▶ emploi, inemployé, réemployer ›

empocher [ɑ̃pɔʃe] v. tr. ▪ conjug. 1. ■ Toucher, recevoir (de l'argent). *Qui essaiera d'empocher tous les bénéfices ?*

empoigner [ɑ̃pwaɲe] v. tr. ▪ conjug. 1. **1.** Prendre en serrant dans la main. ⇒ **pogner.** *Empoigner un manche de pioche. Il a empoigné le curieux au (par le) collet.* — Pronominalement (récipr.). Se saisir l'un de l'autre pour se battre. ⇒ se **colleter.** Fig. Se quereller. *Ils se sont empoignés en public.* **2.** Fig. Émouvoir profondément. *La fin tragique du film empoigna les spectateurs.* ▶ ***empoignade*** n. f. ■ Altercation, discussion violente. ▶ ***empoigne*** n. f. ■ (France) Loc. FOIRE D'EMPOIGNE : mêlée, affrontement d'intérêts et de spéculations malhonnêtes.

empois [ɑ̃pwa] n. m. invar. ■ Colle à base d'amidon employée à l'apprêt du linge (⇒ **empeser**). ‹ ▶ empeser ›

empoisonner [ɑ̃pwazɔne] v. tr. ▪ conjug. 1. **1.** (Suj. personne) Faire mourir, ou mettre en danger de mort, en faisant absorber du poison. *On a empoisonné notre chien. S'empoisonner,* se tuer en absorbant du poison. **2.** Surtout au p. p. adj. Mêler, infecter de poison. *Des flèches empoisonnées au curare.* — Littér. *Des propos empoisonnés,* particulièrement venimeux. **3.** Remplir d'une odeur infecte. ⇒ **empester, empuantir.** *Les odeurs de l'égout empoisonnaient tout le quartier.* **4.** Altérer dans sa qualité, son agrément. ⇒ **gâter.** *Des soucis, des regrets qui empoisonnent la vie.* **5.** Fam. Rendre la vie impossible à (qqn). ⇒ **embêter ;** fam. **écœurer, emmerder.** *Il m'a empoisonné pendant des heures.* ▶ ***empoisonnant, ante*** adj. ■ Fam. Très ennuyeux, embêtant. ⇒ **déplaisant, énervant, fatigant ;** fam. **achalant.** *Tais-toi un peu ! Tu es empoisonnant.* ▶ ***empoisonnement*** n. m. **1.** Introduction dans l'organisme d'une substance toxique, capable d'altérer la santé ou d'entraîner la mort. ⇒ **intoxication.** *Empoisonnement dû à des champignons vénéneux.* — Meurtre par le poison. **2.** (France) Souvent au plur. Fam. Ennui, embêtement. *J'ai eu assez d'empoisonnements comme ça.* ▶ ***empoisonneur, euse*** n. **1.** Criminel(le) qui use du poison. **2.** Fam. Personne qui ennuie tout le monde. ⇒ fam. **poison.**

empoissonner [ɑ̃pwasɔne] v. tr. ▪ conjug. 1. ■ Peupler de poissons. ⇒ **aleviner, ensemencer.** *Empoissonner un lac.* ▶ ***empoissonnement*** n. m. ■ Action d'empoissonner.

emporter [ɑ̃pɔʀte] v. tr. ▪ conjug. 1. **1.** Prendre avec soi et porter hors d'un lieu (qqch. ou qqn qui ne se déplace pas par soi-même). *Partir en voyage en emportant une valise. Vous pouvez emporter ces livres. Elle emporte le bébé dans ses bras.* — Fig. *Il a emporté son secret dans la tombe.* — Loc. *Vous ne l'emporterez pas au (en) paradis,* vous ne jouirez pas longtemps du bien, du succès actuel ; je me vengerai tôt ou tard. *(Que) le diable l'emporte !,* qu'il aille au diable ! **2.** (Suj. chose) Enlever avec rapidité, violence. ⇒ **arracher, balayer.** *Le cyclone a tout emporté sur son passage.* Loc. *Autant en emporte le vent,* se dit à propos d'une chose dont on pense qu'il ne restera rien. — (Maladie soudaine) Faire mourir. ⇒ **tuer.** *Le mal l'a emporté en quelques heures.* **3.** S'emparer de (qqch.) par la force. ⇒ **enlever.** *Les troupes ont emporté la position.* — Loc. *Emporter le morceau,* réussir une affaire. **4.** (Suj. chose abstraite) Entraîner, pousser avec force. *La passion vous emporte.* **5.** L'EMPORTER : avoir le dessus, se montrer supérieur. ⇒ **triompher, vaincre.** *Notre équipe l'a emporté par trois (buts) à un. La raison a fini par l'emporter sur le fanatisme.* **6.** S'EMPORTER v. pron. : se laisser aller à des mouvements de colère, à des actes de violence. *Essaie de discuter sans t'emporter.* ▶ ***emporté, ée*** adj. ■ Qui s'emporte facilement. ⇒ **coléreux, irritable, violent.** / contr. **calme, paisible** / ▶ ***emportement*** n. m. **1.** Littér. Élan, ardeur. ⇒ **fougue.** *Elle se jeta avec emportement dans ses études.* **2.** Violent mouvement de colère. *Dans des moments d'emportement, il devient grossier.* ▶ ***emporte-pièce*** n. m. invar. **1.** Outil servant à découper et à enlever d'un seul coup des pièces de forme déterminée dans des feuilles de métal, de cuir, etc. **2.** À L'EMPORTE-PIÈCE loc. adj. : (paroles) mordant, incisif. *Des phrases à l'emporte-pièce.* — (Sports) *Une course, une montée à l'emporte-pièce,* très rapide, en bousculant tout sur son passage. ‹ ▶ ① remporter ›

empoté, ée [ɑ̃pɔte] adj. ■ Fam. Maladroit et lent. / contr. **dégourdi, déluré, déniaisé** / — N. *Quel empoté !*

empourprer [ɑ̃puʀpʀe] v. tr. ▪ conjug. 1. ■ Littér. Colorer de pourpre, de rouge, par l'effet de phénomènes naturels. — Pronominalement. *Son visage s'empourpra,* rougit (de colère, de honte...). — Au p. p. adj. *Des joues empourprées.* ⇒ **cramoisi.**

empreint, einte [ɑ̃pʀɛ̃, ɛ̃t] adj. ■ Littér. Marqué profondément. *Un poème empreint de sincérité. Un visage empreint de fatigue, de douleur.*

empreinte [ɑ̃pʀɛ̃t] n. f. **1.** Marque en creux ou en relief laissée par un corps qu'on presse sur une surface. ⇒ **impression.** *L'empreinte d'un cachet sur la cire. Prendre l'empreinte d'une serrure, d'une clé.* ⇒ **moulage.** — Trace naturelle. *Reconnaître les empreintes d'un animal sur le sol.* — (Surtout au plur.) EMPREINTES (DIGITALES) : traces laissées par les doigts et qui permettent d'identifier qqn. *Faire prendre ses empreintes par la police.* **2.** Abstrait. Marque profonde, durable. *Garder l'empreinte de son milieu familial. Marquer qqn, qqch. de son empreinte.*

s'empresser [ɑ̃pʀese] v. pron. ▪ conjug. 1. **1.** Mettre de l'ardeur, du zèle à servir qqn ou à lui plaire. *On le voit toujours s'empresser auprès des jolies femmes.* **2.** S'EMPRESSER DE (+ infinitif) : se hâter, se dépêcher. *Elle s'empressa de prendre la parole. Je m'empresse d'ajouter que...* ▶ ***empressé, ée*** adj. ■ Qui est plein d'un zèle et d'un dévouement un peu trop visibles. ⇒ **prévenant.** *Des employés empressés auprès du directeur. Il ne s'est pas montré très empressé pour nous aider.* ▶ ***empressement*** n. m. **1.** Action de s'empresser auprès de qqn. ⇒ **sollicitude.** *Elle s'étonnait d'être reçue avec tant d'empressement.* **2.** Hâte qu'inspire le zèle. ⇒ **ardeur, enthousiasme.** *Obéir avec empressement. Son empressement à s'accuser paraissait suspect aux policiers.*

emprise [ɑ̃pʀiz] n. f. ■ Domination intellectuelle ou morale. ⇒ **influence.** *Se dégager de l'emprise exercée par le milieu. Je n'ai aucune emprise sur eux.*

emprisonner [ɑ̃pʀizɔne] v. tr. ▪ conjug. 1. **1.** Mettre en prison. ⇒ **écrouer, incarcérer.** *On a condamné et emprisonné le coupable.* / contr. ② **élargir, libérer** / **2.** Tenir à l'étroit, serrer. ⇒ **coincer.** — Au p. p. *Avoir la jambe emprisonnée dans un plâtre.* — Au passif. *Nous sommes restés emprisonnés dans la tempête,* incapables d'aller plus loin. ⇒ **pogner.** ▶ ***emprisonnement*** n. m. ■ Action d'emprisonner, état de la personne qui est emprisonnée. ⇒ **détention, incarcération.** / contr. ② **élargissement, libération** /

emprunt [ɑ̃pʀœ̃] n. m. **1.** Action d'obtenir une somme d'argent, à titre de prêt ; cet argent. *Faire, contracter un emprunt.* ⇒ **emprunter.** — *Emprunt (public),* par lequel l'État ou une collectivité publique demande les fonds nécessaires pour financer des dépenses publiques. *Émettre, lancer un emprunt. Souscrire à un emprunt.* **2.** Action d'utiliser pour une œuvre un thème, des expressions d'un auteur ; thème, expression ainsi utilisés. *Les emprunts que Molière a faits à Plaute.* **3.** Processus par lequel une langue accueille un élément d'une autre langue ; élément (mot, tour) ainsi incorporé. *Emprunts à l'anglais* (⇒ **anglicisme**), *à une langue amérindienne* (⇒ **amérindianisme**). **4.** D'EMPRUNT loc. adj. : qui n'appartient pas en propre au sujet, vient d'ailleurs. *Elle voyageait sous un nom d'emprunt,* un faux nom. ⇒ **pseudonyme.**

emprunté, ée [ɑ̃pʀœte] adj. ■ Qui manque d'aisance ou de naturel. ⇒ **embarrassé, gauche.** *Avoir un air emprunté.*

emprunter [ɑ̃pʀœte] v. tr. ▪ conjug. 1. **1.** Obtenir (de l'argent, un objet...) à titre de prêt ou pour un usage momentané. ⇒ **emprunt.** *Emprunter de l'argent à une banque. Je voudrais t'emprunter ce livre.* **2.** Fig. Prendre ailleurs et faire sien (un bien d'ordre intellectuel, esthétique...). — Au p. p. *Un mot emprunté à l'anglais.* ⇒ **emprunt** (3). **3.** Prendre (une voie), utiliser un moyen de locomotion. ⇒ **pogner.** *Le conducteur ne peut emprunter la moitié gauche de la chaussée. J'emprunterai le traversier pour me rendre à Lévis.* ▶ ***emprunteur, euse*** n. et adj. **1.** Personne qui emprunte (1) de l'argent. ⇒ **débiteur. 2.** Adj. *Langue emprunteuse.* ‹ ▶ emprunt, emprunté ›

empuantir [ɑ̃pɥɑ̃tiʀ] v. tr. ▪ conjug. 2. ■ Remplir (un lieu), gêner (qqn) par une odeur infecte. ⇒ **empester.** / contr. **embaumer** /

ému, ue [emy] adj. (⇒ **émouvoir**) **1.** En proie à une émotion plus ou moins vive. *On le sentait très ému.* **2.** Qui est marqué d'une émotion. *J'en ai gardé un souvenir ému.*

émulation [emylasjɔ̃] n. f. ■ Sentiment qui porte à égaler ou à surpasser (qqn) en mérite, en savoir, en travail. *Il y a une grande émulation entre les élèves de cette classe.* ▶ ***émule*** n. ■ Littér. Personne qui cherche à égaler ou à surpasser qqn en qqch. de louable. ⇒ **concurrent.** *Un, une émule.*

émulsion [emylsjɔ̃] n. f. **1.** Préparation liquide tenant en suspension une substance huileuse ou résineuse. **2.** En sciences. Milieu hétérogène constitué par la dispersion, à l'état de particules très fines, d'un liquide dans un autre liquide. **3.** *Émulsion photographique,* couche sensible à la lumière (sur la plaque ou le film). *La sensibilité d'une émulsion.* ▶ ***émulsionner*** v. tr. ▪ conjug. 1. **1.** Mettre à l'état d'émulsion (2) (une substance dans un milieu où elle n'est pas soluble). **2.** Couvrir (le support photographique) de l'émulsion (3).

① ***en*** [ɑ̃] prép. — REM. Se prononce [ɑ̃n] en liaison : *en avant* [ɑ̃navɑ̃] **I.** (Devant un nom sans déterminant, ou avec un art. indéfini [*un*], un démonstratif, un possessif, etc.) Préposition marquant en général la position à l'intérieur d'un espace, d'un temps, d'un état. **1.** Dans. *On l'a mis en prison. Monter en voiture. Il passe ses vacances en Gaspésie.* ⇒ **à** *(au Mexique). En un lieu, en cet endroit.* — (Lieu abstrait) *Avoir en mémoire, en tête. Docteur en droit. C'est bien beau en théorie.* **2.** Sur. *Mettez un genou en terre.* **3.** (Matières) *Un buste en marbre. Un pantalon en velours. Un sac en papier.* ⇒ **de.** — Abstrait. *Écrire en anglais. Être fort en chimie.* **4.** Pendant (un temps). ⇒ **à, dans.** *Elle viendra en février, en semaine. Elle est venue en 1992. On laboure en automne. En été, en hiver* (mais *au printemps*). *En quelle année ? En son temps. — Partir, arriver, venir... en temps,* à la bonne heure, au bon moment. ⇒ **à.** *Émission en direct, en différé, en cours.* — (Espace de temps) *J'ai fait ma lettre en dix minutes. En quelques heures, en un tournemain.* **5.** (État, manière) *Ne vou[s] mettez pas en colère. Il n'est plus en danger. Les arbre[s] sont en fleur.* — Fam. ou très fam. *Être, se mettre, etc. en* (+ juron, sacre). Exprime la colère, l'irritation[,] l'insulte. *Elle est en diable, en maudit. Il s'est mis e[n] crisse après moi. Tu avais l'air d'être en enfant d[e] chienne. — Partir en voiture. Répondez en quelque[s] mots.* — (Introduisant un nom qui fait fonction d'attribut ⇒ **comme.** *Il parle en connaisseur. Commencer en lion finir en mouton.* Fam. *Partir en sauvage,* sans salue[r] personne. **6.** DE... EN... (marque la progression). *Son éta[t] empirait d'heure en heure. Être de plus en plus pauvre* — (Périodicité) *De deux heures en deux heures,* toute[s] les deux heures. **II.** (Formant des locutions adverbiales *En général,* généralement. *C'est vrai en gros. En avan[t] ou en arrière.* **III.** (Devant le verbe au part. prés. Exprime la simultanéité, la cause, la manière. *C'est e[n] forgeant qu'on devient forgeron. L'appétit vient e[n] mangeant. Partir en courant.* **IV.** Fam. ou très fam. selon le nom (souvent un juron, un sacre) qu'il accompagne. *En* (+ nom). Exprime un superlatif après un verbe un adj. ⇒ **très.** *Étudier en bonjour. Il court en ostie C'est bon en écœurant. Sale en étoile. Elles sont baveuse[s] en calvaire. C'est cher en enfant de chienne.* ‹ ▶ arc-en-ciel, boute-en-train, croc-en-jambe, dorénavant, embonpoint, en-cas, à l'encontre, ① endroit, ② endroit, enfin, enjeu, ensuite, en-tête, entrain, ① envers, ② envers, lendemain, malencontreux, pissenlit, rencontre, surlendemain ›

② ***en*** pronom adv. — REM. Se prononce [ɑ̃n] en liaison ■ De ce(s)..., de cette..., de cela (représente une chose un énoncé, et quelquefois une personne). **I.** (Compl. d'u[n] verbe) **1.** Indique le lieu d'où l'on vient, la provenance, l'origine. *J'en viens,* je viens de cet endroit. *Elle en tirera un joli bénéfice. Qu'est-ce qu'on en fera, de ce[t] argent ?* — (Cause, agent) *J'ai trop de soucis, je n'en dors plus,* je ne dors plus à cause de... **2.** (Compl. d'un verbe construit avec *de*) *Je m'en souviendrai ! S'il reste des gâteaux, j'en reprendrai. Donne m'en un peu.* **3.** (Dans diverses locutions verbales) *On n'en finit pas. On s'en va. Je m'en tiens là. Ne t'en fais pas. Quoi qu'il en soit.* **II.** (Compl. de nom, ou servant d'appui à des quantitatifs et des indéfinis) *J'en connais tous les avantages,* les avantages « de cela ». *Tenez, en voilà un. Il y en a plusieurs, quelques-uns. Je n'en sais rien !* **III.** (Compl. d'adjectif) *Il en est bien capable. Elle n'en est pas peu fière.* ‹ ▶ je-m'en-fichisme, je-m'en-foutisme, qu'en-dira-t-on ›

*s'**encabaner*** [ɑ̃kabane] v. pron. ▪ conjug. 1. ■ S'enfermer chez soi, ne pas mettre souvent le nez dehors. *L'hiver ils ont plutôt l'habitude de s'encabaner.* ⇒ se **claquemurer.**

encablure [ɑ̃kablyʀ] n. f. ■ Ancienne mesure marine de longueur (environ 200 m).

encadrer [ɑ̃kadʀe] v. tr. ▪ conjug. 1. **1.** Mettre dans un cadre, entourer d'un cadre. *Faire encadrer une gravure.* — Au p. p. adj. *Une œuvre déjà encadrée.* — Fam. *C'est, il est à encadrer,* cela (il) mérite d'être montré en exemple de ridicule. **2.** Entourer à la manière d'un cadre qui orne ou limite. *De longs cheveux encadrent son visage.* — (Suj. personne) *Encadrer un objectif,* en réglant le tir. *Les deux gardiens encadrèrent le prisonnier.* — Pronominalement. Apparaître comme dans un cadre. *Sa silhouette s'encadrait dans la porte.* **3.** Pourvoir de cadres, de dirigeants, de responsables (une troupe, un personnel...). *Il faut encadrer vos collaborateurs.* — Au p. p. adj. *Des employés bien encadrés.* ▶ ***encadrement*** n. m. **1.** Action d'entourer d'un cadre ; ornement servant de cadre. *Préparer l'encadrement d'un tableau.* — Action d'encadrer (un objectif de tir). **2.** Action d'encadrer (des troupes, un personnel). *L'encadrement* *des élèves,* aide que le personnel scolaire accorde aux élèves (aide individuelle, animation parascolaire, surveillance...). — Ceux qui encadrent. ⇒ **cadre.** *Le personnel d'encadrement.* ▶ ***encadreur, euse*** n. ▪ Artisan qui fabrique et installe des cadres (de tableaux, gravures, photos, etc.).

encaissé, ée [ɑ̃kɛse] adj. ▪ Resserré entre deux pentes. *Rivière, vallée encaissée,* profonde et étroite. ▶ ① ***encaissement*** n. m. ▪ État de ce qui est encaissé. *L'encaissement d'une rivière.*

encaisser [ɑ̃kɛse] v. tr. ▪ conjug. 1. **1.** Recevoir, toucher (de l'argent, le montant d'une facture). / contr. **payer** / *Elle a encaissé une grosse somme. As-tu encaissé mon chèque ?* ⇒ fam. **changer** (I, 1), **échanger. 2.** Fam. Recevoir (des coups). *Encaisser un direct.* — Sans compl. *Boxeur qui encaisse bien,* qui supporte bien les coups. **3.** (Surtout dans un contexte négatif) Recevoir sans sourciller, supporter. *Ils n'ont jamais encaissé cette critique.* — Supporter (qqn). *Il n'encaissait pas les bourgeois.* ⇒ fam. **sentir.** ▶ ***encaisse*** n. f. ▪ Sommes, valeurs qui sont dans la caisse ou en portefeuille. *Une encaisse de deux mille dollars. L'encaisse métallique,* les valeurs en or et en argent qui, dans les banques d'émission, servent de garantie aux billets. ▶ ② ***encaissement*** n. m. ▪ Action d'encaisser (de l'argent, des valeurs). *Remettre un chèque à l'encaissement.*

encan [ɑ̃kɑ̃] n. m. ▪ Vente aux enchères. ⇒ **criée.** *Un encan de meubles québécois anciens. Tenir un encan.* ⇒ **encanter.** — À L'ENCAN loc. adv. : en vente aux enchères publiques. *Vendre qqch. à l'encan.* ▶ ***encanter*** v. tr. ▪ Vendre à l'encan. *Ils veulent encanter leur collection de cartes de hockey.* ▶ ***encanteur, euse*** n. et adj. ▪ Personne qui s'occupe d'une vente à l'encan. ⇒ **commissaire-priseur.** — Adj. *Elle est encanteuse depuis trente ans.*

encapuchonner [ɑ̃kapyʃɔne] v. tr. ▪ conjug. 1. ▪ Couvrir d'un capuchon, comme d'un capuchon. — Au p. p. adj. *La tête encapuchonnée.*

encart [ɑ̃kaʀ] n. m. ▪ Feuille volante, prospectus, petit cahier, etc., que l'on insère dans une publication (brochure, livre, journal...) après son achèvement. *Un encart publicitaire. Cette revue contient un encart.* ▶ ***encarter*** v. tr. ▪ conjug. 1. **1.** Insérer (un dépliant, un prospectus) dans une revue, un livre. **2.** Fixer sur des cartons. *Encarter des boutons.*

en-cas [ɑ̃kɑ] n. m. invar. ▪ Repas léger tenu prêt à toute heure. ⇒ **casse-croûte.** *Emportez un en-cas, le voyage sera long. Des en-cas.*

encastrer [ɑ̃kastʀe] v. tr. ▪ conjug. 1. ▪ Insérer, loger (dans une surface ou dans un objet exactement taillés ou creusés à cet effet). ⇒ **emboîter, enchâsser.** *Encastrer des éléments de cuisine.* — Au p. p. adj. *Une baignoire encastrée.* ▶ ***encastrable*** adj. ▪ Qu'on peut encastrer. *Un réfrigérateur encastrable.*

encaustique [ɑ̃kɔstik] n. f. ▪ Préparation à base de cire et d'essence qu'on utilise pour entretenir et faire reluire les meubles, les parquets. ▶ ***encaustiquer*** v. tr. ▪ conjug. 1. ▪ Passer à l'encaustique. ⇒ **cirer.** *Encaustiquer un meuble.* — Au p. p. adj. *Des parquets encaustiqués.*

① ***enceinte*** [ɑ̃sɛ̃t] n. f. **1.** Ce qui entoure un espace à la manière d'une clôture et en défend l'accès. *Le mur d'enceinte d'une place forte. Les enceintes du Vieux-Québec.* ⇒ **rempart. 2.** L'espace ainsi entouré. *Pénétrer dans l'enceinte du tribunal. Enceinte réservée.* **3.** *Enceinte acoustique* ou, ellipt. *enceinte,* dans une chaîne haute-fidélité, ensemble de plusieurs haut-parleurs et d'un filtre.

② ***enceinte*** adj. f. ▪ (Femmes) Qui est en état de grossesse. ⇒ fam. être en **famille.** *Elle est enceinte de trois mois.* — Loc. cour. *Tomber enceinte,* le devenir.

encens [ɑ̃sɑ̃] n. m. invar. ▪ Substance résineuse aromatique, qui brûle en répandant une odeur pénétrante. *La chapelle sentait l'encens.* ▶ ***encenser*** v. tr. ▪ conjug. 1. **1.** Honorer en brûlant de l'encens, en agitant l'encensoir. *Le prêtre encense le cercueil.* **2.** Fig. Honorer d'hommages excessifs, combler de louanges et de flatteries. ⇒ **flatter.** *Encenser une personne influente.* ▶ ***encensoir*** n. m. ▪ Sorte de cassolette suspendue à des chaînettes dans laquelle on brûle l'encens. — Fam. *Manier l'encensoir, donner des coups d'encensoir,* louer, flatter avec excès. ⇒ **encenser** (2).

encéphale [ɑ̃sefal] n. m. ▪ Ensemble des centres nerveux contenus dans le crâne (le cerveau et ses annexes). ▶ ***encéphalite*** n. f. ▪ Inflammation de l'encéphale. ▶ ***encéphalo-*** ▪ Élément de mots savants, signifiant « cerveau ». ⇒ **électroencéphalogramme.** ⟨ ▶ électroencéphalogramme ⟩

encercler [ɑ̃sɛʀkle] v. tr. ▪ conjug. 1. **1.** Entourer d'une ligne en forme de cercle ou entourer comme un cercle. *Encercler une faute dans une dictée. Les Remparts encerclent le Vieux-Québec. — Elle lui encercla le cou de ses bras.* **2.** Entourer de toutes parts de façon menaçante. *Les policiers ont encerclé la maison.* ⇒ **cerner.** — Au p. p. adj. *Des troupes encerclées.* ▶ ***encerclement*** n. m. ▪ Action d'encercler. *Manœuvre d'encerclement.*

enchaîner [ɑ̃ʃɛne] v. ▪ conjug. 1. **I.** V. tr. **1.** Attacher avec une chaîne. *Enchaîner un chien.* **2.** Littér. Mettre sous une dépendance. ⇒ **asservir, assujettir.** *Le dictateur veut enchaîner la presse. Enchaîner qqn à sa promesse.* **3.** Unir par l'effet d'une succession naturelle ou le rapport de liens logiques. ⇒ **coordonner, lier.** *Vous enchaînez correctement vos idées.* — Pronominalement. *Le raisonnement s'enchaîne bien. Tout s'enchaîne.* **II.** V. intr. **1.** Reprendre la suite des répliques au théâtre après une interruption. **2.** Passer d'une séquence à une autre, au cinéma. *Enchaîner sur une scène de poursuite.* **3.** Dans une narration, un discours. Continuer. ⇒ **poursuivre.** *Nous allons enchaîner.* ▶ ***enchaînement*** n. m. **1.** Série de choses qui sont entre elles dans un rapport de dépendance. *Un fatal enchaînement de circonstances.* **2.** Caractère lié, rapport entre les éléments. ⇒ **liaison, succession, suite.** *L'enchaînement des idées dans un exposé.* **3.** Action d'enchaîner (II).

enchanter [ɑ̃ʃɑ̃te] v. tr. ▪ conjug. 1. **1.** Soumettre à une action surnaturelle par l'effet d'une opération magique. ⇒ **ensorceler, envoûter. 2.** Remplir d'un vif plaisir, satisfaire au plus haut point. ⇒ **émerveiller, fasciner, ravir.** *Cette histoire m'enchante. Cela ne m'enchante pas beaucoup de les voir.* ▶ ***enchanté, ée*** adj. **1.** Qui détient un pouvoir d'enchantement. *Une bague enchantée.* — Soumis à un enchantement. ⇒ **magique.** *Le monde enchanté des contes de fées.* **2.** (Personnes) Très content, ravi. ⇒ **charmé.** *Enchanté de faire votre connaissance. Je suis enchanté de votre venue, que vous veniez.* ▶ ***enchantement*** n. m. **1.** Opération magique consistant à enchanter ; son effet. ⇒ **ensorcellement, incantation, magie.** *Créer, rompre un enchantement.* — COMME PAR ENCHANTEMENT : d'une manière inattendue et soudaine. *La douleur a disparu comme par enchantement.* **2.** *(L'enchantement)* État de la personne qui est enchantée, joie extrêmement vive. ⇒ **ravissement.** *Être dans l'enchantement.* **3.** Sujet de joie, chose qui fait un immense plaisir. *Ce spectacle est un enchantement.* ▶ ***enchanteur, teresse*** n. et adj. **1.** N. Personne qui pratique des enchantements. ⇒ **magicien, sorcier.** *L'histoire de*

Merlin l'Enchanteur. — Au fém. Littér. *L'enchanteresse Circé.* — Fig. Personne douée d'un charme irrésistible. ⇒ **charmeur.** **2.** Adj. Qui enchante, est extrêmement séduisant. ⇒ **charmant, ravissant.** *Un spectacle enchanteur. Un sourire enchanteur.* ⇒ **séduisant.** ⟨ ▸ désenchanté ⟩

enchâsser [ɑ̃ʃɑse] v. tr. ▪ conjug. 1. **1.** Mettre (une pierre précieuse) dans une monture. ⇒ **monter, sertir.** — Encastrer, fixer (dans une entaille, un châssis). *Enchâsser les panneaux d'une porte.* **2.** Abstrait. Insérer dans un texte. *Enchâsser une citation dans un texte.* ▸ ***enchâssement*** n. m. ■ Action d'enchâsser. *L'enchâssement d'un diamant dans le chaton d'une bague. L'enchâssement de certains droits dans une constitution.*

enchère [ɑ̃ʃɛʀ] n. f. **1.** Offre d'une somme supérieure à la mise à prix ou aux offres précédentes, dans une vente au plus offrant. ⇒ **encan.** *Faire une enchère. Couvrir une enchère,* mettre une enchère supérieure. — Fig. loc. *Faire monter les enchères,* faire des demandes de plus en plus importantes. — AUX ENCHÈRES. *Sa collection a été vendue aux enchères.* ⇒ à l'**encan.** *Mettre des lots aux enchères.* **2.** À certains jeux de cartes. Demande supérieure à celle de l'adversaire. *Le système des enchères au bridge.* ▸ ***enchérir*** v. intr. ▪ conjug. 2. **1.** Mettre une enchère. *Enchérir sur qqn,* faire une enchère plus élevée que lui. **2.** Fig. et littér. Aller au-delà de ce qu'un autre a dit, fait. ⇒ **renchérir.** ▸ ***enchérisseur, euse*** n. ■ Personne qui fait une enchère. *Le dernier enchérisseur.* ⟨ ▸ ① renchérir, surenchère ⟩

enchevêtrer [ɑ̃ʃəvɛtʀe] v. tr. ▪ conjug. 1. ■ Engager l'une dans l'autre (diverses choses) de façon désordonnée, ou particulièrement complexe. *Enchevêtrer des fils.* ⇒ **embrouiller.** / contr. **démêler** / — Pronominalement. *Les branches s'enchevêtraient.* — Abstrait. *Toutes ces idées s'enchevêtraient dans sa cervelle.* — Au p. p. adj. *Des affaires enchevêtrées.* ▸ ***enchevêtrement*** n. m. ■ Disposition ou amas de choses enchevêtrées. *On se perd dans l'enchevêtrement de ses mensonges.* ⇒ **embrouillement.** — Extrême complication, désordre. *Un enchevêtrement de ruelles.*

enchifrené, ée [ɑ̃ʃifʀəne] adj. ■ Qui a le nez embarrassé par un rhume de cerveau.

enclaver [ɑ̃klave] v. tr. ▪ conjug. 1. **1.** Contenir, entourer en formant une enclave (1). — Surtout au passif. *Ce petit bois est enclavé dans sa propriété.* **2.** Engager (une pièce dans une autre pièce). *Le prestidigitateur a enclavé ses deux anneaux.* ▸ ***enclave*** n. f. **1.** Terrain, territoire enfermé dans d'autres propriétés, dans un autre territoire. *Le Vatican est une enclave dans Rome.* **2.** Élément englobé dans une masse.

enclencher [ɑ̃klɑ̃ʃe] v. tr. ▪ conjug. 1. ■ Faire fonctionner (un mécanisme) en rendant plusieurs pièces solidaires. *Une vitesse difficile à enclencher,* à passer. — Fig. *L'affaire est enclenchée,* a démarré, est bien engagée. ▸ ***enclenchement*** n. m. ■ Dispositif (mécanique, électrique) destiné à rendre solidaires diverses pièces d'un mécanisme ou divers appareils.

enclin, ine [ɑ̃klɛ̃, in] adj. ■ Littér. (Personnes) Porté, par un penchant naturel et permanent, à. *Il est enclin à la méfiance. Ils sont enclins à la bienveillance. Elle est encline à se fâcher. Être enclin à boire.*

enclore [ɑ̃klɔʀ] v. tr. ▪ conjug. 45. — REM. Surtout au présent de l'indic. et au p. p. Littér. **1.** Entourer d'une clôture. ⇒ **clore, clôturer.** *Il enclôt son terrain d'une haie.* — Au p. p. *Un champ enclos. Une ville enclose de murailles.* **2.** (Choses) Entourer comme une clôture continue. — *Municipalité de paroisse qui enclôt une municipalité de village,* qui la circonscrit complètement. ▸ ***enclos*** n. m. invar. **1.** Espace de terrain entouré d'une clôture. *Les vaches paissent dans un vaste enclos.* **2.** Clôture. *Fermer l'enclos des poules.*

enclume [ɑ̃klym] n. f. ■ Masse métallique montée sur un socle et sur laquelle on forge les métaux. *Frapper, battre l'enclume.* — Outil ou pièce d'un instrument destiné à recevoir des chocs. *Enclume de cordonnier.* — Loc. *Être entre l'enclume et le marteau,* pris entre deux partis opposés et exposé à recevoir des coups des deux côtés.

encoche [ɑ̃kɔʃ] n. f. ■ Petite entaille ou découpure. *Faire une encoche sur, dans un morceau de bois.* — Entaille servant de marque. *Les encoches d'un répertoire.* ▸ ***encocher*** v. tr. ▪ conjug. 1. ■ Faire une encoche à (une pièce métallique, une clé, etc.).

encoder [ɑ̃kɔde] v. tr. ▪ conjug. 1. ■ Informatique. Coder* (une information). — Spécialt. Coder avant d'introduire dans l'ordinateur. / contr. **décoder** / ▸ ***encodeur, euse*** n. ■ Informatique. (Personnes) Spécialiste de l'encodage. — (Choses) N. m. Machine qui sert à encoder. ▸ ***encodage*** n. m. ■ Informatique. Opération qui consiste à encoder (une information) ; son résultat. *L'encodage est bien réussi.*

encoignure [ɑ̃kɔɲyʀ] n. f. ■ Angle intérieur formé par la rencontre de deux pans de mur. ⇒ **coin.** *Elle s'était cachée dans une encoignure.*

encoller [ɑ̃kɔle] v. tr. ▪ conjug. 1. ■ Enduire (du papier, des tissus, du bois) de colle, de gomme, d'apprêt. *On encolle le dos d'un livre pour le relier.* ▸ ***encollage*** n. m. ■ Action d'encoller ; son résultat. *L'encollage d'un mur.* ⟨ ▸ préencollé ⟩

encolure [ɑ̃kɔlyʀ] n. f. **1.** Partie du corps du cheval (et de certains animaux) qui s'étend entre la tête et les épaules ou le poitrail. — Longueur de cette partie du corps du cheval. *Il a gagné d'une encolure.* **2.** Largeur donnée au col d'un vêtement. *Une chemise d'encolure 40* (dans le système métrique) *ou 15 ½* (dans le système anglais). **3.** Partie du vêtement par où passe la tête. *L'encolure d'une chemise, d'un chandail. Une encolure échancrée.* ⇒ **décolleté.**

encombrer [ɑ̃kɔ̃bʀe] v. tr. ▪ conjug. 1. **1.** (Suj. chose) Remplir en s'entassant, en faisant obstacle à la circulation, au libre usage des choses. ⇒ **gêner, obstruer.** *Un amas de paperasses encombrait la table. Les voitures encombrent l'entrée de la ville.* ⇒ **embouteiller.** — (Suj. personne) *La foule encombrait les trottoirs. Elle encombre le couloir avec ses valises.* — Pronominalement. Être encombré. ⇒ s'**embarrasser.** *Ne t'encombre pas de bagages inutiles.* — Au p. p. adj. *Une rue encombrée.* **2.** Fig. Remplir ou occuper à l'excès, en gênant. *Trop de gens mal formés viennent encombrer cette profession. N'encombrez pas votre mémoire de détails inutiles.* ⇒ **surcharger.** — S'ENCOMBRER DE v. pron. *Elle ne s'est pas encombrée de scrupules. Pour ce travail, je ne peux pas m'encombrer d'un maladroit.* ⇒ s'**embarrasser.** — Au p. p. adj. *C'est une carrière, une profession très encombrée,* où les offres d'emploi sont rares. ▸ ***encombrant, ante*** adj. ■ Qui encombre. *Ce paquet n'est pas lourd, mais encombrant.* — Fig. *Ces gens sont vraiment encombrants.* ⇒ **gênant, importun.** ▸ *sans* ***encombre*** [sɑ̃zɑ̃kɔ̃bʀ] loc. adv. ■ Sans rencontrer d'obstacle, sans ennui, sans incident. *Nous sommes arrivés sans encombre.* ▸ ***encombrement*** n. m. **1.** État de ce qui est encombré ou rempli à l'excès. *L'encombrement d'un magasin. L'encombrement du marché automobile.* ⇒ **surproduction.** **2.** Amas de choses qui encombrent. *Comment s'y retrouvait-il dans l'encombrement de ses papiers ?* ⇒ **amas.** **3.** Voitures qui encombrent une voie. ⇒ **bouchon, embouteillage.** *Je n'ai pas pu éviter* *l'encombrement. Il y a des encombrements au pont Jacques-Cartier.* ⇒ **engorgement. 4.** Dimensions qui font qu'un objet encombre plus ou moins. *L'encombrement d'un meuble,* son volume par rapport à une place disponible. ‹ ▶ désencombrer ›

à l'encontre [alɑ̃kɔ̃tʀ] loc. Littér. **1.** Loc. adv. Contre cela, en s'opposant à la chose. *Je n'irai pas à l'encontre.* **2.** Loc. prép. *À l'encontre de,* contre, à l'opposé de. *Votre demande ira à l'encontre du but recherché.* ‹ ▶ malencontreux ›

encorbellement [ɑ̃kɔʀbɛlmɑ̃] n. m. ■ Position d'une construction (balcon, corniche, tourelle) en saillie sur un mur ; cette construction. *Perron, escalier en encorbellement.* ⇒ **saillie.**

s'encorder [ɑ̃kɔʀde] v. pron. ▪ conjug. 1. ■ En alpinisme. S'attacher avec une même corde pour constituer une cordée*. *Les alpinistes se sont encordés.*

encore [ɑ̃kɔʀ] adv. **1.** Adverbe de temps, marquant la persistance d'une action ou d'un état au moment considéré. *Vous êtes encore là ?* ⇒ **toujours.** *C'est encore l'été. Il est encore souple.* — PAS ENCORE : indique que ce qui doit se produire ne s'est pas, pour le moment, produit. / contr. **déjà** / *Elle n'a pas encore déjeuné. Il ne fait pas encore jour.* **2.** Adverbe marquant une idée de répétition ou de supplément. ⇒ **re-.** *Nous sommes encore en colère ? Tu as encore manqué la cible. Vous prendrez bien encore un verre. Encore un peu ? — Mais encore ?,* se dit pour demander des précisions supplémentaires. — (Avec un mot marquant l'accroissement ou la diminution) *Le coût de la vie a encore augmenté. Ses affaires vont encore plus mal.* **3.** Introduisant une restriction. *Encore faut-il avoir le temps. Si encore il faisait un effort, on lui pardonnerait.* ⇒ si **seulement.** *Et encore !,* se dit pour restreindre ce qui vient d'être dit, comme dépassant la réalité. *On vous en donnera cent dollars, et encore !,* au plus cent dollars. **4.** Loc. conj. Littér. ENCORE QUE (+ subjonctif, indicatif ou conditionnel) : quoique. *Nous l'aiderons, encore qu'elle ne le mérite pas.*

encorner [ɑ̃kɔʀne] v. tr. ▪ conjug. 1. ■ Frapper, blesser à coups de cornes. *Le matador a été encorné.*

encourager [ɑ̃kuʀaʒe] v. tr. ▪ conjug. 3. **1.** Donner du courage, de l'assurance à (qqn). ⇒ **réconforter, stimuler.** / contr. **décourager** / *Il faut encourager cet élève. Les spectateurs encourageaient l'équipe de la voix.* — (Avec *à* + infinitif) *Elle abandonnera si on ne l'encourage pas à persévérer.* — Pronominalement (réfl.). *Le matin, je m'encourage pour la journée,* je me stimule. **2.** Aider ou favoriser par une protection spéciale, par des récompenses, des subventions. *L'État doit encourager les artistes, les talents. — Encourager un projet,* l'approuver et l'aider à se réaliser. ▶ ***encourageant, ante*** adj. ■ Qui encourage, est propre à encourager. / contr. **décourageant, démoralisant, déprimant** / *Les premiers résultats sont encourageants. Des nouvelles encourageantes.* / contr. **décourageant** / ▶ ***encouragement*** n. m. **1.** Action d'encourager. *Les cris d'encouragement stimulaient l'équipe.* **2.** *(Un, des encouragements)* Acte, parole qui encourage. ⇒ **appui, soutien.** *On a reçu peu d'encouragements.*

encourir [ɑ̃kuʀiʀ] v. tr. ▪ conjug. 11. ■ Se mettre dans le cas de subir (une peine, un reproche, qqch. de fâcheux). ⇒ s'**exposer** à, **mériter.** *Vous allez encourir des reproches. Encourir une peine de trois ans de prison.* — Au p. p. adj. *Les peines encourues.*

encrage [ɑ̃kʀaʒ] n. m. ■ Opération consistant à encrer (un rouleau de presse, une planche gravée) dans une machine d'impression. ≠ *ancrage.*

encrasser [ɑ̃kʀase] v. tr. ▪ conjug. 1. ■ Couvrir d'un dépôt (suie, rouille, saletés diverses) qui empêche le bon fonctionnement. *La poussière encrasse les vêtements. Une mauvaise hygiène qui encrasse l'organisme.* — Pronominalement (réfl.). *Le moteur s'est encrassé. Décrasser ce qui était encrassé.* — Au p. p. adj. *Des bougies encrassées.* ▶ ***encrassement*** n. m. ■ Action d'encrasser, de s'encrasser. *L'encrassement d'un piston.*

encre [ɑ̃kʀ] n. f. ■ Liquide, noir ou diversement coloré, utilisé pour écrire. *Encre bleue, violette, rouge. Écrire à l'encre. Encre d'imprimerie. Encre sympathique,* dont la trace invisible apparaît sous l'action d'un réactif. *Encre de Chine,* très noire, employée pour les dessins au pinceau, à la plume. — Loc. *Une nuit d'encre,* très noire. *Se faire un sang d'encre,* du souci. ⇒ **bile** (2). ≠ *ancre.* ▶ ***encrer*** v. tr. ▪ conjug. 1. ■ Enduire d'encre (typographique, lithographique). ⇒ **encrage.** *Encrer un rouleau.* ≠ *ancrer.* ▶ ***encreur, euse*** adj. ■ Qui sert à encrer. *Rouleau, tampon encreur.* ▶ ***encrier*** n. m. ■ Petit récipient où l'on met de l'encre. *Tremper la plume dans l'encrier.* ‹ ▶ désencrer, encrage ›

encroûter [ɑ̃kʀute] v. tr. ▪ conjug. 1. ■ Surtout pronominalement et p. p. Enfermer (qqn) dans des habitudes qui suppriment la spontanéité, empêchent de changer, de faire des progrès. *Sa paresse l'encroûte. Il est encroûté dans des habitudes de paresse.* — Pronominalement. *Elle s'est encroûtée dans la routine.*

enculotter [ɑ̃kylɔte] v. ▪ conjug. 1. **1.** V. tr. Mettre une culotte, un pantalon à. *Enculotter un bébé.* — Pronominalement. *S'enculotter rapidement.* **2.** V. pron. réfl. Rentrer sa chemise dans son pantalon, arranger ses vêtements. *Attends une minute que je m'enculotte.*

encyclique [ɑ̃siklik] n. f. ■ Lettre envoyée par le pape à tous les évêques à propos d'un problème d'actualité.

encyclopédie [ɑ̃siklɔpedi] n. f. **1.** Ouvrage qui fait le tour des connaissances dans tous les domaines, par articles généralement rangés dans un ordre alphabétique ⇒ **dictionnaire** ou méthodique. *Une encyclopédie en sept volumes.* — Ouvrage analogue qui traite d'un domaine précis (science, art, etc.). *Une encyclopédie de l'architecture.* **2.** Fig. *Une encyclopédie vivante,* une personne aux connaissances extrêmement étendues et variées. ▶ ***encyclopédique*** adj. ■ Qui embrasse l'ensemble des connaissances. *Un dictionnaire encyclopédique* (opposé à *dictionnaire de langue*). — Qui présente un caractère d'encyclopédie. *Avoir des connaissances encyclopédiques.* ▶ ***encyclopédiste*** n. m. ■ Auteur d'une encyclopédie. *Les encyclopédistes du* XVIII*e s.*

en deçà loc. adv. et prép. ⇒ en **deçà.**

endécagone n. m. ⇒ **hendécagone.**

endémie [ɑ̃demi] n. f. ■ Présence habituelle d'une maladie particulière à une région. ≠ *épidémie.* ▶ ***endémique*** adj. ■ Qui a un caractère d'endémie (opposé à *sporadique*). *Une fièvre endémique.* — Fig. Qui sévit constamment dans un pays, un milieu. *Un chômage endémique.*

endetter [ɑ̃dɛte] v. tr. ▪ conjug. 1. ■ Engager dans des dettes. *L'achat de son appartement l'a endetté.* — Pronominalement. Contracter des dettes. *Il s'endette en achetant à crédit.* — Au p. p. *Être endetté de mille dollars. Elle est très endettée.* ▶ ***endettement*** n. m. ■ Fait de s'endetter, d'être endetté. *Son endettement est trop important.* / contr. **crédit** /

endeuiller [ɑ̃dœje] v. tr. ▪ conjug. 1. ■ Plonger dans le deuil, remplir de tristesse. *Cette catastrophe a endeuillé tout le pays.*

endiablé, ée [ɑ̃djable] adj. ■ D'une vivacité extrême. ⇒ **fougueux, impétueux.** *Se lancer dans une danse endiablée. Une verve endiablée. Ces enfants sont endiablés.* ⇒ **diable** (II, 1). *Un match endiablé,* disputé à vive allure et avec fougue.

endiguer [ɑ̃dige] v. tr. ▪ conjug. 1. **1.** Contenir au moyen de digues. ⇒ **aboiteau.** *Endiguer un fleuve.* **2.** Retenir, contenir ; canaliser. *Les agents s'efforçaient d'endiguer le flot des manifestants.* — Abstrait. *Endiguer le progrès.*

s'endimancher [ɑ̃dimɑ̃ʃe] v. pron. ▪ conjug. 1. ■ Revêtir des habits du dimanche, mettre une toilette plus soignée que d'habitude et que l'on porte parfois avec gêne. *Ils se sont endimanchés pour aller au restaurant.* — Au p. p. adj. *Avoir l'air endimanché dans ses beaux habits,* gêné, mal à l'aise.

endisquer [ɑ̃diske] v. tr. ▪ conjug. 1. ■ Enregistrer sur disque. *Elle va endisquer une chanson de Félix Leclerc.* — Sans compl. dir. *Elle va endisquer à Londres.* — Au p. p. adj. *Chansons endisquées.*

endive [ɑ̃div] n. f. ■ Pousse blanche comestible d'une variété de chicorée. *Endives braisées, en salade.*

endo- ■ Élément de mots savants, signifiant « en dedans ». / contr. **exo-** / ▶ **endocarde** [ɑ̃dɔkaʀd] n. m. ■ Tunique interne du cœur. ▶ **endocarpe** n. m. ■ Partie interne du fruit la plus proche de la graine. ▶ **endocrine** adj. f. ■ Se dit des glandes à sécrétion interne, dont les produits sont déversés directement dans le sang (ex. : *le foie, la thyroïde*). ‹ ▶ endoscope ›

endoctriner [ɑ̃dɔktʀine] v. tr. ▪ conjug. 1. ■ Péj. Faire la leçon à (qqn) pour convaincre, faire adhérer à une doctrine, à un point de vue. *N'essayez pas de nous endoctriner.* ▶ **endoctrinement** n. m. ■ Action d'endoctriner.

endolori, ie [ɑ̃dɔlɔʀi] p. p. adj. ■ Envahi par une douleur diffuse. *Être tout endolori. Le lendemain du match, il avait les membres endoloris.* ⇒ **douloureux.**

endommager [ɑ̃dɔmaʒe] v. tr. ▪ conjug. 3. ■ Causer du dommage, des dégâts à (qqch.), mettre en mauvais état. ⇒ **abîmer, briser, détériorer.** *La grêle a endommagé les récoltes. La toiture a été endommagée par la tempête.* ▶ **endommagé, ée** adj. ■ Qui a subi du dommage. / contr. **intact** / *Une voiture endommagée.*

endormir [ɑ̃dɔʀmiʀ] v. tr. ▪ conjug. 16. **1.** Faire dormir, amener au sommeil. *Bercer un bébé pour l'endormir.* — (Sommeil artificiel) *Endormir une malade avant de l'opérer.* ⇒ **anesthésier. 2.** Donner envie de dormir à force d'ennui. ⇒ **assommer, ennuyer.** *Cette conférence endort l'auditoire.* **3.** Fig. et littér. Atténuer jusqu'à faire disparaître (une sensation, un sentiment pénible). *Elle prend des comprimés pour endormir la douleur.* ⇒ **calmer.** — Rendre moins vif, moins agissant (un sentiment, une disposition d'esprit). *Il espère ainsi endormir les soupçons.* — Littér. *Endormir qqn,* le tromper. ⇒ **duper.** *On ne l'endort pas avec de belles paroles. Des discours destinés à endormir l'opinion publique.* **4.** S'ENDORMIR v. pron. réfl. : commencer à dormir, glisser dans le sommeil. ⇒ s'**assoupir,** cogner des **clous.** *Elle s'est endormie tard.* — Avoir sommeil. *Au milieu de la soirée, j'ai commencé à m'endormir.* — Fig. et littér. Perdre de sa vivacité, de sa force. *Ses remords s'étaient endormis à la longue.* ▶ **endormant, ante** adj. ■ Qui donne envie de dormir à force d'ennui. ⇒ **ennuyeux, soporifique.** *Un conférencier, un discours endormant.* ▶ **endormi, ie** adj. **1.** Qui est en train de dormir. / contr. **éveillé** / *Il est encore tout endormi.* — Où chacun dort, où tout semble en sommeil. *Elle se promenait à travers la ville endormie.* **2.** Fig. Dont l'activité est en sommeil. **3.** Fam. Indolent, inerte. ⇒ **nonchalant.** / contr. **vif.** / *Intelligence endormie.* — N. *Quel endormi !* / contr. **actif, remuant** / ▶ **endormitoire** n. f. ■ Envie, besoin de dormir. *Après avoir travaillé au grand air toute la journée, l'endormitoire m'a pris de bonne heure.* ‹ ▶ se rendormir ›

endoscope [ɑ̃dɔskɔp] n. m. ■ Instrument médical servant à examiner les cavités profondes du corps en les éclairant. ▶ **endoscopie** n. f. ■ Examen à l'endoscope. *Procéder à l'endoscopie du genou.*

① **endosser** [ɑ̃dose] v. tr. ▪ conjug. 1. **1.** Mettre sur son dos (un vêtement). ⇒ **revêtir.** *Il endosse son pardessus avant de sortir.* **2.** Prendre ou accepter la responsabilité de. ⇒ **assumer.** *Je suis prêt à endosser les conséquences. Endosser la paternité d'un enfant,* s'en reconnaître le père.

② **endosser** v. tr. ▪ conjug. 1. **1.** Apposer sa signature au dos d'un chèque afin de pouvoir l'encaisser. — Au p. p. adj. *Des chèques endossés.* **2.** Fam. Se porter garant d'une dette contractée par qqn d'autre. *Elle a endossé (pour) son fils à la banque.* — REM. Ce sens (2) est critiqué comme anglicisme.

① **endroit** [ɑ̃dʀwa] n. m. **1.** Partie déterminée d'un espace. ⇒ **lieu, place.** *Il leur fallait un endroit où se réunir. Je vais vous montrer l'endroit précis. À quel endroit ?* ⇒ **où.** — Fam. *Le* PETIT ENDROIT : les toilettes (→ petit coin). **2.** Localité. ⇒ **coin.** *Les gens de l'endroit sont accueillants. Un endroit perdu.* ⇒ fam. **bled, patelin, trou. 3.** Place déterminée, partie localisée (d'une chose, du corps). *À quel endroit faut-il signer ? Montre l'endroit où tu as mal.* — Abstrait. Partie de la personne morale. *Trouver l'endroit sensible.* ⇒ **point.** *Elle se montre par ses meilleurs endroits,* sous son meilleur côté. **4.** Passage déterminé (d'un ouvrage). *Cet endroit n'est pas très clair. Rire au bon endroit.* **5.** PAR ENDROITS loc. adv. : à différents endroits dispersés, çà et là. *On avait planté par endroits des rosiers.* — Littér. À L'ENDROIT DE *qqn* loc. prép. : envers. *Son attitude à mon, à votre endroit est désagréable.*

② **endroit** n. m. ■ Côté destiné à être vu, dans un objet à deux faces (tissu, feuillet...). ⇒ **recto.** / contr. **envers** / *L'endroit d'un tapis.* — À L'ENDROIT loc. adv. : du bon côté. / contr. à l'**envers** / *Remettez vos chaussettes à l'endroit.*

enduire [ɑ̃dɥiʀ] v. tr. ▪ conjug. 38. ■ Recouvrir (une surface) d'une matière plus ou moins molle qui l'imprègne. *Il enduit de crème ses mains gercées. Enduire un mur de plâtre.* — Pronominalement (réfl.). Enduire son corps. *Elle s'est enduite de crème solaire.* ▶ **enduit** n. m. ■ Préparation molle ou fluide qu'on applique à la surface de certains objets pour les protéger, les garnir. ⇒ **revêtement.** *Enduit à la chaux.* — Préparation destinée à isoler le support d'un tableau de la couche de peinture.

endurable [ɑ̃dyʀabl] adj. ■ Que l'on peut endurer. ⇒ **supportable.** / contr. **insupportable, intenable, intolérable** / — (Surtout des enfants) NE PAS ÊTRE ENDURABLE loc. : qui est très agité, turbulent. ⇒ **énervé, remuant, tannant.** *Depuis que je lui ai donné son nouveau jeu vidéo, il n'est pas endurable.*

endurance [ɑ̃dyʀɑ̃s] n. f. ■ Aptitude à résister à la fatigue, à la souffrance. *Il manque d'endurance. L'endurance d'un coureur de fond. — L'endurance d'un moteur. Épreuve automobile d'endurance,* compétition sur longue distance. ▶ **endurant, ante** adj. ■ Qui a de l'endurance. ⇒ **résistant.** / contr. **fragile** / *Il est très endurant.* ‹ ▶ malendurant ›

endurcir [ɑ̃dyʀsiʀ] v. tr. ▪ conjug. 2. **1.** Rendre (qqn) plus dur au mal, rendre résistant. ⇒ **aguerrir.** *Ce* *climat l'a endurci au froid.* **2.** Rendre moins sensible moralement. *Les malheurs l'ont endurci, ont endurci son cœur, lui ont endurci le cœur.* / contr. **attendrir** / — Pronominalement (réfl.). *Elle s'est endurcie à son contact.* ▶ ***endurci, ie*** adj. ■ Devenu résistant par l'habitude. *Être endurci au travail, au froid.* — Qui avec le temps s'est fortifié, figé dans son opinion, son occupation. ⇒ **invétéré.** *Un criminel endurci. Un célibataire endurci.* ▶ ***endurcissement*** n. m. ■ Le fait de s'endurcir (2). ⇒ **insensibilité.** *L'endurcissement au malheur. L'endurcissement du cœur.*

endurer [ɑ̃dyʀe] v. tr. ▪ conjug. 1. ■ Supporter avec patience (ce qui est dur, pénible). ⇒ **subir.** *Elle endure tout sans se plaindre. Quand je pense aux épreuves qu'il a dû endurer ! Je n'en endurerai pas plus.* ⇒ **supporter, tolérer.** — *Endurer les enfants, le bruit des motos,* les supporter. — Pronominalement (récipr.) *Depuis quelque temps, ils ont des difficultés à s'endurer,* à s'entendre, à s'accorder. (Réfl. et en emploi négatif) *Ne plus s'endurer,* être impatient.

énergétique [enɛʀʒetik] adj. et n. f. **1.** Adj. Physique et physiologie. Relatif à l'énergie. *Les ressources énergétiques d'un pays. L'apport énergétique d'un aliment.* **2.** N. f. Science des manifestations de l'énergie.

énergie [enɛʀʒi] n. f. **I.** Force et fermeté dans l'action, qui rend capable de grands effets. ⇒ **dynamisme, volonté.** *Il poursuit son but avec beaucoup d'énergie. Je proteste avec énergie. Un style plein d'énergie,* de vigueur. — Vitalité physique. *Se sentir plein d'énergie.* **II.** Sciences. **1.** Caractère d'un système matériel capable de produire du travail. *Les différentes formes de l'énergie : énergie mécanique, électrique, thermique, chimique, atomique. Les énergies renouvelables,* provenant de sources naturelles non épuisables (soleil, vent, marée...). *Les énergies nouvelles* (nucléaire, solaire, etc.). *Utilisation, transport de l'énergie.* **2.** Énergie chimique potentielle fournie par les aliments et transformée par l'organisme vivant. *Une dépense d'énergie.* ▶ ***énergique*** adj. **1.** Actif, efficace. *Un remède énergique.* ⇒ **drastique** (I). — Plein d'énergie (dans l'expression). ⇒ **vigoureux. 2.** (Personnes ; actions) Qui a ou marque de l'énergie, de la volonté. ⇒ **ferme, résolu.** *Une femme énergique. Une intervention énergique des autorités.* ⇒ anglic. **drastique** (II). — Fort (dans l'ordre physique). *La poussée énergique des avants dans la mêlée.* / contr. **faible** / ▶ ***énergiquement*** adv. ■ Avec énergie. ⇒ **fermement.** *Il faut lui parler énergiquement.* ⟨ ▶ énergétique ⟩

énergumène [enɛʀgymɛn] n. ■ Personne exaltée qui pousse des cris, se livre à des gestes excessifs dans l'enthousiasme ou la fureur. ⇒ **agité, fanatique, forcené.**

énerver [enɛʀve] v. tr. ▪ conjug. 1. ■ Agacer, exciter, en provoquant de la nervosité. ⇒ **excéder.** / contr. **calmer** / *Ses manies nous énervent. Ça m'énerve de le voir faire !* ⇒ **agacer.** — Pronominalement (réfl.). Devenir de plus en plus nerveux, agité. *Du calme ! Ne nous énervons pas !* ▶ ***énervant, ante*** adj. et n. ■ Qui excite désagréablement. ⇒ **agaçant, fatigant, irritant ;** fam. **achalant.** *Il est énervant avec ses allusions. Un bruit énervant.* — N. *Une bande d'énervants.* ▶ ***énervé, ée*** adj. **1.** Qui se trouve dans un état de nervosité inhabituel. / contr. **calme** / *Laissez-le, il est un peu énervé ! Une réponse énervée.* **2.** Qui remue, s'agite beaucoup. ⇒ **agité, remuant, tannant, turbulent.** *Un enfant énervé.* — N. *Une petite énervée.* ⇒ **excité.** ▶ ***énervement*** n. m. ■ État d'une personne énervée. ⇒ **agacement, exaspération, irritation, nervosité.** *Elle était dans un grand état d'énervement.*

① ***enfant*** [ɑ̃fɑ̃] n. **1.** *(Un, des enfants)* Être humain dans l'âge de l'enfance, de la naissance à l'adolescence. ⇒ **bambin, bébé, fille, garçon, petit ;** fam. ② **gosse, mioche, môme ;** anglic. ② **flot.** *Un enfant au berceau. Un enfant calme, doux, difficile, capricieux, turbulent. Livres d'enfants, pour enfants. Lit* (⇒ **bassinette**), *voiture* (⇒ **carrosse, poussette**) *d'enfant. Les maladies des enfants.* ⇒ **infantile.** *Maltraiter un enfant. Bourreau d'enfant.* — Loc. *Il n'y a plus d'enfants,* se dit quand un enfant fait ou dit des choses qui ne sont pas de son âge. *Il me prend pour un enfant,* pour un naïf. *Je ne suis pas un enfant d'école,* on ne peut pas me faire croire n'importe quoi, je ne suis pas tombé de la dernière pluie. ⇒ **hier.** *Ne faites pas l'enfant,* soyez sérieux. *L'enfant terrible d'un parti, d'un groupe,* un membre qui aime à manifester son indépendance d'esprit. *Un enfant gâté,* une personne qui a l'habitude de voir satisfaire tous ses caprices. **2.** ENFANT DE CHŒUR : enfant qui se tient dans le chœur pendant les offices pour servir le prêtre. — *Elle nous prend pour des enfants de chœur,* des naïfs. *Ne pas être un enfant de chœur,* avoir des choses à se reprocher, ne pas être très honnête, inoffensif. **3.** Personne qui a conservé dans l'âge adulte des sentiments, des traits propres à l'enfance. *Il sera toute sa vie un enfant.* — Adj. *Elles sont restées très enfants.* ⇒ **enfantin, puéril.** / contr. **mûr** / ▶ ***enfance*** n. f. **1.** Première période de la vie humaine, de la naissance à l'adolescence. *Elle a eu une enfance heureuse. Souvenirs d'enfance. Un ami d'enfance.* **2.** (Sing. collectif) Les enfants. *S'occuper de l'enfance délinquante, malheureuse.* **3.** *Retomber en enfance, dans l'enfance,* se dit d'une personne âgée dont les facultés mentales s'affaiblissent. *Être en enfance* (⇒ **gâteux**). **4.** Fig. Première période d'existence (d'une chose). ⇒ **commencement.** *L'enfance de l'humanité. Une science encore dans l'enfance.* — *C'est* L'ENFANCE DE L'ART loc. fam. : c'est élémentaire (comme les premières choses que l'on apprend dans un art, un métier). ▶ ***enfantillage*** n. m. ■ (Souvent au plur.) Manière d'agir, de s'exprimer, peu sérieuse, qui ne convient qu'à un enfant. ⇒ **puérilité.** *Vous dites des enfantillages.* ▶ ***enfantin, ine*** adj. **1.** Qui est propre à l'enfant, a le caractère de l'enfance. *Le langage enfantin.* **2.** Péj. Qui ne convient guère qu'à un enfant. ⇒ **puéril.** *Des remarques enfantines.* **3.** (Choses à faire) Très simple, très facile. *Un problème enfantin.* ⇒ **élémentaire.** ⟨ ▶ bon enfant ⟩

② ***enfant*** n. **1.** Être humain à l'égard de sa filiation, fils ou fille (opposé à *parent*). *Ils veulent deux enfants. Elle attend un enfant (ou un bébé),* elle est enceinte. ⇒ fam. être en **famille.** *Un enfant unique. Un enfant adoptif, adopté. Ils sont venus avec leurs enfants. Un enfant naturel,* né hors mariage. *Un enfant trouvé,* qu'on a trouvé abandonné par ses parents. — *Enfant à charge,* dont la subsistance dépend des parents, ou d'un autre adulte. — *L'enfant prodigue,* l'enfant que l'on accueille avec joie à son retour au foyer qu'il avait depuis longtemps abandonné. **2.** *Mon (cher) enfant, mes enfants,* se dit à des êtres plus jeunes. *Ma chère enfant,* formule affectueuse à l'endroit d'une amie. **3.** Descendant. *Tous les enfants de la vieille dame étaient là pour son anniversaire.* — Personne originaire de (un pays, un milieu). *Un enfant de Charlevoix. Un enfant du peuple.* **4.** Fam. *Un* ENFANT DE (+ nom) : juron plus ou moins intensif, très fréquent et employé dans toutes sortes de circonstances. *Un enfant de nanane, de chœur, de chienne... Si tu me joues encore un autre tour, tu vas entendre parler de moi mon enfant de nanane !* ▶ ***enfanter*** v. tr. ▪ conjug. 1. ■ Vx. (Femmes) Mettre au monde (un enfant). ⇒ **accoucher.** — Abstrait. Littér. Créer, produire (une œuvre). ▶ ***enfantement*** n. m. ■ (Femmes) Fait d'enfanter. ⇒ **accouchement.** — Loc. *Les douleurs de l'enfantement.* — Abstrait. Littér. *L'enfantement d'une œuvre.* ⟨ ▶ petits-enfants ⟩

enfarger [ɑ̃faʀʒe] v. tr. ▪ conjug. 1. **I.** Faire trébucher qqn en mettant qqch. à travers son chemin, en lui donnant un croc-en-jambe. *Il a enfargé sa sœur en lui mettant un bâton dans les jambes.* — Par ext. *Le bâton l'a enfargée.* **II.** S'ENFARGER v. pron. **1.** Se barrer (les pieds, les jambes) dans qqch. qui fait perdre l'équilibre, trébucher. *S'enfarger dans sa robe.* ⇒ s'**empêtrer.** *Il s'est enfargé sur une chaise qu'il n'avait pas vue. S'enfarger dans un escalier,* rater une marche et tomber. — *Mon pied s'est enfargé sur mon lacet.* **2.** Fig. Se heurter à des difficultés ; s'embrouiller. *Elle s'enfarge dans ses paroles.* ⇒ s'**empêtrer. 3.** Rencontrer de faux obstacles, de faux problèmes, de fausses difficultés. *S'enfarger dans les fleurs du tapis, dans son ombrage. Elle s'est encore enfargée dans un brin d'herbe.*

enfariné, ée [ɑ̃faʀine] adj. ■ Couvert de farine, de poudre blanche. *La figure enfarinée d'un clown.*

enfer [ɑ̃fɛʀ] n. m. **I. 1.** Au sing. Dans la religion chrétienne. Lieu destiné au supplice des damnés (opposé à *ciel*). / contr. **paradis** / *Les démons, les diables de l'enfer.* ⇒ **infernal.** — PROV. *L'enfer est pavé de bonnes intentions,* beaucoup de bonnes résolutions n'aboutissent qu'à un résultat déplorable ou nul. — D'ENFER loc. adj. : qui évoque l'enfer. *C'était une vision d'enfer.* — Très intense. ⇒ **infernal.** *Un appétit d'enfer. Elle joue un jeu d'enfer,* un très gros jeu. *Aller, rouler à un train d'enfer,* très vite. — Fam. *C'est l'enfer,* extraordinaire, fabuleux, fantastique. ⇒ **formidable.** — Horrible, épouvantable. *En fin de semaine, c'était l'enfer sur les autoroutes.* **2.** Lieu, occasion de cruelles souffrances. *Son foyer est devenu un enfer.* **II.** Au plur. (Avec une majusc.) LES ENFERS : lieu souterrain habité par les morts, séjour des ombres, des morts (dans plusieurs religions). *Descendre aux Enfers.* — Fig. *Une descente aux Enfers,* une suite ininterrompue de revers.

enfermer [ɑ̃fɛʀme] v. tr. ▪ conjug. 1. **1.** Mettre en un lieu d'où il est impossible de sortir. ⇒ **embarrer, emprisonner.** *On l'a puni et enfermé dans sa chambre. Il faut l'enfermer* (dans un asile), il faut l'interner, il est fou. — S'ENFERMER v. pron. *Elle s'était enfermée dans son bureau.* ⇒ se **barricader,** s'**embarrer.** — Fig. *Elle s'enferme dans le silence, dans son rôle, dans cette attitude...,* elle ne veut pas en sortir. **2.** Mettre (qqch.) dans un lieu clos. *Enfermer des provisions dans un buffet.* **3.** Entourer complètement (un terrain, un espace). *Enfermer un terrain de haies.* ⇒ **clôturer, enclore. 4.** Dans une course. Serrer (un concurrent) à la corde, ou à l'intérieur du peloton, de façon à briser son élan. *Elle s'est laissé enfermer au moment du sprint.* ⟨ ▶ renfermer ⟩

*s'**enferrer*** [ɑ̃fɛʀe] v. pron. ▪ conjug. 1. ■ Abstrait. Être victime, par maladresse, de sa propre défense, de ses propres arguments. *Il voulut se justifier mais s'enferra dans ses mensonges.* ⇒ s'**embrouiller,** s'**enfoncer.**

enfiévrer [ɑ̃fjevʀe] v. tr. ▪ conjug. 6. ■ Littér. Animer d'une sorte de fièvre, d'une vive ardeur. ⇒ **surexciter.** *Cette lecture avait enfiévré son imagination.* — Au p. p. adj. *Une voix, une foule enfiévrée.*

enfilade [ɑ̃filad] n. f. **1.** Suite de choses à la file l'une de l'autre. *Toute une enfilade de chambres. Des chambres en enfilade.* **2.** *Tir d'enfilade,* dirigé dans le sens de la plus grande dimension de l'objectif. *Prendre en enfilade* (une troupe), soumettre à un tir d'enfilade.

enfiler [ɑ̃file] v. tr. ▪ conjug. 1. **1.** Passer un fil, un lien, etc., à l'intérieur de (un objet percé). *Une aiguille fine qu'on enfile difficilement. Enfiler des morceaux de viande sur une brochette. Enfiler des perles.* — *Nous ne sommes pas là pour* ENFILER DES PERLES loc. fam. : pour perdre notre temps à des futilités. **2.** Mettre, passer (un vêtement). ⇒ **enculotter.** *Enfiler sa chemise.* — *Elle enfile ses patins,* elle les chausse. **3.** S'engager tout droit dans (un chemin, un passage plutôt étroit). *Il a tourné et enfilé la ruelle.* ⇒ **prendre. 4.** Fam. S'ENFILER *qqch.* v. pron. : avaler. ⇒ fam. s'**envoyer.** *Elle s'est enfilé un bon repas, toute la bouteille.* — Avoir à supporter (une corvée). *Je me suis enfilé tout le nettoyage.* ⟨ ▶ enfilade, renfiler ⟩

enfin [ɑ̃fɛ̃] adv. **1.** Sert à marquer le terme d'une longue attente. ⇒ **finalement.** *Je vous ai enfin retrouvé. Enfin seuls !* **2.** Sert à introduire le dernier élément d'une série. (Dans le temps) *On vit arriver un coureur, puis le peloton, enfin quelques isolés.* — (Dans le discours) En dernier lieu. *Je vous dirai enfin ce que vous aurez à faire.* **3.** Sert à conclure. *Il est plein d'énergie, ambitieux, enfin capable de réussir. Enfin, ils sont arrivés, c'est le principal. Enfin bref.* — (Conclusion résignée) *Enfin, puisque c'est comme ça ! Enfin, on verra bien !* **4.** Sert à marquer l'impatience. *Rends-moi ça, enfin !* **5.** Sert à corriger ce que l'on vient de dire. *Elle est blonde, enfin plutôt rousse.*

enfirouaper [ɑ̃fiʀwape] v. tr. ▪ conjug. 1. ■ Fam. Embrouiller, emberlificoter qqn pour le tromper, le rouler. ⇒ **duper, enjôler, entortiller, séduire.** *Se faire enfirouaper par un vendeur.* ⇒ **berner, jouer, pogner ;** fam. **fourrer.**

enflammer [ɑ̃flɑme] v. tr. ▪ conjug. 1. **1.** Mettre en flamme. ⇒ **allumer.** *Le bois est humide, je n'arrive pas à l'enflammer.* — Pronominalement. *L'essence s'enflamme brusquement.* — Fig. Colorer vivement. *Une rougeur enflammait ses pommettes.* **2.** Mettre dans un état inflammatoire. ⇒ **irriter.** *Enflammer une piqûre d'insecte en se grattant.* **3.** Remplir (qqn) d'ardeur, de passion. ⇒ **électriser, embraser.** *La colère l'enflammait.* — Pronominalement (réfl.). S'enthousiasmer, s'exalter. *Elle s'enflamme facilement.* ▶ ***enflammé, ée*** adj. **1.** Qui est en flamme. *Une torche enflammée.* **2.** Qui est dans un état inflammatoire. *Des amygdales très enflammées.* **3.** Rempli d'ardeur, de passion. ⇒ **ardent, passionné.** *C'est une nature enflammée. Il lui avait envoyé une déclaration enflammée.*

enfler [ɑ̃fle] v. ▪ conjug. 1. **I.** V. tr. **1.** Provoquer l'enflure de (une partie du corps). *Les engelures enflent les doigts.* **2.** Augmenter la force de (la voix, un son...). *L'orateur essaie d'enfler sa voix.* **II.** V. intr. Augmenter anormalement de volume par suite d'une enflure. *Sa cheville a enflé.* ▶ ***enflé, ée*** adj. ■ Atteint d'enflure. *Elle a un abcès, la joue est très enflée.* ▶ ***enflure*** n. f. ■ État d'un organe, d'une partie du corps qui subit une augmentation anormale de volume par suite d'une maladie, d'un coup, d'un accident musculaire, etc. ⇒ **ballonnement, bouffissure, gonflement, tuméfaction.** ⟨ ▶ désenfler, renfler ⟩

enfoiré, ée [ɑ̃fwaʀe] n. et adj. ■ Très fam. Imbécile, maladroit. ⇒ **idiot, malade, niaiseux ;** fam. ③ **cave, con.** *Quel est l'enfoiré qui m'a coupé le chemin ?* — Adj. *Elle est enfoirée.*

enfoncer [ɑ̃fɔ̃se] v. ▪ conjug. 3. **I.** V. tr. **1.** Faire aller vers le fond, faire pénétrer profondément. ⇒ **planter.** *Il enfonce les pieux de la clôture. Elle m'enfonçait ses coudes dans les côtes. Il enfonça les mains dans ses poches.* — Loc. *Enfoncer le clou,* recommencer inlassablement une explication afin de se faire bien comprendre. *J'essaie de lui enfoncer ça dans la tête, dans le crâne,* de le lui faire comprendre. — Mettre (un chapeau) de telle façon que la tête y entre profondément. ⇒ ② **caler. 2.** Fig. Entraîner, pousser (dans une situation comparable à un fond, un abîme). *Enfoncer qqn dans l'erreur.* **3.** Briser, faire plier (une porte, une barrière) en poussant, en pesant. ⇒ **défon-**

cer, **forcer.** *Le camion a enfoncé le mur.* — Loc. *Enfoncer* (⇒ **défoncer**) *une porte ouverte,* démontrer une chose évidente ou admise depuis longtemps. **4.** Forcer (une troupe) à plier sur toute la ligne. — Fam. Battre, surpasser en faisant preuve d'une très grande supériorité. *Les avants ont enfoncé la défense.* — Au p. p. adj. *Enfoncés, les champions !* **II.** V. intr. Aller vers le fond, pénétrer jusqu'au fond. ⇒ ② **caler** (III, 1), s'**enliser.** *On enfonce jusqu'aux genoux. Les roues enfonçaient dans le sable.* **III.** S'ENFONCER v. pron. **1.** Aller vers le fond, vers le bas. *Le navire s'enfonçait lentement.* ⇒ ② **caler, couler, sombrer.** **2.** Pénétrer profondément. *Le pieu s'enfonce dans le sol.* **3.** S'installer tout au fond. *Elle s'est enfoncée dans son fauteuil.* **4.** Abstrait. Être entraîné de plus en plus bas. *Il s'enfonce dans ses préjugés.* — Se ruiner. *Son commerce s'est enfoncé avec la crise.* **5.** Pénétrer, s'engager bien avant dans. *Les chasseurs s'enfoncent dans le bois.* — Abstrait. S'abandonner à (qqch. qui absorbe entièrement). ⇒ se **plonger.** *Elle s'enfonçait dans sa rêverie.* ► ***enfoncé, ée*** adj. **1.** Qui pénètre dans (qqch.). *Une épine enfoncée dans le doigt.* **2.** Occupé complètement. *Il est enfoncé dans sa lecture.* ⇒ **absorbé.** **3.** Qui rentre dans le visage, dans le corps. *Avoir les yeux enfoncés.* ⇒ **creux.** **4.** Brisé. *Une porte enfoncée.* ► ***enfoncement*** n. m. **1.** Action d'enfoncer ; fait de s'enfoncer. **2.** Partie reculée, située vers le fond de qqch. ⇒ **creux.** *Une maison située dans un enfoncement.* — Partie en retrait. ⇒ **renfoncement.** *Un enfoncement du mur.* ⟨ ► renfoncer, renfoncement ⟩

enfouir [ɑ̃fwiʀ] v. tr. ▪ conjug. 2. **1.** Mettre en terre, sous terre, après avoir creusé le sol. ⇒ **dissimuler, enterrer.** *On n'a pas retrouvé le trésor qu'ils avaient enfoui.* — Fig. *Souvenir enfoui au fond de son cœur,* gardé profondément dans son cœur. Au p. p. adj. *Des graines enfouies dans le sol.* **2.** ENFOUIR SOUS, DANS *qqch.* : mettre. *Elle a enfoui tous les papiers dans la malle.* — Au p. p. adj. *Des braises enfouies sous la cendre.* — Pronominalement (réfl.). *S'enfouir sous ses draps.* Fig. *S'enfouir dans son travail.* ► ***enfouissement*** n. m. ■ Action d'enfouir (1). *L'enfouissement des déchets. Lieu d'enfouissement.*

enfourcher [ɑ̃fuʀʃe] v. tr. ▪ conjug. 1. ■ Se mettre à califourchon sur (un cheval, une bicyclette). — Abstrait. Fam. *Enfourcher son dada,* reprendre son sujet favori.

enfourner [ɑ̃fuʀne] v. tr. ▪ conjug. 1. **1.** Mettre dans un four (du pain, un aliment, des poteries). **2.** (Surtout en France) Fam. Avaler rapidement (qqch.). *Il a enfourné une tablette de chocolat.* — Introduire (qqn) en poussant. *Il l'enfourna dans un taxi.* — Pronominalement. *S'enfourner dans le métro.*

enfreindre [ɑ̃fʀɛ̃dʀ] v. tr. ▪ conjug. 52. ■ Littér. Ne pas respecter (un engagement, une loi). ⇒ **contrevenir, transgresser, violer.** / contr. **observer, respecter** / *Vous avez enfreint votre promesse. Enfreindre un règlement.*

*s'**enfuir*** [ɑ̃fɥiʀ] v. pron. ▪ conjug. 17. **1.** S'éloigner en fuyant, ou en hâte. ⇒ s'en **aller, décamper, déguerpir, détaler,** s'**échapper, filer, fuir,** se **sauver.** *Elle s'est enfuie à toutes jambes. S'enfuir par la fenêtre. S'enfuir de la maison.* **2.** Poét. S'écouler rapidement. ⇒ **disparaître.** *L'été s'est enfui. Le temps s'enfuit.* ⇒ **passer.** — Au p. p. adj. *Les jours enfuis.*

enfumer [ɑ̃fyme] v. tr. ▪ conjug. 1. ■ Incommoder (qqn) par la fumée (spécialt du tabac). *Vous nous enfumez avec votre pipe.* — Remplir ou environner de fumée. ⇒ **emboucaner.** *Enfumer une ruche, des abeilles* (pour les neutraliser). ≠ ② *fumer.*

engagé, ée [ɑ̃gaʒe] adj. ■ (Téléphones) Fam. Occupé. *La ligne est engagée. C'était engagé.* — REM. Ce mot est critiqué en tant que calque de l'anglais.

engager [ɑ̃gaʒe] v. tr. ▪ conjug. 3. **I. 1.** Mettre, donner (qqch.) en gage. *Elle a dû engager ses bijoux.* **2.** Lier (qqn) par une promesse ou une convention. *Il ne veut rien dire qui puisse l'engager.* — Sans compl. direct. *Cela n'engage à rien,* on peut le faire en restant libre de ses décisions. — *Vous engagez votre responsabilité.* **3.** Recruter (qqn) par engagement. / contr. **congédier, licencier, renvoyer** / — Attacher à son service. ⇒ **embaucher.** *L'hôtel a engagé un nouveau cuisinier.* **II. 1.** Faire entrer (dans qqch. qui retient, dans un lieu resserré). ⇒ **introduire, mettre.** / contr. **dégager, retirer** / *Engagez bien la clé dans la serrure. Il a mal engagé sa voiture.* **2.** Mettre en train, commencer (une partie, une bataille, une discussion...). *On engagea des négociations. Engager la conversation.* ⇒ **entamer.** *Les boxeurs engagèrent le combat.* **3.** Faire entrer (dans une entreprise ou une situation qui ne laisse pas libre). *On a engagé de gros capitaux dans cette affaire.* **4.** Mettre (qqn) dans une situation qui crée des responsabilités et implique certains choix. *Elle estime que ses écrits l'engagent.* — Au p. p. adj. *Un écrivain engagé,* au service d'une cause. **5.** ENGAGER *qqn* À : tenter d'amener (à quelque décision ou action). ⇒ **encourager, exhorter, inciter, inviter.** *Il nous engage à résister, à la résistance. La tempête ne nous engage pas à sortir.* **III.** S'ENGAGER v. pron. **1.** Se lier par une promesse, une convention. *Vous ne savez pas à quoi vous vous engagez.* **2.** Contracter un engagement dans l'armée. — N. *Une engagée volontaire.* — Entrer au service de qqn. *Elle s'est engagée comme vendeuse.* **3.** Entrer ou commencer à entrer (dans qqch. qui retient, contraint). — Avancer en pénétrant. *Elle s'engagea sur une petite route.* **4.** (Choses) Commencer. *La discussion s'est mal engagée. La partie d'échecs s'engagea.* **5.** Se lancer (dans). *Elle le voyait s'engager dans des entreprises hasardeuses.* ⇒ s'**aventurer.** **6.** Se mettre au service d'une cause politique, sociale. *Cet écrivain ne craint pas de s'engager.* — Au p. p. adj. *Une romancière engagée.* ► ***engageant, ante*** adj. ■ Qui est attirant, séduisant. ⇒ **sympathique.** *Ce sont des paroles engageantes. Un sourire engageant. Ce restaurant n'est pas bien engageant.* ► ***engagement*** n. m. **1.** Action de se lier par une promesse ou une convention. *Elle a respecté ses engagements envers nous. Il a pris l'engagement de venir.* **2.** Contrat par lequel un individu qui n'est pas soumis à l'obligation du service militaire actif s'engage à servir dans l'armée. *Un engagement de deux ans.* — Contrat par lequel certaines personnes louent leurs services. *Un engagement à l'essai. Un acteur qui se trouve sans engagement.* **3.** État d'une chose engagée dans une autre. *L'engagement d'une roue dentée dans un pignon.* **4.** Introduction d'une unité dans la bataille ; combat localisé et de courte durée. ⇒ **accrochage, échauffourée.** *Il a été blessé au cours d'un engagement de patrouilles.* **5.** Coup d'envoi d'un match (football, soccer...). *Le premier touché a été marqué juste après l'engagement.* — Partie d'un match (hockey, boxe...). *Le premier engagement s'est terminé sans but.* ⇒ ① **période.** *Un combat de dix engagements.* ⇒ **round.** **6.** Acte ou attitude d'un écrivain, d'un artiste qui s'engage. ⟨ ► rengager ⟩

engeance [ɑ̃ʒɑ̃s] n. f. ■ Péj. Catégorie de personnes (méprisables ou détestables). *Quelle (maudite) engeance !*

engelure [ɑ̃ʒlyʀ] n. f. ■ Enflure douloureuse des mains et des pieds, due au froid. *Attraper des engelures.*

engendrer [ɑ̃ʒɑ̃dʀe] v. tr. ▪ conjug. 1. **1.** Littér. (Suj. être humain) Faire naître. *Il, elle a engendré trois enfants.* **2.** Faire naître, avoir pour effet (qqch.). ⇒ **causer, produire, provoquer.** *L'oisiveté engendre* *l'ennui.* Fam. *Il n'engendre pas la mélancolie,* il est gai, il répand la bonne humeur autour de lui. **3.** Géométrie. Décrire ou produire (une figure géométrique) en se déplaçant. ▶ ***engendrement*** n. m. ■ Action d'engendrer.

engin [ɑ̃ʒɛ̃] n. m. **1.** Nom donné à divers outils, instruments, appareils ou machines. — (Armes) *Engins militaires. Engins à tir courbe* (mortiers, obusiers). *Engins sol-sol, sol-air...,* projectiles autopropulsés, nommés d'après leur point de départ et leur objectif. — (Véhicules) *Engins blindés.* — *Engins forestiers,* pour la coupe et le traitement du bois (ébranchage, tronçonnage...) en forêt. — *Engins de chantier,* bulldozer, grue... — *Un engin interplanétaire.* ⇒ **fusée.** — (Instruments) *Engins de pêche, de chasse,* destinés à prendre le poisson ou le gibier. — *Engins de levage, de manutention.* — Fam. Moteur d'un véhicule automobile. *Faire vérifier son engin au garage.* — Loc. fam. *Fumer comme un engin.* ⇒ **locomotive ;** fam. **cheminée. 2.** Fam. Objet fabriqué qu'on ne peut pas ou qu'on ne veut pas désigner. ⇒ fam. **affaire, machin, patente.** *C'est un drôle d'engin.*

englober [ɑ̃glɔbe] v. tr. ▪ conjug. 1. **1.** ENGLOBER DANS : faire entrer dans un ensemble déjà existant. ⇒ **incorporer.** *Englober des terrains dans un domaine.* **2.** Réunir en un tout (plusieurs choses ou personnes considérées comme du même ordre). ⇒ **comprendre.** / contr. **séparer** / *La classe des mammifères englobe des animaux terrestres, aériens et aquatiques.*

engloutir [ɑ̃glutiʀ] v. tr. ▪ conjug. 2. **1.** Avaler gloutonnement. ⇒ **dévorer, engouffrer.** *Engloutir un kilo de viande.* ⇒ fam. s'**enfiler,** s'**envoyer. 2.** Fig. Dépenser rapidement. ⇒ **dissiper.** *On a englouti beaucoup d'argent dans cette affaire.* — (Suj. chose) Absorber, épuiser (une fortune, des biens). *Les réparations de la maison ont englouti ses économies.* **3.** (Suj. chose) Faire disparaître brusquement en noyant ou en submergeant. *Le chalutier a été englouti dans, par la tempête.* ▶ ***engloutissement*** n. m. ■ Action d'engloutir ; fait d'être englouti.

engluer [ɑ̃glye] v. tr. ▪ conjug. 1. **1.** Prendre à la glu (un oiseau). — Prendre, retenir dans une matière gluante. — Au p. p. adj. *Chaussures engluées dans la boue.* **2.** Enduire de glu, d'une matière gluante.

engoncer [ɑ̃gɔ̃se] v. tr. ▪ conjug. 3. ■ (Vêtements) Habiller d'une façon disgracieuse, en faisant paraître le cou enfoncé dans les épaules. *Ce manteau l'engonce.* — Au p. p. *Être engoncé dans son pardessus.* Fig. *Avoir l'air engoncé,* gauche, guindé. ⇒ **maladroit.**

engorger [ɑ̃gɔʀʒe] v. tr. ▪ conjug. 3. ■ Obstruer (un conduit, un passage) par l'accumulation de matières solides. ⇒ **boucher.** / contr. **dégorger** / *La boue engorge le canal.* — Pronominalement. *L'égout s'est engorgé.* — Obstruer une voie de communication. ⇒ **embouteiller.** *Les voitures engorgent la rue.* ▶ ***engorgement*** n. m. ■ État d'un conduit, d'une voie engorgé(e). *Un engorgement à l'entrée d'une grande ville.* ⇒ **encombrement.** ⟨ ▶ se rengorger ⟩

s'engouer [ɑ̃gwe] v. pron. ▪ conjug. 1. ■ Littér. Se prendre d'une passion ou d'une admiration excessive et passagère (pour qqn ou qqch.). *Le public s'était engoué de ce chanteur.* ⇒ s'**emballer,** s'**enticher.** / contr. se **dégoûter** / — Au p. p. *Être engoué d'une musique à la mode.* ▶ ***engouement*** [ɑ̃gumɑ̃] n. m. ■ Fait de s'engouer. ⇒ **emballement, enthousiasme, toquade.** *Cette nouveauté est l'objet d'un engouement extraordinaire.*

engouffrer [ɑ̃gufʀe] v. tr. ▪ conjug. 1. **1.** Fam. Manger avidement et en grande quantité. ⇒ **engloutir.** *Il a engouffré une pizza.* **2.** Engloutir (une fortune). *Elle a engouffré son héritage.* **3.** S'ENGOUFFRER v. pron. : se précipiter avec violence dans une ouverture, un passage. *La neige s'engouffre sous le capot. Le vent s'engouffrait dans la ruelle. Les manifestants poursuivis se sont engouffrés dans le métro.*

engoulevent [ɑ̃gulvɑ̃] n. m. ■ Oiseau passereau brun-roux, au bec largement fendu. *L'engoulevent d'Amérique.*

engourdir [ɑ̃guʀdiʀ] v. tr. ▪ conjug. 2. **1.** Priver en grande partie (un membre, le corps) de mobilité et de sensibilité. ⇒ **paralyser.** *Le froid engourdit ses mains.* / contr. **dégourdir** / — Au p. p. adj. *En descendant de voiture, il se sentait les jambes engourdies.* **2.** Mettre dans un état général de ralentissement des fonctions vitales, de moindre réaction. *La chaleur excessive nous engourdissait.* — Fig. *La paresse engourdit l'esprit.* — Pronominalement (réfl.). *L'hiver, la nature s'engourdit.* ⇒ s'**endormir.** — Au p. p. *L'esprit engourdi par la routine.* ⇒ **rouillé.** ▶ ***engourdissement*** n. m. ■ État de ce qui est engourdi (corps, facultés...). ⇒ **léthargie, torpeur.** *L'engourdissement du corps, d'un bras. Il faut les tirer de leur engourdissement.*

① ***engraisser*** [ɑ̃gʀese] v. ▪ conjug. 1. **1.** V. tr. Rendre gras, faire grossir (des animaux). *Engraisser des volailles, du bétail.* **2.** Fig. Rendre prospère. *Les contribuables craignent d'engraisser les administrations.* — Pronominalement (réfl.). Devenir prospère. *S'engraisser de la sueur des petits salariés.* **3.** V. intr. Devenir gras, prendre de l'embonpoint. *Il a engraissé depuis l'année dernière.* ⇒ **forcir, grossir.** / contr. **maigrir** / ▶ ① *à l'**engrais*** loc. adj. et adv. ■ (Animaux) De manière à engraisser. *Mettre des volailles, des bestiaux à l'engrais.* ▶ ***engraissement*** n. m. ■ Action d'engraisser (les animaux) ; son résultat.

② ***engraisser*** v. tr. ▪ conjug. 1. ■ Enrichir (une terre) au moyen d'engrais. ⇒ **fertiliser,** ④ **fumer.** ▶ ② ***engrais*** n. m. invar. ■ Substance organique ou minérale que l'on mêle au sol pour le fertiliser. *Engrais végétaux, organiques, chimiques.*

engranger [ɑ̃gʀɑ̃ʒe] v. tr. ▪ conjug. 3. ■ Mettre en grange (une récolte). *Engranger le foin.* — Fig. et littér. Mettre en réserve. *Engranger des souvenirs, des informations.* ⇒ **emmagasiner.** ▶ ***engrangement*** n. m. ■ Action d'engranger.

engrenage [ɑ̃gʀənaʒ] n. m. **1.** Système de roues dentées qui entrent les unes dans les autres de manière à transmettre un mouvement ; disposition, entraînement des roues de ce système. *L'engrenage de direction d'une automobile.* **2.** Fig. Enchaînement de circonstances ou d'actes, qui prend un caractère mécanique. *Ils sont pris dans l'engrenage du jeu, de la violence. Mettre le doigt dans l'engrenage,* s'engager de façon imprudente ou irréfléchie dans une affaire dans laquelle on est pris. ▶ ***s'engrener*** v. pron. ▪ conjug. 5. ■ (Pièces d'un engrenage) Entrer les uns dans les autres. *Les pignons s'engrènent.*

engrosser [ɑ̃gʀose] v. tr. ▪ conjug. 1. ■ Fam. Rendre (une femme) grosse (5), enceinte.

engueuler [ɑ̃gœle] v. tr. ▪ conjug. 1. Fam. **1.** Invectiver grossièrement et bruyamment pour exprimer son mécontentement. *Engueuler qqn comme du poisson pourri,* violemment. (→ Tomber à bras raccourcis sur qqn) — Pronominalement (récipr.). *Ils se sont engueulés dans la rue.* **2.** Réprimander. ⇒ **attraper, chicaner ;** fam. **enguirlander** (II). *J'en ai assez de me faire engueuler.* ▶ ***engueulade*** n. f. ■ Fam. Action d'engueuler, de s'engueuler (⇒ fam. **foire**). *Il a reçu une bonne engueulade.* ⇒ **algarade, réprimande, savon.**

enguirlander [ɑ̃giʀlɑ̃de] v. tr. ▪ conjug. 1. **1.** Orner de guirlandes. *On enguirlanda toute la maison pour le* *temps des Fêtes.* **2.** Fam. Engueuler, attraper (qqn). *Si je rentre en retard, je vais me faire enguirlander.* ⇒ **chicaner.**

enhardir [ɑ̃aʀdiʀ] v. tr. • conjug. 2. ■ Rendre hardi, plus hardi. ⇒ **encourager.** / contr. **intimider** / *Son succès l'enhardissait.* — Pronominalement (réfl.). Devenir plus hardi, prendre de l'assurance. *Elle s'enhardit jusqu'à refuser d'obéir.*

énième adj. et n. ⇒ **nième.**

énigme [enigm] n. f. **1.** Chose à deviner d'après une définition ou une description faite en termes obscurs. ⇒ **devinette.** *Poser, trouver une énigme. L'énigme proposée à Œdipe par le Sphinx. — Parler par énigmes,* d'une manière obscure et allusive. *C'est le mot de l'énigme,* l'explication de ce que l'on ne comprenait pas. **2.** Chose difficile à comprendre, à expliquer, à connaître. ⇒ **mystère, problème.** *Cette disparition reste une énigme.* ▶ ***énigmatique*** adj. ■ Qui renferme une énigme, tient de l'énigme par son caractère ambigu ou peu clair. ⇒ **équivoque, mystérieux, obscur.** *Une réponse, un sourire énigmatique. Elle a prononcé des paroles énigmatiques.* — (Personnes) Dont le comportement, le caractère est mystérieux. ⇒ **étrange, inexplicable.**

enivrer [ɑ̃nivʀe] v. tr. • conjug. 1. **1.** Littér. Rendre ivre. ⇒ **griser, soûler.** *Ces vins m'ont enivré.* — Pronominalement (réfl.). Se mettre en état d'ivresse. ⇒ se **soûler,** fam. se **paqueter, prendre** une brosse. **2.** Fig. Remplir d'une sorte d'ivresse des sens, d'une excitation ou d'une émotion très vive. ⇒ **exciter, transporter, troubler.** *Sa beauté m'enivrait.* — Au p. p. *Être enivré de joie.* — Rendre ivre d'orgueil. *Ses succès l'enivrent.* ▶ ***enivrant, ante*** adj. ■ Qui remplit d'une sorte d'ivresse. ⇒ **grisant.** *Des boissons enivrantes. Un parfum, un air enivrant.* ⇒ **entêtant, troublant.** *Des louanges enivrantes.* ▶ ***enivrement*** n. m. ■ Littér. Exaltation agréable, voluptueuse. ⇒ **griserie, transport.** *Nous étions encore dans l'enivrement de notre succès.*

enjambée [ɑ̃ʒɑ̃be] n. f. ■ Grand pas. *Elle les a rejoints en quelques enjambées. — D'une enjambée,* en enjambant en une seule fois. ▶ ***enjamber*** v. tr. • conjug. 1. ■ Franchir (un obstacle) en étendant la jambe. *Enjamber le ruisseau.* ‹ ▶ enjambement ›

enjambement [ɑ̃ʒɑ̃bmɑ̃] n. m. ■ Procédé rythmique consistant à reporter sur le vers suivant un ou plusieurs mots nécessaires au sens du vers précédent. ⇒ **rejet.**

enjeu [ɑ̃ʒø] n. m. **1.** Argent que l'on met en jeu en commençant une partie et qui doit revenir au gagnant. ⇒ **mise.** *Les enjeux sont importants dans ce casino. Les enjeux sont sur la table* (→ les jeux sont faits). **2.** Ce que l'on peut gagner ou perdre, dans une compétition, une entreprise. *Voilà l'enjeu du conflit. Cette coupe est l'enjeu du championnat.*

enjoindre [ɑ̃ʒwɛ̃dʀ] v. tr. • conjug. 49. ■ Littér. *Enjoindre à qqn de* (+ infinitif), ordonner expressément. ⇒ **intimer, prescrire.** *Je vous enjoins solennellement d'obéir.*

enjôler [ɑ̃ʒole] v. tr. • conjug. 1. ■ Littér. Duper, abuser par de belles paroles, des cajoleries, des flatteries. ⇒ **attraper, séduire ;** fam. **enfirouaper.** *Vous vous êtes laissé enjôler par ses discours.* ▶ ***enjôleur, euse*** n. et adj. ■ N. Personne habile à enjôler les autres. — Adj. Charmeur, séduisant. *Un sourire enjôleur.*

enjoliver [ɑ̃ʒɔlive] v. tr. • conjug. 1. **1.** Orner de façon à rendre plus joli, plus agréable. *Un grand bouquet de fleurs enjolivait la table.* ⇒ **embellir.** / contr. **enlaidir** / **2.** Agrémenter, embellir de détails ajoutés plus ou moins exacts. *Il a enjolivé son récit.* ⇒ **broder.** ▶ ***enjolivement*** n. m. ou ***enjolivure*** n. f. ■ Ornement destiné à enjoliver. — Addition destinée à enjoliver. *Il décrit le match avec des enjolivures.* ▶ ***enjoliveur*** n. m. ■ Garniture métallique pour enjoliver les roues d'automobile.

enjoué, ée [ɑ̃ʒwe] adj. ■ Qui a ou marque de l'enjouement. ⇒ **aimable,** ① **gai.** / contr. **maussade, renfrogné, triste** / *C'est une femme très enjouée. Une voix enjouée.* ▶ ***enjouement*** n. m. ■ Littér. Disposition à la bonne humeur, à une gaieté aimable et souriante. ⇒ **entrain.** / contr. **austérité, gravité, tristesse** /

enlacer [ɑ̃lase] v. tr. • conjug. 3. **1.** Entourer plusieurs fois en serrant. *Un lierre enlace ce chêne.* **2.** Serrer (qqn) dans ses bras, ou en passant un bras autour de la taille. ⇒ **étreindre.** *Le danseur enlace sa cavalière.* — Pronominalement (récipr.). *Les amoureux s'enlaçaient.* — Au p. p. adj. *Des corps enlacés.* ▶ ***enlacement*** n. m. ■ Littér. Étreinte de personnes qui s'enlacent.

enlaidir [ɑ̃lediʀ] v. • conjug. 2. **1.** V. tr. Rendre ou faire paraître laid. / contr. **embellir** / *Cette coiffure l'enlaidissait. Le nouvel immeuble enlaidit le vieux quartier.* **2.** V. intr. Devenir laid. *Il a enlaidi avec l'âge.* — Pronominalement. *Le paysage s'enlaidissait.* ▶ ***enlaidissement*** n. m. ■ Action d'enlaidir. — Ce qui enlaidit.

enlevé, ée [ɑ̃lve] adj. ■ Exécuté, développé avec brio. *Une scène magistralement enlevée.*

enlever [ɑ̃lve] v. tr. • conjug. 5. **I. 1.** Littér. Porter vers le haut. ⇒ **lever, soulever.** *L'avion les enlevait à dix mille mètres.* **2.** Faire bondir ou partir à toute allure (un cheval). *Elle enleva le cheval d'un coup de fouet.* **3.** Fig. *Enlever un morceau de musique,* l'exécuter brillamment avec aisance et rapidité (⇒ **enlevé**). **II. 1.** Faire qu'une chose ne soit plus là où elle était (en déplaçant, en séparant, en supprimant). ⇒ **ôter.** *Enlevez cette table de l'entrée. Il a enlevé ses gants.* ⇒ **retirer.** *On lui a enlevé les amygdales. Ce produit enlève les taches. Enlevez cette phrase de votre texte.* ⇒ **supprimer.** — Pronominalement (passif). *La housse s'enlève facilement. Les taches de goudron ne s'enlèvent pas.* ⇒ **partir. 2.** Abstrait. Priver (qqn) de (qqch. d'ordre moral). ⇒ **ôter.** *Vous m'enlevez tout espoir. Cela m'a enlevé l'envie de recommencer.* **III. 1.** Prendre avec soi. ⇒ **emporter.** *Les déménageurs viennent enlever les meubles.* — Emporter (une marchandise qui se vend facilement et rapidement). *Les soldes furent enlevés en quelques heures.* — Pronominalement (passif). *Ça s'enlève comme des petits pains chauds.* **2.** Prendre d'assaut. *L'armée a enlevé la place forte. — Enlever une course,* la gagner. **3.** Soustraire (une personne) à l'autorité de ceux qui en ont la garde. *Les ravisseurs exigent une rançon pour l'enfant qu'ils ont enlevé.* ⇒ **kidnapper.** — Fam. *Je vous enlève pour la soirée,* je vous emmène avec moi. — Emmener dans une fugue amoureuse. **4.** Littér. (Suj. mort, maladie, etc.) *La mort l'a enlevé,* emporté de ce monde. — Au p. p. adj. *Une personne enlevée par une pneumonie.* ▶ ***enlèvement*** n. m. **1.** Action d'enlever (une personne). ⇒ **kidnappage, rapt. 2.** Action d'enlever (une position militaire). **3.** Action d'enlever (des objets). *L'enlèvement des ordures ménagères.* ‹ ▶ enlevé ›

enligner [ɑ̃liɲe] v. • conjug. 1. Fam. **I.** V. tr. **1.** Aligner, mettre en ligne, en rang. *Enligner des piquets de clôture. Le professeur fait enligner les élèves. — Enligne bien tes mots sur la feuille,* écris droit. **2.** Régler les roues avant d'un véhicule automobile de manière qu'elles soient parallèles. ⇒ **aligner. 3.** Viser (avec la mire d'une arme). *Il enligna le chevreuil.* — Circonscrire avec les yeux. *Enligne bien la statue* *avant de la photographier.* **4.** Abstrait. ENLIGNER *qqch.* SUR *une autre,* l'aligner, la calquer sur elle. *Elle enligne sa conduite sur celle de son idole.* **II.** S'ENLIGNER v. pron. **1.** Se mettre en ligne, en rang. *Enlignez-vous deux par deux.* ⇒ s'**aligner.** **2.** *Enligne-toi !,* fais attention où tu mets les pieds, fais en sorte de ne pas me heurter. **3.** Abstrait. *S'enligner sur...,* se conformer fidèlement à... *La politique du gouvernement provincial en matière d'environnement s'enligne sur celle du fédéral.* ▶ ***enlignement*** n. m. ■ Fam. Fait d'enligner, de s'enligner. — Son résultat. ⇒ **alignement.**

enliser [ɑ̃lize] v. tr. ▪ conjug. 1. **1.** Enfoncer (qqn, qqch.) dans du sable mouvant, en terrain marécageux. **2.** S'ENLISER v. pron. : s'enfoncer dans le sable, la vase... et s'immobiliser. ⇒ s'**embourber,** s'**envaser.** *La voiture s'est enlisée. Ils se sont enlisés dans un banc de neige.* — Abstrait. Ne plus pouvoir progresser. *Les petits travaux quotidiens où s'enlise notre vie.* ▶ ***enlisement*** n. m. ■ Fait de s'enliser.

enluminer [ɑ̃lymine] v. tr. ▪ conjug. 1. **1.** Orner d'enluminures. *Enluminer un manuscrit.* **2.** Colorer vivement. ⇒ **enflammer.** — Au p. p. adj. *La trogne enluminée d'un gros buveur.* ▶ ***enlumineur, euse*** n. ■ Artiste spécialisé dans l'enluminure. ⇒ **miniaturiste.** ▶ ***enluminure*** n. f. ■ Lettre peinte ou miniature ornant d'anciens manuscrits, des livres religieux. — Art des enlumineurs. *Les moines qui pratiquaient l'enluminure.*

ennéagone [ɛ(e)neagɔn] ou ***nonagone*** [nonagɔn] n. m. ■ Polygone qui a neuf côtés et neuf angles.

enneigé, ée [ɑ̃nɛʒe] adj. ■ Souvent avec *être.* Couvert de neige. *Les rues sont enneigées. Côte enneigée fermée l'hiver. Toit enneigé qu'il faut déneiger.* — *Le ciel est enneigé,* il y a apparence de neige. ▶ ***enneigement*** n. m. ■ État d'une surface enneigée ; hauteur de la neige sur un terrain. *Un enneigement d'un mètre. Bulletin d'enneigement,* publié dans les stations de sports d'hiver.

ennemi, ie [ɛnmi] n. et adj. **I. 1.** Personne qui déteste qqn, est hostile et cherche à nuire. / contr. **ami** / *C'est son ennemi mortel. Elle s'est fait des ennemis. Les ennemis du régime,* l'opposition. ⇒ **adversaire.** — Adj. *Des familles ennemies.* **2.** Personne qui a de l'aversion, de l'éloignement (pour qqch.). *Les ennemis du progrès technique, des ordinateurs.* / contr. **partisan** / — Adj. *Être ennemi de l'alcool.* **3.** Ce qu'une personne ou un groupe juge contraire à son bien. *Le bruit est notre ennemi.* — Chose qui s'oppose à une autre et lui nuit. PROV. *Le mieux est l'ennemi du bien.* **II.** (Au plur. ou sing. collectif) Ceux contre lesquels on est en guerre, leur nation ou leur armée. *Attaquer, charger l'ennemi.* / contr. **allié** / *Tomber entre les mains de l'ennemi,* être fait prisonnier. — Adj. *L'armée ennemie.*

ennoblir [ɑ̃nɔbliʀ] v. tr. ▪ conjug. 2. ■ Donner de la noblesse, de la grandeur morale à (qqn, qqch.). *Cette action courageuse vous ennoblit.* / contr. **abaisser, avilir** / ≠ *anoblir.*

s'ennuager [ɑ̃nɥaʒe] v. pron. ▪ conjug. 1. ■ Se couvrir de nuages. ⇒ s'**obscurcir.** *Le ciel s'ennuageait rapidement.* — Au passif. *Le ciel est ennuagé* ou au p. p. adj. *Ciel ennuagé.* ▶ ***ennuagement*** n. m. ■ Fait de s'ennuager. *Ennuagement progressif au cours de l'après-midi.* — État du ciel ennuagé. *Il y a un léger ennuagement à l'horizon.*

ennui [ɑ̃nɥi] n. m. **1.** *(Un, des ennuis)* Peine qu'on éprouve d'une contrariété ; cette contrariété. ⇒ **désagrément, souci, tracas ;** fam. **embêtement.** *Des ennuis d'argent, de métier, de voiture. Tu te prépares bien des ennuis ! Tu ne crains pas qu'on te fasse des ennuis ? Je ne vais pas vous raconter mes ennuis.* ⇒ **problème.** *J'ai eu un gros ennui. L'ennui, c'est que...,* ce qu'il y a d'ennuyeux. — Mauvais fonctionnement. *Des ennuis mécaniques,* ⇒ ② **trouble.** **2.** Au sing. Impression de vide, de lassitude causée par le désœuvrement, par une occupation monotone ou sans intérêt. *Quelle soirée ! On a failli mourir d'ennui ! Elle donnait des signes d'ennui. Je ne connais jamais l'ennui.* **3.** Littér. Mélancolie vague, lassitude morale qui fait qu'on ne prend d'intérêt, de plaisir à rien. ⇒ ③ **cafard, neurasthénie, spleen ;** fam. **bleu** (II, 8). *Son ennui vient du mal du pays.*

ennuyer [ɑ̃nɥije] v. tr. ▪ conjug. 8. **1.** (Suj. chose) Causer du souci, de la contrariété à (qqn). ⇒ **contrarier, préoccuper.** *Ça m'ennuie, cette petite fièvre. Cela m'ennuierait d'arriver en retard.* **2.** (Suj. personne) Importuner. ⇒ **agacer, assommer, déranger, embêter ;** fam. **achaler.** *Tu nous ennuies avec tes histoires !* **3.** Remplir d'ennui, lasser l'intérêt de (qqn). ⇒ fam. **barber, raser.** / contr. **distraire** / *Ce professeur ennuie ses élèves.* **4.** S'ENNUYER v. pron. réfl. : éprouver de l'ennui. ⇒ s'**embêter ;** fam. s'**emmerder.** *Je ne m'ennuie jamais avec vous.* **5.** S'ENNUYER DE *qqn, qqch.,* v. pron. : (Suj. personne) souffrir de l'absence de qqn, de qqch. ⇒ **manquer** à. *Je m'ennuie de mon père. T'ennuies-tu des camps de vacances ?* ▶ ***ennuyé, ée*** adj. ■ Préoccupé, contrarié. *Il a l'air ennuyé. Je suis très ennuyé de sa visite.* ▶ ***ennuyeux, euse*** ou ***ennuyant, ante*** adj. **1.** Qui cause de la contrariété, du souci ou, simplement, de la gêne ou du désagrément. ⇒ **contrariant, désagréable, embêtant, fâcheux.** *Je n'ai pas de réponse, c'est très ennuyeux ! C'est une chose ennuyeuse à dire. C'est très ennuyant que tu ne puisses pas me rendre mes livres.* **2.** Qui ennuie (3). ⇒ **assommant, embêtant, fastidieux, monotone,** ① **plat** (II) ; fam. **achalant, barbant, emmerdant, rasant.** / contr. **intéressant** / *Un film ennuyant.* Loc. *Ces soirées étaient ennuyantes comme la pluie.* — (Personnes) *Un conférencier mortellement ennuyeux.* **3.** ENNUYEUX, EUSE : qui souffre de l'absence de qqn, qui est enclin à s'ennuyer. *Un enfant très ennuyeux de ses parents.* — N. *C'est une ennuyeuse.* ⟨ ▶ désennuyer, ennui ⟩

énoncer [enɔ̃se] v. tr. ▪ conjug. 3. ■ Exprimer en termes nets, sous une forme précise (ce qu'on veut dire). ⇒ **exposer, formuler.** *Il vous suffit d'énoncer les faits. Énoncer les données d'un problème. Le traité énonce un certain nombre de conditions.* — Pronominalement (réfl.). S'exprimer, parler. *Énoncez-vous plus clairement.* ▶ ***énoncé*** n. m. **1.** Ensemble de formules exprimant (qqch.) de façon précise. *L'énoncé d'un problème.* ⇒ **texte ; termes.** **2.** Suite d'éléments du langage qui a un sens complet. ⇒ **parole(s), texte ; discours** (terme de linguistique). ▶ ***énonciation*** n. f. ■ Action, manière d'énoncer. *L'énonciation des faits. En linguistique, on oppose l'énonciation* (acte) *à l'énoncé* (résultat).

enorgueillir [ɑ̃nɔʀgœjiʀ] v. tr. ▪ conjug. 2. **1.** Littér. Rendre orgueilleux, flatter (qqn) dans sa vanité. *Vos diplômes ne doivent pas vous enorgueillir.* **2.** S'ENORGUEILLIR v. pron. réfl. : devenir orgueilleux, tirer vanité (de qqch.). ⇒ se **glorifier.** *Tu t'enorgueillis d'un résultat qui n'est dû qu'au hasard.*

énorme [enɔʀm] adj. **1.** Dont les dimensions sont considérables. ⇒ **colossal, gigantesque, immense.** / contr. **minuscule, petit** / *Les murs énormes de la forteresse. Une différence, une perte énorme. Il y avait un monde énorme,* beaucoup de monde. *Ce n'est pas énorme,* c'est peu. *Un homme énorme,* très gros. **2.** Qui dépasse ce que l'on a l'habitude d'observer et de juger. ⇒ **anormal, démesuré, monstrueux.** / contr. **normal** / *Une énorme injustice. Qui a dit ça ? c'est énorme !* ⇒ **grave.** — Fam. (Personnes) *Un être énorme,* remarquable. ▶ ***énormément*** adv. ■ Sert de superlatif à beaucoup. ⇒ **démesurément, excessivement.** *Ils ont dépensé énormément d'argent. Elle a énormément à faire,* beaucoup de choses. ▶ ***énormité*** n. f. **1.** Dimension anormale ou simplement considérable. *L'énormité de ses prétentions. On est surpris de l'énormité du travail.* **2.** *(Une, des énormités)* Une très grosse faute, une maladresse. *Vous avez commis une énormité. Il nous a sorti des énormités,* d'énormes sottises.

s'enquérir [ɑ̃keʀiʀ] v. pron. ▪ conjug. 21. ■ Littér. Chercher à savoir (en examinant, en interrogeant), à se renseigner. ⇒ s'**informer.** *Il s'est enquis de votre santé. Il faudra vous enquérir du prix du voyage.* ⟨ ▶ enquête ⟩

enquête [ɑ̃kɛt] n. f. **1.** Recherche de la vérité par l'audition de témoins et l'accumulation d'informations. *Faire, ouvrir une enquête.* — Phase de l'instruction criminelle comportant les interrogatoires. *La Sûreté du Québec conduit l'enquête.* **2.** Recherche méthodique reposant sur des questions et des témoignages. ⇒ **examen, investigation.** *Je ferai ma petite enquête sur place.* — Étude d'une question sociale, économique, politique... par le rassemblement des avis, des témoignages des intéressés. *La revue a mené une enquête auprès de ses lecteurs.* ⇒ **sondage.** ▶ ***enquêter*** v. intr. ▪ conjug. 1. ■ Faire, conduire une enquête. *La police enquête sur une affaire embrouillée.* ▶ ***enquêteur, euse*** n. et adj. ■ Personne qui mène une enquête policière (⇒ **détective**), sociologique. — Adj. *La stratégie enquêteuse.*

enquiquiner [ɑ̃kikine] v. tr. ▪ conjug. 1. ■ Fam. Embêter, ennuyer. ⇒ fam. **achaler, emmerder, tanner.** *Tu commences vraiment à nous enquiquiner !* ▶ ***enquiquinant, ante*** adj. ■ Fam. Qui enquiquine. *Faire un travail enquiquinant.* ⇒ fam. **emmerdant.** ▶ ***enquiquineur*** ou ***enquiquineux, euse*** n. ■ Fam. Personne qui enquiquine. ⇒ **déplaisant, fatigant ;** fam. **achalant, casse-pieds, emmerdeur, tannant.**

enr. adj. f. invar. ■ Abréviation de *enregistrée,* apparaissant dans une raison sociale. ⇒ **enregistrer, incorporer ; incorporée, limitée, inc. ; ltée.** *Les Ameublements XYZ enr.* — REM. Ce mot se prononce [ɛ̃ʀeʒistʀe], comme s'il était écrit au long.

enraciner [ɑ̃ʀasine] v. tr. ▪ conjug. 1. **1.** Faire prendre racine à (un arbre, une plante). / contr. **déraciner** / — Pronominalement. Prendre racine. *Les arbustes s'enracinaient profondément.* **2.** Fig. Fixer profondément, solidement (dans l'esprit, le cœur) ; établir de façon durable (dans les mœurs). ⇒ **ancrer, implanter.** *La littérature populaire a fini par enraciner cette légende.* — Pronominalement. *S'enraciner dans un pays, une région.* ▶ ***enraciné, ée*** adj. ■ Fixé profondément. *Un arbuste enraciné dans la muraille.* — Fig. *Des préjugés bien enracinés. Une personne enracinée dans ses habitudes.* ▶ ***enracinement*** n. m. ■ Fait d'enraciner ou de s'enraciner. *L'enracinement d'un arbre. — L'enracinement d'un souvenir.* ⇒ **ancrage.**

enrager [ɑ̃ʀaʒe] v. intr. ▪ conjug. 3. ■ Éprouver un violent dépit. ⇒ **rager.** *J'enrage de ne pas pouvoir lui dire ce que je pense. — Faire enrager qqn,* l'exaspérer en le taquinant. — Iron. *Ça m'enrage de rater ce spectacle,* cela me désole. — Pronominalement. Éprouver une violente colère, fulminer. *S'enrager sans raison.* ▶ ***enragé, ée*** adj. et n. **1.** Furieux, fou de colère. ⇒ **furibond.** — Passionné au plus haut point. ⇒ **maniaque.** *Un joueur enragé. Être enragé de musique.* — N. *C'est une enragée de rock. Un enragé du football.* ⇒ **fanatique. 2.** Atteint de la rage. *Des animaux enragés. — Manger de la* VACHE ENRAGÉE loc. fam. : mener une vie de privations. ⇒ **misère.** ▶ ***enrageant, ante*** adj. ■ Qui fait enrager. *C'est enrageant. Elles sont enrageantes.*

enrayer [ɑ̃ʀɛje] v. tr. ▪ conjug. 8. **1.** Empêcher accidentellement de fonctionner (une arme à feu, un mécanisme). ⇒ **bloquer.** — Pronominalement. *Sa carabine s'est enrayée.* ⇒ se **coincer,** se **gripper. 2.** Arrêter dans son cours (une progression dangereuse, un mal). ⇒ **juguler.** *Les mesures prises pour enrayer l'épidémie.*

enrégimenter [ɑ̃ʀeʒimɑ̃te] v. tr. ▪ conjug. 1. ■ Faire entrer (qqn) dans un parti, un groupe qui exige une obéissance militaire. ⇒ **embrigader.**

enregistrer [ɑ̃ʀ(ə)ʒistʀe] v. tr. ▪ conjug. 1. **1.** Inscrire sur un registre public ou privé. *Enregistrer un record olympique. Faire enregistrer un contrat, une raison sociale.* — Au p. p. adj. *Testament enregistré.* — Au fém. *Compagnie, société enregistrée.* ⇒ **enr. ; incorporer ; incorporée, limitée ; inc., ltée. 2.** Inscrire (les bagages à transporter qui ne restent pas avec le voyageur). *Va faire enregistrer ta valise, mais garde ton sac.* **3.** Consigner par écrit, noter. *Enregistrer un mot dans un dictionnaire.* ⇒ **répertorier.** — Constater avec l'intention de se rappeler. *J'enregistre vos déclarations.* **4.** Transcrire et fixer sur un support matériel, à l'aide de techniques et appareils divers (un phénomène, une information). *Enregistrer les battements du cœur. L'émission a été enregistrée pour être transmise en différé.* — Au p. p. adj. *Un programme enregistré* (opposé à *en direct*). **5.** Produire (de la musique, un discours) pour les faire enregistrer. ⇒ **endisquer.** *Cette vedette a enregistré plusieurs chansons.* — Par ext. *Enregistrer un disque, une cassette, un vidéo.* — Produire (un disque). ▶ ***enregistrement*** n. m. **1.** Transcription ou mention sur registre public, moyennant le paiement d'un droit fiscal, d'actes ou de déclarations. *Droits d'enregistrement. Enregistrement d'un acte d'hypothèque.* **2.** Titre de propriété d'un véhicule automobile. ⇒ **immatriculation ; permis** de conduire. *Placer l'enregistrement dans la boîte à gants.* **3.** *Enregistrement des bagages,* opération par laquelle un transporteur enregistre les bagages dont les voyageurs ne conservent pas la garde. **4.** Action de consigner par écrit, de noter comme réel ou authentique. **5.** Action ou manière d'enregistrer (des informations, signaux et phénomènes divers). *L'enregistrement des images, du son* (permettant de les conserver et de les reproduire). *Enregistrement sur bande magnétique, sur cassette, sur bande vidéo. Un studio d'enregistrement.* — Support sur lequel a été effectué un enregistrement (disque, bande magnétique ou vidéo). *As-tu encore l'enregistrement du concert symphonique ?* ▶ ***enregistreur, euse*** adj. et n. ■ Se dit d'un appareil destiné à enregistrer un phénomène. ⇒ **-graphe.** *Thermomètre enregistreur. Caisse enregistreuse.* — N. Appareil enregistreur. (Au masc.) *Un enregistreur de pression.* — (Au fém.) *Une enregistreuse,* un magnétophone.

enrhumer [ɑ̃ʀyme] v. tr. ▪ conjug. 1. ■ Causer le rhume de (qqn). — Au p. p. adj. *Il est enrhumé, très enrhumé.* ≠ *grippé.* — S'ENRHUMER v. pron. réfl. : attraper un rhume. *Elle s'est enrhumée l'hiver dernier.* ⟨ ▶ désenrhumer ⟩

enrichir [ɑ̃ʀiʃiʀ] v. tr. ▪ conjug. 2. **1.** Rendre riche. *L'industrie du pétrole a enrichi la région.* / contr. **appauvrir** / — Pronominalement (réfl.). Devenir riche. *Il s'est enrichi dans le commerce.* — PROV. *Qui paie ses dettes s'enrichit.* **2.** Fig. Rendre plus riche ou plus précieux en ajoutant un ornement ou un élément de valeur. *Elle a enrichi sa collection de deux pièces rares. Des lectures qui enrichissent l'esprit.* **3.** Traiter (une substance) en augmentant l'un de ses constituants ou sa teneur. *Enrichir une terre par des engrais.* ▶ ***en-***

richi, ie adj. **1.** Qui s'est enrichi. *Un commerçant enrichi.* **2.** (Substance) Dont l'un des composants a été augmenté. *Aliment enrichi de vitamines.* ▶ ***enrichissant, ante*** adj. ■ Qui enrichit l'esprit. *Une expérience enrichissante.* ▶ ***enrichissement*** n. m. **1.** Fait d'augmenter ses biens, de faire fortune. / contr. **appauvrissement** / *L'enrichissement des anglophones au* XIXe *siècle.* **2.** Action, manière d'enrichir (une collection, un ouvrage, l'esprit, etc.). *L'enrichissement d'un musée par de nouvelles acquisitions.*

enrober [ɑ̃ʀɔbe] v. tr. ▪ conjug. 1. **1.** Entourer (une marchandise, un produit) d'une enveloppe ou d'une couche protectrice. *Enrober des pilules.* — Au p. p. adj. *Crème glacée à la vanille enrobée de chocolat.* **2.** Fig. Envelopper de manière à masquer ou adoucir. *Il a enrobé son refus de quelques compliments.*

enrôler [ɑ̃ʀole] v. tr. ▪ conjug. 1. **1.** Inscrire sur les rôles (II, 1) de l'armée. ⇒ **recruter.** — Pronominalement (réfl.). S'engager. *Il s'est enrôlé dans l'aviation.* **2.** Fig. Amener à entrer dans un groupe, un parti. ⇒ **embrigader.** ▶ ***enrôlement*** n. m.

s'enrouer [ɑ̃ʀwe] v. pron. ▪ conjug. 1. ■ Devenir enroué. *Il s'est enroué à force de crier.* ▶ ***enroué, ée*** adj. ■ Devenu rauque. *Voix enrouée.* ⇒ **éraillé.** — Atteint d'enrouement. *Il est très enroué, on ne l'entend plus.* ▶ ***enrouement*** [ɑ̃ʀumɑ̃] n. m. ■ Altération de la voix due à une inflammation ou à une atteinte du larynx.

enrouler [ɑ̃ʀule] v. tr. ▪ conjug. 1. **1.** Rouler (une chose) sur elle-même. *Enrouler du papier d'emballage, un cordage.* — Pronominalement *Le galon à mesurer s'enroule automatiquement.* **2.** Rouler (une chose) sur, autour de qqch. / contr. **dérouler** / *On a enroulé un pansement autour de son poignet.* — Au p. p. adj. *Du fil enroulé sur une bobine.* — Pronominalement (réfl.). S'envelopper dans (qqch. qui entoure). *Elle s'est enroulée dans sa couverture pour dormir.* ▶ ***enroulement*** n. m. **1.** Ornement en spirale, objet présentant des spires. **2.** Action d'enrouler ; fait de s'enrouler. *L'enroulement du fil sur le moulinet.* — Disposition de ce qui est enroulé sur soi-même ou autour de qqch.

enrubanner [ɑ̃ʀybane] v. tr. ▪ conjug. 1. ■ Garnir, orner de rubans. *Enrubanner une boîte de friandises.* — Au p. p. adj. *Un cadeau enrubanné.*

s'ensabler [ɑ̃sable] v. pron. ▪ conjug. 1. **1.** S'enfoncer, s'échouer dans le sable. ⇒ s'**enliser.** *La barque s'est ensablée.* **2.** Se remplir de sable. *L'estuaire s'ensable lentement.* — Au p. p. adj. *Un port ensablé.* ▶ ***ensablement*** n. m. ■ Dépôt de sable formé par l'eau ou par le vent ; état d'un lieu ensablé. *L'ensablement de la baie de Gaspé.*

ensacher [ɑ̃saʃe] v. tr. ▪ conjug. 1. ■ Mettre en sac, en sachet. *Ensacher du grain.* ▶ ***ensachage*** n. m. ■ Action d'ensacher.

ensanglanter [ɑ̃sɑ̃glɑ̃te] v. tr. ▪ conjug. 1. **1.** Tacher de sang. — Au p. p. adj. *Un linge ensanglanté.* **2.** (Suj. meurtre, guerre, etc.) Couvrir, souiller de sang qu'on fait couler. *Des troubles ont ensanglanté le pays.*

enseignant, ante [ɑ̃sɛɲɑ̃, ɑ̃t] adj. et n. ■ Qui enseigne, est chargé de l'enseignement. *Le corps enseignant,* l'ensemble des professeurs et instituteurs. — N. Souvent au plur. *Les enseignants,* les membres du corps enseignant.

① ***enseigne*** [ɑ̃sɛɲ] n. f. **1.** Symbole de commandement qui servait de signe de ralliement pour les troupes. **2.** Panneau portant un emblème ou une inscription, ou un objet symbolique qui signale un établissement. *Une enseigne commerciale. L'enseigne lumineuse d'une pharmacie.* — Loc. *Être logé* À LA MÊME ENSEIGNE *que qqn* : être dans la même situation, le même cas (souvent désagréable).

② ***enseigne*** n. m. ■ *Enseigne de vaisseau,* officier de la marine de guerre, d'un grade correspondant à sous-lieutenant et lieutenant.

③ *à telle **enseigne*** [atɛlɑ̃sɛɲ] loc. adv. ■ Littér. À TELLE ENSEIGNE QUE : d'une manière telle, si vraie que... ⇒ **tellement.**

enseignement [ɑ̃sɛɲmɑ̃] n. m. **1.** Action, art d'enseigner, de transmettre des connaissances à un élève, de développer ses aptitudes. ⇒ **éducation, instruction, pédagogie.** *L'enseignement des langues vivantes. Méthodes d'enseignement. Enseignement assisté par ordinateur.* ⇒ **E.A.O.** *Enseignement public* (organisé par l'État), *privé* (dans les écoles privées). *Enseignement primaire, secondaire, collégial, universitaire* ou *supérieur. Collège d'enseignement général et professionnel.* ⇒ **cégep.** *Enseignement technique.* — Profession, carrière des enseignants. *Entrer dans l'enseignement.* **2.** Surtout au plur. Littér. Précepte, leçon. *Les enseignements de l'expérience.* ⟨ ▶ télé(-)enseignement ⟩

enseigner [ɑ̃sɛɲe] v. tr. ▪ conjug. 1. **1.** Transmettre à un élève de façon qu'il comprenne et assimile (des connaissances, des techniques). ⇒ **apprendre.** *Elle enseigne les mathématiques aux élèves de cinquième secondaire. Elle enseigne le dessin.* **2.** Apprendre à qqn, par une sorte de leçon ou par l'exemple. *Elle nous a enseigné la persévérance, la modestie... — Enseigner à qqn à faire qqch., lui enseigner qu'il faut...* — (Suj. chose) *L'histoire, l'expérience nous a enseigné qu'il fallait prévoir l'avenir.* ⟨ ▶ enseignant, enseignement, renseigner ⟩

① ***ensemble*** [ɑ̃sɑ̃bl] adv. **1.** L'un avec l'autre, les uns avec les autres. ⇒ **collectivement.** / contr. **séparément** / *Ils ne peuvent plus vivre ensemble. On fera cela ensemble.* ⇒ en **commun.** *Elles ne sont pas très bien ensemble,* elles ne s'entendent pas bien. **2.** L'un avec l'autre et en même temps. ⇒ **simultanément.** *Venez ensemble. Ne parlez pas tous ensemble.* **3.** Loc. *Aller ensemble,* s'harmoniser, convenir. *Chemise et cravate qui vont ensemble.* ⇒ fam. s'**adonner.** *Des fiancés qui vont bien ensemble,* qui s'accordent bien, qui se conviennent. ⇒ fam. s'**adonner.**

② ***ensemble*** n. m. **1.** Unité tenant au synchronisme des mouvements, à la collaboration des divers éléments. *Les gymnastes ont évolué avec un ensemble impressionnant.* Iron. *Ils mentent avec un ensemble touchant.* **2.** Totalité d'éléments réunis. *Étudier les détails sans perdre de vue l'ensemble. Cela s'adresse à l'ensemble des habitants. J'ai lu l'ensemble de son œuvre.* — Loc. *Une vue d'ensemble, une idée d'ensemble,* générale, globale. — DANS L'ENSEMBLE loc. adv. : en considérant plutôt l'ensemble que les composants. ⇒ en **gros.** *Le voyage, dans l'ensemble, a été intéressant.* **3.** Groupe de plusieurs personnes ou choses réunies en un tout. *Ensemble vocal, instrumental,* ensemble de chanteurs, de musiciens. *Réunir un ensemble de conditions.* **4.** Groupe d'habitations ou de monuments. *Un ensemble résidentiel,* qui présente une certaine unité architecturale et qui propose des éléments d'équipement collectif. (Surtout en France) GRAND ENSEMBLE : quartier d'habitations neuves conçues ensemble. **5.** Pièces d'habillement assorties, faites pour être portées ensemble. ⇒ **deux-pièces.** *Un ensemble de plage, de jogging.* **6.** Mathématiques. Collection d'éléments, en nombre fini ou infini, susceptibles de posséder certaines propriétés, et d'avoir entre eux, ou avec des éléments d'autres ensembles, certaines relations. *La théorie des ensem-*

bles. ▸ ***ensemblier, ière*** n. et adj. ▪ Spécialiste de la création des ensembles décoratifs. — Adj. *Une décoratrice ensemblière.* ⟨ ▸ sous-ensemble ⟩

ensemencer [ɑ̃s(ə)mɑ̃se] v. tr. ▪ conjug. 3. **1.** Pourvoir de semences (une terre). ⇒ **semer. 2.** *Ensemencer une rivière, un étang, etc.,* y placer du petit poisson. ⇒ **aleviner ; empoissonner.** — Introduire des germes, des bactéries dans (un bouillon de culture, un milieu). ▸ ***ensemencement*** n. m. ▪ Action d'ensemencer. *L'ensemencement d'un champ.*

enserrer [ɑ̃seʀe] v. tr. ▪ conjug. 1. ▪ Littér. (Choses) Entourer en serrant étroitement, de près. *La rivière enserre la ville.* — Au p. p. *Le poignet enserré d'un bracelet.*

ensevelir [ɑ̃səvliʀ] v. tr. ▪ conjug. 2. **1.** Littér. Mettre (un mort) au tombeau. ⇒ **enterrer.** *Il a été enseveli dans le lot familial.* — Envelopper dans un linceul. **2.** (Suj. chose) Faire disparaître sous un amoncellement. *L'avalanche avait enseveli plusieurs villages.* ⇒ **engloutir. 3.** Abstrait. Littér. Enfouir en cachant. *La solitude, le silence les a ensevelis.* Pronominalement (réfl.). *Elle s'ensevelit dans ses pensées, dans la solitude.* — Au p. p. *Être enseveli dans son chagrin.* ▸ ***ensevelissement*** n. m. **1.** Littér. Action d'ensevelir dans une tombe. ⇒ **enterrement. 2.** Fait d'être enfoui, caché.

ensoleiller [ɑ̃sɔleje] v. tr. ▪ conjug. 1. ▪ Remplir de la lumière du soleil. / contr. **ombrager** / — Au p. p. adj. *Une façade ensoleillée,* exposée au soleil. ▸ ***ensoleillement*** n. m. ▪ État d'un lieu ensoleillé. *L'ensoleillement d'une rue.* — Temps pendant lequel un lieu est ensoleillé. *L'ensoleillement annuel d'une station balnéaire.*

ensommeillé, ée [ɑ̃sɔmeje] adj. ▪ Qui reste sous l'influence du sommeil, est mal réveillé. *Avant sa douche, il est tout ensommeillé.* ⇒ **endormi, somnolent.**

ensorceler [ɑ̃sɔʀsəle] v. tr. ▪ conjug. 4. **1.** Soumettre (qqn) à l'action d'un sortilège, jeter un sort sur (qqn). ⇒ **envoûter. 2.** Captiver entièrement, comme par un sortilège irrésistible. ⇒ **charmer, fasciner, séduire.** ▸ ***ensorcelant, ante*** adj. ▪ Qui ensorcelle, séduit irrésistiblement. ⇒ **envoûtant, fascinant, séduisant.** *Un sourire ensorcelant.* ▸ ***ensorcellement*** n. m. **1.** Pratique de sorcellerie ; état d'un être ensorcelé. ⇒ **enchantement, envoûtement, sortilège. 2.** Fig. Séduction irrésistible. ⇒ **fascination.** *L'ensorcellement de la musique.* ▸ ***ensorceleur, euse*** adj. et n. ▪ Littér. Qui ensorcelle.

ensuite [ɑ̃sɥit] adv. **1.** Après cela, plus tard. ⇒ **puis ;** fam. ③ **pis.** / contr. d'**abord, avant** / *Termine ton travail, tu pourras sortir ensuite.* — Loc. *D'ensuite,* qui suit, suivant. ⇒ d'**après.** *Elle est partie le mercredi et elle est revenue le samedi d'ensuite. Le jour d'ensuite.* ⇒ **lendemain. 2.** Derrière en suivant. *Arrivait ensuite le peloton.* — Après (dans l'espace). *Ici vous avez les loges, ensuite les mezzanines.* — En second lieu. *D'abord, je ne veux pas ; ensuite, je ne peux pas.*

s'ensuivre [ɑ̃sɥivʀ] v. pron. ▪ conjug. 40. — REM. Infinitif et 3es pers. seulement. **1.** En loc. *Et tout ce qui s'ensuit,* et tout ce qui vient après, accompagne la chose. **2.** Survenir en tant qu'effet naturel ou conséquence logique. *Certains résultats s'ensuivent nécessairement. Jusqu'à ce que mort s'ensuive.* — Impers. *Il s'ensuit que,* il en résulte que. *Il s'ensuit que vous devez l'aider.*

entablement [ɑ̃tabləmɑ̃] n. m. **1.** Saillie au sommet des murs, qui supporte la charpente de la toiture. **2.** Partie qui surmonte une colonnade et comprend l'architrave, la frise et la corniche.

entacher [ɑ̃taʃe] v. tr. ▪ conjug. 1. **1.** Littér. Marquer d'une tache morale. ⇒ **salir, souiller, ternir.** *Cette condamnation entache son honneur.* **2.** (Choses) Au passif ou au p. p. adj. *(*ÊTRE*)* ENTACHÉ, ÉE DE... : gâté par (un défaut). *Un acte entaché de nullité. Un geste entaché d'illégalité.*

entaille [ɑ̃taj] n. f. **I. 1.** Coupure qui enlève une partie, laisse une marque allongée ; cette marque. ⇒ ① **coche, encoche, fente.** *L'entaille d'une greffe* (sur un arbre). **2.** Incision profonde faite dans les chairs. ⇒ **balafre, coupure, estafilade.** *Elle s'est fait une entaille dans la main.* **II.** Acériculture. Trou percé dans l'écorce d'un érable pour en recueillir la sève. — Érable entaillé. *Une érablière de deux mille entailles.* ▸ ***entailler*** v. tr. ▪ conjug. 1. **I.** Couper en faisant une entaille. *Entailler une pièce de bois. — Elle s'est entaillé le pouce en coupant un morceau de pain.* **II. 1.** Acériculture. Pratiquer une entaille (II) (dans un érable). *Il y a plusieurs centaines d'arbres à entailler.* — V. intr. *On n'entaillera pas avant la mi-mars.* — Au p. p. adj. *Érables entaillés.* **2.** V. intr. Mettre une érablière en exploitation. *Ils veulent entailler dès que la température le permettra.* ▸ ***entaillage*** n. m. ▪ Acériculture. Opération qui consiste à entailler les érables au printemps.

entamer [ɑ̃tame] v. tr. ▪ conjug. 1. **I. 1.** Enlever en coupant une partie à (qqch. dont on n'a encore rien pris). *Allons, entamons ce pâté !* **2.** Diminuer (un tout dont on n'a encore rien pris) en utilisant une partie. *Il a dû entamer son capital.* — Au p. p. *La journée est déjà bien entamée.* **3.** (Suj. chose) Couper, pénétrer (la matière). *La rouille entame le fer. Les blindés ont entamé la première ligne de résistance.* ⇒ **percer.** — Abstrait. *Rien ne peut entamer sa réputation.* **II.** Commencer à faire (qqch.). ⇒ **commencer, entreprendre.** / contr. **achever** / *Elles entamèrent la conversation. Les deux pays vont entamer des négociations.* ⇒ **engager.** ▸ ***entame*** n. f. ▪ Premier morceau coupé (d'une chose à manger). ⇒ **bout.** *L'entame d'un jambon. L'entame d'un pain.* ⇒ **croûte** (I).

entartrer [ɑ̃taʀtʀe] v. tr. ▪ conjug. 1. ▪ Recouvrir de tartre incrusté. / contr. **détartrer** / *L'eau calcaire entartre les tuyaux.* — Au p. p. adj. *Une canalisation entartrée.* ▸ ***entartrage*** n. m. ▪ État de ce qui est entartré. / contr. **détartrage** /

entasser [ɑ̃tase] v. tr. ▪ conjug. 1. **1.** Mettre (des choses) en tas, généralement sans ordre. ⇒ **amonceler, empiler ;** fam. **corder** (II). / contr. **éparpiller** / *Il avait entassé tous ses vieux vêtements dans une malle.* — Pronominalement. *Son courrier s'entasse dans un tiroir.* **2.** Réunir (des personnes) dans un espace trop étroit. ⇒ **serrer, tasser ;** fam. **corder** (II). — Pronominalement (réfl.). *Les spectateurs s'entassaient dans la salle.* ⇒ fam. se **corder** (II). **3.** Accumuler. *L'auteur entasse les citations, les références.* — Amasser de l'argent. ⇒ **économiser.** / contr. **dépenser** / *Elle entassait ses économies.* ▸ ***entassement*** n. m. ▪ Action d'entasser ou de s'entasser. — Choses entassées. ⇒ **amas, tas.** *Un entassement de livres.*

entendement n. m. ⇒ ② **entendre.**

① ***entendre*** [ɑ̃tɑ̃dʀ] v. tr. ▪ conjug. 41. **1.** Percevoir par le sens de l'ouïe. ⇒ **ouïr.** *Avez-vous entendu ce qu'il a dit ?* — (+ infinitif) *J'ai entendu la voiture arriver, je l'ai entendue arriver. Je connaissais la chanson que nous avons entendu chanter.* — Loc. *Il ne l'entend pas de cette oreille,* il n'est pas d'accord. *Entendre à travers les branches*.* — ENTENDRE PARLER *de qqch., qqn* : apprendre qqch. à ce sujet. *Je n'ai pas entendu parler de cette histoire. Ne pas vouloir entendre parler d'une chose,* la rejeter sans examen. *Je ne veux pas entendre parler de vos excuses. — J'ai entendu dire que...,* j'ai appris. *J'ai entendu dire qu'elle était satisfaite. Faire entendre,* émettre (un son, une parole). **2.** Sans compl.

Percevoir (plus ou moins bien) par l'ouïe. *Parlez plus fort, elle entend mal.* **3.** Littér. Écouter, prêter attention à. *On l'a condamné sans l'entendre. Il ne veut rien entendre,* rien de ce qu'on peut lui dire ne l'influencera. *Ils ne veulent pas entendre raison,* se ranger aux avis raisonnables qu'on leur donne. **4.** Écouter. *Aller entendre un concert, un artiste.* — Loc. *À l'entendre,* si on l'en croit, si on l'écoute. *À l'entendre, elle sait tout faire.* **5.** Pronominalement (passif). S'ENTENDRE : être entendu. *Le choc s'entendit de loin. Cette expression s'entend encore,* est encore employée, se dit encore. ‹ ▶ malentendant, réentendre ›

② ***entendre*** v. tr. ▪ conjug. 41. **I.** Littér. ENTENDRE QUE (+ subjonctif), ENTENDRE (+ infinitif) : avoir l'intention, le dessein de. ⇒ **vouloir.** *J'entends qu'on m'obéisse ; j'entends être obéi. — Faites comme vous l'entendez. Chacun fera comme il l'entend.* ⇒ **désirer.** **II. 1.** Littér. Percevoir, saisir par l'intelligence. ⇒ **comprendre.** *Comment entendez-vous cette phrase ? J'entends bien,* je comprends bien ce que vous voulez dire. — Loc. *Laisser entendre, donner à entendre,* laisser deviner. ⇒ **insinuer.** *Elle a laissé entendre qu'elle partirait sans nous.* **2.** (Personnes) Vouloir dire. *Qu'entendez-vous par ce mot ?,* quel sens lui donnez-vous ? **3.** Pronominalement (passif). Être compris. *Ce mot peut s'entendre de diverses manières. — Cela s'entend* et, ellipt, *s'entend,* c'est évident, bien sûr. *Nous réglerons ces difficultés bientôt ; entre nous, cela s'entend.* **4.** S'Y ENTENDRE : être expert en la matière. ⇒ s'y **connaître.** *Je te laisse préparer la pâte, je ne m'y entends pas.* ▶ ***entendement*** n. m. ■ Littér. Faculté de comprendre. *La démarche de l'entendement.* — Ensemble des facultés intellectuelles. ⇒ **intelligence, raison.** Loc. *Cela dépasse l'entendement,* c'est incompréhensible. ▶ ***entendeur*** n. m. ■ Loc. À BON ENTENDEUR, SALUT : que la personne qui comprend bien en fasse son profit (souligne une menace). *Je vous ai prévenu ! À bon entendeur, salut !* ▶ ***entendu, ue*** adj. **1.** *Un air, un sourire entendu,* malin, complice. **2.** Accepté ou décidé après accord. ⇒ **convenu.** *C'est une affaire entendue. C'est entendu.* Ellipt. *Entendu !* ⇒ d'**accord.** — BIEN ENTENDU [bjɛ̃nɑ̃tɑ̃dy] ou fam., COMME DE BIEN ENTENDU loc. adv. : la chose est évidente, naturelle. ⇒ **évidemment, naturellement.** *« Vous nous accompagnez ? — Bien entendu ! »* Fam. *Comme de bien entendu.* ▶ ① ***entente*** n. f. ■ Loc. *Une phrase* À DOUBLE ENTENTE : qui a deux significations. ⇒ **ambigu,** à double **sens** (III, 1). ‹ ▶ ③ s'entendre, malentendant, malentendu, sous-entendre ›

③ ***s'entendre*** v. pron. ▪ conjug. 41. **1.** Se mettre d'accord. *Ils n'ont pas réussi à s'entendre sur le plan à suivre. Entendons-nous bien !,* mettons-nous bien d'accord ! **2.** Avoir des rapports (bons ou mauvais). *Les deux sœurs se sont toujours bien entendues.* ⇒ fam. s'**adonner.** *Ils s'entendent comme chien et chat,* très mal, *comme larrons en foire,* à merveille. ▶ ② ***entente*** n. f. **1.** Le fait de s'entendre, de s'accorder ; état qui en résulte. ⇒ **accord.** / contr. **mésentente** / *Parvenir à une entente. — Entente entre producteurs, entre entreprises.* ⇒ **cartel, trust.** — Collaboration politique entre États. ⇒ **alliance.** — *Une entente hors cour,* à l'amiable entre les parties. **2.** *Entente, bonne entente,* relations amicales, bonne intelligence entre plusieurs personnes. ⇒ **amitié, union.** *Il règne entre eux une entente parfaite. — L'entente,* l'accord entre plusieurs personnes. *Maintenant, l'entente règne.* ‹ ▶ mésentente ›

enter [ɑ̃te] v. tr. ▪ conjug. 1. ■ Greffer. *Enter une vigne.* ≠ *hanter.*

entériner [ɑ̃teʀine] v. tr. ▪ conjug. 1. **1.** Rendre définitif, valide (un acte) en l'approuvant juridiquement. ⇒ **homologuer, ratifier, valider.** *Le tribunal a entériné les rapports d'experts.* **2.** Admettre ou consacrer. ⇒ **approuver.** *Nous n'entérinerons pas le fait accompli.*

entérite [ɑ̃teʀit] n. f. ■ Inflammation de la muqueuse intestinale, généralement accompagnée de colique, de diarrhée. ▶ ***entéro-*** ■ Élément de mots savants, signifiant « intestin » (ex. : *entérologie* n. f., médecine de l'intestin). ‹ ▶ dysenterie, gastro-entérite, mésentère ›

enterrer [ɑ̃teʀe] v. tr. ▪ conjug. 1. **I. 1.** Déposer le corps de (qqn) dans la terre, dans une sépulture. ⇒ **ensevelir, inhumer.** / contr. **exhumer** / *On l'a enterré dans le cimetière paroissial.* **2.** Loc. *Il est mort et enterré,* il est mort depuis longtemps. *Vous nous enterrerez tous,* vous vivrez plus longtemps que nous. — *Enterrer sa vie de garçon,* passer avec ses amis une dernière et joyeuse soirée de célibataire. **3.** Abandonner ou faire disparaître (comme une chose finie, morte). Surtout au passif. *Le scandale a été enterré.* — Au p. p. adj. *C'est une histoire enterrée,* oubliée. **II. 1.** Enfouir dans la terre. / contr. **déterrer** / *Enterrer profondément une canalisation.* **2.** Surtout au p. p. Recouvrir d'un amoncellement. ⇒ **ensevelir.** *Il est resté deux heures enterré sous les décombres.* **3.** Recouvrir de neige, faire disparaître sous la neige. *La neige a enterré la haie.* — Au passif. *Les champs sont enterrés depuis décembre.* — V. pron. *Les enfants se sont enterrés dans le banc de neige,* enfouis, cachés dans la neige en jouant. **4.** Pronominalement. Se retirer. *S'enterrer à la campagne, dans la forêt.* **5.** Loc. *Être enterré jusqu'au cou dans qqch.,* avoir beaucoup de mal à s'en sortir. ▶ ***enterrement*** n. m. **1.** Action d'enterrer un mort, de lui donner la sépulture. ⇒ **inhumation.** *L'enterrement aura lieu au cimetière paroissial.* — Cérémonies qui s'y rattachent. ⇒ **funérailles, obsèques.** *Aller à un enterrement. Enterrement religieux, civil.* — Loc. *Avoir une tête, une mine d'enterrement,* triste. **2.** Cortège funèbre. ⇒ **convoi, obsèques.** *Les gens se découvraient au passage de l'enterrement.* **3.** Fig. Abandon (de qqch. qu'on considère comme mort). *Ce vote, c'était l'enterrement de leur projet. — Un enterrement de vie de garçon.* ⇒ **enterrer** (2).

en-tête [ɑ̃tɛt] n. m. **1.** Inscription en tête d'un papier officiel, de commerce. *Papier à lettre à en-tête. Des en-têtes commerciaux.* **2.** Informatique. Partie initiale d'un message, contenant des informations extérieures au texte.

① ***entêter*** [ɑ̃tete] v. tr. ▪ conjug. 1. ■ Littér. Incommoder par des vapeurs, des émanations qui montent à la tête. *Ce parfum m'entête.* ▶ ***entêtant, ante*** adj. ■ Qui entête. ⇒ **enivrant, obsédant.** *Une musique entêtante. Une odeur entêtante.*

② ***s'entêter*** v. pron. ▪ conjug. 1. ■ S'ENTÊTER À *faire qqch.,* DANS (une opinion, etc.) : persister dans une volonté, sans céder, avec obstination. ⇒ s'**obstiner.** *Il s'entêtait à leur écrire, à les relancer. Elle s'entête dans son refus.* — Sans compl. *Plus vous insisterez, plus elle s'entêtera.* ▶ ***entêté, ée*** adj. ■ Qui s'entête. *Il est très entêté.* ⇒ **obstiné, têtu.** — *Quand c'est nécessaire, elle est entêtée.* ⇒ **opiniâtre, persévérant, tenace.** — N. *Mais quel entêté !* ⇒ fam. **tête** de cochon. ▶ ***entêtement*** n. m. ■ Le fait de persister dans un comportement volontaire sans tenir compte des circonstances. ⇒ **obstination, opiniâtreté.** *Son entêtement finira par lui coûter cher.* — Caractère d'une personne têtue.

enthousiasme [ɑ̃tuzjasm] n. m. **1.** Émotion vive portant à admirer. / contr. **indifférence** / *Cette victoire a déchaîné l'enthousiasme de la foule.* ⇒ **admiration.** *On a parlé du film avec enthousiasme.* ⇒ **ferveur.** **2.** Émotion se traduisant par une excitation joyeuse. ⇒ **allégresse, joie.** *J'accepte avec enthousiasme,* avec une grande joie. ▶ ***enthousiasmer*** v. tr. ▪ conjug. 1.

■ Remplir d'enthousiasme. *Son interprétation a enthousiasmé l'auditoire.* — Au passif. *Être enthousiasmé,* ravi, transporté (de joie, etc.). — Au p. p. adj. *Un regard enthousiasmé.* — Pronominalement (réfl.). *S'enthousiasmer pour qqn, qqch.* ⇒ s'**emballer,** s'**enflammer.** ▶ ***enthousiasmant, ante*** adj. ■ Qui enthousiasme. *Une rencontre enthousiasmante. Tout cela n'est pas très enthousiasmant.* ▶ ***enthousiaste*** adj. ■ Qui ressent de l'enthousiasme, marque de l'enthousiasme. / contr. **froid, glacial** / *Les acteurs furent applaudis par une salle enthousiaste. Un partisan enthousiaste.* ⇒ **fervent.** *Un accueil enthousiaste.* ⇒ **chaleureux.** — N. *C'est une enthousiaste.*

s'enticher [ɑ̃tiʃe] v. pron. ▪ conjug. 1. ■ Prendre un goût extrême et irraisonné pour. ⇒ s'**engouer,** se **toquer.** *Il s'est entiché de cette jeune femme.* ⇒ s'**amouracher.** — Au p. p. *Elle est entichée de yoga.*

① ***entier, ière*** [ɑ̃tje, jɛʀ] adj. et n. m. **1.** Dans toute son étendue. ⇒ ② **tout.** *Dans le monde entier,* partout. *Une heure entière. Payer le prix entier,* sans réduction. — TOUT ENTIER : absolument entier. — REM. *Tout* reste invariable. *La ville tout entière. Se donner tout entier à,* consacrer tout son temps à, se dévouer à. — N. m. EN, DANS SON (LEUR) ENTIER : dans sa totalité. EN ENTIER : complètement, entièrement. *Je n'ai pas vu le film en entier.* **2.** À quoi il ne manque rien. ⇒ **complet, intact.** *La liasse est entière,* on n'en a retiré aucun billet. — *Nombre entier,* composé d'une ou plusieurs unités (opposé à *nombre fractionnaire*). — N. *Un entier.* **3.** (Chose abstraite) Qui n'a subi aucune altération. ⇒ **absolu, parfait, total.** *Je lui parlais avec une entière liberté. Ma confiance reste entière.* ⇒ **intact.** *La question reste entière,* le problème n'a pas reçu un commencement de solution. ▶ ***entièrement*** adv. ■ D'une manière entière. ⇒ **complètement, totalement.** / contr. **partiellement** / *La maison a été entièrement détruite. Ils sont entièrement d'accord.* ⇒ **absolument, parfaitement,** ① **tout** à fait.

② ***entier, ière*** adj. ■ (Personnes et actions) Littér. Qui n'admet aucune restriction, aucune demi-mesure. Un caractère entier et obstiné. Il est assez entier dans ses opinions.

entité [ɑ̃tite] n. f. **1.** Idée générale, abstraction que l'on considère comme une réalité. **2.** Géographie. Catégorie élémentaire du paysage qui est nommée ou qui peut l'être. *L'entité identifiée par « la coulée des Vaches » est un ruisseau.*

entoiler [ɑ̃twale] v. tr. ▪ conjug. 1. ■ Fixer sur une toile. — Au p. p. *Ces cartes sont vendues entoilées.* — Renforcer (une étoffe) d'une toile fine. *Entoiler une cravate.* ▶ ***entoilage*** n. m. ■ Action d'entoiler. — Toile dont on s'est servi pour entoiler.

entomologie [ɑ̃tɔmɔlɔʒi] n. f. ■ Partie de la zoologie qui traite des insectes. ▶ ***entomologique*** adj. ■ Relatif à l'entomologie. ▶ ***entomologiste*** n. ■ Spécialiste de l'entomologie.

entonner [ɑ̃tɔne] v. tr. ▪ conjug. 1. **1.** Commencer à chanter (un air). *La foule entonna l'hymne national.* **2.** Fig. *Entonner la louange de qqn,* faire son éloge.

entonnoir [ɑ̃tɔnwaʀ] n. m. **1.** Instrument de forme conique, terminé par un tube et servant à verser un liquide dans un récipient de petite ouverture. — *En entonnoir,* en forme d'entonnoir. *Une pièce en entonnoir.* **2.** Cavité naturelle qui va en se rétrécissant. *Les eaux du torrent se perdaient au fond d'un entonnoir.* — Excavation produite par une explosion, un obus (trou d'obus), une bombe.

entorse [ɑ̃tɔʀs] n. f. **1.** Lésion douloureuse d'une articulation, provenant d'une distension violente avec arrachement des ligaments. ⇒ **foulure, luxation.** *Elle s'est fait une entorse au poignet.* **2.** Abstrait. *Faire une entorse à...,* ne pas respecter (la vérité, la légalité...). *Une sérieuse entorse au règlement.* ⇒ **infraction.**

entortiller [ɑ̃tɔʀtije] v. tr. ▪ conjug. 1. **1.** Envelopper (un objet) dans qqch. que l'on tortille ; tortiller (qqch.), notamment autour d'un objet. *Entortiller un bonbon dans du papier. Entortiller du papier autour de qqch. Entortiller son mouchoir.* — Pronominalement (réfl.). *Le bébé s'entortille dans ses draps.* **2.** Fig. Persuader (qqn) en le trompant. ⇒ **circonvenir ;** fam. **enfirouaper, fourrer, rouler.** *Tu t'es laissé entortiller par ses promesses.* **3.** Fig. Compliquer (des phrases, des propos) par des circonlocutions et des obscurités. ⇒ **embrouiller.** — Au p. p. adj. *Des excuses entortillées.*

à l'entour de [alɑ̃tuʀdə] loc. prép. ■ Fam. Environ, autour de, à peu près. ⇒ **alentours** de, **approximativement.** *J'arriverai à l'entour de minuit. Il y avait à l'entour de trente personnes dans la salle.* ⟨ ▶ entourer ⟩

entourer [ɑ̃tuʀe] v. tr. ▪ conjug. 1. **1.** Garnir de qqch. qu'on met tout autour ; mettre autour de. *Il a entouré de murs sa propriété. La mère entourait l'enfant de ses bras.* — Abstrait. *Pourquoi entourer de mystère votre voyage ?* **2.** (Choses) Être autour de (qqch., qqn) de manière à enfermer. ⇒ **clore, clôturer, enclore.** *Une clôture entoure le jardin.* — Au p. p. *Un patio entouré de haies.* **3.** (Personnes) Se tenir tout autour de. *Les troupes entourent la ville.* ⇒ **cerner, encercler. 4.** (Personnes ou choses) Être habituellement ou momentanément autour de (qqn). *Les gens qui nous entourent, ce qui nous entoure.* ⇒ **entourage, milieu.** — Pronominalement. *S'entourer de...,* mettre ou réunir autour de soi. *Les ministres se sont entourés de conseillers.* **5.** S'occuper de (qqn), aider ou soutenir par sa présence, ses attentions. / contr. **abandonner, délaisser** / *Ses amis l'entourent beaucoup, depuis son deuil.* — Au passif. *Être entouré d'amis.* — Sans compl. *Elle est très entourée.* ▶ ***entourage*** n. m. **1.** Personnes qui entourent habituellement qqn, et vivent dans sa familiarité. ⇒ **compagnie.** *Ce n'est pas lui qu'on accuse, mais son entourage, une personne de son entourage.* **2.** Ornement disposé autour (de certains objets). *L'entourage d'un massif.*

entourloupette [ɑ̃tuʀlupɛt] n. f. ■ Fam. Mauvais tour joué à qqn. *On lui a fait une entourloupette.*

entournure [ɑ̃tuʀnyʀ] n. f. **1.** Partie du vêtement qui fait le tour du bras, là où s'ajuste la manche. ⇒ **emmanchure.** *Entournures trop larges.* **2.** Loc. *Être gêné dans les entournures, aux entournures,* être mal à l'aise, en difficulté.

entracte [ɑ̃tʀakt] n. m. **1.** Intervalle entre les parties d'un spectacle, d'un match sportif. *On a changé les décors pendant l'entracte.* **2.** Fig. Temps d'arrêt, de repos, au cours d'une action. ⇒ **interruption.** *Les entractes d'une carrière politique.*

s'entraider [ɑ̃tʀede] v. pron. ▪ conjug. 1. ■ S'aider mutuellement. ⇒ s'**aider.** *Ils se sont entraidés.* ▶ ***entraide*** n. f. ■ Aide mutuelle. *Un comité d'entraide.* ⇒ **assistance, solidarité.**

entrailles [ɑ̃tʀaj] n. f. pl. **1.** Ensemble des organes enfermés dans l'abdomen (être humain, animaux). ⇒ **boyau, intestin, tripe, viscère. 2.** Littér. Les organes de la femme qui portent l'enfant. ⇒ **sein.** *« Vous êtes bénie entre toutes les femmes, et le fruit de vos entrailles est béni »* (prière du *Je vous salue, Marie*). **3.** Littér. La partie profonde, essentielle (d'une chose, de l'être sensible). *Les entrailles de la terre, d'un navire. Cela nous a remués jusqu'au fond des entrailles. Une personne sans entrailles,* insensible.

entrain [ɑ̃tʀɛ̃] n. m. **1.** Vivacité et bonne humeur communicatives. ⇒ **ardeur, dynamisme, enthousiasme,**

fougue, gaieté, vivacité ; boute-en-train. *Avoir de l'entrain ; être plein d'entrain. Elle fait tout avec entrain.* **2.** (Actes, paroles) Animation gaie. *La conversation manque d'entrain.* / contr. **apathie, calme** / ≠ *en train.*

① ***entraîner*** [ɑ̃tʀene] v. tr. ▪ conjug. 1. **1.** Emmener de force avec soi. *Le courant entraîne le navire vers la côte.* — Communiquer son mouvement à. *Le moteur entraîne la machine.* **2.** Conduire, mener (qqn) avec soi. ⇒ **emmener, mener.** *Elle l'entraîna vers le buffet.* — Conduire (qqn) en exerçant une pression morale. ⇒ **influencer.** *Il se laisse entraîner par de mauvais amis.* **3.** (Suj. chose) Pousser (qqn) par un enchaînement psychologique ou matériel. *Son enthousiasme l'entraîne trop loin. Il l'a entraîné dans sa ruine.* ⇒ **emporter, pousser.** *Entraîner à* (+ infinitif). *Vos préjugés, vos difficultés vous entraînent à être injuste.* ⇒ **conduire. 4.** (Suj. chose) Avoir pour conséquence nécessaire, inévitable. ⇒ **amener, causer, produire, provoquer.** *Cette imprudence risque d'entraîner de graves conséquences.* ⇒ **déclencher.** *Toutes ces discussions entraînent des retards.* ► ***entraînant, ante*** adj. ■ Qui entraîne (3) à la gaieté, donne de l'entrain. *Un refrain entraînant.* ► ① ***entraînement*** n. m. **1.** Mouvement par lequel une personne se trouve déterminée à agir, indépendamment de sa volonté. *L'entraînement des passions, des habitudes. Céder à ses entraînements.* ⇒ **impulsion. 2.** Communication d'un mouvement. *Un entraînement par courroies, par engrenages.* ► ***entraîneuse*** n. f. ■ Vieilli. Jeune femme employée dans les bars, les salles de danse, les cabarets pour engager les clients à danser, à consommer.

② ***entraîner*** v. tr. ▪ conjug. 1. **1.** Préparer (un animal, une personne, une équipe) à une performance sportive, au moyen d'exercices appropriés. ⇒ **exercer.** *Entraîner un cheval, un athlète, une équipe.* — Pronominalement (réfl.). *Ils s'entraînent pour le championnat.* — Au p. p. adj. *Un athlète bien, mal entraîné.* **2.** Faire l'apprentissage de (qqn). *Entraîner qqn à un exercice.* ⇒ **endurcir, former.** — Pronominalement (réfl.). *S'entraîner à prendre la parole en public.* ⇒ s'**habituer.** ► ② ***entraînement*** n. m. **1.** Action d'entraîner, de s'entraîner en vue d'une compétition sportive. ⇒ **exercice ;** fam. ① **pratique.** *Terrain d'entraînement. Séance d'entraînement. Le camp* d'entraînement s'ouvre dans deux semaines. À l'entraînement,* pendant les séances d'entraînement. **2.** Préparation méthodique, apprentissage par l'habitude. *Vous y parviendrez avec un peu d'entraînement.* ► ***entraîneur, euse*** n. **1.** Personne qui entraîne les chevaux pour la course. **2.** Personne qui entraîne des sportifs. ⇒ **instructeur, moniteur.** *L'entraîneur d'un boxeur.* ⇒ **manager.** *Elle est l'entraîneuse de l'équipe championne.* — REM. L'O.L.F. propose *entraîneuse* au féminin.

entraver [ɑ̃tʀave] v. tr. ▪ conjug. 1. **1.** Retenir, attacher (un animal) au moyen d'une entrave. *Entraver un cheval pour le ferrer.* **2.** Fig. Empêcher de se faire, de se développer. ⇒ **enrayer, freiner, gêner.** *Entraver une évolution. Des rivaux ont entravé sa carrière. La foule entravait la circulation.* ► ***entrave*** n. f. **1.** Ce qu'on met aux jambes de certains animaux pour gêner leur marche. *Mettre des entraves à un cheval pour l'empêcher de ruer.* **2.** Fig. Ce qui retient, gêne. *Cette loi est une entrave à la liberté de la presse.* ⇒ **empêchement, obstacle.** ► ***entravé, ée*** adj. **1.** Qui a des entraves. *Un animal entravé.* **2.** *Jupe entravée,* très resserrée dans le bas.

entre [ɑ̃tʀ] prép. **I. 1.** Dans l'espace qui sépare (des choses, des personnes). *La réserve d'Akwesasne s'étend entre le Québec, l'Ontario et les États-Unis. Les Pyrénées s'étendent entre la France et l'Espagne. Distance, écart compris entre deux points.* ⇒ **intervalle.** *Des mots entre parenthèses, entre guillemets.* — (Dans une série, une suite) *C est entre B et D ; 8 entre 7 et 9.* **2.** Dans le temps qui sépare (deux dates, deux époques, deux faits). *Nous passerons chez vous entre 10 et 11 heures.* Loc. *Personne entre deux âges,* ni jeune ni vieille. **3.** Abstrait. À égale distance, dans l'espace qui sépare (deux choses, deux éléments). *Hésiter entre deux choix, deux solutions. Il est resté entre la vie et la mort.* **II.** Au milieu de. **1.** (En tirant d'un ensemble) *Choisir entre plusieurs solutions.* ⇒ **parmi.** — ENTRE AUTRES. *Il y avait, entre autres choses, un vieux buffet.* — Sans nom. *Il a reçu, entre autres, un ballon de football.* **2.** (Suivi d'un pronom pers. ou d'un nom de pers. au plur. sans article) En ne sortant pas d'un groupe (de personnes) ; en formant un cercle fermé. *Ils veulent rester entre eux. Soit dit entre nous* ou, ellipt, *entre nous,* dans le secret. ⇒ **confidentiellement. III.** Exprimant un rapport entre personnes ou choses. **1.** L'un l'autre, l'un à l'autre, avec l'autre. *Les loups se dévorent entre eux. Match entre deux équipes. — Ils ont entre eux des disputes,* les uns avec, contre les autres. **2.** (Comparaison) *Voir le rapport de deux choses entre elles. Il n'y a rien de commun entre eux et moi.*

entr(e)- ■ Élément servant à former des noms et des verbes (avec ou sans trait d'union, anciennement avec apostrophe), pour désigner l'intervalle, la partie entre deux choses (ex. : *entracte, entrefilet*) ⇒ **inter-**, une action mutuelle (ex. : *entraide, entrevue*) ; pour indiquer qu'une action est réciproque (ex. : *s'entraider, s'entre-déchirer*), qu'une action ne se fait qu'à demi (ex. : *entrouvrir*) ou par intervalles (ex. : *entrecouper*). — Voir ci-dessous à l'ordre alphabétique.

entrebâiller [ɑ̃tʀəbɑje] v. tr. ▪ conjug. 1. ■ Ouvrir très peu (une porte, une fenêtre). ⇒ **entrouvrir.** — Au p. p. adj. *Une porte entrebâillée.* ► ***entrebâillement*** n. m. ■ Intervalle formé par ce qui est entrebâillé. *Elle apparut dans l'entrebâillement de la porte.*

entrechat [ɑ̃tʀəʃa] n. m. **1.** Dans la danse classique. Saut pendant lequel les pieds battent rapidement l'un contre l'autre. *Faire un entrechat.* **2.** Saut, gambade. *Faire des entrechats,* gambader.

entrechoquer [ɑ̃tʀəʃɔke] v. tr. ▪ conjug. 1. ■ Choquer, heurter l'un contre l'autre. *Ils entrechoquent des cailloux pour faire du feu.* — Pronominalement. *Verres qui s'entrechoquent.*

entrecôte [ɑ̃tʀəkot] n. f. ■ Morceau de viande de bœuf coupé entre les côtes. *Une entrecôte saignante.*

entrecouper [ɑ̃tʀəkupe] v. tr. ▪ conjug. 1. ■ Interrompre par intervalles. *Entrecouper un récit de rires, de commentaires.* ⇒ **entremêler.** — Pronominalement. *Chemins qui s'entrecoupent.* — Au p. p. adj. *Des paroles entrecoupées,* interrompues. / contr. **continu** /

entrecroiser [ɑ̃tʀəkʀwaze] v. tr. ▪ conjug. 1. ■ Croiser ensemble, à plusieurs reprises. ⇒ **entrelacer, tresser.** *Entrecroiser des fils, des rubans.* — Pronominalement. *Personnes qui s'entrecroisent.* — Au p. p. adj. *Des lignes entrecroisées.* ► ***entrecroisement*** n. m. ■ État de ce qui est entrecroisé. *Un entrecroisement de lignes.*

entrecuisse [ɑ̃tʀəkɥis] n. m. ■ Espace entre les cuisses. ≠ *entre-jambes.*

s'entre-déchirer [ɑ̃tʀədeʃiʀe] v. pron. ▪ conjug. 1. ■ Se déchirer mutuellement. *Des factions qui s'entre-déchirent.*

entre-deux [ɑ̃tʀədø] n. m. invar. **1.** Espace, état entre deux choses, deux extrêmes. *Être dans l'entre-deux.* **2.** Bande (de dentelle, broderie) qui coupe un tissu.

entre-deux-guerres [ɑ̃tʀədøgɛʀ] n. m. invar. ■ Période entre deux guerres (spécialt, entre 1918 et 1939). *La génération de l'entre-deux-guerres.*

① ***entrée*** [ɑ̃tʀe] n. f. **I. 1.** Passage de l'extérieur à l'intérieur. / contr. **sortie** / *L'entrée d'un visiteur dans le salon. À son entrée, le silence se fit.* ⇒ **arrivée.** *Entrée soudaine, en trombe.* ⇒ **irruption.** *L'entrée d'un train en gare.* — *Acteur qui fait son entrée* (en scène). — Abstrait. ENTRÉE DANS, À. *Faire son entrée dans le monde. L'entrée d'un enfant au collège.* — ENTRÉE EN. *Entrée en fonctions, en charge. Entrée en action.* **2.** Informatique. Passage d'une information de l'extérieur à l'intérieur d'un ordinateur. **3.** Possibilité d'entrer, de pénétrer dans un lieu. ⇒ **accès.** *Une porte d'entrée. Refuser l'entrée à quelqu'un. Entrée interdite. Passer un examen d'entrée.* — Accès (à un spectacle, une manifestation, une réunion).*Carte, billet d'entrée. Entrée gratuite.* — Le titre pour entrer. *Je n'ai pu obtenir que deux entrées.* ⇒ **billet, place.** — Loc. AVOIR SES ENTRÉES *chez qqn, dans la maison de qqn* : y être reçu. **4.** Au plur. *Les entrées,* l'argent qui entre dans un avoir. **II. 1.** Ce qui donne accès dans un lieu ; endroit par où l'on entre (opposé à *fond*). *Les entrées d'une maison, d'une cour.* ⇒ **porte.** *Entrée de service. L'entrée des artistes,* dans une salle de spectacle. *L'entrée d'un tunnel.* ⇒ **orifice, ouverture.** *L'entrée du stationnement du centre commercial.* **2.** Pièce à l'entrée d'un appartement, d'un immeuble. ⇒ **hall, vestibule ;** fam. **portique.** *Attendez-moi dans l'entrée.* **3.** Chemin, trottoir plus ou moins étroit qui conduit de la rue à une entrée (II, 1). ⇒ **allée.** *Stationner sa voiture dans l'entrée du garage. Déneiger, pelleter l'entrée de la maison.* **4.** ENTRÉE DE : ce qui donne accès à. *Entrée d'air,* cheminée, puits d'aération. **5.** Raccordement. *L'entrée électrique d'une maison. Une entrée de laveuse-sécheuse.* **III.** (Temporel) Loc. À L'ENTRÉE DE : au début. *À l'entrée de la vie. À l'entrée de l'hiver.* — D'ENTRÉE DE JEU loc. adv. : dès le commencement, dès l'abord. ‹ ▸ rentrée ›

② ***entrée*** n. f. ■ Plat qui est servi entre les hors-d'œuvre et le plat principal. *Servir un pâté froid en entrée. Des entrées chaudes.*

dans les, sur ces ***entrefaites*** [syʀsezɑ̃tʀəfɛt] loc. adv. ■ À ce moment. ⇒ **alors.** *Il est parti, arrivé sur ces entrefaites* ou, au sing., *sur l'entrefaite.*

entrefilet [ɑ̃tʀəfilɛ] n. m. ■ Court article inséré dans un journal. *Un entrefilet annonçait la maladie de l'actrice.*

entregent [ɑ̃tʀəʒɑ̃] n. m. ■ Adresse à se conduire en société, à lier d'utiles relations. ⇒ **habileté, savoir-faire.** *Avoir beaucoup d'entregent.*

entre-jambes ou ***entrejambes*** [ɑ̃tʀəʒɑ̃b] n. m. invar. ■ Partie d'un pantalon, d'une culotte, entre les jambes. ⇒ **fourche.** *Collant à entre-jambes renforcé.* ≠ *entrecuisse.* — REM. On emploie aussi l'orthographe *entre(-)jambe.*

entrelacer [ɑ̃tʀəlase] v. tr. ▪ conjug. 3. ■ Enlacer l'un dans l'autre. *Entrelacer des fils, des rubans.* ⇒ **entrecroiser, tisser, tresser.** / contr. **délier** / — S'ENTRELACER v. pron. récipr. *Les plantes grimpantes s'entrelaçaient.* ⇒ s'**enchevêtrer,** s'**entremêler.** — Au p. p. adj. *Branches entrelacées. Mains entrelacées.* ▸ ***entrelacement*** n. m. ■ Action d'entrelacer ; choses entrelacées. *Un entrelacement de fils, de lignes.* ⇒ **entrecroisement, entrelacs.** ▸ ***entrelacs*** [ɑ̃tʀəla], cour. [ɑ̃tʀəlak] n. m. invar. ■ Ornement composé de motifs entrelacés, dont les lignes s'entrecroisent. *Les entrelacs de l'art arabe.* ⇒ **arabesque.**

entrelarder [ɑ̃tʀəlaʀde] v. tr. ▪ conjug. 1. **1.** Piquer (une viande) de lardons. ⇒ **larder.** *Entrelarder une volaille.* **2.** Abstrait. *Entrelarder son discours de citations.* ⇒ **farcir, truffer.**

entremêler [ɑ̃tʀəmɛle] v. tr. ▪ conjug. 1. **1.** Mêler (des choses différentes) les unes aux autres. *Entremêler des fleurs rouges à des fleurs blanches.* **2.** Mélanger, mêler. *Entremêler des banalités et des traits d'esprit.* **3.** ENTREMÊLER DE : insérer dans (une chose, une durée) plusieurs éléments hétérogènes. *Elle entremêle son discours de citations latines.* — Au p. p. *Paroles entremêlées de sanglots.* ⇒ **entrecoupé.**

entremets [ɑ̃tʀəmɛ] n. m. invar. ■ Plat sucré cuisiné (que l'on sert entre le fromage et le dessert, surtout en France, ou comme dessert). *On servit deux entremets au dessert, une compote et un sorbet.*

entremetteur, euse [ɑ̃tʀəmɛtœʀ, øz] n. ■ Surtout au fém. Péj. Personne qui sert d'intermédiaire dans les intrigues amoureuses.

*s'****entremettre*** [ɑ̃tʀəmɛtʀ] v. pron. ▪ conjug. 56. ■ Intervenir entre deux ou plusieurs personnes pour les rapprocher, pour faciliter la conclusion d'une affaire. ⇒ s'**interposer.** *S'entremettre dans une querelle.* ▸ ***entremise*** n. f. ■ Action d'une personne qui s'entremet. *Offrir son entremise dans une affaire.* ⇒ **arbitrage, intervention.** *Par, grâce à l'entremise de.* ⇒ **canal, intermédiaire, moyen.** *Il a appris la nouvelle par l'entremise de sa tante.* ‹ ▸ entremetteur ›

entrepont [ɑ̃tʀəpɔ̃] n. m. ■ Espace, étage compris entre deux ponts d'un navire (surtout entre le faux pont et le premier pont). *Voyager dans l'entrepont.*

entreposer [ɑ̃tʀəpoze] v. tr. ▪ conjug. 1. **1.** Déposer dans un entrepôt. ⇒ **stocker.** *Entreposer des marchandises.* **2.** Déposer, laisser en garde. *Entreposer des meubles chez des amis.* ▸ ***entreposage*** n. m. ■ Action d'entreposer. *L'entreposage de viande dans un magasin frigorifique.* ▸ ***entrepôt*** n. m. ■ Bâtiment, emplacement servant d'abri, de lieu de dépôt temporaire pour les marchandises. ⇒ **dock, magasin.** *Marchandises en entrepôt.*

entreprendre [ɑ̃tʀəpʀɑ̃dʀ] v. tr. ▪ conjug. 58. **I.** Se mettre à faire (qqch.). ⇒ **commencer.** *Entreprendre une affaire, une étude. Entreprendre un procès contre qqn.* — *Entreprendre de faire qqch.* ⇒ **essayer, tenter.** Sans compl. PROV. *Il n'est pas nécessaire d'espérer pour entreprendre.* **II.** Tâcher de convaincre, de séduire (qqn). *Entreprendre une personne,* tenter de la conquérir. — *Entreprendre qqn sur un sujet,* commencer à l'entretenir de ce sujet. *Quand il vous entreprend sur sa collection de timbres, on ne peut pas l'arrêter.* ▸ ***entreprenant, ante*** adj. **1.** Qui entreprend avec audace, hardiesse. ⇒ **audacieux, hardi.** / contr. **hésitant** / *Il est trop entreprenant et se lance à la légère.* ⇒ **téméraire.** *Caractère, esprit entreprenant.* **2.** Hardi auprès des femmes. ⇒ **galant.** / contr. **timide** / *C'est un jeune homme entreprenant.* ▸ ***entrepreneur, euse*** n. **1.** Personne qui se charge de l'exécution d'un travail *(contrat d'entreprise). Entrepreneur de menuiserie, de transports.* **2.** Sans compl. Personne, société qui est chargée d'exécuter des travaux de construction. ⇒ fam. **contracteur.** *Prendre un rendez-vous de chantier avec l'entrepreneur.* (+ compl.) *Elle est entrepreneuse en construction.* **3.** Personne qui dirige une entreprise pour son compte. ⇒ **patron.** *Un petit entrepreneur. Un important entrepreneur.* — REM. L'O.L.F. propose *entrepreneure* au féminin. ▸ ***entrepreneurship*** n. m. ■ Qualité d'une personne qui assume les responsabilités et les risques que comporte la création d'une entreprise. *Cette jeune femme a fait preuve d'entrepreneurship en ouvrant une galerie d'art contemporain.* ▸ ***entreprise*** n. f. **I. 1.** Ce qu'on se propose d'entreprendre ⇒ **dessein, projet** ; mise à exécution d'un projet ⇒ **affaire, opération**. *Organiser, préparer une entreprise. Réalisation, exécution d'une entreprise. Elle est venue à bout de son entreprise.* **2.** En droit. Le fait, pour un entrepreneur, de s'engager à fournir son travail pour un ouvrage, dans des conditions données.

Contrat d'entreprise. **3.** Organisation de production de biens ou de services à caractère commercial. ⇒ **affaire, commerce, établissement, exploitation, industrie.** *Entreprise agricole, industrielle. Entreprise privée, publique. Entreprise individuelle,* dirigée par un seul propriétaire ; *entreprise sociétaire,* ayant plusieurs propriétaires associés. *Les petites et moyennes entreprises (P.M.E.).* — CHEF D'ENTREPRISE. ⇒ **entrepreneur** (3). **II. 1.** Littér. Action par laquelle on attaque qqn, on tente de porter atteinte à ses droits, à sa liberté. *C'est une entreprise contre le droit des citoyens.* **2.** Au plur. Tentatives de séduction. *Résister, succomber aux entreprises de qqn.* ‹ ▶ interentreprises ›

entrer [ɑ̃tʀe] v. intr. ▪ conjug. 1. — REM. Dans la plupart de ses emplois, *entrer* est couramment remplacé (à tort) par *rentrer,* surtout dans l'usage parlé. **I.** (Avec l'auxiliaire ÊTRE) **1.** Passer du dehors au dedans. (Avec *chez, dans, à l'intérieur de*) *Entrer dans un lieu, dans une maison.* ⇒ **aller, pénétrer.** / contr. **sortir** / *Entrer chez un commerçant. Entrer dans une voiture.* ⇒ **embarquer, monter.** — (Avec *à*) *Entrer au cinéma.* — Loc. *Entrer en scène.* **2.** Commencer à être dans (un lieu), à (un endroit). *Entrer dans un village, dans une région.* — Fam. (D'un véhicule ou de ses occupants) *Entrer dans un obstacle, dans un arbre.* ⇒ **frapper, percuter, tamponner.** *Entrer dans le décor.* — (Avec *dedans*) Fam. *Une voiture lui est entrée dedans,* l'a heurté. **3.** Sans compl. Passer à l'intérieur, dedans. *Entrer par la porte, par la fenêtre. Entrez ! Défense d'entrer. Elle a salué en entrant.* **4.** (Choses) Aller à l'intérieur. ⇒ **pénétrer.** *L'eau entre de toutes parts. Cela entre comme dans du beurre,* facilement. *Cette valise n'entre pas dans le coffre de ma voiture. Le vent entre par la fenêtre.* ⇒ s'**engouffrer.** — Abstrait. *Sentiments, passions qui entrent dans le cœur, dans l'âme.* ⇒ s'**insinuer, pénétrer.** *Le soupçon, le doute est entré dans son esprit.* **5.** Commencer à faire partie de (un groupe, un ensemble). *Entrer au cégep. Entrer dans l'armée.* ⇒ s'**engager.** *Entrer dans un parti politique.* ⇒ **adhérer.** *Elle est entrée à l'O.N.U.,* elle y travaille, elle y occupe une fonction. **6.** Commencer à prendre part à. ⇒ **participer.** *Entrer dans une affaire. Entrer dans une danse, dans le jeu.* **7.** (Temporel) Aborder (une période), commencer à être (dans une période). *Entrer dans sa dixième année. On entre dans les mauvais jours de l'hiver.* **8.** ENTRER EN : commencer à être dans (un état). *Entrer en convalescence. Eau qui entre en ébullition. Entrer en action,* se mettre à agir. *Ce pays est entré en guerre. La T.P.S. est entrée en vigueur en janvier 1991.* **9.** ENTRER DANS : comprendre, saisir (ce que l'esprit pénètre). *Entrer dans les sentiments de qqn,* le comprendre, se mettre à sa place. ⇒ **partager.** — *Entrer dans les idées de qqn,* les partager. **II.** (Avec l'auxiliaire ÊTRE) **1.** Être compris dans. *Entrer dans une catégorie, dans un total. Faire entrer en (ligne de) compte,* prendre en considération. *Cela entre, n'entre pas dans ses intentions,* n'en fait pas partie. **2.** Être pour qqch., être un élément de. *De la colère entre dans sa décision.* **3.** (Suj. chose) Être employé dans la composition ou dans la fabrication de qqch. *Les éléments qui entrent dans un mélange.* **III.** Transitivement. (Avec l'auxiliaire AVOIR) **1.** Faire entrer. ⇒ **introduire.** *Entrer un meuble par la fenêtre. Elle a entré sa voiture au garage.* **2.** Enfoncer. *Il lui entrait ses ongles dans la main. Faire entrer des aiguilles dans la peau.* ‹ ▶ ① entrée, ② entrée, rentrer ›

entresol [ɑ̃tʀəsɔl] n. m. ■ (France) Espace d'un bâtiment entre le rez-de-chaussée et le premier étage. *Habiter un entresol. Troisième étage au-dessus de l'entresol.*

entre-temps [ɑ̃tʀətɑ̃] adv. ■ Dans cet intervalle de temps. *Ils sont partis en vacances, entre-temps leur maison a été cambriolée.*

① ***entretenir*** [ɑ̃tʀətniʀ] v. tr. ▪ conjug. 22. **1.** Faire durer, faire persévérer. ⇒ **maintenir, prolonger.** *Entretenir un feu.* ⇒ **alimenter.** *L'été, les ombrages entretiennent la fraîcheur. Il entretient de bons rapports avec son voisin.* — PROV. *Les petits cadeaux entretiennent l'amitié.* **2.** ENTRETENIR *qqn* DANS (un état affectif ou psychologique). *Entretenir qqn dans une idée, dans l'erreur.* **3.** Maintenir en bon état en prenant toutes les mesures appropriées. ⇒ **conserver.** *Entretenir une route, ses vêtements. Entretenir sa mémoire.* — Pronominalement (réfl.). *Elle marche un peu tous les jours pour s'entretenir.* — Au p. p. adj. *Une voiture bien entretenue. Appartement mal entretenu,* en désordre, malpropre. **4.** Fournir ce qui est nécessaire à la dépense, à la subsistance de (qqn). ⇒ se **charger** de, **nourrir.** *Entretenir une famille, un enfant.* ⇒ **élever.** — Au p. p. adj. Péj. *Femme entretenue.* ▶ ① ***entretien*** [ɑ̃tʀətjɛ̃] n. m. **1.** Soins, réparations, dépenses qu'exige le maintien en bon état. *Il ne suffit pas d'acheter une voiture, il faut prévoir son entretien. L'entretien des routes. Une notice d'entretien. Des produits d'entretien.* **2.** Ce qui est nécessaire à l'existence matérielle (d'un individu, d'une collectivité). *Pendant ses études, ses parents assurent son entretien.*

② ***entretenir*** v. tr. ▪ conjug. 22. ■ ENTRETENIR *qqn* DE *qqch.* : lui en parler. *Je voudrais vous entretenir de cette affaire.* — Pronominalement. Converser (avec qqn). ⇒ ② **causer, jaser, parler, placoter.** *S'entretenir avec qqn de vive voix.* ▶ ② ***entretien*** n. m. ■ Action d'échanger des paroles avec une ou plusieurs personnes ; sujet dont on s'entretient. ⇒ **conversation, discussion.** *Avoir un entretien avec qqn. Demander, accorder un entretien.* ⇒ **audience, entrevue ;** anglic. **interview.** *Engager, prolonger un entretien.*

entretoise [ɑ̃tʀətwaz] n. f. ■ Pièce qui sert à relier dans un écartement fixe des poutres, des pièces de machine. *Les entretoises d'un fuselage.*

entretoit [ɑ̃tʀətwa] n. m. ■ Partie supérieure d'un bâtiment formée de la charpente de la couverture et de l'espace ainsi créé. ⇒ ① **comble** (2). *Inspecter l'entretoit d'une maison en vente.*

s'entre-tuer [ɑ̃tʀətɥe] v. pron. ▪ conjug. 1. ■ Se tuer mutuellement ; se battre jusqu'à la mort. *Les malfaiteurs se sont entre-tués.*

entrevoir [ɑ̃tʀəvwaʀ] v. tr. ▪ conjug. 30. **1.** Voir à demi (indistinctement ou trop rapidement). ⇒ **apercevoir.** *Il passait en voiture, je ne l'ai qu'entrevu.* ⇒ **distinguer. 2.** Avoir une idée imprécise, une lueur soudaine de (qqch. d'actuel ou de futur). ⇒ **deviner, soupçonner.** *On finit par entrevoir une solution. Entrevoir les difficultés d'une entreprise.* ⇒ **pressentir.** ‹ ▶ entrevue ›

entrevue [ɑ̃tʀəvy] n. f. ■ Rencontre concertée entre personnes qui ont à parler, à traiter une affaire. *Avoir une entrevue avec qqn.* ⇒ **entretien ;** anglic. **interview.** *Une entrevue de chefs d'État. Il demanda une entrevue à la directrice. Donner une entrevue à une journaliste,* exposer son point de vue et répondre à ses questions.

entropie [ɑ̃tʀɔpi] n. f. ■ Fonction mathématique exprimant le principe de la dégradation de l'énergie. — Cette dégradation, qui se traduit par un état de désordre toujours croissant de la matière. *L'entropie du monde tend vers un maximum.*

entrouvrir [ɑ̃tʀuvʀiʀ] v. tr. ▪ conjug. 18. ■ Ouvrir à demi, très peu. *Entrouvrir une porte, une fenêtre.* ⇒ **entrebâiller.** *Entrouvrir les yeux.* — Pronominalement. *La porte s'entrouvrit doucement.* — Au p. p. adj. *Porte entrouverte. Dormir la bouche entrouverte.*

énumérer [enymeʀe] v. tr. ▪ conjug. 6. ■ Énoncer une à une (les parties d'un tout). ⇒ **compter, détailler.**

Énumérer des possibilités. Elle énumérait tous les avantages de l'opération. ▶ ***énumératif, ive*** adj. ■ Qui énumère. *Liste énumérative.* ▶ ***énumération*** n. f. ■ Action d'énumérer. ⇒ **compte, dénombrement, recensement.** *L'énumération des objets d'une collection.* ⇒ **inventaire, liste, répertoire.** *La locution « à savoir » introduit une énumération.*

envahir [ɑ̃vaiʀ] v. tr. ▪ conjug. 2. **1.** Occuper (un territoire) brusquement et par la force. ⇒ **conquérir, prendre.** *La France a souvent été envahie.* **2.** Occuper, s'étendre dans (un espace) d'une manière abusive, ou excessive, intense. (Suj. personne) *La foule envahit les rues.* — (Suj. animal, plante) *Les sauterelles envahissent la plaine.* ⇒ **infester.** *Le chiendent envahit le jardin.* — (Suj. chose) ⇒ **empiéter,** se **répandre.** *Les produits étrangers envahissent le marché.* **3.** (Suj. sentiment, idée, etc.) Occuper en entier. ⇒ **couvrir, remplir.** *Le sommeil l'envahissait doucement.* ⇒ **gagner.** *La joie l'envahit.* ▶ ***envahissant, ante*** adj. **1.** Qui a tendance à envahir. *Un soupçon envahissant. De mauvaises herbes envahissantes. Les maringouins sont envahissants.* **2.** (Personnes) *Nous avons des voisins envahissants,* qui s'introduisent dans notre intimité. ⇒ **importun, indiscret ;** fam. **achalant.** ▶ ***envahissement*** n. m. **1.** Action d'envahir ; son résultat. *L'envahissement d'un pays.* ⇒ **invasion, occupation. 2.** Le fait d'envahir (2, 3). ▶ ***envahisseur*** n. m. ■ Ennemi qui envahit. *Repousser, chasser les envahisseurs* (ou *l'envahisseur*). — En appos. *Des extra-terrestres envahisseurs.*

s'envaser [ɑ̃vaze] v. tr. ▪ conjug. 1. **1.** Se remplir de vase. *Le port s'est envasé.* **2.** S'enfoncer dans la vase. ⇒ s'**embourber,** s'**enliser.** *L'embarcation s'est envasée.* — Au p. p. adj. *Barque envasée.* ▶ ***envasement*** n. m. ■ *L'envasement d'un canal.*

enveloppant, ante [ɑ̃vlɔpɑ̃, ɑ̃t] adj. **1.** Qui enveloppe. *La cornée, membrane enveloppante de l'œil.* **2.** Abstrait. Qui séduit progressivement. ⇒ **captivant, enjôleur, séduisant.** *Des manières douces et enveloppantes.*

enveloppe [ɑ̃vlɔp] n. f. **I. 1.** Chose souple qui enveloppe, entoure. — Étui, gaine. *Enveloppe protectrice, isolante.* **2.** Feuille de papier pliée et collée en forme de poche. ⇒ **pli.** *Mettre une lettre sous enveloppe. Adresse écrite sur l'enveloppe. Enveloppe autocollante. Une enveloppe-retour, une enveloppe-réponse. Cacheter, décacheter une enveloppe.* **II.** Littér. Ce qui constitue l'apparence extérieure d'une chose. *L'enveloppe mortelle,* le corps. — Air, apparence, aspect extérieur. *Cacher son agressivité sous une enveloppe de douceur.* ⇒ **dehors. III.** Montant maximum des crédits inscrits à un budget. *L'enveloppe budgétaire du ministère.* — Fam. *Tiens, voici une petite enveloppe pour ton anniversaire,* un cadeau en argent.

envelopper [ɑ̃vlɔpe] v. tr. ▪ conjug. 1. **1.** Entourer d'une chose souple qui couvre de tous côtés. ⇒ **entourer, recouvrir.** *Envelopper un objet dans un papier, une étoffe.* ⇒ **emballer, empaqueter.** *Envelopper les cadeaux de Noël.* / contr. **déballer, développer** / *Envelopper un blessé dans une couverture.* — Constituer l'enveloppe de. *Emballages qui enveloppent les marchandises.* — Au p. p. *Fromage enveloppé de papier.* **2.** Littér. Entourer complètement. *Les ténèbres enveloppent la terre.* **3.** V. pron. S'ENVELOPPER *dans son manteau.* — Abstrait. *S'envelopper dans sa dignité.* ⇒ se **draper.** *S'envelopper dans une certaine réserve.* **4.** Littér. ENVELOPPER DE : entourer de qqch. qui cache. ⇒ **cacher, dissimuler.** *Envelopper la vérité sous des formes agréables.* — Au p. p. *Crime enveloppé de mystère.* ▶ ***enveloppé, ée*** adj. ■ (Personnes) Qui a un peu d'embonpoint, qui est bien en chair. *Sans être gros, il est cependant un peu enveloppé.* ▶ ***enveloppement*** n. m. **1.** Action d'envelopper ; état de ce qui est enveloppé. **2.** Mouvement stratégique destiné à encercler l'ennemi. *Manœuvre d'enveloppement.* ‹ ▶ enveloppant, enveloppe ›

envenimer [ɑ̃vnime] v. tr. ▪ conjug. 1. **1.** Infecter (une blessure), rendre plus difficile à guérir. ⇒ **enflammer, infecter, irriter.** *Elle a envenimé cette écorchure en la grattant.* — Pronominalement (réfl.). *La blessure s'est envenimée.* **2.** Rendre plus virulent, plus pénible. *Envenimer une querelle.* ⇒ **aggraver, attiser, aviver.** / contr. **apaiser, calmer** / — Pronominalement (réfl.). *La situation s'est envenimée.* — Au p. p. adj. *Des propos envenimés,* pleins de malveillance.

envergure [ɑ̃vɛʀgyʀ] n. f. **1.** *L'envergure d'un oiseau,* l'étendue des ailes déployées. — La plus grande largeur d'un avion. **2.** Abstrait. (Personnes) Ampleur, ouverture (de l'intelligence). *Son prédécesseur était d'une autre envergure.* ⇒ **calibre, classe, valeur.** *Un esprit de grande, de large envergure,* apte à comprendre beaucoup de choses. ⇒ **ouverture.** — (Choses) Étendue. *Elle s'est lancée dans une entreprise d'une grande envergure.*

① ***envers*** [ɑ̃vɛʀ] prép. **1.** À l'égard de (qqn) (après un mot désignant un sentiment, une action). ⇒ **vis-à-vis.** *Il est bien disposé envers vous. Elle est pleine d'indulgence envers les enfants.* ⇒ **pour.** — À l'égard de (une chose morale). *Traître envers la patrie.* **2.** Loc. ENVERS ET CONTRE TOUS : en dépit de l'opposition générale. *Je soutiendrai cette opinion envers et contre tous.* — ENVERS ET CONTRE TOUT : en dépit de tout, malgré tout.

② ***envers*** n. m. invar. **I. 1.** Le côté (d'une chose) opposé à celui qui doit être vu ou qui est vu d'ordinaire. ⇒ **derrière.** *L'envers et l'endroit. L'envers d'une médaille.* ⇒ **revers.** *L'envers d'une feuille.* ⇒ **verso.** / contr. **recto** / Loc. *L'envers du décor,* les inconvénients cachés. **2.** Aspect opposé, mais inséparable. ⇒ **contraire, inverse.** *Les défauts sont l'envers des qualités.* **II.** À L'ENVERS loc. adv. **1.** Du mauvais côté, du côté qui n'est pas fait pour être vu. / contr. à l'**endroit** / *Mettre un chandail à l'envers.* **2.** Sens dessus dessous. *Mes locataires ont laissé ma maison à l'envers !* ⇒ en **désordre,** en **pagaille.** *Avoir la tête, la cervelle à l'envers,* l'esprit agité. — (Personnes) *Être tout à l'envers,* troublé, ému. **3.** Dans un sens inhabituel, dans le mauvais sens. *Lire un texte à l'envers. Vous comprenez tout à l'envers. Le monde va à l'envers,* mal. ‹ ▶ à la renverse, renverser ›

à l'envi [alɑ̃vi] loc. adv. ■ Littér. À qui mieux mieux ; en rivalisant. *Ils l'imitaient tous à l'envi.* ≠ *envie.*

envie [ɑ̃vi] n. f. **1.** Sentiment de tristesse, d'irritation et de haine contre ceux qui possèdent un bien. ⇒ **jalousie.** *Éprouver de l'envie pour un rival heureux. C'est l'envie qui les rend si désagréables.* **2.** Désir de jouir d'un avantage, d'un plaisir égal à celui d'autrui. *Digne d'envie.* ⇒ **enviable.** *Exciter, attirer l'envie de ses voisins. Regarder qqch. avec un œil, avec des regards d'envie.* **3.** ENVIE DE : désir (d'avoir, de posséder, de faire qqch.). ⇒ **besoin, désir, goût.** *Éprouver, ressentir l'envie, une grande envie de faire qqch. Cela ne me donne guère envie de rire.* — Besoin organique. *Envie de manger* (faim), *de boire* (soif), *de dormir* (sommeil). *Il a envie de rire.* — Fam. *Avoir envie (d'uriner, d'aller à la selle).* **4.** AVOIR ENVIE DE : convoiter, vouloir. — (+ substantif) *J'ai envie de cette voiture.* — (+ infinitif) *Elle a envie de voyager.* — *Avoir envie que* (+ subjonctif). ⇒ **souhaiter, vouloir.** *Il a envie que vous restiez ici.* — *J'en ai très envie. J'irai quand j'en aurai envie,* quand je voudrai. — Loc. *En mourir, en crever d'envie.* — FAIRE ENVIE : exciter le désir. ⇒ **tenter.** *Ce voyage me fait envie. Je vais vous en faire passer l'envie,* vous en ôter le désir. ⇒ **dégoûter.** ≠ *envi.* ▶ ***enviable*** adj. ■ Qui est digne d'envie ; que l'on peut envier. ⇒ **désirable, souhaitable, tentant.** / contr. **détestable** / *Une situation, une position enviable. Un sort peu enviable.* ▶ ***envier*** v. tr. ▪ conjug. 7. **1.** Éprouver envers (qqn) un sentiment d'envie (1, 2), soit qu'on désire ses biens, soit qu'on souhaite être à sa place. ⇒ **jalouser.** *Tout le monde l'envie. Je vous envie d'être si peu frileux !* **2.** Éprouver un sentiment d'envie envers (qqch.). ⇒ **convoiter, désirer.** *Envier qqch. à qqn,* désirer posséder ce qu'il possède. *Je vous envie votre situation.* — Loc. *N'avoir rien à envier à personne,* n'avoir rien à désirer, être pourvu de tout le nécessaire. ▶ ***envieux, euse*** adj. et n. **1.** Qui éprouve de l'envie. ⇒ **jaloux.** *Esprit, caractère envieux. Être envieux du bien d'autrui.* ⇒ **avide, cupide. 2.** N. *C'est un jaloux et un envieux.* — Loc. *Faire des envieux,* provoquer l'envie des autres (par sa réussite, son bonheur...). **3.** Qui a le caractère de l'envie. *Des regards envieux.* ⟨ ▶ envies ⟩

envies [ɑ̃vi] n. f. pl. ■ Petits filets de peau autour des ongles.

environ [ɑ̃viʀɔ̃] adv. ■ À peu près (⇒ **autour** de ; fam. à l'**entour**) ; un peu plus, un peu moins (devant un nom de nombre). ⇒ **approximativement.** / contr. **exactement** / *Il y a environ deux ans ; il y a deux ans environ. Une personne d'environ cinquante ans.* — *Sa propriété vaut environ cent mille dollars.* ⇒ **dans** les. ⟨ ▶ environner, environs ⟩

environner [ɑ̃viʀɔne] v. tr. ▪ conjug. 1. **1.** Être autour de, dans les environs de. *Des montagnes environnent la ville.* **2.** S'ENVIRONNER v. pron. et passif. (Personnes) *Il s'environne d'amis ; il est environné d'amis.* ▶ ***environnant, ante*** adj. ■ Qui environne, qui est dans les environs. ⇒ **attenant, avoisinant, proche, voisin.** *Les bois environnants.* / contr. **éloigné, lointain** / ▶ ***environnement*** n. m. **1.** Entourage habituel (de qqn). *L'environnement familial.* **2.** Ensemble des conditions naturelles et culturelles qui peuvent agir sur les organismes vivants et les activités humaines. ⇒ **écologie.** *Des mesures contre la pollution prises pour protéger l'environnement.* ⇒ **écologique.** ▶ ***environnemental, ale, aux*** adj. ■ Relatif à l'environnement. ⇒ **écologique, vert.** *Avoir des préoccupations environnementales.* ▶ ***environnementaliste*** n. **1.** Spécialiste de l'étude de l'environnement. ⇒ **écologiste.** *Les environnementalistes du gouvernement.* **2.** Personne préoccupée par la qualité de l'environnement. *Un groupe de pression environnementaliste.*

environs n. m. pl. ■ Les alentours (d'un lieu). *La ville est sans intérêt, mais les environs sont très pittoresques. Aux environs,* à proximité, dans le voisinage. *Il me semble que j'ai stationné ma voiture aux environs.* — Fam. *Aux environs de Noël,* un peu avant ou après. ⇒ **alentour ;** fam. à l'**entour** de.

envisager [ɑ̃vizaʒe] v. tr. ▪ conjug. 3. **1.** Considérer sous un certain aspect. ⇒ **regarder, voir.** *L'aspect, l'angle sous lequel il faut envisager la question,* le point de vue. *Envisager la situation.* **2.** Prendre en considération. ⇒ **considérer.** *C'est une hypothèse à envisager. On n'envisage que l'intérêt général.* ⇒ **penser** à. **3.** Prévoir, imaginer comme possible. *Envisager le pire. Il n'a pas envisagé les conséquences de ses actes. Dans ces conditions, il devient difficile d'envisager cette construction.* **4.** ENVISAGER DE (+ infinitif) : faire le projet de. ⇒ **penser, projeter.** *Il envisage de mettre ses enfants à l'école privée.* ▶ ***envisageable*** adj. ■ Qu'on peut envisager, imaginer. *Cette solution n'est pas envisageable.* ⇒ **possible.**

envoi [ɑ̃vwa] n. m. **I. 1.** Action d'envoyer. *L'envoi d'une lettre, d'un message par la poste.* ⇒ **expédition.** *Envoi de fleurs.* — Au football, au soccer. COUP D'ENVOI : botté du ballon qui marque le début d'un match ; fig. début, déclenchement d'une opération. **2.** Ce qui a été envoyé. *J'ai reçu votre envoi hier.* **II.** Dans la ballade. Dernière strophe de quatre vers qui dédie le poème à qqn.

s'envoler [ɑ̃vɔle] v. pron. ▪ conjug. 1. **1.** Prendre son vol ; partir en volant. *Les oiseaux se sont envolés. S'envoler à tire-d'aile.* / contr. se **poser** / *L'avion s'envola, malgré le brouillard.* ⇒ **décoller, partir.** / contr. **atterrir** / *Elle s'est envolée pour le Japon,* est parti par avion. **2.** Fam. Disparaître subitement. ⇒ **partir.** *Personne ! Ils se sont envolés ! Je ne trouve pas ma montre, elle ne s'est pourtant pas envolée !* **3.** Être emporté par le vent, par un souffle. *La fumée s'envole. Son chapeau s'est envolé.* **4.** (Bruit) S'élever, monter. **5.** (Temps, sentiments) Passer rapidement, disparaître. ⇒ s'**enfuir, partir, passer.** *Le temps s'envole. Tous ses espoirs se sont envolés.* ▶ ***envol*** [ɑ̃vɔl] n. m. **1.** Action de s'envoler, de prendre son vol. *L'envol d'un oiseau.* **2.** (Avion, etc.) Le fait de quitter le sol. ⇒ **décollage.** / contr. **atterrissage** / *Une piste d'envol. À l'envol.* ▶ ***envolée*** [ɑ̃vɔle] n. f. **1.** Action de s'envoler. *Une envolée de moineaux.* — Fam. Vol, durée d'un vol (d'un avion). *L'envolée durera sept heures.* **2.** Élan dans l'inspiration (en poésie et dans le discours). *De belles envolées lyriques.*

envoûter [ɑ̃vute] v. tr. ▪ conjug. 1. **1.** Représenter (une personne) par une figure (statuette, etc.) pour lui faire subir l'effet magique de ce que l'on fait à cette figure (incantations, violences...). **2.** Abstrait. Exercer sur (qqn) un attrait, une domination irrésistible. ⇒ **captiver, ensorceler, fasciner.** *Cette femme l'a envoûté. Envoûter son auditoire.* ▶ ***envoûtant, ante*** adj. ■ Qui envoûte, séduit irrésistiblement. ⇒ **captivant, ensorcelant.** *Un charme envoûtant.* ▶ ***envoûtement*** n. m. **1.** Action d'envoûter ; son résultat. *Formules d'envoûtement.* ⇒ **charme, sortilège. 2.** Abstrait. Fascination, séduction. *La puissance d'envoûtement d'un poème.*

envoyer [ɑ̃vwaje] v. tr.— REM. ▪ conjug. 8., sauf au futur : *j'enverrai, nous enverrons,* et au conditionnel : *j'enverrais, nous enverrions.* **I.** ENVOYER *qqn.* **1.** Faire aller, partir (qqn quelque part). *Envoyer un enfant au cinéma, à l'école, en classe. Envoyer une délégation auprès de qqn.* — Loc. *Envoyer qqn dans l'autre monde,* le faire mourir. ⇒ **assassiner, exécuter, tuer.** — *Envoyer qqn à qqn* (pour le rencontrer). *Envoyez-moi les gens que cela intéresse.* **2.** Faire aller (qqn) quelque part (afin de faire qqch.). *Envoyer une personne en course.* ⇒ **envoyé.** — (+ infinitif) *Envoyer un enfant faire des courses. Je l'enverrai chercher du pain.* Loc. fam. *Il l'a envoyé balader, promener, paître* ou très fam. *chier,* il l'a repoussé, il s'en est débarrassé. **3.** Pousser, jeter (qqn quelque part). *Le boxeur a envoyé son adversaire au tapis.* **II.** ENVOYER *qqch.* **1.** Faire partir, faire parvenir (qqch. à qqn) par l'intermédiaire d'une personne ou des postes. ⇒ **adresser, expédier.** *Envoyer un télégramme, une lettre, un colis. Envoyer des excuses.* **2.** Faire parvenir (qqch.) à, jusqu'à (qqn ou qqch.), par une impulsion matérielle. *Envoyer une balle à un joueur.* ⇒ **jeter, lancer.** *Envoyer des pierres dans une vitre.* — Au p. p. adj. *Balle bien envoyée.* — *Envoyer une gifle, un coup à qqn.* ⇒ **allonger, donner, flanquer ;** fam. ② **sacrer.** *Envoyer un coup de fusil.* ⇒ **tirer.** — Adresser à distance (à une personne). *Elle nous envoie des baisers, un sourire.* — Au p. p. *Sa réponse était (bien) envoyée,* elle portait. — (+ infinitif) *Envoyer promener, valser qqch.,* rejeter, abandonner complètement. **3.** (Suj. chose) Faire aller jusqu'à. *Le cœur envoie le sang dans les artères.* **4.** Fam. S'ENVOYER *qqch.* : prendre pour soi. ⇒ s'**enfiler,** se farcir, se **taper.** *Elle s'est envoyé tout le travail, tout le chemin à pied,* elle l'a fait péniblement, de mauvais gré. *S'envoyer un verre de vin, un bon repas,* le boire, le manger. — Très fam. *S'envoyer en l'air,* éprouver un plaisir intense, spécialt le plaisir sexuel. ▶ ***envoyé, ée*** n. ■ Personne qu'on a envoyée quelque part pour accomplir une mission. ⇒ ① **émissaire.** *L'envoyée spéciale d'un journal,* journaliste envoyée spécialement pour un événement précis. ≠ *correspondant. Envoyé chargé de représenter un parti, un pays.* ⇒ **délégué.** ▶ ***envoyeur, euse*** n. ■ Personne qui envoie. *Retour à l'envoyeur.* ⇒ **expéditeur.** / contr. **destinataire** / ‹ ▶ envoi, ① renvoi, ② renvoi, renvoyer ›

enzyme [ɑ̃zim] n. m. ou f. ■ Substance organique produite par des cellules vivantes, qui agit comme catalyseur dans les changements chimiques. ⇒ **ferment.** *Les enzymes favorisent les réactions chimiques de la digestion. Lessive aux enzymes.*

éolien, ienne [eɔljɛ̃, jɛn] adj. et n. f. **1.** Qui fonctionne par la force du vent *(pompe éolienne),* provient de l'action du vent. **2.** N. f. UNE ÉOLIENNE : une roue motrice métallique à pales, fixée au sommet d'un pylône et qui capte l'énergie du vent. *L'éolienne de Cap-chat.*

épagneul, eule [epaɲœl] n. ■ Chien, chienne de chasse, à longs poils soyeux et à oreilles pendantes. *Le cocker, le setter sont des variétés d'épagneul. Une épagneule.* — Adj. *Une chienne épagneule.*

épais, aisse [epɛ, ɛs] adj. **1.** Qui est de grande dimension, en épaisseur (2), opposé à ① *fin,* ① *mince. Un mur épais. Une épaisse tranche de pain. Papier épais.* ⇒ **fort.** — Qui mesure (telle dimension), en épaisseur. *Une couche épaisse d'un centimètre.* — D'ÉPAIS loc. adv. : de l'épaisseur de. ⇒ d'**épaisseur.** *Un centimètre d'épais. Deux tranches d'épais.* **2.** Dont la grosseur rend les formes lourdes. / contr. ① **fin, svelte** / *Avoir des doigts épais, des mains épaisses. Taille épaisse.* — Fam. *Il n'est pas épais,* il est mince. **3.** Qui manque de finesse (au moral). *Un esprit épais.* ⇒ **grossier.** / contr. **délicat** / *Une plaisanterie épaisse.* ⇒ **lourd. 4.** (Personnes) Qui est très idiot, niaiseux. ⇒ **imbécile ;** fam. ③ **cave.** *Ils sont un peu épais.* — Loc. *Avoir l'air épais.* Fam. *Être épais dans le plus mince,* être vraiment niaiseux, être très mal élevé. — N. *Une bande d'épais.* **5.** Dont les constituants sont nombreux et serrés. ⇒ **dense, fourni.** / contr. **clairsemé** / *Feuillage épais. Chevelure épaisse. Une épaisse forêt.* — N. m. *Au plus épais de la foule,* à l'endroit le plus dense. — (Liquides) Qui a de la consistance (opposé à *léger*). ⇒ **consistant, pâteux, visqueux.** / contr. **clair** / *Une huile épaisse.* **6.** (Gaz, vapeur) Dense. / contr. **léger, transparent** / *Un brouillard épais. Une épaisse fumée.* — Obscur. *Ombre épaisse.* ⇒ **profond. 7.** Adv. D'une manière serrée. *Semer épais. — Du jambon tranché épais.* / contr. ① **mince** / — Beaucoup. *Il n'y en a pas épais !* ⇒ **lourd.** (Neige) *Il en est tombé épais.* ▶ ***épaisseur*** n. f. **1.** Caractère de ce qui est épais (1), gros. *L'épaisseur de la peau de l'éléphant.* / contr. **finesse, minceur** / **2.** Troisième dimension (d'un corps solide), les deux autres étant la longueur (ou profondeur) et la largeur, ou la hauteur et la largeur ; dimension (d'un corps) formant l'écart entre ses deux surfaces parallèles. *Creuser une niche dans l'épaisseur d'un mur. L'épaisseur d'une armoire.* — Fam. *Il s'en est fallu de l'épaisseur d'un cheveu, d'un fil,* il s'en est fallu de peu. — Mesure de cette dimension. *L'épaisseur d'un livre.* ⇒ **grosseur.** *Une épaisseur de deux centimètres.* — (Avec un numéral) *Quatre épaisseurs de tissu. Papier de toilette, essuie-tout à double épaisseur,* replié, en double. ⇒ **pli.** — D'ÉPAISSEUR loc. adv. : de l'épaisseur de. ⇒ d'**épais.** *Deux mètres d'épaisseur, trois couches d'épaisseur.* **3.** Caractère de ce qui est épais (5), serré. *L'épaisseur d'une chevelure.* **4.** Caractère de ce qui est consistant, dense. *L'épaisseur d'une crème.* ⇒ **consistance.** / contr. **fluidité** / *L'épaisseur du brouillard nous cachait le paysage.* ⇒ **densité.** / contr. **légèreté, transparence** / **5.** Abstrait. Consistance, profondeur, richesse (on ne dit pas *épais,* dans ce sens). *Ce roman a beaucoup d'épaisseur. Ce personnage manque d'épaisseur.* ▶ ***épaissir*** v. ▪ conjug. 2. **I.** V. intr. **1.** Devenir épais, consistant, dense. *Dès que la crème épaissit, ôtez-la du feu.* — Au p. p. adj. *Une sauce épaissie.* **2.** Perdre sa minceur, sa sveltesse. ⇒ **grossir.** *Sa taille a épaissi. — Il épaissit en vieillissant.* / contr. **maigrir** / **II.** V. tr. **1.** Rendre plus épais, plus consistant. *Épaissir un sirop, une sauce.* **2.** Abstrait. Rendre plus important, plus solide. *Épaissir un dossier.* **III.** S'ÉPAISSIR v. pron. : devenir plus serré, plus compact, plus dense, plus consistant. *Sa chevelure s'épaissit. Le brouillard s'est épaissi. La forêt s'épaississait.* — Abstrait. *Le mystère s'épaissit autour de cette affaire.* / contr. s'**éclaircir** / ▶ ***épaississement*** n. m. ■ Le fait de devenir plus épais. **1.** (En consistance, densité) *L'épaississement du brouillard, des nuages.* **2.** (En dimension) Perte de la minceur. *Épaississement de la taille.* ‹ ▶ désépaissir ›

① ***épanchement*** [epɑ̃ʃmɑ̃] n. m. ■ Écoulement anormal, accumulation dans les tissus ou dans une cavité, d'un liquide ou d'un gaz organique. ⇒ **écoulement, infiltration.** *Épanchement de sang.*

épancher [epɑ̃ʃe] v. tr. ▪ conjug. 1. **I.** Littér. Communiquer librement, avec confiance et sincérité. ⇒ **confier, livrer.** *Épancher son amour, ses secrets.* **II.** S'ÉPANCHER v. pron. **1.** Communiquer librement, avec abandon, ses sentiments, ses opinions, ce que l'on cachait. ⇒ s'**abandonner,** se **confier.** *Avoir besoin de s'épancher. S'épancher dans un journal intime.* **2.** Littér. Se répandre. *Son amour s'épanchait.* ▶ ② ***épanchement*** n. m. ■ Communication libre et confiante de sentiments, de pensées intimes. ⇒ **abandon, effusion, expansion ; confidence.** *Doux, tendres épanchements. Arrêter ses épanchements.*

épandre [epɑ̃dʀ] v. tr. ▪ conjug. 41. **1.** Étendre en étalant. *Épandre de l'engrais dans un champ.* **2.** Littér. Donner en abondance. ⇒ **répandre, verser.** *Elle épandait sa bonté sur tous.* — Pronominalement. *Sa bonté s'épandait.* ▶ ***épandage*** n. m. ■ Action de répandre (l'engrais, le fumier, le sel de calcium, le sable...) sur un sol. *L'épandage du calcium sur les trottoirs. — Champ d'épandage,* où l'on verse les ordures. ⇒ ① **décharge.** ▶ ***épandeuse*** n. f. ■ Véhicule, machine qui sert à épandre. *Après la tempête, on entendait le bruit des épandeuses.* ⇒ **sableuse.** ‹ ▶ répandre ›

épanouir [epanwiʀ] v. tr. ▪ conjug. 2. **1.** Ouvrir, faire ouvrir (une fleur) en déployant les pétales. *La plante épanouit ses fleurs au printemps.* ⇒ **déployer, étaler, étendre.** — Pronominalement (réfl.). *La corolle s'épanouit.* ⇒ **éclore.** — Au p. p. adj. *Fleur épanouie.* / contr. **fermé** / **2.** Détendre, en rendant joyeux. *La joie, un bon mot épanouit leurs visages.* ⇒ **dérider, réjouir.** / contr. **assombrir, attrister** / — Au p. p. adj. *Visage, sourire épanoui.* ⇒ **joyeux, radieux.** — S'ÉPANOUIR v. pron. *Son visage s'épanouit de joie.* — (Personnes) Devenir joyeux, radieux. *À cette nouvelle, il s'est épanoui.* **3.** S'ÉPANOUIR v. pron. : se développer librement dans toutes ses possibilités. *Sa beauté, ses charmes commencent à s'épanouir.* — Au p. p. adj. *Un corps épanoui.* ▶ ***épanouissement*** n. m. **1.** Déploiement de la corolle. *L'épanouissement des roses.* ⇒ **éclosion.** — *Un épanouissement d'étincelles.* ⇒ **gerbe. 2.** Le fait de s'épanouir (2). *L'épanouissement du visage.* **3.** Entier développement. *L'épanouissement d'un talent. Être dans tout l'épanouissement de sa beauté.* ⇒ **éclat, plénitude.**

① ***épargner*** [epaʀɲe] v. tr. ▪ conjug. 1. (Compl. chose) **1.** (Surtout en emploi négatif) Consommer, dépenser avec mesure, de façon à garder une réserve. ⇒ **économiser, ménager.** / contr. **utiliser** / *On n'a pas épargné le beurre dans ce plat,* on en a mis beaucoup. **2.** Conserver, accumuler par épargne. *Épargner une somme d'argent.* ⇒ **économiser.** / contr. **dépenser, gaspiller** / **3.** Économiser, sauver de l'argent, en achetant qqch. ⇒ **épargne.** *Si j'achète maintenant, je vais épargner la T.P.S.* — Sans compl. *Courir les soldes pour épargner.* **4.** Employer avec mesure. ⇒ **compter, ménager.** *Épargner ses pas, sa peine, ses forces. Je n'épargnerai rien pour vous donner satisfaction.* ⇒ **négliger.** *Il n'épargne rien pour arriver à ses fins,* il emploie tous les moyens. **5.** ÉPARGNER UNE CHOSE À *qqn* : ne pas la lui imposer, faire en sorte qu'il ne la subisse pas. ⇒ **éviter.** *Épargner un travail, une peine à qqn. Épargnez-moi vos explications. Vous vous seriez épargné bien des ennuis, en restant chez vous.* ▶ ***épargnant, ante*** n. ■ Personne qui épargne (1), met de l'argent de côté. ⇒ **déposant.** *Les épargnants et les consommateurs.* — *Grand, petit épargnant.* ▶ ***épargne*** n. f. **1.** Le fait de dépenser moins que ce qu'on gagne. ⇒ **économie.** *Rembourser une dette par l'épargne.* — (France) Loc. CAISSE D'ÉPARGNE : établissement qui reçoit en dépôt les économies des particuliers et leur sert un intérêt. ⇒ **caisse** populaire. *Un livret de caisse d'épargne. Déposer de l'argent à la caisse d'épargne.* — *Un compte d'épargne. Un régime enregistré d'épargne retraite.* ⇒ **R.É.E.R. 2.** Ensemble des sommes mises en réserve ou employées à créer du capital. *Rémunération de l'épargne.* ⇒ **intérêt.** *La petite épargne,* les économies de petits épargnants. **3.** Loc. *Faire des épargnes,* des économies, en achetant qqch. ⇒ **épargner.** *En profitant des soldes, je fais des épargnes.* **4.** Abstrait. Action de ménager, d'utiliser (une chose) avec modération. ⇒ **économie.** *L'épargne du temps, des forces.*

② ***épargner*** v. tr. ▪ conjug. 1. (Compl. personne) **1.** Traiter avec ménagement, indulgence. *Épargner un adversaire.* — *Épargner l'amour-propre de qqn.* ⇒ **ménager, respecter.** — (Suj. chose) *La guerre a épargné ces populations.* / contr. **accabler, frapper** / — Ménager en paroles, dans un écrit (surtout en emploi négatif). *La journaliste n'a épargné personne dans sa critique.* **2.** Laisser vivre. *Épargner un condamné.* ⇒ **gracier.** *La mort n'épargne personne.*

éparpiller [epaʀpije] v. tr. ▪ conjug. 1. **1.** Jeter, laisser tomber çà et là (plusieurs choses légères ou plusieurs parties d'une chose légère). ⇒ **disperser, disséminer, répandre, semer.** / contr. **rassembler** / *Éparpiller de la paille, du foin sur le sol.* — Au p. p. adj. *Papiers éparpillés.* ⇒ **épars. 2.** Disposer, distribuer irrégulièrement. *Des amis que la vie a éparpillés aux quatre coins du pays.* ⇒ **disperser, séparer.** / contr. **réunir** / — Pronominalement. *La foule s'éparpilla en petits groupes.* **3.** *Éparpiller ses forces, ses efforts, son attention,* les diriger sur plusieurs objets à la fois, les disperser inefficacement. / contr. **concentrer** / — S'ÉPARPILLER v. pron. : passer d'une idée à l'autre, d'une occupation à l'autre. / contr. se **concentrer** / *Il s'éparpille trop pour réussir.* ▶ ***éparpillement*** n. m. ■ Action d'éparpiller, fait de s'éparpiller. *L'éparpillement des efforts.* / contr. **concentration** /

épars, arse [epaʀ, aʀs] adj. ■ Au plur. Placés dans des lieux, des positions séparées et au hasard. ⇒ **dispersé, éparpillé.** *Maisons éparses autour d'un village. Cheveux épars,* en désordre, décoiffés. / contr. **concentré, rassemblé, réuni** / — Abstrait. *Rassembler des idées éparses.* — Au sing. *Chevelure éparse. Une végétation éparse.* ‹ ▶ éparpiller ›

épatant, ante [epatɑ̃, ɑ̃t] adj. ■ Fam. Qui provoque l'admiration, donne un grand plaisir. ⇒ **merveilleux, sensationnel** ; fam. ② **chouette,** ② **extra, formidable,** ② **super.** *Il fait un temps épatant. Il n'est pas épatant, votre fromage,* il est quelconque. *C'est un type épatant.* ⇒ **remarquable.** ▶ ***épatamment*** [epa tamɑ̃] adv. ■ Fam. D'une manière épatante, très bien. ⇒ **admirablement, merveilleusement.** *Ce costume vous va épatamment.*

① ***épaté, ée*** [epate] adj. ■ Élargi à la base. *Nez épaté,* court et large. ⇒ **aplati, camus.** ▶ ***épatement*** n. m. ■ Forme de ce qui est épaté. *L'épatement du nez.*

épater [epate] v. tr. ▪ conjug. 1. ■ Fam. Provoquer un étonnement admiratif chez (qqn). ⇒ **ébahir, stupéfier.** *Elle veut épater la galerie. Rien ne l'épate.* ▶ ***épate*** n. f. ■ (France) Fam. Action d'épater. ⇒ **bluff** ; fam. **braue** (3), **chiqué, esbroufe.** *Il fait de l'épate, un peu d'épate.* ▶ ② ***épaté, ée*** adj. ■ Fam. Ébahi, très surpris. *Il a pris un air très épaté.* ‹ ▶ épatant ›

épaulard [epolaʀ] n. m. ■ Cétacé à nageoire dorsale haute et pointue, très vorace. ⇒ **orque.** *L'épaulard est carnivore.*

épaule [epol] n. f. **1.** Partie supérieure du bras à l'endroit où il s'attache au tronc. *Cavité sous l'épaule,* aisselle. *Largeur d'épaules,* d'une épaule à l'autre. ⇒ **carrure.** *Donner un coup d'épaule à qqn,* le bousculer ; spécialt dans le sport (hockey, football...), tenter de l'éliminer du jeu. — Loc. *Hausser, lever les épaules,* pour manifester son indifférence, son mécontentement. — *Baisser les épaules,* accepter avec soumission. — *Mettre l'épaule à la roue,* aider qqn. (→ Pousser à la roue). — *Venir pleurer sur l'épaule de qqn,* se plaindre et chercher une consolation. — *Avoir la tête sur les épaules,* être sensé, savoir ce qu'on fait. **2.** La partie de la jambe de devant qui se rattache au corps (d'un quadrupède). — Cette partie découpée pour la consommation. *Une épaule désossée. Une épaule de mouton* (correspond au *gigot*). ▶ ***épauler*** v. tr. ▪ conjug. 1. **I.** *Épauler qqn,* l'aider dans sa réussite. ⇒ **assister, soutenir.** *Je vous épaulerai auprès du ministre.* — Pronominalement. S'entraider. *Ils se sont épaulés mutuellement.* **II.** *Épauler qqch.* **1.** (Suj. personne) Appuyer contre l'épaule. *Épauler un fusil,* pour viser et tirer (mettre en joue). **2.** (Suj. chose) Amortir la poussée de (un mur, une voûte...) par une maçonnerie pleine. *Mur de soutènement qui épaule un remblai.* ▶ ***épaulé-jeté*** n. m. ■ Aux poids et haltères. Mouvement en deux temps consistant à amener la barre au niveau des épaules *(épaulé),* puis à la soulever rapidement à bout de bras *(jeté). Des épaulés-jetés.* ▶ ***épaulement*** n. m. ■ Mur de soutènement ou escarpement naturel. ▶ ***épaulette*** n. f. **1.** Ornement militaire fait d'une patte placée sur l'épaule. *Galons fixés sur l'épaulette.* — Spécialt. *Épaulettes d'officier.* — Loc. *Gagner ses épaulettes,* travailler dur pour obtenir ce que l'on a, bien mériter ce que l'on a. **2.** Ruban étroit qui passe sur l'épaule pour soutenir un vêtement féminin. ⇒ **bretelle.** *Épaulette de combinaison.* **3.** Rembourrage en demi-cercle cousu à l'épaule d'un vêtement. *L'épaulette d'un veston.* **4.** Sports. Pièce d'équipement qui sert à protéger les épaules. *Une paire d'épaulettes de hockey.* ‹ ▶ épaulard ›

épave [epav] n. f. **1.** Coque d'un navire naufragé ; objet abandonné en mer ou rejeté sur le rivage. *Rivage couvert d'épaves après une tempête. Flotter comme une épave.* **2.** Personne désemparée qui ne trouve plus sa place dans la société. *C'est une triste épave, presque un clochard.*

épée [epe] n. f. ■ Arme faite d'une lame aiguë et droite, emmanchée dans une poignée munie d'une garde. ⇒ **fleuret, rapière.** *La pointe d'une épée. Dégainer, tirer l'épée. Le choc, le cliquetis des épées. Se* *battre à l'épée ; duel, escrime à l'épée.* — Loc. *Passer qqn au fil de l'épée,* le tuer à l'arme blanche. — *Un coup d'épée dans l'eau,* un effort inutile, vain. — *Mettre à qqn l'épée dans les reins,* le harceler, le presser sans répit. — *Épée de Damoclès,* danger qui peut s'abattre sur qqn d'un moment à l'autre.

épeler [eple] v. tr. ▪ conjug. 4. **1.** Nommer successivement chacune des lettres de (un mot). *Voulez-vous épeler votre nom ?* **2.** Lire lentement, avec difficulté. ⇒ **ânonner.** *J'épelle le russe, mais je ne le lis pas bien.*

éperdu, ue [epɛʀdy] adj. **1.** Qui a l'esprit profondément troublé par une émotion violente. ⇒ **affolé, agité.** *Éperdu de bonheur, de joie,* fou de. **2.** (Sentiments) Très violent. ⇒ **passionné.** *Un besoin éperdu de bonheur. Des regards éperdus,* désespérés. — Extrêmement rapide. *Une fuite éperdue.* ▶ ***éperdument*** adv. ■ D'une manière éperdue. *Être éperdument amoureux.* ⇒ **follement.** *Je m'en moque éperdument,* complètement.

éperlan [epɛʀlɑ̃] n. m. ■ Petit poisson marin, au corps argenté, à la chair délicate. *Une friture d'éperlans.*

éperon [epʀɔ̃] n. m. **1.** Pièce de métal, fixée au talon du cavalier et terminée par une roue à pointes, pour piquer les flancs du cheval. *Presser son cheval de l'éperon.* **2.** Pointe de la proue (d'un navire). **3.** Saillie abrupte d'une formation rocheuse, d'un coteau, d'une montagne. *Éperon rocheux.* ▶ ***éperonner*** [epʀɔne] v. tr. ▪ conjug. 1. **1.** Piquer avec les éperons (1). *Éperonner son cheval.* **2.** Abstrait. Aiguillonner, stimuler. *La peur, la colère l'éperonnait.* — Au passif. *Être éperonné par l'ambition.*

① ***épervier*** [epɛʀvje] n. m. ■ Oiseau rapace diurne de la taille d'un pigeon. *Des éperviers bruns.*

② ***épervier*** n. m. ■ Filet de pêche conique, garni de plomb. *Lancer l'épervier. Pêche à l'épervier.*

épeurer [epøʀe] v. tr. ▪ conjug. 1. ■ Faire peur à. ⇒ **apeurer, effaroucher, effrayer.** *Épeurer un enfant.* — Au p. p. adj. *Un animal épeuré.* ▶ ***épeurant, ante*** adj. **1.** Qui fait peur, qui effraie. ⇒ **effrayant, effroyable.** *Regarder un film épeurant.* — *C'est épeurant de marcher dans le noir.* **2.** En fonction adv. Par exagér. Très, beaucoup, en grande quantité. *Il y avait des fraises cette année, c'est épeurant,* incroyable, inimaginable. ⇒ **écœurant, épouvantable.**

éphèbe [efɛb] n. m. ■ Dans la Grèce antique. Jeune garçon arrivé à l'âge de la puberté. *Statue d'un éphèbe.* — Iron. Très beau jeune homme. ⇒ **adonis.**

① ***éphémère*** [efemɛʀ] adj. ■ Qui est de courte durée, cesse vite. ⇒ **bref, momentané, passager, temporaire.** *Gloire, succès éphémère. Un plaisir, un bonheur éphémère.* ⇒ **fragile, précaire.** / contr. **durable** / ▶ ② ***éphémère*** n. m. ■ Insecte ressemblant à une petite libellule, dont l'adulte vit quelques heures.

éphéméride [efemeʀid] n. f. **1.** Calendrier dont on détache chaque jour une feuille. **2.** Liste groupant les événements qui se sont produits le même jour de l'année à différentes époques. *L'éphéméride du 5 mars.* **3.** Ouvrage indiquant pour l'année à venir les faits astronomiques ou météorologiques. **4.** Au plur. Tables astronomiques donnant pour chaque jour la position des astres.

épi [epi] n. m. **I. 1.** Partie terminale de la tige de certaines graminées (graines serrées). *Un épi de blé, d'orge. Les blés sont en épis. Égrener des épis. Des épis de maïs* ou *de blé d'Inde. Du maïs en épis* (opposé à *en grains*). — Fleurs disposées le long d'un axe allongé. *Épi simple, composé, ramifié.* **2.** Mèche de cheveux dont la direction est contraire à celle des autres. *Avoir un épi.* **II. 1.** Ornement décorant la crête d'un toit. *L'épi d'une toiture.* **2.** Ouvrage perpendiculaire, ramification latérale. *Épi d'une voie ferrée, d'une jetée.* **3.** EN ÉPI : selon une disposition oblique. *Voitures garées en épi,* obliquement par rapport à la voie.

épice [epis] n. f. ■ Substance végétale, aromatique ou piquante, servant à l'assaisonnement des mets. ⇒ **aromate, condiment.** *La cannelle, le cumin, la noix muscade, le paprika, le poivre sont des épices.* ▶ ① ***épicé, ée*** adj. ■ Assaisonné d'épices. *Je n'aime pas la cuisine trop épicée.* ⇒ ① **fort, relevé.** / contr. **fade** / ▶ ***épicer*** v. tr. ▪ conjug. 3. ■ Assaisonner avec des épices. *Ce cuisinier épice trop ses sauces.* ⇒ **relever.** ⟨ ▶ épicerie, épices, quatre-épices ⟩

② ***épicé, ée*** adj. ■ Qui contient des détails grivois. *Récit un peu épicé.* ⇒ **salé.**

épicéa [episea] n. m. ■ (France) Arbre voisin du sapin. ⇒ **épinette.** *Des épicéas.*

épicentre [episɑ̃tʀ] n. m. ■ Foyer apparent des ébranlements au cours d'un tremblement de terre (opposé à *foyer*). *Épicentre sismique.* ⇒ **séisme.**

épicerie [episʀi] n. f. **1.** (REM. D'abord, commerce des *épices.*) Commerce de nombreux produits de consommation courante (alimentation générale). *Elle travaille dans le secteur de l'épicerie.* — Magasin où se fait cette vente. ⇒ **alimentation, supermarché.** *Aller à l'épicerie. L'épicerie du coin.* ⇒ ② **dépanneur.** *Une épicerie fine,* où l'on trouve les meilleurs produits locaux ou importés. **2.** Produits d'alimentation qui se conservent. *Mettre l'épicerie dans un placard. Faire (son) l'épicerie,* l'achat des provisions. ⇒ **courses,** ② **marché.** ▶ ***épicier, ière*** n. ■ Personne qui tient une épicerie, un commerce d'épicerie.

épicurien, ienne [epikyʀjɛ̃, jɛn] adj. et n. **1.** Qui ne songe qu'au plaisir. ⇒ **sensuel.** *Un joyeux épicurien.* **2.** Philosophie. De la doctrine d'Épicure (ou *épicurisme,* n. m.). *Morale épicurienne.*

épidémie [epidemi] n. f. **1.** Maladie infectieuse qui frappe en même temps et en un même endroit un grand nombre de personnes ou d'animaux (⇒ **épizootie**). *Épidémie de choléra, de grippe. L'épidémie se propage par contagion.* ≠ *endémie.* **2.** Abstrait. Ce qui touche un grand nombre de personnes en se propageant. ⇒ **contagion, mode.** *Une véritable épidémie de rire, de peur, de vols.* ▶ ***épidémique*** adj. **1.** Qui a les caractères de l'épidémie (opposé à *sporadique*). *Maladie épidémique.* **2.** Qui touche en même temps un grand nombre de personnes par entraînement. ⇒ **contagieux.** *Les comportements racistes sont souvent épidémiques.* ⟨ ▶ épizootie ⟩

épiderme [epidɛʀm] n. m. ■ Couche superficielle de la peau. *Le derme et l'épiderme. Une brûlure du premier degré n'atteint que l'épiderme.* — Abstrait. Loc. *Avoir l'épiderme sensible, chatouilleux,* être susceptible. ▶ ***épidermique*** adj. **1.** De l'épiderme. ⇒ **cutané.** *Tissu épidermique.* **2.** Abstrait. (Sentiments, réactions) Superficiel. *C'est une réaction, une attitude épidermique.* / contr. **profond** /

épidural, ale, aux [epidyʀal, o] adj. et n. f. ■ *L'espace épidural,* qui se trouve entre une vertèbre et la méninge externe (*dure-mère*). — N. f. *L'épidurale,* une injection anesthésique dans l'espace épidural (souvent lorsqu'une femme accouche).

épier [epje] v. tr. ▪ conjug. 7. **1.** Observer attentivement et secrètement (qqn, un animal). *Épier une personne suspecte.* ⇒ **espionner.** *Animal qui épie sa proie.* ⇒ **guetter. 2.** Observer attentivement, essayer de découvrir (qqch.). *Épier les réactions de qqn sur son* *visage.* — Attendre avec espoir ou angoisse (un moment). *Quelqu'un épiait l'occasion favorable pour s'emparer de l'argent.*

épieu [epjø] n. m. ■ Gros et long bâton terminé par un fer plat, large et pointu. *Des épieux.*

épigastre [epigastʀ] n. m. ■ Creux de l'estomac. *Douleur de l'épigastre.* ▶ ***épigastrique*** adj. ■ Qui concerne l'épigastre.

épigone [epigɔn] n. m. ■ Littér. Successeur, imitateur. *Les épigones du naturalisme.*

épigramme [epigʀam] n. f. **1.** Petit poème satirique. *Composer une épigramme contre qqn.* **2.** Trait satirique, mot spirituel contre qqn. ⇒ **raillerie.** / contr. **compliment** /

épigraphe [epigʀaf] n. f. **1.** Inscription placée sur un édifice pour en indiquer la date, la destination. **2.** Courte citation en tête d'un livre, d'un chapitre. ⇒ **exergue.** *Mettre une maxime en épigraphe.* ≠ *épitaphe.* ▶ ***épigraphie*** n. f. ■ Étude scientifique des inscriptions. ▶ ***épigraphique*** adj. ■ Qui se rapporte aux inscriptions. *Études épigraphiques.*

épiler [epile] v. tr. ▪ conjug. 1. ■ Arracher les poils de (une partie du corps). ⇒ **épilation.** *Elle s'est fait épiler les jambes. Pince à épiler.* — Au p. p. adj. *Des sourcils épilés.* ▶ ***épilation*** n. f. ■ Action d'épiler. *Épilation avec une crème. Épilation électrique.* ▶ ***épilatoire*** adj. ■ Qui sert à épiler. ⇒ **dépilatoire.** *Une crème épilatoire.*

épilepsie [epilɛpsi] n. f. ■ Maladie nerveuse caractérisée par de brusques attaques convulsives avec perte de connaissance. *Crise d'épilepsie.* ▶ ***épileptique*** [epilɛptik] adj. **1.** Relatif à l'épilepsie. *Convulsions épileptiques.* **2.** Atteint d'épilepsie. — N. *Un, une épileptique.*

épilogue [epilɔg] n. m. **1.** Résumé à la fin d'un discours, d'un poème (opposé à *prologue*). ⇒ **conclusion.** — Partie qui termine (un ouvrage littéraire). *L'épilogue d'un roman, d'une pièce de théâtre.* **2.** Abstrait. Dénouement (d'une affaire longue, embrouillée). *Le long procès trouva son épilogue.* ▶ ***épiloguer*** v. tr. ind. ▪ conjug. 1. ■ ÉPILOGUER SUR : faire de longs commentaires sur. *Il ne sert à rien d'épiloguer sur ce qui vient de vous arriver.*

épinard [epinaʀ] n. m. ■ Plante aux feuilles épaisses et molles d'un vert soutenu. *Des graines d'épinard.* — Au plur. Feuilles comestibles de cette plante. *Des épinards en branches. Feuilleté, quiche aux épinards.* — En appos. Invar. *Vert épinard,* sombre et soutenu.

épine [epin] n. f. **1.** Vx. Arbre ou arbrisseau aux branches armées de piquants (aubépine, prunellier, etc.). *La couronne d'épines* (faite de branches épineuses) *du Christ.* **2.** Piquant (d'une plante). ⇒ **aiguille.** *Les épines du rosier.* — Loc. *Enlever, ôter à qqn une épine du pied,* le tirer d'embarras. — *Il n'y a pas de rose sans épines,* tout plaisir comporte un désagrément. **3.** Partie piquante de certains animaux. *Les épines du hérisson.* ‹ ▶ aubépine, épineux ›

épine dorsale [epindɔʀsal] n. f. **1.** Saillie longitudinale que déterminent les vertèbres au milieu du dos. — Colonne vertébrale (⇒ **spinal**). **2.** Chaîne centrale d'un système montagneux. ‹ ▶ épinière ›

① ***épinette*** [epinɛt] n. f. **1.** Variété de conifère qui ressemble beaucoup au sapin, à cônes dressés. ⇒ **épicéa.** *Forêt d'épinettes. Gomme d'épinette.* — *Épinette blanche,* utilisée comme bois d'œuvre. *Épinette noire,* dont on fait la pâte à papier. *Épinette bleue* ou *du Colorado,* espèce ornementale. — *Bière* d'épinette.* — Le bois de cet arbre. *Un meuble en épinette.* **2.** *Épinette rouge,* nom couramment donné à une variété de mélèze. ▶ ***épinettière*** n. f. ■ Peuplement d'épinettes. *Les épinettières des compagnies de pâte et papier.*

② ***épinette*** n. f. ■ Ancien instrument de musique à clavier et à cordes pincées, plus petit qu'un clavecin.

épineux, euse [epinø, øz] adj. **1.** Qui est hérissé d'épines ou de piquants. *Arbuste épineux.* — N. m. *Un, des épineux.* **2.** Abstrait. Qui est plein de difficultés. ⇒ **délicat, difficile, embarrassant.** *Affaire épineuse. Question épineuse.*

épingle [epɛ̃gl] n. f. **1.** Petite tige de métal, pointue d'un bout, garnie d'une boule (tête) de l'autre, dont on se sert pour attacher, fixer des choses souples (tissu, papier, etc.). *Une pelote à épingles. Piqûre d'épingle.* — Loc. *Être tiré à quatre épingles,* être vêtu avec un soin méticuleux, de manière impeccable. — *Tirer son épingle du jeu,* se dégager adroitement d'une situation délicate. *Tourner, virer sur une tête d'épingle,* sur une toute petite surface. ⇒ ② **cent.** — *Pointe d'épingle,* chose extrêmement fine, fragile. **2.** Objet généralement pointu, servant à attacher, à fixer. *Épingle à chapeau, épingle à (de) cravate.* — Loc. *Monter qqch. en épingle,* le mettre en évidence, en relief. — ÉPINGLE À CHEVEUX : à deux branches, pour maintenir les chignons. *Virage en épingle à cheveux,* très serré. — *Épingle de sûreté, épingle à ressort* ou, France, *épingle de nourrice,* munie d'une fermeture. *Épingle à couches,* grande épingle de sûreté. — *Épingle à linge,* pince en bois, en matière plastique. ⇒ **pince.** ▶ ***épingler*** v. tr. ▪ conjug. 1. **1.** Attacher, fixer avec des épingles. *Épingler des billets ensemble. Épingler un papillon sur un support, un œillet à son corsage.* **2.** Fam. *Épingler qqn,* l'arrêter, le faire prisonnier. *Se faire épingler,* se faire prendre. ⇒ **pogner ;** fam. **pincer.** ▶ ***épinglette*** n. f. **1.** Bijou composé d'une épingle et d'un fermoir. ⇒ **broche ;** anglic. ① **clip.** *Une épinglette comportant une pierre précieuse.* **2.** Petit insigne qu'on peut fixer sur un vêtement, dont la tête décorative représente un personnage, un drapeau, l'emblème d'une équipe sportive, etc. ⇒ anglic. ② **pin.** *Une collectionneuse d'épinglettes de hockey.*

épinière [epinjɛʀ] adj. f. ■ *Moelle épinière.* ⇒ **moelle.**

Épiphanie [epifani] n. f. ■ (Avec une majusc.) Fête catholique qui commémore l'adoration des Rois mages *(jour des Rois, le 6 janvier). On mange le gâteau des Rois le jour de l'Épiphanie.*

épiphyse [epifiz] n. f. **1.** Extrémité renflée (d'un os long). **2.** Petite glande située dans le cerveau.

épique [epik] adj. **1.** Qui raconte en vers une action héroïque (⇒ **épopée**). *« L'Iliade », « la Chanson de Roland », « le Paradis perdu » sont des poèmes épiques.* — Relatif à l'épopée. *Style épique. Vers épiques,* employés par l'épopée. **2.** Digne de figurer dans une épopée. *Les dernières heures du rallye furent épiques.* — Iron. *Il y eut des scènes, des discussions épiques.*

épiscopal, ale, aux [episkɔpal, o] adj. ■ D'un évêque. *Les ornements épiscopaux.* ▶ ***épiscopat*** n. m. **1.** Dignité, fonction d'évêque ; sa durée. **2.** Ensemble des évêques. *L'épiscopat canadien.* ‹ ▶ archiépiscopal ›

épisode [epizɔd] n. m. **1.** Fait accessoire qui se rattache à un ensemble. ⇒ **circonstance.** *Ce n'est qu'un épisode dans sa vie.* ⇒ **péripétie. 2.** Action secondaire (dans une œuvre d'imagination, pièce, roman, film). *Un épisode comique dans une histoire tragique.* **3.** Division (d'un roman, d'un film...). *Émission de télévision, feuilleton à épisodes.* ▶ ***épisodique*** adj. **1.** Littér. Qui a un caractère secondaire. *C'est un* *événement épisodique. Une action épisodique.* **2.** Qui se produit de temps en temps, irrégulièrement. ⇒ **intermittent.** *On ne la voit que de façon épisodique.* ▶ ***épisodiquement*** adv. ■ D'une manière épisodique. *On les a vus épisodiquement ces derniers mois.*

épissure [episyʀ] n. f. ■ Jonction, nœud de deux cordages (câbles, fils électriques, etc.), dont on entrelace les éléments.

épistémologie [epistemɔlɔʒi] n. f. ■ Étude critique des sciences, destinée à déterminer leur origine logique, leur valeur et leur portée *(théorie de la connaissance).* ▶ ***épistémologue*** ou ***épistémologiste*** n. ■ Spécialiste de l'épistémologie.

épistolaire [epistɔlɛʀ] adj. ■ Qui a rapport à la correspondance par lettres. *Être en relations épistolaires avec qqn. La littérature épistolaire.*

épitaphe [epitaf] n. f. ■ Inscription funéraire. *L'épitaphe comprend généralement le nom et les dates de naissance et de décès de la personne enterrée.* — Par ext. Le monument funéraire. *Ajouter un nom sur l'épitaphe.*

épithalame [epitalam] n. m. ■ Littér. Poème composé à l'occasion d'un mariage.

épithélium [epiteljɔm] n. m. ■ En biologie. Tissu formé de cellules juxtaposées qui recouvre la surface du corps ou qui tapisse l'intérieur de tous les organes creux. *Épithélium simple, stratifié.* ▶ ***épithélial, ale, aux*** adj. ■ De l'épithélium. *Cellules épithéliales.*

épithète [epitɛt] n. f. et adj. **1.** Ce qu'on adjoint à un nom, à un pronom pour le qualifier (adjectif qualificatif, nom, expression en apposition). — En grammaire. Se dit d'un adjectif qualificatif qui n'est pas relié au nom par un verbe (opposé à *attribut*). *Dans « une grande maison », « grande » est épithète de « maison ».* **2.** Qualification (louangeuse ou injurieuse) donnée à qqn. *Il s'est fait traiter d'idiot, ce n'est pas une épithète qui lui convient.*

épitoge [epitɔʒ] n. f. **1.** Antiquité romaine. Vêtement porté sur la toge. **2.** Bande d'étoffe garnie d'hermine, fixée à l'épaule de la robe de cérémonie des magistrats, de certains professeurs.

épître [epitʀ] n. f. **1.** Lettre missive des Apôtres. *Une épître de saint Paul.* — Dans la liturgie catholique. Partie de la messe généralement tirée des épîtres des Apôtres. *La messe en est à l'épître.* **2.** Littér. Lettre en vers. *Les épîtres de Boileau.* — Iron. Longue lettre. *Il m'a envoyé une interminable épître.*

s'épivarder [epivaʀde] v. pron. ▪ conjug. 1. ■ Fam. S'amuser à des riens, ne rien faire qui vaille. *Les enfants s'épivardent sur la plage.* — *S'épivarder dans la nature,* disparaître, se cacher quelque part.

épizootie [epizɔɔti] n. f. ■ Didact. Épidémie qui frappe les animaux. *Épizootie de fièvre aphteuse.*

éploré, ée [eplɔʀe] adj. ■ Littér. Qui est tout en pleurs. *Elle s'est enfuie tout éplorée.* — *Air, visage éploré.* ⇒ **désolé, triste.**

éplucher [eplyʃe] v. tr. ▪ conjug. 1. **1.** Nettoyer en enlevant les parties inutiles ou mauvaises, en coupant, grattant. ⇒ **décortiquer, peler.** *Éplucher de la salade, des radis, des pois* (écosser). — Enlever la peau de. ⇒ **peler.** *Éplucher des pommes de terre, une pêche. Éplucher une orange.* ⇒ **écorcer. 2.** Abstrait. Examiner avec un soin minutieux afin de découvrir ce qu'il peut y avoir à critiquer, à reprendre en qqch. *Elle épluchera votre livre* (pour découvrir toutes les erreurs). *Éplucher un compte.* ▶ ***épluchage*** n. m. **1.** Action d'éplucher (un fruit, un légume). **2.** Examen détaillé. *L'épluchage des comptes.* ▶ ***éplucheur, euse*** n. ■ Personne ou instrument qui épluche. *Un éplucheur électrique.* — En appos. *Couteau éplucheur.* ▶ ***épluchure*** n. f. ■ Ce qu'on enlève à une chose en l'épluchant. *Des épluchures de pommes de terre. Épluchures d'oranges.* ⇒ **pelure.** ▶ ***épluche-légumes*** n. m. invar. ■ Petit ustensile de cuisine muni d'une lame fendue servant à éplucher les légumes. ⇒ **éplucheur, pèle-carottes.** ‹ ▶ épluchette, pluches ›

épluchette [eplyʃɛt] n. f. ■ *Épluchette (de blé d'Inde),* fête collective au cours de laquelle on décortique des épis de blé d'Inde qu'on déguste après les avoir fait bouillir. *Fin août, début septembre, j'organiserai une grosse épluchette au chalet.*

épointer [epwɛ̃te] v. tr. ▪ conjug. 1. ■ Émousser en ôtant, en cassant ou en usant la pointe. *Épointer une aiguille.* — Au p. p. adj. *Une plume épointée.*

éponge [epɔ̃ʒ] n. f. **I. 1.** Substance légère et poreuse (d'abord faite d'une *éponge,* II), qui peut absorber les liquides et les rejeter à la pression ; objet fait de cette substance (⇒ **spongieux**). *Éponge de toilette. Éponge en caoutchouc, en plastique. Nettoyer avec une éponge.* **2.** Loc. *Presser l'éponge,* soutirer de qqn tout ce que l'on peut. ⇒ **citron.** — *Passer l'éponge sur une faute,* la pardonner, n'en plus parler. *Jeter l'éponge,* abandonner un combat (d'abord, boxe), une lutte, concéder la victoire. (→ Lancer, jeter la serviette) — *Boire comme une éponge,* beaucoup, énormément. ⇒ **trou. 3.** En appos. *Tissu-éponge,* dont les fils dressés absorbent l'eau. ⇒ **ratine.** *Des débarbouillettes en tissu-éponge. Des tissus-éponges. Serviette-éponge,* en un tel tissu. *Des serviettes-éponges.* **II.** Animal marin, fixé, de forme irrégulière et dont le squelette léger et poreux fournit la matière appelée *éponge* (I). *Pêcheur d'éponges.* ▶ ***éponger*** v. tr. ▪ conjug. 3. **1.** Étancher (un liquide) avec une éponge, un chiffon, etc. *Épongez vite cette encre.* **2.** Essuyer, sécher. *Éponger son front.* Pronominalement. *Elle s'éponge le front avec un mouchoir.* — (Suj. chose) *Cette serviette éponge bien.* **3.** Abstrait Résorber (un excédent financier) ; absorber (ce qui est en trop). *Éponger une dette.* ⇒ **supprimer.**

éponyme [epɔnim] adj. ■ Didact. Qui donne son nom à (qqn, qqch.). *Athéna, déesse éponyme d'Athènes. Pierre Boucher, héros éponyme de Boucherville.* — N. m. *Le mot « sandwich » est un éponyme.*

épopée [epɔpe] n. f. **1.** Long poème ou récit de style élevé où la légende se mêle à l'histoire pour célébrer un héros ou un grand fait (⇒ **épique**). *« L'Iliade », « l'Odyssée » sont des épopées. « La Chanson de Roland », une des épopées du Moyen Âge.* (→ chanson de geste.) **2.** Suite d'événements historiques de caractère héroïque et sublime. *L'épopée napoléonienne.*

époque [epɔk] n. f. **1.** Période historique déterminée par des événements importants ou caractérisée par un état de choses. ⇒ **ère.** *L'époque des grandes invasions.* ⇒ **période.** *L'époque de Louis XIV* ⇒ **règne**, *de Jacques Cartier. Nous vivons une drôle d'époque ! Ah ! Quelle époque ! Les modes d'une époque. Elle ne fut pas reconnue par son époque,* par ses contemporains. *La Belle Époque,* les premières années du XXe s. (considérées comme l'époque d'une vie agréable et légère). — Loc. *Faire époque,* marquer une date importante, laisser un souvenir durable. **2.** Période caractérisée par un style artistique. *Le théâtre de l'époque classique.* — D'ÉPOQUE : vraiment ancien. *Une commode Louis XVI d'époque,* authentique. **3.** Période marquée par un fait déterminé. *Cela s'est passé à l'époque où j'étais jeune. L'époque d'une rencontre.* ⇒ **date, moment.** *L'époque des semailles,* saison. — *À la même, à pareille époque* (moment de l'année). **4.** Division d'une période géologique. *L'époque carbonifère.*

épouiller [epuje] v. tr. ▪ conjug. 1. ■ Débarrasser (un être vivant) de ses poux. — Pronominalement (réfl.). *Un singe qui s'épouille.* ▸ ***épouillage*** n. m. ■ Action d'épouiller.

s'épоumoner [epumɔne] v. pron. ▪ conjug. 1. ■ Parler, crier très fort. *Cesse donc de t'époumoner !* ⇒ **hurler.** — Se fatiguer (en parlant). ⇒ s'**essouffler.** *Elle s'époumonait à nous convaincre.*

épousailles [epuzaj] n. f. pl. ■ Vx ou plaisant. Célébration d'un mariage. ⇒ **noce.**

épouse n. f. ⇒ **époux.**

épouser [epuze] v. tr. ▪ conjug. 1. **1.** Prendre pour époux, pour épouse (⇒ **marier**) ; se marier avec. *Épouser qqn par amour, par intérêt. Épouser une personne divorcée. C'est qqn qui cherche à se faire épouser.* — Pronominalement (récipr.). *Ils se sont épousés l'année dernière.* **2.** Abstrait. S'attacher de propos délibéré et avec ardeur à (qqch.). *Épouser les idées, les opinions d'un ami.* ⇒ **adopter, partager.** *Elle épouse nos intérêts.* ⇒ **soutenir.** *Épouser son époque, son temps,* s'y adapter. **3.** S'adapter exactement à (une forme, un mouvement). *Cette robe épouse les formes du corps.* ⇒ **mouler.** ‹ ▸ épousailles, époux ›

épousseter [epuste] v. tr. ▪ conjug. 4. ■ Nettoyer, en ôtant la poussière avec un chiffon, un plumeau, etc. ⇒ **dépoussiérer.** *Épousseter des meubles, des bibelots.* ▸ ***époussetage*** n. m. ■ Action d'épousseter.

époustoufler [epustufle] v. tr. ▪ conjug. 1. ■ Fam. Jeter (qqn) dans l'étonnement, la surprise admirative. ⇒ **épater, étonner, fasciner.** *Votre histoire m'a époustouflé.* ▸ ***époustouflant, ante*** adj. ■ Fam. Extraordinaire, prodigieux. *Une réussite époustouflante.* ⇒ **stupéfiante.**

épouvantable [epuvɑ̃tabl] adj. **1.** Qui cause ou est de nature à causer de l'épouvante. ⇒ **abominable.** *Des cris épouvantables.* ⇒ **effroyable, épeurant, horrible, terrifiant.** *Crime épouvantable.* ⇒ **monstrueux.** *Ce fut un supplice, une mort épouvantable.* ⇒ **affreux, atroce. 2.** Inquiétant, très mauvais. *Avoir une mine épouvantable.* — Très désagréable. *Il fait un temps épouvantable.* ⇒ **affreux.** — Fam. *Cet enfant est épouvantable,* insupportable. ⇒ **énervé, tannant. 3.** Excessif. *Un bruit, un fracas épouvantable.* ⇒ **violent.** *Il entra dans une colère épouvantable.* **4.** En fonction adv. Par exagér. Très, beaucoup, en grande quantité. ⇒ **écœurant, épeurant.** *On a eu de la neige, c'est épouvantable.* ▸ ***épouvantablement*** adv. ■ D'une manière épouvantable. *Il a été épouvantablement torturé.* ⇒ **affreusement.** *Il est épouvantablement laid.* ⇒ **terriblement.**

épouvantail, ails [epuvɑ̃taj] n. m. **1.** Objet (mannequin vêtu de haillons, etc.) qu'on met dans les champs, les jardins, les arbres pour effrayer *(épouvanter)* les oiseaux. *Des épouvantails à moineaux. Être habillé comme un épouvantail.* **2.** Abstrait. Chose, personne qui inspire d'excessives terreurs imaginaires. ⇒ **bonhomme** (5), **croque-mitaine.**

épouvanter [epuvɑ̃te] v. tr. ▪ conjug. 1. **1.** Remplir d'épouvante. ⇒ **effrayer, terrifier.** *Les armes atomiques épouvantent le monde.* — Au p. p. adj. *Il s'enfuit, épouvanté.* **2.** Causer de vives appréhensions à. ⇒ **effrayer, inquiéter.** *L'idée de partir à l'étranger l'épouvante.* ▸ ***épouvante*** n. f. **1.** Peur violente et soudaine causée par qqch. d'extraordinaire, de menaçant. ⇒ **effroi, frayeur, horreur, terreur.** *Rester cloué, glacé d'épouvante. La vue de ce massacre l'a frappé, saisi d'épouvante. Roman, film d'épouvante.* **2.** Vive inquiétude. ⇒ **appréhension, crainte.** *Je vois venir la rentrée des classes avec épouvante.* **3.** (Chevaux) *Prendre l'épouvante,* le mors aux dents. *Filer à toute épouvante,* précipitamment. — (Personnes) Loc. Fam. *Partir à l'épouvante,* s'emballer, se précipiter ; céder à l'impatience, à l'enthousiasme. ⇒ **mors, peur.** ‹ ▸ épouvantable, épouvantail ›

époux, ouse [epu, uz] n. **1.** Personne unie à une autre par le mariage. ⇒ fam. **blonde, chum.** *Prendre qqn pour époux, pour épouse.* ⇒ **femme, mari** (mots plus courants). *Les époux,* les conjoints. — Fam. *Et comment va votre époux, votre épouse ?* (Usage courant : *votre mari, votre femme* ; usage soutenu : *Monsieur X, Madame X*). **2.** Au fém. (quand *femme* serait ambigu). *Elle est plus mère qu'épouse.*

époxy [epɔksi] n. f. ■ Colle, vernis extrêmement résistant(e). *Un tube d'époxy. Coller qqch. à l'époxy.* — Adj. *Une colle époxy.*

s'éprendre [epʀɑ̃dʀ] v. pron. ▪ conjug. 58. **1.** Littér. Être saisi, entraîné (par un sentiment, une passion). *S'éprendre d'une grande passion pour la musique.* **2.** S'ÉPRENDRE DE *qqn* : devenir amoureux (⇒ **épris**). *Ils se sont épris l'un de l'autre.* ⇒ s'**amouracher.** — *S'éprendre de qqch.,* commencer à aimer. ⇒ se **passionner.** *S'éprendre de son travail.* ‹ ▸ épris ›

① ***épreuve*** [epʀœv] n. f. **I. 1.** Souffrance, malheur, danger qui atteint durement qqn (⇒ **éprouver**). *Vie pleine d'épreuves, remplie d'épreuves.* ⇒ **malheur, peine.** *Elle a supporté une pénible, une rude épreuve.* — *Il a été fortifié par l'épreuve,* le malheur. **2.** Ce qui permet de juger la valeur d'une idée, d'une qualité intellectuelle ou morale, d'une œuvre, d'une personne. ⇒ **critère, pierre** de touche, **test.** *Le danger, épreuve du courage. Cet exercice est une épreuve d'intelligence.* **3.** À L'ÉPREUVE. *Mettre à l'épreuve,* éprouver (1). *Mettre la patience de qqn à rude épreuve,* abuser de sa patience. — À TOUTE ÉPREUVE : inébranlable, résistant. *Une patience, une santé à toute épreuve.* — *N'avoir rien* À SON ÉPREUVE : être prêt à tout, ne pas se laisser arrêter par qqch., affronter toutes les difficultés. **4.** Essai qui permet de juger les qualités de qqch. *Épreuve de résistance.* — À L'ÉPREUVE DE : capable de résister à. *Vêtement à l'épreuve des balles* ⇒ **pare-balles,** *de l'eau* ⇒ **imperméable,** *du feu* ⇒ **ignifuge. II. 1.** Acte imposé à qqn et destiné à lui conférer une qualité, une dignité, à le classer. *Épreuves d'initiation. Les épreuves d'un examen, d'un concours,* les diverses parties qui le composent. *Épreuves écrites* (composition, devoir), *orales* (interrogation, oral). *Épreuves éliminatoires.* **2.** Compétition sportive. *Les épreuves d'un championnat* ⇒ **éliminatoire,** *des jeux Olympiques. Épreuve contre la montre.* ‹ ▸ ② épreuve ›

② ***épreuve*** n. f. **1.** Texte imprimé d'un manuscrit tel qu'il sort de la composition. *Corriger des fautes, les coquilles sur une épreuve, corriger les épreuves.* **2.** Exemplaire d'une estampe. *Une épreuve numérotée.* — Photographie. *Épreuve négative.* ⇒ **négatif.**

épris, ise [epʀi, iz] adj. (⇒ **s'éprendre**) **1.** *Épris de qqch.,* pris de passion pour (qqch.). *Être épris de justice. Être épris de son métier.* **2.** *Épris de qqn,* amoureux de qqn. *Il est très épris de cette femme.* ⇒ s'**éprendre.** — Sans compl. *Elle paraît très éprise.*

éprouver [epʀuve] v. tr. ▪ conjug. 1. **1.** Essayer (qqch.) pour vérifier la valeur, la qualité. ⇒ **expérimenter.** *Éprouver différentes façons de procéder. Éprouver les connaissances de qqn en l'interrogeant. Éprouver la valeur de qqn, de qqch.,* mettre à l'épreuve. — Au p. p. adj. *Des qualités éprouvées,* certaines. **2.** (Suj. chose) Faire subir une épreuve (①, I, 1), des souffrances à (qqn). *La perte de son père l'a bien éprouvé.* ⇒ **frapper.** *La guerre a durement éprouvé ce pays.* — Au p. p. adj. *C'est une personne (très), durement* *éprouvée,* elle a souffert. **3.** Apprécier, connaître par une expérience personnelle. ⇒ **constater, reconnaître.** *Il éprouva à ses dépens qu'on ne pouvait se fier à eux.* **4.** Avoir, ressentir (une sensation, un sentiment). *Éprouver un besoin, un désir, une impression. Éprouver de la gêne, de la joie. Éprouver de la tendresse pour qqn. Dites au médecin ce que vous éprouvez.* ⇒ **sentir, ressentir. 5.** Subir. *Elle a éprouvé des difficultés. Éprouver des pertes.* ▶ ***éprouvant, ante*** adj. ■ Difficile à supporter. *Un climat éprouvant. Une journée très éprouvante,* épuisante. ⟨ ▶ ① épreuve, éprouvette ⟩

éprouvette [epʀuvɛt] n. f. ■ Tube allongé fermé à un bout, employé dans les expériences de physique et de chimie pour recueillir ou manipuler les gaz et les liquides. ⇒ **tube** à essai. ⟨ ▶ bébé-éprouvette ⟩

épuiser [epɥize] v. tr. ▪ conjug. 1. **I. 1.** Utiliser (qqch.) jusqu'à ce qu'il ne reste plus rien. ⇒ **consommer, dépenser, user.** *Épuiser les réserves, les munitions. La mine, la terre est épuisée,* ne peut plus rien donner. *Épuiser un stock* (en le vendant). ⇒ **écouler. 2.** Abstrait. User jusqu'au bout. *Épuiser la patience de qqn.* ⇒ **lasser.** *Ce travail a épuisé toute son énergie.* — *Épuiser un sujet,* le traiter à fond. **II.** Réduire à un affaiblissement complet (qqn, ses forces, sa santé). ⇒ **affaiblir, exténuer, fatiguer, user** ; fam. **vider.** *Cette maladie l'épuise. Épuiser ses forces.* — Excéder, lasser. *Son bavardage m'épuise.* — S'ÉPUISER v. pron. : perdre ses forces. *S'épuiser à faire qqch.* ⇒ s'**éreinter.** *Il s'épuise au travail, sur un travail.* ⇒ se **tuer.** *S'épuiser à force de crier, à crier, en efforts inutiles.* Par exagér. *Je m'épuise à vous le répéter.* ⇒ s'**évertuer.** ▶ ***épuisant, ante*** adj. ■ Qui fatigue beaucoup. *Régime, climat épuisant.* ⇒ **éprouvant, éreintant.** ▶ ***épuisé, ée*** adj. **1.** Qui n'est plus disponible pour la vente. *Livre épuisé.* **2.** À bout de forces. ⇒ **exténué, fourbu, harassé** ; fam. ② **coton.** *Un nageur épuisé. Tomber épuisé.* ▶ ***épuisement*** n. m. **1.** Action d'épuiser (I) ; état de ce qui est épuisé. *L'épuisement du sol.* ⇒ **appauvrissement.** *L'épuisement des provisions.* **2.** Absence de forces, grande faiblesse (physique ou morale). ⇒ **abattement, fatigue, faiblesse.** *Tomber dans l'épuisement, d'épuisement. Être dans un état d'épuisement extrême. L'épuisement professionnel.* ⟨ ▶ inépuisable ⟩

épuisette [epɥizɛt] n. f. ■ Petit filet de pêche en forme de poche monté sur un cerceau et fixé à un long manche. *Sortir un poisson de l'eau avec une épuisette.*

épuration [epyʀasjɔ̃] n. f. **1.** Action d'épurer. ⇒ **purification.** *Épuration des eaux naturelles. Une station, une usine d'épuration.* **2.** Abstrait. Assainissement, purification. *L'épuration des mœurs. Épuration de la langue.* **3.** Élimination (des membres qu'on juge indésirables) dans une association, un parti. ⇒ **exclusion, purge.** *L'épuration des collaborateurs à la Libération* (en France, en 1944).

épure [epyʀ] n. f. ■ Dessin au trait qui donne l'élévation, le plan et le profil d'une figure (projetée avec les cotes précisant ses dimensions). ⇒ **plan.** *L'épure d'une voûte, d'une charpente.*

épurer [epyʀe] v. tr. ▪ conjug. 1. **1.** Rendre pur, plus pur, en éliminant les éléments étrangers. ⇒ **purifier** ; **épuration.** *Épurer de l'eau* (clarifier, distiller, filtrer). *Épurer un minerai.* **2.** Abstrait. Rendre meilleur, plus correct ou plus fin. ⇒ **améliorer, perfectionner.** *Épurer le goût, les mœurs.* — Au p. p. adj. *Une langue épurée,* châtiée. **3.** Éliminer certains éléments de (un groupe, une société). *Épurer une assemblée, une administration.* ▶ ***épurateur*** n. m. ■ Appareil pour épurer (les liquides, gaz). ⟨ ▶ épuration ⟩

équarrir [ekaʀiʀ] v. tr. ▪ conjug. 2. **I.** Tailler pour rendre carré, régulier. *Équarrir une poutre. Équarrir un tronc d'arbre pour en tirer des planches.* — Au p. p. adj. *Une pièce de bois équarrie.* Abstrait. *Mal équarri,* grossier. **II.** Couper en quartiers, dépecer (un animal mort). *Équarrir un cheval.* ▶ ***équarrissage*** n. m. **1.** Action d'équarrir. *L'équarrissage d'une poutre.* **2.** Abattage et dépeçage d'animaux impropres à la consommation alimentaire (chevaux, etc.). ▶ ***équarrisseur*** n. m. ■ Celui dont le métier est d'équarrir les animaux. — REM. L'O.L.F. propose *équarrisseuse* au féminin.

équateur [ekwatœʀ] n. m. **1.** Grand cercle imaginaire de la sphère terrestre, perpendiculaire à son axe de rotation. *L'équateur est situé à égale distance des pôles. Cercles parallèles à l'équateur,* parallèles. *Demi-cercles perpendiculaires à l'équateur,* méridiens. **2.** Les régions comprises dans la zone équatoriale. **3.** *Équateur céleste,* grand cercle de la sphère céleste (dans le même plan que l'équateur terrestre). ⟨ ▶ équatorial ⟩

équation [ekwasjɔ̃] n. f. **1.** Relation conditionnelle existant entre deux quantités et dépendant de certaines variables (ou inconnues). *Résoudre une équation,* trouver les valeurs des inconnues *(racines* ou *solutions de l'équation)* qui la vérifient. *Équation à une, à deux, à plusieurs inconnues. Une équation de premier degré.* — *Une équation chimique.* **2.** Formule d'égalité ou formule rendant deux quantités égales. *Équation chimique.*

équatorial, iale, iaux [ekwatɔʀjal, jo] adj. et n. m. **I.** Adj. **1.** Relatif à l'équateur terrestre. *La forêt équatoriale. La zone équatoriale,* comprise entre les deux tropiques. ≠ *tropical.* **2.** De l'équateur céleste. *Coordonnées équatoriales d'un astre* (ascension droite et déclinaison). **II.** N. m. Astronomie. Appareil qui sert à mesurer la position d'une étoile.

équerre [ekɛʀ] n. f. **1.** Instrument destiné à tracer des angles droits ou à élever des perpendiculaires. *Équerre à dessiner,* en forme de triangle rectangle. *Fausse équerre,* à branches mobiles, pour prendre la mesure d'un angle quelconque. **2.** À L'ÉQUERRE, EN ÉQUERRE : à angle droit. *Athlète qui monte à la corde lisse, les jambes en équerre* (faisant un angle droit avec le tronc). — D'ÉQUERRE loc. adv. : à angle droit. *Mettre d'équerre une pièce de bois.* — Fig. Loc. fam. *Être, se sentir d'équerre,* de bonne humeur, en forme ; être bien disposé.

équestre [ekɛstʀ] adj. **1.** Qui représente une personne (en général, un homme) à cheval. *Figure, statue équestre.* **2.** Relatif à l'équitation. *Exercices équestres.*

équeuter [ekøte] v. tr. ▪ conjug. 1. ■ Dépouiller un fruit de sa queue. *Équeuter un panier de fraises.* ▶ ***équeutage*** n. m. ■ Action d'équeuter.

équi- ■ Préfixe savant signifiant « égal ». ▶ ***équidistant, ante*** [ekɥ(w)idistɑ̃, ɑ̃t] adj. ■ Qui est à distance égale ou constante de points (de droites, de plans) déterminés. *Tous les points d'une circonférence sont équidistants du centre.* ▶ ***équilatéral, ale, aux*** [ekɥ(w)ilateʀal, o] adj. ■ Dont les côtés sont égaux entre eux. *Triangle équilatéral* (opposé à *isocèle, scalène*). ⟨ ▶ équateur, équation, équilibre, équinoxe, équité, équivaloir, équivoque ⟩

équidés [ekide] n. m. pl. ■ Famille de mammifères à pattes terminées par un seul doigt. *Le cheval, l'âne sont des équidés.* — Au sing. *Un équidé.*

équilibre [ekilibʀ] n. m. **I.** État de ce qui est soumis à des forces opposées égales. / contr. **déséquilibre** / **1.** État d'un système matériel soumis à l'action de forces lorsqu'il demeure dans le même état (repos ou mouvement). *Équilibre des forces.* ⇒ **statique.** *Équilibre stable,* où le système matériel revient à sa position initiale. *Équilibre instable,* dans lequel le corps, écarté de sa position, se met en équilibre dans une position différente. — *Équilibre chimique. Équilibre radioactif,* d'une substance dont la désintégration donne un nouveau produit radioactif. **2.** Attitude ou position verticale stable. *L'équilibre du corps.* ⇒ **aplomb.** *Garder, perdre l'équilibre. Faire un exercice d'équilibre* (⇒ **équilibriste**). — EN ÉQUILIBRE. *Être, mettre en équilibre.* ⇒ **équilibrer.** *Marcher en équilibre sur une poutre.* **II. 1.** Juste proportion entre des choses opposées ; état de stabilité ou d'harmonie qui en résulte. ⇒ **harmonie.** *Faire, rétablir l'équilibre,* rendre les choses égales. *L'équilibre des pouvoirs dans une constitution. Équilibre budgétaire.* **2.** Harmonie entre les tendances psychiques qui se traduit par une activité, une adaptation normales. *C'est une personne très intelligente, mais elle manque d'équilibre.* **3.** Répartition des lignes, des masses, des pleins et des vides ; agencement harmonieux. ⇒ **proportion, symétrie.** *L'équilibre des volumes dans un groupe sculpté.* ▸ ***équilibrage*** n. m. ■ Action d'équilibrer ; son résultat. ⇒ **balancement.** *L'équilibrage des roues d'une voiture.* ▸ ***équilibré, ée*** adj. **1.** En équilibre. ⇒ **stable.** *Balance équilibrée.* **2.** *Esprit, caractère (bien) équilibré,* dont les qualités sont dans un rapport harmonieux. *Il n'est pas très équilibré.* ⇒ **sage, sensé.** / contr. **déséquilibré** / ▸ ***équilibrer*** v. tr. ▪ conjug. 1. **1.** Opposer une force à (une autre), de manière à créer l'équilibre. ⇒ **balancer, compenser.** *Équilibrer un poids par un contrepoids.* **2.** Mettre en équilibre ; rendre stable. *Équilibrer une balançoire.* ⇒ **stabiliser.** / contr. **déséquilibrer** / *Équilibrer les masses, les volumes,* dans une composition, un tableau. *Équilibrer son budget.* **3.** S'ÉQUILIBRER v. pron. *Ses qualités et ses défauts s'équilibrent.* ▸ ***équilibriste*** n. ■ Personne dont le métier est de faire des tours d'adresse, d'équilibre. ⇒ **acrobate, funambule.** *Elle est équilibriste dans un cirque.* ‹ ▸ déséquilibre, rééquilibrer ›

équinoxe [ekinɔks] n. m. ■ L'une des deux périodes de l'année où le jour a une durée égale à celle de la nuit (parce que le Soleil passe par l'équateur [3]). *Équinoxe de printemps* (vers le 21 mars), *d'automne* (vers le 23 septembre). *Tempêtes d'équinoxe. Marées d'équinoxe,* les plus hautes de l'année.

① ***équipage*** [ekipaʒ] n. m. **1.** Personnel navigant assurant la manœuvre et le service sur un navire (⇒ **marin**). *Homme d'équipage.* **2.** Ensemble des personnes qui assurent la manœuvre d'un avion (et personnel attaché au service dans les avions de transport). *L'équipage d'un avion long-courrier.* — *L'équipage d'un vaisseau spatial.*

② ***équipage*** n. m. **1.** Autrefois. Voitures, chevaux et le personnel qui en a la charge. *L'équipage d'un prince.* **2.** Loc. TRAIN DES ÉQUIPAGES : organisation militaire qui s'occupe du matériel, de son transport. ⇒ **équipement.**

équipe [ekip] n. f. **1.** Groupe de personnes unies dans une tâche commune. *Une équipe de travail très unie, soudée. Travailler en équipe. Faire équipe avec qqn. Chef d'équipe.* — ESPRIT D'ÉQUIPE : animant une équipe dont les membres collaborent en parfait accord. *Tu n'as pas l'esprit d'équipe.* **2.** Groupe de personnes qui agissent, se distraient ensemble. *C'est une bonne équipe de collègues. En voilà une équipe !* **3.** Groupe de joueurs pratiquant un même sport. ⇒ **club.** *Jouer en équipe, par équipe* (⇒ **équipier**). *Sport d'équipe. Équipe de football. Équipe de coureurs cyclistes.* ‹ ▸ équipier ›

équipée [ekipe] n. f. **1.** Sortie, promenade en toute liberté. *Ils sont sortis le soir pour une petite équipée dans la ville.* **2.** Action entreprise à la légère. ⇒ **aventure.** *Se lancer dans une folle équipée. Son équipée en mer faillit avoir des conséquences fâcheuses.*

équipement [ekipmɑ̃] n. m. **1.** Objets nécessaires à l'armement, à l'entretien (d'une armée, d'un soldat). ⇒ **matériel.** *Équipement complet du fantassin.* **2.** Tout ce qui sert à équiper une personne, un animal, une chose en vue d'une activité déterminée (objets, vêtements, appareils, accessoires). *Équipement de chasse, de pêche, de ski. Perdre une pièce d'équipement. Il faut renouveler l'équipement de bureau. L'équipement d'une usine.* ⇒ **matériel, outillage.** *Moderniser l'équipement industriel d'une région.* — Au plur. *Équipements collectifs,* ensemble des locaux et installations mis à la disposition d'une collectivité.

équiper [ekipe] v. tr. ▪ conjug. 1. ■ Pourvoir des choses nécessaires à une activité. *Équiper une armée ; un navire.* ⇒ **armer.** — *Équiper une voiture d'une boîte de vitesses automatique.* ⇒ **munir.** — *Équiper un local,* pour une destination. ⇒ **aménager, installer.** — Pronominalement (réfl.). *Elle s'est bien équipée pour son voyage.* ⇒ fam. **gréer.** — Au p. p. adj. *Être bien équipé pour la chasse. Une cuisine toute équipée.* ‹ ▸ ① équipage, ② équipage, équipe, équipement ›

équipier, ière [ekipje, jɛʀ] n. ■ Membre d'une équipe (sportive). ⇒ **coéquipier.** *Le capitaine donne ses instructions aux équipiers.* ⇒ **joueur.** ‹ ▸ coéquipier ›

équitable [ekitabl] adj. **1.** Qui a de l'équité. *Un arbitre équitable.* ⇒ **impartial, intègre. 2.** (Choses) Conforme à l'équité. *Un partage équitable.* ⇒ **juste.** / contr. **injuste, partial** / ▸ ***équitablement*** adv. ■ D'une manière équitable. *Juger équitablement des torts de chacun.* ⇒ **impartialement.**

équitation [ekitasjɔ̃] n. f. ■ Action et art de monter à cheval. *De l'équitation.* ⇒ **équestre (2).** *École d'équitation. Équitation de cirque.* ⇒ **voltige ;** haute **école.** *Équitation de compétition.* ⇒ **hippisme.**

équité [ekite] n. f. **1.** Vertu qui consiste à régler sa conduite sur le sentiment naturel du juste et de l'injuste ; justice impartiale. / contr. **iniquité, injustice, partialité** / *En toute équité, je reconnais qu'elle a raison.* ⇒ **impartialité.** *Conforme à l'équité,* équitable. **2.** Justice spontanée, qui n'est pas inspirée par les règles du droit en vigueur. *Juger selon l'équité, sans s'occuper de la loi. Assurer l'équité salariale des femmes.* ‹ ▸ équitable, inéquitable ›

① ***équivalent, ente*** [ekivalɑ̃, ɑ̃t] adj. — REM. Ne pas confondre avec le part. prés. du v. équivaloir : *équivalant.* **1.** Dont la quantité a la même valeur. ⇒ **égal.** *Ces deux sommes sont équivalentes.* / contr. **différent** / **2.** Qui a la même valeur ou fonction. *Ces diplômes sont équivalents.* ⇒ **comparable, semblable.** *Ces deux expressions sont équivalentes, l'une est équivalente à l'autre.* ⇒ **synonyme.** ▸ ***équivalence*** n. f. ■ Qualité de ce qui est équivalent. ⇒ **égalité, identité.** *L'équivalence des fortunes.* — Assimilation d'un titre, d'un diplôme, d'un programme, d'un cours à un autre. *Accorder une équivalence à qqn.* ▸ ② ***équivalent*** n. m. ■ Ce qui équivaut, la chose équivalente (en quantité ou en qualité). *On lui a proposé des équivalents. Chercher un équivalent à un mot, l'équivalent d'un mot,* un mot équivalent. ⇒ **synonyme.** *L'équivalent français d'un mot étranger. Une qualité sans équivalent,* unique. — *Équivalent mécanique de la chaleur* (rapport constant entre le travail et la quantité de chaleur).

équivaloir [ekivalwaʀ] v. tr. ind. ▪ conjug. 29. (Rare à l'infinitif) — ÉQUIVALOIR À. ■ Valoir autant, être de même valeur. ⇒ **égaler. 1.** Avoir la même valeur en quantité que. *En valeur nutritive, deux cents grammes de poisson équivalent à cent grammes de viande.* **2.** Avoir la même valeur ou fonction que. *Cette réponse équivaut à un refus.* ‹ ▸ ① équivalent ›

① ***équivoque*** [ekivɔk] adj. **1.** Qui peut s'interpréter de plusieurs manières, et n'est pas clair. ⇒ **ambigu.** *Phrase, réponse équivoque. Elle lui a répondu de façon non équivoque,* claire. / contr. **catégorique, net** / **2.** Dont la signification n'est pas certaine, qui peut s'expliquer de diverses façons. *Faits équivoques,* difficiles à expliquer. / contr. **clair** / **3.** Qui n'inspire pas confiance. *Passé, réputation équivoque.* ⇒ **douteux, louche.** *Regards, allures équivoques.* ⇒ **inquiétant.** / contr. ③ **franc** / ▶ ② ***équivoque*** n. f. **1.** Caractère de ce qui prête à des interprétations diverses. ⇒ **ambiguïté.** *Cette équivoque entretient la confusion. Une déclaration sans équivoque.* **2.** Incertitude laissant le jugement hésitant. *Il n'y a aucune équivoque entre nous.* ⇒ **malentendu.**

érable [eʀabl] n. m. **1.** Grand arbre au bois dur, aux feuilles très découpées, dont le fruit est muni d'une longue aile membraneuse. *La culture de l'érable.* ⇒ **acériculture.** *La feuille d'érable est l'emblème national du Canada.* — *Érable à sucre,* qui fournit la sève (⇒ **eau** d'érable) à partir de laquelle on fabrique les divers produits de l'érable (sirop, sucre, tire, beurre d'érable). — *Érable argenté.* ⇒ ② **plaine.** — *Érable rouge.* ⇒ ② **plaine** rouge. — *Érable à Giguère.* ⇒ **négondo.** — Le bois de cet arbre. *Un plancher en érable.* **2.** Fig. Loc. fam. *Les érables coulent,* remarque que l'on fait à qqn dont le nez coule. ⇒ fam. **morve.** ▶ ***érablière*** n. f. **1.** Bois où l'érable pousse en abondance. *Une terre avec une érablière.* **2.** Peuplement d'érables à sucre aménagé à des fins acéricales. — Spécialt. Cabane à sucre. ⇒ **sucrerie.** ▶ ***érablier, ière*** n. ■ Propriétaire d'une érablière ; personne qui s'occupe d'acériculture. ⇒ **acériculteur.** *Les érabliers de la Beauce.*

éradication [eʀadikasjɔ̃] n. f. ■ Didact. Action d'arracher, d'extirper, de supprimer totalement. *L'éradication d'une maladie épidémique.*

érafler [eʀafle] v. tr. ▪ conjug. 1. **1.** Entamer légèrement (la peau), la peau de (qqn). *La branche l'a éraflé.* — Pronominalement. *Elle s'est éraflé la main avec un clou. S'érafler les genoux.* ⇒ **écorcher, égratigner, grafigner. 2.** *Érafler le plâtre d'un mur, le bois d'un meuble.* ⇒ **rayer.** — Au p. p. adj. *Une portière éraflée.* ▶ ***éraflure*** n. f. ■ Entaille superficielle, écorchure légère. *Les ronces lui ont fait des éraflures aux jambes.* ⇒ **égratignure, grafigne.** — *Les éraflures sur une vitre.*

érailler [eʀɑje] v. tr. ▪ conjug. 1. **1.** Marquer, déchirer superficiellement. ⇒ **érafler, rayer.** *Érailler du bois, du cuir. Érailler un tissu.* **2.** Rendre rauque (la voix). *Le tabac éraille la voix.* — Pronominalement. *S'érailler la voix à crier.* ▶ ***éraillé, ée*** adj. **1.** Qui présente des rayures, des marques, des déchirures superficielles. *Un tissu éraillé par l'usure.* **2.** *Une voix éraillée,* rauque. ⇒ **enroué. 3.** *Des yeux éraillés,* injectés de sang, qui comportent des filets de sang. ▶ ***éraillement*** n. m. ■ Fait de s'érailler, d'être éraillé. *L'éraillement de sa voix.* ▶ ***éraillure*** n. f. ■ Marque, rayure sur ce qui est éraillé. ⇒ **éraflure.**

ère [ɛʀ] n. f. **1.** Espace de temps de longue durée, qui commence à un point fixe et déterminé. *L'ère chrétienne débute avec la naissance du Christ, l'ère musulmane avec l'hégire. Avant notre ère,* avant l'ère chrétienne. ⇒ ① **avant** Jésus-Christ, **av.** J.-C. **2.** Époque qui commence avec un nouvel ordre de choses. ⇒ **âge, période.** *L'ère industrielle, atomique.* **3.** Chacune des grandes divisions des temps géologiques. *Ère primaire, secondaire, tertiaire, quaternaire.*

érection [eʀɛksjɔ̃] n. f. **1.** Action d'ériger, d'élever (un monument). ⇒ **construction ; ériger.** *L'érection d'une tour à bureaux. L'érection d'une chapelle, d'une statue.* **2.** Action de créer officiellement (une paroisse, une municipalité). *Érection canonique, paroissiale, civile, municipale.* **3.** Le fait, pour certains tissus ou organes (spécialt le pénis), de se redresser en devenant raides, durs et gonflés. *Avoir une érection. Être en érection* (hommes). ⇒ fam. **bander.** *L'érection du clitoris.* ▶ ***érectile*** [eʀɛktil] adj. ■ Capable de se dresser. *Poils érectiles.*

éreinter [eʀɛ̃te] v. tr. ▪ conjug. 1. **1.** Accabler de fatigue. ⇒ **claquer, crever, épuiser, esquinter, harasser.** *Cette longue promenade m'a éreinté.* — S'ÉREINTER v. pron. *Elle s'est éreintée à préparer le concours.* — Au p. p. adj. *Je l'ai trouvé éreinté.* ⇒ **fourbu, moulu. 2.** Fig. Critiquer de manière à détruire la réputation de (qqn, qqch.). ⇒ **démolir, maltraiter.** *Éreinter un adversaire politique. Ce film a été éreinté par les critiques.* ▶ ***éreintant, ante*** adj. ■ Qui éreinte (1). ⇒ **fatigant, harassant.** *Une marche éreintante.* ⇒ **esquintant.** ▶ ***éreintage*** n. m. ou ***éreintement*** n. m. ■ Critique très sévère et malveillante.

érésipèle [eʀezipɛl] ou ***érysipèle*** [eʀizipɛl] n. m. ■ Maladie infectieuse et contagieuse où la peau est enflammée, gonflée.

① ***erg*** [ɛʀg] n. m. ■ Région du Sahara couverte de dunes ; désert de sable. *Des ergs.*

② ***erg*** n. m. ■ Unité C.G.S. qui correspond au travail produit par une dyne dont le point d'application se déplace de 1 centimètre dans la direction de la force. ⇒ **joule.**

ergonomie [ɛʀgɔnɔmi] n. f. ■ Science de l'organisation du travail humain qui a pour but d'améliorer les conditions de travail et la productivité. *Elle suit des cours d'ergonomie.* ▶ ***ergonomique*** adj. ■ Relatif à l'ergonomie. ▶ ***ergonomiste*** n. et adj. ■ Spécialiste de l'ergonomie. — Adj. *Elle est ergonomiste diplômée.*

ergot [ɛʀgo] n. m. **I.** Chez les gallinacés mâles. Pointe recourbée du tarse (talon) servant d'arme offensive. *Les ergots du coq.* — Loc. fig. *Monter, se dresser sur ses (grands) ergots,* prendre une attitude agressive, menaçante. **II.** Petit corps oblong et vénéneux formé par un champignon parasite (des céréales). *L'ergot du blé, du seigle.*

ergoter [ɛʀgɔte] v. intr. ▪ conjug. 1. ■ Trouver à redire sur des points de détail, des choses insignifiantes. ⇒ **chicaner, contester, discuter, pinailler.** *Vous n'allez pas ergoter pour trente-sous !* ▶ ***ergoteur, euse*** n. et adj. ■ Personne qui aime à ergoter. ⇒ **chicanier.** — Adj. *Il est ergoteur.*

ergothérapie [ɛʀgoteʀapi] n. f. ■ Traitement de rééducation des infirmes, des invalides, des malades mentaux, par un travail physique, manuel, adapté à leurs possibilités et leur permettant de se réinsérer dans la vie sociale. ▶ ***ergothérapeute*** n. ■ Spécialiste qui pratique l'ergothérapie.

ériger [eʀiʒe] v. tr. ▪ conjug. 3. **1.** Placer (un monument) en station verticale. ⇒ **dresser ; érection** (1). *On érigea la statue de Duplessis près du Parlement.* — Construire (un édifice en hauteur). *On a érigé des édifices gouvernementaux.* — *Ériger un temple, une statue,* construire avec solennité. ⇒ **élever. 2.** ÉRIGER *qqn, qqch.* EN : donner le caractère de ; faire passer à (une condition plus élevée, plus importante). *Ériger ses caprices en règle morale. Ériger un territoire en municipalité, une mission en paroisse,* lui donner une existence administrative officielle. — S'ÉRIGER EN v. pron. : s'attribuer la personnalité, le rôle de. ⇒ se **poser** en. *S'ériger en moraliste, en maître à penser.* ⟨ ▶ érection ⟩

ermite [ɛʀmit] n. m. ■ Religieux retiré dans un lieu désert. ⇒ **anachorète** (opposé à *cénobite, moine*). *Vie* *d'ermite.* — *Vivre comme un ermite,* seul. ▶ ***ermitage*** n. m. ■ Lieu écarté, solitaire. *Vivre dans un ermitage.* ⟨ ▶ bernard-l'ermite ⟩

éroder [eʀɔde] v. tr. ▪ conjug. 1. ■ Didact. User, détruire par une action lente. *L'eau érode le lit des rivières.* — Au p. p. *Vallée érodée par les eaux.* ⟨ ▶ érosion ⟩

érogène [eʀɔʒɛn] adj. ■ Susceptible de provoquer une excitation sexuelle (→ érotique). *Les zones érogènes.*

érosion [eʀozjɔ̃] n. f. ■ Usure et transformation que les glaciers, les eaux et les actions atmosphériques font subir à l'écorce terrestre (⇒ **éroder**). *Érosion glaciaire, marine, éolienne.*

érotique [eʀɔtik] adj. **1.** Didact. Qui a rapport à l'amour. *Poésie érotique.* **2.** Qui a rapport à l'amour physique. *Des désirs, des souvenirs érotiques. Un film érotique.* ⇒ **pornographique.** — Qui provoque le désir amoureux, le plaisir sexuel. *Un comportement, une pose érotique.* ▶ ***érotiquement*** adv. ■ D'une manière érotique. ▶ ***érotiser*** v. tr. ▪ conjug. 1. ■ Donner un caractère érotique à. *Beaucoup de publicités érotisent les produits à vendre.* ▶ ***érotisme*** n. m. **1.** Caractère érotique (d'une situation, d'une personne). **2.** Caractère de ce qui a l'amour physique pour thème. *L'érotisme d'un film. L'érotisme dans l'œuvre d'un écrivain.*

errance [ɛʀɑ̃s] n. f. ■ Littér. Action d'errer çà et là. ⇒ **vagabondage.**

errant, ante [ɛʀɑ̃, ɑ̃t] adj. **1.** Qui va de côté et d'autre, qui n'est pas fixé. ⇒ **vagabond.** *Chien errant.* ⇒ **perdu.** *La vie errante des peuples nomades.* **2.** *Un chevalier errant,* qui voyageait sans cesse. *Un Canadien errant* (chanson). *Le Juif errant* (légende). **3.** Littér. (Expression, sourire, regard, etc.) Flottant, incertain. *Regard errant. Une imagination errante.* ⇒ **vagabond.** / contr. **fixe** /

errata [ɛʀata] n. m. invar. et ***erratum*** [ɛʀatɔm] n. m. sing. **1.** ERRATA : liste des fautes d'impression d'un ouvrage, des erreurs diverses dans un texte. *Placer l'errata à la fin d'un volume. Des errata.* **2.** ERRATUM : faute signalée.

erratique [ɛʀatik] adj. ■ Didact. Qui n'est pas fixe. *Fièvre erratique.* — *Blocs, roches erratiques,* qui ont été transportés par les glaciers.

sur son erre [syʀsɔ̃nɛʀ] loc. adv. ■ (Navires) Sur sa lancée, par la vitesse acquise. *Continuer sur son erre.* — Fig. *Elle continuait à parler sur son erre,* sur son élan. — N. m. Loc. *Prendre son erre,* sa vitesse, son élan. *Se donner un erre d'aller,* un élan ; une façon de faire qqch.

errements [ɛʀmɑ̃] n. m. pl. ■ Littér. et péj. Habitude invétérée et mauvaise ; manière d'agir blâmable. *Persévérer, retomber dans ses anciens errements.* ≠ *erreur.*

errer [ɛʀe] v. intr. ▪ conjug. 1. **1.** Aller au hasard, à l'aventure. ⇒ **errance.** *Mendiant, rôdeur, vagabond qui erre sur les chemins.* ⇒ **rôder, vagabonder.** *Ils ont longtemps erré sans pouvoir s'orienter. Elle errait dans la maison sans s'y retrouver.* ⇒ se **perdre. 2.** (Choses) Se manifester çà et là, ou fugitivement. ⇒ **flotter, passer.** *Un sourire errait sur ses lèvres. Laisser errer sa pensée.* ⇒ **vagabonder.** ⟨ ▶ aberrant, errance, errant, erratique, errements ⟩

erreur [ɛʀœʀ] n. f. **I. 1.** Acte de l'esprit qui tient pour vrai ce qui est faux et inversement (opposé à *vérité*). *Une erreur choquante, grossière, commise par ignorance.* ⇒ **ânerie, bêtise.** *Erreur des sens.* ⇒ **illusion ; confusion, méprise.** *Faire, commettre une erreur,* se tromper. ⇒ **faute.** *Une erreur de jugement. C'est une erreur de croire, que de croire cela.* — FAIRE ERREUR. ⇒ se **méprendre,** se **tromper.** — IL Y A ERREUR. *Il y a erreur sur la personne.* ⇒ **confusion, malentendu.** — Fam. *Il n'y a pas d'erreur, pas d'erreur,* c'est bien cela. — PAR ERREUR : par inadvertance, sans faire exprès. *J'ai pris ton foulard par erreur.* — SAUF ERREUR : excepté si l'on se trompe. *Sauf erreur de ma part, vous venez bien ce soir ?* **2.** État d'une personne qui se trompe. / contr. **justesse, vérité** / *Être, tomber dans l'erreur. Induire qqn en erreur.* ⇒ **tromper. 3.** Assertion, opinion fausse. *Il est revenu de bien des erreurs. Elle reconnaît ses erreurs.* **4.** Action regrettable, maladroite, déraisonnable. ⇒ **faute.** *Il a commis une grossière erreur en négligeant de l'inviter.* ⇒ **gaffe, maladresse.** — Écart de conduite ; action jugée blâmable par la personne qui l'a commise. *Des erreurs de jeunesse.* ≠ *errements.* **II.** (Sens objectif) **1.** Chose fausse, par rapport à une norme (différence par rapport à un modèle ou au réel). ⇒ **faute, inexactitude.** / contr. **certitude, réalité** / *Trouver, relever une erreur dans un texte. Corriger une erreur d'impression.* ⇒ **coquille.** *Raccrochez, c'est une erreur !* (au téléphone). **2.** Chose fausse (⇒ **erronée**), élément inexact, dans une opération. *Erreur dans un compte.* ⇒ **mécompte.** *Erreur de calcul, de mesure.* — *Erreur judiciaire,* erreur de fait commise par le juge et entraînant la condamnation d'un innocent. — Informatique. *Erreur de programmation,* qui empêche le bon fonctionnement d'un programme. ⇒ anglic. **bogue ; déboguer.** ⟨ ▶ erroné ⟩

erroné, ée [ɛʀɔne] adj. ■ Qui contient des erreurs ; qui constitue une erreur. ⇒ **faux, inexact.** *Affirmation, assertion erronée. Citation erronée.* ⇒ **fautif.** *Vos conclusions sont erronées.* ⇒ **inexact.** / contr. **exact, réel, vrai** / ▶ ***erronément*** adv. ■ Faussement, à tort. *On a prétendu erronément que vous étiez partis.*

ersatz [ɛʀzats] n. m. invar. ■ Produit alimentaire qui en remplace un autre de qualité supérieure, devenu rare. ⇒ **succédané.** *Un, des ersatz de café.* — Abstrait. Ce qui remplace (qqch., qqn) sans le valoir. *Un ersatz de littérature.*

éructer [eʀykte] v. ▪ conjug. 1. **1.** V. intr. Littér. Renvoyer par la bouche les gaz contenus dans l'estomac. ⇒ **roter. 2.** V. tr. Fig. Littér. Manifester grossièrement (des idées, des sentiments). *Éructer des injures.* ⇒ **lancer.** ▶ ***éructation*** n. f. ■ Littér. Renvoi. ⇒ **rot.**

érudit, ite [eʀydi, it] adj. et n. **1.** Adj. Qui a de l'érudition. ⇒ **savant.** *Un historien érudit.* — (Choses) Qui demande de l'érudition. *Elle poursuit des recherches érudites.* — Qui est produit par l'érudition. *Ouvrage érudit.* **2.** N. Personne érudite. *Un érudit, une érudite.* ▶ ***érudition*** n. f. ■ Savoir approfondi fondé sur l'étude des sources historiques, des documents, des textes. *Ouvrages, travaux d'érudition.*

éruption [eʀypsjɔ̃] n. f. **1.** Apparition soudaine (de taches, de boutons, etc.) sur la peau. *Une éruption de furoncles.* — *Éruption dentaire,* apparition et progression d'une dent jusqu'à sa place définitive. **2.** Jaillissement des matières volcaniques (lave, cendres, gaz) ; état d'un volcan qui émet ces matières. *Les éruptions du volcan. Volcan en éruption* (opposé à *éteint*). ⇒ **activité. 3.** *Éruption solaire,* augmentation soudaine et temporaire de l'activité de rayonnement dans une région du soleil. **4.** Fig. Production soudaine et abondante. *Éruption de joie, de colère.* ⇒ **explosion, jaillissement.** ≠ *irruption.* ▶ ***éruptif, ive*** [eʀyptif, iv] adj. ■ Qui a rapport aux éruptions (2). *Roches éruptives,* provenant du refroidissement du magma volcanique.

érysipèle n. m. ⇒ **érésipèle.**

érythème [eʀitɛm] n. m. ■ Maladie de peau caractérisée par une rougeur superficielle. ⇒ **échauffaison.** *Érythème solaire. L'érythème fessier des bébés.* ▶ ***érythémateux, euse*** adj.

ès [ɛs] prép. ■ (Devant un nom pluriel) *Docteur ès lettres,* dans les lettres, de lettres. *Licence ès sciences.* — REM. On dit couramment *docteur en lettres ; baccalauréat en sciences, baccalauréat de sciences.*

esbroufe [ɛsbʀuf] n. f. ■ Fam. Étalage de manières prétentieuses, fanfaronnes et insolentes. ⇒ **bluff, embarras ;** fam. **broue** (3), **chiqué.** *Faire de l'esbroufe. Il a eu ce qu'il voulait à l'esbroufe,* par le bluff. / contr. **naturel, simplicité** /

escabeau [ɛskabo] n. m. **1.** Échelle articulée, à quatre pieds, avec des marches et non des barreaux. *Monter dans un escabeau pour peinturer le plafond.* **2.** Marchepied de quelques degrés, dont on se sert comme d'une échelle. *Un petit escabeau pliant de cuisine.* **3.** (France). Siège peu élevé, sans bras, ni dossier, pour une personne. ⇒ ① **banc, tabouret.** *Escabeau à trois, à quatre pieds. Des escabeaux.*

escadre [ɛskɑ(a)dʀ] n. f. **1.** Force navale importante. **2.** *Escadre aérienne,* division d'avions de l'armée de l'air. ⇒ **escadrille** (plus cour.). ▶ ***escadrille*** [ɛskadʀij] n. f. ■ Groupe d'avions de combat. *Escadrille de chasse, de bombardement.* ▶ ***escadron*** n. m. **1.** Unité de cavalerie (quatre pelotons), de blindés, de l'aviation. *Escadron motorisé.* **2.** Plaisant. Groupe important. ⇒ **bataillon, troupe.** *Un escadron de jolies filles.*

escalade [ɛskalad] n. f. **1.** Action de passer par-dessus (une clôture) pour pénétrer. *L'escalade d'une grille, d'un portail.* **2.** Ascension, montée. *L'escalade d'une montagne.* **3.** Abstrait. Stratégie qui consiste à gravir les « échelons » de mesures militaires de plus en plus graves. *L'escalade américaine au Viêt-Nam.* — Montée brutale. *L'escalade de la violence.* ▶ ***escalader*** v. tr. ▪ conjug. 1. **1.** Passer par-dessus (une clôture). ⇒ **enjamber, franchir.** *Les voleurs ont escaladé le mur du patio.* **2.** Faire l'ascension de. ⇒ **gravir, grimper, monter.** *Cordée d'alpinistes qui escaladent une montagne. Escalader un arbre.* **3.** (Choses) Être disposé sur une pente raide. *Les maisons qui escaladent la colline.* ‹ ▶ escalateur ›

escalateur [ɛskalatœʀ] ou ***escalator*** [ɛskalatɔʀ] n. m. ■ Anglic. Escalier mécanique. *Les escalateurs d'un grand magasin.* — REM. L'emploi de l'anglic. *escalator* est particulier à la France.

escale [ɛskal] n. f. **1.** FAIRE ESCALE : s'arrêter pour se ravitailler, pour embarquer ou débarquer des passagers, du fret. ⇒ **halte, relâche.** *L'avion fait escale à Londres.* — Durée de l'arrêt. *Visiter une ville pendant l'escale. — Un vol sans escale,* direct. **2.** Lieu offrant la possibilité de relâcher. *Arriver à l'escale.*

escalier [ɛskalje] n. m. **1.** Suite de degrés qui servent à monter et à descendre. *Marches, paliers, rampe d'un escalier. Escalier de service,* à l'usage des domestiques, des livreurs. *Monter, descendre l'escalier, les escaliers. Un escalier en colimaçon,* en spirale. — L'ESPRIT (D') DE L'ESCALIER loc. fig. : un esprit de repartie qui se manifeste à retardement. **2.** *Escalier roulant, mécanique,* escalier articulé et mobile, qui transporte l'usager. ⇒ anglic. **escalateur. 3.** EN ESCALIER : par degrés successifs.

escalope [ɛskalɔp] n. f. ■ Tranche mince de viande blanche (surtout veau). *Escalope sautée, panée. — Escalope de dinde, de poulet,* tranche de la poitrine.

escamoter [ɛskamɔte] v. tr. ▪ conjug. 1. **1.** Faire disparaître (qqch.) par un tour de main qui échappe à la vue des spectateurs. *Le prestidigitateur a escamoté une carte.* **2.** Faire disparaître habilement ; s'emparer de (qqch.) sans être vu. ⇒ **dérober, subtiliser.** *Un voleur lui a escamoté son portefeuille.* **3.** Rentrer (l'organe saillant d'une machine, le train d'atterrissage d'un avion). **4.** Abstrait. Éviter habilement, de façon peu honnête. ⇒ **éluder, esquiver.** *Escamoter une objection, une difficulté.* **5.** *Escamoter un mot,* le prononcer très vite ou très bas. ⇒ **sauter.** *Escamoter une note au piano,* ne pas la jouer. ▶ ***escamotable*** adj. ■ Qui peut être escamoté (3). *Train d'atterrissage, antenne escamotable.* ▶ ***escamotage*** n. m. ■ Action d'escamoter. *Tour d'escamotage d'un prestidigitateur.* ⇒ **passe-passe.** *L'escamotage des difficultés.* ▶ ***escamoteur, euse*** n. ■ Personne qui escamote (1, 2) qqch. ⇒ **illusionniste, prestidigitateur.** *Une adresse d'escamoteur.*

escampette [ɛskɑ̃pɛt] n. f. ■ *Prendre la* POUDRE D'ESCAMPETTE : s'enfuir. ⇒ **décamper, déguerpir, détaler.**

escapade [ɛskapad] n. f. ■ Le fait d'échapper aux obligations, aux habitudes de la vie quotidienne (fuite, absence physique ou écart de conduite). *Faire une escapade.* ⇒ **équipée, fredaine, fugue.** — *Une petite escapade de fin de semaine,* un court voyage.

escarbille [ɛskaʀbij] n. f. ■ Fragment de houille incomplètement brûlé que l'on retrouve dans les cendres ou qui s'échappe de la cheminée d'une machine à vapeur. *Recevoir une escarbille dans l'œil.*

escarcelle [ɛskaʀsɛl] n. f. ■ Autrefois. Grande bourse que l'on portait suspendue à la ceinture. — Plaisant. Bourse, portefeuille. *L'argent rentre dans son escarcelle.*

escargot [ɛskaʀgo] n. m. ■ Mollusque gastéropode terrestre, à coquille arrondie en spirale. ⇒ **colimaçon, limaçon.** *Les « cornes » de l'escargot portent les yeux. Manger des escargots.* Fam. *Des escargots de mer.* ⇒ **buccin.** — *Aller, avancer comme un escargot,* très lentement. ⇒ **tortue.**

escarmouche [ɛskaʀmuʃ] n. f. **1.** Petit combat entre des soldats isolés ou des détachements de deux armées. ⇒ **accrochage, échauffourée.** *Guerre d'escarmouches.* **2.** Fig. Petite lutte, engagement préliminaire. *Escarmouches parlementaires.*

escarpé, ée [ɛskaʀpe] adj. ■ Qui est en pente raide. ⇒ **abrupt ;** à **pic.** *Rives escarpées. — Chemin escarpé.* ⇒ **montant, raide.** / contr. **facile** / ▶ ***escarpement*** n. m. ■ Pente raide délimitant deux reliefs importants. *L'escarpement d'un talus, d'une falaise.*

escarpin [ɛskaʀpɛ̃] n. m. ■ Chaussure très fine, qui laisse le cou-de-pied découvert. *Escarpins vernis.*

escarpolette [ɛskaʀpɔlɛt] n. f. ■ Siège suspendu entre deux cordes ou deux chaînes, et sur lequel on se place pour être balancé. ⇒ **balançoire.**

escarre [ɛskaʀ] n. f. ■ Croûte noirâtre qui se forme sur la peau morte, après une brûlure, un frottement prolongé, etc. ⇒ **plaie ; gale.**

escient [esjɑ̃] n. m. sing. ■ À BON ESCIENT loc. adv. : avec discernement, à raison. *Agir, parler à bon escient.* — À MAUVAIS ESCIENT : à tort.

s'esclaffer [ɛsklafe] v. pron. ▪ conjug. 1. ■ Éclater de rire bruyamment. ⇒ **pouffer.** *Les grimaces du clown les faisaient s'esclaffer.*

esclandre [ɛsklɑ̃dʀ] n. m. ■ Manifestation orale, bruyante et scandaleuse, contre qqn ou qqch. ⇒ **éclat, incident, scandale.** *Causer, faire de l'esclandre. Faire un esclandre à qqn.* ⇒ **scène.**

esclavage [ɛsklavaʒ] n. m. **1.** Surtout avec un compl. plur. État, condition d'esclave. ⇒ **servitude ; captivité.** *L'esclavage des Noirs.* **2.** État de ceux qui sont soumis à une autorité tyrannique. ⇒ **asservissement, dépendance, joug, oppression, servitude.** / contr. **indépendance, liberté** / *Tenir un peuple dans l'esclavage.* **3.** Chose, activité, sentiment qui impose une contrainte ; cette contrainte. *L'esclavage de la drogue, de la cigarette.* ▶ ***esclavagiste*** adj. et n. ■ Partisan de l'esclavage (spécialt de l'esclavage des Noirs). *Les États esclavagistes. Les esclavagistes des États du Sud* (pendant la guerre de Sécession aux États-Unis).

esclave [ɛsklav] n. **1.** Personne qui n'est pas de condition libre, qui est sous la puissance absolue d'un maître. ⇒ **captif ; serf.** / contr. homme, femme **libre** / *Le commerce des esclaves. Le maître et l'esclave.* (Se dit surtout des esclaves de l'Antiquité grecque, latine ou des Noirs avant le XIXe s.) *Esclave affranchi.* **2.** Personne qui se soumet complètement (à qqn). ⇒ **créature.** *Un peuple d'esclaves.* / contr. **révolté** / *Elle est l'esclave de ses enfants.* **3.** Personne soumise (à qqch.). *Être l'esclave de ses habitudes.* — Adj. Qui se laisse dominer, asservir (par qqch. ou qqn). ⇒ **dépendant.** *Il est esclave de ses besoins, de sa profession. Être esclave du tabac, de l'alcool.* ‹ ▶ esclavage ›

escogriffe [ɛskɔgʀif] n. m. ■ Homme de grande taille et d'allure dégingandée (surtout dans : *un grand escogriffe*). ⇒ **échalas.** — (Enfants) Plaisant. *Espèce de petit escogriffe !,* de petit taquin, d'espiègle.

escompte [ɛskɔ̃t] n. m. ■ Diminution d'un prix (⇒ **rabais,** ① **réduction, ristourne**), d'une somme à payer, quand l'effet acheté, la dette remboursée n'est pas arrivée à son échéance (⇒ **prime, remise**). *Accorder, faire un escompte de tant. Taux d'escompte.* — Le montant que représente cette diminution. ▶ ① ***escompter*** v. tr. ▪ conjug. 1. **1.** Payer (un effet de commerce) avant l'échéance, moyennant une retenue (⇒ **commission, escompte**). *Escompter une lettre de change.* **2.** Remettre à un contribuable la somme qu'il doit recevoir de l'impôt, en retenant un certain pourcentage. ▶ ***escompteur, euse*** n. et adj. ■ Personne ou compagnie qui rachète les retours d'impôt des contribuables. *La loi québécoise régit les activités des escompteurs.* — Adj. *Faire préparer sa déclaration de revenus par une société escompteuse.*

② ***escompter*** v. tr. ▪ conjug. 1. ■ S'attendre à (qqch.), et généralement se comporter, agir en conséquence. ⇒ **attendre, compter** sur, **espérer, prévoir.** *On n'en escomptait pas tant. J'escompte leur succès, qu'ils réussiront.* — Au p. p. adj. *Obtenir le résultat escompté.*

escorte [ɛskɔʀt] n. f. **1.** Troupe chargée d'accompagner qqn ou qqch., de veiller à sa sûreté, de surveiller. *Quelques policiers lui servaient d'escorte. Convoi de prisonniers placés sous bonne escorte,* sous bonne garde. — *Faire escorte à qqn.* ⇒ **escorter.** *Navire d'escorte,* chargé de protéger des navires de transport. ⇒ **escorteur.** **2.** Cortège qui accompagne une personne pour l'honorer. *Une brillante escorte. L'escorte du président, présidentielle.* ▶ ***escorter*** v. tr. ▪ conjug. 1. **1.** Accompagner pour guider, surveiller, protéger ou honorer pendant la marche. *Escorter un convoi. Des motards escortaient les voitures officielles.* **2.** Accompagner en groupe (ou même seul). *Ils ont escorté leurs amis jusqu'à l'aéroport.* ▶ ***escorteur*** n. m. ■ Petit navire de guerre destiné à l'escorte de navires marchands.

escouade [ɛskwad] n. f. **1.** Petite troupe, groupe de quelques hommes. **2.** Section d'un corps de police spécialisé dans un domaine. ⇒ **brigade.** *Escouade de la moralité ; escouade contre les crimes économiques.*

escrime [ɛskʀim] n. f. ■ Exercice par lequel on apprend l'art de manier l'arme blanche (épée, fleuret, sabre). *Faire de l'escrime.* ⇒ **tirer.** *Salle d'escrime* (salle d'armes). *Moniteur d'escrime* (maître, prévôt d'armes). ▶ ***escrimeur, euse*** n. ■ Personne qui fait de l'escrime.

s'escrimer [ɛskʀime] v. pron. ▪ conjug. 1. **1.** S'ESCRIMER À (+ infinitif) : faire (qqch.) avec de grands efforts. ⇒ s'**évertuer.** *S'escrimer à faire des vers, à jouer du violon.* — S'ESCRIMER SUR *qqch.* : s'efforcer de faire. *La traductrice s'escrime sur sa version depuis deux heures.* **2.** *S'escrimer contre qqn. S'escrimer des pieds et des poings,* se démener en se battant.

escroc [ɛskʀo] n. m. ■ Personne qui escroque, qui a l'habitude d'escroquer. ⇒ **bandit, crapule, filou.** *Être victime d'un escroc. C'est un escroc, mais pas un voleur.* — En appos. *Une femme(-)escroc.* ▶ ***escroquer*** v. tr. ▪ conjug. 1. **1.** Obtenir (qqch. de qqn) en trompant, par des manœuvres frauduleuses. ⇒ s'**approprier, extorquer, soutirer.** *Il leur a escroqué de l'argent en leur promettant des bénéfices fabuleux. Escroquer une signature à qqn.* **2.** *Escroquer qqn,* obtenir qqch. de lui en le trompant. ⇒ **filouter.** *Il escroque tout le monde.* ▶ ***escroquerie*** n. f. ■ Action d'escroquer. ⇒ **fraude.** *Délit d'escroquerie. Vendre une voiture d'occasion à ce prix, c'est une escroquerie.*

eskimo n. et adj. ⇒ ① **esquimau.**

ésotérique [ezɔteʀik] adj. **1.** (Doctrine, connaissance) Qui se transmet seulement à des adeptes qualifiés. ⇒ **occulte.** **2.** Obscur, incompréhensible pour quiconque n'appartient pas au petit groupe des initiés. ⇒ **hermétique.** *Une poésie ésotérique.* ▶ ***ésotérisme*** n. m. ■ Doctrine ésotérique. — Caractère d'une œuvre impénétrable, énigmatique. ⇒ **arcanes.**

① ***espace*** [ɛspas] n. m. **I.** Milieu concret où peut se situer qqch. ; partie quelconque de ce milieu. **1.** L'ESPACE : étendue qui ne fait pas obstacle au mouvement. *L'espace qui nous environne. Regarder dans l'espace,* dans le vague. *Elle a besoin de beaucoup d'espace,* d'air, de mouvement. *La peur de l'espace* ⇒ **agoraphobie**, *du manque d'espace* ⇒ **claustrophobie.** **2.** *(Un, des espaces)* Portion de ce milieu. *L'espace occupé par un meuble.* ⇒ **emplacement, place.** *Un espace libre. Un espace vide* (opposé à *plein*). ⇒ **creux, interstice, trou, vide.** **3.** Milieu géographique où vit l'espèce humaine. *La conquête des espaces vierges. Aménager l'espace urbain.* — ESPACE VERT : espace planté d'arbres, entre les espaces construits. *On a multiplié les espaces verts dans la banlieue.* — ESPACE VITAL : espace revendiqué par un pays (pour des raisons économiques, démographiques). **4.** Étendue des airs. ⇒ **air, ciel.** *L'espace aérien d'un pays,* la zone de circulation aérienne qu'il contrôle. — Seulement au sing. L'ESPACE : l'étendue de l'Univers hors de l'atmosphère terrestre. ⇒ **cosmos ; spatial.** *La conquête de l'espace. Des voyageurs de l'espace.* ⇒ **astronaute, cosmonaute.** — Au plur. *Les espaces interstellaires, intersidéraux.* **II.** Milieu abstrait. Étendue mathématique ; partie de cette étendue. **1.** Système de référence d'une géométrie. *L'espace à trois dimensions de la géométrie euclidienne. Géométrie dans l'espace* (opposé à *géométrie plane*). — *Espace à n dimensions des géométries non euclidiennes. Espace courbe.* — Dans la théorie de la relativité. ESPACE-TEMPS : milieu à quatre dimensions (les trois de l'espace euclidien, et le temps) où quatre variables sont nécessaires pour déterminer totalement un phénomène. **2.** Distance qui sépare deux points, deux lignes, deux objets. ⇒ **espacement, intervalle.** *Espaces égaux entre les arbres d'une allée. Espace parcouru.* ⇒ **chemin, distance.** *Espace parcouru par unité de temps.*

⇒ **vitesse.** **3.** (Temps) UN ESPACE DE (suivi d'un adj. numéral ou indéfini et d'un nom de durée) : une durée de. *En l'espace de trois mois, de quelques minutes.* ⇒ **en.** *Cela a duré l'espace d'un éclair,* un très bref instant. *Il est venu dix personnes en* (ou fam. *dans*) l'espace d'une demi-heure. **III.** Milieu dans lequel l'être humain localise ses perceptions. *Nous situons les corps et les déplacements dans l'espace. L'espace visuel, tactile. S'orienter dans l'espace.* ▶ ***espacer*** v. tr. ▪ conjug. 3. **1.** Ranger (des choses) en laissant entre elles un intervalle. *Espacer deux piquets de clôture.* / contr. **rapprocher** / — Pronominalement. *Plus on montait, plus les arbres s'espaçaient.* — Au p. p. adj. *Arbres régulièrement espacés.* **2.** Séparer par un intervalle de temps. ⇒ **échelonner.** *Espacer ses visites, ses paiements.* — Pronominalement (réfl.). *Peu à peu les bruits s'espaçaient.* — Au p. p. adj. *On ne recevait que des lettres espacées.* / contr. **fréquent** / ▶ ① ***espacement*** n. m. **1.** Disposition de choses espacées. **2.** Distance entre deux choses qu'on a espacées. ⇒ **intervalle.** *Réduire l'espacement entre deux pylônes.* ⟨ ▶ ② espace ⟩

② ***espace*** n. f. ▪ En imprimerie. Petite tige de plomb qui sert à espacer les mots d'une ligne. *Mettre une espace forte entre deux mots.* — (Souvent au masc.) Blanc qui sépare deux mots. *Place ton curseur sous l'espace.* ▶ ② ***espacement*** n. m. **1.** Manière dont les mots, les lignes d'un texte sont espacés. ⇒ **interligne.** *L'espacement des caractères. La barre d'espacement d'un clavier d'ordinateur.* **2.** L'espace (①, II, 2) entre les mots, les lignes. ⇒ **intervalle.** *Diminuer l'espacement des paragraphes.*

espadon [ɛspadɔ̃] n. m. ▪ Grand poisson dont la mâchoire supérieure se prolonge en forme d'épée. *La pêche à l'espadon.*

espadrille [ɛspadʀij] n. f. **1.** Chaussure de sport souple (basse ⇒ **tennis** ou moulant la cheville ⇒ ② **basquet**), en toile, à semelle et rebords de caoutchouc. *Une paire d'espadrilles de tennis.* **2.** (France) Chaussure dont l'empeigne est de toile et la semelle de corde. *Une paire d'espadrilles.*

espagnol, ole [ɛspaɲɔl] adj. et n. **1.** Propre, relatif à l'Espagne. ⇒ **hispanique, ibérique.** *Une guitare espagnole.* — N. (Avec une majusc.) Personne née dans ce pays ou qui en a obtenu la citoyenneté. *Les Espagnols.* **2.** *L'espagnol,* la langue romane parlée en Espagne, au Mexique, en Amérique centrale et en Amérique du Sud. *Les Espagnols parlent l'espagnol (*ou *le castillan), le catalan, le basque, etc.* ⟨ ▶ espagnolette ⟩

espagnolette [ɛspaɲɔlɛt] n. f. ▪ Ferrure à poignée tournante servant à fermer et à ouvrir les châssis d'une fenêtre. ⇒ **crémone.** — *Fenêtre fermée à l'espagnolette,* laissée entrouverte, l'espagnolette maintenant seulement les deux châssis l'un contre l'autre.

espalier [ɛspalje] n. m. **1.** Mur le long duquel on plante des arbres fruitiers. *Un espalier bien exposé.* — EN ESPALIER : appuyé contre un espalier. *Culture en espalier(s). Des pommiers en espalier.* — Rangée d'arbres fruitiers plantée contre un mur. *Un espalier d'abricotiers.* **2.** Sports. Au plur. *Les espaliers,* appareil formé d'une large échelle fixée à un mur, dont les barreaux servent de support pour des exercices.

espar [ɛspaʀ] n. m. ▪ Longue pièce de bois, sur un navire (mât, vergue...). Des espars.

espèce [ɛspɛs] n. f. **I. 1.** Nature propre à plusieurs personnes ou choses, qui permet de les considérer comme appartenant à une catégorie distincte. ⇒ **genre, qualité, sorte.** *Les différentes espèces de verres, d'assiettes d'un service de table. Plusieurs espèces de fruits* (concret, au plur.), *de plaisir* (abstrait, au sing.). *De la même espèce,* comparable, semblable. ⇒ **nature, ordre.** *De toute espèce (*ou *de toutes espèces),* variés, très différents. *Je ne discute pas avec des gens de votre espèce,* comme vous. — Loc. *Cela n'a aucune espèce d'importance,* aucune importance. **2.** UNE ESPÈCE DE : personne ou chose qu'on ne peut définir précisément et qu'on assimile à une autre par approximation. ⇒ **genre, sorte ; manière.** *Une espèce de couteau à légumes.* — (Personnes, pour renforcer un terme péjoratif) *Une espèce de niaiseux, d'idiot. Espèces de fous, d'imbéciles !* Absolt. *Mon espèce !* (pour réprimander). — REM. L'emploi de *un espèce de* avec un nom masculin est une faute courante (*un espèce d'imbécile* au lieu de *une espèce d'imbécile*). **3.** Loc. *C'est un* CAS D'ESPÈCE : qui ne rentre pas dans la règle générale, qui doit être étudié spécialement. ⇒ **particulier.** — *En l'espèce,* en ce cas particulier. **II. 1.** Dans une classification. Division du genre. *Les caractères d'une espèce.* ⇒ **spécifique.** **2.** Ensemble des êtres vivants d'un même genre ayant en commun des caractères distinctifs et pouvant se reproduire. *Espèces animales, végétales. Une bonne espèce de fruits. L'espèce canine. Espèce rare ; en voie d'extinction, de disparition.* **3.** ESPÈCE HUMAINE : notre espèce, les humains (⇒ **femme, homme**). *La sauvegarde de l'espèce* (humaine). ▶ ***espèces*** n. f. pl. **I. 1.** Le pain et le vin du sacrement de l'Eucharistie, représentant le corps et le sang du Christ. *Communier sous les deux espèces. Sauver les saintes espèces.* **2.** Loc. SOUS LES ESPÈCES DE : sous la forme de. **II. 1.** Autrefois. Monnaie métallique (opposé à *billet*). **2.** PAYER EN ESPÈCES : en argent liquide (opposé à *en nature, par chèque, par carte de crédit*). ⇒ anglic. **cash.** *Vous me verserez une partie de la somme en espèces.*

espérance [ɛspeʀɑ̃s] n. f. **1.** *L'espérance,* sentiment qui fait entrevoir comme probable la réalisation de ce que l'on désire. ⇒ **confiance, croyance ; espoir** (plus cour.). / contr. **désespérance** / *Le vert, couleur de l'espérance.* **2.** *Une espérance, l'espérance de (qqch.),* ce sentiment appliqué à un objet déterminé. *Entretenir, former des espérances. Avoir une espérance de guérir, de guérison. Elle a l'espérance que tout ira bien.* — *Contre toute espérance,* alors qu'il semblait impossible d'espérer. ⇒ **attente.** — Au plur. *Cette femme a des espérances,* elle attend un enfant. **3.** *Espérance de vie,* durée moyenne de la vie humaine, dans une société donnée, établie statistiquement. **4.** Au plur. ESPÉRANCES : biens qu'on attend d'un héritage. *Ils ont des espérances.*

espé(e)ranto [ɛspeʀɑ̃to] n. m. ▪ Langue internationale conventionnelle, créée vers 1887.

espérer [ɛspeʀe] v. tr. ▪ conjug. 6. **1.** Considérer (ce qu'on désire) comme devant se réaliser. ⇒ **compter** sur, **escompter ; espérance, espoir.** / contr. **désespérer, craindre** / *Espérer une récompense. Elle n'espère plus rien. Qu'espérait-il de plus ?* ⇒ **souhaiter.** *« Croyez-vous qu'il viendra ? — Je l'espère bien ; je l'espère pour lui »* (il a intérêt à venir). *Je n'en espérais pas tant.* — Sans compl. *Il viendra, j'espère, dès qu'il aura terminé.* **2.** ESPÉRER *qqn* : espérer sa venue, sa présence. *Enfin vous voilà ! Je ne vous espérais plus. — On t'espérait depuis quelques jours,* on t'attendait. **3.** (Sens 1) — ESPÉRER (+ infinitif, quand les deux verbes ont le même sujet). ⇒ **compter, penser.** *J'espère réussir,* que je réussirai. *Elle espérait vous voir.* — (Appliqué au passé) Aimer à croire, à penser. *J'espère avoir fait ce qu'il fallait.* — ESPÉRER QUE. *J'espère qu'elle viendra. J'espérais qu'elle viendrait. Je n'espère pas qu'elle vienne. Espérait-elle qu'elle viendrait ?* — (Formule de souhait) *Espérer que* (+ v. au prés. ou au passé), aimer à croire, à penser que. *J'espère que tu vas bien.*

Espérons qu'il n'a rien entendu. — Sans compl. Avoir confiance. *On espère encore.* — ESPÉRER EN : mettre sa confiance en (qqch.). *Il espère en des temps meilleurs.* ‹ ▸ désespérer, espérance, inespéré ›

espiègle [ɛspjɛgl] adj. et n. ■ (Enfants) Vif et malicieux, sans méchanceté. ⇒ **coquin, juif, taquin, turbulent.** *Une enfant espiègle.* ⇒ **diablotin, éveillé, polisson.** — *Humeur, gaieté espiègle. Une réflexion espiègle,* malicieuse. — N. *C'est une petite espiègle.* ⇒ **escogriffe ;** fam. **snoreau, vlimeux.** ▸ ***espièglerie*** n. f. **1.** Caractère espiègle. **2.** Tour d'espiègle. *C'est une espièglerie d'enfant.* ⇒ **blague, farce.** *Faire des espiègleries.*

espion, onne [ɛspjɔ̃, ɔn] n. **1.** Personne chargée de recueillir clandestinement des documents, des renseignements secrets sur une puissance étrangère. ⇒ **agent** secret ; fam. **barbouze ; espionnage.** *Fausse identité d'un espion.* — En appos. ; toujours masc. *Avion espion, satellite espion. Des navires espions.* **2.** Personne payée par la police pour apporter des renseignements. ⇒ **indicateur.** ▸ ***espion(n)ite*** n. f. ■ Manie de voir des espions (1) partout. ▸ ***espionnage*** n. m. ■ Au sing. Activité des espions. ⇒ **renseignement.** *Les services d'espionnage canadiens. Romans d'espionnage.* — *Espionnage industriel,* moyens utilisés pour connaître les secrets de fabrication d'un produit. ▸ ***espionner*** v. tr. ▪ conjug. 1. ■ Surveiller secrètement, pour faire un rapport ou par malveillance. ⇒ **épier, guetter.** *Mari qui fait espionner sa femme.* ⇒ **surveiller.** *Espionner ses voisins.* ⇒ fam. **écornifler.** — Sans compl. *Vous restez là pour espionner ?* — Faire de l'espionnage contre un pays. *Espionner un pays au profit d'un autre.* ‹ ▸ contre-espionnage ›

esplanade [ɛsplanad] n. f. ■ Terrain plat, aménagé en vue de dégager les abords d'un édifice, de ménager une perspective. *Une esplanade bordée d'arbres. L'esplanade de la Terrasse Dufferin.*

espoir [ɛspwaʀ] n. m. **1.** *L'espoir de..., un espoir,* le fait d'espérer, d'attendre (qqch.) avec confiance. ⇒ **espérance.** *J'ai le ferme espoir, j'ai bon espoir qu'elle réussira.* ⇒ **certitude, conviction.** *J'étais venu dans (avec) l'espoir de vous voir. Je mets tout mon espoir, mes espoirs en vous. C'est sans espoir,* c'est désespéré. — Personne sur laquelle on fonde un espoir. *Vous êtes notre seul espoir. C'est un espoir du ski,* on espère qu'il deviendra un champion. **2.** *L'espoir,* sentiment qui porte à espérer. *Être plein d'espoir. Aimer sans espoir.* / contr. **désespoir ; appréhension, crainte** / ‹ ▸ désespoir ›

① **esprit** [ɛspʀi] n. m. **I.** Au sing. **1.** Le principe pensant en général (opposé à *l'objet de pensée,* à *la matière*). ⇒ **pensée ;** ① **spirituel.** *L'esprit humain. Doctrines philosophiques sur l'esprit et la matière,* idéalisme, spiritualisme, matérialisme. — (Opposé à *la réalité*) *Vue de l'esprit,* position abstraite, théorique. *Jeu de l'esprit.* **2.** Principe de la vie psychique, affective et intellectuelle (chez une personne). ⇒ **âme, conscience, moi.** *L'esprit et le corps d'un enfant, d'une femme, d'un homme. Ce problème occupe mon esprit. Disposition d'esprit, état d'esprit* (⇒ ① **état**). Loc. *Avoir l'esprit ailleurs,* être distrait. *En esprit,* par la pensée. ⇒ **imagination ; mentalement.** — *Perdre l'esprit,* devenir fou. *Esprit dérangé, simple d'esprit.* — Littér. *Rendre l'esprit,* mourir. **3.** Ensemble des dispositions, des façons d'agir habituelles. ⇒ **caractère.** *Avoir l'esprit changeant, étroit, enjoué, souple.* — AVOIR BON, MAUVAIS ESPRIT : être bienveillant, confiant ; être malveillant, rebelle, méfiant. — AVOIR L'ESPRIT À : l'humeur. *Je n'ai pas l'esprit au jeu, l'esprit à m'amuser en ce moment.* **4.** Principe de la vie intellectuelle (opposé à *la sensibilité*). ⇒ **entendement, pensée, raison.** *Clarté, vivacité d'esprit. Elle a un esprit logique. Vous avez l'esprit mal tourné. Lenteur, paresse d'esprit. La lecture ouvre l'esprit. Une idée me vient à l'esprit. Cela m'est sorti de l'esprit,* je l'ai oublié. *Dans mon esprit,* selon moi. *Présence d'esprit,* aptitude à faire ou à dire sans hésitation ce qui est à propos. **5.** Aptitude de l'intelligence. *Elle a l'esprit de synthèse, d'observation,* elle est douée pour... *Esprit d'à-propos.* **II.** *Un, les esprit(s),* une, les personnes caractérisées par une psychologie, une intelligence. *C'est un esprit romanesque. Influencer, calmer les esprits.* PROV. *Les grands esprits se rencontrent,* se dit lorsque deux personnes ont la même idée en même temps. **III.** Au plur. (Précédé d'un possessif) *Perdre ses esprits,* perdre connaissance ⇒ **s'évanouir** ou perdre la raison. *Reprendre ses esprits.* **IV.** L'ESPRIT (sans compl.) : vivacité, ingéniosité dans la façon de concevoir et d'exposer qqch. (⇒ **finesse, humour**). *Avoir de l'esprit, beaucoup d'esprit.* ⇒ ② **spirituel.** *Homme d'esprit. Faire de l'esprit* (péj.), faire étalage d'esprit. *Repartie pleine d'esprit. Mot d'esprit.* **V.** ESPRIT DE... **1.** Attitude, idée qui détermine (un comportement, une action). ⇒ **intention, volonté.** *Esprit de révolte. Il a eu le bon esprit de ne pas intervenir,* la bonne idée. *Esprit de contradiction. Avoir l'esprit d'entreprise,* le goût, la volonté de mettre en œuvre, de réaliser une entreprise (I, 1) quelconque. — DANS L'ESPRIT DE, DANS CET ESPRIT : dans cette intention ou de ce point de vue. *Elle a parlé dans un esprit d'apaisement. C'est dans cet esprit qu'il faut agir.* **2.** Fonds d'idées, de sentiments (qui oriente l'action d'une collectivité). *L'esprit d'une société, d'une époque.* ⇒ **génie.** — Loc. ESPRIT DE CORPS : d'attachement et de dévouement au groupe auquel on appartient. ⇒ **solidarité.** ESPRIT D'ÉQUIPE*. **3.** Le sens profond (d'un texte). *L'esprit d'une constitution. L'esprit et la lettre.*

② **esprit** n. m. et interj. **I.** N. m. **1.** Être vivant sans apparence perceptible. *Dieu est un pur esprit. Les anges sont des esprits. L'esprit du mal,* le démon. — Religion catholique. (Avec des majusc.) LE SAINT-ESPRIT, L'ESPRIT-SAINT : Dieu, comme troisième personne de la Trinité. — *Le Saint-Esprit passe.* ⇒ **ange. 2.** *Un, les esprit(s),* êtres actifs dans les mythes, les légendes (elfes, fées, génies, lutins). **3.** Âme d'un mort. ⇒ **fantôme, revenant ; spiritisme.** *Il croit aux esprits* (⇒ **animisme**). *Esprit, es-tu là ?* **II.** Interj. ■ Fam. Sacre, juron très fréquent et employé dans toutes sortes de circonstances. *Esprit que c'est glissant !* Absolt. *Esprit !* — *Esprit de* (+ autre juron). — Loc. *Être en esprit,* fâché, de mauvaise humeur ; ne pas être content. *Elle était en esprit contre les enfants.* — N. UN ESPRIT DE : sert à qualifier la chose, la personne qui est mentionnée. *Un esprit de beau terrain de camping.* Sans compl. UN ESPRIT : terme d'injure, de mépris. *Une gang de maudits esprits.* — Loc. adv. EN ESPRIT : très, beaucoup. *Il fait beau en esprit.*

③ **esprit** n. m. ■ Dans des loc. Émanation volatile d'un corps. ESPRIT-DE-SEL : acide chlorhydrique étendu d'eau. ESPRIT-DE-VIN : alcool éthylique.

-esque ■ Élément qu'on joint à des noms propres ou communs avec le sens de « à la façon de » (ex. : *dantesque, moliéresque ; cauchemardesque, livresque*).

esquif [ɛskif] n. m. ■ Littér. Petite embarcation légère. *Un frêle esquif.*

esquille [ɛskij] n. f. ■ Petit fragment qui se détache d'un os fracturé ou carié. *Extraire les esquilles.*

① **esquimau, aude** [ɛskimo, od] adj. et n. **1.** Relatif à un peuple autochtone qui habite les terres arctiques (du Canada, du Groenland, de l'Alaska, de la Sibérie). *Des sculptures esquimaudes. « Cométique » est un mot esquimau.* ⇒ **esquimau** (2). — N. (Avec une majusc.) Autochtone des terres arctiques. ⇒ **inuit, lapon.** *Les Esquimaux de Kuujjuaq.* N. m. *L'esquimau,* la langue parlée par ces Autochtones. ⇒ **inuktitut.** *Le mot « kayak » vient de l'esquimau.* **2.** *Chien esquimau,* chien originaire de l'Arctique, d'assez grande taille, très robuste, aux yeux pâles, utilisé pour la traction des traîneaux. ⇒ **malamute, samoyède ;** anglic. **husky.** *Un attelage de chiens esquimaux. Course de chiens (esquimaux).* — REM. La variante *eskimo* est vieillie.

② ***esquimau*** n. m. ■ (France) Glace enrobée de chocolat qu'on tient par un bâtonnet plat. ⇒ anglic. **fudge.** *Des esquimaux.* — REM. Ce mot est un nom de marque déposée.

esquinter [ɛskɛ̃te] v. tr. ▪ conjug. 1. **1.** Fam. Abîmer (qqch.) ; blesser (qqn). *Esquinter sa voiture.* ⇒ **abîmer,** ① **bosser, cabosser.** *Il s'est fait esquinter.* ⇒ **amocher.** — Au p. p. adj. *Une voiture esquintée.* — Fig. Critiquer très sévèrement. *Esquinter un auteur, un film.* ⇒ **éreinter. 2.** Fatiguer extrêmement. ⇒ **épuiser, éreinter ;** fam. **claquer, crever.** *La marche l'a esquintée.* — Pronominalement (réfl.). *Je ne vais pas m'esquinter pour rien.* — Au p. p. adj. *Il est esquinté.* ▶ ***esquintant, ante*** adj. ■ Fam. Très fatigant. ⇒ **épuisant, éreintant.** *Un travail esquintant.*

esquisse [ɛskis] n. f. **1.** Première forme (d'un dessin, d'une statue, d'une œuvre d'architecture), qui sert de guide à l'artiste quand il passe à l'exécution. ⇒ **croquis, ébauche, maquette.** *Une esquisse au crayon, à la plume. Ce n'est qu'une esquisse.* **2.** Plan sommaire, notes indiquant l'essentiel (d'un travail, d'une œuvre). ⇒ **canevas, idée, plan, projet, schéma.** *Esquisse d'un roman.* **3.** Action d'esquisser (3). ⇒ **ébauche.** *L'esquisse d'un sourire.* ▶ ***esquisser*** v. tr. ▪ conjug. 1. **1.** Représenter, faire en esquisse. ⇒ **ébaucher.** *Esquisser un portrait, un paysage.* **2.** Fixer le plan, les grands traits de (une œuvre littéraire). — Décrire à grands traits. *Esquisser l'action d'une comédie.* **3.** Commencer à faire. ⇒ **amorcer, ébaucher.** *Esquisser un geste, un mouvement de recul.*

esquiver [ɛskive] v. tr. ▪ conjug. 1. **1.** Éviter adroitement. ⇒ **échapper** à. *Esquiver un coup de poing. Esquiver une difficulté.* ⇒ **éluder. 2.** S'ESQUIVER v. pron. : se retirer, s'en aller en évitant d'être vu (→ Brûler la politesse, fausser compagnie, filer à l'anglaise). *Quand ils l'ont vu, ils se sont esquivés.* ▶ ***esquive*** n. f. ■ Action d'esquiver un coup. *Jeu d'esquive d'un boxeur, d'un escrimeur.*

essai [ɛ(e)sɛ] n. m. **I. 1.** Opération par laquelle on s'assure des qualités, des propriétés (d'une chose) ou de la manière d'utiliser (une chose). *Faire l'essai d'un produit.* ⇒ **essayer.** *Essai des monnaies.* ⇒ **vérification.** *Essais en laboratoire. Banc d'essai.* ⇒ ② **banc.** Au plur. *Centre d'essais. Vol, pilote* D'ESSAI : pour essayer les prototypes d'avions. — *Cinéma d'essai,* qui projette des films hors du réseau commercial normal. — À L'ESSAI : aux fins d'essai. *Prendre, engager à l'essai un employé. Mettre à l'essai,* éprouver. **2.** Action faite sans être sûr du résultat. *Un essai de conciliation. Un timide essai.* — Première tentative. *Elle a fait ses premiers essais au cinéma. Un essai malheureux. Un coup d'essai.* **3.** Chacune des tentatives d'un athlète, dont on retient la meilleure. *Premier, second essai. Vous avez droit à trois essais.* **4.** Football. Chacune des trois (football américain) ou quatre (football canadien) tentatives de l'équipe à l'attaque, nécessaire pour compléter une phase de jeu (gagner un minimum de dix verges). *Deuxième essai et sept verges à faire.* — Rugby. Avantage obtenu quand un joueur parvient à poser ou à toucher le ballon le premier derrière la ligne de but du camp adverse. *Transformer un essai* (en but). **II. 1.** Résultat d'un essai, premières productions. *Ce ne sont que de modestes essais.* **2.** Ouvrage littéraire en prose, de facture libre, traitant d'un sujet qu'il n'épuise pas ou réunissant des articles. ⇒ **étude ; essayiste** *Essai historique, politique.* **3.** *Bout d'essai,* bout de film tourné spécialement pour juger un acteur, avant de l'engager.

essaim [ɛ(e)sɛ̃] n. m. **1.** Groupe d'abeilles, d'insectes en vol ou posés. ⇒ **multitude, nuée.** *Un essaim de moucherons.* **2.** Fig. Groupe nombreux qui se déplace. *Un essaim d'écoliers.* ▶ ***essaimer*** [ɛ(e)sɛme] v. intr. ▪ conjug. 1. **1.** (Abeilles) Quitter la ruche en essaim pour aller s'établir ailleurs. *Les abeilles n'ont pas encore essaimé.* **2.** Se dit d'une collectivité dont se détachent certains éléments. *Ces immigrants ont essaimé dans tout le pays.* ⇒ se **disperser.** *Cette société a essaimé sur tout le territoire,* y a établi des succursales.

essayer [ɛ(e)seje] v. tr. ▪ conjug. 8. **1.** Soumettre (une chose) à une ou des opérations pour voir si elle répond aux caractères qu'elle doit avoir. ⇒ **contrôler, examiner, tester, vérifier ; essai.** *Ce modèle a été essayé à l'usine. Essayer un moteur. — Essayer sa force.* **2.** Mettre (un vêtement, etc.) pour voir s'il va. *Essayer une robe dans un magasin.* ⇒ **essayage.** *J'ai essayé un manteau.* **3.** Employer, utiliser (une chose) pour la première fois, pour voir si elle convient et si on peut l'adopter. *Essayer un vin.* ⇒ **goûter.** *Avez-vous essayé la cuisine vietnamienne ?* — (Avec le partitif) *Essayer un vin.* **4.** Employer (qqch.) pour atteindre un but particulier, sans être sûr du résultat. *Essayer un moyen, une méthode.* ⇒ **expérimenter.** *Essayer la persuasion. J'ai tout essayé, sans résultat.* ⇒ **tenter.** — ESSAYER DE (+ infinitif) : faire des efforts dans le dessein de. ⇒ s'**efforcer,** ③ **tenter** de. *J'ai essayé de comprendre. Essayer de dormir.* — Sans compl. *Cela ne vous coûtera rien d'essayer. — Essaie un peu* (de faire qqch.), tu verras ce qu'il t'en coûtera. **5.** S'ESSAYER À v. pron. : faire l'essai de ses capacités pour ; s'exercer à (sans bien savoir). *S'essayer à la course.* — (+ infinitif) Faire une tentative en vue de. *S'essayer à parler en public.* ▶ ***essayage*** n. m. ■ Action d'essayer (2) (un vêtement). *Salon d'essayage d'une maison de couture, d'un magasin. Cabine d'essayage.* ▶ ***essayeur, euse*** n. ■ Personne qui essaie les vêtements aux clients. — Personne qui essaie un matériel, qui contrôle la qualité de produits commerciaux. ▶ ***essayiste*** n. m. ■ Auteur d'essais (II, 2) littéraires. ‹ ▶ essai, ressayer ›

① ***essence*** [ɛ(e)sɑ̃s] n. f. **1.** Fond de l'être, nature des choses. ⇒ **nature, substance.** — (Opposé à *existence*) *Platon pense que l'essence précède l'existence.* **2.** Ce qui fait qu'une chose est ce qu'elle est ; ensemble des caractères constitutifs et invariables (⇒ **essentiel**). *L'essence de l'être humain réside en la pensée.* — PAR ESSENCE loc. adv. littér. : par sa nature même. ⇒ par **définition.** ‹ ▶ essentiel ›

② ***essence*** n. f. **1.** Produit liquide, volatil, inflammable, provenant de la distillation du pétrole. ⇒ **carburant, combustible ;** anglic. ② **gaz, gazoline.** *Pompe à essence ; faire le plein (d'essence). Essence ordinaire* (opposé à *supercarburant*). ⇒ fam. **jaune.** *De l'essence sans plomb.* ⇒ sans **plomb.** *L'indice d'octane de l'essence. — Poste d'essence,* poste de distribution d'essence où l'on n'assure aucun autre service aux automobilistes, sauf le lave-auto, mais pas toujours. ⇒ **libre-service.** *Le poste d'essence d'un dépanneur.* **2.** Liquide volatil très odorant qu'on extrait des végétaux, utilisé en parfumerie, en confiserie. *Essence de lavande, de violette. Essences synthétiques.* **3.** Extrait concentré (d'aliments). *Essence de café, de vanille.* ‹ ▶ quintessence ›

③ ***essence*** n. f. ■ Espèce (d'un arbre). *Une forêt remplie d'essences variées.*

essentiel, elle [ɛ(e)sɑ̃sjɛl] adj. et n. m. **I.** Adj. **1.** Littér. Qui est ce qu'il est par son essence (⇒ ① **essence**) et non par accident (opposé à *accidentel, relatif*). ⇒ **absolu.** — Qui appartient à l'essence (①, 1). *Un caractère essentiel.* ⇒ **fondamental. 2.** ESSENTIEL À..., POUR : qui est absolument nécessaire (opposé à *inutile*). ⇒ **indispensable, nécessaire.** *Cette formalité est essentielle pour votre mariage. La nutrition est essentielle à la vie.* **3.** Le plus important, très important (opposé à *secondaire*). ⇒ **primordial, principal.** *Nous arrivons au point, au fait essentiel.* ⇒ **capital.** *C'est un livre essentiel, que vous devez avoir lu. Il est essentiel de lui en parler.* **II.** N. m. **1.** Le point le plus important. *Vous oubliez l'essentiel !* ⇒ **principal.** *Allez à l'essentiel ! L'essentiel est de réussir. Nous sommes d'accord sur l'essentiel.* **2.** *L'essentiel de...,* ce qu'il y a de plus important. *Je vous résume l'essentiel de son discours.* ▸ ***essentiellement*** adv. **1.** Par essence. **2.** Avant tout, au plus haut point. ⇒ **principalement.** *Nous tenons essentiellement à cette garantie.* ⇒ **absolument.**

esseulé, ée [ɛ(e)sœle] adj. ■ Littér. Qu'on laisse seul, sans compagnie. ⇒ **délaissé, isolé, solitaire.** *Il ne connaissait personne et resta esseulé toute la soirée.* ⇒ **seul.**

essieu [ɛ(e)sjø] n. m. ■ Pièce transversale d'un véhicule, dont les extrémités entrent dans les moyeux des roues. *Les essieux porteurs d'une locomotive. L'essieu avant* ⇒ ① **train** *arrière* ⇒ **pont** *d'une automobile. Distance entre les essieux d'une voiture.* ⇒ **empattement.**

essor [ɛ(e)sɔʀ] n. m. (Rare au plur.) **1.** Élan d'un oiseau qui s'envole. ⇒ **envol, envolée.** *L'aigle prend son essor.* **2.** Littér. Élan, impulsion. *L'essor de son imagination.* **3.** Développement hardi et fécond. ⇒ **expansion.** / contr. **déclin, stagnation** / *L'essor d'une entreprise.* ⇒ **croissance.** *Industrie en plein essor, qui prend un grand essor.*

essorer [ɛ(e)sɔʀe] v. tr. • conjug. 1. ■ Débarrasser par pression (une chose mouillée) d'une grande partie de l'eau qu'elle contient. *Essorer du linge.* — Au p. p. adj. *Linge essoré.* ▸ ***essorage*** n. m. ■ Action d'essorer (le linge). — L'un des cycles d'une machine à laver. ▸ ***essoreuse*** n. f. ■ Machine destinée à enlever l'eau qui imprègne le linge. *Passer son linge à l'essoreuse. — Une essoreuse à salade.*

essouffler [ɛ(e)sufle] v. tr. • conjug. 1. **1.** Mettre presque hors d'haleine, à bout de souffle. *La montée m'a essoufflé. Le coureur a fini par essouffler ses concurrents,* ils se sont essoufflés à le suivre. — Pronominalement (réfl.). *Il s'essouffle facilement. S'essouffler à force de crier, d'appeler.* ⇒ s'**époumoner.** — Au p. p. adj. *Il est essoufflé, tout essoufflé.* **2.** Abstrait. S'ESSOUFFLER v. pron. : perdre l'inspiration. *Ce cinéaste s'essouffle, son dernier film est décevant.* — Ne plus pouvoir suivre le rythme de croissance. *L'industrie textile s'essouffle.* ▸ ***essoufflement*** n. m. ■ État de la personne qui est essoufflée ; respiration courte et gênée. ⇒ **suffocation.** *Je n'en pouvais plus d'essoufflement.* — Abstrait. *L'essoufflement de l'économie.*

essuie- ■ Élément tiré du verbe « essuyer ». ▸ ***essuie-glace*** [ɛ(e)sɥiglas] n. m. ■ Tige de métal articulée, munie d'une lame souple (balai) qui essuie automatiquement le pare-brise d'une automobile. *Faire fonctionner les essuie-glaces.* ▸ ***essuie-mains*** n. m. invar. ■ Serviette pour s'essuyer les mains. ▸ ***essuie-tout*** n. m. invar. ■ Papier absorbant assez résistant, à usages multiples (surtout domestiques). *Les essuie-tout sont vendus en rouleaux.* — En appos. *Des papiers essuie-tout.*

① **essuyer** [ɛ(e)sɥije] v. tr. • conjug. 8. **1.** Sécher (ce qui est mouillé) en frottant avec un linge sec, sur une chose sèche. *Laver et essuyer la vaisselle. Essuyer la bouche d'un bébé. Essuie-toi la bouche. Essuyer ses pieds,* frotter ses semelles sur un tapis, un paillasson. — Pronominalement (réfl.). *S'essuyer en sortant du bain.* **2.** Ôter (ce qui mouille qqch.). *Essuyer l'eau qui a coulé sur la table.* ⇒ **éponger.** *Essuyer ses larmes.* — Fig. *Essuyer les larmes de qqn,* le consoler. **3.** Ôter la poussière de (qqch.) en frottant. *Essuyer les meubles avec un chiffon de laine.* ⇒ **épousseter.** ▸ ***essuyage*** n. m. ■ Action d'essuyer. *L'essuyage de la vaisselle.* ⟨ ▸ essuie- ⟩

② **essuyer** v. tr. • conjug. 8. ■ Avoir à supporter (qqch. de fâcheux). ⇒ **éprouver, subir.** *Le navire a essuyé une tempête. Essuyer le feu de l'ennemi. Essuyer des pertes. Essuyer des reproches.* ⇒ **endurer, subir.**

est [ɛst] n. m. **1.** Un des points cardinaux, au soleil levant (abrév. *E*). ⇒ **orient.** *Mosquée orientée vers l'est. Le vent souffle de l'est.* — Lieu situé du côté de l'est. — En appos. (Avec une majusc.) *La côte Est des États-Unis* (opposé à *côte Ouest*). *Le boulevard René-Lévesque Est. La route 138 Est,* qui va vers l'est. *Montréal-Est.* Anciennt. *Berlin-Est.* **2.** *L'Est,* les provinces maritimes. *Habiter dans l'Est.* — Les pays à l'est de l'Europe, spécialt les pays appartenant à l'ancienne zone d'influence soviétique. *Relations entre l'Est et l'Ouest.* — Histoire. *Allemagne de l'Est.* — REM. L'élément *est-* sert à former des gentilés géographiques (noms ou adj.), ex. : *est-allemand, est-européen.* ⟨ ▸ nord-est, sud-est ⟩

establishment [ɛstabliʃmənt] n. m. ■ Anglic. Ensemble des personnes qui détiennent un pouvoir, une autorité dans une société et qui défendent leurs privilèges, leurs intérêts, l'ordre établi. *L'establishment anglophone. Elle appartient à l'establishment financier.*

estacade [ɛstakad] n. f. ■ Barrage fait par l'assemblage de pieux, de pilotis, de radeaux. *Une estacade ferme l'entrée du port.* ⇒ **digue, jetée.** ≠ *estocade.*

estafette [ɛstafɛt] n. f. **1.** Autrefois. Courrier, messager chargé d'une dépêche. *Estafette à cheval.* **2.** Vx. Militaire agent de liaison. *Dépêcher une estafette.*

estafilade [ɛstafilad] n. f. **1.** Entaille faite avec une arme tranchante (sabre, rasoir), surtout au visage. ⇒ **balafre, coupure.** *Se faire une estafilade en se rasant.* **2.** Maille filée sur toute la hauteur d'un bas, d'un collant. ⇒ **échelle.**

estamper [ɛstɑ̃pe] v. tr. • conjug. 1. ■ Imprimer en relief ou en creux (l'empreinte gravée sur un moule, une matrice). *Estamper une feuille de métal, de cuir.* ≠ *estampiller.* ▸ ***estampe*** n. f. ■ Image imprimée au moyen d'une planche gravée ou par lithographie. ⇒ **gravure, lithographie.** *Tirer une estampe. Un livre illustré d'estampes.* ▸ ***estampeur, euse*** n. ■ Personne qui estampe. ▸ ***estampille*** [ɛstɑ̃pij] n. f. ■ Empreinte (cachet, poinçon, signature) qui atteste l'authenticité d'un produit, d'un document, en indique l'origine ou constate le paiement d'un droit fiscal. *L'estampille du gouvernement fédéral. L'estampille d'un produit industriel* (marque de fabrique ; label). ▸ ***estampiller*** v. tr. • conjug. 1. ■ Marquer d'une estampille. ⇒ **poinçonner, timbrer.** *Estampiller des produits manufacturés.* ≠ *estamper.* — Au p. p. adj. *Briquet, tapis estampillé.* ▸ ***estampillage*** n. m. ■ Action d'estampiller ; son résultat. *L'estampillage d'une marchandise.*

est-ce que [ɛskə] adv. interrogatif. ■ Marque l'interrogation directe (rétablit l'ordre sujet-verbe inversé dans *est-il..., est-elle... ?*). ② **ce** (6). *Est-ce qu'il est arrivé ?* — Fam. (Après un adv., un pronom interrogatif) *Quand* *est-ce qu'elle est venue ? Comment est-ce que tu fais ? Qui est-ce qui arrive ? Je veux savoir qui est-ce qui arrive,* qui arrive.

ester [ɛstɛʀ] n. m. ■ Corps résultant de l'action d'un acide sur un alcool avec élimination d'eau (appelé autrefois *éther-sel*). ⇒ ② **éther.** ‹ ► polyester ›

esthète [ɛstɛt] n. et adj. ■ Personne qui affecte le culte raffiné de la beauté formelle. *Il a un œil, un goût d'esthète.* — Adj. *Il, elle est très esthète.* ► ***esthétique*** [ɛstetik] n. f. et adj. **I.** N. f. **1.** Science du beau dans la nature et dans l'art ; conception particulière du beau. *Un traité d'esthétique.* **2.** Beauté du corps. *L'esthétique d'une pose, d'un visage. Sacrifier l'utilité à l'esthétique.* **II.** Adj. **1.** Relatif à la beauté, à l'esthétique (I, 1). *Sentiment, jugement esthétique.* **2.** Qui participe de l'art. ⇒ **artistique. 3.** Qui a un certain caractère de beauté. *Attitudes, gestes esthétiques.* ⇒ **beau, harmonieux.** *Cet immeuble n'a rien d'esthétique.* **4.** CHIRURGIE ESTHÉTIQUE : qui embellit les formes du corps, du visage. ⇒ **plastique.** ► ***esthéticien, ienne*** [ɛstetisjɛ̃, jɛn] n. **1.** Didact. Personne qui s'occupe d'esthétique (I, 1). **2.** (Femmes surtout) Personne dont le métier consiste à donner des soins de beauté (maquillage, etc.). L'esthéticienne d'un institut de beauté. ► ***esthétiquement*** adv. ■ Du point de vue esthétique ; d'une manière esthétique. Cet immeuble est esthétiquement bien conçu. ‹ ► inesthétique ›

estimable [ɛstimabl] adj. **1.** Digne d'estime. Une personne très estimable. ⇒ **honorable.** / contr. **méprisable** / **2.** Qui a du mérite, sans être remarquable. *Un auteur, une peintre estimable. C'est un ouvrage estimable et sérieux.* ‹ ► inestimable ›

estimation [ɛstimasjɔ̃] n. f. **1.** Action d'estimer, de déterminer la valeur, le prix qu'on attribue (à une chose). ⇒ **appréciation, évaluation.** *L'estimation d'une œuvre d'art par un expert,* expertise. *Estimation du prix des travaux,* devis. **2.** Action d'évaluer (une grandeur). ⇒ **calcul, évaluation.** *Estimation rapide, approximative. Selon mon estimation, mes estimations, nous arriverons dans deux heures.* ► ***estimatif, ive*** [ɛstimatif, iv] adj. ■ Qui contient une estimation. *Un devis, un état estimatif.*

estime [ɛstim] n. f. **I. 1.** Sentiment favorable né de la bonne opinion qu'on a du mérite, de la valeur (de qqn). ⇒ **admiration, considération, respect.** / contr. **dédain, mépris** / *Avoir de l'estime pour qqn. Tenir une personne en (grande) estime. Elle a monté, baissé dans mon estime. Vous remontez dans mon estime.* **2.** Sentiment qui attache du prix à qqch. *Sa ténacité inspire de l'estime. Succès d'estime* (d'une œuvre qui n'obtient pas la faveur du grand public). **II.** Loc. À L'ESTIME : en estimant rapidement, approximativement. *À l'estime, il vous en faut cinq mètres. Naviguer à l'estime,* d'après les instruments de navigation.

estimer [ɛstime] v. tr. ▪ conjug. 1. **I. 1.** Déterminer le prix, la valeur de (qqch.) par une appréciation. ⇒ **apprécier ; estimation.** *Faire estimer un objet d'art par un expert. Estimer qqch. au-dessous* ⇒ **sous-estimer, sous-évaluer**, *au-dessus* ⇒ **surestimer, surévaluer** *de sa valeur. Estimer une aide, une personne à sa juste valeur.* **2.** Calculer approximativement. *Estimer une distance au juger.* ⇒ à l'**estime.** *Le nombre des morts est difficile à estimer.* ⇒ **déterminer.** — Au passif et au p. p. adj. *(Être) estimé à deux mille dollars.* **II. 1.** (+ adj. attribut) Avoir une opinion sur (une personne, une chose). ⇒ **croire, tenir** pour, **trouver.** *Estimer indispensable de faire qqch.* — (+ infinitif ou subordonnée) ⇒ **considérer, penser.** *J'estime avoir fait mon devoir. J'estime que vous avez suffisamment travaillé aujourd'hui.* **2.** Avoir bonne opinion de, reconnaître la valeur de (qqn ou, moins souvent, qqch.). ⇒ **apprécier, considérer ; estime.** / contr. **dédaigner, mépriser** / *Estimer un collègue, un employé. Elle s'est fait estimer par son sérieux.* **III.** S'ESTIMER v. pron. (+ adj. attribut) : se considérer, se trouver. *S'estimer satisfait. Estimons-nous heureux. Ils peuvent s'estimer chanceux de ne pas avoir été blessés.* ► ***estimé, ée*** adj. ■ Qui jouit de l'estime d'autrui. *Une collaboratrice très estimée.* — (Choses) Apprécié. *Un cadeau estimé.* ‹ ► estimable, estimation, estime, inestimable, mésestimer, sous-estimer, surestimer ›

estival, ale, aux [ɛstival, o] adj. ■ Propre à l'été, d'été. / contr. **hivernal** / *Une température estivale. Une tenue estivale.* ► ***estivant, ante*** n. ■ Personne qui passe les vacances d'été dans un lieu de villégiature (opposé à *hivernant*). *Les estivants recherchent le soleil d'Old Orchard.* ⇒ **vacancier.**

d'estoc [dɛstɔk] loc. adv. ■ D'ESTOC ET DE TAILLE : avec la pointe et le tranchant (de l'épée). ► ***estocade*** n. f. ■ Coup d'épée, dans la mise à mort du taureau. *Le matador donne l'estocade.* ≠ *estacade.*

estomac [ɛstɔma] n. m. **I.** Viscère creux, organe de l'appareil digestif. **1.** (Personnes) Poche musculeuse, située dans la partie supérieure de la cavité abdominale. ⇒ **gastéro-, gastro- ; stomacal.** *Avoir l'estomac vide, plein. Se remplir l'estomac.* ⇒ **ventre.** *Ulcère à l'estomac.* — Loc. *Avoir l'estomac dans les talons,* avoir faim. — *Ouvrir l'estomac,* donner faim. *Avoir un petit, un gros estomac,* être un petit, un gros mangeur. **2.** (Animaux) Partie renflée du tube digestif, qui reçoit les aliments. *L'estomac des ruminants* (panse, bonnet, feuillet, caillette). *L'estomac des oiseaux* (gésier). **II.** (Personnes) Partie du torse située sous les côtes, le diaphragme. *Le creux de l'estomac. Boxeur qui frappe à l'estomac.* **III.** *Avoir de l'estomac* ou *manquer d'estomac,* faire preuve de ou manquer de hardiesse, d'audace. ⇒ **aplomb,** ② **cran,** ② **culot.** ‹ ► estomaquer ›

estomaquer [ɛstɔmake] v. tr. ▪ conjug. 1. ■ Fam. Étonner, surprendre (par qqch. de choquant, d'offensant). *Sa conduite a estomaqué tout le monde.* ⇒ **scandaliser.** — REM. S'emploie surtout à l'infinitif et aux temps composés. — Au p. p. Ahuri d'étonnement. *Je suis encore tout estomaqué d'avoir entendu ça.*

estompe [ɛstɔ̃p] n. f. ■ Petit rouleau de peau ou de papier cotonneux, terminé en pointe, servant à étendre le crayon, le fusain, le pastel sur un dessin. ► ***estomper*** v. tr. ▪ conjug. 1. **1.** Dessiner, ombrer avec l'estompe. *Adoucir un trait en l'estompant.* **2.** Rendre moins net, rendre flou. ⇒ **voiler.** / contr. **dessiner, détacher** / *La brume estompait le paysage.* — Pronominalement (réfl.). *Le paysage s'estompait.* — Au p. p. adj. *Contours estompés, image estompée.* **3.** Abstrait. (Souvenir, sentiment) Enlever de son relief à. ⇒ **adoucir, atténuer, voiler.** *Le temps estompe les douleurs.* — Pronominalement (réfl.). *Les haines, les rancœurs s'estompent.* ► ***estompage*** n. m. ■ Action d'estomper ; son résultat.

estourbir [ɛstuʀbiʀ] v. tr. ▪ conjug. 2. Littér. **1.** Assommer. *On l'a estourbi pour lui voler sa sacoche.* **2.** Étonner violemment. *Ton échec m'a estourbi.*

estrade [ɛstʀad] n. f. ■ Plancher élevé de quelques marches au-dessus du sol ou du parquet. *L'estrade d'une salle de classe.* ⇒ **tribune.** *Estrade dressée pour un match de boxe.* ⇒ **arène, ring.**

estragon [ɛstʀagɔ̃] n. m. ■ Plante dont la tige et les feuilles aromatiques sont employées comme condiment. — Ce condiment. *Vinaigre, moutarde à l'estragon.*

estran [ɛstʀɑ̃] n. m. ■ Partie du rivage d'un cours d'eau qui est à sec à marée basse. ⇒ **batture.**

estrien, ienne [ɛstʀijɛ̃, jɛn] adj. et n. ■ De l'Estrie. *Un village estrien.* — N. (Avec une majusc.) Personne née dans cette région du Québec ou qui l'habite.

estropier [ɛstʀɔpje] v. tr. ▪ conjug. 7. **1.** Priver d'un membre, mutiler par blessure ou maladie. ⇒ **écloper.** *L'accident l'a estropié.* — Pronominalement (réfl.). *Elle s'est estropiée en tombant d'une échelle.* **2.** Modifier ou tronquer (un mot, un texte, etc.). *Estropier une citation. Estropier un nom propre, un mot étranger.* ⇒ **écorcher.** ▶ ***estropié, ée*** adj. ■ Qu'on a estropié ; qui s'est estropié. ⇒ **infirme.** — N. *Un estropié.* — *Un texte estropié,* déformé.

estuaire [ɛstɥɛʀ] n. m. ■ Embouchure (d'un cours d'eau) dessinant un golfe évasé et profond. ⇒ **delta.** *L'estuaire du Saint-Laurent.*

estudiantin, ine [ɛstydjɑ̃tɛ̃, in] adj. ■ Relatif à l'étudiant, aux étudiants. Vie estudiantine.

esturgeon [ɛstyʀʒɔ̃] n. m. ■ Grand poisson qui vit en mer et va pondre dans les grands fleuves. Les œufs d'esturgeon servent à la préparation du caviar.

et [e] conj. **I.** Conjonction de coordination qui sert à lier les mots, les syntagmes, les propositions ayant même fonction ou même rôle et à exprimer une addition, une liaison. ⇒ fam. ③ **pis. 1.** Reliant deux parties de même nature. *Paul et Virginie. Le meunier, son fils et l'âne. Toi et moi. Deux et deux font quatre.* ⇒ ① **plus.** *Taisez-vous et écoutez. Cela n'est pas et ne sera pas.* ⇒ **ni.** *J'ai accepté ; et vous ? — Il y a parfum et parfum, mensonge et mensonge,* tous les parfums, tous les mensonges ne sont pas semblables. — Précédant le dernier terme d'une énumération. *Vous ajouterez du thym, du laurier et du romarin.* — Littér. Devant chaque terme de l'énumération, pour insister sur l'importance des éléments. *Il est tellement calme, et souriant, et aimable...* **2.** Reliant deux parties de nature différente et de même fonction. *Un paletot court et sans manches. Voici un livre nouveau et qui n'est pas encore en librairie.* **3.** Dans les nombres composés (joignant UN aux dizaines [sauf dans *quatre-vingt-un*] et dans *soixante et onze*). *Vingt et un, trente et un.* — Devant la fraction. *Deux heures et demie. Deux heures et quart* (ou *un quart*). **II.** Au début d'une phrase, avec une valeur emphatique. *Et voici que tout à coup elle se met à courir.* ⇒ **alors.** — Fam. *Et d'un(e), et de deux,* etc., pour mettre en évidence un processus. *Et d'un tu parles trop, et de deux on m'a tout raconté.* ▶ ***et/ou*** [eu] conj. ■ Didact. Exprime simultanément la possibilité d'une addition, d'un regroupement et la possibilité d'une distinction, d'une séparation des éléments. *Votre analyse devra inclure des définitions et/ou des exemples.* — REM. L'emploi de cette conjonction est parfois critiqué. ‹ ▶ quatre-cent-vingt-et-un, va-et-vient ›

-et, -ette ■ Suffixe diminutif (noms et adj.).

étable [etabl] n. f. ■ Bâtiment où on loge les bestiaux, les bovidés. *Une grande étable. Engraisser des veaux à l'étable.* — *Dans cette étable...,* chant de Noël. ≠ *écurie.*

établi [etabli] n. m. ■ Table massive sur laquelle les ouvriers qui travaillent le bois ou le métal disposent ou fixent leur ouvrage. *Établi de menuisier. Des établis.*

établir [etabliʀ] v. tr. ▪ conjug. 2. **I.** Mettre, faire tenir (une chose) dans un lieu et d'une manière stable. ⇒ **construire, installer.** *Établir une estrade dans une salle, sur une place. Établir une usine, une imprimerie dans une ville.* ⇒ **implanter. II.** Fig. **1.** Mettre en vigueur, en application. ⇒ **fixer, fonder, instituer.** / contr. **abolir, supprimer** / *Établir un gouvernement. Établir un impôt. Il tentait d'établir le silence.* — Fonder de manière stable. *Établir sa fortune, sa réputation sur des bases solides.* ⇒ **asseoir, bâtir, édifier.** — Au p. p. adj. *Une réputation (bien) établie,* assise, solide. *Une habitude établie.* **2.** Placer (qqn) dans une situation, pourvoir d'un emploi. *Établir qqn dans une charge. Elle a bien établi tous ses enfants.* ⇒ **caser. 3.** Fonder sur des arguments solides, sur des preuves. *Établir sa démonstration, ses droits sur des faits.* ⇒ **appuyer, baser.** — Faire apparaître comme vrai. *Établir la réalité d'un fait.* ⇒ **démontrer, prouver.** — (Avec *que* + indicatif) *Nous établirons que c'est vrai.* — Au p. p. adj. *Vérité établie,* démontrée, sûre. **4.** Faire commencer (des relations). *Établir des liens d'amitié avec qqn.* ⇒ **nouer.** *Établir des contacts dans un colloque.* **III.** S'ÉTABLIR v. pron. **1.** Fixer sa demeure (en un lieu). *Il est allé s'établir à Los Angeles, en Belgique, au Manitoba, chez son frère.* ⇒ **habiter,** s'**installer.** — Prendre la profession de. *S'établir comme menuisier. Une dentiste vient de s'établir dans le quartier,* d'y ouvrir un cabinet. **2.** S'ÉTABLIR (+ attribut) : s'instituer, se constituer, se poser en. *S'établir juge des actes d'autrui.* **3.** Pronominalement. Prendre naissance, s'instaurer. ⇒ s'**enraciner.** *Cette coutume aura peine à s'établir.* **4.** Impers. *Il s'est établi entre eux de bonnes relations.* ▶ ① ***établissement*** n. m. **1.** Action de fonder, d'établir. *L'établissement d'une usine, d'un tribunal.* ⇒ **création, fondation, institution. 2.** Le fait d'établir (II, 3). *L'établissement d'un fait.* ⇒ **démonstration, preuve. 3.** Le fait de s'établir (III, 1). ‹ ▶ établi, ② établissement, préétabli, rétablir ›

② ***établissement*** n. m. ■ Ensemble des installations établies pour l'exploitation, le fonctionnement d'une entreprise ; cette entreprise. *Établissement agricole, commercial, industriel* (⇒ **atelier, boutique, bureau, exploitation, ferme, industrie, magasin, maison, usine**). *Les établissements X.* ⇒ **compagnie, entreprise, société.** — ÉTABLISSEMENT PUBLIC : chargé de gérer un service public. — *Établissement scolaire, hospitalier, bancaire. Établissement thermal.* — ÉTABLISSEMENT AMÉRINDIEN : village ou hameau amérindien implanté sur des terres sans statut juridique. *L'établissement amérindien de Winneway au Témiscamingue.*

étage [etaʒ] n. m. **I. 1.** Espace compris entre deux planchers successifs d'un édifice, à l'exception des sous-sols, des greniers, des entretoits. ⇒ **niveau.** *Les étages d'une maison. Immeuble à, de quatre étages. Loger, habiter au troisième (étage), au même étage que qqn d'autre. Avoir un appartement au premier étage,* au rez-de-chaussée. *Grimper, escalader les étages,* l'escalier. **2.** Chacun des plans (d'une chose ou d'un ensemble formé de parties superposées). *Le terrain descend par étages.* **3.** Niveau d'énergie ou de renforcement (correspondant ou non à un dispositif matériel en *étages*). **4.** Élément propulseur détachable (d'une fusée). *Fusées à trois étages.* **II.** DE BAS ÉTAGE : de condition médiocre. *Individu de bas étage.* ▶ ***étagement*** n. m. ■ Disposition étagée. *L'étagement des vignes en terrasses.* ▶ ***étager*** v. tr. ▪ conjug. 3. ■ Disposer par étages (par rangs superposés). ⇒ **échelonner, superposer.** *Étager des cultures.* — Pronominalement. Être disposé par étages. *Les vergers s'étageaient sur la colline.* — Au p. p. adj. *Maisons étagées sur une pente.* ▶ ***étagère*** n. f. **1.** Planche, tablette. ⇒ **rayonnage.** *Des étagères couvertes de livres.* **2.** Meuble formé de montants qui supportent des tablettes horizontales. *Les bibelots sont alignés sur l'étagère.*

étai [etɛ] n. m. ■ Pièce de charpente destinée à soutenir provisoirement (⇒ **étayer**). *Poser des étais.* ‹ ▶ étayer ›

étain [etɛ̃] n. m. **1.** Métal blanc grisâtre, très malléable. *Emplois de l'étain.* ⇒ **étamage, tain.** *Papier* *d'étain,* feuille très fine, servant à l'emballage (dit aussi *papier d'argent*). *Vaisselle, pot en étain.* **2.** Objet d'étain. *Des étains du* XVIe *s.* ⟨ ► étamer ⟩

étal, als ou ***aux*** [etal, eto] n. m. **1.** Table où l'on expose (étale) les marchandises dans les marchés publics. ⇒ **éventaire.** *Les étals du marché.* **2.** Table de bois épais sur laquelle les bouchers débitent la viande.

étalage [etalaʒ] n. m. **1.** Exposition de marchandises qu'on veut vendre. *Réglementation de l'étalage.* — Lieu où l'on expose des marchandises ; ensemble des marchandises exposées. ⇒ **devanture, vitrine.** *Les étalages d'un grand magasin. S'attarder devant les étalages.* ⇒ **lécher** les vitrines. *La décoration d'un étalage.* **2.** Action d'exposer, de déployer aux regards avec ostentation. *Un étalage d'érudition.* ⇒ **démonstration.** *Étalage de luxe.* ⇒ **déploiement.** — FAIRE ÉTALAGE DE : exhiber. *Faire étalage de ses qualités.* ► ***étalagiste*** n. ■ Personne dont le métier est de composer, de disposer les étalages (1) aux devantures des magasins.

étale [etal] adj. ■ Sans mouvement, immobile. *Un navire étale.* — *Mer étale,* qui a cessé de monter et qui ne descend pas encore.

étaler [etale] v. tr. ▪ conjug. 1. **I.** Concret. **1.** Exposer (des marchandises à vendre). *Le marchand étale sa marchandise.* / contr. **remballer** / **2.** Disposer de façon à faire occuper une grande surface, notamment pour montrer. / contr. **ramasser** / *Elle étalait tous ses papiers sur la table.* ⇒ **éparpiller.** *Étaler un journal,* l'ouvrir largement. ⇒ **déplier, déployer.** / contr. **replier** / **3.** Étendre sur une grande surface en une couche fine. *Étaler de la peinture. Étaler du beurre sur du pain.* ⇒ **beurrer, tartiner.** *Étaler du foin pour le faire sécher.* **4.** Fam. (Personnes) Faire tomber. *Il l'a étalé d'un coup de poing.* **II.** Fig. **1.** Faire voir, montrer avec excès, prétention. ⇒ **déployer, exposer.** *Étaler ses talents, sa science, sa force.* ⇒ **exhiber.** *Étaler un luxe insolent.* **2.** Montrer, rendre évident (ce qui était caché). *Étaler un scandale.* ⇒ **révéler. III.** Répartir dans le temps. *On doit étaler les travaux sur plusieurs années. Étaler ses paiements.* ⇒ **échelonner.** — Au p. p. adj. *Des traites étalées.* **IV.** S'ÉTALER v. pron. **1.** Être étendu sur une surface. *Le brouillard s'étale dans la vallée. Cette peinture s'étale bien.* **2.** (Dans le temps) S'étendre. *Les vacances devraient s'étaler sur trois mois.* **3.** V. pron. réfl. Fam. (Personnes) Prendre de la place. *Il s'étale dans un fauteuil.* ⇒ s'**avachir ;** fam. s'**effoirer,** s'**évacher.** — Au p. p. adj. *Étudiant étalé sur son bureau,* couché. — Fam. Tomber. *Il a trébuché et s'est étalé de tout son long.* ► ***étalement*** n. m. **1.** (Dans l'espace) Action d'étaler. *L'étalement de papiers sur une table.* **2.** (Dans le temps) Action d'étaler, de répartir. *Étalement des paiements.* ⇒ **échelonnement.** *L'étalement des vacances* (sur différents mois de l'année), *des horaires de travail* (à différents moments de la journée). ⟨ ► étal, étalage, étale ⟩

① ***étalon*** [etalɔ̃] n. m. ■ Cheval entier destiné à la reproduction (opposé à *hongre*). *Des étalons pur-sang.*

② ***étalon*** n. m. **1.** Modèle légal de mesure ; représentation matérielle d'une unité de mesure. *Étalons de longueur.* — En appos. *Mètre étalon.* — Unité légale de mesure. *Étalons électriques.* **2.** Métal précieux sur lequel est fondée la valeur d'une unité monétaire. *Système d'étalon-or.* ► ***étalonner*** v. tr. ▪ conjug. 1. **1.** Vérifier (une mesure) par comparaison avec un étalon. — Au p. p. adj. *Mesure étalonnée par un vérificateur.* **2.** Graduer (un instrument) conformément à l'étalon. *Étalonner un appareil de mesure.* **3.** Appliquer un test quantitatif à (un groupe de référence). ► ***étalonnage*** ou ***étalonnement*** n. m. ■ Action d'étalonner (une mesure, un appareil).

étambot [etɑ̃bo] n. m. ■ Partie du navire qui continue la quille à l'arrière et où se trouve le gouvernail.

étamer [etame] v. tr. ▪ conjug. 1. **1.** Recouvrir (un métal) d'une couche d'étain. *Faire étamer une casserole.* — Au p. p. adj. *Tôle étamée,* fer-blanc. **2.** Recouvrir (la face interne d'un miroir) d'un amalgame d'étain et de mercure (⇒ **tain**). ► ***étamage*** n. m. ■ Action d'étamer. *Étamage des miroirs.* ► ***étameur, euse*** n. ■ Personne dont le métier est d'étamer. — En appos. *Ouvrier étameur.* ⟨ ► rétamer ⟩

① ***étamine*** [etamin] n. f. **1.** Étoffe mince, légère. *Étamine de laine.* **2.** Tissu lâche (soie, fil...) qui sert à cribler ou à filtrer. ⇒ ① **coton** à fromage. *Passer un liquide à l'étamine.*

② ***étamine*** n. f. ■ Organe mâle producteur du pollen, chez les plantes à fleurs, formé d'une partie allongée supportant une partie renflée. *Plante à plusieurs étamines.*

étanche [etɑ̃ʃ] adj. ■ Qui ne laisse pas passer les fluides, ne fuit pas. ⇒ **hermétique.** *Un tonneau étanche. Toiture étanche.* ⇒ **imperméable.** *Embarcation étanche. Montre étanche* (pour la plongée). — Fig. CLOISON ÉTANCHE : séparation absolue. *Les cloisons étanches entre des sciences, des classes sociales.* ► ***étanchéité*** [etɑ̃ʃeite] n. f. ■ Caractère de ce qui est étanche. *L'étanchéité d'un réservoir, d'une montre.*

étancher [etɑ̃ʃe] v. tr. ▪ conjug. 1. **1.** Arrêter (un liquide) dans son écoulement. ⇒ **éponger.** *On étancha le sang qui coulait de la plaie.* **2.** *Étancher sa soif,* l'apaiser en buvant. ⇒ se **désaltérer.** ⟨ ► étanche ⟩

étançon [etɑ̃sɔ̃] n. m. ■ Grosse pièce de bois dressée pour soutenir qqch. ⇒ **béquille, contrefort, étai.** *Placer des étançons contre un mur.* ► ***étançonner*** v. tr. ▪ conjug. 1. ■ Étayer à l'aide d'étançons.

étang [etɑ̃] n. m. ■ Nappe d'eau de faible profondeur, souvent envahie par la végétation. *Étangs naturels et étangs artificiels. Des étangs poissonneux.* ≠ *mare.*

étant donné (que) loc. ⇒ **donné.**

étape [etap] n. f. **1.** Lieu où l'on s'arrête au cours d'un déplacement, d'un voyage. ⇒ **halte.** *Arriver à l'étape. Les étapes du Tour de France cycliste,* où les coureurs se reposent entre deux courses. — Loc. *Faire étape quelque part,* s'y arrêter pour la nuit. *Brûler l'étape,* ne pas s'arrêter à l'étape prévue (troupes, voyageurs). — Fig. *Brûler les étapes,* aller plus vite que prévu. **2.** Distance à parcourir pour arriver à l'étape (1). *Voyager par petites étapes. Parcourir une longue étape.* ⇒ **route.** — Dans une course. *Classement par étapes. Étape contre la montre.* **3.** Fig. Période dans une progression, une évolution. ⇒ **état, moment, phase.** *Les réformes se feront par étapes.* ⇒ **degré.** *Les principales étapes de la civilisation. Une première étape vers un but.* **4.** Division de l'année scolaire (primaire et secondaire) au terme de laquelle l'école produit un rapport d'évaluation de l'élève. *Les examens, les bulletins d'étape. Le début de la deuxième étape.*

① ***état*** [eta] n. m. **I.** Manière d'être (d'une personne ou d'une chose), considérée dans ce qu'elle a de durable (opposé à *devenir*). *État permanent, stable ; momentané. Les états successifs d'une évolution.* ⇒ **degré, étape.** *Demeurer dans le même état.* **1.** Manière d'être physique, intellectuelle, morale (d'une personne). *État de santé. Son état s'aggrave, empire. Son état n'a pas changé.* — ÉTAT GÉNÉRAL : état de santé considéré indépendamment de toute affection particulière. *L'état général du malade est stationnaire.* — DANS, EN... ÉTAT. *La malade est en* *meilleur état. Ses agresseurs l'ont mis dans un triste état. Il est dans un état d'énervement extrême.* — Loc. *Être dans tous ses états,* très agité, affolé, bouleversé. — ÉTAT D'ESPRIT : disposition particulière de l'esprit. *Avoir un curieux état d'esprit.* ⇒ **mentalité.** — ÉTAT D'ÂME : disposition des sentiments. ⇒ **humeur.** *Nous ne pouvons pas tenir compte de vos états d'âme.* ÉTAT DE CONSCIENCE : fait psychique conscient (sensation, sentiment, volition). — EN, HORS D'ÉTAT DE (+ infinitif) : capable ou non de. *Je ne suis pas en état de le recevoir.* ⇒ **décidé, disposé, prêt.** *Nous sommes hors d'état de vous répondre.* ⇒ **incapable.** *Mettre un adversaire hors d'état de nuire.* **2.** (Surtout dans des expressions) Manière d'être (d'une chose). *L'état de ses finances ne lui permet pas de prendre des vacances.* — EN *(bon, mauvais)* ÉTAT ; DANS *(tel ou tel)* ÉTAT. *Livres d'occasion en bon état. Véhicule en état de marche.* EN ÉTAT : dans son état normal ou dans l'état antérieur. *Remettre une vieille voiture en état.* ⇒ **réparer.** *Tout doit rester en l'état,* dans l'état antérieur. ÉTAT DE CHOSES : circonstance, situation. *Cet état de choses ne peut pas durer.* — À L'ÉTAT (+ adjectif) : sous la forme. *À l'état brut, élaboré. La cour restait à l'état sauvage.* — Loc. EN TOUT ÉTAT DE CAUSE : dans tous les cas, n'importe comment. ⇒ **toujours. 3.** Sciences. Manière d'être (des corps matériels) résultant de la plus ou moins grande cohésion de leurs molécules. *État solide, liquide, gazeux. Un corps à l'état pur.* **II.** Loc. verb. FAIRE ÉTAT DE : tenir compte de ; mettre en avant. ⇒ **mention.** *Faire état d'un document.* ⇒ **citer.** *Faire état de l'opinion d'un philosophe. Ne faites pas état de ce qu'elle a dit,* n'en parlez pas. **III.** Situation (d'une personne) dans la société. **1.** Littér. Fonction sociale. *L'état religieux. Il est satisfait de son état.* — DE SON ÉTAT : de son métier. *Elle est aide-infirmière de son état.* **2.** Ensemble de qualités inhérentes à la personne, auxquelles la loi civile attache des effets juridiques. *État de sujet canadien, britannique. État d'époux, de parent.* — ÉTAT CIVIL : mode de constatation des principaux faits relatifs à l'état des personnes (naissance, mariage, décès...) ; service public chargé de dresser les actes constatant ces faits. *Une fiche d'état civil.* **3.** Autrefois. Groupe social (clergé, noblesse...). — TIERS ÉTAT [tjɛʀzeta] : sous l'Ancien Régime en France, troisième état comprenant ceux qui n'étaient ni de la noblesse ni du clergé : bourgeois, artisans et paysans. — Au plur. ÉTATS GÉNÉRAUX : (histoire de France) assemblée des députés des trois « états » convoquée par le roi pour donner des avis. *Les états généraux de 1789. — En 1967, se tenaient à Montréal les États généraux du Canada français.*

② ***État*** n. m. (Avec une majusc.) **1.** Autorité souveraine s'exerçant sur un peuple et un territoire déterminés. *L'État et la nation. Les affaires de l'État* (administration, politique). *Enseignement, école d'État, en France* (opposé à *privé*). *État démocratique, totalitaire. Socialisme d'État.* — CHEF D'ÉTAT : personne qui exerce l'autorité souveraine dans un pays. *Femme chef d'État. Le chef de l'État* (même sens). — FEMME, HOMME D'ÉTAT : personne qui a une charge, un rôle dans l'État, le gouvernement (femme, homme politique) ; celui qui a des aptitudes particulières pour diriger le gouvernement. *C'est un bon administrateur, mais non pas un véritable homme d'État. Femme d'État.* — COUP D'ÉTAT : conquête ou tentative de conquête du pouvoir par des moyens illégaux. *Le coup d'État du 18 Brumaire* (1799), par lequel Bonaparte s'empara du pouvoir. — RAISON D'ÉTAT : considération d'intérêt public que l'on invoque pour justifier une action illégale, injuste, en matière politique. *L'emprisonnement de certaines personnes lors de la crise d'Octobre 1970 relevait de la raison d'État.* — *Former un État dans l'État,* se dit d'un groupement, d'un parti qui acquiert une certaine autonomie au sein d'un État. *Dans certains pays, l'armée forme un État dans l'État.* **2.** (Opposé aux *pouvoirs* et *services locaux*) Ensemble des services généraux d'une nation. — Gouvernement central. *L'État et les collectivités locales* (régions, municipalités, M.R.C.). *État centralisé, décentralisé. Industrie, monopole d'État.* — ÉTAT-PROVIDENCE : qui se soucie des plus démunis en leur venant en aide par des mesures sociales (assurance-chômage, bien-être social, assurance-maladie). — UN ÉTAT, DES ÉTATS : groupement humain fixé sur un territoire déterminé, soumis à une même autorité. ⇒ **empire, nation, pays, puissance, royaume.** *Grands, petits États. État fédéral, fédératif. L'État québécois.* ⇒ **province.** — *Les États-Unis* : le pays fédéral d'Amérique du Nord placé entre le Canada et le Mexique et formé de 51 États fédérés. *Habitant des États-Unis.* ⇒ **américain, états-unien.** *L'ancien gouverneur de l'État de New York.* Au plur. fam. LES ÉTATS : les États-Unis. *Avoir de la parenté aux États.* — *Les États membres d'une organisation internationale* (O.N.U., francophonie...). ▶ ***étatiser*** [etatize] v. tr. ▪ conjug. 1. ■ Transformer en administration d'État ; faire gérer par l'État. *Étatiser une entreprise, une usine.* ⇒ **nationaliser.** — Au p. p. adj. *Hydro-Québec est une entreprise étatisée* (1963). / contr. **privatisé** / ▶ ***étatisation*** n. f. ■ Gestion par l'État d'un secteur d'activité (industrie, agriculture, commerce). ⇒ **nationalisation.** *L'étatisation des vins et spiritueux au Québec. L'étatisation des manufactures de tabac en France.* / contr. **privatisation** / ▶ ***étatisme*** n. m. ■ Doctrine politique préconisant l'extension du rôle de l'État. ⇒ **dirigisme.** / contr. **libéralisme** / ▶ ***étatiste*** adj. et n. ■ Relatif à l'étatisme. — *Un, une étatiste,* partisan de l'étatisme. ▶ ***étatique*** adj. ■ Qui concerne l'État, d'État. *C'est une politique municipale et non pas étatique.* ‹ ▶ états-unien ›

③ ***état*** n. m. ■ Écrit qui constate, décrit un état de choses à un moment donné (compte rendu). ⇒ **inventaire, mémoire.** *État comparatif, descriptif. État de frais,* bilan, facture. *Recevoir un état de compte.* — *États de service d'un militaire, d'un fonctionnaire,* liste des fonctions qu'il a exercées ; ces fonctions, sa carrière. — *État des lieux,* description précise (d'un immeuble, d'un appartement). *Établir un état des lieux à l'entrée d'un locataire.* ‹ ▶ état-major ›

état-major [etamaʒɔʀ] n. m. **1.** Officiers et personnel attachés à un officier supérieur ou général pour élaborer et transmettre les ordres. ⇒ **commandement.** *L'état-major de division, d'armée.* — *État-major d'un navire,* l'ensemble des officiers. *Des états-majors.* — *Carte d'état-major,* carte au 1/80 000. **2.** Ensemble des collaborateurs immédiats (d'un chef), des dirigeants (d'un groupe). *L'état-major d'un ministre, d'un parti, d'un syndicat.* ⇒ **direction, tête.**

états-unien, ienne [etazynjɛ̃, jɛn] ■ Des États-Unis, relatif aux États-Unis. ⇒ **américain** (2). *L'immigration états-unienne.* — N. (Avec des majusc.) Personne née dans ce pays ou qui en a obtenu la citoyenneté. — REM. On emploie aussi *étatsunien* et *étasunien.*

étau [eto] n. m. ■ Presse formée de deux tiges terminées par des mâchoires qu'on rapproche à volonté, de manière à tenir solidement les objets que l'on veut travailler. *Étau d'établi. Des étaux.* — Loc. *Être pris, serré (comme) dans un étau,* dans une situation dangereuse, pénible. *L'étau se resserre de plus en plus autour des assiégés.* ⇒ **étreinte.**

étayer [eteje] v. tr. ▪ conjug. 8. **1.** Soutenir à l'aide d'étais*. ⇒ ① **caler, renforcer.** *Étayer un mur, une voûte.* **2.** Abstrait. Appuyer, soutenir. *Cela étaiera sa réputation.* — Au p. p. adj. *Une démonstration bien* *étayée.* / contr. **détruire, saper** / ▶ ***étayage*** n. m. ou ***étaiement*** n. m. ■ Action d'étayer ; opération par laquelle on étaie. *Des travaux d'étayage.*

et cætera ou ***et cetera*** [ɛtseteʀa], cour. [ɛtʃeteʀa] loc. adv. ■ Et le reste (rarement écrit en toutes lettres). — Abrév. ETC. (avec un point). *Rouge, vert, jaune, etc., sont les couleurs de l'automne.* — REM. *Etc.* est toujours précédé et suivi par une virgule.

① ***été*** [ete] n. m. ■ Saison la plus chaude de l'année qui suit le printemps et précède l'automne. *Dans l'hémisphère Nord, l'été commence au solstice de juin* (21 ou 22) *et se termine à l'équinoxe de septembre* (22, 23). *Vacances d'été* (⇒ **estivant**). *Un camp d'été.* ⇒ **camp** de vacances. *Tenue d'été,* légère. ⇒ **estival.** *Se mettre, s'habiller en été,* en vêtements d'été. — *Été des Indiens* ou vieilli *été des sauvages,* brève période de temps beau et chaud, au début de l'automne. ⇒ **redoux.**

② ***été*** Part. passé du v. *être.*

éteignoir [etɛɲwaʀ] n. m. **1.** Ustensile creux en forme de cône qu'on pose sur une chandelle, une bougie, un cierge, pour l'éteindre. **2.** Ce qui arrête l'élan de l'esprit, de la gaieté. — (Personnes) *Il est toujours triste, c'est un éteignoir.* ⇒ **rabat-joie, trouble-fête.** (→ Empêcheur de danser en rond)

éteindre [etɛ̃dʀ] v. tr. ▪ conjug. 52. **I. 1.** Faire cesser de brûler. *Éteindre le feu. Les pompiers éteignirent rapidement l'incendie. La plinthe chauffante est éteinte.* — Faire cesser d'éclairer. *Éteindre la lumière, l'électricité.* **2.** Littér. Diminuer l'ardeur, l'intensité de ; faire cesser d'exister. ⇒ **apaiser, calmer, diminuer.** *Éteindre la douleur, la soif. Le chagrin éteignait l'éclat de son regard. Le soleil éteint les couleurs.* ⇒ **faner.** **3.** *Éteindre un droit, une dette.* ⇒ **acquitter, annuler.** **II.** S'ÉTEINDRE v. pron. **1.** Cesser de brûler. *Faute de combustible, le feu s'éteint.* ⇒ **mourir.** — Cesser d'éclairer. *Les lumières se sont éteintes.* **2.** Littér. (Son) Perdre son éclat, sa vivacité, disparaître. *Le bruit diminua et s'éteignit.* — Abstrait. *Son souvenir ne s'éteindra jamais.* ⇒ **disparaître, finir.** **3.** (Personnes) Mourir. *Elle s'éteignit dans les bras de sa fille.* — *Race, famille qui s'éteint,* qui ne laisse pas de descendance. ▶ ***éteint, einte*** [etɛ̃, ɛ̃t] adj. **1.** Qui ne brûle plus, n'éclaire plus. *Un volcan éteint* (opposé à *en activité, en éruption*). (Véhicules) *Circuler tous feux éteints.* **2.** (Choses) Qui a perdu son éclat, sa vivacité. *Une couleur éteinte,* pâle. *Un regard éteint,* morne. *Elle parle d'une voix éteinte.* **3.** Abstrait. Qui est affaibli ou supprimé. *Des sentiments, des souvenirs éteints.* **4.** (Personnes) Qui est sans force, sans expression (par fatigue, maladie). ⇒ **apathique, atone.** *On est complètement éteint.* ‹ ▶ éteignoir ›

étendard [etɑ̃daʀ] n. m. **1.** Autrefois. Drapeau. **2.** Signe de ralliement ; symbole (d'un parti, d'une cause). *Se ranger, combattre sous les étendards de... Lever l'étendard de la révolte.*

étendre [etɑ̃dʀ] v. tr. ▪ conjug. 41. **I. 1.** Déployer (un membre, une partie du corps) dans sa longueur (en l'écartant du corps, etc.). *Étendre les bras, les jambes.* ⇒ **allonger, étirer.** / contr. **plier, replier** / — *L'oiseau étendait les ailes.* ⇒ **déployer.** **2.** Placer à plat ou dans sa grande dimension (ce qui était plié). *Étendre du linge,* pour qu'il sèche. *Étendre un tapis sur le parquet.* **3.** Coucher (qqn) de tout son long. *Étendre un blessé sur un lit.* Fam. Faire tomber. *Le boxeur a étendu son adversaire au tapis.* **4.** Rendre (qqch.) plus long, plus large ; faire couvrir une surface plus grande à. *Étendre du beurre sur du pain,* étaler. **5.** Diluer. *Étendre une sauce,* y ajouter de l'eau pour qu'elle soit moins concentrée. ⇒ **allonger.** **6.** Abstrait. Rendre plus grand. ⇒ **accroître, agrandir, augmenter.** / contr. **diminuer, limiter** / *Étendre son influence, ses relations. Étendre son vocabulaire, ses connaissances.* **II.** S'ÉTENDRE v. pron. **1.** Augmenter en surface ou en longueur. *Ce tissu s'étend au lavage.* / contr. **rétrécir** / *L'ombre des arbres s'étend le soir.* ⇒ s'**allonger, grandir.** **2.** (Personnes) ⇒ s'**allonger,** se **coucher.** *Je vais m'étendre après le repas.* — Au passif. *Être étendu(e).* **3.** Couvrir, occuper un certain espace. *La forêt s'étend depuis le village jusqu'à la rivière. S'étendre à perte de vue.* **4.** (Choses) Prendre de l'extension, de l'ampleur. ⇒ **augmenter, croître.** *Ses connaissances se sont étendues. Le mal s'est étendu.* **5.** (Personnes) *S'étendre sur un sujet,* le développer longuement. *Elle s'étend trop là-dessus.* ⇒ s'**attarder.** ▶ ***étendoir*** n. m. ■ Dispositif, endroit pour étendre le linge. ▶ ***étendu, ue*** adj. **1.** Qu'on a étendu ou qui s'est étendu. *Du linge étendu. Des ailes étendues,* déployées. *Une personne étendue sur un lit.* **2.** Qui a une grande étendue. ⇒ **spacieux, vaste.** *Vue étendue. Vocabulaire étendu. Connaissances étendues.* / contr. **borné, restreint** / ▶ ***étendue*** n. f. **1.** L'espace perceptible, visible ; l'espace occupé par qqch. *L'étendue d'un champ.* ⇒ **surface.** *Dans l'étendue de la circonscription. Une grande étendue désertique.* — *Une étendue d'eau,* l'espace occupé par la forme des eaux (baie, détroit, golfe, lac, mer, océan). **2.** *L'étendue d'une voix, d'un instrument,* écart entre le son le plus grave et le son le plus aigu. ⇒ **registre.** **3.** Espace de temps. ⇒ **durée.** *L'étendue de la vie.* — Abstrait. Importance, développement. *Mesurer toute l'étendue d'une catastrophe.* ⇒ **ampleur.** *Accroître l'étendue de ses connaissances.* ⇒ **champ, domaine.** ‹ ▶ étendard ›

éternel, elle [etɛʀnɛl] adj. et n. m. **I. 1.** Qui est hors du temps, qui n'a pas eu de commencement et n'aura pas de fin. / contr. **temporel** / *Dieu est conçu comme éternel.* — N. m. (Avec une majusc.) L'ÉTERNEL : Dieu. *Invoquer, louer l'Éternel.* **2.** Qui est de tous les temps ou qui doit durer toujours. ⇒ **perpétuel.** *La vie est un éternel recommencement. La vie éternelle ; le salut éternel,* après la mort (religion). *Le repos éternel,* la mort. — Loc. *L'éternel féminin ;* (moins courant) *l'éternel masculin,* caractères psychologiques supposés immuables, attribués à l'un et à l'autre sexe. **3.** Qui dure très longtemps, dont on ne peut imaginer la fin. ⇒ **durable, impérissable.** / contr. **court, éphémère** / *Serments, regrets éternels. Rome, la Ville éternelle. Les neiges, les glaces éternelles,* qui ne fondent pas, ne sont pas saisonnières. **II.** (Avant le nom) **1.** Qui ne semble pas devoir finir ; qui ennuie, fatigue par la répétition. ⇒ **continuel, interminable, perpétuel.** *Je suis lassé de ses éternelles récriminations.* — (Personnes ; actes) Qui est toujours dans le même état. *C'est un éternel mécontent.* **2.** (Précédé le plus souvent de l'adj. possessif) Qui se trouve continuellement associé à qqch., à qqn. ⇒ **inséparable.** *La voilà avec son éternel parapluie.* ▶ ***éternellement*** adv. **1.** De tout temps, toujours ou sans fin. ⇒ **indéfiniment.** **2.** Sans cesse, continuellement. *Allez-vous rester là éternellement ?* ⇒ **toujours.** ▶ ***éterniser*** v. tr. ▪ conjug. 1. **I. 1.** Littér. Rendre éternel, faire durer sans fin. ⇒ **immortaliser, perpétuer.** *Cette découverte éternisera la mémoire de ce grand savant.* **2.** Prolonger indéfiniment. ⇒ faire **durer.** *Je ne veux pas éterniser la discussion.* **II.** S'ÉTERNISER v. pron. **1.** (Choses) Se perpétuer, se prolonger. *La guerre s'éternise, on n'en voit pas la fin.* **2.** (Personnes) Fam. Demeurer indéfiniment, s'attarder trop longtemps. *Je ne vais pas m'éterniser ici.* ▶ ***éternité*** n. f. **I.** Sans compl. **1.** Durée qui n'a ni commencement ni fin, qui échappe à toute détermination chronologique (surtout dans un contexte religieux). *La notion de Dieu implique l'éternité.* **2.** Durée ayant un commencement, mais pas de fin ; relig., la vie future. *Songez à vous préparer pour* *l'éternité.* **3.** Temps qui semble extrêmement long. *Cela a duré une éternité. Il y a une éternité qu'on ne t'a vu.* **4.** DE TOUTE ÉTERNITÉ : depuis toujours. **II.** *(L'éternité de...)* Caractère de ce qui est éternel. *L'éternité de l'esprit, de la matière.*

éternuer [etɛʀnɥe] v. tr. ▪ conjug. 1. ■ Faire un éternuement. ⟹ fam. **atchoumer.** *Il tousse et il éternue. Poudre à éternuer,* qui provoque l'éternuement. ▸ ***éternuement*** [etɛʀnymɑ̃] n. m. ■ Expiration brusque et bruyante par le nez et la bouche, à la suite d'un mouvement subit et convulsif des muscles expirateurs provoqué par l'irritation des muqueuses nasales. *Bruit de l'éternuement* (traditionnellement noté *atchoum*). *Les éternuements du rhume.*

étêter [etɛte] v. tr. ▪ conjug. 1. ■ Couper la tête de (un arbre, un petit animal, un objet). *Étêter de jeunes arbres avant de les transplanter. Étêter des sardines* (pour les mettre en conserve).

éthane [etan] n. m. ■ Gaz combustible, hydrocarbure saturé.

① ***éther*** [etɛʀ] n. m. **1.** Littér. L'air le plus pur. Les espaces célestes. ⟹ **air, ciel. 2.** (Ancienne science) Milieu subtil qui imprègne tous les corps et vibre sous l'action d'une source lumineuse. ▸ ***éthéré, ée*** adj. Littér. **1.** Qui est de la nature de l'éther. *La voûte éthérée,* le ciel. **2.** ⟹ **aérien, irréel, léger.** *Créature éthérée. Sentiments éthérés,* qui s'élèvent au-dessus des choses terrestres. ⟹ **pur, sublime.** / contr. **matériel, terre à terre** /

② ***éther*** n. m. **1.** En chimie. Se disait de tout composé volatil résultant de la combinaison d'acides avec des alcools. *Éthers-sels.* ⟹ **ester. 2.** Liquide incolore d'une odeur forte, très volatil et pouvant anesthésier. *L'éther est employé comme antiseptique.* ▸ ***éthéromane*** adj. et n. ■ Relatif à l'intoxication par l'éther. *Des pratiques éthéromanes.* — N. Personne (toxicomane) qui s'intoxique en respirant de l'éther (2). ⟨ ▸ éthane ⟩

éthique [etik] adj. et n. f. **1.** N. f. Science de la morale ; ensemble des conceptions morales de qqn. ⟹ **morale. 2.** Adj. Qui concerne la morale. *Des jugements éthiques.* ⟹ ② **moral.** *Une justification éthique de la justice.* ≠ *étique.*

ethn(o)- ■ Élément qui signifie « peuple », entrant dans la formation de termes didactiques. ▸ ***ethnie*** [ɛtni] n. f. ■ Ensemble de personnes que rapprochent un certain nombre de caractères de civilisation (communauté de langue et de culture, alors que la *race* dépend de caractères génétiques). ▸ ***ethnique*** adj. et n. ■ Relatif à l'ethnie, à une ethnie. ≠ *racial. Caractères ethniques. Groupes ethniques. La minorité ethnique.* — N. Gentilé. *« Londonien » est l'éthnique,* ou, adj., *le nom ethnique des habitants du Canada.* ▸ ***ethnographie*** n. f. ■ Étude descriptive des groupes humains (ethnies), de leurs caractères anthropologiques, sociaux, etc. ▸ ***ethnographe*** n. ■ Personne qui s'occupe d'ethnographie. *Cette ethnographe étudie les pygmées du Cameroun.* ▸ ***ethnographique*** adj. ■ Relatif à l'ethnographie. *Études ethnographiques.* ▸ ***ethnologie*** n. f. ■ Étude théorique des groupes humains décrits par l'ethnographie. ⟹ **anthropologie.** *Un congrès d'ethnologie.* ▸ ***ethnologique*** adj. ■ Relatif à l'ethnologie. *Recherches ethnologiques.* ▸ ***ethnologue*** n. ■ Personne qui s'occupe d'ethnologie. *Une ethnologue spécialiste des peuples primitifs de l'Amazonie.*

éthologie [etɔlɔʒi] n. f. ■ Didact. Science des comportements des espèces animales dans leur milieu naturel.

éthylène [etilɛn] n. m. ■ Gaz incolore peu soluble dans l'eau. *Matières plastiques fabriquées avec des dérivés de l'éthylène.* ▸ ***éthylénique*** adj. ■ *Carbures éthyléniques,* hydrocarbures à chaîne ouverte contenant une liaison double, et dont l'éthylène est le plus simple. ⟨ ▸ polyéthilène ⟩

éthylique [etilik] adj. **1.** Dû à l'ingestion exagérée d'alcool (*éthylisme* n. m.). *Intoxication éthylique.* **2.** N. Alcoolique, ivrogne. ⟹ **robineux ;** fam. **soûlon.** *Un, une éthylique.*

étiage [etjaʒ] n. m. ■ Baisse périodique des eaux (d'un cours d'eau : fleuve, rivière) ⟹ **décrue ;** le plus bas niveau des eaux atteint en période sèche. *Les crues et les étiages d'un fleuve.*

étinceler [etɛ̃sle] v. intr. ▪ conjug. 4. **1.** Briller au contact d'un rayon lumineux. ⟹ **chatoyer, miroiter, scintiller.** *La mer étincelle au clair de lune. Métal qui étincelle.* **2.** Littér. Produire un éclat vif. *Regards qui étincellent d'ardeur, de haine.* **3.** Littér. (Choses abstraites) Avoir de l'éclat. *Sa conversation étincelle d'esprit.* ▸ ***étincelant, ante*** adj. **1.** Littér. Qui étincelle. *Un ciel étincelant d'étoiles. Des yeux étincelants de colère. Une prairie aux fleurs étincelantes,* d'une couleur très vive. **2.** Abstrait. *Un discours étincelant.* ⟹ **brillant.** *Une virtuosité étincelante. Un athlète étincelant.* ▸ ***étincellement*** n. m. ■ Le fait d'étinceler ; éclat, lueur de ce qui étincelle. ⟹ **scintillation.**

étincelle [etɛ̃sɛl] n. f. **1.** Parcelle incandescente qui se détache d'un corps qui brûle ou qui jaillit au contact, sous le choc de deux corps. *Jeter des étincelles. Étincelles qui crépitent. Étincelle électrique.* **2.** Point brillant ; reflet. *Prunelles semées d'étincelles dorées.* **3.** Abstrait. *Une étincelle de raison, de courage,* un petit peu. ⟹ **lueur.** — Fam. *Il a fait des étincelles,* il a été brillant. — Loc. *C'est l'étincelle qui a mis le feu aux poudres,* le petit incident qui a déclenché la catastrophe (→ C'est la goutte d'eau qui a fait déborder* le vase). *Cela va faire des étincelles,* provoquer des discussions, des disputes ; provoquer des réactions. ⟨ ▸ étinceler, pare-étincelles ⟩

étioler [etjɔle] v. tr. ▪ conjug. 1. **1.** Rendre (une plante) grêle et décolorée, par manque d'air, de lumière, d'eau. ⟹ **rabougrir.** *L'obscurité étiole les plantes.* — Pronominalement (réfl.). *Cet arbuste s'étiole.* — Au p. p. adj. *Une fleur étiolée.* — *Étioler du pissenlit, des chicorées,* les faire pousser à l'abri de l'air pour qu'ils restent blancs. **2.** Rendre (qqn) chétif, pâle. ⟹ **affaiblir, anémier.** *Le manque de grand air, d'exercice étiole les enfants.* **3.** Abstrait. Affaiblir, atrophier. / contr. **épanouir, fortifier** / *L'esprit, la mémoire s'étiolent dans l'oisiveté.* ▸ ***étiolement*** n. m. ■ Le fait de s'étioler ; état de ce qui est étiolé. ⟹ **affaiblissement.** *L'étiolement de l'esprit, des facultés intellectuelles.*

étique [etik] adj. ■ Littér. D'une extrême maigreur. ⟹ **décharné, desséché, maigre, squelettique.** *Il est devenu étique. Un vieux cheval étique.* ⟹ ① **rosse ;** fam. ① **piton.** ≠ *éthique.*

① ***étiquette*** [etikɛt] n. f. **1.** Petit morceau de papier, de carton, fixé à un objet (pour en indiquer la nature, le contenu, le prix, la destination, le possesseur). ⟹ **marque.** *Attacher, mettre une étiquette sur un sac, sur un colis, à un objet. Une étiquette à bagages. Étiquette de qualité.* ⟹ **label.** — Loc. *La valse des étiquettes,* la hausse des prix. **2.** Fig. Ce qui marque qqn et le classe (dans un parti, une école, etc.) *On ne peut pas les décrire sous la même étiquette,* la même désignation. *Il s'est présenté aux élections sans étiquette.* ⟹ **indépendant.** ▸ ***étiqueter*** [etikte] v. tr. ▪ conjug. 4. **1.** Marquer d'une étiquette. *Étiqueter des marchandises.* — Au p. p. adj. *Des bocaux étiquetés.* **2.** Ranger sous l'étiquette d'un parti, d'une école.

⇒ **classer, dénommer, noter.** *On l'étiquette comme nationaliste, souverainiste.* ▶ ***étiquetage*** n. m. ■ Action d'étiqueter. *Étiquetage de cartons.*

② ***étiquette*** n. f. ■ Ordre de préséances ; cérémonial en usage auprès d'un chef d'État, d'un grand personnage. ⇒ **protocole.** *Respecter l'étiquette.*

étirer [etiʀe] v. tr. ▪ conjug. 1. **1.** Allonger ou étendre par traction. / contr. **rétrécir** / *Étirer les métaux, le verre, du caoutchouc.* — Pronominalement. *Ce tissu s'est étiré,* est devenu plus long à l'usage. **2.** S'ÉTIRER v. pron. : étendre ses membres pour en rétablir la souplesse. ⇒ se **détendre.** *S'étirer en bâillant.* — *S'étirer un muscle.* ▶ ***étirage*** n. m. ■ Opération par laquelle on étire (1). *Étirage du verre à chaud.* ▶ ***étirement*** n. m. ■ Le fait de s'étirer (1, 2).

étoffe [etɔf] n. f. **I.** Tissu dont on fait des habits, des garnitures d'ameublement. *Étoffes de laine, de coton, de soie. Étoffe imprimée. Pièce, rouleau d'étoffe. Une étoffe imperméable, lavable. Qqch. en étoffe du pays,* en laine et de fabrication domestique. **II.** Abstrait. **1.** Ce qui constitue la nature, les qualités, les aptitudes (de qqn ou qqch.). *C'est une femme d'une certaine étoffe.* — AVOIR L'ÉTOFFE *de* : les qualités, les capacités de. *Il n'a pas l'étoffe d'un homme d'État.* ⇒ **envergure.** — Absolt. *Avoir de l'étoffe,* une forte personnalité. ⇒ **valeur.** *Manquer d'étoffe,* d'envergure. **2.** Matière, sujet. *Ce roman manque un peu d'étoffe.* ▶ ***étoffer*** v. tr. ▪ conjug. 1. **1.** Abstrait. Rendre plus abondant, plus riche. ⇒ **enrichir.** *Étoffer un ouvrage,* lui fournir une matière plus abondante. ⇒ **nourrir.** *Il faudrait étoffer le début de l'histoire.* — Littér. *Étoffer un personnage,* lui donner une personnalité plus riche. — Au p. p. adj. *Un récit très étoffé.* **2.** S'ÉTOFFER v. pron. : (Personnes) s'élargir, prendre de la carrure. *Il s'est étoffé depuis qu'il fait du sport.*

① ***étoile*** [etwal] n. f. **I. 1.** Cour. Tout astre visible, excepté le Soleil et la Lune ; point brillant dans le ciel, la nuit. *Les étoiles du ciel. L'étoile du berger,* la planète Vénus. *L'étoile Polaire,* située approximativement dans la direction du pôle Nord. — Fam. *À la belle étoile,* en plein air, la nuit. **2.** Astronomie. Astre producteur et émetteur d'énergie. *Le Soleil est une étoile. Étoiles géantes, naines. Étoiles radioélectriques* (ou *radio-étoiles,* n. f.), émettrices d'ondes radioélectriques. *Quasi-étoiles.* ⇒ **quasar. 3.** ÉTOILE FILANTE : météorite dont le passage dans l'atmosphère terrestre se signale par un trait de lumière. ⇒ **aérolithe, bolide. II.** (Dans des expressions) Astre, considéré comme exerçant une influence sur la destinée de qqn. *Être né sous une bonne, une mauvaise étoile. Être confiant dans, en son étoile.* ⇒ **chance, destin. III. 1.** Objet, ornement disposé en rayons (forme sous laquelle on représente traditionnellement les étoiles). *Étoile à cinq branches. Général à trois étoiles.* — (Servant à classer les catégories d'hôtels, etc.) *Un hôtel trois étoiles* (France), *un restaurant quatre étoiles. Un whisky trois étoiles.* Ellipt. *Un deux étoiles.* — *Étoile de David,* symbole du judaïsme. *L'étoile jaune,* insigne que les nazis obligeaient les Juifs à porter. — Fêlure rayonnante. *Un caillou a fait une étoile sur le pare-brise.* — Dans un texte imprimé. Signe remplaçant les lettres manquantes d'un mot. *Monsieur*** (trois étoiles).* ⇒ **astérisque. 2.** EN ÉTOILE : dans une disposition rayonnante, présentant des lignes divergentes. *Branches, routes en étoile.* — *Moteur en étoile,* dont les cylindres sont disposés en rayons sur un même plan. — Fig. Loc. fam. (Personnes) *Être en étoile,* en colère, fâché. *Elle est en étoile contre moi.* — *Il pleut en étoile,* très, beaucoup. **3.** ÉTOILE DE MER : nom courant de l'*astérie,* échinoderme. ▶ ***étoilé, ée*** adj. **1.** Semé d'étoiles (I, 1). *Ciel étoilé. Nuit étoilée.* **2.** Qui porte des étoiles (III) dessinées. *La bannière étoilée,* le drapeau des États-Unis. *Un sapin de Noël étoilé.* **3.** En forme d'étoile. *Cristaux étoilés.* **4.** Fêlé en étoile. *Vitre étoilée.* ▶ ***étoiler*** v. tr. ▪ conjug. 1. **1.** Parsemer d'étoiles. — Pronominalement (réfl.). *Le ciel s'étoile.* **2.** Former une étoile (III). **3.** Fêler en forme d'étoile. *Étoiler une glace.* ▶ ***étoilement*** n. m. **1.** Action d'étoiler, de s'étoiler. *L'étoilement du ciel.* **2.** Disposition en étoile. *Un étoilement de rues.* ‹ ▶ ② étoile ›

② ***étoile*** n. f. ■ Personne qui a une très grande réputation (dans le monde du spectacle, du sport). ⇒ **vedette ;** anglic. **star, superstar.** *Une étoile de cinéma. Il est devenu une étoile du hockey.* — En appos. *Danseur, danseuse étoile.* — Loc. *L'étoile montante,* la personne qui devient la plus célèbre. *Une étoile montante de la politique.*

étole [etɔl] n. f. **I. 1.** Bande d'étoffe que l'évêque, le prêtre et le diacre portent au cou dans l'exercice de fonctions liturgiques. **2.** Fourrure rappelant la forme de l'étole. *Une étole de vison.* **II.** Interj. Fam. Sacre, juron (plutôt vieilli). — *Étole ! Je t'oubliais.* Absolt. *Étole !* — *Étole de* (+ juron). — Loc. *Être en étole,* fâché, de mauvaise humeur. — N. UN ÉTOLE DE : sert à qualifier la chose, la personne qui est mentionnée. *Un étole de bon repas.* Sans compl. UN ÉTOLE : terme d'injure, de mépris. *Débarrasse, mon étole !* — Loc. adv. EN ÉTOLE : très, beaucoup. *Elle a de l'argent en étole.*

étonnant, ante [etɔnɑ̃, ɑ̃t] adj. **1.** Qui surprend, déconcerte par qqch. d'extraordinaire. ⇒ **ahurissant, effarant, renversant, surprenant ; incroyable.** / contr. **habituel, normal, ordinaire** / *Événement étonnant, nouvelle étonnante. Je viens d'apprendre une chose étonnante. Je trouve étonnant, il est étonnant qu'il ne m'ait pas prévenu. Cela n'a rien d'étonnant.* **2.** Qui frappe par un caractère remarquable, réussi. ⇒ **épatant, fantastique, remarquable ;** fam. **formidable, terrible.** *Un film, un livre étonnant.* — (Personnes) Digne d'admiration. *C'est une femme étonnante.* ▶ ***étonnamment*** adv. ■ D'une manière étonnante. *Je me sens étonnamment bien.*

étonner [etɔne] v. tr. ▪ conjug. 1. **I.** Causer de la surprise à (qqn). ⇒ **abasourdir, ébahir, éberluer, surprendre.** (Dans la langue classique, le mot était plus fort et signifiait « frapper comme par le tonnerre, foudroyer ».) *Étonner par la beauté, l'importance.* ⇒ **éblouir, émerveiller, épater, impressionner.** *Cela m'a beaucoup, bien étonné. Ça m'étonnerait,* je considère cela comme peu probable, peu vraisemblable. — ÊTRE ÉTONNÉ DE, PAR (+ nom). *Il a été étonné de la réponse, par la réponse.* — ÊTRE ÉTONNÉ DE (+ infinitif), SI (+ indicatif), QUE (+ subjonctif). *Elle a été étonnée de le voir. Vous seriez étonnés s'il venait, qu'il vînt.* — Au p. p. adj. *Un air, un regard étonné.* **II.** S'ÉTONNER v. pron. : trouver étrange, être surpris. *S'étonner à l'annonce d'une nouvelle. S'étonner de tout.* — S'ÉTONNER DE CE QUE (+ indicatif ou subjonctif). *Je m'étonne de ce qu'il est venu, de ce qu'il soit venu.* — S'ÉTONNER DE (+ infinitif). *Elle s'étonna de me rencontrer à pareille heure.* — S'ÉTONNER QUE (+ subjonctif). *Je m'étonne qu'il soit, qu'il ne soit pas venu.* ▶ ***étonnement*** n. m. ■ Surprise causée par qqch. d'extraordinaire, d'inattendu. (Le mot était plus fort dans la langue classique.) ⇒ **ahurissement, ébahissement, stupéfaction.** *Causer de l'étonnement. Grand, profond étonnement. Mon étonnement allait grandissant. À mon étonnement, j'ai vu que... Sans manifester le moindre étonnement.* ‹ ▶ étonnant ›

et/ou conj. ⇒ **et.**

*à l'**étouffée*** [aletufe] loc. adv. ■ *Cuire à l'étouffée,* en vase clos, à la vapeur. ⇒ à l'**étuvée.** *Viande cuite à l'étouffée.*

étouffer [etufe] v. ▪ conjug. 1. **I.** V. tr. **1.** Asphyxier ou suffoquer (qqn) en pesant sur la poitrine, en appliquant qqch. sur le nez, la bouche, qui empêche de respirer. *Étouffer qqn avec un oreiller.* **2.** (Suj. chose) Gêner (qqn) en rendant la respiration difficile. *Cette chaleur m'étouffe.* — Fam. *Les scrupules, la bonne foi ne l'étouffent pas,* il n'a aucun scrupule, aucune bonne foi. *Ce n'est pas la politesse qui l'étouffe.* **3.** Gêner la croissance de (une plante). *Le lierre va étouffer cet arbre.* **4.** Priver de l'oxygène nécessaire à la combustion. ⇒ **éteindre.** *Étouffer un foyer d'incendie. Étouffer son moteur.* ⇒ ② **caler,** ① **noyer. 5.** Empêcher (un son) de se faire entendre, de se propager. ⇒ **amortir, assourdir, atténuer.** *Des tentures étouffaient les bruits.* — Au p. p. adj. *Bruits étouffés,* assourdis. — Faire taire. *Étouffer l'opposition, l'opinion publique.* ⇒ **bâillonner, garrotter. 6.** Réprimer (un soupir, un sanglot...). *Étouffer un cri.* — Abstrait. Supprimer ou affaiblir (un sentiment, une opinion) ; empêcher de se développer en soi. ⇒ **contenir, refouler, réprimer.** / contr. **exprimer** / *Étouffer ses sentiments, ses émotions.* **7.** Empêcher d'éclater, de se développer. ⇒ **arrêter, enrayer.** *Étouffer une affaire, un scandale. L'armée étouffa la révolte dans l'œuf.* **II.** S'ÉTOUFFER v. pron. **1.** Perdre la respiration. *S'étouffer en mangeant, en avalant de travers. Elle s'étouffait de rire.* **2.** (Récipr.) *S'étouffer mutuellement.* — Se serrer les uns les autres dans la foule. ⇒ se **corder,** s'**écraser,** se **presser.** *On s'étouffait à cette réception.* **III.** V. intr. **1.** Respirer avec peine, difficulté ; ne plus pouvoir respirer. ⇒ **suffoquer.** — Sans compl. Avoir très chaud. *On étouffe, ici.* — *Étouffer de rire.* ⇒ s'**étrangler. 2.** Être mal à l'aise, ressentir une impression d'oppression, d'ennui, etc. ▸ ***étouffant, ante*** adj. ■ Qui fait qu'on étouffe, qu'on respire mal. ⇒ **asphyxiant, suffocant.** *Atmosphère étouffante. La chaleur est étouffante.* ▸ ***étouffement*** n. m. **1.** Difficulté à respirer. *Sensation d'étouffement.* ⇒ **asphyxie, suffocation.** *Crise d'étouffements causée par l'asthme.* **2.** Action d'étouffer un être vivant. ⇒ **asphyxie.** *Étouffement par noyade, pendaison.* **3.** Action d'étouffer (6, 7), d'empêcher d'éclater, de se développer. *L'étouffement d'une révolte.* ⇒ **répression.** *L'étouffement d'un scandale.* ⟨ ▸ à l'étouffée ⟩

étoupe [etup] n. f. ■ La partie la plus grossière de la filasse. *Paquet, tampon d'étoupe. Calfater d'étoupe une chaloupe. Avoir les cheveux comme de l'étoupe,* ternes et en mauvais état.

étourderie [etuʀdəʀi] n. f. **1.** *(Une, des étourderies)* Acte d'étourdi. *Faire une étourderie.* **2.** Caractère de la personne qui est étourdie. ⇒ **distraction, inattention, irréflexion.** *L'étourderie des enfants. Elle a agi par étourderie, avec étourderie.* / contr. **attention, réflexion** /

étourdi, ie [etuʀdi] adj. et n. **1.** Adj. Qui agit sans réflexion, ne porte pas attention à ce qu'il fait. ⇒ **distrait, insouciant, irréfléchi, léger.** / contr. **attentif** / *C'est un enfant étourdi.* — Qui oublie, égare facilement ; qui manque de mémoire et d'organisation. *Vous êtes trop étourdi pour faire ce travail de secrétariat.* / contr. **organisé** / **2.** N. *Un étourdi, une étourdie. Vous vous conduisez comme un étourdi.* ⇒ **cervelle** (3), **distrait, écervelé, étourneau** (2). ▸ ***étourdiment*** adv. ■ À la manière d'un étourdi. ⇒ **inconsidérément.** *Agir, parler étourdiment.* ⟨ ▸ étourderie ⟩

étourdir [etuʀdiʀ] v. tr. ▪ conjug. 2. **1.** Faire perdre à demi connaissance à (qqn), affecter subitement la vue, l'ouïe de (qqn). ⇒ **assommer.** *Le coup de poing l'a étourdi.* ⇒ fam. **sonner.** — Au p. p. adj. *Il reste encore tout étourdi.* ⇒ **hébété. 2.** Causer une sorte d'ivresse, de vertige à (qqn). *Le vin l'étourdit.* ⇒ **griser. 3.** Fatiguer, lasser par le bruit, les paroles. ⇒ **abrutir, assourdir.** *Le bruit des voitures l'étourdissait.* — (Suj. personne) *Tu m'étourdis de tes bavardages.* **4.** S'ÉTOURDIR v. pron. : perdre une claire conscience. *Boire pour s'étourdir. S'étourdir de paroles.* ⇒ s'**enivrer,** se **griser.** *Chercher à s'étourdir pour oublier son chagrin.* ▸ ***étourdissant, ante*** adj. **I.** Qui étourdit par son bruit. ⇒ **abrutissant, assourdissant, fatigant.** *Vacarme étourdissant.* **II.** Qui fait sensation, cause une stupéfaction admirative. ⇒ **étonnant, sensationnel.** *Un succès étourdissant. Une virtuosité étourdissante.* — (Personnes) *Elle était étourdissante de beauté.* ▸ ***étourdissement*** n. m. **1.** Trouble caractérisé par une sensation de tournoiement, d'engourdissement. ⇒ **faiblesse, vertige.** *Avoir un étourdissement, des étourdissements.* — État d'une personne étourdie. ⇒ **griserie, ivresse.** *L'étourdissement causé par un succès.* **2.** Action de s'étourdir. ⟨ ▸ étourdi ⟩

étourneau [etuʀno] n. m. **1.** Petit oiseau à plumage sombre, à reflets métalliques, moucheté de taches blanches. ⇒ **sansonnet.** *Des étourneaux.* **2.** Fig. Personne légère, inconsidérée. ⇒ **étourdi.** *Quel étourneau !* ⇒ tête de **linotte.**

étrange [etʀɑ̃ʒ] adj. ■ Très différent de ce qu'on a l'habitude de voir, d'apprendre ; qui étonne, surprend. ⇒ **bizarre, curieux, drôle, extraordinaire, singulier.** / contr. **banal, courant, ordinaire** / *Une étrange aventure. Un air, un sourire étrange.* ⇒ **indéfinissable.** *C'est un étrange garçon.* ⇒ **incompréhensible, original.** *Une conduite étrange.* — N. m. *L'étrange,* caractère étrange. ⇒ **étrangeté.** *L'étrange (dans tout cela) est qu'ils se fréquentent encore.* ▸ ***étrangement*** adv. ■ D'une manière étrange, étonnante. ⇒ **bizarrement, curieusement.** *Il était étrangement habillé. On nous a étrangement traités.* ▸ ***étrangeté*** [etʀɑ̃ʒte] n. f. **1.** Caractère étrange. ⇒ **singularité.** *Impression d'étrangeté, de jamais vu.* **2.** Littér. Action, chose étrange. *Il y a des étrangetés dans ce livre.* ⟨ ▸ étranger ⟩

étranger, ère [etʀɑ̃ʒe, ɛʀ] adj. et n. **I.** Adj. **1.** Qui est d'une autre nation ; qui est autre, en parlant d'une nation. / contr. **autochtone** / *Les nations, les puissances étrangères. Les travailleurs étrangers dans un pays.* ⇒ **immigré.** *Langues étrangères.* **2.** Relatif aux rapports avec les autres nations. *Les Affaires étrangères,* la diplomatie. *Le ministre français des Affaires étrangères.* **3.** Qui n'appartient pas à un groupe (familial, social). *Se sentir étranger dans une réunion, un milieu. Être étranger à qqn, à un milieu,* n'avoir rien de commun avec. **4.** (Choses) ÉTRANGER À *qqn* : qui n'est pas propre ou naturel à qqn. *Ces préoccupations, ces considérations me sont étrangères.* — Qui n'est pas connu ou familier (de qqn). *Ce visage ne m'est pas étranger.* ⇒ **inconnu.** / contr. **familier** / **5.** (Personnes) ÉTRANGER À *qqch.* : qui n'a pas de part à qqch., se tient à l'écart de qqch. *Il est étranger à ce complot, à cette affaire,* il n'y a pas participé. *Être étranger à tout sentiment de pitié,* être incapable d'éprouver ce sentiment. *Il reste étranger à toute idée nouvelle,* incapable de la comprendre. ⇒ **imperméable. 6.** (Choses) Qui ne fait pas partie de ; qui n'a aucun rapport avec. ⇒ **distinct, extérieur.** *Fait étranger à la cause. Des digressions étrangères à un sujet.* **7.** CORPS ÉTRANGER : chose qui se trouve contre nature dans l'organisme. *Extraire un corps étranger d'une plaie.* **II.** N. **1.** Personne dont la nationalité n'est pas celle d'un pays donné (par rapport aux nationaux de ce même pays). / contr. **citoyen** / *Épouser une étrangère.* — N. m. (Collect.) *L'étranger,* les étrangers et, plus souvent, l'ennemi. *Pays envahi par l'étranger.* **2.** Personne qui ne fait pas partie d'un groupe ; personne avec laquelle on n'a rien de commun. *Ils se vouvoient devant les étrangers.* / contr. **intime** / **3.** N. m. Pays étranger (surtout dans *à, pour l'étranger ; de l'étranger*). *Voyager à l'étranger. Elle part pour l'étranger. Nouvelles de l'étranger.*

étrangler [etʀɑ̃gle] v. tr. ▪ conjug. 1. **1.** Priver de respiration (jusqu'à ce que mort s'ensuive, ou non) par une forte compression du cou. ⇒ **asphyxier, étouffer.** *Étrangler qqn de ses mains, avec un nœud coulant.* — Pronominalement. *Elle s'étrangle en avalant de travers.* ⇒ s'**étouffer. 2.** Gêner la respiration, serrer la gorge de (qqn). *La soif, l'émotion l'étranglait.* — Pronominalement (réfl.). *Cet enfant s'étrangle à force de crier.* — Au p. p. adj. *Voix étranglée,* gênée. **3.** Abstrait. Gêner ou supprimer par une contrainte insupportable. *Étrangler la liberté.* ⇒ **assassiner.** *Tous ses soucis l'étranglaient.* — Littér. Empêcher de s'exprimer. *La dictature étrangle la presse.* ⇒ **bâillonner, étouffer.** ▸ ***étranglement*** n. m. **1.** Vx. Étouffement, suffocation. *Mourir d'étranglement.* — Le fait d'étrangler (2). **2.** (Organe) Le fait de se resserrer ; rétrécissement. *Étranglement entre le thorax et l'abdomen des insectes.* / contr. **dilatation ; élargissement** / — *Goulet* ou *goulot d'étranglement.* **3.** Abstrait. Littér. Action d'entraver dans son expression, de freiner dans son développement. *L'étranglement des libertés, de la presse.* ⇒ **étouffement.** / contr. **libération** / ▸ ***étrangleur, euse*** n. **1.** Personne qui étrangle. *Avoir des mains d'étrangleur,* de fortes mains brutales. **2.** N. m. Dispositif d'obturation réglant l'arrivée de l'essence dans le carburateur. *Des étrangleurs automatiques.*

étrave [etʀav] n. f. ▪ Pièce saillante qui forme la proue d'un navire.

① **être** [ɛtʀ] v. intr. ▪ conjug. 61. Aux temps composés, se conjugue avec AVOIR. — REM. Le p. p. *été* est invariable. **I. 1.** Avoir une réalité. ⇒ **exister.** — (Personnes) *Je pense, donc je suis.* Littér. Vivre. *Elle n'était pas encore au monde. Il n'est plus,* il est mort. — (Choses) *Ne changeons pas ce qui est. Ce temps n'est plus. Cela peut être. Soient deux lignes parallèles,* si l'on pose... **2.** Impers. (surtout littér.) IL EST, EST-IL, IL N'EST PAS... : il y a, y a-t-il, etc. ⇒ **avoir.** *Il est des gens que la vérité effraie. Il n'est rien d'aussi beau. — Toujours est-il que,* en tout cas. *Toujours est-il que nous n'étions pas d'accord.* — S'IL EN EST. *Un exploiteur s'il en est, s'il en fut,* un parfait exploiteur. **3.** (Moment dans le temps) *Quelle heure est-il ? Il est midi. Il est temps de partir.* **II.** Verbe reliant l'attribut au sujet. *La terre est ronde. Je suis jeune. Soyez poli. Elle est effectivement malade* (opposé à *paraître*). *Le vol est un délit.* ⇒ **constituer.** *Il est comme il est,* il faut l'admettre tel qu'il est ; il ne change pas. (→ Il faut prendre les gens comme ils sont.) *Si j'étais vous,* si j'étais à votre place. — ÊTRE *qqch. (rien)* POUR *qqn. Vous n'êtes rien pour moi.* ⇒ **représenter. III.** Suivi d'une préposition ou d'un adverbe, d'une locution adverbiale. **1.** (État) *Être bien, être mal* (relativement au confort, à la santé). ⇒ **aller.** *Comment êtes-vous ce matin ?* **2.** Se trouver (quelque part). *J'y suis, j'y reste. Je suis à l'hôtel de Gaspé.* ⇒ **demeurer, loger.** *La voiture est au garage. Je ne suis là pour personne.* **3.** Abstrait. Avoir l'esprit attentif, présent. *Il n'est pas à ce qu'il fait. Être ailleurs,* avoir l'esprit absent. — Y ÊTRE : comprendre. *Ah ! J'y suis ! Vous n'y êtes pas du tout, mon pauvre ami.* **4.** (Au passé, avec un compl. de lieu, un infinitif) Aller. *J'ai été à Rome, l'an dernier,* j'y suis allé. *Nous avons été l'accompagner.* **5.** (Temps) *Nous sommes au mois de mars, en mars, le 2 mars. Quel jour sommes-nous ?* **6.** (Avec certaines prépositions) — ÊTRE À. *Ceci est à moi,* m'appartient. *Je suis à vous dans un instant,* à votre disposition. *Être à son travail, être à travailler,* occupé à, en train de. *Le temps est à la pluie,* il va pleuvoir. *C'est à prendre ou à laisser.* — ÊTRE DE...(Provenance). *Être de la Gaspésie,* né en Gaspésie. *Cette comédie est de Molière.* — (Participation) Faire partie de, participer. *Être de la fête. Vous êtes des nôtres.* — COMME SI DE RIEN N'ÉTAIT : sans avoir l'air de participer, avec indifférence. *Elle prit mon stylo comme si de rien n'était.* — EN ÊTRE : a) Faire partie de. *Nous organisons une réception, en serez-vous ?* b) *En être à la moitié du chemin,* avoir parcouru la moitié du chemin. *Où en êtes-vous dans vos recherches ?* c) *En être pour sa peine, son argent,* avoir perdu sa peine, son argent. — ÊTRE EN : manière d'être. a) *Être en survêtement, en chaussons. Être en souliers dans la neige.* b) *Être en colère, en beau maudit, être en joie,* dans l'un ou l'autre de ces états d'esprit. c) *Être en voyage, en vacances, en plein travail,* occupé à cela. — ÊTRE POUR : a) *Être pour ou contre qqn, qqch. Pour qui êtes-vous dans cette discussion ?* b) *Être pour qqch. dans...,* être en partie responsable de. *Vous avez été pour beaucoup dans sa décision.* — ÊTRE SANS : a) N'avoir pas. *Être sans abri. Être sans le sou.* b) (Devant un infinitif, à la forme négative) *N'être pas sans savoir qqch.,* ne pas l'ignorer. *Vous n'êtes pas sans avoir entendu dire que,* vous avez probablement entendu dire que. **IV.** C'EST, CE SERA, C'ÉTAIT, etc. **1.** Présentant une personne, une chose ; rappelant ce dont il a été question. *C'est une personne aimable. C'est mon frère. Ce sont (*fam. *c'est)* mes collègues. C'est trois heures qui sonnent (toujours sing. pour l'heure). *Ce sera très facile. Qu'est-ce ? Ce n'est rien.* **2.** Annonçant ce qui suit (cette tournure permet de mettre en relief un élément de la phrase). *C'est moi qui l'ai dit. C'est à vous d'agir.* — SI CE N'ÉTAIT..., N'ÉTAIT. *Si ce n'était, n'était l'amitié que j'ai pour vous, je vous dénoncerais,* s'il n'y avait... — Littér. N'EÛT ÉTÉ. *N'eût été ma migraine, nous serions sortis.* — FÛT-CE, NE FÛT-CE QUE. *Acceptez mon aide, ne fût-ce que pour me faire plaisir.* — NE SERAIT-CE QUE. *Je leur répondrai, ne serait-ce que pour les faire enrager.* — C'EST-À-DIRE. ⇒ **c'est-à-dire.** EST-CE QUE. ⇒ **est-ce que.** N'EST-CE PAS. ⇒ **n'est-ce pas. V.** Verbe auxiliaire servant à former : **1.** La forme passive des verbes transitifs. *Être aimé. Je suis accompagnée. Vous avez été critiqués.* **2.** Les temps composés de certains verbes intransitifs. *Elle était tombée. Nous étions partis.* **3.** Les temps composés de tous les verbes pronominaux ou actifs à la forme pronominale. *Ils se sont aimés.* — REM. Le participe passé reste invariable : a) Si l'objet direct n'est pas le pronom réfléchi. *Elles se sont trouvé des prétextes pour partir* (mais : *ils se sont trouvés ensemble à la réunion* [ils ont trouvé eux-mêmes]). b) S'il est suivi d'un infinitif ayant un sujet autre que celui du verbe. *Elle s'est laissé voler* (mais : *elle s'est laissée aller*). c) Si le verbe ne peut avoir de complément d'objet direct. *Ils se sont convenu, nui, parlé, souri, succédé. Ils se sont plu dans cet endroit.* ‹ ▸ bien-être, c'est-à-dire, est-ce que, ② être, mieux-être, n'est-ce pas, peut-être, soit ›

② **être** n. m. **I.** Fait d'être ⇒ **existence,** qualité de ce qui est. *Étude de l'être.* ⇒ **ontologie.** *L'être et le néant.* / contr. **néant** / **II. 1.** Ce qui est vivant et animé. *Les êtres vivants,* les êtres humains (⇒ **enfant, femme, homme**) et les animaux. — Spécialt. (Avec une majusc.) *L'Être suprême, éternel,* Dieu. **2.** Personne, être humain. ⇒ **personne.** *Un être aimé. C'est un être d'exception,* une personne qui n'a pas son semblable. Péj. *Quel être !* **3.** *L'être de qqn, mon, son être.* ⇒ **âme, conscience, personne.** *Désirer qqch. de tout son être.*

étreindre [etʀɛ̃dʀ] v. tr. ▪ conjug. 52. **1.** Entourer avec les membres, avec le corps, en serrant étroitement. ⇒ **embrasser, enlacer, serrer.** *Étreindre qqn sur son cœur, sa poitrine. Une main lui étreignait le bras.* ⇒ **empoigner.** — Pronominalement (récipr.). *Ils s'étreignirent longtemps.* **2.** (Sentiments) ⇒ **oppresser, serrer.** *Angoisse, détresse qui étreint le cœur.* ▸ ***étreinte*** n. f. **1.** Action d'étreindre ; pression exercée par ce qui étreint. *L'étreinte d'une main. L'armée resserre son étreinte autour de l'ennemi.* **2.** Action d'embrasser, de presser dans ses bras. ⇒ **embrassement, enlacement.** *Une étreinte amoureuse. S'arracher aux étreintes de qqn.*

étrenne [etʀɛn] n. f. ■ Premier usage qu'on fait d'une chose. *Je viens d'acheter ce disque, tu en auras l'étrenne.* ⇒ **primeur.** ▶ **étrenner** v. ▪ conjug. 1. **1.** V. tr. Être le premier à employer. — Utiliser pour la première fois. *Elle était fière d'étrenner sa robe de bal.* **2.** V. intr. Être le premier à souffrir d'un inconvénient (coup, disgrâce, reproche). *On a frappé les responsables, c'est malheureusement lui qui a étrenné.* ‹ ▶ étrennes ›

étrennes [etʀɛn] n. f. pl. **1.** Présent, cadeau à l'occasion de Noël et du Jour de l'An. *Il a eu de belles étrennes.* **2.** (France) Gratification de fin d'année. *Les facteurs, les éboueurs sont venus chercher leurs étrennes.*

êtres ou **aîtres** [ɛtʀ] n. m. pl. ■ *Les êtres,* les différentes parties d'un lieu, surtout la disposition des pièces d'une maison. *Connaître les êtres,* être familier avec un endroit, y être venu fréquemment.

étrier [etʀije] n. m. **1.** Anneau métallique triangulaire qui pend de chaque côté de la selle et soutient le pied du cavalier. *Se dresser sur ses étriers. Tenir l'étrier à qqn,* pour l'aider à monter. — Loc. *Avoir le pied à l'étrier,* être bien placé pour réussir. — *Boire le coup de l'étrier,* le dernier coup avant de partir. **2.** Osselet de l'oreille en forme d'étrier. ‹ ▶ étrivière ›

étrille [etʀij] n. f. **1.** Instrument en fer garni de petites lames dentelées, utilisé pour nettoyer la peau de certains animaux (cheval, mulet, etc.). **2.** Petit crabe comestible à pattes postérieures aplaties en palettes. ▶ **étriller** [etʀije] v. tr. ▪ conjug. 1. **1.** Frotter, nettoyer (un animal) avec une étrille. **2.** Critiquer violemment. *Nous nous sommes fait étriller par la critique.* ▶ **étrillage** n. m. ■ Action d'étriller. *L'étrillage d'un cheval.*

étriper [etʀipe] v. tr. ▪ conjug. 1. **1.** Ôter les tripes à. ⇒ **vider.** *Étriper un veau.* **2.** Fam. S'ÉTRIPER v. pron. récipr. : se battre en se blessant, se tuer. *Ils se sont étripés sans merci.* — *Se faire étriper par qqn,* recevoir une correction ; se faire chicaner, réprimander sévèrement. — Transitivement. (Menaces) Exprimer de la colère envers qqn. *Je l'aurais étripé ! Ma petite mosus, je vais t'étriper.* **3.** Fig. Faire payer trop cher (une marchandise, un service). *Restaurateur qui étripe les clients. Se faire étriper dans un magasin, par un avocat.* ▶ **étripage** n. m. **1.** Action d'étriper. *L'étripage des poissons dans une conserverie.* **2.** Fam. Tuerie.

étriqué, ée [etʀike] adj. **1.** (Vêtements) Qui est trop étroit, n'a pas l'ampleur suffisante. *Une veste étriquée.* / contr. **ample, flottant, large** / — (Personnes) *Il était tout étriqué dans le vieux manteau de son frère.* **2.** Minuscule. *Un appartement étriqué.* ⇒ **exigu ;** fam. **coqueron.** — Abstrait. Sans ampleur, trop limité. *Un esprit étriqué.* ⇒ **étroit, mesquin.** *Une vie étriquée, sans surprise.* ⇒ **médiocre.**

étrivière [etʀivjɛʀ] n. f. ■ Courroie par laquelle l'étrier est suspendu à la selle.

étroit, oite [etʀwa, wat] adj. **1.** Qui a peu de largeur. / contr. **large** / *Un ruban étroit. Route étroite et dangereuse. Pont étroit. Fenêtres étroites et hautes. Épaules étroites. Vêtements, souliers trop étroits.* ⇒ **étriqué, serré. 2.** (Espace) De peu d'étendue, petit. ⇒ **exigu.** / contr. **grand, vaste** / *Orifice trop étroit. D'étroites limites.* — (Sens) De peu d'extension. *Mot pris dans son sens étroit* (opposé au *sens large*). ⇒ **restreint. 3.** Abstrait. Insuffisant par l'étendue, l'ampleur. *Esprit étroit,* sans largeur de vues, sans compréhension ni tolérance. ⇒ **borné, mesquin.** / contr. **compréhensif, large** / *Des vues étroites. Une vie étroite,* sans aisance, sans surprise. **4.** Qui tient serré. *Faire un nœud étroit.* — Abstrait. Qui unit de près. ⇒ **intime.** *En étroite union. Rester en rapports étroits avec qqn.* **5.** À L'ÉTROIT loc. adv. : dans un espace trop petit. *Ils sont logés bien à l'étroit.* ▶ **étroitement** adv. **1.** Par un lien étroit ; en serrant très près. *Tenir qqn étroitement embrassé. Ces problèmes sont étroitement unis.* **2.** De près. *Surveiller qqn étroitement.* **3.** Rigoureusement, strictement. *Observer étroitement la règle.* ▶ **étroitesse** n. f. **1.** Caractère de ce qui est étroit (1, 2). *L'étroitesse d'une rue.* **2.** Caractère de ce qui est étroit (3), borné. *L'étroitesse de ses idées, de ses vues.* / contr. **largeur** /

étron [etʀɔ̃] n. m. ■ Excrément moulé (de l'humain et de certains animaux). ⇒ **crotte.**

étude [etyd] n. f. **I.** Application méthodique de l'esprit cherchant à apprendre et à comprendre. *Aimer l'étude* (⇒ **studieux**). **1.** Effort pour acquérir des connaissances. *Se consacrer à l'étude du droit.* — Au plur. LES ÉTUDES : série ordonnée de cours, de travaux et d'exercices nécessaires à l'instruction. *Faire ses études. Poursuivre, achever ses études. Elle est encore aux études. Études obligatoires.* ⇒ **scolarité.** *Études primaires, secondaires, collégiales, supérieures* (⇒ **enseignement**). *Obtenir une bourse d'études.* **2.** Effort intellectuel orienté vers l'observation et la compréhension des choses, des faits. ⇒ **science.** *L'étude de la nature. L'étude des textes.* **3.** Examen systématique. *L'étude d'une question, d'un dossier. Mettre un projet de loi à l'étude. Voyage, mission d'études. Un bureau d'études.* **4.** *Journée d'étude,* période d'absence du travail que les employés utilisent pour discuter de questions relatives au renouvellement de leur convention collective. *Le syndicat a décrété deux journées d'étude.* **II.** (Ouvrage) ⇒ **essai, travail. 1.** Ouvrage littéraire étudiant un sujet. *Publier une étude sur un peintre.* **2.** Représentation graphique (dessin, peinture) constituant un essai ou un exercice. ⇒ **esquisse.** *Faire une étude de main.* **3.** Composition musicale écrite pour servir (en principe) à exercer l'habileté de l'exécutant. *Études pour le piano. Les études de Chopin.* **III.** (Lieu) **1.** Salle où les élèves travaillent en dehors des heures de cours. — Temps passé à ce travail. *Faire ses devoirs, apprendre ses leçons à l'étude. L'étude du soir.* **2.** Bureau où travaille un notaire, un huissier, un avoué. ⇒ **cabinet.** *Panonceau signalant une étude.* — Charge du notaire. *Le notaire a cédé son étude à son premier clerc.* ‹ ▶ étudier ›

étudiant, ante [etydjɑ̃, ɑ̃t] n. et adj. **1.** N. Personne qui fait des études supérieures et suit les cours d'une université, d'une grande école, d'un cégep. ≠ *écolier, élève. Étudiant en lettres. Sa fille est encore étudiante. Des étudiants diplômés,* qui sont titulaires d'un grade universitaire et qui poursuivent des études de maîtrise ou de doctorat. **2.** Adj. Propre aux étudiants. *La vie étudiante.* ⇒ **estudiantin.** *Le monde étudiant et le monde ouvrier.*

étudier [etydje] v. tr. ▪ conjug. 7. **I. 1.** Chercher à acquérir la connaissance de. *Étudier l'histoire, l'anglais. Étudier le piano,* apprendre à en jouer. — Apprendre par cœur. *Élève qui étudie sa leçon* ou *ses leçons.* **2.** Chercher à comprendre par un examen. ⇒ **analyser, observer.** *Étudier une réaction chimique. Étudier un texte.* — *Étudier qqn,* observer attentivement son comportement. **3.** Examiner afin de décider, d'agir. *Étudier un projet, un plan, les propositions de qqn. Étudier un dossier, une affaire. Étudier les points faibles d'un adversaire.* ⇒ **chercher. II.** S'ÉTUDIER v. pron. **1.** Se prendre pour objet de son étude. *S'étudier afin de se connaître.* **2.** Se composer une attitude lorsqu'on se sent observé, jugé. ⇒ s'**observer,** se **surveiller.** ▶ **étudié, ée** adj. **1.** Mûrement médité et préparé (opposé à *improvisé*). *Un discours étudié.* — *Des prix très étudiés,* calculés au plus juste, relativement peu élevés.

2. Volontairement produit (opposé à *naturel*). *Des gestes étudiés.* — (Personnes) Qui compose son attitude, son expression. ⟨ ▶ étudiant ⟩

étui [etɥi] n. m. ■ Enveloppe, le plus souvent rigide, adaptée à l'objet qu'elle doit contenir. ⇒ **gaine, porte-.** *L'étui d'une arme blanche.* ⇒ **fourreau, gaine.** *Étui à ciseaux, à violon, à lunettes. Des étuis.*

étuve [etyv] n. f. **1.** Endroit clos dont on élève la température pour provoquer la sudation. ⇒ bain de **vapeur.** *Une chaleur d'étuve,* chaleur humide, pénible à supporter. — Lieu où il fait très chaud. *Ouvrez la fenêtre, c'est une étuve ici !* **2.** Appareil clos destiné à obtenir une température déterminée. *Étuve à désinfection, à stérilisation. Étuve pour sécher les fruits.* ▶ ***à l'étuvée*** [aletyve] loc. adv. ■ *Aliments* À L'ÉTUVÉE : cuits en vase clos, dans leur vapeur. ⇒ à l'**étouffée.** ▶ ***étuver*** v. tr. ▪ conjug. 1. **1.** Faire passer à l'étuve (2). ⇒ **stériliser. 2.** Cuire à l'étuvée. ▶ ***étuveuse*** n. f. ■ Ustensile de cuisine pour faire cuire qqch. à l'étuvée. *Une étuveuse à légumes.*

étymologie [etimɔlɔʒi] n f. **1.** Science de l'origine des mots, reconstitution de leur évolution en remontant de l'état actuel à l'état le plus anciennement accessible. **2.** Origine ou filiation (d'un mot). *Rechercher, donner l'étymologie d'un mot. « Ausculter » et « écouter » ont la même étymologie latine.* ▶ ***étymologique*** adj. **1.** Relatif à l'étymologie. *Dictionnaire étymologique.* **2.** Conforme à l'étymologie. *Sens étymologique d'un mot,* le sens le plus proche de celui du mot dont il dérive (⇒ **étymon**). ▶ ***étymologiquement*** adv. ■ Conformément à l'étymologie. ▶ ***étymologiste*** n. ■ Linguiste qui s'occupe d'étymologie. ▶ ***étymon*** [etimɔ̃] n. m. ■ Mot (nom commun ou nom propre) qui donne l'étymologie (2) d'un autre mot. *Le latin « pater » est l'étymon de « père ».*

eu, eue ■ Part. passé du v. *avoir.*

eucalyptus [økaliptys] n. m. invar. ■ Grand arbre exotique à feuilles pointues très odorantes. — Ces feuilles. *Inhalation d'eucalyptus.*

eucharistie [økaʀisti] n. f. ■ Sacrement essentiel du christianisme qui commémore et perpétue le sacrifice du Christ. ⇒ **communion.** *Le mystère, le sacrement de l'eucharistie.* ▶ ***eucharistique*** adj. ■ Relatif à l'eucharistie. *Congrès eucharistique.*

euclidien, ienne [øklidjɛ̃, jɛn] adj. ■ Relatif à Euclide. *Géométrie euclidienne,* à trois dimensions. ⟨ ▶ non euclidien ⟩

euh [ə, œ ou ø] interj. ■ Onomatopée qui marque l'embarras, le doute, l'étonnement, l'hésitation. ⇒ **heu.** *« Vous ne voulez pas venir ? – Euh... »*

eunuque [ønyk] n. m. **1.** Homme châtré qui gardait les femmes dans les harems. **2.** Fam. Homme sans virilité (physique ou morale).

euphémisme [øfemism] n. m. ■ Expression atténuée d'une notion dont l'expression directe aurait quelque chose de déplaisant. ⇒ **adoucissement.** *« Disparu » pour « mort » est un euphémisme.* ▶ ***euphémique*** adj. ■ De l'euphémisme. *Une expression, une phrase euphémique.*

euphonie [øfɔni] n. f. ■ Harmonie de sons agréablement combinés (spécialt des sons qui se succèdent dans le mot ou la phrase). *Le « t » de « a-t-il » est ajouté pour l'euphonie.* ▶ ***euphonique*** adj. ■ Relatif à l'euphonie. — Qui a de l'euphonie.

euphorbe [øfɔʀb] n. f. ■ Plante vivace, arbrisseau renfermant un suc laiteux. ⇒ **réveille-matin.**

euphorie [øfɔʀi] n. f. ■ Sentiment de bien-être général. / contr. **angoisse.** / *Être en pleine euphorie, dans l'euphorie. L'euphorie des Fêtes.* ▶ ***euphorique*** adj. ■ Qui provoque l'euphorie. — De l'euphorie. *Être dans un état euphorique.* — (Personnes) *Se sentir euphorique.* ▶ ***euphorisant, ante*** adj. ■ Qui suscite l'euphorie. *Une ambiance euphorisante. Médicament euphorisant* et, n. m., *un euphorisant* (ou *antidépressif*).

eurasien, ienne [øʀazjɛ̃, jɛn] adj. et n. **1.** D'Eurasie. *Avoir le type eurasien.* — N. (Avec une majusc.) *Les Eurasiens.* **2.** Métis né d'un Européen et d'une Asiatique (ou l'inverse). *Sa femme est une Eurasienne.*

eurêka [øʀeka] interj. ■ S'emploie lorsqu'on trouve subitement une solution, un moyen, une bonne idée. — REM. C'est l'exclamation grecque d'Archimède, découvrant son principe : « j'ai trouvé ».

eurk [œʀk] interj. ■ Exclamation qui exprime le dégoût, la répulsion, l'écœurement. ⇒ **beurk,** ① **ouache ;** fam. **pouah.** *« Avale ce sirop. – Eurk ! » Eurk !, il y a du sang sur ma jambe.*

eurodollar [øʀodɔlaʀ] n. m. ■ Dollar acquis par les banques centrales européennes.

euromissile [øʀomisil] n. m. ■ Missile nucléaire de moyenne portée basé en Europe.

européen, éenne [øʀɔpeɛ̃, eɛn] adj. et n. **1.** De l'Europe. *Les peuples européens, la civilisation européenne.* — N. (Avec une majusc.) *Les Européens.* **2.** Qui concerne le projet d'une Europe économiquement et politiquement unifiée ; qui en est partisan. *Le marché européen. L'E.C.U., unité monétaire européenne.* N. (Avec une majusc.) Partisan de l'Europe. *C'est un Européen, une Européenne convaincu(e).* ▶ ***européaniser*** v. tr. ▪ conjug. 1. ■ Donner un caractère européen à. *Européaniser un concept allemand de mise en marché.* — Pronominalement. *Le Japon s'est européanisé et américanisé.* ⟨ ▶ eurodollar, euromissile, eurovision, indo-européen ⟩

eurovision [øʀovizjɔ̃] n. f. ■ Émission simultanée de programmes télévisés dans plusieurs pays d'Europe. *Un match retransmis en eurovision.*

eustachois, oise [østaʃwa, waz] adj. et n. ■ De la ville de Saint-Eustache. *Les patriotes eustachois.* — N. (Avec une majusc.) Personne née dans cette ville ou qui l'habite.

euthanasie [øtanazi] n. f. ■ Usage des procédés qui permettent de hâter ou de provoquer la mort de malades incurables dont la fin est proche, lorsqu'ils souffrent beaucoup.

eux [ø] pronom pers. 3e pers. masc. plur. ■ Pronom complément après une préposition, forme tonique correspondant à *ils* (⇒ **il**), pluriel de *lui* (⇒ **lui**). *Je vis avec eux, chez eux. C'est à eux de parler. L'un d'eux. Eux-mêmes. Ce sont* (fam. *c'est*) *eux qui crient* (Le verbe reste au singulier à la forme négative : *Ce n'est pas eux*). Fam. *C'est eux autres qui arrivent. « Qui est responsable du groupe ? – Eux autres. »* — (Forme d'insistance) *Ils n'oublient pas, eux.* — (Comme sujet) *Si vous acceptez, eux* (fam. *eux autres*) refuseront. *Eux-mêmes me l'ont confirmé.* ⟨ ▶ chez-eux ⟩

-eux, -euse ■ Élément de nombreux adjectifs (ex. : *peureux, cuivreux*).

s'évacher [evaʃe] v. pron. ▪ conjug. 1. Fam. **1.** S'installer à ne rien faire, paresser (à cause de la fatigue). ⇒ s'**affaler,** s'**avachir,** s'**écraser ;** fam. s'**effoirer.** *S'évacher devant la télévision.* — Au passif. *Être évaché dans un fauteuil.* **2.** S'asseoir, s'installer de travers, n'importe comment. ⇒ s'**étaler ;** fam. s'**effoirer.** *Ils se sont encore évachés sur le divan.* ⇒ se **vautrer.** — Au passif et au p. p. adj. *Être évaché sur sa chaise. Un enfant toujours évaché,* mal assis. ▶ ***évaché, ée*** adj. ■ Qui se laisse aller, qui ne fait rien. *Chaque fois que je viens, je les trouve évachés.* — N. *Des évachés.* ⇒ **flanc-mou, paresseux.**

évacuer [evakɥe] v. tr. ▪ conjug. 1. **1.** Rejeter, expulser de l'organisme (surtout les excréments). ⇒ **éliminer.** *Évacuer l'urine.* ⇒ **uriner ;** très fam. **pisser. 2.** Faire sortir (un liquide) d'un lieu. *Conduite, tuyau qui évacue l'eau d'un réservoir.* ⇒ **déverser, vider. 3.** Cesser d'occuper militairement (un lieu, un pays). ⇒ **abandonner,** se **retirer.** *Évacuer une position.* — Quitter (un lieu) en masse, par nécessité ou par un ordre. *Le président fit évacuer la salle. Les passagers durent évacuer l'avion à l'escale.* — Au p. p. adj. *Ville évacuée.* **4.** Faire partir en masse, hors d'un lieu où il est dangereux, interdit de demeurer, à la suite d'une catastrophe. *Évacuer la population d'une ville bombardée.* — Au p. p. adj. *Population évacuée,* N. *Les évacués de Saint-Basile-le-Grand.* ▸ ***évacuation*** n. f. **1.** Rejet, expulsion hors de l'organisme. ⇒ **élimination. 2.** Écoulement (d'un liquide) hors d'un lieu. ⇒ **déversement.** *Évacuation des eaux d'égout. Orifice d'évacuation.* **3.** Action d'abandonner en masse (un lieu). ⇒ **abandon, départ, retrait.** *L'évacuation d'un territoire, d'un pays par des troupes d'occupation.* **4.** Action d'évacuer (des personnes). *Évacuation de blessés, de prisonniers. — L'évacuation d'un immeuble.*

s'évader [evade] v. pron. ▪ conjug. 1. **1.** S'échapper d'un lieu où l'on était retenu, enfermé. ⇒ s'**enfuir,** se **sauver ; évasion.** *S'évader d'une prison.* — Au p. p. adj. *Les prisonniers évadés.* — N. *Capturer, reprendre un évadé.* ⇒ **fugitif. 2.** Échapper volontairement à (une réalité). ⇒ **fuir.** *S'évader de sa condition. Vouloir s'évader de la routine durant quelques jours. S'évader du réel par le rêve, par l'imagination.* ‹ ▸ évasion ›

évaluer [evalɥe] v. tr. ▪ conjug. 1. **1.** Porter un jugement sur la valeur, le prix de. ⇒ **estimer, priser.** *Faire évaluer un meuble, un tableau, par un expert.* ⇒ **expertiser.** *Évaluer un bien au-dessus* ⇒ **surestimer, surévaluer,** *au-dessous* ⇒ **sous-estimer, sous-évaluer,** *de sa valeur.* — Déterminer (une quantité) par le calcul sans recourir à la mesure directe. *Évaluer un volume, le débit d'une rivière.* ⇒ **jauger. 2.** Fixer approximativement. ⇒ **apprécier, estimer, juger.** *Évaluer une distance à vue d'œil. Évaluer ses chances, un risque.* — Au p. p. adj. *Une assistance évaluée à cinq mille personnes.* ▸ ***évaluation*** n. f. ▪ Action d'évaluer. ⇒ **appréciation, calcul, détermination, estimation.** *L'évaluation d'une fortune, d'une distance, d'une longueur. L'évaluation des dommages.* (Véhicules) *Un centre d'évaluation — L'évaluation des étudiants. L'évaluation continue,* réalisée à des étapes prévues de l'apprentissage. ⇒ **notation.** *L'évaluation d'un employé,* l'appréciation de son rendement sur une période donnée. — La valeur, la quantité évaluée. *Évaluation insuffisante, trop faible* (mesure, prix, valeur). ▸ ***évaluateur, trice*** n. ▪ Expert en évaluation, spécialt des immeubles. *C'est une évaluatrice de la Communauté urbaine de Montréal.* ‹ ▸ dévaluer, réévaluer ›

évanescent, ente [evanesɑ̃, ɑ̃t] adj. ▪ Littér. Qui s'amoindrit et disparaît graduellement. *Image évanescente.* ⇒ **fugitif.** *Impression évanescente,* qui s'efface, s'évanouit. / contr. **durable** / *Des formes évanescentes,* floues, imprécises.

évangélique [evɑ̃ʒelik] adj. **1.** Relatif ou conforme à l'Évangile. ⇒ **chrétien.** *La charité évangélique.* **2.** Qui est de la religion protestante, fondée sur les Évangiles. *Église luthérienne évangélique.* ▸ ***évangéliser*** v. tr. ▪ conjug. 1. ▪ Prêcher l'Évangile à. ⇒ **christianiser.** *Évangéliser les païens.* ▸ ***évangélisateur, trice*** adj. et n. ▪ Qui évangélise. — N. *Une évangélisatrice.* ≠ *évangéliste.* ▸ ***évangélisation*** n. f. ▪ Action d'évangéliser. ⇒ **christianisation.** *L'évangélisation des Amérindiens au* XVIIe *siècle.* ▸ ***évangéliste*** n. m. **1.** Auteur de l'un des Évangiles. *Les quatre évangélistes Matthieu, Marc, Luc et Jean.* **2.** Prédicateur d'une Église non catholique, qui s'entoure de grands déploiements. ≠ *évangélisateur.* ‹ ▸ télévangéliste ›

évangile [evɑ̃ʒil] n. m. **1.** (Avec une majusc.) Enseignement de Jésus-Christ. *Répandre l'Évangile.* ⇒ **évangéliser. 2.** (Avec une majusc.) Chacun des livres de la Bible où la vie et la doctrine de Jésus-Christ ont été consignées. ⇒ **évangéliste.** *Les Évangiles.* — Dans la liturgie catholique. Partie de la messe où le prêtre lit l'Évangile. — PAROLE D'ÉVANGILE : chose sûre, indiscutable. *Ce qu'il vous a dit n'est pas parole d'évangile.* **3.** Document essentiel (d'une croyance, d'une doctrine). ⇒ **bible.** ‹ ▸ évangélique ›

s'évanouir [evanwiʀ] v. pron. ▪ conjug. 2. **1.** Disparaître sans laisser de traces. ⇒ s'**effacer.** *Elle avait aperçu une ombre qui s'évanouit aussitôt.* ⇒ se **dissiper.** *Les ennemis s'évanouirent en un clin d'œil,* s'enfuirent. *Sentiment, souvenir qui s'évanouit.* Loc. *S'évanouir dans la nature.* — Au p. p. adj. *Un rêve évanoui,* disparu. **2.** (Personnes) Perdre connaissance ; tomber en syncope. ⇒ **défaillir ;** fam. **faiblesse** (→ se trouver mal ; fam. tourner de l'œil, tomber dans les pommes, tomber sans connaissance). *S'évanouir d'émotion, de douleur. On a cru qu'il allait s'évanouir.* / contr. **revenir** à soi / — Au p. p. adj. *Il resta longtemps évanoui.* ▸ ***évanouissement*** n. m. **1.** Littér. Disparition complète. *L'évanouissement de ses espérances.* ⇒ **anéantissement. 2.** Le fait de perdre connaissance. ⇒ **syncope.** *Un évanouissement dû à la fatigue.* ⇒ **étourdissement.** *Revenir d'un évanouissement* (revenir à soi, reprendre connaissance). ‹ ▸ évanescent ›

s'évaporer [evapɔʀe] v. pron. ▪ conjug. 1. **1.** Se transformer en vapeur ⇒ se **vaporiser** et, spécialt, se transformer lentement en vapeur par sa surface libre. *La brume, la rosée s'évapore à la chaleur du soleil. Le contenu du flacon s'évapore.* **2.** Fam. Disparaître brusquement. *À peine arrivée, elle s'évapore.* ⇒ s'**éclipser.** *Ce livre ne s'est tout de même pas évaporé !* ⇒ s'**envoler.** — Fam. *S'évaporer dans la nature,* disparaître. ⇒ s'**évanouir.** ▸ ***évaporateur*** n. m. ▪ Appareil qui sert à l'évaporation d'un fluide. — Spécialt. Appareil dans lequel on fait évaporer la sève d'érable. ▸ ***évaporation*** n. f. ▪ Transformation (d'un liquide) en vapeur par sa surface libre. *L'évaporation de l'eau salée* (pour obtenir le sel marin). *L'évaporation de la sève d'érable* (pour obtenir les produits de l'érable). *Évaporation de l'eau par ébullition.* ▸ ***évaporé, ée*** adj. et n. ▪ Fig. Qui a un caractère étourdi, léger ; qui se dissipe en choses vaines. ⇒ **écervelé, étourdi.** / contr. **posé, sérieux** / *Une personne évaporée. Air évaporé.* — N. *Une évaporée.*

évaser [evɑze] v. tr. ▪ conjug. 1. ▪ Élargir à l'orifice, à l'extrémité. *Évaser un tuyau. Évaser l'orifice d'un trou.* — S'ÉVASER v. pron. *Les manches de sa robe s'évasent au poignet.* ▸ ***évasé, ée*** adj. ▪ (Objets cylindriques, tubulaires) Qui va en s'élargissant. *Amphore évasée.* ▸ ***évasement*** n. m. ▪ Forme évasée. *L'évasement d'un col de carafe.* / contr. **rétrécissement** /

évasif, ive [evazif, iv] adj. ▪ Qui cherche à éluder en restant dans l'imprécision. *Il n'a rien promis, il est resté très évasif. Un geste évasif. Réponse, formule évasive.* ⇒ **ambigu, imprécis, vague.** / contr. **catégorique, clair, net, précis** / ▸ ***évasivement*** adv. ▪ D'une manière évasive. *Vous avez répondu évasivement à nos questions.*

évasion [evazjɔ̃] n. f. **1.** Action de s'évader, de s'échapper d'un lieu où l'on était enfermé. *Une tentative d'évasion. L'évasion d'un prisonnier de guerre. Une évasion avec prise d'otages.* **2.** Abstrait. Fait de se distraire. *Évasion hors de la réalité par le sommeil, le rêve, la lecture. Besoin d'évasion.* ⇒ **changement, distraction.** *Un livre d'évasion,* de détente. **3.** Abstrait. Fuite de valeurs. *L'évasion de capitaux à l'étranger.* — *Évasion fiscale,* dissimulation d'une partie des revenus imposables (≠ *abri fiscal*). ≠ *invasion.* ⟨ ► évasif ⟩

évêché [evɛʃe] n. m. **1.** Juridiction d'un évêque, territoire soumis à son autorité. **2.** Dignité épiscopale. **3.** Résidence de l'évêque. *Se rendre à l'évêché.* ⟨ ► archevêché ⟩

éveil [evɛj] n. m. **1.** DONNER L'ÉVEIL : donner l'alarme, mettre en alerte en éveillant l'attention. *Faites moins de bruit, vous allez donner l'éveil.* — *Être* EN ÉVEIL : être attentif, sur ses gardes. *Son esprit est toujours en éveil.* **2.** (Facultés, sentiments) Action de se révéler, de se manifester. *L'éveil de l'intelligence, de l'imagination.* **3.** (Nature) Le fait de sortir du sommeil. *L'éveil de la nature au printemps.* ⇒ **réveil.** / contr. **sommeil** /

éveiller [eveje] v. tr. ▪ conjug. 1. **I.** V. tr. **1.** Littér. Tirer du sommeil. ⇒ **réveiller** (plus cour.). *Parlez moins fort, vous allez l'éveiller.* **2.** Rendre effectif, manifester (une disposition, etc.). *La lecture éveille l'imagination.* — Faire naître, apparaître (un sentiment, une idée). ⇒ **provoquer, révéler, susciter.** *Éveiller une passion, un désir chez qqn. Éveiller la défiance, les soupçons. Éveiller la curiosité.* ⇒ **exciter, stimuler.** / contr. **endormir** / **II.** S'ÉVEILLER v. pron. **1.** Sortir du sommeil. ⇒ se **réveiller.** — S'ÉVEILLER À (un sentiment) : éprouver pour la première fois. *S'éveiller à l'amour.* **2.** (Sentiments, idées) Naître, se manifester. *Sa curiosité s'éveilla.* ► ***éveillé, ée*** adj. **1.** Qui ne dort pas. *Il est resté éveillé la moitié de la nuit. Un rêve, un songe éveillé,* que l'on a sans dormir. **2.** (Personnes) Plein de vie, de vivacité. *Un enfant éveillé.* ⇒ **alerte, dégourdi, déluré, malicieux, vif.** *Avoir l'œil, l'air éveillé.* ⇒ **futé.** / contr. **endormi, indolent, mou** / ⟨ ► éveil, réveiller ⟩

événement [evɛnmɑ̃] n. m. — REM. L'orthographe *évènement* est plus conforme à la prononciation. **1.** Ce qui arrive et qui a de l'importance pour les humains. ⇒ ② **fait.** *L'événement a eu lieu, s'est passé, produit il y a huit jours. Événement heureux,* bonheur, chance. *Un heureux événement,* une naissance. *Événement malheureux,* désastre, drame, malheur. *Un événement imprévu. Il est dépassé (débordé) par les événements,* il ne maîtrise plus la situation. *Le grand événement du siècle. Elle se tient au courant des événements. On attend la suite des événements. La crise d'Octobre 1970 est un événement historique.* — Fam. *Lorsqu'il part en voyage, c'est un événement,* cela prend une importance démesurée. ⇒ **affaire, histoire.** **2.** Fam. Loc. *À tout événement,* de toute manière, quoi qu'il arrive (→ dans tous les cas). *À tout événement, on s'en reparlera demain.* — REM. Cette locution est parfois critiquée. ≠ *avènement.* — On écrit aussi *évènement.* ► ***événementiel, elle*** adj. ■ *Histoire événementielle,* qui ne fait que décrire les événements. — REM. L'orthographe *évènementiel* est plus conforme à la prononciation.

évent [evɑ̃] n. m. **1.** Narines des cétacés. *Colonne de vapeur rejetée par les évents de la baleine.* **2.** Conduit pour l'échappement des gaz ; canal d'aération.

éventail, ails [evɑ̃taj] n. m. **1.** Instrument portatif qu'on agite avec un mouvement de va-et-vient pour produire de la fraîcheur. ⇒ s'**éventer.** *Ouvrir, déployer, fermer, plier un éventail. Des éventails.* **2.** EN ÉVENTAIL : en forme d'éventail ouvert (lignes qui partent d'un point et s'en écartent). *Plis, plissé en éventail. Tenir ses cartes en éventail.* **3.** Ensemble de choses diverses d'une même catégorie (qui peut être augmenté ou diminué comme on ouvre ou ferme un éventail). *Éventail d'articles offerts à l'acheteur.* ⇒ **choix, gamme.** *L'éventail des salaires.* ⇒ **échelle.** *L'éventail des recherches s'élargit.*

éventaire [evɑ̃tɛʀ] n. m. ■ Étalage en plein air, à l'extérieur d'une boutique, sur la voie publique, sur un marché. ⇒ **devanture, étal.** *L'éventaire d'un marchand de journaux.* ≠ *inventaire.*

① **éventer** [evɑ̃te] v. tr. ▪ conjug. 1. **I.** Rafraîchir en agitant l'air. *Éventer qqn avec une feuille de papier, un éventail.* — Pronominalement (réfl.). *Elle s'éventait avec un journal.* **II.** S'ÉVENTER v. pron. : perdre son parfum, son goût, s'altérer, en restant au contact de l'air. *La bouteille était mal bouchée : le vin s'est éventé.* ► ① ***éventé, ée*** adj. **1.** Exposé au vent. *Une rue, une terrasse très éventée* (opposé à *abrité*). **2.** Altéré, corrompu par l'air. *Parfum, vin éventé.* — (Matières souples : cuir, caoutchouc, tissu...) Qui a perdu sa résistance et qui craque ou se déchire facilement. *Une ceinture éventée. Une nappe en plastique éventée.* ⟨ ► évent, éventail, ② éventer ⟩

② **éventer** v. tr. ▪ conjug. 1. ■ (Personnes) Rendre public, faire connaître. *Éventer un complot, un piège.* — Loc. *Éventer la mèche,* découvrir un secret. ► ② ***éventé, ée*** adj. ■ Découvert, connu. *C'est un truc éventé, personne ne s'y laissera prendre.*

éventrer [evɑ̃tʀe] v. tr. ▪ conjug. 1. **1.** Déchirer en ouvrant le ventre. ⇒ **étriper.** **2.** Fendre largement (un objet) pour atteindre le contenu. ⇒ **ouvrir.** *Éventrer une malle, un matelas.* — Défoncer (qqch.). *Éventrer un mur.* ► ***éventration*** n. f. **1.** Hernie ventrale. **2.** Action d'éventrer. ► ***éventreur*** n. m. ■ Celui qui éventre. *Jack l'Éventreur, criminel célèbre.* — *Un éventreur de coffres-forts.* — REM. Ce mot n'a pas de féminin.

éventualité [evɑ̃tɥalite] n. f. **1.** Caractère de ce qui est éventuel. *L'éventualité d'un événement.* ⇒ **incertitude.** *Envisager l'éventualité d'une guerre.* ⇒ **possibilité.** **2.** *(Une, des éventualités)* Circonstance, événement pouvant survenir à l'occasion d'une action. *Être prêt, parer à toute éventualité,* prévoir tous les événements qui peuvent s'opposer à un projet.

éventuel, elle [evɑ̃tɥɛl] adj. ■ Qui peut ou non se produire. *Profits éventuels.* ⇒ **possible.** *Tout cela est bien séduisant, mais reste éventuel.* ⇒ **hypothétique, incertain.** / contr. **certain, sûr** / — (Personnes) *Le successeur éventuel,* la personne qui sera peut-être le successeur. ► ***éventuellement*** adv. **1.** D'une manière éventuelle. ⇒ le cas **échéant.** *J'aurais éventuellement besoin de votre concours.* ⇒ **peut-être.** **2.** Fam. Plus tard, dans quelque temps. *Serais-tu éventuellement intéressé à participer à une enquête ?* — REM. Cet emploi (2) est parfois critiqué. ⟨ ► éventualité ⟩

évêque [evɛk] n. m. ■ Dignitaire de l'ordre le plus élevé de la prêtrise chrétienne ⇒ **prélat** qui, dans l'Église catholique, est chargé de la conduite d'un diocèse. ⇒ **évêché ; épiscopal.** *La crosse, la mitre de l'évêque. Monseigneur X, évêque de...* ⟨ ► archevêque, évêché ⟩

s'évertuer [evɛʀtɥe] v. pron. ▪ conjug. 1. ■ Faire tous ses efforts, se donner beaucoup de peine. ⇒ s'**appliquer,** s'**escrimer ;** fam. se **fendre** (II, 4). *S'évertuer à expliquer, à démontrer qqch.*

éviction [eviksjɔ̃] n. f. ■ Action d'évincer, de priver d'un droit. ⇒ **exclusion, expulsion, rejet.** *L'éviction du chef d'un parti.*

évident, ente [evidɑ̃, ɑ̃t] adj. ■ Qui s'impose à l'esprit par son caractère d'évidence*. ⇒ **certain, flagrant, incontestable, indiscutable, sûr.** *Vérité, preuve évidente. Faire preuve d'une évidente bonne volonté. Il est évident qu'ils ont menti.* / contr. **contestable, discutable, douteux, incertain** / *C'est évident,* il n'y a rien d'autre à dire, cela parle par soi-même. ▶ ***évidemment*** [evidamɑ̃] adv. d'affirmation. ■ ⇒ **assurément,** beau **dommage, certainement, certes.** *« Vous acceptez ? – Évidemment ! » Évidemment, il se trompe.* ▶ ***évidence*** n. f. **1.** Caractère de ce qui s'impose à l'esprit avec une telle force qu'on n'a besoin d'aucune autre preuve pour en connaître la vérité, la réalité. ⇒ **certitude.** *La force de l'évidence. C'est l'évidence même.* Loc. *Se rendre à l'évidence,* finir par admettre ce qui est incontestable. — *(Une, des évidences)* Chose évidente. *Elle démontre des évidences. C'est une évidence !* **2.** EN ÉVIDENCE : en se présentant de façon à être vu, remarqué immédiatement. *Mettre, placer en évidence. Elle avait mis le bibelot bien en évidence. Être en évidence,* apparaître, se montrer très nettement. *Se mettre en évidence.* — Abstrait. *Il ne manque jamais de se mettre en évidence,* de se mettre en avant. **3.** À L'ÉVIDENCE, DE TOUTE ÉVIDENCE loc. adv. ⇒ **certainement, sûrement.** *Démontrer à l'évidence que... De toute évidence, elle ne reviendra plus.*

évider [evide] v. tr. ▪ conjug. 1. ■ Creuser en enlevant une partie de la matière, à la surface ou à l'intérieur. *Évider une pièce de bois pour faire des moulures. Évider une tige de bambou. Évider des tomates* (pour les farcir). ▶ ***évidage*** ou ***évidement*** n. m. ■ Action d'évider ; état de ce qui est évidé. *L'évidement d'une pièce de bois, d'une sculpture.*

évier [evje] n. m. ■ Section du comptoir de cuisine comprenant un bassin alimenté en eau et aménagé pour l'écoulement des eaux. ⇒ ① **lavabo.** *Mettre la vaisselle sur (dans) l'évier. Évier à deux bacs.*

évincer [evɛ̃se] v. tr. ▪ conjug. 3. ■ Déposséder (qqn) par intrigue d'une affaire, d'une place. ⇒ **chasser, écarter, éliminer, exclure ; éviction.** *Il est parvenu à l'évincer de cette place. Elle s'est fait évincer.* — Au passif. *Être évincé de son appartement.*

évitable [evitabl] adj. — REM. Moins courant qu'*inévitable.* ■ (Surtout dans un contexte négatif) Qui peut être évité. *Cette erreur était difficilement évitable.*

évitement [evitmɑ̃] n. m. ■ D'ÉVITEMENT : où l'on gare les trains, les wagons, pour laisser libre une voie. *Gare, voie d'évitement.* — (Routes) Voie de communication qui contourne une agglomération. ⇒ **ceinture** (III). — Fig. Loc. *Mettre qqn sur la voie d'évitement,* dans une situation où il ne progresse plus, ne risque pas de nuire. ⇒ voie de **garage.**

éviter [evite] v. tr. ▪ conjug. 1. **1.** Faire en sorte de ne pas heurter en rencontrant (qqn, qqch.). *Il a fait une embardée pour éviter l'obstacle, le piéton.* — Faire en sorte de ne pas subir (une chose nuisible, désagréable). *Éviter un coup.* ⇒ **esquiver, parer.** *Éviter un choc.* **2.** Faire en sorte de ne pas rencontrer (qqn). *Je pars tout de suite, je tiens à l'éviter. Éviter le regard de qqn.* — Pronominalement (récipr.). *Ils s'évitent depuis des années.* **3.** Écarter, ne pas subir (ce qui menace). *Éviter un danger, un accident. Éviter le combat. On a réussi à éviter le pire.* **4.** ÉVITER DE (+ infinitif) : faire en sorte de ne pas. *Évitez de lui parler, de mentir.* ⇒ s'**abstenir,** se **dispenser,** s'**efforcer,** se **garder.** — ÉVITER QUE (+ subjonctif). *J'évitais qu'il ne m'en parlât (*ou *qu'il m'en parlât).* **5.** ÉVITER *qqch.* À *qqn. Éviter une peine, une corvée à qqn.* ⇒ **épargner.** *Je voulais vous éviter cette fatigue.* — (Suj. chose) *Cela lui évitera des ennuis, lui évitera d'avoir des ennuis.* ⟨ ▶ évitable, évitement, inévitable ⟩

évocation [evɔkasjɔ̃] n. f. **1.** Action d'évoquer (les esprits, les démons) par la magie, l'occultisme. ⇒ **incantation, sortilège. 2.** Action de rappeler (une chose oubliée), de rendre présent à l'esprit. *L'évocation de souvenirs communs, du passé.* ⇒ **rappel.** *Le pouvoir d'évocation d'un mot.* ≠ *invocation.*

① **évoluer** [evɔlɥe] v. intr. ▪ conjug. 1. **1.** Changer de position par une suite de mouvements réglés. *L'escadre évolue en approchant du port.* ⇒ **manœuvrer.** *Les patineurs évoluent sur la glace.* **2.** *Évoluer* (suivi d'un compl. de lieu), agir (dans tel ou tel milieu). *La petite fille évoluait avec aisance au milieu des invités.* — *Cette semaine le club évolue à domicile,* il joue, dispute un match chez lui. ▶ ① ***évolution*** n. f. **1.** Mouvements réglés. *L'évolution des troupes au milieu d'une bataille.* **2.** Au plur. Suite de mouvements variés. *Les évolutions d'un avion, d'une danseuse.* ⟨ ▶ ② évoluer ⟩

② **évoluer** v. intr. ▪ conjug. 1. ■ Passer par une série de transformations. ⇒ **changer, devenir,** se **modifier,** se **transformer.** *Ses idées ont évolué. La chirurgie a beaucoup évolué depuis le siècle dernier.* ⇒ **progresser.** *La situation évolue. J'ai beaucoup évolué.* — *Maladie qui évolue,* qui suit son cours. ▶ ***évolué, ée*** adj. ■ Qui a subi une évolution, un développement, un progrès. *Pays évolué,* à l'avant-garde du progrès (scientifique, social, etc.). *Une personne évoluée,* indépendante, cultivée, avec des idées larges, modernes. / contr. **arriéré, rétrograde** / ▶ ***évolutif, ive*** adj. ■ Qui est susceptible d'évolution. *Des mouvements évolutifs. Maladie évolutive.* ▶ ② ***évolution*** n. f. **1.** Suite de transformations dans un même sens ; transformation graduelle assez lente. ⇒ **changement.** / contr. **immobilité, stabilité** / *Considérer les choses dans leur évolution.* ⇒ **devenir, mouvement.** *L'évolution des idées, des mœurs.* — Changement dans le caractère, les conceptions d'une personne, d'un groupe. *Ils sont venus à cette doctrine par une lente évolution.* **2.** Transformation progressive d'une espèce vivante en une autre. *La théorie de Darwin sur l'évolution des espèces. Évolution discontinue par mutations.* ▶ ***évolutionnisme*** n. m. ■ Théorie qui applique l'idée d'évolution à toutes les espèces. ▶ ***évolutionniste*** adj. et n. ■ Relatif à l'évolution. *Théorie, doctrine évolutionniste.* — N. *Les évolutionnistes.*

évoquer [evɔke] v. tr. ▪ conjug. 1. **1.** Appeler, faire apparaître par la magie. *Évoquer les âmes des morts, les démons, les esprits.* ⇒ **invoquer** (uniquement dans ce sens). / contr. **conjurer** / **2.** Littér. Apostropher, interpeller dans un discours (les mânes d'un héros, les choses inanimées, en leur prêtant l'existence, la parole). **3.** Rappeler à la mémoire. ⇒ **remémorer.** *Évoquer le souvenir de qqn.* ⇒ **éveiller, réveiller, susciter.** *Évoquer un ami disparu. Ils évoquaient leur jeunesse.* **4.** Faire apparaître à l'esprit de qqn par des images et des associations d'idées. ⇒ **représenter.** *Évoquer une région dans un livre.* ⇒ **décrire, montrer.** *Nous n'avons fait qu'évoquer le problème.* ⇒ **aborder, mentionner, poser.** *N'évoquez pas ce sujet devant elle.* — (Suj. chose) Faire penser à. *Cela évoquait pour nous, nous évoquait les vacances. Ce mot ne m'évoque rien.* ≠ *invoquer.* ▶ ***évocateur, trice*** adj. ■ Qui a un pouvoir d'évocation. *Image évocatrice, mot évocateur,* qui crée des associations d'idées. *Style évocateur.* ⟨ ▶ évocation ⟩

ex [ɛks] n. invar. ■ Fam. Ancien conjoint, ancien amant, ancienne maîtresse. ⇒ ② **ex-.** *« C'est sa blonde ? – Non, son ex. »*

① **ex-** ■ Préfixe signifiant « hors de » (ex. : *excentrique, expatrier*).

② **ex-** ■ (Devant un nom, joint par un trait d'union) Antérieurement. *M. X, ex-député.* ⇒ **ancien.** *L'ex-ministre. Des ex-ministres. Son ex-mari.* ⇒ fam. **ex.** ‹ ▶ ex ›

exacerber [ɛgzasɛʀbe] v. tr. ▪ conjug. 1. ■ Rendre (un mal) plus aigu, porter à son paroxysme. *Ce traitement n'a fait qu'exacerber la douleur.* — Rendre plus violent. *Exacerber la colère.* — Au p. p. adj. *Sensibilité exacerbée. Orgueil exacerbé,* démesuré. / contr. **apaiser, atténuer, calmer** /

exact, exacte [ɛgza(kt); ɛgzakt] adj. **I.** (Choses) **1.** Entièrement conforme à la réalité, à la vérité. ⇒ **correct, juste, vrai.** / contr. **inexact** ; ① **faux** / *C'est la vérité exacte, l'exacte vérité, c'est exact. Les circonstances exactes de l'accident.* ⇒ **précis.** *Rendre un compte exact de ses actions.* ⇒ **complet, sincère.** — Qui reproduit fidèlement la réalité, l'original, le modèle. ⇒ **conforme.** *Reproduction, copie exacte d'un texte.* **2.** (Après le nom) Adéquat à son objet. ⇒ **juste.** *Un raisonnement exact. Se faire une idée exacte de qqch. Au sens exact du mot.* **3.** (Après le nom) Égal à la grandeur mesurée. ⇒ **précis.** / contr. **approximatif, imprécis, vague** / *Nombre exact. Valeur exacte.* — *Sciences exactes,* celles qui sont constituées par des propositions exactes. **II.** (Personnes) Précis, qui arrive à l'heure convenue. ⇒ **ponctuel.** *Il est toujours exact. Il n'était pas exact au rendez-vous.* ▶ **exactement** [ɛgzaktəmɑ̃] adv. ■ D'une manière exacte. *Que vous a-t-elle dit exactement ?* (→ au juste). *Ce n'est pas exactement la même chose.* ⇒ **tout** à fait. *Reproduire exactement un texte.* ⇒ **fidèlement.** *Il est arrivé exactement à 3 heures.* ⇒ **précisément.** ▶ **exactitude** [ɛgzaktityd] n. f. **I. 1.** Conformité avec la réalité, la vérité. ⇒ **correction, fidélité, justesse, rigueur.** / contr. **erreur, fausseté, inexactitude** / *L'exactitude d'un récit. Exactitude historique.* **2.** Égalité avec ce qui est mesuré. *Exactitude d'une mesure, d'un compte.* ⇒ **précision.** *Vérifier l'exactitude d'une opération.* — Précision (d'un instrument de mesure). *L'exactitude d'un chronomètre.* **II.** Précision, ponctualité. *Elle est d'une exactitude scrupuleuse.* ‹ ▶ inexact ›

exaction [ɛgzaksjɔ̃] n. f. ■ Didact. Action d'exiger ce qui n'est pas dû ou plus qu'il n'est dû. ⇒ **extorsion, malversation.**

ex æquo [ɛgzeko] loc. adv. ■ Sur le même rang. ⇒ à **égalité** (1). *Élèves classés ex æquo. Premier ex æquo.* — N. invar. *Il y avait deux ex æquo.*

exagération [ɛgzaʒeʀasjɔ̃] n. f. **1.** Action d'exagérer. *Il y a beaucoup d'exagération dans ce qu'il raconte.* ⇒ **amplification, enflure** ; fam. **charriage.** / contr. **mesure, modération** / *Sans exagération, on peut dire que...* **2.** *(Une, des exagérations)* Propos exagéré. **3.** Caractère de ce qui est exagéré. *Elle est économe, sans exagération,* sans l'être trop. ⇒ **outrance.**

exagérer [ɛgzaʒeʀe] v. tr. ▪ conjug. 6. **1.** Parler de (qqch.) en présentant comme plus grand, plus important que dans la réalité. ⇒ **amplifier, enfler, grossir.** / contr. **atténuer, minimiser** / *Exagérer ses succès en les racontant.* ⇒ **ajouter, broder.** *Il ne faut rien exagérer ! Sans exagérer, j'ai bien attendu deux heures. Avoir l'habitude de tout exagérer.* **2.** Grossir, accentuer en donnant un caractère (taille, proportion, intensité, etc.) qui dépasse la normale. ⇒ **amplifier, grandir.** *Vous exagérez les précautions. Exagérer une attitude.* — S'EXAGÉRER *qqch.* : se représenter une chose comme plus importante, plus difficile qu'elle n'est. *Elle s'est exagéré l'importance de son travail.* **3.** Sans compl. En prendre trop à son aise. ⇒ **abuser ;** fam. **charrier.** *Vraiment, il exagère !* ▶ **exagéré, ée** adj. **1.** Qui dépasse la mesure. *Une sévérité exagérée.* ⇒ **excessif.** *Développement exagéré des muscles,* hypertrophie. **2.** Qui amplifie la réalité. *Louanges, compliments exagérés.* ⇒ **extrême, outré.** *Prix, chiffres exagérés.* ⇒ **astronomique, exorbitant.** / contr. **mesuré, modéré** / ▶ **exagérément** adv. ■ D'une manière exagérée. ⇒ **trop.** ‹ ▶ exagération ›

exalter [ɛgzalte] v. tr. ▪ conjug. 1. **1.** Élever (qqn) au-dessus de l'état d'esprit ordinaire. ⇒ **enthousiasmer, galvaniser, passionner, soulever, transporter.** / contr. **calmer** / *La perspective du succès, les encouragements l'exaltent.* — Pronominalement. *Arrête de t'exalter.* ⇒ s'**animer.** **2.** Littér. Glorifier ou élever très haut ; proposer à l'admiration. *Exalter qqn, les mérites de qqn.* ⇒ **louer, vanter.** / contr. **dénigrer, rabaisser** / **3.** Littér. Rendre plus intense (un sentiment). *Les circonstances dramatiques exaltent l'esprit de sacrifice.* ≠ *exulter.* ▶ **exaltant, ante** adj. ■ Qui exalte. *Lecture, musique exaltante. La situation n'a rien de très exaltant.* ⇒ **excitant** / contr. **déprimant** / ▶ **exaltation** n. f. **1.** Grande excitation de l'esprit. ⇒ **ardeur, enthousiasme, fièvre, ivresse.** / contr. **calme, indifférence** / *État d'exaltation. Exaltation intellectuelle.* **2.** Littér. Le fait d'exalter (2), de célébrer. *L'exaltation d'un grand personnage.* ⇒ **glorification.** ▶ **exalté, ée** adj. ■ Trop enthousiaste, trop passionné. *Un patriote exalté. C'est un tempérament exalté. Une attitude exaltée.* — N. Péj. *Un(e) exalté(e),* une personne exaltée jusqu'au fanatisme.

examen [ɛgzamɛ̃] n. m. **1.** Action de considérer, d'observer avec attention. ⇒ **étude, investigation, observation, recherche.** *Examen destiné à apprécier* (critique, estimation), *constater* (constatation), *vérifier* (contrôle, vérification). *Examen superficiel ; détaillé, minutieux. Cette thèse ne résiste pas à l'examen.* — *Examen médical. Examen à la radioscopie.* **2.** EXAMEN DE CONSCIENCE : examen attentif de sa propre conduite, du point de vue moral. *Faire son examen de conscience.* **3.** Série d'épreuves destinées à évaluer ou à contrôler les connaissances et les capacités d'un candidat et où l'admission dépend d'une note à atteindre. *Examens et concours. Examen écrit, oral. Le programme d'un examen. Une salle d'examen. Les examens officiels,* sous l'autorité du ministère de l'Éducation. *Se présenter, être reçu, recalé à un examen.* (France) *Examen blanc,* pour vérifier si les candidats sont suffisamment préparés. — Abrév. fam. *exam* [ɛgzam]. *Passer ses exams.* ‹ ▶ réexamen ›

examiner [ɛgzamine] v. tr. ▪ conjug. 1. **1.** Considérer avec attention, avec réflexion. ⇒ **observer.** *Examiner les qualités et les défauts, la valeur de qqch. Examiner une affaire en comité, en conférence.* ⇒ **délibérer, discuter** de. *Il va falloir examiner cela de plus près.* ⇒ **regarder, voir.** — *Examiner un malade.* **2.** Regarder très attentivement. ⇒ **scruter.** *Examiner une préparation au microscope. Examiner qqn.* ⇒ **dévisager.** **3.** (France) Faire subir un examen (3) à ; soumettre (un candidat) à une épreuve. ⇒ **interroger.** ▶ **examinateur, trice** n. ■ Personne qui fait passer un examen (3), qui soumet un candidat à une épreuve, surtout orale. *Une examinatrice de mathématiques.* ‹ ▶ réexaminer ›

exanthème [ɛgzɑ̃tɛm] n. m. ■ Rougeur de la peau, qui accompagne certaines maladies (érésipèle, roséole, rougeole, scarlatine, urticaire).

exaspérer [ɛgzaspeʀe] v. tr. ▪ conjug. 6. **1.** Irriter (qqn) excessivement. ⇒ **agacer, crisper, énerver, excéder, impatienter, tanner.** *Il m'exaspère avec ses plaintes, sa lenteur !* — Au p. p. adj. Très irrité. *Il était exaspéré.* ⇒ **furieux.** — Pronominalement. *Elle s'exaspère à la moindre remarque.* **2.** Littér. Rendre plus intense (un mal physique ou moral), un sentiment. ⇒ **aggraver, aviver, exacerber, exciter.** *Exaspérer la souffrance, le* *désir. Les souvenirs exaspèrent son chagrin.* — Au p. p. adj. D'une intensité extrême. *Douleur exaspérée.* ⇒ **aigu.** *Sensibilité exaspérée.* ⇒ **exacerbé.** — Pronominalement. *Souffrance, désir qui s'exaspère.* ▸ ***exaspérant, ante*** adj. ■ Qui exaspère (1), est de nature à exaspérer (qqn). ⇒ **agaçant, crispant, énervant, excédant, irritant, tannant ;** fam. **achalant.** *D'où vient ce bruit exaspérant ? Vous êtes exaspérante.* ▸ ***exaspération*** n. f. **1.** État de violente irritation. ⇒ **agacement, colère, énervement.** *Après ce reproche, elle était au comble de l'exaspération.* **2.** Littér. Action d'exaspérer (2) d'exacerber une peine, un sentiment.

exaucer [ɛgzose] v. tr. ▪ conjug. 3. **1.** (En parlant de Dieu, d'une puissance supérieure) Satisfaire (qqn) en lui accordant ce qu'il demande. *Dieu, le ciel l'a exaucé.* ⇒ **écouter, entendre. 2.** Accueillir favorablement (un vœu, une demande). ⇒ **accomplir, accorder, combler.** *Exaucer une demande, une prière, un souhait.* ≠ *exhausser.*

ex cathedra [ɛkskatedʀa] loc. adv. ■ *Parler ex cathedra,* du haut de la chaire. — D'un ton doctoral, dogmatique.

excaver [ɛkskave] v. tr. ▪ conjug. 1. ■ Didact. Creuser sous terre. *Excaver un tunnel.* ▸ ***excavateur, trice*** n. ■ Engin de terrassement servant à creuser le sol, à faire des déblais. ⇒ **bulldozer, pelle** mécanique ; fam. **pépine.** *Excavateur à air comprimé. Une excavatrice.* ▸ ***excavation*** n. f. **1.** Creux dans un terrain. ⇒ **cavité.** *Excavation naturelle,* caverne, grotte. *Excavation creusée par une explosion.* **2.** Tranchée creusée pour enfouir des conduites, des câbles, etc. *Creuser une excavation pour installer un drain.*

① ***excéder*** [ɛksede] v. tr. ▪ conjug. 6. — EXCÉDER *qqch.* **1.** Dépasser en nombre, en quantité. *Le prix de cet appartement n'excède pas deux cent mille dollars.* — Dépasser en durée. *La durée excède neuf ans.* **2.** Aller au-delà de (certaines limites) ; être plus fort que (une force, une capacité). *Excéder son pouvoir, ses pouvoirs.* ⇒ **outrepasser.** ▸ ***excédent*** [ɛksedɑ̃] n. m. ■ Ce qui est en plus du nombre fixé. ⇒ **excès, surplus.** *L'excédent des exportations sur les importations. Payer un supplément pour un excédent de bagage. — Payer quarante dollars d'excédent,* en supplément. — *En excédent,* qui constitue ⇒ en **surnombre** ou fournit un excédent. *Un budget en excédent.* ≠ *excédant.* ▸ ***excédentaire*** adj. ■ Qui est en excédent. *Écouler la production excédentaire. Un budget excédentaire,* avec un excédent de recettes. / contr. **déficitaire** /

② ***excéder*** v. tr. ▪ conjug. 1. ■ EXCÉDER *qqn* : fatiguer en irritant. *Sa présence m'excède.* ⇒ **agacer, énerver, exaspérer.** *Je suis excédé par ses enfantillages.* — Au p. p. adj. *Il avait un air excédé. Je suis excédé.* ▸ ***excédant, ante*** adj. ■ Qui excède. ⇒ **agaçant, énervant, exaspérant, fatigant, irritant, tannant ;** fam. **achalant.** *Une visite excédante. Vous êtes excédants.* ≠ *excédent.*

excellence [ɛksɛlɑ̃s] n. f. **1.** Littér. Caractère de ce qui est excellent, ne peut être meilleur. ⇒ **perfection, supériorité.** / contr. **médiocrité, nullité** / *L'excellence d'un vin, d'un remède.* — PRIX D'EXCELLENCE : décerné au meilleur élève dans l'ensemble des matières, dans une seule matière ou dans un domaine. ≠ *passable.* **2.** (Avec une majusc.) Titre honorifique donné aux ambassadeurs, archevêques, évêques. *Son Excellence* (abrév. *S.E.*). *Leurs Excellences* (abrév. *LL. EE.*). **3.** PAR EXCELLENCE loc. adv. : d'une manière hautement représentative, caractéristique. *C'est le moyen par excellence pour arriver au but.* ▸ ***excellent, ente*** [ɛksɛlɑ̃, ɑ̃t] adj. **1.** Très bon. ⇒ **admirable, merveilleux, parfait, supérieur.** / contr. **abominable, exécrable, mauvais, médiocre,** ② **nul** / *C'est excellent pour la santé. Excellente idée ! Excellent !,* très bien, parfait. *Tu as une excellente mémoire. Un excellent professeur.* **2.** (Personnes) Qui a une grande bonté, une nature généreuse. *C'est un excellent homme, un homme excellent.* ▸ ***excellemment*** [ɛksɛlamɑ̃] adv. ■ Littér. Parfaitement bien. *Elle joue excellemment du piano.*

exceller [ɛksele] v. intr. ▪ conjug. 1. ■ Être supérieur, excellent. *Exceller dans sa profession.* — EXCELLER À (+ nom ou infinitif). *Il excelle à ce travail, à dessiner des caricatures.* ⟨ ▸ excellence ⟩

① ***excentrique*** [ɛksɑ̃tʀik] adj. ■ Dont l'apparence, la manière s'oppose aux habitudes. ⇒ **original.** *Une personne assez excentrique. Des idées excentriques. Elle aime les toilettes excentriques.* ⇒ **extravagant.** — N. *Un, une excentrique.* ▸ ① ***excentricité*** n. f. **1.** Manière d'être, de penser, d'agir, qui s'éloigne de celle qui est communément admise. ⇒ **bizarrerie, extravagance, originalité, singularité.** *On apprécie peu l'excentricité de son caractère.* **2.** Acte qui révèle cette manière d'être. *Il se fait remarquer par ses excentricités.* ⟨ ▸ ② excentrique, ③ excentrique ⟩

② ***excentrique*** adj. **1.** Dont le centre s'écarte d'un point donné. **2.** Éloigné du centre. *Quartiers excentriques d'une ville.* ⇒ **périphérique.** ▸ ② ***excentricité*** n. f. ■ Caractère de ce qui est loin du centre. *L'excentricité d'un quartier.*

③ ***excentrique*** n. m. ■ Mécanisme conçu de telle sorte que l'axe de rotation de la pièce motrice n'en occupe pas le centre.

excepter [ɛksɛpte] v. tr. ▪ conjug. 1. ■ Ne pas comprendre dans (un ensemble). / contr. **inclure** / *Excepter qqn d'une mesure collective.* ⇒ **exclure.** *Tous les peuples, sans excepter celui-là.* ⇒ **négliger, oublier.** — Au p. p. adj. (Après le nom et accordé) *Les Britanniques, les Écossais exceptés.* ▸ ***excepté*** prép. invar. ■ À l'exception de, en excluant (placé devant le nom). ⇒ **hormis, hors,** à **part, sauf, sinon.** *Tous furent découverts, excepté trois d'entre eux. J'y vais à pied, excepté quand je suis malade. Je suis content de tous, excepté de vous.* — EXCEPTÉ QUE (+ verbe à l'indic. ou au cond.) loc. conj. : si ce n'est que. ⇒ **sauf** que. *Elles se ressemblent en tout, excepté que l'une est gauchère.* ▸ ***exception*** [ɛksɛpsjɔ̃] n. f. **1.** Action d'excepter. *Il ne sera fait aucune exception à cette consigne.* ⇒ **dérogation, restriction.** *Nous ferons une exception pour vous. Tout le monde sans (aucune) exception ira à la piscine.* — D'EXCEPTION : en dehors de ce qui est courant. *Un être d'exception,* unique. *Tribunal d'exception* (opposé à *tribunal de droit commun*). *Régime, loi d'exception.* — À L'EXCEPTION DE loc. prép. *Ils sont tous reçus, à l'exception d'un seul.* ⇒ **excepté, sauf. 2.** Ce qui est en dehors du général, du commun. ⇒ **anomalie, singularité.** *Les personnes de ce genre sont l'exception,* sont rares. *À de rares exceptions près, c'est vrai. L'exception confirme la règle,* il n'y aurait pas d'exception s'il n'y avait pas de règle. ▸ ***exceptionnel, elle*** adj. **1.** Qui constitue une exception (1). / contr. **normal, régulier** / *Congé exceptionnel en raison de la tempête.* **2.** Qui est hors de l'ordinaire. ⇒ **extraordinaire.** / contr. **banal, courant** / *Des circonstances exceptionnelles. Cela n'a vraiment rien d'exceptionnel,* c'est courant. *Un spectacle exceptionnel.* ⇒ fam. au **bout, capoté, disable. 3.** Qui sort de l'ordinaire par sa valeur, ses qualités. ⇒ **remarquable, supérieur.** *Une occasion, une chance exceptionnelle.* ⇒ **inattendu.** *C'est un être exceptionnel.* ▸ ***exceptionnellement*** adv. **1.** Par exception (1). **2.** D'une manière exceptionnelle (2). ⇒ **extraordinairement, extrêmement.** *Un homme exceptionnellement beau.*

excès [ɛksɛ] n. m. invar. **1.** Différence en plus entre deux quantités inégales ; ce qui dépasse une quantité.

/ contr. **défaut, manque** / *L'excès d'une longueur sur une largeur, des dépenses sur les recettes. Total approché par excès,* arrondi au chiffre supérieur. **2.** Trop grande quantité ; dépassement de la mesure normale. *Contravention pour excès de vitesse. Un excès de précautions.* ⇒ **surabondance.** — PROV. *L'excès en tout est un défaut.* — AVEC EXCÈS : sans mesure. *Manger, dépenser avec excès.* — SANS EXCÈS : modérément. *Vous pouvez boire du café, mais sans excès.* — À L'EXCÈS loc. adv. : excessivement, outre mesure. ⇒ **trop.** *Boire à l'excès. Il est prudent à l'excès.* — EXCÈS DE POUVOIR : action dépassant le pouvoir légal ; décision d'un juge qui dépasse sa compétence. **3.** UN, DES EXCÈS : chose, action qui dépasse la mesure ordinaire ou permise. ⇒ **abus.** *Excès de langage,* paroles peu respectueuses, peu courtoises. *Excès de table,* abus de nourriture et de boisson. *Faire des excès, un petit excès.* ▸ ***excessif, ive*** [ɛksɛsif, ive] adj. **1.** Qui dépasse la mesure souhaitable ou permise ; trop grand, trop important. ⇒ **énorme, extrême.** *Il fait une chaleur excessive,* insupportable. *Deux mille dollars ? C'est excessif !* ⇒ **exagéré.** / contr. **raisonnable** / **2.** Très grand (sans idée d'excès). ⇒ **extrême.** *C'est un homme d'une excessive bonté.* **3.** (Personnes) Qui pousse les choses à l'excès, qui est incapable de nuances, de modération. ⇒ **extrême.** — REM. L'emploi de ce mot au sens 2 est parfois critiqué. ▸ ***excessivement*** adv. **1.** Qui dépasse la mesure. ⇒ **énormément, exagérément, trop.** *Denrée excessivement chère.* **2.** Très, tout à fait. ⇒ **extrêmement, infiniment.** *C'est excessivement agréable. Un enfant excessivement brillant.* — REM. L'emploi de ce mot au sens 2 est parfois critiqué.

excipient [ɛksipjɑ̃] n. m. ■ Substance qui entre dans la composition d'un médicament et qui sert à incorporer les principes actifs. *Excipient sucré.*

excision [ɛksizjɔ̃] n. f. ■ Ablation d'une partie peu volumineuse (d'organe, de tissu). *Excision d'un cor au pied, d'une verrue.*

excitable [ɛksitabl] adj. **1.** Qui est facilement excité. ⇒ **irritable, nerveux.** *Une personne excitable.* **2.** Qui répond à l'excitation (II). ▸ ***excitabilité*** n. f. **1.** Caractère excitable. *Elle est dans un grand état d'excitabilité.* **2.** Propriété que possèdent certains systèmes organiques de pouvoir répondre à des actions extérieures ou à leurs agents naturels de fonctionnement. ⇒ **irritabilité, sensibilité.** *Excitabilité musculaire.*

excitant, ante [ɛksitɑ̃, ɑ̃t] adj. et n. m. **1.** Qui excite ; qui éveille des sensations, des sentiments. ⇒ **émouvant, passionnant, troublant.** / contr. **calmant, ennuyeux ;** ① **plat** / *Lecture, étude excitante pour l'esprit. Beauté excitante, femme excitante.* ⇒ **émoustillant, provocant.** — Fam. *Ce n'est pas (très) excitant.* ⇒ **intéressant.** **2.** Qui excite, stimule l'organisme. ⇒ **stimulant.** / contr. **calmant** / *Le café est excitant.* — N. m. *Prendre un excitant.*

excitation [ɛksitasjɔ̃] n. f. **I. 1.** État de la personne qui est excitée ; accélération du processus psychique. ⇒ **agitation, énervement, surexcitation.** *Excitation intellectuelle, excitation de l'esprit.* ⇒ **exaltation.** — *L'excitation contre qqn,* exaspération, irritation. *L'état d'excitation d'un maniaque.* **2.** Action d'exciter (qqn), surtout dans : EXCITATION À *qqch.* ⇒ **encouragement, invitation.** *L'excitation au travail ; à la haine, à la violence.* ⇒ **incitation. II. 1.** Déclenchement de l'activité fonctionnelle (d'un système vivant). *Excitation d'une extrémité nerveuse.* — Ensemble des modifications locales qui suivent la stimulation et qui préparent la réponse du système. *L'excitation sexuelle.* **2.** Création d'un champ magnétique dans l'inducteur d'un électroaimant, d'une dynamo. ▸ ***excitateur, trice*** n. et adj. **1.** Littér. Personne qui excite (I). *Un excitateur de troubles.* ⇒ **fauteur de troubles, instigateur.** — *Une manœuvre excitatrice.* **2.** N. m. Appareil formé de deux branches métalliques, qui sert à décharger un appareil électrique. ‹ ▸ surexcitation ›

exciter [ɛksite] v. tr. ▪ conjug. 1. **I. 1.** Faire naître, provoquer (une réaction physique, ou plus cour., morale, mentale). ⇒ **causer, éveiller, provoquer, susciter.** / contr. **arrêter, calmer** / *Exciter le goût, l'envie. Exciter la passion, l'imagination, l'admiration de qqn. Vos remarques ont excité son amour-propre.* **2.** Accroître, rendre plus vif (une sensation, un sentiment). ⇒ **aviver, exalter.** / contr. **réprimer** / *Cela excita encore sa colère, sa rage.* ⇒ **stimuler. 3.** EXCITER À (+ nom ou + infinitif) : pousser fortement à (une détermination difficile, une action violente). ⇒ **entraîner, porter, pousser.** / contr. **retenir** / *Exciter qqn à la révolte. Les encouragements l'ont excitée à mieux faire.* **4.** EXCITER *qqn* : augmenter l'activité psychique, intellectuelle de (qqn). — (Suj. chose ou au passif) ⇒ **agiter, émouvoir, passionner, surexciter.** / contr. **apaiser, calmer** / *Ces lectures l'excitent beaucoup trop. La boisson, la nourriture l'excite.* — Fam. (Négatif) *Ce travail ne l'excite pas beaucoup,* ne l'intéresse pas. — (Suj. personne) Mettre en colère, en fureur. ⇒ **irriter.** *Exciter qqn par des railleries. On les a excités l'un contre l'autre.* **5.** Éveiller le désir de (qqn). — Au passif. *Être (très) excité.* **6.** S'EXCITER v. pron. : s'énerver, s'irriter ou ressentir une excitation sensuelle. *Les enfants n'arrêtent pas de s'exciter.* ⇒ s'**agiter, grouiller, remuer.** — Fam. *S'exciter sur qqch.,* y prendre un très grand intérêt. ⇒ s'**enthousiasmer. II.** Déclencher l'activité de (un système excitable) [⇒ **excitation** (II)]. *Exciter un nerf, un muscle.* ▸ ***excité, ée*** adj. et n. **1.** Qui a une activité mentale, psychique anormalement vive. *Il est trop excité pour vous écouter.* ⇒ **agité, énervé, nerveux.** / contr. **calme, tranquille** / — *Un enfant excité,* actif, turbulent. **2.** N. Péj. *Un, une excité(e). Une bande d'excités, de jeunes excités.* / contr. **calme, tranquille** / ‹ ▸ excitable, excitant, excitation, surexciter ›

s'exclamer [ɛkskla(ɑ)me] v. pron. ▪ conjug. 1. ■ Proférer des paroles ou des cris *(exclamations)* en exprimant spontanément une émotion, un sentiment. ⇒ s'**écrier,** se **récrier.** *Elle s'exclamait bruyamment. « Ah non ! » s'exclama-t-il. S'exclamer d'admiration devant une œuvre d'art.* ⇒ se **pâmer.** ▸ ***exclamatif, ive*** adj. ■ Qui marque ou exprime l'exclamation. *Phrase exclamative.* — *Adjectif exclamatif,* sert à marquer la valeur exclamative d'une phrase. *Dans « Quelle chaleur ! », « quelle » est un adjectif exclamatif. Adverbe exclamatif.* ▸ ***exclamation*** n. f. ■ Parole ou cri par lesquels on s'exclame. ⇒ **interjection.** *Pousser des exclamations. Il retient une exclamation de surprise.* — *Point d'exclamation,* signe de ponctuation (!) qui suit toujours une exclamation ou une phrase exclamative.

exclure [ɛksklyʀ] v. tr. ▪ conjug. 35. **1.** Renvoyer, chasser (qqn) d'un endroit où il était admis, ou refuser d'admettre. ⇒ **chasser, évincer, expulser, renvoyer.** / contr. **garder** / *Exclure qqn d'un syndicat, d'une équipe. Elle s'est fait exclure du groupe.* **2.** Ne pas admettre, ne pas employer (qqch.). / contr. **inclure** / *Il faut exclure les graisses de votre alimentation.* **3.** Refuser d'envisager. *J'exclus votre participation à cette affaire ; nous excluons que vous y participiez.* **4.** (Suj. chose) Qui rend impossible (qqch.) par son existence même. *La bonté n'exclut pas la sévérité.* ⇒ **exclusif.** — Pronominalement (récipr.). *Ces idées s'excluent l'une l'autre.* ▸ ***exclu, ue*** adj. et n. **1.** (Personnes) Renvoyé, refusé. *Les membres exclus. On se sent toujours exclu de la conversation.* — N. *Les exclus.* **2.** (Choses) Qu'on refuse d'envisager. *Cette solution est exclue.* — Impers.

Il est exclu que je vienne. Il n'est pas exclu que, il est possible que. — Non compté. *Jusqu'à mardi exclu.* ⇒ **exclusivement.** / contr. **inclus** / ‹ ▸ exclusif, exclusion ›

exclusif, ive [ɛksklyzif, iv] adj. **1.** Qui est exclu de tout partage, de toute participation. *Privilèges, droits exclusifs,* qui appartiennent à une seule personne. — EXCLUSIF DE : qui exclut comme incompatible. *Un patriotisme exclusif de tout droit de critique.* **2.** Qui est produit, vendu seulement par une firme. *Modèle exclusif.* **3.** Qui tend à exclure tout ce qui est gênant ou étranger. *Sa préoccupation exclusive.* ⇒ **seule, unique. 4.** (Personnes) Qui a des opinions absolues, ne supporte pas la contradiction. *Il est trop exclusif dans ses goûts. Elle est exclusive en amitié.* ⇒ **entier ; absolu.** / contr. **large, tolérant** / ▸ ***exclusive*** n. f. ■ Décision d'exclure. *Prononcer l'exclusive contre qqn.* ⇒ **interdit, veto.** *Agir sans esprit d'exclusive,* sans rien rejeter, ni personne. ▸ ***exclusivement*** adv. **I. 1.** En excluant tout le reste, à l'exclusion de toute autre chose. ⇒ **seulement, uniquement.** *Les enfants voient exclusivement des films comiques.* **2.** D'une manière exclusive (3), absolue. *Il s'occupe exclusivement de sa famille.* **II.** (En fin de proposition) En ne comprenant pas. *Du mois de janvier au mois d'août exclusivement (ou exclu),* en ne comptant pas le mois d'août. / contr. **inclus, inclusivement** / ▸ ***exclusivité*** n. f. **1.** Propriété exclusive ; droit exclusif (de vendre, de publier). *Avoir, acheter l'exclusivité d'une marque.* — EN EXCLUSIVITÉ : d'une manière exclusive. — Projection d'un film dans un seul (ou quelques) cinéma(s). *Cinéma d'exclusivité.* **2.** Produit, film, etc., vendu, exploité par une seule entreprise. *C'est une exclusivité de la compagnie X.* **3.** Objet (bijou, vêtement, meuble...) fabriqué en un seul exemplaire. / contr. **série** (3) / *Elle porte une exclusivité d'un grand couturier montréalais.* **4.** Presse. Information importante donnée en exclusivité par un journal, une chaîne de radio, de télévision. ⇒ anglic. **scoop.**

exclusion [ɛksklyzjɔ̃] n. f. **1.** Action d'exclure (qqn), en le chassant d'un endroit où il avait précédemment sa place ou en le privant de certains droits. ⇒ **élimination, expulsion, radiation.** *Prononcer l'exclusion de qqn. Elle a protesté contre son exclusion de la compétition. Une exclusion temporaire.* / contr. **admission, réintégration** / **2.** Action d'exclure (qqch.) d'un ensemble. / contr. **inclusion** / — À L'EXCLUSION DE loc. prép. : en excluant, de manière à exclure. ⇒ à l'**exception** de. *Cultiver un don à l'exclusion des autres.*

excommunier [ɛkskɔmynje] v. tr. • conjug. 7. ■ Retrancher (qqn) de la communion de l'Église catholique. *Excommunier un hérétique.* — Au p. p. adj. *Hérétique excommunié.* — N. *Un excommunié.* ▸ ***excommunication*** n. f. ■ Peine ecclésiastique par laquelle qqn est excommunié. — Exclusion d'une société, d'un parti politique.

excrément [ɛkskʀemɑ̃] n. m. ■ Surtout au plur. Les matières fécales. *Excréments de l'humain.* ⇒ **déjection** ; fam. **caca, crotte, merde.** *Excréments des animaux domestiques* ⇒ **bouse, crotte, crottin** *des oiseaux* ⇒ **fiente, guano.**

excréter [ɛkskʀete] v. tr. • conjug. 6. ■ En physiologie. Évacuer par excrétion. ⇒ **éliminer.** *Matières excrétées.* ▸ ***excréteur, trice*** adj. ■ Qui opère l'excrétion. *Canal excréteur d'une glande.* ▸ ***excrétion*** [ɛks kʀesjɔ̃] n. f. **1.** Action par laquelle les déchets de l'organisme sont rejetés au-dehors. *Excrétion de l'urine, de la salive.* ⇒ **évacuation, expulsion. 2.** Au plur. Les déchets de la nutrition rejetés hors de l'organisme. ‹ ▸ excrément ›

excroissance [ɛkskʀwasɑ̃s] n. f. ■ Petite tumeur bénigne de la peau. *Une verrue est une excroissance.*

excursion [ɛkskyʀsjɔ̃] n. f. ■ Action de parcourir une région pour l'explorer, la visiter (souvent à pied). ⇒ **course, expédition, promenade, tournée.** *Faire une excursion en montagne.* ⇒ **ascension.** *Partir en excursion sur le fleuve* (en bateau). ▸ ***excursionner*** v. intr. • conjug. 1. ■ Faire une excursion. ▸ ***excursionniste*** n. ■ Personne qui fait une excursion.

excuse [ɛkskyz] n. f. **1.** Raison alléguée pour se défendre d'une accusation, d'un reproche, pour expliquer ou atténuer une faute. ⇒ **justification.** *Alléguer, donner, fournir une bonne excuse, une excuse valable. Il manque d'expérience, c'est son excuse, c'est sa seule excuse. Chercher de mauvaises excuses.* ⇒ fam. **défaite.** *Sa faute est sans excuse.* — Fam. *Faites excuse* [fɛtɛkskyz], acceptez mes excuses. **2.** Regret que l'on témoigne à qqn de l'avoir offensé, contrarié, gêné. ⇒ **pardon, regret.** *Faire, présenter des excuses, ses excuses à qqn. Un geste d'excuse. Je vous fais toutes mes excuses. J'accepte vos excuses.* **3.** Motif que l'on invoque pour se dispenser de qqch., ou pour ne pas avoir fait ce qu'on devait. ⇒ **prétexte ;** fam. **défaite.** *Apporter un mot d'excuse. Le mauvais temps lui a servi d'excuse pour ne pas venir.*

excuser [ɛkskyze] v. tr. • conjug. 1. **I. 1.** S'efforcer de justifier (une personne, une action) en alléguant des excuses. ⇒ **défendre.** *Elle essaie de l'excuser.* ⇒ **disculper.** — (Choses) Servir d'excuse à (qqn). *L'intention n'excuse pas la faute. Rien ne peut excuser son mensonge.* **2.** Décharger (qqn) de ce dont on l'accusait, en admettant des motifs qui atténuent sa faute ou la justifient. ⇒ **absoudre, pardonner.** *Veuillez m'excuser, excuser mon retard. Pour cette fois, je vous excuse.* **3.** Dispenser (qqn) d'une charge, d'une obligation. *Se faire excuser.* — Au p. p. adj. *Personnes excusées* ou *excusés* (d'une réunion, d'une assemblée...). **4.** (Formules de politesse) *Excusez-moi, vous m'excuserez,* je regrette (de vous gêner, de refuser, de vous contredire, etc.). *Excusez-moi si je ne peux vous accompagner. Excuse-moi, mais je ne suis pas de ton avis.* — Sans compl. Fam. *Excuse, excusez, mais il faut que je parte.* ⇒ **pardon. II.** S'EXCUSER v. pron. : présenter ses excuses, exprimer ses regrets (de qqch.). *Je m'excuse d'avoir pris du retard.* — *Je m'excuse* (s'emploie familièrement pour *excusez-moi* ou *je vous prie de m'excuser*). ▸ ***excusable*** adj. ■ Qui peut être excusé. ⇒ **justifiable, pardonnable.** *Une colère bien excusable. À son âge, c'est excusable.* / contr. **impardonnable, inexcusable** / ‹ ▸ excuse, inexcusable ›

exécrer [ɛgzekʀe] v. tr. • conjug. 6. **1.** Littér. Haïr (qqn) au plus haut point. ⇒ **abhorrer, détester.** *Il s'est fait exécrer de tous.* **2.** Avoir de l'aversion, du dégoût pour (qqch.). *Exécrer l'odeur de l'éther. Exécrer le style d'un auteur.* / contr. **aimer** / ▸ ***exécrable*** adj. **1.** Littér. Qu'on doit exécrer, avoir en horreur. ⇒ **abominable, détestable.** *C'est une action exécrable.* — (Personnes) Détestable, insupportable. *Des enfants exécrables.* — N. *Un petit exécrable.* **2.** Extrêmement mauvais. *Odeur, nourriture exécrable.* ⇒ **dégoûtant, infect ;** fam. **dégueulasse.** *Un film exécrable,* très mauvais. *Ce matin, il est d'une humeur exécrable.* ⇒ **affreux, épouvantable.** / contr. **bon, excellent** / ▸ ***exécration*** n. f. ■ Littér. Haine violente pour ce qui est digne de malédiction. ⇒ **aversion, horreur.** *Avoir qqn, qqch. en exécration,* en horreur.

exécuter [ɛgzekyte] v. tr. • conjug. 1. **I.** EXÉCUTER *qqch.* **1.** Mettre à effet, mener à accomplissement (ce qui est conçu par soi [projet], ou par d'autres [ordre]). ⇒ **accomplir, effectuer, faire, réaliser.** *Ce plan est difficile à exécuter. Exécuter les ordres de qqn.* — Sans compl. *Il y a des gens qui veulent commander et que les autres exécutent,* agissent. **2.** Rendre effectif (un projet, une décision) ; faire (un ouvrage) d'après un plan, un projet. *Exécuter une fresque, une décoration. Exécuter une commande.* ⇒ **remplir.** — Au p. p. adj. *Broderie entièrement exécutée à la main.* **3.** Interpréter, jouer (une œuvre musicale). ⇒ **exécutant** (2). *Exécuter une symphonie, une sonate.* **4.** Faire (un mouvement complexe, un ensemble de gestes prévu ou réglé d'avance). *Exécuter un pas de danse, une pirouette, un mouvement. Le joueur exécute de belles feintes.* **II.** EXÉCUTER *qqn.* **1.** Faire mourir (qqn) conformément à une décision de justice (décapiter, guillotiner, fusiller, électrocuter, pendre, faire une injection létale). *Exécuter un condamné.* **2.** Faire mourir sans jugement (pour se venger, etc.). *Exécuter un otage.* ⇒ **abattre, tuer.** *Bandits qui exécutent un délateur, un mouchard.* **3.** Abstrait. Discréditer (qqn), dénigrer. *Les critiques ont exécuté le metteur en scène.* ⇒ **éreinter. III.** S'EXÉCUTER v. pron. réfl. : se déterminer à faire une chose pénible, désagréable. ⇒ se **résoudre.** *Je lui ai demandé de m'aider, elle s'est exécutée sans se faire prier, de bonne grâce.* ▶ ***exécutable*** adj. ■ Qui peut être exécuté. ⇒ **réalisable.** *Plan facilement exécutable. L'ordre n'était pas exécutable.* / contr. **impossible** / ▶ ***exécutant, ante*** n. **1.** Personne qui exécute (un ordre, une tâche, une œuvre). ⇒ **agent.** *Ce n'est pas un créateur, mais un simple exécutant.* **2.** Musicien d'un ensemble. *Orchestre, chorale de cinquante exécutants.* ≠ *exécuteur.* ▶ ***exécuteur, trice*** n. **1.** N. m. Personne qui exécute un condamné. ⇒ **bourreau.** *L'exécuteur des hautes œuvres.* — N. Tueur. *L'exécutrice était une terroriste.* **2.** EXÉCUTEUR, TRICE TESTAMENTAIRE : personne qui assure l'exécution des dernières volontés de l'auteur d'un testament. ≠ *exécutant.* ▶ ***exécutif, ive*** adj. et n. m. ■ Relatif à la mise en œuvre des lois. *Séparation du pouvoir législatif, du pouvoir exécutif* (gouvernement) *et du pouvoir judiciaire. Le Conseil exécutif. Un secrétaire exécutif.* — N. m. L'EXÉCUTIF : le pouvoir exécutif. ⟨ ▶ exécution, exécutoire, inexécutable ⟩

exécution [ɛgzekysjɔ̃] n. f. **I. 1.** Action d'exécuter (qqch.), de passer à l'accomplissement. ⇒ **réalisation.** *L'exécution d'un projet, d'une décision. Début d'exécution* (mise en train). *Passer de la conception à l'exécution. Travail en cours, en voie d'exécution,* en train d'être exécuté. — METTRE À EXÉCUTION : commencer à faire, à exécuter (ce qui a été prévu, décidé, ordonné). **2.** Application (d'un jugement, d'un acte juridique). *Exécution d'un jugement. Exécution forcée,* contrainte, saisie. **3.** Action, manière d'exécuter (un ouvrage, un travail) d'après une règle, un plan. *L'exécution des travaux a été confiée à cette entreprise. L'exécution d'un mouvement, d'une manœuvre.* **4.** Action, manière d'interpréter (en chantant, en jouant) une œuvre musicale. ⇒ **interprétation.** *L'exécution d'un opéra. Ce morceau présente de grandes difficultés d'exécution.* **II.** Mise à mort (d'un condamné). ⇒ **exécuter** (II). *Peloton, poteau d'exécution.* ▶ ***exécutoire*** adj. ■ Droit. Qui peut et doit être mis à exécution. *Sentence exécutoire.*

exégèse [ɛgzeʒɛz] n. f. ■ Didact. Interprétation philologique et doctrinale d'un texte dont le sens, la portée sont obscurs. ⇒ **commentaire, critique.** *Exégèse biblique, historique.* ▶ ***exégète*** n. m. ■ Personne qui s'occupe d'exégèse. ⇒ **commentateur.**

① ***exemplaire*** [ɛgzɑ̃plɛʀ] n. m. **1.** Chacun des objets (surtout imprimés) reproduisant un type commun. ⇒ **copie, épreuve.** *Tirer un livre à dix mille exemplaires. Les exemplaires d'un journal, d'une gravure, d'une médaille. Photocopier une lettre en plusieurs exemplaires.* **2.** Chacun des individus (d'une même espèce). *De beaux exemplaires d'une plante.* ⇒ **échantillon, spécimen. 3.** Se dit de choses semblables. *C'est une attitude très commune, que l'on rencontre à des milliers d'exemplaires.*

exemple [ɛgzɑ̃pl] n. m. **I. 1.** Action, manière d'être qu'on peut imiter. *Bon exemple, exemple à suivre.* ⇒ **modèle, règle ;** ② **exemplaire.** *Donner l'exemple,* faire qqch. le premier. *Suivre l'exemple de qqn, prendre exemple sur qqn,* imiter qqn. — Littér. À L'EXEMPLE DE loc. prép. : pour se conformer à, pour imiter. *Il agit à l'exemple de sa mère.* **2.** Personne dont les actes sont dignes d'être imités. ⇒ **modèle.** *On ne peut vraiment pas vous donner en (pour) exemple.* **3.** (Dans les expressions : *faire un, des exemples ; pour l'exemple*) Châtiment pouvant servir de leçon (pour les autres). *Il a été fusillé pour l'exemple. Les juges voulaient faire un exemple.* **II. 1.** Chose semblable ou comparable à celle dont il s'agit. *L'unique, le seul exemple que je connaisse, l'exemple le plus connu.* ⇒ **cas.** *On en trouvera facilement dix exemples. Être d'une sottise sans exemple,* unique. **2.** Événement particulier, chose précise qui entre dans une catégorie, dans un genre et qui sert à illustrer, à préciser l'idée. *Voici un exemple de sa bêtise.* ⇒ **aperçu, échantillon, spécimen.** *Donnez-moi un exemple. Exemple bien choisi.* — Passage d'un texte que l'on cite pour illustrer l'emploi d'un mot, d'une expression. *Exemple de grammaire. Les exemples d'un dictionnaire.* — Didact. Abrév. EX. (avec un point). *Ex. : dièse, bémol.* **3.** PAR EXEMPLE loc. adv. : pour confirmer, expliquer, illustrer par un exemple ce qui vient d'être dit (abrév. *par ex.*). *Considérons, par exemple, ce cas. Une invention moderne, par exemple le micro-ordinateur, le magnétoscope.* ⇒ **comme, notamment.** — Didact. *Je vous citerai quelques signes musicaux (par ex. le dièse, le bémol).* — Fam. Pour marquer une restriction. ⇒ **cependant,** en **revanche.** *Je ne fume pas ; par exemple, ne me proposez pas un bon cigare.* ⇒ **mais, toutefois.** — *Par exemple !,* marque l'étonnement, la surprise, l'incrédulité. *Ça par exemple ! Mais c'est elle !* ▶ ② ***exemplaire*** adj. **1.** Qui peut servir d'exemple. ⇒ **édifiant, parfait.** *Une mère exemplaire. Il mène une vie exemplaire.* **2.** Dont l'exemple doit servir d'avertissement, de leçon. *Châtiment, punition exemplaire.* ⇒ **sévère.** *Condamner qqn à des dommages-intérêts exemplaires.* ▶ ***exemplairement*** adv. ■ D'une manière exemplaire. *Vivre exemplairement. Être puni exemplairement.* ▶ ***exemplifier*** v. tr. ▪ conjug. 7. ■ Illustrer d'exemples. *Exemplifier un dictionnaire, une grammaire, une démonstration.* ▶ ***exemplification*** n. f. ■ Didact. Fait d'illustrer à l'aide d'exemples.

exempt, empte [ɛgzɑ̃, ɑ̃t] — REM. On ne prononce pas le *p.* Adj. et n. m. **I.** Adj. **1.** (Personnes) EXEMPT DE *qqch.* : qui n'est pas obligé d'accomplir (une charge, un service). ⇒ **exemption.** *Être exempt du service militaire.* ⇒ **dispensé, libéré.** / contr. **astreint, obligé** / — (Choses) *Revue exempte de timbre.* **2.** (Personnes) Préservé (d'un mal, d'un désagrément). *Elle est exempte de tout souci,* à l'abri de. **3.** Qui n'est pas sujet à (un défaut, une tendance). *Elle est exempte de toute méchanceté. Vous n'êtes pas exempt de vous tromper ; personne n'en est exempt.* — (Choses) ⇒ **sans.** *Calcul exempt d'erreurs.* **II.** N. m. Personne exempte, exemptée d'une charge, d'un service. *Les exempts de l'éducation physique iront à la bibliothèque.* ▶ ***exempter*** [ɛgzɑ̃te] v. tr. ▪ conjug. 1. **1.** Rendre exempt (d'une charge, d'un service commun). ⇒ **décharger, dispenser.** *Exempter qqn d'une obligation, d'une peine.* — Au passif. *Il a été exempté du service militaire.* ⇒ **exempt. 2.** Littér. (Suj. chose) Dispenser, mettre à l'abri de. ⇒ **garantir, préserver.** *Son goût du travail l'exemptait de la paresse.* **3.** S'EXEMPTER v. pron. ⇒ **éviter,** se **dispenser.** *Vous auriez pu vous en exempter.* ▶ ***exemption*** [ɛgzɑ̃psjɔ̃] n. f. ■ Dispense (d'une charge, d'un service commun). *Exemption d'impôts* ⇒ **dégrèvement, réduction,** *d'obligations.*

exercer [ɛgzɛʀse] v. tr. ▪ conjug. 3. **I.** V. tr. **1.** Soumettre à une activité régulière, en vue d'entretenir ou de développer. *Exercer tous ses sens, sa vue, l'ouïe. Exercer son souffle, sa résistance. Exercer son esprit, sa mémoire.* ⇒ **cultiver.** **2.** Soumettre (qqn, un animal) à un entraînement. ⇒ **former, habituer.** *Exercer un chien à la chasse.* ⇒ **dresser.** — (Compl. abstrait) *Exercer l'esprit à l'observation.* — EXERCER À (+ infinitif). *Exercer les soldats à marcher au pas. Exercer un enfant à être propre.* **3.** Mettre en usage (un moyen d'action, une disposition à agir) ; faire agir (ce qui est en sa possession, à sa disposition). *Exercer un pouvoir, son autorité, une influence. Exercer sa méchanceté sur qqn. Elle a trouvé enfin le métier où elle peut exercer son vrai talent.* ⇒ **déployer, employer.** **4.** Pratiquer (des activités professionnelles). *Exercer un métier.* ⇒ **faire.** *Elle exerce (la médecine) depuis de longues années.* **II.** S'EXERCER v. pron. **1.** Avoir une activité réglée pour acquérir la pratique. ⇒ fam. **pratiquer.** *Le musicien s'exerce plusieurs heures par jour.* ⇒ **s'entraîner** — (Avec *à* + infinitif) *S'exercer à calculer vite. Elle s'exerce à patiner de reculons.* ⇒ **apprendre.** **2.** (Choses) Se manifester (à l'égard de, contre qqn ou qqch.). *Sa méfiance s'exerce contre tout le monde.* **3.** (Passif) Être exercé. *Pouvoir, puissance, influence qui s'exerce sur qqn, dans un domaine.* ⇒ se faire **sentir.** *Sa patience a dû s'exercer,* être mise à l'épreuve. ▶ ***exercé, ée*** adj. ■ Devenu habile à force de s'exercer ou d'être exercé ; *Un œil exercé, une oreille exercée. Un spécialiste exercé,* adroit. ⟨ ▶ exercice ⟩

exercice [ɛgzɛʀsis] n. m. **I.** **1.** L'EXERCICE : le fait d'exercer son corps par l'activité physique. *Le docteur lui a recommandé de prendre de l'exercice, de faire un peu d'exercice.* **2.** Entraînement des soldats au maniement des armes, aux mouvements sur le terrain. ⇒ **manœuvre.** *Le lieutenant instructeur fait faire l'exercice à sa section.* **3.** UN, DES EXERCICE(S) : activité réglée, ensemble de mouvements, d'actions destiné(e)s à exercer qqn dans un domaine particulier. — *Exercices scolaires,* devoir aux difficultés graduées. *Exercices de grammaire, de version.* ⇒ **T.P., travail** (II). *Faire des exercices sur un piano. Les exercices d'une chanteuse.* ⇒ **vocalise.** **4.** Littér. Action ou façon de s'exercer. ⇒ **apprentissage, étude, travail.** *Acquérir le talent de la parole par un long exercice.* **II.** **1.** EXERCICE DE : action d'exercer en employant, en mettant en usage (⇒ **exercer** I, 3). *L'exercice du pouvoir.* ⇒ **pratique.** **2.** Le fait d'exercer (une activité d'ordre professionnel). ⇒ **exercer** (I, 4). *L'exercice d'une profession, d'un métier. Exercice illégal de la médecine.* — EN EXERCICE : en activité, en service. *Entrer en exercice. Une diplomate morte en exercice,* alors qu'elle occupait ses fonctions. **3.** Le fait de pratiquer (un culte). *Le libre exercice des cultes.* **III.** Période comprise entre deux inventaires, deux budgets (souvent une année). *Bilan en fin d'exercice. L'exercice financier* 1993-1994. ▶ ***exerciseur*** n. m. et adj. ■ Appareil de gymnastique comportant un dispositif extenseur, destiné à exercer la musculature. ⇒ **extenseur.** — Adj. *Un cycle exerciseur.*

exergue [ɛgzɛʀg] n. m. ■ Inscription placée dans une œuvre d'art (tableau, médaille) ou en tête d'un texte. ⇒ **épigraphe.** EN EXERGUE : comme présentation, explication. *Mettre un proverbe en exergue à un tableau, à un texte.*

exhaler [ɛgzale] v. tr. ▪ conjug. 1. **1.** Dégager de soi et répandre au-dehors (une chose volatile, odeur, vapeur, gaz). *Exhaler des effluves. Exhaler une odeur* (agréable ou désagréable). **2.** Laisser échapper de sa gorge, de sa bouche (un souffle, un son, un soupir). *Exhaler le dernier soupir.* ⇒ **pousser, rendre.** **3.** Littér. Manifester (un sentiment) de façon audible, par des chants, des pleurs, etc. ⇒ **exprimer, manifester.** *Exhaler sa joie dans un chant.* ▶ ***exhalaison*** [ɛgzalɛzɔ̃] n. f. ■ Ce qui s'exhale d'un corps. ⇒ **émanation.** *Des exhalaisons odorantes.* ⇒ **effluve, odeur.**

exhausser [ɛgzose] v. tr. ▪ conjug. 1. ■ Augmenter (une construction) en hauteur. ⇒ **surélever.** *Exhausser un mur, une digue. Exhausser une maison d'un étage.* / contr. **abaisser** / ≠ *exaucer.* ▶ ***exhaussement*** n. m. ■ Action d'exhausser ; son résultat. ⇒ **surélévation.** *L'exhaussement d'un mur, d'un édifice.*

exhaustif, ive [ɛgzostif, iv] adj. ■ Qui traite complètement un sujet. *Étude exhaustive. Liste, bibliographie exhaustive.* / contr. **incomplet** / ▶ ***exhaustivement*** adv. ■ *Les mots de ce texte ont été relevés exhaustivement.* ▶ ***exhaustivité*** n. f. ■ Caractère de ce qui est exhaustif. *Sa bibliographie vise à atteindre l'exhaustivité.*

exhiber [ɛgzibe] v. tr. ▪ conjug. 1. **1.** Montrer, faire voir (à qqn, au public). *Il exhibe son diplôme à tous ses amis.* **2.** Péj. Montrer avec ostentation. *Exhiber ses décorations, des toilettes tapageuses.* ⇒ **arborer, déployer, étaler.** *Exhiber ses seins,* les montrer nus. — Abstrait. *Exhiber sa science.* — Péj. S'EXHIBER v. pron. : se produire, se montrer en public. *Il ne manque jamais de s'exhiber dans les soirées.* ▶ ***exhibition*** [ɛgzibisjɔ̃] n. f. **1.** Action de montrer (spécialt au public). ⇒ **présentation.** *Exhibition de fauves, dans un cirque.* **2.** Déploiement, étalage ostentatoire. *Exhibition de toilettes fastueuses, de luxe.* ▶ ***exhibitionnisme*** n. m. **1.** Obsession morbide qui pousse certains sujets à exhiber leurs organes génitaux. **2.** Fait d'afficher en public ses sentiments, sa vie privée, ce qu'on devrait cacher. *L'exhibitionnisme d'un écrivain.* ▶ ***exhibitionniste*** n. et adj. **1.** Personne qui manifeste de l'exhibitionnisme (1). *Un exhibitionniste. — Des tendances exhibitionnistes.* — Personne qui aime se montrer nue. *C'est un(e) exhibitionniste.* **2.** Qui affiche en public ses sentiments, sa vie privée.

exhorter [ɛgzɔʀte] v. tr. ▪ conjug. 1. ■ EXHORTER *qqn* À : s'efforcer par des discours persuasifs de lui faire faire qqch. ⇒ **encourager, engager, inciter, inviter** à. *Je vous exhorte à la patience.* — (+ infinitif) *Je vous exhorte à faire votre devoir.* — Pronominalement. *Elles s'exhortaient à l'action, à agir.* ▶ ***exhortation*** n. f. ■ Paroles pour exhorter. ⇒ **encouragement, incitation.** *Toutes nos exhortations n'ont servi à rien.*

exhumer [ɛgzyme] v. tr. ▪ conjug. 1. **1.** Retirer (un cadavre) de la terre, de la sépulture. ⇒ **déterrer.** / contr. **enterrer, inhumer** / *Exhumer un corps pour l'autopsie.* **2.** Retirer (une chose enfouie) du sol, spécialt par des fouilles. *Exhumer les ruines d'une maison remontant au Régime français.* **3.** Abstrait. Tirer de l'oubli. ⇒ **rappeler, ressusciter.** *Exhumer de vieilles rancunes, des souvenirs.* ▶ ***exhumation*** n. f. ■ Littér. Action d'exhumer ; son résultat. *L'exhumation d'un corps. L'exhumation de vestiges.*

exigeant, ante [ɛgziʒɑ̃, ɑ̃t] adj. **1.** Qui est habitué à exiger beaucoup. *Vous n'êtes pas très exigeant.* ⇒ **regardant, sévère.** *Caractère exigeant,* difficile à contenter. ⇒ **difficile.** — (Du point de vue moral, intellectuel) ⇒ **sévère.** *C'est une critique exigeante.* **2.** (Disposition, sentiment, activité) Qui a besoin de beaucoup pour s'affirmer, s'exercer. *Profession exigeante. Une religion exigeante.* / contr. **facile** /

exigence [ɛgziʒɑ̃s] n. f. Action d'exiger ; ce qui est exigé. **1.** Au plur. Ce qu'une personne, une collectivité, une discipline, réclame d'autrui. *Si tu te laisses faire, ses exigences n'auront plus de limites.* ⇒ **revendication.** *Céder aux exigences de qqn,* faire toutes ses volontés. — Ce qu'on demande, en argent (prix, salaire). *Quelles sont vos exigences ?* ⇒ **condition, prétention.** **2.** Au sing. et au plur. Ce qui est réclamé comme nécessaire (moralement). *Avoir une grande exigence d'honnêteté.* **3.** Au sing. Caractère d'une personne exigeante, difficile à contenter. *Il est d'une exigence insupportable.*

exiger [ɛgziʒe] v. tr. ▪ conjug. 3. **1.** Demander impérativement (ce que l'on pense avoir le droit ou la force d'obtenir). ⇒ **réclamer, requérir.** *On exige une compensation, des réparations. Exiger le silence. Qu'exigez-vous de moi ?* — Requérir comme nécessaire pour remplir tel rôle, telle fonction. *Ce métier exige beaucoup de qualités.* — Au p. p. adj. *Diplômes exigés.* — EXIGER QUE (+ subjonctif). *Elle exige qu'il revienne.* ⇒ **commander, ordonner, sommer.** (+ conditionnel) *Il exigea, avant de signer, qu'on lui réserverait ce droit.* — EXIGER DE (+ infinitif). *Il exigea de partir le premier.* **2.** (Suj. chose) Rendre indispensable, inévitable, obligatoire. *Les circonstances exigent une action immédiate.* ⇒ **imposer, nécessiter, réclamer.** *Ce travail exige beaucoup d'attention.* ▸ ***exigible*** adj. ▪ Qu'on a le droit d'exiger. *Somme exigible à la commande.* ⟨ ▸ exigeant, exigence ⟩

exigu, uë [ɛgzigy] adj. ▪ D'une dimension insuffisante. ⇒ **minuscule, petit, restreint.** *Un appartement, un patio exigu.* / contr. **grand** / ▸ ***exiguïté*** [ɛgzigɥite] n. f. ▪ Caractère de ce qui est de dimension insuffisante. ⇒ **petitesse.** *L'exiguïté d'un logement.*

exil [ɛgzil] n. m. **1.** Expulsion de qqn hors de sa patrie, avec défense d'y rentrer ; situation de la personne expulsée. ⇒ **bannissement, déportation, proscription.** *Condamner qqn à l'exil. Envoyer qqn en exil ; être en exil. Lieu, terre d'exil. Au retour de l'exil.* **2.** Littér. Obligation de séjourner hors d'un lieu, loin d'une personne qu'on regrette. ⇒ **éloignement, séparation.** *Vivre loin d'elle est pour lui un dur exil.* ▸ ***exiler*** v. tr. ▪ conjug. 1. **1.** Envoyer (qqn) en exil. ⇒ **bannir, déporter, expatrier, expulser, proscrire.** *Le gouvernement militaire a exilé ses adversaires.* **2.** Éloigner (qqn) d'un lieu et lui interdire d'y revenir. ⇒ **chasser, éloigner. 3.** S'EXILER v. pron. réfl. : se condamner à l'exil ; s'installer très loin de son pays. *Il ne veut pas (aller) s'exiler en Australie. Ils se sont exilés pour trouver du travail,* ils ont émigré. ▸ ***exilé, ée*** adj. et n. ▪ Qui est en exil (1). *Opposant politique exilé.* — N. *Un, une exilé(e).*

existence [ɛgzistɑ̃s] n. f. **I. 1.** Le fait d'être ou d'exister opposé à *essence*). ⇒ ② **être.** *Pour Descartes, c'est la pensée qui assure l'être humain de son existence.* **2.** Le fait d'exister, d'avoir une réalité (pour un observateur). *Tiens, le voilà, celui-là ; j'avais oublié son existence. J'ignorais l'existence de ce testament. Découvrir l'existence d'une étoile, d'un corps chimique.* **II. 1.** Vie considérée dans sa durée, son contenu. *Traîner une existence misérable. Conditions, moyens d'existence (ou de vie). Elle se complique inutilement l'existence.* — Durée (d'une situation, d'une institution). *Cette institution a maintenant deux siècles d'existence.* **2.** Mode, type de vie. *Changer d'existence en se mariant.* ▸ ***existentialisme*** [ɛgzistɑ̃sjalism] n. m. ▪ Doctrine philosophique selon laquelle l'être humain n'est pas déterminé d'avance par son essence*, mais est libre et responsable de son existence. ▸ ***existentialiste*** adj. et n. ▪ Qui se rapporte à l'existentialisme. *Philosophe existentialiste.* — N. *Les existentialistes chrétiens, athées.* ⟨ ▸ coexistence, inexistence, préexistence ⟩

exister [ɛgziste] v. intr. ▪ conjug. 1. **1.** Avoir une réalité. ⇒ ① **être.** *Être imaginaire qui n'a jamais existé. Cette ancienne coutume existe encore.* ⇒ **continuer, durer, persister.** — Se trouver (quelque part). *Cette variété d'oiseau n'existe pas en Amérique.* — Impers. IL EXISTE... : il y a. *Il existe une école primaire dans chaque quartier.* **2.** (Suj. personne) Vivre. *Elle a une raison d'exister. Quand j'aurai cessé d'exister.* **3.** (Sens fort) Avoir de l'importance, de la valeur. ⇒ **compter.** *Le passé n'existe pas pour elle. Rien n'existe pour lui lorsqu'il travaille. Et nos souvenirs ? Ça existe !* ▸ ***existant, ante*** adj. **1.** Qui existe, qui a une réalité. ⇒ **positif, réel.** *Les choses existantes et les choses imaginaires.* / contr. **irréel, virtuel** / **2.** Qui existe actuellement. ⇒ **actuel, présent.** *Majorer les tarifs existants.* ⟨ ▸ coexister, existence, inexistant, préexister ⟩

ex-libris [ɛkslibʀis] n. m. invar. ▪ Inscription, vignette apposée sur un livre pour en indiquer le propriétaire. *Des ex-libris.*

exo- ▪ Élément signifiant « au-dehors ». / contr. **endo-** /

exode [ɛgzɔd] n. m. **1.** (Personnes) Émigration, départ en masse. ⇒ **fuite.** *L'exode des civils français fuyant les troupes allemandes* (mai-juin 1940). — *Exode rural,* mouvement important de la population qui abandonne la campagne au profit de la ville. — *L'exode des ouvriers de la construction au moment des vacances.* — *L'exode des cerveaux.* **2.** (Choses) *Exode des capitaux,* leur départ à l'étranger.

exonérer [ɛgzɔneʀe] v. tr. ▪ conjug. 6. **1.** Décharger (qqn de qqch. à payer). *Exonérer un contribuable,* le décharger d'une partie ou de la totalité de l'impôt. — Par ext. Au p. p. adj. *Marchandises exonérées,* dispensées de droits de douane. **2.** Ne pas rendre qqn responsable de qqch. ⇒ **disculper, innocenter.** *On l'a exonérée de tout blâme à la suite de cet accident.* ▸ ***exonération*** n. f. ▪ Action d'exonérer ; son résultat. ⇒ **abattement, déduction, dégrèvement, exemption, immunité, remise.** *Exonération fiscale.* / contr. **majoration, surtaxe** / *L'exonération des primes d'assurance-chômage.*

exophtalmie [ɛgzɔftalmi] n. f. ▪ Saillie anormale du globe oculaire hors de l'orbite.

exorbitant, ante [ɛgzɔʀbitɑ̃, ɑ̃t] adj. ▪ Qui sort des bornes, qui dépasse la juste mesure. ⇒ **démesuré, énorme, excessif.** *Sommes exorbitantes. Prix exorbitant.* ⇒ **exagéré.** *Ses prétentions sont exorbitantes.*

exorbité, ée [ɛgzɔʀbite] adj. ▪ *Yeux exorbités,* qui sortent de l'orbite ; tout grand ouverts (d'étonnement, de peur, etc.).

exorciser [ɛgzɔʀsize] v. tr. ▪ conjug. 1. **1.** Chasser (les démons) du corps des possédés à l'aide de formules et de cérémonies. *Exorciser un démon.* — Littér. *Exorciser la peur, la haine.* **2.** Délivrer (un possédé) de ses démons. ▸ ***exorcisme*** n. m. ▪ Pratique religieuse pour exorciser. *Faire des exorcismes.* ▸ ***exorciste*** n. ▪ Personne qui exorcise.

exorde [ɛgzɔʀd] n. m. ▪ Première partie (d'un discours), entrée en matière. ⇒ **introduction, préambule, prologue.** *Après un bel exorde, elle aborda son sujet.* / contr. **conclusion, épilogue, péroraison** /

exotique [ɛgzɔtik] adj. et n. ▪ Qui n'appartient pas aux civilisations de l'Occident ; qui est apporté de pays lointains. *Produits, denrées exotiques.* / contr. **indigène** / *Danses exotiques.* ▸ ***exotisme*** n. m. **1.** Caractère de ce qui est exotique. *Avoir le goût de l'exotisme.* **2.** Goût des choses exotiques.

expansible [ɛkspɑ̃sibl] adj. ▪ Terme de science. Qui est susceptible d'expansion, qui peut se dilater. *Les gaz sont expansibles.*

expansif, ive [ɛkspɑ̃sif, iv] adj. ▪ Qui s'exprime avec effusion. ⇒ **communicatif, démonstratif, exubérant.** *Un homme peu expansif. Être d'un naturel expansif.* ⇒ **ouvert.** / contr. **gêné, renfermé, réservé, timide** / *Une joie expansive,* débordante. ▸ ***expansivité*** n. f. ▪ Caractère expansif. *Refouler son expansivité.* / contr. **réservé** /

expansion [ɛkspɑ̃sjɔ̃] n. f. **1.** Action de s'étendre, de prendre plus de terrain ou de place en se développant. ⇒ **extension.** / contr. **recul, régression** / *L'expansion d'un pays hors de ses frontières. Expansion économique. Le secteur de l'électronique est en pleine expansion.* ⇒ **essor.** *L'expansion des idées nouvelles.* ⇒ **diffusion, propagation.** *L'expansion démographique.* ⇒ **accroissement. 2.** Mouvement par lequel une personne communique ses pensées, ses sentiments. ⇒ **effusion, épanchement.** *Besoin d'expansion.* / contr. **froideur, réserve** / **3.** Dans les sciences. Développement (d'un corps fluide) en volume ou en surface (dilatation, décompression, etc.). *L'expansion des gaz* (⇒ **expansible**). — *La théorie de l'expansion de l'univers,* de sa dilatation par la fuite des galaxies. ▸ ***expansionnisme*** n. m. ■ Politique d'expansion (1). ▸ ***expansionniste*** n. et adj. ■ Partisan de l'expansion territoriale, économique. — *Une politique expansionniste.* ‹ ▸ expansible, expansif ›

expatrier [ɛkspatʀije] v. tr. ▪ conjug. 7. **1.** Rare. Obliger (qqn) à quitter sa patrie. ⇒ **exiler, expulser.** — *Expatrier des capitaux,* les placer à l'étranger. **2.** S'EXPATRIER v. pron. réfl. : quitter sa patrie pour s'établir ailleurs. ⇒ **émigrer.** *Ouvriers qui s'expatrient pour trouver du travail.* ▸ ***expatrié, ée*** adj. ■ *Ennemis politiques expatriés,* exilés, réfugiés. — N. *Des expatriés.* ▸ ***expatriation*** n. f. ■ Action d'expatrier ou de s'expatrier ; son résultat. *L'expatriation des Canadiens français vers les États-Unis, au* XIX*e siècle. L'expatriation des capitaux.*

expectative [ɛkspɛktativ] n. f. **1.** Littér. Attente fondée sur des promesses ou des probabilités. *Une longue expectative.* **2.** Attente prudente qui consiste à ne pas prendre parti, en espérant une solution. *Demeurer, rester dans l'expectative. Sortir de son expectative.*

expectorer [ɛkspɛktɔʀe] v. tr. ▪ conjug. 1. ■ Rejeter, expulser par la bouche (les sécrétions, les mucosités qui obstruent les voies respiratoires, les bronches). ⇒ **cracher, tousser.** ▸ ***expectoration*** n. f. ■ Fait d'expectorer. — Par ext. Les matières ainsi rejetées. ▸ ***expectorant, ante*** adj. et n. m. ■ Qui aide, qui facilite l'expectoration. *Un sirop expectorant.* — N. m. *Des expectorants.*

① ***expédient, ente*** [ɛkspedjɑ̃, ɑ̃t] adj. ■ Littér. Qui convient pour la circonstance. ⇒ **commode, convenable, opportun, utile.** *Vous ferez ce que vous jugerez expédient. Trouver un moyen expédient.* / contr. **inopportun, inutile** /

② ***expédient*** n. m. **1.** Mesure qui permet de se tirer d'embarras momentanément. ⇒ **échappatoire.** *Nous trouverons toujours un expédient, sinon une véritable solution.* **2.** Moyen pour se procurer de l'argent. *Vivre d'expédients,* être obligé, pour vivre, de recourir à des moyens anormaux, indélicats.

① ***expédier*** [ɛkspedje] v. tr. ▪ conjug. 7. **1.** Faire (qqch.) rapidement, sans attendre. *Expédier les affaires courantes.* — Faire sans soin, pour se débarrasser. *Expédier une corvée. Écolier qui expédie ses devoirs.* ⇒ **bâcler ;** fam. **torcher. 2.** *Expédier qqn,* en finir au plus vite avec lui pour s'en débarrasser. ⇒ se **débarrasser.** — Fam. *Expédier qqn au (chez le) diable,* le renvoyer avec colère ou impatience. ⇒ envoyer **paître.** ▸ ***expéditif, ive*** adj. ■ Qui expédie les affaires, son travail. ⇒ **actif, rapide, vif.** *Être expéditif en affaires.* — (Choses) Qui permet d'expédier les affaires. *Le moyen le plus expéditif.* ⇒ **court.** / contr. **lent** / — *Justice expéditive,* rendue trop rapidement pour être sans défaut. ▸ ① ***expédition*** n. f. ■ Action d'expédier (1) ce qu'on a à faire. *L'expédition des affaires courantes.* ‹ ▸ ② expédier ›

② ***expédier*** v. tr. ▪ conjug. 7. **1.** Faire partir pour une destination. ⇒ **envoyer.** *Expédier une lettre, un colis par la poste.* **2.** Fam. Envoyer (qqn) au loin pour s'en débarrasser. *Ils ont expédié leur fille dans un camp de vacances.* — *Expédier qqn dans l'autre monde,* le tuer. ▸ ***expéditeur, trice*** n. ■ Personne qui expédie qqch. ⇒ **envoyeur.** / contr. **destinataire** / *L'expéditeur d'une lettre, d'un colis. L'expéditeur et le destinataire.* — Adj. *Société expéditrice.* ▸ ② ***expédition*** n. f. **1.** Action de faire partir (qqch.) pour une destination. ⇒ **envoi.** *Expédition de marchandises pour l'étranger. Expédition par bateau. L'expédition du courrier.* **2.** Chose expédiée. *Je n'ai pas reçu votre expédition.* ⇒ **envoi.** — Quantité de marchandises expédiées. *Les expéditions ont augmenté.* ▸ ① ***expéditionnaire*** n. ■ Employé(e) chargé(e) des expéditions dans une maison de commerce. ‹ ▸ ③ expédition, réexpédier ›

③ ***expédition*** n. f. **1.** Opération militaire exigeant un déplacement de troupes. ⇒ ② **campagne.** *Expédition rapide pour surprendre l'ennemi.* ⇒ **coup** de main, **raid. 2.** Voyage d'exploration dans un pays difficilement accessible ; personnel et matériel nécessaires à ce voyage. *Organiser, financer une expédition scientifique. Film rapporté par une expédition.* — *C'est une véritable expédition !,* se dit d'un déplacement qui exige tout un matériel. ▸ ② ***expéditionnaire*** adj. ■ Envoyé en expédition militaire. *Corps expéditionnaire.*

① ***expérience*** [ɛkspeʀjɑ̃s] n. f. **1.** L'EXPÉRIENCE DE *qqch.* : le fait d'éprouver qqch., considéré comme un élargissement ou un enrichissement de la connaissance, du savoir, des aptitudes. ⇒ **pratique, usage.** *Expérience prolongée d'une chose.* ⇒ **habitude.** *L'expérience du monde, des hommes. Faire l'expérience de qqch.,* éprouver, ressentir. ⇒ **expérimenter.** *Je n'en ai pas encore fait l'expérience.* — Le fait d'éprouver une fois qqch. *C'est une expérience qu'elle ne recommencera pas !* **2.** Sans compl. La pratique que l'on a eue de qqch., considérée comme un enseignement. *L'expérience l'a rendu sage. Les leçons de l'expérience. Vérité, fait d'expérience.* ⇒ **constatation. 3.** Sans compl. Ensemble des acquisitions de l'esprit résultant de l'exercice des facultés, au contact de la réalité, de la vie. ⇒ **connaissance, savoir.** *Avoir plus de courage, de bonne volonté que d'expérience. C'est un débutant sans expérience.* ‹ ▸ ② expérience, inexpérience ›

② ***expérience*** n. f. **1.** Le fait de provoquer une observation dans l'intention d'étudier un phénomène, de contrôler ou de suggérer une idée, une hypothèse. ⇒ **épreuve, essai, expérimentation.** *Se livrer à des expériences. Faire une expérience, des expériences de physique, de chimie. Hypothèse confirmée par l'expérience.* **2.** Essai, tentative. *Tentons l'expérience par curiosité. Faire une expérience de vie commune.*

① ***expérimenter*** [ɛkspeʀimɑ̃te] v. tr. ▪ conjug. 1. ■ Éprouver, connaître par expérience. ⇒ **éprouver.** *On ne peut pas juger de cela sans l'avoir expérimenté.* ▸ ***expérimenté, ée*** adj. ■ Qui est instruit par l'expérience (①, 3). ⇒ **chevronné, éprouvé, exercé, expert.** *C'est un pilote expérimenté. Un acheteur expérimenté,* averti. / contr. **débutant, inexpérimenté** / ‹ ▸ ② expérimenter, inexpérimenté ›

② ***expérimenter*** v. tr. ▪ conjug. 1. ■ Pratiquer des opérations destinées à étudier, à juger (qqch.). ⇒ **éprouver, essayer, vérifier.** *Expérimenter un vaccin sur un cobaye. Expérimenter un nouveau procédé, une nouvelle voiture.* ▸ ***expérimental, ale, aux*** adj. **1.** Fondé sur l'expérience scientifique ; qui emploie systématiquement l'expérience (opposé à *théorique*). *Méthode expérimentale,* observation, classification, hypothèse et vérification par des expériences appropriées. *Science expérimentale.* **2.** Qui constitue une expérience. — Fait, construit pour en éprouver les qualités. *Cultures expérimentales. Fusée expérimentale.*

À titre expérimental, pour en faire l'expérience. ▸ ***expérimentalement*** adv. ■ Par l'expérience scientifique. *Cette théorie a été vérifiée expérimentalement.* ▸ ***expérimentateur, trice*** n. ■ Personne qui effectue des expériences scientifiques. *Une habile expérimentatrice.* ▸ ***expérimentation*** n. f. ■ Emploi systématique de l'expérience scientifique. *L'expérimentation en chimie, en agriculture.*

expert, erte [ɛkspɛʀ, ɛʀt] adj et n. **I.** Adj. Qui a acquis une grande habileté par l'expérience, par la pratique. ⇒ **expérimenté.** / contr. **inexpérimenté ; amateur** / *Un technicien expert.* ⇒ **éprouvé.** *Elle n'est pas experte dans cet art, en la matière. Être expert à manier une arme.* **II.** N. Personne choisie pour ses connaissances techniques et chargée de faire des examens, constatations ou appréciations de fait (opposé à *grand public*). ⇒ **personne-ressource, spécialiste ; expertise.** *L'avis des experts. Elle est experte devant les tribunaux civils. Expert (en) d'assurances.* — Personne dont la profession consiste à reconnaître l'authenticité et à apprécier la valeur des objets d'art. *Faire estimer un tableau, un meuble, une collection par un expert.* — REM. L'O.L.F. propose *experte* (II) au féminin. ▸ ***expert-comptable, erte*** n. ■ Personne faisant profession d'organiser, vérifier, apprécier ou redresser les comptabilités sous sa responsabilité. *Des experts-comptables. Elle est experte-comptable.* ▸ ***expert-conseil, erte*** n. ■ Personne qui fournit son expertise lors d'affaires litigieuses. *Des experts-conseils.* ▸ ***expertise*** n. f. **1.** Mesure par laquelle des experts sont chargés de procéder à un examen technique (pendant l'instruction d'un procès). *Le juge a ordonné une expertise.* **2.** Estimation de la valeur d'un objet d'art, étude de son authenticité par un expert. *L'expertise a prouvé que le tableau était un faux.* **3.** Connaissance et compétence d'expert. *Société qui est réputée pour son expertise en informatique.* ▸ ***expertiser*** v. tr. ▪ conjug. 1. ■ Soumettre à une expertise. *Expertiser les dégâts.* ⇒ **estimer, évaluer.** *Faire expertiser un tableau.* ⟨ ▸ contre-expertise ⟩

expier [ɛkspje] v. tr. ▪ conjug. 7. **1.** Réparer, en subissant une expiation. *Expier ses torts.* — Dans la religion chrétienne. *Expier ses péchés par la pénitence.* **2.** Payer pour (en subissant une conséquence ou par sentiment de culpabilité). *Expier une erreur, ses imprudences.* ▸ ***expiation*** n. f. ■ Souffrance imposée ou acceptée à la suite d'une faute et considérée comme un remède ou une purification. *Le remords d'une faute entraîne un désir d'expiation.* ⇒ **rachat, réparation, repentir.** *Châtiment infligé en expiation d'un crime.* ▸ ***expiatoire*** adj. ■ Qui est destiné à une expiation. *Une peine expiatoire. Victime expiatoire* (d'un sacrifice). ⟨ ▸ inexpiable ⟩

① ***expirer*** [ɛkspiʀe] v. tr. ▪ conjug. 1. ■ Expulser des poumons (l'air inspiré). ⇒ **souffler.** / contr. ② **inspirer** / *Inspirez profondément, expirez !* — Au p. p. adj. *L'air expiré.* ▸ ① ***expiration*** n. f. ■ Action par laquelle les poumons expulsent l'air (⇒ **respiration**). / contr. ② **inspiration** / *Expiration par le nez, la bouche.* ⟨ ▸ ② expirer ⟩

② ***expirer*** v. intr. ▪ conjug. 1. **1.** Rendre le dernier soupir. ⇒ s'**éteindre, mourir.** *Il est sur le point d'expirer.* ⇒ **expirant.** *Le malade a expiré dans la soirée, est expiré depuis l'aube.* **2.** (Choses) Cesser d'être ; prendre fin. ⇒ **disparaître,** s'**évanouir.** *Le feu expirait lentement.* **3.** (Temps prescrit, convention) Arriver à son terme. ⇒ **finir.** *Ce passeport expire le 1er septembre. Votre abonnement expirera le mois prochain.* ▸ ***expirant, ante*** adj. **1.** Qui est près d'expirer. ⇒ **agonisant, mourant. 2.** Qui finit, qui va cesser d'être. *Une flamme expirante. Parler d'une voix expirante.* ▸ ② ***expiration*** n. f. ■ Moment où se termine (un temps prescrit ou convenu). ⇒ **échéance,** ② **fin,** ① **terme.** *À l'expiration des délais.* — Fin de la validité (d'une convention). *L'expiration d'une trêve. Le bail arrive à expiration.* / contr. **continuation** /

explétif, ive [ɛkspletif, iv] adj. ■ Qui sert à remplir la phrase sans être nécessaire au sens (ex. : dans « il craint que je ne sois trop jeune », « regardez-moi ce maladroit », *ne, moi* sont explétifs).

explicable [ɛksplikabl] adj. ■ Qui s'explique ; dont on peut donner la cause, la raison. ⇒ **compréhensible.** *Cette erreur n'est pas explicable. C'est un phénomène facilement explicable.* / contr. **incompréhensible, inexplicable** / ⟨ ▸ inexplicable ⟩

explicatif, ive [ɛksplikatif, iv] adj. **1.** (Choses) Qui explique. *Note explicative jointe à un dossier, un rapport. Commentaires explicatifs au bas d'une page.* — Qui indique comment se servir de qqch. *Note explicative jointe à un appareil.* ⇒ ① **guide, notice 2.** Grammaire. *Proposition relative explicative,* qui ne fait qu'expliquer l'antécédent sans en restreindre le sens (ex. : son père *qui était en Italie* lui écrivait rarement).

explication [ɛksplikasjɔ̃] n. f. Action d'expliquer ; son résultat. **1.** Développement destiné à éclaircir le sens de qqch. ⇒ **commentaire, éclaircissement.** *Elle a fourni des explications supplémentaires. Explications jointes à un texte* ⇒ **note, remarque**, *à une carte* ⇒ **légende.** — *Explication de textes,* étude littéraire, stylistique d'un texte. **2.** Ce qui rend compte d'un fait. ⇒ **cause, motif, raison.** *Quelle est l'explication de ce retard dans le courrier ?* **3.** Éclaircissement sur les intentions, la conduite. ⇒ **justification.** *Demander des explications à qqn sur une démarche. Je ne trouve aucune explication à sa conduite.* **4.** Discussion dans laquelle on s'explique (3). *Ils ont eu une longue explication, une explication franche, orageuse.*

explicite [ɛksplisit] adj. **1.** Qui est suffisamment clair et précis dans l'énoncé ; qui ne peut laisser de doute. ⇒ **net.** / contr. **implicite** / *Sa déclaration est parfaitement explicite.* — *Cours sur la sexualité qui est très explicite,* qui ne dissimule rien. **2.** (Personnes) Qui s'exprime avec clarté, sans équivoque. *Il n'a pas été très explicite sur ce point.* ▸ ***explicitement*** adv. ■ D'une manière explicite, formelle. *Demande formulée explicitement.* / contr. **implicitement** / ▸ ***expliciter*** v. tr. ▪ conjug. 1. ■ Énoncer formellement. ⇒ **formuler.** *Toutes les clauses du contrat ont été explicitées.* — Rendre clair et précis. *Il vous faut expliciter votre point de vue.*

expliquer [ɛksplike] v. tr. ▪ conjug. 1. **I. 1.** Faire connaître, faire comprendre nettement en développant. *Expliquer ses projets, ses intentions à qqn.* ⇒ **exposer.** *On m'a tout expliqué en détail.* **2.** Rendre clair, faire comprendre (ce qui est ou paraît obscur). ⇒ **commenter, éclaircir, éclairer.** *Expliquer un texte difficile, un théorème.* — Donner les indications, la recette (pour faire qqch.). ⇒ **apprendre, enseigner.** *Expliquer à qqn le maniement d'une voiture, la règle d'un jeu.* ⇒ **montrer. 3.** Faire connaître la raison, la cause de (qqch.). *Je constate le fait, mais je ne peux pas l'expliquer. Comment expliquer ce brusque revirement ?* — (Choses) Être la cause, la raison visible de ; rendre compte de. *Cela explique bien des choses !* **4.** EXPLIQUER QUE : faire comprendre que. ⇒ **dire, exposer, montrer** que. *Expliquez-lui que nous comptons sur lui.* — (+ subjonctif) *Comment expliquez-vous qu'on puisse vivre sans travailler ?* **II.** S'EXPLIQUER v. pron. **1.** Faire connaître sa pensée, sa manière de voir. *Je ne sais si je me suis bien expliqué. Je m'explique,* je donne des précisions sur ce que je viens de dire. **2.** Rendre raison d'un fait, d'une opinion. *Elle s'est expliquée sur son absence.* ⇒ **disculper, justifier.**

S'expliquer avec qqn, se justifier auprès de lui. *Allez donc vous expliquer avec elle !* **3.** (Récipr.) Avoir une discussion. *Ils se sont expliqués et ont fini par se mettre d'accord.* — Fam. Se battre. *Ils sont partis s'expliquer dehors.* **4.** (Réfl.) Comprendre la raison, la cause de (qqch.). *Je m'explique mal ce que vous faites ici.* — (+ subjonctif) *Je ne m'explique pas qu'elle soit en retard.* **5.** (Passif) Être rendu intelligible. *Cet accident ne peut s'expliquer que par une négligence. La chose s'explique d'elle-même.* ‹ ▸ explicable, explicatif, explication, inexpliqué ›

exploit [ɛksplwa] n. m. ■ Action remarquable, exceptionnelle. ⇒ **prouesse.** *Exploit sportif, athlétique.* ⇒ **performance, record.** *En gagnant cette course, elle a réalisé un véritable exploit.* — Iron. *Vous avez fait là un bel exploit !,* en parlant d'une action faite mal à propos.

exploiter [ɛksplwate] v. tr. ▪ conjug. 1. **1.** Faire valoir (une chose) ; tirer parti de. *Exploiter une mine. Exploiter un réseau de chemin de fer. Exploiter un brevet, une licence.* **2.** Fig. Utiliser d'une manière avantageuse, faire rendre les meilleurs résultats. *Il faut exploiter la situation ; elle ne durera pas.* ⇒ **profiter** de. *On a exploité sa déclaration contre lui.* **3.** Se servir de (qqn) en n'ayant en vue que le profit. ⇒ **abuser** de. *Exploiter qqn* (spécialt le faire travailler en le payant trop peu). *Ce patron exploite ses employés.* ▸ ***exploitable*** adj. ■ (Choses) Qui peut être exploité avec profit. *Cette forêt n'est pas encore exploitable.* ▸ ***exploitant, ante*** n. **1.** Personne (ou société) qui fait fonctionner une exploitation. *L'exploitant d'une érablière. Les petits exploitants.* **2.** Propriétaire ou directeur de salle de cinéma. ⇒ **gérant.** ≠ *exploiteur.* ▸ ***exploitation*** n. f. **1.** Action d'exploiter, de faire valoir (une chose). → Mise en valeur. *L'exploitation du sol, d'un domaine.* ⇒ **culture.** *Exploitation d'une mine, du sous-sol.* — Action de faire fonctionner en vue d'un profit. *L'exploitation d'une ligne aérienne.* — En informatique. *Système d'exploitation,* ensemble des programmes standards livrés avec un ordinateur. **2.** Le bien exploité ; le lieu où se fait la mise en valeur de ce bien. *Une exploitation familiale. Exploitation agricole* ⇒ **domaine,** ② **ferme, propriété**, *industrielle* ⇒ **fabrique, industrie, usine**, *commerciale* ⇒ **commerce, entreprise, établissement**. *Une exploitation forestière.* ⇒ **camp** (5), **chantier ; drave, papier. 3.** Abstrait. Utilisation méthodique. *L'exploitation rationnelle d'une idée originale, d'une situation.* **4.** Action d'abuser à son profit. *L'exploitation de la crédulité publique.* — Terminologie marxiste. *Exploitation de l'homme par l'homme,* le fait de tirer un profit (plus-value) du travail d'autres hommes. *L'exploitation capitaliste.* ▸ ***exploité, ée*** adj. et n. ■ Qu'on exploite. *Un domaine bien exploité.* — (Personnes) *Une classe sociale exploitée.* — N. *Les exploiteurs et les exploités.* ▸ ***exploiteur, euse*** n. ■ Péj. Personne qui tire un profit abusif d'une situation ou d'une personne. ⇒ **profiteur.** / contr. **exploité** / ≠ *exploitant.* ‹ ▸ inexploitable, inexploité, surexploiter ›

explorer [ɛksplɔʀe] v. tr. ▪ conjug. 1. **1.** Parcourir (un pays mal connu) en l'étudiant avec soin. *Découvrir et explorer une île, une zone polaire.* — Parcourir en observant, en cherchant. *Nous avons exploré toute la maison, mais nous n'avons rien trouvé.* **2.** Abstrait. Faire des recherches sur (qqch.), dans le domaine de la pensée. *Explorer une science, une question.* ⇒ **approfondir, étudier, scruter. 3.** Reconnaître, observer (un organe, etc.) à l'aide d'instruments ou de procédés spéciaux. ⇒ **ausculter, examiner, sonder.** *Explorer une plaie avec une sonde.* ▸ ***explorateur, trice*** n. ■ Personne qui explore un pays lointain, peu accessible ou peu connu. *Les grands explorateurs. Une équipe d'explorateurs.* ▸ ***exploration*** n. f. **1.** Action d'explorer (un pays). *Partir en exploration.* ⇒ **expédition.** — Examen méthodique (d'un lieu). *L'exploration d'une grotte, d'une forêt.* **2.** Abstrait. *L'exploration d'un sujet, d'un problème.* ⇒ **approfondissement.** *L'exploration du subconscient.* **3.** Examen minutieux de la structure ou du fonctionnement (des organes internes). ‹ ▸ inexploré ›

exploser [ɛksploze] v. intr. ▪ conjug. 1. **1.** Faire explosion. ⇒ **éclater, détoner, sauter ;** fam. **péter.** *Bombe, obus qui explose. Ce gaz explose au contact d'une flamme.* **2.** Fig. (Sentiments) Se manifester brusquement et violemment. ⇒ **éclater.** *Sa colère, son mécontentement explosa.* — (Personnes) *Exploser en injures, en imprécations.* **3.** Se développer largement ou brusquement. ⇒ ① **monter** (I, 9). *La pénurie de matières premières a fait exploser les prix.* ≠ *imploser.* ▸ ***explosible*** adj. ■ Qui peut faire explosion. *Gaz explosible.* ▸ ① ***explosif, ive*** adj. **1.** Relatif à l'explosion. *Onde explosive,* créée par une explosion, onde de choc. **2.** Qui peut faire explosion. ⇒ **explosible.** *Obus explosifs percutants et fusants.* **3.** Fig. *Une situation explosive,* critique, tendue. — *Un tempérament explosif,* sujet à de brusques colères. ▸ ② ***explosif*** n. m. ■ Composé ou mélange de corps susceptible de dégager en un temps extrêmement court un grand volume de gaz portés à haute température. *La dynamite, le plastic sont des explosifs. Explosifs thermonucléaires* ou *atomiques,* corps fissibles donnant lieu à une réaction en chaîne. ▸ ***explosion*** n. f. **1.** Le fait de se rompre brutalement en projetant parfois des fragments. — Phénomène au cours duquel des gaz sous pression sont produits dans un temps très court. ⇒ **commotion, déflagration, éclatement.** ≠ *implosion. Faire explosion,* exploser. *Explosion d'un obus. Explosion atomique, nucléaire.* — Rupture violente, accidentelle (produite par un excès de pression, une brusque expansion de gaz, etc.). *La bonbonne de propane a fait explosion.* — *Entendre une explosion.* **2.** MOTEUR À EXPLOSION : qui emprunte son énergie à l'expansion d'un gaz, provoquée par la combustion rapide d'un mélange carburé (mélange détonant). **3.** Fig. EXPLOSION DE : manifestation soudaine et violente de. *Explosion de joie, d'enthousiasme, de colère.* — Expansion soudaine. *Explosion démographique.* ⇒ anglic. **boom.**

expo n. f., ***expo-*** ⇒ ① **exposition** (Abrév.).

exponentiel, ielle [ɛkspɔnɑ̃sjɛl] adj. et n. f. **1.** Mathématiques. Dont l'exposant est variable ou inconnu. *Fonction exponentielle* ou, n. f., *une exponentielle.* **2.** Cour. Qui augmente de manière continue et rapide. *La croissance exponentielle de certains prix.*

exporter [ɛkspɔʀte] v. tr. ▪ conjug. 1. **1.** Envoyer et vendre hors d'un pays (ses produits). / contr. ① **importer** / *Ce petit pays exporte des produits bruts. Exporter des excédents.* Sans compl. *Pour exporter, il faut produire.* — *Exporter des capitaux,* les placer à l'étranger. **2.** *Exporter une mode, une innovation,* la transporter à l'étranger. / contr. ① **importer** / ▸ ***exportable*** adj. ■ Qui peut être exporté. *Une marchandise exportable.* ▸ ***exportateur, trice*** n. ■ Personne qui exporte des marchandises, etc. ⇒ **expéditeur, vendeur.** *Les exportateurs de céréales.* — Adj. *Les pays exportateurs de pétrole.* / contr. **importateur** / ▸ ***exportation*** n. f. **1.** Action d'exporter ; sortie de marchandises nationales vendues à un pays étranger, à un État voisin. *Commerce, maison d'importation et d'exportation* (import-export). *Des mesures destinées à favoriser l'exportation. Les exportations de l'Ontario vers le Québec.* — *Une, des exportations,* ce qui est exporté. *Déficit, excédent des exportations. Exportations invisibles,* intérêts des capitaux placés à l'étranger, services (transports, assurances, services bancaires), dépenses faites par des étrangers (tourisme). — D'EXPORTATION. *Articles, bois d'exportation.* ⇒ **exporter.** **2.** *L'exportation d'une mode, d'une coutume.* / contr. **importation** / ‹ ▸ import-export ›

① ***exposant*** [ɛkspozɑ̃] n. m. ■ Expression numérique ou algébrique exprimant la puissance à laquelle une quantité est élevée. *Deux est l'exposant du carré, trois celui du cube.* 7^2 *se lit : sept exposant deux. Fonction à exposants variables.* ⇒ **exponentiel.**

① ***exposer*** [ɛkspoze] v. tr. ■ conjug. 1. **1.** Disposer de manière à mettre en vue. ⇒ **étaler, montrer, présenter.** *Exposer des marchandises dans une vitrine. Exposer qqch. aux yeux, à la vue de qqn,* montrer. / contr. **cacher, dissimuler** / — Placer (des œuvres d'art) dans un lieu d'exposition publique. *Cette galerie expose en ce moment des sculptures.* — (Suj. : artiste dont les œuvres sont exposées) *Elle expose ses sculptures à la biennale de Venise.* — Sans compl. *Elle n'a pas exposé cette année.* — Au p. p. adj. *Catalogue des œuvres exposées.* **2.** (Le corps des défunts) *Exposer un mort,* installer son cercueil dans un salon funéraire pendant quelques jours afin qu'on puisse venir lui rendre un dernier hommage et présenter ses condoléances à ses proches. *Il est mort samedi et on va l'exposer lundi.* — Au passif. *Elle est exposée au funérarium Untel. Être incinéré sans être exposé.* — Sans compl. *Ne pas se faire exposer.* **3.** EXPOSER *qqch.* À : disposer, placer dans la direction de. *Exposer une maison au sud.* ⇒ **orienter.** — Au p. p. adj. *Un bâtiment bien, mal exposé.* **4.** Disposer pour soumettre à l'action de qqch. *Exposer un film à la lumière. Exposer une substance à la chaleur, à des radiations.* — Au p. p. adj. *Cliché insuffisamment exposé* ⇒ **sous-exposé**, *trop exposé* ⇒ **surexposé**. ▸ ② ***exposant, ante*** n. ■ Personne dont les œuvres, les produits sont présentés dans une exposition (2). *Ce salon groupe de nombreux exposants.* ▸ ① ***exposition*** n. f. **1.** Action d'exposer, de mettre en vue. ⇒ **étalage, exhibition, présentation.** *L'exposition des marchandises dans une devanture.* **2.** UNE EXPOSITION : une présentation publique de produits, d'œuvres d'art ; l'ensemble des objets exposés ; lieu où on les expose. *Exposition de peinture, de sculpture.* ⇒ **salon.** *Exposition des œuvres de Van Gogh, exposition Van Gogh.* — *Exposition industrielle, agricole,* où sont présentés publiquement les produits de l'industrie, de l'agriculture d'un ou plusieurs pays. ⇒ **foire.** *Les participants d'une exposition.* ⇒ ② **exposant.** *Visiter une exposition. Le Parc de l'Exposition provinciale* (à Québec). — Abrév. fam. EXPO n. f. *Des expos.* (Avec une majusc.) *Aller à l'Expo,* au Parc de l'Exposition. — EXPO- : sert à former des composés (ex. : *expo-langues, expo-sciences*). **3.** Situation (d'un édifice, d'un terrain) par rapport à une direction donnée. ⇒ **orientation, situation.** *Exposition d'un bâtiment au sud. Une bonne exposition.* **4.** Action de soumettre à l'action de. *Évitez les longues expositions au soleil.* — Photographie. *Exposition du papier à la lumière pour tirer des épreuves.* ‹ ▸ ① exposant, ② exposer, ③ exposer, sous-exposer, surexposer ›

② ***exposer*** v. tr. ■ conjug. 1. **1.** EXPOSER *qqn* À : mettre (qqn) dans une situation dangereuse. *Son métier l'expose constamment au danger. Sa façon de faire l'expose à la moquerie.* — Risquer de perdre. *Exposer sa vie, sa fortune.* ⇒ **compromettre, risquer.** **2.** S'EXPOSER v. pron. : se mettre dans le cas de subir. *S'exposer à un péril, à un danger.* ⇒ **affronter, chercher, risquer.** / contr. se **dérober** / *En allant le voir, elle s'exposera à de graves reproches.* ⇒ **encourir.** *Il s'expose à perdre sa réputation.* — Sans compl. Se mettre en danger. *Il a bien trop peur pour s'exposer.*

③ ***exposer*** v. tr. ■ conjug. 1. ■ Présenter en ordre (un ensemble de faits, d'idées). ⇒ **décrire, énoncer, expliquer, raconter.** *Exposer un fait en détail. Exposer une question, des plans. Exposez-nous votre point de vue.* ▸ ***exposé*** n. m. **1.** Développement par lequel on expose (un ensemble de faits, d'idées). ⇒ **analyse, description, énoncé, rapport, récit.** *L'exposé des faits, de la situation.* — *Exposé des motifs,* qui précède le dispositif d'un projet, d'une proposition de loi. **2.** *Un exposé,* bref discours sur un sujet précis, didactique. ⇒ **communication, conférence ;** fam. **laïus.** *L'épreuve orale de cet examen consiste en un exposé de dix minutes. Exposé écrit.* ▸ ② ***exposition*** n. f. **1.** Action de faire connaître, d'expliquer. *Exposition d'un ensemble de faits.* ⇒ **exposé, narration, récit.** **2.** Partie initiale (d'une œuvre littéraire, spécialt d'une œuvre dramatique). *L'exposition d'une tragédie.* / contr. **dénouement** /

① ***exprès, esse*** [ɛkspʀɛs] adj. ■ En droit. Qui exprime formellement la volonté de qqn. *Il y a deux conditions expresses. Défense expresse* (⇒ **expressément**). ▸ ***expressément*** adv. ■ En termes exprès, formels ; avec une intention bien définie. ⇒ **explicitement, nettement.** *Elle défendit expressément qu'on touchât à rien.*

② ***exprès*** [ɛkspʀɛs] adj. invar. ■ *Lettre exprès, colis exprès,* remis immédiatement au destinataire par un porteur spécial avant l'heure de la distribution ordinaire. — N. *Des exprès.* ≠ ① *express.*

③ ***exprès*** [ɛkspʀɛ] adv. ■ Avec intention spéciale ; à dessein. ⇒ **délibérément, intentionnellement.** — (Avec un verbe) *Une paire de mitaines fabriquée exprès pour lui. Elles sont venues tout exprès pour vous voir.* — FAIRE EXPRÈS. *Il fait exprès de vous contredire. C'est fait exprès,* c'est voulu, intentionnel. *Je n'ai pas fait exprès. Sans faire exprès,* par erreur, par inadvertance. — Fam. *(Faire) par exprès. Elle a fait par exprès pour m'enfarger. C'est par exprès qu'il a fait cela.* / contr. par **mégarde** / — Ellipt. UN FAIT EXPRÈS [fɛtɛkspʀɛ] n. m. : coïncidence généralement fâcheuse. *On dirait un fait exprès, le seul livre dont j'ai besoin n'est plus en librairie. Comme (par) un fait exprès, je me casse la jambe la veille du départ.*

① ***express*** [ɛkspʀɛs] adj. invar. et n. m. invar. ■ Qui assure un déplacement ou un service rapide. *Train* (opposé à *omnibus, rapide*) autobus express, qui va à destination, en ne s'arrêtant qu'à un petit nombre de stations. — N. m. invar. *Un express, des express. Prenez-vous l'express pour Trois-Rivières ?* ≠ ② *exprès.*

② ***express*** adj. invar. et n. m. invar. ou ***expresso*** adj. et n. m. ■ *Café expresso* ou (plus cour. en France) *café express,* fait à la vapeur, à l'aide d'un percolateur. / contr. **instantané** (3) / — N. m. *Un expresso* ou, n. m. invar. (plus cour. en France), *un express serré, fort.*

expressément adv. ⇒ ① **exprès.**

expressif, ive [ɛkspʀesif, iv] adj. **1.** Qui exprime bien ce qu'on veut exprimer, faire entendre. *Un terme particulièrement expressif. Un geste, un silence expressif.* ⇒ **démonstratif, éloquent, significatif.** **2.** Qui a beaucoup d'expression, de vivacité. ⇒ **animé, mobile, vivant.** *Une physionomie expressive.* / contr. **inexpressif** / ‹ ▸ inexpressif ›

expression [ɛkspʀesjɔ̃] n. f. **I.** Action ou manière d'exprimer ou de s'exprimer. **1.** Le fait d'exprimer par le langage. *Expression écrite, orale. Revendiquer la libre expression de la pensée, des opinions de chacun.* — *Au-delà de toute expression,* extrêmement. *Il est niaiseux au-delà de toute expression.* — (Formule de politesse) *Veuillez agréer l'expression de mes sentiments distingués.* **2.** Manière de s'exprimer (mot ou groupe de mots). ⇒ **locution, tour, tournure.** *Expressions populaires, argotiques. Expression figurée. L'exactitude* *d'une expression. Expressions toutes faites,* clichés, formules. **3.** Formule par laquelle on exprime une valeur, un système. *Expression algébrique. Réduire une fraction, une équation à sa plus simple expression. Réduire qqch. à sa plus simple expression,* réduire (qqch.) à la forme la plus simple, élémentaire. **4.** Le fait d'exprimer un contenu psychologique par l'art. ⇒ **style.** *Les différentes formes de l'expression littéraire.* — Qualité d'un artiste ou d'une œuvre d'art qui exprime avec force (⇒ **expressionnisme**). *Portrait, masque remarquables par l'expression, pleins d'expression.* **5.** Le fait d'exprimer (les émotions, les sentiments) par le comportement extérieur, le visage. *Une expression ironique, indifférente* (du visage). — Absolt. Animation, aptitude à manifester vivement ce qui est ressenti. / contr. **impassibilité** / *Elle a un visage plaisant, avec beaucoup d'expression.* ⇒ **caractère, vie.** *Un regard sans expression,* neutre, terne. **II.** Ce par quoi qqn ou qqch. s'exprime, se manifeste. *La faim est l'expression d'un besoin.* ⇒ **manifestation.** *La loi est l'expression de la volonté générale.* ⇒ **émanation.** ‹ ▸ expressif, expressionnisme ›

expressionnisme [ɛkspʀɛsjɔnism] n. m. ■ Forme d'art faisant consister la valeur de la représentation dans l'intensité de l'expression (d'abord en peinture). *L'expressionnisme allemand. Une œuvre de l'expressionnisme abstrait. L'expressionnisme au théâtre, au cinéma.* ▸ ***expressionniste*** adj. ■ Peinture expressionniste. — N. *Un, une expressionniste,* un, une artiste expressionniste.

expresso adj. et n. m. ⇒ ② **express.**

① ***exprimer*** [ɛkspʀime] v. tr. ▪ conjug. 1. **I.** Rendre sensible par un signe (⇒ **expression**). **1.** Faire connaître par le langage. *Exprimer sa pensée en termes clairs. Mots, termes qui expriment une idée, une nuance.* ⇒ **signifier.** *Comment vous exprimer mes regrets ?* **2.** Servir à noter (une quantité, une relation). *Le signe = exprime l'égalité.* **3.** Rendre sensible, faire connaître par le moyen de l'art. *L'artiste exprime son univers intérieur, son époque.* **4.** Rendre sensible par le comportement. ⇒ **manifester.** *Il fronça les sourcils, exprimant son mécontentement. Regard qui exprime l'étonnement. Tout en elle exprime la franchise.* **II.** S'EXPRIMER v. pron. réfl. **1.** Manifester sa pensée, ses sentiments (par le langage, les gestes, l'art). *S'exprimer en français. Elle s'exprime bien.* ⇒ **parler.** *Empêcher l'opposition de s'exprimer. — S'exprimer par gestes, par une mimique.* **2.** Se manifester librement, agir selon ses tendances profondes. *Il faut laisser cet adolescent s'exprimer.* ▸ ***exprimable*** adj. ■ Qu'on peut exprimer. *Un sentiment difficilement exprimable.* ⇒ **traduisible.** / contr. **inexprimable** / ‹ ▸ ② exprimer, inexprimable, inexprimé ›

② ***exprimer*** v. tr. ▪ conjug. 1. ■ Littér. Faire sortir par pression (un liquide). ⇒ **extraire.** *Exprimer le jus d'un citron. Exprimer le pus d'un furoncle.*

exproprier [ɛkspʀɔpʀije] v. tr. ▪ conjug. 7. ■ Déposséder légalement (qqn) de la propriété d'un bien (spécialt l'obliger d'abandonner à l'Administration la propriété de son bien, moyennant indemnité, lorsque l'utilité publique l'exige). *Exproprier un débiteur.* ⇒ **saisir.** *On a exproprié des centaines de personnes pour construire cette autoroute.* — Au p. p. adj. *Propriétaire, immeuble exproprié.* — N. *Les expropriés de Mirabel.* ▸ ***expropriation*** n. f. ■ Action d'exproprier. *Expropriation d'immeubles.*

expulser [ɛkspylse] v. tr. ▪ conjug. 1. **1.** Chasser (qqn) du lieu où il était établi. *Expulser qqn de son pays.* ⇒ **bannir, chasser, exiler, expatrier.** *Son propriétaire veut les faire expulser.* ⇒ **exclure.** — Au p. p. adj. *Personnes expulsées.* N. *Les expulsés.* — Faire sortir (qqn) avec violence, impérativement. *Il s'est fait expulser du bar.* ⇒ fam. **éjecter, vider. 2.** Faire évacuer (qqch.) de l'organisme. ⇒ **éliminer, évacuer.** *Expulser les déchets, les excréments.* ▸ ***expulsion*** n. f. **1.** Action d'expulser (qqn). *L'expulsion d'une personne hors de sa patrie.* ⇒ **bannissement, exil.** *Expulsion d'un locataire qui ne paie pas son loyer.* — Exclusion (d'un groupe, d'une assemblée). *Son expulsion du parti ne saurait tarder.* **2.** Action d'expulser de l'organisme. ⇒ **élimination, évacuation.** *L'expulsion des urines.*

expurger [ɛkspyʀʒe] v. tr. ▪ conjug. 3. ■ Abréger (un texte) en éliminant ce qui est contraire à une morale, à un dogme. ⇒ **épurer.** *La censure a expurgé le scénario de ce film.* — Au p. p. adj. *Édition expurgée.* ⇒ **censuré.**

exquis, ise [ɛkski, iz] adj. **1.** Qui est d'une délicatesse recherchée, raffinée. / contr. **commun, ordinaire** / *Politesse, douceur exquise.* **2.** Qui produit une impression très agréable par sa délicatesse. ⇒ **délicieux.** / contr. **mauvais, médiocre** / *Mets exquis, nourriture exquise.* ⇒ **excellent.** *Femme exquise d'élégance et de beauté. Sourire exquis.* ⇒ **adorable, charmant.** *Des gens exquis. Temps exquis.*

exsangue [ɛksɑ̃g, ɛgzɑ̃g] adj. **1.** Qui a perdu beaucoup de sang. *Organe exsangue.* **2.** (Parties colorées du corps) Très pâle. ⇒ **blafard, blême, pâle.** *Lèvres exsangues.* **3.** Abstrait. Littér. Vidé de sa substance, de sa force. *Une littérature, un art exsangue.* / contr. **vigoureux** /

exsuder [ɛksyde] v. ▪ conjug. 1. **1.** V. intr. Sortir, à la façon de la sueur. ⇒ **suinter.** *Sang qui exsude.* **2.** V. tr. Émettre par transpiration, suintement. *Arbre qui exsude de la résine.* ▸ ***exsudation*** n. f. ■ Suintement (liquide organique, résine).

extase [ɛkstɑz] n. f. **1.** État dans lequel une personne se trouve comme transportée hors de soi et du monde sensible. *Extase mystique.* **2.** Exaltation provoquée par une joie ou une admiration extrême. ⇒ **béatitude, ivresse, ravissement.** *Être* EN EXTASE *devant qqn, qqch.* : dans un état d'admiration éperdue. ⇒ **adoration, contemplation.** ▸ ***s'extasier*** v. pron. ▪ conjug. 7. ■ Manifester, par des démonstrations d'enthousiasme, son admiration, son émerveillement. ⇒ se **pâmer.** *Elle s'extasiait devant la cathédrale. Il n'y a pas de quoi s'extasier.* — Au p. p. adj. *Elle demeurait là, extasiée.* ▸ ***extatique*** adj. Littér. **1.** Qui a le caractère de l'extase. *Transport, vision extatique.* **2.** Qui est en extase. *Personne, air extatique.* ⇒ **extasié.**

extenseur [ɛkstɑ̃sœʀ] adj. et n. m. **1.** Terme d'anatomie. Qui sert à étendre. *Muscles extenseurs.* **2.** N. m. Appareil composé de tendeurs élastiques, permettant des exercices d'extension musculaire. ⇒ **exerciseur.**

extensible [ɛkstɑ̃sibl] adj. ■ Qui peut s'étendre, s'étirer. *Le caoutchouc, matière extensible.* ⇒ **élastique.** *Chaussettes, bas-culottes extensibles.* ▸ ***extensibilité*** n. f. ■ Caractère de ce qui est extensible. ‹ ▸ inextensible ›

① ***extensif, ive*** [ɛkstɑ̃sif, iv] adj. ■ CULTURE EXTENSIVE : qui met à profit la fertilité naturelle du sol, sur de grandes surfaces (avec repos périodique de la terre et rendement assez faible). / contr. **intensif** /

extension [ɛkstɑ̃sjɔ̃] n. f. **I. 1.** Action de donner à qqch. une plus grande dimension ; fait de s'étendre. ⇒ **accroissement, agrandissement, augmentation, élargissement.** *L'extension d'un sinistre, d'une épidémie.* ⇒ **propagation.** *Cette entreprise a pris de l'extension.* ⇒ **expansion. 2.** Mouvement par lequel on étend un membre (opposé à *flexion*). *Extension, puis flexion du* *bras.* **II.** Abstrait. Action de donner à qqch. une portée plus générale, la possibilité d'englober un plus grand nombre de choses. *Extension donnée à une loi, à une clause de contrat.* — Propriété d'un terme de s'appliquer à plus d'objets (opposé à *sens primitif*). *Une extension du sens propre d'un mot. Par extension, on dira...* ▶ ② ***extensif, ive*** adj. ■ Qui marque une extension (II). *Mot pris dans un sens extensif.* ⟨ ▶ extenseur, extensible, ① extensif, inextensible ⟩

in extenso loc. adv. ⇒ **in extenso.**

exténuer [ɛkstenɥe] v. tr. ▪ conjug. 1. ■ Rendre faible par épuisement des forces. ⇒ **affaiblir, épuiser.** *Cette longue marche l'a exténué.* — Au p. p. adj. *Un air exténué.* S'EXTÉNUER v. pron. *S'exténuer à crier. Je ne vais pas m'exténuer à vous le répéter.* ▶ ***exténuant, ante*** adj. ■ Qui fatigue extrêmement. ⇒ **épuisant, harassant, tuant.** *Des efforts exténuants.* ▶ ***exténuation*** n. f. ■ Littér. Action d'exténuer ; extrême fatigue. ⇒ **épuisement.** *Être dans un état d'exténuation.*

① ***extérieur, eure*** [ɛksterjœʀ] adj. **I. 1.** EXTÉRIEUR À : qui est situé dans l'espace hors de (qqch.). ⇒ en **dehors.** *Circonférence extérieure à une autre.* — Abstrait. Qui ne fait pas partie de, ne concerne pas. ⇒ **étranger, extrinsèque.** *Des considérations extérieures au sujet.* **2.** Sans compl. indir. Qui est dehors. *Cour extérieure.* — Qui concerne les pays étrangers. *Politique extérieure. Les ministres des Affaires extérieures.* **3.** Qui existe en dehors d'un individu. *La réalité extérieure.* ⇒ **objectif. II. 1.** Se dit des parties d'une chose en contact avec l'espace que cette chose n'occupe pas. ⇒ ① **externe.** *La surface extérieure d'un récipient. Boulevards extérieurs,* sur le pourtour d'une ville. ⇒ **périphérique. 2.** Que l'on peut voir du dehors. ⇒ **apparent, visible.** *Aspect extérieur. Signes extérieurs de richesse. La manifestation extérieure d'un sentiment.* ⇒ **extérioriser.** / contr. **intérieur, interne** / ▶ ***extérieurement*** adv. **1.** À l'extérieur. *Extérieurement, la maison est très jolie.* **2.** (Dans les manifestations, les gestes) En apparence. ⇒ **apparemment.** *Il a l'air gai, mais il ne l'est qu'extérieurement.* / contr. **intérieurement** / ⟨ ▶ ② extérieur, extérioriser, extériorité ⟩

② ***extérieur*** n. m. **I. 1.** Partie de l'espace en dehors de qqch. ⇒ **dehors.** / contr. **dedans, intérieur** / — Plus souvent après une prép. À L'EXTÉRIEUR. *Rentrez les chaises dans la maison, ne les laissez pas à l'extérieur.* Fam. *L'équipe joue à l'extérieur ce soir,* dans une autre ville. / contr. à **domicile** / *« Est-elle au bureau aujourd'hui ? – Non, elle est à l'extérieur. »,* elle travaille dans un autre lieu, un autre endroit ; elle est à l'étranger. AVEC, VERS L'EXTÉRIEUR. *La cuisine communique avec l'extérieur. Cette porte s'ouvre vers l'extérieur.* — DE L'EXTÉRIEUR. *Regarder de l'extérieur.* — Les pays étrangers. *Relations avec l'extérieur.* ⇒ **étranger. 2.** Prise de vues hors des studios. *Les extérieurs de ce film ont été réalisés en Estrie. Séquence tournée en extérieur* (opposé à *en studio*). **3.** Le monde extérieur (opposé à *la conscience*). *Nos sens nous font communiquer avec l'extérieur.* **II.** Partie (d'une chose) en contact direct avec l'espace qui l'environne, et visible de cet endroit. *L'extérieur de ce coffret est peint à la main, l'intérieur est doublé de soie. L'extérieur délabré d'une maison.* ⇒ **aspect.**

extérioriser [ɛksterjɔrize] v. tr. ▪ conjug. 1. ■ Donner une réalité extérieure, visible, à (ce qui n'existait que dans la conscience). ⇒ **exprimer, manifester, montrer.** *Extérioriser ses sentiments, sa joie.* — S'EXTÉRIORISER v. pron. : s'exprimer, se manifester. *Sa colère ne s'extériorise pas.* / contr. **intérioriser, renfermer** / ▶ ***extériorisation*** n. f. ■ Action d'extérioriser. *L'extériorisation d'un sentiment, d'une idée.*

extériorité [ɛksterjɔrite] n. f. ■ Didact. Caractère de ce qui est extérieur.

exterminer [ɛkstɛʀmine] v. tr. ▪ conjug. 1. **1.** Faire périr jusqu'au dernier. ⇒ **anéantir, détruire, supprimer, tuer.** *Les nazis tentèrent d'exterminer les Juifs. Exterminer les coquerelles, les rats.* — Au p. p. adj. *Peuple exterminé par un génocide.* **2.** Fam. S'EXTERMINER À. ⇒ s'**épuiser,** s'**esquinter.** *Je m'exterminaisà travailler.* ▶ ***exterminateur, trice*** adj. ■ Littér.Qui extermine. *L'ange exterminateur. Fureur exterminatrice.* — N. *Un exterminateur de vermine.* ▶ ***extermination*** n. f. ■ Action d'exterminer. ⇒ **anéantissement, destruction, massacre.** *Guerre d'extermination,* visant à l'anéantissement du peuple ennemi. *L'extermination d'un peuple, d'une race.* ⇒ **génocide.** *Camp d'extermination* (→ camp de la mort).

① ***externe*** [ɛkstɛʀn] adj. ■ Qui est situé en dehors, est tourné vers l'extérieur. ⇒ **extérieur.** / contr. **interne** / *Parties, faces, bords externes. Médicament pour l'usage externe, à usage externe,* à ne pas avaler. ⟨ ▶ ② externe ⟩

② ***externe*** n. **1.** Élève qui vient suivre les cours d'une école, mais n'y est pas pensionnaire. / contr. **interne** / **2.** Étudiant(e) en médecine, qui assiste les internes dans le service des hôpitaux. *Externe des hôpitaux. Elle est externe en médecine.* ▶ ***externat*** n. m. **1.** École où on ne reçoit que des élèves externes ; régime de l'externe ; temps où un élève est externe. / contr. **internat ; demi-pension** / **2.** Condition d'externe dans les hôpitaux.

extincteur [ɛkstɛ̃ktœʀ] n. m. ■ Appareil capable d'éteindre un foyer d'incendie (par projection d'une substance sous pression). *Un extincteur à mousse carbonique.*

extinction [ɛkstɛ̃ksjɔ̃] n. f. **1.** Action d'éteindre. *Extinction d'un feu, d'un incendie.* / contr. **embrasement** / — *Extinction des feux, des lumières,* moment où toutes les lumières doivent être éteintes. / contr. **allumage** / **2.** Action par laquelle qqch. perd son existence ou son efficacité. *L'extinction d'une ancienne famille. Espèce animale en voie d'extinction.* ⇒ **disparition,** ② **fin.** / contr. **développement** / *Lutter contre la maladie jusqu'à l'extinction de ses forces.* ⇒ **épuisement.** — EXTINCTION DE VOIX : impossibilité momentanée de parler avec une voix claire (⇒ **aphone**). ⟨ ▶ extincteur ⟩

extirper [ɛkstiʀpe] v. tr. ▪ conjug. 1. **1.** Littér. Faire disparaître complètement. ⇒ **arracher, détruire.** *Extirper les abus, les vices.* **2.** Arracher (une plante) avec ses racines, de sorte qu'elle ne puisse pas repousser. *Extirper du chiendent.* — Enlever radicalement. ⇒ **extraire.** *Extirper une tumeur.* **3.** Fam. Faire sortir (qqn, qqch.) avec difficulté. ⇒ **arracher, tirer.** *Extirper qqn de son lit. Il est difficile de lui extirper un mot.* — S'EXTIRPER v. pron. : sortir de qqch. avec peine. *Il s'extirpa du fauteuil.* ⇒ s'**extraire.** ▶ ***extirpation*** n. f. ■ Action d'extirper (1, 2). ⇒ **extraction.** *L'extirpation d'un kyste.*

extorquer [ɛkstɔʀke] v. tr. ▪ conjug. 1. ■ Obtenir (qqch.) sans le libre consentement du détenteur (par la force, la menace ou la ruse). ⇒ **escroquer, soutirer, voler.** *Extorquer à qqn une signature, une promesse, de l'argent.* ▶ ***extorsion*** n. f. ■ Didact. Action d'extorquer. *L'extorsion d'un consentement. Extorsion de fonds sous la menace.* ⇒ **chantage.**

① ***extra*** [ɛkstʀɑ] n. m. invar. **1.** Ce que l'on fait d'extraordinaire ; chose ajoutée à ce qui est habituel. ⇒ **supplément.** *Faire des extra. — Payer un extra pour des tuyaux en cuivre,* une somme plus élevée que prévue. — (En parlant de boissons, de mets inhabituels et meilleurs) *Nous allons faire un petit extra, nous dînerons au champagne.* **2.** Serviteur, domestique supplémentaire engagé pour peu de temps. *Engager deux extra.*

② ***extra*** adj. invar. ■ Fam. Extraordinaire, supérieur (qualité d'un produit). *Un vin de qualité extra. Des bonbons extra.* — Très bien, très agréable. *On a vu un film extra.* ⇒ fam. **épatant,** ② **super.**

extra- ■ Préfixe qui signifie « en dehors (de), au-delà (de) », « vers l'extérieur » (ex. : *extraordinaire ; extra-terrestre ; extraverti*) ; et également « plus que, mieux que, tout à fait, très ». ⇒ **super-, ultra-.** ⟨ ► extra-fin, extra-fort, extra-lucide, extraordinaire, extrapoler, extra-terrestre, extraverti ⟩

extracteur [ɛkstʀaktœʀ] n. m. ■ (Technique, chirurgie...) Appareil destiné à l'extraction de qqch. — Fam. *Un extracteur de* ⇒ **centrifugeuse.** ► ***extractif, ive*** adj. ■ Relatif à l'extraction. *Machine extractive.* — *Industries extractives,* exploitant les richesses minérales.

extraction [ɛkstʀaksjɔ̃] n. f. **I. 1.** Action d'extraire, de retirer (une chose) du lieu où elle se trouve enfouie ou enfoncée. *Extraction de sable, de pierres dans une carrière. L'extraction de la houille. Un puits d'extraction.* **2.** Action de retirer de l'organisme (un corps étranger, etc.). ⇒ **arrachement, extirpation.** *L'extraction d'une dent cariée. L'extraction d'une épine, d'une balle.* **3.** Action de séparer (une substance) du composé dont elle fait partie. *L'extraction du sucre de la betterave.* **4.** *L'extraction de la racine carrée,* son calcul. **II.** *Être de haute, de basse extraction,* origine.

extradition [ɛkstʀadisjɔ̃] n. f. ■ Procédure permettant à un État de se faire livrer un individu poursuivi ou condamné et qui se trouve sur le territoire d'un autre État. *Traité d'extradition. Demander l'extradition d'un criminel.* ► ***extrader*** v. tr. • conjug. 1. ■ Livrer (qqn) par l'extradition. *Extrader un terroriste.*

extra-fin, fine [ɛkstʀafɛ̃, fin] adj. **1.** Très fin, très petit. *Aiguille extra-fine. Haricots verts, petits pois extra-fins.* **2.** Supérieur. *Chocolats extra-fins. Du sucre extra-fin.*

extra-fort, forte [ɛkstʀafɔʀ, fɔʀt] adj. et n. m. **1.** Très fort, très résistant ; d'une qualité supérieure. *Un cuir extra-fort.* **2.** Dont l'intensité a une très grande action sur les sens. *Une ampoule extra-forte. Du cheddar extra-fort,* à saveur très prononcée. *Une sauce extra-forte,* très pimentée. — N. m. *De l'extra-fort,* du fromage de cette qualité.

extraire [ɛkstʀɛʀ] v. tr. • conjug. 50. **I. 1.** Tirer (qqch.) du lieu dans lequel il se trouve enfoncé. *Extraire la pierre d'une carrière.* — Enlever, retirer (un corps étranger) par une opération. *On lui a extrait une balle de la jambe.* ⇒ **extirper, retirer ; extraction. 2.** Tirer (un passage ⇒ **extrait**) d'un livre, d'un écrit. *Dépouiller un livre pour en extraire des citations, des néologismes.* **3.** S'EXTRAIRE DE v. pron. : sortir avec difficulté (d'un lieu étroit). *S'extraire de sa voiture, d'une cabine de pilotage de planeur.* **II. 1.** Séparer (une substance) du corps dont elle fait partie. ⇒ ② **exprimer, tirer.** *Extraire le jus d'un fruit. Extraire l'essence des fleurs.* **2.** Abstrait. Dégager (le contenu) d'une œuvre. *Extraire les bases théoriques d'un long traité.* — *Extraire la substantifique moelle* (citation de Rabelais), dégager l'essentiel d'une idée, d'un texte, d'un livre... **3.** *Extraire la racine carrée, la racine cubique d'un nombre,* la calculer (⇒ **extraction,** 4). ► ***extrait*** n. m. **1.** Produit qu'on retire d'une substance par une opération chimique. *Extrait de viande,* concentration solide du bouillon de bœuf. — Parfum concentré. ⇒ **essence.** *Quelques gouttes d'extrait de vanille. Extrait de violette.* **2.** Passage tiré d'un texte. *Citer de larges extraits d'un auteur.* ⇒ **citation.** *Lire quelques extraits d'un ouvrage.* ⇒ **fragment, morceau.** — Au plur. EXTRAITS : morceaux choisis (d'un auteur). ⇒ **anthologie. 3.** Copie conforme (d'un acte officiel). *Extrait de naissance.* ⇒ ① **acte, certificat.** *Extrait de casier judiciaire.* ⟨ ► extracteur, extraction ⟩

extra-lucide [ɛkstʀalysid] adj. et n. f. ■ VOYANTE EXTRA-LUCIDE : qui voit tout ce qui est caché et prédit l'avenir. — N. f. *Des extra-lucides.*

extraordinaire [ɛkstʀaɔʀdinɛʀ] adj. **1.** Qui n'est pas selon l'usage ordinaire, selon l'ordre commun. ⇒ **anormal, exceptionnel, inhabituel.** / contr. **ordinaire** / *Les moyens habituels ne suffisant pas, on a pris des mesures extraordinaires. Assemblée, tribunal extraordinaire* (opposé à *permanent*). — PAR EXTRAORDINAIRE : par un événement peu probable. *Si, par extraordinaire, vous ne les rencontrez pas...* **2.** Qui étonne, suscite la surprise ou l'admiration par sa rareté, sa singularité. ⇒ **anormal, bizarre, curieux, étonnant, étrange, insolite, singulier.** / contr. **banal, commun** / *Accident, aventure extraordinaire.* ⇒ **incroyable, inouï.** *Récit, conte extraordinaire.* ⇒ **fantastique, merveilleux.** *Un costume, un langage extraordinaire et déplacé.* ⇒ **excentrique, extravagant.** *Je trouve extraordinaire qu'on ne nous ait pas prévenus. Cela n'a rien d'extraordinaire.* **3.** Très grand ; remarquable dans son genre. ⇒ **exceptionnel, extrême.** / contr. **médiocre, moyen** / *Qualités extraordinaires, beauté extraordinaire.* ⇒ **admirable, sublime.** *Une frayeur, une peur extraordinaire.* ⇒ **épouvantable, terrible.** *Il a obtenu des résultats extraordinaires.* — (Personnes) *Qqn d'extraordinaire,* génie, prodige. — Fam. Très bon. *Ce film est extraordinaire.* ⇒ fam. au **bout, débile** (II), **disable.** *Ce restaurant n'est pas extraordinaire,* est médiocre. ► ***extraordinairement*** adv. **1.** Par l'effet de circonstances extraordinaires. **2.** D'une manière étrange, bizarre. *Elle s'exprime extraordinairement.* **3.** D'une manière intense, au-delà de la mesure ordinaire. ⇒ **extrêmement, très.** *C'est extraordinairement grand. Il l'aime extraordinairement.* ⇒ **beaucoup.** ⟨ ► ① extra, ② extra ⟩

extrapoler [ɛkstʀapɔle] v. intr. • conjug. 1. ■ Appliquer une chose connue à un autre domaine pour en déduire qqch. *À partir de quelques faits connus, il a extrapolé.* — Tirer une conclusion à partir de données insuffisantes. ► ***extrapolation*** n. f. ■ Déduction, généralisation sans preuve.

extra-terrestre [ɛkstʀatɛʀɛstʀ] adj. et n. **1.** Extérieur à la Terre ou à l'atmosphère terrestre. *L'espace extra-terrestre. Mondes extra-terrestres.* **2.** N. Habitant d'une autre planète que la Terre (dans un récit d'anticipation, etc.). — REM. On écrit aussi *extraterrestre.*

extravagant, ante [ɛkstʀavagɑ̃, ɑ̃t] adj. **1.** Qui sort des limites du bon sens, bizarre et déraisonnable. *Idées, conceptions, théories extravagantes.* ⇒ **bizarre, grotesque.** / contr. **raisonnable, sensé** / *Costume extravagant.* ⇒ **excentrique.** *Dépenses extravagantes.* ⇒ **excessif.** *Ce que vous dites est extravagant.* **2.** (Personnes) Très excentrique, qui agit contre le bon sens. *Être un peu extravagant.* ► ***extravagance*** n. f. **1.** Absurdité, bizarrerie déraisonnable. *L'extravagance de sa conduite, de ses actes, de ses propos.* **2.** *(Une, des extravagances)* Idée, parole, action extravagante. ⇒ **excentricité.** *Je n'ai pas le temps d'écouter ses extravagances.*

extraverti, ie [ɛkstʀavɛʀti] ou ***extroverti, ie*** [ɛkstʀovɛʀti] adj. et n. ■ Qui est tourné vers le monde extérieur. / contr. **introverti** /

① ***extrême*** [ɛkstʀɛm] adj. **1.** (Souvent avant le nom) Qui est tout à fait au bout, qui termine (un espace, une durée). *Extrême limite.* ⇒ **dernier, ultime.** / contr. **moyen** / *À l'extrême pointe,* tout au bout. *L'extrême Nord du Québec. L'extrême droite, l'extrême gauche* *d'une assemblée politique. L'extrême fin de l'année, du mois.* ⇒ ① **tout.** *Pousser qqch. à son point extrême.* **2.** (Avant ou après le nom) Littér. Qui est au plus haut point ou à un très haut degré. ⇒ **énorme, grand, immense, intense ; extraordinaire.** / contr. **faible, ordinaire** / *Joie extrême. Extrême difficulté. Extrême malheur. J'ai un extrême besoin de repos.* — Loc. *À l'extrême rigueur. Extrême urgence.* **3.** (Après le nom) Qui est le plus éloigné de la moyenne, du juste milieu. ⇒ **excessif, immodéré.** *Climat extrême,* très chaud ou très froid. *Situations extrêmes,* très graves. *Avoir des opinions extrêmes en politique.* ⇒ **extrémiste.** — (Personnes) Dont les sentiments sont extrêmes. *Il est extrême en tout.* ⇒ **excessif.** ▶ ***extrêmement*** adv. de manière modifiant un adj. ou un adv. ■ D'une manière extrême, à un très haut degré. ⇒ **exceptionnellement, extraordinairement, infiniment, très.** / contr. **médiocrement, peu** / *Une personne extrêmement belle, extrêmement intelligente. Un été extrêmement pluvieux. J'ai extrêmement faim. Être extrêmement riche.* ⇒ **immensément.** *Extrêmement bien, mal.* ⇒ **terriblement.** ▶ ***extrême-onction*** n. f. ■ Sacrement de l'Église destiné aux fidèles en péril de mort. *Des extrêmes-onctions.* ▶ ***extrême-oriental, ale, aux*** adj. et n. ■ De l'Extrême-Orient (Asie extrême, par rapport à l'Occident). *Les mœurs extrême-orientales.* — N. (Avec des majusc.) *Les Extrême-Orientaux.* ⟨ ▶ ② extrême, extrémiste, extrémité ⟩

② ***extrême*** n. m. **I.** LES EXTRÊMES. **1.** Surtout au plur. Situation, décision extrême. *Se porter tout de suite aux extrêmes.* **2.** Les deux extrêmes limites d'une chose. ⇒ **contraire, opposé.** Loc. *Les extrêmes se touchent,* il arrive souvent que des choses opposées soient comparables et voisines. — *Les extrêmes d'une proportion,* le premier et le dernier terme. — Au sing. *Passer d'un extrême à l'autre.* ⇒ **extrémité** (4). **II.** À L'EXTRÊME loc. adv. : à la dernière limite ; au-delà de toute mesure. *Elle pousse son raisonnement à l'extrême.*

in extremis loc. adv. et adj. invar. ⇒ **in extremis.**

extrémiste [ɛkstʀemist] n. et adj. ■ Partisan d'une doctrine poussée jusqu'à ses limites, ses conséquences extrêmes ; personne qui a des opinions extrêmes. *Un parti d'extrémistes.* — Adj. *Les députés les plus extrémistes.* / contr. **modéré** / ▶ ***extrémisme*** n. m. ■ Attitude de l'extrémiste. / contr. **modération** /

extrémité [ɛkstʀemite] n. f. **1.** La partie extrême, qui termine une chose. ⇒ **bout,** ② **fin, terminaison.** / contr. **centre, milieu** / *L'extrémité du doigt. Loger à l'extrémité de la rue.* **2.** Au plur. LES EXTRÉMITÉS : les pieds et les mains. *Avoir les extrémités glacées.* **3.** État très misérable, situation désespérée. — Loc. *Il manque de tout, il est réduit à la dernière extrémité.* — *La malade est à toute extrémité, à la dernière extrémité,* à l'agonie, près de mourir. **4.** Décision, action extrême ; excès de violence. *Se porter aux pires extrémités. Tomber d'une extrémité dans une autre.* ⇒ ② **extrême** (2).

extrinsèque [ɛkstʀɛ̃sɛk] adj. ■ Didact. Qui est extérieur, n'appartient pas à l'essence (de qqch.). *Causes extrinsèques.* / contr. **intrinsèque** (plus cour.) /

extroverti adj. et n. ⇒ **extraverti.**

exubérance [ɛgzybeʀɑ̃s] n. f. **1.** État de ce qui est très abondant. ⇒ **abondance, profusion.** / contr. **indigence, pauvreté** / *L'exubérance de la végétation. L'exubérance du style, des paroles.* **2.** Trop-plein de vie qui se manifeste dans le comportement, les propos. / contr. **calme, froideur** / *Manifester sa joie, ses sentiments avec exubérance.* ⇒ **exagération.** ▶ ***exubérant, ante*** adj. **1.** Qui a de l'exubérance. / contr. **maigre, pauvre** / *Végétation exubérante.* ⇒ **luxuriant.** *Une imagination exubérante.* **2.** (Personnes, sentiments) Qui se comporte ou se manifeste sans retenue. ⇒ **communicatif, débordant, démonstratif, expansif.** / contr. **calme, froid** / *Caractère exubérant. Joie exubérante. Elle a des gestes exubérants.*

exulter [ɛgzylte] v. intr. ▪ conjug. 1. ■ (Personnes) Être transporté d'une joie extrême, qu'on ne peut contenir ni dissimuler. ⇒ **jubiler.** *Il exulte, il est aux anges.* — *Exulter de* (+ infinitif). ⇒ se **réjouir.** *J'exulte d'avoir réussi.* / contr. se **désespérer,** se **désoler** / ≠ *exalter.* ▶ ***exultation*** n. f. ■ Relig. ou littér. Transport de joie. ⇒ **allégresse, gaieté.**

exutoire [ɛgzytwaʀ] n. m. ■ Littér. Ce qui permet de se soulager, de se débarrasser (d'un besoin, d'une envie). ⇒ **dérivatif.** *La musique est son exutoire pour exprimer ses sentiments secrets.*

ex-voto [ɛksvɔto] n. m. invar. ■ Objet, plaque portant une formule de reconnaissance, que l'on place dans une église, une chapelle, en accomplissement d'un vœu ou en remerciement. *Suspendre des ex-voto.*

eye-liner [ajlɛnœʀ] n. m. ■ Anglic. Cosmétique liquide de couleur sombre, servant à souligner le bord des paupières. ⇒ **fard ; mascara, ombre.** *Mettre du (de l') eye-liner.*

f

f [ɛf] n. m. ou f. invar. ■ Sixième lettre de l'alphabet, quatrième consonne.

fa [fɑ(a)] n. m. invar. ■ Note de musique comprise entre mi et sol. *Clef de fa. Sonate en fa majeur.*

fable [fɑbl] n. f. **1.** Littér. Récit à base d'imagination. ⇒ **conte, fiction, légende, mythe. 2.** Petit récit en vers ou en prose, destiné à illustrer un précepte. ⇒ **apologue.** *Les Fables de La Fontaine, d'Ésope.* **3.** Littér. Mensonge élaboré. *Elle a inventé je ne sais quelle fable pour se faire pardonner.* **4.** *Être la fable de qqn,* un sujet de rire, de moquerie pour (qqn). *Il est la fable du quartier.* ⇒ **risée.** ▸ ***fabliau*** [fɑblijo] n. m. ■ Moyen Âge. Petit récit en vers de huit syllabes (XIIIe et XIVe s.). *Les fabliaux sont souvent satiriques ou grivois.* ⟨ ▸ fabulation, fabuleux ⟩

fabriquer [fabʀike] v. tr. ▪ conjug. 1. **1.** Transformer des matières en objet(s). ⇒ **confectionner.** *Il a fabriqué de ses propres mains ce petit appareil. Elle s'est fabriqué des étagères.* **2.** Fam. Faire. ⇒ ① **foutre.** *Qu'est-ce que tu fabriques ?* **3.** Produire à l'aide de matières premières ou semi-finies (des objets destinés au commerce). *Fabriquer des outils, des tissus.* — Au p. p. *Article fabriqué en série.* — Loc. adj. Fabriqué *en, a, au* (+ nom de lieu). ⇒ anglic. **made in.** *Ordinateurs fabriqués en Allemagne, à Hong Kong, au Québec.* — Invar. Sceau, indication d'origine apposé(e) sur un produit, une marchandise. **4.** Élaborer (en imitant, en imaginant de manière à tromper). *Ce graveur s'est fait connaître en fabriquant de la fausse monnaie.* — *C'est une histoire fabriquée,* inventée. ⇒ **faux.** ▸ ***fabricant, ante*** n. ■ Personne qui fabrique des produits commerciaux, ou dirige, possède une entreprise qui les fabrique. Fabricant de jouets, de tissus. ▸ ***fabrication*** n. f. **1.** Art ou action de fabriquer. *Fabrication artisanale, industrielle. Produit de fabrication canadienne. Défaut de fabrication.* **2.** Confection. Est-ce une robe de votre fabrication ? ▸ ***fabrique*** n. f. **I.** Établissement de taille intermédiaire entre l'atelier artisanal et l'usine de grande industrie, produisant des objets finis. ⇒ **manufacture.** *Une fabrique de raquettes, de gants. Marque de fabrique,* apposée par le fabricant. *Prix de fabrique,* prix à la sortie de la fabrique. **II.** Ensemble des biens (meubles et immeubles) et des revenus d'une paroisse administrés par les marguilliers. *Ce sont les terrains de la fabrique.* — *Le conseil de fabrique* ou, ellipt., *la fabrique,* le conseil administratif formé de marguilliers*. — REM. On emploie parfois le terme *fabricien* pour désigner un membre d'un conseil de fabrique. ⟨ ▸ préfabriqué ⟩

fabulation [fabylasjɔ̃] n. f. ■ Propos jugé contraire à la réalité ou à la vérité. *Ce témoignage est une pure fabulation.* ⇒ **affabulation, fable.** ▸ ***fabuleux, euse*** adj. **1.** Littér. Qui appartient à la fable, au merveilleux antique. ⇒ **légendaire, mythique, mythologique.** / contr. **historique** / *Animaux fabuleux.* **2.** Incroyable mais vrai ; qui, à ce titre, mérite d'être raconté. ⇒ **extraordinaire, fantastique, invraisemblable, prodigieux.** *Une vie aux aventures fabuleuses.* — (Intensif) Énorme. *Prix fabuleux.* ▸ ***fabuleusement*** adv. ■ D'une manière fabuleuse (2), difficile à imaginer. ⇒ **prodigieusement.** *Elle est fabuleusement riche.* ▸ ***fabuliste*** n. ■ Auteur qui compose des fables. ⟨ ▸ affabulation ⟩

fac [fak] n. f. ■ (France) Fam. Faculté ou université. *La fac de lettres. Elle est étudiante à la fac de Lille.*

face [fas] n. f. **1.** Partie antérieure de la tête de l'être humain. ⇒ **figure, visage.** *Une face large, pleine, colorée. Détourner la face.* — Loc. fam. *En pleine face,* dans la figure. *Recevoir de la neige, un coup de poing en pleine face.* — *Tomber en pleine face,* la face contre terre. *Avoir (toute) une face,* un visage très expressif ; être espiègle. *Faire (toute) une face,* être, rester très surpris, étonné. *Avoir une face de bœuf* [bø], être de mauvaise humeur ; ne pas avoir l'air sympathique. *Face de carême*. Face à claques, face à fesser dedans,* personne très antipathique, déplaisante. *Parler, tomber dans la face de qqn,* l'injurier, lui dire ses quatre vérités. *Se parler dans la face. Se sauter dans la face,* se battre, se quereller. *Se montrer la face quelque part,* se présenter dans un lieu. *Ça me fend la face de...,* cela m'insulte, me met en colère. *Rire à la face de qqn,* se moquer de lui. — Abstrait. *Se voiler la face,* être horrifié, dégoûté (souvent iron.). — À LA FACE DE. *À la face de qqn, du monde,* devant, en présence de. *Elle me jette ses preuves à la face.* — PERDRE LA FACE : perdre son prestige en tolérant une atteinte à son honneur, à sa réputation. — SAUVER LA FACE : sauvegarder son prestige, sa dignité. **2.** (Médailles, monnaies) Côté qui porte une figure (opposé à *pile* ou à *revers*). *Jouer à pile ou face.* — (En appos.) *Côté face,* l'endroit. ⇒ **recto. 3.** Surface. *La face cachée de la lune,* invisible depuis la terre (avant sa photographie par satellite). **4.** Chacun des côtés d'une chose. *Les faces d'un prisme.* ⇒ **angle.** *Considérer un objet sous toutes ses faces.* **5.** Aspect sous lequel une chose se présente. *Il prétend changer la face du monde.* — Abstrait. *Les choses ont bien changé de face.* ⇒ **tournure. 6.** FAIRE FACE (À) loc. verb. : présenter la face, l'avant tourné vers un certain côté. *L'hôtel faisait face à la mer.* — Abstrait. Réagir efficacement en présence d'une difficulté. ⇒ **parer** à, **répondre** à. *Faire face à l'attaque. Faire face à une dépense, à des engagements.* **7.** EN FACE loc. adv. : par-devant.

Regarder qqn en face, soutenir hardiment son regard. *Elle le lui a dit en face,* directement. — *Regarder la mort en face,* sans crainte. *Il faut voir les choses en face,* sans chercher à se leurrer. — EN FACE DE loc. prép. : vis-à-vis de. *Ils restaient muets l'un en face de l'autre. La maison d'en face. Traverser en face.* ⇒ ② **bord, côté.** — *Elle n'a pas peur en face du danger.* **8.** FACE À FACE loc. adv. : les faces tournées l'une vers l'autre. ⇒ **nez-à-nez, vis-à-vis.** *Il se trouva face à face avec son ancienne patronne.* **9.** DE FACE loc. adv. : le visage s'offrant aux regards. *Un portrait de face* (opposé à *de côté, de dos, de profil*). — De là où l'on voit le devant (opposé à *de côté*). *Choisir au théâtre une loge de face.* ▶ ***façade*** [fasad] n. f. **1.** Face antérieure d'un bâtiment où s'ouvre l'entrée principale. *Quatre pièces en façade et deux sur la ruelle.* **2.** Abstrait. Apparence. ⇒ **extérieur.** *Sa politesse n'est qu'une façade.* — *Une politesse de façade.* ▶ ***face-à-face*** [fasafas] n. m. invar. **1.** Émission de radio, de télévision, confrontant des personnalités. *Le ministre a participé à trois face-à-face successifs.* **2.** Collision violente entre deux véhicules qui se heurtent de front. ⇒ **frontal.** *En voulant éviter un face-à-face, il est entré dans le décor.* ⇒ **fouet** (II). ⟨ ▶ facette, facial, faciès, surface, volte-face ⟩

facétie [fasesi] n. f. ■ Plaisanterie burlesque. ⇒ **farce.** ▶ ***facétieux, euse*** adj. et n. ■ Qui aime à dire ou à faire des facéties. ⇒ **farceur, moqueur.** / contr. **sérieux** / — N. *Des facétieux.*

facette [fasɛt] n. f. **1.** Une des petites faces d'un corps qui en a beaucoup. *Facettes d'un diamant.* **2.** Abstrait. Aspect. *C'est une facette du problème.* — Au plur. *À facettes,* à plusieurs aspects. *Une pensée à facettes.*

fâcher [fɑʃe] v. tr. ▪ conjug. 1. **1.** Mettre dans un état d'irritation. ⇒ faire **choquer, mécontenter.** *Ne sors pas, cela va fâcher ton père.* **2.** SE FÂCHER (CONTRE) v. pron. réfl. : se mettre en colère. ⇒ s'**emporter,** s'**irriter.** *Se fâcher contre qqn. Si tu continues, je vais me fâcher.* — SE FÂCHER (AVEC *qqn*). ⇒ se **brouiller, rompre.** — V. pron. récipr. *Ils se sont fâchés.* ▶ ***fâché, ée*** adj. **1.** FÂCHÉ DE *qqch.* : qui est désolé, regrette. ⇒ **navré.** *Je suis fâchée de ce contretemps.* ⇒ **irrité.** *Je n'en suis pas fâché,* plutôt content. **2.** FÂCHÉ CONTRE *qqn* : en colère contre. *Il est fâché contre moi.* **3.** FÂCHÉ AVEC *qqn* : brouillé, en mauvais termes. *Il est fâché avec elle. Nous sommes fâchés.* ▶ ***fâcherie*** [fɑʃʀi] n. f. ■ Brouille, désaccord. ⇒ **chicane.** *Notre fâcherie est née d'un malentendu.* ▶ ***fâcheux, euse*** adj. **1.** Littér. Qui est cause de déplaisir ⇒ **ennuyeux,** ou de souffrance ⇒ **affligeant**. *Une fâcheuse nouvelle.* ⇒ **mauvais.** *Fâcheuse affaire.* **2.** Qui porte préjudice. ⇒ **contrariant, regrettable.** *Un contretemps fâcheux.* ▶ ***fâcheusement*** adv. ■ D'une manière fâcheuse. / contr. **heureusement** /

facial, ale, aux [fasjal, o] adj. ■ De la face. *Chirurgie faciale. Un os facial.*

faciès [fasjɛs] n. m. invar. ■ Aspect du visage (surtout quand il est considéré comme décelant l'origine ethnique). ⇒ **physionomie.** *Le faciès asiatique.*

facile [fasil] adj. **1.** Qui se réalise, s'accomplit sans effort. ⇒ **aisé, commode, élémentaire, enfantin, simple.** / contr. **difficile** / *C'est facile comme bonjour,* très facile. *Problème facile. Passage, texte facile,* dont la compréhension est facile. *Vie facile,* sans souci. *La chose est facile pour une personne comme elle. Il lui est facile de réussir.* **2.** FACILE À (+ infinitif) : qui demande peu d'efforts. *Plat facile à réussir. C'est plus facile à dire qu'à faire.* — (Personnes) *Un être facile à contenter,* que l'on contente facilement. *Facile à vivre,* qui est toujours de bonne humeur. **3.** Péj. Sans mérite. *Musique facile.* / contr. **recherché** / *C'est une plaisanterie un peu facile.* — (Péj.) *Femme facile,* qui accorde aisément ses faveurs. ▶ ***facilement*** adv. **1.** Sans effort, sans peine. ⇒ **aisément.** « *Vous pouvez faire cela ? — Facilement.* » **2.** Pour peu de chose. *Il se vexe facilement,* pour un rien. *Cette matière se casse facilement.* ▶ ***facilité*** n. f. **1.** Caractère, qualité de ce qui se fait sans peine, sans effort, sans problème. / contr. **difficulté** / *Un travail d'une grande facilité. Elle y parviendra avec facilité.* **2.** Surtout au plur. Moyen qui permet de réaliser, d'obtenir qqch. sans effort, sans peine. ⇒ **moyen, occasion, possibilité.** *Procurer à qqn toutes facilités pour... — Facilités de paiement* ou FACILITÉS : délai, échelonnement d'un paiement. **3.** Disposition à faire qqch. simplement, sans apprêt. ⇒ **aptitude, habileté.** *Écrire avec facilité. Cet enfant montre de grandes facilités en dessin,* un don naturel pour le dessin. — Péj. Loc. *Tomber dans la facilité.* ▶ ***faciliter*** v. tr. ▪ conjug. 1. ■ Rendre facile, moins difficile. ⇒ **aider, arranger.** *Faciliter une entrevue.* ⇒ **ménager.** *Son entêtement ne facilitera pas les choses.*

façon [fasɔ̃] n. f. **I. 1.** LA FAÇON : le travail d'un artisan à qui l'on fournit les matières premières. ⇒ **exécution, fabrication.** *Je n'ai payé que la façon.* ⇒ **main-d'œuvre. 2.** LA FAÇON DE *qqch.* : le détail des formes données à un objet fini. ⇒ ① **facture.** *J'aime beaucoup la façon de cette robe.* ⇒ **coupe. 3.** DE MA, TA, SA... FAÇON : par un procédé personnel. ⇒ **invention.** *C'est bien une idée de sa façon,* une idée à lui, à elle. *Je vais vous raconter une histoire de ma façon,* de mon cru. *Elle nous a joué un tour à (de) sa façon,* un mauvais tour. **II. 1.** LA FAÇON DE (+ infinitif) : manière d'agir, comparée à d'autres. *Il y a plusieurs façons de procéder.* ⇒ **manière, méthode.** *Selon la façon d'interpréter la loi (la façon dont on interprète la loi), vous serez condamné ou relaxé. C'est une façon de parler,* il ne faut pas prendre au pied de la lettre ce qui vient d'être dit. *C'est une façon de voir,* il existe d'autres points de vue. — MA, TA, SA... FAÇON DE (+ infinitif) : manière particulière d'agir. *Sa façon de parler (la façon dont il parle) m'agace. Tes façons de faire à mon égard sont honnêtes,* tu agis honnêtement avec moi. Loc. *Dire sa façon de penser à qqn,* lui dire ce qu'on pense vraiment. ⇒ **vérité** (4). — (Personnes) Loc. *Avoir la façon de,* ressembler à, avoir l'allure, l'air de. *Elle a la façon de sa mère.* **2.** À LA FAÇON DE : en imitant quelqu'un d'autre. *Tu parles à la façon d'un orateur.* ⇒ **comme.** *Travailler à la façon d'un professionnel,* aussi bien qu'un professionnel. — En appos. invar. FAÇON : qui imite la matière ou la manière de. *Des écharpes façon cachemire.* ⇒ **imitation.** *Une petite robe façon haute couture.* ⇒ **genre.** — À MA, TA, SA... FAÇON : d'une manière différente. *Je vais vous raconter son histoire à ma façon,* de mon point de vue. *Laissez-les vivre à leur façon,* à leur guise. — À TA, SA... FAÇON DE (+ infinitif). *À votre façon de parler, on voit que vous êtes fâché.* **3.** DE ... FAÇON : de (telle) manière. *Ne réponds pas de cette façon.* ⇒ **ainsi.** *De quelle façon êtes-vous arrivés ?* ⇒ **comment.** *De toute façon,* en tout cas, dans tous les cas. — DE FAÇON À : pour. *Elle s'est placée de façon à être vue.* — DE FAÇON QUE : pour que. *Elle s'est placée de façon qu'on la voie.* — DE TELLE FAÇON QUE : de sorte que. *Elle s'est placée de telle façon que tout le monde l'a vue.* **III. 1.** Au plur. Comportement qui surprend par excès de politesse ou de familiarité. *Ne faites pas tant de façons,* soyez plus naturel. ⇒ **chichi, simagrée.** *Quelles façons détestables !* — Loc. fam. *Avoir de la façon, une belle façon,* être aimable, gentil, engageant, fin. ⇒ littér. ① **avenant** ; parler, écouter avec amabilité ⇒ **affabilité, affable.** *Faire de la façon à qqn,* se montrer aimable, gentil avec lui, montrer de l'intérêt pour lui. **2.** SANS FAÇON : naturel. *Des filles sans façon,* très simples. Loc. adv. Naturellement, sans complications inutiles. *Ils nous* *ont reçus sans façon. Non merci, sans façon, n'insistez pas.* ▶ ***façonner*** [fasɔne] v. tr. ▪ conjug. 1. **1.** Mettre en œuvre, travailler (une matière, une chose), en vue de donner une forme particulière. ⇒ **façon** (I, 1). *Façonner de la terre glaise pour faire un vase.* **2.** Faire (un ouvrage) en travaillant la matière. ⇒ **confectionner, fabriquer.** *Façonner une pièce mécanique à l'aide d'une machine-outil.* — Au p. p. *Ouvrage grossièrement façonné.* **3.** Former peu à peu (qqn) par l'éducation, l'habitude. *Une forte éducation puritaine l'a façonné.* ▶ ***façonnage*** n. m. ■ Action, fait de façonner (2). ⟨ ▶ contrefaçon, malfaçon ⟩

faconde [fakɔ̃d] n. f. ■ Littér. Élocution facile, abondante jusqu'à déplaire. ⇒ **volubilité** ; littér. **loquacité.** *Il n'a rien perdu de sa faconde.*

fac-similé [faksimile] n. m. ■ Reproduction à l'identique d'un écrit, d'un dessin. *Des fac-similés.*

① ***facteur*** [faktœʀ] n. m. ■ *Facteur d'orgues, de pianos,* fabricant d'orgues, de pianos.

② ***facteur, trice*** n. ■ Personne qui porte et distribue à leurs destinataires les lettres, mandats, imprimés, colis envoyés par la poste. ⇒ **préposé.** *Le facteur est passé, il n'y avait pas de courrier.* ≠ *postier.*

③ ***facteur*** n. m. **I.** Chacun des éléments constitutifs d'un produit, d'un résultat. ⇒ **coefficient.** *Si l'un des facteurs est nul, le produit est nul.* **II.** Chacun des éléments contribuant à un résultat. ⇒ **élément.** *Les facteurs de la production.* — Avec un mot en appos. *Le facteur chance ; le facteur prix.* ⟨ ▶ factoriel, factoriser ⟩

factice [faktis] adj. **1.** Qui est faux, imité. *Diamant factice. Sourire factice.* **2.** Qui n'est pas naturel. ⇒ **artificiel, trompeur.** *Les plaisirs factices de l'ivresse.*

factieux, euse [faksjø, øz] adj. et n. m. **1.** Adj. Qui exerce contre le pouvoir établi une opposition violente tendant à provoquer des troubles. *Parti factieux.* **2.** N. m. *Un factieux.* ⇒ **agitateur, insurgé, mutin, rebelle.** ▶ ① ***faction*** [faksjɔ̃] n. f. ■ Groupe, parti se livrant à une activité factieuse dans un État, une société. *Ce pays est en proie aux factions. La faction adverse.* ≠ *fraction.*

② ***faction*** n. f. ■ Action d'un soldat en armes qui surveille les abords d'un poste. ⇒ **garde, guet.** (Surtout dans *en faction, de faction*) *Mettre qqn de (en) faction devant une porte.* ▶ ***factionnaire*** n. ■ Militaire en faction. ⇒ **sentinelle.**

factoriel, ielle [faktɔʀjɛl] adj. ■ Relatif à un facteur ③. *Analyse factorielle.*

factoriser [faktɔʀize] v. tr. ▪ conjug. 1. ■ Écrire un nombre sous forme de produit de facteurs ③. ▶ ***factorisation*** n. f. ■ Opération arithmétique ou algébrique consistant à chercher les diviseurs d'un nombre entier ou les facteurs d'un polynôme ; le résultat écrit de cette recherche.

① ***facture*** [faktyʀ] n. f. ■ Manière dont un produit est fabriqué, dont est réalisée la mise en œuvre des moyens matériels et techniques. ⇒ **façon.** *La facture d'une robe, d'une œuvre d'art.*

② ***facture*** n. f. ■ Écrit indiquant la quantité, la nature et les prix des marchandises vendues, des services exécutés ; note à payer. ⇒ fam. **compte.** *Facture de restaurant.* ⇒ **addition** (4). *La facture d'électricité. Payer une facture.* ▶ ***facturer*** v. tr. ▪ conjug. 1. ■ Porter (une marchandise) sur une facture, dresser la facture de. *Cet article n'a pas été facturé. Produit facturé trente dollars.* ▶ ***facturation*** n. f. **1.** Action d'établir une facture. *Une erreur de facturation. Un logiciel de facturation.* **2.** (France) Locaux, service (d'une entreprise) où ce travail s'effectue. ⇒ **comptabilité.** ▶ ***facturier, ière*** n. ■ Comptabilité. Personne chargée des factures.

facultatif, ive [fakyltatif, iv] adj. ■ Qu'on peut faire, employer, observer ou non. *Exercice facultatif. Présence facultative.* ⇒ **libre.** / contr. **obligatoire** /

① ***faculté*** [fakylte] n. f. **1.** Littér. Possibilité de faire qqch. *Laisser à qqn la faculté de choisir.* **2.** Aptitude, capacité. *Il ne jouit plus de toutes ses facultés (mentales, intellectuelles). Elle a une grande faculté d'attention.*

② ***faculté*** n. f. ■ Corps des professeurs qui, dans une université, sont chargés d'une même discipline ou de disciplines voisines ; unité administrative de l'université où se donne cet enseignement. ⇒ fam. **fac.** *La faculté des lettres, de médecine. La doyenne de la faculté.* — (France. Avec une majusc.) *La Faculté,* le corps médical, les médecins. ⟨ ▶ fac ⟩

fadaise [fadɛz] n. f. ■ Propos plat, sot, insignifiant. ⇒ **ânerie, baliverne, niaiserie, stupidité.** *J'en ai assez de ses fadaises.*

fade [fad] adj. **1.** Qui manque de saveur, de goût. ⇒ **insipide.** *Viande, sauce fade.* **2.** Sans éclat. *Une couleur fade.* ⇒ **délavé, pâle, terne.** *Une blonde un peu fade.* **3.** Qui est sans caractère, sans intérêt particulier. ⇒ **ennuyeux, insignifiant, monotone.** *De fades compliments.* ▶ ***fadasse*** adj. ■ (Surtout en France) Fam. Trop fade. *Cette boisson est plutôt fadasse.* ▶ ***fadeur*** n. f. ■ Caractère de ce qui est fade. *La fadeur d'une soupe. Des vêtements d'une grande fadeur.* ⟨ ▶ affadir ⟩

fado [fado] n. m. ■ Poésie et chanson portugaise, sentimentale et nostalgique. *Des fados.*

fafinage n. f. ⇒ **farfinage.** ▶ ***fafiner*** v. intr. ⇒ **farfiner.** ▶ ***fafineur*** n. et adj. ⇒ **farfineur.**

fagot [fago] n. m. ■ Faisceau de petit bois, de branchages. *Allumer le feu avec un fagot.* — Loc. *Vin, bouteille de* DERRIÈRE LES FAGOTS : le meilleur vin, vieilli à la cave.

fagoter [fagɔte] v. tr. ▪ conjug. 1. ■ Péj. Habiller mal, sans goût. ⇒ **accoutrer, affubler.** *Elle fagote ses enfants d'une façon inimaginable.* — Pronominalement. *Se fagoter.* ⇒ s'**atriquer.** — Au p. p. *Être mal fagoté,* mal habillé. ⇒ **ficelé.**

Fahrenheit [faʀɛnajt] adj. et n. m. invar. ■ (Avec une majusc.) Système de graduation des températures en usage dans les pays anglo-saxons, États-Unis, Grande-Bretagne... (symb. °F). ⇒ **centigrade, Celsius.** *Au Canada, l'échelle Celsius a remplacé l'échelle Fahrenheit. Il fait 77°F.* Fam. *On a eu un -15 Fahrenheit cette nuit.*

faible [fɛbl] adj. et n. m. **I.** Adj. **1.** Qui manque de force, de vigueur physique. / contr. **fort, robuste, vigoureux** / *Un homme faible.* ⇒ **délicat, fluet, fragile.** / contr. **costaud** / *Se sentir faible.* ⇒ **affaibli, fatigué, las.** *Avoir le cœur faible,* malade. **2.** (Choses) Qui a peu de résistance, de solidité. ⇒ **fragile.** *Poutre trop faible pour supporter un poids.* **3.** Qui n'est pas en état de résister, de lutter. *Pays faible.* — Loc. *Le sexe faible,* les femmes. Iron. *Une faible femme.* — N. m. *Les économiquement faibles,* ceux qui ont de très petits revenus. **4.** Qui manque de capacités intellectuelles. / contr. **doué,** ① **fort** (I), **génial** ; fam. **bollé** / *Élève, étudiant faible. Il est faible en maths.* **5.** Sans force, sans valeur. *Raisonnement faible. Ce chapitre est le plus faible du livre.* **6.** (Personnes) Qui manque de force morale, d'énergie, de fermeté. ⇒ **indécis, lâche, mou, velléitaire, veule.** *C'est un être faible et craintif. Ils ont toujours été trop faibles avec leurs enfants.* **7.** (Choses) Qui a peu d'intensité, qui est suivi de peu d'effet.

⇒ **insuffisant.** *Une faible lumière. D'une voix faible.* **8.** Peu considérable. ⇒ **petit.** *Faible quantité. Faible taille. À faible hauteur. Faible indice. De faibles revenus.* **9.** *Le côté, le point, la partie faible* (d'une personne, d'une chose), ce qu'il y a de faible, de défectueux en elle. ⇒ **insuffisance.** *Les mathématiques sont le point faible de cet élève.* **II.** N. m. **1.** Personne sans force morale, sans fermeté. *C'est un faible, on le mène facilement.* **2.** FAIBLE D'ESPRIT : personne dont les facultés intellectuelles sont insuffisantes. ⇒ **idiot, imbécile, simple. 3.** Goût, penchant. *Il a un faible pour les jolies choses. Le champagne, c'est mon faible. Prendre qqn par son faible.* ▶ ***faiblard, arde*** adj. ■ Fam. Un peu faible (surtout sens 1, 4 et 5). ▶ ***faiblement*** adv. **1.** D'une manière faible. **2.** À un faible degré. ⇒ **doucement, peu.** *La lampe éclaire faiblement,* à peine. ▶ ***faiblesse*** n. f. **1.** Manque de force, de vigueur physique. *Faiblesse momentanée.* ⇒ **fatigue ; défaillance.** *Avoir une faiblesse au genou,* un manque de résistance. — UNE FAIBLESSE : un vertige, un évanouissement. *Elle a eu une faiblesse.* Fam. *Tomber en faiblesse.* ⇒ s'**évanouir. 2.** Incapacité à se défendre, à résister. *La faiblesse d'un régime.* **3.** Manque de capacités intellectuelles. *La faiblesse d'un élève.* **4.** Défaut de qualité d'une œuvre, d'une production de l'esprit. ⇒ **indigence, médiocrité, pauvreté.** *Roman, tableau d'une grande faiblesse.* **5.** Manque de force morale, d'énergie. ⇒ **lâcheté, veulerie.** *Se laisser entraîner par faiblesse. Sa faiblesse envers son fils. Si vous avez la faiblesse de lui céder, il recommencera.* — *(Une, des faiblesses)* Défaut ou passion qui dénote un manque de force morale, de fermeté. ⇒ **défaut.** *Chacun a ses faiblesses.* **6.** Manque d'intensité, d'importance. ⇒ **petitesse.** *La faiblesse de la réaction.* ▶ ***faiblir*** v. intr. ▪ conjug. 2. **1.** Devenir faible. ⇒ s'**affaiblir.** *Ses forces faiblissent.* ⇒ ② **décliner.** *Le malade faiblit.* **2.** Perdre de sa force, de son ardeur. *Son courage faiblit peu à peu.* ⇒ s'**amollir. 3.** (Choses) Perdre de son intensité, de son importance. ⇒ **diminuer.** *Son espoir, sa patience faiblit.* **4.** Ne plus opposer de résistance. ⇒ **céder, fléchir, plier.** *Branche, poutre qui faiblit sous un poids.* **5.** (Œuvres) Devenir faible, moins bon. *Cette pièce commence bien, mais faiblit au troisième acte.* ⟨ ▶ affaiblir ⟩

faïence [fajɑ̃s] n. f. ■ Poterie de terre blanchâtre ou rougeâtre, recouverte de vernis ou d'émail. *Carreaux de faïence. Assiettes en faïence de Rouen, de Sèvres.* — Loc. *Rester sans bouger comme des chiens de faïence,* demeurer immobile. ≠ *céramique, porcelaine.*

faille [faj] n. f. **1.** Fracture de l'écorce terrestre, suivie du glissement d'un des deux bords le long de l'autre. ⇒ **crevasse.** *La faille de San Andreas traverse la ville de San Francisco.* **2.** Cassure, défaut. *Ce raisonnement présente une faille. — Il y a désormais une faille dans notre amitié.*

faillir [fajiʀ] v. intr. (Seult p. p. *failli* suivi d'un infinitif) **1.** Indique que l'action était sur le point de se produire, mais ne s'est pas produite. ⇒ fam. ④ **raser.** *J'ai failli tomber,* je suis presque tombé. *Ils ont failli être en retard. Elle avait failli lui avouer son secret.* **2.** Vx. Manquer. *Il aura failli à son devoir.* — SANS FAILLIR loc. adv. : sans se dérober, sans faute. ≠ *falloir.* ▶ ***failli, ie*** n. et adj. ■ Commerçant qui a fait faillite. ▶ ***faillite*** [fajit] n. f. **1.** Situation d'un commerçant qui ne peut payer ses dettes, tenir ses engagements. ⇒ **déconfiture, ruine.** *Être en faillite, faire faillite* **(⇒ failli),** fam. tomber en faillite. Une faillite frauduleuse. ⇒ **banqueroute.** *Faillite personnelle.* **2.** Échec complet d'une entreprise, d'une idée, etc. ⇒ **échec.** *La faillite de ses espérances. La faillite d'une politique.* ⟨ ▶ défaillir, ① défaut, ② défaut, ① faute, ② faute, fautif, infaillible ⟩

faim [fɛ̃] n. f. **1.** Sensation qui, normalement, accompagne le besoin de manger. *Avoir faim,* fam. *très faim, si faim que, trop faim,* littér. *grand-faim. J'ai une faim de loup. Le grand air donne faim. Manger à sa faim. Rester sur sa faim,* avoir encore faim après avoir mangé ; abstrait, ne pas obtenir autant qu'on attendait. — Loc. *Mourir, crever de faim,* de famine ; par exagér., vivre dans la misère. **2.** Fig. *Avoir faim de tendresse, de liberté, de justice,* en avoir grand besoin. ⇒ **désir, soif.** ⟨ ▶ affamer, crève-la-faim ⟩

faîne [fɛn] n. f. ■ Fruit du hêtre.

fainéant, ante [fɛ(e)neɑ̃, ɑ̃t] n. et adj. ■ Personne qui ne veut rien faire. ⇒ **feignant, flanc-mou, paresseux ;** fam. ① lâche, pâte-molle. / contr. **travailleur** / *Au travail, fainéants ! Elle est fainéante.* ▶ ***fainéanter*** v. intr. ▪ conjug. 1. ■ Surtout à l'inf. et aux temps composés. Faire le fainéant. ⇒ **paresser.** *Il a fainéanté toute la journée.* ▶ ***fainéantise*** n. f. ■ Caractère du fainéant ⇒ **paresse, flemme** ; état du fainéant ⇒ **inaction, oisiveté.**

① ***faire*** [fɛʀ] v. tr. ▪ conjug. 60. — REM. Les formes en fais- (faisant, faisons) se prononcent [fəz-]. Le participe passé est variable : *fait, faite.* **I.** Exprime l'action d'un être vivant, le plus souvent d'une personne. **1.** À l'infinitif. *Comment faire ?,* s'y prendre ? *Pour quoi faire ?,* pour quel usage ? *Que faire ?,* quelle solution mettre en œuvre ? *Rien à faire,* n'insistez pas. — *Il n'y a plus rien à faire,* le cas est désespéré. — POUR CE FAIRE loc. adv. : pour faire cela, parvenir à tel ou tel résultat. *Vous vous devez de réussir. Pour ce faire, vous devez travailler fort.* — AVOIR BEAU FAIRE : multiplier en vain ses efforts. **2.** Réaliser, produire (par l'esprit). *Dieu en ce monde nous a faits.* ⇒ **créer.** *Calixa Lavallée a fait son « Ô Canada » en 1880.* ⇒ **composer, écrire.** *Krieghoff a fait sa toile « The Habitant Farm » en 1856.* ⇒ **peindre. 3.** Produire (par son corps). FAIRE UN ENFANT : donner naissance, engendrer. *Il lui a fait un enfant,* l'a rendue enceinte. *Elle l'a enfin fait, cet enfant !* ⇒ **accoucher, enfanter.** *Ils ne veulent plus faire d'enfant(s).* ⇒ **procréer.** *Elle ne lui a fait que des filles* (il voulait un fils). — (Animaux) Mettre bas. ⇒ **pouliner, vêler.** *La chatte a fait ses petits.* — (Organismes) *La rose fait ses boutons. Bébé fait ses dents.* — REM. Cette phrase signifie aussi : *Bébé exerce ses dents* (en mordant son hochet, etc.). **4.** Évacuer (des excréments). *Faire pipi* ⇒ **uriner ;** très fam. **pisser,** *caca.* ⇒ **déféquer,** vulg. **chier.** *Faire ses besoins.* — Sans compl. *Il a fait au lit, dans sa culotte.* **5.** Produire (par un travail). ⇒ **bâtir, confectionner, construire, effectuer, élaborer, fabriquer, opérer, préparer, réaliser ; savoir-faire.** *Le fermier voisin ne fait que du blé. Le boulanger fait son pain. Ils ont fait des travaux d'aménagement. Cette élève ne fait jamais ses devoirs. Voulez-vous que je fasse à dîner ? Avez-vous fait le calcul ? Il ne sait rien faire ; il ne fait jamais rien. Il ne sait plus ce qu'il fait,* il perd la tête. ⇒ fam. **capoter.** — (Animaux) PROV. *Petit à petit, l'oiseau fait son nid. Une hirondelle ne fait pas le printemps,* le premier signe favorable n'est pas suffisant pour se réjouir. — Pronominalement (réfl.). *Une personne qui s'est faite elle-même.* ⇒ **self-made-man. 6.** FAIRE *qqch.* POUR *qqn* : aider, rendre service. *Pouvez-vous faire quelque chose pour elle ? Faites cela pour moi.* **7.** Fournir, vendre. *Nous ne faisons plus cet article. Le magasin ne fait pas crédit.* **8.** Exercer (une activité, publique ou privée). *Quel métier fait-elle ? Elle est dentiste. Elle fait des (ses) études de droit (du droit, son droit), elle veut être avocate.* ⇒ **étudier.** *Elle fait beaucoup de sport, du ski, du tennis, de la natation.* ⇒ **pratiquer.** *Faire du violon.* ⇒ **apprendre, jouer.** *Il ne sait quoi faire de ses dix doigts,* il s'ennuie, il est oisif. — (Enfant) *Plus tard, je ferai pompier.* ⇒ **être. 9.** Décorer, nettoyer, ranger.

Elle s'est fait les yeux. ⇒ se **maquiller ;** ① **fait.** *Il fait le ménage, les chambres, les lits, la vaisselle. C'est la bonne* à tout faire. — Faire ses bagages. Allez, fais tes valises,* va-t-en ! — (France) Pronominalement. Fam. *Il s'est fait la malle,* il a disparu. **10.** Aller chercher qqch. *J'ai fait les courses, les commissions, les provisions. J'ai fait des achats dans les grands magasins. As-tu fait le plein (d'essence) ? Aller faire du bois,* en couper pour s'approvisionner. **11.** Obtenir (un résultat). *J'ai fait mes preuves. Elle a fait une brillante carrière. Ils ont fait de gros bénéfices. Il a fait fortune dans les pétroles.* — (Choses) *Les pétroles ont fait sa fortune.* **12.** Exprimer (par la parole). *Faites « Ah ! ». « Oh ! » fit-il. « Venez ! » nous fit-elle en ouvrant la porte.* ⇒ **crier, demander, dire,** s'**exclamer, répondre.** — *Elle n'eut pas le temps de faire ouf,* de réagir. — (Par le geste) *Il fit « Non » de la tête. On nous fit « Venez ! » de la main.* **13.** FAIRE... À : communiquer (par un mouvement corporel). *Il faisait les yeux doux, des sourires à sa voisine. La personne qui me fit un clin d'œil.* ⇒ **jeter, lancer.** *Elle lui fit la grimace, un pied de nez. Elle fit une révérence au public.* **14.** Accomplir (un mouvement). *Faire un pas* ⇒ **avancer**, *un bond* ⇒ **bondir**, *un plongeon* ⇒ **plonger**, *un saut* ⇒ **sauter**. **15.** Dans des loc. Commettre (un acte jugé mauvais). *Dans sa jeunesse, il a fait les quatre cents coups. Il a fait pis que pendre. Tu as fais des bêtises ? Elle a encore fait des siennes,* des bêtises, à son habitude. *Vous avez fait des folies,* ce cadeau est excessif. *Faire le mur,* s'évader. **16.** Parcourir (une distance). *J'ai fait le trajet en une heure. Faire Québec-Montréal en autobus. Il fait le cent mètres en dix secondes.* ⇒ **courir.** *Elle a fait le tour du monde.* **17.** Visiter (un lieu), séjourner. *Nous ferons la Floride à Noël.* ⇒ **aller.** (REM. ≠ *Nous ferons la Floride après Noël,* nous l'étudierons après cette date.) *J'ai fait dix adresses pour te retrouver.* ⇒ **courir.** *Ce représentant ne fait que la province.* ⇒ **assurer, couvrir, prospecter.** *Cet enfant a fait tous les collèges de la ville. — Faire de la prison. — Il vit en faisant les poubelles.* ⇒ **fouiller.** *Qui m'a fait les poches ?* ⇒ **voler. 18.** S'occuper de. *Ce professeur ne fait que les mathématiques. Le médecin ne fait que les malades du quartier.* **19.** FAIRE *qqch.* DE : conduire, mener, placer. *« Que ferez-vous de votre fille ? — Nous en ferons une avocate. » « Qu'avez-vous fait du bébé ? — Nous l'avons laissé chez sa gardienne. » — Qu'est-ce que j'ai fait de mes lunettes, qu'en ai-je fait ?,* où les ai-je mises ? — *Que vas-tu faire de ta vie ?* quel métier, quelle profession choisiras-tu ? — Changer en. *Il a fait tout un roman de cette histoire, il en a fait un drame ;* fam. *il en a fait tout un plat.* **20.** N'AVOIR QUE FAIRE DE : n'avoir aucun besoin de. *Je n'ai que faire de vos dons.* **21.** SE FAIRE : V. pron. *Se faire une idée,* concevoir. *Elle se fait une idée de ce qui l'attend,* elle l'imagine. *Tu te fais des idées, des illusions. Ne vous faites pas d'illusions, aucune illusion !* — Acquérir, gagner. *Tu t'es fais des amis, ici ?* — Fam. *Ce gars se fait trente mille dollars par année* (de revenus). **22.** SE FAIRE À : s'accoutumer, s'habituer à. *Elle ne s'est pas faite à son nouvel emploi. Elle ne peut pas s'y faire.* **II.** Exprime l'état d'une personne. **1.** Être vraiment. *Ce garçon fait un excellent mari.* **2.** Paraître. *Elle fait enfant pour son âge. Elle ne fait pas son âge.* — Adj. invar. *Elle fait jeune.* **3.** Tenir le rôle de. *Molière faisait Sganarelle dans « Dom Juan ».* ⇒ **jouer.** *C'est moi qui fais la bonne.* **4.** Agir comme. — REM. Le possessif exprime une attitude habituelle. *Notre ami fait son petit don Juan,* cherche à séduire toutes les femmes. *Faire l'enfant,* des caprices. *Il a fait le difficile. Ne fais pas ta sainte nitouche,* ne sois pas hypocrite. *Cesse de faire le malade, le stupide,* l'imbécile, le niaiseux. **5.** Chercher à passer pour. *Il a fait le mort.* ⇒ **simuler.** — Loc. fam. *Faire l'âne pour avoir du son,* faire semblant de ne pas comprendre son interlocuteur pour en tirer un avantage. — PROV. *Qui veut faire l'ange fait la bête,* trop de vertu nuit. **6.** Donner la qualité de. *Il a été fait président de sa classe.* ⇒ **désigner, élire, nommer.** *Je vous fais juge.* **7.** Considérer comme. *Ne le faites pas plus méchant qu'il n'est.* **8.** Présenter (des caractéristiques mesurables). *Cet enfant fait un mètre vingt.* ⇒ **mesure.** *Il fait cinquante kilos.* ⇒ **peser.** — *Il fait quarante de fièvre (il fait de la fièvre).* — (Par ext.) *Elle nous a encore fait une amygdalite.* ⇒ **attraper. 9.** SE FAIRE (+ attribut) : se rendre, devenir. *Elle s'est faite belle,* volontairement. *Il se fait vieux,* il vieillit sensiblement. *Je me suis faite toute petite,* j'aurais voulu disparaître. *Vous vous faites rare,* on ne vous voit pas souvent. **III.** Intransitivement **1.** Agir. *Faites ! Faites vite ! Faites comme chez vous ! C'est à vous de faire,* de distribuer les cartes. — *Pour bien faire, il faudrait tout vérifier.* **2.** Paraître. *Vous faites très bien sur cette photo.* **IV.** Emplois impersonnels. **A.** IL FAIT... **1.** FAIRE exprime un état de l'atmosphère. *Il fait jour, nuit. Il fait clair, noir,* c'est le jour, la nuit. *Il fait bon, doux, chaud. Il fait soleil, du soleil. Il a fait froid, mauvais. Il fait un temps de chien, un froid de canard. Avec le mauvais temps qu'il a fait... Il ferait beau s'il faisait moins de vent. Demain, il fera dix degrés au-dessous de (sous) zéro.* **2.** Pronominalement. *Il se fait tard. Il commence à se faire tard,* à être tard. — Littér. *Il se fit un grand silence.* ⇒ s'**abattre,** s'**établir. 3.** Exprime une sensation. (France) Fam. *Il fait soif,* on a soif. — *Il fait bon vivre ici !* **4.** IL SE FAIT QUE : il se trouve que, il arrive que. Interrog. au subjonctif. *Comment se fait-il que tu sois en retard ?,* comment est-ce possible ? — Hypothèse au subjonctif. *Il peut se faire qu'il soit malade.* — Affirm. à l'indicatif. *Il se fait que je suis malade.* **B.** CELA, ÇA FAIT. ⇒ **il y a (avoir,** IV). **1.** *Cela, ça ne fait rien,* il n'y a pas de mal, ce n'est pas grave. **2.** (Distances) *De Québec à Toronto, cela fait huit cents kilomètres.* **3.** (Temps) CELA FAIT... QUE. *Cela fait deux jours que j'attends,* j'attends depuis deux jours. **4.** CE QUI FAIT QUE : en conséquence. *Il a plu, ce qui fait que la pelouse est trempée.* **5.** CELA FAIT QUE : ce qui explique que. *Ses enfants sont élevés, cela fait qu'elle cherche un emploi.* — Fam. ÇA FAIT QUE : expression qui sert à introduire une nouvelle idée (dans un récit, une histoire, une phrase...). ⇒ et **puis** (4) ; fam. ③ **pis.** *Je lui ai donné son argent, ça fait qu'elle m'a dit...* **6.** Passif. C'EST FAIT : c'est terminé. *C'en est fait de moi (de toi...),* je suis (tu es...) perdu(e). *Ce qui est fait est fait,* il n'y a pas à y revenir. *C'est* BIEN FAIT *pour lui* : il n'a que ce qu'il mérite. *Ce n'est ni fait, ni à faire,* c'est un travail bâclé. **7.** Fam. ÇA VA FAIRE ! : c'est assez !, arrêtez ! *Ça va faire les chicanes !* Absolt. *Ça va faire !,* cesser immédiatement. — *Même s'il te manque deux dollars, ça va faire,* ça va aller, c'est correct. **8.** Pronominalement. *Cela ne se fait pas,* c'est inconvenant, impoli. **V.** FAIRE exprime l'action ou l'aspect d'une chose. **1.** Produire. *Ce savon fait trop de mousse. Un feu fait toujours un peu de fumée.* ⇒ **dégager.** *La pluie a fait une mare devant la maison. La boue m'a fait des taches. La nouvelle a fait du bruit, des vagues, a fait scandale. Ces couleurs font un ensemble harmonieux.* ⇒ **former.** — PROV. *Les petits ruisseaux font les grandes rivières,* rien ne doit être considéré comme négligeable. *L'habit ne fait pas le moine,* il ne faut pas se fier aux apparences. — (Impliquant une personne) *Faire qqch. à qqn,* produire sur lui (elle) un effet moral. *La vue du sang ne lui fait rien, ne lui fait ni chaud ni froid.* ⇒ **émouvoir.** — *Qu'est-ce que cela peut vous faire ?,* en quoi cela vous concerne-t-il ? *Qu'est-ce que ça fait ?,* en quoi est-ce si important ? **2.** Prendre. *À chaque escale, le navire faisait de l'eau,* se ravitaillait en eau douce. *Le navire faisait eau de toute part,* l'eau l'envahissait. **3.** *Faire office de,* se changer en. Fam. *Cette chambre fait aussi bureau.* **4.** Durer. *Cette chemise m'a fait dix* *ans.* **5.** Coûter. *« Combien fait ce lot de livres ? — Il fait cent dollars. »* Fam. *Combien ça fait ?* **6.** Valoir. *Deux et deux font quatre. Un demi-kilo fait cinq cents grammes.* — Par ext. *« Journal » fait « journaux » au pluriel.* **7.** Mesurer. *Ce coupon fait un mètre sur deux.* **8.** Présenter (un aspect). *Ce tissu fait des plis. La route faisait une courbe.* **9.** Intransitivement. (Vêtements, couleurs) Être adapté convenir à (qqn, qqch.) ⇒ ① **aller** (III). *Ce chandail te fait très bien. Le vert ne fait pas dans cette pièce.* **10.** Intransitivement. Produire un effet. *Ce tableau ferait beaucoup mieux encadré.* — Produire (qqch.). *Ce moteur fait de l'huile,* perd son huile par une fuite. *Cette voiture fait du cent de moyenne,* roule à cent kilomètres à l'heure en moyenne. *Elle fait une quinzaine de kilomètres par litre,* elle parcourt une quinzaine de kilomètres par litre d'essence. *Elle fait six litres,* consomme six litres de carburant pour cent kilomètres. *Elle fait six chevaux,* sa puissance est de six chevaux. **11.** ÊTRE FAIT POUR : être destiné à. *Cette voiture n'est pas faite pour transporter dix personnes.* **12.** SE FAIRE : se modeler, s'adapter. *Mes chaussures finiront bien par se faire.* — Être fabriqué. *Les bottes ne se font plus cette année,* ne sont plus à la mode. *Voilà ce qui se fait de mieux dans le genre.* — PROV. *Paris ne s'est pas fait en un jour.* **VI.** Locutions. REM. FAIRE peut recevoir un très grand nombre de compléments directs, qui seuls expriment le sens de l'action. **1.** (*Faire* est suivi d'un complément sans article) *Faire attention (à). Faire bloc (contre), face (à), front. Faire cause commune (avec). Faire fête (à). Faire feu (sur). Faire grève. Faire honte (à). Faire main basse (sur). Faire mouche. Faire peur (à). Faire plaisir (à). Faire (fausse, bonne) route (vers). Faire table rase (de). Faire signe (de), (à). Faire tache d'huile,* etc. **2.** (Compl. précédé d'un article partitif) *Ce médicament m'a fait du bien, du mal, de l'effet. Il ne m'a rien fait. Ça lui a fait de la peine (quelque chose) de la voir partir. Son attitude lui a fait du tort.* **3.** (Compl. précédé d'un article indéfini) *Faire un aveu, des aveux (à). Faire un effort, un progrès, des efforts, des progrès (en). Faire un projet, des projets (de). Faire un rêve, des rêves (de).* **4.** (Article défini, possessif non réfléchi) *Faites l'amour, pas la guerre. Faites-lui nos amitiés. Il a fait la conquête de sa voisine,* lui a plu, l'a séduite. *Il lui a fait la cour. Elle lui a fait (le) serment de l'épouser.* — Fam. *Il a fait la fête,* s'est amusé. ⇒ fam. **foirer.** **5.** (Possessif réfléchi) *Il nous a fait ses adieux. Il a fait son internat à Gaspé. Il a fait son devoir de soldat,* risqué sa vie au combat, il est mort en combattant. *Elle a fait son devoir,* son exercice scolaire. — *Elle a fait ses débuts à Paris,* commencé sa carrière à Paris. **6.** SE FAIRE UN (DES)... DE... (+ infinitif). *Je me faisais une joie de vous revoir,* j'en étais très heureux. **7.** SE FAIRE DU (DE LA, DES). *Il s'est fait du mauvais sang, de la bile, des cheveux (blancs) pour toi, il s'est fait beaucoup de souci pour toi.* — NE PAS S'EN FAIRE : s'en moquer. *Elle ne s'en fait pas. Ne vous en faites pas,* ce n'est pas grave. ▶ ② ***faire*** semi-auxiliaire ▪ conjug. 60. — REM. Le participe passé *fait* est invariable. **I.** FAIRE à l'infinitif suit un verbe et reprend une proposition. **1.** *Tu casses tout, et moi, je te laisserais faire ?,* tout casser ? — LE FAIRE. *Piloter un avion ? Moi aussi je sais le faire. Je voudrais bien prendre des vacances en hiver, mais je ne peux jamais le faire.* **2.** Dans les comparaisons. *« Comment répondre ? — Faites comme moi. » Je répondrai comme vous (l') avez fait,* comme vous avez répondu. *Tu réussis mieux que je ne fais,* mieux que moi. **II.** FAIRE suivi d'un infinitif : l'action touche plusieurs personnes à la fois. **1.** Être cause de. *Il vous fait appeler,* il demande que vous veniez. *Tu me fais rougir ! Elle leur a fait visiter le musée. Faites-lui réciter ses leçons. Les leçons que je lui ai fait réciter. Je vais te faire voir,* te montrer. *Tu vas faire aboyer le chien ! J'ai fait tomber la lampe. Faites cuire à feu doux.* — (Choses) *Le soleil fait fondre la neige.* **2.** Pronominalement. SE FAIRE : se laisser. *Elle s'est fait prier.* — Exiger (une action de qqn). *Il se faisait respecter.* — Demander (un service à qqn). *Elle s'est fait reconduire chez elle par un ami. Je me suis fait couper les cheveux.* — REM. S'agissant d'un accident plutôt que *Je me suis fait mordre par un chien,* il est recommandé de dire *Un chien m'a mordu* ou *J'ai été mordu par un chien.* — Vulg. *Allez vous faire foutre !,* allez au diable ! **3.** FAIRE FAIRE : confier la réalisation (de qqch. à qqn). *Elle a fait faire une jolie robe à (par, chez) sa couturière.* Pronominalement. *Elle s'est fait faire une robe. Regarde la robe qu'elle s'est fait faire par (chez) sa couturière.* ⇒ **commander.** — Entraîner (qqn à exécuter qqch.). *Je lui ai fait faire ses devoirs.* ⇒ **aider.** — *Tu m'as fait faire une erreur.* ⇒ **induire.** *Ils m'ont fait faire une excellente affaire.* **III.** Loc. verb. (Seul le sujet est concerné.) **1.** NE FAIRE QUE : faire seulement. *Il ne fait que passer,* il va repartir tout de suite. *Elle ne fait qu'arriver,* elle vient tout juste d'arriver. *Il ne fait que parler,* il parle sans agir ; il n'arrête pas de parler. *On ne fait qu'en rire,* on s'en moque. *Il ne fait que dormir,* il dort sans arrêt. **2.** Intransitivement. FAIRE BIEN DE, MIEUX DE : avoir intérêt à. *Tu ferais bien (bien mieux, mieux) de te reposer.* ▶ ***faire-part*** [fɛʀpaʀ] n. m. invar. ▪ Lettre imprimée qui annonce une nouvelle ayant trait à la vie civile. *Faire-part de mariage* (France) *de décès* (bordé de noir). ▶ ***faire-valoir*** n. m. invar. ▪ Comparse, personnage secondaire qui sert surtout à mettre en valeur le personnage principal. ⟨ ▶ affaire, affaires, bienfaisant, bienfait, contrefaire, défaire, sur ces entrefaites, fact-, fainéant, faisable, faiseur, ① fait, ② fait, fait-tout, ① imparfait, ② imparfait, infaisable, insatisfait, malfaisant, malfaiteur, méfait, parfaire, parfait, refaire, satisfaire, savoir-faire, stupéfait, surfait ⟩

fair-play [fɛʀple] adj. invar. ▪ Anglic. Qui accepte loyalement les règles d'un jeu, d'un sport, des affaires. ⇒ **loyal.** *Elles ont été fair-play,* elles ont joué franc-jeu avec nous.

faisable [fəzabl] adj. ▪ Qui peut être fait. *La chose est faisable.* ⇒ **possible, réalisable.** / contr. **infaisable** / ▶ ***faisabilité*** [fə(ɛ)zabilite] n. f. ▪ En économie. Caractère de ce qui est faisable. — Possibilité de réussite (d'un projet, d'une entreprise). *Étude de faisabilité d'un projet.*

faisan, ane [fə(ɛ)zɑ̃, an] n. ▪ Oiseau gallinacé, à plumage coloré, à longue queue, et dont la chair est estimée. *La chasse au faisan. Faisans d'élevage.* — Adj. *Poule faisane.* ▶ ***faisander*** [fə(ɛ)zɑ̃de] v. tr. ▪ conjug. 1. ▪ Soumettre (le gibier) à un commencement de décomposition, pour lui faire acquérir du fumet. ▶ ***faisandé, ée*** adj. ▪ *Viande faisandée,* un peu corrompue.

faisceau [fɛso] n. m. **1.** Assemblage parallèle de choses semblables, de forme allongée. *Balai fait d'un faisceau de brindilles. Faisceau musculaire,* de fibres musculaires. — *Mettre les fusils en faisceau,* les former en pyramide en les appuyant les uns contre les autres. — *Faisceau des licteurs,* dans la Rome antique, symbole du pouvoir de l'État. ⇒ **fascisme.** **2.** *Faisceau lumineux,* rayonnement lumineux. *Un lièvre apparut dans le faisceau des phares. Faisceau électronique, hertzien. Des faisceaux.* **3.** Ensemble de choses (abstraites) rassemblées. *Un faisceau d'habitudes, d'arguments.*

faiseur, euse [fəzœʀ, øz] n. **1.** Souvent péj. FAISEUR DE : celui qui fait habituellement. *Faiseur de vers.* ⇒ **poète.** *Faiseuse de mariages.* Euph. *Une faiseuse d'anges.* ⇒ **avorteur.** *Un faiseur d'embarras.* **2.** N. m. Personne qui cherche à se faire valoir par des vantardises, des mensonges. ⇒ **hâbleur, poseur.** — PROV. *Grand parleur, petit faiseur,* qui parle trop n'accomplit rien de bon. — REM. Au masc., on emploie aussi fam. *faiseux* (ex. : *un petit faiseux.*).

① ***fait, faite*** [fɛ, fɛt] p. p. et adj. **1.** Qui présente tel ou tel aspect. *Il est bien fait, mal fait de sa personne.* ⇒ **bâti.** *Une femme bien faite.* **2.** Qui est arrivé à son plein développement. *Un homme fait.* ⇒ **mûr.** — Arrivé à un certain point de maturation nécessaire à la consommation. *Un fromage fait, bien fait.* ⇒ **à point. 3.** Fabriqué, composé, exécuté. *Un travail mal fait, ni fait ni à faire.* TOUT FAIT : tout prêt. *Idées toutes faites,* préjugés. — FAIT MAIN. *Une robe fait main. Un sac fait main,* de production artisanale. — FAIT À (+ nom de lieu) LE (+ date) : formule qui apparaît au bas d'un document officiel qui doit être signé. *Fait à Québec le 26 novembre 1991.* **4.** Qui est maquillé. *Des yeux faits.* — Verni. *Ongles faits.* **5.** (Personnes) Fam. *Être fait,* pris. *Être fait comme un rat. Nous sommes faits.*

② ***fait*** [fɛ] n. m. **I. 1.** LE FAIT DE : action de faire. ⇒ **acte, action.** *Le fait de parler. Il a été licencié pour fait de grève. Être coutumier du fait,* de cette action. *La générosité n'est pas son fait,* n'est pas dans ses habitudes. — *Dire son fait à qqn,* l'engueuler, lui dire ce qu'on a sur le cœur. — *Prendre qqn* SUR LE FAIT : le surprendre au moment où il agit. ⇒ flagrant **délit.** — Au plur. *Les* FAITS ET GESTES *de qqn* : ses activités. ⇒ **us. 2.** Action mémorable, remarquable. ⇒ **exploit.** *Fait d'armes, de guerre ; hauts faits.* **3.** VOIE(S) DE FAIT : coup, violence. *Appréhender qqn pour voie de fait.* **4.** PRENDRE FAIT ET CAUSE *pour qqn* : sa défense, son parti. **II. 1.** Ce qui est arrivé, ce qui a eu lieu. ⇒ **affaire, événement.** *C'est un fait courant. Déroulement des faits. Mettre qqn devant le fait accompli,* l'obliger à accepter une chose sur laquelle il n'y a plus à revenir, sans qu'il ait pu exprimer son avis. — LE FAIT QUE. *Le fait que vous soyez malade ne vous excuse pas.* — DU FAIT DE : par suite de. — DU FAIT QUE (+ subj.) ⇒ **puisque.** *Du seul fait que,* pour cette seule raison que. **2.** FAITS DIVERS : nouvelles peu importantes d'un journal. ⇒ **chiens écrasés.** — Au sing. *Un fait divers.* **3.** Ce qui existe réellement (opposé à l'*idée,* au *rêve,* etc.). ⇒ **réalité, réel.** *S'incliner devant les faits. Juger sur les faits, d'après les faits. C'est un fait,* c'est certain, sûr, vrai. — LE FAIT EST *que vous avez raison* : je dois l'admettre. *Être responsable en fait* (s'oppose à *en droit*). — Loc. adv. PAR LE FAIT, DE FAIT, EN FAIT : en réalité. ⇒ **effectivement, réellement.** *En fait, les choses se sont passées tout autrement.* — TOUT À FAIT. ⇒ ① **tout** (IV, 3). **4.** Cas, sujet particulier dont il est question. *Être sûr de son fait. Aller au fait ; (en) venir au fait,* à l'essentiel. Ellipt. *Au fait ! Être au fait de,* au courant de. — AU FAIT (en tête de phrase) : à propos. — EN FAIT DE : en ce qui concerne, en matière de. *En fait de cadeaux, il n'a pas été gâté !*

faîte [fɛt] n. m. **1.** La partie la plus haute de qqch. d'élevé. ⇒ **cime, haut, sommet.** *Le faîte d'un arbre, d'une montagne.* **2.** Fig. Le plus haut point, le plus haut degré. ⇒ **apogée, comble, pinacle, zénith.** *Une artiste au faîte de sa carrière.*

fait-tout n. m. invar. ou ***faitout*** [fɛtu] n. m. ■ (Surtout en France) Instrument de cuisine, récipient à deux poignées et à couvercle, qui va au feu. *Des fait-tout, des faitouts.*

faix [fɛ] n. m. invar. ■ Littér. Lourd fardeau. *Ils ploient sous le faix des ans, des années.* ⇒ **poids.** ⟨ ▸ s'affaisser, portefaix ⟩

fakir [fakiʀ] n. m. ■ Professionnel du spectacle présentant des numéros d'insensibilité à la douleur, de transmission de pensée, etc. *Des fakirs.*

falaise [falɛz] n. f. ■ Escarpement rocheux ou abrupt façonné par le travail des eaux.

falbalas [falbalɑ] n. m. pl. ■ Ornements successifs, grande toilette. *Il déteste les falbalas des grandes réceptions.*

fale ou ***falle*** [fal] n. f. (Personnes) **1.** Loc. fam. *Avoir la fale basse,* avoir très faim. **2.** Loc. fam. *Avoir la fale basse,* avoir le moral bas, avoir l'air dépité, découragé. **3.** *Avoir la fale à l'air,* avoir la poitrine, la gorge découverte. — (Femmes) Être décolletée.

fallacieux, euse [falasjø, øz] adj. ■ Littér. Trompeur. ⇒ **mensonger, perfide.** *Promesses fallacieuses. Arguments fallacieux.* ⇒ **spécieux.**

① ***falloir*** [falwaʀ] v. impers. ▪ conjug. 29. **I. 1.** IL FAUT. *Qu'est ce qu'il vous faut ?,* que désirez-vous ? *Il lui faut qqn pour l'aider.* **2.** IL FAUT (+ infinitif). *Il faut (il faudrait) l'avertir tout de suite.* **3.** IL FAUT QUE (+ subjonctif). *Il faut (il faudra) que je vous voie, c'est indispensable.* — *Il faut, il a fallu qu'il vienne en ce moment !,* il est venu comme par une fatalité. ≠ *faillir.* **4.** IL LE FAUT (*le* remplaçant l'infinitif ou la propos.). *Vous irez la voir, il le faut,* c'est nécessaire, indispensable. **5.** Ce qui est juste, à propos. *Tu as l'art de ne dire que ce qu'il faut.* — COMME IL FAUT. *Se conduire, s'exprimer comme il faut,* convenablement. — Adj. invar. Fam. *Des gens très comme il faut.* **II.** IL FAUT (+ infinitif,) IL FAUT QUE (+ subjonctif) : il est nécessaire, selon la logique du raisonnement. *Dire des choses pareilles ! Il faut avoir perdu l'esprit ! Encore faut-il que ce soit possible.* ≠ *faillir.*

② *s'en* ***falloir*** v. imper. ▪ conjug. 29. ■ IL S'EN FAUT DE : il manque. *Il s'en est fallu de peu que je parte,* un peu plus, je partais. — TANT (PEU) S'EN FAUT. *Il n'est pas niaiseux, tant s'en faut,* il est loin d'être niaiseux. *Elle est perdue ou peu s'en faut.* ⇒ **presque.**

falot, ote [falo, ɔt] adj. ■ Sans personnalité, terne, effacé. *Personnage falot,* que l'on ne remarque pas. / contr. **brillant** /

falsifier [falsifje] v. tr. ▪ conjug. 7. ■ Altérer volontairement dans le dessein de tromper. ⇒ **contrefaire.** *Falsifier un bulletin, une carte d'identité, un passeport. Falsifier une date sur un acte, un document.* ⇒ **maquiller, truquer.** *Falsifier la pensée de qqn,* en la rapportant inexactement. ⇒ **dénaturer, fausser.** ▸ ***falsificateur, trice*** n. ■ Personne qui falsifie. ▸ ***falsification*** n. f. ■ Action de falsifier.

mal ***famé, ée*** [fame] adj. ■ (Lieu) Qui a mauvaise réputation. *Maison, rue mal famée.*

famélique [famelik] adj. ■ Littér. Qui ne mange pas à sa faim, est maigre. *Des chats faméliques.* ⇒ **étique.** — *Visage famélique.* ⇒ **émacié, maigre.**

fameux, euse [famø, øz] adj. **1.** Qui a une grande réputation. ⇒ **célèbre, renommé.** *Région fameuse par* (ou *pour*) *son sirop d'érable.* **2.** Iron. Dont on a beaucoup parlé. *C'était le fameux jour où nous nous sommes disputés.* **3.** (Avant le nom) Remarquable. *Une fameuse artiste.* ⇒ **beau, rude, sacré.** *Il a attrapé un fameux coup de soleil.* **4.** (Après le nom) Très bon. ⇒ **excellent.** / contr. **médiocre** / *Un vin fameux. Ce devoir n'est pas fameux.* — Loc. fam. *Ce n'est pas fameux,* c'est très ordinaire, ce n'est pas très intéressant, très bon. ▸ ***fameusement*** adv. ■ Beaucoup, très. ⇒ **drôlement, rudement, terriblement.** *Elle danse fameusement bien. C'est fameusement bon.*

familial, ale, aux [familjal, o] adj. ■ Relatif à la famille. *Vie, réunion familiale.* — *Allocations* familiales.* ▸ ***familiale*** n. f. ■ Grande automobile de tourisme conçue pour transporter plusieurs personnes et dont la banquette arrière peut se rabattre pour faciliter le transport des bagages ou des marchandises. ⇒ **fourgonnette.** *Ils ont échangé leur voiture compacte pour une familiale.* ▸ ***familier, ière*** n. m. et adj. **I.** N. m. (pas de fém.) **1.** Personne qui est considérée comme un membre de la famille. ⇒ **ami.** *Les familiers* *de la maison.* **2.** Personne qui fréquente assidûment un lieu. *Les familiers d'un bar.* ⇒ **habitué. II.** Adj. **1.** Qui est bien connu ; dont on a l'expérience habituelle. *Vivre au milieu d'objets familiers. Voix familière. Le mensonge lui est familier.* **2.** Qui montre dans ses rapports avec ses semblables, ses subordonnés, une simplicité qui les met à l'aise/ contr. **distant** / ou avec ses supérieurs, une simplicité trop désinvolte. ⇒ ③ **cavalier.** *Un inconnu trop familier. Manières familières.* **3.** *Mot familier,* qu'on emploie dans la conversation courante et par écrit, mais qu'on évite dans les relations avec des supérieurs, les relations officielles et les ouvrages sérieux (opposé à *littéraire* ; abrégé *fam.* dans ce dictionnaire). *« Emmerdant » est un mot familier ≠ argot, populaire.* ▶ ***familièrement*** adv. ■ D'une manière familière (II, 2). ⇒ **simplement.** *Ils causaient familièrement.* ▶ ***familiariser*** v. tr. ▪ conjug. 1. **I.** Rendre familier (avec qqch.). ⇒ **accoutumer, habituer. II.** SE FAMILIARISER v. pron. **1.** Devenir familier avec qqn, avec les gens. ⇒ s'**apprivoiser.** *Enfant, oiseau qui se familiarise.* **2.** *Se familiariser avec qqch.,* se rendre familier par l'habitude, la pratique. *Se familiariser avec une langue étrangère, avec le danger.* ▶ ***familiarité*** n. f. **1.** Relations familières, comme celles qu'entretiennent les membres d'une même famille les uns avec les autres. ⇒ **intimité. 2.** Manière familière de se comporter à l'égard de qqn. ⇒ **bonhomie, liberté.** / contr. **réserve** / **3.** Au plur. DES FAMILIARITÉS : *façons trop libres, inconvenantes.* ⇒ **liberté, privauté.** *Se permettre des familiarités avec qqn.* ‹ ▶ unifamilial ›

famille [famij] n. f. **I. 1.** (Sens restreint) Le père, la mère et les enfants. *Fonder une famille,* avoir un, des enfants. *Chef de famille. La vie de famille. Famille dispersée par la guerre, brisée par un divorce.* ⇒ **familial.** — FAMILLE MONOPARENTALE : le père ou, plus souvent, la mère et les enfants qui vivent seuls à la suite d'une séparation, d'un divorce, etc. — *Une famille d'accueil*.* — Vieilli. *Soutien de famille,* fils, fille, frère ou sœur qui travaille pour subvenir aux besoins des siens. **2.** Les enfants issus du mariage. *Père, mère de famille. Vivre en bon père de famille,* sagement. — Loc. fam. *Être en famille,* enceinte. *Attendre de la famille,* être enceinte. *Partir pour la famille,* devenir enceinte. **3.** L'ensemble des personnes liées entre elles par le mariage et par la filiation ou, exceptionnellement, par l'adoption. *Nom de famille.* ⇒ **patronyme.** *Famille naturelle et belle-famille d'un époux. La famille de qqn, sa famille. Être en famille,* réunis entre gens de la même famille. — Loc. fam. *Laver son linge sale en famille.* ⇒ **linge. 4.** *Famille étendue, patriarcale,* ensemble des descendants et des collatéraux d'un *chef de famille,* vivant dans la même maison. **5.** Succession des individus qui descendent les uns des autres, de génération en génération. *La famille des Habsbourg.* ⇒ **descendance, lignée, postérité.** *Bonne famille,* estimée. *Fils de famille,* qui profite de la situation privilégiée de ses parents (→ péj. fils à papa). *Un air de famille,* une ressemblance. **II.** Abstrait. **1.** (Avec un adj., un déterminatif) Personnes ayant des caractères communs. *Une famille d'esprits. Famille littéraire.* **2.** Sciences naturelles. L'une des grandes divisions employées dans la classification des animaux et des végétaux, qui regroupe des genres. *La famille des rosacées.* **3.** *Famille de mots,* groupe de mots provenant d'une même origine. ⇒ **étymologie.** ‹ ▶ belle-famille, familial ›

famine [famin] n. f. ■ Manque d'aliments par lequel une population meurt de faim. ⇒ **disette.** *Les famines du Sahel.* — *Salaire de famine,* qui ne donne pas de quoi vivre. ⇒ **misère.** — Plaisant. *Mon ventre crie famine,* j'ai très faim.

fan [fan] n. ■ Fam. Fanatique (2), admirateur enthousiaste (de qqn). ⇒ **fervent ; partisan.** *Ses fans l'attendaient à l'entrée des artistes.* ▶ ***fana*** adj. ■ (France) Fam. Fanatique (2), amateur passionné (de qqn ou de qqch.). ⇒ **fou.** *Elles sont fanas de moto.* — N. *Des fanas de moto.* ‹ ▶ fan-club ›

fanal, aux [fanal, o] n. m. **1.** Grosse lanterne devant servir de signal, souvent fixée sur un véhicule (⇒ **feu).** — *Un fanal au gaz propane,* servant à éclairer. — Loc. fam. *Attendre qqn avec une brique et un fanal.* ⇒ **brique. 2.** Fig. et fam. *Un grand fanal,* un homme très grand et maigre. ⇒ **svelte ;** anglic. **jack.**

fanatique [fanatik] adj. et n. **1.** Animé envers une religion, une doctrine, une personne, d'une foi absolue et d'un zèle aveugle. *Partisan fanatique.* — N. *Les excès des fanatiques.* ⇒ **exalté.** ≠ *frénétique.* **2.** Qui a une passion, une admiration excessive pour qqn ou qqch. ⇒ **passionné ;** fam. **fan, fana.** *Elle est fanatique de musique.* ⇒ **fou.** — N. *Un fanatique du football.* ⇒ fam. **fana, maniaque.** ▶ ***fanatiquement*** adv. ▶ ***fanatiser*** v. tr. ▪ conjug. 1. ■ Rendre fanatique. ▶ ***fanatisme*** n. m. **1.** Comportement de fanatique (1). *Fanatisme religieux.* ⇒ **intolérance.** ≠ *fatalisme.* **2.** Enthousiasme de fanatique (2).

fan-club [fanklœb] n. m. ■ Association regroupant les admirateurs (des jeunes surtout) d'une vedette, d'un groupe, d'une équipe sportive. *Des fans-clubs.*

fandango [fɑ̃dɑ̃go] n. m. ■ Nom d'une danse espagnole. *Des fandangos.*

fane [fan] n. f. ■ Tiges et feuilles de certaines plantes potagères dont on consomme une autre partie. *Fanes de carottes, de pois.*

① ***faner*** [fane] v. tr. ▪ conjug. 1. **1.** Faire perdre à (une plante) sa fraîcheur. ⇒ **flétrir, sécher. 2.** SE FANER v. pron. réfl. : (plante, fleur) qui sèche et meurt, en perdant sa couleur, sa consistance. ⇒ se **flétrir.** ▶ ***fané, ée*** adj. **1.** (Plante, fleur) Qui s'est fané. *Un bouquet fané.* **2.** Qui est défraîchi, flétri. *Un visage fané.* ⇒ **flétri.** — *Couleur fanée,* passée, très douce. / contr. **vif** /

② ***faner*** v. tr. ▪ conjug. 1. ■ Retourner (un végétal fauché) pour le faire sécher. *Faner de la luzerne.* (France) *Machine à faner,* à faire les foins. ▶ ***faneur, euse*** n. ■ Personne qui fane.

fanfare [fɑ̃faʀ] n. f. **1.** Air vif et rythmé, dans le mode majeur, généralement exécuté par des cuivres. *Sonner la fanfare.* **2.** Fam. *Réveil en fanfare,* réveil brutal. **3.** Orchestre de cuivres, musiciens de cet orchestre. *La fanfare prendra part au défilé.*

fanfaron, onne [fɑ̃faʀɔ̃, ɔn] adj. et n. ■ Qui se vante avec exagération d'exploits réels ou imaginaires. ⇒ **fendant.** *Il est fanfaron.* — *Attitude fanfaronne en face du danger.* — N. *Faire le fanfaron.* ⇒ **bravache, faraud, matamore.** ▶ ***fanfaronnade*** n. f. ■ Propos, acte de fanfaron. ⇒ **rodomontade, vantardise.** ▶ ***fanfaronner*** v. intr. ▪ conjug. 1. ■ Faire des fanfaronnades, se vanter. ⇒ **plastronner.** *Devant ses amis, il fanfaronne sans cesse.*

fanfreluche [fɑ̃fʀəlyʃ] n. f. ■ Souvent péj. Ornement léger (nœud, dentelle, volant, pompon) du vêtement ou de l'ameublement. *Il y a trop de fanfreluches sur cette robe.*

fange [fɑ̃ʒ] n. f. ■ Littér. Boue liquide et sale. ⇒ **bouette.** — Loc. fig. *On l'a traîné dans la fange,* on l'a souillé par des accusations ignobles. ⇒ **boue.** ▶ ***fangeux, euse*** adj. ■ Plein de fange. ⇒ fam. **bouetteux.** *Mare fangeuse.*

fanion [fanjɔ̃] n. m. ■ Petit drapeau. *Fanion d'un régiment, d'une équipe sportive.*

fanon [fanɔ̃] n. m. **1.** Repli de la peau qui pend sous le cou de certains animaux. *Fanon de taureau, de* *dindon.* **2.** Chacune des lames cornées qui garnissent la bouche de certains cétacés. *La baleine retient avec ses fanons le krill dont elle se nourrit.*

fantaisie [fɑ̃tezi] n. f. **1.** Imagination créatrice. *L'artiste a donné libre cours à sa fantaisie.* — DE FANTAISIE : se dit de produits qui ne cherchent pas à être pris au sérieux. *Bijoux de fantaisie. Uniforme de fantaisie.* — En appos. invar. *Des boutons fantaisie.* **2.** *(Une, des fantaisies)* Œuvre d'art dans laquelle l'imagination s'est donné libre cours. **3.** Désir, goût passager qui ne correspond pas à un besoin véritable. ⇒ **caprice, désir, envie.** *Il lui a pris la fantaisie de repartir aussitôt.* **4.** Tendance à agir en dehors des règles par caprice et selon son humeur. ⇒ **gré, guise.** *Une personne qui n'en fait qu'à sa fantaisie.* **5.** *(La fantaisie)* Originalité amusante, imagination dans les initiatives. *Elle est pleine de fantaisie, elle a beaucoup de fantaisie. Vie, existence qui manque de fantaisie,* monotone, terne. ▶ ***fantaisiste*** adj. et n. **1.** Qui agit à sa guise, au mépris de ce qu'il faut faire ; qui n'est pas sérieux. ⇒ **amateur, dilettante, fantasque, farfelu, fumiste.** *Cet élève est un peu fantaisiste.* N. *C'est un fantaisiste.* — (Choses) *Remède fantaisiste. Interprétation fantaisiste. Un moteur fantaisiste.* ⇒ **capricieux. 2.** Artiste de variétés qui chante, imite, raconte des histoires. ⇒ **chansonnier** (2), **comique, humoriste, imitateur, monologuiste.**

fantasmagorie [fɑ̃tasmagɔʀi] n. f. ■ Spectacle fantastique, surnaturel. ▶ ***fantasmagorique*** adj. ■ Qui tient de la fantasmagorie. *Une apparition fantasmagorique,* féerique, irréelle.

fantasme ou ***phantasme*** [fɑ̃tasm] n. m. ■ Idée, imagination suggérée par l'inconscient. ⇒ **rêve.** *Elle a des fantasmes de richesse.* ▶ ***fantasmatique*** adj. ■ Relatif aux fantasmes. ⇒ **imaginaire.** ▶ ***fantasmer*** v. intr. ▪ conjug. 1. ■ Se laisser aller à des fantasmes, prendre ses désirs pour la réalité. *Tu fantasmes !* ⇒ **rêver.**

fantasque [fɑ̃task] adj. ■ Dont on ne peut prévoir le comportement. ⇒ **bizarre, capricieux, changeant, lunatique.** ≠ *fantasse.*

fantasse [fɑ̃tas] adj. et n. Fam. **1.** Arrogant, qui ne craint rien ni personne. ⇒ **audacieux ;** fam. **baveux.** *Un élève fantasse. Des conducteurs fantasses,* qui manquent de courtoisie au volant. — N. *Ce sont des petits fantasses.* **2.** N. Terme d'injure. Personne grossière et effrontée. *Maudites fantasses !* ≠ *fantasque.*

fantassin [fɑ̃tasɛ̃] n. m. ■ Soldat d'infanterie.

fantastique [fɑ̃tastik] adj. et n. m. **1.** Qui est créé par l'imagination, ou semble tel. ⇒ **fabuleux, surnaturel.** *Créature fantastique. Conte fantastique.* **2.** (Intensif) Extravagant. ⇒ **formidable, sensationnel.** *Une réussite fantastique. C'est fantastique !* **3.** N. m. *Le fantastique,* ce qui est fantastique, irréel ; le genre fantastique dans l'art. ▶ ***fantastiquement*** adv. ■ D'une manière fantastique (2). ⇒ **fabuleusement.**

fantoche [fɑ̃tɔʃ] n. m. **1.** Marionnette manipulée par des fils. ⇒ **pantin, polichinelle. 2.** Personne sans consistance ni volonté, qui est souvent l'instrument des autres et qui ne mérite pas d'être prise au sérieux. *Cet homme n'est qu'un fantoche.* ⇒ homme de **paille.** — En appos. *Des gouvernements fantoches.*

fantôme [fɑ̃tom] n. m. **1.** Apparition surnaturelle d'une personne morte. ⇒ **esprit, revenant, spectre.** *Maison hantée par les fantômes.* **2.** Personnage ou chose qui hante l'esprit. *Les fantômes du passé.* **3.** En appos. Qui apparaît et disparaît comme un fantôme. *Le vaisseau fantôme.* — Qui ne mérite pas son nom. *Un gouvernement fantôme.* — Fam. *Le cabinet fantôme,* formé par l'opposition afin de critiquer le cabinet officiel. *Auto, voiture fantôme,* voiture de police banalisée. ▶ ***fantomatique*** adj. — REM. Pas d'accent sur le *o.* ■ Semblable à une apparition, à un fantôme.

faon [fɑ̃] n. m. ■ Petit de la biche et du cerf, du daim ou du chevreuil. *Une biche et ses faons.*

farad [faʀad] n. m. ■ Unité de mesure de capacité électrique (symb. *F*). *Une capacité de deux farads.*

faramineux, euse [faʀaminø, øz] adj. ■ Fam. Fantastique. ⇒ **étonnant, extraordinaire, prodigieux.** *Des prix faramineux,* exagérément élevés.

farandole [faʀɑ̃dɔl] n. f. ■ Danse provençale rythmée, exécutée par une file de danseurs se tenant par la main. — Cette file de danseurs.

faraud, aude [faʀo, od] n. et adj. ■ Qui est fier de sa personne, de ses vêtements. *Son attitude est pas mal faraude.* — Loc. *Faire le faraud,* crâner, affecter un comportement prétentieux, ridicule. ⇒ **arrogant, fanfaron.**

① ***farce*** [faʀs] n. f. ■ Hachis d'aliments (viande ou autres) servant à farcir. ▶ ***farcir*** v. tr. ▪ conjug. 2. **1.** Remplir de farce. *Farcir une volaille.* **2.** Péj. Remplir, garnir abondamment de. ⇒ **bourrer.** *Farcir un écrit de citations.* ⇒ **truffer. 3.** Fam. *Se farcir qqch.,* faire jusqu'au dégoût. *Se farcir tout le travail.* ⇒ fam. se **taper.** — Avoir, consommer. *Se farcir un bon repas.* — (Choses, personnes) *Il faut se le farcir,* il faut le supporter. ▶ ***farci, ie*** adj. **1.** Rempli de farce. *Tomates farcies.* ≠ **fourré. 2.** Péj. Rempli de. ⇒ **bourré, plein.** *J'ai la tête farcie de ses histoires. Il est farci de préjugés. Elle est farcie de talent.*

② ***farce*** n. f. **1.** Intermède, comédie où dominent les jeux de scène. *Les scènes de farce dans Molière.* — Fig. *La vie est une farce. Cela tourne à la farce,* devient ridicule. **2.** Tour plaisant qu'on joue à qqn. ⇒ **mystification.** *Élèves qui font des farces à leur professeur. Une bonne farce,* drôle, qui réussit. *Une mauvaise farce,* qui nuit ou déplaît à celui qui en est victime. **3.** Petite histoire drôle, blague. ⇒ anglic. **joke.** *Raconter des farces.* Loc. *Faire des farces.* — *Farce plate,* plaisanterie douteuse, de mauvais goût, que l'on ne trouve pas amusante. ⇒ **platitude.** *Veux-tu cesser tes grosses farces plates !* — Loc. fam. *Pas de farce, sans farce !,* sans blague !, sérieusement ! ⇒ anglic. sans **joke.** *Ne pars pas en peur, c'est une farce,* ce n'est pas sérieux, je plaisante. *C'est pas une (des) farce(s),* c'est vrai, ce n'est pas une blague. ⇒ **gag.** *Tu peux me croire, ce n'est pas une farce. C'est pas des farces, elle n'a pas encore terminé son travail,* c'est incroyable, inconcevable. **4.** Objet vendu dans le commerce, servant à faire une farce. *Farces et attrapes.* ▶ ***farceur, euse*** n. ■ Personne qui ne parle pas sérieusement, qui plaisante et raconte des histoires pour mystifier. ⇒ **blagueur, plaisantin.** *Sacré farceur !* — Adj. *Elle est très farceuse.*

fard [faʀ] n. m. **1.** Produit qu'on applique sur le visage pour en changer l'aspect naturel. ⇒ **maquillage, mascara, rimmel.** *Elle ne met pas de fard.* **2.** SANS FARD : sans artifice. *Un discours sans fard.* **3.** Fam. (Personnes) *Piquer un fard,* rougir. ≠ *fart, phare.* ▶ ***farder*** v. tr. ▪ conjug. 1. **1.** Mettre du fard à. ⇒ **maquiller** *Farder un acteur.* ⇒ **grimer.** — SE FARDER v. pron. réfl. *Cette jeune fille se farde trop, s'est trop fardée.* **2.** Littér. Déguiser la véritable nature de (qqch.) sous un revêtement trompeur. ⇒ **embellir.** *Farder sa pensée.*

fardeau [faʀdo] n. m. **1.** Chose pesante qu'il faut lever ou transporter. ⇒ **charge.** *Porter un fardeau sur* *ses épaules. Des fardeaux.* **2.** Chose pénible qu'il faut supporter. *Le fardeau de l'existence.* — Personne qu'il faut endurer, supporter. *Je ne veux plus être un fardeau pour vous.*

fardier [faʀdje] n. m. ■ Gros véhicule de transport portant de lourdes charges. ⇒ **camion, poids lourd, remorque ;** anglic. ② **van.** *Son père conduit un fardier pour une importante entreprise de transport routier.*

fardoches [faʀdɔʃ] ou ***ferdoches*** [fɛʀdɔʃ] n. f. pl. ■ Broussailles poussant un peu partout (le long des chemins, des clôtures, des maisons...). *Demain, on va couper les fardoches près du chalet.* ‹ ▸ effardocher ›

farfadet [faʀfadɛ] n. m. ■ Esprit follet, lutin d'une grâce vive et légère.

farfelu, ue [faʀfəly] adj. ■ Fam. Un peu fou, bizarre. ⇒ **foufou, hurluberlu.** *Il est farfelu. Une idée farfelue,* cocasse.

farfiner [faʀfine] ou ***fafiner*** [fafine] v. intr. ▪ conjug. 1. Fam. **1.** Hésiter, tergiverser. *Cesse de farfiner et décide-toi !* **2.** Finasser, ruser, prendre des détours pour arriver à ses fins. **3.** Faire le difficile à table, avoir du dédain pour la nourriture. ⇒ **dédaigneux.** ▸ ***farfinage*** ou ***fafinage*** n. f. ■ Fait de farfiner. ⇒ **hésitation, tergiversation.** ▸ ***farfineur*** ou ***farfineux*** ou ***fafineur*** ou ***fafineux, euse*** n. et adj. ■ Personne qui farfine.

farfouiller [faʀfuje] v. intr. ▪ conjug. 1. ■ Fam. Fouiller en bouleversant tout. ⇒ **fureter, trifouiller.** *Elle farfouille dans mes affaires.*

faribole [faʀibɔl] n. f. ■ Propos vain et frivole. ⇒ **baliverne, bêtise.** *Dire des fariboles.*

farine [faʀin] n. f. **1.** Poudre obtenue par la mouture de graines de céréales. *Farine de blé, de maïs, de riz. Farine lactée,* pour les bouillies des bébés. — Loc. *Des gens de même farine,* qui ne valent pas mieux l'un que l'autre. — *Se faire rouler dans la farine,* se faire tromper. **2.** Poudre résultant du broyage de certaines denrées (poisson, soja). ▸ ***farineux, euse*** adj. et n. **1.** Qui contient de la farine et par ext. de la fécule. *Légume farineux.* — N. m. ⇒ **féculent.** *Les haricots, les pommes de terre sont des farineux.* **2.** Qui donne en bouche l'impression de la farine. *Pomme farineuse.* ‹ ▸ enfariné ›

farlouche [faʀluʃ] ou ***ferlouche*** [fɛʀluʃ] n. f. ■ Garniture de tarte à base de mélasse et de farine à laquelle on ajoute des raisins secs. *Une pointe de tarte à la farlouche.*

farniente [faʀnjɛnte ; faʀnjɑ̃t] n. m. ■ Douce oisiveté. *Aimer le farniente.*

farouche [faʀuʃ] adj. **1.** Qui n'est pas apprivoisé et s'effarouche facilement. ⇒ **sauvage.** *Ces moineaux ne sont pas farouches.* / contr. **familier** / **2.** (Personnes) Qui redoute par tempérament le contact avec d'autres personnes. ⇒ **insociable, misanthrope, sauvage.** *Un enfant farouche.* ⇒ **gêné, timide.** — *Elle n'est pas farouche,* elle ne repousse pas les amoureux. **3.** D'une rudesse sauvage. *C'est mon adversaire le plus farouche.* ⇒ **acharné.** *Opposer une farouche résistance.* ⇒ **tenace, violent.** ▸ ***farouchement*** adv. ■ D'une manière farouche (3). ⇒ **violemment.** *Il s'y est farouchement opposé.* ‹ ▸ effaroucher ›

fart [faʀ] n. m. ■ Cire dont on enduit la semelle des skis pour les empêcher de coller à la neige. ≠ *fard, phare.* ▸ ***farter*** v. tr. ▪ conjug. 1. ■ Enduire de fart. ▸ ***fartage*** n. m. ■ Action de farter. *Elle procède soigneusement au fartage de ses skis.*

Far West [faʀwɛst] n. m. ■ (Avec des majusc.) Les territoires de l'Ouest des États-Unis, au moment de leur conquête. *Film sur le Far West.* ⇒ **western.**

fascicule [fasikyl] n. m. ■ Ensemble de feuilles, formant une partie d'un ouvrage publié par fragments. *Chaque fascicule compte trente-deux pages. Cette encyclopédie se vend à raison d'un fascicule chaque semaine.* — Livraison d'une publication spéciale. *Un répertoire bibliographique en six fascicules.* — Petit cahier imprimé. *Ce manuel est accompagné d'un fascicule d'exercices.*

fasciner [fasine] v. tr. ▪ conjug. 1. **1.** Maîtriser, immobiliser par la seule puissance du regard. ⇒ **hypnotiser.** **2.** Éblouir par la beauté, l'ascendant, le prestige. ⇒ **captiver, charmer, émerveiller, séduire.** *Elle a fasciné l'assistance. Se laisser fasciner par des promesses.* ▸ ***fascinant, ante*** adj. ■ Qui fascine (2), charme. ⇒ **captivant.** *Projet fascinant.* ▸ ***fascination*** [fasinasjɔ̃] n. f. **1.** Action de fasciner. *Le pouvoir de fascination de l'or.* **2.** Action d'exercer une irrésistible séduction. ⇒ **charme, envoûtement.** *La fascination qu'exerce la Floride sur les Canadiens.*

fascisme [faʃism] n. m. **1.** Doctrine, système politique nationaliste et totalitaire que Mussolini établit en Italie en 1922. **2.** Toute doctrine antidémocratique tendant à instaurer dans un État une dictature du même type. ⇒ **nazisme.** ▸ ***fasciste*** n. et adj. **1.** Qui se réclame du fascisme. — Adj. *Régime fasciste.* **2.** Personne autoritaire et violente, partisan de la manière forte. — Adj. *Comportement fasciste. Idées fascistes.* ‹ ▸ antifasciste ›

① ***faste*** [fast] n. m. ■ (Surtout au sing.) Déploiement de magnificence. ⇒ **apparat, luxe, pompe.** *Le faste d'une cérémonie.* ▸ ***fastueux, euse*** adj. ■ Qui marque le faste. *Un fastueux décor.* ⇒ **princier, riche, somptueux.** / contr. ① **simple** / ▸ ***fastueusement*** adv. ■ *On l'a reçue fastueusement.*

② ***faste*** adj. ■ *Jour faste,* heureux, favorable, de bon augure. *Elle considère le vendredi comme un jour faste.* / contr. **néfaste** /

fast(-)food [fastfud] n. m. ■ Anglic. Commerce de repas rapides, ou à emporter, standardisés. ⇒ **prêt-à-manger.** *Les fast-foods font de la concurrence aux restaurants.* — Ces mets. *Manger du fast food.* — Abrév. fam. FAST n. m. *Manger du fast, aller dans un fast.* — REM. Le terme *restauration rapide* est parfois proposé pour remplacer *fast-food.*

fastidieux, euse [fastidjø, øz] adj. ■ Qui rebute en provoquant l'ennui, la lassitude. ⇒ **assommant, ennuyeux, fatigant, insupportable.** *Une énumération fastidieuse. Il est fastidieux, avec ses histoires.* / contr. **amusant, intéressant** / ▸ ***fastidieusement*** adv.

fastueux adj. ; ***fastueusement*** adv. ⇒ ① **faste.**

fat [fa] ou [fat] adj. et n. m. ■ Vieilli. (Homme) Qui montre sa prétention de façon déplaisante et un peu ridicule. ⇒ **imbu, infatué, vaniteux ; fatuité.** *Il est un peu fat. Un air fat.* ⇒ **avantageux.** — N. m. *Quel fat !* / contr. **modeste** / ‹ ▸ fatuité, infatué ›

fatal, ale, als [fatal] adj. **1.** Fixé, marqué par le destin. *Le moment, l'instant fatal,* décisif. **2.** Qui doit arriver nécessairement. ⇒ **inéluctable, inévitable, obligatoire.** *« Il a refusé ? — Oui, c'était fatal. »* ⇒ **écrit.** **3.** Qui donne la mort. *Porter le coup fatal.* ⇒ **mortel.** **4.** Qui entraîne inévitablement la ruine, qui a des effets désastreux. ⇒ **funeste.** *C'est une étourderie qui peut vous être fatale. Une femme fatale,* qui séduit et perd les hommes. ▸ ***fatalement*** adv. ■ Inévitablement. ▸ ***fatalisme*** n. m. ■ Doctrine ou attitude selon laquelle on ne peut modifier le cours des événements fixés par le destin. *Fatalisme religieux. — Il a pris son échec avec fatalisme,* sans s'émouvoir. ≠ *fanatisme.* ▸ ***fataliste*** n. et adj. ■ Personne qui accepte les événements avec fatalisme. — Adj. *Devenir fataliste avec l'âge.* ▶ ***fatalité*** n. f. **1.** Caractère de ce qui est fatal (1, 4). *Fatalité de la mort.* **2.** Force surnaturelle par laquelle tout ce qui arrive (surtout ce qui est désagréable) est déterminé d'avance. ⇒ **destin, destinée.** *C'est la fatalité !* **3.** Source obscure d'actes inexplicables. *Une fatalité intérieure l'a poussé à ce crime.* **4.** Hasard malheureux (opposé à *chance*). ⇒ **malédiction.** *Je ne sais par quelle fatalité elle prit le bateau qui devait sombrer.* ▶ ***fatidique*** adj. ■ Où parle le destin, la Providence. *Jour fatidique.*

fatigue [fatig] n. f. ■ Affaiblissement physique dû à un effort excessif ; sensation pénible qui l'accompagne. / contr. **repos** / *Légère fatigue* ⇒ **lassitude,** *grande fatigue* ⇒ **épuisement.** *Fatigue des jambes ; fatigue générale. Je tombe, je suis mort de fatigue. Fatigue nerveuse ; fatigue intellectuelle.* ⇒ **surmenage.** — *La fatigue, les fatigues du voyage,* causée(s) par le voyage. ▶ ***fatigant, ante*** adj. **1.** Qui cause de la fatigue physique ou intellectuelle. *Exercice, travail fatigant.* ⇒ **crevant, épuisant, pénible, rude.** *Journée fatigante.* / contr. **reposant** / **2.** Qui importune, lasse. ⇒ **assommant, embêtant, ennuyeux, lassant.** *C'est fatigant de ne jamais trouver ce qu'on cherche. Il est fatigant, avec ses histoires.* — N. *C'est une espèce de fatigant,* un importun. ⇒ fam. **achalant.** ▶ ***fatiguer*** v. ▪ conjug. 1. **I.** V. tr. **1.** Causer de la fatigue à. *Lecture qui fatigue les yeux. Ce trajet les a fatigués.* ⇒ **épuiser, éreinter, exténuer, harasser, vanner.** *Les études les fatiguent.* / contr. **reposer** / **2.** Rebuter par l'ennui. *Vous n'arriverez à rien en le fatiguant de (par des) demandes réitérées.* ⇒ **importuner. II.** V. intr. **1.** (Mécanisme) ⇒ **peiner.** *Le moteur fatigue dans la montée.* **2.** Subir des déformations à la suite d'un trop grand effort. ⇒ **crochir,** se **déformer, faiblir, plier.** *Poutre qui fatigue sous une trop forte poussée. La fatigue des métaux.* **III.** SE FATIGUER v. pron. **1.** Se donner de la fatigue. *Se fatiguer en travaillant trop. Il ne s'est pas trop fatigué,* il n'a guère fait d'effort. — Fam. Faire des efforts inutiles. *Ne vous fatiguez pas* (à mentir), *je sais tout.* **2.** SE FATIGUER DE : se lasser de. *On se fatigue des meilleures choses ; de regarder la télévision.* ▶ ***fatigué, ée*** adj. **1.** Dont l'activité est diminuée par la fatigue. *Cœur, cerveau fatigué. Personne fatiguée,* qui ressent de la fatigue. ⇒ **flapi, las, magané, moulu, vanné. 2.** Qui est marqué par la fatigue. *Figure fatiguée.* ⇒ **tiré.** *Un air fatigué.* **3.** Dérangé. *Avoir l'estomac, le foie fatigué.* **4.** Qui a beaucoup servi, a perdu son éclat. ⇒ **abîmé, déformé, défraîchi, magané, usagé, usé.** *Vêtements, souliers fatigués.* **5.** *Fatigué de,* las de. *Je suis fatiguée d'attendre,* j'en ai assez. ‹ ▶ infatigable ›

fatras [fatʀɑ] n. m. invar. ■ Ensemble confus de choses sans valeur, sans intérêt. *Un fatras de vieux papiers. Esprit encombré d'un fatras de connaissances mal assimilées.*

fatuité [fatɥite] n. f. ■ Satisfaction de soi-même qui s'étale d'une manière insolente, déplaisante ou ridicule. ⇒ **prétention, suffisance ; fat.**

faubourg [fobuʀ] n. m. ■ Partie d'une ville qui déborde son enceinte, ses limites ; quartiers périphériques. ⇒ **banlieue.** *Le faubourg Saint-Jean-Baptiste, à Québec.* ▶ ***faubourien, ienne*** adj. ■ Qui appartient aux faubourgs. *La population faubourienne.*

① ***faucher*** [foʃe] v. tr. ▪ conjug. 1. **1.** Couper avec une faux, une faucheuse. *Faucher une prairie.* **2.** Faire tomber comme le fait une faux. ⇒ **abattre, coucher.** — Au passif et p. p. *Assaillants fauchés par le tir des mitrailleuses. Footballeur brutalement fauché par un adversaire.* — Abstrait. *La mort l'a fauché en pleine jeunesse,* il est disparu, il est mort brutalement. ▶ ***fauchage*** n. m. ■ Action de faucher (1). *Le fauchage d'un champ.* — Action de faucher (2). *Un fauchage pénalisé par l'arbitre.* ⇒ **croc-en-jambe, jambette.** ▶ ***faucheur, euse*** n. ■ Personne qui fauche. — Littér. LA (GRANDE) FAUCHEUSE : la mort en personne. ⇒ ② **faux.** ▶ ***faucheuse*** n. f. ■ Machine agricole destinée à faucher. *Elle conduisait la faucheuse.* ⇒ **moissonneuse.** — *Une faucheuse-lieuse.* ▶ ***faucheux*** n. m. invar. ■ Petit animal voisin de l'araignée, à quatre pattes longues et fines.

② ***faucher*** v. tr. ▪ conjug. 1. ■ Fam. Voler. ⇒ fam. **barboter, chiper, piquer.** *On m'a fauché mon portefeuille.* ▶ ***fauche*** n. f. (France) **1.** Fam. Le fait d'être sans argent. *Plus un sou, c'est la fauche.* **2.** Fam. *De la fauche,* du vol. ▶ ***fauché, ée*** adj. ■ Fam. Sans argent. ⇒ **démuni, pauvre ;** fam. **cassé, désargenté.** *Je suis (complètement) fauché.* — N. *Ce sont des fauchés.*

faucille [fosij] n. f. ■ Instrument fait d'une lame d'acier en demi-cercle, fixée à une poignée de bois, dont on se sert pour couper l'herbe, le grain, le blé... ⇒ ② **faux.** — *La faucille et le marteau,* outils symbolisant les classes agricole et ouvrière. ≠ *serpe.*

faucon [fokɔ̃] n. m. **1.** Oiseau rapace diurne au bec court et crochu. *Chasse au faucon,* avec un faucon apprivoisé et dressé. **2.** Fig. Personne qui préconise la manière forte pour régler un conflit. *Les colombes et les faucons.* ▶ ***fauconneau*** n. m. ■ Jeune faucon. *Des fauconneaux.* ▶ ***fauconnerie*** n. f. ■ Chasse pratiquée avec des oiseaux de proie.

① ***faufiler*** [fofile] v. tr. ▪ conjug. 1. ■ Coudre à grands points pour maintenir provisoirement les parties d'un ouvrage. ⇒ **bâtir.** *Faufiler une manche.* ▶ ***faufilage*** n. m.

② ***se faufiler*** v. pron. ▪ conjug. 1. ■ Passer, se glisser adroitement à travers, sans être aperçu. ⇒ se **couler,** se **glisser.** *Un resquilleur qui se faufile entre les files d'attente.*

① ***faune*** [fon] n. m. ■ Divinité champêtre, à l'image de Pan. *Les faunes sont représentés avec le corps velu, de longues oreilles pointues, des cornes et des pieds de chèvre.* ⇒ **satyre.**

② ***faune*** n. f. **1.** Ensemble des animaux (d'une région ou d'un milieu déterminés). *La faune et la flore laurentiennes.* **2.** Péj. Ensemble de gens qui fréquentent un lieu et ont des mœurs particulières et pittoresques. *La faune du boulevard Saint-Laurent à Montréal.* ▶ ***faunique*** adj. ■ Qui concerne la faune. *La réserve faunique des Laurentides.*

faussaire [fosɛʀ] n. ■ Personne qui fait un faux (II, 2).

fausse féminin de ① *faux.* ≠ *fosse.*

fausse(-)couche [foskuʃ] n. f. ■ Interruption accidentelle de la grossesse entraînant la mort du fœtus. ≠ *avortement. Des fausses-couches.*

faussement [fosmɑ̃] adv. **1.** Contre la vérité. *Être faussement accusé de vol,* à tort. **2.** D'une manière fausse. *Se persuader faussement d'une chose.* **3.** (Devant un adj.) D'une manière affectée, simulée. *Un ton faussement indifférent.*

fausser [fose] v. ▪ conjug. 1. **I.** V. tr. **1.** Rendre faux, déformer la vérité, l'exactitude de (une chose abstraite). ⇒ **altérer, dénaturer, falsifier.** *Erreur qui fausse les résultats d'un calcul.* **2.** Déformer (qqch.) ; faire perdre sa justesse, sa perfection à. *Fausser l'esprit de qqn,* faire qu'il ne raisonne plus sainement. *Ses lectures lui ont faussé le jugement.* / contr. **redresser** / **3.** Déformer (un instrument, un objet) par une pression excessive. *Fausser une clé.* ⇒ **tordre.** *Fausser une serrure.*

⇒ **forcer.** *Fausser la roue d'une bicyclette.* ⇒ **déformer.** **4.** FAUSSER COMPAGNIE À *qqn* : le quitter brusquement ou sans prévenir. ⇒ s'**esquiver.** **II.** V. intr. Fam. Détonner, chanter faux. *Ténor qui fausse. Guitares qui faussent.*

fausset [fosɛ] n. m. ■ VOIX DE FAUSSET : voix de tête, suraiguë (mais non pas fausse).

fausseté [foste] n. f. **1.** Caractère d'un discours faux. *Démontrer la fausseté d'une accusation.* ⇒ **inexactitude.** / contr. **justesse, véracité** / **2.** Défaut du caractère qui consiste à dissimuler ses pensées véritables, à mentir. ⇒ **déloyauté, dissimulation, fourberie, hypocrisie.** / contr. **franchise** /

il ***faut*** ⇒ ① **falloir.**

① ***faute*** [fot] n. f. ■ Manque (dans quelques expressions). FAUTE DE loc. prép. : par manque de. *Le blessé est mort faute de soins.* PROV. *Faute de pain, on mange de la galette.* (France) *Faute de grives, on mange des merles,* on se contente de ce qu'on a. ⇒ à **défaut** de. — (+ infinitif) *Faute d'aimer, on dépérit.* — SANS FAUTE : à coup sûr, sans faillir. *Venez demain, sans faute.* — NE PAS SE FAIRE FAUTE DE : ne pas manquer de. *Elle ne s'est pas fait faute d'en parler.*

② ***faute*** n. f. **1.** Manquement à la règle morale, au devoir ; mauvaise action. ⇒ **méfait.** *Commettre, faire une faute. Avouer sa faute. Confesser ses fautes.* ⇒ **péché.** Loc. prov. *Faute avouée est à moitié pardonnée.* — *Prendre, surprendre qqn en faute.* **2.** Manquement à une règle, à un principe (dans une discipline intellectuelle, un art). ⇒ **erreur.** *Faute professionnelle, faute grossière, faute bénigne. Faute d'étourderie, d'inattention,* commise par étourderie, par inattention. *Fautes de langage.* ⇒ **incorrection.** *Faute de syntaxe. Écrire un texte sans faute(s). Faute d'impression,* dans un ouvrage imprimé. ⇒ **coquille.** **3.** Manière d'agir maladroite, fâcheuse, imprudente. ⇒ **erreur, maladresse.** *Ç'a été une faute de ne rien répondre.* **4.** (Dans des expressions) Responsabilité d'une action. *C'est sa faute, c'est bien sa faute s'il lui est arrivé malheur. C'est la faute de son frère. Ce n'est vraiment pas sa faute s'il a si bien réussi,* il n'y est pour rien. — *C'est de sa faute* (même sens). *Tout est de ma faute ! — C'est arrivé par la faute de son frère, par sa faute.* ▸ ***fauter*** v. intr. ■ conjug. 1. ■ Vx. Faire une faute morale. — (Jeune fille) Se laisser séduire. ‹ ▸ fautif ›

fauteuil [fotœj] n. m. **1.** Siège, le plus souvent à dossier et à bras, pour une (⇒ **chaise**) ou plusieurs personnes (⇒ **canapé, causeuse, divan, sofa**). *S'asseoir dans un fauteuil. Les coussins du fauteuil. Un fauteuil individuel.* — Fauteuil roulant pour malade ou handicapé. ⇒ **chaise.** — Fig. *Occuper le fauteuil de président,* cette fonction. — Au théâtre. *Fauteuil d'orchestre.* **2.** (Surtout en France) Loc. fam. *Arriver dans un fauteuil,* arriver premier sans peine dans une compétition.

fauteur, trice de troubles [fotœʀ(tʀis)dətʀubl] n. ■ Personne qui favorise, cherche à provoquer des troubles, de l'agitation. ⇒ **agitateur.** *Les fauteurs de troubles seront poursuivis.*

fautif, ive [fotif, iv] adj. **1.** Qui est en faute. ⇒ **coupable.** / contr. **innocent** / *Il se sentait fautif.* — N. *C'est lui le fautif dans cette affaire.* **2.** (Choses) Entaché de fautes, d'erreurs, de défauts. *Calcul fautif.* ⇒ **erroné.** / contr. **correct, exact** / ▸ ***fautivement*** adv.

① ***fauve*** [fov] adj. et n. m. **1.** Se dit des grands mammifères féroces (félins). *Bêtes fauves.* ⇒ **féroce, sauvage.** — UN FAUVE n. m. : une bête fauve. ⇒ **lion, tigre.** *Chasse aux fauves, aux grands fauves. Dompteuse dans la cage du fauve.* **2.** Adj. D'un jaune tirant sur le roux. *Ton, couleur fauve. La fauvette a un plumage fauve. Des teintes fauves.*

② ***fauve*** n. m. ■ En histoire de la peinture. Artiste appartenant au *fauvisme* (vers 1900-1910), variété d'expressionnisme (ils employaient des couleurs très vives).

fauvette [fovɛt] n. f. ■ Petit oiseau des buissons, à plumage fauve, au chant agréable. ⇒ **passereau.** *La fauvette jaune. La fauvette d'Amérique.* ⇒ **paruline.**

① ***faux, fausse*** [fo, fos] adj. et n. m. **I.** Adj. **1.** Qui n'est pas vrai, qui est contraire à la vérité (pensable, constatable). *Avoir des idées fausses sur une question.* ⇒ **erroné.** *C'est faux !* / contr. **juste** / *Un faux bruit. Fausse déclaration.* ⇒ **inexact, inventé, mensonger.** *Faux témoignage. Il est faux que vous m'ayez vu là, je n'y étais pas. Il est faux de dire, de croire que...* **2.** Qui n'est pas vraiment, réellement ce qui paraît être (le plus souvent avant le nom, opposé à *véritable*). / contr. **vrai** / *Fausse fenêtre. Fausses perles. Une fausse maigre,* femme qui est bien moins maigre qu'elle n'en a l'air. *Fabriquer de la fausse monnaie. Fausses clés. Fausses cartes. Faux papiers. Un faux Lemieux.* — Abstrait. *De fausses raisons.* ⇒ **prétexte.** *Fausse douceur,* douceur simulée. **3.** Qui n'est pas ce qu'on le nomme. (*Faux* s'emploie devant un grand nombre de noms de choses pour marquer une désignation impropre ou approximative.) *Faux acacia, faux bourdon, faux-filet, faux frais.* — Qui ne mérite pas son nom. *Un faux champion.* **4.** Qui n'est pas ce qu'il veut paraître (en trompant délibérément). ⇒ **imposteur.** *Faux prophète. C'est un faux frère.* — *Un faux jeton. Une personne fausse,* qui trompe, qui dissimule. ⇒ **déloyal, fourbe, hypocrite, sournois.** / contr. **franc, sincère** / **5.** Qui n'est pas naturel à qqn, qui ne lui appartient pas naturellement. ⇒ **emprunté, postiche.** *Porter une fausse barbe, des faux cils. Des fausses dents.* ⇒ **dentier.** **6.** Qui n'est pas justifié, fondé. *Éprouver une fausse joie à la suite d'une bonne nouvelle bientôt démentie. Une fausse alerte. Un faux problème,* qui n'a pas lieu de se poser. **7.** Qui n'est pas comme il doit être (par rapport à ce qui est correct, normal). *Faire un faux pas, un faux mouvement. Être dans une situation fausse.* ⇒ **équivoque.** **8.** (Esprit, facultés) Qui juge mal, ne peut atteindre la vérité. *Avoir le jugement faux, le goût faux, l'esprit faux.* **9.** Qui n'est pas dans le ton juste, qui pèche contre l'harmonie (opposé à *juste*). *Ce piano est faux, il a besoin d'être accordé. Fausse note.* — Adv. *Chanter, jouer faux.* ⇒ **détonner ;** fam. **fausser.** / contr. **juste** / *Ses explications sonnent faux,* sont peu vraisemblables. **10.** À FAUX loc. adv. : hors d'aplomb. *Porter à faux,* se dit d'une pièce mal assise ou ne portant pas directement sur son point d'appui. ⇒ **porte-à-faux.** **II.** N. m. **1.** Ce qui est faux. *Discerner le vrai du faux.* **2.** Contrefaçon ou falsification d'un écrit, d'une œuvre d'art ou d'un objet de valeur. *Faire, commettre un faux. Ce Lemieux est un faux.* ‹ ▸ faussaire, fausse-couche, faussement, fausser, fausset, fausseté, faux-filet, faux-fuyant, faux-monnayeur, faux-sens, porte(-)à(-)faux ›

② ***faux*** [fo] n. f. invar. ■ Instrument formé d'une lame arquée fixée au bout d'un long manche, dont on se sert pour couper le fourrage, les céréales. — Instrument allégorique de la mort. ⇒ **faucheuse.** ‹ ▸ faucille ›

faux-filet [fofilɛ] n. m. ■ Morceau de bœuf à rôtir, situé dans la partie la plus tendre de la côte désossée. ⇒ **aloyau, contre-filet.** *Des faux-filets.*

faux-fuyant [fofɥijɑ̃] n. m. ■ Moyen détourné par lequel on évite de s'expliquer, de se prononcer, de se décider. *Pas de faux-fuyants, tu n'as aucune excuse !* ⇒ **échappatoire, prétexte.**

faux-monnayeur [fomɔnɛjœʀ] n. m. ■ Personne qui fabrique de la fausse monnaie. (⇒ **contrefaçon).** *Des faux-monnayeurs.*

faux-sens [fosɑ̃s] n. m. invar. ■ Faute de compréhension, de traduction commise sur le sens d'un mot. ⇒ **barbarisme, contresens, solécisme.**

favela [favelɑ] n. f. ■ Bidonville (au Brésil). ⇒ **bas-fond.** *Les favelas de São Paulo.*

faveur [favœʀ] n. f. **1.** Protection, appui dont bénéficie qqn de préférence aux autres. *Il doit la rapidité de sa carrière à la faveur d'un ministre.* — EN FAVEUR : qui a la faveur du roi, du public. ⇒ en **vogue. 2.** UNE FAVEUR : avantage dû à la préférence de qqn, au pouvoir qu'on a sur qqn. *Il la combla de faveurs.* ⇒ **bienfait.** Littér. (Euphémisme) *Elle lui accorde ses faveurs,* elle a des relations sexuelles avec lui. **3.** Bienfait, décision indulgente qui avantage qqn. *Solliciter une faveur. Faites-moi la faveur d'intervenir pour moi auprès d'elle.* — DE FAVEUR : obtenu par faveur. *Un traitement de faveur.* **4.** EN FAVEUR DE loc. prép. : en considération de. *On lui a pardonné en faveur de sa belle conduite pendant la guerre.* — Au profit, au bénéfice de. *Parler en faveur de qqn. Le jugement a été rendu en votre faveur.* **5.** À LA FAVEUR DE loc. prép. : au moyen de, à l'aide, en profitant de. *Il s'est enfui à la faveur de la nuit.* ⇒ **grâce** à. ▶ ***favorable*** adj. **1.** Qui est animé d'une disposition bienveillante, de bonnes intentions à l'égard de qqn. *Il a été favorable à mon projet.* / contr. **hostile** / **2.** Qui est à l'avantage de qqn ou de qqch., qui aide à l'accomplissement de qqch. ⇒ **bon.** *Cette plante a trouvé un terrain favorable pour se développer. Le moment était favorable pour lui parler. Elle bénéficie d'un préjugé favorable.* ▶ ***favorablement*** adv. ■ *Ma demande a été accueillie favorablement.* ▶ ***favori, ite*** adj. et n. **1.** Qui plaît particulièrement à qqn. *Nelligan est son poète favori.* — N. *C'est son favori.* ⇒ **préféré.** — *Mes lectures favorites.* **2.** Qui est considéré comme le gagnant probable. *Il est parti favori.* — N. *Les favoris et les négligés.* **3.** Celui qui occupe la première place dans les bonnes grâces d'un roi, d'un grand personnage. — FAVORITE n. f. : maîtresse préférée d'un roi. *Madame de Pompadour, favorite de Louis XIV.* ▶ ***favoriser*** v. tr. ▪ conjug. 1.. **1.** Agir en faveur de ⇒ **aider, protéger, soutenir.** *L'examinateur a favorisé ce candidat.* ⇒ **avantager. 2.** (Choses) Être favorable à (qqn). — Au passif. *Des femmes favorisées par le talent.* **3.** Aider, contribuer au développement, au succès de (qqch.). *La faiblesse du pouvoir favorisa l'insurrection. L'obscurité a favorisé sa fuite.* ⇒ **faciliter.** ▶ ***favoritisme*** n. m. ■ Attribution des situations par faveur et non selon la justice ou le mérite. ⇒ **népotisme, patronage.** ‹ ▶ défaveur, défavorable, défavoriser, favorisé ›

favoris [favɔʀi] n. m. pl. ■ Touffe de poils qu'un homme laisse pousser sur la joue devant chaque oreille. ⇒ fam. **rouflaquettes.** *Il porte des favoris.*

favorisé, ée [favɔʀize] adj. et n. ■ Dont les ressources ne manquent pas. ⇒ **privilégié, riche.** / contr. **défavorisé, pauvre** / *Une population favorisée.* — N. *Les favorisés de la société.* / contr. **démuni** /

fax [faks] n. m. Fam. **1.** Télécopie. *Envoyer copie d'un document par fax.* **2.** Télécopieur. *Qui fait fonctionner le fax ?* ▶ ***faxer*** v. tr. ▪ conjug. 1. ■ Transmettre par télécopie. ⇒ **télécopier.** *Je lui faxerai le résumé de la conférence demain.*

fayot [fajo] n. m. ■ (En Acadie). Haricot blanc. *Un gigot avec des fayots.*

fébrifuge [febʀifyʒ] adj. ■ Qui fait baisser la température du corps, combat la fièvre.

fébrile [febʀil] adj. **1.** Qui a rapport à la fièvre. *État fébrile. Elle est fébrile,* elle a un peu de fièvre. ⇒ **fiévreux. 2.** Qui manifeste une agitation excessive. *Mouvements fébriles.* ⇒ **énervé, excité.** ▶ ***fébrilement*** adv. ■ D'une manière fébrile (2). ▶ ***fébrilité*** n. f. ■ État fébrile ; état d'excitation, d'agitation intense. ⇒ **énervement, excitation, fièvre, nervosité.** *Elle ouvrait les tiroirs les uns après les autres avec fébrilité.*

fécal, ale, aux [fekal, o] adj. ■ Qui a rapport aux excréments humains. *Les matières fécales* (ou **fèces** [fɛs] n. f. pl.), les excréments. *Microbes fécaux.*

fécond, onde [fekɔ̃, ɔ̃d] adj. **1.** Capable de se reproduire. / contr. **stérile** / *Les mulets ne sont pas féconds.* **2.** (Animaux) Qui produit beaucoup de petits. ⇒ **prolifique.** *Les lapins sont très féconds.* **3.** Qui produit beaucoup. *Un travail fécond.* ⇒ **fructueux.** *Idée féconde.* — *Écrivain fécond.* ⇒ **productif.** *Journée féconde en événements.* ⇒ **riche.** ▶ ***féconder*** v. tr. ▪ conjug. 1. **1.** Transformer un ovule, un œuf en embryon, en fruit ou en graine. **2.** Rendre (une femelle) pleine. *Femelle fécondée par le mâle.* **3.** Rendre fertile, productif (la terre, le sol). ⇒ **fertiliser.** *La pluie a fécondé la savane.* ▶ ***fécondation*** n. f. ■ Action de féconder (1, 2) ; résultat de cette action. *Fécondation artificielle.* ⇒ **insémination.** ▶ ***fécondité*** n. f. **1.** Faculté de se reproduire. *Période de fécondité.* / contr. **stérilité** / **2.** (Femme, femelle) Le fait de se reproduire fréquemment, d'avoir beaucoup d'enfants. **3.** Fertilité (d'un sol). **4.** Abstrait. *La fécondité de son imagination.* / contr. **sécheresse** / ‹ ▶ infécond ›

fécule [fekyl] n. f. ■ Substance blanche et farineuse composée d'amidon, extraite des pommes de terre et d'autres tubercules comestibles. *Lier une sauce à la fécule. Fécule de maïs.* ▶ ***féculent, ente*** adj. et n. m. ■ Qui contient beaucoup de fécule. — N. m. *Les haricots sont des féculents.* ⇒ **farineux.**

fed(d)ayin [fedajin] n. m. ■ Résistant musulman qui mène une action de guérilla, spécialt résistant palestinien. ⇒ **moudjahiddin.** *Les fedayins.* — REM. La forme *fedayin* est un pluriel en arabe. En français, elle s'est imposée au singulier.

fédérer [fedeʀe] v. tr. ▪ conjug. 6. ■ Réunir en une fédération. — SE FÉDÉRER v. pron. réfl. *Plusieurs États se sont fédérés.* ▶ ***fédération*** n. f. **1.** Groupement, union de plusieurs États en un seul État fédéral, doté de compétences propres (justice, fiscalité) ou exclusives (armée, diplomatie). ⇒ **confédération.** *Les dix provinces canadiennes forment une fédération.* **2.** Association de plusieurs sociétés, syndicats, groupés sous une autorité commune. ⇒ **association, confédération, union.** *Fédération des travailleurs et travailleuses du Québec (F.T.Q.). Une fédération d'enseignants.* ▶ ***fédéral, ale, aux*** adj. **1.** Se dit d'un État composé de collectivités politiques possédant des compétences législatives, juridiques et administratives propres. *Le Canada et les États-Unis sont des États fédéraux. L'ancienne République fédérale d'Allemagne.* **2.** Caractéristique d'une fédération (1). *Une politique fédérale d'aide au développement.* **3.** Qui appartient, qui est relatif au gouvernement central d'un État fédéral ou qui en émane. *La justice, la police fédérale* (⇒ **G.R.C.**). *Une élection fédérale partielle. Le gouvernement fédéral* (opposé à *provincial*). ⇒ ① **central.** *Les ministres fédéraux.* — N. m. *Le fédéral,* le gouvernement central d'un État fédéral. *Être élue députée au fédéral. Les compétences du fédéral.* — N. (Souvent au plur. et iron.) *Les fédéraux,* les députés et ministres du gouvernement fédéral. **4.** (Aux États-Unis). N. *Un fédéral,* un policier du F.B.I. — *Les Fédéraux,* les Nordistes, opposés aux Confédérés (Sudistes) pendant la guerre de Sécession américaine. **5.** Relatif à une fédération (2). *Union fédérale de syndicats.* ▶ ***fédéral-provincial, ale, aux*** adj. ■ Qui a lieu entre le fédéral et les provinces ; qui concerne les rapports entre le fédéral et les provinces (opposé à *interprovincial*). ⇒ **intergouvernemental.** *Les conférences fédérales-provinciales.* ▸ ***fédéralisme*** n. m. ■ Système politique d'un État fédéral, régissant les rapports entre le gouvernement central et les gouvernements locaux (appelés *provinces* au Canada, *États* aux États-Unis). *Prôner un fédéralisme fort.* / contr. **autonomie, indépendantisme** / — Spécialt. Système politique canadien qui défend la fédération des dix provinces. ▸ ***fédéraliste*** adj. et n. **1.** Adj. Relatif au fédéralisme. **2.** N. Partisan du fédéralisme. / contr. **indépendantiste, nationaliste, séparatiste** / *Une fédération reconnue.* — Adj. *Être fédéraliste.* ▸ ***fédéré, ée*** adj. et n. m. **1.** Adj. Qui fait partie d'une fédération ; est membre d'un État fédéral. *Les cantons fédérés de Suisse.* **2.** (France) N. m. Soldat insurgé de la Commune de Paris, en 1871 ; communard. ‹ ▸ confédération ›

fée [fe] n. f. **1.** Créature imaginaire de forme féminine à laquelle la légende attribue un pouvoir surnaturel et une influence sur la destinée des humains. *Bonne fée. Fée Carabosse,* méchante fée. ⇒ **sorcière.** *Conte de fées. La fée des glaces,* qui accompagne, aide le Père Noël. **2.** Loc. *Avoir des doigts de fée, travailler comme une fée,* être d'une adresse qui semble surnaturelle. Vieilli. *La fée du logis,* celle qui s'occupe admirablement de la maison, du foyer. — Fig. *Se laisser emporter par la fée du logis,* par l'imagination. *C'est un vrai conte de fées,* une aventure, une histoire si belle qu'elle est incroyable. ▸ ***féerie*** [feeʀi] n. f. ■ Spectacle splendide, merveilleux. ▸ ***féerique*** [feeʀik] adj. **1.** Qui appartient au monde des fées. **2.** D'une beauté irréelle. *Vision féerique.*

feed-back [fidbak] n. m. invar. Anglic. **1.** Cybernétique. Action de contrôle en retour. **2.** Dans un processus, modification de ce qui précède par ce qui suit. ⇒ **rétroaction.** *La fin de ta phrase en éclaire le début par feed-back.*

feignant, ante [fɛɲɑ̃, ɑ̃t] n. et adj. ■ Fam. Fainéant.

feindre [fɛ̃dʀ] v. tr. ▪ conjug. 52. **1.** Simuler (un sentiment, une qualité que l'on n'a pas). ⇒ **affecter.** *Feindre l'étonnement, la joie.* — Au p. p. adj. *Une émotion feinte.* ⇒ **factice. 2.** FEINDRE DE : faire semblant de. *Elle feignait de ne rien comprendre aux allusions.* **3.** Littér. Cacher à autrui ce qu'on sent, ce qu'on pense, en déguisant ses sentiments. ⇒ **mentir.** *Inutile de feindre.* ▸ ***feinte*** n. f. **1.** Vieilli. Action de feindre. ⇒ **ruse, tromperie.** *Dites-nous sans feinte ce qu'il en est.* **2.** Sports. Coup, mouvement simulé par lequel on trompe l'adversaire afin d'en tirer profit. *Boxeur qui fait une feinte. Le hockeyeur réussit une très belle feinte. L'ailier fait une feinte pour foncer vers le gardien de but.* ⇒ **déjouer, feinter. 3.** Fam. Attrape, piège. ▸ ***feinter*** v. ▪ conjug. 1. **1.** Fam. Tromper (qqn) par une feinte. ⇒ **avoir, posséder, rouler, tromper.** *Il a été plus malin que moi, j'ai été bien feinté.* **2.** v. intr. Sports. Effectuer une feinte. ⇒ **déjouer.** *Il a feinté devant les défenseurs.*

feldspath [fɛldspat] n. m. ■ Minéral à structure en lamelles, à éclat vitreux.

fêler [fɛle] v. tr. ▪ conjug. 1. ■ Fendre (un objet cassant) sans que les parties se séparent. ⇒ **briser, rompre ;** fam. **craquer** (II). — Pronominalement. *La tasse s'est fêlée* (⇒ **fêlure**). ▸ ***fêlé, ée*** adj. **1.** Qui est fêlé, présente une fêlure. *Une assiette fêlée et ébréchée.* **2.** *Voix fêlée,* cassée, au timbre peu clair. **3.** *Avoir la tête, le cerveau fêlé,* être un peu fou. Fam. *Tu es fêlé !* ‹ ▸ fêlure ›

félicité [felisite] n. f. **1.** Littér. Bonheur calme et durable. ⇒ **béatitude. 2.** Littér. Au plur. Joies, plaisirs.

féliciter [felisite] v. tr. ▪ conjug. 1. **1.** Assurer (qqn) de la part qu'on prend à ce qui lui arrive d'heureux. ⇒ **congratuler.** *Féliciter la jeune accouchée.* **2.** Complimenter (qqn) sur sa conduite. ⇒ **applaudir, approuver.** *Il m'a félicitée d'avoir été si prudente.* / contr. **blâmer** / *Je ne vous félicite pas pour cette initiative.* **3.** SE FÉLICITER DE *qqch.* v. pron. réfl. : s'estimer heureux, content. ⇒ se **louer,** se **réjouir.** *Je me félicite de ton succès.* / contr. **déplorer** / — S'approuver soi-même. *Je me félicite de mon choix, d'avoir choisi cela.* / contr. se **reprocher** / ▸ ***félicitations*** n. f. pl. **1.** Compliments que l'on adresse à qqn pour lui témoigner la part que l'on prend à ce qui lui arrive d'heureux. ⇒ **congratulation.** / contr. **condoléances** / *Faire, adresser des félicitations. Toutes mes félicitations.* **2.** Chaleureuse approbation. ⇒ **éloge.** *Recevoir les félicitations du jury.* / contr. **blâme** /

félidés [felide] n. m. pl. ■ Famille de mammifères carnivores digitigrades qui vivent de la chair des vertébrés à sang chaud. — Au sing. *La panthère est un félidé.* ‹ ▸ félin ›

félin, ine [felɛ̃, in] n. et adj. **1.** N. m. UN FÉLIN : un carnassier du type chat. *Les grands félins* (tigres, lions, panthères...). ⇒ **fauve. 2.** Adj. Qui a les mouvements doux, souples et gracieux du chat. *Une grâce féline.*

félon, onne [felɔ̃, ɔn] adj. ■ Pendant la féodalité. Qui agit contre la parole donnée. *Un vassal félon.* ⇒ **traître.** ▸ ***félonie*** n. f. ■ Trahison.

felquiste [fɛlkist] n. et adj. ■ Histoire. Membre du Front de libération du Québec (⇒ **F.L.Q.**), mouvement indépendantiste des années soixante. *Les felquistes vivaient dans la clandestinité.* — Adj. Propre ou relatif au F.L.Q., à ses membres. *Le manifeste felquiste.* ▸ ***felquisme*** n. m. ■ Philosophie, pensée du F.L.Q. ⇒ **F.L.Q.**

fêlure [fɛlyʀ] n. f. ■ Fente d'une chose fêlée. ⇒ **fissure ;** fam. ② **craque.** *Fêlure d'une assiette.*

femelle [fəmɛl] n. f. et adj. **I.** N. f. **1.** Animal du sexe qui reproduit l'espèce en étant fécondé par le mâle. *La chèvre est la femelle du bouc.* **2.** Injurieux. Femme. **II.** Adj. **1.** (Animaux et plantes) *Une souris femelle, un hareng femelle. Un démon femelle,* une femme mauvaise. *Palmier femelle.* **2.** Se dit de pièces destinées à en recevoir une autre, appelée « mâle ». *Tuyau femelle, prise femelle.*

féminin, ine [feminɛ̃, in] adj. **1.** Qui est propre à la femme. *Sexe féminin. Charme féminin.* / contr. **masculin, viril** / **2.** Qui a de la féminité (2). *Il a un beau visage, des traits un peu féminins. Elle est très féminine.* **3.** Qui concerne les femmes. *Main-d'œuvre féminine. Journaux féminins.* **4.** (Quand il y a deux genres) Qui appartient au genre marqué (opposé à *masculin*). *« Sentinelle » est un nom féminin.* — N. m. *Accord du féminin.* **5.** *Rime féminine,* terminée par un e muet (opposé à *masculine*). ▸ ***féminiser*** v. tr. ▪ conjug. 1. **1.** Donner le caractère, l'aspect féminin à. **2.** *Féminiser une profession, une organisation,* augmenter la proportion de femmes qui en font partie. — SE FÉMINISER. *La médecine s'est beaucoup féminisée en vingt ans.* ▸ ***féminisation*** n. f. **1.** Action de féminiser (2). *La féminisation de la médecine.* **2.** Action de créer une forme féminine pour un nom de métier masculin. *La féminisation d'« écrivain » en « écrivaine ».* ▸ ***féminisme*** n. m. ■ Doctrine qui préconise l'extension et l'amélioration des droits, du rôle, de la place de la femme dans la société. *Le féminisme s'oppose à toutes les formes de discriminations envers les femmes.* — Mouvement qui milite en faveur de cette doctrine. ▸ ***féministe*** adj. ■ Qui a rapport au féminisme. *Mouvement, auteure féministe*

— N. Partisan du féminisme. *Un, une féministe.* ▶ ***féminité*** n. f. **1.** Sexe féminin. **2.** Ensemble des caractères (charme, douceur, délicatesse...) correspondant à une image sociale de la femme qu'on oppose à une image sociale de l'homme. / contr. **virilité** / ⟨ ▶ efféminé ⟩

femme [fam] n. f. **I.** Être humain du sexe qui met au monde les enfants. **1.** UNE FEMME : un être humain adulte de sexe féminin. ⇒ **fille, fillette,** jeune **fille.** *Les hommes, les femmes et les enfants. Une belle, une jolie femme. Une maîtresse femme,* qui sait se faire obéir. *Cette femme est médecin, c'est un médecin ; une femme médecin,* doctoresse (ou docteur(e)). — Fam. *Femme aux femmes,* homosexuelle. / contr. **homme** / — Loc. *Être aux femmes,* (Femmes. Péj.), être homosexuelle. ⇒ **lesbienne.** (Hommes. Fam.) Être toujours à la recherche d'aventures amoureuses. ⇒ fam. **courailleur.** — Fam. *Aller aux femmes,* être en quête d'aventures amoureuses. **2.** LA FEMME (collect.) : l'être humain du sexe féminin. *La psychologie de la femme. Émancipation de la femme.* — (En attribut) *Elle est femme, très femme,* elle a de la féminité. / contr. **mâle** / **3.** Jeune fille nubile ou qui n'est plus vierge. *À présent, tu es une femme.* **4.** JEUNE FEMME : femme (mariée ou supposée telle) qui est jeune. **5.** ⇒ **bonne femme. 6.** ⇒ **sage-femme. II.** Épouse. ⇒ **conjoint** ; fam. **blonde ;** anglic. **chum.** *Jeanne est la femme de Philippe. C'est sa femme. Sa première femme, sa seconde femme. Prendre femme,* se marier. **III.** Loc. FEMME D'AFFAIRES : femme cadre ou chef d'entreprise privée. — *Femme politique.* ⇒ **député, ministre.** — *Femme de tête, d'esprit.* — *Femme du monde, de lettres* (⇒ **auteur, écrivain**). — FEMME DE CHAMBRE : domestique attachée au service intérieur d'une maison, d'un hôtel. ⇒ **servante, soubrette.** — FEMME DE MÉNAGE : femme qui fait le ménage dans une maison et qui est généralement payée à l'heure. — FEMME DE SERVICE : employée d'une collectivité, chargée du nettoyage. — Péj. FEMME OBJET : femme considérée par l'homme (les hommes) comme un objet et non comme une personne, un sujet. ▶ ***femmelette*** [famlɛt] n. f. ■ Homme sans force, craintif. *Il tremble, c'est une vraie femmelette.* ▶ ***femme-orchestre*** n. f. **1.** Musicienne qui joue en même temps de plusieurs instruments. ⇒ **homme-orchestre. 2.** Personne qui accomplit des fonctions diverses dans un domaine, qui a des compétences variées. ⇒ **homme-orchestre.** *Des femmes-orchestres.* ⟨ ▶ bonne femme, sage-femme ⟩

fémur [femyʀ] n. m. ■ Os long qui constitue le squelette de la cuisse. ▶ ***fémoral, ale, aux*** adj. ■ Du fémur. *L'artère fémorale.*

fenaison [fənɛzɔ̃] n. f. ■ Coupe et récolte des foins.

fendant, ante [fɑ̃dɑ̃, ɑ̃t] n. et adj. ■ Rempli de soi-même, très prétentieux. ⇒ **arrogant, fanfaron ;** fam. **baveux.** *Un petit fendant.* — Adj. *Elle est fendante.*

fendiller [fɑ̃dije] v. tr. • conjug. 1. ■ Provoquer de petites fentes superficielles à (qqch.). ⇒ fam. **craquer** (II). — Pronominalement. *Peau qui se fendille sous l'effet du froid.* ⇒ se **crevasser,** se **gercer.** *La peinture se fendille.* ⇒ **craqueler.**

fendre [fɑ̃dʀ] v. tr. • conjug. 41. **I. 1.** Diviser (un corps solide), le plus souvent dans le sens de la longueur. *Fendre du bois avec une hache.* ⇒ **couper.** *Il gèle à pierre fendre,* très fort. *Elle s'est fendu la lèvre en tombant.* ⇒ **ouvrir. 2.** Abstrait. *Fendre le cœur, l'âme,* faire éprouver un vif sentiment de chagrin, de pitié. ⇒ **briser, déchirer.** *Ce spectacle me fend le cœur. Des cris à fendre l'âme.* — Loc. fam. *Ça me fend la face* de...* **3.** S'ouvrir un chemin à travers. *Le navire fend les flots. Fendre la foule pour se frayer un passage.* **II. 1.** SE FENDRE v. pron. : s'ouvrir, se couvrir de fentes. *Un vieux mur qui se fend.* ⇒ se **crevasser,** se **lézarder. 2.** Abstrait. Se briser. *Son cœur se fend.* **3.** Escrime. Porter vivement une jambe loin en avant pour toucher l'adversaire. **4.** Loc. fam. *Se fendre en quatre* ou très fam. *Se fendre le cul en quatre,* se donner beaucoup de mal, faire l'impossible pour parvenir à un résultat. ⇒ fam. se **désâmer** ; très fam. se **chier.** ▶ ***fendu, ue*** adj. **1.** Coupé. *Du bois fendu.* **2.** Qui présente une fente. — Qui présente une entaille. *Crâne fendu.* **3.** Qui présente une fêlure. *Assiette fendue de part en part.* **4.** Ouvert en longueur, comme une fente. *Bouche, gueule fendue jusqu'aux oreilles.* ⟨ ▶ fendiller, fente, pourfendre ⟩

fenêtre [f(ə)nɛtʀ] n. f. **1.** Ouverture faite dans un mur pour laisser pénétrer l'air et la lumière. ⇒ ② **baie, porte-fenêtre, porte-patio.** *Appartement à trois fenêtres sur les Laurentides. Se mettre à la fenêtre. Passer, regarder par la fenêtre.* — Par ext. Châssis vitré qui ferme cette ouverture. *Ouvrir, fermer une fenêtre. Laver les fenêtres. Fenêtre double* ou *double fenêtre.* ⇒ fam. **châssis.** — Loc. *Jeter son argent par les fenêtres,* le dépenser inconsidérément. **2.** Vitre fixe ou mobile d'un véhicule automobile, d'un wagon. ⇒ ② **glace.** *Les fenêtres latérales d'une auto. Les fenêtres d'un avion.* ⇒ **hublot.** ⟨ ▶ contre-fenêtre, défenestrer, porte-fenêtre ⟩

fenil [fəni(l)] n. m. ■ Grenier à foin. ⇒ **grange.**

fenouil [fənuj] n. m. ■ Plante herbacée à goût anisé utilisée comme légume ou comme épice. Des cornichons *au fenouil.*

fente [fɑ̃t] n. f. **1.** Fissure à la surface d'un solide. ⇒ **fêlure ;** fam. ② **craque.** *Il y a une fente dans la toiture. Reboucher une fente.* **2.** Ouverture étroite et allongée, accidentelle ou fabriquée. ⇒ **interstice.** *Mettre son œil aux fentes d'une clôture. Fente d'une boîte à lettres. Fentes d'un volet.*

féodal, ale, aux [feɔdal, o] adj. ■ Qui appartient à un fief, à l'ordre politique et social fondé sur l'institution du fief. *Certains pays ont conservé une économie féodale. De grands seigneurs féodaux.* ⇒ **médiéval.** ▶ ***féodalisme*** n. m. ■ Caractère des institutions, coutumes... de la féodalité. ▶ ***féodalité*** n. f. ■ Forme d'organisation politique et sociale du Moyen Âge, caractérisée par l'existence de fiefs.

fer [fɛʀ] n. m. **I. 1.** Métal blanc grisâtre, très commun. *L'aimant attire le fer. L'acier, la fonte contiennent du fer. Le fer rouille. Fer battu.* PROV. *Il faut battre le fer quand il est chaud,* mener l'entreprise à son terme, sans délai. *Fer forgé. Fil de fer. Rideau de fer. Chemin de fer.* — *Croire dur comme fer à qqch.,* en être absolument convaincu. — *Âge du (de) fer,* période qui succède à l'âge du (de) bronze (vers l'an 1000 av. J.-C.). **2.** Abstrait. DE FER. ⇒ **fort, résistant, robuste, rude.** *Avoir une santé de fer. Avoir une main, une poigne de fer. Avoir une volonté de fer.* ⇒ **inflexible. II.** Objet, instrument en fer, en acier. **1.** Partie en fer, partie métallique d'un instrument, d'une arme. *Le fer d'une lance, d'une flèche. En fer de lance,* pointu. — Abstrait. *Le fer de lance* (d'une organisation), l'avant-garde. **2.** Instrument en fer servant à donner une forme, à marquer d'un signe. — FER À REPASSER, et absolt. FER : instrument en métal, à base plane, muni d'une poignée, qui une fois chaud sert à repasser le linge. *Fer à vapeur. Coup de fer,* repassage rapide. — FER À FRISER. — FER À SOUDER : instrument servant à faire fondre de la soudure. — FER ROUGE : tige de fer que l'on porte au rouge. *Le marquage des bœufs au fer rouge.* — Vieilli. *Marchand de fer.* ⇒ **ferblantier, quincaillier ; ferrailleur. 3.** Épée, fleuret. *Croiser le fer,* se battre à l'épée, livrer un duel. — Loc. *Retourner le fer dans la plaie,* insister sur un fait qui est cause de déplaisir pour l'interlocuteur. **4.** FER À CHEVAL ou FER : pièce de fer qui sert à garnir les sabots des chevaux. — Sa forme. *Escalier en fer à cheval.* — Loc. *Les quatre fers en l'air,* sur le dos, à la renverse. *Il s'est retrouvé les quatre fers en l'air.* **5.** LES FERS n. m. pl. : barre de fer servant à enchaîner un prisonnier. *Mettre un prisonnier aux fers. Être dans les fers.* ⇒ **captif.** ▶ ***fer-blanc*** n. m. ■ Tôle de fer recouverte d'une couche d'étain pour la protéger de la rouille. *Boîte en fer-blanc. Des fers-blancs.* ▶ ***ferblanterie*** n. f. ■ Ustensiles, objets en fer-blanc. *Le rayon de la ferblanterie d'une quincaillerie.* ▶ ***ferblantier, ière*** n. ■ Fabricant(e), commerçant(e) d'objets en fer-blanc. ⇒ marchand de **fer, quincaillier.** ⟨ ▶ brise-fer, chemin de fer, déferrer, s'enferrer, ferraille, ferrailler, ① ferré, ② ferré, ferrer, ferreux, ferronnerie, ferrugineux, ferrure, maréchal-ferrant ⟩

ferdoches n. f. pl. ⇒ **fardoches.**

-fère ■ Élément de mots savants, signifiant « qui porte » (ex. : *carbonifère*).

férié, ée [ferje] adj. ■ Se dit d'un jour où il y a cessation de travail pour la célébration d'une fête religieuse ou civile. *La fête du Travail est un jour férié. Fermé le dimanche et les jours fériés.* / contr. **ouvrable** / *Ne pas travailler entre deux jours fériés.* ⇒ faire le **pont.**

férir [feʀiʀ] v. tr. ■ Uniquement à l'infinitif, dans SANS COUP FÉRIR : sans rencontrer la moindre résistance.

ferlouche n. f. ⇒ **farlouche.**

① ***ferme*** [fɛʀm] adj. et adv. **I.** Adj. **1.** Qui n'est ni mou, ni dur, mais entre les deux. ⇒ **compact, consistant.** / contr. **mou** / *Du yogourt ferme. Les chairs fermes et souples des personnes jeunes.* / contr. **flasque** / *Sol ferme,* où l'on n'enfonce pas. *La terre ferme* (opposé à *la mer*). **2.** Qui n'hésite pas, qui a de l'assurance. ⇒ **assuré, décidé.** *Marcher d'un pas ferme. Écriture ferme.* — FERME SUR SES JAMBES : qui ne fléchit pas, ne chancelle pas. — DE PIED FERME : résolument, sans frémir. — Abstrait. *Elle attend la critique de pied ferme,* sans crainte, avec l'intention d'y répondre. — Qui ne se laisse pas influencer, qui montre une calme autorité. ⇒ **déterminé, inflexible.** *Soyez ferme avec vos enfants, dans vos résolutions. Avoir la ferme intention de faire qqch.* **3.** (Règlements, conventions) Qui ne change pas. *Prix ferme et définitif.* **II.** Adv. **1.** Avec force, vigueur. ⇒ **dur, fort.** *Poussez ferme ! Discuter ferme,* avec ardeur. **2.** Beaucoup. *Je me suis ennuyé ferme.* ▶ ***fermement*** [fɛʀməmɑ̃] adv. **1.** D'une manière ferme. *Tenir fermement un objet dans ses mains.* **2.** Avec fermeté, conviction. *Croire fermement qqch.* ▶ ***fermeté*** n. f. **1.** État de ce qui est ferme, consistant. ⇒ **consistance, dureté.** *Fermeté des chairs.* **2.** État de ce qui est assuré, décidé. *Fermeté de la main.* ⇒ **sûreté, vigueur.** — En peinture, etc. *Fermeté d'exécution. Fermeté du style.* **3.** Qualité d'une personne que rien n'ébranle. ⇒ **détermination, résolution, sang-froid.** *Envisager la mort avec calme et fermeté.* **4.** Qualité d'une personne qui a de l'autorité sans brutalité. ⇒ **autorité, poigne.** / contr. **mollesse** / ⟨ ▶ affermir, raffermir ⟩

② ***ferme*** [fɛʀm] n. f. **1.** Ensemble des terres et des bâtiments utilisés pour l'exploitation agricole. ⇒ **domaine ;** anglic. **ranch.** *Les grandes fermes de la Beauce. Une ferme exploitée par son propriétaire. Acheter des produits de la ferme. Ferme laitière, céréalière, maraîchère.* **2.** Bâtiments de l'exploitation agricole ; maison des agriculteurs. *Les troupeaux rentrent le soir à la ferme. Acheter une petite ferme pour en faire sa maison de campagne.* ⟨ ▶ fermier ⟩

ferment [fɛʀmɑ̃] n. m. **1.** Substance qui en fait fermenter une autre. ⇒ **levain, levure.** *Ferment lactique.* **2.** Élément qui suscite des bouleversements. *Cett[e] nouvelle taxe fut un ferment de révolte.* ▶ ***fermente[r]*** v. intr. ▪ conjug. 1. **1.** Être en fermentation. *Le raisi[n] fermente dans la cuve.* ⇒ **bouillir.** — Au p. p. ad[j.] *Boisson fermentée.* **2.** Se dit des esprits qui s'agiten[t], des passions dangereuses qui s'échauffent. ≠ *fomen[ter].* ▶ ***fermentation*** n. f. **1.** Transformation d'un[e] substance organique, sous l'influence d'un ferment o[u] d'une bactérie. *La fermentation du yogourt. Fermen[ta]tion alcoolique,* qui donne l'alcool à partir de sucre[s]. **2.** Dégradation de la matière organique par de[s] micro-organismes. *Viande en fermentation.* ⇒ **putré[]faction.** **3.** Agitation fiévreuse (des esprits). ⇒ **effe[r]vescence.**

fermer [fɛʀme] v. ▪ conjug. 1. **I.** V. tr. **1.** Applique[r] (une partie mobile) de manière à boucher un passag[e,] une ouverture. *Fermer la porte. Fermer les rideau[x.]* **2.** Priver de communication avec l'extérieur, par l[a] mise en place d'un élément mobile. ⇒ **clore.** / cont[r.] **ouvrir** / *Fermer qqch. à clé.* ⇒ **barrer.** *Fermer un[e] armoire, une valise. Fermer un magasin. Dépêche[z-] vous, on ferme !* **3.** Rapprocher, réunir (les partie[s] d'un organe, les éléments d'un objet), de manière [à] ne pas laisser d'intervalle ou à replier vers l'intérieu[r.] *Fermer la main, le poing. Fermer la bouche.* Fam. *Fermez-la ! La ferme !,* taisez-vous. *Ferme ta boîte, t[a] gueule.* — Pronominalement. *Vas-tu te la fermer ?,* t[e] taire. — *Fermer une lettre.* ⇒ **cacheter.** *Fermez vo[s] livres et vos cahiers ! Fermer son parapluie. Fermer so[n] manteau.* **4.** Rendre infranchissable ; empêcher d'ut[i]liser (un moyen d'accéder, d'avancer). *Fermer u[n] chemin.* ⇒ **barrer, boucher, obstruer.** *L'aéroport es[t] fermé. Fermer tout accès à qqn.* **5.** Arrêter (un flux[,] un courant) par un mécanisme. *Fermer l'eau, l'élec[]tricité.* — *Fermer le robinet.* — Faire cesser d[e] fonctionner. *Fermer la télévision.* ⇒ **éteindre.** **6.** Ren[]dre inaccessible. *Fermer une carrière à qqn. Fermer so[n] cœur à la pitié.* **7.** Mettre une fin à. *Fermer une liste[,] une souscription.* ⇒ **arrêter, clore.** *Fermer la paren[]thèse. Le plus petit fermait la marche.* **II.** SE FERME[R] v. pron. **1.** (Réfl.) *La porte s'est fermée toute seule.* — *S[e] fermer à,* refuser l'accès de. *Pays qui se ferme au[x] produits de l'étranger.* — Fam. *Se fermer la trappe, l[a] gueule,* se taire. **2.** (Passif) *Robe qui se ferme dans l[e] dos.* **III.** V. intr. **1.** Être, rester fermé. *Magasin qu[i] ferme un jour par semaine.* **2.** Pouvoir être fermé (plu[s] ou moins bien). *Cette porte ferme mal.* ▶ ***fermé, é[e]*** adj. **1.** Qui ne communique pas avec l'extérieur. *L[a] Caspienne est une mer fermée.* — Qu'on a fermé. *L[e] magasin est fermé. La porte est fermée.* ⇒ **clos.** / cont[r.] **ouvert** / *Rue fermée.* ⇒ **barré.** **2.** Où l'on s'introdu[it] très difficilement. *Club fermé.* **3.** *Courbe fermée,* qu[i] limite une surface (ex. : *circonférence, ellipse*). **4.** Pe[u] expansif. *Il a l'air fermé. Visage fermé.* **5.** *Fermé à* inaccessible, insensible à. *Tu as l'esprit fermé au[x] mathématiques.* ⟨ ▶ enfermer, fermeture, fermoir[,] refermer, renfermer ⟩

fermeture [fɛʀmətyʀ] n. f. **1.** Dispositif servant [à] fermer. ⇒ **barrure.** *La serrure, le verrou sont de[s] fermetures. La fermeture automatique d'une port[e.]* — FERMETURE ÉCLAIR (marque déposée) : fermeture [à] glissière, double ruban dentelé dont les dents s'em[]boîtent ou se déboîtent grâce à un curseur. ⇒ anglic. **zip.** *Des fermetures éclair.* **2.** Action de fermer ; éta[t] de ce qui est fermé (local, etc.). *Heures de fermetur[e] d'un magasin. Arriver après la fermeture.* / contr. **ouverture** /

fermier, ière [fɛʀmje, jɛʀ] n. ■ Toute personne[,] propriétaire ou non, exploitant un domaine agricole[.] ⇒ **agriculteur, cultivateur, paysan.**

fermoir [fɛʀmwaʀ] n. m. ■ Attache ou agraf[e] destinée à tenir fermé (un sac, un bijou, un livre...)

féroce [feʀɔs] adj. **1.** (Animaux) Qui est cruel par instinct. ⇒ **sanguinaire, sauvage.** *Bêtes féroces.* **2.** Cruel et impitoyable. *Il a été féroce avec son rival. Joie féroce.* **3.** Par exagér. ⇒ **terrible.** *Une envie féroce.* ▶ ***férocement*** adv. ▶ ***férocité*** n. f. **1.** (Animaux) Naturel féroce. *La férocité du tigre.* ⇒ **cruauté.** **2.** Caractère féroce (2).

ferraille [fɛʀɑj] n. f. **1.** Déchets de fer, d'acier ; vieux morceaux ou équipements de fer inutilisables. *Tas de ferraille.* **2.** Commerce de vieux métaux. *Cette voiture est bonne pour la ferraille.* ▶ ***ferrailleur, euse*** n. ■ Marchand de ferraille. ⇒ marchand de **fer,** ② **récupérateur.**

ferrailler [fɛʀɑje] v. intr. ▪ conjug. 1. ■ Péj. Se battre au sabre ou à l'épée.

① ***ferré, ée*** [fɛʀe] adj. **1.** Garni de fer. *Souliers ferrés.* **2.** De chemin de fer. *Voie ferrée. Réseau ferré.* ⇒ **ferroviaire.**

② ***ferré, ée*** adj. ■ Très savant. *Être ferré sur un sujet, une question.* ⇒ **calé, fort, instruit.** ≠ *féru.*

ferrer [fɛʀe] v. tr. ▪ conjug. 1. **1.** Garnir de fer(s). *Ferrer un cheval.* **2.** *Ferrer le poisson,* engager le fer d'un hameçon dans les chairs du poisson qui a mordu à l'appât.

ferret [fɛʀɛ] n. m. ■ Pièce métallique (de fer, etc.) ou plastique, au bout d'un lacet, d'un ruban. — Par ext. *Des ferrets de diamants,* ornés de diamants.

ferreux [fɛʀø] adj. m. ■ Qui contient du fer. *Le cuivre et le nickel sont des métaux non ferreux.*

ferronnerie [fɛʀɔnʀi] n. f. **1.** Objets, ornements, garnitures artistiques en fer. — Rampes, grilles, balcons de fer forgé. **2.** En technique. Art du fer forgé.

ferroviaire [fɛʀɔvjɛʀ] adj. ■ Relatif aux chemins de fer. *Réseau ferroviaire. Compagnie ferroviaire.*

ferrugineux, euse [fɛʀyʒinø, øz] adj. ■ Qui contient du fer, le plus souvent à l'état d'oxyde. *Source thermale ferrugineuse.*

ferrure [fɛʀyʀ] n. f. ■ Garniture de fer, de métal. *Les ferrures d'une porte.*

ferry-boat [fɛʀibot] n. m. ■ (France) Anglic. Navire spécialement conçu pour le transport des trains d'une rive à l'autre d'un fleuve, d'un lac, d'un bras de mer. ⇒ **traversier.** *Des ferry-boats.* — Abrév. fam. FERRY n. m.

fertile [fɛʀtil] adj. **1.** (Sol, terre) Qui produit beaucoup de végétation utile. ⇒ **productif.** *Champ fertile. Terre fertile en blés.* / contr. **stérile** / **2.** Abstrait. FERTILE EN : qui fournit beaucoup de. ⇒ **fécond, prodigue.** *Période fertile en événements. Ce film est fertile en rebondissements.* **3.** *Imagination fertile,* très inventive. ▶ ***fertiliser*** v. tr. ▪ conjug. 1. ■ Rendre fertile (une terre). ▶ ***fertilisant, ante*** adj. ■ Qui fertilise. — N. m. *Un fertilisant,* un produit qui fertilise. ⇒ **engrais.** ▶ ***fertilisation*** n. f. ■ *La fertilisation des sols.* ▶ ***fertilité*** n. f. **1.** Qualité d'un sol, d'une terre fertile. / contr. **aridité, stérilité** / **2.** *Fertilité d'imagination,* qualité d'une imagination fertile. ‹ ▶ infertile ›

féru, ue [feʀy] adj. ■ Qui est très épris. ⇒ **passionné.** *Être férue d'une science, d'une idée.* ≠ ② *ferré.*

férule [feʀyl] n. f. **1.** Anciennt. Petite palette de bois ou de cuir avec laquelle on frappait la main des écoliers en faute. **2.** Abstrait. *Être* SOUS LA FÉRULE DE *qqn* : dans l'obligation de lui obéir. ⇒ **autorité, pouvoir.**

fervent, ente [fɛʀvɑ̃, ɑ̃t] adj. **1.** Qui a de la ferveur. *C'est un nationaliste fervent.* — N. *Les fervents de Beethoven.* ⇒ **admirateur ;** fam. **fan.** **2.** Où il entre de la ferveur. *Un amour fervent.* ⇒ **brûlant.** ▶ ***ferveur*** [fɛʀvœʀ] n. f. ■ Ardeur vive et enthousiaste. *Prier avec ferveur. Accomplir un travail avec ferveur.* ⇒ **zèle.**

fesse [fɛs] n. f. ■ Chacune des masses charnues à la partie postérieure du bassin, dans l'espèce humaine et chez certains mammifères. *Les fesses.* ⇒ **croupe, derrière, fessier ;** fam. **cul, foufoune, péteux.** *Botter les fesses de qqn. Poser ses fesses quelque part,* s'asseoir. *Histoires de fesses,* d'amour physique. — Fam. Loc. *Jouer aux fesses,* faire l'amour. — Fam. *Serrer les fesses, avoir les fesses serrées, avoir chaud aux fesses,* avoir peur. *Marcher* les fesses serrées.* — Fig. En appos. *Pain (de) fesse.* ⇒ **pain.** Fam. *Ça coûte la peau des fesses !,* très cher, une fortune. ⇒ fam. **bras.** ▶ ① ***fessier*** n. m. ■ Les deux fesses. ⇒ **derrière.** ▶ ② ***fessier, ière*** adj. ■ Relatif à la région des fesses. *Muscles fessiers.* — N. m. *Le fessier.* ▶ ***fesser*** v. tr. ▪ conjug. 1. **1.** Battre en donnant des coups sur les fesses. — Par ext. Fam. *Fesser qqn dans le visage,* le frapper au visage. **2.** V. tr. indir. Fam. Frapper sur qqch. (avec autre chose). ⇒ **cogner, taper.** *Elle fesse sur le clou avec un marteau. Fesser sur un ballon,* le frapper avec le pied. — Transitivement. *Fesser la balle, le clou.* — Loc. fam. *Fesser dans le tas,* frapper, donner des coups au hasard. ▶ ***fessée*** n. f. **1.** (Surtout des enfants) Coups donnés sur les fesses. *Il a reçu la fessée, une bonne fessée.* ⇒ **correction ;** fam. **volée.** **2.** Abstrait. Défaite humiliante. ‹ ▶ tire-fesses ›

festin [fɛstɛ̃] n. m. ■ Repas somptueux, excellent. *Quel festin !*

festival, als [fɛstival] n. m. **1.** Grande manifestation musicale. *Le programme des festivals.* **2.** Série de représentations où l'on produit des œuvres d'un art ou d'un artiste. *Ce film a obtenu un prix au Festival international du film de Montréal.* — Par ext. Réjouissances, fêtes populaires consacrées à un thème. *Le Festival du petit poisson des chenaux. Les festivals de la neige.* ▶ ***festivalier, ière*** adj. et n. ■ Relatif au festival. *Les activités festivalières.* — N. Personne qui participe ou assiste à un festival.

festivité [fɛstivite] n. f. ■ Surtout au plur. Fêtes, réjouissances. *Festivités à l'occasion d'un anniversaire. Les festivités du carnaval.*

feston [fɛstɔ̃] n. m. **1.** Guirlande de fleurs et de feuilles liées en cordon, que l'on suspend, en forme d'arc. — Ornement qui la représente. **2.** Bordure dentelée et brodée, en couture. *Lingerie à festons.* ▶ ***festonner*** v. tr. ▪ conjug. 1. ■ Orner de festons.

festoyer [fɛstwaje] v. intr. ▪ conjug. 8. ■ Prendre part à une fête, à un festin. *Ils étaient en train de festoyer.*

feta [feta] n. m. ■ Fromage gras à pâte demi-ferme d'origine grecque, fait de lait de brebis, parfois de chèvre, de culture bactérienne, de présure et de sel. *Une salade de tomates avec du feta.* — En appos. *Du fromage feta.* — REM. On trouve aussi la graphie *féta.*

fête [fɛt] n. f. **I.** **1.** Solennité religieuse célébrée certains jours de l'année. *Jour de fête. Les fêtes de Pâques. La Fête-Dieu. Les dimanches et fêtes sont fériés.* — Au plur. (Avec une majusc.) *Les Fêtes, le temps des Fêtes,* la période de Noël et du Jour de l'An. *Le magasinage des Fêtes.* **2.** (Surtout en France) Jour de la fête du saint dont qqn porte le nom. *Souhaiter à qqn sa fête. Joyeuse fête !* — Fam. Anniversaire de naissance. *Recevoir des cartes de fête.* — Loc. fam. *Ça va être ta fête,* gare à toi. **3.** Réjouissance publique et périodique en mémoire d'un événement, d'un personnage, etc. *La fête nationale est chômée.* — *La fête du Travail,* célébrée le premier lundi de septembre ou, en Europe, le premier mai. *Fête des Pères, des Mères,* le jour de l'année où on leur rend hommage. **4.** Ensemble de réjouissances organisées occasionnellement. *Les fêtes de Versailles sous Louis XIV. Fête de la musique.* ⇒ **festival.** *Les fêtes du carnaval.* ⇒ **réjouissances.** *Salle des fêtes.* **5.** FAIRE LA FÊTE : mener une vie de plaisir et de désordre. ⇒ fam. **foirer, fêtard. II.** (Dans des expressions) Bonheur, joie, plaisir. *Un air de fête. Elle se fait une fête de,* elle s'en réjouit. *La nature est en fête,* est gaie. — FAIRE FÊTE *à qqn* : lui réserver un accueil chaleureux. *Son chien lui a fait la fête.* — Fam. *Ça va être ta fête,* tu vas payer pour ce que tu as fait, tu vas te faire arranger. — À LA FÊTE. *Il n'a jamais été à pareille fête,* il n'a jamais été si heureux. ▸ ***fêtard, arde*** n. ■ Fam. Personne qui fait la fête. ⇒ **couche-tard, noceur, viveur ;** fam. **foireux.** *Les fêtards nous ont réveillés au milieu de la nuit.* ▸ ***fêter*** v. tr. ▪ conjug. 1. **1.** Consacrer, marquer par une fête. ⇒ **célébrer, commémorer.** *Fêter une victoire.* — *Fêter l'anniversaire de qqn,* le célébrer. **2.** Faire fête à. *Fêter un ami retrouvé.* **3.** V. intr. Faire la fête, célébrer, avoir du plaisir. ⇒ anglic. **fun.** *Samedi prochain, ils veulent fêter. Fêter toute la nuit.* ‹ ▸ trouble-fête ›

fétiche [fetiʃ] n. m. et adj. **1.** Objet de culte des civilisations animistes. **2.** Objet auquel on attribue un pouvoir magique et bénéfique. ⇒ **amulette, porte-bonheur.** ▸ ***féticheur*** n. m. ■ Prêtre des religions à fétiches. ▸ ***fétichisme*** [fetiʃism] n. m. **1.** Culte des fétiches. **2.** Admiration exagérée et sans réserve d'une personne ou d'une chose. ⇒ **vénération.** ▸ ***fétichiste*** adj. et n. ■ Qui pratique le fétichisme ou concerne les fétiches.

fétide [fetid] adj. ■ Qui a une odeur très désagréable. ⇒ **nauséabond, puant.** *L'haleine fétide de certains malades.*

fétu [fety] n. m. ■ Brin (de paille). — Loc. (Personnes) *Être emporté, traîné comme un fétu de paille.*

① ***feu*** [fø] n. m. **I. 1.** LE FEU : combustion dégageant des flammes, chaleur et lumière. *Allumer, faire du feu,* réunir des matières combustibles et les faire brûler. *Mettre le feu à qqch.,* faire brûler. ⇒ **enflammer, incendier.** *La maison est en feu,* elle flambe. *Passer au feu,* être victime d'un incendie. *La grange a passé au feu. Sa tante a déjà passé au feu. Prendre en feu,* brûler. *Ses vêtements ont pris en feu.* — Fam. *Vente de feu,* de liquidation après un incendie. — Abstrait. Loc. *Faire feu de tout bois,* utiliser tous les moyens en son pouvoir. ⇒ **flèche.** — *Jouer avec le feu,* jouer avec le danger. — *J'en mettrais ma main au feu,* j'en jurerais, j'en suis sûr. — PROV. *Il n'y a pas de fumée sans feu* pas d'effet sans cause. — *N'y voir que du feu,* être dupe. — Fam. *Avoir le feu au derrière, au cul, quelque part,* fuir, se précipiter ; être choqué, en colère. — Fam. *Péter le feu,* avoir une activité débordante. **2.** Matières rassemblées et allumées (pour produire de la chaleur, etc.). ⇒ **foyer.** *Faire un feu. Un grand feu.* ⇒ **brasier.** *Feu de bois. Se chauffer devant le feu.* — FEU DE JOIE : feu allumé en signe de réjouissance à l'occasion d'une fête. — Fig. FEU DE PAILLE : sentiment vif mais passager. — FEU DE CAMP : feu allumé dans un camp de scouts, de vacances, etc., et autour duquel on se réunit pour chanter. **3.** Source de chaleur pour la cuisson des aliments, etc. *Mettre un plat sur le feu. Faites cuire à feu doux, à feu vif.* — Plaque, élément chauffant, brûleur d'une cuisinière. ⇒ **rond.** *Allumer un feu.* — COUP DE FEU : action vive du feu. (France) Fig. *Coup de feu,* moment de presse où l'on doit déployer une grande activité. **4.** Embrasement ; incendie. *Au feu ! Le feu est à la maison ; il y a le feu. Ne t'énerve pas, il n'y a pas le feu ! Mettre un pays à feu et à sang. Feu de cheminée, de foyer. Des feux de forêt.* — *Feu de cheminée,* pris dans la cheminée. — Loc. fig. *Faire la part du feu,* se résigner à perdre ce qui ne peut plus être sauvé pour préserver le reste. **5.** Ce qui sert à allumer le tabac. *Avez-vous du feu ?,* des allumettes, un briquet. **II. 1.** COUP DE FEU : détonation d'une arme à feu. — ARME À FEU : toute arme lançant un projectile par l'explosion d'une matière fulminante. **2.** NE PAS FAIRE LONG FEU : ne pas durer. *Leur association n'a pas fait long feu.* ⇒ **échouer. 3.** Tir d'armes à feu ; *Ouvrir le feu sur un objectif. Faire feu. Feu !* — Abstrait. Loc. *Être pris entre deux feux,* entre deux dangers. **4.** FEU D'ARTIFICE. ⇒ **artifice. 5.** (France) Fam. Pistolet, revolver. *Elle a sorti son feu.* **III. 1.** Toute source de lumière (d'abord flamme d'un feu). ⇒ **lumière, flambeau, lampe, torche.** *Le feu des projecteurs. Les feux de la rampe,* au théâtre. **2.** Signal lumineux. *Feux d'un navire.* ⇒ **fanal.** *Feu de position, de stationnement, feux de détresse, feux clignotants, feux de croisement d'une voiture. Feu surelevé,* feu d'arrêt installé dans la lunette arrière ou sur le coffre d'une automobile. ⇒ **cyclope, stop.** — (Réglant la circulation routière) *Feu de circulation : feu rouge* (passage interdit), *orange* ou *jaune* (se préparer à arrêter), *vert* (voie libre). ⇒ fam. **lumière.** *Brûler un feu rouge,* ne pas s'arrêter. — Loc. fig. *Donner le feu vert,* autoriser officiellement (une action). **3.** Éclat. *Les feux d'un diamant. Le feu du regard.* **IV. 1.** Sensation de chaleur intense, de brûlure. *Le feu lui monte au visage. Le feu du rasoir,* sensation de brûlure après s'être rasé. — EN FEU : très chaud. *Avoir les joues en feu.* **2.** FEU SAUVAGE : fam. herpès labial. *Être sujet aux feux sauvages.* **3.** Ardeur des sentiments, des passions. ⇒ **exaltation.** *Le feu de la colère.* — Loc. *Être tout feu tout flamme (pour),* enflammé, embrasé de passion. — *Parler avec feu.* ⇒ **chaleur, conviction.** *Dans le feu de l'action, de la dispute.* — *Avoir le feu sacré,* de l'enthousiasme. ▸ ② ***feu*** n. m. ■ Loc. *Sans feu ni lieu,* sans domicile fixe. ‹ ▸ eau-de-feu, feu d'artifice, cessez-le-feu, coupe-feu, couvre-feu, feu-follet, garde-feu, pare-feu, pique-feu, pot-au-feu ›

③ ***feu, feue*** adj. ■ Littér. Qui est mort depuis peu de temps. ⇒ **défunt.** *Feu son père. Feu la reine. La feue reine. Mes feus grands-parents.*

feu-follet [føfɔlɛ] n. m. ■ Genre d'esprit, de lutin qui, selon la croyance populaire autrefois, se livrait à des interventions étranges la nuit. *Sa grand-mère racontait que les feux-follets avaient tressé la crinière de la jument par une nuit d'été* (⇒ **follet**).

① ***feuille*** [fœj] n. f. **1.** Partie des végétaux (siège de la photosynthèse) par laquelle ces plantes respirent. ⇒ **aiguille.** *Des feuilles et des fleurs. Tige couverte de feuilles. Les nervures d'une feuille de chêne. Feuille de laurier. Feuille découpée, dentelée. Feuilles persistantes. Chute des feuilles. Feuilles mortes. Balai à feuilles.* ⇒ **balai.** — FEUILLE-MORTE adj. invar. : d'une couleur rouille. *Des tissus feuille-morte.* — Loc. (Personnes) *Trembler comme une feuille.* **2.** FEUILLE DE VIGNE : feuille sculptée cachant le sexe des statues nues. ▸ ***feuillage*** [fœjaʒ] n. m. **1.** Ensemble des feuilles d'un arbre ou d'une plante de grande taille. *Feuillage du chêne, du lierre.* **2.** Rameaux coupés, couverts de feuilles. ▸ ***feuillaison*** n. f. ■ Renouvellement annuel des feuilles. ▸ ***feuillée*** n. f. ■ Littér. Abri que forme le feuillage des arbres. *Se reposer sous la feuillée.* ▸ ***feuillu, ue*** adj. **1.** Qui a beaucoup de feuilles. ⇒ **touffu.** *Érable feuillu.* **2.** Qui porte des feuilles. *Les arbres feuillus.* — N. m. pl. *Les feuillus* (opposé à *conifères, à résineux, à aiguilles*). — Au sing. *Un feuillu.* ‹ ▸ chèvrefeuille, effeuiller ›

② ***feuille*** n. f. **1.** Morceau de papier rectangulaire. ⇒ **bristol,** ③ **fiche,** ② **page.** *Feuille blanche, vierge. Feuille volante, mobile,* isolée. **2.** (Papiers, documents, états) *Feuille d'impôt. Feuille de paye. Feuille de* *maladie.* **3.** Journal. *Une feuille d'extrême gauche.* Péj. *Feuille de chou,* journal de peu d'intérêt. **4.** Plaque mince (d'une matière quelconque). *Feuille de carton, de métal, de contreplaqué.* **5.** (France) Fam. Oreille. *Être dur de la feuille,* un peu sourd. ▶ ① ***feuillet*** [fœjɛ] n. m. ■ Feuille de papier utilisée sur ses deux faces (folio, recto). ▶ ② ***feuillet*** n. m. ■ Troisième poche de l'estomac des ruminants. ▶ ***feuilleté, ée*** [fœjte] adj. **1.** Qui présente des feuilles, des lames superposées. *Roche feuilletée.* **2.** *Pâte feuilletée,* pâte culinaire formée de fines feuilles superposées. *Une pâtisserie en pâte feuilletée.* ⇒ **millefeuille.** — N. m. *Un feuilleté à la confiture,* une pâtisserie. ▶ ***feuilleter*** v. tr. ▪ conjug. 4. ■ Tourner les pages de (un livre, un cahier), spécialt en les regardant rapidement. *Je n'ai pas lu ce roman, je n'ai fait que le feuilleter.* ⇒ lire en **diagonale, parcourir.** ▶ ***feuilleton*** [fœjtɔ̃] n. m. **1.** Épisode d'un roman qui paraît régulièrement dans un journal. — Histoire fragmentée (télévision, radio). ⇒ **radio-roman, téléroman.** *Regarder le feuilleton du jour.* — Chronique régulière. **2.** ROMAN-FEUILLETON : roman qui paraît par fragments dans un journal. *Des romans-feuilletons.* — Abstrait. Histoire invraisemblable. *C'est du roman-feuilleton.* **3.** Publication quotidienne de l'Assemblée nationale ou de la Chambre des communes énumérant les affaires figurant à l'ordre du jour d'une séance. ▶ ***feuilletoniste*** n. ■ Écrivain, journaliste qui fait des feuilletons, des romans-feuilletons. ⟨ ▶ millefeuille, portefeuille ⟩

feuler [føle] v. intr. ▪ conjug. 1. ■ (Tigre) Pousser son cri. — (Chat) Grogner. ▶ ***feulement*** n. m. ■ Cri du tigre.

feutre [føtʀ] n. m. **1.** Étoffe non tissée et épaisse obtenue en pressant et collant du poil ou de la laine. *Chaussons, chapeau de feutre.* **2.** Chapeau de feutre. *Il est coiffé d'un feutre gris.* **3.** Abrév. fam. de *crayon-feutre. Des feutres de couleurs variées.* ≠ *marqueur, plume, stylo-bille.* ▶ ***feutré, ée*** adj. **1.** Garni de feutre, ou de qqch. qui donne l'impression du feutre. **2.** Qui a pris l'aspect du feutre après lavage. *Lainage feutré.* ⇒ **pelucheux. 3.** Étouffé, peu sonore. *Bruit feutré. Marcher à pas feutrés.* ⇒ **discret, silencieux.** ▶ ***feutrage*** n. m. ■ Action de se feutrer. ▶ ***se feutrer*** v. pron. ▪ conjug. 1. ■ (Lainages) Prendre l'aspect du feutre après lavage. ▶ ***feutrine*** [føtʀin] n. f. ■ Feutre mince utilisé en couture et en décoration. ⟨ ▶ crayon-feutre ⟩

fève [fɛv] n. f. **1.** Plante légumineuse dont les graines se consomment fraîches ou sont conservées (sèches). — La graine de cette plante. *Écosser des fèves. Des fèves vertes ou jaunes* ou fam. *petites fèves.* ⇒ **haricot.** — Au plur. *Fèves au lard,* plat de haricots secs cuits au four à feu modéré avec du lard salé, de la mélasse et des épices. ⇒ fam. **bines.** *Fèves des marais.* ⇒ **gourgane. 2.** *Fève des Rois,* petite figurine ou haricot sec que l'on met dans le gâteau ou la galette des Rois (le jour de l'Épiphanie, le 6 janvier).

février [fevʀije] n. m. ■ Deuxième mois de l'année dans le calendrier actuel, qui a vingt-huit jours dans les années ordinaires et vingt-neuf dans les années bissextiles.

fez [fɛz] n. m. invar. ■ Calotte de laine, parfois ornée d'un gland ou d'une mèche. *De nombreux musulmans portent encore le fez.*

fi [fi] interj. **1.** Vx. Interjection exprimant le dédain, le dégoût. ⇒ **eurk, pouah. 2.** FAIRE FI DE : dédaigner, mépriser. *Il a fait fi de mes conseils.*

fiable [fjabl] adj. ■ En qui ou en quoi on peut avoir toute confiance, on peut se *fier. Ton ami n'est pas fiable. Cette montre est très fiable.* ▶ ***fiabilité*** n. f. ■ Caractère de ce qui est fiable.

fiacre [fjakʀ] n. m. ■ Anciennt. Voiture à cheval qu'on louait à la course ou à l'heure. ⇒ **calèche.**

fiancer [fjɑ̃se] v. tr. ▪ conjug. 3. ■ Engager par une promesse de mariage. *Les parents ont fiancé leur fille aînée.* — SE FIANCER v. pron. *Il vient de se fiancer avec une Anglaise. Ils se sont fiancés hier.* ▶ ***fiançailles*** [fjɑ̃saj] n. f. pl. **1.** Promesse solennelle de mariage, échangée entre futurs époux. *Bague de fiançailles.* **2.** Le temps qui s'écoule entre la promesse et la célébration du mariage. *Durant leurs fiançailles.* ▶ ***fiancé, ée*** n. ■ Personne fiancée. *Les deux fiancés.* ⇒ **futur.** *Le fiancé de ma sœur.*

fiasco [fjasko] n. m. ■ Échec. *L'entreprise a fait fiasco.* ⇒ **échouer.** *Cette pièce est un fiasco.* ⇒ ② **four.** / contr. **réussite, tabac** / *Des fiascos.*

fiasque [fjask] n. f. ■ Bouteille à col long et à large panse garnie de paille. *Une fiasque de chianti.* ≠ ② *flasque.*

fibre [fibʀ] n. f. **1.** Chacun des filaments flexibles qui, groupés en faisceaux, constituent certaines substances. *Les fibres du bois. Les fibres de la viande. Les fibres alimentaires sont indispensables pour la santé. Pain de fibres. Les fibres musculaires.* **2.** *Fibre textile,* substance filamenteuse susceptible d'être filée et tissée. *Fibre synthétique, fibre de verre. Fibre optique.* **3.** Matière fabriquée à partir de fibres. *Une mallette en fibre.* **4.** Abstrait. LA FIBRE : le sentiment. *Faire vibrer la fibre paternelle,* chercher à émouvoir un père en faveur de ses enfants. ▶ ***fibreux, euse*** adj. ■ Qui a des fibres. *De la viande fibreuse.* ⇒ **filandreux.** ▶ ***fibrille*** [fibʀil] n. f. ■ Petite fibre. *Les fibrilles d'une racine.* ▶ ***fibrociment*** n. m. ■ Matériau de construction fait de ciment dans lequel le sable est remplacé par des fibres et de la poudre d'amiante. ▶ ***fibrome*** n. m. ■ Tumeur formée par des tissus fibreux. *Elle s'est fait opérer d'un fibrome.*

ficeler [fisle] v. tr. ▪ conjug. 4. ■ Attacher, lier avec de la ficelle. *Ficeler un paquet. — Ficeler un prisonnier à un poteau.* ▶ ***ficelé, ée*** adj. **1.** Qu'on a ficelé. *Paquet ficelé.* **2.** Fam. Habillé. *Mal ficelé.* ⇒ fam. **fagoté. 3.** *Un travail bien ficelé,* bien fait. ▶ ***ficelage*** n. m. ■ Action de ficeler ; son résultat.

ficelle [fisɛl] n. f. **I. 1.** Corde mince. *Défaire la ficelle d'un colis.* **2.** Fig. *Tirer les ficelles,* faire agir les autres sans être vu (comme le montreur de marionnettes). **3.** *Les ficelles d'un art, d'un métier,* les procédés cachés. ⇒ **truc. II.** Petite baguette (pain). ⟨ ▶ ficeler ⟩

① ***fiche*** [fiʃ] ou ① ***ficher*** v. tr. ▪ conjug. 1. REM. Le p. p. est *fichu, ue.* — Fam. S'emploie par euphémisme à la place de *foutre.* **1.** Faire. ⇒ fam. **fouter.** *Je n'ai rien fichu aujourd'hui.* **2.** Donner. ⇒ fam. **fouter.** *Je lui ai fichu une claque.* ⇒ fam. **flanquer.** *Ça me fiche le cafard. Fiche-moi la paix !,* laisse-moi tranquille. **3.** Mettre. ⇒ fam. **fouter.** *On va le fiche en prison. Ils ont fichu le gouvernement par terre.* ⇒ **renverser.** — Pronominalement. *Il s'est fichu par terre.* ⇒ **tomber.** *Se fiche dedans,* se tromper. — *Ficher qqn à la porte,* le renvoyer. ⇒ très fam. **câlicer,** ① **crisser.** *Fiche (*ou *ficher) le camp,* décamper, partir. **4.** SE FICHE DE v. pron. : se moquer. ⇒ fam. se **fouter** de ; très fam. se **câlicer** de, se ① **crisser** de. *Il s'est fichu de moi.* ⇒ se **moquer, railler.** — *Je m'en fiche,* ça m'est égal. *Elle se fichait pas mal du résultat.* ⇒ se ② **sacrer** de. ⟨ ▶ se contrefiche, ② fichu, je-m'en-fichisme ⟩

② ***fiche*** n. f. ■ Cheville, tige de bois ou de métal destinée à être fichée, enfoncée. ▶ ② ***ficher*** v. tr. ▪ conjug. 1. ■ Faire pénétrer et fixer par la pointe. ⇒ **planter.** *Ficher un clou dans un mur. Des piquets fichés en terre.* ⟨ ▶ affiche ⟩

③ ***fiche*** n. f. ■ Feuille, morceau de carton sur lequel on inscrit des renseignements en vue d'un classement.

Faire, remplir une fiche. Consulter des fiches dans un fichier. ▶ ③ ***ficher*** v. tr. ▪ conjug. 1. ■ Mettre en fiche. *Ficher un renseignement ; ficher des gens,* accumuler des renseignements sur eux. ▶ ***fichier*** n. m. **1.** Collection de fiches. — Meuble, boîte, classeur contenant des fiches. **2.** En informatique. Ensemble de données mis en mémoire. *Créer un fichier.* ‹ ▶ microfiche ›

fichoir [fiʃwaʀ] n. m. ■ Dispositif composé d'une longue tige de fer flexible terminée par une vrille, actionné à l'aide d'une manivelle et dont on se sert pour déboucher les tuyaux. — REM. On rencontre aussi la forme *ficheur.*

fichtre [fiʃtʀ] interj. ■ (France) Fam. Exprime l'étonnement, l'admiration. ⇒ anglic. **wow.** ▶ ***fichtrement*** adv. ■ (France) Extrêmement.

① ***fichu, ue*** p. p. ⇒ ① **fiche** (① **ficher).**

② ***fichu, ue*** [fiʃy] adj. — REM. S'emploie par euphémisme à la place de *foutu.* **1.** Fam. *Fichu* ou *fichu de :* détestable, mauvais. *Il a un fichu caractère. Fichu de temps ! Fichu métier !* ⇒ ① **maudit. 2.** Fam. Dans une fâcheuse situation, un mauvais état. *Il n'en a plus pour longtemps, il est fichu.* ⇒ **perdu.** *Mon costume est fichu.* **3.** Arrangé, mis dans un certain état. *Elle est fichue comme la chienne à Jacques.* — MAL FICHU, UE : un peu malade, souffrant ; contrefait, difforme. *Elles sont mal fichues.* **4.** Fam. Capable de, avoir le cœur de. *Il n'est pas fichu de gagner sa vie.* **5.** FICHU DE BON (+ nom) : très. *C'est un fichu de bon film. Une fichue de bonne personne.* ▶ ***fichument*** adv. ■ Fam. Extrêmement, extraordinairement. ⇒ **fichtrement, saprément.** *On a fait un voyage fichument intéressant.*

③ ***fichu*** n. m. ■ Pièce d'étoffe triangulaire dont les femmes se couvrent la tête, les épaules. ⇒ **châle, foulard.** *Des fichus.*

fictif, ive [fiktif, iv] adj. **1.** Créé par l'imagination. *Des personnages fictifs.* ⇒ **imaginaire.** — N. m. *Mêler le réel au fictif.* **2.** Qui n'existe qu'en apparence. ⇒ **faux, feint.** *Promesses fictives.* **3.** Supposé par convention. *Valeur fictive.* ⇒ **hypothétique.** ▶ ***fictivement*** adv. ■ De manière fictive.

fiction [fiksjɔ̃] n. f. **1.** Fait imaginé (opposé à *réalité*). ⇒ **invention. 2.** En littérature. Création de l'imagination. *Livre de fiction* (conte, roman). ‹ ▶ science-fiction ›

ficus [fikys] n. m. ■ Plante ornementale à larges feuilles.

fidéen, enne [fideɛ̃, ɛn] adj. et n. ■ De la ville de Sainte-Foy. *Un journal fidéen.* — N. (Avec une majusc.) Personne née dans cette ville ou qui l'habite. *Une Fidéenne d'adoption.*

fidèle [fidɛl] adj. et n. **I.** Adj. **1.** Qui ne manque pas à la foi donnée (à qqn), aux engagements pris (envers qqn). ⇒ **dévoué, loyal.** / contr. **adversaire, traître** / *Rester fidèle à un chef d'État. Être fidèle à soi-même. Des partisans fidèles à leur équipe.* **2.** Dont les affections, les sentiments (envers qqn) ne changent pas. ⇒ **attaché, constant.** / contr. **infidèle** / *Ami fidèle. Chien fidèle.* **3.** Qui n'a de relations amoureuses qu'avec celui (celle) à qui elle (il) a donné sa foi. *Mari fidèle. Elle est fidèle à son mari,* elle ne le trompe pas. **4.** *Fidèle à qqch. :* qui ne manque pas à, qui ne trahit pas. *Être fidèle à ses promesses.* **5.** Qui ne s'écarte pas de la vérité. *Historien fidèle. Récit fidèle. Traduction fidèle,* conforme au texte original. — *Mémoire fidèle,* qui retient avec exactitude. ⇒ **fiable. II.** N. **1.** Personne fidèle à. *Même ses fidèles l'ont abandonné.* — Client, cliente fidèle. *Je suis une fidèle des librairies.* **2.** Personne unie à une Église, à une religion par la foi. ⇒ **croyant.** *L'assemblée des fidèles.* ▶ ***fidèlement*** adv. ■ *Fidèlement vôtre* (à la fin d'une lettre) *Reproduire fidèlement.* ▶ ***fidélité*** n. f. **1.** Qualité d'une personne fidèle (à qqn). / contr. **trahison** / *Fidélité à, envers qqn. Jurer fidélité.* **2.** Constance dans les affections, les sentiments. *La fidélité du chien. Fidélité conjugale.* **3.** *Fidélité à qqch.,* le fait de ne pas manquer à, de ne pas trahir. *Fidélité à ses promesses.* **4.** Conformité à un modèle original. ⇒ **exactitude, véracité.** *Fidélité d'un traducteur ; d'une reproduction.* — HAUTE-FIDÉLITÉ : restitution très exacte du son enregistré. ‹ ▶ ① infidèle, ② infidèle ›

fiducie [fidysi] n. f. ■ Régime juridique par lequel des biens constituent une propriété distincte détenue par une personne au bénéfice d'une autre. ⇒ anglic **trust.** — *Société, compagnie de fiducie,* personne morale chargée d'une fiducie. *Avoir des dépôts à terme dans une société de fiducie. Garder une somme en fiducie.* — *Compte en fiducie,* compte bancaire ouvert par une personne autorisée (avocat, notaire...) au nom d'un client et administré en son nom. ▶ ***fiduciaire*** n. ■ Personne physique ou morale chargée de l'administration d'une fiducie.

fief [fjɛf] n. m. **1.** (En France) Au Moyen Âge. Domaine concédé par le seigneur à son vassal, en contrepartie de certains services. *Le fief est l'institution fondamentale de la féodalité**. — Anciennt. Étendue de terre concédée à un seigneur, sous le régime seigneurial de la Nouvelle-France. *Recevoir un fief en concession.* **2.** Domaine où qqn est maître. *Fief électoral,* où l'on est toujours réélu.

fieffé, ée [fjɛfe] adj. ■ (Surtout en France) Qui possède au plus haut degré un défaut, un vice. ⇒ **fini, parfait.** *Un fieffé menteur.*

fiel [fjɛl] n. m. **1.** Bile des animaux de boucherie, de la volaille. **2.** Littér. Amertume qui s'accompagne de méchanceté. ⇒ **acrimonie, haine.** *Compliments pleins de fiel.* ▶ ***fielleux, euse*** adj. ■ Plein de fiel (2). ⇒ **haineux, méchant.** *Paroles fielleuses. Hommes fielleux.*

fiente [fjɑ̃t] n. f. ■ Excrément d'oiseau. ⇒ **crotte.** *Fiente de pigeon.* ▶ ***fienter*** v. intr. ▪ conjug. 1. ■ Faire de la fiente.

se ***fier*** [fje] v. pron. ▪ conjug. 7. ■ Accorder sa confiance (à qqn ou à qqch.). *On ne sait plus à qui se fier. Je me fie à votre jugement. Se fier à, sur qqn,* compter sur lui. — *Ne vous y fiez pas,* méfiez-vous. ‹ ▶ fiable, se méfier ›

fier, fière [fjɛʀ] adj. **1.** Qui, par son attitude hautaine, ses manières distantes montre qu'il se croit supérieur aux autres. ⇒ **orgueilleux, vaniteux.** / contr. **familier, simple** / *Être fier comme un paon. Il n'est pas fier, il parle à tout le monde.* — N. *Faire le fier.* **2.** Littér. Qui a un vif sentiment de sa dignité, de son honneur. *Il est fier et courageux.* / contr. **veule** / *Elle est trop fière pour accepter votre argent.* **3.** FIER DE *qqn, qqch.* : qui a de la joie, de la satisfaction de. ⇒ **content, heureux, satisfait.** / contr. **honteux** / *Je l'ai fait et j'en suis fier. Elle est fière de ses enfants. Elle n'est pas peu fière d'avoir réussi.* — FIER QUE (+ subjonctif). *Je suis fier qu'elle ait réussi.* **4.** (Avant le nom) *Avoir un fier culot !* ⇒ **sacré.** ▶ ***fièrement*** adv. ■ D'une manière fière (2), courageuse et digne. ⇒ **dignement.** ▶ ***fierté*** n. f. **1.** Attitude arrogante. ⇒ ① **morgue. 2.** Littér. Sentiment élevé de la dignité, de l'honneur. ⇒ **amour-propre, orgueil. 3.** Le fait d'être fier (3) de qqch., de s'enorgueillir. ⇒ **contentement, satisfaction.** / contr. **honte** / *Elle en tire une juste fierté.* — *C'est sa fierté,* ce qui lui fait concevoir de la fierté. ▶ ***fier-à-bras*** n. m. ■ Homme costaud qui recherche la bagarre. ⇒ **batailleur, taupin.** *Des fiers-à-bras* ou *des fier-à-bras.*

fièvre [fjɛvʀ] n. f. **1.** Élévation anormale de la température du corps. *Avoir, faire de la fièvre. Fièvre de cheval,* forte. **2.** Maladie fébrile. *Fièvre jaune,* qui colore les tissus en jaune. *Fièvre aphteuse.* — Au plur. *Les fièvres,* la fièvre paludéenne. **3.** Vive agitation, état passionné. ⇒ **excitation, fébrilité.** *Discuter avec fièvre. La fièvre du départ.* **4.** FIÈVRE DE (+ infinitif) : désir ardent. ⇒ **amour, passion.** *La fièvre d'écrire.* ▸ ***fiévreux, euse*** adj. **1.** Qui a ou dénote la fièvre. *Se sentir fiévreux. Mains fiévreuses.* ⇒ **brûlant. 2.** Qui a qqch. d'intense, de hâtif. *Activité fiévreuse.* ⇒ **fébrile.** *La vie fiévreuse de la ville.* **3.** Qui est dans l'agitation de l'inquiétude. *Attente fiévreuse.* / contr. **calme** / ▸ ***fiévreusement*** adv. ■ D'une manière fiévreuse (2). ⟨ ▸ enfiévrer ⟩

fifi [fifi] n. m. ■ Fam. Homme homosexuel. ⇒ ② **gai, pédéraste ;** fam. **homo, pédale, pédé,** ② **tante,** ② **tapette.** *Cet homme est un fifi. Des fifis.* — Homme efféminé, maniéré, précieux. *Ce coiffeur a des comportements de fifi.* — Injure. *Maudit fifi !* — Abrév. fam. fif, n. m. *Des fifs.*

fifre [fifʀ] n. m. **1.** Petite flûte en bois au son aigu. **2.** Joueur de fifre. *Les fifres marchaient devant les tambours.* ⟨ ▸ sous-fifre ⟩

*se **figer*** [fiʒe] v. pron. ▪ conjug. 3. **1.** (Liquides gras) Se solidifier par le froid. *La sauce s'est figée. L'huile se fige dans le moteur,* elle devient très épaisse. — Intransitivement. *Gélatine qui fige.* **2.** Se fixer dans une certaine attitude, un certain état. *Sourire, expression qui se fige.* — *Se figer dans une attitude,* la garder obstinément. — Au p. p. adj. *Locution figée,* dont on ne peut pas changer les termes. *« Tout de suite » est une locution figée.* ▸ ***figement*** n. m. ■ Fait de se figer.

fignoler [fiɲɔle] v. tr. ▪ conjug. 1. ■ Exécuter avec un soin minutieux jusque dans les détails. ⇒ **parfaire ;** fam. **taponner.** / contr. **bâcler** / *Elle fignole son dessin.* — Au p. p. adj. *Travail, devoir fignolé.* ⇒ **léché.** ▸ ***fignolage*** n. m. ▸ ***fignoleur, euse*** n.

figue [fig] n. f. **1.** Fruit charnu vert ou violacé et comestible du figuier. *Figues fraîches. Figues séchées.* **2.** FIGUE DE BARBARIE : fruit comestible d'une plante grasse (l'*oponce,* n. m). **3.** MI-FIGUE, MI-RAISIN loc. adj. : qui exprime un mélange de satisfaction et de mécontentement. *On m'a fait un accueil mi-figue, mi-raisin.* ▸ ***figuier*** n. m. ■ Arbre méditerranéen, à feuilles lobées, qui donne les figues.

① ***figure*** [figyʀ] n. f. **1.** Illustration (d'un texte). *Livre, édition ornée de figures.* ⇒ **carte, croquis, dessin, image, schéma. 2.** FIGURE DE PROUE : buste (d'une personne, d'un animal) à la proue des anciens navires à voile. — Fig. Personne célèbre et influente (→ 4). **3.** Loc. FAIRE FIGURE DE : avoir l'air, paraître, passer pour. *Il fait figure de grand homme.* **4.** Personnalité marquante. ⇒ **personnage.** *Les grandes figures de l'histoire.* **5.** Les volumes, surfaces, lignes et points considérés en eux-mêmes. *Un point, une courbe, une pyramide sont des figures géométriques.* **6.** Enchaînement de mouvements par les danseurs, les patineurs, suivant un certain parcours. *Figures libres, imposées.* ▸ ***figurer*** v. ▪ conjug. 1. **I.** V. tr. **1.** Représenter (une personne, une chose) sous une forme visible. ⇒ **dessiner, peindre, sculpter. 2.** (Suj. chose) Être l'image de. *La scène figure un intérieur bourgeois.* **II.** V. intr. **1.** Jouer un rôle de figurant. *Elle figurait dans un film franco-québécois.* **2.** Apparaître, se trouver (quelque part). *Son nom ne figure pas sur la liste,* il n'y est pas mentionné. **III.** SE FIGURER v. pron. : se représenter par la pensée, l'imagination. ⇒ s'**imaginer.** *Elle s'était figuré pouvoir réussir. Tu ne peux pas te figurer comme il est bête.* ▸ ***figurant, ante*** n. **1.** Personnage de théâtre, de cinéma, de télévision, remplissant un rôle secondaire et généralement muet. **2.** Toute personne dont le rôle est effacé (ou simplement décoratif) dans une réunion, une société. ⇒ ① **pion.** *Ne comptez pas sur moi pour faire le figurant, je dirai ce que j'ai à dire.* ▸ ***figuratif, ive*** adj. ■ *Art figuratif,* qui s'attache à la représentation de l'objet (opposé à l'*art abstrait,* ou *non figuratif*). ▸ ***figuration*** n. f. **1.** Ensemble des figurants d'une pièce de théâtre, d'un film. — Rôle de figurant. **2.** Représentation graphique. *La figuration des plaines se fait en vert.* ▸ ***figurine*** n. f. ■ Statuette de petite dimension sculptée ou moulée. *J'ai acheté des figurines de personnages de b.d.* ⟨ ▸ configuration, défigurer, préfigurer, transfigurer ⟩

② ***figure*** n. f. **1.** Partie antérieure de la tête humaine. ⇒ **face, visage.** *Il a la figure maigre. Casser la figure à qqn.* ⇒ fam. **gueule. 2.** Air, mine. *Il fait une drôle de figure.* ⇒ **tête.** *Faire bonne figure,* avoir l'air aimable, content, satisfait. — *Faire triste figure,* ne pas se montrer à la hauteur des circonstances ⟨ ▸ défigurer ⟩

③ ***figure*** n. f. ■ Expression, tournure imagée, ou atténuée, ou insistante de la pensée (métaphore, euphémisme, ironie...). *« Il n'est pas bête » pour « Il est très intelligent » est une figure. Figures de rhétorique, de style.* ▸ ***figuré, ée*** adj. ■ *Sens figuré* (opposé à *sens littéral, primitif, propre*), application expressive d'un mot à un emploi pour lequel il n'était pas fait au départ. *Dans « Ce garçon est un âne », « âne » doit être pris au sens figuré.* / contr. au pied de la **lettre** /

fil [fil] n. m. **I. 1.** Réunion de brins ou fibres textiles, tordus et filés (⇒ **filature, filer**). *Des fils* [fil]. *Fil de lin, de soie, de nylon. Fil de trame, de chaîne d'un tissu.* — DROIT FIL : le sens des fils (trame ou chaîne) d'un tissu (opposé à *biais*). En appos. Invar. *Une jupe droit fil.* — Fig. Loc. adv. DANS LE DROIT FIL DE : conforme à. *L'assistance à la messe s'inscrit dans le droit fil des devoirs des catholiques pratiquants.* — *Bobine de fil à coudre.* — Loc. *Malice cousue de fil blanc,* trop apparente pour abuser quiconque. — *De fil en aiguille,* petit à petit, insensiblement. — *Donner du fil à retordre à qqn,* lui créer des embarras, des difficultés. — *Mince comme un fil,* très mince. ⇒ **casseau,** ① **clou** (I, 3). **2.** Brin de matière textile, de fibre ou de toute matière souple, servant à tenir, attacher. *Fil de canne à pêche.* ⇒ ④ **filet, ligne.** — *Fil dentaire**. — *Elle était la première au fil d'arrivée.* — LE FIL D'ARIANE, LE FIL CONDUCTEUR : ce qu'on peut suivre pour se diriger, se guider dans des entreprises difficiles. — Loc. *Ne tenir qu'à un fil,* à très peu de chose, être fragile, précaire. *Sa vie ne tient plus qu'à un fil.* **3.** FIL À PLOMB : instrument formé d'une masse de plomb fixée à un fil, servant à donner la verticale. **4.** Matière métallique, étirée en long brin mince. *Fil d'acier. Clôture en fils de fer barbelés.* ⇒ **broche.** — Loc. *Il n'a pas inventé le fil à couper le beurre,* il n'est pas bien malin. ⇒ ③ **bouton, œuf. 5.** Conducteur électrique, fait de fil de cuivre entouré d'une gaine isolante. *Fil électrique. Fil d'une lampe. Fils télégraphiques, téléphoniques.* — Fam. *Qui est au bout du fil ?,* à l'appareil. *Donner, passer un* COUP DE FIL : un coup de téléphone. **6.** Matière produite et filée par l'organisme de quelques animaux (araignée, ver à soie). **7.** Sens des fibres. *Tailler des planches dans le fil du bois.* **II.** Fig. **1.** AU FIL DE L'EAU : sens dans lequel une rivière coule. **2.** Cours, enchaînement. ⇒ **suite.** *Le fil de la conversation. Suivre le fil de ses idées. Perdre le fil (de ses idées),* ne plus savoir ce qu'on voulait dire. **III.** Partie coupante d'une lame. ⇒ **tranchant.** *Fil d'un rasoir.* — *Passer au fil de l'épée,* tuer en passant l'épée au travers du corps. ▸ ***filage*** n. m. **1.** Action de filer à la main (⇒ **filer**). **2.** Fam. Ensemble des fils d'une installation électrique. ⇒ **câblage, filerie.** *Refaire le filage d'une vieille maison.* ▶ ***filament*** [filamɑ̃] n. m. **1.** Production organique longue et fine comme un fil. *Filaments de bave, de moisissures.* **2.** Fil conducteur extrêmement fin porté à incandescence dans les ampoules électriques. *Ampoule dont le filament est grillé.* ▶ ***filamenteux, euse*** adj. ■ Qui a des filaments. *Matière filamenteuse.* ⇒ **fibreux.** ▶ ***filandreux, euse*** adj. **1.** (Viande, légumes) Rempli de fibres dures. *Viande filandreuse.* **2.** Abstrait. *Phrase filandreuse,* interminable, enchevêtrée, confuse. ▶ ***filant, ante*** adj. **1.** Qui coule lentement sans se diviser et s'allonge en une sorte de fil continu (⇒ **filer**). *Sauce filante.* **2.** *Pouls filant,* très faible. **3.** *Étoile filante,* astéroïde qui file, va vite (pour l'œil). ▶ ***filasse*** n. f. **1.** Matière textile végétale non encore filée. *Filasse de chanvre.* ⇒ **étoupe.** **2.** *Cheveux blond filasse,* et adj. invar., *cheveux filasse,* d'un blond fade, sans éclat. ▶ ① ***filature*** n. f. **1.** Ensemble des opérations industrielles qui transforment les matières textiles en fils à tisser. **2.** Usine où est fabriqué le fil. *Les filatures de Shawinigan.* ▶ ② ***filature*** n. f. ■ Action de filer (I, 6), de suivre qqn pour le surveiller. *Prendre qqn en filature.* ‹ ▶ affiler, se défiler, ① effiler, enfiler, faufiler, ficelle, filerie, filet, filière, filiforme, filigrane, filin, filon, morfil, sans-fil, sans filiste, tréfiler ›

file [fil] n. f. **1.** Suite de personnes, de choses placées en ligne, l'une derrière l'autre (opposé à *rang,* disposé en largeur). ⇒ fam. **filée.** *File de gens.* ⇒ **colonne.** *Des files d'acheteurs.* ⇒ **queue.** *Prendre la file,* se ranger dans une file après la dernière personne. **2.** *Chef de file,* personne qui est à la tête d'un groupe, d'une entreprise. **3.** EN FILE, À LA FILE loc. adv. : les uns derrière les autres, l'un derrière l'autre. *Marcher, se suivre à la file. Avancer en file indienne, à la file indienne,* immédiatement l'un derrière l'autre. ⇒ à la **queue** leu leu. — EN DOUBLE FILE ou fam. EN DOUBLE : à côté d'une première file de voitures. *Stationner en double file.* ▶ ***filée*** n. f. ■ Fam. File. *Il y avait une filée de personnes aux guichets de la banque. Une filée de voitures sur l'autoroute.* ‹ ▶ d'affilée, coupe-file, défiler ›

filer [file] v. • conjug. 1. **I.** V. tr. **1.** Transformer en fil. *Filer de la laine.* — *Filer du verre,* l'étirer en fil. — Au p. p. adj. *Bibelots en verre filé.* **2.** (Du ver à soie, de l'araignée qui sécrètent un fil) *L'araignée file sa toile.* ⇒ **tisser.** **3.** Dérouler de façon égale et continue. *Filer un câble, les amarres.* ⇒ **dévider.** — *Vaisseau qui file de l'huile dans la tempête* (pour empêcher les vagues de déferler). — *Navire qui file trente nœuds,* qui a une vitesse de trente nœuds. **4.** Littér. *Filer une métaphore,* la développer longuement, progressivement. — Fam. *Filer le parfait amour,* se donner réciproquement des témoignages constants d'un amour partagé. **5.** FILER DOUX : être docile, soumis. *Tu as besoin de filer doux, sinon...* **6.** Marcher derrière qqn, le suivre pour le surveiller. *Un policier a filé le suspect.* ⇒ ② **filature.** **7.** (Surtout en France) Fam. Donner. ⇒ **refiler.** *File-moi cent francs ! Elle lui a filé une gifle.* **II.** V. intr. **1.** Couler lentement sans que les gouttes se séparent. *Sirop qui file.* — (Matière visqueuse) Former des fils. *Le gruyère fondu file.* **2.** *Maille qui file,* dont la boucle de fil se défait, entraînant les mailles de la même rangée verticale. *Son bas a filé.* **3.** Aller droit devant soi, en ligne droite ; aller vite. *Le messager fila comme une flèche, comme un zèbre.* ⇒ **courir.** — Fam. *Le temps file,* passe vite. **4.** Fam. S'en aller, se retirer. ⇒ **déguerpir, partir.** *Allons, filez !* ⇒ **décamper.** *Filer à l'anglaise.* ⇒ s'**esquiver.** — (Choses) S'en aller très vite. *L'argent file, surveillez les dépenses.* ‹ ▶ filage, filant, fileur, refiler, surfiler, tréfiler ›

filerie [filʀi] n. f. ■ Ensemble des fils et des câbles d'une installation électrique. ⇒ **câblage ;** fam. **filage.**

① ***filet*** [filɛ] n. m. **1.** Ce qui ressemble à un fil. *Filet nerveux.* **2.** Petite moulure. *Filets d'un chapiteau.* **3.** Trait fin. *Couleurs séparées par un filet.* **4.** Écoulement fin et continu. *Un filet d'eau, d'air.* — Abstrait ⇒ **brin.** *Un filet de vinaigre,* une très petite quantité. *Un filet de voix,* une voix très faible qui se fait à peine entendre. ‹ ▶ entrefilet ›

② ***filet*** n. m. ■ Partie creuse, découpée en spirale, d'une vis, d'un boulon, d'un écrou. *Un pas de vis à filet carré.* ▶ ***filetage*** [filtaʒ] n. m. **1.** Action de fileter. **2.** Ensemble des filets d'une vis, d'un boulon, d'un écrou. ▶ ***fileté*** adj. ■ Qui porte des filets. *Tige filetée.* ▶ ***fileter*** v. tr. • conjug. 1. ■ Creuser des filets (au tour, à la filière) dans une tige de métal. ⇒ **tarauder.**

③ ***filet*** n. m. **1.** Morceau de viande, partie charnue et tendre le long de l'épine dorsale. *Du filet de bœuf grillé.* ⇒ **chateaubriand, tournedos.** *Un steak dans le filet. Un filet mignon,* la pointe du filet de bœuf. **2.** Chaque morceau de chair levé de part et d'autre de l'arête d'un poisson. *Filets de sole. Filets de hareng* (fumés). ‹ ▶ contre-filet, faux-filet ›

④ ***filet*** n. m. **1.** Réseau à larges mailles servant à capturer des animaux. *Filets de pêche ; filets à poissons, à crevettes. Filet à papillons.* — Fig. *Un beau coup de filet,* une belle prise de malfaiteurs. *Attirer qqn dans ses filets,* le séduire. **2.** Réseau de mailles (pour envelopper, tenir, retenir). — Réseau pour maintenir les cheveux. ⇒ **résille.** — Sac en réseau de fils pour mettre les achats. *Filet à provisions.* **3.** Sports. Réseau qui sépare la table, le terrain en deux parties et au-dessus duquel doit passer la balle, le ballon (tennis, ballon-volant, etc.) — (Hockey, soccer, handball...) Cage du gardien de but. ⇒ **but.** *La rondelle est derrière le filet.* **4.** Réseau tendu par précaution sous des acrobates. Loc. fig. *Travailler sans filet,* prendre des risques.

fileur, euse [filœʀ, øz] n. **1.** Personne qui file une matière textile à la main. *Fileuse à son rouet.* **2.** Conducteur(trice) d'un métier à filer.

filial, ale, aux [filjal, o] adj. ■ Qui émane d'un enfant, d'un fils ou d'une fille, à l'égard de ses parents. *Amour filial.*

filiale [filjal] n. f. **1.** Société jouissant d'une personnalité juridique propre (ce qui la distingue de la succursale) mais dirigée par la société mère. **2.** Sports. Équipe professionnelle qui appartient à un club majeur et où l'on forme les jeunes joueurs. ⇒ **mineures.** *L'entraîneur de la filiale des...*

filiation [filjasjɔ̃] n. f. **1.** Lien de parenté unissant l'enfant à son père ou à sa mère. **2.** Succession de choses issues les unes des autres. ⇒ **enchaînement, liaison.** *La filiation des idées, des événements. La filiation des mots* (étymologie). ‹ ▶ affiliation ›

filibuster [filibɔstɛ(œ)ʀ] n. m. ■ Anglic. Obstruction systématique effectuée par les députés au cours d'un débat parlementaire afin d'empêcher ou de retarder une prise de décision. *Les membres de l'opposition ont eu recours à un filibuster pour bloquer un projet de loi sur l'avortement.*

filière [filjɛʀ] n. f. **1.** Instrument, organe destiné à produire des fils, à étirer une matière malléable, à creuser des filets ②. *Faire passer un métal par la filière.* ⇒ **profiler, tréfiler.** **2.** Succession de degrés à franchir, de formalités à accomplir avant de parvenir à un résultat. *Passer par la filière administrative,* par les degrés d'une hiérarchie. — *La filière de la drogue.* **3.** Fam. Classeur. *Replacer un document dans la filière.* — REM. L'emploi de ce mot au sens 3 est critiqué.

filiforme [filifɔʀm] adj. ■ Mince, fin comme un fil. *Insecte à pattes filiformes.* — Fam. D'une extrême minceur. *Elle est filiforme.*

filigrane [filigʀan] n. m. **1.** Ouvrage fait de fils de métal (argent, or). **2.** Dessin imprimé dans l'épaisseur d'un papier et qui peut se voir par transparence. *Filigrane des billets de banque.* — Loc. *Lire en filigrane,* deviner ce qui n'est pas explicitement dit dans un texte. ▶ ***filigrané, ée*** adj. **1.** *Bracelets d'argent filigrané.* **2.** *Papier filigrané.*

filin [filɛ̃] n. m. ■ En marine. Cordage en chanvre.

fille [fij] n. f. **I. 1.** LA FILLE DE *qqn,* SA FILLE, etc. : personne du sexe féminin (opposé à *fils*) considérée par rapport à son père et à sa mère. ⇒ **enfant.** *Ils sont venus avec leur fille aînée et leurs deux fils.* — Par ext. *Une fille adoptive.* Fam. *Ma fille,* terme d'affection. **2.** Littér. Descendante. *Une fille de rois. Fille d'Ève,* femme. **II. 1.** Enfant ou jeune être humain du sexe féminin (opposé à *garçon*). *C'est une fille, ce bébé ? Vestiaire des filles.* **2.** Fam. (Avec un déterminatif) Jeune fille ou jeune femme. *Il a épousé une fille de son âge. Une jolie fille. Un beau brin de fille.* — (En attribut) *Elle est bonne fille. Elle est assez belle fille.* **3.** PETITE FILLE : enfant du sexe féminin jusqu'à l'âge nubile. ⇒ **fillette.** ≠ *petite-fille.* **4.** *Une* GRANDE FILLE : une jeune enfant en âge de comprendre. *Obéis, comme une grande fille !* **5.** JEUNE FILLE : fille nubile ou femme jeune non mariée (moins familier que *fille* tout court). ⇒ **adolescent, demoiselle.** *Une grande, une petite jeune fille* (selon l'âge). *Une jeune fille et un jeune homme. Des jeunes filles et des jeunes gens**. **6.** Célibataire. *Elle est restée fille.* Vieilli. FILLE-MÈRE : mère célibataire (⇒ **monoparental**). — VIEILLE FILLE : femme qui a atteint ou passé l'âge mûr sans se marier (péj., implique des idées étroites, une vie monotone). — *Amie de fille.* ⇒ ① **ami ; garçon.** **7.** Prostituée. ⇒ péj. **catin.** *Aller s'amuser chez les filles.* **8.** (Avec une majusc.) Nom donné à certaines religieuses. *Les Filles du Carmel.* **9.** FILLE DE : jeune fille ou femme employée à une fonction, un travail. *Fille d'honneur,* attachée au service d'une princesse. *Fille de joie,* prostituée. ▶ ***fillette*** [fijɛt] n. f. ■ Petite fille (autour de l'âge de dix ans). ‹ ▶ arrière-petite-fille, belle-fille, petite-fille ›

filleul, eule [fijœl] n. ■ La personne qui a été tenue sur les fonts baptismaux, par rapport à ses parrain et marraine. ≠ *neveu.*

① ***film*** [film] n. m. **1.** Pellicule cinématographique. *Un mètre de film comporte 52 images. Film ultrasensible.* — Fam. Pellicule photographique. *Un film de 36 poses. Des rouleaux de film.* ≠ *plaque.* **2.** Œuvre cinématographique enregistrée sur film. ⇒ **cinéma.** *Tourner un film. Film muet, parlant. Film documentaire, de fiction. Mauvais film.* ⇒ fam. **navet.** *Films d'animation* (⇒ **dessins animés**). *Des films vidéo.* ▶ ***filmer*** v. tr. ▪ conjug. 1. ■ Enregistrer (des vues) sur un film cinématographique ou sur une bande vidéo. *Filmer un enfant qui joue.* — Sans compl. *Ce cinéaste a toujours filmé en studio.* ⇒ **tourner.** ▶ ***filmage*** n. m. ■ Action de filmer. ⇒ **tournage.** ▶ ***filmé*** adj. ■ Enregistré sur film. *Du théâtre filmé.* ▶ ***filmique*** adj. ■ Didact. Relatif aux films de cinéma. ▶ ***filmographie*** n. f. ■ Liste des films (d'un auteur, d'un acteur, d'un genre...). ‹ ▶ microfilm, téléfilm ›

② ***film*** n. m. ■ Anglic. Technique. Couche très mince. *Un film d'huile.*

filon [filɔ̃] n. m. **1.** Masse allongée de minéraux solides existant dans le sol au milieu de couches de nature différente. *Filon de cuivre.* ⇒ **veine.** *Exploiter un filon.* **2.** Abstrait. *Exploiter un filon comique. Ce sujet est un filon.* ⇒ **mine.** **3.** Fam. Moyen, occasion de s'enrichir ou d'améliorer son existence. *Trouver le filon. Un bon filon.*

filou [filu] n. m. ■ Escroc, voleur. *Des filous.* ▶ ***filouter*** v. tr. ▪ conjug. 1. ■ (France) Voler adroitement. ⇒ ① **piquer.** *Filouter une montre.* — *Filouter qqn.*

fils [fis] n. m. invar. **1.** Être humain du sexe masculin (opposé à *fille*), considéré par rapport à son père et à sa mère. ⇒ **aîné, benjamin, cadet, enfant, puîné.** *C'est le fils de M. X ; c'est son fils.* ⇒ fam. **fiston.** *L'amour du fils pour son père.* ⇒ **filial.** *Dumas fils. De père en fils.* — Par ext. *Un fils adoptif.* PROV. *Tel père, tel fils.* ⇒ **junior.** — *À père avare, fils prodigue.* — Loc. péj. FILS À PAPA : qui profite de la situation de son père. **2.** *Fils de Dieu, fils de l'homme, le Fils,* Jésus-Christ. **3.** *Les fils de,* les descendants de. *Les fils d'Abraham, de Noé.* ‹ ▶ arrière-petit-fils, beau-fils, fiston, petit-fils ›

filtre [filtʀ] n. m. **1.** Appareil (tissu ou réseau, passoire) à travers lequel on fait passer un liquide pour le débarrasser des particules solides qui s'y trouvent. — *Filtre à café* ou *filtre.* En appos. *Papier filtre. Café-filtre* ou *filtre,* café préparé au moyen d'un filtre. **2.** Appareil servant à débarrasser un fluide ou un aérosol de ses impuretés. *Filtre à air, à essence, à huile. Cigarettes à bout filtre,* où un tampon poreux retient en partie la nicotine et les goudrons. ≠ *philtre.* ▶ ***filtrer*** v. ▪ conjug. 1. **I.** V. tr. **1.** Faire passer à travers un filtre. *Filtrer de l'eau pour la rendre potable.* ⇒ **purifier.** **2.** Soumettre à un contrôle, à une vérification, à un tri. *La censure de l'armée filtre les reportages des correspondants de guerre. La secrétaire filtre les appels pour son patron.* **II.** V. intr. **1.** S'écouler lentement. *L'eau filtre à travers le sable.* **2.** Passer. *Lumière qui filtre à travers les volets.* — Abstrait. *La nouvelle, la vérité a fini par filtrer,* par être connue. ▶ ***filtrage*** n. m. **1.** Action de filtrer. **2.** *Le filtrage des nouvelles.* ▶ ***filtrant, ante*** adj. **1.** Qui sert à filtrer. — *Verre filtrant,* filtre optique. — *Crème filtrante,* cosmétique qui contrôle l'effet du soleil sur la peau. **2.** *Regard filtrant,* jeté à travers des paupières mi-closes. ‹ ▶ s'infiltrer ›

① ***fin, fine*** [fɛ̃, fin] adj. **I.** Extrême. **1.** LE FIN FOND DE. *Il vit au fin fond de la forêt,* tout au fond de la forêt. — *Le fin mot d'une histoire,* le dernier mot, le mot qui donne la clé du reste. **2.** Adv. Tout à fait. ⇒ **complètement.** *Elle est fin prête. Être tout fin seul.* **II. 1.** Qui est de la dernière pureté. ⇒ **affiné, pur.** *Or fin. Perles fines.* / contr. **fantaisie** / *Pierres fines.* ⇒ **précieux.** **2.** Qui est de la meilleure qualité. *Lingerie fine. Épicerie fine. Vins fins. Fines herbes.* — N. m. Loc. *Le fin du fin,* ce qu'il y a de mieux dans le genre. *Être à la fine pointe de,* être, avoir ce qu'il y a de mieux, de plus récent, de plus avancé dans le genre. **3.** D'une grande acuité. ⇒ **sensible.** *Avoir l'oreille fine, le nez fin.* **4.** Qui marque de la subtilité d'esprit, une sensibilité délicate. *Une fine remarque.* (⇒ **finement, finesse**). **5.** (Personnes) Qui excelle dans une activité réclamant de l'adresse et du discernement. ⇒ **adroit, habile.** *Fin connaisseur. Fin gourmet.* **6.** (Personnes) Gentil, aimable. ⇒ anglic. **smatte.** *Il est fin avec tout le monde. Elle est tellement fine.* Iron. *Un beau fin,* une personne qui n'agit pas correctement. — Loc. *Avoir l'air fin,* avoir l'air distingué, élégant ; être joli, beau. Iron. *On a l'air fin habillé comme cela,* on a l'air niaiseux, ridicule. — *Faire son fin,* se montrer agréable, gentil. Péj. Se pavaner, se vanter. ⇒ **fanfaronner.** — (Animaux) Docile, aimant. *Ta chienne est très fine.* **7.** Qui a une habilité proche de la ruse. ⇒ **astucieux, finaud, malin, rusé.** *Il se croit plus fin que les autres. Jouer au plus fin. C'est une fine mouche.* — Iron. *C'est fin, ce que tu as fait là !* ⇒ **malin.** — Loc. *Avoir l'air fin,* être en mauvaise posture, mal pris. *Tu as l'air fin avec ton auto prise, dans le banc de neige.* — (Choses) *C'est fin cet* *ustensile-là,* c'est utile, bien fait. **III. 1.** Dont les éléments sont très petits. *Sable fin. Sel fin.* / contr. **gros** / *Du sucre fin.* — *Une pluie fine.* **2.** Délié. *Cheveux fins et soyeux. Taille fine. Traits fins.* **3.** Qui est très mince (opposé à *épais*). *Stylo à pointe fine.* **4.** Difficile à percevoir. *Les plus fines nuances de la pensée.* ⇒ **ténu.** ‹ ▶ affiner, extra-fin, finasser, finaud, fine, finement, finesse, finette, raffinement, ① raffiner, ② raffiner ›

② ***fin*** [fɛ̃] n. f. **I. 1.** Moment, instant auquel s'arrête un phénomène, une période, une action. ⇒ **borne, bout, limite, échéance, terme.** / contr. **commencement** / *Payer à la fin du mois. À la fin de mai, fin mai. Du début à la fin.* — Loc. adv. À LA FIN. ⇒ en **définitive, enfin, finalement.** *À la fin, elle lui a pardonné.* — Fam. *Tu m'ennuies à la fin !,* à force d'insister. **2.** Derniers éléments (d'une durée), dernière partie (d'une action, d'un ouvrage). *La fin de la journée a été belle. Il n'a pu assister qu'à la fin du match. Je ne vous raconte pas la fin du film.* — Loc. *En fin de compte,* en bref, en résumé. *En fin de compte, tu ne viendras pas ?* ⇒ **finalement.** — *Ne pas être la fin du monde,* ne pas être exceptionnel, extraordinaire. *Ce spectacle, ce n'était pas la fin du monde. Ce n'est pas la fin du monde si ton devoir n'est pas terminé,* ce n'est pas grave, c'est sans conséquence. **3.** Loc. *Faire une fin,* se marier, prendre une situation stable et sûre. ⇒ se **ranger. 4.** Disparition (d'un être, d'un phénomène, d'un sentiment). *La fin prématurée d'un héros.* ⇒ **mort.** *C'est la fin de tout !,* il n'y a plus rien à faire. Fam. *C'est la fin des haricots !* **5.** Cessation par achèvement. ⇒ **aboutissement.** *Mener à bonne fin un travail, une affaire.* — METTRE FIN À : faire cesser. *Mettre fin à un abonnement. Il est temps de mettre fin à cette mascarade.* ⇒ **terminer.** *Mettre fin à ses jours,* se suicider. — PRENDRE FIN : cesser. *La réunion a pris fin à deux heures du matin.* ⇒ se **terminer.** — Loc. adj. et adv. SANS FIN. *Discourir sans fin,* sans s'arrêter. *Des développements sans fin,* infinis. **II. 1.** Souvent au plur. Chose qu'on veut réaliser, à laquelle on tend volontairement. ⇒ **but.** *Arriver, en venir à ses fins.* ⇒ **réussir.** Loc. prov. *Qui veut la fin veut les moyens,* celui qui veut atteindre son but accepte d'y arriver par tous les moyens. *La fin justifie les moyens.* — *Fin en soi,* résultat cherché pour lui-même. — Loc. *À cette fin,* pour arriver à ce but. *À cette fin, nous avons décidé... À toutes fins utiles* ou fam. *à toutes fins pratiques,* pour servir le cas échéant. Fam. *À toutes fins pratiques, c'est terminé,* pratiquement, en fait. *À seule fin de,* dans le seul but de. **2.** Intention plus ou moins secrète. *Je me demande à quelle fin elle m'a fait appeler.* — *Il m'a opposé une* FIN DE NON-RECEVOIR : un refus catégorique. ▶ ① ***finale*** n. m. ■ Dernière partie d'un opéra, d'une symphonie, d'un concerto... (opposé à *ouverture*). *Le finale a emporté l'enthousiasme de l'auditoire.* ⇒ **coda.** ▶ ② ***finale*** n. f. **1.** Son ou syllabe qui termine un mot ou une phrase. **2.** Dernière épreuve ou dernière série d'épreuves (d'un championnat, d'un tournoi, d'un concours) qui, après les éliminatoires, désigne le vainqueur, entre les *finalistes. La finale du tournoi pee-wee.* ▶ ***finaliste*** n. ■ Concurrent(e), équipe qualifié(e) pour la finale ▶ ***final, ale, als*** ou (rare) ***aux*** adj. ■ Qui est à la fin, qui sert de fin. / contr. **initial** / *Accords finals d'un air.* ⇒ **dernier.** *Point final,* à la fin d'un énoncé. ▶ ***finalement*** adv. ■ À la fin ; en définitive. ⇒ en **fin** de compte. ▶ ***finalité*** n. f. ■ Caractère de ce qui tend à un but. *Quelle est la finalité de cette politique ?* ▶ ***finaliser*** v. tr. ■ conjug. 1. ■ Mettre la dernière main à, terminer. ⇒ **achever.** *Tu finaliseras cela au retour.* — Au p. p. adj. *Contrat finalisé,* dont tous les détails ont été réglés. ‹ ▶ afin de, confiner, confins, demi-finale, enfin, fin de semaine, fini, finir, indéfini, infini, semi-finale ›

finance [finɑ̃s] n. f. **1.** Au plur. Activité de l'Éta[t] dans le domaine de l'argent. *Le ministère des Finances.* ⇒ **budget économie, fisc, trésor. 2.** Possessions e[n] argent. *Ses finances vont mal.* **3.** Au sing. Grande[s] affaires d'argent ; activité bancaire, boursière. ⇒ **affai[re] ; banque, bourse.** *Être dans la finance. Un[e] compagnie de finance.* ⇒ **crédit** (II). — Ensemble d[e] ceux qui ont de grosses affaires d'argent. ⇒ **financier.** *La haute finance internationale.* **4.** MOYENNAN[T] FINANCE : contre de l'argent. ▶ ***financer*** v. ■ conjug. 3 **1.** V. tr. Soutenir financièrement (une entreprise) procurer les capitaux nécessaires au fonctionnemen[t] de. *Société qui finance un journal.* **2.** V. intr. Plaisant Payer. *Il ne regarde pas à la dépense, c'est son père qu[i] finance.* ▶ ***financement*** n. m. ■ Action de procure[r] des fonds à une entreprise, à un service public ⇒ **autofinancement, investissement.** ▶ ***financier, ière*** n. et adj. **I.** Personne qui fait de grosses affaire[s] d'argent, des opérations de banque, de bourse ⇒ **banquier, capitaliste. II.** Adj. **1.** Relatif à l'argent *Besoin, équilibre financier.* **2.** Relatif aux finance[s] publiques. *Politique financière. Crise financière.* ▶ ***financièrement*** adv. **1.** En matière de finances *Société, État financièrement prospère.* **2.** Fam. En c[e] qui concerne l'argent exclusivement. ⇒ **matériellement.** *Financièrement, la situation est bonne, mais j[e] ne sais plus où donner de la tête.* ‹ ▶ autofinancement ›

finasser [finase] v. intr. ■ conjug. 1. ■ Agir avec un[e] finesse excessive. ⇒ **ruser ;** fam. **farfiner.**

finaud, aude [fino, od] adj. ■ Qui cache de l[a] finesse sous un air de simplicité. ⇒ **futé, matois.** *U[n] élève finaud.* — N. *La petite finaude avait tout deviné Un fin finaud.*

fin de semaine [fɛ̃dsəmɛn] n. f. ■ Période de l[a] semaine qui s'étend généralement du vendredi soir au dimanche soir. ⇒ anglic. **week-end.** *La prochaine fin d[e] semaine. Toutes les fins de semaine, ils font du sport La fin de semaine de Pâques.* — *Une longue fin d[e] semaine de congé,* à laquelle s'ajoute une ou de[s] journées supplémentaires (le vendredi, le lundi ou le[s] deux). — Loc. fam. *Partir en fin de semaine,* faire u[n] court voyage d'agrément. — *Bonne fin de semaine* ⇒ au **revoir.**

fine [fin] n. f. ■ Eau-de-vie de qualité supérieure. *U[n] verre de fine.*

finement [finmɑ̃] adv. **1.** Avec finesse, subtilité **2.** Avec habileté. ⇒ **adroitement.** *Elle a finemen[t] calculé son coup.* **3.** D'une manière fine, délicate. *Obje[t] finement ouvragé.*

finesse [finɛs] n. f. **1.** Qualité de ce qui est délica[t] et bien exécuté. *Finesse d'une broderie.* **2.** Aptitude [à] discerner les choses les plus délicates par les sens o[u] par la pensée. *Une grande finesse d'esprit.* / contr **grossièreté** / **3.** Extrême délicatesse de forme ou d[e] matière. *Finesse d'une poudre. Finesse d'une aiguille Finesse des cheveux.* / contr. **épaisseur** / **4.** Au plur Chose difficile à comprendre, à manier (qui demand[e] de la finesse). ⇒ **subtilité.** *Connaître toutes les finesse[s] d'une langue, d'un art.*

finette [finɛt] n.f. ■ Étoffe de coton croisé don[t] l'envers est pelucheux. ⇒ **flanellette ; coton** ouaté *Chemise de nuit, draps en finette.*

fini, ie [fini] p. p. et adj. **1.** Dont la finition est bonne *Vêtement bien fini.* — *Produits finis,* produits industriels prêts à être utilisés. — N. m. *Le fini,* la qualit[é] de ce qui est soigné jusque dans les détails. **2.** (France Péj. Achevé, parfait en son genre. *Un menteur fini* ⇒ **fieffé. 3.** (Personnes) *C'est un homme fini,* diminué usé au point d'avoir perdu toute possibilité d'agir, d[e] réussir. **4.** Qui a des limites. *Pour les anciens Grecs, le cosmos, l'univers était fini.* — N. m. *Le fini et l'infini.* ‹ ▶ préfini, semi-fini ›

finir [finiʀ] v. • conjug. 2. **I.** V. tr. Mener à sa fin. **1.** Conduire (une occupation, un travail) à son terme en faisant ce qui reste à faire. ⇒ **achever, finaliser, terminer.** / contr. **commencer** / *Finir un ouvrage. Elle a presque fini. Vous n'avez pas fini de vous disputer ?* — *Finir son sous-sol,* l'aménager pour le rendre habitable. — Au p. p. adj. *Grande maison à vendre, sous-sol fini.* **2.** Mener (une période) à son terme, en passant le temps qui reste à passer. *Finir sa vie dans la misère.* **3.** Mener (une quantité) à épuisement, en prenant ce qui reste à prendre. *Il finit tous les plats. Finis de souper avant de sortir.* — Fam. Utiliser jusqu'au bout. *On ne lui achètera pas de chaussures, il finira celles de son frère.* **4.** Mettre un terme à. ⇒ **arrêter, cesser,** mettre **fin** à. *Il est temps de finir nos querelles.* **II.** V. intr. Arriver à sa fin. **1.** Arriver à son terme dans le temps. ⇒ s'**achever,** se **terminer.** *Le spectacle finira vers minuit, il est temps que cela finisse.* ⇒ **cesser.** *Elle finira sa carrière dans la fonction publique.* **2.** Avoir telle ou telle fin, tel ou tel aboutissement. *Un film qui finit bien.* — (Personnes) *Ce garçon commence à mal tourner, je crois qu'il finira mal.* **3.** Arriver au terme de sa vie. ⇒ **mourir, périr.** *Finir dans un accident, à l'hôpital.* **4.** Arriver à son terme dans l'espace. *Le sentier finissait là.* ⇒ s'**arrêter.** **5.** FINIR PAR (+ infinitif) : arriver, après une série de faits, à tel ou tel résultat. *Je finirai bien par trouver. Tout finit par s'arranger.* **6.** FINIR DE (+ infinitif). *Finissez de vous plaindre !* ⇒ **cesser.** **III.** EN FINIR **1.** Mettre fin à une chose longue, désagréable. *Que d'explications ! Elle n'en finit plus !* — *En finir avec qqch.,* arriver à une solution. ⇒ **régler, résoudre.** *On n'en finira jamais avec cette affaire.* — *En finir avec qqn,* se débarrasser de lui. — Fam. EN FINIR DE. *On n'en finirait pas de raconter ses aventures.* ⇒ s'**arrêter.** **2.** N'EN PAS (PLUS) FINIR : être trop long. *Un discours qui n'en finit plus. Des applaudissements à n'en plus finir. L'enfant n'en finit pas de s'habiller.* ▶ ***finissant, ante,*** adj. et n. **1.** Adj. En train de finir. *Le siècle finissant.* **2.** N. Élève, étudiant qui termine un programme d'études. ⇒ **diplômé, sortant ; promotion.** / contr. **commençant, débutant** / *Les finissants du collégial. Le bal des finissants.* ⇒ fam. **graduation.** ▶ ***finissage*** n. m. ■ Action de finir une fabrication, une pièce. ⇒ **finition.** ▶ ***finisseur, euse*** n. ■ Ouvrier(ère) chargé(e) des travaux de finissage, de finition. ▶ ***finition*** n. f. **1.** Opération ou ensemble d'opérations (finissage, etc.) qui termine la fabrication d'un objet, d'un produit livré au public. *La menuiserie de finition.* **2.** Caractère de ce qui est plus ou moins bien fini. *C'est une bonne voiture, mais sa finition est insuffisante.* **3.** Au plur. *Les finitions,* les derniers travaux. *Les finitions d'une maison.* / contr. gros **œuvre** / *Couturière qui fait les finitions* (ourlets, boutonnières, etc.). ‹ ▶ fini ›

finlandais, aise [fɛ̃lɑ̃dɛ, ɛz] adj. ■ De Finlande. — N. (Avec une majusc.) *Les Finlandais.* ▶ ***finnois, oise*** [finwa, waz] adj. et n. **1.** Adj. Du peuple de langue non indo-européenne qui vit en Finlande. *La littérature finnoise.* **2.** N. m. *Le finnois,* la langue parlée en Finlande.

fiole [fjɔl] n. f. **1.** Petite bouteille de verre à col étroit utilisée spécialement en pharmacie. ⇒ **flacon.** **2.** Loc. fam. *Se péter la fiole,* se casser la figure. (France) Fam. ⇒ **tête.** *Se payer la fiole de qqn,* s'en moquer, en rire.

fion [fjɔ̃] n. m. ■ Rature, tache d'encre, de stylo. ⇒ **barbot.** *Faire des fions.*

fiord n. m. ⇒ **fjord.**

fioriture [fjɔʀityʀ] n. f. ■ Ornement complexe. *Les fioritures d'un dessin, d'un motif décoratif.* — Souv. péj. *Fioritures de style.*

firmament [fiʀmamɑ̃] n. m. ■ Poét. La voûte céleste. ⇒ **ciel.** *Les étoiles brillent au firmament.*

firme [fiʀm] n. f. ■ Entreprise industrielle ou commerciale. ⇒ **compagnie, établissement, industrie, magasin, société.**

fisc [fisk] n. m. ■ (Surtout en France) Ensemble des administrations qui s'occupent des impôts. ⇒ **revenu.** *Frauder le fisc. Inspecteur du fisc.* ⇒ **contributions.** ▶ ***fiscal, ale, aux*** adj. ■ Qui se rapporte au fisc, à l'impôt. *Politique fiscale. Fraude fiscale. Abri fiscal.* ⇒ **abri.** ▶ ***fiscalement*** adv. ▶ ***fiscalité*** n. f. ■ Système fiscal. *La réforme de la fiscalité.* ▶ ***fiscaliste*** n. ■ Spécialiste du droit fiscal, des problèmes fiscaux. *C'est la meilleure fiscaliste du ministère.* — Adj. *Ce professeur est fiscaliste.*

fissible [fisibl] adj. ■ Susceptible de donner lieu au phénomène de fission. *L'uranium, le plutonium sont des corps fissibles.* ≠ *fissile.*

fissile [fisil] adj. **1.** Qui tend à se fendre, à se diviser en feuillets minces. *Schiste fissile.* **2.** *Noyau fissile* (d'un corps fissible). ≠ *fissible.*

fission [fisjɔ̃] n. f. ■ Rupture d'un noyau d'atome. / contr. **fusion** / *Fission nucléaire,* qui dégage une grande quantité d'énergie. ≠ *scission.*

fissure [fisyʀ] n. f. ■ Petite fente. *Les fissures d'un mur.* ⇒ **lézarde ;** fam. ② **craque.** *Fissure d'un vase, d'un tuyau.* ⇒ **fêlure, fuite.** — Abstrait. *Il y a une fissure dans leur amitié.* ⇒ **brèche.** ▶ ***fissurer*** v. tr. • conjug. 1. ■ Diviser par fissures. ⇒ **crevasser, fendre.** — Pronominalement. *Mur qui se fissure.* — Au p. p. adj. *Plafond fissuré.*

fiston [fistɔ̃] n. m. ■ Fam. Fils.

fistule [fistyl] n. f. ■ Canal qui se forme pour donner passage dans l'organisme à un liquide physiologique ou pathologique. ▶ ***fistuleux, euse*** adj. ■ *Ulcères fistuleux.*

fixation [fiksasjɔ̃] n. f. **1.** Action de fixer. *Fixation de l'oxygène par l'hémoglobine du sang.* **2.** Le fait de faire tenir solidement (une chose). *Crochets de fixation.* **3.** Attache. *Fixations de sécurité.* **4.** En psychologie. Attachement intense à une personne, à un objet ou à un stade du développement. *Fixation au père, à la mère.* **5.** Action de déterminer. ⇒ **détermination.** *La fixation du prix du blé.* ▶ ***fixateur*** n. m. **1.** Vaporisateur qui projette un fixatif. **2.** Substance qui fixe l'image photographique. ▶ ***fixatif*** n. m. ■ Vernis dilué qui sert à fixer un fusain ou un pastel maigre sur son support. — Produit collant permettant de faire tenir une coiffure. ⇒ **laque.**

fixe [fiks] adj. **I.** **1.** Qui ne bouge pas, ne change pas de position. ⇒ **immobile.** *Un point fixe. Vagabond sans domicile fixe. Matériel fixe* (opposé à *matériel roulant*). **2.** *Avoir les yeux fixes,* regarder le même point, sans dévier ; regarder dans le vague. **3.** Interj. FIXE ! : commandement militaire prescrivant aux soldats de se tenir immobiles. ⇒ **garde** à vous. **II.** **1.** Qui ne change pas, reste en l'état. ⇒ **immuable, invariable, permanent.** *Couleur fixe. Feu fixe* (opposé à *clignotant*). *Beau fixe,* beau temps durable (météo). **2.** Réglé d'une façon précise et définitive. ⇒ **défini, déterminé.** *Manger à heure fixe. Menu à prix fixe.* — IDÉE FIXE : idée dominante, dont l'esprit ne peut se détacher. ⇒ **obsession.** **3.** ⇒ **assuré, régulier.** *Revenu fixe, appointements fixes.* ▶ ***fixement*** [fiksəmɑ̃] adv. ■ D'un regard fixe. *Il la regarde fixement.* ▶ ***fixité*** n. f. ■ Caractère de ce qui est fixe (I, 1, 2). *La fixité du regard.* ‹ ▶ affixe, crucifix, fixer, préfixe, suffixe ›

fixer [fikse] v. tr. ▪ conjug. 1. **I. 1.** Établir de façon durable à une place déterminée. ⇒ **attacher, maintenir.** *Fixer les volets avec des crochets.* — (Personnes) SE FIXER v. pron. : s'installer durablement. ⇒ s'**établir.** *Il s'est fixé à Paris.* **2.** FIXER *qqn* (du regard) : le regarder avec insistance. **3.** Abstrait. *Fixer son attention sur un objet.* — Pronominalement. *Mon choix s'est fixé sur tel article.* **II. 1.** Recouvrir de fixatif. *Fixer un pastel, un fusain.* **2.** Rendre stable et immobile (ce qui évolue, change). *L'usage a fixé le sens de cette expression.* ⇒ **figer.** — Pronominalement. *L'orthographe s'est progressivement fixée.* ⇒ se **stabiliser. 3.** Faire qu'une personne ne soit plus dans l'indécision ou l'incertitude. *Fixer qqn sur,* le renseigner exactement sur. *Je l'ai fixé sur vos intentions à son égard.* — Au p. p. adj. *Je ne suis pas encore fixé, pas très fixé,* je ne sais pas quel parti prendre. ⇒ **décidé. 4.** Régler d'une façon déterminée, définitive. *Fixer ses conditions. Les limites fixées par la loi.* ⇒ **dicter, édicter.** *Fixer un prix. Fixer un rendez-vous.* — Au p. p. adj. *Au jour fixé,* dit, décidé, convenu. ‹ ▸ fixation ›

fjord ou ***fiord*** [fjɔʀ] n. m. ▪ Vallée glaciaire aux parois escarpées, envahie par la mer et s'enfonçant profondément dans l'intérieur des terres. *Les fjords de Norvège. Le fjord du Saguenay.*

flac [flak] interj. ▪ Onomatopée imitant le bruit de l'eau qui tombe, de ce qui tombe dans l'eau ⇒ **floc** ou à plat ⇒ **clac, crac ;** ② **flic.** — N. m. *Des flacs.*

flacon [flakɔ̃] n. m. ▪ Petite bouteille contenant un liquide précieux. *Flacon de parfum.* — Fam. Bouteille, spécialt d'alcool. *Des flacons de gin.*

fla-fla [flafla] n. m. ▪ Fam. Manières, façons. ⇒ fam. **chichi.** *Faire du fla-fla. Arrêtez vos fla-flas.*

flageller [flaʒɛle] v. tr. ▪ conjug. 1. ▪ Battre de coups de fouet. ⇒ **fouetter.** ▸ ***flagellation*** n. f. ▪ Supplice du fouet. *La flagellation du Christ.*

flageoler [flaʒɔle] v. intr. ▪ conjug. 1. ▪ (Jambes de l'être humain, du cheval) Trembler de faiblesse, de fatigue, de peur. *J'ai les jambes qui flageolent.* — (Personnes) *Flageoler sur ses jambes.* ▸ ***flageolant, ante*** adj. ▪ *Jambes flageolantes.*

flageolet [flaʒɔlɛ] n. m. ▪ Variété de haricot nain très estimé, qui se mange en grains. *Gigot aux flageolets.*

flagorner [flagɔʀne] v. tr. ▪ conjug. 1. ▪ Littér. Flatter bassement, servilement. ⇒ **lécher.** ▸ ***flagornerie*** n. f. ▪ Flatterie grossière et basse. ▸ ***flagorneur, euse*** n. et adj. ▪ Qui flagorne.

flagrant, ante [flagʀɑ̃, ɑ̃t] adj. **1.** Qui est commis sous les yeux mêmes de celui qui le constate. *Flagrant délit.* ⇒ **délit. 2.** Qui paraît évident aux yeux de tous, qui n'est pas niable. ⇒ **criant, évident, patent.** *Injustice flagrante.*

flair [flɛʀ] n. m. **1.** Faculté de discerner par l'odeur. ⇒ **odorat.** *Le flair du chien.* **2.** Aptitude instinctive à prévoir, deviner. ⇒ **clairvoyance, intuition, perspicacité.** *Elle a eu du flair dans cette affaire.* ▸ ***flairer*** v. tr. ▪ conjug. 1. **1.** (Animaux) Discerner, reconnaître ou chercher par l'odeur. *Chien qui flaire son maître.* **2.** Discerner qqch. par intuition. ⇒ **deviner, pressentir, soupçonner, subodorer.** *Il flaire un piège là-dessous.*

flamand, ande [flamɑ̃, ɑ̃d] adj. et n. m. **1.** Adj. Des Flandres. — N. (Avec une majusc.) *Les Flamands.* **2.** N. m. *Le flamand,* le parler néerlandais de Belgique (langue officielle de ce pays, avec le français). ⇒ **flamingant.**

flamant [flamɑ̃] n. m. ▪ Oiseau échassier palmipède, au plumage généralement rose.

flambant, ante [flɑ̃bɑ̃, ɑ̃t] adj. ▪ FLAMBANT NEUF : tout à fait neuf, éclatant de nouveauté. *Maison flambant neuf* ou *flambant neuve. Des bureaux flambant neufs.* — *Un bébé flambant nu,* entièrement, tout à fait nu.

flamber [flɑ̃be] v. ▪ conjug. 1. **I.** V. intr. Brûler avec flammes et production de lumière. *Papier qui flambe.* **II.** V. tr. **1.** Passer à la flamme. *Flamber une volaille,* pour brûler le duvet, les dernières plumes. *Flamber un instrument de chirurgie,* pour le stériliser. *Flamber un mets,* l'arroser d'alcool auquel on met le feu. **2.** V. pron. Loc. *Se flamber la cervelle,* se tuer d'une balle dans la tête. — Transitivement. *Flamber la cervelle à qqn,* l'assassiner d'une balle dans la tête. **3.** Fam. *Flamber de l'argent,* le dépenser, le gaspiller follement. *Il a flambé cinq cents dollars dans le temps de le dire.* ⇒ **dilapider.** ▸ ***flambage*** n. m. ▪ *Flambage d'un poulet.* ▸ ***flambé, ée*** adj. **1.** En cuisine. Arrosé d'alcool auquel on met le feu. *Crêpes flambées.* **2.** (France) (Personnes) Perdu, ruiné. *Il est flambé !* ▸ ***flambeau*** n. m. **1.** Mèche enduite de cire, de résine pour éclairer. ⇒ **torche.** *À la lueur des flambeaux. — Une descente de ski au flambeau.* **2.** Littér. Ce qui éclaire (intellectuellement ou moralement). ⇒ **lumière.** *Le flambeau du progrès.* **3.** Candélabre, chandelier. *Flambeau d'argent.* ▸ ***flambée*** n. f. **1.** Feu vif et assez bref. *Faire une flambée pour se réchauffer devant la cheminée.* ⇒ **attisée. 2.** Explosion (d'un sentiment violent, d'une action). *Flambée de colère. Flambée de terrorisme.* **3.** Augmentation, élévation soudaine et rapide (des prix, des cours). *La flambée des taux d'intérêt.* ▸ ***flamboyer*** [flɑ̃bwaje] v. intr. ▪ conjug. 8. ▪ Jeter par intervalles des flammes ou des reflets éclatants de lumière. *On voyait flamboyer l'incendie.* ▸ ***flamboiement*** [flɑ̃bwamɑ̃] n. m. ▪ Éclat de ce qui flamboie. ▸ ***flamboyant, ante*** adj. **1.** Qui flamboie. ⇒ **brillant, étincelant.** *Des yeux flamboyants de haine.* **2.** GOTHIQUE FLAMBOYANT (XVe s.) : où certains ornements architecturaux ont une forme ondulée.

flambeur, euse [flɑ̃bœʀ, øz] n. **1.** Fam. Personne qui joue gros jeu (on dit qu'elle *flambe*). **2.** Personne dépensière. ⇒ **gaspilleur.**

flamenco [flamɛnko] n. m. ▪ Musique populaire d'Andalousie très souvent accompagnée de chant et de danse. — En appos. *Une guitare flamenco.*

flamingant, ante [flamɛ̃gɑ̃, ɑ̃t] adj. **1.** Qui parle flamand ; où l'on parle flamand. *La Belgique flamingante.* **2.** Partisan de l'autonomie de la Flandre ou de la limitation de la langue, de la culture françaises en Flandre belge. — N. (Avec une majusc.) *Un Flamingant.*

flamme [flam] n. f. **1.** Production lumineuse et mobile de gaz en combustion. *Le feu jette des flammes.* ⇒ **flamber.** *La flamme est éteinte, il ne reste que des braises. Ranimer les flammes. Flamme d'un briquet, d'une bougie. La flamme olympique. — En flammes,* qui brûle par incendie. *Maison en flammes.* **2.** Éclat. *La flamme de son regard.* ⇒ **feu. 3.** Animation, passion. *Elle parle avec flamme.* **4.** Littér. Passion amoureuse. *Déclarer sa flamme.* — Personne qui est l'objet de la passion amoureuse de qqn. *Il nous a présenté sa dernière flamme.* ▸ ***flammèche*** n. f. ▪ Parcelle enflammée qui se détache d'un brasier, d'un foyer. *Une flammèche a mis le feu au bâtiment.* — Fig. *Quand elle verra les dégâts, il va y avoir des flammèches,* du grabuge. *Ses yeux projetaient des flammèches,* brillaient de colère. ‹ ▸ enflammer, inflammable, lance-flammes ›

flan [flɑ̃] n. m. **1.** Crème à base de lait, d'œufs, de farine que l'on fait prendre au four. **2.** (France) Fam. *En rester comme* DEUX RONDS DE FLAN : être stupéfait, muet d'étonnement. ⇒ fam. ① **baba.**

flanc [flɑ̃] n. m. **1.** Partie latérale du corps de l'être humain et de certains animaux. *Se coucher sur le flanc,* sur le côté. — Loc. *Être sur le flanc,* extrêmement fatigué. — (France) Fam. *Tirer au flanc,* paresser. ⇒ **flanc-mou, tire-au-flanc. 2.** Littér. (Choses) Partie latérale. *Les flancs d'un vaisseau.* — À FLANC DE, SUR LE FLANC DE. *Une maison à flanc de coteau.* **3.** *Le flanc,* le côté droit ou gauche d'une troupe, d'une armée (opposé à *le front*). ⇒ **aile. 4.** PRÊTER LE FLANC : donner prise. ⇒ s'**exposer.** *Il prête le flanc à la critique.* ‹ ▸ bat-flanc, efflanqué, flanc-mou, ① flanquer, tire-au-flanc ›

flancher [flɑ̃ʃe] v. intr. ▪ conjug. 1. ■ Fam. Céder, faiblir. *Le cœur du malade a flanché brusquement. Il semblait résolu, mais il a flanché au dernier moment.* ⇒ se **dérober.**

flanc-mou [flɑ̃mu] n. ■ Personne qui manque d'énergie, qui est très paresseuse. ⇒ **empâté, fainéant, nonchalant, pâte-molle ; évaché ;** fam. ① **lâche.** *Mon espèce de grand flanc-mou ! Une flanc-mou.*

flanelle [flanɛl] n. f. ■ Tissu de laine peu serré, doux et pelucheux. *Pantalon de flanelle.* ▸ ***flanellette*** ou ***flannelette*** n. f. ■ Étoffe de coton croisé dont l'envers est pelucheux. ⇒ **finette.** *Un pyjama en flanellette. Des couvertures en flanellette.*

flâner [flɑne] v. intr. ▪ conjug. 1. **1.** Se promener sans hâte, en s'abandonnant à l'impression et au spectacle du moment. ⇒ se **balader, musarder.** *J'ai flâné dans les rues.* **2.** S'attarder, travailler lentement. *Ne flânez pas, au travail ! Faire qqch. sans flâner.* / contr. se **hâter** / ▸ ***flânerie*** n. f. ■ Action ou habitude de flâner. ▸ ***flâneur, euse*** n. ■ Personne qui flâne, ou qui aime à flâner (1). ⇒ **badaud, promeneur.** *Les flâneurs du dimanche.*

flannelette n. f. ⇒ **flanellette.**

① ***flanquer*** [flɑ̃ke] v. tr. ▪ conjug. 1. ■ Être sur le côté, sur le flanc de (une construction, un meuble). *Les pavillons qui flanquent le bâtiment central.* — FLANQUÉ(ÉE) DE. *Un château flanqué de tourelles.* — Péj. (Personnes) Accompagné de. *Il était flanqué de ses gardes du corps.*

② ***flanquer*** v. tr. ▪ conjug. 1. **1.** Fam. Lancer, jeter brutalement ou brusquement. ⇒ **donner ;** fam. **fiche** ou ① **ficher, foutre,** ② **sacrer.** *Flanquer un coup, une gifle à qqn. Se flanquer par terre,* se laisser tomber. *Flanquer un employé à la porte.* ⇒ **congédier, renvoyer. 2.** Fam. *Elle m'a flanqué la frousse,* fait peur.

flaque [flak] n. f. ■ Petite mare de liquide stagnant. *Chemin couvert de flaques d'eau.*

flash [flaʃ] n. m. Anglic. **1.** Lampe servant à prendre des instantanés grâce à une émission de lumière brève et très intense. ⇒ ① **éclair.** *Des flashes.* **2.** Scène rapide d'un film. **3.** Courte nouvelle transmise en priorité dans la presse. *Un flash d'information.* ▸ ***flash-back*** [flaʃbak] n. m. ■ Anglic. Retour en arrière, dans un récit. *Les flash-back (ou flashes-back) rendent ce film difficile à suivre.* ▸ ***flasher*** v. intr. ▪ conjug. 1. ■ Fam. Étinceler, briller ; attirer l'attention. *Elle flashait dans sa robe du soir. Une voiture qui flashe.* — Loc. (De tout objet) *Ça flashe !,* cela ne passe pas inaperçu, c'est très beau, magnifique. ▸ ***flasheur*** ou ***flasheux, euse*** n. et adj. ■ Fam. et péj. Personne qui aime attirer l'attention par son apparence extérieure (vêtements, bijoux...) ou des objets rutilants, voyants (voiture, bibelots...). *Un couple de flasheux.* — Adj. *Elle est très flasheuse.*

① ***flasque*** [flask] adj. ■ Qui manque de fermeté. ⇒ **mou ; mollasse.** *Chair flasque. Peau flasque.*

② ***flasque*** n. f. ■ Petite gourde, petite bouteille plate. *Une flasque de caribou.* ≠ *fiasque.*

flat [flat] n. m. Anglic. Fam. **1.** Crevaison. *Faire, réparer un flat.* **2.** Petit appartement, généralement meublé. ⇒ **studio ;** fam. **boui-boui, coqueron ; garçonnière.** *Flat à louer.* **3.** Loc. *Faire un flat,* heurter violemment la surface de l'eau lors d'un plongeon généralement sur le ventre. ⇒ ② **plat.**

flatter [flate] v. tr. ▪ conjug. 1. **I.** (Suj. et compl. animés) **1.** Louer excessivement ou faussement (qqn), pour plaire, séduire. ⇒ **encenser, flagorner.** *Il flatte son patron. Sans vous flatter, vous êtes irremplaçable.* — Loc. fam. *Flatter qqn dans le sens du poil,* Pour en retirer des avantages, des bénéfices. ⇒ **amadouer. 2.** FLATTER *qqn* DE *qqch.* : laisser faussement espérer. *Il y a longtemps qu'on le flatte de cette espérance.* ⇒ **bercer, leurrer. 3.** Caresser (un animal) avec la main. *Flatter un chien.* **II.** (Suj. chose) **1.** Être agréable à, faire concevoir de la fierté ou de l'orgueil. *Cette distinction me flatte et m'honore.* ⇒ **toucher.** *Sa venue me flatte, je suis flatté qu'elle vienne. Cela flatte sa vanité.* **2.** Faire paraître plus beau que la réalité. ⇒ **avantager, embellir.** *Ce portrait, cette coiffure ne te flatte pas.* — Au p. p. adj. *Portrait flatté,* où la personne est représentée plus belle qu'elle n'est. **III.** FLATTER *qqch.* **1.** Encourager, favoriser avec complaisance. *Flatter les manies, les vices* (de qqn). **2.** Affecter agréablement (les sens). ⇒ **charmer.** *Couleurs qui flattent les yeux.* **IV.** SE FLATTER DE v. pron. **1.** (+ infinitif) Se croire assuré de. *Tu te flattes de réussir.* ⇒ **espérer. 2.** (+ nom ou infinitif) Tirer orgueil, vanité. ⇒ se **targuer.** *Il se flatte de sa réussite, d'avoir si bien réussi.* ▸ ***flatterie*** [flatʀi] n. f. ■ Action de flatter, propos qui flatte. *Elle est sensible à la flatterie. Il nous a fait mille flatteries.* ▸ ***flatteur, euse*** n. et adj. **I.** N. Personne qui flatte. *N'écoutez pas les flatteurs.* **II.** Adj. **1.** Qui loue avec exagération ou de façon intéressée. *Personne qui n'est pas flatteuse.* — Loc. prov. *Le flatteur vit aux dépens de celui qui applaudit.* **2.** Qui flatte l'amour-propre, l'orgueil. ⇒ **avantageux, élogieux.** *Une comparaison flatteuse. Un murmure flatteur.* ⇒ **approbateur, favorable.** *Ce n'est pas flatteur !,* la comparaison, la remarque est dure. **3.** Qui embellit. *Faire un tableau flatteur de la situation.* ▸ ***flatteusement*** adv.

flatulence [flatylɑ̃s] n. f. ■ Accumulation de gaz dans les intestins, se traduisant par un ballonnement abdominal et des flatuosités. ▸ ***flatuosité*** [flatɥozite] n. f. ■ Gaz accumulé dans les intestins ou expulsé du tube digestif. ⇒ **pet, vent.**

① ***fléau*** [fleo] n. m. **1.** Instrument à battre les céréales, composé de deux bâtons liés bout à bout par des courroies. *Des fléaux.* **2.** Pièce rigide en équilibre sur laquelle reposent les plateaux d'une balance.

② ***fléau*** n. m. **1.** Calamité qui s'abat sur un peuple. ⇒ **cataclysme, catastrophe, désastre.** *Le fléau de la guerre.* **2.** Personne ou chose nuisible. *L'alcool et la drogue sont des fléaux.*

flèche [flɛʃ] n. f. **1.** Arme de jet consistant en une tige de bois munie d'une pointe à une extrémité et d'un empennage de plumes à l'autre. *Lancer une flèche avec un arc. Tirer une flèche.* — Loc. *Partir, filer comme une flèche,* très vite. *Monter en flèche,* très vite. ⇒ **flambée.** *Faire flèche de tout bois,* utiliser tous les moyens disponibles, même s'ils sont mal adaptés. **2.** Signe figurant une flèche et servant à indiquer un sens. *Suivez les flèches.* **3.** Littér. Trait d'esprit, attaque plus ou moins déguisée. ⇒ **pique, pointe** (III). *Elle lui lança quelques flèches acérées.* **4.** Toit pyramidal ou conique d'un clocher, d'une tour. *La flèche d'une cathédrale.* **5.** Géographie. Bande de sable ou de galets en bordure d'une rive ou d'une côte dont au moins une extrémité est libre. *Une flèche littorale.* ▸ ***fléché, ée*** adj. **1.** Qui porte une flèche, est indiqué par des flèches. *Itinéraire fléché.* **2.** *Ceinture fléchée.* ⇒ **ceinture.** ▶ ***fléchette*** n. f. ■ Petite flèche qui se lance à la main contre une cible. ⇒ **dard.** *Jeu de fléchettes.*

fléchir [fleʃiʀ] v. ▪ conjug. 2. **I.** V. tr. **1.** Faire plier progressivement sous un effort, une pression. ⇒ **courber, ployer.** *Fléchir le corps en avant. Fléchir le bras,* le plier. **2.** Faire céder peu à peu. *Il essaie de fléchir son père qui s'oppose à ses projets.* **II.** V. intr. **1.** Plier, se courber peu à peu sous un effort, une pression. *La poutre commence à fléchir. Ses jambes fléchissent et elle tombe.* **2.** Céder. *Il ne fléchira pas, sa résolution est prise.* **3.** Perdre de sa force, de sa rigueur. *Ses résolutions fléchissent.* **4.** Baisser, diminuer. *La courbe de production fléchit.* ⇒ s'**infléchir.** *L'allure des coureurs fléchit lentement.* ▶ ***fléchissement*** n. m. **1.** Action de fléchir ; état d'un corps qui fléchit. ⇒ **flexion.** *Le fléchissement du bras.* **2.** Le fait de céder, de faiblir. **3.** *Fléchissement des cours en Bourse.* ⇒ **baisse, diminution.** / contr. **hausse ; flambée** / ‹ ▶ infléchir ›

flegme [flɛgm] n. m. ■ Caractère calme, non émotif. ⇒ **froideur, impassibilité.** *Faire perdre son flegme à qqn.* ▶ ***flegmatique*** adj. ■ Qui a un caractère calme et lent, qui contrôle facilement ses émotions. ⇒ **froid, impassible.** *Les Britanniques ont la réputation d'être flegmatiques.* ▶ ***flegmatiquement*** adv.

flegmon n. m. ⇒ **phlegmon.**

flemme [flɛm] n. f. ■ (France) Fam. Grande paresse. *Avoir la flemme, tirer sa flemme,* paresser. ▶ ***flemmard, arde*** adj. et n. ■ Fam. Qui n'aime pas faire d'efforts, travailler. ⇒ **flanc-mou.** *Elle est flemmarde.* ⇒ **paresseux.** *Quel flemmard !* ⇒ **fainéant.** ▶ ***flemmarder*** v. intr. ▪ conjug. 1. ■ (France) Fam. Avoir la flemme ; ne rien faire.

flétan [fletɑ̃] n. m. ■ Grand poisson plat des mers froides, à chair blanche et délicate.

① ***flétrir*** [fletʀiʀ] v. tr. ▪ conjug. 2. **1.** Faire perdre sa forme naturelle, son port et ses couleurs à (une plante), en privant d'eau. ⇒ **décolorer, faner, sécher.** *La chaleur a flétri ces fleurs.* — SE FLÉTRIR v. pron. : se faner. **2.** Littér. Dépouiller de son éclat, de sa fraîcheur. ⇒ **altérer, rider.** *L'âge a flétri son visage.* — Au p. p. adj. *Peau flétrie.* **3.** Littér. ⇒ **avilir.** ▶ ① ***flétrissure*** n. f. **1.** État d'une plante flétrie. **2.** Altération de la fraîcheur, de l'éclat (du teint, de la beauté).

② ***flétrir*** v. tr. ▪ conjug. 2. ■ Littér. Exprimer une indignation violente contre (qqn). ⇒ **stigmatiser.** ▶ ② ***flétrissure*** n. f. ■ Littér. Grave atteinte à la réputation, à l'honneur. ⇒ **déshonneur, infamie.**

① ***fleur*** [flœʀ] n. f. **1.** Production délicate, souvent odorante, des plantes à graines, qui porte les organes reproducteurs. *Pétales de fleur. Corolle d'une fleur. Fleur en bouton, qui s'ouvre, s'épanouit, se fane. Un arbre en fleur. Bouquet de fleurs.* **2.** Plante qui porte des fleurs (belles, grandes). *Cultiver, arroser des fleurs. Pot de fleurs.* **3.** Reproduction, imitation de cette partie du végétal. *Tissu à fleurs. Fleur de tissu, en tissu.* — FLEUR DE LIS OU DE LYS : emblème de la royauté représentant en fait un iris. *La fleur de lis (lys) est l'emblème du Québec. Drapeau à fleurs de lis.* ⇒ **fleurdelisé.** *La fleur de lis (lys) est le symbole de la francophonie nord-américaine.* **4.** Loc. adj. invar. FLEUR BLEUE : sentimental. *Ils, elles sont très fleur bleue.* **5.** COMME UNE FLEUR loc. fam. : très facilement. *Il est arrivé premier comme une fleur.* — FAIRE UNE FLEUR *à qqn* : une faveur. **6.** À LA, DANS LA FLEUR DE : au moment le plus beau. *Être dans la fleur de sa jeunesse. Mourir (dans la) à la fleur de l'âge.* **7.** Ce qu'il y a de meilleur. ⇒ **crème, élite.** *La fleur, la fine fleur de la société.* — *Fleur de farine,* la partie la plus fine. **8.** Au plur. Fam. *S'envoyer des fleurs,* échanger des louanges. ▶ ***fleurette*** n. f. **1.** Petite fleur. **2.** CONTER FLEURETTE *à une femme* : la courtiser. ⇒ **flirt.** ▶ ***fleurer*** v. intr. ▪ conjug. 1. ■ Littér. Répandre une odeur agréable. ⇒ **embaumer.** *Le vent fleure la menthe et le thym.* ▶ ***fleurdelisé*** ou ***fleurdelysé, ée*** adj. et n. m. **1.** Adj. Orné d'une ou de fleurs de lis. *Un chandail de hockey fleurdelisé.* **2.** N. m. Le drapeau du Québec. *Le fleurdelisé est en berne.* ‹ ▶ chou-fleur, fleurdelisé, fleurir, fleuriste, fleuron ›

② ***fleur*** n. f. **1.** Surface. *Cuir pleine fleur,* dont la surface n'a subi aucun ponçage. **2.** À FLEUR DE loc. prép. : presque au niveau de, sur le même plan. *Les rochers à fleur d'eau sont dangereux pour les navires. Avoir les, des yeux à fleur de tête,* saillants. — Abstrait. *Sensibilité à fleur de peau,* qui réagit à la plus petite excitation. ‹ ▶ affleurer, effleurer ›

fleuret [flœʀɛ] n. m. ■ Épée à lame de section carrée, au bout moucheté pour s'exercer à l'escrime.

fleurimontois, oise [flœʀimɔ̃twa, waz] adj. et n. ■ De la ville de Fleurimont. *Les quartiers fleurimontois.* — N. (Avec une majusc.) Personne née dans cette ville ou qui l'habite. *Cette avocate est une ancienne Fleurimontoise.*

fleurir [flœʀiʀ] v. ▪ conjug. 2. **I.** V. intr. **1.** (Plantes) Produire des fleurs, être en fleur. *Le rosier va fleurir.* **2.** Plaisant. Se couvrir de boutons. *Son nez fleurit.* ⇒ **bourgeonner. II.** V. tr. Orner de fleurs, d'une fleur. *Fleurir un salon, une table. Fleurir une tombe. Fleurir qqn,* lui mettre une fleur au corsage, à la boutonnière. ▶ ***fleuri, ie*** adj. **1.** En fleur, couvert de fleurs. *Pommier, pré fleuri.* **2.** Garni de fleurs. *Vase fleuri.* — Orné de fleurs représentées. *Tissu fleuri.* **3.** Qui a la fraîcheur, les vives couleurs de la santé. *Un teint fleuri.* **4.** Très orné, précieux. *Un style fleuri.* ‹ ▶ refleurir ›

fleuriste [flœʀist] n. ■ Personne qui fait le commerce des fleurs.

fleuron [flœʀɔ̃] n. m. ■ Ornement en forme de fleur. *Fleurons d'une couronne.* — Abstrait. *Le plus beau fleuron de sa couronne,* son bien le plus précieux.

fleuve [flœv] n. m. **1.** Grand cours d'eau (remarquable par le nombre de ses affluents, l'importance de son débit, la longueur de son cours) qui se jette dans l'océan ou dans la mer (opposé à *rivière*). — *Fleuve côtier,* petit cours d'eau qui prend naissance près des côtes et qui se jette dans la mer. *Le Savannah est un fleuve côtier du sud-est des États-Unis.* — Absolt. (Avec une majusc.) *Le Fleuve,* le Saint-Laurent. **2.** Courant ; ce qui coule. *Fleuve de lave. Fleuve de sang, de larmes.* ⇒ **flot.** — Abstrait. *Des romans-fleuves,* qui semblent ne jamais devoir finir. ‹ ▶ fluvial ›

flexible [flɛksibl] adj. **1.** Qui se laisse courber, plier. ⇒ **élastique, souple ; fléchir.** *Tige flexible. Cou flexible.* **2.** Qui s'accommode facilement aux circonstances. ⇒ **malléable, souple.** *Caractère flexible. Horaire flexible.* ▶ ***flexibilité*** n. f. ■ Caractère de ce qui est flexible. ⇒ **élasticité, souplesse.** *Flexibilité de l'osier.* ‹ ▶ inflexible ›

flexion [flɛksjɔ̃] n. f. **1.** Mouvement par lequel une chose fléchit ; état de ce qui est fléchi. ⇒ **fléchissement.** *La flexion d'un ressort. Flexion de l'avant-bras, de la jambe, du genou* (opposé à *extension*). **2.** Modification d'un mot à l'aide d'éléments (⇒ **désinence**) qui expriment certains aspects et rapports grammaticaux.

flibustier [flibystje] n. m. ■ Pirate. ⇒ **corsaire.**

① ***flic*** [flik] n. m. ■ Fam. Agent de police. ⇒ fam. **bœuf,** ① **chien,** ② **poulet.** *Sa maison est surveillée par les flics.*

② ***flic*** interj. ■ Onomatopée imitant le bruit de l'eau qui tombe, de ce qui tombe dans l'eau. ⇒ **flac, floc.** — N. m. *Des flics flacs. Un flic flac floc.*

flingue [flɛ̃g] n. m. ■ (France) Fam. Pistolet ou revolver. ▶ ***flinguer*** v. tr. ▪ conjug. 1. ■ (France) Fam. Tirer sur (qqn) avec une arme à feu.

flipper [flipe] v. intr. ▪ conjug. 1. ■ Anglic. Fam. Être subitement déprimé (opposé à *planer*). *La seule idée de travailler le fait flipper.*

flirt [flœʀt] n. m. **1.** Relation amoureuse plus ou moins chaste, généralement dénuée de sentiments profonds. ⇒ **aventure.** *Ce n'est qu'un flirt.* **2.** Vieilli. Personne avec laquelle on flirte. *C'est son dernier flirt. Des flirts.* ⇒ **amoureux, copain ;** fam. **blonde ;** anglic. **chum.** ▶ ***flirter*** v. intr. ▪ conjug. 1. ■ Avoir un flirt (avec qqn). *Ils ont beaucoup flirté ensemble.* — Fig. *Flirter avec le pouvoir,* les dirigeants.

flo n. m. ⇒ ② **flot.**

floc [flɔk] interj. ■ Onomatopée imitant le bruit de l'eau qui tombe, de ce qui tombe dans l'eau. ⇒ **flac,** ② **flic.** — N. m. *Il se produisit une série de flocs.*

flocon [flɔkɔ̃] n. m. **1.** Petite touffe (de laine, de soie, de coton). **2.** Petite masse peu dense (de neige, vapeur, etc.). *La neige tombe à gros flocons.* ⇒ **brin.** **3.** *Flocons de* (céréales), céréales réduites en lamelles. *Flocons d'avoine.* ▶ ***floconneux, euse*** adj. ■ Qui est en flocons ou ressemble à des flocons. *Nuages floconneux.*

flonflons [flɔ̃flɔ̃] n. m. pl. ■ Accords sourds et bruyants de certains morceaux de musique populaire. *Les flonflons d'un défilé.*

flop [flɔp] adj. et n. m. **1.** Onomatopée imitant le bruit de chute (notamment des choses molles, pâteuses). — *Faire flop !,* tomber. **2.** N. m. Fam. Échec, insuccès retentissant. *Cette pièce fut un grand flop.* ⇒ ② **four ;** fam. ② **bide.** *J'ai eu un flop à l'examen.* ▶ ***flopper*** v. tr. ▪ conjug. 1. ■ Fam. Rater, subir un échec. *J'ai floppé un examen.* ⇒ **pocher ;** fam. ② **bloquer.** — Intransitivement. *Cette pièce a floppé,* elle a été un échec.

flopée [flɔpe] n. f. ■ Fam. Grande quantité. *Ils ont une flopée d'enfants.*

flor-, flori-, -flore ■ Éléments signifiant « fleur ». ▶ ***floraison*** [flɔʀɛzɔ̃] n. f. **1.** Épanouissement des fleurs. *Pommiers en pleine floraison.* **2.** Abstrait. Épanouissement. *Une floraison de talents.* ▶ ***floral, ale, aux*** adj. ■ De la fleur ou de fleurs. *Les organes floraux. Exposition florale.* ▶ ***floralies*** n. f. pl. ■ Exposition de fleurs. ▶ ***flore*** n. f. ■ Ensemble des plantes (d'un pays ou d'une région). *La faune et la flore de l'île d'Anticosti.* ▶ ***floriculture*** n. f. ■ Branche de l'horticulture qui s'occupe de la culture des fleurs, des plantes d'ornement. ▶ ***florilège*** n. m. ■ Recueil de pièces choisies. ⇒ **anthologie.** ⟨ ▶ déflorer, efflorescence, florissant, inflorescence, passiflore ⟩

florentin, ine [flɔʀɑ̃tɛ̃, in] adj. et n. ■ De Florence, ville d'Italie. — N. (Avec une majusc.) *Une Florentine.*

floridien, ienne [flɔʀidjɛ̃, jɛn] adj. et n. ■ De la Floride, relatif à la Floride. *Des vacances floridiennes.* — N. (Avec une majusc.) Personne née dans cet État américain ou qui l'habite.

florin [flɔʀɛ̃] n. m. ■ Pièce de monnaie en or (du XIIIe au XVIIIe siècle). — Unité monétaire des Pays-Bas.

florissant, ante [flɔʀisɑ̃, ɑ̃t] adj. ■ Qui est en plein épanouissement, en pleine prospérité. *Peuple, pays florissant.* ⇒ **heureux, prospère, riche.** *Commerce florissant.* / contr. **pauvre** / — *Santé florissante,* très bonne. *Un teint florissant, une mine florissante.* ⇒ **resplendissant.**

① ***flot*** [flo] n. m. **I. 1.** Au plur. Eaux en mouvement (spécialt et poét. la mer). ⇒ **onde, vague.** *Les flots de la mer, d'un lac. Le bateau navigue sur les flots.* — Au sing. ⇒ **courant.** *Le flot monte. Le flot,* la marée montante. ⇒ **flux, montant.** **2.** Ce qui est ondoyant, se déroule en vagues. *Des flots de ruban.* **3.** Quantité considérable de liquide versé, répandu. ⇒ **fleuve, torrent.** *Verser des flots de larmes.* **4.** Ce qui est comparé aux flots (écoulement abondant). ⇒ **affluence, fleuve, torrent.** *Des flots de lumière. Un flot de voyageurs.* ⇒ **foule.** — Abstrait. *Un flot de souvenirs. Flots de paroles.* — Loc. adv. À FLOTS, *à grands flots.* ⇒ **abondamment.** *Le soleil entre à flots. Couler à flots,* en abondance. *La bière coulait à flots.* **II.** À FLOT loc. adj. : qui flotte. *Navire à flot,* qui a assez d'eau pour flotter. — Abstrait. *Être à flot,* cesser d'être submergé par les difficultés (d'argent, de travail).

② ***flot*** ou ***flo*** [flo] n. m. Anglic. **1.** Jeune garçon. *Un flot d'une dizaine d'années.* ⇒ fam. ③ **mousse ;** anglic. **mox.** **2.** Jeune enfant. ⇒ fam. ② **gosse, mioche, môme.** *Ses enfants sont encore des flots.*

① ***flotte*** [flɔt] n. f. ■ Fam. Eau. *Boire de la flotte. Il tombe de la flotte.* ⇒ **pluie.** ▶ ① ***flotter*** v. impers. ▪ conjug. 1. ■ Fam. Pleuvoir. ⇒ fam. **mouiller.**

② ***flotte*** n. f. **1.** Réunion de navires naviguant ensemble, destinés aux mêmes opérations ou se livrant à la même activité. *La flotte du Pacifique.* ⇒ **escadre.** **2.** L'ensemble des forces navales d'un pays. *La flotte de guerre* ou, absolt, *la Flotte.* ⇒ **marine.** *Flotte de commerce.* **3.** *Flotte aérienne,* formation d'avions, ensemble des forces aériennes. — Ensemble des avions d'une société. — Fam. Ensemble des véhicules (camions, voitures...) d'une société, d'une entreprise. ⇒ ② **parc.** *Une flotte d'autobus scolaires.* ▶ ***flottille*** [flɔtij] n. f. ■ Réunion de petits bâtiments. *Flottille de pêche.*

② ***flotter*** [flɔte] v. ▪ conjug. 1. **I.** V. intr. **1.** Être porté sur un liquide. ⇒ **surnager.** *Épave qui flotte à la dérive.* / contr. **couler** / **2.** Être en suspension dans les airs. ⇒ **voler, voltiger.** *La brume flottait au-dessus des prés.* **3.** Bouger, remuer au gré du vent ou d'un mouvement. ⇒ **ondoyer, onduler.** *Faire flotter un drapeau.* — Se dit de ce qu'on laisse lâche, qu'on ne retient pas. *Vêtements qui flottent autour du corps.* **4.** Être instable, errer. *Un sourire flottait sur ses lèvres.* — Abstrait. *Laisser flotter ses pensées, son attention,* renoncer à les diriger, à les contrôler. **II.** V. tr. *Flotter du bois,* le lâcher dans un cours d'eau pour qu'il soit transporté. ⇒ **draver.** — Au p. p. adj. *Bois flotté.* ▶ ***flottage*** n. m. ■ Transport par eau de bois flotté. ⇒ **drave.** *Train de flottage.* ▶ ***flottaison*** n. f. ■ ⇒ **ligne** de flottaison. ▶ ***flottant, ante*** adj. **1.** Qui flotte. *Glaces flottantes.* **2.** Qui flotte dans les airs au gré du vent. *Brume flottante. Cheveux flottants. Vêtement flottant.* **3.** Qui n'est pas fixe ou assuré. ⇒ **variable.** *Virgule flottante* (suivie d'un nombre variable de décimales). **4.** Qui change sans cesse, ne s'arrête à rien de précis. *Caractère, esprit flottant,* incertain dans ses jugements, ses décisions. ⇒ **indécis, irrésolu.** *Son attention est flottante.* ▶ ***flottement*** n. m. **1.** Mouvement d'ondulation. ⇒ **agitation, balancement.** *Il y a du flottement dans les rangs,* un mouvement d'ondulation qui rompt l'alignement. **2.** État incertain dû à des hésitations. ⇒ **incertitude, indécision.** *Un flottement se produit dans l'assemblée, il y a du flottement.* ▶ ***flotteur*** n. m. **1.** Objet (généralement creux) capable de flotter à la surface de l'eau. ⇒ **bouée.**

Flotteurs en liège. ⇒ **bouchon.** *Flotteurs en verre* (pour soutenir des filets). **2.** Organe qui repose sur l'eau et fait flotter un engin. *Les flotteurs d'un hydravion, d'un pédalo.* **3.** Ouvrier préposé au flottage du bois. ⇒ **draveur.**

flou, floue [flu] adj. **1.** Dont les contours sont peu nets. ⇒ **fondu, vaporeux.** *Images floues. Photo floue.* / contr. **net** / **2.** Qui n'a pas de forme précise. *Robe floue,* non ajustée. *Coiffure floue.* **3.** Incertain, indécis. ⇒ **vague.** *Pensée floue.*

flouer [flue] v. tr. ▪ conjug. 1. ■ Fam. et vx. Voler (qqn) en le trompant.

F.L.Q. [ɛfɛlky] n. m. ■ Abréviation de *Front de libération du Québec,* mouvement indépendantiste actif dans la province pendant les années soixante. *Les communiqués du F.L.Q. Les membres du F.L.Q.* ⇒ **felquiste.** ‹ ▸ felquiste ›

fluctuant, ante [flyktɥɑ̃, ɑ̃t] adj. ■ Qui varie, va d'un objet à un autre et revient au premier. *Il est fluctuant dans ses opinions, dans ses goûts.* ⇒ **inconstant, instable.** — Qui subit des fluctuations. *Prix fluctuants.* ⇒ **changeant.** / contr. **invariable** / ▸ ***fluctuation*** n. f. ■ Surtout au plur. Variations successives en sens contraire. ⇒ **changement.** *Les fluctuations de l'opinion.*

fluet, ette [flyɛ, ɛt] adj. ■ (Personnes, parties du corps) Mince et d'apparence frêle. ⇒ **délicat, gracile, grêle.** *Un enfant fluet. Des jambes fluettes.* — *Une voix fluette.* ⇒ **faible.**

① ***fluide*** [flyid] adj. **1.** Qui n'est ni solide ni épais, qui coule aisément. *Huile très fluide. Pâte fluide.* ⇒ **clair.** / contr. **épais** / — *La circulation est fluide,* les voitures roulent sans difficulté, il n'y a pas d'encombrement, d'embouteillage. **2.** Qui a tendance à échapper, qu'il est difficile de saisir, de fixer. ⇒ **fluctuant, insaisissable.** *Pensée fluide.* ▸ ***fluidifier*** v. tr. ▪ conjug. 7. ■ Rendre fluide. ▸ ***fluidité*** n. f. **1.** État de ce qui est fluide. *Fluidité du sang.* **2.** Caractère de ce qui est changeant et insaisissable.

② ***fluide*** n. m. **1.** Tout corps qui se laisse déformer sous l'action de forces minimes. ⇒ **gaz, liquide.** / contr. **solide** / **2.** Force, influence subtile, mystérieuse qui émanerait des astres, des êtres ou des choses. ⇒ **émanation, influx, onde.** *Fluide astral. Avoir du fluide,* un pouvoir occulte (ex. : *magnétiseurs, sourciers,* etc.).

fluor [flyɔʀ] n. m. ■ Corps simple, métalloïde, gaz jaune verdâtre, très dangereux à respirer. ▸ ***fluoration*** n. f. ■ Adjonction d'un composé du fluor à l'eau de consommation pour prévenir les caries dentaires. — Application protectrice de fluor sur les dents. ▸ ***fluoré, ée*** adj. ■ Qui contient du fluor. *L'eau potable est légèrement fluorée.* ▸ ***fluorescence*** [flyɔʀesɑ̃s] n. f. ■ Propriété de certains corps d'émettre de la lumière sous l'influence d'un rayonnement. *À la différence de la phosphorescence, la fluorescence cesse dès que cesse le rayonnement.* ≠ *incandescence, phosphorescence.* ▸ ***fluorescent, ente*** adj. ■ *Tube, lampe fluorescent(e),* au néon. — N. m. *Un fluorescent.* — Abrév. invar. Fam. FLUO. *Des couleurs fluo. Une jupe fluo.* ≠ *incandescent, phosphorescent.* ‹ ▸ chlorofluorocarbone ›

① ***flûte*** [flyt] n. f. **1.** Instrument à vent formé d'un tube percé de plusieurs trous, ou de tubes d'inégales longueurs. *Petite flûte.* ⇒ **fifre.** *Flûte traversière. Grande flûte. Flûte de Pan,* à plusieurs tuyaux. *Jouer de la flûte. Sonate pour flûte et piano.* **2.** Pain de forme mince et allongée. ⇒ **baguette ; ficelle.** **3.** Verre à pied, haut et étroit. *Une flûte à champagne.* — Son contenu. *Boire une flûte de champagne.* ▸ ***flûté, ée*** adj. ■ Semblable au son de la flûte. *Une voix flûtée.* ⇒ **aigu.** ▸ ***flûteau*** ou ***flûtiau*** n. m. ■ Petite flûte rustique. *Des flûteaux ; des flûtiaux.* ▸ ***flûtiste*** n. ■ Musicien(ienne) qui joue de la flûte.

② ***flûte*** interj. ■ Interjection marquant l'impatience, la déception. ⇒ fam. **zut.**

fluvial, ale, aux [flyvjal, o] adj. ■ Relatif aux fleuves, aux rivières. *Navigation fluviale.*

flux [fly] n. m. invar. **1.** Écoulement d'un liquide organique. *Flux de sang.* — Fam. Loc. *Avoir le flux,* la diarrhée. ⇒ fam. **chiasse, courante, turista, va-vite.** **2.** Grande quantité. ⇒ **flot.** *Un flux de paroles, de protestations.* **3.** Marée montante (opposé à *reflux*). ⇒ **montant.** / contr. **baissant, jusant** / **4.** *Flux lumineux,* quantité de lumière émise par une source lumineuse dans un temps déterminé. — *Flux électrique, magnétique* (du courant).

fluxion [flyksjɔ̃] n. f. **1.** Congestion. — *Une* FLUXION DE POITRINE : congestion pulmonaire compliquée de congestion des bronches, de la plèvre. ⇒ **pneumonie.** **2.** Gonflement inflammatoire des gencives ou des joues, provoqué par une infection dentaire.

flyé, ée [flaje] p. p. adj. ■ Anglic. Qui est très audacieux, hardi, en marge des convenances. *Une personne pas mal flyée.* ⇒ ② **original.** *C'est flyé comme idée.* ⇒ fam. **capoté, pété, sauté.**

F.M. [ɛfɛm] n. m. invar. ■ Abréviation internationale de *modulation de fréquence* (opposé à *A.M.*). *Tu pourras écouter ce concert sur le F.M.* — En appos. *La radio F.M. La bande F.M.* — REM. On emploie parfois localement *M.F.*

foc [fɔk] n. m. ■ Voile triangulaire à l'avant d'un bateau. *Le grand foc et le petit foc. Foc d'artimon,* à l'avant de l'artimon. *Des focs.* ≠ *phoque.*

focal, ale, aux [fɔkal, o] adj. et n. f. ■ Qui concerne le (ou les) foyer(s) d'un instrument d'optique. *Distance focale* ou, n. f., *la focale. Objectif à focale variable.* ▸ ***focaliser*** v. tr. ▪ conjug. 1. ■ Concentrer en un point (foyer). — Fig. *Focaliser son attention sur une explication.*

fœtus [fetys] n. m. invar. ■ Biologie. Produit de la conception encore renfermé dans l'utérus, lorsqu'il n'est plus à l'état d'embryon et commence à présenter les caractères distinctifs de l'espèce. ▸ ***fœtal, ale, aux*** adj. ■ Relatif au fœtus. *L'angoisse fœtale,* éprouvée par le fœtus.

fofolle n. f. ⇒ **foufou.**

foi [fwa] n. f. **I. 1.** Littér. Assurance donnée d'être fidèle à sa parole, d'accomplir exactement ce que l'on a promis. ⇒ **engagement, promesse, serment.** *Se fier à la foi d'autrui. Foi d'honnête homme !* ⇒ **honneur.** — MA FOI (en tête de phrase, en incise) : certes, en effet. *C'est ma foi vrai.* **2.** *Sous la foi du serment,* après avoir prêté serment. — SUR LA FOI DE. *Sur la foi des témoins,* en se fiant à eux. — FAIRE FOI (suj. chose) : démontrer la véracité, porter témoignage de. *Le cachet de la poste faisant foi (du jour d'expédition).* **3.** BONNE FOI : qualité d'une personne qui parle, agit avec une intention droite, sans ruse. ⇒ **franchise, loyauté.** *Abuser de la bonne foi de qqn. En toute bonne foi,* très sincèrement. — MAUVAISE FOI : déloyauté, duplicité. *Vous êtes de mauvaise foi !* **II. 1.** Le fait de croire qqn, d'avoir confiance en qqch. *Une personne, un témoin digne de foi. Ajouter foi à* (des paroles), y croire. **2.** Confiance absolue que l'on met (en qqn, en qqch.). *Avoir foi en qqn.* ⇒ se **fier.** *Sa foi en l'avenir.* **3.** *La foi,* le fait de croire en Dieu, en un dogme par une adhésion profonde de l'esprit et du cœur (opposé à *raisonnement*). ⇒ **croyance.** *La foi chrétienne. Trouver, perdre la foi.* / contr. **incrédulité, scepticisme** / — Iron. *Il n'y a que la foi qui sauve,* se dit de ceux qui se forgent des illusions. — *N'avoir ni foi ni loi,* ni religion ni morale. — *Ma grand(e) foi du bon Dieu !,* exclamation qui exprime la surprise, l'étonnement.

foie [fwa] n. m. **1.** Organe situé dans la partie supérieure droite de l'abdomen, qui filtre et renouvelle le sang. *Du foie.* ⇒ **hépatique.** *Maladie de foie* (cirrhose, ictère, jaunisse). *Faire une crise de foie.* **2.** *Manger du foie de veau. Pâté de foie.* — FOIE GRAS : foie d'oie ou de canard spécialement engraissé(e) pour faire des pâtés. **3.** (France) Fam. Loc. *Avoir les foies,* avoir peur. ⇒ ① **chien** (I, 7).

① ***foin*** [fwɛ̃] n. m. **1.** Herbe des prairies fauchée et séchée pour la nourriture du bétail. ⇒ **fourrage.** *Botte, meule de foin.* **2.** Herbe sur pied destinée à être fauchée. *Faire les foins,* couper et ramasser les foins. ⇒ ② **faner.** — *Rhume des foins,* allergie commune à l'époque de la floraison des graminées.

② ***foin*** n. m. Fam. **1.** Argent. *Me prêterais-tu un peu de foin ?* ⇒ fam. **fric.** — Loc. *Avoir du foin,* avoir beaucoup d'argent, être riche. ⇒ fam. avoir du **bacon,** avoir des **bidous,** avoir le **motton.** *Faire du foin,* de l'argent, un gros salaire. **2.** (France) *Faire du foin,* du scandale, du bruit ; protester.

foire [fwaʀ] n. f. **1.** Grand marché public qui a lieu à des dates et en des lieux fixes. *Foire à la ferraille, aux bestiaux. Les cultivateurs allaient à la foire agricole.* **2.** Grande réunion périodique où des échantillons de marchandises diverses sont présentés au public. ⇒ **exposition, salon.** *La foire internationale de Bruxelles, de Paris.* **3.** Fête foraine ayant lieu à certaines époques de l'année. *Les manèges de la foire régionale.* **4.** Fam. Lieu bruyant où règnent le désordre et la confusion. **5.** Fam. FAIRE LA FOIRE : s'adonner à une vie de débauche. ⇒ **foirer. 6.** Fam. Chicane, vive discussion. ⇒ **bagarre, querelle ;** fam. **engueulade.** *À un moment donné la foire a pogné.*

foirer [fwaʀe] v. intr. ▪ conjug. 1. Fam. **1.** Rater, échouer lamentablement. *Le spectacle a complètement foiré.* — Transitivement. *Elle a failli foirer son examen,* échouer. ⇒ **couler. 2.** Faire la fête, fréquenter assidûment les lieux de divertissement. ⇒ s'**amuser,** se **divertir.** *Un carnaval est une occasion pour foirer.* ▸ ***foireux, euse*** adj. et n. Fam. **1.** Adj. Qui échoue ; raté. **2.** N. Personne qui fait la fête. ⇒ **couche-tard ;** fam. **courailleur, fêtard.** *Une gang de foireux.* — Adj. *Des étudiants foireux.* ⟨ ▸ enfoiré ⟩

fois [fwa] n. f. invar. **I.** Marquant la fréquence, le retour d'un événement. Cas, occasion où un fait se (re)produit. **1.** (Sans prép.) *C'est arrivé une fois, une seule fois. Encore une fois.* — *Une bonne fois, une fois pour toutes,* d'une manière définitive. *On n'a pas besoin de le lui dire deux fois. Plus d'une fois, plusieurs fois, mainte(s) fois, cent fois...,* souvent. — (Avec une unité de temps) *Une fois l'an. Deux fois par mois. Une fois tous les huit jours.* — (Avec un ordinal) *La première, la seconde..., la dernière fois.* — (Avec divers déterminants) *On le tient, cette fois ! Chaque fois. La prochaine fois. L'autre fois,* l'autre jour. *La fois où il est venu.* Loc. *Une fois n'est pas coutume,* c'est exceptionnel, rare. — Fam. DES FOIS : certaines fois. ⇒ **parfois, quelquefois. 2.** (Précédé d'une préposition) — Avec PAR. *Par deux fois,* à deux reprises. — Avec EN. *Payer en plusieurs fois,* par versements. — Avec POUR. *Pour la première fois. Pour une fois.* — Avec À. *S'y prendre à deux fois.* **3.** À LA FOIS loc. adv. : en même temps. *Ne parlez pas tous à la fois. Il est à la fois aimable et distant.* **4.** DES FOIS : loc. adv. Cour. Parfois, à l'occasion. *Je la vois des fois. Des fois, on s'appelle.* — Répété. *Des fois oui, des fois non.* ⇒ **tantôt.** — (Suivi du conditionnel) Fam. *Des fois qu'il neigerait,* tout à coup que. ⇒ ① **si. 5.** UNE FOIS : un certain jour, à une certaine époque passée. ⇒ **autrefois, jadis.** *Une fois, j'ai perdu mon porte-monnaie. Il était une fois* (commencement classique des contes de fées). **6.** UNE FOIS QUE : dès que, dès l'instant où. *Une fois qu'il s'est mis quelque chose en tête, il ne veut plus rien entendre.* — Ellipt. *Une fois en mouvement, elle ne s'arrête plus.* — UNE FOIS (+ adj. ou part. passé) : quand, lorsque. *Une fois arrivé, téléphone-moi.* **II.** (Servant d'élément multiplicateur ou diviseur) *Quantité deux fois plus grande, plus petite qu'une autre. Trois fois quatre font douze.* ⟨ ▸ autrefois, parfois, quelquefois, toutefois ⟩

à foison [afwazɔ̃] loc. adv. ▪ En grande quantité. ⇒ **abondamment, beaucoup.** *Nous en avons à foison.* ▸ ***foisonner*** v. intr. ▪ conjug. 1. **1.** Être en grande abondance, à foison. ⇒ **abonder.** *Le gibier foisonne dans ce bois. Les occasions foisonnent.* **2.** FOISONNER EN, DE : être pourvu abondamment de. ⇒ **abonder, regorger.** *Ce bois foisonne en gibier.* ▸ ***foisonnant, ante*** adj. ▪ Qui foisonne. ▸ ***foisonnement*** n. m. ▪ Abondance.

fol, folle n. et adj. ⇒ **fou.**

folâtre [fɔlɑtʀ] adj. ▪ Qui incite au jeu, à la plaisanterie. *Gaieté folâtre. Elle n'était pas d'humeur folâtre.* / contr. **triste** / ▸ ***folâtrer*** v. intr. ▪ conjug. 1. ▪ Jouer ou s'agiter de façon folâtre. ⇒ **batifoler.**

folerie [fɔlʀi] n. f. ▪ Fam. Folie, extravagance. *S'offrir une petite folerie,* qqch. qui exige une grosse dépense. *Ce voyage est une des ses foleries.* — Au plur. *Veux-tu cesser tes foleries !,* arrêter tes folies, tes blagues.

folichon, onne [fɔliʃɔ̃, ɔn] adj. ▪ PAS FOLICHON, ONNE : pas gai(e), pas drôle. *La pièce n'était pas folichonne. Cela n'a rien de folichon.*

folie [fɔli] n. f. **1.** Trouble mental ; dérèglement, égarement de l'esprit. ⇒ **aliénation, délire, démence psychose ; fou.** *Accès de folie. Folie furieuse. Folie des grandeurs.* ⇒ **mégalomanie.** *Folie de la persécution.* ⇒ **paranoïa. 2.** Manque de jugement ; absence de raison. ⇒ **déraison.** *Vous n'aurez pas la folie de faire cela.* ⇒ **inconscience.** *C'est de la folie, de la pure folie.* ⇒ **absurdité.** — À LA FOLIE : passionnément. ⇒ **éperdument, extrêmement.** *Ils s'aiment à la folie.* — Comptine (en effeuillant une fleur). *Je t'aime un peu, beaucoup, passionnément, à la folie, pas du tout* (⇒ ① **marguerite**). **3.** Caractère déraisonnable. *La folie de son geste.* — UNE FOLIE : idée, parole, action déraisonnable. *Faire une folie, des folies.* ⇒ **extravagance, sottise.** — Dépense excessive. ⇒ fam. **folerie.** *Vous avez fait une folie en nous offrant ce cadeau.*

folio [fɔljo] n. m. **1.** Feuillet de registre. **2.** Chiffre qui numérote chaque page d'un livre. *Changer les folios.* **3.** Numéro d'un compte bancaire. *Inscrivez votre (numéro de) folio.*

folklore [fɔlklɔʀ] n. m. ▪ Science des traditions, des usages et de l'art populaires d'un pays. ⇒ ② **culture.** — Ensemble de ces traditions. *Une légende du folklore acadien, gaspésien.* ▸ ***folklorique*** adj. **1.** Relatif au folklore. *Costume folklorique. Musique, chanson, danse folkloriques.* **2.** Fam. Pittoresque, mais sans authenticité. *Manifestation folklorique.* (France) Abrév. fam. FOLKLO. ▸ ***folkloriste*** n. ▪ Spécialiste du folklore ; personne qui étudie le folklore. ▸ ***folk*** ou ***folksong*** [folksɔ̃g] adj. et n. m. ▪ Anglic. *Musique folk ; le folk* ou *le folksong,* chanson, musique traditionnelle modernisée (d'abord aux États-Unis). *Rock* et folk.* — Adj. *Des groupes folks.*

folle n. et adj. ⇒ **fou.**

folle-avoine [fɔlavwan] n. f. ■ Plante herbacée sauvage ressemblant au riz, qui nuit aux cultures. — REM. Ce mot s'écrit aussi sans trait d'union : *folle avoine.*

follement [fɔlmɑ̃] adv. **1.** D'une manière folle, déraisonnable, excessive. ⇒ **éperdument.** *Il est follement amoureux.* **2.** Au plus haut point. ⇒ **extrêmement.** *Elle est follement gaie.*

follet, ette [fɔlɛ, ɛt] adj. **1.** POIL(S) FOLLET(S) : première barbe légère, ou duvet. **2.** FEU FOLLET : petite flamme due à une exhalaison de gaz (phosphure d'hydrogène qui brûle spontanément au contact de l'air). *Des feux follets.* ‹ ▶ feu-follet ›

follicule [fɔlikyl] n. m. ■ Petit sac membraneux dans l'épaisseur d'un tégument. *Follicule dentaire, ovarien.* ▶ ***folliculine*** n. f. ■ L'une des hormones produites par le follicule ovarien.

fomenter [fɔmɑ̃te] v. tr. ▪ conjug. 1. ■ Susciter ou entretenir (un sentiment ou une action néfaste). *Fomenter des troubles, la révolte.* ⇒ **ourdir.** ≠ *fermenter.*

foncé, ée [fɔ̃se] adj. ■ (Couleur) Qui est d'une nuance sombre. *Un bleu foncé. Peau foncée, teint foncé.* ⇒ **basané, brun, métis.** / contr. **clair, pâle** / ▶ ① ***foncer*** v. intr. ▪ conjug. 3. ■ Devenir foncé. *Ses cheveux ont foncé.* — Transitivement. *Foncer une couleur,* la rendre plus sombre. ≠ *froncer.*

② ***foncer*** [fɔ̃se] v. intr. ▪ conjug. 3. **1.** Fam. Se jeter impétueusement sur. ⇒ **attaquer, charger.** *Foncer sur l'ennemi.* ⇒ ② **fondre.** *Foncer dans le tas.* **2.** Fam. Aller très vite, droit devant soi. ⇒ **filer.** *Elle fonce à toute allure.* — *Foncer dans le brouillard,* aller hardiment de l'avant. ▶ ***fonceur, euse*** n. et adj. ■ Fam. Dynamique et audacieux, qui n'hésite pas à aller de l'avant. ⇒ **énergique, entreprenant.** *Cette artiste est une véritable fonceuse.*

foncier, ière [fɔ̃sje, jɛʀ] adj. **1.** Qui constitue un bien immeuble, une terre ou un bâtiment (⇒ **immeuble**). *Propriété foncière.* — Qui possède un fonds, des terres. *Propriétaire foncier.* — Relatif à un bien immeuble. *Crédit foncier. Taxes foncières.* **2.** Qui est au fond de la nature, du caractère de qqn. ⇒ **inné.** *Méchanceté foncière.* ▶ ***foncièrement*** adv. ■ Essentiellement, profondément. *Foncièrement bon, égoïste.*

fonction [fɔ̃ksjɔ̃] n. f. **I.** (Personnes) **1.** Ce que doit accomplir une personne dans son travail, son emploi. ⇒ **activité, devoir, mission, office, rôle, service, tâche, travail.** *Elle s'acquitte très bien de ses fonctions.* **2.** Cet emploi lui-même, considéré comme indispensable à la collectivité. ⇒ **charge, métier, poste, situation.** *Fonction de directeur, de magasinier.* — *Fonction publique, administrative,* situation juridique de l'employé d'un service public. ⇒ **fonctionnaire.** — LA FONCTION PUBLIQUE : le corps des fonctionnaires provinciaux ou fédéraux. *Elle fait partie de la fonction publique.* — EN FONCTION. *Être, rester en fonction.* — FAIRE FONCTION DE : jouer le rôle de. *Il fait fonction de directeur.* **II. 1.** Action particulière (d'une chose dans l'ensemble dont elle fait partie). ⇒ **rôle, utilité.** *La fonction de l'estomac est de digérer les aliments. La reproduction est une fonction vitale.* — FAIRE FONCTION *de.* ⇒ **office ; remplacer. 2.** Ensemble des propriétés (d'une unité, d'un système). *Analyser la nature et la fonction d'un mot, d'une proposition.* (Suivi d'un mot en appos.) *Fonction sujet, objet d'un nom.* **III. 1.** *Fonction (algébrique),* relation qui existe entre deux quantités, telle que toute variation de la première entraîne une variation correspondante de la seconde. **2.** ÊTRE FONCTION DE : venir en même temps que, dépendre de. *Les résultats sont fonction des efforts.* ⇒ à la **mesure** de. **3.** EN FONCTION DE : relativement à. *L'attention varie en fonction inverse de la fatigue.* ▶ ***fonctionnaire*** [fɔ̃ksjɔnɛʀ] n. ■ Personne qui occupe un emploi permanent, temporaire ou occasionnel dans les cadres d'une administration publique. *Statut de fonctionnaire. Fonctionnaire municipal. Une fonctionnaire professionnelle.* ⇒ **professionnel.** *Les hauts fonctionnaires.* ▶ ***fonctionnel, elle*** adj. **1.** Sciences. Relatif aux fonctions. *Troubles fonctionnels d'un organe,* qui ne semblent pas dus à une blessure (opposé à *trouble organique*). *L'état fonctionnel d'un organe* (opposé à *structural*). — Qui étudie les fonctions, tient compte des fonctions. *Analyse, grammaire fonctionnelle.* ≠ *structural.* **2.** (Choses) Pratique avant tout. *Meubles fonctionnels.* ▶ ***fonctionner*** v. intr. ▪ conjug. 1. ■ (Organe, mécanisme) Accomplir une fonction. ⇒ **aller, marcher.** *Mon stylo fonctionne bien. Comment fonctionne cet appareil ?* — *Organisation, institution qui fonctionne mal.* ▶ ***fonctionnement*** n. m. ■ Action, manière de fonctionner. ⇒ **marche, travail.** *Machine en fonctionnement.* / contr. à l'**arrêt** / *Vérifier le bon fonctionnement d'un mécanisme.* ‹ ▶ dysfonctionnement ›

fond [fɔ̃] n. m. **I.** Partie la plus basse de qqch. de creux, de profond. / contr. **dessus ; surface** / **1.** Paroi inférieure (d'un récipient, d'un contenant). *Le fond du verre est sale. Le sucre est resté* AU FOND. *Le fond d'une poche, d'un sac.* — Loc. *Prendre au fond,* coller dans le fond. ⇒ **attacher** (3), **brûler.** *Les pâtes ont pris au fond.* **2.** *Un fond* (de verre, etc.), une petite quantité. *Versez-m'en un fond. Il reste un petit fond de vin dans la bouteille.* **3.** Sol où reposent des eaux. ⇒ **bas-fond, haut-fond.** *Le fond de l'eau, de la mer, d'un fleuve. Bateau qui touche le fond,* qui échoue. *Envoyer par le fond,* couler. **4.** Hauteur d'eau. ⇒ **profondeur.** *Il n'y a pas assez de fond pour plonger.* **5.** Le point le plus bas. *Toucher le fond du désespoir, de la misère.* **6.** Partie basse d'un paysage. *Le fond de la vallée.* **7.** Intérieur de la mine. *Mineur de fond, qui a dix ans de fond.* **II. 1.** Partie la plus reculée (opposée à *entrée*). / contr. **bord, entrée** / *Le fond de la salle. Le fond d'une grotte.* ⇒ **ouverture.** *Au fond des bois.* / contr. **orée** / *Le fond d'une armoire. Un fond de tiroir.* — *Le fond de la gorge.* — *Expédier qqn au fin fond de la province,* à l'endroit le plus éloigné d'un grand centre. **2.** Partie d'un vêtement éloignée des bords. *Le fond d'une casquette. Un fond de culotte.* **3.** Ce qu'on voit ou entend par derrière, en arrière-plan. *Tissus à fleurs noires sur fond rouge. Fond sonore,* musique accompagnant un spectacle. *Bruit de fond,* parasite. **4.** FOND DE TEINT : crème colorée destinée à donner au visage un teint uniforme. — COUCHE* DE FOND. ⇒ **apprêt, enduit. 5.** Loc. *Le fond de l'air est frais,* il fait assez froid malgré le soleil. **6.** Par métaphore. *Le fond de son cœur.* — Loc. *Je te remercie* DU FOND DU CŒUR, très sincèrement. **III. 1.** La réalité profonde, l'essentiel (opposé à *superficie*). *Nous touchons ici au fond du problème, de la question.* **2.** Loc. adv. AU FOND, DANS LE FOND : à considérer le fond des choses (et non l'apparence ou la surface). ⇒ en **réalité.** / contr. en **apparence** / *On l'a blâmée, mais au fond elle n'avait pas tort.* — À FOND : en allant jusqu'au fond, jusqu'à la limite du possible. ⇒ **complètement, entièrement.** *Respirer à fond. Étudier qqch. à fond.* / contr. **superficiellement** / **3.** Élément essentiel, permanent. — REM. Seul emploi où *fond* puisse se confondre avec *fonds. Un fond d'honnêteté. Le fond historique d'une légende.* **4.** Ce qui appartient au contenu (opposé à *forme*). *Je suis d'accord sur le fond, mais pas sur la forme. Un article* DE FOND : qui étudie les conditions et les effets d'un événement. **IV.** Qualités physiques essentielles de résistance. *Courses de fond* (5 000 à 10 000 m), *de demi-fond* (800 à 3 000 m), opposé à *vitesse, sprint. Ski de fond.* ≠ *fonds, fonts.* ▶ ***fondamental, ale, aux*** adj. **1.** Qui sert de fondement ; qui a un caractère essentiel et déterminant. *Lois fondamentales de l'État.* ⇒ **constitution.** *Une question fondamentale.* ⇒ **essentiel, important, vital.** / contr. **accessoire, secondaire** / **2.** Qui se manifeste avant toute chose et à fond. *Un mépris fondamental.* ⇒ **foncier, radical.** *Recherche fondamentale,* théorique, non appliquée. ⇒ **pur.** ► ***fondamentalement*** adv. ■ Essentiellement. ⟨ ► bas-fond, bien-fondé, demi-fond, enfoncer, fonder, ① fondeur, haut-fond, plafond, profond ⟩

fondant, ante [fɔ̃dɑ̃, ɑ̃t] adj. **1.** Qui fond. ⇒ **fondre.** *La température de la glace fondante est le zéro de l'échelle Celsius. On annonce un peu de neige fondante.* **2.** Qui se dissout, fond dans la bouche. *Bonbons fondants. Poire fondante.* — N. m. *Du fondant au chocolat,* une préparation sucrée.

fonder [fɔ̃de] v. tr. ▪ conjug. 1. **1.** Prendre l'initiative de construire (une ville), d'édifier (une œuvre) en faisant les premiers travaux d'établissement. ⇒ **créer.** *Fonder un parti* ⇒ **former**, *une société* ⇒ **constituer**. — *Fonder une famille,* se marier et avoir des enfants. **2.** FONDER *qqch.* SUR : établir (sur une base déterminée). ⇒ **baser.** *Fonder son pouvoir sur la force. Je fonde de grands espoirs sur vous. C'est sur ce fait qu'elle fonde ses prétentions, ses espoirs.* — Pronominalement (réfl.). *Sur quoi vous fondez-vous pour affirmer cela ?* — Au p. p. adj. *Récit fondé sur des documents authentiques.* **3.** Constituer le fondement de. ⇒ **justifier, motiver.** *Voilà ce qui fonde ma réclamation.* — Au passif. / contr. **gratuit** / *Une opinion bien ou mal fondée. Un reproche fondé. C'est une interprétation qui me paraît fondée.* ⇒ **juste, raisonnable.** — (Personnes) ÊTRE FONDÉ À (+ infinitif) : avoir de bonnes raisons pour. *Être fondé à croire qqch.* ► ***fondateur, trice*** n. ■ Personne qui fonde (qqch.). ⇒ **créateur.** *Le fondateur d'une cité, d'un empire. Champlain est le fondateur de Québec. Hérodote est le fondateur de l'histoire.* ⇒ **père.** *Les fondateurs,* adj. *les membres fondateurs d'une société.* ► ***fondation*** n. f. **1.** Au sing. Action de fonder (une ville, un établissement, une institution). ⇒ **création.** *La fondation d'un parti, d'une société (par qqn). La fondation de Trois-Rivières en 1634.* **2.** Création par voie de donation ou de legs d'une œuvre d'intérêt public ou d'utilité sociale. ⇒ **fonds** (III). *Une fondation des maladies du cœur.* **3.** Œuvre qui recueille des dons ou des legs. *La fondation des maladies du cœur.* ► ***fondations*** n. f. pl. ■ Travaux et ouvrages destinés à assurer la stabilité d'une construction. ⇒ **solage ; infrastructure.** *Creuser les fondations d'un immeuble.* ► ***fondé, ée de pouvoir*** n. ■ Personne qui est chargée d'agir au nom d'une autre ou d'une société. *Des fondés de pouvoir.* ► ① ***fondement*** n. m. **1.** Fait justificatif d'un discours abstrait, d'une croyance. *Vos craintes sont sans fondement.* ⇒ **motif, raison. 2.** Point de départ d'un système d'idées. *Euclide a posé les fondements de la géométrie.* ⇒ **principe.** ► ② ***fondement*** n. m. ■ Fam. Fesses ; derrière. ⟨ ► bien-fondé ⟩

① ***fondeur, euse*** [fɔ̃dœʀ, øz] n. ■ Personne qui fait du ski de fond.

① ***fondre*** [fɔ̃dʀ] v. ▪ conjug. 41. **I.** V. tr. **1.** Rendre liquide (un corps solide ou pâteux) par l'action de la chaleur. ⇒ **liquéfier ; fondu, fonte, fusion.** *Fondre des métaux.* **2.** Fabriquer avec une matière fondue. ⇒ **mouler.** *Fondre une cloche, une statue.* **3.** Combiner intimement de manière à former un tout. ⇒ **amalgamer.** *Fondre deux phrases en une seule.* **II.** V. intr. **1.** (D'un solide) Passer à l'état liquide par l'effet de la chaleur. ⇒ se **liquéfier.** *La neige a fondu. Le plomb fond aisément* (⇒ **fusible**). — Loc. *Fondre en pleurs, en larmes.* **2.** Se dissoudre dans un liquide. *Laisser fondre le sucre dans son café. Cela fond dans la bouche,* c'est très tendre. **3.** Diminuer rapidement. ⇒ **disparaître.** *L'argent lui fond dans les mains. Il a fondu depuis sa maladie,* il a maigri. **III.** SE FONDRE v. pron. : se réunir, s'unir en un tout. *Entreprise qui se fond dans, avec telle autre.* ⇒ **fusionner.** *Silhouette qui se fond dans la brume.* ⇒ se **dissiper.** ► ***fonderie*** n. f. ■ Usine où l'on fond le minerai pour extraire le ou les métaux qu'il contient ⇒ **aciérie, forge**, où l'on coule le métal en fusion. ► ② ***fondeur, euse*** n. ■ Ouvrier travaillant dans une fonderie. — REM. L'O.L.F. propose *fondeuse* au féminin. ⟨ ► ① confondre, ② confondre, fondant, fondu, fondue, refondre ⟩

② ***fondre*** v. intr. ▪ conjug. 41. FONDRE SUR. ■ S'abattre avec violence. *L'aigle fond sur sa proie.* ⇒ ② **foncer.** — *Les malheurs qui viennent de fondre sur lui.* ⇒ **tomber.**

fondrière [fɔ̃dʀijɛʀ] n. f. **1.** Trou plein d'eau ou de boue. ⇒ **nid-de-poule.** *Les fondrières d'un chemin défoncé.* **2.** Terrain bas souvent envahi par l'eau et généralement bourbeux.

fonds [fɔ̃] n. m. invar. **I.** FONDS DE COMMERCE ou, absolt, *fonds* : ensemble des biens mobiliers et des droits appartenant à un commerçant ou à un industriel et lui permettant l'exercice de sa profession. ⇒ **établissement, exploitation.** *Elle est propriétaire du fonds, mais pas des murs.* **II.** Le plus souvent au plur. **1.** Capital. *Dépenser tous ses fonds. Prêter à fonds perdus,* sans espoir d'être remboursé. — *Fonds publics,* emprunts d'État ou ressources financières en provenance de l'État. — *Posséder les fonds nécessaires à une entreprise.* Loc. *Bailleur de fonds,* commanditaire. *Mise de fonds,* investissement, apport financier. **2.** Organisme officiel national ou international de financement. *Le Fonds monétaire international (F.M.I.).* **3.** Argent comptant. *Manier des fonds considérables.* ⇒ **somme.** *Dépôt de fonds dans une banque.* ⇒ **espèces.** *Mouvement de fonds.* — Fam. *Chèque sans* ou *pas de fonds,* sans provision. — ÊTRE EN FONDS : disposer d'argent. **III.** Au sing. et au plur. Ressources propres à qqch. ou personnelles à qqn. *Il y a là un fonds très riche que les historiens devraient exploiter.* ⇒ **filon, mine.** *Le fonds Un tel,* les œuvres provenant de la collection de monsieur Un tel et léguées à une bibliothèque, un musée. ⇒ **fondation** (2), **legs.** ≠ *fond, fonts.* ⟨ ► tréfonds ⟩

fondu, ue [fɔ̃dy] adj. et n. m. **1.** Adj. Amené à l'état liquide. *Neige fondue.* **2.** *Des tons fondus,* couleurs juxtaposées en passant de l'une à l'autre par mélange. ⇒ **dégradé. 3.** N. m. *Fondu enchaîné,* au cinéma, effet où une image se substitue progressivement à une autre (qui s'efface).

fondue [fɔ̃dy] n. f. **1.** *Fondue (suisse, au fromage),* mets préparé avec du fromage fondu (gruyère, emmenthal) au vin blanc, dans lequel chaque convive trempe des morceaux de pain (⇒ **caquelon**). — *Fondue parmesan,* petit carré fait de sauce béchamel et de parmesan, recouvert de chapelure et prit dans l'huile. **2.** *Fondue bourguignonne,* morceaux de viande crue que chaque convive trempe dans l'huile bouillante. **3.** *Fondue chinoise,* tranches de viande très minces que chaque convive trempe dans un bouillon. **4.** *Fondue au chocolat,* morceaux de fruit, parfois de gâteau, que chaque convive trempe dans du chocolat fondu. **5.** *Fourchette à fondue.* ⇒ **fourchette.**

fong(i)- ■ Élément signifiant « champignon » (ex. : *fongicide,* adj., qui tue les champignons parasites).

ils, elles ***font*** ⇒ **faire.**

fontaine [fɔ̃tɛn] n. f. **1.** Construction d'où sortent des eaux amenées par canalisation, généralement accompagnée d'un bassin. *Fontaine publique.* — *La fontaine de Jouvence,* fontaine fabuleuse dont les eaux avaient la propriété de rajeunir. **2.** Dans les endroits publics, distributeur d'eau potable et fraîche fonctionnant à l'aide d'un mécanisme qui commande un jet d'eau. ⇒ fam. **abreuvoir. 3.** PROV. *Il ne faut pas dire « Fontaine, je ne boirai pas de ton eau »* il ne faut pas jurer qu'on ne fera pas telle chose, qu'on n'en aura jamais besoin. ⟨ ▶ borne-fontaine ⟩

fontanelle [fɔ̃tanɛl] n. f. ■ Espace compris entre les os du crâne des nouveau-nés, qui s'ossifie progressivement au cours de la croissance.

① ***fonte*** [fɔ̃t] n. f. **1.** Le fait de fondre (①, II). *La fonte des neiges, des glaces.* **2.** Fabrication par fusion et moulage d'un métal. *La fonte d'une cloche, d'une statue.* ≠ *fontes.*

② ***fonte*** n. f. **1.** Alliage de fer et de carbone obtenu dans les hauts fourneaux. *Une marmite, une poêle en fonte. Tuyaux de fonte. — Fonte d'aluminium,* aluminium moulé. **2.** Ensemble de caractères typographiques d'un même type. *Les différentes fontes d'une imprimante.*

fontes [fɔ̃t] n. f. pl. ■ Fourreaux ou poches de cuir attachés à une selle pour y placer des armes, des munitions, des vivres. ≠ *fonte.*

fonts [fɔ̃] n. m. pl. ■ FONTS BAPTISMAUX [fɔ̃batismo] : bassin sur un socle destiné à l'eau du baptême. ⇒ **baptistère.** ≠ *fond, fonds.*

football [futbɔl] n. m. Anglic. **1.** Sport opposant deux équipes de onze (football américain) ou de douze joueurs (football canadien), où des points sont marqués lorsqu'un joueur traverse la ligne des buts adverses en portant un ballon ovale (⇒ **touché**) ou lorsque le ballon est botté au-dessus de la barre transversale des poteaux des buts (⇒ **placement, transformation**). *Match, terrain de football. Le football collégial.* **2.** (France) Sport opposant deux équipes de onze joueurs, où il faut faire pénétrer un ballon rond dans les buts adverses sans utiliser les mains. ⇒ anglic. **soccer.** *Équipe de football composée d'avants, de demis, d'arrières et d'un gardien de but.* — Abrév. fam. FOOT. *Jouer au foot.* — REM. En France, le mot *football* est prononcé [futbɔ(o)l]. ▶ ***footballeur, euse*** n. ■ Joueur(euse) de football.

fonne n. m. ⇒ **fun.**

footing [futiŋ] n. m. ■ (France) Anglic. Promenade hygiénique rapide, à pied. *Il fait une heure de footing chaque matin.* ⇒ **jogging.**

for n. m. ■ *En, dans mon (son,* etc.*)* FOR INTÉRIEUR [fɔʀɛ̃teʀjœʀ] : dans la conscience, au fond de soi-même. *Dans son for intérieur, il se jugeait très mal.*

forage [fɔʀaʒ] n. m. ■ Action de forer. *Perceuse pour le forage des pièces métalliques.* ⇒ **foreuse.** *Plate-forme de forage (du pétrole) en mer. — Forages de prospection.* ⇒ **sondage.**

forain, aine [fɔʀɛ̃, ɛn] adj. et n. (Surtout en France) **1.** *Marchand* ou *commerçant forain,* qui s'installe sur les marchés et les foires. ⇒ **ambulant, nomade.** — N. *Des forains.* **2.** FÊTE FORAINE : à l'occasion d'une foire. *Baraque foraine.* — N. Personne qui organise des distractions foraines (manèges, cirque, attractions diverses).

forban [fɔʀbɑ̃] n. m. **1.** Autrefois. Pirate qui entreprenait à son profit une expédition armée sur mer sans l'autorisation du roi. ≠ *corsaire. Des forbans.* **2.** Individu sans scrupules, capable de tous les méfaits. *Ce financier est un forban.* ⇒ **bandit.**

forçage [fɔʀsaʒ] n. m. ■ Culture des plantes avant la saison (en châssis, serres, etc.). *Forçage des primeurs, des jacinthes.*

au forçail [fɔʀsaj] loc. adv. ■ À la rigueur, au pis aller. *Je terminerai cette recherche cet après-midi, au forçail demain.*

forçant, ante [fɔʀsɑ̃, ɑ̃t] adj. ■ Difficile, pénible. *Un travail forçant,* qui exige un effort physique ou intellectuel soutenu. *C'est forçant de déménager ce meuble.*

forçat [fɔʀsa] n. m. **1.** Autrefois. Bagnard ou galérien. **2.** Loc. *Travailler comme un forçat,* travailler très dur.

force [fɔʀs] n. f. **I.** Au sens individuel. **1.** Puissance d'action. *Force physique ; force musculaire.* ⇒ **robustesse, vigueur. /** contr. **débilité, faiblesse /** *Ne plus avoir la force de marcher, de parler. Lutter à forces égales. — C'est une force de la nature,* se dit d'une personne à la vitalité irrésistible. — Au plur. Énergie personnelle. *Ménager ses forces. Ce travail est au-dessus de ses forces. Reprendre des forces. De toutes ses forces,* le plus fort possible. *Être rendu à bout de forces, au bout de ses forces,* au bout de son rouleau. ⇒ **épuisé, exténué ;** fam. ② **coton.** — EN FORCE (opposé à *en souplesse*). *Passer, entrer en force.* — DE FORCE : qui exige de la force. *Tour de force. Épreuve de force,* conflit ouvert. — *Dans la* FORCE DE L'ÂGE : au milieu de l'existence humaine. ⇒ **maturité. 2.** Capacité de l'esprit ; possibilités intellectuelles et morales. *Force morale, force d'âme.* ⇒ **courage, énergie, fermeté, volonté.** *Force de caractère. Ce sacrifice est au-dessus de mes forces.* **3.** DE *(telle ou telle)* FORCE. *Elles sont de la même force au tennis, en mathématiques.* ⇒ **niveau. II.** Au sens collectif. **1.** Pouvoir, puissance. *Force militaire d'un pays. La force publique,* la police. *La force armée,* les troupes. — FORCE DE FRAPPE : ensemble des moyens militaires modernes (missiles, armes atomiques) destinés à écraser rapidement l'ennemi. — EN FORCE. *Être en force ; arriver, attaquer en force,* avec des effectifs considérables. **2.** Au plur. Ensemble des armées. ⇒ **armée, troupe.** *Les forces armées canadiennes. Forces aériennes. Les forces de police, les forces de l'ordre.* **III.** (Choses) **1.** Résistance (d'un objet). ⇒ **résistance, robustesse, solidité.** *La force d'un mur, d'une barre.* **2.** Intensité ou pouvoir d'action, caractère de ce qui est fort (III). *La force du vent. Force d'un coup, d'un choc. La force d'un sentiment, d'un désir,* son intensité. *La force d'un argument, d'une idée.* **IV.** Dans les sciences et techniques. **1.** Toute cause capable de déformer un corps, ou d'en modifier le mouvement, la direction, la vitesse. *Résultante de deux forces. Équilibre des forces.* — Produit de la masse d'un corps par l'accélération que ce corps subit. *Force ascensionnelle d'un ballon. Force centrifuge.* **2.** (France) Courant électrique et, spécialt, courant électrique à trois phases. *Faire installer la force chez soi.* **3.** Cheval-vapeur. *Un moteur de 50 forces.* **V.** Dans les relations sociales. Pouvoir de contrainte. **1.** Contrainte, violence (individuelle ou collective). *Employer alternativement la force et la douceur. Le gouvernement menace de recourir à la force.* — Loc. *Coup de force. Situation de force.* **2.** (Exercée par une chose) *Être mû par la force de l'habitude.* — Loc. *La force des choses,* la nécessité qui résulte d'une situation. *Avoir force de loi,* en avoir l'autorité, le caractère obligatoire. *Avoir force de contrat,* en tenir lieu. — *Cas de force majeure,* événement imprévisible et inévitable. — EN FORCE, en vigueur. *Ce règlement n'est plus en force.* — FORCE EST DE (+ infinitif) : il faut, on ne peut éviter de. *Force nous est de constater que vous avez échoué dans votre tentative.* **VI.** Adv. **1.** Littér. Plusieurs, beaucoup de. *Après force discussions, elle a accepté.* **2.** Loc. adv. DE FORCE : en faisant effort pour surmonter une résistance. *Prendre, enlever de force qqch. à qqn. Prendre qqn de force,* le violer. *Il obéira de gré ou de force,* qu'il le veuille ou non. — PAR (LA) FORCE : en recourant ou en cédant à la force. *Obtenir qqch. par (la) force.* — À TOUTE FORCE : en dépit de tous les obstacles. *Elle voulait à toute force que nous l'accompagnions.* **3.** À FORCE DE. loc. prép. : par beaucoup de, grâce à beaucoup de. *À force de patience, nous finirons par réussir.* ⇒ **avec.** — (+ infinitif) *À force d'y réfléchir, vous finirez par résoudre le problème.* ‹ ▸ s'efforcer, au forçail, forçant, ② force, forcer, forcir, idée-force, renforcer, renfort ›

forcé adj., ***forcément*** adv. ⇒ **forcer.**

forcené, ée [fɔʀsəne] adj. et n. **I.** Adj. Animé d'une rage folle ou d'une folle ardeur. ⇒ **acharné, furieux.** *Des cris forcenés. Un chasseur forcené.* **II.** N. Personne folle de colère. *S'agiter, crier comme un forcené.*

forceps [fɔʀsɛps] n. m. invar. ■ Instrument en forme de pinces à branches séparables dont on se sert dans les accouchements difficiles, pour extraire le bébé.

forcer [fɔʀse] v. ▪ conjug. 3. **I.** V. tr. **1.** Faire céder (qqch.) par force. *Forcer une porte, un coffre.* ⇒ **briser, fracturer.** *Forcer une serrure.* — *Forcer la porte de qqn,* pénétrer chez lui malgré son interdiction. **2.** Faire céder (qqn) par la force ou la contrainte. ⇒ **contraindre, obliger.** *Il faut te forcer. Forcer la main à qqn,* le faire agir contre son gré. — FORCER À *qqch. Cela me force à des démarches compliquées.* ⇒ **obliger, réduire.** *On me force à partir.* — FORCÉ À, DE. *Me voilà forcé de partir.* **3.** Obtenir, soit par la contrainte, soit par l'effet d'un ascendant irrésistible. *Forcer l'admiration, l'estime de tout le monde.* ⇒ **emporter.** — S'assurer la maîtrise de qqch. *Forcer le succès, le destin.* **4.** Imposer un effort excessif à. *Forcer un cheval.* — *Chanteur, orateur qui force sa voix. Forcer son talent.* **5.** Dépasser (la mesure normale). ⇒ **augmenter, exagérer.** *Forcer la dose. Forcer un effet.* **6.** Altérer, déformer par une interprétation abusive. ⇒ **dénaturer, solliciter.** *Forcer la vérité.* **II.** V. intr. **1.** Fournir un grand effort. *Forcer sur les avirons,* ramer le plus vigoureusement possible. *Sans forcer,* en souplesse. **2.** Fam. FORCER SUR *qqch.* : abuser de. *Avoir tendance à forcer sur la bière.* **III. 1.** SE FORCER v. pron. : faire un effort sur soi-même. ⇒ se **contraindre.** *Il n'aime pas se forcer.* — *Se forcer à,* s'imposer la pénible obligation de. ⇒ s'**obliger.** *Elle se force à sourire.* **2.** Faux pron. Luxer, démettre. ⇒ ① **déboîter,** ② se **fouler.** *Elle s'est forcé une cheville en tombant. Se forcer un muscle.* ▸ ***forcé, ée*** adj. **1.** Qui est imposé par la force des êtres humains ou des choses. *L'avion a dû faire un atterrissage forcé.* ⇒ **obligatoire.** — *Culture forcée* (⇒ **forçage**). Au plur. *Être condamné aux travaux forcés,* au travail obligatoire en prison. **2.** Fam. (Pour marquer le caractère nécessaire d'un événement passé ou futur) *C'est forcé.* ⇒ **évident, fatal.** *Il perdra, c'est forcé !* **3.** Qui s'écarte du naturel. *Un rire, un sourire forcé.* ⇒ **affecté, factice.** *Une comparaison forcée.* ⇒ **excessif.** ▸ ***forcément*** adv. ■ D'une manière nécessaire, par une conséquence inévitable. *Cela doit forcément se produire.*

forcir [fɔʀsiʀ] v. intr. ▪ conjug. 2. ■ Devenir plus fort, plus gros. ⇒ se **fortifier, grossir.** *Cet enfant a forci.* — (Choses) *Le vent forcit.*

forer [fɔʀe] v. tr. ▪ conjug. 1. **1.** Percer un trou dans (une matière dure) par des moyens mécaniques. *Forer une roche.* **2.** Former (un trou, une excavation) en creusant mécaniquement. *Forer un trou de mine, un puits.* ▸ ***foreur, euse*** n. ■ Ouvrier qui fore. — REM. L'O.L.F. propose *foreuse* au féminin. ▸ ***foreuse*** n. f. ■ Machine servant à forer le métal ⇒ **perceuse,** les roches ⇒ **perforatrice, trépan.** ‹ ▸ forage, foret, perforer ›

forestier, ière [fɔʀɛstje, jɛʀ] n. et adj. **I.** N. **1.** Personne qui exerce une charge dans une forêt du domaine public. — Adj. *Des gardes forestiers.* — *Ingénieur forestier,* spécialiste de la foresterie. **2.** N. m. Histoire. Homme qui vivait de divers travaux en forêt (pêche, chasse, trappe...). ⇒ **coureur** de bois, **voyageur ; camp.** *Les forestiers et les voyageurs.* — REM. Au sens 2, le féminin est inusité. **II.** Adj. Qui est couvert de forêts, qui appartient à la forêt. *Région forestière. Chemin forestier. Exploitation forestière.* ▸ ***foresterie*** n. f. ■ Ensemble des activités, d'exploitation, de conservation, d'aménagement des forêts, des principes qui les dirigent ; industrie forestière. *Elle termine son doctorat en foresterie.*

forestois, oise [fɔʀɛstwa, waz] adj. et n. ■ De la ville de Rock Forest. *Le territoire forestois.* — N. (Avec une majusc.) Personne née dans cette ville ou qui l'habite.

foret [fɔʀɛ] n. m. ■ Fer servant à forer les bois, les métaux. ⇒ **perceuse, vilebrequin, vrille.** ≠ *forêt.*

forêt [fɔʀɛ] n. f. **1.** Vaste étendue de terrain couverte d'arbres ; ensemble de ces arbres. ⇒ **bois, futaie.** *Une forêt de conifères. Forêt dense, impénétrable. Forêt vierge. Forêt boréale,* composée de conifères. *Forêt de feuillus,* composée de feuillus. *Forêt mixte,* composée de feuillus et de conifères. *Forêt expérimentale,* où l'on pratique des observations et des expériences scientifiques. *À la lisière, à l'orée de la forêt. Plantation et exploitation des forêts.* ⇒ **sylviculture.** — (France) EAUX ET FORÊTS : ancien nom de l'*Administration des Forêts,* ensemble des services de l'État chargés du contrôle, du développement et de l'exploitation de la forêt française. **2.** Ensemble très dense. *Une forêt de colonnes, de mâts.* ≠ *foret.* ‹ ▸ forestier ›

① ***forfait*** [fɔʀfɛ] n. m. ■ Littér. Crime énorme. *Commettre, expier un forfait.* ▸ ***forfaiture*** n. f. **1.** Littér. Manque de loyauté. **2.** Crime d'un fonctionnaire qui commet certaines graves infractions dans l'exercice de ses fonctions. ⇒ **prévarication, trahison.**

② ***forfait*** n. m. ■ Convention fixant par avance le prix ferme et définitif d'un service, d'un travail, d'une taxe. *Voyage, vacances à forfait.* — *Convenir d'un forfait avec un entrepreneur pour la construction d'une maison* (⇒ **devis**). — À FORFAIT. *Vendre, acheter à forfait. Travailler au forfait.* ▸ ***forfaitaire*** adj. ■ Qui a rapport à un forfait ; à forfait. *Prix, somme forfaitaire. Impôt forfaitaire* (opposé à *réel*). — N. m. Montant qui ne constitue pas un salaire régulier. *Elle vient de recevoir un forfaitaire de mille dollars.*

③ ***forfait*** n. m. ■ Indemnité que doit payer le propriétaire d'un cheval engagé dans une course, s'il ne le fait pas courir. *Déclarer forfait pour un cheval.* — Loc. *Déclarer forfait,* ne pas participer à une compétition (quelconque). *Je déclare forfait,* je renonce.

forfanterie [fɔʀfɑ̃tʀi] n. f. **1.** Vantardise impudente. **2.** *(Une, des forfanteries)* Action, parole de fanfaron, de vantard. ⇒ **fanfaronnade, vantardise.**

forge [fɔʀʒ] n. f. **1.** Atelier où l'on travaille les métaux au feu et au marteau. *L'enclume, le soufflet, le marteau de la forge.* — Loc. *Ronfler comme un soufflet de forge,* très bruyamment. **2.** Installation où l'on façonne par traitement mécanique (à froid ou à chaud) les métaux et alliages. *Les forges du Saint-Maurice.* — Au plur. Fonderie. *Maître de forges,* autrefois, patron d'une fonderie.

forger [fɔʀʒe] v. tr. ▪ conjug. 3. **1.** Travailler (un métal, un alliage) à chaud ou à froid (pour lui donner une forme, etc.). ⇒ **battre.** *Forger le fer* (⇒ **ferronnerie, serrurerie**). — Au p. p. FER FORGÉ (servant à fabriquer la ferronnerie d'art). *Un escalier en fer forgé.*

— *Forger l'or* (⇒ **orfèvrerie**). — PROV. *C'est en forgeant qu'on devient forgeron,* c'est à force de s'exercer à qqch. qu'on y devient habile. **2.** Façonner (un objet de métal) à la forge. *Forger un fer à cheval, une pièce de mécanique.* **3.** Élaborer (⇒ **fabriquer**). *Forger un mot nouveau. Forger une expression.* ⇒ **inventer, trouver.** — Inventer pour abuser. *Forger une excuse.* — Au p. p. *Histoire forgée de toutes pièces.* ⇒ **faux.** ▸ ***forgeage*** n. m. ▸ ***forgeron, onne*** n. ■ Personne qui travaille le fer au marteau après l'avoir fait chauffer au feu de la forge. *Forgeron qui ferre un cheval.* ⇒ **maréchal-ferrant.** — REM. L'O.L.F. propose *forgeronne* au féminin.

formaldéhyde [fɔʀmaldeid] n. m. ■ Chimie. Aldéhyde formique*. ⇒ **formol.**

formalisé, ée [fɔʀmalize] adj. ■ Qui présente de manière formelle (4), en réduisant aux structures abstraites. ▸ ***formalisation*** n. f. ■ Représentation formelle.

se ***formaliser*** [fɔʀmalize] v. pron. ▪ conjug. 1. ■ Être choqué d'un manquement au savoir-vivre, à la politesse. ⇒ s'**offenser,** s'**offusquer,** se **vexer.** *Il ne faut pas vous formaliser de cet oubli, de ses manières.*

formalisme [fɔʀmalism] n. m. **1.** Droit. Système dans lequel la validité des actes est strictement soumise à l'observation de formes, de formalités. *Formalisme juridique, administratif.* **2.** Art. Tendance à rechercher exclusivement la beauté formelle. — Doctrine selon laquelle les formes se suffisent à elles-mêmes (opposé à *réalisme*). **3.** Philosophie. Doctrine selon laquelle les vérités scientifiques sont formelles, reposent sur des conventions. **4.** En sciences. Emploi de systèmes formels (4). ▸ ***formaliste*** adj. **1.** Qui observe, où l'on observe les formalités avec scrupule. *Religion formaliste.* ⇒ **rigoriste. 2.** Trop attaché aux formes, aux règles. **3.** En philosophie, en art, en littérature, en sciences. Qui est partisan du formalisme. *Mathématicien, peintre formaliste.* — N. *Un, une formaliste.*

formalité [fɔʀmalite] n. f. **1.** Opération prescrite par la loi et sans laquelle un acte n'est pas légal. ⇒ **forme, procédure.** *Formalités de douanes, douanières.* **2.** Acte, geste imposé par le respect des convenances, des conventions mondaines. ⇒ **cérémonial. 3.** Acte qu'on doit accomplir, mais auquel on n'attache pas d'importance ou qui ne présente aucune difficulté. *Ce n'est qu'une petite, une simple formalité.*

format [fɔʀma] n. m. **1.** Dimension caractéristique et normalisée d'un imprimé (livre, journal), déterminée par le nombre de feuillets d'une feuille. *Format in-folio* (deux feuillets, quatre pages), *in-quarto, in-huit* ou *in-octavo.* — Dimensions en hauteur et en largeur. *Livre de petit format. Journal de format tabloïd,* réduit de moitié par rapport au format habituel. **2.** Dimension type (d'une feuille de papier, gravure, photo...). *Photo de format 5 × 7 po,* (France) *de format 9 × 13 cm. Une feuille de format 8 ½ × 11 po, une chemise de format 8 ½ × 14 po.* (France) *Format A3,* 42 × 29,7 cm, *A4,* 21 × 29,7 cm. **3.** Dimension, taille. *Une bouteille de petit, de grand format.* **4.** Informatique. Arrangement défini des données sur un support d'informations. ▸ ***formater*** v. tr. ▪ conjug. 1. ■ Informatique. Préparer un support physique (bande, disque, disquette) à recevoir des données. *N'oubliez pas de formater vos disquettes.* — Au p. p. adj. *Disquette non formatée.* ▸ ***formatage*** n. m. ■ Action de formater.

formateur, trice [fɔʀmatœʀ, tʀis] adj. et n. **1.** Qui forme. *Éléments formateurs.* **2.** N. Personne chargée de la formation (②, 2). ⇒ **animateur, instructeur. 3.** N. m. Appareil qui permet de représenter un ensemble de données suivant différents formats.

① ***formation*** [fɔʀmasjɔ̃] n. f. **1.** Action de former, de se former, manière dont une chose est formée. ⇒ **composition, constitution, création, élaboration.** *Être en cours, en voie de formation.* **2.** Couche de terrain d'origine définie. *La formation sédimentaire.* **3.** Mouvement par lequel une troupe prend une disposition ; cette disposition. *Formation en carré, en ligne.* **4.** Groupement de personnes. ⇒ **groupe, unité.** *Formation aérienne* (militaire). — *Les grandes formations politiques, syndicales.* ⇒ **organisation, parti.** *Formation de musiciens.* ⇒ **ensemble, groupe, orchestre.** *Une formation de hockeyeurs.* ⇒ **équipe.** ⟨ ▸ malformation ⟩

② ***formation*** n. f. **1.** Éducation intellectuelle et morale. *La formation du caractère, du goût. Elle a reçu une solide formation littéraire.* **2.** Ensemble de connaissances théoriques et pratiques dans un domaine donné ; leur acquisition. *Formation professionnelle.* ⇒ **apprentissage.** *Stage de formation. Formation continue.* ⇒ **recyclage.** *Formation des adultes. Formation des enseignants,* en vue de l'exercice de cette profession. **3.** Ces connaissances. *Ils n'ont pas reçu la même formation musicale.*

forme [fɔʀm] n. f. **I.** Apparence naturelle. **1.** Ensemble des contours (d'un objet, d'un être), en fonction de ses parties. ⇒ **configuration, conformation, contour, figure.** *Avoir une forme régulière, symétrique, irrégulière, géométrique.* PRENDRE FORME : acquérir une forme. *Une construction qui prend forme. Notre projet prend forme.* ⇒ se **concrétiser,** se **matérialiser. 2.** Être ou objet confusément aperçu. *Une forme imprécise disparaît dans la nuit.* ⇒ **ombre. 3.** Apparence extérieure propre à un objet ou à un être ; modèle à reproduire. *Donner sa forme à un vase. Manteau de forme raglan.* ⇒ **coupe, façon.** — EN FORME DE. *Des sourcils en forme d'arc.* — SOUS FORME DE : se dit de la façon dont une chose se présente, sans changer de nature. *Médicament administré sous forme de comprimés. Elle déteste la tyrannie sous toutes ses formes.* **4.** Au plur. *Les formes,* les contours du corps humain. *Formes fines et élancées.* **5.** Au plur. Les contours considérés d'un point de vue esthétique. ⇒ **dessin, galbe, ligne, modelé, relief, tracé.** *Les formes et les couleurs. Beauté des formes* (⇒ **plastique**). **II.** Conception d'un fait scientifique ou technique. **1.** Manière dont une notion, un événement, une action, un phénomène se présente. *Les différentes formes de l'énergie, de la vie.* ⇒ **aspect, état, variété. 2.** Variante grammaticale. *Étude des formes.* ⇒ **morphologie.** *Les formes du singulier, du féminin.* **3.** Manière dont une pensée, une idée s'exprime (opposé à *fond*). ⇒ **expression, style.** *Donner une forme nouvelle à une idée banale. Opposer la forme au fond, au contenu.* **III.** Dans la vie sociale et en droit. **1.** Manière de procéder, d'agir selon les règles. ⇒ **formalité, norme, règle.** *Les formes de l'étiquette. — Dans les formes, en forme,* avec les formes habituelles. *Effectuer une demande dans les formes.* **2.** Aspect extérieur d'un acte juridique. *Jugement cassé pour vice de forme. Contrat en bonne et due forme.* — POUR LA FORME : par simple respect des usages ou conventions. **IV.** Condition physique (d'un cheval, d'un sportif, etc.) favorable aux performances. *Être en pleine forme avant la compétition. Être dans une forme médiocre.* — Bonne condition physique et morale. *Être, se sentir en forme, dans une forme excellente. Quelle forme !* **V. 1.** Ce qui sert à donner une forme déterminée à un produit manufacturé. ⇒ **gabarit, modèle, patron.** *Une forme de modiste,* pour les chapeaux. — *Une forme à soulier,* pour élargir les souliers. **2.** Moule creux. ⇒ **matrice.** *Installer des formes pour couler les fondations.* ⟨ ▸ -forme, haut-de-forme, plate-forme ⟩

-forme ■ Élément signifiant « qui a la forme, l'aspect de... » (ex. : *cruciforme,* adj., en forme de croix).

formel, elle [fɔʀmɛl] adj. **1.** Dont la précision et la netteté excluent tout malentendu. ⇒ **clair, explicite, précis.** / contr. **ambigu, douteux, équivoque** / *Déclaration formelle ; démenti formel. Refus formel.* ⇒ **absolu, catégorique.** *Preuve formelle.* — (Personnes) *Il a été formel sur ce point.* **2.** Qui privilégie la forme par rapport au contenu. *Classement, plan formel. Politesse formelle,* tout extérieure. **3.** Relatif à la forme (3). *Étude formelle d'un texte.* **4.** Qui décrit de manière claire (non ambiguë) et complète les relations entre des éléments (s'oppose à *positif*). *Logique formelle.* ⇒ **formalisé, structural.** ▶ ***formellement*** adv. **1.** De façon formelle. ⇒ **absolument, rigoureusement.** *Il est formellement interdit de fumer.* **2.** En considérant la forme. *Raisonnement formellement juste.* ‹ ▶ informel ›

former [fɔʀme] v. tr. ▪ conjug. 1. **I. 1.** Faire naître dans son esprit. *Former un projet. Nous avons formé l'idée de nous associer. Former des vœux pour le succès de qqn.* ⇒ **formuler. 2.** Créer (un ensemble, une chose complexe) en arrangeant des éléments. *Former un train, un convoi. Le premier ministre forme son gouvernement.* ⇒ **constituer. 3.** (Choses) Être la cause de. *Les dépôts calcaires qui forment des stalagmites.* **II. 1.** Façonner en donnant une forme déterminée. *Bien former ses lettres.* — Au p. p. adj. *Phrase mal formée,* mal construite. **2.** Développer (une aptitude, une qualité) ; exercer ou façonner (l'esprit, le caractère de qqn). ⇒ **cultiver, élever, instruire.** *Former son goût par de bonnes lectures. L'enseignante forme l'esprit critique des enfants.* — *Former un apprenti.* PROV. *Les voyages forment la jeunesse.* **III.** (Suj. chose ou personne) **1.** Composer, constituer en tant qu'élément. *Les barreaux forment une grille. Parties qui forment un tout. Les personnes qui forment une assemblée. Un ensemble formé de ceci et de cela.* **2.** Prendre la forme, l'aspect, l'apparence de. ⇒ **faire, présenter.** *La route forme une série de courbes.* **IV.** SE FORMER v. pron. **1.** Naître sous une certaine forme. *Manière dont la Terre s'est formée, dont les êtres se sont formés. Les sentiments qui se forment en nous.* **2.** Prendre une certaine forme. *L'armée se forma en carré, en ordre de bataille.* **3.** S'instruire, se cultiver, apprendre son métier. *Elle s'est formée sur le tas.* ▶ ***formé, ée*** adj. **1.** Part. passé de *former,* de *se former.* **2.** (Jeunes filles) Qui a ses règles. ⇒ **pubère.** ‹ ▶ déformer, reformer, transformer ›

formica [fɔʀmika] n. m. ▪ Revêtement synthétique, papier imprégné d'une résine dure, utilisé en ameublement. ⇒ **arborite.** *Une table en formica.* — REM. Ce mot est un nom de marque déposée.

formidable [fɔʀmidabl] adj. **1.** Vx. Qui inspire une grande crainte. ⇒ **effrayant, redoutable.** *Un montre formidable.* **2.** Dont la taille, la force, la puissance est très grande. ⇒ **énorme, extraordinaire.** *Des effectifs formidables, un nombre formidable.* **3.** Fam. Excellent. ⇒ **épatant, sensationnel.** *Un livre, un film formidable. J'ai une idée formidable ! C'est formidable !* extraordinaire. ⇒ fam. au **bout.** ▶ ***formidablement*** adv. ▪ Énormément. — Fam. Terriblement. ⇒ **très.**

formique [fɔʀmik] adj. ▪ *Acide formique,* liquide incolore, piquant et corrosif. *Aldéhyde formique,* antiseptique. ▶ ***formol*** n. m. ▪ Solution bactéricide (d'aldéhyde *formique*) employée comme désinfectant et pour la conservation des êtres vivants, des tissus après leur mort. ⇒ **formaldéhyde.** *Vipère conservée dans le formol.* ‹ ▶ chloroforme, formaldéhyde, urée(-) formol ›

formule [fɔʀmyl] n. f. **I. 1.** En religion, en magie. Paroles rituelles qui doivent être prononcées dans certaines circonstances, pour obtenir un résultat. *Formule incantatoire (« Abracadabra ») ; formule magique (« Sésame, ouvre-toi ! »).* **2.** Expression consacrée dont la coutume, l'usage commande l'emploi dans certaines circonstances. *Formules de politesse.* ⇒ **condoléances, félicitations. II. 1.** Dans les sciences. Expression concise, souvent symbolique, définissant une relation ou une opération. *H_2O, formule moléculaire de l'eau. Formule algébrique, géométrique.* **2.** Solution type (d'un problème), manière de procéder. *Tu as trouvé une bonne formule.* ⇒ **méthode, procédé.** *Formule de paiement.* ⇒ **mode.** — *Une nouvelle formule de spectacle, de restaurant.* **3.** Expression lapidaire, nette et frappante, d'une idée ou d'un ensemble d'idées. ⇒ **aphorisme, proverbe, slogan. 4.** Feuille de papier imprimée contenant quelques indications et destinée à recevoir un texte court. *Remplir une formule de télégramme.* ⇒ **feuille, formulaire. III.** En sport automobile. Catégorie de voitures de course. *Courir en formule 1.* ▶ ***formuler*** v. tr. ▪ conjug. 1. **1.** Énoncer avec la précision, la netteté d'une formule. ⇒ **exposer, exprimer.** *Formuler une réclamation. Formuler une plainte* (en justice). ⇒ **déposer. 2.** Exprimer par des mots. ⇒ **émettre.** *Formuler un souhait, des vœux.* ⇒ **former.** *Formuler clairement sa pensée.* ▶ ***formulaire*** n. m. **1.** Recueil de formules. *Le formulaire des pharmaciens.* **2.** Formule où sont imprimées des questions en face desquelles la personne intéressée doit inscrire ses réponses. ⇒ **questionnaire.** *Le formulaire de déclaration de revenus. Un formulaire de demande d'emploi.* ▶ ***formulation*** n. f. **1.** Action d'exposer avec précision ; manière dont qqch. est formulé. **2.** Action de mettre en formule (II). ‹ ▶ informulé ›

forniquer [fɔʀnike] v. intr. ▪ conjug. 1. ▪ Fam. et plaisant. Avoir des relations sexuelles. *Passer son temps à forniquer.* ▶ ***fornication*** n. f. ▪ Action de forniquer. *Se livrer à la fornication.*

① ***fort, forte*** [fɔʀ, fɔʀt] adj. **I. 1.** (Personnes) Qui a de la force physique. ⇒ **robuste, vigoureux.** / contr. **faible, fragile** / *Un homme grand et fort. Être fort comme un Turc, comme un bœuf,* très fort. *Un homme fort,* d'une force physique exceptionnelle, qui exécute des tours de force. ⇒ **hercule.** *Recourir à la manière forte,* à la contrainte, à la violence. ⇒ ① **force** (V). **2.** Considérable par les dimensions. ⇒ **grand, gros.** / contr. **mince ; fluet** / — (Surtout des femmes) Euphémisme pour *gros. Femme forte, un peu forte.* ⇒ **corpulent** (II, 3). **3.** Qui a une grande force intellectuelle, de grandes connaissances (dans un domaine). ⇒ **bon, capable, doué, féru, habile ;** fam. **bollé.** / contr. **faible, nul** / *Être fort sur une question. Être fort à un exercice, un jeu,* savoir très bien le pratiquer. — Fam. (Choses) ⇒ **intelligent.** *J'ai lu sa dernière critique, ce n'est pas très fort !* — *Être fort sur qqch.,* avoir un goût alimentaire très marqué pour. *Il n'est pas fort sur le poisson.* **II. 1.** (Choses) Qui résiste. ⇒ **résistant, solide.** *Papier fort.* ⇒ **épais.** *Fil, ruban fort. Colle forte, extra-forte.* **2.** Fortifié. *Une place forte. Un château fort.* ⇒ ⑤ **fort. 3.** (Sur le plan moral) Qui est capable de résister au monde extérieur ou à soi-même. ⇒ **courageux, énergique, ferme.** / contr. **faible** (I) / *Une forte femme. Être fort dans l'adversité, l'épreuve. Un esprit fort,* incrédule, non conformiste ; qui se place au-dessus des opinions reçues. — *Forte tête,* obstiné, rebelle à toute influence, à toute discipline. **III. 1.** (Mouvement, effort physique) Intense. *Coup très fort.* ⇒ **énergique, violent.** / contr. **faible** / *Forte poussée.* — (Avant le nom) Qui dépasse la normale. *De fortes chutes de neige.* ⇒ **abondant.** / contr. **léger** / *Une forte fièvre. Payer une forte somme.* ⇒ **gros.** *Elle a de fortes chances. Avoir affaire à forte partie.* **2.** Dont l'intensité a une grande action sur les sens. / contr. **doux** / *Voix forte. Lumière forte. Des odeurs fortes.*

Moutarde forte, à saveur forte. *Du cheddar fort. Cigarettes fortes. Café, thé fort,* concentré (opposé à *léger*). **3.** Abstrait. ⇒ **grand, intense.** / contr. **faible** / *Douleur trop forte. Faire une forte impression sur qqn.* **4.** Difficile à croire ou à supporter par son caractère excessif. *La plaisanterie est un peu forte.* ⇒ **exagéré, poussé ;** fam. **raide.** *Ça c'est fort, c'est un peu fort !* ⇒ **inouï.** (Surtout en France). Fam. *C'est fort de café, de chocolat, de (en) ketchup,* c'est incroyable, exagéré. *Le plus fort, c'est que...* ⇒ **extraordinaire. 5.** (Personnes) Qui a un grand pouvoir d'action, de l'influence. ⇒ **influent, puissant** (souv. opposé à *faible*). *Il est fort parce qu'il est riche.* — ÊTRE FORT DE : puiser sa force, sa confiance, son assurance dans. *Elle est forte de la faiblesse de son adversaire.* SE FAIRE FORT DE (*fort* invar.) : se déclarer assez fort pour faire telle chose, obtenir tel résultat. ⇒ se **targuer,** se **vanter.** *Elle s'est fait fort de réussir.* — Loc. fam. *Au plus fort la poche,* c'est le meilleur, le plus puissant qui l'emporte. **6.** Qui a la force (II) ou n'hésite pas à employer la contrainte ⇒ ① **force** (V). *Gouvernement fort. L'homme fort d'un régime. Une armée forte.* **7.** Qui agit efficacement, produit des effets importants (qualités morales ou intellectuelles). *Sentiment, préjugé plus fort que la raison. C'est plus fort que moi,* se dit d'une habitude, d'un désir, etc., auquel on ne peut résister. ‹ ▶ coffre-fort, conforter, contrefort, eau-forte, extra-fort, forcir, fortement, fortiche, ① fortifier, main-forte, raifort, réconforter ›

② ***fort*** [fɔʀ] adv. **I. 1.** Avec de la force physique, en fournissant un gros effort. ⇒ **fortement.** *Frapper fort.* ⇒ **dur, vigoureusement.** *Serrer très fort. Respirez fort !* **2.** Avec une grande intensité. *Le vent souffle fort. Parler, crier fort.* — Y ALLER FORT : exagérer. **II.** (Rare dans la langue parlée) Adv. de quantité. (Avec un verbe) ⇒ **beaucoup.** *Cet homme me déplaît fort. J'en doute fort. Elle aura fort à faire* [fɔʀafɛʀ] *pour vous convaincre.* — (Devant un adj. ou un adv.) ⇒ **très.** *Un homme fort occupé. Je le sais fort bien.* ⇒ **parfaitement.** ‹ ▶ forte, fortissimo ›

③ ***fort*** n. m. **1.** Personne qui a la force, la puissance (matérielle). ⇒ **puissant.** *Protéger le faible contre le fort.* **2.** Personne qui a de la force morale. **3.** Fam. *Le, du fort,* boisson qui contient une forte proportion d'alcool. ⇒ **spiritueux.** *Le vin et le fort. Prendre du fort. Un verre de fort.*

④ ***fort*** n. m. **1.** (Après un poss.) Ce en quoi qqn est fort, excelle. *C'est son fort.* — Surtout négatif. *La générosité n'est pas son fort.* **2.** AU (PLUS) FORT DE *l'été, de l'hiver.* ⇒ **cœur, milieu.**

⑤ ***fort*** n. m. ■ Autrefois. Ouvrage de fortification (château fort, place forte) destiné à protéger un lieu stratégique, une ville. ⇒ **forteresse, fortin.** *Le fort Lennox a jadis joué un rôle très important.* ‹ ▶ forteresse, fortin ›

forte [fɔʀte] adv. ■ Musique. Fort. *Jouer forte.* / contr. ② **piano** / ‹ ▶ fortissimo ›

fortement [fɔʀtəmɑ̃] adv. **1.** Avec force. *Serrer fortement.* ⇒ ② **fort ; vigoureusement.** *Cela tient fortement au mur.* ⇒ **solidement.** — *Désirer, espérer fortement.* ⇒ **intensément, profondément. 2.** Très. *Nous avons été fortement intéressés par votre projet.*

forteresse [fɔʀtəʀɛs] n. f. **1.** Lieu fortifié pour défendre un territoire, une ville. ⇒ **citadelle,** ⑤ **fort ; rempart.** *La forteresse de Louisbourg. Forteresse imprenable.* **2.** FORTERESSE VOLANTE : bombardier lourd américain mis en service au cours de la Seconde Guerre mondiale.

① ***fortifier*** [fɔʀtifje] v. tr. ■ conjug. 7. **1.** Rendre fort, vigoureux ; donner plus de force à. / contr. **affaiblir** / *L'exercice fortifie le corps. Nourriture, remède qui fortifie.* ⇒ **soutenir. 2.** Abstrait. *Fortifier son âme, sa volonté. Le temps fortifie l'amitié.* ⇒ **augmenter, renforcer.** ▶ ***fortifiant, ante*** adj. et n. m. ■ (Aliments, boissons) Qui fortifie. ⇒ **reconstituant, tonique ;** fam. **remontant.** *Une nourriture fortifiante.* — N. m. Aliment, médicament qui fortifie. *Prendre un fortifiant.* — Iron. Alcool.

② ***fortifier*** v. tr. ■ conjug. 7. ■ Munir d'ouvrages de défense. — Au p. p. adj. *Ville fortifiée.* ▶ ***fortification*** n. f. ■ Souvent au plur. Ouvrages fortifiés destinés à la défense d'une position, d'une place. ⇒ **bastion, casemate, citadelle, enceinte,** ⑤ **fort, forteresse, fortin, rampart.** *Les fortifications de Québec.*

fortin [fɔʀtɛ̃] n. m. ■ Petit fort ⑤.

a fortiori loc. adv. ⇒ **a fortiori.**

fortissimo [fɔʀtisimo] adv. ■ Musique. Très fort. ⇒ **forte.** / contr. **pianissimo** /

fortran [fɔʀtʀɑ̃] n. m. ■ Informatique. Langage de programmation employé pour résoudre des problèmes scientifiques ou techniques. ⇒ **basic, cobol.**

fortuit, uite [fɔʀtɥi, ɥit] adj. ■ Qui arrive par hasard, d'une manière imprévue. ⇒ **accidentel.** / contr. **nécessaire** / *Une rencontre fortuite.* ▶ ***fortuitement*** adv.

fortune [fɔʀtyn] n. f. **I. 1.** *Une fortune,* ensemble des biens, des richesses. ⇒ **argent, capital, richesse.** *Les biens qui composent sa fortune. Situation de fortune,* situation financière. *Il n'a aucune fortune personnelle. Ça coûte une fortune !* ⇒ fam. **bras, fesse. 2.** *La fortune,* ensemble de biens d'une valeur considérable. *Avoir, posséder de la fortune. Le pétrole est la seule fortune de ce pays.* — FAIRE FORTUNE : s'enrichir. **II. 1.** Littér. Puissance qui est censée distribuer le bonheur et le malheur sans règle apparente. ⇒ **hasard, sort.** *Les caprices de la fortune.* — PROV. *La fortune sourit aux audacieux. La fortune vient en dormant.* **2.** (Dans des expressions) Événement ou suite d'événements considérés dans ce qu'ils ont d'heureux ou de malheureux. ⇒ **chance.** *Avoir la bonne, l'heureuse fortune de. Mauvaise fortune,* infortune, malheur. *Faire contre mauvaise fortune bon cœur,* accepter, se résigner. *Chercher, tenter fortune. Revers de fortune.* — DE FORTUNE : improvisé pour parer au plus pressé. *Une installation, des moyens de fortune.* ▶ ***fortuné, ée*** adj. **1.** Vx. Heureux. *Tu es fortuné d'avoir de si bons enfants.* ⇒ **chanceux, privilégié. 2.** Qui a de la fortune. ⇒ **aisé, riche.** ‹ ▶ infortune ›

forum [fɔʀɔm] n. m. **1.** Dans l'Antiquité romaine. Place où se tenaient les assemblées du peuple et où se discutaient les affaires publiques (comme l'*agora* des Grecs). **2.** Réunion-débat thématique. ⇒ **colloque.** *Un forum étudiant. Des forums.*

fosse [fos] n. f. **1.** Trou creusé dans le sol et aménagé. ⇒ **excavation, fossé.** — *Fosse septique,* destinée à recevoir les matières fécales. — *Fosse aux lions. Fosse d'orchestre.* **2.** Trou creusé en terre pour l'inhumation des morts. ⇒ **tombe.** *Ensevelir, enterrer qqn dans une fosse* (⇒ **fossoyeur**). *Fosse commune,* où sont déposés ensemble plusieurs cadavres ou cercueils. **3.** Cavité naturelle. *Fosses nasales.* — Importante dépression du fond de la mer, d'un fleuve, d'une rivière, d'un lac. *Fosse géologique.* ⇒ **bas-fond.** — *Fosse à saumon(s),* partie profonde d'un cours d'eau, dans laquelle le saumon se repose lorsqu'il remonte vers les frayères. ≠ *fausse.* ▶ ***fossé*** n. m. **1.** Fosse creusée en long dans le sol et servant à la réception ou à l'écoulement des eaux. ⇒ **tranchée.** *Fossé formant la clôture d'un champ. La voiture est tombée dans le fossé.* — Loc. fam. *Prendre* *le fossé,* (voitures) tomber dans le fossé. ⇒ **champ,** ② **clos, décor. 2.** Abstrait. Cassure, coupure. *Le fossé s'est élargi entre eux.* ⇒ **abîme.** ▶ ***fossette*** n. f. ■ Petit creux dans une partie charnue (joues, menton, etc.). ‹ ▶ cul-de-basse-fosse, fossoyeur ›

fossile [fɔsil] adj. et n. m. **1.** Se dit des débris ou des empreintes des végétaux et animaux conservés dans les dépôts sédimentaires et qui ne sont en général plus représentés par des spécimens vivants. *Plantes, végétaux fossiles.* Un combustible fossile (⇒ **charbon, pétrole**). — N. m. UN FOSSILE. *Science, étude des fossiles.* ⇒ **paléontologie. 2.** N. m. Fam. Personne démodée, vieux jeu. ⇒ **dinosaure.** *C'est un vieux fossile.* ▶ ***fossiliser*** v. tr. ▪ conjug. 1. ■ Rendre fossile : amener à l'état de fossile. — Pronominalement. Devenir fossile (1). ▶ ***fossilisation*** n. f. ■ Fait de se fossiliser.

fossoyeur, euse [foswajœʀ, øz] n. **1.** Personne qui creuse les fosses dans un cimetière. **2.** Littér. Personne qui anéantit, ruine qqch. ⇒ **démolisseur.** *Les fossoyeurs d'une civilisation, d'une doctrine.*

① ***fou*** (ou ***fol***), ***folle*** [fu, fɔl] n. et adj. **I.** N. **1.** Personne atteinte de troubles, de désordres mentaux. ⇒ **aliéné, dément.** — REM. Comme *folie,* ne s'emploie plus en psychiatrie. *Au fou ! Fou furieux.* MAISON DE FOUS : vx, asile ; par exagér. lieu dont les habitants agissent bizarrement et font régner le désordre. — HISTOIRE DE FOUS (fam.) : anecdote comique dont les personnages sont des aliénés. *C'est une véritable histoire de fous que vous me racontez là !,* une histoire invraisemblable. — Loc. fam. *Tu penses que je vais te croire. Un fou dans une poche !,* phrase exclamative adressée à qqn par une personne qui pense qu'on la prend pour une idiote, une imbécile. **2.** Personne qui, sans être atteinte de troubles mentaux, se comporte d'une manière déraisonnable, extravagante. *Un jeune fou. Une vieille folle.* Loc. *Faire le fou,* agir inconsidérément. — *Un fou du volant,* un conducteur dangereux. ⇒ fam. **cow-boy. 3.** Personne d'une gaieté vive et exubérante. *Les enfants ont fait les fous toute la journée.* PROV. *Plus on est de fous, plus on rit,* plus on est nombreux, plus on s'amuse. **II.** Adj. (*Fol* devant un nom sing. commençant par une voyelle ou un *h* aspiré : *fol espoir, fol hasard* ; ou par archaïsme, par plaisant.) **1.** Atteint de désordres, de troubles mentaux. / contr. **équilibré, sensé** / *Il est devenu fou et on a dû l'enfermer. Fou (comme) braque, fou raide,* complètement fou, dérangé. **2.** Qui est hors de soi. *Sa lenteur me rend fou,* m'énerve, m'impatiente. *Fou de joie, de colère.* **3.** FOU DE : qui a un goût extrême pour. ⇒ **amoureux, passionné.** *Elle est folle de lui. Être fou de musique, de Mozart.* ⇒ **fanatique. 4.** Qui agit, se comporte d'une façon peu sensée, anormale. ⇒ **bizarre, dérangé, détraqué, malade ;** fam. **capoté.** *L'automobiliste fou a fauché trois passants. Il est fou à lier. Il faut être fou pour dire cela. Il n'est pas fou* (fam.), il est malin, habile. — Loc. fam. *Avoir l'air fou,* avoir l'air, paraître idiot, ridicule. *Tu as l'air fou dans tes vieilles guenilles.* Être dans une fâcheuse situation, dans le pétrin. ⇒ ① **frais** (II, 4). *Il a l'air fou en souliers dans la neige.* — *Faire un fou de soi,* accomplir qqch. qui rend une personne ridicule. — *Lâcher son fou, se défouler, s'amuser.* Qui dénote la folie, la bizarrerie. *Regard fou.* ⇒ **hagard.** *Fou rire,* rire que l'on ne peut réprimer. — (Choses, notions abstraites) Contraire à la raison, à la sagesse. ⇒ **absurde, déraisonnable.** *Idée folle. Folle idée, passion. L'amour fou.* **5.** (Après le nom) Dont le mouvement est irrégulier, imprévisible, incontrôlable. *Camion fou.* ⇒ **emballé.** *Roue, poulie, vis folle,* qui tourne à vide. Fam. *Patte folle,* jambe qui boite. — *Herbes folles. Mèches folles.* ⇒ **indiscipliné, rebelle. 6.** (Après le nom) ⇒ **énorme, immense, prodigieux.** *Il y avait un monde fou à cette réception. Un succès fou. Dépenser un argent fou. Des prix fous,* excessifs. ‹ ▶ affoler, folâtre, folerie, folichon, folie, folle-avoine, follement, follet, foufou, garde-fou, raffoler, tout-fou ›

② ***fou*** n. m. **1.** Anciennt. Bouffon (d'un roi, d'un haut personnage). *Des fous.* **2.** Pièce du jeu d'échecs qui circule en diagonale.

③ ***fou*** n. m. ■ Oiseau marin palmipède plongeur. *Fou de bassan.*

① ***foudre*** [fudʀ] n. m. ■ Loc. (souvent iron.) *Un* FOUDRE DE GUERRE : un grand capitaine. — *Un* FOUDRE D'ÉLOQUENCE : un grand orateur.

② ***foudre*** n. f. **1.** Décharge électrique qui se produit par temps d'orage entre deux nuages ou entre un nuage et le sol avec une lumière et une détonation (⇒ **éclair, tonnerre**). *La foudre éclate, tombe. Arbres frappés par la foudre.* **2.** COUP DE FOUDRE : manifestation subite de l'amour dès la première rencontre. **3.** Au plur. FOUDRES : condamnation, reproches. ⇒ **blâme, représailles.** *Elle s'est attiré les foudres de son père.* ▶ ***foudroyer*** [fudʀwaje] v. tr. ▪ conjug. 8. **1.** Frapper, tuer par la foudre, par une décharge électrique. *Il a été foudroyé par le courant à haute tension.* ⇒ **électrocuter. 2.** Tuer, anéantir avec soudaineté. *Une crise cardiaque l'a foudroyé.* — Par exagér. *Foudroyer qqn du regard.* ▶ ***foudroyant, ante*** adj. ■ Qui a la rapidité, la violence de la foudre. *Mort foudroyante. Succès foudroyant.* ⇒ **fulgurant.** ‹ ▶ parafoudre ›

fouet [fwɛ] n. m. **I. 1.** Instrument formé d'une lanière de cuir ou d'une cordelette au bout d'un manche. ⇒ **chat** (II) à neuf queues, **cravache,** ② **martinet.** *Donner des coups de fouet.* ⇒ **fouetter. 2.** COUP DE FOUET : excitation, impulsion vigoureuse. *Médicament qui donne un coup de fouet à l'organisme.* **3.** DE PLEIN FOUET : de face et violemment. *Les deux voitures se sont heurtées de plein fouet.* ⇒ **face-à-face. II.** Appareil servant à battre les sauces, les blancs d'œufs, etc. *Fouet électrique.* ⇒ **batteur.** ▶ ***fouetter*** v. ▪ conjug. 1. **I.** V. tr. **1.** Frapper avec un fouet. ⇒ **flageller.** *Être fouetté jusqu'au sang.* — Loc. *Avoir d'autres chats à fouetter,* autre chose à faire. **2.** Frapper comme avec un fouet. *La pluie lui fouettait le visage.* **3.** Battre vivement, rapidement. — Au p. p. adj. *Crème fouettée. Lait fouetté.* ⇒ anglic. **milk shake. 4.** Donner un coup de fouet à ; stimuler. *Ce premier succès fouetta son ambition.* ⇒ **allumer, exciter. II.** V. intr. ■ Frapper, cingler comme le fait un fouet. *La pluie fouette contre les volets.* ▶ ***fouettard, arde*** adj. ■ (France) PÈRE FOUETTARD : personnage dont on menace les enfants. ⇒ **bonhomme** (4), **croque-mitaine.**

foufou [fufu], ***fofolle*** [fɔfɔl] adj. ■ Un peu fou, folle, léger et folâtre. ⇒ **farfelu, fou.** *Ils sont un peu foufous.*

foufoune [fufun] n. f. ■ Fam. et plaisant. Fesse. ⇒ ② **derrière ;** fam. ② **postérieur, péteux.** *Avoir mal à une foufoune. Donner, recevoir une tape sur les foufounes.*

fougère [fuʒɛʀ] n. f. ■ Plante à tige rampante souterraine, à feuilles de taille élevée, très découpées et souvent enroulées en crosse au début du développement. — Fam. *Des crosses de fougère.* ⇒ **tête,** queue de **violon.**

fougue [fug] n. f. ■ Ardeur impétueuse. ⇒ **élan, emportement, enthousiasme, flamme, transport.** *Elle a agi avec la fougue de la jeunesse. La fougue d'un orateur.* ⇒ **verve.** / contr. **calme ; froideur** / ▶ ***fougueux, euse*** adj. ■ *Cheval fougueux. Jeunesse fougueuse.* ▶ ***fougueusement*** adv. ■ *Attaquer fougueusement.*

fouiller [fuje] v. ▪ conjug. 1. **I.** V. tr. **1.** Creuser (un sol, un emplacement) pour mettre à découvert ce qui peut être enfoui. *Fouiller un terrain riche en vestiges amérindiens.* **2.** Explorer avec soin en tous sens. *Douanier qui fouille des bagages.* ⇒ **examiner, visiter.** *Fouiller ses poches.* — *Fouiller qqn,* chercher soigneusement ce qu'il peut cacher dans ses vêtements, sur son corps. *Fouiller un voleur.* — Fam. *Fouille-moi !,* je ne sais rien, j'ignore de quoi il s'agit. **3.** Travailler les détails de, aller en profondeur. *Fouiller une description.* — Au p. p. adj. *Étude très fouillée.* **II.** V. intr. **1.** Faire un creux dans le sol. *Animaux qui fouillent pour trouver leur nourriture.* ⇒ **fouir. 2.** Faire des recherches, en déplaçant tout ce qui peut cacher la chose que l'on cherche. ⇒ **chercher ;** fam. **farfouiller, fouiner.** *Fouiller dans ses poches,* en explorer le contenu. — *Fouiller dans le passé, dans ses souvenirs,* afin de retrouver ce qui était perdu, oublié. **III.** SE FOUILLER v. pron. Fam. *Il peut se fouiller !,* il ne doit pas compter, espérer obtenir ce qu'il désire. *Tu peux toujours te fouiller !* ⇒ **attendre.** ▶ ***fouille*** [fuj] n. f. **I. 1.** Excavation pratiquée dans la terre pour mettre à découvert et étudier les ruines ensevelies de civilisations disparues. Surtout au plur. *L'archéologue qui dirige les fouilles. Faire des fouilles.* **2.** Excavation faite dans la terre (pour les constructions, travaux publics, etc.). **3.** Action d'explorer, en vue de découvrir qqch. de caché. *Les malfaiteurs appréhendés ont été soumis à une fouille en règle, au corps. Fouille des bagages en douane.* ⇒ **visite. II. 1.** Loc. fam. *Prendre une fouille,* faire une mauvaise chute, tomber. ⇒ **culbuter ;** fam. **débarque ; plonge. 2.** Fig. Fam. *Ils ont pris une fouille à l'examen,* subi un échec inattendu et important. ▶ ***fouillis*** [fuji] n. m. invar. ■ Fam. Entassement d'objets disparates réunis pêle-mêle. ⇒ **désordre, pagaïe ;** fam. **bordel.** *Quel fouillis ! Sa chambre est un fouillis.* ⟨ ▶ farfouiller, trifouiller ⟩

fouine [fwin] n. f. **1.** Petit mammifère carnivore d'Europe et d'Asie, à corps mince et au museau allongé, du genre des martres. *La fouine saigne les volailles.* **2.** Fig. et fam. Curieux, indiscret. ⇒ **fouineur ;** fam. **écornifleur.** ▶ ***fouiner*** v. intr. ▪ conjug. 1. ■ Fam. Fouiller indiscrètement dans les affaires des autres. ⇒ **fureter.** *Elle n'aime pas qu'on vienne fouiner dans ses affaires.* ▶ ***fouineur,*** ou ***fouineux, euse*** adj. et n. ■ Qui cherche indiscrètement, fouine partout. ⇒ **curieux, fureteur ;** fam. **écornifleur, fouine, senteux.** *Il a l'air fouineur et soupçonneux.*

fouir [fwiʀ] v. tr. ▪ conjug. 2. ■ (Surtout en parlant des animaux) Creuser (la terre, le sol). ⇒ **fouiller.** ▶ ***fouisseur, euse*** n. m. et adj. ■ (Animaux) Qui creuse le sol avec une grande facilité. *La taupe est un animal fouisseur.* ⟨ ▶ enfouir ⟩

foulage [fulaʒ] n. m. ■ Action de fouler (le raisin, le drap).

foulant, ante [fulɑ̃, ɑ̃t] adj. ■ Qui élève le niveau d'un liquide par pression. *Pompe aspirante et foulante.*

foulard [fulaʀ] n. m. **1.** Écharpe de soie, de coton, de laine. *Mettre un foulard et des mitaines.* ⇒ **cache-nez. 2.** Coiffure faite d'un mouchoir noué autour de la tête. ⇒ **carré.** *Les Antillaises portent des foulards aux couleurs vives.* ⇒ **madras.** — Fam. *Un foulard de tête.* ⇒ ③ **fichu.**

foule [ful] n. f. **1.** Multitude de personnes rassemblées en un lieu. ⇒ **affluence, monde.** *Se mêler à la foule. Foule grouillante.* ⇒ **cohue.** *Il y a foule,* il y a beaucoup de monde, d'affluence. **2.** LA FOULE : le commun des humains (opposé à *élite*). ⇒ **masse, multitude. 3.** UNE FOULE DE : grand nombre de personnes ou de choses de même catégorie. *Une foule de clients, de visiteurs est venue aujourd'hui* (totalité considérée collectivement : verbe au sing.). *Une foule de gens pensent que c'est faux* (pluralité dont les éléments sont considérés individuellement : verbe au plur.). **4.** EN FOULE : en masse, en grand nombre. *Le public est venu en foule.*

foulée [fule] n. f. **1.** Appui que le cheval prend sur le sol à chaque temps de sa course ; mouvement effectué à chaque temps de galop. **2.** Enjambée de l'athlète en course. *Ce coureur a une magnifique foulée.* — *Suivre un adversaire dans sa foulée,* de près. — Fig. *S'inscrire dans la foulée de qqn,* suivre la même ligne de pensée, avoir la même philosophie.

① ***fouler*** [fule] v. tr. ▪ conjug. 1. **1.** Presser (qqch.) en appuyant à plusieurs reprises, avec les mains, les pieds, un outil. *Fouler des cuirs, du drap.* **2.** Littér. Presser (le sol) en marchant dessus. *Fouler le sol de la patrie.* — FOULER AUX PIEDS : marcher avec violence, colère ou mépris sur (qqn, qqch.). ⇒ **piétiner.** — Abstrait. Traiter avec le plus grand mépris. ⇒ **bafouer.** *Fouler aux pieds les convenances.* — Loc. fam. *Emplis, mais (ne) foule pas !,* n'en remets pas trop. **3.** V. intr. Rétrécir au lavage. *Ce chandail a foulé.* — Au p. p. adj. *Des mitaines foulées.* ▶ ***foulon*** n. m. **1.** TERRE À FOULON : argile servant au dégraissage du drap destiné au foulage. **2.** Machine servant au foulage (des étoffes de laine, des cuirs). — *L'anse au Foulon, à Québec.* ⟨ ▶ défouler, foulage, foulant, foulée, refouler ⟩

② ***se fouler*** v. pron. ▪ conjug. 1. ■ Faux pron. *Se fouler la cheville, le pied...,* s'infliger une foulure. *Elle s'est foulé la cheville.* ⇒ se **forcer** (III), se **tordre.** — Fam. *Se fouler la rate,* se donner du mal, de la peine. ▶ ***foulure*** n. f. ■ Légère entorse. *Foulure du poignet.*

foulque [fulk] n. f. ■ Oiseau échassier au plumage noir, qui se tient dans les eaux douces et calmes. *Des foulques d'Amérique.*

① ***four*** [fuʀ] n. m. **1.** Ouvrage de maçonnerie généralement voûté, muni d'une ouverture par-devant, et où l'on fait cuire le pain, la pâtisserie, etc. *Four de boulanger.* ⇒ **fournil.** *Mettre au four,* enfourner. — Loc. (France) *Ouvrir la bouche comme un four.* — *Il fait noir comme dans un four.* **2.** Partie fermée d'une cuisinière, élément séparé où l'on peut mettre les aliments pour les faire cuire. ⇒ fam. **fourneau.** *Rôti cuit au four.* — *Four (à) micro-ondes.* **3.** Ouvrage ou appareil dans lequel on fait subir à diverses matières, sous l'effet d'une chaleur intense, des transformations physiques ou chimiques. ⇒ **fourneau. 4.** Endroit très chaud, surchauffé. ⇒ **fournaise.** ⟨ ▶ cul-de-four, enfourner, fournaise, fourneau, fournée, fournil ⟩

② ***four*** n. m. ■ (Spectacle, réunion, manifestation artistique) Échec, insuccès. ⇒ fam. ② **bide, flop.** *La représentation a été un four complet.* / contr. **tabac** /

③ ***four*** n. m. ⇒ **petit(-)four.**

fourbe [fuʀb] adj. et n. ■ Qui trompe ou agit mal en se cachant, en feignant l'honnêteté. ⇒ ① **croche** (II), **faux, hypocrite, perfide, sournois.** *Un être fourbe et menteur.* / contr. **franc, honnête, loyal** / *Un air fourbe.* — N. *C'est un, une fourbe.* ▶ ***fourberie*** n. f. **1.** Caractère du fourbe. ⇒ **duplicité, fausseté, hypocrisie. 2.** Littér. *Une fourberie,* tromperie hypocrite. ⇒ **ruse, trahison.**

fourbi [fuʀbi] n. m. Fam. **1.** Toutes les armes, tous les objets que possède un soldat. ⇒ **attirail ;** fam. ① **barda. 2.** Les affaires, les effets que possède qqn ; choses en désordre ⇒ fam. **fouillis.** *On ne s'y reconnaît pas, dans ce fourbi !* **3.** Tout objet dont on ne peut dire le nom. ⇒ **bidule, chose, machin, patente, truc.**

fourbir [fuʀbiʀ] v. tr. ▪ conjug. 2. ■ Nettoyer (un objet de métal) de façon à le rendre brillant. ⇒ **astiquer.**

— Fig. Littér. *Fourbir ses armes,* s'armer, se préparer à la guerre, à un combat, à une confrontation, à un débat.

fourbu, ue [fuRby] adj. **1.** *Cheval, animal fourbu,* épuisé de fatigue. **2.** (Personnes) Qui est harassé, très fatigué. ⇒ **éreinté, exténué, moulu, rompu.**

fourche [fuRʃ] n. f. **I.** Instrument à main, formé d'un long manche muni de deux dents ou plus, qui sert en agriculture. *Une fourche à foin.* **II.** Disposition en forme de fourche ; partie présentant cette position. *Fourche d'un arbre,* endroit où les grosses branches se séparent du tronc. *Fourche de bicyclette, de motocyclette,* partie du cadre où est fixée la roue. *La fourche d'un pantalon.* ⇒ **califourchon, entre-jambes.** Fam. Les organes génitaux. *Se gratter la fourche.* — *La fourche du chemin,* l'endroit où il bifurque. ⇒ **bifurcation, embranchement.** ▶ ***fourcher*** v. intr. ▪ conjug. 1. ■ Loc. *La langue lui a fourché,* il a prononcé un mot au lieu d'un autre, par méprise. ▶ ***fourchette*** n. f. **I. 1.** Ustensile de table (d'abord à deux, puis à trois, quatre dents), dont on se sert pour piquer les aliments et les porter à la bouche. *La fourchette et le couteau.* ⇒ **couvert.** *Fourchette à dessert, à poisson, à huîtres. Fourchette à fondue,* à long manche, à deux dents, pour piquer le pain (fondue suisse), la viande (fondue bourguignonne, chinoise), les fruits (fondue au chocolat). — Loc. *Avoir un bon coup de fourchette, être une bonne fourchette,* être gros mangeur. *Manger du bout de la fourchette,* ne pas avoir très faim ; être dédaigneux. ⇒ **lèvre. 2.** Pièce ou organe en forme de fourchette (pièce du changement de vitesse ; soudure des deux clavicules de l'oiseau, etc.). **II. 1.** Loc. *Prendre son adversaire en fourchette,* avoir deux cartes, l'une supérieure, l'autre inférieure à celle d'un adversaire. **2.** Écart entre deux valeurs extrêmes. *La fourchette des impôts.* ▶ ***fourchu, ue*** adj. ■ Qui a la forme, l'aspect d'une fourche ; qui fait une fourche. *Chemin fourchu. Arbre fourchu.* — *Queue, langue fourchue,* qui se divise en deux parties. — Fig. *Avoir la langue fourchue,* dire des médisances. ⟨ ▶ à califourchon, carrefour, enfourcher ⟩

fourgon n. m. **1.** Long véhicule couvert pour le transport de bagages, de meubles, d'animaux. — *Le fourgon mortuaire,* pour le transport des morts. ⇒ **corbillard. 2.** Dans un train de voyageurs. Wagon servant au transport des bagages. *Fourgon de tête, de queue.* — *Fourgon à bestiaux.* ▶ ***fourgonnette*** n. f. ■ Petite camionnette. ⇒ **familiale.**

fourguer [fuRge] v. tr. ▪ conjug. 1. ■ (Surtout en France) Fam. Vendre, placer (une mauvaise marchandise). ⇒ **refiler.** *Il nous a fourgué du pain rassis.*

fourme [fuRm] n. f. ■ Fromage de lait de vache à pâte ferme, chauffée et pressée. *Fourme du Cantal* ⇒ **cantal**, *d'Ambert,* en France.

fourmi [fuRmi] n. f. **1.** Petit insecte hyménoptère qui vit en colonies nombreuses et organisées. ⇒ **frémille ; fourmilière.** *Fourmi noire, rouge. Fourmis ailées.* **2.** Loc. *Avoir des fourmis dans les membres,* y éprouver une sensation de picotement. *Avoir des fourmis dans les jambes,* avoir envie de bouger, d'entrer en action. **3.** (Symbole de petitesse) *D'avion, on voyait les gens comme des fourmis.* — (Allusion au travail anonyme et obstiné des fourmis) *C'est une fourmi,* une personne laborieuse, économe. ▶ ***fourmilier*** n. m. ■ Tamanoir, animal à langue visqueuse qui se nourrit de termites. ▶ ***fourmilière*** n. f. **1.** Lieu où vivent en sociétés les fourmis. *Galeries, loges d'une fourmilière.* ⇒ **nid** de fourmis. — Ensemble d'une colonie de fourmis. *Toute la fourmilière s'agitait.* **2.** Lieu où vit et s'agite une multitude de personnes. ⇒ **ruche.** *Cette ville est une véritable fourmilière.* ▶ ***fourmi-lion*** ou ***fourmilion*** n. m. ■ Insecte dont la larve se nourrit des fourmis qui tombent dans l'entonnoir qu'elle a creusé. *Des fourmis-lions.* ▶ ***fourmiller*** [fuRmije] v. intr. ▪ conjug. 1. **1.** S'agiter ou être en grand nombre (comme font les fourmis). ⇒ **grouiller, pulluler.** *Les erreurs fourmillent dans ce texte. Les idées fourmillent dans sa tête.* — FOURMILLER DE : être rempli d'un grand nombre de. *Ce texte fourmille d'erreurs. Ce garçon fourmille d'idées.* **2.** Être le siège d'une sensation de picotement. ⇒ **démanger.** ▶ ***fourmillant, ante*** adj. ■ Qui s'agite, qui grouille. ⇒ **grouillant.** ▶ ***fourmillement*** n. m. **1.** Agitation désordonnée et continuelle d'une multitude d'êtres. ⇒ **grouillement, pullulement.** *Un fourmillement de vers. Un fourmillement d'idées.* **2.** Sensation comparable à celle que donnent des fourmis courant sur la peau. ⇒ **picotement.**

fournaise [fuRnɛz] n. f. **1.** Grand four où brûle un feu violent. **2.** Fam. Grand appareil de chauffage central. ⇒ **chaudière.** *Une fournaise électrique, au mazout* ou, plus fam., *à l'huile.* — REM. Cet emploi est parfois critiqué. **3.** Endroit très chaud, surchauffé. ⇒ ① **four.** *Cette chambre sous les toits est une fournaise en été et une glacière en hiver.*

fourneau [fuRno] n. m. **I. 1.** Sorte de four dans lequel on soumet à un feu violent certaines substances à fondre, à calciner. *Fourneau à bois, à charbon.* — HAUT FOURNEAU : grand four à cuve destiné à fondre le minerai de fer et dans lequel le coke est en contact avec le minerai. *Des hauts fourneaux.* **2.** Petite cuisinière à bois, à charbon, à gaz ou électrique. *Les foyers, le four d'un fourneau. Fourneau de cuisine.* — Au plur. *Le chef est à ses fourneaux,* fait la cuisine. — Fam. Four. *Le fourneau du poêle à bois. La porte du fourneau. Fermer le fourneau,* la porte. **II.** Partie évasée d'une pipe où brûle le tabac.

fournée [fuRne] n. f. **1.** Quantité de pain que l'on fait cuire à la fois dans un four. *Le boulanger fait deux fournées par jour.* **2.** Fam. Ensemble de personnes nommées à la fois aux mêmes fonctions ou dignités ; groupe de personnes qui accomplissent ou subissent qqch. en même temps.

fournil [fuRni] n. m. ■ Local où est placé le four* du boulanger et où l'on peut pétrir la pâte.

fournir [fuRniR] v. tr. ▪ conjug. 2. **I.** V. tr. dir. **1.** Pourvoir de ce qui est nécessaire. ⇒ **alimenter, approvisionner.** *Fournir qqn de, en qqch. C'est ce marchand qui nous fournit en produits d'entretien.* ⇒ **fournisseur.** *L'équipe fournit les chandails aux joueurs.* ⇒ **procurer.** — Sans compl. indir. *Fournir une famille, une cafétéria. Je fournis le vin et le dessert,* je les apporte (à un repas, un pique-nique...). — Pronominalement. *Se fournir chez un marchand.* ⇒ se **ravitailler,** se **servir. 2.** *Fournir qqch. à qqn,* faire avoir (qqch. à qqn). *Elle m'a fourni des renseignements. Je vous en fournirai les moyens. Cela me fournira l'occasion, le prétexte que je cherchais.* — (Entreprises économiques, commerciales, financières) *Ce magasin nous fournit tous les produits d'épicerie.* ⇒ **livrer, vendre.** *Fournir des armes, des vivres à une armée.* **3.** Produire. *Ce vignoble fournit un vin estimé.* — *Il a dû fournir un effort considérable.* ⇒ **faire. II.** V. tr. ind. FOURNIR À : contribuer, en tout ou en partie, à. ⇒ **participer, pourvoir, subvenir.** *Fournir à la dépense, à l'entretien de. Fournir à la caisse électorale d'un parti politique.* — Intransitivement. *Fournir pour compléter une somme,* donner une partie de l'argent. ⇒ **effort.** — *Ne pas fournir,* ne pas suffire à. *La bouche d'égout ne fournit pas,* elle ne peut absorber l'eau qui coule. Être dépassé par (le travail, le nombre de clients...). *Le restaurateur ne fournit pas.* ▶ ***fourni, ie*** adj.

1. Approvisionné, pourvu, rempli. *Une table bien fournie. Cette librairie est vraiment bien fournie.* **2.** Où la matière abonde. *Une barbe, une chevelure fournie.* ⇒ **dru, épais.** *Un gazon bien fourni.* ▶ ***fourniment*** n. m. ■ Ensemble des objets composant l'équipement du soldat, d'une profession, etc. ⇒ fam. ① **barda, fourbi.** *Il a apporté tout son fourniment.* ⇒ **matériel.** ▶ ***fournisseur, euse*** n. ■ Personne qui fournit des marchandises à un client, à un marchand. *Changer de fournisseur.* — REM. L'O.L.F. propose *fournisseuse* au féminin. ▶ ***fourniture*** n. f. **1.** Action de fournir. *Être chargé de la fourniture des vivres.* ⇒ **approvisionnement. 2.** Ce qu'on fournit, ce qu'on livre (généralement au plur.). ⇒ **provision.** *Fournitures de bureau. On trouve dans cette librairie toutes les fournitures scolaires.*

① ***fourrage*** [fuʀaʒ] n. m. ■ Plantes servant à la nourriture du bétail. *Fourrage vert,* brouté sur place ou coupé pour être mangé à l'étable ; *fourrage sec,* récolté et séché. ▶ ① ***fourrager, ère*** adj. ■ Surtout au fém. Qui fournit du fourrage. *Culture fourragère. Plantes fourragères,* destinées à la nourriture du bétail. ▶ ***fourragère*** n. f. **1.** Champ consacré à la production du fourrage. *Fourragère de luzerne.* **2.** Charrette servant au transport du fourrage.

② ***fourrage*** n. m. ■ Vulg. Action de fourrer (II, 4). ⇒ vulg. **baise.** *Il parle tout le temps de fourrage.*

fourrager [fuʀaʒe] v. ▪ conjug. 3. **1.** V. intr. Chercher en remuant, en mettant du désordre. ⇒ **fouiller.** *Fourrager dans un tiroir, dans des papiers.* **2.** V. tr. Mettre en désordre en manipulant. *Fourrager des papiers.*

① ***fourré*** [fuʀe] n. m. ■ Massif épais et touffu de végétaux de taille moyenne, d'arbustes à branches basses. *Les fourrés d'un bois.* ⇒ **buisson, taillis.**

② ***fourré, ée*** [fuʀe] adj. ■ COUP FOURRÉ : en escrime, coup tel que la personne qui attaque et touche est attaquée, touchée en même temps. — Abstrait. Fam. Attaque hypocrite, coup en traître. ⇒ **traîtrise.**

fourreau [fuʀo] n. m. **1.** Enveloppe allongée, destinée à recevoir une chose de même forme pour la préserver quand on ne s'en sert pas. ⇒ **étui, gaine.** *Des fourreaux d'épée. Fourreau de parapluie.* **2.** Robe de femme très moulante. — En appos. *Robe, jupe fourreau.*

fourrer [fuʀe] v. tr. ▪ conjug. 1. **I. 1.** Doubler de fourrure. *Fourrer un manteau avec du lapin.* — Au p. p. adj. *Des bottes fourrées.* **2.** Garnir l'intérieur (d'une confiserie, d'une pâtisserie). — Au p. p. adj. *Gâteaux, bonbons, chocolats fourrés.* ⇒ **enrobé.** ≠ *farci.* **II. 1.** Faire entrer (dans une chose creuse). *Fourrer ses mains dans ses poches. Fourrer ses doigts dans son nez.* — Fam. *Il fourre son nez dans mes affaires,* il est indiscret. *Ils se sont fourré le doigt dans l'œil,* ils se sont trompés. ⇒ se **fourvoyer. 2.** Faire entrer brutalement ou sans ordre. ⇒ **enfourner.** *Fourrer des objets dans un sac ; fourrer une valise sous un meuble.* ⇒ **flanquer.** *On l'a fourré en prison, en dedans.* ⇒ **mettre.** — Vulg. *Ton argent, fourre-toi le quelque part,* tu peux le garder, je n'en veux pas. ⇒ fam. s'en **balancer,** s'en **ficher,** s'en **foutre.** — *Fourrer qqch. dans la tête, le crâne de qqn* (soit pour le faire apprendre, soit pour le faire croire, accepter). — *Fourrer un coup de pied à qqn.* ⇒ **donner, flanquer. 3.** Placer sans soin. *Je me demande où j'ai bien pu fourrer mes lunettes !* **4.** Vulg. Faire l'amour. ⇒ vulg. ① **baiser, mettre** (II). **III.** SE FOURRER v. pron. Fam. **1.** Se mettre, se placer (dans, sous qqch.). *Se fourrer sous les couvertures.* — Péj. *Il est tout le temps fourré chez nous.* **2.** *Une enfant qui est toujours fourrée partout,* qui est agitée, qui ne reste pas en place. **3.** *Se fourrer dans une mauvaise affaire, dans un guêpier.* ⇒ se **jeter. 4.** *Se faire fourrer,* se faire avoir. ⇒ **berner, rouler, tromper.** *Vous vous êtes fait fourrer par le discours du vendeur.* — Se faire passer une marchandise de mauvaise qualité. ⇒ **sapin.** — V. tr. *Fourrer qqn,* le berner, le tromper. **5.** Se tromper, se fourvoyer. *On s'est fourré, ce n'est pas la bonne route.* — Se perdre. *Il s'est fourré au centre d'achats.* — Au p. p. adj. *Elle est fourrée,* perdue, mêlée. ▶ ***fourre-tout*** n. m. invar. ■ Fam. Pièce. ⇒ **débarras.** Lieu, meuble, sac où l'on met, fourre toutes sortes de choses. ‹ ▶ ② fourrage, fourrure ›

fourrure [fuʀyʀ] n. f. **1.** Peau d'animal munie de son poil, préparée pour servir de vêtement, de doublure (⇒ **fourrer** I, 1), d'ornement. ⇒ **pelleterie.** *Fourrure à long poil, à poil ras. Chasseur de fourrures.* ⇒ **trappeur.** *Manteau de fourrure.* — *Fourrure synthétique.* **2.** Poil particulièrement beau, épais de certains animaux. ⇒ **pelage.** *La fourrure du chat angora.* ▶ ***fourreur, euse*** n. ■ Personne qui confectionne et vend des vêtements de fourrure. — En appos. *Un maître fourreur.* ‹ ▶ similifourrure ›

fourrière [fuʀjɛʀ] n. f. ■ (Surtout en France) Lieu de dépôt d'animaux (⇒ **S.P.A.**), de voitures, saisis et retenus par la police jusqu'au paiement d'une amende. *Véhicule en stationnement interdit, que la police met en fourrière.*

fourvoyer [fuʀvwaje] v. tr. ▪ conjug. 8. **1.** Mettre hors de la voie, détourner du bon chemin. ⇒ **égarer.** *Ce passant nous a fourvoyés.* — SE FOURVOYER v. pron. : se perdre. ⇒ fam. se **fourrer. 2.** Littér. Tromper. *Les mauvais exemples l'ont fourvoyé. Ici, le traducteur s'est fourvoyé.* ⇒ fam. se **fourrer.** ▶ ***fourvoiement*** [fuʀvwamɑ̃] n. m. ■ Littér. Le fait de s'égarer, de se tromper.

foutaise [futɛz] n. f. ■ Fam. Chose insignifiante, sans intérêt. *C'est de la foutaise !*

fouter [fute] v. tr. ▪ conjug. 1. ■ Fam. Foutre. ⇒ fam. ① **fiche.** — V. pron. *Se fouter de.* ⇒ se **foutre** de.

foutoir [futwaʀ] n. m. ■ Fam. et vulg. Grand désordre. ⇒ fam. **bordel.**

① ***foutre*** [futʀ] v. tr. (*je fous, nous foutons, je foutais ; je foutrai ; je foutrais ; que je foute, que nous foutions ; foutant, foutu ;* inusité aux passés simple et antérieur de l'indic., aux passé et plus-que-parfait du subj.) — REM. Mot grossier, alors que ① *fiche* ou ① *ficher* ainsi que *fouter* sont familiers. **1.** Faire. ⇒ fam. **fabriquer, fouter.** *Un paresseux qui ne fout rien de toute la journée. Qu'est-ce que ça peut me foutre ? J'en ai rien à foutre,* ça ne me concerne, ne m'intéresse pas. **2.** Donner. *Tais-toi, ou je te fous une claque !* ⇒ fam. ② **flanquer, fouter,** ② **sacrer.** — Mettre. *Elle a tout foutu par terre.* — Pronominalement (réfl.). *Elle s'est foutue par terre.* — *Foutre qqn à la porte. Foutre le camp,* s'en aller. (France) *Ça la fout mal,* c'est fâcheux, regrettable. **3.** SE FOUTRE DE v. pron. : se moquer. ⇒ fam. se **fouter** de. *On s'en fout complètement.* ▶ ***foutu, ue*** adj. **1.** (Avant le nom) Fam. Mauvais. *Il a un foutu caractère.* ⇒ ② **sacré, sale. 2.** (Après le nom) Perdu, ruiné ou condamné. *C'est un type foutu.* **3.** Dans tel ou tel état. *Bien, mal foutu. Être mal foutu,* avantagé (ou non) physiquement ; fatigué. — Capable. *Ne pas être foutu de réussir.* ▶ ② ***foutre*** interj. ■ (France) Vulg. Exprime l'étonnement, l'admiration. ⇒ fam. **fichtre ;** anglic. **wow.** ▶ ***foutrement*** ou ***foutument*** adv. ■ Fam. Très, beaucoup ; extrêmement. *Il est foutrement riche. Elle est foutument belle.* ‹ ▶ se contrefoutre, foutaise, fouter, foutoir, je-m'en-foutisme ›

fox-terrier [fɔkstɛʀje] n. m., ou ***fox*** [fɔks] n. m. invar. ■ Chien terrier à poils lisses et durs, blancs avec des taches fauves ou noires. *Des fox-terriers.*

fox-trot [fɔkstʀɔt] n. m. invar. ■ Danse à quatre temps, d'allure saccadée. *Des fox-trot.*

① *foyer* [fwaje] n. m. **I. 1.** Espace ouvert aménagé dans une maison pour y faire du feu. ⇒ **âtre, cheminée.** — La cheminée (1) elle-même. *Faire un feu de foyer. Bois de foyer. La tablette du foyer.* **2.** Le feu qui brûle dans cet espace. — *Foyer d'incendie,* brasier d'où se propage l'incendie. **3.** Partie fermée d'un appareil de chauffage où brûle le combustible. *Le foyer d'une chaudière.* **II. 1.** Point d'où rayonne la chaleur, la lumière. *Un puissant foyer lumineux.* ⇒ **source.** — Point où convergent des rayons lumineux. *Lunettes, verres à double foyer.* ⇒ **focal. 2.** Point (d'une ellipse, hyperbole...) par rapport auquel se définit la courbe. **3.** Lieu d'origine (d'un phénomène). *Le foyer d'un tremblement de terre* (opposé à *épicentre*). — *Le foyer de la révolte.* — Siège principal d'une maladie. *Foyer d'infection.*

② *foyer* n. m. **1.** Lieu où habite la famille. ⇒ **demeure, maison.** — La famille elle-même. ⇒ **ménage.** *Le foyer paternel, conjugal.* ⇒ **domicile.** *Fonder un foyer,* se marier, avoir des enfants. *Femme au foyer,* qui n'a pas d'emploi à l'extérieur. ⇒ **ménagère.** — Au plur. *Soldat qui rentre dans ses foyers,* chez lui. **2.** Établissement réservé à l'accueil et au logement de certaines catégories de personnes. *Un foyer pour personnes âgées.* — (France) Local servant de lieu de réunion, d'asile à certaines catégories de personnes. *Foyer d'étudiants. Foyer de jeunes travailleurs.* **3.** Salle d'un théâtre où l'on fume, boit.

fracas [fʀakɑ] n. m. invar. ■ Bruit violent. — Loc. *Avec perte et fracas,* brutalement. ▸ ***fracasser*** v. tr. ▪ conjug. 1. ■ Mettre en pièces, briser avec violence. ⇒ **briser, casser.** *Le hockeyeur a fracassé son bâton sur la bande.* — Pronominalement (réfl.). *La barque s'est fracassée sur un écueil.* ▸ ***fracassant, ante*** adj. **1.** Très bruyant. **2.** *Déclaration fracassante,* qui fait un effet violent. ⇒ **retentissant, tonitruant.**

fraction [fʀaksjɔ̃] n. f. **1.** Quantité qui représente une ou plusieurs parties égales de l'unité ; symbole formé d'un dénominateur et d'un numérateur. *Dans la fraction 6/10 (six dixièmes), le numérateur 6 et le dénominateur 10 sont séparés par la barre de fraction. L'algèbre débute par l'étude des fractions.* **2.** Partie d'une totalité. ⇒ **minorité, morceau, parcelle, partie, portion.** *Une fraction de l'assemblée. Une fraction de seconde.* ≠ *faction.* ▸ ***fractionnaire*** adj. ■ Qui est sous forme de fraction. *Nombre fractionnaire* (opposé à *nombre entier*). ▸ ***fractionnel, elle*** adj. ■ Qui tend à diviser. *Activité fractionnelle au sein d'un parti.* ▸ ***fractionner*** v. tr. ▪ conjug. 1. ■ Diviser (une totalité) en parties, en fractions. ⇒ **partager, rompre, séparer.** — Pronominalement (réfl.). *L'assemblée s'est fractionnée en trois groupes.* ▸ ***fractionnement*** n. m. ■ Action de fractionner. ⇒ **division.** ▸ ***fracture*** n. f. **1.** Rupture d'un os. *Fracture ouverte. Fracture incomplète.* ⇒ **fêlure.** *Fracture du crâne.* **2.** Cassure (de l'écorce terrestre, etc.). ⇒ **faille.** ▸ ***fracturer*** v. tr. ▪ conjug. 1. **1.** Blesser par une fracture. *Elle s'est fracturé une côte.* ⇒ **casser, rompre. 2.** Briser avec effort. *Fracturer une porte, une serrure.*

fragile [fʀaʒil] adj. **1.** Qui se brise, se casse facilement. ⇒ **cassant.** *Fragile comme du verre.* / contr. **résistant, solide** / **2.** (Personnes) De constitution faible. ⇒ **débile, délicat.** / contr. **fort, robuste** / *Cet enfant est très fragile, il attrape toutes les maladies.* ⇒ **chétif, malingre.** *Avoir l'estomac fragile. Une santé fragile.* **3.** Qui est facile à ébranler, menacé de ruine. *Autorité fragile.* ⇒ **changeant, inconstant.** / contr. **durable, stable** / *Théorie fragile.* / contr. **sûr** / ▸ ***fragilité*** n. f. ■ *La fragilité d'une matière.* / contr. **solidité** / *La fragilité d'un mécanisme.* / contr. **robustesse** / — *La fragilité de cet enfant nous inquiète.* — *La fragilité de la gloire, de la puissance.* ⇒ **faiblesse, instabilité.**

fragment [fʀagmɑ̃] n. m. **1.** Morceau d'une chose qui a été cassée, brisée. ⇒ **bout, débris, éclat, morceau.** *Les fragments d'un vase, d'une statue.* **2.** Partie (d'une œuvre). *Fragment d'un texte.* ⇒ **citation, extrait, passage.** *Fragment d'un tableau.* ⇒ **détail.** ▸ ***fragmentaire*** adj. ■ Qui existe à l'état de fragments. *Documentation fragmentaire.* ⇒ **incomplet, partiel.** / contr. **complet, entier** / ▸ ***fragmenter*** v. tr. ▪ conjug. 1. ■ Partager, séparer en fragments. ⇒ **diviser, morceler.** *Fragmenter un ouvrage, un capital.* / contr. **rassembler, réunir** / ▸ ***fragmentation*** n. f. ■ Action de fragmenter ; son résultat.

fragrance [fʀagʀɑ̃s] n. f. ■ Parfum subtil, odeur agréable. *La fragrance des héliotropes. Une nouvelle fragrance.*

frai [fʀɛ] n. m. **1.** Ponte des œufs par la femelle des poissons ; leur fécondation par le mâle. *La saison, le temps du frai.* **2.** Œufs de batraciens, de poissons. *Du frai de carpes.*

① *frais, fraîche* [fʀɛ, fʀɛʃ] adj. et n. **I. 1.** Un peu froid, qui donne une sensation légère de poids. — REM. Correspond à *tiède* pour la chaleur. / contr. **chaud** / *Un vent frais. Servir un vin frais. Boire de l'eau fraîche.* — Adv. *Il fait frais ce matin.* — N. m. *Prendre le frais,* respirer l'air frais. ⇒ la **fraîche.** *Mettre qqch. au frais.* ⇒ à la **fraîche. 2.** Sans chaleur, sans cordialité. ⇒ ① **froid.** *On lui a réservé un accueil plutôt frais.* **II. 1.** Qui vient d'arriver, de se produire, d'être fait. ⇒ **neuf, nouveau, récent.** / contr. **ancien, vieux** / *Découvrir des traces toutes fraîches. Vous n'avez pas de nouvelles plus fraîches ? De fraîche date,* récent. *Peinture fraîche,* pas encore séchée. — Adv. (Devant un p. p.) Depuis très peu de temps. ⇒ **fraîchement, nouvellement.** *Un collègue frais émoulu* de l'université,* qui vient d'achever ses études. **2.** Qui est tout nouvellement produit, n'a rien perdu de ses qualités naturelles (opposé à *douteux, gâté, pourri*). *Un fruit, des œufs frais. Du pain frais* (opposé à *dur, rassis, sec*). — Consommé sans préparation de conservation. *Légumes, fruits frais* (opposé à *en conserve, secs, séchés, surgelés*). **3.** Qui a ou garde des qualités inaltérées d'éclat, de vitalité, de jeunesse. *Une fille fraîche et jolie. Il est frais et dispos. Avoir le teint frais.* **4.** (France) Fam. (En parlant de qqn qui s'est mis dans une fâcheuse situation) *Eh bien ! cette fois, nous voilà frais !* ⇒ ② **propre** (2) ; fam. **fou** (II, 4). **5.** En bon état, dans l'aspect du neuf. *Ce costume n'est pas très frais ; il faudrait le repasser.* **6.** Qui donne une impression vivifiante de pureté, de jeunesse. *La fraîche odeur d'un bouquet de violettes.* **III.** (Personnes) N. Fam. Arrogant, vaniteux. ⇒ fam. **baveux, fantasse, fendant.** *Une bande de petits frais.* — Très fam. FRAIS CHIÉ : (*frais* est adv. et invar.) très prétentieux, très suffisant. ⇒ **snob** ; fam. **péteux** de broue. *Ce ne sont pas des petites frais chiées qui vont nous dire quoi faire.* — Loc. *Faire son frais,* son important. ⇒ fam. **jos.** *Elle fait toujours sa fraîche.* ▸ ***à la fraîche*** loc. adv. **1.** À l'heure où il fait frais, le soir. **2.** *Mettre qqch. à la fraîche,* dans un endroit qui le conservera frais. ⇒ ① **frais** (I). *Tu mettras quelques bières à la fraîche dans la glacière.* **3.** LA FRAÎCHE : l'air frais. *Ne restez pas à la fraîche, vous prendrez froid.* ▸ ***fraîchement*** adv. **1.** Depuis très peu de temps. ⇒ **récemment.** *Il est fraîchement débarqué à Paris.* **2.** Avec une froideur marquée. ⇒ **froidement.** *Il fut fraîchement accueilli par la population.* / contr. **chaleureusement** / ▸ ***fraîcheur*** n. f. **I. 1.** Température fraîche. *La fraîcheur de l'air. Une sensation de fraîcheur.* **2.** Fig. Froideur. *La fraîcheur d'un accueil.* **II. 1.** Qualité d'un produit frais, non altéré. *La fraîcheur d'un œuf, d'un fruit.* — *Date de fraîcheur,* date indiquée sur un contenant et au-delà de laquelle le produit pourrait ne plus se conserver.

2. Qualité de ce qui a un aspect sain, vigoureux, de ce qui garde son éclat. *La fraîcheur de son teint. Il a terminé la course dans un état de fraîcheur remarquable.* — (En parlant de ce qui touche la vue, l'odorat, l'ouïe) *La fraîcheur d'un tableau.* — (Sentiments, idées) *La fraîcheur d'un premier amour.* ⇒ **pureté.** *Fraîcheur d'âme.* ⇒ **innocence, jeunesse.** ▸ ***fraîchir*** v. intr. ▪ conjug. 2. ■ Devenir frais, ou plus frais. ⇒ se **rafraîchir.** *Le temps fraîchit depuis quelques jours.* — *Le vent fraîchit,* devient plus fort (terme de marins). ⇒ **forcir.** ⟨ ▸ se défraîchir, rafraîchir ⟩

② ***frais*** n. m. pl. **1.** Dépenses occasionnées par une opération. ⇒ **coût, déboursés.** *Les frais de déplacement, d'habillement. Frais professionnels. Faire beaucoup de frais. Frais de douane, de scolarité.* ⇒ ③ **droit.** *Frais d'études,* occasionnés par le fait de faire des études. Loc. *Rentrer dans ses frais,* en être remboursé par un gain. ⇒ **argent, fonds. 2.** Loc. — Avec À. *À grands frais,* en dépensant beaucoup, en se donnant beaucoup de peine. *À peu de frais, à moindre frais,* économiquement. *Aux frais de qqn,* les frais étant couverts par lui. — *Voyager sans aucun frais,* gratuitement. — À FRAIS VIRÉS : interurbain payé par le destinataire. *Elle lui a téléphoné à frais virés.* — *Se mettre* EN FRAIS : s'engager dans des dépenses inhabituelles ; faire des efforts. — ÊTRE EN FRAIS DE : en train de, sur le point de. — FAIRE LES FRAIS : fournir à une dépense. Fig. Être le seul ou le premier à employer sa peine. *C'est encore nous qui ferons les frais de sa bêtise,* qui en serons les victimes, en subirons les conséquences. *Faire les frais de la conversation,* l'alimenter à son corps défendant. — EN ÊTRE POUR SES FRAIS : ne rien obtenir en échange de ses dépenses, de ses efforts. **3.** FAUX FRAIS : dépense accidentelle s'ajoutant aux dépenses principales. ⟨ ▸ ① défrayer, ② défrayer ⟩

① ***fraise*** [fʀɛz] n. f. **1.** Fruit composé charnu et sucré, portant de petits grains, rouge à maturité, produit par le fraisier. *Fraise des champs, des bois. Un casseau de petites fraises,* de fraises sauvages. *Fraises cultivées* (plus grosses). *Les cueilleurs de fraises. Tarte aux fraises. Confiture de fraises. Cornet à la fraise.* — Adj. invar. De la nuance de rouge propre à la fraise. *Des rubans fraise.* **2.** Loc. *Aller aux fraises,* aller cueillir des fraises. **3.** Fam. Visage. ⇒ fam. **bette, binette.** *Se montrer la fraise quelque part.* Loc. *Se péter la fraise,* se casser la figure. ⇒ fam. **gueule** (III). **4.** Fig. et très fam. *Perdre sa fraise,* sa virginité. ⇒ très fam. **cerise.** ▸ ***fraisier*** n. m. ■ Plante qui produit les fraises. ▸ ***fraisière*** n. f. ■ Plantation, champ de fraisiers. *Les fraisières de l'île d'Orléans.* — REM. On emploie aussi le mot *fraiseraie.*

② ***fraise*** n. f. ■ Petit outil d'acier, de forme conique ou cylindrique, servant à évaser l'orifice d'un trou. ⇒ anglic. ② **drille.** — Roulette de dentiste. ▸ ***fraiser*** v. tr. ▪ conjug. 1. ■ Évaser l'orifice d'un trou. ▸ ***fraiseur, euse*** n. ■ Ouvrier qualifié conducteur d'une fraiseuse. ⇒ **ajusteur, tourneur.** — REM. L'O.L.F. propose *fraiseuse* au féminin. ▸ ***fraiseuse*** n. f. ■ Machine-outil servant à fraiser les métaux.

③ ***fraise*** n. f. ■ Membrane qui enveloppe les intestins du veau et de l'agneau.

④ ***fraise*** n. f. ■ Histoire. Grand col blanc, plissé et empesé, porté au XVIe siècle.

framboise [fʀɑ̃bwaz] n. f. **1.** Fruit composé charnu et très parfumé, portant de petits noyaux, rouge à maturité, produit par le framboisier. *Confiture de (aux) framboises. Sirop de framboise.* — Adj. invar. De la nuance de rouge propre à la framboise. *De la peinture framboise.* **2.** Liqueur, eau-de-vie de framboise. ▸ ***framboisier*** n. m. ■ Arbrisseau qui produit les framboises. ▸ ***framboisière*** n. f. ■ Plantation, champ de framboisiers. *Les framboisières de la péninsule du Niagara.* — REM. On emploie aussi le mot *framboiseraie.*

① ***franc, franque*** [fʀɑ̃, fʀɑ̃k] n. et adj. ■ Histoire. (Avec une majusc.) Membre des peuplades germaniques qui, à la veille des grandes invasions du Ve s., occupaient les rives du Rhin et la région maritime de la Belgique et de la Hollande. *Les Francs parlaient le francique.* — Adj. *La Gaule franque,* conquise par les Francs. ⟨ ▸ francique ⟩

② ***franc, franche*** [fʀɑ̃, fʀɑ̃ʃ] adj. **1.** En loc. Sans entrave, ni gêne, ni obligation. *Avoir les coudées franches,* être libre d'agir à sa guise. *Franc du (de) collier.* — CORPS FRANCS : troupes ne faisant pas partie des unités combattantes régulières. — COUP FRANC (soccer, etc.) : coup tiré sans opposition de l'adversaire, pour sanctionner une faute. ≠ *pénalty.* **2.** Affranchi, libéré de certaines servitudes ; exempt de charges, taxes (⇒ **franchise**). *Port franc. Zone franche. Expédition franc de port.* ⇒ **franco** (1). ⟨ ▸ ① affranchir, ② affranchir, franchise (I), franc jeu, franc-maçon, franc-parler, franc-tireur, à la bonne franquette ⟩

③ ***franc, franche*** adj. **I. 1.** Qui s'exprime ou se présente ouvertement, sans artifice, ni réticence. ⇒ ① **droit, honnête, loyal, sincère.** / contr. **hypocrite, menteur, sournois** / *Soyez franc ! Il est franc comme l'or,* très franc. *Nous avons eu une explication franche.* **2.** Qui présente des caractères de pureté, de naturel. ⇒ **pur, simple.** *Couleurs franches.* **3.** (Précédant le nom) Péj. Qui est véritablement tel. ⇒ **achevé, fieffé, vrai.** *Une franche canaille. C'est une franche comédie.* **4.** Adv. *À parler franc,* franchement. — *Parler franc,* bien articuler. **II.** *Bois franc,* très dur (érable, chêne, merisier...), opposé à *bois mou.* ▸ ***franchement*** adv. **1.** Sans hésitation, d'une manière décidée. ⇒ **carrément, résolument.** *Allez-y franchement.* **2.** Sans équivoque, nettement. *Poser franchement un problème.* — (Devant un adj.) Indiscutablement, vraiment. *C'est franchement bon, mauvais.* **3.** Sans détour, sans dissimulation (dans les rapports humains). ⇒ **loyalement, sincèrement.** *Je vous le dis franchement.* **4.** Adv. de phrase. Pour tout dire. ⇒ **décidément, manifestement.** *Franchement, tu pourrais faire attention. Je suis ravie, franchement.* — Interj. indiquant une constatation, un jugement, un étonnement. *Franchement !* ⇒ eh **bien, décidément.** ⟨ ▸ franchise (II) ⟩

④ ***franc*** [fʀɑ̃] n. m. **1.** (En France) Unité monétaire légale de la France (Symb. *FF*). — REM. Les Français comptent parfois encore en *anciens francs* (centimes actuels). *Cinq millions d'anciens francs,* ou *cinquante mille francs.* **2.** (Hors de France) *Franc belge, franc suisse,* unité monétaire de la Belgique (symb. *FB*), de la Suisse (symb. *FS*). *Francs C. F. A.,* utilisés en Afrique.

français, aise [fʀɑ̃sɛ, ɛz] adj. et n. **1.** Adj. Qui appartient, est relatif à la France et à ses habitants. *La République française. La cuisine française.* — Vieilli. *Pain français* (⇒ **baguette**), *pâtisserie française,* à la française. — Loc. adv. *À la française,* à la manière, à la mode française. *Parler à la française,* avec affectation, en imitant l'accent français. — N. (Avec une majusc.) Personne née dans ce pays ou qui en a obtenu la citoyenneté. *Un Français, une Française.* — Loc. péj. *Maudit Français !,* terme d'injure employé pour désigner les Français qui vivent ou viennent en Amérique du Nord. **2.** N. m. LE FRANÇAIS : la langue française, langue romane parlée en France, Belgique, Suisse, au Canada (Québec, Ontario, Nouveau-Brunswick...), et comme langue seconde en Afrique, etc. *Ancien français* (IXe-XIIIe s.) ; *moyen français* (XIVe-XVIe s.) ; *français classique* (XVIIe-XVIIIe) ; *français moderne, contemporain. Le français de France, de*

Belgique. Le français québécois (⇒ **franco-québécois**), *canadien* (⇒ **franco-canadien**), *acadien* (⇒ **franco-acadien**). — Loc. fam. *Vous ne comprenez pas le français ?,* vous n'avez donc pas compris ce qu'on vous dit ? — Adj. Propre, relatif au français. *L'orthographe française.* — De langue française. ⇒ **francophone.** *Les écoles françaises de l'Ontario.* — Adv. *Parlez-vous français ?* ‹ ▸ anti-français, canadien-français, franciser, franco-, franco-français, franglais ›

franchement adv. ⇒ ③ **franc.**

franchir [fʀɑ̃ʃiʀ] v. tr. ▪ conjug. 2. **1.** Passer pardessus (un obstacle), en sautant, en grimpant. *Franchir un ruisseau, un mur.* — Surmonter, vaincre (une difficulté). **2.** Aller au-delà de (une limite). ⇒ **passer.** *Franchir la frontière.* **3.** Traverser (un passage). — Aller d'un bout à l'autre de. ⇒ **parcourir, traverser.** *Franchir un pont.* — (Temps) *Sa réputation a franchi les siècles.* ▸ ***franchissable*** adj. ■ / contr. **infranchissable** / ▸ ***franchissement*** n. m. ■ ⇒ **passage.** *Le franchissement d'un col, d'un obstacle.* ‹ ▸ infranchissable ›

franchise [fʀɑ̃ʃiz] n. f. **I. 1.** Histoire. Droit qui limitait l'autorité du roi ou du seigneur local sur une ville, un corps, un individu. **2.** Exemption, exonération de certains droits, de certaines taxes. *Franchise douanière. Franchise postale. Envoi en franchise.* ⇒ **franco. 3.** Part d'un dommage qu'un assuré doit assumer. *Une franchise de deux cent cinquante dollars.* ⇒ fam. **déductible. 4.** Dépense qui est exonérée dans le calcul d'un revenu d'imposition. **5.** *Commerce en franchise,* boutique, magasin dont l'exploitant est propriétaire du fonds, mais reste lié par contrat à une marque, une chaîne et à ses produits *(franchisé, ée). Station d'essence, restaurant en franchise.* **II.** Qualité de celui qui est franc ②. ⇒ **droiture, loyauté, sincérité.** / contr. **dissimulation, fausseté, hypocrisie** / *Il nous a parlé avec beaucoup de franchise.* ▸ ***franchisage*** n. m. ■ Contrat qui lie une entreprise (*franchiseur*) à une autre (*franchisé*) et par lequel la première concède à la seconde, moyennant redevances, le droit de vendre ses produits sous sa raison commerciale. *Le franchisage dans le domaine du fast-food.* ▸ ***franchiseur, euse*** n. ■ Personne physique ou morale qui accorde une franchise. ▸ ***franchisé, ée*** n. et adj. ■ Personne physique ou morale bénéficiaire d'une franchise. — Adj. *Boutique franchisée.*

francien [fʀɑ̃sjɛ̃] n. m. ■ Histoire. *Le francien,* un dialecte roman (de langue d'oïl) parlé pendant le haut Moyen Âge en Île-de-France, ancêtre du français. — Adj. Qui appartient à ce dialecte. *Un vieux mot francien.*

francique [fʀɑ̃sik] n. m. ■ Histoire. *Le francique,* la langue des anciens Francs. — Adj. Qui appartient à cette langue. *Mots d'origine francique.* — Dialecte allemand.

franciscain, aine [fʀɑ̃siskɛ̃, ɛn] n. ■ Religieux, religieuse de l'ordre fondé par saint François d'Assise. ⇒ **récollet.** — Adj. *L'art franciscain.*

franciser [fʀɑ̃size] v. tr. ▪ conjug. 1. **1.** Donner une forme française à (un mot étranger). *Il a francisé son patronyme. Franciser la prononciation d'un mot étranger.* — Au p. p. adj. *« Aérobique » et « sloche » sont des anglicismes francisés.* **2.** Introduire ou favoriser l'emploi de la langue française, spécialt dans les terminologies scientifiques et techniques, dans les milieux de travail où domine une autre langue (surtout l'anglais). *Franciser une usine.* — Au p. p. adj. *Une entreprise francisée.* ▸ ***francisation*** n. f. ■ Action de franciser. *La francisation de « aerobic » en « aérobique ». La francisation des terminologies.* — Son résultat. *Certificat de francisation.*

franc jeu [fʀɑ̃ʒø] n. m. ■ JOUER FRANC JEU *(avec qqn)* : être loyal. — Adj. invar. (Avec un trait d'union) *Être franc-jeu.* ⇒ anglic. **fair-play.**

franc-maçon, onne [fʀɑ̃masɔ̃, ɔn] n. m. et adj. ■ N. m. Adepte de la franc-maçonnerie. *Des francs-maçons.* — Adj. *Les influences franc-maçonnes.* ▸ ***franc-maçonnerie*** n. f. **1.** Association internationale, en partie secrète, de caractère mutualiste et philanthropique. **2.** Rare et péj. Alliance secrète entre personnes de même profession, de mêmes idées. ⇒ **coterie.** ‹ ▸ ② maçon ›

franco [fʀɑ̃ko] adv. **1.** Sans avoir à payer le transport (opposé à *en port dû*). *Franco de port.* **2.** (Surtout en France) Fam. Franchement, carrément. *Allez-y franco.*

franco- ■ Élément initial de mots qui signifie « français ». *Les relations franco-soviétiques.* ▸ ***franco-acadien, ienne*** [fʀɑ̃koakadjɛ̃, jɛn] adj. et n. m. ■ Relatif à une variété de français en usage en Acadie. *Des mots franco-acadiens.* — N. m. *Le franco-acadien,* cette variété de français. ⇒ **acadien.** *La prononciation du franco-acadien* ▸ ***franco-albertain, aine*** adj. et n. ■ Qui concerne les francophones de l'Alberta. *Une association franco-albertaine.* — N. (Avec des majusc.) *Les Franco-Albertains.* ▸ ***franco-américain, aine*** adj. et n. **1.** Histoire. Relatif aux Américains, surtout de la Nouvelle-Angleterre, d'ascendance canadienne-française et qui parlent encore plus ou moins le français. *Un écrivain franco-américain.* — N. (Avec des majusc.) *Une Franco-Américaine.* — Abrév. fam. FRANCO, n. *Les Francos.* **2.** Qui concerne les Américains d'expression française, peu importe leur origine ethnique. *Un quartier franco-américain.* — N. (Avec des majusc.) *Les Franco-Américains d'origine belge.* ▸ ***franco-canadien, ienne*** adj. et n. **1.** Du Canada français, spécialt du Québec, ou qui concerne les Canadiens d'expression française. ⇒ **canadien-français.** *Elle est d'origine franco-canadienne.* — N. (Avec des majusc.) *Les Franco-Canadiens de l'Ouest.* **2.** Histoire. Qui concerne les descendants des Français venus s'établir en Nouvelle-France. ⇒ **canadien-français ; acadien, québécois.** — N. (Avec des majusc.) *Les Franco-Canadiens se liaient d'amitié avec les Amérindiens.* **3.** Relatif à une variété de français en usage au Canada, spécialt au Québec. ⇒ **acadien, québécois ; franco-acadien, franco-québécois.** *« Bouscueil » est un mot franco-canadien.* — N. m. *Le franco-canadien,* cette variété de français. *Les diphtongues du franco-canadien.* **4.** Adj. Qui concerne un rapport entre la France et le Canada. *Un différend franco-canadien.* ▸ ***franco-colombien, ienne*** adj. et n. ■ Qui concerne les francophones de la Colombie-Britannique. *Une équipe de pee-wees franco-colombiens.* — N. (Avec des majusc.) *Les Franco-Colombiennes.* ▸ ***franco-français, aise*** adj. ■ Qui est exclusivement français, qui concerne la France seule. *Une affaire franco-française.* ▸ ***franco-manitobain, aine*** adj. et n. ■ Qui concerne les francophones du Manitoba. *Un journal franco-manitobain.* — N. (Avec des majusc.) *Les Franco-Manitobains de Saint-Boniface.* ▸ ***franco-ontarien, ienne*** adj. et n. ■ Qui concerne les francophones de l'Ontario. *Les écoles franco-ontariennes.* ⇒ **ontarois.** — N. (Avec des majusc.) *Les jeunes Franco-Ontariens.* ▸ ***franco-outaouais, aise*** adj. et n. ■ Qui concerne les francophones de la ville d'Ottawa ou de l'Outaouais. — N. (Avec des majusc.) *Des Franco-Outaouais.* ▸ ***francophile*** [fʀɑ̃kɔfil] adj. ■ Qui aime la France et les Français ; qui aime la francophonie ou les francophones. — N. *Un francophile.* ▸ ***francophilie*** n. f. ▸ ***francophobe*** adj. ■ Hostile à la France et aux Français ; hostile à la francophonie ou aux francophones. — N. *Une francophobe.* ▸ ***francophone*** adj. et n. ■ Qui parle le français, soit comme langue maternelle, officielle ou seconde. *Les Africains francophones.* — N. *Les francophones de l'Ouest. Les francophones et les allophones.* — Où le français est en usage. *L'Afrique francophone. C'est un quartier francophone.* ▸ ***francophonie*** n. f. ■ Communauté politique et culturelle des peuples francophones. ▸ ***francophonisation*** n. f. ■ Action de francophoniser. *Entreprendre la francophonisation des postes de cadre.* — Son résultat. ▸ ***francophoniser*** v. tr. ▪ conjug. 1. ■ Accroître le nombre d'employés francophones dans un organisme public ou privé. ▸ ***franco-québécois, oise*** adj. et n. **1.** Qui concerne les Québécois d'expression française. ⇒ **canadien-français, franco-canadien.** *Ses parents étaient franco-québécois.* — N. (Avec des majusc.) *Les Acadiens et les Franco-Québécois se sont regroupés.* **2.** Relatif aux rapports entre la France et le Québec. *La coopération franco-québécoise.* **3.** Relatif à une variété de français en usage au Québec. ⇒ **franco-canadien, québécois.** *Un dictionnaire d'expressions franco-québécoises.* — N. m. *Le franco-québécois,* cette variété de français. ⇒ **joual.** *Elle rédige un livre sur le franco-québécois.* **4.** Adj. Qui concerne un rapport entre la France et le Québec. *Une production franco-québécoise.* ▸ ***franco-ténois, oise*** adj. et n. ■ Qui concerne les francophones des Territoires du Nord-Ouest. — N. (Avec des majusc.) *Une Franco-Ténoise.* ▸ ***franco-terre-neuvien, ienne*** adj. et n. ■ Qui concerne les francophones de Terre-Neuve. *Un village franco-terre-neuvien.* — N. (Avec des majusc.) *Un Franco-Terre-Neuvien vient d'être nommé ministre.* ▸ ***franco-yukon(n)ais, aise*** adj. et n. ■ Qui concerne les francophones du Yukon. *Une famille franco-yukonaise.* — N. (Avec des majusc.) *Une enquête démographique sur les Franco-Yukonais.* ⟨ ▸ néo-francophone, fransaskois ⟩

franc-parler [fʀɑ̃paʀle] n. m. sing. ■ Liberté de dire ce qu'on pense. *Avoir son franc-parler.*

franc-tireur [fʀɑ̃tiʀœʀ] n. m. **1.** Combattant qui n'appartient pas à une armée régulière. ⇒ **guérillero, maquisard, partisan, résistant.** *Les francs-tireurs ont été considérés comme des terroristes.* **2.** Personne qui mène une action indépendante, n'observe pas la discipline d'un groupe. ⇒ **indépendant.** *Agir en franc-tireur.*

frange [fʀɑ̃ʒ] n. f. **1.** Bande de tissu d'où pendent des fils, servant à orner en bordure des vêtements, des meubles, etc. ⇒ **passementerie.** *La frange d'un tapis.* **2.** *Frange de cheveux* ou *frange,* cheveux coupés couvrant le front sur toute sa largeur. **3.** Contour. *Une frange de lumière.* **4.** Limite imprécise entre deux états, deux notions. ⇒ **marge.** *Agir à la frange de la légalité.* **5.** Minorité plus ou moins marginale. *Une frange de la population.* ▸ ***franger*** v. tr. ▪ conjug. 3. ■ Garnir, orner de franges. — Au p. p. adj. *Des vagues frangées d'écume.* ⟨ ▸ effranger ⟩

frangin, ine [fʀɑ̃ʒɛ̃, in] n. ■ (En France) Fam. Frère, sœur. — *Une frangine,* une fille.

frangipane [fʀɑ̃ʒipan] n. f. ■ (Surtout en France) Crème pâtissière à base d'amandes.

à la bonne ***franquette*** [alabɔnfʀɑ̃kɛt] loc. ■ Sans façon, sans cérémonie. ⇒ **simplement.** *Restez donc, on soupera à la bonne franquette.*

franglais, aise n. m. et adj. ■ Emploi, usage de la langue française où l'influence de l'anglais (vocabulaire, syntaxe) est très sensible. ⇒ **joual ; sabir.** *La mode du franglais.* — Adj. *Tournures franglaises.*

franquisme [fʀɑ̃kism] n. m. ■ Doctrine politique, économique du régime du général Franco (en Espagne), voisine du fascisme italien. ▸ ***franquiste*** adj. et n. ■ Partisan du général Franco et de son régime.

fransaskois, oise [fʀɑ̃saskwa, waz] adj. et n. ■ Qui concerne les francophones de la Saskatchewan. *Des musiciens fransaskois.* — N. (Avec une majusc.) *Les Fransaskois réclament la justice en français.* — REM. Ce mot a remplacé *franco-saskatchewanais.*

① ***frappe*** ou ***frape*** [fʀap] n. f. ■ (France) Fam. et péj. Voyou. Seulement dans : *Une petite frappe.*

frapper [fʀape] v. ▪ conjug. 1. **I.** V. tr. dir. **1.** Toucher plus ou moins rudement en portant un ou plusieurs coups. ⇒ **battre.** *Il l'a frappé au menton.* ⇒ fam. **fesser.** — *Frapper le sol du pied.* **2.** Fam. Heurter accidentellement qqn ou qqn. *Il a frappé une passante avec son auto. Frapper un arbre.* — Au passif. *Se faire frapper (par qqn, qqch.),* heurter par un conducteur, un véhicule. *Tu t'es fait frapper en tournant le coin ?* — Pronominalement. *Deux voitures se sont frappées.* — Fig. et fam. Loc. *Frapper un nœud, de l'air,* se heurter à une difficulté, à un obstacle imprévisible. *Il a frappé un nœud en voulant faire démarrer sa voiture car la batterie ne répondait plus.* — Subir un échec, avoir une déception. *Elle pensait avoir une promotion mais elle a frappé un nœud. J'ai voulu lui rendre visite mais j'ai frappé de l'air car elle était absente.* **3.** Marquer (qqch.) d'une empreinte par un choc, une pression. *Frapper la monnaie,* la marquer d'une empreinte (avec le coin, le poinçon, etc.). — Au p. p. adj. Abstrait. *Une remarque frappée au coin du bon sens,* pleine de bon sens. **4.** *Frapper du vin,* le refroidir avec de la glace. — Au p. p. adj. *Champagne frappé.* / contr. **chambré** / **5.** Atteindre d'un coup porté avec une arme. *La balle l'a frappé en plein cœur.* **6.** Donner, porter (un coup). *Le régisseur a frappé les trois coups,* (au théâtre) indiquant que le rideau va se lever. — Baseball, balle-molle. *Frapper un circuit.* — Sans compl. *Il frappe le troisième,* c'est sa position dans l'ordre des frappeurs. **7.** Atteindre de quelque mal. *Le grand malheur qui la frappait.* **8.** Affecter d'une impression vive et soudaine. Surprendre. ⇒ **étonner, saisir.** *Elle a frappé tout le monde par son énergie.* — Au passif et p. p. adj. *Être frappé de stupeur.* **II.** V. tr. indir. Donner un coup, des coups. ⇒ **cogner.** *Frapper sur la table, contre un mur.* — *Frapper à la porte. Entrez sans frapper.* Sports. Donner un coup sur qqch. (avec autre chose). ⇒ **cogner, taper ;** fam. **fesser.** *Elle a frappé sur le ballon avec la main. En frappant sur la balle, il a cassé son bâton.* **III.** (France) SE FRAPPER v. pron. : s'inquiéter, se faire du souci. *Ne vous frappez pas ! Il irait mieux, s'il ne se frappait pas tant.* ▸ ***frappant, ante*** adj. ■ Qui frappe, fait une vive impression. ⇒ **impressionnant, saisissant.** *Une ressemblance frappante.* ⇒ **étonnant.** ▸ ② ***frappe*** n. f. **1.** Action, manière de taper à la machine. ⇒ **dactylographie.** *Le manuscrit est à la frappe. Faute de frappe.* — Loc. *De bonne frappe,* bien écrit, bien fait. *Texte de bonne frappe.* **2.** Sports. Manière de frapper. *La frappe d'un golfeur.* **3.** FORCE DE FRAPPE. ⇒ ① **force** (II, 1). ▸ ***frappeur, euse*** n. et adj. **1.** Baseball, balle molle. N. Joueur qui est en position au marbre et à qui le lanceur expédie des balles pour qu'il les frappe. *Il y a eu sept frappeurs dans cette manche.* — En appos. *Le champion frappeur de la ligne.* **2.** Adj. *Esprits frappeurs,* esprits qui, dans les séances de spiritisme, se signalent en frappant des coups.

frasil [fʀɑ(a)zi] n. m. ■ Masse plus ou moins dense de cristaux ou de fragments de glace qui flottent à la surface d'un cours d'eau et sont entraînés par le courant, formés à la suite d'une baisse soudaine de température. *La formation du frasil.* — Pellicule formée par la glace qui commence à prendre.

frasque [fʀask] n. f. ■ (Surtout au plur.) Écart de conduite. ⇒ **fredaine.** *Des frasques de jeunesse.*

fraternel, elle [fʀatɛʀnɛl] adj. **1.** Qui concerne les relations entre frères ou entre frères et sœurs (correspond à *sororal*). *L'amour fraternel.* **2.** Propre à des êtres qui se traitent en frères. ⇒ **affectueux, amical, cordial.** *Un sourire, un geste fraternel.* — (Personnes) Qui se conduit comme un frère (envers qqn). *Il s'est montré très fraternel avec moi.* ▶ ***fraternellement*** adv. ■ *Partager fraternellement avec des démunis.* ▶ ***fraterniser*** v. intr. ▪ conjug. 1. ■ Faire acte de fraternité, de sympathie ou de solidarité. *Fraterniser avec qqn* (homme ou femme). ▶ ***fraternisation*** n. f. ■ *La fraternisation de soldats ennemis.* ▶ ***fraternité*** n. f. **1.** Lien existant entre personnes (hommes ou femmes) considérées comme membres de la famille humaine ; sentiment profond de ce lien. ⇒ **solidarité.** *Un élan de fraternité.* **2.** Lien particulier établissant des rapports fraternels. ⇒ **camaraderie.** *Fraternité d'armes.* 〈 ▶ confraternel 〉

fratricide [fʀatʀisid] n. et adj. **1.** N. m. Meurtre d'un frère, d'une sœur. **2.** N. Personne qui tue son frère ou sa sœur. **3.** Adj. Qui conduit les humains à s'entre-tuer. *Des guerres, des haines fratricides.*

fraude [fʀod] n. f. ■ Tromperie ou falsification punie par la loi. ⇒ **délit.** *Inspecteurs chargés de la répression des fraudes. Fraude électorale.* ⇒ **télégraphe.** — EN FRAUDE loc. adv. : par un acte qui constitue une fraude. ⇒ **clandestinement, illégalement.** *Faire entrer une marchandise en fraude dans un pays.* ▶ ***frauder*** v. ▪ conjug. 1. **1.** V. tr. Commettre une fraude au détriment de. ⇒ **voler.** *Frauder l'impôt.* **2.** V. intr. Être coupable de fraude. *Frauder à un examen.* ⇒ **tricher.** ▶ ***fraudeur, euse*** n. ■ Personne qui fraude. ⇒ **falsificateur.** ▶ ***frauduleux, euse*** adj. ■ Entaché de fraude. *Faillite frauduleuse.* ▶ ***frauduleusement*** adv.

① ***frayer*** [fʀeje] v. tr. ▪ conjug. 8. ■ Tracer ou ouvrir (un chemin) au milieu d'obstacles. *Écarter les branches pour frayer un passage.* — Pronominalement. *Se frayer un chemin à travers la foule.* — Au p. p. adj. *Les chemins frayés,* battus, connus, habituels.

② ***frayer*** v. intr. ▪ conjug. 8. **1.** Se dit de la femelle du poisson qui dépose ses œufs, et du mâle qui les féconde. ⇒ **frai. 2.** Avoir des relations familières et suivies, fréquenter. *Il frayait peu avec ses collègues.* ▶ ***frayère*** n. m. ■ Lieu où les poissons frayent. *Des frayères à saumon. Frayère naturelle, artificielle.* 〈 ▶ frai 〉

frayeur [fʀɛjœʀ] n. f. ■ Peur très vive, généralement passagère et peu justifiée. *Vous êtes remis de vos frayeurs ?*

freak [fʀek] n. et adj. ■ Anglic. Marginal vivant d'expédients, souvent adepte des drogues dures. ⇒ fam. **tripeur** *Une gang de freaks.* — Adj. *Elle est freak.* ≠ *beatnik, hippie, punk, skin.*

fredaine [fʀədɛn] n. f. ■ Écart de conduite sans gravité. ⇒ **frasque.**

frédérictonnais, aise [fʀedeʀiktɔnɛ, ɛz] adj. et n. ■ De la ville de Fredericton, au Nouveau-Brunswick. — N. (Avec une majusc.) Personne née dans cette ville ou qui l'habite.

fredonner [fʀədɔne] v. tr. ▪ conjug. 1. ■ Chanter (un air) à mi-voix, à bouche fermée. ⇒ **chantonner.** ▶ ***fredonnement*** n. m.

free for all [fʀifɔʀɑl] n. m. invar. Anglic. **1.** Anarchie, désorganisation. ⇒ **confusion.** *C'est un vrai free for all dans cette classe,* chacun agit à sa guise, sans contrôle. **2.** Désordre indescriptible. *La maison est dans un véritable free for all.* — *En raison d'une tempête, l'autoroute est dans un grand free for all,* il y a des véhicules en panne, dans le décor, etc. ⇒ fam. **chiard.**

frégate [fʀegat] n. f. **I. 1.** Ancien bateau de guerre à trois mâts, plus rapide que le vaisseau. **2.** Bâtiment de combat spécialisé dans la lutte contre les sous-marins. **II.** Oiseau de mer aux grandes ailes fines, au bec très long et crochu.

frein [fʀɛ̃] n. m. **1.** Dispositif servant à ralentir, à arrêter le mouvement d'un ensemble mécanique. *Freins à disque, à tambour. Des freins assistés. Frein aérodynamique. Frein à main. La pédale de frein d'une automobile. Cette voiture a de bons freins. Donner un coup de frein,* freiner. — *Frein moteur,* résistance opposée par le moteur ralenti au mouvement des roues. ⇒ **compression. 2.** Ce qui ralentit, entrave un développement. *Mettre un frein à qqch.* ⇒ **limiter, restreindre.** *Une imagination sans frein.* ⇒ **effréné. 3.** Loc. *Ronger son frein,* contenir difficilement son impatience, son ardeur (comme le cheval qui ronge son mors). ▶ ***freiner*** v. ▪ conjug. 1. **1.** V. intr. Ralentir, arrêter la marche d'une machine au moyen de freins. *Mon vélo ne freine plus.* — Fam. *Freiner à mort, au coton* ou France *des quatre fers,* brutalement. **2.** V. tr. Ralentir dans son mouvement. *Le vent freinait les coureurs.* — Ralentir (une évolution, un essor). ⇒ **contrarier, gêner.** *Freiner le progrès.* / contr. **accélérer, encourager** / ▶ ***freinage*** n. m. ■ Action de freiner (1). / contr. **accélération** / 〈 ▶ servofrein 〉

frelaté, ée [fʀəlate] adj. **1.** Altéré dans sa pureté. ⇒ **dénaturé, falsifié.** *Un alcool frelaté.* ⇒ fam. **robine. 2.** Abstrait. Qui n'est pas pur, pas naturel. *Des plaisirs frelatés.*

frêle [fʀɛl] adj. **1.** Dont l'aspect ténu donne une impression de fragilité. *Des jambes frêles.* — *Une voix frêle,* faible. ⇒ ① **grêle. 2.** (Personnes) *Une jeune fille un peu frêle,* délicate, fragile.

frelon [fʀəlɔ̃] n. m. ■ Grosse guêpe rousse et jaune, à corselet noir.

freluquet [fʀəlykɛ] n. m. ■ Jeune homme frivole et prétentieux. ⇒ **godelureau.**

frémille [fʀemij] n. f. ■ Fourmi. *L'armoire grouillait de frémilles.*

frémir [fʀemiʀ] v. intr. ▪ conjug. 2. **1.** Être agité d'un faible mouvement d'oscillation ou de vibration qui produit un son léger, confus. ⇒ **bruire, frissonner, vibrer.** — Se dit de l'eau sur le point de bouillir. **2.** (Personnes) Être agité d'un tremblement. *Frémir de,* sous l'action de. *Frémir d'espoir, de colère, d'horreur. C'est à faire frémir !,* c'est horrible. ▶ ***frémissant, ante*** adj. **1.** Qui frémit. ⇒ **tremblant. 2.** Toujours prêt à s'émouvoir. ⇒ **vibrant.** *Une sensibilité frémissante.* ▶ ***frémissement*** n. m. **1.** Faible mouvement d'oscillation ou de vibration qui rend un léger bruit. ⇒ **bruissement, murmure. 2.** Tremblement léger, causé par une émotion. ⇒ **frisson.** — Agitation qui se propage dans une foule.

french [fʀɛnʃ] ou ***french kiss*** [fʀɛnʃkis] n. m. invar. ■ Anglic. Baiser profond, avec la langue. *Donner, recevoir des french.* ▶ ***frencher*** v. intr. ▪ conjug. 1. ■ Fam. Embrasser, en se servant de la langue. *Ils frenchaient dans un coin.* ▶ ***frenchie*** n. et adj. ■ Anglic. Péj. Terme d'injure que les anglophones emploient pour désigner les francophones canadiens (opposé à *bloke, newfie*). ⇒ **pepsi ;** anglic. **french pea soup, frog.** *Les frenchies de Vancouver.* — Adj. *Les représentantes frenchies au tournoi de volley-ball.* ▶ ***french pea soup*** n. invar. ■ Anglic. Péj. Terme d'injure que les anglophones emploient pour désigner les francophones canadiens (opposé à *bloke, newfie*). ⇒ **pepsi ;** anglic. **frenchie, frog.** *Des french pea soup.* ▶ ***french power*** n. m. invar. ■ Anglic. *Le french power,* le pouvoir apparent des députés et ministres francophones (notamment québécois) au sein de l'appareil gouvernemental fédéral, surtout entre 1968 et 1984.

frêne [fʀɛn] n. m. ■ Arbre à bois clair, dur et élastique. — Bois de cet arbre. *Un plancher en frêne.* ▸ ***frênière*** ou ***frênaie*** n. f. ■ Lieu planté de frênes.

frénésie [fʀenezi] n. f. **1.** État d'exaltation violente qui met hors de soi. ⇒ **fièvre, folie. 2.** Ardeur ou violence extrême. ⇒ **fureur.** *Elle se mit à travailler avec frénésie.* ▸ ***frénétique*** adj. ■ Qui marque de la frénésie, est poussé jusqu'à la frénésie. ⇒ **délirant, effréné, violent.** *Des applaudissements frénétiques.* ≠ *fanatique.* ▸ ***frénétiquement*** adv.

fréon [fʀeɔ̃] n. m. ■ Fluide frigorifique. — REM. Ce mot est un nom de marque déposée.

fréquent, ente [fʀekɑ̃, ɑ̃t] adj. **1.** Qui se produit souvent, se répète à intervalles rapprochés. ⇒ **nombreux, répété.** / contr. **rare** / *De fréquents orages.* **2.** Dont on voit de nombreux exemples dans une circonstance donnée. ⇒ **commun, courant.** *C'est une situation fréquente en temps de guerre.* ▸ ***fréquemment*** [fʀekamɑ̃] adv. ■ D'une manière fréquente. ⇒ **souvent.** *Cela arrive fréquemment.* / contr. **rarement** / ▸ ***fréquence*** n. f. **1.** Caractère de ce qui se reproduit à intervalles plus ou moins rapprochés. *La fréquence de ses visites.* **2.** En sciences. Nombre de périodes ou de cycles complets de variations qui se succèdent en une seconde. ⇒ **cycle, hertz.** *Courants alternatifs à basse, moyenne, haute fréquence. Modulation de fréquence* (radio). ⇒ **M.F., modulation.** — *Fréquence d'un son,* nombre de vibrations sonores par unité de temps (dont dépend la sensation de hauteur).

fréquenter [fʀekɑ̃te] v. tr. ▪ conjug. 1. **1.** Aller souvent, habituellement dans (un lieu). / contr. **éviter** / *Fréquenter une discothèque.* — Au p. p. adj. *Un restaurant très fréquenté,* où vont beaucoup de gens. *Une autoroute passablement fréquentée,* où il y a beaucoup de circulation. *Un établissement mal fréquenté,* où vont des gens peu recommandables. **2.** Avoir des relations habituelles (avec qqn) ; rencontrer, voir fréquemment. *Elle fréquentait des voisins.* — Pronominalement (récipr.). *Ils ont cessé de se fréquenter.* **3.** Voir (qqn) fréquemment pour des raisons sentimentales ; courtiser. ▸ ***fréquentable*** adj. ■ Que l'on peut fréquenter. *Un individu peu fréquentable.* ▸ ***fréquentation*** n. f. **1.** Action de fréquenter (un lieu, une personne). *Ce que peut nous apporter la fréquentation des théâtres, des musées, d'amis cultivés.* **2.** (Au plur.) Personnes qu'on fréquente. *Il a de mauvaises fréquentations.* **3.** Au plur. Relations assidues en vue du mariage. *Leurs fréquentations ont duré pendant deux ans.*

frère [fʀɛʀ] n. m. **1.** Celui qui est né des mêmes parents que la personne considérée, ou seulement du même père ou de la même mère ⇒ **demi-frère ;** fam. **frangin, frérot.** *Son frère aîné, cadet (*fam. *son grand, son petit frère).* ⇒ **benjamin, puîné.** *Des frères jumeaux.* — *Frère de lait*. Il lui ressemble comme un frère,* comme deux gouttes d'eau, beaucoup. **2.** Se dit des hommes considérés comme membres de la famille humaine ; des fidèles d'une même religion. *Frères en Jésus-Christ.* — Appellation des membres d'ordres religieux. *Les frères des Écoles chrétiennes.* **3.** Homme qui a avec la personne considérée une communauté d'origine, d'intérêts, d'idées. ⇒ **ami, camarade, compagnon.** — En appos. *Des peuples frères.* — Loc. *Vieux frère,* se dit à un ami ou camarade. ⇒ anglic. **chum.** *Un faux frère,* un homme qui trahit ses amis, ses associés. — *Frère d'armes,* celui qui a combattu aux côtés de la personne considérée. ▸ ***frérot*** n. m. ■ Fam. Petit frère. ‹ ▸ beau-frère, confrère, demi-frère ›

fresque [fʀɛsk] n. f. **1.** Procédé de peinture qui consiste à utiliser des couleurs à l'eau sur un enduit de mortier frais. — Œuvre peinte d'après ce procédé. *Les fresques de la chapelle Sixtine.* **2.** Vaste peinture murale quelle qu'elle soit. **3.** Vaste composition littéraire, présentant un tableau d'ensemble d'une époque, d'une société. ⇒ **saga.** *Balzac nous a laissé une fresque détaillée des mœurs bourgeoises.*

fressure [fʀesyʀ] n. f. ■ Ensemble des gros viscères d'un animal (cœur, foie, rate, poumons).

① ***fret*** [fʀɛt] n. m. **1.** Prix du transport des marchandises ; leur transport. **2.** Cargaison d'un navire ; chargement d'un avion ou d'un camion. *Débarquer, décharger son fret.* ▸ ***fréter*** v. tr. ▪ conjug. 6. **1.** Prendre en location (un véhicule). ⇒ **affréter, louer, noliser.** *Ils frétèrent une voiture.* **2.** Donner en location (un navire). ‹ ▸ affréter ›

② ***fret*** adj. et n. m. ⇒ ①, ② **froid.**

frétiller [fʀetije] v. intr. ▪ conjug. 1. ■ Remuer, s'agiter par petits mouvements rapides. *Poissons qui frétillent.* — *Le bébé frétillait de joie.* ⇒ se **trémousser.** ▸ ***frétillant, ante*** adj. ■ Qui frétille. — Gai, sémillant. *Vous voilà tout frétillant.* ▸ ***frétillement*** n. m.

fretin [fʀətɛ̃] n. m. **1.** Petits poissons. *Rejeter le fretin à l'eau.* **2.** Dans un groupe, une collection. Ce qu'on considère comme négligeable ou insignifiant (surtout : *le* MENU FRETIN).

freudien, ienne [fʀødjɛ̃, jɛn] adj. et n. ■ Propre ou relatif à Freud (créateur de la psychanalyse). — Partisan de Freud, de sa psychanalyse. — N. *Cette psychanalyste est une fervente freudienne.*

friable [fʀijabl] adj. ■ Qui peut facilement se réduire en menus fragments, en poudre. *Feuilleté à pâte friable. Roche friable.*

① ***friand, ande*** [fʀijɑ̃, ɑ̃d] adj. ■ FRIAND DE : qui recherche, aime particulièrement (un aliment). *Être friand de poisson.* — Fig. Qui recherche et aime (qqch.). ⇒ **avide.** *Être friand de compliments.*

② ***friand*** n. m. (France) **1.** Petit pâté feuilleté garni d'un hachis de viande. **2.** Petit gâteau à pâte d'amandes.

friandise [fʀijɑ̃diz] n. f. ■ Petite pièce de confiserie (⇒ **bonbon**) ou de pâtisserie qu'on mange avec les doigts. ⇒ **sucrerie.**

fric [fʀik] n. m. sing. ■ Fam. Argent ②. ⇒ **foin, oseille, pognon.**

fricassée [fʀikase] n. f. ■ Viande, volaille coupée en morceaux cuits dans une sauce. ⇒ **chiard, gibelotte.** *Une fricassée de poulet.* — *Patates fricassées.*

friche [fʀiʃ] n. f. **1.** Terre non cultivée. **2.** EN FRICHE loc. adv. ou adj. : inculte. ⇒ à l'**abandon.** *Laisser des champs en friche.* — *Laisser ses dons en friche,* ne pas les employer. ‹ ▸ défricher ›

fricot [fʀiko] n. m. ■ Fam. Ragoût, mets grossièrement cuisiné. ⇒ fam. **tambouille.**

fricoter [fʀikɔte] v. ▪ conjug. 1. Fam. **1.** V. tr. Manigancer, mijoter. *Qu'est-ce que vous fricotez encore ?* **2.** V. intr. S'occuper d'affaires louches, trafiquer. ▸ ***fricotage*** n. m. ▸ ***fricoteur, euse*** n. ■ Fam. Trafiquant(e) malhonnête. ⇒ **magouilleur.**

① ***friction*** [fʀiksjɔ̃] n. f. ■ Manœuvre de massage consistant à frotter vigoureusement une partie du corps pour améliorer la circulation du sang ou faire absorber un médicament par la peau. *Une friction à l'huile camphrée.* ▸ ***frictionner*** v. tr. ▪ conjug. 1. ■ Administrer une friction à (qqn, une partie du corps). ⇒ **frotter.** *Frictionner le dos avec de l'alcool.* — Pronominalement (réfl.). *Se frictionner après le bain.*

② ***friction*** n. f. **1.** Techniques. Résistance au mouvement qui se produit entre deux surfaces en contact. ⇒ **frottement.** *Entraînement par friction.* **2.** Désaccord entre personnes. *Point de friction,* motif de querelle.

frigidaire [fʀiʒidɛʀ] n. m. ■ Réfrigérateur. ⇒ fam. **frigo.** *Mettre les légumes dans le (au) frigidaire.* — REM. Ce mot est un nom de marque déposée.

frigide [fʀiʒid] adj. ■ Qui n'éprouve pas le plaisir sexuel. *Femme frigide.* ▶ ***frigidité*** n. f.

frigorifier [fʀigɔʀifje] v. tr. ▪ conjug. 7. **1.** Soumettre au froid pour conserver (les viandes). ⇒ **congeler, réfrigérer. 2.** Fam. *Le vent nous frigorifiait.* — Au p. p. *Je suis frigorifié,* j'ai très froid. ⇒ **gelé.** ▶ ***frigorifique*** adj. ■ Qui sert à produire le froid. ⇒ **réfrigérant.** / contr. **calorifique** / *Mélange frigorifique. Wagon, camion, chambre frigorifique,* équipé(e) d'une installation frigorifique. ▶ ***frigo*** n. m. ■ Fam. Chambre frigorifique, réfrigérateur. *Mettre un rôti au frigo. Le frigo est vide. Des frigos.*

frileux, euse [fʀilø, øz] adj. **1.** Qui craint beaucoup le froid, y est très sensible. **2.** Qui indique qu'on a froid, qu'on est sensible au froid. *Une posture un peu frileuse.* **3.** Fig. Craintif, apeuré. *Une attitude frileuse devant la vie.* ▶ ***frileusement*** adv.

frimas [fʀima] n. m. invar. ■ Brouillard formant des dépôts de givre. *Il y a du frimas sur le pare-brise.* ⇒ **gelée.** — (France) Au plur. *Les frimas,* les temps froids de l'hiver. ▶ ***frimasser*** v. impers. ▪ conjug. 1. ■ (Frimas) Givrer, geler. *Il a frimassé la nuit dernière.* — Pronominalement. *Les vitres se sont frimassées,* elles se sont couvertes de frimas. — Au p. p. adj. *Arbres frimassés. Barbe, moustache frimassées.*

frime [fʀim] n. f. **1.** Fam. Semblant, apparence trompeuse. ⇒ **comédie.** *C'est de la frime.* ⇒ anglic. **bluff. 2.** Carte à jouer qui est frimée. *« Quelle est la frime ? – Le neuf. »* ▶ ***frimer*** v. ▪ conjug. 1. **1.** V. intr. (Personnes) Fam. Chercher à se faire remarquer ; faire de l'esbroufe*. **2.** V. tr. Donner à une carte à jouer une valeur passe-partout, spéciale. *Frimer la dame.* — Au p. p. adj. *Une carte frimée.*

frimousse [fʀimus] n. f. ■ Visage enfantin. ⇒ **minois.**

fringale [fʀɛ̃gal] n. f. **1.** Fam. Faim violente et pressante. *J'ai la fringale, une de ces fringales !* **2.** Désir violent, irrésistible. ⇒ **envie.** *J'ai une fringale de cinéma.*

fringant, ante [fʀɛ̃gɑ̃, ɑ̃t] adj. **1.** (Chevaux) Très vif, toujours en mouvement. **2.** (Personnes) Dont l'allure vive, la mise élégante dénotent de la vitalité, une belle humeur. ⇒ **alerte, guilleret, pimpant, sémillant.**

fringuer [fʀɛ̃ge] v. tr. ▪ conjug. 1. ■ (France) Fam. Habiller. — Pronominalement (réfl.). *Elle s'était bien fringuée pour sortir.* — Au p. p. adj. *Bien, mal fringué.* ▶ ***fringues*** n. f. pl. ■ (France) Fam. Vêtements. ⇒ **nippes** ; fam. **fripes, frusques** ; péj. **hardes.**

friper [fʀipe] v. tr. ▪ conjug. 1. ■ Défraîchir en froissant. *Elle a fripé sa robe.* — Au p. p. adj. *Visage fripé,* ridé. (Personnes) *Être, avoir l'air fripé,* fatigué, épuisé. ⇒ fam. **magané, poqué.** — Pronominalement. *Si tu ne plies pas tes vêtements, ils se friperont.* ⇒ se **chiffonner,** se **froisser.** ▶ ***fripant, ante*** adj. ■ Qui se fripe facilement. ⇒ **froissant.** / contr. **infroissable** / *Un tissu fripant.* ⟨ ▶ défriper ⟩

friperie [fʀipʀi] n. f. (France) **1.** Vieux habits, linge usagé. ⇒ fam. **fripes. 2.** Commerce, boutique de fripier. ▶ ***fripes*** n. f. pl. ■ Fam. Vieux vêtements, vêtements d'occasion, linge défraîchi. ⇒ **friperie, nippes ;** fam. **fringues, frusques ;** péj. **hardes.** *Porter ses vieilles fripes.* — Au sing. Loc. fam. *Partir rien que sur une fripe,* à toute vitesse, très rapidement. ⇒ fam. **pinouche.** ▶ ***fripier, ière*** n. ■ Personne qui revend d'occasion des habits, du linge.

fripon, onne [fʀipɔ̃, ɔn] n. et adj. **1.** Vx. Personne malhonnête. ⇒ **coquin, vaurien. 2.** Se dit à un enfant malicieux, une fille coquette. ⇒ **brigand, coquin.** *Ah, le petit fripon !* — Adj. Qui a qqch. de malin, d'un peu provocant. *Un petit air fripon.* ▶ ***friponnerie*** n. f. ■ Vx ou littér. Caractère ; action de fripon (1).

fripouille [fʀipuj] n. f. ■ Fam. Homme sans scrupules, qui se livre à l'escroquerie et à toutes sortes de trafics. ⇒ **canaille, crapule, escroc.**

frire [fʀiʀ] v. (Seuls l'infinitif et le p. p. adj. sont usuels) **1.** V. tr. Faire cuire en plongeant dans un corps gras bouillant. *Poêle à frire.* **2.** V. intr. Cuire dans la friture. *Faire frire, mettre à frire du poisson.* ⟨ ▶ frit ⟩

frisbee [fʀizbi] n. m. ■ Anglic. Disque de plastique qu'on lance en le faisant tournoyer sur lui-même. *Lancer le frisbee avec adresse.* — Ce jeu. *Jouer au frisbee.* — REM. Ce mot est un nom de marque déposée.

① ***frise*** [fʀiz] n. f. **1.** Bande située au-dessus de la corniche (elle-même au-dessus d'une colonnade). *Les frises du Parthénon sont l'œuvre de Phidias.* **2.** Ornement en forme de bande continue.

② *cheval de **frise*** [ʃ(ə)valdəfʀiz] n. m. ■ Pièce de bois ou de fer hérissée de pointes, utilisée dans les retranchements. *Des chevaux de frise.*

friselis [fʀizli] n. m. invar. ■ Littér. Faible frémissement.

① ***friser*** [fʀize] v. ▪ conjug. 1. **I.** V. tr. **1.** Mettre en boucles (des cheveux, poils, fibres, etc.). ⇒ **boucler.** *Fer à friser.* — Au p. p. adj. *Cheveux frisés.* / contr. **plat, raide** / *Elle était frisée comme un mouton.* — N. *Un petit frisé.* — *Laitue frisée* ou n. f. *Une frisée,* dont les feuilles sont ondulées. **2.** Passer au ras de, effleurer. ⇒ **frôler, raser.** *La lumière frise son visage.* **3.** Approcher de très près. *Elle devait bien friser la soixantaine. Cela frise le ridicule.* **II.** V. intr. Être ou devenir frisé. *Ses cheveux frisent sous la pluie.* ▶ ① ***frisette*** n. f. **1.** Petite boucle de cheveux frisés. **2.** Bigoudi, papillote. *Elle met quelques frisettes dans ses cheveux.* ▶ ***frisotter*** v. ▪ conjug. 1. **1.** V. tr. Friser, enrouler en petites boucles serrées. — Au p. p. adj. *Cheveux frisottés.* **2.** V. intr. Friser (II) en petites ondulations serrées. ⟨ ▶ défriser, frisure, indéfrisable ⟩

② ***friser*** ou ***refriser*** v. intr. ▪ conjug. 1. ■ Fam. Gicler, éclabousser. ⇒ fam. **revoler.** *L'eau frisait par un petit trou. Ça refrise partout.* — Transitivement. *Tu fais friser l'eau en dehors de la baignoire.*

② ***frisette*** [fʀizɛt] n. f. ■ Lame de bois, généralement en sapin ou en pin, de faible épaisseur. *Ce faux plafond en frisette cache une isolation en laine de verre.*

frisquet, ette [fʀiskɛ, ɛt] adj. ■ Un peu froid. ⇒ ① **frais.** *L'air est frisquet. L'eau du lac est frisquette ce soir.* — *Il fait frisquet, ce matin.*

frisson [fʀisɔ̃] n. m. **1.** Tremblement irrégulier, dû à la fièvre, accompagné d'une sensation de froid. *La malade était secouée de frissons.* **2.** Frémissement qui accompagne une émotion. *Avoir un frisson de terreur, de plaisir.* Fam. *Le grand frisson,* l'orgasme. **3.** Poét. Léger mouvement. — Bruit léger qui accompagne ce mouvement. *Le frisson des herbes agitées par le vent.* ▶ ***frissonner*** v. intr. ▪ conjug. 1. **1.** Avoir le frisson, être agité de frissons. *Frissonner de fièvre.* **2.** Être saisi d'un léger tremblement produit par une vive émotion.

⇒ **frémir, tressaillir.** *Frissonner de peur.* ▶ ***frissonnant, ante*** adj. ■ Qui frissonne. ▶ ***frissonnement*** n. m. ■ Littér. Léger frisson.

frisure [fʀizyʀ] n. f. ■ Façon de friser, état des cheveux frisés. *Frisure légère.* ⇒ **indéfrisable, permanente.** — Boucle, frisette.

frit, frite [fʀi, fʀit] adj. **1.** Cuit dans un corps gras bouillant ⇒ **frire.** *Poulet frit. Poissons frits.* ⇒ **friture.** *(Pommes de terre, patates) frites.* **2.** Fam. (Personnes) Perdu, fichu. *Nous sommes frits.* ⇒ **cuit, fait.** ▶ ***frite*** n. f. ■ Généralement au plur. Petit morceau allongé de pomme de terre que l'on mange frit et chaud. ⇒ **juliennes ; patate ; poutine ;** anglic. **chips.** *Un club-sandwich avec des frites. Un steak frites,* accompagné de frites. — *Une* ou, fam., *un frite,* une portion de frites. *Un hamburger avec une grosse frite,* une double portion. *Une frite(-)sauce.* ⇒ fam. **patate(-)sauce.** ▶ ***friteuse*** n. f. ■ Récipient pourvu d'un couvercle et d'un égouttoir, destiné aux fritures. ▶ ***friture*** n. f. **I. 1.** Action, manière de frire un aliment. *Friture à l'huile, à la graisse.* **2.** Matière grasse qui sert à frire et qu'on garde ensuite pour le même usage. **3.** Aliment frit. *Une friture de poulets.* — Poissons frits. *Il aime beaucoup la petite friture.* **II.** *Bruit de friture* ou *friture,* grésillement qui se produit par moments dans les appareils de téléphone ou de radio. *Il y a de la friture.* ▶ ***friterie*** n. f. ■ Endroit, comptoir où l'on vend des frites. *La friterie de la cafétéria.*

frivole [fʀivɔl] adj. **1.** Qui a peu de sérieux et, par suite, d'importance. ⇒ **futile.** *Une discussion frivole.* **2.** (Personnes) Qui ne s'occupe que de choses futiles ou traite à la légère les choses sérieuses. / contr. **austère, grave, sérieux** / ▶ ***frivolité*** n. f. **1.** Caractère d'une personne frivole. ⇒ **légèreté.** / contr. **sérieux** / **2.** Chose frivole. ⇒ **bagatelle, futilité. 3.** Au plur. Petits articles de mode, de parure. ⇒ **colifichet, fanfreluche.** *Marchande de frivolités.*

① ***froc*** [fʀɔk] n. m. ■ Fam. Pantalon. ⟨ ▶ défroque ⟩

② ***froc*** n. m. ■ Loc. *Jeter le froc aux orties,* abandonner l'état de religieux (moine, prêtre, frère, sœur). ⇒ **défroqué.** ⟨ ▶ défroqué ⟩

frog [fʀɔg] n. m. ■ Anglic. Péj. Terme d'injure que les anglophones emploient pour désigner les francophones canadiens (opposé à *bloke, newfie*). ⇒ **pepsi ;** anglic. **frenchie, french pea soup.** *Dans l'Ouest, on n'aime pas beaucoup les frogs.*

① ***froid, froide*** [fʀwa, fʀwad] ou ② ***fret, frette*** [fʀɛt] adj. **I. 1.** Qui est à une température sensiblement plus basse que celle du corps humain (dans l'échelle : **glacial, glacé, froid, frais ;** opposé à **tiède, chaud, brûlant**). *Eau froide. Un vent froid.* **2.** Qui s'est refroidi, qu'on a laissé refroidir. *Une odeur de pipe froide. Le moteur est encore froid, faites-le tourner.* — *Des viandes froides.* — Adv. *Manger froid,* ce qui s'est refroidi ou qui n'a pas été cuit. *Si tu continues à bavarder, tu vas manger froid.* **II.** (Humains) **1.** Qui ne s'anime ou ne s'émeut pas facilement. ⇒ **calme, flegmatique.** / contr. **ardent** / *Un caractère froid. Une femme froide,* peu sensuelle. ⇒ **frigide.** — Loc. *Garder la tête froide,* réfléchir. *Une colère froide,* qui n'éclate pas, rentrée. **2.** Dont la réserve marque de l'indifférence ou une certaine hostilité. ⇒ **distant, glacial, réservé, sévère.** / contr. **chaleureux, enthousiaste** / *Un ton froid,* détaché. *Ça me laisse froid,* indifférent. Loc. *Ne faire ni chaud ni froid à qqn,* le laisser indifférent. **3.** Qui manque de sensibilité, de générosité. ⇒ **dur, insensible.** *Un être froid et impitoyable.* / contr. **sensible** / **4.** En art. Qui ne suscite aucune émotion, par défaut de sensibilité, de vie. ⇒ **inexpressif, terne.** / contr. **émouvant, expressif** / **III.** À FROID loc. adv. : sans mettre au feu, sans chauffer. *Laminer à froid. Démarrer à froid.* — Sans anesthésie, sans insensibilisation. *Extraire une dent à froid.* — *Prendre, cueillir un adversaire* À FROID : le surprendre par une action ou un coup rapide, sans lui laisser le temps de s'échauffer. — Sans chaleur apparente, sans émotion véritable. *S'emporter, s'exciter à froid sur un sujet.* — REM. Le mot *fret* s'emploi aussi et familièrement dans la plupart des sens et expressions (ex. : *L'eau frette. Un être fret. Démarrer à fret*). ▶ ***froidement*** adv. **1.** Avec réserve (⇒ **froid** II, 2). *On l'a reçu froidement.* / contr. **chaleureusement, chaudement** / **2.** En gardant la tête froide, lucide. ⇒ **calmement. 3.** Avec insensibilité. *Il acheva froidement le blessé.* ▶ ***froideur*** n. f. **1.** Absence relative d'émotivité, de sensibilité. ⇒ **flegme, impassibilité.** — Manque de sensualité. **2.** Indifférence marquée, manque d'empressement et d'intérêt. ⇒ **détachement, réserve.** / contr. **chaleur** / ⇒ **fraîcheur, tiédeur.** *Une froideur méprisante.* **3.** En art. Défaut de chaleur, d'éclat. ⇒ **sécheresse.** ≠ *froidure.* ⟨ ▶ ② froid, pisse-froid, refroidir, sang-froid ⟩

② ***froid*** ou ② ***fret*** n. m. **1.** État de la matière, de l'atmosphère quand elle est froide ; sensation résultant du contact de la peau avec un corps ou un milieu froid. ⇒ ① **froid.** *La saison des grands froids. Les gros froids s'en viennent. On va avoir du froid demain. Vague de froid. Un froid de canard,* un grand froid. — *Il fait froid,* le temps est froid. ⇒ **frisquet.** / contr. **chaud, doux** / Loc. *Il fait froid à pierres fendre, à tout casser, à ne pas mettre le nez dehors,* extrêmement froid. Loc. plaisante. *Il ne fait pas froid, il fait fret,* c'est très froid. *Avoir froid,* éprouver une sensation de froid. — Fam. *Avoir très, trop froid, avoir si froid que...* — *Prendre, attraper froid,* un refroidissement. — Loc. *Ne pas avoir froid aux yeux,* n'avoir peur de rien ; être brave, téméraire. **2.** État ou sensation comparable à la précédente. Loc. *Cela me fait froid dans le dos* (de peur, d'horreur) *rien que d'y penser. Ces mots ont jeté un froid dans l'assistance,* y ont provoqué un malaise. **3.** EN FROID loc. adv. *Nous sommes en froid,* brouillés, fâchés. — REM. Le mot *fret* s'emploie aussi et familièrement dans la plupart des sens et expressions (ex. : *Il fait trop fret pour sortir. Faire fret en maudit. Il a fait un fret noir*). ▶ ***froidure*** n. f. ■ Littér. Grand froid de l'hiver. ≠ *froideur.* ⟨ ▶ coupe-froid ⟩

froisser [fʀwase] v. tr. ▪ conjug. 1. **1.** Faire prendre des faux plis à (une étoffe). ⇒ **friper.** / contr. **défroisser** / — Pronominalement (réfl.). *Un tissu qui ne se froisse pas,* infroissable. / contr. **fripant, froissant** / — Chiffonner. *Froisser une feuille.* **2.** Meurtrir par une forte pression. *Elle s'est froissé un muscle.* **3.** Abstrait. Blesser légèrement (qqn) dans son amour-propre, dans sa délicatesse. ⇒ **désobliger, vexer.** *Je ne voulais pas vous froisser.* — SE FROISSER v. pron. : se vexer. ▶ ***froissant, ante*** adj. ■ Qui se froisse facilement. ⇒ **fripant.** / contr. **infroissable** / *Une chemise froissante.* ▶ ***froissement*** n. m. **1.** Action de froisser, de chiffonner, de plisser ; son résultat. *Le froissement d'un muscle,* claquage. — Bruissement de ce qui est froissé. *On n'entendait plus que le froissement des robes.* **2.** Littér. Ce qui blesse qqn dans son amour-propre, sa sensibilité. ⇒ **blessure.** *Épargnez-moi ce froissement.* ⟨ ▶ défroisser, infroissable ⟩

frôler [fʀole] v. tr. ▪ conjug. 1. **1.** Toucher légèrement en glissant, en passant. ⇒ **effleurer. 2.** Passer très près de, en touchant presque. ⇒ **raser.** *La voiture a frôlé le trottoir.* — *On a frôlé la mort,* on a failli mourir. *L'avion a frôlé la catastrophe à l'atterrissage.* ▶ ***frôlement*** n. m. ■ Léger et rapide contact d'un objet qui se déplace le long d'un autre.

fromage [fʀɔmaʒ] n. m. **1.** Aliment obtenu par la coagulation du lait, suivie ou non de cuisson, de fermentation ; masse moulée de cet aliment. *Fromage (de lait) de vache, de chèvre. Du fromage cheddar*, cottage*. Fromage en grains* ou fam. *en crottes,* présenté sous la forme de petits morceaux. *Fromages frais,* avec lait écrémé *(fromage blanc, etc.). Le camembert est un fromage fermenté. Fromage fondu. Du fromage râpé.* ⇒ **parmesan.** *Fromage en tranches,* présenté sous la forme de portions généralement emballées individuellement. *Un sandwich au fromage grillé.* ⇒ anglic. **grilled-cheese.** — *Crottes de fromage,* friandise légère et salée au goût de fromage, en forme de petit doigt. *Plateau, cloche à fromage.* **2.** Nom de certains plats préparés dans un moule, une terrine. — TÊTE FROMAGE, TÊTE FROMAGÉE ou FROMAGE DE TÊTE : charcuterie faite de tête de porc en gelée. ▶ ***fromagé, ée*** adj. ■ TÊTE FROMAGÉE. ⇒ tête **fromage.** *N'oublie pas d'acheter des cretons et de la tête fromagée.* ▶ ① ***fromager, ère*** adj. ■ Relatif au fromage. *Industrie fromagère.* ▶ ② ***fromager, ère*** n. ■ Fabricant, marchand de fromages. ▶ ***fromagerie*** n. f. ■ Local où l'on fabrique et vend en gros des fromages ; industrie, commerce des fromages. — REM. En France, pour la vente au détail, on dit *crémerie.*

froment [fʀɔmɑ̃] n. m. ■ Blé. — Grains de blé. *Farine de froment* opposé à *de sarrasin.*

fronce [fʀɔ̃s] n. f. ■ Pli court et serré donné à une étoffe en tirant sur un fil. *Jupe à fronces.* ▶ ***froncer*** v. tr. ▪ conjug. 3. **1.** Plisser, rider en contractant, en resserrant. *Elle fronça les sourcils.* **2.** Plisser (une étoffe) en formant des fronces. ≠ *foncer.* ▶ ***froncement*** n. m. ■ *Un froncement de sourcils.*

frondaisons [fʀɔ̃dɛzɔ̃] n. f. plur. ■ Littér. Le feuillage (des arbres). *Des frondaisons luxuriantes.*

① ***fronde*** [fʀɔ̃d] n. f. **1.** Arme de jet utilisant la force centrifuge, poche de cuir suspendue par deux cordes et contenant un projectile (balle ou pierre). **2.** Lance-pierres à élastique, jouet d'enfant.

② ***fronde*** n. f. **1.** (Histoire de France) (Avec une majusc.) Sédition qui éclata contre Mazarin (1648-1653). *La Fronde des princes.* **2.** *Un esprit de fronde, un vent de fronde,* de révolte. ▶ ***fronder*** v. tr. ▪ conjug. 1. ■ Attaquer ou railler (une personne ou une chose généralement entourée de respect). ⇒ **attaquer, critiquer.** *Fronder le gouvernement, le pouvoir.* ▶ ***frondeur, euse*** n. **1.** (Histoire de France) Personne qui appartenait au parti de la Fronde. **2.** Personne qui critique, sans retenue ni déférence, le gouvernement, l'autorité. — Adj. *Un esprit frondeur,* enclin à la révolte, impertinent.

front [fʀɔ̃] n. m. **I. 1.** Partie supérieure du visage comprise entre les sourcils et la racine des cheveux, et s'étendant d'une tempe à l'autre. *Un front haut, large, bombé, fuyant. Elle s'est épongé le front.* — Partie antérieure et supérieure de la tête de certains animaux. *Cheval qui a une étoile au front.* — Abstrait. Loc. *Courber, relever le front,* la tête. *Les opprimés, les vaincus commencent à relever le front,* à résister. **2.** Loc. *Avoir le front de,* l'audace, la prétention de. ⇒ **culot.** *Avoir du front,* être effronté, audacieux. ⇒ **insolent.** *Avoir du front tout le tour de la tête, avoir un front de bœuf* [bø], *de cochon,* être très effronté, très audacieux. **II. 1.** Face antérieure que présentent des choses d'une certaine étendue. Vx. *Le front d'un bâtiment.* ⇒ **façade, fronton.** Loc. FRONT DE MER : avenue en bordure de la mer. **2.** *Le front,* la ligne des positions occupées face à l'ennemi, la zone des batailles (opposé à *l'arrière, le flanc*). *La première ligne du front. Les combattants du front. Mourir au front.* ⇒ **champ** d'honneur. **3.** Union étroite constituée entre des partis, des syndicats ou des individus s'accordant sur un programme commun. ⇒ **bloc, groupement, ligue.** *Le Front de libération du Québec.* ⇒ **F.L.Q.** *Front populaire, en France.* **4.** DE FRONT loc. adv. : du côté de la face, par-devant. ⇒ **frontal** (2). *Attaquer de front l'ennemi,* sans biaiser. *Aborder de front un problème.* — Sur la même ligne, côte à côte. *Chevaux attelés de front. Mener de front plusieurs affaires.* ⇒ **ensemble.** **5.** FAIRE FRONT loc. : se réunir pour résister. — Affronter, faire face. *Il faut faire front aux dépenses.* ▶ ***frontal, ale, aux*** adj. **1.** Du front (1). *Os frontal.* **2.** Qui se produit de front. ⇒ **face-à-face.** *Une collision frontale.* ▶ ***frontalier, ière*** n. et adj. ■ Habitant d'une région, d'une ville frontière. — Adj. *Ville frontalière. Toponyme frontalier,* identifiant une entité géographique située de part et d'autre d'une frontière. ▶ ***fronteau*** n. m. **1.** Extrémité d'une terre. *Les vaches broutent dans le fronteau.* **2.** Terre dont la largeur fait face à un cours d'eau. ▶ ***frontière*** n. f. **1.** Limite d'un territoire, ou séparant deux États, deux provinces, deux régions, etc. ⇒ **démarcation.** *La frontière canadienne.* — Zone située près de cette limite. ⇒ ③ **marche.** *Frontières naturelles,* constituées par un obstacle géographique. *Postes de police et de douane installés à la frontière. — Incident de frontière.* — En appos. *Région, zone frontière. Un poste frontière. Des villes frontière(s). — Sans frontières,* international. **2.** Abstrait. Limite, séparation. *Aux frontières de la vie et de la mort.* ⟨ ▶ affronter, confronter, effronté, frontispice, fronton, transfrontalier ⟩

frontispice [fʀɔ̃tispis] n. m. ■ Grand titre d'un ouvrage. — Gravure placée face au titre.

fronton [fʀɔ̃tɔ̃] n. m. ■ Ornement vertical, le plus souvent triangulaire, au-dessus de l'entrée d'un édifice. *Fronton d'un temple grec.*

frotter [fʀɔte] v. ▪ conjug. 1. **I.** V. tr. **1.** Exercer une pression accompagnée de mouvement, soit en imposant un mouvement à un corps en contact avec un autre *(frotter son doigt contre une table, sur une table),* soit en imposant à un corps la pression d'un autre corps en mouvement *(frotter une table du doigt).* **2.** Rendre plus propre, plus luisant... en frottant. *Frotter le parquet, des meubles.* ⇒ **astiquer, briquer.** **3.** *Frotter ses yeux, se frotter les yeux pour mieux voir* (en se réveillant ou devant un spectacle surprenant). — *Se frotter les mains,* en signe de contentement. ⇒ se **réjouir.** — *Frotter les oreilles de qqn,* le battre, le disputer. **4.** *Frotter qqch. de (avec...),* enduire par frottement. *Frotter d'huile.* — Au p. p. adj. *Pain frotté d'ail.* **II.** SE FROTTER v. pron. **1.** Frotter son corps. ⇒ **frictionner, masser.** **2.** S'enduire. **3.** *Se frotter à qqn,* l'attaquer. ⇒ **attaquer, défier, provoquer.** *Il vaut mieux ne pas se frotter à ces gens-là. Ne vous y frottez pas.* — En sports. *Elle se frottera à une adversaire redoutable,* disputera un match contre elle. — PROV. *Qui s'y frotte s'y pique* celui qui risque qqch. s'en repend. **III.** V. intr. Se dit d'une surface qui glisse mal sur une autre. *Pièces d'un mécanisme qui frottent.* ⇒ **gripper.** ▶ ***frottement*** n. m. **1.** Action de frotter ; contact de deux corps dont l'un se déplace par rapport à l'autre. *Un bruit de frottement.* ⇒ ② **friction.** **2.** Force qui s'oppose au glissement d'une surface sur une autre. *Freinage par frottement.* **3.** Difficulté, friction (②, 2). *Il y a eu des frottements.* ▶ ***frottis*** n. m. invar. **1.** Mince couche de couleur, en peinture. **2.** Préparation en couche mince, sur une lame de verre, d'une substance organique qu'on examine au microscope. *Un frottis vaginal.* ▶ ***frottoir*** n. m. ■ Objet, ustensile dont on se sert pour frotter. *Le frottoir d'une boîte d'allumettes.*

frou-frou ou ***froufrou*** [fʀufʀu] n. m. ■ Bruit léger produit par le frôlement ou le froissement d'une étoffe soyeuse, de plumes, etc. ⇒ **bruissement.** *Des frou-*

frous ; des froufrous. ▶ ***froufrouter*** v. intr. ▪ conjug. 1. ■ Produire un froufrou. ▶ ***froufroutant, ante*** adj. ■ *Des dessous froufroutants.*

frousse [fʀus] n. f. ■ Fam. Peur. ⇒ fam. **trouille.** *Elle m'a flanqué une de ces frousses !* ▶ ***froussard, arde*** adj. et n. ■ Peureux, poltron. ⇒ fam. **jaune.** *Quels froussards !*

fructifier [fʀyktifje] v. intr. ▪ conjug. 7. **1.** Produire, donner des récoltes, des fruits (II). **2.** Produire des résultats avantageux, des bénéfices. *Faire fructifier son capital.* ⇒ **rapporter.** ▶ ***fructification*** n. f. **1.** Formation, production de fruits. **2.** Le fait de fructifier (2). ▶ ***fructueux, euse*** [fʀyktɥø, øz] adj. ■ Qui donne des résultats avantageux. *Spéculation fructueuse.* ⇒ **avantageux, profitable ; lucratif, rentable.** *Ses efforts ont été fructueux. Collaboration fructueuse.* / contr. **improductif** / ‹ ▶ infructueux ›

frugal, ale, aux [fʀygal, o] adj. **1.** Qui consiste en aliments simples, peu recherchés, peu abondants. *Nourriture frugale.* **2.** Qui se contente d'une nourriture simple. ⇒ **sobre.** *Il est plutôt frugal et ascétique. Vie frugale.* ⇒ **austère, simple.** ▶ ***frugalité*** n. f. ■ Caractère frugal.

fruit [fʀɥi] n. m. **I. 1.** Production des plantes qui apparaît après la fleur, surtout comestible et sucrée. *Arbre à fruits.* ⇒ **fruitier.** *La pomme, la prune sont des fruits. Fruit à pépins, fruit à noyau. Fruit vert, fruit mûr. Fruit frais, fruit sec (*ou *séché). Jus de fruit. Voulez-vous un fruit, du fruit, des fruits au dessert ?* — Au plur. FRUITS SECS : mélange de fruits séchés, consommés comme friandise. *Apporter des fruits secs comme collation.* Fruits en écale (arachides, noix, amandes...). *Acheter des fruits secs en vrac.* **2.** LE FRUIT DÉFENDU loc. : fruit de l'arbre de la science du bien et du mal, que Dieu avait défendu à Adam et Ève de manger ; chose qu'on désire d'autant plus qu'on doit s'en abstenir. **3.** Au plur. FRUITS ET LÉGUMES : appellation usuelle d'une fruiterie. **II.** Produit. **1.** *Le fruit d'une union, d'un mariage,* l'enfant. **2.** Résultat avantageux que produit qqch. ⇒ **avantage, profit, récompense.** *Perdre le fruit d'un an de travail. Le fruit de l'expérience.* — AVEC FRUIT, SANS FRUIT : avec profit, sans profit. **3.** Au plur. FRUITS DE MER loc. : coquillages comestibles, oursins, etc. *Restaurant spécialisé dans les fruits de mer.* ▶ ***fruitages*** n. m. pl. ■ Baies comestibles (bleuets, fraises, mûres...) qui poussent à l'état sauvage. *Aller aux fruitages,* faire la cueillette de ces petits fruits. ▶ ***fruité, ée*** adj. ■ Qui a un goût de fruit frais. *Vin fruité.* ▶ ***fruiterie*** n. f. ■ Boutique où l'on vend au détail des fruits et accessoirement des légumes, des laitages. ⇒ **fruit** (I, 3). — REM. On dit parfois *les halles.* ▶ ***fruitier, ière*** adj. et n. **I.** Adj. Qui donne des fruits comestibles, en parlant d'un arbre (généralement cultivé à cet effet). *Arbres fruitiers.* **II. 1.** (France) N. m. Lieu planté d'arbres fruitiers. ⇒ **verger.** — Local où l'on garde les fruits frais. *Pommes, poires conservées dans un fruitier* (on dit aussi *dépense, resserre*). **2.** N. Marchand, marchande qui tient une fruiterie. ‹ ▶ fructifier, presse-fruits ›

frusques [fʀysk] n. f. pl. ■ (France) Fam. Vieux habits ; habits. ⇒ **guenilles, nippes ;** fam. **fringues, fripes ;** péj. **hardes.**

fruste [fʀyst] adj. **1.** Technique. Usé, altéré par le temps, le frottement. *Médaille, sculpture fruste.* **2.** (Personnes) Mal dégrossi. *Il est un peu fruste.* ⇒ **balourd, épais, inculte, lourd, niaiseux, primitif ;** péj. **colon, habitant.** / contr. **cultivé, raffiné** /

frustrer [fʀystʀe] v. tr. ▪ conjug. 1. **1.** Priver (qqn) d'un bien, d'un avantage sur lequel il croyait pouvoir compter. *Frustrer un héritier de sa part.* ⇒ **déposséder, dépouiller. 2.** Priver (qqn) d'une satisfaction (opposé à *gratifier*). *Cet échec l'a frustré.* — Au p. p. *Être, se sentir frustré.* ▶ ***frustration*** n. f. **1.** Action de frustrer. *Frustration d'un héritier.* **2.** Action de frustrer ; état d'une personne frustrée. *Il supporte mal les frustrations. Sentiment de frustration.* / contr. **satisfaction** /

F.T.Q. [ɛfteky] n. f. invar. ■ Abréviation de *Fédération des travailleurs et travailleuses du Québec.*

fuchsia [fyʃja] n. m. ■ Arbrisseau aux fleurs pourpres, roses, en clochettes pendantes. — Adj. invar. De cette couleur. *Des gants fuchsia.* ▶ ***fuchsine*** [fyksin] n. f. ■ Colorant rouge.

fudge [fɔdʒ] n. m. Anglic. **1.** Confiserie fondante à consistance molle, aromatisée au chocolat. *Préparer du fudge. Découper le fudge en carrés.* — Morceau de cette confiserie. *Donne-lui un fudge.* **2.** Crème glacée au chocolat ou enrobée de chocolat, qui tient sur un bâtonnet plat. ⇒ ② **esquimau.** *S'acheter un fudge. Une boîte de fudges.*

fugace [fygas] adj. ■ Qui disparaît vite, dure très peu. ⇒ **fugitif.** *Beauté fugace.* ⇒ **éphémère, évanescent, passager, périssable.** *Impression, sensation, souvenir fugace.* ⇒ **court.** / contr. **durable, permanent** / ▶ ***fugacité*** n. f.

-fuge ■ Suffixe signifiant « fuir » ou « faire fuir », « faire partir » (ex. : *centrifuge*).

fugitif, ive [fyʒitif, iv] adj. et n. **1.** Qui s'enfuit, qui s'est échappé. *Prisonnier fugitif.* — N. Personne qui s'est enfuie. ⇒ **évadé, fuyard.** *La police est à la poursuite des fugitifs.* **2.** Se dit de ce qui passe et disparaît rapidement, de sensations très brèves. ⇒ **fugace.** *Vision fugitive. Idée, émotion fugitive.* ⇒ **passager.** / contr. **durable** /

① ***fugue*** [fyg] n. f. ■ Action de s'enfuir momentanément du lieu où l'on vit habituellement. ⇒ **escapade, fuite.** *Faire une fugue. — Enfant qui fait des fugues.* ⇒ **fugueur.** ▶ ***fugueur, euse*** n. et adj. ■ Enfant, adolescent qui a tendance à faire des fugues. — Adj. *Une enfant fugueuse.*

② ***fugue*** n. f. ■ Composition musicale écrite dans le style du contrepoint et dans laquelle un thème et ses imitations successives forment plusieurs parties. ⇒ ③ **canon.**

führer [fyʀœʀ] n. m. ■ Titre porté par Hitler (mot allemand signifiant « guide »).

fuir [fɥiʀ] v. ▪ conjug. 17. **I.** V. intr. **1.** S'éloigner en toute hâte pour échapper à qqn ou à qqch. de menaçant. ⇒ s'**enfuir.** *Fuir devant qqn, devant un danger. Fuir précipitamment, à toutes jambes.* ⇒ **décamper, détaler,** se **sauver. 2.** (Choses) S'éloigner ou sembler s'éloigner par un mouvement rapide. — (Du temps) Passer rapidement. *Le temps fuit. Les beaux jours ont fui.* ⇒ s'**écouler,** s'**évanouir. 3.** S'échapper par une issue étroite ou cachée. *Eau qui fuit d'un réservoir, d'un robinet.* **4.** Présenter une issue, une fente par où s'échappe ce qui est contenu. *Tonneau, vase qui fuit.* **II.** V. tr. **1.** Chercher à éviter en s'éloignant, en se tenant à l'écart. *Fuir qqn, la présence de qqn. On les fuit comme la peste. Fuir un danger.* ⇒ **esquiver, éviter.** *Fuir les responsabilités.* / contr. **affronter** / **2.** (Suj. chose) Littér. Échapper à la possession de, se refuser à (qqn). *Le sommeil me fuit.* ▶ ***fuite*** n. f. **I.** (Êtres vivants) **1.** Action de fuir ; mouvement d'une personne qui fuit. *Une fuite éperdue, précipitée.* ⇒ **débâcle, débandade, déroute.** *Être en fuite,* en train de fuir. ⇒ **fugue ; fugitif, fuyard.** *Prendre la fuite,* se mettre à fuir. *Mettre en fuite,* faire fuir. *Délit de fuite,* commis par une personne qui s'enfuit après avoir causé un accident. — *Fuite en* *avant,* accélération risquée d'un processus. **2.** Action de se dérober (à une difficulté, à un devoir). *La fuite de qqn devant ses responsabilités.* **II.** (Choses) **1.** Action de fuir, de s'éloigner. *La fuite des galaxies. Fuite des saisons, des années.* **2.** Écoulement par une issue étroite ou cachée. *Fuite d'eau, de gaz.* — Issue, fissure. *Il y a une fuite dans le tuyau.* **3.** Disparition de documents, révélation de choses (parfois divulguées volontairement) destinés à demeurer secrets. ⇒ **indiscrétion ;** fam. **coulage.** *Il y a eu des fuites et la presse a révélé le scandale.* ‹ ▶ s'enfuir, faux-fuyant, fuyant, fuyard ›

fulgurant, ante [fylgyʀɑ̃, ɑ̃t] adj. **1.** Qui jette une lueur vive et rapide comme l'éclair. ⇒ **brillant, éclatant.** *Clarté fulgurante. Regard fulgurant.* **2.** Qui frappe vivement et soudainement l'esprit, l'imagination. *Idée, découverte fulgurante.* **3.** Rapide comme l'éclair. *Des progrès fulgurants.* ⇒ **foudroyant.** ▶ ***fulguration*** n. f. ■ Didact. Lueur fulgurante. — Choc électrique (foudre).

fuligineux, euse [fyliʒinø, øz] adj. ■ Qui rappelle la suie, ou en dégage ; qui en a la couleur. ⇒ **noirâtre.**

fulminer [fylmine] v. ▪ conjug. 1. **I.** V. intr. **1.** En chimie. Faire explosion. ⇒ **détoner, exploser. 2.** Se laisser aller à une violente explosion de colère, éclater en menaces, en reproches. ⇒ s'**emporter,** s'**enrager, tonner.** *Fulminer contre qqn.* **II.** V. tr. Formuler avec véhémence. *Fulminer des reproches contre qqn.* ▶ ***fulminant, ante*** adj. **1.** En chimie. Qui peut détoner sous l'influence de la chaleur ou par l'effet d'un choc. *Mélange fulminant.* ⇒ **détonant.** *Capsule fulminante,* amorce. **2.** Qui est en colère et profère des menaces. — Chargé de menaces. *Une lettre fulminante.*

fumable adj. ■ (Tabac) Qui est bon à fumer.

① ***fumage*** [fymaʒ] n. m. ■ Action d'exposer (des aliments) à la fumée. ⇒ fam. **boucanage ;** ② **fumer.** *Le fumage des jambons.* — REM. On dit aussi *fumaison.*

② ***fumage*** n. m. ■ Action de fumer ④ une terre. ⇒ **fumure.**

③ ***fumage*** n. m. **1.** Action de fumer ③ (la cigarette, le cigare...). *Le fumage est interdit dans les salles de cours.* **2.** Fam. Ce qui se fume (cigarettes, cigares, tabac). *Vas-tu avoir assez de fumage pour la semaine ?*

fumant, ante [fymɑ̃, ɑ̃t] adj. **1.** Qui émet de la fumée, qui fume ①. *Cendres encore fumantes.* **2.** Qui émet (ou semble émettre) de la vapeur. *Soupe fumante.* **3.** Fam. *Un coup fumant,* coup admirablement réussi.

fume-cigare [fymsigaʀ], ***fume-cigarette*** [fymsigaʀɛt] n. m. invar. ■ Petit tube de bois, d'ambre..., au bout duquel on adapte le cigare, la cigarette. ≠ *porte-cigarettes.*

fumée [fyme] n. f. **1.** Produit gazeux qui se dégage d'un feu. ⇒ fam. **boucane.** *Fumée de cigarette. Tu sens la fumée. Fumée des usines. Nuage, panache de fumée.* — Abstrait. PROV. *Il n'y a pas de fumée sans feu* il doit y avoir qqch. de vrai dans le bruit qui court. — Loc. *S'en aller, s'évanouir* EN FUMÉE : être consommé sans profit, ne rien donner. **2.** Vapeur qui se dégage d'une surface liquide plus chaude que l'air. *Une fumée légère monte de l'étang. La fumée de la soupe.* **3.** Au plur. Vapeurs qui sont supposées monter au cerveau sous l'effet de l'alcool, brouillant les idées. *Les fumées du vin, de l'ivresse.* ⇒ **excitation, vapeurs, vertige. 4.** Au plur. Excréments des cervidés (orignaux, chevreuils, caribous...). ‹ ▶ fumigène, fumivore ›

① ***fumer*** [fyme] v. intr. ▪ conjug. 1. **1.** Dégager de la fumée. *La cheminée de l'usine fume. Le cratère du Vésuve fume depuis quelques jours.* **2.** Exhaler de la vapeur. *Vêtements mouillés qui fument devant le feu.* ▶ ***fumerolle*** n. f. ■ Émanation de gaz qui s'échappe d'un volcan. ‹ ▶ enfumer, fumant, fumée, fumet, fumeux ›

② ***fumer*** v. tr. ▪ conjug. 1. ■ Exposer, soumettre à l'action de la fumée. ⇒ **boucaner.** *Fumer du lard, du poisson...,* pour les sécher et les conserver. ≠ *enfumer.* ▶ ***fumé, ée*** adj. **1.** Préparé par fumage ①. *Une assiette de saumon fumé. Le haddock est de l'aiglefin fumé.* **2.** Obscurci comme par de la fumée. *Des lunettes en verre fumé* ou *des lunettes fumées, des verres fumés.* — (Couleurs) *Terre de Sienne fumée,* sombre. ‹ ▶ ① fumage, fumoir (1) ›

③ ***fumer*** v. tr. ▪ conjug. 1. ■ Faire brûler (du tabac*, des herbes) en aspirant la fumée par la bouche. *Fumer une cigarette, un cigare.* ⇒ **griller.** *Fumer la pipe. Fumer l'opium.* — Fam. *Elle fume du hash, de la mari. Fumer de l'herbe,* des cigarettes contenant des drogues douces (cannabis, haschisch, marijuana...). — Sans compl. *Il fume trop. Défense de fumer.* — Pronominalement. *Se fumer. Le cigare se fume peu chez les jeunes.* — Loc. fam. *Fumer comme une cheminée, un engin,* fumer beaucoup. ⇒ **locomotive.** ▶ ***fumerie*** n. f. ■ Lieu où l'on fume l'opium. ≠ *fumoir.* ‹ ▶ fumable, ③ fumage, fume-cigare, fumeur, fumoir (2), infumable ›

④ ***fumer*** v. tr. ▪ conjug. 1. ■ Répandre du fumier, de la fumure, sur (une terre). ⇒ **fertiliser.** *Fumer un champ.* ‹ ▶ ② fumage, fumier, fumure ›

fumet [fymɛ] n. m. **1.** Odeur agréable et pénétrante d'un plat pendant ou après la cuisson. ⇒ **arôme,** ① **bouquet, parfum.** *Le fumet du rôti.* **2.** Odeur puissante que dégagent certains animaux sauvages. *Un fumet de ménagerie.*

fumeur, euse [fymœʀ, øz] n. ■ Personne qui a l'habitude de fumer ③. / contr. **non-fumeur** / — En appos. *Compartiment fumeurs, non-fumeurs,* où il est permis, interdit de fumer. ‹ ▶ non-fumeur ›

fumeux, euse [fymø, øz] adj. **1.** Qui répand de la fumée. *Flamme fumeuse.* **2.** Qui manque de clarté ou de netteté. ⇒ **brumeux, obscur, vague.** *Idées, explications fumeuses.*

fumier [fymje] n. m. **1.** Mélange des litières (paille, fourrage, etc.) et des excréments des animaux d'élevage, utilisé comme engrais. *Étendre du fumier.* **2.** Fam. (très injurieux). Personne méprisable. ⇒ **ordure, salaud.** *C'est un beau fumier !*

fumigation [fymigasjɔ̃] n. f. **1.** Destruction de germes, de parasites par la fumée de substances chimiques. **2.** Remède consistant à respirer des vapeurs médicamenteuses. ⇒ **inhalation.**

fumigène [fymiʒɛn] adj. ■ Qui produit de la fumée. *Bombe fumigène.*

fumiste n. ■ Fam. Personne qui ne fait rien sérieusement, sur qui on ne peut compter. ⇒ **amateur, fantaisiste.** *Il n'a pas tenu sa promesse. Quel fumiste !* — Adj. *Elle est un peu fumiste.* ▶ ***fumisterie*** n. f. ■ Fam. Action, chose entièrement dépourvue de sérieux. ⇒ **farce.** *Ce beau programme est une vaste fumisterie.*

fumivore [fymivɔʀ] adj. ■ Qui absorbe de la fumée. *Appareils fumivores des usines.*

fumoir [fymwaʀ] n. m. **1.** Local où l'on fume les viandes, les poissons. **2.** Local, salon disposé pour les fumeurs. *Le fumoir d'un théâtre.* ⇒ **foyer.** ≠ *fumerie.*

fumure [fymyʀ] n. f. ■ Amélioration des terres par le fumier, par un fertilisant.

fun ou ***fonne*** [fɔn] n. m. invar. Anglic. fam. **I.** DU, LE FUN. **1.** Loc. *Avoir du fun,* du plaisir, de l'agrément. *Viens nager avec nous, on va avoir du fun. Avoir un fun noir,* beaucoup de plaisir. **2.** Loc. *Se faire du fun,* s'amuser, se détendre. *Les parents sont partis, on va se faire du fun.* **3.** POUR LE FUN. ⇒ **plaisir** (I, 6). *Tu devrais participer au concours, juste pour le fun,* pour rire, pour voir ce qui en est, sans raison précise. *Goûte à ça, pour le fun,* pour essayer. *Je ne fais pas ce travail pour le fun,* inutilement. **II.** En fonction adjectivale. Loc. C'EST *(bien, très, vraiment)* LE FUN. **1.** (Choses) amusant, distrayant. *Aller skier, c'est vraiment le fun.* — *C'est le fun à mort,* au plus haut point, au plus haut degré. — *C'est le fun de* (+ infinitif), agréable, amusant, plaisant. *Ce serait bien le fun de souper ensemble. C'est très le fun de se rencontrer,* c'est un heureux hasard. **2.** (Personnes) Sympathique, gentil ; ouvert, sans préjugés. ⇒ anglic. **cool.** *C'est une fille, un garçon bien le fun.* **3.** Beau, agréable, en parlant d'un endroit. ⇒ anglic. **cute.** *C'est le fun, la manière dont tu as décoré ta chambre.* **4.** Ellipt. *Une chose, une personne bien, très, vraiment... le fun.* **5.** Interj. marquant le plaisir, la satisfaction. ⇒ fam. **chic,** ② **chouette.** *Ça, c'est le fun !*

funambule [fynɑ̃byl] n. ■ Personne qui marche, danse sur la corde raide. ⇒ **acrobate, danseur** de corde, **équilibriste.** ▶ ***funambulesque*** adj. ■ Bizarre, extravagant. *Projet funambulesque.* ⇒ **abracadabrant, farfelu, rocambolesque.**

funèbre [fynɛbʀ] adj. **1.** Qui a rapport aux funérailles. *Ornements funèbres.* ⇒ **funéraire, mortuaire.** *Service funèbre,* messe d'enterrement. Vieilli. Au plur. POMPES FUNÈBRES : entreprise spécialisée dans les enterrements. ⇒ **funérarium.** *Marche funèbre. Oraison funèbre,* paroles prononcées pour dire adieu à un mort. **2.** Qui inspire un sentiment de sombre tristesse. ⇒ **lugubre, sinistre.** *Un visage, un ton funèbre.*

funérailles [fyneʀɑj] n. f. pl. ■ Ensemble des cérémonies civiles et religieuses accomplies pour rendre les honneurs suprêmes à un mort. ⇒ **enterrement, obsèques.**

funéraire [fyneʀɛʀ] adj. ■ Qui concerne les funérailles. ⇒ **funèbre.** *Salon, maison, résidence funéraire.* ⇒ **funérarium ; mortuaire.** *Frais funéraires. Les préarrangements* funéraires. Convoi funéraire. L'art funéraire de l'Égypte ancienne.* — *Urne funéraire,* contenant les cendres d'un mort (⇒ **columbarium, crématorium**). ▶ ***funérarium*** n. m. **1.** Établissement spécialisé dans les arrangements funéraires (embaumement, funérailles...). ⇒ pompes **funèbres. 2.** Lieu où l'on expose les morts. ⇒ **funéraire, mortuaire.** ≠ *columbarium, crématorium.*

funeste [fynɛst] adj. ■ Qui porte avec soi le malheur et la désolation, est de nature à entraîner de graves dommages. ⇒ **désastreux.** *Erreurs funestes. Cela peut avoir des suites funestes.* ⇒ **tragique.** — FUNESTE À. ⇒ **fatal.** *Son audace lui a été funeste.*

funiculaire [fynikylɛʀ] n. m. ■ Chemin de fer, cabine tiré(e) par des câbles (sur une voie en forte pente). *Un funiculaire à crémaillère. Il y a un funiculaire dans le Vieux-Québec.*

funky [fɔnke] adj. invar. et n. m. invar. Anglic. **1.** Relatif à un genre musical créé par les Noirs américains, qui tient du soul, du rock et du disco. *La musique funky. Des guitaristes funky.* **2.** N. m. invar. *Le funky,* cette musique. ▶ ***funk*** adj. invar. et n. m. invar. Anglic. **1.** Relatif à un style de rock issu du funky. **2.** N. m. invar. *Le funk,* cette musique rock.

fur ⇒ **au fur et à mesure.**

furax [fyʀaks] adj. invar. ■ (France) Fam. Furieux. *Elle est furax !*

furet [fyʀɛ] n. m. **1.** Petit mammifère carnivore, au pelage blanc et aux yeux rouges, qui sert à chasser le lapin. **2.** Jeu de société dans lequel des joueurs assis en rond se passent rapidement de main en main un objet *(le furet),* tandis qu'un autre joueur se tenant au milieu du cercle doit deviner dans quelle main il se trouve. ‹ ▶ fureter ›

fureter [fyʀte] v. intr. ▪ conjug. 5. ■ Chercher, s'introduire partout avec curiosité (comme un furet en chasse) dans l'espoir d'une découverte. *Elle furète dans tous les coins.* ⇒ **fouiller, fouiner ;** fam. **écornifler.** ▶ ***furetage*** n. m. ■ Action de fureter. *C'est une spécialiste du furetage.* ▶ ***fureteur, euse*** adj. et n. ■ Qui cherche partout avec curiosité. ⇒ **curieux, fouineur, indiscret ;** fam. **écornifleur.** *Il est fureteur. Des yeux fureteurs.* — N. *Un fureteur.*

fureur [fyʀœʀ] n. f. **I. 1.** Colère folle, sans mesure. *Entrer, être en fureur ; mettre qqn en fureur. Se battre avec fureur.* ⇒ **acharnement, furie, violence. 2.** (Choses) Caractère d'extrême violence. *La fureur des combats.* **II. 1.** Littér. Passion irrésistible. *La fureur de discuter, de vivre.* **2.** FAIRE FUREUR loc. : avoir un immense succès. *Chanson qui fait fureur.*

furibond, onde [fyʀibɔ̃, ɔ̃d] adj. ■ Qui ressent ou annonce une grande fureur, généralement disproportionnée à l'objet qui l'inspire, au point d'en être légèrement comique. ⇒ **furieux ;** fam. **furibard.** *Il est furibond. Air furibond. Rouler des yeux furibonds.* ▶ ***furibard, arde*** adj. ■ (France) Fam. Furibond.

furie [fyʀi] n. f. **1.** Fureur brutale. *Mettre qqn en furie.* ⇒ **rage.** *Mer en furie,* déchaînée par la tempête. *Attaquer avec furie.* **2.** Dans la mythologie grecque. Divinité infernale. — Femme haineuse, méchante et coléreuse. ⇒ **mégère.** ‹ ▶ furibond, furieux ›

furieux, euse [fyʀjø, øz] adj. **1.** En proie à une fureur maladive. *Un fou furieux.* ⇒ **forcené. 2.** En proie à une folle colère. ⇒ ① **diable, enragé, furibond, maudit ;** fam. **furibard.** *Être furieux contre qqn. Il est furieux que je lui aie dit ses quatre vérités.* — *Un lion, un taureau furieux.* **3.** Dont la force va jusqu'à la violence. *Vent, torrent furieux. Une attaque, une charge furieuse.* ▶ ***furieusement*** adv. ■ Avec fureur.

furoncle [fyʀɔ̃kl] n. m. ■ Abcès fermé, volumineux et douloureux, dû à un staphylocoque. ⇒ **anthrax,** ① **clou** (II, 2). ▶ ***furonculose*** n. f. ■ Éruption de furoncles.

furtif, ive [fyʀtif, iv] adj. ■ Qui se fait à la dérobée, qui passe presque inaperçu. *Regard, sourire furtif. Visite furtive,* rapide et discrète. ▶ ***furtivement*** adv. ■ *S'esquiver furtivement,* sur la pointe des pieds, comme un voleur.

fusain [fyzɛ̃] n. m. **1.** Arbrisseau à feuilles sombres et luisantes et à fruits rouges. *Haie de fusains.* **2.** Charbon à dessiner (fait avec le bois du fusain). **3.** Dessin exécuté au fusain.

fusant, ante [fyzɑ̃, ɑ̃t] adj. ■ Qui fuse. *Obus fusant.*

fuseau [fyzo] n. m. **1.** Petite toupie allongée qui sert à tordre puis à enrouler le fil, lorsqu'on file à la quenouille. — Petite bobine de fil à coudre, à broder. *Un fuseau de fil blanc.* **2.** EN FUSEAU : de forme allongée, le centre étant légèrement renflé. ⇒ **fuselé, fusiforme ;** ② **fusée.** *Colonne en fuseau.* — En appos. *Pantalon fuseau,* serré aux chevilles. **3.** FUSEAU HORAIRE : chacune des 24 divisions imaginaires tracées à la surface de la Terre, d'un pôle à l'autre, numérotées de 0 à 23, à l'intérieur desquelles l'heure est uniforme et servant à fixer l'heure locale légale. ‹ ▶ fuselage, fuselé ›

① ***fusée*** [fyze] n. f. **I. 1.** Pièce de feu d'artifice propulsée par de la poudre et qui éclate en dégageant une vive lumière colorée. *Le naufragé a envoyé des fusées pour être repéré. Des fusées d'urgence.* **2.** Engin militaire, propulsé par un propergol ou des gaz liquéfiés. *Une fusée nucléaire. Des fusées antichars.* ⇒ **missile, roquette. 3.** Moteur d'un véhicule spatial. *Une fusée de deux, trois étages.* ⇒ ② **lanceur.** — Ce véhicule. *La fusée européenne Ariane.* **II.** FUSÉE D'OBUS : amorce déclenchant l'explosion de l'obus qui heurte le sol ou son objectif. ‹ ▸ rétrofusée ›

② ***fusée*** n. f. ■ Pièce mécanique en forme de fuseau.

fuselage [fyzlaʒ] n. m. ■ Corps fuselé d'un avion, auquel sont fixées les ailes. ⇒ **cellule.**

fuselé, ée [fyzle] adj. ■ En forme de fuseau. ⇒ **fusiforme.** *Doigts fuselés,* longs et minces.

fuser [fyze] v. intr. ▪ conjug. 1. **1.** Couler, se répandre en fondant. *Cire, bougie qui fuse.* **2.** Éclater lentement, crépiter (chimie, explosifs). **3.** Jaillir comme une fusée. *Les plaisanteries, les rires fusaient de toutes parts.* ‹ ▸ fusant, fusible ›

fusible [fyzibl] adj. et n. m. **I.** Adj. Qui peut fondre, passer à l'état liquide sous l'effet de la chaleur. **II.** N. m. Petite pièce de verre, de carton dur munie d'une partie métallique fusible (I), dispositif qu'on interpose dans un circuit électrique pour protéger une installation, un appareil lorsque l'intensité devient trop forte. ⇒ **coupe-circuit, plomb.** *Remplacer un fusible. Les fusibles ont sauté,* il y a une panne d'électricité. ▸ ***fusibilité*** n. f. ■ Qualité de ce qui est fusible.

fusiforme [fyzifɔʀm] adj. ■ Qui a la forme d'un fuseau. ⇒ **fuselé.** *Poisson fusiforme.*

① ***fusil*** [fyzi] n. m. **1.** Arme à feu portative à long canon. ≠ *pistolet, revolver. Fusil de guerre,* à simple canon. *Balle de fusil. Fusil de chasse,* à deux canons et à cartouches. *Fusil à simple canon.* ⇒ **carabine.** *Fusil sous-marin. Coup de fusil.* **2.** *Un excellent fusil,* un bon tireur. **3.** Loc. *Changer son fusil d'épaule,* changer de projet, d'opinion, de décision ; modifier son approche, sa tactique. — Fam. *Être en (beau) fusil,* très fâché, furieux ; être de très mauvaise humeur. *Je suis en beau fusil après toi parce que tu as oublié notre rendez-vous.* ▸ ***fusilier marin*** [fyziljemaʀɛ̃] n. m. ■ Matelot initié aux manœuvres de l'infanterie. *Des fusiliers marins.* ▸ ***fusiller*** [fyzije] v. tr. ▪ conjug. 1. **1.** Tuer un condamné par une décharge de coups de fusil. ⇒ **exécuter, passer** par les armes. *Être fusillé pour trahison.* **2.** Fam. *Fusiller du regard,* foudroyer. **3.** Fam. Abîmer, détériorer. *Fusiller un moteur.* ▸ ***fusillade*** n. f. **1.** Échange de coups de feu. **2.** Décharge simultanée de coups de fusil (par ex. lors d'une exécution). ▸ ***fusil-mitrailleur*** n. m. ■ Arme automatique, alimentée par boîte-chargeur (abrév. *F.-M.*), remplacée aujourd'hui par le fusil d'assaut. ⇒ **mitrailleuse, pistolet-mitrailleur.** *Des fusils-mitrailleurs.*

② ***fusil*** n. m. **1.** Tige d'acier munie d'un manche, sur laquelle on aiguise les couteaux. **2.** PIERRE À FUSIL : silex donnant une étincelle par percussion sur une petite pièce d'acier.

fusion [fyzjɔ̃] n. f. **I. 1.** Passage d'un corps solide à l'état liquide sous l'action de la chaleur. ⇒ **fonte, liquéfaction ; fondre.** *Point de fusion.* **2.** État d'une matière liquéfiée par la chaleur. *Métal, lave en fusion.* **3.** *Fusion nucléaire de l'hydrogène,* dans laquelle deux atomes d'hydrogène se fondent en un atome d'hélium et libèrent de l'énergie (ex. dans la bombe H). / contr. **fission** / **II.** Union intime résultant de la combinaison ou de l'interpénétration d'êtres ou de choses. ⇒ **réunion.** *La fusion des cœurs, des esprits.* — (Personnes morales, réalités sociales, historiques) *Fusion de plusieurs religions. Fusion de sociétés, d'entreprises.* ⇒ **absorption.** ▸ ***fusionner*** v. ▪ conjug. 1. **1.** V. tr. Unir par fusion (des collectivités auparavant distinctes). ⇒ **fondre** (III). **2.** V. intr. S'unir par fusion. *Ces deux entreprises ont fusionné.* — REM. L'emploi fam. et pron. *se fusionner* est critiqué (ex. : *Les deux municipalités se fusionneront bientôt*).

fustanelle [fystanɛl] n. f. ■ Court jupon masculin, tuyauté et empesé, qui fait partie du costume national grec.

fustiger [fystiʒe] v. tr. ▪ conjug. 3. ■ Littér. Blâmer violemment. *Les citoyens ont fustigé le conseil municipal.*

fut, fût ⇒ **être.**

① ***fût*** [fy] n. m. **1.** Tronc d'arbre dans sa partie droite et dépourvue de branches. **2.** Tige d'une colonne entre la base et le chapiteau. *Fût à cannelures.* **3.** Monture de bois d'une arme, d'un instrument. *Le fût d'un fusil,* la partie antérieure de la monture précédant la crosse. ▸ ***futaie*** n. f. ■ Forêt de grands arbres aux fûts dégagés. ≠ *sous-bois.*

② ***fût*** n. m. ■ Tonneau. *Fût d'eau-de-vie.* ⇒ **baril, tonnelet.** ▸ ***futaille*** n. f. **1.** Récipient de bois en forme de tonneau, pour le vin, les alcools, l'huile. ⇒ **fût.** *Futailles de vin.* ⇒ **barrique, tonneau. 2.** Nom collectif des tonneaux, des fûts, etc. *Ranger la futaille dans un chai.*

futaine [fytɛn] n. f. ■ Ancien tissu de coton, du type le plus simple.

futé, ée [fyte] adj. ■ Qui est plein de finesse, de malice, sait déjouer les pièges. ⇒ **débrouillard, finaud, malin, rusé.** *Un enfant futé.* — N. *C'est une futée.*

futile [fytil] adj. **1.** Qui est dépourvu de sérieux, qui ne mérite pas qu'on s'y arrête. ⇒ **frivole, insignifiant.** / contr. **important** / *Discours, propos futiles.* ⇒ **frivole, vide.** *Sous le prétexte le plus futile.* ⇒ **léger. 2.** (Personnes) Qui ne se préoccupe que de choses sans importance. ⇒ **frivole, léger, superficiel.** *Ne soyez donc pas si futile !* / contr. **sérieux** / ▸ ***futilité*** n. f. **1.** Caractère futile. ⇒ **frivolité.** / contr. **gravité, importance, sérieux** / **2.** Chose futile. *La journée se passe en futilités.*

futur, ure [fytyʀ] adj. et n. m. **I.** Adj. **1.** Qui appartient à l'avenir. ⇒ **prochain, ultérieur.** *Les générations futures.* **2.** (L'adj. précédant presque toujours le nom) Qui sera tel dans l'avenir. *Vos futurs collègues. Son futur mari, sa future épouse* et, n., *le futur, la future.* ⇒ **fiancé. II.** N. m. (opposé à *passé* ou à *présent*) **1.** Partie du temps qui vient après le présent. ⇒ **avenir.** *Le passé, le présent et le futur.* **2.** Ensemble des formes d'un verbe qui expriment qu'une action, un état sont placés dans un moment de l'avenir. *Futur proche* (ex. : *je vais parler*). *Futur simple* (ex. : *je parlerai*). *Futur antérieur* (ex. : *j'aurai parlé*). *Futur du passé,* dont les formes sont identiques à celles du conditionnel présent (ex. : *je lui écrivis que je viendrais*). ▸ ***futurisme*** n. m. ■ Doctrine esthétique exaltant tout ce qui dans le présent (vie ardente, vitesse, machinisme, etc.) préfigurerait le monde futur. ▸ ***futuriste*** adj. et n. **1.** Partisan du futurisme. **2.** Adj. Qui évoque l'état futur de l'humanité. *Une architecture futuriste.* ▸ ***futurologie*** n. f. ■ Ensemble des études et des recherches prospectives qui ont pour but de prévoir l'évolution scientifique, technique, économique, politique, sociale, etc., de l'humanité. ⇒ **prospective.** ▸ ***futurologue*** n. ■ Spécialiste de la futurologie.

fuyant, ante [fɥijɑ̃, ɑ̃t] adj. **1.** Qui échappe, qui se dérobe à toute prise. ⇒ **insaisissable.** *Regard fuyant. Caractère fuyant,* qu'on ne peut retenir, comprendre. ⇒ **évasif.** — (Personnes) *Il est assez fuyant et hyprocrite.* **2.** Qui paraît s'éloigner, s'enfoncer dans le lointain. *Une perspective fuyante.* **3.** Dont les lignes s'incurvent vers l'arrière. *Front, menton fuyant.*

fuyard, arde [fɥijaʀ, aʀd] n. ■ Personne qui s'enfuit, fugitif, et, spécialt, soldat qui abandonne son poste de combat pour fuir devant l'ennemi (⇒ **déserteur**).

g

g [ʒe] n. m. invar. **1.** Septième lettre, cinquième consonne de l'alphabet. — REM. G se prononce [g] devant une consonne et devant les voyelles *a, o, u : gai, gomme, figue ;* et [ʒ] devant *e, i, y : gel, rageant, gîte.* **2.** Symbole de *gramme.*

gabardine [gabaʀdin] n. f. **1.** Tissu serré de laine ou de coton. **2.** Imperméable en gabardine. *Il pleut ; mets ta gabardine !*

gabarit [gabaʀi] n. m. **1.** Modèle en grandeur réelle d'une pièce de construction navale ou architecturale. **2.** Appareil de mesure qui sert à vérifier une forme ou des dimensions. **3.** Dimension, forme déterminée ou imposée d'avance. *Le gabarit d'une laveuse, d'une sécheuse.* ⇒ **format, modèle, taille, type.** *Le gabarit d'un viaduc. Du même gabarit.* ⇒ **acabit.** — Carrure, stature. *Un grand gabarit.*

gabier [gabje] n. m. ■ Matelot chargé de l'entretien et de la manœuvre sous les ordres du quartier-maître.

gâche [gɑʃ] n. f. ■ Pièce de métal présentant une mortaise dans laquelle s'engage le pêne d'une serrure. *Serrure à gâche électrique.*

gâcher [gɑʃe] v. tr. ▪ conjug. 1. **1.** Délayer (du mortier, du plâtre) avec de l'eau. **2.** Perdre, manquer (qqch.) faute de savoir en profiter. ⇒ **gaspiller.** *Gâcher son argent, son talent, une occasion. — Gâcher de la nourriture,* la laisser se perdre, s'abîmer. — Au p. p. adj. *Une vie gâchée.* **3.** Faire (un ouvrage, un travail) grossièrement, sans aucun soin. ⇒ **bâcler, expédier.** *Gâcher une étoffe,* l'abîmer par maladresse. **4.** Gâter, troubler, diminuer (un effet agréable). *La pluie a gâché notre voyage de pêche.* ▶ ***gâchage*** n. m. ■ Action de gâcher (1). ▶ ***gâcheur, euse*** n. ■ Personne qui gâche (2), gaspille. ▶ ***gâchis*** n. m. invar. **1.** Mauvais emploi d'un produit. ⇒ **gaspillage.** *Quel gâchis de jeter tout ce bon pain !* **2.** Mauvais emploi d'une ressource, d'une occasion. *Sa vie est un gâchis.* **3.** Situation confuse et dangereuse. *Faire du gâchis.* ⇒ **désordre, pagaïe.**

gâchette [gɑʃɛt] n. f. **1.** Pièce immobilisant le percuteur d'une arme à feu. **2.** Abusivt. La détente de cette arme. *Appuyer sur la gâchette.* — Loc. *Une fine gâchette,* un très bon tireur.

gadelle [gadɛl] n. f. ■ (Surtout au plur.) Petite baie comestible (rouge, noire ou blanche) venant par grappes, de saveur acidulée. ⇒ **groseille.** *Cueillir des gadelles. Un pot de gelée de gadelles. — Gadelles noires.* ⇒ **cassis.** ▶ ***gadellier*** ou ***gadelier*** n. m. ■ Arbrisseau qui produit les gadelles. — *Gadellier noir.* ⇒ **cassis, groseillier.**

gadget [gadʒɛt] n. m. ■ Anglic. Objet amusant et nouveau plus ou moins futile. ⇒ **quétainerie ;** fam. **patente.** *Des gadgets électroniques.* — En appos. *Une montre gadget.*

gadoue [gadu] n. f. ■ Terre détrempée. ⇒ **boue, bouette.** *Cet enfant aime patauger dans la gadoue. Marcher dans la gadoue,* dans la neige mouillante mélangée de calcium et de sable. ⇒ fam. **sloche.**

gaélique [gaelik] adj. et n. m. **1.** Adj. Relatif aux habitants du nord de l'Écosse. **2.** N. m. *Le gaélique,* une langue celtique parlée par les Écossais et les Irlandais. *Texte en gaélique.* — Adj. *Les emprunts gaéliques.*

① ***gaffe*** [gaf] n. f. ■ Perche ② munie d'un croc et d'une pointe de fer.

② ***gaffe*** n. f. Fam. **1.** Action, parole intempestive ou maladroite. ⇒ **bêtise, bévue, impair, maladresse, sottise.** *Faire une gaffe.* **2.** (France) FAIRE GAFFE : faire attention. *Fais gaffe à toi,* prends garde ! *Gaffe !* (même sens). ▶ ***gaffer*** v. intr. ▪ conjug. 1. ■ Fam. Faire une gaffe, commettre un impair. *Il a encore gaffé.* ▶ ***gaffeur, euse*** n. ■ Fam. Personne qui fait des gaffes. ⇒ **maladroit.** — Adj. *Il est très gaffeur.*

gag [gag] n. m. **1.** Au cinéma. Brève action comique. *Un enchaînement de gags.* **2.** Situation burlesque. *Tu es premier ? C'est un gag !* ⇒ ② **blague,** ② **farce, plaisanterie.**

gaga [gaga] n. et adj. ■ Fam. (Surtout attribut) Gâteux, fou. *Elles sont gagas de leur chat.*

gage [gaʒ] n. m. **1.** Objet de valeur remis (à qqn) pour garantir le paiement d'une dette. ⇒ **caution, dépôt, garantie.** *Donner, laisser un gage. Mettre sa montre en gage. Prêteur sur gages.* **2.** Jeux de société. Pénitence que le joueur perdant doit exécuter. **3.** Ce qui représente une preuve de sincérité. ⇒ **assurance, promesse.** *Donner des gages de fidélité, d'amour. Accepte ce cadeau, en gage d'amitié.* ⇒ **témoignage.** ⟨ ▶ dégager, engager, gager, gages, gageure ⟩

gager [gaʒe] v. tr. ▪ conjug. 3. **1.** GAGER QUE (+ indicatif) : exprimer un simple avis (en n'engageant que son opinion). ⇒ **parier.** *Gageons qu'il ne tiendra pas ses promesses.* **2.** Engager (un enjeu) dans un pari. ⇒ **miser, parier.** *Je gage dix dollars que c'est elle qui gagnera. Me gages-tu qqch. si je réussis ?* — Sans compl. *Gager sur une équipe.*

gages n. m. pl. **1.** Vx. Salaire d'un domestique, d'un ouvrier. ⇒ **appointement.** *Les gages d'une cuisinière.*

— REM. Le mot s'employait souvent au féminin (ex. : *Gagner de grosses gages*). **2.** Loc. TUEUR À GAGES : personne payée pour assassiner.

gageure [gaʒyʀ] n. f. — REM. [gaʒœʀ] est fautif. **1.** Action, projet, opinion si étrange, si difficile, qu'on dirait un pari impossible à tenir. ⇒ **défi.** *Terminer ce travail à temps est une vraie gageure.* **2.** Pari. *Faire une gageure, prendre des gageures avec qqn.*

gagnant, ante [gɑ(a)ɲɑ̃, ɑ̃t] adj. et n. **1.** Qui gagne. *Numéro gagnant. Elle part gagnante.* **2.** N. La personne qui gagne. / contr. **perdant** / *Le gagnant du gros lot. Les gagnants du tournoi pee-wee.* ⇒ **champion, vainqueur.**

gagne n. f. ⇒ **gang** (I, REM.).

gagne-pain [gɑ(a)ɲpɛ̃] n. m. invar. ■ Ce qui permet à qqn de gagner modestement sa vie. *Des gagne-pain.* ⇒ **emploi ;** anglic. **job.**

gagne-petit [gɑ(a)ɲpəti] n. m. invar. ■ Personne dont le travail rapporte peu. ⇒ **bas-salarié.** *Des gagne-petit.*

gagner [gɑ(a)ɲe] v. tr. ▪ conjug. 1. **I.** S'assurer (un profit matériel). **1.** (Par un travail, par une activité) *Gagner de l'argent.* ⇒ **gain.** *Gagner 10 $ de l'heure. Gagner 40 000 $ par année.* ⇒ **toucher.** *Gagner de quoi vivre, gagner sa vie,* fam. *sa croûte,* travailler pour vivre. *Voici cent dollars, vous les avez bien gagnés,* mérités. — *Gagner cher, gros,* avoir un gros salaire. — Pronominalement. Fam. *Se gagner de l'argent,* obtenir de l'argent en travaillant. *Combien t'es-tu gagné d'argent cet été ?* **2.** (Par le jeu, par un hasard favorable) ⇒ **empocher, ramasser.** *Gagner le gros lot. À tous les coups l'on gagne ! Gagner au bingo.* **II. 1.** Acquérir, obtenir (un avantage). *Il a guéri beaucoup de gens, et y a gagné l'estime de tous. Vous avez bien gagné vos vacances.* ⇒ **mériter.** — *Gagner du temps,* faire une économie de temps. ⇒ **sauver.** *Par le raccourci, on gagne un bon quart d'heure. — Ne vous embarquez pas dans cette affaire, je crains que vous n'y gagniez rien, rien de bon.* ⇒ **retirer, tirer.** — Sans compl. *Vous y gagnerez,* vous y trouverez un avantage. — GAGNER EN : sous le rapport de. *Tu as gagné trois centimètres en hauteur.* ⇒ **augmenter, croître.** *Son style a gagné en force.* — Intransitivement. GAGNER À (+ infinitif) : retirer quelque avantage, avoir une meilleure position. *C'est une personne qui gagne (qui ne gagne pas) à être connue. On gagne à les connaître.* GAGNER DE (+ infinitif) : obtenir l'avantage de. *Vous y gagnerez d'être enfin tranquille.* **2.** Obtenir (les dispositions favorables d'autrui). ⇒ s'**attirer, conquérir.** *Ils ont gagné l'estime de tout le monde.* — Se rendre favorable (qqn). ⇒ **amadouer,** se **concilier.** *Elle s'est laissé gagner par mes prières.* ⇒ **convaincre, persuader.** *Nous l'avons enfin gagné à notre cause.* **III.** (Dans une compétition, une rivalité) **1.** Obtenir, remporter (un enjeu). *Gagner le troisième prix. Elle a gagné son procès.* **2.** Être vainqueur dans (la compétition). ⇒ **vaincre.** / contr. **perdre** / *Gagner une bataille, un match, un pari (contre qqn).* **3.** *Gagner qqn de vitesse,* arriver avant lui en allant plus vite. (→ Prendre qqn de vitesse) ⇒ **dépasser, devancer. 4.** GAGNER DU TERRAIN *sur qqn* : se rapprocher de qqn (si on le poursuit), s'en éloigner (si l'on est poursuivi). — *L'incendie gagne du terrain.* ⇒ s'**étendre. 5.** Intransitivement. S'étendre au détriment de (qqn, qqch.). *L'incendie, l'obscurité gagne.* ⇒ se **propager. IV.** Atteindre (une position) en parcourant la distance qui en sépare. **1.** Atteindre (un lieu) en se déplaçant. *Le navire a gagné le rivage. Tâche de gagner la sortie. Gagner les États-Unis,* s'y rendre, parfois pour s'y installer (⇒ **émigrer**). **2.** Atteindre en s'étendant. ⇒ se **propager ; progresser,** se **répandre.** *L'incendie avait gagné le grenier.* — (Le sujet désigne une impression) *Le froid, le sommeil, la faim, la fatigue commençaient à nous gagner,* à s'emparer de nous. *L'affolement gagne les esprits.* ‹ ▶ gagnant, gagne-pain, gagne-petit, gain, regagner ›

① **gai, gaie** [ge] adj. **1.** (Êtres vivants) Qui a de la gaieté. ⇒ **content, enjoué, guilleret, heureux, joyeux, réjoui.** / contr. **morose, triste** / *Un gai luron. Un caractère gai et facile. Gai comme un pinson.* — Dont la gaieté provient d'une légère ivresse. *Être un peu gai.* ⇒ **éméché,** ② **gris. 2.** (Choses) Qui marque de la gaieté ; où règne la gaieté. / contr. **sombre** / *Un air gai. Une soirée très gaie, pas très gaie.* **3.** Qui inspire de la gaieté. *Un auteur gai.* ⇒ **amusant, comique, divertissant, drôle, réjouissant.** *J'aime ces couleurs gaies.* ⇒ **riant, vif.** / contr. **attristant** / *C'est la pièce la plus gaie de l'appartement.* ⇒ **plaisant.** — Iron. *Nous voilà encore en panne, c'est gai !* ▶ ② **gai, gaie** adj. et n. ■ Relatif aux homosexuels. ⇒ **pédéraste ;** fam. **fifi, homo, pédale, pédé,** ② **tante,** ② **tapette.** *Un magazine, un bar gai. Une allure gaie. Il est gai. Une femme gaie.* ⇒ **lesbienne ;** fam. **gouine.** — N. *Les gai(e)s. Une association de gaies.* — REM. La forme anglaise *gay* s'emploie aussi, notamment en France. ▶ **gaiement** adv. ■ ⇒ **joyeusement.** — *Allons-y gaiement,* de bon cœur. ▶ **gaieté** ou, vx, **gaîté** n. f. **1.** Comportement, état d'esprit d'une personne animée par la joie de vivre, la bonne humeur. ⇒ **enjouement, entrain, joie.** / contr. **chagrin, morosité, tristesse** / *Franche, folle gaieté. Mettre en gaieté.* ⇒ **égayer, réjouir.** — Loc. adv. (Après une négation) DE GAIETÉ DE CŒUR. *Je ne vais pas à ce rendez-vous de gaieté de cœur,* je n'y vais pas volontiers. **2.** Caractère de ce qui est gai. *La gaieté de la conversation.* ‹ ▶ égayer ›

① **gaillard, arde** [gajaʀ, aʀd] adj. et n. **I.** Adj. **1.** Plein de vie, grâce à sa bonne santé. ⇒ ① **alerte, allègre, vif.** *C'est un vieillard encore très gaillard.* ⇒ **vert. 2.** D'une gaieté un peu osée. *Des chansons gaillardes.* ⇒ **grivois, léger, leste, licencieux. II.** N. **1.** Personne pleine de vigueur et d'entrain. *Un grand et solide gaillard.* **2.** Fam. Gars, lascar. *Ce sont des gaillards qu'il faut avoir à l'œil. Ah ! je t'y prends, mon gaillard !* ▶ **gaillardement** adv. ■ Avec vigueur et entrain. ▶ **gaillardise** n. f. ■ Propos gaillard, un peu libre. ⇒ **grivoiserie.** *Dès qu'il boit, il se permet des gaillardises.* ‹ ▶ ragaillardir ›

② **gaillard** n. m. ■ Marine. Logement et poste couvert qui domine le pont supérieur d'un navire. *Gaillard d'arrière.* ⇒ **dunette.** *Gaillard d'avant.*

gain [gɛ̃] n. m. **1.** Action de gagner. *Le gain d'une bataille. Il a eu, il a obtenu* GAIN DE CAUSE : il a obtenu ce qu'il voulait. **2.** Ce qu'on gagne. ⇒ **bénéfice, profit, rapport, rémunération, revenu, salaire.** / contr. **dépense, perte** / *Les gains d'un ouvrier, d'un patron d'entreprise. Un gain de plusieurs milliers de dollars. L'amour, la soif du gain. L'appât du gain.* **3.** Abstrait. Avantage. *Le gain que l'on retire d'une lecture.* ⇒ **fruit, profit.** *Un gain de temps, de place.* ⇒ **économie.** ‹ ▶ ① regain ›

gaine [gɛn] n. f. **1.** Enveloppe ayant la forme de l'objet qu'elle protège. ⇒ **étui, fourreau.** *La gaine d'un pistolet.* **2.** Sous-vêtement féminin en tissu élastique enserrant les hanches et la taille. — *Des gaines-culottes,* qui forment une culotte. ▶ **gainer** v. tr. ▪ conjug. 1. **1.** Mettre une gaine à. *Gainer un fil électrique.* **2.** Mouler comme fait une gaine. — Au p. p. *Jambes gainées de soie.* ‹ ▶ dégainer, rengainer ›

gaîté n. f. ⇒ **gaieté.**

gala [galɑ] n. m. ■ Grande fête officielle. ⇒ **cérémonie, réception.** *Une soirée de gala. Je vais mettre ma tenue de gala. Des galas. Un gala-bénéfice*.* — Grande soirée officielle au cours de laquelle on distribue des récompenses (à des artistes, des personnalités). *Le gala des artistes, des oscars.*

galact(o)- ■ Élément signifiant « lait ». ▶ ***galactique*** [galaktik] adj. ■ Relatif à la Voie lactée. — Qui appartient à une galaxie. *Nuage galactique. Voyages intergalactiques.* ‹ ▶ galaxie ›

galant, ante [galɑ̃, ɑ̃t] adj. et n. m. **1.** (Hommes) Qui cherche à plaire aux femmes. — Poli, délicat, attentionné à l'égard des femmes. *Soyez galant et offrez votre place à cette dame.* / contr. **goujat, impoli** / **2.** Qui a rapport aux relations amoureuses. *Il a été surpris en galante compagnie. Ton, propos galants. Un rendez-vous galant.* **3.** N. m. Vx. *Elle est fière de tous ses galants.* ⇒ **amoureux, soupirant.** — (France) Loc. *Un vert galant,* un homme à femmes, en dépit de son âge. ▶ ***galamment*** adv. ■ D'une manière prévenante (envers les femmes). ⇒ **courtoisement.** *Il l'aida galamment à passer son manteau.* ▶ ***galanterie*** n. f. **1.** Courtoisie empressée auprès des femmes. *La galanterie se fait de plus en plus rare de nos jours.* **2.** Propos flatteur adressé à une femme. *Débiter des galanteries.*

galantine [galɑ̃tin] n. f. ■ Charcuterie à base de viande ou de volaille, servie dans de la gelée. *Une tranche de galantine de veau, de poulet.*

galaxie [galaksi] n. f. **1.** *(La Galaxie)* La Voie lactée (⇒ **galactique**). **2.** *(Une, des galaxies)* Nébuleuse en forme de spirale, faite d'un amas d'étoiles, de gaz, de poussières. *La galaxie à laquelle appartient le Soleil est la Voie lactée. Des galaxies à des millions d'années-lumière.* — (Avec une majusc.) *La Galaxie,* celle dans laquelle est situé notre système solaire.

galbe [galb] n. m. **1.** Contour harmonieux d'une construction, d'un objet d'art aux lignes courbes. *Le galbe d'un vase, d'un fauteuil.* **2.** Contour harmonieux d'un corps, d'un visage humain. *Un visage d'un beau galbe.* ▶ ***galbé, ée*** adj. ■ Dont le contour est courbe et harmonieux. *Une commode galbée. Des jambes bien galbées.*

gale [gal] n. f. **1.** (Surtout en France) Maladie contagieuse de la peau, produite par un parasite animal, caractérisée par des démangeaisons. ⇒ **grattelle.** *Avoir la gale.* — Maladie des végétaux. **2.** Petite plaque de matière desséchée (sang, pus...) qui se forme sur la peau qui se cicatrise. ⇒ **croûte** (II), **esquarre.** *Gratter une gale. Une grosse gale.* **3.** Fig. *Une gale,* une personne très méchante. ⇒ **peste, teigne.** *Mauvais comme la gale. Pauvre comme la gale,* très pauvre. ≠ *galle.* ‹ ▶ galeux ›

galère [galɛʀ] n. f. **1.** Grand navire de guerre ou de commerce, à rames et à voiles, utilisé de l'Antiquité au XVIIIe siècle. — Loc. *Que diable allait-il faire dans cette galère ?,* comment a-t-il pu s'embarquer dans cette entreprise ? — *Vogue la galère !,* arrive ce qui pourra. **2.** Au plur. LES GALÈRES : la peine de ceux qui étaient condamnés à ramer sur les galères du roi. **3.** Métier pénible, situation très difficile. *Ce travail, c'est une vraie galère.* ⇒ **bagne.** ‹ ▶ galérien ›

galerie [galʀi] n. f. **1.** Lieu de passage ou de promenade, couvert, beaucoup plus long que large. *Galerie vitrée.* ⇒ **véranda.** *La galerie intérieure d'un appartement.* ⇒ **corridor, couloir.** *La galerie des glaces* (②, 3), *à Versailles. La galerie de la presse,* où se tiennent les journalistes pendant un événement sportif. — *Une galerie marchande.* ⇒ **centre** commercial. **2.** Balcon qui s'étend généralement sur toute la largeur d'une maison, d'un appartement, souvent couvert. *S'asseoir, se bercer sur la galerie. Pelleter, déneiger sa galerie. La galerie d'en arrière.* ⇒ **tambour.** **3.** Magasin où sont exposés des objets d'art en vue de la vente ; collection d'objets d'art. *Elle tient une galerie d'art contemporain.* **4.** *Propriétaire de galerie.* ⇒ **galériste.** *La galerie de l'art amérindien,* dans un musée. Balcon à plusieurs rangs de spectateurs (au théâtre, dans un amphithéâtre sportif). *Premières, secondes galeries.* ⇒ **paradis, poulailler.** **5.** Loc. *Parler pour la galerie, amuser, épater la galerie,* le public, l'assistance. *Il fait cela uniquement pour la galerie.* **6.** Cadre métallique à rebords, que l'on fixe sur le toit d'une voiture, et qui sert de porte-bagages. **7.** Passage souterrain. ⇒ **boyau, tunnel.** *Des galeries de mine. La taupe creuse des galeries où elle circule.* ▶ ***galériste*** n. et adj. ■ Propriétaire, employé d'une galerie d'art. *Les galéristes de Montréal.* — Adj. *Elle est galériste.*

galérien [galeʀjɛ̃] n. m. ■ Homme condamné à ramer sur les galères. ⇒ **bagnard, forçat.** — *Mener une vie de galérien,* extrêmement pénible.

galet [galɛ] n. m. **1.** Caillou usé et poli par le frottement de l'eau, que l'on trouve au bord de la mer ou dans le lit des torrents. *Plage de galets.* **2.** Disque, petite roue. *Les galets d'un fauteuil, d'un lit.* ⇒ **roulette.** *Mécanisme à galets.* ‹ ▶ ① galette ›

galetas [galta] n. m. invar. ■ (France) Logement très pauvre, sordide. ⇒ **réduit, taudis, trou ;** fam. **coqueron ;** anglic. **flat.**

① ***galette*** [galɛt] n. f. **1.** Biscuit à consistance molle. *Galette à la mélasse.* — Gâteau plat et rond fait d'un mélange très simple. *Une galette des Rois pour dix personnes.* — (France) Petit gâteau sec de même forme. ⇒ ① **biscuit.** *Un paquet de galettes bretonnes.* — Crêpe de sarrasin ou de maïs. — PROV. *Faute de pain, on mange de la galette,* faute de mieux, on se contente de ce qu'on a. **2.** Loc. *Plat comme une galette,* très plat. **3.** Objet en forme de galette. *Siège recouvert d'une galette de cuir.* ‹ ▶ ② galette ›

② ***galette*** n. f. ■ Fam. Argent. ⇒ **blé ;** fam. **bacon, bidous, foin, motton.** *Il a de la galette. La grosse galette,* la fortune.

galeux, euse [galø, øz] adj. et n. **1.** Atteint de la gale. *Chien galeux.* — N. *Des galeux.* **2.** Qui a rapport à la gale. *Éruption galeuse.* **3.** Dont la surface est sale, pelée. *Des façades galeuses.*

galimatias [galimatjɑ] n. m. invar. ■ Discours, écrit confus, incompréhensible. *Je ne comprends rien à cette brochure ; c'est du galimatias.* ⇒ **charabia, chinois.**

galion [galjɔ̃] n. m. ■ Ancien navire de commerce colonial entre l'Amérique et l'Espagne.

galipette [galipɛt] n. f. ■ Fam. Cabriole, culbute. ⇒ **pirouette.** *Faire la galipette en avant, en arrière.*

galipote [galipɔt] n. f. ■ Loc. *Courir la galipote,* rechercher des aventures amoureuses. ⇒ **prétentaine ;** fam. **guilledou ;** fam. **courailler.** (→ Courir les jupons)

galle [gal] n. f. ■ Sur un tissu végétal, tumeur due à des insectes parasites. *La galle du chêne, riche en tanin* (appelée aussi *noix de galle*). ≠ *gale.*

gallican, ane [ga(l)likɑ̃, an] adj. ■ Qui concerne l'Église catholique de France. / contr. **ultramontain** / ▶ ***gallicanisme*** n. m. ■ Principes et doctrines de l'Église gallicane.

gallicisme [ga(l)lisism] n. m. **1.** Construction ou emploi propre à la langue française. *« À la bonne heure » est un gallicisme.* **2.** Dans une autre langue, mot, construction empruntés au français. *L'anglais moderne emploie de nombreux gallicismes.*

gallinacés [ga(l)linase] n. m. pl. ■ Oiseaux de la famille de la poule et du coq (caille, dindon, faisan, perdrix, pintade...). — Au sing. *Le poulet est un gallinacé.* — Adj. *Un oiseau gallinacé.*

gallois, oise [galwa, waz] adj. et n. **1.** Relatif au pays de Galles, en Grande-Bretagne. *Les paysages* *gallois.* — N. (Avec une majusc.) Personne née au pays de Galles ou qui y habite. *Les jeunes Galloises.* **2.** N. m. *Le gallois,* la langue parlée dans le pays de Galles. ⇒ **celtique.**

gallon [galɔ̃] n. m. ■ Ancienne mesure de capacité employée surtout pour les liquides, valant 4,545 litres (abrév. *gal*). ⇒ **chopine, demiard, pinte, roquille.** *Un gallon d'essence.* — *Un gallon américain,* valant 3,785 litres. — Récipient de cette contenance. *Un gallon en verre.* — Par ext. Fam. (Dans le système métrique) L'équivalent de quatre litres. *Un gallon de lave-glace.* — REM. Un gallon vaut 4 pintes, 8 chopines, 16 demiards. ≠ *galon.*

gallo-romain, aine [galloʀɔmɛ̃, ɛn] adj. et n. ■ Relatif à la population, à la civilisation née du mélange des Romains et des Gaulois après la conquête de la Gaule. *Ruines gallo-romaines.* — N. *Les Gallo-Romains.*

Gallup [galɔp] n. propre ■ Loc. *Sondage Gallup,* sondage mené par cette maison. — N. m. (Sans majusc.) *Les résultats du dernier gallup seront connus demain.*

galoche [galɔʃ] n. f. **1.** Chaussure de cuir grossière à semelle de bois épaisse. **2.** Loc. fam. *Menton en galoche,* long et relevé vers l'avant.

galon [galɔ̃] n. m. **1.** Ruban de tissu épais, qui sert à orner. *Rideau, vêtement bordé d'un galon.* **2.** Ruban gradué qui sert à prendre des mesures. ⇒ ② **mitre.** *Les anciens galons étaient gradués en pieds, en pouces et en lignes. Un galon de couturière, de menuisier. Galon à mesurer.* **3.** Signe distinctif des grades dans l'armée. ⇒ fam. **ficelle.** *Un lieutenant a deux galons.* — *Prendre du galon,* monter en grade. ▶ ***galonner*** v. tr. ▪ conjug. 1. ■ Border, orner d'un galon. *Galonner une vareuse.* ▶ ***galonné, ée*** adj. et n. ■ Orné d'un galon. *Revers galonnés.* — N. Fam. UN GALONNÉ : un officier ou un sous-officier. ⇒ **grade.** ≠ *gallon.*

galop [galo] n. m. **1.** Allure la plus rapide que prend naturellement le cheval (et certains animaux de la même famille). *La mer monte parfois à la vitesse d'un cheval au galop.* **2.** Loc. (France) GALOP D'ESSAI : examen d'entraînement. — AU GALOP : vite. *Allons ! au travail et au galop !,* dépêchez-vous. ▶ ***galopade*** n. f. ■ Course précipitée. *Une galopade d'enfants dans l'escalier.* ⇒ fam. **couraillage.** ▶ ***galoper*** v. intr. ▪ conjug. 1. **1.** Aller au galop. *Galoper ventre à terre.* **2.** Courir rapidement. *Ses petits amis galopaient derrière lui.* **3.** Abstrait. Aller très vite. *Son imagination galope.* ▶ ***galopant, ante*** adj. ■ Qui augmente très rapidement. *Inflation galopante.* ‹ ▶ galopin ›

galopin [galɔpɛ̃] n. m. ■ (France) Gamin qui court les rues. — Enfant espiègle, effronté. ⇒ **chenapan, garnement, polisson.**

galvanique [galvanik] adj. ■ Relatif aux phénomènes électriques (étudiés par Galvani). *Pile, électricité galvanique.* ▶ ***galvaniser*** v. tr. ▪ conjug. 1. **1.** Animer d'une énergie soudaine, souvent passagère. ⇒ **électriser, entraîner, exalter, exciter.** *Cet orateur galvanise la foule.* **2.** Recouvrir un métal ferreux d'une mince couche de zinc pour le protéger de la rouille. — Au p. p. adj. *Tôle galvanisée.* ▶ ***galvanisation*** n. f. ■ Action de galvaniser (2). ▶ ***galvanomètre*** n. m. ■ Instrument servant à mesurer l'intensité des courants électriques.

galvauder [galvode] v. tr. ▪ conjug. 1. ■ Compromettre (un avantage, un don, une qualité) par un mauvais usage. *Galvauder son nom.* ⇒ **avilir.** *Galvauder son talent.*

gambade [gɑ̃bad] n. f. ■ Bond joyeux et spontané accompagné de mouvements de jambes. ⇒ **cabriole, ébats, entrechat, galipette.** *Faire des gambades.* ▶ ***gambader*** v. intr. ▪ conjug. 1. ■ *Gambader de joie.* — *Son esprit gambade,* suit sa fantaisie.

gamelle [gamɛl] n. f. ■ Récipient individuel pour la nourriture, muni d'un couvercle, et que l'on peut faire chauffer. *La gamelle du soldat, du campeur, de l'ouvrier de chantier.*

gamète [gamɛt] n. m. ■ Cellule reproductrice mâle ou femelle qui contient un seul chromosome*. *Le gamète mâle* (spermatozoïde) *peut s'unir au gamète femelle* (ovule) *pour former un œuf.*

gamin, ine [gamɛ̃, in] n. et adj. (Surtout en France) **1.** Enfant ou adolescent. ⇒ ② **gosse.** *Une gamine de onze ans.* — Fam. *Il est venu avec ses deux gamins,* ses deux enfants. — *Un gamin de Paris.* ⇒ **titi.** **2.** Adj. Jeune et espiègle. *Air, esprit gamin. Elle a quinze ans, mais elle est restée bien gamine.* ▶ ***gaminerie*** n. f. ■ (France) Comportement, acte, propos dignes d'un gamin. ⇒ **enfantillage, puérilité.** *Il a passé l'âge de ces gamineries.*

gamma [ga(m)mɑ] n. m. invar. **1.** Troisième lettre de l'alphabet grec (Γ, γ), correspondant au G (g). **2.** *Rayons gamma,* radiations très pénétrantes émises par des corps radioactifs. ‹ ▶ gamme, gammée ›

gamme [gam] n. f. **1.** Suite montante ou descendante de notes de musique comprises dans une octave, suivant des intervalles déterminés. ⇒ **échelle, mode.** *Gamme diatonique majeure : do ré mi fa sol la si do. Faire ses gammes au piano.* **2.** Série de couleurs qui passent insensiblement d'un ton à un autre. *Une gamme de gris.* **3.** Série continue où tous les degrés, toutes les espèces sont représentés. *Toute la gamme des sentiments. Une gamme de produits de beauté.* — *Haut de gamme,* le meilleur, le plus coûteux, *bas de gamme,* le moins bon, le moins coûteux.

gammée [game] adj. fém. ■ CROIX GAMMÉE : dont les branches sont coudées en forme de gamma majuscule. (On dit aussi *svastika,* n. m.) *La croix gammée, emblème des nazis.*

ganache [ganaʃ] n. f. ■ (France) Fam. Personne incapable, sans intelligence. ⇒ **imbécile niaiseux.** *C'est une vieille ganache.*

gandoura [gɑ̃duʀɑ] n. f. ■ Tunique de laine sans manche, qui se porte en Afrique du Nord et en Orient sous le burnous.

gang [gaɲ] n. f. **I.** Fam. Groupe de personnes réunies. **1.** Groupe de personnes qui se tiennent en troupe, vont au même endroit. ⇒ ② **bande.** *Une gang de soldats. Une gang d'étudiants attend le professeur. Une belle gang de suiveux.* — Spécialt. Groupe de personnes effectuant une tâche, une activité commune. *Quelques gangs de bénévoles s'occupent du tournoi pee-wee. Une gang de ramasseurs de bleuets.* **2.** Groupe de personnes ayant des affinités, des intérêts communs. *La gang de filles. Des gangs de jeunes. Une petite gang de séparatistes.* — Bande organisée sous la direction d'un chef. ⇒ fam. **gang** (II). *Une maudite gang de bandits, de voleurs, de bums. C'est lui, le chef de la gang.* — Terme d'insulte ou de mépris envers une collectivité. *Gang de malades, de fous. Maudite gang d'Anglais, de blokes. Espèce de gang de parvenus.* — (Souvent avec un adj. poss.) Groupe de personnes qui se connaissent bien, qui ont l'habitude d'agir ensemble. *Elle a sa (une) petite gang. Es-tu toujours avec ta gang ?* — Loc. *Être tout seul de sa gang,* être isolé par rapport à un groupe ; être solitaire. — EN GANG. *Se tenir, sortir en gang,* à plusieurs. **3.** L'ensemble d'une famille. ⇒ **clan.** *Inviter toute sa gang au réveillon. Partir en fin de semaine avec sa petite gang,* avec son conjoint et ses enfants. **4.** UNE GANG : un grand nombre de personnes. *Son élection va en étonner une gang. Tu parles d'une gang !,* ils sont nombreux. *As-tu vu la gang ?,* leur allure commune. *Je ne veux pas de gang dans la maison,* beaucoup de monde. — Loc. UNE GANG DE MONDE *assistait au défilé.* **II.** (Choses) UNE GANG DE : une grande quantité de. *Une gang de livres, d'oiseaux.* — TOUTE LA GANG : l'ensemble, la totalité. *« As-tu arrosé les plantes ? – Oui, toute la gang ».* **III.** (France) [gɑ̃g] n. m. ■ Bande organisée, association de malfaiteurs. ⇒ fam. **gang** (I). *Le chef du gang.* ⇒ **gangster.** *La lutte contre les gangs de loubards.* — REM. Aux sens I, on trouve aussi la variante *gagne,* n. f. ⟨ ▶ antigang, gangster ⟩

ganglion [gɑ̃glijɔ̃] n. m. ■ Renflement sur le trajet d'un vaisseau lymphatique ou d'un nerf. *Ganglions* (ou glandes) *lymphatiques. Les ganglions du cou, de l'aine.* — Fam. *Cet enfant a des ganglions,* ses ganglions lymphatiques ont enflé.

gangrène [gɑ̃gʀɛn] n. f. **1.** Mort et putréfaction des tissus animaux. *Il faut amputer le pied pour arrêter la gangrène qui le ronge.* **2.** Ce qui pourrit, corrompt. ⇒ **corruption, pourriture.** *Le racisme est une gangrène sociale.* ▶ ***gangrener*** [gɑ̃gʀəne] v. tr. ▪ conjug. 5. **1.** Attaquer (qqch.) par la gangrène (1) — Pronominalement (réfl.). *Membre, plaie qui se gangrène.* — Au p. p. adj. *Membre gangrené.* **2.** ⇒ **empoisonner, pervertir.** *Le gouvernement était gangrené par la corruption.* ▶ ***gangreneux, euse*** adj. ■ *Plaie gangreneuse.*

gangster [gaɲstœ(ɛ)ʀ] n. m. **1.** Membre d'une bande organisée. ⇒ **bandit, malfaiteur.** *Un film de gangsters.* **2.** Crapule. ⇒ **escroc.** *Ce financier est un fameux gangster !* — REM. Le mot est plus usuel en France. ▶ ***gangstérisme*** n. m. ■ Vieilli. Méfaits des gangsters. ⇒ **banditisme.**

gangue [gɑ̃g] n. f. **1.** Matière sans valeur qui entoure un minerai, une pierre précieuse à l'état naturel. **2.** Enveloppe. *Une gangue de boue.* — *Dégager des idées de leur gangue.*

ganse [gɑ̃s] n. f. **1.** Cordonnet ou ruban tressé qui sert à orner. *Coudre une ganse sur une robe.* **2.** Petite bande de tissu ou de cuir cousue à un vêtement ou à une boucle et qui sert à tenir une courroie en place, à accrocher un vêtement. ⇒ ③ **passant.** **3.** Fig. Loc. *Tenir, prendre qqn par la ganse,* l'avoir, le mettre à sa merci. ▶ ***ganser*** v. tr. ▪ conjug. 1. ■ Pourvoir d'une ganse. *Ganser un pantalon.* — Au p. p. adj. *Jupe gansée.*

gant [gɑ̃] n. m. **1.** Pièce de l'habillement qui s'adapte exactement à la main en couvrant chaque doigt séparément. *Une paire de gants. Gants de peau. Gants fourrés.* — *Gants de caoutchouc. Des gants de chirurgien.* — Sports. Pièce d'équipement. *Gants de hockey,* pour protéger les mains, *gant de baseball,* pour attraper la balle. *Gant de ski.* ⇒ **mitaine.** **2.** Objet analogue, qui enveloppe la main sans séparer les doigts. ⇒ **mitaine,** ① **moufle.** — GANT DE BOXE : grosse mitaine de cuir bourrée de crin. — GANT DE CRIN : avec lequel on frictionne la peau pour activer la circulation du sang. — (Surtout en France) GANT DE TOILETTE : poche en tissu éponge avec laquelle on fait sa toilette. ⇒ **débarbouillette, main.** **3.** Loc. *Retourner qqn comme un gant,* le faire changer complètement d'avis. — *Ce costume te va comme un gant,* convient parfaitement. — *Jeter le gant (à la face de qqn),* défier, provoquer. *Relever le gant,* le défi. — Fam. *Prendre, mettre des gants (blancs),* agir avec ménagement, prendre toutes sortes de précautions. *Il lui a annoncé son renvoi sans prendre de gants.* ⇒ **forme.** — *Avec toi, il faut toujours mettre des gants blancs.* ▶ ***gantelet*** [gɑ̃tlɛ] n. m. **1.** Gant d'une armure. **2.** Morceau de cuir avec lequel certains artisans protègent la paume de leurs mains. ▶ ***ganter*** v. tr. ▪ conjug. 1. **1.** Mettre des gants à. *Des mains faciles à ganter.* — Pronominalement. *Se ganter de soie.* — Au p. p. adj. *Un monsieur ganté et cravaté.* **2.** (Gants) Aller. *Ces gants noirs vous gantent très bien.* ▶ ***ganterie*** n. f. ■ Industrie, commerce, atelier du gantier. ▶ ***gantier, ière*** n. ■ Personne qui confectionne, qui vend des gants. — En appos. *Ouvrier gantier.*

garage [gaʀaʒ] n. m. **1.** Action de ranger des wagons à l'écart de la voie principale. — VOIE DE GARAGE : voie où l'on gare les trains, les wagons ; fig. situation sans progrès possible. *Mettre qqn sur la (une) voie de garage,* lui retirer ses responsabilités. **2.** Abri généralement clos, destiné à recevoir des véhicules. *Un garage d'avions. Un garage d'automobiles, d'autobus.* ⇒ **dépôt.** *Rentrer sa voiture dans le garage. Garage souterrain. Installer un garage de toile pour l'hiver.* — *Garage à bateaux.* **3.** Entreprise qui s'occupe de la garde, de l'entretien, et de la réparation des automobiles. *Rentrer sa voiture au garage. Un garage de pneus,* où on ne s'occupe que de la vente et de la pose des pneus. ≠ *station-service.* ▶ ***garagiste*** n. ■ Personne qui tient un garage (3) pour automobiles.

garance [gaʀɑ̃s] adj. invar. ■ Rouge vif. *Des pantalons garance.*

garant, ante [gaʀɑ̃, ɑ̃t] n. **1.** En droit. Personne qui s'engage, devant une autre, à répondre (de qqch.) *Vous serez garant des avaries.* ⇒ **responsable.** — Personne qui répond de la dette d'autrui. **2.** ÊTRE, SE PORTER GARANT DE : répondre de. *Je me porte garant de sa conduite.* ⇒ **endosser.** **3.** Ce qui constitue une garantie (2). ⇒ **assurance, caution.** *Sa profession est le garant de sa liberté.* ▶ ***garantie*** [gaʀɑ̃ti] n. f. **1.** Engagement écrit par lequel une entreprise répond de la qualité de ce qu'elle vend (produit, service). *Contrat de garantie. Vendre un objet avec garantie. Une garantie d'un an. Ma montre est encore sous (la) garantie.* Fam. *Ma montre est encore sur la garantie.* **2.** Ce qui constitue une assurance de la valeur de qqch., de qqn. *Cet employé présente toutes les garanties.* ▶ ***garantir*** v. tr. ▪ conjug. 2. **I.** Assurer sous sa responsabilité (qqch.) à qqn. **1.** En droit. (Sujet : celui qui se porte garant) ⇒ **cautionner.** — (Sujet : chose) *Il existe des lois garantissant les libertés du citoyen.* **2.** Assurer de la qualité ou du bon fonctionnement. *Je viens d'acheter une voiture d'occasion, que le vendeur m'a garantie.* — Au p. p. adj. *Occasion garantie un an.* **3.** Donner (qqch.) pour certain, véridique. ⇒ **certifier.** *Je peux vous garantir le fait.* — GARANTIR QUE... (+ indicatif). *Je te garantis que tout ira bien.* **II.** Mettre à l'abri de. ⇒ **défendre, préserver, protéger.** *Des volets garantissent du vent, du soleil.*

garce [gaʀs] n. f. ■ Fam. Femme, fille méchante, désagréable. — *Ah ! la garce !* — GARCE DE (+ n. f.). *Cette garce de vie.* ⇒ ① **chien** (7).

garcette [gaʀsɛt] n. f. ■ Courte matraque. *Recevoir un coup de garcette.*

garçon [gaʀsɔ̃] n. m. **I. 1.** Enfant du sexe masculin (opposé à *fille*). *Les filles et les garçons. Cette petite est un garçon manqué,* elle se conduit comme un garçon. — PETIT GARÇON : enfant entre l'âge où il commence à parler et la douzième année environ. ⇒ **garçonnet ;** anglic. ② **flot.** — GRAND GARÇON. *Tu es un grand garçon,* se dit à un enfant pour le flatter ou faire appel à sa raison. — JEUNE GARÇON : adolescent. — *Écoute* MON GARÇON : mon fils. **2.** Jeune homme. *Un garçon de vingt ans.* ⇒ **gars.** — Loc. *Un beau garçon. Il est joli garçon, beau garçon.* — *C'est un garçon bien élevé.* Un MAUVAIS GARÇON : un voyou. **3.** Jeune homme non marié. ⇒ **célibataire.** Vieilli. *Rester garçon* (on dit : *vieux garçon,* dans ce sens). — *Enterrer* sa vie de garçon.*

⇒ **enterrement.** *Ami de garçon.* ⇒ ① **ami ; fille.** — Loc. *Garçons d'honneur,* dans le cortège d'un mariage. **II.** Spécialt ou en loc. **1.** (France) Homme qui travaille comme aide, comme commis. *Garçon coiffeur, épicier, boucher. Garçon de magasin, de laboratoire, de bureau. Garçon de course.* ⇒ **coursier. 2.** Employé chargé de servir la clientèle d'un établissement. — *Garçon de café, de restaurant, de brasserie, d'hôtel.* ⇒ **serveur.** *Garçon, une bière !* ⇒ anglic. **barman.** ▸ ***garçonnet*** n. m. ■ Petit garçon. ▸ ***garçonnier, ière*** adj. ■ Qui, chez une fille, rappelle les allures d'un garçon. *Manières garçonnières.* ▸ ***garçonnière*** n. f. ■ (Surtout en France) Petit appartement pour un homme seul, un « garçon » (I, 3). ⇒ **pied-à-terre, studio ;** anglic. **flat.**

① ***garde*** [gaʀd] n. f. **1.** Action de conserver ou protéger (qqch.) en le surveillant. *Le service de la consigne se charge de la garde des bagages. Mettre, tenir sous bonne garde.* **2.** Action de veiller sur une personne. ⇒ **protection, surveillance.** *Ils ont confié leur petite fille à la garde d'une voisine. Après le divorce, c'est la mère qui a eu la garde des enfants.* **3.** Surveillance. *Faire bonne garde.* — CHIEN DE GARDE : chien qui veille sur une maison et ses dépendances. **4.** Service de surveillance. *La garde de nuit.* ⇒ **veille.** — *La garde côtière,* qui surveille le littoral. — DE GARDE. *Être de garde,* être chargé de rester à un poste. *Pharmacien, médecin de garde. Tour de garde.* **5.** Position de défense (en escrime, en boxe...). *Être en garde.* Ellipt. *En garde !* **6.** *Mettre qqn* EN GARDE : l'avertir, le prévenir. *Je vous mets en garde contre ses procédés. Une mise en garde,* un avertissement. — *Être, se mettre, se tenir* SUR SES GARDES : être vigilant. **7.** PRENDRE GARDE : faire attention (pour éviter un danger). ⇒ **veiller.** *Prends garde ! Prends garde à toi !* — *Prendre garde* (+ prop. nég.). *Prends garde qu'il ne te voie pas, de ne pas être vu ! Sans y prendre garde, je me suis trompé de chemin,* sans m'en rendre compte. ⇒ par **mégarde.**

② ***garde*** n. f. **1.** Groupe de personnes chargées de veiller sur qqn, qqch. *La garde d'honneur. La garde impériale* (de Napoléon Ier). *La relève de la garde à la Citadelle de Québec.* — (France) *La* GARDE MOBILE : corps de gendarmerie chargé de la protection du territoire. **2.** Ensemble des soldats en armes qui occupent un poste, exercent une surveillance. *Monter la garde,* surveiller en sentinelle. — CORPS DE GARDE : groupe de soldats chargés de garder un poste. *Plaisanterie de corps de garde,* grossière. ‹ ▸ arrière-garde, avant-garde ›

③ ***garde*** n. f. **1.** *La garde d'une épée, d'un sabre,* rebord placé entre la lame et la poignée. *Enfoncer jusqu'à la garde,* de toute la longueur de la lame. **2.** *Pages de garde,* pages vierges placées au début et à la fin d'un livre.

④ ***garde*** n. ■ Personne qui surveille qqn, qqch. **1.** Personne qui garde une chose, un dépôt, un lieu. ⇒ **conservateur, dépositaire, gardien, surveillant.** (France) *Le garde des Sceaux,* le ministre de la Justice. — *Garde forestier,* chargé de surveiller les forêts. ⇒ **garde-chasse. 2.** Personne qui a la garde d'un prisonnier. ⇒ **gardien, geôlier. 3.** N. m. Personne qui veille à la protection d'un souverain, d'un homme politique important, d'un chef d'armée. — *Garde du corps,* personne qui suit qqn pour le protéger. **4.** Soldat d'une garde (②, 1). *Un garde mobile.* **5.** (Surtout au fém.) Personne qui garde un malade, un enfant. ⇒ **garde-malade, infirmière.** *La garde a veillé toute la nuit dans la chambre du malade.*

garde- ■ Élément de mots composés, du v. *garder* ou de *garde* ④. ▸ ***garde-à-vous*** [gaʀdavu] n. m. invar. ■ Position immobile du soldat debout qui est prêt à exécuter un ordre. / contr. **repos** / *Se mettre, rester au garde-à-vous.* — *Garde à vous ! Fixe !* ▸ ***garde-barrière*** n. ■ Vieilli. Personne qui surveille un passage à niveau sur une voie ferrée. *La maison des gardes-barrières.* ▸ ***garde-boue*** n. m. invar. ■ Bande de métal qui recouvre le dessus de la roue d'une bicyclette, d'une moto, des anciennes automobiles. ≠ *pare-boue.* ▸ ***garde-chasse*** n. ■ Personne préposée à la garde du gibier. *Des gardes-chasse.* ▸ ***garde-chiourme*** n. ■ (France) Surveillant des forçats. — Surveillant brutal. *Des gardes-chiourme.* ▸ ***garde-côte*** n. m. ■ Bateau chargé de défendre les côtes, de surveiller la pêche. *Des garde-côtes.* ▸ ***garde-feu*** n. ■ Personne responsable de la surveillance, de la prévention et de la lutte contre les incendies de forêt. *Des garde-feux.* ▸ ***garde-fou*** n. m. ■ Parapet établi pour empêcher les gens de tomber (appelé aussi *garde-corps,* n. m. invar.). ⇒ **barrière, rembarde.** *Des garde-fous.* ▸ ***garde-magasin*** n. m. ■ Militaire chargé de surveiller les magasins d'un corps de troupe. ⇒ **magasinier.** *Des gardes-magasins.* ▸ ***garde-malade*** n. ■ (surtout au fémimin) Personne qui garde les malades et leur donne des soins élémentaires. ⇒ **garde** (④, II), **infirmier.** *Des gardes-malades.* ▸ ***garde-manger*** n. m. invar. ■ Armoire dans laquelle on conserve des aliments. ⇒ **placard.** ▸ ***garde-meuble*** n. m. ■ (France) Lieu où l'on entrepose des meubles pour un temps limité. ⇒ **entrepôt.** *Des garde-meubles. Mettre un piano au garde-meuble.* ▸ ***garde-pêche*** n. **1.** Personne chargée de faire observer les règlements sur la pêche. *Des gardes-pêche.* **2.** N. m. Navire qui assure le même service. *Des garde-pêche.* ⇒ **garde-côte.** ▸ ***garde-robe*** n. m. ou f. **1.** Armoire où l'on range les vêtements. ⇒ **penderie,** ② **placard.** *Le garde-robe de l'entrée, de la chambre.* **2.** N. f. L'ensemble des vêtements d'une personne. *Elle a renouvelé sa garde-robe. Des garde-robes.*

gardénal [gaʀdenal] n. m. ■ (France) Nom d'un médicament calmant. ⇒ **somnifère, valium.** — REM. Ce mot est un nom de marque déposée.

gardénia [gaʀdenja] n. m. ■ Arbuste exotique à feuilles persistantes, à fleurs d'un beau blanc mat. — Cette fleur. *Des beaux gardénias.*

garden-party [gaʀdɛnpaʀte] n. f. ■ Anglic. Vieilli ou plaisant. Réception mondaine donnée l'été à l'extérieur de la maison. ⇒ anglic. **party.** *Des garden-parties.*

garde-pêche n. ⇒ **garde-.**

garder [gaʀde] v. tr. ■ conjug. 1. **I. 1.** Prendre soin de (une personne, un animal). ⇒ **veiller** sur, **surveiller.** *Garder des bestiaux.* ⇒ **gaucho.** — Loc. *Ne pas avoir gardé les cochons ensemble,* ne pas être lié d'amitié avec qqn, n'avoir rien de commun avec qqn. PROV. *À chacun son métier, les vaches seront bien gardées.* — *Garder des enfants,* rester avec eux et les surveiller (en l'absence de leurs parents). ⇒ **gardien ; garderie.** *Ils font garder leur bébé tous les après-midi.* — Intransitivement. *Elle est partie garder chez la voisine.* — Sans compl. *Elle est partie garder.* — Loc. GARDER L'ŒIL, UN ŒIL *sur qqn, qqch.,* surveiller qqn, qqch. du regard. **2.** Empêcher (une personne) de sortir, de s'en aller. *Garder un prisonnier.* ⇒ **détenir. 3.** Rester dans (un lieu) pour le surveiller, pour défendre qqn ou qqch. *Garder une maison, un magasin. Garder une porte, une entrée,* surveiller ceux qui entrent ou qui sortent. **4.** Littér. Protéger, préserver (qqn) de qqch. ⇒ **garantir.** *Garder qqn de l'erreur.* — Au subjonctif sans *que* (valeur de souhait) *Dieu me garde de la maladie. Dieu te garde ! Dieu m'en garde !* **II.** Conserver. / contr. **céder, laisser** / **1.** Empêcher que (une chose) ne se gâte, ne disparaisse. *Il est difficile de garder de la viande pendant les grosses chaleurs. Garder des marchandises en entrepôt. Garder du beurre au frais.* **2.** Conserver pour soi, ne pas se dessaisir de. *J'ai gardé le stylo que* *tu m'avais offert.* — *Ne rien garder,* vomir. ⇒ ① **rendre** (II, 1). **3.** Conserver sur soi (un vêtement, un bijou). *Gardez votre chapeau.* / contr. **enlever, ôter** / **4.** Ne pas quitter (un lieu). *Le médecin lui a ordonné de garder le lit, la chambre.* **5.** Retenir (une personne) avec soi. *Garder qqn à dîner. Elle m'a gardé une heure.* ⇒ **tenir.** — *Garder un collaborateur, un employé.* / contr. **licencier, renvoyer** / **6.** Ne pas divulguer, ne pas communiquer. / contr. **dévoiler, dire** / *Garder un secret. Gardez cela pour vous,* n'en dites pas un mot, soyez discret. **7.** Abstrait. Continuer à avoir. *Elle suit un régime pour garder la ligne. Garder son calme, son sérieux. Je lui ai gardé rancune de sa mauvaise blague.* — Loc. fam. *Garder à qqn un chien de sa chienne,* vouloir se venger. — Loc. TOUTE(S) PROPORTION(S) GARDÉE(S) : en tenant compte des proportions de chacun des termes d'une comparaison. **8.** (Avec un adj. attribut) *Garder les yeux baissés.* ⇒ **tenir. III.** Mettre de côté, en réserve. ⇒ **réserver.** *Garder qqch. pour, à qqn. Si tu arrives le premier, garde-moi une place. Garder un peu de soupe pour le lendemain.* **IV.** Observer fidèlement, avec soin. ⇒ **pratiquer, respecter.** / contr. **négliger** / *Garder le jeûne. Garder le silence. Garder ses distances,* s'abstenir de toute familiarité. **V.** SE GARDER. v. pron. **1.** *Se garder de* (+ nom de personne ou de chose abstraite), prendre garde à. ⇒ se **défier,** se **méfier.** *Il faut se garder des jugements hâtifs.* — *Se garder de* (+ infinitif), s'abstenir de. *Garde-toi de tomber malade, garde-t'en bien !* **2.** (Passif) Se conserver. *Ce pâté ne se garde pas plus de deux jours.* ▶ ***gardé, ée*** adj. **1.** CHASSE GARDÉE : réservée (au propriétaire, à un groupe de personnes). **2.** *Toute(s) proportion(s) gardée(s).* ⇒ **garder** (II, 7). ▶ ***garderie*** n. f. **1.** Établissement destiné à recevoir dans la journée les enfants qui ne vont pas encore à l'école. ⇒ **crèche, pouponnière.** *Aller reconduire, chercher un enfant à la garderie. Un service de garderie,* un local aménagé à cette fin sur les lieux de travail de qqn. **2.** Local où l'on garde de jeunes écoliers en dehors des heures de classe. ⇒ **crèche.** ▶ ***gardeur, euse*** n. ■ (+ compl.) Personne qui garde des animaux. ⇒ **berger, gardien, pasteur, pâtre.** *Gardeuse d'oies.* ⟨ ▶ égard, ①, ②, ③ et ④ garde, garde-, gardien, par mégarde, sauvegarde ⟩

garde-robe n. m. ou f. ⇒ **garde-.**

gardien, ienne [gaʀdjɛ̃, jɛn] n. **1.** Personne qui a charge de garder qqn, un animal, un lieu, un bâtiment, etc. ⇒ **garde.** *Gardien de prison.* ⇒ **geôlier, matrone, surveillant.** *Le gardien d'un hôtel, d'un immeuble.* ⇒ **concierge, portier.** *Gardien de nuit.* ⇒ **veilleur.** — *Gardienne (d'enfants),* qui garde des enfants (chez elle ou ailleurs). *Gardienne de jour, de soir. Une petite gardienne,* une adolescente qui garde. — GARDIEN DE BUT : joueur chargé de défendre le but dans un sport d'équipe (hockey, soccer, etc.). ⇒ **cerbère.** — Adj. *Ange* gardien.* **2.** Personne (physique ou morale) qui défend, qui protège. *Le Sénat, gardien de la Constitution.* **3.** (France ou plaisant) GARDIEN DE LA PAIX : agent de police. ▶ ***gardiennage*** [gaʀdjɛnaʒ] n. m. ■ Emploi, occupation de gardien (1). — Service du gardien.

① ***gare*** [gaʀ] n. f. ■ Ensemble des installations établies aux stations des lignes de chemin de fer pour l'embarquement et le débarquement des voyageurs et des marchandises. *Gare de triage,* où se fait le triage des wagons. *Le restaurant* ou en France *le buffet de la gare. Chef de gare. Gare d'autobus* ou en France *gare routière. La gare centrale.* — *Une gare maritime.* — *Gare intermodale*.* — EN GARE. *L'entrée en gare du train.* ⟨ ▶ aérogare, héligare ⟩

② ***gare*** interj. ■ Exclamation pour avertir de se garer ; de laisser passer qqn, qqch., de prendre garde à quelque danger. ⇒ **attention.** — GARE À... *Gare à la secousse.* — (Menace) *Gare à toi, si tu désobéis !* — Loc. SANS CRIER GARE : à l'improviste.

garenne [gaʀɛn] n. f. ■ Lieu boisé où les lapins vivent à l'état sauvage. *Des lapins de garenne.*

garer [gaʀe] v. tr. ▪ conjug. 1. **I. 1.** Ranger (un bateau, un véhicule) à l'écart de la circulation, ou dans un lieu abrité (⇒ **garage).** *Garer sa voiture.* ⇒ **parquer, stationner** (plus cour.). — *Garer sa bicyclette pour l'hiver.* ⇒ **serrer.** — (Passif) Fam. *Je suis mal garé,* ma voiture est mal garée. **2.** SE GARER v. pron. réfl. : se dit du conducteur qui met son véhicule en un lieu de stationnement. *Elle s'est garée dans la rue voisine.* — *Se garer en double file.* **II. 1.** SE GARER v. pron. réfl. : se ranger de côté pour laisser passer un véhicule. **2.** SE GARER DE v. pron. réfl. : faire en sorte d'éviter... *Se garer des voitures. Se garer des coups.* ⇒ se **protéger.** ⟨ ▶ garage, ① gare, ② gare ⟩

gargantua [gaʀgɑ̃tɥa] n. m. ■ Gros mangeur. ▶ ***gargantuesque*** adj. ■ *Repas gargantuesque,* très copieux.

se ***gargariser*** [gaʀgaʀize] v. pron. réfl. ▪ conjug. 1. **1.** Se rincer le fond de la bouche avec un liquide. *Elle se gargarise à l'eau tiède.* **2.** Fam. ⇒ se **délecter, savourer.** *Il se gargarise de compliments.* ▶ ***gargarisme*** n. m. Ou GARGARISANT, n. m. ■ Préparation liquide avec laquelle on se gargarise. ⇒ **rince-bouche.** — Fait de se gargariser (1).

gargote [gaʀgɔt] n. f. ■ (Surtout en France) Restaurant à bon marché, où la cuisine est médiocre. ⇒ fam. **binerie, boui-boui ; casse-croûte.**

gargouille [gaʀguj] n. f. ■ Gouttière en saillie par laquelle s'éjectent les eaux de pluie, souvent sculptée en forme d'animal, de démon, de monstre. ⟨ ▶ gargouiller ⟩

gargouiller [gaʀguje] v. intr. ▪ conjug. 1. ■ Produire un bruit d'eau qui coule. ▶ ***gargouillement*** n. m. ■ Bruit d'eau qui coule. ⇒ **glouglou.** *Les gargouillements de la fontaine.* — Ce bruit, dans un viscère de l'appareil digestif. *Gargouillements intestinaux.* ⇒ **borborygme.** ▶ ***gargouillis*** n. m. invar. ■ Fam. Gargouillement. *Avoir des gargouillis dans l'estomac.*

garnement [gaʀnəmɑ̃] n. m. ■ Jeune garçon turbulent, insupportable. ⇒ **chenapan, galopin.**

garni [gaʀni] n. m. ■ (France) Vx. Maison, chambre qu'on loue meublée (on dit aujourd'hui *meublé,* n. m.).

garnir [gaʀniʀ] v. tr. ▪ conjug. 2. **1.** Pourvoir d'éléments destinés à protéger ou à renforcer. — Au p. p. *Mur garni de carreaux de céramique.* **2.** Pourvoir de tous les éléments dont la présence est nécessaire ou normale. ⇒ **équiper, outiller, remplir.** *Garnir un rayonnage de livres.* / contr. **dégarnir** / *La salle se garnissait peu à peu* (de gens). ⇒ s'**emplir.** — Au p. p. adj. *Un portefeuille bien garni.* **3.** Pourvoir d'éléments qui s'ajoutent à titre d'accessoires ou d'ornements. *Garnir une robe de broderies.* — Au p. p. adj. *Plat de viande garni* (de légumes). — *Pizza garnie,* par opposition à une garniture unique (fromage...). — *Hamburger, hot-dog garni,* dans lesquels on met plusieurs condiments (moutarde, ketchup, relish...) et légumes (oignons, tomates...). **4.** (Suj. chose) *Des livres garnissent les étagères.* ⇒ **remplir.** *Un ruban garnit ses cheveux.* ⇒ **orner.** ▶ ***garnissage*** n. m. ■ ⇒ **garniture.** ⟨ ▶ dégarnir, garni, garnison, garniture ⟩

garnison [gaʀnizɔ̃] n. f. ■ Corps de troupes logé dans une ville. — Cette ville, quartier de cette ville. *La garnison de Québec.*

garniture [gaʀnityʀ] n. f. **1.** Ce qui peut servir à garnir (1, 3) qqch. ⇒ **ornement, parure.** *Garniture de* *lit.* — *Garniture de frein,* plaque montée sur les mâchoires du frein. **2.** Ce qui remplit, accompagne, en cuisine. *Garniture d'un vol-au-vent. La garniture d'un plat de viande,* les légumes.

garrigue [gaʀig] n. f. ■ (France) Terrain aride et calcaire de la région méditerranéenne ; végétation de chênes verts et de buissons aromatiques qui couvre ce terrain. ⇒ **maquis.**

garrocher [gaʀɔʃe] v. tr. et v. pron. ▪ conjug. 1. Fam. **1.** V. tr. Lancer, tirer (de tout bord, tout côté). ⇒ **jeter.** *Il garroche des cailloux dans l'eau.* — Pronominalement (récipr.) *Ils se garrochent des oreillers.* **2.** Laisser tomber, abandonner qqch. *Garrocher sa bicyclette par terre. Tu garroches ton casse-tête là ?* **3.** V. pron. (réfl.) SE GARROCHER *à, dans, vers* (un endroit), se précipiter, se ruer. ⇒ se **darder,** s'**élancer.** *Se garrocher au centre d'achat, dans les magasins.* — SE GARROCHER *dans qqch.,* s'en occuper d'une manière assidue. *Elle s'est garrochée dans ses études. Se garrocher dans l'alcool,* s'y adonner assidûment. — SE GARROCHER *pour.* ⇒ se **dépêcher,** se **presser.** *Il faut se garrocher pour finir avant ce soir. Je me suis garroché pour l'aider.* — SE GARROCHER *sur qqch., qqn. On se garroche sur les aubaines. Les enfants se garrochent sur la télévision. Le joueur s'est garroché sur son adversaire,* il lui a sauté dessus. ⇒ se **jeter.** — SE GARROCHER *vers qqn,* s'élancer. ⇒ se **hâter.** *Il se garroche vers sa blonde.* ▶ ***garrochage*** n. m. ■ Action de garrocher, de se garrocher. *Ça suffit le garrochage d'oreillers.* ▶ ***garrocheur*** ou ***garrocheux, euse*** n. et adj. ■ Personne qui garroche qqch. *Des garrocheurs de rondelle, de ballon.* — Adj. *Être garrocheuse.*

① ***garrot*** [gaʀo] n. m. ■ Chez les grands quadrupèdes. Partie du corps située au-dessus de l'épaule et qui prolonge l'encolure. *Le garrot d'un cheval.*

② ***garrot*** n. m. **1.** Lien servant à comprimer les vaisseaux d'un membre pour arrêter une hémorragie ou pour faire saillir une veine. ⇒ **tourniquet. 2.** Instrument de supplice pour étrangler, sorte de collier de fer serré par une vis. ▶ ***garrotter*** v. tr. ▪ conjug. 1. ■ Attacher, lier très solidement. *Garrotter un prisonnier.* — Abstrait. ⇒ **bâillonner.** *Garrotter la presse.*

③ ***garrot*** n. m. ■ Canard plongeur, au cou court et large, à la tête légèrement bossue. *Le garrot commun est une espèce nord-américaine.*

gars [gɑ] n. m. invar. ■ Fam. Garçon, homme. *Un petit gars. C'est un drôle de gars.* ⇒ ② fam. **type.** *Un gars bien fiable.* — *Une gang de gars. Un gars de bois,* qui aime la forêt, la nature, la chasse, la pêche. — *C'est un gars de bois, de chantier,* un travailleur forestier. — *Un gars de bicycle,* un motard. — Loc. *C'est arrangé avec le gars des vues,* c'est truqué. — (Appellation fam.) *Eh les gars ! Bonjour, mon gars !* ‹ ▶ garce, garçon ›

gas n. m. ⇒ ② **gaz.**

gascon, onne [gaskɔ̃, ɔn] adj. et n. **1.** De la Gascogne, ancienne province de France. — N. (Avec une majusc.) *Les Gascons.* **2.** N. m. *Le gascon,* un dialecte d'oc. **3.** Loc. *Une promesse de Gascon,* qui n'est pas tenue. ⇒ **élection.**

gasoline n. f. ⇒ **gazoline.**

gaspacho [gaspatʃo] n. m. ou f. ■ Potage consommé froid, à base de tomate, de piments et d'épices, dans lequel on peut ajouter de petits morceaux de légumes. *Le gaspacho est d'origine espagnole.*

gaspareau [gaspaʀo] n. m. ■ Poisson du golfe du Saint-Laurent et des Maritimes, qui ressemble au hareng. *Le gaspareau sert d'appât.*

gaspésien, enne [gaspezjɛ̃, jɛn] adj. et n. **1.** De la Gaspésie. *L'hospitalité gaspésienne.* — N. (Avec une majusc.) Personne née dans cette région du Québec ou qui l'habite. *Les vieux Gaspésiens.* **2.** De la ville de Gaspé. *L'hôpital gaspésien.* — N. (Avec une majusc.) *Les Gaspésiennes.*

gaspiller [gaspije] v. tr. ▪ conjug. 1. ■ Dépenser, consommer sans discernement, inutilement. *Il gaspille son salaire en gadgets coûteux.* ⇒ **dilapider.** — *Gaspiller l'eau en période de sécheresse.* — *Gaspiller son temps, son talent.* / contr. **conserver, économiser, épargner** / ▶ ***gaspillage*** n. m. ■ ⇒ fam. **gaspille.** *Les gens économes détestent le gaspillage.* ⇒ **dilapidation, dissipation, prodigalité.** — *Un gaspillage de forces, d'énergie.* / contr. **économie, épargne** / ▶ ***gaspille*** n. m. ■ Loc. fam. *C'est du gaspille,* du gaspillage. *Laisser la moitié de son assiette pour prendre du dessert, c'est du gaspille.* ▶ ***gaspilleur*** ou ***gaspilleux, euse*** n. ■ Personne qui gaspille ; dépensier (⇒ **flambeur**). — Adj. *Il est très gaspilleur.*

gastéro-, gastr(o)-, -gastre ■ Éléments signifiant « ventre », « estomac » (ex. : *gastro-intestinal*). ▶ ***gastéropodes*** [gasteʀɔpɔd] n. m. pl. ■ Classe de mollusques caractérisés par un large pied charnu leur servant à ramper (escargot, limace). — Au sing. *Le bigorneau est un gastéropode.* ▶ ***gastrique*** adj. ■ De l'estomac. *Suc gastrique. Embarras gastrique.* ▶ ***gastrite*** n. f. ■ Inflammation aiguë ou chronique de la muqueuse de l'estomac. ▶ ***gastro-entérite*** n. f. ■ Inflammation simultanée des muqueuses de l'estomac et de l'intestin grêle. *La gastro-entérite donne la diarrhée.* — Abrév. fam. GASTRO, n. f. *Avoir, faire une gastro.* ▶ ***gastronome*** [gastʀɔnɔm] n. ■ Amateur de bonne chère. ⇒ **gourmet.** ▶ ***gastronomie*** n. f. ■ Art de la bonne chère (cuisine, vins, ordonnance des repas, etc.). ▶ ***gastronomique*** adj. ■ *Restaurant, menu gastronomique.* ‹ ▶ épigastre ›

① ***gâteau*** [gɑto] n. m. **1.** Pâtisserie à base de farine, de beurre, de sucre et d'œufs, le plus souvent spongieux. *Gâteau au chocolat, aux carottes. Un morceau, une pointe de gâteau. Gâteau à deux étages,* séparés par une garniture de crème ou de confiture. *Des petits gâteaux au caramel,* individuels. *Gâteau d'anniversaire* ou fam. *de fête,* avec des bougies et une inscription. *Gâteau de noces. Mélange à gâteau* ou fam. *gâteau en boîte,* une préparation industrielle. — *Gâteau aux fruits,* à pâte consistante, contenant des fruits confits et des fruits secs. — *Gâteau(-)éponge,* sans corps gras. — *Gâteau des anges,* gâteau-éponge à base de blancs d'œufs. — *Gâteau de riz, de semoule,* entremets. — (France) *Gâteaux secs,* biscuits. — Fam. *C'est du gâteau !,* c'est agréable et facile, c'est tout simple. — Loc. *Vouloir, avoir sa part du gâteau,* de profit, de bénéfice. **2.** *Gâteau de cire, de miel,* ensemble des alvéoles, dans lesquels les abeilles déposent leur miel et leurs œufs. ⇒ **rayon** (③, I).

② ***gâteau*** adj. invar. ■ Fam. *Papa, maman gâteau,* qui gâte les enfants. *Des grand-mères gâteau.*

① ***gâter*** [gɑte] v. tr. ▪ conjug. 1. **I. 1.** (Surtout au passif) Détériorer en pourrissant. ⇒ **avarier, corrompre.** *L'humidité a gâté ces fruits* (opposé à *frais*). — Au p. p. adj. *Une dent gâtée,* cariée. **2.** Priver de sa beauté, de ses qualités naturelles. ⇒ **déparer, enlaidir.** *Cet immeuble gâte la vue, le paysage.* **3.** Enrayer la bonne marche, les possibilités de succès de (qqch.). *Gâter les affaires. Tout gâter.* ⇒ **compromettre.** *Ce qui ne gâte rien,* c'est un avantage de plus. *C'est un beau garçon, et très fin, ce qui ne gâte rien.* **4.** Diminuer, détruire en supprimant l'effet agréable de (qqch.). *Cette mauvaise nouvelle nous a gâté nos vacances.* ⇒ **empoisonner, gâcher. II.** SE GÂTER v. pron. réfl. **1.** S'abîmer, pourrir. **2.** Se détériorer. *Le temps se gâte,* commence à devenir mauvais. *Attention, ça se gâte,* la situation se dégrade. ▶ ***gâte-sauce*** [gɑtsos] n. invar. ■ Mauvais cuisinier. ▶ ***gâteux, euse*** adj. et n. ■ Dont les facultés intellectuelles sont amoindries par l'âge. *Un vieillard gâteux.* — Qui devient stupide sous l'empire d'un sentiment violent. *Il aime sa petite-fille à en être gâteux. Il est gâteux avec elle.* ⇒ fam. **gaga.** ▶ ***gâtisme*** n. m. ■ État de la personne qui est gâteuse. ⇒ **sénilité.** ⟨ ▶ dégât, gaga ⟩

② ***gâter*** v. tr. . conjug. 1. ■ Combler (qqn) d'attentions, de cadeaux. ⇒ **catiner, choyer.** *Sa grand-mère l'a gâtée pour Noël.* ⇒ ② **gâteau.** — ENFANT GÂTÉ : dont on satisfait tous les désirs. ▶ ***gâterie*** n. f. **1.** Action de gâter (qqn). **2.** Petit cadeau (surprise, friandise). *Je t'ai apporté une petite gâterie pour le dessert.* ⟨ ▶ ② gâteau ⟩

gatinois, oise [gatinwa, waz] adj. et n. ■ De la ville de Gatineau. — N. (Avec une majusc.) Personne née dans cette ville ou qui l'habite.

① ***gauche*** [goʃ] adj. et n. f. **1.** (Par rapport à une personne) Se dit de ce qui, pour elle, est situé du côté de son cœur. / contr. **droit** / *Côté gauche. Rive gauche du Saint-Laurent. Main, bras gauche.* — Loc. *Se lever du pied gauche,* être de mauvaise humeur dès le lever. — Sports. *Ailier, aile gauche,* qui est à la gauche du joueur de centre. — N. m. *Un crochet du gauche,* du poing gauche. — N. f. LA GAUCHE : le côté gauche. *Assieds-toi à la gauche de ton frère. Sur votre gauche, vous voyez l'église.* — *Jusqu'à la gauche,* complètement. — À GAUCHE loc. adv. : du côté gauche. *La première rue à gauche.* — Sports. *Jouer à gauche,* à l'aile gauche. — *Mettre de l'argent à gauche,* de côté. — À GAUCHE DE loc. prép. *À gauche de l'église.* **2.** N. f. LA GAUCHE : les gens qui professent des idées avancées, progressistes. / contr. **droite** / *Un gouvernement de gauche. La politique de la gauche. Un journal d'extrême gauche.* — Loc. adv. *Être à gauche, être de gauche,* avoir des opinions de gauche. ▶ ***gaucher, ère*** adj. ■ Qui se sert ordinairement de la main gauche. (⇒ **ambidextre**). / contr. **droitier.** / *Ce joueur de tennis est gaucher.* — N. *Une gauchère.* ▶ ***gauchisme*** n. m. ■ Courant politique d'extrême gauche. ▶ ***gauchiste*** adj. et n.

② ***gauche*** adj. ■ (Personnes) Maladroit et disgracieux. *Un enfant gauche. Air, geste gauche.* ⇒ **embarrassé.** / contr. **adroit, habile** / ▶ ***gauchement*** adv. ■ Maladroitement. ▶ ***gaucherie*** n. f. **1.** Manque d'aisance, de grâce. *Une gaucherie d'adolescent.* ⇒ **embarras, gêne, impair, timidité. 2.** Acte, geste gauche, maladroit. / contr. **adresse, dextérité.** / *Faire une gaucherie en travaillant.*

③ ***gauche*** adj. ■ Qui est de travers, dévié par rapport à une surface plane. ⇒ ① **croche.** *Courbe gauche.* ▶ ***gauchir*** [goʃiʀ] v. . conjug. 2. **I.** V. intr. (Choses planes) Perdre sa forme. ⇒ se **courber, crochir,** se **déformer.** *La porte a gauchi, elle ne peut plus fermer.* **II.** V. tr. **1.** Rendre gauche. ⇒ **tordre.** / contr. **redresser** / **2.** Altérer, déformer, fausser. *Gauchir un fait, une idée. Gauchir un fait divers.*

gaucho [goʃo] n. m. ■ En Amérique du Sud. Cavalier qui garde les troupeaux de bovins dans la pampa. *Des gauchos.*

gaudriole [godʀijɔl] n. f. **1.** Fam. Plaisanterie un peu leste. ⇒ **gauloiserie, grivoiserie.** *Débiter des gaudrioles.* **2.** (France) *La gaudriole,* l'amour physique. ⇒ ① **bagatelle, chose.** *Il ne pense qu'à la gaudriole.*

gaufre [gofʀ] n. f. ■ Gâteau léger cuit entre deux plaques qui lui impriment un dessin quadrillé en relief. *Marchand de gaufres.* ▶ ***gaufrette*** n. f. ■ Petite gaufre sèche feuilletée. ▶ ***gaufrier*** n. m. ■ Moule à gaufres. ▶ ***gaufrer*** v. tr. . conjug. 1. ■ Imprimer des motifs ornementaux en relief ou en creux sur (qqch.). *Plaques à gaufrer le cuir.* — Au p. p. adj. *Papier gaufré.* — *Tôle gaufrée,* en accordéon. ▶ ***gaufrage*** n. m. **1.** Action de gaufrer. **2.** Ornement gaufré. ▶ ***gaufrerie*** n. f. ■ Établissement, comptoir de restauration où l'on fabrique et vend des gaufres. *Arrêterais-tu à la gaufrerie au retour ?*

gaule [gol] n. f. ■ (France) Longue perche utilisée pour faire tomber les fruits d'un arbre. — Canne à pêche. ▶ ***gauler*** v. tr. . conjug. 1. ■ (France) Faire tomber (des fruits) avec une gaule. *Gauler les noix, les pommes.*

gaulliste [golist] n. et adj. ■ Partisan du général de Gaulle ; relatif à sa politique. ▶ ***gaullisme*** n. m.

gaulois, oise [golwa, waz] adj. **1.** Adj. De Gaule. *Les peuples gaulois.* ⇒ **celte.** *Prêtres gaulois,* druides. — N. (Avec une majusc.) *Les Gaulois.* — *Moustache à la gauloise,* longue et tombante. **2.** N. m. *Le gaulois,* la langue celtique des Gaulois. — Adj. *Mot d'origine gauloise.* **3.** D'une gaieté un peu leste. *Plaisanterie gauloise.* ⇒ **grivois.** *L'esprit gaulois de Rabelais.* ▶ ***gauloiserie*** n. f. ■ Propos licencieux. ⇒ **grivoiserie.** ⟨ ▶ gauloise ⟩

gauloise n. f. ■ Cigarette de tabac brun, de la Régie française des tabacs. *Un paquet de gauloises.*

gaulthérie [golteʀi] ou ***gaultheria*** [golteʀja] n. f. ■ Arbrisseau produisant des feuilles odorantes. *Le thé des bois est un autre nom de la gaulthérie couchée.*

se ***gausser*** [gose] v. pron. . conjug. 1. ■ Littér. Se moquer ouvertement (de qqn ou de qqch.). ⇒ **railler.** *Elles se sont gaussées de nous, de notre allure.*

gaver [gave] v. tr. . conjug. 1. **1.** Faire manger de force et abondamment (les animaux qu'on veut engraisser). *Gaver des oies.* — Au p. p. adj. *Oies gavées.* **2.** *Gaver qqn de,* lui faire manger trop de. **3.** Pronominalement (réfl.). SE GAVER : manger énormément. *On se gavait de gâteaux.* ⇒ se **bourrer.** — Fig. *Se gaver de littérature,* lire beaucoup. ▶ ***gavage*** n. m. ■ *Le gavage des volailles.*

gavial, als [gavjal] n. m. ■ Animal voisin du crocodile, à longues mâchoires étroites. *Les gavials du Gange.*

gavotte [gavɔt] n. f. ■ Ancienne danse française à deux temps ; air sur lequel on la danse.

gavroche [gavʀɔʃ] n. m. et adj. ■ (France) Gamin de Paris, spirituel et moqueur. ⇒ **titi.** — Adj. *Il a un petit air gavroche.*

gay adj. et n. ⇒ ② **gai** (Rem.).

① ***gaz*** [gɑz] n. m. invar. **1.** Tout corps qui se présente à l'état de fluide expansible et compressible (état gazeux) dans les conditions de température et de pression normales. *Gaz comprimé, raréfié. Gaz carbonique.* — GAZ RARES : argon, crypton, hélium... — *Avoir des gaz,* des gaz accumulés dans le tube digestif. ⇒ **flatuosité, pet. 2.** LE GAZ : le gaz utilisé pour l'éclairage, le chauffage, l'alimentation des cuisinières. *Gaz de ville. Le gaz naturel,* combustible constitué principalement de méthane. *Gaz d'éclairage. Réchaud à gaz. Une bonbonne de gaz propane. Chalumeau à gaz. Cuisinière, fanal à gaz. Compteur à gaz. Employé du gaz.* — (Surtout en France) Loc. fam. *Il y a de l'eau dans le gaz,* l'atmosphère est à la querelle. **3.** Corps gazeux destiné à produire des effets nocifs sur l'organisme. *Gaz de combat. Gaz asphyxiants, lacrymogènes. Masque à gaz. Chambre à gaz,* pièce où l'on exécute des condamnés à mort par un gaz toxique. **4.** Mélange gazeux utilisé dans les moteurs à explosion. *Gaz d'admission, d'échappement*

(⇒ **monoxyde** de carbone). — *Rouler* À PLEINS GAZ : à pleine puissance. ⇒ ② **gazer.** *Mets les gaz,* accélère. ≠ ② *gaz, gaze.* ⟨ ▶ camping-gaz, gazéifier, ① gazer, ② gazer, gazeux, gazoduc, gazomètre ⟩

② ***gaz*** ou ***gas*** n. m. ■ Anglic. Fam. Essence (pour les moteurs). ⇒ anglic. **gazoline.** *Du gaz ordinaire, sans plomb. Des bicycles à gaz.* ⇒ **motocyclette.** *Mettre du gaz,* faire le plein. *La pédale à (de) gaz,* l'accélérateur. — Loc. *Peser sur le gaz,* appuyer sur l'accélérateur, accélérer. ⇒ fam. **champignon, suce.** — *Le gaz au fond,* à pleins gaz ①. ≠ ① *gaz, gaze.*

gazé [gɑze] n. et adj. **1.** Intoxiqué par des gaz, spécialt de combat. *Les gazés de 14-18.* — Adj. *Soldats gazés.* **2.** Fig. Fam. Personne qui est lente, qui ne réagit pas vite ; qui a l'esprit brumeux. *Elle est un peu gazée ce matin,* elle a les idées embrouillées. *Maudit gazé,* qui est un peu fou, se comporte étrangement.

gaze [gɑz] n. f. ■ Tissu lâche et très léger, de soie ou de coton. *Une écharpe de gaze. Une compresse de gaze hydrophile.* ≠ ① *gaz,* ② *gaz.*

gazéifier [gɑzeifje] v. tr. ▪ conjug. 7. **1.** Faire passer à l'état de gaz. ⇒ **sublimer, vaporiser.** / contr. **liquéfier, solidifier** / **2.** Faire dissoudre du gaz carbonique (dans un liquide). — Au p. p. adj. *Une boisson gazéifiée.*

gazelle [gazɛl] n. f. ■ Mammifère ongulé d'Afrique et d'Asie, ruminant, à longues pattes fines, à cornes annelées.

① ***gazer*** [gɑze] v. tr. ▪ conjug. 1. ■ Intoxiquer (qqn) avec un gaz de combat. ⇒ **asphyxier.** ⟨ ▶ gazé ⟩

② ***gazer*** [gɑze] v. intr. ▪ conjug. 1. **1.** (France) Fam. Aller à toute vitesse, à pleins gaz. ⇒ **filer, foncer. 2.** V. intr. impers. Fam. *Ça gaze,* ça marche, ça va bien. ⇒ fam. **boumer.**

gazette [gɑzɛt] n. f. ■ Autrefois. Journal, revue. — Fam. *Envelopper qqch. dans de la gazette,* dans du papier journal. — (Avec une majusc.) *La Gazette officielle du Québec,* le journal des débats parlementaires.

gazeux, euse [gɑzø, øz] adj. **1.** Relatif au gaz ; sous forme de gaz (opposé à *liquide, solide*). *Fluide gazeux.* **2.** Qui contient du gaz carbonique dissous. *Eau, boisson gazeuse.* ⇒ **pétillant.**

gazoduc [gɑzɔdyk] n. m. ■ Canalisation qui alimente en gaz naturel sur de très longues distances.

gazoline [gazɔlin] n. f. ■ Vieilli. Anglic. Essence (pour les moteurs). ⇒ anglic. ② **gaz.** *Un bicycle à gazoline.* ⇒ **motocyclette.** *Mettre de la gazoline dans la tondeuse.* ⟨ ▶ ② gaz ⟩

gazomètre [gɑzɔmɛtʀ] n. m. ■ Grand réservoir où l'on stocke le gaz de ville avant de le distribuer.

gazon [gɑzɔ̃] n. m. ■ Herbe courte, dense et fine. *Tondeuse à gazon. S'asseoir sur le gazon.* ⇒ **pelouse.** *Gazon en plaques.* ⇒ **tourbe.** ▶ ***gazonner*** v. tr. ▪ conjug. 1. ■ Recouvrir de gazon. ⇒ **tourber.** *Ils sont en train de gazonner le devant de leur maison.* ▶ ***gazonnage*** n. m. ■ Action de gazonner. ▶ ***gazonné, ée*** adj. ■ Où l'on a planté du gazon. *Terrain gazonné.* ▶ ***gazonnière*** n. f. ■ Terrain où l'on cultive le gazon pour le vendre en rouleaux, en plaques. ⇒ **tourbière.** — Entreprise spécialisée dans ce type de culture du gazon. *Les gazonnières Untel.*

gazouiller [gazuje] v. intr. ▪ conjug. 1. **1.** Produire un bruit léger et doux. ⇒ **bruire, murmurer.** *Oiseaux qui gazouillent.* ⇒ **chanter. 2.** (Nourrisson) Émettre de petits sons à peine articulés. ⇒ **babiller.** ▶ ***gazouillant, ante*** adj. ▶ ***gazouillement*** n. m. ▶ ***gazouillis*** n. m. invar. ■ Bruit léger produit par un ensemble de gazouillements. *Le gazouillis des oiseaux.*

geai [ʒɛ] n. m. ■ Oiseau passereau de la taille du pigeon, à plumage bigarré. *Geai bleu.* ⇒ ① **pie.** *Le geai jase. Des geais gris.* ≠ *jais.*

géant, ante [ʒeɑ̃, ɑ̃t] n. et adj. **I.** N. **1.** Personne dont la taille dépasse anormalement la moyenne. ⇒ **colosse.** *Les géants de la mythologie.* / contr. **nain** / *Des pas de géant,* des très grands pas. — Loc. *À pas de géant,* très vite, rapidement. *Mon projet avance à pas de géant.* **2.** Génie, héros, surhomme. *Les géants de l'art, du sport.* **II.** Adj. Dont la taille dépasse de beaucoup la moyenne. ⇒ **colossal, énorme, gigantesque, immense.** *Étoile géante.* / contr. **nain.** / *Paquet géant. Cactus géant. Des trusts géants.* / contr. **petit** /

Geiger ⇒ **compteur.**

geindre [ʒɛ̃dʀ] v. intr. ▪ conjug. 52. **1.** Faire entendre des plaintes faibles et inarticulées. ⇒ **gémir,** se **plaindre.** *Le malade geint, geint de douleur.* — (Choses) Produire un bruit plaintif. **2.** Se lamenter à tout propos, sans raison valable (⇒ **geignard**). ▶ ***geignard, arde*** [ʒɛɲaʀ, aʀd] adj. ■ Fam. Qui se lamente à tout propos. ⇒ **plaignard, pleurnicheur ;** fam. **chialeur.** — *Une musique geignarde.* ⇒ **plaintif.**

geisha [geʃɑ] n. f. ■ (Au japon) Chanteuse et danseuse traditionnelle qui joue le rôle d'hôtesse en différentes occasions (réceptions, banquets...). *Des geishas.*

① ***gel*** [ʒɛl] n. m. **1.** Temps de gelée ①. *Une nuit de gel.* **2.** Congélation des eaux (et de la vapeur d'eau atmosphérique). ⇒ **givre,** ① **glace.** *Le gel a fendu la roche en deux.* **3.** Arrêt, blocage (d'une activité politique ou économique). *Le gel des crédits, des salaires.* ⟨ ▶ antigel, dégel ⟩

② ***gel*** n. m. ■ En physique. Substance obtenue par formation de petits flocons dans une solution colloïdale. *Mettre du gel dans ses cheveux.* ▶ ***gélatine*** [ʒelatin] n. f. ■ Substance extraite, sous forme de gelée ②, de certains tissus animaux. ▶ ***gélatineux, euse*** adj. ■ Qui a la nature, la consistance ou l'apparence de la gélatine. *Chair gélatineuse et flasque. Entremets gélatineux.* ⟨ ▶ ② gelée, gélule ⟩

gelauder [gəlode] v. intr. et impers. ▪ conjug. 1. ■ Geler légèrement. *Le lac commence à gelauder.*

① ***gelée*** [ʒ(ə)le] n. f. ■ Abaissement de la température au-dessous de zéro, ce qui provoque la congélation de l'eau. ⇒ **frimas,** ① **gel, givre,** ① **glace, verglas ; frasil.** *Gelée printanière.* — *Gelée blanche,* congélation de la rosée avant le lever du soleil, par nuit claire.

② ***gelée*** n. f. **1.** Suc de substance animale (viande, os) qui s'est coagulé en se refroidissant. *Bœuf en gelée.* **2.** Jus de fruits cuit au sucre et coagulé après refroidissement. *Gelée de pomme.*

geler [ʒ(ə)le] v. ▪ conjug. 5. **I.** V. intr. **1.** Se transformer en glace. *La mer gèle rarement dans les fjords.* / contr. **dégeler, fondre** / — Se solidifier par le froid. *L'hiver, le sol gèle.* **2.** Souffrir du froid. ⇒ **grelotter.** *Fermez donc la fenêtre, on gèle, ici !* — Loc. fam. *Geler comme des rats, des cretons, des crottes,* avoir très froid. **II.** (Sujet impers.) *Il a gelé cette nuit.* — Loc. *Geler à pierre fendre,* faire très froid. **III.** V. tr. **1.** Rendre gelé. ⇒ fam. **frigorifier.** *Cette humidité nous gelait.* **2.** Anesthésier, insensibiliser localement, spécialt chez le dentiste. *Geler un côté de la bouche. Se faire geler par le dentiste.* **IV.** SE GELER v. pron. réfl. : avoir très froid. *Ne reste pas dehors à te geler. Faire attention pour ne pas se geler les doigts, les oreilles.* ▶ ***gelé, ée*** adj. **1.** Transformé en glace. *Étang, lac gelé.* **2.** Dont les tissus organiques sont brûlés par le froid. *Plantes gelées. Mains gelées.* **3.** Qui a très froid. *Je me sens gelé. J'ai les pieds gelés.* ⇒ **glacé,**

transi. **4.** (Argent) Qui ne circule plus. *Crédits gelés.* **5.** (Personnes) Drogué, abruti par l'usage de la drogue. ⇒ fam. **dopé, givré** ; anglic. **stone. 6.** Qui est anesthésié, insensibilisé. *Avoir la machoire gelée.* ‹ ▶ congeler, dégeler, engelure, ① gel, gelauder, ① gelée, pergélisol, surgeler ›

gélinotte [ʒelinɔt] n. f. ■ Oiseau très voisin de la perdrix. *Gélinotte huppée.* ⇒ **perdrix ; layopède, tétras.**

gélule [ʒelyl] n. f. ■ Capsule en gélatine dure qui contient un médicament en poudre, en petits grains.

Gémeaux [ʒemo] n. m. pl. ■ (Avec une majusc.) *Les Gémeaux,* troisième signe du zodiaque (21 mai-21 juin). *Être du signe des Gémeaux, être des Gémeaux.* — Ellipt. *Elle est Gémeaux.* — N. sing. *Un, une Gémeaux.* ▶ ***gémellaire*** [ʒemɛlɛʀ] adj. ■ Relatif aux jumeaux. *Grossesse gémellaire.*

géminé, ée [ʒemine] adj. ■ Disposé par paires. *Colonnes, fenêtres géminées. Fleurs géminées. Consonnes géminées,* identiques et consécutives, et qui se prononcent (ex. : *illusion* [illyzjɔ̃]).

gémir [ʒemiʀ] v. intr. ■ conjug. 2. **1.** Exprimer sa souffrance d'une voix plaintive et inarticulée. ⇒ **geindre,** se **plaindre.** *La malade gémit.* **2.** Se plaindre à l'aide de mots. *Elle gémit sur son sort.* **3.** (Choses) Émettre un son plaintif et prolongé. *Le vent gémit dans les arbres.* ▶ ***gémissant, ante*** adj. ■ Qui gémit. *Une voix gémissante.* ⇒ **plaintif.** ▶ ***gémissement*** n. m. **1.** Son vocal inarticulé et plaintif. ⇒ **lamentation, plainte.** *Pousser un gémissement de douleur.* **2.** Son plaintif. *Le gémissement du violon.*

① ***gemme*** [ʒɛm] n. f. ■ Pierre précieuse. *Des gemmes fabuleuses.*

② ***gemme*** adj. m. ■ *Sel gemme,* qu'on tire des mines.

gémonies [ʒemɔni] n. f. pl. ■ Loc. VOUER *qqn* AUX GÉMONIES : l'accabler publiquement de mépris, de honte.

gén-, -gène ■ Élément signifiant « naître ; engendrer, produire » (ex. : *gène, génocide, homogène*).

gênant, ante [ʒɛnɑ̃, ɑ̃t] adj. **1.** Qui gêne, crée de la gêne. ⇒ **embarrassant, pénible.** *Une infirmité gênante. Stationnement gênant.* ⇒ **encombrant.** *L'eau est coupée, c'est gênant.* / contr. **commode** / *Un témoin gênant.* **2.** Qui rend gêné, crée de la gêne. ⇒ **impressionnant, intimidant.** *Une artiste gênante. Tu vas voir, elle n'est pas gênante. C'est gênant d'y aller tout seul.*

gencive [ʒɑ̃siv] n. f. ■ Muqueuse épaisse qui recouvre la base des dents. *Inflammation, tumeur des gencives.* ⇒ **gingivite.** — Fam. La mâchoire, les dents.

gendarme [ʒɑ̃daʀm] n. m. **1.** Autrefois (gens d'arme). Homme de guerre à cheval, ayant sous ses ordres un certain nombre d'autres cavaliers. **2.** (France) Militaire appartenant à la gendarmerie (II, 1). ⇒ **police ; policier.** *Il s'est fait arrêter par les gendarmes.* — Loc. fam. *Faire le gendarme,* faire régner l'ordre, la discipline d'une manière très autoritaire. *La peur du gendarme,* la peur du châtiment. ▶ ***gendarmerie*** n. f. **I.** Autrefois. Corps de gendarmes, cavalerie lourde. **II. 1.** Corps de police fédéral ou, en France, corps militaire, chargé de maintenir l'ordre et la sécurité publiques, et de collaborer avec la police judiciaire. *Ils ont été arrêtés par la Gendarmerie royale du Canada.* ⇒ **G.R.C.** ; fam. **police** montée. **2.** (France) Caserne où les gendarmes sont logés. — Bureaux où ils remplissent leurs fonctions. *Faire une déclaration de vol à la gendarmerie.*

gendre [ʒɑ̃dʀ] n. m. ■ Le mari d'une femme par rapport au père et à la mère de celle-ci. ⇒ **beau-fils.** *Ils ont un gendre et une bru.*

gêne [ʒɛn] n. f. **1.** Malaise ou trouble physique dû à une situation désagréable. *Éprouver une sensation de gêne.* / contr. **bien-être** / **2.** Situation embarrassante, imposant une contrainte, un désagrément. ⇒ **dérangement, embarras, ennui, incommodité.** *Je voudrais être sûr de ne vous causer aucune gêne.* — PROV. *Où (il) y a de la gêne, (il n') y a pas de plaisir.* — *Être, vivre dans la gêne,* manquer d'argent. **3.** Impression désagréable que l'on éprouve devant qqn quand on se sent mal à l'aise. ⇒ **confusion, embarras.** / contr. **assurance** / *Il y eut un moment de gêne, de silence.* **4.** Sentiment de timidité, caractère d'une personne gênée. ⇒ **complexe, inhibition.** *Elle essaie de vaincre sa gêne.* ≠ *gène.* ▶ ***gêné, ée*** adj. et n. ■ Qui manque d'aisance, d'assurance dans ses rapports avec autrui. ⇒ **complexé, inhibé, timide, troublé** ; fam. **constipé, pogné.** / contr. **dégourdi, effronté** ; fam. **baveux ; dégêner** / *Une personne, une enfant gênée. Tu es trop gêné pour l'appeler ?* — N. *Il y a un ou deux gênés dans le groupe.* ≠ *gêneur.* ‹ ▶ sans-gêne ›

gène [ʒɛn] n. m. ■ Unité biologique définie contenue dans le chromosome, grâce auquel se transmet un caractère héréditaire. *Relatif aux gènes.* ⇒ **génétique.** ≠ *gêne.* ‹ ▶ antigène ›

généalogie [ʒenealɔʒi] n. f. **1.** Liste qui donne la succession des ancêtres de qqn (⇒ **ascendance, descendance, lignée**). **2.** Science qui a pour objet la recherche des filiations. ▶ ***généalogique*** adj. ■ *Pièce, document généalogique. Dresser un arbre généalogique.* ▶ ***généalogiste*** n. ■ Personne qui recherche et dresse les généalogies. *Une généalogiste et héraldiste renommée.*

gêner [ʒɛne] v. tr. ■ conjug. 1. **1.** Mettre (qqn) à l'étroit ou mal à l'aise, en causant une gêne physique. *Ces souliers me gênent.* ⇒ **serrer.** *Est-ce que le soleil, la fumée vous gêne ?* ⇒ **déranger, incommoder, indisposer.** *Donnez-moi ce paquet qui vous gêne.* ⇒ **embarrasser, encombrer. 2.** Entraver (une action). ⇒ ② **bloquer, empêcher.** *Pousse-toi, tu gênes le passage.* **3.** Mettre dans une situation embarrassante, difficile. ⇒ **embarrasser, empêcher.** *J'ai été gêné par le manque de temps, de place.* — Infliger à qqn l'importunité d'une présence, d'une démarche. ⇒ **déranger, importuner.** *Je crains de vous gêner en m'installant chez vous.* — Au p. p. adj. *Je me trouve un peu gêné,* à court d'argent. ⇒ **gêne** (2). **4.** Mettre mal à l'aise. ⇒ **intimider, troubler.** *Vous me gênez, votre question me gêne.* **5.** Rendre timide, donner des complexes. / contr. **dégêner** ; fam. **dégeler, déniaiser** / *Ça me gêne de lui parler. Son regard semblait te gêner.* **6.** SE GÊNER v. pron. réfl. : (souvent en phrase négative) s'imposer une contrainte physique ou morale. *Je ne me gêne pas pour lui dire ce que je pense. Si tu penses que je vais me gêner.* ‹ ▶ dégêner, gênant, gêne, gêneur ›

① ***général, ale, aux*** [ʒeneʀal, o] adj. **1.** Qui s'applique, se rapporte à un ensemble de cas ou d'individus (opposé à *spécial*). / contr. **individuel, particulier** / *Idées, observations, vues générales.* / contr. **partiel** / *D'une manière générale.* — N. m. *Aller, conclure du particulier au général.* ⇒ **généraliser.** — *En règle générale,* dans la plupart des cas. **2.** Qui concerne, réunit la totalité ou la majorité des membres d'un groupe. / contr. **partiel** / *Assemblée générale. Grève générale. Mobilisation générale. Élections générales* (opposé à *élections partielles*). — *Répétition générale,* ou ellipt. n. f. GÉNÉRALE : dernière répétition d'ensemble d'une pièce. — *Médecine générale,* qui concerne l'organisme entier. **3.** Qui embrasse l'ensemble d'un service, d'une organisation. *Direction générale.* — Qui est à la tête de toute une organisation. *Président-directeur général.* ⇒ **P.-D.G.** — *Gouverneur** *général.* **4.** EN GÉNÉRAL loc. adv. : sans considérer les détails. *Parler en général.* — Dans la plupart des cas, le plus souvent. ⇒ **généralement, habituellement.** *C'est en général ce qui arrive.* ▶ ***généralement*** adv. **1.** D'un point de vue général. *Généralement parlant.* **2.** Dans l'ensemble ou la grande majorité des individus. ⇒ **communément.** *Usage généralement répandu.* **3.** Dans la plupart des cas. ⇒ **habituellement, ordinairement.** / contr. **exceptionnellement** / ▶ ***généraliser*** v. tr. • conjug. 1. **1.** Étendre, appliquer (qqch.) à l'ensemble ou à la majorité des individus. / contr. **limiter** / *Généraliser une mesure.* ⇒ **universaliser.** — Au p. p. adj. *Crise, panne généralisée.* — Pronominalement. *Cancer qui se généralise,* qui s'étend, se répand par étapes dans tout l'organisme. **2.** Tirer une conclusion générale de l'observation d'un cas limité. *Vous avez tendance à trop généraliser. Ne généralise pas ton cas, tout le monde n'est pas comme toi.* ▶ ***généralisable*** adj. ▶ ***généralisateur, trice*** adj. ■ *Esprit généralisateur.* ▶ ***généralisation*** n. f. **1.** Action de généraliser ou de se généraliser. *Souhaiter la généralisation d'une mesure.* **2.** Abstrait. *Généralisation hâtive, imprudente.* ▶ ***généraliste*** adj. et n. ■ Qui pratique la médecine générale. ⇒ **omnipraticien.** / contr. **spécialiste** / ▶ ***généralité*** n. f. **1.** Caractère de ce qui est général (1). *Généralité d'un théorème.* ⇒ **universalité. 2.** (Surtout au plur.) Idée, notion générale, trop générale. *Émettre des généralités. Il se perd dans de vagues généralités.* / contr. **détail** / **3.** *La généralité des...,* le plus grand nombre. ⇒ **majorité,** la **plupart.** *Dans la généralité des cas.* / contr. **minorité** /

② ***général, ale, aux*** n. **I.** N. **1.** Personne qui commande en chef une armée. *Alexandre le Grand, général fameux. Général en chef.* **2.** N. Personne qui est à la tête d'un ordre religieux. ⇒ **supérieur.** *Le général des Jésuites. La générale des Sœurs Grises, des Ursulines.* **3.** Officier du plus haut grade commandant une grande unité dans les armées de terre et de l'air. *Général de brigade* (2 étoiles), *de division* (3), *de corps d'armée* (4), *d'armée et commandant en chef* (5). — REM. L'O.L.F. propose *générale* au féminin. **II.** N. f. GÉNÉRALE : femme d'un général. *Madame la générale.* ▶ ***généralissime*** n. m. ■ Général chargé du commandement en chef.

génératif, ive [ʒeneʀatif, iv] adj. ■ *Grammaire générative,* description systématique, plus ou moins formalisée, des lois de production des phrases d'une langue.

génération [ʒeneʀasjɔ̃] n. f. ■ Action d'engendrer. **1.** Vx. Reproduction (I). *Génération sexuée. Génération spontanée,* théorie répandue avant les travaux de Pasteur, d'après laquelle certains êtres vivants pourraient naître spontanément à partir de matière non vivante. **2.** Ensemble des êtres qui descendent de qqn à chacun des degrés de filiation. ⇒ **progéniture.** *De génération en génération,* de père en fils. *Le conflit des générations.* — Espace de temps d'une trentaine d'années. **3.** Ensemble de ceux qui, à la même époque, ont à peu près le même âge. *La jeune, la nouvelle génération ; la génération montante. La génération de Mai 68.* **4.** Série de produits d'un même niveau de la technique. *Une génération nouvelle d'ordinateurs.* ▶ ***générateur, trice*** adj. ■ Qui engendre, sert à engendrer. ▶ ***génératrice*** n. f. ■ Machine produisant de l'énergie électrique. ⇒ **dynamo.** *En cas de panne, la génératrice prend le relais.* — Adj. *Appareil générateur de courant.* ⟨ ▶ génératif ⟩

généreux, euse [ʒeneʀø, øz] adj. **1.** Qui a de nobles sentiments qui le portent au désintéressement, au dévouement. *Un cœur généreux.* ⇒ **bienveillant, bon, charitable, humain.** / contr. **égoïste, mesquin** / **2.** Qui donne sans compter / contr. **avare ;** fam. **séraphin ;** anglic. **cheap** / *Généreux donateur.* — *Geste généreux.* — N. *Faire le généreux.* **3.** D'une nature riche, abondante. *Vin généreux,* riche en alcool. *Poitrine généreuse.* ▶ ***généreusement*** adv. ■ *Donnez généreusement.* ⟨ ▶ générosité ⟩

① ***générique*** [ʒeneʀik] adj. ■ Didact. Qui appartient au genre (opposé à *spécifique*). « *Voie* » *est le terme générique désignant les chemins, routes, rues, sentiers...*

② ***générique*** n. m. ■ Partie d'un film où sont indiqués les noms des auteurs, des collaborateurs. *Son nom figure au générique.*

générosité [ʒeneʀozite] n. f. **1.** Caractère d'un être généreux, d'une action généreuse. **2.** Qualité qui dispose à sacrifier son intérêt personnel. ⇒ **bonté, indulgence.** *Elle en a parlé sans générosité.* **3.** Disposition à donner sans compter. ⇒ **largesse, libéralité. 4.** Au plur. Dons. ⇒ **bienfaits.** *Ses générosités l'ont ruiné.*

genèse [ʒənɛz] n. f. **1.** Création du monde. — (Avec une majusc.) *La Genèse,* le premier livre de l'Ancien Testament. **2.** Manière dont une chose se forme, se développe. ⇒ **formation, origine.** *La genèse d'une œuvre d'art.* ⟨ ▶ génétique ⟩

genêt [ʒ(ə)nɛ] n. m. ■ Arbrisseau sauvage, à fleurs jaunes odorantes.

génétique [ʒenetik] adj. et n. f. **I. 1.** Adj. Relatif aux gènes, à l'hérédité. ⇒ **héréditaire.** *Mutation, code génétique.* **2.** N. f. Science des lois de l'hérédité. *La génétique des populations.* **II.** Relatif à une genèse (2). *Psychologie génétique.* ▶ ***généticien, ienne*** n. ■ Personne qui s'occupe de génétique.

gêneur, euse [ʒɛnœʀ, øz] n. ■ Personne qui gêne, empêche d'agir librement. ≠ *gêné.*

genevois, oise [gənvwa, waz] adj. et n. ■ De la ville ou du canton de Genève, en Suisse. *Un hôtel genevois.* — N. (Avec une majusc.) Personne née dans cette ville, ce canton ou qui l'habite. *Une Genevoise d'adoption.*

genévrier [ʒənevʀije] n. m. ■ Arbre ou arbuste à feuilles piquantes, dont les fruits sont des petites baies d'un noir violacé. ⇒ **genièvre ; gin.** — *Genévrier de Virginie.* ⇒ **cèdre** (2).

① ***génie*** [ʒeni] n. m. **1.** LE GÉNIE DE : l'ensemble des tendances caractéristiques de qqn, d'un groupe, d'une réalité vivante. *Le génie d'une langue, d'un peuple.* — Disposition naturelle. *Avoir le génie des affaires.* **2.** Aptitude supérieure de l'esprit qui rend qqn capable de créations, d'inventions qui paraissent extraordinaires. *Génie poétique, musical. Elle a du génie.* — DE GÉNIE loc. prép. : qui a du génie ou qui en porte la marque. ⇒ **génial.** *Homme, femme, invention de génie.* — *Avoir des idées de génie,* brillantes, géniales. *Avoir un éclair de génie,* une idée brillante et soudaine. **3.** N. m. Personne qui a du génie. *Un génie méconnu.* **4.** Intelligence normale, bon sens. *Ne pas avoir tout son génie. Se servir de son génie.* / contr. **sans-génie** / ▶ ***génial, ale, aux*** adj. **1.** Inspiré par le génie. *Géniale invention. Idée géniale.* **2.** Qui a du génie. ⇒ fam. **bollé.** *Un mathématicien génial.* **3.** Fam. *C'est génial,* c'est épatant. ⇒ fam. **capotant.** ▶ ***génialement*** adv. ⟨ ▶ ③ génie, s'ingénier, ingénieux, sans-génie ⟩

② ***génie*** n. m. **1.** Personnage surnaturel doué de pouvoirs magiques. ⇒ **démon,** ② **esprit, fée.** *Un bon génie, un génie protecteur,* qui influence la destinée. *Être le mauvais génie de qqn,* l'inciter à commettre le mal. *Génie de l'air* ⇒ **elfe, sylphe. 2.** Représentation artistique de ce personnage. *Le génie de la Liberté.*

③ ***génie*** n. m. **1.** *Le génie militaire,* l'ensemble des services de travaux de l'armée. *Soldats du génie.* **2.** Ensemble des connaissances scientifiques et techniques de l'ingénieur. ⇒ **ingénierie.** *Département de génie* (dans une faculté de sciences). *Étudiant en génie mécanique, étudiante en génie informatique. Génie civil,* art des constructions ; ensemble des ingénieurs civils. ⟨ ▸ ingénieur ⟩

genièvre [ʒənjɛvʀ] n. m. **1.** Nom courant du genévrier. — Fruit de cet arbre. **2.** Eau-de-vie à base de baies de genièvre. ⇒ **gin.** ⟨ ▸ genévrier ⟩

génisse [ʒenis] n. f. ■ Jeune vache qui n'a pas encore eu de veau. ⇒ **taure.** *Foie de génisse.*

génital, ale, aux [ʒenital, o] adj. ■ Qui se rapporte, qui sert à la reproduction sexuée des animaux et des humains. *Parties génitales, organes génitaux.* ⇒ **sexe.** *Fonctions génitales.* — *Vie génitale.* ⇒ **sexuel.** ⟨ ▸ congénital ⟩

géniteur, trice [ʒenitœʀ, tʀis] adj. et n. ■ Qui a engendré. — N. (Plaisant) *Nos géniteurs,* nos parents. — N. m. Animal mâle destiné à la reproduction. *J'ai attrapé un gros géniteur à la pêche au saumon.*

génitif [ʒenitif] n. m. ■ Dans les langues à déclinaisons. Cas des noms, adjectifs, pronoms, participes, qui exprime le plus souvent la dépendance ou l'appartenance (français : *de*).

génocide [ʒenɔsid] n. m. ■ Destruction méthodique d'un groupe humain. *L'extermination des Juifs par les nazis est un génocide.*

genou [ʒ(ə)nu] n. m. **1.** Partie du corps humain où la jambe s'articule avec la cuisse. ⇒ **rotule.** *Ils se sont enfoncés jusqu'aux genoux dans la boue. Fléchir le genou.* ⇒ **génuflexion.** *Pantalon usé aux genoux,* à l'endroit des genoux. — *Prendre un enfant sur ses genoux.* — *Tomber aux genoux de qqn,* se prosterner devant lui. — *Être sur les genoux,* très fatigué. — À GENOUX loc. adv. : avec le poids du corps sur les genoux posés au sol. *Se mettre à genoux.* ⇒ s'**agenouiller, supplier.** — *C'est à se mettre à genoux,* c'est admirable. — *Faire du genou à qqn,* attirer discrètement l'attention de qqn par de petits coups de genou. — Loc. fam. *Huile de genou,* l'énergie musculaire. ⇒ **coude.** — Fam. *(Tête de) genou,* chauve. **2.** Chez les quadrupèdes. Articulation du membre antérieur. *Un cheval à genoux arqués.* ▸ ***genouillère*** [ʒ(ə)nujɛʀ] n. f. ■ Ce qu'on met sur le genou pour le protéger. *Genouillères de gardien de but de soccer* (en cuir rembourré). *Porter une genouillère.* ⇒ **jambière.** ⟨ ▸ s'agenouiller ⟩

genre [ʒɑ̃ʀ] n. m. **I. 1.** Groupe d'êtres ou d'objets présentant des caractères communs. *Le genre, les espèces et les individus. Je n'aime pas ce genre de manteau.* ⇒ **espèce, sorte.** *Un genre de fleur.* ⇒ **variété.** *Un genre de nuage. Du même genre. Elle est unique en son genre.* — *Genre de vie.* ⇒ ② **mode. 2.** Sciences naturelles. Subdivision de la famille. **3.** *Le genre humain,* l'espèce humaine. **4.** Catégorie d'œuvres, définie par la tradition (d'après le sujet, le ton, le style). *Les genres littéraires et les styles.* **II.** Catégorie grammaticale suivant laquelle un nom est dit masculin, féminin, ou neutre. — En français, le genre est soit le *masculin,* soit le *féminin,* et est exprimé soit par la forme du mot (au fém., *elle, la,* recouverte, son amie), soit par la forme de son entourage (*le* sort, *la* mort, des manches long*ues, une* dentiste, l'acrobate brun*e*). **III. 1.** Façons de s'habiller, de se comporter. ⇒ **allure, manière(s).** *Elle a (un) mauvais genre.* — (+ nom ou adj. en appos.) *Le genre bohème, le genre artiste.* **2.** Loc. *Faire du genre, se donner un genre,* affecter certaines manières pour être distingué par autrui. — *Ce n'est pas mon genre,* de mon goût, dans mes goûts, mes habitudes. **IV.** Adv. Fam. *J'aurais besoin de ton aide, genre une heure,* à peu près, environ. *« Te souviens-tu de la couleur ? – Non, mais c'est genre vert forêt. »,* qqch. comme. — Loc. QQCH. DU GENRE : qqch. comme ça. *Elle enseigne la linguistique ou quelque chose du genre.*

gens [ʒɑ̃] n. m. et f. pl. — REM. L'adjectif placé juste avant *gens* se met au féminin bien que ce qui suit reste au masculin : *ces vieilles gens semblent fort las.* **1.** Personnes, en nombre indéterminé. ⇒ **homme, personne.** *Peu de gens, beaucoup de gens. Un tas de gens. La plupart des gens. Certaines gens. Ces gens-là.* — REM. Ne s'emploie pas avec *quelques, plusieurs,* ni avec les noms de nombre. ⇒ **personne.** — *Ce sont des gens sympathiques, de braves gens. Des petites gens,* des gens à revenus modestes. — *Les gens sont fous,* l'humanité en général. ⇒ ② **monde. 2.** JEUNES GENS : jeunes célibataires, filles et garçons. ⇒ **adolescent.** *Un groupe de joyeux jeunes gens.* — Plur. de *jeune homme.* ⇒ **homme.** *Les jeunes filles et les jeunes gens.* **3.** GENS DE (+ nom désignant l'état, la profession). *Gens d'affaires,* homme, femme d'affaires. *Gens de loi. De courageux gens de mer.* ⇒ **marin.** *Les gens de lettres,* écrivains professionnels. — *Regarde, ce sont des gens de chez nous,* de notre pays, de notre région, de notre ville. **4.** *Droit des gens,* droit des nations, droit international public. ⟨ ▸ gendarme ⟩

gent [ʒɑ̃] n. f. ■ Vx. Espèce, race. *La gent canine.* ⟨ ▸ entregent, gens ⟩

gentiane [ʒɑ̃sjan] n. f. **1.** Plante des montagnes à suc amer. **2.** (France) Boisson apéritive à base de racine de gentiane.

① ***gentil, ille*** [ʒɑ̃ti, ij] adj. **1.** Qui plaît par la grâce de ses formes, de son allure, de ses manières. ⇒ **agréable, aimable,** ① **fin, mignon ;** anglic. **smatte.** *Elle est gentille comme un cœur.* — (Choses) ⇒ **charmant.** *Une gentille petite robe. C'est gentil comme tout.* **2.** Qui plaît par sa délicatesse morale, sa douceur. ⇒ **délicat, généreux.** *J'ai reçu votre gentille lettre. Vous êtes trop gentil. C'est gentil à vous,* de votre part. **3.** (Enfants) ⇒ ① **fin, sage, tranquille.** *Les enfants sont restés bien gentils toute la journée.* **4.** Dans le domaine financier. D'une certaine importance. ⇒ **coquet, rondelet.** *Elle vient de gagner une gentille somme au bingo.* ▸ ***gentillesse*** [ʒɑ̃tijɛs] n. f. **1.** Qualité d'une personne gentille. ⇒ **amabilité, complaisance, obligeance.** / contr. **dureté, méchanceté** / *Il a eu la gentillesse de m'aider.* **2.** Action, parole pleine de gentillesse. ⇒ **attention, prévenance.** *Je vous remercie de toutes les gentillesses que vous avez eues pour moi.* ▸ ***gentillet, ette*** adj. ■ Assez gentil ; petit et gentil. ▸ ***gentiment*** adv. ■ D'une manière gentille. *Accueillez-le gentiment.* ⇒ **aimablement.** — Sagement. *S'amuser gentiment.* ⟨ ▸ gentilhomme ⟩

② ***gentil*** n. m. ■ Nom que les juifs et les premiers chrétiens donnaient aux personnes étrangères à leur religion. ⇒ **infidèle, païen.**

gentilé [ʒɑ̃tile] n. m. ■ Nom donné aux habitants d'un lieu (continent, ex. : *Nord-Américain,* pays, ex. : *Allemande,* province, ex. : *Ontarien,* région, ex. : *Charlevoisiennes,* ville, ex. : *Sherbrookois,* etc.). ≠ *blason, sobriquet.* — REM. Les gentilés prennent toujours une majuscule comme substantifs et une minuscule comme adjectifs (ex. : *Un Québécois. La carte géographique terre-neuvienne*).

gentilhomme [ʒɑ̃tijɔm], plur. ***gentilshommes*** [ʒɑ̃tizɔm] n. m. **1.** Vx. Homme d'origine noble. *Gentilhomme campagnard.* **2.** Littér. Homme généreux, distingué. ⇒ **gentleman.**

gentleman [dʒɛntləman] n. m. ■ Anglic. Homme distingué, d'une parfaite éducation. *Il se conduit en gentleman.* Plur. *Des gentlemen* [-mɛn].

génuflexion [ʒenyflɛksjɔ̃] n. f. ■ Action de fléchir le genou, les genoux, en signe d'adoration, de respect, de soumission. ⇒ **agenouillement.**

géo- ■ Élément de mots savants, signifiant « Terre » (voir ci-dessous).

géode [ʒeɔd] n. f. ■ Masse pierreuse, de forme arrondie, creuse, dont l'intérieur est tapissé de cristaux. — Construction de cette forme. *La géode du parc de la Villette à Paris.*

géodésie [ʒeo(ɔ)dezi] n. f. ■ Science qui a pour objet la détermination de la forme de la Terre, la mesure de ses dimensions, l'établissement des cartes. *La faculté de foresterie et de géodésie.* ▸ ***géodésique*** adj. ■ *Relevés géodésiques.* ▸ ***géodésien, ienne*** n. ■ Spécialiste en géodésie. *Les géodésiennes du gouvernement fédéral.*

géographie [ʒeo(ɔ)ɡʀafi] n. f. **1.** Science qui a pour objet la description de l'aspect actuel du globe terrestre, au point de vue naturel et humain. *Géographie physique générale. Géographie humaine. Géographie économique.* **2.** La réalité physique, biologique, humaine que cette science étudie. *La géographie de la province, des Maritimes.* ▸ ***géographe*** n. ■ Spécialiste de la géographie. ▸ ***géographique*** adj. ■ Relatif à la géographie. *Carte géographique.* ▸ ***géographiquement*** adv.

geôle [ʒol] n. f. ■ Littér. Cachot, prison. ▸ ***geôlier, ière*** [ʒolje, jɛʀ] n. ■ Littér. Personne qui garde les prisonniers. ⟨ ▸ enjôler ⟩

géologie [ʒeo(ɔ)lɔʒi] n. f. **1.** Science qui a pour objet l'étude de la structure et de l'évolution de l'écorce terrestre. **2.** Les terrains, formations, etc., que la géologie étudie. ▸ ***géologique*** adj. ■ De géologie. *Parc géologique. Les ères géologiques.* ▸ ***géologue*** n. ■ Spécialiste de la géologie.

géométrie [ʒeo(ɔ)metʀi] n. f. ■ Partie des mathématiques qui a pour objet l'étude des figures dans l'espace. *Géométrie plane, dans l'espace. — Le cercle, le carré sont des figures de géométrie.* ▸ ***géomètre*** n. **1.** Spécialiste de la géométrie. *Une bonne géomètre.* **2.** En appos. *Arpenteur géomètre,* ou *géomètre,* spécialiste qui s'occupe de relever des plans de terrains. ▸ ***géométrique*** adj. **1.** De la géométrie. *Figure géométrique.* **2.** Simple et régulier comme les figures géométriques. *Les formes géométriques d'un édifice. Ornementation géométrique,* sans éléments animaux ou végétaux. **3.** Qui procède avec la rigueur, la précision de la « géométrie » au sens ancien de Mathématiques. *Exactitude, précision, rigueur géométrique.* ▸ ***géométriquement*** adv.

géomorphologie [ʒeo(ɔ)mɔʀfɔlɔʒi] n. f. ■ Étude scientifique de la forme et de l'évolution du relief terrestre.

géophysique [ʒeo(ɔ)fizik] n. f. ■ Étude des propriétés physiques du globe terrestre (mouvements de l'écorce, magnétisme terrestre, électricité terrestre, météorologie). — Adj. *Études, prospection géophysiques.* ▸ ***géophysicien, ienne*** n. ■ Spécialiste de géophysique.

georgien, ienne [ʒɔʀʒjɛ̃, jɛn] adj. et n. ■ De Saint-Georges, en Beauce. *Le conseil municipal georgien.* — N. (Avec une majusc.) Personne née dans cette ville ou qui l'habite.

géostationnaire [ʒeostasjɔnɛʀ] adj. ■ Se dit d'un satellite artificiel qui se déplace sur son orbite en suivant le mouvement de rotation de la Terre sur elle-même (il paraît donc immobile pour un observateur terrestre). *Une orbite géostationnaire.*

gérance [ʒeʀɑ̃s] n. f. ■ Fonction de gérant. ⇒ **administration, direction, gestion.** *Cela fait trois ans qu'elle a pris la gérance de la caisse populaire.* — Durée de cette fonction. *Une gérance de dix ans.* ▸ ***gérant, ante*** n. ■ Personne qui gère pour le compte d'autrui. ⇒ **administrateur, directeur.** *La gérante d'un immeuble. Un gérant de banque. Le gérant du personnel. Une gérante d'artiste.* ⇒ anglic. **manager.** *Les gérants des ventes.* ⇒ **chef, directeur.** — *Le gérant d'un journal,* le responsable de la publication.

géranium [ʒeʀanjɔm] n. m. ■ (Erroné en botanique) Plante à feuilles arrondies et velues, à fleurs en ombelles roses, blanches ou rouges. *Il a un pot de géraniums sur sa fenêtre.*

gerbe [ʒɛʀb] n. f. **1.** Botte de céréales coupées, où les épis sont disposés d'un même côté, et qui va s'élargissant des queues aux têtes. *Une gerbe de blé.* **2.** Botte de fleurs coupées à longues tiges. *Offrir une gerbe de roses à une mariée.* **3.** (En parlant de qqch. qui jaillit en se déployant) ⇒ **bouquet, faisceau.** *Une gerbe d'eau, une gerbe d'étincelles.*

gerbille [ʒɛʀbij] n. f. ■ Petit rongeur à pattes antérieures plus courtes que les pattes postérieures. ⇒ **gerboise.** *Élever des gerbilles.*

gerboise [ʒɛʀbwaz] n. f. ■ Petit rongeur à pattes antérieures très courtes, à pattes postérieures et queue très longues, qui fait des bonds. ⇒ **gerbille.**

gercer [ʒɛʀse] v. tr. ▪ conjug. 3. ■ Faire des petites crevasses, en parlant de l'action du froid ou de la sécheresse. ⇒ **crevasser, fendiller.** — Pronominalement. *Il gèle, j'ai les mains qui se gercent.* — Au p. p. adj. *Lèvres gercées.* ▸ ***gerçure*** [ʒɛʀsyʀ] n. f. ■ Petite fissure de l'épiderme.

gérer [ʒeʀe] v. tr. ▪ conjug. 6. **1.** Administrer (les intérêts, les affaires d'un autre). ⇒ **gestion.** *Gérer un commerce, un immeuble, une affaire* (⇒ **gérance, gérant**). **2.** (En parlant de ses propres affaires) Administrer. *Elle gère son budget avec soin* (⇒ **gestion**). ⟨ ▸ gérance, s'ingérer ⟩

gerfaut [ʒɛʀfo] n. m. ■ Grand faucon à plumage gris clair.

① ***germain, aine*** [ʒɛʀmɛ̃, ɛn] adj. ■ COUSINS GERMAINS : cousins ayant une grand-mère ou un grand-père commun. — N. *Cousins issus de germains,* cousins ayant un arrière-grand-père ou une arrière-grand-mère en commun. ⇒ **petit-cousin.**

② ***germain, aine*** adj. ■ Qui appartient à la Germanie (territoire actuel de l'Allemagne). — N. (Avec une majusc.) *Les Germains.* ▸ ***germanique*** adj. **1.** Qui a rapport aux Germains, à la Germanie. *Empire romain germanique. — Langues germaniques,* langues des peuples que les Romains nommaient Germains et langues qui en dérivent (allemand, anglais, néerlandais, langues scandinaves). **2.** De l'Allemagne. ⇒ **allemand.** *Diplômée en études germaniques.* ▸ ***germanisme*** n. m. ■ Façon d'exprimer propre à l'allemand ; emprunt à la langue allemande. ▸ ***germano-*** ■ Préfixe signifiant « allemand » (ex. : *germanophile,* adj. et n., qui aime les Allemands).

germandrée [ʒɛʀmɑ̃dʀe] n. f. ■ Plante aromatique à fleurs roses, violettes ou blanchâtres, commune dans l'ouest du Québec.

germe [ʒɛʀm] n. m. **1.** Élément microscopique qui, en se développant, produit un organisme (ferment, bactérie, spore, œuf). *Germes microbiens.* — Première pousse qui sort de la graine, du bulbe, du tubercule (⇒ **germer**). *Des germes de pommes de terre. Des germes de soja.* **2.** Principe, élément de développement (de qqch.). ⇒ **cause.** *Un germe de vie, de maladie.* — EN GERME. *L'esquisse contient en germe le tableau.* ▶ ***germer*** v. intr. ▪ conjug. 1. **1.** (Semences, bulbes, tubercules) Pousser son germe au-dehors. *Le blé a germé.* — Au p. p. adj. *Des pommes de terre germées.* **2.** Commencer à se développer. ⇒ se **former, naître.** *L'espoir d'un changement germe dans les esprits.* ▶ ***germination*** n. f. ■ Ensemble des phénomènes par lesquels une graine se développe et donne naissance à une nouvelle plante. ▶ ***germinatif, ive*** adj. ■ Relatif à la germination.

gérondif [ʒeʀɔ̃dif] n. m. **1.** Forme verbale, déclinaison de l'infinitif en latin : *cantandi, cantandum, cantando (de cantare, « chanter »).* **2.** En français. Participe présent généralement précédé de la préposition *en,* et servant à exprimer des compléments circonstanciels (ex. : *En forgeant, on devient forgeron*).

géront(o)- ■ Préfixe signifiant « vieillard ». ▶ ***gérontocratie*** n. f. ■ Didact. Gouvernement, domination par des vieillards. ▶ ***gérontologie*** [ʒeʀɔ̃tolɔʒi] n. f. ■ Étude des problèmes particuliers aux personnes âgées. ▶ ***gérontologue*** n. ■ Spécialiste de la gérontologie.

gésier [ʒezje] n. m. ■ Troisième poche digestive des oiseaux, très musclée. *Un gésier de poulet.*

gésir [ʒeziʀ] v. intr. défectif (Seult : *je gis, tu gis, il gît, nous gisons, vous gisez, ils gisent ; je gisais, etc. ; gisant.*) **1.** Littér. Être couché, étendu, sans mouvement (⇒ **gisant**). *Le malade gît sur son lit, épuisé. Le blessé gisait au milieu de la route.* — Être tombé, renversé. *Après le coup de vent, les chaises gisaient par terre ;* **2.** Être enterré. CI-GÎT..., ICI-GÎT... : ici repose... (formule d'épitaphe). ‹ ▶ gisant, gisement, ① gîte ›

gestapo [gɛstapo] n. f. ■ Police politique secrète de l'Allemagne nazie.

gestation [ʒɛstasjɔ̃] n. f. sing. **1.** État d'une femelle vivipare qui porte son petit, depuis la conception jusqu'à l'accouchement. ⇒ **grossesse. 2.** Travail d'élaboration lent. ⇒ **genèse.** *Une œuvre littéraire, artistique en gestation.*

① ***geste*** [ʒɛst] n. m. **1.** Mouvement du corps (surtout des bras, des mains, de la tête), révélant un état d'esprit ou visant à exprimer, à exécuter qqch. ⇒ **attitude, mouvement ;** fam. **sparage.** *S'exprimer par gestes. Avoir des gestes lents. Gestes brusques, vifs. Faire un geste de la main.* ⇒ **signe. 2.** Abstrait. ⇒ **acte, action.** *Un geste d'autorité, de générosité. Faire un beau geste. Poser un geste humanitaire,* faire qqch. qui a une certaine portée. *Les faits et gestes de qqn,* sa conduite, ses actes. ▶ ***gesteur*** ou ***gesteux, euse*** n. et adj. **1.** Personne qui gesticule beaucoup. ⇒ **gesticuleur.** — Adj. *Elle est tellement gesteuse.* **2.** Personne qui a un comportement maniéré, affecté, qui manque de naturel. ⇒ **cérémonieux.** *Dans ces milieux, il y a beaucoup de gesteurs.* — Adj. *Être gesteur.* ‹ ▶ gesticuler ›

② ***geste*** n. f. ■ Ensemble des poèmes épiques du Moyen Âge, relatant les exploits d'un héros. ⇒ **cycle.** *Chanson de geste.*

gesticuler [ʒɛstikyle] v. intr. ▪ conjug. 1. ■ Faire beaucoup de gestes, trop de gestes. *Elle ne cesse de gesticuler en parlant.* ▶ ***gesticulation*** n. f. ▶ ***gesticuleur*** ou ***gesticuleux, euse*** n. et adj. ■ Personne qui gesticule beaucoup en parlant. ⇒ **gesteur.**

gestion [ʒɛstjɔ̃] n. f. ■ Action de gérer. ⇒ **administration, direction.** *La gestion d'un budget.* ▶ ***gestionnaire*** adj. et n. ■ Qui concerne la gestion d'une affaire. — Qui en est chargé. *Administrateur gestionnaire.* — N. *Une bonne gestionnaire.* ‹ ▶ autogestion ›

geyser [ʒɛzɛʀ] n. m. ■ Source d'eau chaude qui jaillit de la terre violemment, par intermittence. — Grande gerbe jaillissante. *Des geysers.*

ghetto [gɛ(e)to] n. m. **1.** Quartier où les Juifs étaient forcés de résider. *L'insurrection du ghetto de Varsovie.* **2.** Lieu, quartier où une communauté vit à l'écart, en marge de la société. *Le ghetto noir d'une ville américaine. Des ghettos.*

G.I. [dʒiaj] n. m. ■ Anglic. Abréviation de *Government Issue,* soldat de l'armée américaine. ⇒ anglic. ② **marine.** *Des G.I.s.* [dʒiajz]

gibbon [ʒibɔ̃] n. m. ■ Singe d'Asie, sans queue et à longs bras.

gibecière [ʒib(ə)sjɛʀ] n. f. ■ Sac où le chasseur met son gibier. — Sac en bandoulière.

gibelotte [ʒiblɔt] n. f. **1.** Fricassée au vin blanc. *La gibelotte des îles de Sorel,* composée de poisson et de légumes. ⇒ **bouillabaisse. 2.** Fam. *C'est de la gibelotte,* un mets raté, mal préparé ; un mets sans consistance et peu appétissant.

gibet [ʒibɛ] n. m. ■ Potence où l'on exécutait les condamnés à la pendaison.

gibier [ʒibje] n. m. **1.** Tous les animaux sauvages à chair comestible que l'on prend à la chasse. *Ce pays abonde en gibier.* ⇒ **giboyeux.** *Gibier à plumes,* oiseaux que l'on chasse. *Gros gibier,* orignal, chevreuil, daim, sanglier. *Poursuivre, rabattre le gibier. Manger du gibier.* **2.** Personne que l'on cherche à prendre, à attraper, à duper. — Loc. *Gibier de potence,* personne qui mérite d'être pendue.

giboulée [ʒibule] n. f. ■ Grosse averse accompagnée de grêle, de neige. ⇒ **ondée.** *Les giboulées de mars.*

giboyeux, euse [ʒibwajø, øz] adj. ■ Riche en gibier. *Pays giboyeux.*

gicler [ʒikle] v. intr. ▪ conjug. 1. ■ (Liquides) Jaillir, rejaillir avec force. ⇒ fam. ② **friser.** *La boue a giclé du caniveau sur les passants.* ⇒ **éclabousser.** ▶ ***giclée*** n. f. ■ Jet de ce qui gicle. *Une giclée de lave-glace sur le pare-brise.* ▶ ***gicleur*** n. m. **1.** Petit tube du carburateur servant à doser l'arrivée d'essence. **2.** Dispositif qui fait gicler l'eau (en cas d'incendie). *Des gicleurs automatiques.*

gifle [ʒifl] n. f. ■ Coup donné du plat ou du revers de la main sur la joue de qqn. ⇒ ① **claque, tape ;** littér. **soufflet ;** fam. **baffe.** *Donner, recevoir une paire de gifles.* — (France) Loc. fam. *Tête à gifles,* visage fermé, déplaisant. *Quelle tête à gifles !,* il est exaspérant de bêtise, ou de prétention. ⇒ face à **claques.** ▶ ***gifler*** v. tr. ▪ conjug. 1. ■ Frapper d'une gifle. *Gifler un enfant.* — Au p. p. adj. *Visage giflé par la pluie, le vent.* ⇒ **cingler, fouetter.**

gigantesque [ʒigɑ̃tɛsk] adj. **1.** Qui dépasse de beaucoup la taille ordinaire ; qui paraît extrêmement grand. ⇒ **colossal, démesuré, énorme, géant, monstrueux.** *Le séquoia, arbre gigantesque.* / contr. **petit** / **2.** Qui dépasse la commune mesure. ⇒ **énorme, étonnant.** *L'œuvre gigantesque de Balzac.* ▶ ***gigantisme*** n. m. ■ Développement de la taille d'un individu très au-delà de la taille normale (⇒ **géant**). / contr. **nanisme** /

gigogne [ʒigɔɲ] adj. ■ Toujours épithète. Formé de parties emboîtées. *Tables gigognes. Fusée gigogne. Poupées gigognes.*

gigolo [ʒigɔlo] n. m. ■ Fam. Jeune homme amant d'une femme plus âgée par laquelle il est entretenu. *Elle a un gigolo. Des gigolos.*

gigot [ʒigo] n. m. **1.** Cuisse de mouton, de chevreuil ⇒ **cuissot**, coupée pour être mangée. *Manger un gigot, du gigot.* **2.** *Manches à gigot, des manches gigot,* bouffantes aux épaules et serrées au coude.

gigoter [ʒigɔte] v. intr. ▪ conjug. 1. ■ Fam. Agiter ses membres, son corps. ⇒ **grouiller,** se **trémousser.** *Le petit enfant gigote dans son berceau.* ▶ **gigotage** n. m. ■ Fam. Manie de gigoter, de bouger tout le temps. ⇒ fam. **bougeotte.** *Je suis tanné de ton gigotage.* ▶ **gigoteur** ou **gigoteux, euse** n. et adj. ■ Fam. Personne qui ne cesse de gigoter, de s'agiter, qui ne reste pas en place. ⇒ **énervé, girouette.** — Adj. *Il est donc gigoteur cet enfant-là.*

gigue [ʒig] n. f. ■ Danse d'origine anglaise ou irlandaise, consistant en mouvements vifs et rapides des jambes et des pieds exécutés par un danseur seul, sur un rythme à deux ou à trois temps. *Il a fait une démonstration de gigue.* — Air sur lequel se danse la gigue. — Par ext. *Danser la gigue,* sautiller, s'agiter de manière désordonnée. *Quand il s'est cogné le gros orteil, il s'est mis à danser la gigue.* ▶ **giguer** v. intr. ▪ conjug. 1. ■ Danser la gigue. *C'est beau de les voir giguer.* ▶ **gigueur** ou **gigueux, euse** n. ■ Danseur de gigue. *Le gigueur était accompagné d'un violoneux et d'un joueur de cuillers.*

gilet [ʒilɛ] n. m. **1.** Vêtement court sans manches. *Il porte un gilet sous son veston. Gilet de flanelle,* à même la peau. **2.** *Gilet de sauvetage,* gilet gonflé à l'air comprimé qui permet de flotter. **3.** Chandail, veste de laine à manches longues boutonnée devant. ⇒ **cardigan.** **4.** *Gilet, veste pare-balles,* à l'épreuve des balles.

gin [dʒin] n. m. ■ Eau-de-vie de grains, fabriquée dans les pays anglo-saxons. ⇒ **genièvre.** *Cocktail au gin et au citron* (GIN-FIZZ [dʒinfiz] n. m. invar.). *Bouteille de gin. Dry gin, gros gin. Se poncer* au gin. Deux gins.* ≠ *jean.*

gingembre [ʒɛ̃ʒɑ̃bʀ] n. m. ■ Plante tropicale. — Rhizome de cette plante utilisé comme condiment. *Biscuits au gingembre.*

ginger ale [dʒindʒœʀel] n. m. ■ Anglic. Boisson gazeuse qui est aromatisée au gingembre. *Des canettes de ginger ale.*

gingivite [ʒɛ̃ʒivit] n. f. ■ Inflammation des gencives.

ginseng [ʒinsɑ̃(g)] n. m. ■ Plante qui croît en Chine et dont la racine possède de remarquables qualités toniques. — Cette racine et les drogues qu'on en tire.

a **giorno** [adʒɔʀno; aʒjɔʀno] loc. adv. ■ Aussi brillamment que par la lumière du jour. *Salon éclairé a giorno.*

girafe [ʒiʀaf] n. f. **1.** Grand mammifère, à cou très long et rigide, dont le pelage roux présente des dessins polygonaux. — Fig. *Un nain et une girafe,* une personne très grande. **2.** Longue perche articulée supportant un microphone et que l'on déplace pour suivre une source sonore mobile. **3.** Grande échelle télescopique des pompiers.

girandole [ʒiʀɑ̃dɔl] n. f. **1.** Gerbe de fusées de feu d'artifice qui tournoie. — Candélabre orné de pendeloques de cristal. **2.** Guirlande lumineuse qui décore une fête, un manège.

giratoire [ʒiʀatwaʀ] adj. ■ (Mouvement) Circulaire. *Mouvement giratoire. Sens giratoire,* sens obligatoire que doivent suivre les véhicules autour d'un rond-point.

girl [gœʀl] n. f. ■ (France) Anglic. Jeune danseuse de music-hall faisant partie d'une troupe. *Des girls* [gœʀl; gœʀlz].

girofle [ʒiʀɔfl] n. m. ■ CLOU DE GIROFLE : bouton des fleurs d'un arbre exotique (le *giroflier*), utilisé comme condiment. ▶ **giroflée** n. f. ■ Plante à fleurs jaunes ou rousses qui sentent le clou de girofle.

girolle [ʒiʀɔl] n. f. ■ Champignon jaune très apprécié. ⇒ ② **chanterelle.** *Poulet aux girolles.*

giron [ʒiʀɔ̃] n. m. **1.** Vx. Partie du corps allant de la ceinture aux genoux, chez une personne assise. **2.** Littér. Milieu qui offre un refuge. *Quitter le giron familial. Revenir dans le giron d'un parti.*

girouette [ʒiʀwɛt] n. f. **1.** Plaque légère, mobile autour d'un axe vertical, placée au sommet d'un édifice pour indiquer l'orientation du vent. *Girouette qui tourne.* **2.** Personne qui change facilement d'avis. *Ne vous fiez pas à lui, c'est une girouette.* ⇒ **pantin.** **3.** (Souvent des enfants) Personne qui ne tient pas en place, qui s'agite beaucoup. ⇒ **énervé ;** fam. **gigoteur.** *C'est une vraie girouette ce petit gars-là.*

gisant [ʒizɑ̃] n. m. ■ Statue funéraire représentant le défunt étendu (⇒ **gésir**). *Un gisant de pierre.*

gisement [ʒizmɑ̃] n. m. ■ Masse importante de minerai. *Prospecter une contrée riche en gisements.* ⇒ **bassin.** *Exploiter un gisement de pétrole.*

gît ⇒ **gésir.**

gitan, ane [ʒitɑ̃, an] n. et adj. **1.** Bohémien(ienne) d'Espagne. ⇒ **romanichel.** — Adj. *Campement gitan. Pèlerinage gitan.* **2.** GITANE. n. f. : cigarette de tabac brun, d'une marque de la Régie française. *Fumer une gitane.*

① **gîte** [ʒit] n. m. **1.** Littér. Lieu où l'on trouve à se loger, où l'on peut coucher. ⇒ **abri, demeure, logement, maison.** *Offrir le gîte et le couvert à qqn.* — *Le gîte du passant,* lieu d'hébergement dans une résidence privée. *Gîte touristique, gîte à la ferme.* **2.** Lieu où s'abrite le gibier. *Lever un lièvre au gîte.*

② **gîte** n. m. ■ (France) Partie inférieure de la cuisse du bœuf (en boucherie). *Gîte à la noix,* où se trouve la noix. ⇒ ② **ronde.**

③ **gîte** n. f. ■ Loc. (Navires) DONNER DE LA GÎTE : pencher.

givre [ʒivʀ] n. m. ■ Fine couche de glace qui se forme par temps brumeux. *Cristaux de givre.* — SANS GIVRE : qui ne forme pas de givre. *Réfrigérateur sans givre.* ▶ **givrer** v. tr. ▪ conjug. 1. **1.** Couvrir de givre. / contr. **dégivrer** / **2.** Couvrir d'une couche blanche comme le givre. *Givrer des verres avec du sucre cristallisé.* ▶ **givrage** n. m. ■ Formation de givre. / contr. **dégivrage** / ▶ **givrant, ante** adj. ■ Qui produit du givre. *Brouillard givrant.* ▶ **givré, ée** adj. **1.** Couvert de givre. *Arbres givrés. Vitres givrées.* **2.** *Citron givré, orange givrée,* sorbet présenté dans l'écorce du fruit. **3.** Fam. Drogué, abruti par la drogue. ⇒ **gelé ;** fam. **dopé ;** anglic. **stone.** *Elle est complètement givrée.* — (France) Fam. Fou ; ivre. ⟨ ▶ antigivre, dégivrer ⟩

glabre [glɑbʀ] adj. ■ Dépourvu de poils (imberbe ou rasé). *Menton, visage glabre.* / contr. **barbu, poilu** /

① **glace** [glas] n. f. **1.** Eau congelée. *Glace bleue, glace vive,* très lisse et très dure. *Mettre un cube de glace, de la glace dans une boisson.* ⇒ **glaçon.** *Un sac de glace.* — Au plur. *La fonte des glaces.* ⇒ **dégel ; neige.** *Navire prisonnier des glaces.* — Loc. ÊTRE, RESTER DE GLACE : insensible et imperturbable. ⇒ **impassible.** *Un cœur, un visage de glace. Un accueil de glace.* ⇒ **glacial.** — *Rompre, briser la glace,* dissiper la gêne. *Mettre qqch. sur la glace,* le différer, le reporter à plus tard. ⇒ fam. **tabletter.** **2.** Surface recouverte de glace naturelle ou artificielle, pour la pratique de certains sports, spécialt le hockey. *Patiner sur la glace. Un anneau de glace. Les joueurs sautent sur la glace,* sur la patinoire. **3.** (France) Crème glacée ou sorbet. ≠ *parfait* (crème). *Manger une glace à la vanille.* ▶ ① ***glacer*** v. tr. ▪ conjug. 3. **1.** Rare. Convertir (un liquide) en glace. ⇒ **congeler.** / contr. **dégeler** / — Fig. Pronominalement (réfl.). *Son sang se glaça dans ses veines.* **2.** Rare. Refroidir à l'aide de glace artificielle. *Glacer une boisson, du champagne.* ⇒ **frapper. 3.** Causer une vive sensation de froid, pénétrer d'un froid très vif. ⇒ **geler.** *Cette petite pluie fine me glace.* ⇒ **transir.** / contr. **réchauffer** / **4.** Paralyser, décourager par sa froideur, son aspect rebutant. *Son attitude me glace.* ⇒ **glaçant, glacial.** *Cet examinateur glace les candidats.* ⇒ **intimider. 5.** Frapper d'une émotion violente et profonde, qui cloue sur place. ⇒ **pétrifier.** *Ce hurlement dans la nuit les glaça d'horreur.* ▶ ***glaçant, ante*** [glasɑ̃, ɑ̃t] adj ■ Qui glace (4). *Attitudes, manières glaçantes.* ⇒ **réfrigérant.** ▶ ***glacé, ée*** adj. **1.** Converti en glace. ⇒ **gelé.** *Neige glacée.* — *Crème glacée* (opposé à *sorbet*). *Yogourt, lait glacé.* ⇒ ① **glace** (2). **2.** Très froid. *Eau glacée. Un vent glacé.* ⇒ **glacial.** — Refroidi à l'aide de glace ou de glaçons. *Jus de fruits, thé glacé. Vin, entremets à servir glacé.* **3.** (En parlant du corps) *J'ai les mains glacées.* ⇒ **gelé.** *Il est glacé,* il a très froid. / contr. **chaud** / **4.** Abstrait. D'une grande froideur. *Ils se sont salués avec une politesse glacée.* ▶ ***glaciaire*** adj. ■ Propre aux glaciers. *Calotte, relief glaciaire.* — *Période glaciaire,* période géologique durant laquelle les glaciers ont couvert de très grandes étendues. ⇒ **glaciation.** ≠ *glacière.* ▶ ***glacial, ale, als*** ou ***aux*** (plur. rare) adj. **1.** Qui est très froid, qui pénètre d'un froid très vif. *Air, vent glacial,* glacé. *La maison est glaciale.* — *L'océan Glacial Arctique.* / contr. **chaud** / **2.** D'une froideur qui glace, rebute, paralyse. ⇒ **glaçant, glacé** (4). *Un accueil glacial.* ⇒ ① **froid, sec.** *Un être glacial.* / contr. **accueillant, chaleureux** / ▶ ***glaciation*** n. f. ■ Période glaciaire. ▶ ① ***glacier*** n. m. ■ Champ de glace éternelle qui s'écoule et se déplace très lentement. ⇒ **iceberg.** *Les glaciers de l'Arctique.* ▶ ② ***glacier, ière*** n. ■ (France) Personne qui prépare ou vend des glaces (2). *Pâtissier-glacier.* ▶ ***glacière*** n. f. **1.** Armoire réfrigérée où l'on conserve les aliments. ⇒ **réfrigérateur.** *Une glacière de camping,* un contenant isolant qui conserve les aliments au frais. **2.** Fam. Lieu extrêmement froid. *Cette chambre est une glacière.* ≠ *glaciaire.* ‹ ▶ brise-glace, ② glace, ② glacer, glaçon ›

② ***glace*** n. f. (France) **1.** Plaque de verre transparente. ⇒ **vitre.** *La glace de la vitrine est fendue. Bris de glaces.* **2.** Vitre fixe ou mobile d'une voiture, d'un wagon. ⇒ **fenêtre.** *Baisser, lever les glaces.* **3.** Plaque de verre étamée. ⇒ **miroir.** *Se voir, se regarder dans la glace. Une glace de poche.* ‹ ▶ essuie-glace, lave-glace ›

② ***glacer*** v. tr. ▪ conjug. 3. **1.** Garnir d'un apprêt, d'un enduit brillant. ⇒ **glaçage.** *Glacer des étoffes, des peaux.* — Au p. p. adj. *Papier glacé.* **2.** Revêtir d'un glacis ②. **3.** (Surtout en France) Recouvrir de sucre transparent. ⇒ **crémer.** *Glacer un gâteau.* — Au p. p. adj. *Mille-feuilles glacés.* ▶ ***glaçage*** [glasaʒ] n. m. **1.** Action de glacer (1). **2.** (Surtout en france) Fine couche de sucre fondu, parfois aromatisée. ⇒ **crémage.** *Gâteau garni d'un glaçage au chocolat.*

① ***glacis*** [glasi] n. m. invar. ■ Talus incliné, devant une fortification. — *La côte des Glacis, à Québec.*

② ***glacis*** n. m. invar. ■ Vernis coloré que l'on passe sur les couleurs sèches d'un tableau. *Poser les glacis sur une toile.* ⇒ ② **glacer.**

glaçon [glasɔ̃] n. m. **1.** Stalactite de glace qui pend (d'un toit, d'une branche, d'une surface quelconque), produite par la congélation de l'eau qui dégoutte ou de la neige qui fond. *Attention aux glaçons qui se détachent des toits.* — Par anal. Petit fil brillant (de couleur argent ou or) qui sert de décoration dans un arbre de Noël. *Une boîte de glaçons.* — (France) Morceau de glace. *La rivière charrie de gros glaçons.* — Petit cube de glace artificielle. *Veux-tu que je mette un glaçon dans ton orangeade ?* **2.** Fam. Personne froide (glaciale, glacée) et indifférente. *Quel glaçon, celle-là !*

gladiateur [gladjatœʀ] n. m. ■ Homme qui combattait dans les jeux du cirque, à Rome (de son propre gré ou par châtiment).

glaïeul [glajœl] n. m. ■ Plante à feuilles en forme de glaive à grandes fleurs décoratives ; ces fleurs. *Gerbe de glaïeuls.*

glaire [glɛʀ] n. f. ■ Liquide visqueux comme du blanc d'œuf, sécrété par les muqueuses. ⇒ **morve, mucosité.** *Cet enfant a des glaires sous le nez, il devrait se moucher.* ▶ ***glaireux, euse*** adj. ■ Qui a la nature ou l'aspect de la glaire.

glaise [glɛz] n. f. ■ Terre grasse compacte et plastique, imperméable. ⇒ **argile, marne.** *L'ébauche en glaise d'une statue.* — Adj. *Cabane de terre glaise. Des terres glaises.* ▶ ***glaiseux, euse*** adj. ■ Qui contient de la glaise. *Sol glaiseux.*

glaive [glɛv] n. m. ■ Ancienne épée de combat à deux tranchants. — Symbole du combat. *Brandir le glaive de la vengeance. Le glaive de la Justice.*

gland [glɑ̃] n. m. **1.** Fruit du chêne. *Ramasser des glands pour les cochons.* **2.** Extrémité de la verge ou du clitoris. **3.** Ornement de passementerie en forme de gland. *Rideau garni de glands à franges. Glands de cordelière.*

glande [glɑ̃d] n. f. ■ Organe dont la fonction est de produire une sécrétion. *Glandes salivaires, sudoripares, lymphatiques.*

glaner [glane] v. tr. ▪ conjug. 1. **1.** Ramasser dans les champs les épis qui ont échappé aux moissonneurs. *Glaner quelques épis.* — Sans compl. *S'en aller glaner aux champs.* **2.** Fig. Recueillir par-ci par-là des bribes dont on peut tirer parti. *Il n'y a plus rien à glaner. Glaner des renseignements sur qqn.* ▶ ***glaneur, euse*** n. ■ Personne qui glane.

glapir [glapiʀ] v. intr. ▪ conjug. 2. **1.** (Animaux) Pousser un cri bref et aigu. *Le renard, la grue glapissent.* **2.** (Personnes) Faire entendre une voix aigre, des cris aigus. *On l'entend glapir de loin.* — Transitivement. *Glapir des injures.* ▶ ***glapissement*** n. m. ■ *Il poussait des glapissements furieux.*

glas [glɑ] n. m. invar. ■ Tintement d'une cloche d'église pour prévenir de l'agonie de qqn, annoncer une mort ou un enterrement. *Sonner le glas pour qqn.* — Loc. SONNER LE GLAS DE *qqch.* : en annoncer la fin, la chute. *La guerre a sonné le glas d'une période de prospérité.*

glasnost [glasnɔst] n. f. ■ Dans l'ex-Union soviétique, politique de transparence de la vie publique favorisant la circulation d'informations naguère interdites ou conservées. ⇒ **perestroïka.**

glaucome [glokom] n. m. ■ Maladie des yeux qui compresse le nerf optique.

glauque [glok] adj. ■ D'un vert qui tire sur le bleu. ⇒ **verdâtre.** *Lumière glauque.* — REM. Ne signifie pas « trouble, sans éclat ».

glisser [glise] v. ▪ conjug. 1. **I.** V. intr. **1.** Se déplacer d'un mouvement continu, sur une surface lisse ou le long d'un autre corps. *Glisser sur une pente raide. Elle glisse sur son traîneau. Glisser sur un parquet ciré. Son pied a glissé.* — Loc. *Aller glisser,* faire des glissades sur la glace. *Aimez-vous mieux aller glisser ou aller skier ? — L'objet lui a glissé des mains.* ⇒ **échapper, tomber. 2.** Avancer comme en glissant. *La barque glisse au fil de l'eau.* — Passer doucement, graduellement. *La majorité gouvernementale glisse vers la droite.* **3.** Passer légèrement (sur qqch.). ⇒ **courir, passer.** *Ses doigts glissent doucement sur les touches du piano. — Son regard glisse sur les choses.* ⇒ **effleurer.** *Les injures glissent sur elle,* ne l'atteignent pas. **4.** Ne pas approfondir. *N'insistons pas ; glissons.* ⇒ **passer. II.** V. tr. Faire passer, introduire adroitement ou furtivement (qqch.). *Glisser un levier sous une pierre.* ⇒ **engager.** *Glisser un vingt-cinq cents dans un parcomètre. Si tu n'es pas là, je glisserai un petit mot sous la porte. — Glisser un mot à l'oreille de qqn.* **III.** SE GLISSER v. pron. réfl. : passer, pénétrer adroitement ou subrepticement quelque part. ⇒ se **faufiler.** *Elle se glisse sous les couvertures. — Une erreur s'est glissée dans le texte.* ▶ ***glissade*** n. f. ■ Action de glisser ; mouvement que l'on fait en glissant. *Faire des glissades sur la glace.* — Banc de neige au plan incliné sur lequel on se laisse glisser. ⇒ **glissoire, toboggan.** — *Une glissade d'eau,* qui aboutit dans un plan d'eau ou une piscine. ▶ ***glisse*** n. f. ■ (France) *Sports de glisse,* ski, planche à voile, etc. ▶ ***glissant, ante*** adj. **1.** Qui fait glisser. ⇒ fam. ① **coulant.** *Attention, chaussée glissante.* **2.** Qui glisse facilement entre les mains. Poisson glissant qui échappe des mains. ▶ ***glissement*** n. m. **1.** Action de glisser ; mouvement de ce qui glisse. *Le glissement d'un traîneau sur la neige. Huiler les pièces d'une machine pour faciliter leur glissement. — Glissement de terrain.* ⇒ **éboulis. 2.** Changement progressif et sans heurts. ⇒ **évolution.** *Un glissement de l'opinion publique s'est effectué.* ▶ ***glisseur, euse*** n. ■ Personne qui glisse sur une glissoire. *Les glisseurs remontent avec leur traîne sauvage.* ▶ ***glissière*** n. f. ■ Pièce métallique rainurée dans laquelle glisse une autre pièce. ⇒ **rainure.** *Porte à glissière.* ⇒ **rail.** *Fermeture à glissière.* ⇒ **coulisse.** ▶ ***glissoire*** n. f. **1.** Pente de glace où les enfants s'amusent à glisser. **2.** Plan incliné sur lequel les enfants se laissent glisser (dans les parcs...). ⇒ **glissade, toboggan.** *L'échelle de la glissoire.* ⟨ ▶ aéroglisseur, hydroglisseur ⟩

global, ale, aux [glɔbal, o] adj. ■ Qui s'applique à un ensemble (opposé à *ponctuel*). ⇒ **entier, total.** *Somme globale. Vision globale de la situation.* / contr. **partiel** / ▶ ***globalement*** adv. ■ Dans l'ensemble.

globe [glɔb] n. m. **1.** Boule, sphère. Le centre, le diamètre d'un globe. — *Le globe oculaire,* l'œil. **2.** *Le globe terrestre* ou *le globe.* ⇒ **terre.** *Une partie, une région du globe,* de la surface terrestre. *Un globe terrestre,* sphère sur laquelle est dessinée une carte de la Terre. ⇒ **mappemonde, planisphère.** *Un globe céleste,* sphère sur laquelle figure une carte du ciel. **3.** Sphère ou demi-sphère creuse de verre, de cristal. *Globe d'un luminaire.* ⟨ ▶ englober, global, globule, globuleux, hémoglobine ⟩

globe-trotter [glɔbtʀɔtœʀ] n. ■ Voyageur qui parcourt le monde entier. *Des globe-trotters.*

globule [glɔbyl] n. m. ■ Cellule qui se trouve en suspension dans le sang, la lymphe. *Globules du sang : rouges* (hématies), *blancs* (leucocytes). ▶ ***globulaire*** adj. **1.** Qui a la forme d'un globe, d'une sphère. *Les flammes s'élevaient en masses globulaires.* **2.** Relatif aux globules du sang. *Se faire faire une numération globulaire.*

globuleux, euse [glɔbylø, øz] adj. ■ *Œil globuleux,* dont le globe est saillant. *Les yeux globuleux de la grenouille.*

gloire [glwaʀ] n. f. **1.** Grande renommée répandue dans un très vaste public. ⇒ **célébrité, honneur, renom.** / contr. **obscurité ; déshonneur** / *Amour de la gloire. Se couvrir de gloire. À la gloire de qqn, qqch.,* en l'honneur de, qui fait l'éloge de. *Monument à la gloire des héros. Poème à la gloire de la paix.* — Loc. *Partir pour la gloire,* être très enthousiaste ; commencer à fêter, à s'enivrer. ⇒ anglic. ③ **go. 2.** *La gloire de qqch.,* l'honneur acquis par une action, un mérite. *S'attribuer toute la gloire d'une réussite.* ⇒ **mérite.** *Travailler pour la gloire,* sans rechercher le profit, pour le prestige. ⇒ **honneur** (II). *Se faire gloire de qqch.,* s'en vanter. **3.** (RENDRE) GLOIRE À : rendre un hommage de respect, d'admiration. *Gloire à Dieu !* **4.** *Une gloire,* une personne célèbre. ⇒ **célébrité.** *Il fut une des gloires de son pays.* ⟨ ▶ glorieux, glorifier, gloriole ⟩

gloria [glɔʀja] n. m. invar. ■ Hymne de la messe chanté ou récité à la gloire de Dieu. *Des gloria.*

glorieux, euse [glɔʀjø, øz] adj. **1.** (Choses) Qui procure de la gloire ou qui est plein de gloire. ⇒ **célèbre, fameux, illustre, mémorable.** *Glorieux exploits. Mort glorieuse. — Journée glorieuse.* **2.** Qui s'est acquis de la gloire (surtout militaire). *Glorieux conquérant.* **3.** Littér. et péj. ÊTRE GLORIEUX DE *qqch.* : tirer vanité de qqch. / contr. **modeste** / *Il est tout glorieux de sa richesse.* ▶ ***glorieusement*** adv.

glorifier [glɔʀifje] v. tr. ▪ conjug. 7. **1.** Proclamer la gloire de (qqn, qqch.). ⇒ **célébrer, exalter, louer.** *Glorifier une révolution. Poème qui glorifie la liberté.* **2.** Rendre gloire à (Dieu). **3.** SE GLORIFIER v. pron. réfl. : se faire gloire, tirer gloire de. ⇒ se **flatter,** se **vanter.** *Il ne peut se glorifier de ses notes à l'examen.* — Sans compl. *Je m'en glorifie.* ▶ ***glorification*** n. f. ■ Action de glorifier, célébration, louange. ⇒ **apologie.**

gloriole [glɔʀjɔl] n. f. ■ Vanité qu'on tire de petites choses. *Raconter ses succès par pure gloriole.*

glose [gloz] n. f. ■ Petite note en marge ou au bas d'un texte, pour expliquer un mot difficile, éclaircir un passage obscur. ⇒ **explication.** ▶ ***gloser*** v. tr. ▪ conjug. 1. ■ Expliquer par une glose. *Gloser un texte.* ⇒ **annoter, commenter.** ⟨ ▶ glossaire ⟩

glossaire [glɔsɛʀ] n. m. ■ Lexique placé à la fin d'un ouvrage, expliquant les mots difficiles. — Dictionnaire d'un dialecte, d'un patois, d'une langue régionale. *Le « Glossaire du parler français au Canada » (1930).*

glotte [glɔt] n. f. ■ Partie du larynx située entre les cordes vocales inférieures.

glouglou [gluglu] n. m. **1.** Fam. Bruit que fait un liquide qui coule dans un conduit, d'un récipient, etc. *Un glouglou de bouteille qui se vide. Des glouglous.* **2.** Cri de la dinde et du dindon. ▶ ***glouglouter*** v. intr. ▪ conjug. 1. ■ Produire un glouglou. ⇒ **gargouiller.**

glousser [gluse] v. intr. ▪ conjug. 1. **1.** Pousser un gloussement. *La poule glousse pour appeler ses petits.* **2.** Rire en poussant de petits cris. ▶ ***gloussement*** n. m. **1.** Cri de la poule, de la gélinotte. **2.** Rire et petits cris étouffés. *Un gloussement de moquerie.*

glouton, onne [glutɔ̃, ɔn] adj. et n. m. **1.** Qui mange avidement, excessivement, en engloutissant les morceaux. ⇒ **goinfre, goulu, vorace.** *Un enfant glouton.* — N. *Quel glouton !* **2.** N. m. Mammifère carnivore au pelage brun foncé marqué par deux bandes jaunâtres. ⇒ **blaireau, carcajou.** ▶ ***gloutonnement*** adv. ■ *« Les loups mangent gloutonnement »* (La Fontaine). ▶ ***gloutonnerie*** n. f. ■ Avidité de glouton. ⇒ **goinfrerie.**

glu [gly] n. f. **1.** Matière végétale visqueuse et collante, qui sert surtout à prendre les oiseaux.

2. Personne importune et tenace. ⇒ pot de ① **colle.** *Quelle glu, ce gars-là !* ▶ ***gluant, ante*** [glyɑ̃, ɑ̃t] adj. ■ Visqueux et collant (d'une manière désagréable). *Mains gluantes.* ⇒ **poisseux.** ⟨ ▶ engluer ⟩

gluc(o)-, glyc(o)- ■ Préfixes de mots savants, qui signifient « sucre, sucré ». ▶ ***glucide*** [glysid] n. m. ■ Composant de la matière vivante formé de carbone, hydrogène et oxygène. ⇒ **hydrate.** *Les glucides et les lipides,* les « sucres » et les corps gras. ▶ ***glucose*** [glykoz] n. m. ■ Sucre très répandu dans la nature (miel, raisin, amidon). ⇒ **lactose.** *Sirop de glucose* (employé en confiserie). *Faire mesurer son taux de glucose dans le sang.*

gluten [glytɛn] n. m. ■ Matière azotée visqueuse qui subsiste après l'élimination de l'amidon des farines de céréales.

glycérine [gliseʀin] n. f. ■ Liquide incolore, sirupeux, de saveur sucrée, provenant de corps gras. *Suppositoires à la glycérine.* ⟨ ▶ nitroglycérine ⟩

glycine [glisin] n. f. ■ Arbre grimpant, à grappes de fleurs mauves et odorantes.

glyco- ⇒ **gluc(o)-.**

G.M.T. [ʒeɛmte] n. m. invar. ■ Anglic. Abréviation de *Greenwich Mean Time,* heure moyenne du méridien de Greenwich qui sert de repère astronomique pour identifier un temps dont l'origine est midi. *Il est 17 h G.M.T.*

gnangnan ou ***gnian-gnian*** [ɲɑ̃ɲɑ̃] adj. invar. ■ Fam. Mou, sans énergie, à qui le moindre effort arrache des plaintes. *Elles sont un peu gnangnan.* ⇒ **mollasse.**

gnocchi [ɲɔk(ʃ)i] n. m. ■ Boulette de pâte pochée, puis cuite au four. *Des gnocchis à la romaine.*

gnochon adj. et n. ⇒ **niochon.**

gnôle ou ***gniole*** [ɲol] ■ (France) Fam. Eau-de-vie, liqueur. ⇒ **robine.** *Un petit verre de gniole.*

gnome [gnom] n. m. ■ Petit personnage des contes, laid et difforme. ⇒ **lutin, nain.**

gnose [gnoz] n. f. ■ Philosophie selon laquelle il est possible de connaître les choses divines.

① ***go*** [go] n. m. ■ *Go* ou JEU DE GO : jeu de stratégie japonais qui se joue à deux, avec des pions disposés sur un damier.

② ***tout de go*** [tudgo] loc. adv. ■ (Surtout en France) Fam. Directement, sans préambule. *N'allez pas lui avouer cela tout de go.*

③ ***go*** interj. Anglic. **1.** Mot qui signale le départ d'une course, d'une compétition, d'un jeu. ⇒ **partez** (→ ① partir (2)). *Un, deux, trois, go ! — « Êtes-vous prêts ? — Go !, — Go !,* allons-y sans attendre, dépêchons-nous. **2.** Loc. *Partir sur la go,* faire une virée, courailler. ⇒ **gloire.** — *Partir (rien que) sur une go,* à toute allure, très rapidement. ⇒ fam. ① **gosse ;** anglic. **pinotte.**

gobelet [gɔblɛ] n. m. **1.** Récipient pour boire, généralement plus haut que large et sans pied. ⇒ **godet, timbale. 2.** Récipient servant à lancer les dés.

gober [gɔbe] v. tr. ▪ conjug. 1. **1.** Avaler brusquement en aspirant, et sans mâcher. *Gober un œuf cru.* **2.** Fam. Croire sans examen. ⇒ **avaler.** *Il gobe tout ce qu'on lui dit.* **3.** (France) Fam. Estimer, apprécier. *Ils ne peuvent pas le gober.*

goberge [gɔbɛʀʒ] n. f. ■ Poisson comestible des côtes atlantiques. *Des filets de goberge.*

se ***goberger*** [gɔbɛʀʒe] v. pron. réfl. ▪ conjug. 3. ■ (France) Prendre ses aises, se prélasser. — Faire bombance.

godasse [gɔdas] n. f. ■ (Surtout en France) Fam. Chaussure.

godelureau [gɔdlyʀo] n. m. ■ (France) Fam. et péj. Jeune homme qui se fait remarquer par ses manières trop galantes. *Des godelureaux.*

godendart ou ***godendard*** [gɔdɑ̃daʀ] n. m. ■ Longue scie munie de deux poignées droites et courtes, qui se manie à deux et dont on se sert pour tronçonner.

goder [gɔde] ou ***godailler*** [gɔdɑje] v. intr. ▪ conjug. 1. ■ Faire des faux plis. *Jupe qui gode, godaille. Le papier peint, mal collé, godaille,* fait un godet (II). — Au p. p. adj. *Une jupe godée.*

godet [gɔdɛ] n. m. **I. 1.** Petit récipient sans pied ni anse. ⇒ **gobelet.** *Un godet de lait, de crème pour le café.* **2.** *Roue à godets, chaîne à godets,* à auges. **II.** Faux pli ou large pli d'un vêtement, d'une étoffe. ⇒ **goder.**

godiche [gɔdiʃ] adj. ■ Fam. Benêt, maladroit. ⇒ **niaiseux.** *Qu'il est godiche ! Quel air godiche !* — N. *Quelle godiche, cette fille !*

godille [gɔdij] n. f. **1.** Aviron placé à l'arrière d'une embarcation. **2.** Mouvements latéraux pour ralentir la descente à skis. ▶ ***godiller*** v. intr. ▪ conjug. 1. **1.** Manœuvrer avec la godille. **2.** Faire, pratiquer la godille (2).

goéland [gɔelɑ̃] n. m. ■ Oiseau de mer à tête blanche, de la taille d'une grosse mouette. *Une colonie de goélands argentés.*

goélette [gɔelɛt] n. f. ■ Bateau léger à deux mâts. *Goélette de pêche.*

goémon [gɔemɔ̃] n. m. ■ Algues marines. ⇒ **varech.** *Ramasser du goémon.*

goglu [gɔgly] n. m. ■ Oiseau passereau chanteur, au plumage noir orné de blanc (ailes) et de beige (nuque), commun dans les champs.

① *à* ***gogo*** [agɔgo] loc. adv. **1.** N. DANSEUR À GOGO : jeune homme, jeune femme peu vêtu(e) qui donne un spectacle de danse rythmée à l'intention des clients (d'une discothèque, d'un bar, d'un cabaret...). ⇒ anglic. **gogo-boy, topless.** *Un groupe de danseuses à gogo.* ⇒ **gogo-girl.** DANSE À GOGO ou vieilli GOGO-DANSE : danse exécutée par un danseur à gogo. **2.** (Surtout en France) Fam. Abondamment ; à volonté. *Avoir tout à gogo. Aujourd'hui, viande à gogo !*

② ***gogo*** [gɔgo] n. m. ■ Fam. Personne crédule et niaiseuse. ⇒ **naïf, niaiseux ;** fam. ③ **cave, nono.** *C'est bon pour les gogos.*

gogo(-)boy [go(ɔ)gobɔj] n. m., ***gogo(-)girl*** [go(ɔ)gogœʀl] n. f. ■ Anglic. Danseur, danseuse à gogo*. *Elle est gogo-girl dans un cabaret.*

gogosse [gɔgos] n. f. ■ Fam. Petit objet, petite chose quelconque. ⇒ fam. **affaire, bidule, machin, patente, truc.**

goguenard, arde [gɔgnaʀ, aʀd] adj. ■ Qui a l'air de se moquer familièrement d'autrui. ⇒ **narquois.** *Ton, sourire, œil goguenard.*

goguette [gɔgɛt] n. f. ■ (France) Fam. EN GOGUETTE : émoustillé, légèrement ivre.

goinfre [gwɛ̃fʀ] n. m. et adj. ■ Individu qui mange avec excès et salement. ⇒ **glouton, goulu.** *Il se jette sur les plats comme un goinfre.* ▶ *se* ***goinfrer*** v. pron. réfl.

▪ conjug. 1. ■ Manger comme un goinfre. *Elle se goinfre de chocolat.* ⇒ s'**empiffrer.** ▶ ***goinfrerie*** n. f. ■ Manière de manger du goinfre. ⇒ **gloutonnerie.**

goitre [gwatʀ] n. m. ■ Tumeur du corps thyroïde, qui déforme la partie antérieure du cou. ▶ ***goitreux, euse*** adj. ■ *Tumeur goitreuse.* — Qui est atteint d'un goitre. — N. *Des goitreux.*

golden [goldɛn] n. f. invar. ■ Pomme à manger, à peau jaune et à chair juteuse. *Un kilo de golden bien mûres.* — En appos. *Des pommes golden.*

golf [gɔlf] n. m. **1.** Sport qui consiste à envoyer une petite balle dure dans des trous disposés le long d'un parcours. *Une partie de golf de neuf trous. Sac de golf. Bâtons de golf.* — Le terrain gazonné de ce parcours. — *Golf miniature,* petit parcours aménagé sur un terrain de jeu ou à l'intérieur d'une maison, d'un lieu accessible au public. ⇒ **minigolf. 2.** *Culottes (pantalon) de golf ; des golfs* (vieilli), culottes bouffantes, et serrées au-dessous du genou. ≠ *golfe.* ▶ ***golfeur, euse*** n. ■ Joueur, joueuse de golf. ‹ ▶ minigolf ›

golfe [gɔlf] n. m. ■ Très vaste échancrure d'une côte où avance la mer. Le golfe du Mexique. Petit golfe. ⇒ ① **baie.** ≠ *golf.*

gombo [gɔ̃bo] n. m. ■ Plante à fleurs jaunes, cultivée dans les régions tropicales pour ses fruits. — Fruit de cette plante employé pour faire de la soupe (en Louisiane, dans le sud des États-Unis) ou comme condiment (aux Antilles).

*se **gominer*** [gɔmine] v. pron. réfl. ▪ conjug. 1. ■ Enduire ses cheveux d'un gel ou d'une pommade quelconque. — Au p. p. adj. *Des danseurs gominés.*

① ***gomme*** [gɔm] n. f. ■ Substance visqueuse et transparente qui suinte de l'écorce de certains arbres *(gommiers). Gomme de sapin, d'épinette, de pin,* résine de ces conifères. *Gomme arabique,* colle obtenue à partir de la gomme d'un acacia. — GOMME (À MÂCHER), BOULE DE GOMME : friandise aromatisée que l'on mâche, préparée à partir d'un latex comestible (tiré du *sapotier*). ⇒ anglic. **chewing-gum.** *Un paquet de gomme. Prendre une gomme,* un morceau. Fam. *Gomme balloune,* que l'on gonfle pour la faire claquer. ▶ ① ***gommer*** v. tr. ▪ conjug. 1. ■ Enduire d'une solution de gomme. Gommer les bords d'une enveloppe. — Au p. p. adj. *Papier gommé,* qui colle si on l'humecte. ‹ ▶ dégommer, ② gomme ›

② ***gomme*** n. f. ■ Petit bloc de caoutchouc ou d'élastomère servant à effacer. ⇒ **efface.** *Gomme à effacer.* ▶ ② ***gommer*** v. tr. ▪ conjug. 1. ■ Effacer avec une gomme. ▶ ***gommage*** n. m. ■ Action de gommer. ⇒ **effacement.**

③ *à la **gomme*** loc. adv. **1.** Fam. Sans valeur. *Un gars, une patente à la gomme.* ⇒ fam. à la **noix. 2.** LA HAUTE GOMME : l'ensemble des personnes importantes dans un milieu donné. *Elle fait partie de la haute gomme de la finance.* ⇒ fam. **gratin.**

④ ***gomme*** n. f. ■ Loc. fam. METTRE (TOUTE) LA GOMME : accélérer l'allure d'un véhicule.

gonade [gɔnad] n. f. ■ Organe sexuel qui produit les gamètes. *Gonade femelle* (ovaire), *mâle* (testicule).

gond [gɔ̃] n. m. **1.** Pièce métallique autour de laquelle pivote le battant d'une porte ou d'une fenêtre. ⇒ **charnière, penture.** *La porte tourna lentement sur ses gonds.* **2.** Loc. SORTIR DE SES GONDS : se mettre en colère. *Jeter, mettre qqn hors de ses gonds,* hors de lui.

gondole [gɔ̃dɔl] n. f. **1.** Barque vénitienne à un seul aviron, longue et plate, aux extrémités relevées et recourbées. **2.** Cabine d'un téléphérique. *Elle préfère la gondole au remonte-pente.* ▶ ***gondolier, ière*** n. ■ Batelier qui conduit une gondole.

gondoler [gɔ̃dɔle] v. intr. ▪ conjug. 1. ■ Se bomber anormalement dans certaines parties. *Planche, carton, tôle, vernis qui gondole.* — Pronominalement. *Cette planche s'est gondolée.* ▶ ***gondolage*** ou ***gondolement*** n. m. ■ *Le gondolage d'une planche.*

gonfler [gɔ̃fle] v. tr. ▪ conjug. 1. **1.** Distendre en remplissant d'air, de gaz. ⇒ **souffler.** *Gonfler un ballon, un pneu.* / contr. **dégonfler, dessouffler** / *Gonfler ses joues, ses narines.* ⇒ **dilater, enfler. 2.** Faire augmenter de volume, sous l'action d'une cause quelconque. *L'averse a gonflé la rivière.* — Au p. p. adj. *Éponge gonflée d'eau. Yeux gonflés, gonflés de larmes.* **3.** Surestimer volontairement (un chiffre, une évaluation). ⇒ **grossir.** *Les journaux ont gonflé l'importance de l'affaire.* — Au p. p. adj. *Prix gonflés.* **4.** Intransitivement. Augmenter de volume. *Son genou a gonflé.* ⇒ **enfler. 5.** SE GONFLER v. pron : se distendre. *La voile se gonfle au vent.* — Augmenter de volume. *La pâte à pain se gonfle.* — Abstrait. *Son cœur se gonfle d'amertume.* ▶ ***gonflable*** adj. ■ Qui peut être gonflé d'air. *Matelas gonflable.* ▶ ***gonflage*** n. m. ■ Action de remplir d'air, de gaz ; son résultat. *Vérifier le gonflage des pneus.* ▶ ***gonflé, ée*** adj. ■ Loc. fam. *Être gonflé à bloc,* rempli d'une ardeur et d'une assurance à toute épreuve. ⇒ fam. **pétant.** *Il est gonflé ! C'est gonflé de sa part !,* il a du culot. / contr. **dégonflé, peureux, timide** / ▶ ***gonflement*** n. m. ■ Action d'augmenter de volume ; son résultat. *Le gonflement des pieds.* ⇒ **dilatation, enflure.** — Augmentation exagérée. *Le gonflement de la circulation des billets.* ⇒ **inflation.** ▶ ***gonfleur*** n. m. ■ Appareil servant à gonfler. *Gonfleur à air comprimé.* ‹ ▶ dégonfler, regonfler ›

gong [gɔ̃] [g] n. m. ■ Plateau de métal suspendu, sur lequel on frappe pour qu'il résonne. *Un coup de gong qui annonce le début du round de boxe. Des gongs.*

goniomètre [gɔnjɔmɛtʀ] n. m. ■ Instrument servant à mesurer les angles.

goret [gɔʀɛ] n. m. **1.** Jeune cochon (opposé à *porc*). ⇒ **pourceau, porcelet. 2.** (France) Fam. Enfant sale. *Va te laver, petit goret !*

① ***gorge*** [gɔʀʒ] n. f. **I. 1.** Partie antérieure du cou. *Serrer la gorge.* ⇒ **étrangler.** *Le chien saute à la gorge du voleur. Couper la gorge à qqn.* ⇒ **égorger.** — Loc. PRENDRE *qqn* À LA GORGE : le contraindre par la violence, par une pression impitoyable. AVOIR LE COUTEAU SOUS LA GORGE : subir une contrainte (qui oblige à faire qqch. sur-le-champ). **2.** Littér. Seins de femme. ⇒ **buste, poitrine. II. 1.** Cavité intérieure du cou, à partir de l'arrière-bouche (larynx, pharynx). ⇒ **gosier ;** fam. **gargoton.** *Mal de gorge. Avoir la gorge sèche, la gorge serrée.* — *Voix de gorge.* ⇒ **guttural.** *Rire à gorge déployée,* très fort. **2.** Loc. FAIRE DES GORGES CHAUDES *de qqch.* : se répandre en plaisanteries malveillantes. ⇒ se **moquer.** — RENDRE GORGE : restituer par force ce qu'on a pris par des moyens illicites. *Ils sont parvenus à lui faire rendre gorge.* ▶ ***gorge-de-pigeon*** adj. invar. ■ D'une couleur à reflets changeants comme la gorge du pigeon. *Des soieries gorge-de-pigeon.* ▶ ***gorgée*** n. f. ■ Quantité de liquide qu'on avale naturellement en une seule fois. ⇒ **lampée.** *Boire à petites gorgées.* ‹ ▶ arrière-gorge, coupe-gorge, dégorger, égorger, engorger, gorger, regorger, se rengorger, rouge-gorge, soutien-gorge ›

② ***gorge*** n. f. **1.** Vallée étroite et profonde, creusée par un cours d'eau dans un relief, aux versants rocheux escarpés. ⇒ **canyon.** *Les gorges de Coaticook.* **2.** Partie creuse, cannelure, dans une pièce métallique. *La gorge d'une poulie.*

gorger [gɔʀʒe] v. tr. ▪ conjug. 3. **1.** Remplir (de nourriture) avec excès. *Ils nous ont gorgés des produits* *de leur ferme.* **2.** SE GORGER v. pron. réfl. ⇒ se **bourrer,** se **gaver,** s'**empiffrer.** *En se gorgeant de bonbons, on tombe malade.* **3.** Au p. p. adj. GORGÉ DE : complètement imprégné, saturé de. *Terre gorgée d'eau.*

gorgonzola [gɔʀgɔ̃zɔla] n. m. ■ Fromage italien, qui rappelle le roquefort. *Des gorgonzolas.*

gorgoton [gɔʀgɔtɔ̃] n. m. ■ Fam. Pomme d'Adam, gosier, gorge. *Recevoir un coup sur le gorgoton.*

gorille [gɔʀij] n. m. **1.** Grand singe anthropoïde d'Afrique. **2.** Fam. Garde du corps. *Voilà le premier ministre, escorté de ses gorilles.*

gosier [gozje] n. m. **1.** Arrière-gorge et pharynx. **2.** Siège de la voix, prolongement du pharynx communiquant avec le larynx. ⇒ fam. **gorgoton.** *Chanter, crier à plein gosier,* à pleine gorge. ⇒ s'**égosiller.** ⟨ ▶ s'égosiller ⟩

gospel [gɔspɛ(œ)l] n. m. ■ Anglic. Musique sacrée chrétienne des Noirs d'Amérique du Nord. *Chanter des gospels.*

① ***gosse*** [gɔs] n. f. ■ Souvent au plur. Fam. Testicule. ⇒ **bijoux** de famille ; fam. la **poche** ; vulg. **couille.** *Recevoir un coup dans les gosses. Avoir mal à une gosse.* — Loc. *Partir (rien que) sur une gosse,* à vive allure, très rapidement. ⇒ anglic. ③ **go, pinotte.** — *Une patente* à gosses.* ⟨ ▶ gogosse ⟩

② ***gosse*** [gɔs] n. et adj. (France) Fam. **1.** Enfant, jeune garçon ou fille. ⇒ **galopin, gamin,** ③ **mousse ;** anglic. **flot.** *Les gosses du quartier. Il a deux gosses au berceau. Une sale gosse,* insupportable. *C'est un vrai gosse,* il est resté très enfant. — Adj. *Lorsque sa famille a déménagé, elle était encore toute gosse.* ⇒ **môme.** **2.** *Un beau gosse, une belle gosse,* beau garçon, belle fille. — Adj. *Être beau gosse.*

gosser [gɔse] v. ▪ conjug. 1. Fam. **1.** V. tr. Tailler grossièrement un morceau de bois avec un couteau, un canif. *Il gosse une branche d'arbre.* **2.** V. intr. Fig. Perdre son temps, s'occuper à de petits riens. ⇒ **niaiser ;** fam. **lambiner,** se **pogner.** *Passer des après-midi à gosser.* **3.** V. tr. (Surtout des hommes) Chercher à flirter avec qqn. *Il la gosse depuis quelques semaines.* — Intransitivement. *Passer des soirées à gosser dans les discothèques. Se faire gosser par un achalant.* ▶ ***gosseur*** ou ***gosseux, euse*** n. et adj. Fam. **1.** Personne qui gosse. — Adj. *Il est plutôt gosseur.* **2.** Personne qui n'est pas soigneuse dans son travail, qui fait mal son travail. ⇒ fam. **patenteur.** — Artiste, spécialt sculpteur qui n'a pas beaucoup de talent. *Des gosseurs de troncs d'arbre.*

gothique [gɔtik] adj. et n. m. **1.** *Le style gothique* ou, n. m., *le gothique,* le style répandu en Europe du XIIe au XVIe s. entre le style roman et le style Renaissance. — Adj. *Architecture gothique.* ⇒ **ogival.** *Cathédrale gothique. Style gothique flamboyant.* **2.** *Écriture gothique,* à caractères droits, à angles et à crochets. — N. m. *Le gothique* ou (plus souvent) LE GOTIQUE : la langue des Goths (langue germanique disparue). ⟨ ▶ néogothique ⟩

gouache [gwaʃ] n. f. ■ Peinture à l'eau faite de matières colorantes opaques. *Tube de gouache. Tableau peint à la gouache.* — *Une gouache,* ce tableau. ▶ ***gouacher*** v. tr. ▪ conjug. 1. ■ Rehausser de touches de gouache. *Gouacher un dessin.*

gouailler [gwaje] v. intr. ▪ conjug. 1. ■ Littér. Dire des railleries de façon plutôt vulgaire. ⇒ se **moquer.** ▶ ***gouaillerie*** ou ***gouaille*** n. f. ■ Littér. Attitude insolente et railleuse avec vulgarité. ▶ ***gouailleur, euse*** adj. ■ Littér. *Sourire gouailleur. Une verve gouailleuse.*

gouda [gudɑ] n. m. ■ Fromage hollandais à pâte cuite, lisse et sans trou. *Des goudas.*

goudron [gudʀɔ̃] n. m. ■ Produit visqueux, brun ou noir, obtenu par distillation de matières végétales ou minérales. ⇒ anglic. **caltor.** *Goudron de houille. Goudron pour route.* ⇒ **asphalte, bitume, macadam.** ▶ ***goudronner*** v. tr. ▪ conjug. 1. ■ Enduire ou imbiber de goudron. ⇒ fam. **caltorer.** — Au p. p. adj. *Une belle route goudronnée.* ▶ ***goudronnage*** n. m. ■ ⇒ fam. **caltorage.**

gouffre [gufʀ] n. m. **1.** Trou vertical, effrayant par sa profondeur et sa largeur. ⇒ **abîme, précipice.** — Cavité naturelle souterraine. *Les gouffres et les grottes de l'Outaouais.* **2.** Courant qui forme des tourbillons. *Le gouffre du Maelström.* **3.** Littér. (En parlant de ce qui est insondable et terrible) *Le gouffre du néant, de l'oubli. Un gouffre de malheurs, de souffrances. Certaines personnes sont des gouffres d'ignorance, de bêtise.* — Loc. ÊTRE AU BORD DU GOUFFRE : devant un péril imminent. **4.** Ce qui engloutit de l'argent. *Ce procès est un gouffre financier.* ⇒ **ruine.** ⟨ ▶ engouffrer ⟩

gougoune [gugun] n. f. ■ Fam. Sandale de plage en caoutchouc ou en plastique. *Une paire de gougounes vertes.*

gouine [gwin] n. f. ■ (Femmes) Péj. Homosexuelle. ⇒ **lesbienne ;** fam. ② **gai.** *Des gouines.*

goujat [guʒɑ] n. m. ■ Homme grossier, indélicat (surtout envers les femmes). ⇒ **malotru,** ② **mufle.** *Vous êtes un goujat.* ▶ ***goujaterie*** n. f. ■ Caractère, conduite d'un goujat. ⇒ **grossièreté, impolitesse, muflerie.** *Il est d'une goujaterie peu commune.*

goujon [guʒɔ̃] n. m. ■ Petit poisson d'eau douce très répandu en Europe. ⇒ **carpe.** *Pêcher le goujon. Une friture de goujons.*

goulag [gulag] n. m. ■ Dans l'ex-Union soviétique, camp de concentration où étaient exilés les prisonniers politiques, les opposants au régime. *Des goulags.*

goulasch ou ***goulache*** [gulaʃ] n. m. ou f. ■ Ragoût de bœuf cuit et assaisonné à la mode hongroise.

goule [gul] n. f. ■ Vampire femelle des légendes orientales.

goulée [gule] n. f. ■ Fam. Grande gorgée. *Prendre, aspirer une goulée d'air frais.*

goulet [gulɛ] n. m. ■ Passage étroit entre un plan d'eau et la mer libre. ⇒ ① **défilé.** — Entrée étroite d'un port, d'une rade. ⇒ **chenal.** *Le navire franchit le goulet.* ≠ *goulot.*

goulot [gulo] n. m. ■ Col étroit d'un récipient. *Le goulot d'une bouteille. Boire au goulot,* directement à la bouteille. — Fig. *Un goulot d'étranglement,* un lieu de passage étroit limitant le débit des personnes, des choses. ≠ *goulet.*

goulu, ue [guly] adj. ■ Qui mange avec avidité. ⇒ **glouton.** — N. *Un goulu.* / contr. **frugal, sobre** / ▶ ***goulûment*** adv. ■ *Manger goulûment.*

goupille [gupij] n. f. ■ Cheville métallique qui sert à faire un assemblage démontable. *La goupille d'une grenade.* ▶ ***goupiller*** v. tr. ▪ conjug. 1. ■ Fixer avec des goupilles. *Goupiller une roue sur un axe.* ⟨ ▶ dégoupiller ⟩

goupillon [gupijɔ̃] n. m. **1.** Instrument liturgique pour asperger d'eau bénite. — Loc. *Le sabre et le goupillon,* l'armée et l'Église. **2.** Longue brosse cylindrique pour nettoyer les objets creux. *Nettoyer une bouteille avec un goupillon.*

gourbi [guʀbi] n. m. **1.** Habitation sommaire en Afrique du Nord. ⇒ **cabane. 2.** Abri de tranchée. **3.** (France) Habitation misérable et sale. ⇒ **galetas ;** fam. **boui-boui, coqueron ;** anglic. **flat.** *Ils logent à six dans un gourbi. Des gourbis.*

gourd, gourde [guʀ, guʀd] adj. ■ Engourdi par le froid. *Avoir les doigts gourds.* ‹ ▶ dégourdir, engourdir, ② gourde ›

① ***gourde*** [guʀd] n. f. ■ Bouteille ou bidon protégé par une enveloppe.

② ***gourde*** n. f. et adj. ■ Personne niaiseuse et maladroite. ⇒ **empoté.** *Quelle gourde, ce gars !* — Adj. ⇒ **stupide.** *Il a l'air gourde.*

③ ***gourde*** n. f. ■ Unité monétaire d'Haïti. *Des gourdes.*

gourdin [guʀdɛ̃] n. m. ■ Gros bâton solide qui sert à frapper. ⇒ **trique.** *Un coup de gourdin.*

se ***gourer*** [guʀe] v. pron. ▪ conjug. 1. ■ Fam. Se tromper. *Je t'assure que tu te goures.*

gouret [guʀɛ] n. m. ■ Vieilli. *Gouret de salon,* sport qui ressemble au hockey et qui se joue en équipe, sans patins, avec un bâton droit et un anneau de caoutchouc. ⇒ **ringuette.**

gourgandine [guʀgɑ̃din] n. f. ■ Vx. Femme facile, dévergondée.

gourgane [guʀgan] n. f. ■ Plante légumineuse que l'on cultive pour ses grosses graines comestibles. ⇒ **fève** des marais. — Au plur. Graines (rouges foncées) de cette plante. *Une soupe aux gourganes.*

gourmand, ande [guʀmɑ̃, ɑ̃d] adj. **1.** Qui aime la bonne nourriture, mange par plaisir. *Elle est gourmande. Il est très gourmand de gibier.* ⇒ **friand.** — N. *Un gourmand raffiné.* ⇒ **gastronome, gourmet. 2.** *Un regard gourmand,* avide, qui se délecte. **3.** Qui exige trop d'argent dans une affaire. *Son associé est gourmand.* ▶ ***gourmandise*** n. f. **1.** Caractère, défaut du gourmand. **2.** Au plur. Mets délicieux, friandises. ⇒ **gâterie.**

gourmander [guʀmɑ̃de] v. tr. ▪ conjug. 1. ■ Littér. Réprimander (qqn) en lui adressant des reproches sévères. ⇒ **gronder, sermonner.**

gourme [guʀm] n. f. **1.** Maladie de peau au visage, au cuir chevelu. ⇒ **dartre, impétigo. 2.** Maladie du cheval, inflammation des voies respiratoires. **3.** Loc. JETER SA GOURME : en parlant d'un jeune homme, faire ses premières frasques.

gourmet [guʀmɛ] n. m. ■ Personne qui sait apprécier le raffinement en matière de boire et de manger. ⇒ **gastronome.** *Il est gros mangeur, mais ce n'est pas un gourmet.*

gourmette [guʀmɛt] n. f. **1.** Chaînette qui fixe le mors dans la bouche du cheval. **2.** Bracelet à mailles de métal aplaties. *Elle a une gourmette en or au poignet.* — Bracelet à maillons auquel on peut suspendre divers petits bijoux.

gourou [guʀu] n. m. ■ Maître à penser. ⇒ **mentor.** *Ce publiciste est considéré comme un gourou dans son milieu.*

gousse [gus] n. f. **1.** Fruit des légumineuses, fait d'une capsule allongée s'ouvrant par deux fentes et renfermant des graines (⇒ **cosse**). *Une gousse de fèves.* **2.** *Gousse d'ail,* chacun des éléments de la tête d'ail.

gousset [gusɛ] n. m. **1.** Autrefois. Petite bourse. **2.** Petite poche de gilet ou de pantalon. *Il tira sa montre du gousset de son pantalon. — Puiser dans les goussets du contribuable,* lui prendre plus d'argent en impôt. ⇒ **poche** (1).

goût [gu] n. m. **I. 1.** Sens grâce auquel l'être humain et les animaux perçoivent les saveurs des aliments (⇒ **goûter ; gustatif**). *La langue et le palais sont les organes du goût. À cause de mon rhume, j'ai perdu le goût.* **2.** Saveur. *Goût acide, amer, sucré, fade, fort d'un aliment. Ce sucre à la crème a un petit goût de revenez-y,* il est très bon. **3.** Appétit, envie. / contr. **dégoût** / — Loc. *Avoir le goût de qqch. As-tu le goût d'une bonne bière ?* — Abstrait. *Elle n'a plus le goût de vivre, elle n'a plus goût à la vie.* **4.** GOÛT DE, POUR *qqch.* : penchant. ⇒ **disposition, vocation.** *Le goût du travail. Le goût de la provocation. Il a peu de goût pour ce genre de travail.* / contr. **aversion, dégoût** / — *Prendre goût à,* se mettre à apprécier. — *Être au goût de.* ⇒ **plaire.** *Il la trouve à son goût,* elle lui plaît. **II. 1.** Aptitude à sentir, à discerner les beautés et les défauts (d'une œuvre, etc.). *Avoir le goût délicat, difficile. Je trouve que ces gens ont mauvais goût.* — Avis, jugement. *À mon goût, ceci ne vaut rien.* **2.** LE BON GOÛT ou LE GOÛT : jugement sûr en matière esthétique. *Avoir du goût ; manquer de goût. Une femme habillée, coiffée avec goût.* ⇒ **élégance. 3.** Au plur. Tendances, préférences qui se manifestent dans le genre de vie, les habitudes de chacun. *Être liés par des goûts communs.* — Loc. prov. *Des goûts et des couleurs on ne discute pas. Tous les goûts sont dans la nature ; chacun ses goûts.* — DE (tel ou tel) GOÛT : se dit des choses qui dénotent, révèlent un goût (bon ou mauvais). *Une plaisanterie d'un goût douteux. Des vêtements de bon goût. Il serait de mauvais goût d'insister.* **4.** DANS LE GOÛT. ⇒ **genre, manière, mode, style.** *Tableau dans le goût classique.* ▶ ① ***goûter*** v. ▪ conjug. 1. **I.** V. tr. **1.** *Goûter qqch.,* manger ou boire un peu de qqch. pour connaître son goût. *Goûtez notre vin.* ⇒ **déguster.** *Goûter une sauce pour voir si elle est suffisamment assaisonnée.* **2.** GOÛTER (+ art. + nom) : avoir le goût de. *Une rôtie qui goûte le brûlé. La crème goûte le sur, sure. Est-ce que cela goûte les fraises ?* — GOÛTER (+ adj.). *Qqch. qui goûte bon, mauvais,* qui est bon, mauvais au goût. **3.** Éprouver avec plaisir (une sensation, une émotion). ⇒ **savourer.** *Il goûtait le plaisir de ne rien faire. Goûter la fraîcheur du soir.* **4.** Littér. Trouver à son goût, juger favorablement. ⇒ **aimer, apprécier, estimer.** *Elle ne goûte pas la plaisanterie.* **II.** V. tr. ind. **1.** GOÛTER À : prendre un peu d'une chose dont on n'a pas encore bu ou mangé. ⇒ **entamer.** *Goûtez-y, vous m'en direz des nouvelles. Il y a à peine goûté.* ⇒ **toucher.** — Fig. *Goûter à la médecine de qqn,* être l'objet de réprimandes, recevoir des coups. **2.** GOÛTER DE : boire ou manger pour la première fois. — Faire l'expérience de. *Il a goûté du métier.* ⇒ **tâter. 3.** Fam. (Verbe aller +) Y GOÛTER : subir un mauvais traitement, recevoir une râclée. ⇒ fam. **déguster.** *Si ça continue, tu vas y goûter. — J'y ai goûté.* — Subir un revers, qqch. de désagréable. **III.** V. intr. Prendre une collation, entre le dîner et le souper. ⇒ **luncher.** *Goûter à trois heures.* ≠ *goutter.* ▶ ② ***goûter*** n. m. ■ Nourriture (et boisson) que l'on prend dans l'après-midi. ⇒ **collation, croûte** (I), **lunch.** ‹ ▶ arrière-goût, avant-goût, dégoût, ragoût ›

① ***goutte*** [gut] n. f. **1.** Très petite quantité de liquide qui prend une forme arrondie. *Goutte d'eau. Il n'est pas tombé une goutte de pluie depuis des mois. Il n'y a plus une goutte de vin. Suer à grosses gouttes,* transpirer abondamment. — Fam. *Avoir la goutte au nez,* avoir le nez qui coule. ⇒ **morve. 2.** Loc. *Se ressembler comme deux gouttes d'eau,* se ressembler de manière frappante. **3.** GOUTTE À GOUTTE loc. adv. : une goutte après l'autre. *Couler goutte à goutte.* ⇒ **dégouliner,** s'**égoutter, goutter. 4.** Très petite quantité de boisson. *« Voulez-vous du café ? – Juste une goutte. »* ⇒ **doigt, larme. 5.** Au plur. *Gouttes,* nom donné à certains médicaments qui sont prescrits et administrés en gouttes. *As-tu pris tes gouttes ? Elle s'est mis des gouttes dans le nez.* ▶ ***goutte-à-goutte*** n. m. invar. ■ Appareil médical permettant de faire une perfusion. — Cette perfusion. *Pratiquer des goutte-à-goutte.* ▶ ***gouttelette*** n. f. ■ Petite goutte de liquide. *Il tombe quelques gouttelettes de pluie.* ⇒ **brin.** ▶ ***goutter*** v. intr. ▪ conjug. 1. ■ Couler goutte à goutte. *Eau qui goutte d'un robinet.* ⇒ s'**égoutter.** ≠ *goûter.* ▶ ***goutterelle*** n. f. ■ Petit tube (de métal, de plastique) inséré dans l'entaille d'un érable et qui permet à la sève de s'égoutter dans le récipient accroché à l'arbre. ⇒ **chalumeau.** ⟨ ▶ compte-gouttes, dégoutter, égout, égoutter, ② goutte, gouttière, tout-à-l'égout ⟩

② ***goutte*** adv. de négation. ■ Vx ou plaisant. NE... GOUTTE : ne... pas. *Allume la lumière, on n'y voit goutte,* on n'y voit rien du tout. *N'y entendre goutte,* ne rien comprendre.

③ ***goutte*** n. f. ■ Inflammation douloureuse des articulations. ⇒ **rhumatisme.** *Avoir la goutte, une attaque de goutte.* ▶ ***goutteux, euse*** adj. ■ *Un vieillard goutteux.* — N. *Un goutteux.*

gouttière [gutjɛʀ] n. f. **1.** Canal demi-cylindrique, fixé au bord inférieur des toits, permettant l'écoulement des eaux de pluie et de la fonte des neiges. ⇒ fam. ② **dalle.** *Gouttière en zinc. — Chat de gouttière,* sans race particulière, de l'espèce la plus courante. **2.** Appareil qui sert à immobiliser un membre fracturé. *Une gouttière de plâtre.*

gouverner [guvɛʀne] v. tr. ▪ conjug. 1. **I.** Exercer le pouvoir politique sur. *Gouverner les peuples, les hommes.* ⇒ **conduire, diriger.** — Au p. p. subst. *Les gouvernés,* ceux qui doivent obéir au pouvoir politique. — Diriger les affaires publiques d'un État, détenir et exercer le pouvoir politique, et spécialt le pouvoir exécutif. *Le roi ne gouverne pas, il règne.* — SE GOUVERNER v. pron. réfl. : (Société) exercer le pouvoir politique sur soi-même. *Le droit des peuples à se gouverner eux-mêmes.* **II.** Diriger la conduite de (qqch., qqn). **1.** Vx ou littér. Exercer une influence déterminante sur la conduite de (qqn). ⇒ **commander, guider.** *Il se laisse gouverner par un autre. Gouverner ses sentiments.* ⇒ **maîtriser. 2.** Exercer son empire sur. ⇒ **dominer.** *L'intérêt gouverne le monde.* **3.** En grammaire. Régir. *En latin, le verbe actif gouverne l'accusatif.* **III.** Sans compl. Diriger une embarcation. *Gouverner vent arrière.* ▶ ***gouvernable*** adj. ■ Susceptible d'être gouverné. *Peuple difficilement gouvernable.* / contr. **ingouvernable** / ▶ ***gouvernail, ails*** n. m. **1.** Plan mince orientable que l'on manœuvre à l'aide de la barre, et qui sert à diriger un bateau. ⇒ ① **gouverne.** *Des gouvernails.* **2.** Direction des affaires. *Prendre, tenir, abandonner le gouvernail.* ⇒ **barre** (3). ▶ ***gouvernant*** n. m. ■ *Les gouvernants,* ceux qui déterminent et exercent le pouvoir politique, le pouvoir exécutif. ▶ ***gouvernante*** n. f. Vieilli. **1.** Femme à qui l'on confie la garde et l'éducation d'enfants. ⇒ **bonne** d'enfants, **préceptrice. 2.** Femme chargée de s'occuper du ménage d'un homme seul. ⇒ **ménagère.** *La gouvernante du curé.* ▶ ① ***gouverne*** n. f. ■ Dispositif externe orientable qui fait partie des commandes d'un engin aérien (avion, etc.). *Il faut réparer les gouvernes qui sont défectueuses.* ⇒ **gouvernail.** ▶ ② ***gouverne*** n. f. ■ Loc. POUR (VOTRE, SA) GOUVERNE : pour servir de règle de conduite. *Tu sauras, pour ta gouverne, qu'il vaut mieux réfléchir avant de parler.* ▶ ***gouvernement*** n. m. **I.** Le pouvoir qui gouverne un État ; ceux qui le détiennent. **1.** Le pouvoir politique ; les organes de ce pouvoir (exécutif, législatif). ⇒ **État.** *Gouvernement central, gouvernements provinciaux dans un État fédéral. Un gouvernement instable. — Travailler au gouvernement,* être fonctionnaire. **2.** Pouvoir exécutif suprême (opposé à *administration*) ; organes qui l'exercent (opposé à *pouvoir législatif*). *Le gouvernement canadien, québécois* (premier ministre ; conseil des ministres). **3.** Dans les régimes parlementaires. Le corps des ministres. ⇒ **cabinet, conseil, ministère.** *Le chef du gouvernement,* le premier ministre. **II.** Constitution politique de l'État. ⇒ **institution(s), régime, système.** *Gouvernement totalitaire, absolu* ⇒ **absolutisme, despotisme, dictature,** *démocratique, républicain* ⇒ **démocratie, république,** *impérial, monarchique* ⇒ **empire, monarchie.** *Le gouvernement libéral, péquiste, conservateur.* **III.** Action de gouverner. *Connaître l'art du gouvernement.* ▶ ***gouvernemental, ale, aux*** adj. **1.** Relatif au pouvoir exécutif. *Organes gouvernementaux.* **2.** Relatif aux dirigeants politiques d'un État, d'un pays. ⇒ **ministériel.** *L'équipe gouvernementale.* **3.** Qui soutient le parti au pouvoir. *Journal gouvernemental* (ou *progouvernemental*). *Parti gouvernemental.* / contr. **antigouvernemental** / ▶ ***gouverneur*** n. m. **1.** Histoire. Représentant du roi à l'époque des colonies françaises et anglaises. *Les gouverneurs de la Nouvelle-France. — Le gouverneur général,* le représentant de la reine (ou du roi) d'Angleterre, qui agit en tant que chef officiel de l'État canadien. ⇒ **lieutenant-gouverneur.** *Le gouverneur général séjourne parfois à la Citadelle de Québec. Le gouverneur général en conseil.* **2.** Personne qui est à la tête d'une région militaire ou administrative, parfois d'un établissement financier. *Gouverneur militaire. Le gouverneur d'une province de l'Empire romain. Le gouverneur de la Banque du Canada. — Le gouverneur de la Californie,* aux États-Unis, le chef du pouvoir exécutif d'un État. — REM. L'O.L.F. propose *gouverneure* au féminin. ⟨ ▶ antigouvernemental, ingouvernable, intergouvernemental, lieutenant-gouverneur, sous-gouverneur ⟩

goyave [gɔjav] n. f. ■ Fruit d'un arbre d'Amérique tropicale (le *goyavier*). *De succulentes goyaves.*

grabat [gʀabɑ] n. m. ■ Lit misérable. *Le pauvre homme gît sur son grabat.* ▶ ***grabataire*** adj. et n. ■ (Personnes) Qui ne peut se lever (par maladie, faiblesse, vieillesse).

grabuge [gʀabyʒ] n. m. ■ Fam. Dispute, querelle bruyante ; désordre qui en résulte. ⇒ **bagarre, bataille,** ① **casse, chicane.** *Attention, il va y avoir du grabuge. Faire du grabuge.*

① ***grâce*** [gʀɑs] n. f. **I. 1.** Faveur accordée librement à qqn. ⇒ **bienfait, don.** *Demander, solliciter, obtenir une grâce.* — LES BONNES GRÂCES DE *qqn* : les faveurs qu'il accorde ; ses dispositions favorables. *Rentrer dans les bonnes grâces de qqn.* **2.** Disposition à faire des faveurs, à être agréable à qqn. — Loc. RENTRER EN GRÂCE *auprès de qqn* : retrouver sa faveur. — TROUVER GRÂCE *devant qqn, aux yeux de qqn* : lui plaire, gagner sa bienveillance. — DE GRÂCE : je vous en prie. — BONNE GRÂCE : bonne volonté naturelle et aimable. ⇒ **affabilité, amabilité, douceur, gentillesse.** *Faire qqch. de bonne grâce,* volontiers. — MAUVAISE GRÂCE : mauvaise volonté. *Elle aurait mauvaise grâce de se plaindre, à se plaindre. De mauvaise grâce,* à contrecœur. **3.** Titre d'honneur (surtout dans les pays anglo-saxons). *Votre Grâce.* **4.** La bonté divine ; les faveurs qu'elle dispense. ⇒ **bénédiction, faveur.** *La grâce de Dieu. An de grâce,* se dit de chacune des années de l'ère chrétienne. *En l'an de grâce 1654, Louis XIV fut sacré roi de France.* — Loc. *À la grâce de Dieu,* comme il plaira à Dieu, en laissant les choses évoluer sans intervenir. **5.** Aide de Dieu qui rend l'humain capable de parvenir au salut. *La grâce a touché ce pécheur. Être en état de grâce* (opposé à *de péché*). **6.** *Avoir la grâce,* avoir le don, l'inspiration. *Pour créer de telles œuvres, il faut avoir la grâce.* **II. 1.** Pardon, remise de peine, de dette accordée bénévolement. ⇒ **amnistie, sursis.** *Demander la grâce de qqn.* — (Sans article) *Demander grâce. Crier grâce,* supplier. Ellipt. *Grâce !* ⇒ **pitié.** *Faire grâce.* ⇒ **gracier.** — *Je vous fais grâce du travail qui reste,* je vous en dispense. *Je te fais grâce de la petite monnaie,* je te dispense de me la rendre. — *Recours en grâce d'un condamné à mort.* **2.** COUP DE GRÂCE : coup qui achève définitivement qqn (qui est blessé, qui souffre). *Donner, porter le coup de grâce.* ⇒ **achever.** **III. 1.** (Dans des expressions) Reconnaissance, remerciements. *Rendre grâce, rendre grâces.* ⇒ **remercier.** — *Action de grâce, de grâces,* acte, prière qui exprime de la gratitude envers Dieu. — *(Jour de) l'Action de grâce(s),* jour férié fixé au deuxième lundi d'octobre. **2.** Loc. prép. GRÂCE À *qqn, qqch.* : à l'aide, au moyen de (en parlant d'un résultat heureux). *Grâce à Dieu, tout s'est bien passé,* par bonheur. *Grâce à toi, grâce à ton aide, nous avons fini notre ouvrage à temps. C'est grâce à toi que nous avons fini à temps. Grâce à son aide, nous avons pu y arriver.* ▶ ***gracier*** v. tr. ▪ conjug. 7. ■ Faire grâce (II) à (qqn). *Le condamné a été gracié par le premier ministre.* ▶ ① ***gracieux, ieuse*** adj. ■ Qui est accordé, sans être dû, sans que rien soit exigé en retour. ⇒ **bénévole, gratuit.** *Prêter un concours gracieux.* ▶ ***gracieuseté*** n. f. ■ Cadeau, don offert à titre gracieux. Cet ensemble est une gracieuseté de notre commanditaire. ▶ ① ***gracieusement*** adv. ■ Gratuitement. *Un cadeau sera remis gracieusement à tout acheteur.* ⟨ ▶ disgrâce ⟩

② ***grâce*** n. f. **1.** Charme, agrément. *Elle a de la grâce.* ⇒ **gracieux.** *Grâce des gestes, des mouvements.* ⇒ **aisance.** *Évoluer, danser avec grâce.* ⇒ **élégance, facilité.** / contr. **lourdeur, maladresse** / **2.** Au plur. LES GRÂCES. ⇒ **beauté.** *Les grâces d'une personne* (vieilli). ⇒ **attrait, charme.** — (Souvent iron.) Manières gracieuses. *Faire des grâces.* ⇒ **façon.** ▶ ② ***gracieux, ieuse*** adj. ■ Qui a de la grâce, de l'agrément ; qui est aimable. ⇒ **avenant, charmant, élégant, gentil.** *Un corps svelte et gracieux. Une enfant gracieuse.* / contr. **disgracieux, laid** / — (Terme de respect) *Votre Gracieuse Majesté,* le roi, la reine. ▶ ② ***gracieusement*** adv. ■ Avec grâce. *Sourire gracieusement.* ⟨ ▶ disgracieux ⟩

gracile [gʀasil] adj. ■ Mince et délicat. ⇒ **élancé, frêle.** *Une fillette au corps gracile.* / contr. **épais, trapu** / ▶ ***gracilité*** n. f. ■ Littér. Minceur délicate. *La gracilité juvénile.*

gradation [gʀadasjɔ̃] n. f. **1.** Progression par degrés successifs, et le plus souvent ascendante. *Une gradation de tons, de couleurs. Par gradation.* ⇒ **graduellement. 2.** Degré. *Passer par une suite de gradations.* ≠ *graduation.*

① ***grade*** [gʀad] n. m. **1.** Degré d'une hiérarchie (surtout militaire). ⇒ **échelon.** *Le grade d'un officier. Avancer, monter* EN GRADE (⇒ **avancement, promotion**). — Classe d'un corps d'emploi, spécialt celui des fonctionnaires. *Professionnel qui a atteint le grade I.* **2.** *Grade universitaire,* diplôme, titre obtenu dans une université (⇒ **baccalauréat, licence, maîtrise, doctorat**). *Le grade de docteur en médecine. La collation des grades.* ⇒ fam. **graduation. 3.** Loc. fam. *En prendre,* PRENDRE *qqch.* POUR SON GRADE : se faire réprimander vertement. ▶ ***gradé, ée*** n. et adj. ■ Personne qui a un grade inférieur à celui d'officier, dans les armées de terre et de l'air. ⟨ ▶ dégrader, gradation, ① rétrograder ⟩

② ***grade*** n. m. ■ Centième partie d'un quadrant (quart de cercle). ⟨ ▶ centigrade ⟩

-grade ■ Suffixe signifiant « façon de marcher » (ex. : *plantigrade*).

gradin [gʀadɛ̃] n. m. **1.** Chacun des bancs disposés en étages dans un amphithéâtre, un stade. *La foule descend les gradins du stade olympique.* **2.** EN GRADINS : disposé par paliers successifs. *Un jardin, des cultures en gradins.*

graduation [gʀadɥasjɔ̃] n. f. **1.** Action de graduer (2). — Échelle graduée d'un instrument de mesure. *La graduation du thermomètre est effacée.* — Système de division. *La graduation de Fahrenheit.* **2.** Fam. Fait de recevoir un diplôme qui souligne la réussite d'un cycle d'études (au secondaire, au collégial...). ⇒ **grade.** — *Bal de graduation.* ⇒ **finissant.** ≠ *gradation.*

graduel, elle [gʀadɥɛl] adj. ■ Qui va par degrés. ⇒ **progressif.** *Effort graduel.* / contr. **brusque** / ▶ ***graduellement*** adv. ■ Progressivement. *Gagner du terrain graduellement.*

graduer [gʀadɥe] v. tr. ▪ conjug. 1. **I. 1.** Augmenter graduellement. *Graduer les difficultés.* — Au p. p. adj. *Exercices gradués,* progressifs. **2.** Diviser en degrés. ⇒ **étalonner.** *Graduer une éprouvette, une règle* (⇒ **graduation**). — Au p. p. adj. *Thermomètre gradué.* **II.** V. intr. Fam. Obtenir un diplôme de fin d'études. *Elle graduera au collégial l'an prochain. Nous avons gradué en 1971.* ▶ ***gradué, ée*** n. et adj. ■ Fam. Personne qui a obtenu un diplôme de fin d'études. ⇒ **diplômé.** *L'École des gradués de l'Université Laval.* — Adj. *Des étudiantes graduées,* qui ont obtenu un diplôme du premier cycle universitaire. ⟨ ▶ graduation, graduel ⟩

graffiti [gʀafiti] n. m. plur. ■ Inscriptions ou dessins griffonnés sur les murs. *Des graffiti maladroits.* — Au sing. *Un graffiti.*

grafigner [gʀafiɲe] v. tr. ▪ conjug. 1. ■ Égratigner, érafler. *Elle l'a grafigné sur le visage. Grafigner son auto.* ⇒ **érailler.** — Intransitivement. *Se faire grafigner par un animal.* ⇒ **griffer.** *Chat qui grafigne.* — Pronominalement. *Se grafigner sur un clou.* ⇒ s'**écorcher.** — Au passif et au p. p. adj. *La portière est très grafignée. Une jambe grafignée.* ▶ ***grafigne*** ou ***grafignure*** n. f. ■ Égratignure, éraflure. ⇒ **écorchure.** *Je me suis fait une grafigne avec une aiguille. Les grafignures faites par le chat.* ⇒ **griffure.**

① ***grain*** [gʀɛ̃] n. m. **1.** Fruit comestible des graminées. *Grain de blé, de riz. Du maïs en grains* (opposé à *en épis*). — LES GRAINS ou LE GRAIN (collectif) : les grains récoltés des céréales. *Séparer le grain de la balle. Donner du grain aux volailles.* — *Poulet de (au) grain,* poulet de qualité supérieure nourri exclusivement de grain. **2.** Semence. ⇒ **graine.** *Semer le grain.* **3.** Fruit, petite graine arrondie de certaines plantes. *Grain de raisin, de gadelle. Grain de poivre, de café.* — *Café, poivre en grains* (opposé à *moulu*). **4.** Petite parcelle arrondie. *Grain de sable, de poussière, de poudre, de farine, de pollen. Grain de sel.* — *Un grain de pluie,* une goutte, *un grain de neige,* un brin. — *Les grains d'un chapelet.* — Loc. fam. *Mettre, mêler son grain de sel,* intervenir sans y être invité. *Il met son grain de sel partout,* il se mêle trop de ce qui ne le regarde pas. **5.** GRAIN DE BEAUTÉ : petite tache brune de la peau. ⇒ **lentigo. 6.** LE GRAIN : aspect d'une surface plus ou moins grenue. *Le grain de la peau. Le grain d'un cuir, d'un papier.* **7.** Très petite quantité. ⇒ **atome, gramme, once.** *Il n'a pas un grain de bon sens.* ⇒ **brin.** *Un grain de fantaisie, de folie.* **8.** (France) AVOIR UN (PETIT) GRAIN : être un peu fou. ⟨ ▶ égrener, graine, grenaille, grenu, gros-grain ⟩

② ***grain*** n. m. **1.** Coup de vent soudain et violent, en mer. — Averse accompagnée de vent. ⇒ **ondée. 2.** VEILLER AU GRAIN : être vigilant, en prévision d'un danger.

graine [gʀɛn] n. f. **1.** Partie des plantes à fleurs qui, une fois germée, assure leur reproduction

(⇒ ① **grain**). *Semer des graines d'œillets. La graine a germé. Les pois secs sont des graines comestibles.* **2.** Loc. MONTER EN GRAINE : se dit d'une plante qui a poussé jusqu'à porter des graines. *Les salades montent en graines, on ne peut plus les manger.* **3.** Loc. fam. *Avoir une graine dans l'œil,* une poussière. **4.** Fam. Miette, petit morceau. *Des graines de pain, de gâteau de biscuit. Faire des graines en mangeant. — Il ne reste plus une graine de beurre, ni de lait,* il n'y en a plus. — Fig. *Il n'y a pas une graine de vent,* pas un souffle. **5.** Péj. GRAINE DE : personne qui risque de mal tourner. *C'est de la graine de voyou.* — MAUVAISE GRAINE : se dit de qqn dont on ne présage rien de bon. **6.** (France) Loc. fam. CASSER LA GRAINE : manger, casser la croûte. ▶ ***grainetier, ière*** [gʀɛntje, jɛʀ] n. ■ Personne qui vend des grains, des graines comestibles, ou des graines de semence, des oignons, des bulbes. ▶ ***graineterie*** [gʀɛn(ə)tʀi] n. f. ■ Commerce, magasin du grainetier.

graisse [gʀɛs] n. f. **1.** Substance onctueuse répandue en diverses parties du corps de l'être humain et des animaux, sous la peau. *Il est bouffi de graisse. Exercices, massages pour faire perdre la graisse.* — Loc. fam. *Avoir les yeux dans la graisse de bines*.* **2.** Corps gras d'origine animale, végétale, ou minérale. *Graisse à friture. Graisse végétale.* ⇒ **beurre, huile, margarine, suif, paraffine, vaseline ;** anglic. **shortening.** ▶ ***graisser*** v. tr. ▪ conjug. 1. **1.** Enduire, frotter d'un corps gras. *Graisser les engrenages d'une machine.* ⇒ **huiler, lubrifier.** *Graisser ses bottes.* **2.** Fam. Beurrer, tartiner (du pain, des biscottes...). *Graisser une tranche de pain avec de la confiture.* **3.** Fam. Salir, souiller de taches. ⇒ **tacher ;** littér. **maculer ;** fam. **beurrer.** — Pronominalement. *Se graisser les mains avec une teinture.* **4.** Loc. fig. GRAISSER LA PATTE *à qqn* : lui donner de l'argent discrètement pour en obtenir un avantage, le soudoyer. ▶ ***graissage*** n. m. ■ *Vidange et graissage d'une voiture.* ▶ ***graisseur*** n. m. ■ Ouvrier ou appareil automatique qui opère le graissage. — REM. Le féminin *graisseuse* est virtuel pour désigner la personne. ▶ ***graisseux, euse*** adj. **1.** De la nature de la graisse. ⇒ **adipeux.** *Tumeur graisseuse.* **2.** Taché, enduit de graisse. ⇒ **gras.** *Cheveux graisseux. Évier graisseux.* ⟨ ▶ dégraisser, ① engraisser, ② engraisser ⟩

graminées [gʀamine] n. f. pl. ■ Famille de plantes à fleurs minuscules groupées en épis, à tige creuse, qui compose les prairies. *Les céréales sont des graminées.* ⇒ ① **grain.** — Au sing. *Une graminée.*

gramm-, -gramme ■ Élément signifiant « lettre, écriture » (ex. : *grammaire, télégramme*) ou « courbe, tracé » (ex. : *diagramme*).

grammaire [gʀa(m)mɛʀ] n. f. **1.** Ensemble des règles à suivre pour parler et écrire correctement une langue. *Règle, faute de grammaire.* **2.** Partie de la linguistique qui regroupe la phonologie, la morphologie et la syntaxe, ou seulement les deux dernières. **3.** Livre, traité, manuel de grammaire. *J'ai oublié ma grammaire anglaise à la maison.* **4.** Ensemble des règles (d'un art). *La grammaire de la peinture.* ▶ ***grammairien, ienne*** n. **1.** Lettré qui fixe les règles du bon usage d'une langue. *Grevisse, grammairien célèbre. Grammairien puriste.* **2.** Linguiste spécialisé dans l'étude de la morphologie et de la syntaxe. ▶ ***grammatical, ale, aux*** adj. **1.** Relatif à la grammaire ; de la grammaire. *Exercices grammaticaux. Analyse grammaticale.* **2.** Conforme aux règles de la grammaire. *Cette phrase est grammaticale.*

gramme [gʀam] n. m. **1.** Unité de masse du système métrique représentant la masse d'un centimètre cube d'eau distillée, prise à son maximum de densité (symb. *g*). **2.** Très petite quantité. *Il n'a pas un gramme de bon sens.* ⇒ ① **grain, once.** ⟨ ▶ centigramme, décigramme, hectogramme, kilogramme, milligramme ⟩

granbyen, enne [gʀanbeɛ̃, eɛn] adj. et n. ■ De la ville de Granby. — N. (Avec une majusc.) Personne née dans cette ville ou qui l'habite.

grand, grande [gʀɑ̃, gʀɑ̃d] adj. **I.** Dans l'ordre physique (avec possibilité de mesure). / contr. ① **petit** / **1.** Dont la hauteur, la taille dépasse la moyenne. *Une personne grande et mince. De grands arbres.* **2.** Qui atteint toute sa taille. ⇒ **adulte.** *Tu comprendras quand tu seras grand. Les grandes personnes,* les adultes. — N. *Tu iras tout seul, comme un grand. Les grands,* les aînés ; les élèves les plus âgés. — Loc. *Être assez grand pour,* être capable de (sans avoir besoin de l'aide de personne). *Je suis assez grand pour savoir ce que j'ai à faire.* **3.** Dont la longueur dépasse la moyenne. ⇒ **long.** *Grand nez. Grand couteau. Marcher à grands pas.* **4.** Dont la surface dépasse la moyenne. ⇒ **étendu, spacieux, vaste.** *Grand appartement* [gʀɑ̃tapaʀtəmɑ̃]. *Grande ville. Grand ensemble. Vous en avez grand ici.* — Loc. *Être grand comme sa (la) main,* de petite surface, peu étendu. *Cet appartement est grand comme ma main.* **5.** Dont le volume, l'ensemble des dimensions en général dépasse la moyenne. *Le plus grand barrage du monde.* **6.** (Mesures) *Grande taille* (⇒ ② **large**), *grande largeur. Grand poids. Grande quantité. Grand nombre. Grand âge. À grande vitesse. — Deux grands kilomètres,* deux kilomètres et plus. ⇒ **bon.** — Adv. *Elle habille grand, il chausse grand.* / contr. ① **petit** / **7.** Très abondant ou très intense, très important. *Grande foule.* ⇒ **nombreux.** Loc. *Il n'y a pas grand monde,* il y a peu de monde. *Laver à grande eau,* avec beaucoup d'eau. — *Grande fortune.* ⇒ **gros.** — Loc. *À grands frais. — Grande chaleur, grand froid.* ⇒ **intense.** *Grand bruit, grand effort. Grand coup.* Loc. *Au grand air,* en plein air. *Au grand jour.* — Loc. adv. *En grand,* très, beaucoup. *C'est beau en grand ici.* **II.** Dans l'ordre qualitatif (mettant en relief la notion exprimée). ⇒ **important. 1.** *Grands événements. Un grand jour. Grand chagrin, grand mérite.* — (Sans article) *Avoir grand avantage. Faire grand tort. Avoir grand besoin.* **2.** (Équivalent d'un superlatif) *Grand travailleur,* personne qui travaille beaucoup. *Grand blessé,* blessé grave. *Grand criminel. Grand fumeur.* ⇒ **gros. 3.** (Établissant une distinction parmi les autres) *Les grandes puissances.* ⇒ **principal.** — N. m. *Les cinq grands. — Grands vins.* ⇒ **meilleur.** — *Le Grand Nord,* une région de l'Arctique. **4.** (Personnes) Qui est d'une condition sociale ou politique élevée. *Un grand personnage. Grand seigneur. Grande dame. Le grand monde,* la haute société. — N. *Les grands, les grands de ce monde.* **5.** Qui est supérieur en raison de ses talents, de ses qualités, de son mérite. ⇒ **fameux, glorieux, illustre, supérieur.** *Grand homme.* ⇒ **génie, héros.** *Les grands créateurs. Une grande championne.* — (En parlant des choses et qualités humaines) ⇒ **beau, grandiose, magnifique, noble.** *Grandes actions. Rien de grand ne se fait sans audace. C'est du grand art.* **III.** (Vx, ou dans des expressions) GRAND- (+ n. f.). *Grand-rue,* la rue principale. *Grand-route, grand-messe. Avoir grand-faim, grand-soif. J'ai grand-peur que cela ne tourne mal.* — À GRAND-PEINE loc. adv. : très difficilement. — *Pas grand-chose.* ⇒ **grand-chose. IV.** Adv. (S'accorde avec le nom qui précède) **1.** *Grand ouvert, grande ouverte,* ouvert(e) au maximum. *Yeux grands ouverts. Ouvrir la fenêtre toute grande.* — VOIR GRAND : avoir de grands projets, prévoir largement. *Tu as vu grand, en achetant cette énorme tarte.* **2.** EN GRAND : sur de grandes dimensions, un vaste plan. *Elle a réalisé en grand ce que vous avez fait en petit.* ▶ ***grand-angle*** ou ***grand-angulaire*** [gʀɑ̃tɑ̃gl; gʀɑ̃tɑ̃gylɛʀ] n. m. et adj. ■ Objectif photographique couvrant un large champ. *Des grands-angles. Des grands-angulaires.* — Adj. *Un objectif grand-angulaire.* ▸ ***grand-chose*** [gʀɑ̃ʃoz] pronom indéf. et n. invar. **1.** PAS GRAND-CHOSE : peu de chose. *Cela ne vaut pas grand-chose. Ce n'est pas grand-chose.* **2.** Fam. *Un, une pas grand-chose,* personne qui ne mérite pas d'estime. ▸ ① ***grand-duc*** n. m. **1.** Titre de princes souverains (fém. GRANDE-DUCHESSE). **2.** Fam. *Faire la tournée des grands-ducs,* la tournée des restaurants, des bars, des cabarets luxueux. ▸ ② ***grand-duc*** n. m. ■ Variété de rapace nocturne ; hibou de grande taille. *Des grands-ducs.* ▸ ***grand-guignol*** n. m. ■ *Du grand-guignol,* un spectacle d'une horreur sanglante, mélodramatique (comme les spectacles du théâtre qui portait ce nom). ▸ ***grand-guignolesque*** adj. ■ Digne du grand-guignol. ▸ ***grande-gueule*** ou ***grande-langue*** n. f. ■ Personne bavarde, qui ne sait pas être discrète. ⇒ **placoteur.** *J'espère que tu n'as pas confié de secret à cette grande-gueule.* ≠ *grande gueule.* — REM. On emploie aussi les variantes *grand-gueule* et *grand-langue,* n. f. ▸ ***grandement*** adv. **1.** Beaucoup, tout à fait. *Elle a grandement contribué au succès.* ⇒ **fortement.** — Largement, en abondance. *Ils ont grandement de quoi vivre.* ⇒ **amplement. 2.** Dans des proportions et avec une ampleur qui dépasse l'ordinaire. *Être logé grandement,* avoir tout l'espace voulu. *Faire les choses grandement,* sans rien épargner. ⇒ **généreusement.** ▸ ***grandeur*** n. f. **I.** (Sens absolu) **1.** Caractère de ce qui est grand, important. ⇒ **étendue, importance.** *La grandeur d'un sacrifice.* **2.** (Personnes) Importance sociale, politique. ⇒ **gloire, pouvoir, puissance.** *La grandeur d'un État. Air de grandeur.* ⇒ **majesté.** *Du temps de sa grandeur. Regarder qqn du haut de sa grandeur,* avec mépris. — Au plur. *Avoir la folie des grandeurs.* ⇒ **mégalomanie. 3.** Élévation, noblesse. / contr. **mesquinerie** / *Grandeur d'âme.* **II.** (Sens relatif) **1.** Qualité de ce qui est plus ou moins grand. ⇒ **dimension, étendue, taille.** *Choses d'égale grandeur. Des livres de toutes les grandeurs. Une calculatrice de la grandeur d'un timbre.* Fam. *La grandeur d'un chandail* (⇒ **taille**), *d'une chaussure* (⇒ **pointure**). *Je n'ai pas votre grandeur.* — Loc. *À la grandeur de,* dans l'ensemble de, partout. *Elle est connue à la grandeur de l'Amérique.* ⇒ à ① **travers. 2.** GRANDEUR NATURE loc. adj. invar. : qui est représenté selon ses dimensions réelles. *Des portraits grandeur nature.* **3.** Nombre qui caractérise l'éclat d'une étoile. ⇒ **magnitude.** *Les étoiles de première grandeur,* les plus brillantes. **III.** Ce qui est susceptible de mesure. ⇒ **quantité.** *Définition, mesure d'une grandeur.* ‹ ▸ agrandir, grande, grandiose, grandir, grand-maman, grand-mère, grand monde, mère-grand ›

grande [gʀɑ̃d] n. f. **1.** *La grande,* la troisième vitesse d'un véhicule automobile (opposé à *la petite*). — Loc. *En grande,* en troisième vitesse. *Se mettre en grande pour monter une côte.* **2.** Loc. adv. *En grande,* à vive allure, rapidement. *Elle a filé en grande.* — *Partir en grande,* faire de grosses dépenses, acquérir beaucoup de choses rapidement. *Depuis qu'il a eu son rétroactif, il est parti en grande.*

grandiloquence [gʀɑ̃dilɔkɑ̃s] n. f. ■ Forme d'expression qui abuse des grands mots et des effets faciles. ▸ ***grandiloquent, ente*** adj. ■ Qui s'exprime avec grandiloquence. — Où il entre de la grandiloquence. ⇒ **pompeux.** *Un ton grandiloquent.*

grandiose [gʀɑ̃djoz] adj. ■ (Choses) Qui frappe, impressionne par son caractère de grandeur, son aspect majestueux. ⇒ **imposant, magnifique, majestueux.** *Paysage, spectacle grandiose. Œuvre grandiose. Époque grandiose.*

grandir [gʀɑ̃diʀ] v. ■ conjug. 2. **I.** V. intr. **1.** Devenir plus grand. / contr. **rapetisser** / *Cet enfant a beaucoup grandi.* — *Grandir en âge et en sagesse.* **2.** Devenir plus intense. ⇒ **augmenter.** / contr. **diminuer** / *Le vacarme ne cesse de grandir. Le mécontentement grandissait.* **3.** Gagner en valeur humaine. *On sort grandi de cette épreuve.* **II.** V. tr. **1.** Rendre ou faire paraître plus grand. *Ses hauts talons la grandissent. Le microscope grandit ce qu'on y observe.* ⇒ **agrandir. 2.** Donner plus de grandeur, de noblesse. ⇒ **ennoblir.** *Cela ne les grandit pas à mes yeux.* ▸ ***grandissant, ante*** adj. ■ Qui grandit peu à peu, qui va croissant. *Un vacarme grandissant. Une impatience grandissante.*

grand-mère [gʀɑ̃mɛʀ] ou ***grand-maman*** [gʀɑ̃mamɑ̃] n. f. **1.** Mère du père ou de la mère de qqn. ⇒ **aïeul(e).** *Nous sommes invités à souper chez grand-maman.* — *Grand-mère maternelle, paternelle.* **2.** Fam. Femme âgée, vieillarde. ⇒ fam. **mémé, mémère.** *Laissez passer la grand-mère. Des grand-mères.* — *Des remèdes de ma grand-mère.* ⇒ bonne **femme** (3). *Des histoires de ma grand-mère,* exagérées, fausses ; des sottises, des niaiseries. ⇒ **baliverne.** — REM. L'emploi de *grand-maman* est plus courant chez les enfants. ▸ ① ***grand-père*** ou ***grand-papa*** n. m. **1.** Père du père ou de la mère de qqn. ⇒ **aïeul ;** fam. **pépère.** *Je vais aider grand-papa à faire son jardin.* — *Grand-père paternel, maternel.* **2.** Fam. Homme âgé, vieillard. *Des vieux grands-pères.* ⇒ fam. **pépé.** — REM. L'emploi de *grand-papa* est plus courant chez les enfants. ▸ ***grands-parents*** n. m. pl. ■ Le grand-père et la grand-mère du côté paternel et maternel. ▸ ***grand-oncle*** [gʀɑ̃tɔ̃kl] n. m. ■ Frère du grand-père ou de la grand-mère. *Un de mes grands-oncles.* — REM. On dit aussi *oncle* en ce sens. ▸ ***grand-tante*** [gʀɑ̃tɑ̃t] n. f. ■ Sœur du grand-père ou de la grand-mère. *Une de ses grand-tantes.* — REM. On dit aussi *tante* en ce sens. ‹ ▸ arrière-grand-mère, arrière-grand-père, arrière-grands-parents ›

grand-mérois, oise [gʀɑ̃meʀwa, waz] adj. et n. ■ De la ville de Grand-Mère. — N. (Avec des majusc.) Personne née dans cette ville ou qui l'habite.

grand(-)monde [gʀɑ̃mɔ̃d] n. m. ■ Fam. LE, DU GRAND-MONDE : les adultes. *Ce n'est pas un film pour les enfants mais pour le grand-monde.*

② ***grand-père*** n. m. ■ (Surtout au plur.) Petite boule de pâte cuite dans un liquide (bouillon, sirop...) en ébullition. *Des grands-pères dans le sirop d'érable.*

grange [gʀɑ̃ʒ] n. f. ■ Bâtiment clos servant à abriter la récolte dans une exploitation agricole. ‹ ▸ engranger ›

gran(i)- ■ Élément qui signifie « grain ① ». ▸ ***granit*** ou ***granite*** [gʀanit] n. m. **1.** Roche dure, abondante, formée de cristaux de feldspath, de quartz, de mica, etc. *Une falaise de granite rose.* **2.** Symbole de dureté. *Cœur de granit,* insensible, impitoyable. ⇒ **pierre.** ▸ ***granitique*** adj. ■ *Roches granitiques.* ▸ ***granité, ée*** adj. ■ Qui présente des grains comme le granit. ⇒ **grenu.** *Papier granité.* ▸ ***granivore*** adj. et n. m. ■ Qui se nourrit de grains. *Oiseaux granivores.* — N. m. pl. *Les granivores,* les animaux qui se nourrissent de grains. — Au sing. *Un granivore.* ▸ ***granule*** n. m. ■ Petite pilule. *Granules homéopathiques.* ▸ ***granulé*** n. m. ■ Préparation pharmaceutique présentée sous forme de petits grains irréguliers et fondants. *Prendre des granulés pour la digestion.* ▸ ***granuleux, euse*** adj. ■ Formé de petits grains ou d'aspérités en forme de grains. *Papier granuleux. Peau granuleuse.* / contr. **lisse** / ▸ ***granulation*** n. f. ■ Surtout au plur. Aspect granuleux. *Surface qui présente des granulations.* ‹ ▸ filigrane ›

granny smith [gʀanismit] n. f. invar. ■ Anglic. Variété de pommes d'un vert éclatant, à chair ferme et acidulée. — En appos. *Des pommes granny smith.* — REM. On écrit aussi *grannysmith.* Ce nom s'orthographie aussi avec des majuscules : *Granny Smith.*

granola [gʀanola] n. et adj. Anglic. **1.** N. f. pl. Céréales naturelles faites de flocons d'avoine, de germe de blé, de son, auxquels on ajoute des raisins secs ou des noix. *Elles ne mangent que des granolas.* — En appos. *Des céréales granolas.* **2.** N. Personne dont le style de vie est basé sur une conception naturelle de l'alimentation. *Une granola.* — Adj. *Il est un peu granola.* — Abrév. fam. GRANO, n. et adj. *Des granos. Un étudiant grano.*

graph(o)-, -graphe, -graphie ■ Éléments savants signifiant « écrire, décrire, tracer ». ▶ ***graphème*** [gʀafɛm] n. m. ■ Lettre ou groupe de lettres transcrivant un phonème. *« o » et « au » sont deux graphèmes pour* [o]. ▶ ***graphie*** [gʀafi] n. f. ■ Manière dont un mot est écrit. ⇒ **orthographe.** *La graphie de « granite » est variable* (granit, granite). ▶ ***graphique*** [gʀafik] adj. et n. m. **I.** Adj. Qui représente, par des signes ou des lignes, des figures sur une surface. *Arts graphiques,* dessin, peinture, gravure, etc. *Industrie graphique. L'alphabet est un système de signes graphiques.* **II.** N. m. Représentation des variations mesurables d'un phénomène (en fonction du temps, du coût, etc.) à l'aide d'une ligne droite, courbe, ou brisée. ⇒ **courbe, diagramme.** *Graphique tracé par un appareil enregistreur.* ▶ ***graphiquement*** adv. ■ Par le dessin et l'écriture. ▶ ***graphisme*** [gʀafism] n. m. **1.** Manière de former les lettres, d'écrire, qui fournit des indications sur le tempérament de celui qui les trace. *Une écriture d'un graphisme arrondi.* **2.** Manière de dessiner, d'écrire, considérée sur le plan esthétique. ⇒ **lettrage.** *Le graphisme de Picasso.* ▶ ***graphiste*** n. ■ Professionnel des arts graphiques. ⇒ **lettreur.** *Elle est graphiste dans une agence de publicité.* ▶ ***graphite*** n. m. ■ Variété de carbone cristallisé, gris noir, dont on se sert pour écrire (appelé aussi *mine de plomb*). ▶ ***graphologie*** n. f. ■ Étude des écritures individuelles. ⇒ **grapho-analyse.** ▶ ***graphologique*** adj. ■ *Analyse graphologique.* ▶ ***graphologue*** n. ■ Personne qui pratique la graphologie. ⇒ **grapho-analyste.** *Expert-graphologue.* ▶ ***grapho-analyse*** n. f. ■ Étude des écritures des personnes pour déterminer leur caractère. ⇒ **graphologie.** ▶ ***grapho-analyste*** n. ■ Personne qui pratique la grapho-analyse. ⇒ **graphologue.**

grappe [gʀap] n. f. **1.** Assemblage de fleurs ou de fruits portés par des pédoncules étagés sur un axe commun (⇒ **inflorescence**). *Grappe de lilas. Grappe de raisin.* **2.** Assemblage serré de petits objets (grains, etc.) ou de personnes. *Des grappes d'œufs de seiche. Des grappes de voyageurs s'accrochaient aux marchepieds.* ▶ ***grappiller*** [gʀapije] v. tr. ▪ conjug. 1. **1.** Prendre de-ci, de-là (des fruits, des fleurs). ⇒ **cueillir, ramasser.** *Grappiller du raisin.* **2.** Prendre, recueillir au hasard. *Grappiller des connaissances.* ⇒ **glaner.** *Grappiller quelques sous.* ▶ ***grappillage*** n. m. ■ Action de grappiller. — Petits larcins. ‹ ▶ égrapper ›

grappin [gʀapɛ̃] n. m. **1.** Instrument en fer muni de crochets et fixé au bout d'une corde. ⇒ **crampon, croc.** **2.** Abstrait. METTRE LE GRAPPIN SUR *qqn, qqch.* : accaparer, s'emparer de. *Attention, ce fatigant va nous mettre le grappin dessus.*

gras, grasse [gʀɑ, gʀɑs] adj. **I. 1.** Formé de graisse ; qui contient de la graisse. *Matière grasse. Les corps gras,* les graisses, les lipides. *Aliments gras. Un demi-kilo de bœuf haché gras.* — N. m. *Le gras,* la partie grasse de la viande. **2.** *Jours gras,* où l'on peut manger de la viande, quand on est catholique. *Mardi gras.* — Adv. *Faire gras,* manger de la viande. / contr. faire **maigre, jeûner** / **3.** (Personnes) Qui a beaucoup de graisse. ⇒ **adipeux, grassouillet, gros, obèse.** / contr. **maigre** / *Elle est un peu grasse.* — N. m. *Le gras de la jambe,* le mollet. — (Hommes) Loc. *Être gras comme un voleur,* très gras, très en chair. — Fig. Loc. fam. *Être gras dur,* avoir plus que le nécessaire, être chanceux, comblé. (⇒ fam. **merdeux**). *L'indexation au coût de la vie fait que nous serons gras dur.* **4.** Enduit, sali de graisse. ⇒ **graisseux, huileux, poisseux.** *Avoir les cheveux gras* (opposé à *secs*), les mains grasses. **II.** Par anal. **1.** Qui évoque la graisse par sa consistance. ⇒ **onctueux.** *Terre argileuse et grasse. Toux grasse,* accompagnée d'une expectoration de mucosités. **2.** *Caractères gras,* caractères épais et noirs en imprimerie. *Crayon gras,* à mine tendre. **3.** *Plantes grasses,* à feuilles épaisses et charnues (ex. *les cactus*). **4.** Abondant. *La prime n'est pas grasse.* — Adv. Fam. *Il n'y a pas gras à manger,* pas beaucoup. — *Parler gras,* d'une manière grossière, vulgaire. ▶ ***grasset, ette*** adj. ■ Qui est un peu gras. *Une personne grassette.* ▶ ***grassement*** adv. ■ Abondamment, largement. *Il est grassement payé.* ⇒ **généreusement.** ▶ ***gras-double*** [gʀɑdubl] n. m. ■ Membrane comestible de l'estomac du bœuf. *Des gras-doubles à la lyonnaise.* ‹ ▶ grassouillet ›

grasseyé [gʀasɛje] adj. m. ■ *R grasseyé,* R prononcé du fond de la gorge sans être roulé.

grassouillet, ette [gʀa(ɑ)sujɛ, ɛt] adj. ■ Assez gras et rebondi. ⇒ **potelé, rondelet.** / contr. **maigrichon** / *Un petit homme grassouillet.*

gratifier [gʀatifje] v. tr. ▪ conjug. 7. **1.** Pourvoir libéralement de quelque avantage (don, faveur, honneur). *On l'a gratifié d'un nouveau bureau.* ⇒ **doter.** — Iron. *Gratifier qqn d'une claque.* **2.** Procurer une satisfaction psychologique valorisante à (opposé à *frustrer*). ⇒ **récompenser.** — Au p. prés. adj. *Une occupation gratifiante.* ▶ ***gratification*** n. f. **1.** Somme d'argent donnée par un employeur en sus du salaire. ⇒ **boni,** ② **prime.** **2.** Ce qui gratifie psychologiquement. *Tout le monde a besoin de gratifications.* / contr. **frustration** /

gratin [gʀatɛ̃] n. m. **1.** AU GRATIN : se dit de plats cuits au four après avoir été saupoudrés de chapelure ou de fromage râpé. *Macaronis au gratin.* **2.** Mets ainsi préparé. *Un gratin de pommes de terre. Gratin dauphinois.* — Croûte dorée qui se forme à la surface de ce plat. **3.** Fam. Partie d'une société particulièrement relevée par ses titres, son élégance, sa richesse. ⇒ **élite,** ② **gomme.** *Ils fréquentent le gratin.* ▶ ***gratiner*** v. tr. ▪ conjug. 1. ■ Cuire au gratin. *Faire gratiner des légumes.* — Intransitivement. *Macaronis qui gratinent au four.* ▶ ***gratiné, ée*** adj. et n. f. **1.** Cuit au gratin. **2.** UNE SOUPE À L'OIGNON GRATINÉE ou, n. f. UNE GRATINÉE : soupe à l'oignon, au gratin. **3.** Fam. Remarquable, par l'excès ou le ridicule. *Il est gratiné, son chapeau ! Un sujet de rédaction gratiné,* très difficile.

gratis [gʀatis] adv. ■ Fam. ⇒ **gratuitement.** *Assister gratis à un spectacle.* — Adj. invar. *L'entrée est gratis.*

gratitude [gʀatityd] n. f. ■ Sentiment affectueux que l'on éprouve envers la personne dont on a reçu un bienfait, un service. ⇒ **reconnaissance.** / contr. **ingratitude** / ‹ ▶ ingratitude ›

gratouille n. f. ⇒ ② **gratteux** (REM.).

grattage [gʀataʒ] n. m. ■ Action de gratter (1, 4 et 5) ; son résultat. *Le grattage d'un vieux papier peint. Le grattage d'une entrée.*

gratte [gʀat] n. f. **1.** Engin de terrassement muni d'une lame mobile, utilisé pour niveler le sol. ⇒ **niveleuse.** *Passer la gratte avant d'asphalter.*

2. Chasse-neige. ⇒ fam. **charrue** à neige. *La gratte entasse la neige au milieu de la rue.* **3.** Pelle à lame large et recourbée, utilisée pour pousser la neige. *Déblayer une patinoire avec une gratte.* **4.** Petit instrument à lame qui sert à nettoyer la neige, à enlever la glace. ⇒ **grattoir. 5.** Outil de jardinage dont la lame est perpendiculaire au manche, pour biner la terre. ⇒ **houe.** *Une gratte et un râteau.*

gratte-ciel [gʀatsjɛl] n. m. invar. ■ Vieilli. Immeuble à très nombreux étages, atteignant une grande hauteur. ⇒ ① **tour** ; anglic. **building.** *Des gratte-ciel.*

gratte-cul [gʀatky] n. m. ■ Fruit du rosier, de l'églantier, petite baie orange remplie de poil à gratter. *Des gratte-cul(s).*

gratelle [gʀatɛl] n. f. ■ Maladie de peau accompagnée de fortes démangeaisons. ⇒ **gale.** *Attraper la gratelle.*

gratte-papier [gʀatpapje] n. m. invar. ■ Péj. Modeste employé de bureau. ⇒ **scribouillard.** *Des gratte-papier(s).*

gratter [gʀate] v. ▪ conjug. 1. **I.** V. tr. **1.** Frotter avec qqch. de dur en entamant très légèrement la surface de. ⇒ **racler.** *Gratter une porte pour en ôter la peinture. Gratter une allumette.* **2.** (En employant les ongles, les griffes) *Se gratter la tête, le front. Les poules grattent le sol de la basse-cour. — Gratte-moi le dos, il me démange.* **3.** Fam. Faire éprouver une démangeaison. ⇒ **démanger.** *Ce vêtement me gratte terriblement. — Poil à gratter.* **4.** Faire disparaître ce qui est sur la surface ainsi frottée. ⇒ **effacer, enlever.** *Gratter un mot, une inscription.* **5.** Déblayer une voie de circulation, un lieu de la neige qui l'encombre. ⇒ **déneiger.** *Gratter les rues, les trottoirs. Il faut gratter la patinoire avant de l'arroser. — Gratter un chemin de terre,* le niveler en enlevant les cailloux, comblant les trous. — Absolt. *Il faut gratter.* **6.** Prélever à son profit, mettre de côté de petites sommes. *C'est une affaire où il n'y a pas grand-chose à gratter.* ⇒ **grappiller, grignoter. II.** V. intr. Frotter avec les ongles. *Il gratte à la porte* (au lieu de frapper, par discrétion, timidité). — *Gratter (de) la guitare,* en jouer médiocrement. **III.** SE GRATTER v. pron. réfl. : gratter l'endroit qui démange. *Se gratter jusqu'au sang.* — Fig. Loc. *Se gratter la tête,* chercher une idée, une solution ; être, demeurer perplexe. ▶ ***grattement*** n. m. ■ Rare. Action de se gratter. *De pensifs grattements de tête.* — Bruit de ce qui gratte. *On entend un léger grattement à la porte.* ▶ ***grattoir*** n. m. ■ Instrument qui sert à gratter, à racler, à nettoyer (⇒ **gratte**). ⟨ ▶ égratigner, gratin, grattage, gratte, gratte-ciel, gratte-cul, gratelle, gratte-papier, gratteur, ② gratteux ⟩

gratteur ou ① ***gratteux, euse*** [gʀatœʀ, ø, øz] adj. et n. ■ Fam. Avaricieux, pingre, qui compte ses sous. ⇒ **avare, radin** ; fam. **baise-la-piastre,** ② **séraphin, suce-la-cenne.** *Il est trop gratteux pour t'aider.* — N. *Des gratteuses.*

② ***gratteux*** n. m. ■ Billet d'un jeu de loterie instantané dont on gratte les cases pour savoir si l'on a gagné qqch. *Un gratteux et un billet de 6/49.* — REM. On emploie aussi le mot *gratouille,* n. f.

gratuit, uite [gʀatɥi, ɥit] adj. **1.** Que l'on donne sans faire payer ; dont on profite sans payer. / contr. **payant** / *Enseignement gratuit et obligatoire. L'entrée du spectacle est gratuite.* ⇒ **libre** ; fam. **gratis.** *Échantillon gratuit. À titre gratuit.* ⇒ ① **gracieusement, gratuitement. 2.** Qui n'a pas de fondement, de preuve. ⇒ **arbitraire, hasardeux.** *Accusation gratuite.* / contr. **fondé** / **3.** *Acte gratuit,* irrationnel, sans motif apparent. ▶ ***gratuité*** n. f. **1.** Caractère de ce qui est gratuit (1), non payant. *La gratuité scolaire.* **2.** Caractère de ce qui est injustifié, non motivé ou désintéressé. ▶ ***gratuitement*** adv. **1.** Sans rétribution, sans contrepartie. ⇒ ① **gracieusement** ; fam. **gratis.** *Soigner un malade gratuitement.* **2.** Sans motif, sans fondement. *On lui prête gratuitement des intentions mauvaises.* **3.** Sans motif ni but rationnels. *Commettre gratuitement un crime.*

gravats [gʀavɑ] ou ***gravois*** [gʀavwa] n. m. pl. ■ Débris provenant d'une démolition. ⇒ **décombres, plâtras.** *Un tas de gravats.*

grave [gʀav] adj. **I.** Abstrait. **1.** Qui se comporte, agit avec réserve et dignité ; qui donne de l'importance aux choses. ⇒ **austère, digne, posé, sérieux.** / contr. **léger ; frivole** / *Un grave magistrat. Air grave.* — (Personnes) Loc. fam. Iron. *Être grave,* dont le comportement, les attitudes sont exagérés, irréfléchis. ⇒ **fanfaron, vantard** ; fam. **baveux.** *Il est grave ce gars-là !* **2.** Qui a de l'importance, du poids. ⇒ **important, sérieux.** / contr. **futile** / *C'est une grave question.* **3.** Susceptible de suites fâcheuses, dangereuses. / contr. **bénin** / *De graves ennuis. Le moment est grave.* ⇒ **critique, dramatique, tragique.** *Maladie grave.* **4.** *Blessé grave,* gravement touché. **II. 1.** (Son) Qui occupe le bas du registre musical. / contr. **aigu** / *Son, note grave. Voix grave.* — N. m. *Le grave,* le registre des sons graves. **2.** *Accent grave,* en français, signe (`) servant à noter le timbre de l'*e* ouvert ([ɛ]) et à distinguer certains mots de leurs homonymes (*à, où, là*). ▶ ***gravement*** adv. **1.** Avec gravité. ⇒ **dignement.** *Marcher, parler gravement.* **2.** D'une manière importante, dangereuse. *Gravement blessé.* ⇒ **grièvement, sérieusement.** / contr. **légèrement** / ⟨ ▶ aggraver, ① gravité ⟩

graveleux, euse [gʀavlø, øz] adj. ■ Littér. Très licencieux. ⇒ **grivois.** *Raconter des histoires graveleuses.*

gravelle [gʀavɛl] n. f. **1.** Fin gravier. ⇒ **gravillon.** *Une route de (en) gravelle.* **2.** Vx. Maladie qui provoque des calculs dans le rein. ⇒ **pierre** (III).

graver [gʀave] v. tr. ▪ conjug. 1. **1.** Tracer en creux sur une matière dure, au moyen d'un instrument pointu. *Graver des initiales sur une bague.* **2.** Tracer en creux (un dessin, des caractères, etc.), sur une matière dure, dans le but de les reproduire (⇒ **gravure**). *Graver un portrait au burin. Graver un disque.* **3.** Reproduire par le procédé de la gravure. *Faire graver des cartes de visite.* **4.** Rendre durable (dans l'esprit, le cœur). ⇒ **fixer, imprimer.** *Ce souvenir est gravé, s'est gravé dans ma mémoire.* ▶ ***graveur, euse*** n. ■ Professionnel de la gravure. *Graveur sur métaux, sur bois.* — REM. L'O.L.F. propose *graveuse* au féminin. ⟨ ▶ gravure ⟩

gravier [gʀavje] n. m. **1.** Ensemble de petits cailloux servant au revêtement des allées, des entrées des routes, etc. ⇒ **concassé.** *Ratisser le gravier. Gravier fin.* ⇒ **gravelle, gravillon. 2.** Sable grossier mêlé de cailloux qui se trouve dans le lit des rivières ou au bord de la mer. ▶ ***gravière*** n. f. ■ Carrière d'où on extrait le gravier.

gravillon [gʀavijɔ̃] n. m. ■ (Surtout en France) Fin gravier. ⇒ **gravelle.** *Répandre du gravillon sur une route goudronnée.* — Au plur. *Les gravillons,* les petits cailloux du gravillon. *Une pluie de gravillons s'abat sur le pare-brise.*

gravir [gʀaviʀ] v. tr. ▪ conjug. 2. ■ Monter avec effort (une pente rude). *Gravir une montagne.* ⇒ **escalader, grimper.** *Les vélos gravissaient lentement la côte.*

gravitation [gʀavitasjɔ̃] n. f. ■ Phénomène par lequel deux corps quelconques s'attirent avec une force qui dépend de leur masse et de leur distance. ⇒ **attraction.** *La loi de la gravitation universelle.* ▸ ***gravitationnel, elle*** adj. ▪ Qui concerne la gravitation ; qui est dû à la gravitation. *Une force gravitationnelle.*

① ***gravité*** [gʀavite] n. f. **1.** Qualité d'une personne grave ; air, maintien grave. ⇒ **austérité, componction, dignité.** *Un air de gravité.* **2.** Caractère de ce qui a de l'importance, de ce qui peut entraîner de graves conséquences. *Vu la gravité de la situation, il faut prendre des mesures. Un accident sans gravité.*

② ***gravité*** n. f. ▪ Phénomène par lequel un corps subit l'attraction de la Terre. ⇒ **pesanteur.** *Centre de gravité.* ⇒ **centre.** ‹ ▸ graviter ›

graviter [gʀavite] v. intr. ▪ conjug. 1. ▪ GRAVITER AUTOUR : tourner autour (d'un centre d'attraction). *Les planètes gravitent autour du Soleil.* — Abstrait. (Personnes) *Les gens qui gravitent autour du ministre.* ‹ ▸ gravitation ›

gravois n. m. pl. ⇒ **gravats.**

gravure [gʀavyʀ] n. f. **1.** Action de graver. Manière dont un objet est gravé. *La gravure d'un bijou.* **2.** Art de graver, soit pour orner un objet dur, soit pour reproduire une œuvre graphique. *La gravure sur métaux, sur bois. Gravure à l'eau-forte, sur cuivre.* **3.** Reproduction de l'ouvrage du graveur, par un procédé quelconque. ⇒ **estampe, illustration.** *Une gravure en couleurs. Des gravures de mode.* **4.** Toute image reproduisant un tableau, une photographie, etc. ⇒ **reproduction.** *Accrocher des gravures au mur.* **5.** Enregistrement d'un disque. *La gravure de ce disque est médiocre.* ‹ ▸ héliogravure, photogravure, pyrogravure, similigravure ›

G.R.C. [ʒeɛʀse] n. f. invar. ▪ Abréviation de *Gendarmerie royale du Canada,* corps de police fédérale. ⇒ **Police** montée. *Une enquête de la G.R.C.*

gré [gʀe] n. m. **1.** AU GRÉ DE : selon le goût, le caprice, la volonté de. *Trouver qqn, qqch. à son gré. Agissez à votre gré.* ⇒ **convenance, guise.** — *Au gré des événements, des circonstances,* selon le caprice des événements, des circonstances. *Au gré du vent.* — DE SON PLEIN GRÉ : sans contrainte. *Je suis venu de mon plein gré.* ⇒ **volontairement.** — DE BON GRÉ : de bon cœur. — DE GRÉ OU DE FORCE : qu'on le veuille ou pas. — CONTRE LE GRÉ DE : contre la volonté de. *Faire qqch. contre le gré de ses parents.* — BON GRÉ MAL GRÉ : en se résignant, malgré soi. *J'accepte bon gré mal gré cette solution.* **2.** SAVOIR GRÉ : avoir de la reconnaissance pour qqn. *Je lui sais gré de son aide, de m'avoir aidé.* ‹ ▸ agréable, agréer, agrément, désagréable, désagrément, malgré, maugréer ›

grébiche [gʀebiʃ] ou ***gribiche*** [gʀibiʃ] n. f. ▪ Femme fielleuse, acariâtre, surtout en parlant d'une vieille fille. *Espèce de vieille grébiche !*

grec, grecque [gʀɛk] adj. et n. **1.** De Grèce, relatif à la Grèce. ⇒ **hellénique.** *La civilisation grecque. Un restaurant grec. Le i grec* [y], l'avant-dernière lettre de l'alphabet. — Loc. *Avoir le (un) profil grec,* le front et le nez en ligne droite. — N. (Avec une majusc.) Personne née dans ce pays ou qui en a obtenu la citoyenneté. *Les Grecs.* ⇒ **hellène.** **2.** *Le grec,* la langue parlée par les Grecs. *Le grec ancien, le grec moderne.* ▸ ***gréco-latin, ine*** [gʀekɔlatɛ̃, in] adj. ▪ Qui concerne à la fois les langues grecque et latine. *Études gréco-latines.* ▸ ***gréco-romain, aine*** adj. ▪ Qui appartient aux Grecs et aux Romains. *Art gréco-romain. Lutte gréco-romaine. Mythes gréco-romains.* ‹ ▸ grecque ›

grecque [gʀɛk] n. f. ▪ Ornement fait de lignes brisées qui reviennent sur elles-mêmes à angle droit.

gredin, ine [gʀədɛ̃, in] n. ▪ Vx. Personne malhonnête, méprisable. ⇒ **bandit, canaille, coquin, malfaiteur, voyou.** *Nous ferons un procès à ce gredin.* — Fam. *Petit gredin !,* petit fripon.

gréer [gʀee] v. tr. ▪ conjug. 1. **1.** Garnir (un navire, un mât) de gréement. — Au p. p. adj. *Navire gréé en goélette.* **2.** Fam. Au passif et au p. p. adj. *Être bien gréé,* bien équipé, avoir tout le nécessaire. *Skieur gréé.* — Pronominalement. *Se gréer,* s'équiper. — S'habiller pour sortir à l'extérieur. ▸ ***gréement*** [gʀemɑ̃] n. m. **1.** Ensemble du matériel nécessaire à la manœuvre des navires à voiles (⇒ **agrès, cordage, mâture, voile**). — Sur un navire à moteur, ensemble du matériel de manœuvre et de sécurité (⇒ **ancre, chaîne, embarcation,** etc.). **2.** Fam. Ensemble de l'équipement et du matériel nécessaire à la pratique d'un sport (chasse, pêche, hockey, golf...). ⇒ fam. **attirail.** *Partir avec son gréement de camping.* **3.** (Personnes) Fam. et péj. Tout être un peu original, excentrique ou mal habillé. ⇒ fam. **amanchure.** *As-tu vu le gréement de l'autre côté de la rue ?*

① ***greffe*** [gʀɛf] n. m. ▪ Bureau où l'on garde les minutes des actes de procédure. *Le greffe du tribunal, du notaire, d'une municipalité.* ▸ ***greffier, ière*** [gʀefje, jɛʀ] n. ▪ Fonctionnaire préposé au greffe. *Le greffier du tribunal civil. Le greffier de la Cour supérieure.* ⇒ **protonotaire.** — REM. L'O.L.F. propose *greffière* au féminin.

② ***greffe*** [gʀɛf] n. f. **1.** Greffon végétal ou animal. **2.** Opération par laquelle on implante un greffon végétal ou animal. — Résultat de cette action. *La greffe d'un arbre. Les greffes du rein, du cœur.* ⇒ **transplantation.** ▸ ***greffer*** [gʀɛfe] v. tr. ▪ conjug. 1. **1.** Soumettre (une plante) à l'opération de la greffe. ⇒ **enter.** *Greffer un arbre.* **2.** Insérer (un greffon) sur un sujet. *On lui a greffé un rein.* **3.** Abstrait. SE GREFFER SUR : s'ajouter à. *Des complications imprévues sont venues se greffer là-dessus.* ▸ ***greffage*** n. m. ▪ Action de greffer. ▸ ***greffon*** [gʀɛfɔ̃] n. m. **1.** Partie d'une plante (bouton, rameau, bourgeon) que l'on insère sur une autre plante (dite *sujet* ou *porte-greffe*) afin d'obtenir un spécimen nouveau. **2.** Partie de l'organisme humain ou animal prélevée afin d'être greffée. ‹ ▸ porte-greffe ›

grégaire [gʀegɛʀ] adj. ▪ Qui vit par troupeaux. *Animaux grégaires.* / contr. **solitaire** / — *Instinct grégaire,* qui pousse à se rassembler et à s'imiter.

grège [gʀɛʒ] adj. ▪ *Soie grège,* soie brute, telle qu'on la dévide du cocon, de couleur gris-beige. — De cette couleur. *Des chandails grèges.*

grégorien, ienne [gʀegɔʀjɛ̃, jɛn] adj. ▪ *Chant grégorien,* et n. m., *le grégorien,* le plain-chant.

① ***grêle*** [gʀɛl] adj **1.** D'une longueur et d'une finesse excessives. ⇒ **filiforme,** ① **fin, fluet, mince.** *Échassier perché sur ses pattes grêles.* **2.** Se dit d'un son aigu et peu intense. ⇒ **faible, frêle.** *Une voix grêle.* **3.** L'INTESTIN GRÊLE : la portion la plus étroite de l'intestin, comprise entre le duodénum et le cæcum.

② ***grêle*** n. f. **1.** Précipitation faite de grains de glace. ⇒ **grêlon.** *Fine grêle.* ⇒ **grésil.** **2.** Ce qui tombe comme la grêle. *Il a reçu une grêle de balles.* — *Accabler qqn sous une grêle d'injures.* ⇒ **pluie.** ▸ ***grêlé, ée*** adj. ▪ Marqué par de petites cicatrices (dues à la variole, etc.). *Un visage grêlé.* ▸ ***grêler*** [gʀɛle] v. impers. ▪ conjug. 1. **1.** (Grêle) Tomber. *Il grêle et il vente.* **2.** (France) Transitivement. Gâter, dévaster par la grêle. *Toute cette région a été grêlée.* ▸ ***grêlon*** n. m. ▪ Grain d'eau congelée qui tombe pendant une averse de grêle. ‹ ▸ paragrêle ›

grelot [gʀəlo] n. m. ▪ Sonnette constituée d'une boule de métal creuse, percée de trous, contenant un morceau de métal qui la fait résonner dès qu'on l'agite. *Les grelots des vaches tintinnabulent. Les grelots du Père Noël.* — Fig. Loc. *Attacher le grelot,* partir une discussion.

grelotter [gʀəlɔte] v. intr. ▪ conjug. 1. **1.** Trembler (de froid, de peur, de fièvre). ⇒ **frissonner. 2.** Avoir très froid. ⇒ **geler** (I, 2). *On grelotte ici, fermez les fenêtres.* ▶ ***grelottant, ante*** adj. ■ Qui grelotte. *Elle est toute grelottante.*

① **grenade** [gʀənad] n. f. ■ Fruit comestible du grenadier, grosse baie ronde à la pulpe rouge, pleine de pépins. ▶ ***grenadine*** n. f. ■ Sirop de jus de grenade ou d'autres fruits rouges. — Boisson artificielle de goût analogue. ▶ ① ***grenadier*** n. m. ■ Arbrisseau épineux à feuillage persistant, à fleurs rouges, qui produit les grenades. ⟨ ▶ ② grenade ⟩

② **grenade** n. f. ■ Projectile formé d'une charge d'explosif enveloppée de métal, muni d'un détonateur pour en régler l'explosion. *Grenade à main. Grenade lacrymogène. Grenade incendiaire. Grenade sous-marine,* utilisée contre les sous-marins. *Dégoupiller une grenade.* ▶ ② ***grenadier*** n. m. ■ Anciennt. Soldat chargé de lancer des grenades. — Histoire. Soldat d'élite. *Les grenadiers de Napoléon.* ⟨ ▶ lance-grenades ⟩

grenaille [gʀənɑj] n. f. **1.** Métal réduit en grains. *De la grenaille de plomb.* **2.** Petite quantité approximative. *Il me reste un billet de deux dollars et des grenailles.*

grenat [gʀənɑ] n. m. **1.** Pierre précieuse très dure, généralement d'un beau rouge. **2.** Adj. invar. Rouge sombre. *Des rubans grenat.*

grenier [gʀənje] n. m. **1.** Autrefois. Partie d'une ferme, d'ordinaire située sous les combles, où l'on conservait les grains et les fourrages. ⇒ **fenil, grange.** *Grenier à blé, à foin.* — Fig. Région qui produit beaucoup de céréales. *Les Prairies, grenier du Canada.* **2.** Étage supérieur d'une maison particulière, sous les combles, qui sert généralement de débarras. — *Fouiller une maison de la cave au grenier,* depuis le bas jusqu'en haut.

grenouillage [gʀənujaʒ] n. m. ■ Fam. Intrigues louches, tractations immorales. ⇒ fam. **magouille.**

grenouille [gʀənuj] n. f. ■ Batracien aux pattes postérieures longues et palmées, à peau lisse, nageur et sauteur. ⇒ **ouaouaron.** *Grenouille verte, rousse. La grenouille coasse. Larve de grenouille.* ⇒ **têtard.** *La grenouille et le crapaud sont des espèces différentes. Manger des cuisses de grenouille.* ≠ *crapaud.* ⟨ ▶ homme-grenouille ⟩

grenu, ue [gʀəny] adj. ■ (Choses) Dont la surface présente de nombreux grains. *Cuir grenu. Roches grenues,* dont on peut voir tous les cristaux.

grès [gʀɛ] n. m. invar. **1.** Roche sédimentaire dure formée de sable dont les grains sont unis par un ciment. *Grès rouge, gris.* **2.** Terre glaise mêlée de sable fin dont on fait des poteries. *Pot, cruche de grès.* ▶ ***gréseux, euse*** [gʀezø, øz] adj. ■ De la nature du grès ; contenant du grès.

grésil [gʀezil] n. m. ■ Grêle fine, blanche et dure. ▶ ① ***grésiller*** v. impers. ▪ conjug. 1. ■ (Grésil) Tomber. *On annonce qu'il va grésiller.*

② **grésiller** [gʀezije] v. intr. ▪ conjug. 1. ■ Produire un crépitement rapide et assez faible. ▶ ***grésillement*** n. m. ■ Léger crépitement. *Le grésillement de la friture.*

gressin [gʀesɛ̃] n. m. ■ Petit bâtonnet de pain séché, ayant la consistance des biscottes.

① **grève** [gʀɛv] n. f. ■ Terrain plat formé de sables et de graviers, situé au bord de la mer ou d'un cours d'eau. ⇒ **plage, rivage.** *Navire échoué sur la grève. Se promener sur la grève.*

② **grève** n. f. **1.** Cessation volontaire et collective du travail décidée par des salariés ou par des personnes ayant des intérêts communs, pour des raisons économiques ou politiques. ⇒ **arrêt** de travail, **débrayage, journée** d'étude. *Faire la grève* (⇒ **piqueter**), *se mettre en grève. Le syndicat a lancé un ordre de grève. Une grève perlée*. Grève du zèle,* qui consiste à ralentir son travail en appliquant les règlements à la lettre. *Grève tournante,* qui affecte successivement tous les secteurs de production. *Piquet de grève.* ⇒ **piquetage.** *Briseur de grève.* ⇒ anglic. **scab.** *La grève des mineurs, des transports.* **2.** *Faire la grève de la faim,* refuser de manger, en manière de protestation. *Détenu qui fait la grève de la faim.* ▶ ***gréviste*** n. ■ Personne qui fait la grève. ⇒ **piqueteur.**

grever [gʀəve] v. tr. ▪ conjug. 5. ■ Frapper de charges financières, de servitudes. *Dépenses qui grèvent un budget.* ⇒ **alourdir.** — Au p. p. *Un pays grevé d'impôts.* ⟨ ▶ dégrever ⟩

gribouiller [gʀibuje] v. ▪ conjug. 1. **1.** V. intr. Faire des gribouillages. ⇒ **griffonner.** *Empêchez cet enfant de gribouiller sur les murs !* **2.** V. tr. Écrire de manière confuse. — Au p. p. adj. *Message gribouillé,* à peine lisible. ▶ ***gribouillage*** n. m. ou ***gribouillis*** n. m. invar. **1.** Dessin confus, informe. ⇒ **griffonnage.** *Buvard couvert de gribouillages.* **2.** Écriture informe, illisible. *Cette écriture n'est qu'un gribouillis maladroit.* ▶ ***gribouilleur*** ou ***gribouilleux, euse*** n. ■ Personne qui gribouille. ⇒ **barbouilleur.**

gricher [gʀiʃe] v. tr. ind. ▪ conjug. 1. ■ Fam. *Gricher des dents,* grincer des dents. — Fig. Être en colère, furieux. — Sans compl. *Arrête de gricher.* ▶ ***grichage*** n. m. ■ Fam. Grincement. *Le grichage de dents. Le grichage des roues. On entend un grichage à la radio.* ⇒ **friture, sifflement.**

grièche n. f. ⇒ **pie-grièche.**

grief [gʀijɛf] n. m. **1.** Souvent au plur. Sujet, motif de plainte (généralement contre une personne). ⇒ **doléance, reproche.** *Avoir des griefs contre qqn. Exposer, formuler ses griefs,* se plaindre, protester. — Loc. TENIR, FAIRE GRIEF DE *qqch.* À *qqn* : le lui reprocher. *Ne me tenez pas grief de mes absences.* **2.** Plainte officielle écrite déposée par un salarié ou un syndicat contre un employeur en vertu d'une convention collective de travail. *Faire, déposer un grief. Des griefs syndicaux.*

grièvement [gʀijɛvmɑ̃] adv. ■ *Grièvement blessé,* gravement* blessé. / contr. **légèrement** /

griffe [gʀif] n. f. **1.** Ongle pointu et crochu de certains animaux. *Le chat sort ses griffes. Coup de griffe.* — Loc. MONTRER LES GRIFFES : menacer. *Rentrer ses griffes,* revenir à une attitude moins agressive. *Tomber sous la griffe de qqn,* en son pouvoir. *Arracher une personne des griffes d'une autre.* **2.** Petit crochet qui maintient une pierre sur un bijou. **3.** Empreinte reproduisant une signature. *Apposer sa griffe.* — Marque au nom d'un fabricant d'objets de luxe, apposée sur ses produits. *Ce manteau porte la griffe d'un grand couturier. La griffe est enlevée.* ⇒ **dégriffer. 4.** Marque caractéristique du style de qqn dans ses œuvres. *On reconnaît la griffe de l'auteur.* ▶ ***griffer*** v. tr. ▪ conjug. 1. ■ Égratigner d'un coup de griffe ou d'ongle. ⇒ **grafigner.** *Le chat m'a griffé.* ⟨ ▶ dégriffer, griffonner, griffu, griffure ⟩

griffon [gʀifɔ̃] n. m. **1.** Animal fabuleux, ailé, à corps de lion et à tête d'aigle. **2.** Chien de chasse à poils longs et rudes.

griffonner [gʀifɔne] v. tr. ▪ conjug. 1. **1.** Écrire (qqch.) d'une manière confuse, peu lisible. *Les médecins griffonnent leurs ordonnances.* — Sans compl. Faire des lettres, des signes, des dessins informes. ⇒ **gribouiller.** *Griffonner sur un buvard.* **2.** Rédiger à la hâte. *Griffonner un billet, une adresse.* ▶ ***griffonnage*** n. m. **1.** Écriture mal formée, illisible ; dessin informe. ⇒ **gribouillage, gribouillis.** **2.** Ce qu'on rédige hâtivement, avec maladresse. *Des griffonnages de jeunesse.*

griffu, ue [gʀify] adj. ■ Armé de griffes ou d'ongles longs et crochus. *Des pattes griffues.*

griffure [gʀifyʀ] n. f. ■ Marque laissée par un coup de griffe, égratignure. ⇒ **écorchure, éraflure, grafigne.**

grignoter [gʀiɲɔte] v. ▪ conjug. 1. **I.** V. intr. **1.** Manger en rongeant. ⇒ **gruger.** *Le hamster grignote.* **2.** Manger très peu, du bout des dents. ⇒ **chipoter.** *Le soir, au lieu de souper, elle grignote.* **3.** Prendre une petite collation, manger un peu pour contrer la faim. *Les enfants grignotent toujours un peu après l'école. Grignoter en regardant la télévision. Grignoter du matin au soir,* manger peu, mais souvent. **II.** V. tr. **1.** Manger (qqch.) petit à petit, lentement, en rongeant. *Grignoter un biscuit. Souris qui grignote un fromage.* **2.** Détruire peu à peu, lentement. *Grignoter ses économies.* **3.** S'approprier, gagner. *Il n'y a rien à grignoter dans cette affaire.* ⇒ **grappiller, gratter.** ▶ ***grignotement*** n. m. ■ Action de grignoter (⇒ **grignotage**) ; bruit qui en résulte. ▶ ***grignotage*** n. m. ■ Action de grignoter de la nourriture. ⇒ **grignotement.** *Pas de grignotage avant les repas.* — Au plur. Amuse-gueule que l'on grignote. ⇒ **grignotine.** *N'oublie pas de mettre les grignotages sur la liste d'épicerie.* ▶ ***grignotine*** n. f. ■ Surtout au plur. Petite chose à grignoter. ⇒ **amuse-gueule, grignotage.**

gri-gri n. m. ⇒ **gris-gris.**

gril [gʀil] n. m. ■ Ustensile de cuisine fait d'une grille métallique ou d'une plaque en fonte nervurée, sur lequel on fait cuire à feu vif de la viande, du poisson, etc. ⇒ **barbecue, hibachi.** — Loc. fig. *Être sur le gril,* extrêmement anxieux ou impatient. ▶ ***grillade*** [gʀijad] n. f. ■ Viande grillée. *J'ai mangé une grillade. Une grillade de porc.* ▶ ***grilladerie*** n. f. ■ Restaurant qui se spécialise dans la préparation de grillades. ⇒ **brochetterie, rôtisserie.** ‹ ▶ griller ›

grillage [gʀijaʒ] n. m. **1.** Treillis le plus souvent métallique qu'on met aux fenêtres, aux portes à jour, etc. **2.** Clôture en treillis de fils de fer. *Jardins enclos d'un grillage.* ▶ ***grillager*** v. tr. ▪ conjug. 3. ■ Munir d'un grillage. — Au p. p. adj. *Fenêtre grillagée.*

grille [gʀij] n. f. **I.** **1.** Assemblage de barreaux entrecroisés ou parallèles fermant une ouverture. *Les grilles d'un cloître. Les grilles des fenêtres d'une prison. La grille d'un égout.* Fam. Bouche d'égout. **2.** Clôture formée de barreaux métalliques verticaux, plus ou moins ouvragés. *La grille d'un château, d'un parc public.* **3.** Châssis équipé de barres de fonte soutenant le charbon ou le petit bois dans un poêle, une cheminée. **4.** Tablette amovible du four d'une cuisinière. *Nettoyer les grilles du four.* — Sous-plat métallique. *Laisser refroidir une tarte chaude sur une grille.* **II.** **1.** Carton ajouré à l'aide duquel on code ou décode un message secret. ⇒ **cryptographie.** — *Grille de correction,* qui comporte les réponses à un examen. **2.** *Grille de mots-croisés, de mots-mystères,* l'ensemble des cases à remplir. *La grille d'une carte de bingo,* les cases numérotées. **3.** Plan, tableau donnant un ensemble d'indications chiffrées. *Grille des horaires d'avions, d'autobus. Grille des programmes de la télévision. Grille des salaires.* ‹ ▶ grillage ›

grilled-cheese [gʀijtʃiz] n. m. invar. ■ Anglic. Sandwich au fromage grillé. *Se préparer un grilled-cheese.*

griller [gʀije] v. ▪ conjug. 1. **I.** V. tr. **1.** Faire cuire, rôtir sur le gril. *Griller un steak.* — Au p. p. adj. *Viande grillée.* ⇒ **grillade.** *Pain grillé.* ⇒ anglic. ② **toast** **2.** Chauffer à l'excès. *La flambée lui grillait le visage.* **3.** Torréfier. *Griller du café.* — Au p. p. adj. *Amandes grillées.* **4.** Fam. *Griller une cigarette,* la fumer. **5.** Mettre hors d'usage par un court-circuit ou par un courant trop intense. ⇒ fam. **brûler.** *Griller une résistance, une ampoule.* — Au p. p. adj. *Fusible grillé.* **6.** *Griller une étape, un feu rouge,* ne pas s'y arrêter. ⇒ **brûler.** **II.** V. intr. **1.** Rôtir sur le gril. *Mettre des côtelettes à griller.* **2.** Fam. Être exposé à une chaleur trop vive. *On grille ici !* / contr. **geler** / **3.** (Personnes) Fam. Bronzer. ⇒ **brunir, hâler.** *Se faire griller au bord de la piscine.* — Au passif et au p. p. adj. *Tu es bien grillée ! Avoir le visage, les bras grillés.* ⇒ **basané, brun, hâlé.** **4.** Abstrait. GRILLER DE... : brûler de... *Griller d'impatience. Nous grillons de vous entendre !* ▶ ***grille-pain*** [gʀijpɛ̃] n. m. invar. ■ Appareil électroménager dans lequel on grille des tranches de pain. ⇒ fam. **toasteur.** *Des grille-pain électriques.*

grillon [gʀijɔ̃] n. m. ■ Insecte sauteur, noir ou jaune (aussi appelé *cri-cri,* en raison du bruit que le mâle fait avec ses élytres). ⇒ **criquet.**

grimace [gʀimas] n. f. **1.** Contorsion du visage, faite inconsciemment ⇒ **tic,** ou volontairement. *Une grimace de dégoût, de douleur. Les enfants s'amusent à se faire des grimaces.* **2.** Fig. *Faire la grimace,* manifester son mécontentement, son dégoût. *Quand on lui a offert ce poste, il a fait la grimace.* **3.** Au plur. Mines affectées, hypocrites. ⇒ **simagrée, singerie.** *Assez de grimaces !* ▶ ***grimacer*** v. intr. ▪ conjug. 3. ■ Faire des grimaces. *Grimacer de douleur.* ▶ ***grimaçant, ante*** adj. ■ Qui grimace. *Visage grimaçant.* ▶ ***grimaceur*** ou ***grimaceux, euse*** ou ***grimacier, ière*** adj. ■ Qui a l'habitude de faire des grimaces. *Un enfant grimaceur* ou, France, *grimacier.*

grimer [gʀime] v. tr. ▪ conjug. 1. ■ Maquiller pour le théâtre, le cinéma, etc. — Pronominalement (réfl.). *Le clown se grime avec art.* ▶ ***grimage*** n. m. ■ Maquillage de théâtre.

grimoire [gʀimwaʀ] n. m. ■ Écrit indéchiffrable, illisible ou incompréhensible.

grimper [gʀɛ̃pe] v. **I.** V. intr. cong. 1. **1.** Monter en s'aidant des mains et des pieds. ⇒ **escalader.** *Grimper aux arbres, sur, dans un arbre. Grimper dans (à) l'échelle.* — Loc. fam. *Grimper dans les rideaux*.* — N. m. LE GRIMPER : exercice de montée d'une corde lisse ou à nœuds. **2.** (Plantes) *Le lierre grimpe jusqu'au toit.* **3.** Monter sur un lieu élevé, d'accès difficile. *Grimper sur une montagne. Le petit enfant a grimpé sur la table. — Grimpe sur les genoux de grand-papa,* viens t'y asseoir. Au p. p. adj. *Un couvreur grimpé sur un toit.* **4.** (Suj. chose) S'élever en pente raide. *La route grimpe à pic.* **5.** Fam. Monter, s'élever, augmenter rapidement. *Les prix ont grimpé.* **II.** V. tr. **1.** Gravir. *Grimper un escalier quatre à quatre.* **2.** Placer, ranger qqch. dans un endroit élevé. *Grimper des livres sur le dernier rayon d'une bibliothèque. Il faut grimper les meubles au troisième étage,* les monter. ▶ ***grimpant, ante*** adj. **1.** *Plante grimpante,* dont la tige ne peut s'élever qu'en s'accrochant ou en s'enroulant à un support voisin. **2.** (France) N. m. Fam. Pantalon. ▶ ***grimpée*** n. f. ■ Ascension rude et pénible. ▶ ***grimpette*** n. f. ■ Fam. Chemin court qui monte raide. ⇒ **raidillon.** ▶ ***grimpeur, euse*** adj. et n. ■ (Animaux) Qui a l'habitude de grimper. *Le perroquet est un oiseau grimpeur.* — N. *Un grimpeur,* un alpiniste ; un coureur qui excelle à monter les côtes. ‹ ▶ dégrimper ›

grincer [gʀɛ̃se] v. intr. ▪ conjug. 3. **1.** (Suj. chose) Produire un son aigu et prolongé, désagréable. ⇒ **crier.** *Roue, essieux qui grincent. Faire grincer une porte.* **2.** (Suj. personne) Loc. GRINCER DES DENTS : faire entendre un crissement en serrant les mâchoires. ⇒ fam. **gricher.** *Il grince des dents de douleur, de colère.* ▸ ***grinçant, ante*** adj. **1.** Qui grince. *Sommier aux ressorts grinçants.* **2.** Acerbe. *Humour, sourire grinçant.* ▸ ***grincement*** n. m. ■ Action de grincer ; bruit aigre ou strident qui en résulte. ⇒ fam. **grichage.** *Le grincement d'une porte. Des grincements de dents.*

grincheux, euse [gʀɛ̃ʃø, øz] adj. ■ D'humeur maussade et revêche. ⇒ **acariâtre, hargneux.** — N. *C'est un vieux grincheux.* ⇒ **bougon, grognon.**

gringalet [gʀɛ̃galɛ] n. m. ■ Péj. Homme de petite taille, de corps maigre et chétif. *Ce gringalet ne me fait pas peur !*

griot [gʀijo] n. m. ■ En Afrique noire. Membre d'une caste de conteurs ambulants, auquel on attribue parfois des pouvoirs magiques.

griotte [gʀijɔt] n. f. ■ Grosse cerise à queue courte, à chair molle et acide. *Confiture de griottes.*

① ***grippe*** [gʀip] n. f. ■ Loc. PRENDRE EN GRIPPE : avoir une aversion soudaine contre (qqn, qqch.), ne plus pouvoir supporter (qqn). *Le professeur a pris quelques élèves en grippe.*

② ***grippe*** n. f. ■ Maladie infectieuse, contagieuse, caractérisée par de la fièvre, un abattement général et des symptômes tels que rhume, bronchite, etc. *Il a la grippe ; il a attrapé la grippe. — Grippe espagnole, asiatique* (d'après l'origine de l'épidémie). ≠ *rhume.* ▸ ***grippal, ale, aux*** adj. ■ Propre à la grippe. *État grippal.* ▸ ***grippé, ée*** adj. ■ Atteint de la grippe. *Elle est grippée et reste à la maison.* ≠ *enrhumé.* ⟨ ▸ antigrippe ⟩

gripper [gʀipe] v. intr. ▪ conjug. 1. ■ Se coincer, s'arrêter par manque de lubrifiant. *Le moteur va gripper, va se gripper si on ne le graisse pas.* — Pronominalement. Abstrait. *Les échanges monétaires se grippent.* ▸ ***grippage*** n. m. ■ *Le grippage d'un moteur.*

grippe-sou [gʀipsu] n. m. ■ Avare qui fait de misérables économies. ⇒ **pingre, radin** ; fam. ② **séraphin.** *Des grippe-sous.* — Adj. *Il, elle est assez grippe-sou.*

grippette ou ***gripette*** [gʀipɛt] n. m. ou f. ■ Enfant coléreux, petit diable. *Ce petit gars est un(e) vrai(e) grippette.*

① ***gris, grise*** [gʀi, gʀiz] adj. et n. **I.** **1.** D'une couleur intermédiaire entre le blanc et le noir. *Les tons gris d'un ciel orageux. Temps gris. Il fait gris,* le temps est couvert, brumeux. **2.** *Cheveux gris,* où il y a beaucoup de cheveux blancs. **3.** Loc. *Faire* GRISE MINE *à qqn* : lui faire mauvais visage, médiocre accueil. ⇒ **maussade.** **II.** N. m. **1.** Couleur grise. *Gris perle. Gris souris. Gris fer. Gris pâle, foncé. Il est habillé en gris.* **2.** (France) Tabac ordinaire (enveloppé de papier gris). *Fumer du gris.* ▸ ***grisaille*** [gʀizɑj] n. f. ■ Atmosphère monotone, triste ; caractère terne, sans éclat. ⇒ **monotonie.** *On apercevait les cheminées dans la grisaille.* ▸ ***grisâtre*** adj. ■ Qui tire sur le gris. *Jour grisâtre.* ▸ ***grisé*** n. m. ■ Teinte grise obtenue par des hachures ou par un pointillé (sur une gravure, une carte). ⟨ ▸ grisonner, petit-gris, vert-de-gris ⟩

② ***gris, grise*** adj. ■ Ivre. ⇒ **soûl** ; fam. **chaud, paqueté.** *Au milieu du repas, il était un peu gris.* ▸ ***griser*** v. tr. ▪ conjug. 1. **1.** Rendre gris. ⇒ **enivrer.** *Vin qui grise.* **2.** Mettre dans un état d'excitation physique ou morale comparable aux premières impressions de l'ivresse. *L'air vif de la campagne l'a grisé.* ⇒ **étourdir.** *Les succès l'ont grisé.* **3.** SE GRISER v. pron. réfl. : s'exalter, se repaître. *Se griser de grand air. Se griser de ses propres paroles.* ▸ ***grisant, ante*** adj. ■ Qui grise en exaltant, en surexcitant. ⇒ **enivrant, excitant.** *Un parfum grisant. Elle est grisante dans cette robe.* ▸ ***griserie*** [gʀizʀi] n. f. ■ *La griserie du succès. La griserie de la vitesse.* ⟨ ▸ dégriser ⟩

gris-gris ou ***gri-gri*** [gʀigʀi] n. m. ■ Amulette, porte-bonheur (mot africain). *Des gris-gris.*

grisonner [gʀizɔne] v. intr. ▪ conjug. 1. ■ (Poils) Commencer à devenir gris. — Avoir le poil gris par l'effet de l'âge. *Ses cheveux grisonnent ; il grisonne.* ▸ ***grisonnant, ante*** adj. ■ *Cheveux grisonnants. Tempes grisonnantes.* ▸ ***grisonnement*** n. m. ■ Fait de grisonner.

grisou [gʀizu] n. m. ■ Gaz inflammable qui se dégage des mines de houille et explose au contact de l'air. — COUP DE GRISOU : explosion de grisou.

grive [gʀiv] n. f. ■ Oiseau passereau au plumage brunâtre, au chant mélodieux. *La grive solitaire. Pâté de grives.* — Loc. *Soûl comme une grive,* complètement soûl. — PROV. *Faute de grives, on mange des merles* faute de ce que l'on désire, il faut se contenter de ce que l'on a. (→ Faute de pain, on mange de la galette)

grivèlerie [gʀivɛlʀi] n. f. ■ (France) Petit délit qui consiste à consommer sans payer, dans un café, un restaurant, un hôtel. ⇒ **fraude, resquille.**

grivois, oise [gʀivwa, waz] adj. ■ Qui est d'une gaieté licencieuse. ⇒ **égrillard, gaulois.** *Un conteur grivois. Chansons grivoises.* ⇒ fam. **cochon.** ▸ ***grivoiserie*** n. f. ■ ⇒ **gauloiserie.**

grizzli ou ***grizzly*** [gʀizli] n. m. ■ Grand ours gris-brun des montagnes Rocheuses. *Des grizzlis ; des grizzlys.*

groenlandais, aise [gʀoɛnlɑ̃dɛ, ɛz] adj. et n. **1.** Du Groenland. *Les eaux groenlandaises.* — N. (Avec une majusc.) Personne née au Groenland ou qui y habite. **2.** N. m. *Le groenlandais,* une langue inuit parlée au Groenland.

grog [gʀɔg] n. m. ■ (France) Boisson faite d'eau chaude sucrée, de rhum, et de citron. ⇒ ① **ponce.** *Des grogs. Le grog est excellent contre les refroidissements.* ≠ *punch.*

groggy [gʀɔgi] adj. Anglic. **1.** Étourdi par les coups, qui semble près de s'écrouler. ⇒ **sonné.** *Boxeur groggy.* **2.** Fam. Étourdi, assommé (par la fatigue, l'ivresse, etc.). ⇒ **hébété.** *Il faisait si chaud qu'elles étaient groggys.*

grogner [gʀɔɲe] v. intr. ▪ conjug. 1. **1.** (Cochon, sanglier, ours) Pousser un cri *(grognement).* — Émettre un bruit sourd, une sorte de grondement. *Chien qui grogne.* **2.** Manifester son mécontentement par de sourdes protestations. ⇒ **bougonner, bourrasser, grommeler, ronchonner.** *Obéir en grognant. Grogner contre qqn.* ▸ ***grogne*** n. f. ■ Mécontentement exprimé en grognant, mauvaise humeur. ▸ ***grognement*** n. m. **1.** (Animaux) *Grognements du cochon.* **2.** (Personnes) *Des grognements de protestation.* ▸ ***grognon, onne*** ou ***grogneur*** ou ***grogneux, euse*** adj. et n. ■ Qui a l'habitude de grogner, qui est d'une humeur maussade, désagréable. ⇒ **bougon, grincheux.** *Enfant grognon. Une humeur grognon, grognonne. Un air grognon.* — N. *Un vieux grognon.* / contr. **aimable** / — REM. Comme synonyme, on emploie aussi *grognard.*

groin [gʀwɛ̃] n. m. ■ Museau du porc, du sanglier, propre à fouir.

grommeler [gʀɔmle] v. ▪ conjug. 4. **1.** V. intr. Murmurer, se plaindre entre ses dents. ⇒ **bougonner, bourrasser, grogner, ronchonner.** *Obéir en grommelant.* **2.** V. tr. Dire en grommelant. *Il grommelle des injures, des menaces.* ⇒ **marmonner.** ▸ ***grommellement*** [gʀɔmɛlmɑ̃] n. m.

gronder [gʀɔ̃de] v. ▪ conjug. 1. **I.** V. intr. **1.** Produire un bruit sourd, grave et terrible. *Le canon gronde. Le tonnerre gronde.* **2.** Abstrait. Être menaçant, près d'éclater. *L'émeute gronde.* **II.** V. tr. **1.** Réprimander (un enfant). ⇒ **attraper, chicaner,** ① **disputer, tancer.** *Tu vas te faire gronder si tu désobéis.* **2.** Réprimander amicalement. *Nous devons vous gronder d'avoir fait un si beau cadeau.* ▸ ***grondant, ante*** adj. ▸ ***grondement*** n. m. ▪ Bruit sourd et prolongé. *Le grondement de l'avalanche.* ▸ ***gronderie*** n. f. ▪ Réprimande. ▸ ***grondeur, euse*** adj. ▪ *Humeur, voix grondeuse,* qui réprimande.

grondin [gʀɔ̃dɛ̃] n. m. ▪ Poisson de mer comestible. ⇒ **malachigan.**

groom [gʀum] n. m. ▪ (France) Anglic. Jeune employé en livrée, chargé de faire les courses dans les hôtels, restaurants, cercles. ⇒ **chasseur.** *Des grooms.*

gros, grosse [gʀo, gʀos] adj., adv. et n. **I.** Adj. **1.** Qui, dans son genre, dépasse la mesure ordinaire. / contr. ① **petit** / *Gros nuage ; grosse vague. Grosse valise.* ⇒ **volumineux.** *Grosse voiture. Gros caractères. Gros arbre. Grosse araignée. Grosse fièvre. Une grosse maison.* ⇒ **grand.** — Loc. fam. *Être sur le gros nerf,* excessivement nerveux, extrêmement tendu ; **2.** (Personnes) Qui est plus large et plus gras que la moyenne des gens. ⇒ **corpulent, empâté, gras, grasset, replet, ventripotent.** / contr. **maigre** / *Il est gros et gras. Il est très gros, mais pas obèse. Une grosse femme. Gros bébé.* — Loc. ÊTRE, SE RETROUVER GROS-JEAN COMME DEVANT : éprouver une désillusion. **3.** (Exprimant les dimensions relatives) *Gros comme le poing, comme une tête d'épingle, comme le petit doigt ; comme une fourmi,* très petit. — Loc. *Être gros comme rien,* très maigre. **4.** Désignant une catégorie de grande taille par rapport à une autre. *Gros sel. Gros pain. Gros gibier. Le gros intestin.* — *Achète deux grosses bouteilles de cola.* / contr. ① **petit** / *Une grosse bière.* — N. f. Par ext. *Une grosse,* une bouteille de grand format. **5.** Qui est temporairement, anormalement gros. *Grosse mer,* mer houleuse dont les vagues s'enflent. *Gros temps,* mauvais temps, sur mer. — Vieilli (Après le nom) *Femme grosse.* ⇒ **enceinte.** — *Avoir le cœur gros,* avoir du chagrin, de la peine. — GROS DE : qui recèle certaines choses en germe. *Un événement gros de conséquences. Le cœur gros de soupirs.* **6.** Abondant, important. *Grosse averse. Une très grosse tempête de neige. Faire de grosses dépenses.* ⇒ **excessif.** *Grosse affaire. Le gros lot.* ⇒ **cagnote.** — N. m. *Le plus gros est fait.* ⇒ **essentiel, principal. 7.** (Personnes) *Gros buveur, gros mangeur,* celui qui boit, mange en très grande quantité (⇒ **grand**). — Important par le rang, par la fortune. ⇒ **influent, opulent, riche.** *Gros entrepreneur. Gros capitaliste.* Fam. *Un gros bonnet.* Au fém. *Une grosse légume,* une personne influente. *Une grosse poche.* **8.** Dont les effets sont importants. ⇒ ①, ② **fort, intense.** *Grosse voix,* forte et grave. *Grosse fièvre.* ⇒ **violent.** *Gros rhume. De gros ennuis. Grosse erreur.* ⇒ **grave. 9.** Qui manque de raffinement, de finesse, de délicatesse. ⇒ **grossier, ordinaire.** / contr. ① **fin** / *Avoir de gros traits.* Fam. *Une bouteille de gros rouge,* de vin ordinaire. *Gros travaux. Grosse plaisanterie.* ⇒ **vulgaire.** — GROS MOT. ⇒ **grossier.** — (Choses racontées) *C'est gros ton histoire,* difficile à croire, peu convaincant. ⇒ ① **fort. 10.** Pour renforcer une qualification péjorative. ⇒ **grand.** *Gros fainéant. Espèce de gros niaiseux, de gros cave !* **II.** Adv. **1.** *Écrire gros,* avec de gros caractères. *Gagner gros,* beaucoup. *Risquer gros.* — *En avoir gros sur le cœur,* avoir du chagrin, de la peine, du dépit. Fam. *Aimer (bien) gros (qqn),* beaucoup. **2.** EN GROS loc. adv. : en grandes dimensions. *C'est écrit en gros sur l'écriteau.* — En grande quantité. *Vente en gros ou au détail.* — Dans les grandes lignes, sans entrer dans les détails. ⇒ **grosso modo.** *Dites-moi en gros ce dont il s'agit.* **III.** N. **1.** Personne grosse. *Un bon gros.* — Fig. Loc. fam. *Un gros plein de soupe* ou vulg. *un gros plein de merde,* qui a de l'argent, du pouvoir et qui est souvent impitoyable. **2.** Au masc. plur. Fam. LES GROS : personnes riches, influentes. *Les petits payent pour les gros.* **3.** N. m. LE GROS DE : la plus grande quantité de (qqch.). *Le gros de l'assemblée, des troupes.* **4.** *Commerce de gros,* d'achat et de vente en grandes quantités. *Maison de gros. Prix de gros. Marchand de gros, en gros.* ⇒ **grossiste.** / contr. **détail** / ▸ ***gros-bec*** n. m. ▪ Oiseau passereau à gros bec conique. *Un gros-bec des pins. Des gros-becs errants.* ‹ ▸ dégrossir, engrosser, gros-grain, gros-porteur, grosse, grossesse, grosseur, grossier, grossir, grossiste, grosso modo ›

groseille [gʀozɛj] n. f. **1.** Fruit du groseillier, petite baie acide rouge ou blanche, en grappes. *Gelée de groseille.* **2.** Adj. invar. De la couleur de la groseille rouge. ▸ ***groseillier*** n. m. ▪ Arbuste cultivé pour ses fruits, les groseilles. ⇒ **cassis, gadellier.**

gros-grain [gʀogʀɛ̃] n. m. ▪ Large ruban à côtes, résistant, qui sert à renforcer. *Un chapeau monté sur du gros-grain. Des gros-grains.*

gros-porteur [gʀopɔʀtœʀ] n. m. et adj. m. ▪ Avion de transport de grande capacité. *Des gros-porteurs.* — Adj. *Un appareil gros-porteur.*

grosse [gʀos] n. f. **1.** Copie exécutoire d'un acte notarié ou d'un jugement. **2.** Douze douzaines. *Une grosse de boutons. Une grosse d'huîtres.*

grossesse [gʀosɛs] n. f. ▪ État d'une femme enceinte. *Une grossesse pénible. Pendant sa grossesse.* — *Elle a fait une grossesse nerveuse,* elle a présenté des signes de grossesse sans être enceinte. — *Interruption volontaire de grossesse,* avortement. ⇒ **I.V.G.**

grosseur [gʀosœʀ] n. f. **1.** (Sens absolu) État d'une personne grosse. ⇒ **corpulence, embonpoint.** *Être d'une grosseur maladive.* **2.** (Sens relatif) Volume de ce qui est plus ou moins gros. ⇒ **dimension, épaisseur, largeur, taille.** *Trier des œufs selon leur grosseur.* **3.** *(Une, des grosseurs)* Enflure visible à la surface de la peau ou sensible au palper. ⇒ **bosse, tumeur.** *Avoir une grosseur à l'aine.*

grossier, ière [gʀosje, jɛʀ] adj. **1.** Qui est de mauvaise qualité ou qui est fait de façon rudimentaire. ⇒ **brut, commun, ordinaire.** *Matière grossière. Outil grossier. Lavage grossier.* ⇒ **sommaire.** *Grossière imitation.* ⇒ **maladroit. 2.** Abstrait. Qui n'est pas assez élaboré, approfondi. *Solution grossière. Je n'en ai qu'une idée grossière.* ⇒ **imprécis. 3.** Qui manque de finesse, de grâce. ⇒ **épais, lourd.** / contr. ① **fin** / *Visage aux traits grossiers.* **4.** Digne d'un esprit peu cultivé, peu subtil. *Erreur grossière.* ⇒ **gros.** *Plaisirs grossiers.* ⇒ **bas.** — MOT GROSSIER : qui offense la pudeur, est contraire aux bienséances. ⇒ **gros** mot. **5.** (Personnes) Qui manque d'éducation, de politesse. ⇒ mal **élevé.** *Il a été grossier avec nous.* ⇒ **discourtois, impoli, incorrect, insolent.** *Quel grossier personnage !* — N. *Un espèce de petit grossier.* ▸ ***grossièrement*** adj. **1.** D'une manière grossière. *Bois grossièrement équarri.* ⇒ **sommairement.** *Se tromper grossièrement.* ⇒ **lourdement. 2.** D'une façon blessante ou inconvenante (⇒ **impoliment**). *Répondre grossièrement à qqn.* ⇒ **brutalement.** ▸ ***grossièreté*** n. f. **1.** Ignorance ou mépris des bonnes manières ; action peu délicate, dans les relations sociales. / contr. **politesse, raffinement** / **2.** Caractère d'une personne grossière dans son langage. *Sa grossièreté est choquante.* **3.** Mot, propos grossier. *Dire, débiter des grossièretés.*

grossir [gʀosiʀ] v. ▪ conjug. 2. **I.** V. intr. **1.** (Personnes) Devenir gros, plus gros. ⇒ **engraisser.** / contr. **maigrir** / *Il a beaucoup grossi. Régime qui empêche de grossir.* **2.** (Choses) Enfler, gonfler. *Le nuage grossit à vue d'œil. La fonte des neiges grossit la rivière.* **3.** Augmenter en nombre, en importance, en intensité. ⇒ **augmenter.** *La foule des curieux grossissait. Bruit qui grossit.* **II.** V. tr. **1.** Faire paraître gros, plus gros. *Ce vêtement vous grossit. Microscope qui grossit mille fois.* **2.** Rendre plus nombreux, plus important en venant s'ajouter. ⇒ **renforcer.** *Ceux-là vont grossir le nombre des mécontents.* — Pronominalement (passif). *La foule s'était grossie de nombreux étudiants.* **3.** Amplifier, exagérer l'importance de. ⇒ **dramatiser.** *On a grossi l'affaire à des fins politiques.* / contr. **minimiser** / *Grossir des faits.* ▶ ***grossissant, ante*** adj. ▪ Qui fait paraître plus gros. *Verre grossissant.* ▶ ***grossissement*** n. m. **1.** Le fait de devenir gros ; augmentation de volume. *Le grossissement anormal d'une personne.* **2.** Accroissement apparent de la taille d'un objet, grâce à un instrument interposé. *Loupe, lunette, télescope à fort grossissement.* **3.** Amplification, exagération. *Le grossissement d'un fait divers.*

grossiste [gʀosist] n. ▪ Marchand en gros, intermédiaire entre le détaillant et le producteur ou le fabricant. / contr. **détaillant** /

grosso modo [gʀosomodo] loc. adv. ▪ En gros, sans entrer dans le détail. *Voici, grosso modo, nos objectifs.* ⇒ **approximativement.** / contr. **précisément** /

grotesque [gʀo(ɔ)tɛsk] adj. et n. **1.** Risible par son apparence bizarre, caricaturale. ⇒ **burlesque, extravagant, quétaine.** *Personnage grotesque. Accoutrement grotesque.* **2.** Qui prête à rire (sans idée de bizarrerie). ⇒ **ridicule.** *Je me sens grotesque.* **3.** N. m. Caractère grotesque. *C'est d'un grotesque achevé.* — Le comique de caricature poussé jusqu'au fantastique, à l'irréel. *Le grotesque dans l'art.* ▶ ***grotesquement*** adv.

grotte [gʀɔt] n. f. ▪ Cavité naturelle ou artificielle de grande taille creusée dans le rocher, le flanc d'une montagne. ⇒ **caverne.** *Grottes préhistoriques,* ayant servi d'abri aux premiers êtres humains.

grouiller [gʀuje] v. intr. ▪ conjug. 1. **1.** Remuer, s'agiter en masse confuse, en parlant d'éléments nombreux. *La foule grouillait sur la place.* — Remuer, s'agiter, en parlant d'une seule personne. *Cet enfant grouille beaucoup.* ⇒ s'**énerver,** s'**exciter.** **2.** Fam. Bouger. *Grouille pas, j'arrive. Je ne grouille pas de la maison aujourd'hui,* je ne sors pas. *Le prix de l'essence n'a pas grouillé depuis quelque temps,* changé. — V. tr. Fam. *Grouiller qqch. de lourd,* le déplacer, le remuer. *Elle n'arrive pas à grouiller le réfrigérateur.* ⇒ **pousser.** **3.** (Suj. chose) Présenter une agitation confuse ; être plein de, abonder en (éléments qui s'agitent). ⇒ **fourmiller.** *Cette branche grouille d'insectes. Rue qui grouille de monde.* **4.** Fam. SE GROUILLER v. pron. réfl. : se dépêcher, se hâter. ⇒ se **déniaiser,** se **presser.** *Allez, grouille-toi.* — Loc. fam. *Se grouiller le derrière* ou vulg. *le cul.* ▶ ***grouillant, ante*** adj. **1.** Qui grouille, remue en masse confuse. *Foule grouillante.* **2.** Qui grouille (de...). *Une place grouillante de monde.* ▶ ***grouillement*** n. m. ▪ État de ce qui grouille. ⇒ **fourmillement.**

groupe [gʀup] n. m. **1.** Réunion de plusieurs personnes dans un même lieu. *Des groupes de gens bavardaient. Des groupes se formèrent dans la rue.* ⇒ **attroupement.** **2.** Ensemble de personnes ayant qqch. en commun. *Groupe ethnique. Psychologie de groupe. Un groupe d'âge. Travail de groupe, travail en groupe. Groupe politique, parlementaire,* ensemble des parlementaires d'un même parti. *Groupe littéraire.* ⇒ **cénacle.** *Groupe financier.* — Petit orchestre. *Groupe folklorique. Groupe rock, groupe de rock.* **3.** Unité élémentaire de combat, dans l'infanterie. *Section de trois groupes. Groupe franc,* commando. — Unité, dans l'armée de l'air. *Le groupe comprend le plus souvent deux escadrilles.* **4.** Ensemble de choses. *Des groupes d'arbres. Groupe électrogène.* **5.** GROUPE SANGUIN : permettant la classification des individus selon la composition de leur sang. *Groupe A, B* (récepteurs universels) ; *groupe O* (donneurs universels). ▶ ***groupement*** [gʀupmɑ̃] n. m. **1.** Action de grouper ; fait d'être groupé. ⇒ **assemblage, rassemblement.** *Le groupement de l'habitat rural.* **2.** Réunion importante de personnes ou de choses volontairement groupées. ⇒ **association.** *Groupement syndical.* ⇒ **fédération.** *Un groupement féministe.* ▶ ***grouper*** v. tr. ▪ conjug. 1. **1.** Surtout abstrait. Mettre ensemble. ⇒ **assembler, réunir.** *Grouper des documents.* — Au p. p. adj. *Lignes téléphoniques groupées.* **2.** SE GROUPER v. pron. réfl. *Groupez-vous par trois. Se grouper autour d'un chef.* ⇒ se **rassembler.** / contr. se **disperser** / ▶ ***groupage*** n. m. ▪ Action de réunir des colis ayant une même destination. ▶ ***groupuscule*** n. m. ▪ Péj. Petit groupe politique. ‹ ▶ regrouper, sous-groupe ›

groupie [gʀupi] n. Anglic. **1.** Personne (le plus souvent une jeune fille) qui est fanatique d'un(e) chanteur(euse), d'un(e) musicien(ienne) ou d'un groupe (rock, pop...) et qui suit ses spectacles partout. *Les groupies étaient nombreuses dans les années 1960.* **2.** Fam. Admirateur inconditionnel de qqn, d'un parti.

gruau [gʀyo] n. m. **1.** Grains de céréales grossièrement moulus et privés de son. — Bouillie de flocons d'avoine. *Un déjeuner au gruau d'avoine.* **2.** Fine fleur de froment. *Pain de gruau.*

grue [gʀy] n. f. **1.** Oiseau échassier migrateur qui vole par bandes. *Une grue blanche.* — Loc. FAIRE LE PIED DE GRUE : attendre longtemps debout (comme une grue qui se tient sur une patte). **2.** Vx et fam. Femme légère et vénale. **3.** Machine de levage et de manutention. ⇒ ② **chèvre.** *Grue montée sur rails. La grue domine le chantier.* **4.** *Grue de prise de vues,* appareil articulé permettant les mouvements de caméra. *Travelling à la grue.* ‹ ▶ grutier ›

gruger [gʀyʒe] v. tr. ▪ conjug. 3. **1.** Manger qqch. de dur en le croquant, en le grignotant. *Gruger du fromage, du pain sec. Le chien gruge un os.* ⇒ **mordiller.** **2.** Fig. Ronger peu à peu (du temps) ; progresser lentement. *Ce travail a grugé une partie de mes vacances. J'ai grugé quelques autres chapitres. Gruger son capital,* y puiser continuellement. **3.** Littér. Duper (qqn) en affaires ; le dépouiller de son bien. ⇒ **spolier, voler.** *Il s'est fait gruger par son associé.*

grume [gʀym] n. f. ▪ Pièce de bois tronçonnée non encore équarrie. ⇒ ② **bille, billot ;** fam. **pitoune.**

grumeau [gʀymo] n. m. ▪ Petite masse coagulée dans un liquide, une pâte. ⇒ **motton.** *La sauce fait des grumeaux.* ▶ ***grumeleux, euse*** [gʀymlø, øz] adj. **1.** Qui est en grumeaux. *Potage grumeleux.* **2.** Qui présente des granulations. *Une peau grumeleuse.*

grutier, ière [gʀytje, jɛʀ] n. ▪ Ouvrier ou mécanicien qui manœuvre une grue (3).

gruyère [gʀyjɛʀ] n. m. ▪ Fromage de lait de vache, à pâte cuite et formant des trous. *Gruyère râpé.*

guadeloupéen, enne [gwad(ə)lupeɛ̃, ɛn] adj. et n. ▪ De la Guadeloupe, relatif à la Guadeloupe. *Des* *vacances guadeloupéennes.* — N. (Avec une majusc.) Personne née dans cette île des Antilles ou qui l'habite.

guano [gwano] n. m. ■ Engrais fabriqué avec des débris et des excréments d'oiseaux, de poissons, etc.

gué [ge] n. m. ■ Endroit d'une rivière où le niveau de l'eau est assez bas pour qu'on puisse traverser à pied. ⇒ **passage.** *Passer plusieurs gués. Traverser à gué.* ≠ *guet.*

guedi [gədi] ou **guédi** [gedi] n. m. ■ Fam. Petit objet, chose quelconque que l'on ne peut nommer. ⇒ fam. **affaire, bebelle, bidule, gogosse, patente, truc.** *J'ai acheté toutes sortes de guedis. « Qu'y a-t-il comme hors d'œuvre ? – Des guedis. »,* plusieurs choses disparates. — *Qu'est-ce que c'est que ces guedis-là ?,* ces histoires. ▸ ***guedi-guedi*** ou ***guédi-guédi*** n. m. ■ Fam. Chatouille que l'on fait à qqn, surtout aux enfants. ⇒ **guili-guili.** *Faire guedi-guedi* ou *des guedis-guedis à un bébé.*

guedille [gədij] ou **guédille** [gedij] n. f. ■ Pain hot-dog grillé garni d'une salade (aux œufs, au poulet, etc.). *Manger des guedilles aux œufs.*

guedoune n. f. ⇒ **guidoune.**

guenille [gənij] n. f. **1.** Au plur. Vêtement en lambeaux. ⇒ **défroque, haillon, hardes.** *Un clochard en guenilles.* — Au sing. Vêtement, tissu de mauvaise qualité. *Cette chemise, c'est de la guenille.* **2.** Morceau de vieille étoffe, de vêtement dont on ne se sert plus. ⇒ **chiffon, torchon.** *Enlever les taches de peinture avec une guenille.* **3.** Littér. Personne qui a perdu toute vigueur physique ou morale. ⇒ **loque.** **4.** Loc. fam. *Avoir les jambes (molles) comme de la guenille,* avoir peur. ⇒ **foie.** — *Chiquer la guenille,* être de mauvaise humeur, ronchonner, rechigner. ▸ ***guenillou*** ou ***guenilloux, ouse*** ou ***guenilleux, euse*** n. **1.** Personne qui ramasse les vieux vêtements, les guenilles, les journaux, le carton, pour les revendre. ⇒ **chiffonnier.** **2.** Péj. Personne qui est mal habillée, qui porte des vêtements en lambeaux et qui est souvent malpropre. ⇒ **loqueteux ; déguenillé, dépenaillé.** *Une famille de guenillous.* — REM. La forme féminine *guenillouse* est rare. ⟨ ▸ déguenillé ⟩

guenon [gənɔ̃] n. f. ■ Femelle du singe.

guépard [gepaʀ] n. m. ■ Félin voisin de la panthère, au pelage tacheté de noir, haut sur pattes, à la course très rapide.

guêpe [gɛp] n. f. **1.** Insecte hyménoptère, dont la femelle porte un aiguillon venimeux. *Un nid de guêpes.* ⇒ **guêpier.** **2.** *Taille de guêpe,* taille très fine d'une femme. ▸ ***guêpier*** n. m. **1.** Nid de guêpes. *Enfumer un guêpier.* **2.** Loc. *Se fourrer, tomber dans un guêpier,* dans une affaire dangereuse, un piège dont on peut difficilement sortir indemne. ⇒ **bourbier.**

guère [gɛʀ] adv. – NE... GUÈRE. **1.** Pas beaucoup, pas très. ⇒ **médiocrement, peu.** *Vous n'êtes guère raisonnable. Je n'ai guère de courage. Vous ne l'avez guère bien reçu. À mon avis, il n'a guère plus de soixante ans. Elle ne va guère mieux. Cela ne se dit guère. Je n'aime guère ce quartier. « Aimez-vous ce quartier ? – Guère. » Ce mot n'est plus guère employé.* — (Avec NE... QUE) *Il n'y a guère que deux heures qu'il est parti.* **2.** Pas longtemps. *La paix ne dura guère.* — Pas souvent, presque jamais. ⇒ **rarement.** *Vous ne venez guère nous voir.* ⟨ ▸ naguère ⟩

guéridon [geʀidɔ̃] n. m. ■ Petite table ronde ou ovale, généralement à pied central.

guérilla [geʀija] n. f. ■ Guerre de coups de main. *Guérilla urbaine. Des guérillas.* ▸ ***guérillero*** n. m. ■ Combattant dans une guérilla. *Des guérilleros.*

guérir [geʀiʀ] v. ■ conjug. 2. **I.** V. tr. **1.** Délivrer d'un mal physique ; rendre la santé à (qqn). *Ce remède l'a guérie de son mal. Le médecin a guéri notre malade.* **2.** (Suj. chose) Faire cesser (une maladie). *Médicament, traitement qui guérit la bronchite.* **3.** Délivrer d'un mal moral. *Il faut vous guérir de cette obsession, de cette mauvaise habitude.* ⇒ **débarrasser.** **II.** V. intr. **1.** Recouvrer la santé ; aller mieux et sortir de maladie. ⇒ se **rétablir.** *Espérons qu'elle guérira.* **2.** (Suj. maladie) Disparaître. *Mon rhume ne veut pas guérir.* **III.** SE GUÉRIR v. pron. réfl. **1.** Se délivrer d'un mal physique. *Elle s'est enfin guérie de ses maux de tête.* **2.** Se délivrer d'une imperfection morale, d'une mauvaise habitude. *Il ne s'est pas encore guéri de ses préjugés.* ⇒ se **débarrasser.** *Elle finira par se guérir de cette manie.* ⇒ se **corriger.** ▸ ***guéri, ie*** adj. **1.** Rétabli d'un mal physique. *Il a été très malade, mais maintenant il est guéri.* **2.** *Être guéri de,* ne plus vouloir de... pour l'avoir expérimenté. ⇒ **revenu** de. *Dépenser autant d'argent pour de pareilles bêtises, j'en suis guéri !* ▸ ***guérison*** n. f. ■ Le fait de guérir. ⇒ **rétablissement.** *Malade en voie de guérison.* ▸ ***guérissable*** adj. ■ (Maladies, personnes) Qui peut être guéri. ▸ ***guérisseur, euse*** n. ■ Personne qui soigne les malades sans avoir la qualité officielle de médecin, et par des procédés que la science ne peut expliquer. ⇒ **ramancheur, rebouteur.** ⟨ ▸ inguérissable ⟩

guérite [geʀit] n. f. **1.** Abri d'une sentinelle. **2.** (France) Baraque aménagée pour abriter un travailleur, faire office de bureau sur un chantier, etc.

guerre [gɛʀ] n. f. **I. 1.** Lutte armée entre États, considérée comme un phénomène historique et social. / contr. **paix** / *Déclarer la guerre à un pays.* PROV. *Si tu veux la paix, prépare la guerre. Faire la guerre. Soldat qui va à la guerre. Le nerf de la guerre* l'argent. — EN GUERRE : en état de guerre. *Être en guerre. Nations en guerre. Entrer en guerre contre un pays voisin. Ces deux pays sont en guerre* (l'un contre l'autre). — DE GUERRE. *État de guerre. Crime de guerre. Correspondante de guerre d'un journal. Blessé, mutilé, prisonnier de guerre. Navire de guerre.* **2.** Les questions militaires ; l'organisation des armées (en temps de paix comme en temps de guerre). *Conseil de guerre.* — Autrefois. *Le ministère de la Guerre.* ⇒ **défense.** **3.** UNE GUERRE, LA GUERRE (en parlant d'un conflit particulier, localisé dans l'espace et dans le temps). ⇒ **conflit, hostilité.** *Des guerres éclatent aux quatre coins du globe. Gagner, perdre une guerre. La Grande Guerre, la guerre de 14* (1914). *La drôle de guerre,* nom donné en France à la période de guerre qui précéda l'invasion allemande (sept. 1939-mai 1940). *Guerre de libération, de conquête. Guerre atomique. Guerre de l'espace,* dans la science-fiction. *Guerre des étoiles,* initiative* de défense stratégique. *Guerre de partisans.* ⇒ **guérilla.** — *Guerre sainte,* guerre que mènent les fidèles d'une religion au nom de leur foi. ⇒ **croisade.** *Guerres de religion.* — GUERRE CIVILE : lutte armée entre groupes et citoyens d'un même État. ⇒ **révolution.** — *La guerre de Sécession*.* — GUERRE-ÉCLAIR : qui se déroule rapidement. **4.** Lutte n'allant pas jusqu'au conflit armé. *Guerre économique.* Loc. *Guerre des nerfs,* visant à briser la résistance morale de l'adversaire. — *Guerre froide,* état de tension prolongée entre États, entre groupes ou entre personnes. — Fam. *Guerre des poteaux,* concernant l'affichage électoral, les candidats cherchant à s'approprier les meilleurs emplacements. **II. 1.** Toute espèce de combat, de lutte. *Vivre en guerre avec tout le monde. Il fait la guerre à ses élèves pour qu'ils arrivent à l'heure.* — *Faire la guerre à qqch.* ⇒ **combattre.** *Faire la guerre aux abus, aux injustices. Se livrer à une guerre de chiffres.* **2.** Loc. DE GUERRE LASSE : en renonçant à résister, par lassitude. — *C'est* *de bonne guerre,* sans hypocrisie, ni traîtrise. ⇒ **loyalement.** — PROV. *À la guerre comme à la guerre,* il faut accepter les inconvénients qu'imposent les circonstances. — *Nom de guerre,* pseudonyme pris à la guerre ou dans le civil. ▶ ***guerroyer*** [gɛʀwaje] v. intr. ▪ conjug. 8. ■ Autrefois. Faire la guerre (contre qqn). *Le seigneur guerroyait contre ses vassaux.* ▶ ***guerrier, ière*** n. et adj. **I.** N. Autrefois. Personne dont le métier était de faire la guerre. ⇒ **soldat.** *Un courageux guerrier. Les Amérindiens étaient de braves guerriers.* — *Le guerrier,* l'homme de guerre, le soldat. *La psychologie du guerrier.* **II.** Adj. **1.** Littér. Relatif à la guerre. ⇒ **militaire.** *Chant guerrier.* **2.** Qui aime la guerre. ⇒ **belliqueux.** *Peuple guerrier, tribu guerrière.* ‹ ▶ aguerrir, après-guerre, avant-guerre, entre-deux-guerres ›

guet [gɛ] n. m. **1.** Action de guetter. *Faire le guet. Avoir l'œil, l'oreille au guet.* **2.** Autrefois. Surveillance exercée de nuit par la troupe ou la police. ≠ *gué.*

guet-apens [gɛtapɑ̃] n. m. **1.** Piège qui consiste à guetter qqn en un endroit afin de l'attaquer par surprise. ⇒ **embuscade, souricière.** *Attirer qqn dans un guet-apens. Il est tombé dans un guet-apens et s'est fait rouer de coups.* **2.** Machination perfidement préparée en vue de nuire gravement à qqn sans lui laisser d'issue. ⇒ **piège, traquenard.** *Des guets-apens* [gɛtapɑ̃].

guêtre [gɛtʀ] n. f. ■ Vx. Enveloppe de tissu ou de cuir qui recouvre le haut de la chaussure et le bas de la jambe. *Une paire de guêtres.*

guetter [gete] v. tr. ▪ conjug. 1. **1.** Observer en cachette pour surprendre. ⇒ **épier.** *Guetter l'ennemi. Le chat guette la souris.* **2.** Attendre avec impatience (qqn, qqch.) en étant attentif à ne pas (le) laisser échapper. *Guetter une occasion favorable. Je guetterai ton signal.* ⇒ être à l'**affût.** *Guetter le passage d'une vedette. Elle guette sa place.* ⇒ **convoiter, guigner.** **3.** (Suj. chose) Menacer. *La maladie, le sommeil nous guette.* ▶ ***guetteur, euse*** n. **1.** Personne qui est chargée de surveiller et de donner l'alerte. *Des guetteurs étaient postés sur les toits.* — Militaires. *Un guetteur tapi dans une tranchée.* **2.** Préposé qui recueille et envoie des signaux aux navires qui passent au large. ‹ ▶ aux aguets, guet, guet-apens ›

gueulante [gœlɑ̃t] n. f. ■ (France) Fam. Clameur de protestation ou d'acclamation. *Les élèves ont poussé une gueulante.*

gueulard, arde [gœlaʀ, aʀd] adj. et n. ■ Fam. Qui a l'habitude de gueuler, de parler haut et fort. — N. *Faites taire ce gueulard !* ⇒ **braillard.**

gueule [gœl] n. f. **I.** Bouche de certains animaux, surtout carnassiers. *La gueule d'un chien, d'un reptile.* — Loc. SE JETER DANS LA GUEULE DU LOUP : aller au-devant d'un danger certain, et cela sans prudence. **II.** Fam. Bouche humaine. ⇒ **bouche. 1.** (Servant à parler ou crier) *Vas-tu fermer ta gueule !* ⇒ ① **trappe ;** fam. **boîte, clapet.** *Ta gueule !,* tais-toi ! *Un fort en gueule.* — *Une grande gueule,* qqn qui parle très fort et avec autorité ⇒ **braillard, gueulard ; bagou,** ou encore, qui est plus fort en paroles qu'en actes. ≠ *grande-gueule.* — Loc. fam. *Avoir la gueule fendue jusqu'aux oreilles,* rire très fort, aux éclats, et de bon cœur. **2.** (Servant à manger) *S'en mettre plein la gueule.* — Loc. AVOIR LA GUEULE DE BOIS : avoir la mine maussade, la bouche empâtée et la tête lourde après avoir trop bu. — *Une fine gueule,* un gourmet. **III.** Fam. **1.** Figure, visage. *Il a une bonne gueule, une maudite gueule.* — Loc. *Faire la gueule.* ⇒ **bouder,** faire la **tête.** — *Se casser la gueule,* tomber. ⇒ fam. **margoulette.** *Casser la gueule de qqn,* le frapper. ⇒ ② **figure. 2.** Fam. Se dit de l'aspect, de la forme d'un objet. *Ce chapeau a une drôle de gueule.* — *Ce tableau a de la gueule,* il fait grand effet. **IV.** Ouverture par laquelle entre ou sort qqch. *La gueule d'un pot, d'un haut fourneau.* — *La gueule d'un canon.* ▶ ***gueule-de-loup*** n. f. ■ Plante ornementale dont la fleur s'ouvre comme une gueule. *Des gueules-de-loup.* ▶ ***gueuler*** [gœle] v. ▪ conjug. 1. **1.** V. intr. Fam. Chanter, crier, parler très fort. *Elle gueule pour un rien.* — *Faire gueuler son poste de radio.* ⇒ **beugler, brailler. 2.** Fam. Protester bruyamment. *Les nouveaux impôts vont faire gueuler les commerçants.* **3.** V. tr. Proférer en criant. *Gueuler des ordres.* ▶ ***gueulement*** n. m. ■ Fam. Cri. ▶ ***gueuleton*** [gœltɔ̃] n. m. ■ Fam. Très bon repas, copieux, et souvent gai. *Faire un bon gueuleton.* ▶ ***gueuletonner*** v. intr. ▪ conjug. 1. ■ (France) Fam. Faire un gueuleton. ‹ ▶ amuse-gueule, bégueule, brûle-gueule, casse-gueule, dégueulasse, dégueuler, engueuler, grande-gueule, gueulante, gueulard, malengueulé ›

gueux, gueuse [gø, gøz] n. **1.** Vx. Personne qui vit d'aumônes. ⇒ **mendiant, miséreux, quêteur. 2.** N. f. Fam. *Petite gueuse,* petite fille insupportable, malcommode. — Interj. marquant l'affection. *Petite gueuse va !*

gui [gi] n. m. ■ Plante parasite à baies blanches qui vit sur les branches de certains arbres. *Des baies du gui on extrait la glu. Au premier de l'An, on s'embrasse sous le gui.*

guibole ou ***guibolle*** [gibɔl] n. f. ■ Fam. Jambe. ⇒ fam. **canne.**

guichet [giʃɛ] n. m. **1.** Petite ouverture, pratiquée dans une porte, un mur et par laquelle on peut parler à qqn. *Guichet grillagé.* ⇒ **judas.** — *Le guichet d'une cellule de prison.* **2.** Petite ouverture par laquelle le public communique avec les employés d'une administration, d'un bureau. *Se présenter au guichet de la banque.* — Loc. JOUER À GUICHETS FERMÉS : faire salle comble, tous les billets étant vendus avant le jour du spectacle, du match. **3.** GUICHET (AUTOMATIQUE) : guichet de banque fonctionnant à l'aide d'une carte (⇒ **N.I.P.**) et dans lequel on peut déposer ou retirer de l'argent, payer des factures. ⇒ **billeterie, distributeur.** *Arrêter au guichet automatique. Une carte de guichet.* ▶ ***guichetier, ière*** [giʃtje, jɛʀ] n. ■ Personne qui est préposée à un guichet.

guidage [gidaʒ] n. m. ■ Action de guider. — Spécialt. Aide apportée aux avions en vol par des stations radio-électriques. ⇒ **radioguidage.** ‹ ▶ radioguidage ›

① ***guide*** [gid] n. **1.** Personne qui accompagne pour montrer le chemin. *Servir de guide à qqn.* ⇒ **cicérone.** *Guide de pêche, de chasse.* — *Guide de montagne,* alpiniste professionnel diplômé. *Elle est guide dans Charlevoix.* — *Le guide du musée. Suivez le guide !* **2.** Personne qui en conduit d'autres dans la vie, les affaires. ⇒ **conseiller.** *Il est plus que mon confident, c'est mon guide. Guide spirituel.* — (En parlant d'une chose) *N'avoir d'autre guide que son caprice.* **3.** N. m. Ouvrage contenant des renseignements utiles. *Le guide des bons vins. Un guide pédagogique.* — Description d'une région, d'un pays à l'usage des voyageurs. *Guide touristique.* ▶ ***guides*** n. f. pl. ■ Lanières de cuir qui servent à diriger un cheval de trait (Pour un cheval monté, on emploie le mot *rênes*). ‹ ▶ chien-guide ›

② ***guide*** n. f. ■ Jeune fille appartenant à un mouvement féminin de scoutisme. ⇒ **cheftaine, éclaireur,** ② **jeannette, louveteau, scout.**

guider [gide] v. tr. ▪ conjug. 1. **1.** Accompagner en montrant le chemin. ⇒ **conduire, piloter.** *Guider un touriste. Guider un aveugle pour traverser une rue.*

2. Faire aller dans une certaine direction. ⇒ **diriger, mener.** — Au p. p. *Bateau, avion, fusée guidés par radio.* ⇒ **téléguidé. 3.** (Suj. chose) Mettre sur la voie, aider à reconnaître le chemin. *L'étoile qui guida les Rois mages.* **4.** Abstrait. Entraîner dans une certaine direction morale, intellectuelle ; aider à choisir une direction. ⇒ **conseiller, éclairer, orienter.** *Guider un enfant dans le choix d'une carrière. Elle se laisse guider par son flair.* **5.** V. pron. réfl. SE GUIDER SUR : se diriger d'après qqch. que l'on prend pour repère. *Se guider sur le soleil. Se guider sur l'exemple de qqn.* ▶ ***guidon*** n. m. **1.** Tube de métal muni de poignées qui commande la roue directrice d'une bicyclette, d'une motocyclette. *Un guidon de course. Des poignées de guidon.* **2.** Petite saillie à l'extrémité du canon d'une arme à feu, qui donne la ligne de mire. *Viser plein guidon.* ‹ ▶ guidage, ① guide, ② guide, téléguider ›

guidoune [gidun] ou ***guedoune*** [gədun] n. f. ■ Très fam. Femme facile, de mœurs légères, qui recherche les plaisirs sexuels. ⇒ **coureur, prostitué, racoleur ;** fam. **catin, courailleur ;** péj. **putain ;** vulg. **plotte.** *Une grosse guidoune.*

① ***guigne*** [giɲ] n. f. **1.** Petite cerise rouge foncé ou noire, à chair ferme et sucrée. **2.** SE SOUCIER DE *qqn, qqch.* COMME D'UNE GUIGNE : très peu, pas du tout. ‹ ▶ guignolet ›

② ***guigne*** n. f. ■ Fam. Malchance qui semble s'attacher à qqn. *Avoir la guigne, porter la guigne à qqn.* ⇒ fam. **poisse.** *Quelle guigne !* / contr. **chance, veine** /

guigner [giɲe] v. tr. ▪ conjug. 1. **1.** Regarder avec envie, à la dérobée. ⇒ **lorgner.** *Il guigne toutes les femmes au passage.* **2.** Abstrait. Considérer avec convoitise. ⇒ **convoiter, guetter.** *Guigner une place, un beau parti,* avoir des vues sur.

guignol [giɲɔl] n. m. (France) **1.** Théâtre de marionnettes où l'on joue des pièces dont Guignol est le héros. *Mener ses enfants au guignol. — C'est du guignol !,* ce n'est pas sérieux. **2.** Personne involontairement comique ou ridicule. ⇒ **pantin.** *Arrête de faire le guignol.* ⇒ **fou, pitre, zouave.** ‹ ▶ grand-guignol, grand-guignolesque ›

guignolée [giɲɔle] n. f. ■ Vieilli. Collecte d'argent, de nourriture, etc., au profit des nécessiteux, faite de porte à porte pendant la période des Fêtes. *Le chant de la guignolée. Courir, passer la guignolée est une très ancienne coutume.* ▶ ***guignoleux, euse*** n. ■ Autrefois. Personne qui faisait la guignolée. *La visite des guignoleux.*

guignolet [giɲɔlɛ] n. m. ■ Liqueur de guignes ① ou de griottes.

guili-guili [giligili] n. m. ■ Fam. Chatouille que l'on fait à qqn, surtout aux enfants. ⇒ **guedi-guedi.** *Faire guili-guili* ou *des guilis-guilis à un petit bébé.* — REM. On rencontre aussi l'orthographe *guiliguili.*

guilledou [gijdu] n. m. ■ (Surtout en France) Loc. fam. COURIR LE GUILLEDOU : aller en quête d'aventures galantes. ⇒ **galipote, prétentaine ;** fam. **courailler.**

guillemet [gijmɛ] n. m. ■ Généralt au plur. Signe typographique (« ... ») qu'on emploie pour isoler un mot, un groupe de mots, etc., cités, rapportés, ou simplement mis en valeur. *Mettre une citation entre guillemets. Ouvrez, fermez les guillemets.* Les guillemets français (« ... »), les guillemets anglais ("..."). ▶ ***guillemeter*** v. tr. ▪ conjug. 4. ■ Mettre entre guillemets, ajouter des guillemets. *Il faut guillemeter les citations.* — Au p. p. adj. *Mot guillemeté.*

guilleret, ette [gijʀɛ, ɛt] adj. ■ Qui manifeste une gaieté vive, insouciante. ⇒ **frétillant, fringant.** *Il est tout guilleret dès le matin. — Je me sens d'humeur guillerette.* ⇒ **réjoui.** / contr. **triste** /

guillocher [gijɔʃe] v. tr. ▪ conjug. 1. ■ Orner de traits gravés en creux et entrecroisés. — Au p. p. adj. *Un boîtier de montre guilloché.* ▶ ***guillochure*** n. f. ■ Trait gravé d'un objet guilloché. *Les guillochures d'un bijou.*

guillotine [gijɔtin] n. f. **1.** Instrument de supplice servant à trancher la tête des condamnés à mort (en France, autrefois). *Dresser la guillotine sur l'échafaud. — Le supplice de la guillotine.* ⇒ **décapitation.** *Envoyer un criminel à la guillotine.* **2.** *Fenêtre à guillotine,* dont le châssis glisse verticalement entre deux rainures. ▶ ***guillotiner*** v. tr. ▪ conjug. 1. ■ Faire mourir par le supplice de la guillotine. ⇒ **décapiter.** — Au p. p. subst. *Le cadavre d'un guillotiné.*

guimauve [gimov] n. f. **1.** Plante à haute tige, à fleurs d'un blanc rosé, qui pousse dans les terrains humides. *Guimauve rose,* rose trémière. **2.** Confiserie spongieuse et sucrée. ⇒ anglic. **marshmallow.** *Un sac de guimauves. Guimauves grillées sur un feu de camp.* **3.** Loc. *Une histoire* À LA GUIMAUVE : niaise et sentimentale.

guimbarde [gɛ̃baʀd] n. f. **1.** Instrument de musique rudimentaire, composé d'un cadre de métal recourbé et d'une languette flexible que le joueur fait vibrer près de sa bouche. ⇒ **bombarde ;** fam. **ruine-babines. 2.** Vieille voiture délabrée. ⇒ fam. **bagnole, bazou, casserole, char, minoune, tacot.**

guimpe [gɛ̃p] n. f. **1.** Pièce de toile qui couvre la tête, encadre le visage des religieuses. **2.** (France) Corsage ou plastron léger porté sous une robe décolletée.

① ***se guinder*** [gɛ̃de] v. pron. r fl. ▪ conjug. 1. ■ Prendre une attitude raide, pas naturelle. *Elle s'est guindée.* ▶ ***guindé, ée*** adj. ■ Qui manque de naturel, a de la raideur. ⇒ **contraint ;** fam. **constipé, pogné.** *Avoir un air guindé. Il était un peu guindé dans ses vêtements neufs. Style guindé.*

② ***guinder*** v. tr. ▪ conjug. 1. ■ Hisser (un mât). — Élever (un fardeau) avec une machine. ▶ ***guindeau*** [gɛ̃do] n. m. ■ Treuil à axe horizontal qui sert à manœuvrer les ancres. *Des guindeaux.* — Loc. *Virer au guindeau,* faire effort sur le guindeau pour détacher l'ancre du fond.

de ***guingois*** [d(ə)gɛ̃gwa] loc. adv. ■ Fam. De travers. ⇒ **obliquement.** *Être assis de guingois.* / contr. **droit** /

guinguette [gɛ̃gɛt] n. f. ■ (France) Café de banlieue, de campagne, où l'on consomme et où l'on danse.

guipure [gipyʀ] n. f. ■ Dentelle sans fond à larges mailles. *Un col de guipure.*

guirlande [giʀlɑ̃d] n. f. ■ Cordon décoratif de végétaux naturels ou artificiels, de papier découpé, qu'on pend en feston, enroule en couronne, etc. *Guirlande de fleurs. — Une guirlande de Noël,* une décoration brillante. *Guirlande électrique, lumineuse,* jeu de lumières. ‹ ▶ enguirlander ›

guise [giz] n. f. **1.** À SA GUISE loc. adv. : selon son goût, sa volonté propre. *Laissez chacun vivre, agir à sa guise,* à son gré, à sa fantaisie. *À ta guise,* comme tu voudras. — Péj. *Elle n'en fait qu'à sa guise,* à sa tête. **2.** EN GUISE DE loc. prép. : pour tenir lieu de, comme (mais moins bien). *On lui a donné ce petit emploi en guise de consolation.* ⇒ à **titre** de. — À la place de. *Il portait un simple ruban en guise de cravate.*

guitare [gitaʀ] n. f. ■ Instrument de musique à six cordes que l'on pince avec les doigts ou avec un petit instrument (⇒ ② **pic**). *Jouer de la guitare. — Guitare électrique,* à son amplifié. *Guitare folk.* — Abrév. fam. GUIT, n. f. (Surtout d'une guitare électrique) ≠ *mandoline.* ▶ ***guitariste*** n. ■ Personne qui joue de la guitare.

gustatif, ive [gystatif, iv] adj. ■ Qui a rapport au goût. *Papilles gustatives.* ‹ ▶ déguster ›

guttural, ale, aux [gytʀal, o] adj. ■ Émis par le gosier. *Une voix gutturale,* aux intonations rauques. *Consonne gutturale.*

guyanais, aise [gwijanɛ, ɛz] adj. et n. ■ De la Guyane française. — N. (Avec une majusc.) Personne née dans ce département français d'outre-mer ou qui l'habite.

gymn(o)- ■ Élément savant qui signifie « (athlète) nu ». ▶ ***gymnase*** [ʒimnaz] n. m. ■ Établissement, salle où sont installés tous les appareils nécessaires à la pratique des exercices corporels. ⇒ **palestre.** *Le gymnase d'une école.* ▶ ***gymnastique*** n. f. **1.** Art d'assouplir et de fortifier le corps par des exercices convenables ; ces exercices (abrév. fam. *la gym*). ⇒ **éducation** physique. *Appareils et instruments de gymnastique* (agrès, barre, anneaux, trapèze, etc.). *Faire sa gymnastique, de la gymnastique. Gymnastique corrective, rythmique, en musique* (⇒ **aérobique**). *Culotte de gymnastique. — Le pas (de) gymnastique,* pas de course cadencé. **2.** Série de mouvements plus ou moins acrobatiques. *Quelle gymnastique pour nettoyer ce plafond !* — Abstrait. *Gymnastique intellectuelle.* ⇒ **exercice.** ▶ ***gymnaste*** n. ■ Professionnel(le) de la gymnastique. ⇒ **acrobate.** *Un gymnaste accompli.*

gymnospermes [ʒimnɔspɛʀm] n. f. pl. ■ Sous-embranchement de plantes dont l'appareil reproducteur est nu, visible. ⇒ **conifère.** / contr. **angiospermes** /

gyn(é)-, -gyne, gynéco- ■ Élément savant qui signifie « femme » (ex. : *misogyne*). ▶ ***gynécée*** [ʒinese] n. m. ■ Appartement réservé aux femmes dans les maisons grecques et romaines de l'Antiquité (comme le *harem* chez les Arabes). *Un vaste gynécée.* ▶ ***gynécologie*** [ʒinekɔlɔʒi] n. f. ■ Science médicale qui a pour objet l'étude de l'appareil génital de la femme. ▶ ***gynécologique*** adj. ■ *Examen gynécologique.* ▶ ***gynécologue*** n. ■ Médecin spécialiste de la gynécologie. *Consulter un bon, une bonne gynécologue.* ‹ ▶ androgyne, misogyne ›

gyproc [ʒipʀɔk] n. m. ■ Anglic. Matériau de construction qui se présente sous la forme de grandes plaques de plâtre (⇒ **gypse**) recouvertes d'un papier cartonné, employé pour le revêtement des murs intérieurs et des plafonds. *Feuille, panneau de gyproc.* — REM. Ce mot est un nom de marque déposée.

gypse [ʒips] n. m. ■ Roche sédimentaire saline. *Gypse fer de lance. — Panneau de gypse,* employé pour le revêtement des murs intérieurs, des plafonds. ⇒ anglic. **gyproc.**

gyro- ■ Élément savant signifiant « tourner ». ▶ ***gyrophare*** [ʒiʀɔfaʀ] n. m. ■ Phare rotatif placé sur le toit de certains véhicules prioritaires (ambulance, police, pompiers...). ▶ ***gyroscope*** [ʒiʀɔskɔp] n. m. ■ Appareil tournant autour d'un axe qui fournit une direction constante. *Gyroscope à laser.* ▶ ***gyroscopique*** adj. ■ *Compas gyroscopique.*

h

h ['aʃ] n. m. ou f. invar. **1.** Huitième lettre, sixième consonne de l'alphabet. — REM. Le *h* dit « aspiré » interdit la liaison et l'élision (*un héros* [œ̃eʀo], *des haricots* [deaʀiko], *enhardir* [ɑ̃aʀdiʀ]...). Dans ce dictionnaire, les mots commençant par un *h* « aspiré » sont précédés de *, et de ' dans la transcription phonétique. Le *h* muet rend la liaison et l'élision obligatoires (*un homme* [œ̃nɔm], *bonheur* [bɔnœʀ]...). — Le groupe CH transcrit soit un son chuintant [ʃ] (*ch*ant, *ch*apeau), soit [k] (*ch*iromancie). **2.** Symbole de *hydrogène. Bombe H,* bombe atomique à l'hydrogène. — Symbole de *hecto-, heure. L'heure H,* le moment fixé pour entreprendre une opération, pour faire qqch. — *Mon cours commence à 15 h30.* — Abréviation fam. de *haschisch. Fumer du H.* ⇒ **hasch.**

***ha** ['ɑ; hɑ] interj. ■ Interjection expressive du rire, surtout sous la forme redoublée. ⇒ **ah.** *Ha, ha !* ⇒ **hi, ho.** — *Ha, Ha ! Je t'y prends,* quand on surprend qqn en flagrant délit.

habile [abil] adj. **1.** Qui exécute (qqch.) avec adresse et compétence. ⇒ **adroit.** / contr. **inhabile, malhabile** / *Ouvrier habile.* ⇒ **expert.** *Mains, doigts habiles.* — Loc. *Être habile de ses mains, de ses dix doigts.* — *Politicien habile.* ⇒ **malin, rusé.** — HABILE À... (+ infinitif) : qui excelle à... ⇒ **apte, propre à.** *Une personne habile à tromper.* — HABILE À *qqch. Elle est habile à ce jeu.* **2.** Qui est fait avec adresse et intelligence. *Manœuvre, compliment habile.* ▶ ***habilement*** adv. ▶ ***habileté*** n. f. ■ Qualité d'une personne habile, de ce qui est habile. ⇒ **adresse, savoir-faire.** *L'habileté au volant.* ▶ ***habilement*** adv. ■ Avec habileté, art, intelligence. ⇒ **adroitement.** *Il a habilement déjoué ses adversaires.* ‹ ▶ inhabile, malhabile ›

habiliter [abilite] v. tr. ▪ conjug. 1. (Surtout au passif) ■ Rendre légalement ou officiellement capable d'exercer certains pouvoirs, d'accomplir certains actes. *Il est habilité à passer ce marché,* il a qualité pour... ▶ ***habilitation*** n. f. ■ Le fait d'habiliter ; cette capacité — (Université) Aptitude pour un professeur à diriger des mémoires, des thèses dans le domaine de sa compétence. *Demander, recevoir son habilitation.* ‹ ▶ réhabiliter ›

habiller [abije] v. tr. ▪ conjug. 1. **I. 1.** Couvrir (qqn) de vêtements, d'habits. ⇒ littér. **vêtir ;** fam. se **gréer.** *Mal habiller qqn.* ⇒ **accoutrer, affubler, fagoter, ficeler.** / contr. **déshabiller** / *Habiller un enfant.* HABILLER *qqn* DE (vêtements déterminés). *On l'a habillé d'un costume neuf.* — Passif ou p. p. adj. *Être bien, mal habillé. Elle est habillée de noir, en noir.* — Loc. fam. *Être habillé comme la chienne* à Jacques.* **2.** Fournir (qqn) en vêtements. *L'armée habille les recrues des pieds à la tête.* ⇒ **équiper. 3.** HABILLER EN... (+ nom de personnage). *On l'habillera en Pierrot.* ⇒ **déguiser.** — Au p. p. *Enfant habillé en cow-boy.* — Fam. *Être habillé en quétaine,* mal habillé. **4.** (Vêtements) ⇒ **aller.** *Son nouveau tailleur l'habille mieux.* Loc. *Un rien l'habille,* tout lui va. **II.** S'HABILLER v. pron. réfl. **1.** Mettre ses habits. ⇒ se **vêtir. 2.** Mettre telle sorte d'habits. *S'habiller légèrement. Habillez-vous chaudement, il fait très froid. S'habiller court, long, à la dernière mode. Elle aime s'habiller de bleu. Comment t'habilles-tu ?,* qu'est-ce que tu mets ? — *Il ne sait pas s'habiller,* il manque de goût. **3.** Revêtir une tenue de cérémonie, de soirée. **4.** Se pourvoir d'habits. *S'habiller sur mesure. S'habiller de neuf. Elle s'habille chez les grands couturiers.* **5.** S'HABILLER EN... : se déguiser. *Elle s'était habillée en gitane.* — Fam. *S'habiller en quétaine.* ▶ ***habillage*** n. m. ■ Action d'habiller, de s'habiller. *L'habillage d'un acteur.* / contr. **déshabillage** / *Salon d'habillage.* ▶ ***habillé, ée*** adj. **1.** Couvert de vêtements. ⇒ **vêtu.** / contr. **nu** / *Dormir tout habillé.* **2.** (Choses) Qui a une allure élégante. / contr. **tout-aller** / *Robe habillée, qui fait très habillé. Souper* ou, France, *dîner habillé, soirée habillée,* où l'on s'habille (3). ▶ ***habillement*** n. m. **1.** Action de pourvoir ou de se pourvoir de vêtements. *Dépenses d'habillement.* — *Le rayon de l'habillement d'un grand magasin.* **2.** Ensemble des habits dont on est vêtu. ⇒ **mise, tenue, vêtement. 3.** (Sports) Fam. L'uniforme distinctif d'une équipe, les vêtements qu'on porte pour pratiquer un sport en particulier. ⇒ fam. **habit.** *L'habillement des joueurs de hockey, des joueuses de tennis.* ▶ ***habilleur, euse*** n. ■ Personne qui aide les acteurs, les mannequins à s'habiller et qui prend soin de leurs costumes. ‹ ▶ déshabiller, rhabiller ›

habit [abi] n. m. **1.** Au plur. LES HABITS : l'ensemble des vêtements de dessus. ⇒ **vêtements ;** fam. **fringues, fripes, frusques, nippes.** *Mettre, enlever ses habits.* ⇒ s'**habiller ;** se **déshabiller.** *Brosse à habits.* **2.** Vêtement propre à une fonction ou à une circonstance. *Un habit de hockey, de pêche.* ⇒ **habillement** (3). *Habit de motoneigiste, de ski.* ⇒ **combinaison.** *Un habit de neige,* un survêtement d'hiver d'une seule pièce (surtout pour les enfants). *Son habit de noces. Habit à queue*. Un habit de gala.* ⇒ **costume.** *Il était en habit d'Arlequin. L'habit militaire.* ⇒ ② **uniforme.** — Loc. PRENDRE L'HABIT : devenir prêtre, moine. ⇒ ② **voile.** — PROV. *L'habit ne fait pas le moine,* on ne doit pas juger les gens sur leur aspect. **3.** Cour. Costume masculin, complet. *Se faire faire un habit. Porter son habit chez le nettoyeur. Un habit de velours.* **4.** Costume de cérémonie masculin, à longues basques par-derrière. *Ce soir-là, l'habit ou le smoking étaient de rigueur.* ⇒ tenue de **soirée.**

habitable [abitabl] adj. ■ Où l'on peut habiter, vivre. *Maison habitable,* en bon état, salubre, etc. / contr. **inhabitable** /*Chalet habitable à l'année,* qui est bien isolé, de sorte qu'on peut l'habiter même l'hiver. ‹ ▶ inhabitable. ›

habitacle [abitakl] n. m. **1.** Poste de pilotage d'un avion. **2.** Partie d'un véhicule spatial où peut séjourner (« habiter ») l'équipage.

habitant, ante [abitɑ̃, ɑ̃t] n. **1.** Personne qui a son domicile, qui habite en un lieu déterminé. *Nombre d'habitants au kilomètre carré,* densité de population. — (Collectif) *Loger chez l'habitant,* chez les gens du pays (opposé à *loger à l'hôtel*). **2.** Personne qui habite (une maison). ⇒ **occupant.** *Les habitants d'un grand immeuble.* **3.** Histoire. Colon qui s'établissait à demeure sur une terre donnée par l'administration royale. ⇒ **défricheur.** *Les habitants de la Nouvelle-France.* **4.** Par ext. et vieilli. Fermier, cultivateur. ⇒ **colon, paysan.** *Les habitants de la Gaspésie.* — Loc. D'HABITANT : qui provient d'une ferme (opposé à *industriel*). ⇒ **artisanal.** *Crème, confitures d'habitant.* — *Un gros habitant,* prospère, à l'aise. **5.** Fig. Péj. Personne ignorante, sans éducation, peu dégourdie. ⇒ **colon, épais, frustre, niaiseux, quétaine.** *Une gang d'habitants.* — Loc. *Avoir l'air habitant. Faire l'habitant.* — *Faire qqch.* EN HABITANT : comme. *Conduire, parler en habitant,* très mal. — Adj. *Être habitant,* idiot ; maladroit, malhabile.

habitat [abita] n. m. ■ Mode d'organisation et de peuplement par l'humain du milieu où il vit, habite. *Habitat rural, urbain. Habitat groupé.* — Ensemble des conditions d'habitation, de logement. *L'amélioration de l'habitat.*

habitation [abitasjɔ̃] n. f. **1.** Le fait d'habiter quelque part. *Locaux à usage d'habitation. Améliorer les conditions d'habitation.* ⇒ **habitat. 2.** *Une habitation,* lieu où l'on habite. ⇒ **demeure, logement, maison ; gîte, toit.** *C'est une habitation confortable. Habitations à loyer modique.* ⇒ **H.L.M.**

habiter [abite] v. ▪ conjug. 1. **1.** V. tr. ou intr. Avoir sa demeure. ⇒ **loger, résider, rester, vivre.** *Habiter (à) la campagne, la ville, en ville. J'habite (sur) la montagne. Il habite (sur) la Côte-Nord. Habiter chez des amis, avec qqn.* ⇒ **cohabiter.** *Elle habite 77, rue Saint-Jean, au 77 de la rue Saint-Jean. Ils veulent aller habiter aux (les) États-Unis.* ⇒ **déménager.** — Transitivement. *On habite une maison à Cap-Rouge.* **2.** V. tr. Être comme dans une demeure. *L'âme qui habite ce corps. La croyance qui l'habite.* ⇒ **animer, posséder.** ▶ ***habité, ée*** adj. ■ *Régions habitées.* — *Château habité.* / contr. **inhabité** / ‹ ▶ cohabiter, habitable, habitacle, habitant, habitat, habitation ›

habitude [abityd] n. f. **1.** Manière usuelle d'agir (d'une personne). *Prendre une bonne, une mauvaise habitude.* ⇒ **pli.** *Être esclave de ses habitudes. Cela n'est pas son habitude, dans ses habitudes,* il n'agit pas ainsi d'ordinaire. — Loc. PAR HABITUDE : machinalement, parce qu'on a toujours agi ainsi. ⇒ **routine.** SELON, SUIVANT SON HABITUDE, COMME À SON HABITUDE : comme il fait d'ordinaire. AVOIR, PRENDRE, PERDRE L'HABITUDE DE (+ infinitif). *Je n'ai pas l'habitude de déjeuner si tôt.* — (Collectif) L'ensemble des habitudes de qqn. PROV. *L'habitude est une seconde nature.* **2.** Usage (d'une collectivité, d'un lieu). ⇒ **coutume, mœurs, tradition, usage.** *Ce sont les habitudes de l'endroit. Avoir des habitudes de parvenu.* ⇒ **manière. 3.** Accoutumance par familiarité avec (une action, une situation, une chose, un être). ⇒ **expérience, pratique.** *J'ai l'habitude de la marche. L'habitude du malheur. Je n'ai pas l'habitude de cette voiture. Elle a l'habitude des enfants. C'est une question d'habitude.* — Loc. *Avoir de mauvaises habitudes,* se masturber. **4.** D'HABITUDE loc. adv. : de manière courante, d'ordinaire. ⇒ **habituellement.** *D'habitude, je me lève tard.* ⇒ **généralement.** *Le café est meilleur que d'habitude.* ⇒ **ordinairement.** — *Comme d'habitude,* comme toujours. ▶ ***habituel, elle*** [abitɥɛl] adj. **1.** Passé à l'état d'habitude. ⇒ **commun, coutumier.** *Ce comportement lui est habituel. Gestes habituels.* ⇒ **familier. 2.** Constant, ou très fréquent. *Au sens habituel du terme.* ⇒ **courant.** *Elle n'est pas dans son état habituel.* ⇒ **normal.** / contr. **inhabituel** / ▶ ***habituellement*** adv. ■ D'habitude. ⇒ **généralement,** d'**ordinaire.** / contr. **exceptionnellement, rarement** / ▶ ***habituer*** v. tr. ▪ conjug. 1. **1.** Faire prendre à (qqn) l'habitude de (par accoutumance, éducation). *Habituer un enfant au froid, à la fatigue.* ⇒ **accoutumer, endurcir, entraîner.** *Il faut l'habituer à faire son lit.* **2.** S'HABITUER À v. pron. réfl. : prendre l'habitude de (par accoutumance ou éducation). *S'habituer à une drogue,* devenir dépendant. *Les yeux s'habituent à l'obscurité.* ⇒ s'**adapter,** se **faire.** *S'habituer à parler en public.* **3.** (Passif) ÊTRE HABITUÉ À : avoir l'habitude de. *Elle est habituée aux travaux intellectuels. Il est habitué à réagir vite.* / contr. **déshabituer** / ▶ ***habituée, ée*** n. ■ Personne qui fréquente habituellement un lieu (public ou privé). *Ce sont des habitués.* ⇒ **client.** *Une habituée de la maison.* ⇒ **familier.** — *Êtes-vous des habitués du hockey ?,* des amateurs. ‹ ▶ déshabituer, inhabituel, réhabituer ›

****hâbleur, euse*** ['ablœʀ, øz] n. et adj. ■ Personne qui a l'habitude d'exagérer, de se vanter en parlant d'elle (surtout au masculin). *C'est un drôle de hâbleur !* ▶ ****hâblerie*** ['abləʀi] n. f. ■ Caractère, action du hâbleur.

****hache*** ['aʃ] n. f. ■ Instrument tranchant à forte lame, servant à fendre. *Fendre du bois avec une hache. La hache du bûcheron.* — *La hache du bourreau,* avec laquelle il tranchait la tête du condamné. *La hache de guerre,* le tomahawk. — Loc. *Enterrer, déterrer la hache de guerre,* suspendre, ouvrir les hostilités. Fam. *Mettre la hache dans les dépenses,* les réduire substantiellement. ⇒ **sabrer.** ▶ ****hachette*** n. f. ■ Petite hache. ▶ ****hacher*** ['aʃe] v. tr. ▪ conjug. 1. **1.** Couper en petits morceaux avec un instrument tranchant. *Hacher du persil, du tabac.* **2.** Loc. *Il se ferait plutôt hacher que de céder,* plutôt maltraiter. ▶ ****haché, ée*** adj. et n. m. **1.** Coupé en petits morceaux. *Bifteck, bœuf haché.* **2.** Entrecoupé, interrompu. *Style haché.* ⇒ **heurté, saccadé.** ▶ ****hachis*** n. m. invar. ■ Préparation de viande, poisson, etc., hachés très fins. *Farcir une volaille avec du hachis. Un hachis de pommes de terre.* ⇒ **chiard.** (France) *Hachis Parmentier,* hachis de bœuf mélangé à de la purée de pommes de terre. ⇒ **pâté chinois.** ▶ ****hachoir*** n. m. ■ Instrument qui sert à hacher (la viande, les légumes, le tabac, etc.). ▶ ****hache-légumes*** n. m. invar. ■ Hachoir à légumes. ⇒ **moulin** à légumes. ▶ ****hache-viande*** n. m. invar. ■ Hachoir à viande. *Des hache-viande électriques.* ⇒ fam. **moulin** à viande. ‹ ▶ hachure ›

****hachisch*** n. m. ⇒ **haschisch.**

****hachure*** ['aʃyʀ] n. f. ■ Traits parallèles serrés qui figurent les ombres, les volumes (sur un dessin, une gravure). ▶ ****hachurer*** v. tr. ▪ conjug. 1. ■ Couvrir de hachures. ⇒ **rayer.** — Au p. p. adj. *Les parties hachurées d'une carte.*

****haddock*** ['adɔk] n. m. ■ Anglic. Églefin (poisson) fumé. *Une tranche de haddock. Des haddocks.*

H.A.E. [aʃaə] n. m. invar. ■ Abréviation de *heure* avancée de l'Est* (opposé à *H.N.E.*). *Il est midi, H.A.E.*

****hagard, arde*** ['agaʀ, aʀd] adj. ■ Qui traduit l'égarement, le désarroi. ⇒ **effaré.** *Œil hagard. Air, visage, gestes hagards.*

hagiographie [aʒjɔgʀafi] n. f. ■ Didact. Vie de saint.

****haie*** [ˈɛ] n. f. **1.** Clôture végétale servant à limiter ou à protéger un champ, un terrain, une cour. ⇒ **bordure.** *Des haies de chèvrefeuilles, d'aubépines. Tailler une haie. Une haie vive,* formée d'arbustes en pleine végétation. — COURSE DE HAIES : où les chevaux, les coureurs ont à franchir des haies, des barrières. — En appos. *100 mètres haies, 400 mètres haies,* courses où le sportif doit franchir des barrières. **2.** File de personnes bordant une voie pour laisser le passage à qqn, à un cortège. *Défiler entre deux haies de spectateurs. Haie d'honneur. Former, faire la haie.*

****haïku*** [ˈajku] n. m. ■ Poème classique japonais de trois vers.

****haillon*** [ˈajɔ̃] n. m. ■ (Surtout au plur.) Vêtement en lambeaux ; lambeau d'étoffe servant de vêtement. ⇒ **guenilles, hardes, loque.** *Un clochard en haillons, couvert de haillons.*

****haine*** [ˈɛn] n. f. **1.** Sentiment violent qui pousse à vouloir du mal à qqn et à se réjouir du mal qui lui arrive. ⇒ **aversion, répulsion ;** suff. **-phobe.** / contr. **amour** / *Il leur a voué une haine implacable. Éprouver de la haine pour, contre qqn. Prendre qqn en haine. Assouvir sa haine.* ⇒ **vengeance.** *Agir par haine.* — Au plur. *Haines sourdes. De vieilles haines.* **2.** Aversion profonde (pour qqch. d'humain). *La haine de l'hypocrisie.* ▶ ****haineux, euse*** adj. **1.** Naturellement porté à la haine. ⇒ **malveillant, vindicatif.** *Caractère haineux.* **2.** Qui trahit la haine. *Un coup d'œil haineux.* / contr. **amical** / **3.** Inspiré par la haine. ⇒ **fielleux, venimeux.** *Une joie mauvaise, haineuse.* ▶ ****haineusement*** adv.

****haïr*** [ˈaiʀ] v. tr. ▪ conjug. 10. **1.** Avoir (qqn) en haine. ⇒ **détester, exécrer.** *Haïr ses ennemis.* / contr. **adorer, aimer** / — HAÏR DE (+ inf. compl. de cause). — *Je te hais de m'avoir trompé de la sorte.* — HAÏR QUE (+ subj.) : détester que. *Je hais que l'on me mente.* **2.** Avoir (qqch.) en haine. *Haïr le vice, la contrainte. Je hais cette façon de parler.* — (En emploi négatif, à propos de qqch.). *Je ne hais pas ça,* j'aime ça. — REM. La prononciation [ˈai] à l'indicatif présent (avec *je, tu, il*) est familière. ▶ ****haïssable*** adj. ■ Qui mérite d'être haï. ⇒ **détestable, exécrable, odieux.** *Un individu haïssable. La guerre est haïssable. Une enfant haïssable,* agitée, détestable. ⇒ **insupportable.** ‹ ▶ haine ›

haïtien, ienne [aisjɛ̃, jɛn] adj. et n. ■ De Haïti, relatif à Haïti. *Des coutumes haïtiennes. Un étudiant haïtien.* — N. (Avec une majusc.) Personne née dans ce pays ou qui en a obtenu la citoyenneté. *Les Haïtiens de Montréal.*

****halage*** [ˈa(ɑ)laʒ] n. m. ■ (Surtout en France) Action de haler un bateau. — *Chemin de halage,* chemin qui longe un cours d'eau pour permettre le halage des bateaux.

****hâle*** [ˈɑl] n. m. ■ Couleur brune que prend la peau exposée à l'air et au soleil. ⇒ **bronzage.** *Son visage a pris un beau hâle.*

haleine [alɛn] n. f. **1.** Air qui sort des poumons pendant l'expiration. *Haleine fraîche. Avoir mauvaise haleine,* sentir mauvais de la bouche. **2.** La respiration (inspiration et expiration). ⇒ **souffle.** *Avoir l'haleine courte,* le souffle court. — Loc. ÊTRE HORS D'HALEINE : à bout de souffle. ⇒ **haletant.** RETENIR SON HALEINE : sa respiration. REPRENDRE HALEINE : reprendre sa respiration après un effort. ⇒ **souffler.** À PERDRE HALEINE loc. adv. : au point de ne plus pouvoir respirer. *Courir à perdre haleine.* — Loc. D'UNE (SEULE) HALEINE : sans s'arrêter pour respirer. ⇒ d'un **trait.** *Débiter une phrase d'une seule haleine.* — TENIR EN HALEINE : maintenir l'attention de (qqn) en éveil ; maintenir dans un état d'incertitude, d'attente. *La curiosité me tient en haleine.* **3.** *Un travail* DE LONGUE HALEINE : qui exige beaucoup de temps et d'efforts.

****haler*** [ˈa(ɑ)le] v. tr. ▪ conjug. 1. ■ (Surtout en France) Remorquer (un bateau) au moyen d'un cordage tiré du rivage. *Chevaux qui halent une péniche.* ≠ *hâler.* ‹ ▶ halage ›

****hâler*** [ˈɑle] v. tr. ▪ conjug. 1. ■ (Air, soleil) Rendre (la peau, le teint) brun ou rougeâtre. ⇒ **bronzer, brunir.** fam. **griller.** — Surtout au p. p. adj. *Teint hâlé* (par le soleil et le vent). ⇒ **bronzé ;** fam. **grillé.** ≠ *haler.* ‹ ▶ hâle ›

****haleter*** [ˈalte] v. intr. ▪ conjug. 5. **1.** Respirer à un rythme anormalement précipité ; être à bout de souffle, hors d'haleine. ⇒ fam. **pomper.** *Je haletais d'émotion.* **2.** Être tenu en haleine. *Tout l'auditoire haletait.* ▶ ****haletant, ante*** adj. ■ Qui halète. ⇒ **essoufflé.** *Chien haletant. Respiration haletante.* ⇒ **précipité.** *Être haletant d'impatience,* très impatient, excité par l'attente. ▶ ****halètement*** [ˈalɛtmɑ̃] n. m. ■ Respiration précipitée. ⇒ **essoufflement.** ≠ *allaitement.*

halieutique [aljøtik] adj. et n. f. ■ Qui concerne la pêche. *Les ressources halieutiques.* — N. f. *L'halieutique,* la science, l'art de la pêche ; l'ensemble des techniques de la pêche.

****haligonien, ienne*** [ˈaligɔnjɛ̃, jɛn] adj. et n. ■ De la ville de Halifax. — N. (Avec une majusc.) Personne née dans cette ville de la Nouvelle-Écosse ou qui l'habite.

****hall*** [ˈɑl] n. m. ■ Grand vestibule ou très vaste local (dans les édifices publics, les grandes maisons). ⇒ **dégagement, entrée.** *Un hall d'hôtel. Le hall de la gare. Rendez-vous dans le hall. Le hall d'entrée d'une maison. Des halls.* ≠ *halle.*

hallali [alali] n. m. ■ Cri ou sonnerie de chasse à courre annonçant que l'animal est aux abois. *Sonner l'hallali. Des hallalis.*

****halle*** [ˈal] n. f. **1.** (France) Au sing. Vaste emplacement couvert où se tient un marché, un commerce de gros. ⇒ ② **marché ; hangar, magasin.** *La halle aux vins.* **2.** (France) Au plur. LES HALLES : emplacement, bâtiment où se tient le marché central de denrées alimentaires d'une ville. *Les halles de Rungis.* — Ensemble de magasins d'alimentation. ⇒ ② **marché, supermarché.** *Faire son épicerie aux halles.*

****hallebarde*** [ˈalbaʀd] n. f. **1.** Autrefois. Arme à longue hampe, munie d'un fer tranchant et pointu. **2.** (France) Loc. fam. *Il pleut, il tombe des hallebardes,* il pleut à verse. ⇒ **corde ;** fam. ① **clou** (I, 3) ; (→ à boire debout, à verse). ▶ ****hallebardier*** n. m. ■ Homme qui portait la hallebarde.

halloween [alɔwin] n. f. ■ Anglic. Fête annuelle (31 octobre), à l'occasion de laquelle les enfants masqués et déguisés font la tournée de leur quartier pour recevoir des friandises. *Le jour de l'halloween. Acheter une citrouille pour l'halloween.* — Loc. *Passer l'halloween,* faire la tournée de. — Par ext. *Des halloweens,* des enfants ainsi déguisés. — REM. On écrit parfois *Halloween* (avec une majuscule).

hallucination [a(l)lysinasjɔ̃] n. f. ■ Perception, sensation éprouvée à l'état de veille sans qu'aucune cause extérieure réelle la provoque. ⇒ **illusion, rêve.** *Hallucinations visuelles* ⇒ **vision,** *auditives* ⇒ entendre des **voix.** — Erreur des sens, illusion. *Être victime, être le jouet d'une hallucination. J'ai cru les voir ici, je dois* *avoir des hallucinations.* ▸ ***hallucinant, ante*** adj. ▪ Qui a une grande puissance d'évocation. *Une ressemblance hallucinante.* ⇒ **extraordinaire.** ▸ ***halluciné, ée*** adj. et n. ▪ Qui a des hallucinations. *Un poète halluciné. — Un air halluciné.* ⇒ **égaré ; bizarre.** — N. *Les visions d'un halluciné.* ⇒ **visionnaire.** ▸ ***hallucinogène*** adj. et n. m. ▪ Qui donne des hallucinations. *Une drogue hallucinogène.* ⇒ **haschisch, L.S.D., mescaline.**

****halo*** ['alo] n. m. **1.** Auréole lumineuse diffuse (autour d'une source lumineuse). *Le halo d'une lampe, des phares dans le brouillard.* **2.** Fig. Éclat qui semble émaner de (qqn). ⇒ **aura.** *Être entouré d'un halo de gloire.*

halogène [alɔʒɛn] n. m. et adj. ▪ Élément chimique rare, voisin du chlore. *Lampe à halogène.* — Adj. *Gaz halogène. Lampe, ampoule halogène, éclairage halogène.*

****halte*** ['alt] n. f. **1.** Temps d'arrêt consacré au repos, au cours d'une activité ou d'un déplacement. *Faire halte,* s'arrêter. *Une courte halte.* ⇒ **arrêt. 2.** Lieu où l'on fait halte. ⇒ **escale, étape.** *Une halte routière,* aire* de repos. **3.** Interj. HALTE ! : commandement par lequel on ordonne à qqn de s'arrêter. / contr. **marche** / *Section, halte !* — Abstrait. *(Dire) halte à la guerre.* — HALTE-LÀ ! : sommation par laquelle une sentinelle, une patrouille enjoint une personne suspecte de s'arrêter. ⇒ **qui-vive.**

haltère [altɛʀ] n. m. ▪ Instrument de gymnastique fait de deux boules ou disques de métal réunis par une tige. *Un petit haltère. Faire des haltères. — Poids et haltères,* sport consistant à soulever des haltères, etc., en exécutant certains mouvements. ▸ ***haltérophile*** n. ▪ Athlète pratiquant l'haltérophilie. ▸ ***haltérophilie*** n. f. ▪ Sport des poids et haltères. *La championne canadienne en haltérophilie.*

****hamac*** ['amak] n. m. ▪ Rectangle de toile ou de filet suspendu horizontalement par deux extrémités, utilisé comme lit. *Se balancer dans un hamac. Des hamacs.*

****hamburger*** ['ambœʀgœʀ] n. m. ▪ Anglic. Petit pain rond *(pain hamburger)* grillé contenant une boulette de bœuf haché frit, garni de condiments, de laitue, tomate, etc. *Mettre du ketchup dans son hamburger. Un hamburger au fromage,* contenant une tranche de fromage. *Hamburger caruso,* recouvert de sauce à spaghetti. *Hamburger sauce,* recouvert d'une sauce brune. — *Pain (à) hamburger,* petit pain rond légèrement aplati et fendu à l'horizontale. — REM. L'O.L.F. propose *hambourgeois* pour remplacer ce mot.

****hameau*** ['amo] n. m. ▪ Petit groupe de maisons isolé d'un village, en milieu rural. *Des hameaux tranquilles.*

hameçon [amsɔ̃] n. m. **1.** Crochet pointu garni d'un appât qu'on adapte au bout d'une ligne, pour prendre le poisson. *Le poisson a mordu à l'hameçon.* **2.** Loc. *Mordre à l'hameçon,* se laisser prendre au piège d'une proposition avantageuse. ⇒ **appât.**

hamiltonien, ienne [amiltɔnjɛ̃, jɛn] adj. et n. ▪ De la ville de Hamilton. — N. (Avec une majusc.) Personne née dans cette ville de l'Ontario ou qui l'habite.

****hammam*** ['amam] n. m. ▪ Établissement de bains de vapeur (surtout dans les pays d'Islam). ⇒ **sauna,** bain **turc.**

****hampe*** ['ɑ̃p] n. f. ▪ Long manche de bois auquel est fixé le fer (d'une lance, une croix, un drapeau...). *La hampe d'une crosse épiscopale.*

****hamster*** ['amstɛʀ] n. m. ▪ Petit rongeur roux et blanc. *Un couple de hamsters.*

****hanche*** ['ɑ̃ʃ] n. f. ▪ Chacune des deux régions symétriques du corps formant saillie au-dessous de la taille. ⇒ os **iliaque.** *Hanches étroites, larges. Tour de hanches. — Rouler, balancer les hanches.* ⇒ se **déhancher.** *Mettre les poings sur les hanches.* ≠ *anche.* ⟨ ▸ se déhancher ⟩

****handball*** ['andbɑl] n. m. ▪ Sport d'équipe (sept joueurs chacune) qui se joue avec les mains et qui consiste à faire pénétrer un ballon rond dans le but adverse. *Terrain de handball. Un tournoi de handball. Joueur de handball.* ⇒ **handballeur.** ▸ ****handballeur, euse*** n. ▪ Joueur de handball.

****handicap*** ['ɑ̃dikap] n. m. **1.** Épreuve sportive, course où l'on impose aux meilleurs concurrents certains désavantages au départ afin d'égaliser les chances de succès. *Cheval qui rend vingt-cinq mètres dans un handicap. Courir le 300 mètres handicap.* **2.** Désavantage, infériorité qu'on doit supporter. *Son âge est un sérieux handicap.* ▸ ****handicaper*** v. tr. ▪ conjug. 1. ▪ Mettre (qqn) en état d'infériorité. ⇒ **défavoriser, désavantager.** *Sa timidité l'a longtemps handicapé.* ▸ ****handicapé, ée*** adj. et n. ▪ Qui a une maladie, une malformation gênante dans les activités courantes. ⇒ **infirme, paralysé.** *Il est handicapé depuis son accident.* — N. *Un handicapé moteur. Handicapé physique, mental. Rampe d'accès pour les handicapés. Stationnement réservé aux handicapés.*

****hangar*** ['ɑ̃gaʀ] n. m. ▪ Construction plus ou moins sommaire destinée à abriter du gros matériel, certaines marchandises. ⇒ **entrepôt, remise.** *Hangar à récoltes, à fourrage.* ⇒ **grange ; fenil.** — Vieilli. Remise attenante à une maison. *Corder du bois dans le hangar.* — Vaste garage pour avions.

****hanneton*** ['antɔ̃] n. m. **1.** Coléoptère ordinairement roux, au vol lourd et bruyant. ⇒ **barbeau. 2.** (France) Loc. fam. *C'est pas piqué des hannetons,* se dit de qqch. qui force l'attention par son caractère extrême. ⇒ **ver.**

****hanter*** ['ɑ̃te] v. tr. ▪ conjug. 1. **1.** Littér. Fréquenter (un lieu) d'une manière habituelle, familière. *Hanter les mauvais lieux.* **2.** (Esprits, fantômes) Fréquenter (un lieu). — Au p. p. adj. *Maison hantée.* **3.** Habiter l'esprit (en gênant). ⇒ **obséder, poursuivre.** *Ce souvenir me hantait. Les rêves qui hantent son sommeil.* ⇒ **habiter, peupler.** ▸ ****hantise*** n. f. ▪ Caractère obsédant (d'une pensée, d'un souvenir). ⇒ idée **fixe, obsession.** *La hantise de la mort.* ⇒ **peur.** ≠ *enter.*

****happer*** ['ape] v. tr. ▪ conjug. 1. **1.** Saisir, attraper brusquement et avec violence. — Au passif et au p. p. adj. *Être happé, motoneige happée par un train.* **2.** (Animaux) Saisir brusquement dans la bouche, la gueule, le bec. *Le chien happe le sucre au vol.*

****hara-kiri*** ['aʀakiʀi] n. m. ▪ Suicide par le sabre, particulièrement honorable, au Japon. *Les samouraïs condamnés à mort avaient le privilège du hara-kiri. Des hara-kiris. — (Se) faire hara-kiri,* se suicider en s'éventrant ; par plaisant., se sacrifier.

****harangue*** ['aʀɑ̃g] n. f. **1.** Discours solennel prononcé devant une assemblée, un haut personnage. *Sa harangue fut courte.* **2.** Discours pompeux et ennuyeux ; remontrance interminable. ⇒ **sermon.** ▸ ****haranguer*** v. tr. ▪ conjug. 1. ▪ Faire une harangue à (qqn). *Officier haranguant ses troupes.*

****haras*** ['aʀɑ] n. m. invar. ▪ Lieu, établissement destiné à la sélection, à la reproduction et à l'élevage des chevaux. *Les prés d'un haras.* — Souvent plur. *Des haras.*

harasser ['aʀase] v. tr. ▪ conjug. 1. ■ Accabler de fatigue (plus fort que *fatiguer**). ⇒ **éreinter, exténuer ;** fam. **crever.** *L'excursion nous a harassés.* — Au p. p. *Être harassé (de fatigue).* ⇒ **épuisé, fourbu.** ▶ ***harassant, ante*** adj. ■ ⇒ **fatigant, tuant.** *Travail harassant.* ⇒ **exténuant.**

harceler ['aʀsəle] v. tr. ▪ conjug. 5. ■ Soumettre sans répit à de petites attaques. *Harceler l'ennemi.* — *Ses créanciers le harcèlent depuis un mois.* ⇒ **talonner.** — *Être harcelé de soucis.* ⇒ **assailli.** ▶ ***harcèlement*** ['aʀsɛlmɑ̃] n. m. ■ Action de harceler (en actes ou en paroles). *Une guerre de harcèlement.* ⇒ **guérilla.** — *Harcèlement sexuel,* comportement offensant d'un employeur qui abuse de son pouvoir à l'égard d'une personne (surtout les femmes) en situation de dépendance professionnelle en tenant des propos, en lui faisant des propositions de nature sexuelle ou sexiste.

harde ['aʀd] n. f. ■ Troupe de bêtes sauvages vivant ensemble. *Une harde de chevreuils.* ≠ *hardes, horde.*

hardes ['aʀd] n. f. pl. ■ Péj. Vêtements pauvres et usagés. ⇒ **guenilles, nippes ;** fam. **fringues, fripes, frusques.** *Un paquet de vieilles hardes.* ≠ *harde, horde.*

hardi, ie ['aʀdi] adj. **1.** Qui ose sans se laisser intimider. ⇒ **audacieux, aventureux, entreprenant, intrépide.** / contr. **timide ; peureux** / *Hardi à l'excès.* ⇒ **téméraire.** *Un garçon hardi.* — *Une initiative, une entreprise hardie.* **2.** Vx et péj. Qui manifeste un grand mépris des convenances. ⇒ **effronté, impudent, provocant.** / contr. **modeste, sage** / *Une fille hardie. Décolleté hardi.* ⇒ **audacieux.** *Un livre qui contient des passages un peu hardis.* ⇒ **osé. 3.** Original. *Une pensée hardie. Des rimes hardies*/ contr. **banal** / **4.** HARDI loc. interj. : expression servant à encourager et pousser en avant. *Hardi, les gars !* ⇒ **courage.** ▶ ***hardiesse*** ['aʀdjɛs] n. f. Littér. **1.** Qualité de qqn ou de qqch. de hardi. ⇒ **bravoure, cœur, courage, énergie, intrépidité.** *Avoir, montrer de la hardiesse.* — *La hardiesse d'un projet.* **2.** Littér. Surtout au plur. *(Une, des hardiesses)* Action, idée, parole, expression hardie. *Se permettre certaines hardiesses.* ⇒ **liberté.** ▶ ***hardiment*** adv. ■ *S'exposer hardiment aux dangers.* ⇒ **bravement, courageusement.** *Il a tout nié hardiment.* ⇒ **effrontément, impudemment.** ⟨ ▶ enhardir ⟩

hard rock ['aʀdʀɔk] n. m. Anglic. **1.** LE HARD ROCK : le rock dur, agressif, à la fois par les paroles des chansons et par le traitement de la matière sonore (musique, amplification). *Jouer, écouter du hard rock.* — Morceau de cette musique, chanson accompagnée de cette musique. **2.** Adj. invar. Relatif à ce style de musique. *Un groupe hard rock. Des spectacles hard rock.*

harem ['aʀɛm] n. m. ■ Appartement réservé aux femmes, chez les musulmans. ⇒ **gynécée.** *Des harems.*

hareng ['aʀɑ̃] n. m. ■ Poisson de mer, vivant en bancs souvent immenses. *Pêche au hareng. Harengs frais. Harengs saurs. Filets de hareng.* — (France) Loc. fam. *Être serrés comme des harengs,* très serrés. ⇒ fam. **sardine.**

harfang ['aʀfɑ̃] n. m. ■ HARFANG (DES NEIGES) : grande chouette blanche des régions arctiques. ⇒ **chat-huant, hulotte.** *Le harfang des neiges est l'emblème aviaire du Québec.*

hargne ['aʀɲ] n. f. ■ Mauvaise humeur se traduisant par des propos acerbes, une attitude agressive, méchante ou haineuse. *Répondre avec hargne.* ▶ ***hargneux, euse*** adj. ■ Qui est plein de hargne. ⇒ **acariâtre, malendurant.** *Une personne hargneuse. Un caractère hargneux.* — *Ton hargneux.* ⇒ **revêche.** ▶ ***hargneusement*** adv.

① ***haricot*** ['aʀiko] n. m. **1.** Plante légumineuse à fruits comestibles. *Un pied de haricot.* **2.** Au plur. DES HARICOTS : gousses de cette plante qui se consomment encore vertes *(haricots verts),* jaunes *(haricots jaunes),* ou contenant les graines mûres *(haricots mange-tout).* ⇒ **fayot, fève, flageolet.** Absolt. *Les, des haricots,* ces graines. *Haricots blancs, rouges* (⇒ **gourgane**). *On met de gros haricots rouges dans le chili. Haricots frais, secs. Haricots au lard.* ⇒ **fèves** au lard ; fam. **bines.** *Faire (cuire), manger des haricots. Un gigot de mouton aux haricots.* Au sing. *Un haricot,* une gousse ; une graine. **3.** Fam. *C'est la fin des haricots,* la fin de tout.

② ***haricot*** n. m. ■ *Un haricot de mouton,* un ragoût de mouton.

harissa ['aʀisa] n. f. ■ Condiment très épicé fait de piment rouge broyé et d'huile d'olive, d'origine nord-africaine. *Un tube de harissa.* — En appos. *Sauce harissa pour le couscous.*

harmonica [aʀmɔnika] n. m. ■ Instrument de musique en forme de petite boîte plate, dont on fait vibrer les languettes en soufflant. ⇒ **musique** à bouche ; fam. **ruine-babines.** ▶ ***harmoniciste*** n. ■ Joueur d'harmonica.

harmonie [aʀmɔni] n. f. **1.** Ensemble des principes qui règlent l'emploi et la combinaison de sons simultanés, en musique. *Étudier l'harmonie. Traité d'harmonie.* **2.** Corps de tambours, d'instruments à vent et de percussions. ⇒ **clique.** *L'harmonie du collège.* ⇒ **fanfare. 3.** Littér. Ensemble des caractères (combinaisons de sons, accents, rythme) qui rendent un discours agréable à l'oreille. ⇒ **euphonie.** *L'harmonie des vers.* ⇒ **mélodie. 4.** Accord entre les diverses parties (d'un tout) ; effet qui en résulte. *L'harmonie des organes du corps.* ⇒ **ordre, organisation.** *Il règne une grande harmonie de sentiments au sein de cette équipe.* ⇒ **communauté, concordance, conformité.** *Être* EN HARMONIE *avec.* ⇒ **convenir, correspondre.** *Ces deux choses sont en parfaite harmonie,* vont bien ensemble. — Beauté régulière. *L'harmonie des tons dans un tableau. L'harmonie d'un paysage.* ⇒ **équilibre.** *L'harmonie d'un visage.* ⇒ **beauté, régularité. 5.** Littér. Accord, bonnes relations (entre personnes). ⇒ **entente, paix, union.** *L'harmonie qui règne dans une communauté. Vivre en parfaite harmonie,* en parfaite concordance de sentiments, de vues. ⇒ **amitié, entente, sympathie.** ▶ ***harmonieux, euse*** [aʀmɔnjø, øz] adj. **1.** (Combinaison de sons) Agréable à l'oreille. ⇒ **mélodieux.** *Voix harmonieuse.* **2.** (Langage) Qui a de l'harmonie. *Style harmonieux.* **3.** Dont l'accord entre les divers éléments dégage une harmonie. *Harmonieux équilibre. Formes, couleurs harmonieuses.* ▶ ***harmonieusement*** adv. ■ D'une manière harmonieuse. ▶ ***harmonique*** adj. ■ Relatif à l'harmonie (1) en musique. — *Son harmonique,* et, n. m. HARMONIQUE : son musical simple dont la fréquence est un multiple entier de celle du son fondamental. ▶ ***harmoniser*** v. tr. ▪ conjug. 1. **1.** Mettre en harmonie, en accord. ⇒ **accorder, arranger.** *Nous tenterons d'harmoniser les intérêts du groupe.* ⇒ **concilier. 2.** Combiner (une mélodie) avec d'autres parties ou des suites d'accords. *Harmoniser un chant,* composer un accompagnement. **3.** S'HARMONISER v. pron. : se mettre, être en harmonie. ⇒ s'**accorder** ; fam. s'**adonner.** *Ces couleurs s'harmonisent. Ses sentiments s'harmonisaient avec le paysage.* ▶ ***harmonisation*** n. f. ■ Action d'harmoniser. — Manière dont une musique est harmonisée. ▶ ***harmonium*** [aʀmɔnjɔm] n. m. ■ Instrument à clavier et à soufflerie, muni d'anches libres (à la différence de *l'orgue*). *Elle joue de l'harmonium à l'église. Des harmoniums.* ⟨ ▶ harmonica, philharmonique ⟩

harnacher ['aʀnaʃe] v. tr. ▪ conjug. 1. **1.** Mettre le harnais à (un animal de selle ou de trait). — Au p. p.

adj. *Cheval richement harnaché.* **2.** (Personnes) ÊTRE HARNACHÉ : être habillé et équipé lourdement. — *Comment es-tu donc harnaché ?* ⇒ **accoutré, ficelé** ; fam. **amanché.** ▶ ***harnachement** n. m. **1.** Action de harnacher. — Ensemble des harnais. **2.** Habillement et équipement. — Péj. *Quel harnachement !*

***harnais** ['aʀnɛ] n. m. invar. **1.** Autrefois. Équipement complet d'un homme d'arme. Loc. *Blanchi sous le harnais* (ou *sous le harnois*), vieilli dans le métier (surtout des armes). **2.** Ensemble des pièces composant l'équipement d'un animal de selle ou de trait. ⇒ **harnachement.** ‹ ▶ harnacher ›

***haro** ['aʀo] n. m. ■ Loc. *Crier haro sur le baudet* (allus. à une fable de La Fontaine), dénoncer à l'indignation de tous.

***harpe** ['aʀp] n. f. ■ Grand instrument à cordes pincées, à cadre le plus souvent triangulaire. *Harpe celtique.* ▶ ***harpiste** n. ■ Musicien qui joue de la harpe.

***harpie** ['aʀpi] n. f. ■ (France) Femme méchante, acariâtre (nom d'un monstre volant de la mythologie). ⇒ **mégère.** *Une vieille harpie.*

***harpon** ['aʀpɔ̃] n. m. ■ Dard emmanché, relié à un filin ou une ligne, qui sert à prendre les gros poissons, les cétacés. *Pêche au harpon. Les harpons des Inuits. Fusil à harpon pour la pêche sous-marine.* ▶ ***harponner** v. tr. ▪ conjug. 1. **1.** Atteindre, accrocher avec un harpon, ou un instrument semblable. *Harponner une baleine.* **2.** Fam. Arrêter, saisir brutalement. *Ils ont harponné un malfaiteur.* ▶ ***harponnage** n. m.

***hasard** ['azaʀ] n. m. **I.** UN, DES HASARD(S). **1.** Événement fortuit ; concours de circonstances inattendu et inexplicable. *Quel hasard !* ⇒ **coïncidence ;** fam. **adon.** *C'est un vrai, un pur hasard,* rien n'était calculé, prémédité. *Un heureux hasard.* ⇒ **chance, occasion, veine.** *Un hasard malheureux.* ⇒ **accident, déveine, malchance.** **2.** Littér. Surtout au plur. Risque, circonstance dangereuse. *Les hasards de la guerre.* ⇒ **aléa.** *Les hasards de la route.* **II. 1.** LE HASARD : cause fictive attribuée à des événements apparemment inexplicables. *Les lois du hasard.* ⇒ **probabilité.** *Le hasard fait bien les choses* (en parlant d'un concours de circonstances heureux). *Les caprices du hasard.* ⇒ **destin, sort.** *Elle ne laisse rien au hasard,* elle prévoit tout. *Faire la part du hasard dans un projet.* **2.** Loc. AU HASARD loc. adv. : n'importe où. *Coups tirés au hasard,* sans réflexion. *Conseils donnés au hasard.* ⇒ au petit **bonheur.** — AU HASARD DE loc. prép. : selon les hasards de. *Au hasard des rencontres, des circonstances.* — À TOUT HASARD loc. adv. : en prévision ou dans l'attente de tout ce qui pourrait se présenter. *Laissez-moi votre adresse, à tout hasard.* ⇒ au **cas** où. — PAR HASARD loc. adv. ⇒ **accidentellement, fortuitement.** *Je l'ai rencontré par hasard. Comme par hasard,* comme si c'était un hasard. *Si par hasard,* au cas où, dans l'éventualité où. **3.** JEU DE HASARD : jeu où le calcul, l'habileté n'ont, en principe, aucune part (dés, roulette, loterie). *Elle aime tous les jeux de hasard.* ▶ ***hasarder** [azaʀde] v. tr. ▪ conjug. 1. **1.** Littér. Livrer (qqch.) aux risques du hasard, du sort. ⇒ **aventurer, exposer, risquer.** *Hasarder sa vie, sa réputation.* **2.** Entreprendre (qqch.) en courant le risque d'échouer ou de déplaire. ⇒ **tenter.** *Hasarder une démarche.* — Au p. p. adj. *Une hypothèse, une démarche hasardée,* que l'on fait sans trop y croire. **3.** SE HASARDER v. pron. réfl. : aller, se risquer (en un lieu où il y a du danger). *Il n'est pas prudent de s'y hasarder.* ⇒ s'**aventurer.** — SE HASARDER À : se risquer à. *Se hasarder à demander qqch.* ▶ ***hasardeux, euse** adj. ■ Qui expose à des périls ; qui comporte un risque d'échec. *Entreprise hasardeuse.* ⇒ **aléatoire, dangereux.**

***has been** ['azbin] n. invar. et adj. ■ Anglic. fam. Personne, chose qui a fait son temps, qui est vieilli, qui n'est plus à la mode. ⇒ **démodé, quétaine.** *Il y avait beaucoup de has been dans l'assistance. Cette musique, c'est du has been.* — Adj. *Chanteur has been. Coiffure has been.* — REM. On trouve parfois l'orthographe *has-been.*

***haschisch** ou ***hachisch** ['aʃiʃ] n. m. ■ Chanvre indien ① dont on extrait une substance hallucinogène* ; cette drogue. ⇒ **cannabis, marijuana ;** fam. **herbe ;** anglic. ② **pot.** *Fumer du haschisch.* — Abrév. cour. HASCH, n. m. ou fam. H, n. m. *Une cigarette de hasch. Le H.* ⇒ fam. **mari.**

***hase** ['az] n. f. ■ Femelle du lièvre ou du lapin de garenne. ⇒ **lapine.**

***hassidim** ['asidim] n. m. ■ Adepte d'un courant religieux judaïque traditionnel, mystique et ascétique. ⇒ **israélite.** *Le quartier des hassidims à Montréal.* — Adj. *Des Juifs hassidims.*

***hâte** ['ɑt] n. f. **1.** Grande promptitude (dans l'exécution d'un travail, etc.). ⇒ **activité, empressement.** *Vous faites montre d'une hâte excessive.* ⇒ **précipitation.** *Mettre peu de hâte à faire qqch. — J'ai hâte, j'ai grand-hâte de sortir. N'avoir qu'une hâte,* qu'un désir, qu'un souci. *Il n'a qu'une hâte, avec cette corvée, c'est d'en finir.* — Loc. *Avoir hâte de, que,* avoir envie de, que, être impatient de, que. *Nous avons bien hâte de vous revoir. As-tu hâte que je vienne ?* — Fam. *Avoir hâte à,* espérer vivement. *Les enfants ont hâte à Noël.* **2.** Loc. adv. SANS HÂTE : calmement, en prenant son temps. EN HÂTE. ⇒ **promptement, rapidement, vite.** *Venez en toute hâte !* ⇒ d'**urgence.** À LA HÂTE : avec précipitation, sans soin. *Un travail fait à la hâte.* ▶ ***hâter** v. tr. ▪ conjug. 1. **1.** Littér. Faire arriver plus tôt, plus vite. ⇒ **avancer, brusquer, précipiter.** *Hâter son départ.* **2.** Faire évoluer plus vite, rendre plus rapide. ⇒ **accélérer, activer.** *Hâte un peu le mouvement !* ⇒ **presser.** *Hâter le pas.* **3.** SE HÂTER v. pron. réfl. : se dépêcher, se presser. *Hâtez-vous. Se hâter vers la sortie.* ⇒ **courir,** se **précipiter ;** fam. se **garrocher.** *Se hâter de terminer un travail.* ▶ ***hâtif, ive** adj. **1.** Dont la maturité est naturellement précoce. / contr. **tardif** / *Petits pois hâtifs.* **2.** Qui se fait ou a été fait trop vite, à la hâte. *Un travail hâtif.* ⇒ **bâclé.** *Conclusion hâtive.* ⇒ **prématuré.** ▶ ***hâtivement** adv.

***hauban** ['obɑ̃] n. m. ■ Cordage, câble servant à étayer le mât d'un navire, à soutenir une pièce, etc. *Les haubans de misaine, d'artimon.*

***hausse** ['os] n. f. ■ Action d'augmenter, de s'élever, en parlant d'une grandeur numérique. ⇒ **augmentation, élévation.** *Hausse de la température. Le baromètre est en hausse,* la pression barométrique remonte. *La hausse des prix.* ⇒ **montée.** / contr. **fléchissement** / *On enregistre une hausse sensible du coût de la vie.* — Loc. *Jouer à la hausse,* spéculer sur la hausse du cours des valeurs boursières. — Loc. *Ses actions sont en hausse,* ses affaires vont mieux. / contr. **baisse** /

***hausser** ['ose] v. tr. ▪ conjug. 1. **1.** Donner plus d'ampleur, d'intensité à. *Hausser la voix, le ton.* ⇒ **enfler.** **2.** Mettre à un niveau plus élevé. ⇒ **lever.** *Hausser les épaules.* — Pronominalement réfl. *Se hausser sur la pointe des pieds.* ⇒ se **dresser.** ≠ *hocher.* ▶ ***haussement** n. m. ■ *Elle eut un haussement d'épaules excédé.* ‹ ▶ exhausser, hausser, rehausser ›

① ***haut,** ***haute** ['o, 'ot] adj. / contr. **bas** / **I. 1.** D'une dimension déterminée (HAUT DE...,

COMME...) ou supérieure à la moyenne, dans le sens vertical. *Mur haut de deux mètres.* Loc. *Haut comme trois pommes,* très petit. — *De hautes montagnes.* ⇒ **élevé.** *Hautes herbes. Pièce haute de plafond. Hautes cheminées. Une personne de haute taille,* très grande. — *Talons hauts.* / contr. ① **plat** / — *La haute mer.* ⇒ **large** (II, 4). **2.** Dans sa position la plus élevée. *Le soleil est haut dans le ciel.* — Loc. *Aller, marcher la tête haute, le front haut,* sans craindre de reproches ni d'affronts. — Loc. *Avoir la* HAUTE MAIN *dans une affaire,* la diriger, en avoir le contrôle. **3.** Situé sur un plan supérieur. *Les hautes branches d'un arbre. Le plus haut massif.* ⇒ **culminant.** *Une note haute, une haute note.* ⇒ **aigu.** / contr. **grave** / — *Le Haut-Saint-Laurent, la Haute-Mauricie* (régions les plus proches de la source ou les plus éloignées de la mer). — *Le haut d'une terre,* l'extrémité la plus éloignée de la maison. — *La partie haute d'une ville, les hauts quartiers.* (Avec des majusc.) *La Haute-Ville de Québec.* / contr. **Basse-Ville.** / — Histoire. *Les Pays-d'en-Haut,* régions situées au nord dans les Laurentides. *Le Haut-Canada,* l'Ontario (oppos. à *Bas-Canada*). **4.** Dans le temps (avant le nom). *La plus haute antiquité,* la plus ancienne. **5.** En intensité. ⇒ ① **fort, grand.** *Haute pression. Haute fréquence.* / contr. **bas, faible** / — (Sons, voix) *À haute voix.* — Loc. *Pousser les hauts cris.* ⇒ **sonore, retentissant.** *N'avoir jamais une parole plus haute que l'autre, ne pas dire un mot plus haut que l'autre,* parler sur un ton uni qui marque l'égalité d'humeur oule sang-froid. **6.** (En parlant des prix, des valeurs cotées) *Les cours sont hauts.* ⇒ **élevé.** *De hauts salaires.* **II.** Abstrait (avant le nom). **1.** (Dans l'ordre de la puissance) ⇒ **éminent, grand, important.** *Hauts fonctionnaires. La haute finance. La haute société* ou fam. *la Haute.* — Loc. EN HAUT LIEU : au sommet de la hiérarchie. — N. m. *Le Très-Haut,* Dieu. *La volonté d'En-Haut,* divine. **2.** (Dans l'échelle des valeurs) ⇒ **supérieur.** *Haute intelligence. Les hauts faits.* ⇒ **héroïque.** — *Haute couture, coiffure.* **3.** Très grand. ⇒ **extrême.** *Je la tiens en haute estime. Une communication de la plus haute importance. Avoir une haute idée de soi-même.* ⇒ **exagéré.** *Un instrument de haute précision.* HAUTE-FIDÉLITÉ : reproduction sonore très fidèle. *Chaîne haute-fidélité.* ⇒ **hi-fi.** ► ② ***haut** n. m. et adv. **I.** N. m. **1.** Dimension verticale déterminée, de la base au sommet. ⇒ **altitude, hauteur.** *La tour Eiffel a trois cent vingt mètres de haut.* — Loc. TOMBER DE (TOUT SON) HAUT : s'étaler au sol ; abstrait, être stupéfait. **2.** Position haute. *Parler du haut de la tribune. Tomber du haut du cinquième (étage). Elle a des hauts et des bas,* une suite de bons et de mauvais moments. **3.** Partie, région haute (d'une chose). *Le haut de la poitrine. Au haut du mur. Laver la cuisine du haut en bas.* ⇒ **sommet.** *Déplacement vers le haut.* — *Le haut d'une robe,* la partie au-dessus de la taille. ⇒ **corsage.** *Prends ce meuble par le haut, je le prends par le bas. Les voisins du haut.* ⇒ du **dessus.** *Habiter un haut,* les étages supérieurs d'un immeuble, spécialt le dernier. — *Le haut de la rue.* — *Le haut d'une paroisse,* la partie la plus éloignée du fleuve Saint-Laurent. — *Rouler du haut d'un escalier, du haut en bas.* Terrain élevé. ⇒ **hauteur, montagne.** *Les hauts de Charlevoix.* **II.** Adv. **1.** En un point élevé sur la verticale. / contr. **bas** / *Monter, sauter haut, plus haut.* **2.** Loc. (Adj. à valeur adverbiale) En position haute. HAUT LES MAINS ! : sommation faite à un adversaire de lever les mains ouvertes. — HAUT LA MAIN : avec autorité, en surmontant aisément tous les obstacles. *Il a emporté le prix haut la main.* — Loc. fig. *Ça ne vole pas haut,* ce n'est pas très brillant, très relevé. **3.** En un point reculé dans le temps. ⇒ **loin.** *Remonter plus haut,* vers la source, l'origine. — (Dans un texte) *Voir plus haut.* ⇒ **ci-dessus, supra.** **4.** (Intensité) *À voix haute.* ⇒ ② **fort.** *Parlez plus haut. Lire tout haut.* — Sans craindre de se faire entendre. *Je le dirai bien haut, s'il le faut !* ⇒ **franchement, hautement** (1). *Parler haut et clair,* avec autorité. — (Sons) *Monter haut,* atteindre des notes aiguës. **5.** (Puissance) *Des personnes haut placées. Il vise haut,* il est ambitieux. — Loc. fam. *Péter plus haut que le trou,* être snob, avoir des prétentions exagérées. **6.** (Prix, valeurs) *La dépense monte haut,* s'élève à un prix considérable. *Estimer très haut certaines qualités,* leur accorder un grand prix. *Placer (qqn) très haut dans son estime.* **III.** Loc. adv. **1.** DE HAUT : avec une distance qui donne de la supériorité. Loc. TOMBER DE HAUT : perdre ses illusions. — *Voir les choses de haut,* d'une vue générale et sereine. *Elle a pris la chose de haut, de très haut,* elle a réagi avec arrogance. *Regarder, traiter qqn de haut,* DE HAUT EN BAS : avec dédain. ⇒ **hautain.** **2.** EN HAUT : dans la région (la plus) haute. *Il loge en haut. Blouson fermé jusqu'en haut. Tout en haut,* au point le plus haut. *Par en haut.* — En direction du haut. *Regarder en haut. De bas en haut.* — EN HAUT DE loc. prép. : dans la partie supérieure de. *En haut de la côte. Ce livre est en haut de la bibliothèque,* sur le dernier rayon. D'EN HAUT : de la partie haute, supérieure. *La lumière vient d'en haut.* — *Des ordres qui viennent d'en haut,* d'une autorité supérieure. ► ***hautain, aine** [ˈotɛ̃, ɛn] adj. ■ Dont les manières sont dédaigneuses ; qui montre de l'arrogance. ⇒ **altier, orgueilleux,** à ③ **pic.** *Des gens hautains et distants.* — *Manières hautaines, air hautain.* ► ***hautement** [ˈotmɑ̃] adv. **1.** Tout haut et sans craindre de se faire entendre. ⇒ **franchement, nettement, ouvertement.** *Déclarer hautement son mécontentement.* **2.** À un degré supérieur, fortement. *C'était hautement comique. Un matériel hautement sophistiqué.* ► ***hauteur** n. f. **I.** **1.** Dimension plus ou moins importante dans le sens vertical (opposé à *largeur, longueur, profondeur*). ⇒ ② **haut.** *La hauteur d'un mur, d'un pont. Grande hauteur, faible hauteur.* — (Personnes) ⇒ **taille.** *Se dresser de toute sa hauteur.* — Géométrie. Droite perpendiculaire abaissée du sommet à la base d'une figure ; longueur de cette droite. *La hauteur d'un triangle.* **2.** Position déterminée sur la verticale. *Se trouver à une certaine hauteur. Hauteur vertigineuse. À hauteur d'homme. Rebord de fenêtre à hauteur d'appui.* — *Saut en hauteur.* — *Prendre de la hauteur,* s'élever dans l'espace (avion, engin). **3.** À LA HAUTEUR DE loc. prép. *Placer une pancarte à la hauteur des yeux.* ⇒ **niveau.** ÊTRE À LA HAUTEUR DE : être au même niveau (intellectuel, moral) que, être l'égal de. *Elle sait se mettre à la hauteur des enfants.* ⇒ **portée.** *Être à la hauteur de la situation,* avoir les qualités requises pour y faire face. — Fam. Sans compl. *Il n'est pas à la hauteur,* il n'a pas les capacités suffisantes. — Au niveau de, sur la même ligne que. *Je vous attends à (la) hauteur de la pharmacie.* **4.** Terrain, lieu élevé. *Ma maison est sur une hauteur.* ⇒ **butte.** *Les hauteurs qui dominent la ville.* **II.** **1.** Supériorité (d'ordre moral ou intellectuel). ⇒ **grandeur, noblesse.** *La hauteur de ses vues est notoire.* **2.** Péj. Caractère, attitude de la personne qui regarde les autres de haut, avec mépris. *Parler avec hauteur* (→ hautain). ► ***hautbois** [ˈobwɑ] n. m. invar. ■ Instrument de musique à vent, à anche double. — Musicien qui joue du hautbois (on dit aussi **hauboïste* [ˈobɔist] n.). ► ***haut-côté** [ˈokote] n. m. ■ Autrefois. Pièce ajoutée au corps principal d'une maison de campagne, à laquelle on accède en montant quelques marches. *Le haut-côté peut servir de cuisine d'été.* ⇒ **cuisinette.** ► ***haut-de-chausse(s)** [ˈodʃos] n. m. ■ Autrefois. Partie de l'habillement masculin allant de la ceinture aux genoux. ⇒ **chausse(s), culotte.** *Des hauts-de-chausse(s).* ► ***haut-de-forme** [ˈodfɔʀm] n. m. ■ Chapeau d'homme, en soie, haut et cylindrique, qui se porte avec la redingote ou l'habit. *Des* *hauts-de-forme.* — Adj. (Sans traits d'union) *Des chapeaux hauts de forme.* ▶ ****haut-fond*** ['ofɔ̃] n. m. ■ Sommet sous-marin, endroit d'un cours d'eau recouvert d'une faible épaisseur d'eau, dangereux pour la navigation. *Des hauts-fonds.* ▶ ****haut-le-cœur*** ['olkœʀ] n. m. invar. ■ Soulèvement de l'estomac. ⇒ **nausée.** *Avoir des haut-le-cœur. Cela me donne des haut-le-cœur,* cela me dégoûte. ⇒ **écœurer.** ▶ ****haut-le-corps*** ['olkɔʀ] n. m. invar. ■ Mouvement brusque et involontaire du haut du corps sous l'effet de la surprise ou de l'indignation. *Avoir, réprimer un haut-le-corps.* ⇒ **sursaut, tressaillement.** ▶ ****haut-parleur*** ['opaʀlœʀ] n. m. ■ Appareil qui transforme les variations d'un courant électrique en ondes sonores. *Brancher des haut-parleurs.*

****havane*** ['avan] n. m. et adj. **I.** Tabac de La Havane. *Il fume du havane.* — Cigare réputé, fabriqué avec ce tabac. *Une boîte de havanes.* **II.** Adj. invar. De la couleur (brun clair) des havanes. *Des gants havane.*

****hâve*** ['ɑv] adj. ■ Littér. Amaigri et pâli par les épreuves, la faim... ⇒ **émacié.** *Gens hâves et déguenillés.* — *Visage, teint hâve.* ⇒ **blafard, blême, livide.**

****havre*** ['ɑvʀ] n. m. **1.** Emplacement littoral bien abrité pouvant accueillir des navires de faible tonnage. **2.** Littér. Ce qui constitue un refuge sûr et calme. ⇒ **abri, barachois, port.** *Cette maison est un havre de paix. C'est un havre pour l'esprit.*

****havresac*** ['ɑ(a)vʀəsak] n. m. ■ Autrefois. Sac que le fantassin portait sur son dos, et qui contenait son équipement. — Mod. Sac à dos dans lequel on met des outils, des provisions, des bagages, des livres (⇒ **sac** d'école)...

hawaïen, enne [awajɛ̃, ɛn] adj. et n. ■ Des îles Hawaï, relatif aux îles Hawaï. *Un volcan hawaïen. Jouer de la guitare hawaïenne.* — *Une chemise hawaïenne,* à motifs très colorés. — N. (Avec une majusc.) Personne née dans ces îles de la Polynésie ou qui y habite. — REM. On trouve aussi la graphie *hawaiien.*

****hayon*** ['ajɔ̃] n. m. ■ *(Porte à) hayon,* panneau mobile articulé tenant lieu de porte à l'arrière d'une voiture de tourisme, d'une camionnette.

****hé*** ['e, he] interj. ■ Sert à interpeller, à appeler, à attirer l'attention. *Hé ! vous, là-bas.* ⇒ **hep, ho.** *Holà ! hé ! pas si vite ! Hé ! que fais-tu là ?* — Sert à faire répéter qqch. à qqn que l'on vouvoie ⇒ **hein, pardon, quoi.** *Hé ! que dites-vous ?* — *Hé ! Hé !* (approbation, appréciation, ironie, moquerie, selon le ton). *Hé là !* ⇒ **holà.** ≠ *eh.* ⟨ ▶ hélas ⟩

****heaume*** ['om] n. m. ■ Moyen Âge. Casque enveloppant toute la tête et le visage du combattant. *Le cimier d'un heaume.*

hebdomadaire [ɛbdɔmadɛʀ] adj. et n. m. **1.** Adj. Qui s'étend sur une semaine. *Travail hebdomadaire,* fixé pour la semaine. — Qui se renouvelle chaque semaine. *Congé hebdomadaire. Une revue hebdomadaire.* **2.** N. m. *Un hebdomadaire,* publication qui paraît une fois par semaine. — Abrév. fam. *Un* HEBDO [ɛbdo]. *Des hebdos.*

héberger [ebɛʀʒe] v. tr. ▪ conjug. 1. **1.** Loger (qqn) chez soi. *Peux-tu m'héberger pour la nuit ?* ⇒ **abriter.** — *Être hébergé pendant une semaine par un ami,* être reçu. **2.** Accueillir, recevoir sur son sol. *Pays qui héberge des réfugiés.* ▶ ***hébergement*** n. m. ■ *Un centre d'hébergement.*

hébété, ée [ebete] adj. ■ Rendu stupide (par qqch.). ⇒ **abêti, abruti ;** anglic. **groggy.** *Il est hébété. Hébétée de fatigue. Un air, un regard, des yeux hébétés.* ▶ ***hébétude*** n. f. ■ Littér. État de la personne qui est hébétée, stupide. ⇒ **abrutissement, stupeur.** *L'hébétude de l'ivresse.*

hébraïque [ebʀaik] adj. ■ Qui concerne la langue ou la civilisation des Hébreux. *Grammaire, tradition hébraïque.* — *École hébraïque,* où l'on enseigne en hébreu. ▶ ***hébreu*** [ebʀø] n. et adj. m. **I.** N. m. **1.** (Avec une majusc.) Nom primitif des Juifs. *Un Hébreu* (mais *une Israélite, une Juive*). **2.** L'hébreu, la langue hébraïque. *L'hébreu, langue sémitique. L'hébreu est la langue parlée en Israël.* — Fam. *C'est de l'hébreu,* c'est inintelligible (→ C'est du chinois). **II.** ■ Adj. m. Se dit du peuple, de la langue des Hébreux. ⇒ **israélite, juif.** *Textes, mots hébreux. Prophète hébreu.*

****H.É.C.*** ['aʃəse] n. f. invar. ■ Sigle de *École des hautes études commerciales. Préparer les H.É.C.*

hécatombe [ekatɔ̃b] n. f. ■ Massacre d'un grand nombre de personnes ou d'animaux. ⇒ **boucherie, carnage, holocauste, tuerie.** *Les hécatombes de la guerre. Faire une hécatombe de gibier.* — Plaisant. *Quatre-vingts pour cent d'échecs à cet examen, quelle hécatombe !*

hecto [ɛkto] n. m. ■ Abréviation d'*hectolitre* et (plus rarement) d'*hectogramme. Il a produit cette année mille hectos de sirop d'érable.*

hect(o)- ■ Élément savant signifiant « cent ». ▶ ***hectare*** [ɛktaʀ] n. m. ■ (France) Mesure de superficie équivalant à cent ares (symb. *ha*). *Une exploitation agricole de cinquante hectares.* ▶ ***hectogramme*** n. m. ■ Masse de cent grammes (symb. *hg*). ▶ ***hectolitre*** n. m. ■ Mesure de cent litres (symb. *hl*). *Trois cents hectolitres de vin.* ▶ ***hectomètre*** n. m. ■ Longueur de cent mètres (symb. *hm*). ▶ ***hectowatt*** [ɛktowat] n. m. ■ Unité de puissance, valant cent watts (symb. *hW*). ⟨ ▶ hecto ⟩

hédonisme [edɔnism] n. m. ■ Doctrine qui place la recherche du plaisir au-dessus des autres valeurs. *Un adepte de l'hédonisme.*

hégémonie [eʒemɔni] n. f. ■ Suprématie d'un État, d'une nation sur d'autres. ⇒ **prépondérance.** *Lutte pour l'hégémonie du monde. Exercer une hégémonie.* ⇒ **domination.** ▶ ***hégémonique*** adj.

hégire [eʒiʀ] n. f. ■ Début de la chronologie musulmane (622 de l'ère chrétienne). *L'an deux cent de l'hégire.*

****hein*** ['ɛ̃, hɛ̃] interj. **1.** Interjection familière d'interrogation (pour faire répéter, demander un complément d'information, ou exprimer l'étonnement). *Hein ? Qu'est-ce que tu dis ?* ⇒ **comment, hé, pardon, quoi.** — Renforce un ordre, une menace. *Fiche-lui la paix, hein !* **2.** Renforce une interrogation. *Tu viendras, hein ?* ⇒ **n'est-ce pas.**

****hélas*** ['elɑs] interj. ■ Interjection de plainte, exprimant la douleur, le regret. *Hélas ! les beaux jours sont finis. « Va-t-il mieux ? — Hélas ! non. »*

****héler*** ['ele] v. tr. ▪ conjug. 6. ■ Appeler de loin, pour faire venir. *Enfin, un taxi passe ; je le hèle. Héler un porteur.*

hélice [elis] n. f. **1.** Appareil de traction ou de propulsion constitué de plusieurs pales solidaires d'un axe. *L'hélice d'un navire. Les hélices d'un avion.* **2.** Courbe engendrée par une droite oblique s'enroulant sur un cylindre. ⇒ **spirale.** ▶ ***hélicoïdal, ale, aux*** [elikɔidal, o] adj. ■ En forme d'hélice (2). *Des ressorts hélicoïdaux.*

hélicoptère [elikɔptɛʀ] n. m. ■ Appareil volant qui se déplace à l'aide d'une ou de plusieurs hélices horizontales. *L'hélicoptère décolle à la verticale.* — Fig. Fam. Samare de l'érable. ▶ ***héligare*** n. f. ■ Gare d'hélicoptères. ⇒ **héliport.** ⟨ ▶ héliport, porte-hélicoptères ⟩

héli(o)- ■ Élément savant signifiant « soleil », « lumière ». ▶ ***héliogravure*** [eljɔgʀavyʀ] n. f. ■ Procédé de gravure en creux par voie photographique. — Reproduction obtenue par ce procédé. *Livre orné d'héliogravures.* ▶ ***héliothérapie*** n. f. ■ Traitement médical par la lumière et la chaleur solaires (bains de soleil). ▶ ***héliotrope*** n. m. ■ Plante à fleurs odorantes, des régions chaudes et tempérées. *Un massif d'héliotropes blancs.* ⇒ **tournesol.** 〈 ▶ éphélide, hélium 〉

héliport [elipɔʀ] n. m. ■ Aéroport ou secteur d'un aéroport pour hélicoptères. ▶ ***héliporté, ée*** adj. ■ Transporté par hélicoptère. *Commando héliporté.*

hélium [eljɔm] n. m. ■ Gaz très lèger, ininflammable, découvert dans l'atmosphère solaire et très rare dans l'air (symb. *He*). *Ballon gonflé à l'hélium.*

hellébore n. f. ⇒ **ellébore.**

hellène [e(ɛl)lɛn] adj. et n. ■ De la Grèce ancienne *(Hellade)* ou moderne. ⇒ **grec.** *Le peuple hellène.* — N. (Avec une majusc.) *Les Hellènes.* ▶ ***hellénique*** adj. ■ *Civilisation, langue hellénique.* ▶ ***hellénisme*** n. m. **1.** Civilisation grecque. *Un passionné d'hellénisme.* **2.** Construction ou emploi propre à la langue grecque. ▶ ***helléniste*** n. ■ Personne qui s'occupe de philologie, de littérature grecques. ▶ ***hellénistique*** adj. ■ De la civilisation de langue grecque, après la mort d'Alexandre le Grand et jusqu'à la conquête romaine.

hélodée n. f. ⇒ **élodée.**

helvétique [ɛlvetik] adj. ■ Relatif à la Suisse. ⇒ **suisse.** *La Confédération helvétique.*

***hem** ['ɛm, hɛm] interj. ⇒ **hum.**

hémat(o)-, hémo- ■ Éléments savants signifiant « sang ». ▶ ***hématie*** [emasi] n. f. ■ Globule rouge du sang ▶ ***hématologie*** [ematɔlɔʒi] n. f. ■ Étude du sang et de ses maladies. ▶ ***hématologiste*** ou ***hématologue*** n. ■ Spécialiste de l'hématologie. ▶ ***hématome*** [ematom] n. m. ■ Accumulation de sang dans un tissu, due à une rupture de vaisseaux. *Hématome du tissu cutané.* ⇒ **bleu, ecchymose.**

hémi- ■ Élément savant qui signifie « demi ». ▶ ***hémicycle*** [emisikl] n. m. **1.** Espace, construction en demi-cercle. *L'hémicycle d'une basilique.* **2.** Rangées de gradins disposées en demi-cercle, destinées à des auditeurs, des spectateurs, etc. *L'hémicycle d'une salle de cours.* ▶ ***hémiplégie*** [emipleʒi] n. f. ■ Paralysie frappant un seul côté du corps, provoquée par une lésion du cerveau ou de la moelle épinière. ⇒ **paraplégie, quadraplégie.** *Attaque d'hémiplégie.* ▶ ***hémiplégique*** adj. et n. ■ Qui a rapport à l'hémiplégie. — N. Personne atteinte d'hémiplégie. *Un, une hémiplégique.* ▶ ***hémisphère*** [emisfɛʀ] n. m. **1.** Moitié d'une sphère. — *Voûte en hémisphère.* ⇒ **coupole.** **2.** Moitié du globe terrestre (surtout, moitié limitée par l'équateur). *L'hémisphère Nord* ou *boréal, Sud* ou *austral.* **3.** *Les hémisphères cérébraux,* les deux moitiés latérales du cerveau. ▶ ***hémisphérique*** adj. ■ Qui a la forme d'un hémisphère. ▶ ***hémistiche*** [emistiʃ] n. m. ■ Moitié d'un vers, partagé par une césure. — Cette césure. *Rime intérieure à l'hémistiche.*

hémo- ⇒ **hémat(o).** ▶ ***hémoglobine*** [emɔglɔbin] n. f. **1.** Substance protéique, qui donne au sang sa couleur rouge. **2.** Fam. Sang. *Il y a trop d'hémoglobine dans ce film.* ▶ ***hémophilie*** [emɔfili] n. f. ■ Disposition pathologique aux hémorragies par retard ou absence de coagulation. *L'hémophilie se transmet par les femmes, mais seuls les enfants de sexe masculin en sont atteints.* ▶ ***hémophile*** adj. et n. ■ Atteint d'hémophilie. — N. *Un, une hémophile.* ▶ ***hémoptysie*** [emɔptizi] n. f. ■ Médecine. Crachement de sang. ▶ ***hémorragie*** n. f. **1.** Fuite de sang hors d'un vaisseau sanguin. ⇒ **saignement.** *Hémorragie interne, externe. Elle a eu une hémorragie cérébrale.* ⇒ **apoplexie.** *Arrêter une hémorragie avec un garrot.* **2.** Fig. Perte de vies humaines. *L'hémorragie causée par une guerre.* — Perte, fuite. *L'hémorragie des capitaux.* ▶ ***hémorragique*** adj. ■ *Accidents hémorragiques.* ▶ ***hémorroïde*** [emɔʀɔid] n. f. ■ Surtout au plur. Varice qui se forme à l'anus et au rectum. *Il a des hémorroïdes très douloureuses.* ▶ ***hémorroïdal, ale, aux*** adj. ▶ ***hémostatique*** adj. et n. m. ■ Propre à arrêter les hémorragies. *Pinces hémostatiques.* — N. m. *Les hémostatiques* (médicaments).

hendécagone ou **endécagone** [ɛ̃dekagɔn] n. m. ■ Polygone qui a onze côtés et onze angles.

***henné** ['ɛne] n. m. ■ Poudre jaune ou rouge utilisée pour teindre les cheveux ou se farder (surtout dans les pays musulmans). *Shampooing au henné.* — Cette teinture. *Elle s'est fait un henné.*

hennir** ['ɛniʀ] v. intr. ▪ conjug. 2. ■ Pousser un hennissement. *Les chevaux et les juments hennissent.* ▶ ****hennissant, ante adj. ■ Qui hennit. ▶ ****hennissement*** n. m. ■ Cri spécifique du cheval.

***hep** ['ɛp, hɛp] interj. ■ Interjection servant à appeler. ⇒ **hé, ho, ohé.** *Hep ! vous, là-bas...*

hépat(o)- ■ Élément savant signifiant « foie ». ▶ ***hépatique*** [epatik] adj. **1.** Qui a rapport au foie. *Canal hépatique. Insuffisance hépatique.* **2.** *Colique hépatique,* crise douloureuse des voies biliaires (et non du foie). **3.** Qui souffre du foie. *Il est hépatique.* — N. *Un, une hépatique.* ▶ ***hépatite*** n. f. ■ Inflammation du foie. ⇒ **cirrhose, ictère, jaunisse.** *Hépatite virale. L'hépatite B,* très contagieuse.

hepta- ■ Élément savant qui signifie « sept ». ▶ ***heptagone*** [ɛptagɔn] n. m. ■ Polygone qui a sept côtés et sept angles. ▶ ***heptathlon*** [ɛptatlɔ̃] n. m. ■ Compétition féminine d'athlétisme combinant sept épreuves disputées successivement par les mêmes athlètes. ⇒ **décathlon, pentathlon.** ▶ ***heptathlonienne*** n. f. ■ Athlète spécialiste de l'heptathlon, ou qui y participe. ⇒ **décathlonien, pentathlonien.**

héraldique [eʀaldik] adj. ■ Relatif au blason. *Science héraldique. Pièce, figure héraldique.* — N. f. *L'héraldique,* connaissance des armoiries. ▶ ***héraldiste*** n. ■ Spécialiste du blason.

***héraut** ['eʀo] n. m. **1.** HÉRAUT D'ARMES ou héraut, au Moyen Âge, officier qui avait pour fonction, entre autres, de transmettre les messages importants (déclaration de guerre, défi, etc.). **2.** Littér. ⇒ **annonciateur, messager.** *Elle s'est faite le héraut de l'avant-garde littéraire.* ≠ *héros.*

herbacé, ée [ɛʀbase] adj. ■ *Tige herbacée,* tige molle, qui a l'apparence de l'herbe. *Plantes herbacées,* non ligneuses.

herbage [ɛʀbaʒ] n. m. ■ Prairie naturelle dont l'herbe est consommée sur place par le bétail.

herbe [ɛʀb] n. f. **1.** Toute plante de petite taille, non ligneuse, dont les parties aériennes meurent chaque année. *Herbes aquatiques. Herbes médicinales, officinales* (⇒ **herboriste**). — Au plur. FINES HERBES : herbes aromatiques qui servent à l'assaisonnement. ⇒ **cerfeuil, ciboulette, estragon, persil.** *Omelette aux fines herbes. Herbes salées,* assaisonnement de fines herbes, de légumes hachés séchés et de sel. **2.** Plante herbacée, graminée sauvage. *Les hautes herbes des savanes. Herbes folles. Une propriété envahie par les herbes.* — MAUVAISE HERBE : herbe qui nuit aux cultures qu'elle envahit. *Enlever, arracher les mauvaises herbes,* désherber. ⇒ **sarcler.** — *Herbe à (la) puce,* plante vénéneuse vivace, dont le contact peut provoquer une inflammation de la peau. ⇒ **sumac.** *Attraper l'herbe à puce,* cette inflammation. — *Herbe à poux,* plante herbacée dont le pollen peut provoquer des allergies respiratoires (fièvre des foins). **3.** Sing. collectif. Végétation naturelle de plantes herbacées peu élevées. *Touffe, brin d'herbe. L'herbe des prairies, des prés. Couper de l'herbe pour les lapins. Marcher, se coucher dans l'herbe. Pique-niquer sur l'herbe. Herbe séchée.* ⇒ **foin.** — Fig. Loc. *Couper l'herbe sous le(s) pied(s) de qqn,* le frustrer d'un avantage en le devançant, en le supplantant. **4.** Cette végétation cultivée. L'herbe des pelouses. **5.** EN HERBE : se dit des céréales qui, au début de leur croissance sont encore tendres et vertes. *Du blé en herbe.* — (France) Loc. *Manger son blé en herbe,* dépenser un capital avant qu'il n'ait rapporté. — (En parlant d'enfants, de jeunes gens qui ont des dispositions pour qqch.) *Un pianiste en herbe.* ⇒ **futur.** *Des génies en herbe.* **6.** Fam. Drogue douce. ⇒ **cannabis, haschisch, marijuana ;** anglic. ② **pot.** *Fumer de l'herbe.* ▶ ***herbeux, euse*** adj. ■ Où il pousse de l'herbe. *Sentier herbeux.* ▶ ***herbicide*** n. m. et adj. ■ Produit qui détruit les mauvaises herbes. — Adj. *Un liquide herbicide.* ▶ ***herbier*** n. m. ■ Collection de plantes desséchées destinées à l'étude, et conservées aplaties entre des feuillets. *Confectionner un herbier.* ▶ ***herbivore*** adj. et n. m. ■ Qui se nourrit d'herbes, de feuilles. *Animal herbivore.* — N. m. pl. *Les herbivores,* les mammifères herbivores (⇒ **ruminant**). *Le bœuf, le mouton, le rhinocéros sont des herbivores.* — Au sing. *Un herbivore.* ▶ ***herboriser*** v. intr. ▪ conjug. 1. ■ Recueillir des plantes dans la nature pour les étudier, en faire un herbier, ou utiliser leurs vertus médicinales. *Nous avons herborisé dans les prés.* ▶ ***herboriste*** n. ■ (Surtout en France) Personne qui vend des plantes médicinales et aussi des articles d'hygiène, de la parfumerie. — En appos. *Pharmacien herboriste.* ▶ ***herboristerie*** n. f. ■ (Surtout en France) Commerce, boutique d'herboriste. ⟨ ▶ désherber, herbacé, herbage ⟩

hercule [ɛʀkyl] n. m. ■ Homme d'une force physique exceptionnelle. ⇒ ① **fort** (I) ; fam. **jeunesse.** *Il est bâti en hercule.* ⇒ **colosse.** — *Hercule de foire,* qui fait des tours de force. ⇒ **lutteur.** ▶ ***herculéen, éenne*** adj. ■ Digne d'Hercule. *Force herculéenne.* ⇒ **colossal.**

hercynien, enne [ɛʀsinjɛ̃, ɛn] adj. ■ Se dit de terrains, de plissements géologiques datant du carbonifère. *Chaîne hercynienne.*

****hère*** [ˈɛʀ] n. m. ■ Loc. PAUVRE HÈRE : miséreux qui inspire la pitié. ⇒ **clochard, itinérant, vagabond.**

hérédité [eʀedite] n. f. **I.** Transmission par voie de succession (d'un bien, d'un titre). *L'hérédité de la couronne.* **II. 1.** Transmission des caractères d'un être vivant à ses descendants. *La science de l'hérédité.* ⇒ **génétique.** *Les lois de l'hérédité.* **2.** L'ensemble des caractères que l'on hérite de ses parents, de ses ascendants. *Avoir une lourde hérédité, une hérédité chargée,* une hérédité comportant des tares. *Hérédité maternelle, paternelle.* ▶ ***héréditaire*** adj. **1.** Relatif à l'hérédité (I). *Droit héréditaire,* droit de recueillir une succession. — Qui se transmet par droit de succession. *Biens héréditaires. Monarchie héréditaire.* **2.** Qui se transmet par voie de reproduction, des parents aux descendants (⇒ **hérédité,** II). *Caractères héréditaires. — Maladie héréditaire.* ≠ *congénital.* **3.** Hérité des parents, des ancêtres par l'habitude, la tradition. *Ennemi héréditaire.*

hérésie [eʀezi] n. f. **1.** Doctrine, opinion émise au sein de l'Église catholique et condamnée par elle. / contr. **orthodoxie** / *Certaines hérésies peuvent entraîner un schisme.* **2.** Idée, théorie, pratique qui heurte les opinions considérées comme justes et raisonnables. *Une hérésie scientifique, littéraire.* — Par plaisant. *Servir du bourgogne rouge avec le poisson ! Quelle hérésie !* ⇒ **sacrilège.** ▶ ***hérétique*** [eʀetik] adj. **1.** Dans la religion catholique. Qui soutient une hérésie. — N. *L'Église excommunie les hérétiques.* **2.** Qui est entaché d'hérésie. *Doctrine hérétique.* ⇒ **hétérodoxe.** **3.** Qui soutient une opinion, une doctrine contraire aux idées reçues (par un groupe). ⇒ **dissident.** *Penseur hérétique.*

****hérisser*** [ˈeʀise] v. tr. ▪ conjug. 1. **I.** V. tr. **1.** Dresser ou faire dresser (les poils, les plumes... des animaux). *Le chat hérisse ses poils. Le froid hérisse les poils du chat.* **2.** HÉRISSER *qqch.* DE : garnir, munir de choses pointues. *Hérisser une grille de pointes de fer.* **3.** Fig. Disposer défavorablement (qqn) en inspirant de la colère, de l'aversion. ⇒ **horripiler, irriter.** *Cela me hérisse.* **II.** SE HÉRISSER v. pron. réfl. **1.** (Suj. poils, plumes...) Se dresser. *Ses cheveux se hérissent sur sa tête.* **2.** (Personnes) Manifester son opposition, sa colère. ⇒ se **fâcher,** s'**irriter.** *Il se hérisse à la moindre remarque.* ▶ ****hérissé, ée*** adj. **1.** Dressé. *Cheveux, poils, plumes hérissés.* **2.** HÉRISSÉ DE : muni, garni de (choses dressées, saillantes sur une surface). *Tête hérissée de cheveux roux. Parcours hérissé d'obstacles. Surface hérissée de pointes, de clous.* — Abstrait. ⇒ **surchargé.** *Un problème de géométrie hérissé de difficultés.* ▶ ****hérissement*** n. m. ⟨ ▶ hérisson ⟩

****hérisson, onne*** [ˈeʀisɔ̃, ɔn] n. **1.** Petit mammifère au corps recouvert de piquants, qui se nourrit essentiellement d'insectes. *Le hérisson se roule en boule et hérisse ses piquants à l'approche du danger.* ≠ *porc-épic.* **2.** (France) Personne d'un caractère difficile. *C'est un vrai hérisson !*

héritage [eʀitaʒ] n. m. **1.** Patrimoine laissé par une personne décédée et transmis par succession. *Faire un héritage,* le recueillir. *Un bel héritage. — Laisser, transmettre en héritage* (⇒ **legs, testament**). **2.** Ce qui est transmis comme par succession. *L'héritage de croyances, de coutumes, que possède un pays. Un héritage spirituel.*

hériter [eʀite] v. tr. ou indir. (avec la prép. de) ▪ conjug. 1. **1.** Recevoir (un bien, un titre) par succession. *Hériter (d') un immeuble, (d') une fortune. Il a hérité une maison de son père. La maison dont il a hérité, qu'il a héritée de son père.* — Sans compl. dir. Recevoir un héritage. *Il a hérité d'une tante. Depuis qu'il a hérité, il mène grand train.* **2.** HÉRITER DE : recueillir, recevoir (qqch.) par un don. *J'ai hérité d'un beau tapis. — Hériter d'une corvée,* se la voir attribuée. **3.** Avoir par hérédité. *J'ai hérité de ses qualités.* ▶ ***héritier, ière*** n. **1.** Personne qui doit recevoir ou qui reçoit des biens en héritage. ⇒ **légataire, successeur.** *Héritier direct. L'héritier d'une grande fortune. Un riche héritier, une riche héritière,* fils, fille qui doit hériter d'une grosse fortune. **2.** ⇒ **continuateur, successeur.** *Les héritiers d'une civilisation.* **3.** Fam. Enfant. *Attendre un héritier.* ⟨ ▶ déshériter, héritage ⟩

hermaphrodite [ɛʀmafʀɔdit] adj. **1.** Se dit d'un être humain anormal qui est doté de caractères des deux sexes. *Statue de dieu hermaphrodite.* — N. *Un, une hermaphrodite.* ⇒ **androgyne.** **2.** (Végétaux) Qui contient dans une même fleur les organes mâles (étamines) et femelles (pistil), opposé à *bisexué, unisexué.* — (Animaux) À la fois mâle et femelle. *L'escargot, la sangsue, le ver de terre sont hermaphrodites.*

① ***hermétique*** [ɛʀmetik] adj. ■ Se dit d'une fermeture aussi parfaite que possible. ⇒ **étanche.** — *Bocal hermétique.* ▶ ***hermétiquement*** adv. ■ Par une fermeture hermétique. *Fermer qqch. hermétiquement. Volets hermétiquement clos,* tout à fait clos. ‹ ► ② hermétique ›

② ***hermétique*** adj. ■ Impénétrable, difficile ou impossible à comprendre. ⇒ **ésotérique, obscur.** *Écrivain hermétique. Tenir des propos hermétiques. Un visage strictement hermétique,* sans expression. ⇒ **fermé, impénétrable.** ► ***hermétisme*** n. m. **1.** Littér. Caractère de ce qui est incompréhensible, obscur. **2.** Didact. Doctrines secrètes, hermétiques des alchimistes.

hermine [ɛʀmin] n. f. **1.** Mammifère carnivore voisin de la belette. *Le pelage de l'hermine est blanc en hiver.* **2.** Fourrure de l'hermine. *Une étole d'hermine.*

****hernie*** [ˈɛʀni] n. f. **1.** Tumeur molle formée par un organe sorti de la cavité qui le contient à l'état normal. *Hernie abdominale* (ou, ellipt, *hernie*). *Elle s'est fait opérer d'une hernie discale.* **2.** Gonflement localisé (d'une enveloppe qui risque d'éclater : pneu, etc.). *Chambre à air qui a une hernie.* ► ****herniaire*** adj. ■ *Bandage herniaire,* pour comprimer une hernie (1).

① ***héroïne*** [eʀɔin] n. f. **1.** Femme qui fait preuve de vertus exceptionnelles, se dévoue à une cause. *Jeanne d'Arc, héroïne nationale française.* ⇒ **héros. 2.** Principal personnage féminin (d'une œuvre, d'une aventure...). *L'héroïne du film.* — Femme qui joue un grand rôle dans un événement réel. *L'héroïne d'un procès retentissant.*

② ***héroïne*** n. f. ■ Médicament et stupéfiant dérivé de la morphine. ► ***héroïnomane*** n. et adj. ■ Intoxiqué(e) par l'héroïne.

héroïque [eʀɔik] adj. **1.** Qui a trait aux héros anciens, à leurs exploits. *Les siècles héroïques. Poésie héroïque.* ⇒ **épique.** — *Temps héroïques,* époque très reculée. — Loc. *Les temps héroïques de (qqch.),* les débuts. *Les temps héroïques du cinéma.* **2.** Qui est digne d'un héros, d'une héroïne ; qui dénote de l'héroïsme. *Une âme héroïque. Résistance héroïque. Une décision héroïque.* **3.** (Personnes) Qui fait preuve d'héroïsme. ⇒ **brave, courageux.** *Combattants héroïques.* ► ***héroïquement*** adv. ■ *Se conduire héroïquement.* ► ***héroïsme*** n. m. ■ Courage propre aux héros. *L'héroïsme d'un martyr, d'un soldat. Actes d'héroïsme.* — Par plaisant. *Vivre avec un être pareil, c'est de l'héroïsme !*

****héron*** [ˈeʀɔ̃] n. m. ■ Grand oiseau échassier à long cou grêle et à très long bec. *Un envol de hérons.* ► ****héronnière*** n. f. ■ Endroit où vivent les hérons, lieu aménagé pour leur élevage. *La héronnière de Carleton.*

****héros*** [ˈeʀo] n. m. invar. **1.** Personnage légendaire auquel on prête un courage et des exploits remarquables. *Les héros antiques.* ⇒ **demi-dieu.** *Hercule, héros de la mythologie gréco-latine.* **2.** Homme qui se distingue par ses exploits ou un courage extraordinaire (dans le domaine des armes). ⇒ **brave.** *Il s'est conduit, il est mort en héros. Les héros de la Résistance française.* **3.** Tout homme digne de gloire, par son dévouement total à une cause, une œuvre. *Pierre le Grand, héros national russe. — Un héros du travail, de la science.* **4.** Personnage principal (d'une œuvre, d'une aventure, etc. ⇒ ① **héroïne).** *Le héros d'une tragédie. Le héros meurt à la fin du roman. — Le triste héros d'un fait divers. Un anti-héros,* un personnage principal très ordinaire. *Le héros de la fête,* celui en l'honneur de qui elle se donne. *Le héros du jour.* ≠ *héraut.* ‹ ► ① héroïne, héroïque ›

herpès [ɛʀpɛs] n. m. invar. ■ Maladie de peau caractérisée par une éruption de petites vésicules transparentes sur un fond rouge. *Une poussée d'herpès. Un herpès labial.* ⇒ **feu** sauvage.

****herse*** [ˈɛʀs] n. f. **1.** Instrument à dents de fer, qu'on traîne sur une terre labourée pour briser les mottes, égaliser la surface, enfouir les semences. *Passer la herse sur un champ.* **2.** Grille armée de fortes pointes, à l'entrée d'un château fort. *Abattre, relever la herse.*

****hertz*** [ˈɛʀts] n. m. invar. ■ Électricité. Unité de fréquence (symb. *Hz*). ► ****hertzien, ienne*** [ˈɛʀtsjɛ̃, jɛn] adj. ■ Qui a rapport aux ondes électromagnétiques. *Ondes hertziennes.* ‹ ► mégahertz ›

hésiter [ezite] v. intr. ■ conjug. 1. **1.** Être dans un état d'incertitude, d'irrésolution. ⇒ **niaiser,** se **tâter ;** fam. **branler.** *Se décider après avoir longtemps hésité. N'hésitez plus, le temps presse. Elle n'hésita pas une seconde.* ⇒ **attendre, tergiverser.** *Il n'y a pas à hésiter. J'ai répondu « oui » sans hésiter.* — HÉSITER SUR. *Hésiter sur l'orthographe d'un mot.* HÉSITER ENTRE. ⇒ **osciller.** *Hésiter entre deux solutions.* HÉSITER À (+ infinitif). *Hésiter à aborder qqn, à engager une bataille.* ⇒ **craindre** de. **2.** Marquer de l'indécision (par un temps d'arrêt, un mouvement de recul). *Cheval qui hésite devant l'obstacle. — Hésiter en parlant,* par timidité, défaut de mémoire ou d'élocution. ⇒ **balbutier, bégayer, chercher** ses mots. *Elle hésitait en récitant sa leçon.* ► ***hésitant, ante,*** adj. **1.** (Personnes) Qui hésite, a de la peine à se décider. ⇒ **incertain, irrésolu.** / contr. **décidé, résolu** / *Elle est tout hésitante.* **2.** (Choses) *La victoire demeura longtemps hésitante.* ⇒ **douteux. 3.** Qui manque d'assurance, de fermeté. *Voix hésitante. Geste, pas hésitant. Réponse hésitante.* ⇒ **embarrassé, incertain.** / contr. **catégorique** / ► ***hésitation*** n. f. ■ Fait d'hésiter ; attitude qui en découle. ⇒ **niaisage, tergiversation.** — Loc. *Sans hésitation. Obéir sans hésitation ni murmure.* ⇒ **atermoiement, réticence.** — *Elle eut une minute d'hésitation,* d'embarras. *Elle perçut l'hésitation de son interlocuteur.* ⇒ **indécision.** / contr. **assurance** /‹ ► valse-hésitation ›

hétér(o)- ■ Élément savant signifiant « autre, différent ». / contr. **homo-** / ► ***hétéroclite*** [eteʀɔklit] adj. ■ Dont les parties sont de différentes sortes et mal assorties. *Un assemblage, un mobilier hétéroclite.* ⇒ **composite, disparate.** — *Des objets hétéroclites,* mal assortis, trop variés. *Propos hétéroclites,* décousus. ► ***hétérodoxe*** [eteʀɔdɔks] adj. **1.** Qui s'écarte du dogme d'une religion. / contr. **orthodoxe** / *Théologien hétérodoxe.* ⇒ **hérétique. 2.** Qui n'est pas conforme à une opinion reçue, conformiste. *Idées hétérodoxes.* ► ***hétérodoxie*** n. f. ► ***hétérogène*** adj. **1.** Qui est composé d'éléments de nature différente. *Roche hétérogène* **2.** Qui n'a pas d'unité. ⇒ **composite, disparate, divers, héréroclite.** — REM. *Hétérogène* ne contient pas de nuance péjorative, à la différence d'*hétéroclite. Nation hétérogène.* / contr. **homogène** / ► ***hétérogénéité*** n. f. ■ / contr. **homogénéité** / ► ***hétérosexuel, elle*** [eteʀɔsɛksɥɛl] adj. ■ Qui caractérise l'attirance sexuelle entre individus de sexes opposés. ⇒ anglic. **straight.** *Couple hétérosexuel.* / contr. **homosexuel** / — N. *Une hétérosexuelle.* — Abrév. fam. HÉTÉRO n. *Un couple d'hétéros.* ► ***hétérosexualité*** n. f. ■ / contr. **homosexualité** /

****hêtre*** [ˈɛtʀ] n. m. ■ Arbre forestier de grande taille, à écorce lisse gris clair, à feuilles ovales. — Son bois. *Meuble en hêtre.* ► ****hêtraie*** [ˈɛtʀɛ] ou ****hêtrière*** [ˈɛtʀijɛʀ] n. f. ■ Lieu planté de hêtres.

****heu*** [ˈø] interj. ■ Onomatopée qui marque l'embarras, la difficulté à trouver ses mots. ⇒ **euh.** *« Comment s'appelle-t-elle, au fait ? — Heu... ! Attends... »*

heure [œʀ] n. f. **1.** Espace de temps égal à la vingt-quatrième partie du jour solaire. *L'heure est subdivisée en 60 minutes. Dans (les) vingt-quatre heures* (un jour), *quarante-huit heures* (deux jours). *Relatif à l'heure.* ⇒ **horaire.** — HEURE DE : heure consacrée à, occupée par. *J'ai une heure de liberté devant moi. Une heure de trajet (un trajet d'une heure). Journée de huit heures, semaine de trente-cinq heures* (de travail). *Faire des heures supplémentaires,* heures de travail exécutées en plus de l'horaire normal. *Accumuler des heures supplémentaires. Plusieurs fois par heure. — Faire cent kilomètres à l'heure, du cent à l'heure. — Employé payé à l'heure et non à la tâche* (par opposition à *payé à la semaine, au mois*). *Elle reçoit dix dollars (de) l'heure,* par heure. — *Heure de classe, de cours d'enseignement. Un cours d'une, de deux ou de trois heures. — Une bonne heure,* un peu plus d'une heure. *Trois bons quarts d'heure. Voilà une heure qu'on t'attend !* **2.** Chiffre indiquant (sur une horloge) l'une des 24 divisions du jour solaire (symb. *h*). *L'heure locale* (différente d'un méridien à l'autre). *L'arrivée aura lieu à 17 h 30, heure locale. L'heure de l'Atlantique, du Pacifique. L'heure légale,* déterminée par le gouvernement de chaque pays (opposé à *heure solaire*). *Heure avancée (de l'Est* ⇒ **H.A.E.**) ou *heure d'été,* avancée d'une heure par rapport au temps universel. *Heure normale (de l'Est* ⇒ **H.N.E.**) ou *heure d'hiver,* qui correspond au temps universel. *En octobre et en avril, on change l'heure,* on avance ou on recule les horloges, les montres... (Expression courante) *Une heure plus tard dans les Maritimes. — 0 heure.* ⇒ **minuit.** *12 heures.* ⇒ **midi.** *15 heures* ou *3 heures de l'après-midi. 7 heures du matin* (⇒ ① **A.M.**), *7 heures du soir* (⇒ ① **P.M.**). — *Pouvez-vous me dire l'heure, me donner l'heure ? Quelle heure est-il ? Il est huit heures passées,* plus de huit heures. *Trois heures dix ; trois heures moins vingt* (minutes). Loc. fam. *Je ne te demande pas l'heure qu'il est !,* je ne m'adresse pas à toi, mêle-toi de tes affaires. — *À cinq heures juste, pile, tapant(es).* — Ellipt. *De deux à trois, de cinq à sept* (heures). — *L'horloge sonne les heures. Trois heures ont sonné.* **3.** L'HEURE : l'heure fixée, prévue. *Commencer avant l'heure. Arriver après l'heure. Être* À L'HEURE : être exact, ponctuel. *N'avoir pas d'heure,* pas d'horaire régulier. **4.** Moment de la journée, selon son emploi ou l'aspect sous lequel il est considéré. *Aux heures des repas. Heures d'affluence. Heures d'ouverture,* des magasins, des bureaux. *L'heure de pointe* ou fam. *l'heure des travaillants, des travailleurs,* le moment de la journée (matin et fin d'après-midi) où la circulation est dense, les transports en commun encombrés. *Une heure indue, avancée* ⇒ **tard**. *C'est l'heure de se lever, d'aller se coucher. À la première heure,* de très bon matin. *Les combattants de la première heure,* les premiers à avoir combattu. *Les nouvelles de (la) dernière heure,* celles qui précèdent la mise sous presse. — (Avec un possessif) Moment habituel ou agréable à qqn pour faire telle ou telle chose. *Ce doit être lui qui téléphone, c'est son heure. Il est poète à ses heures,* quand ça lui plaît. — À LA BONNE HEURE loc. adv. (marquant l'approbation) : c'est parfait. *À la bonne heure, je vois que nous sommes d'accord.* **5.** Moment de la vie d'un individu ou d'une société. ⇒ **époque, instant, temps.** *Elle avait connu des heures agréables. À l'heure du danger. — L'heure suprême, dernière,* les derniers instants d'une vie. *Sa dernière heure,* (ellipt) *son heure est venue, a sonné,* il va bientôt mourir. — (Avec un possessif) Moment particulier de la vie, qui en modifie le cours. *Elle aura son heure, son heure viendra* (en bonne ou mauvaise part). ⇒ **tour.** *Avoir son heure de gloire, de célébrité.* — L'HEURE : l'heure actuelle, le moment présent. *L'heure est grave.* ⇒ **circonstance.** *Les difficultés, les problèmes de l'heure.* ⇒ **actuel.** *L'heure H,* l'heure prévue pour l'attaque, l'heure de la décision. *Ne pas voir l'heure de,* ne pas se décider à. **6.** Loc. adv. À CETTE HEURE [astœʀ] : maintenant, présentement. ⇒ **astheure.** — À L'HEURE QU'IL EST : à l'heure actuelle, en ce moment. *À l'heure qu'il est, il doit être loin.* — À TOUTE HEURE : à tout moment de la journée. ⇒ **continuellement.** *Brasserie ouverte à toute heure.* — POUR L'HEURE : pour le moment. *Pour l'heure, je ne peux rien faire.* — SUR L'HEURE : sur-le-champ. ⇒ **immédiatement.** *Veuillez obéir sur l'heure.* — TOUT À L'HEURE : dans un moment. ⇒ **tantôt.** *Je te verrai tout à l'heure.* — Il y a très peu de temps. *Je l'ai vu tout à l'heure.* ⇒ **tantôt.** — D'HEURE EN HEURE : au fur et à mesure que les heures s'écoulent. *La situation s'aggrave d'heure en heure.* — D'UNE HEURE À L'AUTRE : en l'espace d'une heure, d'un moment à l'autre. *L'orage peut éclater d'une heure à l'autre.* — DE BONNE HEURE : à une heure matinale ⇒ **tôt**, ou en avance. *Se lever de bonne heure. De très bonne heure. Vous êtes arrivés de bonne heure ! Es-tu prête à partir plus de bonne heure que prévu ?,* plus tôt. — Loc. *S'atteler de bonne heure,* se mettre résolument au travail. *Les cerises ont été mûres de bonne heure,* précocement. ‹ ▸ à c't'heure, ast(h)eure, demi-heure, kilowatt-heure ›

heureux, euse [øʀø, øz] adj. **I.** (Opposé à *mauvais*) **1.** (Personnes) Qui bénéficie d'une chance favorable, que le sort favorise. ⇒ **chanceux, veinard.** *Être heureux au jeu, en affaires, en amour. S'estimer heureux de* (+ infinitif), *que* (+ subjonctif), estimer qu'on a de la chance de, que. *Estimez-vous heureux d'être encore en vie ! Estime-toi heureux qu'on t'ait mis la moyenne !* — Ellipt. (Politesse) *Trop heureux si je peux vous être utile.* **2.** (Choses) Favorable. / contr. **fâcheux** / *Heureux hasard. Un coup heureux. Une heureuse issue, un heureux résultat.* ⇒ **avantageux, beau.** — Que le succès accompagne. *Heureuse initiative.* — Impers. *C'est heureux pour vous,* c'est une chance pour vous. Iron. *Vous en convenez, c'est heureux !* Ellipt. *Encore heureux qu'elle soit là !* **3.** Qui marque une disposition favorable de la nature. *Heureux caractère.* ⇒ **bon.** *Heureuse nature,* portée à l'optimisme. **4.** Domaine esthétique. Dont l'habileté semble due à la chance ; bien trouvé. ⇒ **réussi.** *Expression, formule heureuse. Un heureux choix de couleurs.* **II. 1.** (Personnes) Qui jouit du bonheur. / contr. **malheureux, triste** / *Elle a tout pour être heureuse. Il était heureux comme un roi, comme un poisson dans l'eau,* très heureux. — Exclam. *Heureux celui qui... !* ⇒ **bienheureux.** — *Heureux de.* ⇒ **content, satisfait.** *Je suis très heureux de votre succès.* — Ellipt. *Très heureux de vous connaître !* ⇒ **charmé, enchanté, ravi.** — N. *Faire un heureux, des heureux,* faire le bonheur de qqn, de quelques personnes. *Bingo, tirage qui fera des heureux.* **2.** Qui exprime le bonheur. *Un air heureux.* ⇒ **radieux.** **3.** (Choses) Marqué par le bonheur. / contr. **malheureux** / *Vie heureuse.* (Formule de souhait pour le Nouvel An) *Bonne et heureuse année, et le paradis à la fin de vos jours !* ▸ ***heureusement*** adv. **1.** D'une manière heureuse, avantageuse. *Terminer heureusement une affaire,* avec succès. **2.** D'une manière esthétiquement heureuse, jolie. *Cela est heureusement exprimé.* **3.** Par une heureuse chance, un heureux hasard, par bonheur (→ Dieu merci ; grâce à Dieu). *Heureusement, elle est indemne.* — Ellipt. *Heureusement pour moi,* c'est heureux pour moi. / contr. **malheureusement** / *Heureusement qu'il était là !* ‹ ▸ bienheureux, malheureux ›

****heurt*** ['œʀ] n. m. **1.** Action de heurter ; son résultat. ⇒ **choc, coup.** *Déplacer sans heurt un objet fragile. Le heurt du marteau sur la cloison.* **2.** Abstrait. Surtout au plur. Opposition brutale, choc résultant d'un désaccord, d'une dispute. ⇒ **friction, froissement.** *Leur collaboration ne va pas sans quelques heurts.* ▸ ****heurter*** ['œʀte] v. ▪ conjug. 1. **I.** V. tr. dir.

1. Toucher rudement, en entrant brusquement en contact avec. ⇒ **cogner.** *Un passant m'a heurté du coude. Un autobus a heurté un camion.* ⇒ **emboutir, tamponner.** *La rondelle a heurté la bande avant de revenir devant le but.* ⇒ **frapper.** — Faire entrer brutalement en contact. *Heurter son front, sa tête contre qqch., à qqch.* **2.** Abstrait. Contrecarrer (qqn) d'une façon qui choque et provoque une résistance. ⇒ **blesser, choquer, froisser, offenser.** *Heurter de front qqn, ses sentiments, ses idées. Heurter les intérêts, les préjugés, l'opinion.* **II.** V. tr. indir. *Il a heurté du front contre la vitre,* il a heurté son front contre la vitre. **III.** SE HEURTER v. pron. **1.** (Réfl.) ⇒ se **cogner.** *Se heurter à, contre qqch.* (de concret). — Rencontrer un obstacle d'ordre humain, moral. *Se heurter à un refus, à une résistance inattendue* (→ Frapper un nœud, de l'air). **2.** (Récipr.) Se cogner l'un l'autre. *Les deux motos se sont heurtées de plein fouet.* — (Personnes) Entrer en conflit. ⇒ s'**accrocher,** s'**affronter.** *Étant si différents, ils ne peuvent que se heurter.* — (Choses) Faire un violent contraste. *Couleurs qui se heurtent.* ▸ ****heurté, ée*** adj. ■ Qui est fait de contrastes trop appuyés. / contr. **fondu** / *Tons, contours heurtés.* — *Style heurté.* ⇒ **abrupt.** ▸ ****heurtoir*** n. m. ■ Marteau adapté à la porte d'entrée d'une maison, dont on se sert pour frapper.

hévéa [evea] n. m. ■ Grand arbre des régions chaudes, cultivé pour son latex. *Des hévéas productifs.*

hexa- ■ Préfixe savant signifiant « six ». ▸ ***hexaèdre*** [ɛgzaɛdʀ(ə)] n. m. ■ Géométrie. Polyèdre qui a six faces planes. *Le cube est un hexaèdre régulier.* — Adj. *Une figure hexaèdre.* ▸ ***hexagone*** [ɛgzagɔn] n. m. ■ Polygone qui a six côtés et six angles. — (Avec une majusc.) *L'Hexagone,* la France (à cause de sa forme sur une carte géographique). ▸ ***hexagonal, ale, aux*** adj. ■ *Figure hexagonale.* ▸ ***hexamètre*** adj. et n. m. ■ Qui a six pieds ou six syllabes. *Vers hexamètre.* — N. m. *Un hexamètre.* ▸ ***hexapode*** adj. et n. m. ■ (Insectes) Qui a six pattes.

****hi*** ['i, hi] interj. ■ Onomatopée qui, répétée, figure le rire ⇒ **ha, ho,** et, parfois, les pleurs.

hiatus [jatys] n. m. invar. ■ Rencontre de deux voyelles prononcées, soit à l'intérieur d'un mot (ex : *aérer, géant*), soit entre deux mots énoncés sans pause (ex. : *il a été*). *L'hiatus.*

****hibachi*** ['ibaʃi] n. m. ■ Gril au charbon de bois sur lequel on fait cuire des grillades en plein air. ⇒ **barbecue.** *Le hibachi est d'origine japonaise. Mettre un saumon sur le hibachi.* — En appos. *Des poêles hibachis.*

hibernation [ibɛʀnasjɔ̃] n. f. ■ État de vie ralentie, engourdissement que subissent certains mammifères sous l'action du froid hivernal. — Fig. Inertie. *Être en état d'hibernation intellectuelle.* ▸ ***hiberner*** v. intr. ▪ conjug. 1. ■ Passer l'hiver dans un état d'hibernation. *L'ours hiberne.* ≠ *hivériser, hiverner.* ▸ ***hibernant, ante*** adj. ■ *Animaux hibernants,* chauve-souris, marmotte, loir, ours...

hibiscus ou ***ibiscus*** [ibiskys] n. m. ■ Arbre tropical à belles fleurs, utilisé comme plante ornementale.

****hibou*** ['ibu] n. m. ■ Oiseau rapace nocturne, à la face ronde et aplatie, portant des aigrettes. ⇒ ② **grand-duc.** *Les hiboux hululent.* ≠ *chouette*

① ****hic*** ['ik] n. m. ■ Fam. (Surtout au sing.) Point difficile, délicat. *Le hic, c'est qu'on ne sait pas nager. Il y a un hic.* ⇒ fam. **os.** *Voilà le hic ; c'est bien là le hic.*

② ****hic*** interj ■ Onomatopée produite par le bruit rauque du hoquet. *Hic ! Hic !* — N. m. *L'ivrogne poussait des hics.*

****hideux*** ['idø, øz] adj. ■ D'une laideur repoussante, horrible. ⇒ **affreux.** *Un visage hideux. Une chose hideuse à voir.* ⇒ **ignoble, répugnant.** — *Un crime hideux.* ⇒ **abject, ignoble.** ▸ ****hideur*** n. f. ■ Ignoble laideur. *La hideur de ces lieux misérables.* ▸ ****hideusement*** adv.

hier [(i)jɛʀ] adv. **1.** Le jour qui précède immédiatement celui où l'on est. *Hier, aujourd'hui et demain. Hier matin, hier (au) soir. Il est arrivé d'hier au soir.* — N. m. *Vous aviez hier tout entier pour vous décider.* **2.** Dans un passé récent, à une date récente. *Ça ne date pas d'hier ! Je m'en souviens comme si c'était hier,* très bien. — Loc. fam. *Ne pas être né d'hier,* avoir de l'expérience. ⇒ ① **enfant, pluie ;** fam. **char** (6). ⟨ ▸ avant-hier ⟩

hiér(o)- ■ Élément savant signifiant « sacré ». ⟨ ▸ hiérarchie, hiératique, hiéroglyphe ⟩

****hiérarchie*** ['jeʀaʀʃi] n. f. **1.** Organisation sociale fondée sur des rapports de subordination entre chacun des membres du groupe (selon ses pouvoirs, sa situation). ⇒ **ordre.** *Les degrés, les échelons de la hiérarchie. La hiérarchie militaire. Être au sommet de la hiérarchie,* être le chef. **2.** Organisation d'un ensemble en une série où chaque terme est supérieur au terme suivant. ⇒ **classement, classification, ordre.** *Une hiérarchie de valeurs. Hiérarchie morale, intellectuelle.* ▸ ****hiérarchique*** adj. ■ Relatif à la hiérarchie. *Degré hiérarchique. Adressez-vous à vos supérieurs hiérarchiques. Suivre la voie hiérarchique.* ▸ ****hiérarchiquement*** adv. ▸ ****hiérarchiser*** v. tr. ▪ conjug. 1. ■ Organiser, régler selon une hiérarchie, d'après un ordre hiérarchique. *Société fortement hiérarchisée.* ▸ ****hiérarchisation*** n. f.

hiératique [jeʀatik] adj. ■ Dont la majesté semble réglée, imposée par un rite, un cérémonial, une tradition. ⇒ **solennel.** *Attitude, gestes hiératiques.*

hiéroglyphe [jeʀɔglif] n. m. — REM. L'usage actuel a tendance à prononcer le *h* « aspiré ». **1.** Caractère, signe des plus anciennes écritures égyptiennes. *Les hiéroglyphes peuvent avoir une valeur figurative, idéographique ou phonétique.* **2.** Au plur. Fam. Écriture difficile à lire. *Les hiéroglyphes d'une ordonnance médicale.*

****hi-fi*** ['ifi] adj. invar. et n. f. sing. ■ (France) Anglic. Haute-fidélité. *Des chaînes hi-fi.* — *La hi-fi.*

high school ['ajskul] n. m. ■ Anglic. École secondaire fréquentée par des élèves appartenant à la communauté anglophone. ⇒ **collège, polyvalente.** *Avant d'entrer au cégep, elle allait dans un high school. Les high schools américains.* — Le niveau des études secondaires. *Commencer, terminer son high school.*

****hi-han*** ['iɑ̃] interj. ■ Onomatopée exprimant le cri de l'âne. — N. m. *Âne qui pousse des hi-hans.* ⇒ **braire.**

hilairemontais, aise [ilɛʀmɔ̃tɛ, ɛz] adj. et n. ■ De la ville de Mont-Saint-Hilaire. — N. (Avec une majusc.) Personne née dans cette ville ou qui l'habite.

hilare [ilaʀ] adj. ■ Qui est dans un état de gaieté extrême. *Public hilare.* — *Face, visage hilare.* ⇒ **réjoui.** ▸ ***hilarant, ante*** adj. ■ Qui fait rire. ⇒ **comique, crevant, désopilant, tordant ;** fam. **crampant.** *Une histoire hilarante.* ▸ ***hilarité*** n. f. ■ Brusque accès de gaieté ; explosion de rires. *Déchaîner, déclencher l'hilarité générale.*

hindou, oue [ɛ̃du] adj. et n. ■ De l'Inde comme civilisation du brahmanisme (⇒ ① **indien**). *Les castes de* la société hindoue. La communauté hindoue de Toronto. — N. (Avec une majusc.) *Un Hindou. Une Hindoue. Des Hindous.* ▶ ***hindouisme*** n. m. ■ Religion majoritaire de l'Inde. ⇒ **brahmanisme.** ▶ ***hindouiste*** adj. et n.

***hippie** ou ***hippy** ['ipi] n. et adj. ■ Anglic. Personne qui rejette la société de consommation et tente de mettre en pratique la liberté des mœurs et la non-violence. ⇒ anglic. **beatnik.** *Les hippies.* — Adj. *La mentalité, la mode hippie.* ≠ *freak, punk, skin.*

hipp(o)- ■ Élément signifiant « cheval ». ≠ *hyp(o)-.* ▶ ***hippique*** [ipik] adj. ■ Qui a rapport au cheval, à l'équitation. *Concours hippique. Sport hippique.* ⇒ **équestre.** ▶ ***hippisme*** n. m. ■ Ensemble des sports hippiques. *Amateur d'hippisme.* ⇒ **équitation.** ▶ ***hippocampe*** [ipɔkɑ̃p] n. m. ■ Petit poisson de mer qui nage en position verticale et dont la tête rabattue contre la gorge rappelle celle d'un cheval. *L'hippocampe est surnommé « cheval de mer ».* ▶ ***hippodrome*** n. m. ■ Terrain de sport hippique ; champ de courses. *Les tribunes d'un hippodrome.* ▶ ***hippopotame*** n. m. ■ Gros mammifère amphibie, massif et trapu, dont chaque membre est pourvu de quatre petits sabots. *L'hippopotame vit en Afrique.* — Abrév. HIPPO N. m. — Fam. Personne énorme.

hirondelle [iʀɔ̃dɛl] n. f. **1.** Oiseau migrateur noir et blanc, aux ailes fines et longues, à la queue fourchue. ⇒ **martinet.** *L'hirondelle des granges.* — PROV. *Une hirondelle ne fait pas le printemps,* un seul exemple ne permet pas de tirer une conclusion générale. **2.** *Hirondelle de mer,* oiseau palmipède de la famille des mouettes. ⇒ **bergeronnette, sterne. 3.** NID D'HIRONDELLE : nid d'une espèce d'hirondelle dont on fait un mets très apprécié en Extrême-Orient. *Potage aux nids d'hirondelle.*

***hirsute** ['iʀsyt] adj. ■ (Cheveux, barbe) En désordre. ⇒ **ébouriffé, embroussaillé.** *Chevelure hirsute.* — Qui a les cheveux hirsutes. ⇒ **échevelé ;** fam. **couetté.** *Tête hirsute. Un enfant hirsute.*

hispan(o)- ■ Élément signifiant « espagnol ». ▶ ***hispanique*** [ispanik] adj. et n. **1.** Qui a trait à l'Espagne, aux Espagnols. *Les études hispaniques.* **2.** Relatif aux citoyens des États-Unis originaires des pays latino-américains et des Antilles. ⇒ **antillais, centre-américain, hispano-américain, mexicain, sud-américain.** *La communauté hispanique de New-York.* — N. (Avec une majusc.) *Les Hispaniques.* — Abrév. fam. HISPANO n. et adj. ⇒ fam. **latino.** ▶ ***hispanisme*** n. m. ■ Façon d'exprimer propre à la langue espagnole. ▶ ***hispano-américain, aine*** adj. et n. **1.** Qui a rapport à l'Amérique et à l'Espagne. *La Guerre hispano-américaine de 1898.* **2.** Qui a rapport à l'Amérique de langue espagnole. ⇒ **centre-américain, latino-américain, mexicain, sud-américain ; hispanique** (2). — N. (Avec des majusc.) *Les Hispano-Américains.* — Abrév. fam. HISPANO, n. et adj. ⇒ fam. **latino. 3.** Relatif aux citoyens des États-Unis originaires des pays de langue espagnole (Espagne, Amérique). ⇒ **hispanique** (2). *Une athlète hispano-américaine.* — N. (Avec des majusc.) *Un hispano-Américain de Miami.* — Abrév. fam. HISPANO, n. et adj. ⇒ fam. **latino.** ▶ ***hispanophone*** adj. et n. ■ Qui parle l'espagnol, soit comme langue maternelle, officielle ou seconde. *Une artiste hispanophone.* — N. *Les hispanophones d'Europe.* — Où l'espagnol est en usage. *Un quartier hispanophone de New York.*

***hisser** ['ise] v. tr. • conjug. 1. **1.** Élever, faire monter au moyen de cordages, de cordes. *Hisser un mât, un pavillon. Hisser les couleurs.* **2.** Tirer en haut et avec effort. ⇒ **élever.** *Hisser un fardeau au moyen d'une grue.* **3.** SE HISSER v. pron. réfl. : s'élever avec effort. ⇒ **grimper, monter.** *Elle s'est hissée sur le mur. Je me hisse sur la pointe des pieds.* ⇒ se **hausser.** ▶ *oh* ***hisse** [o'is] interj. ■ Interjection qui accompagne un effort collectif, rythmé pour hisser, tirer. *Allez, tous ensemble ! Oh ! Hisse !*

hist(o)- ■ Biologie. Élément signifiant « tissu vivant ». ⇒ **histologie.**

histamine [istamin] n. f. ■ Composé organique dérivé de l'ammoniac qui joue un rôle dans les manifestations allergiques. ‹ ▶ antihistaminique ›

histoire [istwaʀ] n. f. **I.** L'HISTOIRE. **1.** Connaissance et récit des événements du passé (relatifs à l'évolution de l'humanité, d'un groupe, d'une personne) jugés dignes de mémoire ; les faits ainsi relatés. *L'histoire du Canada. L'histoire ancienne, contemporaine. L'histoire d'un grand homme, d'une grande femme.* ⇒ **biographie, vie.** *L'histoire politique. L'histoire de l'art, de la littérature, des sciences.* — *Histoire sainte,* les récits de la Bible. — *La petite histoire,* les anecdotes qui se rattachent à une période historique. **2.** Étude scientifique d'une évolution. *L'histoire du globe. L'histoire d'un mot.* **3.** Sans compl. Méthode scientifique permettant d'acquérir et de transmettre la connaissance du passé. *Les sources, les documents de l'histoire. Faire de l'histoire. Professeur d'histoire. Étudiant en histoire. Cours d'histoire de France.* **4.** La mémoire des humains, le jugement de la postérité. *Laisser son nom dans l'histoire. L'histoire jugera, dira s'ils ont eu raison d'agir ainsi.* — La vérité historique. *Récit conforme à l'histoire.* **5.** La suite des événements qu'étudie l'histoire (⇒ **passé**). *Au cours de l'histoire. Le cours, la marche de l'histoire. L'histoire s'accélère. Le sens de l'histoire.* **6.** La partie du passé de l'humanité connue par des documents écrits (par opposition à *la préhistoire*). *L'histoire a-t-elle commencé à Sumer ?* **7.** Livre d'histoire. *Acheter une histoire du Québec.* — *As-tu appris ton histoire ?* **II.** HISTOIRE NATURELLE : ancienne désignation des sciences naturelles. ⇒ **science. III.** UNE, DES HISTOIRE(S). **1.** Récit d'actions, d'événements réels ou imaginaires. ⇒ **anecdote.** *Raconter une, des histoires. Histoire vraie.* / contr. **légende** / *Une belle histoire. La morale de cette histoire. Une histoire qui finit bien, qui finit mal. Bonne histoire (*ellipt et fam. *une bien bonne),* anecdote comique. *Histoire drôle, plate.* ⇒ ② **blague,** ② **farce.** Fam. *Histoire de fesses* ou très fam. *de cul,* une anecdote comique grivoise, licencieuse. **2.** Histoire inventée, invraisemblable ou destinée à tromper, à mystifier. ⇒ **conte, fable, mensonge.** *Tout ça, ce sont des histoires.* ⇒ **baliverne,** ② **blague.** *Raconter des histoires,* des mensonges. *Une histoire à dormir debout, qui ne tient pas debout,* incroyable, invraisemblable. **3.** Suite, succession d'événements. ⇒ **affaire.** *Oubliez cette histoire. C'est une tout autre histoire. Il m'est arrivé une drôle d'histoire.* ⇒ **aventure.** *C'est toujours la même histoire,* les mêmes choses se reproduisent, les mêmes ennuis se répètent. **4.** Succession d'événements compliqués, malencontreux. *Se fourrer dans une sale histoire. Elle va s'attirer des histoires.* ⇒ **ennui(s).** — *Allons, pas d'histoires ! Faire des histoires pour rien.* ⇒ **embarras, façon(s), manière(s).** *Pour le faire manger, c'est toute une histoire,* c'est très compliqué. — Loc. fam. HISTOIRE DE (+ infinitif) : marque le but, l'intention. ⇒ **pour.** *Histoire de voir. Il a dit cela histoire de rire.* **5.** Fam. Chose, objet quelconque. *Qu'est-ce que c'est que cette histoire-là ?* ⇒ **affaire.** ‹ ▶ histor-, préhistoire, protohistoire ›

histologie [istɔlɔʒi] n. f. ■ Partie de l'anatomie qui traite des tissus organiques. ▶ ***histologique*** adj.

histor- ■ Élément qui signifie « histoire » (et qui prend aussi la forme *historio-*). ▶ ***historicité*** [istɔʀisite] n. f. ■ Caractère de ce qui est historique (2). *Une preuve* *d'historicité.* ⇒ **authenticité.** ► ***historié, ée*** adj. ■ Décoré de scènes à personnages. *Chapiteaux romans historiés.* ► ***historien, ienne*** n. ■ Spécialiste de l'histoire ; auteur de travaux historiques. ⇒ **chroniqueur, historiographe, mémorialiste.** *Les historiens de la Confédération. Un historien du cinéma.* ► ***historiette*** n. f. ■ Récit d'une petite aventure, d'événements de peu d'importance. ⇒ **anecdote, conte, nouvelle.** *Recueil d'historiettes amusantes.* ► ***historiographe*** n. ■ Écrivain chargé officiellement d'écrire l'histoire de son temps. *Racine, Boileau, historiographes de Louis-XIV.* ► ***historique*** adj. et n. m. **1.** Qui a rapport à l'histoire. *Ouvrage historique. L'exposé historique d'une question. Documents historiques.* — Qui utilise la méthode historique. *Grammaire, phonétique historique.* **2.** (Opposé à *légendaire*) Réel, vrai. *Personnage historique.* — *Roman historique,* dont le sujet est emprunté partiellement à l'histoire. **3.** Qui est ou mérite d'être conservé par l'histoire. *Événement historique. Nous vivons des circonstances historiques. Mots historiques.* — *Monument historique,* présentant un intérêt historique et artistique, et protégé par l'État. **4.** N. m. Exposé chronologique des faits. *Faire l'historique d'une question, d'une affaire.* ► ***historiquement*** adv. ■ *Fait historiquement exact.*

histrion [istʀijɔ̃] n. m. ■ Péj. et littér. Comédien.

hitlérien, ienne [itleʀjɛ̃, jɛn] adj. ■ Qui a rapport à Hitler. ⇒ **national-socialiste, nazi.** *Jeunesses hitlériennes.*

****hit-parade*** [ˈitparad] n. m. ■ Anglic. Classement par ordre de popularité (meilleurs succès de vente) dans le domaine de la chanson de variété. ⇒ **palmarès.** *Le hit-parade américain.* — Par ext. Cote de popularité d'un spectacle, d'une manifestation, etc. *Le hit-parade de la coiffure.*

****H.I.V.*** [ˈaʃive] n. m. invar. ■ Anglic. Abréviation de *Human Immunodeficiency Virus,* dénomination internationale du rétrovirus associé au sida. ⇒ anglic. **L.A.V.**

hiver [ivɛʀ] n. m. ■ La plus froide des quatre saisons de l'année, qui succède à l'automne. *Hiver rigoureux, rude. Longues soirées d'hiver. En hiver, l'hiver, la route est bloquée. Des pneus* d'hiver.* — SPORTS D'HIVER : qui se pratiquent sur la neige, la glace (ski, traîne, patinage, bobsleigh, etc.). / contr. **été** / — Vieilli. *L'hiver des corneilles,* tempête de neige tardive, après le retour des corneilles. ⇒ **bordée.** — Loc. *Été comme hiver,* en toutes saisons. Fam. (Suj. chose) *Qu'est-ce que ça mange un hiver ?,* question posée à propos d'une chose inconnue dont on veut savoir le nom, à quoi cela sert, comment cela fonctionne. ► ***hivernal, ale, aux*** adj. ■ Propre à l'hiver, de l'hiver. *Froid hivernal.* / contr. **estival** / ► ***hivériser*** v. tr. ▪ conjug. 1. ■ Préparer un véhicule automobile à affronter l'hiver (en posant des pneus à neige, en faisant certaines vérifications : huile, antigel, lave-glace...). — Au p. p. adj. *Une voiture hivérisée.* ≠ *hiberner, hiverner.* ‹ ► hiverner ›

hiverner [ivɛʀne] v. intr. ▪ conjug. 1. **1.** (Navires, troupes) Passer l'hiver à l'abri ou (animaux) dans un lieu tempéré. *Le bétail hiverne à l'étable. Certains oiseaux vont hiverner dans le sud des États-Unis.* **2.** (Personnes) Passer l'hiver en un endroit. *Hiverner en Floride.* ≠ *hiberner, hivériser.* ► ***hivernage*** n. m. **1.** Temps de la mauvaise saison que les navires passent à l'abri, au repos ; cet abri. *L'hivernage d'une expédition polaire.* **2.** Séjour des bestiaux à l'étable pendant l'hiver. **3.** En Afrique. Saison des pluies (correspondant à l'été des climats tempérés). — REM. Au sens 1 et 2, on emploie aussi *hivernement.* ► ***hivernant, ante*** n. **1.** Personne qui séjourne dans un lieu pendant l'hiver (opposé à *estivant*). *Les hivernants ont été nombreux cette année sur la côte de la Floride.* **2.** Histoire. Français qui passait l'hiver dans la colonie (Nouvelle-France) ‹ ► hiberner ›

****H.L.M.*** [ˈaʃɛlɛm] n. m. invar. ■ Sigle de *habitation à loyer modique* ou, France, *modéré,* grand immeuble construit par une collectivité et affecté aux foyers qui ont de petits revenus. *Habiter (dans) un H.L.M.* — En appos. *Un appartement H.L.M.*

H.N.E. [aʃɛnə] n. m. invar. ■ Abréviation de *heure* normale de l'Est* (opposé à *H.A.E.*). *Il est minuit, H.N.E.*

****ho*** [ˈo, ho] interj. **1.** Interjection servant à appeler. ⇒ **eh, hé, hep.** *Ho ! toi ! viens ici !* **2.** Onomatopée qui, répétée, figure le rire d'une voix grave. ⇒ **ha, hi.** *Ho ! Ho ! Ho !, fait la voix du Père Noël.* ≠ *ô, oh.* ‹ ► holà ›

****hobby*** [ˈɔbi] n. m. ■ Anglic. Passe-temps, violon d'Ingres. *Des hobbies.*

****hobereau*** [ˈɔbʀo] n. m. ■ (France) Gentilhomme campagnard de petite noblesse, qui vit sur ses terres. Des hobereaux.

****hocher*** [ˈo(ɔ)ʃe] v. tr. ▪ conjug. 1. ■ Loc. HOCHER LA TÊTE : la secouer (de haut en bas pour signifier « oui », de droite à gauche pour signifier « non »). *Je hochai la tête en signe de dénégation.* ≠ *hausser.* ► ****hochement*** n. m. ► ****hochet*** [ˈɔʃɛ] n. m. ■ Jouet de bébé formé d'un manche et d'une partie qui fait du bruit quand on la secoue. *Un hochet de caoutchouc,* que le bébé porte à sa bouche quand il fait ses dents.

****hockey*** [ˈɔke] n. m. **1.** Sport qui se pratique sur une patinoire entre deux équipes de six joueurs chaussés de patins, qui consiste à faire pénétrer une rondelle dans le but adverse à l'aide d'un bâton recourbé terminé par une palette (le *hockey*). *Bâton* de hockey. Partie, match, joute de hockey. La saison (du) hockey. Un club, une équipe de hockey. Les joueurs de hockey.* ⇒ **hockeyeur.** *Le hockey junior, amateur, professionnel. Être arbitre au hockey. Hockey cassom,* pratiqué en salle, avec une rondelle molle, sans patins. *Jouer au hockey cassom à l'heure du midi.* — Par ext. Bâton* de hockey. *Donner un coup de hockey sur la rondelle. Hockey de gardien de but,* dont une partie du manche est plat et la palette très large. *Il a cassé son hockey sur la bande. La palette du hockey.* — (Jeux) *Un jeu de hockey,* qui se joue sur une table. **2.** *Hockey sur gazon,* dont les règles rappellent celles du soccer, pratiqué sur gazon par deux équipes de onze joueurs, et qui consiste à faire pénétrer une balle de cuir dans le but adverse à l'aide d'un bâton recourbé. ⇒ ① **crosse.** *Le hockey sur gazon se joue beaucoup en Inde.* ► ****hockeyeur, euse*** [ˈɔkej)ʀ, øz] n. ■ Joueur de hockey. ⇒ **ringuette.** *Un hockeyeur professionnel. Une équipe de hockeyeuses québécoises.*

****holà*** [ˈɔla; hɔla] interj. et n. m. **1.** Interj. Sert à appeler ; sert à modérer, à arrêter. ⇒ **assez, doucement.** *Holà ! Du calme !* ⇒ **hé ;** fam. **woh. 2.** N. m. Loc. METTRE LE (UN) HOLÀ À : mettre fin, bon ordre à. *Mettre le holà à des dépenses excessives.*

****hold-up*** [ˈɔldɔp] n. m. invar. ■ Anglic. Attaque, vol à main armée dans un lieu public, pour effectuer un cambriolage. ⇒ fam. **braquage.** *Le hold-up d'une banque, d'un fourgon postal. Des hold-up sanglants.*

****hollandais, aise*** [ˈɔllɑ̃dɛ, ɛz] adj. et n. ■ De Hollande, provinces des Pays-Bas. ⇒ **néerlandais.** — N. (Avec une majusc.) Personne née dans ce pays ou qui en a obtenu la citoyenneté. *Les Hollandais.*

****hollande*** [ˈɔllɑ̃d] n. m. ■ Papier de luxe très résistant. *Édition originale sur hollande.*

hollywoodien, ienne [ˈɔliwudjɛ̃, jɛn] adj. De Hollywood, la capitale du cinéma américain. *Une vedette hollywoodienne.* — Qui rappelle le luxe tapageur de Hollywood. *Un décor hollywoodien.*

holocauste [ɔlɔkost] n. m. **1.** Sacrifice total, à caractère religieux ou non. *Victime brûlée en holocauste.* — Loc. Littér. *S'offrir en holocauste (à la patrie, à une cause...),* se sacrifier totalement. **2.** Extermination (d'un peuple). ⇒ **génocide ; massacre.**

holographe adj. ⇒ **olographe.**

holographie [ɔlɔgʀafi] n. f. ■ Procédé photographique qui restitue le relief des objets, grâce à un faisceau laser. ▸ ***hologramme*** n. m. ■ Image obtenue par le procédé de l'holographie. *Une exposition d'hologrammes.*

****homard*** [ˈɔmaʀ] n. m. ■ Grand crustacé marin, aux pattes antérieures armées de grosses pinces. *La saison du homard. Le homard gaspésien. Homard à l'américaine,* que l'on fait revenir dans l'huile, puis cuire dans un jus aromatisé et dans du vin blanc. ≠ *langouste.* — Loc. fam. *Être rouge comme un homard,* très rouge, comme l'est un homard après la cuisson. ▸ ****homarderie*** n. f. ■ Lieu où l'on fait l'élevage ou la mise en conserve du homard. *Elle travaille dans une homarderie de Nouvelle-Écosse.*

homélie [ɔmeli] n. f. ■ Commentaire d'un passage de l'Évangile, fait, le plus souvent, par le célébrant de la messe. ⇒ **sermon.** *L'homélie du dimanche.* ⇒ **prône.**

homéo- ■ Élément qui signifie « semblable, le même ». ⇒ **homo-.** ▸ ***homéopathie*** [ɔmeɔpati] n. f. ■ Méthode thérapeutique qui consiste à administrer à doses minuscules des remèdes capables, à doses plus élevées, de produire des symptômes semblables à ceux de la maladie à combattre. ▸ ***homéopathe*** n. ■ Médecin qui pratique l'homéopathie. L'homéopathe a prescrit des granulés. — Adj. *Médecin homéopathe.* ▸ ***homéopathique*** adj. ■ Pharmacie. *Traitement, dose homéopathique.* — *À dose homéopathique,* à très petite dose. ▸ ***homéostasie*** n. f. ■ Biologie. Réglage des constantes physiologiques d'un organisme.

homérique [ɔmeʀik] adj. **1.** Qui a rapport à Homère. *Poèmes homériques.* **2.** Qui a un caractère épique, spectaculaire. *Personnage homérique. Lutte homérique.* — Loc. *Rire homérique,* fou rire bruyant.

homicide n. m. **1.** N. m. Action de tuer un être humain. *Commettre un homicide involontaire, par imprudence. Être accusé d'homicide volontaire.* ⇒ **assassinat, crime, meurtre.** **2.** Adj. Qui cause la mort d'une ou de plusieurs personnes. ⇒ **meurtrier.** *Folie, guerre homicide. Personne homicide.*

hominiens [ɔminjɛ̃] n. m. pl. ■ Famille de primates qui comprend l'être humain actuel et toutes les espèces fossiles considérées comme des ancêtres de notre espèce. ⇒ **hominidés, homo sapiens.** — Au sing. *Le pithécanthrope est un hominien.* ▸ ***hominidés*** n. m. pl. ■ Famille de primates qui comprend une seule espèce vivante, l'être humain actuel. ⇒ **hominiens, homo sapiens.** — Au sing. *Un hominidé.*

hommage [ɔmaʒ] n. m. **1.** Acte de courtoisie, preuve de dévouement d'un homme à une femme. *Recevoir l'hommage de nombreux admirateurs. Elle est sensible aux hommages.* ⇒ **compliment, flatterie.** — Au plur. (Formule de politesse) ⇒ **civilité, respects.** *Présenter ses hommages. Daignez agréer, Madame, mes respectueux hommages.* Ellipt. *Mes hommages, Madame.* **2.** Marque de vénération. ⇒ **culte.** *Rendre hommage à Dieu.* — **Rendre hommage à qqn.** ⇒ **honorer.** *Rendre hommage au talent, au courage, à la loyauté de qqn. Rendre un dernier hommage* (à un défunt). — **3.** Don respectueux. *L'auteur m'a fait l'hommage de son livre,* m'en a offert un exemplaire. — *Recevoir qqch. en hommage.*

hommasse [ɔmas] adj. ■ Péj. (Femmes) Qui ressemble à un homme par la carrure, les manières. ⇒ **masculin ; virago.** *Elle est un peu hommasse.*

homme [ɔm] n. m. **I.** Être appartenant à l'espèce animale la plus évoluée de la Terre, mammifère de la famille des hominiens, seul représentant de son espèce, vivant en société, caractérisé par une intelligence développée et un langage articulé. — REM. Dans ce sens, *homme* désigne les hommes (II) et les femmes, mais ne se dit pas en parlant seulement des femmes. *Les hommes.* ⇒ **humanité.** *L'homme préhistorique. Les droits de l'homme.* ⇒ ① **personne.** *L'homme est un « animal raisonnable ». Les dieux et les hommes.* ⇒ **créature, mortel.** — *Le fils de Dieu fait homme, le Fils de l'homme,* le Christ. *Être digne du nom d'homme,* en avoir les vertus. *Ce n'est qu'un homme* (avec toutes ses faiblesses). **II.** Être humain mâle. *Les hommes et les femmes.* **1.** Être humain mâle et adulte. *Comment s'appelle cet homme ?* ⇒ **individu, monsieur.** *Parvenir à l'âge d'homme. Vieil homme.* ⇒ **vieillard, vieux.** *Une voix d'homme. Vêtements d'homme.* ⇒ **masculin.** *À quinze ans il était déjà un homme. Il se fait homme.* — *Homme à femmes.* ⇒ **don Juan, séducteur.** *Homme marié* ⇒ **conjoint, époux, mari**, *qui a des enfants* ⇒ **père.** — HOMME DE. *Homme d'action. Homme de bien. Homme de génie.* — (Condition) *Homme du monde. Homme du peuple.* — (Collectif) *L'homme de la rue,* l'homme moyen quelconque. *L'homme du jour,* celui dont on parle actuellement. — (Profession) *Homme d'État. Homme de loi. Homme d'affaires. Homme de lettres. Homme de science,* savant, chercheur. *Homme de peine. Homme de ménage. Homme de chantier,* travailleur forestier. ⇒ **bûcheron.** *Homme de main*. Homme à tout faire.* ⇒ ③ **manœuvre.** — Loc. ÊTRE HOMME À (+ infinitif) : être capable de. *Il n'est pas homme à tenir ses promesses.* — (Précédé d'un possessif) L'homme qui convient, dont on a besoin. *Le parti a trouvé son homme. Voilà mon homme. Je suis votre homme. Être l'homme de qqch.,* qui convient à (qqch.). *C'est l'homme de la situation.* — D'HOMME À HOMME : directement, en toute franchise et sans intermédiaire. *Traiter une affaire d'homme à homme.* **2.** L'homme considéré quant aux qualités attribuées ou propres à son sexe. *Ose le répéter si tu es un homme ! Parole d'homme. Ne pleure pas, sois un homme !* — Loc. *Faire un homme de soi,* prendre, assumer ses responsabilités. *Commence donc par faire un homme de toi avant de parler des autres. Faire son homme,* être fanfaron, jouer à l'important, (enfants) agir comme un homme. — (Quant à sa virilité) *Les eunuques ne sont pas des hommes.* — Fam. *C'est mon homme,* mon mari, mon amant. ⇒ anglic. **chum.** *Homme aux hommes,* homosexuel. / contr. **femme** / — Péj. Loc. (Hommes) *Être aux hommes,* être homosexuel. **III.** Individu dépendant d'une autorité (civile ou militaire). *Il y avait trente mille hommes en ligne.* ⇒ **soldat.** *Le chef de chantier et ses hommes.* ⇒ **ouvrier.** — Loc. COMME UN SEUL HOMME : avec un ensemble parfait. *Ils ont agi comme un seul homme.* **IV.** JEUNE HOMME. **1.** Homme jeune. *Il n'a plus des jambes de jeune homme.* **2.** Garçon pubère, homme jeune célibataire (plur. *jeunes gens*). ⇒ **adolescent, garçon, gars.** *Un jeune homme et une jeune fille* (on dit globalement *des jeunes gens*). *Un tout jeune homme,* qui sort à peine de l'enfance. *Un grand jeune homme.* — Fam. ⇒ **fils.** *Votre jeune homme.* — Fam. Petit garçon. *Bonjour, jeune homme ! Que veut ce jeune homme ?* **V.** *Mon (petit) homme,* expression de tendresse, d'affection à l'égard des petits garçons. ⇒ ① **chou,** ② **chouette.** *Viens mon petit homme, on va glisser.* ▸ ***homme-grenouille*** n. m. ■ Plongeur muni d'un scaphandre autonome, qui travaille sous l'eau. ⇒ **scaphandrier.** *Des hommes-grenouilles.* ▶ ***homme-orchestre*** n. m. **1.** Musicien qui joue en même temps de plusieurs instruments. ⇒ **femme-orchestre. 2.** Personne qui accomplit des fonctions diverses dans un domaine, qui a des compétences variées. ⇒ **femme-orchestre.** *Des hommes-orchestres.* ▶ ***homme-sandwich*** [ɔmsɑ̃dwitʃ] n. m. ■ Homme qui promène dans les rues deux panneaux publicitaires, l'un sur la poitrine, l'autre dans le dos. *Des hommes-sandwichs.* ⟨ ▶ bonhomie, bonhomme, gentilhomme, hommasse, surhomme ⟩

homo n. m. ⇒ **homosexuel** (abrév. fam.).

homo- ■ Élément savant signifiant « semblable, le même ». ⇒ **homéo-.** / contr. **hétér(o)-** / ⟨ ▶ homogène, homologue, homonyme, homosexuel ⟩

homogène [ɔmɔʒɛn] adj. **1.** (En parlant d'un tout) Formé d'éléments de même nature ou répartis de façon uniforme. / contr. **hétérogène** / *Mélange homogène. Substance homogène.* — Abstrait. ⇒ **cohérent, uniforme.** *Équipe homogène, œuvre homogène,* qui a une grande unité. / contr. **disparate** / **2.** Au plur. (En parlant des parties) Qui sont de même nature. ⇒ **semblable.** *Les éléments homogènes d'une substance chimiquement pure.* / contr. **hétérogène** / ▶ ***homogénéiser*** [ɔmɔʒeneize] v. tr. . conjug. 1. ■ Rendre homogène. — Au p. p. adj. *Lait homogénéisé,* qui a subi un traitement sous pression empêchant la crème de remonter. ▶ ***homogénéisation*** n. f. ▶ ***homogénéité*** n. f. ■ Caractère de ce qui est homogène. *L'homogénéité d'une substance.* — Abstrait. ⇒ **cohérence, cohésion, harmonie, unité.** *L'homogénéité d'un parti.* / contr. **hétérogénéité** /

homologue [ɔmɔlɔg] adj. et n. ■ Équivalent. *Le grade d'amiral est homologue de celui de général.* — N. *Le chef de l'État canadien s'est entretenu avec son homologue américain.* ▶ ***homologuer*** v. tr. . conjug. 1. **1.** En droit. Entériner (un acte) afin de permettre son exécution. ⇒ **ratifier, sanctionner, valider.** *Le tribunal homologue le testament.* — Au p. p. adj. *Tarif homologué.* **2.** Reconnaître, enregistrer officiellement après vérification (une performance, un record). ▶ ***homologation*** n. f.

homonyme [ɔmɔnim] adj. et n. **1.** Se dit des mots de prononciation identique et de sens différents. *Noms, adjectifs homonymes* (ex. : *ceint, sain, sein, seing*). — N. m. *Un homonyme.* **2.** N. Se dit des personnes, des villes, etc., qui portent le même nom. *Monsieur Tremblay a de nombreux homonymes. Trois-Rivières (Québec) et son homonyme Trois-Rivières (Guadeloupe).* ▶ ***homonymie*** n. f. ■ *Il y a homonymie entre « pain » et « pin ».*

homo quebecensis [o(ɔ)mokebekɛnsis] n. m. invar. ■ Plaisant. Québécois, spécialt sous la facette anthropologique.

homo sapiens [o(ɔ)mosapjɛ̃s] n. m. ■ L'espèce à laquelle appartiennent les humains actuels (par rapport aux êtres humains préhistoriques). ⇒ **hominidés, hominiens.**

homosexuel, elle [o(ɔ)mosɛksɥɛl] n. et adj. ■ Personne qui éprouve une attirance sexuelle pour les individus de son propre sexe. ⇒ **gai, lesbienne, pédéraste ;** fam. **fifi, pédale, pédé,** ② **tante,** ② **tapette ;** péj. **gouine.** — Adj. Relatif à l'homosexualité, aux homosexuels. *Tendances homosexuelles.* / contr. **hétérosexuel** / *Une artiste homosexuelle.* — Abrév. fam. HOMO, n. et adj. *Un bar homo, pour homos.* ≠ *sodomite, transexuel.* ▶ ***homosexualité*** n. f. ■ Tendance, conduite des homosexuels. / contr. **hétérosexualité** / *L'homosexualité féminine,* ⇒ **lesbianisme**, *masculine.*

*****hongre*** [ʼɔ̃gʀ] adj. ■ (Chevaux) Châtré (opposé à *étalon*). *Des pur-sang hongres.* — N. m. *Un hongre.*

*****hongrois, oise*** [ʼɔ̃gʀwa, waz] adj. et n. **1.** De Hongrie. *Peuple hongrois.* ⇒ **magyar.** *Danses hongroises.* — N. (Avec une majusc.) Personne née dans ce pays ou qui en a obtenu la citoyenneté. *Un Hongrois, une Hongroise.* **2.** N. m. *Le hongrois,* la langue parlée en Hongrie.

honnête [ɔnɛt] adj. **I.** (Opposé à *mauvais*). **1.** Qui se conforme aux lois de la probité, du devoir, de la vertu. ⇒ ① **droit,** ③ **franc, intègre, loyal.** *C'est un honnête homme, un homme foncièrement honnête.* — Vx. (Femmes) Irréprochable dans sa conduite. ⇒ **vertueux.** *Je suis une honnête femme, Monsieur ! — Une vie, une conduite honnête.* ⇒ **louable, moral.** *Mes intentions sont tout à fait honnêtes !* **2.** Qui ne vole pas, ne fait pas d'escroquerie. / contr. **malhonnête** / *Caissière, commerçant honnête.* **II.** (Choses) Qui se conforme à certaines normes raisonnables. ⇒ **convenable, correct, honorable, passable, suffisant.** *Des résultats honnêtes, plus qu'honnêtes. Un vin honnête. Votre copie est honnête, sans plus.* ⇒ **acceptable.** ▶ ***honnêtement*** adv. ■ D'une manière honnête. **1.** Selon le devoir, la vertu, la probité. ⇒ **bien.** *Gérer honnêtement une affaire. Elle m'a honnêtement mis en garde.* ⇒ **loyalement.** — Ellipt. Franchement. *Honnêtement, n'étiez-vous pas au courant ?* **2.** Selon des normes raisonnables ou moyennes. ⇒ **correctement, passablement.** *Il s'en tire très honnêtement,* assez bien. ⇒ **honorablement.** ▶ ***honnêteté*** n. f. ■ Qualité d'une personne honnête ou de ce qui est honnête. ⇒ **droiture, intégrité, probité.** / contr. **malhonnêteté** / *Une personne d'une parfaite honnêteté. L'honnêteté de ses intentions. L'honnêteté intellectuelle. Aie au moins l'honnêteté de reconnaître ton erreur.* ⇒ bonne **foi.** ⟨ ▶ malhonnête ⟩

honneur [ɔnœʀ] n. m. **I.** Dignité morale qui naît du besoin de l'estime des autres et de soi-même. / contr. **déshonneur** / **1.** Cette dignité en tant qu'objet susceptible d'être perdu. ⇒ **fierté.** *Défendre, sauver, venger, son honneur. Mon honneur est en jeu.* — (Collectivité) *Compromettre, sauver l'honneur de sa famille, de son nom,* leur réputation. *L'honneur national.* — POINT D'HONNEUR : ce qui met en jeu, en premier lieu, l'honneur. *Il se fait un point d'honneur d'être équitable ; il met son point d'honneur, un point d'honneur à être équitable.* — *Affaire d'honneur,* où l'honneur est engagé (autrefois, duel). *Prêt, dette d'honneur,* que l'on s'engage à rembourser sur son honneur. — *Donner sa* PAROLE D'HONNEUR : jurer. Ellipt. Exclam. *(Ma) parole d'honneur ! — Je l'atteste, j'en réponds sur l'honneur,* je le jure. — Vx. *L'honneur d'une femme,* lié au caractère irréprochable de ses mœurs. **2.** Le sentiment qui pousse à agir pour obtenir ou préserver la possession de cette dignité. *Le code de l'honneur. Homme, femme d'honneur,* animé par le sentiment de l'honneur. **II. 1.** Considération qui s'attache au mérite, à la vertu, aux talents. ⇒ **gloire, réputation.** *On s'en est tiré avec honneur,* sans perdre la face, avec succès. *C'est tout à son honneur,* cela l'honore. *Travailler pour l'honneur,* de façon désintéressée. ⇒ **gloire.** — (Suj. chose) ÊTRE EN HONNEUR : être considéré, estimé. *Cette pratique est actuellement en honneur.* ⇒ à la **mode**, en **vogue.** METTRE, REMETTRE EN (À L') HONNEUR. *Remettre en honneur d'anciennes coutumes.* — ÊTRE L'HONNEUR DE : une source d'honneur pour. ⇒ **fierté.** *Être l'honneur de la famille.* — CHAMP D'HONNEUR : champ de bataille, à la guerre. *Mort au champ d'honneur.* **2.** Traitement spécial destiné à honorer qqn. *Je n'ai pas mérité cet honneur. À toi l'honneur !,* à toi de commencer. PROV. *À tout seigneur tout honneur,* à chacun selon son rang ; nous vous devons bien cela. — *Faire un grand honneur à* qqn. *C'est lui faire trop d'honneur,* il ne mérite pas tant d'égards. — Loc. EN L'HONNEUR DE *qqn* : en vue de lui rendre honneur. ⇒ **hommage.** *On va donner une fête en son honneur.* EN L'HONNEUR DE (un événement) : en vue de fêter, de célébrer. *En l'honneur de son mariage.* — Fam. *En quel honneur, en l'honneur de qui ?,* pourquoi, pour qui ? *En quel honneur as-tu mis cette belle robe ?* — L'HONNEUR DE (+ infinitif) : l'honneur qui consiste à. *Il m'a fait l'honneur de me recevoir.* ⇒ **faveur, grâce.** *Elle a l'honneur de siéger dans cette assemblée.* ⇒ **prérogative, privilège.** — (Formule de politesse [sens affaibli]) *Faites-moi l'honneur d'être mon témoin.* Ellipt. *À qui ai-je l'honneur* (de parler) ?, formule par laquelle on demande son nom à qqn. **3.** D'HONNEUR : après un substantif, marque que la personne ou la chose rend ou confère un honneur. *Garçon, demoiselle d'honneur. La cour d'honneur d'un édifice. Place d'honneur. Vin d'honneur. Prix, tableau d'honneur. Croix d'honneur.* (France) *La Légion d'honneur,* ordre national français institué en 1802 par Napoléon. — *Président, membre d'honneur.* ⇒ **honoraire. 4.** FAIRE HONNEUR À *qqn* : lui procurer de l'honneur, de la considération. *Élève qui fait honneur à son maître. Ces scrupules vous font honneur.* — FAIRE HONNEUR À *qqch.* : en y restant fidèle. *Faire honneur à ses engagements, à ses obligations,* les tenir, les remplir. *Faire honneur à sa signature,* respecter l'engagement signé. ⇒ **honorer** (4). — Fam. *Faire honneur à un repas,* manger abondamment. **5.** VOTRE HONNEUR : titre usité lorsque l'on s'adresse à certains hauts personnages, notamment les juges. **III.** Au plur. LES HONNEURS. **1.** Témoignages d'honneur. *Décerner des honneurs. Elle a été reçu avec tous les honneurs dus à son rang.* ⇒ **égard.** — *Honneurs militaires,* saluts, salves d'artillerie, sonneries. *Rendre les honneurs,* les honneurs militaires. *Honneurs funèbres. Obtenir les honneurs de la guerre,* bénéficier dans une capitulation de conditions honorables ; fig. se sortir honorablement d'une situation critique (débat, procès...). — *Faire à qqn les honneurs d'une maison,* l'y accueillir et l'y guider soi-même avec le souci de lui être agréable. **2.** Tout ce qui confère éclat ou supériorité dans la société. ⇒ **grandeur** ; **dignité, privilège.** *Briguer les honneurs. Refuser, mépriser les honneurs.* — Loc. *Être dans les honneurs,* choisi pour occuper une fonction importante lors d'un événement (baptême, mariage, etc.). **3.** Les cartes les plus hautes à certains jeux (notamment au bridge). ‹ ▸ déshonneur, honorer, honoris causa ›

***honnir** [ˈɔniʀ] v. tr. ▪ conjug. 2. (Surtout au passif et au p. p. adj.) ■ Rejeter avec mépris. — ÊTRE HONNI : être l'objet de la haine et du mépris public. — Au p. p. adj. *Gouvernement honni. Dictateur honni.* — *Honni soit qui mal y pense !,* honte à la personne qui y voit du mal (devise de l'ordre de la Jarretière, en Angleterre).

honorer [ɔnɔʀe] v. tr. ▪ conjug. 1. **I. 1.** Mettre en honneur. *Ce savant honore son pays.* / contr. **déshonorer** / — Faire honneur. *Ces scrupules vous honorent.* **2.** Rendre honneur à, traiter avec beaucoup de respect et d'égard. *Honorer Dieu et ses saints.* ⇒ **adorer.** *Honorer son père et sa mère.* ⇒ **vénérer.** *Honorer la mémoire de qqn.* ⇒ **célébrer,** rendre **hommage.** — HONORER *qqn* DE *qqch.* (qui précise l'honneur que l'on accorde). ⇒ **gratifier.** *Elle veut bien m'honorer de son amitié. Votre confiance m'honore.* **3.** Tenir en haute estime. ⇒ **respecter.** — Au p. p. adj. *Famille estimée et honorée.* **4.** S'HONORER v. pron. réfl. *S'honorer de,* tirer honneur, orgueil, fierté de. ⇒ s'**enorgueillir.** *Je m'honore d'être son ami.* **II.** Acquitter, payer pour rester fidèle, pour faire honneur à un engagement. *Honorer sa signature.* — Au p. p. adj. *Chèque non honoré.* ▸ ***honoré, ée*** adj. **1.** (Politesse) Flatté. *Je suis très honoré.* **2.** (En s'adressant à qqn) Que l'on honore. *Mon honoré confrère.* ⇒ **estimé, honorable.** ▸ ***honorée*** n. f. ■ Dans la correspondance commerciale. Lettre. *Votre honorée du trois août.* ▸ ***honorable*** adj. **1.** Qui mérite d'être honoré, estimé. ⇒ **respectable.** *Une famille honorable.* — Titre honorifique accordé aux ministres fédéraux. *L'honorable premier ministre a déclaré...* **2.** Qui honore, qui attire la considération, le respect. *Profession honorable. Classement très honorable.* — Qui sauvegarde l'honneur, la dignité. *Défaite honorable. Capituler à des conditions honorables* (→ les honneurs [III, 1] de la guerre). — Loc. *Faire amende* honorable.* **3.** (Sens affaibli) ⇒ **convenable, honnête, moyen.** *Un résultat assez honorable.* ▸ ***honorabilité*** n. f. ■ Qualité d'une personne honorable. *Une personne d'une parfaite honorabilité.* ⇒ **respectabilité.** ▸ ***honorablement*** adv. **1.** Avec honneur. *Il est honorablement connu dans le quartier.* **2.** D'une manière suffisante, convenable. *Avoir de quoi vivre honorablement.* ⇒ **convenablement.** ▸ ***honorifique*** adj. **1.** Qui confère des honneurs (sans avantages matériels). *Titres, distinctions honorifiques.* **2.** *À titre honorifique,* par un titre qui n'entraîne pas d'avantages matériels. *Président à titre honorifique.* ⇒ d'**honneur, honoraire ; honoris causa.** ‹ ▸ déshonorer, honoraire ›

honoraire [ɔnɔʀɛʀ] adj. **1.** Qui, ayant cessé d'exercer une fonction, en garde le titre et les prérogatives honorifiques. *Professeur honoraire.* **2.** Qui, sans exercer la fonction, en a le titre honorifique. *Président, membre honoraire d'une société.* ⇒ d'**honneur ; honoris causa.**

honoraires [ɔnɔʀɛʀ] n. m. pl. ■ Rétribution perçue par les personnes exerçant une profession libérale (opposé à *salaire*). ⇒ **émoluments.** *Les honoraires d'un médecin, d'un avocat. Toucher, verser des honoraires.*

honorifique adj. ⇒ **honorer.**

honoris causa [ɔnɔʀiskozɑ] loc. adj. ■ *Docteur honoris causa* (d'une université), à titre honorifique.

honte** [ˈɔ̃t] n. f. **1.** Déshonneur humiliant. ⇒ **opprobre.** *Essuyer la honte d'un affront. Couvrir qqn de honte.* — *À la honte de qqn,* en lui infligeant un déshonneur. *J'ai fait cela, à ma grande honte. Être la honte de sa famille.* / contr. **honneur** / *Il n'y a pas de honte à pleurer.* — *C'est une honte ! Quelle honte !,* c'est une chose honteuse. — *Honte à ...*(qqn) *!,* que le déshonneur soit sur lui. ⇒ **honnir. 2.** Sentiment pénible d'infériorité ou d'humiliation devant autrui. ⇒ **confusion.** *Rougir de honte.* AVOIR HONTE (DE *qqn, qqch.*) : éprouver de la honte. *Avoir honte de sa conduite.* ⇒ **regret, remords.** *Tu devrais avoir honte !* **3.** FAIRE HONTE (À *qqn*) : être pour lui un sujet de honte. *Faire honte à ses parents. Tu me fais honte.* — Inspirer de la honte à qqn en le rendant conscient de son infériorité. *Cet élève fait honte aux autres par ses progrès.* ⇒ **humilier.** — FAIRE HONTE (À *qqn*) DE *qqch.* : lui faire des reproches. *Faites-lui honte de sa conduite, il le mérite bien.* **4.** FAUSSE HONTE : honte éprouvée, par scrupule ou timidité, à propos de ce qui n'est pas blâmable. ⇒ **réserve, respect** humain, **retenue.** *Acceptez sans fausse honte,* sans scrupule. **5.** Sentiment de gêne inspiré par la timidité, la modestie... *Étaler sans honte ses richesses.* ▸ ****honteux, euse [ˈɔ̃tø, øz] adj. **1.** Qui cause de la honte, dont on a honte. ⇒ **avilissant, dégradant, déshonorant.** *C'est honteux. Action, conduite honteuse.* ⇒ **immoral, indigne, infâme, méprisable, vil.** *Pensées honteuses.* ⇒ **inavouable.** *Fuite honteuse.* ⇒ **lâche.** Impers. *Il est, il serait honteux que* (+ subjonctif), *de* (+ indicatif). **2.** Qui éprouve un sentiment de honte. ⇒ **confus.** *Être honteux de son ignorance. Elle est toute honteuse. Honteux d'avoir été ridicule.*

⇒ **penaud.** — *Air honteux.* **3.** (Épithète ; après le nom) *Les pauvres honteux,* qui cachent leur pauvreté. *Un chrétien honteux,* qui se cache de l'être. ▶ ***honteusement** adv. ■ ⇒ **ignominieusement.** ⟨ ▶ éhonté ⟩

***hop** ['ɔp, hɔp] interj. ■ Interjection servant à stimuler, à faire sauter. *Allez, hop ! Hop là !* — Pour exprimer un geste, une action brusque. *Je me change, et hop ! je pars. Allez, hop ! on y va.*

hôpital, aux [ɔpital, o] n. m. ■ Établissement public ou privé ⇒ ① **clinique** qui reçoit et traite les malades, les blessés et les femmes en couches ; spécialt. établissement médical public (en France, opposé à *clinique*). ⇒ **hôtel-Dieu.** — (France) Abrév. fam. HOSTO n. m. *Des hostos.* — *Médecin dans un hôpital général. Dr X, spécialiste de l'hôpital Y. Lit d'hôpital. Admettre un malade dans un hôpital, à l'hôpital.* ⇒ **hospitaliser.** *Hôpital militaire. Hôpital psychiatrique* (anciennt *asile*). ≠ *hospice.* — *Un hôpital de jour,* où l'on ne reste que la journée. *Hôpital privé,* appartenant à des intérêts non gouvernementaux. ⟨ ▶ ② hospitalier, hospitaliser ⟩

***hoquet** ['ɔkɛ] n. m. ■ Contraction spasmodique du diaphragme produisant un appel d'air sonore ; bruit rauque qui en résulte (⇒ ② **hic**). *Avoir le hoquet.* ▶ ***hoqueter** ['ɔkte] v. intr. ▪ conjug. 4. ■ Avoir le hoquet, un hoquet. *Sangloter en hoquetant.* — (Suj. chose) Émettre par à-coups un bruit qui rappelle le hoquet. *Le moteur hoquette.*

horaire [ɔʀɛʀ] adj. et n. **I.** Adj. Relatif aux heures. *Tableau horaire. Décalage horaire,* entre les heures locales d'endroits éloignés. — Qui correspond à une durée d'une heure. *Vitesse, moyenne horaire. Salaire, tarif horaire.* **II.** N. m. **1.** Relevé des heures de départ, de passage, d'arrivée des services de transport. *Changement d'horaire. L'autobus, l'avion est en avance sur son horaire.* — Tableau, livret... indiquant un horaire. *L'horaire des marées. Consulter l'horaire des chemins de fer.* ⇒ **indicateur.** *L'horaire des films, des émissions.* **2.** Emploi du temps heure par heure. ⇒ **programme.** *Afficher l'horaire des cours. Avoir un horaire chargé.* — Répartition des heures de travail. *Un horaire commode. L'horaire variable, flexible,* qui permet à l'employé de choisir ses heures d'arrivée et de départ (à l'intérieur de certaines limites).

***horde** ['ɔʀd] n. f. **1.** Autrefois. Troupe, peuplade errante. *Les hordes barbares.* **2.** Péj. Troupe ou groupe d'hommes indisciplinés. *Des hordes d'envahisseurs.* — *Une horde de scouts intrépides.* ⇒ **bande** ; fam. **gang.** ≠ *harde, hardes.*

horizon [ɔʀizɔ̃] n. m. **1.** Limite circulaire de la vue, pour un observateur qui en est le centre. *Plaine qui s'étend jusqu'à l'horizon. Le soleil descend sur, à l'horizon. La ligne d'horizon,* la ligne qui semble séparer le ciel de la terre (ou de la mer), à l'horizon. **2.** Les parties de la surface terrestre et du ciel voisines de l'horizon visuel, de la ligne d'horizon. *La teinte bleutée de l'horizon.* — En appos. Invar. *Bleu horizon. Des tenues bleu horizon.* — *Voir, apercevoir qqch. à l'horizon.* ⇒ au **loin.** *Scruter l'horizon. Les quatre points de l'horizon,* les points cardinaux. — *Chaîne de montagnes qui limite l'horizon. Changer d'horizon,* changer de paysage, de cadre. **3.** Abstrait. Domaine qui s'ouvre à la pensée, à l'activité de qqn. ⇒ **champ** d'action, **perspective.** *Ce livre m'a dévoilé, ouvert des horizons.* — Loc. *Ouvrir des horizons (à qqn). Ce stage m'a ouvert des horizons.* — *L'horizon politique, économique,* les perspectives politiques, économiques. *Menace de crise à l'horizon,* pour l'avenir. — *Faire un* TOUR D'HORIZON : aborder, étudier successivement et succinctement tous les aspects d'une question. ▶ **horizontal, ale, aux** [ɔʀizɔ̃tal, o] adj. ■ Qui est perpendiculaire à la direction de la pesanteur en un lieu (opposé à *oblique, vertical*). *Plan horizontal ; ligne horizontale.* — Fam. *Prendre la position horizontale,* se coucher, s'allonger. ▶ **horizontale** n. f. ■ Ligne droite horizontale. — À L'HORIZONTALE loc. adv. : dans une position horizontale. / contr. à la **verticale** / *Amener ses bras à l'horizontale.* ▶ **horizontalement** adv. ▶ **horizontalité** n. f. ■ *L'horizontalité d'une surface.*

horloge [ɔʀlɔʒ] n. f. **1.** Appareil, souvent de grande taille et muni d'une sonnerie, destiné à indiquer l'heure par des aiguilles. ⇒ ② **pendule.** *Horloge à poids, à balancier. Horloge électrique. Une horloge à quartz. Une horloge de cuisine. L'horloge de la cuisinière. Une horloge de parquet* ou fam. *une horloge grand-père,* de grandes dimensions, posée sur le sol. ≠ *montre.* — *Le tic-tac d'une horloge. Le carillon d'une horloge. Monter, remonter une horloge.* — *L'horloge parlante,* qui diffuse l'heure par téléphone. **2.** Loc. *Être réglé comme une horloge,* avoir des habitudes très régulières. *Faire le tour de l'horloge,* du cadran. ▶ **horloger, ère** n. et adj. **1.** N. Personne qui s'occupe d'horlogerie. *Horloger bijoutier.* **2.** Adj. Relatif à l'horlogerie. *L'industrie horlogère.* ▶ **horlogerie** [ɔʀlɔʒʀi] n. f. **1.** Industrie et commerce des instruments destinés à la mesure du temps. *L'horlogerie de précision.* — *Tenir un magasin d'horlogerie, une horlogerie.* **2.** Ouvrages de cette industrie (chronomètres, horloges, pendules, montres). *Des pièces d'horlogerie.*

***hormis** ['ɔʀmi] prép. ■ Littér. À part. ⇒ **excepté, hors, sauf.** *Hormis les cas de force majeure. Toutes, hormis une.* / contr. **y compris** / — Loc. HORMIS QUE (+ subjonctif) : à moins que, sauf si. *Nous partirons vendredi, hormis qu'il fasse une tempête.*

hormone [ɔʀmɔn] n. f. ■ Substance chimique élaborée par un groupe de cellules ou une glande endocrine et qui exerce une action spécifique sur le fonctionnement d'un organe. *Hormones de croissance. Hormones sexuelles mâles, femelles.* ▶ **hormonal, ale, aux** adj. ■ Relatif à une hormone, aux hormones. *Troubles, déséquilibres hormonaux.*

hor(o)- ■ Élément savant signifiant « heure ». ⇒ **horaire.** ▶ **horodateur, euse** [ɔʀodatœʀ, øz] n. m. et adj. ■ N. m. Appareil servant à imprimer la date et l'heure. ⇒ **dateur.** — Adj. *Une horloge horodateuse.* — REM. On emploie aussi le féminin *horodatrice.* ▶ **horodatage** n. m. ■ Opération par laquelle un horodateur imprime la date et l'heure. *L'horodatage du courrier.* ▶ **horoscope** [ɔʀɔskɔp] n. m. ■ Étude de la destinée de qqn, effectuée d'après les données zodiacales et astrologiques que fournissent sa date et son heure de naissance. *Un horoscope minutieux. Faire l'horoscope de qqn. Consulter, lire son horoscope.*

horreur [ɔʀœʀ] n. f. **I.** (Sens subjectif) **1.** Impression violente causée par la vue ou la pensée d'une chose qui fait peur ou qui répugne. ⇒ **effroi, épouvante, peur, répulsion.** *Frémir d'horreur. Cri d'horreur.* — FAIRE HORREUR (À) : répugner ; dégoûter, écœurer. *Cette idée, cette chose, cette personne me fait horreur.* — *Cette vue la remplissait d'horreur. Objet d'horreur,* qui fait horreur. **2.** Sentiment extrêmement défavorable qu'une chose inspire. ⇒ **aversion, dégoût, répugnance.** *Avoir l'horreur du risque. L'horreur de l'eau, des lieux clos.* ⇒ **phobie.** *Avoir horreur du cigare. Il a une sainte horreur du travail.* — Loc. littér. *Avoir l'horreur de.* ⇒ **détester, exécrer, haïr.** *Avoir l'horreur de la guerre.* — AVOIR HORREUR DE... (sens affaibli). *Elle a horreur de ce prénom. Il a horreur de se lever tôt. Ils ont horreur de perdre.* — AVOIR, PRENDRE *qqn, qqch.* EN HORREUR. ⇒ **haine** ; en **grippe.** *J'ai ce lieu en horreur. Je commence à le prendre en horreur,* à ne plus pouvoir le supporter. **II.** (Sens objectif) **1.** Caractère de ce qui fait peur et inspire de la répulsion (⇒ **effroyable, horrible**). *L'horreur de la situation. C'est la misère dans toute son horreur. Vision d'horreur. Un film d'horreur,* réalisé pour effrayer. *L'horreur d'un crime.* **2.** La chose, l'acte qui inspire un sentiment d'horreur. ⇒ **monstruosité.** *Quelle horreur d'avoir fait cela !* — Fam. Par exagér. Ce qui est repoussant par sa laideur, sa saleté. *Ta chambre est une horreur ! Cute, lui ? Une horreur !* — Fam. Exclamation marquant le dégoût, la répulsion, l'indignation. *Quelle horreur !* **3.** Au plur. Aspects horribles d'une chose ; choses horribles. *Les horreurs de la guerre.* ⇒ **atrocité.** — Actes criminels, cruels, sanglants. ⇒ **atrocité.** *Commettre des horreurs.* **4.** Au plur. Propos outrageants, calomnieux. *Répandre des horreurs sur qqn.* — Propos obscènes. ⇒ **grossièreté.** *Dire, débiter des horreurs.* ▸ ***horrible*** adj. **1.** Qui fait horreur, remplit d'horreur ou de dégoût. ⇒ **affreux, atroce, effrayant, épouvantable.** *C'est horrible. Une mort horrible. Des cris horribles (à entendre).* ⇒ **épeurant.** *Monstre horrible (à voir).* — N. m. *Le goût de l'horrible.* **2.** Très laid, très mauvais. ⇒ **affreux, exécrable.** *Un temps horrible. Une écriture horrible. Un horrible petit chapeau.* ⇒ **hideux.** **3.** (Choses) Qui est excessif, désagréable ou dangereux. ⇒ **extrême, terrible.** *Chaleur horrible. Une soif horrible.* ⇒ **intolérable.** *Ce vin a un goût horrible.* ▸ ***horriblement*** adv. ■ D'une manière horrible. *Sacrer horriblement.* ⇒ **affreusement, atrocement, terriblement.** — Par exagér. ⇒ **extrêmement.** *C'est horriblement cher.*

horrifier [ɔʀifje] v. tr. ▪ conjug. 7. (Surtout au passif et au p. p. adj.) **1.** Remplir, frapper d'horreur. — Au passif et au p. p. adj. *Être horrifié par un fait divers. Visage horrifié,* très effrayé. **2.** Scandaliser. — Au p. p. adj. *Un air horrifié.* ▸ ***horrifiant, ante*** adj. ■ Souvent iron. Qui horrifie. ⇒ **effrayant, épeurant, épouvantable, terrifiant.** *Faire un tableau horrifiant de la situation.*

horripiler [ɔʀipile] v. tr. ▪ conjug. 1. ■ Mettre (qqn) dans un état d'énervement hostile. ⇒ **agacer, exaspérer, impatienter, irriter.** *Il m'horripile, avec ses grands airs.* ▸ ***horripilant, ante*** adj. ■ *Un enfant horripilant. Une voix horripilante.*

****hors*** [ˈɔʀ] prép. **I.** Prép. (Suivi d'un nom sans article) En dehors de, au-delà de (dans des expressions). *Ingénieure hors classe. Modèle hors série. Hauteur hors tout. Talent hors ligne, hors pair.* **II.** HORS DE loc. prép. **1.** À l'extérieur de. *Elle s'élança hors de sa chambre. Poisson qui saute hors de l'eau. Hors de la province, du pays.* — Ellipt. *Hors d'ici !,* sortez ! **2.** Loc. *Hors d'atteinte. Hors de portée. Hors du sujet.* ⇒ à **côté** de. — *Être hors du coup**.* — (Exclusion, extériorité) *Hors (de) saison,* déplacé. *Hors de danger. Hors d'état de nuire. Mettre hors de combat. Hors d'usage. Hors de proportion. Hors de prix,* très cher. *Il est hors de doute qu'il va venir,* il est certain qu'il va venir. — *Hors de soi,* furieux ; très agité. *Elle semble hors d'elle.* ▸ ****hors-bord*** [ˈɔʀbɔʀ] n. m. invar. **1.** Moteur placé en dehors de la coque d'une embarcation. — En appos. *Un moteur hors-bord.* **2.** Petit canot automobile propulsé par un moteur hors-bord. *Des courses de hors-bord.* ▸ ****hors-concours*** n. m. invar. ; ****hors concours*** adj. invar. ■ Qui ne peut concourir (à cause d'une supériorité écrasante sur ses concurrents, ou parce qu'il [elle] est déjà lauréat[e]). *Elle est, elle est mise hors concours.* — N. *Les hors-concours.* ▸ ***hors cours*** adj. invar. ■ À l'amiable, sans attendre une décision des tribunaux. *Régler un litige hors cours.* ▸ ****hors-d'œuvre*** n. m. invar. ■ Petit plat froid que l'on sert au début du repas, avant les entrées ou le plat principal. *Hors-d'œuvre variés. Servir des canapés en hors-d'œuvre.* ▸ ****hors-jeu*** n. m. invar. ; ***hors(-)jeu*** adj. invar. ■ (Sports d'équipe) Faute commise par un joueur contre le règlement et qui provoque l'arrêt du jeu. *Commettre un hors-jeu. L'arbitre a sifflé un hors-jeu.* — Adj. *Joueur hors jeu. La balle, la rondelle est hors jeu.* / contr. en **jeu.** / ▸ ****hors-la-loi*** n. invar. ; ****hors la loi*** adj. invar. ■ Personne qui s'affranchit des lois, vit en marge des lois. *Ces bandits sont des hors-la-loi. Une hors-la-loi.* — Adj. *Être hors la loi,* ne plus bénéficier de la protection des lois et être passible d'une certaine peine sans jugement. ▸ ****hors-taxe(s)*** n. invar. ; ****hors taxe(s)*** adj. invar. ■ Magasin qui vend des marchandises, des produits non soumis au paiement d'une taxe (opposé à *prix T.T.C.*). ⇒ **détaxe.** *Attends une seconde, il faut que je passe au (à la) hors-taxes.* — Adj. *Boutique hors taxes, vin hors taxe.* ⇒ **franchise.** ▸ ****hors-texte*** n. m. invar. ■ Illustration imprimée à part, intercalée dans un livre (opposé à *dans le texte*). *Les hors-texte en couleurs d'un livre d'art.* ‹ ▸ dehors, hormis ›

hortensia [ɔʀtɑ̃sja(a)] n. m. ■ (Surtout en France) Arbrisseau ornemental, cultivé pour ses fleurs groupées en grosses boules ; ces fleurs. ⇒ **hydrangée, quatre-saisons.** *Hortensias roses, blancs, bleus. Pot d'hortensia.*

horticole [ɔʀtikɔl] adj. ■ Relatif à la culture des jardins, à l'horticulture. *Exposition horticole.* ▸ ***horticulteur, trice*** n. ■ Personne qui pratique l'horticulture. ⇒ **jardinier, maraîcher.** — Personne qui cultive des plantes d'ornement (arbres, fleurs). ⇒ **arboriculteur, fleuriste, pépiniériste.** ▸ ***horticulture*** n. f. ■ Culture des plantes d'ornement, des jardins ; culture maraîchère, potagère. ⇒ **floriculture.** *École d'horticulture.*

hosanna [oza(n)nɑ] n. m. ■ Chant, hymne de joie (terme de religion juive et chrétienne). *Des hosannas. Entonner l'hosanna, un hosanna.*

hospice [ɔspis] n. m. (France) **1.** Maison où des religieux donnent l'hospitalité aux pèlerins, aux voyageurs. *L'hospice du Grand-Saint-Bernard.* **2.** Établissement public ou privé où l'on reçoit et entretient des vieillards et des infirmes dans le besoin. ⇒ ② **foyer.** *Hospice de vieillards. Finir à l'hospice.* ≠ *hôpital.*

① ***hospitalier, ière*** [ɔspitalje, jɛʀ] adj. **1.** Qui pratique volontiers l'hospitalité. ⇒ **accueillant, recevant.** *Une famille très hospitalière. Il est très hospitalier,* sa maison est ouverte à tous. **2.** Où l'hospitalité est pratiquée. *Une région très hospitalière.* / contr. **hostile, inhospitalier** / ‹ ▸ hospitalité, inhospitalier ›

② ***hospitalier, ière*** adj. ■ Relatif aux hôpitaux. *Établissements, services hospitaliers. Un centre hospitalier universitaire.* ⇒ **C.H.U., hôpital.**

hospitaliser [ɔspitalize] v. tr. ▪ conjug. 1. ■ Faire entrer, admettre (qqn) dans un hôpital. *Hospitaliser un malade. J'ai dû faire hospitaliser mon père.* — Au p. p. adj. *Malades hospitalisés.* — N. *Les hospitalisés.* ▸ ***hospitalisation*** n. f. ■ Admission dans un hôpital. *La veille de son hospitalisation.* — Séjour dans un hôpital. *Durant son hospitalisation.*

hospitalité [ɔspitalite] n. f. **1.** Le fait de recevoir qqn sous son toit, de le loger gratuitement (⇒ **hôte**). *Offrir l'hospitalité à qqn. Demander, accepter, recevoir l'hospitalité.* — Action de recevoir chez soi, d'accueillir. ⇒ **accueil, réception.** *Merci de votre aimable hospitalité.* **2.** Caractère d'une personne hospitalière. *L'hospitalité proverbiale des Gaspésiens.*

hostie [ɔsti] n. f. **1.** Fine petite rondelle de pain, généralement sans levain, que le prêtre consacre pendant la messe. *L'élévation de l'hostie. Ciboire* *contenant des hosties. Déposer l'hostie sur la langue (ou dans la main) d'un communiant. Des retailles* d'hostie.* **2.** HOSTIE, OSTIE [ɔsti] ou S'TIE [sti] interj. — Très fam. Sacre, juron très fréquent et employé dans toutes sortes de circonstances. *Hostie que ça va mal ! Hostie que je suis fatigué !* Absolt. *Hostie ! — Hostie de* (+ autre juron). — Loc. *Être en hostie,* très fâché, de très mauvaise humeur ; ne pas être content. *Elle est en hostie depuis hier soir.* — HOSTIE TOASTÉE : sacre renforcé. — N. UN HOSTIE DE : sert à qualifier la chose, la personne qui est mentionnée. *C'est un hostie de bon médecin. Un hostie de mal de tête.* Sans compl. UN HOSTIE : terme d'injure, de mépris. *Tu es une hostie ! Mon hostie !* — Loc. adv. EN HOSTIE : très, beaucoup. *Elle est belle en hostie. Étudier en hostie.* — AU PLUS HOSTIE : au plus vite. *Débarrasse le plancher au plus hostie.*

hostile [ɔstil] adj. **1.** Qui est ennemi, se conduit en ennemi. *Pays, puissance hostile. Foule hostile et menaçante. — Nature hostile,* peu accueillante. / contr. ① **hospitalier** / *Forces hostiles.* ⇒ **néfaste. 2.** HOSTILE À. ⇒ **défavorable ; contraire, opposé** à. *Il est hostile à ce projet,* il est contre. *Un journal hostile au gouvernement.* ⇒ **antigouvernemental. 3.** Qui est d'un ennemi, annonce, caractérise un ennemi. *Action, entreprise hostile. Silence, regard hostile.* ⇒ **inamical.** *Propos hostiles.* ⇒ **malveillant.** / contr. **cordial** / ▶ ***hostilité*** n. f. ■ Disposition hostile, inamicale. ⇒ **antipathie, haine.** *Avoir, éprouver de l'hostilité envers, contre qqn. Acte d'hostilité,* qui manifeste de l'agressivité. ▶ ***hostilités*** n. f. pl. ■ Ensemble des opérations de guerre. ⇒ **conflit.** *Engager les hostilités. La cessation des hostilités* (⇒ **armistice, trêve**). — *Les hostilités ont repris entre les deux équipes,* la lutte pour la victoire.

****hot*** [ˈɔt] adj. invar. Anglic. fam. **1.** (Choses) Qu'il faut traiter avec doigté, délicatesse en raison des implications possibles. *Une accusation, une affaire plutôt hot.* **2.** (Personnes) Animé, passionné. ⇒ **excité.** *Ils sont pas mal hot depuis une semaine. Calme-toi un peu, tu es trop hot,* énervé, monté. **3.** Osé, audacieux. *Un film pas mal hot.*

****hot chicken*** [ˈɔttʃikɛn] n. m. invar. ■ Anglic. Sandwich au poulet chaud. *Le hot chicken est toujours accompagné de sauce, de frites et de petits pois.*

****hot-dog*** [ˈɔtdɔg] n. m. ■ Anglic. Petit pain allongé *(pain hot-dog)* grillé contenant une saucisse fumée grillée ou bouillie, garni de condiments. *Un hot-dog relish-moutarde. — Des hot-dogs à la vapeur,* non grillés. — *Pain (à) hot-dog,* petit pain allongé, fendu sur le dessus. *Les guedilles sont préparés avec des pains à hot-dog.* — REM. La forme francisée *chien-chaud* est parfois utilisée.

hôte, hôtesse [ot, otɛs] n. **I. 1.** Personne qui donne l'hospitalité, qui reçoit qqn. ⇒ **maître** de maison. *Remercier ses hôtes.* **2.** TABLE D'HÔTE : menu à prix fixe offrant certains choix pour chaque type de plat (entrée, plat principal, dessert). **3.** HÔTESSE : jeune femme chargée de veiller au confort des passagers dans les appareils de transport aérien (*hôtesse de l'air,* ⇒ **agent** de bord ; anglic. **steward**), d'accueillir et renseigner les visiteurs, les clients dans une exposition, un magasin, etc. — REM. Le terme *hôtesse de l'air* est vieilli. — *Agence d'hôtesses,* qui loue les services de jeunes femmes (accompagnatrices, prostituées...). **II. 1.** Personne qui reçoit l'hospitalité (fém. HÔTE). *Loger, nourrir, régaler un hôte, une hôte, ses hôtes.* ⇒ **invité.** *Un hôte de marque, hôte important.* **2.** *Chambre d'hôte,* louée au voyageur par un particulier. — *Hôte payant,* qui prend pension chez qqn, moyennant redevance.

hôtel [otɛl] n. m. **I.** Établissement commercial qui loue des chambres meublées et où l'on trouve toutes les commodités du service (à la différence du *meublé*). ⇒ **auberge, motel, pension.** *Hôtel luxueux, grand hôtel.* ⇒ **palace.** *Hôtel de tourisme. Un hôtel-restaurant (des hôtels-restaurants). Le hall, la réception d'un hôtel. Chambre d'hôtel. La catégorie d'un hôtel* (⇒ **étoile**). Descendre, demeurer, loger à l'hôtel (par opposition à *chez l'habitant*). **II. 1.** (France) Demeure citadine d'un grand seigneur. ⇒ **château, palais.** *Un vieil hôtel du* XVIIIe *siècle. Hôtel particulier,* immeuble entièrement habité par un riche particulier. **2.** MAÎTRE D'HÔTEL : personne qui dirige les services de table, chez un riche particulier ⇒ **majordome**, ou dans un restaurant. *Appeler le maître d'hôtel.* **III.** Grand édifice destiné à un établissement public. *Hôtel du Parlement, du Gouvernement. Hôtel des ventes,* salle des ventes. ⇒ **encan.** — HÔTEL DE VILLE : édifice où siège l'autorité municipale dans une ville. ⇒ **mairie.** *Elle travaille à l'hôtel de ville,* elle est employée municipale. ≠ *autel.* ▶ ***hôtel-Dieu*** [otɛldjø] n. m. ■ Dans certaines villes, hôpital de fondation ancienne. *Des hôtels-Dieu.* ▶ ***hôtelier, ière*** [otəlje, jɛʀ] n. et adj. **1.** N. Personne qui tient un hôtel. **2.** Adj. Relatif aux hôtels, à l'hôtellerie (II). *Industrie hôtelière. École hôtelière,* formant ses élèves aux professions de l'hôtellerie. *Syndicats hôteliers.* ▶ ***hôtellerie*** [otɛlʀi] n. f. ■ Métier, profession d'hôtelier ; industrie hôtelière. *Travailler dans l'hôtellerie.*

hôtesse n. f. ⇒ **hôte.**

****hotte*** [ˈɔt] n. f. **I.** Grand panier ou cuve, souvent tronconique, qu'on porte sur le dos. *Hotte de vendangeur,* pour le transport des raisins. **II.** Construction en forme de hotte (I) renversée, se raccordant au bas d'un tuyau de cheminée ou d'un conduit d'aération. *Une hotte de pierre. Hotte* (de ventilation, aspirante), qui fait évacuer les émanations d'une cuisine grâce à un dispositif électrique.

****hou*** [ˈu, hu] interj. ■ Interjection pour railler, faire peur ou honte. *Hou ! la petite méchante !*

****houblon*** [ˈublɔ̃] n. m. ■ Plante grimpante dont les fleurs servent à aromatiser la bière. *La culture du houblon.* ▶ ****houblonnière*** n. f. ■ Champ de houblon.

****houe*** [ˈu] n. f. ■ Pioche à lame assez large dont on se sert pour retourner la terre. ⇒ **gratte.** *Sarcler à la houe.*

****houille*** [ˈuj] n. f. **1.** Combustible minéral de formation sédimentaire, noir, à facettes brillantes, à forte teneur en carbone. ⇒ **charbon.** *Gisement de houille. Mine de houille. Produits de la distillation de la houille.* ⇒ ① **coke, goudron ; gaz** d'éclairage. **2.** HOUILLE BLANCHE : énergie hydraulique fournie par les chutes d'eau en montagne. ⇒ **barrage ; hydroélectrique.** ▶ ****houiller, ère*** [ˈuje, ɛʀ] adj. ■ Qui renferme des couches de houille. *Bassin houiller.* — Relatif à la houille. *Industries houillères.* ▶ ****houillère*** n. f. ■ Mine de houille. *Les houillères des États-Unis. Exploitation d'une houillère.* ⇒ **charbonnage.**

****houle*** [ˈul] n. f. **1.** Mouvement d'ondulation qui agite la mer sans faire déferler les vagues. *Forte, grosse houle. Navire balancé par la houle.* ⇒ **roulis, tangage. 2.** Ce qui rappelle, par son aspect ou son mouvement, la surface d'une mer houleuse. *Une houle humaine.* ⇒ **mer.** — Loc. fam. *Il y a de la houle,* se dit de qqn qui marche tout en étant légèrement enivré. ▶ ****houleux, euse*** [ˈulø, øz] adj. **1.** Agité par la houle. *Mer houleuse.* **2.** Abstrait (Qualifiant qqch. de collectif) Agité, troublé. *Salle houleuse. La séance fut houleuse.* ⇒ **mouvementé, orageux.** / contr. **calme, paisible** /

****houlette*** [ˈulɛt] n. f. ■ Loc. SOUS LA HOULETTE DE : sous la conduite de.

***houppe** ['up] n. f. **1.** Assemblage de brins de fil, de laine, de soie, formant une touffe. ⇒ **houppette. 2.** *Houppe de cheveux.* ⇒ **toupet.** *Riquet à la houppe,* personnage des contes de Perrault. *La houppe de Tintin.* ▶ ***houppette** n. f. ■ Petite houppe. — Petit tampon arrondi fait de coton, de duvet..., dont on se sert pour se poudrer. ⇒ **poudrette.**

***houppelande** ['uplɑ̃d] n. f. ■ Long vêtement de dessus, chaud, très ample et ouvert par-devant. ⇒ **cape.** *La houppelande du berger.*

***hourra** ou ***hurrah** ['uʀɑ, huʀɑ] interj. et n. m. ■ Interjection pour acclamer, montrer son enthousiasme. *Hourra ! Hip, hip, hip, hourra !* — N. m. *Pousser un hourra, des hourras.*

***houspiller** ['uspije] v. tr. ▪ conjug. 1. ■ Accabler de reproches, de critiques. ⇒ **quereller, réprimander.** *Il s'est fait houspiller rudement.*

***housse** ['us] n. f. ■ Enveloppe souple dont on recouvre temporairement certains objets (meubles, vêtements, etc.) pour les protéger, et qui épouse leur forme. *Des housses de fauteuils. La housse d'une machine à écrire, d'un ordinateur. Housse de couette. Housse à vêtements. — Drap-housse.* ⇒ **drap.**

***houx** ['u] n. m. invar. ■ Arbre ou arbuste, à feuilles luisantes, dures et bordées de piquants, à petites baies rouge vif. *Un buisson de houx. Une guirlande de houx.*

***huard** ou ***huart** ['yaʀ] n. m. **1.** Oiseau aquatique palmipède, plus grand que le canard, au bec droit et effilé, bon nageur, bon plongeur. *Un huard à collier. Des huards arctiques.* **2.** Fam. ou plaisant. Pièce de un dollar. *Échanger deux huards contre un deux.*

hubertin, ine [ybɛʀtɛ̃, in] adj. et n. ■ De la ville de Saint-Hubert en Montérégie. — N. (Avec une majusc.) Personne née dans cette ville ou qui l'habite.

***hublot** ['yblo] n. m. **1.** Petite fenêtre étanche généralement ronde, munie d'un verre épais pour donner du jour et de l'air à l'intérieur d'un navire. — Petite fenêtre dans un avion de transport. *Regarder par le hublot. Siège près du hublot.* **2.** Partie vitrée de la porte (d'un appareil électroménager : four, micro-onde...).

***huche** ['yʃ] n. f. ■ Grand coffre de bois rectangulaire à couvercle plat. *Huche à provisions. Huche à pain.*

***hue** ['y, hy] interj. ■ Mot dont on se sert pour faire avancer (ou tourner à droite ; opposé à *dia*) un cheval. *Hue Prince ! Allez, hue !*

***huée** ['ɥe] n. f. ■ Cri de dérision, de réprobation poussé par une réunion de personnes. ⇒ ② **chou.** / contr. **bravo** / *Orateur interrompu par des sifflets et des huées.* ⇒ **tollé.** *S'enfuir sous les huées.* ▶ ***huer** v. tr. ▪ conjug. 1. ■ Pousser des cris de dérision, des cris hostiles contre (qqn). ⇒ **conspuer, siffler.** / contr. **acclamer, applaudir** / *Elle s'est fait huer. Huer un orateur, un acteur, un joueur. — Huer un spectacle.* ⟨ ▶ chat-huant ⟩

***huguenot, ote** ['ygno, ɔt] n. et adj. ■ Surnom donné aux protestants calvinistes, en France, par les catholiques, du XVIe au XVIIIe s. *Les papistes et les huguenots.* — Adj. *Faction huguenote.*

① ***huile*** [ɥil] n. f. **1.** Liquide gras, insoluble dans l'eau, d'origine végétale, animale ou minérale. ⇒ **graisse.** *Les huiles sont inflammables. Huiles végétales alimentaires. Huile d'arachide, de noix, d'olive ; de colza. Huile de ricin* ou fam. *huile de castor,* purgatif. *Huiles animales. Huile de foie de morue. — Huiles minérales,* hydrocarbures liquides. *Huile à moteur. Huile de graissage. Huile de vidange.* Fam. *huile à (de) chauffage.* ⇒ **mazout.** *Lampe à huile.* **2.** Produit obtenu par macération de substances végétales ou animales dans une huile végétale. *Huile camphrée. Huile solaire,* pour protéger la peau du soleil et faire bronzer. — *Huile essentielle.* ⇒ ② **essence** (I, 2). — *Huile de charbon,* pour l'éclairage. **3.** (Sans adj. ni compl.) Huile comestible. *Bouteille d'huile. Cuisine à l'huile. Assaisonner avec de l'huile et du vinaigre.* ⇒ **vinaigrette.** — Huile de graissage. *Bidon d'huile. Vidanger l'huile d'une voiture.* — Fam. *Chauffer à l'huile,* au mazout. — Mélange d'huile (de lin, d'œillette) et d'une matière colorante. *Peinture à l'huile* (opposé à *peinture à l'eau*). *Une huile,* un tableau peint à l'huile. **4.** *Les saintes huiles.* ⇒ **chrême. 5.** Loc. *Mer d'huile,* très calme, sans vagues (comme une nappe d'huile). — *Faire tache d'huile,* se propager de manière insensible, lente et continue. *Innovation qui fait tache d'huile. — Jeter de l'huile sur le feu,* attiser une querelle, pousser à la dispute. ⇒ **envenimer, exciter.** — Fig. et fam. *Huile de coude, de bras, de genou,* énergie physique (déployée pour faire qqch.). ▶ ***huiler*** v. tr. ▪ conjug. 1. ■ Frotter avec de l'huile. ⇒ **graisser, lubrifier.** *Huiler les rouages d'une machine.* — Au p. p. adj. *Mécanisme bien huilé. Papier huilé,* imperméabilisé. ▶ ***huilage*** n. m. ■ *L'huilage des machines* ⇒ **graissage.** ▶ ***huilerie*** n. f. **1.** Usine où l'on fabrique les huiles. *Les huileries américaines.* **2.** Commerce des huiles. *Travailler dans l'huilerie.* — Industrie agricole de la fabrication des huiles végétales. ▶ ***huileux, euse*** adj. **1.** Qui contient de l'huile. ⇒ **oléagineux.** *Liquide huileux. Tache huileuse.* **2.** Qui est ou semble imbibé d'huile. ⇒ **graisseux, gras.** *Peau huileuse.* ▶ ***huilier*** n. m. **1.** Récipient à tubulure pour verser de l'huile. ⇒ **burette.** *Huilier de mécanicien.* **2.** Ustensile de table composé de deux flacons pour l'huile et le vinaigre. ⇒ **vinaigrier.**

② ***huile*** n. f. ■ Surtout au plur. Fam. Personnage important. *C'est une des huiles du parti.* ⇒ fam. grosse **légume.**

huis [ɥi] n. m. invar. ■ Loc. À HUIS CLOS [aɥiklo] : toutes portes fermées ; sans que le public soit admis. *Audience à huis clos.* — N. m. *HUIS CLOS ['ɥiklo]. *Tribunal qui ordonne le huis clos.* ⟨ ▶ huissier ⟩

huissier [ɥisje] n. m. **1.** Employé chargé d'accueillir, d'annoncer et d'introduire les visiteurs (dans un ministère, une administration). *Donner son nom à l'huissier.* **2.** Fonctionnaire qui est préposé au service de certaines assemblées. *Les huissiers de l'Assemblée nationale.* **3.** Fonctionnaire chargé de mettre à exécution des décisions de justice. *Si vous refusez de payer, je vous enverrai l'huissier.* — REM. L'O.L.F. propose *huissière* au féminin.

huit** ['ɥi(t)] adj. invar. et n. m. invar. **I. 1.** Adjectif numéral cardinal invariable (prononcé ['ɥi] devant un nom commençant par une consonne ou un *h* aspiré, ['ɥit] dans tous les autres cas). Sept plus un (8). ⇒ **oct-.** *Journée de huit heures. (D')aujourd'hui en huit,* dans huit jours. ⇒ **huitaine.** *Je viendrai jeudi en huit,* le jeudi après celui qui vient. — *Huit jours,* semaine (bien qu'elle n'ait que sept jours). Loc. *Donner ses huit jours à un qqn,* le renvoyer. **2.** Adjectif numéral ordinal invariable. ⇒ **huitième.** *Je reviendrai le huit mai,* (ellipt) *le huit. Henri VIII (huit).* **II.** N. m. invar. ['ɥit] *Cinq et trois font huit. Dix-huit, vingt-huit* [dizɥit vɛ̃tɥit]. — Carte à jouer marquée de huit points. *Le huit de pique.* — Numéro huit (d'une rue). *J'habite au huit.* — Chiffre qui représente ce nombre. *Huit romain* VIII, *arabe (8).* ▶ ***huitaine** ['ɥitɛn] n. f. ■ Ensemble de huit, d'environ huit éléments de même sorte. — *Une huitaine,* huit jours. ⇒ **semaine.** *Elle part dans une huitaine.* ▶ ***huitième** ['ɥitjɛm] adj. et n. **I.** Qui succède au septième. **1.** Adj. numér. ordinal. — Loc. *La huitième merveille du monde,* se dit d'une chose merveilleuse qui paraît pouvoir s'ajouter aux sept merveilles traditionnelles. **2.** N. m. et f. *Arriver (le) huitième dans une compétition.* — *On habite au huitième* (étage). *Un magasin de la huitième* (avenue). **II.** Fraction d'un tout divisé également en huit. **1.** Adj. *La huitième partie.* **2.** N. m. *Trois huitièmes.* — Sports, jeux. *Huitième de finale* (seize participants). ▶ ***huitièmement adv. ⟨ ▶ dix-huit, trois-huit ⟩

huître [ɥitʀ] n. f. ■ Mollusque bivalve, comestible, à coquille feuilletée ou rugueuse dont on pratique l'élevage (⇒ **ostréiculture**). *Sécrétion minérale des huîtres.* ⇒ **nacre, perle.** *Huîtres perlières.* — *Huître plate.* ⇒ **belon.** *Huître portugaise, fine de claire.* ⇒ **claire.** *Écailler, ouvrir des huîtres. Bancs d'huîtres. Une douzaine d'huîtres. Plat, fourchette à huîtres. Une partie d'huître.*

***hullois, oise** ['ylwa, waz] adj. et n. ■ De la ville de Hull. — N. (Avec une majusc.) Personne née dans cette ville ou qui l'habite. *Beaucoup de Hullois sont des fonctionnaires fédéraux.*

***hulotte** ['ylɔt] n. f. ■ Grande chouette au pelage brun qui se nourrit principalement d'insectes et de petits rongeurs. ⇒ **chat-huant.** *Le cri de la hulotte.*

hululer** ['ylyle] ou **ululer** v. intr. ▪ conjug. 1. ■ Pousser un hululement. *Le hibou hulule.* ▶ ***hululement ou ***ululement*** n. m. ■ Cri des oiseaux de nuit.

***hum** ['œm, hœm] ou ***hem** ['ɛm, hɛm] interj. ■ Interjection qui exprime généralement le doute, la réticence. *Hum ! cela cache quelque chose !* — Répété, sert à noter une petite toux ou à s'éclaircir la voix (⇒ se **dérhumer**).

***humage** ['ymaʒ] n. m. ■ Action de humer *Le humage des vapeurs.*

humain, aine [ymɛ̃, ɛn] adj. et n. m. **I.** Adj. **1.** De l'homme, propre à l'homme (I) en tant qu'espèce. *Les êtres humains. La nature humaine. Organisme humain. Chair humaine. La condition humaine. C'est au-dessus des forces humaines.* ⇒ **surhumain.** *Le cœur humain. Faiblesse, dignité humaine. C'est humain, c'est une réaction bien humaine,* c'est excusable. — (Opposé à *divin*). *Justice divine et justice humaine.* — Qui a les caractères de l'homme (opposé à *animal*). *Créature humaine. Être humain.* ⇒ **femme, homme ; individu, personne.** — Formé, composé d'hommes. *Espèce humaine. Les différentes races humaines. Le genre humain.* ⇒ **humanité.** — Qui traite de l'homme. *Anatomie humaine. Sciences humaines. Géographie humaine.* **2.** Qui est compréhensif et compatissant, manifeste de la sensibilité. ⇒ **bon.** *C'est une femme très humaine.* / contr. **inhumain** / — *Sentiments humains.* ⇒ **humanitaire. II.** N. m. **1.** Ce qui est humain. *L'humain et le divin.* **2.** Être humain. *Les humains.* ⇒ **humanité.** *Vivre séparé du reste des humains.* ⇒ **gens.** ▶ ***humainement*** [ymɛnmɑ̃] adv. **1.** En tant qu'homme, en tant qu'être humain. *Elle a fait tout ce qui était humainement possible pour le sauver.* **2.** Avec humanité. ⇒ **charitablement.** *Traiter humainement un ennemi, un coupable.* / contr. **inhumainement** / ⟨ ▶ humaniser, humanisme, humanité, humanités, humanoïde, inhumain, surhumain ⟩

humaniser [ymanize] v. tr. ▪ conjug. 1. ■ Rendre plus humain. *Humaniser les conditions de travail.* — Pronominalement. *Cette personne s'humanise,* devient plus sociable, plus accommodante. ▶ ***humanisation*** n. f.

humanisme [ymanism] n. m. **1.** Théorie ou doctrine qui place la personne humaine et son épanouissement au-dessus de toutes les autres valeurs. *L'humanisme de la Renaissance.* **2.** Formation de l'esprit humain par la culture littéraire ou scientifique (⇒ **humanités**). ▶ ***humaniste*** n. m. **1.** Spécialiste des langues et littératures grecques et latines. **2.** Partisan de l'humanisme (1). *Ce philosophe est un humaniste.* — Adj. *Philosophie humaniste.* **3.** Savant, érudit partisan de l'humanisme, pendant la Renaissance.

humanité [ymanite] n. f. **1.** Caractère de ce qui est humain ; nature humaine. *Humanité et divinité du Christ.* **2.** Sentiment de bienveillance, de compassion envers son prochain. ⇒ **altruisme.** / contr. **inhumanité** / *Traiter des prisonniers avec humanité. Faire preuve d'humanité.* ⇒ **bonté. 3.** Le genre humain, les êtres humains en général et à n'importe quelle époque de l'histoire. *Un bienfaiteur de l'humanité. Histoire de l'humanité.* ⇒ **civilisation.** ▶ ***humanitaire*** adj. ■ (Choses) Qui vise au bien de l'humanité. ⇒ **philanthropique.** *Organisme humanitaire. Sentiments, œuvres humanitaires.* ⇒ **bon, humain.**

humanités n. f. pl. ■ Vieilli. Étude de la langue et de la littérature grecques et latines. *Faire ses humanités.* ⇒ cours **classique.**

humanoïde [ymanɔid] adj. et n. **1.** Adj. Qui présente des formes, des caractères humains. *Un robot humanoïde.* **2.** N. Être qui ressemble à un être humain (spécialt. dans la science-fiction).

humble [œ̃bl] adj. **I.** (Personnes) **1.** Qui s'abaisse volontairement, par modestie ou par déférence (⇒ **humilité**). *Il était humble et soumis.* ⇒ **effacé, modeste. 2.** Littér. Qui est d'une condition sociale modeste. ⇒ **pauvre,** ① **simple.** *Un humble ouvrier.* — N. *Les humbles,* les petits, les petites gens. **II.** (Choses) **1.** Qui marque de l'humilité, de la déférence. *Air, manières, ton humbles.* ⇒ **timide.** — (Par modestie réelle ou affectée) *À mon humble avis, tu te trompes.* **2.** Littér. Qui est sans éclat, sans prétention. ⇒ **modeste.** *Une humble demeure.* ⇒ **pauvre.** ▶ ***humblement*** adv. ■ D'une manière humble. ⇒ **modestement.** *Remercier humblement.* — (Par modestie affectée) *Je te ferai humblement remarquer que tu te trompes.*

humecter [ymɛkte] v. tr. ▪ conjug. 1. ■ Rendre humide, mouiller légèrement. *Humecter du linge avant de le repasser.* ⇒ **humidifier.** *Humecter ses lèvres, s'humecter les lèvres.* — Au p. p. *Yeux humectés (de larmes).* — Pronominalement. *Ses yeux s'humectèrent,* devinrent humides de larmes. — Fam. *S'humecter le gosier,* boire. ▶ ***humectage*** n. m. ⟨ ▶ ② humeur, humoral, humide ⟩

***humer** ['yme] v. tr. ▪ conjug. 1. **1.** Aspirer par le nez en respirant. *Je hume avec délice l'air frais du matin.* ⇒ **respirer. 2.** Aspirer par le nez pour sentir. *Humer une odeur, un parfum.* ⟨ ▶ humage ⟩

humérus [ymeʀys] n. m. invar. ■ Os long constituant le squelette du bras, de l'épaule au coude. *Le col et la tête de l'humérus. Des humérus.*

① **humeur** [ymœʀ] n. f. **1.** Ensemble des tendances dominantes qui forment le tempérament de qqn (attribuées autrefois aux *humeurs* ② du corps). ⇒ ② **naturel, tempérament.** *Il est d'humeur, il a l'humeur chagrine, maussade. Égalité d'humeur. Une saute d'humeur. Incompatibilité d'humeur entre deux personnes.* **2.** Littér. Comportement irréfléchi (opposé à *la raison,* à *la volonté*). ⇒ **caprice, fantaisie, impulsion.** *Se livrer à son humeur.* **3.** Disposition momentanée qui ne constitue pas un trait de caractère. *Cela dépendra de mon humeur. Change d'humeur, sinon...* — Loc. *Être, se sentir* D'HUMEUR À (+ infinitif). ⇒ **disposé, enclin.** *Je ne suis pas d'humeur à plaisanter.* **4.** *Bonne,* belle... humeur, disposition à la gaieté, à l'optimisme, qui se manifeste à un moment précis. ⇒ **enjouement, entrain.** *Être de bonne, d'excellente humeur.* ⇒ ① **gai ; content.** *Sa belle humeur disparut soudain.* **5.** *Mauvaise, méchante... humeur,* disposition à la tristesse, à l'irritation, à la colère. *Manifester de la mauvaise humeur. Il est de très mauvaise humeur, de fort méchante humeur, d'une humeur massacrante, d'une humeur de chien.* Ellipt. *Elle est d'une humeur !... Quelle humeur ! — Humeur sombre, noire,* mélancolie profonde ; tristesse, abattement. ⇒ ③ **cafard. 6.** Littér. Mauvaise humeur. ⇒ **colère, irritation.** *Garder de l'humeur contre qqn.* ⇒ **rancune.** *Accès, mouvement d'humeur.* ► ② ***humeur*** n. f. **1.** Vx. LES HUMEURS : le sang, la bile, la sueur, la salive, la lymphe, etc. **2.** En anatomie. *Humeur aqueuse, humeur vitrée,* substance transparente contenue dans la cavité oculaire. ‹ ► humoral ›

humide [ymid] adj. ■ Chargé, imprégné d'eau, de liquide, de vapeur. / contr. **sec** / *Éponge, serviette humide. Murs humides.* ⇒ **suintant.** *Cave humide. Front humide de sueur. — Atmosphère, temps humide. Une chaleur humide. — Yeux humides de larmes. Regards humides.* ⇒ **mouillé.** ► ***humidifier*** v. tr. ▪ conjug. 7. ■ Rendre humide. ⇒ **humecter, mouiller.** *Humidifier l'air.* / contr. **dessécher** / ► ***humidificateur*** n. m. ■ Appareil utilisé pour accroître le degré d'humidité de l'air. / contr. **déshumidificateur** / ► ***humidification*** n. f. ■ Action d'humidifier. ► ***humidité*** n. f. ■ Caractère de ce qui est humide ; l'eau, la vapeur que contient un corps, un lieu. *Un métal rongé par l'humidité. L'humidité de l'air, du climat.* / contr. **sécheresse** / ‹ ► déshumidificateur ›

humilier [ymilje] v. tr. ▪ conjug. 7. ■ Abaisser d'une manière insultante. ⇒ **mortifier, rabaisser.** *Il cherche à humilier son adversaire.* — Pronominalement. *S'humilier devant qqn.* ► ***humiliant, ante*** adj. ■ Qui cause de l'humiliation. *Aveu humiliant. Essuyer un échec humiliant.* ⇒ **mortifiant, vexant.** *Travail humiliant.* ⇒ **avilissant, dégradant.** ► ***humiliation*** n. f. **1.** Action d'humilier ou de s'humilier ; sentiment qui en découle. ⇒ **abaissement ; confusion, honte.** *Vivre dans l'humiliation. Rougir d'humiliation.* **2.** *(Une, des humiliations)* Ce qui humilie, blesse l'amour-propre. ⇒ **affront, offense.** *Infliger, endurer des humiliations.* ► ***humilié, ée*** adj. ■ Qui a subi une humiliation. ⇒ **honteux.** — N. *Les humiliés.*

humilité [ymilite] n. f. **1.** Le fait d'être humble*. **2.** Sentiment de sa propre insuffisance. ⇒ **modestie.** / contr. **orgueil** / *Agir dans un profond esprit d'humilité. En signe d'humilité.* **3.** Grande déférence. ⇒ **soumission.** *S'effacer devant qqn par humilité.* **4.** Littér. Caractère humble, modeste (de la nature humaine, ou d'une condition sociale). *L'humilité de sa condition.*

humoral, ale, aux [ymɔʀal, o] adj. ■ Relatif aux humeurs ② du corps. *Troubles humoraux.*

humour [ymuʀ] n. m. ■ Forme d'esprit qui consiste à dégager les aspects plaisants et insolites de la réalité, avec un certain détachement. *L'humour britannique. Humour noir,* qui s'exerce à propos de graves, voire de macabres situations. — *Avoir de l'humour, le sens de l'humour,* être capable de s'exprimer avec humour, de comprendre l'humour (même à ses dépens). ► ***humoriste*** [ymɔʀist] adj. et n. **1.** (Personnes) Qui a de l'humour. *Écrivain humoriste.* — N. *Un, une humoriste.* **2.** N. Artiste qui présente des spectacles d'humour. ⇒ **chansonnier** (2), **comique, fantaisiste, imitateur, monologuiste.** *Un groupe d'humoristes.* ► ***humoristique*** adj. ■ Qui s'exprime avec humour ; empreint d'humour. ⇒ **amusant, drôle.** *Dessinateur, caricaturiste humoristique. Récit, ton humoristique.*

humus [ymys] n. m. invar. ■ Matière organique formée par la décomposition des végétaux. ⇒ **compost, terreau.** *Couche d'humus. Des humus très riches.*

****hune*** ['yn] n. f. ■ Plate-forme arrondie fixée au mât d'un navire, à une certaine hauteur. *Mât de hune,* situé au-dessus de la hune. ≠ *une.* ► ****hunier*** n. m. ■ Voile carrée gréée sur le mât de hune.

****huppe*** ['yp] n. f. **1.** Touffe de plumes que certains oiseaux ont sur la tête. ⇒ **aigrette.** *La huppe du cacatoès.* **2.** Nom d'un passereau qui porte une huppe. ‹ ► huppé ›

****huppé, ée*** ['ype] adj. **1.** Qui porte une huppe. *La gélinotte huppée.* **2.** Fam. De haut rang ; haut placé ; riche et distingué. *Des gens chic, très huppés.*

****hure*** ['yʀ] n. f. **1.** Bande de cheveux étroite et en longueur que portaient les Hurons et qu'affichent certains groupes ou certains jeunes marginaux.

****hurler*** ['yʀle] v. ▪ conjug. 1. **I.** V. intr. **1.** (Animaux) Pousser des cris prolongés. *Chien qui hurle à la mort.* ⇒ **aboyer.** — Loc. *Hurler avec les loups,* se ranger du côté du plus fort. **2.** (Personnes) Pousser des cris prolongés et violents. ⇒ **crier.** *Hurler de douleur, de terreur.* **3.** Parler, crier, chanter de toutes ses forces. ⇒ **brailler, vociférer ;** fam. **gueuler.** *La foule hurlait. Hurler de rire.* **4.** Produire un son, un bruit semblable à un hurlement. *Le vent hurle dans la cheminée.* **II.** V. tr. Exprimer par des hurlements. *Hurler sa douleur.* — Dire avec fureur, en criant très fort. ⇒ **clamer.** *Hurler des injures, des menaces.* **III.** V. intr. (Choses) Produire un effet violemment discordant. ⇒ **jurer.** *Couleurs qui hurlent.* ► ****hurlant, ante*** adj. **1.** Qui hurle. *Foule hurlante.* **2.** Qui produit un effet violent. *Couleurs hurlantes.* ⇒ **criard.** ► ****hurlement*** n. m. **1.** Cri aigu et prolongé que poussent certains animaux (loup, chien). **2.** (Personnes) *Hurlement de rage, de terreur, de souffrance.* — (Choses) *Les hurlements du vent.*

hurluberlu, ue [yʀlybɛʀly] n. ■ Personne extravagante, qui parle et agit d'une manière inconsidérée. ⇒ **écervelé, farfelu.** *Quel est cet huluberlu ?* — Adj. *Elle est un peu hurluberlue.*

****huron, onne*** ['yʀɔ̃, ɔn] adj. et n. **1.** Relatif à une nation d'Amérindiens du sud de l'Ontario et de la région de Québec (Loretteville). *Le Village-Huron.* — N. (Avec une majusc.) Membre de cette nation. *Les Hurons de Wendake,* réserve amérindienne jadis appelée Village-des-Hurons. **2.** N. m. *Le huron,* une langue de la famille linguistique iroquoienne parlée par ces Amérindiens. *Le huron ne se parle pratiquement plus.*

****hurrah*** interj. et n. m. ⇒ **hourra.**

****husky*** ['ɔske] n. m. ■ Anglic. Chien originaire de l'Arctique, d'assez grande taille, très robuste, aux yeux pâles, utilisé pour la traction des traîneaux. ⇒ chien **esquimau, samoyède.** *Des huskies.* — En appos. *Chien husky.* — Au plur. *Les huskies,* cette race de chiens.

****hussard*** ['ysaʀ] n. m. **1.** Autrefois, soldat de la cavalerie légère ; aujourd'hui, en France, soldat d'un régiment blindé. *Les régiments de hussards.* **2.** À LA HUSSARDE : brutalement, sans retenue ni délicatesse.

****hutte*** ['yt] n. f. ■ Abri rudimentaire, servant parfois d'habitation. ⇒ **cabane, case.** *Une hutte de paille, de branchages. Une hutte sur pilotis. Hutte de chasseur.*

hybride [ibʀid] adj. et n. m. **1.** (Plantes, animaux) Qui provient du croisement de variétés ou d'espèces différentes. *Animal hybride.* — N. m. *Le mulet est un hybride. Les hybrides ne sont pas féconds.* **2.** *Mots* *hybrides,* formés d'éléments empruntés à deux langues différentes (ex. : dans *hypertension, hyper* vient du grec, *tension* du latin). **3.** Composé de deux ou plusieurs éléments de nature, genre, style... différents. *Le centaure, créature hybride. Œuvre hybride.* ⇒ **composite.** *Solution hybride.* ⇒ **bâtard.** ▶ ***hybridation*** n. f. ■ Croisement naturel ou artificiel entre plantes ou animaux de variété ou d'espèce différente.

hydrangée [idʀɑ̃ʒe] n. f. ■ Arbrisseau ornemental, cultivé pour ses fleurs groupées en grosses boules ; ces fleurs. ⇒ **hortensia, quatre-saisons.** *Des hydrangées roses, blanches, bleues.*

hydrate [idʀat] n. m. **1.** Composé contenant une ou plusieurs molécules d'eau. *Hydrate de calcium.* **2.** HYDRATE DE CARBONE : composé organique constitué uniquement de carbone, d'hydrogène et d'oxygène. ⇒ **glucide.** ▶ ***hydrater*** v. tr. ▪ conjug. 1. **1.** Combiner avec de l'eau. *Hydrater de la chaux.* / contr. **déshydrater** / — Au p. p. adj. *De la magnésie hydratée.* **2.** Introduire de l'eau dans (l'organisme). — V. pron. réfl. Fam. *S'hydrater,* boire. ▶ ***hydratant, ante*** adj. et n. ■ Qui fixe l'eau, permet l'hydratation. *Substance hydratante.* — *Crème hydratante* (pour le visage). ▶ ***hydratation*** n. f. ■ Transformation en hydrate ; introduction d'eau dans l'organisme. / contr. **déshydratation** / ⟨ ▶ déshydrater ⟩

hydraulique [idʀolik] adj. et n. f. **I.** Adj. **1.** Mû par l'eau ; qui utilise l'énergie de l'eau. *Moteur hydraulique. Usine hydraulique. Presse hydraulique.* **2.** *Énergie hydraulique,* fournie par les chutes d'eau ⇒ **houille** blanche, les marées ⇒ **hydro-électrique, hydroélectricité.** **3.** Relatif à la circulation, la distribution de l'eau. *Installation hydraulique.* **II.** N. f. *L'hydraulique,* science et technique des liquides en mouvement.

hydravion [idʀavjɔ̃] n. m. ■ Avion spécialement construit pour décoller sur l'eau et y amerrir.

hydre [idʀ] n. f. ■ Dans la mythologie, les légendes. Serpent à plusieurs têtes. *L'hydre de Lerne.*

① ***hydr(o)-*** ■ Élément signifiant « eau ». ≠ *hygro-.* ⟨ ▶ hydrate, hydraulique, hydravion, hydrobase, hydrocéphale, hydrocution, hydrodynamique, hydro(-)électrique, hydrogène, hydroglisseur, hydrographie, hydrologie, hydrolyse, hydromassage, hydromel, hydrophile, hydrophobie, hydropisie, hydroponique, hydrostatique, hydrothérapie ⟩

② ***hydr(o)-*** ■ Élément signifiant « hydrogène ». ≠ *hygro-.* ⟨ ▶ hydrocarbure, hydroxyde ⟩

hydrobase [idʀobaz] n. f. ■ Plan d'eau où l'on retrouve les installations et les services indispensables au trafic des hydravions.

hydrocarbure [idʀokaʀbyʀ] n. m. ■ Composé combustible contenant seulement du carbone et de l'hydrogène. *Le pétrole, l'essence sont des hydrocarbures utilisés comme carburants.*

hydrocéphale [idʀosefal] adj. et n. ■ Qui est atteint d'un épanchement de sérosité à l'intérieur du cerveau. — N. *Les hydrocéphales ont un crâne anormalement gros.*

hydrocution [idʀo(ɔ)kysjɔ̃] n. f. ■ Syncope survenant lors d'un contact trop brutal avec l'eau froide, et pouvant entraîner la mort (comme l'électrocution).

hydrodynamique [idʀodinamik] n. f. ■ Science qui étudie le mouvement des fluides.

hydro(-)électrique [idʀoelɛktʀik] adj. ■ Relatif à la production d'électricité par l'énergie hydraulique (chutes d'eau). *Énergie hydro-électrique.* ⇒ **hydroélectricité.** *Des aménagements, des barrages hydroélectriques.* ▶ ***hydro(-)électricité*** n. f. ■ Énergie électrique qui provient de la transformation de l'énergie hydraulique des rivières et des chutes d'eau. *L'hydroélectricité produite par la Manicouagan.*

hydrogène [idʀo(ɔ)ʒɛn] n. m. ■ Corps simple (symb. *H*), gaz incolore, inodore, sans saveur, le plus léger que l'on connaisse. *L'hydrogène existe à l'état naturel comme constituant de l'eau.* — *Hydrogène lourd,* isotope de l'hydrogène. — *Bombe à hydrogène* ou *bombe H.* ⇒ **thermonucléaire.** ▶ ***hydrogéné, ée*** adj. **1.** Combiné avec l'hydrogène. **2.** Qui contient de l'hydrogène.

hydroglisseur [idʀo(ɔ)glisœʀ] n. m. ■ Bateau à fond plat mû par une hélice aérienne ou un moteur à réaction. ≠ *aéroglisseur.*

hydrographie [idʀo(ɔ)gʀafi] n. f. **1.** Partie de la géographie physique qui traite des océans ⇒ **océanographie,** des mers, des lacs et des cours d'eau. — Topographie maritime. **2.** Ensemble des cours d'eau et des étendues d'eau d'une région. ⇒ **réseau** hydrographique. *Décrire l'hydrographie du Nord québécois.*

hydrologie [idʀo(ɔ)lɔʒi] n. f. ■ Étude des eaux, de leurs propriétés.

hydrolyse [idʀo(ɔ)liz] n. f. ■ Décomposition chimique d'un corps sous l'action de l'eau, dont il fixe les éléments en se dédoublant (il *s'hydrolyse*).

hydromassage [idʀo(ɔ)masaʒ] n. m. ■ Massage corporel effectué par l'intermédiaire de l'eau. *Baignoire d'hydromassage,* à remous. ⇒ **bain** tourbillon.

hydromel [idʀo(ɔ)mɛl] n. m. ■ Boisson faite d'eau et de miel, qui se consomme fraîche ou fermentée. *L'hydromel, boisson des dieux de l'Olympe.*

hydrophile [idʀo(ɔ)fil] adj. ■ (Choses) Qui absorbe l'eau, ou tout autre liquide. *Coton, ouate hydrophile,* servant en chirurgie et pour l'hygiène courante.

hydrophobie [idʀo(ɔ)fɔbi] n. f. ■ Peur morbide de l'eau. *Il fait de l'hydrophobie.* ▶ ***hydrophobe*** n. et adj. ■ Personne qui souffre d'hydrophobie.

hydropisie [idʀo(ɔ)pizi] n. f. ■ Épanchement de sérosité dans une cavité naturelle du corps (spécialt l'abdomen) ou entre les éléments du tissu conjonctif. *Visage bouffi par l'hydropisie.* ▶ ***hydropique*** adj. ■ Atteint d'hydropisie. — N. *Un hydropique.*

hydroponique [idʀo(ɔ)pɔnik] adj. ■ *Culture hydroponique,* qui permet aux plantes d'être irriguées par des solutions nutritives renouvelables, sans le support d'un sol ferme nourricier. *La culture hydroponique des tomates.*

hydrostatique [idʀo(ɔ)statik] n. f. et adj. **1.** N. f. Partie de la mécanique qui étudie l'équilibre et la pression des liquides. **2.** Adj. Relatif à l'hydrostatique.

hydrothérapie [idʀo(ɔ)teʀapi] n. f. ■ Emploi thérapeutique de l'eau. — Traitement par usage externe de l'eau (bains, douches, etc.). *Cure d'hydrothérapie.* ⇒ **thalassothérapie.** ▶ ***hydrothérapique*** adj.

hydroxyde [idʀɔksid] n. m. ■ Composé chimique dérivé de l'eau mais où l'hydrogène est remplacé par des ions positifs.

*[*]****hyène*** [jɛn; 'jɛn] n. f. ■ Mammifère carnassier d'Afrique et d'Asie, à pelage gris ou fauve se nourrissant surtout de charognes. *Des cris de hyène. L'hyène* ou *la hyène.*

hygiène [iʒjɛn] n. f. ■ Ensemble des principes et des pratiques tendant à préserver, à améliorer la santé.

Articles d'hygiène. Hygiène corporelle. ⇒ **propreté.** *Manquer d'hygiène. Hygiène publique,* ensemble des moyens mis en œuvre par l'État pour sauvegarder la santé publique. *Mesures d'hygiène collectives.* — *Hygiène alimentaire,* pour une alimentation saine. ⇒ **diététique.** ▶ ***hygiénique*** adj. **1.** Qui a rapport à l'hygiène. — Par euphém. *Papier, seau, serviette hygiénique.* **2.** Qui est conforme à l'hygiène, favorable à la santé. ⇒ **sain.** *Promenade hygiénique.* ▶ ***hygiéniste*** n. et adj. ■ Spécialiste des questions d'hygiène. *Une hygiéniste dentaire,* l'assistante d'un dentiste qui prodigue des soins dentaires de base. — Adj. *Elle est hygiéniste à Montréal.*

hygro- ■ Préfixe savant signifiant « humide ». ≠ *hydro-*. ▶ ***hygrométrie*** [igʀo(ɔ)metʀi] n. f. ■ Partie de la météorologie qui a pour objet de déterminer le degré d'humidité de l'atmosphère. — Cette humidité. ▶ ***hygrométrique*** adj. ■ *Degré hygrométrique.*

hymen n. m. ■ En anatomie. Membrane qui obstrue partiellement l'orifice vaginal, chez la vierge.

hymén(o)- ■ Préfixe savant signifiant « membrane ». ▶ ***hyménoptères*** [imenɔptɛʀ] n. m. pl. ■ Ordre d'insectes caractérisés par quatre ailes membraneuses transparentes (ex : *abeilles*). — Au sing. *Un hyménoptère.* — Adj. *Insecte hyménoptère.*

hymne [imn] n. **1.** N. f. Dans la tradition chrétienne. Chant à la louange de Dieu. ⇒ **cantique, psaume.** *Chanter une hymne.* **2.** N. m. Chant, poème lyrique exprimant la joie, l'enthousiasme, célébrant une personne, une chose. *Composer un hymne à la gloire d'un héros. Hymne à la nature, à l'amour.* — Chant solennel en l'honneur de la patrie, de ses défenseurs. *« Ô Canada » est l'hymne national canadien.*

hyper- ■ Préfixe savant qui exprime l'exagération, l'excès, le plus haut degré (ex. : *hyperémotivité,* n. f.), très grande émotivité ; *hypersécrétion,* n. f.). ⇒ **super-.** / contr. **hypo-** / ⟨ ▶ hyperacidité, ①, ② hyperbole, hyperglycémie, hypermétrope, hypernerveux, hypersensibilité, hypertension, hypertrophie, hypervitaminose ⟩

hyperacidité [ipɛʀasidite] n. f. ■ Acidité excessive, notamment du suc gastrique.

① ***hyperbole*** [ipɛʀbɔl] n. f. ■ Figure de style qui consiste à mettre en relief une idée au moyen d'une expression qui la dépasse. ⇒ **exagération.** / contr. **litote** / *Dire « une fille sensationnelle » pour « une fille très bien » est une hyperbole.* ▶ ***hyperbolique*** adj. ■ Caractérisé par l'hyperbole. *Style hyperbolique. Louanges hyperboliques.* ⇒ **exagéré.**

② ***hyperbole*** n. f. ■ Courbe géométrique formée par l'ensemble des points d'un plan dont la différence des distances à deux points fixes de ce plan (foyers) est constante. ≠ *parabole.*

hyperglycémie [ipɛʀglisemi] n. f. ■ Excès de sucre dans le sang. / contr. **hypoglycémie** /

hypermétrope [ipɛʀmetʀɔp] adj. et n. ■ Qui ne distingue pas avec netteté les objets rapprochés (opposé à *myope*). ⇒ **presbyte.** — N. *Un, une hypermétrope.* ▶ ***hypermétropie*** n. f. ■ Anomalie de la vision, due à un défaut du globe oculaire, qui fait que l'image se forme en arrière de la rétine (opposé à *myopie*).

hypernerveux, euse [ipɛʀnɛʀvø, øz] adj. et n. ■ D'une nervosité excessive, pathologique. — N. *C'est un hypernerveux.*

hypersensibilité [ipɛʀsɑ̃sibilite] n. f. ■ Sensibilité exagérée. ▶ ***hypersensible*** adj. et n. ■ D'une sensibilité extrême, exagérée. *Cet enfant est hypersensible.*

hypertension [ipɛʀtɑ̃sjɔ̃] n. f. ■ Tension supérieure à la normale ; augmentation de la tension. *Hypertension artérielle. Avoir, faire de l'hypertension.* / contr. **hypotension** / ▶ ***hypertendu, ue*** adj. ■ Qui souffre d'hypertension. — N. *Un, une hypertendu(e).*

hypertrophie [ipɛʀtʀɔfi] n. f. **1.** Augmentation de volume d'un organe avec ou sans altération anatomique. / contr. **atrophie** / *Hypertrophie du cœur.* **2.** Abstrait. Développement excessif, anormal. ⇒ **exagération.** *Hypertrophie du moi.* ▶ ***hypertrophier*** v. tr. ▪ conjug. 7. ■ Produire l'hypertrophie de. — Pronominalement. Se développer exagérément. *Organe qui s'hypertrophie.* — Au p. p. adj. *Organe hypertrophié.* / contr. **atrophier** / — Abstrait. *Une sensibilité hypertrophiée.* ▶ ***hypertrophique*** adj.

hypervitaminose [ipɛʀvitaminoz] n. f. ■ Troubles provoqués dans l'organisme par l'ingestion excessive d'aliments vitaminés. / contr. **hypovitaminose** /

hypn(o)- ■ Élément savant signifiant « sommeil ». ▶ ***hypnose*** [ipnoz] n. f. ■ Sommeil incomplet, provoqué par des manœuvres de suggestion ⇒ **hypnotisme, magnétisme,** ou des moyens chimiques ⇒ **narcose, somnambulisme.** *Être sous hypnose, en état d'hypnose.* ▶ ***hypnotique*** adj. **1.** Qui provoque l'hypnose. ⇒ **narcotique.** — N. m. *Un hypnotique,* un médicament hypnotique. **2.** Qui a rapport à l'hypnose, à l'hypnotisme. *État hypnotique. Transe hypnotique.* ▶ ***hypnotiser*** v. tr. ▪ conjug. 1. **1.** (Suj. personne ou animal) Endormir (qqn) par hypnotisme. **2.** Éblouir, fasciner. — Au passif. *Être hypnotisé par qqn, par sa personnalité.* — Pronominalement. *S'hypnotiser sur une chose,* être comme fasciné par elle. ▶ ***hypnotiseur, euse*** n. ■ Personne qui hypnotise. — En appos. *Guérisseur hypnotiseur.* ▶ ***hypnotisme*** n. m. ■ Ensemble des procédés (surtout psychologiques) mis en œuvre pour déclencher les phénomènes d'hypnose. *Séance d'hypnotisme.* — Science qui traite des phénomènes hypnotiques. ▶ ***hypnothérapie*** n. f. ■ Technique qui consiste à soigner par l'hypnose. ▶ ***hypnothérapeute*** n. ■ Personne qui pratique l'hypnothérapie.

hyp(o)- ■ Préfixe savant qui signifie « au-dessous », « au-dessous de la normale », « insuffisamment » (ex. : *hypocalorique,* adj., aible en calories ; *hypo-sécrétion,* n. f.). / contr. **hyper-** / ≠ *hipp(o)-*. ⟨ ▶ hypodermique, hypoglycémie, hypophyse, hypotension, hypoténuse, hypovitaminose ⟩

hypocondrie [ipo(ɔ)kɔ̃dʀi] n. f. ■ Vx. Anxiété habituelle et excessive à propos de sa santé. ▶ ***hypocondriaque*** adj. et n. ■ Qui est atteint d'hypocondrie, a constamment peur d'être malade. — N. *Un hypocondriaque,* un malade imaginaire.

hypocrisie [ipɔkʀizi] n. f. **1.** Le fait de déguiser son véritable caractère, d'exprimer des opinions, des sentiments qu'on n'a pas. ⇒ **dissimulation, duplicité, fausseté, fourberie.** *Ces gens sont d'une hypocrisie révoltante.* **2.** Caractère de ce qui est hypocrite. *L'hypocrisie du procédé. L'hypocrisie de son regard.* **3.** Acte, manifestation hypocrite. ⇒ **comédie, mensonge, simagrée.** *Tout cela est pure hypocrisie.*

hypocrite [ipɔkʀit] n. et adj. **I.** N. Personne qui a de l'hypocrisie, qui dissimule ou déguise ses sentiments. ⇒ **fourbe.** *Faire l'hypocrite. Quel hypocrite, il ne pense pas un mot de ce qu'il dit !* **II.** Adj. (Personnes) Qui se comporte avec hypocrisie. ⇒ **dissimulé, faux, menteur, sournois.** / contr. ③ **franc, sincère** / *Homme hypocrite. Elle est très hypocrite.* — (Choses) *Sourire, ton hypocrite. Louanges hypocrites.* ▶ ***hypocritement*** adv. ■ D'une manière hypocrite. ⟨ ▶ hypocrisie ⟩

hypodermique [ipo(ɔ)dɛʀmik] adj. ■ Qui concerne le tissu sous-cutané. *Piqûre hypodermique,* faite sous la peau. *Seringue hypodermique.*

hypogée [ipɔʒe] n. m. ■ Didact. Sépulture souterraine. *Un hypogée égyptien.*

hypoglycémie [ipoglisemi] n. f. ■ Diminution ou insuffisance du taux de glucose (sucre) du sang. / contr. **hyperglycémie** /

hypophyse [ipɔfiz] n. f. ■ Glande endocrine située à la base du crâne. *L'hypophyse sécrète plusieurs hormones.* ▶ ***hypophysaire*** adj. ■ De l'hypophyse. *Hormones hypophysaires.*

hypotension [ipotɑ̃sjɔ̃] n. f. ■ Tension artérielle inférieure à la normale ; diminution de la tension. / contr. **hypertension** / *Elle est sujette à l'hypotension.* ▶ ***hypotendu, ue*** adj. et n. ■ Qui a une tension artérielle insuffisante. — N. *Un, une hypotendu(e).*

hypoténuse [ipɔtenyz] n. f. ■ Le côté opposé à l'angle droit, dans un triangle rectangle. *Le carré de l'hypoténuse est égal à la somme des carrés des deux autres côtés* (théorème de Pythagore).

hypothèque [ipɔtɛk] n. f. **1.** Droit accordé à un créancier sur un bien immeuble (maison, terrain...) en garantie d'une dette, sans que le propriétaire perde sa propriété. ⇒ **gage, garantie.** *Prêter sur hypothèque* (l'hypothèque servant de garantie). *Grever un immeuble d'une hypothèque. Emprunter en deuxième hypothèque.* **2.** Obstacle, difficulté qui entrave ou empêche l'accomplissement de qqch. *L'hypothèque qui pèse sur les relations entre deux pays. Lever l'hypothèque.* ▶ ***hypothécable*** adj. ■ Qui peut être hypothéqué. *Les biens hypothécables.* ▶ ***hypothécaire*** adj. ■ Relatif à l'hypothèque. *Garantie hypothécaire. Prêts hypothécaires.* ▶ ***hypothéquer*** [ipɔteke] v. tr. ▪ conjug. 6. **1.** Mettre une hypothèque sur (une maison, un terrain) pour recevoir un prêt. *Hypothéquer un immeuble.* — Au p. p. adj. *Maison, terrains hypothéqués.* — Garantir par une hypothèque. *Hypothéquer une créance.* **2.** *Hypothéquer l'avenir,* s'engager, se lier par un acte qui compromet l'avenir.

hypothèse [ipɔtɛz] n. f. **I.** En sciences. **1.** Proposition admise comme donnée d'un problème, ou pour la démonstration d'un théorème (⇒ **axiome, postulat).** *Le segment AB étant par hypothèse égal à BC...* **2.** Proposition relative à l'explication de phénomènes naturels et qui doit être vérifiée par la déduction ou l'expérience. ⇒ **conjecture.** *Hypothèse expérimentale. Vérifier la validité d'une hypothèse.* **II.** Ce qu'on suppose concernant l'explication ou la possibilité d'un événement. ⇒ **supposition.** *Émettre, énoncer, faire une hypothèse. Envisager l'hypothèse,* l'éventualité. *Nous en sommes réduits aux hypothèses. En toute hypothèse,* en tout cas. *Par hypothèse,* par définition. *Il est par hypothèse opposé à tout changement. Dans l'hypothèse où tu ne pourrais pas venir,* dans le cas où, en supposant que... ▶ ***hypothétique*** [ipɔtetik] adj. **1.** Qui repose sur une hypothèse, n'existe qu'à l'état d'hypothèse. *Cas hypothétique.* ⇒ **supposé. 2.** Qui n'est pas certain. ⇒ **douteux, éventuel, incertain, problématique.** / contr. **assuré, sûr** / *Un héritage hypothétique.* ▶ ***hypothétiquement*** adv.

hypovitaminose [ipovitaminoz] n. f. ■ Carence d'une ou plusieurs vitamines associées. ⇒ **avitaminose.** / contr. **hypervitaminose** /

hysope [izɔp] n. f. ■ Arbrisseau vivace à feuilles persistantes, à fleurs bleues. *L'arôme de l'hysope. Une infusion d'hysope.*

hystérectomie [isteʀɛktɔmi] n. f. ■ Ablation (totale ou partielle) de l'utérus. ⇒ fam. grande **opération.**

hystérie [isteʀi] n. f. **1.** En médecine. Névrose qui se traduit par des troubles organiques (sans lésion véritable) et des manifestations d'angoisse, de délires, etc. *Freud a beaucoup travaillé sur l'hystérie. Crise d'hystérie.* **2.** Cour. Comportement violent d'une personne qui ne peut plus se contrôler (cris, pleurs, etc.) ; excitation extrême. *Hystérie collective. — C'est de l'hystérie !* ⇒ **folie, rage.** ▶ ***hystérique*** adj. et n. **1.** Atteint d'hystérie. — Relatif à l'hystérie. *Troubles d'origine hystérique.* — N. *Un, une hystérique.* **2.** Qui est dans un état d'hystérie (2). *Cette musique le rend hystérique.* ⇒ **énervé, surexcité.** — *Rires, cris, gesticulations hystériques.*

i

i [i] n. m. invar. ■ Neuvième lettre (I, i), troisième voyelle de l'alphabet. *L'i (*ou *le i) minuscule est toujours surmonté d'un point.* I *tréma (ï). Le i grec.* ⇒ ① **y.** — Loc. *Mettre les points sur les i,* s'expliquer nettement, clairement. ⇒ **t.** *Se tenir droit comme un* I, très droit. — *I,* chiffre romain signifiant 1.

I.A. [ia] n. f. invar. ■ Abréviation de *intelligence* artificielle. Les informaticiens et les linguistes font beaucoup de recherches en I.A.*

iambe [jɑ̃b] n. m. ■ Dans la poésie antique. Pied de deux syllabes, la première brève, la seconde longue. — Vers grec ou latin, dont certains pieds étaient des iambes. — REM. Ce mot s'est aussi écrit *ïambe.*

ibérique [ibeʀik] adj. ■ Relatif à l'Espagne et au Portugal. ⇒ **hispanique, lusitanien.** *La péninsule Ibérique.*

ibidem [ibidɛm] adv. ■ Dans le même ouvrage, dans le même passage (abrév. *ibid., ib.*). *Remplacer par « ibidem » le titre d'un ouvrage déjà cité.* ≠ *idem.*

ibis [ibis] n. m. invar. ■ Oiseau échassier des régions d'Afrique et d'Amérique, à bec long, mince et arqué.

ibiscus n. m. ⇒ **hibiscus.**

iceberg [ajsbɛʀg ; isbɛʀg] n. **1.** N. m. Masse de glace flottante, détachée de la banquise ou d'un glacier polaire. *Des icebergs. Être gelé comme un iceberg.* — Loc. *La partie cachée de l'iceberg, la pointe de l'iceberg,* ce qui est caché et plus important que la partie visible d'une chose. **2.** N. f. En appos. *Laitue iceberg* ou *iceberg,* laitue pommée.

ichtyologie [iktjɔlɔʒi] n. f. ■ Partie de la zoologie qui traite des poissons. ▸ ***ichtyologiste*** n. ■ Spécialiste de l'ichtyologie.

ici [isi] adv. **I. 1.** Dans le lieu où se trouve la personne qui parle (opposé à *là, là-bas*). *On est bien ici. Vous êtes ici chez vous. Il fait plus frais ici qu'à Paris.* — À cet endroit. *Veuillez signer ici.* — D'ICI : de ce lieu, de ce pays. *Sortez d'ici ! Vous n'êtes pas d'ici ?,* de ce pays ? — Loc. *Je vois cela (ça) d'ici,* j'imagine la chose. — PAR ICI : par cet endroit, dans cette direction. *Par ici la sortie.* Dans les environs, dans ce pays. *Elle habite par ici.* **2.** ICI-BAS loc. adv. : dans ce bas monde ; sur la terre (par opposition à *là-haut,* désignant le paradis). / contr. **au-delà** / **3.** À l'endroit où l'on se trouve, que l'on désigne, dans un discours, un écrit. *Je me sers ici de ce mot.* **4.** ICI(-)DEDANS loc. adv. : dans, à l'intérieur. *Je ne veux voir personne ici-dedans.* Fam. (Avec *dans* + compl.) *Elle a serré son livre ici-dedans dans la bibliothèque.* **II.** Adv. de temps. *Jusqu'ici,* jusqu'à présent. *Jusqu'ici, vous n'avez fait aucune erreur.* — D'ICI : marquant le point de départ dans le temps. *D'ici (à) demain. D'ici peu,* dans peu de temps. ⇒ **bientôt.** — REM. La variante *icitte* [isit] est fréquente et elle appartient au registre familier. *Icite* est vieilli. ‹ ▸ ceci, celui-ci, ① ci, revoici, voici ›

icône [ikon] n. f. ■ Dans l'Église d'Orient. Peinture religieuse exécutée sur un panneau de bois. *Icônes (icones) byzantines, russes.* ▸ ***iconoclaste*** n. et adj. ■ Personne qui interdit ou détruit les images saintes, les œuvres d'art. — Par ext. Personne qui dénonce le culte de la personnalité sous un régime, dans un parti. ▸ ***iconographie*** n. f. ■ Étude des représentations figurées d'un sujet (personnage célèbre, époque, religion, etc.) ; ces représentations. *L'iconographie de Jeanne d'Arc, de la Révolution française.* — Ensemble d'images dans un livre. *L'iconographie d'un livre d'art.* ▸ ***iconographique*** adj. ■ Relatif à l'iconographie. *Documents iconographiques.*

ictère [iktɛʀ] n. m. ■ Coloration jaune de la peau et des muqueuses, qui révèle la présence de pigments biliaires dans les tissus. ⇒ **jaunisse.**

① ***idéal, ale, als*** ou ***aux*** [ideal, o] adj. **1.** Qui est conçu et représenté dans l'esprit sans être ou pouvoir être perçu par les sens. / contr. **réel** / *Les objets idéaux de la géométrie. Un monde idéal.* **2.** Qui atteint toute la perfection que l'on peut concevoir ou souhaiter. ⇒ **absolu.** *La beauté idéale.* **3.** Parfait en son genre. *C'est un mari idéal, la femme idéale.* ⇒ **rêvé.** *C'est la solution idéale.* ▸ ***idéalement*** adv. ■ D'une manière idéale. *Idéalement, je préférerais prendre l'avion.* ⇒ **préférablement.**

② ***idéal, als*** ou ***aux*** n. m. **1.** Ce qu'on se représente ou se propose comme type parfait ou modèle absolu dans l'ordre pratique, esthétique ou intellectuel. *Un idéal esthétique, politique. Chercher à réaliser son idéal, un idéal. Ne pas avoir d'idéal. Les idéaux (idéals) d'une époque.* — Personne qui est le modèle d'un genre. *Cet homme est un idéal de droiture.* ⇒ **modèle. 2.** L'IDÉAL : ce qui donnerait une parfaite satisfaction aux aspirations du cœur ou de l'esprit. / contr. **réalité** / — Loc. *Dans l'idéal,* sans tenir compte de la réalité, des difficultés matérielles. ⇒ **idéalement.** *Dans l'idéal, votre programme est séduisant.* — *L'idéal, ce serait de* (+ infinitif), *que* (+ subjonctif) : ce qu'il y aurait de mieux, ce serait... ▸ ***idéaliser*** v. tr. ■ conjug. 1. ■ Revêtir d'un caractère idéal. *Cette peintre a idéalisé son modèle.* ▸ ***idéalisation*** n. f. ■ Action d'idéaliser ; résultat de cette action. *L'idéalisation d'un personnage historique.*

idéalisme [idealism] n. m. **1.** Système philosophique qui ramène l'être à la pensée, et les choses à l'esprit. **2.** Attitude d'esprit ou forme de caractère qui pousse à faire une large place à l'idéal, au sentiment. / contr. **réalisme** / ▸ ***idéaliste*** adj. et n. ■ Propre à l'idéalisme, attaché à l'idéalisme. / contr. **réaliste** / *Ce sont des vues idéalistes.* — N. *C'est un idéaliste,* un rêveur.

idée [ide] n. f. **I. 1.** Représentation abstraite et générale d'un être, d'une manière d'être, ou d'un rapport *(idée générale).* ⇒ **concept, notion.** *L'idée de nombre, d'étendue.* **2.** Toute représentation élaborée par la pensée correspondant à un mot ou à une phrase (qu'il existe ou non un objet qui lui corresponde). *Une idée claire, juste. Avoir des idées fausses. Suivre, perdre le fil de ses idées. Sauter d'une idée à l'autre. Avoir des idées noires,* être triste. *Une idée fixe**. — *À l'idée de se retrouver seul, qu'il se retrouverait seul,* quand il pensait qu'il se retrouverait seul. **3.** Vue élémentaire, approximative. ⇒ **aperçu.** *Pour vous en donner une idée. Je n'en ai aucune idée, pas la moindre idée. On n'a pas idée (de cela),* ce n'est pas imaginable, c'est fou. *Quelle idée !* (même sens). — *J'ai idée que,* il me semble que. *J'ai idée qu'elle reviendra vite.* **4.** Conception imaginaire, fausse ou irréalisable. ⇒ **chimère, rêve.** *Se faire des idées,* s'imaginer qqch. — *La visite du musée lui donnait des idées,* excitait son imagination. **5.** Vue, plus ou moins originale, que l'intelligence élabore dans le domaine de la connaissance, de l'action ou de la création artistique. ⇒ **projet, plan ;** fam. **patente.** *Il me vient une idée. C'est une bonne, une heureuse idée. J'ai changé d'idée. C'est toi qui as lancé cette idée.* — *L'idée directrice, l'idée centrale d'un texte.* — Au plur. Pensées neuves, fortes, heureuses. *Un ouvrage plein d'idées.* **6.** Façon particulière de se représenter le réel, de voir les choses. ⇒ **opinion.** *J'ai mon idée sur la question. Juger, agir à son idée,* sans s'occuper de l'opinion d'autrui. *Une idée reçue,* une opinion courante, un préjugé. — Au plur. Ensemble des opinions (d'une personne, d'un groupe). ⇒ **théorie.** *Cela n'est pas dans mes idées. Idées politiques. Elle a des idées avancées. Avoir des idées étroites, larges.* — Absolt. *Les idées,* spéculations touchant aux plus hauts problèmes. *L'histoire des idées. Ce sont les idées qui mènent le monde.* **II.** L'IDÉE : l'esprit qui élabore les idées (opposé à *fait*). Loc. *J'ai dans l'idée qu'il ne viendra pas,* dans l'esprit. *On ne m'ôtera pas ça de l'idée.* **III.** Dans la philosophie de Platon. Essence éternelle qui rend les choses intelligibles. ▸ ***idée-force*** n. f. ■ Idée principale, base d'un raisonnement, fondement d'une action. *Identifier les idées-forces d'un texte.* ⟨ ▸ ① idéal, ② idéal, idéalisme, idéo- ⟩

idem [idɛm] adv. ■ (Êtres, objets) Le même. S'emploie généralement (abrév. *id.*) pour éviter la répétition d'un nom, d'une référence. ≠ *ibidem.*

identifier [idɑ̃tifje] v. tr. • conjug. 7. **1.** Considérer comme identique, comme assimilable à autre chose ou comme ne faisant qu'un (avec qqch.). ⇒ **assimiler, confondre.** / contr. **différencier** / *Identifier une chose avec une autre, à une autre, une chose et une autre.* **2.** Reconnaître, du point de vue de l'état civil. *On n'a pas encore pu identifier le cadavre, ces empreintes.* — Au p. p. adj. *Voleur identifié par la police.* **3.** Reconnaître comme appartenant à une espèce ou classe. *Je n'identifie pas cette plante. Un bruit étrange qu'elle n'arrivait pas à identifier.* **4.** S'IDENTIFIER v. pron. : se faire ou devenir identique, se confondre, en pensée ou en fait. *Acteur qui s'identifie avec son personnage.* **5.** Fam. Se nommer, donner son identité. *Pourriez-vous vous identifier ?* — REM. L'emploi du sens 5 est critiqué. ▸ ***identifiable*** adj. ■ Qui peut être identifié. ▸ ***identification*** n. f. ■ Action d'identifier, de s'identifier. *L'identification d'un cadavre.* — *L'identification d'un lecteur à un personnage de roman.* — Fam. *Veuillez présenter une pièce d'identification,* d'identité.

identique [idɑ̃tik] adj. **1.** (Êtres, objets) Tout à fait semblable, mais distinct. ⇒ **pareil.** *Jumeaux identiques. Deux couteaux identiques.* / contr. **différent** / *Aboutir à des conclusions identiques.* **2.** Didact. *Identique à soi-même,* se dit de ce qui est unique, ou reste le même (⇒ **constant, permanent**). ▸ ***identiquement*** adv. ■ D'une manière identique. *Les deux événements se sont produits identiquement.* ⟨ ▸ identifier, identité ⟩

identité [idɑ̃tite] n. f. **I. 1.** Caractère de deux choses identiques. ⇒ **similitude** / contr. **différence** / — Relation entre deux termes identiques. **2.** Caractère de ce qui est un ⇒ **unité**, de ce qui demeure identique à soi-même. *Le problème de l'identité du moi.* **II.** Ce qui permet de reconnaître une personne parmi toutes les autres (état civil, signalement). *Établir, vérifier l'identité de qqn. Pièce, carte, photo d'identité.* ⇒ fam. **identification.** *Décliner son identité,* son nom, son prénom, son adresse, son statut. — *Identité judiciaire,* service de la police chargé de la recherche et de l'établissement de l'identité des malfaiteurs.

idéo- ■ Élément qui signifie « idée ». ▸ ***idéogramme*** [ideɔgʀam] n. m. ■ Signe graphique qui représente une idée et un mot. *Les écritures chinoise et japonaise comportent des idéogrammes.* ≠ *pictogramme.* ▸ ***idéographique*** adj. ■ Se dit d'une écriture, d'un système de signes à idéogrammes. ⇒ **hiéroglyphe.** ▸ ***idéologie*** n. f. ■ Ensemble des idées, des croyances et des doctrines propres à une époque, à une société ou à une classe. — Ensemble d'idées qui présentent une vision unifiée de la vie économique, politique, sociale et culturelle. ⇒ **doctrine.** *Le communisme, le socialisme sont des idéologies. L'idéologie pacifiste.* ▸ ***idéologique*** adj. ■ Relatif à l'idéologie. ▸ ***idéologue*** n. ■ Souvent péj. Personne qui prétend interpréter la réalité en fonction d'idées, de théories préconçues.

idiome [idjom] n. m. ■ Langue envisagée comme ensemble des moyens d'expression propres à une communauté. ≠ *dialecte.* ▸ ***idiomatique*** adj. ■ Propre à un idiome. *« À la bonne heure » est une expression idiomatique française.* ⇒ **idiotisme.** ▸ ***idiotisme*** n. m. ■ Forme, locution propre à une seule langue, intraduisible (gallicisme, anglicisme, italianisme...).

idiosyncrasie [idjosɛ̃kʀazi] n. f. ■ Didact. Caractère individuel, tempérament personnel. *L'idiosyncrasie d'un malade.*

idiot, idiote [idjo, idjɔt] adj. et n. **I.** Adj. Qui manque d'intelligence, de bon sens. ⇒ **bête, niaiseux, stupide ;** fam. ③ **cave.** *Il est complètement idiot.* — *Une réflexion idiote.* ⇒ **inepte.** *Un film idiot.* — Impers. *Ce serait idiot de refuser.* **II.** N. **1.** Personne sans intelligence. ⇒ **crétin, imbécile, niaiseux.** *Quel idiot !* — (Comme injure, sans contenu précis) *Pauvre idiot ! Espèce d'idiot ! Gang d'idiots. Faire l'idiot,* simuler la bêtise, la naïveté. *Ne fais pas l'idiot, tu as très bien compris.* — Agir de manière absurde. *Il a fait l'idiot en refusant le poste qu'on lui offrait.* **2.** Personne atteinte d'idiotie. *Un idiot congénital.* Fam. *L'idiot du village,* simple d'esprit, innocent. ▸ ***idiotement*** adv. ■ D'une façon idiote. *Ils ont agi idiotement. Rire idiotement.* ▸ ***idiotie*** [idjɔsi] n. f. **1.** Manque d'intelligence, de bon sens. ⇒ **niaiserie, stupidité.** *L'idiotie d'une personne, d'un film.* **2.** *(Une, des idioties)* Action, parole qui traduit un manque d'intelligence, de bon sens. ⇒ **absurdité, bêtise.** *Ne dites pas d'idioties ! Vous ne croyez pas à ces idioties ?* — Fam. Œuvre stupide. *Ne lisez pas cette idiotie.* **3.** Médecine. Insuffisance mentale, arriération très grave. ⇒ **crétinisme.**

idoine [idwan] adj. ■ Vx, littér. ou plaisant. Qui convient parfaitement, approprié. ⇒ **adéquat.** *Vous avez trouvé la personne idoine.*

idole [idɔl] n. f. **1.** Représentation d'une divinité (image, statue, totem...), qu'on adore comme si elle était la divinité elle-même. **2.** Personne ou chose qui est l'objet d'une adoration, d'une grande admiration. *Faire de qqn son idole. Une idole du hockey. — Les idoles des jeunes,* les chanteurs, artistes, etc., admirés du jeune public. ⇒ **vedette.** ▶ ***idolâtre*** [idɔlɑtʀ] adj. et n. **1.** Qui rend un culte divin aux idoles. *Les peuples idolâtres de l'Antiquité.* **2.** Littér. Qui voue une adoration (à qqn, à qqch.). *Il est idolâtre de sa femme.* ▶ ***idolâtrer*** v. tr. . conjug. 1. ■ Littér. Aimer avec passion en rendant une sorte de culte. ⇒ **adorer.** *Elle a toujours idolâtré ses enfants.* ▶ ***idolâtrie*** n. f. **1.** Culte rendu à l'image d'un dieu comme si elle était le dieu en personne. **2.** Amour passionné, admiration outrée. *Un culte de la personnalité qui va jusqu'à l'idolâtrie.*

I.D.S. [ideɛs] n. f. invar. ■ Abréviation de *initiative* de défense stratégique.*

idylle [idil] n. f. ■ Petite aventure amoureuse naïve et tendre. ⇒ **amourette.** *Leur idylle dura quelques mois.* ▶ ***idyllique*** adj. ■ Qui rappelle l'idylle par le décor champêtre, l'amour tendre, les sentiments idéalisés. *On nous a brossé un tableau idyllique de la vie dans ces îles.*

if [if] n. m. ■ Arbre (conifère) à fruits rouges, décoratifs. *Des ifs bien taillés. L'if du Canada.* ⇒ **buis.**

igloo ou ***iglou*** [iglu] n. m. ■ Vieilli. Habitation des Inuits, de forme circulaire, construite avec des blocs de glace ou de neige. *Des igloos ; des iglous.*

ignare [iɲaʀ] adj. et n. ■ Totalement ignorant. ⇒ **cabochon.** / contr. **instruit** / *Il est ignare en musique.* — N. *Quelle ignare !*

igné, ée [iɲe] adj. ■ Produit par l'action du feu. *Roches ignées.*

ignifuge [iɲifyʒ] adj. ■ Qui rend ininflammables les objets naturellement combustibles. *Une substance ignifuge.* — N. m. *Un ignifuge efficace.* ▶ ***ignifuger*** [iɲifyʒe] v. tr. . conjug. 3. ■ Rendre ininflammable.

ignition [iɲisjɔ̃] n. f. ■ Didact. État de ce qui est en feu. ⇒ **combustion.**

ignoble [iɲɔbl] adj. **1.** Vil, moralement bas. ⇒ **abject, crapuleux, infâme ;** fam. **charogne.** *Un ignoble individu. Une conduite ignoble.* **2.** D'une laideur affreuse ou d'une saleté repoussante. ⇒ **immonde, répugnant.** *Un taudis ignoble.* — Par ext. *Un temps ignoble,* affreux. ⇒ **épouvantable.** *Un acteur ignoble,* très mauvais. ▶ ***ignoblement*** adv.

ignominie [iɲɔmini] n. f. Littér. **1.** Déshonneur extrême causé par un outrage public, une peine, une action infamante. ⇒ **honte, infamie, opprobre.** / contr. **gloire, honneur** / *Il s'est couvert d'ignominie. Traîner qqn dans l'ignominie.* **2.** Caractère de ce qui déshonore. *L'ignominie d'une condamnation.* **3.** *(Une, des ignominies)* Action très honteuse. ⇒ **turpitude.** *Ils s'abaissent aux pires ignominies.* ▶ ***ignominieux, euse*** adj. ■ Littér. Qui apporte, cause de l'ignominie. ⇒ **déshonorant, honteux.** *Une condamnation ignominieuse.* ▶ ***ignominieusement*** adv. ■ Littér. D'une manière ignominieuse. *Mourir ignominieusement.*

ignorance [iɲɔʀɑ̃s] n. f. **1.** État de la personne qui ignore ; fait de ne pas connaître qqch. *L'ignorance de qqch. Ignorance crasse,* complète. *Dans l'ignorance où je suis de vos démarches.* — Défaut de connaissances. ⇒ **incompétence.** *Reconnaissez votre ignorance sur ce chapitre, en cette matière. Pécher par ignorance.* **2.** Manque d'instruction, de savoir, de culture générale. *Combattre l'ignorance. — (Une, des ignorances)* Manifestation d'ignorance. *Vous montrez de graves ignorances en anglais.* ⇒ **lacune.** *C'est une ignorance excusable.* ▶ ***ignorant, ante*** adj. et n. **1.** IGNORANT DE : qui n'a pas la connaissance d'une chose ; qui n'est pas informé (de). *Je suis encore ignorant des usages du pays.* — N. *Faire l'ignorant.* **2.** Qui manque de connaissance ou de pratique dans un certain domaine. ⇒ **ignare.** *Elle est ignorante en géographie.* **3.** Qui manque d'instruction, de savoir. ⇒ **inculte.** / contr. **instruit** / *Il est intelligent mais ignorant.* — N. *C'est un ignorant.*

ignorer [iɲɔʀe] v. tr. . conjug. 1. **1.** Ne pas connaître, ne pas savoir. *Nul n'est censé ignorer la loi. J'ignore tout de cette affaire. J'ignore les motifs de son silence. — Ignorer qqn,* le traiter comme si sa personne ne méritait aucune considération, comme s'il n'existait pas, n'était pas là. — Pronominalement. *C'est un chrétien qui s'ignore,* il est chrétien sans le savoir. — (Suivi d'une proposition) *Elle ignore qui je suis. J'ignorais si vous viendriez. Vous ignorez que c'est un de mes amis.* — (Suivi d'une proposition infinitive) Rare. *Il ignorait vous avoir fait tant de peine.* **2.** Ne pas avoir l'expérience de. *Un peuple qui ignore la guerre.* ▶ ***ignoré, ée*** adj. ■ Qui n'est pas su, connu. ⇒ **inconnu.** *Des faits ignorés. Vivre ignoré,* obscur. / contr. **célèbre** / *Elle souhaite que sa présence reste ignorée.* ⟨ ▶ ignorance ⟩

iguane [igwan] n. m. ■ Reptile saurien de l'Amérique tropicale, ayant l'aspect d'un grand lézard. *Les iguanes du Mexique.*

il, ils [il] pronom pers. m. — REM. Quand *ils* est placé devant le verbe, la liaison est obligatoire (ex. : *ils aiment* [ilzɛm]). **I. 1.** Pronom personnel masculin de la troisième personne, faisant fonction de sujet, représentant un nom masculin de personne ou de chose qui vient d'être exprimé ou qui va suivre. ⇒ **elle.** *Pierre cherche son foulard et il s'énerve. Sont-ils venus ?* — (Reprenant le nom en interrogation) *Ton frère part-il avec nous ?* — (Renforçant le nom) *Ton ami, il est en retard.* (Sert de pluriel commun pour représenter le masculin et le féminin) *Ton père et ta mère t'accompagneront-ils ?* **2.** *Ils,* désignant des personnes indéterminées (gouvernement, administration, riches, etc.). ⇒ **on.** *Ils vont augmenter les cigarettes.* **II.** Au sing. Sert à introduire les verbes impersonnels, et tous les verbes employés impersonnellement. *Il y a. Il a neigé. Il fait froid. Il était une fois. Il est arrivé bien des choses. Il se fait tard.* — Littér. *Il est vrai,* c'est vrai.

île [il] n. f. **1.** Étendue de terre ferme émergée d'une manière durable dans les eaux (⇒ **insulaire**). *Une île rocheuse. Un groupe d'îles.* ⇒ **archipel.** *Montréal est une île. L'île d'Orléans. Le pont de l'Île* (d'Orléans). *La ville de Sept-Îles. L'Île-du-Prince-Édouard,* cette province. *Les îles Mingan, les îles Britanniques, les îles Anglo-Normandes. Une île déserte,* inhabitée. (France) *L'île de la Cité, berceau de Paris.* ≠ *péninsule.* **2.** *Les Îles,* les Antilles. *Bois des Îles,* exotique. **3.** *Île flottante,* entremets composé de blancs d'œufs battus flottant sur de la crème. ▶ ***îlien, îlienne*** adj. et n. ■ Qui habite une île. ⇒ **insulaire.** ⟨ ▶ îlot, presqu'île ⟩

ilion [iljɔ̃] ou ***ilium*** [iljɔm] n. m. ■ Partie supérieure de l'os de la hanche. ▶ ***iliaque*** adj. ■ *Os iliaque,* os de la hanche.

illégal, ale, aux [i(l)legal, o] adj. ■ Qui est contraire à la loi. ⇒ **illicite, irrégulier.** / contr. **légal** / *Des mesures illégales.* ⇒ **arbitraire.** *Condamné pour exercice illégal de la médecine.* ▶ ***illégalement*** adv. ■ D'une manière contraire à la loi. ⇒ **irrégulièrement.**

Il est détenu illégalement. ▶ ***illégalité*** n. f. **1.** Caractère de ce qui est illégal. *L'illégalité d'une mesure administrative.* — *(Une, des illégalités)* Acte illégal. ⇒ **irrégularité.** *Il y a eu des illégalités dans ce procès.* **2.** Situation d'une personne qui contrevient à la loi. *Vivre dans l'illégalité* (⇒ **hors-la-loi**).

illégitime [i(l)leʒitim] adj. **1.** (Enfants) Né hors du mariage. ⇒ ① **naturel. 2.** Qui n'est pas conforme au droit moral, est injustifié. *Manœuvres, revendications illégitimes.* ⇒ **illégal, irrégulier.** / contr. **légitime** /

illettré, ée [i(l)lɛtʀe] adj. et n. ■ Qui est partiellement ou complètement incapable de lire et d'écrire. ⇒ **analphabète.** — N. *Un(e) illettré(e).* ▶ ***illettrisme*** n. m. ■ ⇒ **analphabétisme.**

illicite [i(l)lisit] adj. ■ Qui n'est pas licite, qui est défendu par la morale ou par la loi. ⇒ **illégal, interdit, prohibé.** *Des moyens illicites. Profits illicites.*

illico [i(l)liko] adv. ■ Fam. Sur-le-champ. ⇒ **aussitôt, immédiatement.** *Il faut revenir illico.* — Loc. *Illico presto* (même sens).

illimité, ée [i(l)limite] adj. **1.** Qui n'a pas de bornes, de limites visibles. ⇒ **immense, infini.** *Un pouvoir illimité. Sa fortune est illimitée. Grève générale illimitée.* **2.** Dont la grandeur n'est pas fixée. ⇒ **indéterminé.** *Pour une durée illimitée. Un nombre illimité de personnes.*

illisible [i(l)lizibl] adj. **1.** Qu'on ne peut lire, très difficile à lire. ⇒ **indéchiffrable.** *La signature est illisible.* **2.** Dont la lecture est insupportable. *C'est un ouvrage illisible.* — *Une composition illisible,* mal écrite, mal structurée. ⇒ **incompréhensible.**

illogique [i(l)lɔʒik] adj. ■ Littér. Qui n'est pas logique. *Un raisonnement illogique. C'est un peu illogique de sa part.* ⇒ **absurde, incohérent.** ▶ ***illogisme*** n. m. ■ Littér. Caractère de ce qui manque de logique. *L'illogisme de sa conduite.*

① ***illuminé, ée*** [i(l)lymine] n. ■ Mystique qui se croyait inspiré par Dieu. — Péj. Esprit chimérique qui ne doute pas de ses inspirations. ▶ ***illuminisme*** n. m. ■ Doctrine, mouvement des illuminés.

illuminer [i(l)lymine] v. tr. ▪ conjug. 1. **1.** Éclairer d'une vive lumière. *Éclair qui illumine le ciel.* — (Suj. personne) Orner de lumières (un monument, une rue) à l'occasion d'une fête. *On illuminait les rues toute la nuit.* **2.** Fig. Mettre un reflet, un éclat lumineux sur. *La joie illuminait son visage.* ▶ ***illumination*** n. f. **1.** Inspiration subite, lumière soudaine qui se fait dans l'esprit. ⇒ **idée, trait** de génie. *Avoir une illumination pour résoudre un problème.* **2.** Action d'éclairer, de baigner de lumière. *L'illumination d'un monument par des projecteurs. L'illumination de l'arbre de Noël.* — Au plur. Ensemble de lumières en vue d'une fête. *Les illuminations du Carnaval.* ▶ ② ***illuminé, ée*** adj. ■ Éclairé de nombreuses lumières. *Les avenues étaient illuminées. Une salle illuminée. Un arbre (de Noël) tout illuminé.*

illusion [i(l)lyzjɔ̃] n. f. **I. 1.** Interprétation fausse de ce que l'on perçoit (opposé à *vérité*). *Être victime d'une illusion.* — Loc. *Illusion d'optique,* provenant des lois de l'optique ⇒ **mirage** ; abstrait, erreur de point de vue. **2.** Apparence dépourvue de réalité. *Ce bouquet d'arbres donnait une illusion de fraîcheur.* **II.** Opinion fausse, croyance erronée qui trompe par son caractère séduisant. ⇒ **chimère, mirage, rêve, utopie.** *Ce sont des illusions généreuses. Les illusions de la jeunesse,* que cause la jeunesse, propres à la jeunesse. *Bercer qqn d'illusions. J'ai perdu mes illusions à son sujet. Tu as encore des illusions. Se faire des illusions,* se faire des idées. ⇒ s'**imaginer.** *Ne vous faites pas trop d'illusions !,* voyez les choses en face ; n'espérez pas trop. — Absolt. *L'être humain a besoin de l'illusion.* — FAIRE ILLUSION : donner l'impression trompeuse de la valeur, de la qualité. *Son modeste talent a fait quelque temps illusion.* ▶ ***s'illusionner*** v. pron. ▪ conjug. 1. ■ Se faire des illusions. ⇒ s'**abuser,** se **leurrer,** rêver en **couleurs.** *Vous vous illusionnez sur vos chances de succès.* ▶ ***illusionnisme*** n. m. ■ Art de créer l'illusion par des trucages, des tours de prestidigitation, etc. ⇒ **magie.** ▶ ***illusionniste*** n. ■ Personne qui pratique l'illusionnisme. ⇒ **magicien, prestidigitateur.** *Matériel d'illusionniste.* ▶ ***illusoire*** [i(l)lyzwaʀ] adj. ■ Qui peut faire illusion, mais ne repose sur rien de réel, de sérieux. ⇒ **chimérique,** ① **faux, trompeur, vain.** / contr. **vrai** / *Une sécurité illusoire.* ‹ ▶ désillusion ›

illustre [i(l)lystʀ] adj. ■ Qui est très connu, du fait d'un mérite ou de qualités extraordinaires. ⇒ **célèbre, fameux.** *Un écrivain, un savant, un général illustre. Un illustre joueur de hockey.* — Plaisant. *Un illustre inconnu.* ▶ ① ***illustrer*** v. tr. ▪ conjug. 1. ■ Littér. Rendre illustre, célèbre. *Illustrer son nom, sa famille.* — Pronominalement (réfl.). *S'illustrer par des conquêtes, par des découvertes, par des exploits. Il s'est illustré au hockey pendant les années soixante.* ⇒ se **distinguer.**

② ***illustrer*** [i(l)lystʀe] v. tr. ▪ conjug. 1. **1.** Orner de figures, d'images (un ouvrage). *Illustrer des livres d'enfants.* **2.** Rendre plus clair par des exemples. *Illustrer la définition d'un mot par des citations.* ▶ ***illustrateur, trice*** n. ■ Artiste spécialisé dans l'illustration (1). *L'illustratrice d'un livre d'enfants.* ▶ ***illustratif, ive*** adj. ■ Qui sert d'illustration, à l'illustration (2). *Un exemple illustratif.* ▶ ***illustration*** n. f. **1.** Figure (gravure, reproduction, etc.) illustrant un texte. *Un livre comprenant des illustrations en couleurs.* — (Sing. collectif) *Une abondante illustration.* ⇒ **iconographie. 2.** Action d'éclairer, d'illustrer (2) par des explications, des exemples. *Vous avez là l'illustration de nos idées.* ▶ ***illustré, ée*** adj. et n. m. **1.** Adj. Orné d'illustrations. *Un livre, un dictionnaire illustré. Une édition illustrée.* **2.** N. m. UN ILLUSTRÉ : périodique qui comporte de nombreuses illustrations (dessins, photographies, etc.) accompagnées de légendes. *Acheter un illustré.* — Journal, magazine, revue de bandes dessinées. ⇒ **B.D.** ; anglic. **comics.**

îlot [ilo] n. m. **1.** Très petite île. *Îlot dans un lac.* — REM. On trouve parfois les formes familières *îlet, îlette,* surtout dans les noms de lieux. **2.** Petit espace isolé. *Des îlots de verdure.* — Fig. Point isolé. *Des îlots de résistance.* **3.** Groupe d'habitations, d'immeubles isolés des autres constructions. *Démolir un îlot insalubre.*

image [imaʒ] n. f. **I.** Reproduction visuelle d'un objet réel. **1.** Reproduction inversée d'un objet qui se réfléchit. ⇒ **reflet.** *On voyait son image dans le miroir. Une image nette, trouble.* **2.** Reproduction d'un objet par l'intermédiaire d'un système optique. *Projection d'images réelles et renversées sur l'écran d'une chambre noire.* — Reproduction d'un objet par la photographie, le cinéma, la télévision. *L'image est très nette. Images en noir et blanc, en couleurs, en relief.* ⇒ **hologramme. 3.** Représentation (d'un objet) par les arts graphiques ou plastiques. ⇒ **dessin, figure, gravure, illustration.** *Livre d'images. Images pieuses, saintes. Images d'Épinal* (images naïves du XIXe siècle). — Loc. fam. *Sage comme une image,* se dit d'un enfant calme, posé. ⇒ **tranquille. II.** Fig. **1.** Reproduction ou représentation analogique (d'un être, d'une chose). *Il est l'image de son père.* ⇒ **portrait.** *Dieu créa l'être humain à son image.* ⇒ **ressemblance. 2.** Ce qui évoque une réalité. ⇒ **symbole.** *C'est l'image de la vie moderne. Elle donnait une image très sombre de la situation.* — Loc. *Image de marque,* symbole d'un produit, d'une firme, d'une personne ; représentation qu'on en a. *Une campagne de publicité avait amélioré son image de marque. Soigner son image (de marque).* **3.** Expression de l'abstrait par le concret, dans le langage écrit ou oral. ⇒ **comparaison, figure, métaphore.** *Une image neuve, banale. Cet écrivain s'exprime par des images.* **III. 1.** Reproduction mentale d'une perception (ou impression) antérieure, en l'absence de l'objet extérieur. *Image visuelle, auditive. Conserver, évoquer l'image d'un être.* ⇒ **souvenir. 2.** Produit de l'imagination, du rêve. *Il se faisait une image fantaisiste du réel.* ▶ ***imagé, ée*** adj. ■ (Style) Orné d'images, de métaphores. *Un langage, un récit imagé.* ⇒ **figuré.** ▶ ***imagerie*** n. f. ■ Ensemble d'images de même origine, ou de même inspiration, caractéristiques d'un genre, d'une époque. *L'imagerie populaire, d'Épinal.* ‹ ▶ imaginable, imaginaire, imagination, imaginer, inimaginable ›

imaginable adj. ⇒ **imaginer.**

imaginaire [imaʒinɛʀ] adj. et n. m. **1.** Qui n'existe que dans l'imagination, qui est sans réalité (opposé à *vrai*). ⇒ **irréel ; fictif, légendaire, mythique.** / contr. **réel** / *Les êtres imaginaires qu'un romancier fait venir d'autres planètes. Un monstre imaginaire.* ⇒ **fabuleux.** — Mathématiques. (Opposé à *réel*) *Partie imaginaire d'un nombre complexe.* **2.** Qui n'est tel que dans sa propre imagination. *Un malade imaginaire.* **3.** N. m. Domaine de l'imagination. *Préférer l'imaginaire au réel. Les inventions de l'imaginaire.*

imagination [imaʒinasjɔ̃] n. f. **I.** (L'IMAGINATION) **1.** Faculté que possède l'esprit de se représenter des images, ou d'évoquer les images d'objets déjà perçus. *Cela a frappé son imagination.* **2.** Faculté de former des images d'objets qu'on n'a pas perçus ou de faire des combinaisons nouvelles d'images ou d'idées (opposé à *réalité*). *L'imagination créatrice. L'imagination déforme la réalité. Une imagination débordante, vagabonde. S'abandonner à son imagination. L'imagination d'une romancière.* — *Cela n'existe que dans votre imagination,* dans l'imaginaire. — *Avoir de l'imagination,* être capable de susciter facilement l'image de ce qu'on ne connaît pas, et notamment de se représenter des situations possibles, mais non connues. *Vous manquez totalement d'imagination.* **II.** (UNE, DES IMAGINATIONS) Littér. Ce que qqn imagine ; chose imaginaire ou imaginée. ⇒ **chimère, illusion, mirage, rêve.** *Vous êtes le jouet de vos imaginations. Cela dépasse toute imagination,* tout ce qui peut être imaginé à ce sujet.

imaginer [imaʒine] v. tr. ▪ conjug. 1. **I. 1.** Se représenter dans l'esprit. ⇒ **concevoir.** *J'imagine très bien la scène. Vous ne pouvez imaginer à quel point j'ai été déçu. Qu'allez-vous donc imaginer ?* ⇒ **chercher, penser.** — IMAGINER QUE. ⇒ **supposer.** *Nous n'imaginions pas que nous puissions être séparés.* — (En incise) *J'imagine,* je pense, je suppose. *Vous avez, j'imagine, beaucoup de choses à nous raconter.* **2.** Inventer. *Elle a imaginé un moyen d'en sortir.* ⇒ **concocter.** — Au p. p. adj. *Histoire imaginée* (opposé à *véritable*). — *Imaginer de* (+ infinitif), avoir l'idée de. **II.** S'IMAGINER v. pron. **1.** Se représenter, concevoir. ⇒ se **figurer.** *Je me l'imaginais autrement.* **2.** Croire à tort. *Ils s'imaginent qu'ils sont les plus forts. Elle s'était imaginé avoir tout compris.* ▶ ***imaginable*** adj. ■ Que l'on peut imaginer, concevoir. ⇒ **concevable, envisageable.** *C'est une solution difficilement imaginable.* — (Avec *tous* et un plur.) *Elle a utilisé tous les moyens possibles et imaginables.* / contr. **inimaginable** / ▶ ***imaginatif, ive*** adj. et n. ■ Qui a l'imagination fertile, qui imagine aisément. ⇒ **inventif.** *C'est un esprit imaginatif.* — N. *Une grande imaginative.* ▶ ***imaginé, ée*** adj. ■ Inventé. *C'est une histoire imaginée de toutes pièces.* ‹ ▶ inimaginable ›

imam [imam] n. m. ■ Titre donné au successeur de Mahomet et à ceux d'Ali chez les chiites*.

imbattable [ɛ̃batabl] adj. ■ Qui ne peut être battu, vaincu. *Il est imbattable sur cette distance* ⇒ **invincible,** *sur cette matière* ⇒ **incollable.** *Un record imbattable.* — *Des prix imbattables,* plus avantageux que partout ailleurs.

imbécile [ɛ̃besil] adj. et n. **1.** Qui est dépourvu d'intelligence, qui parle, agit bêtement ; propre à une personne de cette espèce. *Une réflexion imbécile.* ⇒ **bête, idiot, niaiseux, stupide ;** fam. ③ **cave.** / contr. **intelligent ;** fam. **bollé** / — N. Personne sans intelligence. ⇒ **abruti, crétin, idiot.** *C'est un imbécile, le dernier des imbéciles. Imbécile heureux,* satisfait de lui. *On me prend pour un imbécile !* **2.** N. Médecine. Arriéré mental. ▶ ***imbécilement*** adv. ■ D'une manière imbécile (1). *Agir imbécilement.* ▶ ***imbécillité*** n. f. **1.** Grave manque d'intelligence. *Qui a eu l'imbécillité de le contredire ?* / contr. **intelligence** / — *(Une, des imbécillités)* Acte, parole, idée imbécile. *Elle ne dit que des imbécillités.* ⇒ **ânerie, bêtise, idiotie, niaiserie. 2.** Médecine. Arriération mentale.

imberbe [ɛ̃bɛʀb] adj. ■ Qui est sans barbe ⇒ **glabre,** n'a pas encore de barbe. *Un garçon imberbe.* / contr. **barbu** /

imbiber [ɛ̃bibe] v. tr. ▪ conjug. 1. **1.** Pénétrer, imprégner d'eau, d'un liquide. ⇒ **tremper.** *Imbiber une éponge. Des compresses qu'on imbibait d'eau oxygénée.* — Au p. p. *Terre imbibée d'eau.* **2.** Pronominalement. Absorber un liquide. *Le bois s'est peu à peu imbibé.* — Fam. *Il s'est imbibé d'alcool,* il a trop bu. — Au p. p. *Robineux complètement imbibé de vin.*

imbriqué, ée [ɛ̃bʀike] adj. **1.** Se dit de choses qui se recouvrent partiellement (à la manière des bardeaux d'un toit). *Des écailles imbriquées.* **2.** Abstrait. Se dit de choses étroitement liées. *Une suite d'événements imbriqués.* ⇒ **enchevêtré.** ▶ ***imbrication*** n. f. ■ Disposition de choses imbriquées. *L'imbrication des bardeaux d'un toit.* ▶ ***s'imbriquer*** v. pron. ▪ conjug. 1. ■ Être disposé de façon à se chevaucher. *Plaques, bardaux de cèdre, écailles qui s'imbriquent.* — Abstrait. S'enchevêtrer, être étroitement lié. *Dans ce roman, plusieurs intrigues s'imbriquent.*

imbroglio [ɛ̃bʀɔglijo ; ɛ̃bʀɔljo] n. m. ■ Situation confuse, embrouillée. ⇒ **complication.** *Des imbroglios. Démêler un imbroglio.*

imbu, ue [ɛ̃by] adj. ■ Péj. Imprégné, pénétré (de sentiments, d'idées, de préjugés...). — *Être imbu de soi-même, de sa supériorité,* se croire supérieur aux autres. ⇒ **infatué, vaniteux.**

imbuvable [ɛ̃byvabl] adj. **1.** Qui n'est pas buvable. *Une eau imbuvable,* non potable. *Un café imbuvable,* mauvais au goût. **2.** (Personnes) Fam. Insupportable. *Vous le trouvez amusant ? Pour moi, il est imbuvable.* — (Choses) *Un roman, un film imbuvable.*

imitateur, trice [imitatœʀ, tʀis] n. **1.** Personne qui imite (les gestes, le comportement d'autrui). — Artiste de variétés qui imite des personnages célèbres. ⇒ **fantaisiste, humoriste, monologuiste. 2.** Personne qui imite (les œuvres d'autrui). *Les imitateurs de Nelligan.* ⇒ **plagiaire.**

imitation [imitasjɔ̃] n. f. **1.** Action de reproduire volontairement ou de chercher à reproduire (une apparence, un geste, un acte d'autrui). *Imitation fidèle, réussie. Il fait des imitations très drôles.* — Reproduction consciente ou inconsciente de gestes, d'actes. *L'instinct d'imitation. Agir par imitation.* **2.** Fait de prendre une personne, une œuvre pour modèle. *Imitation d'un maître par ses disciples.* **3.** Œuvre sans originalité imitée d'un modèle. *Une imitation plate, servile.* **4.** Reproduction d'un objet, d'une matière qui imite l'original ; objet imité d'un autre. ⇒ **copie, plagiat.** *Fabriquer des imitations de meubles anciens. Imitation de perles.* — En appos. *Reliure imitation cuir.* ⇒ **simili. 5.** À L'IMITATION DE loc. prép. : sur le modèle de. *Un film à l'imitation des comiques du cinéma muet.*

imiter [imite] v. tr. ▪ conjug. 1. **1.** Chercher à reproduire. ⇒ **copier, singer.** *Elle imite admirablement les gestes, les accents... Imiter le cri d'un animal, de l'orignal* (⇒ fam. **caller**). — Faire comme (qqn). *Il leva son verre et tout le monde l'imita.* **2.** Prendre pour modèle, pour exemple. *On l'imite en tout.* **3.** Prendre pour modèle (l'œuvre, le style d'un autre). ⇒ **s'inspirer.** *Molière a parfois imité Plaute.* **4.** S'efforcer de reproduire dans l'intention de faire passer la reproduction pour authentique. ⇒ **contrefaire.** *Faussaire qui imite une signature.* — Au p. p. adj. *C'est bien imité !* **5.** (Choses) Produire le même effet que. ⇒ **ressembler** à. *Ces peintures imitent la mosaïque. Bardeaux d'asphalte qui imitent la brique.* ▶ ***imitable*** adj. ■ Qui peut être imité. *Un accent facilement imitable.* / contr. **inimitable** / ▶ ***imitatif, ive*** adj. ■ Qui imite les sons de la nature. *Musique imitative.* ⟨ ▶ imitateur, imitation, inimitable ⟩

immaculé, ée [i(m)makyle] adj. **1.** Dans la religion chrétienne. Qui est sans péché. (Avec une majusc.) *L'Immaculée Conception,* la Sainte Vierge. **2.** (Choses) Sans une tache ; d'une propreté, d'une blancheur parfaite. ⇒ **impeccable.** *Une neige immaculée.* / contr. **maculé, souillé** /

immanent, ente [i(m)manɑ̃, ɑ̃t] adj. ■ Philosophie. Se dit de ce qui est contenu dans la nature d'un être, ne provient pas d'un principe extérieur. / contr. **transcendant** / — *Justice immanente,* dont le principe est contenu dans les choses elles-mêmes. ≠ *imminent.* ▶ ***immanence*** n. f. ■ Caractère de ce qui est immanent. ≠ *imminence.*

immangeable [ɛ̃mɑ̃ʒabl] adj. ■ Qui n'est pas bon à manger. / contr. **comestible, mangeable** / *Le rôti, trop cuit, était immangeable.*

immanquable [ɛ̃mɑ̃kabl] adj. ■ Qui ne peut manquer d'arriver. ⇒ **fatal, inévitable.** — Qui ne peut manquer d'atteindre son but. ⇒ **infaillible.** *Un coup immanquable.* ▶ ***immanquablement*** adv. ■ D'une manière immanquable. ⇒ à **coup** sûr. *Quoi que vous fassiez, cela arrivera immanquablement.*

immatériel, elle [i(m)mateʀjɛl] adj. **1.** Qui n'est pas formé de matière, ou ne concerne pas les sens. ⇒ **spirituel.** *Un être immatériel.* **2.** Qui ne semble pas de nature matérielle. *Un tissu d'une finesse, d'une minceur immatérielle.*

immatriculer [i(m)matʀikyle] v. tr. ▪ conjug. 1. ■ Inscrire sur un registre public. *Il s'est fait immatriculer au cégep.* — Au p. p. adj. *Voiture immatriculée au Québec.* ▶ ***immatriculation*** n. f. ■ Action d'immatriculer ; résultat de cette action. *Immatriculation d'un étudiant. Numéro d'immatriculation.* ⇒ **matricule.** *Plaque d'immatriculation d'une automobile. Certificat* d'immatriculation.* ⇒ **enregistrement ; permis** de conduire.

immature [i(m)matyʀ] adj. ■ (Personnes) Qui manque de maturité intellectuelle, affective. / contr. **mûr, mature** / *Un adolescent immature.*

immédiat, ate [i(m)medja, at] adj. **1.** Qui précède ou suit sans intermédiaire (dans l'espace ou dans le temps). *Les ancêtres immédiats. Successeur immédiat. Au voisinage immédiat de votre maison.* — Philosophie. Qui agit ou se produit sans intermédiaire. *Cause immédiate. Les données immédiates de la conscience.* **2.** Qui suit sans intervalle de temps ; qui a lieu tout de suite. *Rappel immédiat des voitures défectueuses. Une réaction, une réplique immédiate. L'immédiat après-guerre. La mort a été immédiate.* — N. *Dans l'immédiat,* pour le moment. *Ne venez pas dans l'immédiat.* ▶ ***immédiatement*** adv. **1.** Tout de suite avant ou après. *La période qui précède immédiatement cet événement.* **2.** À l'instant même, tout de suite. ⇒ **aussitôt.** *Elle a répondu immédiatement. Sortez immédiatement !*

immémorial, ale, aux [i(m)memɔʀjal, o] adj. ■ Qui remonte à une époque si ancienne qu'elle est sortie de la mémoire. *Des coutumes immémoriales.*

immense [i(m)mɑ̃s] adj. **1.** Dont l'étendue, les dimensions sont considérables. ⇒ **grand, illimité, vaste.** / contr. **exigu** / *Perdu dans l'immense océan. Un aéroport immense.* **2.** Qui est très considérable en son genre (par la force, l'importance, la quantité). ⇒ **colossal, énorme, géant.** / contr. **infime, petit** / *Un cèdre immense, un immense séquoia. Une foule immense. Une immense fortune.* ▶ ***immensément*** adv. ■ Extrêmement. ⇒ **énormément, extraordinairement.** *Elle est immensément riche.* ▶ ***immensité*** n. f. **1.** Étendue trop vaste pour être facilement mesurée. *L'immensité de la mer, du ciel.* — Absolt. *L'immensité,* l'espace. *Perdu dans l'immensité.* **2.** Grandeur considérable, incalculable (de qqch.). *L'immensité de ses richesses.*

immerger [i(m)mɛʀʒe] v. tr. ▪ conjug. 3. ■ Plonger (dans un liquide, dans la mer). *On a immergé un nouveau câble.* — Pronominalement. *Le sous-marin s'immergeait rapidement.* ⇒ **plonger.** / contr. **émerger** / — Au p. p. adj. *Rochers immergés à marée haute. Plantes immergées,* qui croissent sous l'eau. ▶ ***immersion*** n. f. ■ Action d'immerger, de plonger dans un liquide. *L'immersion d'un câble dans la mer. L'immersion d'un sous-marin.*

immérité, ée [i(m)meʀite] adj. ■ Qui n'est pas mérité. ⇒ **injuste.** *Des reproches immérités. Un succès immérité.*

immettable [ɛ̃mɛtabl] adj. ■ (Vêtements, chaussures) Qu'on ne peut ou qu'on n'ose pas mettre. ⇒ **importable.** *Des jeans et des espadrilles immettables.*

① ***immeuble*** [i(m)mœbl] adj. ■ Droit. Qui ne peut être déplacé (ou qui est réputé tel par la loi). / contr. **meuble** / *Biens immeubles.* ⇒ **immobilier.** ⟨ ▶ ② immeuble ⟩

② ***immeuble*** n. m. ■ Grand bâtiment urbain à plusieurs étages ; grande habitation à plusieurs logements (opposé à *pavillon*). *Un immeuble de quatre étages. Un immeuble de quarante étages.* ⇒ **édifice, gratte-ciel,** ① **tour.** *Louer un appartement dans un immeuble.* ⇒ fam. **bloc-appartements, conciergerie.** *Immeuble en copropriété.* ⇒ anglic. **condominium.** *Immeuble résidentiel, d'habitation. Gérant d'immeubles. Agent* d'immeubles.* ⇒ **immobilier.** *Immeuble à bureaux.* ⇒ **édifice.** ⟨ ▶ immobilier ⟩

immigrer [i(m)migʀe] v. intr. ▪ conjug. 1. ■ Entrer dans un pays étranger pour s'y établir. / contr. **émigrer.** / *Immigrer en Europe, aux États-Unis.* ▶ ***immigrant, ante*** n. ■ Personne qui immigre dans un pays ou qui y a immigré récemment (opposé à *émigrant*). ⇒ fam. **importé.** ▶ ***immigration*** n. f. ■ Entrée dans un pays de personnes qui viennent s'y établir, y trouver un emploi. *Les services de l'immigration. Mouvement d'immigration. Contrôle de l'immigration.* ▶ ***immigré, ée*** adj. et n. ■ (Personnes) Qui est venu de l'étranger, souvent d'un pays peu développé, et qui travaille dans un pays industrialisé (opposé à *émigré*). ⇒ fam. **importé.** *Les travailleurs immigrés.* — N. *Une immigrée. Les immigrés haïtiens à Montréal. Racisme à l'égard des immigrés.* ≠ *réfugié.*

imminent, ente [i(m)minɑ̃, ɑ̃t] adj. ■ Qui va se produire dans très peu de temps. ⇒ **immédiat, proche.** *Un danger imminent. La crise est imminente. Les élections provinciales sont imminentes.* / contr. **lointain** / ≠ *immanent.* ▶ ***imminence*** n. f. ■ Caractère de ce qui est imminent. *L'imminence d'une décision, d'une démission. Devant l'imminence du danger.* ⇒ **proximité.** ≠ *immanence.*

s'immiscer [i(m)mise] v. pron. ▪ conjug. 3. ■ Intervenir mal à propos ou sans en avoir le droit (dans une affaire). ⇒ s'**ingérer,** se **mêler.** *Votre pays n'a pas à s'immiscer dans nos affaires.* ▶ ***immixtion*** [i(m)miksjɔ̃] n. f. ■ Action de s'immiscer. *Immixtion dans la vie privée de qqn.*

immobile [i(m)mɔbil] adj. **1.** Qui ne se déplace pas, reste sans bouger. *Immobile comme une statue.* / contr. **mobile** / — (Choses) Que rien ne fait mouvoir. *Mer, lac immobile.* ⇒ **étale. 2.** Abstrait. Fixé une fois pour toutes. ⇒ **invariable.** *Des dogmes immobiles.* ▶ ***immobiliser*** v. tr. ▪ conjug. 1. ■ Rendre immobile, maintenir dans l'immobilité ou l'inactivité. ⇒ **arrêter, fixer.** *La fracture l'a immobilisé un mois. La peur l'a immobilisée sur place.* — Au p. p. adj. *Une voiture immobilisée par une panne.* — S'IMMOBILISER v. pron. : se tenir immobile, s'arrêter. *La voiture s'immobilise à l'arrêt puis elle repart.* ▶ ***immobilisation*** n. f. **1.** Action de rendre immobile ; résultat de cette action. *L'immobilisation d'un membre fracturé.* **2.** Au plur. *Les immobilisations,* les éléments d'actif d'une entreprise (terrains, bâtiments, mobilier...) qui servent de façon permanente à l'exploitation (opposé à *disponibilités*). ▶ ***immobilisme*** n. m. ■ Disposition à se satisfaire de l'état présent des choses, à refuser le mouvement ou le progrès. ⇒ **conservatisme.** *Se satisfaire de l'immobilisme d'une société.* ▶ ***immobilité*** n. f. ■ État de ce qui est immobile. *La maladie les condamne à l'immobilité. Immobilité des traits du visage.* ⇒ **impassibilité.** — Abstrait. État de ce qui ne change pas. *Immobilité d'une situation.*

immobilier, ière [i(m)mɔbilje, jɛʀ] adj. **1.** Qui est immeuble ①, composé de biens immeubles. *Succession immobilière.* **2.** Qui concerne un immeuble ②, des immeubles. *Un scandale immobilier. Société immobilière,* s'occupant de la construction, de la vente d'immeubles. *Promoteur immobilier. Agent* immobilier.* ⇒ ② **immeuble.** — N. m. *Avoir un emploi dans l'immobilier.*

immodéré, ée [i(m)mɔdeʀe] adj. ■ Qui n'est pas modéré, qui dépasse la mesure, la normale. ⇒ **abusif, excessif.** / contr. **modéré** / *Un usage immodéré de l'alcool. Des dépenses immodérées.* ▶ ***immodérément*** adv. ■ Littér. D'une manière immodérée. ⇒ **démesurément.** / contr. **modérément** / *Boire, manger immodérément.* ⇒ **excessivement.**

immoler [i(m)mɔle] v. tr. ▪ conjug. 1. **1.** Relig. Tuer en sacrifice à une divinité. ⇒ **sacrifier.** *Immoler une victime sur l'autel.* **2.** Littér. Abandonner (qqch.) dans un esprit de sacrifice ou d'obéissance. *Immoler ses intérêts à son devoir.* **3.** Pronominalement. Faire le sacrifice de sa vie. *Elle s'est immolée par le feu en signe de protestation.* ▶ ***immolation*** n. f. ■ Littér. Action d'immoler ; résultat de cette action. ⇒ **sacrifice.** *L'immolation d'une victime.*

immonde [i(m)mɔ̃d] adj. **1.** Littér. Impur selon la loi religieuse. **2.** D'une saleté ou d'une hideur qui soulève le dégoût. ⇒ **crasseux, dégoûtant.** *Un taudis immonde.* **3.** D'une immoralité ou d'une bassesse qui révolte la conscience. ⇒ **ignoble, odieux.** *Un crime immonde. Des propos immondes.* ▶ ***immondices*** [i(m)mɔ̃dis] n. f. pl. ■ Péj. Déchets de la vie humaine et animale, résidus du commerce et de l'industrie. ⇒ **détritus, ordures ;** fam. **vidanges.** *Enlèvement des immondices par les services de la voirie.*

immoral, ale, aux [i(m)mɔʀal, o] adj. ■ Qui est contraire aux principes de la morale ou agit contre la morale. ⇒ **corrompu, dépravé.** *Un être, une conduite, une œuvre immorale.* ≠ *amoral.* ▶ ***immoralité*** n. f. ■ Caractère immoral (d'une personne, d'une chose). *L'immoralité d'un être, d'une société, d'un ouvrage.* ▶ ***immoralisme*** n. m. ■ Doctrine qui propose des règles d'action différentes, inverses de celles qu'admet la morale courante.

immortel, elle [i(m)mɔʀtɛl] adj. et n. **1.** Qui n'est pas sujet à la mort. *Les dieux immortels.* — N. Littér. *Un immortel, une immortelle,* un dieu, une déesse. **2.** Qu'on suppose ne devoir jamais finir, que rien ne pourra détruire. ⇒ **éternel, impérissable.** *Un amour immortel.* **3.** Qui survit et doit survivre éternellement dans la mémoire des humains. *L'immortel auteur de « Don Quichotte ».* **4.** (France) N. Membre de l'Académie française. ▶ ***immortaliser*** [i(m)mɔʀtalize] v. tr. ▪ conjug. 1. ■ Rendre immortel dans la mémoire des humains. *Ce tableau suffira à immortaliser son nom.* — Pronominalement. *Il s'est immortalisé par ses découvertes.* — Au p. p. adj. *Nom de qqn immortalisé dans la toponymie.* ▶ ***immortalité*** n. f. **1.** Qualité, état de l'être ou de ce qui est immortel. *L'immortalité des dieux grecs. La croyance à (en) l'immortalité de l'âme.* **2.** Littér. État de ce qui survit sans fin dans la mémoire des humains. ▶ ***immortelle*** n. f. ■ Plante dont la fleur desséchée présente une collerette de feuilles colorées persistantes.

immotivé, ée [i(m)mɔtive] adj. ■ Qui n'a pas de motif. *Sa conduite paraît immotivée. Action immotivée.* ⇒ **gratuit.** / contr. **motivé** /

immuable [i(m)mɥabl] adj. **1.** Qui reste identique, ne change pas. / contr. **justifié, changeant** / *Les lois immuables de la nature.* **2.** Qui ne change guère, qui dure longtemps. ⇒ **constant, invariable.** *Une position, une attitude immuable. Elle reste immuable dans ses convictions.* ▶ ***immuablement*** adv. ■ D'une manière immuable. *Il faisait immuablement les mêmes plaisanteries.*

immuniser [i(m)mynize] v. tr. ▪ conjug. 1. **1.** Rendre réfractaire aux causes de maladies, à une maladie infectieuse. ⇒ **vacciner.** *Immuniser par un vaccin.* — Au p. p. adj. *Personne immunisée contre la diphtérie.* **2.** Abstrait. *Immuniser contre...,* protéger contre, mettre à l'abri de... *Ses échecs ne l'ont pas immunisé contre les illusions.* ▶ ① ***immunité*** n. f. ■ Propriété (d'un organisme) de résister à une cause de maladie. *Immunité à un virus.*

② ***immunité*** n. f. ■ Prérogative accordée par la loi à une catégorie de personnes. ⇒ **franchise, privilège.** *Immunité parlementaire,* assurant aux parlementaires une protection (qui peut être levée) contre les actions judiciaires. — *Immunité diplomatique,* privilèges qui soustraient les diplomates étrangers aux juridictions du pays où ils résident.

impact [ɛ̃pakt] n. m. **1.** Collision, heurt. ⇒ **choc.** *L'impact entre les véhicules s'est produit au croisement du boulevard.* — POINT D'IMPACT : endroit où un projectile vient frapper et, par ext., trace qu'il laisse. *Relever les points d'impact des balles.* **2.** Abstrait. (Choses) Effet produit, action exercée. *Cette campagne de publicité n'a pas eu d'impact sur la population.* ⇒ **influence.** — (Personnes) *L'impact du chef de l'opposition.*

① ***impair, aire*** [ɛ̃pɛʀ] adj. ■ (Nombres) Dont la division par deux ne donne pas un nombre entier. *Un, trois..., dix-sept sont des nombres impairs. Numéros impairs, jours impairs.* / contr. **pair** /

② ***impair*** n. m. ■ Maladresse choquante ou préjudiciable. ⇒ **bévue, gaffe.** *Faire, commettre un impair.*

impalpable [ɛ̃palpabl] adj. ■ Dont les éléments séparés sont si petits qu'on ne les sent pas au toucher. ⇒ ① **fin.** *Une poussière impalpable.*

imparable [ɛ̃paʀabl] adj. ■ Qu'on ne peut éviter, parer. *Un coup imparable.* ⇒ **inévitable.**

impardonnable [ɛ̃paʀdɔnabl] adj. ■ Qui ne mérite pas de pardon, d'excuse. *C'est une faute, une erreur impardonnable.* ⇒ **inexcusable.** — (Personnes) *On serait impardonnable de s'en désintéresser.*

① ***imparfait, aite*** [ɛ̃paʀfɛ, ɛt] adj. **1.** Littér. Qui n'est pas achevé, pas complet. ⇒ **incomplet.** *J'en ai une connaissance imparfaite.* / contr. **complet, total** / **2.** Qui présente des défauts, des imperfections. ⇒ **défectueux, inégal.** *Une œuvre imparfaite.* / contr. **parfait** / ▸ ***imparfaitement*** adv. ■ D'une manière imparfaite. *Connaître imparfaitement un pays.* ⇒ **incomplètement, insuffisamment.** / contr. à **fond, parfaitement** /

② ***imparfait*** n. m. **1.** Temps du verbe ayant essentiellement pour fonction d'énoncer une action en voie d'accomplissement dans le passé et conçue comme non achevée (opposé à *parfait*). *« Cherchais » dans « je la cherchais toute la journée » est à l'imparfait de l'indicatif.* **2.** Temps passé du subjonctif dans la concordance des temps. *« Fût » dans « je voulus qu'il fût avec nous » est à l'imparfait du subjonctif.* (La phrase correspondante au présent est *je veux qu'il soit avec nous*.)

impartial, ale, aux [ɛ̃paʀsjal, o] adj. ■ Qui est sans parti pris. ⇒ **équitable, juste, neutre, objectif.** / contr. **partial** / *Un juge impartial.* (Choses) *Son compte rendu est vraiment impartial.* ▸ ***impartialement*** adv. ■ D'une manière impartiale. *Elle a donné son avis impartialement.* / contr. **partialement** / ▸ ***impartialité*** n. f. ■ Fait d'être impartial, qualité d'une personne impartiale. ⇒ **objectivité.** *Critiquer avec impartialité. L'impartialité d'un jugement. L'impartialité de l'arbitre.* ⇒ **neutralité.**

impartir [ɛ̃paʀtiʀ] v. tr. ▪ conjug. 2. (Seulement infinitif, indicatif prés. et p. p.) ■ Littér. Donner en partage. *Les dons que la nature nous a impartis.* — Accorder (par décision de justice). ⇒ **attribuer.** *Impartir un délai à qqn. Des délais lui ont été impartis.*

impasse [ɛ̃pɑs] n. f. **1.** Rue, chemin sans issue. ⇒ **cul-de-sac.** *S'engager dans une impasse.* — Abstrait. Situation sans issue favorable. *Être dans une impasse, être acculé à une impasse.* **2.** *Impasse budgétaire,* déficit qui sera couvert par l'emprunt, etc. **3.** Bridge. *Faire l'impasse au roi,* jouer la dame, quand on a l'as, pour prendre la carte intermédiaire.

impassible [ɛ̃pasibl] adj. ■ Qui n'éprouve ou ne trahit aucune émotion, aucun sentiment. ⇒ **calme, froid, imperturbable, stoïque.** *Il se troublait tandis que son interlocutrice restait impassible. Un visage impassible.* ⇒ **fermé, impénétrable.** ▸ ***impassibilité*** n. f. ■ Calme, sang-froid. ⇒ **flegme.** *Sans se départir de son impassibilité.*

impatient, ente [ɛ̃pasjɑ̃, ɑ̃t] adj. **1.** Qui manque de patience, qui est incapable de se contenir, de patienter. **2.** Qui supporte ou attend avec impatience. / contr. **patient** / *Ne soyez pas si impatient ! Un geste impatient.* — IMPATIENT DE (+ infinitif). ⇒ **avide, désireux.** *Il est impatient de vous revoir.* ⇒ avoir **hâte de.** ▸ ***impatiemment*** [ɛ̃pasjamɑ̃] adv. ■ Avec impatience. *J'attends impatiemment votre réponse.* ▸ ***impatience*** n. f. **1.** Manque de patience habituel, naturel. *L'impatience de la jeunesse.* **2.** Manque de patience pour supporter, attendre qqch. ou qqn. ⇒ **énervement.** *Calmer l'impatience de qqn. En les écoutant, il donnait des signes d'impatience. Elle regardait sa montre avec une impatience grandissante. Brûler d'impatience de faire qqch.* ▸ ***impatienter*** v. tr. ▪ conjug. 1. **1.** Faire perdre patience à. ⇒ **agacer, énerver, exaspérer, irriter ;** fam. ② **tanner.** *Il finissait par impatienter son auditoire.* **2.** S'IMPATIENTER v. pron. : perdre patience, manifester de l'impatience. *Venez vite, elle commence à s'impatienter. S'impatienter pour des riens.* ▸ ***impatientant, ante*** adj. ■ Qui impatiente.

impavide [ɛ̃pavid] adj. ■ Littér. Qui n'éprouve ou ne montre aucune crainte. *Rester impavide devant le danger.* ⇒ **impassible.**

impayable [ɛ̃pɛjabl] adj. ■ D'une bizarrerie extraordinaire ou très comique. *Une aventure impayable.* ⇒ **cocasse.** *Des humoristes impayables.*

impayé, ée [ɛ̃pɛje] adj. ■ Qui n'a pas été payé. *Une traite impayée.* — N. *Les impayés,* les effets ② impayés.

impeccable [ɛ̃pɛ(e)kabl] adj. **1.** Sans défaut. ⇒ **irréprochable.** *Un impeccable garde-à-vous.* — Fam. Parfait. *Tu as été impeccable en cette occasion.* **2.** D'une propreté parfaite. *Une chemise impeccable.* ⇒ **immaculé.** — (Personnes) *Elle est toujours impeccable,* d'une tenue parfaite. ▸ ***impeccablement*** adv. ■ D'une manière impeccable, irréprochable. *Être habillé impeccablement.*

impédance [ɛ̃pedɑ̃s] n. f. ■ Électricité. Grandeur qui est, pour les courants alternatifs, l'équivalent de la résistance pour les courants continus.

impénétrable [ɛ̃penetʀabl] adj. **1.** Où l'on ne peut pénétrer (⇒ **inaccessible**) ; qui ne peut être traversé. *Forêt tropicale impénétrable.* **2.** Abstrait. Qu'il est difficile ou impossible de connaître, d'expliquer. ⇒ **incompréhensible, insondable, obscur.** *Ses intentions sont impénétrables.* — Qui ne laisse rien deviner de lui-même. *Une personne impénétrable. Un air impénétrable.*

impénitent, ente [ɛ̃penitɑ̃, ɑ̃t] adj. **1.** Relig. Qui ne se repent pas de ses péchés. **2.** Qui ne renonce pas à une habitude. ⇒ **incorrigible, invétéré.** *Un joueur, un rêveur impénitent.*

impensable [ɛ̃pɑ̃sabl] adj. ■ Que l'on a du mal à imaginer. ⇒ **inconcevable, incroyable, inimaginable, invraisemblable.** *Il est impensable qu'on n'y ait pas songé.*

imper n. m. ⇒ **imperméable** (abrév. fam.).

impératif, ive [ɛ̃peʀatif, iv] n. m. et adj. **I.** N. m. **1.** Mode grammatical qui exprime le commandement et la défense. *Les trois personnes de l'impératif* (ex. : *donne, donnons, donnez ; prends, prenons, prenez*). **2.** Prescription d'ordre moral, esthétique, etc. *Les impératifs de la mode.* **II.** Adj. Qui exprime ou impose un ordre. *Une consigne impérative. Un geste impératif.* ⇒ **autoritaire, impérieux.** ▸ ***impérativement*** adv. ■ D'une manière impérative. *Vous devez impérativement rendre votre devoir demain.* ⇒ **obligatoirement.**

impératrice [ɛ̃peʀatʀis] n. f. **1.** Épouse d'un empereur. **2.** Souveraine d'un empire. *La reine Victoria était l'impératrice des Indes.* — REM. Le masculin du mot *impératrice* est *empereur.*

imperceptible [ɛ̃pɛʀsɛptibl] adj. **1.** Qu'il est impossible de percevoir par les seuls organes des sens.

⇒ **insensible.** — *Une odeur, un bruit imperceptible.* **2.** Impossible ou très difficile à apprécier par l'esprit. ⇒ **insaisissable.** *Des nuances imperceptibles. Une ironie imperceptible à la plupart des lecteurs.* ▸ ***imperceptiblement*** adv. ■ D'une manière imperceptible. *Le paysage se modifiait imperceptiblement.* ⇒ **insensiblement.**

imperdable [ɛ̃pɛʀdabl] adj. ■ Qu'on ne peut, ne devrait pas perdre. *Un procès, un match imperdable.* / contr. **perdable** /

imperfectif, ive [ɛ̃pɛʀfɛktif, iv] adj. ■ Grammaire. *Aspect, verbe imperfectif,* qui exprime la durée (opposé à *perfectif*). — N. m. *Un imperfectif.*

imperfection [ɛ̃pɛʀfɛksjɔ̃] n. f. **1.** État de ce qui est imparfait. *L'imperfection d'une solution.* **2.** *(Une, des imperfections)* Ce qui rend (qqch.) imparfait. ⇒ **défaut.** *Les imperfections d'un ouvrage. Corriger une imperfection. Cet appareil présente une légère imperfection,* un petit défaut de fabrication. ⇒ **défectuosité, vice.**

impérial, ale, aux [ɛ̃peʀjal, o] adj. **1.** Qui appartient à un empereur (une impératrice), à son autorité, à ses États. *La garde impériale de Napoléon.* — *Un air impérial,* majestueux et autoritaire. **2.** Relatif à l'Empire romain. *Le latin impérial.* **3.** LE SYSTÈME IMPÉRIAL : le système de poids et mesures (livre, pinte, pied...) en vigueur dans certains pays anglo-saxons (opposé à *métrique*). *Le gallon impérial,* valant 4,545 litres. ‹ ▸ impérialisme ›

impériale n. f. ■ Étage supérieur de certains véhicules publics. *Un autobus anglais à impériale.*

impérialisme [ɛ̃peʀjalism] n. m. ■ Politique d'un État visant à réduire d'autres États sous sa dépendance politique ou économique. ⇒ **colonialisme.** ▸ ***impérialiste*** adj. et n. ■ Qui soutient l'impérialisme. *Politique impérialiste.* — N. *Les impérialistes.*

impérieux, euse [ɛ̃peʀjø, øz] adj. **1.** Qui commande d'une façon qui n'admet ni résistance ni réplique. ⇒ **autoritaire, tyrannique.** *Un chef impérieux* (vx). — Plus cour. *Des manières impérieuses. Un ton impérieux.* **2.** (Choses) Qui force à céder ; auquel on ne peut résister. ⇒ **irrésistible, pressant.** *Un besoin impérieux.* ▸ ***impérieusement*** adv. ■ D'une manière impérieuse. *On lui ordonna impérieusement de se taire.*

impérissable [ɛ̃peʀisabl] adj. ■ (Choses) Qui ne peut périr, qui dure très longtemps. ⇒ **immortel.** *Un souvenir, une gloire impérissable.*

impéritie [ɛ̃peʀisi] n. f. ■ Littér. Manque d'aptitude, d'habileté. ⇒ **incapacité, incompétence.** *L'impéritie d'un général, d'un homme politique.*

imperméable [ɛ̃pɛʀmeabl] adj. **1.** Qui ne se laisse pas traverser par un liquide, notamment par l'eau. ⇒ **étanche.** *Terrains imperméables.* — *Un manteau imperméable.* — N. m. UN IMPERMÉABLE : vêtement, manteau de pluie en tissu imperméabilisé (abrév. fam. IMPER [ɛ̃pɛʀ] n. m. *Des impers.*). **2.** Abstrait. Qui ne se laisse pas atteindre ; qui est absolument étranger (à). ⇒ **indifférent, insensible.** *Être imperméable aux influences, à tout sentiment généreux.* ▸ ***imperméabiliser*** v. tr. ▪ conjug. 1. ■ Rendre imperméable (1). *Imperméabiliser une toile d'emballage, un tissu.* — Au p. p. adj. *Gabardine imperméabilisée.* ▸ ***imperméabilisation*** n. f. ■ Fait de rendre imperméable. ▸ ***imperméabilisant, ante*** adj. et n. m. ■ Qui a la propriété d'imperméabiliser un corps, un tissu. *Des produits imperméabilisants.* — N. m. *Pulvériser un imperméabilisant sur un blouson de cuir, sur des bottes.* ▸ ***imperméabilité*** n. f. ■ Caractère de ce qui est imperméable. *Imperméabilité d'un sol, d'un tissu.*

impersonnel, elle [ɛ̃pɛʀsɔnɛl] adj. **1.** Qui exprime une action sans sujet réel ou déterminé. *Verbes impersonnels,* ne s'employant qu'à la troisième personne du singulier et à l'infinitif (ex. : *falloir, pleuvoir, geler*). — *Modes impersonnels,* sans indication de personnes (infinitif, participe). **2.** Qui ne constitue pas une personne. — Qui n'appartient pas à une personne, ne s'adresse pas à une personne en particulier. *La loi est impersonnelle.* **3.** Qui n'a aucune particularité individuelle ; neutre. *Un style impersonnel.* ▸ ***impersonnalité*** n. f. ■ Caractère impersonnel. *L'impersonnalité de la science.* ▸ ***impersonnellement*** adv. ■ D'une manière impersonnelle. *Employer impersonnellement un verbe.*

impertinent, ente [ɛ̃pɛʀtinɑ̃, ɑ̃t] adj. ■ Qui montre une familiarité choquante, qui manque de respect. ⇒ **effronté, impoli, incorrect, insolent ;** fam. **baveux.** / contr. **gêné, timide** / *Un enfant impertinent. Être impertinent avec ses supérieurs.* ⇒ **irrévérencieux.** — N. *C'est une impertinente.* ▸ ***impertinence*** n. f. ■ Littér. Attitude, conduite d'une personne impertinente. ⇒ **impolitesse, insolence.** *Se conduire avec impertinence.* — *(Une, des impertinences)* Parole, action impertinente.

imperturbable [ɛ̃pɛʀtyʀbabl] adj. ■ Que rien ne peut troubler, émouvoir. ⇒ **impassible.** *Vous pouviez l'insulter, elle restait imperturbable.* — (Choses) *Une confiance absolue, imperturbable.* ⇒ **inébranlable.** *Un aplomb imperturbable.* ▸ ***imperturbablement*** adv.

impétigo [ɛ̃petigo] n. m. ■ Maladie de la peau caractérisée par la formation de petites vésicules. ⇒ **dartre, gourme.**

impétueux, euse [ɛ̃petɥø, øz] adj. Littér. **1.** Dont l'impulsion est violente et rapide. *Un vent, un torrent impétueux.* **2.** Qui a de la rapidité et de la violence dans son comportement. ⇒ **ardent, fougueux.** *Un orateur impétueux. Un tempérament impétueux.* ⇒ **bouillant.** ▸ ***impétueusement*** adv. ■ D'une manière impétueuse. *Intervenir impétueusement dans une querelle.* ⇒ **fougueusement.** ▸ ***impétuosité*** n. f. ■ Caractère impétueux, très vif. / contr. **nonchalance** / *S'élancer avec impétuosité.* ⇒ **ardeur, fougue.** *L'impétuosité d'un tempérament.* ⇒ **violence.**

impie [ɛ̃pi] adj. et n. **1.** Adj. (Choses) Qui marque le mépris de la religion, des croyances religieuses. / contr. **pieux** / *Des paroles impies.* ⇒ **blasphématoire. 2.** N. Littér. ou relig. Personne indifférente à la religion ou qui insulte la religion. ⇒ **blasphémateur, sacrilège.** ▸ ***impiété*** n. f. ■ Littér. ou relig. Mépris pour la religion. *L'impiété de don Juan.* — *(Une, des impiétés)* Action impie. *Dire des impiétés.*

impitoyable [ɛ̃pitwajabl] adj. ■ Qui est sans pitié. ⇒ **cruel, implacable, inflexible.** / contr. **charitable** / *Un ennemi impitoyable. Être impitoyable pour qqn.* — Qui juge sans indulgence, ne fait grâce de rien. / contr. **indulgent** / *Un critique impitoyable.* ▸ ***impitoyablement*** adv. ■ D'une manière impitoyable, sans pitié. *Traiter qqn impitoyablement.*

implacable [ɛ̃plakabl] adj. **1.** Littér. Qu'on ne peut apaiser, fléchir. ⇒ **impitoyable, inflexible,** sans **merci,** sans **pitié.** *D'implacables ennemis. Une haine implacable.* **2.** À quoi l'on ne peut se soustraire. ⇒ **irrésistible.** *Une logique implacable. Maladie implacable.* — *Un soleil implacable,* très fort. ▸ ***implacablement*** adv. ■ D'une manière implacable. *Se venger implacablement.*

implanter [ɛ̃plɑ̃te] v. tr. ▪ conjug. 1. ■ Introduire et faire se développer d'une manière durable (dans un nouveau milieu). *Il faut implanter des industries nouvelles dans cette région.* — Au p. p. adj. *Un préjugé* *bien implanté.* — S'IMPLANTER v. pron. réfl. : se fixer, s'établir. ⇒ s'**installer.** *Cette mode s'est facilement implantée.* ▶ ***implantation*** n. f. ■ Action d'implanter, de s'implanter. *L'implantation d'immigrants dans un pays. L'implantation d'une industrie nouvelle.* ▶ ***implant*** n. m. ■ Matière implantée dans le corps humain pour remédier à certains problèmes physiques. *Un implant dans le limaçon de l'oreille* (ou *implant cochléaire*), pour corriger un défaut d'audition, de surdité. *Un implant capillaire,* pour remédier à la calvitie.

implication n. f. ⇒ **impliquer.**

implicite [ɛ̃plisit] adj. ■ Qui est virtuellement contenu dans une proposition, un fait, sans être formellement exprimé. / contr. **explicite** / *Une condition implicite.* ▶ ***implicitement*** adv. ■ D'une manière implicite. *Elle accepta implicitement mes remarques.*

impliquer [ɛ̃plike] v. tr. ▪ conjug. 1. **1.** Engager (dans une affaire fâcheuse), mettre en cause (dans une accusation). ⇒ **compromettre, mêler.** *On a voulu impliquer dans le procès diverses personnalités.* **2.** (Choses) Comporter de façon implicite, entraîner comme conséquence. *Votre refus implique une rupture.* — IMPLIQUER QUE : supposer (par conséquence logique). *Votre désaccord implique que vous avez une autre solution.* **3.** V. pron. Fam. S'IMPLIQUER : s'engager, se lancer (dans). *S'impliquer dans la protection de l'environnement.* — REM. L'emploi du sens 3 est parfois critiqué. ▶ ***implication*** n. f. **1.** Action d'impliquer qqn dans une affaire. **2.** Fam. Action de s'impliquer dans qqch. *Son implication dans le bénévolat.* **3.** Au plur. Conséquences. *Il faut prendre en compte toutes les implications de cette politique.* ‹ ▶ implicite ›

implorer [ɛ̃plɔʀe] v. tr. ▪ conjug. 1. **1.** Supplier (qqn) d'une manière humble et touchante. ⇒ **adjurer, prier.** *Implorer Dieu.* **2.** Demander (une aide, une faveur) avec insistance. ⇒ **solliciter.** *J'implore votre appui, votre indulgence.* ▶ ***implorant, ante*** adj. ■ Littér. Suppliant. *Une voix implorante.* ▶ ***imploration*** n. f. ■ Littér. Action d'implorer ; supplication.

implosion [ɛ̃plozjɔ̃] n. f. ■ Irruption très brutale d'un fluide, d'un gaz dans une enceinte dont la pression est beaucoup plus faible que la pression extérieure. *L'implosion d'un téléviseur.* ≠ *explosion.* ▶ ***imploser*** v. intr. ▪ conjug. 1. ■ Faire implosion. ≠ *exploser.*

impoli, ie [ɛ̃pɔli] adj. ■ Qui manque à la politesse. ⇒ **grossier, incorrect ;** fam. **malpoli.** / contr. **courtois** / *Vous avez été impoli envers elle.* — (Choses) Qui dénote un manque de politesse. *Un langage impoli. — C'est impoli d'arriver en retard.* / contr. ① **poli** / ▶ ***impoliment*** adv. ■ De manière impolie. *Ne réponds pas impoliment.* ⇒ **grossièrement.** / contr. **poliment** / ▶ ***impolitesse*** n. f. **1.** Manque de politesse. ⇒ **grossièreté, incorrection.** *Sa franchise frise l'impolitesse.* **2.** *(Une, des impolitesses)* Acte, manifestation d'impolitesse. *Vous avez commis une impolitesse. Dire des impolitesses.*

impondérable [ɛ̃pɔ̃deʀabl] adj. **1.** Didact. Qui ne produit aucun effet notable sur la balance la plus sensible ; qui n'a pas de poids. *Des particules impondérables.* **2.** Abstrait. Dont l'action, quoique déterminante, ne peut être exactement appréciée ni prévue. — N. m. *Il faut toujours compter avec les impondérables.*

impopulaire [ɛ̃pɔpylɛʀ] adj. ■ Qui déplaît au peuple, aux gens. *Un ministre impopulaire. — Des mesures impopulaires.* — (Personnes) Qui est mal vu, qui n'est guère apprécié (dans un milieu donné). *Un professeur impopulaire.* ▶ ***impopularité*** n. f. ■ Caractère impopulaire. *L'impopularité d'une guerre.*

importable [ɛ̃pɔʀtabl(ə)] adj. ■ (Vêtements) Qu'on ne peut ou qu'on n'ose pas porter. ⇒ **immettable.** *Ce chandail sale et déchiré est importable. Mitaines de laine devenues importables.*

importance [ɛ̃pɔʀtɑ̃s] n. f. **1.** Caractère de ce qui est important. ⇒ **gravité, intérêt.** *Mesurer l'importance d'un événement. Une communication de la plus haute importance. Cela n'a aucune importance, c'est sans importance,* cela ne fait rien. *Vous donnez, vous attachez trop d'importance à un petit détail.* **2.** (Personnes) Autorité que confèrent un rang social élevé, de graves responsabilités. *Vous lui donnez une importance qu'il n'a pas. Être pénétré de son importance.* **3.** D'IMPORTANCE : important. *L'affaire est d'importance.* ⇒ de **taille.**

important, ante [ɛ̃pɔʀtɑ̃, ɑ̃t] adj. **I.** (Choses) **1.** Qui importe ② ; qui a de grandes conséquences, beaucoup d'intérêt. ⇒ **considérable.** / contr. **insignifiant** / *Un rôle important. Rien d'important à signaler. C'est le point le plus important.* ⇒ **intéressant.** — Impers. *Il est important d'agir vite, que nous agissions vite.* — N. m. *L'important,* ce qui importe. ⇒ **essentiel.** *L'important est de, est que... Le plus important est fait.* **2.** Considérable. *Une somme importante. Une majorité importante.* **II.** (Personnes) Qui a de l'importance par sa situation. ⇒ **influent.** *D'importants personnages.* — N. Péj. *Faire l'important,* se donner des airs avantageux.

① ***importer*** [ɛ̃pɔʀte] v. tr. ▪ conjug. 1. **1.** Introduire sur le territoire national (des produits en provenance de pays étrangers, d'autres provinces). / contr. **exporter** / *Le Canada importe du café.* — Au p. p. adj. *Des marchandises importées.* **2.** Introduire (qqch., une coutume) dans un pays. *Importer une mode des États-Unis.* — Au p. p. adj. *Musique importée des Caraïbes.* ▶ ***importateur, trice*** n. et adj. ■ Personne qui fait le commerce d'importation. / contr. **exportateur** / *Importateur de coton.* — Adj. *Pays importateur.* ▶ ***importation*** n. f. **1.** Action d'importer (des marchandises). / contr. **exportation** / — Ce qui est importé. *Le coût des importations.* — D'IMPORTATION. *Articles, vin d'importation.* ⇒ ① **importer. 2.** Action d'introduire (qqch.) dans un pays. ▶ ***import-export*** [ɛ̃pɔʀɛkspɔʀ] n. m. ■ Commerce de produits importés et exportés. *Une société d'import-export. Elle s'est lancée dans l'import-export.* ▶ ***importé, ée*** n. et adj. **1.** Fam et péj. Immigrant ou immigré. *Les importés sont considérés comme des voleurs d'emploi.* — Adj. *Des étudiantes importées.* **2.** (Dans un même pays) Fam. et plaisant. Personne qui vit dans un endroit où elle n'est pas née. *Des importés de Toronto installés à Québec.* — Adj. *Des Torontaises importées à Québec.*

② ***importer*** v. ▪ conjug. 1. (Seulement à l'infinitif et aux troisièmes pers.) **1.** V. tr. ind. (Choses) IMPORTER À *qqn* : avoir de l'importance, de l'intérêt pour qqn. ⇒ **intéresser ; importance, important.** *Votre opinion nous importe peu.* — Loc. *Peu m'importe, peu lui importe...,* cela m'est, lui est indifférent. *Peu m'importe, peu m'importent vos remarques.* — REM. L'accord du verbe est facultatif. — Impers. *Il lui importe que vous réussissiez.* **2.** V. intr. Avoir de l'importance dans une situation donnée. ⇒ **compter.** *C'est la seule chose qui importe.* — Loc. *Qu'importe ! Peu importe.* **3.** Impers. (avec *de* + infinitif) *Il importe de réfléchir avant de se décider.* — (Avec *que* + subjonctif) *Il importe que vous guérissiez vite.* — IL N'IMPORTE (littér.), N'IMPORTE. *« Lequel choisis-tu ? – N'importe. »* **4.** N'IMPORTE QUI, QUOI pronom indéf. : une personne, une chose quelconque. *N'importe qui pourrait entrer. Ils parlaient de n'importe quoi. — N'importe lequel, laquelle d'entre nous.* — N'IMPORTE QUEL, QUELLE (choses, personnes) adj. indéf. : quelconque, quel qu'il soit. *Ils achètent à* *n'importe quel prix.* — N'IMPORTE COMMENT, OÙ, QUAND loc. adv. : d'une manière, dans un endroit, à un moment quelconque, indifférent. *N'importe comment, je vous attendrai,* de toute façon, dans tous les cas. *Tu peux venir n'importe quand.*

importun, une [ɛ̃pɔʀtœ̃, yn] adj. et n. **1.** Qui ennuie, gêne par sa présence ou sa conduite. ⇒ **indiscret ;** fam. **achalant.** *Je ne voudrais pas être importun.* — N. *Éviter un importun.* ⇒ **fatigant, gêneur. 2.** (Choses) Gênant, qui dérange. ≠ *inopportun. Une visite importune. Ce sont des remarques importunes.* / contr. **opportun** / ▶ ***importuner*** v. tr. ▪ conjug. 1. ■ Littér. Ennuyer en étant importun. ⇒ fam. **achaler, badrer.** *Je ne veux pas vous importuner plus longtemps.* ⇒ **déranger.** *Le bruit m'importune.* ⇒ **gêner.** ▶ ***importunité*** n. f. ■ Littér. Caractère de ce qui est importun. *L'importunité d'une démarche.* / contr. **opportunité** / — *(Une, des importunités)* Chose désagréable.

imposant adj. ⇒ ④ en **imposer.**

① ***imposer*** [ɛ̃poze] v. tr. ▪ conjug. 1. **1.** Faire payer obligatoirement. *Le vainqueur leur imposa un tribut.* — Au p. p. adj. *Prix imposé,* qui doit être observé strictement. / contr. **libre** / **2.** Assujettir (qqn) à l'impôt. ⇒ **taxer.** — Au p. p. adj. *Contribuables peu, lourdement imposés.* ▶ ***imposable*** adj. ■ Qui peut être imposé, assujetti à l'impôt. ⇒ **taxable.** *Revenu imposable, non imposable.* ▶ ① ***imposition*** n. f. ■ Fait d'imposer (une contribution). ‹ ▶ ② imposer, impôt ›

② ***imposer*** v. tr. ▪ conjug. 1. **1.** IMPOSER *qqch.* À *qqn* : prescrire ou faire subir à qqn (une chose pénible). ⇒ **commander.** *Il nous a imposé une lourde tâche, sa volonté, ses conditions...* — Au p. p. adj. (Gymnastique, patinage...) *Figures imposées,* que tous les concurrents doivent exécuter. — Faire admettre (qqch.) par une contrainte morale. *Elle est arrivée à imposer ses façons de voir.* — Pronominalement. *S'imposer un effort, un sacrifice,* s'en faire une obligation. **2.** V. pron. réfl. (Suj. chose) Ne pouvoir être rejeté. *Cette solution s'impose. Cela ne s'impose pas,* ce n'est pas indispensable. **3.** Faire accepter (qqn) par force, autorité, prestige, etc. *Il nous a imposé son protégé.* — S'IMPOSER v. pron. réfl. : se faire admettre, reconnaître (par sa valeur, etc.). *Il s'est imposé à ce poste,* par sa valeur, ses aptitudes. *Pour ce rôle, c'est elle qui s'impose,* qui est la plus qualifiée. *Ils se sont imposés à nous,* sans qu'on leur demande.

③ ***imposer*** v. tr. ▪ conjug. 1. ■ Poser, mettre (sur), par un geste liturgique. *Imposer les mains* (pour bénir). ▶ ② ***imposition*** n. f. ■ Action d'imposer (les mains). *L'imposition des mains* (pour conférer certains sacrements).

④ ***en imposer*** v. tr. ind. ▪ conjug. 1. ■ *En imposer (à qqn),* faire une forte impression, commander le respect. *Ses succès répétés en imposent.* ▶ ***imposant, ante*** adj. **1.** Qui impose le respect, décourage toute familiarité. *Une grande dame à l'air imposant.* ⇒ **majestueux, noble. 2.** Qui impressionne par l'importance, la quantité. ⇒ **considérable, impressionnant.** *Une somme imposante. Une imposante majorité.*

imposition n. f. ⇒ ① **imposer.**

impossible [ɛ̃pɔsibl] adj. et n. m. **I.** Adj. **1.** Qui ne peut se produire, être atteint ni réalisé. ⇒ **irréalisable.** / contr. **certain, possible** / *La guerre paraît impossible. S'atteler à une tâche impossible.* — *Impossible à* (+ infinitif), qu'on ne peut... *Une idée impossible à admettre.* — Impers. *Il est impossible de* (+ infinitif). Ellipt. *Impossible de le savoir.* — Absolt. *Impossible !,* c'est impossible. — *Il est impossible que...* (+ subjonctif). *Il n'est pas impossible que je revienne demain.* **2.** Très difficile, très pénible (à faire, imaginer, supporter). *Cela nous rend l'existence impossible.* **3.** Fam. Extravagant, invraisemblable. ⇒ **inimaginable.** *Il lui arrive toujours des aventures impossibles. Il a fait une scène impossible.* **4.** (Personnes) Qu'on ne peut accepter ou supporter. *Ces enfants sont impossibles.* ⇒ **insupportable. II.** N. m. **1.** Ce qui n'est pas possible, ce qui est à la limite du possible. *Vous demandez l'impossible. Tenter l'impossible.* — Par exagér. *Nous ferons l'impossible,* tout le possible. — PROV. *À l'impossible nul n'est tenu.* **2.** PAR IMPOSSIBLE loc. adv. : par une hypothèse peu vraisemblable. *Si, par impossible, cette affaire réussissait.* ▶ ***impossibilité*** n. f. **1.** Caractère de ce qui est impossible ; défaut de possibilité. ⇒ **incapacité.** *Être dans l'impossibilité matérielle, morale de faire qqch.* **2.** *(Une, des impossibilités)* Chose impossible. *Nous nous heurtons à une impossibilité. Impossibilité mathématique.*

imposteur [ɛ̃pɔstœʀ] n. m. ■ Personne qui abuse de la confiance d'autrui par des mensonges, en usurpant une qualité, etc. *Le prétendu général était un imposteur qu'on a démasqué.* ⇒ **escroc.** *Cette femme n'est qu'un imposteur.* ▶ ***imposture*** n. f. ■ Littér. Tromperie d'un imposteur.

impôt [ɛ̃po] n. m. **1.** Prélèvement que l'État opère sur les ressources des particuliers afin de subvenir aux charges publiques ; sommes prélevées. ⇒ **contribution, fiscalité, imposition, taxe.** *Administration chargée des impôts. L'impôt sur le revenu. Remplir sa déclaration d'impôts. Il ne paie pas d'impôts. Remboursement d'impôts. Impôts directs,* prélèvement d'une partie du revenu du contribuable. *Impôts indirects,* taxes sur les prix. ⇒ **T.P.S., T.V.A.** *L'impôt foncier.* **2.** Obligation imposée. ⇒ **tribut.** — (France) *L'impôt du sang,* l'obligation du service militaire.

impotent, ente [ɛ̃pɔtɑ̃, ɑ̃t] adj. et n. ■ Qui ne peut pas se déplacer, ou se déplace très difficilement. ⇒ **handicapé, infirme, invalide.** *Un vieillard impotent.* — N. *Un impotent, une impotente.* ▶ ***impotence*** n. f. ■ État d'une personne impotente. ⇒ **infirmité, invalidité.**

impraticable [ɛ̃pʀatikabl] adj. **1.** Littér. Qu'on ne peut mettre à exécution. ⇒ **impossible, irréalisable.** *Des projets impraticables.* **2.** Où l'on ne peut passer, où l'on passe très difficilement. *Chemin impraticable pour les voitures.* / contr. **praticable** /

imprécation [ɛ̃pʀekasjɔ̃] n. f. ■ Littér. Souhait de malheur contre qqn. ⇒ **malédiction.** *Lancer des imprécations contre qqn.*

imprécis, ise [ɛ̃pʀesi, iz] adj. ■ Qui n'est pas précis, manque de netteté. ⇒ **flou, incertain, vague.** / contr. **clair, précis** / *Des souvenirs, des renseignements imprécis. Votre description est trop imprécise. Des gestes imprécis.* ▶ ***imprécision*** n. f. ■ Manque de précision, de netteté. *Imprécision du vocabulaire* (⇒ **clarté**)*, d'un tir. L'imprécision des renseignements fournis.*

imprégner [ɛ̃pʀeɲe] v. tr. ▪ conjug. 6. **1.** Pénétrer (un corps) de liquide dans toutes ses parties. ⇒ **gorger** (3), **imbiber.** *Teinture dont on imprègne les cuirs.* — Au p. p. adj. *Mouchoir imprégné de parfum.* **2.** Abstrait. Pénétrer, influencer profondément. *Son éducation l'a imprégné de certaines croyances, de préjugés ; il en est imprégné.* — Pronominalement. *S'imprégner de connaissances.* ▶ ***imprégnation*** n. f. ■ Fait de s'imprégner, d'être imprégné. ⇒ **assimilation.**

imprenable [ɛ̃pʀənabl] adj. **1.** Qui ne peut être pris. *Une forteresse imprenable.* ⇒ **inexpugnable. 2.** *Vue imprenable,* qui ne peut être masquée par de nouvelles constructions ; qui vaut le coup d'œil ⇒ **extraordinaire, magnifique.**

imprésario [ɛ̃pʀesaʀjo] n. ■ Personne qui s'occupe de l'organisation matérielle d'un spectacle, d'un concert, de la vie professionnelle et des engagements d'un artiste. *L'imprésario d'un chanteur, d'une pianiste. Des imprésarios.*

imprescriptible [ɛ̃pʀɛskʀiptibl] adj. ■ (Droits, biens) Qui ne peut pas être supprimé, enlevé après un délai (prescription).

① ***impression*** [ɛ̃pʀɛsjɔ̃] n. f. **1.** Vx. Empreinte. **2.** Procédé de reproduction par pression d'une surface sur une autre qui en garde l'empreinte. *Impression des papiers peints.* — Reproduction d'un texte par l'imprimerie. *Manuscrit remis à l'impression. Fautes d'impression.* ⇒ **coquille. 3.** Informatique. Édition à l'aide d'une imprimante de données informatisées. *L'impression d'un fichier.* ▶ ① ***impressionner*** v. tr. ▪ conjug. 1. ■ *Impressionner une pellicule photographique,* y laisser une impression (1), une image. ⟨ ▶ ② impression, réimpression, surimpression ⟩

② ***impression*** n. f. **1.** Marque morale, effet qu'une cause produit sur une personne. *Faire, produire une vive, une forte impression. Décrire ses impressions.* — Absolt. *Faire impression,* attirer vivement l'attention. *Son entrée a fait impression.* **2.** Connaissance élémentaire, immédiate et vague (d'un être, d'un objet, d'un événement). ⇒ **sentiment, sensation.** *Éprouver, ressentir une (drôle d')impression. Faire bonne, mauvaise impression. Impressions de voyage.* — Loc. *Donner l'impression, une impression de,* faire naître le sentiment, l'illusion de (ce dont on suggère l'image, l'idée). — *J'ai l'impression de perdre, que je perds mon temps,* il me semble que... *Je n'ai pas l'impression qu'ils aient compris.* ▶ ② ***impressionner*** v. tr. ▪ conjug. 1. ■ Affecter d'une vive impression. ⇒ **émouvoir, frapper, toucher.** *Cette mort m'a impressionné. Ne te laisse pas impressionner.* ⇒ **influencer, intimider.** ▶ ***impressionnable*** adj. ■ Facile à impressionner. *Un enfant impressionnable.* ⇒ **émotif, sensible.** / contr. **insensible** / ▶ ***impressionnant, ante*** adj. ■ Qui impressionne. ⇒ **étonnant, frappant.** *C'était un spectacle impressionnant. On arrive au total impressionnant de plusieurs millions.* ⇒ **imposant.** ⟨ ▶ impressionnisme ⟩

impressionnisme [ɛ̃pʀɛsjɔnism] n. m. ■ Style des peintres, écrivains et musiciens qui se proposent d'exprimer les impressions fugitives. *L'impressionnisme de Debussy.* ▶ ***impressionniste*** n. et adj. ■ Se dit de peintres qui, à la fin du XIXe s., s'efforcèrent d'exprimer les impressions que les objets et la lumière suscitent. *Les impressionnistes.* — Adj. *Degas, Monet, peintres impressionnistes. Un tableau impressionniste.*

imprévisible [ɛ̃pʀevizibl] adj. ■ Qui ne peut être prévu. *Des événements imprévisibles.* ≠ *imprévu.* ▶ ***imprévisibilité*** n. f. ■ *L'imprévisibilité d'une décision.*

imprévoyant, ante [ɛ̃pʀevwajɑ̃, ɑ̃t] adj. et n. ■ Qui manque de prévoyance. ⇒ **insouciant.** ▶ ***imprévoyance*** n. f. ■ Caractère d'une personne imprévoyante. *Il est d'une grande imprévoyance.* — *(Une, des imprévoyances)* Action imprévoyante.

imprévu, ue [ɛ̃pʀevy] adj. et n. m. ■ Qui n'a pas été prévu ; qui arrive lorsqu'on ne s'y attend pas. ⇒ **inattendu, inopiné.** *Un ennui imprévu. Des dépenses imprévues.* / contr. **prévu** / ≠ *imprévisible.* — N. m. *L'imprévu,* ce qui est imprévu. *Un voyage plein d'imprévu. En cas d'imprévu, prévenez-moi. Des imprévus.* — Loc. SAUF IMPRÉVU, *nous arriverons lundi.*

imprimatur [ɛ̃pʀimatyʀ] n. m. invar. ■ Vieilli. Autorisation d'imprimer (accordée par l'autorité ecclésiastique ou, en France, par l'Université). *L'imprimatur d'un catéchisme. Des imprimatur.*

① ***imprimer*** [ɛ̃pʀime] v. tr. ▪ conjug. 1. **1.** Littér. Faire, laisser (une marque, une trace) par pression. *Un pied avait imprimé sa forme dans le sable.* **2.** Reproduire (une figure, une image) par l'application et la pression d'une surface sur une autre. *Imprimer la marque d'un cachet. Imprimer une estampe, une lithographie. Imprimer un tissu.* **3.** Reproduire (un texte) par la technique de l'imprimerie. *Imprimer un ouvrage.* — Faire paraître. ⇒ **éditer.** *Imprimer un livre à mille exemplaires.* — Publier l'œuvre de (un auteur). *Imprimer un auteur. Se faire imprimer.* **4.** Informatique. Éditer à l'aide d'une imprimante des données informatisées. *Imprimer un fichier.* — Sans compl. *Imprimer un différé.* ▶ ***imprimé, ée*** adj. et n. m. **I.** Reproduit par impression ; orné de motifs ainsi reproduits. *Tissu imprimé* (opposé à *uni*). — N. m. *Un imprimé à fleurs.* **II. 1.** Reproduit par l'imprimerie. *Papier à en-tête imprimé.* — Loc. adj. invar. *Imprimé en à, au* (+ nom de lieu). ⇒ anglic. **printed in.** *Livre imprimé en France, à Amsterdam, aux États-Unis.* **2.** *Un imprimé,* impression ou reproduction sur papier ou sur une matière analogue. / contr. **manuscrit** / *Le département des imprimés à la Bibliothèque nationale de France.* **3.** Feuille, formule imprimée. ⇒ **formulaire.** *Remplissez lisiblement les imprimés.* ▶ ***imprimante*** n. f. ■ Informatique. Appareil qui imprime, sur feuilles ou liasse de papier en continu, des données mises en mémoire (saisies) dans un ordinateur. *Les imprimantes à laser ont amélioré la qualité typographique des documents.* ⟨ ▶ imprimerie, réimprimer ⟩

② ***imprimer*** v. tr. ▪ conjug. 1. **1.** Littér. Faire pénétrer profondément (dans le cœur, l'esprit de qqn) en laissant une empreinte durable (⇒ **impression**). *Imprimer des principes dans l'esprit de qqn.* — Au p. p. adj. *Des souvenirs imprimés dans la mémoire.* **2.** Communiquer, transmettre (un mouvement, une impulsion...). *Imprimer une énergie.* — Au passif et p. p. adj. *La vitesse imprimée à l'engin par la fusée.*

imprimerie [ɛ̃pʀimʀi] n. f. **1.** Art d'imprimer (des livres) ; ensemble des techniques permettant la reproduction d'un texte par impression de caractères mobiles ⇒ **typographie**, ou report sur plaques ⇒ **offset, photocomposition.** *La découverte de l'imprimerie.* **2.** *(Une, des imprimeries)* Établissement, lieu où l'on imprime (des livres, des journaux). *Une petite, une grosse imprimerie.* — Matériel servant à l'impression (presse, etc.). *Caractère* d'imprimerie.* ▶ ***imprimeur, euse*** n. **1.** Personne qui est propriétaire d'une imprimerie, qui la dirige. *L'imprimeur d'un journal. Elle est imprimeuse.* **2.** Personne travaillant dans une imprimerie (typographe, etc.). **3.** *L'Imprimeur de la Reine,* le service d'édition du gouvernement fédéral.

improbable [ɛ̃pʀɔbabl] adj. ■ Qui n'est pas probable ; qui a peu de chances de se produire. ⇒ **douteux.** *Dans le cas, bien improbable, où... C'est plus qu'improbable, c'est impossible.* ▶ ***improbabilité*** n. f. ■ Fait d'être improbable. *L'improbabilité d'un événement.*

improbation [ɛ̃pʀɔbasjɔ̃] n. f. ■ Littér. Action de désapprouver, de condamner. ⇒ **désapprobation, réprobation.** / contr. **approbation** / *Les spectateurs manifestaient leur improbation par des sifflets.*

improductif, ive [ɛ̃pʀɔdyktif, iv] adj. ■ Qui ne produit, ne rapporte rien. *Un sol improductif.* ⇒ **stérile.** — N. (Personnes) *Un improductif,* qui ne contribue pas à produire des biens.

impromptu, ue [ɛ̃pʀɔ̃pty] n. m., adj. et adv. **1.** N. m. Petite pièce (de vers, de musique) de composition simple. *Un impromptu pour piano.* **2.** Adj. Improvisé. *Un repas impromptu.* **3.** Adv. À l'improviste, sans préparation. *Une allocution prononcée impromptu.*

imprononçable [ɛ̃pʀɔnɔ̃sabl] adj. ■ Impossible, difficile à prononcer. *Un groupe de consonnes imprononçable.*

impropre [ɛ̃pʀɔpʀ] adj. **1.** Qui ne convient pas, n'exprime pas exactement l'idée. ⇒ **inadéquat, inapproprié.** *Mot, expression impropre.* **2.** Littér. IMPROPRE À : qui n'est pas propre, apte à (un travail, un service). ⇒ **inapte.** — (Choses) Qui ne convient pas à. *Une eau impropre à la cuisson des légumes. Des aliments impropres à la consommation,* qu'on ne peut pas ou qu'on ne peut plus consommer. ⇒ **avarié, gâté, pourri.** ▶ ***improprement*** adv. ■ D'une manière impropre. *L'araignée est improprement appelée insecte.* ▶ ***impropriété*** n. f. ■ Caractère d'un mot, d'une expression impropre. — *(Une, des impropriétés)* Emploi impropre d'un mot. *Une impropriété de langage. Dire « malgré que » pour « bien que » est une impropriété courante.*

improviser [ɛ̃pʀɔvize] v. tr. ■ conjug. 1. **1.** Composer sur-le-champ et sans préparation. *Elle a dû improviser un discours.* — Sans compl. *Il improvise au piano.* **2.** Organiser sur-le-champ, à la hâte. *Nous avons improvisé une rencontre.* — Au p. p. adj. *Une visite improvisée.* ⇒ **impromptu.** *Une séance improvisée* (opposé à *étudié*). *Une armée improvisée* (opposé à *régulier*). **3.** Pourvoir inopinément (qqn) d'une fonction. *On l'improvisa cuisinier pour la circonstance.* — Pronominalement. *On ne s'improvise pas astronaute.* ▶ ***improvisation*** n. f. **1.** Action, art d'improviser. *Parler au hasard de l'improvisation.* **2.** Ce qui est improvisé (discours, vers, etc.). *Une improvisation de jazz.* ‹ ▶ à l'improviste ›

à l'improviste [alɛ̃pʀɔvist] loc. adv. ■ D'une manière imprévue, au moment où on s'y attend le moins. ⇒ **inopinément,** par **surprise.** *Elle a débarqué chez nous à l'improviste. Je l'ai rencontré à l'improviste,* par hasard.

imprudence [ɛ̃pʀydɑ̃s] n. f. **1.** Manque de prudence. *Son imprudence l'expose à bien des dangers.* — *Homicide par imprudence,* homicide involontaire mais qui engage la responsabilité. — Caractère de ce qui est imprudent. *L'imprudence de sa conduite.* **2.** *(Une, des imprudences)* Action imprudente. *Ne faites pas d'imprudences.* ≠ *impudence.* ▶ ***imprudent, ente*** adj. ■ Qui manque de prudence. ⇒ **audacieux, aventureux, téméraire.** *Un automobiliste imprudent.* — N. *Une imprudente.* — (Choses) *Ce sont des paroles imprudentes. C'est bien imprudent.* ≠ *impudent.* ▶ ***imprudemment*** [ɛ̃pʀydamɑ̃] adv. ■ D'une manière imprudente. *Conduire très imprudemment.* ≠ *impudemment.*

impubère [ɛ̃pybɛʀ] n. et adj. ■ Littér. Personne qui n'a pas atteint la puberté. *Un, une impubère.* — Adj. *Un corps impubère.*

impubliable [ɛ̃pyblijabl] adj. ■ Qui est trop mauvais, trop osé... pour être publié. *Un article impubliable.*

impudence [ɛ̃pydɑ̃s] n. f. ■ Littér. Effronterie audacieuse ou cynique qui choque, indigne. *Mentir avec cette impudence !* — Caractère de ce qui est impudent. — *(Une, des impudences)* Action, parole impudente. ≠ *imprudence.* ▶ ***impudent, ente*** adj. ■ Littér. Qui montre de l'impudence. ⇒ **cynique, effronté, insolent ;** fam. **baveux.** *Des propos impudents.* — N. *Des impudentes.* ≠ *imprudent.* ▶ ***impudemment*** [ɛ̃pydamɑ̃] adv. ■ Littér. D'une manière impudente. *Mentir impudemment.* ≠ *imprudemment.*

impudeur [ɛ̃pydœʀ] n. f. **1.** Manque de pudeur, de discrétion. *Franchise poussée jusqu'à l'impudeur.* / contr. **réserve** / *L'impudeur d'un nu, d'un geste.* ⇒ **impudicité. 2.** Manque de retenue. *Ils ont eu l'impudeur de me demander de l'argent.*

impudique [ɛ̃pydik] adj. ■ Qui outrage la pudeur en étalant l'immoralité de sa conduite. ⇒ **dévergondé, indécent.** — (Choses) *Des gestes, des paroles impudiques.* ⇒ **impur, indécent, obscène.** ▶ ***impudiquement*** adv. ■ Littér. D'une manière impudique. ▶ ***impudicité*** n. f. ■ Littér. Caractère de ce qui est impudique ; comportement impudique. ⇒ **indécence, obscénité.**

impuissance [ɛ̃pɥisɑ̃s] n. f. **1.** Manque de moyens suffisants pour faire qqch. ⇒ **faiblesse, incapacité.** *Le sentiment de son impuissance l'écrasait. Frapper d'impuissance,* paralyser. *Leur impuissance à se faire obéir.* — Caractère de ce qui est impuissant. *L'impuissance de leurs efforts.* **2.** Incapacité physique d'accomplir l'acte sexuel normal et complet, pour l'homme. ▶ ***impuissant, ante*** adj. **1.** Qui n'a pas de moyens suffisants pour faire qqch. *Il reste impuissant devant ce désastre.* **2.** (Hommes) Physiquement incapable d'accomplir l'acte sexuel. — N. m. *C'est un impuissant.* **3.** Littér. Qui est sans effet, sans efficacité. *Une rage impuissante.*

impulsif, ive [ɛ̃pylsif, iv] adj. ■ Qui agit sous l'impulsion de mouvements spontanés ou plus forts que sa volonté. ⇒ **instinctif.** / contr. **pondéré, réfléchi** / *Un homme impulsif. Une réaction impulsive.* — N. *Des impulsives.* ▶ ***impulsivement*** adv. ■ D'une manière impulsive. *Agir impulsivement.* ▶ ***impulsivité*** n. f. ■ Littér. Caractère impulsif. *Répondre avec impulsivité.*

impulsion [ɛ̃pylsjɔ̃] n. f. **1.** Action de pousser. — Ce qui pousse. ⇒ **poussée.** *Communiquer une impulsion à un wagonnet.* **2.** Abstrait. Fait d'inciter ; ce qui anime. ⇒ anglic. **momentum.** *L'impulsion donnée aux affaires.* **3.** Action de pousser (qqn) à faire qqch. ⇒ **influence.** *Agir sous l'impulsion de la colère.* ⇒ sous l'**empire** de. — *(Une, des impulsions)* Tendance spontanée à l'action. *Tu as tort de céder à tes impulsions.* ‹ ▶ impulsif ›

impunément [ɛ̃pynemɑ̃] adv. **1.** Sans subir de punition. *Braver impunément l'autorité. Se moquer impunément de qqn.* **2.** Sans dommage pour soi. *On ne boit pas impunément une bouteille de vin à chaque repas.*

impuni, ie [ɛ̃pyni] adj. ■ Qui n'est pas puni, ne reçoit pas de punition. *Ce crime est resté impuni.* ▶ ***impunité*** n. f. ■ Caractère de ce qui est impuni. *Il se croyait assuré de l'impunité.* / contr. **punition** / ‹ ▶ impunément ›

impur, ure [ɛ̃pyʀ] adj. **1.** Altéré, corrompu par des éléments étrangers. *Eau impure.* **2.** Dont la loi religieuse commande de fuir le contact. ⇒ **immonde** (1). **3.** Littér. Qui est mauvais (moralement). ⇒ **immoral.** *Un cœur impur.* — Impudique, indécent. *Des paroles impures.* ▶ ***impureté*** n. f. **1.** Corruption résultant d'une altération, d'un mélange. *L'impureté de l'air.* — *(Une, des impuretés)* Ce qui rend impur. *Les impuretés qui se déposent au fond d'un récipient.* **2.** Littér. Impudicité. *L'impureté d'une conversation. Péché d'impureté,* d'indécence.

imputer [ɛ̃pyte] v. tr. ■ conjug. 1. **I.** IMPUTER À. **1.** Attribuer (à qqn) une chose digne de blâme (faute, crime...). *On lui impute cette grave erreur.* **2.** Littér. *On lui impute à crime un simple oubli,* on considère comme un crime... **II.** Appliquer à un compte déterminé. ⇒ **affecter.** *Imputer les frais d'hôpital au budget de la ville.* ▶ ***imputable*** adj. **1.** Qui peut, qui doit être imputé, attribué. *Un accident imputable à la négligence.* **2.** Qui doit être imputé, prélevé (sur un compte, un crédit). ► ***imputation*** n. f. **1.** Action d'imputer à qqn, de mettre sur le compte de qqn (une action blâmable, une faute). ⇒ **accusation.** *Une imputation de vol sans fondement.* **2.** Affectation d'une somme à un compte déterminé. *L'imputation d'une somme au crédit d'un compte.*

imputrescible [ɛ̃pytʀesibl] adj. ■ Qui ne peut pas pourrir. / contr. **putrescible** / *Bois, cuir imputrescible.* ⇒ **incorruptible.**

in [in] adj. invar. ■ Anglic. À la mode, à la page. ⇒ dans le **vent** (I, 3) ; fam. **branché.** *Une personne très in.*

in- ■ Élément négatif d'un adjectif (im- devant *b, m, p* ; *il-* devant *l* ; *ir-* devant *r,* sauf *inracontable*).

inabordable [inabɔʀdabl] adj. **1.** Littér. Qu'il est impossible ou très difficile d'approcher. ⇒ **inaccessible.** *Une côte inabordable.* — Abstrait. *C'est une personne inabordable.* **2.** D'un prix élevé, qui n'est pas à la portée de toutes les bourses. ⇒ ② **cher, dispendieux, onéreux.** *Les fraises sont inabordables cette année.*

inaccentué, ée [inaksɑ̃tɥe] adj. ■ Qui ne porte pas d'accent. ⇒ **atone.** / contr. **accentué, tonique** / *« Me », « te », « se » sont les formes inaccentuées du pronom personnel* (en regard de « moi », « toi », « soi »). — *Lettres inaccentuées,* sans accent graphique.

inacceptable [inaksɛptabl] adj. ■ Qu'on ne peut, qu'on ne doit pas accepter. ⇒ **inadmissible.** *Ce sont des propositions inacceptables.*

inaccessible [inaksesibl] adj. **1.** Dont l'accès est impossible. *Un sommet inaccessible.* — Abstrait. (Personnes) Qui est d'un abord difficile. ⇒ **inapprochable.** *Ses occupations en font un personnage inaccessible.* ⇒ **inabordable.** — (Choses) Qu'on ne peut atteindre. *Vous vous proposez un objectif inaccessible.* **2.** INACCESSIBLE À *qqch.* : qui ne se laisse ni convaincre ni toucher par, qui est fermé à (certains sentiments). ⇒ **insensible** à. *Un être inaccessible à la pitié.*

inaccoutumé, ée [inakutyme] adj. ■ Qui n'a pas coutume de se produire. ⇒ **inhabituel, insolite.** / contr. **coutumier** / *Une agitation inaccoutumée.*

inachevé, ée [inaʃve] adj. ■ Qui n'est pas achevé. ⇒ **incomplet.** *Elle a laissé un roman inachevé.* ► ***inachèvement*** [inaʃɛvmɑ̃] n. m. ■ État de ce qui n'est pas achevé. *L'inachèvement d'une route.*

inactif, ive [inaktif, iv] adj. **1.** Qui est sans activité. *Il n'est pas resté inactif pendant tout ce temps-là.* ⇒ **désœuvré, inoccupé, oisif, paresseux.** — Qui ne travaille pas de manière régulière. *Les personnes inactives.* **2.** Qui est sans action. *Un médicament inactif.* ⇒ **inefficace.** ► ***inactivité*** n. f. ■ Manque, absence d'activité. ⇒ **inaction.** *Inactivité d'un malade. Joueuse condamnée à quelques semaines d'inactivité en raison d'une blessure.*

inaction [inaksjɔ̃] n. f. ■ Absence ou cessation de toute action. ⇒ **désœuvrement, inactivité, oisiveté.** *Elle ne peut supporter l'inaction.*

inactuel, elle [inaktɥɛl] adj. ■ Qui n'est pas, n'est plus d'actualité. *Des idées inactuelles.* ⇒ **périmé.**

inadapté, ée [inadapte] adj. ■ Qui n'est pas adapté à la vie sociale. — *Enfant inadapté* (à la vie scolaire). — N. *Rééducation des inadaptés.* ► ***inadaptation*** n. f. ■ Défaut d'adaptation. — État d'une personne inadaptée.

inadéquat, ate [inadekwa, at] adj. ■ Qui n'est pas adéquat. *L'utilisation de cette expression est inadéquate.* ⇒ **impropre, inapproprié.**

inadmissible [inadmisibl] adj. **1.** Qu'il est impossible d'admettre. ⇒ **inacceptable, inexcusable, intolérable.** *Son attitude est inadmissible. C'est une réponse inadmissible.* **2.** (Personnes) Qui ne peut être admis (à un emploi, dans un lieu), qui ne peut être reçu (à un examen, un concours). *Un candidat inadmissible au cégep.* ► ***inadmissibilité*** n. f. **1.** Caractère de ce qui est inadmissible. *L'inadmissibilité d'une preuve.* **2.** Situation d'une personne inadmissible (2). *L'inadmissibilité des mineures dans les bars.*

par ***inadvertance*** [paʀinadvɛʀtɑ̃s] loc. adv. ■ Par défaut d'attention, par mégarde. ⇒ par **erreur.** / contr. ③ **exprès, volontairement** / *J'ai oublié de vous prévenir par inadvertance.*

inaliénable [inaljenabl] adj. ■ Qui ne peut être aliéné, cédé, vendu. ⇒ **incessible.** *Les biens du domaine public sont généralement inaliénables.*

inaltérable [inalteʀabl] adj. **1.** Qui ne peut être altéré ; qui garde ses qualités. *Des couleurs inaltérables. L'or est inaltérable.* **2.** Abstrait. Que rien ne peut changer. *Une bonne humeur inaltérable.* ⇒ **constant, éternel.** / contr. **passager** / ► ***inaltérabilité*** n. f. ■ Caractère de ce qui est inaltérable. *L'inaltérabilité d'un métal.*

inamical, ale, aux [inamikal, o] adj. ■ Qui n'est pas amical. ⇒ **hostile.** *Un geste inamical.*

inamovible [inamɔvibl] adj. ■ Qui n'est pas amovible, qui ne peut être destitué, suspendu ou déplacé. *Des magistrats inamovibles.* — Plaisant. Qu'on ne peut déplacer ou remplacer. *Un champion, un ministre inamovible.* ► ***inamovibilité*** n. f. ■ Caractère d'une personne inamovible. *L'inamovibilité d'un magistrat.*

inanimé, ée [inanime] adj. **1.** Qui, par essence, est sans vie. ⇒ **inerte.** *La matière inanimée.* **2.** Qui a perdu la vie, ou qui a perdu connaissance (⇒ **inconscient**). *Il est tombé inanimé.*

inanité [inanite] n. f. ■ Littér. Caractère de ce qui est futile, inutile. ⇒ **futilité, inutilité.** *L'inanité de nos efforts.*

inanition [inanisjɔ̃] n. f. ■ Épuisement par défaut de nourriture. *Souffrir d'inanition. Mourir d'inanition.* ⇒ de **faim.**

inaperçu, ue [inapɛʀsy] adj. ■ Qui n'est pas aperçu, remarqué. *Un geste inaperçu.* — *Passer inaperçu,* ne pas être remarqué. *Avec cette coiffure, il ne passera pas inaperçu.*

inapplicable [inaplikabl] adj. ■ Qui ne peut être appliqué. *Une réforme inapplicable.*

inappréciable [inapʀesjabl] adj. ■ Qu'on ne saurait trop apprécier, estimer ; de grande valeur. ⇒ **inestimable, précieux.** *D'inappréciables avantages.* — (Personnes) *Une amie inappréciable.*

inapprochable [inapʀɔʃabl] adj. ■ Que l'on ne peut approcher. ⇒ **inaccessible.** *Une vedette inapprochable.*

inapproprié, ée [inapʀɔpʀije] adj. ■ Qui n'est pas approprié. ⇒ **impropre, inadéquat.** *Des paroles inappropriées.* ⇒ **déplacé.**

inapte [inapt] adj. ■ Qui n'est pas apte, qui manque d'aptitude, de qualification. ⇒ **incapable.** *Il s'est montré inapte aux affaires, à diriger une affaire.* — Impropre au service militaire ou à une arme ⑤ en particulier. ► ***inaptitude*** n. f. ■ Défaut d'aptitude (à qqch.). ⇒ **incapacité.** *Son inaptitude aux études, pour faire des études.* — *Points d'inaptitude,* mauvais points qui vont au dossier d'un automobiliste qui commet une infraction au code de la route. ⇒ **démérite.** — État d'un soldat inapte.

inarticulé, ée [inaʀtikyle] adj. ■ Qui n'est pas articulé, qui est prononcé sans netteté. *Des sons inarticulés.*

inassimilable [inasimilabl] adj. ■ Qui n'est pas assimilable. *Une personne inassimilable,* qui ne peut s'intégrer dans une société.

inassouvi, ie [inasuvi] adj. ■ Littér. Qui n'est pas assouvi, satisfait. ⇒ **insatisfait.** *Une faim inassouvie. Un désir inassouvi.*

inattaquable [inatakabl] adj. **1.** Qu'on ne peut attaquer ou mettre en cause avec quelque chance de succès. ⇒ **irréfutable.** *Une position, une théorie inattaquable.* — *Un être inattaquable,* irréprochable. **2.** Qui ne peut être altéré. *Un métal inattaquable.*

inatteignable [inatɛɲabl] adj. ■ Que l'on ne peut pas atteindre, rejoindre ; où on ne peut pas se rendre, avoir accès (à cause d'un obstacle). *Depuis plusieurs jours, elle est inatteignable au téléphone. À ce temps-ci de l'année, le chalet est inatteignable car il y a trop de neige.*

inattendu, ue [inatɑ̃dy] adj. ■ Qu'on n'attendait pas, à quoi on ne s'attendait pas. ⇒ **imprévu, inopiné.** *Une rencontre inattendue.* — (Personnes) *Un visiteur inattendu.* — N. m. *L'inattendu est arrivé.*

inattentif, ive [inatɑ̃tif, iv] adj. ■ Qui ne prête pas attention. ⇒ **distrait.** *Une lectrice inattentive. Un air inattentif. Être inattentif à ce qui se passe.*

inattention [inatɑ̃sjɔ̃] n. f. ■ Manque d'attention. ⇒ **distraction.** *Un instant d'inattention. Une faute, une erreur d'inattention* (dues à l'inattention), une étourderie.

inaudible [inɔ(o)dibl] adj. **1.** Que l'on ne peut entendre. *Vibrations inaudibles* (infrasons, ultrasons). *Un murmure presque inaudible,* qu'on entend difficilement. **2.** Trop mauvais pour être écouté, qui ne peut plus être écouté. *Musique inaudible. Cassettes inaudibles.*

inaugurer [inɔ(o)gyʀe] v. tr. ▪ conjug. 1. **1.** Consacrer ou livrer au public solennellement (un monument, un édifice nouveau). *Inaugurer un hôpital.* — Commencer solennellement, ouvrir (une réunion). *Elle inaugura le colloque.* **2.** Entreprendre, mettre en pratique pour la première fois. *Le gouvernement veut inaugurer une nouvelle politique.* ▶ ***inaugural, ale, aux*** adj. ■ Qui a rapport à une inauguration. *Séance inaugurale d'un congrès.* ▶ ***inauguration*** n. f. ■ Cérémonie par laquelle on inaugure (1).

inauthentique [inɔ(o)tɑ̃tik] adj. ■ Qui n'est pas authentique. ⇒ **apocryphe,** ① **faux.** *Des faits inauthentiques.* ⇒ **controuvé.**

inavouable [inavwabl] adj. ■ Qui n'est pas avouable. ⇒ **honteux.** *Des intentions inavouables.*

inc. adj. f. invar. ■ Abréviation de *incorporée,* apparaissant dans une raison sociale. ⇒ **enregistrer, incorporer ; enregistrée, limitée ; enr., ltée.** *La compagnie ABC inc.* — REM. Ce mot se prononce [ɛ̃kɔʀpɔʀe], comme s'il était écrit au long.

inca [ɛ̃ka] adj. invar. et n. ■ Relatif à la puissance politique établie au Pérou avant la conquête espagnole. *L'Empire inca. Les tribus inca.* — N. (Avec une majusc.) *Les Incas* ou *les Inca. Une Inca.*

incalculable [ɛ̃kalkylabl] adj. ■ Impossible ou difficile à apprécier, à évaluer. ⇒ **considérable, inimaginable.** *Ce petit événement a eu d'incalculables conséquences.*

incandescent, ente [ɛ̃kɑ̃dɛsɑ̃, ɑ̃t] adj. ■ Chauffé à blanc ou au rouge vif ; rendu lumineux par une chaleur intense. ⇒ **ardent.** *Charbon incandescent. Lampe à incandescence.* ⇒ **ampoule.** ≠ *fluorescent, phosphorescent.* ▶ ***incandescence*** n. f. ■ État d'un corps incandescent. *Porter un métal à l'incandescence.* ≠ *fluorescence, phosphorescence.*

incantation [ɛ̃kɑ̃tasjɔ̃] n. f. ■ Emploi de paroles magiques. — Paroles magiques (dites *incantatoires,* adj.) pour opérer un charme, un sortilège (⇒ **enchantement**).

incapable [ɛ̃kapabl] adj. **1.** INCAPABLE DE (+ infinitif) : qui n'est pas capable (par nature ou par accident, de façon temporaire ou définitive) de. ⇒ **impuissant, inapte.** *Elle est incapable de s'en sortir. Êtes-vous incapable de comprendre ?* — (Suivi d'un nom) *Tu es incapable de générosité.* **2.** Absolt. Qui n'a pas l'aptitude, la capacité nécessaire. — N. *C'est un incapable,* un bon à rien. ⇒ **incompétent, nullité.** **3.** Qui est en état d'incapacité (3) juridique.

incapacité [ɛ̃kapasite] n. f. **1.** État d'une personne qui est incapable (de faire qqch.). ⇒ **impossibilité.** *Je suis dans l'incapacité de vous répondre.* — Absolt. Incompétence. ⇒ **inaptitude.** *Il a reconnu son incapacité.* **2.** État d'une personne qui, à la suite d'une blessure, d'une maladie, est devenue incapable de travailler. *Incapacité totale, partielle.* ⇒ **invalidité.** **3.** Absence de l'aptitude à jouir d'un droit ou à l'exercer par soi-même. *L'incapacité d'exercice des mineurs,* leur inaptitude à exercer eux-mêmes certains droits.

incarcérer [ɛ̃kaʀseʀe] v. tr. ▪ conjug. 6. ■ Mettre en prison. ⇒ **écrouer, emprisonner.** *Incarcérer un condamné.* ▶ ***incarcération*** n. f. ■ Action d'incarcérer. ⇒ **emprisonnement.** — État d'une personne incarcérée.

incarnat, ate [ɛ̃kaʀna, at] adj. ■ D'un rouge clair et vif. *Un velours incarnat. Des lèvres incarnates.* — N. m. *L'incarnat de son teint,* cette couleur.

incarné, ée [ɛ̃kaʀne] adj. ■ *Ongle incarné,* qui a pénétré dans les chairs.

incarner [ɛ̃kaʀne] v. tr. ▪ conjug. 1. **1.** Revêtir (un être spirituel) d'un corps charnel, d'une forme humaine ou animale. — Pronominalement. *Une divinité qui s'incarne dans des corps différents.* — Au p. p. adj. *Le Verbe incarné,* le Christ. **2.** Représenter en soi, soi-même (une chose abstraite). *Il incarnait l'Indépendance.* — Au p. p. adj. *Cette personne est la jalousie incarnée,* personnifiée. **3.** Représenter (un personnage) dans un spectacle. ⇒ **jouer.** *Cet acteur a incarné Jacques Cartier.* ▶ ***incarnation*** n. f. **1.** Dans la religion chrétienne. Union intime en Jésus-Christ de la nature divine avec une nature humaine. *Mère Marie de l'Incarnation.* **2.** Ce qui incarne, représente. ⇒ **personnification.** *Ce régime lui apparaissait comme l'incarnation de l'injustice.* ⟨ ▶ désincarné, se réincarner ⟩

incartade [ɛ̃kaʀtad] n. f. ■ Léger écart de conduite. ⇒ **caprice.** *Ce n'est pas sa première incartade !*

incassable [ɛ̃kɑsabl] adj. ■ Qui ne se casse pas, ou ne se casse pas facilement. *Verre incassable.*

incendie [ɛ̃sɑ̃di] n. m. ■ Grand feu qui se propage en causant des dégâts. *Un incendie de forêt. Les pompiers ont maîtrisé l'incendie.* ▶ ***incendiaire*** n. et adj. **I.** N. Personne qui allume volontairement un incendie. ⇒ **pyromane. II.** Adj. **1.** Propre à causer l'incendie. *Des bombes incendiaires.* **2.** Propre à enflammer les esprits, à allumer la révolte. *Des déclarations incendiaires.* — Qui éveille les désirs amoureux. *Une œillade incendiaire. Une blonde incendiaire.* ▶ ***incendier*** v. tr. ▪ conjug. 7. **1.** Mettre en feu.

⇒ **brûler.** *Incendier une maison.* — Au p. p. adj. *Une forêt incendiée.* **2.** Irriter en provoquant une impression de brûlure. *Les piments lui ont incendié la gorge.* **3.** Littér. Colorer d'une lueur ardente. *Le soleil incendiait l'horizon.*

incertain, aine [ɛ̃sɛʀtɛ̃, ɛn] adj. **I. 1.** Qui n'est pas certain, assuré. ⇒ **aléatoire, douteux, hypothétique, problématique.** / contr. **certain** / *Le résultat est bien incertain.* — Sur lequel on ne peut compter. *Une aide incertaine. Le temps est incertain.* ⇒ **changeant, inconstant. 2.** Qui n'est pas connu avec certitude. *Un mot d'origine incertaine.* **3.** Littér. Dont la forme, la nature n'est pas nette. ⇒ **confus, flou, imprécis, vague.** *Une silhouette aux contours incertains.* **II.** (Personnes) Qui manque de certitude, de décision, qui est dans le doute. ⇒ **embarrassé, hésitant, indécis, irrésolu.** *Il restait incertain du parti qu'il devait prendre.* — *Des pas incertains,* mal assurés.

incertitude [ɛ̃sɛʀtityd] n. f. **I. 1.** État de ce qui est incertain. *L'incertitude de notre avenir.* **2.** *(Une, des incertitudes)* Chose imprévisible. *S'engager dans une voie pleine d'incertitudes. Les incertitudes de la guerre.* **II.** État d'une personne incertaine, qui ne sait ce qu'elle doit faire. ⇒ **doute, embarras, indécision, perplexité.** *Je suis dans l'incertitude au sujet de (quant à) cette affaire.*

incessant, ante [ɛ̃sɛsɑ̃, ɑ̃t] adj. ■ Qui ne cesse pas, dure sans interruption. ⇒ **continuel, ininterrompu.** *Un bruit incessant.* — Qui se répète souvent. *D'incessantes récriminations.* ▶ ***incessamment*** adv. ■ Très prochainement, sans délai. ⇒ **bientôt ;** sous **peu.** *Elle doit arriver incessamment.*

incessible [ɛ̃sɛsibl] adj. ■ Droit. Qui ne peut être cédé. ⇒ **inaliénable.**

inceste [ɛ̃sɛst] n. m. ■ Relations sexuelles entre proches parents (dont le mariage est interdit). *Commettre un inceste. Inceste entre le frère et la sœur.* ▶ ***incestueux, euse*** adj. ■ Coupable d'inceste. *Un père incestueux.* — Caractérisé par l'inceste. *Amour incestueux.*

inchangé, ée [ɛ̃ʃɑ̃ʒe] adj. ■ Qui n'a pas changé. *La situation demeure inchangée.* ⇒ **identique,** la **même.**

incidemment [ɛ̃sidamɑ̃] adv. **1.** D'une manière incidente ; sans y attacher une importance capitale. *J'en ai fait mention incidemment.* **2.** Fam. Pendant qu'on en parle. ⇒ à **propos,** à ce **sujet.** *Incidemment, nous les avons rencontrés hier.* — REM. Ce dernier emploi (2) est parfois critiqué.

incidence [ɛ̃sidɑ̃s] n. f. **1.** Physique. Rencontre d'un rayon et d'une surface. *Point, angle d'incidence.* **2.** Conséquence, influence (⇒ ② **incident**). *L'incidence des salaires sur le taux d'inflation.*

① ***incident*** [ɛ̃sidɑ̃] n. m. **1.** Petit événement qui survient. *C'est un simple incident.* — Petite difficulté imprévue qui survient au cours d'une entreprise. ⇒ **anicroche.** *Le voyage s'est passé sans incident. Incidents de parcours.* **2.** Événement peu important, mais capable d'entraîner de graves conséquences diplomatiques ou politiques. *Un incident de frontière.* — Désordre. *Ils veulent provoquer des incidents à la prochaine réunion.* — Objection soulevée par une personne (dans un débat). *Des incidents de séance. L'incident est clos,* la querelle est terminée. ≠ *accident*

② ***incident, ente*** adj. **1.** Qui survient accessoirement dans un procès, une affaire. ⇒ **accessoire.** *Une question incidente.* **2.** Physique. *Rayon incident à* (une surface), qui se dirige vers elle. **3.** Grammaire. (Proposition, remarque) Qui suspend une phrase, un exposé, pour y introduire un énoncé bref et accessoire. — N. f. *Une incidente. Mettre une incidente entre parenthèses, entre tirets* (ex. : « Vous viendrez – je le suppose – avec vos parents. »). ‹ ▶ incidemment, incidence, ① incident ›

incinérer [ɛ̃sineʀe] v. tr. ■ conjug. 6. ■ Réduire en cendres. ⇒ **brûler.** *Appareil à incinérer les ordures.* ⇒ **incinérateur.** — *Après sa mort, elle veut se faire incinérer.* — Au passif. *Son cadavre a été incinéré.* ▶ ***incinération*** n. f. ■ Action d'incinérer. *Incinération d'un cadavre.* ⇒ **crémation.** ▶ ***incinérateur*** n. m. ■ Appareil servant à incinérer les ordures et les déchets. *L'incinérateur municipal.* ≠ *crématorium.*

incipit [ɛ̃sipit, insipit] n. m. invar. ■ Premiers mots d'un livre, d'un poème, d'un chapitre. *Table des incipit.*

incise [ɛ̃siz] n. f. ■ Courte proposition insérée dans la phrase, pour indiquer qu'on rapporte les paroles de qqn (ex : *dit-elle,* dans *Je viendrai, dit-elle, demain*). — Adj. f. *Une proposition incise.*

inciser [ɛ̃size] v. tr. ■ conjug. 1. ■ Fendre avec un instrument tranchant. ⇒ **couper, entailler.** *Inciser l'écorce d'un arbre pour le greffage. Inciser un abcès.* ▶ ***incision*** n. f. ■ Action d'inciser ; son résultat. ⇒ **entaille.** *Faire une incision dans l'écorce d'un arbre. Le chirurgien a pratiqué l'incision de la plaie.* ▶ ***incisif, ive*** adj. ■ Abstrait. Acéré, mordant dans l'expression. ⇒ **acerbe.** *Une ironie incisive.* ▶ ***incisive*** n. f. ■ Dent aplatie et tranchante, sur le devant de la mâchoire. *Incisives inférieures, supérieures.* ‹ ▶ incise ›

inciter [ɛ̃site] v. tr. ■ conjug. 1. **1.** *Inciter qqn à qqch., à faire qqch.,* entraîner, pousser. ⇒ **encourager, exorter. 2.** (Choses) Conduire (qqn) à un sentiment, un comportement. ⇒ **engager, incliner.** *Sa réponse m'incite à penser qu'il est innocent.* ▶ ***incitatif, ive*** adj. ■ Qui incite à faire qqch. ; qui est propre à inciter qqn à qqch., à faire qqch. *Une mesure incitative.* ▶ ***incitation*** n. f. ■ Action d'inciter ; ce qui incite. ⇒ **encouragement.** *Condamné pour incitation à la révolte, au meurtre.* ⇒ **provocation.**

incivil, ile [ɛ̃sivil] adj. ■ Littér. Impoli. *Un homme incivil.* ▶ ***incivilité*** n. f. ■ Littér. Impolitesse.

inclassable [ɛ̃klasabl] adj. ■ Qu'on ne peut définir, rapporter à un ensemble connu. *Une œuvre inclassable.*

inclément, ente [ɛ̃klemɑ̃, ɑ̃t] adj. ■ Littér. Rigoureux, rude. *Un climat, une saison inclémente. Un juge inclément,* sévère. ▶ ***inclémence*** n. f. ■ Littér. Caractère pénible (des éléments). *L'inclémence du temps.*

inclinable [ɛ̃klinabl] adj. ■ Qu'on peut incliner. *Un siège d'auto à dossier inclinable.*

inclinaison [ɛ̃klinɛzɔ̃] n. f. **1.** État de ce qui est incliné ; obliquité (d'une ligne droite, d'une surface plane). *L'inclinaison du mur est dangereuse.* **2.** *Inclinaison d'une surface, d'une ligne,* angle qu'elles font avec une autre surface ou ligne. — *Inclinaison magnétique,* angle formé avec l'horizon par l'aiguille aimantée. **3.** Action de pencher ; position penchée (de la tête, du buste).

inclination [ɛ̃klinasjɔ̃] n. f. **1.** Action d'incliner (la tête ou le corps) en signe d'acquiescement ou de déférence. ⇒ **révérence, salut.** *Elle nous salua d'une inclination de tête.* **2.** Abstrait. Mouvement affectif, spontané vers un objet ou une fin. ⇒ **goût, penchant, tendance.** *Combattre, suivre ses inclinations. Montrer de l'inclination pour les sciences.*

incliner [ɛ̃kline] v. ■ conjug. 1. **I.** V. tr. **1.** Rendre oblique ce qui est vertical ou horizontal. ⇒ **baisser, courber, pencher.** / contr. **redresser** / *Inclinez le flacon et versez doucement.* — Au p. p. adj. *Plan incliné.*

⇒ **plan.** *Une écriture inclinée. Avoir la tête inclinée.* **2.** Abstrait. INCLINER *qqn* À : rendre (qqn) enclin à. ⇒ **inciter, porter.** *Votre réponse m'incline à être indulgent, à l'indulgence.* **II.** S'INCLINER v. pron. **1.** Se courber, se pencher. *Saluer en s'inclinant profondément.* **2.** Abstrait. *S'incliner devant qqn,* reconnaître sa supériorité. — S'avouer vaincu, renoncer à lutter. ⇒ **abandonner, obéir.** *Je m'incline.* **3.** (Choses) Être placé obliquement par rapport à un plan. **III.** V. intr. Littér. INCLINER À : avoir de l'inclination pour, être porté à (qqch.). *Le juge semblait incliner à l'indulgence.* ⇒ **pencher.** *J'incline à penser que vous avez raison.* ‹ ▶ inclinable, inclinaison, inclination ›

inclure [ɛ̃klyʀ] v. tr. ▪ conjug. 35. — REM. Part. passé *inclus(e).* **1.** Mettre (qqch.) dans un ensemble (envoi, texte, compte, etc.). ⇒ **insérer, introduire.** *Je tiens à inclure cette clause dans le contrat.* **2.** Abstrait. Comporter, impliquer. ⇒ **comprendre, intégrer.** / contr. **exclure** / *Le sens du mot « fleur » inclut celui de « rose ».* ▶ ***inclus, use*** adj. **1.** Contenu, compris (dans). / contr. **exclu** / *C'est inclus dans les frais généraux. La T.P.S. est-elle incluse ? — Jusqu'au troisième chapitre inclus.* **2.** CI-INCLUS, INCLUSE : inclus ici, ci-joint. *Vous trouverez ci-inclus les documents nécessaires.* — Invar. *Ci-inclus notre facture.* ▶ ***inclusion*** n. f. **1.** Action d'inclure ; ce qui est inclus. *L'inclusion d'une clause dans un contrat.* **2.** Mathématiques. Rapport entre deux ensembles dont l'un est entièrement compris dans l'autre. ▶ ***inclusivement*** adv. ▪ En comprenant (la chose dont on vient de parler). *Jusqu'au* XVe *siècle inclusivement.* ⇒ **compris.** / contr. **exclusivement** /

incoercible [ɛ̃kɔɛʀsibl] adj. ▪ Littér. Qu'on ne peut contenir, réprimer. ⇒ **irrépressible.** *Un fou rire incoercible.*

incognito [ɛ̃kɔɲ(gn)ito] adv. et n. m. **1.** Adv. En faisant en sorte qu'on ne soit pas reconnu (dans un lieu). *Voyager incognito.* **2.** N. m. Situation d'une personne qui cherche à n'être pas reconnue. ⇒ **anonymat.** *La vedette n'a pu garder l'incognito.*

incohérent, ente [ɛ̃kɔeʀɑ̃, ɑ̃t] adj. ▪ Qui n'est pas cohérent, manque de suite, de logique, d'unité. / contr. **cohérent** / *Des propos incohérents.* ⇒ **incompréhensible.** *Des gestes incohérents.* ▶ ***incohérence*** n. f. **1.** Caractère de ce qui est incohérent. / contr. **cohérence** / *L'incohérence de ses discours, de sa conduite.* **2.** *(Une, des incohérences)* Parole, idée, action incohérente. *La défense de l'accusé est pleine d'incohérences.*

incollable [ɛ̃kɔlabl] adj. et n. ▪ (Surtout en France) Fam. Qu'on ne peut coller, qui répond à toutes les questions. *Elle est incollable en histoire.* ⇒ **imbattable.**

incolore [ɛ̃kɔlɔʀ] adj. **1.** Qui n'est pas coloré. *Gaz incolore et inodore. Vernis incolore.* **2.** Abstrait. Sans éclat. ⇒ **terne.** *Un style incolore,* sans images.

incomber [ɛ̃kɔ̃be] v. tr. ind. ▪ conjug. 1. (3es pers. seulement) ▪ (Charges, obligations) INCOMBER À : peser sur (qqn), être imposé à (qqn). *Ces responsabilités lui incombent.* — Impers. *C'est à vous qu'il incombe de,* qu'il revient de.

incombustible [ɛ̃kɔ̃bystibl] adj. ▪ Qui ne brûle pas ou très mal. *Des matériaux incombustibles.* ⇒ **ininflammable.**

incommensurable [ɛ̃kɔmɑ̃syʀabl] adj. **1.** Mathématiques. (Grandeurs) Qui n'a pas de mesure commune, dont le rapport des mesures est un nombre irrationnel. **2.** Littér. Qui ne peut être mesuré, qui est très grand. ⇒ **démesuré, illimité, immense.** *Sa vanité est incommensurable.*

incommode [ɛ̃kɔmɔd] adj. **1.** Qui est peu pratique à l'usage. ⇒ **malcommode.** *Un appareil d'une manipulation incommode.* **2.** Littér. Qui est désagréable, qui gêne. *Une posture incommode.* ⇒ **inconfortable.** ▶ ***incommodément*** adv. ▪ D'une manière incommode. *Être installé, assis incommodément.* ⇒ **inconfortablement.** ▶ ***incommodité*** n. f. **1.** Caractère de ce qui n'est pas pratique. *L'incommodité de cette installation.* **2.** Littér. Gêne causée par (qqch.). *L'incommodité d'un voisinage bruyant.* ‹ ▶ incommoder ›

incommoder [ɛ̃kɔmɔde] v. tr. ▪ conjug. 1. ▪ Causer une gêne physique à (qqn), mettre mal à l'aise. ⇒ **fatiguer, gêner, indisposer.** *Le bruit, la chaleur nous incommodait. Elle était incommodée par la fumée,* dérangée. — Littér. *Être incommodé,* être indisposé, se sentir un peu souffrant. ▶ ***incommodant, ante*** adj. ▪ Qui incommode physiquement. ⇒ **gênant.** *Un parfum incommodant.*

incommunicable [ɛ̃kɔmynikabl] adj. **1.** Dont on ne peut faire part à personne. ⇒ **inexprimable.** *Un état d'âme incommunicable.* **2.** Au plur. Qui ne peuvent être mis en communication. *Ce sont deux mondes incommunicables.*

incomparable [ɛ̃kɔ̃paʀabl] adj. **1.** Au plur. Qui ne peuvent être mis en comparaison. *Deux choses absolument incomparables,* complètement différentes. **2.** À qui ou à quoi rien ne semble pouvoir être comparé (en bien) ; sans pareil. ⇒ **inégalable, supérieur.** *Un talent incomparable.* — (Personnes) *Une artiste incomparable.* ▶ ***incomparablement*** adv. ▪ Sans comparaison possible. — (Suivi d'un comparatif) *Elle joue incomparablement mieux.* — (Suivi d'un adj.) *Il est incomparablement plus adroit.*

incompatible [ɛ̃kɔ̃patibl] adj. **1.** Qui ne peut coexister, être associé avec (une autre chose). ⇒ **inconciliable, opposé.** *La science et l'action ne sont pas incompatibles. Des ordinateurs incompatibles. Ce sont des caractères incompatibles.* **2.** (Fonctions, mandats, emplois) Dont la loi interdit le cumul. ▶ ***incompatibilité*** n. f. **1.** Impossibilité de s'accorder, d'exister ensemble. ⇒ **désaccord, opposition.** *Il y a entre eux une incompatibilité d'idées, d'humeur, de caractère. — L'incompatibilité de deux groupes sanguins.* **2.** Impossibilité légale de cumuler certaines fonctions ou occupations.

incompétent, ente [ɛ̃kɔ̃petɑ̃, ɑ̃t] adj. **1.** Qui n'a pas les connaissances suffisantes pour juger, décider d'une chose. *Il est incompétent dans ce domaine, sur ce sujet.* **2.** Qui n'est pas juridiquement compétent. *Le tribunal s'est déclaré incompétent.* ▶ ***incompétence*** n. f. ▪ Défaut de compétence. ⇒ **ignorance, incapacité.** *Je reconnais mon incompétence en cette matière.*

incomplet, ète [ɛ̃kɔ̃plɛ, ɛt] adj. ▪ Qui n'est pas complet ; auquel il manque qqch., un élément. *Une liste incomplète. — Vous avez une vue incomplète de la situation. Une instruction incomplète.* ▶ ***incomplètement*** adv. ▪ D'une manière incomplète. ⇒ **imparfaitement.**

incompréhensible [ɛ̃kɔ̃pʀeɑ̃sibl] adj. ▪ (Choses) Impossible ou très difficile à comprendre, à expliquer. *Texte incompréhensible.* ⇒ **inintelligible, obscur.** *Sa disparition est incompréhensible.* ⇒ **inexplicable, mystérieux.** — (Personnes) *Vous êtes incompréhensible,* je ne comprends pas votre conduite. ≠ *incompréhensif.*

incompréhensif, ive [ɛ̃kɔ̃pʀeɑ̃sif, iv] adj. ▪ (Personnes) Qui ne comprend pas autrui, qui ne se met pas à la portée des autres. *Des parents incompréhensifs.* ≠ *incompréhensible.*

incompréhension [ɛ̃kɔ̃pʀeɑ̃sjɔ̃] n. f. ▪ Incapacité ou refus de comprendre qqn ou qqch., de lui rendre justice. *L'incompréhension entre deux personnes. Cette artiste a souffert de l'incompréhension du public.*

incompressible [ɛ̃kɔ̃pʀesibl] adj. ■ Qui n'est pas compressible. *L'eau est un fluide incompressible.* — Fig. Qu'on ne peut réduire. *Des dépenses incompressibles.*

incompris, ise [ɛ̃kɔ̃pʀi, iz] adj. et n. ■ Qui n'est pas compris, apprécié à sa juste valeur. *Il se plaint d'être incompris.* — N. *Une incomprise.*

inconcevable [ɛ̃kɔ̃s(ə)vabl] adj. **1.** Dont l'esprit humain ne peut se former aucune représentation. ⇒ **inimaginable.** *L'infini est inconcevable.* **2.** Impossible ou difficile à comprendre, à imaginer, à croire. ⇒ **incompréhensible, incroyable, invraisemblable.** — REM. Souvent péj. *Elle a fait preuve d'une légèreté inconcevable. Il est inconcevable qu'il ait échoué.*

inconciliable [ɛ̃kɔ̃siljabl] adj. ■ Qui n'est pas conciliable. ⇒ **incompatible, opposé.** *Leurs intérêts sont inconciliables.*

inconditionnel, elle [ɛ̃kɔ̃disjɔnɛl] adj. **1.** Qui ne dépend d'aucune condition. ⇒ **absolu.** *Une acceptation inconditionnelle. Vous recevrez un soutien inconditionnel.* **2.** Qui suit en toute circonstance et sans discussion les décisions (d'une personne, d'un parti). — N. *Les inconditionnels,* les partisans inconditionnels. ▸ ***inconditionnellement*** adv. ■ D'une manière inconditionnelle. *Le premier ministre s'attend à ce que ses députés le soutiennent inconditionnellement.*

inconduite [ɛ̃kɔ̃dɥit] n. f. **1.** Mauvaise conduite sur le plan moral. ⇒ **débauche.** *Une inconduite scandaleuse.* **2.** Hockey. *Inconduite de partie,* pénalité de match pour conduite antisportive.

inconfort [ɛ̃kɔ̃fɔʀ] n. m. ■ Manque de confort. *Vivre dans l'inconfort.* ▸ ***inconfortable*** adj. ■ Qui n'est pas confortable. *Un logement inconfortable.* — Abstrait. *Être dans une position inconfortable.* ⇒ **délicat, gênant.** ▸ ***inconfortablement*** adv. ■ D'une manière inconfortable. *Il vivait très inconfortablement.*

incongru, ue [ɛ̃kɔ̃gʀy] adj. ■ Contraire aux usages, à la bienséance. ⇒ **inconvenant.** *On a trouvé sa remarque bien incongrue.* ▸ ***incongruité*** [ɛ̃kɔ̃gʀyite] n. f. ■ Action ou parole incongrue, déplacée. *Elle ne dit que des incongruités.*

inconnaissable [ɛ̃kɔnɛsabl] adj. et n. m. ■ Qui ne peut être connu. — N. m. *L'inconnaissable,* ce qui échappe à la connaissance humaine.

inconnu, ue [ɛ̃kɔny] adj. et n. **1.** (Choses) Sans compl. Dont on ignore l'existence ou la nature. *La découverte d'un monde inconnu.* ⇒ **mystérieux, secret.** *Partir pour une destination inconnue.* — N. m. *Aller du connu à l'inconnu.* **2.** (Personnes) Dont on ignore l'identité. *Enfant né de père inconnu. Elle désire demeurer inconnue.* ⇒ garder l'**anonymat,** garder l'**incognito.** *Le tombeau du Soldat inconnu.* — Fam. *Inconnu au bataillon,* complètement inconnu (de la personne qui parle). — N. m. *Déposer une plainte contre inconnu* (→ plainte contre X). **3.** Qu'on connaît très peu, faute d'étude, d'expérience. *Être en pays, en terrain inconnu.* — INCONNU À, DE *qqn. Une coutume inconnue de nous, inconnue aux Canadiens, aux Québécois.* ⇒ **étranger.** — Qu'on n'a encore jamais ressenti. ⇒ **nouveau.** *Une impression inconnue (de moi...).* **4.** (Personnes) Dont on n'a jamais fait connaissance. *Elle ne m'est pas complètement inconnue.* — N. *Votre ami est un inconnu pour moi.* — *Un inconnu,* une personne qui n'est pas connue, notoire, célèbre. — Plaisant. *Un illustre inconnu.* ▸ ***inconnue*** n. f. ■ Quantité inconnue (d'une équation). *Une équation à deux inconnues.* — Élément inconnu d'un problème, d'une situation envisagée.

inconscience [ɛ̃kɔ̃sjɑ̃s] n. f. **1.** Privation permanente ou abolition momentanée de la conscience. *Le malade a sombré dans l'inconscience.* **2.** Absence de jugement, de conscience claire. *Courir un pareil risque, c'est de l'inconscience.* ⇒ **aveuglement, folie.** ▸ ***inconscient, ente*** adj. et n. **I.** Adj. **1.** À qui la conscience fait défaut. *Il était inconscient,* évanoui. ⇒ **inanimé ; coma. 2.** Qui ne se rend pas compte clairement des choses. *Être inconscient du danger. Il est complètement inconscient.* — N. *Ce sont des inconscients.* ⇒ **fou. 3.** (Choses) Dont on n'a pas conscience ; qui échappe à la conscience. *Un mouvement inconscient.* ⇒ **instinctif, machinal. II.** N. m. L'INCONSCIENT : ce qui échappe entièrement à la conscience, même quand le sujet cherche à le percevoir. ≠ *subconscient.* ▸ ***inconsciemment*** [ɛ̃kɔ̃sjamɑ̃] adv. ■ De façon inconsciente, sans s'en rendre compte. *Elle s'est engagée un peu inconsciemment.*

inconséquent, ente [ɛ̃kɔ̃sekɑ̃, ɑ̃t] adj. Littér. **1.** (Choses) Qui n'est pas conforme à la logique. *Raisonnement inconséquent.* — Dont on n'a pas calculé les conséquences (qui risquent d'être fâcheuses). ⇒ **inconsidéré.** *Une démarche inconséquente.* **2.** (Personnes) Qui est en contradiction avec soi-même. *Elle est inconséquente avec ses intentions.* — Qui ne calcule pas les conséquences de ses actes. *Il a été assez inconséquent pour se lancer dans cette entreprise.* ▸ ***inconséquence*** n. f. **1.** Manque de suite dans les idées, de réflexion dans la conduite. *Avoir beaucoup d'inconséquence dans ses propos.* ⇒ **légèreté. 2.** *(Une, des inconséquences)* Action ou parole inconséquente. ⇒ **contradiction.**

inconsidéré, ée [ɛ̃kɔ̃sideʀe] adj. ■ Qui témoigne d'un manque de réflexion ; qui n'a pas été considéré, pesé. ⇒ **imprudent, inconséquent, irréfléchi.** *Une démarche, une initiative inconsidérée.* ▸ ***inconsidérément*** adv. ■ Sans réflexion suffisante. ⇒ **étourdiment.** *Répondre inconsidérément.*

inconsistant, ante [ɛ̃kɔ̃sistɑ̃, ɑ̃t] adj. ■ Qui manque de consistance morale, de cohérence, de solidité. *Un caractère inconsistant.* ⇒ **faible, mou.** *Une argumentation inconsistante. Un film, un livre inconsistant,* qui manque d'intérêt. ▸ ***inconsistance*** n. f. ■ Manque de fermeté, d'intérêt. *L'inconsistance d'un raisonnement. L'inconsistance d'un roman.*

inconsolable [ɛ̃kɔ̃sɔlabl] adj. ■ Qu'on ne peut consoler. *Ils ont perdu leur fille, ils sont inconsolables.*

inconstant, ante [ɛ̃kɔ̃stɑ̃, ɑ̃t] adj. **1.** Qui n'est pas constant, change facilement (d'opinion, de sentiment, de conduite). ⇒ **changeant, instable, versatile.** *Être inconstant dans ses goûts, dans ses idées. Une humeur inconstante.* — Qui a tendance à être infidèle en amour. *Une personne inconstante.* **2.** (Choses) Littér. Qui est sujet à changer. ⇒ **changeant.** *Temps inconstant,* très variable. ⇒ **incertain.** ▸ ***inconstance*** n. f. ■ Caractère d'une personne, d'une chose inconstante. *L'inconstance du public.* ⇒ **versatilité.** *L'inconstance d'un amant.* ⇒ **infidélité.** *L'inconstance des choses humaines.* ⇒ **fragilité.**

inconstitutionnel, elle [ɛ̃kɔ̃stitysjɔnɛl] adj. ■ Qui n'est pas constitutionnel ; qui est en opposition avec la constitution d'un État. *Loi inconstitutionnelle.* ⇒ **anticonstitutionnel.** ▸ ***inconstitutionnalité*** n. f. ■ Caractère inconstitutionnel.

incontestable [ɛ̃kɔ̃tɛstabl] adj. ■ Qui n'est pas contestable, que l'on ne peut mettre en doute. ⇒ **certain, indéniable, indiscutable, sûr.** *Ce sont des faits incontestables. Il est incontestable qu'il y a une crise. C'est incontestable,* cela tombe sous le sens. ▸ ***incontestablement*** adv. ■ D'une manière incontestable. ⇒ **assurément, indéniablement, indiscutablement.** *Elle a incontestablement beaucoup de talent.*

incontesté, ée [ɛ̃kɔ̃tɛste] adj. ■ Qui n'est pas contesté ; que l'on ne met pas en doute, en question. / contr. **contesté** / *Le chef incontesté du parti. La championne incontestée des échecs.*

incontinent, ente [ɛ̃kɔ̃tinɑ̃, ɑ̃t] adj. **1.** Littér. Qui manque de retenue, de modération. **2.** Qui ne peut contrôler ses émissions d'urine. *Un enfant incontinent.* — N. *Un(e) incontinent(e).* ▶ ***incontinence*** n. f. **1.** Littér. Absence de retenue (en matière de langage). **2.** Émission involontaire d'urine (le mot savant est *énurésie,* n. f.).

incontournable [ɛ̃kɔ̃tuʀnabl] adj. ■ Qu'on ne peut se dispenser de connaître ; que l'on ne peut éviter, « contourner ». ⇒ **inévitable.** *L'incontournable question de l'existence de Dieu.*

incontrôlable [ɛ̃kɔ̃tʀolabl] adj. **1.** Qui n'est pas contrôlable. ⇒ **invérifiable.** *Des témoignages, des sources incontrôlables.* **2.** Fam. Qui est indépendant de la volonté, qu'on ne maîtrise pas. ⇒ **imprévisible, imprévu.** *Des événements incontrôlables.* — REM. Ce dernier emploi (2) est parfois critiqué. ▶ ***incontrôlé, ée*** adj. ■ Qui n'est pas contrôlé. *Des nouvelles incontrôlées. Des bandes incontrôlées de rebelles,* qui échappent à toute autorité.

inconvenant, ante [ɛ̃kɔ̃vnɑ̃, ɑ̃t] adj. ■ Littér. Qui est contraire aux convenances, aux usages. *Des sous-entendus inconvenants.* ⇒ **choquant, déplacé, grossier, indécent.** / contr. **convenable, décent** / *Une question inconvenante.* ⇒ **incongru.** ▶ ***inconvenance*** n. f. Littér. **1.** Caractère de ce qui est inconvenant, contraire aux convenances. ⇒ **incorrection, indécence.** *Il s'est conduit avec inconvenance.* **2.** *(Une, des inconvenances)* Parole, action inconvenante. ⇒ **grossièreté, impolitesse.** *Commettre des inconvenances.*

inconvénient [ɛ̃kɔ̃venjɑ̃] n. m. **1.** (⇒ **convenir**) Conséquence fâcheuse (d'une action, d'une situation). *C'est vous qui en subirez les inconvénients. Il n'y a pas d'inconvénient à essayer. Si vous n'y voyez pas d'inconvénient,* si cela ne vous dérange pas. **2.** Désavantage inhérent à une chose qui, par ailleurs, est ou peut être bonne. *Ce sont les avantages et les inconvénients du métier !,* le bon et le mauvais côté.

inconvertible [ɛ̃kɔ̃vɛʀtibl] adj. ■ Qu'on ne peut convertir (2). *Monnaie inconvertible,* qui ne peut être échangée contre une autre.

incorporer [ɛ̃kɔʀpɔʀe] v. tr. ▪ conjug. 1. **1.** Unir intimement (une matière à une autre). ⇒ **mélanger.** *Il faut incorporer soigneusement le jaune d'œuf à la crème.* **2.** Faire entrer comme partie dans un tout. ⇒ **réunir.** / contr. **exclure, séparer** / *Elle a essayé d'incorporer le dialogue au récit.* — (Compl. personne) *Incorporer qqn dans une association. Sa jeune femme a été tout de suite incorporée dans la famille.* **3.** Constituer en société (compagnie) par actions. *Incorporer une entreprise.* — Pronominalement. *Elle a décidé de s'incorporer au Québec.* ▶ ***incorporé, ée*** adj. **1.** Élément intégré à un mécanisme. *Appareil de photo avec cellule incorporée.* **2.** Au fém. *Compagnie incorporée,* qui est constituée en société par actions. ⇒ **inc. ; enregistrer, incorporer ; enregistrée, incorporée ; enr., ltée.** ▶ ***incorporation*** n. f. **1.** Action de faire entrer (une substance) dans une autre. ⇒ **mélange.** *L'incorporation de jaunes d'œufs dans la farine.* **2.** Action d'incorporer (2). / contr. **exclusion** / *L'incorporation de cette minorité à la communauté a été difficile.* **3.** Action d'incorporer (une société...). *L'incorporation d'une entreprise.*

incorrect, ecte [ɛ̃kɔʀɛkt] adj. **1.** Qui n'est pas correct (dans le domaine intellectuel, technique...). *Cette expression est incorrecte.* ⇒ **fautif, impropre, inapproprié.** *Une interprétation incorrecte des faits.* ⇒ ① **faux, inexact.** **2.** Qui est contraire aux usages, aux bienséances. ⇒ **déplacé, inconvenant.** *Une tenue incorrecte.* — (Personnes) *Être incorrect avec qqn,* manquer envers lui (elle) aux usages, aux règles (de la politesse, des affaires, etc.). ▶ ***incorrectement*** adv. ■ D'une manière incorrecte. *Parler incorrectement une langue. Ne vous conduisez pas incorrectement.* ▶ ***incorrection*** n. f. **1.** Défaut de correction du style. — *(Une, des incorrections)* Expression incorrecte. ⇒ **faute, impropriété.** *Il y a beaucoup d'incorrections dans ce devoir.* **2.** Caractère incorrect de ce qui est contraire aux usages, aux règles du savoir-vivre. ⇒ **inconvenance.** — *Incorrection en affaires.* ⇒ **indélicatesse.** — *(Une, des incorrections)* Parole ou action incorrecte. ⇒ **grossièreté, impolitesse.**

incorrigible [ɛ̃kɔʀiʒibl] adj. **1.** (Personnes) Qui persévère dans ses défauts, ses erreurs. *Cette enfant est incorrigible. Un incorrigible optimiste.* ⇒ **impénitent.** **2.** (Erreurs, défauts) Qui persiste chez qqn. ⇒ **incurable.** *Son incorrigible étourderie.*

incorruptible [ɛ̃kɔʀyptibl] adj. **1.** (Choses) Qui n'est pas corruptible. ⇒ **inaltérable.** *Du bois incorruptible.* ⇒ **imputrescible.** **2.** (Personnes) Qui est incapable de se laisser corrompre pour agir contre son devoir. ⇒ **intègre.** *Un juge, un policier incorruptible.*

incrédule [ɛ̃kʀedyl] adj. et n. **1.** Littér. Qui ne croit pas, qui doute (en matière de religion). ⇒ **incroyant.** — N. *Les incrédules.* **2.** Qui ne croit pas facilement, qui se laisse difficilement persuader, convaincre. ⇒ **sceptique.** *Ses affirmations me laissent incrédule.* — Qui marque un doute. *Un sourire incrédule.* ▶ ***incrédulité*** n. f. **1.** Littér. Manque de foi, de croyance religieuse. ⇒ **incroyance.** **2.** État d'une personne incrédule. ⇒ **doute, scepticisme.** *La nouvelle n'a suscité que de l'incrédulité. Elle eut un sourire d'incrédulité.*

increvable [ɛ̃kʀəvabl] adj. **1.** Qui ne peut être crevé. *Un pneu increvable.* **2.** Fam. Qui n'est jamais fatigué. ⇒ **infatigable, inlassable.** *Et il continue à marcher ! Il est increvable !*

incriminer [ɛ̃kʀimine] v. tr. ▪ conjug. 1. ■ Mettre (qqn) en cause ; s'en prendre à (qqn). ⇒ **accuser, blâmer.** *On incriminait son entourage plus que lui-même.*

incroyable [ɛ̃kʀwajabl] adj. **1.** Qui n'est pas croyable ; qu'il est impossible ou très difficile de croire. ⇒ **étonnant, indisable, invraisemblable, renversant.** *D'incroyables nouvelles.* — Impers. *Il est, il semble incroyable que* (+ subjonctif). *Il est incroyable que tu n'aies rien vu.* — *C'est incroyable comme il fait chaud.* **2.** Qui est peu commun, peu ordinaire. ⇒ **extraordinaire, fantastique, inouï.** *Vous avez fait des progrès incroyables.* — *Avoir un culot incroyable,* inadmissible. **3.** (Personnes) Dont le comportement étonne. *Il est incroyable avec ses prétentions !* ▶ ***incroyablement*** adv. ■ D'une manière incroyable. *Ils sont incroyablement prétentieux.* ⇒ **extrêmement.**

incroyant, ante [ɛ̃kʀwajɑ̃, ɑ̃t] adj. ■ Qui n'est pas croyant, qui refuse de croire (en matière de religion). — N. *Les incroyants.* ⇒ **agnostique, athée, incrédule.** ▶ ***incroyance*** n. f. ■ Absence de croyance religieuse. ⇒ **athéisme, incrédulité.**

incruster [ɛ̃kʀyste] v. tr. ▪ conjug. 1. **I.** (Surtout passif) **1.** Orner (un objet, une surface), suivant un dessin gravé en creux, avec des fragments d'une autre matière. — Au p. p. adj. *Un poignard incrusté d'or.* — Insérer dans une surface évidée (des matériaux d'ornement taillés en fragments). *Incruster de l'émail.* **2.** Couvrir d'un dépôt (⇒ **incrustation,** 3). **II.** S'INCRUSTER v. pron. **1.** Adhérer fortement à un corps, s'y implanter. *Ce coquillage s'est incrusté dans la pierre.* **2.** (Personnes) *S'incruster chez qqn,* ne plus en déloger. ⇒ **coller** (I, 6), s'**enraciner.** ▸ ***incrustation*** n. f. **1.** Action d'incruster. *La mosaïque se fait par incrustation.* **2.** Surtout au plur. Ornement incrusté. *Meuble orné d'incrustations.* **3.** Enduit pierreux naturel déposé par des matières salines autour d'un objet, contre une paroi. ⇒ **tartre.**

incubation [ɛ̃kybasjɔ̃] n. f. **1.** Action de couver des œufs ; développement de l'embryon dans l'œuf. *Les œufs éclosent après incubation. Incubation artificielle* (en couveuse ou en incubateur). **2.** Temps qui s'écoule entre l'époque de la contagion et l'apparition des symptômes d'une maladie. **3.** Période pendant laquelle un événement, une création se prépare. *L'incubation de la grève.* ▸ ***incubateur*** n. m. ■ Appareil dans lequel s'opère l'incubation. ⇒ **couveuse.** *On place les prématurés dans des incubateurs.*

inculper [ɛ̃kylpe] v. tr. ▪ conjug. 1. ■ Attribuer officiellement un crime, un délit à (qqn). / contr. **disculper** / *Être inculpé de vol.* ▸ ***inculpé, ée*** adj. et n. ■ Qui est inculpé. — N. *Un inculpé, une inculpée,* personne qui est sous le coup d'une inculpation. ▸ ***inculpation*** n. f. ■ Action d'inculper (un individu contre qui est dirigée une procédure d'instruction). *Être arrêté sous l'inculpation d'assassinat.*

inculquer [ɛ̃kylke] v. tr. ▪ conjug. 1. ■ Faire entrer (qqch.) dans l'esprit d'une façon durable, profonde. ⇒ **apprendre, enseigner.** *On leur avait inculqué de bons principes.*

① ***inculte*** [ɛ̃kylt] adj. **1.** (Terre, sol...) Qui n'est pas cultivé. ⇒ **aride, stérile ;** en **friche. 2.** (Cheveux, barbe...) Qui n'est pas soigné.

② ***inculte*** adj. ■ (Personnes) Sans culture intellectuelle. ⇒ **ignorant.** / contr. **cultivé** / *Un homme intelligent mais inculte.* ▸ ***inculture*** n. f. ■ Absence de culture intellectuelle.

incunable [ɛ̃kynabl] n. m. et adj. ■ Ouvrage imprimé antérieur à 1500, tiré à peu d'exemplaires et très rare. — Adj. *Acheter une édition incunable de la Bible.*

incurable [ɛ̃kyʀabl] adj. ■ Qui ne peut être guéri. ⇒ **inguérissable.** *Un mal, un malade incurable.* — *Une vanité incurable.* ⇒ **incorrigible.** ▸ ***incurablement*** adv. ■ *Il est incurablement atteint.* — *Incurablement paresseuse.*

incurie [ɛ̃kyʀi] n. f. ■ Manque de soin, d'organisation. ⇒ **laisser-aller, négligence.** *L'incurie d'un service administratif.*

incursion [ɛ̃kyʀsjɔ̃] n. f. **1.** Entrée, court séjour d'envahisseurs en pays ennemi. ⇒ **attaque, invasion, razzia.** *Une incursion de bandes armées.* — Loc. *Faire incursion chez qqn, quelque part.* **2.** Abstrait. Fait de pénétrer momentanément dans un domaine qui n'est pas le sien. *Elle a fait une très brève incursion en politique.*

incurver [ɛ̃kyʀve] v. tr. ▪ conjug. 1. ■ Rendre courbe. ⇒ **courber, crochir.** — Au p. p. adj. *Un meuble aux pieds incurvés.* ⇒ ① **croche.**

indécent, ente [ɛ̃desɑ̃, ɑ̃t] adj. **1.** Vieilli. Inconvenant, choquant. *Un luxe indécent.* **2.** Contraire à la décence. ⇒ **impudique, obscène.** *Une posture, une conversation indécente.* **3.** Qui choque par sa démesure. ⇒ **insolent** (3). *Tu as eu une chance indécente.* ▸ ***indécence*** n. f. **1.** Manque de correction. *Aurez-vous l'indécence d'en réclamer davantage ?* **2.** Caractère indécent, impudique. ⇒ **impudicité.** *L'indécence de ses plaisanteries.* **3.** *(Une, des indécences)* Action, parole indécente.

indéchiffrable [ɛ̃deʃifʀabl] adj. ■ Qui ne peut être déchiffré, illisible. *Une écriture indéchiffrable.* — Incompréhensible. *Une énigme indéchiffrable.*

indécis, ise [ɛ̃desi, iz] adj. **1.** (Choses) Qui n'est pas certain. ⇒ **douteux, incertain.** *La victoire demeura longtemps indécise.* — Qui n'est pas bien déterminé, qu'il est difficile de distinguer, de reconnaître. ⇒ **imprécis, vague.** *Des formes indécises.* ⇒ **flou. 2.** (Personnes) Qui n'a pas encore pris une décision. *Je suis encore indécis.* ⇒ **hésitant, perplexe.** — Qui hésite pour prendre une décision. — N. *C'est un perpétuel indécis.* ▸ ***indécision*** n. f. ■ Hésitation, incertitude. ⇒ **perplexité.** *Son indécision lui fait manquer bien des occasions.*

indéclinable [ɛ̃deklinabl] adj. ■ Qui ne se décline pas. *« Nequam » est un adjectif latin indéclinable.* — N. m. *Les indéclinables* (adverbes, conjonctions, prépositions).

indécomposable [ɛ̃dekɔ̃pozabl] adj. ■ Qui ne peut être décomposé. *Corps simple indécomposable. Nombres indécomposables.*

indécrottable [ɛ̃dekʀɔtabl] adj. ■ Fam. Qu'on ne parvient pas à débarrasser de ses manières grossières, de ses mauvaises habitudes. ⇒ **incorrigible.** *Un paresseux indécrottable.*

indéfectible [ɛ̃defɛktibl] adj. ■ Littér. Qui ne peut cesser d'être, qui dure toujours. ⇒ **éternel, indestructible.** *Un attachement indéfectible.*

indéfendable [ɛ̃defɑ̃dabl] adj. **1.** Qui ne peut être défendu contre l'ennemi. *Une ville, une position indéfendable.* / contr. **imprenable** / **2.** Abstrait. Trop mauvais pour être défendu. *Une théorie indéfendable.* ⇒ **insoutenable** (1).

indéfini, ie [ɛ̃defini] adj. **1.** Dont les limites ne sont ou ne peuvent être déterminées. *Des éléments en nombre indéfini.* **2.** Qui n'est pas défini, qu'on ne peut définir. ⇒ **imprécis, indéterminé, vague.** *Une couleur indéfinie.* **3.** (Mots) Qui sert à désigner ou à présenter une chose, une personne (ou plusieurs) qui ne sont ni déterminées ni désignées par un démonstratif (opposé à *défini*). *Les articles indéfinis sont « un, une, des ». Pronoms, adjectifs indéfinis.* — N. m. *Un indéfini.* ▸ ***indéfiniment*** adv. ■ D'une manière indéfinie. ⇒ **éternellement.** *Nous ne pouvons demeurer ici indéfiniment.* ⇒ **toujours.**

indéfinissable [ɛ̃definisabl] adj. **1.** Qu'on ne peut définir. **2.** Dont on ne saurait préciser la nature. *Une saveur, une émotion indéfinissable.* ⇒ **indescriptible, indicible.**

indéformable [ɛ̃defɔʀmabl] adj. ■ Qui ne peut être déformé.

indéfrisable [ɛ̃defʀizabl] n. f. ■ Vx. Frisure artificielle destinée à durer assez longtemps. ⇒ **permanente.**

indélébile [ɛ̃delebil] adj. ■ Qui ne peut s'effacer. ⇒ **ineffaçable.** *Une tache, une encre indélébile.* — Abstrait. *Un souvenir indélébile.*

indélicat, ate [ɛ̃delika, at] adj. **1.** Qui manque de délicatesse morale. *Une personne indélicate.* ⇒ **grossier. 2.** Euphémisme. Malhonnête. *Un commerçant indélicat.* ▸ ***indélicatesse*** n. f. **1.** Défaut d'une personne indélicate. *Son indélicatesse est désagréable.* ⇒ **grossièreté, impolitesse. 2.** Procédé, acte indélicat. *Commettre une indélicatesse.* ⇒ **malhonnêteté, malversation.**

indémaillable [ɛ̃demajabl] adj. ■ (Tissus) Dont les mailles ne peuvent se défaire. — N. m. *Un tricot en indémaillable.*

indemne [ɛ̃dɛmn] adj. ■ Qui n'a éprouvé aucun dommage, aucune blessure. ⇒ **intact.** *Sortir indemne d'un accident.* ⇒ **sain** et sauf. ⟨ ▶ indemniser ⟩

indemniser [ɛ̃dɛmnize] v. tr. ▪ conjug. 1. ■ Dédommager (qqn) de ses pertes, de ses frais, etc. *Les sinistrés ont été indemnisés.* ▶ ***indemnisation*** n. f. ■ Action d'indemniser. ⇒ **dédommagement.** — Fixation d'une indemnité. ▶ ***indemnité*** [ɛ̃dɛ(e)mnite] n. f. **1.** Ce qui est attribué à qqn en réparation d'un dommage. ⇒ **dédommagement.** *Recevoir une indemnité de licenciement.* **2.** Ce qui est attribué en compensation de certains frais (opposé à *salaire*). ⇒ **allocation.** *Indemnités de logement. Indemnité hebdomadaire de chômage.*

indémontable [ɛ̃demɔ̃tabl] adj. ■ Que rien ne peut démonter, décourager. *Ils font preuve d'un enthousiasme indémontable. Elle est indémontable,* persévérante.

indémontrable [ɛ̃demɔ̃tʀabl] adj. ■ Qui ne peut être démontré, prouvé (qu'on le considère comme vrai ou comme douteux). *Un postulat est indémontrable.*

indéniable [ɛ̃denjabl] adj. ■ Qu'on ne peut nier ou réfuter. ⇒ **certain, incontestable, indiscutable, irréfutable.** *Des faits, des preuves indéniables. C'est indéniable.* ▶ ***indéniablement*** adv. ■ Incontestablement. ⇒ **indiscutablement.** *Elle est indéniablement dans son tort.*

indépendamment [ɛ̃depɑ̃damɑ̃] adv. — INDÉPENDAMMENT DE loc. prép. / contr. **dépendamment** de / **1.** Sans aucun égard à (une chose), en faisant abstraction de. *Indépendamment de ses problèmes financiers, il va très bien.* **2.** En plus de. *Indépendamment de son travail, elle s'occupe d'un ciné-club.* ⇒ ② **outre,** en **plus** de.

indépendant, ante [ɛ̃depɑ̃dɑ̃, ɑ̃t] adj. **I. 1.** Qui ne dépend pas (d'une personne, d'une chose) ; qui est libre de toute dépendance. *Une femme indépendante. Être indépendant de fortune,* être suffisamment riche. — Loc. *Un travailleur indépendant,* non soumis à un employeur. ⇒ **autonome. 2.** Qui aime l'indépendance, ne veut être soumis à personne. *Un esprit indépendant.* **3.** Qui jouit de l'indépendance politique. ⇒ **autonome.** *État indépendant et souverain. — Ce député siège comme indépendant,* il n'est rattaché à aucun parti politique en particulier. **II. 1.** INDÉPENDANT DE... : qui ne varie pas en fonction de (qqch.). *Ce phénomène est indépendant du climat.* — Qui n'a pas de rapport avec (qqch.). ⇒ fam. **incontrôlable.** *Pour des raisons indépendantes de notre volonté.* **2.** Au plur. Sans compl. Sans dépendance mutuelle. *Roues avant indépendantes.* **3.** (Logements, pièces) Qui est séparé des logements contigus, avec une entrée particulière. **4.** Grammaire. *Proposition indépendante,* qui ne dépend d'aucune autre (ex. : *Elle court vite*). — N. f. *Une indépendante.* ▶ ***indépendance*** n. f. **I. 1.** État d'une personne indépendante. ⇒ **liberté.** *Il veut conserver son indépendance.* **2.** Caractère indépendant (de l'esprit), non-conformisme. **3.** Situation d'une collectivité qui n'est pas soumise à une autre. ⇒ **autonomie, souveraineté.** / contr. **dépendance ; fédéralisme** / *Les pays colonisés ont acquis leur indépendance. Es-tu farovable à l'indépendance du Québec ?* **II.** Absence de relation, de dépendance (entre plusieurs phénomènes ou choses). *L'indépendance de deux événements.* ▶ ***indépendantisme*** n. m. ■ Tendance, mouvement politique qui réclame l'autonomie d'un territoire par rapport au pays, à l'État dont il dépend. ⇒ **nationalisme, séparatisme, souveraineté, souverainisme.** / contr. **fédéralisme** / *On assiste à la remontée de l'indépendantisme dans le monde.* ▶ ***indépendantiste*** n. et adj. ■ Partisan de l'indépendance politique. ⇒ **autonomiste, nationaliste, séparatiste, souverainiste ; péquiste.** / contr. **fédéraliste** / *Les indépendantistes et les fédéralistes québécois.* — Adj. *Parti, mouvement indépendantiste.* ⇒ **P.Q.**

indescriptible [ɛ̃dɛskʀiptibl] adj. ■ Qu'on ne peut décrire, caractériser. *Dans un désordre indescriptible. Un enthousiasme indescriptible.* ⇒ **inexprimable.**

indésirable [ɛ̃deziʀabl] adj. ■ Qu'on ne désire pas accueillir dans un pays ; dont on ne veut pas dans un groupe. *Le parti a exclu des éléments indésirables.* — N. *Un, une indésirable.*

indestructible [ɛ̃dɛstʀyktibl] adj. **1.** Qui ne peut ou semble ne pouvoir être détruit. *Une matière indestructible.* / contr. **périssable** / **2.** Abstrait. Qui dure très longtemps, que rien ne peut altérer. ⇒ **éternel, indéfectible.** *Une indestructible solidarité.*

indétectable [ɛ̃detɛktabl] adj. ■ Qu'il est impossible de détecter, de repérer. / contr. **repérable** / *Un appareil indétectable au radar. Un virus informatique tout à fait indétectable.*

indétermination [ɛ̃detɛʀminasjɔ̃] n. f. **1.** Caractère de ce qui n'est pas défini ou connu avec précision. ⇒ **imprécision. 2.** État d'une personne qui n'a pas encore pris de détermination, qui hésite. ⇒ **indécision, irrésolution.** *Demeurer, être dans l'indétermination.*

indéterminé, ée [ɛ̃detɛʀmine] adj. ■ Qui n'est pas déterminé, fixé. ⇒ **imprécis, incertain, indéfini.** *À une date indéterminée.*

① ***index*** [ɛ̃dɛks] n. m. invar. ■ Doigt de la main le plus proche du pouce. *Prendre un objet entre le pouce et l'index.*

② ***index*** n. m. invar. **1.** Table alphabétique (de sujets traités, de noms cités dans un livre) accompagnée de références. *Index des matières.* **2.** (Avec une majusc.) *L'Index,* catalogue des livres interdits par l'Église catholique (jusqu'en 1966). *Ce livre est à l'Index.* — Loc. *Mettre qqn, qqch. à l'index,* le condamner comme indésirable. ⇒ **exclure, proscrire.** ⟨ ▶ indexer ⟩

indexer [ɛ̃dɛkse] v. tr. ▪ conjug. 1. ■ Lier les variations d'une valeur à celles d'un élément de référence, d'un indice déterminé. *On a indexé cet emprunt sur le cours de l'or.* ▶ ***indexation*** n. f. ■ Fait d'indexer. *Indexation des salaires sur le (au) coût de la vie.*

indicateur, trice [ɛ̃dikatœʀ, tʀis] n. et adj. **I.** Personne qui dénonce un suspect, se met à la solde de la police pour la renseigner. ⇒ **délateur, mouchard.** — (France) Abrév. fam. *Un indic* [ɛ̃dik]. *Des indics.* **II. 1.** Livre, brochure donnant des renseignements. *L'indicateur des chemins de fer.* **2.** Instrument servant à fournir des indications sur un phénomène. *Indicateur de pression, d'altitude, de vitesse* (⇒ **compteur**). **III.** Adj. Qui fournit une indication. *Poteau, panneau indicateur. Plaque indicatrice. — Tableau indicateur,* sur lequel apparaissent des renseignements divers (résultats sportifs, classement, etc.). *Le tableau indicateur d'un stade de base-ball.*

① ***indicatif, ive*** [ɛ̃dikatif, iv] adj. et n. m. **1.** Qui indique. *Voici quelques prix, à titre indicatif.* **2.** N. m. Fragment musical qui annonce une émission régulière (de radio, de télévision...). *L'indicatif du téléjournal. — Indicatif (d'appel),* appellation conventionnelle formée de lettres et de chiffres, particulière à chaque émetteur-récepteur télégraphique ou radiophonique. *L'indicatif de Radio-Canada, d'un poste de B.P. — Indicatif régional,* ensemble de trois chiffres identifiant une zone téléphonique. ⇒ fam. **code** régional. *L'indicatif régional de Montréal est le 514. En Europe, le nombre de chiffres de l'indicatif régional peut varier selon les lieux.*

② **indicatif** n. m. ■ Mode verbal convenant à l'énoncé de la réalité (opposé à *subjonctif*, etc.). *Les temps de l'indicatif. Le présent, le passé composé de l'indicatif.*

indication [ɛ̃dikasjɔ̃] n. f. **1.** Action d'indiquer ; résultat de cette action. *L'indication de travaux sur un panneau. — (Une, des indications)* Ce qui indique, révèle qqch. ⇒ **indice, signe.** *C'est une indication sur les projets du gouvernement.* **2.** Ce qui est indiqué. ⇒ **avis.** *Conformez-vous à ces indications.* ‹ ▶ contre-indication ›

indice [ɛ̃dis] n. m. **I.** Signe apparent qui indique avec probabilité. *Sa bonne mine est l'indice d'une bonne santé. Condamner les gens sur des indices vagues.* **II. 1.** Indication (nombre ou lettre) qui sert à caractériser un signe mathématique. *« a_1 » se lit « a indice un ».* **2.** Nombre qui sert à exprimer un rapport. *Lier une quantité à un indice.* ⇒ **indexer.** *Indice d'octane d'un carburant. Indice des prix à la consommation* (abrév. *I.P.C.*), par rapport à un prix de référence exprimé par le nombre 100.

indicible [ɛ̃disibl] adj. ■ Littér. Qu'on ne peut dire, exprimer. ⇒ **inexprimable.** *Éprouver une joie indicible.* ⇒ fam. ne pas être **disable.**

① **indien, ienne** [ɛ̃djɛ̃, jɛn] adj. et n. ■ Des Indes. *Le chanvre indien.* (Avec une majusc.) *L'océan Indien.* — N. (Avec une majusc.) *La plupart des Indiens sont hindous ou musulmans.* ▶ ***indienne*** n. f. ■ Toile de coton peinte ou imprimée qui se fabriquait primitivement aux Indes.

② **indien, ienne** adj. et n. **1.** Histoire ou vieilli. Relatif aux peuples autochtones d'Amérique, appelée autrefois Indes occidentales par les navigateurs du XVe siècle. *Les civilisations indiennes d'Amérique du Sud. Un guide indien.* — N. (Avec une majusc.) *Une Indienne apache, sioux, mohawk.* ⇒ **amérindien, peau-rouge ;** péj. **sauvage.** *Les Indiens sud-américains* (Incas, Mayas, etc.), *mexicains* (Aztèques, Olmèques, etc.). **2.** *Les langues indiennes,* parlées par l'un ou l'autre des peuples indiens. **3.** Loc. *L'été* des Indiens. Marcher, aller en, à la file* indienne. Il y a plus de chefs que d'Indiens,* il y a plus de personnes pour diriger qu'il y en a pour agir. ‹ ▶ amérindien ›

indifférencié, ée [ɛ̃difeʀɑ̃sje] adj. ■ Qui n'est pas différencié. *Cellules vivantes indifférenciées.*

indifférent, ente [ɛ̃difeʀɑ̃, ɑ̃t] adj. **I.** (Choses, personnes) **1.** Sans intérêt, sans importance. *Causer de choses indifférentes.* **2.** INDIFFÉRENT À : qui n'intéresse pas, ne touche pas. *Elle m'est indifférente. Son sort m'est indifférent.* **3.** Qui ne fait pas de différence (pour qqn). *Ici ou là, cela m'est indifférent.* ⇒ **égal. II.** (Personnes) **1.** Qui ne s'intéresse pas à, qui n'est pas préoccupé de (qqch. ou qqn). ⇒ **insensible.** *Il semble indifférent à son sort.* **2.** Qui marque de l'indifférence en amour. **3.** Qui n'est touché par rien ni par personne. ⇒ **blasé, froid.** — Qui manifeste de l'indifférence. *Un air indifférent.* ▶ ***indifféremment*** [ɛ̃difeʀamɑ̃] adv. ■ Sans distinction, sans faire de différence. ⇒ **indistinctement.** *Elle soutient indifféremment le pour et le contre.* ▶ ***indifférence*** n. f. **1.** Sans compl. État de la personne qui n'éprouve ni douleur, ni plaisir, ni crainte, ni désir. ⇒ **apathie, insensibilité.** *Demeurer dans un état d'indifférence totale.* **2.** INDIFFÉRENCE À, POUR *qqch.* : détachement à l'égard d'une chose, d'un événement. / contr. **intérêt, passion** / *Son indifférence à la mode, pour la politique.* **3.** Absence d'intérêt à l'égard d'un être, des humains. ⇒ **froideur.** *L'indifférence que lui a montrée son entourage.* — Absence d'amour. *Ils n'avaient que de l'indifférence l'un pour l'autre.* ▶ ***indifférer*** v. tr. ind. ▪ conjug. 6. ■ Fam. Être indifférent (surtout 3e pers. ; avec pronom compl.). *Cela m'indiffère complètement,* cela m'est égal, fam. je m'en fiche. *Elle l'indifférait,* elle lui était indifférente.

indigène [ɛ̃diʒɛn] adj. et n. **1.** Qui est né dans le pays dont il est question. ⇒ **aborigène, autochtone.** / contr. **allogène** / — (Animaux, plantes) Qui vit, croît naturellement dans une région. *L'abricotier n'est pas indigène en France.* / contr. **exotique** / **2.** Qui appartient à un groupe ethnique existant dans un pays d'Amérique, d'Afrique, etc., qui a été colonisé par les Européens. — N. *Un Européen marié à une indigène.* — REM. Le mot est devenu péjoratif.

indigent, ente [ɛ̃diʒɑ̃, ɑ̃t] adj. **1.** Qui manque des choses les plus nécessaires à la vie. ⇒ **démuni, nécessiteux, pauvre.** / contr. **riche** / — N. Personne sans ressources. *Aide aux indigents.* **2.** Littér. Pauvre ; peu fourni. *Une végétation indigente.* — Abstrait. *Une imagination indigente.* ▶ ***indigence*** n. f. **1.** État d'une personne indigente. ⇒ **dénuement, misère, pauvreté.** / contr. **richesse** / *Tomber dans l'indigence.* **2.** Littér. Pauvreté (intellectuelle, morale). *Un texte d'une rare indigence.*

indigeste [ɛ̃diʒɛst] adj. **1.** Difficile à digérer. *Une nourriture indigeste.* ⇒ fam. **lourd. 2.** Fig. Mal ordonné et, par suite, mal assimilable. *Une compilation indigeste.* ▶ ***indigestion*** [ɛ̃diʒɛstjɔ̃] n. f. **1.** Indisposition momentanée due à une digestion qui se fait mal, incomplètement. *Avoir une indigestion.* **2.** Fig. *Avoir une indigestion de qqch.,* en avoir trop, jusqu'à en éprouver la satiété, le dégoût.

indignation [ɛ̃diɲasjɔ̃] n. f. ■ Sentiment de colère que soulève une action qui heurte la conscience morale, le sentiment de la justice (⇒ **indigner**). *Être rempli d'indignation.* ⇒ **révolte.** *On ne peut voir cela sans indignation.*

indigne [ɛ̃diɲ] adj. **I.** INDIGNE DE. **1.** Qui n'est pas digne de (qqch.), qui ne mérite pas. *Elle est indigne de notre confiance. Il est indigne de vivre !* **2.** Qui n'est pas à la hauteur (de qqn). *Ce travail leur paraissait indigne d'eux.* **II.** Absolt. **1.** Qui n'est pas digne de sa fonction, de son rôle. ⇒ **méprisable.** *Un prêtre indigne.* **2.** (Choses) Très condamnable. ⇒ **déshonorant, odieux, révoltant.** *C'est une action, une conduite indigne.* ▶ ***indignement*** adv. ■ *On l'a indignement trompé.* ‹ ▶ indignité ›

indigner [ɛ̃diɲe] v. tr. **1.** Remplir d'indignation. ⇒ **outrer, révolter, scandaliser.** *Sa conduite a indigné tout le monde.* **2.** S'INDIGNER v. pron. : être saisi d'indignation. *Elle s'indignait de ces procédés, de voir sa malhonnêteté.* ▶ ***indigné, ée*** adj. ■ (Personnes) Qui éprouve de l'indignation. ⇒ **outré.** — Qui marque l'indignation. *Un regard indigné.* ‹ ▶ indignation ›

indignité [ɛ̃diɲite] n. f. **1.** Littér. Caractère d'une personne indigne. **2.** Caractère de ce qui est indigne. ⇒ **bassesse.** *L'indignité d'une action.* **3.** *(Une, des indignités)* Action, conduite indigne. *C'est une indignité.*

indigo [ɛ̃digo] n. m. et adj. invar. **1.** Teinture bleue, extraite autrefois d'un arbrisseau exotique (l'*indigotier,* n. m.). *Un indigo obtenu par synthèse.* — En appos. *Bleu indigo.* **2.** Bleu violacé très sombre. *Des indigos.* — Adj. invar. *Des étoffes indigo.*

indiquer [ɛ̃dike] v. tr. ▪ conjug. 1. **1.** Faire voir d'une manière précise, par un geste, un repère, un signal. ⇒ **désigner, montrer, signaler ; indication.** *Elle nous a indiqué la bonne direction. L'horloge indique l'heure.* **2.** Faire connaître (à qqn) la chose ou la personne qu'il a besoin de connaître. *Pouvez-vous* *m'indiquer un hôtel convenable ?, quand arrive l'autobus ? — Les emplois qu'indique un dictionnaire.* — Déterminer et faire connaître (une date, un lieu choisis). ⇒ **fixer.** *On m'a indiqué le jour et l'heure, mais pas l'endroit. Indiquez-moi quand et où nous nous retrouverons.* — Au p. p. adj. *À l'heure indiquée.* **3.** (Choses) Faire connaître (l'existence ou le caractère de qqn, qqch.) en servant d'indice. ⇒ **annoncer, manifester, signaler.** *Les traces de pas indiquent le passage du fugitif.* **4.** Représenter en s'en tenant aux traits essentiels, sans s'attacher aux détails. ⇒ **esquisser, tracer.** *L'auteure n'a fait qu'indiquer ce caractère.* ▸ ***indiqué, ée*** adj. **1.** ⇒ **indiquer. 2.** Signalé comme étant le meilleur (remède, traitement). *Le traitement indiqué dans, pour la rougeole.* / contr. **contre-indiqué** / **3.** Adéquat, opportun. *C'est tout indiqué ! Il n'est pas très indiqué de les déranger maintenant.* ‹ ▸ contre-indiqué, indicateur, ① indicatif, ② indicatif, indication ›

indirect, ecte [ɛ̃diʀɛkt] adj. **1.** Qui n'est pas direct, qui fait des détours. / contr. **direct** / *Itinéraire indirect. Éclairage indirect.* — Abstrait. *Par des moyens indirects.* ⇒ **détourné.** *Une critique indirecte.* **2.** Qui comporte un ou plusieurs intermédiaires. / contr. **immédiat** / *Une cause, une conséquence indirecte.* — *Complément indirect,* rattaché au verbe par une préposition. *Verbe transitif indirect* (ex. : *parler à qqn*). — *Style, discours indirect* (opposé à *direct*), qui consiste à rapporter les paroles de qqn sous forme de propositions subordonnées par l'intermédiaire d'un narrateur (ex. : *Elle m'a dit qu'elle accepterait* au lieu de *elle m'a dit : « j'accepte »* [direct]). ▸ ***indirectement*** adv. ■ D'une manière indirecte (1, 2). *Je ne l'ai appris qu'indirectement.*

indisable [ɛ̃dizabl] adj. ■ Qu'on ne peut pas exprimer, raconter. ⇒ **exceptionnel, extraordinaire, incroyable, innommable ;** fam. ne pas être **disable.** *C'est indisable comme on a eu du plaisir. Avoir une peur indisable,* très grande.

indiscernable [ɛ̃disɛʀnabl] adj. **1.** Qui ne peut être discerné (d'une autre chose de même nature). *Des choses indiscernables entre elles, l'une de l'autre.* **2.** Dont on ne peut se rendre compte précisément. ⇒ **indétectable.** *Des nuances indiscernables.*

indiscipline [ɛ̃disiplin] n. f. ■ Manque de discipline. ⇒ **insubordination.** *Faire acte d'indiscipline.* ▸ ***indiscipliné, ée*** adj. ■ Qui n'est pas discipliné, qui n'observe pas la discipline. ⇒ **désobéissant, dissipé, indocile.** *Des troupes indisciplinées.* ⇒ **insubordonné.** — *Cheveux indisciplinés,* difficiles à peigner.

indiscret, ète [ɛ̃diskʀɛ, ɛt] adj. **1.** (Personnes) Qui manque de discrétion, de retenue dans les relations sociales. ⇒ fam. **écornifleur, senteur.** *J'ai peur d'être indiscret en venant chez vous si tard.* — N. *Un coin tranquille à l'abri des indiscrets.* ⇒ **curieux, gêneur.** **2.** (Comportements) Qui dénote de l'indiscrétion. *Une curiosité indiscrète. Serait-ce indiscret de vous demander...* **3.** (Personnes) Qui ne sait pas garder un secret. ⇒ **bavard, placoteur.** *Un confident indiscret. Méfiez-vous des oreilles indiscrètes.* ▸ ***indiscrètement*** adv. ■ *Ouvrir indiscrètement une porte.* ▸ ***indiscrétion*** [ɛ̃diskʀesjɔ̃] n. f. **1.** Manque de discrétion, de retenue dans les relations sociales. ⇒ **curiosité, sans-gêne.** *Elle poussait l'indiscrétion jusqu'à lire mon courrier. Sans indiscrétion, peut-on savoir votre adresse ?* **2.** Fait de révéler un secret. **3.** *(Une, des indiscrétions)* Déclaration indiscrète. ⇒ fam. **coulage.** *Les indiscrétions d'un journaliste. La moindre indiscrétion pourrait faire échouer notre plan.*

indiscutable [ɛ̃diskytabl] adj. ■ Qui s'impose par son évidence, son authenticité. ⇒ **certain, évident, incontestable, indéniable, irréfutable.** *Une supériorité, un témoignage indiscutable.* ▸ ***indiscutablement*** adv. ■ *Prouver indiscutablement qqch. Indiscutablement, tu as tort.* ⇒ **incontestablement, indéniablement.**

indispensable [ɛ̃dispɑ̃sabl] adj. ■ Qui est très nécessaire, dont on ne peut pas se passer. ⇒ **essentiel, vital.** / contr. **inutile, superflu** / *Acquérir les connaissances indispensables.* — N. m. *Ils n'ont, en fait de meubles, que l'indispensable. Faire l'indispensable,* ce qu'il faut. — (Personnes) *Peut-on se croire indispensable ?*

indisponible [ɛ̃dispɔnibl] adj. ■ Qui n'est pas disponible. *Cet article est indisponible pour le moment.* ▸ ***indisponibilité*** n. f. ■ État d'une chose, d'une personne indisponible.

indisposer [ɛ̃dispoze] v. tr. ▪ conjug. 1. **1.** Altérer légèrement la santé de. ⇒ **incommoder.** *Ce long voyage l'a indisposé.* **2.** Mettre dans une disposition peu favorable. ⇒ **déplaire à, mécontenter.** *Sa prétention indispose tout le monde.* ▸ ***indisposé, ée*** adj. **1.** Qui est affecté d'une indisposition. ⇒ **mal-en-train, souffrant. 2.** (Femmes) Qui a ses règles. ▸ ***indisposition*** n. f. ■ Légère altération de la santé. ⇒ **fatigue, malaise.** *Elle est remise de son indisposition.*

indissociable [ɛ̃disɔsjabl] adj. ■ Qu'on ne peut dissocier, séparer. ⇒ **inséparable.** *Le corps et l'esprit humain sont indissociables.*

indissoluble [ɛ̃disɔlybl] adj. ■ Qui ne peut être dissous, délié. *Des liens indissolubles.* ▸ ***indissolublement*** adv. ■ *Des questions indissolublement liées.*

indistinct, incte [ɛ̃distɛ̃, ɛ̃kt] adj. ■ Qui n'est pas distinct, que l'on distingue mal. ⇒ **confus, flou, imprécis, vague.** / contr. **net** / *Des objets indistincts. Un bruit de voix encore indistinct.* ⇒ **inaudible.** ▸ ***indistinctement*** adv. **1.** D'une manière indistincte. ⇒ **confusément.** *Prononcer indistinctement une phrase.* / contr. **nettement** / **2.** Sans distinction, sans faire de différence. ⇒ **indifféremment.** *Tous les étudiants indistinctement.*

individu [ɛ̃dividy] n. m. **I. 1.** Corps organisé vivant d'une existence propre et qui ne saurait être divisé sans être détruit (plantes, animaux). **2.** Être humain. ⇒ **personne.** *Sacrifier l'individu à l'espèce.* — L'être humain, en tant qu'être particulier, différent de tous les autres (opposé à *personne morale*). *L'individu et la personne.* — UN INDIVIDU : un membre d'une collectivité humaine. ⇒ **homme, femme.** — (Collectif) *L'individu et l'État.* **II.** Péj. Homme quelconque, que l'on ne peut ou que l'on ne veut pas nommer. ⇒ **bonhomme, gars, type ; oiseau.** *C'est un drôle d'individu, un individu sans scrupules.* — REM. Se dit rarement des femmes au sens II. ▸ ***individualiser*** v. tr. ▪ conjug. 1. ■ Différencier par des caractères individuels. ⇒ **caractériser, distinguer, particulariser.** *Les caractères qui individualisent les êtres.* — Au p. p. adj. *Un enseignement individualisé,* adapté à une personne, un petit groupe. — S'INDIVIDUALISER v. pron. : acquérir ou accentuer des caractères distinctifs. *Peu à peu, son style s'individualise.* ▸ ***individualisation*** n. f. ■ Action d'individualiser. / contr. **généralisation** / *L'individualisation des peines,* leur adaptation aux délinquants. ▸ ***individualisme*** n. m. ■ Théorie ou tendance qui considère l'individu comme la suprême valeur dans le domaine politique, économique, moral. — Indépendance, absence de conformisme. *Par individualisme, il rejette les modes.* ▸ ***individualiste*** adj. et n. ■ Qui montre de l'individualisme dans sa vie, dans sa conduite. *Les jeunes sont souvent plus individualistes que les personnes d'âge mûr.* — N. *Un, une individualiste.* ▸ ***individualité*** n. f. **1.** Caractère ou ensemble de caractères par lesquels une personne ou une chose diffère des autres. ⇒ **originalité, particularité.** *L'individualité d'une artiste.* **2.** Individu, considéré dans ce qui le différencie des autres. — UNE INDIVIDUALITÉ : personne douée d'un caractère très marqué. — REM. On emploie plus couramment dans ce sens *personnalité.* ▶ ***individuel, elle*** adj. **1.** Qui concerne l'individu, est propre à un individu. *Caractères individuels. La liberté individuelle.* ⇒ **personnel. 2.** Qui concerne une seule personne, une seule personne à la fois. / contr. **collectif** / *Après quelques interventions individuelles, ils ont fait une pétition. Une chambre individuelle,* pour une seule personne. ⇒ **particulier.** ▶ ***individuellement*** adv. ■ Chacun en particulier, à part. ⇒ **isolément, séparément.** / contr. **collectivement,** ① **ensemble** /

indivis, ise [ɛ̃divi, iz] adj. ■ Se dit d'un bien sur lequel plusieurs personnes ont un droit et qui n'est pas matériellement divisé entre elles. / contr. **divis** / *Copropriété indivise.*

indivisible [ɛ̃divizibl] adj. ■ Qui n'est pas divisible. *L'être humain est un composé indivisible.* ▶ ***indivisibilité*** n. f. ■ Caractère de ce qui est indivisible. / contr. **divisibilité** /

indochinois, oise [ɛ̃doʃinwa, waz] adj. et n. ■ D'Indochine (Viêt-nam, Cambodge, etc.). — N. (Avec une majusc.) *Les Indochinois.*

indocile [ɛ̃dɔsil] adj. ■ Littér. Qui n'est pas docile. ⇒ **désobéissant, rebelle.** *Être indocile par entêtement.* ▶ ***indocilité*** n. f. ■ Littér. Caractère d'une personne indocile. / contr. **docilité** /

indo-européen, éenne [ɛ̃doøʀɔpeɛ̃, eɛn] adj. et n. ■ Se dit de langues d'Europe et d'Asie qui ont une origine commune (sanskrit, grec, latin, et langues romanes, langues slaves, germaniques, etc.), et des peuples qui parlent ces langues. *Le français et l'anglais sont des langues indo-européennes.* — N. (Avec des majusc.) *Les Indo-Européens,* les peuples qui parlent ces langues.

indolent, ente [ɛ̃dɔlɑ̃, ɑ̃t] adj. ■ Littér. Qui évite de faire des efforts. ⇒ **empâté, flanc-mou, mou, nonchalant, paresseux.** / contr. **actif, énergique** / *Un enfant indolent. — Un air indolent,* alangui. ▶ ***indolence*** n. f. ■ Littér. Disposition à éviter le moindre effort physique ou moral. ⇒ **apathie, insouciance, mollesse, nonchalance.**

indolore [ɛ̃dɔlɔʀ] adj. ■ (Choses) Qui ne cause pas de douleur. / contr. **douloureux** / *Maladie indolore. L'opération est absolument indolore.*

indomptable [ɛ̃dɔ̃tabl] adj. **1.** Qu'on ne peut dompter. ⇒ **sauvage.** *Un animal indomptable.* **2.** Littér. Qu'on ne peut soumettre à aucune autorité ; dont rien ne peut venir à bout. *Une volonté indomptable.* ⇒ **inflexible.**

indonésien, ienne [ɛ̃dɔnezjɛ̃, ɛn] adj. et n. ■ D'Indonésie. *Les îles indonésiennes.* — N. (Avec une majusc.) *Les Indonésiens.*

indu, ue [ɛ̃dy] adj. ■ Qui va à l'encontre de la règle, de l'usage. *Rentrer, arriver à une heure indue,* anormale. ⇒ **inhabituel.** *Avoir une influence indue sur qqn.* — Qui n'est pas fondé juridiquement. *Une réclamation indue.* ▶ ***indûment*** adv. ■ D'une manière indue. ⇒ à **tort.** *Vous détenez indûment ces biens.* / contr. **dûment** /

indubitable [ɛ̃dybitabl] adj. ■ Littér. Dont on ne peut douter, qu'on ne peut mettre en doute. ⇒ **certain, incontestable, indéniable, indiscutable.** *C'est un fait indubitable. Il est indubitable qu'elle a raison.* / contr. **douteux** / ▶ ***indubitablement*** adv. ■ Littér. Sans aucun doute. ⇒ **assurément, indiscutablement, sûrement.**

inducteur, trice [ɛ̃dyktœʀ, tʀis] adj. et n. m. ■ Qui produit l'induction ② électrique. *Circuit, courant inducteur.* — N. m. *Un inducteur,* ensemble d'électro-aimants produisant un champ inducteur (dans une machine électrique). / contr. **induit** /

① ***induction*** [ɛ̃dyksjɔ̃] n. f. ■ Opération mentale qui consiste à remonter des faits à la loi, de cas singuliers à une proposition plus générale. ⇒ **généralisation.** *Raisonnement par induction.* ⇒ **inférence.** / contr. **déduction** /

② ***induction*** n. f. ■ Production de courant électrique dans un circuit par suite d'une variation du flux magnétique (⇒ **induit**). *Bobine d'induction. Induction électromagnétique.* ‹ ▶ inducteur, induit ›

induire [ɛ̃dɥiʀ] v. tr. • conjug. 38. — REM. Part. passé *induit(e).* **1.** Loc. *Induire qqn en erreur,* le tromper. *On nous a induits en erreur.* **2.** Didact. Trouver par l'induction. ⇒ **inférer.** / contr. **déduire** / *On peut induire la rotation de la Terre de l'observation du mouvement des étoiles. J'en induis que...* (+ indicatif). ‹ ▶ ① induction ›

induit, ite [ɛ̃dɥi, it] adj. ■ (Courant électrique) Qui est produit par une variation de flux dans un circuit. — *Circuit induit* ou, n. m., UN INDUIT : ensemble de bobines parcourues par un courant induit. / contr. **inducteur** /

indulgent, ente [ɛ̃dylʒɑ̃, ɑ̃t] adj. **1.** (Personnes) Qui excuse, pardonne facilement. ⇒ **bienveillant,** ① **bon.** *Un père indulgent. Être indulgent avec, envers, pour qqn.* **2.** (Choses) Qui marque l'indulgence. *Une appréciation bien indulgente.* / contr. **sévère** / ▶ ***indulgence*** n. f. **1.** Facilité à excuser, à pardonner. ⇒ **bienveillance, bonté, clémence, compréhension.** / contr. **sévérité** / *Avoir de l'indulgence pour les fautes de qqn. L'indulgence du jury. — Une remarque sans indulgence.* **2.** UNE INDULGENCE : une remise des peines méritées par les péchés, accordée par l'Église catholique dans une circonstance particulière. *Une indulgence plénière.*

indûment adv. ⇒ **indu.**

induration [ɛ̃dyʀasjɔ̃] n. f. ■ Durcissement d'un tissu organique (peau, etc.) qui forme une petite masse ; callosité qui en résulte. ⇒ **bosse.**

industrialiser [ɛ̃dystʀijalize] v. tr. • conjug. 1. **1.** Exploiter industriellement, organiser en industrie. *Il faut industrialiser l'agriculture.* **2.** Équiper d'industries (une région, un pays...). — Au p. p. adj. *Les pays industrialisés.* — Pronominalement. *Cette région s'industrialise.* ▶ ***industrialisation*** n. f. ■ Action d'équiper d'industries. *L'industrialisation du Canada a commencé au* XIXe *siècle.*

① ***industrie*** [ɛ̃dystʀi] n. f. **1.** Ensemble d'activités ou d'opérations économiques. *L'industrie des transports. L'industrie agro-alimentaire.* **2.** Ensemble des activités économiques ayant pour objet l'exploitation des richesses minérales et des sources d'énergie, la transformation des matières premières en produits fabriqués. *L'industrie canadienne, japonaise. Petite, moyenne, grande industrie,* selon l'importance de la production, des moyens, du personnel. *Industrie lourde,* la grande industrie de première transformation des matières premières lourdes (fer, pétrole...). *Industrie légère,* transformant les produits de l'industrie lourde en produits fabriqués. *L'industrie manufacturière,* qui transforme les matières premières en produits divers. *L'industrie forestière. L'industrie auto-*

mobile. Les industries textiles. — L'industrie du spectacle, l'industrie du livre. — Surtout au plur. *Les industries de la langue,* l'utilisation de l'informatique à des fins linguistiques. **3.** UNE INDUSTRIE : une entreprise industrielle. ⇒ **entreprise.** *Cette famille est à la tête de plusieurs industries.* ▸ ***industriel, elle*** adj. et n. **1.** Qui a rapport à l'industrie. *La révolution industrielle. La chimie industrielle. Le Centre de recherche industrielle du Québec* (abrév. *C.R.I.Q.*). **2.** Qui est produit par l'industrie. *Produits industriels. Bronze industriel.* — Loc. fam. *En quantité industrielle,* en très grande quantité. — Qui emploie les procédés de l'industrie. / contr. **artisanal** / *Boulangerie industrielle. Des confitures industrielles* (opposé à *d'habitant*). **3.** Où l'industrie est développée. *Une région industrielle. — Zone industrielle,* aménagée pour recevoir des industries. — *Centre industriel,* périmètre où sont concentrées de nombreuses et importantes industries. **4.** N. UN, UNE INDUSTRIEL(LE) : un(e) propriétaire d'une usine ; un chef d'industrie. ⇒ **fabricant.** *Les industriels du textile.* — REM. L'O.L.F. propose *industrielle* au féminin. ▸ ***industriellement*** adv. **1.** Par les moyens et les méthodes de l'industrie. / contr. **artisanalement** / *Produit fabriqué industriellement.* **2.** Relativement à l'industrie. *Les pays industriellement avancés.* ⟨ ▸ industrialiser ⟩

② ***industrie*** n. f. **1.** Vx. Habileté, art. ⇒ **adresse.** *Elle utilisa toute son industrie pour réussir.* **2.** Littér. Métier. *Le voleur exerçait sa coupable industrie.* ▸ ***industrieux, ieuse*** adj. ■ Littér. Qui a, qui montre de l'adresse, de l'habileté. ⇒ **ingénieux ;** fam. **patenteur.**

inébranlable [inebʀɑ̃labl] adj. **1.** Qu'on ne peut ébranler, dont on ne peut compromettre la solidité. *Un mur inébranlable.* **2.** (Personnes) Qui ne se laisse pas abattre. ⇒ **constant.** — Qu'on ne peut faire changer de dessein, d'opinion. ⇒ ① **ferme, inflexible, intraitable.** *Il restait inébranlable dans ses résolutions.* — (Comportements, attitudes) Qui ne change pas. *Une certitude inébranlable.*

inédit, ite [inedi, it] adj. **1.** Qui n'a pas été édité. *La correspondance inédite d'un écrivain.* — N. m. *Publier des inédits.* **2.** Qui n'est pas connu. ⇒ **nouveau, original.** *Un moyen inédit de réussir.* ⇒ **inusité.** — N. m. *Voilà de l'inédit !*

ineffable [inɛ(e)fabl] adj. **1.** Littér. Qui ne peut être exprimé par des paroles (se dit de choses agréables). ⇒ **inexprimable.** *Un bonheur ineffable.* ⇒ **extraordinaire, sublime.** **2.** Fam. Péj. *L'ineffable Monsieur X,* ce Monsieur X dont on ne peut parler sans rire ou sourire. ⇒ **inénarrable.**

ineffaçable [inefasabl] adj. ■ Qui ne peut être effacé ou détruit. ⇒ **indélébile.** *Une trace ineffaçable. Une impression ineffaçable.*

inefficace [inefikas] adj. ■ Qui n'est pas efficace, qui ne produit pas l'effet souhaité. *Un remède, une mesure inefficace* (⇒ **infructueux**). — *Il fait ce qu'il peut, mais il est inefficace.* ▸ ***inefficacement*** adv. ■ Littér. D'une manière inefficace. ▸ ***inefficacité*** n. f. ■ Caractère de ce qui est inefficace. / contr. **utilité** / *L'inefficacité d'un moyen, d'une personne.*

inégal, ale, aux [inegal, o] adj. **I.** **1.** Au plur. Dont la quantité, la nature, la qualité n'est pas la même dans plusieurs objets ou cas. *L'inclinaison de la Terre fait les jours inégaux. Des forces inégales.* — Au sing. Qui a plusieurs mesures, dimensions, etc. ⇒ **différent.** *Des cordes d'inégale grosseur, de grosseur inégale.* **2.** Dont les éléments ou les participants ne sont pas égaux. *Un combat inégal.* **II.** **1.** Qui n'est pas uni, lisse. *Une surface inégale qui a besoin d'être aplanie.* **2.** Irrégulier. *Le pouls est inégal.* **3.** Qui n'est pas constant. *Un caractère inégal. Une artiste inégale.* — Dont la qualité n'est pas constamment bonne. *C'est une œuvre inégale.* ▸ ***inégalement*** adv. ■ D'une manière inégale. *Cette œuvre a été inégalement appréciée.* ⇒ **diversement.** ▸ ***inégalité*** n. f. **I.** **1.** Défaut d'égalité. ⇒ **différence, disproportion.** *L'inégalité sociale.* **2.** Expression mathématique dans laquelle on compare deux quantités inégales. / contr. **égalité** / **II.** Défaut d'uniformité, de régularité. ⇒ **irrégularité.** *Des inégalités de terrain.* ⇒ **accident, aspérité.** — *Des inégalités d'humeur.* ⇒ **saute.** ▸ ***inégalitaire*** adj. ■ Qui crée ou est caractérisé par des inégalités sociales. / contr. **égalitaire** / ▸ ***inégalable*** adj. ■ Qui ne peut être égalé. *Une habileté inégalable.* ⇒ **incomparable.** ▸ ***inégalé, ée*** adj. ■ Qui n'est pas égalé, qui n'a pas de rival. *C'était un violoneux inégalé.*

inélégant, ante [inelegɑ̃, ɑ̃t] adj. **1.** (Choses) Qui n'est pas élégant. *Une démarche, une pose inélégante.* **2.** Qui n'est pas très correct. *Un procédé inélégant.* ⇒ **grossier, indélicat.** ▸ ***inélégance*** n. f. ■ Manque d'élégance. / contr. **élégance** /

inéligible [inelizibl] adj. ■ Qui ne peut pas être élu. ▸ ***inéligibilité*** n. f.

inéluctable [inelyktabl] adj. ■ Qu'on ne peut empêcher, éviter. ⇒ **fatal.** *Un sort inéluctable.* ▸ ***inéluctablement*** adv. ■ ⇒ **inévitablement, irrévocablement.**

inemployé, ée [inɑ̃plwaje] adj. ■ (Choses) Qui n'est pas employé. ⇒ **inutilisé.** *Des talents inemployés.*

inénarrable [inenaʀabl] adj. ■ Dont on ne peut parler sans rire. ⇒ **cocasse, comique, ineffable, risible.** *Si vous aviez vu la scène, c'était inénarrable ! Il, elle est inénarrable,* très drôle (volontairement ou non).

inepte [inɛpt] adj. ■ Tout à fait absurde, idiot ou stupide. *Une histoire inepte.* ▸ ***ineptie*** [inɛpsi] n. f. **1.** Caractère de ce qui est inepte. ⇒ **bêtise, niaiserie, stupidité.** **2.** *(Une, des inepties)* Action, parole inepte. ⇒ **absurdité, idiotie, niaiserie.** *Débiter gravement des inepties.*

inépuisable [inepɥizabl] adj. **1.** Qu'on ne peut épuiser. *Une source inépuisable. — Une mine inépuisable de renseignements. — Une bonté inépuisable.* **2.** (Personnes) Intarissable. *Elle est inépuisable sur ce chapitre.*

inéquitable [inekitabl] adj. ■ Qui n'est pas conforme à l'équité. ⇒ **inique, injuste.** *Un partage inéquitable des biens.*

inerte [inɛʀt] adj. **1.** Qui n'a ni activité ni mouvement propre. ⇒ **inanimé.** *La matière inerte. — Corps (chimiquement) inerte,* qui ne se combine que très difficilement avec d'autres. **2.** Qui ne donne pas signe de vie ; (personnes) qui reste sans réaction. *Ils ont assisté à la scène en spectateurs inertes.* ▸ ***inertie*** [inɛʀsi] n. f. **1.** Propriété qu'ont les corps de ne pouvoir d'eux-mêmes changer l'état de repos ou de mouvement où ils se trouvent. — FORCE D'INERTIE : résistance que les corps opposent au mouvement. Loc. *Il nous oppose sa force d'inertie,* son apathie, sa volonté de ne rien faire. **2.** Perte de la propriété (d'un muscle, d'un organe) de changer de forme, de se contracter. **3.** Manque absolu d'activité, d'énergie intellectuelle ou morale. ⇒ **paresse, passivité.** *Va-t-elle sortir de son inertie ?*

inespéré [inɛspeʀe] adj. ■ Se dit d'un événement heureux que l'on n'espérait pas, ou d'un événement qu'on n'espérait pas aussi heureux. ⇒ **imprévu, inattendu.** *Une victoire inespérée. Parvenir à des résultats inespérés.*

inesthétique [inɛstetik] adj. ■ (Objets, comportements) Sans beauté. ⇒ **laid, quétaine.** *Une construction inesthétique.* ⇒ **kitsch.**

inestimable [inɛstimabl] adj. ■ Dont la valeur dépasse toute estimation. ⇒ **inappréciable.** *Une œuvre d'art inestimable. Elle m'a rendu un service inestimable.* ⇒ **immense, précieux.**

inévitable [inevitabl] adj. **1.** Qu'on ne peut pas éviter. ⇒ **certain, immanquable, inéluctable.** *La catastrophe est inévitable.* — N. m. *Il se résignait à accepter l'inévitable.* **2.** Plaisant. Qui est toujours présent et qu'il faut toujours supporter. *Elle était venue avec son inévitable cortège d'admirateurs.* ▶ ***inévitablement*** adv. ■ ⇒ **fatalement, inexorablement.**

inexact, acte [inɛgza(akt), akt] adj. **1.** Qui n'est pas exact. ⇒ **erroné,** ① **faux.** *Un renseignement inexact. Non, c'est inexact.* — Qui manque d'exactitude. / contr. **juste** / *Donner une version inexacte d'un événement.* **2.** (Personnes) Qui manque de ponctualité. *Être inexact à ses rendez-vous.* ▶ ***inexactement*** adv. ■ *On a rapporté inexactement mes propos.* / contr. **exactement** / ▶ ***inexactitude*** n. f. **1.** Manque d'exactitude. *L'inexactitude d'un calcul.* **2.** *(Une, des inexactitudes)* Erreur. *Ce récit fourmille d'inexactitudes.* **3.** Manque de ponctualité.

inexcusable [inɛkskyzabl] adj. ■ (Choses, personnes) Qu'il est impossible d'excuser. ⇒ **impardonnable, inadmissible.** *Une paresse inexcusable. Je suis inexcusable d'être en retard.*

inexistant, ante [inɛgzistɑ̃, ɑ̃t] adj. **1.** Qui n'existe pas. ⇒ **irréel.** *Le monde inexistant de la légende.* ⇒ **imaginaire. 2.** Sans valeur, sans efficacité. ⇒ **nul.** *L'aide qu'on m'apporte est inexistante.* ▶ ***inexistence*** n. f. ■ Littér. Fait de ne pas exister.

inexorable [inɛgzɔʀabl] adj. Littér. **1.** (Personnes) Qu'on ne peut fléchir par des prières ; sans pitié. ⇒ **impitoyable, inflexible.** *Un refus inexorable.* **2.** À quoi l'on ne peut se soustraire. ⇒ **implacable.** *Une fatalité inexorable.* ▶ ***inexorablement*** adv. ■ Littér. ⇒ **fatalement, inévitablement.** *Ils vont inexorablement à la catastrophe.*

inexpérience [inɛkspeʀjɑ̃s] n. f. ■ Manque d'expérience. *L'inexpérience d'un débutant. Une erreur due à l'inexpérience.* ⇒ **ignorance.**

inexpérimenté, ée [inɛkspeʀimɑ̃te] adj. ■ Qui n'a pas d'expérience. — Qui manque de pratique dans un domaine déterminé. ⇒ **novice, recrue.** *Un alpiniste inexpérimenté.*

inexpiable [inɛkspjabl] adj. ■ Littér. Qui ne peut être expié. *Un crime inexpiable.*

inexplicable [inɛksplikabl] adj. ■ Qu'il est impossible ou très difficile d'expliquer, de s'expliquer. ⇒ **incompréhensible, mystérieux.** *Un accident inexplicable. Sa conduite est inexplicable.* — *Un être inexplicable,* dont le comportement ne s'explique pas. ⇒ **bizarre, étrange.** ▶ ***inexplicablement*** adv. ■ *La maladie a évolué inexplicablement.*

inexpliqué, ée [inɛksplike] adj. ■ Qui n'a pas reçu d'explication. *Cet accident reste inexpliqué.* ⇒ **mystérieux.**

inexploitable [inɛksplwatabl] adj. ■ Qu'on ne peut exploiter. / contr. **exploitable** / *Un gisement inexploitable.*

inexploité, ée [inɛksplwate] adj. ■ Qui n'est pas exploité. *Des ressources inexploitées.*

inexploré, ée [inɛksplɔʀe] adj. ■ Qui n'a pas été exploré. *Des régions inexplorées.* ⇒ **inconnu.**

inexpressif, ive [inɛkspʀesif, iv] adj. ■ Qui n'est pas expressif, manque d'expression. *Un visage fermé et inexpressif.*

inexprimable [inɛkspʀimabl] adj. ■ Qu'il est impossible ou très difficile d'exprimer ; qui est au-delà de toute expression. ⇒ **indicible.** *Avec une haine, une douceur inexprimable.*

inexprimé, ée [inɛkspʀime] adj. ■ Qui n'est pas exprimé. *On te sentait plein de regrets inexprimés.*

inexpugnable [inɛkspygnabl] adj. ■ Littér. Qu'on ne peut prendre d'assaut. *Une forteresse inexpugnable.*

inextensible [inɛkstɑ̃sibl] adj. ■ Qui n'est pas extensible. / contr. **élastique, extensible** / *Tissu inextensible. Un délai inextensible.*

in extenso [inɛkstɛ̃so] loc. adv. ■ Littér. Dans toute son étendue, toute sa longueur (d'un texte). *Publier un discours in extenso.* ⇒ **intégralement.** — Loc. adv. invar. *Le compte rendu in extenso du débat.*

inextinguible [inɛkstɛ̃gibl] adj. ■ Littér. Qu'il est impossible d'apaiser. *Une soif, une fureur inextinguible.* — *Rire inextinguible,* fou rire qu'on ne peut arrêter.

in extremis [inɛkstʀemis] loc. adv. et adj. invar. **1.** À l'article de la mort, à la dernière extrémité. **2.** Au tout dernier moment. *Elle s'est rattrapée in extremis.*

inextricable [inɛkstʀikabl] adj. ■ Qu'on ne peut démêler. *Un fouillis inextricable. Un embouteillage inextricable,* dont on ne peut sortir. — Abstrait. *Une affaire inextricable,* très embrouillée. ▶ ***inextricablement*** adv. ■ Littér. *Des ornements inextricablement mêlés.*

infaillible [ɛ̃fajibl] adj. **1.** Qui ne peut manquer de se produire. ⇒ **inévitable.** *Un échec infaillible. C'est infaillible, le téléphone sonne à l'heure des repas.* **2.** Qui ne peut tromper, qui a des résultats assurés. *Un remède, un moyen infaillible.* **3.** (Personnes) Qui ne peut pas se tromper, qui n'est pas sujet à l'erreur. *Personne n'est infaillible.* — (Choses) *Un instinct infaillible.* ⇒ **sûr.** ▶ ***infaillibilité*** n. f. **1.** Caractère de ce qui ne peut manquer de réussir. *L'infaillibilité de ce procédé.* **2.** Caractère d'une personne infaillible. *Le dogme de l'infaillibilité pontificale,* selon lequel le pape est infaillible quand il parle ex cathedra pour définir la doctrine de l'Église. ▶ ***infailliblement*** adv. ■ D'une manière certaine. *Cela arrivera infailliblement.* ⇒ **immanquablement, inévitablement.**

infaisable [ɛ̃fəzabl] adj. ■ Qui ne peut être fait. ⇒ **impossible.** *Un travail infaisable.* ⇒ **irréalisable.** *C'est presque infaisable.*

infamant, ante [ɛ̃famɑ̃, ɑ̃t] adj. — REM. Pas d'accent circonflexe. ■ Littér. Qui entache l'honneur, la réputation. ⇒ **avilissant, déshonorant.** *Une accusation infamante. Les peines infamantes* (ex. : *le bannissement, la dégradation*).

infâme [ɛ̃fam] adj. **1.** Littér. Infamant. *Un infâme trafic.* ⇒ **dégradant, honteux. 2.** Détestable, odieux. ⇒ **abject.** *Infâme saligaud.* ⇒ **ignoble, infect. 3.** Répugnant. ⇒ **écœurant.** *Un infâme taudis.* — Très mauvais. ⇒ **infect.** *Une odeur infâme.* ▶ ***infamie*** n. f. — REM. Pas d'accent circonflexe. **1.** Vx. Flétrissure sociale ou légale faite à la réputation de qqn. ⇒ **déshonneur. 2.** Vx. Caractère d'une personne infâme. ⇒ **abjection, bassesse. 3.** *(Une, des infamies)* Littér. Action, parole infâme. ⇒ **écœuranterie.** *C'est une infamie ! Dire des infamies de qqn.* ‹ ▶ infamant ›

infant, ante [ɛ̃fɑ̃, ɑ̃t] n. ■ Titre donné aux enfants des rois d'Espagne et du Portugal qui n'étaient pas les aînés. *Le personnage de l'infante dans « le Cid » de Corneille.*

infanterie [ɛ̃fɑ̃tʀi] n. f. **1.** Autrefois. Ensemble des soldats qui allaient et combattaient à pied, n'étaient pas à cheval. **2.** Arme (5) qui est chargée de la conquête et de l'occupation du terrain. ⇒ **fantassin.** *Section, régiment, division d'infanterie. L'infanterie de marine.*

infanticide [ɛ̃fɑ̃tisid] n. m. et adj. **1.** Meurtre d'un enfant (spécialt d'un nouveau-né). **2.** Qui tue volontairement un enfant (spécialt un nouveau-né). *Une mère infanticide.* — N. *Un, une infanticide.*

infantile [ɛ̃fɑ̃til] adj. **1.** Relatif à la première enfance. *Maladies infantiles.* **2.** Digne d'un enfant (quant au niveau intellectuel et affectif). *Une réaction infantile.* ⇒ **enfantin, puéril.** / contr. **adulte** / ▶ ***infantilisme*** n. m. **1.** État d'un adulte qui présente un aspect rappelant celui d'un enfant. **2.** Caractère, comportement puéril. *Réagir ainsi, c'est de l'infantilisme.*

infarctus [ɛ̃faʀktys] n. m. invar. ■ Altération d'un tissu, d'un organe par obstruction de l'artère qui assure son irrigation. — *Infarctus (du myocarde),* hémorragie à l'intérieur du cœur. ⇒ crise de **cœur.**

infatigable [ɛ̃fatigabl] adj. ■ Qui ne peut se fatiguer, qui ne se fatigue pas facilement. ⇒ **inlassable ;** fam. **increvable.** *Elles sont infatigables. Un travailleur infatigable.* ▶ ***infatigablement*** adv. ■ Sans se fatiguer, sans se lasser. *On lui répète infatigablement la même histoire.* ⇒ **inlassablement.**

infatué, ée [ɛ̃fatɥe] adj. ■ Littér. Trop pénétré de ses mérites ; content de soi. *Un personnage très infatué.* ⇒ **fat, prétentieux, vaniteux.** / contr. **humble, modeste** / — *Être* INFATUÉ DE *soi-même, de ses mérites...* ⇒ péj. **imbu.** ▶ ***infatuation*** n. f. ■ Littér. Sentiment d'une personne infatuée d'elle-même. ⇒ **fatuité, suffisance, vanité.** / contr. **modestie** /

infécond, onde [ɛ̃fekɔ̃, ɔ̃d] adj. **1.** Littér. Qui ne produit rien. *Une terre inféconde.* ⇒ **infertile. 2.** Qui n'est pas fécond. ⇒ **stérile.** *Fleur inféconde.* ▶ ***infécondité*** n. f. **1.** Caractère de ce qui ne produit rien. **2.** État d'une femelle, d'une femme inféconde.

infect, ecte [ɛ̃fɛkt] adj. **1.** (Odeurs, goûts...) Particulièrement répugnant. **2.** Très mauvais dans son genre. *Ce repas est infect. Il fait un temps infect.* ⇒ **épouvantable. 3.** Moralement ignoble. ⇒ **ignoble, infâme ;** fam. **écœurant.** *Un individu infect.* ▶ ① ***infecter*** v. tr. ▪ conjug. 1. ■ Imprégner (l'air) d'émanations malsaines, puantes, dangereuses ⇒ **empester, empoisonner, empuantir.** *Une fabrique de produits chimiques qui infecte le voisinage.*

② ***infecter*** [ɛ̃fɛkte] v. tr. ▪ conjug. 1. ■ Communiquer, transmettre (à l'organisme) des germes pathogènes. ⇒ **contaminer.** ≠ *infester.* — Pronominalement. *La plaie s'est infectée.* — Au p. p. adj. *Plaie infectée.* ▶ ***infection*** n. f. ■ Pénétration dans l'organisme de germes pathogènes. *Infection généralisée.* — Maladie infectieuse. *Combattre l'infection, une infection.* ▶ ***infectieux, ieuse*** [ɛ̃fɛksjø, jz] adj. ■ Qui communique l'infection. *Germes infectieux.* — Qui s'accompagne d'infection. *Maladies infectieuses.* 〈 ▶ désinfecter, primo-infection 〉

inféoder [ɛ̃feɔde] v. tr. ▪ conjug. 1. ■ Soumettre (à une autorité absolue). *Inféoder un journal à un parti, à un groupe financier.* — Pronominalement. *Elle refuse de s'inféoder.* — Au passif et au p. p. adj. *Être inféodé à un parti. Journal inféodé.*

inférer [ɛ̃feʀe] v. tr. ▪ conjug. 6. ■ Littér. Établir par inférence. ⇒ **conclure, induire.** *J'en infère que nous pouvons réussir.* ▶ ***inférence*** n. f. ■ Littér. Opération logique par laquelle on admet une proposition en vertu de sa liaison avec d'autres propositions déjà tenues pour vraies. ⇒ **induction.**

inférieur, eure [ɛ̃feʀjœʀ] adj. et n. **I.** Concret. **1.** Qui est au-dessous, plus bas, en bas. / contr. ① **supérieur** / *Les étages inférieurs d'un immeuble. La mâchoire inférieure.* **2.** Qui est plus bas, plus près du niveau de la mer. *Le cours inférieur du Mississipi* (opposé à *moyen, supérieur*). **II.** Abstrait. **1.** Qui a une valeur moins grande ; qui occupe une place au-dessous, dans une classification, une hiérarchie. *Il lui est très inférieur. Vous avez une situation inférieure. — Elle n'a pas été inférieure à sa tâche,* elle a été à la hauteur. **2.** Plus petit que. *Nombre inférieur à 10* (< 10), *inférieur ou égal à 10* (⩽ 10). / contr. ① **supérieur** / **3.** Moins avancé, peu avancé dans l'évolution. *Les animaux inférieurs.* **4.** N. Personne qui occupe une position sociale inférieure (par rapport à une autre). ⇒ **subalterne, subordonné.** *Traiter qqn en inférieur.* ▶ ***infériorité*** n. f. **1.** État de ce qui est inférieur (en rang, force, valeur, mérite). / contr. **supériorité** / *L'infériorité numérique de nos troupes. Reconnaître son infériorité. — Sentiment d'infériorité,* impression pénible d'être inférieur (à la normale, aux autres, à un idéal désiré). ⇒ ② **complexe. 2.** Ce qui rend inférieur. *C'est une infériorité.* ⇒ **désavantage.**

infernal, ale, aux [ɛ̃fɛʀnal, o] adj. **1.** Littér. Qui appartient aux enfers, à l'enfer. *Les puissances infernales.* **2.** Qui évoque l'enfer, le mal. *Une méchanceté infernale.* ⇒ **diabolique. 3.** Fam. Très vif, très intense. *Il fait une chaleur infernale. Elle conduit à une allure infernale.* **4.** (Personnes) Insupportable, terrible. *Ces enfants sont infernaux.*

infertile [ɛ̃fɛʀtil] adj. ■ Littér. Qui n'est pas fertile. ⇒ **aride, infécond, stérile.** *Une région infertile.* — (Personnes) Qui ne peut procréer. *Un couple infertile.* ▶ ***infertilité*** n. f. ■ État de ce qui est infertile. *L'infertilité des terres abitibiennes.* — (Personnes) Fait d'être infertile. *Consulter une clinique en infertilité.*

infester [ɛ̃fɛste] v. tr. ▪ conjug. 1. **1.** Littér. Ravager, rendre peu sûr (un pays) par des attaques incessantes. *Les pirates infestaient les côtes.* **2.** (Animaux ou plantes nuisibles) Surtout au p. p. Envahir. ⇒ **dévaster.** *Une mer infestée de requins. La tente était infestée de maringouins.* ≠ *infecter.*

① ***infidèle*** [ɛ̃fidɛl] adj. **1.** Qui est changeant dans ses sentiments. *Un ami infidèle.* — Qui n'est pas fidèle en amour. *Une personne infidèle.* — N. *L'infidèle lui reviendra.* **2.** Qui ne respecte pas (qqch. qui engage). *Être infidèle à sa parole.* **3.** Qui manque à la vérité, à l'exactitude. ⇒ **inexact.** *Un traducteur, une traduction infidèle. Sa mémoire est infidèle.* — N. f. Loc. fig. *Les belles infidèles,* les traductions belles et inexactes. ▶ ***infidèlement*** adv. ■ Inexactement. ▶ ***infidélité*** n. f. **1.** Manque de fidélité (dans les sentiments, en amour) ; acte qui en résulte. ⇒ **inconstance, trahison.** *Il a fait des infidélités à sa femme. — Faire des infidélités à son fournisseur habituel,* se fournir parfois chez un autre commerçant. **2.** Manque de fidélité (à une obligation). *Infidélité à la parole donnée.* **3.** Manque d'exactitude. *Infidélité de la mémoire. — Les infidélités d'une traduction.* ⇒ **inexactitude.**

② ***infidèle*** adj. et n. ■ Vx. Qui ne professe pas la religion considérée comme vraie. ⇒ **païen.** — N. *Croisade contre les infidèles. La guerre sainte des musulmans contre les infidèles.*

s'infiltrer [ɛ̃filtʀe] v. pron. ▪ conjug. 1. **1.** Pénétrer (dans un corps) en s'insinuant. *L'eau s'infiltre dans certains terrains.* **2.** Passer, entrer insensiblement. ⇒ se **glisser,** s'**introduire.** *Notre détachement s'était* *infiltré à travers les lignes ennemies.* ▸ ***infiltration*** n. f. **1.** Action de s'infiltrer. *L'infiltration de l'eau dans la terre.* — Pénétration accidentelle de l'eau dans un mur. *Il y a des infiltrations.* **2.** Envahissement du tissu cellulaire par un liquide, par des gaz. ⇒ **épanchement.** *Infiltration graisseuse. Recevoir une infiltration,* une injection de liquide dans un membre. **3.** Pénétration de personnes par petits groupes dans un pays. — *L'infiltration d'un espion dans un ministère.* ⇒ **noyautage.**

infime [ɛ̃fim] adj. ■ Tout petit, qui ne compte pas. ⇒ **insignifiant, minime, minuscule.** *En nombre infime.* — *Des détails infimes.*

infini, ie [ɛ̃fini] adj. et n. m. **I. 1.** En quoi on ne peut remarquer ni concevoir aucune limite. *Concevoir l'espace comme infini.* — (Dans le temps) Qui n'a pas de fin, de terme. ⇒ **éternel. 2.** Très considérable (par la grandeur, la durée, le nombre, l'intensité). ⇒ **énorme, gigantesque, illimité, immense.** *Des bavardages infinis. Avec une patience infinie,* sans bornes. **II.** N. m. **1.** Ce qui est infini, plus grand que tout ce qui a une limite. *L'infini mathématique* (signe « ∞ »). *Les deux infinis,* l'infiniment grand et l'infiniment petit. — (Distance) Zone éloignée où les objets donnent une image photographique nette dans le plan focal. *Régler l'objectif sur l'infini.* **2.** Ce qui semble infini. *L'infini de l'océan.* **3.** À L'INFINI loc. adv. : sans qu'il y ait de borne, de fin. *Droite prolongée à l'infini.* — Indéfiniment. *On peut discuter là-dessus à l'infini.* ▸ ***infiniment*** adv. **1.** D'une manière infinie. *Infiniment grand,* plus grand que toute quantité donnée. *Infiniment petit,* plus petit que toute quantité donnée. **2.** Beaucoup, extrêmement. *Je regrette infiniment. Je vous suis infiniment reconnaissant.* ⇒ **très.** — (Avec un comparatif) *C'est infiniment mieux.* ▸ ***infinité*** n. f. **1.** Didact. Quantité infinie, nombre infini. **2.** Très grande quantité. *Une infinité de gens.* ⇒ **multitude.** ‹ ▸ infinitésimal ›

infinitésimal, ale, aux [ɛ̃finitezimal, o] adj. **1.** Relatif aux quantités infiniment petites. *Calcul infinitésimal.* **2.** Extrêmement petit. ⇒ **infime.** *Une dose infinitésimale.*

infinitif, ive [ɛ̃finitif, iv] n. m. et adj. **1.** N. m. Forme nominale du verbe (mode impersonnel, opposé à *personnel*) exprimant l'idée de l'action ou de l'état d'une façon abstraite et indéterminée. *Verbe à l'infinitif. « Chanter », « finir », « vendre » sont des infinitifs. Infinitif présent et infinitif passé* (ex. : *« donner », « avoir donné »*). *« Le dîner », « le souper » sont des infinitifs substantivés.* **2.** Adj. *Proposition infinitive,* dont le verbe est à l'infinitif. *Ce verbe est au mode infinitif.*

infirme [ɛ̃fiʀm] adj. ■ Vieilli. Qui est atteint d'infirmités (2). ⇒ **handicapé, impotent, invalide.** *Demeurer infirme à la suite d'un accident.* — N. *Un, une infirme.* ‹ ▸ infirmité ›

infirmer [ɛ̃fiʀme] v. tr. ▪ conjug. 1. **1.** Affaiblir (qqch.) dans son autorité, sa force, son crédit. ⇒ **démentir, diminuer, réfuter.** *L'expertise a infirmé ce témoignage.* / contr. **confirmer** / **2.** Droit. Annuler ou réformer (une décision rendue par une juridiction inférieure). *La cour d'appel a infirmé le jugement.*

infirmerie [ɛ̃fiʀməʀi] n. f. ■ Local destiné à recevoir et soigner les malades, les blessés, dans une communauté. *L'élève blessé a été transporté à l'infirmerie.* ▸ ***infirmier, ière*** n. et adj. ■ Personne qui, par profession, soigne des malades et s'en occupe, sous la direction des médecins. ⇒ **garde, garde-malade.** *Faire des études d'infirmière. Aller se faire faire une piqûre chez l'infirmière. Infirmière-chef* ou *infirmière en chef. Les infirmières d'un hôpital, d'une clinique.* — Adj. *Le personnel infirmier.*

infirmité [ɛ̃fiʀmite] n. f. **1.** Littér. Faiblesse. *L'infirmité humaine.* **2.** *Une infirmité,* état d'un individu ne jouissant pas d'une de ses fonctions ou n'en jouissant qu'imparfaitement (sans que sa santé générale en souffre). *Devenu sourd, il supportait mal son infirmité.*

inflammable [ɛ̃flamabl] adj. ■ Qui a la propriété de s'enflammer facilement. *Les matières inflammables. Un gaz très inflammable.* / contr. **ininflammable** / ‹ ▸ ininflammable ›

inflammation [ɛ̃flamasjɔ̃] n. f. ■ Ensemble des réactions qui se produisent au point de l'organisme irrité par un agent pathogène. ⇒ **irritation ;** suff. **-ite.** *Une inflammation des amygdales. Inflammation de la peau, de l'œil.* ▸ ***inflammatoire*** adj. ■ Caractérisé par une inflammation. *Maladie inflammatoire d'origine microbienne, virale.* ‹ ▸ anti-inflammatoire ›

inflation [ɛ̃flasjɔ̃] n. f. ■ Déséquilibre économique caractérisé par un accroissement excessif des instruments de paiement (billets de banque, capitaux) entraînant une hausse des prix et une dépréciation de la monnaie. / contr. **déflation** / ▸ ***inflationniste*** adj. ■ Qui tend à l'inflation. *Le danger inflationniste.*

infléchir [ɛ̃fleʃiʀ] v. tr. ▪ conjug. 2. **1.** Fléchir de manière à former une courbe. ⇒ **courber, crochir.** — Pronominalement. *La tringle s'est infléchie sous le poids.* **2.** Modifier la direction, l'orientation de. *Essayer d'infléchir la politique du gouvernement.* ‹ ▸ inflexion ›

inflexible [ɛ̃flɛksibl] adj. ■ Que rien ne peut fléchir ni émouvoir ; qui résiste à toutes les influences. ⇒ ① **ferme, impitoyable, intransigeant.** *Il est resté inflexible.* ⇒ **inébranlable.** *Une volonté inflexible.* ▸ ***inflexibilité*** n. f. ■ Fait de ne pas céder. ⇒ **rigidité.** *L'inflexibilité d'un caractère.* ▸ ***inflexiblement*** adv. ■ *S'en tenir inflexiblement à une résolution.*

inflexion [ɛ̃flɛksjɔ̃] n. f. **1.** Mouvement par lequel une chose s'infléchit. ⇒ **courbure, flexion.** *L'inflexion des rayons lumineux. Saluer d'une inflexion de la tête.* ⇒ **inclination. 2.** Changement subit d'accent ou de ton dans la voix. *Sa voix prenait des inflexions plus douces.*

infliger [ɛ̃fliʒe] v. tr. ▪ conjug. 3. **1.** Appliquer (une peine matérielle ou morale). ⇒ **imposer.** *On lui a infligé une amende.* **2.** Faire subir (qqch. à qqn). *Nous ne pouvons pas lui infliger la présence des enfants pendant un mois.* ⇒ **imposer.** *Je vais lui infliger un démenti.* ⇒ **opposer.** *Infliger une défaite à un adversaire.* — Pronominalement (réfl.) *S'infliger des blessures.*

inflorescence [ɛ̃flɔʀesɑ̃s] n. f. ■ Mode de groupement des fleurs d'une plante (ex. : *fleurs en grappes, en ombelles...*).

influence [ɛ̃flyɑ̃s] n. f. **1.** Action qu'exerce une chose, un phénomène, une situation sur qqn ou qqch. ⇒ **effet.** *L'influence de l'éducation sur la personnalité. Agir sous l'influence de la colère.* **2.** Action volontaire ou non qu'une personne exerce (sur qqn). ⇒ **ascendant, empire, emprise, pouvoir.** *Je compte sur votre influence pour les persuader. Il a une mauvaise influence sur elle.* **3.** Pouvoir social d'une personne qui amène les autres à se ranger à son avis. ⇒ **autorité, crédit.** *Cette femme d'affaires a beaucoup d'influence. User de son influence en faveur de qqn.* **4.** Action morale, intellectuelle. *On sent dans ce livre l'influence de Félix Leclerc.* **5.** Autorité politique (d'un État). *L'influence des États-Unis en Amérique du Sud.* ▸ ***influençable*** adj. ■ (Personnes) Qui se laisse influencer. *Un caractère influençable.* ▸ ***influencer*** v. tr. ▪ conjug. 3. ■ Soumettre à son influence (2). *Je* *ne veux pas vous influencer, influencer votre choix. Quelqu'un qui se laisse facilement influencer.* ▶ ***influent, ente*** adj. ■ Qui a de l'influence (3), du prestige. ⇒ **important.** *Un personnage influent.*

influer [ɛ̃flye] v. intr. ▪ conjug. 1. ■ INFLUER SUR : exercer sur une personne ou une chose une action de nature à la modifier. *Le temps influe sur notre humeur.* ⇒ **influencer.** ‹ ▶ influence ›

influx [ɛ̃fly] n. m. invar. ■ *Influx nerveux,* phénomène par lequel on explique la propagation des effets de l'excitation dans les nerfs.

infographie [ɛ̃fogʀafi] n. f. ■ Application de l'informatique qui a pour objet la création d'images et de dessins assistée par ordinateur, ainsi que leur traitement. *Les artistes ont été les premiers à utiliser l'infographie. Un logiciel d'infographie.* — REM. Ce mot est un nom de marque déposée. ▶ ***infographique*** adj. ■ Relatif à l'infographie. *L'art infographique.* ▶ ***infographiste*** n. et adj. ■ Spécialiste de l'infographie. — Adj. ou en appos. *Une cartographe infographiste.*

in-folio [infɔljo] adj. invar. et n. m. invar. ■ (Format) Dont la feuille d'impression est pliée en deux, formant quatre pages. *Format in-folio. Des gros dictionnaires in-folio.* — N. *Un in-folio,* un livre de ce grand format.

informateur, trice n. ⇒ **informer.**

① ***information*** [ɛ̃fɔʀmasjɔ̃] n. f. **I. 1.** Renseignements (sur qqn, sur qqch.). *J'ai pu recueillir d'utiles informations. Des informations confidentielles. Aller aux informations,* aller s'informer. — Fam. *Demander des informations à qqn. Bureau d'information. S'adresser à l'information.* ⇒ **réception. 2.** Action de s'informer. *La ministre effectuait un voyage d'information. Une réunion d'information.* **3.** *(Une, les informations)* Renseignement ou événement qu'on porte à la connaissance d'une personne, d'un public. *Les informations politiques, sportives.* — Au plur. *Bulletin d'informations. Les informations télévisées.* ⇒ **nouvelles.** — Abrév. fam. LES INFOS, n. m. pl. *Écouter les infos à la radio.* — L'INFORMATION : action d'informer le public, l'opinion (par la presse, la radio, la télévision...). *Journal d'information et journal d'opinion.* **II.** Sciences. Se dit de ce qui peut être transmis par un signal ou une combinaison de signaux ; ce qui est transmis (objet de connaissance, de mémoire). *Le traitement automatique de l'information.* ⇒ **informatique.** ‹ ▶ désinformation, informatique ›

② ***information*** n. f. ■ (Surtout en France) Droit. Enquête pour établir la preuve d'une infraction, pour en découvrir les auteurs. ⇒ **instruction** (III). *Ouvrir une information contre inconnu.*

informatique [ɛ̃fɔʀmatik] n. f. et adj. ■ Théorie et traitement de l'information (①, II) à l'aide de programmes (⇒ **logiciel**) mis en œuvre sur ordinateurs. *Informatique bancaire, de gestion.* ⇒ **bureautique.** *Informatique domestique,* avec des micro-ordinateurs. *Baccalauréat en informatique.* — Adj. *L'industrie informatique. Le matériel informatique.* ▶ ***informaticien, ienne*** n. ■ Spécialiste de l'informatique. *Une bonne informaticienne.* — Adj. ou en appos. *Ingénieur informaticien.* ▶ ***informatiser*** v. tr. ▪ conjug. 1. ■ Traiter (un problème), organiser par les méthodes de l'informatique. *Informatiser la gestion.* — Au p. p. adj. *Un secteur informatisé.* ▶ ***informatisation*** n. f. ■ Introduction (dans une activité) de méthodes informatiques. *L'informatisation de la gestion dans une banque.* ‹ ▶ bureautique, infographie, micro-informatique, productique, téléinformatique, télématique ›

informe [ɛ̃fɔʀm] adj. **1.** Qui n'a pas de forme propre, ou de forme bien définissable. *Matière informe.* **2.** Dont la forme n'est pas achevée. ⇒ **grossier.** *Un brouillon informe.* — Laid, disgracieux. *Une silhouette informe.*

informel, elle [ɛ̃fɔʀmɛl] adj. ■ Sans caractère officiel, qui n'est pas soumis à des règles rigoureuses. ⇒ **officieux.** *Rencontre, discussion informelle. Une réunion informelle,* sans ordre du jour. *Soirée informelle, souper informel,* organisé(e) sans façon.

informer [ɛ̃fɔʀme] v. tr. ▪ conjug. 1. **1.** Mettre au courant (de qqch.). ⇒ **avertir, aviser, instruire, renseigner ;** ① **information.** *Il ne nous avait pas informés de son arrivée. Elle m'a informé qu'elle refusait. Être bien, mal informé sur une affaire.* **2.** S'INFORMER v. pron. : s'enquérir en vue de, se mettre au courant. ⇒ se **renseigner.** *Je me suis informé de ses projets. Informez-vous s'il est arrivé.* — Recueillir des informations. *Elle veut s'informer avant d'agir.* — Fam. *Aller s'informer,* demander des renseignements. ▶ ***informé, ée*** adj. et n. m. **1.** Adj. Qui sait ce qu'il faut savoir. *Un public informé* (opposé à *grand public*). *Journal bien informé,* dont les informations sont sérieuses. **2.** N. m. Loc. *Jusqu'à plus ample informé,* avant d'en savoir plus sur l'affaire. ▶ ***informateur, trice*** n. ■ Personne qui donne des informations (surtout à la police). *Disposer d'informateurs dans tous les milieux.* ⇒ **délateur, espion, indicateur, mouchard.** ‹ ▶ ① information ›

infortune [ɛ̃fɔʀtyn] n. f. ■ Littér. Malheur. *Pour comble d'infortune, elle se cassa la jambe.* ⇒ **adversité, malchance.** *Compagnon d'infortune,* personne qui supporte les mêmes malheurs. ▶ ***infortuné, ée*** adj. et n. ■ Littér. Malheureux. ⇒ **malchanceux.** *Les infortunées victimes.*

infra [ɛ̃fʀa] adv. ■ Sert à renvoyer à un passage qui se trouve plus loin dans un texte. ⇒ ci-**dessous.** / contr. **supra** / *Se reporter infra, page tant.*

infra- ■ Élément signifiant « inférieur », « en dessous ». ‹ ▶ infrarouge, infrason, infrastructure ›

infraction [ɛ̃fʀaksjɔ̃] n. f. **1.** INFRACTION À... : violation d'un engagement, d'une loi. ⇒ **entorse, faute, manquement.** *Une infraction à la règle, à la discipline. Une infraction au code de la route.* **2.** Violation (en général sans gravité) d'une loi de l'État, qui est frappée d'une peine. ⇒ **délit.** *Commettre une infraction.* ≠ *effraction.*

infranchissable [ɛ̃fʀɑ̃ʃisabl] adj. ■ Qu'on ne peut franchir. *Un obstacle infranchissable.* — Fig. *Une difficulté infranchissable.* ⇒ **insurmontable.**

infrarouge [ɛ̃fʀaʀuʒ] adj. ■ Se dit des radiations qui prolongent le spectre du visible au-delà du rouge. *Rayons infrarouges.* — N. m. *Chauffage à l'infrarouge.*

infrason [ɛ̃fʀasɔ̃] n. m. ■ Vibration inaudible, de fréquence inférieure à 15 ou 20 hertz. *Les infrasons et les ultrasons.*

infrastructure [ɛ̃fʀastʀyktyʀ] n. f. **1.** Parties inférieures (d'une construction) (opposé à *superstructure*). ⇒ **fondations.** — Terrassements et ouvrages (d'une voie). ⇒ **fondations.** — Ensemble des installations au sol nécessaires à l'aviation. **2.** Ensemble des équipements économiques ou techniques. *L'infrastructure routière d'un pays.*

infroissable [ɛ̃fʀwasabl] adj. ■ Qui n'est pas froissable, qui est peu froissable. *Tissu infroissable.*

infructueux, euse [ɛ̃fʀyktɥø, øz] adj. ■ Sans profit, sans résultat. ⇒ **inefficace, inutile, vain.** *Des tentatives infructueuses.*

infus, use [ɛ̃fy, yz] adj. ■ Littér. Inné. / contr. **acquis** / — Loc. *Avoir la* SCIENCE INFUSE : être savant sans avoir étudié.

infuser [ɛ̃fyze] v. tr. ▪ conjug. 1. **1.** Laisser tremper (une substance) dans un liquide afin qu'il se charge des principes qu'elle contient. ⇒ **macérer.** *Infuser du thé, du tilleul.* — Au p. p. adj. *Thé bien infusé.* — Intransitivement. *Laisse infuser encore un peu.* **2.** Littér. Faire pénétrer, communiquer. *Il faut infuser à notre parti un sang nouveau.* ▸ ***infusion*** n. f. **1.** Action d'infuser dans un liquide (une substance dont on veut extraire les principes solubles). **2.** Tisane de plantes (camomille, menthe, tilleul, verveine). *Prendrez-vous du café ou une infusion ? Une infusion de camomille.*

*s'****ingénier*** [ɛ̃ʒenje] v. pron. ▪ conjug. 7. ■ Mettre en jeu toutes les ressources de son esprit. ⇒ s'**évertuer.** *Elle s'ingéniait à nous faire plaisir.*

ingénieur, eure [ɛ̃ʒenjœʀ] n. ■ Personne qui a reçu une formation scientifique et technique la rendant apte à diriger certains travaux, à participer aux applications de la science. *Ingénieur agronome, chimiste, forestier. Ingénieur en aéronautique. Mme X est une brillante ingénieure. Faire des études d'ingénieur.* ⇒ ③ **génie.** — En appos. *Des ingénieurs-conseils.* — REM. L'O.L.F. propose *ingénieure* au féminin. ▸ ***ingénierie*** [ɛ̃ʒeniʀi] n. f. ■ Étude globale d'un projet industriel. ⇒ **génie.**

ingénieux, ieuse [ɛ̃ʒenjø, jøz] adj. **1.** Qui a l'esprit inventif. ⇒ **adroit, habile.** *Un bricoleur ingénieux.* ⇒ fam. **patenteur. 2.** (Choses) Qui marque beaucoup d'invention, d'imagination. ⇒ **astucieux.** *Un mécanisme ingénieux. Votre explication est très ingénieuse.* ▸ ***ingénieusement*** adv. ■ *Vous avez expliqué ingénieusement ce petit mystère.* ⇒ **habilement.** ▸ ***ingéniosité*** n. f. ■ Adresse inventive. ⇒ fam. **patentage.** *Faire preuve d'ingéniosité. C'est une merveille d'ingéniosité.*

ingénu, ue [ɛ̃ʒeny] adj. ■ Qui a une sincérité innocente et naïve. ⇒ **candide, naïf, simple.** *Jeune fille ingénue.* — N. f. *Un rôle d'ingénue au théâtre.* — *Un regard ingénu. Une question ingénue.* ▸ ***ingénument*** adv. ■ Littér. *Il répondait ingénument à nos questions.* ▸ ***ingénuité*** [ɛ̃ʒenɥite] n. f. ■ Littér. Sincérité naïve. ⇒ **candeur, innocence, naïveté.**

① *s'****ingérer*** v. pron. ▪ conjug. 6. ■ Littér. Intervenir sans en avoir le droit. ⇒ s'**immiscer.** *S'ingérer dans une discussion. Grande puissance qui s'ingère dans les affaires d'un pays voisin.* ▸ ***ingérence*** n. f. ■ Fait de s'ingérer. ⇒ **intrusion.** / contr. **non-intervention** / *Je ne tolère pas d'ingérence dans ma vie privée.*

② ***ingérer*** v. tr. ▪ conjug. 6. ■ Didact. Introduire par la bouche (dans les voies digestives). ⇒ **avaler.** ▸ ***ingestion*** n. f. ■ Action d'ingérer. *L'ingestion d'un médicament.*

ingouvernable [ɛ̃guvɛʀnabl] adj. ■ Impossible à gouverner. *Ces gens-là sont ingouvernables.*

ingrat, ate [ɛ̃gʀa, at] adj. et n. **1.** Qui n'a aucune reconnaissance. *Se montrer ingrat envers un bienfaiteur.* / contr. **reconnaissant** / — N. *Un ingrat. Ce n'est pas une ingrate.* **2.** (Choses) Qui ne dédommage guère de la peine qu'il donne, des efforts qu'il coûte. / contr. **fécond** / *Une terre ingrate. Étudier un sujet ingrat.* **3.** Qui manque d'agrément, de grâce. ⇒ **désagréable, disgracieux.** *Un visage ingrat.* — *Âge ingrat,* celui de la puberté. ▸ ***ingratitude*** n. f. ■ Caractère d'une personne ingrate ; manque de reconnaissance. *Acte d'ingratitude. Témoigner de l'ingratitude envers qqn.*

ingrédient [ɛ̃gʀedjɑ̃] n. m. ■ Élément qui entre dans la composition (d'une préparation ou d'un mélange). *Les divers ingrédients d'une sauce. Il doit manquer un ingrédient.*

inguérissable [ɛ̃geʀisabl] adj. ■ Qui n'est pas guérissable. *Une maladie inguérissable.* ⇒ **incurable.** — *Un chagrin inguérissable.*

ingurgiter [ɛ̃gyʀʒite] v. tr. ▪ conjug. 1. ■ Avaler avidement et en quantité. ⇒ **engloutir.** / contr. **régurgiter,** ① **rendre** (II, 1), **vomir** / — Plaisant. *Elle a dû ingurgiter en deux mois tout son programme.*

inhabile [inabil] adj. **1.** Littér. Qui manque d'habileté. *Des gestes inhabiles.* ⇒ **malhabile, maladroit. 2.** Droit. Qui ne possède pas les qualités requises pour faire une chose. *Inhabile à tester.* ▸ ***inhabileté*** n. f. ■ Manque d'habileté. ⇒ **maladresse.**

inhabitable [inabitabl] adj. ■ Qui n'est pas habitable, qui est difficilement habitable. *Une maison inhabitable,* sans aucun confort. ▸ ***inhabité, ée*** adj. ■ Qui n'est pas habité. *Les régions inhabitées.* ⇒ **désert.** *Maison inhabitée,* inoccupée.

inhabituel, elle [inabitɥɛl] adj. ■ Qui n'est pas habituel. ⇒ **inaccoutumé, insolite.** *Il régnait dans la rue une animation inhabituelle.* / contr. **habituel** /

inhaler [inale] v. tr. ▪ conjug. 1. ■ Absorber par les voies respiratoires. / contr. **exhaler** / ▸ ***inhalation*** n. f. ■ Action d'inhaler (un gaz, une vapeur). *L'inhalation d'un gaz toxique.* — Spécialt. Au plur. Aspiration par le nez de vapeurs qui désinfectent, décongestionnent. ⇒ **fumigation.** *Faire des inhalations.* ▸ ***inhalateur*** n. m. ■ Appareil servant aux inhalations. ▸ ***inhalothérapie*** n. f. ■ Forme de traitement d'affection des voies respiratoires (asthme, bronchite, etc.) par la pulvérisation de produits médicamenteux dans celles-ci. *Le département d'inhalothérapie d'un hôpital.* ▸ ***inhalothérapeute*** n. ■ Spécialiste de l'inhalothérapie.

inhérent, ente [ineʀɑ̃, ɑ̃t] adj. ■ Qui appartient essentiellement (à un être, à une chose), qui est joint inséparablement. ⇒ **essentiel, intrinsèque.** *Les contradictions inhérentes à ce régime.*

inhiber [inibe] v. tr. ▪ conjug. 1. **1.** (Suj. chose) Empêcher (qqn) d'agir, de manifester ses sentiments, ses opinions. ⇒ **freiner, gêner.** *Sa crainte d'être ridicule l'inhibe.* — Au p. p. adj. *Une personne inhibée.* ⇒ **pogné.** *Il est inhibé.* N. *C'est un inhibé,* une personne qui ne peut pas agir, s'exprimer. **2.** Sciences. (Action nerveuse ou hormonale) Empêcher ou diminuer le fonctionnement de (un organe). ▸ ***inhibition*** n. f. ■ Fait d'être inhibé. *Il faut vaincre vos inhibitions.* ⇒ **crainte, gêne, timidité.** — Sciences. Action d'inhiber.

inhospitalier, ière [inɔspitalje, jɛʀ] adj. ■ Qui ne pratique pas l'hospitalité. *Un peuple inhospitalier.* / contr. **accueillant, hospitalier** / — (Choses) Qui ne présente pas les conditions favorables à l'humain. *Une côte, une forêt, une contrée inhospitalière.* / contr. **accueillant** /

inhumain, aine [inymɛ̃, ɛn] adj. **1.** Qui manque d'humanité. ⇒ **barbare, cruel, sauvage.** *Un traitement inhumain.* **2.** Qui n'a rien d'humain. *Un hurlement inhumain. Un travail inhumain,* très pénible. ▸ ***inhumainement*** adv. ■ *Traiter qqn inhumainement.* ▸ ***inhumanité*** n. f. ■ Littér. Caractère d'une personne, d'une chose inhumaine. ⇒ **barbarie, cruauté, férocité.** *Acte d'inhumanité.* / contr. **humanité** /

inhumer [inyme] v. tr. ▪ conjug. 1. ■ Mettre en terre (un corps humain), avec les cérémonies d'usage. ⇒ **ensevelir, enterrer.** / contr. **exhumer** / *Permis d'inhumer,* délivré par le médecin. ▸ ***inhumation*** n. f. ■ Action d'inhumer. *L'inhumation du corps dans un cimetière.* ⇒ **enterrement.**

inimaginable [inimaʒinabl] adj. ■ Qu'on ne peut imaginer, dont on n'a pas idée. ⇒ **extraordinaire, incroyable.** *Un désordre inimaginable. Une histoire inimaginable.* ⇒ **impensable, inconcevable.**

inimitable [inimitabl] adj. ■ Qui ne peut être imité. *Elle est inimitable dans ce domaine.*

inimitié [inimitje] n. f. ■ Sentiment hostile (envers qqn). ⇒ **antipathie, aversion, hostilité.** / contr. **amitié, sympathie** / *Avoir de l'inimitié contre, à l'égard de qqn.*

ininflammable [inɛ̃flamabl] adj. ■ Qui n'est pas inflammable. ⇒ **ignifuge.** *Un tissu ininflammable.* / contr. **inflammable** /

inintelligent, ente [inɛ̃tɛ(e)liʒɑ̃, ɑ̃t] adj. ■ Qui n'est pas intelligent. ⇒ **bête, idiot, niaiseux, stupide.** *Élève inintelligent.* / contr. **intelligent** / ▸ ***inintelligence*** n. f. ■ Manque d'intelligence.

inintelligible [inɛ̃tɛ(e)liʒibl] adj. ■ Qu'on ne peut comprendre. ⇒ **incompréhensible.** *Il marmonnait des mots inintelligibles. C'est à peu près inintelligible.* ▸ ***inintelligiblement*** adv. ■ Littér. *Bredouiller inintelligiblement.* / contr. **intelligiblement** / ▸ ***inintelligibilité*** n. f. ■ Littér. Caractère de ce qui est inintelligible. *L'inintelligibilité d'un texte.*

inintéressant, ante [inɛ̃teʀɛsɑ̃, ɑ̃t] adj. ■ Dépourvu d'intérêt. ⇒ **ennuyant,** ① **plat.** *Un film inintéressant.* / contr. **intéressant** /

ininterrompu, ue [inɛ̃teʀɔ̃py] adj. ■ Qui n'est pas interrompu (dans l'espace ou dans le temps). ⇒ **continu, permanent.** *Une file ininterrompue de voitures. Un quart d'heure de musique ininterrompue.*

inique [inik] adj. ■ Littér. Qui manque gravement à l'équité ; très injuste (⇒ **inéquitable**). *Une décision inique.* ▸ ***iniquité*** [inikite] n. f. ■ Littér. Manque d'équité. ⇒ **injustice.** *L'iniquité d'un jugement.* — Acte, chose inique.

initial, ale, aux [inisjal, o] adj. et n. f. **1.** Qui est au commencement, qui caractérise le commencement (de qqch.). ⇒ **originel, premier.** / contr. **terminal** / *La cause initiale de nos malentendus.* **2.** Qui commence un mot. / contr. **final** / *La consonne initiale d'un nom.* — Surtout au plur. N. f. Consonne ou voyelle initiale (d'un nom propre). ⇒ **sigle.** *Signer de ses initiales.* ⇒ **initialer.** ▸ ***initialement*** adv. ■ Dans la période initiale ; au commencement. ▸ ***initialer*** v. tr. ▪ conjug. 1. ■ Inscrire ses initiales sur. ⇒ **parafer.** *Après avoir lu ce contrat, veuillez initialer chaque page.* — Au p. p. adj. *Un chèque initialé.* ≠ *initialiser.*

initialiser [inisjalize] v. tr. ▪ conjug. 1. Informatique. **1.** Mettre (un ordinateur, un programme) en état de commencer un travail. — Au p. p. adj. *Micro-ordinateur, logiciel initialisé.* **2.** Mettre un support (disque, disquette) en état de recevoir de l'information. *Initialiser ses disquettes.* Au p. p. adj. *Un disque non initialisé.* ≠ *initialer.* ▸ ***initialisation*** n. f. ■ Informatique. Action d'initialiser ; résultat de cette action.

initiateur, trice [inisjatœʀ, tʀis] n. et adj. ■ Personne qui initie (qqn), qui enseigne ou propose le premier (qqch.). ⇒ **innovateur.** *Les initiateurs de ce mouvement.* ⇒ **précurseur.** — Adj. *Un génie initiateur.*

initiation [inisjasjɔ̃] n. f. **1.** Admission (à une religion, un culte, un état social particulier). *Les rites d'initiation (*ou *initiatiques) dans les sociétés traditionnelles.* — *L'initiation des étudiants,* cérémonie d'accueil des étudiants de première année (collège, université), comportant diverses épreuves imposées par les anciens. ⇒ **bizutage, brimade. 2.** INITIATION À : introduction à la connaissance (de choses secrètes, difficiles). — Action de donner ou de recevoir les premiers éléments (d'une science, d'un art). ⇒ **apprentissage, introduction** à. *Stage d'initiation à l'informatique.* ▸ ***initiatique*** adj. ■ Didact. Relatif à l'initiation (1). *Rites initiatiques.*

initiative [inisjativ] n. f. **1.** Action d'une personne qui propose, entreprend, organise (qqch.) en étant la première. *Prendre l'initiative d'une démarche. Savoir prendre des initiatives. Une initiative malheureuse. L'initiative privée. Sur, à l'initiative de qqn.* **2.** Droit de soumettre à l'autorité compétente une proposition en vue de la faire adopter. *Le Parlement a l'initiative des lois.* **3.** Qualité d'une personne disposée à entreprendre, à oser. *C'est un poste qui exige de l'initiative. Manque d'initiative.* **4.** *Initiative de défense stratégique,* programme dont l'objectif est l'élimination progressive des missiles nucléaires, notamment à partir de systèmes de détection spaciaux. ⇒ **guerre** des étoiles, **I.D.S.**

initier [inisje] v. tr. ▪ conjug. 7. **1.** Admettre (à un état social, à une connaissance réservée) par une série d'épreuves (⇒ **initiation**). *Initier qqn au christianisme. Initier les étudiants en médecine.* **2.** Admettre à la connaissance (de choses d'accès difficile, réservées à des privilégiés). *Son père l'a initiée aux secrets de la Bourse.* — Être le premier à instruire, à mettre au fait. ⇒ **apprendre, enseigner.** *On l'a initiée toute jeune à la musique.* — S'INITIER À : acquérir les premiers éléments (d'un art, d'une science). *S'initier à la musique.* — REM. *Initier* ne signifie pas en français « commencer », « mettre en œuvre » (anglic.). ▸ ***initié, ée*** n. **1.** Personne qui a bénéficié de l'initiation (religieuse, sociale). **2.** Personne qui est dans le secret (d'une entreprise, d'un art). *Une poésie réservée à des initiés.* / contr. **profane** / ‹ ▸ initiateur, initiation ›

injecter [ɛ̃ʒɛkte] v. tr. ▪ conjug. 1. **1.** Introduire (un liquide en jet, un gaz sous pression) dans un organisme. *On lui a injecté un centigramme de sérum.* **2.** Faire pénétrer (un liquide sous pression) dans un matériau. *Injecter du ciment dans un mur,* pour le consolider. **3.** Apporter (des capitaux) dans un secteur de l'économie pour le relancer. *Injecter de l'argent dans une entreprise.* ▸ ***injectable*** adj. ■ Qu'on peut ou qu'on doit injecter. *Ampoules injectables* (opposé à *buvable*). ▸ ***injecté, ée*** adj. ■ (Yeux) *Injecté de sang,* coloré par l'afflux du sang. ▸ ***injecteur*** n. m. **1.** Appareil servant à injecter un liquide dans l'organisme. **2.** Dispositif assurant l'alimentation en eau (d'une chaudière), en carburant (d'un moteur). ▸ ***injection*** [ɛ̃ʒɛksjɔ̃] n. f. **1.** Introduction d'un fluide sous pression dans l'organisme. *Poire à injections.* — Piqûre. *Injection intraveineuse.* **2.** Pénétration d'un liquide sous pression (dans une substance). — *Moteur à injection,* dont l'alimentation en carburant est assurée par un injecteur. ≠ *injonction.*

injonction [ɛ̃ʒɔ̃ksjɔ̃] n. f. ■ Action d'enjoindre ; ordre formel, disposition juridique forçant qqn à obéir. *Le juge a accordé une injonction au syndicat. Se rendre à une injonction.* ≠ *injection.*

injure [ɛ̃ʒyʀ] n. f. **1.** Parole offensante, blessante, vexante. ⇒ **insulte ; juron,** ② **sacre.** *On leur adressait des injures, les accablait d'injures. Une bordée d'injures. Des injures grossières.* **2.** Littér. Offense grave. ⇒ **affront, outrage.** — Loc. *Faire injure à qqn,* l'offenser. ▸ ***injurier*** v. tr. ▪ conjug. 7. ■ Dire des injures à (qqn). ⇒ **insulter, offenser ;** fam. **engueuler ; jurer,** ② **sacrer.** *L'équipe s'est fait copieusement injurier. La foule injuriait l'arbitre.* ⇒ **conspuer.** ▸ ***injurieux, ieuse*** adj. ■ Qui contient des injures, qui constitue une injure. ⇒ **blessant, insultant, offensant.** *Employer des termes injurieux. Une attitude injurieuse.*

injuste [ɛ̃ʒyst] adj. **1.** Qui agit contre la justice ou l'équité. *Vous avez été injuste envers nous.* **2.** (Choses)

Qui est contraire à la justice. ⇒ **inéquitable, inique.** *C'est une sentence, une punition injuste.* / contr. **juste** / *Il est injuste de leur en vouloir.* ▶ ***injustement*** adv. ■ *Être injustement condamné.* ▶ ***injustice*** n. f. **1.** Caractère d'une personne, d'une chose injuste ; manque de justice. ⇒ **iniquité.** *L'injustice sociale.* — Absolt. Ce qui est injuste. *Se révolter contre l'injustice.* **2.** *(Une, des injustices)* Acte, décision contraire à la justice. *Être victime d'une terrible injustice.*

injustifiable [ɛ̃ʒystifjabl] adj. ■ Qu'on ne peut justifier. ⇒ **impardonable, inexcusable.** *Votre refus est injustifiable.* ▶ ***injustifié, ée*** adj. ■ Qui n'est pas justifié, appuyé par des preuves tangibles. *Une réclamation injustifiée.* ⇒ **immotivé.**

inlassable [ɛ̃lɑsabl] adj. ■ Qui ne se lasse pas. ⇒ **infatigable ;** fam. **increvable.** *Il recommence avec une patience inlassable.* ▶ ***inlassablement*** adv. ■ *Je le lui répète inlassablement,* sans cesse.

in memoriam [inmemɔʀjam] loc. ■ Vieilli. Inscription latine signifiant « à la mémoire de » apparaissant sur un monument funéraire, dans les avis de décès, sur les faire-part, etc. *Monsieur Untel, décédé en 1991, in memoriam.*

inné, ée [i(n)ne] adj. ■ Que l'on a en naissant, dès la naissance (opposé à *acquis*). *C'est un don inné.* ⇒ **naturel.** — *Idées innées* (Descartes), antérieures à toute expérience.

innerver [inɛʀve] v. tr. ▪ conjug. 1. ■ (Tronc nerveux) Fournir de nerfs (un organe). — Au p. p. adj. *Une région du corps peu innervée.* ▶ ***innervation*** n. f. ■ Distribution des nerfs (dans une région du corps).

innocence [inɔsɑ̃s] n. f. (⇒ **innocent**) **1.** Religion. État de l'être qui n'est pas souillé par le mal. ⇒ **pureté.** *L'innocence de l'être humain avant le péché originel.* — État d'une personne qui ignore le mal. ⇒ **candeur, ingénuité.** *Elle l'a dit en toute innocence.* **2.** État d'une personne qui n'est pas coupable (d'une chose particulière). / contr. **culpabilité** / *L'accusé a protesté de son innocence. Son innocence a été reconnue.*

innocent, ente [inɔsɑ̃, ɑ̃t] adj. et n. **1.** Religion. Qui n'est pas souillé par le mal. ⇒ **pur.** — Qui ignore le mal. ⇒ **candide, ingénu.** *Elle est innocente comme l'enfant qui vient de naître,* très pure. **2.** Qui est trop naïf. ⇒ **crédule, niais.** — N. *Et tu le crois ? pauvre innocent !* — PROV. *Aux innocents les mains pleines,* les simples sont heureux dans leurs entreprises. **3.** Fam. Qui est idiot, niaiseux. ⇒ fam. ③ **cave.** *Je ne le croyais pas si innocent. Avoir l'air innocent.* — N. *Gang d'innocents. Arrête de faire l'innocente.* Terme d'injure. *Mon innocent ! Espèce d'innocente !* **4.** Qui n'est pas coupable. *Il est innocent du crime dont on l'accuse.* — N. *On a condamné un innocent.* Loc. *Faire, jouer à l'innocent,* prendre la contenance de la personne qui n'est pas coupable, qui ne sait rien. **5.** Qui n'est pas blâmable. *Des plaisirs bien innocents. Un baiser innocent.* ▶ ***innocemment*** [inɔsamɑ̃] adv. ■ Avec innocence, sans faire ou sans vouloir faire le mal. *Elle avoua tout innocemment.* ▶ ***innocenter*** v. tr. ▪ conjug. 1. ■ Déclarer innocent, faire reconnaître non coupable. ⇒ **disculper.** *Cette déclaration du témoin innocente l'accusé.* ‹ ▶ innocence ›

innocuité [inɔkɥite] n. f. ■ Didact. Qualité de ce qui n'est pas nuisible. *L'innocuité d'une boisson.* / contr. **nocivité** /

innombrable [i(n)nɔ̃bʀabl] adj. ■ Extrêmement nombreux, qu'on ne peut dénombrer avec exactitude. ⇒ **considérable.** *Une foule innombrable. Des détails innombrables.*

innomé ou ***innommé, ée*** [i(n)nɔme] adj. ■ Qui n'a pas ou pas encore reçu de nom, de dénomination. *Une rue innomée.*

innommable [i(n)nɔmabl] adj. **1.** Trop mauvais, méprisable, trop ignoble pour être désigné ou qualifié. ⇒ **inqualifiable.** *Des procédés innommables.* — Très mauvais. ⇒ **abject, infect.** *Une nourriture innommable.* **2.** (Choses) Si intense, si fort qu'on ne trouve pas de mots pour le dire. ⇒ **indisable.** *Une émotion innommable.*

innover [i(n)nɔve] v. intr. ▪ conjug. 1. ■ Introduire qqch. de nouveau (dans un domaine). *Innover en art, en matière économique.* ▶ ***innovation*** n. f. ■ Action d'innover ; chose nouvellement introduite. ⇒ **changement, nouveauté.** *Une innovation en matière de théâtre. Des innovations techniques.* ▶ ***innovateur, trice*** n. et adj. ■ Personne qui innove. ⇒ **créateur, initiateur, novateur.** *Une innovatrice dans le domaine de la mode.* — Adj. Qui fait des innovations. *Une position innovatrice.*

inoccupé, ée [inɔkype] adj. **1.** (Lieux) Où il n'y a personne. *Place inoccupée.* ⇒ **libre, vacant.** *Un appartement inoccupé.* ⇒ **inhabité, vide. 2.** (Personnes) Qui n'a pas d'occupation. ⇒ **désœuvré.** *Il n'est jamais inoccupé.* ⇒ **inactif, oisif.** ▶ ***inoccupation*** n. f. **1.** État d'une personne inoccupée. **2.** (Lieux) Fait d'être inoccupé, inhabité. *Taux élevé d'inoccupation des logements.*

inoculer [inɔkyle] v. tr. ▪ conjug. 1. **1.** Introduire dans l'organisme (les germes d'une maladie). *Inoculer la variole.* ⇒ **vacciner. 2.** Abstrait. Communiquer, transmettre (une passion, une idée mauvaise, que l'on compare à un virus). *Il lui a inoculé sa passion pour le jeu.* ▶ ***inoculation*** n. f. ■ Action d'inoculer.

inodore [inɔdɔʀ] adj. ■ Qui ne dégage aucune odeur. *Un gaz inodore.* / contr. **odorant** /

inoffensif, ive [inɔfɑ̃sif, iv] adj. ■ Qui est incapable de nuire ; qui ne fait pas de mal à autrui. / contr. **nuisible ; dangereux** / *N'ayez pas peur, ce chien est absolument inoffensif.* — (Choses) *Une plaisanterie inoffensive.* ⇒ **anodin.**

inonder [inɔ̃de] v. tr. ▪ conjug. 1. **1.** Couvrir d'eaux qui débordent ou affluent. ⇒ **submerger.** *Le fleuve a inondé les prés.* **2.** Mouiller abondamment. ⇒ **arroser, tremper.** *L'enfant a inondé la salle de bains. Elle s'est inondé les cheveux d'eau de Cologne.* — *L'averse nous a inondés.* — Au p. p. adj. *Avoir les joues inondées de larmes.* **3.** Envahir massivement.*Le marché est inondé de ce genre de produits.* **4.** Littér. Abstrait. Submerger, remplir. *La joie l'inondait.* ▶ ***inondation*** n. f. **1.** Débordement d'eaux qui inondent le pays environnant. *Les inondations périodiques de la rivière Chaudière en Beauce.* **2.** Grande quantité d'eau qui se répand. *Il y a une inondation dans la salle de bains.* **3.** Fig. Afflux massif. *C'était une inondation de circulaires et de brochures de toutes sortes.*

inopérable [inɔpeʀabl] adj. ■ Qui ne peut être opéré. *Malade inopérable.*

inopérant, ante [inɔpeʀɑ̃, ɑ̃t] adj. ■ Qui ne produit aucun effet. ⇒ **inefficace.** *Des mesures inopérantes.*

inopiné, ée [inɔpine] adj. ■ Qui arrive, se produit alors qu'on ne s'y attendait pas. ⇒ **imprévu, impromptu, inattendu.** *Une visite, une inspection inopinée.* ▶ ***inopinément*** adv. ■ À l'improviste. *Arriver inopinément chez qqn.*

inopportun, une [inɔpɔʀtœ̃, yn] adj. ■ Qui n'est pas opportun. ⇒ **déplacé, intempestif.** *Une demande* *inopportune. Le moment est inopportun,* mal choisi. ≠ *importun.* ▶ ***inopportunément*** adv. ■ Littér. *Elle arriva inopportunément en avance.* ▶ ***inopportunité*** n. f. ■ Littér. Caractère de ce qui est inopportun. *L'inopportunité d'une demande.*

inorganique [inɔʀganik] adj. ■ Qui n'est pas constitué en un organisme susceptible de vie. *Substances inorganiques.*

inorganisé, ée [inɔʀganize] adj. **1.** Qui n'est pas organisé. *Matière inorganisée.* ⇒ **inorganique.** — *Une œuvre inorganisée.* **2.** Qui n'appartient pas à une organisation syndicale.

inoubliable [inublijabl] adj. ■ Que l'on ne peut oublier (du fait de sa qualité, de son caractère exceptionnel). ⇒ **mémorable.** *Ce fut une journée inoubliable.*

inouï, ïe [inwi] adj. **1.** Littér. Qu'on n'a jamais entendu. *Des accords inouïs.* **2.** Extraordinaire, incroyable. ⇒ **prodigieux.** *Avec une violence inouïe.* — Fam. *Vous ne protestez pas ? Vous êtes inouï !*

inoxydable [inɔksidabl] adj. ■ Qui ne s'oxyde pas. / contr. **oxydable** / *Des chaudrons en acier inoxydable.* — N. Métal inoxydable. *Des couverts en inoxydable.* ⇒ **inox.** ▶ ***inox*** [inɔks] adj. invar. et n. m. invar. ■ (Surtout en France) Abréviation de *inoxydable. Des couteaux inox, en inox.*

in petto [inpe(ɛt)to] loc. adv. ■ Littér. ou plaisant. Intérieurement, à part soi.

inqualifiable [ɛ̃kalifjabl] adj. ■ Qu'on ne peut qualifier (assez sévèrement). ⇒ **indigne, innommable, scandaleux.** *Sa conduite est inqualifiable.*

inquiet, ète [ɛ̃kjɛ, ɛt] adj. **1.** Qui est agité par la crainte, l'incertitude. ⇒ **anxieux, soucieux, tourmenté.** *Elle est inquiète de votre silence. Je suis inquiet à son sujet. Il est facilement inquiet. Des parents inquiets.* / contr. fam. **cool** / **2.** (Choses) Empreint d'inquiétude. *Une attente inquiète. Un regard, un air inquiet.* ▶ ***inquiéter*** v. tr. ▪ conjug. 6. **1.** Poursuivre, menacer (qqn) d'une sanction. *La police ne l'a plus inquiété.* **2.** Remplir d'inquiétude, rendre inquiet (qqn). ⇒ **alarmer, tourmenter.** / contr. **rassurer** / *Sa santé m'inquiète. Vous m'inquiétez. Ton retard nous inquiétait.* **3.** S'INQUIÉTER v. pron. réfl. : commencer à être inquiet. ⇒ se **tracasser.** *Il n'y a pas de quoi s'inquiéter. Je ne m'inquiète pas pour lui,* je ne me fais pas de souci. — *S'inquiéter de,* se préoccuper de. *Jamais il ne s'est inquiété de savoir si j'étais d'accord.* ▶ ***inquiétant, ante*** adj. ■ Qui inquiète (2). ⇒ **alarmant.** / contr. **rassurant** / *Des nouvelles inquiétantes. L'état du malade est inquiétant. Un personnage inquiétant.* ▶ ***inquiétude*** n. f. **1.** État pénible déterminé par l'attente d'un événement, d'une souffrance que l'on craint, par l'incertitude où l'on est. ⇒ **appréhension, crainte, souci, tourment.** *Je comprends votre inquiétude. Soyez sans inquiétude,* ne vous inquiétez pas. — *J'ai des inquiétudes,* des sujets d'inquiétude. **2.** Littér. Insatisfaction de l'esprit tourmenté. *L'inquiétude métaphysique.*

inquisiteur, trice [ɛ̃kizitœʀ, tʀis] n. et adj. **1.** N. m. Juge du tribunal de l'Inquisition. — N. Personnage officiel chargé de procéder à des enquêtes. **2.** Adj. Qui interroge indiscrètement, de façon autoritaire. ⇒ **scrutateur.** *Un regard inquisiteur.* ▶ ***inquisitorial, ale, aux*** adj. ■ Qui a rapport à l'Inquisition. *Juges inquisitoriaux.*

inquisition [ɛ̃kizisjɔ̃] n. f. **1.** Histoire. (Avec une majusc.) *L'Inquisition,* ancienne juridiction ecclésiastique d'exception pour la répression des crimes d'hérésie, des faits de sorcellerie, etc. (du Moyen Âge au XVIIIᵉ s.). **2.** Littér. Enquête ou recherche vexatoire et arbitraire. *L'inquisition fiscale.* ‹ ▶ inquisiteur ›

inracontable [ɛ̃ʀakɔ̃tabl] adj. ■ Impossible à raconter. *Un film inracontable.*

I.N.R.I. [ɛ̃ʀi, iɛnɛʀi] ■ Abréviation latine de l'inscription mise sur la Croix, par dérision, sur l'ordre de Pilate : *Iesus Nazarenus* (ou *Nazaraeus*) *Rex Indaeorum* (Jésus de Nazareth, roi des Juifs).

insaisissable [ɛ̃sɛzisabl] adj. **1.** Droit. Qui ne peut faire l'objet d'une saisie. *La partie insaisissable du salaire.* **2.** Qu'on ne peut saisir, attraper. *Un pyromane insaisissable.* **3.** Qui échappe aux sens. *Des nuances insaisissables.* ⇒ ① **fin, imperceptible.**

insalubre [ɛ̃salybʀ] adj. ■ Qui n'est pas salubre. ⇒ **malsain.** *Un logement insalubre.* ▶ ***insalubrité*** n. f. ■ Caractère de ce qui est insalubre. *L'insalubrité d'un climat.* / contr. **salubrité** /

insane [ɛ̃san] adj. ■ Littér. Qui est contraire à la saine raison, au bon sens. ⇒ **absurde, inepte, insensé.** *Des projets insanes.* ▶ ***insanité*** n. f.Littér. **1.** Caractère de ce qui est déraisonnable. *L'insanité de ses remarques.* **2.** *(Une, des insanités)* Action ou parole absurde, insensée. ⇒ **absurdité, ineptie.** *Un tissu d'insanités.*

insatiable [ɛ̃sasjabl] adj. ■ Qui ne peut être rassasié, satisfait. *Tu en veux encore ? Tu es insatiable. Une avidité, une curiosité insatiable.*

insatisfait, aite [ɛ̃satisfɛ, ɛt] adj. ■ (Personnes) Qui n'est pas satisfait. *Cette expérience l'a laissé insatisfait.* — N. *Un éternel insatisfait.* ⇒ **mécontent.** — (Désirs, passions) Qui n'est pas assouvi. ▶ ***insatisfaction*** [ɛ̃satisfaksjɔ̃] n. f. ■ État d'une personne qui n'est pas satisfaite, n'a pas ce qu'elle souhaite. ⇒ **mécontentement.** *Montrer son insatisfaction.*

inscription [ɛ̃skʀipsjɔ̃] n. f. **1.** Ensemble de caractères écrits ou gravés pour conserver un souvenir, indiquer une destination, etc. ⇒ **épigraphe, graffiti.** *Murs couverts d'inscriptions. Une inscription funéraire.* — Courte indication écrite. *Écriteau portant une inscription.* **2.** Action d'inscrire (qqn, qqch.) sur un registre, une liste ; ce qui est inscrit. ⇒ **immatriculation.** *L'inscription d'un étudiant dans une faculté. On n'accepte plus d'inscription.* ⇒ **adhésion.** — *Inscription maritime,* enregistrement des navigateurs professionnels. — *Inscription en faux,* procédure qui tend à établir la fausseté d'un écrit.

inscrire [ɛ̃skʀiʀ] v. tr. ▪ conjug. 49. **1.** Écrire, graver (sur la pierre, le marbre, le métal). *Inscrire son nom sur un registre.* **2.** Écrire (ce qui ne doit pas être oublié). ⇒ **noter.** *Inscrivez bien la date sur votre lettre.* — Pronominalement (réfl.). *S'inscrire,* inscrire ou faire inscrire son nom. *Je me suis inscrit au club d'informatique, de tennis.* — Au p. p. adj. *Les personnes inscrites.* N. *Les inscrits.* — Loc. S'INSCRIRE EN FAUX : recourir à la procédure d'inscription en faux. *S'inscrire en faux contre qqch.,* y opposer un démenti. **3.** Tracer dans l'intérieur d'une figure (une autre figure). *Inscrire un triangle dans un cercle.* — Au p. p. adj. *Angle inscrit,* dont le sommet appartient à un cercle. — Pronominalement. S'insérer. *Ce projet s'inscrit dans un plan de réformes.* ‹ ▶ inscription ›

insécable [ɛ̃sekabl] adj. ■ Littér. Qui ne peut être coupé, divisé. *L'atome n'est plus considéré comme insécable.*

insecte [ɛ̃sɛkt] n. m. ■ Petit animal invertébré articulé *(Arthropodes),* à six pattes, le plus souvent ailé, respirant par des trachées et subissant des métamorphoses (ex. : *papillon*). ⇒ fam. **bébite ; entomologie.** *Le* *maringouin, le brûlot sont des insectes. Les insectes nuisibles.* ▶ ***insecticide*** adj. et n. m. ■ Qui tue, détruit les insectes. *Poudre insecticide.* — N. m. *Un insecticide biologique.* ▶ ***insectivore*** adj. et n. m. ■ Qui se nourrit d'insectes. *Oiseaux insectivores.* — N. m. pl. *Les insectivores.* — Au sing. *Un insectivore.*

insécurité [ɛ̃sekyʀite] n. f. ■ Manque de sécurité. *Vivre dans l'insécurité.* — *L'insécurité d'une région.*

insémination [ɛ̃seminasjɔ̃] n. f. ■ *Insémination artificielle,* introduction de sperme dans les voies génitales féminines ou femelles sans qu'il y ait accouplement.

insensé, ée [ɛ̃sɑ̃se] adj. **1.** Vx. Fou. — N. *Un pauvre insensé.* **2.** Contraire au bon sens. ⇒ **aberrant, absurde, déraisonnable, extravagant.** *Des projets, des désirs insensés. C'est insensé.* **3.** Incroyablement grand. *Elle a une chance insensée.* ⇒ **inouï** (2).

① ***insensible*** [ɛ̃sɑ̃sibl] adj. **1.** Qui n'a pas de sensibilité physique. *Le nerf est devenu insensible. Être insensible au froid.* **2.** Qui n'a pas de sensibilité morale ; qui n'a pas ou a peu d'émotions. ⇒ **froid, impassible, indifférent ; insensibilité.** *Il est resté insensible à nos prières. Une personne insensible à la poésie.* ▶ ***insensibiliser*** v. tr. ▪ conjug. 1. ■ Rendre insensible (1). ⇒ **anesthésier.** *Extraire une dent après avoir insensibilisé la mâchoire.* ▶ ***insensibilisation*** n. f. ■ Action d'insensibiliser ; résultat de cette action. *L'insensibilisation d'une dent.* ⇒ **anesthésie.** ▶ ***insensibilité*** n. f. **1.** Absence de sensibilité physique. *Insensibilité à la douleur.* **2.** Absence de sensibilité morale, de sympathie. *Son insensibilité aux malheurs d'autrui.* ⇒ **indifférence.** *Insensibilité aux reproches.* ‹ ▶ ② insensible ›

② ***insensible*** adj. **1.** Qu'on ne sent pas, qui est à peine sensible. ⇒ **imperceptible, notable.** *La force insensible du courant.* **2.** Graduel, progressif. *Une pente insensible.* ▶ ***insensiblement*** adv. ■ D'une manière insensible, graduelle. ⇒ **imperceptiblement.**

inséparable [ɛ̃sepaʀabl] adj. **1.** (Choses abstraites) Que l'on ne peut séparer. ⇒ **joint ; inhérent.** — *Inséparable de...,* qui doit être considéré avec. *Théorie inséparable des applications pratiques.* **2.** (Personnes) Qui est toujours avec (qqn) ; qui sont toujours ensemble. *Deux amis inséparables. Don Quichotte et son inséparable Sancho.* — N. *Des inséparables.* — Variété de perruches que l'on élève toujours par couples. ▶ ***inséparablement*** adv. ■ *Vous êtes inséparablement unis.*

insérer [ɛ̃seʀe] v. tr. ▪ conjug. 6. **1.** Introduire (une chose) dans une autre de façon à incorporer. *Insérer une feuille dans un livre.* **2.** Faire entrer (un texte) dans. *Le communiqué qui a été inséré dans le journal* (⇒ **insertion**). — *Insérer des données dans la mémoire d'un ordinateur.* ⇒ **intégrer, introduire.** **3.** S'INSÉRER v. pron. : s'attacher à, sur. *Les muscles s'insèrent sur les os.* ‹ ▶ réinsérer ›

insertion [ɛ̃sɛʀsjɔ̃] n. f. **1.** Action d'insérer ; son résultat. *Insertion d'une greffe sous l'écorce.* — Introduction d'un élément supplémentaire (dans un texte). *L'insertion d'une annonce dans un journal. Insertion légale,* publication dans les journaux prescrite par la loi ou par un jugement. **2.** Mode d'attache (des muscles, etc.). **3.** Intégration sociale. *L'insertion des immigrés.*

insidieux, ieuse [ɛ̃sidjø, jøz] adj. ■ Qui a le caractère d'un piège. ⇒ **trompeur.** *Une question insidieuse.* ⇒ **perfide, sournois.** — (Maladies) Dont l'apparence bénigne masque au début la gravité réelle. ▶ ***insidieusement*** adv. ■ Littér. *On les questionnait insidieusement.*

① ***insigne*** [ɛ̃siɲ] adj. ■ Littér. Qui s'impose ou qui est digne de s'imposer à l'attention. ⇒ **remarquable.** *C'est une faveur insigne. Une bienfaitrice insigne.* — Iron. *Une insigne maladresse.*

② ***insigne*** [ɛ̃siɲ] n. m. **1.** Marque extérieure et distinctive d'une dignité, d'un grade. ⇒ **emblème, marque, signe, symbole.** *Un insigne honorifique.* **2.** Signe distinctif des membres (d'un groupe, d'un groupement). *Il arbore l'insigne de son association étudiante.* ⇒ **épinglette, macaron ;** anglic. **badge.**

insignifiant, ante [ɛ̃siɲifjɑ̃, ɑ̃t] adj. **1.** Qui ne présente aucun intérêt, manque de personnalité. ⇒ **effacé, quelconque, terne.** / contr. **remarquable** / *C'est un gars insignifiant.* — Fam. Qui est bête, stupide, niaiseux. ⇒ fam. **innocent.** *Être insignifiant. Elle a l'air insignifiante.* — N. *Une bande d'insignifiants.* ⇒ **écervelé.** **2.** (Choses) Qui n'est pas important. *Des détails insignifiants.* ⇒ **minime.** *Pour une somme insignifiante.* ⇒ **infime, négligeable.** *C'est un bobo insignifiant. Un cadeau insignifiant,* de faible prix. ⇒ **dérisoire.** ▶ ***insignifiance*** n. f. **1.** Caractère de ce qui est insignifiant. ⇒ **futilité.** *Une conversation d'une grande insignifiance.* **2.** *(Une, des insignifiances)* Acte, parole, idée insignifiante. ⇒ **broutille, idiotie, imbécillité, niaiserie.**

① ***insinuer*** [ɛ̃sinɥe] v. tr. ▪ conjug. 1. ■ Donner à entendre (qqch.) sans dire expressément (surtout avec un mauvais dessein). *Qu'est-ce que vous insinuez ? Vous osez insinuer qu'on nous payait pour cela.* ▶ ***insinuation*** n. f. ■ Ce que l'on fait comprendre sans le dire, sans l'affirmer. ⇒ **allusion, sous-entendu.** *Des insinuations perfides.*

② ***s'insinuer*** v. pron. ▪ conjug. 1. ■ Vx. Se glisser, pénétrer. *L'eau s'insinue dans le sol.* — S'introduire habilement, se faire admettre quelque part, auprès de qqn. *Intrigant qui s'insinue partout.* ▶ ***insinuant, ante*** adj. ■ Qui s'insinue auprès des gens ; propre à une personne qui s'insinue. *Des façons insinuantes.*

insipide [ɛ̃sipid] adj. **1.** Qui n'a aucune saveur, aucun goût. ⇒ **fade.** / contr. **savoureux** / *Un breuvage insipide.* **2.** Qui manque d'agrément, d'intérêt. *Je trouve cette comédie insipide.* ⇒ **ennuyeux, fade, fastidieux.** ▶ ***insipidité*** n. f. ■ Caractère de ce qui est insipide. *L'insipidité d'un plat.* / contr. **goût, saveur** / — Fig. *L'insipidité d'un spectacle.*

insister [ɛ̃siste] v. intr. ▪ conjug. 1. **1.** S'arrêter avec force sur un point particulier ; mettre l'accent sur. *Elle insistait sur un sujet qui lui tenait à cœur.* — Sans compl. *J'ai compris, inutile d'insister.* **2.** Persévérer à demander (qqch.). *Ils ont insisté pour venir vous voir.* — Sans compl. *Si elle refuse, n'insistez pas.* **3.** Fam. Persévérer dans son effort. *Il s'est vu battu et n'a pas insisté.* ▶ ***insistance*** n. f. ■ Action d'insister. *Réclamer avec insistance, avec une insistance déplacée. Regarder qqn avec insistance.* ▶ ***insistant, ante*** adj. ■ Qui insiste, marque de l'insistance. *Des regards insistants,* indiscrets.

insociable [ɛ̃sɔsjabl] adj. ■ Littér. (Personnes) Qui n'est pas sociable. *Quels gens insociables, ce sont des ours !* ≠ *asocial.*

insolation [ɛ̃sɔlasjɔ̃] n. f. **1.** Exposition au soleil, à la lumière solaire. — Ensoleillement. *L'insolation faible des mois d'hiver.* **2.** Troubles provoqués par l'exposition prolongée au soleil. *Attraper une insolation.* ⇒ coup de **soleil.**

insolence [ɛ̃sɔlɑ̃s] n. f. **1.** Manque de respect qui a un caractère injurieux (de la part d'un inférieur ou d'une personne jugée telle). — *(Une, des insolences)* Parole insolente. ⇒ **impertinence.** *Quelle insolence ! Je* *ne supporterai pas plus longtemps vos insolences.* **2.** Orgueil offensant (pour des inférieurs ou des personnes traitées comme telles). ⇒ **arrogance, morgue.** *Une insolence de parvenu.*

insolent, ente [ɛ̃sɔlɑ̃, ɑ̃t] adj. **1.** Dont le manque de respect est offensant. ⇒ **effronté, impertinent, impoli.** *Un enfant insolent, qui répond sur un ton insolent.* — N. *Un insolent.* **2.** Qui blesse par son orgueil outrageant. ⇒ **arrogant.** *Un vainqueur insolent.* **3.** Qui, par son caractère extraordinaire, apparaît comme un défi, une provocation envers la condition commune. *Une beauté insolente. Elle a une veine insolente.* ⇒ **indécent** (3). ▶ ***insolemment*** adv. ■ *Parler insolemment.* ‹ ▶ insolence ›

insolite [ɛ̃sɔlit] adj. ■ Qui étonne, surprend par son caractère inaccoutumé. ⇒ **anormal, bizarre, curieux, étrange, inhabituel.** *Une apparence insolite. Une visite insolite.* — N. m. *Un artiste qui recherche l'insolite. Des amateurs d'insolite.*

insoluble [ɛ̃sɔlybl] adj. **1.** Qu'on ne peut résoudre. *Un problème insoluble.* **2.** Qui ne peut se dissoudre. *Substance insoluble dans l'eau.*

insolvable [ɛ̃sɔlvabl] adj. ■ Qui n'est pas en mesure de payer ses dettes. *Un couple insolvable.*

insomnie [ɛ̃sɔmni] n. f. ■ Absence anormale de sommeil. *Remède contre l'insomnie.* ⇒ **somnifère.** *Avoir des insomnies.* ▶ ***insomniaque*** adj. et n. ■ Qui souffre d'insomnie. *Un vieillard insomniaque. — Un, une insomniaque.*

insondable [ɛ̃sɔ̃dabl] adj. **1.** Qui ne peut être sondé, dont on ne peut atteindre le fond. *Un gouffre insondable.* **2.** Abstrait. Qu'il est difficile ou impossible d'expliquer. ⇒ **indéchiffrable.** *Un mystère insondable.* **3.** Péj. Immense. *Une insondable bêtise.*

insonore [ɛ̃sɔnɔʀ] adj. ■ Qui amortit les sons. *Le liège est un matériau insonore.* ▶ ***insonoriser*** v. tr. ▪ conjug. 1. ■ Rendre moins sonore, plus silencieux en isolant. *Insonoriser une pièce.* — Au p. p. adj. *Studio insonorisé.* ▶ ***insonorisation*** n. f. ■ Fait d'insonoriser ; son résultat. *Techniques d'insonorisation.*

insouciant, ante [ɛ̃susjɑ̃, ɑ̃t] adj. **1.** INSOUCIANT DE : qui ne se soucie pas de (qqch.). ⇒ **indifférent, insoucieux.** *Elle s'exposait, insouciante du danger.* **2.** Qui ne se préoccupe de rien, vit sans souci. ⇒ anglic. **cool.** *Ils sont gais et insouciants.* / contr. **prévoyant, soucieux** / ▶ ***insouciance*** n. f. ■ État ou caractère d'une personne insouciante. ⇒ **nonchalance.** *Tu as échoué par insouciance. Avoir un geste d'insouciance.*

insoucieux, ieuse [ɛ̃susjø, jøz] adj. ■ Littér. Insouciant. *Une vie insoucieuse.* ⇒ anglic. **cool.** *Être insoucieux de l'heure.*

insoumis, ise [ɛ̃sumi, iz] adj. et n. m. **1.** Qui n'est pas soumis, refuse de se soumettre. ⇒ **rebelle, révolté.** *Les tribus insoumises.* **2.** *Soldat insoumis* et, n. m., *un insoumis,* militaire qui ne s'est pas rendu là où il devait dans les délais prévus. ⇒ **déserteur, réfractaire.** ▶ ***insoumission*** n. f. **1.** Caractère, état d'une personne insoumise. ⇒ **désobéissance, révolte.** *Un acte d'insoumission.* **2.** Délit du militaire insoumis. ⇒ **désertion.**

insoupçonnable [ɛ̃supsɔnabl] adj. ■ Qui est à l'abri de tout soupçon. *Elle est d'une honnêteté insoupçonnable.* ▶ ***insoupçonné, ée*** adj. ■ Dont l'existence n'est pas soupçonnée. *Un domaine nouveau, aux richesses insoupçonnées.* ⇒ **inconnu.**

insoutenable [ɛ̃sutnabl] adj. **1.** Qu'on ne peut soutenir, défendre. ⇒ **indéfendable.** *Une théorie insoutenable.* **2.** Qu'on ne peut supporter. ⇒ **intolérable.** *Un film d'une violence insoutenable.* ⇒ **insupportable.**

inspecter [ɛ̃spɛkte] v. tr. ▪ conjug. 1. **1.** Examiner (ce dont on a la surveillance). ⇒ **contrôler, surveiller.** *Elle devait inspecter les travaux.* ⇒ **inspecteur. 2.** Examiner avec attention. ⇒ **scruter.** *L'étranger se sentait inspecté des pieds à la tête. Inspecter un lieu.* ▶ ***inspecteur, trice*** n. ■ Personne qui est chargée de surveiller un travail, de contrôler le fonctionnement d'un service, de veiller à l'application de règlements. ⇒ **contrôleur.** *Inspecteur du travail.* — (Autrefois) *Inspecteur, inspectrice de l'enseignement primaire, secondaire. Des inspecteurs d'écoles.* — (France) *Inspecteur d'académie,* directeur de l'enseignement dans une académie. — *Les inspecteurs du ministère du Revenu.* INSPECTEUR GÉNÉRAL DES INSTITUTIONS FINANCIÈRES : organisme responsable de l'application de la loi régissant les compagnies. INSPECTEUR DES FINANCES : membre de l'inspection générale des Finances, un des grands corps de l'État. — INSPECTEUR (DE POLICE) : policier sans uniforme attaché à un poste de police et chargé de certaines enquêtes (vols, meurtres...). *L'inspectrice était responsable de l'enquête.* ▶ ***inspection*** [ɛ̃spɛksjɔ̃] n. f. **1.** Examen attentif dans un but de contrôle, de surveillance, de vérification ; travail, fonction d'inspecteur. *Faire une inspection, une tournée d'inspection. Un rapport d'inspection.* **2.** Ensemble des inspecteurs(trices) d'une administration ; le service qui les emploie. *Entrer à l'inspection des Finances, des Douanes.*

① ***inspirer*** [ɛ̃spiʀe] v. tr. ▪ conjug. 1. **1.** Animer d'un souffle divin. *Dieu inspira les prophètes.* **2.** Donner l'inspiration à (qqn), déterminer le souffle créateur (dans l'art, les activités intellectuelles). *Les événements, les paysages qui ont inspiré l'artiste.* — Fam. *Ça ne m'inspire pas,* ça ne me dit rien. **3.** Faire naître (un sentiment, une idée). *Cela peut leur inspirer des regrets, de bonnes résolutions. Voilà ce qui a inspiré ma conduite.* ⇒ ① **commander.** — Être la cause de (un sentiment) chez qqn. ⇒ **donner.** *Il ne m'inspire pas confiance. Sa santé nous inspire de vives inquiétudes.* **4.** S'INSPIRER DE v. pron. : (art, recherche) prendre, emprunter des idées, des éléments à. *Le romancier s'est inspiré d'une légende populaire.* ▶ ***inspirateur, trice*** n. **1.** N. Personne qui inspire, anime (une personne, une entreprise). *Elle est l'inspiratrice de ce mouvement.* **2.** Vieilli. N. f. Femme qui inspire un artiste. ⇒ **muse.** ▶ ① ***inspiration*** n. f. **1.** Sorte de souffle émanant d'un être surnaturel, qui apporterait aux humains des révélations. *L'inspiration du Saint-Esprit.* **2.** Souffle créateur qui anime les artistes, les chercheurs. *L'inspiration poétique. Attendre l'inspiration.* **3.** Action d'inspirer, de conseiller qqch. à qqn ; résultat de cette action. ⇒ **influence, instigation. 4.** (Œuvres, art) D'INSPIRATION (+ adjectif) : fait de s'inspirer de (une œuvre du passé). *Une musique d'inspiration folklorique.* **5.** Idée, résolution spontanée, soudaine. *Tu as eu une heureuse inspiration.* ▶ ***inspiré, ée*** adj. **1.** Animé par un souffle créateur. *Livres inspirés. Un poète inspiré.* **2.** *Bien, mal inspiré,* qui a une bonne, une mauvaise idée (pour agir). *Elle a été bien inspirée de vendre avant la crise.* **3.** INSPIRÉ DE. *Mode inspirée du passé.*

② ***inspirer*** v. intr. ▪ conjug. 1. ■ Faire entrer l'air dans ses poumons. ⇒ **aspirer.** / contr. ② **expirer** / ▶ ② ***inspiration*** n. f. ■ Aspiration d'air.

instable [ɛ̃stabl] adj. **1.** Mal équilibré. ⇒ **branlant.** *Cette chaise est instable.* **2.** (Combinaisons chimiques) Qui se décompose facilement en ses éléments. **3.** Qui se déplace, n'est pas stable en un lieu. *Une population instable.* ⇒ **nomade.** / contr. **fixe, sédentaire** / **4.** Qui n'est pas fixe, durable. ⇒ **fragile, précaire.** *La paix est encore bien instable. Temps instable.* ⇒ **variable.**

5. (Personnes) Qui change constamment d'état affectif, de comportement. ⇒ **changeant.** / contr. **équilibré** / — N. *Cet enfant est un instable.* ▶ ***instabilité*** n. f. **1.** État de ce qui est instable (1, 2). *L'instabilité d'un meuble.* / contr. **stabilité** / **2.** Caractère de ce qui change de place. ⇒ **mobilité.** — Caractère de ce qui n'est pas fixe. ⇒ **fragilité, précarité.** *L'instabilité des opinions. L'instabilité des prix.*

installer [ɛ̃stale] v. tr. ▪ conjug. 1. **I. 1.** Mettre (qqn) dans la demeure, dans l'endroit qui lui était destiné. *Nous l'avons installé dans son nouveau logement.* — Placer ou loger d'une façon déterminée. *Installez le malade dans son lit. Installez-la dans un fauteuil.* **2.** Disposer, établir (qqch.) dans un lieu désigné ou selon un ordre. ⇒ **mettre, placer.** *Le câble n'est pas encore installé.* — Aménager (un appartement, une pièce). *Elle a fini d'installer sa chambre.* — Au p. p. adj. *C'est bien installé, ici.* **II.** S'INSTALLER v. pron. **1.** Se mettre, se loger à une place déterminée ou d'une façon déterminée. *Ils vont s'installer d'abord chez les beaux-parents.* **2.** S'établir de façon durable. *Ils sont venus s'installer au Québec.* ⇒ **immigrer.** *Ils sont allés s'installer en Californie.* ⇒ **émigrer.** — *Les nations s'installaient dans la guerre.* ▶ ***installateur, trice*** n. ■ Personne (commerçant, artisan) qui s'occupe d'installations. *Installateur de chauffage, de plomberie, du câble.* ▶ ***installation*** n. f. **1.** Action de s'installer dans un logement. *Elle a fêté son installation* (→ Pendre la crémaillère*). — Manière dont on est installé. **2.** Action d'installer (qqch.). ⇒ **aménagement.** *S'occuper de l'installation de l'électricité dans un immeuble.* **3.** Surtout au plur. *(Une, des installations)* Ensemble des objets, dispositifs, bâtiments, etc., installés en vue d'un usage déterminé. ⇒ **équipement.** *Les installations sanitaires.* ⟨ ▶ réinstaller ⟩

instamment [ɛ̃stamɑ̃] adv. ■ D'une manière instante ①, avec force. *Je vous prie, je vous demande instamment de...*

instance [ɛ̃stɑ̃s] n. f. **1.** Poursuite en justice. *Introduire une instance.* — *Affaire en instance,* en cours. — Loc. EN INSTANCE : en attente. *Courrier en instance. Convoi en instance de départ,* sur le point de départ. *Couple en instance de divorce.* — Chacune des étapes de la procédure judiciaire à suivre pour le règlement d'un litige. — *Première instance,* premier degré dans la hiérarchie des juridictions. *Tribunal de première instance.* **2.** Juridiction. *L'instance supérieure.* — Autorité, corps constitué qui détient un pouvoir de décision. *Les instances internationales.*

instances n. f. pl. ■ Littér. Sollicitations pressantes. *Elle a finalement accepté, sur les instances de ses amis.* ▶ ① ***instant, ante*** adj. ■ Littér. Très pressant. *Une prière instante.* ⟨ ▶ instamment ⟩

② ***instant*** [ɛ̃stɑ̃] n. m. ■ Durée très courte que la conscience saisit comme un tout. ⇒ **moment.** *Attendre l'instant propice. Jouir de l'instant présent. À l'instant de partir,* à l'instant où il allait partir. ⇒ au **moment** de. — *Un instant,* un temps très court. *Attendez un instant.* Ellipt. *Un instant ! ne soyez pas pressé...* ⇒ **minute, seconde.** — EN UN INSTANT loc. adv. : rapidement, très vite. — DANS UN INSTANT : bientôt. ⇒ **tantôt.** *Je reviens dans un instant.* — À L'INSTANT : tout de suite. ⇒ **aussitôt, immédiatement.** — À CHAQUE, À TOUT INSTANT : très souvent. ⇒ **continuellement.** *Elle changeait d'idée à chaque instant.* — POUR L'INSTANT : pour le moment. *Pour l'instant, nous restons avec vous.* — PAR INSTANTS : par moments, de temps en temps. — DE TOUS LES INSTANTS : constant, perpétuel. *Une attention de tous les instants.* DÈS L'INSTANT OÙ..., QUE... loc. conj. : dès que, puisque. ▶ ***instantané, ée*** adj. **1.** Qui se produit en un instant, soudainement. ⇒ **immédiat, subit.** *La mort fut instantanée.* **2.** *Photographie instantanée,* obtenue par une exposition de très courte durée. — N. m. *Prendre un instantané* (opposé à *pose*). **3.** (Produits alimentaires) Qui se dissout instantanément. *Café, cacao instantané.* — N. m. *Boire un instantané.* — *Soupe, riz, repas... instantané(e),* qui se prépare très rapidement. ▶ ***instantanément*** adv. ■ Tout de suite, aussitôt. ⇒ **subitement.** *Il s'est arrêté instantanément.*

*à l'**instar** de* [alɛ̃staʀdə] loc. prép. ■ Littér. À l'exemple, à la manière de. *À l'instar de sa sœur, il jouait de la guitare.*

instaurer [ɛ̃stɔʀe] v. tr. ▪ conjug. 1. ■ Établir pour la première fois. ⇒ **fonder, instituer.** *La loi qui instaura le ministère de l'Éducation.* — Pronominalement (réfl.). Se mettre en place. *De nouvelles habitudes s'instaurent.* ▶ ***instauration*** n. f. ■ Littér. Action d'instaurer. ⇒ **avènement, établissement.** *L'instauration d'une mode.*

instigateur, trice [ɛ̃stigatœʀ, tʀis] n. ■ Personne qui incite, qui pousse à faire qqch. *Les principaux instigateurs du mouvement. L'instigatrice du combat.* ▶ ***instigation*** n. f. ■ En loc. Action de pousser qqn à faire qqch. ⇒ **incitation.** *À, sous l'instigation de qqn,* sous son influence, sur ses conseils. *Nous avons agi à son instigation.*

instiller [ɛ̃stile] v. tr. ▪ conjug. 1. ■ Verser goutte à goutte. *Un médicament à instiller dans l'œil.* ▶ ***instillation*** n. f. ■ Action d'instiller. *Seringue à instillations.*

instinct [ɛ̃stɛ̃] n. m. **1.** Tendance innée et puissante, commune à tous les êtres vivants ou à tous les individus d'une même espèce. *L'instinct de conservation. L'instinct sexuel ; maternel.* **2.** Tendance innée à des actes déterminés, exécutés parfaitement sans expérience préalable. *L'instinct des animaux et l'intelligence humaine.* **3.** (Chez l'être humain) L'intuition, le sentiment (opposé à *raison*). *Se fier à son instinct.* — D'INSTINCT loc. adv. : d'une manière naturelle et spontanée. *Elle a fait cela d'instinct.* — Faculté naturelle de sentir, de deviner. *Un secret instinct l'avertissait.* — Don, disposition naturelle. ⇒ **art,** ① **sens.** *Elle a l'instinct du commerce.* **4.** Tendance innée et irréfléchie propre à un individu. *Céder à ses instincts.* ▶ ***instinctif, ive*** [ɛ̃stɛ̃ktif, iv] adj. **1.** Qui naît d'un instinct, de l'instinct. ⇒ **irréfléchi, spontané.** *Une antipathie instinctive. C'est instinctif !,* c'est une chose qu'on fait, qu'on sent d'instinct. *Un geste instinctif.* ⇒ **automatique, involontaire ; réflexe. 2.** (Personnes) En qui domine l'impulsion, la spontanéité de l'instinct. ⇒ **impulsif.** *Un être instinctif.* ▶ ***instinctivement*** [ɛ̃stɛ̃ktivmɑ̃] adv. ■ Par l'instinct, spontanément. *Il évita instinctivement le coup. Elle a agi instinctivement,* par réflexe.

instituer [ɛ̃stitɥe] v. tr. ▪ conjug. 1. **1.** *Instituer qqn,* établir officiellement en fonction (un dignitaire ecclésiastique). *Instituer héritier qqn,* nommer héritier par testament. ⇒ **constituer. 2.** *Instituer qqch.,* établir de manière durable. *Instituer une exposition annuelle.* — Au p. p. adj. *L'organisme institué par le nouveau gouvernement.* ⇒ **créer, fonder, instaurer ;** ① **institution.** — Pronominalement. *De bonnes relations se sont instituées entre ces deux pays.* ⟨ ▶ ① institution ⟩

institut [ɛ̃stity] n. m. **1.** Titre donné à certains corps constitués de savants, d'artistes, d'écrivains. *Des instituts de recherche scientifique. L'Institut (de France),* comprenant cinq Académies. — Nom donné à des établissements de recherche, d'enseignement. *L'Institut national de la recherche scientifique* (abrév. *I.N.R.S.*). *L'institut Armand-Frappier.* **2.** Établissement où l'on donne des soins *(un institut de beauté),* des cours. ⇒ ② **institution.**

instituteur, trice [ɛ̃stitytœʀ, tʀis] n. ■ Vieilli. Personne qui enseigne dans une école primaire. ⇒ **enseignant, maître, maîtresse, professeur.** *Une ancienne institutrice de première année.*

① ***institution*** [ɛ̃stitysjɔ̃] n. f. **1.** Action d'instituer. ⇒ **création, établissement.** *L'institution des jeux Olympiques.* **2.** La chose instituée (personne morale, groupement, régime). *Les institutions nationales, internationales.* — *Les institutions,* l'ensemble des formes ou organisations sociales établies par la loi ou la coutume. ⇒ **constitution, régime.** *La réforme des institutions. Défendre les institutions.* **3.** Iron. Se dit de qqch. qui est entré dans les mœurs, se pratique couramment. *Dans ce pays, la mendicité est devenue une véritable institution.* ▶ ***institutionnaliser*** v. tr. ▪ conjug. 1. ■ Donner à (qqch.) le caractère officiel d'une institution. *Institutionnaliser le dialogue entre les chefs d'entreprise et les syndicats.* — Au p. p. adj. *Pratique institutionnalisée,* rendue courante, habituelle. ▶ ***institutionnalisation*** n. f. ■ Fait d'institutionnaliser. *L'institutionnalisation de l'aide aux pays pauvres.* ▶ ***institutionnel, elle*** adj. ■ Relatif aux institutions. *Acquérir un statut institutionnel.* ⟨ ▶ désinstitutionnalisation ⟩

② ***institution*** n. f. ■ Établissement privé d'éducation et d'instruction. ⇒ **institut** (2). *Être professeur dans une institution privée. Une institution religieuse.*

instructeur, trice [ɛ̃stʀyktœʀ, tʀis] n. et adj. **1.** Personne qui entraîne des sportifs, qui enseigne certains sports. ⇒ **entraîneur, moniteur.** *L'instructeur des pee-wee. L'instructrice de natation.* — *L'instructeur des gardiens de buts* (hockey), *des lanceurs* (base-ball, balle-molle), *etc.,* qui instruit spécialt ces joueurs. — (Base-ball, balle-molle) *Instructeur au premier, au deuxième but,* qui donne des instructions aux joueurs qui occupent ces buts ainsi qu'aux frappeurs. **2.** (Armée) Personne responsable de l'instruction des recrues. — Adj. *Sergent instructeur.*

instructif, ive [ɛ̃stʀyktif, iv] adj. ■ (Choses) Qui instruit. *Une lecture, une conversation instructive.*

instruction [ɛ̃stʀyksjɔ̃] n. f. **I. 1.** Action d'enrichir et de former l'esprit (de la jeunesse). ⇒ **éducation, enseignement, pédagogie.** *Une instruction complète. L'instruction publique,* dispensée par l'État (au Québec). — Dans un domaine précis. *Instruction religieuse.* **2.** Savoir d'une personne instruite. ⇒ **connaissance(s), culture.** *Avoir de l'instruction, peu d'instruction. Un homme sans instruction.* **II. 1.** Vx. Leçon, précepte. — Enseignement (dans des expressions). *Manuel d'instruction civique. L'instruction des jeunes recrues* (⇒ **instructeur**). *Un centre d'instruction de l'armée.* **2.** Au plur. INSTRUCTIONS : explications à l'usage de la personne chargée d'une entreprise ou mission. ⇒ **consignes, directives, ordres.** *Donnez-lui vos instructions. Conformément aux instructions reçues.* — Ordre de service émanant d'une autorité supérieure. *Le diplomate attendait des instructions.* — Mode d'emploi d'un produit. *Se conformer aux instructions ci-jointes.* **3.** Document écrit émanant d'un chef à l'usage de ses services. *Instruction n°... en date du...* **4.** Informatique. Consigne exprimée dans un langage de programmation. *Instructions de traitement.* **III.** (France) Action d'instruire (III) une cause. ⇒ ② **information.** *Juge d'instruction. Code d'instruction criminelle.* ⟨ ▶ macro-instruction ⟩

instruire [ɛ̃stʀɥiʀ] v. tr. ▪ conjug. 38. — REM. Part. passé *instruit(e).* **I. 1.** Littér. Mettre en possession de connaissances nouvelles, éclairer. *Instruire ses enfants par l'exemple.* — Au p. p. adj. *Instruit par l'expérience, il est devenu méfiant.* **2.** Dispenser un enseignement à (un élève). ⇒ **éduquer, former.** *Instruire un élève, en sciences, sur un sujet.* — *Instruire de jeunes soldats,* leur apprendre le maniement des armes. **3.** Littér. INSTRUIRE *qqn* DE : le mettre au courant, l'informer de (qqch.). *Instruisez-moi de ce qui s'est passé.* **II.** S'INSTRUIRE : enrichir ses connaissances ou son expérience. ⇒ **apprendre.** *On s'instruit à tout âge,* on a toujours qqch. à apprendre. **III.** (Surtout en France) Mettre (une cause) en état d'être jugée. *Le juge chargé d'instruire l'affaire.* ▶ ***instruit, ite*** adj. ■ Qui a des connaissances étendues dénotant une solide instruction. *Une femme très instruite.* ⇒ **cultivé, érudit, savant.** ⟨ ▶ instructeur, instructif, instruction ⟩

① ***instrument*** [ɛ̃stʀymɑ̃] n. m. **1.** Objet fabriqué servant à exécuter qqch., à faire une opération. ⇒ **appareil, machine, outil.** *Instruments de mesure* ⇒ **-mètre**, *d'observation* ⇒ **-scope**, *enregistreurs* ⇒ **-graphe**. *Les instruments chirurgicaux, d'optique.* — *Instrument tranchant,* couteau, hache, etc. **2.** Littér. Fig. Personne ou chose servant à obtenir un résultat. *L'instrument de sa réussite, de sa vengeance. Il considérait ses employés comme des instruments.*

② ***instrument de musique*** n. m. ■ Objet fabriqué servant à jouer de la musique. — Ellipt. *Jouer d'un instrument. Instrument à cordes, à vent. Les instruments de l'orchestre.* ▶ ***instrumental, ale, aux*** adj. ■ Qui s'exécute avec des instruments. *Musique instrumentale* (opposé à *musique vocale*). *Ensemble instrumental,* composé d'instruments. ▶ ***instrumentation*** n. f. ■ Connaissance des instruments ; application de leurs qualités propres à l'écriture musicale. *Instrumentation orchestrale.* ⇒ **orchestration.** ▶ ***instrumentiste*** n. ■ Musicien(ne) qui joue d'un instrument. *Une instrumentiste soliste.*

instrumentalisme [ɛ̃stʀymɑ̃talism] n. m. ■ Philosophie. Doctrine pragmatique suivant laquelle toute théorie est un outil, un instrument pour l'action.

*à l'**insu** de* [alɛ̃sydə] loc. prép. ■ Sans que la chose soit sue de (qqn). / contr. au **su** de / *À l'insu de sa famille. À mon insu.* — Sans en avoir conscience. *Se trahir à son insu,* sans s'en rendre compte.

insubmersible [ɛ̃sybmɛʀsibl] adj. ■ Qui ne peut être submergé, coulé. *Canot insubmersible.*

insubordonné, ée [ɛ̃sybɔʀdɔne] adj. ■ Qui refuse de se soumettre. ⇒ **désobéissant, indiscipliné.** *Troupes insubordonnées.* ▶ ***insubordination*** n. f. ■ Refus de se soumettre. *Esprit d'insubordination.* ⇒ **désobéissance, indiscipline.** — Refus d'obéissance d'un militaire, d'un fonctionnaire aux ordres d'un supérieur.

insuccès [ɛ̃syksɛ] n. m. invar. ■ Fait de ne pas réussir. ⇒ ① **échec,** ② **four ;** fam. ② **bide, flop.** / contr. **succès** / *Reconnaître son insuccès. Un projet voué à l'insuccès.*

insuffisant, ante [ɛ̃syfizɑ̃, ɑ̃t] adj. **1.** Qui ne suffit pas. *En quantité insuffisante. Des connaissances insuffisantes. Une lumière insuffisante,* trop faible. **2.** (Personnes) Qui manque de dons, est inférieur à sa tâche. ⇒ **inapte, inférieur.** ▶ ***insuffisamment*** adv. ■ *Vous travaillez insuffisamment.* ▶ ***insuffisance*** n. f. **1.** Caractère, état de ce qui ne suffit pas. ⇒ **manque.** / contr. **abondance** / *Par insuffisance de moyens. L'insuffisance de nos ressources.* **2.** Au plur. Défaut, lacune. *Un travail qui révèle de graves insuffisances.* **3.** Déficience (d'un organe). ⇒ **défaillance.** *Insuffisance hépatique, cardiaque.*

insuffler [ɛ̃syfle] v. tr. ▪ conjug. 1. **1.** Littér. Faire pénétrer par le souffle. *Dieu insuffla la vie à sa créature.* — Inspirer (un sentiment). **2.** Faire pénétrer (de l'air, un gaz) dans les poumons, une cavité de l'organisme. *Insuffler de l'oxygène à un asphyxié.* ▶ ***insufflation*** n. f. ■ Médecine. Action d'insuffler (2), en particulier de l'azote dans la plèvre.

insulaire [ɛ̃sylɛʀ] adj. ■ Qui habite une île, appartient à une île. *Des traditions insulaires.* — N. *Les insulaires des îles de la Madeleine.* ⇒ **îlien.** / contr. **continental** / ▶ ***insularité*** n. f. ■ Caractère de ce qui forme une ou des îles. *L'insularité de l'Irlande.* — Caractère de ce qui est insulaire. ‹ ▶ péninsule ›

insuline [ɛ̃sylin] n. f. ■ Hormone sécrétée par le pancréas. *Des injections d'insuline* (traitement du diabète).

insulte [ɛ̃sylt] n. f. **1.** Acte ou parole qui vise à outrager ou constitue un outrage. ⇒ **injure.** *Adresser, dire, crier des insultes à qqn.* ⇒ fam. **patarafe.** **2.** Atteinte, offense. *C'est une insulte à notre chagrin.* ▶ ***insulter*** v. tr. . conjug. 1. **1.** Attaquer (qqn) par des propos ou des actes outrageants. ⇒ **injurier, offenser.** *Je ne me laisserai pas insulter. Les spectateurs insultaient les arbitres.* ⇒ **conspuer.** **2.** V. tr. ind. Littér. INSULTER À : constituer une atteinte, un défi à. *Leur luxe insulte à notre misère.* ▶ ***insultant, ante*** adj. ■ Qui insulte, constitue une insulte. ⇒ **injurieux, offensant, outrageant.** *Des propos insultants. Un air insultant.*

insupportable [ɛ̃sypɔʀtabl] adj. **1.** Qu'on ne peut supporter, endurer. *Une douleur insupportable.* ⇒ **insoutenable, intolérable.** / contr. **supportable** / — Extrêmement désagréable. *Ce vacarme est insupportable. Cela m'est insupportable.* **2.** (Personnes) Particulièrement désagréable ou agaçant. ⇒ **infernal, odieux.** *Ce syndicaliste est insupportable.* ⇒ **intenable.** *Être d'une humeur insupportable.* ⇒ **exécrable.**

*s'****insurger*** [ɛ̃syʀʒe] v. pron. . conjug. 3. **1.** Se soulever (contre l'autorité). ⇒ se **révolter ; insurrection.** *La population s'est insurgée contre le gouvernement militaire.* **2.** Protester vivement. *Je m'insurge contre cette interprétation, contre ces prétentions.* ▶ ***insurgé, ée*** adj. et n. ■ Qui s'est insurgé, soulevé. *Les populations insurgées.* — N. *Les insurgés.*

insurmontable [ɛ̃syʀmɔ̃tabl] adj. **1.** Qu'on ne peut surmonter. *Un obstacle insurmontable.* ⇒ **infranchissable.** **2.** (Sentiments) Qu'on ne peut dominer, réprimer. *Une angoisse insurmontable.*

insurpassable [ɛ̃syʀpɑsabl] adj. ■ Qu'on ne peut surpasser. *Une perfection insurpassable. Une athlète insurpassable.*

insurrection [ɛ̃syʀɛksjɔ̃] n. f. ■ Action de s'insurger ; soulèvement qui vise à renverser le pouvoir établi. ⇒ **émeute, révolte, sédition, soulèvement.** *L'insurrection des patriotes en 1837.* ▶ ***insurrectionnel, elle*** adj. ■ Qui tient de l'insurrection. *Mouvement insurrectionnel.* ⇒ **révolutionnaire.** — *Gouvernement insurrectionnel,* issu de l'insurrection.

intact, acte [ɛ̃takt] adj. **1.** Qui n'a pas subi de dommage. ⇒ **indemne.** / contr. **abîmé, brisé** / *Les fresques des tombeaux étaient intactes.* **2.** Abstrait. Qui n'a souffert aucune atteinte. *Sa réputation est intacte.* ⇒ ① **sauf.** *Caractère de ce qui reste intact.* ⇒ ② **intégrité.**

intangible [ɛ̃tɑ̃ʒibl] adj. ■ Littér. À quoi l'on ne doit pas toucher, porter atteinte ; que l'on doit maintenir intact. ⇒ **inviolable, sacré.** *Des principes intangibles.* ▶ ***intangibilité*** n. f. ■ Littér. *L'intangibilité d'une loi.*

intarissable [ɛ̃taʀisabl] adj. **1.** Littér. Qui coule sans arrêt. *Une source intarissable. Des larmes intarissables.* **2.** (Personnes) Qui n'épuise pas ce qu'il a à dire. ⇒ **inépuisable.** *Elle est intarissable sur ce sujet.* ▶ ***intarissablement*** adv. ■ *Répéter intarissablement la même chose.*

intégral, ale, aux [ɛ̃tegʀal, o] adj. et n. f. **I.** Qui n'est l'objet d'aucune diminution, d'aucune restriction. ⇒ **complet,** ① **entier.** / contr. **partiel** / *Il exige le remboursement intégral. Bronzage intégral,* sur tout le corps. — *Casque intégral,* casque de motocycliste qui protège à la fois le crâne, la face et la mâchoire. *Des casques intégraux.* — N. f. Édition intégrale. *Acheter en disques l'intégrale des symphonies de Beethoven.* **II.** Mathématiques. **1.** *Calcul intégral.* ⇒ **calcul.** **2.** N. f. *Intégrale d'une fonction,* résultat de l'opération fondamentale du *calcul intégral* (⇒ **intégration**). ▶ ***intégralement*** adv. ■ D'une manière intégrale, complètement. ⇒ **totalement.** *Payer intégralement ses dettes.* ▶ ***intégralité*** n. f. ■ État d'une chose complète. *Dans son intégralité,* dans sa totalité.

intégrant, ante [ɛ̃tegʀɑ̃, ɑ̃t] adj. ■ *Partie intégrante,* sans laquelle un ensemble ne serait pas complet. *Les membres, les parties intégrantes du corps.*

intégration [ɛ̃tegʀasjɔ̃] n. f. **I.** **1.** Incorporation (de nouveaux éléments) à un système. *L'intégration d'une dépense dans un budget.* **2.** Assimilation (d'un individu, d'un groupe) à une communauté, à un groupe social. *L'intégration raciale* (opposé à *ségrégation*). **II.** Mathématiques. Opération par laquelle on détermine la valeur limite de la somme de quantités infinitésimales. ▶ ***intégrationniste*** adj. et n. ■ Favorable à l'intégration politique ou raciale. *Des manifestations intégrationnistes.* ‹ ▶ désintégration, réintégration ›

intègre [ɛ̃tɛgʀ] adj. ■ D'une probité absolue. ⇒ **honnête, incorruptible.** / contr. **corrompu, malhonnête** / *Un juge intègre. Vie intègre.* ▶ ① ***intégrité*** n. f. ■ Honnêteté absolue. ⇒ **probité.** *Une personne d'une parfaite intégrité.*

intégrer [ɛ̃tegʀe] v. tr. et intr. . conjug. 6. **I.** V. tr. Faire entrer dans un ensemble en tant que partie intégrante. ⇒ **assimiler, incorporer.** — Pronominalement (réfl.). *Ils ont du mal à s'intégrer dans la collectivité.* **II.** Mathématiques. Faire l'intégration (II) de (une fonction). ▶ ***intégré, ée*** adj. **1.** Assimilé. *Des populations encore mal intégrées.* **2.** *Dispositif, système intégré,* qui unit des éléments divers. — Informatique. *Traitement intégré* (des données), réalisant automatiquement une série complexe d'opérations. ‹ ▶ désintégrer, intégral, intégrant, intégration, réintégrer ›

intégriste [ɛ̃tegʀist] adj. et n. ■ Partisan de l'intégrisme. *Les intégristes catholiques.* ▶ ***intégrisme*** n. m. ■ Attitude de ceux qui refusent toute évolution d'une doctrine (spécialt d'une religion). *L'intégrisme musulman.*

① ***intégrité*** n. f. ⇒ **intègre.**

② ***intégrité*** [ɛ̃tegʀite] n. f. ■ État d'une chose qui demeure intacte, entière. *Lutter pour défendre l'intégrité du territoire.* ‹ ▶ intégriste ›

intellect [ɛ̃te(ɛ)lɛkt] n. m. **1.** Littér. ou sciences. Faculté de connaître. ⇒ **intelligence.** **2.** Fam. Esprit. ‹ ▶ intellectuel ›

intellectuel, elle [ɛ̃te(ɛ)lɛktɥɛl] adj. et n. **1.** Qui se rapporte à l'intelligence (connaissance ou entendement). *La vie intellectuelle. L'effort, le travail intellectuel.* **2.** Qui a un goût prononcé (ou excessif) pour les choses de l'esprit. ⇒ **cérébral.** *Elle est très intellectuelle.* — Dont la vie est consacrée aux activités de l'esprit. *Les travailleurs intellectuels et les travailleurs manuels.* — N. *Un, une intellectuel(le).* — Au plur. *Les intellectuels.* ⇒ **intelligentsia.** — (Surtout en France) Abrév. fam. INTELLO, n. *Les intellos.* ▶ ***intellectualisme*** n. m. ■ Tendance à tout subordonner à l'intelligence, à la vie intellectuelle. ▶ ***intellectualiser*** v. tr. ■ Revêtir d'un caractère intellectuel ; transformer par l'action de l'intelligence. *Intellectua-*

liser une opération mathématique. — Au p. p. adj. *Analyse intellectualisée.* ▶ ***intellectuellement*** adv. ■ Sous le rapport de l'intelligence. *Un enfant intellectuellement très développé.*

① ***intelligence*** [ɛ̃te(ɛ)liʒɑ̃s] n. f. **I. 1.** Faculté de connaître, de comprendre ; qualité de l'esprit qui comprend et s'adapte facilement. ⇒ fam. **jarnigoine.** / contr. **bêtise** / *Cette enfant fait preuve d'une vive intelligence, d'une intelligence précoce. Tests d'intelligence. Cela ferait douter de son intelligence.* **2.** Ensemble des fonctions mentales ayant pour objet la connaissance rationnelle (opposé à *sensation* et à *intuition*). ⇒ **entendement, raison.** *De l'intelligence.* ⇒ **intellectuel** (1). **3.** INTELLIGENCE ARTIFICIELLE : ensemble des théories et des techniques développant des programmes informatiques complexes capables de résoudre des problèmes sans que les algorithmes de résolution soient explicitement fournis. ⇒ **I.A. II.** Personne intelligente. ⇒ fam. **bolle.** *C'est une intelligence remarquable.* **III.** L'INTELLIGENCE DE *qqch.* : l'acte ou la capacité de comprendre (qqch.). ⇒ **compréhension, sens.** *Je lui envie son intelligence des affaires. Pour l'intelligence de ce qui va suivre, notons que...* ▶ ***intelligent, ente*** adj. **1.** Qui a la faculté de connaître et de comprendre. ⇒ **pensant.** *L'humain, être intelligent.* **2.** Qui est, à un degré variable, doué d'intelligence. *Un garçon très, peu intelligent.* — Absolt. Qui comprend vite et bien, s'adapte facilement aux situations. / contr. **bête, inintelligent** / **3.** (Actes) Qui dénote de l'intelligence (opposé à *mécanique*). *Un choix intelligent. Une réponse intelligente.* ▶ ***intelligemment*** [ɛ̃te(ɛ)liʒamɑ̃] adv. ■ Avec intelligence. Travailler, parler intelligemment. ⟨ ▶ inintelligent ⟩

② ***intelligence*** n. f. **1.** Littér. D'INTELLIGENCE : de complicité, par complicité. *Être, agir d'intelligence avec qqn.* ⇒ de **concert.** *Faire à qqn des signes d'intelligence.* **2.** Au plur. Complicités secrètes entre personnes dans des camps opposés. *Entretenir des intelligences avec l'ennemi. Avoir des intelligences dans la place,* dans un milieu d'accès difficile. **3.** EN *bonne, mauvaise...* INTELLIGENCE : en s'entendant bien, mal. *Ils vivent en bonne intelligence.* ⟨ ▶ mésintelligence ⟩

intelligentsia [ɛ̃te(ɛ)ligɛntsja] n. f. ■ Parfois péj. Ensemble des intellectuels (d'une société, d'un pays, d'un groupe, d'un domaine).

intelligible [ɛ̃te(ɛ)liʒibl] adj. **1.** Qui ne peut être connu que par l'entendement (opposé à *sensible*). **2.** Qui peut être compris, est aisé à comprendre. ⇒ **accessible, clair, compréhensible.** *Un texte intelligible.* **3.** Qui peut être distinctement entendu. — Loc. *Parler à haute et intelligible voix.* ▶ ***intelligibilité*** n. f. ■ Caractère intelligible. ⇒ **clarté.** *L'intelligibilité d'un discours.* ▶ ***intelligiblement*** adv. ■ *S'exprimer intelligiblement.* ⇒ **clairement.** ⟨ ▶ inintelligible ⟩

intempérant, ante [ɛ̃tɑ̃peʀɑ̃, ɑ̃t] adj. et n. ■ Littér. Qui manque de modération dans les plaisirs de la table et les plaisirs sexuels. ▶ ***intempérance*** n. f. **1.** Vx. Manque de modération, liberté excessive. *Son intempérance de langage nous choque.* **2.** Abus des plaisirs de la table et des plaisirs sexuels.

intempéries [ɛ̃tɑ̃peʀi] n. f. pl. ■ Rigueurs du climat (pluie, neige, vent). *Être exposé aux intempéries.*

intempestif, ive [ɛ̃tɑ̃pɛstif, iv] adj. ■ Qui se fait ou se manifeste à contretemps. ⇒ **déplacé, inopportun.** / contr. **opportun** / *Une démarche intempestive. Pas de zèle intempestif !*

intenable [ɛ̃tnabl] adj. **1.** Que l'on ne peut tenir ou soutenir. *Une position intenable.* **2.** Insupportable. *Quelle chaleur ! c'est intenable !* — (Personnes) Que l'on ne peut faire tenir tranquille. *C'est un enfant intenable.* ⇒ **agité, désobéissant, insupportable.**

intendance [ɛ̃tɑ̃dɑ̃s] n. f. **1.** Charge, fonction, circonscription des anciens intendants. *L'intendance de Jean Talon.* **2.** Service administratif chargé du ravitaillement et de l'entretien (d'une armée, d'une collectivité). *L'intendance d'un pensionnat, d'un bataillon.* **3.** Économat d'un couvent. ▶ ① ***intendant*** n. m. ■ Histoire. Agent du pouvoir royal en Nouvelle-France ou dans une province française. ▶ ② ***intendant, ante*** n. **1.** Nom de divers fonctionnaires ou employés du service de l'intendance (militaire, universitaire). **2.** Personne chargée d'administrer la maison d'un riche particulier. ⇒ **régisseur.** ⟨ ▶ surintendant ⟩

intense [ɛ̃tɑ̃s] adj. ■ (Choses) Qui agit avec force, est porté à un haut degré. ⇒ **vif.** / contr. **faible** / *Une lumière, un feu intense. Une végétation intense. Un froid intense. L'intense activité des abeilles.* — *Un plaisir intense.* ⇒ **considérable, extrême.** ▶ ***intensément*** adv. ■ *Vivre intensément.* ▶ ***intensif, ive*** [ɛ̃tɑ̃sif, iv] adj. **1.** Qui est l'objet d'un effort intense, soutenu, pour accroître l'effet. *Une propagande intensive.* **2.** *Culture intensive,* à haut rendement par unité de surface. / contr. ① **extensif** / — *Un cours intensif,* donné sur un court laps de temps. ▶ ***intensifier*** v. tr. ▪ conjug. 7. ■ Rendre plus intense, au prix d'un effort. ⇒ **accroître, augmenter.** *Intensifier la lutte contre la drogue.* — S'INTENSIFIER v. pron. réfl. : devenir plus intense. ⇒ s'**accentuer.** *Les échanges commerciaux s'intensifient.* ▶ ***intensification*** n. f. ■ Action d'intensifier, de s'intensifier. ⇒ **augmentation.** *L'intensification de la propagande.* ▶ ***intensité*** n. f. **1.** Degré d'activité, de force ou de puissance. *Une crise de faible intensité.* — *Intensité d'un courant électrique,* quantité d'électricité traversant un conducteur pendant l'unité de temps (seconde). **2.** Caractère de ce qui est intense, très vif. *L'intensité d'une émotion.* ⇒ **violence.** *Intensité dramatique.*

intenter [ɛ̃tɑ̃te] v. tr. ▪ conjug. 1. ■ Entreprendre contre qqn (une action en justice). *Il m'a intenté un procès.* ⇒ **actionner, poursuivre.**

intention [ɛ̃tɑ̃sjɔ̃] n. f. ■ Fait de se proposer un certain but. ⇒ **dessein, volonté.** *Un acte commis avec l'intention de nuire. Je l'ai fait sans mauvaise intention. Quelles sont vos intentions à son égard ? Il n'est pas dans nos intentions d'accepter.* — AVOIR L'INTENTION DE (+ infinitif) : se proposer de, vouloir. *Elle n'a pas l'intention de céder.* — DANS L'INTENTION DE (+ infinitif) : en vue de, pour. *Nous avons fait cela dans l'intention de vous plaire.* — À L'INTENTION DE *qqn* : pour lui, en son honneur ; à son adresse. *Une fête à l'intention des enfants.* ≠ *à l'attention de.* ▶ ***intentionné, ée*** adj. ■ (Personnes) *Bien, mal intentionné,* qui a de bonnes, de mauvaises intentions. ▶ ***intentionnel, elle*** adj. ■ Qui est fait exprès. ⇒ **délibéré, prémédité, volontaire, voulu.** / contr. **involontaire** / *Nous avons compris que votre réponse blessante était intentionnelle.* ▶ ***intentionnellement*** adv. ■ Avec intention, de propos délibéré. ⇒ ③ **exprès, volontairement.** *C'est intentionnellement que je n'en ai pas parlé.* ⟨ ▶ malintentionné ⟩

① ***inter*** [ɛ̃tɛʀ] n. m. ■ (France) Abréviation de *interurbain. Avant l'automatique, on demandait l'inter.*

② ***inter*** n. m. ■ Soccer. Avant placé entre un ailier et l'avant-centre. — Base-ball, balle-molle. Arrêt-court.

③ ***inter*** n. m. ■ *L'inter,* la loterie provinciale dont le prix du billet constituait une somme intermédiaire entre ceux de la mini* et de la super*. *Jouer à l'inter.* — Ce billet de loto. *Acheter des inters. Prendre un inter.*

inter- ■ Élément exprimant l'espacement, la répartition ou une relation réciproque (ex. : *interallié,* adj., qui concerne les nations alliées ; *interarmes,* adj., relatif à plusieurs armes : infanterie, etc.). ⇒ **entr(e)-.** Voir ci-dessous.

interaction [ɛ̃tɛʀaksjɔ̃] n. f. **1.** Réaction réciproque. ⇒ **interdépendance.** *Phénomènes en interaction.* **2.** Physique. Chacune des quatre forces fondamentales permettant de rendre compte des phénomènes physiques. *Interaction gravitationnelle, électromagnétique, forte, faible.* ▶ ***interactif, ive*** adj. ■ Informatique. Qui permet d'utiliser un mode conversationnel*. *Un logiciel interactif.*

interbancaire [ɛ̃tɛʀbɑ̃kɛʀ] adj. ■ Qui relève des relations entre les banques. ⇒ **intercaisses.** — *Carte interbancaire* (ou *interbanques*), carte de crédit acceptée par différentes banques. *Guichet interbancaire,* où l'on peut utiliser une carte de guichet automatique acceptée par différentes banques ou succursales d'une même banque.

interbloc [ɛ̃tɛʀblɔk] n. m. ■ Pavé d'emboîtement. ⇒ ① **dalle.** *Entrée de garage en interblocs.* — REM. Ce mot est un nom de marque déposée.

intercaisses [ɛ̃tɛʀkɛs] adj. invar. et n. m. pl. ■ Qui relève des relations entre différentes succursales des caisses populaires. ⇒ **interbanque.** *Dépôt, retrait intercaisses.* — N. m. pl. *L'intercaisses,* le réseau de guichets automatiques des caisses populaires.

intercaler [ɛ̃tɛʀkale] v. tr. ▪ conjug. 1. ■ Faire entrer après coup dans une série, dans un ensemble ; mettre (une chose) entre deux autres. ⇒ **insérer, introduire.** *Intercaler des exemples dans un texte.* — Au p. p. adj. *Publicité intercalée dans une émission.* ▶ ***intercalaire*** adj. et n. m. ■ Qui peut s'intercaler, être inséré. *Feuillet, fiche intercalaire.* — N. m. *Un intercalaire.*

intercéder [ɛ̃tɛʀsede] v. intr. ▪ conjug. 6. ■ Intervenir, user de son influence (en faveur de qqn). *Elle intercédera pour vous auprès du patron.* ⇒ **intervenir ; intercesseur, intercession.**

intercepter [ɛ̃tɛʀsɛpte] v. tr. ▪ conjug. 1. **1.** Prendre au passage et par surprise (ce qui est adressé, envoyé ou destiné à qqn). *Ses parents ont intercepté la lettre. Le joueur a essayé d'intercepter le ballon, la rondelle. Avion chargé d'intercepter des bombardiers.* **2.** Arrêter (la lumière), cacher (une source lumineuse). ▶ ***interception*** [ɛ̃tɛʀsɛpsjɔ̃] n. f. ■ Action d'intercepter. *Avions d'interception.* — Son résultat. *Le footballeur a réussi trois interceptions dans le match.*

intercesseur [ɛ̃tɛʀsɛsœʀ] n. m. ■ Littér. Personne qui intercède. *Il m'a demandé d'être son intercesseur auprès de vous.* ▶ ***intercession*** n. f. ■ Littér. Action d'intercéder. *Obtenir un poste grâce à l'intercession de qqn.* ⇒ **entremise.**

interchangeable [ɛ̃tɛʀʃɑ̃ʒabl] adj. ■ Se dit d'objets semblables, de même destination, qui peuvent être mis à la place les uns des autres. ⇒ **remplaçable.** *Des pneus interchangeables.*

interclasse [ɛ̃tɛʀklɑs] n. m. ■ (France) Court intervalle entre deux cours, dans un établissement scolaire. ⇒ **pause.**

intercollégial, iale, iaux [ɛ̃tɛʀkɔleʒial, jo] adj. ■ Qui concerne les relations entre deux ou plusieurs collèges. *Une ligue de hockey intercollégiale.*

intercom [ɛ̃tɛʀkɔm] n. m. ■ Anglic. Système de communication intérieur, de liaison téléphonique (immeuble, maison, établissement scolaire...). ⇒ **interphone.** *Parler dans l'intercom. Message par intercom.* — Cet appareil. *Pousser le bouton d'un intercom.*

intercontinental, ale, aux [ɛ̃tɛʀkɔ̃tinɑ̃tal, o] adj. ■ Qui concerne les relations entre deux continents. *Lignes aériennes intercontinentales.* — *Missiles intercontinentaux,* dont la portée s'étend d'un continent à un autre (notamment, Amérique et Europe).

intercostal, ale, aux [ɛ̃tɛʀkɔstal, o] adj. ■ Qui est situé ou se fait sentir entre deux côtes. *Des douleurs intercostales.*

interdépendant, ante [ɛ̃tɛʀdepɑ̃dɑ̃, ɑ̃t] adj. ■ Qui est dans un état de dépendance réciproque (appelée *interdépendance,* n. f.). *Des événements interdépendants.*

interdiction [ɛ̃tɛʀdiksjɔ̃] n. f. **1.** Action d'interdire. ⇒ **défense.** / contr. **consentement, autorisation** / *Interdiction de stationner. L'interdiction d'un film.* ⇒ **censure.** **2.** Action d'interdire à un membre d'un corps constitué l'exercice de ses fonctions. — Action d'ôter à une personne majeure la libre disposition et l'administration de ses biens. *Il a fait l'objet d'une interdiction.* — *Interdiction de séjour,* défense faite à un condamné libéré de se trouver dans certains lieux.

interdire [ɛ̃tɛʀdiʀ] v. tr. ▪ conjug. 37. — REM. 2ᵉ pers. plur. du prés. de l'indicatif et du prés. de l'impératif : *interdisez.* **1.** Défendre (qqch. à qqn). / contr. **autoriser, permettre** / *Le médecin lui interdit l'alcool, le tabac. Le piquetage a été interdit. Interdire un film.* ⇒ **censurer.** *S'interdire tout effort,* s'imposer de ne faire aucun effort. — *Il est interdit de fumer dans la salle. Il est interdit d'interdire* (slogan, 1968). — (Avec *que* + subjonctif) *Elle a interdit que nous restions ici.* **2.** (Choses) Empêcher. *Leur attitude interdit tout espoir de paix.* ⇒ **exclure.** **3.** Frapper (qqn) d'interdiction (2). *Interdire à un médecin de pratiquer.* ▶ ① ***interdit, ite*** adj. **1.** Non autorisé. *Stationnement interdit. Film interdit aux moins de dix-huit ans. Ne cueille pas les fleurs, c'est interdit.* **2.** (Personnes) Frappé d'interdiction. — N. *Un interdit de séjour.* ‹ ▶ interdiction, ③ interdit ›

interdisciplinaire [ɛ̃tɛʀdisiplinɛʀ] adj. ■ Relatif à plusieurs disciplines, à plusieurs branches du savoir agissant en commun. *Des recherches interdisciplinaires. Un colloque interdisciplinaire,* qui réunit des spécialistes de plusieurs disciplines.

② **interdit, ite** [ɛ̃tɛʀdi, it] adj. ■ Très étonné, stupide d'étonnement. ⇒ **ahuri, déconcerté, ébahi, stupéfait.** *Elle est restée tout interdite.*

③ **interdit** n. m. ■ Interdiction ou exclusive émanant d'un groupe social ou religieux. *Braver les interdits.*

interentreprises [ɛ̃tɛʀɑ̃tʀəpʀiz] adj. invar. ■ Qui concerne les relations entre différentes entreprises. *Un comité interentreprises de terminologie.*

① **intérêt** [ɛ̃teʀɛ] n. m. **1.** Attention favorable que l'on porte à qqn, part que l'on prend à ce qui le concerne. *Témoigner de l'intérêt à, pour qqn. Une marque, un témoignage d'intérêt.* **2.** État de l'esprit qui prend part à ce qu'il trouve digne d'attention, à ce qu'il juge important. / contr. **désintérêt** / *Écouter, lire avec intérêt. Éveiller l'intérêt d'un auditoire.* ⇒ **attention.** **3.** Qualité de ce qui est intéressant. *Histoire pleine d'intérêt.* / contr. ① **plat** (II) / *C'est sans intérêt. Cela présente, offre de l'intérêt.* ▶ ① ***intéressant, ante*** adj. **1.** Qui retient l'attention, captive l'esprit. ⇒ **captivant, passionnant.** *Un livre intéressant. Il serait intéressant de poursuivre les recherches. Ce n'est pas très intéressant.* — (Personnes) Qui intéresse par son esprit, sa personnalité. *Une romancière intéressante.* Péj. *Chercher à se rendre intéressant,* à se faire remarquer. — N. *Faire l'intéressant(e).* **2.** Qui touche moralement, qui est digne d'intérêt, de considération. *Ces gens-là ne sont pas intéressants.* ▶ ① ***intéressé, ée*** adj. ■ Qui a un intérêt, un rôle (dans qqch.) ; qui est en cause. *Les parties intéressées.* — N. *Sans consulter les intéressés. Vous êtes la principale intéressée.* ▶ ① ***intéresser*** v. tr. ▪ conjug. 1. **I.** **1.** (Choses) Avoir de l'intérêt, de l'importance pour (qqn, qqch.). ⇒ **concerner, regarder.** *Cette loi intéresse l'ordre public. La dépression atmosphérique intéresse toute la côte.* ⇒ ① **affecter,** ① **toucher. 2.** Retenir l'attention de (qqn) ; constituer un objet d'intérêt pour. *Il semble intéressé par notre offre. Cette conférence nous a intéressés.* ⇒ **captiver, passionner.** / contr. **ennuyer** / *Ça ne m'intéresse pas.* **3.** Toucher, tenir à cœur. *Leur sort n'intéresse personne.* **4.** (Personnes) Éveiller l'intérêt de (qqn). *Elle ne sait pas intéresser les élèves.* Iron. *Continue, tu m'intéresses !,* ce que tu dis ne m'intéresse pas. **II.** S'INTÉRESSER v. pron. : prendre intérêt. *Vous ne vous intéressez pas à ce que je fais. Un enfant qui s'intéresse à tout.* ‹ ▸ se désintéresser, inintéressant ›

② ***intérêt*** n. m. **I. 1.** Somme due par l'emprunteur au prêteur. *Prêt à intérêt. Le taux d'intérêt. Intérêts composés,* calculés sur un capital accru de ses intérêts. — Ce que rapporte un capital placé. ⇒ **dividende. 2.** Au plur. Participation au capital d'une entreprise. *Des intérêts majoritaires, minoritaires. Avoir des intérêts dans une affaire, une compagnie.* — Loc. *Conflit* d'intérêts. Dommages* et intérêts.* **II. 1.** Ce qui importe, ce qui convient à qqn (en quelque domaine que ce soit). *Agir dans son intérêt, contre son intérêt. C'est dans votre intérêt. Avoir intérêt à* (faire qqch.). ⇒ **avantage.** *L'intérêt général. Société, compagnie reconnue d'intérêt public.* **2.** Recherche de son avantage personnel. / contr. **désintéressement** / *Un mariage d'intérêt.* ▸ ② ***intéressant, ante*** adj. ■ Avantageux. *Acheter qqch. à un prix intéressant. C'est une affaire intéressante.* ▸ ② ***intéressé, ée*** adj. ■ Qui recherche avant tout son intérêt matériel, est avide et avare. / contr. **désintéressé** / — Inspiré par la recherche d'un avantage personnel. *Un service intéressé.* ▸ ***intéressement*** n. m. ■ Action d'intéresser (une personne) aux bénéfices de l'entreprise, par une rémunération qui s'ajoute au salaire. ▸ ② ***intéresser*** v. tr. ▪ conjug. 1. ■ Associer (qqn) à un profit. *Intéresser qqn dans une affaire. — Il est intéressé aux bénéfices.* ⇒ **intéressement.** ‹ ▸ désintéressé ›

interface [ɛ̃tɛʀfas] n. f. ■ Informatique. Dispositif qui permet d'établir la jonction entre deux systèmes ou deux éléments d'un même système, assurant ainsi l'échange d'informations.

interférer [ɛ̃tɛʀfeʀe] v. intr. ▪ conjug. 6. **1.** Produire des interférences. *Vibrations, ondes qui interfèrent.* **2.** Se causer du tort, se contrarier en se mêlant (actions, phénomènes... simultanés). *Leurs initiatives risquent d'interférer.* ▸ ***interférence*** n. f. **1.** Phénomène résultant de la superposition d'ondes de même nature (lumineuses, sonores...) et de même fréquence. *Interférences sonores.* ≠ *parasites.* **2.** Sports. Manœuvre illégale (volontaire ou non) qui consiste à empêcher un adversaire de poursuivre le jeu. *Commettre une interférence devant le gardien de but. Être pénalisé pour interférence.*

intergouvernemental, ale, aux [ɛ̃tɛʀguvɛʀnəmɑ̃tal, o] adj. **1.** Qui concerne plusieurs gouvernements. ⇒ **international.** *Une organisation intergouvernementale.* **2.** Qui a lieu de province à province (⇒ **interprovincial**) ou entre les provinces et le fédéral (⇒ **fédéral-provincial**). *Une rencontre intergouvernementale des ministres de l'Éducation. La conférence intergouvernementale des premiers ministres provinciaux et fédéral.* — Anciennt. *Le ministère des Affaires intergouvernementales,* chargé de la coordination générale des relations du gouvernement du Québec avec tout autre gouvernement (provincial, fédéral ou étranger). ⇒ **relations.** — Abrév. fam. LES AFINTER, n. m. pl.

intérieur, ieure [ɛ̃teʀjœʀ] adj. et n. **I.** Adj. **1.** Qui est au-dedans, tourné vers le dedans. ⇒ **interne.** / contr. **extérieur** / *Point intérieur à un cercle. Une cour intérieure. La poche intérieure d'un vêtement. Un garage intérieur,* situé au sous-sol d'une habitation, d'un immeuble. **2.** Qui concerne un pays, indépendamment de ses relations avec les autres pays. / contr. **extérieur, international** / *La politique intérieure.* **3.** Qui concerne la vie psychologique, qui se passe dans l'esprit. *La vie intérieure. L'équilibre intérieur.* **II.** N. m. **1.** Espace compris entre les limites (d'une chose). ⇒ **dedans.** *L'intérieur d'une boîte.* Absolt. *Attendez-moi à l'intérieur* (de la maison). **2.** Local où l'on habite (considéré surtout dans son aménagement). ⇒ **chez-soi, foyer.** *Un intérieur confortable. Femme, homme d'intérieur,* qui se plaît à tenir sa maison. **3.** Espace compris entre les frontières d'un pays ; vie, politique du pays dans ses frontières. *Le ministère de l'Intérieur* (en France). ▸ ***intérieurement*** adv. **1.** Au-dedans. **2.** Dans l'esprit, le cœur. *Sacrer intérieurement,* tout bas. ▸ ***intérioriser*** v. tr. ▪ conjug. 1. ■ Ramener à la vie intérieure. — Au p. p. adj. *Un sentiment intériorisé.* ▸ ***intériorité*** n. f. ■ Caractère de ce qui est intérieur (I, 3), psychologique et non exprimé. ‹ ▸ interphone ›

intérim [ɛ̃teʀim] n. m. ■ Intervalle de temps pendant lequel une fonction vacante est exercée par une autre personne que le titulaire ; exercice d'une fonction pendant ce temps. *Assurer un intérim. Présidente par intérim. Effectuer un travail par intérim. Faire des intérims.* — (France) Organisation de travail temporaire. *Agence d'intérim.* ▸ ***intérimaire*** adj. ■ Relatif à un intérim ; qui assure l'intérim. *Travail intérimaire.* ⇒ **temporaire.** *Personnel intérimaire.* — N. *Un(e) intérimaire,* personne qui assure l'intérim ; (France) qui travaille pour une agence d'intérim.

interjection [ɛ̃tɛʀʒɛksjɔ̃] n. f. ■ Mot invariable pouvant être employé isolément pour traduire une attitude affective du sujet parlant (ex. : *ah !, oh !, zut !* ; les jurons, les sacres). ⇒ **exclamation.**

interligne [ɛ̃tɛʀliɲ] n. m. ■ Espace qui est entre deux lignes écrites ou imprimées. ⇒ **blanc,** ② **espacement.** *Taper une page à simple, à double interligne.* ▸ ***interligner*** v. tr. ▪ conjug. 1. ■ Séparer par des interlignes. — Au p. p. adj. *Texte interligné.*

interlocuteur, trice [ɛ̃tɛʀlɔkytœʀ, tʀis] n. **1.** Personne qui parle, converse avec une autre. *Il n'écoute pas ses interlocuteurs.* **2.** Personne avec laquelle on peut engager une négociation politique. *Chercher un interlocuteur valable.*

interlope [ɛ̃tɛʀlɔp] adj. **1.** Dont l'activité n'est pas légale. *Un commerce interlope.* **2.** D'apparence louche, suspecte. *Un bar interlope. Le monde interlope.*

interloquer [ɛ̃tɛʀlɔke] v. tr. ▪ conjug. 1. ■ Rendre tout interdit ②, étonné et sans réaction. ⇒ **décontenancer.** *Cette remarque nous a interloqués.* — Au p. p. adj. *Il est resté interloqué.* ⇒ ② **interdit.**

interlude [ɛ̃tɛʀlyd] n. m. **1.** Petit intermède accompagné de musique dans un programme. **2.** Courte pièce musicale exécutée entre deux autres plus importantes.

intermède [ɛ̃tɛʀmɛd] n. m. **1.** Divertissement entre les actes d'une pièce de théâtre, les parties d'un spectacle. *Intermède en musique, intermède musical.* **2.** Ce qui interrompt momentanément une activité. *Après cet intermède, nous pouvons reprendre la séance.*

intermédiaire [ɛ̃tɛʀmedjɛʀ] adj. et n. **I.** Adj. Qui, étant entre deux termes, forme une transition ou assure une communication. *Les chaînons intermédiaires d'une évolution. Choisir une solution intermédiaire.* ⇒ **compromis. II. 1.** N. m. Terme, état intermédiaire. *Sans intermédiaire,* directement. — *Par l'intermédiaire* *de,* par l'entremise, le moyen de. **2.** N. Personne qui met en relation deux personnes ou deux groupes. ⇒ **médiateur.** *Servir d'intermédiaire dans une négociation.* — Personne qui intervient dans un circuit commercial (entre le producteur et le consommateur).

interminable [ɛ̃tɛʀminabl] adj. ■ Qui n'a pas ou ne semble pas avoir de terme, de limite (dans l'espace ou dans le temps). / contr. ① **court, limité** / *Une file interminable. Des conversations interminables,* trop longues. ▶ ***interminablement*** adv. ■ *Parler interminablement,* très longtemps.

interministériel, ielle [ɛ̃tɛʀministeʀjɛl] adj. ■ Commun à plusieurs ministères. *Une conférence interministérielle.*

intermittent, ente [ɛ̃tɛʀmitɑ̃, ɑ̃t] adj. ■ Qui s'arrête et reprend par intervalle. ⇒ **discontinu, irrégulier.** *Pouls intermittent. Pluie, neige intermittente. Des essuie-glaces intermittents.* ▶ ***intermittence*** n. f. ■ Caractère intermittent, interruption momentanée. *Par intermittence,* irrégulièrement, par accès. ⇒ par **secousses.** *Travailler par intermittence.*

intermodal, ale, aux [ɛ̃tɛʀmɔdal, o] adj. ■ Qui permet d'accéder à différents moyens et modes de transport par l'intermédiaire de bâtiments et d'installations facilitant l'embarquement et le débarquement. *Gare de transport intermodal* ou *gare intermodale.*

internat [ɛ̃tɛʀna] n. m. **1.** État d'élève interne ; temps que dure cet état. / contr. **externat** / — École où vivent des internes. ⇒ **pensionnat.** *Surveillant d'internat.* **2.** Vx. Fonction d'interne dans un hôpital. ⇒ **résidence.** *Faire son internat.*

international, ale, aux [ɛ̃tɛʀnasjɔnal, o] adj. ■ Qui a lieu de nation à nation, entre plusieurs nations ; qui concerne les rapports entre nations (⇒ **intergouvernemental**). *La politique internationale. Le ministère québécois des Relations internationales. Les organismes internationaux.* — Sports. *Rencontre internationale, tournoi international,* opposant deux ou plusieurs nations. — N. UN(E) INTERNATIONAL(E) : joueur(euse), athlète sélectionné(e) pour les rencontres internationales. Au plur. *Les internationaux de tennis,* la série des matchs. — *Comité international de la Croix-Rouge.* — (En Europe) N. f. *L'Internationale,* groupement de prolétaires de diverses nations, unis pour défendre leurs revendications communes. *L'Internationale,* hymne révolutionnaire. ▶ ***internationaliser*** v. tr. ▪ conjug. 1. ■ Rendre international. *Internationaliser un conflit.* — Mettre sous régime international. ▶ ***internationalisation*** n. f. ■ *L'internationalisation d'une guerre.* ▶ ***internationalisme*** n. m. ■ Doctrine préconisant l'union internationale des peuples, par-delà les frontières. ▶ ***internationaliste*** adj. ■ Partisan de l'internationalisme.

interne [ɛ̃tɛʀn] adj. et n. **1.** Didact. Qui est situé en dedans, est tourné vers l'intérieur. ⇒ **intérieur.** / contr. **externe** / *La face interne d'un organe. Oreille interne.* — Qui appartient au dedans. *Glandes endocrines à sécrétion interne.* **2.** N. UN, UNE INTERNE : un(e) élève logé(e) et nourri(e) dans l'établissement scolaire qu'il (elle) fréquente. ⇒ **pensionnaire.** — Vx. Étudiant(e) en médecine qui effectuait un stage prolongé dans un hôpital. ⇒ **résident.** *Les internes du département de pneumologie. Une ancienne interne.* ▶ ***interner*** v. tr. ▪ conjug. 1. ■ Enfermer par mesure administrative (des réfugiés, des étrangers...). — Enfermer dans un hôpital psychiatrique. — Au p. p. adj. *Malades internés.* — N. *Des internés politiques.* ⇒ **prisonnier.** ▶ ***internement*** n. m. ■ Action d'interner (qqn) ; fait d'être interné. *Camp d'internement.* — Placement d'une personne dans un hôpital psychiatrique. *Prescrire l'internement d'un aliéné.*

interpeller [ɛ̃tɛʀpele] v. tr. ▪ conjug. 1. — REM. Ce verbe prend deux *l* à toutes les formes. **1.** Adresser la parole brusquement à (qqn) pour demander qqch., l'insulter. ⇒ **apostropher. 2.** Adresser une interpellation à (un ministre). *Interpeller un ministre sur un projet de réforme.* **3.** Questionner (un suspect) sur son identité. *La police a interpellé une trentaine de manifestants.* ▶ ***interpellateur, trice*** n. ■ Personne qui interpelle. ▶ ***interpellation*** n. f. **1.** Action d'interpeller. ⇒ **apostrophe. 2.** Demande d'explications adressée au gouvernement par un membre du Parlement en séance publique. *Répondre à une interpellation.* **3.** Action d'interpeller (3) qqn lors d'une opération de police.

interphone [ɛ̃tɛʀfɔn] n. m. ■ Système de communication téléphonique intérieur. ⇒ anglic. **intercom.** *Parler à qqn par l'interphone.* — Cet appareil. *Faire réparer l'interphone.* — REM. Ce mot est un nom de marque déposée.

interplanétaire [ɛ̃tɛʀplanetɛʀ] adj. ■ Qui est, a lieu entre les planètes. *Voyages interplanétaires.* — *Un engin interplanétaire,* qui se déplace dans l'espace (⇒ **intersidéral**), entre ou vers les planètes.

interpoler [ɛ̃tɛʀpɔle] v. tr. ▪ conjug. 1. **1.** Introduire dans un texte, par erreur ou par fraude (des mots ou des phrases n'appartenant pas à l'original). **2.** Intercaler dans une série de valeurs ou de termes connus (des termes et valeurs intermédiaires). / contr. **extrapoler** / ▶ ***interpolation*** n. f. ■ Action d'interpoler ; son résultat. *Texte modifié par des interpolations.* ⟨ ▶ extrapoler ⟩

interposer [ɛ̃tɛʀpoze] v. tr. ▪ conjug. 1. **1.** Poser entre deux choses de façon à modifier le milieu. *Interposer un écran entre une source lumineuse et l'œil.* **2.** Faire intervenir.— Pronominalement (réfl.). *S'interposer dans une dispute,* intervenir pour y mettre fin. ⇒ s'**entremettre.** ▶ ***interposé, ée*** adj. ■ *Par personnes interposées,* en utilisant des intermédiaires. ▶ ***interposition*** n. f. ■ Action d'interposer.

interprétation [ɛ̃tɛʀpʀetasjɔ̃] n. f. **1.** Action d'expliquer, de donner une signification claire à une chose obscure, ambiguë ; son résultat. ⇒ **explication.** *Elle a donné une interprétation nouvelle de ce texte. L'interprétation des rêves.* **2.** Action d'interpréter (2). *Les diverses interprétations d'un même fait. Une erreur d'interprétation.* — *Un centre d'interprétation de la nature.* **3.** Action d'interpréter (3). *Interprétation simultanée,* qui se fait à mesure. *École d'interprétation.* **4.** Façon dont une œuvre dramatique, musicale ou chantée est jouée, exécutée. ⇒ **exécution.** *L'interprétation d'un personnage.*

interprète [ɛ̃tɛʀpʀɛt] n. **1.** Personne qui explique, éclaircit le sens (d'un texte, d'un rêve, etc.). **2.** Personne qui donne oralement l'équivalent en une autre langue (⇒ **traducteur**) de ce qui est dit, et sert d'intermédiaire entre personnes ignorant une langue employée. *École d'interprètes. Interprète de conférence.* **3.** Personne qui fait connaître les sentiments, les volontés d'une autre. ⇒ **porte-parole, truchement.** *Je veux bien être votre interprète auprès de lui.* **4.** Acteur, chanteur, musicien qui interprète (4). *Un interprète du rôle de don Juan. Une compositrice-interprète,* qui écrit et chante elle-même ses chansons.

interpréter [ɛ̃tɛʀpʀete] v. tr. ▪ conjug. 6. **1.** Expliquer (un texte, un rêve, un acte...) en rendant clair ce qui est obscur. ⇒ **analyser, commenter.** *Interpréter un vers d'après le contexte.* **2.** Donner un sens à (qqch.), tirer une signification de. *Elle avait interprété ce silence comme un aveu. On peut interpréter votre attitude de plusieurs façons.* **3.** Produire oralement dans une autre langue une intervention ou un discours équivalant à l'original. ⇒ **traduire** oralement. *Le discours anglais fut interprété en russe.* **4.** Jouer d'une manière personnelle (un rôle, un morceau de musique...). *Elle a interprété ce rôle au cinéma.* — Au p. p. adj. *Symphonie bien interprétée.* ‹ ▸ interprétation, interprète ›

interprovincial, ale, aux [ɛ̃tɛʀpʀɔvɛ̃sjal, o] adj. **1.** Qui a lieu de province à province ; qui concerne plusieurs provinces (opposé à *fédéral-provincial*). ⇒ **intergouvernemental.** *Une entente interprovinciale au sujet de l'électricité. Les ministres interprovinciaux de l'Agriculture.* **2.** (Voies de communication : routes, cours d'eau, etc.) Qui traverse ou relie deux ou plusieurs provinces. *Une autoroute interprovinciale. Un pont interprovincial relie Hull et Ottawa. La frontière interprovinciale,* qui sépare deux provinces.

interrègne [ɛ̃tɛʀʀɛɲ] n. m. **1.** Temps qui s'écoule entre deux règnes ; intervalle pendant lequel un État est sans chef, l'Église sans pape. **2.** Littér. ou plaisant. Espace de temps entre deux fonctions, deux présences. ⇒ **intérim.**

interrelation [ɛ̃tɛʀʀəlasjɔ̃] n. f. ■ Surtout au plur. Relation réciproque établie entre des personnes, des choses. *Les interrelations entre les universitaires. Les interrelations entre différents ministères.*

interrives [ɛ̃tɛʀʀiv] adj. invar. ■ Qui concerne les deux rives d'un cours d'eau. *Québec et Lévis veulent tenir un colloque interrives.*

interrogateur, trice [ɛte(ɛ)ʀɔgatœʀ, tʀis] n. et adj. **1.** N. Personne qui fait subir une interrogation orale à un candidat. ⇒ **examinateur.** **2.** Adj. Qui contient une interrogation. ⇒ **interrogatif.** *Un regard, un air interrogateur.*

interrogatif, ive [ɛ̃te(ɛ)ʀɔgatif, iv] adj. et n. f. ■ Qui exprime l'interrogation. ⇒ **interrogateur** (2). *Une intonation interrogative.* — Grammaire. Qui sert à interroger (opposé à *affirmatif, négatif*). *Pronoms interrogatifs* (ex. : *lequel*), *adjectifs interrogatifs* (ex. : *quel*), *adverbes interrogatifs* (ex. : *combien, où*). — N. f. *Une interrogative,* une proposition interrogative. ▸ ***interrogativement*** adv. ■ *Elle nous regardait interrogativement.*

interrogation [ɛ̃te(ɛ)ʀɔgɑsjɔ̃] n. f. **1.** Action de questionner, d'interroger. *L'interrogation des témoins.* — Question ou ensemble de questions que l'on pose à un élève, à un candidat. ⇒ **épreuve, examen.** *Interrogation écrite, orale.* **2.** Phrase qui a pour objet de poser une question ou qui implique un doute. *Interrogation directe* (ex. : *Quelle heure est-il ?*), *indirecte* (ex. : *Je me demande quelle heure il est*). — *Point d'interrogation* (?). Loc. *C'est un point d'interrogation,* une question à laquelle on ne peut donner de réponse certaine. ≠ *interrogatoire.*

interrogatoire [ɛ̃te(ɛ)ʀɔgatwaʀ] n. m. ■ Questions posées à qqn pour connaître la vérité dans une affaire juridique. *Le procureur commença l'interrogatoire de l'inculpé.* ≠ *interrogation.* ‹ ▸ contre-interrogatoire ›

interroger [ɛ̃te(ɛ)ʀɔʒe] v. tr. ▪ conjug. 3. **1.** Questionner (qqn), avec l'idée qu'il doit une réponse. *La police interroge les témoins.* — Au p. p. adj. *Les candidats interrogés par l'examinateur (*ou *interrogateur).* — Pronominalement (réfl.). *S'interroger,* se poser des questions, descendre en soi-même. **2.** Examiner avec attention (compl. chose) pour trouver une réponse aux questions qu'on se pose. *L'expérimentateur interroge les faits. Interroger le passé.* **3.** Informatique. Consulter une base de données. *Interroger un fichier bibliographique.* ▸ ***interrogeable*** adj. ■ Qui peut être interrogé. *Banque de terminologie interrogeable à distance.* ‹ ▸ interrogateur, interrogatif, interrogation, interrogatoire ›

interrompre [ɛ̃te(ɛ)ʀɔ̃pʀ] v. tr. ▪ conjug. 41. **1.** Rompre (qqch.) dans sa continuité. ⇒ **arrêter, couper, suspendre.** *Il a dû interrompre ses études. Interrompre un voyage.* **2.** Empêcher (qqn) de continuer ce qu'il est en train de faire. *Je l'ai interrompu dans son travail.* **3.** Couper la parole à. *Ne m'interrompez pas tout le temps.* **4.** S'INTERROMPRE v. pron. : s'arrêter (de faire qqch., de parler...). *Elle s'interrompit de lire pour m'aider. Parler sans s'interrompre.* ▸ ***interrupteur*** [ɛ̃te(ɛ)ʀyptɛʀ] n. m. ■ Dispositif permettant d'interrompre et de rétablir le passage du courant électrique dans un circuit. ⇒ **commutateur, disjoncteur ;** fam. ② **piton.** ▸ ***interruption*** [ɛ̃te(ɛ)ʀypsjɔ̃] n. f. **1.** Action d'interrompre ; état de ce qui est interrompu. ⇒ **arrêt, coupure, suspension.** *L'interruption des communications. J'ai travaillé quatre heures sans interruption,* sans m'arrêter. — Spécialt. *Interruption volontaire de grossesse,* avortement. ⇒ **I.V.G.** **2.** Action d'interrompre (3) qqn. *Vives interruptions sur les bancs de l'opposition.* ‹ ▸ ininterrompu ›

interscolaire [ɛ̃tɛʀskɔlɛʀ] adj. et n. m. ■ Qui concerne deux ou plusieurs écoles. *Le sport interscolaire.* — N. m. *L'interscolaire,* l'ensemble des activités interscolaires.

intersection [ɛ̃tɛʀsɛksjɔ̃] n. f. ■ Rencontre, lieu de rencontre (de deux lignes, de deux surfaces, ou de deux volumes qui se coupent). *À l'intersection des deux routes. Il y a un arrêt à la prochaine intersection.* ⇒ **croisement.**

intersidéral, ale, aux [ɛ̃tɛʀsideʀal, o] adj. ■ Qui est situé, se passe entre les astres.

interstellaire [ɛ̃tɛʀste(ɛl)lɛʀ] adj. ■ Qui est situé entre les étoiles. *Espaces interstellaires.*

interstice [ɛ̃tɛʀstis] n. m. ■ Très petit espace vide (entre les parties d'un corps ou entre différents corps). *Le jour filtrait par les interstices des rideaux.*

intersyndical, ale, aux [ɛ̃tɛʀsɛ̃dikal] adj. ■ Qui concerne, réunit deux ou plusieurs syndicats. *Une concertation intersyndicale.*

interuniversitaire [ɛ̃tɛʀynivɛʀsitɛʀ] adj. et n. m. ■ Qui concerne deux ou plusieurs universités. *Un tournoi interuniversitaire de ballon-volant.* — N. m. *L'interuniversitaire,* l'ensemble des activités interuniversitaires.

interurbain, aine [ɛ̃tɛʀyʀbɛ̃, ɛn] adj. et n. m. ■ Qui assure les communications (téléphoniques, routières) entre deux ou plusieurs villes éloignées. *Un appel interurbain. Des autobus interurbains.* / contr. **local** / — N. m. L'INTERURBAIN : le service téléphonique payant. *Passer par l'interurbain.* — *Faire un interurbain,* un appel. ⇒ fam. **longue** distance. ‹ ▸ ① inter ›

intervalle [ɛ̃tɛʀval] n. m. **1.** Distance, espace qui existe, est ménagé(e) entre deux points, deux lignes, deux objets. ⇒ ① **espacement.** *Augmenter l'intervalle entre deux paragraphes.* ⇒ ② **espacement, interligne.** *Un étroit intervalle entre deux murs. Des arbustes plantés à trois mètres d'intervalle,* tous les trois mètres. **2.** Écart entre deux sons, mesuré par le rapport de leurs fréquences. *Intervalles de tierce, quarte...* **3.** Espace de temps qui sépare deux époques, deux faits. *Un intervalle d'une heure. À intervalles rapprochés, à longs intervalles. Dans l'intervalle, pendant cet intervalle.* ⇒ **entre-temps.** PAR INTERVALLES : de temps à autre. ⇒ par **moments,** par **secousses.**

intervenir [ɛ̃tɛʀvəniʀ] v. intr. ▪ conjug. 22. **1.** Arriver, se produire au cours d'un procès, d'une discussion. *Un accord est intervenu entre la direction et les grévistes.* **2.** (Suj. personne) Prendre part à une action, à une affaire en cours, dans l'intention d'influer sur son déroulement. *Elle se propose d'intervenir dans le débat. Il est intervenu en votre faveur.* ⇒ **intercéder.** — Sans compl. Entrer en action. *La police est prête à intervenir.* **3.** (Choses) Agir, jouer un rôle. *Les facteurs qui interviennent dans...* ▶ ***intervention*** [ɛ̃tɛʀvɑ̃sjɔ̃] n. f. **1.** Action d'intervenir. *Sans votre intervention, on allait m'accuser. L'intervention de l'État.* — *Politique d'intervention* (dans les affaires d'un pays étranger). ⇒ **ingérence.** *Intervention armée, militaire.* ⇒ **action, opération.** *Les forces d'intervention de l'O.N.U.* **2.** Acte chirurgical. *Après l'accident, il a dû subir une intervention.* ⇒ **opération. 3.** Action, rôle (de qqch.). ▶ ***intervenant, ante*** n. ■ Personne qui prend une part active dans (un débat, un colloque, une activité). ⇒ **participant**. *Il y aura combien d'intervenants au congrès ? La question est venue d'une intervenante de la salle. Les intervenants en art.* ⇒ **artiste.** ▶ ***interventionnisme*** n. m. ■ Doctrine qui préconise l'intervention de l'État dans le domaine économique. ⇒ **dirigisme.** — Politique d'intervention d'une nation dans les affaires internationales. ▶ ***interventionniste*** adj. et n. ⟨ ▶ non-intervention ⟩

intervertir [ɛ̃tɛʀvɛʀtiʀ] v. tr. ▪ conjug. 2. ■ Déplacer (les éléments d'un tout, d'une série) en renversant l'ordre, en mettant les éléments chacun à la place de l'autre. ⇒ **inverser, permuter.** *Vous pouvez intervertir l'ordre des mots.* — *Intervertir les rôles,* prendre envers une personne l'attitude qui normalement est réservée à une autre. ▶ ***interversion*** n. f. ■ Renversement de l'ordre naturel, habituel ou logique. *Interversion de deux lettres dans un mot.*

interview [ɛ̃tɛʀvju] n. f. ■ Anglic. Entrevue au cours de laquelle un journaliste interroge une personne sur sa vie, ses projets, ses opinions, dans l'intention de publier une relation de l'entretien ou de présenter cet entretien à la radio, à la télévision ; cette relation. *Demander, accorder une interview.* ▶ ***interviewer*** [ɛ̃tɛʀvjuve] v. tr. ▪ conjug. 1. ■ Anglic. Soumettre (qqn) à une interview. *Interviewer une actrice.* ▶ ***intervieweur, euse*** [ɛ̃tɛʀvjuvœʀ, øz] n. ■ Anglic. Journaliste, reporter qui fait des interviews. — REM. On écrit aussi *interviewer,* au masculin.

intestat [ɛ̃tɛsta] adj. invar. en genre ■ Qui n'a pas fait de testament. *Elles sont mortes intestats.*

intestin [ɛ̃tɛstɛ̃] n. m. ■ Partie du tube digestif qui fait suite à l'estomac. *L'intestin grêle* ⇒ **duodénum** *et le gros intestin. Souffrir de l'intestin.* ▶ ***intestinal, ale, aux*** adj. ■ De l'intestin. *Glandes intestinales. Troubles intestinaux.*

intestine [ɛ̃tɛstin] adj. f. ■ Littér. (Querelles, luttes) Qui se passe à l'intérieur d'un corps social. *Nous étions divisés par nos querelles intestines.*

intifada [intifada] n. f. ■ Lutte menée à jets de pierre par les jeunes Palestiniens contre les Israéliens, dans les territoires occupés par Israël.

intime [ɛ̃tim] adj. **1.** Littér. Qui est contenu au plus profond d'un être. *J'ai la conviction intime que vous vous trompez.* **2.** Qui lie étroitement, par ce qu'il y a de plus profond. *Avoir des relations intimes avec une personne,* être très étroitement lié avec elle. Spécialt. *Rapports, relations intimes,* rapports sexuels. — (Personnes) Très uni. *Être intime avec qqn. Amie intime.* — N. *Une réunion entre intimes.* **3.** Qui est tout à fait privé et généralement tenu caché aux autres. *La vie intime,* celle que les autres ignorent. ⇒ **personnel, privé. /** contr. **public / 4.** Qui crée ou évoque l'intimité. *Une petite fête intime.* ▶ ***intimement*** adv. **1.** Très profondément. *J'en suis intimement persuadé.* **2.** Étroitement. *Personnes intimement liées. On se connaît intimement.* ⇒ **particulièrement, personnellement.** ▶ ***intimité*** n. f. **1.** Littér. Caractère intime et profond ; ce qui est intérieur et secret. *Dans l'intimité de la conscience.* **2.** Liaison, relations étroites et familières. ⇒ **union.** *L'intimité conjugale. Vivre dans l'intimité avec qqn.* **3.** Vie privée. *Elle entend préserver son intimité.* — Absolt. *Dans l'intimité,* dans les relations avec les intimes. *Le mariage aura lieu dans la plus stricte intimité,* les intimes seront seuls admis. **4.** Agrément (d'un endroit intime, 4). *L'intimité d'un petit appartement.*

intimer [ɛ̃time] v. tr. ▪ conjug. 1. ■ Signifier (qqch. à qqn) avec autorité. ⇒ **enjoindre, notifier.** — (Surtout avec *ordre*) *Il m'a intimé l'ordre de rester.*

intimider [ɛ̃timide] v. tr. ▪ conjug. 1. **1.** Remplir (qqn) de peur, en imposant sa force, son autorité. ⇒ **effrayer.** *Je ne me laisserai pas intimider par vos menaces.* **2.** Remplir involontairement de timidité, de gêne. ⇒ **effaroucher, gêner, troubler. /** contr. **rassurer /** *Examinateur qui intimide les candidats.* — (Suj. chose) *Tout ce luxe l'intimidait.* — Au p. p. adj. Troublé. ⇒ **gêné.** *Elle a l'air intimidée.* ▶ ***intimidant, ante*** adj. ■ Qui intimide (2), trouble. ⇒ **gênant.** *Une situation intimidante.* ▶ ***intimidation*** n. f. ■ Action d'intimider (1) volontairement ; son résultat. ⇒ **menace, pression.** *Des manœuvres d'intimidation.*

intituler [ɛ̃tityle] v. tr. ▪ conjug. 1. ■ Donner un titre à (un livre, etc.). — Au p. p. adj. *Chapitre intitulé...* — S'INTITULER v. pron. : avoir pour titre. *Je ne sais plus comment s'intitule ce film.* — (Personnes) Se donner le titre, le nom de. *Elle s'était intitulée l'arbitre du match.*

intolérable [ɛ̃tɔleʀabl] adj. **1.** Qu'on ne peut supporter. ⇒ **insupportable.** *Une douleur intolérable.* — Pénible, désagréable. *Ils font un bruit intolérable.* **2.** Qu'on ne peut admettre, tolérer. ⇒ **inacceptable, inadmissible.** *Des pratiques intolérables.*

intolérance [ɛ̃tɔleʀɑ̃s] n. f. **1.** Tendance à ne pas supporter, à condamner ce qui déplaît dans les opinions ou la conduite d'autrui. ⇒ **intransigeance, sectarisme.** *Intolérance religieuse, politique.* **2.** Inaptitude (d'un organisme, d'un organe) à tolérer un agent extérieur (aliment, remède). ▶ ***intolérant, ante*** adj. ■ Qui fait preuve d'intolérance (1). *Des personnes intolérantes.* ⇒ **fanatique, sectaire.** — N. *Des intolérants.*

intonation [ɛ̃tɔnasjɔ̃] n. f. ■ Ton que l'on prend en parlant, en lisant. ⇒ **accent, inflexion.** *Une voix aux intonations tendres.*

intouchable [ɛ̃tuʃabl] adj. **1.** Qu'on n'a pas le droit de toucher. Sports. *Joueur intouchable,* qu'une équipe ne veut pas échanger en raison de sa valeur et de son rendement exceptionnel au jeu. N. *Il est devenu un intouchable.* **2.** Qui ne peut être l'objet d'aucun blâme, d'aucune sanction. *Il a de hautes protections, il se croit intouchable.*

intoxiquer [ɛ̃tɔksike] v. tr. ▪ conjug. 1. **1.** Affecter (un être vivant) de troubles plus ou moins graves par l'effet de substances toxiques, vénéneuses. ⇒ **empoisonner.** *Elle a été intoxiquée par l'oxyde de carbone.* — Pronominalement (réfl.). *Il fume trop, il s'intoxique.* — N. *Un intoxiqué.* **2.** Abstrait. Influencer les esprits insidieusement. *Se laisser intoxiquer par la propagande.* ▶ ***intoxication*** n. f. **1.** Action d'intoxiquer ; son résultat. ⇒ **empoisonnement.** *L'intoxication par le tabac, par l'alcool. Une intoxication alimentaire.* **2.** Abstrait. Action insidieuse sur les esprits (pour accréditer une opinion, démoraliser, influencer). *L'intoxication par la publicité.* — (France) Abrév. fam. INTOX [ɛ̃tɔks], n. f. *Faire de l'intox.* ⟨ ▶ désintoxication, désintoxiquer ⟩

intra- ■ Élément savant signifiant « à l'intérieur de ». ▶ ***intradermique*** [ɛ̃tʀadɛʀmik] adj. ■ Qui se fait dans l'épaisseur du derme. *Infection intradermique.* ‹ ▶ intramusculaire, intraveineux ›

intraduisible [ɛ̃tʀadɥizibl] adj. ■ Qu'il est impossible de traduire ou d'interpréter. *Une locution intraduisible.* ⇒ **idiotisme.**

intraitable [ɛ̃tʀɛtabl] adj. ■ Qu'on ne peut pas faire changer d'avis, qui refuse de céder. ⇒ ① **ferme, inébranlable, intransigeant.** / contr. **conciliant** / *Elle est intraitable sur ce chapitre.* ⇒ **irréductible.**

intramural, ale, aux [ɛ̃tʀamyʀal, o] adj. et n. m. ■ Qui concerne une seule institution scolaire. *Le sport intramural dans un collège.* — N. m. *L'intramural,* l'ensemble des activités intramurales.

intramusculaire [ɛ̃tʀamyskylɛʀ] adj. ■ Qui se fait dans l'épaisseur d'un muscle (opposé à *intraveineuse, sous-cutané*). *Injection intramusculaire.*

intransigeant, ante [ɛ̃tʀɑ̃ziʒɑ̃, ɑ̃t] adj. ■ Qui ne transige pas, n'admet aucune concession, aucun compromis. ⇒ **intraitable, irréductible.** *Vous êtes trop intransigeant. Un caractère intransigeant.* / contr. **accommodant, conciliant** / ▶ ***intransigeance*** n. f. ■ Caractère d'une personne intransigeante.

intransitif, ive [ɛ̃tʀɑ̃zitif, iv] adj. ■ (Verbes) Qui n'admet aucun complément d'objet et peut constituer avec le sujet une phrase minimale achevée (ex. : *Paul court*). ▶ ***intransitivement*** adv. ■ *Verbe transitif qui s'emploie intransitivement* (ex. : *il mange trop*).

intransportable [ɛ̃tʀɑ̃spɔʀtabl] adj. ■ Qui n'est pas transportable. *Des blessés intransportables,* dont l'état est trop grave pour qu'ils puissent supporter le transport.

intraveineux, euse [ɛ̃tʀavɛnø, øz] adj. ■ Qui se fait à l'intérieur des veines. *Une piqûre intraveineuse.* — N. f. *Une intraveineuse* (opposé à *intramusculaire, sous-cutané*).

intrépide [ɛ̃tʀepid] adj. ■ Qui ne tremble pas devant le danger. ⇒ **brave, courageux.** / contr. **peureux.** / *Un alpiniste intrépide.* ▶ ***intrépidement*** adv. ■ ⇒ **hardiment.** ▶ ***intrépidité*** n. f. ■ Caractère d'une personne intrépide. ⇒ **bravoure, courage, hardiesse.** *Lutter avec intrépidité.*

intrigue [ɛ̃tʀig] n. f. **1.** Littér. Liaison amoureuse généralement clandestine et peu durable. ⇒ **aventure.** *Avoir une intrigue avec qqn.* **2.** Ensemble de combinaisons secrètes et compliquées. ⇒ **complot, manœuvre.** *Des intrigues politiques. L'intrigue a été déjouée.* **3.** Ensemble des événements principaux (d'une pièce de théâtre, d'un roman, d'un film). ⇒ **action, scénario, trame.** *Le dénouement d'une intrigue.* ▶ ***intrigant, ante*** adj. et n. ■ Qui recourt à l'intrigue (2) pour parvenir à ses fins. ▶ ***intriguer*** v. ▪ conjug. 1. **1.** V. tr. Embarrasser ou étonner (qqn) en excitant la curiosité. ⇒ fam. **chicoter.** *Sa disparition intriguait les voisins.* — Au p. p. adj. *Un air intrigué.* **2.** V. intr. Mener une intrigue, recourir à l'intrigue (2). ⇒ **comploter, manœuvrer ; intrigant.** *Il intrigue pour obtenir ce poste.*

intrinsèque [ɛ̃tʀɛ̃sɛk] adj. ■ Qui est intérieur et propre à l'objet dont il s'agit. *La valeur intrinsèque d'une monnaie,* qu'elle tient de sa nature (et non d'une convention). ▶ ***intrinsèquement*** adv. ■ En soi.

introduction [ɛ̃tʀɔdyksjɔ̃] n. f. **I. 1.** Action d'introduire, de faire entrer (qqn). *L'introduction d'un malade dans la salle d'attente. Lettre d'introduction,* par laquelle on recommande qqn. **2.** Action de faire adopter (une mode, un produit...). ⇒ **adoption.** *L'introduction d'une mode dans un pays.* **3.** Action de faire entrer (une chose dans une autre). *L'introduction d'une sonde dans l'organisme.* **II. 1.** Ce qui prépare qqn à la connaissance, à la pratique d'une chose (texte, etc.). *C'est une bonne introduction à la psychanalyse. Un cours d'introduction au solfège.* ⇒ **initiation.** **2.** Texte explicatif au début d'un ouvrage. *Ce livre commence par une brève introduction.* — Entrée en matière (d'un exposé). *L'introduction expose le plan d'ensemble.*

introduire [ɛ̃tʀɔdɥiʀ] v. tr. ▪ conjug. 38. — REM. Part. passé *introduit(e).* **1.** Faire entrer (qqn) dans un lieu. *La secrétaire l'a introduit dans le bureau de la ministre.* — Faire admettre (qqn) dans un groupe, une société. *On a été introduit auprès du directeur.* — Au p. p. adj. Qui a ses entrées, qui est reçu habituellement. *Elle est bien introduite à l'ambassade.* **2.** Faire adopter (qqch.). *C'est cette mairesse qui a introduit cette réforme. Introduire une mode, de nouvelles idées.* **3.** Faire entrer (une chose). ⇒ **engager, insérer.** *Il n'arrivait pas à introduire la clé dans la serrure.* — Au p. p. adj. *Une marchandise introduite en contrebande.* **4.** S'INTRODUIRE v. pron. : entrer, pénétrer. *Le cambrioleur s'est introduit sans peine dans l'appartement.* — Se faire admettre. *Elle a réussi à s'introduire dans l'association.* ‹ ▶ introduction, réintroduire ›

introniser [ɛ̃tʀɔnize] v. tr. ▪ conjug. 1. ■ Placer solennellement sur le trône, sur la chaire pontificale, sur le siège épiscopal (un roi, un pape, un archevêque, un évêque). *Introniser un souverain.* — Introduire (qqch.) de manière officielle ou solennelle. *Introniser une politique nouvelle.* ▶ ***intronisation*** n. f. ■ Action d'introniser.

introspection [ɛ̃tʀo(ɔ)spɛksjɔ̃] n. f. ■ Littér. Observation, analyse de ses sentiments, de ses motivations par le sujet lui-même.

introverti, ie [ɛ̃tʀo(ɔ)vɛʀti] adj. ■ Terme de psychologie. Qui est tourné vers son moi, son monde intérieur. / contr. **extraverti** ou **extroverti** / ≠ *inverti.*

introuvable [ɛ̃tʀuvabl] adj. **1.** Qu'on ne parvient pas à trouver. *Le voleur reste introuvable.* **2.** Très difficile à trouver (du fait de sa rareté). *Une édition originale introuvable.*

intrus, use [ɛ̃tʀy, yz] n. ■ Personne qui s'introduit quelque part sans y être invitée, ni désirée. ⇒ **indésirable.** *Elle se sentait comme une intruse dans ce milieu.* ▶ ***intrusion*** [ɛ̃tʀyzjɔ̃] n. f. ■ Action de s'introduire, sans en avoir le droit, dans une place, une société. *Faire intrusion quelque part, chez qqn.*

intuition [ɛ̃tɥisjɔ̃] n. f. **1.** Forme de connaissance immédiate qui ne recourt pas au raisonnement (opposé à *intelligence, raison*). *Comprendre par intuition.* / contr. **raisonnement** / **2.** Sentiment ou conviction de ce qu'on ne peut vérifier, de ce qui n'existe pas encore. ⇒ **pressentiment.** *Il ne faut pas se fier à ses intuitions. J'en ai l'intuition.* — Absolt. *Avoir de l'intuition,* sentir ou deviner les choses. ⇒ **flair.** ▶ ***intuitif, ive*** adj. **1.** Qui est le résultat d'une intuition (opposé à *discursif*). *Connaissance intuitive.* **2.** (Personnes) Qui fait ordinairement preuve d'intuition. *Être intuitive en affaires.* — N. *C'est un intuitif.* ▶ ***intuitivement*** adv. ■ Par l'intuition. *J'ai répondu intuitivement.*

inuit [inwit] adj. et n. ■ Relatif à un peuple autochtone d'origine asiatique qui habite les terres arctiques (du Canada, de l'Alaska et du Groenland). ⇒ ① **esquimau, lapon.** *Des enfants inuits. — Une coutume inuit.* — N. (Avec une majusc.) Autochtone des terres arctiques. *Les Inuits du Nord québécois. Un, une Inuit.* — REM. L'O.L.F. recommande d'employer *inuit* comme adj. invariable (ex. *la culture inuit, des écoles inuit*) ainsi que *Inuk* (n. sing.) et *Inuit* (n. pl.) lorsqu'il s'agit de désigner des personnes (ex. : *Un(e) Inuk, des Inuit*). Dans la langue courante cependant, le mot *inuit* suit les règles habituelles, sauf qu'il ne varie pas en genre ; l'emploi de *Inuk* y est plutôt rare. ▸ ***inuktitut*** [inuktitut] n. m. ■ *L'inuktitut,* la langue parlée par ces Autochtones. ⇒ ① **esquimau.** *Parler l'inuktitut* ou en appos. *parler inuktitut.* — Adj. *« Igloo » est un mot inuktitut.* ⇒ **inuktitutisme.** ▸ ***inuktitutisme*** ou ***inuitisme*** n. m. ■ Mot, sens, locution ou tournure propre à l'inuktitut. ⇒ **canadianisme.** ≠ *amérindianisme.*

inusable [inyzabl] adj. ■ Qui ne peut s'user, dure très longtemps. *Des chaussures inusables.*

inusité, ée [inyzite] adj. ■ (Mots, expressions) Que personne ou presque personne n'emploie. ⇒ **rare.** *Mot inusité.* / contr. **courant, usuel** / — Inhabituel. *Un événement inusité.*

inutile [inytil] adj. **1.** Qui n'est pas utile (opposé à *essentiel*). ⇒ **superflu.** *S'encombrer de bagages inutiles. Éviter toute fatigue inutile.* — Impers. *Il est inutile d'essayer,* ce n'est pas la peine. *Inutile d'insister !* **2.** (Personnes) Qui ne rend pas de services. *Les bouches inutiles.* — N. *Un, une inutile.* ▸ ***inutilement*** adv. ■ Pour rien. *Ne vous dérangez pas inutilement.* ▸ ***inutilité*** n. f. ■ Caractère de ce qui est inutile. *Vous comprenez l'inutilité de votre démarche.*

inutilisable [inytilizabl] adj. ■ Qui ne peut être utilisé. ▸ ***inutilisé, ée*** adj. ■ Qui n'a pas servi, n'a pas été utilisé. *Des outils inutilisés et presque à l'état neuf.*

invaincu, ue [ɛ̃vɛ̃ky] adj. ■ Qui n'a jamais été vaincu. *Durant toute sa vie de politicienne, elle est restée invaincue aux élections. — L'équipe est restée invaincue pendant vingt matchs consécutifs,* elle n'a pas perdu un seul match, mais il a pu y avoir des matchs nuls. ≠ *invincible.*

invalide [ɛ̃valid] adj. et n. ■ Qui n'est pas en état de mener une vie active, du fait de sa mauvaise santé, de ses infirmités, etc. ⇒ **handicapé, impotent, infirme, paralysé.** — N. Militaire, travailleur que l'âge, les blessures rendent incapables de servir, de travailler. *Les invalides du travail.* ▸ ***invalidité*** n. f. ■ État d'une personne invalide. — Diminution de la capacité de travail (des deux tiers au moins). *Pension d'invalidité. Une assurance-invalidité.*

invalider [ɛ̃valide] v. tr. ▪ conjug. 1. ■ Droit. Rendre non valable. ⇒ **annuler.** *Son élection a été invalidée.* ▸ ***invalidation*** n. f. ■ Action d'invalider.

invariable [ɛ̃varjabl] adj. **1.** Qui ne varie, ne change pas. ⇒ **constant, immuable.** *Des règles invariables.* — (Mots) Qui ne comporte pas de modifications dans sa forme. *Les adverbes sont invariables. Nom, adjectif invariables au pluriel* (abrév. *invar.*). **2.** Qui se répète sans varier. *Un menu invariable.* — Loc. *C'est invariable,* invariablement. *Le jeudi, on mange toujours du pâté chinois, c'est invariable.* ▸ ***invariablement*** adv. ■ *Être invariablement en retard.* ⇒ **constamment, toujours.**

invasion [ɛ̃vazjɔ̃] n. f. **1.** Pénétration massive (de forces armées qui envahissent* le territoire d'un autre État). *Se défendre contre l'invasion.* **2.** Action d'envahir, de se répandre dangereusement. *Une invasion de perce-oreilles.* — Entrée soudaine et massive. *L'invasion des manifestants dans la salle.* ⇒ **irruption.** ≠ *évasion.*

invective [ɛ̃vɛktiv] n. f. ■ Parole ou suite de paroles violentes (contre qqn ou qqch.). *Il était furieux et se répandait en invectives.* ▸ ***invectiver*** v. ▪ conjug. 1. Littér. **1.** V. intr. Lancer des invectives. **2.** V. tr. Couvrir (qqn) d'invectives. ⇒ **injurier.**

invendable [ɛ̃vɑ̃dabl] adj. ■ Qui n'est pas vendable, qui ne peut trouver d'acheteur. ▸ ***invendu, ue*** [ɛ̃vɑ̃dy] adj. ■ Qui n'a pas été vendu. *Marchandises invendues en solde. Les journaux invendus.* — N. m. *Les invendus.*

inventaire [ɛ̃vɑ̃tɛʀ] n. m. **1.** Opération qui consiste à recenser l'actif et le passif (d'une communauté, d'un commerce, etc.) ; état descriptif dressé lors de cette opération. *Faire, dresser un inventaire.* ⇒ **inventorier.** *Inventaire de fin d'année.* **2.** Revue et étude minutieuse. *L'inventaire des monuments d'une ville.* ≠ *éventaire.* ‹ ▸ inventorier ›

inventer [ɛ̃vɑ̃te] v. tr. ▪ conjug. 1. **1.** Créer ou découvrir (qqch. de nouveau). *Les Chinois ont inventé l'imprimerie.* — Loc. *N'avoir rien inventé,* ne pas être très brillant. **2.** Trouver, imaginer pour un usage particulier. *Ils ne savent qu'inventer pour nous faire plaisir.* **3.** Imaginer de façon arbitraire. *J'ai inventé une histoire pour m'excuser. Crois-moi, je n'invente rien,* c'est la vérité. Loc. *Inventer qqch. de toutes pièces,* complètement. — Pronominalement (passif). *Ce sont des choses qui ne s'inventent pas,* qui sont sûrement vraies. — Au p. p. adj. *Histoires inventées* (opposé à *véritable*). ▸ ***inventeur, trice*** n. **1.** Personne qui invente, qui a inventé. ⇒ fam. **patenteur.** *L'inventeur d'une machine.* — Auteur d'inventions importantes. *Les grands inventeurs.* **2.** Droit. Personne qui trouve (un trésor, un objet, etc.). ⇒ **découvreur.** *L'inventeur d'une épave de l'Antiquité.* ▸ ***inventif, ive*** adj. **1.** Qui a le don d'inventer. ⇒ **créatif ; imaginatif ;** fam. **patenteur.** *Un génie inventif.* **2.** Fertile en ressources, en expédients. ⇒ **ingénieux.** ▸ ***invention*** [ɛ̃vɑ̃sjɔ̃] n. f. **1.** *L'invention de qqch. ; une invention,* action d'inventer. ⇒ **création, découverte ;** fam. **patentage.** *L'invention de l'imprimerie. — (Une, des inventions)* Chose inventée, nouveauté scientifique ou technique. ⇒ fam. **patente.** **2.** *L'invention,* faculté, don d'inventer. ⇒ **imagination.** *Vous manquez d'invention.* **3.** Action d'imaginer (un moyen) ; d'inventer (une histoire). *Une histoire de son invention.* ⇒ ① **cru** (II). **4.** Chose imaginée (opposé à *vérité*). *Qu'est-ce que c'est encore que cette invention ? C'est une (de la) pure invention.* ⇒ **fiction, mensonge, menterie.**

inventorier [ɛ̃vɑ̃tɔʀje] v. tr. ▪ conjug. 7. ■ Faire l'inventaire de. ⇒ **recenser, répertorier.** *Inventorier les meubles d'une maison.*

invérifiable [ɛveʀifjabl] adj. ■ Qui ne peut être vérifié. *Des hypothèses invérifiables.*

inverse [ɛ̃vɛʀs] adj. et n. m. **I.** Adj. **1.** (Directions, ordres) Qui est exactement opposé, contraire. *En sens inverse.* **2.** *Rapport inverse,* rapport de deux quantités dont l'une augmente dans la même proportion que l'autre diminue. **II.** N. m. *L'inverse,* la chose inverse (soit par changement d'ordre ou de sens, soit par contradiction totale). ⇒ le **contraire.** *C'est justement l'inverse. Supposons l'inverse.* — Loc. *À l'inverse,* tout au contraire. ▸ ***inversement*** adv. **1.** D'une manière inverse. *Inversement proportionnel.* **2.** (En tête de phrase) Par un phénomène, un raisonnement inverse. ⇒ **contrairement.** / contr. **conformément** / *Inversement, on peut dire que...* — (À la fin de la proposition) *Ou inversement,* ou c'est l'inverse. ⇒ **vice versa.** ▸ ***inverser*** v. tr. ▪ conjug. 1. **1.** Changer (la position, l'ordre). ⇒ **intervertir, permuter.** — Au passif et au p. p. adj. *Dans « As-tu cinq dollars ? », le sujet et le verbe sont inversés. Des mots inversés.* **2.** Renverser le sens de (un courant électrique, un mouvement). ▸ ① ***inversion*** n. f. **1.** Déplacement (d'un mot ou d'un groupe de mots) par rapport à l'ordre habituel de la construction. ⇒ **interversion, permutation.** *Les cas d'inversion du sujet.* **2.** Changement de sens (d'un courant électrique).

② ***inversion*** n. f. ■ *Inversion sexuelle,* homosexualité. ▶ ***inverti, ie*** [ɛ̃vɛʀti] n. ■ Personne homosexuelle. ≠ *introverti.*

invertébré, ée [ɛ̃vɛʀtebʀe] adj. ■ Qui n'a pas de vertèbres, de squelette. — N. m. pl. LES INVERTÉBRÉS : tous les animaux qui ne possèdent pas de colonne vertébrale. *La mouche, l'escargot sont des invertébrés.* / contr. **vertébrés** / — Au sing. *Un invertébré.*

investigation [ɛ̃vɛstigasjɔ̃] n. f. ■ Recherche suivie, systématique. ⇒ **enquête.** *Les investigations de l'historien, du détective.*

① ***investir*** [ɛ̃vɛstiʀ] v. tr. ▪ conjug. 2. ■ Entourer avec des troupes (un objectif militaire). ⇒ **cerner.** *Investir une ville. — La police a investi un bar louche.* ▶ ① ***investissement*** n. m. ■ Action d'investir ; son résultat. *L'investissement d'une place forte.*

② ***investir*** v. tr. ▪ conjug. 2. **1.** Employer, placer (des capitaux) dans une entreprise. *Elle a investi son argent dans l'immobilier.* **2.** Intransitivement. Mettre son énergie psychique dans une activité, un objet. *Elle a beaucoup investi dans ses enfants.* ▶ ② ***investissement*** n. m. ■ Action d'investir dans une entreprise des capitaux destinés à son équipement, à l'acquisition de moyens de production ; ces capitaux. ⇒ **placement.** *Un investissement de longue durée.* ▶ ***investisseur, euse*** n. ■ Personne ou collectivité qui investit des capitaux.

③ ***investir*** v. tr. ▪ conjug. 2. **1.** Mettre (qqn) en possession (d'un pouvoir, d'un droit, d'une fonction). *Investir un ambassadeur de pouvoirs extraordinaires.* **2.** Désigner officiellement (un candidat aux élections). ▶ ***investiture*** n. f. **1.** Acte solennel qui accompagnait la mise en possession (d'un fief, d'un évêché...). **2.** Acte par lequel un parti investit un candidat à une élection. *Recevoir l'investiture.*

invétéré, ée [ɛ̃veteʀe] adj. ■ Péj. Qui est tel depuis longtemps, ne peut ou ne veut pas changer. *Un alcoolique invétéré. Une tricheuse invétérée.*

invincible [ɛ̃vɛ̃sibl] adj. **1.** (Personnes) Qui ne peut être vaincu. — (Choses) Qui ne se laisse pas abattre. *Un courage invincible.* **2.** (Choses) Dont on ne peut triompher. ⇒ **insurmontable.** *Un obstacle invincible.* — À quoi l'on ne peut résister. ⇒ **irrésistible.** *Cette idée m'inspirait une répugnance invincible.* ≠ *invaincu.* ▶ ***invinciblement*** adv. ■ *Le sommeil le gagnait invinciblement.*

inviolable [ɛ̃vjɔlabl] adj. ■ Qu'il n'est pas permis de violer, d'enfreindre. ⇒ ① **sacré.** *Un asile inviolable. Des droits inviolables.*

invisible [ɛ̃vizibl] adj. **1.** Qui n'est pas visible, qui échappe à la vue. *Les nuages rendent la lune invisible. Un microbe, une étoile invisible à l'œil nu. L'homme invisible.* — N. m. *L'invisible,* ce qui échappe à la connaissance. **2.** (Personnes) Qui se dérobe aux regards et qu'on ne peut rencontrer. *Le directeur restait invisible.* ▶ ***invisibilité*** n. f. ■ Caractère de ce qui n'est pas visible. *L'invisibilité d'un gaz, du vent.*

inviter [ɛ̃vite] v. tr. ▪ conjug. 2. **1.** Prier (qqn) de se rendre, de se trouver à un endroit, d'assister à qqch. ⇒ **convier.** *Invitons-les à souper. Ils ont été invités au mariage.* — Pronominalement (réfl.). *Il s'est invité,* il est venu sans en être prié. **2.** Engager (qqn) de façon courtoise (à faire qqch.). *Je vous invite à me suivre.* — Inciter avec autorité. *Je vous invite à vous taire.* — (Suj. chose) Inciter, porter. *Le temps invitait à se promener, à la flânerie.* ▶ ***invitation*** n. f. **1.** Action d'inviter ; son résultat. *Accepter, refuser une invitation à manger au restaurant. Des formules d'invitation.* **2.** Action d'inciter, d'engager à. *Sur l'invitation de,* sur la prière, le conseil de. ▶ ***invite*** n. f. ■ Invitation indirecte plus ou moins déguisée (à faire qqch.). *C'était une invite discrète à te laisser tranquille.* ▶ ***invité, ée*** n. et adj. ■ Personne qui a été invitée, qui a reçu une invitation (pour un repas, une cérémonie, une fête, etc.). *Les invités de la famille. Tu es mon invitée.* ⇒ **hôte** (II). *Des invités mystères.* — Adj. *Les conférenciers invités.* ▶ ***invitant, ante*** adj. ■ Qui invite chez soi, reçoit avec plaisir. ⇒ ① **hospitalier, recevant.** *Ils ne sont guère invitants.*

in vitro [invitʀo] loc. adv. et adj. invar. ■ Relatif à toute réaction biologique qui intervient hors de l'organisme, en milieu artificiel, en laboratoire (opposé à *in vivo*). *Cultures d'organes in vitro. Fécondation in vitro,* dans des tubes, des éprouvettes.

invivable [ɛ̃vivabl] adj. **1.** Qu'il est très difficile de vivre, de supporter. *Une situation invivable.* **2.** (Personnes) Insupportable. *Il est devenu invivable.*

in vivo [invivo] loc. adv. et adj. invar. ■ Relatif à toute réaction biologique, physiologique qui se fait dans l'organisme (opposé à *in vitro*). *Expériences in vivo.*

involontaire [ɛ̃vɔlɔ̃tɛʀ] adj. **1.** Qui ne résulte pas d'un acte volontaire. / contr. **intentionnel** / *Un geste involontaire.* ⇒ **réflexe. 2.** (Personnes) Qui agit ou se trouve dans une situation, sans le vouloir. *Elle a été le témoin involontaire d'un drame.* ▶ ***involontairement*** adv. ■ Sans le vouloir. *Si je vous ai peiné, c'est bien involontairement.*

invoquer [ɛ̃vɔke] v. tr. ▪ conjug. 1. **1.** Appeler à l'aide par des prières. *Invoquer Dieu, les saints, les dieux.* **2.** Faire appel, avoir recours à (qqch. qui peut aider). ⇒ **alléguer, citer.** *Nous invoquerons son témoignage, cet argument... Invoquer des prétextes, des défaites.* ≠ *évoquer.* ▶ ***invocation*** n. f. ■ Action d'invoquer ; son résultat. *Une invocation à la sainte Vierge.* ≠ *évocation.*

invraisemblable [ɛ̃vʀesɑ̃blabl] adj. **1.** Qui n'est pas vraisemblable. ⇒ **improbable, incroyable.** / contr. **plausible** / *C'est une histoire invraisemblable.* **2.** (Choses concrètes) Très étonnant (et souvent comique). ⇒ **extravagant, inimaginable.** *Elle portait un invraisemblable chapeau.* **3.** Fam. Excessif. *Il a un toupet invraisemblable.* ⇒ **inouï.** *Boire d'une manière invraisemblable.*

invraisemblance [ɛ̃vʀesɑ̃blɑ̃s] n. f. ■ Défaut de vraisemblance. *L'invraisemblance d'une nouvelle.* — Surtout au plur. Chose invraisemblable. *Un récit plein d'invraisemblances.*

invulnérable [ɛ̃vylneʀabl] adj. **1.** Qui ne peut pas être blessé. / contr. **vulnérable** / *Une héroïne invulnérable.* — (Choses) *Ville invulnérable.* ⇒ **imprenable. 2.** Abstrait. Qui ne peut être atteint. *Une foi invulnérable.* ▶ ***invulnérabilité*** n. f. ■ Caractère de ce qui est invulnérable.

iode [jɔd] n. m. ■ Corps (métalloïde ; symb. *I*) très volatil, présent dans l'eau de mer, qui donne naissance à des vapeurs violettes quand on le chauffe. *Phares à iode. Teinture d'iode* (désinfectant). ▶ ***iodé, ée*** adj. ■ Qui contient de l'iode. *L'air iodé du bord de mer. Du sel iodé.* ▶ ***iodoforme*** n. m. ■ Composé à base d'iode, antiseptique. ▶ ***iodure*** n. m. ■ Nom de composés de l'iode. *Iodure d'argent,* utilisé en photographie.

ion [jɔ̃] n. m. ■ Atome ou groupe d'atomes ayant perdu ou capté un ou plusieurs électrons. *Des ions* [dezjɔ̃]. ▶ ***ionisé, ée*** adj. ■ Chargé d'ions. *Gaz ionisé.* ▶ ***ionisation*** n. f. ■ Formation, présence d'ions positifs et négatifs (dans un gaz). ▶ ***ionosphère*** n. f. ■ Couche supérieure ionisée de l'atmosphère. ⟨ ▶ électron ⟩

ionique [jɔnik] adj. ■ *Ordre ionique,* un des trois styles d'architecture grecque, caractérisé par un chapiteau orné de deux volutes latérales. *Colonne ionique.* ≠ *corinthien, dorique.*

iota [jɔta] n. m. invar. **1.** Neuvième lettre de l'alphabet grec (ι), qui correspond à *i.* **2.** (Dans des expressions) Chose minuscule, infime ; la moindre des choses. ⇒ **détail.** — Loc. *Sans changer un iota,* sans rien changer. *Il n'en reste plus un iota,* la moindre parcelle. *Ne pas avoir le moindre iota d'intelligence.*

I.P.C. [ipese] n. m. invar. ■ Abréviation d'*indice des prix à la consommation. On a publié l'I.P.C. de juin.*

ipso facto [ipsofakto] adj. ■ Par le fait même (sans mesure ou disposition spéciale).

iranien, ienne [iʀanjɛ̃, jɛn] adj. et n. ■ D'Iran. ⇒ **persan.** *Population iranienne.* — (Avec une majusc.) Personne née dans ce pays ou qui en a obtenu la citoyenneté. *Les Iraniens.*

iraquien, ienne [iʀakjɛ̃, jɛn] adj. et n. ■ D'Iraq. *Le pétrole iraquien.* — N. (Avec une majusc.) Personne née dans ce pays ou qui en a obtenu la citoyenneté. — REM. Les orthographes *irakien* et *iraqien* sont vieillies.

irascible [iʀasibl] adj. ■ Littér. Qui s'irrite, s'emporte facilement. ⇒ **coléreux, colérique, irritable,** ① **malin.** *Une humeur irascible.*

iridium [iʀidjɔm] n. m. ■ Métal blanc très dur, cassant, qu'on extrait de minerais de platine (symb. *Ir*).

① **iris** [iʀis] n. m. invar. ■ Plante à haute tige portant de grandes fleurs ornementales bleues, violettes, blanches. *L'iris sauvage.*

② **iris** n. m. invar. ■ Membrane de l'œil, située derrière la cornée et présentant un orifice (pupille) en son centre. *Iris bleu, brun.*

irisé, ée [iʀize] adj. ■ Qui prend les couleurs du prisme, de l'arc-en-ciel. *Reflets irisés.* ▸ ***irisation*** n. f. ■ Production des couleurs de l'arc-en-ciel par décomposition du prisme.

irlandais, aise [iʀlɑ̃dɛ, ɛz] adj. et n. **1.** D'Irlande. *Mon arrière-grand-mère était irlandaise.* — N. (Avec une majusc.) Personne née dans ce pays ou qui en a obtenu la citoyenneté. *Les descendants des Irlandais sont nombreux en Amérique. Tempête, bordée des Irlandais,* tempête de neige qui a lieu aux environs de la fête de la Saint-Patrice (St. Patrick), en mars. **2.** N. m. *L'irlandais,* le groupe des dialectes celtiques parlés en Irlande.

ironie [iʀɔni] n. f. **1.** Manière de se moquer (de qqn ou de qqch.) en disant le contraire de ce qu'on veut exprimer. ⇒ **moquerie, raillerie.** *Une ironie amère. Savoir manier l'ironie.* **2.** Disposition moqueuse. *Une lueur d'ironie dans le regard.* **3.** IRONIE DU SORT : intention de moquerie méchante qu'on prête au sort. ▸ ***ironique*** adj. ■ Qui use de l'ironie ; où il entre de l'ironie. ⇒ **moqueur, railleur, sarcastique.** *Elle est ironique à notre égard. Un sourire, un ton ironique.* ▸ ***ironiquement*** adv. ■ *Il répondit ironiquement.* / contr. **sérieusement** / ▸ ***ironiser*** v. intr. ▪ conjug. 1. ■ Employer l'ironie. ⇒ se **moquer, railler.** *Ironiser sur, à propos de qqn, qqch.* ▸ ***ironiste*** n. ■ Personne, écrivain qui pratique l'ironie. ⇒ **humoriste.**

iroquois, oise [iʀɔkwa, waz] adj. et n. **1.** Relatif à une nation d'Amérindiens du groupe linguistique iroquoien qui occupe la vallée du Saint-Laurent, le sud de l'Ontario et le nord-est des États-Unis. ⇒ **mohawk.** *Une tribu iroquoise.* — N. (Avec une majusc.) Membre de cette nation. *Un groupe d'Iroquois.* **2.** N. m. *L'iroquois,* la langue parlée par les Iroquois. *Parler quelques mots d'iroquois.* — Adj. *Un mot iroquois.* ▸ ***iroquoien, ienne*** [iʀɔkwajɛ̃, jɛn] adj. et n. ■ Relatif à une grande famille linguistique amérindienne comprenant les Iroquois, les Mohawks et les Hurons. *Les aires linguistiques iroquoiennes.* — N. (Avec une majusc.) Membre de ce groupe linguistique. *Les Iroquoiens de la vallée du Saint-Laurent.* — REM. La variante *iroquoïen* (avec un tréma) est moins répandue.

irradier [i(ʀ)ʀadje] v. ▪ conjug. 7. **1.** V. intr. (Lumière, douleur) Se propager en rayonnant à partir d'un centre. *La douleur irradiait dans tout le côté droit.* **2.** V. tr. Exposer (des organismes ou des substances d'origine animale ou végétale) à l'action de certaines radiations (notamment à la radioactivité). — Au p. p. adj. *Personnel d'une centrale nucléaire accidentellement irradié.* ▸ ***irradiation*** n. f. **1.** Émission de radiations. *L'irradiation du soleil.* **2.** Action d'irradier (2). *Irradiation d'une tumeur. Danger d'irradiation.*

irraisonné, ée [i(ʀ)ʀɛzɔne] adj. ■ Qui n'est pas raisonné, qui n'a pas de raison précise. *Une peur irraisonnée.*

irrationnel, elle [i(ʀ)ʀasjɔnɛl] adj. **1.** Qui n'est pas rationnel, n'est pas du domaine de la raison. *Des croyances irrationnelles.* / contr. **rationnel** / — N. m. *L'irrationnel,* ce qui est inaccessible ou même contraire à la raison. **2.** *Nombre irrationnel,* qui ne peut être mis sous la forme d'un quotient de deux nombres entiers (ex. : π (pi) = 3,141 592, etc.).

irréalisable [i(ʀ)ʀealizabl] adj. ■ Qui ne peut se réaliser. ⇒ **chimérique, impossible.** *Un rêve, un projet irréalisable.*

irréalisme [i(ʀ)ʀealism] n. m. ■ Manque de réalisme, de sens des réalités. ▸ ***irréaliste*** n. et adj.

irréalité [i(ʀ)ʀealite] n. f. ■ Caractère irréel. *Une impression d'irréalité, de rêve.*

irrecevable [i(ʀ)ʀəs(ə)vabl] adj. ■ Qui n'est pas recevable, qui ne peut être admis. ⇒ **inacceptable, inadmissible.** *Votre demande est irrecevable.*

irréconciliable [i(ʀ)ʀekɔ̃siljabl] adj. ■ Avec lequel, entre lesquels il n'y a pas de réconciliation possible. *Des ennemis irréconciliables.*

irrécupérable [i(ʀ)ʀekypeʀabl] adj. **1.** Qui ne peut être récupéré. *Des ferrailles irrécupérables.* **2.** (Personnes) Qui ne peut être admis à nouveau dans un groupe, un parti. — N. *Des irrécupérables.*

irrécusable [i(ʀ)ʀekyzabl] adj. **1.** Qui ne peut être récusé en justice. *Un témoignage irrécusable.* **2.** Qu'on ne peut contester, mettre en doute. *Une preuve irrécusable.* ⇒ **irréfragable, irréfutable.**

irréductible [i(ʀ)ʀedyktibl] adj. ■ Qui ne peut être réduit ; dont on ne peut venir à bout. ⇒ **intraitable.** *Une opposition irréductible. Un ennemi irréductible.* ⇒ **invincible.** — N. *Des irréductibles.*

irréel, elle [i(ʀ)ʀeɛl] adj. ■ Qui n'est pas réel, qui est en dehors de la réalité. ⇒ **abstrait, fantastique, imaginaire ; irréalité.** *Vos craintes sont irréelles.* ‹ ▸ irréalité ›

irréfléchi, ie [i(ʀ)ʀefleʃi] adj. ■ Qui agit ou se fait sans réflexion. *Des gens irréfléchis. Des propos irréfléchis.*

irréflexion [i(ʀ)ʀeflɛksjɔ̃] n. f. ■ Manque de réflexion. ⇒ **étourderie.**

irréfragable [i(ʀ)ʀefʀagabl] adj. ■ Littér. (Preuves, témoignages...) Qu'on ne peut contredire, récuser. ⇒ **incontestable, irrécusable.**

irréfutable [i(R)Refytabl] adj. ■ Qui ne peut être réfuté. *Un argument irréfutable.* ⇒ **indiscutable, irrécusable.** ▸ ***irréfutablement*** adv.

irrégularité [i(R)Regylarite] n. f. **1.** Caractère, aspect irrégulier (d'un objet, un phénomène, une situation...). ⇒ **inégalité.** / contr. **régularité** / *L'irrégularité du pouls.* **2.** *(Une, des irrégularités)* Chose ou action irrégulière. *Les irrégularités observées dans une conjugaison.* — Chose contraire à la loi, à un règlement. ⇒ **illégalité.** *Des irrégularités ont été commises au cours de l'élection.*

irrégulier, ière [iRegylje, jɛR] adj. **I. 1.** Qui n'est pas régulier dans sa forme, ses dimensions, sa disposition... *Un visage aux traits irréguliers. Un mouvement, un pouls irrégulier.* ⇒ **intermittent.** *Des résultats irréguliers.* **2.** Abstrait. Qui n'est pas conforme à la règle établie, à l'usage commun. *Une situation irrégulière. C'est tout à fait irrégulier.* — Qui n'est pas conforme à un type grammatical considéré comme normal. *Verbes irréguliers.* **II.** (Personnes) **1.** *Troupes irrégulières,* qui n'appartiennent pas à l'armée régulière. **2.** Qui n'est pas constamment égal à soi-même. ⇒ **inégal.** *Un élève, un athlète irrégulier,* qui n'est pas régulier dans son travail, ses résultats. ▸ ***irrégulièrement*** adv. ■ *Elle vient très irrégulièrement nous voir. Cette propriété fut acquise irrégulièrement.* ⇒ **illégalement.** ‹ ▸ irrégularité ›

irréligieux, euse [i(R)Reliʒjø, øz] adj. ■ Qui n'a pas de croyance religieuse, s'oppose à la religion. *Des opinions irréligieuses.* ≠ *agnostique, athée.* ▸ ***irréligion*** n. f. ■ Littér. Manque de religion, d'esprit religieux. ⇒ **athéisme, impiété, incroyance.**

irrémédiable [i(R)Remedjabl] adj. ■ À quoi on ne peut remédier. ⇒ **irréparable.** *Des pertes irrémédiables.* ▸ ***irrémédiablement*** adv. ■ Littér. Irréparablement. *Ils sont irrémédiablement fâchés,* à tout jamais.

irrémissible [i(R)Remisibl] adj. ■ Littér. (Crimes, fautes) Impardonnable.

irremplaçable [i(R)Rɑ̃plasabl] adj. ■ Qui ne peut être remplacé (par qqch. ou qqn de même valeur). *Une collaboratrice irremplaçable.*

irréparable [i(R)ReparabI] adj. **1.** Qui ne peut être réparé. *La voiture est irréparable.* **2.** Fig. ⇒ **irrémédiable.** *C'est une perte irréparable.* ⇒ **irremplaçable.** — N. m. *L'irréparable est accompli.*

irrépressible [i(R)Reprɛ(e)sibl] adj. ■ Littér. Qu'on ne peut réprimer, contenir. ⇒ **irrésistible.** / contr. **maîtrisable** / *Un tic, un rire irrépressible.*

irréprochable [i(R)RepRɔʃabl] adj. ■ À qui, à quoi on ne peut faire aucun reproche. ⇒ **parfait.** / contr. **condamnable** / *Dans toute cette affaire, elle a été irréprochable. Une conduite irréprochable.* ⇒ **impeccable.** *Une argumentation irréprochable.* ⇒ **inattaquable.**

irrésistible [i(R)Rezistibl] adj. **1.** À quoi on ne peut résister. *Une tentation irrésistible. C'est irrésistible.* **2.** (Personnes) À qui on ne peut résister (du fait de son charme). *Elle était irrésistible.* **3.** Qui fait rire. ⇒ **comique, drôle, hilarant.** *Un spectacle irrésistible.* ▸ ***irrésistiblement*** adv. ■ *Le coureur prenait irrésistiblement de l'avance.*

irrésolu, ue [i(R)Rezɔly] adj. ■ Littér. Qui a peine à se résoudre, à se déterminer. ⇒ **hésitant, indécis, perplexe.** *Il restait irrésolu.* ▸ ***irrésolution*** n. f. ■ État ou caractère d'une personne irrésolue. ⇒ **hésitation, indécision.**

irrespect [i(R)Rɛspɛ] n. m. ■ Littér. Manque de respect. ⇒ **insolence, irrévérence.** *Montrer son irrespect envers qqn, qqch.* ▸ ***irrespectueux, euse*** [i(R)Rɛspɛktɥø, øz] adj. ■ Qui n'est pas respectueux. ⇒ **impertinent, insolent.** *Être irrespectueux envers ses parents.*

irrespirable [i(R)Rɛspirabl] adj. ■ Qui est pénible ou dangereux à respirer. *Une atmosphère irrespirable.*

irresponsable [i(R)Rɛspɔ̃sabl] adj. et n. **1.** Droit. Qui, devant la loi, n'est pas responsable, n'a pas à répondre de ses actes. *Les aliénés sont irresponsables.* **2.** Dont la responsabilité morale ne peut pas être retenue. *Désavouer les initiatives d'éléments irresponsables.* — Qui agit à la légère. ⇒ **irréfléchi.** *Des jeunes gens irresponsables.* — *Une attitude irresponsable.* — N. *C'est un(e) irresponsable.* ▸ ***irresponsabilité*** n. f. ■ Caractère d'une personne irresponsable ou qui agit à la légère. *L'irresponsabilité de la jeunesse.*

irrétrécissable [i(R)Retresisabl] adj. ■ Qui ne rétrécit pas, ne peut rétrécir. *Un vêtement irrétrécissable au lavage.*

irrévérence [i(R)Reverɑ̃s] n. f. ■ Littér. Manque de respect. ⇒ **impertinence, irrespect.** *Agir avec irrévérence.* ▸ ***irrévérencieux, ieuse*** adj. ■ Littér. Qui fait preuve d'irrévérence. ⇒ **impertinent.** *Propos irrévérencieux.*

irréversible [i(R)Revɛrsibl] adj. ■ Qui ne peut se produire que dans un seul sens, sans pouvoir être arrêté ni renversé. *C'est un phénomène, une évolution irréversible.*

irrévocable [i(R)Revɔkabl] adj. ■ Qui ne peut être révoqué, repris. *Un jugement irrévocable. Ma décision est irrévocable.* ⇒ **définitif.** ▸ ***irrévocablement*** adv. ■ Littér. *Décision irrévocablement prise.* ⇒ **inéluctablement.**

irriguer [i(R)Rige] v. tr. • conjug. 1. ■ Arroser par irrigation. *Irriguer des champs.* / contr. **drainer** / ▸ ***irrigation*** n. f. ■ Arrosement artificiel et méthodique des terres. / contr. **drainage** / *Ce barrage a permis l'irrigation de régions arides.*

irriter [iRite] v. tr. • conjug. 1. **1.** Mettre en colère. ⇒ **agacer, contrarier, courroucer, énerver, exaspérer.** *Ce genre de propos a le don de m'irriter.* — S'IRRITER v. pron. réfl. : se mettre en colère. ⇒ se **fâcher.** *Il s'est irrité contre lui, de son retard.* — Au p. p. adj. *Elle avait l'air très irrité.* ⇒ **fâché.** *Un air irrité.* **2.** Littér. Rendre plus vif, plus fort. ⇒ **aviver.** *Tout ce mystère irritait sa curiosité.* **3.** Rendre douloureux, sensible en déterminant une légère inflammation. ⇒ **enflammer.** *Piqûre qui irrite la peau.* — Au p. p. adj. *Avoir les yeux irrités par la fumée.* ▸ ***irritable*** adj. ■ Qui se met facilement en colère. ⇒ **coléreux, colérique, emporté, irascible.** ▸ ***irritabilité*** n. f. ■ Disposition à s'irriter. *Elle est d'une extrême irritabilité.* ▸ ***irritant, ante*** adj. et n. m. **1.** Qui irrite, met en colère. ⇒ **agaçant, énervant ;** fam. **achalant.** — N. m. Aspect (d'une loi, d'un règlement...) qui soulève l'irritation, provoque la colère. *Supprimer les irritants d'une loi linguistique.* **2.** Qui détermine de l'irritation, de l'inflammation. ▸ ***irritation*** n. f. **1.** État d'une personne irritée. ⇒ **colère, exaspération.** *Être au comble de l'irritation.* ⇒ **agacement. 2.** État douloureux résultant d'une inflammation légère. *Une irritation de la gorge.*

irruption [iRypsjɔ̃] n. f. **1.** Vx. Invasion soudaine et violente (d'éléments hostiles, dans un pays). **2.** Entrée de force et en masse (dans un lieu). *L'irruption des troupes ennemies dans le pays. Les manifestants ont fait irruption dans la salle.* — Entrée brusque et inattendue. *Il a fait irruption dans mon bureau.* ≠ *éruption.*

isba [isbɑ] n. f. ■ Petite maison de bois des campagnards russes. *Des isbas.* ≠ *datcha.*

I.S.B.N. [iɛsbeɛn] n. m. invar. ■ Anglic. Abréviation de *International Standard Book Number,* le numéro d'identification international qui est attribué à chaque ouvrage (livres, dictionnaires...) publié. ⇒ **I.S.S.N.** *Le numéro d'I.S.B.N.* ou en appos. *le numéro I.S.B.N.*

islam [islam] n. m. **1.** Religion prêchée par Mahomet et fondée sur le Coran (*islamisme* aussi en ce sens). **2.** (Avec une majusc.) Ensemble des peuples musulmans et leur civilisation. *Les pays d'Islam. L'Islam africain, indonésien.* ▶ ***islamique*** adj. ■ Qui a rapport à l'islam. *École islamique.*

islandais, aise [islɑ̃dɛ, ɛz] adj. et n. **1.** D'Islande. N. (Avec une majusc.) *Les Islandais.* **2.** *L'islandais,* la langue scandinave parlée en Islande.

iso- ■ Élément de mots savants signifiant « égal ». ‹ ▶ isocèle, isomère, isomorphe, isotope ›

isocèle [izɔsɛl] adj. ■ *Triangle, trapèze isocèle,* qui a deux côtés égaux (opposé à *équilatéral, scalène*).

isolant, ante [izɔlɑ̃, ɑ̃t] adj. et n. m. ■ Qui isole, empêche la propagation des vibrations, ou n'est pas conducteur d'électricité. *Matériaux isolants.* — N. m. *Un isolant électrique, phonique, thermique.*

isolation [izɔlasjɔ̃] n. f. ■ Action de protéger une pièce contre la chaleur, le froid, le bruit ; son résultat. *Isolation acoustique, phonique.* ⇒ **insonorisation.** *Ce motel a une bonne isolation thermique.*

isolationnisme [izɔlasjɔnism] n. m. ■ Politique d'isolement. *Ce pays pratique l'isolationnisme.* ▶ ***isolationniste*** adj. et n. ■ Partisan de l'isolationnisme.

isolé, ée [izɔle] adj. **1.** Qui est séparé des choses de même nature ou de l'ensemble auquel il (elle) appartient. ⇒ **isoler.** *Un arbre isolé au milieu d'un champ. Table isolée, dans un restaurant.* **2.** Éloigné de toute habitation. ⇒ **perdu, reculé, retiré.** *Un endroit isolé et tranquille.* **3.** (Personnes) Séparé des autres humains. ⇒ **seul, solitaire ; ermite.** *Il vit trop isolé.* **4.** Abstrait. Seul de sa sorte, non représentatif. *Ce n'est qu'un cas isolé.* ▶ ***isolément*** adv. ■ *Quand on les reçoit isolément, ils sont charmants.* ⇒ **séparément.** / contr. **ensemble** /

isolement [izɔlmɑ̃] n. m. **1.** État d'une chose isolée. *L'isolement d'une maison.* **2.** État, situation d'une personne isolée ⇒ **solitude** ou qu'on isole. *L'isolement des contagieux.* ⇒ **quarantaine.** **3.** Absence d'engagement avec les autres nations. *Le « splendide isolement » de l'Angleterre au* XIX*e siècle.* ⇒ **isolationnisme.**

isoler [izɔle] v. tr. • conjug. 1. **1.** Séparer (qqch.) des objets environnants ; empêcher d'être en contact. *La tempête a isolé le village.* — Protéger avec un isolant. *Isoler une maison, un sous-sol.* — *Isoler un corps,* le séparer d'une combinaison chimique. *Isoler un microbe, un virus,* le séparer du milieu où on le rencontre. **2.** Éloigner (qqn) de la société des autres humains. *Isoler un malade contagieux.* — S'ISOLER v. pron. réfl. : se retirer de façon à être seul. *S'isoler dans un coin.* **3.** Abstrait. Considérer à part, hors d'un contexte. *C'est un fait que vous n'avez pas le droit d'isoler.* ‹ ▶ isolant, isolation, isolationnisme, isolé, isolement, isoloir ›

isoloir [izɔlwaʀ] n. m. **1.** Cabine où l'électeur s'isole pour remplir son bulletin de vote. **2.** Cabine de travail dans une bibliothèque. *Si tu me cherches, je serai dans un isoloir au troisième.*

isomère [izɔmɛʀ] adj. et n. m. ■ Chimie. Se dit de composés ayant la même formule d'ensemble, mais des propriétés différentes dues à un agencement différent des atomes dans la molécule. — N. m. *Un, des isomères.* ▶ ***isomérie*** n. f. ■ Caractère des corps isomères.

isomorphe [izɔmɔʀf] adj. ■ Se dit de corps de constitution chimique analogue qui ont la propriété (*isomorphisme,* n. m.) d'avoir des formes cristallines voisines.

isotope [izɔtɔp] n. m. ■ Nom des corps simples de même numéro atomique, mais de masses différentes (ex. : *hydrogène* et *hydrogène lourd*).

israélien, ienne [isʀaeljɛ̃, jɛn] adj. et n. ■ De l'État moderne d'Israël. ⇒ **juif ; hébreu.** *L'économie israélienne.* — N. (Avec une majusc.) Personne née dans ce pays ou qui en a obtenu la citoyenneté. *Les Israéliens.*

israélite [isʀaelit] n. et adj. ■ Personne qui appartient à la communauté, à la religion juive. ⇒ **hassidim, hébreu, juif ; israélien.** — Adj. *Culte israélite.* — REM. On écrit *Israélite* (avec une majusc.) lorsque l'on évoque les descendants historiques de Jacob.

I.S.S.N. [iɛsɛsɛn] n. m. invar. ■ Anglic. Abréviation de *International Standard Serial Number,* le numéro d'identification international qui est attribué à chaque publication à caractère périodique (revues, magazines...). ⇒ **I.S.B.N.** *Le numéro d'I.S.S.N.* ou en appos. *le numéro I.S.S.N.*

issu, ue [isy] p. p. ■ Qui est né (de qqn). *Il est issu d'une famille modeste. Elle est issue de la campagne.* — Qui provient (de qqch.). *Les progrès issus des travaux scientifiques.* ‹ ▶ issue ›

issue [isy] n. f. **1.** Ouverture, passage offrant la possibilité de sortir. ⇒ **sortie.** *Issue de secours. Rue sans issue,* en cul-de-sac. ⇒ **impasse.** **2.** Abstrait. Possibilité, moyen de se dégager d'une situation difficile. ⇒ **échappatoire, solution.** *Je ne vois pas d'autre issue.* — Manière dont on sort d'une affaire, dont une chose arrive à son terme. ⇒ ② **fin.** *L'issue des pourparlers. Une heureuse issue ; une issue fatale* (spécialt, la mort). — À L'ISSUE DE : à la fin de. *À l'issue du spectacle.*

isthme [ism] n. m. **1.** Bande de terre resserrée entre deux mers ou deux golfes et réunissant deux terres. *L'isthme de Panama.* **2.** Partie rétrécie (d'un organe). *L'isthme du gosier.*

italien, ienne [italjɛ̃, jɛn] adj. et n. **1.** De l'Italie, caractéristique de l'Italie. *Un restaurant italien. Le quartier italien de Montréal.* — N. (Avec une majusc.) Personne née dans ce pays ou qui en a obtenu la citoyenneté. — Descendant d'Italiens né dans un autre pays dont il est aussi citoyen. ⇒ **italo-américain, italo-canadien, italo-québécois.** *La communauté des Italiens montréalais, new-yorkais.* **2.** N. m. *L'italien,* groupe de langues romanes parlées en Italie, spécialt la langue issue du dialecte toscan. ▶ ***italianisme*** n. m. ■ Mot, sens, locution ou tournure propre à l'italien et emprunté par une autre langue. ▶ ① ***italique*** adj. ■ Qui a rapport à l'Italie ancienne. *Les peuples italiques.* ▶ ***italo-américain, aine*** adj. et n. ■ Relatif aux citoyens américains de descendance italienne. *Une chanteuse italo-américaine.* — N. (Avec des majusc.) *Les Italo-Américains de New York.* — Abrév. fam. ITALO, n. et adj. *Les Italos.* ▶ ***italo-canadien, ienne*** adj. et n. ■ Relatif aux citoyens canadiens de descendance italienne. *Un hockeyeur italo-canadien.* — N. (Avec des majusc.) *Les Italo-Canadiens de Toronto.* — Abrév. fam. ITALO, n. et adj. ▶ ***italo-québécois, oise*** adj. et n. ■ Relatif aux habitants de la province de Québec de descendance italienne. *Une députée italo-québécoise.* — N. (Avec des majusc.) *Une compagnie fondée par des Italo-Québécois.* — Abrév. fam. ITALO, n. et adj. ▶ ***italophone*** adj. et n. ■ Qui parle l'italien. *Les Néo-Québécois italophones.* — N. *Les italophones de Saint-Léonard.* — Où l'italien est en usage. *Un quartier italophone de Montréal.*

② ***italique*** [italik] adj. et n. m. ■ Se dit de caractères d'imprimerie légèrement inclinés vers la droite. — N. m. *Mettre un mot en italique.*

-ite ■ Suffixe désignant les maladies de nature inflammatoire (ex. : *amygdalite, bronchite*).

item [itɛm] n. m. ■ Anglic. Élément individuel d'un ensemble organisé. *Les différents items d'une énumération. Nous n'avons pas cet item en stock,* cet article, cet objet. *Quels sont les items à l'ordre du jour ?,* les points, les questions à discuter.

itératif, ive [iteʀatif, iv] adj. ■ Qui est répété plusieurs fois. ⇒ **répétitif.**

itinéraire [itineʀɛʀ] n. m. ■ Chemin à suivre ou suivi pour aller d'un lieu à un autre. ⇒ **trajet.** *Vous avez pris un itinéraire bien compliqué.*

itinérant, ante [itineʀɑ̃, ɑ̃t] adj. **1.** Qui se déplace dans l'exercice de sa charge, de ses fonctions, sans avoir de résidence fixe. / contr. **sédentaire** / *Un ambassadeur itinérant. Vendeur itinérant.* ⇒ **colporteur.** — N. Par euph. Personne sans domicile fixe. ⇒ **clochard, hère, robineux, sans-abri, sans-logis, vagabond.** *Un centre d'accueil pour les itinérants.* **2.** Qui a successivement lieu dans plusieurs endroits différents. *Une exposition itinérante d'art inuit.*

itou [itu] adv. ■ Fam. Aussi, de même. ⇒ **également.** *Et moi itou. J'y vais itou. Elle parle l'anglais, et l'espagnol itou.*

I.V.G. [iveʒe] n. f. invar. ■ (Surtout en France) Abréviation de *interruption volontaire de grossesse,* avortement volontaire et légal.

ivoire [ivwaʀ] n. m. **1.** Matière résistante, d'un blanc laiteux, qui constitue les défenses de l'éléphant. *Des billes d'ivoire, en ivoire.* — Objets d'art en ivoire. *Des ivoires chinois.* — Adj. inv. *Des chandails ivoire,* de la couleur de l'ivoire. **2.** Partie dure des dents, revêtue d'émail à la couronne et de cément à la racine (opposé à *pulpe*). *L'ivoire des dents* (appelé aussi *dentine* [dɑ̃tin], n. f.).

ivraie [ivʀɛ] n. f. ■ Herbe nuisible aux céréales. — Loc. (d'après la Bible). *L'ivraie et le bon grain,* les méchants et les bons, le mal et le bien.

ivre [ivʀ] adj. **1.** Qui est sous l'effet de l'alcool. ⇒ **soûl ;** fam. **chaud, paqueté.** *Il était complètement ivre, ivre mort.* **2.** Qui est transporté hors de soi (sous l'effet d'une émotion violente). *Ivre d'amour, d'orgueil...* ⇒ **exalté.** *Ivre de rage, de colère.* ⇒ **fou.** ▸ ***ivresse*** n. f. **1.** État d'une personne ivre (intoxication produite par l'alcool et causant des perturbations dans l'adaptation nerveuse et la coordination motrice). ⇒ **ébriété.** *Les effets de l'ivresse. Conduite en état d'ivresse.* **2.** État d'euphorie ou d'exaltation. *Dans l'ivresse du succès.* ⇒ **enivrement, extase, griserie.** ▸ ***ivressomètre*** n. m. ■ Fam. Épreuve permettant d'estimer la présence d'alcool dans l'air expiré par une personne. ⇒ **alcootest ;** fam. **balloune.** — Appareil servant à mesurer le taux d'alcool. ▸ ***ivrogne*** adj. et n. ■ Qui a l'habitude de s'enivrer. — *C'est un vieil ivrogne* (fém. fam. *une ivrognesse*). ⇒ **alcoolique, robineux ;** fam. **soûlon.** / contr. **sobre** / *Promesse, serment d'ivrogne,* qui ne sera pas tenu. ▸ ***ivrognerie*** n. f. ■ Vice de l'ivrogne, habitude de s'enivrer. ⇒ **alcoolisme, intempérance.** ‹ ▸ enivrer ›

ixième adj. et n. ⇒ **xième.**

j

j [ʒi] n. m. invar. ■ Dixième lettre, septième consonne de l'alphabet. — Loc. *Le jour J.* ⇒ ② **jour.**

jabot [ʒabo] n. m. **1.** Poche de l'œsophage de certains animaux, dans laquelle les aliments séjournent. *Jabot des oiseaux.* **2.** Ornement (de dentelle, de mousseline) attaché à la base du col d'une chemise. *Jabot de corsage.*

jacasser [ʒakase] v. intr. ▪ conjug. 1. **1.** (Pies) Pousser un cri. **2.** (Personnes) Péj. Parler avec volubilité et d'une voix criarde. ⇒ **placoter.** *Arrêtez-vous de jacasser !* ▸ ***jacassement*** n. m. ■ Cri de la pie. ▸ ***jacasserie*** n. f. ■ Bavardage de personnes qui jacassent. ▸ ***jacasseur,*** ou ***jacasseux, euse*** adj. et n. ■ Qui jacasse. ⇒ **bavard, placoteur.**

jachère [ʒaʃɛʀ] n. f. ■ État d'une terre labourable qu'on laisse temporairement reposer. *Laisser une terre en jachère.* / contr. **culture** / — Cette terre. *Labourer des jachères.*

jacinthe [ʒasɛ̃t] n. f. ■ Plante à feuilles allongées, à tige unique portant une grappe simple de fleurs colorées et parfumées ; ces fleurs. *Jacinthes en pots. Jacinthe bleue, blanche.*

jack [dʒak] n. m. Anglic. Fam. **1.** Cric. *Sortir le jack du coffre de l'auto.* **2.** *Un grand jack,* une personne (homme, adolescent) grande et mince. ⇒ **échalote ;** fam. **fanal,** ② **perche.** ▸ ***jacker*** [dʒake] v. tr. ▪ conjug. 1. ■ Fam. Soulever avec un cric. *Jacker son char pour changer un pneu.* — Au passif ou au p. p. adj. *Une auto jackée.*

jacket [ʒakɛt] n. f. ■ Revêtement d'une couronne dentaire. ≠ *jaquette* (I). — REM. On écrit aussi *jaquette.*

jack pot ou ***jackpot*** [(d)ʒakpɔt] n. m. Anglic. **1.** (Jeux) Combinaison gagnante d'un gros lot (d'une machine à sous, d'une loterie). — Ce montant d'argent. *Gagner (le) jack pot.* — Par ext. Machine à sous. *Jouer au jack pot.* **2.** (Bingo) Tour où il faut remplir les vingt-cinq cases de la carte pour gagner. *Un bingo ordinaire et un jack pot.* — La carte gagnante. *J'ai un jack pot. Crier jack pot !,* pour signaler au meneur de jeu que l'on a gagné. **3.** *Avoir le jack pot, remporter le jack pot,* toute chose qui est considérée comme un gain avantageux, une chance extraordinaire. *Tu l'as eu le jack pot avec cette maison située sur le bord du fleuve.*

jacobin, ine [ʒakɔbɛ̃, in] n. et adj. ■ (France) Républicain ardent et intransigeant. — Adj. *Idées jacobines.* ▸ ***jacobinisme*** n. m. ■ (France) Attitude politique des jacobins.

jacquard [ʒakaʀ] n. m. et adj. m. invar. **1.** Métier à tisser. **2.** Adj. m. invar. *Tricot jacquard,* qui se fait avec des laines de plusieurs couleurs formant des dessins. *Des chandails jacquard.* — N. m. *Porter un jacquard.*

① ***jactance*** [ʒaktɑ̃s] n. f. ■ Littér. Attitude d'une personne qui manifeste avec arrogance ou emphase la haute opinion qu'elle a d'elle-même. ⇒ **prétention, vanité.** / contr. **humilité, modestie** /

jacter [ʒakte] v. intr. ▪ conjug. 1. ■ (Surtout en France) Fam. Parler, bavarder. ⇒ **placoter.** *Arrêtez-vous de jacter !* ▸ ② ***jactance*** n. f. ■ (Surtout en France) Fam. Vieilli. Bavardage.

jacuzzi [(d)ʒaku(y)zi] n. m. ■ Baignoire équipée d'une pompe qui propulse l'eau par jet à travers des orifices situés dans les parois, l'eau ainsi projetée ayant l'effet d'un massage. ⇒ **bain-tourbillon.** *Des jacuzzis.* — REM. Ce mot est un nom de marque déposée.

jade [ʒad] n. m. **1.** Pierre fine très dure, dont la couleur varie du blanc olivâtre au vert sombre. *Statuette de jade.* **2.** *(Un, des jades)* Objet en jade. *Collection de jades chinois.* ≠ *jaspe.*

jadis [ʒadis] adv. ■ Dans le temps passé, il y a longtemps. ⇒ **autrefois.** *Jadis on ne pensait pas ainsi.* — Adj. *Au temps jadis.* / contr. **aujourd'hui** /

jaguar [ʒagwaʀ] n. m. ■ Grand mammifère carnivore d'Amérique du Sud, voisin de la panthère et du léopard. *Des jaguars.*

jaillir [ʒajiʀ] v. intr. ▪ conjug. 2. **1.** (Liquides, fluides) Sortir, s'élancer en un jet subit et puissant. *Fontaine où l'eau jaillit à profusion. Le pétrole jaillissait d'un puits de forage.* **2.** Apparaître brusquement, se produire avec force. *Des cris jaillirent. Faire jaillir des étincelles.* — Abstrait. Se manifester soudainement. ⇒ **surgir.** *La vérité jaillira.* — Loc. prov. *De la discussion jaillit la lumière.* ▸ ***jaillissant, ante*** adj. ■ Qui jaillit. *Source jaillissante.* ▸ ***jaillissement*** n. m. ■ Action de jaillir, mouvement de ce qui jaillit. ⇒ **jet.** *Jaillissements d'eau, de vapeur, de sang.* — Abstrait. *Le jaillissement de la vie.* ‹ ▸ rejaillir ›

jais [ʒɛ] n. m. invar. ■ Variété de lignite d'un noir luisant, qu'on peut tailler, polir. *Bijoux en jais.* — Loc. *Noir comme (du) jais. Des yeux de jais.* ≠ *geai.*

jalon [ʒalɔ̃] n. m. **1.** Tige de bois ou de métal qu'on plante en terre pour prendre un alignement, déterminer une direction. ⇒ **balise.** *Planter, aligner des jalons.* **2.** Ce qui sert à situer, diriger. ⇒ **balise, marque, repère.** *Les jalons d'un programme.* — Loc. *Poser des jalons,* préparer (une opération). ▸ ***jalon-***

ner V. ▪ conjug. 1. **I.** V. intr. Planter des jalons. ⇒ **baliser.** — Au p. p. adj. *Piste jalonnée.* **II.** V. tr. **1.** Déterminer, marquer la direction, l'alignement, les limites de (qqch.) au moyen de jalons, de repères. *Jalonner une ligne téléphonique.* **2.** (Choses) Marquer, délimiter (à la manière de jalons). — Abstrait. Se présenter tout au long de... *Les succès qui jalonnent sa carrière.* ▸ ***jalonnement*** ou ***jalonnage.*** n. m. ▪ Action de jalonner. ⇒ **balisage.** *Jalonnement d'un terrain.*

① ***jalousie*** n. f. ▪ Surtout au plur. Treillis de bois ou de métal au travers duquel on peut voir sans être vu. ⇒ **contrevent, persienne, store.** *Baisser, lever une jalousie. Ouvrir, fermer les jalousies.*

jaloux, ouse [ʒalu, uz] adj. et n. **1.** Qui éprouve de la jalousie (1), de l'envie. ⇒ **envieux.** *Être jaloux de qqn, du succès de qqn.* — N. *Son succès fait des jaloux.* — Loc. fam. *Boutonner un vêtement, se boutonner en jaloux,* de travers. **2.** Qui éprouve de la jalousie en amour. *Mari jaloux. Jalouse comme une tigresse. Caractère jaloux.* — N. *Un jaloux, une jalouse.* **3.** Littér. JALOUX DE *qqch.* : particulièrement attaché à (qqch. qui tient à cœur). *Être jaloux de son indépendance.* ▸ ***jalousement*** adv. **1.** Avec jalousie (1). *Observer jalousement les progrès d'un rival.* **2.** Avec un soin inquiet. *Garder jalousement un secret.* ▸ ***jalouser*** v. tr. ▪ conjug. 1. ▪ Être jaloux (1) de, considérer avec jalousie. ⇒ **envier.** *Jalouser le sort du voisin.* — Pronominalement (récipr.). *Petits groupes qui se jalousent.* — Au p. p. adj. *Une femme jalousée.* ▸ ② ***jalousie*** n. f. **1.** Sentiment mauvais qu'on éprouve en voyant un autre jouir d'un avantage qu'on ne possède pas ou qu'on désirerait posséder seul. ⇒ **convoitise, dépit, envie.** *Exciter la jalousie. Une pointe de jalousie.* **2.** Sentiment douloureux que fait naître, chez l'être qui l'éprouve, le désir de possession exclusive de la personne aimée. *Les chagrins, les tortures de la jalousie. Causer, donner de la jalousie.*

jamaïcain ou ***jamaïquain, aine*** [ʒamaikɛ̃, ɛn] adj. et n. ▪ Relatif à la Jamaïque, de la Jamaïque. *Passer des vacances jamaïcaines.* — N. (Avec une majusc). Personne née dans cet État ou qui en a obtenu la citoyenneté.

jamais [ʒamɛ] adv. de temps. **I.** Avec un sens positif. En un temps quelconque, un jour. *Ils désespéraient d'en sortir jamais. A-t-on jamais vu cela ?* ⇒ **déjà.** *Si jamais je l'attrape, attention à lui !* — À (TOUT) JAMAIS ; POUR JAMAIS loc. adv. : pour toujours. ⇒ **éternellement.** *C'est fini à jamais.* **II.** Avec un sens négatif. **1.** JAMAIS (avec NE) : en nul temps, à aucun moment. *Il ne l'a jamais vue. Jamais je n'accepterai.* — Loc. *On ne sait jamais,* on ne sait pas ce qui peut arriver. *Prenez votre parapluie, on ne sait jamais.* — *Ne ... jamais que...,* en aucun temps... autre chose que... *On n'a jamais fait que s'amuser.* — *Ne ... jamais plus, ne plus jamais.* ⇒ **désormais.** *On n'emploie plus jamais ce mot. Nous ne l'avons jamais plus revu.* AU GRAND JAMAIS : quoi qu'il arrive, quelles que soient les circonstances. *Au grand jamais je ne veux lui reparler. Jamais au grand jamais nous ne retrouverons pareille occasion.* — SANS JAMAIS (+ infinitif). *Poursuivre un idéal sans jamais l'atteindre.* SANS JAMAIS QUE (+ subjonctif). *Elle a écouté sans jamais qu'elle s'impatiente.* **2.** Sans NE lorsque le verbe est absent. À aucun moment. ⇒ **pas.** / contr. **toujours** / JAMAIS DE LA VIE, JAMAIS DANS CENT ANS : certainement pas. *Un amour jamais satisfait.* — *C'est le moment ou jamais (de...),* l'occasion (de...) ne se représentera pas.

jambe [ʒɑ̃b] n. f. **I. 1.** Partie de chacun des membres inférieurs de l'humain, qui s'étend du genou au pied, ou le membre inférieur tout entier (y compris la cuisse). ⇒ fam. **canne, guibolle, patte.** *Il a de grandes jambes. Avoir la jambe bien faite. Croiser les jambes. Tomber les jambes en l'air.* Fam. *Une partie de jambes en l'air,* des relations sexuelles. *Ne plus pouvoir (se) tenir sur ses jambes. Aller se dégourdir les jambes,* marcher un peu. *Avoir les jambes molles* ou fam. *comme de la guenille, du coton.* — Loc. *Courir, s'enfuir* À TOUTES JAMBES : le plus vite possible. *Prendre ses jambes à son cou *.* — *Être dans les jambes de qqn,* être trop près de lui, le gêner. — Fam. *Tenir la jambe à qqn,* le retenir en lui parlant. *Traiter qqn par-dessous* (abusivt *par-dessus*) la jambe, avec mépris, de façon désinvolte. — Iron. *Cela me fait une belle jambe,* c'est un avantage que je n'apprécie pas, cela ne me sert à rien. **2.** *Jambe de bois,* pièce en bois adaptée au moignon d'un amputé. *Jambe artificielle, articulée,* appareil de prothèse articulé. **3.** Patte des animaux supérieurs. — Partie des membres postérieurs du cheval. ⇒ **gigot. 4.** *Jambe d'une culotte, d'un pantalon,* chacune des deux parties qui couvrent les jambes (comme les manches couvrent les bras). **II.** Objet, partie qui soutient ; étai. *Les jambes d'un compas* ⇒ **branche.** ▸ ***jambage*** n. m. ▪ Trait vertical d'une lettre. *Le « m » a trois jambages.* ▸ ***jambette*** n. f. ▪ Croc-en-jambe. ⇒ **croche-pied.** *Donner des jambettes à qqn. Elle est tombée parce qu'elle a reçu une jambette.* — Fig. Jouer un sale tour à qqn. *Ce ministre a été victime d'une jambette de la part de son caucus.* ▸ ***jambière*** n. f. **1.** Pièce de l'ancienne armure recouvrant la jambe. **2.** Sports. Pièce d'un équipement, qui enveloppe et protège la jambe. ⇒ **protège-tibia.** *Jambières des joueurs de hockey, d'un gardien de but. Les jambières du receveur* (au base-ball). ▸ ***jambon*** n. m. **1.** Cuisse ou épaule de porc préparée pour être conservée. *Jambons crus, fumés, cuits. Tranches de jambon. Jambon en tranches* ou *tranché. Jambon dans la fesse, fesse de jambon. Acheter un jambon, du jambon. Un sandwich au jambon.* **2.** Fam. Cuisse. *Il, elle a de gros jambons.* Fam. et péjor. *Gros jambon,* bon à rien, paresseux, nouille ; personne qui est grosse. ⇒ fam. **lard.** ▸ ***jambonneau*** n. m. ▪ Petit jambon fait avec la partie de la jambe du porc située au-dessous du genou. ‹ ▸ croc-en-jambe, enjambée, entrejambes, à mi-jambe, unijambiste ›

jamboree [ʒɑ̃bɔʀe ; dʒambɔʀi] n. m. ▪ Réunion internationale de scouts. — *Un jamboree d'orchestre,* spectacle au cours duquel s'exécutent plusieurs orchestres (surtout de rock).

jamésien, ienne [ʒamezjɛ̃, jɛn] adj. et n. **1.** Relatif à la baie James, dans le Nord-du-Québec. *Le littoral jamésien.* **2.** Qui concerne la municipalité de Baie-James. — N. (Avec une majusc.) Personne née dans cette municipalité ou qui l'habite.

jam-session [dʒamsɛʃœn] n. f. ▪ Anglic. Réunion de musiciens de jazz qui improvisent et compétitionnent devant un public. *Des jam-sessions.*

jansénisme [ʒɑ̃senism] n. m. ▪ Doctrine chrétienne de Jansénius sur la grâce et la prédestination ; mouvement religieux et intellectuel austère qui en découle. *Port-Royal, berceau du jansénisme.* ▸ ***janséniste*** n. et adj. **1.** N. Partisan du jansénisme. **2.** Adj. *Éducation, morale janséniste,* austère.

jante [ʒɑ̃t] n. f. ▪ Cercle de bois ou de métal qui forme la périphérie d'une roue. *Pneu monté sur jante métallique.*

janvier [ʒɑ̃vje] n. m. ▪ Premier mois de l'année dans le calendrier actuel (31 jours). *Le 1er janvier, Jour de l'An.* — Loc. *Du 1er janvier à la Saint-Sylvestre,* toute l'année.

japon [ʒapɔ̃] n. m. ▪ Papier de couleur ivoire. *Exemplaire de luxe sur japon impérial.*

japonais, aise [ʒapɔnɛ, ɛz] adj. et n. **1.** Du Japon. ⇒ **nippon.** *Estampes japonaises. Jardin japonais.* — N. (Avec une majusc.) Personne née dans ce pays ou qui en a obtenu la citoyenneté. *Les Japonais.* **2.** N. m. *Le japonais,* la langue parlée au Japon.

japper [ʒape] v. intr. ▪ conjug. 1. ■ Pousser des aboiements aigus et clairs. ⇒ **aboyer.** *Jeune chien qui jappe.* ▶ ***jappement*** [ʒapmɑ̃] n. m. ■ Action de japper ; cri d'un animal qui jappe. *Les jappements du chacal, du renard.* ⇒ **aboiement, glapissement.** — Fam. Cri d'une personne en colère. *Les jappements du concierge.* ▶ ***jappeur*** ou ***jappeux, euse*** adj. et n. ■ Qui a l'habitude de japper (chien), qui jappe beaucoup.

jaquette [ʒakɛt] n. f. **I. 1.** Vêtement masculin de cérémonie à pans ouverts descendant jusqu'aux genoux. **2.** Veste de femme, boutonnée par-devant, ajustée à la taille et à basques. *La jaquette d'un tailleur.* **3.** Fam. Longue chemise de nuit. *Mettre sa jaquette.* ⇒ **robe** de nuit. **II. 1.** Chemise à caractère publicitaire protégeant la couverture d'un livre. *Une jaquette en couleurs. Jaquette d'un disque.* **2.** ⇒ **jacket.**

jardin [ʒaʀdɛ̃] n. m. **1.** Terrain, généralement clos, où l'on cultive des végétaux utiles ou d'agrément. *Maison entourée d'un jardin. Avoir un jardin dans sa cour. Jardin potager. Faire son jardin,* l'entretenir. *Aller au jardin botanique. Jardins suspendus,* étagés, en terrasses. — *Jardin public,* espace vert ménagé dans une ville. ⇒ **parc, square.** — *Jardin zoologique.* ⇒ **zoo.** — Loc. *C'est une pierre dans son (votre...) jardin,* une allusion désobligeante, une critique. **2.** (France) JARDIN D'HIVER : pièce vitrée où les plantes sont à l'abri du froid. ⇒ **serre. 3.** JARDIN JAPONAIS : jardin en miniature, dans un récipient. **4.** (France) JARDIN D'ENFANTS : établissement d'éducation pour les enfants qui sont trop jeunes pour recevoir l'enseignement primaire. ⇒ **garderie, maternelle.** ▶ ***jardiner*** v. intr. ▪ conjug. 1. ■ Cultiver, entretenir un jardin en amateur. *Il jardine pour se détendre.* ▶ ***jardinage*** n. m. ■ *Elle aime le jardinage.* ▶ ***jardinet*** n. m. ■ Petit jardin. *Les jardinets des résidences pour personnes âgées.* ▶ ***jardinier, ière*** n. ■ Personne dont le métier est de cultiver les jardins. ⇒ **arboriculteur, fleuriste, horticulteur, maraîcher, pépiniériste.** — Personne qui entretient, moyennant rétribution ou comme passe-temps, un ou plusieurs jardins d'agrément. ▶ ***jardinière*** n. f. **1.** Caisse à fleurs, dans un appartement, sur un balcon, une galerie. **2.** Mets composé d'un mélange de légumes cuits (surtout carottes et petits pois). ⇒ **macédoine.** *Servir une jardinière.* ▶ ***jardinerie*** n. f. ■ Magasin où l'on vend tout ce qui concerne le jardin et le jardinage (outils et instruments, plants, semences, engrais, etc.). *Acheter des meubles de jardin, une brouette dans une jardinerie.*

jargon [ʒaʀgɔ̃] n. m. **1.** Langage déformé, peu compréhensible. ⇒ **baragouin, charabia.** *Le jargon d'un très jeune enfant.* **2.** Langage particulier à un groupe et caractérisé, pour les autres, par sa complication. *Jargon du sport, de la publicité.* **3.** Littér. Argot. *Les ballades en jargon attribuées à Villon.* ▶ ***jargonner*** v. intr. ▪ conjug. 1. ■ Parler en jargon ou d'une façon peu claire.

jarnigoine [ʒaʀnigwan] n. f. ■ Fam. Intelligence, jugement, bon sens. *Avoir de la jarnigoine. Ça prend de la jarnigoine pour comprendre ce problème. Il faut de la jarnigoine pour réparer un ordinateur,* de l'habileté, du talent. ⇒ **débrouillardise.**

jarre [ʒɑ(a)ʀ] n. f. ■ Grand récipient de forme ovoïde, en grès, en terre cuite... *Une jarre à biscuits. Une jarre pour les fèves au lard* ou fam. *une jarre à beans.* ≠ *jars.*

jarret [ʒɑ(a)ʀɛ] n. m. **1.** Région postérieure du genou, chez l'humain. *Pli du jarret.* **2.** Endroit où se plie la jambe de derrière, chez certains animaux. *Les jarrets d'un bœuf.* — *Jarret de veau,* en boucherie, partie inférieure de la noix et de l'épaule. ▶ ***jarretelle*** n. f. ■ Bande élastique adaptée à la gaine ou au porte-jarretelles, servant à maintenir le bas tendu par une pince. ▶ ***jarretière*** n. f. ■ Cordon, bande élastique destinée à fixer les bas en les entourant au haut de la cuisse. ⟨ ▶ porte-jarretelles ⟩

jars [ʒɑ(a)ʀ] n. m. invar. **1.** Mâle de l'oie domestique. **2.** Fig. loc. fam. *Faire (le) son jars,* faire son important, être vaniteux ; se donner des airs de meneurs. ⇒ se **pavaner.**

jaser [ʒɑze] v. intr. ▪ conjug. 1. **1.** Causer longuement et familièrement (avec qqn) pour le plaisir de parler. ⇒ **bavarder, converser,** ② s'**entretenir, placoter.** *Passer la soirée à jaser.* — V. tr. ind. *Ils ont jasé de leurs vacances.* — Babiller sans arrêt pour le plaisir. *le bébé jase dans sa couchette.* **2.** Parler avec indiscrétion de ce qu'on devrait taire. *Interroger qqn habilement pour le faire jaser.* **3.** Faire des commentaires plus ou moins désobligeants et médisants. ⇒ **cancaner, médire ; commérer, mémérer.** *Cela fait jaser.* ▶ ***jasage*** n. m. **1.** Action de jaser ; paroles, propos échangés. ⇒ **placotage.** *Leur jasage s'éternisait.* **2.** Fait de faire des commentaires désobligeants et médisants sur qqn ; ces commentaires. *Cette histoire risque de faire du jasage. Depuis qu'elle a obtenu ce poste, les jasages n'arrêtent pas.* ▶ ***jasette*** ou ***jase*** n. f. **1.** Conversation, discussion, échange de propos pour le plaisir (surtout dans des loc.). ⇒ **causette.** *Faire un brin de jasette avec qqn. Faire la jasette à qqn.* ⇒ **causer.** Fam. *Piquer un petite, une bonne jasette (jase) dans un corridor.* ⇒ ② **causer, discuter, placoter. 2.** Disposition à parler beaucoup, facilité de parole. ⇒ **bagou, faconde, loquacité, volubilité.** *Avoir de la jasette* ou, plus rare, *de la jase. As-tu perdu ta jasette ?,* es-tu gêné ? ; es-tu de mauvaise humeur ? ▶ ***jaseur,*** ou ***jaseux, euse*** ou ***jasant, ante*** adj. et n. **1.** Qui jase, aime jaser, a l'habitude de jaser. ⇒ **bavard, causant, placoteur.** *Elle n'est pas jaseuse, jasante ce matin.* — N. JASEUR. *Un groupe de jaseurs.* **2.** JASEUR, n. m. Oiseau à aigrette. *Le jaseur des cèdres est commun au Québec.*

jasmin [ʒasmɛ̃] n. m. **1.** Arbuste à grandes fleurs jaunes ou blanches souvent très odorantes ; cette fleur. **2.** Parfum extrait de cette fleur.

jaspe [ʒasp] n. m. ■ Roche présentant des taches très allongées et colorée en vert, rouge, brun ou noir. *Vase, coupe de jaspe.* ≠ *jade.* ▶ ***jaspé, ée*** adj. ■ Dont la bigarrure évoque le jaspe. *Marbre jaspé. Reliure en veau jaspé.* ▶ ***jaspure*** n. f. ■ Bigarrure de ce qui est jaspé. ⇒ **marbrure.**

jatte [ʒat] n. f. ■ Vase de forme arrondie, très évasé, sans rebord ni anse. ⇒ ① **bol,** ① **coupe.** *Une jatte de lait.* ⟨ ▶ cul-de-jatte ⟩

jauge [ʒoʒ] n. f. **1.** Capacité que doit avoir un récipient déterminé. — Capacité cubique intérieure (d'un navire) exprimée en tonneaux. ⇒ **tonnage. 2.** Instrument ou objet étalonné qui sert à mesurer la contenance d'un récipient ou le niveau de son contenu (baguette, règle graduée). *Jauge d'essence, de niveau d'huile.* ▶ ***jauger*** v. ▪ conjug. 3. **I.** V. tr. **1.** Prendre la jauge d'un récipient ; mesurer ou contrôler avec une jauge. *Jauger un réservoir, un navire.* **2.** Littér. Apprécier (qqn, qqch.) par un jugement de valeur. ⇒ **évaluer, juger.** *Jauger qqn d'un coup d'œil, le jauger à sa juste valeur.* **II.** V. intr. **1.** Avoir un tirant d'eau de. *Péniche jaugeant un mètre.* **2.** Avoir une capacité de. ⇒ **tenir.** *Ce navire jauge mille tonneaux.* ▶ ***jaugeage*** n. m. ■ Action de jauger. *Jaugeage d'un réservoir.*

jaune [ʒon] adj., n. et adv. **I.** Adj. **1.** Qui est d'une couleur placée dans le spectre entre le vert et l'orangé et dont la nature offre de nombreux exemples (or, miel, citron). *Fleurs jaunes.* **2.** Qui est jaune (1) ou tire sur le jaune. *Cuivre jaune. Feuilles jaunes* (opposé à *vert*). — *Race jaune,* race humaine, en majeure partie asiatique, caractérisée par des yeux bridés et une peau d'un brun clair. — Loc. *Le métal jaune,* l'or. **3.** Se dit d'un journal qui recherche le sensationnalisme (⇒ **jaunisme**). *Un hebdomadaire, un journal jaune.* **II.** N. **1.** N. m. Une des sept couleurs fondamentales du spectre solaire. *Un jaune vif. Être habillé de jaune.* — Adj. invar. *Fleurs jaune d'or. Étoffes jaune citron.* **2.** N. m. Matière colorante jaune. *Un tube de jaune.* — Fam. DU JAUNE : de l'essence ordinaire (opposé à *rouge*). **3.** N. m. *Le jaune (de l'œuf), un jaune (d'œuf),* la partie jaune. **4.** N. (Avec une majusc.) Personne de race jaune. *Une Jaune. Les Jaunes.* **5.** N. Fam. Peureux, froussard ; traître. ⇒ ① **lâche.** *Les jaunes se sont enfuis rapidement.* ⇒ **poltron.** — Adj. *Un joueur jaune.* **III.** Adv. *Rire jaune,* d'un rire forcé. ▸ ***jaunâtre*** adj. ■ D'un jaune terne. *Un blanc jaunâtre.* ▸ ***jaunir*** v. ▪ conjug. 2. **I.** V. tr. Rendre jaune, colorer de jaune. *Le soleil jaunit les blés.* — Au p. p. adj. *Dents jaunies* (par la nicotine). **II.** V. intr. Devenir jaune. *Dentelle, papier qui a jauni.* ▸ ***jaunissant, ante*** adj. ■ Qui jaunit, est en train de jaunir. *Les feuillages jaunissants.* ▸ ***jaunissement*** n. m. ■ Action de jaunir ; fait de rendre jaune. ‹ ▸ jaunisme, jaunisse ›

jaunisme [ʒonism] n. m. **1.** Journalisme à sensation (3). *Journal spécialisé dans le jaunisme.* **2.** Fait d'avoir peur, d'être poltron. *Faire preuve de jaunisme devant un danger.*

jaunisse [ʒonis] n. f. ■ Symptôme de nombreuses maladies de foie, coloration jaune de la peau. ⇒ **ictère.** — Loc. fam. *En faire une jaunisse,* éprouver un violent dépit de (qqch.) (→ En faire une maladie).

java [ʒava] n. f. ■ Danse de bal musette à trois temps, assez saccadée. *Danser la java.* — Air, musique qui l'accompagne.

javanais, aise [ʒavanɛ, ɛz] adj. ■ De l'île de Java. — N. (Avec une majusc.) *Les Javanais sont des Indonésiens.*

eau de Javel [(od)ʒavɛl] n. f. ■ Mélange de sels (chlorure, hypochlorite) de potassium et d'eau, utilisé comme détersif et décolorant. *Laver un carrelage à l'eau de Javel.* ≠ *javelle.* ▸ ***javelliser*** v. tr. ▪ conjug. 1. **1.** Stériliser (l'eau) à l'eau de Javel. — Au p. p. adj. *Eau potable javellisée.* **2.** Passer (du linge) à l'eau de Javel afin de le blanchir ou le détacher. — Au p. p. adj. *Débarbouillettes javellisées.* ▸ ***javellisable*** adj. ■ Qui peut être javellisé (2). *Des linges à vaisselle javellisables.* ▸ ***javellisant, ante*** adj. et n. m. ■ Qui peut javelliser, qui sert à javelliser, à blanchir le linge. *Un produit javellisant.* — N. m. *Des javellisants.*

javelle [ʒavɛl] n. f. ■ Brassée de céréales, etc., coupées et non liées, qu'on laisse sur le sillon avant de les mettre en gerbe. ≠ *Javel.*

javelot [ʒavlo] n. m. **1.** Arme de trait assez longue et lourde. ⇒ **lance. 2.** Instrument de lancer en forme de lance employé en athlétisme. *Le lancer du javelot.* — Ellipt. *Épreuve de javelot.*

jazz [dʒaz] n. m. invar. ■ Anglic. Genre, style musical issu de la musique profane des Noirs des États-Unis. ⇒ Anglic. **blues, negro-spiritual, soul.** *La musique, un orchestre de jazz. Écouter du jazz.* ▸ ***jazzman*** n. m. ■ Anglic. Musicien de jazz. *Il est plutôt connu comme jazzman.* — REM. Le pluriel est *jazzmans* ou *jazzmen.* ▸ ***jazzé, ée*** adj. ■ Qui s'apparente au jazz. *Rythme jazzé. Musique jazzée.* ‹ ▸ ballet-jazz ›

je, j' [ʒ(ə)] pronom pers. **1.** Pronom personnel de la première personne du singulier des deux genres, au cas sujet (⇒ **me, moi**). *Je parle. J'entends.* — Inversion. *Où suis-je ?* [syiʒ] *Ai-je bien fermé la porte ?* — (Renforcé par la forme tonique *moi*). *Moi, je ne dirai rien.* **2.** N. m. *Employer le « je » dans un récit,* parler à la première personne.

jean [dʒin] n. m. **1.** Toile solide servant à confectionner des vêtements. *Blouson en jean vert.* **2.** Pantalon en jean bleu ⇒ **blue-jean,** ou de n'importe quelle autre couleur. *Porter un jean beige.* — Pantalon d'un autre tissu ayant la même coupe qu'un jean. *Des jeans de velours, de coton.* ≠ *gin.* — REM. S'emploie au sing. mais surtout au pluriel pour désigner un seul objet. *Mettre un jean, des jeans* [dʒins].

① ***jeannette*** [ʒanɛt] n. f. ■ (France) Planchette à repasser le linge, montée sur pied.

② ***jeannette*** [ʒanɛt] n. f. ■ Fillette de huit à onze ans appartenant à un mouvement féminin de scoutisme. ⇒ **cheftaine, éclaireur,** ② **guide, louveteau, scout.**

jeannois, oise [ʒanwa, waz] adj. et n. ■ Du Lac-Saint-Jean. *La presse jeannoise.* — N. (Avec une majusc.) Personnée née dans cette région du Québec ou qui l'habite.

jeep [ʒip] n. m. ou f. ■ Automobile tout terrain. *Rouler en jeep. Des jeeps militaires.* — REM. Ce mot est un nom de marque déposée.

jello [djɛlo] n. m. ■ Gelée à saveur de fruit, préparée avec une poudre de gélatine et du sucre. *Du jello à la fraise. Mettre de la crème sur son jello. L'aspic est préparé avec du jello.* — Par ext. Substance qui a la consistance de la gélatine. *L'huile est tellement figée qu'elle forme un jello.* — Fig. *Avoir le cerveau, la volonté comme du jello.* — REM. Ce mot est un nom de marque déposée sous la forme *jell-O.*

je-m'en-fichisme [ʒmɑ̃fiʃism] ou ***je-m'en-foutisme*** [ʒmɑ̃futism] n. m. ■ Fam. Attitude d'indifférence envers ce qui devrait intéresser ou préoccuper. ⇒ **désinvolture, insouciance.** / contr. **ardeur, zèle** / — Adj. *Attitude je-m'en-foutiste.* ▸ ***je-m'en-fichiste*** ou ***je-m'en-foutiste*** adj. et n. ■ Fam. *Ce sont tous des je-m'en-fichistes. Une je-m'en-foutiste.*

je-ne-sais-quoi [ʒənsekwa] n. m. invar. ■ Chose qu'on ne peut définir ou exprimer, bien qu'on en sente nettement l'existence ou les effets. *Un je-ne-sais-quoi de déplaisant.*

jeans n. m. pl. ⇒ **jean** (REM).

jérémiades [ʒeʀemjad] n. f. pl. ■ Fam. Plaintes sans fin qui importunent. ⇒ **lamentation.** *Je suis fatigué de ses jérémiades.*

jerez n. m. invar. ⇒ **xérès.**

jerk [dʒœʀk] n. m. ■ Vieilli. Anglic. Danse dans laquelle le corps est agité de secousses rythmées.

jéroboam [ʒeʀo(ɔ)bɔam] n. m. ■ Grosse bouteille d'une contenance de 3 litres. *Un jéroboam de champagne équivaut à quatre bouteilles.*

jérômien, ienne [ʒeromjɛ̃, jɛn] adj. et n. ■ De Saint-Jérôme. — N. (avec une majusc.). Personne née dans cette ville ou qui l'habite.

jerrycan [(d)ʒeʀikan] n. m. ■ Bidon quadrangulaire à poignée, d'environ 20 litres. ⇒ ② **nourrice.** *Des jerrycans d'essence.*

jersey [dʒɛʀze] n. m. ■ Tissu très souple tricoté à l'aide d'un seul fil formant des mailles toujours semblables sur une même face. *Jersey de laine, de soie. Un tailleur en jersey. Des jerseys.*

jésuite [ʒezɥit] n. m. **1.** Membre de la Compagnie de Jésus. *Collège de jésuites.* — Adj. *Style jésuite,* style d'architecture baroque (XVIIe s.). **2.** Péj. Personne qui recourt à des astuces hypocrites. *Quel jésuite !* — Adj. *Un air jésuite.* ⇒ **hypocrite.**

jésus [ʒezy] n. m. invar. **1.** Représentation de Jésus-Christ enfant. *Un (petit) jésus en plâtre.* **2.** *Mon petit jésus,* terme d'affection à l'adresse d'un enfant. **3.** Interjection marquant un sentiment de vive surprise, d'étonnement. *Mon doux Jésus, qu'est-ce que c'est ? Doux Jésus !* — Fam. Juron. *Eh Jésus ! que j'ai manqué faire un accident.* — Loc. *Être en (petit) Jésus,* en colère, fâché. — Loc. adv. EN (PETIT) JÉSUS : très, beaucoup. *Il ventait en Jésus.* — REM. On emploie aussi plusieurs variantes de ce juron (ex. : *Jésus-Christ, Jésus-Marie*).

① ***jet*** [ʒɛ] n. m. **I. 1.** Action de jeter ; mouvement d'une chose lancée parcourant une certaine trajectoire. ⇒ ① **lancer.** *Armes de jet.* **2.** Distance parcourue par une chose jetée. *Un jet de 70 mètres au javelot.* **3.** Abstrait. Loc. *D'un seul jet, d'un jet,* d'un coup, d'une seule venue. *Histoire racontée d'un seul jet.* — *Premier jet,* première expression de l'œuvre d'un créateur. ⇒ **ébauche, esquisse. II. 1.** Mouvement par lequel une chose jaillit avec plus ou moins de force. ⇒ **jaillissement.** *Jet de vapeur. Jet de salive.* — Fam. *À jet continu,* sans interrompre le débit. *Il ment à jet continu.* **2.** JET D'EAU : gerbe d'eau jaillissant verticalement et retombant dans un bassin. ‹ ► brise-jet ›

② ***jet*** [dʒɛt] n. m. ■ Anglic. Avion à réaction. *Des jets.*

① ***jetée*** [ʒ(ə)te] n. f. ■ Construction de bois, de pierre, de béton, etc., formant une chaussée qui s'avance dans l'eau. ⇒ **digue, estacade, môle.** *Se promener, pêcher sur la jetée.*

jeter [ʒ(ə)te] v. tr. ▪ conjug. 4. **I.** Envoyer (qqch.) à quelque distance de soi. **1.** Lancer. *Jeter une balle, une pierre. Jeter qqch. à qqn* (comme projectile ou pour qu'il l'attrape). ⇒ **envoyer, lancer ;** fam. **garrocher.** *Jeter l'ancre.* — Loc. *Jeter l'argent par les fenêtres,* dilapider. ⇒ **gaspiller.** *Jeter un coup d'œil,* regarder rapidement, sans s'attarder. — Loc. fam. *N'en jetez plus (la cour est pleine),* cela suffit, assez. **2.** Disposer, établir dans l'espace, d'un point à un autre. *Jeter une passerelle sur un ruisseau.* ⇒ **construire.** — Établir, poser. *Jeter les bases d'une société.* **3.** Abandonner, rejeter comme encombrant ou inutile. ⇒ se **débarrasser,** se **défaire.** *Vieux papiers bons à jeter. Jeter des vêtements usagés. Jetez cela au panier, à la poubelle !* ⇒ **mettre. 4.** Déposer, mettre (qqch. quelque part) avec vivacité ou sans soin. *Jeter ses affaires autour de soi. Jeter une lettre à la poste.* ⇒ ① **poster ;** fam. **maller.** — (Surtout en France) Fam. *S'en jeter un* (verre), *s'en jeter un derrière la cravate,* boire qqch. (→ s'en envoyer un). — *Jeter un châle sur ses épaules,* le mettre promptement pour se couvrir. — Au p. p. adj. *Une idée jetée sur le papier,* notée rapidement. **II. 1.** Diriger (une partie du corps). *Jeter sa tête en avant. Elle lui jeta ses bras autour du cou.* **2.** Émettre (une lumière, un son) avec force, rapidité. *Diamants qui jettent mille feux.* ⇒ **flamboyer.** *Jeter des cris.* — Abstrait. ⇒ **répandre.** *Jeter l'effroi, le trouble. Cela a jeté un froid.* — *Jeter un sort contre qqn,* lui envoyer le mauvais sort. **III.** Pousser, diriger (qqn, qqch.) avec force. *Jeter qqn dehors,* le mettre à la porte. *Jeter en prison.* JETER BAS, À BAS, À TERRE : faire tomber brutalement. **IV.** SE JETER v. pron. réfl. **1.** Sauter, se laisser choir. *Se jeter à l'eau.* ⇒ **plonger.** *Se jeter par la fenêtre. Le joueur s'est jeté par terre.* — Loc. fig. *Se jeter à l'eau,* se décider à entreprendre qqch. de difficile, être le premier à faire qqch. pour résoudre une question, un problème. **2.** Aller d'un mouvement précipité. ⇒ s'**élancer,** se **précipiter ;** fam. se **garrocher.** *Il s'est jeté sur elle.* ⇒ **assaillir, sauter** sur. *Se jeter aux pieds de qqn.* **3.** S'engager avec fougue, sans mesurer les risques. *Se jeter à corps perdu dans une entreprise.* ⇒ se **lancer. 4.** (Cours d'eau) Déverser ses eaux. *Les rivières qui se jettent dans le Saint-Laurent.* ► ***jetable*** adj. ■ Qui est jeté après un ou plusieurs usages. *Couches jetables. Briquet, rasoir jetable.* / contr. **rechargeable** / ► ***jeté*** n. m. **1.** Danse. Saut lancé par une seule jambe et reçu par l'autre. *Jeté battu,* avec un croisement de jambes pendant le saut. **2.** Mouvement consistant à amener la barre des haltères au bout des bras tendus verticalement. *Épaulé et jeté.* ⇒ **épaulé-jeté.** ► ② ***jetée*** n. f. ■ Bande d'étoffe que l'on étend sur un meuble en guise d'ornement, de protection. *Une jetée de lit, de sofa.* — REM. En France, on emploie UN JETÉ n. m. ‹ ► brise-jet, déjeté, épaulé-jeté, ① jet, ① jetée, ① projeter, ② projeter, rejeter, surjeter, trajet ›

jeton [ʒ(ə)tõ] n. m. **1.** Pièce plate représentant une certaine valeur ou un numéro d'ordre. ⇒ fam. ② **piton** (III). *Jetons et plaques servant de mise à la roulette. Jeton de bingo. Un jeton de distributrice.* **2.** JETON DE PRÉSENCE : honoraires des membres présents d'un conseil, d'une assemblée. **3.** Fam. *Faux comme un jeton* (les jetons imitant parfois les pièces de monnaie), dissimulé, hypocrite. — Fam. *C'est un* FAUX JETON [foʃtõ] : un hypocrite. — *Vieux jeton !,* vieil imbécile. **4.** (France) Au plur. Fam. *Les jetons,* peur. *Avoir les jetons,* avoir peur. ⇒ fam. **chienne** (voir ① **chien).** *Ton histoire m'a filé les jetons.*

jet-set [dʒɛtsɛt] n. m. ■ Anglic. Ensemble de personnes qui voyagent beaucoup en avion, spécialt les gens riches et célèbres qui constituent un milieu international. *Fréquenter le jet-set new-yorkais.* — Par ext. Ensemble de personnalités d'un milieu sélect (artistes, politiciens, financiers...). *Le jet-set de l'art.*

① ***jeu*** [ʒø] n. m. **I. 1.** Activité physique ou mentale qui n'a pas d'autre but que le plaisir qu'elle procure. ⇒ **amusement, divertissement, récréation ; jouer.** — Au sing. LE JEU. *Le besoin du jeu chez l'enfant.* — Loc. adv. PAR JEU : pour s'amuser. *Faire qqch. par jeu.* — UN JEU. *Prendre part à un jeu. S'adonner à son jeu favori.* ⇒ **passe-temps.** *Ce n'est qu'un jeu,* cela ne tire pas à conséquence. — *(Un, des jeux) Jeux éducatifs. Jeux de main,* où l'on échange des coups légers par plaisanterie. *Salle de jeu,* pièce d'une maison, d'un appartement où les enfants jouent. **2.** Activité qui présente un ou plusieurs caractères du jeu (gratuité, futilité, bénignité, facilité). *Les jeux de l'imagination, de l'esprit.* — JEU DE MOTS : allusion plaisante fondée sur l'équivoque de mots qui ont une ressemblance phonétique. ⇒ **calembour.** *Un mauvais jeu de mots.* **3.** JEU D'ÉCRITURES : opération comptable purement formelle. **4.** Moyen Âge. Pièce de théâtre en vers. *Le jeu de Robin et de Marion.* **II. 1.** Cette activité organisée par un système de règles. *Le jeu d'échecs. Les jeux d'adresse, de société. Jeux électroniques. Jeux télévisés. Un jeu-questionnaire.* ⇒ anglic. **quiz.** *La règle du jeu.* JEU VIDÉO : qui nécessite un écran (télévision, micro-ordinateur) et une commande électronique. *Des jeux vidéo. Le jeu de quilles.* ⇒ **quilles. 2.** Au plur. Antiquité. Compétitions sportives. *Jeux du cirque, du stade.* — JEUX OLYMPIQUES : grande réunion sportive internationale qui a lieu tous les quatre ans. *Les jeux (Olympiques) d'été, d'hiver.* **3.** Partie qui se joue. *Suivre le jeu, être au jeu. Tricher au jeu.* — Sports. *Miser au (en) jeu,* action de démarrer la partie, de redémarrer une phase de jeu. *L'arbitre dépose la rondelle pour la mise au jeu.* — Adj. invar. *La balle, le ballon, la rondelle sont en jeu.* / contr. **hors** jeu / — Loc. *Au jeu !,* que la partie commence. **4.** LE JEU : les jeux où l'on risque de l'argent. *Se ruiner au jeu. Maison de jeu.* ⇒ **casino.** — PROV. *Heureux au jeu, malheureux en amour.* **5.** Argent joué, mise (dans quelques expressions). *Jouer petit jeu, gros jeu,* risquer peu, beaucoup d'argent au jeu. — *Les jeux sont faits, rien ne va plus,* on ne peut plus miser, ni changer sa mise. — Abstrait. *Le sort en est jeté.* **III.** Ce qui sert à jouer. **1.** Instruments du jeu. *Un jeu d'échecs en ivoire. Jeu de 32, de 52 cartes.* **2.** Assemblage de cartes plus ou moins favorable qu'un joueur a en main. *Avoir du jeu, un beau jeu.* **3.** Série complète d'objets de même nature et d'emploi analogue. *Un jeu de clés* (⇒ **trousseau**), *de tournevis* (⇒ **série**). *Jeu d'orgue(s),* dans un orgue, rangée de tuyaux de même espèce. **IV. 1.** La manière dont on joue. *Un jeu habile, prudent.* **2.** Façon de jouer d'un instrument, d'une arme. *Le jeu d'une violoniste.* **3.** Manière de jouer un rôle. ⇒ **interprétation.** *Le jeu d'un acteur.* — *Jeu de scène,* ensemble d'attitudes qui concourent à un effet scénique. — Rôle, comédie qu'on joue (dans la vie). Loc. *Être pris à son propre jeu.* — *Jouer le grand jeu,* utiliser tous ses talents pour séduire, convaincre. — VIEUX JEU adj. invar. : qui n'est plus à la mode. ⇒ **anachronique, démodé.** *Ils sont très vieux jeu.* **4.** Manière de mettre en œuvre. JEU DE (suivi du nom d'une partie du corps). *Le jeu de mains d'un pianiste. Ce boxeur a un mauvais jeu de jambes.* — *Jeu de physionomie,* mouvement des traits qui rend le visage expressif. — *Jeu de lumière,* combinaison de reflets mobiles et changeants. **V.** Loc. (dans lesquelles *jeu* s'applique à des actions, des activités, des affaires). *C'est un jeu d'enfant,* la chose est très facile. — *Jouer le jeu,* faire les choses selon les règles, prendre l'attitude convenable. — *Ce n'est pas de jeu,* vous agissez de façon déloyale, vous trichez. — *Entrer en jeu,* intervenir pour la première fois dans une affaire. *D'entrée de jeu,* dès le début. — *Entrer dans le jeu de qqn,* participer à ce qu'il veut faire, adopter sa tactique. *Faire le jeu de qqn,* servir involontairement ses intérêts. — *Être en jeu,* (choses) être en cause, en question. *Sa vie est en jeu. Des sommes importantes sont en jeu.* — *Se prendre, se piquer au jeu,* prendre goût à une expérience, la perpétuer ; s'obstiner dans son attitude. — *Avoir beau jeu* (*de, pour* + infinitif), être en situation de triompher aisément. — *Cacher son jeu,* cacher ses intentions, agir à l'insu d'autrui. — *Un jeu dangereux,* un comportement qui peut avoir des conséquences néfastes. — *Jouer double jeu,* agir de deux façons différentes pour tromper. — *Jouer franc jeu,* être franc, loyal. ⇒ **franc jeu ;** anglic. **fair-play.** ‹ ► enjeu, enjoué, hors-jeu ›

② ***jeu*** n. m. **1.** Mouvement aisé, régulier (d'un objet, d'un organe, d'un mécanisme). ⇒ **fonctionnement.** *Le jeu d'un ressort, d'un verrou.* **2.** Action. *Par le jeu d'alliances secrètes, de causes diverses.* **3.** Espace ménagé pour le mouvement aisé d'un objet. *Donner du jeu à un tiroir.* — Défaut de serrage entre deux pièces d'un mécanisme. ⇒ anglic. **lousse, slack.** *Cette pièce a du jeu, il faut la revisser.*

jeudi [ʒødi] n. m. ■ Quatrième jour de la semaine*, qui succède au mercredi. *Tous les jeudis soir. Les vacances de Pâques commencent le Jeudi saint.* — Loc. *La semaine des (trois) quatre jeudis,* jamais. — *Ils sont venus jeudi,* le jeudi qui vient de passer.

à jeun [aʒœ̃] loc. adv. ■ Sans avoir rien mangé. *Ils sont à jeun.* — Par ext. Sans avoir consommé d'alcool. / contr. **ivre** /

jeune [ʒœn] adj. et n. **I.** Adj. Peu avancé en âge. / contr. **vieux** / **1.** (Personnes) Qui est dans la première partie de la vie (⇒ **jeunesse**). *N'être plus très jeune. Mourir jeune. Ils paraissent jeunes.* — *Jeune femme, jeune fille, jeune homme.* ⇒ **femme, fille, homme.** *Il y avait un jeune fou au volant.* — (Surtout en France) *Le nom de jeune fille* (d'une femme mariée), celui qu'elle portait avant le mariage. — *Une clientèle jeune,* de jeunes gens. — *Être jeune de caractère, savoir rester jeune, avoir le cœur jeune,* avoir les qualités de la jeunesse. — (Animaux, choses) *Jeune chat, jeune chien. De jeunes érables. Un alcool jeune.* **2.** Valeur comparative. *Son jeune frère, sa jeune sœur.* ⇒ **benjamin, cadet.** / contr. **aîné** / *Plus, moins jeune que,* moins âgé, plus âgé que. *Elle est plus jeune que son frère.* / contr. **vieux.** / **3.** (Choses) Nouveau, récent. / contr. **ancien, vieux** / *Une industrie jeune. Cette eau-de-vie est trop jeune.* **4.** (Avec un nom désignant une période) Qui appartient aux personnes peu avancées en âge. *Dans mon jeune temps.* ⇒ **jeunesse.** Poét. *Nos jeunes années.* **5.** Qui convient, sied à la jeunesse. *Une coiffure jeune.* — Adv. *S'habiller jeune. Ils font très jeune.* **6.** Qui est nouveau (dans un état, une occupation). *Jeunes mariés,* personnes récemment mariées. *Un jeune médecin.* ⇒ **débutant.** — Fam. *Être jeune dans le métier,* l'exercer depuis peu de temps. ⇒ **novice.** **II.** N. Personne jeune. *Les jeunes,* la jeunesse. *Maison de jeunes. Un public de jeunes. Place aux jeunes ! Nous serons entre jeunes.* — *Faire le (la) jeune,* vouloir paraître jeune. ► ***jeunesse*** n. f. **I. 1.** Temps de la vie entre l'enfance et la maturité. *L'adolescence, première partie de la jeunesse. Dans ma jeunesse. N'être plus de la première jeunesse,* n'être plus jeune. — Loc. *Erreur, péché de jeunesse,* écart que rend excusable le manque de maturité. **2.** Le fait d'être jeune ; état d'une personne jeune. *Avoir la santé et la jeunesse. La fraîcheur, l'éclat de la jeunesse.* — Ensemble de caractères propres à la jeunesse, mais qui peuvent se conserver jusque dans la vieillesse. *Des parents pleins de jeunesse. Jeunesse de visage, de cœur.* **II. 1.** Les personnes jeunes ; les jeunes. *Aimer fréquenter la jeunesse.* Loc. *Si jeunesse savait,* si les jeunes avaient l'expérience. *La jeunesse d'un pays, d'une époque.* — Les enfants et les adolescents. *Instruire la jeunesse. Spectacles, livres pour la jeunesse.* **2.** Fam. Homme grand et d'une grande force physique. ⇒ **hercule ;** fam. **costaud.** *Ce joueur de football, c'est toute une jeunesse.* **3.** Au plur. Groupes organisés de jeunes gens. *Les jeunesses musicales du Canada.* ► ***jeunot*** n. m. ■ Fam. Jeune homme. *Un petit jeunot.* ‹ ► rajeunir ›

jeûne [ʒøn] n. m. ■ Privation volontaire de toute nourriture. ⇒ **abstinence.** *Jeûne religieux. Jeûne médical.* ⇒ **diète.** ► ***jeûner*** v. intr. ▪ conjug. 1. **1.** Se priver volontairement de nourriture ou en être privé ; rester à jeun. *Faire jeûner un malade.* **2.** Observer un jeûne rituel. ⇒ faire **carême.** ‹ ► ① et ② déjeuner, à jeun ›

jiu-jitsu [ʒjyʒitsy] n. m. ■ Technique japonaise de combat sans armes. *Le jiu-jitsu, art militaire et sport populaire des Japonais.* ⇒ **judo, karaté.**

joaillier, ière [ʒɔaje, jɛʀ] n. ■ Personne qui fabrique des joyaux, qui en fait commerce. ⇒ **bijoutier.** *Joaillier-orfèvre.* ► ***joaillerie*** [ʒɔajʀi] n. f. **1.** Art de monter les pierres précieuses pour en faire des joyaux. **2.** Métier, commerce du joaillier. ⇒ **bijouterie.** **3.** Atelier, magasin de joaillier. *Une grande joaillerie parisienne.*

job [dʒɔb] n. f. Anglic. Fam. **1.** Emploi, travail salarié. *Avoir une job dans la menuiserie. Une job syndiquée, permanente. Une job d'étudiant, une job d'été. Une bonne, une belle job.* – Loc. Laisser sa job, quitter son emploi. — UNE JOB DE *directrice d'école, de ministre, etc.,* une situation, un poste de responsabilité, *de menuisier, de vendeuse, etc.,* un métier. — *Une petite job,* un emploi temporaire ou peu rémunérateur. ⇒ fam. **jobine.** *Une belle grosse job,* une situation, un emploi très bien payé(e). *Elle l'a la job !* — Loc. *Travailler à la job,* à la pièce, à salaire fixe. **2.** Ouvrage, occupation, tâche. *Une job bien faite.* — *Faire une bonne, une belle job,* du bon, du beau travail. *Le garagiste a fait une belle job sur mon moteur. Faire la job d'un autre,* accomplir le travail à sa place. *Avoir* *la job de,* la responsabilité de. *C'est lui qui a la job de peinturer les garde-robes. Avoir une job à faire,* qqch. de précis à accomplir. *Faire sa job,* s'occuper de son travail, de ses affaires. *Je fais ma job et je ne m'occupe pas des autres. Faire sa (la, une) job à qqn,* le battre, le tuer. *Faire une job de bras,* une sale besogne. — SUR, PENDANT LA JOB : au travail, à l'ouvrage. *Il est interdit de fumer sur la job. Parler pendant la job.* — Très fam. Loc. *Faire une job,* aller aux toilettes. **3.** (France) N. m. Travail rémunéré, qu'on ne considère ni comme un métier ni comme une situation permanente. *Étudiant qui cherche un job.* ⇒ **boulot.** ▶ ***jobine*** ou **jobbine** n. f. ■ Fam. Petit travail, emploi précaire ou temporaire. *Elle a obtenu une jobine dans un magasin.* — *Faire une jobine,* un petit travail peu fatigant, de courte durée et peu rémunérateur. *Il y a une petite jobine à faire sous l'évier.* ⇒ **réparation.**

jockey [dʒɔke] n. ■ Personne dont le métier est de monter les chevaux dans les courses. ⇒ **cavalier.** *Des jockeys.*

jogging [dʒɔgiŋ] n. m. **1.** Anglic. Course à pied, à allure modérée, faite par exercice. ⇒ anglic. **footing.** *Elle fait son jogging tous les matins. Piste de jogging. Vêtements, espadrilles pour le jogging.* **2.** Survêtement de sport porté pour cette activité ou d'autres. ▶ ***jogger*** [dʒɔge] v. intr. ▪ conjug. 3. ■ Faire du jogging. *Aller jogger sur les Plaines.* ▶ ***joggeur, euse*** [dʒɔgœʀ, øz] n. ■ Personne qui pratique le jogging.

johannais, aise [ʒoanɛ, ɛz] adj. et n. ■ De la ville de Saint-Jean-sur-Richelieu. — N. (Avec une majusc.) Personne née dans cette ville ou qui l'habite. *Une Johannaise de naissance.*

joie [ʒwa] n. f. **1.** Émotion agréable et profonde, sentiment exaltant. ⇒ **bonheur, gaieté, plaisir.** / contr. **chagrin, douleur, peine, tristesse** / *Joie extrême.* ⇒ **jubilation, ravissement.** / contr. **consternation, désarroi, désolation** / *Être au comble de la joie. Être fou de joie. Mettre en joie.* ⇒ **réjouir.** *Cris de joie. Pleurer de joie.* **2.** Cette émotion liée à une cause particulière. *C'est une joie de vous revoir. Se faire une joie (de),* se réjouir. *Accepter avec joie. S'en donner à cœur* joie.* — Au plur. *Les joies de la vie. Une vie sans joies.* ⇒ **agrément, douceur, plaisir.** — Iron. Ennuis, désagréments. *Encore une panne, ce sont les joies de la voiture !* ‹ ▶ joyeux, rabat-joie ›

joindre [ʒwɛ̃dʀ] v. ▪ conjug. 49. **I.** V. tr. **1.** Mettre (des choses) ensemble, de façon qu'elles se touchent ou tiennent ensemble. ⇒ **attacher, assembler ; jonction.** / contr. **disjoindre** / *Joindre les mains. Joindre bout à bout.* — Loc. *Joindre les deux bouts* (du mois), équilibrer son budget. **2.** (Suj. chose) Mettre en communication (deux ou plusieurs choses). *Isthme qui joint deux continents.* ⇒ **relier, réunir. 3.** Mettre ensemble. ⇒ **rassembler, réunir.** / contr. **séparer** / *Il nous faut joindre nos efforts.* ⇒ **unir.** *Joindre les rangs de l'armée,* s'enrôler. **4.** JOINDRE À : mettre avec. ⇒ **ajouter.** *Joignez cette pièce au dossier. Joindre le geste à la parole.* — Avoir à la fois (un caractère et un autre). ⇒ **allier, associer.** *Personne qui joint la force de caractère à la beauté.* **5.** Entrer en communication avec (qqn). *Je n'arrive pas à les joindre.* ⇒ **contacter, rencontrer, toucher.** *On peut les joindre par téléphone.* **6.** SE JOINDRE À : se mettre avec (qqn). ⇒ s'**associer,** se **réunir,** s'**unir.** *Mon mari se joint à moi pour vous envoyer tous nos vœux. Elle s'est jointe à l'équipe la semaine dernière.* — Participer à. *Se joindre à la conversation, à la discussion.* **II.** V. intr. Se toucher sans laisser d'interstice. *Planches qui joignent bien.* ▶ ① ***joint, jointe*** adj. **1.** Qui est, qui a été joint. *Sauter à pieds joints. Pièces solidement jointes. Prier les mains jointes.* **2.** JOINT À. ⇒ **ajouté.** *Lettre jointe à un paquet.* **3.** CI-JOINT : joint ici même, joint à ceci (ci-inclus). *La copie ci-jointe.* — Adv. invar. *Ci-joint la copie.* ▶ ② ***joint*** n. m. **1.** Espace qui subsiste entre des éléments joints. *Les joints d'une fenêtre. Tirer les joints,* les remplir avec du plâtre. **2.** Articulation entre deux pièces. *Joint de cardan.* **3.** Garniture assurant l'étanchéité d'un assemblage. *Joint de robinet en caoutchouc.* **4.** Abstrait. Loc. *Chercher, trouver le joint,* le moyen pour résoudre une difficulté. ▶ ***jointure*** n. f. **1.** Endroit où les os se joignent. ⇒ **articulation, attache.** *Faire craquer ses jointures.* **2.** Endroit où deux parties se joignent. ⇒ ② **joint.** — Façon dont elles sont jointes. ⇒ **assemblage.** *Jointure étanche.* ‹ ▶ adjoindre, conjoint, disjoindre, enjoindre, rejoindre ›

joke [djok] n. f. ■ Anglic. Courte histoire imaginée à laquelle on veut faire croire. ⇒ ② **blague,** ② **farce ;** fam. ① **craque.** *Elle raconte une joke.* — Loc. *C'est une joke,* ce n'est pas sérieux. *Faire des jokes. Sans joke !,* interjection qui marque le doute, l'étonnement, l'ironie. ⇒ sans ② **blague,** sans **farce.** (→ tu ne me dis pas).

③ ***joint*** n. m. ■ Fam. Drogue (haschich, marijuana) roulée en cigarette. *Fumer, tirer un joint.*

joker [(d)ʒɔkœʀ] n. m. ■ Carte à jouer à laquelle le détenteur est libre d'attribuer la valeur qu'il veut, dans certains jeux. *Deux jokers.*

joli, ie [ʒɔli] adj. — REM. Avant le nom ou en attribut. **1.** Qui est très agréable à voir. ⇒ **gracieux, mignon.** / contr. **laid** / *Jolie fille. Elle est jolie comme un cœur,* très jolie. *Joli garçon. Avoir de jolies jambes. Une jolie maison.* ⇒ **ravissant.** *Aimer les jolies choses.* ⇒ **beau. 2.** Très agréable à entendre. *Jolie voix.* **3.** Fam. Digne de retenir l'attention, qui mérite d'être considéré. *Une jolie somme. De jolis bénéfices.* ⇒ **considérable, coquet, important.** *Avoir une jolie situation.* ⇒ **intéressant.** — *C'est bien joli, mais...,* ce n'est pas sans intérêt, mais. **4.** Iron. *Un joli monsieur, un joli coco,* un individu peu recommandable. — Impers. *C'est joli de dire du mal des absents ! Ce n'est pas joli joli !* — (France) N. m. *C'est du joli !,* c'est mal (→ c'est du beau, c'est du propre). ▶ ***joliesse*** n. f. ■ Littér. Caractère de ce qui est joli, délicat. ▶ ***joliment*** adv. **1.** D'une manière jolie, agréable. ⇒ ① **bien.** *Être joliment habillé.* **2.** D'une façon considérable. ⇒ **beaucoup,** ① **bien, très.** *On est joliment bien ici.* ⇒ **drôlement.** *Je suis joliment dans le pétrin.* ⇒ **passablement.** ‹ ▶ enjoliver ›

joliettain, aine [ʒɔljɛtɛ̃, ɛn] adj. et n. ■ De la ville de Joliette. — N. (Avec une majusc.) Personne née dans cette ville ou qui l'habite.

jonc [ʒɔ̃] n. m. **1.** Plante à hautes tiges droites et flexibles, qui croît dans l'eau, les marécages. ⇒ **quenouille, roseau.** — Sa tige (employée dans la vannerie). *Corbeille, panier de jonc.* **2.** *Un jonc,* une canne, une badine. **3.** Bague dont le cercle est partout de même grosseur. ⇒ **alliance.** *Un jonc de mariage.*

joncher [ʒɔ̃ʃe] v. tr. ▪ conjug. 1. **1.** Parsemer (de branchages, de feuillages, de fleurs). **2.** Couvrir (d'objets jetés ou répandus). — Au p. p. adj. *Sol jonché de débris. Champ de bataille jonché de cadavres.* ▶ ***jonchée*** n. f. ■ Littér. Amas (de branchages, fleurs, etc.) dont on a jonché le sol.

jonction [ʒɔ̃ksjɔ̃] n. f. **1.** Action de joindre une chose à une autre ; le fait d'être joint. ⇒ **assemblage, réunion.** *Point de jonction.* **2.** Mise en contact de deux choses. ⇒ **rencontre.** *Jonction de deux routes.* (abrév. *JCT*), leur lieu de raccordement. **3.** (Troupes, groupes) Action de se joindre. *Les deux armées ont fait, ont opéré leur jonction.* ‹ ▶ disjonction ›

jongler [ʒɔ̃gle] v. intr. ▪ conjug. 1. **1.** Lancer en l'air plusieurs boules ou autres objets qu'on reçoit et relance alternativement en entrecroisant leurs trajectoires. *Jongler avec des torches.* **2.** Abstrait. *Jongler avec,* manier de façon adroite et désinvolte. ⇒ **jouer.** *Jongler avec les chiffres. Jongler avec les difficultés,* s'en jouer. **3.** Fam. Réfléchir en pesant le pour et le contre. ⇒ **balancer.** *Elle a jonglé longuement avant de prendre sa retraite.* **4.** Fam. Songer, être songeur, pensif. *Il jongle depuis un mois.* ▶ ***jonglerie*** n. f. ou ***jonglage*** ■ Action de jongler ; ce à quoi l'on pense. — Souvent péj. Exercice de virtuosité pure. ▶ ***jongleur, euse*** n. et adj. **1.** Autrefois. Ménestrel nomade qui récitait ou chantait des vers, en s'accompagnant d'un instrument. **2.** Personne dont le métier est de jongler. *Des tours de jongleur.* **3.** Adj. Fam. Qui jongle (3, 4). *Avoir l'air jongleur. Elle est jongleuse depuis quelque temps.* ⇒ **pensif, songeur, soucieux.** — N. *Ils ont deux enfants, un distrait et un jongleur.* — REM. Au sens 3, on rencontre aussi la variante *jongleux.*

jonque [ʒɔ̃k] n. f. ■ Voilier d'Extrême-Orient, dont les voiles de nattes ou de toile sont cousues sur de nombreuses lattes horizontales en bambou.

jonquiérois, oise [ʒɔ̃kjeʀwa, waz] adj. et n. ■ De la ville de Jonquière. *L'aluminerie jonquiéroise.* — N. (Avec une majusc.) Personne née dans cette ville ou qui l'habite.

jonquille [ʒɔ̃kij] n. f. ■ Variété de narcisse à fleurs jaunes et odorantes ; cette fleur. *Un bouquet de jonquilles.* — Adj. invar. *Des rubans jonquille,* jaunes comme les jonquilles.

jos [dʒo] n. m. ■ Fam. Sein de femme. ⇒ fam. **nichon, téton.**

② ***Jos*** n. propre **1.** Loc. fam. *Faire le (son petit, son gros) Jos-connaissant,* la personne qui sait tout, qui en sait plus que tout le monde. ⇒ faire son ① **frais** (III). *Des grands Jos-connaissant,* des savants, des érudits. **2.** Nom familier donné à une personne de sexe masculin qu'on ne connaît pas, dont on a oublié le nom ou pour marquer un rapport amical. ⇒ fam. **chose** (III), **machin.** *Jos, viens ici. Eh !, Jos, comment t'appelles-tu ?* ▶ ***Jos(-)Bleau*** n. propre ■ Fam. N'importe qui ; personne dont on ne connaît pas le nom. ⇒ **chose** (III), **inconnu.** *Ce politicien, ce n'est pas un Jos-Bleau. Ah oui ! Jos Bleau t'a téléphoné. Il y a des Jos Bleau sur cette équipe,* des joueurs peu connus, de peu d'envergure.

Jos. Louis [dʒolwi] n. propre ■ Anglic. (Avec des majusc.) Petit gâteau rond au chocolat, fourré à la crème et recouvert d'un glaçage au chocolat. ⇒ Anglic. **Mae West.** *Manger un Jos. Louis pour dessert.* — REM. Ce mot est un nom de marque déposée.

joual, jouale, jouals ou ***jouaux*** [ʒwal, ʒwo] n. m. et adj. **1.** Parler québécois des milieux populaires, caractérisé par certains traits (surtout phonétiques et lexicaux) considérés comme s'écartant de l'usage correct ou normatif et souvent empruntés à l'anglais. ⇒ **cajun, franco-québécois ; franglais, sabir.** *Le joual de Montréal.* — Adv. *Elle parle joual.* **2.** Adj. Qui est relatif au joual, qui en possède les caractéristiques. *Les expressions jouales. Des mots jouals* ou, plus rare, *jouaux.* ▶ ***joualisant, ante*** adj. et n. ■ Qui est favorable au joual, qui utilise le joual comme moyen d'expression. *La littérature joualisante. Les écrivains joualisants.* — N. *Les joualisants.* ‹ ▶ joual vert ›

joual vert [ʒwalvɛʀ] interj. ■ Fam. Juron très fréquent et employé dans toutes sortes de circonstances. *Joual vert !, c'est haut !* Absolt. *Joual vert ! — Joual vert* (+ autre juron). *Joual vert de niaiseux.* — Loc. *Être en joual vert,* très fâché, de mauvaise humeur ; ne pas être content. *Elle était en joual vert après son chien.* — UN JOUAL VERT DE : sert à qualifier la chose, la personne qui est mentionnée. *J'ai un joual vert de mal de tête.* — Sans compl. UN JOUAL VERT : terme d'injure, de mépris. *Ma gang de joual vert !* — Loc. adv. EN JOUAL VERT : très, beaucoup. *Ça prend du temps en joual vert.*

joue [ʒu] n. f. **1.** Partie latérale du visage s'étendant entre le nez et l'oreille, du dessous de l'œil au menton. *Joues creuses. Joue pendante.* ⇒ **bajoue.** *Avoir de grosses joues.* ⇒ **joufflu.** *Embrasser qqn sur la joue, sur les deux joues. Donner un bec à qqn sur une joue. Danser joue contre joue.* — Abstrait. *Présenter, tendre l'autre joue,* s'exposer volontairement à un redoublement d'outrages. — Loc. *Mettre* EN JOUE *un fusil, une carabine* : contre la joue, pour tirer. ⇒ **épauler.** *Mettre en joue qqch., qqn,* viser. — Ellipt. *En joue !,* commandement militaire pour la position de tir. **2.** *Joue d'un fauteuil,* panneau latéral entre le siège et les bras. ‹ ▶ bajoue ›

jouer [ʒwe] v. ■ conjug. 1. **I.** V. intr. **1.** Se livrer au jeu. ⇒ s'**amuser.** *Écoliers qui jouent dans la cour de récréation. Allez jouer dehors !* — Pratiquer un jeu déterminé. *Elle joue trop bien pour moi.* **2.** Pratiquer les jeux d'argent. *Il boit et il joue.* — Faire un coup, dans le jeu. *À vous de jouer !* — Abstrait. *Maintenant, c'est à vous de jouer,* d'agir. — Au p. p. adj. *Bien joué !,* c'est très bien, bravo ! **3.** Exercer l'activité d'acteur. *Jouer dans un téléroman, dans un film.* **4.** (Choses) Se mouvoir avec aisance (dans un espace déterminé). *Meuble, panneau de bois qui joue,* dont l'assemblage ne joint plus exactement. ⇒ avoir du **jeu.** — Fonctionner à l'aise, sans frotter ni accrocher. *Faire jouer la clé dans la serrure.* **5.** (Lumière, reflets) Produire des effets changeants. *Le soleil jouait à travers les feuillages.* **6.** Intervenir, entrer, être en jeu. *La question d'intérêt ne joue pas entre eux.* — Fam. Loc. *Ça va jouer dur,* il va y avoir de la bagarre, ça va barder. **II.** Suivi d'une prép. **1.** JOUER AVEC *qqch. Petite fille qui joue avec sa poupée.* ⇒ s'**amuser.** — Exposer avec légèreté, imprudence. *Jouer avec sa vie, sa santé,* risquer de la perdre, de la compromettre. **2.** JOUER À (un jeu déterminé). *Jouer aux cartes, au hockey, au tennis. Jouer à la roulette, aux courses. Jouer à la Bourse.* ⇒ **spéculer.** — (Enfants) *Jouer à la mère, à la madame,* imiter les parents en jouant. — Abstrait. *Jouer au héros,* affecter d'être un héros. **3.** JOUER SUR. *Jouer sur le cours des devises.* ⇒ **spéculer.** *Jouer sur un mot, sur les mots,* tirer parti des diverses acceptions et des équivoques (⇒ **jeu** de mots). **4.** JOUER DE *qqch.* : se servir de (une chose, un instrument) avec plus ou moins d'adresse. *Jouer du couteau. Jouer des coudes. — Jouer d'un instrument. Savoir jouer du piano. — Jouer du marteau, du pinceau,* faire des réparations, construire qqch. — *Jouer de bonheur, de malchance,* avoir du bonheur, etc., d'une manière continue. **III.** V. tr. **1.** Faire (une partie). *Jouer un match de baseball, une partie de quilles.* — Au p. p. adj. *Partie bien jouée.* — Mettre en jeu. *Jouer un pion* (dames, échecs), *une carte.* — *Jouer un cheval,* miser sur lui. — Abstrait. *Jouer le jeu*. Jouer double jeu*.* **2.** Hasarder, risquer au jeu. *Jouer ses derniers sous.* — Risquer. *Jouer sa fortune, sa réputation.* ⇒ **exposer. 3.** Tromper (qqn) en ridiculisant. ⇒ **berner, rouler.** *On vous a joué.* **4.** Interpréter avec un instrument. *Jouer un air, un morceau. Jouer du Mozart.* **5.** Représenter ou interpréter sur scène. *Il joue en ce moment (dans) une comédie, du Molière.* — *Jouer un film,* le projeter. *(Faire) jouer un disque, une cassette, un vidéo,* écouter, regarder. *Faire jouer la radio, la télévision,* faire fonctionner. ⇒ **allumer.** — Intransitivement. *La radio, la télévision joue.* — Pronominalement. *Ce film se joue depuis trois mois. — Jouer un tour,* tromper, décevoir ; être néfaste. *Votre insouciance vous jouera un vilain tour. Jouer un tour à qqn,* lui faire une blague, une farce. ⇒ fam. **coup** de cochon. — *Jouer dans les* *cheveux* de qqn.* — *Jouer la comédie,* affecter des sentiments qu'on n'a pas. **6.** Imiter (un personnage type). *Jouer les héros, les victimes.* — Simuler (un sentiment). *Jouer l'étonnement, le désespoir.* ⇒ **feindre.** **IV.** SE JOUER v. pron. **1.** *Faire qqch. (comme) en se jouant,* très facilement. **2.** SE JOUER DE *qqn, qqch.* : se moquer de. *On se joue de vous. Se jouer des difficultés,* les résoudre facilement. ▸ ***jouable*** adj. ■ Qui peut être joué (III). *Cette pièce n'est pas jouable.* ▸ ***jouet*** n. m. **1.** Objet dont les enfants se servent pour jouer. ⇒ **jeu, joujou ;** fam. **bebelle.** *Jouets éducatifs, mécaniques. Marchand de jouets. Les jouets de Noël. Ce n'est pas un jouet,* cet objet peut être dangereux. **2.** *Être le* JOUET DE... : être victime de... *Il est le jouet d'une illusion.* ▸ ***joueur, euse*** n. **1.** Personne qui joue (actuellement ou habituellement) à un jeu. — JOUEUR DE... *Joueur de football, de tennis. Joueur de cartes.* — Adj. *Un enfant joueur,* qui aime le jeu. **2.** Personne qui joue à des jeux d'argent, qui a la passion du jeu. *Les joueurs du casino.* **3.** BEAU JOUEUR : celui qui s'incline loyalement devant la victoire, la supériorité de l'adversaire. MAUVAIS JOUEUR : celui qui refuse d'accepter sa défaite. **4.** Personne qui joue d'un instrument (lorsque le nom qui désigne le musicien n'est pas très courant : on ne dit pas *joueur de piano, de violon*). *Joueur de tambour, de cornemuse.* ‹ ▸ déjouer, joujou ›

joufflu, ue [ʒufly] adj. ■ Qui a de grosses joues. *Un bébé joufflu.* — N. *Un gros joufflu.*

joug [ʒu] n. m. **1.** Pièce de bois qu'on met sur la tête des bœufs pour les atteler. **2.** Littér. Contrainte matérielle ou morale. *Le joug de la loi. Le joug du mariage.* ⇒ **chaîne.** *Mettre sous le joug,* asservir. *Secouer le joug,* se révolter. ‹ ▸ subjuguer ›

jouir [ʒwiʀ] v. tr. ind. ▪ conjug. 2. **I.** Avoir du plaisir. / contr. **souffrir** / **1.** JOUIR DE : tirer plaisir, agrément, profit (de qqch.). ⇒ **apprécier, goûter, savourer ; profiter** de. *Jouir de la vie.* **2.** Éprouver le plaisir sexuel. — Fam. Éprouver un vif plaisir. *Il jouit quand son adversaire est ridiculisé.* — Iron. Éprouver une vive douleur physique. *On lui a arraché sa dent : ça l'a fait jouir.* **II.** JOUIR DE : avoir la possession (de qqch.). ⇒ **avoir, posséder.** / contr. **manquer** / *Jouir d'une santé solide, de toutes ses facultés. Jouir d'un droit.* ▸ ***jouissance*** n. f. **1.** Plaisir que l'on goûte pleinement. ⇒ **délice, plaisir, satisfaction.** *Les jouissances de l'esprit.* ⇒ **joie.** *Jouissance des sens.* ⇒ **volupté.** **2.** Action de se servir d'une chose, d'en tirer les satisfactions qu'elle est capable de procurer. *La jouissance d'un chalet.* ⇒ **usage.** ▸ ***jouisseur, euse*** n. ■ Personne qui ne songe qu'aux jouissances matérielles, profite avidement de tous les plaisirs. ⇒ **épicurien.** — Adj. *Elle est jouisseuse.* ‹ ▸ réjouir ›

joujou [ʒuʒu] n. m. **1.** Lang. enfantin. FAIRE JOUJOU *avec une poupée.* **jouer. 2.** Jouet. fam. **bebelle.** *Offrir des joujoux.* **3.** Objet dont la mécanique est très perfectionnée ; objet de dimensions réduites très dispendieux. *Cette canne à pêche est un très beau joujou.* — Spécialt. Revolver. ▸ ***joujouthèque*** n. f. ■ Établissement où l'on peut louer ou emprunter des jouets.

joule [ʒul] n. m. ■ Physique. Unité de travail, énergie d'un courant d'un ampère passant pendant une seconde à travers une résistance d'un ohm (symb. *J.*). ⇒ ② **erg**

① ***jour*** [ʒuʀ] n. m. **1.** Clarté que le Soleil répand sur la Terre. / contr. **nuit** / *Lumière du jour. Le jour se lève. Le petit jour,* la faible clarté de l'aube. *Le grand, le plein jour,* la lumière du milieu de la journée. *En plein jour,* au milieu de la journée ; abstrait, devant tout le monde. *Le jour tombe* (⇒ **brumante, crépuscule**). *Il fait jour, tout à fait jour.* ⇒ ① **clair.** *Laisser entrer le jour dans une pièce.* ⇒ **clarté.** — Loc. *Demain il fera jour,* il faut attendre pour agir. *Beau (belle) comme le jour,* très beau. *Être comme le jour et la nuit,* opposés. **2.** Littér. DONNER LE JOUR *à un enfant* : le mettre au monde. ⇒ **accoucher.** — Fig. *Voir le jour,* paraître (livres), sortir (films, disques...). — Abstrait. SE FAIRE JOUR : apparaître, se montrer. *La vérité commence à se faire jour.* **3.** SOUS UN JOUR : sous un éclairage, un aspect particulier. *Présenter qqn sous un jour favorable, flatteur.* **4.** FAUX JOUR : mauvais éclairage. ‹ ▸ abat-jour, contre-jour, demi-jour, ② jour, ③ jour ›

② ***jour*** n. m. ■ Espace de temps déterminé par la rotation de la Terre sur elle-même. **1.** Espace de temps entre le lever et le coucher du soleil. ⇒ **journée.** *Le début* (matin), *le milieu* (midi), *la fin* (soir) *du jour. Les jours raccourcissent. Le jour et la nuit.* — Loc. *Nuit et jour* [nɥitəʒuʀ], *jour et nuit,* sans arrêt. **2.** Espace de temps qui s'écoule pendant une rotation de la Terre sur elle-même et qui sert d'unité de temps (24 heures). *Les sept jours du calendrier grégorien* (⇒ **semaine**). — PROV. *Les jours se suivent et ne se ressemblent pas.* — *Il neige depuis deux jours.* **3.** Employé pour situer un événement dans le temps. ⇒ **date.** *Le jour d'avant* ⇒ **veille**, *d'après* ⇒ **lendemain.** *Ce jour-là.* ⇒ **fois.** *Elle vient dans trois jours. Elle viendra un autre jour. Tous les quinze jours,* toutes les deux semaines. *Être payé tous les quinze jours.* — Loc. UN JOUR : un certain jour dans le passé *(un jour, il vint me voir)* ; dans l'avenir *(un jour, un de ces jours, un jour ou l'autre, il viendra). Un beau jour,* un certain jour. *Un beau jour, tu comprendras tout cela.* — CHAQUE JOUR. *La tâche, la pratique de chaque jour.* ⇒ **journalier, quotidien.** — À CŒUR DE, À LONGUEUR DE JOUR : continuellement, sans cesse. ⇒ **journée.** — TOUS LES JOURS : couramment. *Ces choses-là arrivent tous les jours.* — DE TOUS LES JOURS : habituel. *Son manteau de tous les jours.* — JOUR APRÈS JOUR, DE JOUR EN JOUR : graduellement, peu à peu. — D'UN JOUR À L'AUTRE : d'un moment, d'un instant à l'autre. *On doit me prévenir d'un jour à l'autre.* — DU JOUR : du jour même. *Nouvelles du jour. Pain, gâteau frais du jour. Menu du jour,* qu'on sert aujourd'hui. DU JOUR AU LENDEMAIN : d'un moment à l'autre, sans transition. *Tu as changé du jour au lendemain.* — À JOUR : en tenant compte des données du jour. *Mettre, mise à jour. Avoir ses comptes à jour.* **4.** Durée d'un jour. ⇒ **journée.** *Tout le jour. Ce jour a passé vite.* — Loc. (où *journée* ne se dit pas) PAR JOUR : dans une journée, quotidiennement. *Une, plusieurs fois par jour.* — AU JOUR LE JOUR. *Vivre au jour le jour,* sans projets, sans se préoccuper de l'avenir. — DE JOUR : se dit de qqn qui travaille le jour. *Être de jour ou de nuit.* **5.** Considéré d'après les caractères ou les événements qui le remplissent. ⇒ **journée.** *Les beaux jours,* le printemps, l'été. *Le jour de Pâques. Le jour de l'An, le jour de Noël. Le jour de mon anniversaire* ou fam. *de ma fête. Jour férié. Jours ouvrables. Jour de travail, de repos, de sortie. Accumuler ses jours de maladie. Prendre quinze jours de vacances dans le Sud. Un jour anniversaire,* où l'on célèbre, commémore qqch. — *On lui doit quinze jours* (de travail, de salaire). *Le jour J,* fixé pour une attaque, une opération militaire ; fixé pour un événement important. *Le jour J* (ex. le mariage) *approche.* — *Il est dans un, dans son bon (mauvais) jour,* il est de bonne (mauvaise) humeur. **6.** Espace de temps, époque. — DU JOUR : de notre époque. ⇒ **actuellement, aujourd'hui.** *Le goût du jour, la mode du jour. C'est le héros du jour.* **7.** Au plur. LES JOURS. ⇒ **vie.** *Abréger, finir ses jours. Vieux jours,* la vieillesse. ‹ ▸ ajourner, aujourd'hui, belle-de-jour, bonjour, journal, journalier, journée, journellement, toujours ›

③ ***jour*** n. m. **1.** Interstice qui laisse passer le jour. *Clôture à jours.* **2.** Ouverture décorative dans un tissu. *Faire des jours à un mouchoir. Drap à jours.* ⇒ **ajouré.** ‹ ▶ ajouré ›

journal, aux [ʒuʀnal, o] n. m. **1.** Relation quotidienne des événements ; écrit portant cette relation. *Tenir un journal intime. Écrire son journal.* ⇒ ③ **mémoires.** *Un journal de bord.* ⇒ **registre.** **2.** Publication quotidienne consacrée à l'actualité. ⇒ **quotidien ;** péj. **canard.** *Les titres, les colonnes, les photos d'un journal. Kiosque à journaux. Livreur de journaux.* ⇒ **camelot.** *Les journaux jaunes*.* — En appos. *Papier journal,* papier qui sert à l'impression des journaux ; journal servant d'emballage. ⇒ fam. **gazette.** — Un exemplaire de journal. *Lire le, son journal. Lire qqch. dans le journal,* fam. *sur le journal.* **3.** Se dit de quelques périodiques non quotidiens à l'exception des revues. *Un journal de modes. Des journaux d'enfant.* ⇒ **B.D., illustré. 4.** L'administration, la direction, les bureaux d'un journal. *Écrire au journal. Son journal l'a envoyé à l'étranger.* **5.** Bulletin quotidien d'information. *Journal parlé* (radiodiffusé ⇒ **radiojournal ;** télévisé ⇒ **téléjournal**). La présentatrice du journal. ▶ ***journalisme*** n. m. **1.** Métier de journaliste. *Faire du journalisme.* **2.** Le genre, le style propre aux journaux. *C'est du bon journalisme. Le journalisme à sensation.* ⇒ **jaunisme.** ▶ ***journaliste*** n. ■ Personne qui collabore à la rédaction d'un journal. ⇒ **rédacteur ; chroniqueur, correspondant, critique, éditorialiste, envoyé** spécial, **reporter.** *Journaliste politique, parlementaire.* ⇒ **courriériste.** *Un journaliste sportif. Journaliste de radio, de télévision.* ▶ ***journalistique*** adj. ■ Propre aux journaux, aux journalistes. *Genre, style journalistique.* ‹ ▶ porte-journaux, radiojournal, téléjournal ›

journalier, ière [ʒuʀnalje, jɛʀ] adj. et n. **1.** Adj. Qui se fait chaque jour. ⇒ **quotidien.** *Travail journalier.* **2.** N. *Un journalier, une journalière,* ouvrier, ouvrière qui n'appartient pas à un corps de métier particulier. ⇒ ③ **manœuvre.**

journée [ʒuʀne] n. f. **1.** Espace de temps qui s'écoule du lever au coucher du soleil. ⇒ ② **jour** (1). *Prendre une journée de congé, une journée de maladie,* s'absenter du travail pour cette durée et cette raison. *Il passe ses journées à dormir. Dans la journée d'hier.* — Loc. *À longueur de journée* ou fam. *à la journée longue ; toute la sainte journée ; toute la journée,* continuellement. **2.** *Journée de travail* et, absolt, *journée,* le travail effectué et le gain obtenu pendant la journée. *Faire la journée continue,* ne pas s'arrêter de travailler (ou s'arrêter peu de temps) pour dîner. ‹ ▶ demi-journée ›

journellement [ʒuʀnɛlmɑ̃] adv. **1.** Tous les jours, chaque jour. ⇒ **quotidiennement.** *Être tenu journellement au courant des nouvelles.* **2.** Souvent. *Cela se voit, se rencontre journellement.*

joute [ʒut] n. f. **1.** Combat singulier à la lance et à cheval, au Moyen Âge. ⇒ **tournoi. 2.** Littér. Combat verbal. *Joutes oratoires, joutes d'esprit.* **3.** (Sports, jeux) Match, partie. *Une joute de hockey.* ⇒ **rencontre.** *Une joute de charlemagne.*

jouvence [ʒuvɑ̃s] n. f. ■ Source de jeunesse, de rajeunissement. *Son séjour dans un spa a constitué pour elle un vrai bain de jouvence.*

jouvenceau, elle [ʒuvɑ̃so, ɛl] n. ■ Vx ou plaisant. Jeune homme, jeune fille. *Des jouvenceaux.*

jovial, ale, als ou ***aux*** [ʒɔvjal, o] adj. ■ Qui est plein de gaieté franche, simple et communicative. ⇒ **enjoué, gai, joyeux.** *Des hommes joviaux,* moins cour. *jovials.* — *Air jovial. Humeur joviale.* / contr. **chagrin, maussade, morose** / ▶ ***jovialement*** adv. ■ *Elle nous a accueillis jovialement.* ▶ ***jovialité*** n. f. ■ Caractère jovial ; humeur joviale. ⇒ **enjouement, gaieté.** *Être plein de jovialité.*

joyau [ʒwajo] n. m. **1.** Objet de matière précieuse (or, argent, pierreries), de grande valeur, qui est destiné à orner ou à parer. ⇒ **bijou.** *Fabricant de joyaux.* ⇒ **joaillier. 2.** Chose rare et belle, de grande valeur. *La maison Duvernay, joyau de l'architecture montréalaise.*

joyeux, euse [ʒwajø, øz] adj. **1.** Qui éprouve, ressent de la joie, ou aime à la manifester. ⇒ **gai, heureux.** / contr. **sombre, triste** / *Ils sont très joyeux. C'est un joyeux luron.* ⇒ **agréable, amusant, boute-en-train.** *Être en joyeuse compagnie. Être de joyeuse humeur.* ⇒ **jovial.** *Ils sont partis très joyeux,* un peu ivres. **2.** Qui exprime la joie. *Cris joyeux. Une mine joyeuse.* ⇒ **radieux. 3.** Qui apporte la joie. / contr. **pénible** / *Une joyeuse nouvelle. Joyeux Noël ! Joyeux Carnaval !* ▶ ***joyeusement*** adv. ■ *Accepter joyeusement une offre.* / contr. **tristement** /

jubé [ʒybe] n. m. **1.** Tribune transversale élevée entre la nef et le chœur, dans certaines églises. **2.** Galerie située à l'arrière ou sur les côtés d'une église. *Monter au (dans le) jubé.*

jubilé [ʒybile] n. m. ■ Fête célébrée à l'occasion du cinquantenaire de l'entrée dans une fonction, dans une profession. ▶ ***jubilaire*** n. ■ Personne que l'on fête, peu importe l'occasion ; personne à qui l'on rend hommage.

jubiler [ʒybile] v. intr. ▪ conjug. 1. ■ Se réjouir vivement de (qqch.). ⇒ **exulter.** *Il n'avait pas tant espéré ; vous pensez s'il jubile !* / contr. s'**affliger** / — Iron. *Deux crevaisons dans la même journée, il y a de quoi jubiler,* être en colère, irrité. ▶ ***jubilation*** n. f. ■ Joie vive, expansive, exubérante. ⇒ **gaieté, joie.**

jucher [ʒyʃe] v. tr. ▪ conjug. 1. ■ Placer très haut. *Jucher un enfant sur ses épaules.* — Pronominalement. *Se jucher sur une branche.* — Au passif et au p. p. adj. *Être juché sur un escabeau. Nous sommes juchés au vingtième étage d'une tour à bureaux.* ▶ ***juchoir*** n. m. ■ Perchoir des oiseaux de basse-cour.

judaïque [ʒydaik] adj. ■ Qui appartient aux anciens Juifs ; à la religion juive. ⇒ **juif.** *Religion, loi judaïque.* ▶ ***judaïsme*** n. m. ■ Religion des juifs, descendants des Hébreux et héritiers de leurs livres sacrés. — Communauté des juifs. *Le judaïsme nord-américain.*

judas [ʒydɑ] n. m. invar. **1.** (Avec une majusc.) Personne qui trahit. ⇒ **fourbe, hypocrite, traître.** *C'est un Judas.* **2.** Petite ouverture pratiquée dans un plancher, un mur, une porte, pour épier sans être vu. *Observer un prisonnier par le judas.*

judéo- ■ Préfixe savant signifiant « juif » (ex. : *judéo-chrétien*).

judiciaire [ʒydisjɛʀ] adj. **1.** Relatif à la justice et à son administration. *Pouvoirs législatif, exécutif et judiciaire. Police judiciaire. Le district judiciaire de Québec.* **2.** Qui se fait en justice ; par autorité de justice. *Acte judiciaire.* ⇒ **juridique.** *Casier judiciaire. Poursuites judiciaires. Une erreur judiciaire.*

judicieux, euse [ʒydisjø, øz] adj. ■ Qui résulte d'un bon jugement. ⇒ **intelligent, pertinent, sensé.** *Remarque, critique judicieuse. Il serait plus judicieux de renoncer.* / contr. **absurde, stupide** / ▶ ***judicieusement*** adv. ■ *Elle a judicieusement fait remarquer ceci,* avec à-propos, à bon escient.

judo [ʒydo] n. m. ■ Sport de combat d'origine japonaise. ⇒ **jiu-jitsu.** *Prise de judo. Ceinture noire de judo.* ▶ ***judoka*** [ʒydɔka] n. ■ Personne qui pratique le judo. *Elle est judoka. Des judokas.*

juge [ʒyʒ] n. **1.** Magistrat chargé de rendre la justice. *Les juges siègent, délibèrent, se prononcent. Nous irons devant le juge,* devant la justice, le tribunal. *Les neuf juges de la Cours suprême du Canada. Juge d'instruction,* magistrat spécialement chargé d'informer en matière criminelle ou correctionnelle. ⇒ **coroner, procureur.** *Juge de paix,* magistrat qui statue comme juge unique sur des affaires généralement peu importantes. **2.** Personne appelée à faire partie d'un jury, à se prononcer comme arbitre. *Les juges d'un concours. Juge-arbitre d'un tournoi de tennis.* — (Dans certains sports : hockey, baseball.) *Juges de ligne(s),* qui décide si la rondelle, la balle... est en jeu. ⇒ **arbitre.** *Juge de but(s),* qui surveille pour voir si la rondelle pénètre dans le but. **3.** Personne qui juge, qui a le droit et le pouvoir de juger. *Dans les choses de théâtre, le public est le juge absolu.* **4.** Personne qui est appelée à donner une opinion, à porter un jugement. *Je vous en fais juge. Être bon, mauvais juge,* plus ou moins capable de porter un jugement. ⇒ **expert.**

au ***jugé*** n. m. ⇒ **juger** (II).

jugement [ʒyʒmɑ̃] n. m. **1.** Action de juger ; décision en justice. *Le jugement d'un procès. Le jugement d'un accusé. Prononcer, rendre un jugement.* ⇒ **décision ; arrêt, sentence, verdict.** — (Avec une majusc.) LE JUGEMENT DERNIER : celui que Dieu prononcera à la fin du monde, sur le sort de tous les vivants et des morts ressuscités (religion chrétienne). — Plaisant. *On se reverra au Jugement dernier.* — *D'après le jugement de l'arbitre, le point est bon.* **2.** Opinion favorable ou défavorable. *Émettre, exprimer, porter un jugement. Revenir sur ses jugements. Jugement préconçu, hâtif.* — Façon de voir (les choses) particulière à qqn. ⇒ **opinion, point de vue ; avis, sentiment.** *Je livre, je soumets cela à votre jugement. Se contenter d'un jugement sommaire.* **3.** Faculté de l'esprit permettant de bien juger de choses qui ne font pas l'objet d'une connaissance immédiate certaine, ni d'une démonstration rigoureuse. ⇒ **discernement, perspicacité, raison,** bon **sens.** *Avoir du jugement, manquer de jugement.* ⇒ **jugeote.** *Erreur de jugement.*

jugeote [ʒyʒɔt] n. f. ■ Fam. Jugement (3), bon sens. *Manquer de jugeote !*

juger [ʒyʒe] v. tr. ▪ conjug. 3. **I. 1.** Soumettre (une cause, une personne) à la décision de sa juridiction. *Juger une affaire, un crime. Juger un accusé.* — Sans compl. Rendre la justice. *Le tribunal jugera.* ⇒ **conclure, décider, statuer. 2.** Décider, prendre nettement position sur (une question). *C'est à vous de juger ce qu'il faut faire, si nous devons répondre, comment il faut faire.* **3.** Soumettre au jugement de la raison, de la conscience ⇒ **apprécier, considérer, examiner**, pour se faire une opinion ; émettre une opinion sur. *Juger un livre, un film. Être jugé à sa juste valeur.* ⇒ **évaluer.** — V. tr. indir. JUGER DE. *Si j'en juge par mes propres sentiments. Il est bien difficile d'en juger,* d'en dire, d'en penser qqch. **4.** (Avec un adj. ou une complétive) Considérer comme. ⇒ **estimer, trouver.** *Elle le juge insignifiant. Partons, si vous le jugez bon. Elle jugeait qu'il était trop tard.* ⇒ **penser.** — Pronominalement. *Se juger perdu.* ⇒ s'**estimer. 5.** V. tr. indir. (Surtout à l'impératif) ⇒ **imaginer,** se **représenter.** *Jugez de ma surprise.* **II.** Loc. adv. AU JUGER ou AU JUGÉ : en devinant, en présumant. *Tirer au juger.* — Abstrait. D'une manière approximative, à première vue. ‹ ▶ adjuger, se déjuger, juge, jugement, jugeote, méjuger, préjuger ›

① ***jugulaire*** [ʒygylɛʀ] n. f. ■ Attache qui maintient une coiffure d'uniforme en passant sous le menton. ⇒ **bride.** *Baisser, serrer la jugulaire.*

② ***jugulaire*** adj. ■ Anatomie. De la gorge. *Veines jugulaires* (sur les côtés du cou).

juguler [ʒygyle] v. tr. ▪ conjug. 1. ■ Arrêter, interrompre le développement de (qqch.). ⇒ **enrayer, étouffer, stopper.** *Juguler une maladie. Juguler une révolte.*

juif, juive [ʒɥif, ʒɥiv] n. et adj. **1.** N. (Avec une majusc.) Nom donné depuis l'Exil (IVᵉ s. av. J.-C.) aux descendants d'Abraham (⇒ **hébreu, israélite**), peuple sémite monothéiste qui vivait en Palestine. — Personne descendant de ce peuple. *Un juif allemand, polonais, américain. Persécutions subies par les Juifs.* ⇒ **pogrom.** *Racisme envers les Juifs.* ⇒ **antisémitisme. 2.** Adj. Relatif à la communauté des Juifs. *Le peuple juif,* ou peuple élu. *Religion juive.* ⇒ **judaïsme.** ≠ *musulman, païen. Quartier juif.* ⇒ **ghetto. 3.** Péj. Adj. Avare, âpre au gain (emploi injurieux pour les Juifs, basé sur une tradition chrétienne hostile, lié au racisme antisémite*). ⇒ **avaricieux ;** fam. ② **séraphin.** *Tu es pas mal juif.* **4.** N. *Mon petit juif,* expression désignant un enfant vif et malicieux, sans méchanceté. ⇒ **espiègle.**

juillet [ʒɥijɛ] n. m. ■ Septième mois de l'année dans le calendrier actuel (31 jours). *Le soleil de juillet. Le 1ᵉʳ juillet, fête nationale des Canadiens.* ⇒ **confédération.** *Le 4 juillet, fête nationale des Américains. Le 14 juillet, anniversaire de la prise de la Bastille et fête nationale française. Prendre ses vacances en juillet, au mois de juillet.*

juin [ʒɥɛ̃] n. m. ■ Sixième mois de l'année dans le calendrier actuel (30 jours). *Son bail prend fin en juin. Le 24 juin, fête nationale des Québécois.*

jujube [ʒyʒyb] n. m. **1.** Fruit comestible d'un arbuste épineux (le *jujubier*). **2.** Pâte extraite de ce fruit (remède contre la toux). — friandise à la jujube.

juke-box [dʒukbɔks] n. m. ■ Anglic. Machine faisant passer automatiquement le disque demandé. *Des juke-boxes.*

jules [ʒyl] n. m. invar. ■ (France) Fam. Homme, amoureux, mari. ⇒ anglic. **chum.** *C'est son jules.*

julienne [ʒyljɛn] n. f. **1.** Préparation de légumes variés coupés en petits morceaux, utilisée en garniture ou pour des potages. — Potage contenant cette préparation. **2.** Au plur. *Des juliennes,* des frites, des croustilles coupées en petits bâtonnets. *Un sac de juliennes.* — En appos. *Des frites juliennes,* longues et minces. ⇒ **allumette.**

julievillois, oise [ʒylivilwa, waz] adj. et n. ■ De la ville de Sainte-Julie. — N. (Avec une majusc.) Personne née dans cette ville ou qui l'habite.

jumbo [dʒɔmbo] adj. et n. m. **1.** Anglic. De grand format, de grande taille. *Des boissons gazeuses dans des bouteilles jumbos.* — N. m. *Cet orignal est un vrai jumbo.* **2.** Avion gros-porteur. *Des jumbos* ou *des jumbos(-)jets.*

jumeau, elle [ʒymo, ɛl] adj. et n. **1.** Se dit d'enfants nés d'un même accouchement. ⇒ **quadruplés, quintuplés, triplés.** *Frères jumeaux, sœurs jumelles.* — N. *Deux jumeaux. C'est sa jumelle. Vrais jumeaux,* provenant d'un seul œuf fragmenté en deux. *Faux jumeaux,* provenant de deux œufs différents. **2.** Se dit de deux choses ou de deux personnes semblables. *Lits jumeaux.* ▶ ***jumeler*** [ʒymle] v. tr. ▪ conjug. 4. ■ Ajuster ensemble (deux éléments, deux choses semblables). *Jumeler les pneus d'un camion.*

▸ ***jumelé, ée*** adj. et n. m. **1.** Disposé, groupé par couples. *Des roues jumelées. Québec et Calgary sont des villes jumelées* (⇒ **jumelage**). **2.** *Maison jumelée* ou n. m. *jumelé,* maison attenante à une autre par un mur mitoyen. ⇒ **duplex** (II, 3). ▸ ***jumelage*** n. m. ■ Action de jumeler ; son résultat. — *Jumelage de villes,* coutume consistant à déclarer jumelles deux villes situées dans deux pays, deux provinces différent(e)s. ▸ ***jumelle(s)*** n. f. sing. ou pl. ■ Instrument portatif à deux lunettes ; double lorgnette. ⇒ **longue-vue.** *Une jumelle marine. Des jumelles de spectacle.* — Abusivt. *Une paire de jumelles.* ‹ ▸ trijumeau ›

jument [ʒymɑ̃] n. f. ■ Femelle du cheval. *Jeune jument.* ⇒ **pouliche.**

jumping [dʒɔmpiŋ] n. m. ■ Anglic. Saut d'obstacles à cheval.

jungle [ʒœ̃gl] n. f. **1.** Dans les pays de mousson. Forme de savane couverte de hautes herbes, de broussailles et d'arbres, où vivent les grands fauves. **2.** Milieu humain où règne la loi de la sélection naturelle. *La loi de la jungle,* la loi du plus fort. *La jungle des affaires. Cette ville est une vraie jungle.*

junior [ʒynjɔʀ] adj. et n. **1.** Se dit quelquefois (dans le commerce ou plaisamment) du frère plus jeune. ⇒ **cadet.** — Vieilli. Se dit du fils qui porte le même prénom que son père. / contr. **senior** / *Voici Jean-Marie junior.* **2.** Adj. et n. Se dit d'une catégorie sportive pour les jeunes de 17 à 20 ans. ⇒ **atome, bantam, midget, novice, pee-wee.** *Équipe junior de football. Le hockey junior A.* — N. *Les juniors. Jouer dans le junior* ou, adv., *jouer junior,* dans cette catégorie. **3.** Adv. Qui concerne les jeunes, est destiné aux jeunes. *Un style de vêtements junior.* — N. m. *La mode des juniors. Se chausser dans le junior, chausser du junior.*

junte [ʒœ̃t] n. f. ■ Conseil, assemblée administrative, politique en Espagne, au Portugal ou en Amérique latine. *Junte militaire.*

jupe [ʒyp] n. f. **1.** Partie de l'habillement féminin qui descend de la ceinture à une hauteur variable de la jambe. *Jupe longue traînant par terre. Jupe au-dessus du genou, très courte* ⇒ **mini-jupe.** *Jupe droite, plissée.* — *Être dans les jupes de sa mère,* ne jamais la quitter. **2.** Surface latérale d'un piston. **3.** Partie souple d'un aéroglisseur qui enferme le coussin d'air. ▸ ***jupe-culotte*** n. f. ■ Culotte ample qui présente l'aspect d'une jupe, portée par les femmes. *Des jupes-culottes.* ▸ ***jupette*** n. f. ■ Jupe très courte. ▸ ***jupon*** n. m. **1.** Jupe de dessous. *Jupon de dentelle.* **2.** Collectif. Les femmes, les filles. *Coureur de jupons.* ⇒ fam. **courailleur.** ‹ ▸ mini-jupe ›

jurassien, ienne [ʒyʀasjɛ̃, jɛn] adj. ■ Du Jura, en France et en Suisse. *Le relief jurassien.* ▸ ***jurassique*** adj. et n. m. ■ Géologie. Relatif aux terrains secondaires dont le Jura est constitué en majeure partie.

① ***juré, ée*** adj. ■ ENNEMI JURÉ : ennemi déclaré et acharné. *Elle est mon ennemie jurée.*

② ***juré, ée*** n. ■ Membre d'un jury (1). *Serment des jurés. Les jurés ont déclaré l'accusé coupable.* ≠ *jury.* — REM. L'O.L.F. propose *jurée* au féminin.

jurer [ʒyʀe] v. • conjug. 1. **I.** V. tr. **1.** Promettre (qqch.) par un serment plus ou moins solennel. *Jurer fidélité, obéissance à qqn. Jurer de faire qqch.* ⇒ s'**engager.** *Jure-moi que ce n'est pas vrai.* — Pronominalement. *Ils se sont juré de ne pas se séparer. Elle s'est juré de ne rien dévoiler.* **2.** Affirmer solennellement, fortement. ⇒ **assurer, déclarer.** *Je vous jure que ce n'est pas facile. Elle a juré de ne pas recommencer.* — Fam. *Je te (vous) jure !* (exprimant l'indignation). *Il ne se gêne pas, je vous jure !* **3.** JURER DE *qqch.* : affirmer de façon catégorique (qu'une chose est ou n'est pas, se produira ou ne se produira pas). *Il ne faut jurer de rien. J'en jurerais,* je le crois ; *je n'en jurerais pas,* je ne le crois pas. — Fam. *Je te (vous) jure que c'est vrai ! Juré craché.* **II.** V. intr. (ou sans compl.) **1.** Faire un serment. *Faites-le jurer sur la Bible, sur les ou l'Évangile(s).* — Loc. *On ne jure plus que par elle,* on l'admire, on l'imite en tout. **2.** Dire des jurons, des imprécations. ⇒ **blasphémer,** ② **sacrer.** *Il jurait comme un charretier. Jurer contre qqn, après qqn.* ⇒ **crier.** **3.** (Choses) Aller mal avec, ensemble. ⇒ **détonner.** / contr. fam. **adonner** / *Ces couleurs jurent.* ‹ ▸ abjurer, adjurer, conjurer, injurier, ① et ② juré, juron, jury, se parjurer ›

juridiction [ʒyʀidiksjɔ̃] n. f. **1.** Pouvoir de juger, de rendre la justice ; étendue et limite de ce pouvoir. ⇒ **compétence, ressort.** *Juge, magistrat, tribunal qui exerce sa juridiction. Dans la juridiction.* **2.** Tribunal, ensemble de tribunaux. ⇒ **chambre, conseil,** ② **cour.** *Juridictions administratives, civiles.* **3.** Fam. Compétence. ⇒ **domaine.** *Juridiction provinciale, fédérale.*

juridique [ʒyʀidik] adj. **1.** Qui se fait, s'exerce en justice, devant la justice. ⇒ **judiciaire.** *Action juridique.* **2.** Qui a rapport au droit. *Actes juridiques.* ⇒ **légal.** *Études juridiques,* de droit. *L'aide* juridique.* ▸ ***juridiquement*** adv. **1.** Devant la justice. *Accuser juridiquement qqn.* **2.** Du point de vue du droit. *Être juridiquement dans son tort.*

jurisconsulte [ʒyʀiskɔ̃sylt] n. m. ■ (France) Juriste qui donne des avis sur des questions de droit.

jurisprudence [ʒyʀispʀydɑ̃s] n. f. ■ Ensemble des décisions des juridictions sur une matière ou dans un pays, une province, en tant qu'elles constituent une source de droit (opposé à *doctrine*) ; principes juridiques qui s'en dégagent (coutume). *Législation, jurisprudence et doctrine.* — Manière de juger sur un point particulier. *La jurisprudence du tribunal n'a pas varié sur ce point.*

juriste [ʒyʀist] n. ■ Personne qui a de grandes connaissances juridiques ; auteur d'études juridiques. ⇒ **jurisconsulte.** *Une bonne juriste.*

juron [ʒyʀɔ̃] n. m. ■ Terme grossier ou familier dont on se sert pour blasphémer, insulter, injurier. ⇒ ② **sacre ; patois.** *Pousser quelques jurons.*

jury [ʒyʀi] n. m. **1.** Ensemble des jurés ② ; groupe de jurés désignés pour une affaire judiciaire. **2.** Assemblée, commission chargée de l'examen d'une question ou d'examiner des candidats. ⇒ **comité.** *Jury de concours, de thèse. Le jury d'un prix littéraire.* ≠ *juré.*

jus [ʒy] n. m. invar. **I. 1.** Liquide contenu dans une substance végétale. ⇒ **suc.** *Le jus des fruits.* ⇒ **nectar.** *Boire un jus de tomate. Du jus de légumes.* **2.** Liquide rendu par une viande qui cuit. *Jus de viande.* ⇒ **sauce.** *Carottes, rosbif au jus. Tu veux plus de jus ?* — Loc. fam. *Cuire dans son jus,* rester dans une situation désagréable. *Être dans le jus,* très occupé, avoir beaucoup de choses à faire. **3.** Fam. *Jus de vaisselle, de chaussettes,* mauvais café. — *Il n'y a plus de jus dans le réservoir,* d'essence. **II.** Fam. **1.** Courant électrique. *Il n'y a plus de jus.* **2.** Loc. *Ne plus avoir de jus (dans le corps),* d'énergie, de ressource physique. ‹ ▸ juteux, verjus ›

jusant [ʒyzɑ̃] n. m. ■ Marée descendante. ⇒ **baissant, reflux.** / contr. **flux** /

jusqu'au-boutisme [ʒyskobutism] n. m. ■ Politique, conduite extrémiste. ▸ ***jusqu'au-boutiste*** n. ■ Extrémiste. *Des jusqu'au-boutistes.* / contr. **modéré** /

jusque [ʒysk] prép. (et adv., conj.) marquant le terme final, la limite que l'on ne dépasse pas. **I.** Prép. (Suivie le plus souvent de *à*, d'une autre préposition ou d'un adverbe) **1.** JUSQU'À. — (Lieu) *Aller jusqu'à Ottawa. Rempli jusqu'au bord. Rougir jusqu'aux oreilles. Avoir de l'eau jusqu'aux genoux.* — (Suivie d'un nom abstrait, pour marquer l'excès) *Poli jusqu'à l'obséquiosité.* — (Devant un infinitif, après les v. *aller, pousser,* etc.) *Il est allé jusqu'à prétendre qu'on ne l'avait pas averti.* — (Temps) *Du matin jusqu'au soir. Jusqu'à nouvel ordre. Jusqu'au 17 décembre inclus.* — Y compris. *Tous, jusqu'à sa femme, l'ont abandonné. Il m'a remboursé jusqu'au dernier cent* ou fam. *jusqu'à la dernière cenne.* **2.** (Suivie d'une autre préposition que *à*) JUSQUE CHEZ. *Il l'accompagne jusque chez elle.* — JUSQU'APRÈS. *Elle attendra jusqu'après les vacances.* — JUSQUE VERS. *Il a patienté jusque vers midi.* **3.** (Suivie d'un adv.) *Jusqu'alors, jusqu'à présent, jusqu'à maintenant, jusqu'à quand, jusqu'ici. Jusqu'aujourd'hui* ou *jusqu'à aujourd'hui.* — Fam. *En avoir jusque-là,* être excédé. *S'en mettre jusque-là,* trop manger. *Jusqu'où, jusqu'à quand* (relatif ou interrogatif). **II.** Adv. JUSQU'À. ⇒ **même.** *Il y a des noms et jusqu'à des personnes que j'ai complètement oubliés. Il n'est pas jusqu'à son regard qui n'ait changé,* même son regard a changé. **III.** Conj. JUSQU'À CE QUE (+ subjonctif) : jusqu'au moment où. *Jusqu'à ce que je revienne.* — JUSQU'À TANT QUE (même sens). ⟨ ▸ jusqu'au-boutisme ⟩

jusquiame [ʒyskjam] n. f. ■ Plante à fleurs jaunes rayées de pourpre, à propriétés narcotiques et toxiques.

justaucorps [ʒystokɔʀ] n. m. invar. **1.** Ancien vêtement masculin serré à la taille et muni de basques. ⇒ **pourpoint.** **2.** Maillot collant d'une seule pièce qui couvre le buste, utilisé pour la danse et la gymnastique.

① ***juste*** [ʒyst] adj. et n. m. **1.** Qui se comporte, agit conformément à la justice, à l'équité. ⇒ **équitable.** / contr. **injuste** / *Être juste pour, envers, à l'égard de qqn. Il faut être juste,* sans parti pris. ⇒ **honnête, impartial.** — N. *Un, les juste(s).* — Loc. *Dormir du sommeil du juste,* d'un sommeil paisible et profond. **2.** (Choses) Qui est conforme à la justice, au droit, à l'équité. *Un juste partage. Une loi juste.* / contr. **inique** / **3.** (Devant le nom) ⇒ **fondé, légitime.** *De justes revendications. À juste titre,* à bon droit. ▸ ① ***justement*** adv. ■ Rare. À bon droit, avec raison. *Craindre justement pour son sort.* ▸ ***justice*** n. f. **1.** Appréciation, reconnaissance et respect des droits et du mérite de chacun. ⇒ **droiture, équité, impartialité, intégrité.** *Agir avec justice.* **2.** Principe moral de conformité au droit. *Faire régner la justice.* — Loc. *Il n'y a pas de justice,* ce n'est pas juste. **3.** Pouvoir de faire régner le droit ; exercice de ce pouvoir. *La justice punit et récompense. Rendre la justice.* ⇒ **juger.** *Cour de justice. Obtenir justice,* reconnaissance de son droit. — FAIRE JUSTICE DE *qqch.* : récuser, réfuter. *Le temps a fait justice de cette renommée usurpée.* — FAIRE, RENDRE JUSTICE À *qqn* : lui reconnaître son droit ; rendre hommage, récompenser. *L'avenir lui rendra justice.* — SE FAIRE JUSTICE : se venger. *Le coupable s'est fait justice,* s'est tué. **4.** Organisation du pouvoir judiciaire ; ensemble des organes chargés d'administrer la justice. *Exercer un droit en justice. Décisions de la justice* (⇒ **judiciaire, juridique**). *Traduire qqn en justice,* l'amener devant le tribunal. *Palais de justice,* là où siègent les tribunaux. *Le ministre de la Justice.* — Police judiciaire. *La justice le recherche.* **5.** L'ensemble des juridictions de même catégorie. *Justice administrative, civile, commerciale.* ▸ ***justiciable*** adj. et n. **1.** Qui relève de certains juges, de leur juridiction. *Criminel justiciable des tribunaux canadiens.* **2.** Qui relève (d'une mesure, d'un traitement). *Il est justiciable de révocation. Malade justiciable d'une cure thermale.* ▸ ***justicier, ière*** n. **1.** Personne qui rend justice, qui fait régner la justice. **2.** Personne qui agit en vue de redresser des torts, venger les innocents et punir les coupables. *Les justiciers des films d'aventures.* ⟨ ▸ injuste, injustifié, ① justifier, repris de justice ⟩

② ***juste*** adj. et adv. **I.** Adj. **1.** Qui a de la justesse, qui convient bien. / contr. ① **faux, inexact** / *Chercher le mot juste.* ⇒ **adéquat, propre.** *Estimer les choses à leur juste prix.* ⇒ **réel.** *L'addition est juste. L'heure juste.* ⇒ **exact.** — Loc. fig. *Donner l'heure juste à qqn,* lui exposer un problème tel qu'il est, sans détour. **2.** (Sons) Conforme à ce qu'il devrait être (opposé à *faux*). *Note juste. Voix juste.* **3.** Abstrait. Conforme à la vérité, à la raison, au bon sens. ⇒ **authentique, exact, judicieux, logique, vrai.** *Dire des choses justes.* ⇒ **pertinent.** / contr. **erroné** / *C'est juste,* vous avez raison. *Très juste !* **4.** Qui apprécie bien, avec exactitude. *Avoir le coup d'œil juste, l'oreille juste.* **II.** Adj. ⇒ **ajusté.** **1.** (Vêtements, chaussures) Qui est trop ajusté. ⇒ **étroit, petit, serré.** *Ce pantalon est juste.* **2.** Qui suffit à peine. *C'est un peu juste pour dix personnes. Je suis un peu juste en ce moment,* je manque d'argent. ⇒ **serré.** **III.** Adv. **1.** Avec justesse, exactitude, comme il faut, comme il convient. *Voir juste. Deviner, tomber juste. Chanter juste.* / contr. ① **faux ; fausser** / — Avec précision. *Viser juste. Frapper, toucher juste,* atteindre exactement le but visé. **2.** Exactement, précisément. *L'avion passe juste au-dessus de la maison. Cela s'est passé juste comme il le voulait. Elle vient (tout) juste de m'appeler.* **3.** Loc. adv. AU JUSTE. ⇒ **exactement, précisément.** *On ne savait pas au juste ce que c'était.* — COMME DE JUSTE : comme il se doit, comme il est habituel. *Comme de juste, il est en retard.* **4.** En quantité à peine suffisante. *Compter, prévoir un peu juste.* / contr. **largement** / *Cela lui coûte juste la peine de se baisser.* ⇒ **seulement.** *Il s'est vendu tout juste cinq cents exemplaires,* à peine. *Arriver juste,* ne pas être en mesure d'économiser. ▸ ② ***justement*** adv. **I.** Avec justesse. *On dira plus justement que...* ⇒ **pertinemment.** **II.** Adv. de phrase. **1.** (Pour marquer l'exacte concordance de deux faits, d'une idée et d'un fait) *C'est justement ce qu'il ne fallait pas faire.* ⇒ **exactement.** *Il va venir ; justement le voici.* **2.** Précisément, à plus forte raison (en tête de phrase). *Elle sera peinée de l'apprendre. — Justement, ne lui dites rien !* ▸ ***justesse*** n. f. **1.** Qualité qui rend une chose parfaitement adaptée ou appropriée à sa destination. *Justesse et précision d'une balance.* — Abstrait. ⇒ **correction, exactitude.** *Cette comparaison manque de justesse.* **2.** Qualité qui permet d'exécuter très exactement une chose, manière dont on exécute sans erreur. ⇒ **précision.** *Justesse du tir. Apprécier avec justesse.* **3.** Loc. adv. DE JUSTESSE : sans rien de trop, de peu. *Gagner de justesse. Éviter de justesse une collision.* — Fam. *Manquer, rater (qqn, qqch.) de justesse,* de peu.

① ***justifier*** [ʒystifje] v. tr. ▪ conjug. 7. **1.** Innocenter (qqn) en expliquant sa conduite, en démontrant que l'accusation n'est pas fondée. ⇒ **décharger, disculper.** *Justifier qqn d'une erreur.* — Pronominalement (réfl.). *Se justifier,* prouver son innocence. *Se justifier d'une accusation. Il faut dire quelque chose pour vous justifier.* **2.** Rendre (qqch.) légitime. *Théorie qui justifie tous les excès.* ⇒ **autoriser, légitimer.** — PROV. *La fin justifie les moyens.* **3.** Faire admettre ou s'efforcer de faire reconnaître (qqch.) comme juste, légitime. ⇒ **expliquer, motiver.** *Justifiez vos critiques. Ses craintes ne sont pas justifiées.* ⇒ **fonder.** *Justifier son absence de l'école.* — Au p. p. adj. *Absence (non) justifiée.* **4.** Montrer (qqch.) comme vrai, juste, réel, par des arguments, des preuves. ⇒ **démontrer, prouver.** *Justifier ce qu'on affirme. Justifier l'emploi des sommes reçues.* — Confirmer après coup. *Les faits ont justifié ses craintes.* — Au p. p. adj. *Une demande justifiée.* **5.** V. tr. indir. *Justifier* *de son identité,* ou, tr. dir. et fam., *justifier son identité,* la prouver. ▶ ***justifiable*** adj. **1.** Qui peut être justifié. ⇒ **défendable, excusable.** *Un comportement peu justifiable.* **2.** Qui peut être expliqué, motivé. *Un choix justifiable.* / contr. **injustifiable** / ▶ ***justificateur, trice*** adj. ■ Qui justifie. ▶ ***justificatif, ive*** adj. et n. m. **1.** Qui sert à justifier qqn. — Qui légitime (qqch.). **2.** Qui sert à prouver ce qu'on allègue. *Documents justificatifs.* — N. m. Pièce justificative. *Produire des justificatifs.* ▶ ① ***justification*** n. f. **1.** Action de justifier (qqn, qqch.), de se justifier. *Qu'avez-vous à dire pour votre justification ?* ⇒ **décharge, défense.** *Demander des justifications.* ⇒ **compte, explication.** **2.** Action d'établir (une chose) comme réelle ; résultat de cette action. ⇒ **preuve.** *Justification d'un fait, d'un paiement.*

② ***justifier*** v. tr. ▪ conjug. 7. ■ Imprimerie, informatique. Mettre (une ligne) à la longueur voulue entre deux marges. — Au p. p. adj. *Texte justifié à droite.* ▶ ② ***justification*** n. f. ■ Action de fixer la longueur d'une ligne ; cette longueur.

jute [ʒyt] n. f. **1.** Plante cultivée pour les fibres textiles longues et soyeuses de ses tiges. **2.** Fibre qu'on en tire. *Toile de jute. Poche de jute,* pour les pommes de terre, les légumes, etc. — REM. En France, ce mot est du masculin.

juteux, euse [ʒytø, øz] adj. **1.** Qui a beaucoup de jus. *Poire juteuse.* ⇒ **fondant.** **2.** Fam. Qui rapporte beaucoup. *Une combine juteuse.* **3.** Qui est scandaleux, choquant. *Une histoire juteuse.*

juvénile [ʒyvenil] adj. ■ Se dit des qualités propres à la jeunesse. ⇒ **jeune.** *Grâce, visage juvénile.* / contr. **sénile, vieux** / ▶ ***juvénilité*** n. f. ■ Littér. *La juvénilité de ses réactions.*

juxta- ■ Préfixe savant signifiant « près de ». ▶ ***juxtaposer*** [ʒykstapoze] v. tr. ▪ conjug. 1. ■ Mettre (plusieurs choses) l'une contre l'autre sans les relier. ⇒ **accoler.** *Juxtaposer deux mots par une apposition.* — Au p. p. adj. *Couleurs juxtaposées. Phrases juxtaposées.* ▶ ***juxtaposition*** n. f. ■ *Juxtaposition de couleurs.*

k

k [kɑ] n. m. ■ Onzième lettre, huitième consonne de l'alphabet *(k, K)* servant à noter une consonne occlusive sourde [k]. — Symb. pour *kilo.* — Informatique. Symbole fam. de *kilo-octet.*

kabbale n. f. ⇒ ② **cabale.**

kafkaïen, ïenne [kafkajɛ̃, jɛn] adj. ■ Qui rappelle l'atmosphère oppressante des romans de Kafka.

kaiser [kajzœʀ] n. m. ■ L'empereur d'Allemagne, de 1870 à 1918.

kakatois n. m. ⇒ **cacatoès.**

kakawi n. m. ⇒ **cacaoui.**

kake(é)mono [kakemɔno] n. m. ■ Peinture japonaise sur soie ou sur papier, étroite et haute.

① **kaki** [kaki] adj. invar. ■ D'une couleur jaunâtre tirant sur le brun. *Chemise kaki.* — N. m. *Militaire en kaki.*

② **kaki** n. m. ■ Arbre dont les fruits d'un jaune orangé ont la forme de tomates. — Ce fruit. *Des kakis.*

kaléidoscope [kaleidɔskɔp] n. m. **1.** Petit instrument cylindrique, dont le fond est occupé par des fragments mobiles de verre colorié qui, en se réfléchissant sur un jeu de miroirs, y produisent des combinaisons d'images aux multiples couleurs. **2.** Succession rapide et changeante (d'impressions, de sensations).

kamikaze [kamikaz] n. m. ■ Avion-suicide, piloté par un volontaire, au Japon (1944-1945) ; ce volontaire. — Personne d'une grande témérité.

kangourou [kɑ̃guʀu] n. m. ■ Grand mammifère australien herbivore, à pattes postérieures très développées, dont la femelle possède une poche ventrale qui abrite les petits. *Des kangourous.* — En appos. *Une poche kangourou,* sur le devant d'un vêtement.

kaolin [kaɔlɛ̃] n. m. ■ Argile blanche, réfractaire et friable qui entre dans la composition de la céramique, de la porcelaine.

kapok ou **capok** [kapɔk] n. m. ■ Fibre végétale faite des poils fins et soyeux qui recouvrent les graines d'un arbre exotique (le *kapokier*). *Coussins rembourrés de kapok.*

kapout ou **kaput** [kaput] adj. ■ Fam. Terminé, fini ; mort. *Pour moi, c'est kapout. Cette maladie ne pardonne pas, elle est kapout. La télévision est kapout,* hors d'usage. ⇒ **brisé.**

karaté [kaʀate] n. m. ■ Exercice et sport de combat d'origine japonaise. *Pratiquer le karaté. Un coup de karaté.* ▶ **karatéca** n. ■ Personne qui pratique le karaté. *Une karatéka.*

kascher ou ② **cacher, cascher, casher, cawcher** [kaʃɛʀ] adj. invar. ■ Se dit de la viande des animaux permis, abattus rituellement, dans la religion judaïque ; des commerces où l'on trouve cette viande. *Boucherie kascher.* — Par ext. *Vin kasher.*

kayak ou **kayac** [kajak] n. m. **1.** Embarcation traditionnelle des Inuits faite de peaux de phoques assemblées sur une armature légère, qui se manœuvre à la pagaie double. ⇒ **umiak. 2.** Petite embarcation de sport en toile, à une ou deux places, qui se manœuvre à la pagaie. *Descendre une rivière en kayak. Course de kayacks.* ▶ **kayakiste** n. ■ Personne qui pratique le sport du kayak. ⇒ **canoéiste, canoteur.** ▶ **kayakisme** n. m. ■ Sport, activité du kayakiste. ⇒ **canoénisme.** ▶ **kayakable** adj. ■ Cours d'eau sur lequel on peut faire du kayak. ⇒ **canotable.** *Les rapides ne sont pas kayakables.*

kebab [kebab] n. m. ■ Viande coupée en morceaux qui sont enfilés sur une broche avant d'être cuits sur feu direct, au four ou sur la braise. ⇒ **brochette.** *Manger des kebabs.*

képi [kepi] n. m. ■ Coiffure militaire rigide, à fond plat et surélevé, munie d'une visière, portée (en France) par les officiers et sous-officiers de l'armée de terre, et autrefois les agents de police, etc. *Des képis.*

kérat-, kérato- ■ Préfixes savants signifiant « corne (matière), cornée ». ▶ **kératine** [keʀatin] n. f. ■ Substance qui constitue la majeure partie des productions épidermiques chez l'humain (cheveux, ongles) et les animaux (cornes, laine, plumes).

kermesse [kɛʀmɛs] n. f. **1.** En Hollande, Belgique, et dans le Nord de la France. Fête patronale villageoise, foire annuelle. **2.** (France) Grande fête de bienfaisance en plein air. ⇒ **tombola.** *La kermesse de l'école.*

kérosène [keʀozɛn] n. m. ■ Pétrole lampant obtenu par distillation des huiles brutes de pétrole. *Le kérosène est utilisé par les avions à réaction.*

kétaine adj. et n. ⇒ **quétaine.** (REM) ; **kétainerie** n. f. ⇒ **quétainerie** (REM).

ketch [kɛtʃ] n. m. ■ Petit voilier à deux focs et dont le mât est situé en avant du gouvernail.

ketchup [kɛtʃɔp] n. m. **1.** Sauce épaisse à base de purée de tomates, légèrement sucrée et épicée. *Acheter une bouteille de ketchup.* **2.** Marinades composées d'un mélange de légumes, surtout de tomates (mûres ou vertes), ou de fruits coupés en petits morceaux et cuits avec des épices et du vinaigre. *Un pot de ketchup rouge, vert. Un ketchup aux tomates, aux fruits.* **3.** Loc. fam. *Être ketchup,* (Choses) être réussi, opportun. ⇒ fam. **chocolat.** *L'affaire est ketchup,* dans le sac. *C'est fort de ketchup,* exagéré. ⇒ ① **café** (2). — REM. On rencontre parfois la variante *catchop* [katʃɔp].

khalife n. m. ⇒ **calife ; khalifat** n. m. **califat.**

khan [kɑ̃] n. m. ■ Titre des souverains mongols, des chefs tartares, et encore porté de nos jours par des chefs religieux islamiques.

khôl [kol] ou ***kohol*** [kɔɔl] n. m. ■ Fard de couleur sombre que les Orientaux, les habitants de l'Afrique du Nord, s'appliquent sur les paupières, les cils, les sourcils.

kibboutz [kibuts] n. m. invar. ■ Ferme collective, en Israël. *Des kibboutz.*

① ***kid*** [kid] n. m. ■ Anglic. Peau de chevreau. *Des gants de kid. Une veste en kid. — Des kids, des vêtements en kid.*

② ***kid*** n. m. ■ Anglic. jeune garçon, jeune homme. *Hé ! le kid, viens ici une minute ! Félicitation le kid, tu as bien joué ce soir.*

kidnapper [kidnape] v. tr. ▪ conjug. 1. ■ Enlever (une personne), en général pour en tirer une rançon. *Kidnapper un enfant.* ≠ *séquestrer.* ▶ ***kidnappage*** n. m. ■ Enlèvement. ⇒ **rapt.** — On dit aussi *kidnapping* [kidnapiŋ], n. m. ▶ ***kidnappeur, euse*** n. ■ *Le kidnappeur a demandé une rançon.* ⇒ **ravisseur.**

kif [kif] n. m. ■ Mélange de tabac et de chanvre indien ⇒ **haschisch.**

kif-kif [kifkif] adj. invar. ■ Fam. Pareil, la même chose. *Celui-ci ou celui-là, c'est kif-kif !*

kilo- ■ Préfixe savant signifiant « mille, mille fois ». ▶ ***kilogramme*** [kilɔgʀam] ou ***kilo*** n. m. ■ Unité de masse valant mille grammes (abrév. cour. *kilo* ; symb. kg, et *k* pour *kilo*). *Il pèse soixante-dix kilos. Deux dollars le kilo.* ▶ ***kilomètre*** n. m. ■ Unité pratique de distance qui vaut mille mètres (symb. *km*). *Faire des kilomètres. Voiture qui fait 130 kilomètres à l'heure* ou *130 kilomètres-heure.* — Ellipt. *Faire du 130. Un mille équivaut à 1,6 kilomètres environ.* ▶ ***kilométrage*** n. m. **1.** Mesure en kilomètres. ⇒ fam. **millage. 2.** Nombre de kilomètres parcourus. *Quel est le kilométrage de cette voiture ?* ▶ ***kilométrique*** adj. ■ Qui a rapport au kilomètre. *Distance kilométrique.* (France) *Bornes kilométriques.* ▶ ***kilo-octet*** n. m. ■ Informatique. Unité de capacité d'une mémoire, équivalant à 1 024 octets symb. *ko* ou fam. *K*). *Un ordinateur de 640 kilo-octets* ou *de 640 ko* ou *de 640 k.* ▶ ***kilopascal, als*** [kilopaskal] n. m. ■ Unité de mesure de pression valant 1 000 pascals (symb. *kPa*). *100 kilopascals correspondent à 1 000 millibars.* ▶ ***kilowatt*** [kilɔwat] n. m. ■ Unité légale de puissance du système M.T.S. valant 12 000 watts (symb. *kW*). ▶ ***kilowatt-heure*** n. m. ■ Unité pratique de travail ; travail accompli en une heure par un moteur d'une puissance de 1 000 watts (symb. *kWh*). ⟨ ▶ demi-kilo ⟩

kilt [kilt] n. m. ■ Jupe courte et plissée portée par les hommes (pièce du costume national des Écossais). *Un Écossais en kilt.* — Cette jupe portée par les femmes.

kimono [kimɔno] n. m. **1.** Au Japon. Longue tunique à manches, croisée devant. *Des kimonos.* — Fam. *Le kimono des judokas, des karatékas,* leur tenue. **2.** En appos. Invar. *Manches kimono,* manches qui font corps avec le vêtement. *Robe kimono,* à manches kimono. **3.** Fam. Robe de chambre. *Mettre son kimono sur son poyjama.*

kin(ési)- ■ Préfixe savant signifiant « mouvement ». ▶ ***kinésithérapeute*** [kineziteʀapøt] n. ■ Praticien de la kinésithérapie. *Masseur kinésithérapeute.* — (France) Abrév. *Aller chez le kinési.* ▶ ***kinésithérapie*** n. f. ■ Traitement des maladies des os, des articulations, par des mouvements imposés combinés à des massages. ▶ ***kinesthésique*** [kinɛstezik] ou ***kinésique*** [kinezik] adj. ■ Qui concerne la sensation de mouvement des parties du corps. *Le sens musculaire* ou *kinesthésique.*

king [kiŋ] adj. invar. ■ Anglic. *Lit, matelas king (size),* d'une longueur de 198 cm et d'une largeur de 203 cm. ⇒ anglic. **queen.** *Cigarette de format king size,* longue.

kiosque [kjɔsk] n. m. **1.** Pavillon de jardin ouvert. *Kiosque à musique.* **2.** Édicule où l'on vend des journaux, des fleurs, etc. *Kiosque à journaux. Elle travaille au kiosque de l'hôtel,* le magasin d'articles divers. ⇒ **tabagie.** *Un kiosque touristique,* où l'on renseigne les visiteurs. *Les différents kiosques d'une exposition, d'un salon.* ⇒ **stand. 3.** Abri vitré sur le pont d'un navire. — Superstructure du sous-marin.

kir [kiʀ] n. m. ■ Boisson composée d'un mélange de vin blanc et de liqueur ou de sirop de cassis. — *Un kir royal,* avec du champagne.

kirsch [kiʀʃ] n. m. invar. ■ Eau-de-vie de cerise. *Un verre de kirsch.*

kit [kit] n. m. Anglic. **1.** Objet vendu en pièces détachées, avec ses éléments d'assemblage, que le client doit monter lui-même. ⇒ **prêt-à-monter.** *Il achète tous ses meubles en kit(s).* **2.** Fam. Vêtements, accessoires qui s'harmonisent. *Un kit d'été. Des kits d'enfants.* **3.** Fam. Ensemble d'objets ayant le même usage. *Un kit d'outils. Un kit de serviettes et de débarbouillettes.* — Loc. *Tout le kit,* l'ensemble, le tout. *Mettre tout le kit dans le coffre de l'auto. Quand j'ai vu cela, j'ai acheté tout le kit.*

kitsch [kitʃ] adj. invar. ■ (Style) Caractérisé par l'usage volontaire d'éléments démodés, de mauvais goût. ⇒ **inesthétique ; quétaine.** *Décoration kitsch.* — N. *Le kitsch.*

kiwi [kiwi] n. m. ■ Fruit d'Extrême-Orient, à pulpe verte, à l'écorce brunâtre et pileuse. *Des kiwis.*

klaxon [klaksɔ̃] n. m. ■ Avertisseur très sonore. ⇒ fam. **criard.** *Un coup de klaxon.* — REM. Ce mot est un nom de marque déposée. ▶ ***klaxonner*** v. intr. ▪ conjug. 1. ■ Actionner un avertisseur. *Interdiction de klaxonner.*

kleenex [klinɛks] n. m. invar. ■ Anglic. Mouchoir de papier jetable. *Une boîte de Kleenex. Un paquet de petits Kleenex.* — REM. Ce mot est un nom de marque déposée.

kleptomane ou ***cleptomane*** [klɛptɔman] n. et adj. ■ Personne qui a une impulsion obsédante à voler. ▶ ***kleptomanie*** ou ***cleptomanie*** n. f. ■ Obsession du kleptomane.

knock-out [nɔkawt] ou ***K.-O.*** [kɑo] n. m. invar. Anglic. **1.** Mise hors de combat du boxeur resté à terre plus de dix secondes. *Battu par knock-out à la cinquième reprise. Des knock-out.* **2.** Adj. Fam. Assommé. *Il est complètement K.-O.* ⇒ **groggy.** ▶ ***knockouter*** v. tr. ▪ conjug. 1. ■ Mettre hors de combat, assommer. *Son adversaire l'a knockouté au cinquième round.* — Au p. p. adj. *Boxeur knockouté.*

K.-O. n. m. invar. ⇒ **knock-out.**

koala [kɔala] n. m. ■ Mammifère australien, animal grimpeur, recouvert d'un pelage gris ou brun très fourni. *Des koalas.*

kodak [kɔdak] n. m. ■ Appareil photographique. *Apporter son kodak en voyage.* — REM. Ce mot est un nom de marque déposée

kohol n. m. ⇒ **khôl.**

kola n. m. ⇒ **cola.**

kolkhoze [kɔlkoz] n. m. ■ Histoire. Exploitation agricole collective, dans l'ex-Union Soviétique. *Des kolkhozes.* ▶ ***kolkhozien, ienne*** adj. ■ Relatif à un kolkhoze. — N. Membre d'un kolkhoze.

kopeck [kɔpɛk] n. m. ■ Monnaie russe, centième du rouble. — Loc. *Il n'a plus un kopeck,* plus un sou. *Des kopecks.*

Kotex [kɔteks] n. m. invar. ■ Serviette hygiénique. — REM. Ce mot est un nom de marque déposée.

krach [kʀaʃ] n. m. ■ Effondrement des cours de la Bourse. ⇒ **banqueroute.** *Le krach de 1929 a entraîné des milliers de faillites. Des krachs.*

kraft [kʀaft] n. m. ■ En appos. ou n. Variété de papier très résistant, à fibres croisées. *Du papier kraft ; du kraft.*

krill [kʀil] n. m. ■ Masse de crustacés microscopiques, comestible, abondant dans les mers froides. *Les baleines ingurgitent d'énormes quantités de krills.*

krypton ou ***crypton*** [kʀiptɔ̃] n. m. ■ Gaz rare de l'atmosphère (symb. *Kr*). *Lampe au krypton.*

kummel [kymɛl] n. m. ■ Alcool parfumé au cumin.

kung-fu [kuŋfu] n. m. ■ Art martial chinois, proche du karaté japonais. *Des films de kung-fu.*

kurde [kyʀd] adj. et n. ■ Du Kurdistan, territoire partagé entre la Syrie, l'Irak, l'Iran, la C.É.I. et la Turquie. *Les tribus kurdes.* — N. (Avec une majusc.) *Les Kurdes.*

K-way [kiwe] n. m. invar. ■ Coupe-vent léger et imperméable en nylon qui se replie dans une poche qu'on peut attacher à la ceinture. *Un K-way avec capuchon.* — REM. Ce mot est un nom de marque déposée.

kyrie [kiʀje] ou ***kyrieeleison*** [kiʀjeeleisɔn] n. m. invar. ■ Invocation par laquelle commencent les litanies, au cours de la messe. *Des kyrie.*

kyrielle [kiʀjɛl] n. f. ■ Longue suite (de paroles). *Une kyrielle de reproches, d'injures.* — Fam. *Une kyrielle d'enfants.*

kyste [kist] n. m. **1.** Production pathologique, cavité contenant une substance généralement liquide ou molle. *Kyste de l'ovaire.* **2.** Forme que peuvent prendre certains organismes (protozoaires), certaines parties végétales. *Kyste de reproduction,* germe renfermant les spores. ▶ ***kystique*** adj. ■ *Tumeur kystique.*

l

l [ɛl] n. m. ou f. ■ Douzième lettre, neuvième consonne de l'alphabet. *L'l* ou *le l.* — *l,* symb. du *litre.* — *L* (majuscule), chiffre romain valant 50.

① ***la*** art. déf. fém. ■ ⇒ ① **le.**

② ***la*** pronom pers. fém. ■ ⇒ ② **le.**

③ ***la*** [la] n. m. invar. **1.** Sixième note de la gamme. *Donner le la avec un diapason.* — Abstrait. *Donner le la,* donner le ton. **2.** Ton correspondant. *Concerto en la bémol.*

là [lɑ] adv. et interj. **I.** Adv. désignant le lieu et, plus rarement, le moment. **1.** Dans un lieu autre que celui où l'on est (opposé à *ici*). *Ne restez pas ici, allez là.* — ÊTRE LÀ : être présent. *Les faits sont là.* — Fam. *Être un peu là,* être important. **2.** À ce moment. *Là, elle interrompit son récit.* — *Je ne veux plus en entendre parler là,* à partir de maintenant. **3.** Dans cela, en cela. *Ne voyez là aucune malveillance. Tout est là,* c'est la chose importante, le point majeur. — Loc. fam. *Y'a rien là,* il n'y a pas de quoi s'énerver ; c'est simple, facile (à faire, à réaliser). — (Avec *en*) À ce point. *Restons-en là. Nous n'en sommes pas là.* **4.** (Suivi d'une propositon relative) C'EST LÀ QUE... : dans ce lieu ; alors. *C'est là que nous irons. C'est là que vous jugerez.* — LÀ OÙ : à l'endroit où. *Je suis allé là où vous avez été. Il ne réussit plus là où il était le meilleur.* (Avec *c'est*). *C'est là où je passerai la semaine.* **5.** (Accompagnant un pronom ou un adjectif démonstratif, qu'il renforce) *Ce ne sont pas là mes affaires. C'est là ce qui m'étonne.* — (Précédé d'un adj. démon. + nom, se joint au nom avec un trait d'union) *Ce jour-là. En ce temps-là.* **6.** (Précédé d'une prép.) DE LÀ : en partant de, en se plaçant à cet endroit. *De là au village.* — Abstrait. *De là à prétendre qu'il est infaillible...* — *Elle n'a pas assez travaillé ; de là son échec.* ⇒ d'**où.** — *D'ici là...,* entre le moment présent et un moment postérieur. *Venez me voir à Noël, mais écrivez-moi d'ici là.* — *De-ci de-là,* en divers endroits ; en diverses occasions. — PAR LÀ : par cet endroit. *Passons par là. Par-ci par-là,* en différents endroits, au hasard. — ÇA ET LÀ : de côté et d'autre. *Des guêpes volent çà et là.* **7.** LÀ-BAS : à une distance assez grande (opposé à *ici*). *Ils l'ont fait venir de là-bas.* — LÀ-DEDANS : à l'intérieur de ce lieu. *Rangez-les là-dedans.* — Dans cela. *Je ne vois rien d'étonnant là-dedans !* — LÀ-HAUT : dans ce lieu au-dessus. *Elle demeure là-haut.* **II.** Interj. LÀ ! (parfois *là ! là !*) : s'emploie pour exhorter, apaiser, rassurer. *Hé là ! doucement.* — *Oh ! là ! là !,* exprime l'étonnement, l'impatience. — *Hop là !,* accompagne un geste. ⟨ ▸ au-delà, celui-là, delà, holà, voilà ⟩

label [labɛl] n. m. ■ Anglic. Étiquette ou marque sur un produit (pour en garantir l'origine, la qualité). ⇒ **sceau.** *Label de garantie d'un vêtement.*

labeur [labœʀ] n. m. ■ Littér. Travail pénible et soutenu. ⇒ **besogne.** *Dur, pénible labeur.* ⟨ ▸ laborieux ⟩

labial, ale, aux [labjal, o] adj. ■ Relatif aux lèvres. *Muscle labial.* — N. f. *Une labiale,* phonétique, consonne qui s'articule avec les lèvres (ex. : *b, p, m*).

labié, ée [labje] adj. et n. f. pl. ■ Botanique. Se dit des fleurs, des plantes dont la corolle présente deux lobes en forme de lèvres. — *Les labiées* ou *labiacées,* famille de plantes (ex. : *menthe, romarin, verveine*).

laboratoire [labɔʀatwaʀ] n. m. ■ Local aménagé pour faire des expériences, des recherches scientifiques. *Laboratoire d'analyses. Chef de laboratoire ; employée de laboratoire.* ⇒ **laborantin, préparateur.** *Laboratoire de langue,* salle équipée de magnétophones où les élèves pratiquent oralement une langue en comparant leur enregistrement à celui du professeur. *Un laboratoire (d')informatique.* — Abrév. fam. LABO [labo] n. m. *Elle est au labo.* ▸ ***laborantin, ine*** n. ■ Personne qui remplit dans un laboratoire des fonctions d'aide, d'auxiliaire. ⇒ **appariteur, préparateur.**

laborieux, euse [labɔʀjø, øz] adj. **1.** Littér. Qui coûte beaucoup de peine, de travail (labeur). ⇒ **difficile, dur, fatigant, pénible ;** anglic. **tough.** *Une laborieuse entreprise.* — Fam. *Il n'a pas encore terminé ? C'est laborieux !,* c'est long. **2.** (Personnes) Qui travaille beaucoup. ⇒ **actif, travailleur.** / contr. **oisif, paresseux** / *Les classes laborieuses,* qui n'ont pour vivre que leur travail (opposé à *classe possédante*). **3.** Péj. Dans lequel on sent l'effort. *Un exposé laborieux.* ▸ ***laborieusement*** adv. ■ Avec peine. *On a terminé laborieusement.*

labourer [labuʀe] v. tr. ■ conjug. 1. **1.** Ouvrir et retourner (la terre) avec un instrument aratoire (bêche, binette, houe, charrue). ⇒ **bêcher, biner, défoncer.** *Labourer un champ.* — Au p. p. adj. *Terre labourée.* **2.** (Surtout au passif) Creuser, ouvrir (comme le soc de la charrue laboure la terre). *Piste labourée par le galop des chevaux.* — Au p. p. adj. *Visage labouré de rides.* ⇒ **sillonné.** ▸ ***labour*** n. m. **1.** Travail de labourage, action de retourner et d'ameublir la terre pour la cultiver. *Labour à la bêche, à la charrue.* **2.** Au plur. Terre labourée. *Semeur dans ses labours.* ▸ ***labourable*** adj. ■ Qu'on peut labourer (1). ⇒ **arable ; cultivable.** ▸ ***labourage*** n. m. ■ Action de labourer la terre. *Le labourage d'un champ.* ► ***laboureur*** n. m. ■ Personne qui laboure un champ. — REM. Le féminin *laboureuse* est virtuel.

labrador [labʀadɔʀ] n. m. ■ Chien de grande taille, à poil ras, noir ou fauve, qu'on utilise pour la chasse au gibier aquatique. *Des labradors.*

labradorien, ienne [labʀadɔʀjɛ̃, jɛn] adj. et n. ■ Du Labrador, relatif au Labrador. *Le minerai de fer labradorien.* — N. (Avec une majusc.) Personne née au Labrador ou qui y habite.

labyrinthe [labiʀɛ̃t] n. m. **I. 1.** Réseau compliqué de chemins, de galeries dont on a peine à sortir. ⇒ **dédale, lacis.** *Un labyrinthe d'escaliers.* **2.** Complication inextricable. ⇒ **enchevêtrement.** *Le labyrinthe des démarches à suivre.* **II.** Anatomie. Ensemble des cavités sinueuses de l'oreille interne.

lac [lak] n. m. **1.** Grande nappe naturelle d'eau douce à l'intérieur des terres. ⇒ **étang, lagon, mer** intérieure. *Le lac Mistassini. Traverser un lac à la nage. Lac de pêche. Au Lac-Saint-Jean. Les cinq grands lacs* ou *les Grands Lacs. La charge, la décharge d'un lac. Lac artificiel,* résultant de l'action humaine et destiné à l'agrément ou à l'utilité. — Loc. fam. TOMBER DANS LE LAC : échouer. *Son projet est dans le lac.* **2.** Littér. Quantité considérable de liquide répandu. ⇒ **mare.** *Un lac de sang.* ≠ *lacs.* ‹ ► lacustre ›

lacer [lase] v. tr. . conjug. 3. ■ Attacher avec un lacet. ⇒ **attacher, lier.** *Lacer ses souliers.* — Au p. p. adj. *Bottes lacées,* munies de lacets. ► ***laçage*** [lasaʒ] n. m. ■ Action de lacer. *Le laçage d'une espadrille.* ► ***lacet*** n. m. **1.** Cordon étroit, qu'on passe dans des œillets pour serrer un vêtement, attacher une chaussure. *Une paire de lacets. Des lacets de patins. Serrer, nouer un lacet de soulier.* **2.** Succession d'angles aigus de part et d'autre d'un axe. ⇒ **zigzag.** *Les lacets d'un chemin de montagne. Une route en lacet, en lacets.* **3.** Nœud coulant pour capturer le gibier. ⇒ **lacs, piège.** *Poser, tendre des lacets. Prendre des lièvres au lacet.* ⇒ **collet.** ‹ ► délacer, enlacer, entrelacer, passe-lacet ›

lacérer [laseʀe] v. tr. . conjug. 6. ■ Mettre en lambeaux, en pièces. ⇒ **déchirer.** *Lacérer une affiche.* — Au p. p. adj. *Des vêtements lacérés.* ► ***lacération*** n. f. ■ Action de lacérer ; résultat de cette action. ⇒ **déchirement.** — *La lacération de la peau, d'un muscle.* ⇒ **déchirure.**

① ***lâche*** [lɑʃ] adj. **1.** (Personnes) Qui manque de vigueur morale, de courage, recule devant le danger. ⇒ **pusillanime ; froussard, peureux, poltron ;** fam. **chieur, jaune.** / contr. **courageux** / — N. *Les dérobades d'un lâche.* ⇒ fam. **dégonflé. 2.** Fam. Paresseux, fainéant. ⇒ **flanc-mou.** *C'est un gros lâche.* **3.** Qui est cruel sans risque. *Son lâche agresseur.* **4.** Qui porte la marque de la lâcheté. ⇒ **bas, méprisable, vil.** *Un lâche repentir.* ► ***lâchement*** adv. ■ *Fuir lâchement. Ils l'ont lâchement assassiné.* ► ***lâcheté*** n. f. **1.** Manque de bravoure, de courage devant le danger. ⇒ **couardise, poltronnerie.** / contr. **courage** / *Fuir avec lâcheté.* — Passivité excessive. *Céder par lâcheté.* **2.** Manque de courage moral qui porte à profiter de l'impunité. *La lâcheté d'un tyran.* ⇒ **bassesse.** / contr. **générosité** / **3.** *(Une, des lâchetés)* Action, manière d'agir d'un lâche. ⇒ **bassesse, indignité.** *Être capable des pires lâchetés.*

lachenois, oise [laʃ(ə)nwa, waz] adj. et n. ■ De la ville de Lachenaie. — N. (Avec une majusc.) Personne née dans cette ville ou qui l'habite.

① ***lâcher*** [lɑʃe] v. . conjug. 1. **I.** V. tr. **1.** Cesser de tenir (qqch.). *Il lâcha son stylo, la main de son enfant.* / contr. **prendre** / *Lâcher prise.* ⇒ **céder.** *Lâche-moi, tu me fais mal.* — Fam. Donner. *Il ne lâchera pas une cenne. Il ne lâche rien facilement,* il n'est pas généreux. **2.** Cesser de retenir, laisser aller (qqch., un animal). *Lâcher des pigeons, un ballon. — Lâcher du lest*.* Fam. *Lâcher son fou*.* **3.** Loc. *Lâcher la bride à un cheval,* la rendre plus lâche, moins tendue. ⇒ **relâcher.** — Fig. *Lâcher la bride à qqn,* le laisser plus libre. — Fam. *Lâcher le morceau,* tout avouer. **4.** Émettre brusquement et avec incongruité (des paroles, etc.). ⇒ **lancer.** *Tu viens de lâcher une niaiserie, une bêtise, une énormité.* — Fam. *Lâcher un pet.* ⇒ **péter.** — Pronominalement. *Se lâcher,* péter. **5.** Lancer (un animal) à la poursuite (de qqn, du gibier). *Lâcher les chiens après, sur le renard.* **II.** V. tr. (Compl. personne) **1.** Laisser aller, partir (qqn). ⇒ **quitter.** *Elle ne le lâche pas une minute, pas d'une semelle,* elle reste avec lui. **2.** Distancer (un concurrent) dans une course. *La coureuse vient de lâcher le peloton.* **3.** Fam. Abandonner brusquement. ⇒ **plaquer.** *Tu ne vas pas nous lâcher en plein travail !* — (Compl. choses) *Pourquoi veux-tu lâcher ça là ?* **III.** V. intr. (Suj. chose) Se rompre, se détacher brusquement. ⇒ **casser, céder.** *Le nœud a lâché. Attention ! Ça va lâcher !* ► ***lâchage*** n. m. **1.** Action de lâcher (qqch.). **2.** Fam. Action d'abandonner (qqn). ⇒ **abandon.** ► ② ***lâche*** adj. **1.** Qui n'est pas tendu. ⇒ **flasque, mou.** *Fil, ressort lâche.* — Qui n'est pas serré. ⇒ anglic. **slack.** *Vêtement lâche.* ⇒ **flottant, flou, vague ;** anglic. **lousse. 2.** Qui manque d'énergie et de concision. *Style lâche et inexpressif.* / contr. **concis, vigoureux** / ► ② ***lâcher*** n. m. ■ Action de lâcher (I, 2), seulement dans : *un lâcher de pigeons, de ballons.* ► ***lâcheur*** ou ***lâcheux, euse*** n. ■ Fam. Personne qui abandonne sans scrupule ses amis, son parti, etc. *Ne comptez pas sur lui, c'est un lâcheur.* — Adj. *Pourquoi partez-vous si tôt ? vous êtes bien lâcheurs.* ‹ ► ① relâche, ① relâcher, ② relâcher ›

lachinois, oise [laʃinwa, waz] adj. et n. ■ De la ville de Lachine. — N. (Avec une majusc.) Personne née dans cette ville ou qui l'habite.

lachutois, oise [laʃytwa, waz] adj. et n. ■ De la ville de Lachute. — N. (Avec une majusc.) Personne née dans cette ville ou qui l'habite.

lacis [lasi] n. m. invar. **1.** Réseau de fils entrelacés. *Un lacis de soie.* **2.** Littér. Réseau. *Un lacis de ruelles.* ⇒ **labyrinthe.**

laconique [lakɔnik] adj. ■ Qui s'exprime en peu de mots. ⇒ **bref, concis.** / contr. **prolixe** / *Langage, réponse laconique. Style laconique.* ⇒ **lapidaire.** ► ***laconiquement*** adv. ■ *Répondre laconiquement.* ► ***laconisme*** n. m. ■ Littér. Manière de s'exprimer en peu de mots. ⇒ **brièveté, concision.** *Le laconisme d'un communiqué, de qqn.*

lacrymal, ale, aux [lakʀimal, o] adj. ■ Qui a rapport aux larmes. *Glande lacrymale,* qui sécrète les larmes. ► ***lacrymogène*** adj. ■ Qui fait pleurer (dans quelques expressions : *gaz lacrymogène, grenades lacrymogènes*).

lacs [lɑ], cour. [lak] n. m. invar. ■ Littér. Nœud coulant, lacet (3). ≠ *lac.* ‹ ► délacer, enlacer, entrelacer, lacer, lacis ›

lact(o)- ■ Élément savant signifiant « lait ». ► ***lactation*** [laktasjɔ̃] n. f. ■ Sécrétion et écoulement du lait, chez la femme et les femelles des mammifères. ► ***lacté, ée*** adj. **I. 1.** Qui a rapport au lait. *Sécrétion lactée.* **2.** Qui consiste en lait, qui est à base de lait. *Farine lactée. Régime lacté,* où l'on ne prend que du lait. **II.** VOIE LACTÉE : bande blanchâtre et floue, constituée par un groupement d'étoiles et d'autres corps célestes, qu'on aperçoit dans le ciel pendant les nuits claires ; apparence de la galaxie où est le Soleil.

► ***lactique*** adj. ■ *Acide lactique,* acide-alcool qui existe dans le lait aigri. ► ***lactose*** n. m. ■ Sucre contenu dans le lait des mammifères, dont on tire notamment le glucose.

lacune [lakyn] n. f. ■ Interruption involontaire et fâcheuse dans un texte, un enchaînement de faits ou d'idées. ⇒ **manque, omission.** *Remplir, combler une lacune. Des lacunes de mémoire.* ⇒ **oubli, trou.** *Il y a de graves lacunes dans ses connaissances.* ⇒ **déficience, ignorance, insuffisance.** ► ***lacunaire*** adj. ■ Didact. Qui a des lacunes, incomplet. *Documentation lacunaire.*

lacustre [lakystʀ] adj. ■ Qui se trouve, vit auprès d'un lac, dans un lac. *Plantes lacustres. — Cités, villages lacustres,* bâtis sur pilotis.

lad [lad] n. m. ■ Jeune garçon d'écurie chargé de garder, de soigner les chevaux de course. *Des lads.*

ladite adj. ⇒ **dit.**

ladre [lɑdʀ] n. et adj. ■ Littér. ⇒ **avare, avaricieux ;** fam. ② **séraphin.** — Adj. *Elle est un peu ladre.* / contr. **généreux** / ► ***ladrerie*** n f. ■ Littér. Avarice sordide. *Il est d'une ladrerie sans nom.* / contr. **générosité** /

lady [lɛde(i)] n. f. ■ Anglic. Titre de noblesse donné aux femmes, en Angleterre. ⇒ anglic. **lord.** *Une lady,* au plur. *des ladies* [lɛdiz]. — Par ext. Femme qui a de l'éducation, de la noblesse de comportement. *C'est une vraie lady. — Ladies and gentlemen.* ⇒ **mesdames** et messieurs.

lagon [lagɔ̃] n. m. ■ Petit lac d'eau salée entre la terre et un récif corallien.

lagopède [lagɔpɛd] n. m. ■ Oiseau gallinacé de taille moyenne, dont les pattes (tarse et doigts) sont couverts de plumes et qui est commun dans les régions nordiques. *Le lagopède blanc.* ⇒ **gélinotte, perdrix, tétras.** *Le lagopède des saules.*

lagune [lagyn] n. f. ■ Étendue d'eau salée ou saumâtre, comprise entre la terre ferme et un cordon littoral (appelé *lido,* n. m.), généralement percé d'une ouverture. ⇒ **barachois.** *Venise est construite sur une lagune. La lagune de la Grande Entrée, aux îles de la Madeleine.*

lai [lɛ] n. m. ■ Poème narratif ou lyrique, au Moyen Âge. *« Le Lai du chèvrefeuille » de Marie de France.*

laïc n. m. ou ***laïque*** [laik] adj. et n. f. **1.** (Chrétiens) Qui ne fait pas partie du clergé. *Il est laïque. Juridiction laïque.* ⇒ **séculier.** — N. *Les laïcs.* **2.** Qui est indépendant de toute confession religieuse. *L'enseignement laïque* (opposé à *confessionnel, religieux*). *École laïque.* ► ***laïciser*** [laisize] v. ▪ conjug. 1. **1.** Rendre laïque. **2.** Organiser suivant les principes de la laïcité. *La Révolution française a laïcisé l'état civil.* ► ***laïcisation*** n. f. ■ *Laïcisation de l'enseignement.* ► ***laïcité*** n. f. **1.** Caractère laïque. **2.** Principe de séparation de la société civile et de la société religieuse, les Églises n'ayant aucun pouvoir politique. *La laïcité de l'État.*

laid, laide [lɛ, lɛd] adj. **1.** Qui produit une impression désagréable en heurtant le sens esthétique. ⇒ **affreux, disgracieux, hideux, horrible, moche, repoussant, vilain ;** fam. faire **dur.** / contr. **beau, joli** / *Personne laide,* qui déplaît par ses imperfections physiques, surtout celles du visage. *Elle n'est pas laide, ce n'est pas laid,* elle est belle, c'est beau. — Loc. *Être laid comme un pou ; laid à faire peur,* très laid. Fam. *Être laid comme les deux fesses de qqn, comme un singe.* — (Choses) *Cette ville est laide et triste.* **2.** Qui inspire le dégoût, le mépris moral. ⇒ **honteux, ignoble.** *Une action laide.* — Lang. enfantin. *C'est laid de mettre ses doigts dans son nez !* ⇒ **vilain.** — N. Fam. *Une gang de laids,* de gens qui agissent mal. **3.** N. m. LE LAID. ⇒ **laideur.** *Le laid et le beau.* ► ***laidement*** adv. ■ *Maison laidement décorée.* ► ***laideron, onne*** n. m. et adj. ■ (Se dit surtout des femmes) Jeune fille ou jeune femme laide. *Cette fille est un laideron.* — Adj. *Une jeune fille laideronne.* ► ***laideur*** n. f. **1.** (Au physique) Caractère, état de ce qui est laid. / contr. **beauté** / *Être d'une laideur repoussante.* ⇒ **hideur.** — (Choses) *Laideur d'un spectacle, d'un monument.* **2.** (Au moral) ⇒ **bassesse, turpitude.** *La laideur d'une action.* **3.** *(Une, des laideurs)* Chose ou action laide. *Les laideurs de la vie.* ⇒ **misère.** ‹ ► enlaidir ›

laie [lɛ] n. f. ■ Femelle du sanglier. *La laie et ses marcassins.*

laine [lɛn] n. f. **1.** Matière souple, douce et frisée provenant du poil de l'épiderme des moutons (et de quelques autres mammifères ⇒ **givint**). *Laine brute ; cardée, peignée. Filer la laine. Tissage de la laine. — Laine des Pyrénées,* se dit d'un tissu de laine moelleux, duveté. *Laine à tricoter. Pelote de laine. — Vêtements en laine,* en tissu de laine, ou en laine tricotée. — Fam. *Une (petite) laine,* un vêtement de laine. ⇒ **lainage.** — Loc. (Gentilé +) *pure laine,* qui est né et a toujours vécu à l'endroit désigné (par le gentilé). ⇒ **authentique, véritable.** *Des Montréalais pure laine. — Se laisser manger la laine sur le dos,* tout supporter sans se défendre, se laisser exploiter. **2.** Produits fibreux fabriqués pour être utilisés comme la laine (en isolants, textiles). *Laine de verre. De la laine minérale.* — Fam. LAINE D'ACIER : paille de fer. *Enlever la rouille avec de la laine d'acier. Une laine d'acier,* un tampon. ► ***lainage*** n. m. **1.** Étoffe de laine. *Robe de lainage. Gros lainage.* **2.** Vêtement de laine (tricotée, en général). *Prends un lainage pour sortir.* ► ***laineux, euse.*** adj. **1.** Qui est garni de laine, qui a beaucoup de laine. *Drap laineux, étoffe très laineuse. — Plante, tige laineuse,* couverte de duvet. **2.** Qui a l'apparence de la laine. *Cheveux laineux.* ► ***lainier, ière*** adj. et n. ■ Relatif à la laine, matière première ou marchandise. *L'industrie lainière.* — N. Personne qui travaille ou vend la laine. *Une lainière.*

laïque adj. et n. f. ⇒ **laïc.**

laise n. f. ⇒ **laize.**

laisse [lɛs] n. f. ■ Lien avec lequel on attache un chien (ou un autre animal) pour le mener. *Laisse de cuir.* — EN LAISSE : *Tenir, mener un chien en laisse.*

laissé(e)-pour-compte [lɛsepuʀkɔ̃t] adj. et n. ■ (Choses ou personnes) Dont personne ne veut. *Marchandise laissée-pour-compte,* que le destinataire a refusée. — N. *Des laissés-pour-compte.*

laisser [lɛse] v. tr. ▪ conjug. 1. **I.** Ne pas intervenir. **1.** (+ infinitif) Ne pas empêcher de. ⇒ **consentir, permettre.** *Laisser partir qqn. Laisser faire qqn, le laisser agir. Laissez-moi faire. — Laisser voir son trouble,* le montrer. **2.** SE LAISSER (+ infinitif) : ne pas s'empêcher de, ne pas se priver de. — REM. Accord du p. p. *Elle s'est laissée tomber.* ⇒ s'**abandonner,** se **détendre.** *Se laisser aller à faire qqch. Se laisser aller.* — Ne pas empêcher qqn ou qqch. de faire qqch. sur soi. — REM. Jamais d'accord du p. p. *Elle s'est laissé injurier. Se laisser mener par le bout du nez. Se laisser impressionner. — Se laisser faire,* n'opposer aucune résistance. Fam. (Choses) *Un vin qui se laisse boire, un film qui se laisse voir,* qu'on boit, voit sans déplaisir. **3.** (Avec un compl. déterminé) Maintenir (qqn, qqch.) dans un état, un lieu, une situation. ⇒ **garder.** *Laisser qqn debout. Laisser tranquille, laisser en paix,* ne pas importuner. / contr. **ennuyer** / *Cela me laisse indifférent.* **4.** Ne pas s'occuper de. *Laissez donc cela.* — Sans compl. *Laissez, c'est moi qui paie.* **5.** *Laisser... à,* maintenir avec ; ne pas priver de. *Laisser les enfants* *à leur mère. Laissez-lui le temps d'agir.* **6.** Ne pas supprimer. *Laisser des fautes dans un texte.* **II. 1.** Ne pas prendre (ce qui se présente). *Manger les raisins et laisser les pépins.* Loc. *C'est à prendre ou à laisser,* il faut prendre la chose telle quelle ou pas du tout. **2.** LAISSER À : ne pas prendre pour soi (afin qu'un autre prenne). ⇒ **réserver.** *Laissez-nous de la place. Elle lui a laissé le plus gros morceau.* — Ne pas faire soi-même. *Laisser un travail à qqn.* — Loc. LAISSER À PENSER, À JUGER : laisser (à qqn) le soin de penser, de juger par soi-même, ne pas expliquer. *Je vous laisse à penser ce que j'en pense.* **III.** Ne pas garder avec soi, pour soi. ⇒ **abandonner. 1.** Se séparer de (qqn, qqch.). ⇒ **quitter.** *Adieu, je vous laisse. — Laisser qqn dans le deuil,* se dit de qqn qui vient de mourir. *Laisser un mari et des enfants.* — Quitter volontairement et définitivement. *Elle a laissé son mari.* ⇒ **lâcher.** — (Couples) V. pron. récipr. SE LAISSER : cesser de se fréquenter, se séparer ou divorcer. **2.** Abandonner (qqch. de soi). ⇒ **perdre. /** contr. **conserver, garder /** *Laisser sa vie au combat. Y laisser sa (la) peau.* — (Choses) *Liquide qui laisse un dépôt. Cet accident lui a laissé une cicatrice. Document qui ne doit pas laisser de trace.* **3.** Remettre (qqch. à qqn) en partant. ⇒ **confier.** *Laisser sa clé à la réception. Laisser ses bagages à la consigne.* **4.** Vendre à un prix avantageux. ⇒ **céder.** *Je vous laisse ce tapis pour pas cher.* **5.** Donner (un bien, une somme) par voie de succession. *Laisser une maison à ses enfants.* ⇒ **léguer. IV.** Littér. NE PAS LAISSER DE : ne pas cesser de (⇒ **manquer**). *Malgré leurs disputes, elles ne laissaient pas d'être amies,* elles n'en étaient pas moins amies. ▶ ***laisser-aller*** n. m. invar. **1.** Absence de contrainte. ⇒ **abandon, désinvolture. 2.** Péj. Absence de soin. *Le laisser-aller de sa tenue.* ⇒ **débraillé.** *Le laisser-aller dans le travail.* ⇒ **négligence.** ▶ ***laissez-passer*** n. m. invar. ■ Pièce autorisant une personne à circuler librement. ⇒ **passe, passeport, visa.** *Montrez vos laissez-passer.* 〈 ▶ délaisser, laisse, laissé-pour-compte 〉

lait [lɛ] n. m. **I. 1.** Liquide blanc, opaque, très nutritif, sécrété par les glandes mammaires des femelles des mammifères. — *Cochon* DE LAIT : qui tète encore. — *Frères, sœurs de lait,* enfants qui ont eu la même nourrice. **2.** Lait de quelques mammifères domestiques destiné à l'alimentation humaine. *Vache à lait,* vache laitière. *Lait de chèvre. Lait écrémé, lait partiellement écrémé. Lait à 3,25 %, à 2 %, à 1 %,* qui contient cette proportion de matières grasses. *Boire un verre de lait. Lait au chocolat,* à saveur de chocolat. *Lait fouetté* ou, France, *lait frappé.* ⇒ anglic. **milk-shake.** — PETIT-LAIT : ce qui reste du lait caillé en fromage ; liquide (sérum) qui s'écoule du fromage frais. Loc. *Boire du petit-lait,* éprouver une vive satisfaction d'amour-propre. — *Lait stérilisé, pasteurisé.* — Cet aliment traité pour la conservation. *Lait condensé* ou *concentré. Lait en poudre.* — *Lait de consommation,* consommé sous forme liquide, *lait de transformation,* qui sert à la fabrication de produits laitiers (beurre, fromage, etc.). — *Café, chocolat* AU LAIT. — Loc. *Monter comme une soupe au lait,* se mettre rapidement en colère. *Être soupe au lait,* se dit d'une personne qui se met facilement en colère. **II. 1.** Suc blanchâtre (de végétaux). Lait de coco. **2.** Préparation d'apparence laiteuse. Lait d'amande. — *Lait de beauté, lait démaquillant.* ▶ ***laitage*** n. m. ■ (Surtout au plur.) Le lait ou les substances alimentaires (beurre, fromage...) tirées du lait. Aimer les laitages. ▶ ***laitance*** ou ***laite*** n. f. ■ Glandes mâles des poissons ; liquide laiteux qu'elles contiennent (⇒ **sperme**). ▶ ***laiterie*** n. f. **1.** Lieu où s'effectuent la collecte et le traitement du lait, la fabrication du beurre, de la crème glacée. — *La laiterie d'une ferme,* le bâtiment où le fermier conserve le lait. — Industrie laitière. **2.** Vieilli. Magasin où l'on vend du lait, des produits laitiers (beurre, fromage) et des œufs. ⇒ **crémerie.** — Mod. *Le comptoir de laiterie d'un supermarché.* ▶ ***laiteux, euse*** adj. ■ Qui a l'aspect, la couleur blanchâtre du lait. Lumière laiteuse. *Une peau laiteuse.* ▶ ① ***laitier, ière*** n. et adj. **1.** Personne qui vend du lait. ⇒ **crémier.** — Personne qui livre le lait (à domicile, chez les détaillants). **2.** Adj. *Vache laitière,* élevée pour son lait. — N. f. *Une bonne laitière,* une vache qui produit beaucoup de lait. **3.** Adj. Relatif au lait, matière première alimentaire. *Industrie, coopérative laitière. Produits laitiers. — Bar laitier,* établissement commercial où l'on sert des produits dérivés du lait (crème glacée, yogourt glacé, etc.). 〈 ▶ allaiter, tire-lait 〉

② ***laitier*** n. m. ■ Masse d'impuretés qui se forme à la surface des métaux en fusion.

laiton [lɛtɔ̃] n. m. ■ Alliage de cuivre et de zinc. *Fil de laiton.*

laitue [le(ɛ)ty] n. f. ■ Salade à feuilles tendres. *Assaisonner une laitue. Cœurs de laitues. Laitue iceberg*.*

laïus [lajys] n. m. invar. **1.** Fam. Allocution, discours. *Faire un laïus à la fin d'un banquet.* **2.** Manière de parler, d'écrire, vague et emphatique. *Ce n'est que du laïus.*

laize ou ***laise*** [lɛz] n. f. ■ Bande (d'étoffe, de tissu, de papier peint, etc.) beaucoup plus longue que large. ⇒ **lé.** *Une laize de catalogne.* — Absolt. *Une laize,* une bande de tapis. *Étendre une laize dans le passage. — Une laize de tapisserie,* une bande qui va du plafond au plancher. ⇒ **lisière, longueur.** *Il faudra sept laizes (de tapisserie) pour couvrir ce mur. Une demi-laize suffira pour terminer.*

① ***lama*** [lama] n. m. ■ Mammifère plus petit que le chameau et sans bosse, qui vit dans les régions montagneuses d'Amérique du Sud. ⇒ **vigogne.** *Tissu en poil, en laine de lama. Des lamas.*

② ***lama*** n. m. ■ Prêtre, moine bouddhiste au Tibet et chez les Mongols. *Grand lama* ou *dalaï-lama,* souverain spirituel et temporel du Tibet. ▶ ***lamaïsme*** [lamaism] n. m. ■ Forme de bouddhisme (Tibet, Mongolie). ▶ ***lamaïste*** adj. et n.

lambada [lambada] n. f. ■ Danse d'origine brésilienne, très rythmée et dans laquelle il faut balancer les hanches.

lambeau [lɑ̃bo] n. m. — REM. Souvent au plur. **1.** Morceau d'une étoffe déchirée. *Vêtements en lambeaux.* ⇒ **haillon.** — Loc. *Tomber en lambeaux,* être usé, se déchirer, se défaire. ⇒ **loque. 2.** Morceau (de chair, de papier) arraché. *Une affiche en lambeaux. Un petit lambeau de peau.* **3.** Abstrait. Fragment, partie détachée. *Des lambeaux de conversation parvenaient à mes oreilles.* ⇒ **bribe.**

lambertois, oise [lɑ̃bɛʀtwa, waz] adj. et n. ■ De la ville de Saint-Lambert. — N. (Avec une majusc.) Personne née dans cette ville ou qui l'habite.

lambin, ine [lɑ̃bɛ̃, in], ***lambineur*** ou ***lambineux, euse*** [lɑ̃binœʀ, ø, øz] n. et adj. ■ Fam. Personne qui agit habituellement avec lenteur et mollesse. ⇒ **taponneur, traînard ;** fam. **téteur.** *Quel lambin, toujours le dernier !* — Adj. Lent. *Elle est un peu lambine.* / contr. **vif /** ▶ ***lambiner*** v. intr. • conjug. 1. ■ Fam. Agir avec lenteur, mollesse. ⇒ **lanterner, niaiser, taponner, traînasser ;** fam. **gosser, téter.** *Revenez sans lambiner !*

lambris [lɑ̃bʀi] n. m. invar. ■ Revêtement décoratif de murs ou de plafond. *Lambris de bois, de marbre. Lambris dorés.* ▶ ***lambrisser*** v. tr. • conjug. 1.

■ Revêtir (les murs) de lambris ou, d'un autre type de revêtement extérieur (planches, etc). — Au p. p. adj. *Salon lambrissé.* ▶ ***lambrissage*** n. m. **1.** Action de lambrisser. **2.** Revêtement d'un mur extérieur. ⇒ **lambris.** *Un lambrissage de planches.*

① ***lame*** [lam] n. f. **1.** Bande plate et mince d'une matière dure (métal, verre, bois). *Lames de parquet.* ⇒ **latte.** *Lame d'un store. La lame d'un hockey.* ⇒ ① **palette. 2.** Fer (d'un instrument tranchant, d'un outil servant à couper, gratter, tailler). *Lame de ciseau, de poignard, de scie. Couteau de poche à lame rentrante. — Aiguiser ses lames de patin. Patins à lame.* — Loc. *Visage en lame de couteau,* maigre et très allongé. — *Lame d'épée.* Loc. *Une fine lame,* un bon escrimeur. **3.** *Lame (de rasoir),* petit rectangle d'acier mince tranchant qui s'adapte à un rasoir mécanique. ▶ ***lamé, ée*** adj. et n. m. ■ Se dit d'un tissu où entre un fil entouré de métal. *Tissu lamé or.* — N. m. *Une robe de lamé.* ▶ ***lamelle*** n. f. **1.** Petite lame très mince. *Lamelle de verre pour examen microscopique.* **2.** Fine tranche d'un aliment). *Couper de la viande, du fromage en lamelles.* ▶ ***lamellibranches*** n. m. pl. ■ Zoologie. Classe de mollusques aux branchies en forme de lamelles (ex. : *moule, pétoncle*).

② ***lame*** n. f. ■ Ondulation de la mer sous l'action du vent. ⇒ ① **vague.** *Crête, creux d'une lame. Lame de fond,* provenant d'un phénomène sous-marin. ‹ ▶ brise-lames ›

lamentable [lamɑ̃tabl] adj. **1.** Mauvais au point d'attrister. ⇒ **déplorable, navrant, pitoyable.** *Résultats lamentables. Un film lamentable.* **2.** Littér. Qui exprime une lamentation, une plainte. *Voix, ton lamentable.* / contr. **réjouissant ; joyeux** / ▶ ***lamentablement*** adv. ■ *Échouer lamentablement.*

se ***lamenter*** [lamɑ̃te] v. ▪ conjug. 1. ■ Se plaindre longuement. ⇒ **gémir, rechigner.** *Se lamenter sur son sort.* / contr. se **réjouir** / ▶ ***lamentation*** n. f. ■ Souvent au plur. Suite de paroles exprimant le regret douloureux, la récrimination. ⇒ **plainte.** *Se répandre en lamentations continuelles.* ⇒ **jérémiade.**

lamento [lamɛnto] n. m. ■ Air triste et plaintif, chant de douleur. *Des lamentos.*

laminer [lamine] v. tr. ▪ conjug. 1. **1.** Comprimer fortement (une masse métallique) en feuilles, lames ou en barres minces. — Au p. p. adj. *Acier, fer laminé.* **2.** Diminuer (qqch.) jusqu'à l'anéantissement. *Laminer les bénéfices.* ▶ ***laminage*** n. m. ■ Opération consistant à laminer un métal. *Laminage à chaud, à froid.* ▶ ***lamineur, euse*** n. ■ Ouvrier spécialiste du laminage. ▶ ***laminoir*** n. m. ■ Machine composée de deux cylindres d'acier tournant en sens inverse entre lesquels on fait passer le métal à laminer. *Trains de laminoirs.* — Fig. Loc. *Passer au laminoir,* être soumis à de rudes épreuves.

lampadaire [lɑ̃padɛʀ] n. m. ■ Appareil d'éclairage électrique monté sur un haut support. *Abat-jour de lampadaire. Les lampadaires d'un parc, d'une place publique.*

lampant, ante [lɑ̃pɑ̃, ɑ̃t] adj. ■ *Pétrole lampant,* raffiné pour l'éclairage.

lampe [lɑ̃p] n. f. **1.** Récipient contenant un liquide ou un gaz combustible destiné à produire de la lumière. *Lampes à (l')huile.* ⇒ **quinquet.** *Lampe à pétrole, à gaz.* ⇒ **fanal.** — *Lampe-tempête,* dont la flamme est protégée du vent. **2.** Appareil d'éclairage par l'électricité. *Ampoule, douille d'une lampe. Lampe au néon.* ⇒ **tube.** *Lampe témoin,* qui signale la mise en marche, le fonctionnement d'un appareil. — Ensemble constitué par la source lumineuse et l'appareillage. *Lampe de bureau, de chevet. Lampe de poche,* à pile. *Lampe éclair,* d'un appareil photographique. ⇒ anglic. **flash. 3.** LAMPE À SOUDER, À ACÉTYLÈNE : dont le combustible est destiné à produire de la chaleur, pour le soudage. ⇒ fam. **torche. 4.** Tube électronique ne servant pas à l'éclairage. *Lampe de radio.* **5.** (Surtout en France) Fam. *S'en mettre* PLEIN LA LAMPE : manger et boire abondamment. ‹ ▶ cul-de-lampe, lampadaire, lampant, lampion, lampiste ›

lamper [lɑ̃pe] v. tr. ▪ conjug. 1. ■ Boire d'un trait ou à grandes gorgées. ⇒ fam. ② **caler, descendre.** ▶ ***lampée*** n. f. ■ Fam. Grande gorgée de liquide avalée d'un trait. *Boire à grandes lampées.*

lampion [lɑ̃pjɔ̃] n. m. **1.** Godet contenant une matière combustible et une mèche. *Faire brûler un lampion.* **2.** Lanterne vénitienne. *Les lampions de la procession de la Fête-Dieu.*

lampiste [lɑ̃pist] n. m. ■ Personne chargée de l'entretien des lampes, de l'éclairage. *Lampiste d'un théâtre, d'une gare.*

lampourde [lɑ̃puʀd] n. f. ■ Plante herbacée annuelle, à fleurs groupées en capitules, dont une variété produit un fruit qui s'accroche aux vêtements, aux toisons. ⇒ ② **teigne.**

lamproie [lɑ̃pʀwa] n. f. ■ Poisson au corps cylindrique, ayant l'apparence d'une anguille.

lanaudois, oise [lanodwa, waz] adj. et n. ■ De la région de Lanaudière, propre à cette région. — N. (Avec une majusc.) Personne née dans cette région du Québec ou qui l'habite.

lance [lɑ̃s] n. f. **1.** Arme à longue hampe terminée par un fer pointu. ⇒ **harpon, javelot, pique.** *Coup de lance.* — Loc. *Rompre une lance, des lances avec* ou *contre qqn,* soutenir une discussion. — Loc. *En* FER DE LANCE : en forme de feuille allongée et pointue. — Fig. *Le fer de lance d'une industrie,* la partie la plus productive. **2.** *Lance à eau,* pièce métallique à l'extrémité d'un tuyau de pompe ou d'arrosage, servant à diriger le jet. *Lances d'incendie.* ▶ ***lancette*** n. f. ■ Petit instrument de chirurgie utilisé pour les petites incisions. ▶ ***lancier*** n. m. ■ Autrefois. Soldat armé d'une lance. ‹ ▶ ① lancer ›

① ***lancer*** [lɑ̃se] v. tr. ▪ conjug. 3. **I. 1.** Envoyer loin de soi (généralement dans une direction déterminée). ⇒ **jeter, projeter ;** fam. **garrocher.** *Lancer des pierres. Lancer le disque, le javelot. Lancer une balle à qqn.* ⇒ **tirer.** — (À l'aide d'un dispositif, d'un engin) *Lancer des flèches, une fusée.* **2.** Faire sortir de soi, avec force, avec vivacité. ⇒ **émettre, projeter.** *Volcan qui lance des cendres. Ses yeux lancent des éclairs.* — Faire mouvoir avec rapidité dans une certaine direction. *Lancer les bras en avant, lancer un coup de pied.* — Envoyer dans la direction de qqn. *Lancer un clin d'œil.* **3.** Envoyer sans ménagement à l'adresse de qqn. *Lancer des injures. Lancer un ultimatum.* **4.** Faire partir impétueusement. *Lancer son cheval. Lancer des soldats à l'assaut.* **5.** Mettre en mouvement. ⇒ **démarrer ;** fam. ① **partir.** *Lancer un moteur.* **6.** Fam. Engager (qqn) dans un sujet de conversation. — Au p. p. adj. *Le voilà lancé, il ne s'arrêtera plus.* **7.** Pousser (qqn, qqch.) en faisant connaître, en mettant en valeur, en crédit. *Lancer un artiste, une idée. — Être lancé,* en vogue. **8.** Employer tous les moyens publicitaires propres à mettre en train (une affaire), à mettre en circulation et à faire connaître (un produit). *Lancer une marque. Lancer la mode,* en être le promoteur. ⇒ fam. ① **partir. II.** SE LANCER v. pron. **1.** Se jeter, s'élancer. ⇒ se **précipiter.** *Elle se lança dans le vide.* **2.** S'engager hardiment. *Se lancer dans de grosses dépenses. Elle s'est lancée en affaires.* **3.** Se faire connaître dans le monde.

▶ *lancée* n. f. ■ Élan de ce qui est lancé, vitesse acquise. *Courir sur sa lancée.* — Abstrait. *Continuer sur sa lancée,* poursuivre une action en utilisant l'élan initial. ▶ *lance-flammes* n. m. invar. ■ Engin de combat servant à projeter des liquides enflammés. ▶ *lance-fusées* ou *lance-roquettes* n. m. invar. ■ Dispositif de guidage et de lancement de projectiles autopropulsés. ⇒ **bazooka.** ▶ *lance-grenades* n. m. invar. ■ Engin servant à lancer des grenades. ▶ *lancement* n. m. **1.** Action de lancer, de projeter. ⇒ fam. **garrochage.** *Lancement du javelot.* — Projection d'un corps au moyen d'un dispositif de propulsion. *Lancement d'une fusée. Rampe de lancement.* **2.** *Lancement d'un navire,* mise à l'eau. **3.** Action de lancer (8). *Le lancement d'une vedette, d'une entreprise, d'un produit. Le lancement d'un livre, d'un disque. Le lancement d'un emprunt.* ▶ *lance-missiles* n. m. invar. ■ Engin servant à lancer des missiles. ⇒ **lanceur.** ▶ *lance-pierres* n. m. invar. ■ Petite fronde d'enfant à deux branches. *Des lance-pierres.* ▶ *lance-satellites* n. m. invar. ■ Lanceur de satellites artificiels. ▶ *lance-torpilles* n. m. invar. ■ Dispositif aménagé à bord d'un sous-marin ou d'un navire de guerre pour le lancement des torpilles. ▶ *lanceur, euse* n. **1.** Personne qui lance (qqch.). — Athlète spécialisé dans les lancers. *Lanceur de javelot.* — Baseball, balle-molle. Joueur occupant le monticule et qui lance la balle en direction du marbre où se tient un frappeur (opposé à *receveur*). *Un lanceur gaucher, lanceur partant, lanceur de relève.* — Cette position. **2.** N. m. Fusée chargée d'envoyer un véhicule spatial, de le faire échapper à l'attraction terrestre. — *Lanceur de missiles, de satellites.* ⇒ **lance-missiles, lance-satellites.** ‹ ▶ élancer, ② lancer, relancer ›

② ***lancer*** n. m. **1.** *Lancer* ou *pêche au lancer (léger),* pêche à la ligne, qui consiste à lancer au loin un leurre qu'on ramène à soi au moyen d'un moulinet. *Prendre une truite au lancer.* **2.** Épreuve d'athlétisme consistant à lancer le plus loin possible un poids, un disque, un javelot ou un marteau. **3.** Hockey. Coup pour envoyer la rondelle au but. ⇒ **tir.** *Lancer des poignets, du revers. Lancer frappé,* avec un élan arrière du bâton. — Le résultat de ce coup. *Le gardien de but a reçu trente lancers.* — Basseball, balle-molle. Fait d'expédier la balle vers le marbre (⇒ **balle, prise**) ou vers n'importe quel autre joueur sur le terrain. *Le frappeur attend le lancer. Effectuer un lancer au premier but.* — Le résultat. *Le lanceur était une (balle) courbe. Le joueur de premier but a échappé le lancer.*

lancette n. f. ; ***lancier*** n. m. ⇒ **lance.**

lanciner [lɑ̃sine] v. ■ conjug. 1. Littér. **1.** V. intr. (Douleurs) Donner des élancements douloureux. **2.** V. tr. Tourmenter de façon lancinante. ⇒ **obséder.** *Une idée le lancine depuis des jours.* ▶ *lancinant, ante* adj. **1.** Qui se fait sentir par des élancements aigus. *Douleur lancinante.* **2.** Qui obsède. *Regrets lancinants. Une musique lancinante.*

land [lɑ̃d] plur., ***länder*** [lɛndœʀ] n. m. ■ État fédéré de l'Allemagne. *Le land de Bavière.*

landau [lɑ̃do] n. m **1.** Ancienne voiture à cheval à quatre roues, à capote formée de deux soufflets pliants. **2.** (France) Voiture d'enfant à caisse suspendue. ⇒ **carrasse, poussette.** *Des landaus.*

lande [lɑ̃d] n. f. ■ (En France) Étendue de terre où ne croissent que certaines plantes sauvages (ajonc, bruyère, genêt, etc.). ⇒ **garrigue, maquis.** *Lande bretonne.*

langage [lɑ̃gaʒ] n. m. **I. 1.** Fonction d'expression de la pensée et de communication entre les humains, mise en œuvre par la parole ou par l'écriture. *Étude du langage.* ⇒ **linguistique.** *Le langage et les langues* ②. **2.** Tout système de signes permettant la communication. *Langage des sourds-muets. Langage chiffré. Langage des animaux.* — Informatique. Ensemble codé de signes utilisé pour la programmation. *Langage machine,* avec lequel on donne des instructions à un ordinateur. **II.** Façon de s'exprimer propre à un groupe ou à un individu. ⇒ ② **langue.** *Langage courant, parlé, littéraire. Langage administratif, technique. « Bobo » est un mot du langage enfantin. Son langage ne me plaît pas,* ce qu'il dit, sa façon de le dire. *Surveiller son langage.* ▶ *langagier, ière* adj. et n. **1.** Relatif à l'usage du langage. *Habitudes langagières.* **2.** N. Spécialiste des question de langage (traduction, terminologie, rédaction...). ⇒ **linguiste.**

lange [lɑ̃ʒ] n. m. ■ (Surtout en France) Carré de laine ou de coton dont on emmaillote un bébé. — Loc. *Dans les langes,* dans l'enfance. ▶ *langer* v. tr. ■ conjug. 3. ■ (Surtout en France) Envelopper d'un lange, de langes. *Langer un enfant,* le changer de couche.

langoureux, euse [lɑ̃guʀø, øz] adj. ■ Qui manifeste une mélancolie sentimentale, de la langueur (2). ⇒ **alangui, languide.** *Prendre une pose langoureuse. Air, regard langoureux.* ▶ *langoureusement* adv. ■ *Les amoureux se regardaient langoureusement.*

langouste [lɑ̃gust] n. f. ■ Grand crustacé marin comestible, sans pinces aux pattes antérieures. ≠ *homard. Pêcher la langouste. Langouste à l'américaine.* ▶ *langoustier* n. m. ■ Bateau équipé pour la pêche à la langouste. ▶ *langoustine* n. f. ■ Nom commercial du homard de Norvège, petit crustacé marin aux longues pinces. *Des queues de langoustine.* ≠ *scampi.*

① ***langue*** [lɑ̃g] n. f. **I. 1.** Organe charnu, musculeux, allongé et mobile, placé dans la bouche. *Avoir la langue pâteuse, sèche. Se brûler la langue.* — *Tirer la langue à qqn,* pour le narguer. — Abstrait. *Tirer la langue,* avoir soif, être dans le besoin. — Langue comestible de certains animaux. *Langue de bœuf à la tomate.* **2.** L'organe de la parole. — Loc. *Avoir la langue bien pendue,* être bavard. *Avoir la langue trop longue ; ne pas savoir tenir sa langue,* être indiscret. ⇒ **grande-gueule, grande-langue.** *Avoir un mot sur le bout de la langue,* chercher un mot qui nous échappe. *Se mordre la langue,* se retenir de parler, ou se repentir d'avoir parlé. *Ne pas avoir la langue dans sa poche,* ne pas craindre de dire ce que l'on pense ; avoir de la répartie. *Donner sa langue au chat,* renoncer à deviner, avouer son ignorance. *Tourner sa langue sept fois dans sa bouche avant de parler,* réfléchir avant de parler. — *Une mauvaise langue, une langue de vipère, une langue sale,* une personne médisante. *Être très mauvaise langue.* **II. 1.** Chose en forme de langue. *Langue de feu,* flamme allongée. *Langue de terre,* bande de terre allongée et étroite séparant deux masse d'eau. — *Une langue à chaussures,* un chausse-pied. ⇒ **cuiller. 2.** LANGUE-DE-CHAT : petit biscuit sec, mince et allongé. *Des langues-de-chat.* ▶ *languette* n. f. ■ Objet plat et allongé. *Languette d'une chaussure. Une languette de bois* (⇒ **baguette, latte**), *de caoutchouc* (⇒ **bande**). ‹ ▶ grande-langue, ② langue ›

② ***langue*** n. f. **1.** Système d'expression et de communication, commun à un groupe social (communauté linguistique). ⇒ **idiome ; dialecte, parler, patois.** *Lexique et syntaxe d'une langue. Étude des langues.* ⇒ **linguistique.** *Langues romanes, germaniques, slaves (indo-européennes). Les langues amérindiennes. La langue acadienne* ⇒ **acadien.** *Langues mortes* (⇒ **latin**), *vivantes.* — *Pratique d'une langue. Parler, savoir plusieurs langues.* ⇒ **bilingue, multilingue, plurilingue, trilingue. 2.** Langage parlé ou écrit spécial à certaines matières ou certains milieux. *Langue familière, littéraire, scientifique. Langue verte.* ⇒ **argot.** *Langue d'usage,* parlée à la maison ou au travail. *Langue maternelle*. Langue officielle*.* **3.** Façon de s'exprimer par le langage. *La langue de cette auteure est riche en images.* ‹ ▸ langage ›

langueur [lɑ̃gœʀ] n. f. **1.** Vieilli. État d'un malade dont les forces diminuent lentement. ⇒ **abattement, affaiblissement, dépérissement ; languir.** *Maladie de langueur.* **2.** Mélancolie douce et rêveuse. *Langueur amoureuse.* ⇒ **langoureux.** / contr. **ardeur, chaleur** / **3.** Manque d'activité ou d'énergie. ⇒ **apathie, indolence, mollesse, paresse.** / contr. **vivacité** / ‹ ▸ langoureux ›

languide [lɑ̃gid] adj. ■ Littér. Languissant, langoureux. *Elle a des yeux languides.*

languir [lɑ̃giʀ] v. intr. ▪ conjug. 2. **1.** (Personnes) Manquer d'activité, d'énergie (⇒ **langueur**). *Languir dans l'inaction, dans l'ennui.* — (Choses) Manquer d'animation, d'entrain. *La conversation languit.* **2.** Attendre qqch. avec impatience. *Je languis après ta prochaine visite.* ⇒ **soupirer.** *Dépêche-toi, tu nous fais languir !* ▸ ***languissant, ante*** adj. **1.** Littér. ou plaisant. Qui exprime la langueur amoureuse. *Un regard languissant.* **2.** Qui manque d'énergie, d'entrain. *Un récit ennuyeux et languissant.* ⇒ **morne,** ① **plat.** ‹ ▸ alanguir ›

lanière [lanjɛʀ] n. f. ■ Longue et étroite bande (de cuir, etc.). ⇒ **courroie.** *Lanière de fouet. — Lanières de viande. — Découper en lanières.*

lanoline [lanɔlin] n. f. ■ Substance onctueuse utilisée dans la préparation des pommades, crèmes. *Savon à la lanoline.*

① ***lanterne*** [lɑ̃tɛʀn] n. f. **1.** Boîte à parois ajourées, translucides ou transparentes, où l'on place une source de lumière ⇒ **fanal.** *Lanternes vénitiennes,* en papier de couleur, servant aux illuminations. ⇒ **lampion (2).** — *Lanterne rouge,* à l'arrière du dernier véhicule d'un convoi. — (France) Fig. *La lanterne rouge,* le dernier (d'un classement, d'une file). — *Lanternes d'automobiles,* lampes de phare donnant le plus faible éclairage. ⇒ **feu** de position, **veilleuse. 2.** Loc. *Prendre des vessies pour des lanternes,* commettre une grossière méprise. **3.** Appareil de projection. — LANTERNE MAGIQUE : qui projetait des images peintes. Loc. *Éclairer la lanterne de qqn,* lui fournir les explications nécessaires pour qu'il comprenne. ‹ ▸ lanterner ›

② ***lanterne*** n. f. ■ Architecture. Dôme vitré éclairant par en haut un édifice. — Tourelle ajourée surmontant un dôme. ▸ ***lanternon*** ou ***lanterneau*** n. m. ■ Petite lanterne au sommet d'une coupole ; cage vitrée au-dessus d'un escalier, d'un atelier.

lanterner [lɑ̃tɛʀne] v. intr. ▪ conjug. 1. **1.** Perdre son temps en s'amusant à des riens. ⇒ **lambiner, musarder, traîner ;** fam. **taponner, téter. 2.** *Faire lanterner qqn,* le faire attendre. ⇒ fam. **poireauter.**

lapalissade [lapalisad] n. f. ■ Affirmation évidente qui prête à rire (par ex. : *s'il est malade, c'est qu'il n'est pas en bonne santé*). *Dire des lapalissades.*

laper [lape] v. tr. ▪ conjug. 1. ■ (Animaux) Boire à coups de langue. *Chat qui lape du lait.* — Intransitivement. *Le chien lapait bruyamment.* ▸ ***lapement*** n. m. ■ Action de laper ; bruit ainsi produit. ‹ ▸ lamper ›

lapereau [lapʀo] n. m. ■ Jeune lapin. *Des lapereaux.* ≠ *levraut.*

① ***lapidaire*** [lapidɛʀ] n. ■ Artisan qui taille, grave les pierres précieuses. — Commerçant en pierres précieuses autres que le diamant.

② ***lapidaire*** adj. ■ Littér. Qui évoque par sa concision et sa vigueur le style des inscriptions sur pierre. ⇒ **concis, laconique.** *Formules lapidaires.* / contr. **verbeux** /

lapider [lapide] v. tr. ▪ conjug. 1. ■ Attaquer, poursuivre ou tuer à coups de pierres. *Se faire lapider.* — Fig. Attaquer verbalement qqn de manière violente. *Son collègue s'est fait lapidé lors de la dernière réunion.* ▸ ***lapidation*** n. f. ■ Action de lapider. *La lapidation de saint Étienne.*

① ***lapin*** [lapɛ̃] n. m. **1.** Petit mammifère rongeur à grandes oreilles. *Femelle* ⇒ **lapine,** *petit* ⇒ **lapereau** *du lapin. Lapin de garenne,* vivant en liberté. *Lapin domestique. Patte de lapin,* fétiche, porte-bonheur. — Loc. *Courir comme un lapin,* courir très vite. *Faire qqch. en criant lapin,* le faire très rapidement, en peu de temps. ⇒ **ciseau.** — Sa chair comestible. *Lapin en civet. Pâté de lapin.* **2.** Fourrure de cet animal. *Manteau de lapin.* **3.** Loc. fam. *Un chaud, un sacré lapin,* un homme qui a beaucoup de tempérament amoureux. **4.** Terme d'affection (pour les deux sexes). *Sois gentil, mon petit lapin.* ▸ ***lapine*** n. f. ■ Femelle du lapin. — Loc. fig. *Une mère lapine,* une femme très féconde.

② ***lapin*** n. m. ■ Loc. *Poser un lapin,* ne pas venir au rendez-vous qu'on a donné.

lapis-lazuli [lapislazyli] n. m. ■ Pierre d'un beau bleu d'azur ou d'outremer. *Des lapis-lazulis.*

lapon, onne [lapɔ̃, ɔn] adj. et n. **1.** Relatif à un peuple autochtone qui habite la Laponie. ⇒ ① **esquimau, inuit.** — N. (Avec une majusc.) Autochtone de Laponie. **2.** N. m. *Le lapon,* la langue parlée par les Lapons.

laprairien, ienne [lapʀɛʀjɛ̃, jɛn] adj. et n. ■ De la ville de La Prairie. — N. (Avec une majusc.) Personne née dans cette ville ou qui l'habite.

laps [laps] n. m. invar. ■ LAPS DE TEMPS : espace de temps. *Elle a attendu un laps de temps assez long.*

lapsus [lapsys] n. m. invar. ■ Emploi involontaire d'un mot pour un autre, en langage parlé ou écrit. *Faire un lapsus, des lapsus.*

laquais [lakɛ] n. m. invar. ■ Autrefois. Valet portant la livrée. *Les laquais d'un grand seigneur. — Je ne suis pas votre laquais,* votre serviteur.

laque [lak] n. **I.** N. f. **1.** Matière résineuse d'un rouge brun extraite d'arbres d'Extrême-Orient. **2.** Vernis chimique, transparent, coloré. **3.** Produit que l'on vaporise sur les cheveux pour les fixer. ⇒ **fixatif.** *Une bombe de laque.* **II. 1.** N. m. ou f. Vernis préparé avec la résine d'arbre à laque. *Meuble de laque.* **2.** N. m. Objet d'art en laque. *Un beau laque.* ▸ ***laquer*** v. tr. ▪ conjug. 1. **1.** Enduire de laque. ⇒ **vernir.** *Laquer un meuble de bois blanc.* **2.** Vaporiser de la laque (I, 3). ▸ ***laqué, ée*** adj. **1.** Enduit de laque. *Bibelot laqué. Chaise en bois laqué.* **2.** Fixé par de la laque. *Cheveux laqués.* **3.** *Canard laqué,* badigeonné pendant la cuisson d'une sauce composée des quatre-épices, de sauce de soja et de miel. ▸ ***laquage*** n. m. ■ *Laquage d'un meuble.*

laquelle pronom relatif et interrogatif. ⇒ **lequel.**

larbin [laʀbɛ̃] n. m. **1.** Fam. et péj. Domestique. **2.** Individu servile.

larcin [laʀsɛ̃] n. m. ■ Littér. Petit vol commis furtivement et sans violence. *Commettre un larcin.*

lard [laʀ] n. m. **1.** Graisse ferme formant une couche épaisse dans le tissu sous-cutané du porc. — Cette graisse employée dans l'alimentation. *Lard gras,* maigre. *Lard fumé. Du lard salé. Des fèves au lard.* — Viande de porc. *Du lard haché. Un petit rôti de lard.* **2.** Fam. Graisse de l'être humain. *Faire du lard,* engraisser ; fainéanter. — Fam. *Un gros lard,* un homme gros et gras. ⇒ fam. **jambon.** *C'est un gros lard.* ⇒ **paresseux. 3.** TÊTE DE LARD : qui a la tête dure, ne veut pas obéir. ▸ ① ***larder*** v. tr. ▪ conjug. 1. ■ Garnir (une pièce de viande) de lardons. ▸ ***lardon*** n. m. **1.** Morceau de lard (pour la cuisine). **2.** (France) Fam. Petit enfant. *Elle est venue avec ses deux lardons.* ‹ ▸ entrelarder, ② larder ›

② ***larder*** v. tr. ▪ conjug. 1. **1.** Piquer à plusieurs reprises. *Larder qqn de coups de couteau.* **2.** Entremêler. *Larder un texte de citations.* ⇒ **truffer.**

largable [larɡabl] adj. ■ Qui peut être largué (d'un avion, d'un véhicule spatial). *Cabine largable.*

largage [larɡaʒ] n. m. ■ Action de larguer. *Largage d'une cabine, de bombes.*

① ***large*** [larʒ] adj., n. m. et adv. **I.** Adj. **1.** Qui a une étendue supérieure à la moyenne dans le sens de la largeur. *Large avenue. Un homme large de carrure* (opposé à ① *mince*). / contr. **étroit** / **2.** LARGE DE : qui a une largeur de. *Ici, le fleuve est large de deux kilomètres.* **3.** (Vêtements) Qui n'est pas serré. ⇒ **ample, lâche.** / contr. **étroit** / *Jupe large.* **4.** (Espace) Étendu, vaste. *Décrire un large cercle.* — (Sens) De grande extension. *Mot pris dans son sens large* (opposé à *étroit*). / contr. **restreint** / **5.** Qui a une grande importance. ⇒ **considérable, important.** *Faire une large part à qqch.* **6.** (Personnes, idées) Qui n'est pas borné. *Esprit, idées larges. Large d'idées,* libéral. / contr. **mesquin** / *Conscience large,* sans rigueur morale. / contr. **strict** / **7.** Qui ne se restreint pas dans ses dépenses. *Vie large.* ⇒ **aisé.** — *Vous n'avez pas été très large,* très généreux. **II.** N. m. **1.** DE LARGE : de largeur. *Deux mètres de large.* **2.** Loc. *Elle m'a tout expliqué* EN LONG ET EN LARGE : dans tous les sens (fam. de toutes les façons). *Se promener de long en large,* dans les deux sens en faisant le même trajet. **3.** *Être* AU LARGE : avoir beaucoup de place ; abstrait, être dans l'aisance. **4.** La haute mer. *Gagner le large, aller au large. Vers le large.* — Loc. fam. *Prendre le large,* s'en aller, s'enfuir. ⇒ fam. ① **bord. III.** Adv. **1.** D'une manière ample. *Habiller large,* de vêtements larges. **2.** D'une manière peu rigoureuse. *Calculer large. Voir large,* voir grand. **3.** Loc. *Il n'en mène pas large,* il a peur ; il est faible, malade ; il peut mourir bientôt. ▸ ② ***large*** adj. et n. ■ Anglic. Grand, en parlant de la taille de qqch. ⇒ anglic. ③ **médium, small.** *Un tee-shirt large.* — *Une pizza garnie large.* — N. *Un, une large* (vêtements, pizzas...). — Absolt. *« Quelle grandeur ? - Large. »* — EXTRA LARGE : très grand. *Des cotons ouatés extra larges.* ▸ ***largement*** adv. **1.** Sur une grande largeur, un large espace. *Col largement ouvert.* — *Idée largement répandue,* abondamment. / contr. **peu** / **2.** Sans compter, sans se restreindre. *Donner largement.* ⇒ **généreusement. 3.** En calculant large. *Il est parti il y a largement une heure,* au moins une heure. *Elle a largement le temps.* ⇒ **amplement.** *Un billet largement périmé,* depuis longtemps. ▸ ***largesse*** n. f. ■ Souvent au plur. Don généreux (⇒ **large**, I, 7). *Faire des largesses.* ▸ ***largeur*** n. f. **1.** (Dans l'espace) La plus petite dimension d'une surface (opposé à *longueur*), la dimension moyenne d'un volume (opposé à *longueur* et *hauteur*) ou dimension horizontale parallèle à la ligne des épaules (opposé à *hauteur,* et à *profondeur* ou *épaisseur*) ; son étendue. *Largeur d'un tronc d'arbre.* ⇒ **diamètre, grosseur.** *Largeur des épaules.* ⇒ **carrure.** *Sur toute la largeur de la rue.* — Loc. fam. *Il se trompe dans les grandes largeurs,* grandement, complètement. **2.** Caractère de ce qui n'est pas borné, restreint. *Largeur d'esprit, de vues.* / contr. **étroitesse.** / ‹ ▸ élargir ›

largo [larɡo] adv. et n. m. ■ Musique. Avec un mouvement lent et ample, majestueux. — N. m. Mouvement joué largo. *Des largos.*

larguer [larɡe] v. tr. ▪ conjug. 1. **1.** Lâcher ou détacher (un cordage). *Larguer les amarres.* **2.** Lâcher, laisser tomber (d'un avion). *Larguer des parachutistes.* **3.** Fam. Abstrait Se débarrasser de (qqch., qqn). *Elle a largué ses amis, son chum.* ⇒ **abandonner.** — Intransitivement. *Se faire larguer.* ‹ ▸ largable, largage ›

larme [larm] n. f. **1.** Goutte d'eau salée qui coule des yeux sous l'effet d'une douleur, d'une émotion, de la présence d'un corps étranger. ⇒ **pleur.** *Pleurer à chaudes larmes,* abondamment. *Fondre en larmes. Avoir les larmes aux yeux. Des yeux pleins de larmes. Être au bord des larmes,* prêt à pleurer. *Rire aux larmes,* énormément. — Loc. *Avoir toujours la larme à l'œil,* montrer une sensibilité excessive. *Avec des larmes dans la voix,* une voix émue. — Fam. *Larmes de crocodile,* hypocrites. **2.** Au plur. Littér. Affliction, chagrin. *Cette vallée de larmes,* le monde terrestre. **3.** Fam. Très petite quantité (de liquide). *Une larme de cognac.* ⇒ **goutte, nuage.** ▸ ***larmoyer*** [larmwaje] v. intr. ▪ conjug. 8. **1.** Laisser couler ses larmes. *Ses yeux larmoient.* **2.** Pleurnicher, se lamenter. *Arrêtez donc de larmoyer.* ⇒ se **plaindre.** ▸ ***larmoiement*** [larmwamɑ̃] n. m. **1.** Écoulement continuel de larmes. **2.** Pleurnicherie. ⇒ fam. **chialage.** ▸ ***larmoyant, ante*** adj. **1.** Qui larmoie. *Des yeux larmoyants.* **2.** D'une sensiblerie extrême. *Un film larmoyant.*

larron [larɔ̃] n. m. **1.** Vx. Voleur. *Le bon, le mauvais larron,* crucifiés en même temps que le Christ. **2.** Loc. *Ils s'entendent comme larrons en foire,* à merveille (comme des voleurs de connivence). — PROV. *L'occasion fait le larron.* — REM. Les féminins *laronne* et *larronnesse* sont rares.

larve [larv] n. f. **1.** Forme embryonnaire des insectes, caractérisée par une vie libre menée hors de l'œuf. *Larves d'insectes.* ⇒ **asticot, chenille, ver.** *Métamorphose d'une larve en chrysalide.* **2.** Péj. et fam. Personne molle, sans énergie. *C'est une larve, ce gros paresseux !* ▸ ***larvaire*** adj. **1.** Propre aux larves. *Forme, état larvaire.* **2.** Abstrait. À l'état d'ébauche. ⇒ **embryonnaire.** *Des idées, à peine ébauchées, à l'état larvaire.* ▸ ***larvé, ée*** adj. **1.** Se dit d'une maladie qui se manifeste par des symptômes atténués. **2.** Qui n'éclate pas, n'arrive pas à s'engager vraiment. *Révolution, guerre larvée.*

laryng(o)- ■ Élément savant signifiant « larynx ». ▸ ***laryngologie*** [larɛ̃ɡo(ɔ)lɔʒi] n. f. ■ Anatomie et pathologie du larynx. ▸ ***laryngologiste*** ou ***laryngologue*** n. ■ Spécialiste en laryngologie. En composition. *Oto-rhino-laryngologiste.* ▸ ***laryngite*** n. f. ■ Inflammation du larynx (cour. *mal de gorge*). ‹ ▸ oto-rhino-laryngologie ›

larynx [larɛ̃ks] n. m. invar. ■ Organe essentiel de la phonation occupant la partie moyenne et antérieure du cou. ⇒ **glotte.** *Affections du larynx.* ≠ *pharynx.* ‹ ▸ laryng(o)- ›

las, lasse [lɑ, lɑs] adj. **1.** Qui éprouve une sensation de fatigue générale et vague. ⇒ **faible, fatigué ; lassitude.** *Se sentir las. Être très las. Avoir les jambes lasses.* **2.** Littér. LAS DE : fatigué et dégoûté de. ⇒ **excédé, tanné.** *Las de tout.* — (+ infinitif) *Elle est lasse d'attendre.* ‹ ▸ délasser, inlassable, lasser ›

lasagne [lazaɲ] n. f. ■ Pâte alimentaire en forme de large ruban ondulé sur les bords. *Des lasagnes au four.* — Au sing. collectif. *Manger de la lasagne,* ce mets.

laSallois, oise [lasalwa, waz] adj. et n. ■ De la ville de LaSalle. — N. (Avec une majusc.) Personne née dans cette ville ou qui l'habite.

lascar [laskaʀ] n. m. Fam. **1.** Homme brave, décidé. ⇒ **gaillard. 2.** Homme malin, ou qui fait le malin. *C'est un drôle de lascar.* ⇒ **zigoteau ;** fam. **zig.**

lascif, ive [lasif, iv] adj. **1.** Littér. Fortement enclin aux plaisirs amoureux. ⇒ **sensuel, voluptueux. 2.** Empreint d'une grande sensualité. ⇒ **impur, lubrique.** *Danse lascive. Regards lascifs.* ▸ ***lascivement*** adv. ■ *Danser lascivement.*

laser [lazɛʀ] n. m. ■ Physique. Amplificateur de radiations lumineuses permettant d'obtenir des faisceaux de grande puissance. *Emploi du laser dans le traitement du cancer.* — En appos. *Rayon laser. Un disque, un lecteur laser.*

lasser [lɑse] v. tr. ▪ conjug. 1. (⇒ **las**) **1.** Fatiguer en ennuyant. *Lasser son auditoire.* **2.** Décourager, rebuter. *Lasser la patience de qqn.* **3.** Pronominalement (réfl.). SE LASSER DE : devenir las de. ⇒ se **fatiguer** de, se **tanner** de. *On se lasse de tout.* — (+ infinitif) *On ne se lasse pas de l'écouter. Sans se lasser,* inlassablement. ▸ ***lassant, ante*** adj. ■ Qui lasse. *Répétitions lassantes. Vous commencez à devenir lassant.* ▸ ***lassitude*** [lasityd] n. f. **1.** État d'une personne lasse. ⇒ **fatigue.** *Se traîner avec lassitude.* **2.** Abattement mêlé d'ennui, de découragement. *Elle accepta par lassitude.* ⟨ ▸ inlassable ⟩

lasso [laso] n. m. ■ Longue corde à nœud coulant servant à attraper les chevaux sauvages, le bétail. *Des lassos de cow-boy.*

lastex [lastɛks] n. m. invar. ■ Fil de caoutchouc *(latex)* recouvert de fibres textiles. — REM. Ce mot est un nom de marque déposée.

lastique [lastik] n. m. ■ Fam. Élastique. *Le lastique d'une jupe. Mettre un lastique pour retenir sa queue de cheval.*

latent, ente [latɑ̃, ɑ̃t] adj. ■ Qui demeure caché, ne se manifeste pas. ⇒ **secret.** *Demeurer à l'état latent.* — *Maladie latente,* qui ne s'est pas encore déclarée. ≠ *patent.*

latéral, ale, aux [lateʀal, o] adj. ■ Qui appartient au côté ; situé sur le côté de qqch. *Partie latérale. Chapelle, nef latérale.* ⇒ **collatéral.** — Sports. *Une passe latérale.* ≠ *littéral.* ▸ ***latéralement*** adv. ■ De côté, sur le côté. ≠ *littéralement.* ⟨ ▸ bilatéral, collatéral, équilatéral, multilatéral, unilatéral ⟩

latérite [lateʀit] n. f. **1.** Roche jaspée rouge.

latex [latɛks] n. m. invar. **1.** Liquide visqueux, d'aspect laiteux, qui circule dans le corps de certains végétaux (surtout l'hévéa). ⇒ **caoutchouc. 2.** Peinture résistante à l'eau. *Du latex mat, brillant. Une couche de latex.*

latin, ine [latɛ̃, in] adj. et n. **I.** Adj. **1.** Des provinces ou des peuples soumis à la domination de Rome. ⇒ **romain.** *Les peuples latins* et, n. (avec une majusc.) *les Latins.* — De la langue latine. *Déclinaisons latines. Version latine.* — QUARTIER LATIN : quartier d'une ville où se trouve, se trouvait une université. *Habiter dans le Quartier Latin de Québec.* **2.** D'origine latine. ⇒ **roman.** *Les langues latines* (italien, français, etc.). *Amérique latine, de langue espagnole ou portugaise.* — N. (Avec une majusc.) *Les Latins,* les peuples de langue romane. **II.** N. m. *Le latin,* la langue latine. *Latin classique ; bas latin. Mot qui vient du latin. Le latin était une langue savante* (opposé à *vulgaire*). — *Latin de cuisine,* mauvais latin. — Loc. *Y (En) perdre son latin,* n'y rien comprendre. ▸ ***latinisme*** n. m. ■ Construction ou emploi propre à la langue latine ; emprunt au latin. ▸ ***latiniste*** n. ■ Spécialiste de philologie ou de littérature latine. — Étudiant de latin. ▸ ***latinité*** n. f. ■ La civilisation latine. ▸ ***latino-américain, aine*** adj. et n. **1.** Qui a rapport à l'Amérique de langue espagnole ou portugaise. ⇒ **brésilien, centre-américain, hispano-américain, mexicain, sud-américain ; hispanique** (2). — N. (Avec des majusc.) *Les Latino-Américains.* — Abrév. fam. LATINO n. m. et adj. ⇒ fam. **hispano.** *Une Latino.* **2.** Relatif aux citoyens des États-Unis originaires du Mexique, de l'Amérique centrale ou du sud. ⇒ **hispanique** (2). — N. (Avec des majusc.) *Les Latino-Américaines de New York.* — Abrév. fam. HISPANO, n. et adj. ⇒ fam. **hispano.** *Dépanneur tenu par un Hispano.* ⟨ ▸ gréco-latin, prélatin ⟩

① ***latitude*** [latityd] n. f. ■ Faculté, pouvoir d'agir en toute liberté. *Avoir toute latitude (de, pour faire qqch.). Vous avez toute latitude de refuser. Donner, laisser toute latitude à qqn (pour faire qqch.).* ⇒ **facilité, liberté.** (→ Donner carte blanche à qqn)

② ***latitude*** n. f. **1.** (Opposé à *longitude*) Coordonnée géographique d'un point de la Terre déterminée par sa distance (angulaire) à l'équateur (au nord ou au sud). *Déterminer la latitude d'un lieu. Le navire se trouvait par 40°10' de latitude sud et 82°3' de longitude ouest.* **2.** Région, climat. *Cette espèce animale ne peut pas vivre sous toutes les latitudes.*

-lâtre, -lâtrie ■ Éléments savants, signifiant « adorateur, adoration ».

latrines [latʀin] n. f. pl. ■ Lieux d'aisances sommaires (sans installation sanitaire). ⇒ **cabinet, fosse** d'aisances ; fam. **bécosses.**

latte [lat] n. f. ■ Longue pièce de charpente, mince, étroite et plate. ⇒ **planche.** *Lattes d'un plancher.* ⇒ **lame.** *Des lattes métalliques ou de plastique.* ▸ ***latter*** v. tr. ▪ conjug. 1. ■ Garnir de lattes. *Latter un plafond.* ▸ ***lattis*** [lati] n. m. invar. ■ Ouvrage en lattes. *Un lattis de plancher.*

latuquois, oise [latykwa, waz] adj. et n. ■ De la ville de La Tuque. — N. (Avec une majusc.) Personne née dans cette ville ou qui l'habite.

laudanum [lodanɔm] n. m. ■ Vieilli. Teinture alcoolique d'opium, soporifique et calmante.

laudateur, trice [lodatœʀ, tʀis] n. ■ Littér. Personne qui fait un éloge. ▸ ***laudatif, ive*** adj. **1.** Qui contient un éloge. ⇒ **élogieux, louangeur.** *Terme laudatif.* **2.** (Personnes) Qui fait un éloge. *Elle a été plutôt laudative.*

lauréat, ate [lɔʀea, at] n. ■ Personne qui a remporté un prix dans un concours. ⇒ **vainqueur.** *Les lauréats du prix Nobel.* — Adj. *L'étudiante lauréate.*

laurentien, ienne [lɔʀɑ̃sjɛ̃, jɛn] adj. et n. **1.** Propre à la chaîne de montagnes des Laurentides. *Le relief laurentien.* **2.** Relatif à la région administrative des Laurentides. *Une auberge laurentienne.* — N. (Avec une majusc.) Personne née dans cette région ou qui l'habite. **3.** Relatif au fleuve Saint-Laurent. *L'escarpement des rives laurentiennes.* **4.** De la ville de Saint-Laurent. — N. (Avec des majusc.) Personne née dans cette ville ou qui l'habite. ⟨ ▸ bas-laurentien ⟩

laurier [lɔʀje] n. m. **I. 1.** Arbre à feuilles allongées, luisantes et persistantes. *Bois de lauriers. Feuilles de laurier utilisées en assaisonnement.* — *Le, du laurier,* feuilles de cet arbre. *Un bouquet de laurier et de thym.* **2.** Feuillage du laurier qui servait à couronner des vainqueurs (→ lauréat). *Couronne de laurier.* — Loc. *Être chargé, couvert de lauriers.* ⇒ **gloire.** — Loc. *Se reposer, s'endormir sur ses lauriers,* ne plus rien faire, après un premier succès. **II.** LAURIER-ROSE : arbrisseau à grandes fleurs roses ou blanches. ⇒ **rhododendron.** *Des lauriers-roses.*

L.A.V. [ɛlave] n. m. invar. ■ Anglic. Abréviation de *Lymphadenopathy Associeted Virus,* rétrovirus qui est associée au sida. ⇒ **V.I.H.** ; anglic. **H.I.V.**

lavable [lavabl] adj. ■ Qui peut être lavé, supporte le lavage. *Peinture au latex lavable. Vêtement lavable à la machine.*

① ***lavabo*** [lavabo] n. m. **1.** Dispositif de toilette fixe, à hauteur de table, avec cuvette, robinets d'eau courante et système de vidange. *Lavabo d'une salle de bains.* — Fam. *le lavabo de la cuisine,* l'évier. **2.** (France) Pièce réservée à ce dispositif. — Au plur. Cabinets d'aisances. ⇒ **toilette(s).** *Les lavabos sont au sous-sol.*

② ***lavabo*** n. m. ■ Moment de la messe où le prêtre se lave les mains avant la consécration.

lavage [lavaʒ] n. m. **1.** Action de laver. ⇒ **nettoyage.** *Le lavage du linge.* ⇒ **lessive.** *Faire son lavage et son repassage. Lavage à la main et à l'eau tiède. Mettre du linge au lavage, dans le lavage,* à laver. *Salle de lavage,* pièce où sont la laveuse et la sécheuse. ⇒ **buanderie ; laverie.** — *Le lavage de printemps,* le grand ménage. — Par ext. Le linge lavé ou à laver. ⇒ **lessive.** *Le lavage est dans la sécheuse. Le panier à lavage,* dans lequel on met le linge à laver. *Étendre le lavage sur la corde à linge.* **2.** Loc. fam. *Lavage de tête,* verte réprimande. ⇒ **savon.** — *Lavage de cerveau,* moyen par lequel on essaie de modifier de force les idées de qqn.

lavallière [lavaljɛʀ] n. f. ■ Cravate large et souple, qui se noue en formant deux coques.

lavallois, oise [lavalwa, waz] adj. et n. **1.** Relatif à la ville de Laval. *Un centre commercial lavallois.* — N. (Avec une majusc.) Personne née dans cette ville ou qui l'habite. **2.** Relatif à la région administrative de Laval. *Le territoire lavallois est peu cultivé.* — N. (Avec une majusc.) Personne née dans cette région ou qui l'habite. **3.** Relatif à l'Université Laval. *Le campus lavallois.* — N. (Avec une majusc.) Personne qui étudie, enseigne ou travaille dans cette université. *Les anciennes Lavalloises.*

lavande [lavɑ̃d] n. f. **1.** Arbrisseau vivace aux fleurs bleues, d'un parfum délicat (en France, Provence et Alpes). **2.** Eau, essence parfumée de lavande. *Un flacon de lavande.* **3.** En appos. Invar. *Bleu lavande,* bleu mauve, assez clair. **4.** *Lavande de mer,* plante à fleurs rose lavande qui pousse communément sur les bords de la côte atlantique nord.

lavandière [lavɑ̃djɛʀ] n. f. ■ Littér. Femme qui lave le linge à la main. ⇒ **blanchisseuse, laveuse.** *Les lavandières du Portugal.*

lave [lav] n. f. **1.** Matière pâteuse, noirâtre, qui se répand en fusion hors du volcan. *Coulée de lave. Lave refroidie.* **2.** (France) Lave pétrifiée utilisée comme pierre de construction. *Toit de lave.*

lave-auto [lavɔto] n. m. ■ Établissement équipé d'une installation automatique pour le lavage des autos. *Aller au lave-auto. Le lave-auto est attenant au libre-service.* — REM. On rencontre parfois les mots *lave-camionnette* et *lave-camion.*

lave-glace n. m. ■ Appareil qui envoie un jet d'eau sur le pare-brise d'un véhicule automobile. *Des lave-glaces.* — Le liquide contenu dans cet appareil. ⇒ **lave-vitre.** *Il n'y a plus de lave-glace.*

lavement [lavmɑ̃] n. m. ■ Injection d'un liquide dans le gros intestin, par l'anus. Loc. *Poire à lavement.*

laver [lave] v. tr. ■ conjug. 1. **I. 1.** Nettoyer avec de l'eau, avec un liquide. ⇒ **décrasser, dégraisser, nettoyer.** / contr. **salir** / *Laver du linge. Laver la vaisselle. Laver les vitres, les planchers.* — MACHINE À LAVER : appareil ménager qui brasse le linge dans un liquide détersif. ⇒ **laveuse, lessiveuse.** — Au p. p. adj. *Du linge bien, mal lavé.* — Loc. *Il faut laver son linge sale en famille,* c'est entre soi qu'il faut régler les fâcheuses affaires domestiques. **2.** Nettoyer (le corps, une partie du corps) avec de l'eau. *Laver la figure d'un enfant.* ⇒ **débarbouiller ; débarbouillette. 3.** SE LAVER (suivi d'un compl. d'objet). *Se laver les mains, les dents,* laver ses mains, ses dents. *Se laver les cheveux, la tête. Elle s'est lavé les mains.* — Loc. Fig. *Se laver les mains de qqch.,* décliner toute responsabilité. **4.** SE LAVER v. pron. : laver son corps. ⇒ se **nettoyer.** *Elle s'est lavée. Se laver à grande eau.* **5.** Abstrait. *Laver qqn, se laver d'un soupçon, d'une imputation.* ⇒ **disculper, justifier.** / contr. **accuser, imputer** / **II. 1.** Enlever, faire disparaître au moyen d'un liquide. *Laver une tache.* **2.** Abstrait. *Laver un affront, une injure,* s'en venger. **3.** Sports, jeux) Fam. Faire subir une défaite humiliante à l'adversaire. ⇒ fam. **lessiver.** *Ils les ont lavés 7 à 0.* ⇒ **blanchir.** — Intransitivement. *Se faire laver.* ⇒ fam. **plumer.** ▶ ***lave-linge*** n. m. invar. ■ (France) Machine à laver le linge. ⇒ **laveuse, lessiveuse.** *Des lave-linge.* ▶ ***laverie*** n. f. ■ *Laverie (automatique),* blanchisserie équipée de laveuses et de sécheuses, où les clients s'occupent eux-mêmes de leur lavage. ⇒ **lavoir.** ▶ ***lavette*** n. f. **1.** Morceau de linge ou gros pinceau en fil avec lequel on lave la vaisselle. — Loc. *Être trempé comme une lavette,* très mouillé. **2.** Fam. Homme mou, veule, sans énergie. *Une vraie lavette.* ▶ ***laveur, euse*** n. **1.** Professionnel(le) qui lave qqch. *Laveur de vaisselle.* ⇒ **plongeur.** — *Laveuse (de linge).* ⇒ **blanchisseuse.** *Laveur de vitres.* **2.** N. f. Machine à laver le linge. ⇒ **lave-linge, lessiveuse.** *Une laveuse automatique. Mettre une brassée de linge dans la laveuse.* — Fam. *Une laveuse de,* à *vaisselle.* ⇒ **lave-vaisselle.** ▶ ***lave-vaisselle*** n. m. invar. ■ Machine à laver la vaisselle. *Des lave-vaisselle.* ▶ ***lavis*** [lavi] n. m. invar. ■ Mise en couleur d'un dessin, au moyen d'encres ou de couleurs étendues d'eau ; dessin de ce genre. *Un lavis d'encre de Chine.* ▶ ***lave-vitre*** n. m. ■ Liquide nettoyant pour les vitres, les miroirs, etc. *Pulvériser du lave-vitre sur un miroir. Un contenant de lave-vitre pour la voiture.* ⇒ **lave-glace.** ▶ ***lavoir*** n. m. **1.** *Lavoir (automatique),* laverie. **2.** (France) Lieu public où on lave le linge ; construction destinée au lavage du linge. *Lavoir public.* — Bac en ciment pour laver le linge. ▶ ***lavure*** n. f. ■ Liquide qui a servi à laver qqch. ou qqn. *Lavure de vaisselle.* ⇒ **eau** de vaisselle. ⟨ ▶ délavé, lavable, lavage, lavandière, lave-auto, lave-glace, lavement ⟩

laxatif, ive [laksatif, iv] adj. et n. m. ■ Qui relâche l'intestin, purge légèrement. ⇒ **purgatif.** *Tisane laxative.* — N. m. *Un laxatif.*

laxisme [laksism] n. m. ■ Tendance à la conciliation, à la tolérance (excessive). / contr. **purisme, rigorisme** / *Le laxisme en matière de morale.* ▶ ***laxiste*** adj. et n. ■ Qui professe ou concerne le laxisme. ⇒ **tolérant.** / contr. **puriste, rigoriste** /

layette [lɛjɛt] n. f. ■ (France) Habillement d'un enfant nouveau-né. *Tricoter de la layette.*

lazaret [lazaʀɛ] n. m. ■ Établissement où s'effectue le contrôle sanitaire, l'isolement des malades contagieux (dans un port, une station frontière...). *Subir une quarantaine au lazaret.*

lazzi [la(d)zi] n. m. ■ (France) Plaisanterie, moquerie bouffonne. *Un lazzi, des lazzi* ou *des lazzis.*

① ***le*** [l(ə)] (m.), ***la*** [la] (f.), ***les*** [le(ɛ)] (pl.) art. déf. — REM. LE, LA se réduisent à L' devant une voyelle ou un *h* muet : *l'école, l'habit.* DE + LE, LES **devient** DU, DES ; À + LE, LES **devient** AU, AUX. **I.** Devant un nom. **1.** Au sens général, désignant tous les individus, les objets d'une même sorte. Au sing. *Le rossignol est un oiseau. Sciences de l'homme. L'invention de l'outil, du paratonnerre.* — Au plur. (Même sens) *Les rossignols sont des oiseaux. Elle aime les enfants. Les bijoux sont chers.* **2.** Désignant un ou plusieurs individus ou objets déterminés (par la situation). *Fermez la fenêtre, les fenêtres.* ⇒ **ce, cette, ces.** — REM. S'oppose à *un, une, des* désignant des objets indéterminés. — *Il a perdu la clé. C'est dans le journal. Les enfants sont sortis. On part dans la semaine. Trois heures moins le quart. L'ensemble des problèmes* (mais *un ensemble de problèmes*). — Désignant ce qui est déterminé par la suite de la phrase. *Il habite la maison rouge en face de chez nous. L'avocate dont je vous ai parlé sera là.* **3.** S'emploie au lieu du possessif pour les parties du corps de qqn. *Secouer la tête. Ouvrez la bouche ! Je me lave les mains. Il lui a pris la main. Elle a mal aux dents.* **4.** Devant un nom propre. — (Avec les noms de pays, de mers, de fleuves) *La Sicile est une île. Nous partons pour l'Allemagne, aux États-Unis. Le Saint-Laurent traverse le Québec.* — Exceptionnellement avec les autres noms propres lorsqu'ils sont déterminés dans la phrase. *Le Chicoutimi de ma jeunesse. Le Napoléon d'avant Waterloo. Le vieux Tremblay.* — (Méprisant ou campagnard) *La Marie. Le Tremblay.* — Au plur., désignant une famille. *Nous allons chez les Tremblay.* **5.** Pour transformer toute partie du discours en substantif. *Le manger. Le moi. L'aujourd'hui. Les mais et les si. Les moins de vingt ans.* **6.** Avec une valeur distributive. ⇒ **chaque, par.** *Des pommes à deux dollars le panier. Il vient trois fois la semaine.* **II.** Devant un adjectif lorsque le nom n'est pas répété. *La grande, la moyenne et la petite industrie. Les affaires politiques et les militaires. Préférez-vous la chemise jaune ou la rouge ? J'ai acheté des chaussures neuves et j'ai jeté les vieilles.* **III.** Avec le superlatif (⇒ **plus, moins ; mieux, pire, pis**). *J'ai pris le plus beau. C'est elle qui chante le mieux.* — ACCORD DE L'ARTICLE ET DU SUPERLATIF. — a) L'article s'accorde avec le nom ou pronom auquel se rapporte le superlatif quand on compare plusieurs êtres ou objets. *Ce jour-là, elle fut la plus heureuse.* — b) L'article reste invariable *(le)* quand on veut marquer qu'un être ou un objet atteint, au moment indiqué par le contexte, le plus haut degré d'une certaine qualité *(C'est ce jour-là qu'elle a été le plus heureuse)* ou quand le superlatif modifie un verbe ou un adverbe *(C'est la femme que j'ai le plus aimée).* **IV.** L'UN... L'AUTRE, L'UN OU (ET) L'AUTRE. ⇒ **autre, un.** — LE (LA) MÊME, LES MÊMES. ⇒ **même.** — L'ON. ⇒ **on.** — TOUT LE, TOUTE LA, TOUS LES. ⇒ **tout.** — LE MIEN, LE TIEN, etc. ⇒ **mien,** etc. — LA PLUPART. ⇒ la **plupart.** — À LA... *(légère,* etc.*).* ⇒ **à.** ‹ ▸ baise-la-piastre, lendemain, lequel, sans-le-sou, suce-la-cenne, vive-la-joie, surlendemain, tape-à-l'œil, tout-à-l'égout, trompe-l'œil ›

② ***le*** [l(ə)], ***la*** [la], ***les*** [le(ɛ)] pronom pers. **I.** Pronom personnel objet ou attribut de la 3e personne. — REM. Élision de LE, LA en L' devant une voyelle ou un *h* muet *(je l'entends ; ils l'hébergent ; elle l'y a mis ; je l'en remercie),* sauf après un impératif *(faites-la entrer ; faites-la apporter).* **1.** (Personnes et choses). Objet direct, représentant un nom, un pronom qui vient d'être exprimé ou qui va être exprimé. *C'est Françoise, je la connais bien. Il faut le voir à l'ouvrage, ce peintre. Prenez-les. Il l'en a convaincu(e). Elle l'y a poussé(e).* **2.** LE, de valeur neutre. ⇒ **cela.** *Je vais vous le dire. Elle le lui a dit. Elle nous l'a dit.* **3.** Formant avec certains verbes des gallicismes. *Je vous le donne en mille. L'échapper belle. Il l'a trouvée mauvaise...* **II.** LE avec ÊTRE Attribut représentant un mot qui vient d'être exprimé ou, plus rarement, qui va être exprimé. *« Est-il content ? — Il l'est. » J'étais naïve, maintenant je ne le suis plus. Cette femme est mon amie et le sera toujours.*

lé [le] n. m. **1.** Largeur d'une étoffe. — Chaque partie verticale (panneau) d'une jupe. ⇒ **laize. 2.** Largeur d'une bande de papier peint. ⇒ **laize.** *Des lés.*

leader [lidœʀ] n. Anglic. **1.** Chef, porte-parole, personne en vue (d'un parti, d'un mouvement politique, syndical, etc.). *Le leader de l'oppositon. Des leaders.* — *Les leaders de la manifestation,* ceux qui ont pris la direction, la tête. ⇒ **dirigeant. 2.** Concurrent qui est en tête (course, compétition sportive). **3.** Personne qui, par son comportement, a une grande influence sur un groupe, sans en être le chef. ⇒ **meneur.** *Elle a toujours été une leader dans l'équipe.* **4.** *Leader parlementaire,* député choisi par le chef d'un parti pour le conseiller dans le domaine de la procédure parlementaire. *Le leader parlementaire dirige le déroulement de la session pour son parti.* ▸ ***leadership*** [lidœʀʃip] n. m. ■ Anglic. Fonction, position de leader, rôle de premier plan (personne, pays, État, entreprise...). ⇒ **commandement, direction, hégémonie.** *Avoir du leadership. Faire preuve de leadership.*

leasing [liziŋ] n. m. ■ Anglic. Système de financement du matériel industriel par location. *Une société de leasing.* — REM. Pour éviter cet anglicisme, on utilise *crédit-bail* ou *location-vente.*

lèchefrite [lɛʃfʀit] n. f. ■ Ustensile de cuisine placé sous la broche ou sous la grille pour recevoir la graisse et le jus. *Nettoyer la lèchefrite.*

lécher [leʃe] v. tr. ■ conjug. 6. **1.** Passer la langue sur (qqch.). *Chien qui lèche un plat. Lécher la palette de tire d'érable.* — Fig. et fam. *Se, s'en lécher les doigts, les babines,* se délecter (d'un plat). — *Les flammes lèchent la plaque de la cheminée.* ⇒ **effleurer. 2.** Loc. *Lécher les bottes* (ou vulg. *le cul*) de qqn, à qqn, le flatter bassement. ⇒ **lèche, lèche-bottes ; flagorner.** — UN OURS MAL LÉCHÉ : un individu d'aspect rébarbatif, aux manières grossières. **3.** Finir, polir (une œuvre littéraire ou artistique) avec un soin trop minutieux. ⇒ **fignoler.** — Au p. p. adj. *Ce tableau est trop léché.* — REM. Le mot *licher* s'emploie aussi et familièrement dans la plupart des sens et expression (ex. : *Licher une boule à la crème glacée. Les flammes lichent les épinettes*). ▸ ***léchage*** n. m. ■ Action de lécher. — Loc. *Léchage de bottes* (ou vulg. *de cul*). — REM. Voir la remarque sous *lécher.* ▸ ***lèche*** n. f. ■ (France) Fam. (Avec le v. *faire*) Action de flatter servilement. *Faire de la lèche au patron* (→ Lécher les bottes, le cul). ▸ ***lèche-bottes*** fam., (ou vulg. ***lèche-cul***) n. invar. ■ Flatteur servile. ⇒ **flagorneur.** *C'est une vraie lèche-bottes. Des lèche-cul.* — REM. Voir la remarque sous *lécher.* ▸ ***lécheur*** ou ***lécheux, euse*** adj. et n. **1.** Qui lèche. — Péj. Flatteur. *Quel lécheur !* **2.** Fam. Jeune enfant très affectueux, cajoleur. *Une petite lécheuse.* ▸ ***lèche-vitrines*** n. m. invar. ■ Action de flâner, de se promener (le long des rues, dans les centres commerciaux) en regardant les vitrines, les étalages. ⇒ **magasinage ;** anglic. **shopping.** *Faire du lèche-vitrines.* — REM. Voir la remarque sous *lécher.* ▸ ***léchée*** n. f. **1.** Quantité d'aliment qu'on lèche en une seule fois. *Une léchée de tire d'érable, de crème glacée.* ≠ *lichette.* **2.** Petit baiser. ⇒ fam. **bec.** *Faire des léchées à qqn.* — REM. Voir la remarque sous *lécher.* ‹ ▸ se pourlécher ›

leçon [l(ə)sɔ̃] n. f. **1.** Ce qu'un écolier doit apprendre. *Apprendre, revoir, réciter ses leçons.* **2.** Enseignement donné par un professeur à une classe, un auditoire. ⇒ **conférence, cours.** *Écouter la leçon d'un professeur.* — Division d'une matière. *La leçon sur le Québec, dans un cours d'histoire.* — *Leçons particulières. Prendre des leçons de dessin.* — Vx. Loc. LEÇONS DE CHOSES : enseignement qui consiste à familiariser les enfants avec des objets usuels, des productions naturelles (sciences physiques, naturelles). — REM. On dit aujourd'hui *observation*. **3.** Conseils, règles de conduite donnés à qqn. *On se passera de vos leçons de morale.* — Loc. *Faire la leçon à qqn,* lui dicter sa conduite, le chapitrer. ⇒ **réprimander. 4.** Enseignement profitable, morale qu'on peut tirer de qqch. *Il a su tirer une leçon de cette mésaventure. — Cela lui donnera une leçon, une bonne leçon ; cela lui servira de leçon*

lecteur, trice [lɛktœʀ, tʀis] n. **I. 1.** N. Personne qui lit. ⇒ **liseur.** *C'est un grand lecteur de romans. Avis au lecteur. Les lecteurs d'un journal, d'un magazine.* — Personne dont la fonction est de lire et de juger des œuvres (proposées à un directeur de théâtre, à un éditeur). **2.** Personne qui lit à haute voix. *La lectrice du radiojournal, du téléjournal.* — (Universités anglaises, France) Assistant étranger, dans l'enseignement supérieur des langues vivantes. *Lectrice d'allemand.* **II.** LECTEUR n. m. Appareils. **1.** Dispositif servant à reproduire des sons enregistrés. *Lecteur de cassettes, de disques audionumériques* ou *laser.* **2.** Informatique. Organe permettant la saisie ou la lecture d'informations sur une bande magnétique, une disquette. *Introduire une disquette initialisée dans le lecteur A. — Un lecteur optique.* **3.** *Lecteur de microfilms, de microfiches,* qui permet de lire les informations contenues sur ce type de documents réduits.

lecture [lɛktyʀ] n. f. **I. 1.** Action matérielle de lire, de déchiffrer (ce qui est écrit). *Une faute de lecture. Lecture d'une partition.* ⇒ **déchiffrage.** *Lecture d'une carte.* **2.** Action de lire, de prendre connaissance du contenu (d'un écrit). *La lecture d'un livre, d'un auteur.* — Absolt. *Aimer la lecture. — Les lectures de qqn,* les livres qu'il lit habituellement. *Elle a de bonnes lectures. Avez-vous de la lecture ?,* des livres et des journaux. **3.** Action de lire à haute voix (à d'autres personnes). *Donner lecture d'une proclamation. Faire la lecture à qqn.* **4.** Délibération d'une assemblée législative sur un projet, une propositon de loi. Loc. *Loi adoptée en première, en seconde lecture par le Parlement fédéral.* **II. 1.** Première phase de la reproduction des sons enregistrés. *Tête de lecture d'un magnétophone, d'un magnétoscope.* **2.** Passage d'informations enregistrées en ordinateur, pour les lire. ⟨ ▸ relecture ⟩

ledit, ladite adj. ⇒ **dit.**

légal, ale, aux [legal, o] adj. **1.** Qui a valeur de loi, résulte de la loi, est conforme à la loi. ⇒ **juridique, réglementaire.** *Formalités légales,* imposées par la loi. *Monnaie légale.* **2.** Défini ou fourni par la loi. *Âge légal,* requis par la loi. ⇒ ② **majorité.** *Moyens légaux.* / contr. **illégal, clandestin** / **3.** *Pays légal,* la partie de la population qui a des droits politiques. ▸ ***légalement*** adv. ■ *Assemblée légalement élue.* ▸ ***légaliser*** v. tr. ▪ conjug. 1. **1.** Certifier authentique en vertu d'une autorité officielle. ⇒ **authentifier.** *Faire légaliser sa signature.* **2.** Rendre légal. *Légaliser une situation.* ▸ ***légalisation*** n. f. ■ *La légalisation de l'avortement.* ▸ ***légalité*** n. f. **1.** Caractère de ce qui est légal, conforme au droit, à la loi. *Légalité d'un acte.* **2.** *(La légalité)* Ce qui est légal ; état, situation, pou voir conforme au droit. *Respecter la légalité.* ⟨ ▸ illégal, médico-légal ⟩

légat [lega] n. m. ■ Ambassadeur du Saint-Siège. ⇒ **nonce.** ▸ ① ***légation*** n. f. ■ Charge, fonction de légat.

légataire [legatɛʀ] n. ■ Bénéficiaire d'un legs. ⇒ **héritier.** *Légataire universel.*

② ***légation*** [legasjɔ̃] n. f. ■ Représentation diplomatique entretenue à défaut d'ambassade. ⇒ **délégation.** *Secrétaire de légation.* — Résidence et services d'une légation. *Aller chercher son visa à la légation.*

legato [legato] adv. ■ Musique. D'une manière liée, sans détacher les notes (opposé à *staccato*). *Jouer legato.*

① ***légende*** [leʒɑ̃d] n. f. **1.** Récit populaire traditionnel, plus ou moins fabuleux. ⇒ **fable, mythe ; conte.** *La légende de Faust. Les légendes amérindiennes.* **2.** Représentation traditionnelle de faits ou de personnages réels, déformée ou amplifiée. *Un héros de légende. Napoléon est entré dans la légende.* ▸ ***légendaire*** adj. **1.** Qui n'a d'existence que dans les légendes (opposé à *historique*). ⇒ **fabuleux, imaginaire, mythique.** *Personnages légendaires.* / contr. **réel** / **2.** Qui a rapport aux légendes. *L'atmosphère légendaire d'un récit.* — Qui est entré dans la légende par sa célébrité. ⇒ **célèbre.** *Une actrice devenue légendaire.*

② ***légende*** n. f. **1.** Inscription (d'une médaille, d'une monnaie). **2.** Texte explicatif qui accompagne une illustration. *Légende d'un dessin, d'une photo.* **3.** Liste explicative de signes conventionnels. *La légende d'un plan de ville.*

léger, ère [leʒe, ɛʀ] adj. **I. 1.** Qui a peu de poids, se soulève facilement. / contr. **lourd, pesant** / *Léger comme une plume. Léger bagage. Vêtement léger à porter. — Poids léger,* boxeur pesant de 59 à 61 kilos. — De faible densité. *L'aluminium est un métal léger.* — Qui ne pèse pas sur l'estomac. *Prendre un repas léger.* ⇒ **frugal.** / contr. **copieux** / **2.** Qui est ou donne l'impression d'être peu chargé. *Avoir l'estomac léger.* ⇒ **creux, vide.** — *Avoir la tête légère,* être écervelé. *Le cœur léger,* sans inquiétude ni remords. **3.** (Personnes) Qui se meut avec aisance et rapidité. ⇒ **agile, leste, vif.** *Être, se sentir léger, alerte. — Démarche souple et légère.* — Loc. *Avoir la main légère,* ne pas faire sentir l'autorité qu'on exerce. **4.** Qui n'appuie pas. Tableau peint par touches légères. ⇒ **délicat. 5.** *Soprano légère, ténor léger,* à voix aiguë. **6.** *Sommeil léger,* où l'on est facilement réveillé. / contr. **profond** / **II. 1.** Qui a peu de substance (opposé à *épais*). *Légère couche de neige.* ⇒ **mince.** *Étoffe légère.* ⇒ ① **fin.** *Robe légère.* **2.** Dont la teneur en sel, sucre, graisse, nicotine, etc., est réduite, faible. *Du beurre, du fromage léger.* ⇒ **allégé, demi-sel.** *Mayonnaise légère. Des cigarettes légères* ou n. f. *des légères.* — (Opposé à *fort, concentré*) *Café, thé léger.* ⇒ **faible. III.** Peu sensible ; peu important. ⇒ **faible, petit.** *Un léger mouvement. Bruit léger.* ⇒ **imperceptible.** *Un léger goût. Blessés légers et blessés graves. — Il est condamné à une peine légère. Une différence très légère.* ⇒ **insensible. IV. 1.** (Personnes, caractères) Qui a peu de profondeur, de sérieux. ⇒ **frivole, superficiel.** / contr. **posé, sérieux** / *Caractère, esprit léger. Être, se montrer léger dans sa conduite.* ⇒ **déraisonnable, irréfléchi. 2.** (Propos, mœurs) Qui est trop libre. *Conversation un peu légère. Femme légère, à la cuisse légère,* de mœurs libres, faciles. **3.** (Choses) Qui manque de sérieux. *Un exposé très léger.* — Qui a de la grâce, de la délicatesse, de la désinvolture. ⇒ **désinvolte.** *Ironie légère.* **4.** *Musique légère,* gaie et facile (opposé à *classique*). **5.** À LA LÉGÈRE loc. adv. : sans avoir pesé les choses, sans réfléchir. ⇒ **inconsidérément, légèrement** (3). *Parler à la légère,* à tort et à travers. *Prendre les choses à la légère,* avec insouciance. ▸ ***légèrement*** adv. **1.** (Au sens propre) *Être vêtu légèrement.* / contr. **lourdement** / — Sans appuyer, sans violence. ⇒ **délicatement, doucement.** *Toucher légèrement qqn.* **2.** Un peu, à peine. *Légèrement blessé. Il est légèrement plus petit.* / contr. **beaucoup** / *Manger légèrement.* / contr. **abondamment, copieusement** / **3.** À la légère, inconsidérément. *Agir légèrement.* — Avec désinvolture. *Elle parle de tout légèrement.* / contr. **sérieusement** / ▸ ***légèreté*** n. f. **I. 1.** Caractère d'un objet peu pesant, de faible densité. / contr. **lourdeur** / **2.** Aisance dans les mouvements. ⇒ **souplesse.** *Marcher avec légèreté.*

3. Caractère de ce qui est peu épais. ⇒ **finesse.** *Légèreté d'une étoffe.* **4.** ⇒ **délicatesse, grâce.** *Ce monument est d'une grande légèreté.* **II. 1.** Défaut d'une personne qui manque de profondeur, de sérieux. *Faire preuve de légèreté dans sa conduite.* ⇒ **irréflexion.** — Caractère d'une personne qui ne prend pas les choses au sérieux. ⇒ **désinvolture, frivolité, insouciance. 2.** Délicatesse et agrément (de la conversation, du ton, du style). *La légèreté de son style.* ‹ ▸ alléger, ultra-léger ›

légiférer [leʒifeʀe] v. intr. ▪ conjug. 6. ■ Faire des lois. *Pouvoir de légiférer.*

① ***légion*** [leʒjɔ̃] n. f. **I. 1.** À Rome, dans l'Antiquité. Corps d'armée composé d'infanterie et de cavalerie. **2.** (France) LÉGION (ÉTRANGÈRE) : corps composé de volontaires généralement étrangers. **II.** (France) LÉGION D'HONNEUR : ordre national français créé en 1802 ; décoration de cet ordre. *Recevoir la Légion d'honneur. Ruban de la Légion d'honneur.* ▸ ***légionnaire*** n. m. ■ Histoire. Soldat des anciennes légions romaines. — (France) Soldat qui sert dans la Légion étrangère.

② ***légion*** n. f. ■ Littér. Grande quantité. ⇒ **nuée.** *Une légion d'amis et de parents.* — Adv. *Nos problèmes sont légion,* très nombreux.

législateur, trice [leʒislatœʀ, tʀis] n. ■ Personne ou groupe qui fait les lois. *L'autorité, la sagesse du législateur.* — Adj. *La nation, législatrice et souveraine.* ▸ ***législatif, ive*** adj. **1.** Qui fait les lois, légifère. *Pouvoir législatif. Assemblée législative.* — N. m. Le Parlement. *Le législatif et l'exécutif.* **2.** (France) Qui concerne l'Assemblée législative. *Élections législatives,* des députés. — N. f. pl. *Les législatives.* **3.** Qui a le caractère d'une loi. *Acte législatif.* ▸ ***législation*** n. f. **1.** (Opposé à *doctrine*) Ensemble des lois, des textes qui ont force de loi (dans un pays, une province, un domaine déterminé). ⇒ ③ **droit.** *La législation canadienne, québécoise. La législation sur le tabac et la cigarette.* **2.** Science, connaissance des lois. *Cours de législation commerciale.* ▸ ***législature*** n. f. ■ Période durant laquelle une assemblée législative exerce ses pouvoirs. *Une législature fédérale.*

légiste [leʒist] n. et adj. **1.** Spécialiste des lois. ⇒ **jurisconsulte, juriste. 2.** Adj. *Médecin légiste,* chargé d'expertises en matière médico-légale (accidents, crimes, etc.). ⇒ **coroner.**

légitime [leʒitim] adj. **1.** Qui est juridiquement fondé, consacré par la loi ou qui est reconnu conforme au droit. ⇒ **légal.** *Union légitime* (opposé à *concubinage, union libre*), le mariage. — (Opposé à *naturel*) *Père légitime. Enfant légitime,* né dans le mariage. / contr. **illégitime** / **2.** Conforme à la justice, au droit naturel. ⇒ **équitable.** / contr. **arbitraire** / *Récompense légitime,* méritée. — *Agir en état de légitime défense**. **3.** Justifié (par le bon droit, la raison, le bon sens). ⇒ **juste.** *Excuse légitime.* ⇒ **admissible, fondé.** / contr. **déraisonnable** / *Une légitime colère. C'est tout à fait légitime,* normal. ▸ ***légitimement*** adv. ■ *Des biens légitimement acquis.* ▸ ***légitimer*** v. tr. ▪ conjug. 1. **1.** Rendre légitime juridiquement. *Légitimer un enfant naturel.* — LÉGITIMÉ, ÉE adj. *Enfant légitimé.* **2.** Littér. Faire admettre comme juste, raisonnable, excusable. ⇒ **excuser, justifier.** *Essayer de légitimer sa conduite.* ▸ ***légitimation*** n. f. **1.** Fait de rendre (un enfant) légitime. **2.** Littér. Action de justifier. *La légitimation de sa conduite.* ▸ ***légitimité*** n. f. **1.** État de ce qui est légitime ou considéré comme tel. *Légitimité d'un enfant.* — *Légitimité du pouvoir.* **2.** Qualité de ce qui est juste, équitable. *Légitimité d'une conviction.* ‹ ▸ illégitime ›

léguer [lege] v. tr. ▪ conjug. 6. **1.** Donner par disposition testamentaire. *Léguer tous ses biens à un légataire universel.* **2.** ⇒ **donner, transmettre.** *Léguer une œuvre à la postérité.* — Pronominalement. *Le goût de la musique qu'on se lègue de mère en fille dans la famille.* ▸ ***legs*** [lɛ], cour. [lɛg] n. m. invar. **1.** Action de léguer ; ce qui est légué. *Bénéficiaire d'un legs.* ⇒ **légataire. 2.** Littér. *Le legs du passé.* ⇒ **héritage.**

légume [legym] n. **1.** N. m. Plante potagère dont certaines parties peuvent entrer dans l'alimentation humaine. *Légumes verts. Légumes secs. Soupe aux légumes. Bouillon de légumes. Légumes frais, en conserve.* — Fam. Ce qui accompagne la viande dans le plat principal. *On a eu des pâtes comme légumes.* **2.** N. f. Fam. *Une* GROSSE LÉGUME : un personnage important, influent. ⇒ fam. **bonnet, huile, poche.** ▸ ***légumier*** n. m. ■ Plat à légumes. ▸ ***légumineux, euse*** adj. et n. f. ■ (Plantes) Dont le fruit est une gousse. *Le haricot, plante légumineuse.* — N. f. *La gourgane, le pois sont des légumineuses.* ‹ ▸ épluche-légumes, hache-légumes ›

leitmotiv [lajtmɔtiv(f)], plus cour. [lɛtmɔtif] n. m. **1.** Motif musical répété dans une œuvre. *Des leitmotive* (plur. allemand). **2.** Phrase, formule qui revient à plusieurs reprises. *Revenir comme un leitmotiv.*

lemming [lɛ(e)miŋ] n. m. ■ Petit mammifère rongeur qui vit dans les régions arctiques. *Le lemming brun d'Amérique.*

lémuriens [lemyʀjɛ̃] n. m. pl. ■ Sous-ordre de primates simiens des régions tropicales.

lendemain [lɑ̃dmɛ̃] n. m. **1.** Jour qui suit immédiatement celui dont il est question (→ le jour d'après, suivant). / contr. la **veille** / *Le lendemain de ce jour. Il est parti le lendemain soir.* — Loc. *Du jour au lendemain,* en très peu de temps. **2.** L'avenir. *Avoir le souci du lendemain. Des lendemains heureux.* **3.** Temps qui suit de très près un événement. *Au lendemain de la guerre. Un projet sans lendemain.* ⇒ **suite.** ‹ ▸ surlendemain ›

lénifier [lenifje] v. tr. ▪ conjug. 7. ■ Littér. Calmer, apaiser. ⇒ **adoucir.** *Lénifier des tourments.* ▸ ***lénifiant, ante*** adj. ■ Apaisant. *Propos lénifiants.* ▸ ***lénitif, ive*** adj. ■ Qui apaise. ⇒ **apaisant, lénifiant.** *Un remède lénitif.* ⇒ **adoucissant.** — N. m. *Un lénitif.* — Littér. *Des moments lénitifs.*

léninisme [leninism] n. m. ■ Doctrine marxiste de Lénine. — En appos. *Le marxisme-léninisme.* — (Adj. *léniniste*).

lent, lente [lɑ̃, lɑ̃t] adj. **1.** Qui manque de rapidité, met plus, trop de temps. *Il est lent dans tout ce qu'il fait.* ⇒ **lambin, traînard** ; fam. **téteur.** *Être lent à comprendre, à agir.* ⇒ **long.** *Avoir l'esprit lent,* ne pas comprendre vite. — (Choses) *Une musique lente. Mouvements lents.* **2.** (Choses) Qui met du temps à agir, à opérer, à s'accomplir. *Des transformations lentes. Mort lente. Combustion lente. Digestion lente.* ▸ ***lentement*** adv. ■ *Marcher lentement.* / contr. **rapidement, vite** / *Parler lentement.* — *Le temps passe lentement,* paraît durer longtemps. ▸ ***lenteur*** n. f. **1.** Manque de rapidité, de vivacité. *Agir avec une sage lenteur. La désespérante lenteur des travaux.* — (Suivi de *à* + infinitif) *Sa lenteur à agir est agaçante.* **2.** Au plur. Actions, décisions lentes. *Les lenteurs de la procédure.* ‹ ▸ lento, ralentir ›

lente [lɑ̃t] n. f. ■ Œuf de pou.

lentigo [lɑ̃tigo] n. m. ■ Affection de la peau (taches de rousseur, grains de beauté aux mains, au visage).

① ***lentille*** [lɑ̃tij] n. f. **1.** Plante aux gousses plates contenant deux graines arrondies. **2.** Surtout au plur. Graine comestible de la lentille, en forme de disque. *Lentille blonde, verte. Un plat de lentilles.* **3.** LENTILLE D'EAU : plante flottante à petites feuilles rondes.

② lentille n. f. ■ Dispositif faisant converger ou diverger un faisceau de rayons qui le traverse. *Les lentilles convexes sont convergentes, les lentilles concaves divergentes. La lentille d'un objectif.* — *Lentilles de contact, lentilles cornéennes,* pour corriger la vision. ⇒ **verre.** *Préférer les lentilles (de contact) aux lunettes.*

lento [lɛnto] adv. ■ Musique. Avec lenteur (plus lentement qu'*adagio*). — N. m. *Un lento. Des lentos.*

léonardois, oise [leonaʀdwa, waz] adj. et n. ■ De la ville de Saint-Léonard. — N. (Avec une majusc.) Personne née dans cette ville ou qui l'habite. *Une Léonardaise italophone.*

léonin, ine [leɔnɛ̃, in] adj. **1.** Littér. Du lion, qui rappelle le lion. *Une tête léonine.* **2.** CONTRAT LÉONIN : qui attribue tous les avantages, qui fait la part du lion* à qqn. ⇒ **abusif, injuste.**

léopard [leo(ɔ)paʀ] n. m. ■ Panthère d'Afrique. — Sa fourrure. *Manteau de léopard.*

lépidoptères [lepidɔptɛʀ] n. m. pl. ■ Ordre des papillons. — Au sing. *Un lépidoptère.*

lèpre [lɛpʀ] n. f. **1.** Maladie infectieuse et contagieuse due à un bacille. *Vaccin contre la lèpre.* **2.** Ce qui ronge. *La façade de cette maison est rongée de (par la) lèpre.* ⇒ **lépreux (2). 3.** Littér. Mal qui s'étend et gagne de proche en proche. *Le racisme est une lèpre.* ⇒ **cancer.** ▶ ***lépreux, euse*** adj. **1.** Atteint de la lèpre. *Femme lépreuse.* — N. *Hôpital pour les lépreux.* — Loc. *Traiter qqn comme un lépreux,* refuser de fréquenter qqn, de lui parler. ⇒ **pestiféré. 2.** Qui présente une surface pelée, abîmée, sale. ⇒ **galeux.** *Murs lépreux.* ▶ ***léproserie*** [lepʀozʀi] n. f. ■ Hôpital où l'on soigne les lépreux.

lequel [ləkɛl], **laquelle** [lakɛl], **lesquels, lesquelles** [le(ɛ)kɛl] pronom relatif et interrogatif. — REM. Avec les prép. *à* et *de,* LEQUEL se contracte en AUQUEL *(auxquels),* DUQUEL *(desquels).* **I.** Pronom relatif. **1.** (Sujet) ⇒ **qui.** — Littér. (Pour éviter une équivoque) *Un de ses parents, lequel l'a aidé.* **2.** (Compl. indir.) *La personne à laquelle vous venez de parler,* à qui. *Elle rencontra plusieurs parents, parmi lesquels son cousin Jean.* ⇒ **dont. 3.** Littér. Adjectif relatif. *Vous serez peut-être absent, auquel cas vous me préviendrez.* **II.** Pronom interrogatif (représentant des personnes ou des choses qui viennent d'être ou vont être nommées). *Demandez à un passant, n'importe lequel. Laquelle des deux préférez-vous ?*

① les art. ⇒ ① **le.**

② les pronom pers. ⇒ ② **le.**

lesbienne [lɛsbjɛn] adj. et n. f. ■ (Femmes) Homosexuelle. ⇒ fam. ② **gai ;** péj. **gouine.** *Des lesbiennes.* — Adj. *Elle est lesbienne.* ▶ ***lesbianisme*** n. m. ■ Homosexualité féminine.

lèse-majesté [lɛzmaʒɛste] n. f. ■ *Crime de lèse-majesté,* atteinte à la majesté du souverain, attentat.

léser [leze] v. tr. ▪ conjug. 6. **1.** Blesser (qqn) dans ses intérêts, ses droits ; causer du tort, un préjudice à. ⇒ **défavoriser, désavantager.** *Être lésé dans un partage.* — *Léser les intérêts de qqn.* ⇒ **nuire** à. **2.** Concret. Blesser (un organe). *La balle a lésé le poumon.* ⇒ **lésion.** — Au p. p. adj. *Organe lésé.* ‹ ▶ lèse-majesté, lésion ›

lésine [lezin] n. f. ■ Littér. Épargne sordide. ⇒ **avarice, ladrerie.** / contr. **prodigalité** / ▶ ***lésiner*** v. intr. ▪ conjug. 1. ■ Épargner avec avarice. *Une personne qui lésine sur tout.* — (Plus courant en emploi négatif) *Elle ne lésine pas sur l'éducation de ses enfants.*

lésion [lezjɔ̃] n. f. ■ Changement grave dans un organe sous l'influence d'une maladie, d'un accident. ⇒ **blessure, contusion ; brûlure.** *Lésion ulcéreuse, tuberculeuse, infectieuse. Des lésions au cerveau.*

lessive [lɛsiv] n. f. **1.** Liquide alcalin qui sert à nettoyer le linge. — (Surtout en France) Substance alcaline en poudre, destinée à être dissoute dans l'eau pour le lavage du linge. *Acheter un paquet de lessive.* ⇒ **détergent, détersif, savon. 2.** Action de lessiver, de laver le linge. ⇒ **blanchissage, lavage.** *Faire la lessive dans une machine à laver.* **3.** Le linge qui doit être lavé, ou qui vient d'être lavé. ⇒ **lavage.** *Laver, rincer la lessive.* ▶ ***lessiver*** v. tr. ▪ conjug. 1. **1.** Nettoyer avec une solution détersive. *Lessiver les murs, les boiseries d'un appartement.* **2.** Fam. Dépouiller (son adversaire au jeu) ; éliminer d'une compétition (⇒ fam. **laver**), d'un poste. *Il s'est fait lessiver en moins de deux. Être* LESSIVÉ : épuisé, très fatigué. ⇒ fam. **vidé.** ▶ ***lessivage*** n. m. ■ *Lessivage des murs.* ▶ ***lessiveuse*** n. f. ■ Vx. Récipient en métal muni d'un tube central dans lequel la vapeur chasse la solution alcaline, qu'un capuchon percé de trous (champignon) répand en nappe sur le linge. ⇒ **lave-linge, laveuse.** *La machine à laver a remplacé la lessiveuse.*

lest [lɛst] n. m. **1.** Poids dont on charge un navire pour assurer la stabilité. **2.** Corps pesant (sacs de sable, etc.) pour régler le mouvement d'un aérostat. — Loc. *Jeter, lâcher du lest,* faire des concessions nécessaires pour éviter une catastrophe, un échec. ▶ ***lester*** [lɛste] v. tr. ▪ conjug. 1. **1.** Garnir, charger de lest. *Lester une montgolfière.* **2.** Fam. Charger, munir, remplir. *Lester son estomac, ses poches.* ‹ ▶ délester ›

leste [lɛst] adj. **1.** Qui a de la souplesse, de la légèreté dans les mouvements. ⇒ **agile, alerte, vif.** / contr. **lourd, maladroit** / *Vieillard encore leste. Marcher d'un pas leste,* rapide. — Loc. *Avoir la main leste,* être prompt à frapper. **2.** (Langage) Qui manque de réserve, de sérieux. ⇒ **grivois, libre, licencieux.** *Plaisanteries un peu lestes.* ▶ ***lestement*** adv. ■ *Sauter lestement.*

létal, ale, aux [letal, o] adj. ■ Mortel (terme savant). *Dose létale d'un produit toxique.*

léthargie [letaʀʒi] n. f. **1.** Sommeil profond et prolongé dans lequel les fonctions de la vie semblent suspendues. ⇒ **catalepsie, coma, torpeur.** *Tomber en léthargie. Sortir de sa léthargie.* **2.** Abattement complet. ⇒ **apathie, torpeur.** *Arracher qqn à sa léthargie.* **3.** Sports. Période pendant laquelle un joueur habituellement très performant ralentit son rythme de production de points. *Un léthargie de dix matchs. Être dans une longue léthargie. Sortir de sa léthargie,* recommencer à bien jouer, à produire. — *Le club est dans une longue léthargie,* il n'a pas gagné depuis longtemps. ▶ ***léthargique*** adj. **1.** Qui tient de la léthargie. *Sommeil léthargique.* **2.** (Personnes) *Il est un peu léthargique.* ⇒ **endormi, engourdi.**

① lettre [lɛtʀ] n. f. **I. 1.** Signe de l'écriture. ⇒ **caractère.** *Les lettres représentent les sons de la parole. Les 26 lettres de l'alphabet français. Lettre qui commence un mot.* ⇒ **initiale.** *Double lettre* (ex. : *tt, mm*). — Loc. fam. *Les cinq lettres,* le mot « merde ». — *Lettre majuscule, minuscule.* — Loc. EN TOUTES LETTRES : sans abréviation. *Écrire une date en toutes lettres,* avec des mots et non avec des chiffres. **2.** Caractère d'imprimerie représentant une des lettres de l'alphabet. *Corps d'une lettre.* **II. 1.** Littér. LA LETTRE *d'un texte* : ce texte. — Loc. *Ce qu'on lui a dit est resté* LETTRE MORTE : inutile, sans suite. **2.** Le sens strict des mots, la forme. *La lettre et l'esprit.* — À LA LETTRE, AU PIED DE LA LETTRE : au sens propre, exact du terme. *Prendre une expression à la lettre, au pied* *de la lettre,* dans son sens littéral, strict. *Suivre le règlement à la lettre,* s'y conformer rigoureusement. ▸ ***lettrer*** v. tr. ▪ conjug. 1. ■ Peindre, tracer, disposer des lettres (sur une enseigne, un véhicule, un mur, etc.). *Lettrer des panneaux de circulation. Lettrer qqch au pochoir.* — Au p. p. adj. *Affiches déjà lettrées.* ▸ ***lettrage*** n. m. **1.** Action de lettrer qqch. *Je suis en train de terminer le lettrage du camion.* — Inscription résultant de cette action. *Ton lettrage est bien réussi.* **2.** Art et technique du lettrage (1). ⇒ **graphisme.** *Avoir une formation spécialisée en lettrage.* ▸ ***lettreur, euse*** n. ■ Graphiste ou personne spécialisé(e) dans le lettrage. ▸ ***lettrine*** n. f. **1.** Lettre (ornée, etc.) qui commence un chapitre, un paragraphe. **2.** Groupe de lettres en haut de page, dans un dictionnaire. ⟨ ▸ lettres ⟩

② ***lettre*** n. f. **1.** Écrit que l'on adresse à qqn pour lui communiquer qqch. ⇒ **épître, message, missive ; correspondance.** *Écrire une lettre. Accuser réception d'une lettre. Papier à lettres. Lettre d'affaires, officielle. Lettre anonyme. Envoyer, recevoir une lettre. Lettre recommandée, exprès. Boîte à (aux) lettres. Jeter des lettres dans (à) la boîte.* — Loc. *Passer comme une lettre à la poste,* facilement et sans incident ; être facilement admis. *Son excuse a passé comme une lettre à la poste.* — LETTRE OUVERTE : article de journal, rédigé en forme de lettre. **2.** Loc. (Écrits officiels) *Lettres de créance,* dans la diplomatie. *La nouvelle ambassadrice a présenté ses lettres de créance au premier ministre.* — *Lettre de crédit,* mettant de l'argent à la disposition de qqn. *Lettre de change,* effet de commerce. ⇒ **traite.** ⟨ ▸ mandat-lettre, pèse-lettre ⟩

lettres [lɛtʀ] n. f. pl. **1.** Littér. La culture littéraire. *Avoir des lettres. Les belles-lettres,* la littérature. — *Homme, femme de lettres,* écrivain professionnel. *Société des Gens de lettres.* **2.** (Opposé à *sciences scientifique*). Enseignement de la littérature, de la philosophie, de l'histoire, des langues. *Baccalauréat, licence ès lettres. Faculté des lettres. Lettres classiques,* comprenant le grec et le latin. *Lettres modernes,* comprenant des langues modernes. ▸ ***lettré, ée*** adj. ■ Qui a des lettres, de la culture humaniste. ⇒ **cultivé, érudit.** — N. *Un lettré, des lettrés.* ⟨ ▸ illettré ⟩

leuc(o)- ■ Élément savant signifiant « blanc ». ▸ ***leucémie*** [løsemi] n. f. ■ Affection générale caractérisée par l'augmentation considérable des globules blancs dans le sang (« cancer du sang »). ▸ ***leucémique*** adj. ■ De la leucémie. *État leucémique.* — Atteint de leucémie. *Malade leucémique.* — N. *Un, une leucémique.* ▸ ***leucocyte*** [løkɔsit] n. m. ■ Globule blanc. *Leucocytes mononucléaires et polynucléaires.*

① ***leur*** [lœʀ] pronom pers. invar. ■ Pronom personnel complément d'objet indirect de la troisième personne du pluriel : à eux, à elles (au sing. ⇒ **lui** I). *Les services que nous leur rendons. Je le leur dirai. Donnez-la-leur.*

② ***leur,*** plur. ou ***leurs*** adj. et pronom poss. **1.** Adj. Qui est (sont) à eux, à elles. *Les parents et leurs enfants. Elles ont mis leur chapeau, leurs chapeaux. Ils partent chacun de leur côté* ou *chacun de son côté).* **2.** LE LEUR, LA LEUR, LES LEURS pronom poss. Celui, celle (ceux ou celles) qui est (sont) à eux, à elles. *Ma fille et la leur vont à l'école ensemble. J'étais un des leurs,* un familier. *J'étais des leurs la semaine dernière,* parmi eux.

leurre [lœʀ] n. m. **1.** Ce qui abuse, trompe. ⇒ **illusion, tromperie.** *Cet espoir n'est qu'un leurre.* **2.** Appât pour le poisson, imitant un appât naturel. ▸ ***leurrer*** v. tr. ▪ conjug. 1. ■ Attirer par des apparences séduisantes, des espérances vaines. ⇒ **abuser,** faire **accroire, duper, tromper.** *Leurrer qqn par de belles promesses.* — SE LEURRER v. pron. réfl. : se faire des illusions. ⇒ s'**illusionner.** *Il ne faut pas se leurrer, ce sera difficile.*

levage n. m. ⇒ ① **lever.**

levain [ləvɛ̃] n. m. **1.** Pâte de farine qu'on a laissée fermenter ou qu'on a mélangée à de la levure. *Pain sans levain.* ⇒ **azyme. 2.** Littér. Abstrait. *Un levain de...,* ce qui est capable d'exciter, d'aviver (les sentiments, les idées). ⇒ **ferment, germe.** *Levain de vengeance.*

levant, ante [ləvɑ̃, ɑ̃t] adj. et n. m. **1.** Adj. *Soleil levant,* qui se lève (opposé à *couchant, ponant*). *Aube, lune levante.* **2.** N. m. Côté de l'horizon où le soleil se lève. ⇒ **est, orient.** *Du levant au couchant.*

① ***lever*** [l(ə)ve] v. ▪ conjug. 5. **I.** V. tr. **1.** Faire mouvoir de bas en haut. ⇒ **élever, hausser, soulever.** / contr. **baisser, descendre, poser** / *Lever un fardeau, un poids. Lever les fenêtres d'une voiture,* les fermer. *Lever l'ancre,* appareiller. **2.** Mettre plus haut, soulever (une partie du corps). *Lever la main pour prêter serment. Lever les bras au ciel* (en signe d'indignation ou d'impuissance). — *Ne pas lever le petit doigt,* ne rien faire. *Lever le coude,* boire trop (d'alcool). *Le conducteur lève le pied,* cesse d'accélérer. — Au p. p. adj. *Voter à mains levées.* — *Au (à) pied levé,* sans préparation. ⇒ **impromptu.** *Remplacer un enseignant au (à) pied levé.* — Fam. *Lever les pieds, les pattes ;* être congédié ; partir, quitter un lieu ; mourir. *Faire lever les pieds à qqn,* le faire trébucher. ⇒ **enfarger.** — Diriger vers le haut. ⇒ **redresser.** *Lever la tête, le nez, les yeux.* Loc. *Travailler sans lever les yeux,* sans se laisser distraire. **3.** Relever de façon à découvrir ce qui est derrière ou dessous. ⇒ **soulever.** *Lever le voile.* ⇒ **découvrir, dévoiler. 4.** *Lever un lièvre, une perdrix,* à la chasse, les faire sortir de leur gîte, les faire partir. — Fam. Entraîner (qqn) avec soi. *Lever une femme.* **5.** Rendre (qqch.) vertical. *Lever une échelle* / contr. ② **coucher,** / *une charpente, un pont-levis.* **6.** *Lever une carte, un plan,* l'établir. ⇒ **dresser. 7.** LEVER LE CAMP : replier les tentes ; s'en aller, fuir. ⇒ **décamper. 8.** Faire cesser. *Lever le blocus, le siège. Lever la séance, l'audience.* ⇒ **clôturer ; clore.** — *Lever une punition, une interdiction.* ⇒ **supprimer.** / contr. **laisser, maintenir** / **9.** Prendre. *Lever un filet de poisson.* — *Lever (les cartes),* ramasser les cartes du coup qu'on a gagné. — *Lever des impôts.* ⇒ **percevoir.** — *Lever une armée, des troupes.* ⇒ **mobiliser, recruter. II.** V. intr. Se mouvoir vers le haut. ⇒ se **dresser, monter. 1.** (Plantes) Commencer à sortir de terre. ⇒ **pousser.** *Le blé lève.* **2.** (Pâte) Se gonfler sous l'effet de la fermentation. ⇒ **fermenter.** *La levure fait lever la pâte.* **III.** SE LEVER v. pron. réfl. **1.** Se mettre debout, se dresser sur ses pieds. *S'asseoir et se lever. Se lever pour saluer.* — *Se lever de table,* quitter la table. **2.** Sortir de son lit. / contr. se ① **coucher** / *Se lever tôt, de bonne heure.* — Loc. *Se lever du pied gauche, du mauvais bout, le gros bout en premier,* en étant de mauvaise humeur. — Transitivement. *Lever qqn,* le réveiller pour qu'il se lève. — Au passif. *Être levé,* sorti du lit, debout. *Elle est levée depuis une heure.* **3.** (Astres) Apparaître à l'horizon. *Le soleil se lève.* ⇒ **levant.** / contr. se ① **coucher** / *Le jour se lève.* **4.** (Vent) Commencer à souffler. *La brise, le vent se lève.* ⇒ **fraîchir.** — *La tempête (de neige) se lève.* **5.** (Temps) Devenir plus clair. *Le brouillard s'est levé.* ⇒ se **dissiper. 6.** Se déplacer vers le haut. *Toutes les mains se lèvent.* ▸ ***levage*** n. m. ■ Action de lever, de soulever. *Levage et manutention des fardeaux.* ⇒ **chargement.** *Appareils, engins de levage.* ≠ lever (n. m.) ▸ ***levé*** n. m. ■ Action d'établir (une carte, un plan). *Faire un levé de terrains.* ▸ ***levée*** n. f. **1.** Remblai (de terre, de pierres...). ⇒ **chaussée, digue.** *Levée pour retenir les eaux d'un lac.* **2.** Action d'enlever, de retirer. *La levée du corps* (avant l'enterrement). — Plaisant. *La levée du corps a été pénible ce matin,* le fait de sortir du lit le matin. — Action de mettre fin à. *Levée d'un siège. Levée de séance.* — Fait de supprimer. *Levée d'une punition.* **3.** Action de retirer les lettres de la boîte où elles ont été jetées. *La levée du courrier du matin est faite.* **4.** Action de ramasser les cartes lorsqu'on gagne un coup ; ces cartes. *Ne faire aucune levée.* — Fam. *Une levée de fonds,* une campagne de financement, de souscription. ⇒ **collecte.** **5.** Action d'enrôler des troupes. ⇒ **enrôlement.** *Levée en masse.* ▶ ② ***lever*** n. m. **1.** Le moment où un astre se lève. *Lever de soleil. Le lever du jour.* ⇒ **barre.** **2.** Action de se lever, de sortir du lit. / contr. ③ **coucher** / *Au lever, à son lever* (→ Au saut du lit). **3.** *Le lever du rideau,* début d'un spectacle. ≠ *levage.* ▶ ***levier*** n. m. **1.** Corps solide, mobile autour d'un point d'appui, permettant de multiplier une force. *Se servir d'un bâton comme d'un levier.* **2.** Organe de commande (d'une machine, d'un mécanisme). ⇒ **commande, manette ; télécommande.** *Levier de changement de vitesse d'une voiture.* — Loc. *Être aux leviers de commande,* occuper un poste de direction. **3.** Abstrait. Ce qui sert à vaincre une résistance ; moyen d'action. *L'argent lui a servi de levier.* ▶ ***lève-tard*** n. invar. ■ Personne qui a l'habitude de, qui aime se lever tard. / contr. **lève-tôt, matinal** / *Des lève-tard.* ▶ ***lève-tôt*** n. invar. ■ Personne qui a l'habitude de, qui aime se lever tôt. ⇒ **matinal.** / contr. **lève-tard** / *Elle est très lève-tôt.* ⟨ ▶ élève, élever, enlever, levain, levant, levure, mainlevée, pont-levis, prélever, ① relever, soulever, surélever ⟩

lévisien, enne [levizjɛ̃, ɛn] adj. et n. ■ De la ville de Lévis. *Les collèges lévisiens.* — N. (Avec une majusc.) Personne née dans cette ville ou qui l'habite.

lévitation [levitasjɔ̃] n. f. ■ Élévation (de qqn) au-dessus du sol, sans aucune aide.

levraut [ləvʀo] n. m. ■ Jeune lièvre. ≠ *lapereau.*

lèvre [lɛvʀ] n. f. **I. 1.** Chacune des deux parties charnues, roses, qui bordent extérieurement la bouche et s'amincissent pour se joindre aux commissures. *Lèvres charnues, épaisses ; minces. Se mettre du rouge à lèvres.* — Loc. *Avoir le sourire aux lèvres. Se mordre les lèvres de rage.* — *Tremper ses lèvres* (dans une boisson). *Manger du bout des lèvres,* sans appétit. — (Servant à parler) *Ne pas desserrer les lèvres,* garder le silence. ⇒ **dent.** *Être suspendu aux lèvres de qqn,* l'écouter avec une grande attention. *Rire, parler, répondre, approuver* DU BOUT DES LÈVRES : de façon peu convaincue. **2.** Anatomie. Partie qui borde la bouche entre les lèvres et le nez *(lèvre supérieure),* et le menton *(lèvre inférieure).* **II. 1.** Au plur. Bords saillants (d'une plaie, d'un organe). *Les grandes, les petites lèvres* (de la vulve). **2.** *Lèvres d'un coquillage,* les deux bords de son ouverture.

lévrier [levʀije] n. m. ■ Chien à jambes hautes, au corps allongé, agile et rapide. ⇒ **levrette.** *Course de lévriers. Lévrier afghan.* ▶ ***levrette*** [ləvʀɛt] n. f. **1.** Femelle du lévrier. **2.** Petit lévrier d'Italie.

levure [l(ə)vyʀ] n. f. ■ Ferments végétaux, champignons unicellulaires. *Ferments solubles produits par les levures.* ⇒ **diastase, enzyme.** *Levure de bière, de pomme de terre.* — Levure utilisée en cuisine (pour faire lever la pâte). *Acheter un sachet de levure.*

lexical, ale, aux [lɛksikal, o] adj. ■ Qui concerne le lexique, le vocabulaire. *Une unité lexicale.* ⇒ **mot, terme, vocable.**

lexicographe [lɛksikɔgʀaf] n. ■ Spécialiste de la confection d'un dictionnaire de la langue. ▶ ***lexicographie*** n. f. ■ Recensement et étude des mots d'une langue. ⇒ **dictionnaire, terminographie ; encyclopédie.** ▶ ***lexicographique*** adj. ■ *Travaux lexicographiques.* ▶ ***lexicologie*** [lɛksikɔlɔʒi] n. f. ■ Science des mots, de leurs fonctions, de leurs relations dans la langue (⇒ **lexique**). *La lexicologie spécialisée.* ⇒ **terminologie.** ▶ ***lexicologique*** adj. ■ *Recherches lexicologiques.* ▶ ***lexicologue*** n. ■ Spécialiste de l'étude du lexique. ⇒ **terminologue.**

lexique [lɛksik] n. m. **1.** Dictionnaire succinct (d'une science, d'une technique, d'un art ; bilingue). ⇒ **glossaire, vocabulaire.** *Lexique de l'informatique. Lexique français-anglais pour les touristes.* **2.** Ensemble des mots d'une langue. *Le lexique du français.* — Ensemble des mots employés par une personne, un groupe. *Le lexique d'un écrivain.* ⇒ **vocabulaire.** ⟨ ▶ lexical, lexicographe ⟩

lézard [lezaʀ] n. m. **1.** Petit reptile à longue queue effilée, au corps allongé et recouvert d'écailles. *Lézard gris, lézard vert.* — Loc. fam. *Faire le lézard,* se chauffer paresseusement au soleil. **2.** Peau de cet animal. *Sac à main en lézard.* ▶ ① ***lézarder*** v. intr. ▪ conjug. 1. ■ (France) Fam. Se chauffer au soleil ; rester sans rien faire.

lézarde [lezaʀd] n. f. ■ Crevasse plus ou moins profonde, étroite et irrégulière, dans un ouvrage de maçonnerie. ⇒ **fente, fissure** fam. ② **craque.** ▶ ***lézardé, ée*** adj. ■ Fendu par une ou plusieurs lézardes. ⇒ **crevassé.** *Un mur lézardé.* ▶ ② ***lézarder*** v. tr. ▪ conjug. 1. ■ *Les intempéries ont lézardé le mur.* ⇒ **crevasser, disjoindre ;** fam. **craquer.** — Pronominalement. *Le mur s'est lézardé.* ⇒ se **fissurer.**

liaison [ljɛzɔ̃] n. f. **I.** (Choses) **1.** Ce qui lie, relie logiquement les éléments du discours : parties d'un texte, éléments d'un raisonnement. ⇒ **association, enchaînement.** *Manque de liaison dans les idées.* ⇒ **cohérence, suite.** — Grammaire. *Mot, terme de liaison,* conjonctions et prépositions. **2.** Action de prononcer deux mots consécutifs en unissant la dernière consonne du premier mot (non prononcée devant une consonne) à la première voyelle du mot suivant (ex. : *les petits enfants* [leptizɑ̃fɑ̃]). **II.** (Personnes) **1.** Fait d'être lié avec qqn ; relations que deux personnes entretiennent entre elles. *Liaison d'amitié, d'affaires.* ⇒ **relation.** *Il a rompu toute liaison avec ce milieu.* ⇒ **attache, lien.** — *Liaison amoureuse. Avoir une liaison.* **2.** Communication (des ordres), transmission (des nouvelles). *Liaisons téléphoniques. Les liaisons radio.* — EN, DE LIAISON. *Entrer, rester en liaison étroite (avec qqn). Officier, agent de liaison.* **3.** Communication régulière entre deux lieux. *Liaison aérienne, ferroviaire, routière.*

liane [ljan] n. f. ■ Plante grimpante des forêts tropicales, de la jungle. *Un fouillis de lianes.*

liant, liante [ljɑ̃, ljɑ̃t] adj. et n. **1.** Adj. (Personnes) Qui se lie facilement avec autrui. ⇒ **affable, sociable.** *Il est peu liant. Un caractère liant.* **2.** N. m. Littér. Disposition favorable aux relations sociales. *Avoir du liant.*

liard [ljaʀ] n. m. ■ Variété de peuplier à feuilles triangulaires. *Planter des liards dans son parterre.*

liasse [ljas] n. f. ■ Amas de papiers liés ou en tas. *Liasse de lettres, de billets de banque.*

libanais, aise [libanɛ, ɛz] adj. et n. ■ Du Liban. *Les communautés libanaises.* — *Pain libanais* (⇒ **pita**), *sous-marin libanais,* à la manière, à la mode du Liban. — N. (Avec une majusc.) Personne née dans ce pays ou qui en a obtenu la citoyenneté. *Une Libanaise. Les Libanais.*

libation [libasjɔ̃] n. f. **1.** Dans l'Antiquité. Action de répandre un liquide en offrande à une divinité. *Les Grecs et les Romains faisaient des libations lors des sacrifices.* **2.** Au plur. *Faire des libations,* boire abondamment (du vin, de l'alcool).

libelle [libɛl] n. m. ■ Court écrit satirique, diffamatoire dirigé contre une personne, une institution. ⇒ **pamphlet.** *Faire, répandre des libelles contre qqn.* ‹ ▶ libeller ›

libeller [libɛle] v. tr. ▪ conjug. 1. **1.** Rédiger dans les formes. *Libeller un acte, un contrat. Libeller un chèque,* inscrire le nom du destinataire ainsi que les autres renseignements (date, montant...). **2.** Exposer, formuler par écrit. — Au p. p. adj. *Réclamation libellée en termes violents.* ▶ ***libellé*** n. m. ■ Termes dans lesquels un texte est rédigé. *Le libellé d'une lettre.*

libellule [libɛlyl] n. f. ■ Insecte à tête ronde, à corps allongé, aux quatre ailes transparentes et nervurées. ⇒ **demoiselle.**

liber [libɛʀ] n. m. ■ Partie d'un arbre entre l'écorce et le bois. *Des libers.*

libérable [libeʀabl] adj. et n. m. ■ Qui peut être libéré (notamment, en France, du service militaire). *Contingent libérable.*

① ***libéral, ale, aux*** [libeʀal, o] adj. et n. **1.** PROFESSIONS LIBÉRALES : de caractère intellectuel (architecte, avocat, médecin, etc.) et que l'on exerce librement. *Exercer une profession libérale.* **2.** N. Membre ou partisan d'un parti politique fédéral (opposé à *conservateur*) ou provincial (opposé à *péquiste*) favorable aux libertés individuelles. ⇒ fam. **rouge.** *Les libéraux sont au pouvoir. Les jeunes libéraux.* — Adj. *Doctrines, idées libérales.* / contr. **didactorial, totalitaire** / — *Un premier ministre libéral. Le caucus libéral.* — (Partis) *Le Parti libéral du Canada* (abrév. *P.L.C.*), le Parti libéral du Québec (abrév. *P.L.Q.*). *L'aile fédérale, une aile provinciale du Parti libéral.* **3.** (Personnes) Partisan du libéralisme (2). *Une société libérale.* — N. *Un libéral.* / contr. **communiste, socialiste** / — Favorable à la libre circulation des biens. **4.** Qui respecte les opinions, l'indépendance d'autrui. *Des parents libéraux.* ⇒ **ouvert, tolérant.** ▶ ***libéraliser*** v. tr. ▪ conjug. 1. ■ Rendre plus libéral (un régime politique, une activité économique). — Fam. *Libéraliser les drogues douces,* les légaliser. ▶ ***libéralisation*** n. f. ■ *Libéralisation des échanges internationaux, du régime de la presse.* ▶ ***libéralisme*** n. m. **1.** Attitude, doctrine des libéraux, partisans de la liberté politique, de la liberté de conscience. **2.** Doctrine selon laquelle la liberté économique, le libre jeu de l'entreprise ne doivent pas être entravés. / contr. **étatisme, socialisme** / *Le libéralisme préconise la libre concurrence.* **3.** Respect à l'égard de l'indépendance, des opinions d'autrui. ⇒ **tolérance.** ‹ ▶ néo-libéral ›

② ***libéral, ale, aux*** adj. ■ Littér. Qui donne facilement, largement. ⇒ **généreux.** *Il est plus libéral de promesses que d'argent.* ▶ ***libéralement*** adv. ■ Avec générosité. *Distribuer libéralement.* ▶ ***libéralité*** n. f. Littér. **1.** Disposition à donner généreusement. ⇒ **générosité, largesse. 2.** *(Une, des libéralités)* Don fait avec générosité. *Faire une libéralité à qqn.*

libérateur, trice [libeʀatœʀ, tʀis] n. et adj. **1.** N. Personne qui libère, délivre. / contr. **occupant, oppresseur** / *Les libérateurs du pays.* **2.** Adj. Qui libère. *Guerre libératrice,* de libération. — Abstrait. *L'humour a quelque chose de libérateur. Rôle libérateur de l'éducation.*

libération [libeʀasjɔ̃] n. f. **1.** Action de rendre libre. ⇒ **délivrance.** / contr. **asservissement** / *Libération d'un otage, d'une personne séquestrée.* — Mise en liberté (d'un détenu) après l'expiration de sa peine. *Libération conditionnelle,* qui intervient avant la date prévue. — Sports. Renvoi d'un joueur d'une équipe avant l'expiration de son contrat. *Hockeyeur qui a fait l'objet d'une libération sans condition.* — (France) Renvoi d'un militaire à la vie civile à l'expiration de son temps de service. **2.** Abstrait. Délivrance (d'une sujétion, d'un lien). ⇒ **affranchissement.** / contr. **contrainte** / *Mouvement de libération de la femme.* ⇒ **émancipation.** *La libération des mœurs.* **3.** Délivrance (d'un pays occupé, d'un peuple). / contr. **occupation** / *Le Front de libération du Québec.* ⇒ **F.L.Q.** (France). *La Libération,* la libération des territoires français occupés par les troupes allemandes durant la Seconde Guerre mondiale. **4.** Mise en liberté (de matière, d'énergie). *Libération d'énergie.*

libérer [libeʀe] v. tr. ▪ conjug. 6. **1.** Mettre (un détenu) en liberté. ⇒ **relâcher.** / contr. **arrêter** / — Sports. Renvoyer un joueur d'une équipe avant que son contrat soit expiré. *Libérer un hockeyeur.* — (France) Renvoyer (un soldat) à la vie civile. **2.** Délivrer, dégager de ce qui lie, de ce qui gêne, retient. *Libérer le passage.* — Pronominalement (réfl.). *Se libérer d'une entrave.* ⇒ se **dégager.** Se rendre libre de toute occupation. *Je n'ai pas pu me libérer plus tôt.* **3.** Rendre libre, affranchi (d'une servitude, d'une obligation). ⇒ **dégager, exempter.** *Je vous libère de vos engagements.* — Pronominalement. *Se libérer d'une dette par un paiement.* **4.** Délivrer (un pays, un peuple) de l'occupation de l'étranger, d'un asservissement. ⇒ **libération.** / contr. **asservir, envahir, occuper** / **5.** *Libérer sa conscience,* la délivrer du « poids » du remords (en avouant). — Laisser se manifester. *Libérer ses instincts.* **6.** Chimie, physique. Dégager (une substance, une énergie). *Réaction chimique qui libère un gaz.* ▶ ***libéré, ée*** adj. **1.** Mis en liberté. *Prisonniers, soldats libérés.* — *Athlète libéré de son club.* — N. *Les libérés.* **2.** Délivré d'une occupation militaire, d'un asservissement. *Pays libéré.* **3.** Affranchi d'une servitude. *Femme libérée,* émancipée par rapport aux préjugés masculins. Plaisant. *Un homme libéré.* ‹ ▶ libérable, libérateur, libération ›

liberté [libɛʀte] n. f. (⇒ **libre**) **I. 1.** Situation de la personne qui n'est pas sous la dépendance absolue de qqn / contr. **esclavage, servitude,** / ou qui n'est pas captive, enfermée / contr. **captivité.** / *Rendre la liberté à un prisonnier.* ⇒ **délivrer.** *Liberté surveillée. Liberté provisoire, sous caution,* en attendant que le tribunal se prononce. — *Élever des animaux en liberté,* sans les enfermer. ⇒ anglic. **lousse. 2.** Possibilité, pouvoir d'agir sans contrainte. *Agir en toute liberté, en pleine liberté. Elle a toute liberté pour agir.* ⇒ **facilité, faculté.** *J'ai pris la liberté de refuser. La liberté d'agir.* — *Liberté d'action, de mouvement.* — *Pendant ses heures, ses moments de liberté.* ⇒ **loisir.** — *Liberté d'esprit,* indépendance d'esprit. *Liberté de langage, de mœurs.* — État d'une personne qui n'a aucun engagement. *Garder, sacrifier, reprendre sa liberté.* ⇒ **autonomie, indépendance. 3.** Au plur. *Prendre des libertés,* être trop familier. **II.** Dans le domaine politique. **1.** Pouvoir d'agir, au sein d'une société organisée, selon sa propre détermination, dans la limite de règles définies. *Liberté politique.* — LA LIBERTÉ : l'absence de contrainte considérée comme illégitime. *Défenseur de la liberté. Vive la liberté ! La statue de la Liberté.* **2.** Pouvoir que la loi reconnaît aux individus dans un domaine. ⇒ ③ **droit.** *Liberté d'opinion. Liberté de la presse. Liberté religieuse,* droit de choisir sa religion, ou de n'en pas avoir *(liberté de conscience).* — Au plur. L'ensemble des libertés reconnues à l'individu *(la liberté individuelle)* et aux groupes sociaux. *La Charte des droits et libertés de la personne.* **3.** Indépendance d'un pays. *Combattre pour la liberté de sa patrie.* ⇒ **libération ; indépendance.** / contr. **oppression** / **III.** Philosophie. Caractère indéterminé de la volonté humaine ; libre arbitre. *La liberté, fondement du devoir, de la responsabilité, de la morale.* ▶ ***libertaire*** adj.

■ Qui n'admet aucune limitation de la liberté politique. ⇒ **anarchiste.** *Les traditions libertaires.* — N. *Un, une libertaire.*

libertin, ine [libɛʀtɛ̃, in] n. et adj. ■ Littér. Qui est déréglé dans ses mœurs, dans sa conduite, s'adonne sans retenue aux plaisirs charnels. ⇒ **débauché, dévergondé, dissolu.** *C'est un libertin. — Propos, livres, vers libertins.* ⇒ **grivois, leste.** ▸ ***libertinage*** n. m. ■ Licence des mœurs. ⇒ **débauche.** *Vivre dans le libertinage.*

libidineux, euse [libidinø, øz] adj. ■ Littér. ou plaisant. Qui recherche constamment et sans pudeur des satisfactions sexuelles. *Un vieillard libidineux. Regards libidineux.* ⇒ **vicieux.**

libido [libido] n. f. **1.** Recherche instinctive du plaisir et, spécialt, du plaisir sexuel. **2.** Psychanalyse. Énergie qui sous-tend les instincts de vie et, en particulier, les instincts sexuels. ⇒ **pulsion.** ‹ ▸ libidineux ›

libraire [libʀɛʀ] n. ■ Commerçant dont la profession est de vendre des livres. *Acheter un roman chez sa libraire.* ▸ ***librairie*** n. f. **1.** Commerce des livres. *On ne trouve plus ce livre en librairie.* **2.** Magasin où l'on vend des livres. ⇒ **bouquinerie.** *Librairie d'occasion,* qui vend des livres d'occasion. *Une librairie-papeterie.*

libre [libʀ] adj. **I. 1.** Qui n'est pas privé de sa liberté. / contr. **esclave, serf ; captif, prisonnier** / *Rendre libre un esclave.* ⇒ **affranchir. 2.** Qui a le pouvoir de décider, d'agir par soi-même. ⇒ **indépendant.** Fam. *Être libre comme l'air,* tout à fait libre. — *Garder l'esprit libre, la tête libre,* exempt de préoccupations ou de préjugés. **3.** Littér. LIBRE DE (+ nom) : libéré, affranchi de. / contr. **soumis** à / *Esprit libre de préoccupations.* ⇒ **exempt.** — LIBRE DE (+ infinitif) : qui a la possibilité, le droit de. *Libre de décider, d'agir.* **4.** Qui n'est pas soumis à un engagement, à une obligation, à une occupation. *Se rendre libre. Êtes-vous libre ce soir ?* / contr. **occupé** / *Il, elle est libre,* non engagé(e) par un contrat (de travail, de mariage). **5.** (Choses) Qui s'accomplit librement, sans contrainte extérieure. / contr. **contraint, imposé** / *Mouvements libres. Union libre* (opposé à *union légitime*). ⇒ **concubinage ;** fam. **accoté.** — Loc. *Elle a donné libre cours à sa colère.* **6.** Qui ne se contraint pas. *Être libre, très libre avec qqn,* ne pas se gêner avec lui. *Ils ont des manières, des airs libres.* ⇒ **aisé, spontané. 7.** Qui est indifférent aux convenances et tend à la licence. *Propos libres, un peu libres.* ⇒ **cru, licencieux, osé. II. 1.** Qui n'est pas soumis à une autorité arbitraire, tyrannique ; qui jouit de l'indépendance, de libertés reconnues et garanties (⇒ **liberté**). *Peuple, société, nation libre.* — *Le monde libre,* les pays non communistes (pour leurs adversaires). **2.** Dont le libre exercice est reconnu par la loi. *Enseignement libre.* — (France) *Écoles libres,* écoles privées, religieuses ou non. — *Produit en vente libre.* **III.** Qui jouit de liberté (II). **IV.** (Choses) **1.** Autorisé, permis. / contr. **défendu, interdit** / *Accès libre. Entrée libre,* qui n'est soumise à aucune formalité, gratuite. — Impers. *Libre à vous (de),* vous êtes libre (de). *Libre à vous d'accepter ou de refuser.* **2.** Qui n'est pas attaché, retenu ou serré. ⇒ anglic. **lousse.** *Vêtement qui laisse la taille libre. Cheveux libres.* — *Corps en chute libre,* entraîné par son propre poids. **3.** Qui n'est pas occupé, ne présente pas d'obstacle empêchant le passage. / contr. **occupé** / *Place libre.* ⇒ **vacant, vide.** *La voie est libre. Il n'y a pas une chambre de libre dans cet hôtel. La ligne (téléphonique) n'est pas libre. Patinage libre,* aux heures où il n'y a pas d'activité organisée, prévue. — *Temps libre,* que l'on peut employer à sa guise. **4.** Dont la forme n'est pas imposée. *Improvisation libre. Vers libres.* — *Papier libre* (opposé à *papier timbré*). — Sports. *Figures libres. Nage en style libre.* ▸ ***libre arbitre*** n. m. ■ Volonté libre, non contrainte. *Il n'avait pas son libre arbitre, il a agi sous la menace. Des libres arbitres.* / contr. **contrainte** / ▸ ***libre-échange*** n. m. sing. ■ Système dans lequel les échanges commerciaux entre États sont exempts d'obstacles tarifaires, de barrières douanières (opposé à *protectionnisme*). *Une zone, un traité de libre-échange.* ▸ ***librement*** adv. **1.** Sans restriction d'ordre juridique ou sans obstacle. *Circuler librement.* **2.** En toute liberté de choix. *Discipline librement consentie.* **3.** Avec franchise. *Je vous parlerai très librement.* ⇒ **carrément. 4.** Avec une certaine fantaisie dans l'interprétation. *Traduire librement.* ▸ ***libre penseur, euse*** n. ■ Personne qui pense librement, ne se fiant qu'à sa raison. / contr. **dogmatique** / *Des libres penseurs.* ▸ ***libre-service*** n. m. **1.** *(Le libre-service)* Service assuré par le client lui-même, dans un magasin, un restaurant, une station-service. **2.** *(Un, des libres-services)* Établissement commercial où l'on se sert soi-même. *Faire le plein dans un libre-service.* ⇒ anglic. **self-service.**

librettiste [libʀetist] n. ■ Auteur d'un livret d'opéra, d'opérette.

lice [lis] n. f. ■ Autrefois. Champ clos où se déroulaient des joutes, des tournois. — Loc. *Entrer en lice,* s'engager dans une compétition ou intervenir dans un débat. ≠ *lis, lisse.*

① ***licence*** [lisɑ̃s] n. f. **I. 1.** Anciennt. Premier cycle des études universitaires. ⇒ **baccalauréat** (2). *Licence en droit, licence ès lettres.* — Ce grade. ⇒ ② **B.A.,** ② **bac.** *Elle a une licence en littérature québécoise.* **2.** (France) Grade de l'enseignement supérieur intermédiaire entre le baccalauréat (3) et le doctorat. **II. 1.** Autorisation administrative permettant d'exercer une activité réglementée (commerce, sport, etc.). *Licence d'importation, d'exportation. Licence de ski. Licence de chasse, de pêche.* ⇒ **permis. 2.** Fam. Plaque d'immatriculation. *Poser les licences sur son auto.* — Au plur. Permis de conduire. *Passer, avoir ses licences. Montrer ses licences.* — REM. Ce dernier emploi (II, 2) est parfois critiqué. ▸ ***licencié, ée*** n. **1.** Personne qui a obtenu une licence (I). *Une licenciée de sciences, ès sciences.* — Adj. *Professeur licencié.* **2.** Titulaire d'une licence (II). *Importateur, entrepreneur licencié.* — Fam. *Épicier licencié* ou *épicerie, dépanneur licencié(e),* qui est autorisé(e) à vendre de la bière, du vin.

② ***licence*** n. f. **I. 1.** Littér. (Avec une prép. + infinitif) ⇒ **liberté** (I, 2). *Vous avez toute licence de rester ici.* **2.** Liberté que prend un écrivain avec les règles de la versification, de la grammaire. *Licence poétique. Licence orthographique* (ex. : *encor* pour *encore*). **II. 1.** Vieilli. Désordre moral, anarchie qu'entraîne une liberté sans contrôle. **2.** Littér. Absence de décence. *Licence des mœurs.* ▸ ***licencieux, euse*** adj. ■ Littér. Qui manque de pudeur, de décence. ⇒ **immoral, libertin.** *Propos licencieux. Histoires, plaisanteries licencieuses.* ⇒ **grivois, osé, scabreux.**

licencier [lisɑ̃sje] v. tr. ▪ conjug. 7. ■ Priver (qqn) de son emploi, de sa fonction. ⇒ **congédier, renvoyer.** / contr. **embaucher, engager, recruter** / *Elle s'est fait licencier.* ▸ ***licenciement*** n. m. ■ *Licenciement d'ouvriers.* ⇒ **renvoi.** *Licenciement pour raisons économiques.* ⇒ **chômage.**

lichen [likɛn] n. m. ■ Végétal très résistant, formé de l'association d'un champignon et d'une algue, qui ressemble à la mousse. *Lichens qui poussent sur la pierre.*

licher v. tr., ***lichage*** n. m. ; etc. ⇒ **lécher** (REM).

lichette [liʃɛt] n. f. ■ Fam. Petite tranche, petit morceau d'un aliment. *Une lichette de pain, de beurre.* ≠ *léchée.*

licite [lisit] adj. ■ Qui n'est défendu par aucune loi, aucune autorité établie. ⇒ **permis.** *Profits licites et illicites.* / contr. **défendu, illicite** / ‹ ► illicite ›

licorne [likɔʀn] n. f. ■ Animal fabuleux à corps et tête de cheval (ou de cerf), avec une corne unique au milieu du front.

licou [liku] n. m. ■ Pièce de harnais qu'on met autour du cou des animaux attelés (elle lie* le cou). *Retenir un cheval par son licou.*

lie [li] n. f. **1.** Dépôt qui se forme au fond des récipients contenant des boissons fermentées. *Il y a de la lie au fond du tonneau. Lie de vin.* — Adj. invar. LIE DE VIN : rouge violacé. **2.** Littér. *La lie de la société,* sa partie la plus méprisable.

lied [lid] n. m. ■ Chanson ou mélodie populaire allemande. *Les lieds, les lieder* (plur. allemand) *de Schubert.*

liège [ljɛʒ] n. m. ■ Matériau léger, imperméable et élastique, formé par la couche externe de l'écorce de certains arbres, en particulier du chêne-liège. Bouchon, flotteur en liège. ‹ ► chêne-liège ›

lien [ljɛ̃] n. m. **1.** Chose flexible et allongée servant à lier, à attacher qqch. ⇒ **attache, bande, ceinture, corde, courroie, ficelle, sangle ; lier.** *Lien de cuir, de coton, d'osier.* **2.** Abstrait. Ce qui relie, unit. *Ces faits n'ont aucun lien entre eux. Le lien des idées.* ⇒ **enchaînement, suite. 3.** Ce qui unit des personnes. ⇒ **liaison, relation.** *Lien de parenté, de famille. Les liens de l'amitié.* **4.** Littér. Élément (affectif, intellectuel) qui attache qqn à qqch. ⇒ **affinité.** *Un lien puissant l'attache à cette terre.*

lier [lje] v. tr. • conjug. 7. **I.** (Compl. chose) Mettre ensemble. **1.** Entourer, serrer avec un lien (plusieurs choses ou les parties d'une même chose). ⇒ **attacher.** / contr. **délier** / *Lier de la paille en bottes, en gerbes.* **2.** Assembler, joindre. *Lier les mots,* prononcer en faisant une liaison. — Au p. p. adj. *Écriture liée. Notes liées.* ⇒ **legato. 3.** Joindre à l'aide d'une substance qui opère la réunion ou le mélange. *Lier des pierres avec du mortier. — Lier une sauce,* l'épaissir. — Au p. p. adj. *Sauce liée.* **4.** Abstrait. Unir par un rapport logique, fonctionnel. *Lier ses idées.* ⇒ **coordonner, relier.** *Rapport qui lie la cause à l'effet.* — Au passif et p. p. adj. *Dans cette affaire, tout est lié,* tout se tient. — *Événements liés à la guerre.* **5.** Loc. (Compl. sans article) Faire naître (un lien). *Lier amitié* (avec qqn), contracter un lien d'amitié. *Lier conversation.* ⇒ **nouer.** — Au p. p. adj. Loc. *Avoir partie liée* (avec qqn), se mettre ou être entièrement d'accord (avec lui) pour une affaire commune. **II.** (Compl. personne) **1.** Attacher, enchaîner. / contr. **délivrer, détacher** / *On l'avait lié sur une chaise.* ⇒ **ligoter.** — Loc. *Être fou à lier,* complètement fou. *Pieds et poings liés,* à la merci (de qqn). — Fig. *Avoir les mains liées,* être réduit à l'impuissance, à l'inaction. — LIER À : attacher. *Lier qqn à un arbre.* **2.** Imposer une obligation juridique, morale à. ⇒ **astreindre, obliger.** *Cette promesse me lie.* ⇒ **engager.** *Être lié par un serment.* **3.** Unir par des relations d'affection, de goût, d'intérêt. *Leurs goûts communs les ont rapprochés et liés.* — Pronominalement. SE LIER *(avec qqn)* : avoir des relations d'amitié. *Elle ne se lie pas facilement. Se lier d'amitié avec ses voisins.* — Au p. p. adj. *Ils sont très liés* (ensemble). *Des amis très liés.* ‹ ► allier, délier, liaison, liane, liant, liasse, licou, lien, lieuse, se mésallier, rallier, ① relier, ② relier ›

lierre [ljɛʀ] n. m. ■ Arbrisseau rampant et grimpant, à feuilles luisantes toujours vertes. *Le lierre grimpe autour du tronc des arbres.*

liesse [ljɛs] n. f. ■ Littér. EN LIESSE : se dit des foules qui manifestent leur joie. *Peuple, assemblée, partisans en liesse.*

lieu [ljø] n. m. **I. 1.** Portion déterminée de l'espace, considérée de façon générale et abstraite. ⇒ **endroit, place.** *Être, se trouver dans un lieu. Dans ce lieu.* ⇒ **ici, là.** *La date et le lieu d'un événement. Les coutumes varient avec les lieux.* ⇒ **pays, région.** — *Lieu sûr,* où l'on est en sûreté. *Mettre qqn, qqch. en lieu sûr. — Lieu de promenade, de passage. Lieu de travail. L'unité de lieu est une des règles du théâtre classique. — Mauvais lieu,* endroit mal fréquenté, où l'on fait des choses immorales. — Loc. *N'avoir ni feu ni lieu ; être sans feu ni lieu,* sans domicile fixe. ⇒ **itinérant.** — *Adverbe, complément de lieu,* qui indiquent le lieu. **2.** Loc. HAUT LIEU : endroit où se sont passées des choses mémorables. *Le balcon de l'hôtel de ville de Montréal fut un des hauts lieux de la visite du général de Gaulle au Québec en 1967.* — EN HAUT LIEU : auprès des personnes haut placées. *Il s'est plaint en haut lieu.* — LIEU SAINT : temple, sanctuaire. Au plur. *Les Lieux saints,* les lieux de la Passion de Jésus ; la Terre sainte. **3.** LIEU PUBLIC : lieu qui par destination admet le public (rue, parc, musée), ou lieu privé auquel le public peut accéder (café, cinéma, patinoire). **II.** LES LIEUX (plur. à valeur de sing.) **1.** Endroit précis où un fait s'est passé. *Être sur les lieux,* sur place. *Les ambulanciers se sont rendus sur les lieux de l'accident.* **2.** Appartement, maison, propriété. *État des lieux. Quitter, vider les lieux.* **3.** *Lieux (d'aisances).* ⇒ **cabinet(s), toilettes. III. 1.** Place déterminée dans un ensemble, une succession (espace ou temps). *En son lieu,* à son tour. *Ce sujet sera traité en son lieu.* — Loc. adv. *En temps et lieu,* au moment et à la place convenables. *Nous vous ferons connaître notre décision en temps et lieu.* **2.** Point successif d'un discours, d'un écrit. *En premier lieu,* d'abord. *En dernier lieu.* **3.** AVOIR LIEU : se passer, exister (à un endroit, à un moment). *La fête aura lieu au parc Lafontaine.* ⇒ se **tenir.** — Être, se faire, s'accomplir. *La réunion n'aura pas lieu.* **4.** AU LIEU DE loc. prép. : à la place de. *Employer un mot au lieu d'un autre.* ⇒ **pour.** — (+ infinitif, exprime l'opposition) *Vous rêvez au lieu de réfléchir.* **5.** TENIR LIEU DE. ⇒ **remplacer, servir** de. *Cette pièce me tient lieu de chambre et de salon à la fois.* — AVOIR LIEU DE (+ infinitif) : des raisons de. *Elle n'a pas lieu de se plaindre. — Il y a lieu de,* il convient de. *Il y a lieu de s'inquiéter. — S'il y a lieu* (de faire qqch.), le cas échéant, si nécessaire. *Nous vous rappellerons, s'il y a lieu.* — DONNER LIEU : fournir l'occasion. ⇒ **produire, provoquer.** *Avec eux, tout donne lieu à des plaisanteries.* **IV.** LIEU COMMUN : idée, sujet de conversation ou façon de s'exprimer que tout le monde utilise. ⇒ **banalité, cliché.** *Lieux communs rebattus. Éviter les lieux communs.* ► **lieu-dit** ou **lieudit** [ljødi] n. m. ■ Lieu de la campagne, de faible étendue et qui porte un nom traditionnel inspiré de la géographie, de l'histoire, du folklore. *Le lieu-dit de Mine-Krumeau à Chibougamau.* ‹ ► chef-lieu, lieutenant, ① milieu, ② milieu, non-lieu, sous-lieutenant ›

lieue [ljø] n. f. **1.** Ancienne mesure de distance (environ 4 km). *Des bottes de sept lieues.* **2.** Loc. À CENT LIEUES *à la ronde* : loin autour (d'un endroit). — Abstrait. *À cent, à mille lieues de* (+ infinitif), très loin de. *J'étais à cent lieues de supposer cela.*

lieuse [ljøz] n. f. ■ Machine servant à lier les gerbes. — En appos. *Moissonneuse-lieuse.*

lieutenant, ante [ljøtnɑ̃, ɑ̃t] n. **1.** Officier dont le grade est immédiatement inférieur à celui de capitaine, et qui commande une section. *On dit « Mon lieutenant » aux lieutenants et sous-lieutenants.* **2.** *Lieutenant de vaisseau,* officier de marine dont le grade correspond à celui de capitaine dans l'armée de terre. **3.** Adjoint (d'un chef). *Les lieutenants d'un chef de bande.* — REM. L'O.L.F. propose *lieutenante* au féminin. ▶ ***lieutenant-colonel*** n. m. ■ Officier dont le grade est immédiatement inférieur à celui de colonel. *Des lieutenants-colonels.* — REM. Le féminin *lieutenante-colonelle* est virtuel. ▶ ***lieutenant-gouverneur*** n. m. ■ Représentant de la reine (ou du roi) d'Angleterre dans chacune des provinces canadiennes. ⇒ **gouverneur** général. *Le lieutenant-gouverneur est nommé pour cinq ans.* — REM. Le féminin *lieutenante-gouverneure* est virtuel. ⟨ ▶ sous-lieutenant ⟩

lièvre [ljɛvʀ] n. m. **1.** Mammifère rongeur, voisin du lapin, et qui vit en liberté. ⇒ **hase** (femelle), **levraut** (petit). *Le lièvre arctique. Chasser le lièvre.* — Chair comestible de cet animal. *Tourtière avec du lièvre.* **2.** Loc. *Il ne faut pas courir deux lièvres à la fois,* mener de front plusieurs activités. *Être peureux comme un lièvre,* craintif. — *C'est là que gît le lièvre,* là est le nœud de l'affaire. — *Lever, soulever un lièvre,* soulever à l'improviste une question embarrassante. ⟨ ▶ bec-de-lièvre ⟩

① ***lift*** [lift] n. m. ■ Anglic. fam. Occasion de transport gratuit. ⇒ **auto-stop ;** fam. **pouce.** *Je cherche un lift pour Toronto. Donner un lift à qqn. Prendre, manquer son lift.*

lifter [lifte] v. ▪ conjug. 1. ■ Sports. Donner à (une balle) un effet particulier qui lui fait décrire une courbe assez haute et qui l'accélère quand elle rebondit. — Au p. p. adj. *Balle liftée. Un revers lifté.* ▶ ② ***lift*** n. m. ■ Anglic. Effet d'une balle liftée.

liftier, ière [liftje, jɛʀ] n. ■ (France) Personne qui conduit un ascenseur.

lifting [liftiŋ] n. m. ■ Anglic. Opération de chirurgie esthétique, visant à remonter et tendre la peau du visage. *Elle s'est fait faire un lifting. Des liftings.*

ligament [ligamɑ̃] n. m. ■ Faisceau de tissu fibreux blanchâtre, très résistant, unissant les éléments (cartilages, os) d'une articulation. *Déchirure des ligaments.*

ligature [ligatyʀ] n. f. **1.** Opération consistant à réunir, à fixer avec un lien. *Faire une ligature. Ligatures des greffes. Ligatures des trompes,* qui empêche la fécondation. **2.** Lien permettant cette opération. ▶ ***ligaturer*** v. tr. ▪ conjug. 1. ■ Serrer, fixer avec une ligature. *Ligaturer une artère.* — Au passif et au p. p. adj. *Elle est ligaturée. Trompes ligaturées.*

lige [liʒ] adj. ■ Littér. HOMME LIGE *(de qqn)* : homme entièrement dévoué (à une personne, un groupe). *Être l'homme lige d'un parti.*

① ***ligne*** [liɲ] n. f. **I. 1.** Trait continu allongé, sans épaisseur. *Tracer, tirer des lignes. Ligne horizontale. Ligne droite, courbe. Ligne pointillée,* formée d'une succession de points ou de tirets. **2.** Trait réel ou imaginaire qui sépare deux choses. ⇒ **frontière, limite.** *Lignes délimitant un terrain de sport. Ligne de démarcation.* (Hockey) *Lignes bleues, ligne du centre* ou *centrale* ou *ligne rouge. Ligne des buts.* — *Ligne de flottaison,* qui correspond au niveau normal de l'eau sur la coque d'un navire. *Passage de la ligne,* de l'équateur. — Au plur. Fam. *Les lignes,* la frontière, spécialt la frontière canado-américaine. *Passer, traverser les lignes.* (REM. Emploi critiqué.) — *Ligne blanche* ou *jaune,* marquant la division d'une route en plusieurs bandes. **3.** Chacun des traits qui sillonnent la paume de la main. *Ligne de vie, de cœur.* **4.** Contour, tracé. ⇒ **dessin, forme.** *Harmonie des lignes. La ligne bleue de l'horizon.* **5.** *La ligne,* effet produit par une combinaison de lignes (silhouette, dessin). *La ligne du style Louis XVI, de la mode actuelle.* — Loc. *Garder la ligne,* rester mince. **6.** Abstrait. Élément, point. *Les lignes essentielles d'un programme. Avez-vous compris les grandes lignes ? Dans ses grandes lignes,* en gros. **II. 1.** Direction. *En ligne droite.* — Abstrait. *Ligne de conduite,* principes, règles de vie. — *Être dans la ligne (du parti),* suivre l'orthodoxie qu'il a définie. **2.** Tracé idéal dans une direction déterminée. *Ligne de tir.* **3.** Trajet emprunté par un service de transport ; ce service. *Lignes de chemin de fer, de métro, d'autobus. Ligne maritime, aérienne. Pilote de ligne.* **III. 1.** Fil (soie, crin, nylon) portant à l'une de ses extrémités un hameçon pour la pêche. *Pêche à la ligne. Ligne de fond,* ligne sans flotteur qui repose au fond de l'eau. **2.** Fils ou câbles conduisant et transportant l'énergie électrique. *Ligne électrique* ou *ligne de transport.* — *Ligne téléphonique. La ligne est occupée, en dérangement. Parlez, vous êtes en ligne.* Fam. *Ouvrir, fermer, garder la ligne.* (REM. Emplois critiqués.) — Radio, télévision. Fam. LIGNE OUVERTE : tribune téléphonique. *Une série d'émissions sous la forme d'une ligne ouverte.* **IV. 1.** Suite alignée (de choses, de personnes). *Être placé* EN LIGNE, SUR UNE LIGNE. *En ligne pour le départ !* — HORS LIGNE : hors de pair, supérieur. *Elle est d'une intelligence hors ligne.* **2.** Série alignée d'ouvrages ou de positions (militaires). *Lignes de fortifications. Première, seconde ligne.* — *Avoir raison, être battu sur toute la ligne,* tout à fait. ⇒ **complètement, entièrement. 3.** Dans certains sports. *Ligne d'attaque,* groupe de joueurs qui se portent à l'offensive. *Ligne de défense* ou *défensive.* **4.** Suite de caractères disposés dans la page sur une ligne horizontale. *Point, à la ligne. Aller, revenir à la ligne,* pour entamer un autre alinéa. *De la première à la dernière ligne.* — Loc. *Lire entre les lignes,* deviner ce qui est sous-entendu. **5.** Loc. *Entrer* EN LIGNE DE COMPTE : compter, avoir de l'importance. *Vos sentiments ne doivent pas entrer en ligne de compte.* **6.** Suite des degrés de parenté. ⇒ **filiation, lignée.** *Descendre en droite ligne d'un homme célèbre.* **7.** Informatique. *Ordinateur en ligne,* connecté à un ordinateur central. **8.** Fam. Petite quantité de cocaïne qui forme une ligne, inspirée à l'aide d'un petit tube. *Une ligne de coke.* ▶ ***ligné, ée*** adj. ■ Marqué de lignes. *Papier ligné ou quadrillé.* ▶ ***lignée*** n. m. **1.** Ensemble des descendants d'une personne. ⇒ **descendance, postérité.** *Avoir une lignée.* **2.** Filiation spirituelle. *La lignée d'un écrivain.* ⟨ ▶ aligner, curviligne, enligner, interligne, longiligne, rectiligne, souligner, tire-ligne ⟩

② ***ligne*** n. f. ■ Ancienne mesure de longueur, huitième partie du pouce, valant 3,175 mm. ⇒ ② **pied,** ② **pouce,** ③ **verge.** — REM. Le seizième de pouce est appelé *demi-ligne* et il vaut 1,587 mm.

ligneux, euse [liɲø, øz] adj. ■ De la nature du bois. ▶ *se* ***lignifier*** v. ▪ conjug. 7. ■ Se convertir en bois.

lignite [liɲit] n. m. ■ Charbon naturel fossile, noir ou brun, compact.

ligoter [ligɔte] v. tr. ▪ conjug. 1. **1.** Attacher, lier (qqn) solidement en privant de l'usage des bras et des jambes. *Les voleurs ont ligoté le gardien.* **2.** Abstrait. Priver (qqn) de sa liberté. *Ce contrat les ligote complètement.*

ligue [lig] n. f. **1.** Alliance entre États, pour défendre des intérêts communs, poursuivre une politique concertée. ⇒ **alliance, coalition, union. 2.** Association pour défendre des intérêts politiques, religieux, moraux. *Ligue des droits de la personne. Faire partie de la ligue des A.A.* **3.** Association d'équipes sportives. *Une ligue professionnelle de hockey, de baseball, de football. Les ligues majeures.* ⇒ **professionnel,** *les ligues juniors, mineures.* ⇒ **amateur.** *Une ligue de quilles.* ▶ ***liguer*** v. tr. ▪ conjug. 1. **1.** Unir dans une ligue. ⇒ **allier, coaliser.** — Pronominalement (réfl.).

Former une ligue. **2.** Associer dans un mouvement, dans une action. — Pronominalement (réfl.). *Ils se sont tous ligués contre leur professeur.* ▶ ***ligueur, euse*** n. ■ Membre d'une ligue (2).

lilas [lilɑ] n. m. invar. **1.** Arbuste ornemental aux fleurs en grappes très parfumées, violettes ou blanches. — Ces fleurs. *Lilas blanc, violet.* **2.** Adj. invar. De couleur violette tirant sur le rose, ou mauve. *Une étoffe lilas.* — N. m. invar. *Un lilas foncé.*

liliacées [liliase] n. f. pl. ■ Botanique. Famille de plantes comprenant le lis, la tulipe, l'ail, etc. — Au sing. *Le muguet est une liliacée.*

lilliputien, ienne [lilipysjɛ̃, jɛn] adj. et n. ■ Très petit, minuscule. *Taille lilliputienne.*

limace [limas] n. f. ■ Mollusque gastéropode terrestre, sans coquille. ⇒ **loche (2).** *Limace rouge, noire.* — Fam. *Quelle limace !,* se dit d'une personne lente et molle. ⇒ **escargot.** ▶ ***limaçon*** [limasɔ̃] n. m. **1.** Vx. Escargot. ⇒ **colimaçon. 2.** Conduit enroulé en spirale, constituant une partie de l'oreille interne. ⟨ ▶ colimaçon ⟩

limaille [limɑj] n. f. ■ Parcelles de métal. *Limaille de fer.*

limande [limɑ̃d] n. f. ■ Poisson de mer ovale et plat, comestible. — (France) Loc. *Elle est plate comme une limande,* sans poitrine. ⇒ ① **galette.**

limbes [lɛ̃b] n. m. pl. **1.** Dans la théologie catholique. Séjour des âmes des justes avant la Rédemption, ou des enfants morts sans baptême. **2.** Région, situation mal définie. *Cet ouvrage est resté dans les limbes,* jamais fini.

① ***lime*** [lim] n. f. ■ Outil de métal garni d'aspérités servant à entamer et user par frottement. ⇒ **tiers-point.** *Lime d'ajusteur. Cette lime ne mord plus,* ses dents sont usées. *Lime à métaux, à bois* (⇒ **râpe**). Lime à ongles. ▶ ***limer*** v. tr. ▪ conjug. 1. ■ Travailler à la lime, pour dégrossir, polir, réduire, etc. *Limer une pièce de fer. Limer ses ongles.* ⟨ ▶ élimé, limaille ⟩

② ***lime*** [lim] ou ***limette*** [limɛt] n. f. ■ Petit citron vert, presque rond, au jus très acide et amer.

limier [limje] n. m. **1.** Grand chien de chasse employé à chercher et détourner l'animal. **2.** Personne qui suit une piste, à la recherche de qqch. ou de qqn. ⇒ **détective, policier.** Loc. *C'est un fin limier.* — REM. Le féminin *limière* est virtuel.

liminaire [liminɛʀ] adj. ■ Didact. Placé en tête d'un ouvrage, d'un discours. *Page, texte, déclaration liminaire.* ⇒ **préliminaire.**

limitation [limitasjɔ̃] n. f. ■ Action de fixer des limites ; son résultat. ⇒ **restriction.** *Limitation d'un pouvoir. Limitation des naissances.* ⇒ **contrôle.** — *Sans limitation de temps,* sans que la durée, le délai soient limités. ▶ ***limitatif, ive*** adj. ■ Qui limite, fixe ou précise des limites. *Énumération limitative.*

limite [limit] n. f. **1.** Ligne qui sépare deux terrains ou territoires contigus. ⇒ **bord, confins, frontière.** *Établir, tracer des limites. Borne marquant une limite.* **2.** Partie extrême où se termine une surface, une étendue. *La mer s'étendait alors au-delà de ses limites actuelles.* **3.** Terme extrême dans le temps (commencement ou fin). *N'attendez pas la dernière limite pour vous inscrire. Limite d'âge,* âge au-delà duquel on ne peut plus se présenter à un examen, exercer une fonction. **4.** Ce qu'on ne peut dépasser (activité, influence). ⇒ **barrière, borne.** *Les limites du possible. La patience a des limites !* Loc. *Il y a des limites,* il ne faut pas exagérer. — *Dans une certaine limite.* ⇒ **mesure.** *Nous vous aiderons dans les limites de nos moyens.* **5.** À LA LIMITE : sciences, si on se place en pensée au point vers lequel tend une progression sans l'atteindre jamais ; cour., dans les circonstances extrêmes, au pire. *À la limite, il risque la saisie mais pas la prison.* — Adj. *Cas limite.* ⇒ **extrême.** *Vitesse limite.* ⇒ **maximum. 6.** Au plur. Point que ne peuvent dépasser les possibilités physiques ou intellectuelles. *Connaître ses limites.* ⇒ **moyen. 7.** SANS LIMITES : illimité. *Une ambition sans limites.* ▶ ***limiter*** v. tr. ▪ conjug. 1. **1.** Constituer la limite de. ⇒ **borner, délimiter.** *Océans qui limitent l'Amérique à l'ouest et à l'est.* **2.** Renfermer dans des limites, restreindre en assignant des limites. *Limiter le pouvoir de qqn. Limiter la vitesse sur les autouroutes.* Au passif et au p. p. adj. *Vitesse limitée à 90 km/h.* — Fam. *Limiter les dégâts,* les restreindre. **3.** SE LIMITER v. pron. : (Réfl.) s'imposer des limites. ⇒ se **borner.** *Savoir se limiter.* — (Passif) Avoir pour limites. *Le monde pour lui se limite à sa famille.* ▶ ***limité, ée*** adj. **I.** Qui a des limites (naturelles ou fixées), des limites étroites. ⇒ **fini.** *Surface limitée. Édition à tirage limité. Avoir des moyens limités,* modestes. — Abstrait. *N'avoir qu'une confiance limitée.* — Fam. *Il est un peu limité* (dans ses moyens, physiques ou intellectuels). **II.** Au fém. *Compagnie limitée,* constituée en société par actions dont les détenteurs voient leur responsabilité limitée à leur apport. ⇒ **ltée ; enregistrer, incorporer ; enregistrée, incorporée ; enr., inc.** ⟨ ▶ délimiter, illimité, limitation ⟩

limitrophe [limitʀɔf] adj. **1.** Qui est aux frontières. ⇒ **frontalier. 2.** Qui est voisin, qui a des frontières communes. *Provinces limitrophes.*

limoger [limɔʒe] v. tr. ▪ conjug. 3. ■ Frapper (une personne haut placée) d'une mesure de disgrâce. ⇒ **destituer, révoquer.** *Limoger un président de compagnie.* ▶ ***limogeage*** n. m. ■ Action de limoger ; son résultat.

limon [limɔ̃] n. m. ■ Terre ou fines particules mêlées de débris organiques, entraînées par les eaux et déposées sur le lit et les rives des fleuves. ⇒ **alluvion, dépôt.** *Limon employé comme engrais.* ▶ ***limoneux, euse*** adj. ■ Qui contient du limon. *Fleuve limoneux.*

limonade [limɔnad] n. f. ■ Boisson gazeuse ou rafraîchissante faite d'eau légèrement sucrée et acidulée. *Faire un pot de limonade.* ⇒ **citronnade.** *Limonade à la bière* ⇒ **panaché** *à la menthe* ⇒ **diabolo.**

limousine [limuzin] n. f. **1.** Longue automobile spacieuse et luxueuse à quatre portes et à six fenêtres latérales, conduite par un chauffeur. *Aller chercher une vedette en limousine.* — Fam. Grande automobile luxueuse. ⇒ fam. **bazou, char, minoune.** *Ils se promènent en limousine.* **2.** Fam. Grande automobile qui fait la navette entre les aéroports, les gares et les hôtels. *Prendre une limousine pour aller à l'aéroport.*

limpide [lɛ̃pid] adj. **1.** (Liquides) Dont rien ne trouble la transparence. ⇒ **clair, pur, transparent.** / contr. **opaque,** ① **trouble** / *Eau, source limpide.* — *Regard limpide,* clair et pur. **2.** Parfaitement clair, intelligible. / contr. **obscur** / *Explication limpide.* ▶ ***limpidité*** n. f. **1.** Clarté, transparence. *Limpidité de l'eau, de l'air.* **2.** Clarté (de la pensée, de l'expression). / contr. **obscurité** / *Ce texte est d'une limpidité parfaite.*

lin [lɛ̃] n. m. **1.** Herbe à fleurs bleues, à graines oléagineuses, cultivée surtout pour les fibres textiles de sa tige. *Filature du lin. Tissus de lin. Huile de lin.* **2.** Tissu, toile de lin. *Chemises de lin.* ⟨ ▶ linceul, linoléum, linon ⟩

linceul [lɛ̃sœl] n. m. ■ Pièce de toile dans laquelle on ensevelit un mort. *Le linceul du Christ.* ⇒ **suaire.**

linéaire [lineɛʀ] adj. **1.** Qui a rapport aux lignes, se traduit par des lignes. *Mesure linéaire* (opposé à *mesure de superficie* ou *de volume*). *Perspective linéaire. Dessin linéaire. Géométrie linéaire.* **2.** Abstrait. Qui est sans épaisseur, sans prolongements. *Un récit très linéaire, un peu ennuyeux.* ▶ ***linéarité*** n. f. ■ Littér. Caractère de ce qui est linéaire.

linéament [lineamɑ̃] n. m. Littér. **1.** Ligne élémentaire, caractéristique d'une forme, d'un aspect général. *Les linéaments d'un paysage.* **2.** Abstrait. Ébauche partielle. *Les linéaments d'un projet, d'une doctrine.*

linge [lɛ̃ʒ] n. m. **1.** (Collectif) Ensemble des pièces de tissu employées aux besoins du ménage. *Linge de maison* (pour le lit, la toilette, la table, la cuisine). *Linge à (de) vaisselle.* ⇒ **torchon.** *Panier, sac à linge (sale). Laver, repasser le linge. Étendre le linge* (sur un séchoir, une *corde à linge,* avec des *pinces, des épingles à linge*). *Mettre le linge dans la sécheuse.* — Loc. fam. *Laver son linge sale en famille,* ne pas se quereller devant des étrangers. — *Coucher sur la corde* à linge.* **2.** Ensemble des sous-vêtements et pièces détachables de l'habillement en tissu léger. *Linge fin. Changer de linge.* **3.** Fam. Ensemble des vêtements d'une personne. *S'acheter du linge. Le linge d'hiver,* manteaux, mitaines, etc., *le linge d'été,* les vêtements légers. Pièce de linge (1). ⇒ **chiffon, guenille, torchon.** *Nettoyer un miroir avec un linge humide.* — Loc. *Blanc comme un linge,* très pâle. (→ Blanc comme un drap) ▶ ***lingère*** n. f. ■ Femme chargée de l'entretien et de la distribution du linge (dans une communauté, une grande maison). ▶ ***lingerie*** n. f. **1.** Local réservé à l'entretien et au repassage du linge, et parfois au lavage et au séchage du linge. **2.** Grande ou petite armoire dans laquelle on range le linge (1). *Prends des débarbouillettes dans la lingerie au-dessus de la laveuse.* **3.** Linge de corps (surtout pour les femmes). *Rayon (de la) lingerie, dans un grand magasin. La lingerie fine* ou *la fine lingerie.* ‹ ▶ lave-linge ›

lingot [lɛ̃go] n. m. ■ Masse de métal ou d'alliage moulé après fusion. *Lingot de plomb, de fonte. Lingot d'or.*

linguiste [lɛ̃gɥist] n. ■ Spécialiste de la linguistique. ▶ ***linguistique*** n. f. et adj. **I.** N. f. Science qui a la langue (2) pour objet. *Linguistique générale,* étude des conditions générales de fonctionnement et d'évolution des langues. *Linguistique structurale. Linguistique appliquée* (traduction ; didactique). **II.** Adj. **1.** Relatif à la linguistique. *Études linguistiques.* **2.** Propre à la langue ; envisagé du point de vue de la langue. *Géographie linguistique.* ▶ ***linguistiquement*** adv. ■ Du point de vue linguistique. ‹ ▶ bilingue, monolingue, multilingue, plurilingue, trilingue, unilingue ›

liniment [linimɑ̃] n. m. ■ Liquide gras qui contient un médicament, pour frictionner la peau. ⇒ **baume, onguent.**

linoléum [linɔleɔm] n. m. ■ Toile enduite d'un revêtement imperméable. — Tapis, revêtement de sol en linoléum. ⇒ **prélart.** *Sol recouvert de linoléum.* — (France) Abrév. LINO [lino] n. m. *Des linos.*

linon [linɔ̃] n. m. ■ Tissu fin et transparent, de lin ou de coton. *Mouchoir de linon.* ≠ *nylon.*

linotte [linɔt] n. f. **1.** Petit passereau au plumage brun et rouge. ⇒ **sizerin. 2.** Loc. TÊTE DE LINOTTE : personne écervelée, agissant étourdiment. ⇒ **distrait, étourdi.**

linotype [linotip] n. f. ■ Imprimerie. Machine à composer, fondant d'un seul bloc la ligne. — Abrév. LINO, n. f. *Composer à la lino.* ▶ ***linotypie*** n. f. ■ Composition à la linotype. ▶ ***linotypiste*** n. ■ Ouvrier, ouvrière composant à la linotype. — Abrév. UN, UNE LINO.

linteau [lɛ̃to] n. m. ■ Pièce horizontale (de bois, pierre, métal) qui forme la partie supérieure d'une ouverture et soutient la maçonnerie. *Linteau de porte, de fenêtre. Des linteaux.*

lion, lionne [ljɔ̃, ljɔn] n. **I. 1.** Grand mammifère carnivore, à pelage fauve, à crinière (chez le mâle), à queue terminée par une grosse touffe de poils, vivant en Afrique et en Asie. *Rugissement du lion. Chasse au lion.* — *Fort, courageux comme un lion. Se battre comme un lion.* **2.** Loc. *La part du lion,* la plus grosse part que s'adjuge le plus fort. ⇒ **léonin.** — Fam. *Il a mangé, bouffé du lion,* se dit d'une personne qui fait preuve d'une énergie inhabituelle. **3.** Personne très courageuse. *C'est une vraie lionne.* **II.** (Avec une majusc.) Cinquième signe du zodiaque (23 juillet-22 août). *Être du signe du Lion, être du Lion.* — Ellipt. Invar. *Elles sont Lion.* ▶ ***lionceau*** n. m. ■ Petit du lion et de la lionne. ‹ ▶ fourmi-lion ›

lipide [lipid] n. m. ■ Nom savant des corps gras. ▶ ***lipo-*** ■ Élément savant signifiant « graisse ».

lippe [lip] n. f. ■ Littér. Lèvre inférieure épaisse et proéminente. ⇒ fam. **baboune.** — Loc. *Faire la lippe,* faire la moue. ⇒ **bouder.** *Enfant qui fait la lippe,* qui a envie de pleurer, qui est au bord des larmes. ▶ ***lippu, ue*** adj. ■ Qui a une grosse lèvre inférieure.

liquéfier [likefje] v. tr. ▪ conjug. 7. **1.** Faire passer à l'état liquide (un corps solide). ⇒ **fondre.** *La glace, le beurre se liquéfient à la chaleur.* — Pronominalement. *La cire chaude se liquéfie.* ⇒ ① **couler. 2.** Faire passer à l'état liquide (un corps gazeux). — Pronominalement. *L'hélium se liquéfie difficilement.* — (Vapeur) Condenser. — Au p. p. adj. *Gaz liquéfié.* **3.** Fig. (Personnes) SE LIQUÉFIER v. pron. réfl. : perdre toute énergie, toute résistance morale. ▶ ***liquéfaction*** [likefaksjɔ̃] n. f. ■ Passage d'un corps gazeux à l'état liquide. *Point de liquéfaction.* / contr. **solidification** / ▶ ***liquéfiable*** adj. ■ Qui peut être liquéfié. *Gaz liquéfiables.*

liqueur [likœʀ] n. f. **1.** Boisson sucrée et aromatisée, à base d'alcool ou d'eau-de-vie. ⇒ **spiritueux ; digestif.** *Verres à liqueur. Bonbons à la liqueur.* — Loc. *Vin de liqueur,* liquoreux. **2.** Fam. Boisson gazeuse. ⇒ **soda.** *Liqueur douce* (vieilli). *Prendre, boire une liqueur, un verre de liqueur. De la liqueur en bouteille, en canette. Acheter une caisse de liqueur.* ‹ ▶ liquoreux ›

① **liquide** [likid] adj. et n. m. **I.** Adj. **1.** Qui coule ou tend à couler (opposé à *gazeux, solide*). ⇒ **fluide.** *Un corps liquide prend la forme du récipient qui le contient. Rendre liquide.* ⇒ **liquéfier.** *Passage de l'état liquide à l'état gazeux.* — *Air liquide,* conservé à l'état liquide par le froid. — (Corps pâteux) Qui n'a pas de consistance. *Lier une sauce trop liquide.* **2.** Phonétique. Se dit des consonnes *l, m, n, r,* de prononciation aisée. **II.** N. m. **1.** Tout corps qui s'écoule. ⇒ **fluide.** *Verser un liquide dans une bouteille.* — *Malade qui ne peut prendre que des liquides,* des aliments liquides. **2.** *Liquides organiques,* lymphe, sang, sérosité...

② **liquide** adj. et n. m. ■ Qui est librement et immédiatement disponible. *Avoir de l'argent liquide, mille dollars liquides,* en espèces. — N. m. *Ne pas avoir assez de liquide.* ▶ ***liquidité*** n. f. ■ État d'un bien liquide. — Au plur. Sommes disponibles. *Avoir des liquidités suffisantes.*

liquider [likide] v. tr. ▪ conjug. 1. **1.** Soumettre à une liquidation. *Liquider un compte, une succession.* **2.** Vendre (des marchandises) au rabais. ⇒ **brader, sacrifier, solder.** *Liquider le stock.* **3.** Fam. En finir avec (qqch.). ⇒ se **débarrasser.** *Liquider une affaire.* — Se débarrasser de (qqn), notamment en tuant. *Liquider un témoin gênant.* — Au p. p. adj. *Une affaire liquidée.* — Fam. *C'est liquidé, on n'en parle plus.* ▶ ***liquidation*** n. f. **1.** Action de liquider (1) ; règlement d'une somme. *Liquidation d'une succession.* ⇒ **partage.** **2.** Vente au rabais en vue d'un écoulement rapide des marchandises. *Liquidation du stock après inventaire.* ⇒ **braderie, solde.**

liquoreux, euse [likɔʀø, øz] adj. ■ Qui rappelle la liqueur par la saveur douce, le degré élevé d'alcool. *Vins liquoreux.*

① ***lire*** [liʀ] v. ▪ conjug. 43.— REM. Participe passé *lu, lue.* **I. 1.** Suivre des yeux en identifiant (des caractères, une écriture). *Lire des lettres, des numéros.* — Sans compl. Être capable de lire une écriture. *Savoir lire et écrire. Lire couramment.* / contr. être **analphabète.** / **2.** Déchiffrer. *Lire un graphique. Lire une partition de musique. Lire une carte géographique.* — (Technologie) *Ordinateur qui lit une disquette,* qui décode les informations qui y sont enregistrées. — *Lire une image vidéo, une cassette.* — *Lire un code barres.* **3.** Prendre connaissance du contenu de (un texte) par la lecture. *Lire une lettre, un roman. J'ai lu dans le journal qu'il était mort. Avoir qqch. à lire en voyage.* — Au p. p. adj. *Tous les livres lus sont à rendre à la bibliothèque.* — Sans compl. *Aimer lire.* ⇒ **bouquiner.** — *Lu et approuvé,* mention officielle apparaissant au bas d'un document. **4.** Énoncer à haute voix (un texte écrit). *Lire un discours devant l'Assemblée.* ⇒ **prononcer.** *Lire un jugement.* — Faire la lecture. *Je vais vous lire cet article.* **II. 1.** Déchiffrer, comprendre (ce qui est caché) par un signe extérieur. *Lire l'avenir dans les lignes de la main, les astres. Lire les lignes de la main.* — Loc. *Lire entre les lignes*.* **2.** Discerner, reconnaître comme par un signe. ⇒ **découvrir, pénétrer.** *Lire un sentiment sur le visage de qqn. On lisait la peur dans ses yeux. Lire le jeu d'un adversaire,* deviner ce qu'il va faire. ‹ ▶ liseur, liseuse, lisible, relire ›

② ***lire*** [liʀ] n. f. ■ Unité monétaire italienne. *Un billet de mille lires.*

lis ou ***lys*** [lis] n. m. invar. **1.** Plante vivace, à feuilles allongées et pointues, à grandes fleurs blanches. *Le lis est le symbole de la pureté.* **2.** La fleur blanche du lis. *Un bouquet de lis. Blanc comme un lis.* — Très blanc. *Un teint de lis.* **3.** FLEUR DE LIS, DE LYS : figure héraldique formée de trois fleurs de lis schématisées et unies, emblème de la royauté en France. — Emblème floral du Québec. *Le drapeau québécois est orné de quatre fleurs de lis.* ⇒ **fleurdelisé.** ≠ *lice, lisse.* ‹ ▶ fleurdelisé, liseron ›

liséré [liz(e)ʀe] n. m. ■ Ruban étroit dont on borde un vêtement. ⇒ **passepoil.** *Liséré de soie.*

liseron [lizʀɔ̃] n. m. ■ Plante à tige grimpante. *Liseron des champs, des haies.* ⇒ **volubilis.**

liseur, euse [lizœʀ, øz] n. ■ Personne qui a l'habitude de lire beaucoup. ⇒ **lecteur.** *C'est un grand liseur de romans.*

liseuse n. f. **1.** Couvre-livre interchangeable. *Liseuse en cuir.* **2.** (Surtout en France) Veste de femme, chaude et légère (pour lire au lit, etc.). **3.** Petite lampe destinée à la lecture (dans un train, une voiture).

lisible [lizibl] adj. **1.** Qui est aisé à lire, à déchiffrer. / contr. **illisible** / *Sa signature est tout juste lisible.* ⇒ **déchiffrable.** — REM. La forme *lisable* est familière. **2.** Digne d'être lu. *Ce roman est à peine lisible.* ▶ ***lisibilité*** n. f. ■ Caractère de ce qui est lisible. *Texte d'une lisibilité parfaite.* ▶ ***lisiblement*** adv. ■ *Écrire lisiblement.* ‹ ▶ illisible ›

lisière [lizjɛʀ] n. f. **1.** Bordure limitant de chaque côté une pièce d'étoffe. — *Une lisière de tapisserie,* une laize. *Poser une lisière de caoutchouc autour d'une porte,* une bande. ⇒ **coupe-froid.** **2.** Partie extrême (d'un terrain, d'une région). ⇒ **bord, bordure, limite.** *La lisière d'un champ, d'une forêt.* ⇒ **orée.** *À la lisière du bois.*

① ***lisse*** [lis] adj. et n. f. **I.** Adj. Qui n'offre pas d'aspérités au toucher. *Surface lisse.* ⇒ **égal, uni.** / contr. **granuleux, inégal, rugueux** / *Glace lisse. Une peau lisse,* douce, unie. *Cheveux lisses.* **II.** N. f. Lame de fer ou d'acier fixée tout le long des patins d'un traîneau, d'une carriole. *Des lisses rouillées.* ≠ *lice, lis.* ▶ ***lisser*** v. tr. ▪ conjug. 1. ■ Rendre lisse. *Lisser sa moustache. Oiseau qui lisse ses plumes avec son bec.* — *Lisser les peaux, les cuirs,* les apprêter en leur donnant le dernier lustre. ▶ ***lissage*** n. m. ■ *Le lissage des cheveux.*

② ***lisse*** n. f. **1.** Membrure de la coque d'un navire. **2.** Garde-fou.

liste [list] n. f. **1.** Suite de mots, de noms, de signes, généralement inscrits les uns au-dessous des autres. *Dresser une liste. En tête de liste. Liste alphabétique. Liste méthodique d'objets.* ⇒ **catalogue, inventaire.** *Être dans* ou fam. *sur la liste des candidates.* — LISTE NOIRE : liste de gens à surveiller, à abattre. *Placer un nom sur la liste noire.* — *Liste électorale.* — Sports. *Liste de repêchage*.* — *Grossir la liste des mécontents,* s'ajouter au nombre de. **2.** (France) LISTE CIVILE : somme allouée au chef de l'État pour subvenir aux dépenses et charges de sa fonction. ▶ ***lister*** v. tr. ▪ conjug. 1. **1.** Mettre en liste. *Lister des noms.* **2.** Informatique. Sortir en continu sur une imprimante. ▶ ***listage*** [listaʒ] n. m., ou anglic., ***listing*** [listiŋ] n. m. ■ Document, contenu produit par une imprimante d'ordinateur. *Des listages.*

lit [li] n. m. **I. 1.** Meuble destiné au coucher. ⇒ fam. ② **pieu, plumard.** *Lit d'une personne* ou *lit simple, de deux personnes* ou *lit double. Lit king*, lit queen*. Ciel de lit* (baldaquin, dais). *Lit d'enfant, de bébé.* ⇒ **bassinette, berceau, couchette.** *Lit d'auto,* pour les bébés. *Lits superposés ou* fam. *à deux étages.* — *Lits jumeaux,* deux lits semblables, à une place. *La ruelle d'un lit.* — *Lit pliant. Lit de camp.* — *Lit d'hôpital, d'hôtel. Lit de fer. Lit d'eau.* **2.** Literie sur laquelle on s'étend. *Lit moelleux, dur.* **3.** Loc. *Aller* AU LIT, *se mettre au lit.* ⇒ se **coucher.** *Allons, les enfants, au lit !* — *Aller au lit avec qqn,* coucher avec lui. *Dormir* DANS *son* LIT : chez soi. — *Sortir* DU LIT : se lever. *Sauter du lit. Au saut du lit,* au réveil. *Arracher, tirer qqn du lit.* Loc. fam. *Avoir le lit dans le visage, la face,* paraître encore endormi (au lever) ; avoir l'air de s'endormir. — *Faire le (un) lit,* disposer la literie pour qu'on puisse s'y coucher confortablement. *Changer le lit,* les draps, les taies d'oreillers, les couvertures. *Border un lit. Un lit défait. Faire son lit,* rabattre les couvertures et installer le couvre-lit. — *Malade contraint de garder le lit,* de rester couché*. — *Sur son lit de mort,* sur le point d'expirer. *Mourir dans son lit,* d'une mort naturelle. — PROV. *Comme on fait son lit, on se couche* (⇒ ① **coucher**). **4.** *Enfants du premier lit,* d'un premier mariage. **5.** LIT DE REPOS : siège sur lequel on peut s'allonger pour se reposer. ⇒ **canapé, divan, fauteuil, sofa.** **6.** Couche d'une matière quelconque sur le sol, où l'on s'étend, où l'on dort. ⇒ **litière, natte.** *Se coucher sur un lit de feuillage, de paille.* **II.** Matière répandue en couche. *Un lit de cendres, de braises.* — Couche de matériaux déposés par les eaux, l'érosion. ⇒ **dépôt.** *Lit d'argile.* **III.** Creux naturel du sol, canal (dans lequel coule un cours d'eau). *Cours d'eau qui sort de son lit,* qui déborde. *Lit à sec. Détourner une rivière de son lit.* ⇒ **cours.** ▶ ***literie***

[litʀi] n. f. ■ Ensemble des objets qui recouvrent le sommier : matelas, oreiller, couverture, douillette, édredon, couvre-lit (souvent aussi le linge : draps et taies) ; matériel de couchage. ‹ ▶ aliter, couvre-lit, dessus-de-lit, divan-lit, litière, pissenlit, wagon-lit ›

litanie [litani] n. f. **1.** Au plur. Prières liturgiques où toutes les invocations sont suivies d'une formule brève récitée ou chantée par les assistants. *Litanies des saints. Réciter, chanter des litanies.* **2.** Sing. ou plur. Répétition ennuyeuse et monotone (de plaintes, de reproches, de demandes). ⇒ **jérémiade, lamentation.** *Encore les mêmes litanies !* ⇒ fam. **chialage.**

litchi [litʃi] ou ***lychée*** [liʃe] n. m. ■ Petit fruit, à peau brunâtre et dure, à chair blanche, parfumé, d'un arbuste originaire d'Extrême-Orient. *Des litchis frais, en conserve.*

-lithe, -lithique, litho- ■ Éléments savants signifiant « pierre ». ▶ ***lithographie*** [lito(ɔ)gʀafi] ou cour. ***litho*** [lito] n. f. **1.** Reproduction par impression sur une pierre calcaire. ⇒ **estampe, gravure. 2.** *Une lithographie,* feuille, estampe obtenue par ce procédé. *Les lithographies de Lemieux. Des lithos.* ▶ ***lithographe*** n. ■ Personne qui imprime par la lithographie. ⇒ **graveur.** ▶ ***lithographier*** v. . conjug. 7. ■ Reproduire par la lithographie. ⇒ **graver, imprimer.** — Au p. p. adj. *Album lithographié.* ▶ ***lithographique*** adj. ■ Qui a rapport, sert à la lithographie. *Encre lithographique.* ‹ ▶ aérolithe, mégalithe, mésolithique, monolithe, néolithique, paléolithique ›

lithuanien, ienne n. et adj. ⇒ **lituanien.**

litière [litjɛʀ] n. f. **1.** Autrefois. Lit ambulant porté sur un double brancard. ⇒ **palanquin. 2.** Paille, fourrage répandus sur le sol d'une écurie, d'une étable pour que les animaux puissent s'y coucher. *Les litières souillées forment le fumier.* **3.** Mélange de particules absorbantes, destiné à recueillir les déjections des animaux d'appartement. *La litière d'un chat.*

litige [litiʒ] n. m. **1.** Contestation donnant matière à procès. *Arbitrer, trancher un litige.* **2.** Contestation. ⇒ **dispute.** *Question en litige,* controversée. ▶ ***litigieux, ieuse*** adj. ■ Qui est ou qui peut être en litige. *Point litigieux.* ⇒ **contesté, douteux.**

litote [litɔt] n. f. ■ Figure de rhétorique qui consiste à atténuer l'expression de sa pensée (ex. : *Ce n'est pas mauvais* pour *C'est très bon*). / contr. ① **hyperbole** /

litre [litʀ] n. m. **1.** Unité usuelle des mesures de capacité du système métrique (volume d'un kilogramme d'eau pure sous la pression atmosphérique normale ; symb. *l*). **2.** Récipient ayant la contenance d'un litre. *Litre en bois pour les grains, les moules.* — *Un litre,* une bouteille, un contenant d'un litre. ⇒ fam. **pinte.** *Un litre de lait. — Achète un deux-litres de lait.* **3.** Contenu d'un litre. *Boire un litre de bière. Un litre de (vin) rouge.* ‹ ▶ centilitre, décalitre, décilitre, demi-litre, hectolitre, millilitre ›

littéraire [liteʀɛʀ] adj. et n. **1.** Qui a rapport à la littérature. *Œuvres littéraires. Citation littéraire. Milieux littéraires. Le latin littéraire* (opposé à *vulgaire*). — Qui étudie les œuvres, qui traite de littérature. *La critique, l'histoire littéraire.* — Qui répond aux exigences esthétiques de la littérature. ⇒ **soigné, soutenu.** *Langue littéraire et langue parlée. Mot littéraire* (opposé à *courant, familier* ; abrégé *littér.* dans ce dictionnaire). **2.** (Personnes, esprits) Doué pour les lettres. *Un esprit plus littéraire que scientifique.* — N. *Un, une littéraire.* ▶ ***littérairement*** adv. ■ Du point de vue littéraire.

littéral, ale, aux [literal, o] adj. **1.** Qui utilise les lettres. *Notation littérale. — Arabe littéral,* écrit. **2.** Qui suit un texte lettre à lettre. *Copie littérale,* conforme à l'original. ⇒ **textuel.** *Traduction littérale,* qui se fait, qui est faite mot à mot. **3.** Qui s'en tient, est pris strictement à la lettre. *Le sens littéral d'un mot* (opposé à *figuré*). ⇒ **propre.** ≠ *latéral.* ▶ ***littéralement*** adv. **1.** D'une manière littérale (2). *Traduire littéralement,* à la lettre*. **2.** En prenant le mot, l'expression au sens plein, réel. ⇒ **véritablement.** *Il était littéralement fou.* ≠ *latéralement.*

littérateur, trice [liteʀatœʀ, tʀis] n. ■ Souvent péj. Homme, femme de lettres, écrivain de métier. ⇒ **auteur.**

littérature [liteʀatyʀ] n. f. **I.** Les œuvres écrites, dans la mesure où elles portent la marque de préoccupations esthétiques ; les connaissances, les activités qui s'y rapportent. **1.** Œuvres littéraires. *La littérature française, québécoise, latine. Littérature classique, romantique, surréaliste. La littérature poétique, théâtrale.* **2.** Le travail, le métier de l'écrivain. Faire carrière dans la littérature. **3.** Ce qu'on ne trouve guère que dans les œuvres littéraires (opposé à *la réalité*). *Tout ça, c'est de la littérature.* **4.** Ensemble de connaissances concernant les œuvres littéraires, leurs auteurs. *Manuel de littérature. Devoir de littérature.* **II.** Bibliographie (d'une question). *Il existe sur ce sujet une abondante littérature.* **III. 1.** Documentation écrite, ouvrage portant sur un domaine du savoir. *De la littérature sur l'astronomie, le droit. — La littérature touristique,* les dépliants, les brochures. **2.** Tout usage esthétique du langage, même non écrit. *La littérature orale de la Beauce.* ‹ ▶ littérateur ›

littoral, ale, aux [litɔʀal, o] adj. et n. m. **1.** Adj. Relatif à la zone de contact entre la terre et la mer. Cordons littoraux. — Côtier. Pêche littorale. Faune littorale. **2.** N. m. *Le littoral,* la zone littorale. ⇒ **bord, côte, rivage.** *Le littoral gaspésien.*

lituanien, ou ***lithuanien, ienne*** [litɥanjɛ̃, jɛn] adj. et n. **1.** De Lituanie. — N. (Avec une majusc.) *Les Lituaniens.* **2.** N. m. *Le lituanien,* la langue du groupe balte parlée en Lituanie.

liturgie [lityʀʒi] n. f. ■ Dans la religion chrétienne. Culte public et officiel institué par une Église. ⇒ **cérémonial, culte, service** divin. *Liturgie catholique. Liturgie presbytérienne.* ▶ ***liturgique*** adj. ■ Relatif ou conforme à la liturgie. *Chants, prières liturgiques. Calendrier, fête liturgique. Vêtements, livres, vases liturgiques.* ⇒ ① **sacré.**

livide [livid] adj. **1.** Littér. Qui est de couleur plombée, bleuâtre. *La brume couvrait la ville d'un reflet livide.* **2.** (Peau) D'une pâleur terne. ⇒ **blafard, blême, hâve, pâle.** *Un teint livide.* ▶ ***lividité*** n. f. ■ État de ce qui est livide. — Coloration violacée de la peau. *Lividité cadavérique.*

living-room [liviŋʀum] ou ***living*** [liviŋ] n. m. ■ (France) Anglic. Pièce de séjour, disposée pour servir à la fois de salle à manger, de salon, et parfois de chambre. ⇒ **séjour, studio, vivoir.** *Des living-rooms ; des livings.*

livrable [livʀabl] adj. ■ Qui peut, doit être livré à l'acheteur. *Marchandise livrable à domicile.*

livraison [livʀɛzɔ̃] n. f. ■ Remise matérielle (d'un objet) à la personne à laquelle l'objet est destiné. *Payable à la livraison. Voiture de livraison. Livraison à domicile.*

① ***livre*** [livʀ] n. m. **I. 1.** Volume imprimé d'un nombre assez grand de pages, à l'exclusion des périodiques (opposé à *revue*). ⇒ **bouquin, écrit, ouvrage.** *Livre broché, cartonné, relié. Couverture, jaquette d'un livre. Livre de poche*. — Livre d'images.*

⇒ **album.** *Livres rares, anciens. Amateur de livres.* ⇒ **bibliophile.** — Loc. (Avec une majusc.) *Livre blanc, Livre vert,* document traitant d'une question d'intérêt public que le gouvernement soumet à la discussion populaire, puis à l'étude du Parlement. *Un livre blanc sur la culture.* — LE LIVRE : l'imprimerie et ses produits. *L'industrie, les industries du livre.* **2.** Ensemble des signes contenus dans un livre, texte imprimé reproduit dans un certain nombre d'exemplaires. *Livre de classe. Livre d'arithmétique, de grammaire* (une arithmétique, une grammaire, etc.). ⇒ **manuel.** — *Livres religieux ; livre de messe. Les grands livres de la littérature française. Un beau livre. Écrire un livre. Lire, feuilleter, parcourir un livre.* Loc. *Livre de chevet,* qu'on relit avec plaisir. — Fam. *Le livre du téléphone.* ⇒ **annuaire.** — LES LIVRES : la lecture, l'étude, l'érudition, la science, la théorie. *Les livres et la vie. Ne connaître une chose que par les livres,* en avoir une connaissance livresque. *Toujours avoir la tête dans les livres.* — Loc. *Parler comme un (grand) livre,* savamment. — *À livre ouvert,* couramment. *Traduire une langue à livre ouvert.* **II. 1.** Grande division (d'un long ouvrage). ⇒ **partie.** *Le second livre de l'Énéide. Les livres historiques de la Bible.* **2.** Cahier, registre. *Le livre de comptes. Livre des factures, des recettes.* — Fam. *Livre de banque, de caisse.* ⇒ **carnet, livret.** — LIVRE D'OR : registre destiné à l'inscription de noms célèbres, à la réunion de commentaires élogieux. ‹ ► appuie-livre, couvre-livre, livresque, livret ›

② ***livre*** n. f. **1.** Ancienne unité de masse valant 16 onces ou 453,59 grammes (symb. *lb*). ⇒ **once.** *Un jambon de quatre livres. Une livre de margarine.* **2.** (France) Masse d'un demi-kilogramme ou cinq cents grammes. *Acheter une livre de sucre.* ‹ ► demi-livre ›

③ ***livre*** n. f. **1.** Ancienne monnaie française. **2.** Unité monétaire du Royaume-Uni. *Livre sterling* (symb. £). *Des livres sterling.* — *Livre égyptienne, turque.*

livrée [livʀe] n. f. **1.** Vêtements aux couleurs des armes d'un roi, d'un seigneur, que portaient les hommes de leur suite. **2.** Uniforme de certains serviteurs d'une même maison. *Valet en livrée.*

livrer [livʀe] v. ▪ conjug. 1. **I.** V. tr. **1.** Mettre (qqn) au pouvoir de (qqn). *Livrer un coupable à la justice.* ⇒ ① **déférer, remettre. 2.** Soumettre à l'action de qqch. *Livrer qqn à la mort.* — Au p. p. adj. *Pays livré à l'anarchie.* **3.** Remettre par une trahison entre les mains de qqn. *Livrer son complice à la police.* ⇒ **dénoncer, donner. 4.** Confier à qqn (une partie de soi, une chose à soi). ⇒ **donner.** *Elle a livré son secret.* **5.** Remettre à l'acheteur (ce qui a été commandé, payé). ⇒ **livraison, livreur.** *Livrer une commande, une marchandise. Livrer qqch. à domicile, en gare. Livrer les journaux.* **II. 1.** Engager, commencer (un combat, une bataille). *Livrer bataille.* **2.** LIVRER PASSAGE À : laisser passer, permettre de passer. **III.** SE LIVRER v. pron. réfl. **1.** Se mettre au pouvoir, entre les mains de qqn. ⇒ se **rendre,** se **soumettre.** *Se livrer après une longue résistance.* **2.** Se confier ; parler de soi. *Il ne se livre pas facilement.* **3.** SE LIVRER À : se laisser aller (à un sentiment, une idée, une activité). ⇒ s'**adonner.** *Se livrer aux pires excès.* — Effectuer (un travail, une tâche), exercer (une activité). *Se livrer à un travail, à une étude.* ⇒ se **consacrer.** *Se livrer à un sport.* ⇒ **pratiquer.** ‹ ► délivrer, livrable, livraison, livrée, livreur ›

livresque [livʀɛsk] adj. ▪ Péj. Qui vient des livres, qui est purement littéraire, théorique (opposé à *pratique, réel, vécu, vrai*). *Connaissances livresques.*

livret [livʀɛ] n. m. **1.** Petit registre. ⇒ **carnet.** *Livret de santé.* — (France) *Livret de famille,* contenant des informations sur l'état civil des membres de la famille. *Livret scolaire,* carnet de notes scolaires. ⇒ **bulletin.** — *Livret de caisse populaire, de banque.* ⇒ fam. ① **livre. 2.** Texte sur lequel est écrite la musique d'une œuvre lyrique. *Le livret d'un opéra. Auteur de livrets.* ⇒ **librettiste.**

livreur, euse [livʀœʀ, øz] n. ▪ Personne qui livre (I, 5), transporte des marchandises volumineuses. *Les livreurs d'un grand magasin. Le livreur du supermarché.* — *Livreur (de restaurant),* qui livre aux clients les plats commandés par téléphone. *Livreuse de pizzas.* — *Livreur de journaux.* ⇒ **camelot.**

loafer [lofœʀ] n. m. ▪ Anglic. Chaussure basse (de marche, de sport), à talon plat, sans attaches. ⇒ **mocassin** (2). *Une paire de loafers.* — REM. L'O.L.F. propose *flâneur* pour remplacer ce terme.

lob [lɔb] n. m. ▪ Anglic. Tennis. Coup qui consiste à envoyer la balle assez haut pour qu'elle passe par-dessus la tête du joueur opposé. ⇒ **chandelle.** *Des lobs.* ► ***lober*** v. tr. ▪ conjug. 1. **1.** Envoyer (la balle) par un lob. — Au p. p. adj. *Balle lobée.* — Hockey. *Lober la rondelle.* **2.** Tromper, passer (l'adversaire) grâce à un lob. — Soccer. *Lober le gardien de but.*

lobby [lɔbe] n. m. ▪ Anglic. Groupe de pression auprès des organismes de décision. *Le lobby du tabac. Des lobbies* ► ***lobbying*** [lɔbeiŋ] n. m. ▪ Anglic. Activité d'un lobby. *Faire du lobbying.* ► ***lobbyist*** [lɔbeist] n. ▪ Anglic. Personne qui exerce un lobby, qui est membre d'un groupe de pression. *Les lobbyists se rendent à Washington.*

lobe [lɔb] n. m. **1.** Partie arrondie et saillante (d'un organe). *Lobes du poumon, du cerveau.* **2.** *Lobe de l'oreille,* prolongement arrondi et charnu du pavillon. **3.** Partie arrondie entre deux échancrures (des feuilles, des pétales). ► ***lobé, ée*** adj. ▪ Divisé en lobes. *Feuilles lobées du chêne, du figuier,* à découpures arrondies. ► ***lobectomie*** [lɔbɛktɔmi] n. f. ▪ Opération par laquelle on enlève un lobe (du poumon, du cerveau). ≠ *lobotomie.* ► ***lobotomie*** n. f. ▪ Section de fibres nerveuses à l'intérieur du cerveau. ≠ *lobectomie.*

lobélie [lɔbeli] n. f. ▪ Plante à fleurs en grappes dont le suc est vénéneux. *La lobélie ressemble à la campanule et stimule la respiration.*

lobo [lo(ɔ)bo] n. f. invar. ▪ Variété de pommes à chair ferme et croquante. *Un panier de lobo.* — En appos. *Des pommes lobo.*

① ***local, ale, aux*** [lɔkal, o] adj. **1.** Qui concerne un lieu, une région, lui est particulier. *Averses, éclaircies locales,* qui se produisent en certains points seulement. *Coutumes, traditions locales.* / contr. **national** / *Journal local. Produits locaux,* du cru. *Administration locale* (opposé à *central,* à *État*). Équipe locale. / contr. **visiteur** / **2.** *Couleur locale.* ⇒ **couleur. 3.** Qui n'affecte qu'une partie du corps. *Anesthésie locale. Traitement local.* ► ***localement*** adv. ▪ D'une manière locale. *Douleurs qui se font sentir localement.* ► ② ***local, aux*** n. m. ▪ Pièce, partie d'un bâtiment à destination déterminée. *Locaux commerciaux* (boutique, magasin), *administratifs, professionnels* (atelier, cabinet, laboratoire). ► ***localiser*** v. tr. ▪ conjug. 1. **1.** Placer par la pensée en un lieu déterminé de l'espace (un phénomène, l'origine d'un phénomène). *Localiser un bruit. Localiser la cause d'un mal.* — Repérer, par des mesures précises, l'emplacement exact de (qqch.). *Localiser un satellite par radar.* **2.** Circonscrire, renfermer dans des limites. ⇒ **limiter.** *Localiser une épidémie, un conflit,* l'empêcher de s'étendre. / contr. **généraliser** / — Pronominalement (réfl.). *Le conflit s'est localisé.* ► ***localisable*** adj.

■ Qu'on peut localiser. ▸ ***localisation*** n. f. **1.** Action de localiser (1) ; fait d'être localisé. *Localisation d'un corpuscule en un point. Localisation d'un avion.* **2.** Action de limiter dans l'espace. *La localisation d'un conflit.* ▸ ***localité*** n. f. **1.** Lieu déterminé. **2.** (Petite) ville, village. ⇒ **agglomération, bourg.**

locataire [lɔkatɛʀ] n. ■ Personne qui prend à bail une maison, un logement (⇒ ② **louer**). / contr. **bailleur, locateur, propriétaire** / *Avoir des locataires. Maison de chambres qui prend des locataires à la semaine, au mois.* ‹ ▸ colocataire, sous-locataire ›

locateur, trice [lɔkatœʀ, tʀis] n. ■ Personne qui donne à bail une maison, un logement. ⇒ **bailleur, propriétaire** ; ② **loueur.** / contr. **locataire** / ≠ *loueur.*

① ***locatif, ive*** [lɔkatif, iv] adj. ■ *Valeur locative,* revenu que peut rapporter un immeuble donné en location (⇒ ② **louer**). *Charges locatives,* payées par le locataire.

② ***locatif, ive*** adj. ■ Grammaire. Qui marque le lieu. *Prépositions locatives* (ex. : *à, en, dans*).

location [lɔkasjɔ̃] n. f. **1.** Action de donner ou de prendre à loyer (un logement, une maison). *Donner* (⇒ **bailleur, locateur**), *prendre en location* (⇒ **locataire, locatif**). *Location-vente,* contrat qui permet au locataire, en payant des loyers plus élevés, de devenir propriétaire de la chose louée. ⇒ **leasing.** — *Location d'un piano, d'une voiture. Location d'un film, d'un jeu dans un club vidéo.* **2.** Action de retenir à l'avance une place (dans un théâtre, un amphithéâtre sportif, un moyen de transport). *Bureau de location. Location d'une place d'avion.* ⇒ **réservation.** ‹ ▸ sous-location ›

loch [lɔk] n. m. ■ En Écosse. Lac qui occupe le fond d'une vallée. *Le monstre du loch Ness. Des lochs.*

loche [lɔʃ] n. f. ■ Petit poisson d'eau douce à chair comestible. ⇒ **barbotte, lotte, poulamon.** *Loche de rivière.*

lock-out [lɔkawt] n. m. invar. ■ Fermeture d'ateliers, d'usines, d'entreprises décidée par des patrons qui refusent le travail à leurs ouvriers, pour briser un mouvement de grève ou riposter à des revendications. *Décréter un lock-out. Des lock-out.* ▸ ***lock-outer*** [lɔkawte] v. tr. ▪ conjug. 1. ■ Fermer par un lock-out. — Priver de travail par un lock-out. — Au p. p. adj. *Le personnel lock-outé.*

loco- ■ Élément savant signifiant « lieu ».

locomotion [lɔkɔmɔsjɔ̃] n. f. **1.** Action de se mouvoir, de se déplacer d'un lieu vers un autre ; fonction qui assure ce mouvement. *Muscles de la locomotion.* **2.** Action de se déplacer ; ce qui permet de se déplacer. ⇒ **déplacement, transport, voyage.** *Moyens de locomotion.* ▸ ***locomoteur, trice*** adj. ■ Qui permet de se déplacer, qui sert à la locomotion. *Muscles, organes locomoteurs.* ‹ ▸ locomotive ›

locomotive [lɔkɔmɔtiv] n. f. ■ Engin, véhicule de traction servant à remorquer les trains. ⇒ **machine, motrice.** *Locomotive électrique, à moteur Diesel. Conducteur de locomotive.* — Loc. fam. *C'est une vraie locomotive,* en parlant d'un cheval de course, d'un coureur infatigable, etc. — Loc. *Fumer comme une locomotive,* beaucoup. ⇒ fam. **cheminée, engin.** *Souffler comme une locomotive,* bruyamment.

locuteur, trice [lɔkytœʀ, tʀis] n. ■ Didact. Personne qui emploie effectivement le langage, qui parle (opposé à *auditeur*). ‹ ▸ interlocuteur ›

locution [lɔkysjɔ̃] n. f. ■ Groupe de mots fixé par la tradition, ou ayant la même fonction qu'un mot. ⇒ **expression, formule, tour.** *Locution figée. Locution verbale,* équivalant à un verbe (ex. : *avoir l'air, prendre garde*) ; *locution adverbiale,* à valeur d'adverbe (ex. : *en vain, tout de suite*) ; *locution conjonctive,* à valeur de conjonction (ex. : *à moins que, dès que, pour que*) ; *locution prépositive,* à valeur de préposition (ex. : *auprès de, jusqu'à*).

loden [lø(ɔ)dɛn] n. m. ■ Tissu de laine épais et imperméable dont on fait des manteaux, des pardessus. — Manteau de loden. *Des lodens.*

loft [lɔft] n. m. ■ Anglic. Local à usage commercial ou industriel aménagé en local d'habitation. *Aménager un loft dans un ancien entrepôt. Des lofts.*

logarithme [lɔgaʀitm] n. m. ■ Exposant qu'on affecte à un nombre *(la base)* pour en obtenir un autre. *Table de logarithmes.* ▸ ***logarithmique*** adj. ■ Qui a rapport aux logarithmes. *Calculs logarithmiques.*

loge [lɔʒ] n. f. **I.** **1.** (France) Logement situé généralement près de la porte d'entrée, qui est habité par un concierge. — *La loge du portier,* la petite pièce où il se tient. **2.** Petite pièce où les acteurs changent de costumes, se maquillent, se reposent, dans les coulisses d'une salle de spectacle. **3.** (France) Compartiment cloisonné. *Loges d'une écurie, d'une étable.* ⇒ **box, stalle. 4.** Dans une salle de spectacle. Compartiment contenant plusieurs sièges. ⇒ **avant-scène, baignoire.** *Loges de balcon, de corbeille.* — Dans un amphithéâtre sportif. Siège situé dans la section la plus rapprochée de l'action (patinoire, terrain, arène...). ⇒ **balcon, mezzanine.** *Billet de loge.* — Au plur. *Les loges,* cette section de sièges. — *Loge de compagnie,* petite pièce pouvant contenir plusieurs spectateurs et louée par une compagnie. Loc. fig. *Être aux* PREMIÈRES LOGES : à la meilleure place pour être témoin d'une chose. **II.** Association de francs-maçons. ▸ ***loger*** v. ▪ conjug. 3. **I.** V. intr. Avoir sa demeure (le plus souvent temporaire) en un endroit. ⇒ **demeurer, habiter, vivre** ; fam. **crécher, percher.** *Loger dans une pension. À quel hôtel logerez-vous ?* ⇒ **descendre. II.** V. tr. **1.** Établir dans une maison, de manière temporaire ou durable. ⇒ **installer.** *Où logerez-vous vos amis ?* ⇒ **mettre.** *Je peux vous loger pour la nuit. Loger à la belle étoile,* dormir en plein air. — Au passif et p. p. adj. *Être bien logé. Une domestique logée et nourrie.* — Pronominalement (réfl.). *On ne trouve pas à se loger dans cette ville.* — (Suj. chose) Être susceptible d'abriter, d'héberger. *Le collège peut loger trois cents élèves.* ⇒ **recevoir.** — *La salle, la patinoire, le stade peut loger X milliers de spectateurs.* **2.** Faire entrer, faire pénétrer. *Loger une balle dans la cible.* ⇒ **placer.** *La jeune femme s'est logé une balle dans la tête.* ▸ ***logeable*** adj. ■ Où l'on peut habiter, être logé. *Un réduit à peine logeable.* — Où l'on peut ranger des objets. *Un coffre très logeable.* ▸ ***logement*** n. m. **1.** Action de loger ou de se loger. *Assurer, donner le logement à qqn* (→ le gite, le couvert). — Au sing. collectif. Action de loger les habitants d'un pays. *Crise, problème du logement.* **2.** Local à usage d'habitation. ⇒ **appartement, domicile, logis, résidence** ; fam. **coqueron, loyer** ; anglic. **flat.** *Un logement de deux pièces, de cinq pièces et demie. Logement occupé, inhabité. Être locataire, propriétaire de son logement.* ▸ ***logeur, euse*** n. ■ (France) Personne qui loue des chambres meublées. ⇒ maison de **chambres.** ‹ ▸ déloger, logis, reloger ›

logiciel [lɔʒisjɛl] n. m. ■ Informatique. Ensemble des programmes, procédés et règles relatifs au traitement de l'information ; l'un de ces programmes (opposé à *matériel* ②). *Un logiciel de traitement de texte. Un logiciel d'enseignement.* ⇒ **didacticiel.** ‹ ▸ didacticiel, progiciel ›

logicien, ienne [lɔʒisjɛ̃, jɛn] n. **1.** Spécialiste de la logique. **2.** Personne qui raisonne avec méthode, rigueur, en suivant les règles de la logique. *Raisonner en logicien.*

-logie ■ Élément signifiant « science ». ⇒ **-logue.**

① ***logique*** [lɔʒik] n. f. **I. 1.** Étude scientifique, surtout formelle, des normes de la vérité. *Logique formelle, logique pure. — Logique symbolique, mathématique* (ou *logistique*). *Logique générale,* épistémologie, méthodologie. **2.** Livre, traité de logique. **II. 1.** Manière de raisonner. ⇒ **raisonnement.** *La logique de l'enfant, du primitif.* **2.** Enchaînement cohérent d'idées, manière de raisonner juste. ⇒ **cohérence, méthode.** *La logique d'une démonstration. Vous manquez de logique !* ‹ ▸ illogique, logiciel, logicien, ② logique ›

② ***logique*** adj. **1.** Conforme aux règles, aux lois de la logique. *Déduction, conclusion logique.* **2.** Conforme au bon sens. *Raisonnement logique.* ⇒ **cohérent, conséquent.** / contr. **absurde, contradictoire** / — Conforme à la nécessité. *C'est la conséquence logique de ses erreurs.* ⇒ **inévitable. 3.** Fam. Surtout impers. Qui est dans l'ordre des choses, normal, explicable. *Elle est furieuse et c'est logique.* **4.** Qui raisonne bien, avec cohérence, justesse. *Vous n'êtes pas logique !* **5.** Qui se rapporte à l'intelligence et à l'entendement. *Esprits logiques et esprits intuitifs.* ▸ ***logiquement*** adv. **1.** Conformément à la logique. *Raisonner logiquement,* raisonnablement. **2.** (En tête de phrase, en incise) D'une façon nécessaire, logique (3). *Logiquement, les choses devraient s'arranger,* si tout se passait normalement.

logis [lɔʒi] n. m. invar. **1.** Endroit où on loge, où on habite. ⇒ **demeure,** ② **foyer, habitation, logement, maison.** *Quitter le logis familial. Avoir un beau petit logis.* **2.** CORPS DE LOGIS : partie principale d'un bâtiment d'habitation (opposé à *aile*). ‹ ▸ sans-logis ›

logotype [lɔgotip] ou cour. ***logo*** [lɔgo] n. m. ■ Symbole formé d'un ensemble d'éléments graphiques constituant un signe distinctif pour une marque, un produit, une entreprise. *Les logos d'Hydro-Québec et du Parti québécois se ressemblent beaucoup.*

-logue ■ Élément signifiant « savant, spécialiste (d'une science) ». ⇒ **-logie.**

loi [lwa] n. f. **I.** Règle impérative. **1.** Règle ou ensemble de règles obligatoires établies par l'autorité souveraine d'une société et sanctionnées par la force publique. *Les lois d'un État, d'un pays, d'une province.* ⇒ **législation ;** ③ **droit.** *Recueil de lois.* ⇒ **code.** *Les articles d'une loi. Lois et institutions. Loi en vigueur. Obéir aux lois. La loi de la fonction publique.* — Disposition prise par le pouvoir législatif (Assemblée nationale, Parlement). *Projet de loi,* émanant du gouvernement ⇒ anglic. **bill** ; (France) *proposition de loi,* d'initiative parlementaire. *Amender une proposition de loi.* — LOI-CADRE : servant de cadre à des textes d'application. *Des lois-cadres.* **2.** LA LOI : l'ensemble des règles juridiques. ⇒ ③ **droit, législation.** *Conforme à la loi.* ⇒ **légal.** *Au nom de la loi, je vous arrête ! Être en règle avec la loi. — Homme, femme de loi,* juriste, magistrat. **3.** (Après un v. exprimant l'ordre) Commandement que l'on donne. *Dicter, faire la loi à qqn.* — FAIRE LA LOI : commander. *Vous ne ferez pas la loi chez moi !* **4.** Règle, condition imposée par les choses, les circonstances. *La loi de la jungle, du plus fort. La loi du milieu. La loi du silence.* **5.** Règle exprimant la volonté de Dieu. ⇒ **commandement.** *La loi de Moïse, de l'Ancien Testament. Les tables de la Loi.* **6.** Au plur. Règles ou conventions établies dans les rapports sociaux, dans la pratique d'un art, d'un jeu, etc. *Les lois de l'honneur, de la politesse.* ⇒ **code, règle. II.** Règle exprimant un idéal, une norme. **1.** Règle dictée à l'être humain par sa conscience, sa raison. *Loi morale.* ⇒ ② **devoir, précepte, principe. 2.** *Les lois du beau, de l'art,* les conditions de la perfection esthétique. ⇒ ③ **canon, norme. III.** Formule générale, non impérative, énonçant un rapport constant entre des phénomènes. — Sciences. *Lois physiques. Découvrir, trouver une loi. C'est un défi aux lois de l'équilibre. — Lois biologiques. Lois économiques.* ‹ ▸ hors-la-loi, loyal ›

loin [lwɛ̃] adv. et n. m. **I.** Adv. **1.** À une grande distance (d'un observateur ou d'un point d'origine). / contr. **près, proche** / *Être loin, très loin* (→ aux antipodes, au bout du monde, au diable). *Aller trop loin.* ⇒ **dépasser.** *Les fuyards sont loin* (→ hors d'atteinte, de portée, de vue). *Elle ne peut pas être bien loin. N'allez pas chercher si loin ! —* Loc. *Aller loin* (au futur), réussir. *Elle ira loin, je vous le dis. — J'irai même plus loin,* j'irai jusqu'à dire que. — Loc. fig. *Aller trop loin,* exagérer, dépasser les limites. — *Une affaire qui peut aller loin,* avoir de graves conséquences. **2.** Dans un temps jugé éloigné (du moment présent ou de celui dont on parle). *L'été n'est plus bien loin. — Comme c'est loin !* ⇒ **vieux.** — *Sans remonter si loin,* il n'y a pas si longtemps. — *Voir loin,* avoir une grande prévoyance. ⇒ **prévoir. II.** N. m. (Dans des loc.) **1.** IL Y A LOIN : il y a une grande distance. *Il y a loin de l'hôtel à la plage. Il y a loin,* il y a une grande différence. — Loc. *Il y a loin de la coupe aux lèvres. De là à prétendre que c'est un incapable, il n'y a pas loin* (→ Il n'y a qu'un pas*). **2.** AU LOIN loc. adv. : dans un lieu éloigné. *Aller, partir au loin,* s'éloigner. *Voir, apercevoir au loin.* ⇒ dans le **lointain. 3.** Loc. adv. DE LOIN : d'un lieu éloigné. *Voir, apercevoir de loin une personne. Surveiller de loin. — Suivre de loin les événements,* sans y être mêlé. — *Revenir de loin,* guérir d'une grave maladie. — De beaucoup, par une grande différence. *C'est de loin son meilleur roman.* — (Dans le temps) *Dater de loin, de très loin,* d'un temps très ancien. **4.** DE LOIN EN LOIN loc. adv. : par intervalles. *Aires de repos placées de loin en loin. — Ils ne se voient plus que de loin en loin,* de temps en temps. **III.** LOIN DE loc. prép. **1.** À une grande distance. *Loin de tout. — Non loin de,* assez près de. PROV. *Loin des yeux, loin du cœur,* les absents sont vite oubliés. — Loc. *Loin de moi, de nous* (telle chose), je l'écarte, nous l'écartons avec dégoût. ⇒ **arrière.** *Loin de moi la pensée de blâmer ce procédé.* LOIN DE LÀ : bien au contraire. *Il n'est pas désintéressé, loin de là !* **2.** Dans un temps éloigné, à une époque lointaine (future ou passée). *Tous ces souvenirs sont déjà bien loin de nous.* **3.** PAS LOIN DE. ⇒ **presque.** *Il n'est pas loin de minuit. Cela m'a coûté pas loin de mille dollars.* **4.** ÊTRE LOIN DE (+ infinitif) : négation emphatique. *Elle était loin de s'attendre à cela,* elle ne s'y attendait pas du tout. **IV.** D'AUSSI LOIN QUE, DU PLUS LOIN QUE loc. conj. : dès que. *D'aussi loin, du plus loin qu'il me vit.* ‹ ▸ éloigner, lointain ›

lointain, aine [lwɛ̃tɛ̃, ɛn] adj. et n. m. **I.** Adj. **1.** Qui est à une grande distance dans l'espace. ⇒ **distant, éloigné ; loin.** / contr. **proche, voisin** / *Partir dans un pays lointain. Un lointain exil* [lwɛ̃tɛnɛgzil]. *Rumeur lointaine.* **2.** Abstrait. Qui n'est pas proche, direct. *Un parent lointain.* ⇒ **éloigné.** *Une ressemblance lointaine.* ⇒ **vague. 3.** Très éloigné dans le temps. *Passé, avenir lointain.* / contr. **récent** / **II.** N. m. **1.** Partie d'un tableau représentant des lieux, des objets éloignés du premier plan. *Les lointains de Vinci.* **2.** Plan situé dans l'éloignement. *Dans le lointain, au lointain.* ⇒ **arrière-plan, fond.**

loir [lwaʀ] n. m. ■ Petit mammifère rongeur, à poil gris et à queue touffue. *Le loir est un animal hibernant. Des loirs.* — Loc. fam. *Dormir comme un loir,* beaucoup et profondément. *Être paresseux comme un loir.*

loisible [lwazibl] adj. ■ *Il lui est, il m'est loisible de refuser,* il lui est (il m'est) permis, il a (j'ai) la possibilité de.

loisir [lwaziʀ] n. m. **I. 1.** Temps dont on dispose pour faire commodément qqch. *Mes occupations ne me laissent pas le loisir de vous écrire. Des heures de loisir.* **2.** Surtout au plur. Temps dont on peut librement disposer en dehors de ses occupations habituelles et des contraintes qu'elles imposent. ⇒ **liberté** (I, 2). *Avoir beaucoup de loisirs. Prendre des loisirs.* **3.** Au plur. Occupations, distractions, pendant le temps de liberté. *Loisirs coûteux. — Fréquenter un centre de loisirs.* **II.** À LOISIR, TOUT À LOISIR loc. adv. : en prenant tout son temps, à son aise. — Autant qu'on le désire, avec plaisir et à satiété. *En vacances, je lis à loisir.*

lokoum n. m. ⇒ **loukoum.**

lombago n. m. ⇒ **lumbago.**

lombes [lɔ̃b] n. m. pl. ■ Régions postérieures de l'abdomen, situées symétriquement à droite et à gauche de la colonne vertébrale. ⇒ **rein.** ▶ ***lombaire*** adj. ■ Qui appartient aux lombes, se situe dans les lombes. *Région lombaire. Les cinq vertèbres lombaires.*

lombric [lɔ̃bʀik] n. m. ■ (France) Ver de terre. *Des lombrics.*

londonien, ienne [lɔ̃dɔnjɛ̃, jɛn] adj. et n. **1.** De Londres, en Angleterre. *Les autobus, les taxis londoniens.* — N. (Avec une majusc.) Personne née dans cette ville ou qui l'habite. **2.** De London, en Ontario. — N. (Avec une majusc.) Personne née dans cette ville ou qui l'habite. *Les Londoniennes.*

lompe n. f. ⇒ **lump.**

long, longue [lɔ̃, lɔ̃g] adj., n. m. et adv. **I.** Adj. **1.** (Avant le nom) Qui a une étendue supérieure à la moyenne dans le sens de la longueur. ⇒ **grand.** *Une longue tige. Long nez.* — Qui couvre une grande étendue, qui s'étend sur une grande distance. *Il faisait de longues enjambées.* — Loc. fam. *Un (appel)* LONGUE DISTANCE : un interurbain. *Faire, recevoir un longue distance. — Transport, déménagement longue distance.* ⇒ **interurbain. 2.** (Après le nom) Dont la grande dimension *(longueur)* est importante par rapport aux autres dimensions. / contr. ① **court** / *Porter les cheveux longs. Robe longue. Os longs. Muscles longs. Une belle fille longue et svelte.* ⇒ **élancé.** — Loc. fig. *Avoir le bras* long. Avoir les dents* longues.* **3.** LONG DE (telle grandeur). *Description trop longue d'un tiers.* **II.** Adj. (Dans le temps) **1.** Qui a une durée très étendue. *Un long hiver* [lɔ̃kivɛʀ; lɔ̃givɛʀ]. *Elle resta un long moment dans cet état.* ⇒ **longtemps.** *Disque microsillon de longue durée* ou fam. *un long jeu. Longue maladie. Il guérira mais ce sera long. — Trouver le temps long.* / contr. ① **court** / — (Opposé à *brève*) *Syllabe, voyelle, note longue* (ou *une longue*). — Qui dure longtemps et ne se répète pas souvent. *À de longs intervalles,* de loin en loin. — Loc. fam. *À (la journée, la semaine, l'année)* LONGUE : à longueur de. — REM. Cette dernière locution est parfois critiquée. **2.** Qui remonte loin dans le temps. ⇒ **ancien, vieux.** *Une longue habitude.* DE LONGUE DATE : depuis longtemps. **3.** Éloigné dans l'avenir. *À plus ou moins longue échéance.* — À LA LONGUE loc. adv. : avec le temps. *Elle s'y fera à la longue.* ⇒ **finalement.** — Loc. *Avoir le nez long,* prévoir, sentir que qqch. va se passer, arriver ; deviner qqch. **4.** *Long (à),* lent. *Le feu a été long à s'éteindre.* — Fam. *C'est long à venir, cette réponse.* **5.** PLUS, MOINS LONG DE : : qui est de telle ou telle durée. *Dans un mois, les jours seront plus longs, moins longs de 30 minutes.* **III.** N. m. **1.** (Précédé de AU, DE, EN, LE) *Table de 1,20 m de long.* ⇒ **longueur.** *Tomber* DE TOUT SON LONG : en s'allongeant par terre. ⇒ fam. **face.** — DE LONG EN LARGE, EN LONG ET EN LARGE. ⇒ **large.** — TOUT DU LONG : en suivant sur toute la longueur. — AU LONG, TOUT AU LONG : complètement. *Racontez-moi cela tout au long,* en détail. — *Scier une planche, fendre une bûche sur le long. Du bois de long,* scié sur le sens de la longueur. **2.** AU LONG DE, LE LONG DE, TOUT LE LONG, TOUT DU LONG DE loc. prép. : en suivant sur toute la longueur (de). *Il marchait le long des rues.* ⇒ **longer, suivre.** — (Dans le temps) Durant. *Tout le long du jour,* pendant tout le jour. **IV.** Adv. **1.** Beaucoup. *En savoir long.* **2.** Avec un vêtement long. *Elle est habillée trop long.* **3.** Loc. adv. *En long,* sur la longueur. *Couper des carottes en long. Fendre du bois en long.* ▶ ***long-courrier*** [lɔ̃kuʀje] adj. m. ■ Se dit d'un bâtiment qui navigue au long cours ; des avions de transport sur les longs parcours. *Avions long-courriers.* — N. m. *Des long-courriers.* ‹ ▶ allonger, au long ④ cours, élongation, longanimité, ② longe, longer, longeron, longévité, longi-, longitude, longtemps, longuement, longuet, longueur, longue-vue, oblong, prolonger, rallonger ›

longanimité [lɔ̃ganimite] n. f. ■ Littér. Patience à supporter (les souffrances, ce qu'on aurait le pouvoir de réprimer). ⇒ **indulgence.**

① ***longe*** [lɔ̃ʒ] n. f. **1.** Pièce de viande découpée dans la région lombaire. *Des longes de porc.* **2.** (France) *Longe (de veau),* morceau dans la moitié de l'échine. ‹ ▶ surlonge ›

② ***longe*** n. f. ■ Corde, courroie qui sert à attacher un cheval, un animal domestique. *Mener un cheval par la longe.*

longer [lɔ̃ʒe] v. tr. • conjug. 3. **1.** Aller le long de (qqch.), en en suivant le bord, en marchant auprès. ⇒ **côtoyer.** *Longer les murs pour se cacher.* ⇒ **raser. 2.** (Choses) Être, s'étendre le long de. ⇒ **border, côtoyer.** *La route longe le fleuve.*

longeron [lɔ̃ʒʀɔ̃] n. m. ■ Poutre, pièce transversale, en long (d'une charpente, d'un châssis).

longévité [lɔ̃ʒevite] n. f. ■ Longue durée de la vie (d'un individu, d'un groupe, d'une espèce).

longi- ■ Élément savant signifiant « long ».

longitude [lɔ̃ʒityd] n. f. ■ (Opposé à *latitude*) Coordonnée géographique permettant de situer un endroit sur la surface de la Terre en indiquant la distance angulaire à un méridien d'origine, vers l'est ou l'ouest. *Île située par 60° de latitude sud et 40° 20' de longitude ouest.* ▶ ***longitudinal, ale, aux*** adj. ■ Qui est dans le sens de la longueur. *Raie longitudinale.* / contr. **transversal** /

longtemps [lɔ̃tɑ̃] adv. et n. m. invar. **I.** Adv. Pendant un long espace de temps. *Parler longtemps.* ⇒ **longuement.** / contr. **peu** / *Il n'y a plus longtemps à attendre.* ⇒ **beaucoup.** *Restez aussi longtemps que vous voudrez. On se souviendra d'elle longtemps après sa mort.* **II.** N. m. invar. **1.** (Compl. de prép.) *Depuis, pendant, pour longtemps. Des coutumes depuis longtemps disparues. Je n'en ai pas pour longtemps.* Fam. *Est-ce qu'on partira dans longtemps ?* — DE LONGTEMPS, AVANT LONGTEMPS. *Je n'y retournerai pas de longtemps,* pas de sitôt. **2.** *Il y a, voici, voilà longtemps. Il est déjà venu ici, il y a longtemps.* ⇒ **autrefois, jadis.** / contr. **récemment** /

à la longue loc. adv. ⇒ **long** (II, 3).

longuement [lɔ̃gmɑ̃] adv. ■ Pendant un long temps, avec longueur et continuité (d'une action). *Raconter longuement une histoire.* / contr. **brièvement** / *Rédigez moins longuement.*

longuet, ette [lɔ̃gɛ, ɛt] adj. ■ (Surtout en France) Fam. Un peu long (en dimension ou en durée). *Son histoire est un peu longuette.*

longueuillois, oise [lɔ̃gœjwa, waz] adj. et n. ■ De la ville de Longueuil. — N. (Avec une majusc.) Personne née dans cette ville ou qui l'habite. *Les Longueuillois qui travaillent à Montréal.*

longueur [lɔ̃gœʀ] n. f. **I.** (Dans l'espace) **1.** Dimension d'une chose dans le sens de sa plus grande étendue (opposé à *largeur, hauteur, épaisseur, profondeur*). *La longueur d'une route. Dans le sens de la longueur.* ⇒ en **long, longitudinal.** *Longueur et largeur d'un rectangle. Saut en longueur.* **2.** Grandeur qui mesure cette dimension. *Une longueur de 10 m ; 10 m de longueur. — Faire des longueurs (de piscine). Une longueur de tapisserie.* ⇒ **laize. 3.** Unité définie par la longueur de la bête, du véhicule ou la taille de la personne, et servant à évaluer la distance qui sépare les concurrents dans une course. *Cheval qui gagne d'une longueur.* ⇒ **tête.** — *Avoir* UNE LONGUEUR D'AVANCE : un avantage (sur un adversaire). **4.** Grandeur linéaire fondamentale ; grandeur mesurant ce qui n'a qu'une dimension. *Les longueurs, les surfaces et les volumes. Les unités de longueur* (du système métrique). — *Longueur d'onde**. **II. 1.** Espace de temps. ⇒ **durée.** — À LONGUEUR DE loc. prép. : pendant toute la durée de. ⇒ ② **cœur** ; fam. **long** (II, 1). *Il travaille à longueur de journée, d'année.* **2.** Longue durée ; durée trop longue. *La longueur des heures d'attente. Étirer, faire traîner les choses en longueur,* les faire durer. **III. 1.** Durée (assez grande) nécessaire à la lecture, à l'expression (d'une œuvre). *Excusez la longueur de ma lettre.* **2.** Au plur. Passages trop longs. *Il y a trop de longueurs dans ce film. Éviter les longueurs, les redites.* ‹ ▸ demi-longueur ›

longue-vue [lɔ̃gvy] n. f. ■ Lunette d'approche à fort grossissement. ⇒ **jumelles.** *Des longues-vues.*

look [luk] n. m. Anglic. ■ Aspect physique (style vestimentaire, coiffure...), image que donne qqn, qqch. *Avoir une look à la mode. Changer le look d'un magazine.* ⇒ **allure, style ;** angl. **design.**

looping [lupiŋ] n. m. ■ Acrobatie aérienne consistant en une boucle dans le plan vertical. *Faire des loopings.*

lopin [lɔpɛ̃] n. m. ■ Petit morceau (de terrain), petit champ. *Un lopin de terre.*

loquace [lɔkas] ou [lɔkwas] adj. ■ Qui parle volontiers. ⇒ **bavard, causant, jasant ;** fam. **placoteur.** *Vous n'êtes pas très loquace aujourd'hui.* / contr. **silencieux, taciturne** / ▸ ***loquacité*** [lɔkasite] ou [lɔkwasite] n. f. ■ Littér. Disposition à parler beau coup. *Loquacité fatigante.* ⇒ **bagou, bavardage, jasette ;** littér. **faconde, volubilité.**

loque [lɔk] n. f. **1.** Surtout au plur. Vêtement usé et déchiré. ⇒ **guenille, haillon.** — *Être en loques.* ⇒ **lambeau.** *Un vagabond vêtu de loques.* ⇒ **loqueteux. 2.** Personne effondrée, sans énergie. *C'est une loque humaine.* ▸ ***loqueteux, euse*** [lɔktø, øz] adj. **1.** (Personnes) Vêtu de loques, de haillons. ⇒ **déguenillé.** — N. *Un loqueteux.* ⇒ **guenillou, miséreux. 2.** Littér. En loques. *Habit loqueteux.*

loquet [lɔkɛ] n. m. ■ Fermeture de porte se composant d'une tige mobile dont l'extrémité se bloque dans une pièce fixée. ⇒ **barrure, clenche, targette, verrou.** *Abaisser, soulever le loquet de la porte.*

lord [lɔʀ] n. m. ■ Anglic. Titre de noblesse donné aux hommes, en Angleterre. ⇒ anglic. **lady.** — *La Chambre des lords.* — Titre attribué à certains hauts fonctionnaires ou ministres anglais. ▸ ***lord-maire*** n. m. ■ Maire élu de certaines grandes villes anglaises. *Le lord-maire de Londres.*

lorettain, aine [lɔʀɛtɛ̃, ɛn] adj. et n. ■ De la ville de L'Ancienne-Lorette. — N. (Avec une majusc.) Personne née dans cette ville ou qui l'habite. *Les Lorettaines.*

lorettevillois, oise [lɔʀɛtvilwa, waz] adj. et n. ■ De la ville de Loretteville. — N. (Avec une majusc.) Personne née dans cette ville ou qui l'habite. *Ma mère est une Lorettevilloise.*

lorgner [lɔʀɲe] v. ▪ conjug. 1. **1.** Observer de façon particulière (de côté, avec insistance, à l'aide d'un instrument). *Lorgner une jolie fille du coin de l'œil.* ⇒ **reluquer. 2.** Avoir des vues sur (qqch., qqn que l'on convoite). ⇒ **guigner.** *Lorgner une place. Lorgner un joueur que l'on désire obtenir dans son équipe.* ▸ ***lorgnette*** n. f. ■ Petite lunette grossissante, au spectacle. ⇒ **jumelle.** — Loc. *Regarder, voir par le* PETIT BOUT DE LA LORGNETTE : ne voir des choses qu'un petit côté, dont on exagère l'importance ; avoir un esprit étroit. ▸ ***lorgnon*** n. m. ■ Ensemble de deux lentilles et de leur monture sans branches ⇒ **binocle**, tenu à la main par une sorte de manche, ou maintenu sur le nez par un ressort ⇒ **pince-nez.**

loriot [lɔʀjo] n. m. ■ Oiseau plus petit que le merle, au plumage jaune vif sauf les ailes et la base du cou qui sont noires.

lorrain, aine [lɔʀɛ̃, ɛn] adj. ■ De Lorraine, en France. *Le bassin lorrain.* — N. (Avec une majusc.) *Les Lorrains.*

lors [lɔʀ] adv. **1.** LORS DE loc. prép. : au moment de, à l'époque de. *Lors de son mariage.* — DEPUIS LORS loc. adv. : depuis ce moment-là. **2.** Loc. conj. DÈS LORS QUE : du moment que ; étant donné que, puisque. — Littér. LORS MÊME QUE (+ indicatif ou conditionnel) : même si, en dépit du fait que. *Lors même que vous insisteriez, elle ne céderait pas.* ‹ ▸ alors, lorsque ›

lorsque [lɔʀsk(ə)] conj. de temps. — REM. Le *e* de *lorsque* s'élide en général devant toutes les voyelles. **1.** Marque la simultanéité. Au moment où, quand. *Lorsqu'il est arrivé, nous finissions de souper. — Lorsqu'une fois,* une fois que, à partir du moment où. **2.** Marque la simultanéité et l'opposition. *On fait des discours lorsqu'il faut agir,* alors qu'il faut agir.

losange [lɔzɑ̃ʒ] n. m. ■ Parallélogramme dont les côtés sont égaux et les diagonales perpendiculaires, en particulier lorsqu'il ne s'agit pas d'un carré. *Le losange est un quadrilatère. Losange de tissu, de papier.*

lot [lo] n. m. **1.** Partie (d'un tout que l'on partage entre plusieurs personnes). *Diviser un terrain en lots.* ⇒ **lotissement, part, portion. 2.** Histoire de la colonisation. Terrain boisé attribué à un colon qui devait le défricher et en faire la culture. *Un lot de colonisation.* **3.** Quantité (de marchandises). ⇒ **stock.** *Elle sortit tout un lot de vêtements.* **4.** Ce qu'on gagne dans une loterie, un jeu de hasard. *Le* GROS LOT : le plus important. *Lots de consolation.* ⇒ **prix. 5.** Ce que le hasard, la nature réserve à qqn. ⇒ **apanage, destin, sort.** *La souffrance est son lot.* ▸ ***loterie*** [lɔtʀi] n. f. **1.** Jeu de hasard où l'on distribue des billets numérotés et où des lots sont attribués à ceux qui sont désignés par le sort. ⇒ **loto, tombola ; bingo.** *Billet de loterie. Acheter un billet de loterie.* **2.** Ce qui est gouverné, réglé par le hasard. *La vie est une loterie.* ‹ ▸ lotir, loto ›

lotion [losjɔ̃] n. f. ■ Liquide utilisé pour rafraîchir le corps, le soigner. *Lotion calmante. Lotion capillaire,* pour empêcher la chute des cheveux.

lotir [lɔtiʀ] v. tr. ▪ conjug. 2. **1.** Partager, répartir par lots. *Lotir les immeubles d'une succession. Terrains à lotir,* à mettre en vente par lots. **2.** Mettre (qqn) en possession d'un lot. *Après le partage, chacun a été loti d'une maison.* ▶ ***loti, ie*** adj. ■ *Être* BIEN, MAL LOTI : favorisé, défavorisé par le sort. ▶ ***lotissement*** n. m. **1.** Division par lots. *Le lotissement des immeubles d'une succession.* — Vente ou location de parcelles de terrain. **2.** *Un lotissement,* ensemble des parcelles d'un terrain vendu pour la construction d'habitations. ▶ ***lotisseur, euse*** n. ■ Personne qui partage des terrains en lots, les vend par lots.

loto ou ***lotto*** [lɔto] n. m. ou f. ■ Jeu de hasard consistant à choisir des numéros dans les cases d'une carte et où les numéros gagnants sont tirés au sort. ⇒ **loterie.** *Des billets de loto.* (Avec une majusc.) *Se rendre à Loto-Québec pour recevoir son chèque, son lot. Le (la) Lotto 6/49, provincial(e).* — REM. Le mot *lotto* est un nom de marque déposée.

lotte [lɔt] n. f. ■ Poisson comestible, à peau épaisse, gluante, couverte d'écailles. ⇒ **barbotte, loche.** *Lotte à l'américaine.*

lotus [lɔtys] n. m. invar. ■ Nénuphar blanc (de l'Inde). *Le lotus sacré est un des principaux symboles de l'hindouisme.* — Nénuphar du Nil. *Lotus bleu.*

① ***louable*** [lwabl] adj. ■ Qui est digne de louange, qui mérite d'être loué. ⇒ ① **bien,** ① **bon, estimable.** *Sentiments louables.* ⇒ **honnête.** *De louables efforts.* ⇒ **méritoire.** / contr. **blâmable, condamnable, répréhensible** /

② ***louable*** adj. ■ Qu'on peut louer ②. *Cet appartement est difficilement louable. Chambres louables à la semaine.*

louage [lwaʒ] n. m. ■ (Terme de droit) Location ; action de louer ②. *Contrat de louage. Louage de services,* contrat de travail. — *Voiture de louage* (opposé à *de maître*).

louange [lwɑ̃ʒ] n. f. **1.** Action de louer ① (qqn ou qqch.) ; le fait d'être loué. ⇒ **éloge.** / contr. **blâme, critique** / *Rechercher la louange. Un beau discours à la louange de qqn.* **2.** Au plur. Témoignage verbal ou écrit d'admiration ou de grande estime. ⇒ **compliment, félicitation.** *Couvrir qqn de louanges. Son attitude mérite de grandes louanges.* — *Chanter les louanges de qqch.,* ses mérites. ▶ ***louanger*** v. tr. ▪ conjug. 3. ■ Couvrir de louanges ; faire l'éloge de. ⇒ **louer, glorifier.** / contr. **blâmer, critiquer** / ▶ ***louangeur, euse*** n. et adj. ■ Littér. Qui contient ou exprime une louange. ⇒ **élogieux, laudatif.** / contr. **critiqueur** / *Paroles louangeuses.*

loubard [lubaʀ] n. m. ■ (France) Fam. Jeune vivant dans une banlieue pauvre, appartenant à une bande dont le comportement est asocial. ⇒ **voyou** ; anglic. **bum.**

louchage n. m. ⇒ **loucher.**

① ***louche*** [luʃ] adj. ■ Qui n'est pas clair, pas honnête. ⇒ **suspect, trouble.** *Affaires, manœuvres louches. C'est louche,* bizarre et suspect. *Un individu louche.* / contr. **clair,** ③ **franc, net** / ‹ ▶ loucher ›

② ***louche*** n. f. ■ Grande cuiller à long manche pour servir le potage, les mets liquides. ⇒ **cuiller** à pot, à soupe, **micoine.**

loucher [luʃe] v. intr. ▪ conjug. 1. **1.** Être atteint de strabisme convergent ; avoir les axes visuels des deux yeux non parallèles. (→ fam. Avoir un œil qui se crisse* de l'autre. (France) Avoir un œil qui dit merde à l'autre ; avoir les yeux qui se croisent les bras.) **2.** Fam. *Faire loucher qqn,* provoquer sa curiosité, son envie. — LOUCHER SUR, VERS : jeter des regards pleins de convoitise sur (qqn ou qqch.). ⇒ **guigner, lorgner.** *Elle louchait sur le dessert. Loucher sur la feuille de son voisin.* ⇒ **copier, plagier.** ▶ ***louchage*** n. m. ■ Fait de loucher. ⇒ **strabisme.** ▶ ***loucheur, euse*** n. ■ Personne qui louche. ⇒ fam. **coq-l'œil.**

① ***louer*** [lwe] v. tr. ▪ conjug. 1. **1.** Déclarer (qqn ou qqch.) digne d'admiration ou de très grande estime. ⇒ **exalter, louanger.** / contr. **blâmer, critiquer, médire** / *Louer qqn sans mesure.* ⇒ **encenser, flatter. 2.** LOUER *qqn* DE ou POUR *qqch.* ⇒ **féliciter.** *On ne peut que les louer d'avoir agi ainsi. On le loua, on l'a beaucoup loué pour son courage.* **3.** *Louer Dieu, le Seigneur.* ⇒ **bénir, glorifier.** Loc. *Dieu soit loué !,* exclamation de joie, de soulagement. **4.** SE LOUER DE *qqch.* v. pron. réfl. : témoigner ou s'avouer la vive satisfaction qu'on en éprouve. ⇒ s'**applaudir,** se **féliciter.** *Je me loue d'avoir accepté son offre.* — *Se louer de qqn,* être pleinement satisfait de lui. *Elle ne peut que se louer de ses enfants, que s'en louer.* ‹ ▶ ① louable, louange ›

② ***louer*** v. tr. ▪ conjug. 1. **I.** Donner (qqch.) en location (⇒ **loyer**). *Louer une chambre meublée à un étudiant. Maison à louer.* — SE LOUER v. pron. passif : être à louer. *Cet appartement doit se louer cher.* **II. 1.** Prendre en location, à bail. *Louer un appartement, un chalet,* en être locataire. *Louer une voiture, un poste de télévision.* ⇒ **location, louage.** *Louer un film, un jeu vidéo.* **2.** Réserver, retenir en payant. *Louer sa place dans un autobus, un train, un avion.* ⇒ **réserver.** ▶ ***loueur, euse*** n. ■ Personne qui fait métier de donner (des voitures, des sièges, etc.) en location. ≠ *locateur.* ‹ ▶ ② louable, louage, loyer, sous-louer ›

loufoque [lufɔk] adj. ■ Fam. Fou. ⇒ **dingue, farfelu** ; fam. **capoté.** *Il a l'air un peu loufoque.* — *Une histoire loufoque,* absurde et comique. ⇒ **burlesque** ; fam. **crampant.** ▶ ***loufoquerie*** n. f. ■ (Surtout en France) Caractère d'une personne loufoque, de ce qui est loufoque. — *(Une, des loufoqueries) Acte absurde et drôle. J'en ai assez de tes loufoqueries.*

louisianais, aise [lwizjanɛ, ɛz] adj. et n. ■ De la Louisiane, aux États-Unis ; caractéristique de la Louisiane. ⇒ **cajun.** *Le français louisianais. La cuisine lousianaise.* — N. (Avec une majusc.) Personne née dans cet État américain ou qui l'habite. *Elle a épousé un Louisianais.*

loukoum [lukum], ou ***lokoum*** [lɔkum] n. m. ■ Confiserie orientale, faite d'une pâte aromatisée enrobée de sucre en fine poudre. *Des loukoums.*

loulou [lulu] n. m. **1.** Petit chien d'appartement à museau pointu, à long poil, à grosse queue touffue. *Loulou de Poméranie.* **2.** Fam. ■ LOULOU, LOULOUTE [lulut]. Terme d'affection. *Mon gros loulou.* ⇒ **loup** (I, 2).

loup [lu] n. m. **I. 1.** Mammifère carnivore sauvage, qui ressemble beaucoup à un grand chien *(chien-loup). Bande de loups. Le loup, la louve et leurs louveteaux. Hurlement de loup.* — Loc. *Une faim de loup,* une faim vorace. *Un froid de loup,* un froid très rigoureux. (France) *Être connu comme le loup blanc,* très connu (→ Être connu comme Barrabas* dans la Passion). — Loc. prov. *Quand on parle du loup, on en voit la queue,* se dit lorsqu'une personne survient au moment où l'on parle d'elle. — *Entre chien et loup.* ⇒ ① **chien** (2). ⇒ — *Un jeune loup,* une personne (homme, femme d'affaires, politicien..) jeune et ambitieuse. **2.** Fam. Terme d'affection à l'égard d'un enfant, d'un être cher. *Mon loup, mon petit loup.* ⇒ ① **chou.** fam. **loulou. 3.** Fam. LOUP DE MER : vieux marin qui a beaucoup navigué. **II.** Masque de velours noir qu'on porte dans les bals masqués. ▶ ***loup-cervier*** [lusɛʀ vje] n. m. ■ Lynx des forêts du nord de l'Amérique et du nord de l'Europe. *Des loups-cerviers.* — REM. La femelle du loup-cervier est la loup-cerve. ⟨ ▶ chien-loup, gueule-de-loup, loulou, loup-garou, loupiot, loup-marin, louve, tête-de-loup ⟩

① ***loupe*** [lup] n. f. **1.** Excroissance du bois d'un arbre. ⇒ **nœud. 2.** Tumeur, excroissance de la peau.

② ***loupe*** n. f. ■ Instrument d'optique, lentille convexe et grossissante. *Travailler, lire avec une loupe.* — *Regarder une chose à la loupe,* l'examiner avec une grande minutie, de manière très détaillée.

louper [lupe] v. tr. ▪ conjug. 1. (Surtout en France) **1.** Fam. Ne pas réussir (un travail, une action). ⇒ **manquer, rater.** *Il a loupé sa composition, son examen.* — Au p. p. adj. Raté, manqué. **2.** Fam. Ne pouvoir prendre, laisser échapper. *Tu vas louper ton train.* **3.** Intransitivement. *Tout a loupé. Ça n'a pas loupé,* ça devait arriver.

louperivois, oise [lupəʀivwa, waz] adj. et n. ■ De la ville de Rivière-du-Loup. — N. (Avec une majusc.) Personne née dans cette ville ou qui l'habite.

loup-garou [lugaʀu] n. m. ■ Personnage malfaisant des légendes populaires, homme à forme de loup qui passait pour errer la nuit dans les campagnes. *Des loups-garous.*

loupiot, iot(t)e [lupjo, jɔt] n. ■ (France) Fam. ⇒ **enfant.**

loup-marin [lumaʀɛ̃] n. m. **1.** Variété de phoque commun. *La chasse aux loups-marins.* **2.** Fourrure de cet animal. *Manteau en peau de loup-marin. Casque de (en) loup-marin.*

lourd, lourde [luʀ, luʀd] adj. **I. 1.** Difficile à déplacer, en raison de son poids. ⇒ **pesant.** / contr. **léger** / *Une lourde charge. Une valise très lourde.* — Qui gêne par une impression de pesanteur. *Tête lourde, estomac lourd. Se sentir les jambes lourdes,* avoir de la peine à les mouvoir. — *Terrain lourd,* compact, difficile à labourer ; sports. détrempé, bourbeux, où l'on s'enfonce. — *Sommeil lourd,* pesant. **2.** Dont le poids est élevé ou supérieur à la moyenne. *Artillerie lourde,* de gros calibre. — Loc. fig. *Sortir l'artillerie lourde,* les arguments frappants, convaincants. — *Industrie lourde,* grosse industrie. — Dont la densité est élevée. *Un gaz, un corps plus lourd que l'air.* — POIDS LOURD : boxeur pesant de 79 à 85 kilos. *Les mi-lourds et les poids lourds.* **3.** Loc. *Avoir* LA MAIN LOURDE : frapper fort ; punir sévèrement. *Il a la main lourde avec son enfant.* — Peser, verser en trop grande abondance. *Tu as eu la main lourde en te parfumant.* **4.** Difficile à supporter. *Avoir de lourdes charges.* ⇒ **écrasant.** *Lourde responsabilité. Lourde hérédité,* chargée. — Loc. *En avoir lourd (ou gros) sur le cœur,* avoir de la peine, de la rancune, etc. **5.** Qui accable, oppresse, pèse. *Le temps est lourd.* Fam. *Il fait lourd.* — *Aliments lourds.* ⇒ **indigeste** ; fam. **chargeant. 6.** LOURD (DE) : chargé (de). *Phrase lourde de sous-entendus, de menaces.* ⇒ **plein, rempli. 7.** Qui donne une impression de lourdeur, de pesanteur, sur les sens. — (Sur la vue, par son aspect) ⇒ **massif ; épais.** *Tentures lourdes. Monument lourd.* / contr. **élégant, gracieux** / — (Sur l'odorat) *Parfum lourd.* ⇒ ① **fort.** / contr. **délicat** / — (Sur le goût) *Un vin lourd et râpeux.* **8.** Adv. PESER LOURD. ⇒ **beaucoup.** *Cette malle pèse lourd.* — Loc. Abstrait. *Cela ne pèsera pas lourd dans la balance,* n'aura pas grande importance. — Fam. *Il n'en sait* PAS LOURD, *il n'en fait pas lourd,* pas beaucoup. **II.** Maladroit. **1.** (Personnes) Qui manque de finesse, de subtilité. ⇒ **balourd, épais, grossier, lourdaud.** / contr. ① **fin, subtil, vif** / **2.** Qui manifeste de la maladresse intellectuelle. *Lourdes plaisanteries.* ⇒ **gros.** *Style lourd.* ⇒ **embarrassé. 3.** Qui se déplace, se meut avec maladresse, gaucherie, lenteur. ⇒ **empoté.** *Son équipement le rend lourd et maladroit. Une démarche lourde.* ▶ ***lourdaud, aude*** n. et adj. **1.** N. Personne lourde, maladroite (au moral et au physique). *C'est un lourdaud.* **2.** Adj. ⇒ **balourd.** *Elle est un peu lourdaude.* ▶ ***lourdement*** adv. **1.** De tout son poids, de toute sa force. *Tomber lourdement.* — *Peser lourdement sur,* avoir des conséquences importantes pour. *Sa décision pèsera lourdement sur son avenir.* **2.** Avec une charge, un matériel pesants. ⇒ **pesamment.** *Camions lourdement chargés.* **3.** Maladroitement. *Marcher lourdement. Appuyer, insister lourdement.* — Abstrait. *Se tromper lourdement.* ⇒ **grossièrement.** ▶ ***lourdeur*** n. f. **I. 1.** Caractère de ce qui est difficile à supporter. *La lourdeur de l'impôt.* — *(Une, des lourdeurs)*Impression de pesanteur pénible. *Des lourdeurs d'estomac.* **2.** Caractère massif, pesant. *Lourdeur des formes.* **II.** Gaucherie, maladresse. *Lourdeur de la démarche.* — Manque de finesse, de vivacité, de délicatesse. *Lourdeur d'esprit.* ⇒ **épaisseur, lenteur, pesanteur.** — *La lourdeur d'une phrase, du style.* ⟨ ▶ alourdir, balourd, mi-lourd, poids lourd ⟩

lousse [lus] adj. Anglic. fam. **I.** (Choses) **1.** Lâche, qui a du jeu. ⇒ anglic. **slack.** *Nœud lousse* ou, n. m. *qui a du lousse. La courroie du ventilateur est lousse.* ⇒ **mou** (III). **2.** Ample, flottant. *Souliers, vêtements lousses.* **II.** (Animaux) Libre, non attaché. *Laisser son chien lousse.* ⇒ en **liberté. III.** (Personnes) Prodigue, généreux. *Ils sont pas mal lousses.* / contr. **avare ;** fam. ② **séraphin** / — Loc. *Se lâcher lousse,* dépenser généreusement son argent.

loustic [lustik] n. m. ■ Individu facétieux. ⇒ **farceur, plaisantin.** *Faire le loustic.* — Fam. et péj. Homme, type. ⇒ fam. **oiseau.** *C'est un drôle de loustic. Des loustics.*

loutre [lutʀ] n. f. **1.** Petit mammifère carnivore, à pelage brun épais et court, à pattes palmées, se nourrissant de poissons et de gibier d'eau. ⇒ **rat musqué.** *La loutre de rivière, de mer.* **2.** Fourrure de cet animal. *Un manteau de loutre.*

louve [luv] n. f. ■ Femelle du loup. *La louve et ses louveteaux.* ▶ ***louveteau*** [luvto] n. m. **1.** Petit du loup et de la louve. **2.** Jeune scout de huit à douze ans. ⇒ **cheftaine, éclaireur,** ② **guide,** ② **jeannette.** *Des louveteaux.*

louvoyer [luvwaje] v. intr. ▪ conjug. 8. **1.** Naviguer en zigzag pour utiliser un vent contraire. **2.** Prendre des détours pour atteindre un but. ⇒ **biaiser,** ① **patiner, tergiverser, zigzaguer.** *Elle louvoyait pour éviter de répondre.* ▶ ***louvoiement*** [luvwamɑ̃] n. m. ■ Action de louvoyer. ⇒ **détour, patinage.**

lover [lɔve] v. tr. ▪ conjug. 1. **1.** Terme de marine. Ramasser en rond (un câble, un cordage). **2.** SE LOVER v. pron. réfl. : s'enrouler sur soi-même. *Le serpent se love pour dormir.*

loyal, ale, aux [lwajal, o] adj. ■ Qui obéit aux lois de l'honneur et de la probité. ⇒ **honnête.** *Un ami loyal.* ⇒ **sincère.** *Adversaire, ennemi loyal.* ⇒ ① **droit ;** fam. **régulier.** / contr. ① **faux, hypocrite** / — *Remercier qqn pour ses bons et loyaux services.* ▶ ***loyalement*** adv. ■ *Combattre, discuter loyalement.* ▶ ***loyalisme*** n. m. ■ Attachement dévoué à une cause. ⇒ **dévouement.** *Le loyalisme d'un militant envers son parti.* ▶ ***loyaliste*** adj. et n. ■ Qui a des sentiments de loyalisme. — Histoire. (Avec une majusc. Surtout au plur.) Colon américain demeuré fidèle à la Couronne britannique durant et après la guerre d'Indépendance. *Beaucoup de Loyalistes émigrèrent dans le Bas-Canada.*

▸ ***loyauté*** [lwajote] n. f. ■ Caractère loyal, fidélité à tenir ses engagements. ⇒ **droiture, honnêteté.** *Reconnaître avec loyauté les mérites de l'adversaire. La loyauté de sa conduite.* ‹ ▸ déloyal ›

loyer [lwaje] n. m. (⇒ ② **louer**) **1.** Prix de la location d'un local d'habitation, professionnel. *Loyer élevé, petit loyer. Échéance du loyer.* ⇒ ① **terme.** *Être à loyer,* locataire. **2.** Fam. Logement, appartement. ⇒ fam. **coqueron ;** anglic. **flat.** *Quitter son loyer à la fin du bail. Chercher un loyer de cinq pièces.* **3.** *Le loyer de l'argent,* le taux de l'intérêt et les autres frais d'emprunt. **4.** Droit. Bail, location (d'une chose quelconque).

L.S.D. [ɛlɛsde] n. m. invar. ■ Substance hallucinogène. *Prendre du L.S.D.* ⇒ ① **acide.**

ltée adj. f. invar. ■ Abréviation de *limitée,* apparaissant dans une raison sociale. ⇒ **enregistrer, incorporer ; enregistrée, incorporée ; enr. inc.** *La compagnie ABC ltée.* — REM. Ce mot se prononce [limite], comme s'il était écrit au long.

lu, lue p. p. ⇒ ① **lire.**

lubie [lybi] n. f. ■ Idée, envie capricieuse, parfois déraisonnable. ⇒ **caprice, fantaisie, folie, manie.** *Il a des lubies, il lui prend des lubies. C'est sa dernière lubie.*

lubricité n. f. ⇒ **lubrique.**

lubrifier [lybʀifje] v. tr. . conjug. 7. ■ Enduire d'une matière onctueuse qui atténue les frottements, facilite le fonctionnement. ⇒ **graisser, huiler, oindre.** *Lubrifier un moteur.* ▸ ***lubrifiant, ante*** adj. et n. m. **1.** Adj. Qui lubrifie. *Liquide lubrifiant.* **2.** N. m. Matière onctueuse, ayant la propriété de lubrifier. ▸ ***lubrification*** n. f. ■ *La lubrification des rouages d'une machine.*

lubrique [lybʀik] adj. ■ Qui manifeste un fort penchant pour la luxure. ⇒ **salace.** — Plaisant. *Un œil lubrique,* concupiscent ; envieux. ▸ ***lubricité*** n. f. ■ Penchant effréné ou irrésistible pour la luxure, la sensualité brutale. ⇒ **impudicité, salacité.** *Se livrer à la lubricité.* ⇒ **débauche, dévergondage.**

lucarne [lykaʀn] n. f. **1.** Petite fenêtre, pratiquée dans le toit d'un bâtiment. *Les lucarnes d'un grenier.* **2.** Petite ouverture (dans un mur, une paroi). *La lucarne d'un cachot.*

lucide [lysid] adj. **1.** Qui perçoit, comprend, exprime les choses avec clarté, perspicacité. *Esprit, intelligence lucide.* ⇒ **clair, clairvoyant, pénétrant, perspicace.** *Il est revenu de son évanouissement, mais il n'est pas encore entièrement lucide.* ⇒ **conscient. 2.** Clairvoyant sur son propre comportement. / contr. **aveugle** / *Il est très lucide et a bien compris ses erreurs.* ▸ ***lucidement*** adv. ■ Littér. D'une manière lucide, avec clarté. ▸ ***lucidité*** n. f. **1.** Qualité d'une personne, d'un esprit lucide. ⇒ **acuité, clairvoyance, pénétration.** *Analyse d'une grande lucidité.* **2.** Fonctionnement normal des facultés intellectuelles. ⇒ **conscience.** *Moments, intervalles de lucidité d'un aliéné.* ⇒ **raison.** / contr. **démence, égarement** / ‹ ▸ extra-lucide ›

luciole [lysjɔl] n. f. ■ Insecte dont l'adulte est ailé et lumineux (parfois confondu avec le ver luisant). ⇒ **mouche** à feu.

luçois, oise [lyswa, waz] adj. et n. ■ De la ville de Saint-Luc en Montérégie. — N. (Avec une majusc.) Personne née dans cette ville ou qui l'habite.

lucre [lykʀ] n. m. ■ Littér. et péj. *Le goût, l'amour, la passion du lucre,* le goût du gain, du profit. ▸ ***lucratif, ive*** adj. ■ Qui procure un gain, des profits, des bénéfices. *Travail lucratif. Une bonne place lucrative. Un organisme à but non lucratif.*

ludique [lydik] adj. ■ Didact. Relatif au jeu. *Activité ludique des enfants.*

luette [lɥɛt] n. f. ■ Prolongement vertical du bord postérieur du voile du palais, formant un petit appendice charnu, à l'entrée du gosier. ⇒ **uvule.**

lueur [lɥœʀ] n. f. **1.** Lumière faible, diffuse, ou encore brusque, éphémère. *Les premières lueurs de l'aube.* ⇒ **aurore.** *À la lueur d'une bougie, d'un feu. La lueur des éclairs.* **2.** Expression vive et momentanée (du regard). *Avoir une lueur de colère dans les yeux.* ⇒ **éclair, éclat, flamme. 3.** Abstrait. Illumination soudaine, faible ou passagère ; légère apparence ou trace. *Lueur de raison.* ⇒ **éclair, étincelle.** *Des lueurs d'espoir.*

luge [lyʒ] n. f. ■ Petit traîneau à patins relevés à l'avant. ⇒ ③ **traîne.** *Faire une descente sur une luge, en luge.*

lugubre [lygybʀ] adj. **1.** Littér. Qui est signe de deuil, de mort. ⇒ **funèbre, macabre.** *Glas lugubre.* **2.** D'une profonde tristesse. ⇒ **funèbre, sinistre.** *Air, ton lugubre ; mine lugubre. Une atmosphère lugubre. — Elle est lugubre,* d'une tristesse accablante. / contr. ① **gai** / ▸ ***lugubrement*** adv. ■ *Le chien hurlait lugubrement.*

lui [lɥi] pronom pers. ■ Pronom personnel de la troisième personne du singulier. **I.** Pronom personnel des deux genres. Représentant un nom de personne ou d'animal (plur. *leur*). **1.** À lui (→ ci-dessous III, 1), à elle. *Il lui dit. Elle le lui a dit. Nous lui en avons parlé. On lui voit beaucoup d'ennemis,* on voit qu'il (ou elle) a beaucoup d'ennemis. — Renforçant le nom. *Et à Virginie, que lui répondrez-vous ?* — Complément d'un adjectif attribut. *Il lui est très facile de venir,* c'est très facile *pour lui (pour elle)* de venir. — Devant un nom désignant une partie du corps, un élément de la vie mentale ou affective (affection, émotion). *Je lui ai serré la main,* j'ai serré *sa* main. *La jambe lui fait mal. Elle lui sauta au cou.* **2.** Compl. d'un verbe principal et sujet d'un infinitif ayant lui-même un complément d'objet. *Faites-lui recommencer ce travail. Je lui ai laissé lire cette lettre, je la lui ai laissé lire.* **II.** Pronom masculin (⇒ fém. **elle**, plur. **eux**). **1.** Sujet. *Lui aussi voudrait la connaître.* — (Sujet d'un v. au p. p. ou d'une propos. elliptique) *Lui arrivé, elle ne sut que dire. Elle est moins raisonnable que lui* (n'est raisonnable). — (En apposition au sujet) *Il travaillait avec elle, lui vite, elle plus lentement.* — Pour renforcer le sujet. *Lui, il a refusé.* **2.** (Après *c'est*) *C'est, c'était lui qui... C'est lui qui sera content de vous voir !* **3.** (Compl. direct) *Je ne veux voir que lui.* **III.** Avec une préposition, pronom masculin (⇒ fém. **elle**, plur. **eux**). **1.** À LUI : compl. indirect des verbes énonçant le mouvement *(aller, arriver, courir),* la pensée *(penser, rêver, songer),* et de quelques transitifs indirects. *Elle renonce à lui* (mais : elle *lui* parle). — Compl. d'un verbe ayant un autre pronom personnel pour complément d'objet. *Voulez-vous me présenter à lui ?* — (Après *c'est*) *C'est à lui de commencer.* — Après un nom (possession, appartenance). *Il a une allure bien à lui.* — Loc. À LUI SEUL, À LUI TOUT SEUL. *Il n'y arrivera jamais à lui tout seul,* sans se faire aider. **2.** DE LUI, EN LUI, PAR LUI, etc. *Tu m'as déjà parlé de lui ! J'ai confiance en lui. Je le fais pour lui. Allez-vous avec lui, chez lui ?* **IV.** LUI, employé comme réfléchi au lieu de *soi,* pour représenter un sujet masculin. *Un homme content de lui. Il regarda autour de lui.* **V.** (Masculin) LUI-MÊME. *Lui-même n'en sait rien.* — (Réfléchi) ⇒ **soi-même.** *La bonne opinion qu'il a de lui-même.* — Loc. *De lui-même,* par sa propre décision. ‹ ▸ chez-lui ›

luire [lɥiʀ] v. intr. . conjug. 38. — REM. Le p. p. est *lui* et il est invar. **1.** Émettre ou refléter de la lumière. ⇒ **briller, éclairer.** *Le soleil luit. — Regards qui luisent de colère, d'envie. — Luire au soleil,* refléter sa lumière. ⇒ **luisant. 2.** Littér. Apparaître, se manifester. *L'espoir* *luisait encore.* ▶ ***luisant, ante*** [lɥizɑ̃, ɑ̃t] adj. **1.** Qui réfléchit la lumière, qui a des reflets. ⇒ **brillant, clair, lustré.** / contr. **mat, terne** / *Métal luisant.* ⇒ **étincelant, poli. 2.** VER LUISANT : insecte qui brille la nuit. *Des vers luisants.* ⟨ ▶ lueur, reluire ⟩

lumbago ou ***lombago*** [lɔ̃bago], cour. [lɔmbago] n. m. ■ Douleur des lombes (fam. *tour de reins*). *Souffrir d'un lumbago. Des lumbagos.*

lumière [lymjɛʀ] n. f. **I. 1.** Ce par quoi les choses sont éclairées. ⇒ **clarté.** *Qui produit de la lumière.* ⇒ **lumineux ; luminescent.** *Source de lumière.* ⇒ **éclairage.** *Lumière éblouissante, forte, intense, vive.* ⇒ **éclat.** *Lumière diffuse, indécise.* ⇒ **lueur, reflet.** — *La lumière du soleil, du jour. Travailler à la lumière artificielle, électrique.* **2.** Lumière du jour. *Il y a beaucoup de lumière dans cet appartement.* — Lumière artificielle. *La lumière d'une lampe, d'un luminaire, d'un lustre* ③. *Donner de la lumière,* allumer. *Éteindre la lumière.* — Fam. *Ouvrir, fermer une (la) lumière. Allumer une (la) lumière.* **3.** Fam. Ampoule électrique. *La lumière de la lampe est brûlée.* ⇒ **grillé.** *Acheter, poser, changer une lumière. Casser une lumière bleue. Les courants de lumières d'un arbre de Noël,* les guirlandes lumineuses. — Phare d'automobile. *Elle n'a pas ses lumières.* — Feu de circulation. *Arrêter aux lumières. La lumière est rouge. Brûler une lumière.* **4.** *(Une, des lumières)* Source de lumière, point lumineux. *Les lumières de la ville.* **5.** Radiations visibles ou invisibles émises par les corps incandescents ou luminescents. — *Vitesse de la lumière* (environ 300 000 km/s). *Année de lumière.* ⇒ **année-lumière. II.** Abstrait. **1.** Ce qui éclaire, illumine l'esprit, fournit une explication. ⇒ **clarté, éclaircissement.** *L'auteur jette une lumière nouvelle sur la question. Faire la lumière,* donner toutes les explications nécessaires. ⇒ **élucider, résoudre. 2.** Loc. EN LUMIÈRE : évident pour tous. *Mettre en pleine lumière,* éclairer, signaler. **3.** LES LUMIÈRES *de qqn* : l'intelligence ou le savoir. *Aidez-moi de vos lumières.* — Loc. fam. *Allumer ses lumières,* porter attention ; regarder où l'on va. — *Le siècle des lumières,* le XVIIIe siècle (en Europe occidentale). **4.** UNE LUMIÈRE : personne de grande intelligence, de grande valeur. *C'est une des lumières de son temps.* — Fam. *Ce n'est pas une lumière,* il n'est pas très intelligent, pas très éveillé. ⇒ **Papineau** ; fam. **watt.** / contr. **perspicace** / ⟨ ▶ année-lumière ⟩

lumignon [lymiɲɔ̃] n. m. ■ Lampe qui éclaire faiblement.

luminaire [lyminɛʀ] n. m. **1.** Ensemble des appareils d'éclairage (d'une église, etc.). *Le luminaire d'une cérémonie.* **2.** *(Un, des luminaires)* Appareil d'éclairage. *Des luminaires de style moderne.* ⇒ ③ **lustre.**

luminescent, ente [luminɛsɑ̃, ɑ̃t] adj. ■ Qui émet de la lumière (après avoir reçu un rayonnement, etc.). *Tube luminescent.* ⇒ **fluorescent.**

lumineux, euse [lyminø, øz] adj. **I. 1.** Qui émet ou réfléchit la lumière. *Corps, point lumineux.* ⇒ **brillant, éclatant, étincelant.** *Source lumineuse. Une enseigne lumineuse. Montre à cadran lumineux.* **2.** Clair, radieux. *Teint, regard lumineux.* **3.** De la nature de la lumière (visible). *Rayon lumineux.* **II.** Qui a beaucoup de clarté, de lucidité. *Intelligence lumineuse.* ⇒ **lucide.** *Un raisonnement lumineux,* aisé à comprendre. — Fam. *C'est une idée lumineuse,* une idée excellente, de génie. ▶ ***lumineusement*** adv. ■ *Expliquer lumineusement un problème.* ⇒ **clairement.** ▶ ***luminosité*** n. f. **1.** Qualité de ce qui est lumineux, brillant. *La luminosité du ciel hivernal.* **2.** Puissance lumineuse. *Masse et luminosité des étoiles.*

lump [lɔmp] n. m. ou ***lompe*** [lɔ̃p] n. f. ■ Poisson nordique. *Œufs de lump,* petits œufs de ce poisson présentés comme du caviar.

lunaire [lynɛʀ] adj. **1.** Qui appartient ou a rapport à la Lune. *Le sol lunaire. Expédition lunaire.* **2.** Qui évoque la lune. *Paysage lunaire.* — *Face lunaire,* blafarde et ronde. ▶ ***lunaison*** n. f. ■ Mois lunaire, intervalle de temps compris entre deux nouvelles lunes consécutives.

lunatique [lynatik] adj. et n. ■ Qui a l'humeur changeante, déconcertante (comme ceux qui, croyait-on, étaient sous l'influence de la *lune*). ⇒ **capricieux, fantasque.** *Il est lunatique.* ⇒ **distrait.** — *Une conduite un peu lunatique.*

lunch [lɔnʃ] n. m **1.** Repas léger (du midi ⇒ ② **dîner**, plus rarement, du soir ⇒ ② **souper**). ⇒ **casse-croûte.** *Prendre un (le) lunch au comptoir d'un restaurant.* — Collation (dans l'après-midi ⇒ ② **goûter**, la soirée). anglic. ⇒ **snack.** *Se préparer un petit lunch avant de regarder le hockey.* — Cette nourriture. **2.** Repas que l'on apporte avec soi au travail, à l'école, en pique-nique, etc. *Des lunchs* ou *des lunches. Apporter son lunch au collège. Faire son lunch.* — BOÎTE* À LUNCH. — Cette nourriture. *« Qu'est-ce que tu as comme lunch ? — Des sandwiches, des fruits, du jus. »* **3.** Buffet constitué de mets légers (sandwiches, salades, viandes froides...), offert au cours d'une réception, d'une réunion officielle, etc. ⇒ **cocktail ;** anglic. **brunch.** *Faire venir un lunch pour le réveillon. Un lunch sera servi dans le grand hall.* — Ensemble des mets composant ce repas. ⇒ **buffet. 4.** *L'heure du lunch,* le moment de prendre ce repas, spécialt le midi. *On s'est donné rendez-vous à l'heure du lunch.* ▶ ***luncher*** v. intr. ▪ conjug. 1. ■ Prendre un repas sous forme de lunch. ⇒ ① **dîner,** ① **souper ; croûter** (I) ; **bruncher.** *Aller luncher au restaurant. Faire luncher les enfants. Luncher devant la télévision.* ▶ ***lunchage*** n. m. ■ Fam. Fait de luncher. Loc. fam. PAS DE LUNCHAGE *dans les salles de classe.* ⇒ fam. **mangeage.** ▶ ***luncheur, euse*** n. ■ Personne qui prend un lunch. *Les luncheurs se sont installés dans le parc.* ⇒ **pique-niqueur.** ⟨ ▶ comptoir-lunch ⟩

lundi [lœ̃di] n. m. ■ Premier jour de la semaine*, qui succède au dimanche. *Le lundi de Pâques, de la Pentecôte,* le lendemain de ces fêtes. *Le lundi de la Fête du travail, de l'Action de grâce.* — *Il viendra tous les lundis.*

lune [lyn] n. f. **1.** Satellite naturel de la Terre ou d'une autre planète, recevant sa lumière du Soleil ; son aspect. *Le disque de la lune. Pleine lune, nouvelle lune. Croissant de lune. Le clair de lune. Nuit sans lune,* sans clair de lune. *Les lunes de Vénus.* — (Avec une majusc., en parlant de l'astre) *Les astronautes sur la Lune. Atterrir sur la Lune.* ⇒ **alunir. 2.** Loc. fig. *Être* DANS LA LUNE : très distrait, hors de la réalité. ⇒ **inattentif.** *Eh ! sors de la lune,* reviens sur terre. — *Demander, promettre la lune,* l'impossible. — *Tomber de la lune,* être extrêmement surpris. ⇒ **nue.** — LUNE DE MIEL : les premiers temps du mariage, d'amour heureux. *La lune de miel entre le gouvernement et les syndicats est bien finie,* la période de bonne entente, d'adaptation à l'abri des critiques. **3.** Fam. Gros visage joufflu. *Avoir une face de lune.* ▶ ***luné, ée*** adj. ■ BIEN, MAL LUNÉ : dans une disposition d'esprit bonne, mauvaise. *Il est mal luné aujourd'hui.* ▶ ***lune de miel*** n. f. ■ Friandise sucrée faite d'une pâte au miel recouverte de chocolat, et qui ressemble à une petite lune aplatie. *Offrir une boîte de lunes de miel en cadeau.* — REM. On écrit aussi *lune-de-miel.* ⟨ ▶ alunir, demi-lune, lunaire, lunatique, lundi, lunule ⟩

① ***lunette*** [lynɛt] n. f. **1.** Ouverture, objet circulaire. — Ouverture arrondie. *La lunette arrière d'une voiture.* **2.** Ouverture du siège des toilettes ; ce siège. *La lunette des cabinets.*

lunettes n. f. pl. et ② ***lunette*** n. f. **1.** Au plur. Paire de verres (lentilles) enchâssés dans une monture munie de deux branches, posée devant les yeux et servant à corriger ou à protéger la vue. *Porter, mettre des lunettes. Un monsieur à lunettes,* qui porte des lunettes. *Lunettes d'écaille. Lunettes noires,* à verres teintés. *Lunettes de soleil* ou fam. *lunettes fumées. — Lunettes de plongée, de ski.* — Fam. *Vous devriez mettre des (vos) lunettes,* regarder mieux. **2.** LUNETTE : instrument d'optique grossissant, en forme de tube. *Lunette d'approche.* ⇒ **longue-vue, lorgnette.** *Lunette astronomique.* ≠ *télescope.* ▶ ***lunetier, ière*** [lyntje, jɛʀ] n. ■ Fabricant, marchand de lunettes (1). ⇒ **opticien.** — Adj. *Industrie lunetière.* ▶ ***lunetterie*** [lynɛtʀi] n. f. **1.** Métier, commerce du lunetier. **2.** Magasin, boutique de vente de lunettes, de lentilles de contact.

lunule [lynyl] n. f. ■ Tache blanche en demi-cercle, comme un croissant de *lune* (à la base de l'ongle).

lupus [lypys] n. m. invar. ■ Maladie de la peau à tendance envahissante et destructrice. *Lupus tuberculeux.*

belle ***lurette*** [lyʀɛt] loc. ■ *Il y a, depuis, cela (ça) fait* BELLE LURETTE : il y a bien longtemps. *Ils sont partis il y a belle lurette. Ça fait belle lurette qu'on ne l'a pas vue.*

luron, onne [lyʀɔ̃, ɔn] n. m. ■ *Joyeux, gai luron,* bon vivant.

lusitanien, ienne [lyzitanjɛ̃, jɛn] adj. et n. ■ Relatif au Portugal et à ses habitants ; relatif au portugais. *Études lusitaniennes.*

lustrage [lystʀaʒ] n. m. ■ Action ou manière de lustrer. *Lustrage des étoffes,* opération d'apprêt (glaçage). *Lustrage des fourrures.*

lustral, ale, aux [lystʀal, o] adj. ■ Littér. Qui sert à purifier. *L'eau lustrale du baptême.*

① ***lustre*** [lystʀ] n. m. ■ Littér. Période de cinq ans. — Loc. Au plur. *Il y a des lustres,* il y a longtemps.

② ***lustre*** n. m. **1.** Éclat (d'un objet brillant ou poli). *Vernis donnant du lustre.* **2.** Éclat qui rehausse, met en valeur. ⇒ **éclat, relief.** ▶ ***lustrer*** v. tr. ▪ conjug. 1. **1.** Rendre brillant, luisant (⇒ **lustrage**). *Le chat lustre son poil en se léchant. Lustrer une table de salon.* — Au p. p. adj. *Des cheveux lustrés.* **2.** Rendre brillant par le frottement, l'usure. — Au p. p. adj. *Veste lustrée aux coudes.* ▶ ***lustrine*** n. f. ■ Tissu de coton glacé sur une face. *Doublure de lustrine.* ⟨ ▶ lustrage ⟩

③ ***lustre*** n. m. ■ Appareil d'éclairage comportant plusieurs lampes, qu'on suspend au plafond. ⇒ **luminaire, suspension.** *Les lustres d'un salon.*

luth [lyt] n. m. ■ Instrument de musique à cordes pincées, à caisse bombée, plus ancien que la guitare, très en vogue en Europe du XVIe au XVIIIe s. *Des luths.* ▶ ***lutherie*** [lytʀi] n. f. ■ Fabrication des instruments à cordes et à caisse de résonance (violons, guitares, etc.). — Métier, commerce du luthier. ▶ ***luthier*** [lytje] n. m. ■ Artisan en lutherie ; fabricant de violons, altos, violoncelles, contrebasses, guitares, luths, etc. — REM. Le féminin *luthière* est virtuel.

luthérien, ienne [lyteʀjɛ̃, jɛn] adj. et n. ■ De Luther, conforme à sa doctrine. *Église luthérienne.* — N. *Les luthériens,* protestants qui professent la religion luthérienne. ▶ ***luthérianisme*** n. m. ■ Doctrine de Luther.

lutin [lytɛ̃] n. m. ■ Petit démon espiègle et malicieux. ⇒ **farfadet, gnome.** *Les sept lutins de Blanche Neige.*

lutiner [lytine] v. tr. ▪ conjug. 1. ■ Harceler (une femme) de petites privautés par manière de plaisanterie. ⇒ fam. **peloter.**

lutrin [lytʀɛ̃] n. m. ■ Pupitre sur lequel on place un livre ouvert, un document pour en faciliter la lecture. *Un lutrin d'église,* pour les livres de chant. *Lutrin de musicien,* pour les feuilles de musique.

lutte [lyt] n. f. **1.** Combat corps à corps de deux adversaires qui s'efforcent de se terrasser. *Lutte gréco-romaine. Lutte libre. Arène de lutte. Combat de lutte. Lutte par équipe.* **2.** Opposition violente entre deux adversaires (individus, groupes), où chacun s'efforce de faire triompher sa cause. ⇒ **bataille.** *Engager, abandonner la lutte. Luttes politiques, religieuses. — Lutte des classes* (sociales). **3.** *Lutte contre, pour...,* action soutenue et énergique (pour résister à une force hostile, atteindre un certain but). ⇒ **effort.** *Lutte contre l'alcoolisme. Lutte d'un peuple pour sa libération, son indépendance.* — LUTTE POUR LA VIE : sélection naturelle des espèces. — Efforts pour survivre. **4.** Antagonisme entre forces contraires. ⇒ **duel.** *La lutte entre le bien et le mal.* **5.** DE HAUTE LUTTE loc. adv. : en mettant dans la lutte toute la force ou l'autorité dont on dispose. *Elle a emporté la victoire de haute lutte.* ▶ ***lutter*** v. intr. ▪ conjug. 1. **1.** Combattre à la lutte (1). *Lutter avec, contre qqn.* **2.** S'opposer dans une lutte, un conflit. ⇒ se **battre, combattre.** — LUTTER DE : rivaliser par, au moyen de, dans (une activité). *Lutter de vitesse avec qqn.* **3.** Mener une action énergique (contre ou pour qqch.). *Lutter contre la maladie, le cancer, la faim. Lutter pour l'indépendance. — Lutter contre sa timidité.* — Sans compl. *Pour vivre, il faut lutter.* ▶ ***lutteur, euse*** n. **1.** Athlète qui pratique la lutte. *Des épaules de lutteur.* **2.** Fig. Personne qui aime la lutte, l'action. *Tempérament de lutteur.* ⇒ **combatif.**

luxation [lyksasjɔ̃] n. f. ■ Déplacement accidentel de deux surfaces d'une articulation. ⇒ **luxer.** *Luxation de l'épaule, de la hanche.*

luxe [lyks] n. m. **1.** Mode de vie caractérisé par de grandes dépenses consacrées à l'acquisition de biens superflus (opposé à *nécessaire*). *Aimer le luxe, vivre dans le luxe.* — Fam. *Ce n'est* PAS DU LUXE : c'est utile, indispensable. *Il s'est fait couper les cheveux, ce n'était pas du luxe.* **2.** Caractère coûteux, somptueux (d'un bien ou d'un service). ⇒ **magnificence, somptuosité.** *Le luxe de sa chambre à coucher.* — DE LUXE : qui présente ce caractère. *Produits, articles de luxe. Voiture de luxe.* **3.** *Un luxe,* bien ou plaisir (relativement) coûteux. *Le cinéma est mon seul luxe. Se payer du luxe,* des choses coûteuses. — Fig. *Se donner,* SE PAYER LE LUXE *de dire, de faire* : se permettre, comme chose inhabituelle et particulièrement agréable. *Je me suis payé le luxe de dire ce que je pensais.* **4.** Abstrait. *Un luxe de,* abondance ou profusion. *Avec un grand luxe de détails.* ▶ ***luxueux, euse*** [lyksɥø, øz] adj. ■ Qui se signale par son luxe. ⇒ **fastueux, magnifique, somptueux.** *Installation luxueuse. Un hôtel luxueux,* un palace. / contr. **modeste, pauvre, simple** / ▶ ***luxueusement*** adv. ■ *Un appartement luxueusement meublé.*

luxer [lykse] v. tr. ▪ conjug. 1. ■ Provoquer la luxation de (certains os, une articulation). ⇒ **déboîter,** se **forcer** (III). *Elle s'est luxé la rotule.* ⇒ se **démettre.** ⟨ ▶ luxation ⟩

luxure [lyksyʀ] n. f. ■ Littér. Goût immodéré, recherche et pratique des plaisirs sexuels. ⇒ **impureté, lasciveté, lubricité.** ▶ ***luxurieux, euse*** adj. ■ Littér. Adonné ou porté à la luxure. ⇒ **débauché, lascif, sensuel.** / contr. **chaste, pur** /

luxuriant, ante [lyksyʀjɑ̃, ɑ̃t] adj. ■ Qui pousse, se développe avec une remarquable abondance. ⇒ **abondant, fécond, riche, surabondant.** *Une végétation luxuriante.* ▶ ***luxuriance*** n. f. ■ *La luxuriance de la végétation.* — Abstrait. *Luxuriance des images dans un poème.* / contr. **pauvreté, sécheresse** /

luzerne [lyzɛʀn] n. f. ■ Plante fourragère, à petites fleurs violettes. *Champ de luzerne.*

lycée [lise] n. m. (France) **1.** Établissement public d'enseignement secondaire (classique, moderne ou technique). Les professeurs d'un lycée. ⇒ **cégep, polyvalente, secondaire.** ≠ *collège.* **2.** Époque des études secondaires. *Elle ne l'a pas revu depuis le lycée.* ▶ ***lycéen, enne*** [liseɛ̃, ɛn] n. ■ (France) Élève d'un lycée. Écoliers et lycéens.

lychée n. m. ⇒ **litchi.**

lymphatique [lɛ̃fatik] adj. **1.** Relatif à la lymphe. *Vaisseaux lymphatiques. Ganglions lymphatiques.* **2.** Apathique, lent. *Un adolescent lymphatique.* — N. *Un, une lymphatique.* ⇒ **flanc-mou.** / contr. **actif, nerveux** / ▶ ***lymphatisme*** n. m. ■ Littér. État d'une personne lymphatique.

lymphe [lɛ̃f] n. f. ■ Liquide organique incolore ou ambré, d'une composition comparable à celle du plasma sanguin. *La lymphe nourrit les cellules.* ⟨ ▶ lymphatique, lymphocyte ⟩

lymphocyte [lɛ̃fɔsit] n. m. ■ Petit leucocyte immobile qui prend naissance dans les ganglions lymphatiques, la rate.

lyncher [lɛ̃ʃe] v. tr. ▪ conjug. 1. **1.** Exécuter sommairement, sans jugement régulier et par une décision collective (un criminel ou supposé tel). **2.** (Foule) Exercer de graves violences sur (qqn). ▶ ***lynchage*** n. m. ■ Action de lyncher.

lynx [lɛ̃ks] n. m. invar. ■ Mammifère carnivore, fort et agile, aux oreilles pointues garnies d'un pinceau de poils. ⇒ **loup-cervier, pichou.** — Loc. *Avoir des yeux de lynx,* une vue perçante.

lyophiliser [ljofilize] v. tr. ▪ conjug. 1. ■ Réduire (du lait, du café, du thé, etc.) en poudre ou en paillettes par congélation suivie de la sublimation de l'eau cristallisée. — Au p. p. adj. *Café lyophilisé.*

lyre [liʀ] n. f. **1.** Instrument de musique antique à cordes pincées, fixées sur une caisse de résonance. *Jouer de la lyre.* **2.** Littér. Symbole de la poésie, de l'expression poétique. ⟨ ▶ lyrique, oiseau-lyre ⟩

lyrique [liʀik] adj. et n. **I. 1.** (Poésie) Qui exprime des sentiments intimes au moyen de rythmes et d'images propres à communiquer au lecteur l'émotion du poète. *Poésie lyrique. La nature, l'amour, thèmes lyriques.* **2.** Plein d'un enthousiasme, d'une exaltation de poète. ⇒ **passionné.** *Quand elle parle de sa jeunesse, elle devient lyrique.* / contr. **prosaïque** / **II.** Destiné à être mis en musique et chanté, joué sur une scène. *Les arts lyriques. Drame lyrique,* opéra, oratorio. *Comédie lyrique,* opéra-comique, opérette. — *Théâtre lyrique,* réservé à la musique dramatique. *Artiste lyrique,* chanteur, chanteuse d'opéra, d'opérette. ▶ ***lyriquement*** adv. ■ Littér. Avec lyrisme. / contr. **prosaïquement** / ▶ ***lyrisme*** n. m. **1.** Poésie, genre lyrique. *Le lyrisme romantique. — Le lyrisme de Chopin.* **2.** Manière passionnée, poétique, de sentir, de vivre. *Ils sont dénués de lyrisme.* / contr. **prosaïsme** /

lys n. m. ⇒ **lis.**

-lyse ■ Élément savant, signifiant « dissolution » (ex. : *électrolyse*).

m

m [ɛm] n. m. ou f. invar. **1.** Treizième lettre, dixième consonne de l'alphabet. **2.** *M.,* abrév. de *Monsieur* ; *MM.,* de *Messieurs.* **3.** *m,* symb. de *mètre.* **4.** *M,* chiffre romain (1 000).

ma adj. poss. ⇒ **mon.**

M.A. n. m. invar. ⇒ ② **A.M.** (REM.).

maboul, e [mabul] n. et adj. ■ Fam. Fou. ⇒ fam. **cinglé.**

macabre [makɑbʀ] adj. ■ Qui évoque des images de mort. ⇒ **funèbre.** *Danse macabre.* — Qui concerne les cadavres, les squelettes. *Scène, plaisanterie macabre.* ⇒ **lugubre.**

macadam [makadam] n. m. ■ Revêtement de routes, de chemins, fait de pierre concassée et de sable agglomérés. *Des macadams goudronnés.* ⇒ **asphalte, bitume.** — Par ext. Chaussée ainsi revêtue. *Rouler sur le macadam.* ⇒ **pavage.**

macaque [makak] n. m. **1.** Singe d'Asie. **2.** Fam. Personne très laide. *Elle ne va pas épouser ce vieux macaque ?* — Terme d'injure. *Mon espèce de macaque !*

macareux [makaʀø] n. m. invar. ■ Oiseau palmipède des mers septentrionales, variété de pingouin.

macaron [makaʀɔ̃] n. m. **1.** Petite pâtisserie ronde à base de pâte d'amandes. **2.** Natte de cheveux roulée sur l'oreille. **3.** Fam. Insigne rond. ⇒ anglic. **badge.** *Collectionner les macarons.*

macaroni [makaʀɔni] n. m. ■ Pâte alimentaire en forme de petit coude ou de long tube creux. *Manger des macaronis,* ou (au sing. collectif) *du macaroni. Un macaroni au fromage.*

macchabée [makabe] n. m. ■ (Surtout en France) Fam. Cadavre.

macédoine [masedwan] n. f. ■ Mets composé d'un mélange de légumes ⇒ **jardinière** ou de fruits ⇒ **salade.** *De la macédoine en boîte.*

① ***macérer*** [maseʀe] v. tr. ▪ conjug. 6. ■ En terme de religion. Mortifier (son corps). ▸ ① ***macération*** n. f. ■ Pratique d'ascétisme qu'on s'impose pour racheter ses fautes. ⇒ **mortification.**

② ***macérer*** v. ▪ conjug. 6. **1.** V. tr. Mettre à tremper. — Au p. p. adj. *Cerises macérées dans l'eau-de-vie.* **2.** V. intr. Tremper longtemps. *Viande qui macère dans une marinade.* ⇒ **mariner.** ▸ ② ***macération*** n. f.

Mach [mak] n. propre ■ *Nombre de Mach,* rapport entre la vitesse d'un engin (avion, fusée, missile) et celle du son. Ellipt. *Voler à Mach 2, à Mach 3,* à 2, 3 fois la vitesse du son.

mâche [mɑʃ] n. f. ■ Plante à petites feuilles allongées qui se mangent en salade. — Cette salade.

mâchefer [mɑʃfɛʀ] n. m. ■ Scories, déchets solides provenant de la combustion de la houille.

mâcher [mɑʃe] v. tr. ▪ conjug. 1. **1.** Broyer avec les dents, par le mouvement des mâchoires, avant d'avaler. *Mâcher du pain, de la viande.* ⇒ **mastiquer.** *Action de mâcher.* ⇒ **mastication.** — Loc. fig. *Mâcher le travail à qqn,* le lui préparer, le lui faciliter. *Il faut tout lui mâcher.* — *Ne pas mâcher ses mots,* s'exprimer avec une franchise brutale. **2.** Triturer longuement dans sa bouche, avant de rejeter. *Mâcher de la gomme, du tabac.* ⇒ **chiquer.** ▸ ***mâchée*** n. f. ■ Quantité de nourriture qui tient dans la bouche et qu'on mâche. *Prends-en une mâchée.* — Spécialt. *Une mâchée de gomme,* un morceau, ce qu'il y a dans la bouche. *Jette ta mâchée de gomme.* ▸ ***mâcheur, euse*** n. ⟨ ▸ mâchoire, mâchonner, mâchouiller, remâcher ⟩

machette [maʃɛt] n. f. ■ Grand coutelas des régions tropicales utilisé pour abattre les arbres, se frayer un chemin, etc.

machiavélisme [makjavelism] n. m. ■ Attitude d'une personne qui emploie la ruse et la mauvaise foi pour parvenir à ses fins. ⇒ **artifice, perfidie.** ▸ ***machiavélique*** adj. ■ Rusé et perfide. ⇒ **diabolique.** *Une manœuvre, un procédé machiavélique.*

mâchicoulis [mɑʃikuli] n. m. invar. ■ Balcon au sommet des murailles ou des tours des châteaux forts, percé d'ouvertures à sa partie inférieure (pour observer l'ennemi ou laisser tomber sur lui des projectiles).

machin [maʃɛ̃] n. m. ■ Fam. Désigne un objet dont on ignore le nom ou que l'on ne veut pas nommer. ⇒ fam. **affaire, bebelle, chose, fourbi, gogosse, guedi, patente, truc.** *Qu'est-ce que c'est que ce machin-là ?* — (Avec une majusc.) Remplace (de manière impolie) un nom propre de personne. ⇒ fam. **Gos.** *Tu as vu Machin ? C'est Machin-Chouette qui m'a donné ton numéro.*

machinal, ale, aux [maʃinal, o] adj. ■ Qui est fait sans intervention de la volonté, de l'intelligence, comme par une machine. ⇒ **automatique, inconscient, instinctif, involontaire.** *Un geste machinal. Réactions machinales.* / contr. **réfléchi, volontaire** / ▸ ***machinalement*** adj. ■ *Agir machinalement.*

machination [maʃinasjɔ̃] n. f. ■ Ensemble de manœuvres secrètes déloyales. ⇒ **complot, intrigue, manœuvre.** *C'est une machination pour le faire condamner.*

machine [maʃin] n. f. **I. 1.** Objet fabriqué, généralement complexe ⇒ **mécanisme**, qui transforme l'énergie ⇒ **moteur** pour produire un travail (se distingue, en principe, de *appareil* et de *outil,* qui ne font qu'utiliser l'énergie). *Mettre une machine en marche. La machine fonctionne, marche, tourne.* — *Machine à vapeur, machine électrique,* qui utilise la vapeur, l'électricité. — *Machine électronique.* ⇒ **ordinateur.** — *Machine à laver.* ⇒ **lave-linge, laveuse ; lave-vaisselle.** *Machine à coudre.* ⇒ fam. **moulin.** *Machine à calculer.* ⇒ **calculatrice, calculette.** — MACHINE (À ÉCRIRE). ⇒ fam. **dactylo.** *Elle tape à la machine comme une vraie dactylo. Clavier, touches d'une machine.* — MACHINE À SOUS : appareil où l'on mise et où l'on peut gagner des pièces de monnaie. **2.** Au plur. *Les machines* (assurant la propulsion d'un navire). *La salle, la chambre des machines.* ⇒ **machinerie.** *Stopper les machines.* — Loc. *Faire machine arrière,* reculer ; fig., revenir sur ses pas, sur ses dires. **3.** *Machines de guerre,* engins de guerre. — *Machine infernale,* engin terroriste à base d'explosifs. ⇒ **bombe. 4.** Véhicule comportant un mécanisme. *Une motocycliste sur sa machine.* — Vx. Locomotive. *La machine et les wagons.* Automobile. *Aller faire un tour de machine. Une grosse machine.* ⇒ fam. **char. 5.** Sciences. *Machines simples* (levier, plan incliné, poulie, treuil, vis). **II. 1.** Personne qui agit comme un automate. ⇒ **robot.** — MACHINE À... : ce qui est considéré comme ne servant qu'à (faire ou produire qqch.). *Il considère sa femme comme une machine à faire des enfants.* — Péj. *Une machine à argent.* **2.** Abstrait. Ensemble complexe qui fonctionne de façon implacable. *La machine administrative, économique.* ▶ ***machine-outil*** [maʃinuti] n. f. ■ Machine qui sert à façonner un matériau dur (bois, métal...) au moyen d'un outillage approprié au travail à exécuter. *Les fraiseuses, les perceuses sont des machines-outils.* ▶ ***machinerie*** n. f. **1.** Ensemble des machines réunies en un même lieu et concourant à un but commun. *Entretien de la machinerie agricole.* **2.** Salle des machines d'un navire. ▶ ***machinisme*** n. m. ■ Emploi des machines dans l'industrie. ▶ ***machiniste*** n. ■ Ouvrier (ière) qui s'occupe des machines, des changements de décor, des truquages, au théâtre, dans les studios de cinéma. ‹ ▶ machin, machinal, machination ›

macho [matʃo] n. m. et adj. invar. ■ Homme qui prétend faire sentir aux femmes sa supériorité de mâle. — Adj. invar. *Des idées macho. Il est très macho.* ▶ ***machisme*** [maʃism] n. m. ■ Comportement de macho. ⇒ **phallocratie.** ▶ ***machiste*** n. et adj. ■ Qui fait preuve de machisme. ⇒ **phallocrate.**

mâchoire [mɑʃwaʀ] n. f. **1.** Chacune des deux parties osseuses, en arc, en haut et en bas de la bouche, dans lesquelles sont implantées les dents. *Mâchoire supérieure* (fixe), *inférieure* (mobile). ⇒ **maxillaire.** — Loc. *Bâiller à se (s'en) décrocher la mâchoire.* **2.** Chacune des pièces jumelées qui, dans un outil, un mécanisme, s'éloignent et se rapprochent à volonté pour serrer, tenir. *Les mâchoires d'un étau, d'une clef anglaise. Mâchoires de frein.* — Fam. *Mâchoires de vie,* pince très puissante servant à découper la tôle, le métal lors des accidents de voiture (pour délivrer les blessés, libérer les morts).

mâchonner [mɑʃɔne] v. tr. ▪ conjug. 1. **1.** Mâcher lentement, longuement. **2.** Parler en articulant mal. ⇒ **marmonner, marmotter.** *Elle mâchonnait des bouts de phrases.* ▶ ***mâchonnement*** n. m.

mâchouiller [mɑʃuje] v. tr. ▪ conjug. 1. ■ Fam. Mâchonner ; mâcher sans avaler. *Mâchouiller l'effacе de son crayon.* ⇒ **mordiller.**

mackinaw [makinɑ] n. m. **1.** Longue veste à carreaux, faite d'un épais tissu de laine (le *mackinaw*), portée principalement par les travailleurs forestiers, les chasseurs, les pêcheurs. **2.** Grand manteau à larges carreaux, en tissu de laine.

① ***maçon, onne*** [masɔ̃, ɔn] n. ■ Personne qui bâtit les maisons, fait des travaux de maçonnerie. ⇒ **briqueleur.** ▶ ***maçonner*** v. tr. ▪ conjug. 1. **1.** Construire ou réparer en maçonnerie. *Maçonner un mur.* **2.** Revêtir de maçonnerie. ⇒ **briqueler.** ▶ ① ***maçonnerie*** n. f. **1.** Partie des travaux de construction comprenant l'édification du gros œuvre et certains travaux de revêtement. ⇒ **fondations.** *Grosse maçonnerie. Entrepreneur de (en) maçonnerie.* **2.** Construction, partie de construction faite d'éléments assemblés et joints. *Une maçonnerie de briques, de béton.*

② ***maçon*** n. m. ■ Franc-maçon. ▶ ② ***maçonnerie*** n. f. ■ Franc-maçonnerie. ▶ ***maçonnique*** adj. ■ Relatif à la franc-maçonnerie. ⇒ **franc-maçon.** *Assemblée maçonnique.*

macramé [makʀame] n. m. **1.** Travail à jour en fils tressés ou entrelacés et noués, souvent exécuté à la main. *Faire du macramé.* **2.** Le motif décoratif ainsi réalisé. *Suspendre un macramé au mur.*

① ***macreuse*** [makʀøz] n. f. ■ Oiseau palmipède, voisin du canard. *La macreuse à ailes blanches.*

② ***macreuse*** n. f. ■ (France) Viande maigre sur l'os de l'épaule du bœuf.

macr(o)- ■ Préfixe savant signifiant « long, grand ». ⇒ **méga-.** / contr. **micro-** / ▶ ***macrobiotique*** [makʀobjɔtik] n. f. et adj. ■ Régime alimentaire à base de légumes, de fruits naturels et de céréales, sans aucun ingrédient issu de transformations chimiques ou industrielles. *La macrobiotique exclut la viande.* — Adj. *Nourriture macrobiotique. Des carottes macrobiotiques.* ▶ ***macrocéphale*** [makʀosefal] adj. ■ Qui a une grosse tête. ▶ ***macrocosme*** [makʀokɔsm] n. m. ■ Littér. Le cosmos, l'univers (opposé à *microcosme*). ▶ ***macrocosmique*** adj. **1.** Relatif au macrocosme. **2.** Synthétique, global. ▶ ***macroscopique*** adj. ■ Sciences. Qui se voit à l'œil nu (opposé à *microscopique*) ou qui est à l'échelle du macrocosme. ▶ ***macro-instruction*** [makʀoɛ̃stʀyksjɔ̃] ou abrév. ***macro*** [makʀo] n. f. ■ Informatique. Série d'instructions définies à partir du répertoire de base d'un logiciel et combinées en une seule opération. *Faire une macro. Appeler une macro.*

macule [makyl] n. f. ■ Didact. Tache. ▶ ***maculer*** v. tr. ▪ conjug. 1. ■ Littér. Couvrir, souiller de taches. ⇒ **salir, souiller, tacher ;** fam. **beurrer, graisser.** *Ses bottes sont maculées de boue.* / contr. **immaculé** / ‹ ▶ immaculé ›

madame [madam] n. f., ***mesdames*** [me(ɛ)dam] n. f. pl. (Abrév. *Mme, Mmes*) **1.** Titre donné à une femme qui est ou a été mariée. *Bonjour, madame. Madame Une telle. Chère madame.* **2.** Titre donné par respect à certaines femmes, mariées ou non. *Madame la Directrice.* — Fam. LA, UNE MADAME : la, une dame, la, une femme qui n'est pas nommée. *Je viens de parler à la madame qui est propriétaire du dépanneur. Une vieille madame n'a pas voulu qu'on l'aide.* — *Une grosse madame,* une femme riche, importante. — Histoire de France. Titre donné à la femme du frère du roi. — *Mesdames et messieurs* (formule de politesse). ⇒ anglic. **lady.** — Fam. *Madame Chose,* nom donné à une femme dont on ignore le nom, dont on a oublié le nom ou pour l'interpeller. **3.** La maîtresse de maison. *Madame est servie. Veuillez m'annoncer à Madame.*

made in [medin] loc. adj. invar. ■ Anglic. Fabriqué à, au, en (+ nom de lieu). *Un tee-shirt made in Taiwan.*

madeleine [madlɛn] n. f. **I.** N. propre fém. Loc. fam. *Pleurer comme une Madeleine,* pleurer abondamment (comme sainte Madeleine, dans l'Évangile). **II.** Petit gâteau sucré à pâte molle, de forme arrondie.

madeleineau [madlɛno] n. m. ■ Saumon mâle âgé de moins de cinq ans. — REM. On utilise aussi la variante *madelineau* et le mot *grilse* pour désigner ce poisson.

madelinot [madlino] (masc.), ***madelinienne*** [madlinjɛn] (fém.) adj. et n. ■ Des îles de la Madeleine. *Les pêcheurs madelinots.* — N. (Avec une majusc.) Personne née dans ces îles ou qui les habite. *Les Madeliniennes.* — REM. L'adjectif masculin prend souvent la forme *madelinien.*

mademoiselle [madmwazɛl] n. f., ***mesdemoiselles*** [me(ɛ)dmwazɛl] n. f. pl. (Abrév. *Mlle, Mlles*) **1.** Titre donné aux jeunes filles et à certaines femmes célibataires (abrév. fam. *Mam'selle*). *Mademoiselle Une telle et ses parents.* — Terme d'affection, de tendresse à l'égard des petites filles. — Fam. *Mademoiselle Chose,* nom donné à une jeune fille ou femme dont on ignore le nom, dont on a oublié le nom ou pour l'interpeller. **2.** Histoire de France. *La Grande Mademoiselle,* la fille aînée du frère du roi Louis XIII.

madère [madɛʀ] n. m. ■ Vin de Madère.

madone [madɔn] n. f. **1.** Représentation de la Vierge (image, statuette, peinture). **2.** (Avec une majusc.) La Vierge elle-même. *La Madone de Cap-de-la-Madeleine.*

madras [madʀɑ(s)] n. m. invar. **1.** Étoffe de soie et coton, de couleurs vives. **2.** Mouchoir noué sur la tête et servant de coiffure. ⇒ **foulard.**

madrépore [madʀepɔʀ] n. m. ■ Animal *(Cnidaires),* variété de corail des mers chaudes.

madrier [madʀije] n. m. ■ Planche très épaisse. ⇒ **poutre ; colombage ; solive.** *Un plancher en madriers.*

madrigal, aux [madʀigal, o] n. m. ■ Courte pièce de vers galants. *De jolis madrigaux.*

maelstrom, maelström ou ***malstrom*** [malstʀɔm ; -tʀøm ; -tʀom] n. m. ■ Courant marin formant un tourbillon. *Des maelstroms.*

maestria [maɛstʀija] n. f. ■ Maîtrise, facilité et perfection dans l'exécution (d'une œuvre d'art, d'un exercice). ⇒ **brio.**

maestro [maɛstʀo] n. m. ■ Compositeur de musique ou chef d'orchestre célèbre. *Des maestros.*

mafia ou ***maffia*** [mafja] n. f. **1.** Groupe secret servant des intérêts privés par des moyens illicites. ⇒ **pègre.** *Des maffias. Faire partie de la mafia.* — (Avec une majusc.) *La Mafia sicilienne,* une association du crime organisé. **2.** Groupe sélect, fermé. *La maffia des collectionneurs de livres anciens.*

maganer [magane] v. • conjug. 1. Fam. **I.** V. tr. **1.** (Compl. chose) Abîmer, détériorer par un mauvais usage, par un usage trop fréquent. ⇒ **briser, endommager ;** fam. **défeintiser, déglinguer.** *Maganer ses disques, ses livres. Maganer ses vêtements, ses chaussures,* ne pas en prendre soin. — Au passif. *Les chemins sont maganés,* en mauvais état. **2.** (Compl. personne) Affaiblir qqn, causer du tort à la santé, à l'apparence physique de qqn. ⇒ **délabrer, ruiner**. *Son opération l'a bien maganée. La cigarette magane les poumons.* — (Sans compl.) *La grippe, ça magane.* **3.** (Sujet personne) Maltraiter, rudoyer. *Il s'est fait maganer dans la cour de l'école.* ⇒ **battre.** *Boxeur qui se fait maganer par son adversaire. Le petit garçon magane son chat,* il le fait souffrir, il lui fait mal. **4.** Fig. S'attaquer à (qqn, qqch.) par des écrits, des paroles violent(e)s. ⇒ **démolir**. *La critique a magané ce film, ce roman. Le hockeyeur s'est fait maganer par la presse sportive.* **II.** V. pron. **1.** (Choses) Se détériorer, s'user, subir des dommages avec le temps. ⇒ se **dégrader.** *Les bardeaux de la toiture se sont maganés. Le mobilier de salon se magane vite avec des enfants.* **2.** (Personnes) S'affaiblir, se causer un tort physique. *À force de travailler la nuit, tu te maganes.* — (+ compl. d'objet) *Se maganer la vue, les yeux. Elle s'est magané les mains en lavant les planchers,* elle a eu des inflammations de la peau. — REM. On trouve parfois la variante *maganner.* ▶ ***magané, ée*** adj. Fam. **1.** (Choses) En mauvais état, détérioré, usé. *Un moteur très magané. Un chalet pas mal magané.* ⇒ à l'**abandon, décrépit, délabré.** *Un appartement plutôt magané.* ⇒ **vieux.** *De la vaisselle maganée.* ⇒ **brisé, cassé, ébréché, inutilisable.** — Absolt. *C'est bien magané.* **2.** (Personnes) Affaibli, prématurément vieilli, en piteux état. *Homme, femme magané(e) par la vie. Avoir le visage, les mains, les pieds maganés. Je suis magané ce matin.* ⇒ **malade**. *Voix maganée.* ⇒ **enroué, rauque.** — Loc. *Avoir l'air, être magané,* fatigué, épuisé. ⇒ **harassé.** *Vous êtes maganés de la soirée d'hier ? Du monde bien magané.* — REM. On trouve parfois la variante *maganné.*

① ***magasin*** [magazɛ̃] n. m. ■ Local où l'on conserve, expose des marchandises pour les vendre. ⇒ **boutique, commerce, fonds, libre-service, supermarché,** grande **surface.** *Tenir un magasin* (⇒ **commerçant, marchand**). *Magasin d'alimentation.* ⇒ ② **dépanneur, épicerie.** *La vitrine d'un magasin. Faire des achats dans un magasin.* ⇒ **course ; magasiner.** *Courir les magasins.* — GRAND MAGASIN ou, fam., MAGASIN À RAYONS : grand établissement de vente comportant généralement plusieurs niveaux et où l'on trouve de nombreux rayons spécialisés. — Anciennt. MAGASIN GÉNÉRAL : où l'on vendait toutes sortes d'articles d'usage courant (alimentation, quincaillerie, vêtements, etc.). ▶ ***magasiner*** v. **1.** V. intr. Faire des courses, des emplettes dans les magasins. *Ils sont partis magasiner au centre d'achats.* **2.** V. tr. *Magasiner qqch.,* aller dans différents magasins, chez différents commerçants pour se renseigner sur les prix d'une marchandise, les comparer en vue de son acquisition. *Magasiner les prix des micro-ondes. Aller magasiner une nouvelle auto.* ▶ ***magasinage*** n. m. ■ Action de magasiner. ⇒ **lèche-vitrines ;** anglic. **shopping.** *Le magasinage des Fêtes. Une journée de magasinage. Aller faire du, son magasinage.* ▶ ***magasineur*** ou ***magasineux, euse*** n. ■ Personne qui magasine, fait des achats ; personne qui aime magasiner. *Les magasineurs du vendredi soir.* — Adj. *Il n'est pas très magasineux.*

② ***magasin*** n. m. **1.** Endroit où l'on conserve des marchandises. ⇒ **entrepôt.** *Mettre des caisses en magasin.* ⇒ **emmagasiner.** *Magasin d'armes, d'explosifs.* ⇒ **arsenal, poudrière.** — *Allez chercher des stylos au magasin de la compagnie.* **2.** Partie creuse d'un appareil. *Mettre un chargeur dans le magasin d'une arme. Le magasin d'une caméra vidéo.* ▶ ***magasinier, ière*** n. ■ Personne qui garde les marchandises déposées dans un magasin. ⟨ ▶ emmagasiner, garde-magasin ⟩

magazine [magazin] n. m. **1.** Publication périodique, généralement illustrée. ⇒ **revue. 2.** Émission périodique de radio, de télévision, sur des sujets d'actualité. *Un magazine culturel.*

magdalénien, ienne [magdalenjɛ̃, jɛn] adj. ■ Didact. D'une période de la préhistoire (paléolithique supérieur) avec une culture propre (civilisation du renne).

mage [maʒ] n. **1.** N. m. Prêtre, astrologue, dans la Babylone antique, en Assyrie. **2.** En appos. *Les Rois mages,* les personnages qui, selon l'Évangile, vinrent rendre hommage à l'Enfant Jésus. ⇒ **Épiphanie.** — Représentation d'un Roi mage. *Les Rois mages de la crèche de Noël.* **3.** N. Personne qui pratique les sciences occultes, la magie. ⇒ **astrologue, magicien, sorcier.** ⟨ ▸ magicien, magie ⟩

maghrébin, ine [magʀebɛ̃, in] adj. et n. ■ Du Maghreb, région du nord-ouest de l'Afrique (Maroc, Algérie, Tunisie, Mauritanie, Libye). *Les parlers maghrébins.* — N. (Avec une majusc.) *Des Maghrébines.*

magicien, ienne [maʒisjɛ̃, jɛn] n. **1.** Personne qui pratique la magie. ⇒ **alchimiste, astrologue, devin, mage. 2.** Personne qui produit, comme par magie, des effets extraordinaires. ⇒ **illusionniste, prestidigitateur.** *Spectacle de magicien. Cet écrivain, ce conteur est un magicien.* ⇒ **enchanteur. 3.** Personne d'une très grande habileté manuelle. *Cette couturière est une véritable magicienne.*

magie [maʒi] n. f. **1.** Art de produire, par des procédés occultes, des phénomènes inexplicables ou qui semblent tels. ⇒ **alchimie, astrologie, sorcellerie ;** suff. **-mancie.** — *Magie noire,* magie qui ferait intervenir les démons pour produire des effets maléfiques. — *Faire des tours de magie.* ⇒ **illusionnisme, prestidigitation.** — *Comme par magie,* d'une manière incompréhensible. **2.** Impression forte, inexplicable (que produisent l'art, la nature, les passions). ⇒ **charme, prestige, puissance, séduction.** *La magie de l'art, de la couleur, des mots.* ▸ ***magique*** adj. **1.** Qui tient de la magie ; utilisé, produit par la magie. ⇒ **ésotérique, occulte, surnaturel.** *Pouvoir magique. Formules magiques. Baguette magique.* **2.** Qui produit des effets extraordinaires. ⇒ **étonnant, merveilleux, surprenant.** ▸ ***magiquement*** adv. ⟨ ▸ magicien ⟩

magistral, ale, aux [maʒistʀal, o] adj. **1.** D'un maître. *Cours magistral. Ton magistral.* ⇒ **doctoral. 2.** Digne d'un maître, qui fait preuve de maîtrise. ⇒ **formidable, remarquable.** *Un travail, un exposé magistral. Réussir un coup magistral,* un beau, un joli coup. ▸ ***magistralement*** adv. ■ *Elle a magistralement interprété cet air d'opéra.* ⇒ **génialement.**

magistrat, ate [maʒistʀa, at] n. **1.** Fonctionnaire public de l'ordre judiciaire, ayant pour fonction de rendre la justice (juge) ou de réclamer, au nom de l'État, l'application de la loi (procureur). ⇒ **avocat.** *Une célèbre magistrate.* **2.** Personne qui administre un territoire. *Le premier magistrat de la ville,* le maire. ▸ ***magistrature*** n. f. **1.** Fonction, charge de magistrat. *Faire carrière dans la magistrature.* **2.** Corps des magistrats. *La magistrature fédérale.* — France. *Magistrature debout,* les procureurs, substituts, avocats généraux (le ministère public). *Magistrature assise,* les juges.

magma [magma] n. m. **1.** Masse épaisse, de consistance pâteuse. — Géologie. Masse minérale profonde dans la Terre, située dans une zone de température très élevée et de très fortes pressions, où s'opère la fusion des roches. **2.** Abstrait. Mélange confus. *Un magma d'idées.*

magnanerie [maɲanʀi] n. f. ■ Local où se pratique l'élevage des vers à soie.

magnanime [maɲanim] adj. ■ Qui pardonne les injures, est bienveillant envers les faibles. ⇒ ① **bon, clément, généreux.** *Se montrer magnanime envers qqn. Sentiment magnanime.* ▸ ***magnanimité*** n. f. ■ Clémence, générosité. ⇒ **indulgence.** *Faire appel à la magnanimité du vainqueur.*

magnat [magna] n. m. ■ Puissant capitaliste. *Les magnats de l'industrie.*

se magner [maɲe] v. pron. ▪ conjug. 1. ■ (Surtout en France) Se dépêcher, se remuer. ⇒ fam. se **grouiller,** ② se **manier.** *Magne-toi !*

magnésium [maɲezjɔm] n. m. ■ Métal léger, blanc argenté et malléable, qui brûle à l'air avec une flamme blanche éblouissante (symb. *Mg*). *L'éclair de magnésium d'un flash.* ▸ ***magnésie*** n. f. ■ Oxyde de magnésium, poudre blanche, légère, peu soluble dans l'eau. *En thérapeutique, la magnésie s'emploie comme laxatif ou purgatif. Du lait de magnésie.*

magnétique [maɲetik] adj. **1.** Qui a rapport à l'aimant, en possède les propriétés ; du magnétisme. *Effets, phénomènes magnétiques. Bande, ruban magnétique d'un magnétophone, d'une cassette.* **2.** Qui a rapport au magnétisme animal. *Influx, fluide magnétique.* ⟨ ▸ magnétiser, magnétisme, magnéto, magnéto- ⟩

magnétiser [maɲetize] v. tr. ▪ conjug. 1. **1.** Rendre (une substance) magnétique, donner les propriétés de l'aimant à. ⇒ **aimanter.** / contr. **démagnétiser** / — Au p. p. adj. *Disquette, carte de crédit magnétisée.* **2.** Soumettre (un être vivant) à l'action du magnétisme animal. ⇒ **fasciner, hypnotiser.** ▸ ***magnétisation*** n. f. ▸ ***magnétiseur, euse*** n. ■ Personne qui pratique le magnétisme animal. ⇒ **hypnotiseur.** ⟨ ▸ démagnétiser ⟩

magnétisme n. m. **1.** Partie de la physique qui étudie les propriétés des aimants (naturels ou artificiels) et les phénomènes qui s'y rattachent. *Le magnétisme s'est développé parallèlement à la théorie de l'électricité.* ⇒ **électromagnétisme.** — *Magnétisme terrestre,* champ magnétique de la Terre (orienté dans la direction sud-nord). **2.** *Magnétisme animal,* force occulte dont disposeraient les êtres. ⇒ **fluide** ; phénomènes (hypnose, suggestion) produits par l'action de cette force. **3.** Charme, fascination. ⇒ **charisme.** *Subir le magnétisme de qqn.* ⟨ ▸ électromagnétisme ⟩

magnéto [maɲeto] n. **I.** N. f. Génératrice de courant électrique continu utilisant un aimant. *Des magnétos.* **II.** N. m. Abréviation courante de *magnétophone* et de *magnétoscope.*

magnéto- ■ Préfixe savant signifiant « aimant », « magnétisme (1) ». ▸ ***magnétocassette*** [maɲetokasɛt] n. m. ■ Magnétophone à cassette. ▸ ***magnétophone*** [maɲetɔfɔn] n. m. ■ Appareil d'enregistrement et de reproduction des sons par aimantation durable d'un ruban d'acier ou d'un film (bande magnétique). ⇒ **enregistreuse, magnéto** (II), **magnétocassette.** *Chanson enregistrée au magnétophone.* ▸ ***magnétoscope*** n. m. ■ Appareil permettant l'enregistrement des images et du son sur bande magnétique. ⇒ **magnéto** (II), **vidéo.** ▸ ***magnétoscopique*** adj. ■ Relatif au magnétoscope. *Visionner une bande magnétoscopique.* ⟨ ▸ caméscope ⟩

magnificat [maɲ(gn)ifikat] n. m. invar. ■ Cantique en l'honneur de la Vierge Marie, chanté aux Vêpres. *Chanter des magnificat par reconnaissance.*

magnificence [maɲifisɑ̃s] n. f. **1.** Beauté magnifique, pleine de grandeur. ⇒ **apparat, éclat, luxe, richesse.** *Château meublé avec magnificence.* **2.** Littér. Disposition à dépenser sans compter. *On nous a reçus avec magnificence.* ⇒ **prodigalité.** ≠ *munificence.*

magnifier [maɲifje] v. tr. ▪ conjug. 7. ■ Littér. Idéaliser. *La légende magnifie les héros.*

magnifique [maɲifik] adj. **1.** Qui est d'une beauté luxueuse, éclatante. ⇒ **somptueux ;** fam. ne pas être **disable.** *De magnifiques palais.* **2.** Très beau. ⇒ **splendide, superbe.** / contr. **affreux, horrible** / *Un magnifique paysage (ou un paysage magnifique). Il fait un temps magnifique.* — Remarquable, admirable en son genre. *Elle a une situation magnifique.* ▶ ***magnifiquement*** adv. ■ D'une manière magnifique, somptueuse. ⇒ **somptueusement, superbement.** — Très bien. *Elle s'en est magnifiquement tirée.*

magnitude [maɲityd] n. f. ■ Astronomie. Éclat apparent ou réel (d'un astre), caractérisé par un nombre. ⇒ **grandeur.** *Une étoile de grande magnitude.* ⇒ **supernova.**

magnolia [maɲ(gn)ɔljɑ] n. m. ■ Arbre ornemental à feuilles luisantes, à grandes fleurs blanches ou roses, très odorantes. *Des magnolias.*

magnum [magnɔm] n. m. ■ Grosse bouteille contenant environ un litre et demi. *Des magnums de champagne.*

magnymontois, oise [maɲimɔ̃twa, waz] adj. et n. ■ De la ville de Montmagny. — N. (Avec une majusc.) Personne née dans cette ville ou qui l'habite.

magogois, oise [magɔgwa, waz] adj. et n. ■ De la ville de Magog. *L'économie magogoise.* — N. (Avec une majusc.) Personne née dans cette ville ou qui l'habite.

magot n. m. ■ Somme d'argent amassée et mise en réserve, cachée. ⇒ **économie(s), trésor ;** fam. **motton.**

magouille [maguj] n. f. ■ Fam. Manœuvre politique malhonnête. ⇒ fam. **combine, grenouillage.** ▶ ***magouiller*** v. intr. ▪ conjug. 1. ■ Se livrer à des magouilles. ⇒ **intriguer.** ▶ ***magouillage*** n. m. ■ Fait de magouiller. ▶ ***magouilleur, euse*** n. ■ Personne qui magouille.

magret [magʀɛ] n. m. ■ Filet (maigre) d'un gros canard.

magyar, are [magjaʀ] adj. et n. ■ Du peuple hongrois, dans son origine ethnique. ⇒ **hongrois.** — N. (Avec une majusc.) *Les Magyars.*

maharajah ou ***maharadjah*** [maaʀa(d)ʒɑ] n. m. ■ Titre des princes hindous. ⇒ **rajah.** *La maharané* [maaʀane] ou *maharani* [maaʀani], *épouse du maharajah.*

mahatma [maatmɑ] n. m. ■ Nom donné, en Inde, à des chefs spirituels. *Le mahatma Gandhi.*

mah-jong ou ***ma-jong*** [maʒɔ̃g] n. m. ■ Jeu chinois voisin des dominos. *Des mah-jongs.*

mahométan, ane [maɔmetɑ̃, an] n. et adj. ■ Vx. Musulman.

mai [me] n. m. ■ Cinquième mois de l'année dans le calendrier actuel (31 jours). *Les lacs calent généralement au début de mai. Des mais* (plus cour. *des mois de mai*) *pluvieux.* — (France) *Le Premier mai,* le jour de la fête des travailleurs. — *L'emblème floral de la Nouvelle-Écosse est la fleur de mai.*

maïeutique [majøtik] n. f. ■ Philosophie, pédagogie. Méthode suscitant la réflexion intellectuelle.

maigre [mɛgʀ] adj. **1.** Dont le corps a peu de graisse : qui pèse relativement peu. ⇒ **décharné, efflanqué, étique, sec, squelettique.** / contr. **dodu, gras, gros** / *Il est maigre.* — N. *Les gros et les maigres.* — Loc. *Une fausse maigre,* qui donne l'impression d'être plus maigre qu'elle ne l'est vraiment. Fam. *Être maigre comme...,* très maigre. ⇒ **casseau, chicot,** ① **clou** (I, 3), **échalote, fil. 2.** Qui n'a, qui ne contient pas de graisse. / contr. **gras** / *Viande maigre. Du yogourt maigre,* sans matières grasses. — N. m. *Un morceau de maigre.* — Loc. fam. *Couper dans le maigre,* dans l'essentiel. — *Fromages maigres,* faits avec du lait écrémé. — *Repas maigre, bouillon maigre,* sans viande ni graisses. — *Jours maigres,* où l'Église prescrit de faire maigre. — N. m. dans la loc. FAIRE MAIGRE : ne manger ni viande ni aliment gras. **3.** Peu épais. *Imprimé en caractères maigres.* **4.** (Végétation) Peu abondant. **5.** De peu d'importance. ⇒ **insuffisant, médiocre, piètre.** *Il n'a obtenu que de biens maigres résultats. Maigre salaire.* ⇒ **petit.** *C'est maigre, c'est un peu maigre,* c'est peu, bien peu. ▶ ***maigrelet, ette*** ou ***maigrichon, onne*** adj. ■ Un peu maigre. / contr. **grassouillet** / *Enfant maigrelet, fillette maigrichonne.* ▶ ***maigrement*** adv. ■ Chichement, petitement. *Être maigrement payé.* ⇒ **peu.** ▶ ***maigreur*** n. f. **1.** État d'une personne ou d'un animal maigre ; absence de graisse. / contr. **embonpoint** / **2.** Caractère de ce qui est peu abondant. *La maigreur d'une végétation, d'une forêt. La maigreur de ses revenus.* ⇒ **pauvreté.** ▶ ***maigrir*** v. ▪ conjug. 2. **I.** V. intr. Devenir maigre. ⇒ se **dessécher, fondre.** / contr. **grossir** / *Il a maigri pendant sa maladie. Régime pour maigrir.* ⇒ **amaigrissant.** — Au p. p. adj. *Je vous trouve maigrie.* **II.** V. tr. Faire paraître maigre. *Cette robe la maigrit.* ⟨ ▶ amaigrir ⟩

mail, plur. ***mails*** [maj] n. m. **1.** (France) Allée, promenade bordée d'arbres, dans certaines villes. **2.** Promenade intérieure, grand dégagement entouré(e) de magasins, de boutiques, dans un centre commercial. *Se donner rendez-vous dans le mail.* — Par ext. Le centre commercial lui-même. *Aller magasiner au (dans le) mail centre-ville.*

mailing [mɛliŋ] n. m. ■ (France) Anglic. Prospection auprès d'une clientèle au moyen de documents expédiés par la poste. ⇒ **publipostage.**

① ***maille*** [mɑj] n. f. **1.** Chacune des petites boucles de matière textile dont l'entrelacement forme un tissu. *Les mailles du tricot, du crochet. Maille à l'endroit, à l'envers.* ⇒ **point.** *Maille qui file. Faire une maille à son bas-culotte.* — *Les mailles d'un filet.* **2.** Trou formé par chaque maille. *Le poisson est passé à travers les mailles.* **3.** *Cotte de mailles,* faite d'anneaux de métal reliés les uns aux autres. — Anneau d'une chaîne. ⇒ **chaînon, maillon.** ⟨ ▶ camail, se démailler, indémaillable, maillon, maillot, remailler, remmailler ⟩

② ***maille*** n. f. ■ Loc. AVOIR MAILLE À PARTIR *avec qqn* : avoir un différend, une dispute. *Il a eu maille à partir avec son voisin.*

maillechort [majʃɔʀ] n. m. ■ Alliage inaltérable de cuivre, de zinc et de nickel qui imite l'argent.

maillet [majɛ] n. m. **1.** Outil à deux têtes fait d'une masse dure emmanchée en son milieu et qui sert à frapper, à enfoncer. *Maillet de bois. Gros maillet.* ⇒ **mailloche, masse.** *Le coup de maillet du juge.* — *Maillet de croquet,* qui sert à frapper la boule. **2.** Niaiseux, imbécile, idiot. *Que fais-tu là, espèce de grand maillet ?* ▶ ***mailloche*** n. f. **1.** Gros maillet de bois. **2.** Baguette terminée par une boule recouverte de peau, pour frapper la grosse caisse.

maillon [mɑjɔ̃] n. m. ■ Anneau d'une chaîne. ⇒ **chaînon,** ① **maille** (3). *Les maillons d'une gourmette.*

maillot [majo] n. m. **I. 1.** Vêtement souple porté à même la peau et qui moule le corps. *Maillot de danseur.* **2.** Vêtement collant qui couvre le haut du corps. *Maillot et culotte de sportif.* ⇒ **chandail.** — *Le maillot jaune,* maillot que porte le coureur cycliste qui est en tête du classement du Tour de France ; ce coureur. — *Maillot de corps,* sous-vêtement masculin. ⇒ **camisole, tricot ;** anglic. **tee-shirt. 3.** MAILLOT DE BAIN et, sans compl., MAILLOT : costume de bain. *Maillot de bain de femme d'une pièce, de deux pièces.* ⇒ **bikini, deux-pièces, monokini. II.** (France) Lange qui enferme les jambes et le corps du nouveau-né jusqu'aux aisselles. ⇒ **emmailloter.** *Enfant au maillot,* dans les langes. ‹ ▸ emmailloter ›

① ***main*** [mɛ̃] n. f. **I. 1.** Partie du corps humain, servant à toucher et à prendre, située à l'extrémité du bras et munie de cinq doigts. *Main droite, gauche. Creux, paume, dos, plat, revers de la main. Les lignes de la main. Il a de grosses mains.* ⇒ **patte**, *de petites mains* ⇒ **menotte**. *Elle s'est lavé les mains. Se frotter les mains* (en signe de satisfaction). *Se tordre les mains* (de désespoir). — *À main droite, gauche,* à droite, gauche. — Loc. *Être grand* comme sa (la) main. En un tour de main,* rapidement. ⇒ en un **tournemain.** — SOUS MAIN : en secret. ⇒ **sous-main.** — Loc. fig. *En mettre sa main au feu*.* **2.** La main qui prend, qui possède. *Prendre qqch. d'une main, des deux mains.* — À LA MAIN. *Tenir un sac à la main. Mourir les armes à la main,* en combattant. — À MAIN. *Sac à main.* ⇒ fam. **sacoche.** *Frein à main.* — *Faire main basse sur qqch.,* emporter, voler. Loc. *Il a été pris la main dans le sac,* en train de voler, en flagrant délit. — *Se serrer la main* (pour se saluer ou en signe de réconciliation). *Tendre la main à qqn,* avancer la main pour qu'il, elle la serre ; fig. lui offrir son amitié, son aide, son pardon. — Vieilli. *Demander*, obtenir la main d'une jeune fille,* la permission de l'épouser. — EN MAIN. *Démontrer qqch. preuve en main,* en montrant une preuve (⇒ **appui**). *Être en (entre) bonnes mains,* dans la possession, sous la garde d'une personne sérieuse. *Avoir (une affaire) en main,* la mener comme on veut. *Prendre en main,* en charge, s'occuper de. — *Être reçu sur la main,* bien reçu. *Mettre la main sur qqn, qqch.,* trouver. **3.** La main liée à l'idée de pouvoir. *Tomber aux mains des ennemis,* en leur pouvoir. — Loc. *Une main de fer dans un gant de velours,* une autorité très forte sous une apparence de douceur. **4.** La main qui frappe. *Lever la main sur qqn* (pour le frapper). *En venir aux mains,* aux coups. — Loc. fam. *Ne pas y aller de main morte,* frapper violemment. — *Homme de main,* celui qui commet des actions criminelles pour le compte d'un autre. *Faire le coup de main,* une attaque rapide. **5.** La main qui donne, reçoit. *Remettre en main propre,* au destinataire en personne. *De la main à la main* ou *de main à main,* sans intermédiaire ni formalités. — *Recevoir, tenir de première main* (opposé à *de seconde main*), directement, de la source. *Une voiture d'occasion de première main,* qui n'a eu qu'un propriétaire. **6.** La main qui travaille, agit. *Travailler de ses mains.* ⇒ **manuellement.** *Travail fait à la main,* sans machines. *Lavage d'autos à la main.* — Loc. *Mettre la main à qqch.,* travailler à. *Mettre la main à la pâte,* travailler. *Mettre la dernière main à,* finir (un travail). ⇒ **finaliser.** — *Être adroit de ses mains.* Loc. *Avoir des mains en or,* être très habile. *Avoir la main heureuse,* être chanceux lorsqu'on a un choix à faire. *Prêter la main à,* aider à. Loc. *Donner un coup de main à qqn,* l'aider. — *Forcer la main à qqn,* le forcer d'agir. *Avoir les mains libres,* être libre d'agir. *Faire des pieds et des mains,* multiplier les efforts (pour aboutir à un résultat). Fam. *Avoir les mains pleines de pouces,* être maladroit, manquer d'habileté pour prendre, ou saisir qqch. *Avoir un poil dans la main.* ⇒ être **paresseux. 7.** Manière de faire. *Reconnaître la main de qqn, d'un artiste.* ⇒ **griffe, patte, touche. 8.** Habileté professionnelle. *Se faire la main,* apprendre. ⇒ s'**exercer.** *Perdre la main. Avoir le coup de main. De main de maître.* ⇒ **maître** (II, 6). **9.** Jeux de cartes. L'initiative (au jeu). *Avoir, céder, donner, passer la main.* — Abstrait. *Passer la main,* abandonner. **II.** (Choses) *Main de justice,* sceptre terminé par une main d'ivoire ou de métal précieux. **III.** (Personnes) (France) PETITE MAIN : apprentie couturière ; ouvrière débutante. *Elle a été engagée comme petite main.* — PREMIÈRE MAIN : première couturière d'un atelier. ▸ ***main-courante*** n. f. ■ Rampe d'escalier. ⇒ fam. **bras** (7). *Tenir la main-courante dans l'escalier mécanique.* ‹ ▸ baisemain, essuie-mains, main-d'œuvre, main-forte, mainmise, maintenance, maintenir, maintien, manette, manier, manière, manipuler, manivelle, manœuvre, manucure, manuel, manufacture, manuscrit, manutention, menotte, ① en sous-main, ② sous-main, en un tournemain ›

② ***main*** n. f. ■ Assemblage de vingt-cinq feuilles de papier. *Une rame se compose de vingt mains.*

mainate [me(ɛ)nat] n. m. **1.** Passereau noir, au bec orangé, originaire de Malaisie, capable d'imiter la voix humaine. *Le mainate peut siffler et chanter.* **2.** Nom courant donné à des passereaux d'Amérique du Nord qui ressemblent à l'étourneau. *Le mainate bronzé vit près des habitations.*

main-d'œuvre [mɛ̃dœvʀ] n. f. **1.** Travail engagé dans la réalisation d'un produit ou d'un service. *C'est 200 dollars, pièces et main-d'œuvre.* ⇒ **façon. 2.** Ensemble des salariés, des ouvriers. *La main-d'œuvre étrangère, féminine. Les mains-d'œuvre. Le centre de main-d'œuvre.*

main-forte [mɛ̃fɔʀt(ə)] n. f. ■ Loc. DONNER, PRÊTER MAIN-FORTE *à qqn,* lui porter assistance pour exécuter qqch. ⇒ ① **aide.**

mainmise [mɛ̃miz] n. f. ■ Action de s'emparer. ⇒ **prise.** *La mainmise d'un État sur des territoires étrangers.*

maint, mainte [mɛ̃, mɛ̃t] adj. indéf. ■ En loc. Nombreux. *À maintes reprises,* de nombreuses fois. *Maintes fois,* souvent. *Maintes et maintes fois.*

maintenance [mɛ̃tnɑ̃s] n. f. ■ Service d'entretien ou opérations d'entretien d'un matériel technique. *Les frais de maintenance.*

maintenant [mɛ̃tnɑ̃] adv. **1.** Dans le temps actuel, au moment présent. ⇒ **actuellement, aujourd'hui,** à **présent ;** fam. **astheure.** *Maintenant il faut partir. Et maintenant ? C'est maintenant ou jamais.* — À partir du moment présent (+ futur). *Maintenant, tout ira bien. Dès maintenant.* ⇒ **désormais.** *À partir de maintenant.* — MAINTENANT QUE loc. conj. : à présent que, en ce moment où. **2.** (En tête de phrase, marque une pause où l'on considère une possibilité nouvelle) *Voilà ce que je vous conseille ; maintenant, vous ferez ce que vous voudrez.*

maintenir [mɛ̃tniʀ] v. tr. ■ conjug. 22. **1.** Conserver dans le même état ; faire ou laisser durer. ⇒ **entretenir, garder.** / contr. **changer, supprimer** / *Maintenir l'ordre, la paix. Maintenir au congélateur.* **2.** Affirmer avec constance, fermeté. ⇒ **certifier, soutenir.** / contr. **retirer** / *Je l'ai dit et je le maintiens.* **3.** Tenir dans une même position, empêcher de bouger. ⇒ **fixer, retenir, soutenir.** *La clef de voûte maintient l'édifice.* **4.** SE MAINTENIR v. pron. : rester dans le même état (/ contr. **changer** /) ; ne pas aller plus mal. *Malade, vieillard qui se maintient.* — Impers. et fam. *Alors, ça va ? ça se maintient ?* ‹ ▸ maintenance, maintien ›

maintien [mɛ̃tjɛ̃] n. m. **1.** Action de maintenir, de faire durer. / contr. **abandon, changement** / *Assurer le maintien de l'ordre.* **2.** Manière (qu'a une personne) de se tenir en société. ⇒ **attitude, contenance.** *Avoir un maintien désinvolte ; étudié* (⇒ **pose**).

maire, mairesse [mɛʀ, mɛʀɛs] n. ■ Magistrat élu à la tête d'une municipalité. *Les maires de la* communauté urbaine. Madame la mairesse ou madame la maire. Le maire et les conseillers. ⇒ fam. **échevin.** — REM. L'O.L.F. propose *mairesse* au féminin. ▶ ***mairie*** n. f. **1.** Administration municipale. *Secrétaire de mairie.* **2.** Bâtiment où sont les bureaux du maire et de l'administration municipale. ⇒ **hôtel** de ville. ⟨ ▶ lord-maire ⟩

mais [mɛ] conj. et adv. **I.** Conj. **1.** Introduit une idée contraire à celle qui a été exprimée. *Ce n'est pas ma faute, mais la tienne ! Je n'en veux pas un, mais deux.* **2.** Introduit une restriction, une correction, une précision. ⇒ en **revanche.** *C'est beau, mais c'est cher. Non seulement..., mais, mais encore, mais enfin, mais aussi, mais même, mais en outre.* **3.** Introduit une objection. *Mais pourtant vous connaissez cet homme ? Oui, mais...* — N. m. invar. *Il y a toujours avec eux des si et des mais.* **II.** Adv. **1.** Littér. Loc. N'EN POUVOIR MAIS : n'y pouvoir rien. **2.** (Renforçant un mot exprimé) *« Tu viens avec moi ? – Mais bien sûr ! » Mais oui, mais non.* **III.** MAIS exclamatif. *Ah mais ! tu es bien tannante !* — Fam. *Non, mais ! pour qui tu te prends !* ⟨ ▶ désormais, jamais ⟩

maïs [mais] n. m. invar. ■ Plante (céréale de la famille des graminées) cultivée pour ses grains comestibles. ⇒ **blé** d'Inde. *Champ de maïs.* — Les grains de cette plante. *Farine de maïs. Du maïs en crème. Le sirop de maïs. Grains de maïs soufflés* ou *éclatés.* ⇒ anglic. **popcorn.** — Épi de maïs. *Un maïs bouilli.*

maison [mɛzɔ̃] n. f. **I. 1.** Bâtiment d'habitation. ⇒ **bâtisse, construction, édifice, immeuble, logement ;** fam. **baraque, bicoque.** *Façade, murs, toit d'une maison. Maison de bois, de briques. Maison préfabriquée. Maison canadienne. Maison mobile. Maison privée. Maison unifamiliale* ou *individuelle,* unifamiliale. ⇒ **bungalow,** ① **pavillon, villa,** *à plusieurs appartements* ou *maison appartements.* ⇒ **immeuble ;** fam. **bloc-appartements, conciergerie.** *Maison jumelée.* ⇒ **jumelé ; duplex** (II, 3). *Maison en rangée, à étage. Maison de cultivateurs.* ⇒ ② **ferme.** *Maison de campagne,* résidence secondaire d'un citadin. ⇒ **chalet.** — Loc. *C'est gros comme une maison,* énorme, évident. *Passer par les maisons,* faire du porte-à-porte. — (Avec des majusc.) LA MAISON BLANCHE : résidence du président des États-Unis. **2.** Habitation, logement (qu'il s'agisse ou non d'un bâtiment entier). ⇒ **chez-soi, demeure, domicile,** ② **foyer, logis.** *Quitter la maison.* — À LA MAISON : chez soi. *Il aime rester à la maison.* — Loc. *Casser maison,* cesser de vivre dans sa maison (retraite, veuvage, divorce). **3.** (Surtout en France) Place (d'un domestique). *Elle a fait de nombreuses maisons.* — Loc. *Les gens de maison,* les domestiques. **II.** Bâtiment, édifice destiné à un usage spécial. *Maison communautaire.* — *Maison de santé.* ⇒ **clinique, hôpital,** *de repos.* — *Maison de retraite,* où l'on reçoit les personnes âgées. ⇒ centre d'**accueil,** ② **foyer.** — *Maison de(s) jeunes.* — *Maison de chambres*.* ⇒ ② **pension.** — *Maison de la culture,* établissement public chargé de diffuser la culture. — *Maison de jeux.* ⇒ **tripot.** *Maison de rendez-vous. Maison close, maison de tolérance, de débauche.* ⇒ **bordel. III.** Entreprise commerciale. ⇒ **établissement, firme, société.** *Maison de détail, de gros. La maison mère et les succursales. La maison ne fait pas de crédit.* — L'établissement où l'on travaille. *Les traditions de la maison. J'en ai assez de cette maison !* ⇒ **boîte, boutique. IV. 1.** Vx. Famille. *Une maison princière.* Loc. *Il fait la jeune fille de la maison,* le service au cours d'une réunion. **2.** Autrefois. Ensemble des personnes employées au service des grands personnages. *La maison du roi.* **3.** Anciennt. Descendance, lignée (des familles nobles). *La maison d'Autriche, de Lorraine.* **V.** En appos. Invar. **1.** Qui a été fait à la maison, sur place (et non pas acheté au-dehors). *Un pâté maison ; des tartes maison.* **2.** Fam. Particulièrement réussi, soigné. *Une bagarre maison !* ▶ ***maisonnée*** n. f. ■ L'ensemble de ceux qui habitent la même maison. — Famille. *Toute la maisonnée était réunie.* ▶ ***maisonnette*** n. f. ■ Petite maison.

maître, maîtresse [mɛtʀ, mɛtʀɛs] n. **I.** Personne qui exerce une domination. **1.** Personne qui a pouvoir et autorité (sur qqn) pour se faire servir, obéir (opposé à *serviteur*). *Le maître et l'esclave, et le vassal.* ⇒ **seigneur.** *Le maître d'un pays.* ⇒ **dirigeant.** *Les maîtres du monde,* ceux qui ont le pouvoir. PROV. *On ne peut servir deux maîtres à la fois.* — Loc. *L'œil du maître,* la vigilance du maître à qui rien n'échappe. — *Parler, agir en maître.* — *Trouver son maître,* celui, celle à qui l'on doit obéir. **2.** Possesseur (d'un animal domestique). *Ce chien reconnaît son maître et sa maîtresse.* **3.** MAÎTRE, MAÎTRESSE DE MAISON : personne qui dirige la maison. *Maître de maison qui reçoit.* ⇒ **hôte.** *Chambre des maîtres,* des propriétaires d'une maison. **4.** ÊTRE (LE) MAÎTRE *quelque part* : diriger, commander. *Je suis le maître chez moi. Le capitaine d'un bateau est seul maître à bord, est maître après Dieu.* — Aux cartes. *Je suis maître,* j'ai la carte maîtresse. **5.** ÊTRE SON (PROPRE) MAÎTRE : être libre et indépendant. — ÊTRE, RESTER MAÎTRE DE SOI : se dominer, se maîtriser. *Elle est restée maîtresse d'elle-même,* elle est restée calme. — *Être maître de faire qqch.* ⇒ **libre. 6.** Personne qui possède une chose, en dispose. ⇒ **possesseur, propriétaire.** *Voiture, maison* DE MAÎTRE : dont l'usager est le propriétaire (opposé à *de louage*). — *Se rendre maître de qqch.* (se l'approprier), *de qqn* (le capturer, le maîtriser). — (Choses abstraites) *Se trouver maître d'un secret. Elle reste maîtresse de la situation.* ⇒ **arbitre. II. 1.** Dans des loc. Personne qui exerce une fonction de direction, de surveillance. ⇒ **chef.** *Maître d'œuvre,* celui qui dirige un travail collectif. *Maître de ballet,* personne qui dirige un ballet dans un théâtre (fém. *maître* ou *maîtresse*). *Maître de chapelle*. Maître d'hôtel*. Maître nageur*.* Vieilli *Maîtresse de poste,* personne qui dirige un bureau de poste. — Nom donné aux marins officiers. *Premier maître, quartier-maître. Maître d'équipage. Grand maître de l'ordre,* chef d'un ordre militaire. *Le grand maître des Templiers.* — Fam. *Maître de cérémonie,* animateur (d'une soirée, d'un spectacle...). *Le maître de cérémonie d'un cabaret.* **2.** Vieilli. Personne qui enseigne aux enfants dans une école, ou dans le particulier. ⇒ **enseignant, instituteur, professeur.** *Digne d'un maître.* ⇒ **magistral.** *Maître, maîtresse d'école. Ils aiment bien leur maîtresse.* **3.** N. m. Artisan qui dirige le travail et enseigne aux apprentis. *Les maîtres, les compagnons et les apprentis d'une corporation.* **4.** N. m. Peintre, sculpteur qui dirigeait un atelier. *Attribuer au maître l'œuvre d'un élève.* **5.** N. m. Personne dont on est le disciple, que l'on prend pour modèle. *Un maître à penser.* **6.** N. m. Artiste, écrivain ou savant (homme ou femme) qui excelle dans son art, qui a fait école. *Les maîtres de la littérature française. Un tableau de maître.* — Loc. *Elle est passée maître dans l'art de mentir. De main de maître,* avec l'habileté d'un maître. ⇒ **magistralement.** *Un coup de maître,* un coup remarquable. *Trouver son maître,* qqn de supérieur à soi. **7.** N. m. *Maître ès arts* (abrév. *M.A.*), titulaire d'un grade de maîtrise dans une université. **III.** (Suivi d'un nom propre) Titre qui remplace Monsieur, Madame, en parlant des gens de loi ou en s'adressant à eux (avocat, huissier, notaire). *Maître X, avocat, avocate à la cour* (abrév. *M*[e]). — Titre que l'on donne en s'adressant à un professeur éminent, à un artiste ou un écrivain célèbre. *Monsieur (Madame) et cher Maître.* **IV.** MAÎTRE, MAÎTRESSE en appos. ou adj. **1.** Qui a les qualités d'un maître, d'une maîtresse. *Une* *maîtresse femme,* qui sait organiser et commander. ⇒ **énergique. 2.** Qui est le premier, le chef de ceux qui exercent la même profession dans un corps de métier. *Un maître queux* (cuisinier). *Maître teinturier.* — Pour renforcer une qualification injurieuse. ⇒ **fieffé.** *Maître escroc, filou.* **3.** (Choses) Le plus important, la plus importante (en loc.). ⇒ **principal.** / contr. **accessoire, secondaire** / *La maîtresse branche d'un arbre,* la plus grosse. *La maîtresse poutre* ou *la poutre maîtresse. Maître-autel,* autel principal d'une église. — Jeux de cartes. *Atout maître. Carte maîtresse.* — Essentiel. *La pièce maîtresse d'une collection, d'un dossier.* ‹ ▸ contremaître, maître chanteur, maîtresse, maîtrise, quartier-maître ›

maître chanteur n. m. ■ Personne qui fait chanter qqn, exerce un chantage*. *Des maîtres chanteurs.*

maîtresse n. f. **I.** Féminin de *maître* dans certains emplois. ⇒ **maître. II. 1.** Vx. (langue classique) *La maîtresse de qqn,* la jeune fille ou la femme qu'il aime, fiancée. **2.** *La maîtresse de qqn,* la femme qui s'est donnée à lui (sans être son épouse). *Ils sont amant et maîtresse. Avoir une maîtresse.* ⇒ **liaison.**

maîtrise [mɛtʀiz] n. f. **I. 1.** MAÎTRISE DE SOI : qualité de celui, de celle qui est maître de soi, qui se domine. ⇒ **contrôle, empire, sang-froid. 2.** Contrôle militaire (d'un lieu). *L'Angleterre avait la maîtrise des mers.* ⇒ **suprématie. 3.** Loc. *Perdre la maîtrise* (d'un véhicule), le contrôle. *Le conducteur a perdu la maîtrise de son volant sur la chaussée glissante.* **II. 1.** Qualité, grade, fonction de maître, dans certains corps de métiers. **2.** Études universitaires de deuxième cycle ; grade de maître. *Faire sa scolarité de maîtrise. Elle a obtenu une maîtrise en administration des affaires* (abrév. *M.B.A.*). *Mémoire* de maîtrise.* **3.** Ensemble des maîtres d'une corporation. — Loc. AGENTS DE MAÎTRISE : nom donné à certains techniciens qui forment les cadres inférieurs d'une entreprise. **4.** Perfection digne d'un maître, dans la technique. ⇒ **habileté, maestria, métier.** *Exécuté avec maîtrise.* ⇒ **magistral.** ▸ ***maîtriser*** v. tr. ▪ conjug. 1. **1.** Se rendre maître de, par la contrainte physique. *Maîtriser un cheval.* — *Maîtriser un incendie,* l'arrêter. **2.** Dominer (une passion, une émotion, un réflexe). ⇒ **contenir, réprimer, vaincre.** *Maîtriser sa colère, son émotion.* — Pronominalement. *Se maîtriser* → prendre sur soi). ⇒ se **contraindre,** se **retenir.** *Allons, du calme, maîtrisez-vous !* **3.** Dominer (ce que l'on fait, ce dont on se sert). *Elle maîtrise parfaitement la langue française.* ▸ ***maîtrisable*** adj. ■ Qui peut être maîtrisé. / contr. **insurmontable** /

majesté [maʒɛste] n. f. **I. 1.** Grandeur suprême. ⇒ **gloire.** *La majesté impériale.* **2.** (Avec une majusc.) Titre donné aux souverains héréditaires. *Votre Majesté, Vos Majestés* (par abrév. *V. M., VV. MM.*). *Sa Majesté le roi.* **II.** Caractère de grandeur, de noblesse dans l'apparence, l'allure, les attitudes. ⇒ **dignité.** *Un air de majesté.* ⇒ **majestueux.** — (Choses) ⇒ **beauté, grandeur.** *La majesté de la nature, des ruines.* ▸ ***majestueux, euse*** adj. **1.** Qui a de la majesté. ⇒ **imposant.** *Une femme majestueuse et intimidante. Air majestueux.* ⇒ **fier, grave. 2.** D'une beauté pleine de grandeur, de noblesse. ⇒ **grandiose.** *Un fleuve majestueux.* ▸ ***majestueusement*** adv. ‹ ▸ lèse-majesté ›

① ***majeur, eure*** [maʒœʀ] adj. et n. m. **I.** Adj. compar. **1.** Plus grand, plus important. *La majeure partie,* le plus grand nombre. **2.** *Intervalle majeur,* plus grand d'un demi-ton chromatique que l'intervalle mineur. — N. m. *Morceau en majeur.* **3.** Très grand, très important. ⇒ **considérable, exceptionnel.** *Intérêt majeur. Préoccupation majeure.* / contr. **mineur** / — *Un cas de force* majeure.* **II.** N. m. Le plus grand doigt de la main (ou *médius*). **III.** Sports. Adj. et n. f. **1.** Relatif à la catégorie de jeu du plus haut niveau professionnel (opposé à *mineur*). *Le hockey, le baseball majeur. Une ligue majeure de football.* — N. f. pl. *Les majeures,* les grandes ligues professionnelles. *Jouer dans les majeures.* **2.** Hockey. *Une pénalité majeure* ou, n. f., *une majeure,* une pénalité de cinq minutes (⇒ ① **mineur**). ‹ ▸ majeure ›

② ***majeur, eure*** adj. ■ (Personnes) Qui a atteint l'âge de la majorité légale. / contr. ② **mineur** / *Héritier majeur. Il est majeur, il sait ce qu'il fait.*

majeure [maʒœʀ] n. f. ■ Principal champ d'études dans un programme scolaire (opposé à *mineure*). *Elle fait une majeure en littérature.*

ma-jong n. m. ⇒ **mah-jong.**

major [maʒɔʀ] adj. et n. m. **I.** Adj. m. Supérieur par le rang (dans quelques composés). *Sergent-major. Chirurgien-major. Des états-majors.* **II.** N. m. **1.** Officier supérieur de l'armée ayant un grade intermédiaire entre celui de capitaine et celui de lieutenant-colonel. **2.** (France) Candidat reçu premier au concours d'une grande école. *Elle est le major de sa promotion.* ▸ ***majorette*** n. f. ■ Jeune fille qui défile en uniforme militaire de fantaisie, et en maniant une canne de tambour-major. *Un corps de majorettes participe au défilé.* ▸ ***majordome*** n. m. ■ Maître d'hôtel de grande maison. ▸ ***majorer*** v. tr. ▪ conjug. 1. ■ Porter (une évaluation, un compte, un prix) à un chiffre plus élevé. *Majorer une facture. Majorer les prix, les salaires.* ⇒ **augmenter.** / contr. **baisser, diminuer** / ▸ ***majoration*** n. f. ■ Action de majorer. *Majoration de prix, d'impôt.* ⇒ **hausse.** / contr. **diminution** / ‹ ▸ état-major, ① majorité, ② majorité, tambour-major ›

① ***majorité*** [maʒɔʀite] n. f. **1.** Groupement de voix qui l'emporte par le nombre, dans un vote. *La majorité des suffrages, des membres présents. Majorité absolue,* réunissant la moitié plus un des suffrages exprimés. *Majorité relative,* groupement de voix le plus important en nombre mais inférieur à la majorité absolue. *Elle a été élue à la majorité relative avec quarante pour cent des suffrages exprimés.* **2.** Parti, faction qui réunit la majorité des suffrages. *La majorité et l'opposition.* **3.** Le plus grand nombre. ⇒ la **plupart.** *Assemblée composée en majorité d'avocats. La majorité des Canadiens, les Canadiens dans leur immense majorité pensent que...* ⇒ **généralité.** / contr. **minorité** / ▸ ***majoritaire*** adj. **1.** Se dit du système électoral dans lequel la majorité l'emporte. *Système, vote majoritaire.* **2.** Qui fait partie d'une majorité ou détient la majorité. / contr. **minoritaire** / — N. *Les majoritaires d'un parti.*

② ***majorité*** n. f. ■ Âge légal à partir duquel une personne devient pleinement responsable (opposé à *② minorité*). ⇒ ② **majeur.** — *Majorité civile et légale,* âge de dix-huit ans. *Jusqu'à la majorité de l'enfant.*

majuscule [maʒyskyl] adj. et n. f. ■ *Lettre majuscule* (opposé à *minuscule*), lettre plus grande, d'une forme particulière, qui se met au commencement des phrases, des vers, des noms propres. — N. f. *Une majuscule.* ⇒ **capitale.** *Écrire en majuscules.*

① ***mal*** [mal] adj. invar. / contr. ① **bon** / **I.** (Dans quelques expressions) Mauvais. *Bon gré, mal gré. Bon an, mal an.* **II.** (En attribut) **1.** Contraire à un principe moral, à une obligation. *C'est mal, ce que tu as fait là. Faire, dire qqch. de mal. Je n'ai rien fait de mal.* / contr. ① **bien** (II) / **2.** PAS MAL : plutôt bien (adj.). *Elle n'est pas mal,* assez jolie. *« Comment allez-vous ? – Pas mal. »,* assez bien. ‹ ▸ maladresse, malaise, malchance, maldonne, malfaçon, malformation, malgré, malheur, malnutrition, malversation ›

② **mal** adv. / contr. ① **bien** (I) / **I. 1.** D'une manière contraire à l'intérêt ou au plaisir de qqn. *Ça commence mal ! L'affaire va mal. Ça a failli mal tourner,* se gâter. *Ça tombe mal.* — Loc. *Être mal pris,* en difficulté, dans une mauvaise situation. *Pourriez-vous m'aider car je suis mal pris ? Être mal pris avec qqn, qqch.* **2.** Avec malaise, douleur. *Se sentir mal,* avoir un malaise ou être mal à l'aise. *Elle se sent mal dans sa peau.* SE TROUVER MAL : s'évanouir. *Il va mal, il se porte mal,* il est malade. — Substantivement. *Elle est* AU PLUS MAL, à l'article* de la mort. **3.** D'une façon défavorable, avec malveillance. *Il est mal vu des autres. Traiter mal qqn. Mal parler de qqn.* **II. 1.** Autrement qu'il ne convient. *Travail mal fait. Elle parle assez mal le français. Mal connaître une personne. Je comprends mal votre raisonnement. Être mal habillé. Enfant mal élevé.* **2.** Insuffisamment (en qualité ou quantité). ⇒ **médiocrement.** *Travailleur mal payé. J'ai mal dormi.* **3.** Contrairement à la loi morale. *Il s'est mal conduit, il a mal agi. Elle a mal tourné.* PROV. *Bien mal acquis ne profite jamais.* **III. 1.** PAS MAL (+ négation) loc. adv. : assez bien, bien. *Ce tableau ne fera pas mal sur ce mur. Il ne s'en est pas mal tiré. — Ça n'est pas si mal que cela,* c'est bien. **2.** PAS MAL (sans négation) loc. adv. : assez, beaucoup (opposé à *peu*). *Il est pas mal froussard.* ⇒ **passablement.** *Elle a pas mal voyagé. Je m'en fiche pas mal.* **3.** PAS MAL DE (sans négation) : un assez grand nombre de. *J'avais appris pas mal de choses.* ‹ ▶ maladroit, mal-aimé, malaisé, malappris, malavenant, malcommode, maldonne, mal embouché, malencontreux, malendurant, malengueulé, malentendant, malentendu, malfaisant, mal famé, malhabile, malhonnête, malintentionné, malmener, malodorant, malpoli, malpropre, malsain, malséant, maltraiter, malveillant, malvenu, malvoyant ›

③ **mal**, plur. **maux** n. m. **I. 1.** Ce qui cause de la douleur, de la peine, du malheur ; ce qui est mauvais, pénible (pour qqn). ⇒ **dommage, perte, préjudice, tort.** / contr. ② **bien** / *Faire du mal à qqn. Cela n'a jamais fait de mal à personne.* Loc. *Il, elle ne ferait pas de mal à une mouche,* c'est une personne douce. — UN MAL, DES MAUX. ⇒ **malheur, peine.** Loc. *De, entre deux maux, il faut choisir le moindre.* **2.** Souffrance, malaise physique. ⇒ **douleur.** *J'ai mal aux pieds. Mal de dents, de gorge. Maux de tête.* ⇒ **migraine.** *Mal de cœur,* envie de vomir. ⇒ **nausée.** *Mal de mer, mal de l'air, mal des transports,* malaises dus au mouvement d'un bateau, d'un avion, d'un véhicule (voiture, autobus), d'un train, etc., (nausées, vomissements). FAIRE MAL : faire souffrir. *Une blessure qui fait mal.* — Fam. *Ça me fait mal (au ventre, au cœur) de voir, d'entendre cela,* cela m'inspire de la pitié, du regret, du dégoût. **3.** Fam. *Il n'y a pas de mal,* ce n'est rien, ne vous excusez pas. **4.** Maladie. *Prendre mal, du mal,* tomber malade. *Ferme la fenêtre, sinon tu vas attraper du mal. Le mal s'aggrave. Le remède est pire que le mal.* **5.** Souffrance morale. *Des mots qui font du mal.* ⇒ **blesser.** *Le mal du siècle,* mélancolie profonde de la jeunesse romantique. *Le mal du pays.* ⇒ **nostalgie.** *Le mal d'amour.* — *Être* EN MAL DE : souffrir de l'absence, du défaut de qqch. *Il, elle est en mal d'affection.* **6.** Difficulté, peine. *Avoir du mal à faire qqch. Se donner du mal, beaucoup de mal,* (loc.) *un mal de chien, pour faire qqch. On n'a rien sans mal.* **7.** *Dire, penser du mal de qqn,* des choses défavorables. **II.** (Sans plur.) **1.** Ce qui est contraire à la loi morale, à la vertu, au bien. *Faire le mal pour le mal. L'esprit du mal* ⇒ ① **malin** (1) ; **malignité.** — À MAL. *Penser, songer à mal,* avoir des intentions mauvaises. *Sans penser à mal.* **2.** LE MAL : tout ce qui est l'objet de désapprobation ou de blâme dans une société. *Le monde partagé entre le bien et le mal* (⇒ **péché**). ‹ ▶ demi-mal, malédiction, maléfice, mal-en-train, malfaiteur, malus ›

mal- ■ Premier élément de mots (ex. : *maladresse, malaise,*), de même sens que *mé-* (ex. : *médire*) et *mau-* (ex. : *maudire*).

malabar [malabaʀ] adj. et n. m. ■ (France) Fam. (Personnes) Très fort. ⇒ **costaud.** *Elle est plutôt malabar.*

malachigan [malaʃigɑ̃] n. m. ■ Variété d'achigan d'eau douce, au dos mal formé. ⇒ **grondin.**

malachite [malak(ʃ)it] n. f. ■ Carbonate de cuivre, pierre d'un beau vert diapré.

malade [malad] adj. et n. **I.** Adj. **1.** Qui souffre de troubles organiques ou fonctionnels, est en mauvaise santé (opposé à *sain*). *Il est gravement, sérieusement malade.* / contr. bien ① **portant** / *Tu as l'air malade.* ⇒ **indisposé, souffrant ;** fam. mal ② **fichu.** *Tomber malade. Les malades dans les hôpitaux.* ⇒ **patient.** — MALADE MENTAL : personne qui souffre d'une maladie mentale. — Par exagér. *Malade d'amour.* — Fam. *J'en suis malade, cela me rend malade rien que d'y penser.* — Loc. fam. *Es-tu malade ?,* tu ne sais pas ce que tu dis ou fais. ⇒ ① **fou, idiot, imbécile ;** fam. **débile** (II). — (Plantes) *L'érable est malade cette année.* **2.** Fam. (Objets) Détérioré, en mauvais état, très usé. *La reliure de ce dictionnaire est bien malade.* **II.** N. Personne malade. *La malade garde la chambre. Demander des nouvelles d'un malade. Guérir, opérer une malade.* ⇒ **patient.** — MALADE IMAGINAIRE : personnage qui se croit malade, mais ne l'est pas. ‹ ▶ garde-malade, maladie, maladif ›

maladie [maladi] n. f. **I.** Trouble de l'organisme. *Maladie bénigne, grave, incurable.* ⇒ **affection,** ③ **mal ;** suff. **-pathie.** *Maladie de cœur, de peau. Maladie infectieuse, contagieuse, épidémique. Maladie mentale,* psychose. *Les symptômes d'une maladie. La maladie s'est déclarée, a évolué, s'est aggravée. Attraper, avoir une maladie. Il, elle s'est bien remis(e) de sa maladie. Une maladie transmise sexuellement* (⇒ ② **M.T.S.**) ou, France, *une maladie sexuellement transmissible* (⇒ **M.S.T.**). *Les maladies professionnelles* ou *industrielles.* — Loc. fam. *En faire une maladie,* être très contrarié de qqch. — LA MALADIE : l'état des organismes malades ; les maladies en général. *Être miné, rongé par la maladie.* — (Plantes) *Les maladies des végétaux.* **II.** Habitude, comportement anormal, excessif. ⇒ **manie.** *Avoir la maladie de la propreté, de la nouveauté.*

maladif, ive [maladif, iv] adj. **1.** Qui est de constitution fragile, souvent malade, ou sujet à l'être. ⇒ **chétif, malingre, souffreteux.** *Un enfant maladif.* / contr. **robuste, sain** / **2.** Qui présente le caractère de la maladie. *Pâleur maladive.* **3.** Anormal, excessif et irrépressible. *Une peur maladive de l'obscurité.* ⇒ **morbide.** ▶ ***maladivement*** adv.

maladresse [maladʀɛs] n. f. **1.** Manque d'adresse. *La maladresse d'un tireur.* ⇒ **inhabileté.** / contr. **adresse, habileté** / **2.** Manque d'habileté ou de tact. *Sa maladresse à dire ce qu'il ressent.* ⇒ **gaucherie.** **3.** Action maladroite. ⇒ **bêtise, bévue, erreur, étourderie, faute, gaffe, imprudence.** *Une série de maladresses.*

maladroit, oite [maladʀwa, wat] adj. et n. **1.** Qui manque d'adresse, n'est pas adroit. ⇒ **inhabile, malhabile ;** ② **gauche.** / contr. **adroit, habile** / *Elle n'est pas maladroite de ses mains.* — N. *C'est un maladroit, il casse tout ce qu'il touche.* **2.** (Dans le comportement, les relations sociales) *Un amoureux maladroit.* — N. *Maladroit, c'était ce qu'il ne fallait pas dire !* ⇒ **balourd, gaffeur.** **3.** Qui dénote de la maladresse. *Gestes maladroits. Remarque maladroite.* / contr. **aisé, facile** / ▶ ***maladroitement*** adv. ■ ⇒ **gauchement,** ② **mal** (II). *Elle s'y prend maladroitement.*

mal-aimé, ée [maleme] adj. et n. ■ Qui n'est pas assez aimé. *Une enfant mal-aimée.* — N. *Ce sont des mal-aimés.*

malaise [malɛz] n. m. **1.** Sensation pénible et vague d'un trouble dans les fonctions physiologiques. ⇒ **dérangement, indisposition.** *Tu as eu un léger malaise. Un malaise passager.* **2.** Sentiment pénible et irraisonné dont on ne peut se défendre. ⇒ **angoisse, gêne, inquiétude.** *Provoquer un malaise chez qqn, troubler.* **3.** Mécontentement social inexprimé. *Le malaise linguistique. Le malaise politique.*

malaisé, ée [malɛze] adj. ■ Littér. Qui ne se fait pas facilement. ⇒ **difficile.** *Tâche malaisée. Malaisé à faire.* / contr. **aisé, commode, facile** / ▶ ***malaisément*** adv. ■ *Accepter, supporter malaisément une réflexion.*

malamute [malamyt] n. m. ■ Chien esquimau de l'Alaska. — En appos. *Un chien malamute.*

malandrin [malɑ̃dʀɛ̃] n. m. ■ (France) Vieilli ou littér. Voleur ou vagabond dangereux. ⇒ **bandit, brigand.**

malappris, ise [malapʀi, iz] adj. ■ Vieilli. Mal élevé. ⇒ **grossier, impoli, malotru.** — N. *Espèce de malappris !* — REM. Le fém. est rare.

malard ou ***malart*** [malaʀ] n. m. ■ Variété de canard sauvage qui est très commun. — REM. En France, *malard* ne désigne que le canard mâle.

malaria [malaʀja] n. f. ■ Paludisme.

mal(-)avenant, ante [malavnɑ̃, ɑ̃t] adj. et n. ■ Qui est malcommode, peu sympathique. ⇒ **désagréable, haïssable.** *Des enfants malavenants.* — N. *Un grand malavenant.*

malaxer [malakse] v. tr. • conjug. 1. **1.** Pétrir (une substance) pour la rendre plus molle, plus homogène. *Malaxer le beurre.* **2.** Remuer ensemble de manière à mêler. ▶ ***malaxage*** n. m. ▶ ***malaxeur*** n. m. ■ Appareil, machine servant à malaxer ; batteur électrique sur socle. *Malaxeur-broyeur.* ⇒ **mélangeur,** ② **mixer.**

malchance [malʃɑ̃s] n. f. ■ Mauvaise chance (1). ⇒ **adversité, déveine ;** fam. ② **guigne, poisse.** *Avoir de la malchance. Elle joue de malchance. Une série de malchances.* / contr. **chance** / ▶ ***malchanceux, euse*** adj. ■ Qui a de la malchance. *Un joueur malchanceux.* — N. *C'est un malchanceux.*

malcommode [malkɔmɔd] adj. et n. **1.** (Choses) Qui est peu commode, peu pratique. ⇒ **incommode.** / contr. ① **commode** / *Un vêtement malcommode pour la campagne. La vaisselle est rangée dans un endroit malcommode,* difficile d'accès. **2.** (Enfants) Agité, tannant. ⇒ **dissipé, espiègle, tapageur.** *Le petit voisin est très malcommode.* — N. *C'est une petite malcommode, celle-là.* **3.** (Personnes adultes) Qui est d'un caractère difficile, qui manque de patience. ⇒ **acariâtre, grincheux.** *Les gens malades sont souvent malcommodes.*

maldonne [maldɔn] n. f. **1.** Mauvaise donne, erreur dans la distribution des cartes. **2.** Fam. Erreur, malentendu. *(Il) y a maldonne !*

mâle [mɑl] n. m. et adj. **I.** N. m. **1.** Individu appartenant au sexe doué du pouvoir de fécondation. *Le mâle et la femelle.* **2.** Homme viril. *Un beau mâle.* **II.** Adj. **1.** Masculin. *Enfant mâle. Grenouille mâle.* **2.** Qui est caractéristique du sexe masculin (force, énergie...). ⇒ **viril.** *Voix grave et mâle.* / contr. **efféminé, féminin** / *Une mâle résolution.* ⇒ **courageux, énergique.** **3.** Se dit d'une pièce de mécanisme qui s'insère dans une autre, dite *femelle. Pièce mâle d'une charnière. La prise mâle et la prise femelle.*

malédiction [malediksjɔ̃] n. f. **1.** Littér. Paroles par lesquelles on souhaite du mal à qqn en appelant sur lui la colère de Dieu, etc. ⇒ **imprécation.** — Condamnation au malheur prononcée par Dieu. / contr. **bénédiction** / **2.** Malheur auquel on semble voué par la destinée, par le sort. ⇒ **fatalité, malchance.** *Malédiction qui pèse sur qqn.* / contr. **bonheur, chance** / — Exclam. *Malédiction !* ⇒ **enfer.**

maléfice [malefis] n. m. ■ Opération magique visant à nuire. ⇒ **ensorcellement, envoûtement, sortilège.** *Il prétend être victime d'un maléfice.* ▶ ***maléfique*** adj. ■ Doué d'une action néfaste et occulte. *Charme, signes maléfiques.* / contr. **bénéfique, bienfaisant** /

malencontreux, euse [malɑ̃kɔ̃tʀø, øz] adj. ■ Qui se produit à un mauvais moment. ⇒ **ennuyeux, fâcheux.** *Un retard malencontreux. Un malencontreux accident.* ▶ ***malencontreusement*** adj. ■ Mal à propos.

malendurant, ante [malɑ̃dyʀɑ̃, ɑ̃t] adj. et n. ■ Qui fait preuve d'impatience. ⇒ **bourru, hargneux, rébarbatif.** *Un vieillard malendurant.* ⇒ **malcommode.** — N. *Des malendurantes.*

malengueulé, ée [malɑ̃gœle] adj. et n. ■ Fam. Qui parle grossièrement, profère des jurons, des sacres. *Un adolescent malengueulé.* N. *Une bande de malengueulés.*

mal-en-point loc. adj. invar. ⇒ ② **point.**

malentendant ou ***mal entendant, ante*** [malɑ̃tɑ̃dɑ̃, ɑ̃t] adj. et n. ■ Qui souffre de troubles de l'audition. *Une élève malentendante.* — N. *Les sourds et les malentendants.* — REM. La forme *demi-sourd(e)* s'emploie également.

malentendu [malɑ̃tɑ̃dy] n. m. **1.** Divergence d'interprétation entre personnes qui croyaient se comprendre. ⇒ **méprise, quiproquo.** *Il faut dissiper ce malentendu.* **2.** Mésentente sentimentale entre deux êtres. *De graves, de douloureux malentendus.*

mal-en-train [malɑ̃tʀɛ̃] adj. ■ Légèrement malade. ⇒ **indisposé, souffrant.** *Elle n'ira pas à Montréal parce qu'elle est mal-en-train.*

malfaçon [malfasɔ̃] n. f. ■ Défaut dans un ouvrage mal exécuté. ⇒ **imperfection.**

malfaisant, ante [malfəzɑ̃, ɑ̃t] adj. **1.** Qui fait ou cherche à faire du mal à autrui. ⇒ **mauvais, méchant, nuisible.** *Un être malfaisant.* — *Des enfants malfaisants,* qui brisent tout, causent des dommages sans raison. — N. *Une gang de petits malfaisants.* **2.** Dont les effets sont néfastes. *Idées malfaisantes.* ⇒ **pernicieux.** / contr. **bienfaisant** /

malfaiteur, trice [malfɛtœʀ, tʀis] n. ■ Personne qui commet des méfaits, des actes criminels. ⇒ **bandit, brigand, criminel, gangster, voleur ;** fam. **malfrat.** *Un dangereux malfaiteur.*

mal famé, ée adj. ⇒ mal **famé.**

malformation [malfɔʀmasjɔ̃] n. f. ■ Anomalie, vice de conformation congénital. — Difformité. *Il est né avec une malformation du bras.*

malfrat [malfʀa] n. m. ■ (France) Fam. Malfaiteur. *Un petit malfrat.* ⇒ **truand.**

malgache [malgaʃ] adj. et n. **1.** De Madagascar. — N. (Avec une majusc.) Personne née dans ce pays ou qui en a obtenu la citoyenneté. *Les Malgaches.* **2.** *Le malgache,* la langue parlée à Madagascar.

malgré [malgʀe] prép. **I. 1.** Contre le gré de (qqn), en dépit de son opposition, de sa résistance. *Il a fait cela malgré son père. Malgré soi,* de mauvais gré ou involontairement. ⇒ à **regret.** **2.** En dépit de (qqch.). *Malgré cela.* ⇒ **cependant.** *Malgré les ordres reçus, elle a refusé.* — MALGRÉ TOUT : quoi qu'il arrive. *Nous réussirons malgré tout.* — *C'était un grand homme, malgré tout,* quoi qu'on en dise ou pense. **II.** MALGRÉ QUE loc. conj. (+ subjonctif) : bien que, quoique. — REM. Cet emploi (II) est parfois critiqué.

malhabile [malabil] adj. ■ Qui manque d'habileté, de savoir-faire. ⇒ ② **gauche, inhabile, maladroit.** *Des mains malhabiles.*

malheur [malœʀ] n. m. **1.** Événement qui affecte péniblement, cruellement (qqn). ⇒ **calamité, catastrophe, désastre, épreuve, infortune, malchance.** *Un grand, un affreux malheur.* — Loc. *Un malheur est si vite arrivé ! Ils ont eu bien des malheurs.* — PROV. *À quelque chose malheur est bon,* tout événement pénible comporte quelque compensation. **2.** Désagrément, ennui, inconvénient. *C'est un petit malheur.* — Fam. *Faire un malheur,* un éclat. *Retenez-moi ou je fais un malheur !* — Remporter un grand succès. *Ce film a fait un malheur.* **3.** *Le malheur,* situation durable psychologiquement pénible ; état d'une personne malheureuse (2). ⇒ **désespoir, tristesse.** / contr. **bonheur** / *Être dans le malheur. Faire le malheur de qqn.* — PROV. *Le malheur des uns fait le bonheur des autres.* **4.** Malchance. *Le malheur a voulu qu'elle tombe malade. Jouer de malheur.* ⇒ **malchance.** — *Porter malheur (à qqn),* avoir une influence néfaste. — *Avoir le malheur de* (+ infinitif), avoir la malchance ou la maladresse de. *Si tu as le malheur d'en parler, tu n'es pas mieux que mort !* — *Par malheur,* malheureusement. — *De malheur,* qui porte malheur. ⇒ **funeste.** *Oiseau de malheur,* de mauvais augure. Fam. *Encore cette pluie de malheur !* ⇒ **maudit.** **5.** MALHEUR À. ⇒ **malédiction.** *Malheur aux vaincus !* — MALHEUR : interjection de surprise, de désappointement. ▸ ***malheureux, euse*** adj. et n. **I. 1.** Qui est accablé de malheurs. ⇒ **infortuné, misérable.** *Les malheureux enfants des victimes de la guerre.* — *Une vie malheureuse.* — N. UN MALHEUREUX, UNE MALHEUREUSE : personne qui est dans le malheur, spécialt dépourvue de ressources. *Secourir les malheureux.* ⇒ **indigent, miséreux, pauvre.** — Personne qu'on méprise ou que l'on plaint. *Malheureux ! que faites-vous ? Le malheureux n'a rien compris du tout.* **2.** Qui n'est pas heureux. ⇒ **désespéré, triste.** *Un garçon malheureux. Rendre ses enfants malheureux. Ce chien est malheureux dans un appartement.* — Loc. *Être malheureux comme les pierres,* être très malheureux. — *Vous avez un air, un regard malheureux.* **3.** (Choses) Qui cause du malheur, a de fâcheuses conséquences. ⇒ **affligeant, déplorable.** / contr. ① **bon** / *Cette affaire a eu des suites malheureuses. Il a eu un mot malheureux. C'est (bien) malheureux.* ⇒ **regrettable,** de **valeur.** Fam. Marquant l'indignation. *Si c'est pas malheureux de voir une chose pareille !* ⇒ **lamentable.** **II. 1.** Qui a de la malchance ; qui ne réussit pas. ⇒ **malchanceux.** PROV. *Heureux au jeu, malheureux en amour. Candidat malheureux,* qui a échoué. **2.** (Actions) Qui ne réussit pas. *Initiative, tentative malheureuse.* **III.** (Avant le nom) Qui mérite peu d'attention, qui est sans importance, sans valeur. ⇒ **insignifiant, pauvre.** *Tu parles d'une histoire pour un malheureux billet de dix dollars !* ▸ ***malheureusement*** adv. ■ Par malheur, par malchance. *C'est malheureusement impossible.* ⟨ ▸ porte-malheur ⟩

malhonnête [malɔnɛt] adj. **I.** Qui manque de probité ; qui n'est pas honnête. ⇒ **déloyal, voleur ;** fam. ① **croche** (II). / contr. **honnête, intègre** / *Un commerçant malhonnête. Recourir à des procédés malhonnêtes.* **II.** Vieilli. Inconvenant ou indécent. *Une proposition malhonnête.* ▸ ***malhonnêtement*** adv. ■ *Il a agi malhonnêtement avec ses clients, ses associés.* ▸ ***malhonnêteté*** n. f. ■ Caractère d'une personne malhonnête. *La malhonnêteté d'un vendeur, de ses procédés.* — *Malhonnêteté intellectuelle,* emploi de procédés déloyaux ; mauvaise foi.

malice [malis] n. f. **1.** Tournure d'esprit de la personne qui prend plaisir à s'amuser aux dépens d'autrui (⇒ ② **malin**). *Avec une pointe de malice et de moquerie.* — *Un garçon sans malice,* naïf et simple. **2.** Loc. SAC À MALICE : sac des prestidigitateurs ; fig. ensemble des ressources, des tours dont qqn dispose. ▸ ***malicieux, euse*** adj. ■ Qui s'amuse, rit volontiers aux dépens d'autrui. ⇒ **espiègle,** ② **malin, spirituel, taquin.** *Avoir un esprit vif et malicieux.* — *Sourire malicieux.* ⇒ **narquois, railleur.** ▸ ***malicieusement*** adv.

① ***malin, maligne*** ou, cour., ***maline*** [malɛ̃, maliɲ, malin] adj. **1.** Dans des expressions. Méchant, mauvais (seulement dans l'*Esprit malin* « Satan »). — *Éprouver un malin plaisir à faire souffrir qqn.* **2.** Loc. *Être malin,* être coléreux, s'emporter facilement. ⇒ **irascible, soupe** au lait. *Ma grand-mère est maline. Cet animal est malin,* méchant, dangereux. — *Chien malin.* **3.** Se dit d'une maladie ou d'une tumeur très nocive, pouvant se généraliser, entraîner la mort. *Fièvre maligne. Le cancer est une tumeur maligne.* / contr. **bénin** / ▸ ***malignité*** n. f. **1.** Caractère d'une personne qui cherche à nuire à autrui de façon dissimulée. ⇒ **bassesse, malveillance, méchanceté, perfidie.** **2.** Tendance d'une maladie à s'aggraver. *La malignité d'une tumeur.* ⇒ **nocivité.** / contr. **bénignité** /

② ***malin, maligne*** ou, cour., ***maline*** adj. **1.** Qui a de la ruse et de la finesse, pour se divertir aux dépens d'autrui, se tirer d'embarras, réussir. ⇒ **astucieux, débrouillard, futé, rusé ; malice.** / contr. **naïf, niaiseux, nigaud** / *Jouer au plus malin.* — Intelligent. *Vous vous croyez malin ! Elle n'est pas bien maline.* — N. *Regardez ce gros malin. Faire le malin.* **2.** Impers. Fam. *Ce n'est pas malin d'avoir fait cela !* ⇒ ① **fin, intelligent.** — *Ce n'est pas bien malin,* pas difficile. ⇒ **compliqué.**

malingre [malɛ̃gʀ] adj. ■ Qui est d'une constitution faible. ⇒ **chétif, délicat, frêle, maladif.** / contr. **costaud,** ① **fort, robuste** / *Un enfant malingre.*

malintentionné, ée [malɛ̃tɑ̃sjɔne] adj. ■ Qui a de mauvaises intentions, l'intention de nuire. ⇒ **méchant.** *Il y aura toujours des gens malintentionnés pour donner cette interprétation.* / contr. **bienveillant** /

① ***malle*** [mal] n. f. **1.** Bagage de grande dimension. ⇒ **cantine, coffre.** *Faire sa malle, ses malles,* se préparer à partir. ≠ *valise.* **2.** Coffre d'une automobile. *La malle arrière.* ▸ ***mallette*** n. f. ■ Petite valise contenant souvent un nécessaire de voyage ou de travail. ⇒ **attaché-case.**

② ***malle*** n. f. ■ Anglic. fam. Poste, courrier. *Expédier des lettres par la malle. Je n'ai pas reçu de malle aujourd'hui.* — *Boîte* à malle.* ▸ ***maller*** v. tr. ▪ conjug. 1. ■ Fam. poster, mettre à la poste. *Aller maller des cartes postales, un colis.*

malléable [maleabl] adj. **1.** Qui a la propriété de s'aplatir et de s'étendre en lames, en feuilles. ⇒ **ductile.** / contr. **cassant** / *L'or est le plus malléable des métaux.* — *La cire est malléable.* **2.** (Personnes) Qui se laisse manier, influencer. ⇒ **docile, maniable, souple.** *Une enfant malléable.* ▸ ***malléabilité*** n. f. ■ Caractère de ce qui est malléable.

malmener [malməne] v. tr. ▪ conjug. 5. **1.** Traiter (qqn) rudement. ⇒ **bardasser, bourrasser, maltraiter ; brutaliser.** *La critique l'a rudement malmené.* ⇒ **éreinter ;** fam. **maganer.** **2.** Mettre (l'adversaire) en danger, par une action vive.

malnutrition [malnytʀisjɔ̃] n. f. ■ Alimentation mal équilibrée ou mal adaptée à une personne ou à une population. *Souffrir, mourir de malnutrition.*

malodorant, ante [malɔdɔʀɑ̃, ɑ̃t] adj. ■ Qui a une mauvaise odeur. ⇒ **puant.**

malotru, ue [malɔtʀy] n. ■ (Surtout en France) Personne sans éducation, de manières grossières. ⇒ mal **élevé, goujat, mufle, rustre ;** littér. **manant.** *En voilà des malotrus !*

malouin, ine [mɑ(a)lwɛ̃, in] adj. et n. ■ De la ville de Saint-Malo, en France. — N. (Avec une majusc.) Personne née dans cette ville ou qui l'habite. *Jacques Cartier était un Malouin.*

malpoli, ie [malpɔli] adj. et n. ■ Synonyme familier de *impoli* (seul terme correct).

malpropre [malpʀɔpʀ] adj. **1.** Qui manque de propreté, de netteté. ⇒ **crotté, sale.** *Un enfant malpropre. Vêtements malpropres.* **2.** Qui manque de probité, de délicatesse. ⇒ **malhonnête.** — N. *Je ne me laisserai pas insulter par ce malpropre.* ⇒ fam. ① **croche** (II), **saligaud.** ► ***malproprement*** adv. ■ Salement. *Cet enfant mange malproprement.* ► ***malpropreté*** n. f. ■ Caractère, état d'une personne, d'une chose malpropre. ⇒ **saleté.**

malsain, aine [malsɛ̃, ɛn] adj. **1.** Qui a une mauvaise santé, évoque la maladie. ⇒ **maladif.** *Des enfants chétifs et malsains. Apparence malsaine.* — Qui engendre la maladie, est contraire à la santé. ⇒ **nuisible.** *Humidité malsaine. Logement malsain.* ⇒ **insalubre.** — Fam. *Allons-nous en d'ici, le coin est malsain !,* il y a du danger. **2.** Qui n'est pas normal, manifeste de la perversité. *Un esprit malsain.* ⇒ **pernicieux.** *Curiosité malsaine.* ⇒ **morbide.** — Qui corrompt l'esprit. *Littérature malsaine.* ⇒ **immoral.**

malséant, ante [malseɑ̃, ɑ̃t] adj. ■ Littér. Contraire à la bienséance. ⇒ **choquant, déplacé, inconvenant.** *Gaieté malséante en un lieu solennel.* / contr. **bienséant, convenable** /

malstrom n. m. ⇒ **maelstrom.**

malt [malt] n. m. ■ Céréales (surtout orge) germées artificiellement et séchées, puis séparées de leurs germes. *Le malt est utilisé dans la fabrication de la bière. Whisky pur malt* ou, ellipt, *du pur malt.* ► ***malté, ée*** adj. ■ Mêlé de malt. *Lait malté.*

maltraiter [maltʀete] v. tr. • conjug. 1. **1.** Traiter avec brutalité. ⇒ **bardasser, bourrasser, brutaliser, malmener.** *Il maltraite son chien.* **2.** Traiter sévèrement en paroles (une personne, une chose dont on parle). ⇒ **critiquer, éreinter ;** fam. **maganer.** *Cet auteur a été maltraité par la critique. — Maltraiter un ouvrage, un film dans un journal.* ► ***maltraiteur, euse*** n. ■ Personne qui maltraite les animaux.

malus [malys] n. m. ■ (France) Pénalité imposée par un assureur à un conducteur qui a causé un ou des accidents. *Il a eu un malus de 25 %,* sa prime a augmenté de 25 %. / contr. **bonus** /

malveillant, ante [malvɛjɑ̃, ɑ̃t] adj. **1.** Qui a tendance à blâmer, à vouloir du mal. ⇒ **hostile, malintentionné.** — N. *Un malveillant.* **2.** Qui exprime de la malveillance, s'en inspire. ⇒ **aigre, méchant.** *Des propos malveillants.* / contr. **bienveillant ; amical** / ► ***malveillance*** n. f. **1.** Trait de caractère ou comportement d'une personne malveillante. ⇒ **hostilité.** *Malveillance manifeste.* ⇒ **animosité.** / contr. **bienveillance** / **2.** Intention de nuire, visée criminelle. *Incendie dû à la malveillance.* ⇒ **sabotage.**

malvenu, ue [malvəny] adj. ■ ÊTRE MALVENU À, DE (+ infinitif) : n'avoir pas le droit de faire qqch. *Il est malvenu à (de) présenter cette demande.* — ÊTRE MALVENU DE (+ infinitif) : n'être pas en situation de faire qqch. *Vous seriez malvenus de vous plaindre.* — Impers. *Il serait malvenu d'en parler.* ⇒ **déplacé.**

malversation [malvɛʀsasjɔ̃] n. f. ■ Faute grave, commise dans l'exercice d'une charge. *Fonctionnaire coupable de malversations.* ⇒ **corruption, détournement, exaction, indélicatesse, prévarication.**

malvoyant, ante [malvwajɑ̃, ɑ̃t] adj. et n. ■ Dont l'acuité visuelle est diminuée. *Des étudiants malvoyants.* — N. *Les aveugles et les malvoyants.*

maman [mamɑ̃] n. f. **1.** Terme affectueux par lequel les enfants, même devenus adultes, désignent leur mère. *Oui, maman. Où est ta maman ? Je veux ma maman.* **2.** *La maman,* la mère de famille. *Jouer au papa et à la maman.* ⇒ **mère. 3.** Interj. exprimant la peur, la surprise, l'étonnement. *Maman !, que tu m'as fait sursauter.* ⟨ ► belle-maman, grand-maman ⟩

mamelle [mamɛl] n. f. ■ Organe des animaux mammifères, sécrétant le lait. — Vx ou péj. Sein de femme. ► ① ***mamelon*** [mamlɔ̃] n. m. ■ Bout de sein, chez la femme. ► ② ***mamelon*** n. m. ■ Sommet arrondi d'une colline, d'une montagne. ⇒ **colline, hauteur.** *Le village est construit sur un mamelon.* ⟨ ► mammaire, mammifère ⟩

mamie [mami] n. f. ■ (France) Nom donné par les enfants à leur grand-mère. ⇒ **grand-maman, mémé.** *Je vais chez mamie.* — Vieille femme. *Il y avait beaucoup de mamies.*

mammaire [mamɛʀ] adj. ■ Relatif aux mamelles ou aux seins. *Glandes mammaires. Une prothèse mammaire.*

mammifères [mamifɛʀ] n. m. pl. ■ Classe d'animaux vertébrés, à température constante, respirant par des poumons, à système nerveux central développé, dont les femelles portent des mamelles. *Mammifères terrestres ; mammifères aquatiques* (baleine, dauphin). — Au sing. *L'homme est un mammifère.*

mammouth [mamut] n. m. ■ Gigantesque éléphant fossile de l'ère quaternaire. *Des mammouths.*

mamours [mamuʀ] n. m. pl. ■ Fam. Démonstrations de tendresse. ⇒ **cajolerie.** *Faire des mamours à qqn.*

management [manedʒmœnt] n. m. ■ Anglic. Ensemble des techniques d'organisation, de gestion et de direction d'une affaire, d'une entreprise. *Suivre des cours de management.* — REM. Cet anglicisme a été adopté par l'Académie française avec une prononciation francisée [manaʒmɑ̃].

manager [manedʒœʀ] n. m. (Surtout en France) Anglic. **1.** Personne qui veille à l'organisation matérielle de spectacles, concerts, matchs, ou qui s'occupe particulièrement de la vie professionnelle et des intérêts d'un artiste. ⇒ **imprésario,** d'un sportif ⇒ **entraîneur, gérant.** *Manager d'un boxeur.* **2.** Dirigeant (d'une entreprise). *Réunion des managers.*

manant [manɑ̃] n. m. **1.** Moyen Âge. Roturier assujetti à la justice seigneuriale. **2.** Littér. Homme grossier, sans éducation. ⇒ **malotru, rustre.**

① ***manche*** [mɑ̃ʃ] n. f. **I.** Partie du vêtement qui entoure le bras. *Manches longues,* qui s'arrêtent au poignet ; *manches courtes. Relever, retrousser ses manches,* pour être plus à l'aise, pour travailler. — Loc. *Avoir qqn dans sa manche,* en disposer à son gré. *Être dans la manche de qqn,* dans ses bonnes grâces. *Garder dans sa manche,* garder en réserve (un moyen d'action). — Fam. *C'est une autre paire de manches,*

c'est tout à fait différent, c'est plus difficile. **II. 1.** Chacune des deux parties liées d'un jeu. *La première manche, la seconde manche.* ⇒ **revanche**. **2.** Baseball, balle-molle. Chacune des parties liées d'un match, qui en compte au moins neuf au baseball. *La septième manche. Le lanceur a quitté le monticule à la cinquième manche. Il a lancé deux manches en relève.* **III.** Large tuyau ou tube qui sert à conduire un fluide. *Manche à air,* tube en toile placé en haut d'un mât pour indiquer la direction du vent. *Manche à air au bord du fleuve.* ⟨ ▸ emmanchure, ① manchette, manchon, manchot ⟩

② ***manche*** n. m. **1.** Partie allongée (d'un outil, d'un instrument) par laquelle on le tient. *Le manche d'une pelle. Manche de couteau, de cuiller.* — Fam. *Être, se mettre du côté du manche,* du côté du plus fort. — (Situation, affaire) Loc. fam. *Branler dans le manche,* marcher mal. *Son choix définitif n'est pas fait, car il branle encore dans le manche,* il hésite encore, il ne se décide pas. **2.** *Manche (à balai),* commande manuelle des gouvernails d'un avion. **3.** Partie par laquelle on tient un gigot, une épaule, pour les découper ; os (de gigot, de côtelette). **4.** Partie (d'un instrument de musique), le long de laquelle sont tendues les cordes. *Manche de violon, de guitare.* ⟨ ▸ amancher, démancher, emmancher, ramancher ⟩

③ ***manche*** n. f. ■ Géographie. Détroit, bras de mer. *La manche de Tartarie.* — (Avec une majusc.) *La Manche,* la mer située entre la *France et l'Angleterre.*

① ***manchette*** [mɑ̃ʃɛt] n. f. **1.** Poignet de chemise. *Boutons de manchettes.* **2.** Fausse manche. *Des manchettes de lustrine.*

② ***manchette*** n. f. ■ Titre très large et en gros caractères, à la première page d'un journal. — Par ext. Principal sujet des nouvelles (radio, télévision). *Voici les manchettes.*

manchon [mɑ̃ʃɔ̃] n. m. **1.** Fourreau cylindrique où l'on met les mains pour les protéger du froid. *Manchon de fourrure.* **2.** Pièce cylindrique. *Manchon d'assemblage,* anneau, bague.

manchot, ote [mɑ̃ʃo, ɔt] adj. et n. m. **I. 1.** Qui est privé d'une main ou des deux mains ; d'un bras ou des deux bras. — N. *Le moignon d'un manchot, d'une manchote.* **2.** Fam. Maladroit. *Il n'est pas manchot,* il est adroit, habile. **II.** N. m. Oiseau palmipède des régions antarctiques. ≠ *pingouin* (Arctique).

-mancie, -mancien, ienne ■ Suffixes savants signifiant « divination » (ex. : *cartomancie*).

mandarin [mɑ̃daʀɛ̃] n. m. **1.** Haut fonctionnaire de l'ancien Empire chinois, coréen. **2.** *Le mandarin,* la langue chinoise la plus importante. *Parler le mandarin.* — Adj. *La grammaire mandarine.* **3.** Lettré influent ; personne cultivée munie de titres. ⇒ **intellectuel.** *Les mandarins de la politique, de la fonction publique,* les grands décideurs. ⇒ **manitou.** ▸ ***mandarinat*** n. m. **1.** Charge de mandarin. — Corps de mandarins. **2.** Corps social prétendant former une classe à part privilégiée, exerçant une autorité intellectuelle. ⇒ **élite.**

mandarine [mɑ̃daʀin] n. f. et adj. invar. **1.** Fruit plus petit que l'orange, doux et parfumé. ⇒ **clémentine, tangerine. 2.** Adj. invar. De la couleur du fruit, orange. *Des bas mandarine.* ▸ ***mandarinier*** n. m. ■ Arbre dont le fruit est la mandarine.

mandat [mɑ̃da] n. m. **1.** Acte par lequel une personne donne à une autre (⇒ **mandataire**) le pouvoir de faire qqch. en son nom. ⇒ **pouvoir, procuration.** *Donner mandat à qqn pour effectuer une vente.* **2.** *Mandat législatif, parlementaire,* fonction de membre élu d'un parlement. ⇒ **députation. 3.** *Mandat postal, mandat-poste, mandat,* titre constatant la remise d'une somme à l'administration de la Société canadienne des postes par un expéditeur avec mandat de la verser à une personne désignée *(destinataire). Toucher un mandat.* **4.** Ordre de faire comparaître devant la justice, d'arrêter qqn. *Mandat d'arrestation* ou, France, *d'arrêt, d'amener.* **5.** Pouvoirs confiés à un État pour assister ou administrer un autre État. ▸ ***mandataire*** n. ■ Personne à qui est conféré un mandat. ⇒ **agent, délégué, fondé** de pouvoir, **représentant.** ▸ ***mandat-carte, mandat-lettre*** n. m. ■ (France) Mandat (3) postal transmis sous forme de carte, de lettre. *Des mandats-cartes.* ▸ ***mandater*** v. tr. ▪ conjug. 1. ■ Investir d'un mandat. *Mandater qqn pour la gestion d'une affaire.* ⇒ **confier** à. *Les électeurs ont mandaté cette députée.*

mander [mɑ̃de] v. tr. ▪ conjug. 1. ■ Vx ou littér. Faire venir (qqn) par un ordre ou un avis. ⇒ **appeler.** *Mander qqn d'urgence.* — *Mander qqch. à qqn,* le lui faire savoir par lettre.

mandibule [mɑ̃dibyl] n. f. **1.** Fam. Mâchoire. *Jouer des mandibules,* manger. **2.** Une des deux parties du bec des oiseaux, des pièces buccales des insectes.

mandoline [mɑ̃dɔlin] n. f. ■ Instrument de musique à caisse de résonance bombée et à cordes pincées. ≠ *guitare.*

mandragore [mɑ̃dʀagɔʀ] n. f. ■ Plante dont la racine fourchue présente une forme humaine ; cette racine.

mandrin [mɑ̃dʀɛ̃] n. m. ■ Outil cylindrique (pour percer, forer).

① ***-mane*** ■ Suffixe savant signifiant « main » (ex. : *quadrumane*).

② ***-mane, -manie*** ■ Suffixes savants signifiant « folie, manie ». ⟨ ▸ cocaïnomane, décalcomanie, kleptomane, mégalomane, mélomane, morphinomane, mythomane, nymphomane, opiomane, pyromane, toxicomane ⟩

① ***manège*** [manɛʒ] n. m. **1.** Exercice que l'on fait faire à un cheval pour le dresser, le dompter. ⇒ **équitation. 2.** Lieu où l'on dresse, monte les chevaux. **3.** *Manège (de chevaux de bois),* attraction foraine où des animaux, des petits véhicules servant de montures, sont disposés autour d'un axe et entraînés par lui. ⇒ **carrousel.** *J'aimerais faire un tour de manège.* **4.** Lieu où s'entraînent des soldats. *Un manège militaire.*

② ***manège*** n. m. ■ Comportement habile et caché, souvent trompeur, pour arriver à ses fins. ⇒ **agissement(s), intrigue, magouille.** *Je comprends son petit manège.* ⇒ **jeu, manœuvre.**

mânes [man] n. m. pl. ■ Dans la religion romaine. Âmes des morts. ⇒ **esprit.**

manette [manɛt] n. f. ■ Clé, levier, poignée commandant un mécanisme et que l'on manœuvre à la main. *Manette de réglage. La manette d'un jeu vidéo.* ≠ *pédale.*

manganèse [mɑ̃ganɛz] n. m. ■ Métal d'un blanc grisâtre, dur et cassant (symb. *Mn*).

① ***manger*** [mɑ̃ʒe] v. tr. ▪ conjug. 3. **1.** Avaler pour se nourrir (un aliment solide ou consistant) après avoir mâché. ⇒ **absorber, ingurgiter, prendre ;** fam. **becqueter, bouffer.** *Manger un bifteck, du pain. Manger un morceau. Bon à manger.* ⇒ **comestible, mangeable.** — Sans compl. S'alimenter. ⇒ se **nourrir.** *Manger peu,*

beaucoup. — *Faire, préparer à manger.* ⇒ **cuisiner.** — Prendre un repas. ⇒ ① **déjeuner,** ① **dîner,** ① **souper ; croûter** (I) ; **bruncher, luncher.** *Nous mangeons souvent au restaurant.* Loc. *Salle à manger.* **2.** Dévorer (un être vivant, une proie). — Loc. *Manger qqn des yeux,* le dévorer des yeux. *Il ne vous mangera pas,* il ne vous fera pas de mal, il n'est pas si terrible. *Manger son prochain,* le calomnier. **3.** Ronger. — Au p. p. adj. *Étoffe mangée par les mites, aux mites.* — *Un visage mangé de barbe,* caché par la barbe. **4.** *Manger ses mots,* les prononcer indistinctement, bredouiller. **5.** Consommer, dépenser. *Manger son capital.* ⇒ **dilapider. 6.** Fam. Attraper, recevoir (des coups). *Manger une claque dans la face. Manger une volée. Manger sa claque.* — *Manger des bêtises,* se faire enguirlander, insulter. *Manger une poignée de bêtises.* ▶ ② ***manger*** n. m. ■ Fam. Nourriture, repas. *Ici on peut apporter son manger. Avoir du manger en masse. Faire du manger.* ⇒ **cuisiner.** ▶ ***mangeable*** [mɑ̃ʒabl] adj. **1.** Qui peut se manger. ⇒ **comestible.** / contr. **immangeable** / — Plaisant. Fig. *Cette petite fille, elle est mangeable,* adorable, fine. ⇒ ① **gentil. 2.** Tout juste bon à manger, sans rien d'appétissant. *C'est à peine mangeable !* ▶ ***mangeage*** n. m. ■ Fam. Action de manger. Loc. fam. PAS DE MANGEAGE *dans le salon, dans l'auto.* ⇒ fam. **lunchage.** ▶ ***mangeaille*** n. f. ■ Nourriture abondante et médiocre. ▶ ***mangeoire*** [mɑ̃ʒwaʀ] n. f. ■ Récipient destiné à contenir les aliments de certains animaux domestiques (chevaux, bestiaux, volaille). ▶ ***mange-tout*** n. m. invar. ■ Variété de pois, de haricots dont on mange la cosse avec la graine. *Des mange-tout.* — Adj. invar. *Haricots mange-tout.* ▶ ***mangeur*** ou ***mangeux, euse*** n. **1.** Qui mange (beaucoup, peu). *Un grand, un gros mangeur.* **2.** *Mangeur de...,* personne qui mange (telle ou telle chose). *Un mangeur de viande. Mangeurs d'hommes.* ⇒ **anthropophage, cannibale.** — Fig. Loc. *Mangeur de balustre*.* **3.** Sports. Fig. *Mangeur de* (rondelle, ballon...), joueur qui ne passe pas la rondelle, le ballon... à ses coéquipiers, qui a tendance à faire des jeux individuels. ‹ ▶ blanc-manger, garde-manger, immangeable, prêt-à-manger ›

mangouste [mɑ̃gust] n. f. ■ Petit mammifère carnivore de l'Afrique et de l'Asie tropicales, rappelant la belette, et utilisé pour la destruction des reptiles et des rats.

mangue [mɑ̃g] n. f. ■ Fruit d'un arbre tropical (le *manguier*) de la taille d'une grosse pêche, à chair jaune, très parfumé. *Jus de mangue.*

maniable [manjabl] adj. **1.** Qu'on manie et utilise facilement. ⇒ ② **pratique.** *Outil maniable.* **2.** Qu'on manœuvre facilement. *Une voiture, un voilier maniable.* ⇒ **manœuvrable. 3.** (Personnes) Qui se laisse aisément diriger ; docile, souple. ⇒ **malléable.** ▶ ***maniabilité*** n. f. ■ *La maniabilité d'une voiture.*

maniaco-dépressif, ive [manjakodepʀesif, iv] adj. et n. ■ Relatif à une psychose qui se caractérise par des états successifs plus ou moins réguliers de surexcitation et de dépression chez un même sujet. — N. *Des maniaco-dépressifs.*

maniaque [manjak] adj. et n. **1.** Qui a une idée fixe ou la maladie mentale appelée manie (1)*. — N. *Un maniaque.* ⇒ **obsédé. 2.** Exagérément attaché à ses petites manies (3), à des habitudes. *Un célibataire maniaque.* — N. *Quel vieux maniaque ! Les maniaques du ménage.* — Propre à un maniaque. *Soin maniaque.* **3.** Qui a une passion, une admiration excessive pour qqn ou qqch. ⇒ **fanatique, fou, passionné ;** fam. **fan.** *Être maniaque de sport.* — N. *Des maniaques du bingo.* ▶ ***maniaquerie*** n. f. ■ Caractère d'une personne maniaque (2). ‹ ▶ maniaco-dépressif ›

manichéisme [manikeism] n. m. ■ Conception dualiste du bien et du mal comme deux forces opposées. ⇒ **dualisme.** ▶ ***manichéen, enne*** [manikeɛ̃, ɛn] adj. et n. ■ Relatif au manichéisme. — Partisan du manichéisme. *Il est très manichéen ; pour lui, c'est très bien ou très mal.*

manie [mani] n. f. **1.** Maladie mentale caractérisée par divers troubles de l'humeur (exaltation euphorique, versatilité). — Trouble de l'esprit possédé par une idée fixe. ⇒ **obsession.** *Manie de la persécution.* **2.** *Manie de...,* goût excessif, déraisonnable (pour un objet ou une activité). ⇒ **marotte, passion.** *Elle a la manie des vieilles pierres, de collectionner les autographes.* **3.** Habitude bizarre et tyrannique, souvent agaçante ou ridicule. ⇒ **tic.** *Des manies de petit vieux. Avoir des manies.* **4.** Action répétée. *Tu as encore cassé un verre, ça devient une manie.* ‹ ▶ maniaque, ② -mane ›

① ***manier*** [manje] v. tr. ▪ conjug. 7. **1.** Avoir en main, entre les mains tout en déplaçant, en remuant. *Manie ce paquet avec précaution ! — Caissier qui manie de grosses sommes d'argent.* ⇒ **manipuler. 2.** Utiliser en ayant en main. *Il sait manier l'épée.* **3.** Mener à son gré. ⇒ **manipuler** (3). *Manier les foules.* ⇒ **diriger, gouverner. 4.** Fig. Employer de façon plus ou moins habile. *Savoir manier l'ironie.* ▶ ***maniement*** n. m. **1.** Action ou façon de manier, d'utiliser avec les mains. ⇒ **manipulation, usage.** *Le maniement de la fourchette. Maniement d'armes,* suite de mouvements exécutés au commandement par les soldats. **2.** Action, manière d'employer, de diriger, d'administrer. ⇒ **emploi.** *Le maniement d'une langue.* ▶ ***manieur, euse*** n. **1.** Personne qui manie qqch., spécialt la rondelle, le bâton (au hockey). *Bon patineur, excellent manieur de rondelle.* **2.** Loc. fig. *Un manieur d'argent,* un financier. ⇒ **brasseur** d'affaires. — *Un manieur d'hommes.* ‹ ▶ maniable, remanier ›

② *se* ***manier*** v. pron. ▪ conjug. 7. ■ (Surtout en France) Fam. Se dépêcher, se hâter. ⇒ se **déniaiser ;** fam. se **grouiller,** se **magner.** *Il faut qu'on se manie pour sortir d'ici.*

manière [manjɛʀ] n. f. **1.** Forme particulière que revêt l'accomplissement d'une action, le déroulement d'un fait, l'être ou l'existence. ⇒ **façon,** ② **mode.** *Manière d'agir, de vivre.* ⇒ **conduite.** *Il y a la manière,* il faut savoir s'y prendre. — Loc. adv. *De cette manière,* ainsi. *De toute manière,* en tout cas. *D'une manière générale,* dans la plupart des cas. *D'une manière ou d'une autre,* quoi qu'il arrive, peu importe. *En aucune manière,* aucunement. — Loc. prép. *À la manière de,* comme. *De manière à* (+ infinitif), afin de (produire telle conséquence). *Elle travaille de manière à gagner sa vie.* — Loc. conj. *De (telle) manière que, de manière (à ce) que* (+ subjonctif). *De manière que tout aille bien.* **2.** *La manière de qqn,* forme de comportement personnelle et habituelle. *Avec sa manière de faire, il échouera.* **3.** Mode d'expression caractéristique (d'un artiste, d'une école). ⇒ **genre, style.** *Sonate dans la manière classique.* **4.** *Compléments, adverbes de manière,* qui marquent de quelle manière est qqn, qqch., se fait qqch. *« Gentiment » est un adverbe de manière.* ‹ ▶ manières ›

manières n. f. pl. **1.** Comportement (d'une personne) considéré surtout dans son effet sur autrui. *Avoir de mauvaises manières. Tu parles des manières !* **2.** *Faire des manières,* être affecté, se faire prier. ⇒ **chichi, embarras.** ▶ ***maniéré, ée*** adj. **1.** Qui montre de l'affectation, manque de naturel ou de simplicité. ⇒ **affecté,** ② **poseur,** ② **précieux.** *Politesse maniérée.* / contr. ① **naturel,** ① **simple** / **2.** Arts. Qui manque de spontanéité, est trop recherché. ▶ ***ma-***

niérisme n. m. **1.** Cour. Tendance ou genre maniéré en art. **2.** Arts. Tendance de l'art italien au XVIᵉ siècle, caractérisé par un raffinement technique et la recherche d'un effet. *Le maniérisme précède et prépare le baroque**.

① ***manifestation*** [manifɛstasjɔ̃] n. f. ■ Action ou manière de manifester, de se manifester. ⇒ **expression.** *Manifestation de joie, de mécontentement.* ⇒ **démonstration, marque.**

② ***manifestation*** n. f. ■ Réunion publique et organisée pour exprimer une opinion ou une volonté. *Aller, participer à une manifestation. La police a interdit la manifestation.* — (Surtout en France) Abrév. fam. MANIF [manif]. *Des manifs.* ▶ ***manifestant, ante*** n. ■ Personne qui participe à une manifestation. *Les manifestants se sont dispersés.* ‹ ▶ contre-manifestation ›

① ***manifeste*** [manifɛst] adj. ■ Dont l'existence ou la nature est évidente. ⇒ **certain, flagrant, indéniable, indiscutable.** *Différences manifestes.* / contr. **douteux** / ▶ ***manifestement*** adv. **1.** Sans aucun doute. *Cette addition est manifestement fausse.* **2.** Visiblement. *C'est manifestement la personne coupable.*

② ***manifeste*** n. m. ■ Déclaration écrite, publique et solennelle, par laquelle un gouvernement, un groupe ou une personnalité politique expose son programme, justifie sa position. ⇒ **proclamation.** — Exposé théorique lançant un mouvement littéraire. *Le Manifeste du surréalisme.*

① ***manifester*** [manifɛste] v. ▪ conjug. 1. **I.** V. tr. **1.** Faire connaître de façon manifeste. ⇒ **exprimer, révéler.** *Manifester sa volonté, ses intentions (à qqn).* **2.** Faire ou laisser apparaître clairement. *Elle a manifesté de l'étonnement.* — Révéler, trahir. *Ses gestes manifestent sa timidité.* **II.** SE MANIFESTER v. pron. : apparaître, se montrer. ⇒ se **traduire** par. *Des divergences peuvent se manifester.* ‹ ▶ ① manifestation ›

② ***manifester*** v. intr. ▪ conjug. 1. ■ Participer à une manifestation ② politique, syndicale, étudiante, etc. ‹ ▶ ② manifestation ›

manigance [manigɑ̃s] n. f. ■ Manœuvre secrète et suspecte, sans grande portée ni gravité. ⇒ **intrigue ;** fam. **magouille, micmac.** ▶ ***manigancer*** v. tr. ▪ conjug. 3. ■ Combiner par des manigances. ⇒ **comploter, tramer.** *Ils manigancent une escroquerie.* ▶ ***maniganceur*** ou ***maniganceux, euse*** n. et adj. ■ Personne qui manigance. *Une petite bande de maniganceurs.* — Adj. *Vous avez toujours été un peu maniganceux.*

manioc [manjɔk] n. m. ■ Arbrisseau des régions tropicales dont la racine fournit une fécule alimentaire, le tapioca.

manipuler [manipyle] v. tr. ▪ conjug. 1. **1.** Manier avec soin en vue d'expériences, d'opérations scientifiques ou techniques. *Manipuler des tubes, des fioles.* **2.** Manier et transporter. *Manipuler des colis.* **3.** Amener (qqn), par des voies détournées, à faire ce qu'on veut. ⇒ ① **manier** (3). *Il essaye de manipuler ses administrés. Tu te fais manipuler.* ▶ ***manipulation*** n. f. **1.** Action, manière de manipuler (des substances, des produits, des appareils). *Manipulations chimiques.* **2.** Massage visant à remettre des os déplacés. *Manipulations vertébrales faites par une kinésithérapeute.* **3.** Branche de la prestidigitation reposant sur la seule habileté des mains. ⇒ tour de **passe-passe.** **4.** Fam. Action de manipuler (3). *Manipulations électorales.* ⇒ **manœuvre** (II). ▶ ***manipulateur, trice*** n. **1.** Personne qui procède à des manipulations. ⇒ **opérateur.** *Manipulateur de laboratoire.* — Prestidigitateur spécialisé dans la manipulation. **2.** Appareil servant à la transmission des signaux télégraphiques. **3.** Personne, entité qui manipule (3) qqn, un groupe.

manitobain, aine [manitobɛ̃, ɛn] adj. et n. ■ Du Manitoba. *Les francophones manitobains.* — N. (Avec une majusc.) Personne née dans cette province ou qui l'habite. ⇒ **franco-manitobain.** ‹ ▶ franco-manitobain ›

manitou [manitu] n. m. **1.** Esprit du bien *(le bon, le grand manitou)* ou du mal *(le méchant manitou)*, chez certaines nations amérindiennes. **2.** Fam. Personnage important et puissant. ⇒ **mandarin.** *Les (grands) manitous de la finance, de l'Université.*

manivelle [manivɛl] n. f. **1.** Levier coudé, manœuvré à la main, servant à produire un mouvement de rotation. *Manivelle d'un cric. Tourner la manivelle.* — *Premier tour de manivelle (de la caméra),* commencement du tournage d'un film. **2.** *Manivelle de moteur.* ⇒ **vilebrequin.**

① ***manne*** [man] n. f. **1.** Nourriture miraculeuse envoyée aux Hébreux dans le désert. **2.** Nourriture providentielle, don ou avantage inespéré. *Ce contrat est une manne pour nous.*

② ***manne*** n. f. ■ Grand panier à anses, rond et profond, en bois très mince, à claire-voie, pouvant contenir plusieurs kilos de légumes ou de fruits, spécialt des pommes. *Une petite, une grosse manne. Un casseau, un panier, une manne de tomates.*

mannequin [mankɛ̃] n. m. **1.** Moulage ou armature à forme humaine servant de modèle pour la confection des vêtements, pour les essayages ou pour la présentation des divers modèles de vêtements. *Déplacer un mannequin dans une vitrine.* — En appos. *Taille mannequin,* conforme aux proportions types. **2.** Personne employée par un grand couturier pour la présentation des modèles de collection ou de prêt-à-porter. *Elle est mannequin et pose pour des photos.* ⇒ anglic. **cover-girl.** *Il travaille comme mannequin à Toronto.* — REM. Au sens 2, l'O.L.F. propose *une mannequin* pour désigner des femmes et *un mannequin* pour désigner des hommes.

manœuvrer [manœvʀe] v. ▪ conjug. 1. **I.** V. intr. **1.** Effectuer une manœuvre sur un bateau, un véhicule. *Manœuvrer pour stationner sa voiture.* ⇒ fam. **zigonner.** **2.** (Militaires) Faire l'exercice. *Les soldats manœuvrent dans la cour.* **3.** Employer des moyens adroits pour arriver à ses fins. *Elle a bien manœuvré.* **II.** V. tr. **1.** Manier de façon à faire fonctionner. *Manœuvrer des cordages.* ⇒ ② **manœuvre(s).** *Manœuvrer le volant d'une voiture.* **2.** Faire agir (qqn) comme on le veut, par une tactique habile. ⇒ **gouverner, manier.** *Elle s'est laissé manœuvrer par ses associées.* ▶ ***manœuvrable*** adj. ■ (Bateaux, véhicules) Apte à être manœuvré, maniable. ▶ ***manœuvrabilité*** n. f. ■ Maniabilité. ▶ ① ***manœuvre*** n. f. **I. 1.** Action sur les cordages, les voiles, le gouvernail, etc., destinée à régler le mouvement d'un bateau. — Action, manière de régler le mouvement d'un véhicule. *Faire une manœuvre pour se stationner.* — FAUSSE MANŒUVRE : erreur de manœuvre ; fig. décision, démarche maladroite et sans résultat. **2.** Exercice militaire. *Champ de manœuvre. Grandes manœuvres,* simulant des opérations militaires. **3.** Opérations manuelles (permettant le fonctionnement d'un appareil, d'une machine). *Manœuvres pour accrocher une locomotive à un train.* **II.** Moyen, ensemble de moyens mis en œuvre pour atteindre un but. ⇒ **combinaison, intrigue, machination.** *Manœuvre subtile, perfide,* malhonnête. ⇒ **magouille, manigance.** *Nous avons toute liberté de* manœuvre. ▶ ② ***manœuvre*** n. f. ■ Surtout au plur. Cordage du gréement d'un navire. *Manœuvres dormantes,* fixes. *Manœuvres courantes,* mobiles. ▶ ③ ***manœuvre*** n. ■ Ouvrier exécutant des travaux qui n'exigent pas de connaissances professionnelles spéciales. ⇒ **journalier.** *Les manœuvres du chantier.* ▶ ***manœuvrier, ière*** adj. et n. **1.** Adj. Qui concerne l'habileté à manœuvrer. *Qualités manœuvrières.* **2.** N. Personne qui manœuvre habilement.

manoir [manwaʀ] n. m. **1.** Petit château ancien à la campagne. *Un manoir seigneurial.* **2.** Nom donné à certains établissements (hôtels, résidences, restaurants...). *Visiter un manoir pour personnes âgées.*

manomètre [manɔmɛtʀ] n. m. ■ Appareil servant à mesurer la tension d'un gaz, d'une vapeur, la pression d'un fluide dans un espace fermé.

manquer [mɑ̃ke] v. • conjug. 1. **I.** V. intr. Être absent, faire défaut. **1.** (Suj. chose) Ne pas être, lorsqu'il le faudrait ; faire défaut. *Rien ne manque, tout est là. Si l'eau venait à manquer.* / contr. **abonder** / — Impers. *Il manque un bonbon dans la boîte. Il en manque un.* — Iron. Loc. *Il ne manquait plus que cela !,* c'est le comble. *Il ne manquerait plus que* (+ subjonctif), ce serait le comble si. *Il ne manquerait plus qu'elle ne vienne pas.* **2.** MANQUER À *qqn* : faire défaut, être insuffisant. — (Suj. chose) *Le temps me manque,* je n'ai pas le temps. *Les mots me manquent.* Impers. *Il me manque dix dollars.* — (Suj. personne) *Sa mère lui manquait.* ⇒ s'**ennuyer** de. Impers. *Il te manque un ami.* **3.** (Suj. personne) Être absent d'un lieu où l'on devrait être. *Cet élève manque trop souvent. Manquer à l'appel.* **4.** (Suj. chose) Échouer. ⇒ **rater.** / contr. **réussir** / *Dix fois de suite l'expérience manqua.* **II.** V. tr. ind. Ne pas avoir, ne pas faire. **1.** MANQUER DE : ne pas avoir (qqch., qqn) lorsqu'il le faudrait, ne pas avoir en quantité suffisante. / contr. **avoir** / *On ne manque de rien,* on a tout ce qu'il nous faut. *Elle manque d'amis.* — Fam. *Il ne manque pas d'air, de culot,* il est sans-gêne, culotté, gonflé. — Être dépourvu d'une qualité. *Tu manques d'imagination. — Manquer de respect à qqn, envers qqn.* **2.** MANQUER À *qqch.* : ne pas se conformer à (qqch.) qu'on doit observer. *Il a manqué à sa parole. Manquer à son, à ses devoirs.* ⇒ **négliger.** / contr. **respecter, satisfaire** à / **3.** NE PAS MANQUER DE (+ infinitif) : faire de manière certaine. *Je ne manquerai pas de vous informer.* Ellipt. *Ça n'a pas manqué.* — Loc. *Je n'y manquerai pas.* **4.** Semi-auxil. Être tout près de, sur le point de. ⇒ **faillir.** *Elle avait manqué mourir, de mourir.* **III.** V. tr. dir. **1.** Ne pas réussir. ⇒ fam. **louper, rater.** *Il a manqué son coup. J'ai manqué la sortie de l'autoroute* (→ passer tout droit). — Au p. p. adj. *Une photo manquée. Un acte manqué,* qui a échoué parce qu'on n'avait pas envie de le faire. — Loc. *Un garçon manqué,* une fille qui a des manières de garçon. **2.** Ne pas atteindre, ne pas toucher. ⇒ **rater.** *Manquer la cible.* — Au p. p. adj. *Manqué !,* à côté ! — *La prochaine fois, je ne te manquerai pas,* je me vengerai de toi. **3.** Ne pas rencontrer (qqn) qu'on voulait voir. *Je vous ai manqué de peu.* — Pronominalement. *Elle m'attendait, mais nous nous sommes manqués.* **4.** Ne pouvoir prendre (un moyen de transport) parce qu'on est en retard. *Tu as manqué ton autobus.* **5.** Laisser échapper (qqch.) de profitable. *Manquer une bonne occasion.* — Fam. *Il n'en manque pas une,* il ne manque pas une occasion de commettre une maladresse. **6.** S'abstenir d'assister, d'être présent à. *Manquer un cours, la classe.* ⇒ fam. **sécher.** ▶ ***manquant, ante*** adj. ■ Qui manque, est en moins. *Les numéros manquants d'une série. Le chaînon manquant.* — N. *Les manquants,* les absents, les objets qui manquent. ▶ ① ***manque*** n. m. **1.** Fait de manquer, absence ou grave insuffisance d'une chose nécessaire. ⇒ **défaut.** *Manque de vivres, d'argent, de main-d'œuvre.* ⇒ **carence, pénurie, rareté.** *Quel manque d'imagination !* / contr. **abondance, excès** / **2.** État d'un toxicomane privé de drogue ou d'alcool. *État de manque.* — Loc. *Être en manque.* **3.** Au plur. Lacunes. *Avoir des manques.* **4.** PAR MANQUE DE, MANQUE DE loc. prép. : par défaut de, faute de. *Il n'est pas venu par manque de temps. Manque de chance,* (France) fam. *de pot.* **5.** *Manque à gagner,* somme que l'on aurait pu gagner. ▶ ② *à la* ***manque*** [alamɑ̃k] loc. adj. ■ (Surtout en France) Fam. Raté, défectueux, mauvais. ⇒ fam. à la **gomme,** à la **noix.** *Des histoires à la manque. Un conducteur à la manque,* médiocre. ▶ ***manquement*** n. m. ■ Le fait de manquer (à un devoir). ⇒ **faute.** *Un manquement à la discipline.* ⟨ ▶ immanquable ⟩

mansarde [mɑ̃saʀd] n. f. **1.** (Surtout en France) Toit brisé à quatre pans (du nom du grand architecte français *François Mansart*). **2.** Chambre, pièce aménagée sous ce toit et dont un mur est en pente. *J'habite (dans) une mansarde au sixième.* ▶ ***mansardé, ée*** adj. ■ *Chambre mansardée.*

mansuétude [mɑ̃sɥetyd] n. f. ■ Littér. Disposition à pardonner généreusement. ⇒ **bonté, indulgence.** / contr. **sévérité** /

① ***mante*** [mɑ̃t] n. f. ■ Insecte carnassier (on dit surtout *mante religieuse*). *La mante femelle dévore souvent le mâle après l'accouplement.* ≠ *menthe.*

② ***mante*** n. f. ■ Manteau de femme, ample et sans manches. ▶ ***manteau*** n. m. **I. 1.** Vêtement à manches qui se porte par-dessus les autres vêtements. ⇒ **capote, pardessus.** *Manteau de fourrure.* ⇒ ② **capot, pelisse.** *Manteau de pluie.* ⇒ **ciré, imperméable.** *Manteau d'hiver.* ⇒ **paletot. 2.** Fig. Ce qui cache, dissimule. *Un manteau de neige. Le blanc manteau,* la neige. — Loc. *Livre publié, vendu sous le manteau,* clandestinement. **II.** *Manteau de cheminée,* partie de la cheminée en saillie au-dessus du foyer. ⇒ fam. **tablette.** ⟨ ▶ portemanteau ⟩

mantille [mɑ̃tij] n. f. ■ Dentelle drapée sur la tête, comme coiffure féminine. *Une mantille espagnole.*

manucure [manykyʀ] n. ■ Personne chargée des soins esthétiques des mains, des ongles. *Les manucures d'un institut de beauté. Les manucures et les pédicures.* ▶ ***manucurer*** v. tr. • conjug. 1. ■ Faire les mains de (qqn).

① ***manuel, elle*** [manɥɛl] adj. **1.** Qui se fait avec la main, qui nécessite une activité physique. *Travail manuel. Métiers manuels.* **2.** Qui fait appel à l'intervention humaine (opposé à *automatique*). *Commande manuelle. Une auto manuelle.* — N. *Une manuelle.* **3.** (Personnes) *Travailleur manuel.* — N. *Un manuel, une manuelle,* personne plus apte, plus disposée à l'activité manuelle qu'à l'activité intellectuelle. / contr. **intellectuel** / ▶ ***manuellement*** adv. ■ En se servant de la main ; par une opération manuelle. ⇒ fam. **mitaine.**

② ***manuel*** n. m. ■ Ouvrage didactique, livre présentant les notions essentielles d'une science, d'une technique. ⇒ **abrégé, cours.** *Un manuel de physique, de pilotage, de littérature.*

manufacture [manyfaktyʀ] n. f. ■ Établissement industriel où la qualité de la main-d'œuvre est primordiale. *Manufacture de porcelaine de Sèvres.* — Cour. Fabrique, usine. *Travailler dans une manufacture de vêtements.* ▶ ***manufacturier, ière*** n. ■ Chef d'entreprise, industriel, fabricant. ⇒ **constructeur, entrepreneur.** *Les manufacturiers attendent la reprise de l'économie.*

manufacturer [manyfaktyʀe] v. tr. ▪ conjug. 1. ■ Faire subir à (une matière première) une transformation industrielle. — Au p. p. adj. *Produits manufacturés.*

manu militari [manymilitaʀi] loc. adv. ■ En employant la force armée, la force policière. *Les grévistes ont été expulsés manu militari.*

manuscrit, ite [manyskʀi, it] adj. et n. m. **I.** Adj. Écrit à la main. *Notes manuscrites.* **II.** N. m. **1.** Texte, ouvrage écrit ou copié à la main. ⇒ **écrit.** *Manuscrit ancien enluminé.* **2.** Œuvre originale écrite de la main de l'auteur ou dactylographiée (on dit parfois *tapuscrit*). *Elle apporta un manuscrit à son éditeur.* / contr. **imprimé** / *L'étude des manuscrits d'écrivains.*

manutention [manytɑ̃sjɔ̃] n. f. **1.** Manipulation, déplacement manuel ou mécanique de marchandises, en vue de l'emmagasinage, de l'expédition et de la vente. *Appareils de manutention. Frais de manutention,* couvrant la préparation et l'expédition. **2.** Local réservé à ces opérations. ⇒ **entrepôt,** ② **magasin** (1). ▶ ***manutentionnaire*** n. ■ Personne employée aux travaux de manutention. ▶ ***manutentionner*** v. tr. ▪ conjug. 1. ■ Soumettre aux opérations de manutention. *Manutentionner les céréales sur un navire.*

maoïsme [maɔism] n. m. ■ Mouvement et doctrine prochinois suivant la pensée marxiste, communiste de Mao Zedong. ▶ ***maoïste*** adj. et n. **1.** Partisan du maoïsme. ⇒ **gauchisme.** *Étudiant maoïste.* — Abrév. MAO [mao] adj. et n. *Les maos.* **2.** COL MAO : col droit semblable à celui des vestes chinoises.

mappe [map] n. f. ■ Anglic. Carte géographique, plan. *Acheter une grande mappe.* — Loc. *Mettre qqch., qqn sur la mappe,* le faire connaître. *Un club de hockey professionnel, ça met une ville sur la mappe.*

mappemonde [mapmɔ̃d] n. f. **1.** Carte plane représentant le globe terrestre divisé en deux hémisphères projetés côte à côte. ⇒ **planisphère.** *Regarder une mappemonde dans un atlas.* **2.** Abusivt. Sphère représentant le globe terrestre. ⇒ **globe.**

① ***maquereau*** [makʀo] n. m. ■ Poisson comestible au dos vert et bleu, au ventre nacré, vivant en bancs. *Filets de maquereau au vin blanc. Des maquereaux.*

② ***maquereau, elle*** [makʀo, ɛl] n. Fam. **1.** N. m. Homme qui cherche à séduire toutes les femmes qu'il rencontre. ⇒ fam. **courailleur.** *Un vieux maquereau. Espèce de maquereau.* **2.** Personne qui vit de la prostitution des femmes. ⇒ **entremetteur, proxénète, souteneur.**

maquette [makɛt] n. f. **1.** Ébauche, modèle en réduction (d'une sculpture). — Original que doit reproduire une page illustrée, une affiche. *La maquette d'une publicité, d'un journal.* **2.** Modèle réduit (de décor, d'un bâtiment, d'un véhicule). *Maquette d'avion.* ▶ ***maquettiste*** n. ■ Spécialiste chargé d'exécuter des maquettes (typographie, construction, mécanique). — Spécialt. Personne qui, dans un journal, est chargée de l'agencement des textes et illustrations d'une page.

maquignon [makiɲɔ̃] n. m. **1.** Vieilli Marchand de chevaux. **2.** Marchand de bestiaux peu scrupuleux et truqueur. **3.** (France) Homme d'affaires aux procédés grossiers et malhonnêtes. ▶ ***maquignonnage*** n. m. **1.** Métier de maquignon. **2.** (France) Manœuvres frauduleuses ou indélicates.

maquiller [makije] v. tr. ▪ conjug. 1. **1.** Modifier ou embellir (le visage) par des procédés et produits appropriés. *Elle s'est maquillé les yeux.* — SE MAQUILLER v. pron. réfl. : au théâtre, se grimer ; se farder. *Elle s'est maquillée.* — Au p. p. adj. *Un visage bien maquillé.* **2.** Modifier de façon trompeuse l'apparence de (une chose). ⇒ **camoufler, falsifier, truquer.** *Maquiller un passeport, une voiture.* **3.** Dénaturer, fausser. *Maquiller la vérité. Maquiller un meurtre en accident.* ▶ ***maquillage*** n. m. **1.** Action ou manière de maquiller, de se maquiller. — Ensemble des éléments (fond de teint, fards, poudres, rouge, ombres) servant à se maquiller. ⇒ **produit** de beauté. *Maquillage du jour, du soir. Sac à maquillage.* **2.** Modification frauduleuse de l'aspect (d'une chose). *Le maquillage d'une voiture volée.* ▶ ***maquilleur, euse*** n. ■ Spécialiste en maquillage. ⟨ ▶ démaquiller ⟩

maquis [maki] n. m. invar. **I. 1.** (France) Végétation d'arbustes, de buissons touffus dans les régions méditerranéennes. **2.** Complication inextricable. *Le maquis de la procédure.* **II.** Sous l'occupation allemande en France. Lieu peu accessible où se regroupaient les résistants. *Prendre le maquis ; être dans le maquis.* — *Un maquis,* organisation de résistance armée. ▶ ***maquisard*** [makizaʀ] n. m. ■ Résistant appartenant à un maquis.

① ***marabout*** [maʀabu] adj. et n. ■ De mauvaise humeur, irritable. ⇒ **boudeur, maussade, mécontent.** *Des enfants toujours marabouts.* — Loc. *Être, avoir l'air marabout.* ⇒ **bouder ;** fam. avoir la **baboune.**

② ***marabout*** n. m. ■ Grand oiseau (échassier) au plumage gris et blanc, à gros jabot.

maracas [maʀakas] n. m. pl. ■ Instrument de musique d'origine sud-américaine, composé d'une paire de sphères creuses, chacune étant munie d'un manche, et dans lesquelles quelques corps durs sont enfermés, que l'on agite pour marquer le rythme.

maraîcher, ère [maʀe(ɛ)ʃe, ɛʀ] n. et adj. **1.** (Surtout en France) N. Jardinier(ière) qui cultive des légumes. **2.** Adj. Propre à la culture des légumes ; relatif à l'activité du maraîcher. *Culture maraîchère.*

marais [maʀɛ] n. m. invar. **1.** Nappe d'eau stagnante de faible profondeur recouvrant un terrain partiellement envahi par la végétation aquatique. ⇒ **étang, marécage, marigot, muskeg, plée, tourbière. 2.** MARAIS SALANT : bassin creusé à proximité des côtes pour extraire le sel de l'eau de mer par évaporation. ⇒ **saline.**

marasme [maʀasm] n. m. **1.** Accablement, apathie profonde. **2.** Stagnation. *Le marasme économique.*

marasquin [maʀaskɛ̃] n. m. ■ Liqueur sucrée parfumée avec une cerise acide (la *marasque*). *Cerises au marasquin.*

marathon [maʀatɔ̃] n. m. **1.** Course à pied de grand fond (42,195 km) sur route. **2.** Épreuve ou séance prolongée qui exige une grande résistance. *Marathon de danse. Le marathon budgétaire.* — En appos. *Une séance marathon.* ▶ ***marathonien, ienne*** n. ■ Coureur(euse) de marathon.

marâtre [maʀɑtʀ] n. f. **1.** Vx. Femme du père, par rapport aux enfants qu'il a eus d'un premier mariage. ⇒ **belle-mère. 2.** Mère dénaturée, mauvaise mère qui maltraite ses enfants.

marauder [maʀode] v. intr. ▪ conjug. 1. ■ Voler des fruits, légumes, volailles dans les jardins et les fermes. ⇒ fam. **chaparder.** — *Taxi qui maraude,* qui circule à vide, lentement à la recherche de clients. — REM. On dit aussi *taxi en maraude* (n. f.). ▶ ***maraudage*** n. m. **1.** Action de marauder. **2.** Activité de recrutement illicite. *Le maraudage syndical. Le club s'est fait accuser de maraudage.* ▶ ***maraudeur, euse*** n. et adj. ■ Personne ou animal qui maraude. ⇒ **pillard, voleur.** — Adj. *Oiseau maraudeur.*

marbre [maʀbʀ] n. m. **I. 1.** Roche calcaire, souvent veinée de couleurs variées et susceptible de prendre un beau poli. *Colonnes, escalier, cheminée de marbre, en marbre. La blancheur du marbre.* ⇒ **marmoréen. 2.** Plateau de marbre d'une table, d'une commode. *Le marbre est fêlé.* — Statue de marbre. *Les marbres grecs d'un musée.* **3.** Loc. *Blanc, froid comme le marbre, comme un marbre. Être, rester de marbre,* impassible. **II. 1.** Surface, table (à l'origine en marbre), utilisée pour diverses opérations techniques. — Plateau de fonte polie sur lequel on fait les impositions ou la correction des textes, à l'imprimerie d'un journal. **2.** Baseball, balle-molle. Petite plaque en forme de pentagone qui, avec les trois buts, délimite le champ* intérieur et sert de cible au lanceur. *Le receveur se tient derrière le marbre. Le frappeur se présente au marbre.* — Loc. *Croiser le marbre,* marquer un point. ▶ ***marbrer*** v. tr. • conjug. 1. **1.** Marquer (une surface) de veines, de taches pour donner l'apparence du marbre. *Marbrer la tranche d'un livre.* — Au p. p. adj. *Un gâteau marbré,* fait avec des pâtes de couleurs différentes. **2.** Marquer (la peau) de marbrures. *Le froid lui marbrait le visage.* ▶ ***marbrerie*** n. f. **1.** Art, métier du marbrier ; son atelier. **2.** Industrie de transformation et de mise en œuvre des marbres. *Marbrerie funéraire.* ▶ ***marbrier, ière*** n. **1.** Ouvrier spécialisé dans le sciage, la taille, le polissage des blocs ou objets en marbre ou en pierre à tailler. **2.** Fabricant, marchand (homme ou femme) d'ouvrages de marbrerie. *Marbrier funéraire.* ▶ ***marbrière*** n. f. ■ Carrière de marbre. *Les marbrières de Carrare, en Italie.* ▶ ***marbrure*** n. f. **1.** Imitation des veines et taches du marbre. **2.** Marques sur la peau, comparables aux taches et veines du marbre. *Avoir des marbrures aux pommettes.*

marc [maʀ] n. m. **1.** Résidu des fruits que l'on a pressés. *Marc de raisin, de pommes.* **2.** Eau-de-vie de marc de raisin distillé. *Du marc de Bourgogne. Marc égrappé.* **3.** Résidu (d'une substance que l'on a fait infuser, bouillir). *Marc de café. Lire dans le marc de café* (pour prédire l'avenir).

marcassin [maʀkasɛ̃] n. m. ■ Petit sanglier qui suit encore sa mère.

marchand, ande [maʀʃɑ̃, ɑ̃d] n. et adj. **I.** N. Commerçant chez qui l'on achète des marchandises qu'il, elle fait profession de vendre. ⇒ **fournisseur, vendeur.** *Marchand en gros* ⇒ **grossiste**, *au détail* ⇒ **détaillant**. *Les marchands de fruits et légumes. Marchand de chaussures. Marchande de journaux.* — Anciennt. *Marchand général,* commerçant qui tenait un magasin* général. — (France) Loc. *Marchand de couleurs,* qui vend des produits d'entretien pour la maison, droguiste. ⇒ **quincaillier.** *Marchand, marchande des quatre-saisons,* qui vend des fruits, des légumes dans une petite voiture (pendant toute l'année). — Loc. péj. N. m. *Marchand de canons,* fabricant d'armes de guerre. **II.** Adj. **1.** *Prix marchand,* prix de facture. *Valeur marchande,* valeur d'un bien dans le commerce. **2.** *Une rue marchande,* surtout en France, *une galerie marchande,* où se trouvent de nombreux commerces. ⇒ **commerçant, centre commercial. 3.** *Marine marchande,* qui effectue les transports commerciaux. ⟨ ▶ marchander, marchandise ⟩

marchander [maʀʃɑ̃de] v. tr. • conjug. 1. ■ Essayer d'acheter (une chose) à meilleur marché, en discutant avec le vendeur. ⇒ **barguiner.** *Marchander un bibelot ancien.* — Sans compl. *Je n'aime pas marchander.* — Fig. *Il ne lui a pas marchandé les éloges,* il l'a beaucoup loué. ▶ ***marchandage*** n. m. **1.** Discussion pour obtenir ou vendre (qqch.) au meilleur prix. *Faire du marchandage.* **2.** Tractation effectuée sans scrupule en vue d'obtenir des avantages. *Marchandage électoral.*

marchandise [maʀʃɑ̃diz] n. f. **1.** Objet destiné à la vente. ⇒ **article, denrée.** *Train, gare de marchandises* (opposé à *de voyageurs*). **2.** Loc. *Faire valoir sa marchandise,* présenter les choses sous un jour favorable. *Livrer la marchandise,* agir conformément à ses promesses, prouver ses capacités.

marchant, ante de vitesse [maʀʃɑ̃, ɑ̃t dvitɛs] n. ■ Personne qui patine, court très rapidement. *Ce hockeyeur est un véritable marchant de vitesse.* — Personne qui accomplit qqch. très rapidement.

① ***marche*** [maʀʃ] n. f. ■ Surface plane sur laquelle on pose le pied pour passer d'un plan horizontal à un autre. *Les marches d'un escalier.* ⇒ **degré.** *Attention à la marche !* ⟨ ▶ contremarche ⟩

② ***marche*** n. f. **1.** Action de marcher, suite de pas ; déplacement fait en marchant. *Aimer la marche.* ⇒ **promenade.** *Marche lente, rapide. Faire une longue marche, dix kilomètres à la marche. Vous en avez pour une demi-heure de marche.* — Loc. fam. *Prendre une marche,* se promener. — *En avant, marche !,* commandement, signal de départ. — Loc. MARCHE À SUIVRE : série d'opérations, de démarches pour obtenir ce qu'on veut. *Indiquez-moi la marche à suivre.* **2.** Mouvement d'un certain nombre de personnes marchant dans un ordre déterminé. *Nous avons pris part à une marche de protestation.* — Loc. *Ouvrir la marche,* marcher en tête. *Fermer la marche.* **3.** Morceau de musique dont le rythme règle la marche. *Une marche militaire, nuptiale.* **4.** (Choses) Déplacement continu dans une direction déterminée. *Le sens de la marche d'un train. Auto qui fait marche arrière,* qui recule. ⇒ fam. à **reculons** — Mouvement. *Régler la marche d'une horloge.* **5.** Cours. *La marche du temps.* **6.** Fonctionnement. *Assurer la (bonne) marche d'un service.* — *En état de marche,* capable de marcher. **7.** Loc. adv. EN MARCHE : en train d'avancer. — En fonctionnement. *Mettre un moteur en marche.* ⇒ **démarrer.** / contr. **arrêter,** ① **stopper** /

① ***marché*** [maʀʃe] n. m. **I.** Accord portant sur la fourniture de marchandises, de valeurs ou de services. ⇒ **affaire, contrat.** *Conclure, passer un marché.* — Loc. *Mettre (à qqn) le marché en main,* le sommer d'accepter ou de rejeter sans autre délai certaines conditions. — Loc. *Par-dessus le marché,* en plus de ce qui a été convenu, en supplément. ⇒ en **outre.** Fig. Fam. En plus. *Et elle rouspète, par-dessus le marché !* **II.** À BON MARCHÉ : à bas prix. *Habitations à bon marché. Fabriquer à meilleur marché,* moins cher. ⇒ **bon marché.** / contr. ② **cher** / ⟨ ▶ bon marché ⟩

② ***marché*** n. m. **1.** Lieu où se tient une réunion périodique des marchands de denrées alimentaires et de marchandises d'usage courant. ⇒ **halle.** *Marché couvert. Place du marché. Marché aux fleurs. Jours de marché. Faire le (son) marché,* aller acheter au marché ou dans les magasins d'alimentation les denrées nécessaires à la vie quotidienne (→ faire les commissions, l'épicerie, les courses). — MARCHÉ AUX PUCES : lieu où l'on vend, achète, échange toutes sortes d'objets d'occasion. **2.** Ensemble des opérations commerciales, financières, concernant une catégorie de biens dans une zone géographique ; cette zone. *L'offre et la demande sur un marché. Le marché du travail. Le marché canadien du blé.* — MARCHÉ COMMUN : forme spéciale d'union économique entre douze pays d'Europe. — MARCHÉ NOIR : marché clandestin résultant de l'insuffisance de l'offre (en période de rationnement, de taxation). *Faire du marché noir.* **3.** Débouché pour un produit. *Conquérir un marché.* ⇒ **clientèle.** *Étude de marché.* ⇒ **marketing.** ⟨ ▶ démarcher, supermarché ⟩

marchepied [maʀʃəpje] n. m. ■ Degré ou série de degrés fixes ou pliants qui servent à monter dans une voiture ou à en descendre. *Voyager sur le marchepied d'un train bondé.*

marcher [maʀʃe] v. intr. ▪ conjug. 1. **I. 1.** Se déplacer par mouvements et appuis successifs des jambes et des pieds sans interrompre le contact avec le sol (par opposition à *courir*). ⇒ **marche, pas.** *Enfant qui commence à marcher. Marcher à petits pas rapides.* ⇒ **trotter, trottiner.** — *Marcher à quatre pattes. Marcher sur les mains. Marcher les fesses serrées,* en ayant peur ; en affectant des manières. — *Marcher en raquettes.* — Loc. *Parler comme on marche,* de manière grossière, vulgairement. **2.** Aller à pied. ⇒ **déambuler,** se **promener.** *Marcher dans une forêt, vers la ville. Marcher sans but, à l'aventure.* ⇒ **errer, flâner.** *Marcher à peu près,* aller au hasard. — *Marcher sur* (qqn, l'ennemi), se diriger avec décision et violence. *L'armée marchait sur Paris.* **3.** (Choses) Se mouvoir de manière continue. *Train qui marche à 150 km à l'heure.* ⇒ **rouler.** — Fig. (Personnes) *Marcher sur ses vingt ans,* les avoir bientôt. **4.** (Mécanismes) Fonctionner. *Montre, pendule qui marche mal. Ma radio ne marche plus.* — Fam. *Marcher croche,* (choses) ne pas tourner rond ; (personnes) ne pas bien se conduire. **5.** Produire l'effet souhaité. ⇒ **pogner.** *Ses affaires, ses études marchent bien. Ce procédé, cette ruse a marché.* ⇒ **réussir. II.** Poser le pied (quelque part). **1.** Mettre le pied (sur qqch.) tout en avançant. *Défense de marcher sur les pelouses.* — Loc. *Marcher sur les traces de qqn,* l'imiter. **2.** Poser le pied (dans, sur qqch.), sans idée d'autre mouvement. *Marcher dans une flaque d'eau. Marcher sur les pieds de qqn.* **III.** Fam. Acquiescer, donner son adhésion à qqch. ⇒ **accepter, consentir.** *Non, je ne marche pas ! Ça marche !,* c'est d'accord. ⇒ fam. **boumer.** — Croire naïvement quelque histoire. *Ils ont marché dans mon histoire.* — *Faire marcher qqn,* obtenir de lui ce qu'on veut en le trompant. ⇒ **berner, mystifier.** *Arrête de me faire marcher !* ▶ ***marcheur, euse*** n. et adj. **1.** N. Personne qui peut marcher longtemps, sans fatigue. *Elle est bonne, mauvaise marcheuse.* **2.** Adj. *Oiseaux marcheurs,* qui marchent (et volent difficilement ou pas du tout). *L'autruche est un oiseau marcheur. Les insectes marcheurs* (opposé à *sauteurs*). ▶ ***marchette*** n. f. **1.** Petit appareil muni de roulettes dans lequel on installe les jeunes enfants qui apprennent à marcher. *Une marchette pliante.* **2.** Support de métal, sur pied, qui aide à soutenir la marche (des personnes âgées, des handicapés, des convalescents). *Louer une marchette dans un C.L.S.C.* ⟨ ▶ contremarche, ① démarche, ② démarche, marchant de vitesse, ② marche, marchepied ⟩

marde [maʀd] n. f. et interj. Fam. **I.** N. f. **1.** Merde. *Mettre le pied, piler dans la marde de chien.* **2.** Loc. fam. ou très fam. *Ça (ne) vaut pas de la marde,* pas grand-chose, rien. *C'est le bout de la marde,* le pire, le mieux qui puisse arriver. *Fou comme de la marde,* très content, très heureux. *Un gros plein de marde,* une personne répugnante, salope. ⇒ fam. **écœurant.** *Faire manger de la marde à qqn,* l'envoyer au diable, se faire voir. ⇒ fam. **schnout** ; très fam. **chier.** — Forme atténuée. *Faire manger de la m... à qqn.* — *Avec ce projet, j'ai mangé de la marde,* j'ai fait beaucoup d'efforts sans obtenir beaucoup de succès ; j'ai eu des difficultés, de la misère. *Donner de la marde à qqn,* lui causer du trouble, des difficultés. **II.** Interj. S'emploie dans toutes sortes de circonstances familières. *Marde,* ou, plus fréquemment, *maudite marde que ça va mal ! Maudite marde que tu es niaiseux. Voyons, marde !* — Absolt. *Maudite marde !* — Très fam. *Maudite marde de cul !* — REM. Voir la remarque à l'article *merde.* ▶ ***mardeux, euse*** adj. et n. ⇒ **merdeux.**

mardi [maʀdi] n. m. **1.** Deuxième jour de la semaine*, qui succède au lundi. *Elle vient tous les mardis.* — *Nous partirons mardi,* le mardi qui vient. *Mardi gras,* dernier jour avant le début du carême. — N. (Avec une majusc.) *Un(e) Mardi gras,* une personne déguisée ou masquée, qui fête ce jour. **2.** Interj. Fam. Forme atténuée de *maudit* ②. *Mardi fou !*

mare [maʀ] n. f. **1.** Petite nappe d'eau peu profonde qui stagne et est susceptible de s'assécher. ⇒ **flaque.** ≠ *étang.* **2.** Grande quantité de liquide répandu. *Une mare de sang.*

marécage [maʀekaʒ] n. m. ■ Lieu inculte et humide où s'étendent des marais, occupé par une végétation surtout composée d'arbustes. ▶ ***marécageux, euse*** adj. ■ Qui est de la nature du marécage. ⇒ **bourbeux.** *Terrain marécageux.*

maréchal, ale, aux [maʀeʃal, o] n. ■ (France) Officier général qui a la dignité la plus élevée dans la hiérarchie militaire (on lui dit : *Monsieur le Maréchal*). — *Madame la Maréchale,* la femme du maréchal. ▶ ***maréchal-ferrant*** n. m. ■ Vx. Artisan qui ferre les animaux de trait, les chevaux. ⇒ **forgeron.** *Des maréchaux-ferrants.* ▶ ***maréchaussée*** n. f. ■ (France) Plaisant. Gendarmerie.

marée [maʀe] n. f. **1.** Mouvement journalier d'oscillation de la mer ou du fleuve dont le niveau monte et descend alternativement. *Marée montante.* ⇒ **flux, montant.** *Marée descendante.* ⇒ **baissant, jusant, reflux.** *Marée haute, basse. Grandes marées,* à fortes amplitudes lorsque l'attraction du Soleil se conjugue avec celle de la Lune. — Loc. fig. *Contre vents et marées,* malgré tous les obstacles. — Loc. fig. *La marée est haute,* expression signifiant à qqn que ses pantalons sont trop courts. *Tu es à marée haute !* **2.** MARÉE NOIRE : marée qui apporte du mazout échappé des soutes d'un pétrolier. — Pollution des rivages due à ce mazout. *Lutter contre la marée noire.* **3.** *Une marée humaine,* une grande masse de personnes qui se déplace. **4.** Poissons, crustacés, fruits de mer frais. *Attendre une marée fraîche.* ▶ ***marémotrice*** adj. f. ■ *Usine marémotrice,* produisant de l'énergie électrique avec la force motrice des marées. ▶ ***mareyeur, euse*** [maʀɛjœʀ, øz] n. ■ Grossiste qui achète sur place les produits de la pêche et les expédie aux marchands de poisson. ⟨ ▶ raz(-)de(-)marée ⟩

marelle [maʀɛl] n. f. ■ Jeu d'enfants qui consiste à pousser à cloche-pied un caillou ou un petit objet dans les cases numérotées d'une figure tracée sur le sol. *Jouer à la marelle.* — La figure tracée.

marengo [maʀɛ̃go] n. invar. ■ *Poulet, veau marengo,* qu'on a fait revenir dans l'huile avec des tomates, des champignons et du vin blanc.

margarine [maʀgaʀin] n. f. ■ Substance grasse végétale ou animale ressemblant au beurre et ayant les mêmes usages. *De la margarine à l'huile de soja. Faire la cuisine à la margarine.*

marge [maʀʒ] n. f. **1.** Espace blanc (autour d'un texte écrit ou imprimé). ⇒ **bord.** *Laissez de grandes marges.* — Espace laissé à gauche (d'une page manuscrite ou dactylographiée). *Les corrections sont dans la marge.* **2.** Intervalle d'espace ou de temps dont on dispose entre certaines limites ; possibilité d'action. *Avoir une marge de liberté, de réflexion.* ⇒ **délai.** *Une grande marge de manœuvre. Marge de sécurité,* disponibilités dont on est assuré au-delà des dépenses prévues. *Une marge de crédit.* **3.** EN MARGE DE : en dehors de, mais qui se rapporte à. *Émission en marge de l'actualité.* — *Vivre en marge,* sans se mêler à la société. ▶ ***marginal, ale, aux*** adj. **1.** Didact. Qui est mis dans la marge. *Note marginale.* **2.** Qui n'est pas central, principal. *Occupations, préoccupations marginales.* ⇒ **secondaire.** **3.** Cour. Qui vit en marge de la société. ⇒ **asocial.** — N. *Les marginaux.* / contr. **conformiste** ; anglic. **straight** / ≠ *marginaliste.* ‹ ▶ émarger, marginalisme ›

margelle [maʀʒɛl] n. f. **1.** Assise de pierre qui forme le rebord (d'un puits, du bassin d'une fontaine). **2.** Cavité rectangulaire pratiquée dans le sol devant un soupirail. *Creuser une margelle.* — Le muret (de pierre, de béton, de métal) qui délimite cette cavité. *Une margelle en tôle.*

marginalisme [maʀʒinalism] n. m. ■ Économie. Théorie selon laquelle la valeur d'échange est déterminée par celle de la dernière unité disponible d'un produit. ▶ ***marginaliste*** adj. et n. ■ ≠ *marginal.*

margoulette [maʀgulɛt] n. f. ■ Fam. Figure (d'une personne). ⇒ fam. **gueule.** — Loc. *Se casser la margoulette,* tomber. *Elle s'est cassé la margoulette en descendant. Casser la margoulette à quelqu'un,* lui donner une râclée.

marguerite [maʀgəʀit] n. f. **I.** Fleur blanche à cœur jaune, commune dans les prés. ⇒ **pâquerette.** **II.** Cercle amovible portant sur sa circonférence des caractères, et utilisé sur certaines machines à écrire et imprimantes. ‹ ▶ reine-marguerite ›

marguillier, ière [maʀgije, jɛʀ] n. ■ Membre du conseil de fabrique. *Le banc des marguilliers. La marguillière en charge.*

① ***mari*** [maʀi] n. m. ■ Homme marié, par rapport à sa femme. ⇒ **conjoint, époux ;** fam. **chum.** *Le mari de Mme C. Le second mari d'une divorcée. Chercher un mari.* ‹ ▶ marital ›

② ***mari*** n. f. ⇒ **marijuana.**

marier [maʀje] v. tr. ▪ conjug. 7. **I.** **1.** Unir (un homme et une femme) en célébrant le mariage. *C'est le vicaire qui les a mariés.* **2.** Donner en mariage. *Ils marient leur fils.* **3.** Cour. Épouser. *Elle marie un gars de la Beauce.* **II.** SE MARIER v. pron. **1.** (Récipr.) S'unir par le mariage. *Ils se sont mariés à l'église.* **2.** (Réfl.) Contracter mariage. *Il va se marier avec elle.* ⇒ **épouser.** **III.** Unir. ⇒ **assortir, combiner.** *Marier des couleurs qui s'harmonisent.* ▶ ***marié, ée*** adj. et n. **1.** Qui est uni, qui sont unis par le mariage. / contr. **célibataire** / *Homme marié, femme mariée.* — N. JEUNE MARIÉ(E) : celui, celle qui est marié(e) depuis peu. **2.** N. Personne dont on célèbre le mariage. *Robe de mariée.* — Loc. prov. *Se plaindre que la mariée est trop belle,* se plaindre d'une chose dont on devrait se réjouir. ▶ ***mariage*** n. m. **I.** **1.** Union légitime d'un homme et d'une femme. *Du mariage.* ⇒ **matrimonial.** *Mariage religieux,* contracté devant l'autorité religieuse, *civil,* contracté devant l'autorité civile. *Contrat de mariage,* qui règle le régime des biens des époux. — Action, fait de se marier. *Il l'a demandée en mariage.* ⇒ demander la **main.** **2.** La cérémonie du mariage. ⇒ **noce.** *Aller, assister à un mariage.* **3.** État, situation d'une personne mariée, d'un couple marié. *Il préfère le mariage au célibat.* **II.** Alliance, union. *Mariage de deux couleurs, de deux parfums.* ‹ ▶ se remarier ›

marigot [maʀigo] n. m. **1.** Bras mort d'un fleuve, marais*, eau morte, dans une région tropicale. **2.** Lieu bas, sujet aux inondations.

marijuana [maʀiwana] ou, abrév. fam., ② ***mari*** [maʀi] n. f. ■ Stupéfiant tiré du chanvre indien. ⇒ **cannabis, haschisch.** *Fumer de la marijuana. — Une cigarette de mari.* ⇒ fam. **herbe ;** anglic. ② **pot.**

① ***marin, ine*** [maʀɛ̃, in] adj. **1.** De la mer (opposé à *terrestre*). *Air marin. Sel marin. Animaux marins.* **2.** Relatif à la navigation sur la mer. *Carte, lunette marine. Mille marin.* — Loc. *Avoir le pied marin,* garder son équilibre sur un bateau. ▶ ② ***marin*** n. m. **1.** Celui qui est habile dans l'art de la navigation sur mer. ⇒ **navigateur.** *Les Phéniciens étaient un peuple de marins.* **2.** Personne (surtout homme) dont la profession est de naviguer sur la mer. ⇒ **matelot.** — Loc. fam. *Marin d'eau douce,* médiocre marin. **3.** Adj. *Costume marin,* costume bleu de petit garçon qui rappelle celui des marins. — REM. Aux sens 1 et 2, l'O.L.F. recommande *une marin* au féminin. ▶ ① ***marine*** n. f. **I.** **1.** Tout ce qui concerne l'art de la navigation sur mer. *Musée de la marine.* **2.** Ensemble des navires appartenant à une même nation ou entrant dans une même catégorie. ⇒ **flotte.** *La marine canadienne, anglaise. Marine militaire, marine de guerre. Officiers de marine.* **II.** Adj. invar. BLEU MARINE, ou MARINE, ou, fam., *bleu marin* : bleu foncé semblable au bleu des uniformes de la marine. *Des chaussettes bleu marine, marine. Un pantalon et un chandail bleu marin.* **III.** Peinture ayant la mer pour sujet. ▶ ② ***marine*** n. m. ■ Anglic. Soldat de l'infanterie de marine américaine (⇒ anglic. **G.I.**) ou anglaise. ‹ ▶ aigue-marine, fusilier-marin, loup-marin, marinier, marinière, sous-marin ›

marina [maʀina] n. f. ■ Complexe aménagé au bord de l'eau, comprenant des installations portuaires pour les bateaux de plaisance et, parfois, des habitations. *Bateau amarré à la marina.*

mariner [maʀine] v. intr. ▪ conjug. 1. **1.** Être, tremper dans une marinade. *Cette viande doit mariner plusieurs heures. Faites mariner le morceau de bœuf pendant 24 h.* ⇒ **macérer.** **2.** Fam. (Suj. personne) Rester longtemps dans un lieu ou une situation désagréable. *Ils l'ont laissé mariner trois jours avant de l'interroger.* ▶ ***marinade*** n. f. ■ Liquide (vin, etc.) salé et épicé dans lequel on met du poisson, de la viande avant la cuisson. — Aliment mariné. *Nous avons mangé une marinade de veau.* ▶ ***marinades*** n. f. pl. ■ Condiments faits de morceaux de fruits ou de légumes macérés dans du vinaigre mélangé avec des épices ou des aromates. ⇒ anglic. **pickles.** *Des marinades sucrées, sûres.* ▶ ***mariné, ée*** adj. ■ Trempé, conservé dans une marinade. *Harengs marinés. Des betteraves marinées.*

maringouin [maʀɛ̃gwɛ̃] n. m. ■ Moustique commun dont la piqûre provoque des démangeaisons. ⇒ **brûlot,** ② **cousin, mouche** noire. — Abusivt. Tout moustique qui pique.

marinier [maʀinje] n. m. ■ (France) Personne (surtout homme) dont la profession est de naviguer sur les fleuves, les canaux. ⇒ **batelier.**

marinière [maʀinjɛʀ] n. f. **1.** À LA MARINIÈRE : à la manière des pêcheurs, des marins. *Moules à la marinière* ou *moules marinière,* préparées dans leur jus, avec des oignons. **2.** Blouse sans ouverture sur le devant et qui descend un peu plus bas que la taille.

mariol ou ***mariolle*** [maʀjɔl] adj. et n. ■ (France) Fam. Malin. *C'est un sacré mariolle. Faire le mariolle,* se vanter, faire l'intéressant.

marionnette [maʀjɔnɛt] n. f. **1.** Figurine représentant un être humain ou un animal, actionnée à la main par une personne cachée. *Marionnettes à fils, à tige, à gaine.* ⇒ **guignol.** *Théâtre de marionnettes.* **2.** Personne qu'on manœuvre à son gré, à laquelle on fait faire ce qu'on veut. ⇒ **pantin.** ▶ ***marionnettiste*** n. ■ Montreur(euse), manipulateur(trice) de marionnettes.

marionnettes [maʀjɔnɛt] n. f. pl. ■ Aurore boréale. *Les marionnettes sont visibles la nuit, par temps clair.*

marital, ale, aux [maʀital, o] adj. ■ Qui appartient au mari. *Autorisation maritale.* ▶ ***maritalement*** adv. ■ Comme mari et femme. *Ils vivent maritalement.* ⇒ en **concubinage** ; fam. **accoté.**

maritime [maʀitim] adj. **1.** Qui est au bord de la mer, subit l'influence de la mer. *Ville maritime. Ports maritimes et ports fluviaux.* — *Les Provinces maritimes,* celles qui touchent l'océan Atlantique (Nouveau-Brunswick, Nouvelle-Écosse, Île-du-Prince-Édouard). — N. f. pl. (Avec une majusc.) *Les Maritimes,* ces provinces. *Voyager dans les Maritimes.* **2.** Qui se fait sur mer, par mer (opposé à *aérien, terrestre*). *Navigation maritime.* **3.** Qui concerne la marine, la navigation. ⇒ **naval.** *Forces maritimes. Droit maritime. La voie maritime du Saint-Laurent.*

marivauder [maʀivode] v. intr. ▪ conjug. 1. ■ Tenir, échanger des propos d'une galanterie délicate et recherchée. ⇒ **badiner.** *Ils marivaudaient à l'écart des invités.* ▶ ***marivaudage*** n. m. ■ Action de marivauder ; propos galants, parfois assez mièvres.

marjolaine [maʀʒɔlɛn] n. f. ■ Plante sauvage utilisée comme aromate. ⇒ **origan.** *Le thym et la marjolaine.*

mark [maʀk] n. m. ■ Unité monétaire allemande. *Cent marks.*

marketing [maʀkətiŋ] n. m. ■ Anglic. Ensemble des techniques qui ont pour objet la stratégie commerciale et notamment l'étude de marché. *Elle fait du marketing.* En appos. *Une stratégie marketing.*

marmaille [maʀmaj] n. f. ■ Fam. Groupe nombreux de jeunes enfants bruyants.

marmelade [maʀməlad] n. f. **1.** Préparation de fruits (surtout des agrumes) écrasés et cuits avec du sucre, du sirop. *Marmelade d'oranges.* ≠ *compote, confiture.* **2.** EN MARMELADE : réduit en bouillie. *Le boxeur avait le nez en marmelade.*

marmite [maʀmit] n. f. ■ Récipient muni d'un couvercle et généralement d'anses (ou *oreilles*), dans lequel on fait bouillir l'eau, cuire des aliments. ⇒ ② **cocotte, fait-tout.** — Loc. *Ne pas savoir ce qui bout dans la marmite du voisin,* ne pas connaître les intentions d'autrui. — (France) *Faire bouillir la marmite,* assurer la subsistance de sa famille. ▶ ***marmiton*** n. m. ■ Jeune aide-cuisinier.

marmonner [maʀmɔne] v. tr. ▪ conjug. 1. ■ Dire, murmurer entre ses dents, d'une façon confuse. ⇒ **bougonner, bredouiller, marmotter, ronchonner.** *Marmonner des injures.* ▶ ***marmonnement*** n. m.

marmoréen, éenne [maʀmɔʀeɛ̃, eɛn] adj. ■ Littér. Qui a l'apparence (blancheur, éclat, froideur) du marbre.

marmot [maʀmo] n. m. ■ (Surtout en France) Fam. Jeune enfant. ⇒ anglic. ② **flot.** ‹ ▶ marmaille ›

marmotte [maʀmɔt] n. f. **1.** Mammifère rongeur au corps ramassé, au pelage fourni. ⇒ **siffleux.** *La marmotte s'engourdit par le froid.* — Loc. *Dormir comme une marmotte,* profondément (→ comme un loir). **2.** Sa fourrure. *Manteau de marmotte.*

marmotter [maʀmɔte] v. tr. ▪ conjug. 1. ■ Dire confusément, en parlant entre ses dents. ⇒ **bredouiller, marmonner.** *Marmotter des prières.* ▶ ***marmottement*** n. m.

marne [maʀn] n. f. ■ Mélange naturel d'argile et de calcaire. ▶ ***marneux, euse*** adj. ■ Qui contient de la marne. *Terrain, sol marneux.*

marocain, aine [maʀɔkɛ̃, ɛn] adj. et n. ■ Du Maroc. — N. (Avec une majusc.) Personne née dans ce pays ou qui en a obtenu la citoyenneté. *Les Marocains.* ≠ *maroquin.*

maroquin [maʀɔkɛ̃] n. m. ■ Peau de chèvre, de mouton, tannée et teinte. *Sac en maroquin.* ▶ ***maroquinerie*** n. f. ■ Ensemble des industries utilisant les cuirs fins pour la fabrication de certains articles (portefeuilles, porte-monnaie, sacs à main, sous-main, etc.). *Elle travaille dans la maroquinerie.* — Commerce de ces articles ; les articles eux-mêmes. — Magasin où l'on vend des articles de maroquinerie. *Je travaille dans une maroquinerie.* ▶ ***maroquinier*** n. m. ■ Personne qui fabrique ou qui vend des articles de maroquinerie. *J'ai acheté ce sac chez le maroquinier.* ≠ *marocain.* — REM. Le féminin *maroquinière* est virtuel.

marotte [maʀɔt] n. f. ■ Idée fixe, manie. ⇒ ① **dada, folie.** *Il a la marotte des mots croisés. Encore une nouvelle marotte !* ⇒ **caprice.**

marque [maʀk] n. f. **I.** (⇒ **marquer**). **1.** Signe matériel, empreinte mis(e), fait(e) sur une chose pour la distinguer, la reconnaître ou pour servir de repère. *Coudre une marque à son linge. Marques sur des papiers, des dossiers.* **2.** Sports. Trait, repère fait sur le sol ou dispositif, pour régler certains mouvements. ⇒ anglic. **starting-block.** *À vos marques !* **3.** Signe attestant un contrôle, le paiement de droits. ⇒ **cachet, estampille, poinçon.** *La marque de la douane, de la poste.* **4.** *Marque de fabrique, commerce,* signe servant à distinguer les produits d'un fabricant, les marchandises d'un commerçant, d'une collectivité. ⇒ **étiquette, label, poinçon.** *Marque déposée*. Produits de marque,* qui portent une marque connue, appréciée. — L'entreprise qui fabrique des produits de marque ; ces produits. *Les grandes marques d'automobiles.* — IMAGE* DE MARQUE. **II.** Trace naturelle dont l'origine est reconnaissable. ⇒ **impression, trace.** *Des marques de pas, de roues de voiture dans un chemin. Marques de coups sur la peau.* **III. 1.** Tout ce qui sert à faire reconnaître, à retrouver une chose. *Mettre une marque dans un livre pour retrouver un passage.* ⇒ **signet. 2.** Décompte des points au cours d'un match. *À la mi-temps, la marque était nulle.* ⇒ **compte,** ② **pointage, résultat, score.** — *Ouvrir la marque,* compter le ou les premiers points d'un match. **3.** Insigne, signe. *Les marques de sa fonction, de son grade.* — DE MARQUE : distingué. ⇒ de **prestige,** de **qualité.** *Hôtes, invités de marque.* **IV.** Abstrait. Caractère, signe particulier qui permet de reconnaître, d'identifier (qqch.). ⇒ **critère, indice, symptôme, témoignage.** *Être la marque de qqch.* ⇒ **révéler.** *Réflexion qui porte la marque du bon sens. Donner des marques d'estime, de franchise.* ⇒ **preuve.** — Loc. *Faire sa marque dans qqch.,* s'y tailler une réputation enviable. ‹ ▶ sous-marque ›

marquer [maʀke] v. ▪ conjug. 1. **I.** V. tr. Concret. **1.** Distinguer, rendre reconnaissable (une personne, une chose parmi d'autres) au moyen d'une marque (I), d'un repère. ⇒ **indiquer, repérer, signaler.** *Marquer un objet d'un signe, par un repère.* **2.** Fam. Écrire, noter. *J'ai marqué son numéro de téléphone sur mon carnet.* — Loc. *Faire marquer* (ses achats), les faire inscrire à son compte. *Au magasin général, on faisait souvent marquer les marchandises acquises.* **3.** Former, laisser une trace, une marque (II) sur (qqch.). *Des traces de doigts marquaient les miroirs.* — Fig. *Ces événements l'ont marqué.* **4.** Indiquer, signaler par une marque, un jalon. *Marquer une limite.* ⇒ **délimiter, jalonner.** *Le ruisseau marque la limite de la propriété.* **5.** (Instruments) Indiquer. *Cette montre ne marque pas les secondes.* **6.** *Marquer les points, au cours d'une partie, d'un jeu,* les enregistrer. *Marquer les coups.* — Loc.

MARQUER LE COUP : souligner, par une réaction, l'importance que l'on attache à qqch. ; manifester que l'on a été atteint, touché, offensé par qqch. *Elle vient d'avoir son diplôme et a voulu marquer le coup en invitant ses amis. On a fait des allusions sur son compte, mais il n'a pas marqué le coup.* — *Marquer un point,* obtenir un avantage sur ses adversaires. — *Marquer un but* (hockey, soccer...), *un touché* (football), *un point* (baseball...), réussir un but, un touché, un point. ⇒ **compter, scorer.** Ellipt. *Son équipe vient de marquer.* **7.** Sports. *Marquer un adversaire,* le surveiller de très près. — Au p. p. adj. *Une joueuse marquée.* / contr. **démarqué** / **8.** Rendre sensible ou plus sensible ; accentuer, souligner. *Marquer la mesure. Marquer le pas,* piétiner sur place en cadence. *Il a marqué une pause,* il s'est arrêté. **II.** Fig. **1.** Faire connaître, extérioriser (un sentiment, une pensée). ⇒ **exprimer, manifester, montrer.** *Marquer son assentiment, son refus. Elle marque de l'intérêt pour lui.* **2.** (Choses) Faire connaître, révéler par un signe, un caractère. ⇒ **annoncer, attester, dénoter, indiquer, révéler, témoigner.** *Ses moindres paroles marquent sa bonté.* **III.** V. intr. **1.** Faire une impression assez forte pour laisser un souvenir durable. *Événements qui marquent.* ⇒ **dater ; marquant. 2.** Laisser une trace, une marque. *Ce tampon ne marque plus.* **IV.** (ÊTRE) MARQUÉ(ÉE) p. p. et adj. **1.** Pourvu d'une marque. *Linge marqué.* — (Personnes) (Être) engagé, compromis. *Il est marqué comme nationaliste.* — *Visage marqué,* ridé. **2.** Écrit, noté. *Il n'y a rien de marqué sur cet écriteau.* **3.** Indiqué, signalé. *Cette ville n'est pas marquée sur la carte.* **4.** Qui se reconnaît facilement. *Une différence marquée.* ▶ ***marquant, ante*** adj. ■ Qui marque, laisse une trace, un souvenir. ⇒ **mémorable, remarquable.** *Événement marquant.* / contr. **insignifiant** / ▶ ***marquage*** n. m. **1.** Opération par laquelle on marque des animaux, des arbres, des marchandises. **2.** Élément de signalisation routière délimitant une chaussée au moyen d'indications diverses peintes sur cette chaussée (lignes continues simples ou doubles, lignes discontinues, lignes obliques, flèches, etc.). ▶ ***marqueur, euse*** n. **1.** Personne qui appose des marques. *Un marqueur de bétail.* — N. f. MARQUEUSE : machine qui imprime la marque sur les produits. **2.** Personne qui compte les points, les inscrit. **3.** Sports. Joueur qui marque des points dans un match. ⇒ **buteur, compteur** (II), ② **pointeur, scoreur.** *C'est la meilleure marqueuse de l'équipe.* **4.** N. m. Crayon feutre traçant de larges traits. *Écris ce titre au marqueur.* ≠ *feutre, plume, stylo-bille.* ‹ ▶ ① démarquer, ② se démarquer, marque, remarquer ›

marqueterie [maʀkə(ɛ)tʀi] n. f. **1.** Assemblage décoratif de pièces de bois précieux (ou d'écaille, d'ivoire) appliquées sur un fond de menuiserie. *Coffret en marqueterie.* **2.** Assemblage de petites pièces de bois franc formant des carrés disposés alternativement sur le sens de la longueur et de la largeur. *Un parquet de chêne en marqueterie.* **3.** Branche de l'ébénisterie relative à ces ouvrages. ⇒ **parqueterie.**

marquis, ise [maʀki, iz] n. ■ Noble qui prend rang après le duc et avant le comte. *Le marquis de Montcalm. La marquise de Sévigné.*

marquise [maʀkiz] n. f. ■ Auvent généralement vitré au-dessus d'une porte d'entrée, d'un perron. *Marquises d'une gare,* vitrages qui abritent les quais.

marraine [ma(ɑ)ʀɛn] n. f. **1.** Femme qui tient (ou a tenu) un enfant (son *filleul*) à son baptême. *Le parrain et la marraine.* — Appellatif. *Bonjour marraine.* **2.** Femme qui préside au baptême d'une cloche, au lancement d'un navire, etc. (⇒ **parrain**). **3.** Députée qui présente et défend un projet de loi (devant le Parlement). ⇒ **parrain.** ▶ ***marrainer*** v. tr. ▪ conjug. 1. ■ (Femmes) Accorder son appui moral à une œuvre. ⇒ **parrainer.** *Elle a accepté de marrainer une campagne de financement pour la recherche sur la leucémie.* ▶ ***marrainage*** n. m. ■ Le fait de marrainer.

marre [maʀ] adv. ■ Fam. EN AVOIR MARRE : en avoir assez, être dégoûté. ⇒ **s'écœurer,** ② **souper ;** fam. se **tanner.** *J'en ai marre de ses histoires.* — Impers. *(Il) y en a marre,* en voilà assez. — (France) *C'est marre,* ça suffit, c'est tout.

se ***marrer*** [maʀe] v. pron. ▪ conjug. 1. ■ (Surtout en France) Fam. S'amuser, rire. *Ils se sont bien marrés.* ⇒ **rigoler.** — *Faire marrer qqn,* le faire rire. *Tu me fais marrer.* ▶ ***marrant, ante*** adj. (Surtout en France) Fam. **1.** Amusant, drôle. *Un film marrant. Il n'est pas marrant, ton copain,* il n'est pas gai. **2.** Bizarre, curieux, étonnant. *C'est marrant qu'il ait accepté.* **3.** (Personnes) Dont le comportement, les paroles sont étranges. *T'es marrant, toi, je n'ai pas le temps de venir.*

marri, ie [maʀi] adj. ■ Vx ou littér. Triste, fâché. ⇒ **désolé.**

① ***marron*** [maʀɔ̃] n. m. et adj. invar. **1.** N. m. Fruit comestible (cuit) du châtaignier cultivé. ⇒ **châtaigne.** *La dinde aux marrons est très appréciée en France.* — *Marrons glacés,* châtaignes confites dans du sucre. — Loc. (France) *Tirer les marrons du feu,* se donner de la peine pour le seul profit d'autrui. **2.** N. m. *Marron d'Inde* ou *marron,* graine non comestible du marronnier d'Inde (qui ressemble à la châtaigne). **3.** (France) Adj. invar. D'une couleur brune et foncée. *Des robes marron.* — N. m. *Elle porte du marron.* ▶ ***marronnier*** n. m. **1.** Nom d'une variété de châtaignier cultivé. **2.** Grand arbre d'ornement à fleurs blanches ou rouges disposées en pyramides, dont la graine est appelée *marron d'Inde* (2).

② ***marron, onne*** [maʀɔ̃, ɔn] adj. **1.** ESCLAVE MARRON : se disait des esclaves qui s'étaient enfuis pour vivre en liberté. **2.** (Surtout en France) Qui se livre à l'exercice illégal d'une profession, ou à des pratiques illicites (surtout *médecin marron*). ⇒ **clandestin.** *Avocate marronne.* **3.** (France) Adj. masc. invar. Fam. *Être (fait) marron,* pris, attrapé, trompé, dupé. *Elles sont marron.*

mars [maʀs] n. m. invar. ■ Troisième mois de l'année dans le calendrier actuel (31 jours). *Les giboulées de mars.*

marseillais, aise [maʀsɛjɛ, ɛz] adj. et n. f. **1.** Adj. De Marseille. *Histoires marseillaises* (histoires comiques). — N. (Avec une majusc.) Personne née dans cette ville ou qui l'habite. *Les Marseillais.* **2.** N. f. *La Marseillaise,* l'hymne national français.

marshmallow [maʃmalo] n. m. ■ Anglic. fam. Guimauve. *Un dessert au marshmallow. C'est mou comme du marshmallow.*

marsouin [maʀswɛ̃] n. m. ■ Mammifère cétacé des mers froides et tempérées, plus petit que le dauphin. ⇒ **baleine** blanche, **béluga.** *Le béluga est couramment appelé marsouin.*

marsupiaux [maʀsypjo] n. m. pl. ■ Ordre de mammifères vivipares, dont le développement embryonnaire s'achève dans la cavité ventrale de la mère, qui renferme les mamelles. — Au sing. *Un marsupial. Le kangourou et le koala sont des marsupiaux.*

marte n. f. ⇒ **martre.**

① ***marteau*** [maʀto] n. m. **1.** Outil pour frapper, composé d'une masse métallique fixée à un manche. *Enfoncer un clou avec un marteau.* **2.** Dans des noms composés. Machine-outil agissant par percussion. MARTEAU PNEUMATIQUE : dans lequel un piston fonctionnant à l'air comprimé frappe avec force sur un outil. MARTEAU-PIQUEUR. ⇒ **perforatrice.** *Des marteaux-piqueurs.* — MARTEAU-PILON : masse pesante agissant verticalement. *Des marteaux-pilons.* **3.** *Marteau d'encanteur,* petit maillet pour adjuger (en frappant sur la table). **4.** Pièce de bois, dont l'extrémité supérieure feutrée frappe une corde de piano quand on abaisse la touche correspondante du clavier. **5.** Heurtoir fixé au vantail d'une porte. *J'ai actionné le marteau et elle m'a ouvert.* **6.** En appos. REQUIN MARTEAU : dont la tête présente deux prolongements latéraux symétriques portant les yeux. **7.** Un des quatre osselets de l'oreille moyenne. **8.** Sphère métallique, reliée par un fil d'acier à une poignée en forme de boucle, et que les athlètes lancent en pivotant sur eux-mêmes. *Le lancement, le lancer du marteau. Être champion au (de) marteau.* ‹ ▸ martel, marteler ›

② **marteau** adj. ■ Fam. *Être marteau,* fou, cinglé. *Elle est marteau.*

martel [maʀtɛl] n. m. ■ Vx. Marteau — Loc. SE METTRE MARTEL EN TÊTE : se faire du souci. *N'allez pas vous mettre martel en tête.* ▸ **marteler** [maʀtəle] v. tr. ▪ conjug. 5. **1.** Battre, frapper à coups de marteau. *Marteler un métal sur l'enclume.* — Au p. p. adj. *Cuivre martelé,* travaillé au marteau. **2.** Frapper fort et à coups répétés sur (qqch.). *Il martelait la table à coups de poing. — Cette idée lui martèle la cervelle.* **3.** Prononcer en articulant avec force, en détachant les syllabes. *Elle martèle ses mots.* ▸ **martelage** n. m. ■ Opération par laquelle on martèle (1). ▸ **martèlement** ou **martellement** n. m. **1.** Bruit, choc du marteau. **2.** Action de marteler (2).

martial, ale, aux [maʀsjal, o] adj. **1.** Relatif à la guerre, à la force armée (le dieu romain *Mars* était le dieu de la guerre). *Loi martiale,* autorisant le recours à la force armée. — *Cour martiale,* tribunal militaire exceptionnel. **2.** Souvent iron. Qui dénote ou rappelle les habitudes militaires. *Allure, voix martiale.* **3.** *Arts martiaux,* sports de combat d'origine japonaise. ⇒ **jiu-jitsu, judo, karaté.**

martien, ienne [maʀsjɛ̃, jɛn] adj. et n. **1.** De la planète Mars. *L'observation martienne.* **2.** N. (Avec une majusc.) Habitant supposé de la planète Mars ; extra-terrestre (il n'y a pas de vie sur Mars).

① **martinet** [maʀtinɛ] n. m. ■ Oiseau passereau, à longues ailes, qui ressemble à l'hirondelle.

② **martinet** n. m. ■ Petit fouet à plusieurs lanières.

① **martingale** [maʀtɛ̃gal] n. f. ■ Bande de tissu, de cuir, etc., placée horizontalement dans le dos d'un vêtement, à hauteur de la taille. *Veste à martingale.*

② **martingale** n. f. ■ Combinaison basée sur le calcul des probabilités au jeu. *Inventer, suivre une martingale.*

martini [maʀtini] n. m. **1.** Vermouth apéritif. *Martini rouge, blanc, rosé.* — Verre de cet apéritif. *Prendre un martini sec.* **2.** (Aux États-Unis) Cocktail de gin et de vermouth blanc sec. — REM. Ce mot est un nom de marque déposée.

martiniquais, aise [maʀtinikɛ, ɛz] adj. et n. ■ De la Martinique ; relatif à la Martinique. *Une plage martiniquaise.* — N. (Avec une majusc.) Personne née dans cette île des Antilles ou qui l'habite.

martin-pêcheur [maʀtɛ̃pɛʃœʀ] n. m. ■ Petit oiseau à long bec, à plumage bleu et roux, qui se nourrit de poissons. *Des martins-pêcheurs.*

martre [maʀtʀ] ou **marte** [maʀt] n. f. ■ Mammifère carnivore au corps allongé, au museau pointu, au pelage brun. ⇒ **pékan.** — Sa fourrure.

martyr, yre [maʀtiʀ] n. **1.** Personne qui a souffert pour avoir refusé d'abjurer sa foi, sa religion. *Saint martyr ; vierge et martyre* (christianisme). *Les Saints Martyrs canadiens.* — Loc. *Prendre, se donner des airs de martyr, jouer les martyrs,* affecter une grande souffrance. **2.** Personne qui meurt, qui souffre pour une cause. *Être le martyr d'un idéal, de la liberté.* **3.** Personne que les autres maltraitent, martyrisent. ⇒ **souffre-douleur.** — En appos. *Enfant martyr,* maltraité par ses parents (appelés *bourreaux d'enfants*). ▸ **martyre** n. m. **1.** La mort, les tourments qu'un martyr endure pour sa religion, pour une cause. **2.** Peine cruelle, grande souffrance (physique ou morale). ⇒ **calvaire, supplice, torture.** *Sa maladie fut un martyre, lui fit souffrir, endurer le martyre.* ▸ **martyriser** v. tr. ▪ conjug. 1. ■ Faire souffrir beaucoup, physiquement ou moralement. ⇒ **torturer, tourmenter.** ▸ **martyrologe** n. m. ■ Catalogue officiel des saints qui ont subi le martyre. *Saint Christophe ne figure plus au martyrologe.*

marxisme [maʀksism] n. m. ■ Doctrine philosophique sociale et économique élaborée par Karl Marx, Friedrich Engels et leurs continuateurs. ⇒ **communisme, socialisme.** *Marxisme-léninisme.* ▸ **marxiste** adj. et n. ■ Relatif au marxisme. — N. *Un, une marxiste,* partisan du marxisme. ≠ *marxien.* ▸ **marxien, ienne** adj. ■ Relatif à Karl Marx. *La littérature marxienne.* ≠ *marxiste.*

mascara [maskaʀɑ] n. m. ■ Fard pour les cils. ⇒ **rimmel ;** anglic. **eye-liner.** *Elle s'est mis du mascara.*

mascarade [maskaʀad] n. f. **1.** Divertissement où les participants sont déguisés et masqués. — Ensemble de personnes déguisées. **2.** Déguisement, accoutrement ridicule ou bizarre. *Qu'est-ce que c'est que cette mascarade ?* **3.** Actions, manifestations hypocrites ; mise en scène trompeuse. *Ce procès n'est qu'une mascarade.*

mascotte [maskɔt] n. f. ■ Animal, personne ou objet considérés comme portant bonheur. ⇒ **fétiche.** *Ce chien était la mascotte du groupe. La mascotte d'une équipe sportive, d'un festival.*

mascouabina [maskwabinɑ] ou, abrév., **mascou** [masku] n. m. ■ Arbre qui produit de petits fruits en grappe, de couleur orangée. ⇒ **cormier, sorbier.** — Les fruits de cet arbre. *Cueillir du (des) mascouabina(s).*

mascouchois, oise [maskuʃwa, waz] adj. et n. ■ De la ville de Mascouche. — N. (Avec une majusc.) Personne née dans cette ville ou qui l'habite.

masculin, ine [maskylɛ̃, in] adj. **I. 1.** Qui a les caractères de l'homme (mâle), tient de l'homme. *Goûts masculins.* ⇒ **viril.** / contr. **féminin** / **2.** Qui a rapport à l'homme, est réservé aux hommes. *Métier masculin.* **3.** Qui est composé d'hommes. *La population masculine.* **II.** Grammaire et poétique. **1.** Qui s'applique aux êtres mâles (opposé à *féminin*), mais le plus souvent (en français) à des êtres et à des choses sans rapport avec l'un ou l'autre sexe. *Genre masculin. Substantif masculin.* — N. m. *Le masculin,* le genre masculin. **2.** *Rime masculine,* qui ne se termine pas par un *e* muet (opposé à *féminine*). ‹ ▸ émasculer ›

maskinongé [maskinɔ̃ʒe] n. m. ■ Grand brochet vivant en eau douce (Saint-Laurent, Grands Lacs) dont le corps est légèrement rayé.

maskoutain, aine [maskutɛ̃, ɛn] adj. et n. ■ De la ville de Saint-Hyacinthe. *Une enseignante maskoutaine.* — N. (Avec une majusc.) Personne née dans cette ville ou qui l'habite. — REM. *Maska* ou *Petit-Maska* était l'ancien nom de Saint-Hyacinthe.

masochisme [mazɔʃism] n. m. ■ Comportement d'une personne qui trouve du plaisir à souffrir, qui recherche la douleur et l'humiliation (opposé à *sadisme*). ▶ ***masochiste*** adj. et n. ■ Qui est atteint de masochisme. — Abrév. fam. MASO [mazo] adj. et n. *Ils sont un peu masos.* ‹ ▶ sadomasochisme ›

masonite [masonɛt] n. m. ■ Matériau de construction souple, à base de fibres de bois agglomérées avec de la résine, se présentant en panneau mince dont un côté est lisse et l'autre rugueux. *Le masonite se coupe facilement à la scie.* — REM. Ce mot est un nom de marque déposée.

masque [mask] n. m. **I. 1.** Objet dont on couvre le visage humain pour transformer son aspect naturel. *Masque de théâtre. Masques nègres,* masques portés par les Africains dans leurs danses et cérémonies. *Masques de carnaval.* ⇒ **loup** (II). **2.** Dehors trompeur. ⇒ **apparence, extérieur.** *Sa douceur n'est qu'un masque.* — Loc. *Lever, jeter le masque,* se montrer tel qu'on est. **3.** Aspect, modelé du visage. ⇒ **physionomie.** *Avoir un masque impénétrable.* ⇒ **air, expression. II. 1.** Empreinte prise sur le visage d'une personne, spécialt d'un mort. *Un masque mortuaire.* **2.** Dispositif qui sert à protéger le visage. *Masque d'escrime, de plongée (sous-marine).* (Hockey) *Masque de gardien de but.* **3.** MASQUE À GAZ : appareil protégeant les voies respiratoires et le visage des fumées et gaz asphyxiants. **4.** Dispositif placé sur le visage d'une personne pour lui faire respirer des vapeurs anesthésiques. *On l'a endormi au masque.* **5.** Pièce de gaze hydrophile qui couvre la bouche et le nez et protège contre la contamination microbienne. *Masque de chirurgien.* **6.** Couche de crème, etc., appliquée sur le visage pour resserrer, tonifier, adoucir l'épiderme. *Un masque de beauté.* **III.** Abri, masse de terre ou obstacle naturel formant écran. *Installer une pièce de mortier derrière un masque.* ▶ ***masqué, ée*** adj. **1.** Couvert d'un masque. *Visage masqué. Être attaqué par des bandits masqués.* **2.** BAL MASQUÉ : où l'on porte des masques. ▶ ***masquer*** v. tr. ▪ conjug. 1. **1.** Déguiser sous une fausse apparence. ⇒ **dissimuler.** *Masquer la vérité.* / contr. **montrer** / **2.** Cacher à la vue. *Cette maison masque le paysage.* ‹ ▶ démasquer, mascarade ›

massacrer [masakʀe] v. tr. ▪ conjug. 1. **1.** Tuer avec sauvagerie et en masse (des êtres qui ne peuvent pas se défendre). ⇒ **exterminer.** *Ils ont massacré les prisonniers.* **2.** Mettre à mal (un adversaire en état d'infériorité). *Le boxeur, le lutteur a massacré son adversaire.* ⇒ fam. **démolir, esquinter.** — Fam. Mettre (une chose) en très mauvais état. ⇒ **abîmer, saccager ;** fam. **maganer.** — Endommager involontairement par un travail maladroit et brutal. ⇒ fam. **bousiller.** *Massacrer un texte en le récitant, en le traduisant. Massacrer un concerto de Mozart.* ⇒ **défigurer.** — Au p. p. adj. *Un prélude massacré.* ▶ ***massacre*** n. m. **1.** Action de massacrer ; résultat de cette action. ⇒ **carnage, hécatombe, tuerie.** *Le massacre d'un peuple, d'une minorité ethnique.* ⇒ **extermination ; génocide, holocauste.** — *Envoyer des soldats au massacre,* les exposer à une mort certaine. — JEU DE MASSACRE : qui consiste à abattre des poupées à bascule, en lançant des balles de son. **2.** Combat dans lequel la personne qui a le dessus met à mal son adversaire. *Ce match de boxe a tourné au massacre.* **3.** Le fait d'endommager par brutalité ou maladresse ; travail très mal exécuté. *Le découpage de ce poulet est un vrai massacre.* — Exécution ou interprétation artistique exécrable, qui défigure une œuvre. ▶ ***massacrant, ante*** adj. ■ Loc. HUMEUR MASSACRANTE : très mauvaise. *Être d'une humeur massacrante.* ▶ ***massacreur, euse*** n. **1.** Personne qui massacre. ⇒ **assassin, tueur.** *Les massacreurs de la Saint-Barthélemy, en France en 1572.* **2.** Personne qui, par maladresse, gâte (qqch.), exécute mal (un travail). *Ce pianiste est un massacreur.*

massage [masaʒ] n. m. ■ Action de masser ② ; technique du masseur. *Massage cardiaque.* ‹ ▶ hydromassage ›

① ***masse*** [mas] n. f. **I. 1.** *Une masse,* quantité relativement grande (de substance solide ou pâteuse) qui n'a pas de forme définie, ou dont on ne considère pas la forme. *Une masse de pâte, de chair. Les barrages de la Manicouagan sont de véritbles masses de béton.* — Loc. *Tomber, s'affaisser, s'écrouler comme une masse,* pesamment. — Quantité relativement grande (d'une matière fluide). *Masse d'air froid.* — *Une masse d'eau.* **2.** *La masse de qqch.,* la masse qu'elle constitue. *La masse d'un édifice.* — Sans compl. *Pris, taillé dans la masse,* dans un seul bloc de matière. **3.** MASSE DE (suivi d'un mot au plur.) : réunion de nombreux éléments distincts. ⇒ **amas.** *Une masse de cailloux.* ⇒ **tas.** — *Réunir une masse de documents,* une grande quantité. *La grande masse des...,* la majorité. Fam. *Il n'y en a pas des masses,* pas beaucoup. **II. 1.** Multitude de personnes constituant un ensemble. *Civilisation de masse, culture de masse. Les médias de masse.* ⇒ **mass media.** *Les masses laborieuses.* — Absolt. LES MASSES : les couches populaires. ⇒ **peuple. 2.** *La masse,* la majorité, opposée aux individus qui font exception. *Ce spectacle plaît à la masse,* au grand public. **III.** EN MASSE loc. adv. **1.** Tous ensemble en un groupe nombreux. ⇒ en **bloc,** en **foule.** *Ils sont arrivés en masse.* **2.** En grande quantité. *Il y a en masse de monde sur les plages américaines.* ⇒ **beaucoup.** *Les enfants ont du fun en masse.* **3.** En quantité suffisante, autant qu'il faut. ⇒ **suffisamment.** *Tu as en masse de temps pour terminer ton examen.* ⇒ **assez. IV.** Sciences. **1.** Quantité de matière (d'un corps) ; rapport constant qui existe entre les forces qui sont appliquées à un corps et les accélérations correspondantes. *Le poids est proportionnel à la masse. Masse spécifique d'une substance,* masse de l'unité de volume. ⇒ **densité.** — *Masses atomiques, moléculaires.* **2.** Conducteur électrique commun auquel sont reliés les points de même potentiel d'un circuit. ‹ ▶ amasser, ① masser, ① massif, ② massif, mass media, ramasser ›

② ***masse*** n. f. **1.** Gros maillet à tête lourde utilisé pour enfoncer, frapper. *Une masse de sculpteur, de mineur.* — Loc. fig. *Avoir les masses en l'air,* gesticuler, avoir les bras en l'air. **2.** Fam. COUP DE MASSE : choc violent, accablant. **3.** Long bâton à tête d'or, d'argent, etc., porté par un huissier qui précède certains personnages de marque dans des cérémonies. *La masse du sergent* d'armes.* ‹ ▶ massue ›

massepain [maspɛ̃] n. m. ■ Pâtisserie faite d'amandes pilées, de sucre et de blancs d'œufs.

① ***masser*** [mase] v. tr. ▪ conjug. 1. ■ Disposer, rassembler en une masse, en masses. ⇒ **amasser, assembler.** *Masser des hommes sur une place.* ⇒ **réunir.** — Pronominalement (réfl.). *La foule s'était massée pour protester.* / contr. se **disperser** /

② ***masser*** v. tr. ▪ conjug. 1. ■ Frotter, presser, pétrir (différentes parties du corps) avec les mains ou à l'aide d'appareils spéciaux, dans une intention thérapeutique ou hygiénique. *Masser qqn ; se faire masser* (⇒ **massage**)*.* ▶ ***masseur, euse*** n. **1.** Personne qui pratique professionnellement le massage. ⇒ **massologue.** *Le masseur d'un sportif.* ⇒ **soigneur.** *Masseuse qui pratique la kinésithérapie.* ⇒ **kinésithérapeute, massothérapeute. 2.** Instrument, appareil servant à masser. *Masseur à rouleau.* ‹ ▶ massage, massologue, vibromasseur ›

massicot [masiko] n. m. ■ Machine à rogner le papier, couteau à papier. ▸ ***massicoter*** v. tr. ▪ conjug. 1. ■ Rogner (le papier) au massicot.

① ***massif, ive*** [masif, iv] adj. **1.** Dont la masse occupe tout le volume apparent ; qui n'est pas creux (⇒ **plein**). *Bijou en or massif. Porte en chêne massif.* / contr. **plaqué** / **2.** Qui présente l'apparence d'une masse épaisse ou compacte. ⇒ **épais, gros, lourd, pesant.** *Une colonne massive. Un homme massif.* ⇒ **trapu.** / contr. **élancé, svelte** / **3.** Qui est fait, donné, qui se produit en masse. *Une attaque massive. Dose massive.* ▸ ***massivement*** adv. ■ D'une manière massive. — En masse. *Ils ont répondu massivement à cet appel.*

② ***massif*** n. m. **1.** Ouvrage de maçonnerie formant une masse pleine. **2.** Groupe compact (d'arbres, d'arbrisseaux, de fleurs). ⇒ **bosquet.** *Massif de roses. Les massifs et les parterres d'un parc.* **3.** Ensemble montagneux de forme massive qui se dégage du relief environnant (opposé à *chaîne*). *Le massif de Petite-Rivière-Saint-François.* (Avec une majusc.) *Le Massif central, en France.*

mass media ou ***mass-médias*** [masmedja] n. m. pl. ■ Ensemble des supports de diffusion massive de l'information (radio, presse, télévision, cinéma, publicité, etc.). *L'influence des mass-médias sur les opinions et les goûts.* ⇒ **média.**

massologue [masɔlɔg] n. ■ Spécialiste du massage. ⇒ **masseur.** *La massologue lui a massé le dos.* ▸ ***massothérapie*** n. f. ■ Utilisation du massage pour guérir certains troubles physiques. ▸ ***massothérapeute*** n. ■ Spécialiste de la massothérapie. ⇒ **masseur.** *Elle a rendez-vous chez sa massothérapeute.*

massue [masy] n. f. **1.** Bâton à grosse tête noueuse, servant d'arme. ⇒ **casse-tête, masse.** **2.** En appos. Invar. *Des* ARGUMENTS MASSUE : qui font sur l'interlocuteur l'effet d'un coup de massue, le laissent sans réplique.

① ***mastic*** [mastik] n. m. **1.** Mélange pâteux, huileux et adhésif durcissant à l'air. *Mastic pour fixer les vitres aux fenêtres.* **2.** Adj. invar. D'une couleur gris-beige clair. *Des imperméables mastic.* ▸ ① ***mastiquer*** v. tr. ▪ conjug. 1. ■ Joindre ou boucher avec du mastic. *Mastiquer des vitres.* ▸ ***masticage*** n. m. ■ Opération qui consiste à poser du mastic. — Son résultat. ≠ *mastication.*

② ***mastic*** n. m. ■ Imprimerie. Erreur d'impression, mélange de caractères ou interversion de deux lignes, de deux passages.

② ***mastiquer*** v. tr. ▪ conjug. 1. ■ Broyer, triturer avec les dents (un aliment avant de l'avaler ou une substance non comestible qu'on rejette). ⇒ **mâcher.** *Mastiquer de la gomme.* — Sans compl. *Mastiquez bien en mangeant !* ▸ ***mastication*** n. f. ■ Action de mâcher, de mastiquer. ≠ *masticage.* ▸ ***masticateur, trice*** adj. ■ Qui sert à mâcher. *Muscles masticateurs.*

mastodonte [mastɔdɔ̃t] n. m. **1.** Très grand animal fossile proche de l'éléphant (⇒ **mammouth**). **2.** Personne d'une énorme corpulence. **3.** Machine, véhicule gigantesque.

mastoïdite [mastɔidit] n. f. ■ Inflammation de l'os temporal, en arrière et au-dessous de l'oreille (maladie grave).

masturbation [mastyʀbasjɔ̃] n. f. ■ Pratique qui consiste à provoquer (sur soi-même ou sur son partenaire) le plaisir sexuel par des attouchements sur les parties génitales. ⇒ vulg. **crossage.** — Fig. *Masturbation intellectuelle,* complaisance à revenir longuement sur un même sujet de discussion. ▸ ***masturber*** v. tr. ▪ conjug. 1. ■ Procurer à (qqn) le plaisir par la masturbation. — SE MASTURBER v. pron. réfl. : se livrer à la masturbation. ⇒ se **caresser ;** vulg. se **crosser.**

m'as-tu-vu [matyvy] n. invar. — REM. On ne prononce pas le *s.* ■ Personne vaniteuse. ⇒ **prétentieux.** *De jeunes m'as-tu-vu.* — Adj. invar. *Ce qu'elle est m'as-tu-vu !*

masure [mazyʀ] n. f. ■ (France) Petite habitation misérable, maison vétuste et délabrée. ⇒ **baraque, cabane ;** fam. **coqueron.**

① ***mat*** [mat] adj. invar. et n. m. ■ Échecs. Se dit du roi qui est mis en échec et ne peut plus quitter sa place sans être pris. *Le roi est mat. Échec et mat !* ‹ ▸ ① mater ›

② ***mat, mate*** [mɑ, mat] adj. **1.** Qui n'est pas brillant ou poli. *Le côté mat et le côté brillant d'un tissu. Un fini mat. Papier glacé ou papier mat ? Une peinture mate.* **2.** *Teint mat,* assez foncé et peu coloré. *Il a la peau mate.* / contr. **clair** / **3.** (Sons, bruits) Qui a peu de résonance. ⇒ **sourd.** *Bruit, son mat.* / contr. **sonore** /

mât [mɑ] n. m. **1.** Long poteau dressé sur le pont d'un navire pour porter, à bord des voiliers, les voiles et leur gréement (⇒ **mâture**), et, à bord des autres bâtiments, les installations radioélectriques, etc. *Les trois mâts d'une caravelle.* ⇒ **trois-mâts.** — *Mât de charge* (pour transporter les marchandises, soit à bord, soit du quai). **2.** Long poteau de bois. — Longue perche lisse. *Il a grimpé au mât. Mât de cocagne*.* ‹ ▸ mât d'artimon, mâture, trois-mâts ›

matador [matadɔʀ] n. m. ■ Torero chargé de la mise à mort du taureau. *Des matadors.*

matamore [matamɔʀ] n. m. ■ Faux brave, vantard. ⇒ **fanfaron.** *Il n'arrête pas de faire le matamore.*

matanais, aise [matanɛ, ɛz] adj. et n. ■ De la ville de Matane. *Les hebdos matanais.* — N. (Avec une majusc.) Personne née dans cette ville ou qui l'habite.

matante [matɑ̃t] n. f. ■ Tante (dans le langage enfantin ou familier). ⇒ **mononcle.** *Ma matante est bien fine. Veux-tu voir tes matantes ? Matante Chantal.*

matapédien, ienne [matapedjɛ̃, jɛn] adj. et n. ■ De la vallée de la Matapédia. — N. (Avec une majusc.) Personne née dans cette région ou qui l'habite. *Les Matapédiennes.*

match [matʃ] n. m. ■ Compétition entre deux ou plusieurs concurrents, deux ou plusieurs équipes. ⇒ **confrontation.** *Des matchs* ou *des matches. Un match de hockey.* ⇒ **joute, partie.** *Match de boxe.* ⇒ **combat, rencontre.** *Disputer un match (avec qqn). Les deux clubs ont fait match nul,* ils ont terminé le match à égalité.

matelas [matlɑ] n. m. invar. **1.** Épaisse pièce de literie, longue et large, généralement capitonnée et rembourrée ou à ressorts, sur laquelle on dort. *Mettre le matelas sur un sommier, une base. Un matelas dur, mou. Matelas en caoutchouc mousse. Matelas d'eau,* dont l'enveloppe est remplie d'eau. *Enveloppe, housse de matelas. Matelas king*, queen*.* — *Matelas pneumatique,* enveloppe qu'on gonfle d'air pour s'y allonger. **2.** Fam. *Un matelas de billets de banque,* une grosse liasse. ▸ ***matelasser*** v. tr. ▪ conjug. 1. **1.** Rembourrer à la manière d'un matelas. *Matelasser un fauteuil.* **2.** Doubler de tissu ouaté. — Au p. p. adj. *Manteau matelassé. Une enveloppe matelassée.* ⇒ **ouatiné.** ‹ ▸ couvre-matelas ›

matelot [matlo] n. m. ■ Homme d'équipage d'un navire. ⇒ ② **marin** *Apprenti matelot.* ⇒ ③ **mousse.** — REM. L'O.L.F. propose *une matelot* au féminin.

matelote [matlɔt] n. f. ■ Mets composé de poissons coupés en morceaux et accommodés avec du vin rouge et des oignons. *Matelote d'anguille.*

① **mater** [mate] v. tr. ▪ conjug. 1. **1.** Rendre définitivement docile (un être, une collectivité). ⇒ **dompter, dresser.** *Ils ont maté les prisonniers.* **2.** Réprimer ; abattre (qqch.). *Mater une révolte. Mater ses passions,* les maîtriser.

② **mater** v. tr. ▪ conjug. 1. ■ (France) Fam. Regarder. *Il aime bien mater les filles. Mate un peu !* ⇒ **reluquer ;** fam. **viser.** ‹ ▸ maton ›

matérialiser [materjalize] v. tr. ▪ conjug. 1. **1.** Représenter (une idée, une action abstraite) sous forme matérielle. *Gargouilles d'une cathédrale matérialisant les vices.* ⇒ **symboliser.** *L'art matérialise les idées.* ⇒ **concrétiser. 2.** SE MATÉRIALISER v. pron. : devenir sensible, réel, matériel. *Si nos projets se matérialisent.* ⇒ se **concrétiser,** se **réaliser.** — *L'animal s'est soudain matérialisé devant moi.* ⇒ **apparaître. 3.** Transformer (l'énergie) en matière. ▸ ***matérialisation*** n. f. ■ Action de matérialiser, de se matérialiser ; son résultat. ⇒ **concrétisation, réalisation.** *La matérialisation de l'énergie, d'une idée.*

matérialisme [materjalism] n. m. **I.** Philosophie. **1.** Doctrine d'après laquelle il n'existe d'autre substance que la matière. / contr. **idéalisme, spiritualisme** / **2.** *Matérialisme historique, matérialisme dialectique,* le marxisme. **II.** État d'esprit caractérisé par la recherche des jouissances et des biens matériels. ▸ ***matérialiste*** n. et adj. **1.** Personne qui adopte ou professe le matérialisme. — Adj. *Philosophie matérialiste.* **2.** Personne qui recherche des jouissances et des biens matériels. *Vivre en matérialiste.* — Adj. *Esprit matérialiste. Vous êtes bassement matérialistes.* ▸ ***matérialité*** n. f. ■ Surtout en droit. Caractère matériel (①, 2) et vérifiable. *La matérialité du fait.*

matériau [materjo] n. m. ■ Toute matière servant à construire, à fabriquer. *La brique, matériau artificiel ; le bois, matériau naturel. Ce tissu est un bon matériau.* ▸ ***matériaux*** n. m. pl. **1.** Les diverses matières nécessaires à la construction (d'un bâtiment, d'un ouvrage, d'un navire, d'une machine). *Matériaux de construction.* **2.** Éléments constitutifs d'un tout, d'une œuvre. *Elle a rassemblé des matériaux pour sa rédaction.* ⇒ **document.**

① **matériel, elle** [materjɛl] adj. **1.** Qui est de la nature de la matière, constitué par de la matière (opposé à *moral*). *Substance matérielle.* / contr. **spirituel** / *Le monde, l'univers matériel.* ⇒ **physique. 2.** Concret. *Impossibilités matérielles. J'ai la preuve matérielle de son erreur.* ⇒ **tangible.** *Commettre une erreur matérielle,* qui ne concerne que la forme (⇒ **matérialité**). — *Temps matériel,* nécessaire pour l'accomplissement d'une action. *Je n'ai pas le temps matériel d'y aller.* **3.** Qui concerne les aspects extérieurs, visibles ou concrets (des êtres ou des choses). *Organisation matérielle d'un spectacle.* — (Choses) *Dégâts matériels élevés.* **4.** Qui est constitué par des biens tangibles (spécialt de l'argent), ou lié à leur possession. *Avantages, biens matériels.* ⇒ **concret.** / contr. **moral** / *Gêne, difficultés matérielle(s),* financière(s). **5.** Qui est attaché exclusivement aux biens terrestres, aux réalités positives. *Une personne trop matérielle.* ⇒ **matérialiste** (2), **positif, prosaïque.** ▸ ***matériellement*** adv. **1.** Dans le domaine de la matière. *S'accomplir matériellement et spirituellement.* **2.** En ce qui concerne les biens matériels, l'argent. *Les gens favorisés matériellement.* **3.** En fait, effectivement. ⇒ **positivement, pratiquement.** *C'est matériellement impossible.* ‹ ▸ immatériel, matérialiser, matérialisme ›

② **matériel** n. m. **1.** Ensemble des objets, instruments, machines utilisés dans un service, une exploitation (opposé à *personnel*). ⇒ **équipement, outillage.** *Matériel d'exploitation. Matériel roulant,* locomotives, machines, wagons. *Matériel de guerre,* les armes, équipements militaires. *Matériel de bureau.* ⇒ **fourniture. 2.** Informatique. LE MATÉRIEL : l'ensemble des éléments employés pour le traitement automatique de l'information (opposé à *logiciel*). — REM. On a employé l'anglic. *hardware.* **3.** Ensemble des objets nécessaires à un exercice, à une activité (sport, etc.). *Matériel de camping, de pêche. Matériel d'artiste. Du matériel pédagogique, didactique.*

③ **matériel** n. m. ■ Fam. Tissu. *Acheter du matériel pour confectionner une robe. Utiliser des retailles de matériel pour faire une catalogne.*

maternel, elle [matɛrnɛl] adj. et n. f. **1.** Qui appartient à la mère. *Le lait maternel. Amour, instinct maternel.* — De la mère. *Elle craignait les réprimandes maternelles.* **2.** Qui a le comportement, joue le rôle d'une mère. *Une femme maternelle avec son mari.* **3.** ÉCOLE MATERNELLE ou, n. f., MATERNELLE : école où les enfants de cinq ans reçoivent une éducation préscolaire et dont la fréquentation n'est pas obligatoire. ⇒ **prématernelle.** *Aller à la maternelle. Elle enseigne en maternelle.* ⇒ **jardin** d'enfants. **4.** Qui a rapport à la mère, quant à la filiation (opposé à *paternel*). *Un oncle du côté maternel. Grand-mère maternelle.* **5.** *Langue maternelle,* la première langue qu'a apprise un enfant. ▸ ***maternellement*** adv. ■ Comme une mère. ‹ ▸ maternité, pré(-)maternelle ›

maternité [matɛrnite] n. f. **I. 1.** État, qualité de mère. *Les joies et les peines de la maternité.* **2.** Le fait de porter et de mettre au monde un enfant. *Elle est fatiguée par des maternités trop rapprochées.* ⇒ **accouchement, grossesse.** — *Vêtements de maternité,* portés pendant la grossesse. **II.** Service hospitalier ou, France, établissement réservé aux femmes qui accouchent. ⇒ **obstétrique.** *Il est allé voir sa femme à la maternité.*

mathématique [matematik] adj. et n. f. **I.** Adj. **1.** Relatif aux mathématiques ; qui utilise les mathématiques(→ ci-dessous). *Raisonnement mathématique.* **2.** Qui présente les caractères de la pensée mathématique. ⇒ **précis, rigoureux.** *Une précision mathématique.* — Fam. Absolument certain, nécessaire. *Elle doit réussir, c'est mathématique.* ⇒ **automatique, logique. II.** N. f. pl. **1.** LES MATHÉMATIQUES : ensemble des sciences qui ont pour objet la quantité et l'ordre. ⇒ **algèbre, analyse, arithmétique, calcul** différentiel, intégral, **géométrie, mécanique,** etc. **2.** Classe spécialisée dans l'enseignement des mathématiques. ⇒ **maths.** *Le jour deux, j'ai mathématiques,* j'ai un cours de mathématiques. *Mathématiques élémentaires. Mathématiques supérieures.* — *Mathématiques pures.* ⇒ **algèbre, trigonométrie.** — *Mathématiques modernes,* théorie des ensembles. ▸ ***maths*** [mat] n. f. pl. ■ Fam. Mathématiques. *Elle a horreur des maths.* ▸ ***mathématicien, ienne*** n. ■ Spécialiste, chercheur en mathématiques. ▸ ***mathématiquement*** adv. **1.** Selon les méthodes des mathématiques. **2.** Exactement, rigoureusement. *C'est mathématiquement exact.* / contr. **approximativement** / ▸ ***matheux, euse*** adj. et n. ■ (France) Fam. Qui étudie les maths ; fort en maths. — N. *Une matheuse et un littéraire.* ⇒ **scientifique.**

matière [matjɛr] n. f. **I. 1.** Philosophie. Substance qui constitue le monde sensible, les corps (opposé à esprit). *Les trois états de la matière,* solide, liquide, gazeux. *La matière est faite de corpuscules.* ⇒ **atome, molécule.** *La matière et l'énergie.* **2.** *Une, des matière(s),* substance que l'on peut connaître par les sens, qu'elle prenne ou non une forme déterminée. *Matières organiques et inorganiques. Matière précieuse. Les matières utilisées pour construire, fabriquer qqch.* ⇒ **matériau, matériaux. 3.** (Dans le corps humain) *Matières fécales* et, ellipt, *matières.* ⇒ **excrément.** — Fam. MATIÈRE GRISE : le cerveau ; l'intelligence, la réflexion. *Fais un peu travailler ta matière grise.* **4.** MATIÈRE PREMIÈRE : produit ou substance non encore transformé(e) par le travail, par la machine (opposé à *produit fabriqué, manufacturé*). *Notre pays importe des matières premières.* **5.** MATIÈRES GRASSES : substances alimentaires (beurre, crème, huile, margarine) contenant des corps gras. ⇒ **graisse ;** anglic. **shortening. II.** Fig. Ce qui constitue l'objet, le point de départ ou d'application de la pensée. **1.** Contenu, sujet (d'un ouvrage). *Anecdote, fait réel qui fournit la matière d'un livre. Table* des matières.* — Loc. ENTRÉE EN MATIÈRE *d'un discours* : commencement. ⇒ **introduction. 2.** Ce qui est objet d'études scolaires, d'enseignement. ⇒ **discipline.** *Elle est bonne dans toutes les matières. Matière obligatoire, à option.* **3.** (Après EN, SUR) Ce sur quoi s'exerce ou peut s'exercer l'activité humaine. ⇒ **sujet ; point, question.** *Je suis incompétent en la matière, sur cette matière.* ⇒ **article, chapitre.** — EN MATIÈRE (suivi d'un adj.). *En matière poétique,* en ce qui concerne la poésie. — EN MATIÈRE DE loc. prép. : dans le domaine, sous le rapport de (tel objet). *En matière d'art.* **4.** *Avoir, donner* MATIÈRE À... : motif, raison. ⇒ **occasion, sujet.** *Sa conduite donne matière à (la) critique.* ⇒ **lieu.** — (+ infinitif) *Il y a matière à rire, à pleurer.* ⟨ ▶ antimatière, matérialiser, matérialisme, matériau, ① matériel, ② matériel, ③ matériel ⟩

matin [matɛ̃] n. m. **1.** Début du jour. ⇒ **aube, aurore, lever, point** du jour. / contr. **soir** / *La rosée du matin. L'étoile du matin,* Vénus. *Le petit matin,* moment où se lève le jour. — Loc. adv. *De bon, de grand matin,* très tôt. — *Du matin au soir,* toute la journée, continuellement. — *(Le) matin et (le) soir. Médicament à prendre matin et soir.* — Loc. *Être du matin,* être actif le matin. *Elle est du matin, alors que, moi, je suis du soir.* **2.** La première partie de la journée qui se termine à midi. ⇒ **avant-midi, matinée.** *Le docteur reçoit le matin. Tous les matins. Ce* ou, fam., *à matin,* aujourd'hui, avant midi. *Hier matin.* — *Tous les dimanches matin.* — Loc. *Un de ces quatre matins,* un beau jour, à un moment donné. **3.** (Dans le décompte des heures) L'espace de temps qui va de minuit à midi, divisé en douze heures. ⇒ ① **A.M.** *Une heure du matin* (opposé à *de l'après-midi*). ⇒ **nuit.** *Sept heures du matin* (opposé à *du soir*). ▶ ***matinal, ale, aux*** adj. **1.** Du matin. *Gymnastique matinale.* **2.** Qui s'éveille, se lève tôt. *Vous êtes bien matinal aujourd'hui !* — N. *Ce sont des matinales.* ⇒ **lève-tôt.** / contr. **lève-tard** / ▶ ***matinée*** n. f. **1.** La partie de la journée qui va du lever du soleil à midi, considérée dans sa durée. ⇒ **avant-midi.** *Début, fin de matinée. Une très belle matinée d'automne.* — Loc. *Faire la grasse matinée,* se lever tard, paresser au lit. **2.** Réunion, spectacle qui a lieu avant le souper, l'après-midi (opposé à *soirée*). *Concert, représentation en matinée.* ▶ ***matines*** [matin] n. f. pl. ■ Relig. catholique. Office nocturne. *Les matines se chantent entre minuit et le lever du jour. Sonnez les matines !* ⟨ ▶ réveille-matin ⟩

mâtin [mɑtɛ̃] n. m. ■ Grand et gros chien de garde ou de chasse. ▶ ***mâtiner*** v. tr. ▪ conjug. 1. **1.** Couvrir (une chienne de race), en parlant d'un chien de race différente, généralement croisée ou commune. — Au p. p. adj. *Chien mâtiné,* de race mêlée. **2.** MÂTINÉ DE : mêlé de. *Un français mâtiné d'anglicismes.*

matois, oise [matwa, waz] adj. ■ Littér. Qui a de la ruse sous des dehors de bonhomie. ⇒ **finaud.** *Un vieux cultivateur matois.*

maton, onne [matɔ̃, ɔn] n. m. ■ (France) Fam. Gardien(ne) de prison (qui *mate,* surveille les détenus).

matou [matu] n. m. ■ Chat domestique mâle et non châtré. *Un gros matou. Des matous.*

matraque [matʀak] n. f. ■ Arme contondante (pour frapper, assommer) assez courte. ⇒ **garcette, gourdin, trique.** *Les matraques des policiers.* ▶ ***matraquer*** v. tr. ▪ conjug. 1. **1.** Frapper à coups de matraque sur (qqn). *Matraquer des manifestants.* **2.** Présenter une addition excessive, un compte trop élevé, etc. *Ce restaurant matraque les clients.* **3.** Infliger d'une manière répétée un message (publicité, thème, musique). *Matraquer une chanson à la radio.* ▶ ***matraquage*** n. m. ■ Action de matraquer (1 et 3). *Le matraquage des manifestants.* — *Matraquage publicitaire.*

matriarcat [matʀijaʀka] n. m. ■ Didact. Régime juridique ou social où la mère est le chef de la famille (opposé à *patriarcat*). ▶ ***matriarcal, ale, aux*** adj. ■ Didact. Relatif au matriarcat. *Société matriarcale.*

matrice [matʀis] n. f. **I. 1.** Moule qui, après avoir reçu une empreinte particulière en creux et en relief, permet de la reproduire. *La matrice d'un disque, d'une médaille.* **2.** Fam. Utérus. *Elle a eu une descente de matrice.* **II.** Mathématiques. Tableau rectangulaire de nombres, sur lesquels on définit certaines opérations. ▶ ***matriciel, ielle*** adj. **1.** Où interviennent les matrices (II). *Calcul matriciel.* **2.** Informatique. *Imprimante matricielle,* qui dessine et imprime les caractères point par point.

matricule [matʀikyl] n. **1.** N. f. Registre, liste où sont inscrits des noms avec un numéro. *Inscription sur la matricule.* ⇒ **immatriculation.** — Adj. *Livret matricule d'un soldat. Numéro matricule.* ⇒ **immatriculation. 2.** N. m. Numéro d'inscription sur un registre matricule. *Effets d'un soldat marqués à son matricule. Le (prisonnier) matricule 85.* ⟨ ▶ immatriculer ⟩

matrimonial, ale, aux [matʀimɔnjal, o] adj. ■ Qui a rapport au mariage. *Lien matrimonial.* ⇒ **conjugal.** *Régimes matrimoniaux,* régimes juridiques régissant les patrimoines des époux. — *Agence matrimoniale,* qui met en rapport des personnes désirant contracter mariage ou se trouver un conjoint, une conjointe.

matrone [matʀɔn] n. f. Fam. **1.** Femme d'un certain âge, corpulente et vulgaire. *Une grosse matrone.* **2.** Surveillante, gardienne, dans les prisons de femmes.

matronyme [matʀɔnim] n. m. ■ Nom de famille transmis par la mère (opposé à *patronyme*). *Certains enfants portent à la fois un matronyme et un patronyme.*

maturation [matyʀasjɔ̃] n. f. **1.** Le fait de mûrir. *Hâter la maturation des fruits.* **2.** Ensemble des transformations que les plantes et les animaux subissent avant d'atteindre la maturité. ▶ ***maturité*** n. f. **1.** État d'un fruit mûr. *On cueille les bananes avant leur complète maturité.* — État de ce qui est mûr. **2.** État de ce qui a atteint son plein développement. *Idée qui vient à maturité. Maturité d'esprit.* **3.** L'âge mûr, celui qui suit immédiatement la jeunesse. *Elle est en pleine maturité.* ⇒ **force** de l'âge. **4.** Sûreté de jugement. *Tu manques de maturité.* ⇒ **circonspection, sagesse.** *Maturité précoce.* ▶ ***mature*** adj. ■ (Personnes) Parvenu à une certaine maturité psychologique. ⇒ **mûr.** / contr. **immature** / *Une jeune fille très mature.* ⟨ ▶ immature, prématuré ⟩

mâture [matyʀ] n. f. ■ Marine. Ensemble des mâts (d'un navire à voiles).

maubèche [mobɛʃ] n. f. ■ Petit échassier qui fréquente le bord des cours d'eau et dont une variété (la *maubèche branle-queue*) est très commune en Amérique du Nord.

maudine [modin] interj. ■ Fam. Juron plus atténué que *maudit* ②. ⇒ **mautadit, saudit.** *Maudine que tu es tannant ! Lâche-moi, maudine !* Absolt. *Maudine !* — Loc. *Être en maudine,* fâché, ne pas être content. *Il est en maudine parce qu'il a cassé son hockey.* — N. UN(E) MAUDINE DE : sert à qualifier la personne, la chose qui est mentionnée. *Une maudine de fatigante.* Sans compl. UN MAUDINE : terme d'injure, de mépris. *Toi, mon maudine, je ne veux plus te revoir.* — Loc. adv. EN MAUDINE : très, beaucoup. *Les pommes d'automne sont bonnes en maudine.*

maudire [modiʀ] v. tr. — REM. Conjug. 2, sauf pour l'infinitif et le p. p. *maudit, ite.* **1.** Vouer au malheur ; appeler sur (qqn) la malédiction, la colère divine. *Maudire un ennemi, la guerre.* ⇒ **abominer, exécrer.** *Combien de fois t'ai-je maudit !* / contr. **bénir** / **2.** Vouer (qqn) à la damnation éternelle. ⇒ **condamner.** ▶ ① ***maudit, ite*** adj. **1.** Qui est rejeté par Dieu ou condamné, repoussé par la société. ⇒ **réprouvé.** *Les poètes maudits,* incompris. — N. *Les maudits,* ceux qui sont damnés ou condamnés. **2.** (Avant le nom) Dont on a sujet de se plaindre. ⇒ **détestable, exécrable ;** fam. **damné,** ② **fichu,** ② **sacré.** *Cette maudite histoire le tracasse beaucoup. Tu parles d'une maudite affaire !* ⇒ **compliqué, désagréable.** ⟨ ▶ ② maudit ⟩

② ***maudit, ite*** [modi, it] interj. ■ Fam. Juron très fréquent et employé dans toutes sortes de circonstances. ⇒ fam. **bigre, bonguenne, crotte, mardi, maudine, mautadit, mosus, saudit ;** très fam. **bonyeu.** *Maudit, tu ne pourrais pas faire attention ! On n'est pas chanceux, maudit ! Maudit, il neige ! Eh maudit !, les choses se compliquent. Maudit que c'est niaiseux !, difficile !* — Absolt. *Maudit !* — *Maudit* (+ autre juron ; (très fam.) + sacre) *Maudit câline ; maudit crisse. Maudite marde.* — Loc. *Être en (beau) maudit,* en colère, fâché. ⇒ ① **diable, furieux ;** fam. **rogne.** *Je suis en maudit depuis ce matin. Être en (beau) maudit après, contre qqn, qqch. Elle est en maudit après son frère.* — *Mettre qqn en maudit.* — N. UN MAUDIT : sert à qualifier la personne, la chose qui est mentionnée. ⇒ **espèce** de. *Un maudit bandit, voleur, menteur, fou. Des maudites niaiseuses, écœurantes, chanceuses. Un maudit taponnage. Des maudits travaux.* Sans compl. UN MAUDIT : terme d'injure, de mépris. *Je ne veux plus les revoir les maudits. Les maringouins piquent, les maudits. Ma (petite, grosse) maudite.* Sans article. *Maudite vie. Maudits Français*.* — Loc. adv. EN MAUDIT : très, beaucoup. *C'est bon en maudit. Il y a de la circulation en maudit. Ça mord en maudit. C'est le fun en maudit.* UN MAUDIT (+ adj. + nom) : très. *J'ai une maudite bonne idée. Quel maudit bon gars ! C'est une maudite belle fille.* — Loc. *Ça parle au maudit,* c'est très inattendu, étonnant. *Il y a du maudit là-dedans,* c'est très contrariant ; l'affaire est désagréable, triste. *On va y aller sur un maudit temps,* très rapidement ; très certainement, sans faute. ▶ ***mauditement*** adv. ■ Fam. Très, beaucoup. ⇒ fam. **bigrement.** *C'est mauditement délicieux, mauvais. Un livre mauditement intéressant. Il est mauditement malade.* ▶ ***maudissant*** adj. verbal. m. ■ Fam. *C'est maudissant de* (+ inf.), contrariant, fâchant. *C'est maudissant de perdre.*

maugréer [mogʀee] v. intr. ▪ conjug. 1. ■ Manifester son mécontement, sa mauvaise humeur, en protestant à mi-voix. ⇒ **bourasser** (II), **grogner, pester, ronchonner.**

maure, mauresque ou ***more, moresque*** [mɔʀ, mɔʀɛsk] n. et adj. **1.** Autrefois. Habitant du nord de l'Afrique (Berbères, Arabes). — Adj. *L'architecture mauresque.* **2.** (Avec une majusc.) Histoire de la Mauritanie, région d'Afrique occidentale. *Les Maures du Soudan, du Sénégal.* — REM. La Mauritanie actuelle est distincte de celle d'autrefois (Afrique du Nord et de l'Ouest). Le gentilé moderne est *Mauritanien.*

mauricien, ienne [mɔʀisjɛ̃, jɛn] adj. et n. **1.** De la Mauricie. *Un village mauricien.* — N. (Avec une majusc.) Personne née dans cette région du Québec ou qui l'habite. **2.** De (l'île) Maurice. *Les paysages mauriciens.* — N. (Avec une majusc.) Pesonne née dans cet État de l'océan Indien ou qui en a obtenu la citoyenneté.

mausolée [mozɔle] n. m. ■ Somptueux monument funéraire de très grandes dimensions. ⇒ **tombeau.** *Le mausolée d'Hadrien, à Rome.*

maussade [mɔsad] adj. **1.** Qui n'est ni gai ni aimable. ⇒ **grognon, revêche.** *Humeur maussade.* / contr. **avenant, jovial, plaisant** / **2.** Qui inspire de l'ennui. ⇒ **ennuyeux, terne, triste.** *Ciel, temps maussade.* ▶ ***maussaderie*** n. f. ■ Caractère de ce qui est maussade (surtout, sens 1).

mautadit, ite [motadi, it] interj. ■ Fam. Juron plus atténué que *maudit* ②. ⇒ **maudine, saudit.** *Mautadit que tu es fatigante !* Absolt. *Mautadit !* — *Mautadit* (+ autre juron) *Mautadit mosus. Mautadite marde.* — Loc. *Être en mautadit,* fâché, ne pas être content. *Elle est en mautadit à cause de la pluie. Es-tu en mautadit après moi ?* — N. UN MAUTADIT : sert à qualifier la personne, la chose qui est mentionnée. *Un mautadit tannant. J'attends le mautadit autobus.* Sans compl. UN MAUTADIT : terme d'injure, de mépris. *Les brûlots sont achalants les mautadits.* Sans article. *Mautadite vie.* — Loc. adv. EN MAUTADIT : très, beaucoup. *Il vente en mautadit. Il y a du monde en mautadit.* UN MAUTADIT (+ adj. + nom) : très. *On a fait une mautadite belle pêche.* — Loc. *Ça parle au mautadit,* c'est très inattendu, étonnant. *On va monter au lac sur un mautadit temps,* très rapidement ; très certainement, sans faute. — REM. On emploie aussi la forme *mautadine.* ▶ ***mautaditement*** adv. ■ Très, beaucoup (forme atténuée de *mauditement*). *Elle est mautaditement intelligente. Ils étaient mautaditement perdus. Il fait mautaditement chaud, froid.*

mauvais, aise [mɔ(o)vɛ, ɛz] adj., adv. et n. — REM. En épithète, *mauvais* est le plus souvent avant le nom. **I.** (Opposé à *bon*) **1.** Qui présente un défaut, une imperfection essentielle ; qui a une valeur faible ou nulle (dans le domaine utilitaire, esthétique ou logique). ⇒ **défectueux, imparfait.** *Assez mauvais* ⇒ **médiocre,** *très mauvais* ⇒ **exécrable, horrible, infect.** *Les bons et les mauvais morceaux. Mauvaise affaire,* qui rapporte peu. *Produit de mauvaise qualité. Mauvais livre. Ce film est mauvais,* ne vaut rien. ⇒ **nul.** *Mauvais calcul. Mauvais raisonnement.* ⇒ ① **faux, inexact.** — Qui ne fonctionne pas correctement. *Avoir de mauvais yeux,* il ne voit pas bien. *Être en mauvaise santé. Avoir mauvaise mine.* **2.** N. m. Ce qui est mauvais. *Il y a du bon et du mauvais.* **3.** (Personnes) Qui ne remplit pas correctement son rôle. ⇒ **lamentable, pauvre.** *Un mauvais acteur. Mauvaise élève. Il est mauvais* ⇒ **faible,** *très mauvais* ⇒ **nul** *en latin.* ≠ *passable.* **4.** Qui est mal choisi, ne convient pas. *Mauvaise méthode. Prendre la mauvaise route. Pour de mauvaises raisons.* — Impers. *Il est mauvais de fumer. Il n'est pas mauvais qu'elle en fasse l'expérience,* ce serait indiqué. **II.** (Opposé à *bon, beau, heureux*) Qui cause ou peut causer du mal. ⇒ **néfaste, nuisible. 1.** Qui annonce du malheur. ⇒ **funeste, sinistre.** *De mauvais augure. C'est* *mauvais signe.* **2.** Qui est cause de malheur, d'ennuis, de désagrément. ⇒ **dangereux, nuisible.** *L'affaire prend une mauvaise tournure. Être en mauvaise posture. Elle a reçu un mauvais coup. La mer est mauvaise,* très agitée. / contr. **calme** / — (Sur le plan moral) *Mauvais conseils. Donner le mauvais exemple.* **3.** Désagréable aux sens. *Mauvaise odeur, mauvais goût.* — *Mauvais temps* (opposé à *beau*). ⇒ **sale.** — Désagréable au goût. *Cette viande est mauvaise. Du mauvais vin. Pas mauvais,* assez bon. **4.** Pénible. *Mauvaise nouvelle. Faire mauvais effet.* (France) Fam. *La trouver, l'avoir mauvaise* (sous-entendu : la chose, l'affaire). *Il l'a eue mauvaise de ne pas être invité.* **5.** Peu accommodant. *Mauvaise humeur. Mauvais caractère. Mauvaise tête, mauvaise volonté.* **III.** (Opposé à *bon, honnête*) **1.** Qui est contraire à la loi morale. *C'est une mauvaise action. Mauvaise conduite.* **2.** (Personnes) Qui fait ou aime à faire du mal à autrui. ⇒ **méchant.** / contr. ① **fin, gentil** / *Il est mauvais comme une teigne.* — *L'esprit mauvais,* du mal (le démon). ⇒ ① **malin.** *Une mauvaise langue* (qui calomnie). *Tu as de mauvaises fréquentations.* — MAUVAIS GARÇON : se dit d'un homme prompt à en venir aux coups. **3.** (Peut s'employer après le nom) Qui dénote de la méchanceté, de la malveillance. *Elle a eu un rire mauvais. Une joie mauvaise.* ⇒ **cruel.** **IV.** Adv. *Il fait mauvais. Ce vin, cette viande goûte mauvais. Sentir mauvais* ⇒ **puer**, avoir une odeur désagréable. — Fig. *Ça sent mauvais,* les choses prennent une mauvaise tournure.

mauve [mov] adj. ■ D'une couleur violet pâle. *Des robes mauves.* — N. m. Couleur mauve.

mauviette [movjɛt] n. f. ■ Personne chétive, au tempérament délicat, maladif. *Quelle mauviette ! — Tu es bien mauviette !,* peureux, craintif.

maxi- ■ Préfixe signifiant « grand, long » (ex. : *une maxibouteille, un maximanteau*). / contr. **mini-** /

maxillaire [maksilɛʀ] n. m. ■ Os des mâchoires. *Le maxillaire supérieur.*

maxima n. m. pl. ou adj. fém. invar. ⇒ **maximum.**

maxime [maksim] n. f. ■ Formule énonçant une règle de conduite, une règle morale. ⇒ **aphorisme, sentence ; proverbe.** *Les maximes de La Rochefoucauld. Suivre une maxime.* ⇒ **précepte, principe.** ≠ *dicton.*

maximum, ale, aux [maksimɔm] n. m. et adj. **1.** N. m. Valeur la plus grande atteinte par une quantité variable ; limite supérieure. ⇒ **plafond.** *Maximum de vitesse, de force. Les maximums* ou *les maxima.* — (Suivi d'un nombre qui indique différentes choses, opposé à *minimum*). *Maximum 20° C. Maximum 100 km. Maximum 50 personnes.* Abrév. *max.* — (Avec un nom au plur.) *Le maximum de chances,* le plus grand nombre. — *Au maximum,* tout au plus, au plus. *Cent dollars au maximum.* **2.** Adj. Qui constitue un maximum. ⇒ **maximal.** *Rendement maximum. La vitesse maximum.* ⇒ **limite.** — Au fém. *Tension, amplitude maximum* ou *maxima.* Au plur. *Des prix maximums* ou *maxima.* / contr. **minimum** / ► ***maximal, ale, aux.*** adj. ■ Qui constitue un maximum. / contr. **minimal** /

maya [maja] adj. et n. ■ Qui appartient à une civilisation indienne précolombienne d'Amérique centrale. *Des temples mayas.* — N. (Avec une majusc.) Peuple d'Amérique centrale. *Les Aztèques et les Mayas.*

mayonnaise [majɔnɛz] adj. et n. f. ■ Se dit d'une sauce froide composée d'huile, d'œufs et d'assaisonnements battus jusqu'à prendre de la consistance. *Sauce mayonnaise.* — N. f. *Un pot de mayonnaise. Un sandwich tomates, laitue mayonnaise. La mayonnaise prend ;* (France) au fig. la chose prend tournure, l'action se déclenche. — En appos. Invar. *Des œufs mayonnaise,* à la mayonnaise.

May West [mewɛs(t)] n. propre. ■ Anglic. (Avec des majusc.) Petit gâteau rond, fourré à la crème et recouvert d'un glaçage au chocolat. ⇒ anglic. **Jos.Louis.** *Une boîte de May West.* — REM. Ce mot est un nom de marque déposée.

mazout [mazut] n. m. ■ Résidu de la distillation du pétrole, liquide épais, visqueux, brun, utilisé comme combustible. ⇒ **huile** lourde ; fam. **huile** à chauffage. *Chauffage au mazout. Le mazout léger ou domestique, le mazout lourd ou industriel.*

mazurka [mazyʀka] n. f. ■ Danse à trois temps d'origine polonaise. — Air sur lequel on la danse. — Composition musicale de même rythme. *Les mazurkas de Chopin.*

M.B.A. [ɛmbie] ou [ɛmbea] n. m. invar. ■ Anglic. Abréviation de *Master of Business Administration,* maîtrise en administration (des affaires). *Elle a obtenu son M.B.A. l'année dernière.*

mcIntosh [makintɔʃ] n. f. invar. ■ Anglic. Variété de pommes à chair ferme et croquante, légèrement acidulée. — En appos. *Des pommes mcIntosh.*

me [m(ə)] pronom pers. — REM. *Me* s'élide en *m'* devant une voyelle ou un h muet : *elle m'envoie, elle m'honore.* ■ Pronom personnel complément de la première personne du singulier pour les deux genres (⇒ **je, moi**). **1.** Compl. d'obj. direct (représente la personne qui parle, qui écrit). *On m'a vu. Tu me présenteras à elle.* — (Dans un verbe pron.) *Je me suis rasé.* — (Avec *voici, voilà*) *Me voici de retour.* **2.** Compl. d'obj. ind. À moi. *Il me fait pitié. Ils veulent me parler. On m'a laissé finir mon repas.* — (Renforce un ordre, etc.) *Va me fermer cette porte !* — (Marquant un rapport de possession) *Je me lave les mains* : je lave *mes* mains. ‹ ► je-m'en-fichisme, m'as-tu-vu ›

mé- ou ***més-*** (devant voyelle) ■ Préfixe signifiant « mauvais » (ex. : *méjuger, mésalliance, mésaventure*).

mea-culpa [meaky(u)lpa] n. m. invar. ■ *Faire son mea-culpa,* avouer sa faute. *Des mea-culpa.*

méandre [meɑ̃dʀ] n. m. **1.** Sinuosité (d'un cours d'eau). **2.** Fig. *Les méandres de la pensée, d'un exposé.* ⇒ **détour.**

méat [mea] n. m. ■ Canal, conduit ou orifice d'un canal anatomique. *Méat urinaire.*

mec [mɛk] n. m. ■ (France) Fam. Homme, individu. ⇒ fam. **gars, type.** *Les deux mecs discutaient. Elle vient avec son mec.* ⇒ anglic. **chum.** — *Les mecs et les nanas.*

mécanique [mekanik] adj. et n. f. **I.** Adj. **1.** Qui est exécuté par un mécanisme ; qui utilise des mécanismes, des machines. *Tissage mécanique.* — Qui est mû par un mécanisme. *Escalier mécanique.* **2.** Qui concerne les machines. *Avoir des ennuis mécaniques,* des problèmes de moteur (de voiture, etc.). **3.** Qui évoque le fonctionnement d'une machine (opposé à *réfléchi, intelligent*). ⇒ **automatique, machinal.** *Un geste mécanique.* **4.** Qui consiste en mouvements, est produit par un mouvement. *Énergie mécanique.* **II.** N. f. **1.** Partie des mathématiques et de la physique qui a pour objet l'étude du mouvement et de l'équilibre des corps, ainsi que la théorie des machines. *La mécanique des fluides.* ⇒ **hydraulique,** n. f. — Théorie relative aux phénomènes étudiés en mécanique. *Mécanique classique. Mécanique quantique, ondulatoire.* **2.** Science de la construction et du fonctionnement des machines. **3.** *Une mécanique.* ⇒ **mécanisme.**

— (France) Loc. fam. *Rouler les (des) mécaniques,* les muscles des épaules pour montrer sa force. ▶ ***mécaniquement*** adv. ■ D'une manière mécanique. ⇒ **automatiquement, machinalement.** ▶ ***mécanicien, ienne*** n. **1.** Personne qui a pour métier de monter ⇒ **monteur**, d'entretenir ou de réparer ⇒ **dépanneur** les machines, spécialt les voitures automobiles. *Les mécaniciens d'un garage.* ⇒ fam. **mécano.** *Mécanicienne d'avion.* **2.** Personne qui conduit une locomotive. **3.** Didact. Physicien(enne) spécialiste de la mécanique (II, 1). **4.** Personne qui invente des machines, qui en dirige la construction. *Bombardier est un célèbre mécanicien québécois.* ▶ ***mécaniser*** v. tr. • conjug. 1. ■ Réduire à un travail mécanique (par l'utilisation de machines). *Mécaniser une production artisanale.* — Au p. p. adj. *Une récolte mécanisée.* ▶ ***mécanisation*** n. f. ■ Action de mécaniser ; son résultat. *La mécanisation de l'agriculture.* ⇒ **industrialisation.** *La mécanisation forestière.* ▶ ***mécanisme*** n. m. **1.** Combinaison, agencement de pièces, d'organes, montés en vue d'un fonctionnement. ⇒ **mécanique** (II, 3). *Le mécanisme d'une machine.* **2.** Mode de fonctionnement de ce qu'on assimile à une machine. *Mécanismes biologiques.* ⇒ **processus.** *Les mécanismes économiques. Les mécanismes de la pensée.* ▶ ***mécano*** [mekano] n. ■ Fam. Mécanicien. *Des mécanos.* ≠ *meccano.* ▶ ***mécano-*** ■ Élément signifiant « machine ». ▶ ***mécanographie*** n. f. ■ Emploi de machines pour les opérations logiques (calculs, tris, classements) effectuées sur des documents. *Remplacer la mécanographie par l'informatique.* ▶ ***mécanographique*** adj. ■ *Fiche mécanographique.*

meccano [mekano] n. m. ■ Jeu de construction métallique. *Une boîte de meccano. Jouer au meccano.* ≠ *mécano.* — REM. Ce mot est un nom de marque déposée.

mécène [mesɛn] n. ■ Personne riche et généreuse, entreprise qui aide matériellement les écrivains, les artistes. *Cette riche héritière est la mécène d'un groupe de peintres.* ▶ ***mécénat*** n. m. ■ Qualité, comportement d'un mécène. — Le soutien matériel apporté à qqn. *Vivre du mécénat d'une entreprise.*

méchant, ante [meʃɑ̃, ɑ̃t] adj. **I. 1.** Qui fait délibérément du mal ou cherche à en faire, le plus souvent de façon ouverte et agressive. ⇒ **cruel, dur, malfaisant,** ① **malin, malveillant, mauvais** (III, 2) ; fam. **rosse, vache.** / contr. **bon, doux,** ① **fin, gentil, humain** / *Un homme méchant, un méchant homme. Plus bête que méchant,* plus nuisible par bêtise que par intention. — *Air, sourire méchant.* ⇒ **mauvais ; haineux. 2.** (Enfants) Qui se conduit mal, qui est turbulent. ⇒ **haïssable, insupportable, tannant, vilain.** *Si tu es méchante, tu seras privée de dessert. Méchant garnement !* **3.** (Animaux) Qui cherche à mordre, à griffer. *Chien méchant,* dangereux. ⇒ ① **malin. 4.** Loc. fam. *Ce n'est pas bien méchant,* ni grave ni important. **II.** (Avant le nom) **1.** Littér. Mauvais, médiocre. *Un méchant livre de rien du tout. Du méchant vin. Un méchant professeur.* ⇒ **incompétent.** — *Un méchant goût,* pas très agréable. **2.** Dangereux ou désagréable. *Elle s'est attiré une méchante affaire. Être de méchante humeur.* ⇒ **mauvais.** *Une bien méchante langue.* ⇒ fam. **placoteur. 3.** Par exagér. Fam. Qui sort de l'ordinaire, qui est remarquable, surprenant. ⇒ **étonnant, incroyable.** *Un méchant niaiseux.* ⇒ **vrai.** *Elle a un méchant appétit. J'ai vu un méchant orignal.* ⇒ **énorme.** *Ils ont une méchante maison,* qui vaut cher. *C'est un méchant joueur de hockey,* très talentueux. **III.** N. **1.** Littér. Personne méchante. *Les méchants et les bons. Faire le méchant,* s'emporter, menacer. — Lang. enfant. *Oh, la méchante !* **2.** Personne qui tourmente (qqn). *Tu es une méchante.* **3.** N. m. *Le méchant,* ce qui est mauvais. *Enlever le méchant sur une pomme.* ⇒ **meurtrissure.** *Nettoyer le méchant d'une plaie.* ⇒ **pus. IV.** Adv. Mauvais. *Ce médicament goûte méchant. Il fait méchant aujourd'hui,* mauvais temps. ▶ ***méchamment*** [meʃamɑ̃] adv. ■ Avec méchanceté. ⇒ **cruellement, durement.** *Agir, parler méchamment.* / contr. **gentiment** / ▶ ***méchanceté*** n. f. **1.** Caractère, comportement d'une personne méchante. ⇒ **cruauté, dureté, malveillance.** / contr. **bienveillance, bonté** / *C'est de la pure méchanceté. La méchanceté d'une remarque.* **2.** *Une méchanceté,* parole ou action par laquelle s'exerce la méchanceté. *Cesse de dire des méchancetés.* ⇒ fam. **vacherie.**

① ***mèche*** [mɛʃ] n. f. **I. 1.** Cordon, tresse de fils de coton, de chanvre, imprégné(e) de combustible et qu'on fait brûler. *La mèche d'une lampe à huile.* **2.** Cordon fait d'une matière qui prend feu aisément. *La mèche d'une mine.* **3.** Loc. fig. *Éventer, découvrir la mèche,* découvrir le secret d'un complot. ⇒ **pot** aux roses. *Vendre la mèche,* trahir le secret. **II.** Tige d'acier servant à percer le bois, le métal. *La mèche d'un vilebrequin, d'une perceuse.* ⇒ **vrille.**

② ***mèche*** n. f. ■ Cheveux distincts dans l'ensemble de la chevelure par leur position, leur forme, leur couleur. ⇒ **touffe.** *Mèches bouclées.* ⇒ **boucle.** *Elle s'est fait faire des mèches chez le coiffeur,* elle s'est fait éclaircir, teindre certaines mèches.

③ ***de mèche*** loc. invar. ■ Loc. fam. *Être de mèche avec qqn,* être d'accord en secret. ⇒ **complicité, connivence.**

méchoui [meʃwi] n. m. ■ Mouton rôti à la broche. *Préparer un méchoui. Des méchouis.* — Ce repas.

mécompte [mekɔ̃t] n. m. ■ Erreur de prévision ; espoir fondé à tort. ⇒ **déception.** *De graves mécomptes.*

méconnaître [mekɔnɛtʀ] v. tr. • conjug. 57. **1.** Littér. Ne pas reconnaître (une chose) pour ce qu'elle est, refuser d'en tenir compte. ⇒ **ignorer, négliger.** *Méconnaître les lois.* **2.** Ne pas apprécier (qqn ou qqch.) à sa juste valeur. ⇒ **méjuger, mésestimer.** *La critique méconnaît souvent les auteurs de son temps.* / contr. **apprécier** / ▶ ***méconnaissable*** adj. ■ Qui est si changé (en bien ou en mal) qu'on ne peut le reconnaître. *Je ne l'avais pas revu depuis sa maladie ; il est méconnaissable. Sa boutique est méconnaissable depuis qu'elle l'a repeinte.* ▶ ***méconnaissance*** n. f. ■ Littér. Action de méconnaître ; ignorance, incompréhension. ▶ ***méconnu, ue*** adj. ■ Qui n'est pas reconnu, estimé à sa juste valeur. *Un génie méconnu.* / contr. **reconnu** /

mécontent, ente [mekɔ̃tɑ̃, ɑ̃t] adj. et n. **1.** Qui n'est pas content, pas satisfait. *Il est rentré déçu et très mécontent.* ⇒ **contrarié, fâché.** *Être mécontent de son sort. Je suis mécontente que vous ne soyez pas venu.* / contr. **enchanté, ravi** / **2.** N. *Un perpétuel mécontent.* ⇒ **grognon, insatisfait.** ▶ ***mécontentement*** n. m. ■ État d'esprit d'une personne mécontente ; sentiment pénible d'être frustré dans ses espérances, ses droits. ⇒ **déplaisir, insatisfaction.** *Sujet de mécontentement,* contrariété, ennui. *Une cause de mécontentement populaire.* / contr. **contentement, satisfaction** / ▶ ***mécontenter*** v. tr. • conjug. 1. ■ Rendre mécontent. ⇒ **contrarier, fâcher.** *Cette mesure a mécontenté tout le monde.*

mecque [mɛk] n. f. ■ *La mecque de,* le lieu par excellence. *Bay Street constitue la mecque torontoise des affaires. Cette ville est la mecque du hockey.*

mécréant, ante [mekʀeɑ̃, ɑ̃t] adj. et n. ■ Littér. ou plais. Qui n'a aucune religion. ⇒ **athée, impie, irréligieux.** — N. *Un mécréant.* / contr. **croyant** /

médaille [medaj] n. f. **1.** Pièce de métal, généralement circulaire, frappée ou fondue en l'honneur d'un personnage illustre ou en souvenir d'un événement (⇒ **monnaie**). *Une médaille commémorative. Science des médailles.* ⇒ **numismatique.** — Loc. fig. *L'envers de la médaille,* l'autre version des faits, l'autre facette d'une situation, d'un problème. **2.** Pièce de métal constituant le prix (dans un concours, une exposition). *Médaille olympique. Médaille d'or, d'argent, de bronze.* — Décoration (médaille, ruban, etc.). *Médaille militaire,* décoration décernée aux sous-officiers et soldats les plus méritants. **3.** Petite pièce de métal portée sur soi en breloque. *Médaille pieuse.* — Fam. *Un chien pas de médaille,* non enregistré. ⇒ **bâtard.** ▸ ***médaillé, ée*** adj. et n. ■ Qui a reçu une médaille (2). — N. *Une médaillée olympique. Les médaillés militaires.* ▸ ***médaillon*** n. m. **1.** Portrait ou sujet sculpté, dessiné ou gravé dans un cadre circulaire ou ovale. ⇒ **camée.** **2.** Bijou de forme ronde ou ovale. **3.** Tranche mince et ronde (de viande). *Un médaillon de veau, de foie gras.*

médecin [mɛdsɛ̃] n. m. ■ Personne qui exerce la médecine, est titulaire du diplôme de docteur en médecine. ⇒ **docteur, praticien** ; fam. **toubib.** *Je vais chez le médecin. Elle est médecin. Médecin consultant. Médecin traitant,* qui suit le malade. *Médecin généraliste* ⇒ **omnipraticien**, *spécialiste.* — REM. L'O.L.F. propose *une médecin* au féminin. ▸ ***médecine*** n. f. **1.** Science qui a pour objet la conservation et le rétablissement de la santé ; art de prévenir et de soigner les maladies de l'être humain (⇒ **médical**). *Étudiante en médecine. Docteur en médecine.* ⇒ **médecin.** *Médecine préventive. Médecine mentale.* ⇒ **psychiatrie.** *Médecine générale,* qui s'occupe de l'ensemble de l'organisme, en dehors de toute spécialisation. — *Médecine légale,* exercée pour aider la justice, en cas de crime, etc. ⇒ **médico-légal ; légiste. 2.** Profession du médecin. *Guérisseur qui exerce illégalement la médecine.* ▸ ***médical, ale, aux*** adj. ■ Qui concerne la médecine. *Soins médicaux. Visite médicale. Clinique* médicale, centre médical.* ▸ ***médicalement*** adv. ■ Du point de vue de la médecine. ▸ ***médicament*** n. m. ■ Substance spécialement préparée pour servir de remède. ⇒ **médication, remède ;** fam. **drogue.** *Ordonner, prescrire un médicament à une malade.* ▸ ***médicamenteux, euse*** adj. ■ Qui a des propriétés thérapeutiques. *Des sirops médicamenteux.* ▸ ***médication*** n. f. ■ Emploi systématique d'agents médicamenteux dans une intention précise. ⇒ **thérapeutique.** ▸ ***médicinal, ale, aux*** adj. ■ Qui a des propriétés curatives. *Les plantes médicinales.* ▸ ***médico-*** ■ Élément signifiant « médical ». ▸ ***médico-légal, ale, aux*** adj. ■ Relatif à la médecine légale. *Institut médico-légal,* la morgue. ▸ ***médico-social, ale, aux*** adj. ■ Relatif à la médecine sociale, à la médecine du travail. *Centre médico-social.* ‹ ▸ paramédical ›

média [medja] n. m. ■ Technique, support de diffusion massive de l'information (presse, radio, télévision, cinéma). ⇒ **communication, mass media.** *Un événement couvert par les médias. Un nouveau média. Les médias électroniques.* ▸ ***médiatique*** adj. ■ Qui concerne les médias, est transmis par les médias. *L'information médiatique.* ‹ ▸ mass media, médiathèque ›

médian, ane [medjɑ̃, an] adj. ■ Qui est situé, placé au milieu. *Ligne médiane.* ▸ ***médiane*** n. f. ■ Segment de droite joignant un sommet d'un triangle au milieu du côté opposé. ≠ *médiatrice.* — Statistiques. Valeur centrale qui sépare en deux parties égales un ensemble. ≠ *moyenne.*

médiateur, trice [medjatœʀ, tʀis] n. ■ Personne qui s'entremet pour faciliter un accord. ⇒ **arbitre, conciliateur.** *La médiatrice rencontrera la partie syndicale.* — Adj. *Puissance médiatrice.* — (France) Protecteur du citoyen. ⇒ **ombudsman.**

médiathèque [medjatɛk] n. f. ■ Collection de documents de natures diverses conservés sur les supports correspondant aux différents médias (papier, film, microfilm, disque, etc.). — Organisme responsable de cette collectiion. — Lieu public où se trouve cette collection. *La médiathèque du collège.*

médiation [medjasjɔ̃] n. f. ■ Entremise destinée à mettre d'accord, à concilier ou à réconcilier des personnes, des partis. ⇒ **arbitrage, conciliation.**

médiatrice [medjatʀis] n. f. ■ Lieu géométrique des points équidistants de deux points donnés. ≠ *médiane.*

médical adj., ***médicament*** n. m., etc. ⇒ **médecin.**

médiéval, ale, aux [medjeval, o] adj. ■ Relatif au Moyen Âge. ⇒ **moyenâgeux.** *Art médiéval.* ▸ ***médiéviste*** n. ■ Didact. Spécialiste du Moyen Âge.

médina [medina] n. f. ■ Partie musulmane (souvent ancienne) d'une ville, en Afrique du Nord (spécialt au Maroc).

médio- ■ Élément signifiant « moyen ».

médiocre [medjɔkʀ] adj. **1.** Qui est au-dessous de la moyenne, qui est insuffisant. / contr. **grand** / *Salaire médiocre.* ⇒ **modeste, modique, petit.** — Assez mauvais. ⇒ **faible, pauvre, piètre, quelconque.** *Travail médiocre, réussite médiocre.* / contr. **excellent, supérieur** / *Vie médiocre.* ⇒ **étriqué, mesquin. 2.** (Personnes) Qui ne dépasse pas ou même n'atteint pas la moyenne. ⇒ **inférieur.** *Esprit médiocre. Des joueurs médiocres. Élève médiocre en français.* ⇒ **faible.** — N. *C'est un médiocre.* ▸ ***médiocrement*** adv. ■ Assez peu, assez mal. *Elle joue, elle travaille médiocrement.* ▸ ***médiocrité*** n. f. ■ État de ce qui est médiocre. — Insuffisance de qualité, de valeur. ⇒ **imperfection, pauvreté, petitesse.** *La médiocrité d'une œuvre.* ⇒ **faiblesse.** / contr. **excellence** /

médire [mediʀ] v. intr.— REM. . conjug. 37, sauf *(vous) médisez.* ■ Dire (de qqn) le mal qu'on sait ou croit savoir sur son compte. *Médire de, sur qqn.* ⇒ **attaquer, critiquer, dénigrer, placoter** sur. / contr. ① **louer** / ≠ *calomnier.* ▸ ***médisance*** n. f. **1.** Action de médire. ⇒ **dénigrement, diffamation, placotage.** ≠ *calomnie.* **2.** *Une médisance,* propos de la personne qui médit. ⇒ **bavardage, potin, racontar ;** fam. **ragot.** ▸ ***médisant, ante*** adj. et n. **1.** Qui médit. *Bavardages médisants.* **2.** N. *On ne craint pas les médisants.*

méditer [medite] v. . conjug. 1. **1.** V. tr. Soumettre (qqch.) à une longue et profonde réflexion. ⇒ **approfondir.** *Méditez ce que je vous ai dit.* — Préparer par une longue réflexion (une œuvre, une entreprise). *Méditer un projet.* ⇒ **combiner.** — *Méditer de* (+ infinitif), projeter de. *Elle médite de s'acheter une maison.* **2.** V. intr. Penser longuement (sur un sujet). ⇒ **réfléchir.** *Méditer sur la condition humaine.* ▸ ***méditatif, ive*** adj. et n. **1.** Qui est porté à la méditation. *Esprit méditatif. Avoir un air méditatif.* ⇒ **pensif, préoccupé. 2.** N. *C'est un méditatif.* ▸ ***méditation*** n. f. **1.** Réflexion qui approfondit longuement un sujet. *S'absorber dans la méditation.* **2.** Pensée profonde, attentive, portant sur un sujet particulier. *Les mystiques se livrent à de longues méditations.* ‹ ▸ préméditer ›

méditerranéen, enne [mediteʀaneɛ̃, ɛn] adj. et n. ■ Qui appartient, se rapporte à la Méditerranée, à ses rivages. *Le bassin méditerranéen. Un climat méditerranéen.* — N. (Avec une majusc.) *Les Méditerranéens et les Nordiques.*

① ***médium*** [medjɔm] n. m. ■ Étendue de la voix, registre des sons entre le grave et l'aigu. *Elle a un beau médium. Des médiums.*

② ***médium*** n. m. ■ Personne réputée douée du pouvoir de communiquer avec les esprits. ⇒ **télépathe.** *Des médiums.*

③ ***médium*** adj. et n. Anglic. **1.** Moyen, en parlant de la taille de qqch. ⇒ anglic. ② **large, small.** *Un chandail médium. — Une pizza médium.* — N. *Un, une médium* (vêtements, pizzas...). — Absolt. « *Quelle taille ? – Médium.* » **2.** (Cuisson) À point. ⇒ ① **moyen.** *Un steak médium. Médium cuit, médium saignant,* intermédiaire entre cuit et à point, saignant et à point.

médius [medjys] n. m. invar. ■ Doigt du milieu de la main. ⇒ ① **majeur.**

médullaire [medylɛʀ] adj. ■ Qui a rapport à la moelle épinière ou à la moelle des os.

méduse [medyz] n. f. ■ Animal marin formé de tissus transparents d'apparence gélatineuse, ayant la forme d'une cloche (appelée *ombrelle,* n. f.) sous laquelle se trouvent la bouche et les tentacules. *Piqûre de méduse.*

méduser [medyze] v. tr. ▪ conjug. 1. ■ Frapper de stupeur. ⇒ **pétrifier, stupéfier.** — Au p. p. adj. *Il en est resté médusé.*

meeting [mitiŋ] n. m. ■ Anglic. Réunion publique ou particulière. ⇒ **rencontre.** *Un meeting politique, syndical. Mot d'ordre répété dans les meetings.* — (France) *Meeting d'aviation,* où l'on présente des modèles d'appareils.

méfait [mefɛ] n. m. **1.** Action mauvaise, nuisible à autrui. *Vous avez commis de graves méfaits. — Méfait public,* action commise avec l'intention de tromper la justice. **2.** Résultat pernicieux. *Les méfaits du tabac.* / contr. **bienfait** /

se ***méfier*** [mefje] v. pron. ▪ conjug. 7. ■ SE MÉFIER DE : ne pas se fier (à qqn) ; se tenir en garde (contre les intentions de qqn). ⇒ se **défier.** *Se méfier d'un concurrent, d'un flatteur. Je me méfie de ses bonnes paroles.* ⇒ **douter.** — Être sur ses gardes. *Méfiez-vous ! Il y a une marche.* ▸ ***méfiance*** n. f. ■ Disposition à se méfier ; état de la personne qui se méfie. ⇒ **défiance, doute.** *Éveiller la méfiance de qqn.* / contr. **confiance** / ▸ ***méfiant, ante*** adj. ■ Qui se méfie, est enclin à la méfiance. ⇒ **défiant, soupçonneux.** *Un air méfiant.* / contr. **confiant** /

méga-, mégalo- ; -mégalie ■ Éléments signifiant « grand » (*méga-*signifie « un million de » dans les noms d'unités physiques). ▸ ***mégahertz*** [megaɛʀtz] n. m. invar. ■ Unité de fréquence valant 1 million de hertz (symb. *MHz*). *Station de radio émettant sur 103 MHz.* ▸ ***mégalithe*** [megalit] n. m. ■ Monument de pierre brute de grandes dimensions. ▸ ***mégalomane*** adj. ■ Atteint de mégalomanie. — Qui a la folie des grandeurs, est d'un orgueil excessif. — N. *C'est un, une mégalomane.* — Abrév. fam. MÉGALO. *Elles sont complètement mégalos.* ▸ ***mégalomanie*** n. f. **1.** Comportement pathologique caractérisé par le désir excessif de gloire, de puissance (folie des grandeurs). **2.** Ambition, orgueil démesurés. ▸ ***méga-octet*** n. m. ■ Informatique. Unité de capacité de mémoire d'un million d'octets (symb. *Mo*). *Un disque rigide de 200 méga-octets.* — Abrév. fam. ***meg*** [mɛg] n. m. *J'ai un ordinateur de 300 megs.* ▸ ***mégaphone*** n. m. ■ Appareil servant à amplifier les sons. ⇒ **porte-voix.** *Crier des slogans dans un mégaphone.* ▸ ***mégatonne*** n. f. ■ Unité de puissance destructrice (1 million de tonnes de T.N.T.). *Une bombe atomique de deux mégatonnes.* ▸ ***mégawatt*** [megawat] n. m. ■ Unité de puissance électrique valant 1 million de watts (symb. *MW*).

par ***mégarde*** [paʀmegaʀd] loc. adv. ■ Par inattention, sans le vouloir. ⇒ par **inadvertance.** *J'ai pris votre livre par mégarde.* / contr. **volontairement ;** fam. par **exprès** /

mégère [meʒɛʀ] n. f. ■ Femme méchante et criarde. ⇒ **chipie, furie.**

mégisserie [meʒisʀi] n. f. **1.** Préparation des cuirs utilisés par la ganterie et la pelleterie. ⇒ **tannerie. 2.** Industrie, commerce de ces cuirs.

mégot [mego] n. m. ■ Fam. Bout de cigarette ou de cigare qu'on a fumé. ⇒ fam. **clope ;** anglic. ② **top.** *Ne laisse pas traîner tes mégots dans le cendrier.*

méhari [meaʀi] n. m. ■ Dromadaire d'Arabie, dressé pour les courses rapides. *Des méharis.*

meilleur, eure [mɛjœʀ] adj. **I.** Comparatif de supériorité de *bon.* / contr. **pire** / **1.** Qui l'emporte (en bonté, qualité, agrément). *Le pain frais est meilleur que le pain rassis. Elle a trouvé une meilleure place que nous. Être de meilleure humeur. Meilleur marché* (compar. de *bon marché*). **2.** Adv. *Il fait meilleur aujourd'hui qu'hier,* le temps est meilleur. *Ce parfum sent meilleur que l'autre.* **II.** LE MEILLEUR, LA MEILLEURE (superlatif de *bon*). **1.** (Avec un nom et *de* ou avec un adj. poss.) *C'est la meilleure de la classe. Je vous envoie mes meilleurs vœux.* — (Avec un nom + *que* + subjonctif) *C'est le meilleur film que j'aie jamais vu.* **2.** (Avec le nom seul, et placé après lui) *Ils choisissent les vins les meilleurs.* **3.** (Sans nom, avec *de*) *Le meilleur des vins. Le meilleur d'entre nous.* — Loc. *J'en passe et des meilleures,* je ne dis pas ce qu'il y a de plus intéressant, de plus amusant, parmi ce que je pourrais dire. **4.** (Sans nom et sans *de*) *Je suis le meilleur.* — Loc. *Les plaisanteries les plus courtes sont toujours les meilleures.* — LA MEILLEURE : l'histoire la plus étonnante. *Tu connais la meilleure ?* — LE MEILLEUR, LES MEILLEURS : personne supérieure ou plus forte que les autres. *Que le meilleur gagne !* — LE MEILLEUR : la partie la meilleure. *Il mange le meilleur et laisse le reste.* — Loc. *Être unis pour le meilleur et pour le pire,* pour les circonstances les plus heureuses comme pour les plus difficiles de la vie. **III.** MEILLEUR (seul, suivi d'un nom) : superlatif de *bon* dans les formules de souhaits. *Meilleurs vœux !,* acceptez mes vœux les meilleurs. *Meilleure santé !* **IV.** Loc. fam. *Au meilleur de ma connaissance,* pour autant que je sache, pour ce que j'en sais. ⇒ sauf **erreur.** — *Avoir le meilleur sur qqn,* l'emporter sur. ⇒ **vaincre.** *Leur club a eu le meilleur sur le nôtre. — Être à son meilleur,* exceller, être à son mieux. *À vingt ans, cette championne était à son meilleur. Ce vin sera à son meilleur dans quelques années.* — REM. Les locutions citées au paragraphe IV sont souvent critiquées parce qu'elles sont calquées de l'anglais.

méjuger [meʒyʒe] v. tr. ▪ conjug. 3. Littér. **1.** V. tr. ind. MÉJUGER DE : estimer trop peu. *Méjuger de qqn.* **2.** V. tr. dir. Juger mal. ⇒ **méconnaître, mésestimer.** *On l'a méjugé.*

mélamine [melamin] n. f. ■ Matériau composé de contreplaqué ou d'aggloméré recouvert d'une mince couche de matière plastique résistante. *Meubles en mélamine.*

mélancolie [melɑ̃kɔli] n. f. Littér. **1.** État de tristesse accompagné de rêverie. *Accès, crises de mélancolie.* ⇒ ③ **cafard, spleen, vague** à l'âme. — Loc. *Ne pas engendrer la mélancolie,* être très gai. **2.** Caractère de ce qui inspire un tel état. *La mélancolie d'un paysage.* ▸ ***mélancolique*** adj. **1.** Qui manifeste de la mélancolie. *Une jeune femme mélancolique.* ⇒ **bleu** (8), **triste.** / contr. ① **gai** / **2.** Qui engendre la mélancolie. *Une chanson mélancolique.* ▸ ***mélancoliquement*** adv. ■ De manière mélancolique.

mélange [melɑ̃ʒ] n. m. **1.** Action de mêler, de se mêler. *Opérer le mélange de divers éléments.* ⇒ **association, combinaison, fusion, union. 2.** SANS MÉLANGE : pur. *Substance à l'état isolé et sans mélange. Bonheur sans mélange.* **3.** Ensemble résultant de l'union de choses différentes, d'éléments divers. ⇒ **amalgame.** *Un mélange de farine et d'œufs.* — Fam. *Mélange (à gâteau, à pâtisserie, etc.),* préparation pour. — *Mélange de races, mélange ethnique,* produit d'êtres différents (⇒ **hybride, métis**). — Fig. ⇒ **assemblage, composé, réunion.** *Un curieux mélange de courage et de faiblesse.* ▶ ***mélanger*** v. tr. ▪ conjug. 3. **1.** Unir (des choses différentes) de manière à former un tout. ⇒ **associer, combiner, mêler, réunir.** / contr. **séparer** / *Mélanger une chose à une autre, avec une autre.* — SE MÉLANGER v. pron. : s'amalgamer. *Les deux liquides se mélangent bien.* — Au p. p. adj. Hétéroclite. *Une société assez mélangée.* ⇒ **composite, mêlé.** *Des sentiments mélangés,* complexes, contradictoires. **2.** Fam. Mettre ensemble (des choses) sans chercher ou sans parvenir à (les) ordonner. ⇒ **brouiller, mêler.** / contr. **classer, trier** / *Ils ont mélangé tous les dossiers, toutes les fiches.* — Fig. *Vous mélangez tout !,* vous confondez. — Loc. fam. *Se mélanger les idées,* s'embrouiller. ▶ ***mélangeur, euse*** n. **1.** Appareil servant à mélanger diverses substances, spécialt n. m., appareil électroménager servant à broyer et à mélanger des aliments. ⇒ **malaxeur ;** anglic. ② **mixer.** *Préparer des purées pour bébé au mélangeur.* — En appos. *Robinet mélangeur.* **2.** Dispositif mêlant et dosant les courants reçus de différents micros.

mélan(o)- ▪ Élément signifiant « noir ».

mêlant, ante [mɛlɑ̃, ɑ̃t] adj. **1.** Où on peut se perdre, qui désoriente. *Les rues de Paris sont très mêlantes.* **2.** Difficile à comprendre, compliqué. *L'astronomie, c'est pas mal mêlant. Je ne peux pas lire ce livre, l'histoire est trop mêlante.* **3.** Loc. fam. *C'est pas mêlant,* sans contredit. ⇒ **assurément, certainement.** *Tu mérites une claque, c'est pas mêlant. On est perdu, c'est pas mêlant,* il n'y a pas de doute.

mélasse [melas] n. f. **1.** Résidu sirupeux de la cristallisation du sucre. ⇒ **sirop.** *Biscuits à la mélasse. Mettre de la mélasse dans les fèves au lard.* **2.** Fam. Brouillard épais, boue. **3.** Fam. Situation pénible et inextricable. *Être dans la mélasse.* ⇒ fam. **panade, pétrin.**

① ***Melba*** [mɛlba] adj. invar. ▪ *Pêches, fraises Melba,* dressées dans une coupe sur une couche de crème glacée et nappées de crème Chantilly. — REM. Le mot s'écrit aussi *melba,* avec un *m* minuscule.

② ***melba*** n. f. invar. ▪ Variété de pommes à chair ferme. — En appos. *Une manne de pommes melba.*

mêler [mɛle] v. tr. ▪ conjug. 1. **I. 1.** Rare en emploi concret. Unir, mettre ensemble (plusieurs choses différentes) de manière à former un tout. ⇒ **amalgamer, combiner.** / contr. **isoler, séparer** / *Mêler des substances.* — Réunir (des choses abstraites) réellement ou par la pensée. *Mêler plusieurs thèmes dans une œuvre.* ⇒ **entremêler. 2.** Mettre en un désordre inextricable. ⇒ **brouiller, embrouiller, mélanger.** / contr. **trier** / *Il a mêlé tous mes papiers, toutes les notes que j'avais prises.* — *Mêler les cartes.* ⇒ **battre.** — Fig. Embrouiller une situation. *Entre nous, ils sont venus mêler les cartes.* — Au p. p. adj. *Avoir les cheveux mêlés,* emmêlés. — *Ne me parle pas quand je compte, sinon tu me mêles,* tu me déranges, tu troubles mes calculs. **3.** Ajouter (une chose) à une autre, mettre (une chose) avec une autre, et les confondre. MÊLER AVEC..., MÊLER À... *Mêler des détails pittoresques à un récit.* — Manifester à la fois des choses différentes. ⇒ **allier, joindre.** *Vous mêlez la bêtise à l'ignorance.* **4.** Faire participer (qqn) à... *On l'a mêlé à une affaire dangereuse.* **II.** SE MÊLER v. pron. réfl. **1.** (Choses) Être mêlé, mis ensemble. *Peuples, races qui se mêlent.* ⇒ **fusionner.** — SE MÊLER À, AVEC : se joindre, s'unir pour former un tout. **2.** (Personnes) Se joindre à (un ensemble de gens), aller avec eux. *Elles se mêlèrent à la foule.* **3.** SE MÊLER DE : s'occuper de (qqch.), notamment lorsqu'on ne le devrait pas. *Mêlez-vous de vos affaires, de ce qui vous regarde !* — S'aviser de. *Lorsqu'il se mêle de travailler, il réussit mieux qu'un autre.* **III.** SE MÊLER v. pron. réfl. (Personnes) **1.** Se perdre, s'égarer. ⇒ se **tromper ;** fam. s'**écarter.** *En sortant de l'autoroute, je me suis complètement mêlé.* — Au p. p. adj. *Une touriste un peu mêlée.* ⇒ **désorienté. 2.** S'embrouiller, perdre le fil de ses idées. ⇒ se **tromper.** *Excusez-moi, je me suis un peu mêlé. Se mêler dans ses paroles, ses papiers,* se perdre dans. — Transitivement. *Mêler qqn,* le troubler, le déranger. *Tais-toi, tu me mêles.* **IV.** Loc. *Être mêlé.* **1.** Ne pas avoir bien compris, saisi qqch. *Elle lui demande de répéter son explication car elle est toute mêlée.* — Au p. p. adj. *Des étudiants mêlés.* **2.** Être confus, troublé. *Grand-mère est un peu mêlée dans ses idées.* — Au p. p. adj. *Un vieillard mêlé.* ⇒ **perturbé.** ▶ ***mêlé, ée*** adj. **1.** Qui forme un mélange. *Couleurs harmonieusement mêlées.* **2.** MÊLÉ DE : qui est mélangé à (qqch.). *Noir mêlé de rouge. Plaisir mêlé de peine.* ▶ ***mêlée*** n. f. **1.** Combattants mêlés dans le corps à corps. ⇒ **bataille, cohue, combat.** *Une mêlée générale.* — Lutte, conflit. ⇒ **rixe.** *Se jeter dans la mêlée.* ⇒ **arène.** — Loc. *Rester au-dessus de la mêlée,* ne pas se mêler d'un conflit, le considérer de haut. **2.** Phase du jeu de football ou de rugby, dans laquelle plusieurs joueurs de chaque équipe sont groupés autour du ballon et cherchent à en prendre possession. ⟨ ▶ ① démêler, ② démêler, emmêler, entremêler, mélange, mêlant, méli-mélo, pêle-mêle, sang-mêlé ⟩

mélèze [melɛz] n. m. ▪ Arbre (conifère) à feuilles caduques, à cônes dressés. ⇒ **épinette.**

méli-mélo [melimelo] n. m. ▪ Fam. Mélange très confus et désordonné. ⇒ **embrouillamini, fouillis ;** fam. ① **micmac.** *Des mélis-mélos.*

mélisse [melis] n. f. **1.** Plante herbacée et aromatique. ⇒ **citronnelle. 2.** EAU DE MÉLISSE : médicament à base d'essence de mélisse.

mélo [melo] n. m. ▪ Fam. Mélodrame. *Des mélos larmoyants.*

mélodie [melɔdi] n. f. **1.** Musique. Ensemble de sons successifs formant une suite reconnaissable et agréable. ⇒ **air.** *La mélodie et le rythme d'un morceau.* **2.** Pièce vocale composée sur le texte d'un poème, avec accompagnement. ⇒ **chant ; chanson, lied.** ▶ ***mélodieux, euse*** adj. ▪ (Son, musique) Agréable à l'oreille. ⇒ **harmonieux.** *Une voix mélodieuse.* ▶ ***mélodique*** adj. ▪ Qui a rapport à la mélodie. *Période, phrase mélodique.* — Qui a les caractères de la mélodie. *Ce morceau n'est pas très mélodique.* ⟨ ▶ mélomane ⟩

mélodrame [melɔdʀam] n. m. **1.** Drame populaire que caractérisent l'invraisemblance de l'intrigue et des situations, l'outrance des caractères et du ton. ⇒ fam. **mélo.** *Film qui tourne au mélodrame.* **2.** Situation réelle analogue. *Nous voilà en plein mélodrame.* ▶ ***mélodramatique*** adj. ▪ *Elle roulait des yeux d'un air mélodramatique.*

mélomane [melɔman] n. ▪ Personne qui connaît et aime la musique. — Adj. *Peuple mélomane.*

melon [m(ə)lɔ̃] n. m. **1.** Gros fruit rond à chair juteuse et sucrée, d'une plante herbacée *(cucurbitacée).* ⇒ **cantaloup.** *Cultiver des melons sous cloches.* — *Melon d'eau.* ⇒ **pastèque.** *Melon vert* ou *melon* *d'Espagne,* à peau et à chair jaune. **2.** *Chapeau melon* ou *melon,* chapeau d'homme en feutre rigide, de forme ronde et bombée. *Des chapeaux melon ; des melons.*

mélopée [melɔpe] n. f. ■ Chant, mélodie monotone et mélancolique.

melting-pot [mɛltiŋpɔt] n. m. Anglic. **1.** Brassage et assimilation de divers éléments démographiques, notamment lors du peuplement des États-Unis, au XIXe siècle. ⇒ **creuset. 2.** Lieu où se rencontrent et se mêlent des éléments d'origines variées, des idées différentes. *Le festival de folklore est un véritable melting-pot.*

membership [mɛmbœʀʃip] n. m. invar. ■ Anglic. Nombre de membres d'un parti, d'une association, d'un groupement. ⇒ ② **adhérent.** *Augmenter le membership d'un nouveau parti municipal.*

membrane [mɑ̃bʀan] n. f. **1.** Tissu organique animal, mince et souple, qui forme ou enveloppe un organe, tapisse une cavité. — Tissu végétal formant enveloppe, cloison. **2.** *Membrane cellulaire,* couche cellulosique entourant les cellules vivantes. **3.** Mince cloison. *Membrane semi-perméable.* ▸ ***membraneux, euse*** adj. ■ Qui est de la nature d'une membrane (1).

membre [mɑ̃bʀ] n. m. **I. 1.** Chacune des quatre parties appariées du corps humain qui s'attachent au tronc. *Les membres supérieurs* ⇒ **bras**, *inférieurs* ⇒ **jambe**. — Chacune des quatre parties articulées qui s'attachent au corps des vertébrés tétrapodes. ⇒ **aile, patte. 2.** *Membre viril,* ou absolt *membre* ⇒ **pénis**. **II. 1.** Personne qui fait nommément partie (d'un corps). *Elle n'est plus membre du parti.* — Personne (qui appartient à une communauté). *Tous les membres de la famille.* **2.** Groupe, pays qui fait librement partie d'une union. ⇒ **adhérent.** *Les membres de la fédération canadienne. Les membres de l'O.N.U.* — En appos. *Les États membres.* **III. 1.** Fragment (d'énoncé). *Un membre de phrase.* **2.** Chacune des deux parties d'une équation ou d'une inégalité. ▸ ***membrure*** n. f. **1.** (Avec un adj.) Ensemble des membres d'une personne. *Membrure puissante, délicate.* **2.** Ensemble des poutres transversales attachées à la quille et soutenant le pont d'un navire. ‹ ▸ démembrer ›

même [mɛm] adj., pronom et adv. **I.** Adj. indéf. **1.** (Devant le nom) Identique ou semblable. / contr. **autre, différent** / *Relire les mêmes livres. Elle est dans la même classe que moi. En même temps,* simultanément. *Vous êtes tous du même avis. De même valeur.* ⇒ **égal. 2.** (Après le nom ou le pronom) *Même* marque qu'il s'agit exactement de l'être ou de la chose en question. *Ce sont les paroles mêmes qu'il a prononcées.* ⇒ **propre.** *Il est la bonté, l'exactitude même,* il est parfaitement bon, exact. — (Joint au pronom personnel) *Elle(s)-même(s), eux-mêmes,* etc. *Nous le ferons nous-mêmes. Être toujours égal à soi-même,* le même. — Loc. *De lui-même, d'elle-même,* de sa propre décision. ⇒ **spontanément, volontairement.** *Par lui-même, par elle-même,* par ses propres moyens. *Elle a tout fait par elle-même.* **II.** Pronom indéf. **1.** (Précédé de *le, la, les*) *Ce n'est pas le même,* c'en est un autre. **2.** Loc. *Cela revient au même,* c'est exactement pareil. ⇒ fam. **kif-kif. III.** Adv. **1.** Marquant un renchérissement, une gradation. *Tout le monde s'est trompé, même le professeur. Ça ne coûte même pas, pas même dix dollars. Je ne m'en souviens même plus.* **2.** Exactement, précisément. *Je l'ai rencontré ici même. Aujourd'hui même.* — À MÊME : directement sur (qqch.). *Dormir à même le sol.* Fam. *Piger à même le plat,* sans attendre d'être servi. *Boire à même la bouteille.* **3.** Loc. adv. DE MÊME : de la même façon. ⇒ **ainsi, pareillement.** *Vous y allez ? Moi de même.* ⇒ **aussi ;** fam. **avec** (IV). — Fam. *Tu ne feras pas cela de même,* comme cela, de cette façon. ⇒ **ainsi.** *De même, vous partez en voyage !* ⇒ **alors.** — *Les cas de même sont rares,* de cette nature. *As-tu déjà vu une patente de même ? Une affaire de même, ça n'a pas de bon sens.* — *Tout de même,* néanmoins, pourtant. *Quand même,* malgré tout. *Il est malade, mais travaille quand même.* — *Quand bien même* (+ conditionnel). *Quand bien même il serait venu, serait-il venu,* même s'il était venu. — Interj. fam. *Elle aurait pu le dire, quand même !* ou *tout de même !* **4.** Loc. conj. DE MÊME QUE : introduisant une proposition comparative. ⇒ **ainsi** que, **comme.** *Jean, de même que sa sœur, sait prendre le train seul.* — DE MÊME QUE..., (DE MÊME). *De même qu'il n'a pas voulu y aller hier, (de même) il n'ira pas demain.* — MÊME SI (introduisant une propos. concessive). *Même si je lui dis, cela ne changera rien.* **5.** À MÊME DE loc. prép. : en état, en mesure de. *Vous êtes à même de répondre.* ⇒ **capable.**

mémé [meme] n. f. (France) Fam. **1.** Grand-mère, pour les enfants. ⇒ **grand-maman, mamie ;** fam. **mémère ;** fam. **pépé.** *Oui, mémé. Ta mémé va venir. Des mémés.* **2.** Femme qui n'est ni jeune ni élégante. *Tu parles d'une mémé !* — Adj. *Elle fait mémé, coiffée comme ça.*

mémento [memɛ̃(ɛn)to] n. m. ■ Agenda. *Des mémentos.*

mémère [memɛʀ] n. f. Fam. **I. 1.** Grand-mère, pour les enfants. ⇒ **grand-maman, mamie ;** fam. **mémé. 2.** Fam. Grosse femme d'un certain âge. **II.** Fam. Personne qui bavarde, qui raconte tout ce qu'elle sait aux autres. ⇒ **placoteur ;** fam. **bavasseur, commère.** *Une gang de vieilles mémères. Maudite mémère.* ▸ ***mémérer*** v. intr. . conjug. 6. ■ Fam. Raconter, divulguer ce qui devrait être tenu secret. ⇒ **placoter ;** fam. **bavasser, commérer.** *Qu'est-ce que tu es allé mémérer encore ? Tu n'as pas d'affaire à mémérer partout.* ▸ ***mémérage*** n. m. ■ Fam. Fait de mémérer. *C'est du mémérage, tes histoires.* ⇒ **placotage, racontar.** — REM. On trouve parfois la forme plaisante *méméring.*

mémo n. m. ⇒ **mémorandum** (Abrév.).

① ***mémoire*** [memwaʀ] n. f. **I. 1.** Faculté de conserver et de rappeler des choses passées et ce qui s'y trouve associé ; l'esprit, en tant qu'il garde le souvenir du passé. *Événement encore présent à la mémoire, vivant dans les mémoires. Elle a beaucoup de mémoire. Je n'ai pas la mémoire des chiffres. Avoir une mémoire visuelle. J'ai eu un trou de mémoire. Il a perdu la mémoire.* ⇒ **amnésique.** — DE MÉMOIRE loc. adv. : sans avoir la chose sous les yeux. *Réciter, jouer de mémoire.* ⇒ par **cœur. 2.** Informatique. Dispositif permettant de recueillir et de conserver les informations qui seront traitées ultérieurement ; le support de telles informations. ⇒ **disque, disquette.** *Mise en mémoire. Mémoire centrale, mémoires auxiliaires. Mémoire vive,* qui contient les informations accessibles et modifiables instantanément ; *mémoire morte,* dont on ne peut effacer ou modifier le contenu. **II. 1.** *La mémoire de,* le souvenir (de qqch., de qqn). / contr. **oubli** / *Garder la mémoire d'un événement* (⇒ **mémorable**). **2.** Souvenir qu'une personne laisse d'elle à la postérité. ⇒ **renommée.** *Réhabiliter la mémoire d'un savant. À la mémoire de,* pour perpétuer, glorifier la mémoire de. **3.** (En phrase négative) *De mémoire d'homme,* d'aussi loin qu'on s'en souvienne. *De mémoire de sportif, on n'avait jamais assisté à un match pareil.* **4.** POUR MÉMOIRE : à titre de rappel, d'indication. *Signalons, pour mémoire...* ‹ ▸ aide-mémoire, commémorer, ② mémoire, mémoires, mémorial, mémoriser ›

② ***mémoire*** n. m. **1.** (France) État des sommes dues. ⇒ **facture. 2.** Exposé ou requête. *Adresser un mémoire* *à la ministre. Présenter un mémoire devant une commission d'enquête.* **3.** Dissertation adressée à une société savante. — Au plur. Recueil de ces travaux. *Les mémoires de la Société royale du Canada.* **4.** *Mémoire de maîtrise,* travail de recherche personnel présenté par un étudiant du deuxième cycle universitaire en vue de l'obtention du grade de maître ès arts. ⇒ **thèse.**

mémoires [memwaʀ] n. m. pl. ■ Récit écrit qu'une personne fait des événements auxquels elle a participé ou dont elle a été témoin. ⇒ **annales, chroniques.** *Les mémoires d'un écrivain. Écrire ses mémoires.* ⇒ **autobiographie, journal, souvenir(s) ; mémorialiste.** ⟨ ▸ mémorialiste ⟩

mémorable [memɔʀabl] adj. ■ Digne d'être conservé dans la mémoire humaine. ⇒ **fameux, historique, ineffaçable, inoubliable.** *Jour mémorable.*

mémorandum [memɔʀɑ̃dɔm] n. m. **1.** Note écrite d'un diplomate pour exposer le point de vue de son gouvernement sur une question. *Des mémorandums.* **2.** Note qu'on prend d'une chose qu'on ne veut pas oublier. — Abrév. MÉMO n. m.

mémorial, iaux [memɔʀjal, jo] n. m. ■ Monument commémoratif. *Mémorial élevé en l'honneur des victimes de la guerre.* ⟨ ▸ immémorial ⟩

mémorialiste [memɔʀjalist] n. ■ Auteur de mémoires historiques ⇒ **chroniqueur, historien**, ou d'un témoignage sur son temps.

mémoriser [memɔʀize] v. tr. ▪ conjug. 1. ■ Didact. Fixer dans la mémoire. *Mémoriser son N.A.S.* Au p. p. adj. *Numéro parfaitement mémorisé. — Mémoriser des informations sur un disque rigide.* ⇒ **sauvegarder.** ▸ ***mémorisation*** n. f. ■ Didact. Acquisition volontaire par la mémoire. *Procédés de mémorisation.* ⇒ **mnémotechnique.**

menacer [m(ə)nase] v. tr. ▪ conjug. 3. **1.** Chercher à intimider par des menaces. *Menacer un enfant d'une punition. Le patron l'a menacé de le renvoyer.* **2.** Mettre en danger, constituer une menace pour (qqn). *Une guerre nous menace.* **3.** Présager, laisser craindre (quelque mal). *Son discours menace d'être long.* ⇒ **risquer.** — *L'orage menace.* ▸ ***menaçant, ante*** adj. **1.** Qui menace, exprime une menace. / contr. **rassurant** / *Air menaçant.* **2.** (Choses) Qui constitue une menace, un danger. ⇒ **dangereux, inquiétant.** *Geste menaçant. Nuage menaçant.* ▸ ***menace*** n. f. **1.** Manifestation par laquelle on marque (à qqn) sa colère, avec l'intention de lui faire craindre le mal qu'on lui prépare. ⇒ **avertissement.** *Obtenir qqch. par la menace. Menace de mort. Menaces en l'air,* sans suite. *Gestes, paroles de menace. Sous la menace,* en cédant à la menace. *Mettre ses menaces à exécution.* **2.** Signe par lequel se manifeste ce qu'on doit craindre (de qqch.) ; danger. *Menaces de guerre, d'inflation.*

ménage [menaʒ] n. m. **I. 1.** Ensemble des choses domestiques, spécialt des soins matériels et des travaux d'entretien et de propreté dans un intérieur. ⇒ fam. ② **barda.** *Faire le (du) ménage. Le grand ménage d'automne, du printemps. Faire des ménages,* faire le ménage chez d'autres moyennant rétribution (⇒ **femme, homme** de ménage). **2.** *Tenir son ménage,* son intérieur. — DE MÉNAGE : fait à la maison. *Jambon, pain de ménage.* **3.** *Le ménage,* les meubles, les appareils dont on se sert quotidiennement. *Assurer son ménage. Acheter du ménage neuf.* **II. 1.** (Dans des expressions) Vie en commun d'un couple. *Se mettre en ménage,* vivre ensemble, se marier. ⇒ fam. s'**accoter.** — Loc. *Faire bon, mauvais ménage avec qqn,* s'entendre bien, mal avec qqn. **2.** Couple, parfois une ou plusieurs personnes, constituant une communauté domestique. *Un jeune, un vieux ménage.* ▸ ① ***ménager, ère*** adj. **1.** (Choses) Qui a rapport aux soins du ménage, à la tenue de l'intérieur domestique. *Travaux ménagers. — Appareils* ménagers.* **2.** Qui provient du ménage, de la maison. *Eaux, ordures ménagères.* ▸ ***ménagère*** n. f. **1.** Femme qui tient une maison, s'occupe du ménage. *Ménagère qui s'en va au supermarché.* **2.** (France) Service de couverts de table dans un coffret. ⇒ fam. **coutellerie.** *Une ménagère en inox.* ⟨ ▸ aménager, déménager, électroménager, emménager, remue-ménage ⟩

② ***ménager*** [menaʒe] v. tr. ▪ conjug. 3. **I. 1.** Disposer, régler avec soin, adresse. ⇒ **arranger.** *Ménager une entrevue à, avec qqn.* — Au p. p. adj. *Effet, dénouement bien ménagé.* Iron. *Je lui ai ménagé une petite surprise.* **2.** S'arranger pour réserver, laisser. *Ménager du temps pour faire qqch.* — Installer ou pratiquer après divers arrangements et transformations. *Ménager un escalier dans l'épaisseur du mur.* **II. 1.** Employer (un bien) avec mesure, avec économie. ⇒ **économiser, épargner.** / contr. **dépenser, gaspiller** / *Ménager ses vêtements. Ménager ses forces. Ménager ses sous.* — Intransitivement. (Argent) *Ils ménagent pour plus tard.* **2.** Dire avec mesure. *Ménagez vos paroles, vos expressions !* **3.** Employer ou traiter (un être vivant) avec le souci d'épargner ses forces ou sa vie. — Loc. prov. *Qui veut voyager loin ménage sa monture.* **4.** Traiter (qqn) avec prudence, égard ou avec modération, indulgence. *Il était plus fort, mais il ménageait visiblement son adversaire. Elle cherche à ménager tout le monde.* **III.** SE MÉNAGER v. pron. réfl. : avoir soin de sa santé, ne pas abuser de ses forces. *Vous devriez vous ménager. Elle ne s'est pas ménagée, ces derniers temps.* ▸ ***ménagement*** n. m. **1.** Mesure, réserve dont on use envers qqn (par respect, par intérêt). *Traiter qqn sans ménagement,* brutalement. **2.** Procédé dont on use envers qqn que l'on veut ménager (II, 4). ⇒ **attention, égard, précaution.**

ménagerie [menaʒʀi] n. f. ■ Lieu où sont rassemblés des animaux rares, soit pour l'étude, soit pour la présentation au public ; ces animaux. *La ménagerie d'un cirque.* ≠ *zoo.*

mendier [mɑ̃dje] v. ▪ conjug. 7. **1.** V. intr. Demander l'aumône, la charité. ⇒ **quêter**. *Clochard qui mendie dans le métro.* **2.** V. tr. Solliciter humblement (qqch.), ou péj., demander de façon servile et humiliante. ⇒ **quémander.** *Mendier des voix, des compliments.* ▸ ***mendiant, ante*** n. ■ Personne qui mendie pour vivre. ⇒ **quêteur.** *Faire la charité à un mendiant.* — Adj. *Ordres* (religieux) *mendiants,* qui faisaient profession de ne vivre que d'aumônes. ▸ ***mendicité*** [mɑ̃disite] n. f. **1.** Condition de la personne qui mendie. *Être réduit à la mendicité.* **2.** Action de mendier.

mené [məne] ou ***méné*** [mene] n. m. ■ (Surtout au plur.) Nom que l'on donne à toutes sortes de petits poissons d'eau douce de la famille de la carpe, souvent utilisés comme appâts pour la pêche. ⇒ ① **vairon.** — Par ext. Nom que l'on donne à de tout jeunes poissons d'autres espèces. *Ce n'est pas une truite, c'est un mené.*

menées [məne] n. f. pl. ■ Agissements secrets dans un dessein nuisible. ⇒ **intrigue, machination.** *Menées subversives.*

mener [məne] v. tr. ▪ conjug. 5. **I.** Faire aller (qqn) avec soi. **1.** MENER À, EN, DANS ; MENER (+ infinitif) : conduire en accompagnant ou en commandant. ⇒ **amener, emmener.** *Mener un enfant à l'école. Elle mène promener son chien.* **2.** Être en tête de (un cortège, une file). *Notre équipe mène (dans) la course au championnat.* — (Sans compl.) *Mener* (le peloton) *pendant un tour. Cette équipe mène deux (à) zéro.* **3.** Diriger. *Se laisser mener. Mener une enquête policière. L'intérêt mène le monde.* **II.** Faire aller une chose en la contrôlant. ⇒ **piloter.** — Faire marcher, évoluer sous sa direction. *Mener rondement une affaire.* — Loc. *Ne pas en mener large,* être faible, malade. *Mener du train**. *Mener le diable** *(à qqn).* — MENER À... *Mener qqch. à bien. Mener une chose à bonne fin, à terme.* **III.** (Choses) **1.** Transporter. *Voilà l'autobus qui vous mènera chez moi.* ⇒ **amener, conduire. 2.** Permettre d'aller d'un lieu à un autre. *Où mène cette route ? Ce sentier ne mène nulle part.* — Abstrait. *Une profession qui mène à tout. Cela peut vous mener loin,* avoir pour vous de graves conséquences. **IV.** Géométrie. Tracer. *Mener une parallèle à une droite.* ‹ ▶ amener, se démener, emmener, malmener, menées, meneur, promener, surmener ›

ménestrel [menɛstʀɛl] n. m. ■ Moyen Âge. Musicien et chanteur ambulant. ⇒ **jongleur.** ≠ *troubadour, trouvère.*

meneur, euse [mənœʀ, øz] n. **1.** Personne qui mène (I, 2). *C'est lui le meneur pour les buts et les aides.* **2.** *Meneur de jeu,* animateur d'un spectacle ou d'une émission. *Le meneur de jeu au bingo.* — *Meneuse de claque,* jeune fille chargée de soulever l'enthousiasme des spectateurs en faveur d'une équipe sportive. **3.** Souvent péj. Personne qui, par son autorité, prend la tête d'un mouvement populaire. ⇒ **chef, dirigeant ;** anglic. **leader.** *On a arrêté les meneurs.* **4.** *Un meneur d'hommes,* personne qui sait mener, manier les hommes.

menhir [meniʀ] n. m. ■ Monument mégalithique, pierre allongée dressée verticalement. *Les dolmens et les menhirs.* ≠ *dolmen.*

méninge [menɛ̃ʒ] n. f. **1.** Chacune des membranes qui entourent le cerveau et la moelle épinière. **2.** Fam. Au plur. Le cerveau, l'esprit. *Elle ne s'est pas fatigué les méninges.* ⇒ fam. ① **coco.** ▶ ***méningé, ée*** adj. ■ Relatif aux méninges (1). ▶ ***méningite*** n. f. ■ Inflammation aiguë ou chronique des méninges. *Méningite cérébro-spinale épidémique.* — Fam. *Tu ne risques pas d'attraper une méningite,* tu ne fais aucun effort intellectuel. ‹ ▶ remue-méninges ›

ménisque [menisk] n. m. ■ Cloison fibro-cartilagineuse disposée entre deux surfaces articulaires mobiles. *Les ménisques du genou.*

ménopause [menɔpoz] n. f. ■ Cessation des menstrues et de la fonction de reproduction ; époque où elle se produit. ⇒ **retour** d'âge.

menotte [mənɔt] n. f. **1.** Au plur. Bracelets métalliques réunis par une chaîne, qui se fixent aux poignets d'un prisonnier. *Passer les menottes à un suspect.* **2.** Main d'enfant ; petite main. *Une menotte potelée.*

mensonge [mɑ̃sɔ̃ʒ] n. m. **1.** Assertion sciemment contraire à la vérité, faite dans l'intention de tromper. ⇒ **affabulation, contre-vérité, tromperie ;** fam. **bobard, menterie.** *Un grossier mensonge. Mensonge pour rire.* ⇒ ② **blague.** *Pieux mensonge,* inspiré par la piété ou la pitié. — *Mensonge par omission,* qui consiste à taire la vérité. **2.** *Le mensonge,* l'acte de mentir, la pratique de la fausseté. *Elle vit dans le mensonge.* **3.** Ce qui est trompeur, illusoire. *Le bonheur est un mensonge.* ▶ ***mensonger, ère*** adj. ■ Qui repose sur des mensonges ; qui trompe. ⇒ **fallacieux,** ① **faux. /** contr. **vrai /** *Récits mensongers. Déclaration mensongère.* **/** contr. **sincère, véritable /**

menstrues [mɑ̃stʀy] n. f. pl. ■ Didact. Écoulement sanguin périodique, d'une durée de quelques jours, qui se produit chez la femme nubile non enceinte chaque mois. ⇒ **règles.** ▶ ***menstruation*** n. f. ■ Fonction physiologique caractérisée par la production de menstrues, de la puberté à la ménopause*. *Troubles de la menstruation.* — Au plur. *Les menstruations,* les menstrues. ▶ ***menstruel, elle*** adj. ■ Qui a rapport aux menstrues. *Le cycle menstruel.* ‹ ▶ prémenstruel ›

mensuel, elle [mɑ̃sɥɛl] adj. **1.** Qui a lieu, se fait tous les mois. *Revue mensuelle.* — N. m. Publication qui paraît chaque mois. *Un mensuel féminin.* **2.** Calculé pour un mois et payé chaque mois. *Salaire mensuel. Intérêts mensuels.* ▶ ***mensualité*** n. f. ■ Somme payée mensuellement ou perçue chaque mois. *Elle a remboursé son emprunt en vingt-quatre mensualités.* ▶ ***mensuellement*** adv. ■ Tous les mois. *Les allocations familiales sont versées mensuellement.* ‹ ▶ bimensuel ›

mensuration [mɑ̃syʀasjɔ̃] n. f. ■ Détermination et mesure des dimensions caractéristiques ou importantes du corps humain ; ces mesures. *Prendre ses mensurations.*

mental, ale, aux [mɑ̃tal, o] adj. **1.** Qui se fait dans l'esprit seulement, sans expression orale ou écrite. *Calcul mental. — Image mentale.* ⇒ **concept, idée, notion. 2.** Qui a rapport aux fonctions intellectuelles de l'esprit. *Maladie mentale.* ⇒ **psychique.** *Débiles mentaux. Âge mental,* âge qui correspond au degré de développement intellectuel. ▶ ***mentalement*** adv. **1.** En esprit seulement. **2.** Du point de vue mental (2). *Il est mentalement atteint.*

mentalité n. f. **1.** Ensemble des croyances et habitudes d'esprit d'une collectivité. *La mentalité primitive.* **2.** Dispositions psychologiques ou morales ; état d'esprit. *Sa mentalité me déplaît.* — Fam. Morale qui indigne. *Jolie mentalité ! Quelle mentalité !*

menterie [mɑ̃tʀi] n. f. ■ (Souvent au pluriel) Fam. Mensonge. *C'est une grosse menterie. Conter, raconter, dire des menteries.* ⇒ **mentir.**

menteur, euse [mɑ̃tœʀ, øz] n. et adj. **1.** N. Personne qui ment, a l'habitude de mentir. *C'est un grand menteur.* — Appellatif. *Maudite menteuse !* **2.** Adj. Qui ment. ⇒ ① **faux, hypocrite.** *Je ne la croyais pas si menteuse.* **/** contr. ③ **franc, sincère /** — (Choses, actes) *Son sourire est menteur.* ⇒ **trompeur.**

menthe [mɑ̃t] n. f. **1.** Plante très aromatique, qui croît dans les lieux humides. — *Alcool de menthe. Crème de menthe blanche, verte.* **2.** Sirop de menthe. *Prendre une menthe à l'eau.* — Essence de menthe. *Bonbons à la menthe.* ≠ *mante.* ▶ ***menthol*** [mɑ̃tɔl] n. m. ■ Alcool-phénol extrait de l'essence de menthe poivrée. *Cigarettes au menthol.* ⇒ **mentholé.** ▶ ***mentholé, ée*** adj. ■ Additionné de menthol. *Cigarettes mentholées.*

mention [mɑ̃sjɔ̃] n. f. **1.** Action de nommer, de citer, de signaler. *Il n'en est pas fait mention dans cet ouvrage.* **2.** Brève note donnant une précision, un renseignement. *Rayer les mentions inutiles* (sur un questionnaire). **3.** Inscription figurant sur un diplôme et identifiant le domaine des études accomplies par le diplômé. *Un baccalauréat en lettres, mention histoire.* — Vieilli. Indication d'une appréciation favorable de la part d'un jury d'examen. *Mention bien, très bien ; très honorable* (au doctorat). ▶ ***mentionner*** v. tr. ▪ conjug. 1. ■ Faire mention de. ⇒ **citer, nommer, signaler.** *Ne faire que mentionner une chose,* la signaler seulement, sans en parler. — Impers. *Il est bien mentionné de* (+ infinitif), *que.*

mentir [mɑ̃tiʀ] v. intr. ▪ conjug. 16. **1.** Faire un mensonge, affirmer ce qu'on sait être faux, ou nier, taire ce qu'on devrait dire. ⇒ **mensonge ;** fam.

menterie. Loc. *Il ment comme il respire,* continuellement. *Mentir à qqn,* le tromper par un mensonge. **2.** (Choses) Exprimer une chose fausse. *Son sourire ment.* — Loc. *Vous faites mentir le proverbe,* ce que vous faites contredit le proverbe. ‹ ▶ démentir, menterie, menteur ›

menton [mɑ̃tɔ̃] n. m. ■ Partie saillante du visage, constituée par l'avancée du maxillaire inférieur. *Menton en galoche, pointu.* — *Double, triple menton,* plis sous le menton. ▶ ***mentonnière*** n. f. **1.** Jugulaire. *La mentonnière d'un casque.* **2.** Plaquette fixée à la base d'un violon, sur laquelle s'appuie le menton.

mentor [mɑ̃(ɛ̃)tɔʀ] n. m. ■ Littér. Guide, conseiller sage et expérimenté. *Des mentors.*

① ***menu, ue*** [məny] adj. Littér. **1.** Qui a peu de volume. ⇒ ① **fin,** ① **mince, petit.** / contr. **gros** / *Couper en menus morceaux.* — (Personnes) Petit et mince. *Elle est toute menue.* **2.** Qui a peu d'importance, peu de valeur. *Menus détails. Menue monnaie.* — N. m. PAR LE MENU : en détail. *Elle nous a raconté cela par le menu.* **3.** Adv. En menus morceaux. *Viande, oignons hachés menu.* ‹ ▶ amenuiser, minutie ›

② ***menu*** [məny] n. m. **1.** Liste détaillée des mets dont se compose un repas (pour les vins, on dit *carte*). *Il faut que je fasse mon menu pour demain soir.* — (France) *Menu de restaurant* (à prix fixe). *Prendre le menu* (opposé à *manger à la carte*). ⇒ table d'**hôte.** *Menu du jour.* ⇒ ③ **plat** du jour ; anglic. **spécial** du jour. *Menu pour (les) enfants. Un menu à 12,95 $.* **2.** Liste d'opérations proposées à l'utilisateur sur l'écran d'un ordinateur.

menuet [mənɥɛ] n. m. **1.** Ancienne danse à trois temps. **2.** Forme instrumentale, dans la suite, la sonate, rappelant cette danse.

menuiserie [mənɥizʀi] n. f. **1.** Travail (assemblage) du bois pour la fabrication des meubles, la décoration des maisons. *Atelier de menuiserie.* **2.** Ouvrages ainsi fabriqués. *Plafond en menuiserie,* en bois travaillé. **3.** *Menuiserie métallique,* fabrication d'éléments de fermeture en métal. ▶ ***menuisier, ière*** n. ■ Artisan, ouvrier qui travaille le bois équarri en planches. *Menuisier de bâtiment. Menuisier d'art.* ⇒ **ébéniste.** *Elle est menuisière.* ≠ *charpentier.* — REM. L'O.L.F. propose *menuisière* au féminin.

méphitique [mefitik] adj. ■ (Vapeurs, exhalaisons) Qui sent mauvais et est toxique.

méplat [meplɑ] n. m. ■ Partie plate, plane (du visage, d'une forme représentée).

se ***méprendre*** [mepʀɑ̃dʀ] v. pron. ▪ conjug. 58. ■ Littér. Se tromper (en particulier, en prenant une personne, une chose pour une autre). *Ils se ressemblent à s'y méprendre. Elle s'est méprise sur son compte.* ▶ ***méprise*** n. f. ■ Erreur d'une personne qui se méprend. *Commettre une méprise.* ⇒ **confusion, malentendu, quiproquo.** *Une méprise comique, ridicule, gênante.*

mépris [mepʀi] n. m. invar. **1.** *Mépris de,* fait de considérer comme indigne d'attention. ⇒ **indifférence.** *Le mépris du danger, des richesses.* — AU MÉPRIS DE loc. prép. : sans tenir compte de, en dépit de. **2.** *Mépris pour,* sentiment par lequel on considère (qqn) comme indigne d'estime, comme moralement condamnable. ⇒ **dédain, dégoût.** / contr. **estime** / *Il n'a que du mépris pour eux.* — (Sans compl.) *Être digne de mépris. Un air plein de mépris.* — *Avoir du mépris pour qqch.*

mépriser [mepʀize] v. tr. ▪ conjug. 1. **1.** Estimer indigne d'attention ou d'intérêt. ⇒ **dédaigner, négliger.** / contr. **considérer** / *Mépriser le danger.* ⇒ **braver.** *Cet avis n'est pas à mépriser. Mépriser l'argent.* / contr. **désirer** / **2.** Considérer (qqn) comme indigne d'estime, comme moralement condamnable. ⇒ **admirer.** / contr. **estimer** / *Je le méprise pour l'attitude qu'il a eue.* ▶ ***méprisable*** adj. ■ Qui mérite le mépris (2). ⇒ **honteux, indigne.** *Un homme, un procédé méprisable.* / contr. **estimable, respectable** / ▶ ***méprisant, ante*** adj. ■ Qui montre du mépris (2). ⇒ **arrogant, dédaigneux.** ‹ ▶ mépris ›

mer [mɛʀ] n. f. **1.** Vaste étendue d'eau salée qui couvre une grande partie de la surface du globe (opposé à *la terre ferme*). ⇒ **océan.** *De la mer.* ⇒ ① **marin, maritime.** *Poissons de mer et poissons de rivière. Haute, pleine mer,* partie éloignée des rivages. ⇒ **large.** *Eau de mer* (opposé à *eau douce*). *Je passe mes vacances au bord de la mer,* (surtout en France) *à la mer. La mer est basse,* a atteint son niveau le plus bas. ⇒ **marée.** *Les grandes mers de mai, d'automne,* les fortes marées. *Gens de mer,* marins. *Prendre la mer,* partir sur mer. — Loc. *Un homme à la mer,* tombé dans la mer. — *Ce n'est pas la mer à boire,* ce n'est pas tellement difficile. **2.** *Une mer,* partie de la mer, délimitée (moins grande qu'un océan). *La mer du Labrador communique avec la mer de Baffin.* **3.** Vaste étendue. *La mer de Glace,* grand glacier des Alpes. ‹ ▶ amerrir, marée, marin, marine, maritime, outre-mer ›

mercantile [mɛʀkɑ̃til] adj. ■ Digne d'un commerçant cupide, d'un profiteur. ▶ ***mercantilisme*** n. m. **1.** Esprit mercantile. **2.** Ancienne doctrine économique (des XVIIe et XVIIIe s.) fondée sur le profit monétaire de l'État et mesurée par l'importance de ses réserves d'or et d'argent.

mercenaire [mɛʀsənɛʀ] adj. et n. **I.** Adj. Littér. Qui n'agit que pour un salaire. *Troupes mercenaires.* ⇒ **vénal. II.** N. Soldat mercenaire à la solde d'un gouvernement étranger.

mercerie [mɛʀsəʀi] n. f. **1.** Ensemble des marchandises servant aux travaux de couture. **2.** Commerce, boutique de mercier. — Vieilli et fam. Boutique de vêtements. *Mercerie pour hommes.*

① ***merci*** [mɛʀsi] n. f. **1.** À LA MERCI DE loc. prép. : dans une situation où l'on dépend entièrement de (qqn, qqch.). *Tenir qqn à sa merci. Nous sommes tous à la merci d'une erreur.* **2.** DIEU MERCI loc. adv. : grâce à Dieu. *Il n'est pas au courant, Dieu merci !* **3.** SANS MERCI : (lutte, combat) impitoyable. *Une lutte sans merci.*

② ***merci*** n. m. et interj. **1.** N. m. Remerciement. *Un grand merci pour ton aide. Mille mercis pour ta gentillesse.* **2.** Interj. Terme de politesse dont on use pour remercier. *Merci beaucoup. Merci pour, de votre lettre.* **3.** Formule de politesse accompagnant un refus. *Non, merci. Merci bien.* ‹ ▶ ① remercier ›

mercier, ière [mɛʀsje, jɛʀ] n. ■ Marchand(e) d'articles de mercerie. ‹ ▶ mercerie ›

mercredi [mɛʀkʀədi] n. m. et adv. **1.** Quatrième jour de la semaine (en comptant à partir du dimanche). *Tous les mercredis. Le mercredi des Cendres,* le premier jour du Carême. *Le Mercredi saint.* **2.** Adv. Le mercredi qui vient. *Je viendrai mercredi.*

mercure [mɛʀkyʀ] n. m. ■ Métal d'un blanc argenté, liquide à la température ordinaire (symb. *Hg*). *Baromètre à mercure.* — *Le mercure atteindra 25° C,* le thermomètre. ▶ ***mercurochrome*** [mɛʀkyʀokʀom] n. m. ■ Composé chimique rouge vif utilisé comme antiseptique externe. *Badigeonner une plaie avec du, au mercurochrome.* — REM. Ce mot est un nom de marque déposée.

merde [mɛʀd] n. f. et interj. Fam. ⇒ **marde. I.** N. f. **1.** Matière fécale. ⇒ **excrément.** *Une merde de chien.* ⇒ **crotte.** — Loc. *Traîner qqn dans la merde,* le ridiculiser. — (France) *Couvrir qqn de merde,* le dénigrer. *Avoir de la merde dans les yeux,* ne pas voir une chose évidente. **2.** Être ou chose méprisable, sans valeur. *Son livre, c'est de la merde.* — (France) *Il ne se prend pas pour une merde,* il se croit un grand personnage. **3.** Situation mauvaise et confuse. *Ils sont dans la merde (jusqu'au cou).* — (France) *Foutre la merde (quelque part).* ⇒ mettre la **pagaille ;** semer la **zizanie. 4.** DE MERDE loc. adj. *Un temps de merde.* ⇒ fam. de **cul, dégueulasse. II.** Interj. **1.** Exclamation de colère, d'impatience, de mépris. ⇒ fam. **crotte,** ② **mince, zut.** *Je vous dis merde.* — (France) *Merde pour lui.* **2.** (France) Exclamation d'étonnement, d'admiration. *Merde alors !* — REM. Les mots *merde* et *marde* ne s'emploient pas toujours l'un pour l'autre dans tous les sens et toutes les expressions (par ex. *merde alors !* est particulier à la France, tandis que *maudite marde* est particulier au Québec). ▶ ***merdeux*** ou ***mardeux, euse*** adj. et n. Fam. **1.** Sali d'excréments. **2.** Mauvais. ⇒ fam. **foireux.** *Une affaire merdeuse.* — N. Jeune adolescent, blanc-bec. ⇒ fam. **baveux, fantasse.** *Petit merdeux !* **3.** Loc. *Être mardeux,* chanceux. ⇒ fam. **gras.** *Ils sont toujours mardeux au bingo.* ▶ ***merdier*** n. m. ■ Fam. Grand désordre, confusion inextricable. *Comment sortir de ce merdier ?* ▶ ***merdique*** adj. ■ Fam. Mauvais, sans valeur, sans intérêt. *Film, soirée merdique.* ⟨ ▶ se démerder, emmerder, marde ⟩

mère [mɛʀ] n. f. **I. 1.** Femme qui a mis au monde un ou plusieurs enfants. ⇒ **maman.** *De la mère.* ⇒ **maternel.** *Qualité, état de mère.* ⇒ **maternité.** *Mère de famille. C'est sa mère. — Une mère célibataire*. Mère porteuse,* femme inséminée artificiellement afin de donner naissance à un enfant qui appartiendra à un autre couple. — (Enfants) Loc. *Jouer* à la mère.* ⇒ **maman.** Fam. *S'ennuyer de sa mère,* se sentir seul, abandonné devant une situation angoissante, périlleuse. **2.** Femelle qui a un ou plusieurs petits. *Une mère lionne et ses lionceaux.* **3.** Femme qui est comme une mère. *Mère adoptive.* ⇒ **nourrice.** *Leur grande sœur est une mère pour eux.* **4.** Titre de vénération donné à une religieuse (supérieure d'un couvent, etc.). — Appellatif. *Oui, ma mère.* **5.** Appellation familière pour une femme d'un certain âge. *La mère Une telle. « C'est la mère Michel qui a perdu son chat »* (chanson). **II. 1.** *La mère patrie,* la patrie d'origine (d'émigrés, etc.). **2.** Origine, source. ⇒ **cause.** PROV. *L'oisiveté est mère de tous les vices.* — En appos. *Branche mère. Des maisons mères.* ▶ ***mère-grand*** n. f. ■ Vx (ou dans les contes de fées). Grand-mère. *Des mères-grand.* ⟨ ▶ arrière-grand-mère, belle-mère, grand-mère, mémère ⟩

merguez [mɛʀgɛz] n. f. invar. ■ Petite saucisse fortement pimentée. *On nous a servi le couscous avec des merguez.*

mergule [mɛʀgyl] n. m. ■ Petit oiseau marin noir et blanc, voisin du pingouin, commun dans les falaises arctiques.

méridien, ienne [meʀidjɛ̃, jɛn] adj. et n. m. **I.** Adj. *Plan méridien* (que le soleil coupe à midi), plan défini par l'axe de rotation de la Terre et la verticale du lieu. — Relatif au plan méridien. *Hauteur méridienne d'un astre.* **II.** N. m. Cercle imaginaire passant par les deux pôles terrestres (⇒ **longitude**). *Heure du méridien de Greenwich* (G.M.T.). — Chacun des demi-cercles reliant les pôles. *Méridiens et parallèles sur les cartes.*

méridional, ale, aux [meʀidjɔnal, o] adj. **1.** Qui est au sud. / contr. **septentrional** / *La ville la plus méridionale du Québec.* **2.** Qui est du Midi, propre aux régions et aux gens du Midi (d'un pays, et notamment en français de France, de la France). *Climat méridional.* — N. (Avec une majusc.) Personne du midi de la France. *Les Méridionaux.*

meringue [məʀɛ̃g] n. f. ■ Pâtisserie très légère faite de blancs d'œufs battus et de sucre. ▶ ***meringué, ée*** adj. ■ Enrobé, garni de pâte à meringue. *Crème glacée meringuée.* ⇒ **vacherin.**

mérinos [meʀinos] n. m. invar. ■ Mouton de race espagnole (originaire d'Afrique du Nord) à toison épaisse ; sa laine.

merise [məʀiz] n. f. ■ Petite cerise sauvage, rouge ou noire. ▶ ***merisier*** n. m. **1.** Cerisier sauvage. — Bois de cet arbre. *Une armoire en merisier.* **2.** Cour. Variétés de bouleaux au bois très dur et dont l'écorce n'est pas blanche. — Bois de ces arbres.

mérite [meʀit] n. m. **I. 1.** Ce qui rend (une personne) digne d'estime, de récompense. ⇒ **vertu.** *Le mérite de qqn, son mérite. Avoir du mérite à... Il n'en a que plus de mérite. Elle a au moins le mérite d'avoir protesté.* — SE FAIRE UN MÉRITE DE : se glorifier de. *Elle s'est fait un mérite de nous avoir aidés.* **2.** Ce qui rend (une conduite) digne d'éloges. *Sa persévérance n'est pas sans mérite.* **II. 1.** LE MÉRITE : ensemble de qualités intellectuelles et morales, particulièrement estimables. ⇒ **valeur.** *Une personne de mérite. Ce travail a certains mérites. Vanter les mérites de qqn, de qqch.* **2.** Avantage (de qqch.). *Cela a au moins le mérite d'exister.* **III.** Nom de certains ordres et décorations (récompenses). *Chevalier du Mérite agricole, en France.* ▶ ***mériter*** v. tr. ▪ conjug. 1. **1.** (Personnes) Être par sa conduite, en droit d'obtenir (un avantage) ou exposé à subir (un inconvénient). ⇒ **encourir.** *Mériter l'estime, la reconnaissance de qqn. Tu mérites une fessée. Il l'a bien mérité* (→ c'est bien fait, il ne l'a pas volé). — Au p. p. adj. *Un repos bien mérité. — Elle méritait de réussir. Il mériterait qu'on lui en fasse autant !* — (Choses) *Cet effort mérite un encouragement. Ceci mérite réflexion.* — Loc. prov. *Tout travail mérite salaire.* — Fam. SE MÉRITER v. pron. Obtenir, remporter (un prix, une médaille...). *Elle s'est méritée une médaille d'or.* **2.** Être digne d'avoir (qqn) à ses côtés, dans sa vie. *Il ne méritait pas de tels amis.* ▶ ***méritant, ante*** adj. ■ Souvent iron. Qui a du mérite (I, 1). *Les élèves les plus méritants.* ▶ ***méritoire*** adj. ■ (Choses) Où le mérite est grand ; qui est digne d'éloge. ⇒ **louable.** *Œuvre, effort méritoire.* / contr. **blâmable** / ⟨ ▶ démériter, émérite, immérité ⟩

merlan [mɛʀlɑ̃] n. m. ■ Poisson de mer à chair légère. — (France) Fam. *Faire des yeux de merlan frit,* lever les yeux au ciel de façon ridicule.

merle [mɛʀl] n. m. ■ Oiseau passereau au plumage généralement noir chez le mâle. ⇒ **grive.** *Siffler comme un merle. Le merle d'Amérique.* ⇒ **rouge-gorge.**

merlin [mɛʀlɛ̃] n. m. ■ Masse pour assommer les bœufs. *Un coup de merlin.*

mérovingien, ienne [meʀɔvɛ̃ʒjɛ̃, jɛn] adj. et n. ■ Histoire de France. Relatif à la famille qui régna sur la Gaule franque, de Clovis à l'élection de Pépin le Bref ; de cette époque. *Les rois mérovingiens.* — N. (Avec une majusc.) *Les Mérovingiens.*

merveille [mɛʀvɛj] n. f. ■ Chose qui cause une intense admiration. *Les merveilles de la nature, de l'art. Les Sept Merveilles du monde.* Fig. *La huitième* merveille du monde. Ce livre est une merveille d'intelligence.* — Loc. *Faire merveille,* obtenir ou produire des résultats remarquables. — À MERVEILLE loc. adv. : parfaitement, remarquablement. *Elle se porte à merveille.* ▶ ***merveilleux, euse*** [mɛʀvɛjø, øz] adj. et n. **I.** Adj. **1.** Qui étonne par son caractère inexplicable, surnaturel. ⇒ **magique, miraculeux.** / contr. ① **naturel** / *Aladin, ou la lampe merveilleuse.* ⇒ **enchanté. 2.** Qui est admirable au plus haut point, exceptionnel. ⇒ **divin, extraordinaire, magnifique, mirifique, prodigieux.** *Un merveilleux chant. Elle est merveilleuse dans ce rôle.* ⇒ **remarquable, superbe. II.** N. m. Ce qui, dans une œuvre littéraire, se réfère à l'inexplicable, au surnaturel. ▶ ***merveilleusement*** adv. ■ Admirablement, parfaitement. ⇒ **magnifiquement.** ⟨ ▶ émerveiller ⟩

mes adj. poss. ⇒ **mon.**

mésadaptation [mezadaptasjɔ̃] n. f. ■ *Mésadaptation sociale,* difficulté d'adaption d'une personne qui ne peut pas ou qui ne veut pas se conformer aux exigences d'intégration dans un environnement social. ▶ ***mésadapté, ée*** n. ■ Personne qui manifeste des difficultés d'adaptation à un environnement social. *Les mésadaptés sociaux.* — Adj. *Des jeunes qui sont mésadaptés socialement.*

mésalliance [mezaljɑ̃s] n. f. ■ Mariage avec une personne considérée comme socialement inférieure.

mésange [mezɑ̃ʒ] n. f. ■ Petit oiseau (passereaux), qui se nourrit d'insectes, de graines et de fruits. *La mésange à tête noire.*

mésaventure [mezavɑ̃tyʀ] n. f. ■ Aventure fâcheuse, événement désagréable. ⇒ **accident, malchance.** *Il m'est arrivé une mésaventure.*

mescaline [mɛskalin] n. f. ■ Substance (alcaloïde) qui provoque des hallucinations (hallucinogène).

mesdames, mesdemoiselles n. f. pl. ■ Pluriel de *madame, mademoiselle.* — Abrév. *Mmes, Mlles.*

mésentente [mezɑ̃tɑ̃t] n. f. ■ Défaut d'entente ou mauvaise entente. ⇒ **brouille, désaccord, mésintelligence.** *Il y a une légère mésentente entre eux.*

mésentère [mezɑ̃tɛʀ] n. m. ■ Repli de la membrane du péritoine qui enveloppe l'intestin.

mésestimer v. tr. ▪ conjug. 1. ■ Littér. Ne pas apprécier (une personne, une chose) à sa juste valeur. ⇒ **méconnaître, sous-estimer.** *Ne mésestimez pas les difficultés.* / contr. **estimer, surestimer** /

mésintelligence [mezɛ̃te(ɛ)liʒɑ̃s] n. f. ■ Littér. Défaut d'accord, d'entente entre les personnes. ⇒ **discorde, dissentiment, mésentente.**

més(o)- ■ Élément signifiant « milieu, moyens ». Ex. : *mésoderme ; mésolithique* (période moyenne de l'âge de pierre). ⟨ ▶ mésentère ⟩

mesquin, ine [mɛskɛ̃, in] adj. **1.** (Personnes) Qui est attaché à ce qui est petit, médiocre ; qui manque de générosité. *Un esprit mesquin.* ⇒ **étriqué, étroit, petit.** *Des idées mesquines.* ⇒ ① **bas. 2.** Qui témoigne d'avarice, de parcimonie. *N'offrez pas si peu, ce serait mesquin.* ⇒ anglic. **cheap.** / contr. **généreux** / *Cela fait mesquin.* ⇒ **pauvre.** ▶ ***mesquinerie*** n. f. **1.** Caractère d'une personne, d'une action mesquine. ⇒ **bassesse, médiocrité.** / contr. **générosité, grandeur** / *La mesquinerie d'une vengeance.* **2.** *Une mesquinerie,* attitude, action mesquine. ▶ ***mesquiner*** v. intr. ▪ conjug. 1. ■ Être mesquin (2). *Pourquoi mesquines-tu tout le temps ? — Mesquiner sur tout.* ▶ ***mesquinement*** adv. ■ D'une façon mesquine. ⇒ **chichement, parcimonieusement.**

mess [mɛs] n. m. invar. ■ Lieu où se réunissent les officiers ou les sous-officiers d'une même unité, pour prendre leur repas en commun. ⇒ **cantine** ; fam. **popote.**

message [me(ɛ)saʒ] n. m. **1.** Charge de dire, de transmettre (qqch.). ⇒ **ambassade, commission.** *S'acquitter d'un message. Je suis chargé d'un message.* **2.** Information, paroles transmises. ⇒ **annonce, avis, communication.** *Message écrit.* ⇒ **dépêche,** ② **lettre.** *Recevoir, transmettre un message. Message téléphonique. Message publicitaire,* information transmise par annonce publicitaire, afin de vendre. ⇒ **commercial. 3.** Contenu de ce qui est révélé, transmis aux humains. *Le message d'un écrivain. Chanson à message.* **4.** Transmission d'une information. *Le code* d'un message.* ▶ ***messager, ère*** n. **1.** Personne chargée de transmettre une nouvelle, un objet. **2.** Littér. Ce qui annonce (qqch.). ⇒ **avant-coureur.** *Les oiseaux migrateurs, messagers de l'hiver.* ▶ ***messagerie*** n. f. ■ (Souvent au plur.) Service de transports de colis et de courrier dans un court laps de temps. *Messageries maritimes, aériennes. Messageries de presse,* organismes chargés de la distribution de la presse dans les points de vente. — *La messagerie électronique.* ⇒ **courrier.**

messe [mɛs] n. f. **1.** Dans la religion catholique. Sacrifice du corps et du sang de Jésus-Christ sous la forme du pain et du vin, par le ministère du prêtre. *Le prêtre dit la messe. Les enfants de chœur servent la messe. Aller à la messe. Une grand messe,* une messe chantée. *Messe de minuit,* pour Noël. **2.** MESSE NOIRE : parodie sacrilège du saint sacrifice. **3.** Ensemble de compositions musicales sur les paroles des chants liturgiques de la messe. **4.** Loc. *Faire des* MESSES BASSES : parler à voix basse, en aparté. — *Il y a du monde à la messe,* beaucoup de monde rassemblé. ⇒ **affluence.**

Messie [mɛsi] n. m. ■ Libérateur désigné et envoyé par Dieu, spécialt (avec une majusc.) Jésus-Christ. — Fam. *Attendre qqn comme le Messie,* avec grande impatience. — (Femmes) Loc. *Attendre le Messie,* être enceinte, attendre un enfant. (Personnes) Attendre que qqch. arrive, se passe. *Qu'est-ce que tu fais ? Attends-tu le Messie ?* / contr. se **dépêcher** /

messieurs n. m. pl. ■ Pluriel de *monsieur.* — Abrév. MM.

messire [me(ɛ)siʀ] n. m. ■ Ancienne dénomination honorifique réservée aux personnes de qualité. *Messire Jehan. Oui, messire* (⇒ **seigneur, sire**).

mesure [m(ə)zyʀ] n. f. **I. 1.** Action de déterminer la valeur (de certaines grandeurs) par comparaison avec une grandeur constante de même espèce. ⇒ **évaluation ; -métrie.** *La mesure d'une grandeur. Appareils de mesure. Système de mesure.* **2.** Grandeur (dimension) déterminée par la mesure. *Les mesures d'un meuble. Les mesures d'une personne.* ⇒ **mensuration.** — *(Fait)* SUR MESURE : adapté à une personne ou à un but. *Costume (fait) sur mesure(s)* (opposé à *prêt-à-porter*). Fig. *Rôle sur mesure,* spécialement bien adapté à la personnalité d'un comédien. **3.** Valeur, capacité appréciée ou estimée. *La mesure de ses forces. Donner sa mesure,* montrer ce dont on est capable. *Prendre la mesure, la juste mesure de qqn, de ses capacités. Prendre la mesure d'un adversaire,* le vaincre, remporter la victoire. **4.** Loc. À LA MESURE DE : qui correspond, est proportionné à. ⇒ **échelle.** *Un adversaire à sa mesure, digne* de lui, d'elle.* — DANS LA MESURE DE..., OÙ... : dans la proportion de, où ; pour autant que. *Dans la mesure du possible. Dans la mesure où nous le pourrons. Dans une certaine mesure,* jusqu'à un certain point. *Tu as raison, dans une certaine mesure.* — À MESURE QUE... : à proportion que ; en même temps que (marque la progression dans la durée). ⇒ **au fur et à mesure** que. *On s'aime à mesure qu'on se connaît mieux.* **II. 1.** Quantité représentable par un étalon concret. *Unités de mesure. Mesures de longueur, de capacité.* **2.** Récipient de capacité connue ; ce qu'il contient. *Donner deux mesures d'avoine à un cheval.* **3.** COMMUNE MESURE (en phrase négative) : quantité prise pour unité ; rapport. *Il n'y a pas de commune mesure entre ces quantités, elles sont incommensurables. Il n'y a aucune commune mesure entre Shakespeare et ses contemporains,* sa valeur est incomparablement plus grande. *C'est sans commune mesure.* **III. 1.** Quantité, dimension normale, souhaitable. *La juste, la bonne mesure. Dépasser, excéder la mesure,* exagérer. — Loc. OUTRE MESURE : excessivement. **2.** Modération dans le comportement. ⇒ **précaution, retenue.** / contr. **démesure, excès** / *Avoir de la mesure,* être mesuré (2). *Dépenser avec mesure.* **3.** *Une mesure,* manière d'agir proportionnée à un but à atteindre ; acte officiel. ⇒ **disposition, moyen ; demi-mesure.** *Prendre des mesures d'urgence.* **4.** Division de la durée musicale en parties égales. ⇒ **cadence, mouvement.** *Mesure à quatre temps. Elle bat la mesure.* ≠ *rythme.* — EN MESURE loc. adv. : en suivant la mesure, en cadence. **5.** *Être en mesure de,* avoir la possibilité de ; être en état. *Je ne suis pas en mesure de te répondre.* ▸ ***mesurer*** v. . conjug. 1. **I.** V. tr. **1.** Évaluer (une longueur, une surface, un volume) par une comparaison avec un étalon de même espèce. *Mesurer une pièce, un corridor au mètre* (métrer). Mesurer qqn, sa taille. **2.** Déterminer la valeur de (une grandeur mesurable). *Mesurer (qqch.) par l'observation directe, par le calcul.* **3.** Fig. Juger par comparaison. ⇒ **estimer, évaluer.** *Mesurer la portée, l'efficacité d'un acte.* **II.** V. intr. Avoir pour mesure. *Cette planche mesure deux mètres. Il mesure un mètre quatre-vingts.* **III.** V. tr. Régler par une mesure. **1.** Donner, régler avec mesure. ⇒ **compter.** *Il lui mesure l'aide qu'il lui donne. Le temps nous est mesuré.* **2.** Faire, employer avec mesure, pondération. *Mesurez vos paroles !* **IV.** SE MESURER v. pron. **1.** (Passif) Être mesurable. *Cette distance se mesure en kilomètres.* **2.** (Réfl.) (Personnes) *Se mesurer avec, à qqn,* se comparer à lui par une épreuve de force. ⇒ se **battre, lutter.** ▸ ***mesuré, ée*** adj. **1.** Évalué par la mesure. *À pas mesurés.* ⇒ **lentement. 2.** Qui montre de la mesure (III, 2). ⇒ **circonspect, modéré.** *Ils sont mesurés en tout. — Des éloges mesurés.* / contr. **démesuré** / ▸ ***mesurable*** adj. ■ Qui peut être mesuré. *Une grandeur mesurable.* ‹ ▸ au fur et à mesure, démesure, demi-mesure ›

mét(a)- ■ Élément exprimant la succession, le changement ou encore « ce qui dépasse, englobe » (un objet de pensée ; une science). Ex. : *métalangage, métamathématiques.* → Voir ci-dessous les composés les plus courants.

métabolisme [metabɔlism] n. m. ■ Ensemble des transformations chimiques et biologiques qui s'accomplissent dans l'organisme.

métacarpe [metakaʀp] n. m. ■ Anatomie. Ensemble des os (dits *métacarpiens,* adj.) de la main entre le poignet et les phalanges.

métairie [meteʀi] n. f. ■ (France) Domaine agricole exploité selon le système du métayage* ; ses bâtiments.

métal, aux [metal, o] n. m. **1.** Nom générique désignant tout corps simple, doué d'un éclat particulier (éclat métallique), bon conducteur de la chaleur et de l'électricité et formant, par combinaison avec l'oxygène, des oxydes basiques (opposé à *métalloïde*). *Métaux précieux,* argent, or, platine. *Métaux radioactifs.* ⇒ **cobalt** 60, **radium, uranium.** *Le minerai d'un métal.* **2.** Substance métallique (métal ou alliage). *Industrie des métaux,* métallurgie. *Lame, plaque de métal.* ▸ ***métallique*** adj. **1.** Fait de métal. *Fil, charpente métallique. Monnaie métallique,* les pièces de monnaie. **2.** Qui appartient au métal, a l'apparence du métal. *Éclat, reflet métallique.* **3.** *Peinture métallique.* ⇒ **métallisé.** (Sons) Qui semble venir d'un corps fait de métal. *Bruit, son métallique.* ▸ ***métallisé, ée*** adj. ■ Qui a reçu un éclat métallique. *Peinture métallisée. Voiture gris métallisé.* ▸ ***métallo*** n. m. ■ Fam. Ouvrier métallurgiste. *Des métallos.* ▸ ***métallographie*** n. f. ■ Étude de la structure des métaux. ▸ ***métalloïde*** [metalɔid] n. m. ■ Corps simple, généralement dépourvu d'éclat, mauvais conducteur de la chaleur et de l'électricité et qui forme avec l'oxygène des composés acides ou neutres (opposé à *métal*). ▸ ***métallurgie*** n. f. ■ Ensemble des industries et des techniques qui assurent la fabrication des métaux et leur mise en œuvre. *La métallurgie du fer.* ⇒ **sidérurgie.** ▸ ***métallurgique*** adj. ■ *Les industries métallurgiques.* ▸ ***métallurgiste*** n. **1.** Ouvrier qui travaille dans la métallurgie. ⇒ fam. **métallo.** *Les métallurgistes de l'automobile* (ajusteur, fondeur, riveur). — Adj. *Les ouvriers métallurgistes.* **2.** Industriel de la métallurgie.

métamorphique [metamɔʀfik] adj. ■ Se dit de toute roche qui a été modifiée dans sa structure par l'action de la chaleur et de la pression. *La roche métamorphique est souvent disposée en lits.* ▸ ***métamorphisme*** n. m. ■ Ensemble des phénomènes qui donnent lieu à l'altération des roches.

métamorphose [metamɔʀfoz] n. f. **1.** Changement de forme, de nature ou de structure telle que l'objet n'est plus reconnaissable. *La métamorphose d'un humain en animal.* **2.** Chez certaines espèces animales. Changement brusque survenant dans l'organisme en voie de développement. *Métamorphose du têtard en grenouille. Les métamorphoses des insectes* (larve, insecte adulte). **3.** Changement complet (d'une personne ou d'une chose) dans son état, ses caractères. ⇒ **transformation.** ▸ ***métamorphoser*** v. tr. . conjug. 1. **1.** Faire passer (un être) de sa forme primitive à une autre forme. ⇒ **changer, transformer. 2.** Changer complètement (qqn, qqch.). *L'amour l'a métamorphosée.* — Pronominalement (réfl.). *Le petit garçon s'est métamorphosé en homme.* — Au p. p. adj. *Une artiste métamorphosée.* ‹ ▸ métamorphique ›

métaphore [metafɔʀ] n. f. ■ Procédé de langage qui consiste dans une modification de sens (terme concret dans un contexte abstrait) par substitution analogique. ⇒ **comparaison, image.** *Métaphore et métonymie. « Tomber dans le panneau » est une métaphore.* ▸ ***métaphorique*** adj. **1.** Qui tient de la métaphore. *Un nom de lieu d'origine métaphorique.* **2.** Qui abonde en métaphores. *Style métaphorique.* ⇒ **imagé.** ▸ ***métaphoriquement*** adv.

métaphysique [metafizik] n. f. et adj. **I.** N. f. Recherche rationnelle ayant pour objet la connaissance de l'être absolu (l'esprit, la nature, Dieu, la matière...), des causes de l'univers et des principes premiers de la connaissance (s'oppose à *connaissance positive*). ⇒ **ontologie, philosophie. II.** Adj. **1.** Qui relève de la métaphysique. *Le problème métaphysique de la liberté humaine.* **2.** Qui présente l'incertitude, l'obscurité attribuées à la métaphysique. *Cette discussion est bien métaphysique.* ⇒ **abstrait.** ▸ ***métaphysicien, ienne*** n. ■ Personne qui s'occupe de métaphysique. ⇒ **philosophe.**

métatarse [metataʀs] n. m. ■ Anatomie. Ensemble des os du pied entre le talon et les phalanges des orteils.

métayage [metɛjaʒ] n. m. ■ (France) Mode d'exploitation agricole, louage d'un domaine rural ⇒ **métairie** à un métayer qui le cultive pour une partie du produit. ▸ ***métayer, yère*** [meteje, jɛʀ] n. ■ (France) Personne qui prend à bail et fait valoir un domaine sous le régime du métayage. ‹ ▸ métairie ›

méteil [metɛj] n. m. ■ Mélange de seigle et de blé semés et récoltés ensemble.

métempsychose [metɑ̃psikoz] n. f. ■ Doctrine selon laquelle une même âme peut animer successivement plusieurs corps (humains ou animaux). ⇒ **réincarnation.**

météo [meteo] n. f. et adj. invar. **1.** N. f. Abréviation de *météorologie.* — *Les prévisions de la météo.* **2.** Adj. invar. Abréviation de *météorologique. Bulletins météo.*

météore [meteɔʀ] n. m. ■ Corps céleste qui traverse l'atmosphère terrestre (visible la nuit par une traînée lumineuse). ⇒ **astéroïde, étoile** filante. — Loc. *Passer comme un météore,* si vite qu'on s'en aperçoit à peine. ▸ ***météorique*** adj. ■ Relatif aux météores. ▸ ***météorite*** n. m. ou f. ■ Fragment de corps céleste qui traverse l'atmosphère. ⇒ **aérolithe, astroblème.** *Chute d'un météorite.*

météorologie [meteɔʀɔlɔʒi] n. f. **1.** Étude scientifique des phénomènes atmosphériques. *Prévision du temps par la météorologie.* **2.** Service qui s'occupe de météorologie. ⇒ **météo.** *Bulletin de la météorologie nationale.* ▸ ***météorologique*** adj. ■ *Observations météorologiques.* ▸ ***météorologue*** ou ***météorologiste*** n. ‹ ▸ météo ›

métèque [metɛk] n. m. ■ (France) Péj. Étranger (surtout méditerranéen) résidant en France et dont l'aspect physique, les allures sont jugés déplaisants (terme xénophobe ou raciste).

méthane [metan] n. m. ■ Carbure d'hydrogène (appelé aussi *gaz des marais*) ; gaz incolore, inflammable. *Une bonbonne de méthane.* ≠ *propane.*

méthode [metɔd] n. f. **1.** Sciences. Ensemble de démarches que suit l'esprit pour découvrir et démontrer la vérité. ⇒ **logique.** *Méthode analytique* (analyse), *synthétique* (synthèse). **2.** Ensemble de démarches raisonnées, suivies pour parvenir à un but. ⇒ **méthodologie, système.** *Méthode de travail. Agissez avec méthode.* ⇒ **systématique** *Méthodes de culture.* ⇒ **procédé. 3.** Règles, principes sur lesquels reposent l'enseignement, la pratique d'un art, d'une technique. ⇒ **méthodologie.** *Méthode de violon, de comptabilité.* — Livre qui contient ces règles. **4.** Fam. Moyen. *Indiquer à qqn la méthode à suivre, la bonne méthode.* ⇒ **formule, marche** à suivre. ▸ ***méthodique*** adj. **1.** Fait selon une méthode. ⇒ **systématique.** / contr. **empirique** / *Démonstration, vérifications méthodiques. Classement méthodique.* ⇒ **rationnel. 2.** Qui agit, raisonne avec méthode. *Esprit méthodique.* / contr. **brouillon, désordonné** / ▸ ***méthodiquement*** adv. ■ *Travailler méthodiquement.* ▸ ***méthodologie*** n. f. **1.** Étude des méthodes scientifiques, techniques (subdivision de la logique). **2.** Cour. Ensemble des méthodes et des techniques appliquées à un domaine donné, à une recherche. **3.** Cour. Manière de faire, de procéder pour parvenir à un but. ⇒ **méthode.** *La méthodologie de la recherche historique.* — Livre qui décrit cette démarche et ces principes. ▸ ***méthodologique*** adj.

méthylène [metilɛn] n. m. **1.** Nom commercial de l'alcool méthylique dérivé du méthane (esprit de bois). **2.** Radical bivalent dérivé du méthane. — Loc. cour. *Bleu de méthylène,* colorant aux propriétés antiseptiques utilisé en teinture et en médecine. *Badigeonner qqch. au bleu de méthylène.* ▸ ***méthylique*** adj. ■ Se dit des composés dérivés du méthane. *Alcool méthylique* (ou *méthanol*), alcool à brûler. ⇒ **méthylène.** ‹ ▸ méthane ›

méticuleux, euse [metikyløø, øz] adj. ■ Très attentif aux détails. ⇒ **minutieux, pointilleux, soigneux.** *Elle est extrêmement méticuleuse dans son travail.* ⇒ **perfectionniste.** / contr. **négligent** / — *Propreté méticuleuse. Trop méticuleux.* ⇒ **tatillon.** ▸ ***méticuleusement*** adv.

métier [metje] n. m. **I. 1.** Genre de travail déterminé, reconnu ou toléré par la société et dont on peut tirer ses moyens d'existence. ⇒ **emploi, fonction, gagne-pain, profession ;** fam. **boulot ;** anglic. **job.** *Métier manuel, intellectuel. Petits métiers,* artisanaux. *Choisir un métier.* ⇒ **carrière.** *Il est garagiste, elle est couturière de son métier.* ⇒ **état.** *Être du métier,* être spécialiste. *Elle connaît son métier,* elle y est compétente. *Corps de métier,* ensemble des personnes exerçant le même métier. PROV. *Il n'est point, il n'y a pas de sot métier.* **2.** Occupation permanente. *Le métier de roi.* ⇒ **fonction, rôle. 3.** Habileté technique (manuelle ou intellectuelle) que confère l'expérience d'un métier. ⇒ **technique.** *Avoir du métier. Tu manques de métier.* **II. 1.** Machine servant à travailler les textiles. *Métier à tisser.* **2.** Loc. *Mettre (un travail, une œuvre) sur le métier.* ⇒ **entreprendre.**

métis, isse [metis] adj. **I. 1.** Qui est issu du croisement de races, de variétés différentes dans la même espèce. *Enfant métis.* — Spécialt. Qui est issu du croisement des races européennes (surtout française) et amérindiennes. *Les communautés métisses du Manitoba.* — N. *Les mulâtres sont des métis. Une belle métisse.* — Histoire. (Avec une majusc.) *Louis Riel, chef des Métis.* **2.** Hybride. *Œillet métis.* **II.** *Toile métisse* ou, n. m., *métis,* toile de coton et lin. ▸ ***métisser*** v. tr. ▪ conjug. 1. ■ Croiser des individus de races différentes. — Au p. p. adj. *Chien métissé,* bâtard. ▸ ***métissage*** n. m. ■ Mélange, croisement de races.

métonymie [metɔnimi] n. f. ■ Didact. Procédé de langage par lequel on exprime un concept au moyen d'un terme désignant un autre concept qui lui est uni par une relation nécessaire (cause et effet, inclusion, ressemblance, etc.). « *Boire un verre* » (boire le contenu) *est une métonymie. Métonymie et métaphore.* ▸ ***métonymique*** adj.

① ***mètre*** [mɛtʀ] n. m. **1.** Élément de mesure des vers grecs et latins. **2.** Structure du vers ⇒ **mesure** ; type de vers d'après le nombre de syllabes et la coupe. *Le choix d'un mètre.* ▸ ① ***métrique*** n. f. ■ Étude de la versification fondée sur l'emploi des mètres ; système de versification. ⇒ **prosodie.**

② ***mètre*** n. m. **1.** Unité principale de longueur, base du système métrique (symb. *m*), dix millionième partie du quart du méridien terrestre. — *Un cent mètres,* une course de cent mètres. — *Mètre carré,* cour. [mɛtkaʀe], unité de superficie (symb. m^2). *Mètre cube,* cour. [mɛtkyb], unité de volume (symb. m^3). — *Mètre par seconde,* unité de vitesse (symb. *m/s*). **2.** Objet concret, étalon du mètre. *Le mètre international en platine.* — Règle ou ruban gradué en centimètres. ⇒ ③ **verge.** *Passe-moi le mètre pliant.* ⇒ **pied-de-roi.** *Mètre à ruban,* ruban métallique qui s'enroule dans un boîtier. ⇒ **galon.** ▸ ***métrer*** v. tr. ▪ conjug. 6. ■ Mesurer au mètre. *Métrer un terrain.* ▸ ***métrage*** n. m. **1.** Action de mesurer au mètre. **2.** Longueur de tissu vendu au mètre (la largeur étant connue). **3.** *Le métrage d'un film,* la longueur de la pellicule. *Long, moyen, court métrage,* film de longueur déterminée. *Un court métrage documentaire.* ▸ ***métreur, euse*** n. ■ Personne qui mètre (spécialt les constructions). ▸ ② ***métrique*** adj. ■ Qui a rapport au mètre, unité de mesure. *Système métrique,* système décimal qui a le mètre pour base (opposé à *impérial*). ‹ ▸ centimètre, décamètre, décimètre, hectomètre, kilomètre, millimètre ›

-mètre, -métrie ■ Second élément signifiant « mesure ». Ex. : *baromètre, thermomètre ; géométrie, trigonométrie.*

métrite [metʀit] n. f. ■ Maladie inflammatoire de l'utérus.

métro [metʀo] n. m. ■ Chemin de fer électrique, en général souterrain, qui dessert une grande ville. ⇒ **métropolitain.** *Station, bouche, ligne de métro. Prendre le métro. Une rame de métro. Le métro de Montréal. — Des métros.*

métronome [metʀɔnɔm] n. m. ■ Petit instrument à pendule, servant à marquer la mesure pour l'exécution d'un morceau de musique.

métropole [metʀɔpɔl] n. f. **1.** Ville principale (d'un pays, d'un État, d'une province, d'une région), sur le plan économique. ⇒ **capitale.** *Toronto est la métropole du Canada.* — (Avec une majusc.) *La Métropole,* Montréal. **2.** Importante agglomération, qui a un rayon d'influence plus ou moins grand sur des villes satellites. **3.** État considéré par rapport à ses colonies, aux territoires extérieurs. *Aller en métropole.* ▶ ***métropolitain, aine*** adj. **1.** Vx ou, France, admin. *Chemin de fer métropolitain.* ⇒ **métro. 2.** Qui appartient à la métropole, est propre à une métropole ou à une grande agglomération urbaine. *Les boulevards métropolitains.* — (France) *Un département métropolitain.* / contr. **colonial** /

métropolite [metʀɔpɔlit] n. m. ■ Archevêque de l'Église orthodoxe.

mets [mɛ] n. m. invar. ■ Littér. Chacun des aliments qui entrent dans un repas. ⇒ **plat.** *Un mets délicieux. Ces mets sont exquis.* ‹ ▶ entremets ›

mettable [mɛtabl] adj. ■ (Vêtements) Qu'on peut mettre. / contr. **immettable** / *Ce manteau n'est plus mettable.* ‹ ▶ immettable ›

metteur, eure [mɛtœʀ] n. **1.** METTEUR EN SCÈNE : personne qui assure la représentation sur scène d'une œuvre, la réalisation d'un film, d'une émission de télévision ⇒ **réalisateur.** *Elle est metteure en scène.* **2.** METTEUR EN ŒUVRE : ouvrier, technicien qui met en œuvre. **3.** METTEUR EN PAGES : typographe qui effectue la mise en pages. — REM. L'O.L.F. propose *metteure* au féminin. Le féminin *metteuse* est rare.

mettre [mɛtʀ] v. tr. • conjug. 56. **I.** Faire changer de lieu. **1.** Faire passer (une chose) dans un lieu, dans un endroit, à une place (où elle n'était pas). ⇒ **placer ;** fam. **ficher, flanquer, foutre,** ② **sacrer.** *Mettez cela ici, là, autre part. Mettre sur...,* poser. *Mettre dans...,* enfoncer, insérer, introduire. — METTRE EN. *Mettre du vin en bouteilles. Mettre en terre,* planter ; enterrer. — METTRE À *un endroit.* ⇒ **placer.** — *Mettre près, auprès de,* approcher. — (Compl. partie du corps) *Mettre ses mains derrière le (son) dos.* **2.** Placer (un être vivant) à un endroit. *Mettre un enfant sur sa chaise,* asseoir ; *dans son lit,* coucher. *Mettre ses amis dans les meilleures chambres.* ⇒ **installer.** *Mettre qqn sur la bonne route,* le diriger. ⇒ **orienter.** — Fig. *Mettre qqn sur la voie,* l'aider à comprendre, à trouver qqch. **3.** Faire passer dans un lieu en faisant changer de situation. *Elle a mis son fils en pension. Mettre en place,* installer, ranger. *Mettre qqn à la porte,* le renvoyer. ⇒ fam. ② **sacrer.** — *Mettre du café à chauffer.* — Loc. *Mettre au monde, au jour,* donner naissance à. **4.** Placer (un vêtement, un ornement, etc.) sur qqn, sur soi, en le disposant comme il doit l'être. *Mettre son manteau, des gants. Mets ton foulard et tes mitaines, il fait froid.* — Porter. *Elle mets toujours des jeans.* **5.** Ajouter en adaptant, en assujettissant. *Mettre un ingrédient dans un plat. Elle s'est mis une barrette dans les cheveux.* **6.** Disposer. *Mettre le couvert, la table.* ⇒ **dresser.** / contr. **débarrasser** / — Installer. *Il a fait mettre l'électricité dans la grange.* **7.** METTRE... À : ajouter, apporter (un élément moral, affectif) à une action. ⇒ **user** de. *Mettre du soin à se cacher, de l'énergie à faire qqch.* — Loc. *Il y a mis du sien,* il a donné, payé de sa personne. **8.** METTRE... DANS, EN, À : placer dans, faire consister en. *Mettre de grands espoirs en qqn.* ⇒ **fonder. 9.** METTRE (un certain temps, de l'argent) À : dépenser, employer, utiliser. *Mettre plusieurs jours à faire qqch. Y mettre le prix.* **10.** Provoquer, faire naître. *Ils ont mis le désordre, le trouble partout.* ⇒ **causer, créer, semer. 11.** Écrire, coucher par écrit. *Mettre son nom sur un album. Mettez-moi quelques idées sur papier.* **12.** (France) Loc. fam. *Mettre les voiles, les bouts,* s'en aller. ⇒ fam. **filer.** (France) *On les met* (même sens). **II. 1.** (Avec un adv.) Placer dans une position nouvelle (sans qu'il y ait déplacement ni modification d'état, pour le complément). *Mettre qqn debout. Mettre bas, à bas,* abattre. — Sans compl. *Mettre bas,* accoucher (animaux). *La chienne a mis bas.* **2.** Placer, disposer dans une position particulière. *Voulez-vous mettre le loquet* (le baisser), *le verrou* (le pousser) *?* **3.** Vulg. Faire l'amour à, posséder (4) qqn. ⇒ vulg. ① **baiser, fourrer.** *Se faire mettre.* **III.** Faire passer dans un état nouveau ; modifier en faisant passer dans une situation nouvelle. **1.** (Sens concret) METTRE EN : transformer en. *Mettre du blé en gerbe. Mettre un texte en français,* le traduire. — METTRE À. *Mettre un bassin à sec.* **2.** (Emplois abstraits) METTRE *qqch.* ou *qqn* DANS, EN, À : changer, modifier en faisant passer dans, à un état nouveau (Voir les substantifs). *Mettre en état,* préparer. *Mettre en contact, en présence. Mettre en lumière, en évidence, en cause. Mettre au point un appareil de photo. Mettre qqn à mort,* exécuter. *Mettre à jour.* ⇒ **actualiser, moderniser.** *Mettre à pied, dehors.* ⇒ **congédier, licencier.** — Faire avancer, marcher, agir ou préparer pour l'action. *Mettre en mouvement, en service, en vente. Mettre en œuvre.* **3.** Faire fonctionner. *Elle met la radio à partir de six heures du matin.* **IV.** SE METTRE v. pron. **1.** Réfl. Venir occuper un lieu, une situation. ⇒ se **placer.** *Mets-toi dans ce fauteuil, sur ce canapé. Se mettre à la fenêtre. Elle s'est mise au lit. Se mettre à l'abri.* — Loc. *Ne plus savoir où se mettre,* être embarrassé, gêné. **2.** Passif. (Suj. chose) Avoir pour place habituelle. *Je ne sais pas où se mettent les assiettes.* ⇒ se **ranger. 3.** Devenir. — Réfl. *Elle s'est mise en colère.* — Récipr. *Elles se sont mises d'accord.* **4.** Réfl. Prendre une position, un état, une apparence. *Se mettre à genoux. Se mettre en civil.* **5.** SE METTRE À : commencer à faire. *Se mettre au travail. Se mettre aux mathématiques,* commencer à les étudier. — Commencer. *Se mettre à faire qqch.* — Impersonnel. *Il se met à neiger, à faire tempête.* **6.** Loc. *N'avoir rien à se mettre* (pour s'habiller décemment, à son goût). *Se mettre sur son trente-six* ou, France, *sur son trente et un,* s'habiller chic. **V.** À l'impératif. Fam. **1.** (Avec *que*) Admettre que, supposer que. *Mettons que je n'ai* (ou *que je n'aie*) rien dit. — (Sans *que*) *Tu as, mets* (ou *mettons*), *une heure pour te décider.* ⇒ ① **dire.** — (En fin de phrase ou absolt, seult à la 1re pers. du plur.) *S'il fait une tempête, mettons ! « Je te dis que je n'ai pas dépensé l'argent, je l'ai perdu. – Mettons ! »* **2.** Interj. (Surtout METS-EN et jamais METTONS-EN) Sert à marquer l'approbation, l'acquiescement (→ Je te crois). *« As-tu aimé ta fin de semaine au lac ? – Mets-en ! » « Ce film est extraordinaire. – Mettez-en. »* ‹ ▶ admettre, commettre, compromettre, ① démettre, ② démettre, émettre, entremettre, hormis, mainmise, mettable, metteur, mise, missile, mission, prémisse, promettre, remettre, soumettre, transmettre ›

① ***meuble*** [mœbl] adj. et n. m. **1.** Adj. (Terre) Qui se remue, se laboure facilement. *Un sol, une terre meuble.* **2.** Adj. et n. m. Droit. Biens qui peuvent être déplacés : meubles ②, animaux, véhicules, navires, marchandises. / contr. **immeuble** / *Des biens meubles et immeubles.* ‹ ▶ ameublir ›

② **meuble** n. m. ■ Tout objet mobile de formes rigides servant à l'aménagement de l'habitation, des locaux. ⇒ **ameublement, mobilier.** *Meubles de chambre. Des meubles de patio. Marchand de meubles anciens,* antiquaire. *Meubles en chêne.* — Loc. Fig. *Sauver les meubles,* sauvegarder le principal, éviter le pire. ▶ **meubler** v. tr. ▪ conjug. 1. **1.** Garnir de meubles. *Meubler sa maison.* **2.** Au p. p. adj. CHAMBRE, APPARTEMENT, MAISON MEUBLÉ(E) : louée avec des meubles (opposé à *vide*). — N. m. *Habiter un meublé,* un appartement meublé. **3.** Remplir ou orner. *Meubler ses loisirs avec quelques bons livres.* ⇒ **occuper. 4.** V. pron. SE MEUBLER : acquérir des meubles. *Ils n'ont pas d'argent pour se meubler.* ‹ ▶ ameublement, garde-meuble, immeuble, semi-meublé ›

meugler [møgle] v. intr. ▪ conjug. 1. ■ Beugler. ⇒ **mugir.** ▶ **meuglement** n. m. ■ *Les meuglements des bœufs, des vaches.*

① **meule** [møl] n. f. **1.** Cylindre plat et massif, servant à broyer, à moudre. *Meules de moulin.* **2.** Disque en matière abrasive, à grains très fins, servant à user, à aiguiser, à polir. *Affûter un couteau sur la meule.* ⇒ **meuler.** ▶ **meuler** v. tr. ▪ conjug. 1. ■ Passer, dégrossir, affûter à la meule.

② **meule** n. f. ■ Gros tas de foin, de gerbes.

meulière [møljɛʀ] adj. f. et n. f. ■ *Pierre meulière* ou, n. f., *meulière,* pierre à surface rugueuse employée en maçonnerie.

meunier, ière [mønje, jɛʀ] n. et adj. **1.** Personne qui possède, exploite un moulin à céréales, ou qui fabrique de la farine. ⇒ **minotier. 2.** En appos. N. f. invar. *Sole, poisson meunière,* frit(e) dans la farine. *Des (filets de) soles meunière.* **3.** Adj. Qui a rapport à la meunerie. *Industrie meunière.* ▶ **meunerie** [mønʀi] n. f. **1.** Industrie de la fabrication des farines. **2.** Ensemble des meuniers. *Un syndicat de la meunerie.*

meurtre [mœʀtʀ] n. m. ■ Action de tuer volontairement un être humain. ⇒ **assassinat, crime, homicide.** *Meurtre au premier degré,* commis avec préméditation et délibérément. *Meurtre au deuxième degré,* commis avec préméditation mais dans des circonstances particulières. ▶ **meurtrier, ière** n. et adj. **I.** Personne qui a commis un ou des meurtres. ⇒ **assassin, criminel. II.** Adj. (Choses) Qui cause, entraîne la mort de nombreuses personnes. ⇒ **destructeur, funeste, sanglant.** *Combats meurtriers. Arme meurtrière.* — Où de nombreuses personnes trouvent la mort. ⇒ **dangereux.** *Une route meurtrière. Une longue fin de semaine qui fut meurtrière.* — Qui pousse à tuer. *Fureur, folie meurtrière.*

meurtrière [mœʀtʀijɛʀ] n. f. ■ Fente verticale pratiquée dans un mur de fortification pour jeter des projectiles ou tirer sur les assaillants.

meurtrir [mœʀtʀiʀ] v. tr. ▪ conjug. 2. **1.** Serrer, heurter au point de laisser une marque sur la peau. ⇒ **contusionner.** *Il lui serrait le poignet à le meurtrir.* — Au p. p. adj. *Avoir les pieds tout meurtris.* **2.** Fig. Blesser. — Au p. p. adj. *Avoir le cœur meurtri.* ▶ **meurtrissure** n. f. **1.** Marque sur la peau meurtrie. ⇒ **bleu, contusion, coup, noir ;** fam. ② **poque.** — Tache sur des fruits, des végétaux endommagés. **2.** Marque, trace laissée par la fatigue, la maladie, la vieillesse. — *Les meurtrissures du cœur.*

meute [møt] n. f. **1.** Troupe de chiens dressés pour la chasse à courre. *Lâcher la meute.* **2.** Bande, troupe de gens acharnés à la poursuite, à la perte de qqn. *Une meute de journalistes.* ‹ ▶ ameuter ›

mévente [mevɑ̃t] n. f. ■ Insuffisance des ventes.

mexicain, aine [mɛksikɛ̃, ɛn] adj. ■ Du Mexique, caractéristique du Mexique. *Une touriste mexicaine. Un restaurant mexicain.* — N. (Avec une majusc.) Personne née dans ce pays ou qui en a obtenu la citoyenneté. ⇒ **chicano.** *Les Mexicains.* ‹ ▶ tex-mex ›

mezzanine [mɛ(d)zanin] n. f. **1.** Petit étage entre l'orchestre et le premier balcon. *Mezzanine d'une salle de spectacle.* ⇒ **corbeille** (II, 2). **2.** Dans un amphithéâtre sportif. Siège situé dans la section derrière les loges. ⇒ **balcon, loge.** — Au plur. Cette section de sièges. *Avoir un billet dans les mezzanines.* **3.** Petite plate-forme aménagée entre deux grands étages. *Il a construit une mezzanine dans sa salle à manger.*

mezzo-soprano [mɛ(d)zosɔpʀano] n. ■ N. m. Voix de femme, entre le soprano et le contralto. — N. f. Chanteuse qui a cette voix.

M.F. n. m. invar. ⇒ **F.M.** (REM.).

mi [mi] n. m. ■ Troisième note de la gamme d'ut.

mi- [mi] adj. invar. et adv. employé comme préf. **1.** Suivi d'un nom et formant un nom composé ; le milieu de. *La mi-janvier.* **2.** Loc. adv. À MI- (suivi d'un nom) : au milieu, à la moitié de. ⇒ à **mi-corps,** à **mi-jambe.** *À mi-hauteur. À mi-chemin. À mi-côte.* **3.** (Formant un adjectif composé) *Mi-long. Étoffe mi-laine, mi-coton. Yeux mi-clos.*

miam-miam [mja(m)mjam] interj. ■ Fam. Exclamation qui exprime le plaisir de manger.

miaou [mjau] n. m. ■ Fam. et lang. enfantin. Cri du chat. ⇒ **miaulement.** *Le chat fait miaou. Des miaous.*

miasme [mjasm] n. m. ■ (Surtout au plur.) Émanation à laquelle on attribuait les maladies infectieuses.

miauler [mjɑle] v. intr. ▪ conjug. 1. ■ (Chats, certains félins) Pousser un cri (le cri propre à leur espèce). ▶ **miaulement** n. m. ■ Cri du chat. ⇒ fam. **miaou.** — Léger grincement, sifflement.

mi-bas [mibɑ] n. m. ■ Long bas fin montant jusqu'au genou.

mica [mikɑ] n. m. **1.** Minerai constituant des roches volcaniques et métamorphiques. *Roche à mica.* **2.** Plaque de mica blanc transparent servant de vitre, etc.

Mi-Carême [mikaʀɛm] n. f. ■ (Avec des majusc.) Jeudi de la troisième semaine de carême. — (Avec des minusc.) *Passer la mi-carême. Des mi-carêmes,* des personnes déguisées pour la mi-carême.

micelle [misɛl] n. f. ■ Très grosse molécule.

miche [miʃ] n. f. ■ Pain rond assez gros.

à **mi-chemin** [amiʃmɛ̃] loc. adv. ■ Au milieu du chemin, du trajet. ⇒ à **mi-course.** — Fig. Sans avoir atteint son but. *S'arrêter à mi-chemin.*

① **micmac** [mikmak] n. m. Fam. **1.** Agissements compliqués, suspects. ⇒ **manigance.** *Des micmacs.* **2.** Désordre extrême, situation confuse. ⇒ **méli-mélo.** *Cette pièce est un moyen micmac.*

② **micmac, micmaque** adj. et n. **1.** Relatif à une nation d'Amérindiens de l'Est du Canada. — N. (Avec une majusc.) Membre de cette nation. *Les Micmaques.* **2.** N. m. Le micmac, une langue de la famille linguistique algonquienne parlée par ces Amérindiens. — Adj. *Un toponyme micmac.*

micocoulier [mikɔkulje] n. m. ■ Arbre du genre orme, des régions chaudes et tempérées.

à **mi-corps** [amikɔʀ] loc. adv. ■ Au milieu du corps, jusqu'au niveau de la taille. *Avoir de l'eau à mi-corps.*

micouenne [mikwɛn] ou **micoine** [mikwan] n. f. ■ Autrefois. Grande cuiller de bois ou d'écorce employée à divers usages domestiques, spécialt à la cabane à sucre. ⇒ ② **louche.** *Plonger la micouenne dans l'eau d'érable.* ▶ ***micouennée*** ou ***micoinée*** n. f. ■ Contenu d'une micouenne. *Une micouennée de sirop d'érable.*

*à **mi-course*** [amikuʀs] loc. adv. ■ Au milieu du parcours, de la course. ⇒ à **mi-chemin.**

micro [mikʀo] n. **I.** N. m. Microphone. *Parler, chanter au micro, devant, dans un micro.* **II.** N. **1.** N. m. Micro-ordinateur. *Des micros.* ⇒ anglic. **P.C. 2.** N. f. *La micro.* ⇒ **micro-informatique.**

micr(o)- ■ Élément signifiant « petit ». ⇒ **mini-.** Ex. : *microseconde* [mikʀosəgɔ̃d] n. f., un millionième de seconde.

microbe [mikʀɔb] n. m. **1.** Organisme microscopique *(micro-organisme)* qui donne des maladies. ⇒ **germe ; bacille, bactérie, virus. 2.** Fam. Personne chétive, petite. ⇒ **avorton.** ▶ ***microbien, ienne*** adj. ■ Relatif aux microbes. — Causé par les microbes. *Maladie microbienne.* ▶ ***microbiologie*** n. f. ■ Science traitant des microbes. ▶ ***microbiologiste*** n. ■ Spécialiste de la microbiologie.

microclimat [mikʀoklima] n. m. ■ Conditions climatiques concernant une petite zone (ville, vallée, etc.). *Ici, nous bénéficions d'un microclimat.*

microcosme [mikʀokɔsm] n. m. ■ Littér. Abrégé, image réduite du monde, de la société (opposé à *macrocosme*).

microfiche [mikʀofiʃ] n. f. ■ Fiche microfilmée comportant, en format très réduit, une ou plusieurs pages d'un document. *Lecteur de microfiches.*

microfilm [mikʀofilm] n. m. ■ Photographie (de document, etc.) de très petit format sur film. ▶ ***microfilmer*** v. tr. ▪ conjug. 1. ■ Documents. Reproduire sur microfilm. *Microfilmer des journaux.* — Au p. p. adj. *Thèse microfilmée.*

micro-informatique [mikʀoɛ̃fɔʀmatik] n. f. ■ Informatique des micro-ordinateurs.

micron [mikʀɔ̃] n. m. ■ Unité de longueur () égale à un millionième de mètre.

micro-onde [mikʀoɔ̃d] n. f. ■ Onde de très petite longueur. *Four (à) micro-ondes.* — N. m. invar. *Un micro-ondes. Faire dégeler qqch. dans le micro-ondes.*

micro-ordinateur [mikʀoɔʀdinatœʀ] n. m. ■ Ordinateur de format réduit, surtout destinée à l'usage individuel. ⇒ **micro** (2) ; anglic. **P.C.** *Des micro-ordinateurs.*

micro-organisme [mikʀoɔʀganism] n. m. ■ Didact. Organisme microscopique. ⇒ **microbe.** *Des micro-organismes.*

microphone [mikʀofɔn] n. m. ■ Appareil électrique qui amplifie les ondes sonores. ⇒ **micro** (1).

microphysique [mikʀofizik] n. f. ■ Partie de la physique qui étudie spécialement l'atome et les phénomènes atomiques, nucléaires.

microprocesseur [mikʀopʀɔsɛsœʀ] n. m. ■ Circuits intégrés de très petite dimension *(microcircuits)* formant une unité de traitement de l'information (ordinateurs). ⇒ ② **puce.**

microscope [mikʀɔskɔp] n. m. ■ Instrument d'optique qui permet de voir des objets invisibles à l'œil nu. *Ce microscope grossit mille fois. — Microscope électronique,* dans lequel un faisceau d'électrons remplace le rayon lumineux. — *Examiner qqch. au microscope,* avec la plus grande minutie. ▶ ***microscopique*** adj. **1.** Visible seulement au microscope. Qui se fait à l'aide du microscope (opposé à *macroscopique*). *Examen, opération microscopique.* **2.** Très petit, minuscule.

microsillon [mikʀosijɔ̃] n. m. ■ Disque (33 et 45 tours/minute) à sillons très petits. ⇒ fam. **long** jeu.

miction [miksjɔ̃] n. f. ■ Médecine. Action d'uriner. *Miction douloureuse.*

midget [midʒɛt] adj. et n. ■ Anglic. Se dit d'une catégorie sportive pour les jeunes de 15 et 16 ans, spécialt au hockey. ⇒ **atome, bantam, junior, novice, pee-wee.** *Une ligue midget. Jouer midget,* dans cette catégorie. — N. *Les midgets.*

midi [midi] n. m. **I. 1.** Milieu du jour entre le matin et l'après-midi. *Le repas de midi. Allons-nous au restaurant à (ce) midi ?* **2.** Heure du milieu du jour, douzième heure. *On mangera à midi juste. Il est midi. Midi et quart* ou, surtout en France, *midi un quart* (12 h 15), *et demi ; midi (et) dix* (minutes). — Loc. *Chercher midi à quatorze heures,* chercher des difficultés où il n'y en a pas, compliquer les choses. **II. 1.** Sud, exposition d'un lieu au sud. *Coteau exposé au midi.* **2.** (Avec une majusc.) *Le Midi,* la région qui est au sud d'un pays. — La région du sud de la France (opposé à *Nord*). *Avoir l'accent du Midi.* ⇒ **méridional.** ‹ ▶ après-midi, avant-midi, midinette ›

midinette [midinɛt] n. f. ■ (France) Vieilli. Jeune fille de la ville, simple, sentimentale ou frivole. *Conversations de midinette.*

mie [mi] n. f. ■ Partie molle à l'intérieur du pain. *Manger la mie et laisser la croûte.* (France) *Pain de mie,* pain sans croûte, pain tranché. ‹ ▶ miette ›

miel [mjɛl] n. m. **1.** Substance sirupeuse et sucrée que les abeilles élaborent. *Miel sauvage. Miel de trèfle.* **2.** Loc. *Être* TOUT SUCRE TOUT MIEL : se faire très doux. — *La lune* de miel.* ▶ ***mielleux, euse*** adj. ■ Qui a une douceur affectée. ⇒ **doucereux.** *Paroles, phrases mielleuses. Air mielleux.* ⇒ **hypocrite.**

mien, mienne [mjɛ̃, mjɛn] adj. et pronom possessifs représentant la première personne du singulier *(je).* **I.** Adj. possessif **1.** Littér. Épithète. *Un mien cousin.* **2.** Attribut. *Ses idées que j'ai faites miennes,* que j'ai prises à mon compte. **II.** Pronom possessif. LE MIEN, LA MIENNE *(les miens, les miennes)* : l'objet ou l'être lié à la première personne par un rapport de parenté, de possession, etc. *Votre fils et le mien. Leurs enfants et les deux miens. Je ne discute pas, votre prix sera le mien.* **III.** N. m. **1.** Loc. *J'y ai mis du mien,* j'ai fait un effort (⇒ **sien, tien**). **2.** Au plur. LES MIENS : mes parents, mes amis, mes partisans.

miette [mjɛt] n. f. **1.** Petit morceau de pain, de gâteau qui tombe quand on le coupe. ⇒ fam. **graine.** *Ramasser les miettes.* **2.** *Les miettes* (d'une fortune, d'un partage), le peu qu'il en reste. *Dans cette affaire, nous n'aurons que des miettes.* **3.** Petit fragment. *Casser un verre en mille miettes.* ⇒ **morceau, pièce.** *Donnez-moi une miette de ce gâteau. — La voiture est en miettes,* très endommagée, irrécupérable. **4.** Fam. PAS UNE MIETTE : rien du tout. *Ne pas perdre une miette d'un spectacle.* ‹ ▶ émietter, ramasse-miettes ›

mieux [mjø] adv. Comparatif irrégulier de BIEN (au lieu de *plus bien*). **I.** MIEUX. **1.** D'une manière plus accomplie, meilleure. / contr. plus **mal** / *Cette lampe éclaire mieux. Je te connais mieux.* — ALLER MIEUX, PRENDRE DU MIEUX : être en meilleure santé ; être dans un état plus prospère. *Le malade va mieux.* — (Au conditionnel) FAIRE ou, fam., ÊTRE MIEUX DE : avoir intérêt, avantage à. *Vous feriez mieux de vous taire. Vous seriez mieux de partir. — Aimer mieux,* préférer. **2.** MIEUX QUE... *Elle travaille mieux que son frère.*

Mieux que jamais. / contr. plus ② **mal** / **3.** (Avec *plus, moins*) *Moins il mange, mieux il se porte.* **4.** Loc. adv. *On ne peut mieux,* parfaitement. *Elle va on ne peut mieux.* — *De mieux en mieux,* en progressant dans la qualité. — *À qui mieux mieux,* à qui fera mieux (ou plus) que l'autre. **II.** LE MIEUX. **1.** De la meilleure façon. / contr. plus ② **mal** / *Les situations le mieux payées,* payées plus que les autres. **2.** Loc. AU MIEUX : dans le meilleur des cas. *Au mieux, elle obtiendra deux mille votes.* — ÊTRE AU MIEUX *(avec une personne)* : en excellents termes. **3.** POUR LE MIEUX : le mieux possible. *Tout est, tout va pour le mieux* (dans le meilleur des mondes). **4.** DES MIEUX. *Cet appartement est des mieux meublés, des mieux situés.* **III.** Adj. attribut. **1.** (Personnes) En meilleure santé. *Se sentir mieux. Je vous trouve mieux.* — Plus beau ; plus intéressant. *Elle est mieux que sa cousine.* — Plus à l'aise. *Mettez-vous dans ce fauteuil, vous serez mieux.* **2.** (Choses) Préférable, d'une plus grande qualité, d'un plus grand intérêt. / contr. **pire** / *Parler est bien, se taire est mieux. Si vous n'avez rien de mieux à faire ce soir, je vous emmène au cinéma.* **3.** Loc. QUI MIEUX EST : ce qui est mieux encore. / contr. **pis** / **IV.** Emploi nominal. **1.** (Sans article) Quelque chose de mieux, une chose meilleure. *En attendant mieux. Il y a mieux, mais c'est plus cher. Faute de mieux. Il a changé en mieux,* à son avantage. **2.** N. m. invar. LE MIEUX : ce qui est meilleur. PROV. *Le mieux est l'ennemi du bien,* on risque de gâter une bonne chose en cherchant à mieux faire. — *Le médecin a constaté un léger mieux,* une amélioration. — *De mon (ton, son) mieux,* aussi bien qu'il est en mon (ton, son) pouvoir. *J'essaie de faire de mon mieux.* ▶ ***mieux-être*** [mjøzɛtʀ] n. m. invar. ■ État plus heureux, amélioration du bien-être.

mièvre [mjɛvʀ] adj. ■ D'une grâce enfantine et fade. *Poésie mièvre.* ▶ ***mièvrerie*** n. f. ■ Grâce puérile, fade et recherchée.

mignardise n. f. ■ Délicatesse, grâce affectée. *Des mignardises.* ⇒ **chichi, manière, minauderie.**

mignon, onne [miɲɔ̃, ɔn] adj. et n. **I.** Adj. **1.** (Personnes jeunes, objets sans grande valeur) Qui a de la grâce et de l'agrément. ⇒ **charmant, gracieux, joli ;** anglic. **cute.** *Une fille jeune et mignonne. Il est mignon, votre vase.* **2.** Aimable, gentil. ⇒ ① **fin.** *Sois mignonne !* **3.** FILET MIGNON : bifteck coupé dans la pointe du filet. **II.** N. Personne mignonne. *Une jolie petite mignonne. Mon mignon.*

migraine [migʀɛn] n. f. ■ Mal de tête. *J'ai une légère migraine. Elle a la migraine.*

migration [migʀasjɔ̃] n. f. **1.** Déplacement de populations qui passent d'un pays dans un autre pour s'y établir. ⇒ **émigration, immigration.** — Déplacement massif de personnes d'un endroit à un autre. *Les grandes migrations estivales, des vacances.* **2.** Déplacement, d'ordinaire périodique, qu'accomplissent certaines espèces animales (oiseaux, poissons...). *La migration des bernaches, du saumon.* ▶ ***migrateur, trice*** adj. et n. m. ■ (Animaux) Qui émigre. *Passage d'oiseaux migrateurs.* — N. m. *Les migrateurs.* ▶ ***migratoire*** adj. ■ Relatif aux migrations. *Les mouvements migratoires. Une passe migratoire pour le saumon,* un canal aménagé pour faciliter la remontée d'un cours d'eau pendant sa migration. ⟨ ▶ émigrer, immigrer ⟩

à ***mi-jambe*** [amiʒɑ̃b] loc. adv. ■ Au niveau du milieu de la jambe. *Avoir de l'eau jusqu'à mi-jambe* (aussi *à mi-jambes*).

mijaurée [miʒɔʀe] n. f. ■ Femme, jeune fille aux manières affectées, prétentieuses et ridicules. ⇒ **pimbêche.** *Elle fait sa mijaurée.*

mijoter [miʒɔte] v. tr. ■ conjug. 1. **I. 1.** Faire cuire ou bouillir lentement ; préparer un mets avec soin. ⇒ **mitonner.** *Il nous mijote de bons petits plats.* **2.** Fam. Mûrir, préparer avec réflexion et discrétion (une affaire, un mauvais coup, une plaisanterie). ⇒ **fricoter.** *Qu'est-ce qu'il mijote ?* **II.** Intransitivement. Cuire à petit feu. *Ragoût qui mijote.*

① ***mil*** [mil] adj. invar. ⇒ ① **mille.**

② ***mil*** [mij; mil] n. m. ■ Vx. Graminée cultivée. ⇒ **millet.** *Grain de mil.*

milan [milɑ̃] n. m. ■ Oiseau rapace, partiellement charognard. *Le milan est rare en Amérique.*

milanais, aise [milanɛ, ɛz] adj. et n. **1.** De la ville de Milan, en Italie. *Un hôtel milanais.* — N. (Avec une majusc.) Personne née dans cette ville ou qui l'habite. *Les Milanais immigrés à Toronto.* **2.** À LA MILANAISE loc. adv. ou MILANAISE adj. f. : relatif à des aliments panés (œufs, mie de pain, parmesan). *Des escalopes milanaises.*

mildiou [mildju] n. m. ■ Maladie causée par des champignons minuscules, et qui attaque diverses plantes. — Maladie de la vigne (rouille des feuilles).

mile [majl] n. m. ■ (France) Mesure anglo-saxonne de longueur (1 609 m). ⇒ ② **mille.** *Dix miles* [dimajl; dimajlz].

milice [milis] n. f. ■ Troupe de police supplétive qui remplace ou renforce une armée régulière (opposé à *troupes régulières*). *Milices populaires.* — Police, dans certains pays. ▶ ***milicien, ienne*** n. ■ Membre d'une milice. — Policier, dans certains pays. *Les miliciens soviétiques.*

① ***milieu*** [miljø] n. m. **I. 1.** Partie d'une chose qui est à égale distance de ses bords, de ses extrémités. *Scier une planche par le milieu. Le milieu d'une pièce.* ⇒ **centre. 2.** Ce qui est placé entre d'autres choses. *Le doigt du milieu.* ⇒ ① **majeur, médius. 3.** Période également éloignée du commencement et de la fin. *Le milieu du jour.* ⇒ **midi. 4.** AU MILIEU : à mi-distance des extrémités (dans l'espace et le temps). *Installez ceci au milieu.* — AU MILIEU DE. *Au milieu de la route. Au milieu du repas. Il est arrivé* EN PLEIN MILIEU, AU BEAU MILIEU *de la séance.* — Fig. *Au milieu de...,* parmi. *Elle vit au milieu des siens. Au milieu du danger.* **II. 1.** Ce qui est éloigné des extrêmes, des excès ; position, état intermédiaire. ⇒ **intermédiaire.** *Il y a un milieu, il n'y a pas de milieu entre...* **2.** LE JUSTE MILIEU : la moyenne, la position non extrême.

② ***milieu*** n. m. **1.** Ce qui entoure, ce dans quoi une chose ou un être se trouve. *Placer un malade en milieu stérile.* **2.** Ensemble des objets matériels, des circonstances physiques qui entourent et influencent un organisme vivant. ⇒ **environnement.** *Adaptation au milieu.* **3.** L'entourage matériel et moral (d'une personne). ⇒ **ambiance, atmosphère, cadre, décor.** — Le groupe social où qqn vit. *Sortir du milieu familial. Le milieu artistique.* — Au plur. *Les milieux militaires, littéraires, scientifiques.* **4.** (Avec une majusc.) *Le Milieu,* groupe social formé en majorité d'individus vivant de la prostitution et du vol.

militaire [militɛʀ] adj. et n. **I.** Adj. **1.** Relatif à la force armée, à son organisation, à ses activités. ⇒ **guerrier.** *École, camp militaire. Service militaire. Opération militaire. Police militaire.* ⇒ ③ **P.M. 2.** Qui est fondé sur la force armée. *Gouvernement militaire. Coup d'État militaire.* **II.** N. UN(E) MILITAIRE : personne qui fait partie des forces armées. ⇒ **soldat,** homme de **troupe ; officier.** ▶ ***militairement*** adv. **1.** D'une manière militaire. *Saluer militairement.* **2.** Par l'emploi de la force armée. *Occuper militairement un* territoire. ▶ ***militariser*** v. tr. ▪ conjug. 1. ▪ Organiser d'une façon militaire ; pourvoir d'une force armée. / contr. **démilitariser.** / — Au p. p. adj. *Zone militarisée.* ▶ ***militarisation*** n. f. ▪ Action de militariser. ▶ ***militarisme*** n. m. **1.** Péj. Prépondérance de l'armée, de l'élément militaire. ⇒ **bellicisme.** / contr. **pacifisme** / **2.** Système politique qui s'appuie sur l'armée. ▶ ***militariste*** adj. et n. ▪ *Nationalisme militariste.* ▶ ***militer*** v. intr. ▪ conjug. 1. **1.** (Choses) MILITER POUR, CONTRE... : constituer une raison, un argument pour ou contre. *Les arguments, les raisons qui militent en faveur de cette décision.* **2.** (Personnes) Agir, lutter sans violence pour ou contre (une cause). *Militer dans un syndicat.* — Sans compl. Être un militant. ▶ ***militant, ante*** adj. et n. **1.** Qui combat activement dans les luttes idéologiques. ⇒ **actif.** *Doctrine, politique militante.* **2.** N. UN MILITANT, UNE MILITANTE. *Militant nationaliste, syndical, chrétien. Militant de base.* ▶ ***militantisme*** n. m. ▪ Attitude des personnes qui militent activement au sein d'une organisation, d'un parti. ‹ ▶ antimilitarisme, démilitariser, manu militari, paramilitaire, remilitariser ›

milk-shake [milkʃek] n. m. ▪ Anglic. Boisson composée de lait battu additionné d'une substance aromatisante. ⇒ **lait** fouetté. *Un milk-shake à la fraise, aux fraises.*

① ***mille*** [mil] adj. invar. et n. m. invar. **I.** Adj. invar. **1.** Numéral cardinal (1 000) ; dix fois cent. *Mille deux cents. Cinq mille. Deux mille trois cents. Courir le dix mille mètres.* **2.** Un grand nombre, une grande quantité (→ trente-six, cent, cinquante-six). *Dire mille fois. Faire mille amitiés.* — Loc. *Je vous le donne en mille,* vous n'avez pas une chance sur mille de deviner. — (Dans une date) *L'an deux mille. Mille neuf cent quatre-vingt-huit.* — REM. Dans les dates, on peut écrire aussi *mil : mil neuf cent quatre-vingt-douze.* **3.** Adj. numéral ordinal. ⇒ **millième.** *Page mille.* **II.** N. m. invar. **1.** Le nombre mille. *Mille plus deux mille cinq cents.* — POUR MILLE (précédé d'un numéral) : proportion par rapport à mille. *Natalité de 15 pour mille (15 ‰).* **2.** Partie centrale d'une cible, marquée du chiffre 1 000. *Mettre dans le mille,* dans le but. **3.** ⇒ **millier.** *Objets vendus à tant le mille.* — Fam. *Des mille et des cents,* beaucoup d'argent. ‹ ▶ millefeuille, millénaire, mille-pattes, millésime, milliard, millième, millier, million ›

② ***mille*** [mil] n. m. **1.** Ancienne mesure de longueur (distance), valant 1 609 m. (symb. *mi*). *C'est à sept milles d'ici. Calculer le nombre d'habitants au mille carré.* — *Le mille anglais.* ⇒ **mile.** **2.** *Mille marin* ou *nautique,* unité de mesure internationale utilisée en navigation maritime et aérienne, équivalant à la 60e partie d'un degré équatorial, soit 1 852 m ou 1 853,18 m dans les pays du Commonwealth. **3.** Loc. fam. *Être sur son (ses) dernier(s) mille(s),* (personnes) au bout de son rouleau, à la veille de mourir ; (choses) tirer à sa fin, être très usé. ⇒ fam. **magané.** ▶ ***millage*** n. m. **1.** Mesure en milles entre deux points. *Quel est le millage entre Québec et Dolbeau ?* — Fam. et abusivt. Kilométrage. **2.** Nombre de milles parcourus. *Vous avez fait pas mal de millage aujourd'hui.* — Fam. et abusivt. Kilométrage. *Ta voiture a-t-elle beaucoup de millage ?*

millefeuille [milfœj] n. m. ▪ Pâtisserie à pâte feuilletée garnie de crème pâtissière.

millénaire [mi(l)lenɛʀ] adj. et n. m. **1.** Adj. Qui a mille ans (ou plus). *Une tradition plusieurs fois millénaire.* **2.** N. m. Période de mille ans.

mille-pattes [milpat] n. m. invar. ▪ Insecte du groupe des scolopendres (vingt et un segments, quarante-deux pattes).

millésime [mi(l)lezim] n. m. **1.** Chiffre exprimant le nombre mille, dans l'énoncé d'une date. **2.** Les chiffres qui indiquent la date d'une monnaie, d'un timbre-poste, d'un vin. *Les grands millésimes.* ⇒ ① **cru.** ▶ ***millésimé, ée*** adj. ▪ Qui porte un millésime. *Bouteille millésimée.*

millet [mijɛ] n. m. ▪ Nom courant de plusieurs céréales (maïs, sarrasin, etc.). ⇒ **mil.** *Farine de millet.*

milli- ▪ Élément signifiant « un millième » (ex. : *millimètre*).

milliard [miljaʀ] n. m. ▪ Nombre de mille millions. *Dix milliards de dollars.* — *Des milliards,* une quantité immense. ▶ ***milliardaire*** adj. et n. ▪ Qui possède un milliard (ou plus) d'une unité monétaire. *Compagnie pétrolière plusieurs fois milliardaire en dollars.* — N. *Un, une milliardaire,* personne extrêmement riche.

millibar [milibaʀ] n. m. ▪ Unité de pression atmosphérique d'un millième de bar.

millième [miljɛm] adj. et n. m. **1.** Adj. numéral ordinal. Qui occupe le rang indiqué par le nombre mille. **2.** Se dit d'une des parties d'un tout divisé en mille parties égales. *La millième partie.* — N. m. *Un millième.*

millier [milje] n. m. ▪ Nombre, quantité de mille ou d'environ mille. *Des centaines de milliers de personnes.* — Loc. adv. PAR MILLIERS : en très grand nombre.

milligramme [mi(l)ligʀam] n. m. ▪ Millième partie du gramme (symb. *mg*). ▶ ***millilitre*** n. m. ▪ Millième partie du litre (symb. *ml*). ▶ ***millimètre*** n. m. ▪ Millième partie du mètre (symb. *mm*). *Millième de millimètre.* ⇒ **micron.** ▶ ***millimétré, ée*** adj. ▪ Gradué, divisé en millimètres. *Papier millimétré* (ou *millimétrique*).

million [miljɔ̃] n. m. ▪ Mille fois mille. *Un million, dix millions d'hommes.* — Un million de dollars, d'unités monétaires. *Posséder des millions. Être riche à millions.* ▶ ***millionième*** adj. et n. m. **1.** Adj. numéral ordinal. Qui occupe le rang marqué par le nombre d'un million. *Le dix millionième visiteur.* **2.** Se dit de chaque partie d'un tout divisé en un million de parties égales. — N. *Un millionième de millimètre.* ▶ ***millionnaire*** adj. et n. ▪ Qui possède un ou plusieurs millions (d'unités monétaires), qui est très riche. *Être plusieurs fois millionnaire.* ⇒ **multimillionnaire.** *Être millionnaire en marks, en dollars.* — N. *Un, une millionnaire.* ‹ ▶ multimillionnaire ›

milouin [milwɛ̃] n. m. ▪ Variété de canard plongeur des régions arctiques, à plumage noir, à tête et cou de couleur rousse. ⇒ **morillon.** *Le milouin d'Amérique.*

mi-lourd [miluʀ] adj. et n. m. ▪ Se dit d'un boxeur pesant de 72 à 79 kilos.

mime [mim] n. ▪ Acteur qui s'exprime par les attitudes et les gestes, sans paroles. *Le grand mime du festival.* — Imitateur. ▶ ***mimer*** v. tr. ▪ conjug. 1. ▪ Exprimer ou reproduire par des gestes, des jeux de physionomie, sans le secours de la parole. *Mimer qqn par dérision.* ⇒ **imiter, singer.** — Au p. p. adj. *Monologue mimé.* ▶ ***mimétisme*** n. m. **1.** Propriété que possèdent certaines espèces animales, pour assurer leur protection, de se rendre semblables par l'apparence au milieu environnant. *Le mimétisme du caméléon.* **2.** Imitation qu'une personne fait involontairement d'une autre. ▶ ***mimique*** n. f. ▪ Ensemble des gestes expressifs et des jeux de physionomie qui accompagnent ou remplacent le langage oral. *La mimique des sourds-muets.* — Expression du visage. *Cesse de faire des mimiques.* ⇒ **grimace.** ‹ ▶ pantomime ›

mimosa [mimoza] n. m. ▪ Arbre ou arbrisseau des régions chaudes, variété d'acacia portant des fleurs

2. Charge de propager une religion ; prédications et œuvres accomplies à cet effet. *Pays de mission.* **3.** Histoire. Début d'une paroisse, sans prêtre attitré. *Le curé de la paroisse voisine desservait la mission.* **4.** Groupe de personnes ayant une mission. *Elle fait partie de la mission. Mission diplomatique.* — (Avec une majusc.) *Les Missions étrangères* (religieuses). **5.** Action, but auquel un être semble destiné. ⇒ **fonction, vocation.** *La mission de l'artiste. La mission civilisatrice d'un pays.* ▶ ***missionnaire*** n. et adj. **1.** Prêtre des Missions. *Un missionnaire catholique.* — Personne qui propage la foi. *Une missionnaire laïque.* **2.** Prêtre qui dessert une mission (3). **3.** Adj. Qui a la mission de propager sa religion, son idéal. *L'esprit missionnaire.*

mississipi [misisipi] n. m. ■ Jeu qui se pratique sur une longue table de bois rectangulaire et qui consiste à faire glisser des rondelles de bois d'une extrémité à l'autre. *Au camp de vacances, il y avait un jeu de mississipi.*

missive [misiv] n. f. ■ Littér. Lettre. *Recevoir une missive.*

mistral, als [mistʀal] n. m. ■ (France) Vent violent qui souffle du nord ou du nord-ouest vers la mer, dans la vallée du Rhône et sur la Méditerranée.

mitaine [mitɛn] n. f. **I.** Pièce d'habillement qui protège contre qqch. **1.** Gros gant qui recouvre entièrement la main, sans séparation pour les doigts, sauf pour le pouce, porté pour se protéger du froid. ⇒ **mitasse,** ① **moufle.** *Une paire de mitaines de laine, de cuir. Souvent les bébés portent des mitaines sans pouce.* **2.** Gant ayant une forme analogue, porté pour exercer certaines activités, certains sports. *Mitaine isolante,* ou, fam., *de four,* pour prendre les plats chauds. *Mitaine de ski. Mitaine de gardien de but,* gant avec lequel ce joueur tient son bâton (⇒ ① **biscuit**) ou gant avec lequel il attrape ou arrête la rondelle. **3.** (France) Gant, surtout de femme, qui laisse à nu les deux dernières phalanges des doigts. **4.** Loc. fig. *Mettre des mitaines pour parler à qqn,* l'aborder avec ménagement, précautionneusement. ⇒ **gant.** *Une mitaine pas de pouce,* une personne maladroite, malhabile. ⇒ ② **gauche.** *Elle échappe tout, c'est une vraie mitaine pas de pouce.* **II.** Loc. **1.** *Faire qqch. à la mitaine,* à la main, de façon artisanale, sans utiliser de moyens techniques sophistiqués. ⇒ **artisanalement, manuellement. 2.** *Savoir conduire, apprendre à conduire* À LA MITAINE : être capable de conduire une voiture manuelle. ‹ ▶ croque-mitaine. ›

mitasse [mitas] n. f. Histoire. **1.** Longue jambière de peau, de cuir ou de toile qui protège du froid. ⇒ **guêtre. 2.** Chaussure de laine, de feutre ou d'étoffe portée par grand froid. **3.** Grosse mitaine pour se protéger les mains du froid.

mite [mit] n. f. ■ Petit papillon blanchâtre de la famille des teignes, dont les larves rongent les étoffes et les fourrures. *Habit mangé par les mites, troué aux mites.* — Fam. *Boule à mites.* ⇒ **naphtaline.** Fig. Loc. fam. *Sortir des boules* à mites.* ▶ ***mité, ée*** adj. ■ Mangé, rongé des mites. *Fourrure mitée.* ▶ ***se miter*** v. pron. ▪ conjug. 1. ■ Devenir mité. ▶ ***miteux, euse*** adj. et n. ■ En piteux état ; d'apparence misérable. ⇒ **minable, pauvre, piètre.** *Des vêtements miteux. Un hôtel miteux.* / contr. **chic, luxueux.** / — N. Fam. Personne pauvre, pitoyable. *Cet hôtel est trop chic pour des miteux comme nous.* ⇒ fam. **fauché.** ‹ ▶ antimite ›

mi-temps [mitɑ̃] n. f. invar. **1.** Temps de repos au milieu d'un match (dans les sports d'équipes : football, rugby, soccer, etc.). ⇒ **pause.** — Chacune des deux moitiés du temps réglementaire (dans un match). *La seconde mi-temps.* **2.** À MI-TEMPS loc. adv. *Travailler, être employé à mi-temps,* pendant la moitié de la durée normale du travail (opposé à *à plein temps*). ⇒ à temps **partiel.** — N. m. invar. *Un mi-temps,* travail à mi-temps.

mithridatiser [mitʀidatize] v. tr. ▪ conjug. 1. ■ Didact. Immuniser en accoutumant à un poison.

mitigé, ée [mitiʒe] adj. **1.** Adouci, moins strict. *Sévérité mitigée.* **2.** Fam. Mêlé, mélangé. *Des compliments mitigés. Des réactions mitigées.* ⇒ **partagé.**

mitonner [mitɔne] v. ▪ conjug. 1. (France) **I.** V. intr. Cuire longtemps à petit feu. ⇒ **bouillir, mijoter.** *La soupe mitonnait. Faire mitonner un plat.* **II.** V. tr. **1.** Préparer soigneusement en faisant cuire longtemps. *On s'est mitonné un bon petit souper.* **2.** Préparer tout doucement (une chose, une personne) pour un résultat. *Mitonner une affaire.* — *Mitonner qqn.* ⇒ **dorloter.** — Pronominalement. *Se mitonner,* bien se soigner.

mitose [mitoz] n. f. ■ Biologie. Division indirecte de la cellule où chaque chromosome se dédouble, donnant ainsi naissance à deux cellules ayant le même nombre de chromosomes que la cellule d'origine. *Les phases de la mitose.*

mitoyen, enne [mitwajɛ̃, ɛn] adj. ■ Qui est entre deux choses, commun à l'une et à l'autre. *Mur mitoyen.* ▶ ***mitoyenneté*** [mitwajɛnte] n. f. ■ Caractère de ce qui est mitoyen, contigu.

mitraille [mitʀɑj] n. f. **1.** Autrefois. Ferraille, balles de fonte qu'on utilisait dans les canons comme projectiles. *Canons chargés à mitraille.* **2.** Décharge d'artillerie, de balles. *Fuir sous la mitraille.* **3.** (France) Fam. Petite monnaie de métal. ▶ ***mitrailler*** [mitʀɑje] v. tr. ▪ conjug. 1. **1.** Prendre pour objectif d'un tir de mitrailleuse. *Mitrailler un avion.* — Fam. Lancer sur. *Mitrailler qqn de noyaux de cerise.* ⇒ **bombarder. 2.** Fam. Photographier ou filmer sans arrêt. *Le gagnant fut mitraillé par les photographes.* — *Mitrailler qqn de questions,* lui poser de nombreuses questions les unes à la suite des autres. ▶ ***mitraillage*** n. m. ■ Action de mitrailler. ▶ ***mitraillette*** n. f. ■ Arme à tir automatique portative (officiellement nommée *pistolet mitrailleur.* ⇒ ② **P.M.**). ▶ ***mitrailleur*** n. m. et adj. m. **1.** N. m. Servant d'une mitrailleuse. *Il est mitrailleur à bord d'un avion.* — REM. Le féminin *mitrailleuse* est virtuel. **2.** Adj. m. (Arme automatique) Qui peut tirer par rafales. *Pistolet* (mitraillette), *fusil mitrailleur.* ⇒ **fusil-mitrailleur.** ▶ ***mitrailleuse*** n. f. ■ Arme automatique à tir rapide. ‹ ▶ automitrailleuse, fusil-mitrailleur, pistolet-mitrailleur ›

mitre [mitʀ] n. f. ■ Haute coiffure triangulaire de cérémonie portée par les évêques. *La mitre et la crosse épiscopales.*

M.I.U.F. [mju(y)f] n. f. ■ Sigle de *mousse isolante d'urée-formol*. Maison isolée à la M.I.U.F.*

à mi-voix [amivwa] loc. adv. ■ D'une voix faible. *Parler à mi-voix.*

mixage [miksaʒ] n. m. ■ Cinéma, musique. Regroupement sur une même bande de tous les éléments sonores d'un film, d'une chanson. ▶ ① ***mixer*** [mikse] v. tr. ▪ conjug. 1. ■ Procéder au mixage de (un film, une chanson).

② ***mixer*** ou ***mixeur*** [miksœʀ] n. m. ■ Anglic. Appareil électrique servant à mélanger, à battre des aliments. ⇒ **batteur** (II), **malaxeur, mélangeur, mixette.**

mixette [miksɛt] n. f. ■ Anglic. Mixeur, batteur à main de petite dimension. ⇒ **malaxeur, mélangeur.** *Fouetter la crème à la mixette.*

mixte [mikst] adj. **1.** Didact. Qui est formé de plusieurs éléments de nature différente. ⇒ **combiné,**

mélangé. *Mariage mixte,* entre deux personnes de religions différentes. **2.** Qui comprend des personnes des deux sexes. *École, cours, classe mixte. Double mixte* (au tennis, au ping-pong). ▶ ***mixité*** n. f. ■ Caractère de ce qui est mixte. *La mixité des établissements scolaires.*

mixture [mikstyʀ] n. f. **1.** Mélange de plusieurs substances chimiques, pharmaceutiques. **2.** Mélange comestible (boisson ou aliment) dont on reconnaît mal les composants. *Ne buvez pas cette affreuse mixture.*

M.L.F. [ɛmɛlɛf] n. m. invar. ■ Abréviation de *mouvement de libération de la (des) femme(s). Militer dans le M.L.F.*

Mlle : MADEMOISELLE. ***Mlles*** : MESDEMOISELLES. – ***MM.*** : MESSIEURS. – ***Mme*** : MADAME. ***Mmes*** : MESDAMES.

mnémo-, -mnèse, -mnésie ■ Éléments signifiant « mémoire ; se souvenir ». ▶ ***mnémotechnique*** [mnemotɛknik] adj. ■ Capable d'aider la mémoire par des procédés d'association mentale. *Procédés, formules mnémotechniques.* ⟨ ▶ amnésie ⟩

mobile [mɔbil] adj. et n. m. **I.** Adj. **1.** Qui peut être mû, dont on peut changer la place ou la position. *Les pièces mobiles d'une machine. Calendrier à feuillets mobiles.* ⇒ **amovible.** / contr. **fixe, immobile** / **2.** Dont la date, la valeur peut être modifiée, est variable. *Fêtes mobiles.* **3.** (Personnes) Qui se déplace ou peut se déplacer. *Garde mobile. Population mobile.* ⇒ **nomade.** / contr. **sédentaire** / **4.** Dont l'apparence change sans cesse. ⇒ **mouvant.** *Reflets mobiles.* ⇒ **changeant.** *Visage, regard mobile,* plein de vivacité. **II.** N. m. **1.** Sciences. Corps qui se déplace, considéré dans son mouvement. *Calculer la vitesse d'un mobile.* **2.** Ce qui porte, incite à agir. ⇒ **impulsion.** *Les mobiles d'une action.* ⇒ **cause, motif.** *Chercher le mobile d'un crime.* **3.** Œuvre d'art, ensemble d'éléments construits en matériaux légers et pouvant prendre des dispositions variées. *Suspendre un mobile.* ⟨ ▶ mobil(e)- ⟩

mobil- ou ***-mobile*** ■ Élément signifiant « qui se déplace ». ▶ ***mobilier, ière*** [mɔbilje, jɛʀ] adj. et n. m. **I.** Adj. **1.** Qui consiste en meubles ; qui se rapporte aux biens meubles ①. *Fortune mobilière.* **2.** Droit. Qui est de la nature des biens meubles. *Valeurs mobilières.* **II.** N. m. Plus cour. Ensemble des meubles ② destinés à l'usage et à l'aménagement d'une habitation. ⇒ **ameublement.** *Le mobilier d'une maison. Mobilier de bureau.* — (Surtout en France) *Mobilier urbain,* ensemble des objets, installations, appareils, placés sur la voie ou dans les lieux publics et destinés à assurer la propreté, la commodité ou la décoration de l'espace urbain (ex. : *abribus, lampadaires, cabines téléphoniques,* etc.). ▶ ***mobilité*** n. f. **1.** Caractère de ce qui peut se mouvoir, changer de place, de position. / contr. **immobilité** / *Accroître la mobilité d'une armée par la motorisation.* **2.** Caractère de ce qui change rapidement d'aspect ou d'expression. / contr. **fixité** / *La mobilité d'un visage.* **3.** *Mobilité des sentiments, de l'humeur.* ⇒ **fluctuation, instabilité.** / contr. **constance, immuabilité** / ▶ ***mobiliser*** v. tr. ■ conjug. 1. **1.** Mettre sur le pied de guerre (une armée) ; affecter (des citoyens) à des postes militaires. — Au passif et p. p. adj. *Être mobilisé dans les services auxiliaires.* — N. *Un mobilisé.* ⇒ **appelé, requis.** / contr. **démobiliser** / — Faire appel à un groupe pour une œuvre collective. *Le syndicat a mobilisé ses militants.* **2.** Faire appel à, mettre en jeu (des facultés intellectuelles ou morales). *Mobiliser les enthousiasmes.* ▶ ***mobilisable*** adj. ▶ ***mobilisation*** n. f. **1.** Opération qui a pour but de mettre une armée, une troupe sur le pied de guerre. *Décréter la mobilisation générale.* / contr. **démobilisation** / **2.** Mise en jeu. *La mobilisation des ressources, des énergies.* ⟨ ▶ automobile, démobiliser, discomobile, hippomobile, immobile, immobiliser ⟩

mobylette [mɔbilɛt] n. f. ■ (Surtout en France) Cyclomoteur. ⇒ **scooter.** — REM. Ce mot est un nom de marque déposée.

mocassin [mɔkasɛ̃] n. m. **1.** Chaussure de type amérindien, en peau non tannée, à semelle très souple. ⇒ fam. **pichou.** *Porter des mocassins pour faire de la raquette.* **2.** Chaussure basse (de marche, de sport), généralement sans attaches. ⇒ anglic. **loafer.**

moche [mɔʃ] adj. **1.** Fam. Laid. ⇒ fam. **char** (6). / contr. **beau, joli** / *Il, elle est vraiment moche.* **2.** Moralement critiquable. *C'est moche ce que tu as fait là !* ⇒ **méprisable.** / contr. ① **bien, chic** / ▶ ***mocheté*** n. f. ■ Fam. Personne laide. ⟨ ▶ amocher ⟩

modal, ale, aux [mɔdal, o] adj. **1.** Qui a rapport aux modes des verbes. *Valeur modale. — Auxiliaires modaux,* qui expriment le nécessaire, le probable, le contingent. *« Pouvoir », « devoir » sont des auxiliaires modaux.* **2.** *Musique modale,* où l'organisation en modes est primordiale (opposé à *tonal*).

modalité [mɔdalite] n. f. **1.** Forme particulière (d'un acte, d'un fait, d'une pensée, d'un objet). ⇒ **circonstance, manière.** *Modalités de réalisation, de paiement.* ⇒ ② **mode.** **2.** *Adverbe de modalité,* qui modifie le sens d'une phrase entière (ex. : *probablement*). **3.** Caractère d'un morceau de musique dépendant du mode auquel il appartient (opposé à *tonalité*). ⇒ ② **mode.**

① ***mode*** [mɔd] n. f. **1.** Goûts collectifs, manières passagères de vivre, de sentir qui paraissent de bon ton dans une société déterminée. *Les engouements de la mode.* ⇒ **vogue.** — Loc. À LA MODE : conforme au goût du jour (⇒ dans le **vent**). *Chanson à la mode. Ce n'est plus à la mode, c'est passé de mode.* ⇒ **démodé, suranné.** **2.** *La mode,* habitudes collectives et passagères en matière d'habillement. *Suivre la mode.* — (Personnes) *C'est une vraie carte de mode,* qqn d'impeccablement vêtu, qui est vêtu à la dernière mode. En appos. Invar. *Teintes, tissus mode. — Journal de mode,* concernant la toilette. ⇒ **couture.** *Défilé de mode.* ⇒ fam. ② **parade.** *Elle travaille dans la mode.* **3.** À LA MODE DE... : selon les coutumes de... *Tourtière à la mode du Saguenay.* ⟨ ▶ démodé, modiste ⟩

② ***mode*** n. m. **1.** Musique. Chacune des dispositions particulières de la gamme caractérisée par la disposition des intervalles (tons et demi-tons). *Mode majeur, mineur.* **2.** Linguistique. Caractère d'une forme verbale susceptible d'exprimer l'attitude du sujet parlant vis-à-vis des événements exprimés par le verbe (indicatif, subjonctif, conditionnel, impératif, infinitif, participe). *Les temps de chaque mode.* **3.** *Mode de...,* forme particulière sous laquelle se présente un fait, s'accomplit une action. ⇒ **forme.** *Mode de vie, d'existence.* ⇒ **genre.** *Mode d'emploi,* manière de se servir de qqch. ⇒ **indication.** *Mode de paiement.* ⇒ **modalité.** ⟨ ▶ intermodal, modal, modalité ⟩

modèle [mɔdɛl] n. m. **I.** Ce qu'on doit imiter. **1.** Ce qui sert ou doit servir d'objet d'imitation pour faire ou reproduire qqch. ⇒ **étalon, exemple.** *Texte qui est donné comme modèle à des élèves.* ⇒ **corrigé, plan.** *Sa conduite doit être un modèle pour nous. Prendre qqn pour modèle. Sur le modèle de,* à l'imitation de... — Adj. *Des employés modèles.* ⇒ **exemplaire, parfait.** **2.** Personne ou objet dont l'artiste reproduit l'image. ⇒ **sujet.** *Dessin, dessiner d'après le modèle.* — Homme ou femme dont la profession est de poser pour des peintres, des photographes. ⇒ **mannequin.** **3.** MODÈLE DE : personne, fait, objet possédant au plus haut point des qualités, des caractéristiques qui en font le représentant d'une catégorie. *Elle est un modèle de fidélité, de générosité.* **II.** Type. **1.** Catégorie, classe définie par un ensemble de caractères. ⇒ **type.** *Les différents modèles d'organisation industrielle.* **2.** Type déterminé selon lequel des objets semblables peuvent être reproduits. ⇒ **prototype.** *Modèle reproduit en grande série. Un nouveau modèle de voiture. Les modèles* (de robe, etc.) *de la haute couture.* — En appos. *Maison, appartement, logement modèle,* de démonstration. **3.** Objet de même forme qu'un objet plus grand. ⇒ **maquette.** — MODÈLE RÉDUIT. *Des modèles réduits de bateaux.* — En appos. *Faire voler un avion modèle réduit.* ▶ ***modéliste*** n. **1.** Personne qui fait ou dessine les modèles, dans la couture. ⇒ **styliste.** — En appos. *Ouvrier modéliste.* ≠ *modiste.* **2.** Personne qui fabrique des modèles réduits (de véhicules, avions, trains). ▶ ***modeler*** [mɔdle] v. tr. ▪ conjug. 5. **1.** Façonner (un objet) en donnant une forme déterminée à une substance molle. *Modeler une poterie, une statuette.* ⇒ **modelage. 2.** Pétrir (une substance plastique) pour lui imposer une certaine forme. *Modeler de la terre glaise. Pâte à modeler.* **3.** Conférer une certaine forme à (qqch.). *L'érosion modèle le relief.* **4.** *Modeler son goût sur, d'après celui de qqn.* ⇒ **former, régler.** — Pronominalement (réfl.). SE MODELER *sur qqn, qqch.* : se façonner en empruntant les caractères. ⇒ se **conformer.** ▶ ***modelé*** n. m. ■ Relief des formes dans une sculpture, un dessin, un objet. *Le modelé du corps.* ▶ ***modelage*** n. m. ■ Action de modeler (une substance plastique). *Le modelage d'une statue en terre glaise.* ‹ ▶ remodeler ›

modem [mɔdɛm] n. m. ■ Informatique. Appareil électronique (*mod*ulateur-*dém*odulateur) utilisé dans les installations du traitement à distance de l'information.

modérer [mɔdeʀe] v. tr. ▪ conjug. 6. ■ Diminuer l'intensité de (un phénomène, un sentiment), réduire à une juste mesure (ce qui est excessif). ⇒ **adoucir, tempérer.** *Modérer sa colère, ses transports.* ⇒ **apaiser, calmer.** *Modérez vos expressions. Modérer l'allure, la vitesse,* ralentir. — Pronominalement (réfl.). *Modérez-vous !* ⇒ se **calmer,** se **contenir,** se **retenir.** ▶ ***modéré, ée*** adj. et n. **1.** Qui fait preuve de mesure, qui se tient éloigné de tout excès. *Il est toujours modéré dans ses prétentions, ses désirs.* ⇒ **mesuré.** / contr. **excessif** / **2.** Qui professe des opinions politiques éloignées des extrêmes et conservatrices. / contr. **extrémiste** / *Un parti modéré.* — N. *Les modérés.* **3.** Peu intense, assez faible. ⇒ **moyen.** *Prix modéré.* ⇒ **bas.** *Habitation à prix modéré.* ⇒ **H.L.M.** ▶ ***modérément*** adv. ■ Avec modération. / contr. **exagérément, excessivement** / *Boire, manger modérément.* ⇒ **raisonnablement.** ▶ ***modérateur, trice*** n. et adj. **1.** Personne, chose qui tend à modérer ce qui est excessif, à concilier les partis opposés. *Elle est une très bonne modératrice,* une animatrice (dans un débat). Adj. *Une influence modératrice. Ticket modérateur,* quote-part de frais laissée à la charge de qqn (malade, patient, etc.). **2.** N. m. Mécanisme régulateur. **3.** N. m. Corps qui, dans une pile atomique, permet de régler une réaction en chaîne. ▶ ***modération*** n. f. **1.** Comportement d'une personne qui est éloignée de tout excès. *Faire preuve de modération dans sa conduite.* ⇒ **mesure, réserve, retenue.** / contr. **abus, excès** / **2.** Action de modérer, de diminuer (qqch.). ▶ ***moderato*** [mɔdeʀato] adv. ■ Musique. Mouvement modéré. *Allegro moderato.* ‹ ▶ immodéré ›

moderne [mɔdɛʀn] adj. et n. **I. 1.** Actuel, contemporain ou récent. *La musique, l'art moderne.* **2.** Qui bénéficie des progrès récents, correspond au goût actuel. ⇒ **neuf, nouveau.** *Les techniques modernes.* ⇒ de **pointe.** *Immeuble, usine moderne.* — N. m. *Aimer le moderne.* / contr. **ancien, rétro** / **3.** (Personnes) Qui tient compte de l'évolution récente, dans son domaine. *Il n'est pas moderne, il est vieux jeu.* — *Des goûts, des idées modernes.* / contr. **archaïque, démodé, rétrograde** / **II. 1.** Didact. Qui appartient à une époque postérieure à l'Antiquité. (*Les Temps modernes,* le Moyen Âge et l'époque contemporaine). — N. m. *Querelle des anciens et des modernes,* des partisans des écrivains de l'Antiquité et des Temps modernes (aux XVIIe et XVIIIe s.). **2.** Histoire. *Époque moderne, les Temps modernes,* de la fin du Moyen Âge à la Révolution française, début de l'époque « contemporaine ». **3.** (Opposé à *classique*) *Enseignement moderne* (sciences et langues vivantes). *Étudier les auteurs modernes.* ▶ ***moderniser*** v. tr. ▪ conjug. 1. **1.** Rendre moderne. **2.** Organiser d'une manière conforme aux besoins, aux moyens modernes. *Moderniser la technique, une installation.* ⇒ **transformer.** — Au p. p. adj. *Une cuisine modernisée,* rénovée. ▶ ***modernisation*** n. f. ▶ ***modernisme*** n. m. ■ Goût de ce qui est moderne ; recherche de la modernité. *Modernisme en peinture.* / contr. **archaïsme, traditionalisme** / ▶ ***modernité*** n. f. ■ Caractère de ce qui est moderne, en art, etc. ‹ ▶ ultramoderne ›

modern style [mɔdœʀnstajl] n. m. et adj. invar. ■ Anglic. Tendance artistique (début du XXe siècle) caractérisée par l'utilisation presque exclusive de courbes naturelles stylisées, inspirées le plus souvent de la flore.

modeste [mɔdɛst] adj. **1.** Qui est simple, sans faste ou sans éclat. *Mise, tenue modeste. Être d'une origine très modeste.* ⇒ **humble. 2.** Peu important. *Salaire très modeste.* ⇒ **médiocre, modique.** — (Personnes) Qui a une opinion modérée, réservée, de son propre mérite, se comporte avec modestie. ⇒ **effacé, humble.** *Une personne simple et modeste. Vous êtes trop modeste. Air, mine modeste.* ⇒ **discret, réservé.** / contr. **orgueilleux, présomptueux, prétentieux, vaniteux** / ▶ ***modestement*** adv. ■ *Ils sont logés très modestement.* — *Parler, se comporter modestement.* ⇒ **simplement.** ▶ ***modestie*** n. f. ■ Modération, retenue dans l'appréciation de soi-même. ⇒ **humilité, pudeur, réserve.** — *Fausse modestie,* modestie affectée. / contr. **orgueil, prétention, vanité** / ‹ ▶ immodeste ›

modicité [mɔdisite] n. f. **1.** Caractère de ce qui est modique (pécuniairement). ⇒ **petitesse.** *La modicité de son revenu.* **2.** Médiocrité, petitesse. *La modicité de ses espoirs.*

modifier [mɔdifje] v. tr. ▪ conjug. 7. **1.** Changer (une chose) sans en altérer la nature. *Modifier ses plans.* / contr. **maintenir** / **2.** SE MODIFIER v. pron. *Une impression qui se modifie sans cesse.* ⇒ **changer, varier.** ▶ ***modifiable*** adj. ■ Qui peut être modifié. / contr. **immuable** / ▶ ***modification*** n. f. **1.** Changement (qui n'affecte pas l'essence de ce qui change). ⇒ **altération, variation.** *Modification quantitative* ⇒ **agrandissement, diminution,** *qualitative.* ⇒ **amélioration, aggravation. 2.** Changement apporté à qqch. ⇒ **transformation.** *Il faudra apporter quelques modifications à ce projet.* ⇒ **correction, rectification, remaniement.** *Modification de cours.* ▶ ***modificateur, trice*** adj. ■ Qui a la propriété de modifier. *Action modificatrice.* ▶ ***modificatif, ive*** adj. ■ Qui modifie. *Texte modificatif. Termes modificatifs.*

modique [mɔdik] adj. ■ (Sommes d'argent) Qui est peu considérable. ⇒ **bon marché, faible, médiocre, minime, modeste, petit.** / contr. **gros, important** / *Un salaire modique. Pour la modique somme de 10 dollars. Habitation à loyer modique.* ⇒ **H.L.M.** ▶ ***modiquement*** adv. ■ *Être modiquement payé, rétribué.* ‹ ▶ modicité ›

modiste [mɔdist] n. ■ Personne qui confectionne et vend des chapeaux, des coiffures féminines. *Atelier, boutique de modiste.* ≠ *modéliste.*

modulaire [mɔdylɛʀ] adj. ■ Constitué de modules, fondé sur un module. *L'architecture modulaire. Des meubles modulaires.*

module [mɔdyl] n. m. **1.** Arts. Unité déterminant les proportions. — Dimension. *Le module d'une médaille, d'une monnaie.* **2.** Coefficient de résistance des matériaux. *Module de rigidité.* **3.** Unité constitutive d'un ensemble. — Élément d'un véhicule spatial. *Module lunaire.* ▸ ***moduler*** v. tr. ▪ conjug. 1. **1.** Articuler, émettre (une mélodie, un son varié) par une suite de modulations. *Moduler un air en le sifflant.* **2.** Effectuer une ou plusieurs modulations (2). **3.** Radio. Faire varier les caractéristiques de (un courant électrique ou une onde). **4.** Adapter (qqch.) à des cas particuliers. *Moduler des tarifs.* ▸ ***modulation*** n. f. **1.** Chacun des changements de ton, d'accent, d'intensité, de hauteur dans l'émission d'un son ; action ou façon de moduler. **2.** Passage d'une tonalité (mode) à une autre. **3.** Variation (d'amplitude, d'intensité, de fréquence) d'une onde. *Émission en modulation de fréquence.* ⇒ **F.M.** *Modulation d'amplitude.* ⇒ ② **A.M.** ▸ ***modulateur*** n. m. et adj. ■ Appareil qui module un courant, une onde. *Modulateur-démodulateur.* ⇒ **modem.** — Adj. *Une lampe modulatrice.* ‹ ▸ modem, modulaire ›

modus vivendi [mɔdysvivɛn(ɛ̃)di] n. m. invar. ■ Transaction mettant d'accord deux parties en litige. ⇒ **arrangement.** *Trouver un modus vivendi acceptable.*

moelle [mwal] n. f. **I. 1.** Substance molle et grasse de l'intérieur des os. *Os à moelle,* contenant de la moelle. **2.** *Frissonner, être glacé, trempé jusqu'à la moelle des os,* l'intérieur du corps. **II.** MOELLE ÉPINIÈRE : cordon nerveux qui, parti de l'encéphale, est abrité dans le canal rachidien, l'épine* dorsale, les vertèbres. ▸ ***moelleux, euse*** [mwalø, øz] adj. **1.** Qui a de la douceur et de la mollesse au toucher. ⇒ **doux, mou, souple.** *Étoffe moelleuse. Siège, lit moelleux,* où l'on enfonce confortablement. / contr. **dur** / **2.** Agréable au palais, au goût. ⇒ **onctueux, savoureux.** *Vin moelleux.* **3.** Qui a une sonorité pleine et douce. *Son moelleux.* **4.** (Formes naturelles ou artistiques) Qui a de la mollesse et de la grâce. ⇒ **gracieux, souple.** *Ligne, touche moelleuse.* ▸ ***moelleusement*** adv.

mœurs [mœʀ] cour. [mœʀs] n. f. pl. **I.** Habitudes (d'une société, d'un individu) relatives à la pratique du bien et du mal. ⇒ **conduite, morale.** *Bonnes, mauvaises mœurs. Avoir des mœurs dissolues.* — Droit. *Outrage aux bonnes mœurs.* — *Police des mœurs,* ou ellipt. *les mœurs,* police chargée de la réglementation de la prostitution. *Les mœurs et la mondaine*.* **II. 1.** Habitudes de vie, coutumes (d'un peuple, d'une société, d'un groupe). ⇒ **usage(s).** *Étudier les mœurs d'une ethnie, d'une tribu ; d'une époque. Cette habitude est entrée dans les mœurs (dans nos mœurs).* — *Comédie* DE MŒURS, *peinture de mœurs* : qui décrivent les habitudes d'une société. **2.** Habitudes de vie individuelle, comportement (d'une personne). *Avoir des mœurs simples, des mœurs bohèmes.* **3.** Habitudes de vie (d'une espèce animale). *Les mœurs des abeilles.* ‹ ▸ moral ›

mohair [mɔɛʀ] n. m. ■ Poil de la chèvre angora. *Laine mohair.* — Étoffe de mohair. *Un chandail en mohair.*

mohawk [mo(ɔ)ɑk] adj. et n. **1.** Relatif à une nation d'Amérindiens qui habitent l'Ontario et, surtout, le Québec (région de Montréal). ⇒ **iroquois.** *Les femmes mohawks.* — N. (Avec une majusc.) Membre de cette nation. *Les Mohawks de Kanawake. Autrefois, les Mohawks appartenaient à la Confédération iroquoise.* **2.** N. m. *Le mohawk,* une langue de la famille linguistique iroquoienne parlée par ces Amérindiens. — Adj. *La grammaire mohawk.*

moi [mwa] pronom pers. et n. m. invar. **I.** Pronom personnel (forme tonique ; la forme atone est *me*) de la première personne du singulier et des deux genres, représentant la personne qui parle ou qui écrit. ⇒ **je ;** fam. **bibi,** ma **pomme. 1.** (Complément d'objet après un impératif positif) *Regarde-moi.* — (Après un autre pronom pers.) *Donnez-la-moi.* (Fam. avant un autre pronom pers.) *Donnez-moi-la.* — REM. *Moi* se réduit à *m'* devant *en* et *y* (ex. : *donnez-m'en, faites-m'y penser*). Les formes fam. avec *z* sont critiquées (ex. *donnez-moi-z-en* ou *z'en, emmenez-moi-z-y* ou *z'y*). **2.** (Emphatique, à l'impératif) *Regardez-moi ça !* **3.** (Renforçant le pronom *je*) *Moi, je la trouve sympathique.* **4.** (Sujet) *Moi, faire cela ? « Qui est là ? - Moi. »* **5.** (Coordonné à un nom, un pronom) *Mon avocat et moi sommes de cet avis. Il a invité ma femme et moi. Il nous a invités, ma femme et moi.* **6.** (Dans une phrase comparative) *Plus, moins que moi. Ne faites pas comme moi.* **7.** MOI QUI. *Moi qui vous parle.* **8.** (Attribut) C'EST MOI... (+ propos. relative) *C'est moi qui vous le dis.* **9.** (Précédé d'une préposition) *Avec moi, chez moi. L'idée n'est pas de moi. Un ami de moi et de mon frère* (→ un **mien** ami). — *Pour moi,* à mon égard ; pour ma part. *Elle est tout pour moi. Pour moi (selon moi, d'après moi), c'est terminé.* — *Quant à moi,* pour moi. — *De vous à moi,* entre nous. **10.** Loc. MOI-MÊME : forme renforcée de *moi. Je ferai le travail moi-même.* — MOI SEUL. *C'est moi seul qui suis responsable.* — MOI AUSSI. *« J'aimerais bien y aller. - Moi aussi. »* — MOI NON PLUS. *« Je n'aimerais y pas aller. - Moi non plus. »* Par plaisant. *« Je t'aime. - Moi non plus »* (moi, je ne t'aime pas). **II.** N. m. invar. **1.** LE MOI : ce qui constitue l'individualité, la personnalité d'un être humain. ⇒ **ego, esprit, individu. 2.** Forme que prend une personnalité à un moment particulier. *Notre vrai moi.* ‹ ▸ chez-moi ›

moïac n. m. ⇒ **moyac.**

moignon [mwaɲɔ̃] n. m. **1.** Extrémité d'un membre amputé. *Le moignon d'un manchot.* **2.** Ce qui reste d'une grosse branche cassée ou coupée. — Petit bout de qqch. *Le moignon d'un crayon.* **3.** Membre rudimentaire. *Les moignons d'ailes des oiseaux marcheurs, des pingouins.*

moindre [mwɛ̃dʀ] adj. compar. **I.** Compar. Plus petit (en quantité, en importance), plus faible. ⇒ **inférieur.** *Un moindre mal.* **II.** Superl. LE MOINDRE : le plus petit, le moins important. *Les moindres détails. Je n'en ai pas la moindre idée. C'est le moindre de mes soucis.* ⇒ **cadet, dernier.** — (Précédé d'une négation) ⇒ **aucun,** ① **nul.** *Il n'y a pas le moindre doute ; sans le moindre doute.* ▸ ***moindrement*** adv. ■ *Le moindrement,* quelque peu, si peu que ce soit. ⇒ **tant** soit peu. *S'ils sont le moindrement intelligents, ils réussiront.* — (Avec une négation) *Elle n'est pas le moindrement fatiguée,* pas le moins du monde, pas du tout. ‹ ▸ amoindrir ›

① **moine** [mwan] n. m. ■ Religieux chrétien vivant à l'écart du monde, en général en communauté, après s'être engagé par des vœux à suivre la règle d'un ordre (opposé à *anachorète, ermite*). ⇒ **cénobite ; religieux ; monacal ; monastère.** — Loc. *Travailler comme un moine,* beaucoup, et en s'isolant, s'enfermant.

② **moine** n. m. ■ Fam. Perceuse électrique. *Me prêterais-tu ton moine ?*

moineau [mwano] n. m. **1.** Oiseau passereau à livrée brune, striée de noir (on l'a comparée à une robe de *moine*). *Les petits moineaux. Épouvantail à moineaux.* **2.** Fam. *Drôle de, moyen moineau,* individu spécial, amusant. ⇒ **oiseau ;** fam. **lascar.** — Personne qui a un comportement un peu bizarre, qui sort des sentiers battus. ⇒ **phénomène.**

moins [mwɛ̃] adv. **I.** (Comparatif de PEU) Plus faiblement, d'une manière moins importante. / contr.

davantage, plus / *Il travaille moins. Il est moins grand que sa sœur. Un peu plus ou un peu moins. Trois fois moins cher.* — (Précédé d'une négation, exprimant une égalité) *Non moins que.* ⇒ **ainsi** que, **comme.** *Pas moins,* autant. — Loc. *Plus ou moins,* à peu près. *Ni plus ni moins.* **II. 1.** LE MOINS (Superlatif de PEU) *Le sentiment le moins généreux. Faites le moins de bruit possible. Pas le moins du monde,* pas du tout. ⇒ le **moindrement.** *C'est la robe la moins chère que j'aie trouvée.* **2.** AU MOINS : appliqué à une condition qui atténuerait ou corrigerait ce que l'on déplore. *Si, au moins, il était arrivé à temps !* ⇒ **seulement.** *Il y a au moins une heure,* au minimum. ⇒ ① **bien.** *Nous sommes au moins à l'abri.* ⇒ **heureusement.** — DU MOINS (loc. restrictive) : néanmoins, pourtant. *Il a été reçu premier, du moins il le prétend,* ou plutôt, il le prétend. — À TOUT LE MOINS ; TOUT AU MOINS ; POUR LE MOINS (formes renforcées de *au moins*). **III.** Nominal. **1.** Une quantité moindre ; une chose moindre. *Cela coûte moins. Ni plus ni moins,* exactement autant. — MOINS DE. *Moins de vingt kilos. Les moins de vingt ans,* ceux qui ont moins de vingt ans. — DE MOINS, EN MOINS. *Il y a quelques élèves en moins.* **2.** Loc. À MOINS DE (+ infinitif), QUE (+ subjonctif) : sauf si. *Elle n'accepterait pas à moins d'une augmentation, à moins de recevoir une augmentation. J'irai chez vous à moins que vous ne sortiez.* ⇒ **hormis** que. **IV.** N. m. **1.** LE MOINS : la plus petite quantité, la moindre chose. — Loc. *Qui peut le plus peut le moins.* **2.** *Le signe moins* (–), le signe de la soustraction. **V.** Adj. Attribut. *C'est moins qu'on ne dit.* **VI.** Prép. **1.** En enlevant, en ôtant, en soustrayant. *Six moins quatre font deux.* — Ellipt. (En sous-entendant l'heure) *Dépêchez-vous, il est presque moins dix.* **2.** (Introduisant un nombre négatif) *Il fait moins dix (degrés).* — *Dix puissance moins deux* (10^{-2}). ⟨ ▶ néanmoins ⟩

moire [mwaʀ] n. f. **1.** Apprêt (de tissus) par écrasement irrégulier du grain. — Tissu qui présente des parties mates et brillantes. *Ruban de moire.* **2.** Littér. Aspect changeant, chatoyant (d'une surface). ▶ ***moiré, ée*** adj. **1.** Qui a reçu l'apprêt, qui présente l'aspect de la moire. **2.** ⇒ **chatoyant, ondé.** *Les ailes moirées des corbeaux.* ▶ ***moirure*** n. f. ■ Effet de ce qui est moiré ; reflet, chatoiement.

mois [mwa] n. m. invar. **1.** Chacune des douze divisions de l'année : janvier, février, mars, avril, mai, juin, juillet, août, septembre, octobre, novembre, décembre. *Une fin de mois. Période de trois* ⇒ **trimestre,** *de six mois* ⇒ **semestre. 2.** Espace de temps égal à trente jours. *Dans un mois et un jour.* **3.** Somme payable chaque mois. *Tu dois trois mois de loyer.* — (France) Salaire, rétribution correspondant à un mois de travail (par opposition à *payé à l'heure, à la semaine, aux quinze jours*). ⇒ **mensualité.** *Il touche le treizième mois.*

moïse [mɔiz] n. m. ■ Petite corbeille capitonnée qui sert de berceau (parce que Moïse fut retrouvé dans une petite nacelle flottant sur le Nil). *Des moïses.*

moisir [mwaziʀ] v. ▪ conjug. 2. **I.** V. intr. **1.** Se détériorer, se gâter sous l'effet de l'humidité, de la température. *Ce pain moisit,* se couvre de moisissures. **2.** Fam. (Personnes) Attendre, rester longtemps au même lieu, dans la même situation, y perdre son temps. ⇒ **croupir, languir.** *Nous n'allons pas moisir ici toute la journée.* **II.** V. tr. Gâter, détériorer en couvrant de moisissure. *L'humidité moisit les raisins.* ▶ ***moisi, ie*** adj. et n. m. ■ Gâté par la moisissure. *Confiture moisie.* — N. m. *Goût de moisi.* ▶ ***moisissure*** n. f. ■ Altération, corruption d'une substance organique, attaquée et couverte par de petits champignons ; ces champignons qui forment une mousse étalée en taches veloutées. *Moisissure du fromage, du vin.*

moisson [mwasɔ̃] n. f. **1.** Travail agricole qui consiste à récolter les céréales (surtout le blé), lorsqu'elles sont parvenues à maturité. ⇒ **récolte.** *Faire la moisson.* **2.** Les céréales qui sont ou seront l'objet de la moisson. ⇒ **récolte.** *Rentrer, engranger la moisson.* **3.** Action de recueillir, d'amasser en grande quantité (des récompenses, des gains, des renseignements) ; ce qu'on recueille. *Une moisson de souvenirs.* ▶ ***moissonner*** v. tr. ▪ conjug. 1. ■ Couper et récolter (des céréales). ⇒ **faucher.** ▶ ***moissonneur, euse*** n. **1.** Personne qui fait la moisson. *Les moissonneurs sont souvent des ouvriers agricoles saisonniers.* **2.** N. f. Machine agricole qui sert à moissonner. ⇒ **faucheuse.** *Moissonneuse-batteuse-lieuse,* qui coupe les tiges, égrène les épis et lie la paille en ballots.

moite [mwat] adj. ■ Légèrement humide. *Peau moite de sueur. Atmosphère, chaleur moite.* / contr. **sec** / ▶ ***moiteur*** n. f. ■ Légère humidité. *La moiteur de l'air.* — État de ce qui est moite.

moitié [mwatje] n. f. **I. 1.** L'une des deux parties égales d'un tout. ⇒ **demi-, mi-, semi-.** / contr. **double** / *Le diamètre partage le cercle en deux moitiés. Cinq est la moitié de dix. Une bonne, une grosse moitié,* un peu plus de la moitié. *Une petite moitié,* un peu moins de la moitié. **2.** Milieu. *Parvenu à la moitié de son existence.* **3.** À MOITIÉ : à demi ; partiellement. *Ne rien faire à moitié. Verre à moitié plein.* — Loc. prép. *À moitié chemin.* ⇒ à **mi-chemin.** — MOITIÉ... MOITIÉ... *Moitié farine et moitié son.* — Fam. *« Êtes-vous content de votre voyage ? – Moitié-moitié. »* ⇒ fam. **couci-couça.** Loc. *Faire moitié-moitié,* partager (qqch.) avec qqn. **II.** (Après un possessif) Iron. et fam. *Sa moitié,* sa femme.

moka [mɔka] n. m. **1.** Café d'Arabie. *Une tasse de moka.* **2.** Gâteau fourré d'une crème au beurre parfumée au café (ou au chocolat). *Des mokas.*

mol adj. ⇒ ① **mou.**

molaire [mɔlɛʀ] n. f. ■ Dent de la partie postérieure de la mâchoire, dont la fonction est de broyer. ⟨ ▶ prémolaire ⟩

mole [mɔl] n. f. ■ Chimie. Quantité de matière servant d'unité de mesure (représentée par les molécules* correspondant au nombre d'atomes contenus dans 12 grammes de carbone ; symb. *mol*).

môle [mol] n. m. ■ Construction en maçonnerie, destinée à protéger l'entrée d'un port. ⇒ **brise-lames, digue, jetée.** — Quai d'embarquement. ⇒ **embarcadère.**

molécule [mɔlekyl] n. f. ■ La plus petite partie d'un corps simple ou composé susceptible d'exister à l'état isolé en gardant les caractères de ce corps. *La molécule d'un corps est formée d'atomes.* ▶ ***moléculaire*** adj. ■ Des molécules. *Formule moléculaire d'un corps. Poids, masse moléculaire,* d'une molécule d'un corps (somme des masses atomiques). ⟨ ▶ mole ⟩

moleskine [mɔlɛskin] n. f. ■ Toile de coton revêtue d'un enduit mat ou verni imitant le cuir. *Siège de moleskine.*

molester [mɔlɛste] v. tr. ▪ conjug. 1. ■ Maltraiter physiquement. ⇒ **bousculer, brutaliser, malmener, rudoyer ;** fam. **bardasser.** *Il a été pris à partie et s'est fait molester par la foule.*

molette [mɔlɛt] n. f. **1.** Petite roue étoilée en acier à l'extrémité de l'éperon. **2.** Outil fait d'une roulet[illegible] mobile au bout d'un manche. **3.** Roulette à surf[illegible] striée ou quadrillée qui sert à manœuvrer cer[illegible] dispositifs mobiles. *Molette de mise au point* (jum[illegible] *Clé à molette.* ▶ ***moleté, ée*** [mɔlte] adj. ■ Qu[illegible] un quadrillage (fait à la molette). *Vis molet*[illegible]

mollah [mɔ(l)lɑ] n. m. ■ Chef religieux islamique (surtout chez les chiites d'Iran). *Des mollahs.*

mollasse [mɔlas] adj. **1.** Concret. Mou et flasque. / contr. ① **ferme** / *Une chair mollasse.* **2.** (Personnes) Qui est trop mou, qui manque d'énergie. ⇒ **apathique, endormi, indolent, nonchalant.** / contr. **actif** / *Il est un peu mollasse. Une grande fille mollasse.* ▶ ***mollasson, onne*** n. ■ (France) Fam. Personne mollasse. *Allons, dépêche-toi, gros mollasson !*

mollement [mɔlmɑ̃] adv. **1.** Sans vigueur, sans énergie. *Tu travailles mollement.* **2.** Avec douceur et lenteur, avec abandon. ⇒ **doucement, indolemment, nonchalamment.** *La rivière coule mollement.* ⇒ **paresseusement.**

mollesse [mɔlɛs] n. f. **1.** Caractère de ce qui est mou. / contr. **dureté, fermeté** / *La mollesse d'un lit.* **2.** (Personnes) Paresse physique, intellectuelle ; manque de volonté. ⇒ **apathie, indolence, nonchalance.** / contr. **ardeur, énergie, vivacité** / *La mollesse d'un paresseux.*

① ***mollet, ette*** [mɔlɛ, ɛt] adj. ■ Agréablement mou au toucher. *Lit mollet.* ⇒ **douillet.** — ŒUF MOLLET : à peine cuit dans sa coquille.

② ***mollet*** n. m. ■ Partie charnue à la face postérieure de la jambe, entre le jarret et la cheville. *Des mollets musclés.* ▶ ***molletière*** [mɔltjɛʀ] n. f. ■ Vieilli. Jambière de cuir, d'étoffe qui s'arrête en haut du mollet. — Adj. BANDE MOLLETIÈRE : qu'on enroule autour du mollet.

molleton [mɔltɔ̃] n. m. ■ Tissu de laine ou de coton gratté sur une ou deux faces. ▶ ***molletonné, ée*** adj. ■ Doublé, garni de molleton. *Gants molletonnés.* ⇒ **fourré.** *Chandail molletonné.* ⇒ **ouaté.**

mollir [mɔliʀ] v. intr. ▪ conjug. 2. **1.** Perdre sa force. *Sentir ses jambes mollir de fatigue.* — Marine. *Le vent mollit,* perd de sa violence. **2.** Devenir mou. ⇒ se **ramollir. 3.** (Comportements, attitudes) Commencer à céder. ⇒ **faiblir.** / contr. **tenir** / *Courage qui mollit.* ⇒ **diminuer.** *Sa résolution a molli.* — Fam. (Personnes) Hésiter, flancher. ⇒ fam. se **dégonfler.** ‹ ▶ amollir ›

mollo [mɔlo] adv. ■ Fam. Doucement. *Vas-y mollo !* ⇒ **délicatement ;** fam. ① **mou** (II).

mollusque [mɔlysk] n. m. **1.** Animal invertébré au corps mou, le plus souvent enfermé dans une coquille calcaire. *L'escargot est un mollusque.* — Au plur. *Les mollusques,* embranchement du règne animal (céphalopodes, gastéropodes). *Mollusques comestibles.* ⇒ **coquillage. 2.** Personne molle. ⇒ fam. **mollasson.**

molosse [mɔlɔs] n. m. ■ Littér. Gros chien.

molothre [mɔlɔtʀ] n. m. ■ Oiseau passereau parasite, au bec fort. *Le molothre vit à la manière du coucou.*

molybdène [mɔlibdɛn] n. m. ■ Métal blanc, dur, fusible à 2 620° C (symb. *Mo*). *Aciers spéciaux au molybdène.*

môme [mom] n. (France) Fam. **1.** Enfant. ⇒ fam. ② **gosse, mioche,** ③ **mousse, moutard ;** anglic. ② **flot.** — Adj. *Elle est encore toute môme,* toute petite. **2.** *Une môme,* une jeune fille, une jeune femme. *Jolie môme.*

① ***moment*** [mɔmɑ̃] n. m. **1.** Espace de temps limité [illegible]ment à une durée totale). ⇒ **instant.** *Les* [illegible] *la vie, de l'existence. Un petit, un long* [illegible] *Célébrité, succès du moment.* ⇒ **actuel.** [illegible] *Un éclat d'un moment,* passager, [illegible], rapidement. ⇒ **vite.** *Dans un* [illegible]**tôt.** Ellipt. *Un moment ! j'arrive.* [illegible]ps caractérisé par son contenu. [illegible]*st un mauvais moment à passer. N'avoir pas un moment à soi,* avoir un emploi du temps très chargé. **4.** Point de la durée (qui correspond ou doit correspondre à un événement). *Profiter du moment. Ce n'est pas le moment. C'est le moment ou jamais.* ⇒ **occasion,** ① **temps. 5.** Loc. AU MOMENT. *Au moment de* (loc. prép.). ⇒ **lors.** *Au moment de partir,* sur le point de. *Au moment où* (loc. conj.). ⇒ **comme, lorsque.** *À un moment donné.* — Loc. adv. À TOUT MOMENT, À TOUS MOMENTS : sans cesse, continuellement. *À aucun moment,* jamais. — DANS LE MOMENT : actuellement, présentement. — EN CE MOMENT : à présent, maintenant. — SUR LE MOMENT : au moment précis où une chose a eu lieu. — PAR MOMENTS : de temps à autre. — D'UN MOMENT À L'AUTRE : bientôt. **6.** DU MOMENT OÙ, QUE loc. conj. : puisque, dès lors que. *Du moment que tu es d'accord.* ⇒ ① **si.** ▶ ***momentané, ée*** adj. ■ Qui ne dure qu'un moment. ⇒ **bref, court, passager, provisoire, temporaire.** *Gêne momentanée. Arrêts, efforts momentanés.* / contr. **continuel, durable** / ▶ ***momentanément*** adv. ■ Provisoirement. *Le trafic est momentanément interrompu.* ⇒ **temporairement.** / contr. **constamment, continuellement** /

② ***moment*** n. m. ■ Mécanique. *Moment d'un vecteur par rapport à un point,* produit de son intensité par sa distance au point (même sens dans *moment d'un couple, moment magnétique...*).

momentum [mɔmɛntɔ(u)m] n. m. ■ Anglic. Impulsion, élan donnée à une action (souvent dans les sports). *La blessure du gardien de but a brisé le momentum de l'équipe. Avoir, ne pas avoir le momentum.*

momie [mɔmi] n. f. ■ Cadavre desséché et embaumé (par les procédés des anciens Égyptiens, notamment). *La momie de Ramsès II.* ▶ ***momifier*** [mɔmifje] v. tr. ▪ conjug. 7. **1.** Transformer en momie. ⇒ **embaumer.** — Au p. p. adj. *Cadavre momifié.* **2.** Rendre inerte. — Pronominalement. *Esprit qui se momifie.* ▶ ***momification*** n. f. **1.** Transformation (d'un cadavre) en momie. — État d'un cadavre momifié. *Momification naturelle.* **2.** État de ce qui est momifié (2).

mon [mɔ̃], ***ma*** [ma], ***mes*** [me(ɛ)] adj. poss. — REM. Devant un nom féminin commençant par une voyelle ou un *h* muet, on emploie *mon* (ex. : *mon amie, mon hérédité*). **I.** Sens subjectif. **1.** Qui est à moi, qui m'appartient. *C'est mon opinion. À mon avis. Mon livre.* — Qui m'est habituel. *Je prends mon apéritif.* — Auquel j'appartiens. *De mon temps.* **2.** (Devant un nom de personne) Exprime la parenté ou des relations variées. *Mon père. Ma fiancée. Mon patron. Mes voisins.* **3.** (Marquant l'intérêt personnel) *Alors, mon bonhomme s'est mis à hurler comme un fou.* **4.** (En s'adressant à qqn) *Viens, mon enfant. Mon cher ami. Ma vieille.* — Fam. (Marquant la camaraderie, l'ironie) *Ah ! bien, mon maudit, mon cochon.* **II.** Sens objectif. (Personnes) De moi, relatif à moi. *Mon persécuteur, mon juge,* celui qui me persécute, me juge. — (Choses) *Elle est restée dix ans à mon service.* ‹ ▶ madame, mademoiselle, mamours, matante, mononcle, monseigneur, monsieur ›

monacal, ale, aux [mɔnakal, o] adj. ■ Relatif aux moines. ⇒ **monastique.** *La vie monacale.*

monarchie [mɔnaʀʃi] n. f. **1.** Régime politique dans lequel le chef de l'État est un monarque, un roi héréditaire. ⇒ **royauté.** *Monarchie constitutionnelle,* dont le chef a un pouvoir symbolique limité par une constitution (Angleterre, Canada). *Monarchie absolue,* dont le chef a un pouvoir réel et illimité. **2.** État gouverné par un seul chef. *La monarchie d'Angleterre, des Pays-Bas.* ⇒ **couronne, royaume.** ▶ ***monarchique*** [mɔnaʀʃik] adj. ■ *État, gouvernement monarchique.* ▶ ***monarchisme*** [mɔnaʀʃism] n. m. ■ Doctrine des partisans de la monarchie. ▶ ***monarchiste*** [mɔnaʀʃist] n. et adj. ■ Partisan de la monarchie, d'un roi. ⇒ **royaliste.** / contr. **démocrate, républicain** / ▶ ***monarque*** n. m. ■ Chef de l'État dans une monarchie. ⇒ **empereur, prince, roi, souverain.** *Monarque absolu.* ⇒ **autocrate, despote.**

monastère [mɔnastɛʀ] n. m. ■ Établissement où vivent des religieux appartenant à un ordre (abbaye, prieuré, couvent, ermitage). ⇒ **cloître.** ▶ ***monastique*** adj. ■ Qui concerne les moines. ⇒ **monacal.** *Discipline, vie monastique.*

monceau [mɔ̃so] n. m. ■ Élévation formée par une grande quantité d'objets entassés. ⇒ **amas, amoncellement, tas.** *Des monceaux d'ordures.* — Fig. *Un monceau d'erreurs.* ⟨ ▶ amonceler ⟩

monctonien, ienne [mɔnktɔnjɛ̃, jɛn] adj. et n. ■ De la ville de Moncton, au Nouveau-Brunswick. — N. (Avec une majusc.) Personne née dans cette ville ou qui l'habite.

① ***monde*** [mɔ̃d] n. m. ■ La vie en société considérée surtout dans ses aspects de luxe et de divertissement. *Aller dans le (grand) monde. — Homme, femme du monde.* ▶ ***mondain, aine*** adj. **1.** Relatif à la société des gens en vue, aux divertissements, aux réunions de la haute société. *Vie mondaine et brillante. — Romancier, écrivain mondain,* qui écrit sur la vie de la haute société. **2.** Qui aime les mondanités, sort beaucoup dans le monde. *Il est très mondain.* **3.** (France) *Police mondaine,* ou ellipt. LA MONDAINE : police spécialisée notamment dans la répression du trafic de la drogue. ▶ ***mondanités*** n. f. pl. **1.** Les événements, les particularités de la vie mondaine. *Aimer, fuir les mondanités.* **2.** Comportements, paroles en usage dans la vie mondaine. *Allons ! Pas de mondanités entre nous !*

② ***monde*** n. m. **1.** LE MONDE, DU MONDE : les gens, des gens ; un certain nombre de personnes. ⇒ fam. **grand monde.** *Il y a beaucoup de monde. J'entends du monde dans l'escalier. Du (bien) bon monde,* des gens bien, fiables, honnêtes. *Du beau monde,* des gens importants. *Le monde est fou,* l'humanité en général. — Beaucoup de personnes. *Tu as vu le monde qu'il y a ? — Avoir du monde chez soi,* des invités. — *Faire comme du monde,* se conduire correctement. *Parler, manger... comme du monde,* de manière correcte, sensée ; comme il faut. **2.** TOUT LE MONDE : chacun. *Elle ne peut jamais faire comme tout le monde.* / contr. ③ **personne** / — *Monsieur, madame Tout-le-Monde,* n'importe qui, le premier venu. **3.** PAS EN MONDE loc. fam. : très, beaucoup. *C'est drôle pas en monde. Tu dépenses pas en monde.* ⟨ ▶ grand monde ⟩

③ ***monde*** n. m. **I. 1.** L'ensemble formé par la Terre et les astres visibles, conçu comme un système organisé. ⇒ **cosmos.** — Tout corps céleste comparé à la Terre. *La guerre des mondes.* **2.** L'ensemble de tout ce qui existe. ⇒ **univers.** *Conception du monde.* Loc. *Tout est pour le mieux dans le meilleur des mondes* (maxime des optimistes). *L'être humain et le monde.* ⇒ **nature.** *Création du monde.* **3.** (Qualifié) La totalité des choses, des concepts d'un même ordre. *Le monde extérieur, visible ; le monde des apparences.* **4.** Ensemble de choses considéré comme formant un domaine à part. *Le monde poétique, de l'art, des sciences. — Le monde des abeilles, le monde végétal.* — Loc. *Faire tout un monde de qqch.,* toute une affaire. — Fam. *C'est un monde !,* c'est exagéré (marque l'indignation). **II.** La Terre, habitat de l'être humain ; l'humanité. **1.** La planète Terre, sa surface. *Les cinq parties du monde.* ⇒ **continent.** *Courir, parcourir le monde. Tour du monde.* — Loc. fam. *Le monde est petit,* se dit lorsqu'on rencontre qqn à l'improviste. — *Champion, championnat du monde.* ⇒ **mondial.** — *Le Nouveau Monde,* l'Amérique. *L'Ancien Monde,* l'Europe, l'Afrique et l'Asie. — *Le tiers* monde.* **2.** *Le monde, ce bas monde* (opposé à *l'autre monde,* que les âmes sont censées habiter après la mort ⇒ **au-delà**). — Loc. *Mépriser les biens de ce monde. De l'autre monde,* de l'au-delà. *Il n'est plus de ce monde,* il est mort. **3.** AU MONDE. *Venir au monde,* naître. *Mettre au monde,* donner naissance ⇒ **accoucher, enfanter**. *Être seul au monde,* dans la vie. **4.** La société, la communauté humaine. ⇒ **humanité.** *Ainsi va le monde.* Loc. *À la face du monde,* ouvertement, devant le public. *L'avènement d'un monde meilleur. Le monde antique. Le monde capitaliste et le monde communiste.* — Loc. *Il faut de tout pour faire un monde,* se dit pour excuser l'état ou les goûts des gens. **5.** DU MONDE : renforçant un superlatif. *C'est le meilleur homme, la plus grande soprano du monde.* — AU MONDE : renforçant *tout, rien, aucun. Pour rien au monde.* **6.** Milieu ou groupement social particulier. *Il n'est pas de notre monde. Le monde de la politique, du sport.* ▶ ***mondial, ale, aux*** adj. ■ Relatif à la terre entière (opposé à *régional*). *Population, production mondiale. L'actualité mondiale.* ⇒ **international.** — (Personnes) *C'est la championne mondiale du slalom.* ▶ ***mondialement*** adv. ■ Partout dans le monde. *Mondialement connu.* ⇒ **universellement.** ▶ ***mondialisation*** n. f. ■ Le fait de devenir mondial, de se répandre dans le monde entier. *La mondialisation des marchés.* ▶ ***mondovision*** n. f. ■ Transmission d'images de télévision en des lieux éloignés du globe grâce à des relais satellites de la Terre. ⇒ **eurovision.** — REM. On dit aussi *mondiovision,* n. f. ⟨ ▶ mappemonde ⟩

monégasque [mɔnegask] adj. et n. ■ De la ville ou de la principauté de Monaco. — N. (Avec une majusc.) Personne née dans cette principauté ou qui en a obtenu la citoyenneté. *Les Monégasques.*

monétaire [mɔnetɛʀ] adj. ■ Relatif à la monnaie. *Unité monétaire.*

mongol, ole [mɔ̃gɔl] adj. et n. **1.** De Mongolie. — N. (Avec une majusc.) Personne née dans ce pays ou qui en a obtenu la citoyenneté. *Les Mongols.* — N. m. *Le mongol* (langue). **2.** Péj. Dont le comportement dénote un manque d'intelligence. ⇒ **imbécile.**

mongolien, ienne [mɔ̃gɔljɛ̃, jɛn] adj. ■ Relatif à une maladie congénitale (appelée *mongolisme,* n. m.) qui entraîne un retard du développement, l'arriération mentale et un faciès spécial. — N. Malade atteint de mongolisme (⇒ **trisomie**).

moniteur, trice [mɔnitœʀ, tʀis] n. **1.** Personne qui enseigne certains sports, certaines activités. ⇒ **entraîneur, instructeur.** *Moniteur de ski, d'auto-école. — Moniteur de camp de vacances,* chargé d'encadrer les enfants. **2.** Éducation. Auxiliaire d'un enseignant, qui a pour tâche d'assurer la formation pratique des élèves, des étudiants. *Une monitrice de langue seconde.* ▶ ***monitorat*** n. m. ■ Apprentissage, formation pour la fonction de moniteur ; la fonction elle-même. *Monitorat de vol à voile, de langue seconde.*

monnaie [mɔnɛ] n. f. **1.** Pièce de métal ou ensemble des pièces dont le poids et le titre sont garantis par l'autorité ; moyen d'échange et unité de valeur. ⇒ **pièce.** *Monnaies d'or et d'argent.* **2.** Tout instrument de mesure et de conservation de la valeur, de moyen d'échange des biens ou des services. ⇒ **argent.** *Monnaie métallique, fiduciaire. Pièce de monnai[e]* monnaie (1) ayant une valeur d'échange. — *Monn[aie] de papier* (billets). — FAUSSE MONNAIE : contrefa[çon] frauduleuse des pièces de monnaie. *Fabricant de f[ausse] monnaie.* ⇒ **faussaire, faux-monnayeur. 3.** Un[ité de] valeur admise et utilisée dans un pays. *Le cou[rs]* monnaie. *Valeurs relatives de plusieurs monnaies.* ⇒ **change, cours, parité.** *Monnaie électronique.* — Loc. *Servir de monnaie d'échange. C'est monnaie courante,* c'est chose très fréquente. **4.** Ensemble de pièces, de billets de faible valeur que l'on porte sur soi. ⇒ ② **cent, dollar, sou.** *Petite, menue monnaie.* ⇒ fam. (France) **mitraille.** *Passez la monnaie !* — Somme constituée par les pièces ou billets représentant la valeur d'une seule pièce, d'un seul billet ou la différence entre un billet, une pièce et une somme moindre. ⇒ **appoint ;** fam. **change.** *Rendre la monnaie sur vingt dollars. Je n'ai pas de monnaie ; avez-vous de la monnaie ?* — Loc. *Rendre à qqn la monnaie de sa pièce,* lui rendre le mal qu'il vous a fait. ▶ ***monnayer*** [mɔnɛ(e)je] v. tr. ▪ conjug. 8. **1.** Convertir en argent liquide. *Monnayer un billet, un bien.* **2.** Se faire payer (un bien moral) ; tirer de l'argent de (qqch.). *Monnayer son talent, son silence.* ▶ ***monnayable*** adj. ■ Qu'on peut monnayer. ‹ ▶ faux-monnayeur, monétaire, monnaie du pape, porte-monnaie ›

monnaie(-)du(-)pape [mɔnɛdypap] n. f. ■ Plante ornementale à grandes fleurs pourpres, à fruits en forme de disques blancs argentés.

mon(o)- ■ Élément savant signifiant « seul, unique ». ⇒ **monarchie,** et composés ci-dessous. / contr. **multi-, pluri-, poly-** /

monocellulaire [mɔnoselylɛʀ] adj. ■ Composé d'une seule cellule. ⇒ **unicellulaire.**

monochrome [mɔnokʀom] adj. ■ Qui est d'une seule couleur. / contr. **polychrome** /

monocle [mɔnɔkl] n. m. ■ Petit verre optique que l'on fait tenir dans une des arcades sourcilières. ⇒ **lorgnon.** *Il portait le monocle.*

monocoque [mɔnɔkɔk] n. m. ■ Bateau à une seule coque (opposé à *multicoque*) ; véhicule sans châssis. — Adj. *Un bateau monocoque.*

monocorde [mɔnokɔʀd] adj. ■ Qui est sur une seule note, n'a qu'un son. ⇒ **monotone.** *Une voix monocorde.*

monocotylédone [mɔnokɔtiledɔn] adj. et n. f. ■ (Plantes) Dont la graine n'a qu'un cotylédon. — N. f. pl. Nom d'une classe de végétaux. *Les monocotylédones et les dicotylédones.* — Au sing. *Une monocotylédone.*

monoculture [mɔnokyltyʀ] n. f. ■ Culture d'un seul produit. / contr. **polyculture** /

monogame [mɔnɔgam] adj. **1.** Qui n'a qu'une seule femme, qu'un seul mari à la fois. / contr. **bigame, polygame** / — N. *Un, une monogame.* **2.** Qui a des fleurs unisexuées. ▶ ***monogamie*** n. f. ■ Régime juridique en vertu duquel un homme ou une femme ne peut avoir plusieurs conjoints en même temps. / contr. **bigamie, polygamie** /

monogramme [mɔnɔgʀam] n. m. ■ Chiffre composé de la lettre initiale ou de la réunion de plusieurs lettres d'un nom entrelacées.

monographie [mɔnɔgʀafi] n. f. ■ Étude complète et détaillée sur un sujet précis.

monokini [mɔnokini] n. m. ■ Maillot de bain [illegible]éminin qui ne comporte qu'une culotte (le *bikini* [illegible]portant culotte et soutien-gorge). *Des monokinis.*

[illegible]ingue [mɔnɔlɛ̃g] adj. et n. **1.** Qui ne parle [illegible]e (opposé à *bilingue, trilingue ; multilingue,* [illegible]*lotte*). ⇒ **unilingue.** — N. *Un(e) mono-* [illegible] seule langue. *Dictionnaire mono-* [illegible]

[illegible]t] adj. et n. m. **1.** Qui est d'un [illegible] *Colonne monolithe.* **2.** N. m. *Un monolithe,* un monument monolithe. ▶ ***monolithique*** adj. **1.** D'un seul bloc de pierre ; monolithe. **2.** Fig. Qui forme bloc ; dont les éléments forment un ensemble rigide, homogène. *Parti monolithique.*

monologue [mɔnɔlɔg] n. m. **1.** Scène à un personnage qui parle seul. — Scène généralement humoristique dite par un seul personnage. ⇒ **monologuiste. 2.** Long discours d'une personne qui ne laisse pas parler ses interlocuteurs. / contr. **dialogue, entretien** / **3.** Discours d'une personne seule qui parle, pense tout haut. ⇒ **soliloque.** *Monologue intérieur,* longue suite de pensées transcrites à la première personne (dans un roman, etc.). ▶ ***monologuer*** v. intr. ▪ conjug. 1. ■ Parler seul, ou en présence de qqn comme si l'on était seul. / contr. **dialoguer** / ▶ ***monologuiste*** n. ■ Humoriste, fantaisiste qui présente des monologues, et parfois des chansons, en spectacle.

monôme [mɔnom] n. m. ■ Expression algébrique entre les parties de laquelle il n'y a pas de signe d'addition ou de soustraction.

monomoteur, trice [mɔnomɔtœʀ, tʀis] adj. et n. m. ■ Qui n'a qu'un seul moteur. ⇒ **bimoteur, quadrimoteur.** *Avion monomoteur.*

mononcle [mɔ̃(ɔ)nɔ̃kl] n. m. ■ Oncle (dans le langage enfantin ou familier). ⇒ **matante, tonton.** *Connais-tu son mononcle ? Des mononcles. Mononcle Louis.*

mononucléaire [mɔnonykleɛʀ] adj. ■ (Cellules) Qui n'a qu'un seul noyau.

mononucléose [mɔnonykleoz] n. f. ■ Maladie caractérisée par l'augmentation des mononucléaires dans le sang, entraînant une fatigue extrême et prolongée. *Faire une mononucléose.* — Abrév. *Mono* n. f. *Des monos.*

monoparental, ale, aux [mɔnopaʀɑ̃tal, o] adj. ■ Où il y a un seul parent pour élever un ou des enfants. ⇒ **fille** (I, 6). *Famille, autorité monoparentale.*

monoplace [mɔnɔplas] adj. et n. ■ (Véhicules) Qui n'a qu'une place. *Voiture, avion monoplace.* — N. *Un, une monoplace.*

monoplan [mɔnɔplɑ̃] n. m. ■ Avion qui n'a qu'un seul plan de sustentation (opposé à *biplan*).

monopole [mɔnɔpɔl] n. m. **1.** Situation où une entreprise (un groupe) est maître de l'offre sur le marché ; cette entreprise. *Capitalisme de monopole. Les grands monopoles.* **2.** Privilège exclusif. ⇒ **exclusivité.** *Ce parti s'attribue le monopole du patriotisme.* ▶ ***monopoliser*** v. tr. ▪ conjug. 1. **1.** Exploiter, vendre par monopole. *L'État a monopolisé la vente des alcools.* **2.** S'attribuer (un objet ou un privilège exclusif). ⇒ **accaparer.** *Monopoliser qqn, son attention.* ▶ ***monopolisation*** n. f. ■ Action de monopoliser.

monoski [mɔnoski] n. m. ■ Ski unique sur lequel reposent les deux pieds. — Sport pratiqué sur ce ski. *Faire du monoski.*

monosyllabe [mɔno(ɔ)si(l)lab] adj. et n. m. ■ Qui n'a qu'une syllabe. ⇒ **monosyllabique.** / contr. **polysyllabe** / — N. m. *Un monosyllabe,* un mot d'une syllabe. ▶ ***monosyllabique*** adj. ■ Qui n'a qu'une syllabe. — Qui ne contient que des monosyllabes. *Le chinois est monosyllabique.*

monothéisme [mɔno(ɔ)teism] n. m. ■ Croyance en un dieu unique. / contr. **polythéisme** / ▶ ***monothéiste*** n. et adj. ■ Qui croit en un dieu unique.

monotone [mɔnɔtɔn] adj. **1.** Qui est toujours sur le même ton ou dont le ton est peu varié. ⇒ **monocorde.** *Une plainte monotone.* **2.** Qui lasse par son uniformité, par la répétition des mêmes choses. ⇒ ① **plat** (II), **uniforme.** *Paysage monotone. Une vie monotone.* / contr. **varié** / ▶ ***monotonie*** n. f. ■ Uniformité lassante. *La monotonie d'un paysage, d'un travail.* ⇒ **ennui.** / contr. **diversité, variété** /

monoxyde [mɔnɔksid] n. m. ■ Oxyde contenant un seul atome d'oxygène dans sa molécule. — *Monoxyde de carbone,* gaz extrêmement toxique, spécialt *gaz d'échappement. S'asphyxier au monoxyde de carbone.*

① ***monseigneur*** [mɔ̃sɛɲœʀ] n. m. — REM. S'emploie sans article. ■ Titre honorifique donné à certains personnages éminents (archevêques, évêques, (France) princes des familles souveraines). Abrév. *Mgr.* — Au plur. *Messeigneurs* (princes) — abrév. *M^grs^; Nosseigneurs* (archevêques, évêques) — abrév. *NN. SS.*

② ***monseigneur*** n. m. ■ En appos. *Pince-monseigneur.* ⇒ **pince.** *Des pinces-monseigneurs.*

monsieur [məsjø], plur. ***messieurs*** [mesjø] n. m. (Abrév. *M., MM.*) **I. 1.** Titre donné aux hommes de toute condition. *Bonjour, monsieur. Cher monsieur. Mesdames et Messieurs. Monsieur le Ministre.* **2.** Titre qui précède le nom ou la fonction d'un homme dont on parle. *Monsieur Leclerc est arrivé. Vous êtes monsieur... ? Adressez-vous à monsieur le directeur.* — Fam. *Monsieur Chose**. **3.** Histoire de France. Titre autrefois donné aux princes (notamment l'aîné des frères du roi). **II.** Homme. **1.** Homme quelconque. *Un vieux monsieur. Le monsieur que nous avons rencontré hier.* — (Avec certains adj.) *Un joli, un vilain monsieur,* un individu méprisable. **2.** Homme dont l'aspect, les manières, le langage annoncent quelque éducation. *Avoir l'allure d'un monsieur. Notre professeur, c'est un vrai monsieur,* un homme honnête, honorable et franc. **3.** Lang. enfantin. *Un monsieur,* un homme. *Dis merci au monsieur.* ‹ ▶ croque-monsieur ›

monstre [mɔ̃stʀ] n. m. et adj. **I.** N. m. **1.** Être, animal fantastique et terrible (des légendes, mythologies). *Le monstre du lac Pohénégamook.* — Animal réel gigantesque ou effrayant. *Monstres marins.* **2.** Être vivant ou organisme de conformation anormale (par excès, défaut ou position anormale des parties du corps). **3.** Personne d'une laideur effrayante. **4.** Fig. Personne effrayante par son caractère, son comportement (surtout sa méchanceté). *C'est un monstre de cruauté.* — Fam. *Petit monstre !,* se dit à un enfant turbulent. **5.** Loc. LES MONSTRES SACRÉS : les grands comédiens, les grandes vedettes. **II.** Adj. Fam. Très important, immense. ⇒ **colossal, gigantesque, prodigieux.** *Un rassemblement monstre. Des repas monstres. Un travail monstre.* ⇒ **monstrueux.** ▶ ***monstrueux, euse*** [mɔ̃stʀyø, øz] adj. **1.** Qui a la conformation d'un monstre, rappelle les monstres. ⇒ **difforme.** *Laideur monstrueuse.* **2.** Qui est d'une taille, d'une intensité prodigieuse et insolite. *Une ville monstrueuse.* ⇒ **colossal, énorme, gigantesque.** *Un bruit monstrueux.* **3.** Qui choque extrêmement la raison, la morale. ⇒ **abominable, affreux, effroyable, épouvantable, horrible.** *Idée monstrueuse. C'est monstrueux !* ▶ ***monstrueusement*** adv. ■ *Il était monstrueusement gros, laid.* ⇒ **prodigieusement.** ▶ ***monstruosité*** n. f. **1.** Anomalie congénitale. ⇒ **difformité, malformation. 2.** Caractère de ce qui est monstrueux (3). *La monstruosité d'un crime.* ⇒ **atrocité, horreur.** — *Une monstruosité,* chose monstrueuse.

mont [mɔ̃] n. m. ■ Importante élévation de terrain, qui se détache du relief environnant. ⇒ **montagne.** *Du haut des monts. Le mont Sainte-Anne, Orford.* — Loc. PAR MONTS ET PAR VAUX : à travers tout le pays, de tous côtés, partout. — *Promettre* MONTS ET MERVEILLES : des avantages considérables. ▶ ***montagne*** [mɔ̃taɲ] n. f. **1.** Relief élevé qui présente des versants abrupts, occupe une vaste superficie et appartient à un système géologique. ⇒ **éminence, hauteur, mont.** *Flanc, pente, versant d'une montagne. Chaîne, massif de montagnes.* — Loc. *(Se) faire une montagne de qqch.,* (s')en exagérer les difficultés, l'importance. — *Soulever les montagnes,* se jouer de grandes difficultés. *Une foi qui soulève les montagnes.* **2.** LES MONTAGNES, LA MONTAGNE : ensemble de montagnes (chaîne, massif) ; zone, région de forte altitude (opposé à *plaine*). *Pays de montagne.* ⇒ **montagneux.** *Passer ses vacances dans les montagnes* ou, France, *à la montagne.* **3.** Amas, amoncellement. *Une montagne de livres.* **4.** Au plur. MONTAGNES RUSSES : suite de montées et de descentes rapides parcourues par un véhicule dans les foires. ▶ ***montagnard, arde*** adj. et n. **1.** Qui habite les montagnes, vit dans les montagnes. *Peuples montagnards.* **2.** Relatif à la montagne. *La vie montagnarde.* ▶ ***montagneux, euse*** adj. ■ Où il y a des montagnes ; formé de montagnes. *Région montagneuse.* ‹ ▶ amont, amonceler, monceau, mont-de-piété, monticule, montueux, passe-montagne, piémont, promontoire, tramontane, ultramontain ›

montage [mɔ̃taʒ] n. m. **1.** Opération par laquelle on assemble les pièces (d'un mécanisme, d'un objet complexe) pour le mettre en état de fonctionner (⇒ ② **monter**). *Le montage des chaussures. Le montage d'un moteur au banc d'essai. Chaîne de montage.* — *Le montage d'un circuit électrique.* **2.** Assemblage d'images. *Montage photographique.* **3.** Choix et assemblage des plans d'un film dans certaines conditions d'ordre et de temps (⇒ **monteur** 2). — *Un montage,* film documentaire ou d'actualités constitué d'éléments préexistants assemblés.

montagnais, aise [mɔ̃taɲɛ, ɛz] adj. et n. **1.** Relatif à une nation d'Amérindiens qui habitent surtout le nord-est du Québec. *Des guides montagnais.* — N. (Avec une majusc.) Membre de cette nation. *Les Montagnais de la Côte-Nord.* **2.** N. m. *Le montagnais,* la langue parlée par ces Amérindiens. *La grammaire du montagnais.* — Adj. *Le vocabulaire montagnais.*

montagne n. f., ***montagneux*** adj., etc. ⇒ **mont.**

montaison [mɔ̃tɛzɔ̃] n. f. ■ Migration des saumons et des truites qui remontent les cours d'eau (fleuves, rivières) pour aller frayer en eau douce ; saison de cette migration. ⇒ **frai.**

montant, ante [mɔ̃tɑ̃, ɑ̃t] adj. et n. **I.** Adj. Qui monte (①, I). **1.** Qui se meut de bas en haut. / contr. **descendant** / *Mouvement montant. Marée montante.* ⇒ ① **flot, flux.** / contr. **baissant, reflux** / *Gamme montante. La génération montante.* **2.** Qui va, s'étend vers le haut. *Chemin montant.* **II.** N. m. **1.** Pièce verticale dans un dispositif, une construction (opposé à *traverse*). *Les montants d'une fenêtre.* **2.** Chiffre auquel monte, s'élève un compte. ⇒ **somme, total.** *Le montant des frais, d'un chèque.*

montarvillois, oise [mɔ̃taʀvilwa, waz] adj. et n. ■ De Saint-Bruno-de-Montarville. — N. (Avec une majusc.) Personne née dans cette ville ou qui l'habite.

mont-de-piété [mɔ̃dpjete] n. m. ■ (France) Établissement de prêt sur gage. *Il a engagé sa montre au mont-de-piété. Des monts-de-piété.*

① ***monter*** [mɔ̃te] v. • conjug. 1. **I.** V. intr. (Auxil. *être* ou *avoir*) **1.** (Êtres vivants) Se déplacer dans un mouvement de bas en haut ; se transporter vers un lieu plus haut. ⇒ **grimper.** / contr. **descendre** / *Monter en haut d'une tour. Monter au grenier. Monter à une échelle. Elle est montée se coucher.* — *Monter à cheval.* Absolt. *Il monte bien.* — *Monter dans une voiture, en* *voiture.* ⇒ **embarquer.** *Monter à bicyclette.* **2.** Fam. Se déplacer du sud vers le nord (en raison de l'orientation des cartes géographiques où le nord est en haut). *Ils sont montés (de Québec) à Chicoutimi. Monter dans le bois, dans les chantiers,* aller travailler en forêt. **3.** Progresser dans l'échelle sociale, s'élever dans l'ordre moral, intellectuel. *Monter en grade.* ⇒ **avancer.** *Monter en cinquième année du primaire.* — Fam. *La vedette qui monte.* — Loc. *Monter sur le dos de qqn,* lui en imposer, le régenter. Fam. *Monter dans les rideaux*.* **4.** (Choses) S'élever dans l'air, dans l'espace. / contr. **baisser, descendre** / *Le soleil monte au-dessus de l'horizon.* — (Sons, odeurs, impressions qui émanent des choses) *Bruits montant de la rue.* — (Phénomènes physiologiques, émotions) *La colère fait monter le sang au visage. Les larmes lui montaient aux yeux.* — Loc. *Être monté (contre qqn),* très en colère. *Monter à la tête,* exalter, griser, troubler. **5.** S'élever en pente. *Là où la route monte.* ⇒ **montée.** — S'étendre jusqu'à une certaine hauteur. *Bottes qui montent à, jusqu'à mi-cuisse.* **6.** Gagner en hauteur. *Le tas, le niveau monte.* **7.** (Fluides) Progresser, s'étendre vers le haut. *La rivière, la mer a monté. La marée monte.* — *Le lait monte,* commence à bouillir. **8.** (Sons) Aller du grave à l'aigu. — *Le ton monte,* la discussion tourne à la dispute. **9.** (Prix) Aller en augmentant ; (biens, marchandises, services) hausser les prix. *Les prix, les loyers ne cessent de monter.* ⇒ **augmenter.** *Les actions montent.* — Atteindre un total. ⇒ **montant.** *À combien montera la dépense ?* (Voir ci-dessous, III, 2) ⇒ s'**élever.** — Loc. verb. *En montant,* et plus. *Ce type de contravention coûte trente dollars en montant.* **II.** V. tr. (Auxil. *avoir*) **1.** Parcourir en s'élevant, en se dirigeant vers le haut. ⇒ **gravir.** *Monter une côte.* ⇒ **grimper.** **2.** Être sur (un animal). ⇒ ① **monture.** *Ce cheval n'a jamais été monté.* — Mettre (qqn) à cheval. — Vieilli. Au p. p. adj. POLICE MONTÉE : à cheval (spécialt la Gendarmerie royale du Canada). **3.** (Chevaux, quadrupèdes) Couvrir (la femelle). ⇒ **saillir ; monte.** *L'étalon monte la jument.* **4.** Porter, mettre (qqch.) en haut. *Monter une malle au grenier. Le facteur monte le courrier* (aux occupants des étages). **5.** Porter, mettre plus haut, à un niveau plus élevé. ⇒ **élever, remonter.** *Monter l'étagère d'un cran.* — Fig. *Monter le son, le volume de la radio.* ⇒ **augmenter.** — Loc. MONTER LA TÊTE *à qqn,* MONTER *qqn* : l'animer, l'exciter contre qqn. — Pronominalement. *Se monter la tête,* s'exalter. **III.** SE MONTER v. pron. **1.** (Passif) Être monté. *Cette côte se monte facilement.* **2.** (Réfl.) S'élever à un certain total. ⇒ **atteindre.** *Les dépenses se sont montées à mille dollars.* **3.** Se fâcher, se choquer. *Ne te monte pas, discutons calmement.* ▶ ***monte*** n. f. **1.** Pratique de l'accouplement chez les équidés et les bovidés. ⇒ **saillie.** **2.** Fait de monter un cheval en course. — Manière de monter. *Sa monte est excellente.* ▶ ***monte-charge*** [mɔ̃tʃaʀʒ] n. m. invar. ■ Appareil servant à monter des marchandises, des fardeaux, d'un étage à l'autre. ⇒ **élévateur.** *Des monte-charge.* ≠ *ascenseur, élévateur.* ▶ ***monte-pente*** n. f. ■ Dispositif servant à hisser les skieurs au sommet d'une pente, au moyen d'amarres. ⇒ **remontée, remonte-pente, télésiège.** *Faire la queue au monte-pente. Des monte-pentes.* ▶ ***monte-plats*** n. m. invar. ■ Petit monte-charge qui sert à faire monter ou descendre les plats de la cuisine à la salle à manger. ≠ *passe-plat.* ▶ ***montée*** n. f. **1.** Action de monter, de grimper, de se hisser. ⇒ **escalade, grimpée.** *Être essoufflé par une pénible montée.* — (Choses) Action de s'élever. ⇒ **ascension.** / contr. **descente** / *La montée des eaux.* ⇒ **crue.** **2.** Pente que l'on gravit. ⇒ ② **côte, grimpée, rampe.** *Maison en haut d'une montée.* **3.** Voie de communication en pente plus ou moins prononcée, menant à un lieu déterminé (abrév. *mtée*). — Histoire. Chemin reliant les terres des rangs du bord de l'eau aux terres des rangs de l'intérieur. ⟨ ▶ ① démonter, montaison, montant, ① monture, ② remonter, surmonter ⟩

② ***monter*** v. tr. ■ conjug. 1. **1.** Mettre en état de fonctionner, de servir, en assemblant les différentes parties. ⇒ **ajuster, assembler ; montage, monteur.** / contr. ② **démonter** / *Monter une armoire livrée en éléments. Meubles à monter.* ⇒ anglic. **kit.** *Monter la tente.* ⇒ **dresser.** — *Monter un film.* ⇒ **montage** (3). **2.** *Monter une pièce de théâtre,* en préparer la représentation, mettre en scène. — *Monter une affaire, une société,* constituer, organiser. ⇒ **créer.** *Monter un coup.* — Au p. p. adj. *Coup monté,* affaire préparée contre qqn. **3.** Fournir, pourvoir de tout ce qui est nécessaire. *Monter son ménage.* — Pronominalement (réfl.). *Se monter,* se fournir, se pourvoir (en...). *Se monter une collection de...* ⇒ se **constituer.** — Au p. p. *Je suis mal montée en vaisselle.* **4.** Fixer définitivement. *Monter un diamant sur une bague.* ⇒ **enchâsser, sertir ; monture.** ▶ ***monteur, euse*** n. **1.** Personne qui monte certains ouvrages, appareils, machines ; ouvrier, technicien qui effectue des opérations de montage. *Monteur électricien. Monteur de lignes (électriques).* **2.** Spécialiste chargé du montage des films. *Chef monteur.* ⟨ ▶ ② démonter, montage, ② monture, prêt-à-monter, ① remonter ⟩

montérégien, ienne [mɔ̃teʀeʒjɛ̃, jɛn] adj. et n. ■ Relatif ou caractéristique de la région de la Montérégie. — N. (Avec une majusc.) Personne née dans cette région du Québec ou qui l'habite.

montgolfière [mɔ̃gɔlfjɛʀ] n. f. ■ (Du nom des frères *Montgolfier*) Ancien aérostat formé d'une enveloppe remplie d'air chauffé. ⇒ **ballon.**

monticule [mɔ̃tikyl] n. m. ■ Petite bosse de terrain. — (Baseball, balle-molle) *Le monticule du lanceur,* la zone légèrement surélevée au centre du champ intérieur où se tient le lanceur pour effectuer ses tirs. — Tas. *Monticule de pierres.*

① ***montre*** [mɔ̃tʀ] n. f. **1.** Vx. Démonstration, exhibition. *Pour la montre,* pour l'apparence extérieure, la parade. **2.** Loc. FAIRE MONTRE DE : montrer avec affectation. — Montrer au grand jour, révéler. *Tu as fait montre de compréhension.* ⇒ faire **preuve** de. **3.** Commerce. EN MONTRE : en vitrine. — *Salle de montre,* où sont exposées des marchandises à vendre et qui sert à attirer les clients.

② ***montre*** n. f. **1.** Petite boîte à cadran contenant un mouvement d'horlogerie, qu'on porte sur soi pour savoir l'heure. *Montre de précision.* ⇒ **chronomètre.** *Montre-bracelet* ou, n. m., *bracelet-montre. Montre à quartz. Montre à affichage numérique. Montre de plongée. Ta montre avance, retarde. Mettre sa montre à l'heure.* ≠ *horloge, pendule.* **2.** Loc. *Montre en main,* en mesurant le temps avec précision. — *Course contre la montre,* où chaque coureur part seul, le classement s'effectuant d'après le temps. ⟨ ▶ bracelet-montre ⟩

montréalais, aise [mɔ̃ʀealɛ, ɛz] adj. et n. ■ De la ville de Montréal. *Les artères montréalaises.* — N. (Avec une majusc.) Personne née dans cette ville ou qui l'habite. *Ma femme est une Montréalaise.*

montrer [mɔ̃tʀe] v. tr. ■ conjug. 1. **I. 1.** Faire voir, mettre devant les yeux. / contr. **cacher, dissimuler** / *Montrer un objet à qqn. Montrer ses richesses.* ⇒ **déployer, étaler, exhiber.** — Faire voir de loin, par un signe, un geste. ⇒ **désigner, indiquer.** *Montrer du doigt les étoiles. Montrer le chemin, la voie.* — (Suj. chose) *Film qui montre des scènes de violence.* **2.** (Suj. chose) Laisser voir. *Robe qui montre les bras, le cou.* ⇒ **découvrir.** *Ce tapis montre la corde.* **II.** Faire connaître. **1.** Faire imaginer. ⇒ **représenter.** *L'auteur* *montre dans ses livres un pays, une société.* ⇒ **décrire, dépeindre, évoquer.** **2.** Faire constater, mettre en évidence. ⇒ **démontrer, établir, prouver.** *Montrer à qqn ses torts, lui montrer qu'il a tort. Signes qui montrent la présence, l'imminence de qqch.* ⇒ **annoncer, déceler, dénoter.** **3.** Faire paraître, faire connaître volontairement par sa conduite. *Je vais lui montrer qui je suis. Montrer ce qu'on sait faire. Montre l'exemple !* **4.** Laisser paraître ; révéler. ⇒ **exprimer, extérioriser, manifester, témoigner.** *Montrer son étonnement, son émotion. Montrer de l'humeur.* **5.** Faire comprendre ; apprendre (qqch. à qqn) par l'explication. ⇒ **enseigner, expliquer.** *Montre-moi comment ça marche.* **III.** SE MONTRER v. pron. réfl. **1.** Se faire voir. *Il n'a qu'à se montrer pour être applaudi.* ⇒ **paraître.** *Elle n'ose plus se montrer. Se montrer sous un jour favorable, tel qu'on est.* — (Sans compl.) *Une personne qui ne cessait de se montrer,* de se mettre en évidence, de se vanter. ⇒ **paraître.** **2.** *Se montrer* (et attribut), être effectivement, pour un observateur. ⇒ **être.** *Se montrer courageux, habile. Il s'est montré d'une avarice sordide.* ▶ ***montreur, euse*** n. ■ Personne qui fait métier de montrer en public (une curiosité). *Montreur d'ours, d'animaux, de marionnettes.* ⟨ ▶ démontrer, indémontrable, ① montre, remontrer ⟩

montueux, euse [mɔ̃tɥø, øz] adj. ■ Vieilli. Qui présente des monts, des hauteurs. *Pays montueux.*

① ***monture*** [mɔ̃tyʀ] n. f. ■ Bête sur laquelle on monte pour se faire transporter (cheval, âne, mulet, dromadaire, éléphant...). *Un cavalier et sa monture.* ⇒ **cheval.**

② ***monture*** n. f. ■ Partie (d'un objet) qui sert à assembler, fixer la pièce, l'élément principal. *Monture de chevalet. Monture de lunettes,* qui maintient les verres en place (opposé à *partie optique*).

monument [mɔnymɑ̃] n. m. **1.** Ouvrage d'architecture, de sculpture, etc., destiné à perpétuer le souvenir de qqn, qqch. *Monument funéraire,* élevé sur une sépulture. ⇒ **mausolée, stèle, tombeau ; épitaphe.** *Monument aux morts,* élevé à la mémoire des morts d'une même communauté. **2.** Édifice remarquable par son intérêt. ⇒ **bâtiment, palais.** *Monument historique. Monument public.* — Fam. Objet énorme. *Cette armoire est un véritable monument.* **3.** Œuvre imposante, vaste, digne de durer. — *Un monument de la littérature, de la politique,* une personne qui a marqué son domaine par son œuvre, son activité. — *Elle a été un monument au Québec,* une personne au prestige considérable. — Fam. *Un monument d'absurdité,* une chose très absurde. ▶ ***monumental, ale, aux*** adj. **1.** Qui a un caractère de grandeur majestueuse. ⇒ **grand, imposant.** *L'œuvre monumentale de Victor Hugo.* **2.** Fam. Énorme. ⇒ **colossal, gigantesque, immense.** *Une horloge monumentale. — Erreur monumentale.*

mop, mope ou ***moppe*** [mɔp] n. f. **1.** Anglic. Vadrouille à franges ou vadrouille-éponge (*moppe-éponge*). *Passer la moppe.* **2.** Loc. fam. *Avoir la mope,* être de mauvaise humeur, manifester de la contrariété. ⇒ **bouder.**

se ***moquer*** [mɔke] v. pron. réfl. ▪ conjug. 1. Se moquer de qqn, qqch. **1.** Tourner en ridicule. ⇒ **blaguer, railler, ridiculiser, rire** de ; fam. se **ficher** de, se **sacrer** de (→ Mettre en boîte). *Les enfants se moquent de lui, de son allure.* **2.** Ne pas se soucier de (qqn, qqch.). ⇒ **dédaigner, mépriser.** *Je m'en moque comme de l'an quarante* (→ Je m'en balance, je m'en fiche, ça m'est égal). / contr. s'**intéresser** / *Se moquer du qu'en-dira-t-on. Je me moque d'avoir raison. Elle se moque que j'aie raison.* **3.** Tromper ou essayer de tromper (qqn) avec désinvolture. ⇒ **avoir, berner,** se **jouer** de, **mystifier, rouler.** *Elle s'est bien moquée de vous. Vous vous moquez du monde.* **4.** Absolt. Littér. Plaisanter. *Vous vous moquez !* ▶ ***moquerie*** [mɔkʀi] n. f. ■ *La moquerie,* action, habitude de se moquer (1). ⇒ **ironie, raillerie.** — *(Une, des moqueries)* Action, parole par laquelle on se moque. ⇒ **plaisanterie.** *Être sensible aux moqueries.* ▶ ***moqueur, euse*** adj. et n. **I.** **1.** Qui a l'habitude de se moquer (1), qui est enclin à la moquerie. ⇒ **blagueur, goguenard, gouailleur.** — N. *C'est un moqueur.* **2.** Inspiré par la moquerie. ⇒ **ironique, narquois, railleur.** *Regard, rire moqueur.* **II.** N. m. Oiseau d'Amérique, du genre merle, qui imite le chant d'autres oiseaux. *Le moqueur polyglotte imite la voix humaine.* — En appos. *Le merle moqueur.*

moquette [mɔkɛt] n. f. ■ Tapis uni, ras, (cloué, collé...) couvrant généralement toute la surface d'une pièce. *Demain, on pose la moquette. Je préfère le parquet à la moquette.*

moraine [mɔʀɛn] n. f. ■ Débris de roche entraînés par un glacier et formant un grand amas.

① ***moral, ale, aux*** [mɔʀal, o] adj. ■ Relatif à l'esprit, à la pensée (opposé à *matériel*). ⇒ **intellectuel, spirituel.** *Force morale. — Certitude morale,* intuitive. ▶ ① ***moralement*** adv. **1.** Sur le plan spirituel, intellectuel. *J'en suis moralement convaincu.* **2.** Du point de vue moral. ⇒ **mentalement, psychologiquement.** / contr. **physiquement** / *On a été moralement très secoué.* ▶ ② ***moral*** n. m. ■ Disposition temporaire à supporter plus ou moins bien les dangers, les difficultés, à être plus ou moins heureux. *Le moral des troupes est bon.* — Fam. *Avoir le moral à zéro, à terre, ne pas avoir le moral,* avoir mauvais moral. *Elle m'a cassé, sapé le moral.* ⇒ **démoraliser.** ⟨ ▶ démoraliser, ③ moral ⟩

③ ***moral, ale, aux*** adj. et n. m. Adj. **1.** Qui concerne les mœurs*, les règles de conduite admises et pratiquées dans une société. *Attitude, expérience morale. Les valeurs morales. Principes moraux.* **2.** Qui concerne l'étude philosophique de la morale (I, 1). ⇒ **éthique.** *Théorie morale. L'enseignement moral.* **3.** Qui est conforme aux mœurs, à la morale (I, 2). ⇒ **honnête, juste.** / contr. **amoral, immoral** / *Une histoire morale,* édifiante. ▶ ***morale*** n. f. **I.** **1.** Science du bien et du mal ; théorie de l'action humaine en tant qu'elle est soumise au devoir et a pour but le bien. ⇒ **éthique.** *Morale stoïcienne, chrétienne. Cours de morale* (opposé à *catéchèse*). **2.** Ensemble de règles de conduite considérées comme bonnes. ⇒ ① **bien, valeur.** *Conforme à la morale,* bien, bon. *Morale sévère, rigoureuse.* ⇒ **rigorisme.** **II.** **1.** Loc. FAIRE (DE) LA MORALE *(à qqn)* : lui faire une leçon concernant son devoir. ⇒ **morigéner, sermonner.** **2.** Ce qui constitue une leçon de morale. ⇒ **apologue, maxime, moralité.** *La morale d'une fable. La morale de cette histoire, c'est...* ⇒ **moralité.** ▶ ② ***moralement*** adv. ■ Conformément à une règle de conduite. *Acte moralement condamnable.* ▶ ***moralisateur, trice*** adj. et n. ■ Qui fait la morale. ⇒ **édifiant.** *Influence moralisatrice. Des parents moralisateurs.* ⇒ **moraliste.** ▶ ***moralisation*** n. f. ■ Édification. — Fait de devenir moral. ▶ ***moraliste*** n. **1.** Auteur de réflexions sur les mœurs, sur la nature et la condition humaines. **2.** Personne qui, par ses paroles, son exemple, donne des leçons, des préceptes de morale. ⇒ **moralisateur.** — Adj. *Elle a toujours été moraliste.* ▶ ***moralité*** n. f. **1.** Caractère moral, valeur au point de vue moral, éthique. ⇒ **mérite.** *La moralité d'une action, d'une attitude.* **2.** Attitude, conduite ou valeur morale. *Faire une enquête sur la moralité de qqn.* — Sens moral. ⇒ **conscience, honnêteté.** *Témoins, certificat de moralité.* **3.** Enseignement moral (d'un événement, d'un récit). *La moralité d'une fable.* ⇒ **morale** (II, 2). ⟨ ▶ amoral, immoral ⟩

moratoire [mɔʀatwaʀ] n. m. ■ Suspension des actions en justice, des obligations de paiement. *Obtenir un moratoire d'une semaine.* ⇒ **délai.**

morbide [mɔʀbid] adj. **1.** Relatif à la maladie. *État morbide.* ⇒ **pathologique. 2.** Anormal, dépravé. *Curiosité, imagination morbide.* ⇒ **maladif, malsain.** *Une littérature morbide.*

morceau [mɔʀso] n. m. **1.** Partie séparée ou distincte (d'un corps ou d'une substance solide). ⇒ **bout, fraction, fragment, partie, portion.** *Un petit morceau de ficelle. Couper, déchirer, mettre en morceaux. Morceau de terre.* ⇒ **coin, lopin.** *Un bon, un gros morceau. Se casser en mille morceaux.* ⇒ **miette.** — (D'un aliment) ⇒ **bouchée, part.** *Un morceau de pain, de sucre. Un morceau de tarte.* ⇒ **pointe, portion.** *Les bons morceaux.* — Fig. et fam. *Manger un morceau,* faire un repas ; manger rapidement (⇒ **bouchée, casse-croûte, collation**). — Fam. *Manger, casser, lâcher le morceau,* avouer, parler. **2.** Pièce séparée d'un ensemble. *Un service de vaisselle de 24 morceaux.* **3.** Fragment, partie (d'une œuvre littéraire). ⇒ **extrait, passage.** MORCEAUX CHOISIS : recueil de passages d'auteurs ou d'ouvrages divers. ⇒ **anthologie. 4.** Œuvre musicale. *Un morceau de piano. Exécuter un morceau.* ► ***morceler*** [mɔʀsəle] v. tr. ▪ conjug. 4. ■ Partager (une étendue de terrain) en plusieurs parties. ⇒ **démembrer, partager.** *Morceler un terrain en lots.* / contr. **regrouper, remembrer** / ► ***morcellement*** n. m. ■ Action de morceler ; état de ce qui est morcelé. ⇒ **division, fractionnement, partage.** *Le morcellement de la propriété, de la terre.*

mordoré, ée [mɔʀdɔʀe] adj. et n. m. ■ Qui est d'un brun chaud avec des reflets dorés.

mordre [mɔʀdʀ] v. ▪ conjug. 41. **I.** V. tr. **1.** Saisir et serrer avec les dents de manière à blesser, à entamer, à retenir. ⇒ **morsure.** *Mon chien l'a mordu. Elle s'est fait mordre.* — Pronominalement (réfl.). *Elle s'est mordue.* **2.** Avoir l'habitude d'attaquer, de blesser avec les dents. Sans compl. *Mettre une muselière à un chien pour l'empêcher de mordre.* **3.** Blesser au moyen d'un bec, d'un crochet, d'un suçoir. (Souvent sans compl.) *Insecte, oiseau qui mord.* — Au passif. *Être mordu par un serpent.* ⇒ **piquer. 4.** *La lime, l'acide mord le métal.* ⇒ **entamer, ronger. 5.** Fig. *Le froid mord les doigts.* ⇒ **pénétrer. II. 1.** V. tr. ind. MORDRE À : saisir avec les dents une partie d'une chose. *Poisson qui mord à l'appât* et, sans compl., *qui mord,* qui se laisse prendre. — Impers. *Ça mord,* on attrape des poissons. **2.** V. intr. MORDRE DANS : enfoncer les dents. *Il mordait à belles dents dans le gâteau.* — Fig. *Elle mordait dans la vie,* elle vivait pleinement, fougueusement. **3.** MORDRE SUR (une chose, une personne) : agir, avoir prise sur elle, l'attaquer. / contr. **glisser** sur / — Empiéter. *Concurrent disqualifié pour avoir mordu sur la ligne de départ.* ► ***mordant, ante*** adj. et n. m. **I. 1.** Adj. Qui attaque, raille avec une violence qui blesse. ⇒ **acerbe, acide, aigre, incisif, vif.** *Répondre à qqn d'une manière mordante. Ironie mordante.* **2.** Qui mord. *Un grand froid mordant.* **II.** N. m. *Armée, troupe, équipe sportive qui a du mordant,* de l'énergie, de la vivacité dans l'attaque. ⇒ **fougue.** *Œuvre qui a du mordant,* un ton vif et original. ► ***mordée*** n. f. **1.** Morceau, quantité d'aliment prélevé(e) avec les dents. ⇒ **bouchée.** *Prendre une mordée de pomme.* **2.** Blessure, marque faite en mordant. ⇒ **morsure.** *Sa petite sœur lui a pris une mordée dans le bras.* ► ***mordicus*** [mɔʀdikys] adv. ■ Fam. *Affirmer, soutenir qqch. mordicus,* obstinément, sans démordre. ► ***mordiller*** v. tr. ▪ conjug. 1. ■ Mordre légèrement et à plusieurs reprises. ► ***mordu, ue*** adj. **1.** Qui a subi une morsure. **2.** Amoureux. ⇒ **entiché.** *Il est mordu, bien mordu.* — N. Fam. MORDU(E) DE : personne qui a un goût extrême pour (qqch.). *C'est un mordu du football, du jazz.* ⇒ **fanatique, passionné ;** fam. ② **enragé, fou.** ‹ ► démordre, mors, morsure, remords ›

more, moresque adj. et n. ⇒ **maure, mauresque.**

morfil [mɔʀfil] n. m. ■ Petites parties d'acier, barbes métalliques qui restent au tranchant d'une lame affûtée.

se ***morfondre*** [mɔʀfɔ̃dʀ] v. pron. réfl. ▪ conjug. 41. **1.** S'ennuyer, être triste lorsqu'on attend. ⇒ **languir.** *Nous nous sommes morfondus sous la pluie pendant une heure.* — Au p. p. adj. Ennuyé, déçu. *Un amoureux morfondu.* **2.** S'épuiser, se ruiner la santé (à des travaux difficiles, exigeants physiquement). *Autrefois, les colons se morfondaient à cultiver la terre.*

① ***morgue*** [mɔʀg] n. f. ■ Contenance hautaine et méprisante ; affectation exagérée de dignité. ⇒ **arrogance, hauteur, insolence.**

② ***morgue*** n. f. ■ Lieu où les cadavres non identifiés sont exposés pour les faire reconnaître. ⇒ institut **médico-légal.** — Lieu où sont conduits les cadavres des personnes mortes de manière violente. Salle où reposent momentanément les personnes décédées.

moribond, onde [mɔʀibɔ̃, ɔ̃d] adj. ■ Qui est près de mourir. ⇒ **agonisant, mourant.** — N. *Être au chevet d'un moribond.* — (Choses) *Une entreprise moribonde.*

morigéner [mɔʀiʒene] v. tr. ▪ conjug. 6. ■ Littér. Réprimander, sermonner (qqn) en se donnant des airs de moraliste. ⇒ littér. **tancer.**

morille [mɔʀij] n. f. ■ Champignon comestible, dont le chapeau, assez étroit et haut, est criblé d'alvéoles. *Poulet aux morilles.*

morillon [mɔʀijɔ̃] n. m. ■ Variété de canard plongeur au plumage noir, commun en Amérique du Nord. ⇒ **milouin.**

mormon, one [mɔʀmɔ̃, ɔn] n. et adj. ■ Membre d'une secte d'origine américaine dont la doctrine admet les principes essentiels du christianisme et présente des analogies avec l'islam. — Adj. *La secte mormone.*

① ***morne*** [mɔʀn] adj. **1.** Qui est d'une tristesse morose et ennuyeuse. ⇒ **abattu, sombre, triste.** *Un air morne et buté.* / contr. ① **gai, rieur** / **2.** (Choses) Triste et maussade. ⇒ **terne.** *Un temps morne. La conversation resta morne.* / contr. **animé,** ① **gai** /

② ***morne*** n. m. ■ Petite montagne isolée, de forme arrondie. *Le morne de Saint-Sébastien en Estrie est un mont.*

mornifle [mɔʀnifl] n. f. ■ Fam. Coup du plat ou du revers de la main sur le visage. ⇒ ① **claque, gifle, taloche.** *Recevoir, donner une mornifle.*

morose [mɔʀoz] adj. ■ Qui est d'une humeur triste, que rien ne peut égayer. ⇒ **chagrin,** ① **morne, renfrogné, sombre.** / contr. ① **gai, joyeux** / ► ***morosité*** n. f. ■ Humeur, atmosphère morose. ⇒ **chagrin, mélancolie.** / contr. **enthousiasme, entrain** /

morph(o)-, -morphe, -morphique, -morphisme ■ Éléments savants signifiant « forme ». ‹ ► amorphe, anthropomorphe, isomorphe, métamorphique, morphème, morphologie, polymorphe, zoomorphe ›

morphème [mɔʀfɛm] n. m. ■ Linguistique. Forme minimum douée de sens (mot simple, ex. : *enfant, fauteuil,* ou élément de mot, ex. : *micro-, -able*).

morphine [mɔʀfin] n. f. ■ Substance tirée de l'opium, douée de propriétés soporifiques et calmantes. *La morphine est un stupéfiant.* ▶ ***morphinomane*** adj. et n. ■ Qui s'intoxique à la morphine. — N. *Un, une morphinomane.* ⇒ **toxicomane.**

morphologie [mɔʀfɔlɔʒi] n. f. **1.** Étude de la configuration et de la structure externe (d'un organe ou d'un être vivant, d'un objet naturel). *Morphologie végétale, animale.* **2.** Forme, apparence extérieure. **3.** Étude de la formation des mots et de leurs variations de forme. ≠ *syntaxe.* ▶ ***morphologique*** adj. ■ Relatif à la morphologie, aux formes. *Types morphologiques.* ‹ ▶ morphème ›

morpion [mɔʀpjɔ̃] n. m. **1.** Fam. Pou du pubis. **2.** Fam. Garçon très jeune. ▶ *se* ***morpionner*** v. pron. ▪ conjug. 1. ■ (Passif) Temps, ciel. Fam. Se couvrir, s'ennuager. ⇒ se **chagriner.** *Cet après-midi, le ciel s'est morpionné soudainement.*

mors [mɔʀ] n. m. invar. **1.** Pièce du harnais, levier qui passe dans la gueule du cheval et sert à le diriger. **2.** (Chevaux ou, fam., personnes) Loc. *Prendre* LE MORS AUX DENTS : s'emballer, s'emporter. ⇒ **épouvante, peur.**

① ***morse*** [mɔʀs] n. m. ■ Grand mammifère marin des régions arctiques, amphibie, que l'on chasse pour son cuir, sa graisse et l'ivoire de ses défenses.

② ***morse*** n. m. ■ Système de télégraphie électromagnétique et de code de signaux (utilisant des combinaisons de points et de traits). *Signaux en morse.* — En appos. *Alphabet morse.*

morsure [mɔʀsyʀ] n. f. **1.** Action de mordre. *La morsure d'un chien.* **2.** Blessure, marque faite en mordant. ⇒ **mordée.** *La morsure était profonde.* — Fig. *La morsure du froid sur le visage.*

① ***mort*** [mɔʀ] n. f. **I. 1.** Cessation de la vie (humains et animaux). ⇒ **trépas ; mourir.** / contr. **naissance** / — (Personnifiée) *Voir la mort de près. La mort n'épargne personne.* — Sciences. Arrêt des fonctions de la vie (circulation sanguine, respiration, activité cérébrale...). *Mort clinique suivie de réanimation.* **2.** Fin d'une vie humaine, circonstances de cette fin. *Mort naturelle, accidentelle, subite.* Loc. *Mourir de sa belle mort,* de vieillesse et sans souffrance. — *Être à l'article de la mort,* tout près de mourir. ⇒ à l'**agonie, moribond, mourant.** — *C'est une question de vie ou de mort,* une affaire où qqn peut mourir si on n'intervient pas. — *Ce n'est pas la mort d'un homme,* ce n'est pas si difficile que cela. — À MORT : d'une façon qui entraîne la mort. ⇒ **mortellement.** *Être frappé, blessé, torturé à mort.* — *Depuis sa mort.* ⇒ **décès, disparition.** — Loc. *À la vie (et) à la mort,* pour toujours. **3.** Cette fin provoquée. ⇒ **crime, meurtre, suicide ; euthanasie.** *Donner la mort.* ⇒ **abattre, assassiner, tuer.** *Engin de mort. Peine de mort. Mettre qqn à mort. À mort !,* cri par lequel on réclame la mort de qqn. *Signer son arrêt de mort,* être condamné à mourir. *Attraper* son coup de mort.* **II.** Fig. **1.** Destruction (d'une chose). *C'est la mort du petit commerce.* ⇒ ② **fin, ruine. 2.** En loc. Douleur mortelle. ⇒ **agonie.** *Souffrir mille morts. Avoir la mort dans l'âme,* être désespéré. **3.** Loc. fam. À MORT : énormément, très. ⇒ fam. au **coton.** *Freiner à mort. Être le fun à mort.* ⇒ fam. au **bout.** On dirait que tu lui en veux à mort. ⇒ **beaucoup, tellement.** ‹ ▶ mort-aux-rats, mortel, mortifier, mortuaire ›

② ***mort, morte*** adj. **1.** Qui a cessé de vivre. / contr. **vif, vivant** / *Il est mort depuis longtemps.* ⇒ **décédé.** *Il est mort et enterré. Elle est tombée raide morte.* — *Arbre mort. Feuilles mortes. Du bois mort,* sec. **2.** Qui semble avoir perdu la vie. *Ivre mort. Mort de fatigue,* épuisé. — *Mort de peur,* paralysé par la peur. — *Tenir qqch. mort,* ne pas soulever la question, ne pas en parler. *Tiens ça mort ! Projet mort et enterré,* abandonné définitivement. **3.** (Choses) Sans activité, sans vie. *Eau morte.* ⇒ **stagnant.** *Bras* mort. Le temps est mort,* chaud, lourd, humide. — Loc. *Poids mort. Temps mort,* inutilisé. **4.** Qui appartient à un passé révolu. *Langues mortes* (opposé à *langues vivantes*). **5.** Fam. Hors d'usage. ⇒ **brisé, cassé, usé ;** fam. **bousillé, déglingué, fichu, foutu.** *La bagnole est morte. Les piles sont mortes.* ▶ ③ ***mort, morte*** n. **1.** Dépouille mortelle d'un être humain. ⇒ **cadavre, corps.** *Ensevelir, incinérer les morts.* — *Être pâle comme un (la) mort.* **2.** Être humain qui ne vit plus (mais considéré comme existant dans la mémoire des humains ou dans l'au-delà). ⇒ **défunt.** *Culte, religion des morts.* ⇒ **ancêtre. 3.** Personne tuée. *L'accident a fait un mort et trois blessés. Les morts de la guerre.* ⇒ **victime.** — *La place du mort,* dans une voiture, la place avant, à côté du conducteur. — *Dispositif de l'homme mort,* mécanisme d'un appareil qui arrête automatiquement celui-ci lorsque son conducteur ne peut plus le manœuvrer. — Loc. *Faire le mort,* faire semblant d'être mort. **4.** (Jeux, sports) Joueur qui est mis en dehors du jeu par l'adversaire. — (Cartes) N. m. Joueur qui étale ses cartes et ne participe pas au jeu. *L'as est au mort.* ‹ ▶ corps-mort, croque-mort, morfil, morte-saison, mort-né, nature morte, point mort ›

mortadelle [mɔʀtadɛl] n. f. ■ Gros saucisson de porc et de bœuf.

mortaise [mɔʀtɛz] n. f. **1.** Entaille faite dans une pièce de bois ou de métal pour recevoir une autre pièce (ou sa partie saillante ⇒ **tenon). 2.** Loc. *En mortaise,* relatif à une petite reproduction à l'intérieur d'une photo, d'une image. *Une photo en mortaise de la gagnante.*

mortalité [mɔʀtalite] n. f. **1.** Mort d'un certain nombre d'humains ou d'animaux, succombant pour une même raison (épidémie, fléau). — Décès. *Avoir de la mortalité dans la famille.* **2.** *Taux de mortalité* ou, ellipt, *la mortalité,* rapport entre le nombre des décès et le chiffre de la population totale dans un lieu et un espace de temps déterminés. *Mortalité infantile.* ‹ ▶ immortalité ›

mort-aux-rats [mɔʀoʀɑ] n. f. sing. ■ Préparation empoisonnée destinée à la destruction des rongeurs.

mortel, elle [mɔʀtɛl] adj. **1.** Qui doit mourir. *Tous les hommes sont mortels.* / contr. **éternel, immortel** / — *La dépouille mortelle de qqn,* son cadavre. — (Choses) Sujet à disparaître. ⇒ **éphémère, périssable. 2.** N. Être humain. ⇒ **homme, personne.** *Les mortels. Un heureux mortel,* une personne qui a de la chance. **3.** Qui cause la mort, entraîne la mort. ⇒ **fatal.** *Maladie mortelle. Poison mortel.* — *Ennemi mortel,* qui cherche la mort de son ennemi. — Relig. catholique. *Péché mortel,* qui entraîne la mort de l'âme, la damnation (opposé à *véniel*). **4.** D'une intensité dangereuse et pénible. *Un froid mortel. Un ennui, un silence mortel.* — Fam. Extrêmement ennuyeux, sinistre. ⇒ **lugubre,** à **mourir.** *Une soirée mortelle.* ▶ ***mortellement*** adv. **1.** Par un coup mortel. ⇒ à **mort.** *Mortellement blessé.* **2.** D'une façon intense, extrême. *Elle était mortellement pâle.* — *Réunion mortellement ennuyeuse.* ‹ ▶ immortel, mortalité ›

morte-saison [mɔʀt(ə)sɛzɔ̃] n. f. ■ Époque de l'année où l'activité est réduite dans un secteur de l'économie. *Les mortes-saisons.*

① ***mortier*** [mɔʀtje] n. m. ■ Récipient servant à broyer certaines substances. *Mortier de pharmacien, de cuisine.*

② ***mortier*** n. m. ■ Pièce d'artillerie portative à tir courbe utilisée par l'infanterie.

③ ***mortier*** n. m. ■ Mélange de chaux éteinte et de sable délayé dans l'eau et utilisé en construction pour lier ou recouvrir les pierres. ⇒ **béton.** *Crépi de mortier.* ≠ *ciment.*

mortifier [mɔʀtifje] v. tr. ■ conjug. 7. **1.** Faire cruellement souffrir (qqn) dans son amour-propre. ⇒ **blesser, froisser, humilier, vexer.** *Votre mépris l'a mortifié.* **2.** SE MORTIFIER v. pron. réfl. : s'imposer des souffrances dans l'intention de racheter ses fautes (religion). ▶ ***mortifiant, ante*** adj. ■ Humiliant, vexant. ▶ ***mortification*** n. f. **1.** Humiliation. **2.** Relig. Souffrance que s'imposent les croyants pour faire pénitence. ⇒ **privation.**

mort-né, mort-née [mɔʀne] adj. et n. **1.** Mort(e) en venant au monde. *Enfants mort-nés. Un mort-né.* **2.** (Choses) Qui échoue dès le début. *Une entreprise mort-née.*

mortuaire [mɔʀtɥɛʀ] adj. ■ Relatif aux morts, aux cérémonies en leur honneur. ⇒ **funèbre, funéraire.** *Cérémonie mortuaire. Couronne mortuaire. Aller au salon mortuaire.* ⇒ **funérarium.**

morue [mɔʀy] n. f. **1.** Grand poisson (du même genre que le colin, le merlan...), qui vit dans les mers froides. *Morue fraîche* (cabillaud), *séchée. Huile de foie de morue.* **2.** (Surtout en France) Injurieux. Prostituée. — Terme d'injure pour une femme. *Elle s'est fait traiter de morue.* ▶ ***morutier, ière*** adj. et n. m. **1.** Adj. Relatif à la morue, à sa pêche. *L'industrie morutière.* **2.** N. m. Homme ou bateau faisant la pêche à la morue. — REM. Le féminin *morutière* est virtuel pour désigner des personnes.

morve [mɔʀv] n. f. **1.** Terme de vétérinaire. Grave maladie contagieuse des chevaux. **2.** Liquide visqueux qui s'écoule du nez de l'humain. ⇒ **glaire ;** fam. **crotte** de nez. — Loc. fam. *Avoir encore la morve au nez,* être jeune, sans expérience. ▶ ***morveux, euse*** adj. et n. **1.** Qui a de la morve au nez. *Enfant malpropre et morveux.* — Loc. *Qui se sent morveux (qu'il) se mouche,* que celui qui se sent visé par une critique en fasse son profit. **2.** N. Fam. Terme d'injure. Jeune garçon, jeune fille. ⇒ fam. **baveux.** *Tu n'es qu'un morveux. Espèce de petite morveuse.* ▶ ***morvial*** n. m. ■ Fam. Gros crachat.

mosaïque [mɔzaik] n. f. **1.** Assemblage décoratif de petites pièces rapportées (pierre, marbre) dont la combinaison figure un dessin et les couleurs animent la surface (comme en peinture*). *Les mosaïques de Ravenne, en Italie.* — *Parquet mosaïque,* fait de petites lames de bois collées. ⇒ **marquetterie. 2.** Ensemble d'éléments divers juxtaposés. ⇒ **patchwork.** ▶ ***mosaïqué, ée*** adj. ■ Qui ressemble à une mosaïque. *Reliure mosaïquée.* ▶ ***mosaïste*** n. ■ Artiste qui fait des mosaïques. *Les grands mosaïstes byzantins.*

mosquée [mɔske] n. f. ■ Sanctuaire consacré au culte musulman. *Le minaret d'une mosquée.*

mosus ou ***moses*** [mozys] interj. ■ Fam. Juron très fréquent et employé dans toutes sortes de circonstances. *Mosus que je suis tannée ! Ça fait mal, mosus !* Absolt. *Mosus ! Eh mosus !* — *Mosus de* (+ autre juron). — *Être en mosus,* fâché, de mauvaise humeur ; ne pas être content. *Je suis en mosus après eux.* — N. UN(E) MOSUS DE : sert à qualifier la chose, la personne qui est mentionnée. *C'est une mosus de bonne affaire.* Sans compl. UN MOSUS : terme d'injure, de mépris. *Vous êtes des mosus ! Mon mosus, toi !* — Loc. adv. EN MOSUS : très, beaucoup. *Elle est riche en mosus.* AU PLUS MOSUS : au plus vite. — REM. On trouve aussi la variante *moses.*

mot [mo] n. m. **1.** Chacun des sons ou groupe de sons (de lettres ou groupes de lettres) correspondant à un sens isolable spontanément, dans le langage ; (par écrit) suite ininterrompue de lettres, entre deux blancs, deux signes. *Phrase de six, dix mots. Articuler, manger ses mots. Chercher ses mots. Ne pas dire un seul mot. Mot nouveau* (⇒ **néologisme**), *courant, rare.* ⇒ **terme, vocable.** *Mot mal écrit, illisible.* Loc. *Les grands mots* ou, fam., *des mots de cinq, cent piastres,* les mots emphatiques qui ne disent pas simplement les choses. *Gros mot,* grossier. *Le mot de Cambronne, de cinq lettres,* le mot *merde. Se donner le mot* (de passe), se mettre d'accord. *Rapporter un propos mot pour mot,* textuellement. *Mot à mot* [motamo], un mot après l'autre, littéralement. **2.** Au plur. (En tant que signes, opposé à *pensées, réalités*...). *Ce ne sont que des mots. Les mots et les actes.* **3.** Dans des expressions. Phrase, parole. *Je lui en dirai, toucherai un mot,* je lui en parlerai brièvement. *En un mot,* en une courte phrase. *Avoir son mot à dire,* être en droit d'exprimer son avis. *Je m'en vais lui dire deux mots,* lui exprimer mon mécontentement. *C'est mon dernier mot,* je ne ferai pas une concession de plus. *Avoir le dernier mot,* l'emporter dans une discussion, ne plus trouver de contradicteur. *Prendre qqn au mot,* se saisir aussitôt d'une proposition qu'il (elle) a faite sans penser qu'elle serait retenue. **4.** Court message. *Je lui ai glissé un mot sous sa porte. Écrire un mot à qqn,* une courte lettre. **5.** Parole exprimant une pensée de façon concise et frappante. *Mots célèbres, historiques. Mot d'enfant. Mot d'auteur,* où l'on reconnaît l'esprit de l'auteur. Loc. *Le mot de la fin,* l'expression qui résume la situation. *Bon mot, mot d'esprit,* parole drôle et spirituelle. *Tu as toujours le mot pour rire.* ‹ ▶ à demi-mot, mots-cachés, mots-croisés, mots-mystères, motus, mot-valise ›

motard [mɔtaʀ] n. m. ■ Motocycliste. *Les motards de la police routière.* — *Une bande de motards.* ⇒ fam. gars de **bicycle.**

motel [mɔtɛl] n. m. ■ Anglic. Hôtel situé près des routes fréquentées et aménagé pour recevoir des automobilistes. *S'arrêter dans un motel.* — Chacune des unités d'habitation. *Le motel numéro 7.*

motet [mɔtɛ] n. m. ■ Chant d'église à plusieurs voix.

① ***moteur, trice*** [mɔtœʀ, tʀis] adj. et n. m. **I.** Adj. Qui donne le mouvement. *Nerfs sensitifs et nerfs moteurs. Force motrice. Voiture à quatre roues motrices.* **II.** N. m. Cause d'une action. ⇒ **mobile.** *Le moteur de la guerre.* ⇒ **nerf.** — (Personnes) Agent, instigateur. *Elle est le moteur de l'entreprise.* ‹ ▶ automoteur, électromoteur, locomoteur, motricité, psychomoteur, vasomoteur ›

② ***moteur*** n. m. **1.** Appareil servant à transformer une énergie quelconque en énergie mécanique. *Moteurs hydrauliques, thermiques. Moteurs à combustion interne (*dits *à explosion). Moteurs électriques. Véhicules à moteur* (automobile, cyclomoteur, locomotrice, motrice, tracteur, etc.). — Loc. fam. *Wô les moteurs !,* c'est assez, cela suffit. ⇒ **stop. 2.** Spécialt. Moteur (1) à explosion et à carburation. ⇒ fam. **engin.** *Moteur à 4, 6, 8 cylindres. Moteur de 750 cm³* (de cylindrée). — En appos. BLOC-MOTEUR : moteur et organes annexes. *Des blocs-moteurs.* ‹ ▶ bimoteur, cyclomoteur, cyclomotoriste, marémotrice, monomoteur, moto-, motoriser, motrice, quadrimoteur, trimoteur, turbomoteur, vélomoteur ›

motif [mɔtif] n. m. **1.** Mobile d'ordre intellectuel, raison d'agir. *Quel est le motif de votre visite ? Je cherche les motifs de sa conduite.* ⇒ **cause, explication.** *Un motif valable.* — Fam. *Pour le bon motif,* en vue du mariage. **2.** Sujet d'une peinture.*Travailler sur le motif.* — Ornement servant de thème décoratif. *Tissu imprimé à grands motifs de fleurs.* ‹ ▶ motiver ›

motion [mosjõ] n. f. **I.** Proposition faite dans une assemblée délibérante par un de ses membres. *Faire,* *rédiger une motion.* — *Motion de censure,* par laquelle l'Assemblée nationale, le Parlement fédéral met en cause la responsabilité du gouvernement et veut le contraindre à démissionner. — *Motion de clôture,* par laquelle on peut mettre rapidement fin à un débat parlementaire. **II.** Baseball, balle-molle. Série de mouvements enchaînés par lesquels le lanceur se prépare à lancer la balle.

motiver [mɔtive] v. tr. ▪ conjug. 1. **1.** (Personnes) Justifier par des motifs. *Pouvez-vous motiver votre action, cette démarche ?* **2.** (Choses) Être, fournir le motif de (qqch.). ⇒ **causer, expliquer.** *Voilà ce qui a motivé notre décision.* **3.** Faire en sorte que qqch. incite (qqn) à agir. / contr. **démotiver** / *Cette enseignante sait comment motiver ses élèves.* ▶ ***motivé, ée*** adj. **1.** Dont on donne les motifs. *Un refus motivé.* — Qui a un motif. *Des plaintes motivées.* ⇒ **fondé, justifié. 2.** (Personnes) Qui a des motivations pour faire qqch. *Elle est très motivée dans son travail.* ▶ ***motivation*** n. f. ■ Ce qui motive un acte, un comportement ; ce qui pousse qqn à agir. *Il faudrait connaître ses motivations profondes.* ‹ ▶ démotiver, immotivé ›

moto [mɔto] n. f. ■ (Abréviation de *motocyclette*) Véhicule à deux roues, à moteur à essence de plus de 125 cm³. *Être à, en moto. Course de motos.* ≠ *vélomoteur.* ‹ ▶ motard ›

moto- ■ Élément qui signifie « ② moteur ». ▶ ***moto(-)cross*** [motokʀɔs] n. m. invar. ■ Course de motos sur parcours accidenté. ▶ ***motoculteur*** n. m. ■ Petit engin motorisé à deux roues, dirigé à la main, servant à labourer, biner. ▶ ***motocyclette*** n. f. ■ Moto. ▶ ***motocycliste*** n. ■ Personne qui conduit une motocyclette. ⇒ **motard.** *Casque de motocycliste.* ▶ ***motoneige*** [mɔtɔnɛʒ] n. f. **1.** Petit véhicule d'hiver muni d'un guidon et de skis à l'avant, de chenilles à l'arrière, qu'on enfourche comme une moto pour se déplacer sur la neige. ⇒ anglic. ***skidoo.*** *Des secouristes sont venus à motoneige.* **2.** Sport, activité de loisir pratiqué(e) avec ce véhicule. ⇒ **motoneigisme.** *Club de motoneige. Faire de la motoneige.* ▶ ***motoneigisme*** n. m. ■ Sport, activité de la motoneige (2). ▶ ***motoneigiste*** n. ■ Personne qui utilise une motoneige, fait de la motoneige. ‹ ▶ moto ›

motoriser [mɔtɔʀize] v. tr. ▪ conjug. 1. ■ Munir de véhicules à moteur, de machines automobiles. *Motoriser l'agriculture.* ⇒ **mécaniser.** — Au p. p. adj. *Troupes motorisées,* transportées par camions, motocyclettes. — Fam. *Être motorisé,* se déplacer avec un véhicule à moteur. ▶ ***motorisation*** n. f.

motrice [mɔtʀis] n. f. ■ Voiture à moteur qui en entraîne d'autres. *Motrice de tramway.*

motricité [mɔtʀisite] n. f. ■ Ensemble des fonctions qui assurent les mouvements. *Motricité volontaire, involontaire.*

mots(-)croisés [mokʀwaze] n. m. pl. ■ Mots qui se recoupent sur un quadrilatère quadrillé de telle façon que chacune des lettres d'un mot disposé horizontalement entre dans la composition d'un mot disposé verticalement. — Exercice consistant à reconstituer cette grille, en s'aidant de courtes suggestions (« définitions »). *Amateur de mots-croisés.* ⇒ **cruciverbiste, mots-croisiste.** ▶ ***mots-croisiste*** n. ■ Amateur de mots croisés. ⇒ **cruciverbiste.** *Des mots-croisistes.* ▶ ***mots(-)mystères*** ou ***mots(-)cachés*** n. m. pl. ■ Mots alignés horizontalement, verticalement ou diagonalement sur un quadrilatère, de telle sorte qu'ils sont dissimulés par des lettres disposées pêle-mêle et qui remplissent la grille. — Exercice consistant à retrouver ces mots, en s'aidant de la liste proposée. *Trouver le mot-mystère. Une grille de mots-cachés.*

motte [mɔt] n. f. **1.** Morceau de terre compacte, comme on en détache en labourant. ⇒ **motton.** — *Motte (de neige).* ⇒ **balle, boule.** *Se lancer des mottes.* **2.** (France) *Motte de beurre,* masse de beurre des crémiers, pour la vente au détail. *Beurre en motte ou en paquet.* ‹ ▶ motton, rase-mottes ›

motton [mɔtɔ̃] n. m. **1.** Grumeau dans une sauce, un mélange pâteux, etc. *Il y a des mottons dans le gruau. C'est plein de mottons dans le plâtre.* **2.** Petite masse de matière compacte. *Des mottons de terre.* ⇒ **motte.** *Des mottons de glace.* **3.** Grande quantité de qqch. *Un motton de livres, de vaisselle sale.* **4.** Fam. Loc. fig. *Avoir le motton,* beaucoup d'argent, être riche. ⇒ fam. **bidous, foin.** *Faire le motton,* avoir un emploi très rémunérateur, gagner beaucoup d'argent. ⇒ fam. ① **palette, passe, piastre. 5.** Loc. fig. *Avoir le motton,* la gorge serrée, le cœur gros, être ému. *La dernière fois que je l'ai vue, elle avait le motton.*

motus [mɔtys] interj. ■ Interjection pour inviter qqn à garder le silence. *Motus et bouche cousue !*

mot-valise [movaliz] n. m. ■ Mot composé d'éléments empruntés à deux ou plusieurs autres mots. *« Tigron » est un mot-valise formé à partir de « tigre » et « lion ». Le mot-valise peut être un nom propre* (ex. : *Alsama,* de *Alberta, Saskatchewan, Manitoba*). ≠ *sigle.*

mou [mu] ou ***mol*** [mɔl] devant voyelle ou *h* muet, ***molle*** [mɔl] adj., adv. et n. **I.** Adj. **1.** / contr. **dur** / Qui cède facilement à la pression, au toucher ; qui se laisse entamer sans effort. *Substance molle. Sucre mou. Beurre que la chaleur rend mou.* ⇒ **amollir, ramollir.** — Qui s'enfonce (trop) au contact. *Matelas mou.* Loc. *Un mol oreiller.* ⇒ **moelleux.** — *De la neige molle.* **2.** / contr. **raide, rigide** / Qui plie, se déforme facilement. ⇒ **souple.** *Tige molle.* ⇒ **flexible.** Loc. *Chapeau mou.* — *Avoir les jambes molles,* faibles. — *De molles ondulations de terrain,* arrondies, douces ou imprécises. **3.** (Personnes) Qui manque d'énergie, de vitalité. ⇒ **amorphe, apathique, avachi, flanc-mou, mollasse, nonchalant.** / contr. **actif, dynamique, énergique** / *Élève mou, qui traîne sur ses devoirs. Air, gestes mous.* — Faible, lâche. *Il est mou avec ses enfants.* **4.** (Style, exécution d'une œuvre) Qui manque de fermeté, de vigueur. *Le jeu de la pianiste est un peu mou. Dessin mou.* **II.** Adv. Fam. Doucement, sans violence. *Vas-y mou.* ⇒ fam. **mollo. III.** N. m. **1.** Fam. Personne faible de caractère. *C'est un mou.* **2.** (Cordes, fils...) *Avoir du mou,* n'être pas assez tendu. ⇒ anglic. **lousse, slack.** *Donner du mou.* ≠ *moût.* ‹ ▶ amollir, balle-molle, bémol, flanc-mou, mollasse, mollement, mollesse, ① mollet, molleton, mollir, mollo, mollusque, pâte-molle, ramollir, ramollo ›

mouchard, arde [muʃaʀ, aʀd] n. **1.** Fam. Dénonciateur. ⇒ **délateur, indicateur ;** fam. **mouton. 2.** Se dit de certains appareils de contrôle. ▶ ***moucharder*** v. tr. ▪ conjug. 1. ■ Fam. Surveiller en vue de dénoncer ; dénoncer. ▶ ***mouchardage*** n. m. ■ Action de moucharder.

mouche [muʃ] n. f. **I.** Insecte ailé (diptère), aux formes ramassées, très commun. *Mouche domestique* (absolt. *mouche*). *Mouche bleue. Mouche noire,* insecte nordique dont la piqûre est très irritante. ⇒ **brûlot,** ② **cousin, maringouin.** *Mouche à vers,* grosse mouche verdâtre. *Mouche tsé-tsé*.* Fam. *Mouche à feu.* ⇒ **luciole.** — Loc. *Pattes de mouches,* écriture très petite, difficile à lire. — *On aurait entendu une mouche voler,* le plus profond silence régnait. — *Être fin comme une mouche,* rusé, perspicace. — Fam. *Mourir, tomber comme des mouches,* en masse. — *Ne pas avoir posé les pattes aux mouches,* être peu intelligent, niaiseux. — *Faire la mouche du coche,* s'agiter sans aider personne. — *Prendre la mouche,* s'emporter. *Quelle mouche le pique ?,* pourquoi se met-il en colère brusquement ? *Il ne ferait pas de mal à une mouche,* il est très doux. — (Personnes) Fam. *Mouche à merde* ou *à marde,* personne qui colle à une autre, la suit pas à pas. ⇒ **importun ;** fam. **achalant, tache,** ② **teigne. II. 1.** Petit morceau de taffetas noir que les femmes mettaient sur la peau pour en faire ressortir la blancheur. **2.** *Pêche à la mouche* (artificielle), avec un appât imitant l'insecte. **3.** FAIRE MOUCHE : toucher le centre de la cible (→ Mettre dans le mille). **4.** Touffe de poils au-dessous de la lèvre inférieure. **5.** *Mouche de moutarde,* cataplasme composé de farine, d'eau et de moutarde qu'on applique sur la poitrine comme traitement médicinal contre le rhume, la bronchite, etc. ⇒ **sinapisme. III.** Loc. FINE MOUCHE : personne habile et rusée. **IV.** En appos. **1.** (France) N. m. BATEAU-MOUCHE : bateau de passagers (touristes) sur la Seine, à Paris. *Des bateaux-mouches.* **2.** N. m. invar. POIDS MOUCHE : le plus léger des boxeurs (48-51 kilos). *Des poids mouche.* ▸ ***moucherolle*** n. m. ■ Petit oiseau ressemblant à un moineau, qui vit près des bois et se nourrit de mouches. — REM. En France, cet oiseau porte le nom de *gobe-mouches.* ▸ ***moucheron*** [muʃʀɔ̃] n. m. **1.** Insecte volant de petite taille. **2.** Fam. Petit garçon. ⇒ **moustique.** ▸ ***moucheter*** [muʃte] v. tr. ▪ conjug. 4. ■ Parsemer de petites marques, de petites taches rondes. — Au p. p. adj. *Laine mouchetée.* ⇒ **chiné.** *Truite mouchetée.* ⇒ **tacheté.** ▸ ***moucheture*** n. f. **1.** Petite marque, tache d'une autre couleur que le fond. **2.** Tache naturelle sur le corps, le pelage, le plumage de certains animaux. ‹ ▸ chasse-mouches, émouchet, escarmouche, oiseau-mouche, tue-mouches ›

moucher [muʃe] v. tr. et pron. réfl. ▪ conjug. 1. **I. 1.** Débarrasser (le nez) de ses mucosités en pressant les narines et en soufflant. *Mouche ton nez !* **2.** Rejeter par le nez. *Moucher du sang* (→ Saigner du nez). **3.** SE MOUCHER v. pron. réfl. Moucher son nez. — Iron. *Ne pas se moucher du coude,* se prendre pour qqn d'important. *Ne pas se moucher avec des pelures d'oignons,* faire l'important, se donner des airs. **II.** Réprimander (qqn) durement. *Elle s'est fait moucher.* — Recevoir une râclée. ▸ ***mouchoir*** n. m. **1.** Petite pièce de linge qui sert à se moucher, à s'essuyer le visage. *Mouchoir brodé.* ⇒ **pochette.** — *Mouchoir de, en papier,* qu'on jette après usage. ⇒ **papier(-)**mouchoir ; anglic. **kleenex.** — Loc. *Grand comme un mouchoir de poche,* très petit. **2.** *Mouchoir (de cou, de tête),* pièce d'étoffe dont les femmes se couvrent la tête, les épaules. ⇒ ③ **fichu, foulard.** ‹ ▸ papier-mouchoir ›

moudjahid [mudʒaid], plur. ***moudjahiddin*** [mudʒaidin] n. m. ■ Combattant de certains mouvements de libération nationale du monde musulman (Afghanistan, Algérie). ⇒ **fedayin.** *Des moudjahiddin.*

moudre [mudʀ] v. tr. ▪ conjug. 47. ■ Broyer (des grains) avec une meule. ⇒ **écraser, pulvériser.** *Appareil pour moudre.* ⇒ **moulin.** — *Je mouds, nous moulons du poivre. Il a dit qu'il moudrait du café.* ‹ ▸ émoulu, moulée, moulin, moulu, mouture, rémouleur, vermoulu ›

moue [mu] n. f. **1.** Grimace que l'on fait en avançant, en resserrant les lèvres. *Une moue boudeuse.* **2.** Air de mécontentement. *Elle a fait la moue à notre proposition.* ⇒ **grimace ;** fam. **baboune.**

mouette [mwɛt] n. f. ■ Oiseau de mer, palmipède voisin du goéland. — *La mouette rieuse*.*

mouffette [mufɛt] n. f. ■ Petit mammifère carnivore noir et blanc qui, pour se défendre, peut projeter un liquide d'odeur infecte. ⇒ **bête** puante, **sconse.** *Écraser une mouffette.*

① ***moufle*** [mufl] n. f. ■ (France) Sorte de gant fourré sans séparation pour les doigts sauf pour le pouce. ⇒ **mitaine.** *Moufles de skieur.*

② ***moufle*** n. m. ou f. ■ Technique. Assemblage de poulies.

mouflet, ette [muflɛ, ɛt] n. ■ (Surtout en France) Fam. Petit enfant. ⇒ fam. **mioche,** ③ **mousse, moutard ;** anglic. **flot.**

mouflon [muflɔ̃] n. m. ■ Mammifère ruminant ongulé, proche du bouquetin. *Le mouflon d'Amérique porte des cornes recourbées.*

mouiller [muje] v. tr. ▪ conjug. 1. **I. 1.** Imbiber, mettre en contact avec de l'eau, avec un liquide très fluide. ⇒ **arroser, asperger, humecter, inonder, tremper.** / contr. **sécher** / *Mouiller son doigt de salive. Mouiller un linge, une serviette.* — Au p. p. adj. *Linge mouillé.* — *Se faire mouiller par la pluie, l'orage.* ⇒ **doucher ;** fam. **saucer.** — Loc. *Mouiller sa chemise,* mettre du cœur à l'ouvrage. **2.** Étendre d'eau (un liquide). ⇒ **allonger, couper, diluer.** *Mouiller une sauce.* **3.** Marine. Mettre à l'eau. *Mouiller l'ancre.* ⇒ **ancrer.** / contr. **lever** l'ancre / — Sans compl. *Ce paquebot mouille en grande rade.* **4.** Loc. *Mouiller ça,* prendre un verre pour fêter, célébrer qqch. **5.** *Mouiller une consonne,* l'articuler en rapprochant la langue du palais comme pour émettre un [j]. — Au p. p. adj. *Consonne mouillée.* **II.** V. impers. Fam. Pleuvoir. ⇒ fam. ① **flotter.** *Il mouille depuis deux jours.* — Loc. *Mouiller à boire* debout, à seaux, à siaux* [sjo]. **III.** SE MOUILLER v. pron. réfl. **1.** S'imbiber d'eau (ou d'un liquide très fluide), entrer en contact avec l'eau, entrer dans l'eau. *Se mouiller en sortant sous la pluie.* **2.** Fam. Se compromettre, prendre des risques. ⇒ **tremper** dans une affaire. *Elle ne veut pas se mouiller.* ▸ ***mouillé, ée*** adj. ■ Humide, trempé. / contr. **sec** / *Évitez de sortir les cheveux mouillés. Être mouillé jusqu'aux os. Des yeux mouillés de larmes.* ▸ ***mouillette*** n. f. ■ (France) Petit morceau de pain long et mince qu'on trempe dans un liquide. ⇒ **trempette.** *Fais-toi des mouillettes pour manger ton œuf à la coque.* ▸ ***mouillage*** n. m. **I. 1.** Action de mettre à l'eau. *Mouillage des ancres, d'une mine.* **2.** (Navires) Emplacement favorable pour mouiller (I, 3). ⇒ **abri. II. 1.** Action de mouiller (qqch.). **2.** Addition d'eau dans un liquide. ⇒ **coupage.** *Le mouillage frauduleux du lait.* ▸ ***mouillant, ante*** adj. ■ *Neige mouillante,* neige printanière, qui tombe lorsqu'il fait doux. ⇒ **giboulée.** — *La nuit dernière, la neige était mouillante.* — REM. On emploie aussi *neige mouilleuse.* ▸ ***mouilleur*** n. m. **1.** Appareil employé pour mouiller, humecter (les étiquettes, les timbres). **2.** *Mouilleur de mines,* navire aménagé pour le mouillage des mines. ▸ ***mouillure*** n. f. **1.** Action de mouiller. ⇒ **mouillage.** — État de ce qui est mouillé. **2.** *Une mouillure,* trace laissée par l'humidité. **3.** Caractère d'une consonne mouillée. *La mouillure du « n » dans « agneau ».*

moujik [muʒik] n. m. ■ Paysan russe. *Des moujiks.*

① ***moule*** [mul] n. f. **1.** Mollusque comestible, aux valves oblongues d'un bleu ardoise. *Parc à moules. Manger des moules marinière.* **2.** (France) Fam. Personne molle ; imbécile. *Quelle moule !* ⇒ fam. **nouille.**

② ***moule*** n. m. **1.** Corps solide creusé et façonné, dans lequel on verse une substance liquide ou pâteuse qui, solidifiée, conserve la forme. — Objet plein sur lequel on applique une substance plastique pour qu'elle en prenne la forme. ⇒ **forme, matrice ; mouler.** *Moule de sculpteur. Moule à tarte, à gâteau.* — Loc. *Le moule est cassé,* c'est une personne, une chose unique en son genre, « comme on n'en fait plus ». **2.** Loc. *Être fait au moule,* bien fait. **3.** Fig. Forme imposée de l'extérieur (à la personnalité, au caractère, à une œuvre). *Elle refuse d'entrer dans le moule officiel.* ▶ ***mouler*** v. tr. ▪ conjug. 1. **1.** Obtenir (un objet) en versant dans un moule creux une substance liquide qui en conserve la forme après solidification. *Mouler des briques.* — REM. On dit pour les métaux *couler, fondre.* — Au p. p. adj. *Ornements moulés en plâtre.* — *Pain moulé.* **2.** Reproduire (un objet, un modèle plein) en y appliquant une substance plastique qui en prend les contours. *Mouler un buste.* **3.** (Suj. chose) Épouser étroitement les contours de. ⇒ s'**ajuster.** *Sa robe de soie collante moule sa taille.* **4.** *Mouler une lettre, un mot,* l'écrire d'une écriture soignée, parfaitement formée. — Au p. p. adj. *Lettres moulées.* — Fam. *En lettres moulées,* en caractères d'imprimerie. ⇒ **majuscule.** ▶ ***moulage*** n. m. **1.** Action de mouler, de fabriquer avec un moule. **2.** Objet, ouvrage obtenu au moyen d'un moule. *Prendre un moulage d'un objet* (l'objet servant de moule). ⇒ **empreinte.** ▶ ***moulant, ante*** adj. ▪ Qui moule (3) le corps. ⇒ **ajusté, collant.** / contr. **ample, flottant** / *Une jupe moulante.* ‹ ▶ démouler, moulure, prémoulé ›

moulée [mule] n. f. ▪ Grain moulu destiné à l'alimentation des animaux de ferme. *De la moulée pour les cochons.*

moulin [mulɛ̃] n. m. **1.** Appareil servant à broyer, à moudre* le grain des céréales ; établissement qui utilise ces appareils. *Moulin à vent, à eau.* — *Se battre contre des moulins à vent,* contre des ennemis imaginaires (comme don Quichotte). — *Apporter, faire venir de l'eau au moulin* (de qqn), lui procurer des ressources, lui amener des clients ; lui donner des arguments dans un débat. **2.** Le bâtiment où les machines sont installées. *Habiter un vieux moulin.* — L'entreprise (atelier ou grande usine) qui les met en œuvre. *L'exploitant d'un moulin.* ⇒ **meunier, minotier.** — Loc. fig. *On entre dans cette maison comme dans un moulin,* comme on veut. **3.** MOULIN À : installation, appareil servant à battre, à pulvériser, à extraire le suc par pression ⇒ **pressoir.** *Moulin à huile, à sucre.* — Appareil ménager pour écraser, moudre. *Moulin à café, à poivre. Moulin à légumes.* ⇒ **hache-légumes, moulinette.** *Moulin à viande.* ⇒ **hache-viande.** — Fam. *Moulin à coudre,* machine à coudre. — Fam. Usine. *Moulin à papier.* ⇒ **papeterie.** *Moulin à scie.* ⇒ **scierie.** **4.** MOULIN À PRIÈRES : dans la religion bouddhiste (Tibet), cylindre renfermant des bandes de papier recouvertes d'une formule sacrée et qu'on fait tourner pour acquérir les mérites attachés à la répétition de cette formule. **5.** (France) Fam. Moteur d'automobile. **6.** Fam. *Moulin à paroles,* personne qui parle beaucoup. ⇒ **placoteur.** ▶ ***mouliner*** v. tr. ▪ conjug. 1. ▪ Fam. Écraser ; passer au moulin à légumes. *Mouliner des pommes de terre* (⇒ **moulinette**). ▶ ***moulinet*** n. m. **I.** Objet ou appareil qui fonctionne selon un mouvement de rotation. *Le moulinet d'un treuil, d'une canne à pêche.* **II.** Mouvement de rotation rapide (qu'on fait avec un bâton, une épée, un sabre) pour écarter l'adversaire. *Faire de grands moulinets des deux bras.* ▶ ***moulinette*** n. f. ▪ Moulin (3) à légumes, à viande. *Passer des patates à la moulinette.* — Fig. Fam. *Passer qqn à la moulinette,* le critiquer impitoyablement. — REM. Ce mot est un nom de marque déposée.

moult [mult] adv. ▪ Vx (mot d'ancien français) ou iron. Beaucoup, très. *Raconter une histoire avec moult détails.*

moulu, ue [muly] adj. **1.** Réduit en poudre (opposé à *en grains*). *Café moulu.* **2.** (Personnes) Accablé de coups, brisé de fatigue. ⇒ **courbatu, fourbu, rompu.** *Être moulu de fatigue.*

moulure [mulyʀ] n. f. ▪ Ornement allongé à profil constant, en relief ou en creux. *Les moulures d'un plafond.*

moumoute [mumut] n. f. ▪ Fam. Cheveux postiches, perruque. *Il porte une moumoute.*

mourir [muʀiʀ] v. intr. ▪ conjug. 19. **I. 1.** Cesser de vivre, d'exister, d'être. ⇒ ① **mort ; décéder, disparaître,** s'**éteindre, expirer, périr, succomber, trépasser ;** fam. **casser** sa pipe, **claquer, crever.** *Homme qui va mourir, qui est sur le point de mourir.* ⇒ **moribond, mourant.** — *Faire mourir,* tuer. *Mourir de faim, d'inanition, de maladie. Mourir assassiné. Mourir subitement. Mourir à la guerre. Mourir jeune.* — Impers. *Il meurt beaucoup d'enfants dans le tiers-monde.* **2.** (Végétaux) Cesser de vivre (plantes annuelles) ; perdre sa partie aérienne sans cesser de vivre (plantes vivaces). — (Fleurs) Se faner. **3.** Souffrir, dépérir. — À MOURIR : au point d'éprouver une grande souffrance. *Je suis lasse à mourir. S'ennuyer à mourir* (→ à périr). — MOURIR DE : être très affecté par (qqch.) ; souffrir de (qqch.). *Mourir de chagrin, de tristesse, de peur. Mourir de faim, de soif,* avoir très faim, soif. *Je meurs de faim ; à table !* ⇒ fam. **crever.** *On meurt de chaleur, de froid ici.* **4.** (Choses) Cesser d'exister, d'être (par une évolution lente, progressive). *Civilisation, pays qui meurt.* ⇒ **disparaître.** *Le feu, la flamme meurt.* ⇒ s'**éteindre.** *Bruit, son, voix qui meurt.* ⇒ s'**affaiblir, diminuer ; mourant.** — *Loi qui meurt au feuilleton,* qui ne peut être adoptée, parce qu'elle n'a pas été étudiée à temps. **II.** Littér. SE MOURIR v. pron. réfl. : être sur le point de mourir. ⇒ **languir.** *Elle se meurt. Il se meurt d'amour pour elle.* ▶ ***mourant, ante*** adj. et n. **1.** Qui se meurt ; qui va mourir. ⇒ **agonisant, expirant.** — N. UN MOURANT, UNE MOURANTE. ⇒ **moribond. 2.** Littér. Qui cesse, s'arrête, finit. ⇒ **affaibli, éteint.** *Une musique, une lumière mourante.* ‹ ▶ amortir, mort ›

mouron [muʀɔ̃] n. m. **1.** Plante des régions tempérées, à fleurs rouges ou bleues. *Mouron blanc* ou *mouron des oiseaux.* **2.** Fam. *Se faire du mouron,* du souci. (→ Se faire du sang de nègre)

mousquet [muskɛ] n. m. ▪ Ancienne arme à feu portative. ▶ ***mousquetaire*** n. m. ▪ Histoire de France. Cavalier armé d'un mousquet faisant partie des troupes de la Maison du Roi. *« Les Trois Mousquetaires », roman d'Alexandre Dumas.* ▶ ***mousqueton*** [muskətɔ̃] n. m. **1.** Fusil à canon court. **2.** Boucle à ressort se refermant seule. *Les mousquetons des parachutes.*

moussaka [musakɑ] n. f. ▪ Plat oriental (Grèce, Turquie, Balkans) composé d'aubergines et d'une farce de viande (additionnée de purée de tomates, d'œufs) cuites au four.

① ***mousse*** [mus] n. f. ▪ Plante généralement verte, rase et douce, formant touffe ou tapis sur la terre, les pierres, les écorces *(la mousse, de la mousse).* ⇒ **moussu.** *Mousses et lichens. De la mousse de caribou. S'étendre sur la mousse.* — PROV. *Pierre qui roule n'amasse pas mousse* on ne s'enrichit guère à courir le monde, à changer constamment de situation, d'activités. ▶ ***moussu, ue*** adj. ▪ Couvert de mousse. *Pierres moussues.*

② ***mousse*** n. f. **1.** Amas serré de bulles, qui se forme à la surface des eaux agitées. ⇒ **broue, écume. 2.** Bulles de gaz accumulées à la surface d'un liquide sous pression. ⇒ **broue.** *Mousse de bière.* **3.** Entremets ou dessert à base de crème. *Mousse au chocolat.* — *Mousse (rose).* ⇒ **barbe** à papa. — Pâté léger et mousseux. *De la mousse de foie gras.* **4.** *Mousse carbonique,* produit ignifuge, formant une écume très abondante. — *Mousse isolante d'urée-formol*.*

⇒ **M.I.U.F.** **5.** *Caoutchouc mousse,* caoutchouc spongieux. *Balle en (caoutchouc) mousse.* **6.** *Mousse de nylon,* tricot de nylon très extensible. — Ellipt. Invar. *Des bas mousse.* **7.** *Point mousse,* point de tricot obtenu en tricotant toutes les mailles à l'endroit. ▸ ***mousser*** v. ▪ conjug. 1. **1.** V. intr. Produire de la mousse. *Savon qui mousse.* ⇒ **moussant.** **2.** V. tr. Fam. Faire valoir, mettre en valeur (qqn, qqch.). *Ils veulent mousser la candidature de leur professeur.* ⇒ **promouvoir.** *Publicité qui mousse un produit.* ⇒ **vanter.** FAIRE MOUSSER *qqn, qqch.* : vanter, mettre exagérément en valeur. *Se faire mousser.* ▸ ***moussant, ante*** adj. ■ Qui produit de la mousse. *Crème à raser moussante.* ▸ ***mousseux, euse*** adj. et n. m. ■ Qui mousse, produit de la mousse. *Eau trouble et mousseuse.* ⇒ **écumeux.** *Vins mousseux,* rendus mousseux par fermentation naturelle. ⇒ **pétillant.** — N. m. *Du mousseux,* tout vin mousseux, à l'exclusion du champagne*. ‹ ▸ émoustiller, styromousse ›

③ ***mousse*** n. m. **1.** Jeune garçon qui fait, sur un navire de commerce, l'apprentissage du métier de marin (fam. *moussaillon* [musajɔ̃] n. m.). **2.** Fam. Jeune garçon. ⇒ fam. **gamin, mioche, môme ;** anglic. ② **flot, mox.** *As-tu vu le petit mousse ?* — Par ext. Enfant. *Combien as-tu de mousses ?*

mousseline [muslin] n. f. **1.** Tissu léger et fin (coton, soie...). *Robe, voile de mousseline.* **2.** En appos. Invar. *Pommes mousseline,* purée de pommes de terre fouettée.

mousseron [musʀɔ̃] n. m. ■ Champignon comestible à chapeau et à lamelles, qui pousse en cercle dans les prés, les clairières.

mousson [musɔ̃] n. f. **1.** Vent tropical régulier d'Asie du Sud et du Sud-Est qui souffle alternativement pendant six mois de la mer vers la terre *(mousson d'été)* et de la terre vers la mer *(mousson d'hiver).* **2.** Époque du renversement de la mousson, en zone tropicale (saison des pluies). *Les orages, les cyclones de la mousson.*

moussu adj. ⇒ ① **mousse.**

moustache [mustaʃ] n. f. **1.** Poils qui garnissent la lèvre supérieure de l'homme. ⇒ fam. **bacchante.** *Porter la moustache, des moustaches.* **2.** Fam. Trace laissée autour des lèvres par un liquide. *Elle s'est fait des moustaches en buvant son chocolat.* **3.** Longs poils tactiles à la lèvre supérieure (de carnivores et rongeurs). *Les moustaches du chat, du phoque.* ▸ ***moustachu, ue*** adj. ■ Qui porte la moustache. — N. *Un moustachu.*

moustique [mustik] n. m. **1.** Insecte diptère dont la piqûre est douloureuse. ⇒ **brûlot,** ② **cousin, maringouin, mouche** noire ; fam. **bebite.** *Elle s'est fait piquer par un moustique.* **2.** Fam. Enfant, personne minuscule. ⇒ **moucheron.** ▸ ***moustiquaire*** n. m. ou f. **1.** Rideau très fin dont on entoure les lits pour se préserver des moustiques. **2.** Grillage métallique très fin placé aux fenêtres et aux portes pour empêcher les insectes d'entrer. *Il faut remplacer le moustiquaire de cette porte.* — Cette fenêtre, cette porte. *Poser les moustiquaires.* ⇒ fam. **passe.**

moût [mu] n. m. ■ Jus (de raisin, de pomme...) qui vient d'être extrait et n'a pas encore subi la fermentation alcoolique. ≠ *mou.*

moutard [mutaʀ] n. m. ■ (France) Fam. Petit garçon. — Au plur. Enfants. ⇒ fam. **mioche, môme ;** anglic. ② **flot.**

moutarde [mutaʀd] n. f. **1.** *Moutarde blanche,* plante à fleurs jaunes cultivée comme fourrage. — *Moutarde noire,* plante dont les graines noires fournissent un condiment. **2.** Condiment préparé avec des graines de moutarde noire, du vinaigre, etc. *Un pot de moutarde. Moutarde forte.* — Loc. *La moutarde lui monte au nez,* l'impatience, la colère le gagnent. **3.** En appos. Invar. De la couleur de la moutarde. *Des robes moutarde.* ▸ ***moutardier*** n. m. ■ Récipient dans lequel on met la moutarde.

mouton [mutɔ̃] n. m. **I.** **1.** Mammifère domestique ruminant à toison laineuse et frisée. ⇒ **ovidés.** *Mouton mâle* (bélier), *femelle* (brebis). *Jeune mouton* (agneau). *Troupeau de moutons. Les moutons bêlent.* — (Opposé à *bélier, brebis, agneau*) Bélier châtré, élevé pour la boucherie. *Élever, vendre des moutons.* — *Être frisé comme un mouton,* très frisé. — Loc. *Revenons à nos moutons,* à notre sujet. *Des moutons de Panurge* (d'un épisode de Rabelais), des personnes moutonnières*. ⇒ **mouton** (II, 1). **2.** Fourrure de mouton. *Manteau en mouton doré.* **3.** Chair, viande de mouton. *Gigot, côtelette de mouton.* **II.** Fig. **1.** *C'est un mouton,* une personne crédule et passive ou influençable (⇒ **moutonnier**). — *C'est le mouton noir de la famille,* la brebis galeuse. **2.** (France) Fam. Compagnon de cellule que la police donne à un détenu, avec mission de rapporter. ⇒ **délateur, espion ;** fam. **mouchard.** **3.** Petite vague surmontée d'écume. — Petit nuage blanc et floconneux. *Moutons noirs,* nuages noirs annonciateurs de pluie. — Flocon de poussière. ⇒ ② **minou.** *J'ai balayé les moutons.* **4.** Lourde masse de fer ou de fonte servant à enfoncer, etc. ▸ ***moutonner*** v. intr. ▪ conjug. 1. **1.** Devenir semblable à une toison de mouton. *Mer qui moutonne,* se couvre de moutons (II, 3). ⇒ **écumer.** **2.** Évoquer par son aspect une toison. *Les buissons qui moutonnent sur les pentes.* ▸ ***moutonné, ée*** adj. **1.** Frisé. **2.** *Ciel moutonné,* couvert de petits nuages. ⇒ **pommelé.** ▸ ***moutonnement*** n. m. ■ *Le moutonnement des vagues.* ▸ ***moutonnier, ière*** adj. ■ Qui suit aveuglément les autres, les imite « comme un mouton », sans discernement. ⇒ **imitateur.** *Une foule moutonnière.* ‹ ▸ saute-mouton ›

mouture [mutyʀ] n. f. (⇒ **moudre**) **1.** Opération de meunerie qui consiste à réduire en farine des grains de céréales. — Produit résultant de cette opération. — Par ext. *Mouture de café.* **2.** Reprise sous une forme plus ou moins différente (d'un sujet déjà traité). *C'est au moins la troisième mouture de son article.*

mouvant, ante [muvɑ̃, ɑ̃t] adj. **1.** Qui change sans cesse de place, de forme, d'aspect. / contr. **fixe, immobile** / *La nappe mouvante des blés.* ⇒ **ondoyant.** — *Une pensée mouvante.* ⇒ **changeant, instable.** **2.** Qui n'est pas stable, qui s'écroule, s'enfonce. / contr. **stable** / *Terrain mouvant.* — Au plur. *Sables mouvants.*

mouvement [muvmɑ̃] n. m. **I.** **1.** Changement de position dans l'espace, en fonction du temps, par rapport à un système de référence. / contr. **arrêt, immobilité** / *Le mouvement d'un corps.* ⇒ **course, déplacement, trajectoire.** *Direction d'un mouvement. Force, intensité d'un mouvement.* ⇒ **vitesse.** *Mouvement rapide, lent.* **2.** (D'un être vivant) UN MOUVEMENT : changement de position ou de place effectué par le corps ou une de ses parties. *Attitudes, positions, postures et mouvements* (⇒ **geste**). *Mouvements vifs, lents, aisés, maladroits. Les mouvements d'une danseuse. Un mouvement du bras, du cou, de la jambe.* — Loc. *Faire un faux mouvement,* un mouvement dans une mauvaise position (douloureux). — *Mouvements de gymnastique, de nage. Mouvement inconscient, automatique.* ⇒ **automatisme, réflexe.** — Loc. *En deux temps, trois mouvements,* très rapidement. — LE MOUVEMENT : la capacité ou le fait de se mouvoir. *Aimer le mouvement,* être actif, remuant. **3.** Déplacement (d'une masse d'humains agissant, se déplaçant en même temps, de véhicules, de choses transportées, mues par l'être humain). *Le mouvement d'une foule. Le mouvement des avions sur un aérodrome. Mouvements de marchandises.* ⇒ **circulation, trafic.** — Sans compl. *Il y a du mouvement dans cette ville.* ⇒ **activité.** — *Mouvements de troupes.* ⇒ **évolution, manœuvre.** *Guerre de mouvement* (opposé à *guerre de positions, guerre de tranchées*). **4.** EN MOUVEMENT : qui se déplace, bouge. *Mettre un mécanisme en mouvement,* faire marcher. *Toute la maison est en mouvement.* **II. 1.** Ce qui traduit le mouvement, donne l'impression du mouvement, de la vie (dans un récit, une œuvre d'art). *Il y a du mouvement dans ce film.* **2.** Degré de rapidité que l'on donne à la mesure, en musique. ⇒ **rythme, tempo.** *Indication de mouvement. L'allégro est un mouvement rapide.* — Partie d'une œuvre musicale devant être exécutée dans un mouvement précis. *Les trois mouvements d'une sonate, d'une symphonie.* **3.** Ligne, courbe. *Mouvement de terrain.* **III.** Mécanisme qui produit, entretient un mouvement régulier. *Mouvement d'horlogerie.* **IV.** Changement, modification. **1.** Littér. *Les mouvements de l'âme, du cœur,* les différents états de la vie psychique. ⇒ **émotion, impulsion, sentiment, tendance.** *Mouvements intérieurs.* — Loc. Plus cour. *Un bon mouvement,* incitant à une action généreuse, désintéressée, ou simplement amicale. *Mouvement d'humeur.* — *Mouvements divers,* réactions vives dans un auditoire. **2.** Changement dans l'ordre social. / contr. **continuité** / *Le parti du mouvement.* ⇒ **progrès.** / contr. **conservatisme** / Fam. *Être dans le mouvement,* suivre les idées en vogue (→ dans le vent). **3.** UN MOUVEMENT : action collective (spontanée ou dirigée) tendant à produire un changement d'idées, d'opinions ou d'organisation sociale ; organisation qui mène cette action. *Mouvement révolutionnaire, syndical. Un mouvement de jeunes. Mouvement littéraire, artistique.* **4.** Changement quantitatif. ⇒ **variation.** *Mouvements de la population. Mouvements des prix.* ▶ ***mouvementé, ée*** adj. **1.** *Terrain mouvementé,* qui présente des mouvements (II, 3). ⇒ **accidenté. 2.** (Composition littéraire) Qui a du mouvement (II, 1), de l'action. *Récit mouvementé.* ⇒ **vivant.** — Qui présente des péripéties variées. *Poursuite, arrestation mouvementée.* / contr. **calme** /

mouvoir [muvwaʀ] v. tr. ▪ conjug. 27. — REM. Rare sauf à l'infinitif, au présent de l'indicatif et aux participes. **I.** V. tr. **1.** Mettre en mouvement. ⇒ **animer, remuer.** / contr. **arrêter, immobiliser** / *Mouvoir ses membres avec difficulté. Machine mue par l'électricité.* **2.** Littér. Mettre en activité, en action. ⇒ **émouvoir, exciter, pousser.** *Les raisons, les forces qui les meuvent.* **II.** Littér. SE MOUVOIR v. pron. réfl. : être en mouvement. ⇒ **bouger,** se **déplacer.** *Elle peut à peine se mouvoir. Se mouvoir dans un univers factice ; dans le mensonge,* y vivre. ⟨ ▶ émouvoir, émeute, mouvant, mouvement, promouvoir ⟩

mox [mɔks] n. m. invar. ■ Anglic. Jeune garçon de quatre ou cinq ans. ⇒ **garnement ;** fam. ③ **mousse ;** anglic. ② **flot.** *Les petits mox apprennent à patiner.*

moyac ou ***moïac*** [mɔjak] n. m. ■ Eider commun et sauvage.

① ***moyen, enne*** [mwajɛ̃, ɛn] adj. **I. 1.** Qui se trouve entre deux choses. ⇒ **médian ; intermédiaire.** *Le cours moyen d'un fleuve* (opposé à *supérieur* et à *inférieur*). — MOYEN TERME : parti intermédiaire entre deux solutions extrêmes, deux prétentions opposées. *Il n'y a pas de moyen terme.* ⇒ **milieu. 2.** Qui, par ses dimensions ou sa nature, tient le milieu entre deux extrêmes. *Être de taille moyenne. Poids moyen. Âge moyen. Un coton ouaté moyen.* ⇒ anglic. ③ **médium.** *Une petite, une moyenne ou une grande pizza ?* — N. f. *Une moyenne.* — Absolt. « *Quelle taille votre chandail ? — Moyen.* » — *Classes moyennes,* petite et moyenne bourgeoisies. **3.** (Cuisson) À point. *Une viande moyenne.* **4.** Qui est du type le plus courant. ⇒ **courant, ordinaire.** *Le Français moyen,* personne représentative du commun des Français. *Le lecteur moyen.* **5.** Qui n'est ni bon ni mauvais. *Qualité moyenne.* ⇒ **correct.** *Intelligence moyenne. Résultats moyens.* ⇒ **honnête, passable.** *Il est très moyen en français.* **II.** Que l'on établit, calcule en faisant une moyenne. ⇒ **moyenne.** *Température moyenne annuelle d'un lieu.* **III.** Qui dépasse la moyenne, la normale, qui est très grand, très fort. *On a eu une moyenne tempête de neige. C'est un moyen bon gars. Elle a fait un moyen saut en me voyant.* ▶ ***Moyen Âge*** [mwajɛnɑ(a)ʒ] n. m. ■ (Avec des majusc.) Période comprise entre l'Antiquité et les Temps modernes (VIIIᵉ-XVᵉ siècle). *Les cathédrales, les villes du Moyen Âge.* ⇒ **médiéval.** ▶ ***moyenâgeux, euse*** [mwajɛnɑʒø, øz] adj. **1.** Qui a les caractères, le pittoresque du Moyen Âge ; qui évoque le Moyen Âge. *Costume moyenâgeux.* **2.** Péj. Archaïque. ⇒ **médiéval.** *Des procédés moyenâgeux.* ▶ ***moyen-courrier*** n. m. ■ Avion de transport spécialisé sur les moyennes distances. *Des moyen-courriers et des long-courriers.* ▶ ***moyenne*** n. f. **1.** *La moyenne arithmétique de plusieurs nombres,* le quotient de la somme de ces quantités par leur nombre. ≠ *médiane. Calculer la moyenne des températures à Halifax au mois d'août. Rouler à une moyenne de 70 km/h. Faire 70, du 70 de moyenne.* — *Avoir la moyenne à un examen,* être au même niveau que la plupart. — Fam. (En parlant de ce qui n'est pas mesurable) *Cela fait une moyenne,* cela compense. — EN MOYENNE : en évaluant la moyenne. *Elle travaille en moyenne 8 heures par jour.* **2.** Type également éloigné des extrêmes (généralement, type le plus courant). *La moyenne des Canadiens. Une intelligence, une habileté au-dessus de la moyenne.* ▶ ***moyennement*** adv. **1.** D'une manière moyenne, à demi, ni peu ni beaucoup. *Être moyennement beau, riche. Aller moyennement vite.* **2.** D'une manière qui dépasse la moyenne (III). ⇒ **fortement, grandement, très.** *Elle a été moyennement chanceuse de s'en tirer sans blessure.*

② ***moyen*** [mwajɛ̃] n. m. **1.** Ce qui sert pour arriver à un résultat, à une fin. ⇒ **procédé, voie.** *La fin et les moyens. Les moyens de faire qqch. Par quel moyen ?* ⇒ **comment.** — *Trouver moyen de,* parvenir à. — *S'il en avait le moyen, les moyens,* s'il le pouvait. *Avoir, laisser le choix des moyens. Tu as essayé tous les moyens* (→ Remuer ciel et terre). *Moyen efficace ; un bon moyen. Moyen provisoire, insuffisant.* ⇒ **demi-mesure, expédient.** Loc. *Se débrouiller avec les moyens du bord,* les seuls moyens disponibles. *Employer les grands moyens,* ceux dont l'effet doit être décisif. — *Il y a moyen ; il n'y a pas moyen de,* il est possible, il est impossible de. *Il n'y a pas moyen de le faire obéir, qu'il soit à l'heure. Il n'y a pas moyen de moyenner,* il n'y a rien à faire. *Pas moyen !,* c'est impossible. — *Moyen d'action, de défense, de contrôle. Moyens de transport.* — PAR LE MOYEN DE : par l'intermédiaire, grâce à. — AU MOYEN DE : à l'aide de (le moyen exprimé étant généralement concret). ⇒ **avec, grâce** à. *Se diriger au moyen d'une boussole.* **2.** Au plur. LES MOYENS : pouvoirs naturels et permanents (d'une personne). ⇒ **capacité, faculté, force.** *Les moyens physiques d'un sportif. Elle a de grands moyens.* ⇒ **don, facilité.** *Être en possession de tous ses moyens. Perdre ses moyens à un examen.* — *Par ses propres moyens,* sans aide étrangère. **3.** Ressources pécuniaires. *Ses parents n'avaient pas les moyens de lui faire faire des études. C'est trop cher, c'est au-dessus de mes moyens.* — Fam. *Avoir les moyens, être en moyens,* avoir de l'argent, être à l'aise financièrement. ▶ ***moyennant*** [mwajɛnɑ̃] prép. ■ Au moyen de, par le moyen de, à la condition de. ⇒ **avec, grâce** à. *Acquérir une chose moyennant un prix convenu.* ⇒ **pour.** *Donnez-moi de l'argent, moyennant quoi je ferai le travail.* — Loc. *Moyennant que,* à la condition que. *Je suis d'accord, moyennant que tu sois là pour nous recevoir.*

moyeu [mwajø] n. m. ■ Partie centrale (d'une roue, d'une pièce qui tourne) que traverse l'axe. *Moyeu de volant, d'hélice. Des moyeux.*

mozzarella [mɔ(d)zaʀɛl(l)a] n. m. ■ Fromage italien à pâte molle et élastique. *Hamburger au mozzarella.* — REM. En France, le mot *mozzarella* est féminin.

M.R.C. [ɛmɛʀse] n. m. invar. ■ Abréviation de *municipalité régionale de comté*. Le préfet d'une M.R.C.*

M.S.T. [ɛmɛste] n. f. invar. ■ (France) Abréviation de *maladie sexuellement transmissible.* ⇒ ② **M.T.S.,** maladie **vénérienne.**

① ***M.T.S.*** [ɛmteɛs] n. m. invar. — REM. Toujours en apposition. ■ *Système M.T.S.,* système à trois unités fondamentales : *mètre, tonne, seconde.*

② ***M.T.S.*** n. f. invar. ■ Abréviation de *maladie transmise sexuellement.* ⇒ **M.S.T.,** maladie **vénérienne.** *Les M.T.S.*

mû, mue Part. passé du v. *mouvoir.*

mucosité [mykozite] n. f. ■ Amas de substance épaisse et filante qui tapisse certaines muqueuses. ⇒ **glaire, morve.** ► ***mucus*** [mykys] n. m. invar. ■ Liquide visqueux qui tapisse certaines muqueuses. ‹ ► muqueux ›

mue [my] n. f. **1.** Changement qui affecte la carapace, les cornes, la peau, le plumage, le poil, etc., de certains animaux à des époques déterminées ; cette époque. **2.** Dépouille (d'un animal qui a mué). *Trouver la mue d'un serpent.* **3.** Changement dans le timbre de la voix humaine au moment de la puberté. ► ***muer*** [mɥe] v. • conjug. 1. **I.** V. intr. **1.** (Animaux) Changer de peau, de plumage, de poil. ⇒ se **dépouiller.** *Insecte qui mue.* **2.** (Voix humaine) Subir la mue (3). *Sa voix mue. Les enfants muent entre onze et quatorze ans.* **II.** V. pron. réfl. Littér. SE MUER EN : se changer, se transformer en. *Ses désirs se sont mués en réalités.* ‹ ► transmuer ›

muësli [mɥ(y)ɛsli] ou ***musli*** [mɔ(y)sli] n. m. invar. ■ Mélange de céréales et de fruits secs qu'on mange avec du lait. *Des muësli.* — REM. On trouve aussi l'orthographe *muesli.*

muet, ette [mɥɛ, ɛt] adj. et n. **1.** Qui est privé de l'usage de la parole. *Être muet de naissance. Sourd et muet.* ⇒ **sourd-muet.** — N. *Un muet, une muette.* **2.** Silencieux (volontairement ou non). ⇒ **coi.** *Être, rester muet d'étonnement, de peur,* momentanément incapable de parler, de répondre. *Être muet comme une carpe. — Rôle muet,* sans texte à dire. **3.** Qui ne contient aucune précision concernant une question. *Le règlement est muet sur ce point.* **4.** (Sentiments) Qui ne s'exprime pas par la parole. *Muette protestation. De muets reproches. — Joie muette.* **5.** (Choses) Qui, par nature, ne produit aucun son. *Clavier muet. Cinéma, film muet* (opposé à *parlant*). — N. m. *Le muet,* le cinéma muet. **6.** Qui ne se fait pas entendre dans la prononciation. *E, H muet.* **7.** Qui ne contient ou n'utilise aucun signe écrit. *Une carte muette.* ‹ ► sourd-muet ›

muezzin [mɥɛdzin ou mɥezɛ̃] n. m. ■ Fonctionnaire religieux musulman attaché à une mosquée, qui appelle du minaret les fidèles à la prière. *Des muezzins.*

muffin [mɔfœn] n. m. **1.** Petit gâteau rond qui se consomme surtout au déjeuner. *Mettre du beurre sur ses muffins chauds. Des muffins au son, aux bleuets.* **2.** *Muffin anglais,* petit pain rond et plat dont la croûte est pâle.

① ***mufle*** [myfl] n. m. ■ Extrémité du museau (de certains mammifères). *Mufle de bœuf.*

② ***mufle*** n. m. et adj. ■ Vieilli. Individu mal élevé, grossier et indélicat. ⇒ **goujat, impoli, malotru.** *Se conduire comme un mufle.* — Adj. (Rare au fém.) *Tu vois comme il peut être mufle !* / contr. **galant** / ► ***muflerie*** n. f. ■ Caractère, action, parole d'un mufle. ⇒ **goujaterie, grossièreté.**

mugir [myʒiʀ] v. intr. • conjug. 2. **1.** (Bovidés) Pousser le cri sourd et prolongé propre à leur espèce. ⇒ **beugler, meugler. 2.** (Suj. chose) Faire entendre un bruit semblable. *Le vent mugissait.* ► ***mugissement*** n. m. ■ Son produit par un animal ou une chose qui mugit. ⇒ **beuglement, meuglement.**

muguet [mygɛ] n. m. ■ Plante aux fleurs petites et blanches en clochettes, groupées en grappes. *Offrir un brin de muguet au mois de mai.* — Parfum qui en est extrait. *Savonnette au muguet.*

mukluk [mukluk] n. f. ■ Botte inuit en peau d'animal (phoque, orignal, caribou). *Une paire de mukluks.*

mulâtre, mulâtresse [mylɑtʀ, mylɑtʀɛs] n. et adj. ■ Homme, femme de couleur, né de l'union d'un Blanc avec une Noire ou d'un Noir avec une Blanche. ⇒ **métis.** — Adj. (MULÂTRE aux deux genres) *Fillette mulâtre.*

① ***mule*** [myl] n. f. ■ Pantoufle de femme à talon assez haut ou à semelle compensée.

② ***mule*** n. f. ■ Animal femelle né de l'âne et de la jument (ou du cheval et de l'ânesse), généralement stérile. *Monter une mule.* — Loc. fam. *Chargé comme une mule. Capricieux, têtu, entêté comme une mule.* — Injure. *Tête de mule !* ► ***mulet*** [mylɛ] n. m. ■ Hybride mâle de l'âne et de la jument *(grand mulet)* ou du cheval et de l'ânesse *(bardot),* toujours infécond. — Loc. fam. *Être chargé comme un mulet. Têtu comme un mulet.* ⇒ **mule.** ► ***muletier, ière*** [myltje, jɛʀ] n. et adj. **1.** Conducteur de mulets, de mules. **2.** Adj. *Chemin, sentier muletier,* étroit et escarpé. *Piste muletière.*

mulot [mylo] n. m. ■ Petit mammifère rongeur, appelé aussi *rat des champs.* ⇒ **campagnol.** ≠ *surmulot.*

multi- ■ Élément signifiant « qui a beaucoup de... » (ex. : *multicellulaire, multiplace*). ⇒ **pluri-, poly-.** / contr. **mono-, uni-** /

multicolore [myltikɔlɔʀ] adj. ■ Qui présente des couleurs variées. ⇒ **polychrome.** *Oiseaux multicolores. Des ampoules multicolores.*

multicoque [myltikɔk] n. m. ■ Bateau composé de plusieurs coques ou flotteurs, assemblés côte à côte (opposé à *monocoque*). *Les catamarans et les trimarans sont des multicoques.*

multiculturalisme [myltikyltyralism] n. m. ■ Coexistence de plusieurs cultures dans un même État. *Le multiculturalisme canadien.* ► ***multiculturel, elle*** adj. ■ Relatif au multiculturalisme. *La dimension multiculturelle d'une société.*

multiforme [myltifɔʀm] adj. ■ Qui se présente sous des formes variées, des aspects nombreux. *Une menace multiforme et imprécise.*

multilatéral, ale, aux [myltilateʀal, o] adj. ■ Qui concerne plusieurs parties contractantes, en général des États. *Accords multilatéraux.*

multilingue [myltilɛ̃g] adj. et n. **1.** Qui parle plusieurs langues (opposé à *monolingue, unilingue ; bilingue*). ⇒ **plurilingue, polyglotte, trilingue.** *L'Europe est multilingue.* — N. *Un(e) multilingue.* **2.** En plusieurs langues. *Une banque de terminologie multilingue.*

multimillionnaire [myltimiljɔnɛʀ] adj. et n. ▪ Qui possède beaucoup de millions. *Elle est multimillionnaire en dollars.* — N. *Un(e) multimillionnaire.* — REM. On dit aussi *multimilliardaire*.

multinational, ale, aux [myltinasjɔnal, o] adj. ▪ Qui concerne plusieurs pays. — Qui a des activités dans plusieurs pays. — N. f. *Une petite compagnie qui s'associe à une multinationale.*

multiple [myltipl] adj. **1.** Qui est composé de plusieurs éléments de nature différente, ou qui se manifeste sous des formes différentes. ⇒ **divers.** *Une réalité multiple et complexe.* / contr. **simple** / **2.** Qui contient plusieurs fois exactement un nombre donné. *21 est multiple de 7.* — N. m. *Tout multiple de deux est pair. Le plus petit commun multiple de deux nombres* (abrév. P.P.C.M.). **3.** (Avec un nom au pluriel) Qui se présentent sous des formes variées. ⇒ **nombreux.** *Activités, aspects, causes multiples.* / contr. **unique** / **4.** *Prise multiple,* adaptateur permettant de brancher plusieurs appareils sur la même prise de courant. ▸ ***multiplier*** [myltiplije] v. tr. ▪ conjug. 7. **I. 1.** Augmenter le nombre, la quantité de (personnes, êtres, choses de la même espèce). ⇒ **accroître.** *Multiplier les exemplaires d'un texte.* ⇒ **reproduire.** *Multiplier les essais.* ⇒ **répéter. 2.** MULTIPLIER PAR : faire la multiplication de. / contr. **diviser** / — Au p. p. adj. *Sept multiplié par neuf* (7 × 9), sept fois neuf. **II.** SE MULTIPLIER v. pron. **1.** Être augmenté, se produire en grand nombre. ⇒ s'**accroître, croître,** se **développer. 2.** (Êtres vivants) Se reproduire. *Les souris se multiplient très vite.* ▸ ***multiplicité*** n. f. ▪ Caractère de ce qui est multiple ; grand nombre. ⇒ **abondance, quantité.** *La multiplicité des inventions.* ▸ ***multiplicande*** n. m. ▪ Dans une multiplication (3). Celui des deux facteurs qui est énoncé le premier. ▸ ***multiplicateur, trice*** adj. et n. m. ▪ Qui multiplie, sert à multiplier. — N. m. Dans une multiplication (3). Celui des deux facteurs qui est énoncé le second. / contr. **diviseur** / ▸ ***multiplicatif, ive*** adj. ▪ Qui multiplie, qui aide à multiplier. *Signe multiplicatif (×).* ▸ ***multiplication*** n. f. **1.** Augmentation en nombre. / contr. **diminution** / **2.** Reproduction asexuée. *La multiplication des bactéries. Multiplication végétative,* des végétaux. **3.** Opération qui a pour but d'obtenir à partir de deux nombres *a* et *b (multiplicande* et *multiplicateur)* un troisième nombre *(produit)* égal à la somme de *b* termes égaux à *a* (ex. : *6 × 3 = 6 + 6 + 6 = 18*). *Table de multiplication.* / contr. **division** / ‹ ▸ démultiplier, sous-multiple, surmultiplié ›

multipropriété [myltipʀɔpʀijete] n. f. ▪ Régime de propriété collective où chaque propriétaire jouit de son bien pendant une période déterminée de l'année. ⇒ **copropriété.** *Ils ont acheté un appartement en Floride en multipropriété.*

multirisque [myltiʀisk] adj. ▪ Qui couvre plusieurs risques. *Assurance multirisque.*

multitude [myltityd] n. f. **1.** Grande quantité (d'êtres, d'objets). *Une multitude de visiteurs entra (*ou *entrèrent).* ⇒ **armée,** ① **flot, nuée.** — *Pour une multitude de raisons.* ⇒ **quantité. 2.** Rassemblement d'un grand nombre de personnes. ⇒ **foule.** *La multitude qui accourait pour voir la vedette.*

muni, ie [myni] Part. passé du v. *munir.*

municipal, ale, aux [mynisipal, o] adj. ▪ Relatif à l'administration d'une municipalité. ⇒ **communal.** *Conseil municipal. Élections municipales. Un centre de loisirs municipal. Le Code municipal,* qui régit les municipalités. ▸ ***municipalité*** n. f. **1.** Division territoriale administrative dirigée par un maire et un conseil élus. *Une municipalité urbaine* (⇒ **ville**)*, rurale* (⇒ **canton, paroisse, village**). *Les contribuables d'une municipalité.* — Par ext. Conseil formé du maire et des conseillers. *La municipalité a adopté un nouveau règlement de zonage.* — Siège de l'administration municipale. ⇒ **hôtel** de ville, **mairie. 2.** *Municipalité régionale de comté**. ⇒ **M.R.C.** — *Le gouvernement veut consulter les municipalités régionales de comté,* ces organismes.

munificence [mynifisɑ̃s] n. f. ▪ Grandeur dans la générosité. *Donner avec munificence.* ≠ *magnificence.* ▸ ***munificent, ente*** adj. ▪ Littér. Généreux avec somptuosité.

munir [myniʀ] v. tr. ▪ conjug. 2. **1.** Garnir (qqch.), pourvoir (qqn) de ce qui est nécessaire, utile pour une fin déterminée. ⇒ **doter, équiper, pourvoir.** *Munir un voyageur d'un peu d'argent.* — Au p. p. adj. *Caméra munie de deux objectifs.* **2.** V. pron. réfl. SE MUNIR DE. ⇒ **prendre.** *Se munir d'un imperméable.* — *Se munir de patience.* ⇒ s'**armer.** ▸ ***munitions*** [mynisjɔ̃] n. f. pl. ▪ Explosifs et projectiles nécessaires au chargement des armes à feu (balle, cartouche, fusée, obus) ou lâchés par un avion (bombe). *Entrepôt d'armes et de munitions.* ‹ ▸ démunir, prémunir ›

muqueux, euse [mykø, øz] adj. **1.** Qui a le caractère du mucus, des mucosités. **2.** Qui sécrète, produit du mucus. *Membrane muqueuse.* ▸ ***muqueuse*** n. f. ▪ Membrane formant l'enveloppe des organes creux, qui se raccorde avec la peau au niveau des orifices naturels (bronche, anus, vagin...) et qui est lubrifiée par des sécrétions liquides.

mur [myʀ] n. m. **1.** Ouvrage (de pierre, béton, etc.) qui s'élève sur une certaine longueur et qui sert à enclore, à séparer ou à supporter une poussée. ⇒ **muraille, muret.** *Bâtir, élever, abattre un mur. Mur de pierres sèches. Fermer de murs,* murer. *Un vieux mur croulant.* — *C'est arrivé dans nos murs,* dans notre ville. **2.** Face intérieure des murs, des cloisons, d'une habitation. *Mettre des tableaux aux murs. Horaire affiché au mur.* ⇒ **mural.** — Loc. *Entre quatre murs,* en restant enfermé dans une maison. — Loc. fam. *Mur à mur,* au complet, en totalité. *Poser un tapis mur à mur,* qui couvre entièrement un plancher. *Une assurance mur à mur,* prévoyant toutes les éventualités. — REM. Cette locution est un calque de l'anglais. **3.** Loc. *Raser les murs,* pour se cacher, se protéger. — *Sauter, faire le mur,* sortir sans permission (d'un centre de détention, d'un internat, etc.). — *Se cogner, se taper la tête contre les murs.* ⇒ se **désespérer.** — *Mettre qqn au pied du mur,* acculer à, enlever toute échappatoire. **4.** Fig. Ce qui sépare, forme obstacle. *Un mur d'incompréhension. Se heurter à un mur.* — Fam. *Frapper un mur,* se heurter à une difficulté insurmontable ; rencontrer qqn de très buté. **5.** LE MUR DU SON : l'instant, ponctué d'une explosion (⇒ **bang**), où un avion, une fusée dépasse la vitesse du son. ⇒ **Mach.** *Franchir le mur du son.* **6.** Soccer. Ligne des joueurs placés entre le tireur et le gardien de but lors d'un coup franc*. *L'arbitre a fait reculer le mur à distance réglementaire.* ‹ ▸ se claquemurer, emmurer, muraille, mural, murer, muret ›

mûr, mûre [myʀ] adj. **1.** (Fruits, graines) Qui a atteint son plein développement (⇒ **maturation, maturité**). *Un fruit trop mûr.* ⇒ **blet.** / contr. **vert** / *Couleur de blé mûr.* **2.** (Abcès, furoncles) Qui est près de percer. **3.** Fig. Qui a atteint le développement nécessaire à sa réalisation, à sa manifestation. *Un projet mûr. La* *révolution est mûre.* — (Personnes) *Être mûr pour,* être préparé, prêt à. **4.** *L'âge mûr,* adulte. *L'homme mûr.* ⇒ ① **fait.** *Esprit mûr,* qui a atteint tout son développement. ⇒ **maturité.** *Elle est plutôt mûre pour son âge.* ⇒ **raisonnable.** / contr. **immature** / — *Après mûre réflexion,* après avoir longuement réfléchi. ⟨ ▶ mûrement, mûrir ⟩

muraille [myʀɑj] n. f. **1.** Étendue de murs épais et assez élevés. *Une haute muraille. Les murailles du château fort.* — Loc. *Couleur de muraille,* se confondant avec celle des murs. — Fortification. ⇒ **rempart.** *Enceinte de murailles. La grande muraille de Chine.* **2.** Ce qui s'élève comme un mur ; surface verticale abrupte, escarpée. ⇒ **paroi.**

mural, ale, aux [myʀal, o] adj. ■ Qui est appliqué sur un mur, une cloison, comme ornement. *Peintures, fresques murales.* — Qui est fixé au mur et ne repose pas par terre. *Pendule murale.* ▶ ***murale*** n. f. ■ Œuvre artistique intégrée à un mur ou faite directement sur un mur. *La murale du Grand Théâtre de Québec.* ⟨ ▶ intramural ⟩

mûre [myʀ] n. f. **1.** Fruit du mûrier. **2.** Fruit noir de la ronce des haies, comestible, qui ressemble au fruit du mûrier. *Gelée, confitures de mûres.* ⟨ ▶ mûrier ⟩

mûrement [myʀmɑ̃] adv. ■ (⇒ **mûr** 4) Avec beaucoup de réflexion. *J'y ai mûrement réfléchi.*

murène [myʀɛn] n. f. ■ Poisson long et mince, plus gros que l'anguille, très vorace.

murer [myʀe] v. tr. ▪ conjug. 1. **1.** Entourer de murs. — Fermer, enclore par un mur, une maçonnerie. *Murer une porte, une issue.* — Au p. p. adj. *Une fenêtre murée.* **2.** Enfermer (qqn) en supprimant les issues. — Au p. p. adj. *Mineurs murés au fond,* enfermés par un éboulement. **3.** V. pron. réfl. SE MURER : s'enfermer (en un lieu), s'isoler. ⇒ se **cacher,** se **cloîtrer,** s'**embarrer.** *Il s'est muré chez lui.* — *Se murer dans son silence.*

muret [myʀɛ] n. m. ou ***murette*** [myʀɛt] n. f. ■ Petit mur. — Mur bas de pierres sèches.

mûrier [myʀje] n. m. ■ Arbre originaire d'Orient et acclimaté dans le bassin méditerranéen et en Amérique, dont le fruit est la mûre (1). *Mûrier noir,* cultivé pour ses fruits. *Mûrier blanc,* utilisé en ébénisterie. *Les feuilles du mûrier blanc nourrissent les vers à soie.*

mûrir [myʀiʀ] v. **I.** V. tr. **1.** Rendre mûr. *Le soleil mûrit les fruits.* **2.** Mener (une chose) à point en y appliquant sa réflexion. ⇒ **approfondir.** *Mûrir une pensée, un projet.* ⇒ **méditer. 3.** Donner de la maturité d'esprit à (qqn). *Le malheur les a mûris.* **II.** V. intr. **1.** Devenir mûr, venir à maturité. *Les blés mûrissent.* **2.** Se développer, atteindre son plein développement. *Laisser mûrir une idée, un projet.* — Acquérir de la maturité d'esprit. ▶ ***mûrissant, ante*** adj. **1.** En train de mûrir. **2.** (Personnes) Qui atteint l'âge mûr.

murmure [myʀmyʀ] n. m. **I. 1.** Bruit sourd, léger et continu de voix humaines. ⇒ **chuchotement.** *Rires et murmures d'élèves.* **2.** Commentaire fait à mi-voix par plusieurs personnes. *Murmures d'approbation, de protestation.* — Loc. *Accepter une chose sans hésitation ni murmure,* sans protester. **II.** Bruit continu léger, doux et harmonieux. *Le murmure d'une fontaine.* ⇒ **bruissement.** ▶ ***murmurer*** v. **I.** V. intr. (Personnes) **1.** Faire entendre un murmure. **2.** Émettre une plainte, une protestation sourde. ⇒ **bougonner, bourrasser, grogner.** *Accepter, obéir sans murmurer.* **II.** V. tr. Dire, prononcer à mi-voix ou à voix basse. ⇒ **chuchoter ; marmonner, marmotter.** *On murmurait des choses blessantes à leur égard.*

musaraigne [myzaʀɛɲ] n. f. ■ Petit mammifère insectivore, voisin de la souris.

musarder [myzaʀde] v. intr. ▪ conjug. 1. ■ Perdre son temps à des riens. ⇒ **flâner, muser.**

musc [mysk] n. m. ■ Substance brune très odorante, sécrétée par les glandes abdominales d'un animal de la famille des cervidés (cerf, chevreuil, etc.). *Grains de musc séché.* — Parfum préparé à partir du musc. ▶ ***muscade*** adj. et n. ■ *Noix muscade* ou, ellipt, *muscade,* graine du fruit d'un arbre exotique (le *muscadier*), d'odeur aromatique, employée comme épice. ⟨ ▶ muscat, musqué ⟩

muscadet [myskadɛ] n. m. ■ Vin blanc sec de la région de Nantes, en France. *Un verre de muscadet.*

muscat [myskɑ] adj. et n. m. **1.** *Raisin muscat,* très sucré et à odeur de musc. — N. m. *Une grappe de muscat.* **2.** *Vin muscat,* vin de liqueur, produit avec des raisins muscats. — N. m. *Un verre de muscat.*

muscle [myskl] n. m. ■ Organe ou élément d'organe formé de tissus irritables et contractiles qui assurent les fonctions du mouvement. *Muscles striés, volontaires. Muscles lisses.* — (Muscles apparents, sous la peau) *Contracter, gonfler un muscle. Développer ses muscles.* ⇒ **musculation ; musculature.** *Elle s'est froissé, étiré un muscle.* — Sans compl. *Avoir des muscles, du muscle,* être fort. ▶ ***musclé, ée*** adj. **1.** Qui est pourvu de muscles bien visibles et puissants. ⇒ ① **fort.** *Jambes musclées.* **2.** Fam. Énergique, fort. *Une politique, une discussion musclée.* ▶ ***muscler*** v. tr. ▪ conjug. 1. ■ Pourvoir de muscles développés, puissants. — V. pron. réfl. SE MUSCLER. *Il fait de la gymnastique pour se muscler.* ▶ ***musculaire*** adj. ■ Relatif aux muscles. *Système musculaire. Force, douleur musculaire.* ▶ ***musculation*** n. f. ■ Développement d'un muscle, d'une partie du corps grâce à des exercices appropriés. — Ensemble de ces exercices. *Faire de la musculation.* ⇒ **culturisme.** ▶ ***musculature*** n. f. ■ Ensemble et disposition des muscles (d'un organisme ou d'un organe). *La musculature du dos. La musculature d'un athlète.* ▶ ***musculeux, euse*** adj. ■ Qui a des muscles développés, forts. ⇒ **musclé.** ⟨ ▶ intramusculaire ⟩

muse [myz] n. f. **1.** (Avec une majusc.) Chacune des neuf déesses qui, dans la mythologie antique, présidaient aux arts libéraux. *Apollon et les Muses. Clio, la Muse de l'Histoire.* **2.** Littér. L'inspiration poétique, souvent évoquée sous les traits d'une femme.

museau [myzo] n. m. **1.** Partie antérieure de la face (de certains animaux : mammifères, poissons) lorsqu'elle fait saillie en avant. — REM. Ne se dit pas du cheval. *Museau de chien* ⇒ **truffe,** *de porc* ⇒ **groin.** *Museau de brochet.* — (France) *Museau de porc, de bœuf,* charcuterie à la vinaigrette. **2.** Fam. Visage, figure. ⇒ **minois.** *Recevoir une petite tape sur le museau.* ⟨ ▶ museler ⟩

musée [myze] n. m. **1.** Établissement dans lequel sont rassemblées et classées des collections d'objets présentant un intérêt historique, technique, scientifique, artistique, en vue de leur conservation et de leur présentation au public. ⇒ **collection.** *Musée de peinture. Musée d'histoire naturelle.* ⇒ **muséum.** *Un musée de la civilisation. Expositions d'un musée* (d'art). *Objet, pièce de musée,* digne d'un musée. **2.** Lieu rempli d'objets rares, précieux. *Son appartement est un véritable musée. Ville-musée.* — Loc. fam. *Musée des horreurs,* réunion de choses très laides. ▶ ***muséologie*** n. f. ; ***muséographie*** n. f. ■ Science, technique de la conception des musées, de leur réalisation (classement, présentation des collections...). ⟨ ▶ muséum ⟩

museler [myzle] v. tr. ▪ conjug. 4. **1.** Empêcher (un animal) d'ouvrir la gueule, de mordre en lui emprisonnant le museau. — (Sports) Empêcher un adversaire de produire les points, d'agir efficacement. *Lanceur qui musèle un frappeur.* ⇒ **muselière.** *Museler un chien.* **2.** Fig. Empêcher de parler, de s'exprimer. ⇒ **bâillonner.** *Museler l'opposition.* — (Sports) Empêcher un adversaire de produire des points, d'agir efficacement. *Lanceur qui musèle un frappeur.* ▶ ***muselière*** [myzəljɛʀ] n. f. ■ Appareil servant à museler certains animaux en leur entourant le museau. *Mettre une muselière à un chien.* ▶ ***musellement*** n. m. ■ Action de museler (1, 2).

muser [myze] v. intr. ▪ conjug. 1. ■ Littér. Perdre son temps à des bagatelles, à des riens. ⇒ s'**attarder, flâner, musarder** ; fam. **gosser.** ⟨ ▶ musarder ⟩

① ***musette*** [myzɛt] n. f. **1.** Autrefois. Cornemuse alimentée par un soufflet. *« Jouez, hautbois, résonnez, musettes. »* (Cantique de Noël). **2.** (France) En appos. BAL MUSETTE : bal populaire où l'on danse, généralement au son de l'accordéon, la java, la valse, le fox-trot, dans un style particulier (appelé *le musette,* n. m.). *Des bals musettes.* — *Valse musette. Un disque d'accordéon musette* (de *musette,* n. m.).

② ***musette*** n. f. ■ Sac de toile, qui se porte souvent en bandoulière. *Mettre sa gamelle dans sa musette.*

muséum [myzeɔm] n. m. ■ Musée consacré aux sciences naturelles. *Des muséums.*

musical, ale, aux [myzikal, o] adj. **1.** Qui est propre, appartient à la musique, concerne la musique. *Son musical. L'indicatif musical d'une émission. Notation musicale. Critique musical. Un camp musical.* — Où il y a de la musique. *Soirée musicale.* ⇒ **concert, récital.** *Comédie musicale,* en partie chantée (surtout, film de ce genre). **2.** Qui a les caractères de la musique. *Une voix très musicale.* ⇒ **harmonieux, mélodieux.** ▶ ***musicalement*** adv. **1.** Conformément aux règles de la musique ; en ce qui concerne la musique. *Elle est musicalement douée.* **2.** D'une manière harmonieuse. ▶ ***musicalité*** n. f. ■ Qualité de ce qui est musical. *La musicalité d'une chaîne stéréo.*

music-hall [myziko(ɑ)l] n. m. ■ (France ou vx) Anglic. Établissement qui présente un spectacle de variétés. *Chanteuse de music-hall. Des music-halls.* — Spectacles présentés par cet établissement. *Aimer le music-hall.*

musicien, ienne [myzisjɛ̃, jɛn] n. et adj. **1.** Personne qui connaît l'art de la musique ; en connaît la technique, ou est capable d'apprécier la musique. — Adj. *Elle était assez musicienne.* **2.** Personne dont la profession est de faire (composer, jouer) de la musique (compositeur, interprète, chef d'orchestre...). *Musicienne d'orchestre* (opposé à *soliste*). — Compositeur. *Les grands musiciens. Musicien de jazz (*anglic. *jazzman). Excellent musicien.* ⇒ **virtuose.**

musico- ■ Élément de mots savants relatifs à la musique. ▶ ***musicologie*** [myzikɔlɔʒi] n. f. ■ Science de la théorie, de l'esthétique et de l'histoire de la musique. ▶ ***musicologue*** n. ■ Spécialiste de musicologie.

musique [myzik] n. f. **I. 1.** Art de combiner des sons d'après des règles (variables selon les lieux et les époques), d'organiser une durée avec des éléments sonores ; production de cet art (sons ou œuvres). *Aimer la musique. Musique vocale.* ⇒ **chant, voix.** *Musique instrumentale. Musique concrète,* à base de sons naturels, musicaux ou non (bruits). *Musique de chambre,* musique pour un petit nombre de musiciens. *La musique d'un opéra* (opposé à *livret*). *Musique de danse, de ballet. Musique de film. Musique de cirque. Musique de jazz. Musique country**. Musique de variétés. Musique populaire.* ⇒ anglic. **pop.** *Musique classique (*ou *grande musique). Musique sérielle.* ⇒ **dodécaphonisme.** *Musique électronique ou électroacoustique* (⇒ **synthétiseur**). *École, conservatoire de musique.* — *Dîner, travailler en musique,* en écoutant de la musique. — *Jouer de la musique à bouche,* de l'harmonica. ⇒ fam. **ruine-babines. 2.** Musique écrite, œuvre musicale écrite. *Marchand de musique. Jouer sans musique.* ⇒ **partition.** *Lire, déchiffrer la musique.* **3.** *Musique militaire, musique d'un régiment,* les musiciens du régiment. ⇒ **clique, fanfare.** *Régiment qui marche musique en tête.* **4.** Fam. (En parlant des discours) *C'est toujours la même musique.* ⇒ **chanson, histoire.** — Fam. *Connaître la musique,* savoir de quoi il retourne, savoir comment s'y prendre. — Loc. *Faire face à la musique,* affronter les difficultés, tenter de les résoudre. *Aller plus vite que la musique,* manquer de mesure, aller trop vite en affaires. ⇒ **violon. II. 1.** Suite, ensemble de sons rappelant la musique. ⇒ **bruit, harmonie, mélodie.** *La musique des oiseaux, des cigales.* **2.** Harmonie. *La musique d'un poème.* ⟨ ▶ musical, musicien, musico- ⟩

musli n. m. invar. ⇒ **muësli.**

muskeg [mɔskɛg] n. m. ■ Terrain humide et marécageux où les arbres poussent difficilement. ⇒ **marais, plée, savane.**

musqué, ée [myske] adj. **1.** Parfumé au musc. **2.** Dans les loc. désignant des animaux. Dont l'odeur rappelle celle du musc. *Rat musqué.* ⇒ **ondatra.** *Bœuf musqué.* ⇒ **ovibos.** ⟨ ▶ rat musqué ⟩

mustang [mystɑ̃g] n. m. ■ Cheval à demi sauvage des prairies de l'Ouest américain. *Des mustangs.*

musulman, ane [myzylmɑ̃, an] adj. et n. **1.** Qui professe la religion de Mahomet, l'islam*. *Arabes, Indiens musulmans.* ≠ *chrétien, juif, païen.* **2.** Qui est propre à l'islam, relatif ou conforme à sa loi, à ses rites. ⇒ **islamique.** — N. *Les musulmans.*

① ***mutation*** [mytɑsjɔ̃] n. f. ■ Biologie. Variation brusque d'un caractère héréditaire (propre à l'espèce ou à la lignée) par changement dans le nombre ou dans la qualité des gènes. ▶ ***mutant, ante*** adj. et n. ■ Biologie. *Gênes mutants,* qui ont subi une mutation. — N. *Un mutant,* descendant d'une lignée chez lequel apparaît une mutation ①.

muter [myte] v. tr. ▪ conjug. 1. ■ Affecter à un autre poste, à un autre emploi. *Muter un fonctionnaire en région.* ⇒ **déplacer.** *Il a été muté en Gaspésie.* ▶ ② ***mutation*** n. f. **1.** Changement, évolution. *Elle est en pleine mutation.* **2.** Affectation d'un fonctionnaire, d'un employé, etc., à un autre poste ou à un autre emploi, dans un autre lieu, etc. **3.** Transmission d'un droit de propriété ou d'usufruit. *Droits de mutation.* ⟨ ▶ commuter, permuter, transmuter ⟩

mutiler [mytile] v. tr. ▪ conjug. 1. **1.** Altérer (un être humain, un animal) dans son intégrité physique par une grave blessure (surtout au passif et au p. p. adj. ⇒ **mutilé**). *Il a été mutilé au bras droit.* **2.** Détériorer, endommager. ⇒ **dégrader.** *Mutiler un arbre.* **3.** Altérer (un texte, un ouvrage littéraire) en retranchant une partie essentielle. ⇒ **diminuer, tronquer.** ▶ ***mutilation*** n. f. **1.** Ablation ou détérioration (d'un membre, d'une partie externe du corps). **2.** Dégradation. *Mutilation de statues, de tableaux.* **3.** Coupure, perte (d'un fragment de texte). ▶ ***mutilé, ée*** n. ■ Personne qui a subi une mutilation, généralement par fait de guerre ou par accident. ⇒ **amputé.** *Mutilé de guerre.* ⇒ **blessé, invalide.**

① ***mutin, ine*** [mytɛ̃, in] adj. ■ Littér. Qui est d'humeur taquine, qui aime à plaisanter. ⇒ **badin, espiègle,** ① **gai.** *Fillette mutine.* — *Un petit air mutin.*

② ***mutin*** n. m. ■ Personne qui se révolte avec violence. ⇒ **rebelle.** ▶ *se* ***mutiner*** [mytine] v. pron. réfl. ■ conjug. 1. ■ Se dresser contre une autorité, avec violence. ⇒ se **rebeller,** se **révolter.** *Prisonniers qui se mutinent contre leurs gardiens.* ▶ ***mutiné, ée*** adj. et n. ■ *Des marins mutinés.* ▶ ***mutinerie*** n. f. ■ Action de se mutiner ; son résultat. ⇒ **insurrection, révolte, sédition.** *Mutinerie de troupes.*

mutisme [mytism] n. m. **1.** Refus de parler déterminé par des facteurs affectifs, des troubles mentaux (⇒ **muet**). **2.** Attitude, état d'une personne qui refuse de parler. *S'enfermer dans un mutisme opiniâtre.* ▶ ***mutité*** n. f. ■ Impossibilité réelle de parler. ⇒ **aphasie.** ⟨ ▶ surdi-mutité ⟩

mutuel, elle [mytɥɛl] adj. et n. f. **1.** Qui implique un rapport double et simultané, un échange d'actes, de sentiments. ⇒ **réciproque.** *Complaisance, responsabilité mutuelle. Se faire des concessions mutuelles.* **2.** Qui suppose un échange d'actions et de réactions entre deux ou plusieurs choses. *Établissement, société d'assurance mutuelle.* — N. f. *Une mutuelle,* société de mutualité. *Une mutuelle de fonctionnaires.* ▶ ***mutualisme*** n. m. ■ Doctrine économique basée sur la mutualité. ▶ ***mutualiste*** adj. et n. ■ *Assurances mutualistes.* ▶ ***mutualité*** n. f. ■ Forme de prévoyance volontaire par laquelle les membres d'un groupe s'assurent réciproquement contre certains risques. ⇒ **association, mutuelle.** *Il faut cotiser pour bénéficier de la mutualité.* ▶ ***mutuellement*** adv. ■ D'une manière qui implique un échange. ⇒ **réciproquement.** *Aidons-nous mutuellement.*

mycénien, ienne [misenjɛ̃, jɛn] adj. et n. ■ De Mycènes, de sa civilisation (en Grèce, avant les Hellènes). — N. (Avec une majusc.) *Les Mycéniennes.*

myco-, -myce ■ Éléments savants signifiant « champignon » (ex. : *auréomycine, streptomycine*). ▶ ***mycologie*** [mikɔlɔʒi] n. f. ■ Partie de la botanique qui étudie les champignons. ▶ ***mycologue*** n. ■ Botaniste spécialisé en mycologie ; amateur de mycologie. ▶ ***mycologique*** adj.

mye [mi] n. f. ■ Mollusque comestible bivalve. ⇒ **palourde.**

myél(o)-, -myélite ■ Éléments savants signifiant « moelle ». ⟨ ▶ poliomyélite ⟩

my(o)- ■ Élément savant signifiant « muscle ». ▶ ***myocarde*** [mjɔkaʀd] n. m. ■ Muscle qui constitue la moyenne partie de la paroi du cœur. *Infarctus du myocarde.*

myope [mjɔp] n. et adj. **1.** N. Personne qui a la vue courte ; qui ne voit distinctement que les objets rapprochés (opposé à *hypermétrope, presbyte*). **2.** Adj. Atteint de myopie. — Fam. *Il, elle est myope comme une taupe.* — Fig. Qui manque de perspicacité, de largeur de vue. ▶ ***myopie*** n. f. ■ Anomalie visuelle du myope (opposé à *hypermétropie, presbytie*). — Fig. *Myopie intellectuelle.*

myosotis [mjo(ɔ)zɔtis] n. m. invar. ■ Plante à petites fleurs bleues qui croît dans les lieux humides. *Le myosotis est aussi appelé « oreille de souris » ou « ne m'oubliez pas ».*

myriade [miʀjad] n. f. ■ Très grand nombre ; quantité immense. *Une myriade d'étoiles. Une myriade d'ampoules de Noël.*

myriapodes [miʀjapɔd] n. m. pl. ■ Classe d'animaux arthropodes à nombreuses pattes (mille-pattes). — Au sing. *Un myriapode.*

myrrhe [miʀ] n. f. ■ Gomme résine aromatique fournie par un arbre ou arbuste originaire d'Arabie. *L'or, l'encens et la myrrhe offerts à Jésus par les Rois mages.*

myrte [miʀt] n. m. **1.** Arbre ou arbrisseau à feuilles persistantes. **2.** Feuille de myrte. *Couronne de myrte.*

myrtille [miʀtij] n. f. ■ (France) Baie noire comestible produite par un arbrisseau des montagnes. ⇒ **bleuet.** *Tarte aux myrtilles.* — Cet arbrisseau (variété d'airelle).

① ***mystère*** [mistɛʀ] n. m. **I.** Dogme révélé, inaccessible à la raison, dans la religion chrétienne. *Le mystère de la Trinité.* **II.** Chose cachée, secrète. **1.** Ce qui est (ou est cru) inaccessible à la raison humaine. *Le mystère de la nature.* — Caractère mystérieux (d'un lieu). *Maison pleine de mystère.* **2.** Ce qui est inconnu, caché (mais qui peut être connu de quelques personnes) ou difficile à comprendre. ⇒ **secret.** *Cela cache, couvre un mystère. Voilà la solution du mystère.* ⇒ **énigme. 3.** Ce qui a un caractère incompréhensible, très obscur. *Cela n'a plus de mystère pour elle.* — Ensemble des précautions que l'on prend pour rendre incompréhensible. *S'envelopper, s'entourer de mystère. Chut ! Mystère.* ⇒ **discrétion, silence. III.** (Surtout en France) Pâtisserie glacée, faite de meringue et de glace. ▶ ***mystérieux, euse*** [misteʀjø, øz] adj. **1.** Qui est incompréhensible ou évoque la présence de forces cachées. ⇒ **énigmatique, impénétrable, secret.** / contr. **clair, évident** / *Le hasard est mystérieux. Sentiments mystérieux. Lieu, monde mystérieux.* **2.** Qui est difficile à comprendre, à expliquer. ⇒ **difficile, inexplicable.** *Cette histoire est bien mystérieuse.* **3.** Dont la nature, le contenu sont tenus cachés. ⇒ **secret.** *Dossier mystérieux. Un mystérieux personnage.* **4.** Qui cache, tient secret qqch. ⇒ **secret.** *Un être mystérieux.* — N. *Tu fais la mystérieuse.* ▶ ***mystérieusement*** adv. ■ D'une manière mystérieuse, cachée, secrète. ⟨ ▶ mots-mystères ⟩

② ***mystère*** n. m. ■ Littér. Au Moyen Âge. Genre théâtral qui mettait en scène des sujets religieux. ⇒ **miracle** (2).

mysticisme [mistisism] n. m. **1.** (Opposé à *rationalisme*). Ensemble des croyances et des pratiques se donnant pour objet une union intime de l'être humain et du principe de l'être (divinité) ; dispositions psychiques. ⇒ **contemplation, extase ; mystique.** *Mysticisme chrétien, islamique.* **2.** Croyance, doctrine philosophique faisant une part excessive au sentiment, à l'intuition.

mystifier [mistifje] v. tr. ■ conjug. 7. **1.** Tromper (qqn) en abusant de sa crédulité et pour s'amuser à ses dépens. ⇒ **abuser, duper, leurrer.** *Les naïfs qu'on mystifie.* **2.** Tromper collectivement sur le plan intellectuel, moral, social. *Mystifier un peuple par la propagande.* / contr. **démystifier** / ≠ *mythifier.* ▶ ***mystifiant, ante*** adj. ■ Qui mystifie (2). *Propagande mystifiante.* ▶ ***mystificateur, trice*** n. ■ Personne qui aime à mystifier, à s'amuser des gens en les trompant. ⇒ **farceur, fumiste.** *Mystificateur littéraire.* — Adj. *Intentions mystificatrices.* ▶ ***mystification*** n. f. **1.** Acte ou propos destiné à mystifier qqn, à abuser de sa crédulité. ⇒ **blague, canular, farce.** *Elle a été le jouet d'une mystification.* **2.** Tromperie collective. *Considérer la religion, le communisme comme une mystification.* ⟨ ▶ démystifier ⟩

mystique [mistik] adj. et n. **I.** Adj. **1.** Qui concerne les pratiques, les croyances visant à une union entre l'être humain et la divinité. *Extase, expérience mystique.* **2.** (Personnes) Prédisposé au mysticisme. **3.** Qui a un caractère exalté, absolu, intuitif. *Amour,* *patriotisme mystique.* **II.** N. **1.** Personne qui s'adonne aux pratiques du mysticisme, qui a une foi religieuse intense et intuitive. *Les grands mystiques chrétiens.* **2.** N. f. LA MYSTIQUE : l'ensemble des pratiques du mysticisme. — Le système d'affirmations absolues à propos de ce à quoi on attribue une vertu suprême. *La mystique de la force, de la paix.* ‹ ▶ mysticisme ›

mythe [mit] n. m. **1.** Récit fabuleux, souvent d'origine populaire, qui met en scène des êtres incarnant sous une forme symbolique des forces de la nature, des aspects de la condition humaine. ⇒ **fable, légende, mythologie.** *Les grands mythes grecs* (Orphée, Prométhée...). — Représentation de faits ou de personnages réels déformés ou amplifiés par la tradition. ⇒ **légende.** *Le mythe de Faust, de don Juan, de Napoléon.* **2.** Chose imaginaire. / contr. **réalité** / — Fam. *Son oncle à héritage ? C'est un mythe !,* il n'existe pas. **3.** Représentation idéalisée de l'état de l'humanité. *Le mythe de l'Âge d'or, du Paradis perdu.* ⇒ **utopie.** — Allégorie philosophique, fiction symbolique. *Le mythe de l'éternel retour.* — Image simplifiée que des groupes humains élaborent ou acceptent au sujet d'un individu ou d'un fait et qui joue un rôle déterminant dans leur comportement ou leur appréciation. *Le mythe du flegme britannique, de la galanterie française.* ▶ ***mythifier*** v. tr. ▪ conjug. 7. ▪ Instaurer en tant que mythe. *Mythifier le rôle du professeur.* / contr. **démythifier** / ≠ *mystifier.* ▶ ***mythique*** adj. ▪ Du mythe. *Inspiration, tradition mythique. Héros mythique.* ⇒ **fabuleux, imaginaire, légendaire.** / contr. **historique, réel** / ‹ ▶ démythifier, -mythie, mythologie ›

-mythie, mytho- ▪ Éléments de mots savants signifiant « fable, légende ».

mythologie [mitɔlɔʒi] n. f. **1.** Ensemble des mythes (1), des légendes (propres à un peuple, à une civilisation, à une religion). *Mythologie hindoue, grecque, amérindienne.* **2.** Ensemble de mythes (3). *La mythologie de la vedette.* ▶ ***mythologique*** adj. ▪ Qui a rapport ou appartient à la mythologie. ⇒ **fabuleux.** *Divinités mythologiques.*

mythomanie [mitɔmani] n. f. ▪ Forme de déséquilibre psychique caractérisé par des propos mensongers auxquels l'auteur croit lui-même. ▶ ***mythomane*** adj. et n. ▪ Qui est atteint de mythomanie. — N. *Un, une mythomane.*

mytiliculture [mitilikyltyʀ] n. f. ▪ Ensemble des techniques de production et d'élevage des moules et des pétoncles. ▶ ***mytiliculteur, trice*** n. ▪ Spécialiste de la mytiliculture.

myxomatose [miksɔmatoz] n. f. ▪ Grave maladie infectieuse et contagieuse du lapin.

n

n [ɛn] n. m. invar. **1.** Quatorzième lettre, onzième consonne de l'alphabet. — REM. *Gn* note le *n* mouillé [ɲ] sauf dans des mots savants *(gnome).* **2.** *N° ou n°,* abréviation de *numéro.* **3.** Lettre servant à noter, en mathématiques, un nombre indéterminé. ⇒ **nième.** *Nombre à la puissance n.*

n' adv. de négation. ⇒ **ne.**

nabab [nabab] n. m. **1.** Autrefois. Gouverneur de province, en Inde. **2.** Personnage très riche qui vit luxueusement. *Des nababs.*

nabot, ote [nabo, ɔt] n. et adj. ■ Péj. Personne de très petite taille. ⇒ **nain.**

nacelle [nasɛl] n. f. ■ Partie d'un ballon, d'un aérostat, où se trouvent les passagers.

nacre [na(ɑ)kʀ] n. f. ■ Substance à reflets irisés qui tapisse intérieurement la coquille de certains mollusques (coquillages). *Boutons de nacre.* ▶ ***nacré, ée*** adj. ■ Qui a l'aspect irisé de la nacre. *Vernis à ongles nacré.*

nage [na(ɑ)ʒ] n. f. **1.** Action, manière de nager. ⇒ **natation.** *Sa nage favorite, c'est la brasse, le crawl. Nage sous-marine. Nage synchronisée.* **2.** À LA NAGE : en nageant. — *Homard à la nage,* cuit au court-bouillon. **3.** Loc. *Être* EN NAGE : inondé de sueur, transpirer abondamment.

nageoire [na(ɑ)ʒwaʀ] n. f. ■ Organe formé d'une membrane soutenue par des rayons osseux, qui sert d'appareil propulseur aux poissons et à certains animaux marins. *Nageoires dorsales, ventrales, pectorales.*

nager [na(ɑ)ʒe] v. intr. ▪ conjug. 3. **1.** Se soutenir et avancer à la surface de l'eau ; se mouvoir sur ou dans l'eau par des mouvements appropriés. *Elle nage comme un poisson,* très bien. — Loc. fam. *Savoir nager,* se débrouiller, manœuvrer. *Nager entre deux eaux,* ménager deux partis, ne pas s'engager à fond. **2.** Transitivement. Pratiquer (un genre de nage) ; parcourir (à la nage), disputer (une épreuve de nage). *Nager la brasse, le crawl. Nager un cent mètres.* **3.** NAGER DANS : être dans la plénitude d'un sentiment, d'un état. ⇒ **baigner.** *Nager dans le bonheur. Nager dans l'argent,* en avoir beaucoup. **4.** Fam. Être au large (dans ses vêtements). ⇒ **flotter.** *Il nage dans son costume.* **5.** Être dans l'embarras. *Je ne comprends pas, je nage complètement.* ⇒ **patauger.** *Nager dans l'embarras.* ▶ ***nageur, euse*** n. ■ Personne qui nage, qui sait nager (1). ⇒ **ondine.** *C'est un bon nageur.* — MAÎTRE (-) NAGEUR : personne qui enseigne la natation, qui surveille un lieu où on se baigne (piscine, plage). ⟨ ▶ nage, nageoire, surnager ⟩

naguère [nagɛʀ] adv. ■ Littér. Il y a peu de temps. ⇒ **récemment.** — Abusivt. Autrefois.

naïade [najad] n. f. ■ Divinité mythologique des rivières et des sources. ⇒ **nymphe.**

naïf, naïve [naif, naiv] adj. **1.** Qui est plein de confiance et de simplicité par ignorance, par inexpérience. ⇒ **ingénu, niaiseux, simple.** / contr. **malicieux, retors** / *Un garçon naïf et charmant.* — (Paroles, écrits) Qui exprime des choses simples que tout le monde sait. *Une question naïve.* **2.** Qui est d'une crédulité, d'une confiance excessive, irraisonnée. ⇒ **crédule, niais, niaiseux.** — N. *Vous me prenez pour un naïf !* ⇒ **benêt ;** fam. **poire. 3.** Naturel, spontané. *Une joie naïve.* — *Art naïf,* art populaire, folklorique. *Peintres naïfs* ou, n., *les naïfs.* ⟨ ▶ naïvement, naïveté ⟩

nain, naine [nɛ̃, nɛn] n. et adj. **I.** N. **1.** Personne d'une taille anormalement petite ou atteinte de nanisme*. ⇒ **nabot.** / contr. **géant** / **2.** Personnage légendaire de taille minuscule (gnome, farfadet, lutin). *Blanche-Neige et les sept nains.* **II.** Adj. **1.** (Personnes) *Elle est presque naine. Il est petit mais il n'est pas nain.* **2.** (Espèces végétales, animales) Qui est inférieur à la normale. *Arbre nain, pommier, rosier nain, poule naine.* / contr. **géant** / ⟨ ▶ nanisme ⟩

naissance [nɛsɑ̃s] n. f. **1.** Commencement de la vie hors de l'organisme maternel ou de l'œuf. / contr. ① **mort** / *Donner naissance à,* enfanter. ⇒ **accoucher.** *Date et lieu de naissance. La naissance de Jésus.* ⇒ **nativité.** *Acte, extrait de naissance.* ⇒ **certificat.** — DE NAISSANCE : d'une manière congénitale, non acquise. *Aveugle de naissance.* **2.** Enfantement. *Le nombre des naissances a augmenté.* ⇒ **natalité.** *Contrôle des naissances.* **3.** Commencement, apparition. *C'est dans ce quartier que l'émeute a pris naissance,* a commencé. *La naissance d'une science.* **4.** Point, endroit où commence qqch. *La naissance de la gorge. Naissance d'un fleuve, d'une rivière.* ⇒ **source.** ⟨ ▶ renaissance ⟩

naissant, ante [nɛsɑ̃, ɑ̃t] adj. ■ Qui commence à apparaître, à se développer. *Barbe naissante. Jour naissant.* ⟨ ▶ renaissant ⟩

naître [nɛtʀ] v. intr. ▪ conjug. 59. **I. 1.** Venir au monde, sortir de l'organisme maternel. *Un enfant vient de naître,* un nouveau-né. *Il est né à Québec en 1973. Le pays où qqn est né.* ⇒ **natal, natif.** — (Suivi d'un attribut) *Être né aveugle.* / contr. **mourir** / — Impersonnel. *Il naît plus de filles que de garçons.* ÊTRE NÉ DE : être issu. *Elle est née d'un père français et d'une mère anglaise.* — *Être né pour,* être naturellement fait pour, destiné à. *Elle est née pour commander.* — Loc. *Être* *né pour un petit pain**. **2.** NAÎTRE À : littér. s'éveiller à. *Naître à l'amour.* **II. 1.** Commencer à exister. *De nouvelles industries sont nées. Ce problème fait naître d'autres questions,* les suscite. **2.** NAÎTRE DE : être causé par, résulter. *Le bien parfois naît de l'excès du mal.* ⟨ ▶ mort-né, naissance, naissant, né, nouveau-né, renaître ⟩

naïvement [naivmɑ̃] adv. ■ D'une manière naïve. ⇒ **ingénument.**

naïveté [naivte] n. f. **1.** Littér. Simplicité, grâce naturelle empreinte de confiance et de sincérité. ⇒ **candeur, ingénuité. 2.** Caractère d'une parole, d'un texte naïf. — Parole, écrit naïf. *La naïveté d'une réponse.* **3.** Excès de confiance, de crédulité. *Une incroyable naïveté.* / contr. **méfiance** /

naja [naʒɑ] n. m. ■ Nom scientifique du *cobra. Des najas.*

nana [nana] n. f. ■ (France) Fam. Jeune fille, jeune femme. ⇒ fam. **nénette, souris.** *Les mecs et les nanas. Ma nana.*

nanan [nanɑ̃] n. m. ■ (France) Loc. *C'est du nanan,* c'est exquis, très agréable, très facile.

nanane [nanan] n. m. **1.** (Langage enfantin) Bonbon, sucrerie, friandise. *Un sac de nananes.* — (Emploi collectif) *Donner du nanane à sa petite nièce,* des bonbons. **2.** Adj. invar. Fam. *Rose nanane,* rose vif. *Des robes rose nanane.* **3.** Interj. fam. *Mon enfant* de nanane !,* mon espèce de. ⇒ fam. **sacripant, salaud.**

nanisme [nanism] n. m. ■ Anomalie physique caractérisée par la petitesse de la taille, la grosseur de la tête, etc. ⇒ **nain.** / contr. **gigantisme** /

nantir [nɑ̃tiʀ] v. tr. ▪ conjug. 2. **1.** Péj. et plaisant. Mettre (qqn) en possession (de qqch.). ⇒ **munir, pourvoir.** *On l'a nanti d'un titre.* **2.** Au p. p. adj. *Des gens bien nantis,* riches. — N. *Les nantis.* ▶ ***nantissement*** n. m. ■ Garantie en nature que le débiteur remet à un créancier. ⇒ **gage.**

napalm [napalm] n. m. ■ Essence solidifiée. Bombes au napalm.

naphtaline [naftalin] n. f. ■ Substance blanche extraite du goudron de houille, vendue dans le commerce comme antimite. ⇒ fam. **boule** à mites.

naphte [naft] n. m. ■ Pétrole brut. Nappe de naphte.

napoléonien, ienne [napɔleɔnjɛ̃, jɛn] adj. ■ Qui a rapport à Napoléon Ier ou à Napoléon III. *Les guerres napoléoniennes.*

napolitain, aine [napɔlitɛ̃, ɛn] adj. et n. **1.** De Naples. — N. (Avec une majusc.) *Les Napolitains de Toronto.* **2.** *Tranche napolitaine,* crème glacée disposée en couches diversement parfumées.

① ***nappe*** [nap] n. f. ■ Linge qui sert à couvrir la table du repas. *La nappe et les serviettes. Nappe à thé.* ▶ ***napperon*** n. m. ■ Petit linge qui sert à isoler un objet (vase, assiette) du meuble qui le supporte. — *Un ensemble de napperons pour la table,* une petite nappe individuelle (en tissu, en plastique).

② ***nappe*** n. f. ■ Vaste couche ou étendue plane (de fluide). *Une nappe de brouillard. Nappe d'eau, de pétrole, de gaz. — Nappe phréatique**.

napper [nape] v. tr. ▪ conjug. 1. ■ Recouvrir (un mets, un gâteau, etc.) d'une couche de sauce, de gelée, etc.

narcisse [naʀsis] n. m. **1.** Plante à fleurs blanches à cœur jaune vif, très odorantes ; sa fleur. **2.** (Avec une majusc.) Homme qui se contemple, s'admire. ⇒ **égoïste.** *Ce sont des Narcisses.*

narcissisme [naʀsisism] n. m. ■ Contemplation de soi (comme celle de *Narcisse* dans la mythologie) ; plaisir qu'on prend à s'occuper de soi. ⇒ **nombrilisme.** ▶ ***narcissique*** adj. et n. ■ Qui relève du narcissisme. *Un comportement narcissique.*

narco- ■ Élément signifiant « engourdissement, sommeil ». ▶ ***narcotique*** [naʀkɔtik] n. m. ■ Substance qui produit l'assoupissement et un engourdissement de la sensibilité. *Le haschisch, la morphine, l'opium sont des narcotiques.* ▶ ***narcodollars*** n. m. pl. ■ Profits, généralement réalisés en dollars, tirés du trafic de la drogue. *Blanchir des narcodollars.* — Au sing. *Un narcodollar.* ▶ ***narco(-)trafiquant, ante*** n. ■ Personne qui effectue le trafic des narcotiques. *Une bande de narco-trafiquants.*

narguer [naʀge] v. tr. ▪ conjug. 1. ■ Braver avec un mépris moqueur. ⇒ **niaiser** (I) ; fam. **baver.** *Il nargue ses professeurs. Narguer le danger.*

narguilé, narghilé [naʀgile] ou ***narghileh*** [naʀgilɛ] n. m. ■ Pipe orientale, à long tuyau souple communiquant avec un flacon d'eau aromatisée.

narine [naʀin] n. f. ■ Chacun des deux orifices extérieurs du nez. *Pincer, dilater ses narines.*

narquois, oise [naʀkwa, waz] adj. ■ Moqueur et malicieux. ⇒ **ironique, railleur.** *Un sourire narquois.* ▶ ***narquoisement*** adv.

narrer [naʀe] v. tr. ▪ conjug. 1. ■ Littér. Raconter. ⇒ **conter.** ▶ ***narration*** n. f. **1.** Exposé écrit et détaillé d'une suite de faits. ⇒ **récit, relation.** — *Présent de narration.* **2.** Exercice scolaire qui consiste à développer un sujet. ⇒ **rédaction.** ▶ ***narrateur, trice*** n. ■ Personne qui raconte (certains événements). ⇒ **conteur, historien.** ▶ ***narratif, ive*** adj. ■ Composé de récits ; propre à la narration. *Style narratif. Élément narratif d'un poème.* ⟨ ▶ inénarrable ⟩

narval, als [naʀval] n. m. ■ Grand mammifère cétacé des mers arctiques, à forme de poisson, muni d'une longue défense horizontale. *Des narvals.*

N.A.S. [ɛnɑɛs] n. m. invar. ■ Abréviation de *numéro d'assurance* sociale. Le N.A.S. est composé de neuf chiffres.* ⇒ ① **carte** (6).

nasal, ale, aux [nazal, o] adj. **1.** Du nez. *Fosses nasales,* les deux cavités par lesquelles l'air pénètre. ⇒ **narine.** *Des gouttes nasales,* pour le nez. **2.** Dont la prononciation comporte une résonance de la cavité nasale (opposé à *oral*). *Voyelles nasales* (AN, EN [ɑ̃], IN [ɛ̃], ON [ɔ̃], UN [œ̃]). *Consonnes nasales* (M [m], N [n], GN [ɲ]). — N. *Une nasale.*

naseau [nazo] n. m. ■ Narine (de certains grands mammifères : cheval, bœuf, etc.). *Les naseaux.*

nasiller [nazije] v. intr. ▪ conjug. 1. **1.** Parler du nez. **2.** (Suj. chose) Faire entendre des sons qui rappellent la voix d'une personne parlant du nez. *Micro qui nasille.* ▶ ***nasillard, arde*** adj. ■ Qui nasille, vient du nez. *Voix nasillarde.*

naskapi, ie [naskapi] adj. et n. **1.** Relatif à une nation d'Amérindiens du Nord-du-Québec. — N. (Avec une majusc.). Membre de cette nation. *Une Naskapie.* **2.** n. m. *Le naskapi,* une langue de la famille linguistique algonquienne parlée par ces Amérindiens. — Adj. *Des mots naskapis.*

nasse [nas] n. f. ■ Engin de pêche, panier oblong en filet, en treillage, etc. ⇒ **casier.**

natal, ale, als [natal] adj. ■ Où l'on est né. *Le pays natal. Maison natale. — Langue natale,* maternelle. ▶ ***nataliste*** adj. ■ Qui cherche à favoriser, à augmenter le taux de la natalité. *Une politique nataliste.*

► ***natalité*** [natalite] n. f. ■ Rapport entre le nombre des naissances et le chiffre de la population dans un temps donné. *Pays à forte, à faible natalité.* ‹ ► dénatalité, nativité, périnatal, postnatal, prénatal ›

natation [natasjɔ̃] n. f. ■ Exercice, sport de la nage. *Pratiquer la natation. Épreuves de natation.*

natif, ive [natif, iv] adj. **1.** NATIF DE (tel lieu) : originaire (du lieu où l'on est né). *Elle est native de Gaspé,* Gaspé est sa ville natale. — N. *Un natif.* **2.** Qu'on a de naissance. ⇒ **inné,** ① **naturel.** *Noblesse native.*

nation [nasjɔ̃] n. f. **1.** Groupe humain assez vaste, qui se caractérise par des traditions qui lui sont propres, la conscience de son unité et la volonté de vivre en commun. ⇒ **peuple.** *La nation américaine.* — Histoire. *Nation (amérindienne),* groupe humain composé de communautés amérindiennes ayant une origine et une histoire communes. *Les nations montagnaise et naskapie.* — Au plur. *L'Assemblée des premières nations,* des groupes amérindiens qui habitaient le Canada avant sa découverte par les Européens. **2.** Communauté politique établie sur un territoire défini, et personnifiée par une autorité souveraine. ⇒ **État, pays, puissance.** *Organisation des Nations Unies* (O.N.U.). — *Les vœux de la nation.* ► ***national, ale, aux*** [nasjɔnal, o] adj. et n. **1.** Qui appartient à une nation. / contr. **étranger, international** / *Territoire national. Fête nationale.* **2.** Qui intéresse la nation entière, qui appartient à l'État. / contr. **local, régional, privé** / *Défense nationale. Assemblée nationale. La Bibliothèque nationale du Québec.* — (France) *Route nationale* ou, n. f., *une nationale. La nationale 7.* **3.** Qui est issu de la nation, la représente. *Victor Hugo, le grand poète national de la France.* **4.** N. Droit. Personne qui possède telle nationalité déterminée. ⇒ **citoyen.** *Les nationaux et ressortissants canadiens.* ► ***nationalisation*** n. f. ■ Action pour l'État de transférer à la collectivité la propriété de certains biens ou moyens de production privés. ⇒ **étatisation, socialisme.** / contr. **dénationalisation, privatisation** / *La nationalisation de l'électricité.* ≠ *naturalisation.* ► ***nationaliser*** v. tr. ▪ conjug. 1. ■ Transférer à l'État la propriété d'un bien. — Au p. p. adj. *Entreprises nationalisées.* / contr. **dénationaliser, privatiser** / *Le secteur nationalisé* (opposé à *privé*). ► ***nationalisme*** n. m. ■ Exaltation du sentiment national ; attachement passionné à la nation ⇒ **patriotisme** allant parfois jusqu'à la xénophobie et la volonté d'isolement. ⇒ **séparatisme.** *Le nationalisme québécois.* / contr. **fédéralisme** / ► ***nationaliste*** adj. et n. ■ *Une politique nationaliste.* — N. *Les nationalistes.* ⇒ **autonomiste, indépendantiste, séparatiste, souverainiste ; péquiste.** / contr. **fédéraliste.** / ► ***nationalité*** n. f. **1.** Groupe d'humains unis par une communauté de territoire, de langue, de traditions, d'aspirations. **2.** État d'une personne qui est membre d'une nation. ⇒ **citoyenneté.** *Nationalité d'origine. Nationalité acquise.* ⇒ **naturalisation.** *Elle est de nationalité allemande.* ► ***national-socialisme*** n. m. ■ Doctrine du « parti ouvrier allemand » de Hitler. ⇒ **nazisme.** ► ***national-socialiste*** adj. et n., invar. en genre. ■ *La doctrine national-socialiste.* — N. *Les nationaux-socialistes.* ‹ ► dénationaliser, international, multinational, supranational ›

nativité [nativite] n. f. ■ Naissance (de Jésus, de la Vierge, de saint Jean-Baptiste) et fête qui la commémore. — (Avec une majusc.) *Fête de la Nativité,* de Noël.

natte [nat] n. f. **1.** Pièce d'un tissu fait de brins végétaux entrelacés à plat, servant de tapis, de couchette. *Natte de paille.* **2.** Tresse plate. — Tresse de cheveux. *Elle s'est fait une natte.* ► ***natter*** v. tr. ▪ conjug. 1. ■ Entrelacer, tresser. *Natter ses cheveux.*

① ***naturaliser*** [natyʀalize] v. tr. ▪ conjug. 1. ■ Assimiler (qqn) aux nationaux d'un État. *Elle s'est fait naturaliser Canadienne.* — N. *Les naturalisés et les nationaux.* ► ① ***naturalisation*** n. f. ■ Action de conférer la nationalité du pays où il réside à un individu d'une autre nationalité ou à un apatride. *Demande de naturalisation.* ≠ *nationalisation.*

② ***naturaliser*** v. tr. ▪ conjug. 1. ■ Conserver (un animal, une plante) par naturalisation. ⇒ **empailler.** — Au p. p. adj. *Harfang naturalisé.* ► ② ***naturalisation*** n. f. ■ Opération par laquelle on conserve un animal mort, une plante coupée, en lui donnant l'apparence de la nature vivante. ⇒ **empaillage, taxidermie.**

naturalisme [natyʀalism] n. m. ■ Représentation réaliste de la nature en peinture. — Doctrine, école qui proscrit toute idéalisation du réel en littérature. ⇒ **réalisme.** ► ① ***naturaliste*** adj. ■ *Écrivain, école naturaliste.* ► ② ***naturaliste*** n. ■ Savant qui s'occupe spécialement de sciences naturelles. ⇒ **botaniste, minéralogiste, zoologiste.**

nature [natyʀ] n. f. **I. 1.** Ensemble des caractères, des propriétés qui définissent un être, une chose concrète ou abstraite, généralement considérés comme constituant un genre. ⇒ **essence ; entité.** *La nature d'une substance, d'un bien, d'un sentiment...* — Loc. DE NATURE À : propre à. *Une découverte de nature à bouleverser la science.* **2.** *La nature de qqn, une nature,* ensemble des éléments innés d'un individu. ⇒ **caractère,** ② **naturel.** *Elle est d'une nature douce. Il est travailleur par nature.* — Loc. *L'habitude est une seconde nature,* remplace les tendances naturelles. **3.** Personne, du point de vue du caractère. *C'est une nature profonde* (opposé à *mine*). *Une nature violente. C'est une heureuse nature,* il est toujours satisfait. *C'est une nature,* il a une forte personnalité. **II. 1.** Principe qui anime, organise l'ensemble de ce qui existe selon un ordre (qu'il faut respecter). *Les lois, les secrets de la nature. La nature et la culture. Les liens de la nature,* du sang, de la parenté. — *Vices contre nature,* perversions sexuelles. **2.** Tout ce qui existe sur la Terre hors de l'être humain et des œuvres de l'être humain. *Les forces de la nature. Les sciences de la nature,* les sciences naturelles. *Protection de la nature.* ⇒ **écologie ; environnement.** — Les paysages, source d'émotion esthétique. *Elle adore la nature. La nature est belle, dans ces montagnes.* **3.** Loc. fam. *Il a disparu dans la nature,* on ne sait pas où il est. **4.** Arts. D'APRÈS NATURE : d'après un modèle naturel. *Dessiner, peindre d'après nature.* — Loc. adj. invar. *Grandeur nature,* grandeur réelle. *Des reproductions grandeur nature.* **5.** Loc. EN NATURE : en objets réels, en marchandises, dans un échange, une transaction, et non en argent (opposé à *en espèces, en numéraire*). *Je l'ai payé en nature.* **III.** Adj. invar. **1.** Préparé simplement. *Vous voulez votre entrecôte nature ou avec une sauce au vin ? Des yogourts nature.* **2.** Fam. (Personnes ; actes) Naturel. *Ils sont nature,* francs et directs. ► ① ***naturel, elle*** adj. **I. 1.** Qui appartient à la nature d'un être, d'une chose. *Caractères naturels.* **2.** Relatif à la nature (II). *Phénomènes naturels. Sciences naturelles,* la botanique, la zoologie, la minéralogie, la géologie... ⇒ ② **naturaliste.** *Frontières naturelles,* fleuves, rivières, montagnes... **3.** Qui n'a pas été fabriqué, modifié, traité par l'humain ou altéré. ⇒ **brut, pur.** *Eau minérale naturelle. Alimentation naturelle. Soie naturelle.* / contr. **artificiel** / **4.** Qui est considéré comme conforme à l'ordre de la nature (II, 1). ⇒ **normal.** *Votre étonnement est naturel. Un sentiment naturel. « Je vous remercie. — Mais non, c'est (tout) naturel »,* cela va de soi. **5.** *Enfant naturel,* bâtard (opposé à *légitime*). **II. 1.** Relatif à la nature humaine, aux fonctions de la vie. *Besoins naturels.* **2.** Qui est inné chez l'humain (opposé à *acquis, appris, étudié*). *Penchant, goût naturel. — Naturel à (qqn). Ce comportement lui est naturel.* **3.** Qui appartient réellement à (qqn), n'a pas été modifié. *C'est son teint naturel. Une blonde naturelle. — Mort naturelle* (opposé à *accidentel, provoqué*). **4.** Qui traduit la nature d'un individu en excluant toute affectation. ⇒ ③ **franc, sincère, spontané.** *Une attitude naturelle.* — (Personnes) Spontané. *Elle est tout à fait naturelle.* / contr. **affecté, maniéré** / ▶ ② ***naturel*** n. m. **1.** Ensemble des caractères physiques et moraux qu'un individu possède en naissant. ⇒ **caractère, humeur, nature** (I, 2), **tempérament.** *Être d'un naturel méfiant.* — PROV. *Chassez le naturel, il revient au galop.* **2.** Aisance avec laquelle on se comporte. ⇒ **simplicité, spontanéité.** *Vous avez beaucoup de naturel.* **3.** Loc. AU NATUREL : sans assaisonnement, non préparé. *Thon au naturel.* — En réalité. *Elle est mieux au naturel qu'en photo.* ▶ ***naturellement*** adv. **I. 1.** Conformément aux lois naturelles. *Elle est naturellement blonde.* / contr. **artificiellement** / **2.** Par un enchaînement logique ou naturel. ⇒ **inévitablement, nécessairement.** *On doit naturellement en conclure que...* **3.** Avec naturel. *Elle joue très naturellement.* **II.** Fam. Forcément, bien sûr. *Naturellement, elle a oublié son livre.* ⇒ **évidemment.** ▶ ***nature morte*** n. f. ■ Peinture qui représente des objets ou des êtres inanimés. *Un peintre de nature(s) morte(s).* ▶ ***naturisme*** n. m. ■ Doctrine prônant le retour à la nature dans la manière de vivre (vie en plein air, aliments naturels, nudisme). ▶ ***naturiste*** n. et adj. ■ Du naturisme ; personne qui pratique le naturisme. *Un centre de naturisme.* ▶ ***naturopathie*** n. f. ■ Méthode de traitement du corps par des moyens naturels (plantes, massages...) qui écartent toute médication. ▶ ***naturopathe*** n. ■ Personne qui donne des soins naturopathiques. — Adj. *Elle est naturopathe.* — REM. On emploie aussi *naturopraticien, ienne.* ▶ ***naturopathique*** adj. ■ Relatif à la naturopathie. ⟨ ▶ dénaturer, ① naturaliser, ② naturaliser, naturalisme, surnaturel ⟩

naufrage [nofʀaʒ] n. m. **1.** (Navires) Le fait de couler. *Il y a eu vingt noyés dans le naufrage.* — FAIRE NAUFRAGE. *Le bateau a fait naufrage,* a coulé. ⇒ **sombrer. 2.** Ruine totale. *Le naufrage de sa fortune.* ▶ ***naufragé, ée*** adj. et n. ■ Qui a fait naufrage (et a survécu). *Marin naufragé.* — N. *Naufragés réfugiés sur un radeau.*

nausée [noze] n. f. **1.** Envie de vomir. ⇒ **haut-le-cœur.** *Avoir la nausée, des nausées,* avoir mal au cœur. **2.** Sensation de dégoût insurmontable. *J'en ai la nausée,* j'en suis dégoûté. ▶ ***nauséeux, euse*** adj. ■ Qui provoque des nausées. *Réflexe nauséeux rapide.* ▶ ***nauséabond, onde*** [nozeabɔ̃, ɔ̃d] adj. ■ *Odeur nauséabonde.* ⇒ **fétide, pestilentiel.** — Dont l'odeur dégoûte, écœure. ⇒ **répugnant.** *Une rue nauséabonde.*

-naute, -nautique ■ Éléments savants signifiant « navigateur », « relatif à la navigation ». ▶ ***nautique*** [notik] adj. ■ Relatif à la navigation. *Carte nautique. Sports nautiques. Ski nautique. Un club nautique.*

naval, ale, als [naval] adj. **1.** Qui concerne les navires, la navigation. *Constructions navales. Chantiers navals.* **2.** Relatif à la marine militaire. *Forces navales.* ⇒ **flotte, marine.** *Combat naval. École navale.*

navarin [navaʀɛ̃] n. m. ■ Mouton en ragoût accompagné de navets et de pommes de terre.

navet [navɛ] n. m. **1.** Racine comestible, blanche ou mauve, d'une plante cultivée. ⇒ **rutabaga ;** fam. **chou** de Siam. *Couper un navet en dés.* **2.** Fam. Œuvre d'art sans valeur (tableau, film...). *Ce film est un navet.*

navette [navɛt] n. f. **1.** *Faire la navette,* faire régulièrement l'aller-retour entre deux lieux déterminés. *Il fait la navette entre Ottawa et Montréal.* **2.** Service de transport ou véhicule (⇒ fam. **limousine**) assurant régulièrement une correspondance. *J'ai pris la navette pour venir.* **3.** *Navette spatiale,* vaisseau spatial capable d'assurer une liaison entre la Terre et une station orbitale.

naviguer [navige] v. intr. ■ conjug. 1. **1.** (Bateaux et passagers) Se déplacer sur l'eau. **2.** Voyager comme marin sur un bateau. *Ce mousse n'a pas encore navigué.* **3.** Conduire, diriger la marche d'un bateau, d'un avion. *Apprendre à naviguer.* **4.** Fam. Voyager, se déplacer beaucoup, souvent. *Il passe son temps à naviguer.* ▶ ***navigable*** adj. ■ Où l'on peut naviguer. *Cours d'eau navigable.* ▶ ***navigant, ante*** adj. ■ Qui navigue par avion (opposé à *rampant, au sol*). ⇒ ① **volant.** *Le personnel navigant.* ▶ ***navigateur, trice*** n. **1.** Littér. Marin qui fait des voyages au long cours sur mer. *Un hardi navigateur.* **2.** Membre de l'équipage d'un avion chargé de déterminer la direction à suivre. — Par ext. *Le pilote et la navigatrice d'un rallye automobile.* ▶ ***navigation*** n. f. **1.** Le fait de naviguer, de se déplacer en mer (ou sur les cours d'eau) à bord d'un bateau. *Navigation au long cours, maritime, fluviale, de plaisance.* — Manœuvre, pilotage des navires. **2.** Ensemble des déplacements de bateaux sur un itinéraire déterminé. *Lignes, compagnies de navigation.* **3.** Circulation aérienne. *Les couloirs de navigation.*

navire [naviʀ] n. m. ■ Grand bateau de fort tonnage, ponté, destiné aux transports sur mer. ⇒ **bateau, bâtiment, embarcation.** *Navire de guerre. Navire de commerce, de transport* ⇒ **paquebot.** — Comme premier élément d'un mot composé. Ex. : *navire-citerne, navire-école, navire-hôpital.*

navrer [navʀe] v. tr. ■ conjug. 1. **1.** Littér. Affliger profondément. ⇒ **attrister, consterner, désoler.** *Ses confidences m'ont navré.* **2.** ÊTRE NAVRÉ DE : être désolé, contrarié par. *Il était navré de cet oubli. Je suis navrée de devoir vous refuser ce service.* ▶ ***navrant, ante*** adj. **1.** Affligeant, désolant, pénible. *C'est une histoire navrante.* **2.** Tout à fait fâcheux. *Personne n'écoute, c'est navrant.* ⇒ **consternant.**

nazi, ie [nazi] adj. et n. ■ Du parti national-socialiste de Hitler ; des actes de ce parti. *Les victimes de la barbarie nazie.* — N. *Les nazis.* ▶ ***nazisme*** n. m. ■ Mouvement, régime nazi. ⇒ **national-socialisme ; fascisme.**

N.B. [ɛnbe] ⇒ **nota** (abrév.).

ne [n(ə)] (ou ***n'*** [n] devant une voyelle ou un *h* muet) adv. de négation (⇒ **non**). — REM. *Ne* précède immédiatement le verbe conjugué ; seuls les pronoms pers. compl. et les adv. *y* et *en* peuvent s'intercaler entre *ne* et le verbe. **I.** Exprimant une négation. **1.** NE... PAS, NE... POINT vx, NE... PLUS, NE... GUÈRE, NE... JAMAIS, NE... QUE. — REM. Les deux mots précèdent le verbe à l'infinitif *(il ne marche pas,* mais *il ne veut pas marcher). — Elle n'ira pas. Ne dites pas cela. N'y allez pas. Je souhaite ne pas y aller. Je n'y suis pas allé. Ne partirez-vous pas demain ? Pourquoi ne viendriez-vous pas ? J'ai menti pour ne pas lui faire de la peine. N'est-ce pas ?* ⇒ **n'est-ce pas.** *Tu n'es plus malade. Elle ne voudra jamais. Il n'est guère aimable. Je n'en mange plus guère. Elle n'a que vingt ans. Je ne l'ai vue qu'une fois.* **2.** NE employé avec un adj., un pronom indéfini négatif. *Je n'ai aucune nouvelle. Je n'en ai aucune. Il ne veut voir personne. Vous ne direz rien. Rien n'est encore fait. Nul ne l'ignore.* **3.** NE employé avec NI. *Il n'est ni beau ni laid.* **4.** NE employé seul avec certains verbes et avec SI (style plus élégant). *Je n'ose avouer mon erreur* (pour *je* *n'ose pas*). *Nous ne savons s'il viendra. Nous ne savons que faire* (dans cette phrase, on ne peut employer *pas*). *Je ne peux l'affirmer.* — Loc. *C'est elle, si je ne me trompe. Je ne sais qui, quoi, comment, où, pourquoi.* **5.** Toujours employé seul, dans quelques expressions. *N'ayez crainte ! N'empêche qu'il est furieux. On ne peut mieux.* — Littér. *Que n'est-il venu !,* dommage qu'il ne soit pas venu. **II.** NE explétif, n'exprimant pas une négation (facultatif). **1.** Dans une phrase affirmative, et après des verbes exprimant la crainte, l'impossibilité. *Je crains qu'elle (ne) se fâche. Pour empêcher qu'il (ne) se blesse.* **2.** Dans une phrase négative, après des verbes exprimant le doute ou la négation. *Je ne doute pas qu'il ne soit intelligent.* **3.** Avec un comparatif d'inégalité. *Il est plus malin qu'on ne croit. Je suis moins riche qu'on ne le dit.* **4.** (Avec *avant que, à moins que*) *Décidez-vous avant qu'il ne soit trop tard.* ‹ ▸ je-ne-sais-quoi, naguère, n'est-ce pas, sainte nitouche ›

né, née [ne] adj. **1.** Venu au monde. *M. Côté, né à Trois-Rivières.* — (Servant à introduire le nom de jeune fille d'une femme mariée) *Mme Paquet née Landry.* — Littér. *Bien né,* qui a une origine noble ou une bonne éducation. — *Né pour,* qui a des aptitudes pour. *Garçon né pour être comédien.* — Loc. *Ne pas être né d'hier, de la dernière pluie,* en avoir vu d'autres. **2.** (Comme second élément d'un mot composé) De naissance, par un don naturel. *Des orateurs-nés.* ‹ ▸ dernier-né, mort-né, nouveau-né, premier-né, puîné ›

néanmoins [neɑ̃mwɛ̃] adv. et conj. ■ Malgré ce qui vient d'être dit. ⇒ **cependant, pourtant.** *Malgré tous ces malheurs, il reste néanmoins heureux. Néanmoins, rien n'est encore décidé.* ⇒ **toutefois.**

néant [neɑ̃] n. m. **I. 1.** Littér. Chose, être de valeur nulle. *Le néant de qqch.,* valeur, importance nulle. ⇒ **faiblesse, misère.** *Elle avait le sentiment de son néant.* **2.** Ce qui n'est pas encore ou n'existe plus. *Retourner au néant.* — Non-être. *L'être et le néant.* **II. 1.** *Réduire* À NÉANT : à rien. **2.** NÉANT : rien à signaler. *Signes particuliers : néant.* ‹ ▸ anéantir, fainéant ›

nébuleuse [nebyløz] n. f. **1.** Corps céleste dont les contours ne sont pas nets. ⇒ **nébuleux.** — Amas de gaz. **2.** Immense amas d'étoiles. ⇒ **galaxie.** *La nébuleuse à laquelle appartient le Soleil est appelée la Voie lactée.*

nébuleux, euse [nebylø, øz] adj. **1.** Obscurci par les nuages ou le brouillard. ⇒ **brumeux, nuageux.** *Ciel nébuleux.* / contr. **clair** / **2.** Qui manque de clarté, de netteté. ⇒ **confus, fumeux, obscur.** *Idées nébuleuses.* / contr. **net, précis** / ▸ ***nébulosité*** n. f. ■ État, caractère de ce qui est nébuleux. *Nébulosité du ciel.* — *La nébulosité d'une théorie.*

① ***nécessaire*** [nese(ɛ)sɛʀ] adj. et n. m. **I.** Adj. **1.** Se dit d'une condition, d'un moyen dont la présence ou l'action rend seul(e) possible un but ou un effet. *Condition nécessaire et suffisante. L'argent nécessaire pour le voyage.* **2.** NÉCESSAIRE À : dont l'existence, la présence est requise pour répondre au besoin (de qqn). ⇒ **indispensable, utile.** *Les outils nécessaires à l'électricien.* **3.** Dont on ne peut se passer ; qui est très utile, qui s'impose. ⇒ **essentiel, primordial.** / contr. **superflu** / *Ils manquent de tout ce qui est nécessaire. Elle se sent nécessaire.* — Impersonnel. (Avec *de* + infinitif) *Il devient nécessaire d'en parler.* (Avec *que* + subjonctif) *Il est nécessaire que nous y allions.* **4.** Qui est l'effet d'un lien logique, causal. *Effet, produit, résultat nécessaire.* ⇒ **inéluctable, inévitable.** / contr. **accidentel, fortuit** / **II.** N. m. **1.** Biens dont on ne peut se passer (opposé à *luxe, superflu*). *Le strict nécessaire.* **2.** Ce qu'il faut faire ou dire, et qui suffit. *Nous ferons le nécessaire.* ▸ ***nécessairement*** adv. ■ Par une obligation imposée, par voie de conséquence. ⇒ **fatalement, forcément, inévitablement.** ▸ ② ***nécessaire*** n. m. ■ Boîte, étui renfermant les ustensiles indispensables (à la toilette, à un ouvrage). ⇒ **trousse.** *Nécessaire de toilette, de voyage, à couture.* ▸ ***nécessité*** n. f. **1.** Caractère nécessaire d'une chose, d'une action. ⇒ **obligation.** *La nécessité de gagner sa vie.* **2.** Besoin impérieux. *Les nécessités de la vie. Dépenses de première nécessité.* ⇒ **indispensable.** **3.** État d'une personne qui se trouve obligée de faire qqch. *Ils se trouvaient dans la nécessité d'accepter.* ▸ ***nécessiter*** v. tr. ▪ conjug. 1. ■ (Suj. chose) Rendre indispensable, nécessaire. ⇒ **demander, exiger, réclamer.** *Cette lecture nécessite beaucoup d'attention.* ▸ ***nécessiteux, euse*** adj. et n. ■ Qui est dans le dénuement, manque du nécessaire. ⇒ **démuni, indigent, miséreux, pauvre.** *Aider les familles, les mères nécessiteuses.* / contr. **aisé, riche** / — N. *Les nécessiteux.*

necking [nɛkiŋ] n. m. ■ Anglic. fam. Caresses et embrassades intimes et réciproques entre deux personnes. ⇒ **pelotage.** *Ils faisaient du necking dans une voiture stationnée.* ⇒ anglic. **parking.**

nec plus ultra [nɛkplysyltʀɑ] n. m. invar. ■ Ce qu'il y a de mieux. *C'est le nec plus ultra de l'électroménager.*

nécr(o)- ■ Élément savant signifiant « mort ». ▸ ***nécrologie*** [nekʀɔlɔʒi] n. f. **1.** Notice biographique consacrée à une personne morte récemment. **2.** Liste ou avis des décès publié par un journal. ▸ ***nécrologique*** adj. ■ *Rubrique, colonne nécrologique.* ▸ ***nécromancie*** n. f. ■ Évocation des morts par l'occultisme. ▸ ***nécropole*** n. f. ■ Dans l'Antiquité. Grand cimetière. — Littér. Cimetière. ▸ ***nécrose*** n. f. ■ Mort (des tissus vivants), gangrène.

nectar [nɛktaʀ] n. m. **1.** Breuvage des dieux, dans la mythologie. — Littér. Boisson exquise. **2.** Substance sucrée que sécrètent les fleurs, les feuilles. *Abeilles qui butinent le nectar.* **3.** Boisson obtenue par addition d'eau et de sucre à un jus de fruits qui est naturellement très pulpeux ou trop acide. *Nectar de poires, d'abricots.* ▸ ***nectarine*** n. f. ■ Variété de pêche à peau lisse, à chair jaune et noyau non adhérent. ⇒ **brugnon.**

néerlandais, aise [neɛʀlɑ̃dɛ, ɛz] adj. et n. **1.** Des Pays-Bas. ⇒ **hollandais.** — N. (Avec une majusc.) *Les Néerlandaises.* **2.** N. m. *Le néerlandais,* une langue germanique parlée aux Pays-Bas et en Belgique (⇒ **flamand**).

nef n. f. ■ Partie comprise entre le portail et le chœur d'une église dans le sens de la longueur. *Nef centrale, principale. Les nefs latérales.* ⇒ **bas-côté.**

néfaste [nefast] adj. **1.** Littér. Marqué par des événements malheureux. *Jour, année néfaste.* ⇒ **désastreux.** / contr. **faste, propice** / **2.** Qui cause du mal. ⇒ **funeste, mauvais, nuisible.** *Influence néfaste. Ce climat lui est néfaste. Cette démarche peut vous être néfaste. Une personne néfaste.* ⇒ **dangereux.**

nèfle [nɛfl] n. f. ■ Fruit comestible caractérisé par sa forme globuleuse et ses cinq noyaux. ▸ ***néflier*** n. m. ■ Arbre des régions tempérées qui produit les nèfles.

négatif, ive [negatif, iv] adj. **I.** (Opposé à *affirmatif, interrogatif*). **1.** Qui exprime un refus. *Réponse négative.* — Loc. *Dans, par la négative,* dans le cas où la réponse serait non. **2.** Qui exprime la négation. *Phrase négative. Particule négative* (ne, non). **II.** (Opposé à *positif*). **1.** Qui est dépourvu d'éléments constructifs, se définit par le refus. *Une attitude négative.* — (Personnes) Qui ne fait que des critiques. *Il s'est montré très négatif.* **2.** Qui ne se définit que par l'absence de son contraire. *Qualités négatives.* **3.** *Réaction négative de l'organisme* (à un antigène donné), qui ne se produit pas. *Test négatif.* **4.** *Nombre algébrique négatif,* nombre relatif affecté du signe moins. *Le nombre – 2 est négatif. Températures négatives,* au-dessous de zéro. **5.** Se dit de tout ce qui peut être considéré comme inverse. *Pôle négatif.* ⇒ **cathode.** — *Image, épreuve négative* ou, n. m., *un négatif,* image sur laquelle les parties lumineuses des objets correspondent à des taches sombres et inversement. ▶ ***négativement*** adv. ▶ ***négation*** n. f. **1.** Acte de l'esprit qui consiste à nier, à rejeter un rapport, une proposition, une existence. *Négation des valeurs.* **2.** Action, attitude qui s'oppose à (qqch.). *Cette méthode est la négation de la science.* **3.** Manière de nier, de refuser ; mot ou groupe de mots qui sert à nier. *Adverbes de négation.* ⇒ **ne, non.** / contr. **affirmation** / ⟨ ▶ abnégation, dénégation, renégat ⟩

négliger [neglige] v. tr. ▪ conjug. 3. **1.** Laisser (une chose) manquer du soin, de l'application, de l'attention qu'on lui devrait ; ne pas accorder d'importance à. ⇒ fam. se **ficher.** *Négliger ses intérêts, ses affaires, sa santé.* ⇒ se **désintéresser.** — Pronominalement. *Se négliger,* être mal habillé, mal tenu. *Elle se néglige, elle est trop négligée.* — NÉGLIGER DE : ne pas prendre soin de. *Vous ne négligerez pas de vous vêtir chaudement.* ⇒ **manquer, oublier. 2.** Porter à (qqn) moins d'attention, d'affection qu'on le devrait. *Il commence à négliger sa famille.* ⇒ **délaisser. 3.** Ne pas tenir compte, ne faire aucun cas de. ⇒ **mépriser.** *Négliger un avis salutaire. Cet avantage n'est pas à négliger.* — Laisser passer. *Elle ne néglige rien pour m'être agréable.* ▶ ***négligé*** n. m. **1.** État d'une personne négligée. ⇒ **débraillé. 2.** Vieilli. Tenue légère que les femmes portent dans l'intimité. ⇒ **déshabillé.** *Elle était en négligé. Un négligé de soie.* **3.** N. Personne, groupe auquel on n'accorde que peu de chances de remporter la victoire (dans une compétition). / contr. **favori** / *Elle a toujours été la négligée. — Les négligés des parieurs,* les chevaux négligés d'une course. — Adj. *Une équipe négligée.* ▶ ***négligeable*** adj. ▪ Qui peut être négligé, qui ne vaut pas la peine qu'on en tienne compte. ⇒ **dérisoire, insignifiant.** / contr. **grave, important** / *Considérer un danger comme négligeable. Considérer, traiter qqn comme (une) quantité négligeable.* ▶ ***négligence*** n. f. **1.** Attitude, état d'une personne dont l'esprit ne s'applique pas à ce qu'elle fait ou devrait faire. ⇒ **désinvolture, laisser-aller, nonchalance.** / contr. **application** / *On a exécuté ce travail avec négligence.* / contr. **minutie** / — Manque de précautions. *Négligence coupable, criminelle.* **2.** *(Une, des négligences)* Faute ou défaut dus au manque de soin. *Négligences de style.* ▶ ***négligent, ente*** adj. et n. **1.** (Personnes) Qui fait preuve de négligence. ⇒ **inattentif.** *Cette employée est négligente, toujours en retard dans son travail.* / contr. **appliqué, consciencieux, zélé** / **2.** (Choses) Qui trahit la négligence. *Un geste négligent.* ▶ ***négligemment*** [negligamã] adv. **1.** D'une manière négligente, sans soin. *Il travaillait négligemment.* **2.** Avec indifférence ; d'un air indifférent, distrait. *Répondre négligemment.* **3.** Avec une fausse négligence élégante. *Écharpe négligemment nouée de côté.*

négoce [negɔs] n. m. ▪ Vieilli. Commerce. ▶ ***négociant, ante*** n. ▪ Personne qui se livre au commerce en gros. ⇒ **commerçant, marchand.** *Un négociant en bois.* ▶ ***négocier*** v. ▪ conjug. 7. **I. 1.** V. intr. Discuter, agir pour arriver à un accord, à une décision commune. *Gouvernement qui négocie avec une puissance étrangère.* ⇒ **traiter. 2.** V. tr. Établir, régler (un accord) entre deux parties. *Négocier une affaire, un traité.* **3.** V. tr. Transmettre à un tiers (un effet de commerce). **II.** V. tr. *Négocier un virage,* manœuvrer une voiture de manière à bien prendre son virage à grande vitesse. ▶ ***négociable*** adj. **1.** Qui peut être négocié (effet de commerce). ⇒ **cessible.** *Titre négociable.* **2.** Qui peut être l'objet de discussions (articles, clauses... d'un accord). *Certaines clauses de la convention sont non négociables.* ▶ ***négociateur, trice*** n. ▪ Personne qui a la charge de négocier. *Il a été le négociateur de cet accord. Les négociateurs du traité de paix.* ▶ ***négociation*** n. f. ▪ (Souvent au plur.) Série d'entretiens, de démarches qu'on entreprend pour parvenir à un accord, pour conclure une affaire. ⇒ **tractation.** *Négociations pour l'achat d'une usine. Ouverture de négociations internationales.* ⇒ **pourparlers.** *Les négociations patronales-syndicales. La rupture des négociations.*

négondo ou ***négundo*** [negɔ̃do] n. m. ▪ Érable d'Amérique du Nord, à feuilles panachées de blanc, utilisé en marqueterie. *On appelle communément le négondo érable à Giguère.*

nègre, négresse [nɛgʀ; negʀɛs] n. et adj. **1.** Vieilli ou péj. (On dit plutôt : NOIR.) Homme, femme de race noire. *Une vieille négresse.* — Péj. *Nègre blanc,* appellation parfois donnée aux francophones d'Amérique par les anglophones. — Loc. fam. *Travailler comme un nègre,* très durement. *Avoir, faire des plans* de nègres. Se faire du sang* de nègre.* **2.** N. m. Fam. Auteur payé par une personne pour écrire les ouvrages qu'elle signe. *Il a payé un nègre pour écrire ses mémoires.* **3.** PETIT (-) NÈGRE : français rudimentaire, incorrect, parlé avec une syntaxe simplifiée. *C'est du petit nègre !* **4.** Adj. (fém. NÈGRE) Qui appartient, est relatif à la race noire. *Art nègre. La poésie nègre.* ▶ ***négrier*** [negʀije] n. m. ▪ Anciennt. Personne qui se livrait à la traite des Noirs, marchand d'esclaves. — Personne qui traite ses subordonnés comme des esclaves. ▶ ***négrillon, onne*** n. ▪ Vieilli ou péj. Enfant nègre. ▶ ***négritude*** n. f. ▪ Ensemble des caractères propres à la race noire ; appartenance à la race noire. ▶ ***negro-spiritual*** [negʀospiʀitɥal] ou ***spiritual*** n. m. ▪ Chant chrétien traditionnel des Noirs des États-Unis. *Des negro-spirituals.* ⟨ ▶ tête-de-nègre ⟩

négundo n. m. ⇒ **négondo.**

neige [nɛʒ] n. f. **1.** Eau congelée dans les hautes régions de l'atmosphère, et qui tombe en flocons blancs et légers. *Chute, bordée* de neige. Tempêtes de neige. Averse* de neige. Neige fondante, fondue. Neige mouillante* ⇒ **giboulée.** *Banc* de neige.* ⇒ **congère.** *Le temps est à la neige.* ⇒ **neigeux** (2). — *Boule, motte, bonhomme de neige.* — *Classes de neige,* période hivernale au cours de laquelle les élèves s'installent à la campagne ou en montagne pour étudier et pratiquer des sports d'hiver. — Au plur. *Les premières neiges. La fonte des neiges.* ⇒ ① **glace. 2.** *Neige artificielle,* substance chimique qui simule la neige (au cinéma) ; neige obtenue par pulvérisation d'eau froide à l'aide d'un canon (le *canon à neige*). *Neige carbonique.* **3.** *Œufs à la neige, en neige.* ⇒ **œuf. 4.** *Barbe, cheveux* DE NEIGE : tout blancs. — *Blanc comme neige,* (choses) immaculé ; (personnes) innocent. ▶ ***neiger*** v. impers. ▪ conjug. 3. **1.** (Neige) Tomber. *Il a neigé très tôt cette année. Il neige à plein ciel,* abondamment. **2.** Loc. fig. *Avoir déjà vu neiger,* n'être pas né de la dernière pluie, avoir de l'expérience. ▶ ***neigeasser*** ou ***neigeoter*** v. impers. ▪ conjug. 1. ▪ Neiger légèrement. *Il a neigeassé un peu aujourd'hui.* ▶ ***neigeux, euse*** adj. **1.** Couvert de neige, constitué par de la neige. *Cimes neigeuses.* **2.** (Espace) Où il neige en abondance. *C'est plutôt neigeux dans ce coin-là.* — (Temps) Relatif à une période pendant laquelle il neige beaucoup. *Le mois le plus neigeux de l'hiver.* ⟨ ▶ autoneige, chasse-neige, déneiger, enneigé, motoneige, perce-neige ⟩

néné [nene] n. m. ▪ (surtout en France) Fam. Sein de femme. ⇒ fam. ② **jos, nichon, téton.**

① ***nénette*** [nenɛt] n. f. ■ Fam. Tête. *Se casser la nénette,* se casser la tête. *Je me suis cassé la nénette pour trouver la solution.*

② ***nénette*** n. f. ■ (France) Fam. Fille, jeune femme. *Deux mecs et trois nénettes.* ⇒ fam. **nana, souris.**

nénuphar [nenyfaʀ] n. m. ■ Plante aquatique à grandes feuilles rondes étalées sur l'eau. *Nénuphar blanc, jaune.*

néo- ■ Élément savant signifiant « nouveau » (ex. : *néo-capitalisme,* n. m. ; *néo-classicisme,* n. m.). ▶ ***néo-brunswickois, oise*** [neobʀɔnzwikwa, waz] adj. et n. ■ Du Nouveau-Brunswick. — N. (Avec des majusc.) Personne née dans cette province ou qui l'habite. *Cette candidate est une Néo-Brunswickoise.* ▶ ***néo-calédonien, ienne*** [neokaledɔnjɛ̃, jɛn] adj. et n. ■ De la Nouvelle-Calédonie. — N. (avec des majusc.) *Les Néo-Calédoniens.* ▶ ***néo-canadien, ienne*** adj. et n. ■ Relatif aux immigrés installés au Canada après la Seconde Guerre mondiale. ⇒ **néo-québécois.** — N. (Avec des majusc.) *Les Néo-Canadiens de Victoria.* ▶ ***néo-classique*** adj. ■ Qui ressemble à l'art classique, cherche à l'imiter. ▶ ***néo-colonialisme*** n. m. ■ Nouvelle forme de colonialisme qui impose la domination économique à un pays. ⇒ **impérialisme.** ▶ ***néo-démocrate*** n. ■ Membre ou partisan d'un parti politique (fédéral ou provincial) à tendance social-démocrate. ⇒ **N.P.D.** *Les néo-démocrates sont au pouvoir dans une province.* — Adj. *Une députée néo-démocrate.* — Adv. *Allez-vous voter néo-démocrate aux prochaines élections ?* ▶ ***néo-écossais, aise*** adj. et n. ■ De la Nouvelle-Écosse. — N. (Avec des majusc.) Personne née dans cette province ou qui l'habite. *Quelques Néo-Écossais sont francophones.* ▶ ***néo-francophone*** adj. et n. ■ Qui a appris le français récemment, qui parle le français depuis peu. *Des immigrés néo-francophones.* — N. *Cours de langue pour les néo-francophones.* ▶ ***néo-gothique*** adj. ■ Architecture. Qui imite le gothique. ▶ ***néo-libéral, ale, aux*** adj. ■ Qui prône une forme de libéralisme qui admet une intervention limitée de l'État. ▶ ***néo-orléanais, aise*** adj. et n. ■ De La Nouvelle-Orléans, en Louisiane. *Le vieux quartier néo-orléanais.* — N. (Avec des majusc.) Personne née dans cette ville ou qui l'habite. *Des Néo-Orléanaises en visite au Canada.* ▶ ***néo-québécois, oise*** adj. et n. **1.** Vieilli. Du Nouveau-Québec. *La forêt néo-québécoise.* — N. (Avec des majusc.) Personne née dans cette région du Québec ou qui l'habite. *Des Néo-Québécois amérindiens et inuits.* — REM. Depuis 1987, le Nouveau-Québec porte le nom officiel de *Nord-du-Québec.* **2.** Relatif aux immigrés installés au Québec après la Seconde Guerre mondiale. ⇒ **néo-canadien.** — N. (Avec des majusc.) *Montréal est le principal lieu d'élection des Néo-Québécois.* ▶ ***néo-zélandais, aise*** adj. et n. ■ De la Nouvelle-Zélande. — N. (Avec des majusc.) Personne née dans ce pays ou qui en a obtenu la citoyenneté. *Les Néo-Zélandaises.* ‹ ▶ néologisme, néophyte, néoplasme, néo-réalisme ›

néolithique [neɔlitik] adj. ■ Se dit de la période la plus récente de l'âge de pierre et de ce qui appartient à cette période (opposé à *paléolithique*). *Âge, époque néolithique. Le néolithique.*

néologisme [neɔlɔʒism] n. m. ■ Mot nouveau ou sens nouveau. / contr. **archaïsme** /

néon [neɔ̃] n. m. ■ Gaz rare de l'air, employé dans l'éclairage. *Enseigne lumineuse au néon.* — *Tube au néon,* fluorescent. — Abusivement. *Un néon,* un tube au néon. ⇒ **fluorescent.**

néophyte [neɔfit] n. et adj. ■ Personne qui a récemment adopté une doctrine, un système, ou qui vient d'entrer dans un parti, une association. ⇒ **adepte, novice, prosélyte.** *Le zèle d'un néophyte.*

néoplasme [neɔplasm] n. m. ■ Didact. Cancer.

néo-réalisme [neɔʀealism] n. m. ■ École cinématographique italienne caractérisée par le réalisme, la vérité des situations et des décors, les préoccupations sociales. ▶ ***néo-réaliste*** adj. et n.

néphr(o)- ■ Élément savant signifiant « rein ». ▶ ***néphrétique*** [nefʀetik] adj. ■ Relatif au rein. *Colique néphrétique.* ▶ ***néphrite*** n. f. ■ Maladie inflammatoire et douloureuse du rein. *Néphrite aiguë.*

népotisme [nepɔtism] n. m. ■ Favoritisme d'une personne puissante à l'égard de ses parents, de ses amis. ⇒ fam. **patronage.**

① ***nerf*** [nɛʀ] n. m. **1.** Ligament, tendon des muscles. *Elle s'est froissé un nerf.* **2.** NERF DE BŒUF : dont on se sert notamment pour frapper. **3.** Force active, vigueur physique. *Avoir du nerf, manquer de nerf.* — Fam. Énergie. *Allons, du nerf, un peu de nerf ! Un style qui a du nerf.* ▶ ① ***nerveux, euse*** [nɛʀvø, øz] adj et n. **1.** Qui a des tendons vigoureux, apparents. *Mains nerveuses.* — *Viande nerveuse,* trop dure. **2.** Qui a du nerf, de l'énergie. ⇒ **vigoureux.** *Un cheval, un coureur nerveux. Voiture nerveuse,* qui a une grande vitesse d'accélération, de bonnes reprises. — *Style nerveux.* ⇒ **énergique, vigoureux.** ‹ ▶ nervure ›

② ***nerf*** n. m. **1.** Chacun des filaments qui mettent les diverses parties du corps en communication avec le cerveau et la moelle épinière (centres nerveux). *Le nerf sciatique.* **2.** LES NERFS : ce qui supporte les excitations physiques ou extérieures et les tensions intérieures de la personnalité. *Avoir les nerfs fragiles, irritables.* — *C'est un paquet de nerfs,* une personne très nerveuse, très agitée. *Porter, taper, tomber sur les nerfs.* ⇒ **agacer, énerver, horripiler, irriter.** *Tu me tapes sur les nerfs. Avoir les nerfs à vif, en boule, en pelote, à fleur de peau,* être très énervé. *Être, vivre sur les nerfs,* n'agir que par des efforts de volonté. *Passer ses nerfs sur qqn,* reporter son énervement sur qqn qui n'en est pas la cause. *Être à bout de nerfs,* surexcité. — Loc. *Prendre* ou, fam., *pogner les nerfs,* s'énerver, perdre le contrôle. ⇒ **s'exciter.** Fam. *Être sur le gros* nerf.* — *Crise de nerfs,* cris, pleurs, gestes désordonnés (⇒ **hystérie**). *Il a fait une crise de nerfs. Maladie de nerfs.* — Interj. fam. *Les nerfs !,* du calme, ça suffit. *Les nerfs paquet !* ▶ ② ***nerveux, euse*** adj. **1.** Relatif au nerf, aux nerfs. *Cellule nerveuse,* neurone. *Système nerveux,* ensemble des organes, des éléments de tissu nerveux qui commandent les fonctions de sensibilité, motilité, nutrition et, chez les vertébrés supérieurs, les facultés intellectuelles et affectives. **2.** Qui concerne les nerfs, supports de l'émotivité, des tensions psychologiques. *Des rires nerveux.* — *Maladies, affections nerveuses.* ⇒ **angoisse, dépression, hystérie, névrose.** *Dépression nerveuse.* **3.** (Personnes) Émotif et agité, qui ne peut garder son calme, au physique et au moral. ⇒ **émotif.** *Un tempérament nerveux. L'attente me rend nerveux.* ⇒ **énervé, fébrile, impatient, irritable.** — N. Personne de tempérament nerveux. *C'est un grand nerveux.* ▶ ***nerveusement*** adv. ■ D'une manière nerveuse, excitée. *Marcher nerveusement de long en large.* / contr. **calmement, posément** / ‹ ▶ énerver, hypernerveux, innerver, nervosité, neur(o)-, névr(o)- ›

nervosité [nɛʀvozite] n. f. ■ État d'excitation nerveuse passagère. ⇒ **agitation, énervement, irritation, surexcitation.** *Être dans un état de grande nervosité.* / contr. **calme** /

nervure [nɛʀvyʀ] n. f. **1.** Fine saillie traversant la feuille d'une plante. **2.** (Insectes) Filet corné qui se ramifie et soutient la membrane de l'aile. *Les fines nervures des ailes de la libellule.* **3.** Moulure arrondie, arête saillante (d'une voûte). *Les nervures d'une voûte gothique.*

n'est-ce pas [nɛspɑ] adv. interrog. ■ Formule par laquelle on requiert l'adhésion d'un auditeur. *Vous êtes de mon avis, n'est-ce pas ? N'est-ce pas que j'ai raison ?*

net, nette [nɛt] adj. et adv. **I.** Adj. **1.** Que rien ne ternit ou ne salit. ⇒ **propre.** / contr. **sale, souillé** / *Linge net.* ⇒ **immaculé.** — Loc. *Avoir les mains nettes,* n'avoir rien à se reprocher. **2.** Qui est débarrassé (de ce qui encombre). *Faire place, maison nette,* vider les lieux. *Faire maison nette,* expulser les occupants par la force. — *Je veux en avoir le cœur net,* en être assuré. **3.** Dont on a déduit tout élément étranger. / contr. **brut** / *Salaire net. Bénéfice, produit net. Poids net.* — Invar. *Il reste net 37 dollars.* — NET DE : exempt de. *Gain net d'impôt.* **4.** Abstrait. Clair et précis ; qui n'est ni douteux ni ambigu. *Avoir des idées nettes. Explication claire et nette.* ⇒ **lumineux.** / contr. **confus, équivoque, flou** / — *Nette amélioration,* très sensible. *Une différence très nette.* ⇒ **marqué.** — Qui ne laisse pas de place au doute, à l'hésitation. *Je veux une réponse nette, sans équivoque.* ⇒ **catégorique.** *Aimer les situations nettes.* **5.** Qui frappe par des contours fortement marqués. ⇒ **distinct, précis.** *Dessin, caractères parfaitement nets. Cassure nette.* ⇒ **régulier.** **II.** Adv. **1.** D'une manière précise, tout d'un coup. *S'arrêter net. La balle l'a tué net.* — Loc. fam. *Net, fret, sec,* d'un seul coup, tout d'une traite. ⇒ **instantanément.** **2.** *Je lui ai dit* TOUT NET *ce que j'en pensais,* franchement. ⇒ **carrément, crûment.** ▸ ***nettement*** adv. **1.** Abstrait. Avec clarté. / contr. **obscurément** / *Expliquer nettement qqch. — C'est nettement mieux maintenant,* incontestablement. — Fam. *Elle est nettement plus intelligente que lui.* **2.** Concret. D'une manière claire, très visible. *Les feuillages se découpent nettement sur le ciel. Je les vois très nettement avec ces jumelles.* ⇒ **clairement, distinctement.** / contr. **confusément, vaguement** / ▸ ***netteté*** [nɛtte] n. f. **1.** Propreté. *Elle était toujours d'une grande netteté.* **2.** Clarté et précision. *Netteté des idées.* **3.** Caractère de ce qui est clairement visible, bien marqué. *La netteté de l'image* (photo, cinéma, télévision).

nettoyer [netwaje] v. tr. • conjug. 8. **1.** Rendre propre. *Nettoyer des vêtements. Nettoyer la maison,* faire le ménage. *Faire nettoyer son linge,* l'envoyer chez le nettoyeur. — *Elle s'est nettoyé les ongles.* **2.** Débarrasser (un lieu) de gens dangereux, d'ennemis. *L'armée a nettoyé la région.* — Fam. Vider en prenant, en volant. *Les voleurs ont nettoyé la maison.* **3.** Fam. *Se faire nettoyer,* se faire prendre tout son argent. ▸ ***nettoiement*** n. m. ■ Ensemble des opérations ayant pour but de nettoyer. ⇒ **assainissement.** *Service de nettoiement* (enlèvement des ordures). ▸ ***nettoyage*** n. m. **1.** Action de nettoyer ; son résultat. *Nettoyage d'une façade.* ⇒ **ravalement.** *Nettoyage du linge.* ⇒ **blanchissage, lavage.** *Nettoyage à sec, à la vapeur,* en teinturerie. *Envoyer, aller porter son linge au nettoyage,* à la blanchisserie, chez le nettoyeur. **2.** Action de débarrasser un lieu d'ennemis. *Nettoyage d'une position.* ▸ ***nettoyante, ante*** adj. et n. m. **1.** Adj. Qui nettoie. *Une crème nettoyante pour la peau.* **2.** N. m. Produit de nettoyage. ⇒ **nettoyeur.** *Un nettoyant pour salle de bain.* ▸ ***nettoyeur, euse*** n. **1.** Personne qui nettoie. *Nettoyeur de vitres* ⇒ **laveur** *de parquets.* **2.** Établissement où l'on nettoie le linge, les vêtements, où on les repasse. ⇒ **blanchisserie, laverie, lavoir, teinturerie ;** fam. **buanderie ;** anglic. **pressing.** *Porter une jupe au (chez le) nettoyeur. Le nettoyeur du quartier.* — Personne qui travaille dans cet établissement. **3.** Produit de nettoyage. ⇒ **nettoyant.** *Nettoyeur à plancher, pour le four.* ‹ ▸ autonettoyant ›

① ***neuf*** [nœf] adj. invar. et n. m. invar. — REM. On prononce aussi [nœf] devant une voyelle : ex. *neuf années* [nœfane], sauf pour *neuf ans* [nœvɑ̃] et *neuf heures* [nœvœʀ]. **1.** Adj. numéral cardinal invar. Huit plus un (9). *Le chiffre neuf, vingt-neuf. Neuf fois dix.* ⇒ **quatre-vingt-dix.** **2.** Adj. numéral ordinal invar. Neuvième. *Le chapitre neuf.* **3.** N. m. invar. Le nombre neuf. *Preuve par neuf.* — Le chiffre, le numéro neuf. *Neuf arabe (9), romain* (IX). **4.** Carte à jouer marquée de neuf points. *Le neuf de carreau. J'ai deux neuf.* ‹ ▸ neuvaine, neuvième, dix-neuf ›

② ***neuf, neuve*** [nœf, nœv] adj. et n. **I.** Adj. **1.** Qui vient d'être fait et n'a pas encore servi. / contr. **vieux ; usé** / *Étrenner un costume neuf, une robe (toute) neuve. Acheter des livres neufs et des livres d'occasion. Ma nouvelle voiture n'est pas neuve.* — *À l'état neuf, tout neuf, flambant neuf,* en très bon état, qui semble n'avoir jamais servi. *Des chaussures flambant neuves.* ≠ *nouveau.* **2.** Abstrait. Qui est nouveau, n'a jamais servi. *Un amour tout neuf. Des idées, des images neuves.* ⇒ **nouveau, original.** / contr. **ancien, éculé** / **3.** Fam. *Qqch.* DE NEUF : des faits récents pouvant amener un changement. *Rien de neuf dans cette affaire. Alors, quoi de neuf aujourd'hui ?* **II.** N. m. sing. **1.** *Le neuf,* ce qui est neuf. *Elle n'achète que du neuf.* **2.** DE, EN NEUF : avec qqch. de neuf. *Être habillé de neuf. Se meubler tout en neuf.* **3.** À NEUF : de manière à rendre l'état ou l'apparence du neuf. *Ils ont remis l'appartement à neuf.* ⇒ **rénover.**

neur(o)- ou ***névr(o)-*** ■ Élément savant signifiant « nerf » (ex. : *neurochirurgie,* n. f. ; *neurophysiologie,* n. f. ; *neuropsychiatrie,* n. f. ; *neurovégétatif,* adj.). ▸ ***neurasthénie*** [nøʀasteni] n. f. ■ État durable d'abattement accompagné de tristesse. *Faire de la neurasthénie.* ▸ ***neurasthénique*** adj. ■ Abattu, triste, sans motifs précis. *Devenir, être neurasthénique.* — N. *Un, une neurasthénique.* ▸ ***neurologie*** n. f. ■ Branche de la médecine qui traite des maladies du système nerveux. ▸ ***neurologique*** adj. ▸ ***neurologue*** n. ■ Médecin spécialiste en neurologie. ▸ ***neurone*** n. m. ■ Sciences. Cellule nerveuse. — Plaisant. *Faire fonctionner ses neurones,* son cerveau.

neutre [nøtʀ] adj. et n. **1.** Qui ne participe pas à un conflit. *État, pays neutre.* — N. LES NEUTRES : les nations neutres. **2.** Qui s'abstient de prendre parti. *Information neutre et objective. Rester neutre.* ⇒ **impartial.** **3.** Qui appartient à une catégorie grammaticale différente du masculin et du féminin, dans laquelle se rangent en principe les noms d'objets. *Le genre neutre, le neutre, en anglais, en allemand.* **4.** Qui n'est ni acide, ni alcalin, en chimie. *Combinaison, milieu, sel neutre.* — Qui n'a pas de charge électrique. **5.** *Couleur neutre,* indécise, sans éclat. / contr. **vif** / **6.** Dépourvu de passion, qui reste froid, objectif. *Style neutre, inexpressif.* ⇒ **impersonnel,** ① **plat.** **7.** Fam. *Le neutre,* la position du levier de vitesse d'un véhicule lorsqu'il n'est pas embrayé. *Se mettre au neutre.* ▸ ***neutraliser*** v. tr. • conjug. 1. **1.** Rendre neutre (un État, un territoire, une ville). **2.** Empêcher d'agir, par une action contraire qui tend à annuler les efforts ou les effets : rendre inoffensif. *Neutraliser les effets d'une substance chimique ; les efforts de l'opposition. Neutraliser l'adversaire. Neutraliser un projet de loi par des amendements.* ▸ ***neutralisation*** n. f. **1.** Action de neutraliser, d'équilibrer. **2.** Action de déclarer la neutralité (d'un pays) envers tout belligérant. ▸ ***neutraliste*** adj. et n. ■ Favorable à la neutralité. *Attitude neutraliste. Les pays neutralistes. Les neutralistes.* ▸ ***neutralisme*** n. m. ■ Doctrine qui tend à maintenir un pays dans la neutralité (2). ▸ ***neutralité*** n. f. **1.** Caractère, état d'une personne qui reste neutre (2). ⇒ **impartialité.** *Rester dans la neutralité.* **2.** État d'une nation qui ne participe pas à une guerre. ▸ ***neutron*** n. m. ■ Particule élémentaire, électriquement neutre, du noyau atomique (sauf du noyau d'hydrogène normal). *Les neutrons et les protons.*

neuvaine [nœvɛn] n. f. ■ Série d'exercices de piété et de prières, que les catholiques font pendant neuf jours. *Faire une neuvaine à saint Joseph.*

neuvième [nœvjɛm] adj. et n. **1.** Adj. numéral ordinal. Qui succède au huitième. *La Neuvième Symphonie de Beethoven.* — N. *Il est le neuvième.* **2.** Fraction d'un tout divisé également en neuf. *La neuvième partie de son volume.* ▶ ***neuvièmement*** adv. ■ En neuvième lieu. ‹ ▶ dix-neuvième ›

névé [neve] n. m. ■ Masse de neige durcie qui alimente parfois un glacier, en haute montagne. *Des névés.*

neveu [n(ə)vø] n. m. ■ Fils du frère, de la sœur et, par alliance, du beau-frère ou de la belle-sœur. *Ses neveux et nièces.* ≠ *filleul.* ‹ ▶ petit-neveu ›

névr(o)- ⇒ **neur(o)-.** ▶ ***névralgie*** [nevʀalʒi] n. f. **1.** Douleur ressentie sur le trajet des nerfs ②. *Névralgie faciale.* **2.** Mal de tête. ⇒ **migraine.** ▶ ***névralgique*** adj. **1.** Relatif à la névralgie. *Douleur, point névralgique.* **2.** Loc. *Le point névralgique d'une situation.* ⇒ **sensible.** ▶ ***névrite*** n. f. ■ Lésion des nerfs. ▶ ***névropathe*** adj. et n. ■ Qui souffre de névrose. ⇒ **névrosé.** ▶ ***névrose*** n. f. ■ Affection nerveuse, sans base anatomique connue, intimement liée à la vie psychique du malade mais n'altérant pas autant la personnalité que les psychoses. *L'hystérie, la neurasthénie, l'obsession sont des névroses.* ▶ ***névrosé, ée*** adj. et n. ■ Qui a une névrose. *C'est un névrosé.* ▶ ***névrotique*** adj. ■ Relatif à une névrose. *Troubles névrotiques.* ‹ ▶ polynévrite ›

newfie [njufi] n. et adj. Anglic. **1.** Péj. Terme d'injure qui est employé pour désigner les habitants de Terre-Neuve (opposé à *frenchie, french pea soup, frog*). ⇒ anglic. **bloke.** *Raconter des histoires de newfies.* **2.** Fam. Niaiseux. ⇒ **épais ;** péj. **habitant.** *Ne fais pas ton newfie.* — Adj. Loc. *Avoir l'air newfie.*

newton [njutɔn] n. m. ■ Unité de force (symb. *N*), correspondant à une accélération de un mètre par seconde carrée (1 m/s²) communiquée à une masse de 1 kg.

new-yorkais, aise [nujɔʀkɛ, ɛz] adj. et n. **1.** De l'État de New York, aux États-Unis. *Une compagnie d'électricité new-yorkaise.* — N. (Avec des majusc.) Personne née dans cet État américain ou qui l'habite. **2.** De la ville de New York. *Les grandes avenues new-yorkaises.* — N. (Avec des majusc.) Personne née dans cette ville américaine ou qui l'habite. *Un couple de New-Yorkais.*

nez [ne] n. m. invar. **1.** Partie saillante du visage, entre le front et la lèvre supérieure, et qui abrite l'organe de l'odorat (fosses nasales) ; ⇒ fam. **pif, tarin.** *Le bout du nez.* — Fam. *Trous de nez,* les narines. — *Long nez. Nez droit, grec. Nez aquilin, en bec d'aigle. Nez pointu, retroussé, en trompette.* — *Se boucher le nez,* pour ne pas sentir une odeur désagréable. — *Parler du nez* ⇒ **nasiller.** — *Ça sent le gaz à plein nez,* très fort. — *Saigner du nez. Avoir le nez bouché. Nez qui coule. Mouche ton nez,* mouche-toi. **2.** Loc. *Mener qqn par le bout du nez,* le mener à sa guise. — *Ne pas voir plus loin que le bout de son nez,* être borné. — *À vue de nez,* à première estimation. — Fam. *Les doigts dans le nez,* sans aucune difficulté. *Il a réussi son examen les doigts dans le nez.* — *Cela lui pend au (bout du) nez,* cela va lui arriver. — *Avoir un verre, un coup dans le nez,* être éméché. — *Cela se voit comme le nez au milieu de la figure,* c'est très apparent. *Montrer le bout de son nez,* se montrer à peine. *Mettre le nez, son nez à la fenêtre.* Fam. *Nous n'avons pas mis le nez dehors depuis deux jours,* nous ne sommes pas sortis. — *Piquer du nez,* laisser tomber sa tête en avant (en s'endormant). — *Il fourre son nez partout,* il est curieux, indiscret. ⇒ fam. ② **senteur.** *Il n'a pas levé le nez de son travail,* il y est resté plongé. — *Avoir le nez sur qqch.,* être tout près. — *Se casser le nez à (sur) la porte de qqn,* trouver porte close. *Fermer la porte au nez de qqn,* le congédier. — *Se trouver nez à nez* [neane] *avec qqn,* le rencontrer brusquement, à l'improviste. *Être nez à nez avec qqn,* à égalité. — *Au nez de qqn,* devant lui, sans se cacher (avec une idée de bravade, d'impudence). *Elle lui avait ri au nez.* — *Passer sous le nez,* échapper à (qqn) après avoir semblé être à sa portée. — Fam. *Avoir qqn dans le nez,* le détester. *Se parler dans le nez,* se parler franchement, se dire ses quatre vérités. — Fam. *Faire un pied de nez.* ⇒ **pied de nez.** — *Tirer les vers* du nez de qqn.* **3.** Flair, perspicacité. *Ils se sont bien débrouillés, ils ont eu du nez.* **4.** (Animaux) ⇒ **mufle, museau ; groin.** **5.** Partie saillante située à l'avant de (qqch.). ⇒ **avant.** *L'avion pique du nez.* ‹ ▶ cache-nez, nasal, naseau, nasiller, pied de nez, pince-nez ›

ni [ni] conj. ■ Conjonction servant à nier ET et OU. **I.** NI accompagné de NE. **1.** Joignant deux (ou plusieurs) mots ou groupes de mots à l'intérieur d'une proposition négative (avec *ne... pas, point, rien*). *Je n'ai pas de cigarettes ni de feu. Elle n'a rien de doux ni d'agréable.* — (Avec *ne* seul ; *ni* est répété devant chaque terme) *Je n'ai ni cigarette ni feu. Elle ne dit ni oui ni non. Ce n'est ni bon ni mauvais. Il ne veut ni manger ni boire.* — Loc. *Ne faire ni un ni deux,* ne pas hésiter, agir sans tarder. — REM. Le verbe est au pluriel *(Ni l'un ni l'autre ne me plaisent)* ou au singulier pour exprimer l'exclusion *(Ni l'un ni l'autre n'acceptera). Ni elle ni moi n'irons. Ni ta sœur ni toi ne partirez.* — NI MÊME *(même* renforce *ni). Je ne veux pas le voir ni même l'entendre. Je ne crois pas qu'elle parte en vacances, ni même qu'elle en ait.* **2.** Littér. NI joignant plusieurs propositions négatives. *Ni l'intelligence n'est preuve de talent, ni le talent n'est preuve de génie.* **II.** NI, sans NE. **1.** Dans des propositions sans verbe. *Viendrez-vous ? Ni ce matin ni ce soir. Rien de si mal écrit ni de si ennuyeux que ce livre.* **2.** Loc. (Après *sans, sans que* + subjonctif) *Du thé sans sucre ni lait. Il est parti sans que son père ni sa mère le sachent.*

niable [njabl] adj. ■ Qui peut être nié (rare, sauf au négatif). *Cela n'est pas niable.* / contr. **indéniable** /

niais, niaise [njɛ, njɛz] adj. ■ (Surtout en France) Dont la simplicité, l'inexpérience, l'ignorance va jusqu'à la bêtise. ⇒ **simplet ;** fam. **bébête, godiche.** *Elle est un peu niaise.* — N. *C'est une niaise.* — *Air, sourire niais.* ⇒ **béat, niaiseux.** / contr. ② **malin** / ▶ ***niaiseux, euse*** adj. et n. **I.** Personnes. **1.** Qui est idiot, imbécile, naïf. ⇒ **crétin, épais, nigaud ;** fam. ③ **cave, corniaud, innocent, insignifiant, niochon, nono.** *Un voisin pas mal niaiseux.* — N. *Tu parles d'une bande de niaiseux.* **2.** Qui manque de jugement, d'intelligence. ⇒ ② **bête, ignorant, sot ;** fam. **nounoune.** *Les propriétaires de ce casse-croûte sont un peu niaiseux.* — N. *C'est le plus niaiseux de la classe.* ⇒ fam. **cruche.** — Loc. *Avoir l'air niaiseux.* ⇒ fam. faire **dur.** / contr. ① **fin** / *Faire le niaiseux,* dire, faire des niaiseries. — Fam. Terme d'injure. *Espèce de grande niaiseuse ! Mautadit niaiseux.* **3.** Qui est peu débrouillard, dégourdi. *Je suis niaiseux de ne pas y avoir pensé avant.* — Qui est mal à l'aise, maladroit avec qqn, spécialt avec les personnes du sexe opposé. / contr. **déluré, déniaisé** / *À son âge, j'étais plutôt niaiseux avec les filles.* **4.** Qui est étourdi, qui manque d'attention. *Que je suis niaiseux d'avoir oublié de répondre à une question d'examen. Vous êtes niaiseux de lui avoir révélé cela,* vous avez manqué d'à-propos. **II.** Adj. Choses. **1.** (Le nom se rapporte à une personne) *Un sourire, un air niaiseux.* ⇒ **idiot, niais.** *Le son de sa voix* *m'a paru un peu niaiseux. Un geste niaiseux.* ⇒ **stupide. 2.** Bête, stupide. *Un incident niaiseux. Elle a donné une réponse niaiseuse. Une émission niaiseuse, un livre niaiseux,* sans intérêt. *Des excuses un peu niaiseuses.* ⇒ **inutile.** — Très simple à faire, à réussir. ⇒ **facile.** / contr. **compliqué, difficile.** / *Un problème niaiseux. Une réparation niaiseuse à faire.* — Loc. *C'est (tellement) niaiseux, il suffisait d'y penser.* ▶ ***niaiser*** v. ▪ conjug. 1. **I.** V. intr. **1.** Ne rien faire, demeurer inactif, perdre son temps. ⇒ tourner en **rond ;** fam. **lambiner,** se **pogner, téter.** *Niaiser toute la journée. Elle niaise dans sa chambre.* **2.** Attendre que qqch. arrive, se produise ; attendre qqn (⇒ fam. **poireauter**). Cela fait une heure que je niaise au coin de la rue. — Retarder le moment de faire, de dire qqch. *Ce n'est plus le temps de niaiser, l'avion part à dix-sept heures. Arrêtez de niaiser et expliquez-vous.* ⇒ **hésiter, tergiverser.** — Transitivement. Loc. *Faire niaiser qqn,* le faire attendre. *Le dentiste m'a fait niaiser pendant deux heures.* **3.** Faire, dire des niaiseries. *Ils n'arrêtent pas de niaiser.* — Avoir l'air niaiseux, stupide. *À l'annonce de la fermeture du bar, ils ont tous niaisé.* — Loc. Faire niaiser qqn. ⇒ **braver, narguer ;** fam. **baver.** *Faire niaiser un policier.* **II.** V. tr. Berner, faire marcher qqn ; prendre qqn pour un niais, un niaiseux, un nigaud. *Ils niaisaient leur nouveau moniteur. Niaise-moi pas !* — Loc. *Se faire niaiser.* ▶ ***niaiserie*** n. f. **1.** Caractère d'une personne, d'une chose niaise, niaiseuse. ⇒ **bêtise, sottise.** *Ils sont de la plus parfaite niaiserie.* **2.** (Choses) UNE NIAISERIE : une action, une parole niaiseuse. ⇒ **absurdité, ânerie, bêtise, sottise ;** fam. **connerie.** *C'est encore une de tes niaiseries ça ?* — Loc. *Faire dire une (des) niaiserie(s).* ⇒ **platitude.** — (Surtout au plur.) Chose futile, élément sans grande importance ou valeur. ⇒ **détail, futilité, insignifiance.** *À quoi ça sert toutes ces niaiseries-là ? Tu perds ton temps à des niaiseries.* ⇒ **babiole, broutille.** — Plaisant. *J'ai apporté une petite niaiserie pour le dessert,* un petit quelque chose. ▶ ***niaisage*** n. m. ▪ (Souvent au plur.) Action de niaiser ; son résultat. *Je ne peux plus endurer ce niaisage. Arrêtez vos niaisages.* ⇒ **idiotie, niaiserie, stupidité.** — (Souvent en phrase négative ou avec *pas*) *Il n'y aura pas de niaisage avant de décider.* ⇒ **hésitation, tergiversation.** *Pas de niaisage dans les corridors,* pas de flânerie, de perte de temps. — Absolt. *Pas de niaisage.* ▶ ***niaiseusement*** ou, littér., ***niaisement*** adv. ▪ D'une manière niaiseuse ou niaise. *Se comporter niaiseusement.* ⇒ **stupidement.** ⟨ ▶ déniaiser ⟩

niche [niʃ] n. f. **1.** Enfoncement pratiqué dans l'épaisseur d'une paroi pour abriter un objet décoratif. **2.** Enfoncement de forme plus ou moins hémisphérique entaillant une paroi. **3.** Abri en forme de petite maison où couche un chien. *Chien de garde à la niche.*

nicher [niʃe] v. ▪ conjug. 1. **1.** V. intr. (Oiseaux) Se tenir dans son nid, y couver. **2.** Fam. Demeurer. *Où niche-t-il ?* ⇒ **loger. 3.** SE NICHER v. pron. : faire son nid. — Se blottir, se cacher. *Où sont-ils allés se nicher ?* — Au p. p. adj. *Un village niché dans la forêt.* ▶ ***nichée*** n. f. **1.** Les oiseaux d'une même couvée qui sont encore au nid. *Une nichée de poussins.* **2.** Troupe (d'enfants). ⟨ ▶ dénicher, niche ⟩

nichon [niʃɔ̃] n. m. ▪ Fam. Sein (de femme). ⇒ fam. ① **jos, néné, téton.**

nickel [nikɛl] n. m. ▪ Métal d'un blanc argenté, malléable et ductile (symb. *Ni*). *Une pièce de monnaie en nickel.* ▶ ***nickeler*** [nikle] v. tr. ▪ conjug. 4. ▪ Couvrir d'une mince couche de nickel. — Au p. p. adj. *Poignée nickelée.*

niçois, oise [niswa, waz] adj. et n. ▪ De la ville de Nice, en France, relatif à la ville de Nice. *Des vacances niçoises.* — *Salade* niçoise.* — N. (Avec une majusc.) Personne née dans cette ville française ou qui l'habite. *Une jeune Niçoise.*

nicotine [nikɔtin] n. f. ▪ Alcaloïde du tabac. *Doigts jaunis par la nicotine.*

nid [ni] n. m. **1.** Abri que les oiseaux se construisent pour y pondre, couver leurs œufs et élever leurs petits (⇒ **nicher**). *Nid d'hirondelle.* — Loc. NID D'AIGLE : construction en un lieu élevé, escarpé. — NID DE POULE(S) ou NID-DE-POULE(S) : petite dépression dans une chaussée. ⇒ **fondrière.** / contr. **ventre de bœuf** / — PROV. *Petit à petit, l'oiseau fait son nid,* les choses se font progressivement. **2.** Abri de certains animaux. *Nid de fourmis* (fourmilière), *de guêpes* (guêpier). **3.** NIDS (-) D'ABEILLES : garniture, broderie en forme d'alvéoles de ruche. **4.** Logis intime. *Un petit nid douillet.* **5.** NID DE : endroit où sont rassemblées des personnes dangereuses. ⇒ **repaire.** *Un nid de brigands.* **6.** NID À : endroit où peuvent se trouver des animaux, des choses désagréables. *C'est un nid à moustiques. Ce bibelot est un nid à poussière. Cette pièce est un vrai nid à feu,* un endroit où sont accumulées des choses inflammables.

nièce [njɛs] n. f. ▪ Fille du frère ou de la sœur ou, par alliance, du beau-frère ou de la belle-sœur. *Ses neveux et nièces.* ⟨ ▶ petite-nièce ⟩

① ***nielle*** [njɛl] n. m. ▪ Incrustation décorative d'émail noir. ▶ ***nieller*** v. tr. ▪ conjug. 1. ▪ Orner, incruster de nielles.

② ***nielle*** n. f. ▪ Maladie du blé.

nième ou ***énième*** [ɛnjɛm] adj. et n. ▪ D'ordre indéterminé (ordinal du nombre *n*). ⇒ **xième.** *Je vous le répète pour la nième, la énième fois.*

nier [nje] v. tr. ▪ conjug. 7. ▪ Rejeter (un rapport, une proposition) ; penser, se représenter (qqch.) comme inexistant. ⇒ **refuser.** / contr. **affirmer, reconnaître** / *Nier l'évidence. Nier un fait, un événement. L'accusé persiste à nier* (ce dont on l'accuse). / contr. **avouer** / *Action de nier.* ⇒ **dénégation, négation.** *Mots servant à nier.* ⇒ **ne, ni, non, pas.** — (+ infinitif passé) *Elle nia avoir vu l'accident.* — NIER QUE (+ indicatif). *Il nie qu'il est venu à quatre heures.* — REM. Si le verbe est à l'interrogatif ou au négatif, le verbe complément est au subjonctif. *Elle ne nie pas que tu l'aies appelée.* ⟨ ▶ dénier, indéniable, niable, renier ⟩

nigaud, aude [nigo, od] adj. ▪ Qui se conduit d'une manière niaise. ⇒ **bébête, sot.** / contr. ① **fin,** ② **malin** / — N. ⇒ **benêt, niais, niaiseux ;** fam. **niochon.** — Avec une nuance affectueuse, en parlant à un enfant. ⇒ **bêta.** *Voyons, gros nigaud, ne pleure pas !* ⟨ ▶ attrape-nigaud ⟩

nigog [nigɔg] n. m. ▪ Sorte de harpon d'origine amérindienne, muni d'un dard situé entre deux mâchoires articulées, dont on se sert pour la pêche. *Capturer des anguilles à l'aide d'un nigog.*

nihilisme [niilism] n. m. ▪ Idéologie d'un parti libertaire, niant les valeurs imposées (par la société...). ▶ ***nihiliste*** adj. et n. ▪ Adepte du nihilisme. ⟨ ▶ annihiler ⟩

nimbe [nɛ̃b] n. m. ▪ Zone lumineuse qui entoure la tête des représentations de Dieu, des anges, des saints. ⇒ **auréole.** ▶ ***nimbé, ée*** adj. ▪ Littér. Entouré d'un nimbe. *Apparition nimbée de lumière,* auréolée.

nimbus [nɛ̃bys] n. m. invar. ▪ Gros nuage de pluie. *Des nimbus et des cumulus.* — REM. Ce mot est surtout utilisé dans des composés, ex. : *cumulo-nimbus.*

n'importe (qui, quel...) ⇒ ② **importer.**

niochon, onne [njɔʃɔ̃, ɔn] ou ***gnochon, onne*** [ɲɔʃɔ̃, ɔn] adj. et n. ■ Fam. Nigaud, niaiseux. ⇒ **crétin ;** fam. **nono.** *Il est trop niochon pour faire des études.* — N. *Les niochons, ils ont oublié de me payer.* ⇒ **imbécile.** — Injure. *Maudits niochons.*

N.I.P. [nip] n. m. invar. ■ Abréviation de *numéro d'identification personnel,* un code numérique confidentiel de quatre chiffres qui permet d'utiliser les services d'un guichet automatique avec une carte bancaire ou de crédit.

nippes [nip] n. f. pl. ■ (Surtout en France) Vêtements pauvres et usés. ⇒ **guenilles ;** péj. **hardes.** *Vendre ses vieilles nippes.* — Fam. Tout vêtement. ⇒ fam. **fringues, fripes, frusques.** ▶ ***nipper*** v. tr. ▪ conjug. 1. ■ (Surtout en France) Fam. Habiller. ⇒ fam. **fringuer.** — Pronominalement. *Se nipper. Elle s'était nippée comme une princesse.*

nippon, one [nipɔ̃, ɔn] adj. et n. ■ Japonais. *L'empire nippon.* — (Avec une majusc.) *Les Nippons.*

nique [nik] n. f. ■ FAIRE LA NIQUE *à qqn,* faire un signe de mépris, de bravade. ⇒ **se moquer** (→ Faire la grimace).

nirvâna [niʀvanɑ] n. m. ■ Dans le bouddhisme. Extinction du désir humain, disparition de la douleur et de l'ignorance, entraînant la fin du cycle des naissances et des morts. — Fam. Bonheur absolu.

sainte ***nitouche*** n. f. ⇒ **sainte nitouche.**

nitrate [nitʀat] n. m. ■ Sel de l'acide nitrique (ou azotique). *Nitrates naturels de soude.* — *Nitrate d'argent,* utilisé comme caustique, cicatrisant. — *Nitrates utilisés comme engrais.* ▶ ***nitrique*** adj. m. ■ *Acide nitrique.* ▶ ***nitrobenzène*** n. m. ■ Dérivé du benzène utilisé dans la fabrication d'explosifs. ▶ ***nitroglycérine*** n. f. ■ Explosif violent que contient la dynamite (nitrate triple de glycérine).

nival, ale, aux [nival, o] ■ Relatif à la neige, dû à la neige. *Débit nival d'un cours d'eau. Importance de la couche nivale,* de l'épaisseur de la neige. *Régime nival,* des cours d'eau alimentés par les neiges (hautes eaux de la fonte du printemps).

niveau [nivo] n. m. **I.** Instrument qui sert à donner l'horizontale, à vérifier l'horizontalité. *Niveau de maçon. Niveau à bulle,* tube contenant de l'eau et une bulle qui se place au centre lorsque le tube est bien horizontal. *Vérifier avec un niveau. Prendre le niveau d'un mur, d'un plancher.* **II. 1.** Degré d'élévation, par rapport à un plan horizontal (d'une ligne ou d'un plan). ⇒ **hauteur.** *Niveau d'un liquide dans un vase. Jauge indiquant le niveau d'essence. Inégalité de niveau.* ⇒ **dénivellation.** *Être au même niveau que...,* à fleur, à ras de. *Mettre de (au) niveau,* niveler, mettre à l'horizontal. — *Passage* à niveau.* — *Niveau de la mer,* niveau zéro à partir duquel on évalue les altitudes et les profondeurs. — AU NIVEAU DE : à la même hauteur. *L'eau lui arrivait au niveau de la taille.* À côté de. *Arrivé au niveau du groupe, il ralentit le pas.* **2.** Étage d'un bâtiment. *Centre commercial sur deux niveaux.* **3.** Fig. Élévation comparative, degré comparatif. *Mettre au même niveau,* sur le même plan. — *Niveau intellectuel,* degré des connaissances ou de l'intelligence. *Des élèves de même niveau.* — *Niveau de langue.* ⇒ **style.** — *Au niveau de,* à l'échelon, au plan, sur le plan. *Au niveau de la municipalité.* — REM. Cette locution est parfois critiquée quand elle est employée au sens de « en ce qui concerne, pour ce qui est de ». **4.** Degré hiérarchique. *Rencontre internationale à un niveau élevé.* **5.** Valeur (intellectuelle, artistique). *Le niveau des études.* **6.** NIVEAU DE VIE : quantité de biens et de services que permet de se procurer le revenu moyen d'une catégorie de citoyens. *Haut niveau de vie des pays riches.* ‹ ▶ niveler ›

niveler [nivle] v. tr. ▪ conjug. 4. **1.** Mettre de niveau, rendre horizontal, uni. ⇒ **aplanir, égaliser.** *L'érosion tend à niveler les reliefs.* — Faire un nivellement. *Les terrassiers nivellent le terrain.* **2.** Mettre au même niveau, rendre égal. ⇒ **égaliser.** *Niveler les fortunes.* ▶ ***nivelage*** n. m. ▶ ***niveleur, euse*** adj. ▶ ***niveleuse*** n. f. ■ Engin de terrassement équipé d'une lame orientable, utilisé pour profiler la surface du sol. ⇒ **gratte ;** anglic. **bulldozer.** ▶ ***nivellement*** n. m. **1.** Mesure des hauteurs relatives de différents points d'un terrain. **2.** Action d'égaliser (une surface). *Nivellement d'un terrain par des travaux de terrassement.* **3.** *Le nivellement des classes sociales.* ‹ ▶ dénivellation ›

niv(o)- ■ Élément savant signifiant « neige » (ex. : *nivomètre,* appareil pour mesurer la couche de neige).

nô [no] n. m. ■ Genre traditionnel de théâtre japonais, dramatique et musical. — Pièce de théâtre de ce genre. *Des nôs.*

Nobel [nɔbɛl] n. m. invar. ■ (Avec une majusc.) Prix qui récompense des chercheurs, des scientifiques, des écrivains, des bienfaiteurs de l'humanité. *Recevoir le Nobel de physique.* — En appos. *Les prix Nobel de littérature.* ▶ ***nobéliser*** v. tr. ▪ conjug. 1. ■ Décerner le prix Nobel à qqn. — Au p. p. adj. *Écrivain américain nobélisé.* ▶ ***nobélisable*** adj. ■ Susceptible d'obtenir un prix Nobel. — N. *Un, une nobélisable.*

nobiliaire [nɔbiljɛʀ] adj. ■ Qui appartient ou qui est propre à la noblesse. *Titres nobiliaires. Particule nobiliaire.*

noble [nɔbl] adj. et n. **I.** Adj. **1.** Littér. Dont les qualités morales sont grandes. ⇒ **beau, élevé, généreux.** / contr. **mesquin, vil** / *Un noble désintéressement. Son geste est très noble.* **2.** LE NOBLE ART : la boxe. **3.** Qui commande le respect, l'admiration, par sa distinction, son autorité naturelle. ⇒ **imposant.** *Une beauté noble et imposante. Ton noble.* **4.** *Genre, style noble,* qui rejette les mots et expressions jugés vulgaires par le goût du temps. ⇒ **élevé, soutenu.** / contr. **commun, familier** / **5.** *Matières nobles,* précieuses. *Métaux nobles* (argent, or, platine). **II.** Adj. et n. **1.** Qui appartient à une classe privilégiée (sociétés hiérarchisées, féodales, etc.) ou qui descend d'un membre de cette classe. / contr. **roturier** / **2.** N. *Un noble.* ⇒ **aristocrate.** *Les nobles.* ⇒ **noblesse. 3.** Qui appartient, qui est propre aux nobles. *Être de naissance, de sang noble.* ▶ ***noblement*** adv. ■ D'une manière noble (I), avec noblesse. *Elle lui avait pardonné noblement.* ▶ ***noblesse*** n. f. **I. 1.** Grandeur des qualités morales, de la valeur humaine. / contr. **bassesse** / *Noblesse d'âme, de caractère, d'esprit.* **2.** Caractère noble (du comportement, de l'expression ou de l'aspect physique). ⇒ **dignité, distinction.** *La noblesse de son visage, de ses traits.* **II. 1.** Condition du noble (opposé à *roture*). *Titre de noblesse. Noblesse d'épée, de robe.* — Loc. prov. *Noblesse oblige,* la noblesse crée le devoir de faire honneur à son nom. **2.** Classe de nobles. ⇒ **aristocratie.** *Noblesse d'Empire,* en France, celle qui tient ses titres de Napoléon Ier. *Petite noblesse ; haute noblesse.* ‹ ▶ anoblir, ennoblir, ignoble, nobiliaire ›

noce [nɔs] n. f. **I. 1.** Au plur. LES NOCES (dans des loc.) : mariage. *Épouser qqn en secondes noces,* contracter un second mariage. *Justes noces,* le mariage légitime. ⇒ **convoler.** *Faire des noces,* marier un de ses enfants. *Nuit de noces. Voyage de noces.* ⇒ **lune** de miel. *Relatif aux noces.* ⇒ **nuptial. 2.** Ensemble des réjouissances qui accompagnent un mariage. *Aller, être invité à la noce* ou *aux noces de qqn. Repas de noce.* — Loc. *N'être pas à la noce,* être dans une mauvaise situation. — *Noces d'or, d'argent* (anniversaires de mariage). **II.** Fam. Vie dissipée. *Faire la noce.* ⇒ fam. **bombe,**

② bringue, fête, foire. ▶ ***noceur, euse*** n. et adj. ■ Fam. Personne qui aime faire la noce. ⇒ **fêtard ;** fam. **foireux.** — Adj. *Il est un peu trop noceur.*

nocif, ive [nɔsif, iv] adj. ■ (Choses) Qui peut nuire. ⇒ **dangereux, nuisible.** / contr. **inoffensif** / *Gaz nocif.* ⇒ **délétère.** — Abstrait. *Théories, influences nocives.* ⇒ **pernicieux.** ▶ ***nocivité*** n. f. ■ Caractère de ce qui est nuisible. ⇒ **toxicité.**

noctambule [nɔktɑ̃byl] n. et adj. ■ Personne qui se promène ou se divertit la nuit. ⇒ **couche-tard.**

nocturne [nɔktyʀn] adj. et n. **1.** Adj. Qui est propre à la nuit. — Qui a lieu pendant la nuit. / contr. **diurne** / *Tapage nocturne.* **2.** (Animaux) Qui veille, se déplace, chasse pendant la nuit. / contr. **diurne** / *Papillons nocturnes* ou *de nuit.* — N. m. *Les grands nocturnes* (oiseaux de nuit). **3.** N. m. Morceau de piano mélancolique, de forme libre. *Les nocturnes de Chopin.* **4.** (France) N. m. Course, match qui se dispute de nuit (on dit aussi : match *en nocturne*). / contr. en **matinée** / — Ouverture en soirée de magasins, expositions. *Magasins ouverts en nocturne.*

nodosité [nɔdozite] n. f. ■ État d'un végétal noueux. — Nœud (①, IV).

noël [nɔɛl] n. m. **1.** (Avec une majusc.) Fête que les chrétiens célèbrent le 25 décembre, en commémoration de la naissance du Christ. ⇒ **nativité.** *Messes de Noël* (spécialt, messe de minuit). *Arbre, décorations, réveillon de Noël. Cadeaux, bas de Noël. Chants, musique de Noël. Joyeux Noël !* Au fém. et surtout en France. *La Noël,* la fête de Noël. — PÈRE NOËL : personnage imaginaire qui est censé déposer des cadeaux pour les enfants au pied de l'arbre de Noël. — Loc. *Croire au père Noël,* être très naïf. **2.** Cantique de Noël. *Des noëls traditionnels.*

① ***nœud*** [nø] n. m. **I. 1.** Enlacement d'une chose flexible (fil, corde, cordage) ou entrelacement de deux objets flexibles qui se resserre si l'on tire sur les extrémités (≠ *boucle*). *Faire un nœud.* ⇒ **nouer.** *Nœud simple, double nœud. Nœud coulant,* pour serrer, étrangler. *Corde à nœuds,* utilisée pour le grimper. — *Nœud de cravate,* qui assujettit la cravate autour du cou. — Loc. NŒUD GORDIEN : difficulté, problème quasi insoluble. — Loc. *Avoir un nœud dans la gorge,* avoir la gorge nouée. **2.** Ruban noué ; ornement en forme de nœud. *Mettre des nœuds dans les cheveux. Des nœuds papillon.* **3.** Enroulement d'un reptile. ⇒ **anneau.** — *Nœud de vipères,* emmêlement de vipères dans le nid. **II.** Abstrait. **1.** Littér. Attachement très étroit entre des personnes. ⇒ **chaîne, lien.** *Les nœuds solides de leur amitié.* **2.** Point essentiel (d'une affaire difficile). *Voilà le nœud de l'affaire.* **3.** LE NŒUD DE L'ACTION : péripétie qui amène l'action dramatique à son point culminant. **III.** Endroit où se croisent plusieurs grandes lignes, d'où partent plusieurs embranchements. *Nœud ferroviaire, routier.* **IV.** Protubérance à la partie externe d'un arbre. ⇒ **nodosité.** *Nœuds d'un tronc, d'un bâton. Cet arbre a des nœuds.* ⇒ **noueux.** — Partie très dense et dure, à l'intérieur de l'arbre. *Les nœuds déprécient le bois.* — Loc. fam. *Frapper un nœud,* se heurter à une difficulté, à un obstacle imprévu ; avoir une déception ; subir un échec. *Elle a frappé un nœud à l'examen.*

② ***nœud*** n. m. ■ Marine. Unité de vitesse des bateaux correspondant à un mille (1 852 m) à l'heure. *Navire qui file vingt nœuds,* vingt milles à l'heure.

noir, noire [nwaʀ] adj. et n. **I.** Adj. **1.** Se dit de l'aspect d'un corps dont la surface ne réfléchit aucune radiation visible ; de la couleur la plus foncée qui existe. / contr. **blanc** / *Noir comme (du) jais, de l'encre, du charbon. Yeux, cheveux noirs. Chat noir. Mettre un costume noir.* — *Épaisse fumée noire. Un café noir, bien noir.* ⇒ ① **fort. 2.** Qui est plus sombre (dans son genre). *Du pain noir ou du pain blanc. Savon noir. Lunettes noires.* — Fam. *Sou noir, cenne noire.* ⇒ ② **cent. 3.** Qui, pouvant être blanc, se trouve sali. ⇒ **sale.** *Des ongles noirs.* — NOIR DE... *Mur noir de suie.* **4.** Privé de lumière. ⇒ **obscur, sombre.** *Cabinet noir, chambre noire. Il fait noir comme dans un four, comme chez le loup, le diable,* très noir. *Nuit noire,* sans lune, sans étoiles. — Loc. fam. *Faire noir,* se dit de l'obscurité. *Il fait déjà, encore noir. Il fera noir à seize heures.* **5.** (France) Fam. Ivre. ⇒ **soûl ;** fam. **paqueté.** *Il est complètement noir.* **6.** Abstrait. Assombri par la mélancolie. *Il était d'une humeur noire.* ⇒ **triste.** *Avoir, se faire des idées noires.* / contr. ① **gai, optimiste** / *Regarder qqn d'un œil noir,* avec irritation. — Loc. *Être noir de rage, de colère.* **7.** Marqué par le mal, par une atmosphère macabre, horrible. ⇒ **mauvais, méchant.** *Magie noire. Messe noire. Roman, film noir. Humour noir.* — *Années noires,* difficiles, marquées par toutes sortes de privations. **8.** Non déclaré, non légal. *Marché noir,* clandestin. — Loc. *Au noir,* sans que cela soit déclaré, sans payer de taxes, d'impôts. ⇒ sous la **table.** *Travail au noir. Elle travaille au noir.* **II.** N. m. **1.** Couleur noire. *Habillé, vêtu de noir. Elle était tout en noir.* — *C'est écrit noir sur blanc,* de façon incontestable. *Film en noir et blanc* (opposé à *en couleurs*). **2.** L'obscurité, la nuit. *Enfant qui a peur dans le noir, du noir.* **3.** Matière colorante noire. *Noir animal. Noir de fumée.* — *Avoir du noir sur la joue,* être sali de noir. — *Se mettre du noir aux yeux* (maquillage). — *Noir à chaussures,* cirage noir. **4.** *Voir tout en noir,* être pessimiste (opposé à en *rose*). *Broyer* du noir.* **III.** Adj. et n. **1.** Adj. Qui appartient à la race des Africains et des Mélanésiens à peau très pigmentée. ⇒ péj. **nègre.** *Une femme noire. Race noire, peuples noirs.* — Propre aux personnes de cette race. *Le problème noir aux États-Unis. Les quartiers noirs d'une ville.* **2.** N. (Avec une majusc.) Homme, femme de race noire. *Les Noirs d'Afrique. Noirs et métis. Une Noire américaine.* ▶ ***noire*** n. f. **1.** ⇒ **noir** (III). **2.** Musique. Note à corps noir et à queue simple dont la valeur est de deux croches, d'une demi-blanche. ▶ ***noirâtre*** adj. ■ D'une couleur tirant sur le noir. *Teinte noirâtre.* ▶ ***noiraud, aude*** adj. et n. ■ Qui est noir de teint, de type très brun. ▶ ***noirceur*** n. f. **1.** Littér. Couleur de ce qui est noir. *Noirceur de l'encre.* **2.** Méchanceté odieuse. *La noirceur d'un tel crime, d'une trahison.* ⇒ **horreur. 3.** Littér. *(Une, des noirceurs)* Acte, parole témoignant de cette méchanceté. *Il méditait quelque noirceur.* **4.** Cour. Absence de lumière, obscurité. / contr. **clarté** / *Nous étions plongés dans la noirceur. La noirceur tombe.* — Loc. *À la (grande) noirceur, dans la noirceur,* dans l'obscurité, la pénombre. *Travailler à la noirceur. Marcher dans la noirceur.* — Histoire. *La Grande Noirceur,* période politique québécoise correspondant au régime de Maurice Duplessis, surtout de 1944 à 1959. ⇒ **duplessisme.** ▶ ***noircir*** v. ▪ conjug. 2. **I.** V. intr. Devenir noir ou plus foncé. *Sa peau noircit facilement au soleil.* ⇒ **bronzer, brunir. II.** V. tr. **1.** Colorer ou enduire de noir. *La fumée a noirci les murs.* ⇒ **salir.** — Fam. *Noircir du papier,* écrire. **2.** Littér. Calomnier, dire du mal de (qqn). ⇒ **dénigrer, diffamer.** / contr. **blanchir, innocenter** / ▶ ***noircissement*** n. m. ■ Concret. Action de noircir. ‹ ▶ pied-noir ›

noise [nwaz] n. f. ■ Littér. Loc. CHERCHER NOISE ou DES NOISES *à qqn* : lui chercher querelle. *Tu me cherches des noises,* tu veux qu'on se querelle.

noisette [nwazɛt] n. f. **1.** Fruit constitué par une coque ronde contenant une amande comestible, petite et ronde. *Chocolat aux noisettes. Casser des noisettes.* **2.** Adj. invar. Brun clair. *Elle a de beaux yeux noisette.*

▶ ***noisetier*** [nwaz(ə)tje] n. m. ■ Arbrisseau des bois et des haies, qui produit la noisette. ⇒ **coudrier.** *Baguette, tige souple de noisetier.* ⟨ ▶ casse-noisettes ⟩

noix [nwa(ɑ)] n. f. invar. **1.** Fruit du noyer, constitué d'une écale verte, d'une coque et d'une amande comestible, formée de quatre quartiers. *Noix fraîche, sèche. Coquille de noix.* **2.** *Une noix de beurre,* un morceau de la grosseur d'une noix. **3.** Se dit d'autres fruits comestibles à coque. *Noix de coco,* fruit du cocotier, grosse noix dont l'intérieur est blanc. *Noix de cajou. Noix muscade.* **4.** *Noix de veau,* partie arrière du cuisseau. *La noix d'une côtelette,* la partie centrale. **5.** (Surtout en France) Fam. Imbécile. *Quelle noix ! Une vieille noix.* — Adj. *Elle n'est pas plus noix qu'une autre.* — À LA NOIX (DE COCO) : sans valeur. ⇒ fam. à la ③ **gomme.** *C'est une histoire à la noix.* ⟨ ▶ noisette ⟩

noliser [nɔlize] v. tr. • conjug. 1. ■ Affréter (un bateau, un avion). — Au p. p. adj. *Avion, vol nolisé.* ⇒ anglic. **charter.** — REM. Se dit parfois des autobus ou autocars (ex. : *Il va falloir noliser un autobus*). ▶ ***nolisable*** adj. ■ Qui peut être nolisé. ▶ ***nolisement*** n. m. ■ Fait de noliser. *Le nolisement d'un avion. Service de nolisement.*

nom [nɔ̃] n. m. **I.** Mot ou groupe de mots servant à désigner un individu. **1.** Mot servant à nommer (une personne). *Avoir, porter tel nom.* ⇒ s'**appeler,** se **nommer.** *Connaître qqn de nom,* ne le connaître que de réputation. — *Nom de famille. Nom de baptême* ou *petit nom.* ⇒ **prénom.** *Se cacher sous un faux nom. Prendre un nom d'emprunt.* ⇒ **pseudonyme, surnom.** — *Agir* AU NOM *de qqn, en son nom,* comme son représentant, son interprète. **2.** Prénom. *Nom de garçon, de fille.* — Fam. *Appeler qqn par son petit nom.* **3.** Nom de famille (généralement transmis de père à enfants). *Nom, prénom et domicile. Nom de jeune fille d'une femme mariée.* **4.** (Dans quelques expressions) Nom célèbre, renommée. *Se faire un nom. Laisser un nom.* **5.** Interj. *Nom de Dieu ! Nom du (d'un) petit Jésus !* — Fam. *Nom de nom ! Nom d'une pipe ! Nom d'un chien !* **6.** Désignation individuelle d'un animal, d'un lieu, d'un objet. *Noms de rues, de bateaux.* — *Noms de produits, de marques. Nom déposé,* qui désigne un produit enregistré. **II. 1.** Forme du langage, mot ou expression servant à désigner les êtres, les choses d'une même catégorie. ⇒ **appellation, dénomination, désignation.** *Quel est le nom de cet arbre ? Nom commun, nom propre.* — Loc. *Appeler les choses par leur nom,* avec franchise, précision, d'une manière crue. *Une laideur sans nom,* qu'on ne peut qualifier. ⇒ **innommable.** *Le nom et la chose.* — Loc. *Traiter qqn de tous les noms,* l'accabler d'injures. Fam. *Crier des noms à qqn,* l'injurier, l'affubler de sobriquets. **2.** AU NOM DE... : en considération de..., en invoquant... *Au nom de la loi. Au nom de notre amitié.* **III.** Mot (partie du discours) qui peut être le sujet d'un verbe, être précédé d'un déterminatif (article, etc.). ⇒ **substantif.** *Noms propres. Noms communs. Complément de nom.* ⟨ ▶ dénommer, innommable, innomé, nomenclature, nominal, nommer, prénom, prête-nom, pronom, renom, surnom ⟩

nomade [nɔmad] adj. et n. **1.** (Groupes humains) Qui n'a pas d'habitation fixe. *Peuple nomade.* / contr. **sédentaire** / *Les Algonquins étaient des nomades.* — (Animaux) Qui change de région avec les saisons. **2.** *Vie nomade,* d'une personne en déplacements continuels. ⇒ **errant, vagabond. 3.** N. *Peuple de nomades. Les nomades du désert.* ▶ ***nomadisme*** n. m. ■ Genre de vie des nomades. *Le nomadisme au Sahara.*

no man's land [nomanslɑ̃(an)d] n. m. ■ Anglic. Zone comprise entre les premières lignes de deux armées ennemies. — Abstrait. Terrain neutre.

nombre [nɔ̃bʀ] n. m. **1.** Symbole caractérisant une unité ou une collection d'unités considérée comme une somme. *Les chiffres servent à représenter les nombres. Le nombre 3, 427. Nombres entiers (pairs, impairs), décimaux. Nombre premier,* qui ne peut être divisé que par lui-même et par 1. *Élever un nombre au carré. Nombre cardinal* (ex. : *sept*) ; ordinal (ex. : *septième*). **2.** Concept de base des mathématiques, notion fondamentale que l'on peut rapporter aux idées (de pluralité, d'ensemble, de correspondance). *Nombres algébriques, imaginaires, irrationnels.* **3.** Nombre concret. *Le nombre des habitants d'un pays. Nombre de fois* (⇒ **fréquence**). *Un certain nombre de...,* plusieurs. *Un petit nombre,* peu. *Un grand nombre,* beaucoup. — Loc. prép. *Être* AU NOMBRE DE *dix* : être dix. — AU NOMBRE DE..., DU NOMBRE DE... ⇒ **parmi ; entre.** *Serez-vous au, du nombre des invités ?* Ellipt. *Serez-vous du nombre ?* — SANS NOMBRE : sans possibilité d'être dénombré. ⇒ **innombrable.** *Ils ont eu des occasions sans nombre de se faire connaître.* **4.** *Le nombre,* pluralité, grand nombre. ⇒ **quantité.** *Ils succombèrent sous le nombre. Faire nombre,* faire un ensemble nombreux. — EN NOMBRE : en grande quantité. *Les candidats se sont présentés en nombre.* — NOMBRE DE : beaucoup, maint. *Depuis nombre d'années.* **5.** Catégorie grammaticale du singulier et du pluriel. *L'adjectif s'accorde en genre et en nombre.* ▶ ***nombreux, euse*** adj. **1.** Qui est formé d'un grand nombre d'éléments. ⇒ **abondant, considérable.** *Foule nombreuse. Famille nombreuse.* ⇒ **grand.** / contr. **petit** / **2.** En grand nombre. *Ils ne sont pas nombreux. Ils vinrent nombreux à notre appel.* — (Épithète : avant le nom) *Dans de nombreux cas.* ⇒ **beaucoup.** ⟨ ▶ dénombrer, innombrable, en surnombre ⟩

nombril [nɔ̃bʀi] n. m. **1.** Cicatrice arrondie sur la ligne médiane du ventre des mammifères, à l'endroit où le cordon ombilical a été sectionné. ⇒ **ombilic. 2.** Loc. fam. *Se prendre pour le nombril du monde,* pour une personne des plus importantes. *Se regarder le nombril,* s'admirer ; ne rien faire. ⇒ **niaiser.** *Ne pas avoir le nombril sec, avoir le nombril vert,* être trop jeune pour faire qqch., être inexpérimenté. ▶ ***nombrilisme*** n. m. ■ Fam. Attitude égocentrique. ⇒ **narcissisme.** *Elle fait du nombrilisme.*

nomenclature [nɔmɑ̃klatyʀ] n. f. **1.** Termes employés dans une science, une technique, un art ; classement de ces termes. ⇒ **terminologie.** *La nomenclature chimique.* **2.** Ensemble des termes répertoriés dans un dictionnaire. *Ce terme figure à la nomenclature* (⇒ **article**).

nominal, ale, aux [nɔminal, o] adj. **I.** Relatif au nom de personnes ou d'objets individuels. *Liste nominale.* ⇒ ② **nominatif.** *Les renseignements nominaux sont confidentiels.* **II. 1.** Relatif aux mots, aux noms (II) et non aux choses. *Définition nominale.* **2.** Qui existe seulement de nom et pas en réalité. *Autorité nominale.* **3.** *Valeur nominale d'une action,* sa valeur d'émission (par oppos. à *son cours actuel*). *Salaire nominal* (en unités monétaires) *et salaire réel* (pouvoir d'achat). **III.** Grammaire. Qui a la fonction d'un nom. *Emploi nominal d'un verbe à l'infinitif. Phrase nominale.* — N. m. *Un nominal,* mot qui n'est pas un nom mais qui est employé comme un nom. *Le pronom est un nominal.* ▶ ① ***nominatif*** n. m. ■ Cas d'un substantif, adjectif ou pronom qui est sujet ou attribut (dans les langues à déclinaisons : latin, grec, allemand, russe, etc.). ▶ ② ***nominatif, ive*** adj. ■ Qui contient le nom, les noms (I). *État nominatif, liste nominative.* ⇒ **nominal.** *Titre nominatif,* qui porte le nom du propriétaire (opposé à *au porteur*). ▶ ***nomination*** n. f. **1.** Action de nommer (qqn) à un emploi, à une fonction, à une dignité. ⇒ **désignation, titularisation.**

Nomination à un grade, à un poste supérieur. **2.** L'acte portant nomination, le fait d'être ainsi nommé. *Elle vient d'obtenir sa nomination.* **3.** Le fait d'être nommé dans une distribution de prix. *Mettre qqn en nomination pour les oscars.* ⟨ ▶ dénominatif, ignominie, pronominal, uninominal ⟩

nommer [nɔme] v. tr. ■ conjug. 1. **I.** Désigner par un nom. ⇒ **appeler. 1.** Distinguer (une personne) par un nom ; donner un nom à (qqn). ⇒ **dénommer.** *Ses parents l'ont nommé Paul.* ⇒ **prénommer. 2.** Distinguer (une chose, un concept) par un vocable particulier. *Nommer un corps chimique nouvellement découvert. — Ce que les humains ont nommé amitié.* **3.** Mentionner (une personne, une chose) en disant ou en écrivant son nom. ⇒ **citer, désigner, indiquer.** *Cet individu, Côté, pour ne pas le nommer.* — Pronominalement. *Voudriez-vous vous nommer ?* ⇒ fam. s'**identifier. 4.** Pronominalement. SE NOMMER : avoir pour nom. ⇒ s'**appeler. II. 1.** Désigner, choisir (une personne) pour remplir une fonction, élever à une dignité (opposé à *élire*). *On l'a nommé directeur.* ⇒ **bombarder.** — *Nommer qqn son héritier,* le désigner. **2.** Établir par nomination. *Nommer des hauts fonctionnaires, des magistrats.* ▶ ***nommé, ée*** adj. **1.** (Suivi du nom propre) Qui a pour nom. ⇒ **prénommé.** *Un homme nommé Dubois. — Un chien nommé Fido.* Plaisant. *Une auto nommée Capucine.* — N. *Une nommée Dumas.* **2.** Désigné par son nom. *Les personnes nommées plus haut.* ⇒ **susdit. 3.** Loc. À POINT NOMMÉ : au moment voulu, à propos. *Il est arrivé à point nommé.* **4.** Désigné, choisi par nomination. *Magistrats nommés et magistrats élus.* ▶ ***nommément*** adv. ■ En nommant, en désignant par son nom. ⇒ **spécifiquement.** *Accuser, désigner nommément qqn.* ⟨ ▶ dénommer ⟩

non [nɔ̃] adv. de négation et n. m. invar. **I.** Adv. **1.** Réponse négative, refus. *Non, rien à faire, n'insistez pas. Mais non ! Non merci. Non, c'est non.* — Fam. (Interrogatif) N'est-ce pas ? *C'est effrayant, non, de penser à cela ?* **2.** Compl. dir. d'un verbe déclaratif. *Elle répond toujours non.* Fam. *Je ne dis pas non,* je veux bien. — *Je vous dis que non.* **3.** Fam. Exclamatif, marquant l'indignation, la protestation. *Non, par exemple ! Non, mais !* — Marquant l'étonnement. *« Ils vont se marier. — Non ! Sans blague ! »* **II.** (En phrase coordonnée ou juxtaposée) ET NON, MAIS NON. *C'est pour moi et non pour vous.* — OU NON : marquant une alternative. *Que vous le vouliez ou non. Êtes-vous décidé ou non ? Content ou non, il acceptera.* — (En fin de phrase) ⇒ ② **pas.** *On excuse les caprices des enfants, ceux des adultes, non,* on ne les excuse pas. — NON PLUS (remplace *aussi* dans une proposition négative). *Je ne sais pas, et lui non plus.* — NON, NON PAS (POINT), NON SEULEMENT... MAIS... *Une voix non pas servile, mais soumise. Non seulement il a tort, mais en plus il s'obstine.* — NON SANS... (Affirmation atténuée) *Non sans hésitation,* avec une certaine hésitation. — NON QUE (+ subjonctif) loc. conj. : sert à écarter une explication possible. *Elle parut le croire, non qu'elle lui fît entièrement confiance, mais...* **III.** NON (en emploi adverbial) : qui n'est pas, est le contraire. *Un personnage non négligeable.* ⇒ **non-. IV.** N. m. invar. *Un non, des non. Un non catégorique.* ⇒ **refus.** *Pour un oui ou pour un non,* pour un rien. / contr. **oui, si** / ⟨ ▶ sinon ⟩

non- ■ Élément indiquant l'absence, le défaut ou le refus (ex. : *non-activité,* n. f. ; *non-conciliation,* n. f. ; *non-exécution,* n. f. ; etc.). — REM. Lorsque le mot qui suit *non* est un adj. ou un part., on ne met pas de trait d'union (ex. : *Un peintre non figuratif. Les personnes non inscrites. Canettes non consignées*).

nonagénaire [nɔnaʒenɛʀ] adj. et n. ■ Qui est parvenu à l'âge de quatre-vingt-dix ans. *Vieillard nonagénaire. — Un(e) nonagénaire.*

nonagone n. m. ⇒ **ennéagone.**

non-agression [nɔnagʀesjɔ̃] n. f. ■ Le fait, pour un État, de ne pas recourir à l'agression contre un autre État. *Pacte de non-agression.*

non-alignement [nɔnaliɲmɑ̃] n. m. ■ Le fait, pour un pays, de ne pas conformer sa politique extérieure à une ligne arrêtée en commun avec d'autres pays. ▶ ***non(-)aligné, ée*** adj. et n. ■ *Les pays non alignés.* — N. *Les non-alignés.* ⇒ **neutre.**

non-assistance [nɔnasistɑ̃s] n. f. ■ Délit qui consiste à ne pas secourir volontairement. *Non-assistance à personne en danger.*

nonce [nɔ̃s] n. m. ■ Archevêque accrédité comme ambassadeur du Vatican auprès d'un gouvernement. ⇒ **légat.** *Nonce apostolique.* ▶ ***nonciature*** n. f. **1.** Charge de nonce. — Exercice de cette fonction. **2.** Résidence du nonce ; services administratifs qu'elle abrite.

nonchalant, ante [nɔ̃ʃalɑ̃, ɑ̃t] adj. ■ Qui manque d'activité, d'ardeur, par insouciance, indifférence. ⇒ **indolent, mou.** *Écolier nonchalant.* ⇒ **fainéant, flanc-mou, paresseux.** *Pas, geste nonchalant.* ⇒ **lent, alangui.** / contr. **actif, vif** / ▶ ***nonchalamment*** adv. ■ Avec nonchalance. ▶ ***nonchalance*** n. f. **1.** Caractère, manière d'agir nonchalante ; manque d'ardeur, de soin. ⇒ **apathie, indolence, langueur, mollesse, paresse.** / contr. **ardeur, entrain, vivacité** / *Faire un travail avec nonchalance.* **2.** Grâce alanguie. *Nonchalance d'un geste, d'une pose.* ⇒ **abandon.**

non(-)conformiste [nɔ̃kɔ̃fɔʀmist] n. et adj. ■ Personne qui ne se conforme pas aux usages habituels. ⇒ ② **original.** — *Une attitude non conformiste.* ▶ ***non-conformisme*** n. m.

non euclidien, ienne [nɔnøklidjɛ̃, jɛn] adj. ■ Qui n'obéit pas au postulat d'Euclide sur les parallèles. *Les géométries non euclidiennes. Espace non euclidien.*

non-fumeur, euse [nɔ̃fymœʀ, øz] n. ■ Personne qui ne fume pas. — En appos. et au masc. plur. *Autobus, vol, section non-fumeurs,* où il est défendu de fumer.

non-intervention [nɔnɛ̃tɛʀvɑ̃sjɔ̃] n. f. ■ Attitude d'un pays qui s'abstient d'intervenir dans les affaires d'un autre pays. / contr. **interventionnisme** /

non-lieu [nɔ̃ljø] n. m. ■ Décision par laquelle la cour déclare qu'il n'y a pas lieu de poursuivre un inculpé. *Arrêt, ordonnance de non-lieu. Des non-lieux.*

nonne [nɔn] n. f. ■ Vx ou plaisant. Religieuse. ⇒ **sœur.** ⟨ ▶ pet-de-nonne ⟩

nono [nɔno], ***nonote*** [nɔnɔt] adj. et n. ■ Fam. Niaiseux, imbécile. ⇒ **épais ;** fam. ③ **cave,** ② **gogo, innocent, niochon, nounoune.** *Tu es bien nono !* — N. *Une gang de nonos. — Un film nono, une émission nonote,* idiot, sans intérêt. ⇒ **stupide.**

nonobstant [nɔnɔpstɑ̃] prép. et adv. Vx ou terme administratif. **1.** Prép. Sans être empêché par qqch., sans s'y arrêter. ⇒ en **dépit** de, **malgré.** *Nonobstant cela, elle le crut.* **2.** Adv. ⇒ **cependant, néanmoins.**

non-prolifération [nɔ̃pʀɔlifeʀasjɔ̃] n. f. ■ Politique visant à limiter la quantité d'armes nucléaires dans le monde. *Un accord de non-prolifération.*

non-publication [nɔ̃pyblikasjɔ̃] n. f. ■ Décision par laquelle le juge interdit que l'on rende compte des débats d'un procès dans les médias écrits ou électroniques. *Une ordonnance de non-publication.*

non-sens [nɔ̃sɑ̃s] n. m. invar. **1.** Défi au bon sens, à la raison. ⇒ **absurdité.** *C'est un non-sens.* **2.** Ce qui ne signifie rien, est dépourvu de sens (phrase, proposition, raisonnement). *Faire un non-sens dans une version française.* ⇒ **contresens.**

non-violence [nɔ̃vjɔlɑ̃s] n. f. ■ Doctrine qui exclut toute action violente en politique. ▶ ***non(-)violent, ente*** adj. et n. ■ Manifestation non violente. — N. *Les non-violents.*

non(-)voyant, ante [nɔ̃vwajɑ̃, ɑ̃t] adj. et n. ■ Qui a des troubles de vision, qui ne voit pas ; aveugle. *Une adolescente non voyante.* — N. *Les non-voyants.*

nord [nɔʀ] n. m. et adj. invar. **1.** N. m. Celui des quatre points cardinaux correspondant à la direction du pôle de l'hémisphère où sont situées l'Amérique et l'Europe (abrév. *N*). / contr. **sud** / *Vents du nord. Pièce exposée au nord, en plein nord.* — AU NORD DE (un lieu). *Au nord du Saint-Laurent.* — Loc. *Perdre le nord,* perdre la tête momentanément ; être désorienté ⇒ ② **carte** (2) ; fam. **capoter. 2.** (Avec une majusc.) Ensemble géographique proche ou, relativement, le plus proche du nord. *Peuples du Nord.* ⇒ **nordique.** *Afrique, Amérique du Nord.* — *Le Grand Nord,* la partie du globe terrestre très froide, située près du pôle Nord. ⇒ **arctique.** — (En parlant de la France, opposé à *Midi*) *Les gens du Nord.* **3.** Adj. invar. Qui se trouve au nord. ⇒ **septentrional.** *L'hémisphère Nord.* ⇒ **boréal.** *La rive nord du fleuve. Le pôle Nord.* **4.** NORD- : élément servant à former des gentilés (noms et adj.) et quelques composés. *Population nord-africaine,* d'Afrique du Nord. ⇒ **maghrébin.** — *Un Nord-Coréen. Des Nord-Africaines.* ▶ ***nord-américain, aine*** adj. et n. ■ Relatif à l'Amérique du Nord. ⇒ **américain, canadien, mexicain, québécois ; centre-américain, sud-américain ; latino-américain.** *Les francophones nord-américains.* — N. (Avec des majusc.) Personne née dans l'un des pays de cette partie de l'Amérique ou qui l'habite. ▶ ***nord-côtier, ière*** adj. et n. ■ De la Côte-Nord. *Les travailleurs nord-côtiers.* — N. (Avec des majusc.) Personne née dans cette région du Québec ou qui l'habite. ▶ ***nord-est*** [nɔʀɛst] n. m. et adj. invar. **1.** Point de l'horizon situé à égale distance entre le nord et l'est. *Un vent du nord-est.* ⇒ **nordet. 2.** Région située dans cette direction. *Le nord-est des États-Unis, de la France.* — Adj. invar. *La zone nord-est de l'Ontario.* ▶ ***nordet*** n. m. ■ Vent qui souffle de la direction du nord-est (opposé à *noroît*). *Le nordet s'était levé.* ▶ ***nordique*** adj. et n. **1.** Relatif à une région située au nord (2). *Un périple nordique.* — *Une température nordique,* caractéristique du Nord. **2.** Des pays du nord de l'Europe. *Langues nordiques. Race, type nordique.* — N. (Avec une majusc.) *Un, une Nordique,* Scandinave ou Finlandais. ▶ ***nordicité*** n. f. **1.** Caractère spécifique des habitants ou des lieux des zones nordiques de l'hémisphère boréal. **2.** Perception des réalités (personnes, choses) nordiques. ▶ ***nordicitude*** n. f. ■ État d'isolement ou d'ennui des personnes qui habitent les régions nordiques. ▶ ***nordiste*** n. m. et adj. ■ Histoire. Partisan des États du Nord et de l'abolition de l'esclavage, pendant la guerre de Sécession (États-Unis). ⇒ **fédéral** (4). / contr. **sudiste** / ▶ ***nord-ouest*** [nɔʀwɛst] n. m. et adj. invar. **1.** Point de l'horizon situé à égale distance entre le nord et l'ouest. *Vent du nord-ouest.* ⇒ **noroît. 2.** Région située dans cette direction. *Le nord-ouest du Canada (Territoires du Nord-Ouest).* — Adj. invar. *Le quartier nord-ouest d'une ville.* ‹ ▶ noroît ›

noria [nɔʀja] n. f. ■ Machine hydraulique à godets, pour monter l'eau, irriguer, etc. *Des norias.*

normal, ale, aux [nɔʀmal, o] adj. et n. **1.** Qui est conforme au type le plus fréquent (⇒ **norme**) ; qui se produit selon l'habitude. ⇒ **habituel, ordinaire.** / contr. **anormal, extraordinaire, spécial** / *Tout est normal ; les circonstances sont très normales. En temps normal,* quand les circonstances sont normales. *Heure* normale de l'Est.* ⇒ **H.N.E.** — (Êtres vivants) Conforme aux normes de son espèce. / contr. **anormal** / *Un enfant normal.* — N. *Les normaux.* **2.** Se dit des conséquences qui correspondent à leurs causes, des moyens qui correspondent à leurs fins. ⇒ **logique.** *La fatigue est normale après un tel effort. Il est inquiet, c'est assez normal.* — (+ infinitif) *Ce n'est pas normal de dormir autant.* — Impers. (Avec *que* + subjonctif) *Il est normal qu'elle soit fatiguée.* / contr. **bizarre, étrange** / **3.** N. f. LA NORMALE. *Intelligence au-dessus de la normale.* ⇒ **norme.** *S'écarter de la normale ; revenir à la normale.* ▶ ***normalement*** adv. ■ D'une manière normale, en temps normal. ⇒ **habituellement.** ▶ ***normalité*** n. f. ■ Didact. Caractère de ce qui est normal. ▶ ***normaliser*** v. tr. ▪ conjug. 1. **1.** Soumettre (une production) à des normes (3) tendant à réduire le nombre des types d'un même article, afin d'abaisser les prix de revient et de rendre les produits uniformes. ⇒ **standardiser. 2.** Faire devenir ou redevenir normal. *Normaliser les relations diplomatiques avec un pays étranger.* ▶ ***normalisation*** n. f. ‹ ▶ anormal ›

normale adj. f. ■ Histoire de l'éducation ou France. ÉCOLE NORMALE : école destinée à la formation des enseignants. — (France) *L'École normale supérieure.* — (France) N. f. *Entrer à Normale.* ▶ ***normalien, ienne*** n. ■ (France) Élève de l'École normale supérieure. — Histoire de l'éducation ou France. Élève d'une école normale.

normand, ande [nɔʀmɑ̃, ɑ̃d] adj. ■ De Normandie, en France. *Nous avons des ancêtres normands.* — N. (Avec une majusc.) Personne née dans cette région française ou qui l'habite. — N. *Les Normands.* — Loc. *Une réponse de Normand,* qui ne dit ni oui ni non. ‹ ▶ anglo-normand ›

normatif, ive [nɔʀmatif, iv] adj. ■ Qui constitue une norme (1), est relatif aux règles, impose des règles. *Grammaire normative.* / contr. **descriptif** /

norme [nɔʀm] n. f. **1.** Sciences, philosophie, etc. Type concret ou formule abstraite de ce qui doit être. ⇒ **idéal, loi, modèle, principe, règle.** *Norme juridique, sociale.* **2.** État habituel, conforme à la majorité des cas. ⇒ **normal** (3). *S'écarter de la norme.* ⇒ **moyenne. 3.** Formule qui définit un type d'objet, un produit, un procédé technique en vue de simplifier, de rendre plus efficace et plus rationnelle la production. *Objet, appareil conforme aux normes* (standard, type). ‹ ▶ normal, normatif ›

noroît ou ***norois*** [nɔʀwa] n. m. ■ Vent qui souffle de la direction du nord-ouest (opposé à *nordet, suroît*).

norvégien, ienne [nɔʀveʒjɛ̃, jɛn] adj. et n. ■ De Norvège. — N. (Avec une majusc.) *Les Norvégiens.*

nos adj. poss. ⇒ **notre.**

nostalgie [nɔstalʒi] n. f. ■ Regret mélancolique (d'une chose révolue ou de ce qu'on n'a pas connu) ; désir insatisfait. ⇒ **mélancolie.** *On avait la nostalgie de cette époque. Il était envahi d'une grande nostalgie.* ▶ ***nostalgique*** adj. ■ Mélancolique, triste.

nota [nɔta] ou ***nota bene*** [nɔtabene] loc. latine et n. m. invar. ■ Mots latins signifiant « notez », « notez bien » (abrév. *N.B.*). — N. m. invar. *Des nota bene.*

notable [nɔtabl] adj. et n. **I.** Adj. **1.** Qui est digne d'être noté, remarqué. *Un fait notable. Tu as fait de notables progrès.* ⇒ **appréciable, important, sensible. 2.** (Personnes) Qui occupe une situation sociale importante. ⇒ **considérable.** *C'était quelqu'un de très nota-*

ble. **II.** N. Personne à laquelle sa situation sociale confère une certaine autorité dans les affaires publiques. *Les notables d'une ville.* ⇒ **notabilité, personnalité.** ▶ ***notablement*** adv. ■ ⇒ **grandement, profondément.** ▶ ***notabilité*** n. f. ■ Personne notable, qui occupe un rang supérieur dans une hiérarchie. ⇒ **personnalité.** *La mairie était remplie des notabilités de la ville.*

notaire [nɔtɛʀ] n. ■ Officier public établi pour recevoir tous les actes et contrats auxquels il faut (ou auxquels on veut) donner le caractère authentique (1) attaché aux actes de l'autorité publique. *Cabinet, étude de notaire. Clercs de notaire. Comparaître par-devant notaire. Maître Suzanne X, notaire. Elle est notaire. L'Ordre des notaires.* ▶ ***notarié, ée*** adj. ■ Fait par un notaire, devant notaire. *Actes notariés.* ⇒ **authentique.** ‹ ▶ protonotaire ›

notamment [nɔtamɑ̃] adv. ■ En remarquant parmi d'autres. ⇒ entre **autres, particulièrement, spécialement.** *Les mammifères, et notamment l'homme.*

notation [nɔtasjɔ̃] n. f. **1.** Action, manière de noter, de représenter par des symboles ; système de symboles. *Notation des nombres, notation numérique ; notation par lettres. — Notation musicale. — Notation sténographique, phonétique.* **2.** *Une notation,* ce qui est noté (par écrit) ; courte remarque. ⇒ ② **note** (I). **3.** Action de donner une note (②, II), d'effectuer une évaluation du rendement d'un employé. *La notation des devoirs par le professeur. La fiche de notation d'un fonctionnaire.*

① ***note*** [nɔt] n. f. **I. 1.** Signe qui sert à caractériser un son. *Savoir lire ses notes.* **2.** Son figuré par une note. *Les notes de la gamme* (do, ré, mi, fa, sol, la, si). *Fausse note.* ⇒ fam. **couac.** — Son musical. *Note cristalline.* **3.** Touche d'un clavier. *Taper sur deux notes à la fois.* **II.** Loc. *Note juste,* détail vrai, approprié. *Fausse note,* élément qui ne convient pas à un ensemble. — *Forcer la note,* exagérer. — *Les rideaux blancs mettaient une note gaie dans la chambre.* ⇒ ② **touche.** *Donner la note,* donner le ton. — *Être dans la note,* dans le style, en accord avec. ⇒ ② **ton.** *Cet objet, cette remarque étaient bien dans la note.*

② ***note*** n. f. **I. 1.** Mot, phrase se rapportant à un texte et qui figure à côté de ce texte pour l'éclaircir. ⇒ **annotation, notation.** *Note marginale. Commentaire en note. Notes et variantes.* **2.** Brève communication écrite. ⇒ **avis, communiqué, notice.** *Faire passer une note. Note officielle. Note de service.* **3.** Brève indication recueillie par écrit (en écoutant, en étudiant, en observant). *Voici quelques notes sur la question.* ⇒ **aperçu, observation, réflexion.** *Cahier, carnet de notes.* ⇒ **bloc-notes.** — *Prendre en note une référence. Prendre note d'une adresse.* ⇒ **noter.** *J'en prends note. As-tu pris des notes pendant le cours ?* — Papiers où sont écrites ces notes. *Prête-moi tes notes.* **4.** Détail d'un compte ; papier sur lequel il est écrit. ⇒ **compte, facture.** *Note d'électricité. Note d'hôtel* (au restaurant, on dit surtout *addition*). *Demander, payer sa note.* **II.** Appréciation chiffrée donnée selon un barème préalablement choisi. *Note sur 10, sur 20. J'ai mis une mauvaise note à ton devoir. Carnet, bulletin de notes d'un écolier. — La note de passage,* le minimum de points qu'il faut obtenir pour réussir (une matière, un examen, un travail...). ▶ ***noter*** v. tr. ▪ conjug. 1. **1.** Marquer ou écrire (ce dont on veut garder l'indication, se souvenir). *Noter les passages intéressants d'un livre. Note mon adresse.* ⇒ **inscrire, marquer.** — *Notez que nous serons absents jusqu'à la fin du mois.* **2.** Prêter attention à (qqch.). ⇒ **constater.** *Ceci mérite d'être noté. Il faut bien noter ceci* (→ faire attention, prendre garde, se rendre compte). **3.** Apprécier par une observation, une note chiffrée. *Noter un élève, un employé.* ‹ ▶ annoter, bloc-notes, dénoter, notamment, notation, notice, notifier, renoter ›

notice [nɔtis] n. f. **1.** Préface d'un livre. **2.** Bref exposé écrit, ensemble d'indications sommaires. ⇒ **abrégé.** *Notice explicative.*

notifier [nɔtifje] v. tr. ▪ conjug. 7. ■ Faire connaître expressément (une décision, un arrêt). *On lui notifia son renvoi.* ⇒ **informer, signifier.** ▶ ***notification*** n. f.

notion [nosjɔ̃] n. f. **1.** Surtout au plur. Connaissance élémentaire. ⇒ **élément, rudiment.** *Elle avait des notions d'anglais.* **2.** Connaissance intuitive, assez imprécise (d'une chose). *Notions du bien et du mal. Il a perdu la notion du temps.* **3.** Objet abstrait de connaissance. ⇒ **concept, idée, pensée.** *Le mot et la notion.* ▶ ***notionnel, elle*** adj. ■ Relatif à une notion. ⇒ **conceptuel.** *Un système notionnel. Le classement notionnel,* par notion.

notoire [nɔtwaʀ] adj. **1.** Qui est connu d'une manière sûre par un grand nombre de personnes. ⇒ **connu, évident.** *Être d'une niaiserie notoire.* — Impers. *Il est notoire que...* **2.** (Personnes) Reconnu comme tel. *Un criminel notoire.* ▶ ***notoirement*** adv. ■ ⇒ **manifestement.** ▶ ***notoriété*** n. f. **1.** Le fait d'être connu d'une manière certaine et générale. *Notoriété d'un fait.* — Loc. *Il est de notoriété publique que...,* tout le monde sait que... **2.** Fait d'être connu avantageusement. ⇒ **célébrité, renom, réputation.** *Son livre lui a donné de la notoriété. La notoriété d'un lieu, d'une œuvre.*

notre [nɔtʀ], plur. ***nos*** [no] adj. Adjectif possessif de la première personne du pluriel et des deux genres, correspondant au pronom personnel *nous.* **I.** Qui est à nous, qui nous appartient. **1.** Se référant à deux ou plusieurs personnes, dont celle qui parle. *Nous devrions donner chacun notre avis, nos avis.* **2.** Se référant à un groupe de personnes ou à tous les humains. *Notre bonne ville. Notre civilisation.* **II.** Emplois stylistiques. **1.** Marquant la sympathie personnelle, l'intérêt. *Comment va notre malade ? Notre héros arriva à s'échapper.* **2.** Pour *mon (ma, mes),* représentant une seule personne (plur. de majesté ou de modestie). *Tel est notre bon plaisir.* ‹ ▶ Notre-Dame, Notre-Père ›

nôtre [notʀ] adj. poss., pronom poss. et n. ■ Qui est à nous, nous appartient. **1.** Adj. poss. Littér. À nous, de nous. *Nous avons fait nôtres ces opinions.* **2.** LE NÔTRE, LA NÔTRE, LES NÔTRES pronom poss. : l'être ou l'objet qui est en rapport de possession, de parenté, d'intérêt, etc., avec le groupe formé par celui qui parle *(je, moi)* et une ou plusieurs autres personnes *(nous). Ils ont leurs soucis, et nous (avons) les nôtres.* **3.** N. *Nous y mettons chacun du nôtre. — Les nôtres,* nos parents, amis. *Soyez des nôtres,* venez avec nous, chez nous.

Notre-Dame [nɔtʀədam] n. f. invar. — REM. Ce mot s'emploie sans article et avec des majusc. ■ Désignation traditionnelle de la Vierge Marie, parmi les catholiques. — Nom d'églises dédiées à la Vierge. *Notre-Dame de Paris.*

Notre-Père [nɔtʀəpɛʀ] n. m. invar. ■ (Avec des majusc.) Prière chrétienne, adressée à Dieu, et commençant par « Notre Père qui es (êtes) aux cieux... ». *Réciter son Notre-Père. Des Notre-Père et des Ave.* ⇒ **Pater.**

nouba [nuba] n. f. ■ (France) Fam. Bombance, fête. *On a fait la nouba toute la nuit. Des noubas.* ⇒ fam. ② **bringue, foire.**

nouer [nwe] v. tr. ▪ conjug. 1. **I. 1.** Arrêter (une corde, un fil, un lien) ou unir (les deux bouts d'une corde, d'un lien) en faisant un nœud. ⇒ **attacher.** *Nouer ses lacets.* / contr. **dénouer** / **2.** Envelopper (qqch.), réunir (un ensemble de choses) en faisant un ou plusieurs nœuds. ⇒ **lier.** *Nouer un bouquet avec un ruban.* **II.** Fig. **1.** Serrer comme par un nœud. *Un sanglot lui noua la gorge.* — Au p. p. adj. *Avoir la gorge nouée.* **2.** Établir, former (un lien moral). *Nouer une alliance.* **3.** Établir le nœud (II, 3) d'une action au théâtre pour l'amener à son point culminant. — Pronominalement (réfl.). *L'intrigue se noue au IIe acte.* ▶ ***noueux, euse*** adj. **1.** *Bois, arbre noueux,* qui a beaucoup de nœuds, de nodosités. *Racines noueuses.* **2.** Qui présente des nœuds, a des articulations saillantes. *Mains noueuses.* — Maigre et sec. *Un vieillard noueux.* ⟨ ▶ dénouer, renouer ⟩

nougat [nuga] n. m. **1.** Confiserie fabriquée avec des amandes (ou des noix, des noisettes) et du sucre caramélisé, du miel. *Nougat dur, mou.* **2.** (France) Loc. fam. *C'est du nougat !* ⇒ fam. **gâteau.** ▶ ***nougatine*** n. f. ■ Sorte de nougat brun, dur, utilisé en confiserie et en pâtisserie.

nouille [nuj] n. f. **1.** Au plur. Pâtes alimentaires, plates ou rondes, coupées en morceaux de longueur moyenne. *Nouilles au gratin, au fromage. Des nouilles chinoises.* **2.** Fam. Personne molle et niaiseuse. ⇒ fam. gros **jambon.** *C'est une vraie nouille !* — Adj. *Comme tu peux être nouille !* **3.** *Style nouille* (à cause des ornements fins et contournés), style décoratif 1900, dit aussi *art nouveau.*

noune [nun] n. f. **1.** Fam. Petite pièce de caoutchouc semblable à une tétine, qu'on donne à sucer aux bébés et aux jeunes enfants. ⇒ **suce.** *Donner sa noune au bébé qui pleure.* **2.** Très fam. Sexe de la femme.

nounou [nunu] n. f. ■ (France) Lang. enfantin. Nourrice. *Sa vieille nounou. Les nounous.*

nounoune [nunun] adj. et n. Fam. **1.** (Personnes) Qui manque d'intelligence, naïf. ⇒ **épais, niaiseux,** ② **nul** ; fam. ③ **cave, niochon, nono.** / contr. **brillant, déniaisé, génial** / *Franchement, vous êtes un peu nounounes. Ton ami, il est pas mal nounoune !* — N. *Les bollées et les nounounes.* **2.** (Choses) D'une grande niaiserie, d'un fort mauvais goût. ⇒ **quétaine.** *Des couleurs nounounes. Hé que c'est nounoune cette affaire-là !*

nounours [nunuʀs] n. m. invar. **1.** Lang. enfantin. Ours en peluche. *Des nounours.* **2.** *Mon (gros, petit) nounours,* expression de tendresse, d'affection.

nourrir [nuʀiʀ] v. tr. ▪ conjug. 2. **I. 1.** Entretenir, faire vivre (une personne, un animal) en lui donnant à manger. ⇒ **alimenter, sustenter.** *Nourrir un enfant à la cuiller. Nourrir un malade,* qui ne peut se nourrir lui-même. — Procurer, fournir les aliments. ⇒ **ravitailler.** *La pension loge et nourrit dix personnes. Être logé, blanchi, nourri.* **2.** Élever, alimenter un nouveau-né en l'allaitant. *Mère qui nourrit ses enfants.* ⇒ ① **nourrice. 3.** Pourvoir (qqn) de moyens de subsistance. ⇒ **entretenir.** *Il a trois personnes à nourrir,* à sa charge. **4.** Donner de quoi vivre à. *Ce métier ne nourrit pas son homme.* **5.** Constituer une subsistance pour l'organisme. — Sans compl. *Le pain nourrit.* **6.** Entretenir (une chose) en augmentant l'importance, ou en faisant durer plus longtemps. *Il faut nourrir le feu.* ⇒ **alimenter.** — Au p. p. adj. *Tir nourri,* dense. **II.** Abstrait. **1.** Remplir de substance, de matière. ⇒ **étoffer.** *Nourrir un exposé.* — Au p. p. adj. *Un devoir très nourri.* **2.** Pourvoir (l'esprit) d'une nourriture spirituelle. *La lecture nourrit l'esprit.* **3.** Entretenir en soi (un sentiment, une pensée). *Nourrir un désir. Nourrir l'illusion que...,* espérer. **4.** *Être nourri dans les bons principes,* élevé. **III.** SE NOURRIR v. pron. réfl. **1.** Absorber (des aliments). *Se nourrir de légumes, de viande.* — *Se nourrir, bien se nourrir,* manger. **2.** Fig. ⇒ s'**abreuver,** se **repaître.** *Se nourrir d'illusions, de rêves.* ▶ ***nourrissant, ante*** adj. ■ (Choses) Qui nourrit (I) plus ou moins bien. ⇒ **nutritif.** *Aliments peu, très nourrissants.* — Qui nourrit beaucoup. ⇒ **soutenant, substantiel.** *C'est nourrissant mais indigeste.* ▶ ***nourrice*** n. f. **1.** Mère qui allaite un enfant en bas âge *(un nourrisson).* **2.** Vieilli ou France. Femme qui, par profession, garde et élève des enfants en bas âge. *Confier un enfant à une nourrice à la campagne.* — *Mettre un enfant* EN NOURRICE : le confier à une nourrice. **3.** ÉPINGLE DE NOURRICE : de sûreté. ⇒ **épingle** à couches. ▶ ***nourricier, ière*** adj. **I.** PARENTS NOURRICIERS : parents adoptifs. **II. 1.** Qui nourrit, procure la nourriture. *La terre nourricière.* **2.** Qui contribue à la nutrition. ⇒ **nutritif.** *Suc nourricier.* ▶ ***nourrisson*** n. m. ■ Vieilli. Enfant nourri au lait, qui n'a pas atteint l'âge du sevrage. ⇒ **bébé, nouveau-né.** ▶ ***nourriture*** n. f. **1.** Tout ce qui entretient la vie d'un organisme en lui procurant des substances à assimiler ⇒ **alimentation, subsistance** ; ces substances ⇒ **aliment.** *Absorber, prendre de la nourriture,* manger, se nourrir. *Nourriture pauvre, riche.* **2.** Ce qu'on mange habituellement aux repas. *Il dépensait beaucoup pour la nourriture* ⇒ fam. **bouffe, boustifaille.** — *Nourriture pour chiens, chats.* **3.** Littér. Ce qui nourrit (II). *La nourriture de l'esprit.*

nous [nu] pronom pers. ■ Pronom personnel de la première personne du pluriel (représente la personne qui parle et une ou plusieurs autres, ou un groupe auquel celui qui parle appartient. ⇒ **on). I.** Pronom pers. plur. **1.** Employé seul (sujet). *Vous et moi, nous sommes de vieux amis.* — (Attribut) *C'est nous qui l'avons appelé.* — (Compl.) *Elle nous regarde.* — (Compl. indir.) *Vous nous le donnerez. Elle nous a écrit* (= à nous). *Il est venu à nous, vers nous. Chez nous, pour nous. C'est à nous.* ⇒ **nôtre.** — Pronom réfléchi (ou réciproque). *Nous nous sommes regardés sans rien dire.* **2.** NOUS, renforcé. *Nous, nous n'irons pas.* Fam. *Nous, on n'ira pas.* — NOUS-MÊME(S). *Nous ne le savons pas nous-mêmes.* — NOUS AUTRES [nuzotʀ] : marque une distinction très forte ou s'emploie avec un terme en apposition. *Nous autres, étudiants, nous pensons cela.* — (Précisé par un numéral cardinal) *C'est pour nous deux. À nous trois, nous y arriverons.* **3.** D'ENTRE NOUS. *La plupart d'entre nous étaient au courant.* **II.** Emplois stylistiques. **1.** (1re pers. du sing.) Employé pour *je* (plur. de modestie ou de majesté). *Le Roi dit : nous voulons. Comme nous le montrerons dans ce livre* (écrit l'auteur). **2.** Fam. (2e pers.). ⇒ **toi, vous.** *Eh bien, mon ami, nous avons bien travaillé ?* ⟨ ▶ chez-nous ⟩

nouveau [nuvo], ***nouvel*** [nuvɛl] (devant un nom commençant par une voyelle ou un *h* muet), ***nouvelle*** [nuvɛl] adj. et n. **I. 1.** (Après le nom) Qui apparaît pour la première fois ; qui vient d'apparaître. ⇒ **neuf, récent.** *Une chose nouvelle, un produit nouveau. Pommes de terre, patates nouvelles. Vin nouveau. Un mot nouveau.* ⇒ **emprunt, néologisme.** PROV. *Tout nouveau, tout beau,* ce qui est nouveau est apprécié (et puis délaissé ensuite). *Quoi de nouveau ?* ⇒ **neuf.** — Fam. *Ça, c'est nouveau !,* on ne s'y attendait pas. — N. m. *Il y a du nouveau dans l'affaire X.* — *Un homme nouveau,* connu ou arrivé depuis peu de temps. **2.** (Devant le nom) Qui est depuis peu de temps ce qu'il est. *Les nouveaux riches. Les nouvelles diplômées.* — (Devant un participe) *Les nouveaux mariés.* ⇒ **jeune.** *Des nouveaux venus.* **3.** N. LE NOUVEAU, LA NOUVELLE : celui, celle qui vient d'arriver (dans une école, un bureau, une collectivité). *Il y avait deux nouveaux dans la classe.* **4.** (Après le nom et souvent qualifié) Qui tire de son caractère récent une valeur d'invention. ⇒ **hardi, insolite, original.** *Un art tout à fait nouveau.*

5. NOUVEAU POUR *qqn* : qui était jusqu'ici inconnu de qqn ; dont il (elle) n'a pas l'habitude. ⇒ **inaccoutumé, inhabituel, inusité.** *C'est pour moi une chose nouvelle.* **II.** (Devant le nom en épithète) **1.** Qui apparaît après un autre qu'il remplace, au moins provisoirement, dans notre vision, dans nos préoccupations (opposé à *ancien, vieux*). — *Le Nouvel An. La nouvelle lune,* le croissant, quand il commence à grandir. — (Avec une majusc.) *Le Nouveau Monde. La Nouvelle-France. Le Nouveau Testament.* **2.** Qui a succédé, s'est substitué à un autre. ≠ *neuf. J'ai une nouvelle voiture, mais elle n'est pas neuve. Son nouveau mari. Une nouvelle édition.* **III.** Loc. adv. **1.** DE NOUVEAU : pour la seconde fois, une fois de plus. ⇒ **derechef, encore.** *Faire de nouveau qqch.,* recommencer. **2.** À NOUVEAU : une nouvelle fois. *Te voilà à nouveau sans travail.* — D'une manière différente, sur de nouvelles bases. *Examiner à nouveau une question.* ▶ ***nouveau-né, nouveau-née*** [nuvone] adj. et n. **1.** Qui est né depuis peu de temps. *Un enfant nouveau-né. Une fille nouveau-née. Des chiots nouveau-nés.* **2.** N. m. Enfant, petit d'un animal qui vient de naître. ⇒ **bébé, nourrisson.** ▶ ***nouveauté*** n. f. **1.** Caractère de ce qui est nouveau. *Objet qui plaît par sa nouveauté.* ⇒ **originalité. 2.** Ce qui est nouveau. ⇒ **innovation.** *Le charme, l'attrait de la nouveauté.* **3.** *Une nouveauté,* chose nouvelle. *Tiens, vous ne fumez pas ? C'est une nouveauté !* ⇒ **nouveau** (I, 1) **4.** Ouvrage nouveau qui vient de sortir. *On a présenté plusieurs nouveautés.* **5.** Production nouvelle de l'industrie de la mode. *Magasin de nouveautés,* d'articles de mode. ▶ ① ***nouvelle*** n. f. **1.** Premier avis qu'on donne ou qu'on reçoit (d'un événement récent) ; cet événement porté pour la première fois à la connaissance de la personne intéressée, ou du public. *Annoncer une nouvelle. Répandre, divulguer une nouvelle. Connaissez-vous la nouvelle ?* — *Bonne, mauvaise nouvelle,* annonce d'un événement heureux, malheureux. — Loc. *Première nouvelle !,* en parlant d'une chose qui surprend. **2.** *Les nouvelles,* tout ce que l'on apprend par la rumeur publique, par la presse, les médias. ⇒ **information.** *Aller aux nouvelles. Dernières nouvelles, nouvelles de dernière heure,* les plus récentes. *Écouter les nouvelles à la radio.* **3.** Au plur. Renseignements concernant l'état ou la situation (d'une personne qu'on n'a pas vue depuis quelque temps). *Avoir des nouvelles de qqn. Ne plus donner de ses nouvelles.* ⇒ **signe** de vie. — Loc. prov. *Pas de nouvelles, bonnes nouvelles,* quand on ne reçoit pas de nouvelles de qqn, on peut supposer qu'elles sont bonnes. — *Vous aurez de mes nouvelles !,* avertissement menaçant. *Vous m'en direz des nouvelles,* vous me ferez connaître votre avis, vous m'en ferez des compliments. ▶ ② ***nouvelle*** n. f. ■ Récit généralement bref, de construction dramatique, et présentant des personnages peu nombreux. ⇒ **conte.** *Romans et nouvelles. Recueil de nouvelles.* ▶ ***nouvelliste*** n. ■ Auteur de nouvelles ②. ▶ ***nouvellement*** adv. — REM. S'emploie seulement devant un p. p., un passif. ■ Depuis peu de temps. ⇒ **récemment.** *Il est nouvellement arrivé.* 〈 ▶ renouveau, renouveler 〉

novateur, trice [nɔvatœʀ, tʀis] n. ■ Personne qui innove. ⇒ **créateur, innovateur.** — Adj. *Esprit novateur.* ⇒ **audacieux, révolutionnaire.** / contr. **conservateur, rétrograde** /

novembre [nɔvɑ̃bʀ] n. m. ■ Onzième mois de l'année dans le calendrier actuel (30 jours). *Les pluies, les brouillards de novembre. Le 1er novembre, fête de la Toussaint. Le 11 Novembre, anniversaire de l'armistice de 1918.*

novice [nɔvis] n. et adj. **1.** N. Personne qui a pris récemment l'habit religieux, et passe un temps d'épreuve dans un couvent, avant de prononcer des vœux définitifs. **2.** Personne qui aborde une chose dont elle n'a aucune habitude. *Pour un novice, il se débrouillait bien.* ⇒ **apprenti, bleu, débutant, néophyte. 3.** Adj. Qui manque d'expérience (dans la vie ou dans l'exercice d'une activité). ⇒ **ignorant, inexpérimenté.** *Elle est encore bien novice dans le métier.* / contr. **habile** / **4.** Se dit d'une catégorie sportive pour les jeunes de 6 à 8 ans, spécialt au hockey. ⇒ **atome, bantam, junior, midget, pee-wee.** *Une ligue novice. Jouer novice,* dans cette catégorie. — N. *Des novices.* ▶ ***noviciat*** n. m. ■ Temps d'épreuve imposé aux novices (1).

noxema [nɔkʒema] n. m. ■ Crème adoucissante pour la peau. *Acheter du noxema à la pharmacie.* — REM. Ce mot est un nom de marque déposée.

noyade [nwajad] n. f. ■ Le fait de se noyer ; mort accidentelle par immersion dans l'eau. *Sauver qqn de la noyade.*

① ***noyau*** [nwajo] n. m. **I.** Partie dure dans un fruit, renfermant l'amande ⇒ **graine** ou les amandes de certains fruits. *Fruits à noyau.* ≠ *pépin. Noyaux d'abricots, de cerises, d'olives. Retirer le noyau.* ⇒ **dénoyauter. II.** Partie centrale, fondamentale (d'un objet). — Géologie. Partie centrale du globe terrestre. — Biologie. Partie différenciée de la cellule. *Cellule à un seul noyau* (mononucléaire), *à plusieurs noyaux* (polynucléaire). *Acide du noyau.* ⇒ **nucléique.** — Physique. Partie centrale de l'atome. ⇒ **nucléaire** (I, 2). **III.** Abstrait. Ce vers quoi tout converge ou d'où tout émane. ⇒ **centre.** *Le verbe est le noyau de la phrase.* 〈 ▶ dénoyauter 〉

② ***noyau*** n. m. **1.** Groupe humain, considéré quant à sa permanence, à la fidélité de ses membres. *Il faisait partie d'un petit noyau d'aristocrates. Un noyau de peuplement.* **2.** Très petit groupe considéré par rapport à sa cohésion, à l'action qu'il mène (au sein d'un milieu hostile). *Noyaux, poches de résistance.* ▶ ***noyautage*** n. m. ■ Système qui consiste à introduire dans un milieu neutre ou hostile des propagandistes isolés chargés de le désorganiser et, le cas échéant, d'en prendre la direction. ⇒ **infiltration.** ▶ ***noyauter*** v. tr. ▪ conjug. 1. ■ Soumettre au noyautage. *Leur parti a été noyauté.* ≠ *phagociter.*

① ***noyer*** [nwaje] v. tr. et pron. réfl. ▪ conjug. 8. **I.** V. tr. **1.** Tuer par asphyxie en immergeant dans un liquide. *Noyer des chatons.* — Loc. *Noyer le poisson,* embrouiller volontairement une affaire. **2.** Recouvrir de liquide. ⇒ **engloutir, inonder, submerger.** *L'inondation a noyé toute la région. Noyer le carburateur* (par excès d'essence). ⇒ ② **caler, étouffer.** — Pronominalement. *Le moteur se noie souvent.* — *Noyer son chagrin dans l'alcool,* s'enivrer pour oublier son chagrin. **3.** Faire disparaître dans un ensemble vaste ou confus. *Noyer les contours, les couleurs. Ses cris étaient noyés dans le tumulte.* ⇒ **étouffer. II. 1.** SE NOYER v. pron. réfl. : mourir asphyxié par l'effet de l'immersion dans un liquide. ⇒ **noyade.** *Baigneur qui se noie.* — Loc. *Se noyer dans un verre d'eau,* être incapable de surmonter les moindres obstacles. **2.** Se perdre. *L'oratrice se noyait dans un flot de paroles.* ▶ ***noyé, ée*** adj. et n. **I.** adj. **1.** Mort par noyade. *Marins noyés en mer.* ⇒ **disparu. 2.** Fig. *Être noyé,* dépassé par la difficulté d'un travail. ⇒ **perdu.** — Par ext. *Chalet noyé dans la forêt.* ⇒ **isolé.** *Elle était noyée dans la foule.* ⇒ **entouré, perdu. 3.** *Des yeux noyés de pleurs. Regard noyé,* vague, hagard. **II.** N. Personne morte noyée ou qui est en train de se noyer. *Repêcher un noyé. Ils n'ont pu ranimer la noyée.* 〈 ▶ noyade 〉

② ***noyer*** [nwaje] n. m. **1.** Arbre de grande taille, dont le fruit est la noix. *Le noyer noir d'Amérique du Nord.* **2.** Bois de cet arbre. *Meubles en noyer.*

N.P.D. [ɛnpede] n. m. invar. ■ Abréviation de *Nouveau Parti démocratique.* ⇒ **néo-démocrate.** *Le chef du N.P.D.* — En appos. *Une députée N.P.D.*

nu, nue [ny] adj. et n. **I.** Adj. **1.** Qui n'est couvert d'aucun vêtement. / contr. **habillé, vêtu** / *Femme nue. Complètement nu, tout nu. Être nu comme un ver,* complètement. *Vivre nu.* ⇒ **nudisme.** *À demi-nu. Bras nus. Torse nu. Être* NU-PIEDS, NU-TÊTE (⇒ fam. ① **coco**). — REM. *Nu* reste invariable quand il précède le nom d'une partie du corps et se lie à ce nom par un trait d'union. / contr. **couvert, habillé, vêtu** / **2.** Dans des loc. Dépourvu de son complément habituel. *Épée nue,* hors du fourreau. — Loc. *À l'œil nu,* sans instrument d'optique. *Ça se voit à l'œil nu,* tout de suite. — *Se battre à mains nues,* sans arme. **3.** Dépourvu d'ornement. *Un arbre nu,* sans feuilles. *Une chambre nue,* sans meubles. *C'est un peu nu, ici, ça manque de tableaux au mur.* ⇒ **vide. 4.** Sans apprêt. *La vérité toute nue.* ⇒ tout **court.** / contr. **déguisé** / **5.** À NU loc. adv. : à découvert. *Mettre à nu.* ⇒ **dénuder, dévoiler.** *Mettre à nu un fil électrique.* — Fig. *Mettre son cœur à nu,* l'ouvrir entièrement, dévoiler ses sentiments. **II.** N. m. Corps humain ou partie du corps humain dépouillé(e) de tout vêtement. — Genre qui consiste à dessiner, à peindre, à sculpter ou à photographier le corps humain nu ; œuvre de ce genre. *Album de nus.* ⟨ ▸ dénuder, nudisme, nudité, nue-propriété, va-nu-pieds ⟩

nuage [nɥaʒ] n. m. **1.** Amas de vapeur d'eau condensée en fines gouttelettes qui se forme et se maintient en suspension dans l'atmosphère (ex. : *cumulus, nimbus, stratus*). *Nuages de grêle, de pluie,* qui portent la grêle, la pluie. *Les nuages obscurcissent le ciel.* ⇒ littér. **nue, nuée.** *Ciel sans nuages.* — Loc. *Être dans les nuages,* être distrait. ⇒ dans la **lune. 2.** *Nuage de fumée, de poussière.* — *Nuage de mousseline, de tulle* (tissu léger). *Nuage de lait,* petite quantité de lait qu'on met dans le café, le thé. — *Nuage de sauterelles.* ⇒ **nuée. 3.** Ce qui trouble la sérénité. *Bonheur sans nuages,* qui n'est pas troublé. ▸ ***nuageux, euse*** adj. ■ Couvert de nuages. ⇒ **nébuleux.** *Ciel, temps nuageux.* / contr. **pur, serein** / ⟨ ▸ s'ennuager ⟩

nuance [nɥɑ̃s] n. f. **I.** Chacun des degrés par lesquels peut passer une même couleur. ⇒ ② **tonalité.** *Toutes les nuances de bleu.* ⇒ ② **ton. II. 1.** État intermédiaire (par lequel peut passer une chose, un sentiment, une personne) ; faible différence. *Nuances imperceptibles. Esprit tout en nuances.* — Ce qui s'ajoute à l'essentiel pour le modifier légèrement. *Il y avait dans son regard une nuance de complicité.* **2.** Degré divers de douceur ou de force à donner aux sons. *Indications et nuances en musique.* ▸ ***nuancer*** v. tr. ▪ conjug. 3. ■ Exprimer en tenant compte des différences les plus délicates. *Nuancer sa pensée.* ▸ ***nuancé, ée*** adj. ■ Qui tient compte de différences ; qui n'est pas net, tranché. *Ses opinions sont très nuancées.* / contr. **arrêté** /

nubile [nybil] adj. ■ Didact. (Personnes) Qui est en âge d'être marié, est apte à la reproduction. ⇒ **pubère.** *Âge nubile,* fin de la puberté. / contr. littér. **impubère** / ▸ ***nubilité*** n. f. ■ Âge nubile.

nuclé(o)- ■ Élément savant signifiant « noyau ». ▸ ***nucléaire*** [nykleɛʀ] adj. et n. **I.** Adj. **1.** Relatif au noyau de la cellule. **2.** Relatif au noyau de l'atome. *Particules nucléaires.* — *Énergie nucléaire,* fournie par la fission nucléaire. *Physique nucléaire,* partie de la physique atomique qui étudie le noyau. **3.** Qui utilise l'énergie nucléaire. ⇒ **atomique.** *Centrale nucléaire. Puissances nucléaires,* pays possédant des bombes atomiques. **II.** N. m. *Le nucléaire,* l'énergie nucléaire. *Être pour, contre le nucléaire.* ▸ ***nucléique*** [nykleik] adj. ■ (Sciences) Relatif aux acides contenus dans le noyau des cellules vivantes. *Les acides nucléiques, constituants de la cellule vivante, sont porteurs de l'information génétique.* ⇒ **A.D.N., A.R.N.** ⟨ ▸ mononucléaire, thermonucléaire ⟩

nudisme [nydism] n. m. ■ Doctrine prônant la vie au grand air dans un état de complète nudité. ⇒ **naturisme.** — Pratique de cette doctrine. *Faire du nudisme.* ▸ ***nudiste*** adj. et n. ■ *Camp de nudistes.*

nudité [nydite] n. f. **1.** État d'une personne nue. **2.** (Choses) État de ce qui n'est pas recouvert, pas orné. *Nudité d'un mur.* — Fig. *Vices qui s'étalent dans toute leur nudité,* avec impudence.

nue [ny] n. f. **1.** Vx. ou littér. Nuage. **2.** Loc. METTRE, PORTER *qqn, qqch.* AUX NUES : louer avec enthousiasme. *La pianiste qu'ils ont portée aux nues.* — TOMBER DES NUES : être extrêmement surpris, décontenancé par un événement inopiné. ⇒ **lune.** *En apprenant la nouvelle, il est tombé des nues.* ▸ ***nuée*** [nɥe] n. f. **1.** Littér. Gros nuage. Nuées d'orage. **2.** Multitude formant un groupe compact (comparé à un nuage). *Une nuée de brûlots. Des nuées de sauterelles s'étaient abattues sur les récoltes.* — Très grand nombre (de choses, de personnes). ⇒ ② **légion, meute.** *Des nuées de photographes l'environnaient.* ⟨ ▸ nuage ⟩

nue-propriété [nypʀɔpʀijete] n. f. ■ Propriété d'un bien sur lequel une autre personne a un droit d'usufruit, d'usage ou d'habitation. *Des nues-propriétés.*

nui Part. passé du v. *nuire.*

nuire [nɥiʀ] v. tr. ind. ▪ conjug. 38. — REM. Le p. p. est *nui* et il est invar. **1.** NUIRE À. Faire du tort, du mal (à qqn). *Nuire à qqn auprès de ses amis.* ⇒ **desservir.** *Nuire à la réputation de qqn. Cela a été dit avec l'intention de nuire.* / contr. **aider, servir** / **2.** (Choses) Constituer un danger ; causer du tort. *Cette accusation lui a beaucoup nui.* **3.** SE NUIRE v. pron. : se faire du mal. — (Réfl.) *Il se nuisait en disant sans cesse du mal des autres.* — (Récipr.) *Ils se sont nui.* ▸ ***nuisance*** n. f. ■ Ensemble de facteurs d'origine technique (bruit, pollution*, etc.) ou sociale (encombrement, promiscuité) qui compromettent l'environnement* et rendent la vie malsaine ou pénible. *Les nuisances des grandes villes. Une véritable nuisance publique.* — Plaisant. Personne qui nuit. *Ce garçon est une vraie nuisance publique.* ⇒ fam. **achalant.** ▸ ***nuisible*** adj. ■ Qui nuit (à qqn, à qqch.). *Cela pourrait être nuisible à votre santé.* ⇒ **dommageable, néfaste, nocif.** / contr. **bienfaisant** / — *Animaux nuisibles,* animaux parasites, venimeux et destructeurs (d'animaux ou de végétaux utiles), ou qui transmettent des maladies (opposé à *utiles*). — N. m. *Les nuisibles.*

nuit [nɥi] n. f. **I.** Obscurité résultant de la rotation de la Terre sur la moitié qui n'est pas exposée aux rayons solaires. *Le jour et la nuit. Il fait nuit. La nuit tombe. À la nuit tombante.* ⇒ **brunante, crépuscule, soir.** *Nuit noire,* très obscure. *Nuit étoilée.* — Loc. *C'est le jour et la nuit,* deux choses, deux personnes entièrement opposées. — Loc. *La nuit des temps,* se dit d'une époque très reculée, dont on ne sait rien. **II.** Temps où il fait noir. **1.** Espace de temps qui s'écoule depuis le coucher jusqu'au lever du soleil. *Jour et nuit ; nuit et jour* [nɥiteʒuʀ], continuellement. *En pleine nuit. Toute la nuit. Trois heures de la nuit.* ⇒ **matin.** — *Nuit sans sommeil* ou *nuit blanche.* ⇒ **veille, veillée.** *Elle en rêve la nuit. J'ai passé la nuit dehors.* — *Je vous souhaite une bonne nuit. Bonne nuit !* ⇒ **bonsoir.** — *Nuit de noces,* la première nuit après les noces, que les époux passent ensemble. **2.** DE NUIT : qui a lieu, se produit la nuit. ⇒ **nocturne.** / contr. **diurne,** de

② **jour** / *Travail, service de nuit. Vol de nuit.* — Qui travaille la nuit. *Veilleur de nuit, gardien de nuit.* — Qui sert pendant la nuit. *Chemise, robe de nuit. Table de nuit.* ⇒ table de **chevet.** — Qui est ouvert la nuit, qui fonctionne la nuit. *Sonnette de nuit d'un presbytère. Boîte de nuit.* — Qui vit, reste éveillé la nuit. *Oiseaux de nuit.* ⇒ ① **chouette.** *Papillons de nuit.* — *C'est un oiseau de nuit,* une personne qui aime vivre la nuit. ⇒ **noctambule.** ▸ ***nuitamment*** [nɥitamɑ̃] adv. ■ Littér. Pendant la nuit, à la faveur de la nuit. ⟨ ▸ belle-de-nuit, minuit ⟩

① ***nul, nulle*** [nyl] adj. et pron. **1.** Littér. (Adjectif indéfini placé devant le nom) Pas un. ⇒ **aucun.** — Avec NE) *Nul homme n'en sera exempté.* ⇒ **personne.** *Je n'en ai nul besoin.* ⇒ **pas.** — (Sans négation exprimée) *Des choses de nulle importance.* — (Sans verbe exprimé) *Nul doute qu'elle viendra.* — (Avec SANS) *Sans nul doute.* ⇒ **sûrement.** — NULLE PART. ⇒ **part. 2.** (Pronom indéfini sing. employé comme sujet) Pas une personne. ⇒ **aucun, personne.** *Nul n'est censé ignorer la loi.* — Loc. *À l'impossible nul n'est tenu.* ▸ ***nullement*** adv. ■ Pas du tout, en aucune façon. ⇒ **aucunement ;** fam. **pantoute.** *Cela ne me gêne nullement.* (→ Pas le moins du monde.)

② ***nul, nulle*** adj. — REM. *Nul* se place après le nom. **1.** Qui est sans existence, se réduit à rien, à zéro. / contr. **important** / *Différence nulle. Les risques sont nuls. La visibilité est nulle. Résultats nuls.* ⇒ **négatif.** *Match nul,* où il n'y a ni gagnant ni perdant. **2.** (Ouvrage, travail, etc.) Qui ne vaut rien, pour la qualité. *Un devoir nul, qui mérite zéro.* — (Personnes) Sans mérite intellectuel, sans valeur. *Elle est nulle.* ⇒ **nullité.** — *Être nul, en, dans...,* très mauvais dans (un domaine particulier). *Il est nul en français.* / contr. ① **fort** / ≠ *passable.* ▸ ***nullard, arde*** adj. ■ (France) Fam. Tout à fait nul, qui n'y connaît rien. — N. *C'est un vrai nullard.* ▸ ***nullité*** n. f. **1.** Inefficacité (d'un acte juridique). *Nullité d'un acte, d'un legs.* **2.** Caractère de ce qui est nul, sans valeur. *La nullité d'un raisonnement.* — Défaut de talent, de connaissances, de compétence (d'une personne). *La nullité d'un élève.* ⇒ **faiblesse. 3.** *(Une, des nullités)* Personne nulle. ⇒ fam. **coq-d'Inde, nono, nounoune.** / contr. **doué ;** fam. **bollé** / *C'est une vraie nullité.* ⟨ ▸ annuler ⟩

numéraire [nymerɛr] n. m. ■ Monnaie ayant cours légal. ⇒ **espèce(s).** *Payer en numéraire,* en argent liquide (opposé à *en nature*).

numéral, ale, aux [nymeral, o] adj. ■ Qui désigne, représente un nombre, des nombres arithmétiques. *Système numéral.* — *Adjectifs numéraux,* indiquant le nombre *(« Trois » est un adjectif numéral cardinal)* ou le rang *(« Troisième » est un adjectif numéral ordinal).* — N. m. *Un numéral, les numéraux.* ≠ *numéro.*

numérateur [nymeratœr] n. m. ■ Nombre supérieur (d'une fraction). *Numérateur et dénominateur d'une fraction.*

numération [nymerasjɔ̃] n. f. ■ Système permettant d'écrire et de nommer les divers nombres. *Numération décimale.*

numérique [nymerik] adj. **1.** Qui est représenté par un nombre, des nombres arithmétiques (chiffres). *Partie numérique et partie littérale d'une formule.* **2.** Qui concerne les nombres arithmétiques (opposé à *analogique*). *Calcul numérique.* **3.** Évalué en nombre. *La supériorité numérique de l'ennemi.* ⇒ **quantitatif.** *Un avantage numérique.* ▸ ***numériquement*** adv. ■ Relativement au nombre. *L'ennemi était numériquement inférieur,* inférieur en nombre. ⟨ ▸ alphanumérique, audionumérique ⟩

numéro [nymero] n. m. **1.** Nombre attribué à une chose pour la caractériser parmi des choses semblables, ou la classer (abrév. *N°, n°* devant un nombre). *Numéro d'une maison, d'un appartement,* élément d'une adresse. *Numéro d'immatriculation d'une automobile. Numéro d'assurance-maladie, d'assurance sociale* (⇒ **N.A.S.**), *d'identification personnel* (⇒ **N.I.P.**). *Le numéro atomique d'un élément.* — *Numéro de téléphone. Faire, obtenir un numéro.* — *Tirer le bon, le mauvais numéro,* dans un tirage au sort. — *Le numéro un, le numéro deux...,* la personne qui occupe le plus haut poste de responsabilité, le second... (dans un parti, un groupement). ≠ *numéral.* **2.** Ce qui porte un numéro. *Je suis entré au numéro 10* (maison). **3.** Adj. NUMÉRO UN : principal. *L'ennemi public numéro un.* — Fam. *C'est numéro un,* parfait, de première qualité, de première classe. **4.** Fam. *Un numéro,* une personne bizarre, originale. *Quels numéros !* ⇒ **phénomène. 5.** Partie d'un ouvrage périodique qui paraît en une seule fois et porte un numéro. *Numéro d'une revue, d'un journal. Ce numéro est épuisé.* — *La suite au prochain numéro,* la suite de l'article paraîtra dans le numéro suivant ; fam., la suite à une autre fois. **6.** Petit spectacle faisant partie d'un programme de variétés, de cirque, de spectacle. *Numéro de chant.* — Fam. Spectacle donné par une personne qui veut se faire remarquer. *Il nous a fait son numéro habituel.* ▸ ***numéroter*** v. tr. ▪ conjug. 1. ■ Marquer, affecter d'un numéro. *Numéroter les pages d'un manuscrit.* — Au p.p. adj. *Siège numéroté.* ▸ ***numérotage*** n. m. ■ Action de numéroter. ▸ ***numérotation*** n. f. ■ Ordre des numéros. *La numérotation décimale. Changer la numérotation d'une collection.*

numismate [nymismat] n. ■ Spécialiste, connaisseur des médailles et monnaies anciennes. — Amateur, collectionneur de monnaies. *Ma sœur est une numismate.* ▸ ***numismatique*** n. f. et adj. ■ Connaissance des médailles et des monnaies anciennes et modernes. — Adj. *Recherches numismatiques.*

nu-pieds adj. invar. ⇒ **nu.**

nuptial, ale, aux [nypsjal, o] adj. ■ Relatif aux noces, à la célébration du mariage. *Bénédiction nuptiale. Chambre nuptiale.* ▸ ***nuptialité*** n. f. ■ Nombre relatif ou statistique des mariages. ⟨ ▸ prénuptial ⟩

nuque [nyk] n. f. ■ Partie postérieure du cou, au-dessous de l'occiput. *Coiffure dégageant la nuque.*

nu-tête adj. ⇒ **nu.**

nutritif, ive [nytritif, iv] adj. **1.** Qui a la propriété de nourrir. *Principes nutritifs d'un aliment.* — Qui nourrit beaucoup. *Aliments, mets nutritifs.* ⇒ **nourrissant, riche. 2.** Relatif à la nutrition. *Les besoins nutritifs de l'être humain.* ▸ ***nutrition*** n. f. **1.** Transformation et utilisation des aliments dans l'organisme. *Mauvaise nutrition.* ⇒ **malnutrition. 2.** Physiologie. Ensemble des phénomènes d'échange entre un organisme et le milieu, permettant la production d'énergie vitale. *La respiration est une fonction de nutrition.* ▸ ***nutrionnel, elle*** adj. ■ Qui concerne la nutrition. *Troubles d'ordre nutritionnel.* ▸ ***nutritionniste*** n. ■ Spécialiste des problèmes de la nutrition. *Une nutritionniste sportive.* ≠ *diététiste.* ⟨ ▸ malnutrition ⟩

nyctalope [niktalɔp] adj. ■ Didact. Qui voit la nuit. *Les hiboux sont nyctalopes.*

nylon [nilɔ̃] n. m. ■ Fibre synthétique (polyamide). *Étoffe de nylon. — Du nylon. Bas de nylon* ou, en appos. invar., *des bas nylon.* ≠ *linon.* — REM. Ce mot est un nom de marque déposée passée dans l'usage.

nymphe [nɛ̃f] n. f. **I. 1.** Déesse mythologique d'un rang inférieur. ⇒ **naïade, néréide.** — Son image sous la forme d'une jeune femme nue. **2.** Plaisant. Jeune fille ou jeune femme, au corps gracieux. **II.** Deuxième stade de la métamorphose des insectes. *Nymphe de papillon.* ⇒ **chrysalide.** ► ***nymphette*** n. f. ■ Très jeune fille au physique attrayant. — Adolescente aux manières aguicheuses, à l'air faussement candide. ⇒ fam. **agace.** ► ***nymphomanie*** n. f. ■ Exagération pathologique des désirs sexuels chez la femme ou chez certaines femelles. / contr. **frigidité** / ► ***nymphomane*** adj. et n. f. ■ Femme atteinte de nymphomanie. / contr. **frigide** / — Abrév. fam. *Nympho.*

nymphéa [nɛ̃fea] n. m. ■ Nénuphar blanc.

O

O [o] n. m. invar. **1.** Quinzième lettre, quatrième voyelle de l'alphabet. *O accent circonflexe (ô).* — REM. *O* est ouvert [ɔ] dans *sole,* fermé [o] dans *rose,* nasalisé [ɔ̃] dans *bon.* **2.** Abrév. de *ouest.*

ô [o] interj. **1.** Interjection servant à invoquer. *Ô ciel ! Ô Canada...* **2.** Interjection traduisant un vif sentiment. *Ô non !* ≠ *ho, oh.*

oasis [ɔazis] n. f. invar. **1.** Endroit d'un désert cultivable et habitable qui présente de la végétation, un point d'eau. *Une belle oasis. Les oasis sahariennes.* **2.** Lieu ou moment reposant, chose agréable (dans un milieu hostile, une situation pénible). ▶ ***oasien, ienne*** adj. et n. ■ Relatif aux oasis. *La fraîcheur oasienne.* — N. Habitant d'une oasis. *Les oasiens du Sahara.*

obédience [ɔbedjɑ̃s] n. f. **1.** Littér. Obéissance ou soumission. / contr. **indépendance** / **2.** D'OBÉDIENCE, DANS L'OBÉDIENCE : sous la domination (politique) ou l'influence. *Les anciens pays d'obédience communiste.*

obéir [o(ɔ)beiʀ] v. tr. ind. ▪ conjug. 2. — OBÉIR À. **1.** Se soumettre (à qqn) en se conformant à ce qu'il ordonne ou défend. *Enfant qui obéit à ses parents. Elle sait se faire obéir.* ⇒ **écouter.** — (Sans compl.) *Il faut obéir.* ⇒ se **soumettre.** *Je commande, obéissez !* / contr. **désobéir, résister** / **2.** Se conformer, se plier (à ce qui est imposé par autrui ou par soi-même). *Obéir à un ordre,* l'exécuter. *Obéir à sa conscience. Elle obéissait à un mouvement de pitié.* ⇒ **céder** à. **3.** (Choses) Être soumis (à une volonté). *L'outil obéit à la main.* — Être soumis (à une nécessité, une force, une loi naturelle). *Les corps matériels obéissent à la loi de la gravitation.* ▶ ***obéissance*** [o(ɔ)beisɑ̃s] n. f. ■ Le fait d'obéir ; action, état de la personne qui obéit. ⇒ **soumission.** / contr. **désobéissance, insoumission** / *Vous lui devez l'obéissance. Jurer obéissance à qqn.* ▶ ***obéissant, ante*** adj. ■ Qui obéit volontiers. ⇒ **discipliné, docile, soumis.** *Enfant obéissant.* ⇒ **sage.** / contr. **désobéissant** / ‹ ▶ désobéir ›

obélisque [o(ɔ)belisk] n. m. **1.** Dans l'art égyptien. Colonne en forme d'aiguille quadrangulaire surmontée d'une pointe pyramidale. *L'obélisque de Louxor.* **2.** Monument ayant cette forme.

obèse [ɔbɛz] adj. et n. ■ (Personnes) Qui est anormalement gros. ⇒ **énorme.** *Il est devenu obèse.* — N. *Un, une obèse.* / contr. **maigre, squelettique** / ▶ ***obésité*** n. f. ■ État d'une personne obèse. ⇒ **embonpoint.** / contr. **maigreur** /

objecter [ɔbʒɛkte] v. tr. ▪ conjug. 1. **1.** Opposer (une objection) pour réfuter (une opinion, une affirmation). *Objecter de bonnes raisons à, contre un argument. Objecter que* (+ indicatif). ⇒ **répondre, rétorquer.** *Vous ne pouvez rien m'objecter.* **2.** Opposer (un fait, un argument) à un projet, une demande, pour les repousser. *Objecter la fatigue pour ne pas sortir.* ⇒ **prétexter.** *Il nous a objecté qu'il n'avait pas le temps.* — Alléguer comme un obstacle ou un défaut, pour rejeter la demande de qqn. *On lui objecta son jeune âge ; qu'elle était trop jeune.* ▶ ***objecteur de conscience*** n. m. ■ Personne qui refuse d'accomplir ses obligations militaires, en alléguant que ses convictions lui enjoignent le respect absolu de la vie humaine. *Des objecteurs de conscience.* — REM. Le féminin *objectrice de conscience* est virtuel. ‹ ▶ objection ›

① ***objectif, ive*** [ɔbʒɛktif, iv] adj. **1.** Philosophie. Qui existe hors de l'esprit, comme un objet indépendant de l'esprit. *L'espace et le temps n'ont pour Kant aucune réalité objective.* / contr. **subjectif** / **2.** Se dit d'une description de la réalité (ou d'un jugement sur elle) indépendante des intérêts, des goûts, des préjugés de la personne qui la fait. / contr. **tendancieux** / *Faire un rapport objectif des faits. Elle a écrit un article objectif sur les conflits sociaux.* **3.** (Personnes) Dont les jugements ne sont altérés par aucune préférence d'ordre personnel. ⇒ **impartial.** *Historien objectif. Soyez plus objectif.* / contr. **partial** / ▶ ***objectivement*** adv. ■ D'une manière objective. ▶ ***objectivité*** n. f. **1.** Philosophie. Caractère de ce qui existe indépendamment de l'esprit. / contr. **subjectivité** / **2.** Caractère de ce qui représente fidèlement un objet. *L'objectivité d'une œuvre d'art.* **3.** Qualité de ce qui est impartial, de la personne objective. *Vous manquez d'objectivité.* ⇒ **impartialité.** / contr. **parti** pris, **préjugé** /

② ***objectif*** n. m. ■ Système optique formé de lentilles qui donne une image photographique des objets. *Objectif d'un appareil photographique, d'une caméra. Obturateur, diaphragme d'un objectif.* — *Braquer son objectif sur qqn,* pour le photographier. ‹ ▶ téléobjectif ›

③ ***objectif*** n. m. **1.** But à atteindre. — Point contre lequel est dirigée une opération stratégique ou tactique. *Nos troupes ont atteint leur objectif.* **2.** But précis que se propose l'action. ⇒ **objet** (II, 3). *Ce sera notre premier objectif. Il met tout en œuvre pour atteindre son objectif. Elle a pour objectif la réussite.*

objection [ɔbʒɛksjɔ̃] n. f. **1.** Argument que l'on oppose à une opinion, à une affirmation pour la réfuter. *Faire, formuler une objection.* ⇒ **objecter.** **2.** Ce que l'on oppose à une suggestion, une proposition pour la repousser. *Si vous n'y voyez pas d'objection.* ⇒ **empêchement, inconvénient, obstacle.** *J'ai une objection.*

objectivement adv., ***objectivité*** n. f. ⇒ ① **objectif.**

objet [ɔbʒɛ] n. m. **I.** Concret. Chose solide ayant unité et indépendance et répondant à une certaine destination. ⇒ **chose ;** fam. **affaire, machin, patente, truc.** *Forme, matière, grandeur d'un objet. Manier un objet avec précaution. — Bureau des objets trouvés,* où leurs propriétaires peuvent les réclamer. OBJETS D'ART : ayant une valeur artistique (à l'exception de ce qu'on appelle *œuvre d'art* et des meubles). *Magasin d'antiquités et d'objets d'art. Un objet volant non identifié* ⇒ **ovni. II.** Abstrait. **1.** Tout ce qui se présente à la pensée, qui est occasion ou matière pour l'activité de l'esprit. *L'objet de ses réflexions.* ⇒ **matière, sujet. 2.** Ce qui est donné par l'expérience, existe indépendamment de l'esprit (opposé au *sujet qui pense*). *Le sujet et l'objet.* ⇒ ① **objectif. 3.** Ce vers quoi tendent les désirs, la volonté, l'effort et l'action. ⇒ **but,** ② **fin,** ③ **objectif.** *L'objet de nos vœux. — Cette plainte est dès lors* SANS OBJET : n'a plus sa raison d'être. — *Cette circulaire* A POUR OBJET *la salubrité publique* : elle concerne la salubrité. ⇒ **porter** sur. — FAIRE, ÊTRE L'OBJET DE : subir. *Ce malade fait l'objet, est l'objet d'une surveillance constante.* **4.** COMPLÉMENT D'OBJET *d'un verbe* : désignant la chose, la personne, l'idée sur lesquelles porte l'action marquée par le verbe (opposé à *sujet*). *Complément d'objet direct,* directement rattaché au verbe sans l'intermédiaire d'une préposition (ex. : je prends *un crayon*). *Complément d'objet indirect,* rattaché au verbe par l'intermédiaire d'une préposition (ex. : j'obéis *à vos ordres*).

objurgation [ɔbʒyʀgasjɔ̃] n. f. Surtout au plur. **1.** Parole vive par laquelle on critique qqn et on essaie de l'empêcher d'agir comme il se propose de le faire. ⇒ **admonestation, remontrance, réprimande.** / contr. **encouragement** / *Céder aux objurgations de qqn.* **2.** Prière instante. *Il s'épuise en objurgations inutiles.*

① ***obliger*** [o(ɔ)bliʒe] v. tr. ▪ conjug. 3. **1.** Contraindre ou lier (qqn) par une obligation d'ordre juridique ou moral. / contr. **dispenser** de / *La loi, l'honneur nous oblige à faire cela.* — Pronominalement (réfl.). *S'obliger à,* se lier par une obligation, promettre. ⇒ se **contraindre,** se **forcer.** *Je m'oblige à vous rembourser.* **2.** Mettre (qqn) dans la nécessité de (faire qqch.). ⇒ **astreindre, contraindre, forcer.** *Rien ne vous oblige à venir.* ▶ ① ***obligé, ée*** adj. ■ (Choses) Qui résulte d'une obligation ou d'une nécessité. ⇒ **indispensable, obligatoire.** — Fam. *C'est obligé !,* c'est forcé. — (Personnes) Vieilli. Loc. *Jeune fille qui* SE MARIE OBLIGÉE, parce qu'elle est enceinte. ▶ ① ***obligation*** [o(ɔ)bligasjɔ̃] n. f. **1.** Ce qui contraint une personne à donner, à faire ou à ne pas faire qqch. *Contracter une obligation juridique.* — Titre négociable. ⇒ **débenture.** *Actions et obligations.* **2.** Lien moral qui assujettit l'individu à une loi religieuse, morale ou sociale. ⇒ ② **devoir.** *Il doit remplir ses obligations familiales. L'obligation scolaire* (jusqu'à seize ans). **3.** *Obligation de* (+ infinitif). ⇒ **nécessité.** *Être dans l'obligation d'emprunter de l'argent.* — (+ nom) *Essai sans obligation d'achat.* ⇒ **engagement.** ▶ ***obligatoire*** adj. **1.** Qui a la force d'obliger, qui a un caractère d'obligation (①, 2). ⇒ **indispensable.** / contr. **facultatif** / *Instruction gratuite et obligatoire. Le port du casque de sécurité est obligatoire sur un chantier. Un arrêt obligatoire.* ⇒ **stop. 2.** Fam. Inévitable, nécessaire. ⇒ **forcé, immanquable,** ① **obligé.** *Il a raté son examen, c'était obligatoire !* ▶ ***obligatoirement*** adv. ■ D'une manière obligatoire. — Fam. Forcément.

② ***obliger*** v. tr. ▪ conjug. 3. ■ Rendre service, faire plaisir à (qqn) de sorte qu'il ait de la reconnaissance, des obligations. ⇒ **aider.** *Vous m'obligeriez en faisant ceci, si vous faisiez ceci.* ▶ ② ***obligé, ée*** adj. ■ Attaché, lié par un service rendu. ⇒ **redevable.** *Je vous suis très obligé. Je vous serais obligé de* (+ infinitif), reconnaissant. — N. *Je suis votre obligé.* ⇒ **serviteur.** ▶ ***obligeant, ante*** [o(ɔ)bliʒɑ̃, ɑ̃t] adj. ■ Qui aime à obliger, à faire plaisir en rendant service. ⇒ **complaisant, serviable.** *C'est un garçon très obligeant.* ▶ ***obligeamment*** [o(ɔ)bliʒamɑ̃] adv. ■ *Elle nous a aidés très obligeamment.* ▶ ***obligeance*** n. f. ■ Disposition à rendre service, à se montrer obligeant. ⇒ **amabilité.** *Nous vous remercions de votre obligeance.* ▶ ② ***obligation*** n. f. ■ Surtout au plur. Lien moral envers qqn en qui on a de la reconnaissance. *J'ai (bien) des obligations envers eux.* ‹ ▶ désobliger ›

oblique [ɔblik] adj. et n. **1.** Qui n'est pas perpendiculaire (à une ligne, à un plan réels ou imaginaires) et notamment, qui n'est ni vertical ni horizontal. *Ligne oblique. Position oblique d'un store, d'un dossier de chaise longue.* ⇒ **incliné.** *Rayons obliques du soleil couchant.* — Fig. *Regard oblique,* peu franc. — N. f. *Une oblique,* ligne oblique. **2.** EN OBLIQUE loc. adv. : dans une direction oblique, en diagonale. ⇒ en **biais.** ▶ ***obliquement*** adv. ■ Dans une direction ou une position oblique. ⇒ de **biais,** de **côté.** ▶ ***obliquer*** v. intr. ▪ conjug. 1. ■ Aller, marcher en ligne oblique. ⇒ **dévier.** *La voiture a obliqué vers la gauche.* ▶ ***obliquité*** [ɔblikite] n. f. ■ Caractère ou position de ce qui est oblique. ⇒ **inclinaison.** *L'obliquité des rayons du soleil.*

① ***oblitérer*** [o(ɔ)bliteʀe] v. tr. ▪ conjug. 6. ■ *Oblitérer un timbre,* l'annuler par l'apposition d'un cachet qui le rend impropre à servir une seconde fois. — Au p. p. adj. *Timbre oblitéré.* ▶ ***oblitération*** n. f. ■ *L'oblitération de ce timbre est très nette.*

② ***oblitérer*** v. tr. ▪ conjug. 6. ■ Médecine. Obstruer, boucher (un canal, une artère...).

oblong, ongue [o(ɔ)blɔ̃, ɔ̃g] adj. **1.** Qui est plus long que large. ⇒ **allongé.** *Un visage oblong.* **2.** (Livres, albums) Qui est moins haut que large. *Format oblong.*

obnubiler [ɔbnybile] v. tr. ▪ conjug. 1. ■ ÊTRE OBNUBILÉ PAR : être fasciné, obsédé par (qqn, qqch.) et en oublier tout le reste. *Il est complètement obnubilé par cette idée, par l'examen qu'il doit passer.*

obole [o(ɔ)bɔl] n. f. ■ Modeste offrande, petite contribution en argent. ⇒ **don.** *Apporter son obole à une souscription.*

obscène [ɔpsɛn] adj. ■ Qui blesse délibérément la pudeur par des représentations d'ordre sexuel. ⇒ **licencieux, pornographique.** *Gestes, remarques obscènes.* ⇒ **impudique, indécent.** ▶ ***obscénité*** [ɔpsenite] n. f. **1.** Caractère de ce qui est obscène. ⇒ **immoralité, indécence. 2.** Parole, action obscène. *Dire des obscénités.* ⇒ **grossièreté.**

obscur, ure [ɔpskyʀ] adj. **I. 1.** Qui est privé (momentanément ou habituellement) de lumière. ⇒ **noir, sombre.** *Des ruelles obscures.* / contr. **clair, lumineux** / — *Salles obscures,* salles de cinéma. **2.** Qui est foncé, peu lumineux. ⇒ **sombre.** *Teinte obscure.* **II.** Abstrait. **1.** Qui est difficile à comprendre, à expliquer (par sa nature ou par la faute de la personne qui expose). ⇒ **incompréhensible, nébuleux.** *Des phrases embrouillées et obscures. Déchiffrer, éclaircir un texte obscur.* **2.** Qui n'est pas net ; que l'on sent, perçoit ou conçoit confusément. ⇒ **vague.** *Un sentiment obscur, un obscur sentiment d'envie.* **3.** Qui n'est pas clair, douteux. *Une obscure affaire de mœurs.* **4.** (Personnes) Qui n'a aucun renom. ⇒ **ignoré, inconnu.** / contr. **célèbre, illustre** / *Un poète obscur.* **5.** Littér. Simple, humble. *Vie obscure. Besognes* *obscures.* ▶ ***obscurantisme*** n. m. ■ Le fait d'empêcher la diffusion de l'instruction, de la culture. ▶ ***obscurcir*** [ɔpskyʀsiʀ] v. tr. ▪ conjug. 2. **I.** **1.** Priver de lumière, de clarté. ⇒ **assombrir.** *Ce gros arbre obscurcit la pièce.* — Pronominalement (réfl.). *Le ciel s'obscurcit, il va pleuvoir.* ⇒ s'**ennuager.** **2.** Troubler, affaiblir (la vue). — Au p. p. adj. *Ses yeux obscurcis par la fumée.* ⇒ **voilé.** **II.** Abstrait. Rendre peu intelligible. *Il obscurcissait tout ce qu'il voulait expliquer.* ▶ ***obscurcissement*** n. m. **1.** Action d'obscurcir ; perte de lumière, d'éclat. *Obscurcissement du ciel.* **2.** Le fait de rendre peu intelligible ou peu clairvoyant. ▶ ***obscurément*** adv. **1.** D'une manière vague, insensible. *Elle sentait obscurément qu'elle allait mourir.* ⇒ **confusément.** **2.** De manière à rester ignoré. *Ils ont choisi de vivre obscurément.* ▶ ***obscurité*** n. f. **I.** Absence de lumière ; état de ce qui est obscur. ⇒ **noir, nuit, ténèbres.** *Obscurité complète. Avoir peur dans l'obscurité.* ⇒ **noirceur.** **II.** Abstrait. **1.** Défaut de clarté, d'intelligibilité. *L'obscurité d'un poème.* — État de ce qui est mal connu. *L'obscurité des origines de l'Homme.* **2.** *(Une, des obscurités)* Passage, point obscur. *Il fallait expliquer les obscurités de ce texte.* **3.** Situation sans éclat, où l'on reste obscur. ⇒ **médiocrité.** *Artiste qui vit dans l'obscurité après avoir eu un moment de célébrité.* 〈 ▶ clair-obscur 〉

obséder [ɔpsede] v. tr. ▪ conjug. 6. ■ Tourmenter de manière incessante ; s'imposer sans répit à la conscience. ⇒ **hanter, poursuivre.** *Le remords l'obsède. Il est obsédé par la peur d'échouer.* ▶ ***obsédant, ante*** adj. ■ *Une mélodie obsédante.* ▶ ***obsédé, ée*** n. ■ Personne qui est en proie à une idée fixe, à une obsession. ⇒ **maniaque.** *Un obsédé sexuel.* 〈 ▶ obsession 〉

obsèques [ɔpsɛk] n. f. pl. ■ Dans le langage officiel. Cérémonie et convoi funèbre. ⇒ **enterrement, funérailles.** *Obsèques nationales.*

obséquieux, euse [ɔpsekjø, øz] adj. ■ Qui exagère les marques de politesse, par servilité ou hypocrisie. ⇒ ① **plat, rampant.** *Je déteste les gens obséquieux.* — *Une politesse obséquieuse.* ▶ ***obséquieusement*** adv. ■ ⇒ **servilement.** ▶ ***obséquiosité*** n. f. ■ Attitude, comportement d'une personne obséquieuse. ⇒ **platitude, servilité.**

observable [ɔpsɛʀvabl] adj. ■ Qui peut être observé (II). *Une planète observable.*

observance [ɔpsɛʀvɑ̃s] n. f. **1.** Action de pratiquer (une règle religieuse). ⇒ **observation** (I), **pratique.** *L'observance de la règle, du jeûne.* **2.** Manière dont la règle est observée (I) dans une communauté religieuse. *Un monastère d'une sévère, d'une stricte observance.*

observer [ɔpsɛʀve] v. tr. ▪ conjug. 1. **I.** Se conformer de façon régulière à (une prescription). *C'est une loi qu'il faut observer.* / contr. **enfreindre, violer** / — *Observer le silence.* ⇒ **garder.** **II.** **1.** Considérer avec attention, afin de connaître, d'étudier. ⇒ **contempler, examiner, regarder.** *L'enfant observe tout.* — Soumettre à l'observation scientifique. *Observer un phénomène, une réaction.* **2.** Examiner en contrôlant, en surveillant. *Elle observait tous nos gestes.* **3.** Épier. ⇒ **guetter.** *Attention, on nous observe.* — *Observer les mouvements de l'ennemi.* **4.** Constater, remarquer par l'observation. ⇒ **noter.** *Je n'ai rien observé. Je vous fais observer que* (+ indicatif). **5.** Pronominalement (réfl.). Se prendre pour sujet d'observation. *Il s'observe et se décrit dans ses livres.* — Pronominalement (récipr.). *Ils s'observent sans arrêt.* ⇒ se **surveiller.** ▶ ***observateur, trice*** n. et adj. **1.** Personne qui observe un événement ou une catégorie d'événements. ⇒ **témoin.** *Il a été un observateur attentif.* **2.** Personne chargée d'observer (notamment dans l'armée, la diplomatie). *Envoyer des observateurs à des négociations.* **3.** Adj. Qui sait observer. *Elle est très observatrice.* ▶ ***observation*** n. f. **I.** Action d'observer (I) ce que prescrit une loi, une règle. ⇒ **obéissance, observance, respect** de. *L'observation d'un règlement.* **II.** **1.** Action de considérer avec une attention suivie la nature, l'humain, la société afin de mieux connaître. ⇒ **étude, examen.** *Avoir l'esprit d'observation.* **2.** *Une observation,* remarque, écrit exprimant le résultat de cette considération attentive. ⇒ **commentaire, note, réflexion.** *Une observation très juste.* **3.** Parole, déclaration par laquelle on fait remarquer qqch. à qqn. *Elle lui en a fait l'observation.* ⇒ **objection.** — Remarque par laquelle on reproche à qqn son attitude, ses actes. ⇒ **avertissement, critique, réprimande, reproche.** *Son père lui fait sans cesse des observations.* **4.** Action d'observer scientifiquement (un phénomène) ; compte rendu des phénomènes constatés, décrits, mesurés. *Appareils, instruments d'observation. Observations météorologiques, astronomiques. L'observation et l'expérience*. Induire qqch. de ses observations.* **5.** Surveillance attentive à laquelle on soumet un être vivant, un organe. *La victime est à l'hôpital, en (sous) observation.* **6.** Surveillance systématique des activités d'un suspect, d'un ennemi. *Observation aérienne.* ▶ ***observatoire*** n. m. **1.** Établissement scientifique destiné aux observations astronomiques et météorologiques. *Coupole, télescope d'un observatoire.* **2.** Lieu élevé, favorable à l'observation ou aménagé en poste d'observation. *Observatoire d'artillerie.* 〈 ▶ observable (dérivé de *observer,* II), observance (dérivé de *observer,* I) 〉

obsession [ɔpsɛsjɔ̃] n. f. **1.** Idée, image, mot qui obsède, s'impose à l'esprit de façon répétée et impossible à chasser. ⇒ **hantise, idée** fixe. *Cette idée devenait une obsession.* **2.** Psychologie. Représentation, accompagnée d'états émotifs pénibles, qui tend à accaparer tout le champ de la conscience. ⇒ **manie, phobie.** ▶ ***obsessionnel, elle*** adj. ■ Propre à l'obsession. *Des idées obsessionnelles. Névrose obsessionnelle.*

obsidienne [ɔpsidjɛn] n. f. ■ Pierre, lave ressemblant au verre, de couleur foncée. *Bracelet en obsidienne.*

obsolète [ɔpsɔlɛt] adj. ■ *Une technologie obsolète,* dépassée, qui ne répond plus aux exigences ou aux normes modernes. ⇒ **désuet, périmé.**

obstacle [ɔpstakl] n. m. **1.** Ce qui s'oppose au passage, gêne le mouvement. *Heurter un obstacle.* — FAIRE OBSTACLE À : former un obstacle. *La police fait obstacle aux manifestants.* — Chacune des difficultés (haies, murs, rivières, etc.) semées sur le parcours des chevaux. *Course (à) d'obstacles.* **2.** Abstrait. Ce qui s'oppose à l'action, à l'obtention d'un résultat. *Elle a rencontré beaucoup d'obstacles avant de réussir.* ⇒ **difficulté, embûches, empêchement.** — *Faire obstacle à,* empêcher, gêner. *Sans rencontrer d'obstacle,* sans encombre. *Mes parents ont fait obstacle à ce voyage.* ⇒ **opposition.**

obstétrique [ɔpstetʀik] n. f. ■ Partie de la médecine relative à la grossesse et aux accouchements. ▶ ***obstétricien, ienne*** n. ■ Médecin spécialiste en obstétrique. *Une obstétricienne réputée.*

obstiner [ɔpstine] v. ▪ conjug. 1. **1.** S'OBSTINER : v. pron. Persister dans une idée, une décision sans vouloir changer. ⇒ s'**entêter.** *Il s'obstine dans son idée.* ⇒ se **buter.** / contr. **céder** / *S'obstiner à mentir.* **2.** V. tr. S'opposer à (qqn) en disant le contraire de ce qu'il dit. ⇒ **contredire, démentir.** *Obstiner le professeur sur une question.* — Pronominalement (récipr.) *S'obstiner* (avec qqn), discuter avec acharnement en se contredisant. *Passer la soirée à s'obstiner.* ⇒ se **chicaner,** se

① **disputer.** ▶ ***obstination*** ou ***obstinage*** n. f. **1.** Caractère, comportement d'une personne qui s'obstine. ⇒ **entêtement, opiniâtreté, ténacité. 2.** Discussion au cours de laquelle les interlocuteurs s'obstinent. *Avoir des obstinations avec qqn.* ⇒ **chicane, dispute, querelle.** ▶ ***obstiné, ée*** adj. **1.** Qui s'attache avec énergie et de manière durable à une manière d'agir, à une idée. ⇒ **opiniâtre ; entêté, têtu ;** fam. **comprenure, toqué. 2.** (Choses) Qui marque de l'obstination. ⇒ **assidu.** *Travail obstiné.* ▶ ***obstineur*** ou ***obstineux, euse*** n. et adj. ■ Personne qui se plaît à obstiner les autres, à s'obstiner. ⇒ **chicaneur, querelleur.** — Adj. *Un enfant obstineur.* ▶ ***obstinément*** adv. ■ Avec obstination. *Refuser obstinément.*

obstruer [ɔpstʀye] v. tr. ▪ conjug. 1. ■ Faire obstacle (à qqch.), en entravant ou en arrêtant la circulation. ⇒ **barrer, boucher, encombrer.** *Des branches obstruaient le passage. Tuyaux obstrués.* ▶ ***obstruction*** [ɔpstʀyksjɔ̃] n. f. **1.** Gêne ou obstacle à la circulation (dans un conduit de l'organisme). ⇒ **engorgement, occlusion.** *Obstruction de l'artère pulmonaire.* **2.** Tactique qui consiste à entraver les débats (dans une assemblée, un parlement). *Faire de l'obstruction pour empêcher le vote d'une loi.* — Dans certains sports (hockey, football...) Action par laquelle un joueur barre (volontairement ou non) le passage à un adversaire qui n'est pas en possession de la rondelle, du ballon, etc. *Deux minutes de pénalité pour obstruction.*

obtempérer [ɔptɑ̃peʀe] v. tr. ind. ▪ conjug. 6. ■ Style administratif. Obéir, se soumettre (à une injonction, un ordre). *Il finit par obtempérer.*

obtenir [ɔptəniʀ] v. tr. ▪ conjug. 22. **1.** Parvenir à se faire accorder, à se faire donner (ce qu'on veut avoir). ⇒ **acquérir, avoir, conquérir, recevoir ;** fam. **décrocher.** *Nous avons obtenu une augmentation. J'ai obtenu de partir tout de suite, que ma sœur parte avec moi.* — OBTENIR *qqch.,* À, POUR *qqn. Il lui a obtenu une promotion.* — S'OBTENIR v. pron. passif. *Cette autorisation ne s'obtient pas facilement.* **2.** Réussir à atteindre (un résultat), à produire (qqch.). ⇒ **parvenir à.** *Nous n'avons obtenu aucune amélioration. Cette opération permet d'obtenir le métal à l'état pur.* ▶ ***obtention*** [ɔptɑ̃sjɔ̃] n. f. ■ Didact. Le fait d'obtenir. *Formalités à remplir pour l'obtention d'un visa.*

obturer [ɔptyʀe] v. tr. ▪ conjug. 1. ■ Boucher (une ouverture, un trou). *Obturer une fuite avec du mastic.* — Au p. p. adj. *Dents obturées.* ⇒ **plombé.** ▶ ***obturateur, trice*** adj. et n. m. **1.** Adj. Qui sert à obturer. *Plaque obturatrice.* **2.** N. m. Appareil utilisé pour fermer une ouverture. — Dans un appareil photographique. Dispositif grâce auquel la lumière traversant l'objectif impressionne la surface sensible au moment voulu. *L'obturateur sert à régler la durée d'exposition.* ▶ ***obturation*** n. f. ■ Action d'obturer. *Obturation dentaire.* ⇒ **plombage.**

① ***obtus, use*** [ɔpty, yz] adj. ■ Qui manque de finesse, de pénétration. ⇒ **borné ;** fam. **bouché.** / contr. ① **fin** / *Esprit obtus. Elle est un peu obtuse.* / contr. **ouvert, pénétrant** /

② ***obtus*** adj. m. invar. ■ ANGLE OBTUS : plus grand qu'un angle droit (opposé à *aigu*).

obus [o(ɔ)by] n. m. invar. ■ Projectile d'artillerie, le plus souvent creux et rempli d'explosif. *Obus incendiaires, fumigènes. Éclat d'obus. Trou d'obus.* ▶ ***obusier*** [o(ɔ)byzje] n. m. ■ Canon court pouvant exécuter un tir courbe. ⇒ **mortier.**

obvier [ɔbvje] v. tr. ind. ▪ conjug. 7. ■ Littér. OBVIER À : mettre obstacle, parer (à un mal, un inconvénient). ⇒ **remédier.**

langue d'oc [lɑ̃gdɔk] loc. nominale fém. ■ Ensemble des dialectes des régions françaises où *oui* se disait *oc* au Moyen Âge (opposé à *langue d'oïl*). ⇒ **occitan, provençal.** *Les troubadours parlaient la langue d'oc.*

occasion [ɔkazjɔ̃] n. f. **1.** Circonstance qui vient à propos, qui convient. *Je n'ai jamais eu l'occasion de la rencontrer.* — Fam. *Il a sauté sur l'occasion.* — *Elle ne manquait jamais une occasion d'en parler. Profitons de cette occasion pour en parler. Occasion inespérée.* ⇒ **aubaine, chance.** — PROV. *L'occasion fait le larron* dans certaines circonstances, la tentation incite à mal agir. — À L'OCCASION loc. adv. : quand l'occasion se présente. ⇒ **éventuellement.** *J'irai vous voir, à l'occasion.* — *Nous reviendrons à la première occasion,* dès que l'occasion se présentera. **2.** Marché avantageux pour l'acheteur ; objet de ce marché. *J'ai trouvé une belle occasion* (France, fam. *occase*). — D'OCCASION : qui n'est pas neuf. *Livres, voitures d'occasion,* de seconde main. ⇒ **usagé. 3.** Transport gratuit, spécialt en automobile. ⇒ anglic. ① **lift.** *Chercher une occasion pour aller à Chicoutimi.* **4.** *Occasion de,* circonstance qui détermine (une action), provoque (un événement). ⇒ **cause.** *C'était l'occasion de grandes discussions. Je n'ai jamais eu l'occasion de venir.* — À L'OCCASION DE loc. prép. *À l'occasion de son anniversaire, nous avons donné une réception.* ⇒ **pour. 5.** Circonstance. *Je l'ai rencontrée en plusieurs, en maintes occasions.* D'OCCASION : accidentel, occasionnel. *Les amitiés d'occasion.* — *Dans, pour les* GRANDES OCCASIONS : les circonstances importantes de la vie sociale. *Elle ne porte ce collier que dans les grandes occasions.* ▶ ① ***occasionnel, elle*** adj. ■ Qui résulte d'une occasion (4), se produit, se rencontre par hasard. ⇒ **fortuit.** *Un congé occasionnel.* ▶ ② ***occasionnel, elle*** adj. et n. ■ Qui est employé à titre provisoire par l'Administration. ⇒ **auxiliaire.** / contr. **fonctionnaire, permanent** / *Le personnel occasionnel d'un ministère.* — N. *Un contrat d'occasionnel.* — Abrév. fam. *Un(e) occaso.* ▶ ***occasionnellement*** adv. ▶ ***occasionner*** v. tr. ▪ conjug. 1. ■ Être l'occasion (3) de (qqch. de fâcheux). ⇒ **causer, déterminer.** *Cela nous occasionnait bien des soucis, bien des dépenses. La tempête de neige a occasionné la fermeture des bureaux.*

occident [ɔksidɑ̃] n. m. **1.** Un des quatre points cardinaux ; côté où le soleil se couche. ⇒ **couchant, ouest, ponant.** / contr. **orient** / **2.** (Avec une majusc.) Région située vers l'ouest, par rapport à un lieu donné. — Partie de l'ancien monde située à l'ouest. *L'Empire romain d'Occident.* **3.** (Avec une majusc.) Politique. L'Amérique du Nord et l'Europe de l'Ouest. — Spécialt. Les pays membres de l'O.T.A.N. *L'Occident et les pays de l'Est.* ▶ ***occidental, ale, aux*** adj. et n. **1.** Qui est à l'ouest, qui s'y rapporte. *L'Europe occidentale.* **2.** Qui se rapporte à l'Occident. *La culture occidentale.* — N. (Avec une majusc.) Habitant de l'Occident. *Les Occidentaux.* ▶ ***occidentaliser*** v. tr. ▪ conjug. 1. ■ Modifier conformément aux habitudes de l'Occident. *Occidentaliser les coutumes.* — Pronominalement (réfl.). *Les Japonais se sont occidentalisés.*

occiput [ɔksipyt] n. m. ■ Partie postérieure et inférieure de la tête. ▶ ***occipital, ale, aux*** adj. et n. m. ■ Qui appartient à l'occiput. *Os occipital.* — N. m. *L'occipital.*

occitan, ane [ɔksitɑ̃, an] adj. et n. ■ Relatif aux parlers français de langue d'oc (provençal, gascon, etc.). *Littérature occitane.* — N. m. *L'occitan,* la langue d'oc. — N. (Avec une majusc.) *Un Occitan, une Occitane.*

occlusion [ɔklyzjɔ̃] n. f. ■ Fermeture complète (d'un conduit du corps). *Occlusion intestinale. Occlusion du canal buccal dans la prononciation des occlusives.* ▶ ***occlusive*** n. f. ■ Consonne dont l'articulation comporte une occlusion du canal buccal, suivie d'une ouverture brusque ([p], [t], [k], [b], [d], [g]).

occulte [ɔkylt] adj. **1.** SCIENCES OCCULTES : doctrines et pratiques secrètes faisant intervenir des forces qui ne sont reconnues ni par la science, ni par la religion. *La magie est une science occulte.* **2.** Qui se rapporte aux sciences occultes. *Forces, puissances occultes.* ⇒ **caché, secret. 3.** Qui se cache, garde le secret ou l'incognito. ⇒ **clandestin.** *Un conseiller occulte. Comptabilité occulte.* ▶ ***occultisme*** n. m. ■ Ensemble des sciences occultes et des pratiques qui s'y rattachent. ⇒ **ésotérisme, spiritisme.**

occulter [ɔkylte] v. tr. ▪ conjug. 1. **1.** Littér. Cacher ou rendre peu visible une source lumineuse. **2.** Abstrait. Cacher, dissimuler. *Occulter un souvenir, un problème.* ▶ ***occultation*** n. f. ■ Action d'occulter. *L'occultation d'un fait historique.* ≠ *oscultation.*

① ***occuper*** [ɔkype] v. tr. ▪ conjug. 1. **1.** Prendre possession de (un lieu). *Occuper le terrain,* le tenir en s'y installant solidement. *Occuper un pays vaincu,* le soumettre à une occupation militaire. *Occuper une usine.* **2.** Remplir, couvrir un certain espace. *Il occupe deux sièges. L'armoire occupe trop de place.* ⇒ **prendre. 3.** Habiter. *Ils occupent le rez-de-chaussée.* — Au p. p. adj. *Appartement occupé.* / contr. **libre** / **4.** Remplir une fonction. *Elle occupe le poste de secrétaire générale depuis peu.* **5.** Employer, meubler (du temps). *Occuper ses loisirs à jouer au tennis.* ▶ ***occupant, ante*** n. et adj. **1.** N. Personne qui occupe un lieu. *Le premier occupant,* celui qui a pris le premier possession d'un lieu. *Les occupants de l'appartement d'en face.* — Personne qui est dans un véhicule. *Les deux occupants ont été tués dans l'accident.* **2.** Adj. Qui occupe militairement un pays, un territoire. *L'armée, l'autorité occupante.* — N. *Les occupants.* ▶ ① ***occupation*** n. f. **1.** Action d'occuper, de s'installer par la force. *Armée d'occupation.* — Histoire de France. (Avec une majusc.) Période pendant laquelle la France fut occupée par les Allemands. *Pendant l'Occupation.* **2.** Prise de possession (d'un lieu). *L'occupation des locaux.* ▶ ① ***occupé, ée*** adj. ■ (Choses) Dont on a pris possession ; où qqn se trouve. *Siège occupé, place occupée.* / contr. **vide** / *Ce taxi est occupé.* / contr. **libre** / *J'ai voulu téléphoner, mais la ligne était occupée (mais c'était occupé). Territoires occupés.* ⟨ ▶ inoccupé (1), réoccuper ⟩

② ***occuper*** v. tr. et pron. ▪ conjug. 1. **I.** V. tr. Employer (qqn à un travail). *Je l'ai occupé à classer mes livres.* — Sans compl. ind. *Ça t'occupera.* **II.** S'OCCUPER v. pron. réfl. *S'occuper d'une affaire,* y employer son temps, ses soins. *S'occuper de politique. Ne vous occupez pas de ça,* n'en tenez pas compte ; ne vous en mêlez pas. *Occupe-toi de tes affaires (de tes oignons),* mêle-toi de ce qui te regarde. ⇒ fam. **bebelle.** — *S'occuper de qqn,* veiller sur lui ou le surveiller. *Elle s'occupe,* elle trouve qqch. à faire. / contr. **niaiser** / ▶ ② ***occupation*** n. f. ■ Ce à quoi on consacre son activité, son temps. *Nous avons de multiples occupations.* — Travail susceptible d'occuper. *Elle voudrait avoir une occupation.* ▶ ② ***occupé, ée*** adj. ■ (Personnes) Qui se consacre (à un travail). *Il est occupé à la rédaction de ses Mémoires, à repeindre sa maison.* — Qui est très pris. *On est très occupé.* / contr. **désœuvré, inactif** / ⟨ ▶ inoccupé (2), préoccuper ⟩

occurrence [ɔkyʀɑ̃s] n. f. **1.** Littér. Cas, circonstance. **2.** Loc. EN L'OCCURRENCE : dans le cas présent. *La personne responsable, en l'occurrence la ministre de l'Éducation.*

océan [ɔ(o)seɑ̃] n. m. **1.** Vaste étendue d'eau salée qui couvre une grande partie de la surface du globe terrestre et qui délimite ou borde un ou plusieurs continents. ⇒ **mer.** *L'océan Atlantique, Indien, Pacifique.* — *Les plages de l'Océan* (atlantique). **2.** Abstrait. Vaste étendue (de qqch.). *Océan de verdure.* ▶ ***océanique*** [ɔ(o)seanik] adj. **1.** Qui appartient, est relatif à l'océan. *Les profondeurs océaniques.* — *Un paquebot océanique,* qui traverse les océans. ⇒ ① **transatlantique.** — N. m. *Un océanique.* **2.** Qui est au bord de la mer, qui subit l'influence de l'océan. *Climat océanique.* ≠ *océanien.* ▶ ***océanographie*** [ɔ(o)seanɔgʀafi] n. f. ■ Étude scientifique des mers et océans. ▶ ***océanographe*** n. ■ Spécialiste d'océanographie. ▶ ***océanographique*** adj. ■ De l'océanographie.

océanien, ienne [ɔ(o)seanjɛ̃, jɛn] adj. et n. ■ Relatif à l'Océanie. — N. (Avec une majusc.) *Les Océaniens.* ≠ *océanique.*

ocelle [ɔsɛl] n. m. ■ Tache arrondie dont le centre et le tour sont de deux couleurs différentes (ailes de papillons, plumes d'oiseaux). ▶ ***ocellé, ée*** [ɔsel(ɛl)e] adj. ■ Parsemé d'ocelles. *Paon ocellé.*

ocelot [ɔslo] n. m. ■ Grand chat sauvage à pelage roux tacheté de brun. ⇒ **chat-tigre.** — Fourrure de cet animal. *Manteau d'ocelot.*

ocre [ɔkʀ] n. f. **1.** Colorant minéral naturel, jaune-brun ou rouge. **2.** Couleur d'un brun-jaune ou orange. — Adj. invar. *Poudre ocre pour fard.* ▶ ***ocré, ée*** adj. ■ Teint en ocre.

oct(a)-, octi-, octo- ■ Éléments savants signifiant « huit ». ▶ ***octaèdre*** [ɔktaɛdʀ] n. m. ■ Polyèdre à huit faces.

octane [ɔktan] n. m. ■ INDICE D'OCTANE : pourcentage d'un élément des carburants (essence) qui caractérise leur pouvoir antidétonant.

octave [ɔktav] n. f. ■ Musique. Intervalle parfait de huit degrés de l'échelle diatonique (par ex., de *do* à *do*).

octet [ɔktɛ] ■ Informatique. Ensemble de huit bits consécutifs traités comme une unité et qui permet une représentation en mémoire (caractère, lettre, chiffre, symbole...), symb. *o*. *Une disquette de 256 000 octets.* ⟨ ▶ kilo-octet, méga-octet ⟩

octobre [ɔktɔbʀ] n. m. ■ Dixième mois de l'année dans le calendrier actuel (31 jours). *L'Action de Grâce est célébrée le deuxième lundi d'octobre. La Crise d'octobre* (en 1970).

octogénaire [ɔkto(ɔ)ʒenɛʀ] adj. et n. ■ Âgé de quatre-vingts ans.

octogone [ɔktɔgɔn] n. m. ■ Polygone qui a huit côtés et huit angles. ▶ ***octogonal, ale, aux*** adj. ■ Qui a huit angles et huit côtés.

octosyllabe [ɔktosi(l)lab] adj. et n. m. ■ Qui a huit syllabes. — N. m. Vers de huit syllabes. *« Ton thé t'a-t-il ôté ta toux ? » est un octosyllabe.*

① ***octroi*** [ɔktʀwa] n. m. ■ Fam. Subvention gouvernementale à une entreprise (à des fins de modernisation...). *Entrepreneur qui demande un octroi à un ministère.*

octroyer [ɔktʀwaje] v. tr. ▪ conjug. 8. ■ Accorder à titre de faveur, de grâce. ⇒ **concéder.** — Pronominalement (réfl.). *Il s'octroie encore quelques jours.* ▶ ② ***octroi*** n. m. ■ Littér. Action d'octroyer. *L'octroi de cette faveur.*

oculaire [ɔkylɛʀ] adj. et n. m. **I.** Adj. **1.** De l'œil, relatif à l'œil. *Globe oculaire.* **2.** *Témoin oculaire,* qui a vu de ses propres yeux. **II.** N. m. Dans un instrument d'optique. Lentille ou système de lentilles près duquel on applique l'œil. ▶ ***oculiste*** n. ■ Médecin spécialiste des troubles de la vision. ⇒ **ophtalmologiste, optométriste.** ≠ *opticien.*

odalisque [ɔdalisk] n. f. ■ Femme vivant dans un harem.

ode [ɔd] n. f. **1.** Dans la littérature grecque. Poème lyrique destiné à être chanté ou dit avec accompagnement de musique. *Les odes de Pindare.* **2.** Poème lyrique d'inspiration élevée. *Les Odes de Ronsard.*

odeur [o(ɔ)dœʀ] n. f. **1.** Sensation que produisent sur l'odorat certaines émanations. *Avoir une bonne, une mauvaise odeur.* ⇒ **parfum, puanteur ; sentir** (bon, mauvais). *Odeur de brûlé, de moisi, de renfermé. Chasser les mauvaises odeurs avec un désodorisant.* **2.** Loc. *Ne pas être en odeur de sainteté auprès de qqn,* être mal vu, détesté par qqn. *Ne pas avoir qqn en odeur de sainteté.* ⟨ ▶ déodorant, odorant, odorat, odoriférant ⟩

odieux, euse [o(ɔ)djø, øz] adj. **1.** Qui excite la haine, le dégoût, l'indignation. ⇒ **antipathique, détestable, exécrable.** *C'est un être odieux. — Un crime particulièrement odieux.* **2.** Très désagréable, insupportable. ⇒ **détestable, haïssable.** *Le groupe a été odieux aujourd'hui.* / contr. **adorable, aimable, charmant** / ▶ ***odieusement*** adv. ■ *Il a été odieusement traité.*

odomètre [o(ɔ)do(ɔ)mɛtʀ] n. m. ■ Appareil qui sert à mesurer la distance parcourue, spécialt pour une voiture. ⇒ **compteur** de vitesse.

-odonte, odonto- ■ Éléments savants signifiant « dent » (ex. : orthodontie). ▶ ***odontologie*** [o(ɔ)dɔ̃tɔlɔʒi] n. f. ■ Étude et traitement des dents.

odorant, ante [ɔdɔʀɑ̃, ɑ̃t] adj. ■ Qui exhale une odeur. *Des fleurs très odorantes.* ⇒ **odoriférant.** / contr. **inodore** / ⟨ ▶ malodorant ⟩

odorat [o(ɔ)dɔʀa] n. m. ■ Sens par lequel on perçoit les odeurs, situé dans les fosses nasales. *Une odeur qui chatouille agréablement l'odorat. De l'odorat.* ⇒ **olfactif.**

odoriférant, ante [ɔdɔʀifeʀɑ̃, ɑ̃t] adj. ■ Qui répand une odeur agréable. / contr. **malodorant.** / *Plantes odoriférantes.*

odyssée [o(ɔ)dise] n. f. ■ Voyage particulièrement riche en événements (à cause des aventures d'Ulysse contées dans l'Odyssée). — Vie mouvementée, agitée, à l'image d'un tel voyage.

œcuménique [ekymenik] adj. ■ Religion. Universel. *Congrès œcuménique.* ▶ ***œcuménisme*** n. m. ■ Mouvement favorable à la réunion de toutes les Églises chrétiennes en une seule.

œdème [edɛm] n. m. ■ Gonflement indolore et sans rougeur au niveau de la peau, causé par une infiltration de sérosités. — *Œdème du poumon,* engorgement séreux brutal des alvéoles pulmonaires.

① **œil** [œj], plur. **yeux** [jø] n. m. **I. 1.** Organe de la vue (globe oculaire et ses annexes, nerf optique). *Le globe de l'œil est logé dans l'orbite. Avoir de bons yeux,* qui voient bien. *S'user les yeux à lire. Perdre un œil, les deux yeux,* devenir borgne, aveugle. *Maladie, médecine des yeux.* ⇒ **ophtalm(o)-.** — Ce que l'on voit de l'œil. *De grands, de petits yeux. Yeux globuleux, enfoncés, bridés. Ses yeux brillent.* — Loc. *Ce n'est pas pour ses beaux yeux qu'elle a fait cela,* ce n'est pas par amour pour lui, mais dans son intérêt à elle. — *Lever, baisser les yeux.* ⇒ **regard.** *Faire les (de)* GROS YEUX *à qqn* : le regarder d'un air mécontent, sévère. *Faire les (de)* BEAUX YEUX, *les (des)* YEUX DOUX *à qqn,* le regarder tendrement, amoureusement. — *Ouvrir, fermer les yeux. Des yeux ronds,* agrandis par l'étonnement. *Écarquiller les yeux* (même sens). — *Avoir les yeux petits,* être fatigué, s'endormir. Fam. *Avoir les yeux en trou de suce,* très petits. — *Ouvrir, l'œil,* fam. *l'œil et le bon,* être très attentif, vigilant. *Elle m'a ouvert les yeux,* elle m'a fait comprendre ce que je ne savais pas. — *Ne pas fermer l'œil de la nuit,* ne pas dormir. *Fermer les yeux de qqn* (qui vient de mourir). — *Fermer les yeux,* faire, par tolérance, lâcheté, etc., comme si on n'avait pas vu. *Je ferme les yeux sur ses mensonges. J'irais là-bas les yeux fermés,* sans avoir besoin de la vue (tant le chemin m'est familier). *Accepter qqch. les yeux fermés,* en toute confiance. — (Dans l'action de la vue) *Voir une chose de ses yeux, de ses propres yeux.* Fam. *Je l'ai vue de mes yeux vue.* — *Objet visible* À L'ŒIL NU : sans l'aide d'aucun instrument d'optique. À VUE D'ŒIL : d'une manière très visible ; approximativement. *Maigrir à vue d'œil,* très rapidement. *À vue d'œil, cette rue mesure cent mètres.* — *Regarder qqn dans les yeux, dans le blanc des yeux.* ⇒ **toiser.** *Lorgner, surveiller* DU COIN DE L'ŒIL : d'un regard en coin. *Sauter aux yeux, crever les yeux,* être très évident. — Fam. *Ne pas avoir les yeux en face des trous, avoir les deux yeux dans le même trou,* ne pas y voir clair. — *Elle a encore les deux yeux dans le même trou,* elle est encore endormie ; elle est encore fatiguée. *Avoir les yeux dans le beurre,* le regard ailleurs, perdu dans le vague. — *Personne, travail qui me (te, lui) sort par les yeux,* qu'on a trop vu et qu'on ne peut plus supporter. **2.** Regard. *Chercher, suivre qqn des yeux. Sous mes yeux,* à ma vue, devant moi. *Aux yeux de tous. Je lui ai mis sous les yeux tous les documents,* je les lui ai montrés. — MAUVAIS ŒIL : regard auquel on attribue la propriété de porter malheur. *Croire au mauvais œil.* **3.** COUP D'ŒIL : regard rapide, prompt. *Remarquer qqch. au premier coup d'œil. Jeter un coup d'œil sur le journal,* le parcourir rapidement. — L'art d'observer promptement et exactement ; discernement. *La justesse et la sûreté du coup d'œil.* — Vue qu'on a d'un point sur un paysage. *D'ici, le coup d'œil est très beau.* **4.** Dans des expressions. Attention portée par le regard. *Cela attire l'œil du touriste. — Être tout yeux, tout oreilles,* regarder, écouter très attentivement. *Ne pas avoir les yeux dans sa poche,* tout observer. — *Elle n'a d'yeux que pour son fiancé,* elle ne voit que lui. — Fam. *Avoir, tenir qqn à l'œil,* sous une surveillance qui ne se relâche pas. — *Avoir l'œil à tout,* veiller à tout. *L'œil du maître.* **5.** Abstrait. Disposition, état d'esprit, jugement. *Voir qqch. d'un bon œil, d'un mauvais œil,* d'une manière favorable ou défavorable. *Elle considère tout avec un œil critique. Tout cela n'avait aucun intérêt à ses yeux,* selon son appréciation. Fam. *Se fourrer un (le) doigt dans l'œil (jusqu'au coude),* se tromper, se fourvoyer. **6.** Loc. *Faire de l'œil à qqn,* des œillades amoureuses. — *Tomber, taper dans l'œil de qqn,* plaire. *Ne pas avoir froid aux yeux,* être brave, téméraire. — *Tourner de l'œil,* s'évanouir. — (France) *Je m'en bats l'œil,* je m'en moque. — *Entre quatre yeux* (fam. *entre quatre-z-yeux* [ɑ̃tʀəkatzjø]), en tête à tête. — *Avoir les yeux plus grands que la panse* ou, France, *que le ventre,* se servir d'un plat plus qu'on en pourra manger ; avoir des ambitions au-delà de ses moyens. — *Cela coûte les yeux de la tête,* très cher. ⇒ **dispendieux.** *Œil pour œil, dent pour dent,* expression de la loi du talion. — À L'ŒIL loc. adv. fam. : gratuitement. *J'ai pu entrer à l'œil au cinéma.* — Fam. MON ŒIL ! : se dit pour marquer l'incrédulité, le refus. *Elle soutient qu'elle a réussi l'examen ? Mon œil !* **II. 1.** *Œil de verre,* œil artificiel. **2.** *Œil électrique,* cellule photo-électrique. ▶ ***œil-de-bœuf*** n. m. ■ Fenêtre, lucarne ronde ou ovale. *Des œils-de-bœuf.* ▶ ***œil-de-perdrix*** n. m. ■ Cor entre les doigts de pied. *Des œils-de-perdrix.* ▶ ***œillade*** [œjad] n. f. ■ Regard, clin d'œil plus ou moins furtif, de connivence ou de coquetterie. *Lancer, faire une œillade.* ▶ ***œillère*** [œjɛʀ] n. f. **1.** Plaque de cuir attachée au montant de la bride et empêchant le cheval de voir sur le côté. **2.** Loc. fig. AVOIR DES ŒILLÈRES :

ne pas voir certaines choses par étroitesse d'esprit ou par parti pris. ⇒ **borné.** ‹ ▶ clin d'œil, coq-l'œil, tape-à-l'œil, trompe-l'œil, zieuter ›

② **œil**, plur. **yeux** n. m. **1.** Se dit d'ouvertures, de trous ronds. *Œil d'une aiguille.* ⇒ **chas. 2.** Au plur. *Yeux du fromage de gruyère,* trous qui se forment dans la pâte. — *Les yeux du bouillon,* les petits ronds de graisse qui surnagent. *Les yeux de patates,* les petits trous. **3.** Bourgeon naissant. ▶ ① **œillet** [œjɛ] n. m. ■ Petit trou pratiqué dans une étoffe, du cuir, etc., souvent cerclé, servant à passer un lacet, à attacher un bouton. *Œillets d'une chaussure, d'une ceinture.* — Par ext. Bordure rigide qui entoure un œillet. *Renforcer une feuille perforée par, avec des œillets.* — *Un œillet (à vis),* vis dont la tête forme un anneau. ⇒ **piton.** ▶ **œilleton** [œjtɔ̃] n. m. ■ Petit viseur circulaire. *L'œilleton d'une arme.*

② **œillet** n. m. **1.** Plante cultivée pour ses fleurs rouges, roses, blanches, très odorantes ; ces fleurs. **2.** *Œillet d'Inde,* plante ornementale à fleurs orangées ou jaunes.

œn-, œno- ■ Éléments savants signifiant « vin ». ▶ **œnologie** [enɔlɔʒi] n. f. ■ Étude des techniques de fabrication et de conservation des vins.

œsophage [ezɔfaʒ] n. m. ■ Partie de l'appareil digestif, canal qui va du pharynx à l'estomac.

œuf, plur. **œufs** [œf, ø] n. m. **I. 1.** Corps plus ou moins gros, dur et arrondi que produisent les femelles des oiseaux et qui contient le germe de l'embryon et les substances destinées à le nourrir pendant l'incubation. *Oiseau qui pond un œuf dans son nid.* — *Coquille d'œuf ; blanc, jaune de l'œuf. Œuf de poule, de pigeon.* — *Œuf de poule,* spécialement destiné à l'alimentation. *Comptoir de beurre, œufs et fromages. Œufs frais,* du jour. *Œuf à la coque ; œuf dur,* cuit dans sa coquille jusqu'à ce que le blanc et le jaune soient durs. *Œufs brouillés,* mêlés sans être battus. *Œufs au miroir, œufs retournés.* (France) *Œufs au plat, frits.* — *Œuf, rôties, café* (sur un menu). *Sandwich, guedille aux œufs. Salade aux œufs,* œuf dur écrasé, mêlé de mayonnaise. — *Œufs en, à la neige,* blancs d'œufs battus et pochés servis avec une crème. **2.** Produit des femelles ovipares (autres que les oiseaux). *Œufs de serpent, de grenouille. Œufs d'esturgeon* ⇒ **caviar**, *de saumon.* **3.** Loc. *Tête d'œuf* (terme d'injure). — *Plein comme un œuf,* rempli. *Paqueté comme un œuf,* ivre. — *Marcher sur des œufs,* en touchant le sol avec précaution ; abstrait, d'un air mal assuré, avec beaucoup de prudence ; gauchement. — *L'œuf de Colomb.* ⇒ ③ **bouton, fil** (I, 4). Loc. prov. *Mettre tous ses œufs dans le même panier,* mettre tous ses moyens dans une même entreprise (et s'exposer ainsi à tout perdre). — DANS L'ŒUF : dans le principe, avant la naissance, l'apparition de qqch. *Il faut étouffer cette affaire dans l'œuf.* — Fam. *Va te faire cuire un œuf !,* formule pour se débarrasser d'un importun. **4.** Confiserie en forme d'œuf. ŒUF DE PÂQUES : en chocolat ou en sucre. **II.** (Animaux ou végétaux) Première cellule d'un être vivant à reproduction sexuée, née de la fusion des noyaux de deux cellules reproductrices. *Les vrais jumeaux proviennent du même œuf.*

œuvre [œvʀ] n. f. et m. **I.** N. f. **1.** Activité, travail (dans certaines locutions). — À L'ŒUVRE. *Être à l'œuvre,* au travail. *Se mettre à l'œuvre.* — D'ŒUVRE. *Maître d'œuvre,* personne qui organise, qui dirige un travail. — METTRE EN ŒUVRE : employer de façon ordonnée. *Elle mettait tout en œuvre pour que son projet réussisse.* **2.** Au plur. Action humaine, jugée au regard de la loi religieuse ou morale. *Chaque être humain sera jugé selon ses œuvres. Bonnes œuvres,* charités que l'on fait. — *Une œuvre,* organisation ayant pour but de faire du bien à titre non lucratif. *Collecte au profit d'une œuvre de bienfaisance.* **3.** Ensemble d'actions effectuées par qqn ou qqch. *Quand le médecin arriva, la mort avait déjà fait son œuvre.* ⇒ **effet.** *La satisfaction de l'œuvre accomplie.* **4.** Ensemble organisé de signes et de matériaux propres à un art, mis en forme par l'esprit créateur ; production littéraire, artistique, etc. ⇒ **ouvrage.** *L'œuvre d'un savant. Composer une œuvre musicale, picturale. Une œuvre capitale, maîtresse.* ⇒ **chef-d'œuvre.** *Œuvres choisies.* — *L'œuvre d'un écrivain, d'une artiste,* l'ensemble de ses œuvres. — ŒUVRE D'ART : œuvre qui manifeste la volonté esthétique d'un artiste. **II.** N. m. **1.** LE GROS ŒUVRE : architecture, les fondations, les murs et la toiture d'un bâtiment. / contr. **finitions** / — *Le bois d'œuvre,* qui sert à la construction, à la menuiserie. *Petit, gros bois d'œuvre.* **2.** Littér. Ensemble des œuvres d'un artiste. *Tout l'œuvre gravé de Rembrandt.* ▶ **œuvrer** v. intr. ▪ conjug. 1. ■ Littér. Travailler, agir. ‹ ▶ chef-d'œuvre, désœuvrer, hors-d'œuvre, main-d'œuvre, manœuvre ›

off [ɔf] adj. invar. ■ Anglic. Qui n'est pas dans la scène filmée, qui n'est pas sur l'écran, hors champ. *Une voix off commente la scène.*

offense [ɔfɑ̃s] n. f. **1.** Parole ou action qui offense, qui blesse qqn dans son honneur, dans sa dignité. ⇒ **affront, injure, insulte, outrage.** *Faire offense à qqn.* — Péché (qui offense Dieu). *« Pardonne-nous nos offenses »* (prière du Notre-Père). **2.** Outrage envers un chef d'État. ▶ **offenser** v. tr. ▪ conjug. 1. **1.** Blesser (qqn) dans sa dignité ou dans son honneur. ⇒ **froisser, humilier, injurier, outrager, vexer.** *On m'a offensé volontairement. Je ne voulais pas vous offenser. Soit dit sans vous offenser.* **2.** *Offenser Dieu,* lui déplaire par le péché. **3.** Manquer gravement à (une règle, une vertu). ⇒ **braver.** *Sa conduite offense le bon sens, le bon goût.* **4.** Littér. Blesser (les sens) par une sensation pénible. *Sa voix criarde offensait nos oreilles.* ⇒ **écorcher. 5.** S'OFFENSER v. pron. réfl. : réagir par un sentiment d'amour-propre, d'honneur blessé (à ce que l'on considère comme une offense). ⇒ se **fâcher,** se **formaliser,** se **froisser,** se **vexer.** *Elle s'est offensée à (de) mes paroles.* ▶ **offensé, ée** adj. et n. ■ Qui a subi, qui ressent une offense. *Prendre toujours l'air offensé.* — N. La personne qui a subi une offense. *Dans un duel, l'offensé avait le choix des armes.* ▶ **offensant, ante** adj. ■ Qui offense. ⇒ **blessant, injurieux.** *Une remarque offensante.* ▶ **offenseur** n. m. ■ Personne qui fait une offense. ⇒ **agresseur.** ▶ **offensif, ive** adj. **1.** Qui attaque, sert à attaquer. *Armes offensives. Guerre offensive,* où l'on attaque l'ennemi. **2.** Hockey. *Joueur offensif,* avant qui se préoccupe plus de l'attaque que de la défense ⇒ **attaquant ;** joueur de défense qui aime se porter à l'attaque (opposé à *joueur défensif*). — Sports. *Un match offensif,* où l'attaque domine. **3.** Qui constitue une attaque. *Le retour offensif de l'hiver, d'une épidémie.* ▶ **offensive** n. f. **1.** Action d'attaquer l'adversaire, en prenant l'initiative des opérations. ⇒ **attaque.** *Reprendre l'offensive. Préparer, déclencher une offensive.* **2.** Sports. *L'offensive,* l'attaque. / contr. **défensive** / *L'offensive était en panne ce soir.* — Cette position. *Jouer à l'offensive.* **3.** Attaque, campagne d'une certaine ampleur. *Offensive diplomatique, publicitaire.* ‹ ▶ contre-offensive, inoffensif ›

offertoire [ɔfɛʀtwaʀ] n. m. ■ Partie de la messe, rites et prières qui accompagnent la bénédiction du pain et du vin.

① **office** [ɔfis] n. m. **I. 1.** Fonction que qqn doit remplir. — Loc. (Choses) *Remplir son office,* jouer pleinement son rôle. *Faire office de,* tenir lieu de. **2.** (France) Fonction publique conférée à vie. ⇒ ① **charge.** *Office public, ministériel. Office d'huissier,* de notaire. **3.** Loc. D'OFFICE : par le devoir général de sa charge ; sans l'avoir demandé soi-même. *Avocat, expert commis, nommé d'office.* — Par l'effet d'une mesure générale. *Être mis à la retraite d'office.* **4.** Lieu où l'on remplit les devoirs d'une charge ; agence, bureau. *Office commercial, de publicité.* — Service gouvernemental ou d'une collectivité publique doté de la personnalité morale, de l'autonomie financière et confié à un organisme spécial. ⇒ **régie, société.** *Office national du film du Canada. L'Office de la protection du consommateur. Un office municipal d'habitation.* **5.** Anglic. Réception, bureau. *L'office d'un motel.* — REM. Au sens 5, ce mot est souvent critiqué. **II.** N. m. ou f. Vieilli. Pièce ordinairement attenante à la cuisine où l'on met les provisions, etc. *Les domestiques prenaient leurs repas à l'office.* **III.** BONS OFFICES : démarches d'un État, pour amener d'autres États en litige à négocier. ⇒ **conciliation, médiation.** *La France a proposé ses bons offices.* — Loc. *Je vous remercie de vos bons offices,* de vos services. ▸ ***officiel, elle*** adj. et n. **I.** (Choses) **1.** Qui émane d'une autorité reconnue, constituée (gouvernement, administration). *Actes, documents officiels. La Gazette* officielle du Québec.* — *Langue officielle,* langue d'un État. *La Loi sur les langues officielles.* — Certifié par l'autorité. *La nouvelle est officielle depuis hier.* / contr. **officieux** / **2.** Péj. Donné pour vrai par l'autorité. *La version officielle de l'incident.* **3.** Organisé par les autorités compétentes. *La visite officielle d'un souverain* (opposé à *privé*). **4.** Annoncé, déclaré publiquement. *Leurs fiançailles sont maintenant officielles.* **5.** Conventionnel. *Un style froid et officiel.* **II.** (Personnes) **1.** Qui a une fonction officielle. *Porte-parole officiel du gouvernement.* ⇒ **autorisé.** — Réservé aux personnages officiels. *Voitures officielles.* **2.** N. Personnage officiel, autorité. *La tribune des officiels.* — Personne qui a une fonction dans l'organisation, la surveillance des épreuves sportives. *L'officiel a sifflé un hors-jeu.* ⇒ ① **arbitre.** ▸ ***officiellement*** adv. ■ À titre officiel, de source officielle. *Il en a été officiellement avisé.* ▸ ***officialiser*** v. tr. ▪ conjug. 1. ■ Rendre officiel. *Officialiser une nomination.* — Au p. p. adj. *Nom de lieu officialisé,* auquel on a conféré un caractère officiel. ▸ ① ***officier, ière*** n. **1.** Militaire ou marin titulaire d'un grade égal ou supérieur à celui de sous-lieutenant ou d'enseigne de seconde classe, et susceptible d'exercer un commandement (opposé à *la troupe*). *Officiers et soldats. Élève-officier. Officiers subalternes, supérieurs et généraux. Officiers de marine,* du corps de la marine militaire. *Un officier de police.* — *Officier de l'Armée du Salut.* **2.** Titulaire d'un grade dans un ordre honorifique. *Officier d'académie. Officier de l'Ordre du Canada ; officier de la Légion d'honneur, en France.* **3.** (France) *Officier public, ministériel,* personne qui a un office (I, 2) : huissier, notaire... — Personne qui a une fonction officielle. *Officier de police (judiciaire).* — REM. L'O.L.F. propose *officière* au féminin. ▸ ***officieux, euse*** adj. ■ Communiqué à titre de complaisance par une source autorisée mais sans garantie officielle / contr. **officiel** / *Une nouvelle officieuse. Une rencontre officieuse.* ⇒ **informel.** ▸ ***officieusement*** adv. ■ D'une manière officieuse. ⟨ ▸ officine, sous-officier ⟩

② ***office*** n. m. **1.** *Office (divin),* ensemble des prières de l'Église réparties aux heures de la journée. — Une de ces prières. *Office des morts.* **2.** Cérémonie du culte. *Célébrer un office. L'office du dimanche.* ▸ ② ***officier*** v. intr. ▪ conjug. 7. ■ Célébrer l'office divin, présider une cérémonie sacrée. ▸ ***officiant, ante*** n. ■ Personne qui officie. ⇒ **célébrant, prêtre.**

officine [ɔfisin] n. f. ■ Lieu où un pharmacien vend, entrepose et prépare les médicaments. — *Les officines du pouvoir,* un endroit où se prépare, s'élabore qqch. qui a parfois un caractère louche. ▸ ***officinal, ale, aux*** adj. ■ Vx. Qui est utilisé en pharmacie. *Plantes, herbes officinales.*

offrir [ɔfʀiʀ] v. tr. ▪ conjug. 18. **1.** Donner en cadeau. *Je lui ai offert des fleurs pour sa fête.* — Pronominalement (réfl.). *Je voudrais pouvoir m'offrir des vacances.* ⇒ se **payer.** — Pronominalement (récipr.). *Elles se sont offert des fleurs.* **2.** Proposer ou présenter (une chose) à qqn ; mettre à la disposition. *Offrir des rafraîchissements. Offrir ses services.* Loc. *Offrir ses vœux.* ⇒ **présenter.** — Pronominalement (réfl.). Se proposer. *Elle s'offrit comme guide.* **3.** Mettre à la portée de qqn. / contr. **refuser** / *On ne leur a pas offert l'occasion de se racheter. Je vous offre de venir chez moi pour les vacances.* ⇒ **proposer.** — (Suj. chose) *Cette situation offre bien des avantages.* — Pronominalement (réfl.). *Tout ce qui s'offre à notre esprit.* ⇒ se **présenter.** **4.** Proposer en contrepartie de qqch. *Je vous offre vingt-cinq dollars, pas un sou de plus.* **5.** Exposer à la vue. ⇒ **montrer.** *Son visage n'offrait rien d'accueillant.* — Pronominalement (réfl.). *Une vue superbe s'offrait à nos yeux.* — Abstrait. Présenter à l'esprit. *Les aventures dont ce livre nous offre le récit.* **6.** Exposer (à qqch. de pénible, de dangereux). *Offrir sa vie pour qqn.* — Pronominalement (réfl.). *S'offrir aux coups.* ▸ ***offrande*** n. f. **1.** Don que l'on offre à la divinité ou aux représentants de la religion. *Recueillir les offrandes des fidèles.* **2.** Don, présent. *Apporter son offrande.* ⇒ **obole.** ▸ ***offrant*** n. m. ■ Loc. *Le* PLUS OFFRANT : l'acheteur qui offre le plus haut prix. *Vendre, adjuger au plus offrant.* ▸ ***offre*** n. f. **1.** Action d'offrir ; ce que l'on offre. *Une offre avantageuse. Offres de service. Une offre d'emploi.* ⇒ **proposition.** / contr. **demande** / **2.** Quantité de produits ou de services offerts sur le marché. *L'offre dépasse la demande. En économie libérale, les prix et les salaires dépendent de la loi de l'offre et de la demande.* **3.** Au plur. *Appel d'offres,* procédure d'appel à la concurrence, faite par soumission et relative à un marché public. *Répondre à un appel d'offres pour le déneigement des autoroutes.* ⟨ ▸ offertoire ⟩

offset [ɔfsɛt] n. m. invar. ■ Impression par report (opposé à *typographie*). ⇒ **imprimerie.**

offusquer [ɔfyske] v. tr. ▪ conjug. 1. ■ Porter ombrage, indisposer, choquer. *Vos idées l'offusquent. Être offusqué.* — Pronominalement (réfl.). Se froisser, se formaliser. ⇒ s'**offenser.** *Elle s'est offusquée de vos plaisanteries.* — Au p. p. adj. *Une personne offusquée.*

ogive [ɔʒiv] n. f. **1.** Arc diagonal sous une voûte, qui en marque l'arête. *Arc d'ogives.* **2.** Arc brisé (opposé à *arc en plein cintre*). **3.** Partie supérieure de projectiles, de fusées, en forme d'ogive. *Ogive nucléaire.* ⇒ **tête.** ▸ ***ogival, ale, aux*** adj. ■ De l'ogive (1), fait avec des ogives. — Vx. Gothique.

ogre [ɔgʀ], fém. ***ogresse*** [ɔgʀɛs] n. ■ Géant des contes de fées, à l'aspect effrayant, se nourrissant de chair humaine. — Loc. *Manger comme un ogre,* beaucoup et, souvent, malproprement (⇒ **cochon**).

oh [o] interj. et n. m. invar. **1.** Interjection marquant la surprise, l'admiration, l'emphase. *Oh ! que c'est beau !* **2.** Interjection renforçant l'expression d'un sentiment. *Oh ! quelle chance !* ≠ *ho, ô.* **3.** N. m. invar. *Pousser des oh ! et des ah !* [deoedea].

ohé [oe] interj. ■ Interjection servant à appeler. ⇒ **hé, hep.** *Ohé ! là-bas ! Venez ici.*

ohm [om] n. m. ■ Unité de résistance électrique. *Des ohms.*

-oïde, -oïdal ■ Éléments savants signifiant « qui a telle forme » (ex. : *ovoïde ; hélicoïdal*).

oie [wa] n. f. **1.** Oiseau palmipède, au long cou, dont une espèce est depuis très longtemps domestiquée. — La femelle de cette espèce. ⇒ **jars** (mâle), **oison** (petit). *Garder des oies. Engraisser des oies. Confit d'oie. Pâté de foie d'oie.* — *La migration des oies blanches. Les oies sauvages.* ⇒ **bernache, outarde.** — *Plume d'oie,* utilisée autrefois pour écrire. **2.** JEU DE L'OIE : jeu où chaque joueur fait avancer un pion, selon le coup de dés, sur un tableau formé de cases numérotées. **3.** Loc. *Couleur caca d'oie.* — *Bête comme une oie,* très bête. **4.** Personne très sotte, niaiseuse. *C'est une vraie oie.* — Péj. *Une oie blanche,* une jeune fille très innocente, niaiseuse. ⟨ ▶ patte-d'oie ⟩

oignon [ɔɲɔ̃] n. m. **I. 1.** Plante potagère voisine de l'ail, vivace, à bulbe comestible ; ce bulbe. *Éplucher, hacher des oignons. Veau aux oignons. Soupe à l'oignon. Petits oignons. Oignon vert.* ⇒ fam. **échalote.** — Loc. *Être traité aux petits oignons,* aux petits soins. ⇒ **parfaitement.** *En rang d'oignons,* sur une ligne. — Fam. *Occupe-toi de tes oignons,* mêle-toi de ce qui te regarde. ⇒ **affaire** (1). **2.** Partie renflée de la racine de certaines plantes ; cette racine. *Oignon de tulipe, de lis.* **II.** Grosseur recouverte de derme et d'épiderme épaissis, qui se développe au niveau des articulations du pied (surtout du gros orteil). ⇒ **cor, durillon.**

langue d'oïl [lɑ̃gdɔjl] loc. nominale fém. ■ Ensemble des dialectes des régions françaises où *oui* se disait *oïl* au Moyen Âge (opposé à *langue d'oc*). *Les trouvères écrivaient en langue d'oïl.*

oindre [wɛ̃dʀ] v. tr. ▪ conjug. 49. — REM. Ne s'emploie plus qu'à l'infinitif et au p. p. *oint, ointe.* **1.** Vx. Frotter d'huile ou d'une matière grasse (le corps ou une partie du corps). *Oindre d'une pommade.* **2.** Toucher une partie du corps (le front, les mains) avec les saintes huiles pour bénir ou sacrer. ⇒ **onction ; extrême-onction.** ▶ ***oint, ointe*** [wɛ̃, wɛ̃t] adj. et n. m. ■ Frotté d'huile ou d'une matière grasse. — N. m. Consacré par une huile sainte.

oiseau [wazo] n. m. **1.** Animal (vertébré à sang chaud) au corps recouvert de plumes, dont les membres antérieurs sont des ailes, les membres postérieurs des pattes, dont la tête est munie d'un bec. *Gazouillis, chant des oiseaux. Étude des oiseaux.* ⇒ **ornithologie.** *Oiseaux à longues pattes* ⇒ **échassiers,** *à pattes palmées* ⇒ **palmipèdes.** *Oiseaux percheurs, sauteurs, coureurs. Oiseaux diurnes, nocturnes. Jeune oiseau.* ⇒ **oisillon.** — *Être léger comme un oiseau. Être gai, libre comme un oiseau.* — Loc. *Être aux (petits) oiseaux,* être très heureux, jouir du bonheur total. ⇒ **content, satisfait.** — Loc. prov. *Petit à petit l'oiseau fait son nid,* les choses se font progressivement. *Oiseau de malheur,* personne qui fait des prédictions funestes. — À VOL D'OISEAU loc. adv. : en ligne droite d'un point à un autre (distance théorique la plus courte). *Distance à vol d'oiseau.* **2.** Fam. et péj. Individu. *C'est un drôle d'oiseau !* ⇒ fam. **loustic.** *Un oiseau rare,* une personne étonnante (surtout iron.). — *Un oiseau de nuit*.* ▶ ***oiseau-lyre*** [wazoliʀ] n. m. ■ Bel oiseau d'Australie à queue en forme de lyre. *Des oiseaux-lyres.* ▶ ***oiseau-mouche*** [wazomuʃ] n. m. ■ Nom courant du *colibri. Des oiseaux-mouches.* ▶ ***oiseleur*** [wazlœʀ] n. m. ■ Vx. Personne qui fait métier de prendre les oiseaux. ▶ ***oiselier, ière*** [wazəlje, jɛʀ] n. ■ Personne dont le métier est d'élever et de vendre des oiseaux. ⟨ ▶ oisillon ⟩

oiseux, euse [wazø, øz] adj. ■ (Paroles, discours) Qui ne sert à rien, ne mène à rien. ⇒ **futile, inutile, vain.** *Dispute, question oiseuse.* / contr. **important, utile** /

oisif, ive [wazif, iv] adj. et n. **1.** Adj. Qui est dépourvu d'occupation, n'exerce pas de profession. ⇒ **désœuvré, inactif, inoccupé.** *Ne restez pas oisif.* — *Mener une vie oisive.* **2.** N. Personne qui dispose de beaucoup de loisir. *De riches oisifs.* / contr. **laborieux, travailleur** / ▶ ***oisivement*** adv. ▶ ***oisiveté*** n. f. ■ État d'une personne oisive. ⇒ **désœuvrement, inaction.** *Vivre dans l'oisiveté.* — PROV. *L'oisiveté est la mère de tous les vices.*

oisillon [wazijɔ̃] n. m. ■ Petit oiseau ; jeune oiseau.

oison [wazɔ̃] n. m. ■ Petit de l'oie.

O.K. [okɛ] adv. et adj. invar. ■ Anglic. Fam. D'accord. ⇒ **correct.** *« À demain ? - O.K. »* — *« O.K. d'abord*. O.K., ça suffit,* il faut arrêter. — Adj. invar. *C'est O.K.,* ça va, c'est bien. (Personnes) *Êtes-vous O.K. ?,* vous êtes-vous fait mal, êtes-vous blessé ? ⇒ fam. **tiguidou.**

oka [oka] n. m. ■ Fromage à pâte ferme (fabriqué selon les techniques traditionnelles des pères trappistes d'Oka).

okapi [ɔkapi] n. m. ■ Mammifère ruminant de la famille des girafes, vivant en Afrique équatoriale. *Des okapis.*

olé ou **ollé** [ɔl(l)e] interj. et adj. invar. **1.** Interj. Exclamation espagnole qui sert à encourager. **2.** Adj. invar. Fam. *Olé olé* ou *ollé ollé,* (Personnes) un peu libre dans son langage, ses manières. *Elles sont un peu olé olé.* — (Choses) *Histoires un peu olé, olé,* crues, grivoises.

olé(i)-, olé(o)- ■ Éléments savants signifiant « huile » ou « pétrole ». ▶ ***oléagineux, euse*** [ɔleaʒinø, øz] adj. et n. m. ■ Qui contient de l'huile. ⇒ **huileux.** *Graines, plantes oléagineuses.* — N. m. Plante susceptible de fournir de l'huile. *L'arachide, le colza sont des oléagineux.* ▶ ***oléoduc*** n. m. ■ Conduite de pétrole brut (sur une grande distance). ⇒ anglic. **pipe-line.** ⟨ ▶ ailloli, lanoline, linoléum, olive, pétrole ⟩

olfactif, ive [ɔlfaktif, iv] adj. ■ Relatif à l'odorat, à la perception des odeurs. *Sens olfactif* (ou, n. f., *olfaction*). ⇒ **odorat.**

olibrius [ɔlibʀijys] n. m. invar. ■ Fam. et vieilli. Personne qui se fait fâcheusement remarquer par sa conduite, ses propos bizarres. ⇒ **original, phénomène,** ② **pistolet.**

olig(o)- ■ Élément savant signifiant « petit, peu nombreux ». ▶ ***oligarchie*** [ɔligaʀʃi] n. f. ■ Régime politique dans lequel la souveraineté appartient à une classe restreinte et privilégiée. — Ce groupe. ▶ ***oligarchique*** adj. ▶ ***oligo(-)élément*** n. m. ■ Élément chimique présent en très faible quantité dans l'organisme, et généralement indispensable au métabolisme. *Le cuivre, le fer, le fluor sont des oligoéléments.*

olive [ɔliv] n. f. **1.** Petit fruit oblong, verdâtre puis noirâtre à maturité, à peau lisse, dont on extrait de l'huile. *Huile d'olive. Un pot d'olives farcies.* **2.** Adj. invar. *Vert olive, olive,* d'une couleur verte tirant sur le brun. *Des étoffes olive.* ▶ ***olivâtre*** adj. ■ Qui tire sur le vert olive. *Grive à dos gris olivâtre.* — Se dit d'un teint bistre, généralement mat et foncé. ▶ ***olivaie*** ou ***oliveraie*** n. f. ■ Plantation d'oliviers. ▶ ***olivier*** n. m. **1.** Arbre ou arbrisseau à tronc noueux, à feuilles vert pâle et dont le fruit est l'olive. *Culture de l'olivier.* ⇒ **oliveraie.** *Le rameau d'olivier, symbole de la paix.* — Histoire religieuse. *Le jardin des Oliviers, le mont des Oliviers* (Gethsémani), où Jésus pria, délaissé par ses disciples, avant d'être arrêté. **2.** Bois de cet arbre, utilisé en ébénisterie.

ollé interj. et adv. invar. ⇒ **olé.**

olmèque [ɔlmɛk] adj. et n. ■ Relatif à un ancien peuple du Mexique, à sa civilisation. *L'architecture olmèque. Les têtes olmèques,* des sculptures colossales en basalte. — N. (Avec une majusc.) *Les Olmèques.*

olographe ou **holographe** [ɔlɔgʀaf] adj. ■ *Testament olographe,* écrit en entier à la main, daté et signé par le testateur.

olympiade [ɔlɛ̃pjad] n. f. ■ Souvent au plur. Jeux Olympiques. *Athlète qui se prépare pour les prochaines olympiades.*

olympien, ienne [ɔlɛ̃pjɛ̃, jɛn] adj. **1.** Relatif à l'Olympe, à ses dieux. *Le temple de Jupiter olympien.* **2.** Noble, majestueux avec calme et hauteur. *Air, calme olympien.*

olympique [ɔlɛ̃pik] adj. ■ Se dit de rencontres sportives internationales réservées aux meilleurs athlètes amateurs et ayant lieu tous les quatre ans. *Les Jeux Olympiques d'hiver* (ski, patinage, etc.). ⇒ **olympiade.** — *Record, champion olympique.* — Conforme aux règlements des Jeux Olympiques. *Piscine olympique.* — N. m. pl. *Les Olympiques d'été. Participer aux Olympiques.*

ombelle [ɔ̃bɛl] n. f. ■ Ensemble de petites fleurs groupées formant coupole, sphère. ▶ ***ombellifères*** n. f. pl. ■ Famille de plantes à fleurs en ombelles (ex. : *carotte, cerfeuil, persil*). — Au sing. *Le céleri est une ombellifère.* — Adj. *Une plante ombellifère.*

ombilic [ɔ̃bilik] n. m. **1.** Cicatrice arrondie, consécutive à la chute du cordon ombilical. ⇒ **nombril. 2.** Littér. Point central. ⇒ **centre.** *L'ombilic de la Terre.* ▶ ***ombilical, ale, aux*** adj. ■ Relatif à l'ombilic, au nombril. *Cordon ombilical.* — Loc. fig. *Couper le cordon ombilical,* s'affranchir de sa mère, de sa famille.

omble [ɔ̃bl] n. m. ■ Poisson de rivière, de lac, de la famille des salmonidés. *L'omble de l'Arctique* ou *omble(-)chevalier. L'omble gris.* ⇒ **touladi.** *L'omble de fontaine.* ⇒ **truite** mouchetée. ≠ ② *ombre.*

① **ombre** [ɔ̃bʀ] n. f. **I. 1.** Zone sombre créée par un corps opaque qui intercepte les rayons d'une source lumineuse ; obscurité, absence de lumière (surtout celle du Soleil) dans une telle zone. / contr. **clarté, éclairage, lumière** / *Faire de l'ombre. L'ombre des arbres. Ruelle pleine d'ombre.* **2.** Loc. À L'OMBRE. (opposé à *au soleil*). *Il fait 30 degrés à l'ombre. Rue à l'ombre.* — Fam. *Mettre qqn à l'ombre,* l'enfermer, l'emprisonner. — *À l'ombre de,* tout près de, sous la protection de. *Il grandit à l'ombre de sa mère.* — DANS L'OMBRE. *Vivre dans l'ombre de qqn,* constamment près de lui, dans l'effacement de soi. — *Vivre dans l'ombre,* dans une situation obscure, ignorée. ⇒ **caché, inconnu.** *Sortir de l'ombre.* ⇒ **oubli.** — *Laisser une chose dans l'ombre,* dans l'incertitude, l'obscurité. **3.** Représentation d'une zone sombre, en peinture. *Les ombres et les clairs.* ⇒ **clair-obscur. 4.** Tache sombre sur une surface claire. *Un duvet faisait une ombre sur sa lèvre.* — *Ombre à paupières,* fard pour les paupières. ⇒ anglic. **eye-liner.** — Loc. *Il y a une ombre au tableau,* la situation comporte un élément d'inquiétude. **II. 1.** Zone sombre limitée par le contour plus ou moins déformé (d'un corps qui intercepte la lumière). ⇒ **image.** *Les ombres bleues des peupliers.* — Loc. *Avoir peur de son ombre,* être très craintif. *Suivre qqn comme son ombre. Courir après son ombre,* se faire des illusions, poursuivre des chimères. — *Être l'ombre de qqn,* s'attacher à ses pas, le suivre fidèlement. — *Ne plus être l'ombre de soi-même,* avoir beaucoup changé physiquement, souvent en raison d'une maladie ; avoir perdu ce qui faisait son éclat, sa grandeur, sa réputation. **2.** Au plur. Ombres projetées sur un écran pour constituer un spectacle. *Théâtre d'ombres.* — OMBRES CHINOISES : projection sur un écran de silhouettes découpées. **3.** Apparence, forme imprécise dont on ne discerne que les contours. *Entrevoir deux ombres qui s'avancent.* **4.** Apparence changeante et trompeuse d'une réalité. — Loc. *Abandonner, lâcher, laisser* LA PROIE POUR L'OMBRE : un avantage pour une espérance vaine. — L'OMBRE DE : la plus petite quantité de (souvent en tournure négative). ⇒ **soupçon, trace.** *Il n'y a pas l'ombre d'un doute.* **5.** Dans certaines croyances. Apparence d'une personne qui survit après sa mort. ⇒ **âme, fantôme.** / contr. **vivant** / *Le royaume des ombres.* **6.** Reflet affaibli (de ce qui a été). *Un vieillard qui n'est plus que l'ombre de lui-même.* ▶ ***ombrage*** n. m. **I. 1.** Littér. Ensemble de branches et de feuilles qui donnent de l'ombre. *Se reposer sous l'ombrage.* **2.** L'ombre que donnent les feuillages. *L'ombrage que font ces érables est agréable.* **II.** Loc. **1.** PRENDRE OMBRAGE DE *qqch.* : en concevoir du dépit, de la jalousie. **2.** PORTER, FAIRE OMBRAGE À *qqn* : l'éclipser, lui donner du dépit, du mécontentement (en réussissant mieux que lui, etc.). *Son frère lui a porté ombrage.* ▶ ***ombrager*** v. tr. ▪ conjug. 3. ■ (Feuillages) Faire, donner de l'ombre. *Arbres qui ombragent une allée, une terrasse.* — Au p. p. adj. *Patio ombragé.* ▶ ***ombrageux, euse*** adj. ■ Qui est porté à prendre ombrage (II), s'inquiète ⇒ **défiant,** ou se froisse aisément ⇒ **susceptible.** *Caractère ombrageux.* ▶ ***ombreux, euse*** adj. **1.** Littér. Qui donne de l'ombre. *Les hêtres ombreux.* **2.** Qui est à l'ombre ; où il y a beaucoup d'ombre. *Bois ombreux.* ⇒ **sombre, ténébreux.** / contr. **ensoleillé** / ▶ ***ombrelle*** n. f. ■ Petit parasol portatif de femme. *S'abriter du soleil sous une ombrelle.* ⟨ ▶ pénombre ⟩

② **ombre** n. m. ■ Poisson de la famille des salmonidés, de couleur sombre (brunâtre), long de 25 à 40 cm. *L'ombre arctique est très estimé.* ≠ *omble.*

ombudsman [ɔmbɔdzman] n. m. ■ Personne chargée de défendre les droits des particuliers face à certains pouvoirs (publics, universitaires). ⇒ **médiateur, protecteur** du citoyen. *L'ombudsman de la province.* — REM. Ce mot est d'origine suédoise.

oméga [ɔmega] n. m. invar. ■ Dernière lettre de l'alphabet grec (ω,Ω). — *L'alpha et l'oméga,* le début et la fin de qqch.

omelette [ɔmlɛt] n. f. ■ Œufs battus avec du lait et cuits à la poêle auxquels on peut ajouter divers éléments. *Omelette aux champignons, au jambon.* — Loc. *On ne fait pas d'omelette sans casser des œufs,* pour obtenir certains résultats, des moyens brutaux sont parfois nécessaires. — *Omelette norvégienne,* dessert composé de crème glacée, de meringue et de génoise, chaud à l'extérieur et glacé dedans.

omettre [o(ɔ)mɛtʀ] v. tr. ▪ conjug. 56. ■ S'abstenir ou négliger de considérer, de mentionner ou de faire (ce qu'on pourrait, qu'on devrait considérer, mentionner, faire). ⇒ **oublier, taire.** *N'omettez aucun détail. Vous avez omis de nous prévenir.* ▶ ***omission*** [o(ɔ)misjɔ̃] n. f. ■ Le fait, l'action d'omettre qqch. ; la chose omise. *Omission volontaire ; involontaire.* ⇒ **absence, lacune, manque, négligence, oubli.** — Loc. *Sauf erreur ou omission,* si l'on n'a rien oublié, si l'on ne s'est pas trompé. *Mensonge par omission.*

omn(i)- ■ Élément savant signifiant « tout ». ▶ ***omnibus*** [ɔmnibys] n. m. invar. et adj. invar. ■ Train qui dessert toutes les stations. *Prendre un omnibus* (opposé à *express, rapide*). — *Train omnibus.* ▶ ***omnipotence*** [ɔmnipɔtɑ̃s] n. f. ■ Puissance absolue, sans limitation ; toute-puissance. ▶ ***omnipotent, ente*** adj. ■ Tout-puissant. ▶ ***omni(-)praticien, ienne*** n. et adj. ■ Médecin généraliste. / contr. **spécialiste** / *Le congrès des omnipraticiens.* ▶ ***omniprésence*** n. f. ■ Littér. Présence en tout lieu. ⇒ **ubiquité.** *L'omniprésence de Dieu.* ▶ ***omniprésent, ente*** adj. ■ Littér. Qui est partout, ou toujours. *Une préoccupation* *omniprésente.* ▸ ***omniscient, ente*** adj. ▪ Littér. Qui sait tout. *Nul n'est omniscient.* ⇒ **universel.** ▸ ***omnisport*** ou ***omnisports*** adj. invar. ▪ Où l'on peut pratiquer tous les sports. *Stade, salle omnisport(s).* ▸ ***omnium*** [ɔmnjɔm] n. m. ▪ Compétition sportive (golf, tennis...) se déroulant en plusieurs étapes. *L'omnium de golf féminin. Des omniums.* ▸ ***omnivore*** adj. ▪ Qui se nourrit indifféremment d'aliments d'origine animale ou végétale. *L'être humain, le chien sont omnivores.* / contr. **carnivore, herbivore** / — N. m. pl. *Certains mammifères sont des omnivores.* — Au sing. *Un omnivore.*

omoplate [ɔmɔplat] n. f. **1.** Os plat triangulaire de l'épaule, en haut du dos. **2.** Le plat de l'épaule. *Il a reçu un coup sur l'omoplate.*

on [ɔ̃] pronom indéf. invar. Pronom personnel indéfini de la 3e personne faisant toujours fonction de sujet. **I. 1.** Les humains en général, les gens, l'opinion. *On dit que,* le bruit court que. *C'est, comme on dit, un beau brin de fille. On a souvent besoin d'un plus petit que soi.* ⇒ **chacun. 2.** Une personne quelconque, quelqu'un. *On apporta le dessert,* le dessert fut apporté. — Un groupe, une catégorie de personnes. ⇒ **ils.** *On a encore augmenté le prix de l'essence.* **3.** Loc. ON DIRAIT (+ nom) : sert à introduire une comparaison. *Il court si vite, on dirait une gazelle.* (+ nom propre) *Elle est si ressemblante, on dirait Greta Garbo.* — ON DIRAIT QUE (+ indicatif) : il semble que... *On dirait qu'il va pleuvoir.* **II.** (Représentant la 1re ou la 2e personne ; emplois stylistiques) **1.** Fam. Tu, toi, vous. *Eh bien ! on ne s'en fait pas ! Sait-on qui a gagné le match hier ?* **2.** Je, moi. *Oui, oui ! on y va.* — (Dans un écrit) *On montrera dans ce livre que...* **3.** Fam. Nous. *Nous, vous savez, on ne fait pas toujours ce qu'on veut. On ira au cinéma. On est toujours les derniers. On n'est pas sorti du bois.* ⟨ ▸ on-dit, qu'en-dira-t-on ⟩

onagre [ɔnagʀ] n. m. ▪ Âne sauvage de grande taille.

once [ɔ̃s] n. f. **1.** Ancienne unité de masse valant la seizième partie de la livre, soit 28,349 g (symb. *oz*). ⇒ **gramme.** *Ajouter quatre onces de farine. Une tasse de seize onces,* une mesure contenant seize onces de liquide. **2.** UNE ONCE DE : une très petite quantité de. *Il n'a pas une once de bon sens.* ⇒ **grain.** ⟨ ▸ dix-onces, quarante-onces, vingt-six-onces ⟩

oncle [ɔ̃kl] n. m. ▪ Le frère du père ou de la mère et aussi le mari de la tante. ⇒ **mononcle, tonton.** *Relatif à un oncle.* ⇒ **avunculaire.** *Oncle paternel, maternel. Oncle par alliance. L'oncle et ses neveux.* — *L'Oncle Sam,* la personnification familière des États-Unis. ⟨ ▸ grand-oncle, mononcle ⟩

onction [ɔ̃ksjɔ̃] n. f. **1.** Rite qui consiste à oindre* une personne ou une chose (avec de l'huile sainte) en vue de lui conférer un caractère sacré. **2.** Littér. Douceur dans les gestes, les paroles, qui dénote la piété, la dévotion. *Des gestes pleins d'onction.* ▸ ***onctueux, euse*** [ɔ̃ktɥø, øz] adj. ▪ Qui fait au toucher, au palais, l'impression douce et moelleuse de l'huile. ⇒ **velouté.** *Savon onctueux.* ▸ ***onctuosité*** n. f. ▪ *Onctuosité d'une pommade.* ⟨ ▸ extrême-onction ⟩

ondatra [ɔ̃datʀa] n. m. ▪ Petit mammifère rongeur au pelage brun foncé (gris sur le ventre), à pattes palmées, qui vit à la manière des castors près des petits cours d'eau et dans les marécages. ⇒ **loutre, rat musqué.** — Sa fourrure. *Un manteau d'ondatra.*

① ***onde*** [ɔ̃d] n. f. ▪ Littér. et vieilli. L'eau de la mer, les eaux (souvent, eaux courantes). *Onde limpide, transparente.* ▸ ***ondée*** n. f. ▪ Pluie soudaine et de peu de durée. *Être surpris par une ondée.* ⇒ **averse.** ⟨ ▸ inonder, ondine ⟩

② ***onde*** n. f. **1.** Sciences. Ligne ou surface atteinte à un instant donné par un ébranlement ou une vibration qui se propage dans l'espace. *Crête, creux d'une onde.* — *Ondes liquides,* ondes concentriques qui se propagent dans l'eau quand on y jette une pierre. ⇒ **rond.** — *Ondes sonores.* ⇒ **son ; résonance.** — ONDES ÉLECTROMAGNÉTIQUES : famille d'ondes qui ne nécessitent aucun milieu matériel connu pour leur propagation. *Les ultraviolets sont des ondes électromagnétiques.* — ONDES HERTZIENNES ou *radioélectriques* : ondes électromagnétiques utilisées pour la propagation de messages et de sons. *Ondes courtes, petites ondes, grandes ondes. Écouter une émission sur ondes courtes. Sur quelle longueur d'onde émet cette station ?* — Fam. *Être sur la même longueur d'onde,* se comprendre, être d'accord sur un sujet, penser la même chose. **2.** Au plur. LES ONDES : la radiodiffusion, la télédiffusion. *Sur les ondes ou dans la presse. Elle passe sur les ondes mardi à 14 h.* ⟨ ▸ micro-onde, ondoyer, onduler ⟩

ondine [ɔ̃din] n. f. **1.** Déesse des eaux (des « ondes »), dans la mythologie nordique. ⇒ **naïade. 2.** Jeune nageuse. *Les ondines évoluent gracieusement.*

on-dit [ɔ̃di] n. m. invar. ▪ Bruit qui court. ⇒ **médisance, placotage, racontar, rumeur.** *Ce ne sont que des on-dit.*

ondoyer [ɔ̃dwaje] v. ▪ conjug. 8. **1.** V. intr. Remuer, se mouvoir en s'élevant et s'abaissant alternativement. *Drapeau qui ondoie dans le vent.* ⇒ **flotter, onduler. 2.** Baptiser par ondoiement. *Ondoyer un nouveau-né.* ▸ ***ondoiement*** [ɔ̃dwamɑ̃] n. m. **1.** Mouvement de ce qui ondoie. *L'ondoiement des herbes dans le vent.* **2.** Baptême où seule l'ablution baptismale est faite, sans les rites et prières habituelles. ▸ ***ondoyant, ante*** [ɔ̃dwajɑ̃, ɑ̃t] adj. ▪ Qui ondoie, a le mouvement de l'onde. *Les blés ondoyants. Une démarche ondoyante.* ⇒ **ondulant.**

onduler [ɔ̃dyle] v. ▪ conjug. 1. **1.** V. intr. Avoir un mouvement sinueux d'ondulation. ⇒ **ondoyer.** *Images qui ondulent dans l'eau.* **2.** V. intr. Présenter des ondulations (2). *Ses cheveux ondulent naturellement.* **3.** V. tr. *Onduler des cheveux au fer.* ⇒ **boucler, friser.** — ONDULÉ, ÉE p. p. adj. : qui fait des ondulations. *Tôle ondulée. Des cheveux ondulés* (opposé à *raides*). ▸ ***ondulant, ante*** adj. ▪ Qui ondule. *Démarche ondulante.* ⇒ **ondoyant.** ▸ ***ondulation*** n. f. **1.** Mouvement alternatif de ce qui s'élève et s'abaisse en donnant l'impression d'un déplacement ; mouvement sinueux. *Ondulation des vagues, des blés.* ⇒ **ondoiement. 2.** Ligne, forme sinueuse, faite de courbes alternativement concaves et convexes. *Les ondulations des cheveux.* — *Ondulation du sol, du terrain,* suite de dépressions et de saillies dues à un plissement. ⇒ **pli. 3.** Action d'onduler, de friser les cheveux. ⇒ **permanente.** ▸ ***onduleux, euse*** adj. **1.** Qui présente de larges ondulations. ⇒ **courbe, ondulé, sinueux.** *Plaine onduleuse.* / contr. ① **plat** / **2.** Qui ondule. ⇒ **ondoyant, ondulant.** *Un mouvement onduleux.* ▸ ***ondulatoire*** adj. **1.** Qui a les caractères d'une onde ②. *Mouvement ondulatoire du son.* **2.** Qui se rapporte aux ondes. MÉCANIQUE ONDULATOIRE : théorie physique selon laquelle toute particule est considérée comme associée à une onde périodique.

onéreux, euse [ɔneʀø, øz] adj. **1.** Qui impose des frais, des dépenses. ⇒ ② **cher, coûteux, dispendieux.** *C'est trop onéreux pour nous.* / contr. **gratuit ; avantageux, économique** / **2.** À TITRE ONÉREUX : sous la condition d'acquitter une charge, une obligation (terme de droit). / contr. **gracieux** / ⟨ ▸ exonérer ⟩

ongle [ɔ̃gl] n. m. **1.** Partie cornée à l'extrémité des doigts. *Ongle des mains, des pieds. Ronger ses ongles. Se curer, se brosser les ongles. Brosse à ongles. Vernis, rouge à ongles. Donner un coup d'ongle,* griffer. — Loc.

Être qqch. JUSQU'AU BOUT DES ONGLES : l'être tout à fait. *Connaître, savoir qqch. sur le bout des ongles,* à fond. ⇒ **parfaitement.** (→ Sur le bout des doigts) — *Payer rubis sur l'ongle,* rapidement, en entier et en argent. **2.** Griffe des carnassiers. — Serre des rapaces. ‹ ▶ coupe-ongles, ① onglet, ongulé ›

① ***onglet*** [ɔ̃glɛ] n. m. **1.** Petite bande de papier (permettant d'insérer une feuille dans un livre). **2.** Entaille, échancrure (sur un instrument, sur la lame d'un canif, d'un couteau, pour permettre de tirer la lame) avec l'ongle.

② ***onglet*** n. m. ■ (Surtout en France) Morceau de bœuf très apprécié pour faire des biftecks. *Un onglet aux échalotes.*

onguent [ɔ̃gɑ̃] n. m. ■ Médicament de consistance pâteuse, composé de substances grasses ou résineuses, et que l'on applique sur la peau. ⇒ **baume, crème, liniment, pommade.** *Appliquer un onguent sur une brûlure.* — Loc. fam. *Mets-en, ce n'est pas de l'onguent,* ne lésine pas, mets-en plus que moins.

ongulé, ée [ɔ̃gyle] adj. et n. m. pl. ■ (Animaux) Dont les pieds sont terminés par des productions cornées (comme les ongles). — N. m. pl. LES ONGULÉS : cet ordre de mammifères. — Au sing. *Le cheval est un ongulé.*

onir(o)- ■ Élément savant signifiant « rêve ». ▶ ***onirique*** [ɔniʀik] adj. **1.** Relatif aux rêves. *Visions de l'état onirique.* **2.** Qui évoque un rêve, semble sorti d'un rêve. *Atmosphère, décor onirique.*

onomastique [ɔnɔmastik] adj. ■ Relatif aux noms propres, à leur étude. — N. f. *L'onomastique,* cette science.

onomatopée [ɔnɔmatɔpe] n. f. ■ Mot qui imite par le son la chose dénommée (son ou cause d'un son). *Gazouillis, boum, crac, snif, vrombir... sont des onomatopées.*

ontarien, ienne [ɔ̃taʀjɛ̃, jɛn] adj. et n. ■ De l'Ontario. *Le gouvernement ontarien. Les francophones ontariens.* ⇒ **franco-ontarien, ontarois.** — N. (Avec une majusc.) Personne née dans cette province ou qui l'habite. ▶ ***ontarois, oise*** adj. et n. ■ Relatif à l'Ontario francophone. ⇒ **franco-ontarien.** *La littérature ontaroise.* — N. (Avec une majusc.) *Les jeunes Ontaroises.* ‹ ▶ franco-ontarien ›

onto- ■ Élément savant signifiant « l'être, ce qui est ». ▶ ***ontologie*** [ɔ̃tɔlɔʒi] n. f. ■ Partie de la métaphysique qui traite de l'être indépendamment de ses déterminations particulières. ▶ ***ontologique*** adj. ■ *Preuve ontologique de l'existence de Dieu.*

-onyme, -onymie, -onymique ■ Éléments savants signifiant « nom » (ex. : *homonyme, toponymie, synonymique*).

onyx [ɔniks] n. m. invar. ■ Variété d'agate présentant des zones concentriques régulières de diverses couleurs. *Coupe en onyx.*

onze [ɔ̃z] adj. et n. m. — REM. L'article ou la préposition qui précède ce mot et ses dérivés ne s'élide pas. **I. 1.** Adj. numéral cardinal invar. Nombre correspondant à dix plus un (11). *Un enfant de onze ans. Il n'y a que onze pages. Onze cents* (ou *mille cent*). **2.** Adj. ordinal invar. ⇒ **onzième.** *Louis XI (onze). Chapitre onze.* **II.** N. m. *Onze plus deux. Le onze. Le onze octobre,* le onzième jour. *Il a eu onze en anglais.* ▶ ***onzième*** adj. et n. **1.** Adj. Qui vient immédiatement après le dixième. *Le onzième jour.* — N. *Elle est la onzième.* — Ancienn. N. f. *Il est en onzième,* en classe de onzième année. **2.** N. m. La onzième partie. *Un onzième de l'héritage.* ▶ ***onzièmement*** adv.

opacifier v. tr., ***opacité*** n. f. ⇒ **opaque.**

opale [ɔpal] n. f. ■ Pierre précieuse opaque ou translucide, blanche à reflets irisés. *Opale noble, opale de feu, opale couleur de miel.* ▶ ***opalin, ine*** adj. ■ Qui a l'aspect de l'opale. ⇒ **blanchâtre, laiteux.** ▶ ***opaline*** n. f. ■ Substance vitreuse dont on fait des vases, des ornements. — Objet en opaline.

opaque [ɔpak] adj. **1.** Qui s'oppose au passage de la lumière. *Verre opaque.* / contr. **translucide, transparent** / **2.** OPAQUE À : qui s'oppose au passage de (certaines radiations). *Corps opaque aux rayons ultraviolets, aux rayons X.* **3.** Impénétrable, très sombre. / contr. **clair** / *Nuit opaque.* ▶ ***opacifier*** v. tr. ▪ conjug. 7. ■ Rendre opaque. ▶ ***opacité*** n. f. ■ Propriété d'un corps qui ne se laisse pas traverser par la lumière. / contr. **limpidité, transparence** /

open [ɔpœ(ɛ)n] adj. invar. Anglic. **1.** Sports. Se dit d'une compétition ouverte aux professionnels et aux amateurs. *Des tournois open.* — N. m. *Un open de tennis.* **2.** *Billet open,* non daté à l'achat et utilisable à la date choisie par l'acheteur. *Des billets open.* **3.** (Personnes) Fam. Loc. *Être open,* généreux, accessible ; enjoué, sans complexe.

opéra [ɔpeʀa] n. m. **1.** Ouvrage dramatique mis en musique, composé de récitatifs, d'airs, de chœurs et parfois de danses avec accompagnement d'orchestre. *Grand opéra. Un opéra de Mozart. Opéra bouffe,* dont les personnages et le sujet sont empruntés à la comédie. ⇒ **opéra-comique, opérette.** *Le livret, la musique d'un opéra.* — *Opéra rock,* spectacle musical fondé sur la musique rock. — Genre musical constitué par ces ouvrages. *Aimer l'opéra. L'opéra italien.* **2.** Théâtre où l'on joue ces sortes d'ouvrages. *La Scala de Milan, célèbre opéra italien.* ▶ ***opéra-comique*** n. m. **1.** Drame lyrique composé d'airs chantés avec accompagnement orchestral, alternant parfois avec des dialogues parlés. ⇒ **opérette.** *Des opéras-comiques.* **2.** Théâtre où l'on joue ces sortes de drames. *Aller à l'opéra-comique.* ‹ ▶ opérette ›

opercule [ɔpɛʀkyl] n. m. ■ Ce qui forme couvercle (pièce du corps d'animaux, etc.)

opérer [ɔpeʀe] v. tr. ▪ conjug. 6. **1.** Faire effet. ⇒ **agir.** *Le remède commence à opérer.* **2.** Accomplir (une action), effectuer (une transformation) par une suite ordonnée d'actes. ⇒ **exécuter, faire, réaliser.** *Il faut opérer un choix. Il convient d'opérer de cette manière.* ⇒ **procéder. 3.** Soumettre à une opération chirurgicale (une personne, un organe). *On l'a opéré, il a été opéré de l'appendicite.* — *Opérer un œil de la cataracte.* — Au p. p. adj. *Malade opéré ; tumeur opérée.* — N. *Les opérés en convalescence.* **4.** S'OPÉRER v. pron. ⇒ se **produire.** *L'expropriation publique s'opère par autorité de justice.* ▶ ***opérable*** adj. ■ Qui peut être opéré (3), est en état de l'être. *Malade opérable. Cancer opérable.* ▶ ***opération*** n. f. **1.** Action d'un pouvoir, d'une fonction, d'un organe qui produit un effet. *Les opérations de la digestion.* — Loc. *Par l'opération du Saint-Esprit,* par un moyen mystérieux et efficace. *S'enrichir très vite, comme par l'opération du Saint-Esprit.* **2.** Acte ou série d'actes (matériels ou intellectuels) en vue d'obtenir un résultat déterminé. ⇒ **entreprise, exécution, travail.** *Opérations industrielles, chimiques.* **3.** Mathématiques. Processus de nature déterminée qui, à partir d'éléments connus, permet d'en engendrer un nouveau. ⇒ **calcul.** *Opérations fondamentales,* addition, soustraction, multiplication, division (les *quatre opérations*), élévation à une puissance, extraction d'une racine. **4.** *Opération (chirurgicale),* toute action mécanique sur une partie du corps vivant en vue de la modifier. ⇒ **intervention.** *Subir une opération. Opération sous anesthésie. Table d'opération.* ⇒ fam. **billard.** *La salle d'opération.*

— Fam. *Grande, grosse opération.* ⇒ **hystérectomie.** **5.** Ensemble de mouvements, de manœuvres militaires, de combats (⇒ **bataille, campagne**). *Avoir, prendre l'initiative des opérations. — Opération de police.* — Fam. Série de mesures coordonnées en vue d'atteindre un résultat. *Opération « baisse des prix ».* **6.** Affaire commerciale, spéculation. *Opération commerciale, financière. Opérations de bourse. Une bonne opération.* ⇒ **affaire.** ▶ ***opérationnel, elle*** adj. **1.** Relatif aux opérations militaires. *Base opérationnelle.* **2.** RECHERCHE OPÉRATIONNELLE : technique d'analyse scientifique (mathématique) des phénomènes d'organisation. **3.** Qui peut fonctionner ; qui peut être mis en service. *Ni les appareils, ni les scientifiques ne sont encore opérationnels.* ▶ ***opérateur, trice*** n. ■ Personne qui exécute des opérations techniques déterminées, fait fonctionner un appareil. *Demander un numéro de téléphone à l'opératrice.* ⇒ **téléphoniste.** — *Des opératrices radio,* chargées des télécommunications à bord (d'un avion, d'un navire). — *Opérateur de prise de vues,* ou absolt. *opérateur,* cameraman, cadreur. *Chef opérateur.* ▶ ***opératoire*** adj. ■ Relatif aux opérations chirurgicales. *Bloc opératoire,* locaux et installations d'un centre chirurgical. — *Choc opératoire,* phénomènes morbides observés à la suite d'opérations. 〈 ▶ inopérable, inopérant, postopératoire 〉

opérette [ɔperɛt] n. f. ■ Petit opéra-comique dont le sujet et le style, légers et faciles, sont empruntés à la comédie. *Chanteuse d'opérette.* — Par plaisant. *Héros, armée d'opérette,* qu'on ne peut prendre au sérieux.

ophidiens [ɔfidjɛ̃] n. m. pl. ■ Zoologie. LES OPHIDIENS : un sous-ordre des reptiles (serpents). — Au sing. *Un ophidien.* — Adj. OPHIDIEN, IENNE relatif au serpent ; de la nature du serpent, qui a son aspect.

ophtalm(o)-, -ophtalmie ■ Éléments savants signifiant « kil ». ▶ ***ophtalmie*** [ɔftalmi] n. f. ■ Maladie des yeux. ▶ ***ophtalmologie*** n. f. ■ Étude de l'œil ; médecine de l'œil. ▶ ***ophtalmologique*** adj. ■ Relatif à l'ophtalmologie. — *Clinique ophtalmologique.* ▶ ***ophtalmologiste*** ou ***ophtalmologue*** n. ■ Anatomiste, physiologiste, médecin spécialiste de l'œil. ⇒ **oculiste, optométriste.** *Consulter un ophtalmologiste.* — Fam. *Un, une ophtalmo. Des ophtalmos.*

opiner [ɔpine] v. ▪ conjug. 1. **1.** V. tr. ind. Littér. *Opiner à,* donner son assentiment. ⇒ **adhérer, approuver.** *Il opinait à tout ce qu'elle disait.* **2.** V. intr. Loc. *Opiner du bonnet, de la tête,* manifester qu'on est d'accord.

opiniâtre [ɔpinjɑtʀ] adj. **1.** Littér. Tenace dans ses idées, ses résolutions. ⇒ **acharné, obstiné, persévérant.** / contr. **changeant, versatile** / *Esprit, caractère opiniâtre.* **2.** (Choses) Qui ne cède pas, que rien n'arrête. *Opposition opiniâtre.* ⇒ **irréductible, obstiné.** *Travail opiniâtre. Toux opiniâtre.* ⇒ **persistant, tenace.** ▶ ***opiniâtrement*** adv. ■ Obstinément. ▶ ***opiniâtreté*** n. f. ■ Persévérance tenace. ⇒ **détermination, fermeté, ténacité.** *Travailler, lutter, résister avec opiniâtreté.* ⇒ **acharnement, âpreté.**

opinion [ɔpinjɔ̃] n. f. **I. 1.** Manière de penser, de juger. ⇒ **appréciation, avis ; conviction, croyance, idée, jugement, pensée, point de vue.** *Avoir une opinion, l'opinion que...* ⇒ **considérer, croire, estimer, juger, penser** (verbes d'opinion). *Adopter, suivre une opinion. Je n'ai pas la même opinion qu'eux. Il partage les opinions de sa sœur. Être de l'opinion du dernier qui a parlé. Divergences d'opinions. — Donner, exprimer son opinion. — Défendre, soutenir une opinion. Avoir le courage de ses opinions,* les soutenir avec franchise. — *Opinions toutes faites.* ⇒ **préjugé.** — *C'est une affaire d'opinion,* où intervient le jugement subjectif de chacun. **2.** Au plur. ou collectif. Idée ou ensemble des idées que l'on a, dans un domaine déterminé. ⇒ **doctrine, système, théorie.** *Opinions philosophiques, politiques. Opinions avancées, subversives. — Liberté d'opinion.* **3.** *Avoir (une) haute, bonne, mauvaise opinion de qqn,* le juger bien ou mal. — *Avoir bonne opinion de soi,* être content de soi. **II. 1.** Jugement collectif, ensemble de jugements de valeur (sur qqch. ou qqn). *L'opinion des autres, du monde. — L'opinion,* les jugements portés par la majorité d'un groupe social. *Braver l'opinion publique.* **2.** Ensemble des opinions d'un groupe social. *L'opinion syndicale. L'opinion américaine.* — Ensemble des attitudes d'esprit dominantes dans une société, de ceux qui partagent ces attitudes. *L'opinion publique. Il faut alerter l'opinion. Sondages d'opinion. L'opinion est unanime, divisée.*

opium [ɔpjɔm] n. m. ■ Suc du fruit d'un pavot, utilisé comme stupéfiant. *Fumer de l'opium.* — Loc. *La religion est l'opium du peuple* (Karl Marx), elle l'endort, l'éloigne des problèmes réels. ▶ ***opiomane*** n. ■ Toxicomane qui fume ou mâche de l'opium.

opossum [ɔpɔsɔm] n. m. ■ Petit marsupial d'Amérique et d'Australie, à beau pelage noir, blanc et gris. ⇒ **sarigue.** *Des opossums.* — Sa fourrure. *Manteau d'opossum.*

opportun, une [ɔpɔʀtœ̃, yn] adj. ■ Qui vient à propos. ⇒ **convenable.** *Au moment opportun.* ⇒ ① **bon, favorable, propice.** *Il lui parut opportun de céder.* ▶ ***opportunément*** adv. ■ À propos. ▶ ***opportunité*** n. f. **1.** Caractère de ce qui est opportun. ⇒ **à-propos.** *Discuter de l'opportunité d'une mesure.* **2.** Circonstance opportune, occasion favorable. *Aurez-vous l'opportunité de venir ?* — REM. L'emploi de ce mot au sens 2 est critiqué (calque de l'anglais). ▶ ***opportunisme*** n. m. ■ Comportement ou politique qui consiste à tirer parti des circonstances, en transigeant, au besoin, avec les principes. ▶ ***opportuniste*** n. et adj. 〈 ▶ inopportun 〉

opposer [ɔpoze] v. tr. ▪ conjug. 1. **I.** V. tr. **1.** Alléguer (une raison qui fait obstacle à ce qu'une personne a dit, pensé). ⇒ **objecter, prétexter.** *Il n'y a rien à opposer à cela.* ⇒ **répondre.** / contr. **acquiescer** / **2.** Mettre en face, face à face pour le combat. *Opposer une armée puissante à l'ennemi. — Opposer une personne à une autre.* ⇒ **dresser, exciter** contre. *Match qui oppose deux équipes. Des questions d'intérêt les opposent.* ⇒ **diviser.** **3.** Placer (qqch.) en face pour faire obstacle. *Opposer une digue aux crues d'un fleuve.* — Abstrait. *À ses reproches, j'ai préféré opposer le silence.* — (Suj. chose) Présenter (un obstacle). *La résistance qu'oppose le mur.* **4.** Placer en face de ; mettre vis-à-vis. *Opposer deux objets, un objet à un autre.* — Juxtaposer (des éléments opposés). *Opposer deux couleurs, le noir au blanc.* **5.** Montrer ensemble, comparer (deux choses totalement différentes) ; présenter comme contraire. ⇒ **confronter.** *Opposer l'ordre à (et) la liberté.* — Mettre en comparaison, en parallèle avec. *Quels orateurs pouvait-on opposer à Cicéron, à Sénèque ?* **II.** S'OPPOSER v. pron. **1.** Réfl. (Personnes) Faire obstacle ou mettre obstacle. ⇒ **contrarier, contrecarrer, empêcher, interdire.** *Ses parents s'opposent à son mariage. Je m'oppose à ce que vous y alliez. Je m'y oppose formellement.* — Agir contre, résister (à qqn) ; agir à l'inverse de (qqn). ⇒ **braver, résister.** *Pour toutes les choses importantes, je m'oppose à lui.* **2.** Réfl. (Choses) Faire obstacle. ⇒ **empêcher, entraver.** *Leur religion s'y oppose.* ⇒ **défendre, interdire.** **3.** Faire contraste. — (Récipr.) *Couleurs qui s'opposent.* — (Réfl.) Être totalement différent. ⇒ **opposé.** — Être le contraire. *« Haut » s'oppose à « bas ».* ⇒ **antonyme.**

/ contr. **synonyme** / ▶ ***opposable*** adj. ■ Qui peut être opposé. *Le pouce est opposable aux autres doigts de la main.* ▶ ***opposant, ante*** adj. et n. **1.** Qui s'oppose (à un acte juridique, un jugement, une mesure, une autorité). *La minorité opposante.* **2.** N. Personne opposante. ⇒ **adversaire.** *Les opposants au régime.* ⇒ **détracteur.** *Une opposante.* / contr. **défenseur, soutien** / ▶ ***opposé, ée*** adj. et n. m. **I.** Adj. **1.** Se dit (au plur.) de choses situées de part et d'autre et qui sont orientées face à face, dos à dos ⇒ **symétrique** ; se dit (au sing.) d'une de ces choses par rapport à l'autre. *Les pôles sont diamétralement opposés. Le mur opposé à la fenêtre. Du côté opposé. — Sens opposé.* ⇒ **contraire, inverse. 2.** Qui fait contraste. *Couleurs opposées.* **3.** Qui est aussi différent que possible (dans le même ordre d'idées). ⇒ **contraire.** *Ils ont des goûts opposés, des opinions opposées.* ⇒ **antagonique.** *Concilier des intérêts opposés.* / contr. **analogue, identique, semblable** / — *Nombres opposés,* de même valeur absolue et de signe contraire (+ 5 et – 5). **4.** Qui s'oppose (à), se dresse contre. ⇒ **adversaire, ennemi** de, **hostile.** *Je suis opposé à tous les excès.* **II.** N. m. **1.** Côté opposé, sens opposé. *L'opposé du nord est le sud.* **2.** Abstrait. Ce qui est opposé. ⇒ **contraire.** *Soutenir l'opposé d'une opinion.* ⇒ **contrepartie, contre-pied.** — Fam. *Cet enfant est tout l'opposé de sa sœur* (→ C'est le jour et la nuit). **3.** À L'OPPOSÉ loc. adv. : du côté opposé. *La gare est à l'opposé.* — À L'OPPOSÉ DE loc. prép. : du côté opposé à. — D'une manière opposée à. ⇒ en **contradiction.** *À l'opposé de X, Y pense que rien n'est perdu.* ⇒ **contrairement** à. ▶ ***à l'opposite*** [alɔpozit] loc. ■ À L'OPPOSITE (DE) : dans une direction opposée. *Leurs maisons sont situées à l'opposite l'une de l'autre.* ⇒ en **face, vis-à-vis.** — Abstrait. *Des points de vue à l'opposite l'un de l'autre.* ▶ ***opposition*** n. f. **I. 1.** Rapport de personnes que leurs opinions, leurs intérêts dressent l'une contre l'autre. ⇒ **antagonisme, désaccord, heurt, lutte.** / contr. **accord, alliance** / *Opposition de deux adversaires.* ⇒ **hostilité, rivalité.** — EN OPPOSITION. *Entrer en opposition avec qqn.* ⇒ **conflit, dispute. 2.** Effet produit par des objets, des éléments très différents juxtaposés. ⇒ **contraste.** *Opposition de couleurs, de sons.* / contr. **harmonie** / **3.** Rapport de deux choses opposées, qu'on oppose ou qui s'opposent. ⇒ **différence.** *Opposition des contraires. Opposition de deux principes.* ⇒ **antithèse.** / contr. **conformité, correspondance** / — EN OPPOSITION. *Sa conduite est en opposition avec ses idées.* — PAR OPPOSITION loc. adv. ; PAR OPPOSITION À loc. prép. : par contraste avec, d'une manière opposée à. *Employer ce mot par opposition à tel autre.* **II. 1.** Action, fait de s'opposer en mettant obstacle, en résistant. *L'opposition de qqn à une action.* ⇒ **interdiction, refus.** / contr. **adhésion, consentement** / *Faire, mettre opposition à qqch. Faire de l'opposition.* **2.** Manifestation de volonté destinée à empêcher l'accomplissement d'un acte juridique. FAIRE OPPOSITION *à un chèque perdu* : empêcher que le chèque, s'il est émis, soit débité de son compte. **3.** Les personnes qui luttent contre, s'opposent à un gouvernement, un régime politique. ⇒ **opposant.** *Les partis de l'opposition. Rallier l'opposition. — L'opposition (officielle),* le groupe parlementaire qui détient le plus grand nombre de sièges au Parlement, après le gouvernement.

oppresser [ɔpʀese] v. tr. ▪ conjug. 1. **1.** Gêner (qqn) dans ses fonctions respiratoires, comme en lui pressant fortement la poitrine. ⇒ **accabler, opprimer** (3). *L'effort, la chaleur l'oppressaient.* — OPPRESSÉ, ÉE p. p. adj. *Se sentir oppressé. Respiration oppressée.* **2.** Accabler, étreindre. *Sa douleur l'oppresse et l'empêche d'agir.* ⇒ **étouffer.** *L'inquiétude l'oppressait.* ▶ ***oppressant, ante*** adj. ■ Qui oppresse. *Il fait une chaleur oppressante.* ⇒ **accablant.** *Crainte oppressante.* ▶ ***oppresseur*** n. m. ■ Personne qui opprime. ⇒ **tyran.** *L'oppresseur et les opprimés.* — Adj. *Un régime oppresseur.* ⇒ **oppressif.** — REM. Le féminin *oppresseuse* est virtuel. ▶ ***oppressif, ive*** adj. ■ Qui tend ou sert à opprimer. *Autorité oppressive.* ⇒ **tyrannique.** ▶ ***oppression*** n. f. **1.** Action, fait d'opprimer. *L'oppression du faible par le fort.* ⇒ **domination.** *Vivre sous l'oppression d'un régime policier.* **2.** Gêne respiratoire, sensation d'un poids qui oppresse la poitrine. ⇒ **suffocation.**

opprimer [ɔpʀime] v. tr. ▪ conjug. 1. **1.** Soumettre à une autorité excessive et injuste, persécuter par des mesures de violence. ⇒ **asservir, écraser, persécuter, tyranniser.** *Opprimer un peuple, les faibles. Action d'opprimer.* ⇒ **oppression.** / contr. **libérer** / **2.** Empêcher de s'exprimer, de se manifester. ⇒ **étouffer.** *Opprimer les consciences.* **3.** Oppresser (se dit d'une sensation pénible). ▶ ***opprimé, ée*** adj. et n. ■ Qui subit une oppression. *Populations opprimées.* — N. *Défendre, libérer les opprimés.* / contr. **oppresseur** /

opprobre [ɔpʀɔbʀ] n. m. Littér. **1.** Ce qui humilie à l'extrême, publiquement. ⇒ **honte.** *Accabler, couvrir qqn d'opprobre. Jeter l'opprobre sur qqn.* **2.** Sujet de honte, cause de déshonneur. *Être l'opprobre de sa famille.*

optatif, ive [ɔptatif, iv] adj. ■ Linguistique. Qui exprime le souhait. *« Qu'il parte ! » est une proposition optative.* — N. m. *L'optatif,* mode du verbe qui exprime le souhait.

opter [ɔpte] v. intr. ▪ conjug. 1. ■ Faire un choix, prendre parti (entre deux ou plusieurs choses qu'on ne peut avoir ou faire ensemble). ⇒ **adopter, choisir,** se **décider.** *À sa majorité, il a opté pour la nationalité française.* ‹ ▶ adopter, coopter, optatif, option ›

opticien, ienne [ɔptisjɛ̃, jɛn] n. ■ Personne qui fabrique, vend des instruments d'optique. ⇒ **optométriste.** *J'ai fait faire, chez l'opticien, les lunettes que m'a prescrites l'oculiste. Les opticiens d'ordonnance.* ≠ *oculiste.*

optimal adj. ⇒ **optimum** — REM.

optimisme [ɔptimism] n. m. **1.** Tournure d'esprit qui dispose à prendre les choses du bon côté, en négligeant leurs aspects fâcheux. **2.** Sentiment de confiance heureuse, dans l'issue d'une situation particulière. *Il faut envisager la situation avec optimisme.* / contr. **pessimisme** / ▶ ***optimiste*** adj. ■ Qui est naturellement disposé à voir tout en beau, qui envisage l'avenir favorablement. *Elle est optimiste.* — N. *C'est un optimiste, il est toujours content de son sort. — La chirurgienne n'est pas très optimiste* (pour le cas en question). (Choses) *Des paroles qui se veulent optimistes.*

optimum [ɔptimɔm] n. m. et adj. **1.** N. m. État considéré comme le plus favorable pour atteindre un but déterminé ou par rapport à une situation donnée. *Optimum de production. Des optimums* ou *des optima.* **2.** Adj. Qui est le plus favorable, le meilleur possible. *Température optimum* ou *optima.* — REM. On emploie aussi l'adj. *optimal, ale, aux.*

option [ɔpsjɔ̃] n. f. **1.** Possibilité de choisir, d'opter. ⇒ **choix.** *Une option difficile à prendre. Un baccalauréat en lettres, option littérature.* — À OPTION. ⇒ **optionnel.** *Cours à option. Matières, textes à option dans le programme d'un examen.* **2.** Action de choisir ; son résultat. *Ses options politiques ont changé.* **3.** Chose qui peut être acquise facultativement en plus d'une autre. *Accessoires d'automobile vendus en option. Je n'ai pas pris toutes les options sur ce modèle.* **4.** Promesse unilatérale de vente à un prix déterminé sans engagement de la part du futur acheteur. *Prendre une option sur une série d'actions.* ▸ ***optionnel, elle*** adj. ■ Qui donne lieu à un choix. ⇒ **facultatif.** / contr. **obligatoire** / *Cours optionnel.* — Qu'on peut acquérir facultativement avec autre chose.

optique [ɔptik] adj. et n. **I.** Adj. et n. f. **1.** Relatif à l'œil, à la vision. *Nerf optique. Angle optique* ou *angle de vision.* **2.** Relatif à l'optique (II). *Verres optiques. Fibre optique. Un lecteur optique,* qui permet la saisie des données sans avoir à utiliser le clavier. **II.** N. f. **1.** Science qui a pour objet l'étude de la lumière et des lois de la vision. *Appareils, instruments d'optique,* lunettes, jumelles, télescopes, microscopes... — Commerce, fabrication, industrie des appareils d'optique. *Optique médicale, astronomique, photographique.* — Partie optique d'un appareil (les lentilles, objectifs, oculaires..., opposés à *monture*). **2.** Aspect particulier que prend un objet vu à distance d'un point déterminé. ⇒ **perspective.** *L'optique du théâtre, du cinéma.* — Abstrait. Manière de voir. *Dans cette optique, il faut faire d'autres projets.* ‹ ▸ opticien ›

optométrie [ɔptɔmetʀi] n. f. ■ Science qui a pour objet la mesure et la correction des défauts optiques (1). ⇒ **ophtalmologie.** ▸ ***optométriste*** n. ■ Opticien qui pratique l'optométrie. ⇒ **oculiste, ophtalmologiste.** *Avoir un rendez-vous chez l'optométriste.* — Adj. *Une opticienne optométriste.*

opulence [ɔpylɑ̃s] n. f. ■ Grande abondance de biens. ⇒ **abondance, fortune, richesse.** *Vivre dans le luxe et l'opulence.* / contr. **dénuement, misère, pauvreté** / ▸ ***opulent, ente*** adj. **1.** Qui est très riche, qui est dans l'opulence. *Une région opulente,* qui produit beaucoup. *Vie opulente.* **2.** Qui a de l'ampleur dans les formes. ⇒ **abondant.** *Poitrine opulente.* ⇒ ① **fort, gros.**

opus [ɔpys] n. m. invar. ■ Indication utilisée pour désigner un morceau de musique avec son numéro dans l'œuvre complète d'un compositeur (abrév. *op.*). *La sonate opus 36 de Mozart.*

opuscule [ɔpyskyl] n. m. ■ Petit ouvrage, petit livre. ⇒ **brochure.**

① ***or*** [ɔʀ] n. m. **I. 1.** Métal précieux jaune brillant (symb. *Au*). *L'or est inaltérable, inoxydable et malléable. Pépites, poudre d'or. Chercheur d'or. Or pur, or fin. Or jaune, or blanc.* — *Lingot d'or. Bijoux en or massif. Pièce d'or. Dollar en or. Plaqué or.* — PROV. *Tout ce qui brille n'est pas or,* il ne faut pas se fier aux belles apparences. **2.** Monnaie métallique faite avec ce métal. *Payer en or.* **3.** (Symbole de richesse, de fortune) *Le pouvoir de l'or.* — Loc. *Acheter, vendre, payer* À PRIX D'OR : très cher. — *Valoir son pesant d'or,* valoir très cher et être très précieux, avoir une grande valeur. — *J'ai fait une affaire* EN OR. ⇒ **avantageux.** — ROULER SUR L'OR : être dans la richesse. *Être* COUSU D'OR : être très riche. *Je ne ferais pas cela pour tout l'or du (au) monde,* à aucun prix. ⇒ **jamais.** *Cette affaire est une vraie mine* d'or.* **4.** (Symbole d'une grande valeur, de qualités exceptionnelles) Loc. *Parler d'or,* dire des choses très sages. — *Le silence est d'or,* il est encore meilleur que la parole (qui est d'argent). — Fam. EN OR : excellent. *Il a une femme en or. Une occasion en or,* qu'il ne faut pas rater. — D'OR. *Cœur d'or,* bon, généreux. *Règle d'or,* qui doit être suivie si l'on veut réussir. *Livre d'or,* recueil de signatures de personnages importants reçus officiellement quelque part. *Signer le livre d'or de la ville.* — L'ÂGE D'OR : temps heureux d'une civilisation (ancien ou à venir) ; période où une chose atteint son meilleur développement. *L'âge d'or du cinéma.* — (Personnes) L'ÂGE* D'OR. — *Des noces d'or.* — *Siècle d'or,* se dit d'une époque brillante de prospérité et de culture. — Fam. *C'est de l'or en barre,* une personne d'une très grande bonté, très disponible ; (choses) une affaire très lucrative, fructueuse. **5.** Substance ayant l'apparence de l'or. ⇒ **doré.** *L'or d'un cadre.* **6.** Ressource, richesse naturelle très importante. L'OR NOIR : le pétrole. L'OR BLANC : la neige ; le coton. L'OR BLEU : l'eau. L'OR BLOND : le sirop d'érable. L'OR VERT : la forêt. **II.** (En parlant de ce qui a une couleur jaune, un éclat comparable à celui de l'or) *L'or des blés.* — Adj. invar. *Des rideaux or.* ‹ ▸ bouton-d'or, dorer, mordoré, orfèvre, oriflamme, orpailleur, redorer ›

② ***or*** conj. ■ Marque un moment particulier d'une durée ou d'un raisonnement, plus ou moins en opposition avec ce qui précède. *Il se dit innocent, or toutes les preuves sont contre lui.* ≠ *ores.*

oracle [ɔʀakl] n. m. **1.** Antiquité. Réponse qu'une divinité donnait à ceux qui la consultaient en certains lieux sacrés ; ce sanctuaire. ⇒ **divination.** *Les oracles grecs. L'oracle de Delphes.* **2.** Littér. Opinion exprimée avec autorité et qui jouit d'un grand crédit. ⇒ **prophétie.** **3.** Personne qui parle avec autorité ou compétence. *C'est l'oracle de sa génération.*

orage [ɔʀaʒ] n. m. **1.** Perturbation atmosphérique violente, caractérisée par des phénomènes électriques (éclairs, foudre, tonnerre), souvent accompagnée de pluie, de vent. ⇒ **bourrasque, ouragan, tempête.** *Il va faire de l'orage. L'orage menace, éclate.* — Fam. *Un orage électrique.* **2.** Trouble qui éclate ou menace d'éclater. — Littér. *Les orages des passions.* — Loc. *Il y a de l'orage dans l'air,* une nervosité qui laisse présager une dispute. / contr. **calme** / *Laisser passer l'orage,* la colère de qqn. ▸ ***orageux, euse*** adj. **1.** Qui annonce l'orage ; qui a les caractères de l'orage. *Le temps est orageux. Chaleur, pluie orageuse. Beau temps, mais orageux en fin de journée.* **2.** Tumultueux. *Discussion orageuse.* ⇒ **agité, mouvementé.** / contr. **calme, paisible** /

oraison [ɔʀɛzɔ̃] n. f. **1.** Prière. *L'oraison dominicale.* **2.** ORAISON FUNÈBRE : discours religieux prononcé à l'occasion des obsèques d'un personnage illustre.

oral, ale, aux [ɔʀal, o] adj. **1.** (Opposé à *écrit*) Qui se fait, se transmet par la parole. ⇒ **verbal.** *Tradition orale.* — *Épreuves orales d'un examen.* — N. m. *Il a réussi à l'écrit, mais échoué à l'oral. Les résultats des oraux.* **2.** De la bouche. ⇒ **buccal.** *Cavité orale.* — Phonétique. *Voyelle, consonne orale* (opposé à *nasal*). ▸ ***oralement*** adv. ■ D'une manière orale. ⇒ **verbalement** / contr. par **écrit** / *Interroger un élève oralement.*

-orama ■ Second élément savant de mots signifiant « vue » (ex. : *diaporama, panorama*). — REM. Parfois simplifié en *-rama* (ex. : *cinérama*).

orange [ɔʀɑ̃ʒ] n. f. et adj. invar. **1.** Fruit comestible de l'oranger (agrume), d'un jaune tirant sur le rouge. *Quartier d'orange. Écorce d'orange.* ⇒ **zeste.** *Orange de Floride. Jus d'orange.* **2.** Adj. invar. D'une couleur semblable à celle de l'orange. *Des rubans orange.* — N. m. *Un orange clair.* — JAUNE ORANGE. ⇒ **orangé.** *Des couvertures jaune orange.* N. m. *Un beau jaune orange pâle,* cette couleur. ▸ ***orangeade*** n. f. ■ Boisson préparée avec du jus d'orange, du sucre et de l'eau. — Boisson gazeuse à saveur d'orange. *Une bouteille d'orangeade.* ▸ ***oranger*** n. m. ■ Arbre fruitier qui produit les oranges. — *Eau de fleur d'oranger,* liqueur obtenue par la distillation des fleurs de l'oranger. ▸ ***orangeraie*** n. f. ■ Plantation d'orangers cultivés en pleine terre. ≠ *orangerie.* ▸ ***orangerie*** n. f. **1.** Serre où l'on met à l'abri, pendant la saison froide, les orangers cultivés dans des caisses. **2.** Partie d'un jardin où les orangers sont placés pendant la belle saison. ≠ *orangeraie.* ▸ ***orangé, ée*** adj. et n. m.

1. D'une couleur formée par la combinaison du jaune et du rouge. ⇒ **orange.** *Soie orangée.* **2.** N. m. Cette couleur. ‹ ► presse-orange ›

orang-outan ou ***orang-outang*** [ɔʀɑ̃utɑ̃] n. m. ■ Grand singe d'Asie, à longs poils, aux membres antérieurs très longs. *Des orangs-outans.*

orateur, trice [ɔʀatœʀ, tʀis] n. **1.** Personne qui compose et prononce des discours. ⇒ **conférencier.** *Orateur éloquent.* — Personne qui est amenée occasionnellement à prendre la parole. *À la fin du banquet, l'orateur a été très applaudi.* **2.** Personne éloquente, qui sait parler en public. *Cette conférencière est une très bonne oratrice.* **3.** Histoire politique. Anglic. Titre donné au président de la Chambre des communes et au président du Sénat. ⇒ ① **speaker.** — Titre donné au président des assemblées législatives provinciales. ► ① ***oratoire*** adj. ■ Qui appartient ou convient à l'orateur, à l'art de parler en public ; qui a le caractère des ouvrages d'éloquence. *Art oratoire. Joute oratoire.*

② ***oratoire*** [ɔʀatwaʀ] n. m. **1.** Petite chapelle. **2.** Lieu de prière et de pèlerinage important. *L'oratoire Saint-Joseph.* **3.** Nom de congrégations religieuses.

oratorio [ɔʀatɔʀjo] n. m. ■ Drame lyrique sur un sujet en général religieux. *L'oratorio de Noël* (de Bach). *Des oratorios et des cantates.*

① ***orbite*** [ɔʀbit] n. f. ■ Cavité osseuse dans laquelle se trouvent placés l'œil et ses annexes. *Avoir les yeux qui sortent des orbites.* ⇒ **exorbité.** ‹ ► exorbitant, exorbité ›

② ***orbite*** n. f. **1.** Trajectoire courbe d'un corps céleste ayant pour foyer un autre corps céleste. *La Terre parcourt son orbite autour du Soleil en 365 jours 6 h 9 mn.* — *Mettre, placer un engin spatial, un satellite sur orbite,* lui faire décrire l'orbite calculée (⇒ **lancer**). **2.** Milieu où s'exerce une activité, l'influence de qqn. ⇒ **sphère.** *Attirer, entraîner qqn dans son orbite.* ► ***orbital, ale, aux*** adj. ■ De l'orbite (1). *Vitesse orbitale.* — *Station orbitale,* station aérospatiale mise sur orbite.

① ***orchestre*** [ɔʀkɛstʀ] n. m. ■ Groupe d'instrumentistes qui exécute ou qui est constitué en vue d'exécuter de la musique polyphonique. *Grands et petits orchestres.* ⇒ **ensemble, formation.** *Orchestre symphonique. Concerto pour violon et orchestre. Orchestre (de musique) de chambre. Orchestre de jazz, de danse.* — *La fosse d'orchestre,* où est l'orchestre, dans un théâtre, une salle de spectacle. — *Diriger un orchestre. Chef d'orchestre. Jouer dans un orchestre.* ► ***orchestral, ale, aux*** adj. ■ Propre à l'orchestre symphonique. *Musique orchestrale.* — Qui a les qualités de l'orchestre. *Style orchestral.* ► ***orchestrer*** v. tr. ▪ conjug. 1. **1.** Composer (une partition) en combinant les parties instrumentales. — Adapter pour l'orchestre. ⇒ **arranger.** *Ravel a orchestré les « Tableaux d'une exposition » de Moussorgsky.* **2.** Organiser en cherchant à donner le maximum d'ampleur. *Orchestrer une campagne de presse.* ► ***orchestrateur, trice*** n. ■ Musicien qui conçoit l'orchestration d'une œuvre musicale. ► ***orchestration*** n. f. **1.** Action, manière d'orchestrer. ⇒ **instrumentation.** **2.** Adaptation (d'une œuvre musicale) pour l'orchestre. ⇒ **arrangement.** ‹ ► femme-orchestre, homme-orchestre ›

② ***orchestre*** n. m. ■ Dans une salle de spectacle. Ensemble des places du rez-de-chaussée les plus proches de la scène ou de l'écran. *Fauteuil d'orchestre.* — Place à l'orchestre. *Donnez-moi deux orchestres.*

orchidée [ɔʀkide] n. f. ■ Plante dont les fleurs groupées en grappes parfumées sont recherchées pour leur beauté. *Offrir des orchidées.*

ordinaire [ɔʀdinɛʀ] adj. et n. m. **I.** Adj. **1.** Conforme à l'ordre normal, habituel des choses. ⇒ **courant, usuel.** / contr. **anormal, exceptionnel, extraordinaire** / *Trajet, usage ordinaire.* — Fam. *Une histoire pas ordinaire* [paɔʀdinɛʀ], incroyable. — Coutumier (à qqn). *Sa maladresse ordinaire.* **2.** Dont la qualité est courante, qui n'a aucun caractère spécial. *De l'eau ordinaire ou de l'eau minérale. De l'essence ordinaire* (ou, n. m., *de l'ordinaire* ⇒ fam. **jaune** régulier (I, 7)) *ou du super* (⇒ fam. **rouge**) *? Du papier ordinaire. Le modèle ordinaire.* ⇒ **standard.** **3.** Péj. Dont la qualité ne dépasse pas le niveau moyen. ⇒ **banal, commun.** *Les génies et les personnes ordinaires.* — *Des gens très ordinaires,* de condition sociale très modeste, ou peu distingués. / contr. **remarquable** / **II.** N. m. **1.** Le degré habituel, moyen (d'une chose). *Elle est d'une intelligence très au-dessus de l'ordinaire. Elle sort de l'ordinaire.* **2.** Ce que l'on mange, ce que l'on sert habituellement aux repas dans une communauté, dans l'armée, etc. ⇒ **alimentation.** *Un bon ordinaire.* — Fam. *Faire son ordinaire, s'occuper de son ordinaire,* des travaux habituels de la maison (cuisine, ménage, etc.). **3.** *Ordinaire de la messe,* ensemble des prières invariables. **III.** D'ORDINAIRE, À L'ORDINAIRE loc. adv. : de façon habituelle, le plus souvent. ⇒ d'**habitude.** — *Comme à son ordinaire,* comme il le fait d'habitude. ► ***ordinairement*** adv. ■ D'une manière ordinaire (1), habituelle. ⇒ **généralement, habituellement.** *Ils viennent ordinairement le matin.* ‹ ► extraordinaire ›

ordinal, ale, aux [ɔʀdinal, o] adj. et n. m. ■ Qui marque l'ordre, le rang. *Nombre ordinal et nombre cardinal.* — Grammaire. Se dit d'un adjectif numéral qui exprime le rang d'un élément dans un ensemble. *« Troisième » est un adjectif numéral ordinal.* — N. m. *Les ordinaux.*

ordinateur [ɔʀdinatœʀ] n. m. ■ Calculateur électronique doté de mémoires à grande capacité et de moyens de calcul ultra-rapides, pouvant adapter son programme aux circonstances et prendre des décisions complexes. *Programme d'un ordinateur.* ⇒ **logiciel.** *Le matériel et le logiciel d'un ordinateur. Ordinateur personnel, individuel* ou *domestique.* ⇒ **micro-ordinateur ;** anglic. **P.C.** *Le clavier, l'écran, le terminal (les terminaux), la mémoire centrale d'un ordinateur.* — Abrév. fam. ORDI. n. m. *Des ordis.*

ordination [ɔʀdinasjɔ̃] n. f. ■ Acte par lequel est administré le sacrement de l'ordre et surtout la prêtrise (⇒ ① **ordonner**).

① ***ordonnance*** [ɔʀdɔnɑ̃s] n. f. ■ Autrefois. Domestique militaire, soldat attaché à un officier.

ordonnée [ɔʀdɔne] n. f. ■ Coordonnée verticale qui sert avec l'*abscisse* à définir la position d'un point dans un plan (symb. *y*).

① ***ordonner*** [ɔʀdɔne] v. tr. ▪ conjug. 1. ■ Élever qqn à l'un des ordres de l'église. ⇒ **consacrer.** *Ordonner un diacre, un prêtre* (⇒ **ordination**).

② ***ordonner*** v. tr. ▪ conjug. 1. ■ Disposer, mettre dans un certain ordre. ⇒ **agencer, arranger, classer, organiser,** ① **ranger.** *Il faut ordonner ses idées.* — V. pron. réfl. *Souvenirs qui s'ordonnent et se précisent.* ► ***ordonné, ée*** adj. **1.** En bon ordre. *Maison bien ordonnée.* **2.** (Personnes) Qui a de l'ordre et de la méthode. *Un enfant ordonné.* / contr. **désordonné ; brouillon** / ► ② ***ordonnance*** n. f. ■ Disposition selon un ordre. ⇒ **agencement, arrangement, disposition, organisation.** *Ordonnance des mots dans la phrase. L'ordonnance d'un repas,* la suite des plats. — Groupement et équilibre des parties, en peinture, en architecture. *Ordonnance d'un appartement,* disposition des pièces. ▶ ***ordonnateur, trice*** n. ■ Personne qui dispose, met en ordre. *L'ordonnatrice d'une fête. — Ordonnateur des pompes funèbres,* qui accompagne et dirige les convois mortuaires. ⇒ **entrepreneur.** ‹ ▶ désordonné, subordonner ›

③ ***ordonner*** v. tr. • conjug. 1. ■ Prescrire par un ordre. ⇒ **commander, enjoindre, prescrire.** *Ordonner qqch. à qqn. Je vous ordonne de vous taire.* ⇒ **sommer.** *J'ordonne que vous soyez à l'heure.* ▶ ③ ***ordonnance*** n. f. **I. 1.** Textes législatifs émanant du pouvoir exécutif (roi, gouvernement). ⇒ **constitution, loi.** *Gouverner par ordonnances.* **2.** Décision émanant d'un juge unique. *Ordonnance de justice.* **II.** Prescriptions d'un médecin ; écrit qui les contient. *Médicament délivré seulement sur ordonnance. Présenter l'ordonnance au pharmacien.*

① ***ordre*** [ɔʀdʀ] n. m. **I.** Relation organisée entre plusieurs termes. ⇒ **structure. 1.** Disposition, succession régulière (de caractère spatial, temporel, logique, esthétique, moral). ⇒ **distribution.** *L'ordre des mots dans la phrase.* ⇒ **ordonnance.** *Ordre chronologique, logique. Ordre alphabétique. Procédons par ordre. Dans l'ordre d'entrée en scène. Mettre des choses dans le bon ordre,* EN ORDRE. ⇒ ③ **ordonner.** — Disposition d'une troupe sur le terrain. *Ordre de marche, de bataille.* — ORDRE DU JOUR : sujets dont une assemblée doit s'occuper, dans un certain ordre. *Voter l'ordre du jour.* — Loc. adj. *À l'ordre du jour,* d'actualité. **2.** Disposition qui satisfait l'esprit, semble la meilleure possible. / contr. **chaos, confusion, désordre** / *Mettre sa chambre, ses idées en ordre. — Mettre bon ordre à* (une situation), faire cesser le désordre. **3.** Qualité d'une personne qui a une bonne organisation, de la méthode, qui range les choses à leur place. ⇒ **discipline.** *Cet élève a beaucoup d'ordre* ⇒ **ordonné**, *manque d'ordre* ⇒ **désordonné**. **4.** Principe de causalité ou de finalité du monde. *C'est dans l'ordre (des choses),* c'est normal, inévitable. **5.** Organisation sociale. *Ébranler, renverser l'ordre établi.* / contr. **anarchie** / Stabilité sociale ; respect de la société établie. *Les partisans de l'ordre. — Le service d'ordre,* qui maintient l'ordre dans une réunion. *Les forces de l'ordre,* chargées de réprimer une émeute. ⇒ **armée, police. 6.** Norme, conformité à une règle. *Tout est rentré dans l'ordre,* redevenu normal. *Rappeler qqn à l'ordre,* à ce qu'il convient de faire. ⇒ **réprimander. 7.** Fam. Loc. *En ordre,* en bon état de fonctionnement. *Un moteur qui est en ordre. Je viens vérifier si tout est en ordre,* si tout va bien. — REM. Cet emploi est souvent critiqué comme anglicisme. **II.** Catégorie, classe d'êtres ou de choses. ⇒ **groupe. 1.** (Choses abstraites) Espèce. ⇒ **nature, sorte.** *Choses de même ordre. — Dans le même ordre, dans un autre ordre d'idées. — Ordre de grandeur. — De l'ordre de,* environ, approximativement. *C'est de l'ordre d'une centaine de dollars.* **2.** En loc. Qualité, valeur. ⇒ **plan.** *C'est un écrivain de premier ordre. Une œuvre de second, de troisième ordre,* mineure. **3.** Sciences naturelles. Division intermédiaire entre la classe et la famille. **4.** Histoire de France. Division de la société sous l'Ancien Régime. *Les trois ordres,* noblesse, clergé, tiers état. **5.** Groupe de personnes soumises à certaines règles professionnelles, morales. ⇒ **association, corporation, corps.** *L'ordre des médecins, des avocats* ⇒ **barreau**, *des architectes.* **6.** Association honorifique créée en vue de récompenser le mérite de qqn. *L'Ordre du Canada. L'Ordre de la Légion d'honneur, en France.* **7.** Association de personnes vivant dans l'état religieux après avoir fait des vœux solennels. *Ordres monastiques. Règle d'un ordre. L'ordre des bénédictins, des carmélites.* **8.** L'un des degrés de la hiérarchie cléricale catholique. *Ordres mineurs. Ordres majeurs.* ⇒ **prêtrise.** *Entrer dans les ordres,* être ordonné* ①. ⇒ **ordination.** ‹ ▶ désordre, sous-ordre ›

② ***ordre*** n. m. **1.** Acte par lequel une autorité manifeste sa volonté, disposition impérative. ⇒ **commandement, prescription.** *Ordre formel. Donner un ordre.* ⇒ **commander,** ③ **ordonner ; imposer.** *Exécuter, transgresser un ordre. — Être* AUX ORDRES *de qqn* : être, se mettre à sa disposition ; agir servilement pour son compte. — *Être* SOUS LES ORDRES *de qqn* : être son inférieur, dans la hiérarchie. — (Sans article) *Par ordre du ministre... Elle lui a donné ordre de ne pas sortir.* — JUSQU'À NOUVEL ORDRE : jusqu'à ce qu'un ordre, un fait nouveau vienne modifier la situation. **2.** Décision entraînant une opération commerciale. *Ordre d'achat, de vente. Billet à ordre.* — Endossement d'un billet, d'un chèque, d'une lettre de change pour les passer au profit d'une autre personne. *Faire un chèque à l'ordre de X.* **3.** MOT D'ORDRE : consigne, résolution commune aux membres d'un parti, d'un groupe. ‹ ▶ contrordre ›

ordure [ɔʀdyʀ] n. f. **1.** Matière, chose qui salit et répugne. *De l'ordure, des ordures.* ⇒ **immondice, saleté. 2.** Au plur. Choses de rebut dont on se débarrasse. ⇒ **déchets, détritus ;** fam. **vidanges.** *Ordures ménagères. Pelle à ordures.* ⇒ **porte-poussière ;** fam. **porte-ordures.** *Tas d'ordures. Boîte à ordures.* ⇒ **poubelle.** *Sacs à ordures.* — Loc. *Jeter, mettre qqch. aux ordures,* se débarrasser de... **3.** Au plur. Propos, écrit, action vile, sale ou obscène. ⇒ **cochonnerie, grossièreté, saleté.** *Dire, écrire des ordures.* **4.** Fam. Personne ignoble (terme d'injure). ⇒ fam. **fumier, salaud, salope.** *Espèce d'ordure !* ▶ ***ordurier, ière*** adj. ■ Qui dit ou écrit des choses sales, obscènes. ⇒ **grossier.** — *Plaisanteries ordurières.* ⇒ **obscène, sale.** ‹ ▶ porte-ordures, vide-ordures ›

orée [ɔʀe] n. f. ■ *L'orée du bois, de la forêt,* la bordure. ⇒ **lisière.**

oreille [ɔʀɛj] n. f. **I. 1.** Chacun des deux organes constituant l'appareil auditif. ⇒ fam. **portugaises.** *Tintement, sifflement d'oreilles.* — Par plaisant. *Les oreilles ont dû vous tinter, vous siffler* (tellement nous avons parlé de vous). — Loc. *Écoutez de toutes vos oreilles. N'écouter que d'une oreille, d'une oreille distraite. Prêter l'oreille,* écouter. *Faire la sourde oreille (à qqch.),* feindre de ne pas entendre, d'ignorer une demande. — *Casser les oreilles à qqn,* en faisant trop de bruit. *Parler, dire qqch. à l'oreille de qqn, dans le creux de l'oreille,* de sorte qu'il soit seul à entendre. *Si cela venait à ses oreilles,* à sa connaissance. *Cela lui entre par une oreille et lui sort par l'autre,* il ne fait pas attention à ce qu'on lui dit, ne le retient pas. *Ce n'est pas tombé dans l'oreille d'un sourd,* il tirera profit de ces paroles. — PROV. *Ventre affamé n'a pas d'oreilles,* la personne qui a faim n'écoute plus rien. — *Avoir l'oreille de qqn,* en être écouté. ⇒ **confiance, faveur.** — Loc. fam. (Surtout en phrase négative) *Avoir les oreilles chromées,* être brillant, intelligent. **2.** Ouïe. *Avoir l'oreille fine,* exercée, délicate. *Être dur* d'oreille. — Avoir de l'oreille,* distinguer les sons avec précision. *Il chante faux, il n'a pas d'oreille. — Jouer* (d'un instrument de musique) *par (à l')oreille,* sans partition musicale, d'instinct, sans avoir appris. **3.** Pavillon (partie extérieure) de l'oreille. *Oreilles pointues, décollées. Boucles, pendants d'oreilles. Rougir jusqu'aux oreilles,* beaucoup. ⇒ ① **coq.** *Tirer l'oreille, les oreilles à un enfant* (pour le punir). *Se faire tirer l'oreille,* se faire prier. — *Dormir sur ses deux oreilles,* sans inquiétude. — *Montrer le bout de l'oreille,* se trahir. *Mettre la puce* à l'oreille* (de qqn). *Se faire rabattre les oreilles avec une histoire,* se faire importuner, se faire rappeler qqch sans cesse. ⇒ fam. **achaler.**

II. 1. Chacun des deux appendices symétriques de récipients et ustensiles par lesquels on les prend. ⇒ **anse.** *Les oreilles d'une marmite, d'un bol.* **2.** Partie latérale du dossier de certains fauteuils, sur laquelle on peut appuyer sa tête. **3.** Oreillette (I). *Tuque, casque à oreilles.* **4.** *Oreilles de Christ,* tranches de bacon bien rôties, grillades de lard salé. ▶ ***oreillette*** n. f. **I.** Partie d'un chapeau qui protège les oreilles. *Toque à oreillettes.* **II.** Chacune des deux cavités supérieures du cœur. *Oreillettes et ventricules du cœur.* ▶ ***oreiller*** n. m. ■ Pièce de literie qui sert à soutenir la tête, coussin rembourré, généralement rectangulaire. *Un oreiller thérapeutique. Taie d'oreiller.* ▶ ***oreillons*** n. m. pl. ■ Maladie infectieuse, épidémique et contagieuse, caractérisée par une inflammation des ganglions et des douleurs dans l'oreille. *Elle vient d'avoir les oreillons.* ⟨ ▶ cure-oreille, perce-oreille ⟩

ores [ɔʀ] adv. ■ Loc. littér. D'ORES ET DÉJÀ [dɔʀzedeʒa] : dès maintenant, dès à présent. *Les ordres sont d'ores et déjà donnés.* ≠ ② *or.* ⟨ ▶ désormais, dorénavant ⟩

orfèvre [ɔʀfɛvʀ] n. ■ Fabricant d'objets en métaux précieux, en alliage ; marchand de pièces d'orfèvrerie. *Orfèvre-joaillier, orfèvre-bijoutière.* ⇒ **bijoutier.** — Loc. *Être orfèvre en la matière,* s'y connaître parfaitement. ▶ ***orfèvrerie*** n. f. **1.** Art, métier, commerce de l'orfèvre. **2.** Ouvrages de l'orfèvre. *Orfèvrerie d'argent massif.*

orfraie [ɔʀfʀɛ] n. f. ■ Oiseau de proie diurne. ⇒ **pygargue.** — Loc. *Pousser des* CRIS D'ORFRAIE : crier, hurler. ≠ *effraie.*

organdi [ɔʀgɑ̃di] n. m. ■ Toile de coton, très légère et empesée. ⇒ **mousseline.** *Robe d'été en organdi.*

organe [ɔʀgan] n. m. **I. 1.** Voix (surtout d'un chanteur, d'un orateur). *Organe bien timbré.* **2.** Voix autorisée d'un porte-parole, d'un interprète. *La Couronne est l'organe de l'accusation.* — Publication périodique. *L'organe d'un parti, d'une société savante.* ⇒ **journal, revue. II. 1.** Partie d'un être vivant ⇒ **organisme** remplissant une fonction particulière. *Lésion d'un organe. Organe de la digestion, de la respiration. Organes sexuels, les organes.* ⇒ **partie(s), sexe.** — *L'œil, organe de la vue.* **2.** Institution chargée de faire fonctionner une catégorie déterminée de services. *Les organes directeurs de l'État,* le gouvernement. **3.** Mécanisme. *Organes de commande d'une machine.* ▶ ***organique*** adj. **1.** Qui a rapport ou qui est propre aux organes, aux organismes vivants. *Trouble organique* (opposé à *trouble fonctionnel*). **2.** Qui provient de tissus vivants. *Engrais organiques* (opposé à *chimiques*). — CHIMIE ORGANIQUE : qui a pour objet l'étude des composés du carbone, corps contenu dans tous les êtres vivants. / contr. **minéral** / **3.** Relatif à l'organisation d'ensemble d'une institution, d'un État. *Loi organique.* ⟨ ▶ inorganique, organiser, organisme ⟩

organigramme [ɔʀganigʀam] n. m. ■ Tableau schématique des divers services d'une administration, d'une entreprise, et de leurs rapports mutuels.

organiser [ɔʀganize] v. tr. . conjug. 1. **1.** Doter d'une structure, d'une constitution déterminée, d'un mode de fonctionnement. *Organiser les parties d'un ensemble.* ⇒ **agencer, disposer,** ② **ordonner.** *Organiser la résistance.* **2.** Soumettre à une façon déterminée de vivre ou de penser. *Organiser son temps, sa vie, ses loisirs.* — S'ORGANISER v. pron. réfl. : (personnes) organiser ses activités. *Ils ne savent pas s'organiser.* **3.** Préparer (une action) selon un plan. *Organiser un voyage, une fête. Organisez-vous pour arriver à l'heure,* prenez les moyens nécessaires. ⇒ **arranger** (II). — S'ORGANISER v. pron. réfl. (Choses) *Un voyage qui s'organise difficilement.* **4.** Duper, posséder qqn. ⇒ ① **avoir ;** fam. **rouler.** *Ils les ont organisés dans le temps de le dire.* — Loc. *Se faire organiser.* ▶ ① ***organisé, ée*** adj. **1.** Qui est disposé ou se déroule suivant un ordre, selon des méthodes ou des principes déterminés. *Voyage organisé.* — *Esprit organisé,* méthodique. — *Personne bien organisée,* qui organise bien sa vie, son emploi du temps. **2.** Qui appartient à une organisation. *Citoyens organisés en partis.* ▶ ***organisation*** n. f. **1.** Action d'organiser (qqch.) ; son résultat. ⇒ **agencement, arrangement.** *Manque d'organisation. Avoir l'esprit d'organisation.* **2.** Façon dont un ensemble est constitué en vue de son fonctionnement. ⇒ **ordre, structure.** *L'organisation judiciaire.* **3.** Association, groupement qui se propose des buts déterminés. ⇒ **assemblée, groupement, organisme, société.** *Organisation politique. Organisation de tourisme, de voyage. Organisation des terrains de jeux,* qui s'occupe des loisirs des jeunes sur une base municipale (surtout l'été). ⇒ **O.T.J.** *Organisation des Nations Unies (O.N.U.).* — Sports. *Une organisation sportive* (hockey, baseball, football, etc.). ⇒ **entreprise.** *Jouer dans l'organisation des X,* pour l'une de ses équipes. ▶ ***organisateur, trice*** n. ■ Personne qui organise, sait organiser. *L'organisatrice de cette fête. L'organisateur en chef des élections* (pour un parti). *Organisatrice péquiste, libérale.* — Adj. *Puissance organisatrice.* ▶ ① ***organisme*** n. m. **1.** Ensemble organisé. *Une nation est un organisme.* **2.** Ensemble des services, des bureaux affectés à une tâche. ⇒ **organisation.** *Organisme fédéral, provincial, international.* ⟨ ▶ désorganiser, inorganisé, réorganiser ⟩

② ***organisme*** n. m. **1.** Ensemble des organes qui constituent un être vivant. — Le corps humain. *Les besoins, les fonctions de l'organisme.* **2.** Tout être vivant. ▶ ② ***organisé, ée*** adj. ■ Pourvu d'organes. *Les êtres vivants organisés.* ⟨ ▶ micro-organisme ⟩

organiste [ɔʀganist] n. ■ Musicien qui joue de l'orgue. *J.-S. Bach fut un remarquable organiste.*

orgasme [ɔʀgasm] n. m. ■ Le plus haut point du plaisir sexuel.

orge [ɔʀʒ] n. f. **1.** Plante à épis simples, cultivée comme céréale. *Champ d'orge.* **2.** Grain de cette céréale, utilisé surtout en brasserie. — Au masc. *Orge perlé.* **3.** *Sucre d'orge.* ⇒ **sucre.**

orgelet [ɔʀʒəlɛ] n. m. ■ Petite tumeur sur le bord de la paupière.

orgie [ɔʀʒi] n. f. **1.** Partie de débauche. — Repas long et bruyant, copieux et arrosé à l'excès. ⇒ fam. **beuverie, ripaille. 2.** ORGIE DE : usage excessif de qqch. qui plaît. ⇒ **excès.** *Des orgies de couleurs.* ⇒ **profusion.** ▶ ***orgiaque*** adj. ■ Littér. Qui tient de l'orgie, évoque l'orgie.

orgue [ɔʀg] n. (masc. au sing. et plus souvent fém. au plur.) **1.** Grand instrument à vent composé de nombreux tuyaux que l'on fait résonner par l'intermédiaire de claviers, en y introduisant de l'air au moyen d'une soufflerie. *Jouer de l'orgue.* ⇒ **organiste.** *Toucher l'orgue,* en jouer. *Pédale d'orgue.* — (Dans une église) *Les grandes orgues. Monter aux orgues, à l'orgue,* à la tribune où est l'orgue. — *Orgue de Barbarie,* instrument portatif, dont on joue au moyen d'une manivelle. — *Orgue électrique* (sans tuyau), muni d'amplificateurs et de haut-parleurs, et produisant les sons au moyen de circuits électriques. *Orgue électronique.* **2.** POINT D'ORGUE : temps d'arrêt qui suspend la mesure sur une note dont la durée peut être prolongée à volonté. ⟨ ▶ organiste ⟩

orgueil [ɔʀgœj] n. m. **1.** Opinion très avantageuse, le plus souvent exagérée, qu'on a de sa valeur personnelle aux dépens de la considération due à autrui. ⇒ **arrogance, présomption, suffisance.** / contr. **humilité, modestie** / *Être gonflé, bouffi d'orgueil. Être d'un orgueil ridicule, insupportable.* — Loc. *Il faut savoir piler sur son orgueil,* accepter la contradiction. — (Plantes) *Pousser, monter en orgueil,* tout en hauteur. **2.** L'ORGUEIL DE : la satisfaction d'amour-propre (que donne qqch.). ⇒ **fierté.** *Avoir l'orgueil de ses enfants. Elle tire grand orgueil de sa réussite.* ⇒ **gloire, vanité.** / contr. **honte** / — Ce qui motive ce sentiment. *Il est l'orgueil de sa famille,* sa famille a de l'orgueil à cause de lui. ▸ ***orgueilleux, euse*** adj. ■ Qui a, montre de l'orgueil. Nature orgueilleuse. ⇒ **arrogant, fier, hautain, prétentieux, vaniteux.** *Orgueilleux comme un paon, comme un pou.* / contr. **humble, modeste** / — N. *C'est une orgueilleuse.* — Qui dénote de l'orgueil, inspiré par l'orgueil. *Il ressentait une joie orgueilleuse.* ▸ ***orgueilleusement*** adv. ■ Avec orgueil, d'une manière orgueilleuse. ‹ ▸ enorgueillir ›

① ***orient*** [ɔʀjɑ̃] n. m. **1.** Poét. Un des quatre points cardinaux, côté de l'horizon où le Soleil se lève. ⇒ **levant ; est.** *L'orient et l'occident.* **2.** Région située vers l'est par rapport à un lieu donné. — (Avec une majusc.) En prenant l'Europe comme référence. L'Asie et parfois certains pays du bassin méditerranéen ou de l'Europe centrale. L'Extrême-Orient, le Moyen-Orient, le Proche-Orient. ▸ ***oriental, ale, aux*** adj. et n. **1.** Qui est situé à l'est d'un lieu. *Pyrénées-Orientales.* **2.** Originaire de l'Orient. *Peuples orientaux. Langues orientales.* — N. (Avec une majusc.) *Les Orientaux et les Occidentaux.* **3.** Qui est propre à l'Orient ou le rappelle. *Style oriental, musique orientale. Restaurant oriental.* ▸ ***orientaliste*** n. ■ Spécialiste de l'étude de l'Orient, de l'Asie. ‹ ▸ extrême-oriental, orienter ›

② ***orient*** n. m. ■ Reflet nacré. Des perles d'un bel orient.

orienter [ɔʀjɑ̃te] v. tr. ▪ conjug. 1. **I. 1.** Disposer une chose par rapport aux points cardinaux, à une direction, un objet déterminé. Orienter une maison au sud. — Au p. p. adj. *Appartement bien orienté, orienté au sud.* **2.** Indiquer à (qqn) la direction à prendre. ⇒ **conduire, diriger, guider.** *Orienter un voyageur égaré.* — Abstrait. *Orienter un élève vers les sciences.* **II.** S'ORIENTER v. pron. réfl. **1.** Déterminer la position que l'on occupe par rapport aux points cardinaux, à des repères. *Elle ne sait pas s'orienter dans cette ville.* ⇒ se **repérer. 2.** Diriger son activité (vers qqch.). *S'orienter vers la recherche. — Le parti s'oriente à gauche.* ⇒ **tendre, virer.** — Au p. p. adj. *Un ouvrage très orienté,* qui a une tendance doctrinale déterminée. *Un garçon orienté,* qui a des tendances homosexuelles. ▸ ***orientable*** adj. ■ Qui peut être orienté. *Store à lames orientables.* ▸ ***orientation*** n. f. **1.** Détermination des points cardinaux d'un lieu (pour se repérer, se diriger). *Tu n'as pas le sens de l'orientation.* **2.** Action de donner une direction déterminée. *L'orientation des études. L'orientation professionnelle. Une conseillère d'orientation, en orientation.* ⇒ **orienteur. 3.** Fait d'être orienté de telle ou telle façon. ⇒ **situation.** *Orientation d'une maison.* ⇒ **exposition.** ▸ ***orienteur, euse*** n. ■ Spécialiste de l'orientation pédagogique et professionnelle. ‹ ▸ désorienter ›

orifice [ɔʀifis] n. m. **1.** Ouverture qui fait communiquer une cavité avec l'extérieur. *Orifice d'un puits, d'un tuyau. — Boucher, agrandir un orifice.* **2.** Ouverture servant d'entrée ou d'issue à certains organes. *La bouche est un orifice de l'appareil digestif.*

oriflamme [ɔʀiflam] n. f. ■ Bannière d'apparat ou utilisée comme ornement.

origan [ɔʀigɑ̃] n. m. ■ Marjolaine (plante aromatique).

originaire [ɔʀiʒinɛʀ] adj. **1.** Qui tire son origine (d'un pays, d'un lieu). ⇒ **natif.** *Elle est originaire de Californie. La tourtière est originaire du Saguenay.* **2.** Qui est à l'origine (d'une chose). ⇒ **premier.** — Qui apparaît à l'origine, date de l'origine. ⇒ ② **original** (I), **originel, primitif.** *Vice originaire.* ▸ ***originairement*** adv. ■ Primitivement, à l'origine. ⇒ **originellement.**

① ***original, aux*** [ɔʀiʒinal, o] n. m. **1.** Ouvrage (texte, œuvre d'art...) de la main de l'être humain, dont il est fait des reproductions. *Copie conforme à l'original.* — Texte qui donne lieu à une traduction, à une adaptation. *La traduction est fidèle à l'original.* **2.** Personne réelle, objet naturel représentés ou décrits par l'art. ⇒ **modèle.** *La ressemblance du portrait et de l'original est frappante.*

② ***original, ale, aux*** adj. **I. 1.** Littér. Primitif. ⇒ **originaire, originel.** *Le sens original d'un mot.* **2.** Qui émane directement de l'auteur, est l'origine des reproductions. *Documents originaux.* / contr. **copie, double, duplicata** / *Édition originale,* première édition en librairie d'un texte inédit. — N. f. *L'originale de « Maria Chapdelaine ».* **II. 1.** Qui paraît ne dériver de rien d'antérieur, qui est unique. ⇒ **inédit,** ② **neuf, nouveau, personnel.** *Avoir des vues, des idées originales.* — (Personnes) *Esprits très originaux. Artiste original.* / contr. **banal, commun ; conformiste** / **2.** Bizarre, peu normal. ⇒ **étrange, excentrique, singulier, spécial.** *Elle est très originale.* — N. *C'est un original.* ⇒ **numéro, phénomène.** ▸ ***originalité*** n. f. **1.** Caractère de ce qui est original (II), de l'être qui est original. *L'originalité d'un écrivain, d'une œuvre.* ⇒ **nouveauté.** / contr. **banalité, conformisme** / *Ça manque un peu d'originalité.* — Étrangeté, excentricité, singularité. *Il se fait remarquer par son originalité.* **2.** Élément original. *Les originalités de ce modèle.*

origine [ɔʀiʒin] n. f. **I. 1.** Ancêtres ou milieu humain primitif auquel remonte la généalogie (d'un individu, d'un groupe). ⇒ **ascendance, extraction, souche.** *Être d'origine modeste. Elle est d'origine française. Pays d'origine.* — Milieu social d'où est issu qqn. *Elle est d'origine bourgeoise, modeste.* **2.** Temps, milieu d'où vient (qqch.). *Une coutume d'origine ancienne. — Origine d'un mot.* ⇒ **étymologie. 3.** Point de départ (de ce qui est envoyé). ⇒ **provenance.** *L'origine d'un appel téléphonique.* **II. 1.** Commencement, première apparition ou manifestation. ⇒ **création, naissance.** *À l'origine du monde, des temps.* — À L'ORIGINE loc. adv. : dès l'origine, au début. — Au plur. Commencements d'une réalité qui se modifie. *Les origines de la vie.* **2.** Ce qui explique l'apparition ou la formation d'un fait nouveau. ⇒ **cause, source.** *Origine d'une révolution.* ‹ ▸ originaire, ① original, ② original, originel ›

originel, elle [ɔʀiʒinɛl] adj. ■ Qui date de l'origine, qui vient de l'origine. ⇒ **originaire,** ② **original** (I) ; **premier, primitif.** *Sens originel d'un mot. La couleur originelle d'un chandail.* — Dans la religion chrétienne. Du premier homme créé par Dieu. *Le péché originel.* ▸ ***originellement*** adv. ■ Dès l'origine, à l'origine. ⇒ **primitivement.**

orignal, aux [ɔʀiɲal, o] n. m. ■ Grand cervidé nordique, à grosse tête, aux bois aplatis en éventail. ⇒ ② **élan, renne.** *Troupeau d'orignaux. La chasse à l'orignal.* ≠ *caribou.*

oriole [ɔʀjɔl] n. m. ■ Oiseau américain, de la taille du merle, au bec conique et pointu, de couleurs vives. *L'oriole de Baltimore. Les orioles fabriquent des nids suspendus.*

oripeaux [ɔʀipo] n. m. pl. ■ Vêtements voyants et excentriques, vieux habits (⇒ **guenilles, haillon, nippes ;** fam. **fringues, fripes, frusques**).

O.R.L. n. ⇒ **oto-rhino-laryngologiste.**

orléanais, aise [ɔʀleanɛ, ɛz] adj. et n. ■ De l'île d'Orléans. *Le patrimoine orléanais.* — N. (Avec une majusc.) Personne née dans cette île ou qui l'habite. *Des Orléanais d'origine.*

orme [ɔʀm] n. m. **1.** Grand arbre à feuilles dentelées. *Allée d'ormes. Maladie de l'orme. L'orme blanc d'Amérique du Nord.* **2.** Bois de cet arbre. ▶ ① ***ormeau*** [ɔʀmo] n. m. ■ Petit orme, jeune orme. *Des ormeaux.* ▶ ***ormière*** ou ***ormaie*** n. f. ■ Lieu planté d'ormes. *Le boulevard de l'Ormière.* — REM. On rencontre aussi la variante *ormoie.*

② ***ormeau*** n. m. ■ Mollusque comestible, à large coquille arrondie et plate. *Des ormeaux.*

ornement [ɔʀnəmɑ̃] n. m. **1.** Action d'orner ; résultat de cette action. ⇒ **décoration.** — REM. Sens rare sauf dans *arbres, plantes d'ornement.* ⇒ **décoratif, ornemental.** **2.** Ce qui orne, s'ajoute à un ensemble pour l'embellir. *Ornements de tapisserie. Une chambre qui manque d'ornements. Une toilette sans aucun ornement.* **3.** Motif accessoire (d'une composition artistique). *Les ornements d'un édifice.* **4.** Au plur. *Ornements sacerdotaux,* vêtements et insignes prescrits par les règles liturgiques. ▶ ***ornemental, ale, aux*** adj. ■ Qui a rapport à l'ornement, qui utilise des ornements. *Style ornemental.* — Qui sert à orner. ⇒ **décoratif.** *Motif ornemental. Cheminée ornementale.* ▶ ***ornementer*** v. tr. ▪ conjug. 1. ■ Garnir d'ornements ; embellir par des ornements. ⇒ **décorer, orner.** ▶ ***ornementation*** n. f. ■ Action d'ornementer. *Un sens inné de l'ornementation.* — Ensemble d'éléments qui ornent. *L'ornementation d'un salon.*

orner [ɔʀne] v. tr. ▪ conjug. 1. **1.** (Personnes) Mettre en valeur, embellir (une chose). ⇒ **agrémenter, décorer, parer.** *Orner un livre d'enluminures.* ⇒ **illustrer.** — (Choses) *Une broche orne sa robe.* **2.** ORNÉ DE p. p. adj. : qui a pour ornement. *Un chemisier orné de dentelles.* — LETTRES ORNÉES : enluminées. *Un discours trop orné,* où il y a trop d'effets de style. ‹ ▶ ornement ›

ornière [ɔʀnjɛʀ] n. f. **1.** Trace, plus ou moins profonde que les roues de voitures creusent dans les chemins. **2.** Abstrait. Chemin tout tracé, habituel, où l'on s'enlise. *Il reste dans l'ornière.* ⇒ **routine.** — *Sortir de l'ornière,* d'une situation pénible, difficile.

ornitho- ■ Élément savant signifiant « oiseau ». ▶ ***ornithologie*** [ɔʀnitɔlɔʒi] n. f. ■ Partie de la zoologie qui étudie les oiseaux. ▶ ***ornithologique*** adj. ▶ ***ornithologiste*** ou ***ornithologue*** n. ■ Spécialiste de l'ornithologie. ▶ ***ornithorynque*** [ɔʀni tɔʀɛ̃k] n. m. ■ Mammifère australien, amphibie et ovipare, à bec corné, à longue queue plate, aux doigts palmés et armés de griffes.

oro- ■ Élément savant signifiant « montagne » (ex. : *orographie,* n. f. « géographie des reliefs montagneux » ; *orogénèse,* n. f. « phase d'édification des chaînes de montagnes »).

oronge [ɔʀɔ̃ʒ] n. f. ■ Amanite. *Oronge vineuse, oronge vraie,* espèces comestibles. *Fausse oronge,* à chapeau rouge taché de blanc, vénéneuse.

orpailleur [ɔʀpajœʀ] n. m. ■ Ouvrier qui recueille par lavage les paillettes d'or dans les fleuves ou les terres aurifères. — Chercheur d'or. ▶ ***orpaillage*** n. m. ■ Travail des orpailleurs.

orphelin, ine [ɔʀfəlɛ̃, in] n. ■ Enfant qui a perdu son père et sa mère, ou l'un des deux. *Un orphelin de père et de mère.* — Loc. fam. *Défendre la veuve et l'orphelin,* se dit de tout protecteur des opprimés. — Adj. *Un enfant orphelin.* ▶ ***orphelinat*** n. m. ■ Établissement destiné à élever des orphelins. ⇒ **crèche** (II).

orphisme [ɔʀfism] n. m. ■ Doctrine ou secte religieuse de l'Antiquité qui s'inspire de la pensée d'Orphée. ▶ ***orphique*** adj. ■ De l'orphisme.

orque [ɔʀk] n. f. ■ Mammifère marin (cétacé) à nageoire dorsale haute et pointue, très vorace. ⇒ **épaulard.** *L'orque est carnivore.*

orteil [ɔʀtɛj] n. m. ■ Doigt de pied. *Les cinq orteils. Le gros orteil,* le pouce du pied.

orth(o)- ■ Élément savant signifiant « droit, correct ». ‹ ▶ orthodontie, orthodoxe, orthogonal, orthographe, orthopédie, orthophonie ›

orthèse [ɔʀtɛz] n. f. ■ Appareil destiné à corriger une altération morphologique ou fonctionnelle d'un organe, d'un membre. *L'attelle est une orthèse.* ≠ *prothèse.*

orthodontie [ɔʀtodɔ̃s(t)i] n. f. ■ Branche de la médecine dentaire, qui traite les anomalies de position des dents. ▶ ***orthodontiste*** n. ■ Médecin spécialiste de l'orthodontie. — Abrév. fam. ORTHO, n. *Aller chez l'ortho.*

orthodoxe [ɔʀtɔdɔks] adj. et n. **1.** Conforme au dogme, à la doctrine d'une religion. *Théologien orthodoxe.* N. *Les orthodoxes et les hérétiques.* — Conforme au dogme d'un parti. *Communiste orthodoxe.* N. *Les orthodoxes et les dissidents du parti.* **2.** Conforme à une doctrine, aux opinions et usages établis. ⇒ **conformiste, traditionnel.** *Morale orthodoxe. Cette manière de procéder n'est pas très orthodoxe.* **3.** Se dit des Églises chrétiennes des rites d'Orient (séparées de Rome au XIe s.). *Église orthodoxe russe, grecque.* — Qui appartient à ces Églises. *Rite orthodoxe.* — N. *Les orthodoxes grecs.* ▶ ***orthodoxie*** n. f. **1.** Ensemble des doctrines, des opinions considérées comme vraies par la fraction dominante d'une Église et enseignées officiellement. ⇒ **dogme.** *L'orthodoxie catholique.* **2.** Caractère orthodoxe (d'une proposition, d'une personne). *L'orthodoxie d'une déclaration.*

orthogonal, ale, aux [ɔʀtɔgɔnal, o] adj. ■ Géométrie. Qui forme un angle droit, se fait à angle droit. ⇒ **perpendiculaire.** *Droites orthogonales.* — *Projection orthogonale,* projection d'une figure obtenue au moyen de perpendiculaires abaissées sur une surface. ▶ ***orthogonalement*** adv. ■ À angle droit.

orthographe [ɔʀtɔgʀaf] n. f. **1.** Manière d'écrire un mot qui est considérée comme la seule correcte. *Chercher l'orthographe d'un mot dans le dictionnaire. Faute d'orthographe. Va-t-on réformer l'orthographe ?* — Connaissance, application de ces règles. *Être bon, mauvais, nul en orthographe. Avoir une bonne, une mauvaise orthographe.* **2.** Manière particulière dont on écrit les mots. ⇒ **graphie.** *Orthographe fautive.* **3.** Système de notation des sons par des signes écrits, propre à une langue, une époque, un écrivain. *L'orthographe russe. L'orthographe du XVIe s.* ≠ *autographe.* ▶ ***orthographier*** v. tr. ▪ conjug. 7. ■ Écrire du point de vue de l'orthographe. *Elle orthographie ce mot correctement.* — Au p. p. adj. *Mot mal orthographié.* ▶ ***orthographique*** adj. ■ Relatif à l'orthographe. *Réforme orthographique.*

orthopédagogie [ɔʀtopedagɔʒi] n. f. ■ Méthode pédagogique pour aider les élèves en difficulté d'apprentissage scolaire. ▶ ***orthopédagogique*** adj. ■ Relatif à l'orthopédagogie. *Une démarche orthopédagogique.* ▶ ***orthopédagogue*** n. ■ Spécialiste de l'orthopédagogie.

orthopédie [ɔʀtɔpedi] n. f. **1.** Partie de la médecine qui étudie et traite les affections du squelette, des muscles et des tendons. **2.** Abusivt. Orthopédie des membres inférieurs. ▶ ***orthopédique*** adj. ■ D'orthopédie. *Appareil orthopédique.* ▶ ***orthopédiste*** n. et adj. ■ Médecin qui pratique l'orthopédie. — Adj. *Médecin orthopédiste.* — Personne qui fabrique ou vend des appareils orthopédiques.

orthophonie [ɔʀtɔfɔni] n. f. ■ Traitement qui vise à la correction des défauts d'élocution. ▶ ***orthophoniste*** n. ■ Spécialiste de l'orthophonie. *Cette orthophoniste rééduque les personnes atteintes de dyslexie et les bègues.*

ortie [ɔʀti] n. f. ■ Plante dont les feuilles sont couvertes de poils fins qui renferment un liquide irritant (acide formique). *Des piqûres d'ortie.* — Loc. *Jeter le froc* aux orties.*

ortolan [ɔʀtɔlɑ̃] n. m. ■ Petit oiseau à chair très estimée. — Loc. *Manger des ortolans,* une nourriture délicate et recherchée. Fig. *Vouloir manger des ortolans,* faire le bec fin.

orvet [ɔʀvɛ] n. m. ■ Reptile saurien (proche des lézards), dépourvu de membres. *On confond souvent l'orvet avec les serpents.*

os [ɔs] ; plur. [o] n. m. **1.** Chacune des pièces rigides du squelette de l'être humain et de la plupart des animaux vertébrés. — (Personnes) *Avoir de gros os, de petits os* (⇒ **ossature**). *Avoir les os saillants,* être maigre, osseux. — Loc. *N'avoir que la peau sur (et) les os. C'est un sac d'os, un paquet d'os* [ɔs], une personne très maigre. *Se rompre les os* [o], faire une chute dangereuse. — Loc. *En chair et en os* [ɔs], en personne. — *Il ne fera pas (de) vieux os,* il ne vivra pas longtemps. *Ne pas faire (de) vieux os quelque part,* ne pas y rester longtemps. — *Être mouillé, trempé jusqu'aux os,* complètement trempé. — Loc. fam. *L'avoir dans l'os,* être trompé, volé. — (Animaux) *Viande vendue avec os, sans os* ⇒ **désossé**. *Os à moelle. Des os à moelle* [ɔsamwal]. *Ronger un os.* — Loc. fam. *Tomber sur un os ; il y a un os !,* une difficulté. ⇒ fam. ① **hic. 2.** Au plur. LES OS : restes d'un être vivant, après sa mort. ⇒ **carcasse, ossements. 3.** Matière d'objets faits avec des os. *Couteaux à manches en os.* **4.** OS DE SEICHE : lame calcaire qui soutient le dos de la seiche. ‹ ▶ désosser, ossature, osselet, ossements, osseux, ossifier, ossuaire ›

O.S. [oɛs] n. invar. ■ (France) Abrév. de *ouvrier spécialisé.*

oscar [ɔskaʀ] n. m. ■ Récompense décernée chaque année, aux États-Unis (Hollywood), à des artistes et à des techniciens du cinéma par un jury de l'Académie des arts et sciences du cinéma. *L'oscar pour le meilleur scénario.* — La statuette symbolisant cette récompense. *La remise des oscars.* — Par ext. Récompense décernée par un jury dans des domaines divers. *Oscar de la chanson, de la publicité.*

osciller [ɔsije] v. intr. ▪ conjug. 1. **1.** Aller de part et d'autre d'une position moyenne par un mouvement alternatif ; se mouvoir par va-et-vient. *Le pendule oscille.* ⇒ se **balancer.** *Le courant d'air fit osciller la flamme.* ⇒ **vaciller. 2.** Abstrait. Varier en passant par des alternatives. *Osciller entre deux positions, deux partis.* ⇒ **hésiter.** ▶ ***oscillant, ante*** [ɔsijɑ̃, ɑ̃t] adj. **1.** Qui oscille, qui a un rythme alterné. **2.** Qui passe par des alternatives. ⇒ **incertain.** ▶ ***oscillation*** [ɔsijasjɔ̃] n. f. **1.** Mouvement d'un corps qui oscille. ⇒ **balancement.** *Oscillation d'un pendule.* ⇒ **battement. 2.** Mouvement de va-et-vient. — Fluctuation, variation. *Les oscillations de l'opinion.*

oseille [ozɛj] n. f. **1.** Plante cultivée pour ses feuilles comestibles au goût acide. *Soupe à l'oseille.* **2.** (France) Fam. Argent. *Avoir de l'oseille,* être riche. *Ils nous ont piqué l'oseille.* ⇒ fam. **bacon, bidous, blé,** ② **foin, fric, motton, pognon.**

oser [oze] v. tr. ▪ conjug. 1. **1.** Littér. OSER *qqch.* : entreprendre avec assurance (une chose considérée comme difficile, insolite ou périlleuse). ⇒ **risquer.** *Si j'osais une plaisanterie...* **2.** OSER FAIRE *qqch.* : avoir l'audace, le courage, la hardiesse de. *Je n'ose plus rien dire. Allez-y ! Je n'ose pas.* — (Négatif, sans *pas,* avec un sens plus faible) *Elle n'osait faire un mouvement.* — Avoir l'impudence de. *Il a osé me faire des reproches.* — (Précaution oratoire) ⇒ se **permettre.** *Si j'ose dire. Si j'ose m'exprimer ainsi.* — (Comme souhait) *J'ose (l')espérer.* **3.** (Sans compl.) Se montrer audacieux, téméraire, prendre des risques. (→ fam. Prendre son courage à deux mains.) *Il faut oser !* / contr. **craindre, hésiter** / ▶ ***osé, ée*** adj. **1.** Qui est fait avec audace. *Démarche, tentative osée.* ⇒ **hardi, risqué.** *C'est bien osé de votre part.* ⇒ **audacieux, téméraire.** — Qui risque de choquer les bienséances. ⇒ ② **cru.** *Plaisanteries, histoires, blagues osées.* ⇒ **grivois, scabreux.** *Une scène osée.* **2.** (Personnes) Qui montre de la hardiesse ou de l'effronterie. ⇒ **audacieux.** *Avoir l'air très osé.*

osier [ozje] n. m. **1.** Saule de petite taille, aux rameaux flexibles. *Branches d'osier.* **2.** Rameau d'osier, employé pour la confection de liens et d'ouvrages de vannerie. *Panier d'osier. Fauteuil en osier.* ▶ ***oseraie*** [ozʀɛ] n. f. ■ Endroit, terrain planté d'osiers.

osmose [ɔsmoz] n. f. **1.** Phénomène de diffusion entre deux liquides ou deux solutions séparés par une membrane semi-perméable laissant passer le solvant mais non la substance dissoute. *Phénomène d'osmose.* **2.** Abstrait. Interpénétration, influence réciproque. *Il y a eu une sorte d'osmose entre ces deux courants de pensée.* ▶ ***osmotique*** adj. ■ Didact. De l'osmose (1). *Pression osmotique.*

ossature [ɔsatyʀ] n. f. **1.** Ensemble des os, tels qu'ils sont disposés dans le corps. ⇒ **squelette.** *Une ossature robuste.* ⇒ **carcasse.** *L'ossature de la main.* **2.** Ensemble de parties essentielles et résistantes qui soutient un tout. ⇒ **charpente.** *L'ossature en béton d'un immeuble.* — *Ce discours n'est pas construit, il n'a pas d'ossature.* ⇒ **structure.**

osselet [ɔslɛ] n. m. **1.** *Les osselets de l'oreille,* les petits os de la caisse du tympan. **2.** Au plur. LES OSSELETS : jeu d'adresse consistant à lancer puis à rattraper sur le dos de la main des petits os (parfois en plastique ou en métal). *Tu veux jouer aux osselets ?*

ossements [ɔsmɑ̃] n. m. pl. ■ Os décharnés et desséchés de cadavres d'humains ou d'animaux. *Des ossements blanchis par le temps.*

osseux, euse [ɔsø, øz] adj. **1.** Qui est propre aux os. *Tissu osseux,* formé de *cellules osseuses.* **2.** *Poisson osseux* (opposé à *cartilagineux*), qui possède des arêtes dures. **3.** Qui est constitué par des os. *Carapace osseuse.* **4.** Dont les os sont saillants, très apparents. ⇒ **maigre.** *Un visage émacié, osseux.* / contr. **dodu, gras** /

ossifier [ɔsifje] v. tr. ▪ conjug. 7. ■ Transformer en tissu osseux. — Pronominalement (réfl.). *S'ossifier.* ⇒ se **calcifier.**

osso buco [ɔsobuko] n. m. invar. ■ Jarret de veau servi avec l'os à moelle et accompagné de riz à la tomate (plat italien).

ossuaire [ɔsɥɛʀ] n. m. **1.** Amas d'ossements. **2.** Excavation ⇒ **catacombes,** bâtiment où sont conservés des ossements humains. *Ossuaires des cloîtres romans.*

-oste, osté(o)- ■ Éléments savants signifiant « os » (ex. : *ostéologie,* n. f. « science des os »).

ostensible [ɔstɑ̃sibl] adj. ■ Littér. Qui est fait sans se cacher ou avec l'intention d'être remarqué. ⇒ **apparent, ouvert, visible.** *Attitude, démarche ostensible.* / contr. **caché, discret, secret** / ▸ ***ostensiblement*** adv. ■ D'une manière ostensible. *Elle haussa ostensiblement les épaules.* / contr. **discrètement, furtivement, subrepticement** /

ostensoir [ɔstɑ̃swaʀ] n. m. ■ Pièce d'orfèvrerie destinée à contenir l'hostie consacrée et à l'exposer.

ostentation [ɔstɑ̃tasjɔ̃] n. f. ■ Mise en valeur excessive et indiscrète (ostensible) d'un avantage. ⇒ **étalage.** *Agir par ostentation, avec ostentation.* ⇒ **orgueil, vanité.** *Elle nous montra son bulletin de notes avec ostentation.* / contr. **discrétion, modestie** / ▸ ***ostentatoire*** adj. ■ Littér. Qui est fait, montré avec ostentation. *Charité ostentatoire.* / contr. **discret** /

ostie interj. ⇒ **hostie** (II).

ostracisme [ɔstʀasism] n. m. ■ Hostilité d'une collectivité qui rejette un de ses membres. *L'ostracisme d'un parti contre qqn. Être victime de l'ostracisme de...*

ostréi- ■ Élément savant signifiant « huître ». ▸ ***ostréiculture*** [ɔstʀeikyltyʀ] n. f. ■ Élevage des huîtres. ▸ ***ostréiculteur, trice*** n. ■ Personne qui pratique l'ostréiculture.

ostrogoth, -gothe ou **ostrogot, -gote** [ɔstʀɔgo, gɔt] n. et adj. **1.** Histoire. (Avec une majusc.) Habitant de la partie orientale des territoires occupés par les Goths. **2.** Abstrait. Personnage malappris, ignorant et bourru. *Quel ostrogoth !* — Personnage extravagant. ⇒ **olibrius.**

otage [ɔtaʒ] n. m. ■ Personne livrée ou arrêtée comme garantie de l'exécution d'une promesse, d'un traité (militaire ou politique), ou qu'on détient pour obtenir ce qu'on exige. ⇒ **gage, garant.** *Servir d'otage. Les armées d'occupation fusillent des otages pour empêcher la population de se révolter. Ils se sont emparés d'otages. Les terroristes ont revendiqué cette prise d'otages.*

otarie [ɔtaʀi] n. f. ■ Mammifère marin du Pacifique et des mers du Sud, au cou plus allongé que le phoque. *L'otarie de Californie.* — Sa peau, sa fourrure.

ôter [ote] v. tr. ▪ conjug. 1. ■ Synonyme moins courant de ENLEVER. **1.** Enlever (un objet) de la place qu'il occupait. ⇒ **déplacer, retirer.** *Ôter les assiettes en desservant.* — *Cela m'ôte un poids (de la poitrine).* ⇒ **soulager.** *On ne m'ôtera pas de l'idée que c'est un mensonge,* j'en suis convaincu. **2.** Enlever (ce qui habille, couvre, protège). ⇒ se **déshabiller.** *Ôter son chapeau, ses gants.* **3.** Faire disparaître (ce qui gêne, salit). *Ôter une tache.* **4.** Enlever (une partie d'un ensemble) en séparant. *Ôter un passage d'un ouvrage.* ⇒ **retrancher, soustraire.** *6 ôté de 10 égale 4.* ⇒ **déduire ; moins. 5.** Mettre hors de la portée, du pouvoir ou de la possession (de qqn). ⇒ **enlever, retirer.** *Ôter un enfant à sa mère.* — *Ôter à qqn ses forces, son courage.* **6.** S'ÔTER v. pron. réfl. *Ôtez-vous de là.* — Loc. fam. *Ôte-toi de là que je m'y mette,* se dit lorsqu'une personne prend une place avec sans-gêne.

ot(i)-, ot(o)- ■ Éléments savants signifiant « oreille ». ▸ ***otite*** [ɔtit] n. f. ■ Inflammation aiguë ou chronique de l'oreille. ▸ ***oto-rhino-laryngologie*** [ɔtoʀinolaʀɛ̃gɔlɔʒi] n. f. ■ Partie de la médecine qui s'occupe des maladies de l'oreille, du nez et de la gorge. ▸ ***oto-rhino-laryngologiste,*** fam. ***oto-rhino,*** abrév. ***O.R.L.*** [oɛʀɛl] n. ■ Médecin spécialisé en oto-rhino-laryngologie. *Des oto-rhinos. Je vais chez l'O.R.L.*

O.T.J. [oteʒi] n. f. invar. ■ Abréviation de *organisation des terrains de jeux. S'inscrire à l'O.T.J. pour l'été.* — Les services, les bâtiments, les terrains de cette organisation. *Rencontrer ses amis à l'O.T.J.*

① **ottoman** [ɔtɔmɑ̃] n. m. ■ Étoffe de soie à trame de coton formant de grosses côtes.

② **ottoman, ane** adj. et n. ■ Vx ou terme d'histoire. Turc. *L'Empire ottoman.*

ou [u] conj. Conjonction qui joint des termes, membres de phrases ou propositions ayant même rôle ou même fonction, en séparant les idées exprimées. **1.** (Équivalence de formes désignant une même chose) Autrement dit. *La coccinelle, ou bête à bon Dieu.* **2.** (Indifférence entre deux éventualités opposées) *Donnez-moi le rouge ou (bien) le noir, peu importe. Son père ou sa mère pourra* (ou *pourront*) *l'accompagner.* **3.** (Évaluation approximative par deux numéraux) *Un groupe de quatre ou cinq personnes.* ⇒ **à. 4.** (Alternative) ⇒ **soit.** *C'est l'un ou l'autre,* si c'est l'un, ce n'est pas l'autre. *« Elle est anglaise ou américaine ? — Ni l'un ni l'autre. » Il faut qu'une porte soit ouverte ou fermée. C'est tout ou rien. Acceptez-vous, oui ou non ?* — OU (après un impératif ou un subjonctif introduisant la conséquence qui doit résulter si l'ordre n'est pas observé). ⇒ **sans** ça, **sinon.** *Donnez-moi ça ou je me fâche, ou alors je me fâche.* — OU... OU... (pour souligner l'exclusion d'un des deux termes). *Ou bien c'est lui ou bien c'est moi, il faut choisir.* **5.** *Ou plutôt* (pour corriger ce qu'on vient de dire). *« Je vais y aller. Ou plutôt non. Vas-y, toi. » — Ou même. On partira dimanche ou même lundi.* ⟨ ▸ et/ou ⟩

où pronom, adv. relat. et interrog. **I.** Pronom, adv. relatif. **1.** Dans le lieu indiqué ou suggéré par l'antécédent. ⇒ **dans** lequel, **sur** lequel. *Le pays où il est né. Elle le retrouva là où elle l'avait laissé.* — REM. Avec *c'est là..., c'est à...* on emploie QUE et non *où.* — *De là où vous êtes.* — (+ infinitif) *Je cherche un chalet où passer mes vacances,* où je passerai... **2.** (Indiquant l'état, la situation de qqn, de qqch.) *On ne peut le transporter dans l'état où il est.* (*Où* représentant d'autres prépositions : *à, pour*). *Au prix où est le beurre. Du train, au train où vont les choses.* **3.** (Indiquant le temps) *Au cas où elle viendrait. Au moment où il arriva.* **II.** Adv. **1.** Là où, à l'endroit où. ⇒ **là.** *J'irai où vous voudrez. On est puni par où l'on a péché.* — OÙ QUE... (indéfini ; + subjonctif). *Où que vous alliez,* en quelque lieu que vous alliez. **2.** (Sens temporel) *Mais où ma colère éclata, ce fut quand il nia tout.* **3.** D'OÙ, marquant la conséquence. *D'où vient, d'où il suit que, d'où il résulte que* (+ indicatif). — (Sans verbe exprimé) *Elle ne m'avait pas prévenu de sa visite : d'où mon étonnement.* ⇒ de **là. III.** Adv. interrog. **1.** (Interrogation directe) En quel lieu ?, en quel endroit ? *Où est votre frère ? Où trouver cet argent ? D'où venez-vous ? Par où est-il passé ?* **2.** (Interrogation indirecte) *Dis-moi où tu vas. Je ne sais où aller. Je vois où tu veux en venir.* — *N'importe où,* dans n'importe quel endroit. — *Dieu sait où ; je ne sais où,* dans un endroit inconnu.

ouac [wak] n. m. ■ Cri de surprise, de peur. *Lâcher des ouacs.* — En appos. *Crier ouac à qqn.*

① **ouache** [waʃ] interj. ■ Exclamation qui exprime le dégoût, l'écœurement. ⇒ **beurk, eurk ;** fam. **pouah.** *Ouache ! que ce médicament est mauvais. « Il y a eu un blessé grave dans l'accident. – Ouache ! »*

② **ouache** n. f. **1.** Tanière d'une bête sauvage. ⇒ **abri, gîte.** *Faire sortir l'ours de sa ouache.* **2.** Abri de chasseur fait de branches, de roseaux, etc. ⇒ ① **cache.** *Surveiller les oiseaux sauvages dissimulé dans une ouache.*

ouailles [waj] n. f. pl. ■ Les chrétiens, par rapport au prêtre, au « pasteur ». *Le curé et ses ouailles.* ⇒ **paroissien.**

ouais [wɛ] interj. ■ Fam. Se dit pour *oui* (ironique ou sceptique). *« Tu viens ? — Ouais, j'arrive. » Ouais, je ne sais trop quoi faire.*

ouananiche [wananiʃ] n. f. ■ Poisson salmonidé vivant en eau douce en région nordique (Lac-Saint-Jean, Côte-Nord). *Pêcher la (l')ouananiche.* — REM. Dans ce mot d'origine amérindienne, l'élision est rare.

ouaouaron [wawaʀɔ̃] n. m. ■ Grenouille géante, particulière à l'Amérique du Nord, pouvant atteindre 70 cm de long, et dont le coassement ressemble à un meuglement. *Le cri du (de l') ouaouaron.* — REM. Dans ce mot d'origine amérindienne, l'élision est rare. On trouve aussi la forme *wawaron*.

ouate [wat] n. f. **1.** Laine, soie ou coton préparés pour garnir les doublures (de vêtements), pour rembourrer. *De l'ouate* ou *de la ouate.* **2.** Coton spécialement préparé pour servir aux soins d'hygiène. ⇒ ① **coton.** *Tampon d'ouate.* ▶ ***ouater*** v. tr. ▪ conjug. 1. ■ Doubler, garnir d'ouate. *Il faut l'ouater, le ouater.* ▶ ***ouaté, ée*** adj. **1.** Garni d'ouate. — Fig. *Un pas ouaté,* étouffé. ⇒ **feutré. 2.** Doublé, garni de molleton. *Un pantalon de jogging en coton ouaté.* ▶ ***ouatine*** n. f. ■ Étoffe molletonnée utilisée pour doubler certains vêtements. *Manteau doublé de ouatine.* ▶ ***ouatiner*** v. tr. ▪ conjug. 1. ■ Doubler de ouatine. — Au p. p. adj. *Doublure ouatinée. Des enveloppes ouatinées.* ⇒ **matelassé.**

oublier [ublije] v. tr. ▪ conjug. 7. **I. 1.** Ne pas avoir, ne pas retrouver le souvenir de (une chose, un événement, une personne). *J'ai oublié le titre de cet ouvrage,* je ne m'en souviens plus. *J'ai oublié qui doit venir, pourquoi et comment ils ont pris cette décision. Il oublie tout.* / contr. se **rappeler,** se **souvenir** / **2.** Ne plus savoir pratiquer (un ensemble de connaissances, une technique). *Oublier la pratique d'un métier. J'ai tout oublié en physique.* — (Sans compl.) *Il apprend vite et oublie de même.* **3.** *Être oublié,* ne plus être connu (→ Tomber dans l'oubli). *Mourir complètement oublié.* — *Se faire oublier,* faire en sorte qu'on ne parle plus de vous (en mal). *Je serais à ta place, je me ferais oublier.* **4.** Cesser de penser à (ce qui est désagréable). *Oubliez vos soucis.* — (Sans compl.) *Boire pour oublier.* **5.** Ne pas avoir à l'esprit (ce qui devrait tenir l'attention en éveil). ⇒ **négliger, omettre.** *Oublier l'heure,* ne pas s'apercevoir de l'heure qu'il est, se mettre en retard. — (+ infinitif) *Tu as oublié de nous prévenir.* — (avec *que* + indicatif) *Vous oubliez que c'est interdit.* **6.** Négliger de mettre. ⇒ **omettre.** *Oublier le vinaigre dans la salade.* — Négliger de prendre. ⇒ **laisser.** *J'ai oublié mon parapluie au cinéma.* **7.** Négliger (qqn) en ne s'occupant pas de lui. *Oublier ses amis.* ⇒ **délaisser,** se **désintéresser,** se **détacher, laisser.** / contr. **penser** à, **songer** à / — Ne pas donner qqch. à (qqn). *N'oubliez pas le guide, s'il vous plaît !* (donnez-lui un pourboire). **8.** Refuser sciemment de faire cas de (une personne), de tenir compte de (une chose). *Vous oubliez vos promesses. Vous oubliez qui je suis,* vous manquez aux égards qui me sont dus. — Pardonner. *N'en parlons plus, j'ai tout oublié.* **II.** S'OUBLIER v. pron. **1.** (Passif) Être oublié. *Tout s'oublie.* **2.** (Réfl.) Ne pas penser à soi, à ses propres intérêts. *Je me suis oubliée en comptant les invités.* — Iron. *Il ne s'est pas oublié,* il a su se réserver sa part d'avantages, de bénéfices. **3.** Manquer aux égards dus à (autrui ou soi-même). *Vous vous oubliez !,* vous oubliez à qui vous parlez. **4.** Faire ses besoins là où il ne le faut pas. *Le chat s'est oublié dans la maison.* ▶ ***oubli*** n. m. **1.** Défaillance de la mémoire, portant soit sur des connaissances ou aptitudes acquises, soit sur les souvenirs ; le fait d'oublier. ⇒ **absence, lacune, trou** de mémoire. *L'oubli d'un nom, d'une date, d'un événement.* — Absence de souvenirs dans la mémoire collective. *Tomber dans l'oubli. Sauver, tirer une œuvre de l'oubli.* **2.** UN OUBLI : fait de ne pas effectuer ce qu'on devait faire ou dire par manque de mémoire. ⇒ **distraction, étourderie.** *Excusez-nous de ne pas vous avoir prévenu : c'est un oubli. Commettre, réparer un oubli. Des oublis involontaires.* ⇒ **omission. 3.** Fait de ne pas prendre en considération, par indifférence ou mépris. *Oubli de soi-même,* par altruisme, désintéressement. ⇒ **abnégation.** — Pardon. *Pratiquer l'oubli des injures.* ▶ ***oublieux, euse*** adj. ■ Qui oublie (I, 5 et 8), néglige de se souvenir de. OUBLIEUX DE... *Oublieuse de ses devoirs.* ⇒ **négligent.** ▶ ***oubliette*** n. f. ■ Souvent au plur. Cachot où l'on enfermait autrefois les personnes condamnées à la prison perpétuelle ou celles dont on voulait se débarrasser. *Les oubliettes d'un château.* — Fam. *Jeter, mettre, reléguer aux oubliettes,* laisser de côté (qqn, qqch.). *Un acteur tombé dans les oubliettes,* que tout le monde a oublié. ‹ ▶ inoubliable ›

ouch ou ***outche*** [autʃ]ou [utʃ] interj. ■ Exclamation exprimant la douleur. ⇒ **aïe, ayoye, ouille.** *Ouch !, ça brûle. Ouch, ouch ! tu me fais mal.*

ouest [wɛst] n. m. et adj. **I.** N. m. **1.** Celui des quatre points cardinaux (abrév. *O*) qui est situé au soleil couchant. ⇒ **couchant, occident, ponant.** / contr. **est** / *Chambre exposée, orientée à l'ouest.* — À L'OUEST DE : dans la direction de l'ouest par rapport à. *Trois-Rivières est à l'ouest de Québec.* — *Boulevard Saint-Cyrille Ouest.* **2.** (Avec une majusc.) Partie d'un ensemble géographique qui est la plus proche de l'Ouest. *Les provinces de l'Ouest. Aller dans l'Ouest.* ⇒ **prairies.** — (Politique internationale) L'Europe occidentale et l'Amérique du Nord. ⇒ **Occident.** *Les rapports entre l'Est et l'Ouest.* — Histoire. *L'Allemagne de l'Ouest* (→ l'adj. *ouest-allemand*). **II.** Adj. invar. Qui se trouve à l'ouest, en direction de l'ouest. *La côte ouest des États-Unis* (opposé à *côte est*). ⇒ **occidental.** — REM. L'élément *ouest-* sert à former des gentilés (noms et adj.), ex. : *ouest-allemand, ouest-européen, ouestrifluvien.* ‹ ▶ nord-ouest, noroît, sud-ouest ›

ouestrifluvien, ienne [wɛstʀiflyvjɛ̃, jɛn] adj. et n. ■ De la ville de Trois-Rivières-Ouest. — N. (Avec une majusc.) Pesonne née dans cette ville ou qui l'habite.

ouf [uf] interj. ■ Interjection exprimant le soulagement. *Ouf ! bon débarras.* — Loc. *Il n'a pas eu le temps de dire ouf,* de prononcer un seul mot.

oui [wi] Particule d'affirmation invar. **I.** Adverbe équivalant à une proposition affirmative qui répond à une interrogation non accompagnée de négation. S'il y a négation ⇒ **si. 1.** (Dans une réponse positive à une question) *« Venez-vous avec moi ? — Oui, oui, Monsieur. »* ⇒ **certainement, certes ;** fam. **ouais.** (→ Comment donc, bien sûr, sans aucun doute, d'accord, entendu, volontiers, si vous voulez...) / contr. **non** / *« Êtes-vous satisfait ? — Oui et non »,* à demi. — (Renforcé par un adverbe, une loc. adv., une exclamation) *Mais oui. Mon Dieu oui. Oui, bien sûr. Ma foi, oui. Eh ! oui. Ah oui, alors ! Eh bien oui.* **2.** (Comme interrogatif) *Ah oui ?,* vraiment ? Fam. *Tu viens, oui ? Tu viens, oui ou quoi ? — Est-ce elle, oui ou non ?* — S'emploie pour insister, pour renchérir. *C'était, je crois, un poème de Nelligan, oui, c'est cela, de Nelligan.* **3.** (Complément direct) *Il dit toujours oui.* ⇒ **accepter.** — *Ne dire ni oui, ni non. Répondez-moi par oui ou par non.* — *Il semblerait que oui. En voulez-vous ? Si oui, prenez-le.* — *« Sont-ils Français ? — Lui, non, mais elle, oui. »* **II.** N. m. invar. *Les milliers de oui d'un référendum.* / contr. **non** / — Loc. *Pour un oui pour un non,* à tout propos.

ouï-dire [widiʀ] n. m. invar. ■ Ce qu'on ne connaît que pour l'avoir entendu dire. ⇒ **branche, on-dit, rumeur.** — Loc. *Par ouï-dire,* par la rumeur publique.

① **ouïe** [wi] n. f. **I.** Celui des cinq sens qui permet la perception des sons. ⇒ **audition.** *Organes de l'ouïe.* ⇒ **oreille.** *Son perceptible à l'ouïe,* audible. *Avoir l'ouïe fine.* — Fam. Plaisant. *Je suis tout ouïe* [tutwi], j'écoute attentivement (→ tout oreilles). **II.** Au plur. OUÏES : orifices externes de l'appareil branchial des poissons, sur les côtés de la tête. *Attraper un poisson par les ouïes.* — Loc. *Serrer les ouïes à qqn,* lui serrer le cou pour le faire obéir, le malmener physiquement.

ouille ou ② **ouïe** [uj] interj. **1.** Exclamation exprimant la douleur. ⇒ **aïe, ayoye, ouch. 2.** Exclamation répétée exprimant la surprise, la contrariété, le mécontentement. *Ouille, ouille, ouille ! qu'est-ce que tu as fait là ?*

ouïr [wiʀ] v. tr. ▪ conjug. 10. (Seulement infinitif et part. passé) ▪ Vx. Entendre, écouter. *J'ai ouï dire que...* ⟨ ▸ inouï, ouï-dire, ① ouïe ⟩

ouistiti [wistiti] n. m. ▪ Singe de petite taille, à longue queue. *Le ouistiti. Des ouistitis.* — Fam. *Un drôle de ouistiti,* un drôle d'individu.

oukase n. m. ⇒ **ukase.**

oumiak n. m. ⇒ **umiak.**

oups [ups], **whoops** ou **woups** [wups] interj. ▪ Anglic. Exprime l'excuse, le regret, l'impossibilité de contrôler qqch. (paroles, gestes...). *Oups ! je ne vous avais pas vu. Oups !, j'ai failli échapper mon livre.*

ouragan [uʀagɑ̃] n. m. **1.** Forte tempête caractérisée par un vent très violent. ⇒ **cyclone, tornade, typhon.** *La mer des Antilles est souvent agitée par des ouragans.* — Vent violent accompagné de pluie, d'orage. ⇒ **bourrasque, tourmente.** *Arbres arrachés par l'ouragan.* **2.** Mouvement violent, impétueux. *Un ouragan d'injures.*

ourdir [uʀdiʀ] v. tr. ▪ conjug. 2. **1.** Technique. Réunir les fils de chaîne en couches régulières et les tendre, avant le tissage ; tisser, croiser ces fils avec les fils de trame. ⇒ **tramer. 2.** Littér. Disposer les premiers éléments d'une intrigue. *Ourdir un complot. C'est son habitude d'ourdir ces sortes d'affaires.* ⇒ **tramer.**

ourler [uʀle] v. tr. ▪ conjug. 1. ▪ Border d'un ourlet. *Ourler un mouchoir.* ▸ ***ourlé, ée*** adj. ▪ Bordé d'un ourlet. *Mouchoirs ourlés.* ▸ ***ourlet*** [uʀlɛ] n. m. ▪ Repli d'étoffe cousu, terminant un bord. *Faire un ourlet à un pantalon.* — *Faux ourlet,* bande de tissu rapporté.

ours [uʀs] n. m. invar. **1.** Mammifère carnivore de grande taille, au pelage épais, aux membres armés de griffes, au museau allongé ; le mâle adulte. *Femelle* ⇒ **ourse**, *petit* ⇒ **ourson** *de l'ours.* — *Ours noir du Canada. Ours brun, d'Europe et d'Asie. Ours gris. Ours polaire, ours blanc* (carnivore). **2.** Loc. *Vendre la peau de l'ours,* disposer d'une chose que l'on ne possède pas encore. — *Tourner comme un ours en cage,* aller et venir par inaction, énervement. **3.** Jouet d'enfant ayant l'apparence d'un ourson. ⇒ **nounours.** *Un ours en peluche. Elle dort encore avec son ours.* **4.** Homme insociable, hargneux, qui fuit la société. ⇒ **misanthrope, sauvage.** *C'est un vieil ours.* — Adj. *Il devient de plus en plus ours.* ▸ ***ourse*** n. f. **1.** Femelle de l'ours. *Une ourse et ses petits.* **2.** (Avec une majusc.) *La Petite, la Grande Ourse* (ou Grand Chariot), constellations. *L'étoile polaire appartient à la Petite Ourse.* ▸ ***ourson*** n. m. ▪ Jeune ours. — Jouet d'enfant. — *Mon ourson,* expression de tendresse, d'affection à l'égard des petits garçons. ⇒ ② **chouette.** *Viens faire dodo, mon ourson.* ⟨ ▸ nounours ⟩

oursin [uʀsɛ̃] n. m. ▪ Animal marin, échinoderme, sphérique, muni de piquants. *Manger des huîtres et des oursins.*

oust ou **ouste** [ust] interj. ▪ Fam. Interjection pour chasser ou presser qqn. *Allez, ouste, dépêche-toi !*

out [awt] adv. et adj. invar. ▪ Anglic. Tennis. Hors des limites du court. — Adj. invar. *La balle est out.* — Baseball, balle-molle. Mis hors du jeu, retiré. *Troisième prise, tu es out.*

outaouais, aise [utawɛ, ɛz] adj. et n. **1.** De la région de l'Outaouais. *Les municipalités outaouaises.* — N. (Avec une majusc.) Personne née dans cette région ou qui l'habite. ⇒ **franco-outaouais. 2.** De la ville d'Ottawa. — N. (Avec une majusc.) Personne née dans cette ville ou qui l'habite. *Les Outaouais et les Hullois.* ⟨ ▸ franco-outaouais ⟩

outarde [utaʀd] n. f. ▪ Oie sauvage, à bec court et menu. ⇒ **bernache.** *Un vol d'outardes. La rivière aux Outardes.*

outil [uti] n. m. **1.** Objet fabriqué qui sert à agir sur la matière, à faire un travail. ⇒ **engin, instrument.** *Outils à travailler le bois. Outils de jardinage.* ⇒ **ustensile.** *Boîte, trousse à outils.* — Abstrait. *Cette personne n'est plus qu'un outil entre ses mains,* un instrument. **2.** Ce qui permet de faire un travail. *Sa voiture est son outil de travail. Ce dictionnaire est un outil indispensable pour un élève.* ▸ ***outiller*** [utije] v. tr. ▪ conjug. 1. **1.** Munir des outils nécessaires à un travail, à une production. ⇒ **équiper.** *Outiller un atelier, une usine.* — Pronominalement (réfl.). *Il faudra vous outiller pour ce travail.* — Au p. p. adj. *Ouvrier bien, mal outillé. Vous n'êtes pas outillé pour cela !* **2.** Pronominalement (réfl.). Se donner les moyens matériels de faire qqch. ; s'équiper en vue d'une destination particulière. *Il s'est outillé pour la pêche.* **3.** (Même sens, mais du point de vue du résultat) Forme passive. *L'hôpital n'est pas outillé pour recevoir des grands brûlés.* ▸ ***outillage*** n. m. ▪ Assortiment d'outils nécessaires à l'exercice d'un métier, d'une activité, à la marche d'une entreprise. ⇒ **équipement, matériel.** *L'outillage perfectionné d'une usine moderne.* ▸ ***outilleur, euse*** n. **1.** Fabricant, marchand d'outils. *La quincaillerie X, l'outilleur par excellence.* **2.** Ouvrier spécialisé dans l'entretien des outils dans une usine. ⟨ ▸ machine-outil ⟩

outrage [utʀaʒ] n. m. **1.** Offense ou injure extrêmement grave (de parole ou de fait). ⇒ **affront, insulte.** *Les outrages qu'on leur a fait subir.* — Littér. Ce qui atteint, endommage. *Les outrages du temps.* **2.** Délit par lequel on met en cause l'honneur d'un personnage officiel (magistrat, etc.) dans l'exercice de ses fonctions. *Outrage à un magistrat, au tribunal, à un agent de la force publique. Outrage envers un chef d'État.* ⇒ **offense (2). 3.** Acte gravement contraire (à une règle, à un principe). ⇒ **violation.** *Outrage à la raison, au bon sens. Outrage aux bonnes mœurs,* délit de nature sexuelle. ▸ ***outrager*** v. tr. ▪ conjug. 3. **1.** Offenser gravement par un outrage (actes ou paroles). ⇒ **bafouer, injurier, insulter, offenser.** *Il l'a outragée.* — Au p. p. adj. *Elle a pris un air outragé.* **2.** Contrevenir gravement à (qqch.). *Outrager les bonnes mœurs, la morale.* ▸ ***outrageant, ante*** adj. ▪ Qui outrage. ⇒ **injurieux, insultant.** *Critique, propos outrageants.*

outrageusement [utʀaʒøzmɑ̃] adv. ▪ Excessivement. *Femme outrageusement maquillée. Financier outrageusement riche,* très riche. ⇒ **fabuleusement.**

outrance [utʀɑ̃s] n. f. **1.** Chose ou action outrée, excessive. ⇒ **excès.** *Une outrance de langage.* — Démesure, exagération. *L'outrance de son langage.* / contr. **mesure, pondération** / **2.** À OUTRANCE loc. adv. : avec exagération, avec excès. ▸ ***outrancier, ière*** adj. ▪ Qui pousse les choses à l'excès. ⇒ **excessif, outré.** *Caractère outrancier.* / contr. **mesuré, nuancé, pondéré** /

① ***outre*** [utʀ] n. f. ■ Peau de bouc cousue en forme de sac et servant de récipient. *Outre de vin.* — Loc. *Être gonflé, plein comme une outre,* avoir trop bu, mangé. ⇒ **barrique.**

② ***outre*** prép. et adv. **1.** (Dans des expressions adv.) Au-delà de (par rapport au Québec, à l'Amérique ou à la personne qui parle). *Outre-Atlantique,* en Europe. (Par rapport à la France) *Outre-Manche,* en Grande-Bretagne. — N. *L'outre-Manche.* — *Les peuples d'outre-mer* (Afrique, Orient, Europe). **2.** Adv. de lieu. PASSER OUTRE : aller au-delà, plus loin. — PASSER OUTRE À *qqch.* : ne pas tenir compte d'une opposition, d'une objection. ⇒ **braver, mépriser.** *Je passai outre à son interdiction.* **3.** Prép. En plus de. *Outre les bagages, nous avions les chiens avec nous.* — OUTRE QUE (+ indicatif) loc. conj. : *Outre qu'il est innocent.* (→ Non seulement... mais encore.) *Outre le fait que,* sans parler du fait que. **4.** OUTRE MESURE loc. adv. : excessivement, au-delà de la normale. ⇒ à l'**excès, trop.** *Ce travail ne l'a pas fatigué outre mesure.* **5.** EN OUTRE loc. adv. : en plus de cela. ⇒ **aussi, également.** *Il est tombé malade (et) en outre, il a perdu sa place.* ⟨ ▶ outrageusement, outrecuidance, outremer, outrer, outrepasser ⟩

outré, ée [utʀe] adj. **1.** Poussé au-delà de la mesure. ⇒ **exagéré, excessif, outrancier.** *Flatterie outrée.* **2.** (Personnes) ⇒ **indigné, révolté, scandalisé.** *Je suis outré de, par son ingratitude.* ⇒ **outrer** (2).

outrecuidance [utʀəkɥidɑ̃s] n. f. Littér. **1.** Confiance excessive en soi. ⇒ **fatuité, orgueil, présomption.** *Parler de soi avec outrecuidance.* / contr. **humilité, modestie, réserve** / **2.** Désinvolture impertinente envers autrui. ⇒ **audace, effronterie.** *Elle me répondit avec outrecuidance.* ▶ ***outrecuidant, ante*** adj. ■ Littér. Qui montre de l'outrecuidance. ⇒ **fat, impertinent, prétentieux.** — N. *C'est un outrecuidant.*

outremer [utʀəmɛʀ] n. m. ■ Couleur d'un bleu intense. ⇒ **lapis-lazuli.** *De beaux outremers.* — Adj. invar. *Bleu outremer. Des yeux outremer.*

outremontais, aise [utʀəmɔ̃tɛ, ɛz] adj. et n. ■ De la ville d'Outremont. *Les belles rues outremontaises.* — N. (Avec une majusc.) Personne née dans cette ville ou qui l'habite.

outrepasser [utʀəpɑse] v. tr. • conjug. 1. ■ Aller au-delà de ce qui est permis. ⇒ **dépasser, transgresser.** *Outrepasser ses droits. Tu as outrepassé les ordres.* ⇒ **enfreindre.**

outrer [utʀe] v. tr. • conjug. 1. **1.** Littér. Exagérer, pousser (qqch.) au-delà des limites raisonnables. *Outrer une pensée, une attitude.* ⇒ **forcer.** **2.** Aux temps composés. Indigner, mettre (qqn) hors de soi. ⇒ **scandaliser.** *Votre façon de parler de sa mort m'a outré.* ⇒ **outré.** ⟨ ▶ outrance, outré ⟩

outsider [awtsajdœʀ] n. m. ■ (France) Anglic. Cheval de course ou concurrent qui ne figure pas parmi les favoris. ⇒ **négligé.** *Le prix a été remporté par un outsider. Des outsiders.* / contr. **favori** /

ouvert, erte [uvɛʀ, ɛʀt] adj. **I.** (⇒ **ouvrir**). **1.** Disposé de manière à laisser le passage. *Porte, fenêtre ouverte. Grand ouvert,* ouvert le plus possible. **2.** (Locaux) Où l'on peut entrer. *Magasin ouvert. Le musée est ouvert.* — (Récipients) Qui n'est pas fermé. *Coffre, pot ouvert.* **3.** Disposé de manière à laisser communiquer avec l'extérieur. / contr. **fermé** / *Bouche ouverte, yeux ouverts.* — *Sons ouverts,* prononcés avec la bouche assez ouverte. *O ouvert* [ɔ]. — *Robinet ouvert,* qui laisse passer l'eau. *Le gaz est ouvert,* le robinet du gaz... **4.** Dont les parties sont écartées, séparées. *Main ouverte* (opposé à *poing fermé*). *Fleur ouverte,* épanouie. *À bras ouverts* [abʀɑzuvɛʀ]. — *Lire le latin à livre ouvert,* couramment. — *Chemise ouverte.* **5.** Percé, troué, incisé. *Avoir le crâne ouvert. Opération à cœur ouvert,* intervention à l'intérieur du muscle du cœur. **6.** Accessible (à qqn, qqch.), que l'on peut utiliser (moyen, voie). ⇒ **libre.** *Canal ouvert à la navigation. Chemin ouvert à la circulation.* — *Bibliothèque ouverte à tous.* — Qui n'est pas protégé, abrité. *Des espaces ouverts.* ⇒ **découvert.** *Ville ouverte,* qui n'est pas défendue militairement. — *Billet ouvert.* ⇒ anglic. **open.** **7.** Commencé. *La chasse, la pêche est ouverte,* permise. *Les paris sont ouverts,* autorisés. **II.** (Personne ; actions) **1.** Communicatif et franc. *Être d'un naturel ouvert.* ⇒ **confiant, expansif.** — (Air, mine...) *Un visage très ouvert.* / contr. **froid, renfermé** / — Loc. *Parler à cœur ouvert,* en toute franchise. ⇒ **franchement.** **2.** (Sentiments, etc.) Qui se manifeste, se déclare publiquement. ⇒ **déclaré, manifeste, public.** *Il faut éviter un conflit ouvert.* **3.** Qui s'ouvre facilement aux idées nouvelles. *Un garçon ouvert et intelligent.* / contr. **buté, étroit** / *Un esprit ouvert,* éveillé. ⇒ **vif.** ▶ ***ouvertement*** [uvɛʀtəmɑ̃] adv. ■ D'une manière ouverte, sans dissimulation. ⇒ à **découvert.** / contr. en **cachette, secrètement** / *Elle agit toujours ouvertement. Je lui ai dit ouvertement ce que j'avais sur le cœur.* ⇒ **franchement.** ▶ ***ouverture*** n. f. **I.** *L'ouverture (de)...* **1.** Action d'ouvrir ; état de ce qui est ouvert. / contr. **fermeture** / *L'ouverture (des portes) du magasin se fait à telle heure. Heures, jours d'ouverture.* — Caractère de ce qui est plus ou moins ouvert (dispositifs réglables). *Ouverture d'un objectif ; régler l'ouverture.* — *Ouverture d'un angle,* écartement de ses côtés. **2.** Le fait de rendre praticable, utilisable. *Ouverture d'une autoroute.* ⇒ **inauguration.** **3.** Abstrait. *Ouverture d'esprit,* qualité de l'esprit ouvert. **4.** Le fait d'être commencé, mis en train. / contr. **clôture** / *Ouverture de la session, d'un débat.* ⇒ **commencement, début.** *Ouverture d'une exposition, d'une école.* ⇒ **inauguration.** — *Ouverture de la chasse, de la pêche,* le premier des jours où il est permis de chasser, de pêcher. *Faire l'ouverture (de la chasse),* aller chasser ce jour-là. **5.** Au plur. Premier essai en vue d'entrer en pourparlers. *Faire des ouvertures de paix, de négociation.* **II.** Morceau de musique, d'orchestre par lequel débute un ouvrage lyrique (opposé au *finale*). **III.** *(Une, des ouvertures)* Ce qui fait qu'une chose est ouverte. **1.** Espace libre, vide par lequel s'établit la communication ou le contact entre l'extérieur et l'intérieur. ⇒ **accès, entrée, issue, passage, trou.** *Les ouvertures d'un bâtiment.* ⇒ **fenêtre, porte.** — *Ouverture d'une grotte, d'un puits* (orifice)... — Sports (hockey, soccer...) *Le joueur a profité d'une ouverture.* ⇒ **trouée.** **2.** Abstrait. Voie d'accès ; moyen de comprendre. *C'est une ouverture sur un monde inconnu.* ⟨ ▶ réouverture ⟩

ouvrable [uvʀabl] adj. m. ■ Se dit des jours de la semaine qui ne sont pas des jours fériés. *Il y a six jours ouvrables dans une semaine et cinq jours ouvrés.*

ouvrage [uvʀaʒ] n. m. **1.** Ensemble d'actions coordonnées par lesquelles on met qqch. en œuvre, on effectue un travail. ⇒ **œuvre ; besogne, tâche, travail.** *Avoir de l'ouvrage.* ⇒ **occupation.** *Se mettre à l'ouvrage. Qui résulte d'un ouvrage.* ⇒ **ouvré.** *Ouvrages manuels.* — Loc. *Avoir le cœur à l'ouvrage,* le goût, l'envie de travailler. — Fam. *C'est pas mal d'ouvrage,* cela demande, exige beaucoup de travail. *Ouvrages de dames,* travaux de couture, broderie, tricot, tapisserie. *Boîte, corbeille à ouvrage,* où l'on met les travaux de couture, etc. — Au fém. Fam. *C'est de la belle ouvrage,* un ouvrage soigné, bien fait. **2.** Objet produit par le travail d'un ouvrier*, d'un artisan, d'un artiste. *Ouvrage d'orfèvrerie.* — Construction. *Le gros de l'ouvrage.* ⇒ **œuvre** (II). — OUVRAGES D'ART : constructions (ponts, tranchées, tunnels) nécessaires à l'établissement d'une voie. **3.** Texte scientifique, technique ou littéraire. ⇒ **écrit, œuvre.** — *La publication d'un ouvrage. Je voudrais consulter cet ouvrage. Ouvrages de philosophie.* — Livre. *Ouvrages à la vitrine d'un libraire.* ▶ ***ouvragé, ée*** adj. ■ Très orné (par le travail, l'ouvrage [1]). *Pièce d'orfèvrerie ouvragée,* travaillée. *Bijou finement ouvragé.*

ouvrant, ante [uvʀɑ̃, ɑ̃t] adj. ■ Qui s'ouvre, qui peut s'ouvrir. *Toit ouvrant d'une voiture.*

ouvré, ée [uvʀe] adj. **1.** Lang. technique ou littéraire. Qui résulte d'un ouvrage. ⇒ **ouvrage** (1) ; **travaillé.** *Produits ouvrés,* manufacturés. *Bois ouvré.* **2.** *Jour ouvré,* où l'on travaille. ⇒ **ouvrable.** ⟨ ▶ ouvrable, semi-ouvré ⟩

ouvre-boîtes [uvʀəbwat] n. m. invar. ■ Instrument coupant, servant à ouvrir les boîtes de conserves. *Un ouvre-boîtes électrique. Des ouvre-boîtes.*

ouvre-bouteilles [uvʀəbutɛj] n. m. invar. ■ Instrument servant à ouvrir les bouteilles capsulées. ⇒ **décapsuleur ;** fam. **débouche-bouteilles.** *Un, des ouvre-bouteilles.*

ouvreur, euse [uvʀœʀ, øz] n. ■ Personne chargée de placer les spectateurs dans une salle de spectacle, un amphithéâtre sportif. ⇒ **placier.** *Les ouvreuses d'un théâtre.*

ouvrier, ière [uvʀije, jɛʀ] n. et adj. **I.** N. **1.** (Opposé à *employé*) Personne qui exécute un travail manuel, exerce un métier manuel ou mécanique moyennant un salaire (en particulier : travailleur manuel de la grande industrie). ⇒ **prolétaire.** *Travail de l'ouvrier.* ⇒ **ouvrage.** *Ouvrier agricole, ouvrier d'usine. Ouvriers travaillant en équipe, à la chaîne. Ouvrier « spécialisé ».* ⇒ **O.S.** — *Embaucher, employer des ouvriers.* ⇒ **main-d'œuvre, personnel.** *Salaire, paye d'un ouvrier. Ouvriers syndiqués. Ouvriers qui font grève,* grévistes. **2.** Littér. Artisan, artiste. *À l'œuvre on reconnaît l'ouvrier.* **II.** Adj. **1.** Qui a rapport aux ouvriers, qui est constitué par des ouvriers ou est destiné au prolétariat industriel. *La classe ouvrière.* — (France) *Force ouvrière* (F.O.), nom d'une centrale syndicale. **2.** *Cheville ouvrière.* ⇒ **cheville.** ▶ ***ouvrière*** adj. et n. f. ■ Chez certains insectes vivant en société. Individu stérile qui assure la construction ou la défense. *La reine des abeilles et les ouvrières.*

ouvrir [uvʀiʀ] v. ▪ conjug. 18. **I.** V. tr. **1.** Disposer (une ouverture) en déplaçant, en écartant ses éléments mobiles, de manière à mettre en communication l'extérieur et l'intérieur. / contr. **fermer** / *Ouvrir une porte à deux battants. Ouvre la fenêtre. Clé qui ouvre une porte,* qui permet de l'ouvrir. — (Avec ellipse du complément *la porte*) *Va ouvrir. Ouvrez, au nom de la loi !* **2.** Mettre en communication (l'intérieur d'un contenant, d'un local) avec l'extérieur par le déplacement ou le dégagement de l'élément mobile. *Ouvrir une armoire, une boîte. Ouvrir une bouteille.* ⇒ **déboucher, décapsuler.** — Rendre accessible (un local au public). *Nous ouvrons le magasin à 9 heures.* (Sans compl. dir.) *Nous ouvrirons toute la matinée de dimanche.* **3.** Atteindre l'intérieur de (quelque chose de vivant) en écartant, coupant, brisant. *Ouvrir des huîtres, une noix de coco, un homard.* **4.** Mettre (un objet) dans une position qui assure la communication ou le contact avec l'extérieur. *Ouvrir les lèvres, la bouche.* — Fam. *L'ouvrir,* parler. / contr. la **fermer** / *Il n'y a pas moyen de l'ouvrir avec lui.* — *Ouvrir l'œil,* être attentif. — *Ouvrir un sac, un portefeuille.* — *Ouvrir un robinet.* — *Ouvrir le gaz,* le faire fonctionner. — Fam. *Ouvrir la lumière.* ⇒ **allumer.** — *Ouvrir l'appétit à qqn,* lui donner faim. — Au p. p. adj. Fam. *Ligne* ouverte.* **5.** Écarter, séparer (des éléments mobiles). *Ouvrir les rideaux. Ouvrir les bras. Ouvrir un parapluie. Ouvrez vos livres.* **6.** Former (une ouverture) en creusant, en trouant. *Ouvrir une fenêtre dans un mur.* ⇒ **percer.** / contr. **boucher** / — S'OUVRIR *les veines* : se suicider. *S'ouvrir le crâne en tombant.* **7.** Créer ou permettre d'utiliser (un moyen d'accès), d'avancer. *Ouvrir, s'ouvrir un chemin, une voie.* ⇒ **frayer.** / contr. **barrer** / — *Ouvrir un chemin, une route,* le (la) rendre praticable, après une chute ou une tempête de neige. ⇒ **déneiger.** **8.** Découvrir, présenter. *Elle nous a ouvert le fond de son cœur.* (→ Parler à cœur ouvert.) *Cela ouvre des horizons,* fait entrevoir des perspectives nouvelles. **9.** Ouvrir l'esprit (à qqn), lui rendre l'esprit ouvert, large. **10.** Commencer. *Ouvrir les hostilités. Ouvrir le feu,* se mettre à tirer. *Ouvrir une discussion.* — Être le premier à faire, à exercer (une activité, etc.). *Ouvrir la danse, le bal.* **11.** Créer, fonder (un établissement *ouvert* au public). *Ouvrir un magasin, des écoles.* **12.** *Ouvrir un compte, un crédit à qqn,* l'accorder. **II.** V. intr. **1.** Être ouvert. *Cette porte n'ouvre jamais. Magasin qui ouvre à 10 heures.* — *Ouvrir sur,* donner accès. **2.** Commencer, débuter. *Les cours ouvriront la semaine prochaine.* / contr. **finir, terminer** / **III.** S'OUVRIR v. pron. **1.** Devenir ouvert. *La porte s'ouvre. Le toit de cette voiture s'ouvre.* ⇒ **ouvrant.** — *Sa bouche s'ouvre. La fleur s'ouvre.* ⇒ **éclore,** s'**épanouir.** **2.** S'OUVRIR SUR : être percé, de manière à donner accès ou vue sur. ⇒ **donner.** *La porte s'ouvre directement sur le balcon.* **3.** S'offrir comme une voie d'accès, un chemin. *Le chemin, la route qui s'ouvre devant nous.* — Fig. Apparaître comme accessible. *Une vie nouvelle s'ouvrait devant (à) eux.* **4.** (Personnes, sentiments) S'OUVRIR À *qqch.* : devenir accessible à, se laisser pénétrer par (un sentiment, une idée). *Son esprit s'ouvre peu à peu à cette idée.* S'OUVRIR À *qqn* : lui ouvrir son cœur, sa pensée. *Je m'en suis ouvert à elle.* ⇒ se **confier.** **5.** (Choses) Commencer. *L'exposition qui allait s'ouvrir.* — *S'ouvrir par,* commencer par. ⟨ ▶ entrouvrir, ouvert, ouverture, ouvrant, ouvre-boîtes, ouvre-bouteilles, ouvreur, rouvrir ⟩

ouzo [uzo] n. m. ■ Eau-de-vie (d'origine grecque) parfumée à l'anis. *Un petit verre d'ouzo.*

ovaire [ɔvɛʀ] n. m. **1.** Partie de l'organisme femelle ou féminin, où se forme l'ovule qui, après fécondation, peut devenir un œuf (II). **2.** (Plantes) Partie inférieure du pistil qui contient les ovules destinés à devenir des graines après la fécondation. ⇒ **fleur, fruit.** ▶ ***ovarien, ienne*** adj. ■ De l'ovaire. *Glande, sécrétion ovarienne. Cycle ovarien.*

ovale [ɔval] adj. et n. m. **1.** Adj. Qui a la forme d'une courbe fermée et allongée analogue à celle d'un œuf de poule. *Visage ovale.* ⇒ **ellipsoïde.** — *Le ballon ovale,* du football, du rugby (opposé au *ballon rond* du soccer). **2.** N. m. Forme ovale. *Figure d'un ovale parfait.*

ovation [ɔvasjɔ̃] n. f. ■ Acclamations publiques rendant honneur à un personnage, à un orateur. ⇒ **acclamation, cri.** *Faire, donner une ovation (debout) à qqn.* / contr. **huée** / ▶ ***ovationner*** v. tr. ▪ conjug. 1. ■ Acclamer, accueillir (qqn) par des ovations. ⇒ **applaudir.** *Elle s'est fait ovationner.* / contr. **conspuer, huer** /

overdose [ɔvœʀdoz] n. f. ■ Anglic. Absorption excessive (d'une drogue) pouvant entraîner la mort. ⇒ **surdose.** *Mort par overdose.*

ovibos [ɔvibɔs] n. m. ■ Mammifère ruminant des régions arctiques, qui a des cornes plates recourbées et est couvert d'une épaisse toison brune. ⇒ bœuf **musqué.** *L'ovibos se nourrit de lichens et de mousses. De la laine d'ovibos.* ⇒ **qivint.**

ovidés [ɔvide] n. m. pl. ■ Vx. Groupe de mammifères ongulés ruminants du type du mouton. ⇒ **ovinés.** — Au sing. *Le mouflon est un ovidé.* ▶ ***ovinés*** n. m. pl. ■ Sous-famille de mammifères ou ongulés ruminants de la famille des bovidés de petite taille (mouton, mouflon – anciennt des ovidés – chèvre, bouquetin, etc.). — Au sing. *Le chamois est un oviné.* ▶ ***ovin, ine*** adj. ■ Relatif au mouton, au bélier, à la brebis. *La race ovine.* — N. m. *Les ovins.*

ovipare [ɔvipaʀ] adj. ■ Se dit des animaux qui pondent des œufs (I). *Les oiseaux, les crustacés, la plupart des insectes, des poissons, des reptiles sont ovipares.* — N. *Les ovipares et les vivipares.*

ovni [ɔvni] n. m. ■ Abréviation (sigle) de *objet volant non identifié.* ⇒ fam. **soucoupe** volante. *Des ovnis.*

ovo-, ov-, ovi- ■ Éléments savants signifiant « œuf ». ▶ ***ovoïde*** [o(ɔ)vɔid] adj. ■ Qui a la forme d'un œuf. ⇒ **ovale.** *Crâne ovoïde.* ‹ ▶ ovaire, ovale, ovipare, ovule ›

ovule [o(ɔ)vyl] n. m. **1.** Cellule reproductrice femelle (gamète) élaborée par l'ovaire. *La rencontre de l'ovule et du spermatozoïde produit l'œuf.* **2.** (Plantes) Cellule reproductrice femelle qui se transforme en graine. ▶ ***ovulaire*** adj. ■ Relatif à l'ovule. ▶ ***ovulation*** n. f. ■ (Mammifères) Libération de l'ovule. *L'ovulation, fonction essentielle de l'ovaire.* ▶ ***ovuler*** v. intr. . conjug. 1. ■ Avoir une ovulation. ▶ ***ovulatoire*** adj. ■ Relatif à l'ovulation. *Cycle ovulatoire.* ‹ ▶ anovulant ›

ox-, oxy-, oxyd- ■ Éléments savants signifiant « acide » ou « oxygène ».

oxford [ɔksfɔʀd] n. m. ■ Tissu de coton à fils de deux couleurs. *Chemise en oxford.*

oxhydrique [ɔksidʀik] adj. ■ Se dit d'un mélange d'oxygène et d'hydrogène dont la combustion dégage une chaleur considérable. *Gaz oxhydrique d'un chalumeau.*

oxyde [ɔksid] n. m. ■ Composé résultant de la combinaison d'un corps avec l'oxygène. *Oxyde de carbone. Oxyde de cuivre.* ▶ ***oxyder*** v. tr. . conjug. 1. ■ Altérer un métal par l'action de l'air. *L'air oxyde certains métaux.* — Pronominalement (réfl.). *Le fer s'oxyde rapidement.* ⇒ **rouiller.** ▶ ***oxydable*** adj. ■ Susceptible d'être oxydé. / contr. **inoxydable** / ▶ ***oxydation*** n. f. ■ Combinaison (d'un corps) avec l'oxygène pour donner un oxyde. ‹ ▶ hydroxyde, inoxydable, monoxyde, peroxyde ›

oxygène [ɔksiʒɛn] n. m. ■ Gaz invisible, inodore qui constitue approximativement 1/5 de l'air atmosphérique (symb. O). *L'oxygène est indispensable à la plupart des êtres vivants. Étouffer par manque d'oxygène* (asphyxie). *Ballon d'oxygène.* — Fam. Air pur. *Aller prendre un bol d'oxygène.* ▶ ***oxygéner*** v. tr. . conjug. 6. **1.** Ajouter de l'oxygène à (une substance), par dissolution. *Oxygéner de l'eau.* — Fam. *S'oxygéner (les poumons),* respirer de l'air pur. — Au p. p. adj. EAU OXYGÉNÉE : solution chimique. ⇒ **peroxyde.** *L'eau oxygénée est un antiseptique, un hémostatique et un décolorant puissant.* **2.** *Oxygéner les cheveux,* les passer à l'eau oxygénée. — Au p. p. adj. *Cheveux blonds oxygénés. Une blonde oxygénée,* décolorée. ▶ ***oxygénation*** n. f. ■ Action d'oxygéner.

ozone [ozɔn] n. m. ■ Gaz bleu et odorant qui se forme dans l'air (ou l'oxygène) soumis à une décharge électrique. *L'ozone a des propriétés antiseptiques. La protection de la couche d'ozone,* de l'écran protecteur contre les rayonnements ultraviolets, dans la haute atmosphère. ▶ ***ozoniser*** v. tr. . conjug. 1. ■ Transformer l'oxygène en ozone ; traiter, purifier à l'ozone. — Au p. p. adj. Qui renferme de l'ozone, qui a été traité à l'ozone. *Instrument chirurgical ozonisé.* — REM. L'adjectif *ozoné* a le même sens que le p. p. adj. *ozonisé.* ▶ ***ozonisation*** n. f. ■ Action d'ozoniser ; état de ce qui est ozonisé. ▶ ***ozoniseur*** ou ***ozonisateur*** n. m. ■ Appareil servant à préparer l'ozone à partir de l'oxygène de l'air.

p

p [pe] n. m. invar. ■ Seizième lettre, douzième consonne de l'alphabet.

pablum [pablɔm] n. m. ■ Aliment pour bébés, fait d'un mélange de céréales broyées, auquel on ajoute du lait ou de l'eau pour le diluer. ⇒ **bouillie.** *Une boîte de pablum.* — REM. Ce mot est un nom de marque déposée.

pacage [pakaʒ] n. m. **1.** Action de faire paître le bétail. *Le pacage s'oppose à la stabulation.* **2.** Terrain où l'on fait paître les bestiaux. ⇒ **pâturage.**

pacane [pakan] n. f. ■ *(Noix de) pacane,* noix ovale et lisse, à coque mince, consommée crue ou séchée. ⇒ **pacanier.** *Faire une tarte aux pacanes. Du beurre de pacane.* — REM. On dit aussi *(noix de) pécan,* notamment en France. ▶ **pacanier** n. m. ■ Grand arbre des lieux frais et humides, qui croît dans le sud-est des États-Unis (notamment en Louisiane) et qui produit la pacane. — REM. On appelle parfois le pacanier *noyer d'Amérique.*

pacemaker ou **pace maker** [pesmekœʀ] n. m. ■ Anglic. Stimulateur cardiaque. *L'implantation d'un pacemaker.*

pacha [paʃa] n. m. **1.** Histoire. Gouverneur d'une province ; titre honorifique d'un haut fonctionnaire dans l'ancien Empire ottoman. **2.** Fam. Commandant d'un navire de guerre. **3.** Fam. *Mener une vie de pacha,* mener une vie fastueuse. *Faire le pacha,* se faire servir. *Un gros pacha,* une personne riche.

pachyderme [paʃidɛʀm] n. m. ■ Anciennt. Mammifère ongulé (éléphant, rhinocéros, etc.). — Éléphant. *Une démarche de pachyderme,* lourde.

pacifier [pasifje] v. tr. ▪ conjug. 7. **1.** Ramener à l'état de paix (un pays en proie à la guerre civile, un peuple en rébellion). — Euphémisme pour *réprimer.* **2.** Abstrait. Rendre calme. *Pacifier les esprits.* ⇒ **apaiser.** ▶ **pacificateur, trice** n. et adj. ■ Personne qui pacifie, ramène le calme. — Adj. (Choses) *Mesures pacificatrices.* ▶ **pacification** n. f. ■ *La pacification d'une zone dangereuse* (souvent euphémisme pour *répression*). ▶ **pacifique** adj. **I. 1.** (Personnes) Qui ne recherche pas l'épreuve de force, n'aime pas les conflits / contr. **batailleur** / ; qui aspire à la paix. *C'était un chef d'État pacifique.* / contr. **belliqueux** / — *Un esprit pacifique.* **2.** (Choses) Qui n'est pas militaire, n'a pas la guerre pour objectif. *Utilisation pacifique de l'énergie nucléaire.* **3.** Qui se passe dans le calme, la paix. ⇒ **paisible.** *La coexistence pacifique entre l'Est et l'Ouest.* **II. 1.** (Avec une majusc.) *L'océan Pacifique* et, n. m. *le Pacifique,* qui sépare l'Amérique de l'Asie et l'Australie. *Aller sur la côte du Pacifique.* **2.** Qui a rapport à l'océan Pacifique, aux pays qui le bordent (opposé à atlantique). *La Colombie-Britannique est une province pacifique.* — *L'heure* du Pacifique.* ▶ **pacifiquement** adv. ▶ **pacifisme** n. m. ■ Doctrine des personnes hostiles à toute idée de guerre. ▶ **pacifiste** n. et adj. ■ Partisan de la paix entre les nations. *Les pacifistes et les non-violents.* — Adj. *Un idéal pacifiste.*

pack [pak] n. m. Anglic. **1.** Marchandise vendue en lot dans un emballage conçu pour en faciliter le transport, spécialt des bouteilles de petites dimensions, des canettes. *Des packs de bière.* **2.** Ensemble de glaces flottantes, généralement dérivantes. ⇒ **banquise.** *Un pack de glaces descend le fleuve.*

pacotille [pakɔtij] n. f. ■ Produits manufacturés de mauvaise qualité, de peu de valeur. ⇒ **camelote, quétainerie, verroterie.** — DE PACOTILLE : sans valeur. ⇒ anglic. **cheap.** *Un bijou de pacotille.*

pacte [pakt] n. m. **1.** Accord solennel entre deux ou plusieurs personnes. ⇒ **marché.** *Conclure, sceller, signer un pacte. Un pacte d'amitié.* **2.** Convention entre États. *Un pacte de non-agression.* — Document qui constate la convention. ▶ **pactiser** v. intr. ▪ conjug. 1. **1.** Conclure un pacte, un accord (avec qqn). **2.** Agir de connivence (avec qqn) ; composer (avec qqch.). ⇒ **transiger.** *Ils voulaient pactiser à l'ennemi. Pactiser avec le crime.*

pactole [paktɔl] n. m. ■ Littér. Source de richesse, de profit. *C'est un vrai pactole.*

paddock [padɔk] n. m. ■ Enceinte d'un hippodrome dans laquelle les chevaux sont promenés avant l'épreuve.

paella [pael(ej)a] n. f. ■ Plat espagnol composé de riz avec des moules, des crustacés, des viandes, etc. *Des paellas.*

① **paf** [paf] interj. ■ Onomatopée qui exprime un bruit de chute, de coup. *Paf ! Il est tombé par terre. Pif, paf !*

② **paf** adj. invar. ■ Fam. Ivre. ⇒ **éméché ;** fam. ④ **parti.** *Elles sont complètement paf.*

pagaie [pagɛ] n. f. ■ Aviron de pirogue, de canoé, de kayak, sans appui sur l'embarcation. ⇒ **rame.** *La pagaie double du kayak.* ⟨ ▶ pagayer ⟩

pagaille, pagaïe ou **pagaye** [pagaj] n. f. Fam. **1.** EN PAGAÏE : en grande quantité. *Des livres, il en a en pagaïe, en pagaille.* **2.** Grand désordre. ⇒ **anarchie.** *Quelle pagaïe ! C'est la pagaille.* — EN PAGAÏE : en désordre. *La chambre est en pagaye.*

paganisme [paganism] n. m. ■ Nom donné par les chrétiens aux cultes qui ignorent l'Ancien Testament (⇒ **païen**). ⇒ **animisme, polythéisme.**

pagayer [pageje] v. intr. ▪ conjug. 8. ■ Ramer à l'aide d'une pagaie. ▸ ***pagayeur, euse*** n.

① ***page*** [paʒ] n. f. **1.** Chacun des deux côtés d'une feuille de papier, utilisé ou non, généralement numéroté (abrév. *p.*). ⇒ **recto, verso.** *Les pages d'un livre, d'un journal. Page blanche. Page (de) titre. Une double page. Page de garde,* feuillet placé au début et à la fin d'un livre pour protéger la première et la dernière page imprimée. — MISE EN PAGES : opération par laquelle on dispose définitivement le texte, les illustrations d'un livre (avant de l'imprimer). ⇒ **maquette.** *Logiciel de mise en pages.* — (Avec des majusc.) *Les Pages Jaunes,* la section de l'annuaire téléphonique où sont regroupées les informations sur les entreprises, les produits et les services d'une région. — REM. *Pages Jaunes* est un nom de marque déposée. — Loc. *Être* À LA PAGE : être au courant de l'actualité ; suivre la dernière mode. ⇒ anglic. **in. 2.** Le texte inscrit sur une page. *Laisse-moi finir la page !* **3.** Feuille. *Feuilleter les pages d'un livre.* — Loc. fig. *Tourner la page,* passer à autre chose. **4.** Passage d'une œuvre littéraire ou musicale. *Les plus belles pages d'un roman, d'un écrivain.* ⇒ **anthologie, morceaux** choisis. **5.** Épisode de la vie d'une personne ou de l'histoire d'une nation. ⇒ ② **fait.** *Une page glorieuse de l'histoire de l'Amérique.* ▸ ***page-écran*** n. f. ■ Informatique. Quantité d'informations réellement affichée par un écran d'ordinateur ou susceptible de l'être, spécialt le nombre de lignes affichées. *Des pages-écran(s).* ‹ ▸ paginer ›

② ***page*** n. m. **1.** Histoire. Jeune garçon noble qui était placé auprès d'un seigneur, d'une grande dame, pour apprendre le métier des armes, faire le service d'honneur. ⇒ **écuyer. 2.** Dans un mariage. Jeune garçon qui accompagne la bouquetière. **3.** À la Chambre des communes, à l'Assemblée nationale. Personne chargée de porter des messages, des documents, etc., aux députés.

pagée [paʒe] n. f. ■ Littér. Section d'une clôture entre deux pieux consécutifs. *Redresser une pagée endommagée.*

pagette [paʒɛt] n. m. ou f. ■ Récepteur électronique qui permet à l'utilisateur de recevoir un message sonore ou optique. ⇒ **téléavertisseur, télérécepteur.** — REM. Ce mot est un nom de marque déposée.

paginer [paʒine] v. tr. ▪ conjug. 1. ■ Organiser en pages, numéroter les pages de. ▸ ***pagination*** n. f. ■ *Absence de pagination,* de numéros de pages.

pagne [paɲ] n. m. ■ Vêtement d'étoffe ou de feuilles, attaché à la ceinture. *Des pagnes tahitiens.* ⇒ **paréo.**

pagode [pagɔd] n. f. **1.** Temple des pays d'Extrême-Orient. **2.** En appos. Invar. *Manches pagode,* très larges du bas (comme un toit de pagode).

paie n. f. ⇒ **paye.**

paiement [pɛmɑ̃] ou ***payement*** [pɛjmɑ̃] n. m. ■ Action de payer. *Accepter, refuser un paiement par chèque. Facilités de paiement,* crédit. — *Paiements de transfert,* fonds affectés par les gouvernements à des programmes de sécurité sociale. — *Paiements de péréquation**. — REM. L'orthographe *payement* est vieillie.

païen, ïenne [pajɛ̃, jɛn] adj. et n. **1.** D'une religion qui n'est pas fondée sur l'Ancien Testament. ≠ *chrétien, juif, musulman.* ⇒ **infidèle.** *La Rome païenne. Dieux, rites païens.* — N. *Les païens.* ⇒ **paganisme. 2.** Sans religion. ⇒ **impie.** *Mener une vie païenne, de païen. Sacrer, jurer comme un païen.*

paillard, arde [pajaʀ, aʀd] adj. et n. **1.** (Personnes) Plaisant. Qui est porté sur le sexe avec gaieté. *Un moine paillard.* **2.** (Choses) Qui évoque le sexe avec vulgarité. ⇒ **grivois, obscène.** *Des chansons paillardes.* ▸ ***paillardise*** n. f. ■ Action ou parole paillarde. *Débiter des paillardises.*

① ***paillasse*** [pajas] n. f. **1.** Vieilli. Enveloppe garnie de paille, de feuilles sèches, qui sert de matelas. *Coucher sur une paillasse.* **2.** (France) Loc. fam. *Crever la paillasse à qqn,* le tuer en l'éventrant.

② ***paillasse*** n. f. ■ (France) Partie d'un évier à côté de la cuve, où l'on pose la vaisselle.

③ ***paillasse*** n. m. ■ Littér. Clown.

paillasson [pajasɔ̃] n. m. **1.** Natte de paille, destinée à protéger certaines cultures des intempéries. **2.** Natte épaisse et rugueuse servant à s'essuyer les pieds. ⇒ **tapis-brosse.** — Loc. *Servir de paillasson à qqn,* se laisser exploiter volontairement.

paille [pɑj] n. f. **1.** Ensemble des tiges des céréales quand le grain en a été séparé. ⇒ **chaume.** *Brin de paille.* — Loc. *Coucher, être sur la paille,* dans la misère. *Mettre qqn sur la paille,* le ruiner. — Fig. Loc. *Un feu de paille,* qui brûle très rapidement, ne dure pas. ⇒ **éphémère.** *Sa célébrité n'était qu'un feu de paille.* **2.** Fibres végétales ou synthétiques, tressées, utilisées pour la confection d'objets légers. *Chapeau de paille.* **3.** UNE PAILLE : petite tige pleine ou creuse. *Tirer à la courte paille,* tirer au sort au moyen de brins de longueur inégale. — Petit cylindre servant à boire. *Boire son jus d'orange avec une paille.* — (Surtout en France) Fam. et iron. *Une paille,* peu de chose. *Il en demande mille dollars : une paille !* **4.** HOMME DE PAILLE : personne qui sert de prête-nom dans une affaire peu honnête. **5.** PAILLE DE FER : fins copeaux de fer réunis en paquet. ⇒ fam. **laine** d'acier. *Nettoyer un parquet à la paille de fer.* **6.** Défaut dans une pierre fine ⇒ ② **crapaud,** une pièce de métal, de verre. ▸ ***paillé, ée*** adj. ■ Garni de paille. *Chaise paillée.* ▸ ***pailler*** v. tr. ▪ conjug. 1. **1.** Garnir de paille tressée. *Pailler des chaises* (⇒ **rempailler**). **2.** Couvrir ou envelopper de paille, de paillassons (1). ▸ ***paillon*** n. m. **1.** Enveloppe de paille pour les bouteilles. *Le paillon d'une bouteille de chianti.* **2.** Panier de boulanger. **3.** Fond de métal avivant l'éclat d'une pierre fine, d'un émail, d'un tissu... ▸ ***paillette*** [pajɛt] n. f. **1.** Lamelle brillante (de métal, de nacre, de plastique). *Un voile semé de paillettes.* — Petit éclat de ces matières, employé en maquillage, en décoration, etc. **2.** Parcelle d'or qui se trouve dans des sables aurifères. **3.** Lamelle (de différentes matières). *Savon en paillettes.* ▸ ***pailleter*** [pajte] v. tr. ▪ conjug. 4. ■ Orner, parsemer de paillettes (1). ▸ ***pailleté, ée*** adj. ■ *Robe pailletée.* ▸ ***paillote*** [pajɔt] n. f. ■ Cabane, hutte de paille ou d'une matière analogue. ⇒ **case.** ‹ ▸ empailler, ① paillasse, paillasson, rempailler ›

pain [pɛ̃] n. m. **1.** Aliment fait de farine, d'eau, de sel et de levain ou de levure, pétri, levé et cuit au four. *Manger du pain. Un pain,* masse déterminée de cet aliment ayant une forme donnée. ⇒ **baguette, bâtard, ficelle** (III), ① **flûte** (2). *Croûte, mie de pain. Miettes de pain. Pain blanc ; pain de blé entier* ou, fam., *pain brun. Pain de seigle. Pain sur la (de) sole. Pain au lait ; pain à teneur en fibres. Pain de campagne. Pain (de) fesse.* ⇒ **boule.** *Une miche de pain. Pain de ménage. Pain brioché. Pain en tranches, pain tranché ; pain carré. Pain sandwich**. — (France) *Pain de mie,* pour faire des toasts. *Gros pain,* vendu au poids. — *Pain baguette* ou, fam., *pain français. Pain frais ; pain rassis. Pain grillé.* ⇒ **rôtie,** ② **toast.** *Pain sec,* sans aucun accompagnement. *Pain azyme,* sans levain. *Pain au levain,* sans levure chimique. *Pain aux raisins,* dont la pâte contient des raisins secs. *Pain pita*. Pain doré,* tranche de pain trempée dans un mélange de lait et d'œufs battus, puis rôtie à la poêle. ⇒ **toast.** — *Boîte à pain.* ⇒ **huche.** — *Petit pain de Sainte-Geneviève,* pain béni, qui a la réputation de protéger contre le manque d'argent, la disette. — Loc. *Je ne mange pas de ce pain-là,* je refuse ce genre de procédés. *Avoir du pain sur la planche,* avoir beaucoup de travail devant soi. *Pour une bouchée de pain,* pour un prix dérisoire. *Objets qui se vendent comme des petits pains chauds,* très facilement. *Être né pour un petit pain,* expression proverbiale signifiant que le pauvre ne peut s'enrichir. *Manger son pain noir,* vivre une période difficile. *Ambitionner* sur le pain bénit. Ôter, retirer à qqn le pain de la bouche,* le priver de sa subsistance. *Long comme un jour sans pain,* interminable. *Ça ne mange pas de pain,* cela ne tire pas à conséquence, c'est sans inconvénient, cela ne dérange pas. **2.** *(Un, des pains)* Pâtisserie légère, faite avec une pâte levée. *Petit pain (au lait). Pain au chocolat. Pain aux raisins.* **3.** PAIN D'ÉPICE, D'ÉPICES : pâtisserie faite avec de la farine de seigle, du miel, du sucre et de l'anis. **4.** Masse (d'une substance) comparée à un pain. *Pain de viande, de saumon. Pain de sucre,* sucre d'érable moulé en forme de brique. — *Pain de savon.* — EN PAIN DE SUCRE : en forme de cône. *Montagne en pain de sucre. Le pain de sucre de la chute Montmorency,* le cône de glace formé par les éclaboussures d'eau. — Loc. *Prendre en (dans un) pain,* en une masse solide, compacte ; (liquides) figer. Fig. (Personnes) *Être pris dans un pain,* gêné, timide. ‹ ▸ gagne-pain, grille-pain, panade, paner, panifier, panure ›

① ***pair*** [pɛʀ] n. m. **I. 1.** Personne semblable, quant à la fonction, la situation sociale. *Il ne peut attendre aucune aide de ses pairs.* **2.** (Angleterre) Membre de la *Chambre des pairs* ou Chambre des lords. **3.** Histoire de France. Membre de la *Chambre des pairs* et conseiller du roi (jusqu'en 1831). **II.** (*Pair* signifie « égalité » ⇒ **parité**). **1.** Loc. HORS DE PAIR, HORS PAIR : sans égal. ALLER DE PAIR : ensemble, sur le même rang. **2.** AU PAIR : en échangeant un travail contre le logement et la nourriture (sans salaire). *Cette étudiante travaille au pair.*

② ***pair, paire*** adj. ■ Se dit d'un nombre entier naturel divisible exactement par deux. *Numéro pair. Jours pairs.* / contr. ① **impair** / ‹ ▸ ① impair ›

paire [pɛʀ] n. f. **1.** Réunion (de deux choses, de deux personnes semblables qui vont ensemble). *Une paire de chaussures, de chaussettes, de bas, de mitaines. Une paire de patins, de skis. Une paire de jambes. — Une paire d'amis.* ⇒ **couple.** *Les deux font la paire,* ils s'entendent très bien. — Loc. fam. *C'est une autre paire de manches,* qqch de très différent. **2.** Objet unique composé de deux parties semblables et symétriques. *Une paire de lunettes, de ciseaux. Une paire de bretelles. Une paire de pantalons, de culotes.* **3.** (France) Fam. *Se faire la paire,* s'enfuir (→ se faire la belle).

paisible [pezibl] adj. **1.** Qui demeure en paix, ne s'agite pas, n'est pas agressif. ⇒ **calme, tranquille ;** en **paix.** *Une personne paisible.* **2.** (Choses) Qui ne trouble pas la paix. ⇒ **pacifique.** / contr. **agité** / *Un fleuve paisible. Des mœurs paisibles.* — Dont rien ne vient troubler la paix. *Sommeil, vie paisible.* ⇒ **tranquille.** ▸ ***paisiblement*** adv. ■ *Le bébé dort paisiblement.*

paître [pɛtʀ] v. intr. ▪ conjug. 57. — REM. Pas de passé simple ni de subj. imparf. ; pas de p. p. **1.** (Animaux) Manger l'herbe sur pied, les fruits tombés. *Le troupeau paissait dans la prairie.* ⇒ **brouter ; pâturage, pâture.** **2.** Loc. fam. ENVOYER PAÎTRE *qqn* : le rejeter, l'éloigner (→ Envoyer, expédier qqn au (chez le) diable, chez le bonhomme). ‹ ▸ repaître ›

paix [pɛ] n. f. invar. **I. 1.** Rapports entre personnes qui ne sont pas en conflit. ⇒ **accord, concorde.** / contr. **chicane, dispute, querelle** / *Avoir la paix chez soi. Faire la paix,* se réconcilier. *Vivre en paix avec tout le monde.* **2.** Rapports calmes entre citoyens ; absence de troubles, de violences. *La justice doit faire régner la paix.* / contr. ② **trouble, violence** / — GARDIEN DE LA PAIX : agent de la police urbaine. **II. 1.** Situation d'une nation, d'un État qui n'est pas en guerre ; rapports entre États qui jouissent de cette situation. / contr. **guerre** / *En temps de paix. Aimer la paix.* ⇒ **pacifique. 2.** Traité qui fait cesser l'état de guerre. ⇒ **armistice, cessez-le-feu, trêve.** *Faire la paix.* **III. 1.** État d'une personne que rien ne vient troubler. ⇒ **repos, tranquillité.** *Elle a débranché le téléphone pour avoir la paix. Laisser la paix à qqn, le laisser en paix.* Fam. *Fichez-moi la paix !* — Interj. *La paix !,* laissez-moi tranquille ! **2.** État de l'âme qui n'est troublée par aucun conflit, aucune inquiétude. ⇒ **calme, quiétude.** *Goûter une paix profonde. Être en paix avec soi-même. Avoir la conscience en paix,* ne rien avoir à se reprocher. **3.** État d'un lieu, d'un moment où il n'y a ni agitation ni bruit. ⇒ **calme, tranquillité.** *La paix des champs.* ‹ ▸ apaiser, paisible ›

pakistanais, aise [pakistanɛ, ɛz] adj. et n. ■ Du Pakistan. *Les rebelles pakistanais.* — N. (Avec une majusc.) Personne née dans ce pays ou qui en a obtenu la citoyenneté.

palabre [palɑbʀ] n. f. ou m. **1.** (Surtout au plur.) Péj. Discussion interminable et oiseuse. *Assez de palabres !* ⇒ **discours ;** fam. **parlote. 2.** (Afrique) Discussion (sérieuse). *L'arbre à palabres,* sous lequel on s'installe au village pour discuter. ▸ ***palabrer*** v. intr. ▪ conjug. 1. ■ *Il fallut palabrer pendant des heures avant qu'on nous laisse entrer.* ⇒ **parlementer.**

palace [palas] n. m. ■ Hôtel de grand luxe. — Par ext. Maison, appartement de grand luxe. *Vivre dans un palace.*

① ***palais*** [palɛ] n. m. invar. **1.** Vaste et somptueuse résidence. ⇒ **château.** *Le palais de l'Intendant* (à Québec, au XVIIe siècle). *La côte du Palais.* — Grand édifice public. ⇒ **monument.** *Le palais des Sports. Le palais Montcalm, à Québec. La gare du Palais. Le palais de glace* (du Carnaval de Québec). **2.** *Palais (de justice),* édifice où siègent les cours et tribunaux. **3.** Histoire de France. Résidence des rois. *Les maires du palais* (des rois francs).

② ***palais*** n. m. invar. **1.** Partie supérieure interne de la bouche. *Le voile* du palais. Elle s'est brûlé le palais.* **2.** Organe du goût. *C'est un gourmet qui a le palais fin.* ≠ *palet.*

palan [palɑ̃] n. m. ■ Appareil permettant de soulever et déplacer de très lourdes charges (jusqu'à 60 t) au bout d'un câble ou d'une chaîne. ▸ ***palanter*** v. tr. ▪ conjug. 1. **1.** Soulever et déplacer qqch. à l'aide d'un palan. **2.** Fam. et fig. Se débarrasser de, jeter (qqch.). ⇒ fam. **garrocher.** *Palante-moi cela à la poubelle.* ▸ ***palantage*** n. m. ■ Action de palanter.

palanquin [palɑ̃kɛ̃] n. m. ■ Sorte de chaise ou de litière traditionnelle portée à bras d'hommes (parfois à dos de chameau ou d'éléphant).

① ***pale*** [pal] n. f. ■ Partie d'une hélice qui agit sur l'air ou sur l'eau. *Les pales d'un hélicoptère.* ‹ ▸ palet, palette, paluche ›

② ***pale*** n. f. ■ Liturgie catholique. Ligne sacré, carré et rigide, dont le prêtre recouvre la patène et le calice pendant la messe.

pâle [pɑl] adj. **1.** (Teint, peau, visage) Blanc, très peu coloré. *Un peu pâle.* ⇒ **pâlichon, pâlot.** *Très pâle.*

⇒ **blafard, blême.** — (Personnes) Qui a le teint pâle. *Elle est devenue pâle comme un linge* (opposé à *rouge*). **2.** Qui a peu d'éclat. *De pâles lueurs.* — Peu vif ou mêlé de blanc. ⇒ **clair.** / contr. **foncé** / *Bleu pâle. Des yeux pâles.* **3.** Abstrait. Sans éclat. ⇒ **fade, terne.** *Une pâle imitation.* ‹ ▶ pâleur, pâlichon, pâlir, pâlot ›

palefroi [palfʀwa] n. m. ■ Autrefois. Cheval de promenade, de parade, de cérémonie (opposé à *destrier*). ▶ ***palefrenier, ière*** [palfʀənje, jɛʀ] n. ■ Valet, employé chargé du soin des chevaux. ⇒ anglic. **lad.**

palé(o)- ■ Élément savant signifiant « ancien ». ⇒ **arché(o)-.**

paléographie [paleɔgʀafi] n. f. ■ Connaissance, science des écritures anciennes. ▶ ***paléographe*** n. ■ Personne qui s'occupe de paléographie. ▶ ***paléograhique*** adj. ■ Relatif à la paléographie. *L'art paléographique.*

paléolithique [paleɔlitik] adj. et n. m. ■ Relatif à l'âge de la pierre taillée (opposé à *néolithique*). — N. m. *Le paléolithique,* période où apparurent les premières civilisations humaines.

paléontologie [paleɔ̃tɔlɔʒi] n. f. ■ Science des êtres vivants ayant existé sur la terre aux temps géologiques, fondée sur l'étude des fossiles*. ▶ ***paléontologique*** adj. ▶ ***paléontologiste*** ou ***paléontologue*** n. ■ Spécialiste de la paléontologie.

palestinien, ienne [palɛstinjɛ̃, jɛn] adj. et n. ■ De Palestine. *Le peuple palestinien. Les combattants palestiniens.* ⇒ **fedayin.** — N. (Avec une majusc.) Personne née dans cette région du Proche-Orient ou qui l'habite.

palestre [palɛstʀ] n. f. ■ Gymnase, centre sportif. *La Palestre nationale, à Montréal.*

palet [palɛ] n. m. ■ Pierre plate et ronde, avec laquelle on vise un but (dans un jeu). *Palet de marelle.* (France) *Palet de hockey sur glace* (en caoutchouc dur). ⇒ **rondelle ;** anglic. **puck.** ≠ *palais.*

paletot [palto] n. m. **1.** Vêtement masculin de dessus, généralement assez court, boutonné pardevant. ⇒ **manteau, pardessus. 2.** Fam. *Tomber sur le paletot de qqn,* se jeter sur lui (pour le prendre à partie). ⇒ fam. **poil.**

① ***palette*** [palɛt] n. f. **1.** Petit instrument en bois, de forme plate et allongée. *La palette d'un hockey.* ⇒ ① **lame.** — Spécialt. Petite spatule avec laquelle on prend le sirop ou la tire d'érable sur la neige. *Lécher la palette.* — Loc. fam. *Avoir, faire la palette,* avoir, gagner beaucoup d'argent. ⇒ fam. **bidous, foin, motton, passe, piastre. 2.** Plaque mince percée d'un trou pour passer le pouce et sur laquelle le peintre étend et mélange ses couleurs. — L'ensemble des couleurs et nuances (propres à un peintre). *La palette de Rubens.* **3.** Visière d'une casquette, d'un casque, etc. **4.** Fam. Tablette (III). *Acheter une palette de chocolat.* **5.** *Palette (du genou),* rotule. *Recevoir un coup sur la palette.*

② ***palette*** n. f. ■ (Coupe nord-américaine) Pièce de bœuf provenant de la partie arrière de l'épaule. *Des rôtis de palette.* — (Coupe française) Pièce de viande de mouton, de porc, provenant de l'omoplate.

③ ***palette*** n. f. ■ Plateau de chargement servant à la manutention de caisses, de marchandises. — Le chargement de ce plateau.

palétuvier [paletyvje] n. m. ■ Grand arbre des régions tropicales, à racines aériennes.

pâleur [pɑlœʀ] n. f. ■ Couleur, aspect d'une personne, d'une chose pâle. *Une pâleur mortelle. La pâleur du visage.*

pâlichon, onne [pɑliʃɔ̃, ɔn] adj. ■ Fam. Un peu pâle. ⇒ **pâlot.**

palier [palje] n. m. **1.** Plate-forme entre deux volées d'un escalier. *Portes donnant sur le palier. Mes voisins de palier.* ⇒ **étage. 2.** PAR PALIERS : en s'arrêtant de temps en temps. / contr. **continûment** / *Progresser par paliers.* ≠ *pallier.* ▶ ***palière*** adj. f. ■ *Porte palière,* qui s'ouvre sur le palier.

palimpseste [palɛ̃psɛst] n. m. ■ Didact. Parchemin dont on a effacé la première écriture pour pouvoir écrire un nouveau texte.

palindrome [palɛ̃dʀom] n. m. et adj. ■ Mot, groupe de mots qui peut être lu indifféremment de gauche à droite ou de droite à gauche en conservant le même sens (ex. : *Laval, été ; élu par cette crapule*).

palingénésie [palɛ̃ʒenezi] n. f. ■ Didact. Renaissance des êtres ou des sociétés conçue comme source d'évolution.

palinodie [palinɔdi] n. f. ■ Surtout au plur. Littér. Fait de rétracter ses opinions. ⇒ **rétractation.**

pâlir [pɑliʀ] v. ▪ conjug. 2. **I.** V. intr. **1.** (Personnes) Devenir pâle. *Elle pâlit de colère.* ⇒ **blêmir.** — Loc. *Pâlir sur les livres, sur un travail,* y consacrer de longues heures. **2.** (Choses) Perdre son éclat. *Les couleurs ont pâli.* ⇒ **faner, passer, ternir. II.** V. tr. Rendre pâle, plus pâle. — Au p. p. adj. *Ses joues pâlies par la fatigue.* ▶ ***pâlissant, ante*** adj. ■ *Le jour pâlissant.*

palissade [palisad] n. f. ■ Clôture faite d'une rangée serrée de perches ou de planches. ⇒ ① **bande.** *La palissade d'un jardin.*

palissandre [palisɑ̃dʀ] n. m. ■ Bois tropical, d'une couleur violacée, nuancée de noir et de jaune. *Une armoire en palissandre.*

pâlissant adj. ⇒ **pâlir.**

palladium [paladjɔm] n. m. ■ Métal rare, blanc, dur, voisin du platine (symb. *Pd*).

pallier [palje] v. tr. ▪ conjug. 7. ■ Compenser (un manque) ⇒ **suppléer**, apporter une solution provisoire à. ⇒ **remédier** à. — REM. *Pallier à* est fautif. *Pour pallier l'absence de moyens...* ≠ *palier.* ▶ ***palliatif*** n. m. et adj. ■ Mesure qui n'a qu'un effet passager. *Avoir recours à des palliatifs.* ⇒ **expédient, pis-aller.** — Adj. *Soins palliatifs,* médication de confort, soutien psychologique dispensés à un malade en phase terminale.

palmarès [palmaʀɛs] n. m. invar. ■ Liste des lauréats (d'une distribution de prix), liste de récompenses. *Son nom figure au palmarès. — Le palmarès de la chanson.* ⇒ anglic. **hit-parade.** — REM. L'O.L.F. propose ce mot pour remplacer l'anglicisme *hit-parade.*

① ***palme*** [palm] n. f. **1.** Feuille de palmier. **2.** *Vin de palme, huile de palme,* de palmier. **3.** *La palme,* le symbole de victoire. *Ce film a remporté la palme d'or au Festival de Cannes.* ‹ ▶ palmarès ›

② ***palme*** n. f. ■ Pièce de caoutchouc palmée, portée au pied pour accélérer la vitesse de la nage. ▶ ***palmé, ée*** adj. ■ Dont les doigts sont réunis par une membrane. *Les pattes palmées du canard* (⇒ **palmipède**).

palmer [palmœʀ] n. m. ■ Instrument de précision, mesurant les épaisseurs (au dixième ou au centième de millimètre). *Des palmers.*

① ***palmier*** [palmje] n. m. ■ Grand arbre des régions chaudes, à tige simple, nue et rugueuse, à grandes feuilles en éventail. *Palmier dattier.* — Loc. *Cœur de palmier,* bourgeon terminal très tendre de certains palmiers, comestible. ▶ ***palmeraie*** n. f. ■ Plantation de palmiers. ▶ ***palmiste*** n. m. et adj. **1.** Fruit du palmier à huile. **2.** *Palmiste* ou *chou palmiste,* bourgeon du palmier.

② ***palmier*** n. m. ■ Pâtisserie faite de pâte feuilletée sucrée, dorée au four (en forme de palme ①).

palmipède [palmipɛd] adj. et n. m. pl. ■ Dont les pieds sont palmés. *Oiseaux palmipèdes.* — N. m. pl. *Les palmipèdes,* les oiseaux aux pattes palmées. *Le canard, l'oie sont des palmipèdes.* — Au sing. *Le goéland est un palmipède.*

palombe [palɔ̃b] n. f. ■ (Sud-ouest de la France) Nom du pigeon ramier. *Chasse à la palombe.*

palonnier [palɔnje] n. m. ■ Dispositif de commande du gouvernail de direction d'un avion, manœuvré avec les pieds.

pâlot, otte [pɑlo, ɔt] adj. ■ Un peu pâle (surtout en parlant des enfants). ⇒ **pâlichon.** *Je la trouve bien pâlotte.*

palourde [paluʀd] n. f. ■ Mollusque comestible bivalve. ⇒ **mye, praire.** *La palourde américaine.*

palper [palpe] v. tr. ▪ conjug. 1. **1.** Examiner en touchant, en tâtant avec la main, les doigts. *L'aveugle palpe les objets pour les reconnaître.* **2.** Fam. Toucher, recevoir (de l'argent). *Cette entreprise a déjà assez palpé de sous dans cette affaire.* ▶ ***palpable*** adj. **1.** Dont on peut s'assurer par le toucher. ⇒ **concret, tangible.** / contr. **impalpable** / **2.** Que l'on peut vérifier avec certitude. / contr. **douteux** / *Donnez-moi des preuves palpables !* ▶ ***palpeur*** n. m. ■ Dispositif effectuant des opérations de contact. ‹ ▶ impalpable ›

palpiter [palpite] v. intr. ▪ conjug. 1. **1.** Être agité de frémissements. *Son œil palpite sans arrêt.* **2.** (Cœur) Battre très fort. ⇒ **cogner,** ② **débattre.** — (Personnes) Trahir son émotion par des palpitations. *Il palpitait de convoitise.* ▶ ***palpitant, ante*** adj. **1.** Qui palpite. *Palpitant d'émotion,* violemment ému. **2.** (Choses) Qui excite l'émotion, un vif intérêt. *Un film palpitant.* ⇒ **passionnant.** ▶ ***palpitation*** n. f. **1.** Frémissement convulsif. *La palpitation des paupières.* **2.** Battement de cœur plus fort et plus rapide que dans l'état normal. *Le café me donne des palpitations.*

paluche [palyʃ] n. f. ■ (Surtout en France) Fam. Main. *Retire tes paluches !,* ôte tes mains !

paludisme [palydism] n. m. ■ Maladie infectieuse tropicale, caractérisée par des accès de fièvre, due à un parasite transmis par la piqûre de certains moustiques (anophèles). ⇒ **malaria.** *Accès de paludisme.* ▶ ***paludéen, éenne*** [palydeɛ̃, eɛn] adj. ■ Atteint de paludisme. — N. *Un(e) paludéen(ne).*

se ***pâmer*** [pɑme] v. pron. ▪ conjug. 1. **1.** Vx. Perdre connaissance. ⇒ **défaillir,** s'**évanouir ;** fam. **tomber** dans les pommes. *Elle s'est pâmée de plaisir.* **2.** Être comme paralysé sous le coup d'une sensation, d'une émotion très agréable. ⇒ fam. **triper.** *Se pâmer d'aise.* **3.** *Se pâmer pour qqn, qqch.,* avoir le coup de foudre. ⇒ s'**exciter.** *Ils se sont pâmés pour les petits chatons.* ▶ ***pâmoison*** n. f. ■ Vx, littér. ou plaisant. Fait de se pâmer. *Tomber en pâmoison.* ⇒ **extase.**

pampa [pɑ̃pa] n. f. ■ Vaste plaine sans arbres d'Amérique du Sud. *Les gauchos des pampas argentines.*

pamphlet [pɑ̃flɛ] n. m. **1.** Texte court et violent contre les institutions, un personnage connu. **2.** Fam. Dépliant, prospectus. ⇒ **brochure.** *Distribuer des pamphlets par la poste.* ▶ ***pamphlétaire*** n. ■ Auteur de pamphlets.

pamplemousse [pɑ̃pləmus] n. m. ■ Gros agrume jaune et acide. ⇒ **pomélo.** *Jus de pamplemousse. Des pamplemousses roses,* dont la chair est de cette couleur. ▶ ***pamplemoussier*** n. m. ■ Arbre à pamplemousses.

pampre [pɑ̃pʀ] n. m. ■ Branche de vigne avec ses feuilles et ses grappes. ⇒ **sarment.**

① ***pan*** [pɑ̃] n. m. **1.** Grand morceau d'étoffe ; partie flottante ou tombante d'un vêtement. *Se promener en pan de chemise,* avec une chemise à pans flottants. ⇒ **queue. 2.** *Pan de mur,* partie plus ou moins grande d'un mur. — (Personnes) Fam. Armoire à glace. ‹ ▶ panneau ›

② ***pan*** [pɑ̃] interj. ■ Onomatopée qui exprime un bruit sec, un coup de fusil.

pan- ■ Élément signifiant « tout » (ex. : *panafricain, panarabe, panaméricain,* qui concerne toute l'Afrique, etc.). *Les Jeux panaméricains. Faire une tournée pancanadienne.* — PAN... ISME : désigne une doctrine tendant à unifier tout (un pays, un peuple, une religion). Ex. : *pangermanisme, panislamisme.* ‹ ▶ pandémonium, panorama, panoplie, panthéisme, panthéon, pantomime ›

panacée [panase] n. f. ■ Remède universel ; formule par laquelle on prétend tout résoudre. *L'aspirine n'est pas une panacée.* — REM. Il ne faut pas dire *panacée universelle* (pléonasme).

panache [panaʃ] n. m. **1.** Faisceau de plumes flottantes, qui servait à orner une coiffure, un dais, un casque. *Ralliez-vous à mon panache blanc ! — La queue en panache d'un écureuil. — Un panache de fumée.* **2.** Bois caducs des grands cervidés (chevreuil, orignal, caribou...). **3.** Loc. *Avoir du panache,* avoir fière allure. *L'amour du panache,* pour la gloire militaire. ‹ ▶ empanaché ›

panacher [panaʃe] v. tr. ▪ conjug. 1. ■ Bigarrer, orner de couleurs variées. ▶ ***panachage*** n. m. ■ Action de panacher. *Un panachage de couleurs.* ▶ ***panaché, ée*** adj. **1.** Qui présente des couleurs variées. *Œillet panaché.* **2.** Composé d'éléments différents. *Une salade panachée.* — (France) *Un demi panaché* ou, n. m., *un panaché,* mélange de bière et de limonade.

panade [panad] n. f. **1.** Soupe faite de pain, d'eau et de beurre. **2.** (France) Fam. *Être, tomber dans la panade,* dans la misère.

panais [panɛ] n. m. ■ Plante potagère bisannuelle à racine comestible de couleur blanchâtre. *Des carottes et des panais.*

panaris [panaʀi] n. m. invar. ■ Infection aiguë d'un doigt ou d'un orteil. *Il soigne son panaris.*

pancarte [pɑ̃kaʀt] n. f. ■ Carton qu'on applique contre un mur, un panneau, etc., pour donner un avis au public. ⇒ **écriteau, panonceau.** *Porter une pancarte dans un défilé, sur une ligne de piquetage.* ≠ *banderole.*

pancréas [pɑ̃kʀeɑ(a)s] n. m. invar. ■ Glande de la digestion située entre l'estomac et les reins. ▶ ***pancréatique*** adj. ■ Du pancréas. *Suc pancréatique.*

panda [pɑ̃da] n. m. ■ Mammifère des forêts d'Inde et de Chine. *Petit panda,* de la taille d'un gros chat. *Grand panda,* de la taille d'un ours (espèce très rare). *Des pandas.*

pandémonium [pɑ̃demɔnjɔm] n. m. ■ Littér. Lieu où règne un désordre infernal.

pandit [pɑ̃di(t)] n. m. ■ Titre honorifique donné en Inde à un fondateur de secte, à un savant et religieux (brahmane). *Le pandit Nehru.*

pané adj. ⇒ **paner.**

panégyrique [paneʒiʀik] n. m. ■ Parole, écrit à la louange de qqn. ⇒ **apologie.** *Faire le panégyrique de qqn.* ▸ ***panégyriste*** n. ■ Personne qui loue, qui vante qqn ou qqch. (souvent iron.).

panel [panɛl] n. m. Anglic. **1.** Échantillon* de personnes auprès desquelles est faite une enquête d'opinion. **2.** Groupe de spécialistes rassemblés pour examiner une question déterminée. ⇒ **commission.** *Un panel d'experts en environnement.* ⇒ **comité.** ▸ ***panéliste*** n. ■ Spécialiste d'une question invité à participer à un panel (2). ⇒ **expert, spécialiste.**

paner [pane] v. tr. ▪ conjug. 1. ■ Couvrir de panure, de chapelure. ▸ ***pané, ée*** adj. ■ *Escalopes panées.*

panier [panje] n. m. **1.** Réceptacle à anse(s), fait, à l'origine, de vannerie (osier, etc.), et servant à contenir, à transporter des marchandises. *Panier à provisions.* ⇒ **cabas.** *Un panier d'épicerie.* ⇒ **chariot.** *Panier à ouvrage.* ⇒ **boîte, corbeille.** — *Mettre au panier,* jeter dans la corbeille à papier, aux ordures. — *Panier à lavage*, à linge.* **2.** PANIER À SALADE : récipient métallique à claire-voie pour égoutter la salade. — Fam. Camionnette de police, grillagée, pour le transport des prévenus ou des personnes appréhendées. **3.** Loc. PANIER PERCÉ : dépensier incorrigible. / contr. **avare ;** fam. ② **séraphin** / *C'est un vrai panier percé, elle a déjà tout dépensé. Ne lui dis rien, c'est un panier percé,* une personne incapable de garder un secret, une confidence. ⇒ **délateur, rapporteur ;** fam. **mouchard. 4.** Contenu d'un panier. *J'ai cueilli un panier de fraises.* — Contenant d'environ cinq litres. *Un panier de pommes, de tomates.* — Loc. *Panier-repas,* repas froid distribué à des voyageurs. **5.** Armature de jupon qui servait à faire gonfler les jupes. *Robe à paniers.* ⇒ **crinoline.** — Loc. fam. *Mettre la main au panier (à qqn),* caresser rapidement les fesses. **6.** Basket-ball. Filet ouvert en bas, fixé à un panneau de bois. *Faire, réussir un panier,* marquer un point. ▸ ***panière*** n. f. ■ Malle en osier. ‹ ▸ ballon-panier ›

panifier [panifje] v. tr. ▪ conjug. 7. ■ Transformer en pain. *Panifier de la farine de blé.* ▸ ***panifiable*** adj. ■ Qui peut servir de matière première dans la fabrication du pain. *Céréales panifiables.* ▸ ***panification*** n. f.

panique [panik] adj. et n. f. **1.** Adj. Qui trouble subitement et violemment l'esprit. *Peur, terreur panique.* **2.** N. f. Terreur extrême et soudaine, généralement irraisonnée, et souvent collective. ⇒ **effroi, épouvante ; affolement.** *Ils furent pris de panique. Semer la panique dans la population. La panique a fait plus de victimes que l'incendie lui-même.* ▸ ***paniquer*** v. ▪ conjug. 1. **1.** V. tr. Fam. Affoler, angoisser. *Ne te laisse pas paniquer par l'examinateur.* — Au p. p. adj. *Elle est complètement paniquée.* **2.** V. intr. Céder à la panique, être pris de peur. *Tu paniques pour rien.* — Fam. *Panique pas !,* reste calme, ne t'énerve pas.

① ***panne*** [pan] n. f. **1.** Arrêt de fonctionnement dans un mécanisme, un moteur ; impossibilité accidentelle de fonctionner. *Panne d'automobile.* Loc. *Tomber en panne. Panne d'essence* (ou *panne sèche*). — *Panne d'électricité.* **2.** Marine. *Vaisseau en panne,* immobile en travers du vent. **3.** Fam. *Être* EN PANNE : momentanément arrêté. *Les travaux sont en panne.* — *Être en panne de qqch.,* en être dépourvu. *Je suis en panne de cigarettes, d'imagination.* ‹ ▸ dépanner ›

② ***panne*** n. f. ■ Graisse qui se trouve sous la peau du cochon. *Des cretons de panne.*

③ ***panne*** n. f. ■ Étoffe semblable au velours.

④ ***panne*** n. f. **I. 1.** Pièce de charpente. **2.** Tuile à bourrelet d'emboîtement. **II.** Partie effilée ou allongée (d'un piolet, d'un marteau).

panneau [pano] n. m. **1.** Partie d'une construction, constituant une surface délimitée. *Panneau mobile. Panneaux préfabriqués.* **2.** Surface plane (de bois, de métal, de toile tendue) destinée à servir de support à des inscriptions. ⇒ **pancarte, panonceau.** *Panneaux électoraux. Panneaux de signalisation. Un panneau de limitation de vitesse.* **3.** Élément d'une jupe faite de plusieurs morceaux. ⇒ **lé. 4.** Loc. *Tomber, donner dans le panneau,* dans le piège ; se laisser tromper.

panonceau [panɔ̃so] n. m. **1.** Écusson, plaque métallique placée à la porte d'une personne qui exerce une activité professionnelle. *Le panonceau d'un notaire, d'un dentiste.* **2.** Enseigne, panneau (2) d'un magasin, etc. ⇒ **pancarte.** *Des panonceaux.*

panoplie [panɔpli] n. f. **1.** Ensemble d'armes présenté sur un panneau et servant de trophée, d'ornement. **2.** Jouet d'enfant ; déguisement et instruments présentés sur un carton. *Panoplie de pompier.* **3.** Ensemble de moyens matériels. *La panoplie du parfait bricoleur. Le gouvernement a décidé une panoplie de mesures contre le chômage.*

panorama [panɔʀama] n. m. **1.** Vaste paysage que l'on peut contempler de tous côtés ; vue circulaire. **2.** Abstrait. Étude successive et complète d'une catégorie de questions. *Un panorama de la littérature contemporaine.* ▸ ***panoramique*** adj. et n. m. **1.** Qui offre les caractères d'un panorama, permet d'embrasser l'ensemble d'un paysage. *Vue panoramique.* **2.** Qui permet une grande visibilité. *Carrosserie panoramique. Des fenêtres panoramiques. Écran panoramique,* grand écran de cinéma. **3.** N. m. Mouvement circulaire de caméra. — Le plan filmé réalisé grâce à ce mouvement. *Ce western présente de fabuleux panoramiques.*

panse [pɑ̃s] n. f. **1.** Premier compartiment de l'estomac des ruminants, où les végétaux broutés sont stockés avant mastication. **2.** Partie renflée. *La panse d'une cruche.* **3.** Fam. Gros ventre. *Elles s'en sont mis plein la panse,* elles ont beaucoup mangé. — Loc. *Avoir les yeux plus grands que la panse.* ⇒ ② **œil.** ‹ ▸ pansu ›

① ***panser*** [pɑ̃se] v. tr. ▪ conjug. 1. ■ Mettre des linges et des médicaments sur (une plaie). *Panser la main de qqn.* ⇒ **bander.** — *L'infirmière est en train de panser les blessés.* — Fig. *Panser les blessures morales de qqn.* ≠ *penser.* ▸ ***pansement*** n. m. ■ Linges, gazes, bandes, compresses servant à assujettir les produits placés sur une plaie et à protéger la plaie. *Blessé couvert de pansements. Petit pansement au doigt.* ⇒ **catin, poupée** (3). *Pansement adhésif.* ⇒ **diachylon, sparadrap.** ‹ ▸ ② panser ›

② ***panser*** v. tr. ▪ conjug. 1. ■ Soigner (un cheval) en lui donnant les soins de propreté. ⇒ **étriller.** ▸ ***pansage*** n. m.

pansu, ue [pɑ̃sy] adj. ■ Renflé comme une panse. ⇒ **ventru.** *Un vase pansu.*

pantagruélique [pɑ̃tagʀyelik] adj. ■ Digne de Pantagruel (personnage de Rabelais, géant qui est un gros mangeur). *Un repas pantagruélique.* ⇒ **gargantuesque.**

pantalon [pɑ̃talɔ̃] n. m. ■ Culotte longue descendant jusqu'aux pieds. ⇒ fam. ① **froc.** *Mettre, enfiler son pantalon. Jambes d'un pantalon. Elle préfère le pantalon à la jupe.* — Cour. au plur. *Des pantalons en jean. Pantalons de ski.* Loc. *Sauter dans ses pantalons,* s'habiller rapidement.

pantalonnade [pɑ̃talɔnad] n. f. ■ Manifestation hypocrite (de dévouement, de loyauté, de regret).

pantelant, ante [pɑ̃tlɑ̃, ɑ̃t] adj. **1.** Qui respire avec peine, convulsivement. ⇒ **haletant. 2.** Suffoqué d'émotion. ⇒ **pantois.** *Cette mauvaise nouvelle l'a laissée toute pantelante.*

panthéisme [pɑ̃teism] n. m. ■ Attitude d'esprit qui tend à diviniser la nature. ▶ ***panthéiste*** adj. et n. ■ *Avoir une vision panthéiste de la vie naturelle.*

panthéon [pɑ̃teɔ̃] n. m. **1.** Ensemble des dieux d'une religion polythéiste. *Le panthéon des anciens Grecs.* **2.** Monument consacré à la mémoire des grands hommes d'une nation. — Ensemble de personnes (artistes, sportifs...) célèbres dans leur milieu. ⇒ **temple.** *Le panthéon du baseball.*

panthère [pɑ̃tɛʀ] n. f. **1.** Grand mammifère carnassier d'Afrique et d'Asie, au pelage noir ou jaune moucheté de taches noires. ⇒ **jaguar, léopard. 2.** Fourrure de cet animal. *Manteau de panthère.*

pantin [pɑ̃tɛ̃] n. m. **1.** Jouet d'enfant, figurine en carton dont on agite les membres en tirant sur un fil. **2.** Personne qui change d'opinions, d'attitudes sous l'influence d'autrui. ⇒ **girouette.** *Elle a fait de lui un pantin.*

pantois, oise [pɑ̃twa, waz] adj. ■ Dont le souffle est coupé par l'émotion, la surprise. ⇒ **ahuri, déconcerté, ébahi, interdit, stupéfait.** *On est resté pantois.*

pantomime [pɑ̃tɔmim] n. f. ■ Jeu, spectacle de mime ; art de s'exprimer par la danse, le geste, la mimique, sans recourir à la parole.

pantoufle [pɑ̃tufl] n. f. **1.** Chaussure d'intérieur, en matière souple. ⇒ **chausson, savate ;** fam. **pichou.** *Des pantoufles en cuir. Mettre ses pantoufles, se mettre en pantoufles.* ≠ *soulier.* **2.** Loc. *Passer sa vie dans ses pantoufles,* mener une existence casanière, retirée. ▶ ***pantouflard, arde*** adj. et n. ■ Fam. Qui aime à rester chez soi, qui tient à ses habitudes, à ses aises. ⇒ **casanier.**

pantoute [pɑ̃tut] adv. Fam. **1.** Absolt. (Surtout en réponse à une question) Sert à nier, à rejeter vigoureusement ce qui vient d'être dit. ⇒ **aucunement, nullement,** pas du **tout.** *« Vous avez dû geler ? — Pantoute. »* — Plus fam. avec *pas. « As-tu acheté tes cadeaux de Noël ? – Pas pantoute. »* **2.** Sert à renforcer une proposition négative déjà exprimée. ⇒ pas du **tout.** *Je (ne) sais rien pantoute. Ils (ne) sont pas venus pantoute. Elle n'a rien répondu pantoute.*

panure [panyʀ] n. f. ⇒ **chapelure.**

paon [pɑ̃], fém. rare ***paonne*** [pan] n. **1.** Oiseau originaire d'Asie, de la taille d'un faisan, dont le mâle porte une longue queue ocellée que l'animal redresse et déploie en éventail dans la parade sexuelle. *Paon qui fait la roue.* **2.** Loc. *Pousser des cris de paon,* très aigus. *Être vaniteux, fier comme un paon.* ⇒ se **pavaner.** — *Se parer des plumes du paon,* se prévaloir de mérites qui appartiennent à autrui.

papa [papa] ou [pɑpɑ] n. m. **1.** Terme par lequel les enfants désignent leur père. *Oui, papa. Où est ton papa ? Son papa.* — *Grand-papa,* grand-père. **2.** (Surtout en France) Loc. fam. À LA PAPA : sans hâte, sans peine, sans risques. ⇒ **tranquillement ;** fam. **pépère** (3). — Fam. DE PAPA : désuet, périmé. *Le cinéma de papa.* — À PAPA. Péj. *Fils à papa* : jeune homme dont les parents sont riches et qui profite de cette situation. ‹ ▶ barbe à papa, beau-papa, grand-papa ›

paparmane ou ***paparmanne*** [papaʀman] n. f. ■ Bonbon, pastille au goût de menthe. *Un sac de paparmanes. Acheter des paparmanes pour la gorge.*

papaye [papaj] n. f. ■ Fruit de la taille d'un gros melon allongé, à la chair rouge orangé. *Jus de papaye.* ▶ ***papayer*** [papaje] n. m. ■ Plante tropicale annuelle au tronc élancé, cultivée pour ses fruits, les papayes.

pape [pap] n. m. ■ Chef suprême de l'Église catholique romaine. ⇒ souverain **pontife.** *Sa Sainteté le pape. Bulle, encyclique du pape.* — Loc. *Être sérieux comme un pape. Ce n'est pas le pape,* qqn d'important ; qqn d'infaillible. *Se prendre pour le pape,* se croire infaillible. Vulg. *Rare comme de la marde de pape,* extrêmement rare. ▶ ***papable*** adj. ■ *Cardinaux papables,* qui peuvent devenir pape. ▶ ***papal, ale, aux*** adj. ■ Du pape. ⇒ **pontifical.** ▶ ***papauté*** n. f. ■ Gouvernement ecclésiastique dans lequel l'autorité suprême est exercée par le pape. *Histoire de la papauté.* ‹ ▶ monnaie-du-pape, papiste ›

① ***papelard, arde*** [paplaʀ, aʀd] adj. ■ Littér. Faux, doucereux, mielleux. *Il était retors et papelard.* ▶ ***papelardise*** n. f. ■ Hypocrisie.

② ***papelard*** n. m. ■ Fam. Morceau de papier ; écrit ; document administratif.

paperasse [papʀas] n. f. ■ Plur. ou collectif. Papiers écrits, considérés comme inutiles ou encombrants. *Chercher dans ses paperasses.* — *La paperasse administrative.* ▶ ***paperasserie*** n. f. ■ Accumulation de paperasses. ▶ ***paperassier, ière*** adj. ■ Qui conserve, écrit des paperasses. *Administration paperassière.*

papeterie [papɛtʀi] n. f. **1.** Industrie de la fabrication du papier. — Fabrique de papier. ⇒ **papetière. 2.** Magasin où l'on vend du papier, des fournitures de bureau, d'école. *Librairie-papeterie.* — Fam. Ce papier, ces fournitures. *Acheter de la papeterie.* ▶ ***papetier, ière*** [pap(ə)tje, jɛʀ] n. ■ Personne, entreprise qui fabrique, vend du papier. — N. f. *Travailler pour une papetière québécoise.* — Adj. *L'industrie papetière canadienne,* du papier.

papier [papje] n. m. **I. 1.** Matière fabriquée avec des fibres végétales réduites en pâte, étendue et séchée pour former une feuille mince. *Du papier, une feuille de papier. Pâte à papier. Papier à lettres. Papier à dessin. Papier-calque. Papier à cigarettes. Papier de soie. Papier buvard. Papier d'emballage. Papier filtre. Papier journal. Mouchoir de (en) papier, papier(-) mouchoir.* ⇒ anglic. **kleenex.** — *Un rouleau de papier hygiénique,* utilisé dans les toilettes ; fam. *papier de chiottes, de toilette ; papier cul.* — PAPIER TIMBRÉ : feuille de papier portant la marque du sceau de l'État et le prix de la feuille en filigrane (opposé à *papier libre*). — PAPIER-MONNAIE : billet de banque. — (Qualifié, le papier servant de support à un produit quelconque) *Papier à musique,* à portées imprimées. *Papier carbone. Papier collant.* ⇒ **kraft.** *Papier-émeri. Papier de verre* ou *papier sablé. Papier peint.* ⇒ **tapisserie.** *Papier(-)brique, papier goudronné,* bardeau* d'asphalte. — PAPIER MÂCHÉ : pâte de papier fluide ou soluble formant une substance malléable, puis durcie. Loc. *Une mine de papier mâché,* un teint blafard. **2.** *Le papier,* support de ce qu'on écrit. *Jeter une phrase sur le papier.* **3.** Feuille très mince servant à envelopper. *Papier d'aluminium, papier cellophane. Du papier ciré. Papier d'emballage* ou, fam., *papier brun.* **4.** EN PAPIER. *Serviette en papier. Des sacs en papier. Faire des cocottes en papier.* **II.** UN, DES PAPIER(S). **1.** Feuille, morceau de papier. *Notez cela sur un papier.* **2.** Article de journal, de revue. *Envoyer un papier à son journal.* **3.** Écrit officiel. *Signer un papier.* — PAPIERS (D'IDENTITÉ) : ensemble des papiers (cartes, livrets, passeports...) qui prouvent l'identité (d'une personne). *Vos papiers ! Avoir ses papiers en règle.* **4.** Loc. *Être dans les petits papiers de qqn,* jouir de sa faveur. Fam. *Je vous (t') en passe un* *papier,* je vous (te) l'assure, je vous (te) le certifie. ⇒ **garantir.** ‹ ▸ coupe-papier, gratte-papier, ② papelard, paperasse, papeterie, porte-papier, presse-papiers ›

papille [papij] n. f. ■ Petite éminence à la surface de la peau ou d'une muqueuse, qui correspond à une terminaison vasculaire ou nerveuse. *Papilles gustatives.*

papillon [papijɔ̃] n. m. **1.** Insecte ayant quatre ailes, après métamorphose de la chenille. ⇒ **lépidoptère.** *Papillons de nuit. Chasse aux papillons. Collection de papillons.* — Loc. fam. *Minute papillon !,* une minute ; attendez ! — *Avoir des papillons dans l'estomac,* être nerveux, avoir le trac. **2.** *Nœud papillon,* nœud plat servant de cravate, en forme de papillon. **3.** Feuille de papier jointe à un livre, un texte. — (France) Avis de contravention. *J'ai trouvé un papillon sur le pare-brise de ma voiture.* **4.** Écrou à ailettes. *Papillons d'une roue de bicyclette.* **5.** Style de nage dans lequel les bras écartés sont ramenés au-dessus de l'eau. — REM. On dit aussi *brasse(-)papillon, nage papillon.* ▸ ***papillonner*** v. intr. ■ conjug. 1. ■ Aller d'une personne, d'une chose à une autre sans s'y arrêter. ⇒ **folâtrer.** *Elle papillonnait en chantant.* — Passer d'un sujet à l'autre, sans rien approfondir. ▸ ***papillonnant, ante*** adj. ■ *Esprit papillonnant.* ▸ ***papillonnement*** n. m.

papillote [papijɔt] n. f. **1.** Bigoudi en papier. ⇒ ① **frisette.** — Loc. *Tu peux en faire des papillotes* (d'un papier, d'un écrit), cela ne vaut rien. **2.** Morceau de papier servant à envelopper un bonbon. — Papier beurré ou huilé, feuille d'aluminium enveloppant certaines chairs cuites au four. *Cailles, truites en papillotes.*

papilloter [papijɔte] v. intr. ■ conjug. 1. **1.** Avoir des reflets, scintiller comme des paillettes. **2.** Se dit des yeux, entraînés dans un mouvement qui les empêche de se fixer sur un objet particulier. — (Suj. personne) Cligner des paupières. ⇒ **ciller.** ▸ ***papillotant, ante*** adj. **1.** Qui éblouit par un grand nombre de lumières. **2.** (Yeux, regard) Qui papillote. ▸ ***papillotement*** n. m. ■ Éparpillement de points lumineux qui papillotent ; effet produit par cet éparpillement.

Papineau [papino] n. propre ■ Loc. (En phrase négative) *Ne pas être la tête à Papineau,* ne pas être très intelligent, très brillant. / contr. fam. **bolle,** ① **crack** /(→ Ce n'est pas une cent watts)

papiste [papist] n. ■ Histoire. Partisan inconditionnel de la papauté (généralement opposé à *protestant, réformé, calviniste...*).

papoter [papɔte] v. intr. ■ conjug. 1. ■ Parler beaucoup en disant des choses insignifiantes. ⇒ **bavarder, jaser ;** fam. **placoter.** ▸ ***papotage*** n. m. ■ ⇒ **bavardage ;** fam. **placotage.** *Ils perdent leur temps en papotages.*

paprika [papʀika] n. m. ■ Variété de piment doux, utilisé en poudre. *Bœuf au paprika.*

papyrus [papiʀys] n. m. invar. **1.** Plante des bords du Nil dont la tige servait à fabriquer des feuilles pour écrire. **2.** *Un papyrus,* un manuscrit sur papyrus.

pâque [pɑk] n. f. ■ Fête juive qui commémore le départ d'Égypte des Hébreux, où l'on mange le pain azyme. ≠ *Pâques.*

paquebot [pakbo] n. m. ■ Grand bateau (navire de commerce) principalement affecté au transport de passagers. ⇒ ① **transatlantique.** *Paquebot de croisière.*

pâquerette [pɑkʀɛt] n. f. ■ Petite marguerite blanche ou rosée des prairies. *Une pelouse émaillée de pâquerettes.*

Pâques [pɑk] n. f. pl. et n. m. sing. **1.** N. f. pl. Fête chrétienne célébrée le premier dimanche suivant la pleine lune de l'équinoxe de printemps, pour commémorer la résurrection du Christ. *Souhaiter de joyeuses Pâques à qqn.* — *Faire ses Pâques,* recevoir la communion prescrite aux fidèles par l'Église. ≠ *pâque.* **2.** N. m. sing. (sans article) Le jour, la fête de Pâques. *Pâques précède la Pentecôte. Vacances de Pâques. Le lundi de Pâques. Œuf* de Pâques. Eau de Pâques,* eau courante puisée très tôt le matin de Pâques et qui aurait des vertus bénéfiques. — Loc. *À Pâques ou à la Trinité,* très tard, jamais.

paquet [pakɛ] n. m. **1.** Assemblage de plusieurs choses attachées ou enveloppées ensemble ; objet enveloppé pour être transporté plus commodément ou pour être protégé. *Un paquet de linge. Envoyer un paquet par la poste.* ⇒ **colis.** — *Paquet de cigarettes. Un paquet de quinze, vingt, vingt-cinq* (cigarettes). *Il fume un paquet par jour,* le contenu d'un paquet de cigarettes (vingt ou vingt-cinq cigarettes). — *Une marchandise en paquet* (opposé à *en vrac*). **2.** PAQUET DE : grande quantité de. *Il a touché un paquet de billets. Avoir un paquet de choses à faire.* — Masse informe. *Des paquets de neige.* — (Personnes) Fam. *Un paquet de nerfs,* personne nerveuse. *Hé paquet !, enlève-toi de là* (terme d'insulte). ⇒ **épais. 3.** Loc. fam. *Mettre le paquet,* employer les grands moyens ; donner son maximum. — *Risquer le paquet,* le tout pour le tout, son va-tout. ▸ ***paquetage*** [paktaʒ] n. m. **1.** Effets d'un soldat pliés et placés de manière réglementaire. *Faire son paquetage.* ⇒ ① **barda. 2.** Fam. Action de paqueter (1, 2, 3). *Le paquetage des livres.* ⇒ **emballage, empaquetage.** *Le paquetage d'un terrain de camping. Le paquetage du Sénat est une vieille habitude.* ⇒ **truquage.** ▸ ***paqueter*** v. tr. ■ conjug. 4. Fam. **1.** Emballer (un objet, une marchandise) dans un contenant (caisse, boîte...) qui sert au transport, à l'entreposage. ⇒ **empaqueter.** / contr. **déballer, dépaqueter** / *Paqueter de la vaisselle, la lingerie. Il faut paqueter les armoires,* ce qu'il y a dedans. *As-tu fini de paqueter ta valise ?* ⇒ **faire.** — Intransitivement. *On va paqueter toute la journée.* — Loc. *Paqueter ses petits,* faire ses bagages, ramasser ses choses (pour partir) ; partir, s'en aller. **2.** Remplir (un lieu) avec un maximum de personnes. *Paqueter un autobus, une salle. Les classes sont trop paquetées d'élèves.* — Au passif et au p. p. adj. *C'est paqueté de monde dans les magasins. Une autoroute paquetée d'autos.* **3.** S'arranger, s'organiser (plus ou moins honnêtement) pour avoir la majorité, les opinions de son côté. ⇒ **combiner, fausser, truquer.** *Le parti a paqueté l'assemblée. Paqueter un vote.* — Au p. p. adj. *Réunion, élections paquetée(s).* **4.** V. pron. SE PAQUETER : se soûler, s'enivrer. ⇒ fam. **balloune, bourré, brosse, coup.** *Ils se sont paquetés à la bière.* — Au p. p. adj. *Des gens paquetés.* ⇒ fam. **chaud** (I). — *Être paqueté aux as,* complètement ivre. — N. *Une gang de paquetés.* — Loc. *Se paqueter la fraise.* ‹ ▸ dépaqueter, empaqueter ›

par [paʀ] prép. **I. 1.** (Lieux) À travers. *Regarder par la fenêtre. Il est passé par la fenêtre. Elle passera par Chicago.* — (En parcourant un lieu) ⇒ **dans.** *Voyager par le monde, de par le monde.* — (Sans mouvement) *Être assis par terre* (⇒ **à**). — (Avec ou sans mouvement) *Voitures qui se heurtent par l'avant. Par en bas. Par ici, par là.* — Loc. PAR-CI, PAR-LÀ : un peu partout. (Exprimant la répétition) *Il m'agace avec ses « cher Monsieur » par-ci, « cher Monsieur » par-là.* **2.** (Temps) Durant, pendant. *Par une belle matinée.* **3.** (Emploi distributif) *Plusieurs fois par jour. Marcher deux par deux.* **4.** (Dimensions) Fam. Sur. *Une chambre de 4 m par 4 m. Des deux*-par-quatre.* — REM. Ce dernier emploi est critiqué. **II. 1.** (Introduisant le compl. d'agent) Grâce à l'action de. *Faire faire qqch. par qqn. Quinze dollars par personne. Il a été gêné par les arbres. J'ai appris la nouvelle par mes voisins. L'exploitation de l'homme* *par l'homme.* **2.** (Moyen ou manière) *Obtenir qqch. par la force.* ⇒ au **moyen** de. *Répondre par oui ou par non. Envoyer une lettre par la poste. Elle est venue par avion.* — (+ infinitif) *Il a fini par rire,* il a enfin ri. — *Fidèle par devoir.* — *Nettoyage par le vide.* — Loc. *Par exemple**. *Par conséquent**. *Par suite**. *Par ailleurs**. *Par contre**. **III.** DE PAR *le roi, de par la loi,* de la part, au nom du roi, de la loi. **IV.** Littér. Adv. PAR TROP : vraiment trop. *Elle est par trop égoïste.* ⟨ ▶ auparavant, deux-par-quatre, parce que, par-derrière, pardessous, pardessus, par-dessus, par-devant, pardevers, parfois, parmi, parsemer, ② partant, ① parterre, ② parterre, partout ⟩

① ***para-*** ■ Élément savant signifiant « à côté de » (ex. : *paraphrase*).

② ***para-*** ■ Élément signifiant « protection contre » (ex. : *parachute*).

parabellum [paʀabelɔm] n. m. invar. ■ Pistolet automatique de guerre (*bellum* veut dire « guerre » en latin).

① ***parabole*** [paʀabɔl] n. f. ■ Récit allégorique des livres saints sous lequel se cache un enseignement. *Les paraboles de l'Évangile.* — *Parler par (en) paraboles,* d'une manière détournée, obscure.

② ***parabole*** n. f. ■ Ligne courbe dont chacun des points est situé à égale distance d'un point fixe *(foyer)* et d'une droite fixe *(directrice).* ≠ *hyperbole.* ▶ ***parabolique*** adj. et n. m. **1.** Relatif à la parabole. **2.** En forme de parabole. *Miroir, antenne parabolique.* **3.** *Capteur solaire parabolique,* à miroir parabolique. — N. m. *Un parabolique* (spécialt un radiateur à miroir parabolique).

parachever [paʀaʃve] v. tr. ▪ conjug. 5. ■ Conduire au point le plus proche de la perfection. ⇒ **parfaire.** *Parachever une œuvre.*

parachute [paʀaʃyt] n. m. ■ Équipement permettant de ralentir la chute d'une personne ou d'un objet qui tombe d'un avion. *Parachute dorsal, ventral. Un saut en parachute.* ▶ ***parachuter*** v. tr. ▪ conjug. 1. **1.** Lâcher d'un avion avec un parachute. *Parachuter des soldats, des vivres.* **2.** Fam. Nommer (une personne) à l'improviste dans un emploi, un poste pour lequel elle n'est pas spécialement apte. *Parachuter un candidat à une élection.* ▶ ***parachutage*** n. m. ■ Action de parachuter (qqn, qqch.). ▶ ***parachutisme*** n. m. ■ Technique du saut en parachute. ▶ ***parachutiste*** n. et adj. ■ Personne qui pratique le saut en parachute. — Soldat qui fait partie d'unités spéciales dont les éléments sont destinés à combattre après avoir été parachutés. — Abrév. PARA. n. *S'engager dans les paras.*

① ***parade*** [paʀad] n. f. ■ Action, manière de parer, d'éviter un coup. ⇒ **défense, riposte ;** ② **parer.** *Elle a trouvé la parade.*

② ***parade*** n. f. **1.** Étalage que l'on fait d'une chose, afin de se faire valoir. *Il aime trop la parade.* — Loc. FAIRE PARADE DE *qqch.* ⇒ **étaler, exhiber.** *Faire parade de ses connaissances.* — DE PARADE : destiné à être utilisé comme ornement. *Habit de parade.* — Abstrait. *Amabilité de parade,* purement extérieure. **2.** Cérémonie militaire où les troupes en grande tenue défilent. ⇒ ① **revue. 3.** Exhibition avant une représentation, pour attirer les spectateurs. *Les comédiens firent une parade dans les rues. Parade foraine.* — Fam. *La parade du Carnaval, de la Saint-Jean-Baptiste.* ⇒ **défilé.** *Une parade de mode.* **4.** Biologie. Comportement des animaux préludant au rapprochement sexuel. *La parade du paon qui fait la roue.* ▶ ***parader*** v. intr. ▪ conjug. 1. ■ Se montrer en se donnant un air avantageux. ⇒ se **pavaner.** *Il parade au milieu des jolies femmes.* ≠ *procession.* ⟨ ▶ hit-parade ⟩

paradis [paʀadi] n. m. invar. **1.** Lieu où les âmes des justes jouissent de la béatitude éternelle, selon certaines religions. ⇒ **ciel.** / contr. **enfer** / *Aller au paradis.* — (Souhaits) *Bonne et heureuse année, et le paradis à la fin de vos jours.* — Loc. *Vous ne l'emporterez pas en paradis,* vous allez le regretter, je me vengerai ; vous serez puni. ⇒ ① se **repentir. 2.** Séjour enchanteur. *Cette île est un vrai paradis.* **3.** *Le* PARADIS TERRESTRE : jardin où, dans la Genèse, Dieu place Adam et Ève. ⇒ **éden. 4.** Loc. *Paradis fiscal,* lieu, pays où on paye peu d'impôts. ▶ ***paradisiaque*** adj. ■ Qui appartient au paradis. — Délicieux. *Un endroit paradisiaque.* ⟨ ▶ paradisier ⟩

paradisier [paʀadizje] n. m. ■ Oiseau de la Nouvelle-Guinée, aux jolies couleurs. *Le paradisier* ou *oiseau de paradis.*

paradoxe [paʀadɔks] n. m. ■ Opinion qui va à l'encontre de l'opinion communément admise. *Soutenir que deux et deux font cinq ; quel paradoxe !* ▶ ***paradoxal, ale, aux*** adj. **1.** Qui tient du paradoxe. *Des raisonnements paradoxaux.* **2.** (Personnes) Qui aime, qui recherche le paradoxe. *Esprit paradoxal.* ▶ ***paradoxalement*** adv. ■ Contrairement à ce qu'on attendrait.

parafe ou ***paraphe*** [paʀaf] n. m. **1.** Trait, marque ajouté(e) à une signature. **2.** Signature abrégée. ⇒ **initiale.** ▶ ***parafer*** ou ***parapher*** v. tr. ▪ conjug. 1. ■ Marquer, signer d'un paraphe (2). ⇒ **initialer.** *Parapher toutes les pages d'un contrat.*

paraffine [paʀafin] n. f. ■ Substance solide blanche et cireuse, tirée du pétrole, utilisée dans la fabrication de bougies, pour imperméabiliser le papier, etc. *La paraffine empêche l'air de pénétrer dans les aliments conservés dans des bocaux.* — *Huile de paraffine,* utilisée comme lubrifiant. ▶ ***paraffiné, ée*** adj. ■ Imprégné de paraffine. *Papier paraffiné.* ⇒ ② **ciré.**

parafoudre [paʀafudʀ] n. m. ■ Dispositif qui sert à préserver les canalisations et les appareils électriques contre la foudre. ⇒ **paratonnerre.**

parages [paʀaʒ] n. m. pl. **1.** Espace maritime défini par la proximité d'une terre. *Les parages de Terre-Neuve.* **2.** DANS LES PARAGES (DE) : aux environs de ; dans les environs.

paragraphe [paʀagʀaf] n. m. **1.** Division d'un écrit en prose, où l'on passe à la ligne. *Les paragraphes d'un chapitre.* ⇒ **alinéa. 2.** Signe typographique (§) présentant le numéro d'un paragraphe.

paragrêle [paʀagʀɛl] adj. ■ Qui protège les cultures en transformant la grêle en pluie. *Canon, fusée paragrêle.* — N. *Un paragrêle.*

paraître [paʀɛtʀ] v. intr. ▪ conjug. 57. **I.** Devenir visible. **1.** Se présenter à la vue. ⇒ **apparaître.** / contr. **disparaître** / *Le soleil paraît à l'horizon. Elle parut sur le seuil.* **2.** (Imprimés) Être mis à la disposition du public (mis en vente, distribué,...). *Faire paraître un ouvrage,* l'éditer, le publier. *Son livre est paru, vient de paraître* (⇒ **parution**). **II.** Être visible, être vu. **1.** (Avec un adv. ou à la forme négative) *Il en paraîtra toujours quelque chose. Dans quelques jours il n'y paraîtra plus.* — FAIRE, LAISSER PARAÎTRE : manifester, montrer. *Laisser paraître ses sentiments.* ⇒ **percer.** — Fam. ÇA PARAÎT QUE (+ indicatif). *Ça paraît que tu es fatiguée.* **2.** (Personnes) Se montrer dans des circonstances où l'on doit remplir une obligation. *Il n'a pas paru à son travail depuis deux jours.* **3.** (Personnes) Se donner en spectacle. ⇒ **briller,** se **montrer.** *Elle aime un peu trop paraître.* **III.** (Verbe d'état suivi d'un attribut) **1.** Sembler, avoir l'air. *Il paraît satisfait. Ces hauts talons la font paraître plus grande. Cela me paraît* louche. *Il me paraît douter de lui-même.* **2.** (Opposé à être effectivement) Se faire passer pour. *Ils veulent paraître ce qu'ils ne sont pas.* **3.** Impers. *Il me paraît préférable que vous sortiez.* — IL PARAÎT, IL PARAÎTRAIT QUE (+ indicatif) : le bruit court que. *Il paraît qu'on va augmenter les impôts. C'est trop tard, paraît-il ; à ce qu'il paraît.* — Fam. ÇA PARAÎT QUE (+ indicatif) : il est clair, évident que. *Ça paraît que ce n'est pas toi qui vas s'en occuper.* **IV.** N. m. Littér. Apparence. *L'être et le paraître.* ⇒ **apparence.** ⟨ ▸ apparaître, comparaître, disparaître, parution, réapparaître, reparaître, transparaître ⟩

parallèle [paralɛl] adj. et n. **I. 1.** Se dit de lignes, de surfaces qui, en géométrie euclidienne, ne se rencontrent pas. *Deux droites parallèles* et, n. f., *deux parallèles.* / contr. **convergent, divergent** / **2.** N. m. Petit cercle imaginaire de la sphère terrestre, parallèle au plan de l'équateur, servant à mesurer la latitude. *Naples et New York sont sur le même parallèle. Les parallèles et les méridiens. Le 49e parallèle,* la frontière canado-américaine. **II. 1.** Qui a lieu en même temps, porte sur le même objet. *Marché, cours parallèle* (au marché officiel). *Police parallèle,* police secrète qui double la police officielle. **2.** Se dit de choses qui peuvent être comparées. ⇒ **semblable.** / contr. **divergent** / *Ils menaient des expériences parallèles. Les « Vies parallèles » de Plutarque.* **3.** N. m. UN PARALLÈLE : une comparaison suivie entre deux ou plusieurs sujets. *Établir un parallèle entre deux questions.* — Loc. *Mettre deux choses en parallèle,* les comparer. ▸ ***parallèlement*** adv. ▸ ***parallélisme*** n. m. **1.** État de lignes, de plans parallèles. *Vérifier le parallélisme des roues d'une automobile.* ⇒ **alignement.** **2.** Progression semblable ou ressemblance suivie entre choses comparables. ▸ ***parallélépipède*** n. m. ■ Solide géométrique dont les bases sont des parallélogrammes. *Le cube est un parallélépipède rectangle.* ▸ ***parallélogramme*** n. m. ■ Quadrilatère dont les côtés opposés sont parallèles deux à deux. *Le losange, le rectangle sont des parallélogrammes.*

paralyser [paralize] v. tr. ▪ conjug. 1. **1.** Frapper de paralysie. *L'attaque qui l'a paralysé.* — Immobiliser. ⇒ **figer.** *Le froid paralyse les membres.* **2.** Frapper d'inertie ; rendre incapable d'agir ou de s'exprimer. *J'étais paralysé par la terreur. — Grève qui paralyse les transports en commun.* ▸ ***paralysant, ante*** adj. ■ *Le curare est une substance paralysante.* ▸ ***paralysé, ée*** adj. et n. ■ Atteint de paralysie. *Bras, jambes paralysés.* — N. *Les paralysés.* ⇒ **handicapé, infirme, paralytique.** ▸ ***paralysie*** n. f. **1.** Diminution ou arrêt de la motricité (capacité de mouvement), de la sensibilité. *Paralysie complète, partielle* (⇒ **hémiplégie, paraplégie**). **2.** Impossibilité d'agir, de s'extérioriser, de fonctionner. *La paralysie des transports. La neige paralyse la circulation.* ⇒ **bloquer, empêcher.** ▸ ***paralytique*** adj. et n. ■ Qui est atteint de paralysie. *Un vieillard paralytique.* ⇒ **impotent, paralysé.** — N. *Un, une paralytique.*

paramédical, ale, aux [paramedikal, o] adj. ■ Qui concerne les activités annexes de la médecine. *Professions paramédicales* (kinésithérapeutes, infirmiers, etc.). — Abrév. fam. PARAMÉDIC, n. invar. *Les paramémdic.*

paramètre [paramɛtʀ] n. m. **1.** Sciences. Quantité fixée, maintenue constante, dont dépend une fonction de variables indépendantes. ⇒ ③ **facteur** (2), **variable.** **2.** Élément variable pris en compte pour expliquer un phénomène quelconque. *La neige est un paramètre important dans les accidents de la route.*

paramilitaire [paramilitɛʀ] adj. ■ Qui est organisé selon la discipline et la structure d'une armée. *Des formations paramilitaires.* ⇒ **milice.**

parangon [paʀɑ̃gɔ̃] n. m. ■ Littér. Modèle. *Des parangons de vertu.*

paranoïa [paʀanɔja] n. f. ■ Troubles caractériels (délire de persécution, orgueil démesuré, impossibilité de ne pas tout ramener à soi) pouvant déboucher sur la maladie mentale. ▸ ***paranoïaque*** adj. et n. ■ Relatif à la paranoïa. *Psychose paranoïaque.* — N. *Un, une paranoïaque.* — Abrév. fam. PARANO n. et adj. *Des paranos.* — Adj. *Être complètement parano.* ▸ ***paranoïer*** v. intr. ▪ conjug. 1. **1.** Souffrir de paranoïa, se comporter comme un paranoïaque. *Un peu plus, il paranoïait.* **2.** Fam. S'énerver, s'exciter. *Paranoïe pas !,* reste calme.

parapet [paʀapɛ] n. m. ■ Mur à hauteur d'appui destiné à empêcher les chutes. ⇒ **garde-fou.** *S'accouder au parapet d'un pont.*

paraphe n. m., ***parapher*** v. tr. ⇒ **parafe, parafer.**

paraphrase [paʀafʀɑz] n. f. ■ Reprise d'un texte sous une autre forme (en général plus développée, et plus ou moins explicative). ⇒ **glose.** *La définition est une paraphrase synonymique du mot défini.* ≠ *périphrase.* ▸ ***paraphraser*** v. tr. ▪ conjug. 1. ■ Faire une paraphrase de (un texte).

paraplégie [paʀapleʒi] n. f. ■ Paralysie des membres, et particulièrement des membres inférieurs. ⇒ **quadraplégie ; hémiplégie.** ▸ ***paraplégique*** adj. et n. ■ *La rééducation des paraplégiques.*

parapluie [paʀaplɥi] n. m. ■ Objet portatif constitué par une étoffe circulaire tendue sur une armature pliante à manche, et qui sert d'abri contre la pluie. ⇒ fam. ③ **pépin.** *Parapluie télescopique, pliant. S'abriter sous un parapluie. Utiliser son parapluie en guise d'ombrelle.* — Abstrait. *Le Canada est sous le parapluie nucléaire américain.* ≠ *parasol.* ⟨ ▸ porte-parapluies ⟩

parapublic, ique [paʀapyblik] adj. et n. m. ■ Relatif au secteur gouvernemental qui possède une autonomie plus grande que les ministères et les organismes rattachés à l'Administration. *Les négociations avec les organismes parapublics se poursuivent.* — N. m. *Le parapublic.*

parascolaire [paʀaskɔlɛʀ] adj. ■ Qui se rapporte aux activités éducatives n'entrant pas strictement dans le programme scolaire et ne constituant pas un complément nécessaire à l'enseignement. *Cette année, comme activité parascolaire, nous avons le choix entre l'expo-sciences et le reportage vidéo.* ≠ *postscolaire.*

① ***parasite*** [paʀazit] n. et adj. **I.** N. Péj. Personne qui vit dans l'oisiveté, aux dépens d'une communauté, alors qu'elle pourrait subvenir à ses besoins. **II.** N. m. et adj. Être vivant en association durable avec un autre dont il se nourrit, sans le détruire ni lui apporter aucun avantage. *Le gui est une plante parasite. Le ténia, ver parasite des mammifères. Un champignon parasite.* ▸ ***parasitaire*** adj. ■ Causé par les parasites (II). *Maladie parasitaire.* ▸ ① ***parasiter*** v. tr. ▪ conjug. 1. ■ Habiter (un être vivant) en parasite (II). ▸ ***parasitisme*** n. m. **1.** Mode de vie du parasite (I). **2.** État d'un être vivant qui vit sur un autre en parasite (II).

② ***parasite*** adj. et n. m. ■ (Surtout au plur.) *Bruits parasites* et, n. m., *parasites,* perturbations dans la réception des signaux radioélectriques. *Les parasites nuisent à la bonne écoute d'une émission.* ≠ *interférences.* ▸ ② ***parasiter*** v. tr. ▪ conjug. 1. ■ Perturber par des parasites. ⟨ ▸ antiparasite ⟩

parasol [paʀasɔl] n. m. **1.** Objet pliant semblable à une grande ombrelle, fixé à un support ou planté dans le sol et destiné à protéger du soleil. *Parasol de plage.* **2.** *Pin parasol,* dont les branches s'étalent en forme de parasol. ≠ *parapluie.*

paratonnerre [paratɔnɛʀ] n. m. ■ Appareil destiné à préserver les bâtiments des effets de la foudre, constitué d'une (de) tige(s) métallique(s) fixée(s) au toit et reliée(s) au sol. ⇒ **parafoudre.**

paravent [paʀavɑ̃] n. m. ■ Meuble fait de panneaux liés par des charnières, qu'on dispose en ligne brisée, destiné à protéger contre les courants d'air, à isoler. *Elle s'est déshabillée derrière un paravent.*

parbleu [paʀblø] interj. ■ (France) Vx. Exclamation pour exprimer l'assentiment, l'évidence. ⇒ fam. **pardi.**

① ***parc*** [paʀk] n. m. **1.** Étendue de terrain boisé entièrement clos, dépendant généralement d'un château, d'une grande habitation. *Les allées d'un parc.* **2.** Grand espace vert aménagé dans une ville. *Parc public.* ⇒ **jardin** public. *Le parc Lafontaine. Le parc de l'Artillerie. Parc zoologique.* ⇒ **zoo.** *Parc de loisirs.* — *Parc de récréation,* destiné à la pratique d'activités de plein air. *Le parc de récréation du Mont-Tremblant.* **3.** PARC NATIONAL, PROVINCIAL, RÉGIONAL : zone rurale étendue, soumise à des réglementations particulières visant à la sauvegarde de la faune et de la flore. *Le parc régional de la Rivière-des-Prairies, à Montréal. Les grands parcs nationaux d'Amérique du Nord.* — Absolt. (Avec une majusc.) Fam. LE PARC : la réserve faunique des Laurentides. *Traverser le Parc. Il neige dans le Parc. — Le parc Forillon. — Parc naturel.* ⇒ **réserve.**

② ***parc*** n. m. **1.** Enclos où est enfermé le bétail. *Un parc à bestiaux.* — Bassin où sont engraissés ou affinés des coquillages. *Parc à huîtres.* **2.** *Parc de stationnement pour les voitures.* ⇒ **parc-autos ;** anglic. **parking. 3.** Petite clôture légère formant une enceinte dans laquelle les enfants en bas âge peuvent jouer sans danger. **4.** Ensemble des véhicules (camions, voitures...) d'une société, d'une entreprise. ⇒ fam. ② **flotte.** *Un parc de taxis. — Un parc de maisons mobiles,* un ensemble de ces maisons regroupées au même endroit. **5.** PARC INDUSTRIEL : grand espace aménagé pour accueillir des entreprises des secteurs industriels et commerciaux. — *Un parc technologique,* un ensemble d'entreprises de pointe. ▶ ***parc-autos*** n. m. ■ Parc de stationnement pour les véhicules automobiles, généralement intérieur et à étages. *Le parc-autos d'un centre commercial. Des parcs-autos.* ⟨ ▶ ciné-parc, parcomètre, parquer ⟩

parcelle [paʀsɛl] n. f. **1.** Très petit morceau. ⇒ **fragment.** *Des parcelles d'or.* ⇒ **paillette. 2.** Portion de terrain de même culture, constituant l'unité cadastrale. ▶ ***parcellaire*** adj. ■ Fait par parcelles. *Plan parcellaire.*

parce que [paʀskə] loc. conj. ■ Exprime la cause. ⇒ **attendu** que, **car,** à **cause** que, **puisque.** *Nous partons parce qu'on nous attend. Plus fragile parce que plus petit.* — Absolt. Marque le refus d'une explication. *« Pourquoi dites-vous cela ? — Parce que, répondit-elle. »*

parchemin [paʀʃəmɛ̃] n. m. **1.** Peau d'animal (mouton, agneau, chèvre, chevreau) préparée spécialement pour l'écriture, la reliure. **2.** UN, DES PARCHEMIN(S) : un écrit rédigé sur cette matière. *Consulter de vieux parchemins ornés d'enluminures.* — Fam. Diplôme (sur papier). ▶ ***parcheminé, ée*** adj. ■ Qui a la consistance ou l'aspect du parchemin. *Cuir, papier parcheminé. Le visage parcheminé d'un vieillard.* ⇒ **raviné.**

parcimonie [paʀsimɔni] n. f. ■ *Donner, distribuer* AVEC PARCIMONIE : en petites quantités, en économisant. / contr. **prodigalité, profusion** / ▶ ***parcimonieux, euse*** adj. ■ Qui fait preuve de parcimonie ; avec parcimonie. *Elle est parcimonieuse.* ⇒ **avare, pingre.** *Distribution parcimonieuse.* ⇒ **mesquin.** ▶ ***parcimonieusement*** adv. ■ Avec parcimonie.

par-ci, par-là loc. ⇒ **par.**

parcomètre [paʀkomɛtʀ]ou, France, ***parcmètre*** [paʀkmɛtʀ] n. m. ■ Compteur de stationnement payant, sur la voie publique, pour les automobiles.

parcourir [paʀkuʀiʀ] v. tr. ▪ conjug. 11. **1.** Aller dans toutes les parties de (un lieu, un espace). ⇒ **traverser, visiter.** *J'ai parcouru toute la région.* **2.** Accomplir (un trajet déterminé). *Distance à parcourir.* **3.** Lire rapidement. *Parcourir un journal.* ▶ ***parcours*** n. m. invar. **1.** Chemin pour aller d'un point à un autre. ⇒ **itinéraire, trajet.** *Le parcours d'un autobus. Le parcours numéro X. — Parcours du combattant,* parcours semé d'obstacles que doit accomplir un soldat en armes dans un temps donné. *Suivre un parcours.* **2.** Distance déterminée à suivre (dans une épreuve). — *Les golfeurs sont encore sur le parcours,* le terrain. — Loc. *Il y a eu un incident de parcours,* une difficulté imprévue.

par-derrière, par-dessous, par-dessus loc. ⇒ par-**derrière,** par-**dessous,** par-**dessus.**

pardessus [paʀdəsy] n. m. invar. Vieilli. **1.** Vêtement chaud que les hommes portent par-dessus les autres vêtements pour se garantir des intempéries. ⇒ **manteau, paletot. 2.** Couvre-chaussures montants. ⇒ ② **claque.**

par-devant, par-devers loc. ⇒ par-**devant,** par-**devers.**

pardi [paʀdi] interj. ■ (France) Fam. Exclamation par laquelle on renforce une déclaration. ⇒ **parbleu.** *Tiens, pardi ! ce n'est pas étonnant.*

pardon [paʀdɔ̃] n. m. **1.** Action de pardonner. ⇒ **absolution, grâce, indulgence.** *Demander pardon à qqn. Accorder son pardon à qqn.* **2.** *Je vous demande pardon* ou, ellipt, *pardon,* formule de politesse par laquelle on s'excuse. — *Pardon ?,* pouvez-vous répéter ? ⇒ **comment, quoi ;** fam. **hein. 3.** Fam. Sorte d'exclamation superlative. *Le père était déjà costaud, mais alors le fils, pardon !* ▶ ***pardonner*** v. tr. ▪ conjug. 1. **1.** Tenir (une offense, une faute) pour nulle, renoncer à tirer vengeance de. ⇒ **oublier.** *Pardonner les péchés.* ⇒ **remettre.** PROV. *Faute avouée est à moitié pardonnée.* — PARDONNER *qqch.* À *qqn* : supporter qqch. de qqn. *Je lui pardonne tout.* ⇒ **passer.** — Pronominalement (récipr.). *Elles se sont pardonné leurs fautes.* (Réfl.) *Je ne me le pardonnerai jamais.* — PARDONNER À *qqn* : oublier ses fautes, ses torts. ⇒ **absoudre.** / contr. **accuser, condamner** / *Ils cherchent à se faire pardonner. Vous êtes tout pardonnés !* — Pronominalement (récipr.). *Elles se sont pardonné.* **2.** Juger avec indulgence, en minimisant la faute de. ⇒ **excuser.** *Pardonnez(-moi) mon indiscrétion.* — (Dans une formule de politesse) *Pardonnez-moi, mais je ne suis pas d'accord.* **3.** (Sans compl.) Au négatif. (Choses) Épargner. *C'est une maladie qui ne pardonne pas,* mortelle. — *Une erreur qui ne pardonne pas,* irréparable. ⇒ **impardonnable.** ▶ ***pardonnable*** adj. **1.** (Choses) Que l'on peut pardonner. *Une méprise bien pardonnable.* **2.** (Personnes) Rare. Qui mérite le pardon. ⇒ **excusable.** / contr. **impardonnable, inexcusable** / *Cet enfant est pardonnable.* ⟨ ▶ impardonnable ⟩

-pare, -parité ■ Éléments savants signifiant « engendrer » (ex. : *ovipare, scissiparité*).

pare- ■ Élément signifiant « éviter, protéger contre ». ▶ ***pare-balles*** [paʀbal] n. m. invar. et adj. invar. ■ N. m. invar. Plaque de protection contre les balles. — Adj. invar. Qui protège des balles. *Un gilet, une veste pare-balles.* ▶ ***pare-boue*** n. m. invar. ■ Dispositif qui empêche les projections de boue (bande de caoutchouc derrière la roue d'un véhicule).

≠ *garde-boue.* ▶ ***pare-brise*** n. m. invar. ■ Vitre avant d'un véhicule. *Des pare-brise.* ▶ ***pare-chocs*** n. m. invar. ■ Garniture placée à l'avant et à l'arrière d'un véhicule (spécialt d'une automobile) et destinée à amortir les chocs. ▶ ***pare-étincelles*** n. m. invar. ■ Écran placé devant un foyer de cheminée pour empêcher les étincelles de s'échapper. ▶ ***pare-feu*** n. m. invar. ■ Dispositif de protection contre la propagation du feu. *Des pare-feu.* ≠ *coupe-feu.* ⟨ ▶ pare-soleil ⟩

parégorique [paʀegɔʀik] adj. et n. m. ■ *Élixir parégorique,* médicament à base d'opium utilisé contre les douleurs d'intestin.

pareil, eille [paʀɛj] adj. et n. **I.** Adj. **1.** Semblable par l'aspect, la grandeur, la nature. / contr. **différent** / *Elle est, elle n'est pas pareille à lui. Ils ne sont pas pareils. C'est, ce n'est pas pareil,* la même chose. — Loc. *À nul autre pareil,* sans égal. — Employé comme adverbe. Fam. *Ils sont habillés pareil. Elle est venue pareil,* quand même, malgré tout. Fam. *Pareil que,* comme. *Elle est pareil que lui. Pareil comme,* semblable, identique. ⇒ **pareil** à. *Le collège est pareil comme quand j'y étais étudiant.* **2.** De cette nature, de cette sorte. ⇒ **tel.** *En pareil cas. À une heure pareille !,* si tard. **II.** N. **1.** N. m. et f. Personne de même sorte. ⇒ ① **pair, semblable.** — *Ne pas avoir son pareil, sa pareille,* être extraordinaire, unique. *Elle n'a pas son pareil pour raconter des histoires.* — SANS PAREIL(LE) : qui n'a pas son égal. *Des brillants sans pareil* ou *sans pareils.* **2.** N. f. RENDRE LA PAREILLE : faire subir (à qqn) un traitement analogue à celui qu'on a reçu ; rendre une invitation. **3.** N. m. Loc. fam. *C'est du pareil au même,* c'est la même chose. ⇒ fam. **kif-kif.** ▶ ***pareillement*** adv. ■ De la même manière. *La santé est bonne et l'appétit pareillement.* ⇒ **aussi, également.** — *« Joyeuses Fêtes. – Vous pareillement. »* ⇒ **de même.** ⟨ ▶ appareiller, dépareiller ⟩

parement [paʀmɑ̃] n. m. **1.** Face extérieure d'un mur revêtue de pierres de taille. **2.** Revers sur le col, les manches d'un vêtement. *Une veste à parements.*

parenchyme [paʀɑ̃ʃim] n. m. ■ Botanique. Tissu cellulaire spongieux et mou des végétaux.

parent, parente [paʀɑ̃, paʀɑ̃t] n. et adj. **1.** Au plur. LES PARENTS (opposé à *les enfants*) : le père et la mère. *Un enfant qui obéit à ses parents.* **2.** Au sing. ou au plur. Personne avec laquelle on a un lien de parenté. ⇒ **famille.** *Ils sont parents. C'est un proche parent, un parent éloigné. Parents et amis sont priés d'y assister sans autre invitation,* formule d'invitation à un service funéraire. — Loc. *Traiter qqn en parent pauvre,* moins bien que les autres. *Être proches parents,* se ressembler. **3.** Adj. Sciences. Se dit d'une unité ou d'un ensemble d'éléments liés entre eux par l'origine ou l'évolution. *Les langues romanes sont parentes. L'uranium est parent du plutonium. Espèces biologiques parentes.* **4.** Adj. Analogue, semblable. *Des intelligences parentes.* ▶ ***parental, ale, aux*** adj. ■ *Autorité parentale,* des parents. ▶ ***parenté*** n. f. **1.** Rapport entre personnes descendant les unes des autres, ou d'un ancêtre commun. *Liens de parenté.* ⇒ **lignée, sang.** *« La parenté est arrivée... »* (chanson du temps des Fêtes). **2.** Rapport équivalent établi par la société. *Parenté par alliance. Parenté adoptive.* **3.** L'ensemble des parents et des alliés de qqn, considéré abstraitement. *Toute sa parenté.* **4.** Rapport d'affinité, d'analogie. *La parenté d'inspiration, de forme de deux poèmes.* ⟨ ▶ apparenté, arrière-grands-parents, beaux-parents, grands-parents, monoparental ⟩

parenthèse [paʀɑ̃tɛz] n. f. **1.** Insertion, dans une phrase, d'un élément accessoire qui interrompt la construction syntaxique : cet élément. ⇒ **digression.** *Je fais une parenthèse.* **2.** Chacun des deux signes typographiques entre lesquels on place l'élément qui constitue une parenthèse : ( ). *Mettre un mot entre parenthèses. Ouvrir, fermer la parenthèse.* — Fig. ENTRE PARENTHÈSES : en passant. *Entre parenthèses, tu ne m'as pas rendu mon argent.* — *Je vous signale, par parenthèse, que j'ai gagné.*

paréo [paʀeo] n. m. **1.** Pagne tahitien en tissu imprimé. **2.** Vêtement de plage imitant le paréo tahitien. *Des paréos.*

① ***parer*** [paʀe] v. tr. ▪ conjug. 1. **I. 1.** PARER *qqch.* : apprêter, arranger de manière à rendre plus propre à tel usage, à tel effet. ⇒ **préparer.** *Parer un rosbif. Parer une étoffe.* **2.** Marine. PARE, PAREZ À (+ infinitif) : commandement préparatoire à une manœuvre. *Parez à virer !* — REM. La réponse est le p. p. *paré, parés,* employé ellipt : *paré !* **II. 1.** Vêtir (qqn) avec recherche (⇒ **parure**). *Parer qqn de ses plus beaux atours.* — Au p. p. adj. *Une femme très parée.* **2.** Attribuer (une qualité). *Parer qqn de toutes les vertus.* ⇒ **orner. III.** V. pron. réfl. SE PARER : se vêtir avec recherche. ⇒ **se pomponner.** ⟨ ▶ apparat, appareil, déparer, ① parade, parement, parure, préparer, réparer ⟩

② ***parer*** v. tr. ▪ conjug. 1. **1.** *Parer un (le) coup,* l'éviter ou le détourner (⇒ ① **parade**). **2.** V. tr. ind. PARER À : faire face à. *Parer à toute éventualité,* prendre toutes les dispositions nécessaires. Loc. *Il faut parer au plus pressé.* — PARÉ CONTRE : protégé de. *Nous sommes parés contre le froid.* ⟨ ▶ imparable, parachute, ① parade, parafoudre, paragrêle, parapluie, parasol, paratonnerre, paravent, pare-, pare-soleil, pare-vapeur ⟩

pare-soleil [paʀsɔlɛj] n. m. invar. ■ Écran protégeant le conducteur des rayons du soleil, dans une automobile. *Abaisser les pare-soleil.*

paresse [paʀɛs] n. f. **1.** Goût pour l'oisiveté ; comportement d'une personne qui évite l'effort. ⇒ **fainéantise, flemme, nonchalance.** PROV. *La paresse est la mère de tous les vices. Vous êtes d'une paresse incurable. Solution de paresse,* celle qui exige le moins d'effort. *Paresse d'esprit.* **2.** Lenteur anormale à fonctionner, à réagir. *Paresse intestinale.* ▶ ***paresser*** v. intr. ▪ conjug. 1. ■ Se laisser aller à la paresse ; ne rien faire. ⇒ **fainéanter ;** fam. se **pogner, vacher.** ▶ ***paresseux, euse*** adj. et n. **1.** Qui montre habituellement de la paresse ; qui évite l'effort. ⇒ **fainéant ;** fam. **flemmard,** ① **lâche,** ③ **vache.** / contr. **travailleur** / *Être paresseux comme une couleuvre. Être trop paresseux pour se lever.* **2.** (Organes) Qui fonctionne, réagit avec une lenteur anormale. *Avoir un estomac, un foie paresseux.* **3.** N. Personne paresseuse. ⇒ **flanc-mou ;** fam. **tire-au-flanc.** *Cet élève est un paresseux.* ⇒ fam. ① **lâche. 4.** Mammifère à mouvements très lents, qui vit dans les arbres. ▶ ***paresseusement*** adv. **1.** Avec paresse. **2.** Avec lenteur. *Fleuve qui coule paresseusement.*

pare-vapeur [paʀvapœʀ] n. m. ■ Matériau isolant installé dans les murs d'une maison pour empêcher la condensation d'abîmer la structure du bâtiment. ⇒ **coupe-vapeur.**

parfaire [paʀfɛʀ] v. tr. ▪ conjug. 60. — REM. Ce verbe ne s'emploie qu'à l'infinitif et aux temps composés. ■ Achever, de manière à conduire à la perfection. *Parfaire son ouvrage.* ⇒ **parachever, polir.** *Parfaire sa culture, sa formation.* ⟨ ▶ parfait ⟩

parfait, aite [paʀfɛ, ɛt] adj. et n. m. **I.** Adj. **1.** (Choses) Qui est au plus haut, dans l'échelle des valeurs ; qui est tel qu'on ne puisse rien concevoir de meilleur. / contr. **imparfait** / *Qualité de ce qui est parfait.* ⇒ **perfection.** *Beauté parfaite. Filer le parfait* amour. ⇒ **idéal.** *Vivre en parfait accord. Une ressemblance parfaite.* ⇒ **total.** *La parfaite exécution d'une sonate.* — PARFAIT ! : très bien ! ⇒ fam. **tiguidou.** **2.** (Personnes) Sans défaut, sans reproche. *Il est loin d'être parfait.* **3.** (Avant le nom) Qui correspond exactement à (ce que désigne le nom). ⇒ **accompli, complet.** *Un parfait gentilhomme. Un parfait imbécile.* ⇒ **fieffé.** **II.** N. m. **1.** Grammaire. Le passé simple ou composé (opposé à *l'imparfait*). **2.** Entremets glacé à la crème. ≠ *glace* (lait), *sorbet* (eau). *Des parfaits au café.* ▸ ***parfaitement*** adv. **1.** D'une manière parfaite, très bien. ⇒ **admirablement.** *Elle sait parfaitement son rôle.* **2.** Absolument. *Être parfaitement heureux.* ⇒ **très.** **3.** Oui, certainement, bien sûr. *Parfaitement, c'est comme ça.* ‹ ▸ ① imparfait, ② imparfait, plus-que-parfait ›

parfois [paʀfwa] adv. ■ À certains moments, dans certains cas, de temps en temps. ⇒ des **fois, quelquefois.** / contr. **jamais ; souvent, toujours** / *Il a parfois des malaises. Parfois, elle rentre tard. J'y vais parfois.* — Répété. *Être parfois gai, parfois triste.* ⇒ **tantôt.**

parfum [paʀfœ̃] n. m. **1.** Odeur agréable et pénétrante. ⇒ **arôme, senteur.** *Le parfum de la rose.* **2.** (France) Goût de ce qui est aromatisé. ⇒ **saveur.** *Des glaces à tous les parfums.* **3.** Substance aromatique très peu diluée. ⇒ **essence.** *Un flacon de parfum.* **4.** Fam. *Être, mettre qqn* AU PARFUM *de qqch.* : être informé, l'informer. ⇒ fam. ① **affranchir** (3). ▸ ***parfumer*** v. tr. ▪ conjug. 1. **1.** Remplir, imprégner d'une odeur agréable. ⇒ **embaumer.** *La lavande qui parfume le linge.* **2.** Imprégner de parfum (3). *Parfumer son mouchoir.* — Pronominalement (réfl.). *Il se parfume.* — Au p. p. adj. *Une femme parfumée.* **3.** Aromatiser. — Au p. p. adj. *Yogourt parfumé au café.* ⇒ à **saveur** de. ▸ ***parfumerie*** n. f. **1.** Industrie de la fabrication des parfums et des produits de beauté. — Les produits de cette industrie. *Vente de parfumerie en gros.* **2.** Usine où l'on fabrique des produits de parfumerie. **3.** Boutique, comptoir de parfumeur. ▸ ***parfumeur, euse*** n. **1.** Fabricant(e) ou marchand(e) de parfums. **2.** N. f. Petite bouteille munie d'une poire, pour l'aspersion du parfum.

pari [paʀi] n. m. **1.** Convention par laquelle deux ou plusieurs personnes s'engagent à donner qqch., à verser une certaine somme à celle qui aura eu raison. ⇒ **gageure.** *Faire un pari.* ⇒ **parier.** *Tenir un pari,* l'accepter. **2.** Forme de jeu où le gain dépend de l'issue d'une épreuve sportive, d'une course de chevaux ; action de parier. *Le pari mutuel.* ‹ ▸ parier ›

paria [paʀja] n. m. **1.** Inde. Individu hors caste, dont le contact est considéré comme une souillure. ⇒ **intouchable.** **2.** Personne méprisée, écartée d'un groupe. *Vivre en paria.*

parier [paʀje] v. tr. ▪ conjug. 7. **1.** Engager (un enjeu) dans un pari. *Je parie une bouteille de champagne avec toi qu'il acceptera. Je te le parie. Il avait parié vingt dollars sur le favori.* ⇒ **gager, jouer, miser.** — Sans compl. *Parier aux courses.* **2.** Affirmer avec vigueur ; être sûr. *Je parie que c'est elle. Je l'aurais parié. Vous avez soif, je parie ?* je suppose, j'imagine. ▸ ***parieur, euse*** n. ■ Personne qui parie (1). ⇒ **turfiste.** ‹ ▸ pari ›

pariétal, ale, aux [paʀjetal, o] adj. **1.** Anatomie. Qui a rapport à la paroi d'une cavité. *Os pariétal,* chacun des deux os plats constituant la partie moyenne et supérieure de la voûte du crâne. — N. m. *Les pariétaux.* — Par ext. *Lobe pariétal droit, gauche du cerveau.* **2.** Didact. PEINTURES PARIÉTALES : faites sur une paroi de roche. ⇒ **rupestre.**

parigot, ote [paʀigo, ɔt] adj. et n. ■ (France) Fam. Parisien (et populaire, souvent faubourien). *Accent parigot.* — N. *Les Parigots. Une petite Parigote.*

parisien, ienne [paʀizjɛ̃, jɛn] adj. et n. **1.** De la ville de Paris. *Le métro parisien.* — N. (Avec une majusc.) Personne née dans cette ville française ou qui l'habite. ⇒ fam. **parigot.** / contr. **provincial** / *Une Parisienne célèbre.*

parité [paʀite] n. f. **1.** ⇒ **pair.** Le fait d'être pareil (en parlant de deux choses). / contr. **disparité** / *La parité entre les salaires des hommes et des femmes.* **2.** Égalité de la valeur d'échange des monnaies de deux pays dans chacun de ces pays. *Parité de change.* ▸ ***paritaire*** adj. ■ COMMISSION PARITAIRE : où employeurs et salariés ont un nombre égal de représentants élus.

parjure [paʀʒyʀ] n. **1.** N. m. Littér. Faux serment, violation de serment. **2.** Littér. Personne qui commet un parjure. ⇒ **traître.** — Adj. *Un témoin parjure.* ▸ ***se parjurer*** v. pron. ▪ conjug. 1. ■ Faire un parjure, violer son serment. *Elle s'est parjurée.*

parka [paʀka] n. m. ■ Court manteau imperméable doublé, muni d'un capuchon. *Des parkas molletonnés.* — REM. En France, le mot est parfois du genre féminin.

parking [paʀkiŋ] n. m. Anglic. **1.** Action de parquer (une voiture). ⇒ **stationnement.** *Parking autorisé.* — Loc. *Faire du parking.* ⇒ anglic. **necking.** **2.** Parc de stationnement pour les automobiles. ⇒ **parc-autos.** *Des parkings souterrains. Mettre sa voiture au parking.*

parlable [paʀlabl] adj. ■ (Personnes) À qui on peut parler sans difficulté, que l'on peut aborder facilement. ⇒ **accessible, ouvert.** *Cette ministre est très parlable.* — (Surtout en emploi négatif) *Elle n'est pas parlable ce matin,* elle manifeste une mauvaise humeur, un mauvais caractère. ⇒ **revêche.**

parlant, ante [paʀlɑ̃, ɑ̃t] adj. **1.** Qui reproduit, après enregistrement, la parole humaine. *Horloge parlante.* — *Cinéma parlant* (opposé à *muet*). **2.** (Choses) Éloquent, qui se passe de commentaires. *Les chiffres sont parlants.* **3.** Loc. (en phrase négative) *Ne pas être parlant,* ne pas être causant. ⇒ **gêné, timide.** / contr. **jasant** /

parlé, ée [paʀle] adj. ■ Qui se réalise par la parole. ⇒ **oral.** *Langue parlée. Connaissance de l'anglais parlé.* / contr. ② **écrit** /

parlement [paʀləmɑ̃] n. m. **1.** Histoire de France. Cour provinciale de justice et administrative du Moyen Âge et de l'Ancien Régime, institution associée au pouvoir du roi. **2.** Assemblée législative d'un pays, d'un État. *Le Parlement canadien* (le Sénat et la Chambre des communes), *le parlement québécois* (l'Assemblée nationale). *En Angleterre, le Parlement est composé de la Chambre des lords et de la chambre des communes. Le Parlement jeunesse* ou *le Parlement étudiant,* exercice parlementaire destiné à familiariser des jeunes avec le déroulement des débats à l'Assemblée nationale. *En France, le Parlement est composé de l'Assemblée nationale et du Sénat.* — Le lieu où siège le Parlement. *Le parlement ontarien. Travailler au parlement.* ▸ ① ***parlementaire*** adj. et n. **1.** Adj. Relatif au Parlement. *Démocratie parlementaire.* — *La session parlementaire,* la période pendant laquelle siège le Parlement. — *La colline, la cité parlementaire,* le lieu où sont situés les édifices du Parlement. **2.** N. Membre du Parlement. ⇒ **député, sénateur.** *Un honorable parlementaire britannique.* ≠ ② *parlementaire.* ▸ ***parlementarisme*** n. m. ■ Régime parlementaire. ‹ ▸ antiparlementarisme ›

parlementer [paʀləmɑ̃te] v. intr. ▪ conjug. 1. **1.** Entrer en pourparlers avec l'ennemi en vue d'une convention. ⇒ **négocier, traiter.** **2.** Discuter en vue d'un accommodement. *Les deux associés parlementèrent longuement.* **3.** Parler longuement (pour vaincre une résistance). *Il fallut parlementer avec le gardien pour pouvoir entrer.* ⇒ **palabrer.** ► ② ***parlementaire*** n. ■ Personne chargée de parlementer avec l'ennemi. ⇒ **délégué,** ① **émissaire.** ≠ ① *parlementaire.*

① ***parler*** [paʀle] v. ▪ conjug. 1. **I.** V. intr. **1.** Communiquer par la parole. / contr. **gesticuler, mimer ;** se **taire** / *Cet enfant commence à parler. Parler distinctement. Parler bas, haut. Parler en français. Parler à la radio. Ils sont en train de parler.* — Loc. *C'est une façon, une manière de parler,* il ne faut pas prendre à la lettre, exactement, ce qui vient d'être dit. *Il parle d'or,* très bien, sagement. *Parler pour ne rien dire,* dire des choses insignifiantes, qui n'ont guère de sens. *Parler en termes,* avec des mots choisis. — Fam. *Parler comme on marche,* mal, vulgairement. *Parler à travers son chapeau*.* **2.** Sans compl. Révéler ce qu'on tenait caché. *Son complice a parlé.* **3.** PARLANT (précédé d'un adv.) : en s'exprimant de telle manière. *Généralement parlant.* **4.** S'exprimer. *Les muets parlent par gestes.* **5.** (Suj. chose) Être éloquent. *Les chiffres parlent d'eux-mêmes.* ⇒ **parlant. II.** V. tr. ind. **1.** PARLER DE *qqch.,* DE *qqn. Parlez-nous de vos projets.* ⇒ **raconter.** *Tout le monde en parle.* Loc. *Sans parler de...* ⇒ **outre.** *N'en parlons plus !,* que ce soit fini. *Faire beaucoup parler de soi.* — Loc. *Parle, parle, jase, jase...,* sert à résumer ou à abréger une longue conversation racontée. *Parle parle, jase jase, toujours est-il que...* — (Suj. chose) *De quoi parle ce livre ?* **2.** PARLER DE (+ infinitif) : annoncer l'intention de. *Il parlait d'émigrer aux États-Unis.* **3.** PARLER À *qqn* : lui adresser la parole. *Laissez-moi lui parler. On lui parle brutalement.* Loc. *Parler à un mur,* à qqn qui ne veut rien entendre. *Trouver à qui parler,* avoir affaire à un adversaire difficile. — Pronominalement (récipr.). *Nous ne nous parlons plus,* nous sommes brouillés. *Elles ne se sont pas parlé pendant des années.* **4.** Fam. TU PARLES !, VOUS PARLEZ ! (dubitatif ou méprisant). *Tu parles d'un idiot !,* quel idiot ! *Sa reconnaissance, tu parles ! Tu parles si je m'en fiche ! — Tu parles, toi !,* sert à exprimer la surprise, l'étonnement. *Tu parles, toi !, jamais j'aurais cru cela d'eux ! — Ça parle au diable, au maudit !,* c'est stupéfiant, extraordinaire, incroyable. **III.** V. tr. dir. **1.** Pouvoir s'exprimer au moyen de (telle ou telle langue). *Parler (le) français. Parlez-vous anglais ? Elle parle un peu japonais, mais elle ne l'écrit pas.* — Pronominalement (passif.) *Le français se parle dans plusieurs pays.* **2.** (Sans art.) Aborder un sujet. *Parler politique.* ⇒ **discuter.** ► ② ***parler*** n. m. **1.** Manière de parler. *Les mots du parler de tous les jours.* **2.** Ensemble des moyens d'expression particuliers à une région, à un milieu social, etc. ⇒ **dialecte, patois.** ► ***parleur, euse*** n. ■ Péj. BEAU PARLEUR : personne qui aime à faire de belles phrases. ⇒ **phraseur.** PROV. *Grand parleur, petit faiseur*.* ► ***parloir*** n. m. ■ Local où sont admis les visiteurs qui veulent s'entretenir avec un pensionnaire ou un détenu. *Le parloir du couvent, de la prison. Élève appelé au parloir.* ► ***parlote*** n. f. ■ Échange de paroles insignifiantes. *Faire la parlote avec une voisine.* ⇒ **causette, jasette.** ‹ ► déparler, franc-parler, haut-parleur, parlable, parlant, parlé, parlement, parlementer, pourparlers, reparler ›

parmesan [paʀməzɑ̃] n. m. ■ Fromage dur, fabriqué dans les environs de *Parme* (Italie), consommé surtout râpé.

parmi [paʀmi] prép. **1.** Au milieu de. ⇒ **entre.** *Des maisons disséminées parmi les arbres. Nous souhaitons vous avoir bientôt parmi nous.* ⇒ **avec, près** de. **2.** Dans, au milieu des éléments d'un ensemble. *C'est une solution parmi d'autres.* **3.** Dans un ensemble d'êtres vivants. ⇒ **chez.** *L'inégalité parmi les humains.*

parodie [paʀɔdi] n. f. **1.** Imitation burlesque (d'une œuvre sérieuse). ⇒ **pastiche.** *Une parodie de Victor Hugo en bandes dessinées. « Don Quichotte » est une parodie du roman de chevalerie.* **2.** Contrefaçon grotesque. ⇒ **caricature.** *Une parodie de réconciliation.* ► ***parodier*** v. tr. ▪ conjug. 7. ■ Imiter (une œuvre, un auteur) en faisant une parodie. ► ***parodique*** adj. ■ Qui a le caractère de la parodie.

paroi [paʀwa] n. f. **1.** Séparation intérieure d'une maison ⇒ **cloison,** ou face intérieure d'un mur. *Appuyer son lit contre la paroi.* **2.** Surface très à pic, comparable à une muraille. *Paroi rocheuse.* **3.** Surface interne d'une cavité destinée à contenir qqch. *Les parois d'un vase.*

paroisse [paʀwas] n. f. **1.** Communauté chrétienne, subdivision du diocèse, dont un curé, un pasteur a la charge. *Les pauvres de la paroisse. La fabrique* d'une paroisse.* — Loc. *Prêcher pour sa paroisse,* parler pour défendre ses intérêts. ⇒ **saint. 2.** Municipalité rurale dont les limites lors de la création coïncidaient avec celles d'une paroisse ecclésiastique. *Le conseil municipal d'une paroisse.* **3.** L'ensemble des habitants d'une paroisse. *Toute la paroisse s'était rassemblée.* ► ***paroissial, ale, aux*** adj. ■ De la paroisse. *Église paroissiale. La salle paroissiale.* ► ***paroissien, ienne*** n. **1.** Personne qui dépend d'une paroisse. *Le curé et ses paroissiens.* ⇒ **ouailles. 2.** N. m. Livre de messe. ⇒ **missel.**

parole [paʀɔl] n. f. **I.** UNE, DES PAROLE(S) : un élément de langage parlé. **1.** Élément simple du langage articulé. ⇒ **mot ; expression.** *Des paroles aimables. Voilà une bonne parole !* ⇒ **discours, propos.** *Peser ses paroles.* — Loc. *En paroles,* d'une manière purement verbale. *Être courageux en paroles. — De belles paroles,* des promesses. *Des paroles en l'air,* qui ne veulent rien dire. **2.** Au plur. Texte (d'un morceau de musique vocale). *L'air et les paroles d'une chanson.* — Loc. *Histoire sans paroles,* dessins qui se passent de légende ; petit film muet. **3.** Pensée exprimée à haute voix, en quelques mots. *Une parole historique.* **4.** Au sing. Engagement, promesse sur l'honneur. *Donner sa parole. Tenir parole. — Sur parole,* sans autre garantie que la parole donnée. — Interj. *(Ma) parole d'honneur ! Ma parole, (juré craché) ! Parole !,* je le jure. **II.** LA PAROLE : l'expression verbale de la pensée. **1.** Faculté de communiquer la pensée par un système de sons articulés (une langue) émis par la voix (opposé à *signe*). *Perdre la parole,* devenir muet. Loc. *Avoir la parole en bouche,* parler avec facilité, avoir de la jasette. ⇒ **loquacité, volubilité.** *Il ne lui manque que la parole* (d'un animal considéré comme intelligent). **2.** Exercice de cette faculté, le fait de parler. *Avoir la parole facile,* être éloquent. *Adresser la parole à qqn. Prendre la parole, donner la parole à qqn. Couper la parole à qqn.* ⇒ **interrompre. 3.** Le discours réellement produit (oral ou écrit), opposé en linguistique au système de la langue. ⇒ **discours** (en linguistique). ► ***parolier, ière*** n. ■ Auteur des paroles (I, 2) d'une chanson, d'un livret d'opéra. ⇒ **librettiste.** ‹ ► porte-parole ›

paronyme [paʀɔnim] adj. et n. m. ■ Didact. Se dit de mots presque homonymes qui se ressemblent (ex. : *éminent* et *imminent*).

paroxysme [paʀɔksism] n. m. ■ Le plus haut degré (d'une sensation, d'un sentiment). ⇒ **exacerbation.** *La douleur, la jalousie atteint son paroxysme.*

parquer [paʀke] v. tr. ▪ conjug. 1. **1.** Mettre (des bestiaux, des animaux) dans un parc. **2.** Placer, enfermer (des personnes) dans un espace étroit et délimité. ⇒ **entasser. 3.** Ranger (une voiture) dans un parc de stationnement. ⇒ **garer, stationner.**

① ***parquet*** [paʀkɛ] n. m. **1.** Assemblage bien ajusté d'éléments de bois (lames, lattes) qui garnissent le sol d'une pièce. ⇒ **marqueterie, plancher.** *Un parquet de bois franc, de chêne ciré.* **2.** *Le parquet de la bourse,* l'enceinte de la bourse où les courtiers, les agents de change font leur travail. ▶ ***parqueter*** [paʀkəte] v. tr. ▪ conjug. 4. ■ Garnir d'un parquet. ▶ ***parqueterie*** n. f. ■ Fabrication, installation des parquets. ⇒ **marqueterie.** *Une entreprise spécialisée en parqueterie.*

② ***parquet*** n. m. ■ (France) Ministère public, groupe des magistrats (procureur de la République et substituts) chargés de l'ouverture et de l'accompagnement d'une instruction judiciaire. *Le parquet a fait appel.*

parrain [pa(ɑ)ʀɛ̃] n. m. **1.** Homme qui tient (ou a tenu) un enfant (son *filleul*) sur les fonts baptismaux. *Le parrain et la marraine. Mon parrain.* **2.** Homme qui préside au lancement d'un navire. **3.** Homme qui présente qqn dans un cercle, un club, pour l'y faire inscrire. **4.** Député qui présente et défend un projet de loi (devant le Parlement). ⇒ **marraine. 5.** Chef d'une organisation criminelle, spécialt la mafia. ▶ ***parrainage*** n. m. **1.** Fonction, qualité de parrain (1, 3) ou de marraine. **2.** Appui moral qu'une personnalité ou un groupe accorde à une œuvre. ⇒ **patronage.** *Comité de parrainage.* ▶ ***parrainer*** v. tr. ▪ conjug. 1. ■ Accorder son parrainage à (qqch., qqn). ⇒ **marrainer.** *Parrainer une entreprise, un club pee-wee, un projet de loi. Il m'a parrainé dans cette soirée.*

parricide [paʀisid] n. m. **1.** Meurtre du père ou de la mère. **2.** Personne qui a commis un parricide. — Adj. *Fils parricide.*

parsemer [paʀsəme] v. tr. ▪ conjug. 5. **1.** Couvrir par endroits. ⇒ **consteller, émailler, éparpiller. 2.** (Choses) Être répandu çà et là sur (qqch.). *Les fautes qui parsèment un devoir.*

part [paʀ] n. f. **I.** Ce qui, après un partage*, revient à qqn. **1.** Ce qu'une personne possède ou acquiert en propre. *Recevoir la meilleure part. À chacun sa part.* ⇒ **lot.** — AVOIR PART À : participer. *Un acte où la volonté a peu de part.* — PRENDRE PART À : jouer un rôle dans (une affaire). *Prendre part à un travail.* ⇒ **contribuer.** (Sports) *Prendre part aux éliminatoires, à la compétition.* ⇒ **participer** à. — S'associer aux sentiments d'une autre personne. *Je prends part à votre douleur.* ⇒ **compatir.** — POUR MA PART : en ce qui me concerne. **2.** FAIRE PART À DEUX : partager. Ellipt. *Part à deux !* — FAIRE PART DE *qqch.* À *qqn* : faire connaître. *Faire part d'une naissance, d'un mariage* (⇒ **faire-part**). **3.** Partie attribuée à qqn ou consacrée à tel ou tel emploi. ⇒ **portion, morceau.** *Une part de gâteau. Diviser en parts,* partager. — *Assigner à qqn une part dans un legs.* — Partie du capital d'une société, qui appartient à l'un des associés et qui lui donne des droits, des responsabilités. *Acheter des parts dans une entreprise.* ⇒ ② **action.** *Les parts sociales d'une caisse populaire.* — Ce que chacun doit donner. *Il faut que chacun paye sa part.* ⇒ **écot, quote-part. 4.** FAIRE LA PART DE : tenir compte de. *Faire la part des choses, la part du feu.* **II.** Partie. *Ils ont perdu une grande part de leur fortune.* Loc. *Pour une large part,* en grande partie. **III.** Côté. **1.** Dans des loc. DE LA PART DE : indique la personne de qui émane un ordre, une démarche. ⇒ au **nom** de. *Je viens de la part de mon mari.* — DE TOUTES PARTS ou DE TOUTE PART : de tous les côtés. — D'UNE PART... D'AUTRE PART (ou, ellipt, *de l'autre*) : pour mettre en parallèle, pour opposer deux idées ou deux faits. ⇒ **côté.** — D'AUTRE PART (en début de phrase). ⇒ d'**ailleurs,** par **ailleurs,** en **outre.** — DE PART ET D'AUTRE : des deux côtés. *On se disait, de part et d'autre, des injures grossières.* — DE PART EN PART : d'un côté à l'autre. ⇒ à **travers ;** fam. de **bord** en bord. *Traverser de part en part.* — PRENDRE EN BONNE, EN MAUVAISE PART : interpréter en bien, en mal. **2.** (Avec un adj. indéf.) NULLE PART : en aucun lieu (opposé à *quelque part*). — AUTRE PART : dans un autre lieu. ⇒ **ailleurs.** — QUELQUE PART : en un lieu indéterminé (s'oppose à *nulle part*). *Elle l'avait déjà vu quelque part.* **3.** Loc. adv. À PART : à l'écart. *Mettre qqn, qqch. à part,* écarter. *Prendre qqn à part pour lui parler.* ⇒ en **particulier, séparément.** — Loc. prép. ⇒ **excepté.** *À part elle,* ou, fam., *d'elle, nous ne connaissons personne.* — Adjectivement. À PART : qui est séparé d'un ensemble. *Occuper une place à part.* — Au théâtre. *À part,* pour soi-même, et, en fait, à l'intention du public. ⇒ en **aparté.** — À PART CELA ou, fam., (DE) ÇA : en outre, en plus (de). *À part ça, voulez-vous un dessert ?* Formule de salutation. *À part (de) ça, ça va ?* ▶ ***partage*** [paʀtaʒ] n. m. **I.** L'action de partager ou de diviser ; son résultat. **1.** Division (d'un tout) en plusieurs parts pour une distribution. *Le partage d'un domaine. Ligne de partage des eaux.* **2.** Le fait de partager (qqch. avec qqn). *Un partage équitable.* **3.** SANS PARTAGE : sans réserve. *Une amitié sans partage.* **II.** La part qui revient à qqn (dans des loc.) ; le lot, le sort de qqn. *La chance n'est pas mon partage.* — EN PARTAGE. *Donner, recevoir en partage.* ▶ ***partager*** v. tr. ▪ conjug. 3. **I. 1.** Diviser (un ensemble) en éléments qu'on peut distribuer, employer à des usages différents. ⇒ **répartir.** *Partager un domaine entre des héritiers.* ⇒ **morceler ; partage.** *Partager son temps entre plusieurs occupations.* **2.** *Partager qqch. avec qqn,* lui en donner une partie. *Elle partage son emploi avec une autre personne.* **3.** Avoir part à (qqch.) en même temps que d'autres personnes. *Partager le repas de qqn. Partager un appartement (avec qqn).* — Abstrait. Prendre part à. *Partager une responsabilité avec qqn. Les torts sont partagés.* — Au p. p. adj. *Un amour partagé,* mutuel. ⇒ **réciproque.** — *Partager l'opinion de qqn,* avoir la même opinion que lui. **4.** (Suj. chose) Diviser (un ensemble) de manière à former plusieurs parties distinctes, effectivement séparées ou non. ⇒ **couper.** *Cloison qui partage une pièce en deux.* **5.** (Suj. personne) ÊTRE PARTAGÉ (ÉE) : être divisé entre plusieurs sentiments contradictoires. ⇒ fam. **écartillé.** *Il était partagé entre l'amitié et la rancune.* — (Suj. chose) Loc. *Les avis sont partagés,* sont très divers. **II.** SE PARTAGER. v. pron. **1.** (Passif) Être partagé. *Ce gâteau ne se partage pas facilement.* **2.** (Réfl.) *Se partager entre diverses tendances. Partagez-vous en deux groupes !* **3.** (Récipr.) *Ils se sont partagé l'héritage.* ▶ ***partageur, euse*** adj. ■ Qui partage volontiers ce qu'il (elle) possède. *Cette personne n'est pas partageuse.* ‹ ▶ aparté, compartiment, ② départ, départager, département, ① départir, faire-part, impartir, parcelle, ① parti, ② parti, ③ parti, participer, particule, particulier, ① partie, ② partie, ③ partie, ② partir, partition, la plupart, quote-part, répartir, séparer ›

partance [paʀtɑ̃s] n. f. ■ EN PARTANCE : qui va partir (bateaux, grands véhicules). *Avion en partance pour,* à destination de.

① ***partant, ante*** [paʀtɑ̃, ɑ̃t] n. et adj. **1.** N. m. Personne qui part (⇒ ① **partir**). / contr. **arrivant** / **2.** (Sports) N. Personne, cheval au départ d'une course. *Les partants d'une course cycliste. Les partantes sont rendues au neuvième trou,* les golfeuses partantes. — Adj. *Gardien, lanceur partant,* qui commence un match. **3.** Adj. D'accord (pour), disposé (à). *Je ne suis pas partante pour une aventure aussi risquée.*

② ***partant*** conj. ■ Littér. Marque la conséquence. ⇒ **ainsi, donc.** *Plus d'emplois, partant moins de chômage.*

partenaire [paʀtənɛʀ] n. **1.** Personne avec qui l'on est allié contre d'autres joueurs. *Mon partenaire au tennis, au charlemagne.* / contr. **adversaire** / **2.** Personne avec qui on est lié dans une compétition. ⇒ ② **cavalier.** *Le partenaire d'une patineuse. — Des partenaires* (en amour). — Fam. Conjoint, concubin. ⇒ anglic. **chum.** *Voici ma partenaire.* ⇒ **copain ;** fam. **blonde ;** anglic. **chum. 3.** Pays associé, allié commercial. *Nos partenaires du libre-échange.* ▶ ***partenariat*** n. m. ■ Système qui associe des partenaires (aux plans social, économique, commercial). — *Le partenariat d'entreprise,* l'association des employés à la propriété et à la gestion de leur entreprise.

① ***parterre*** [paʀtɛʀ] n. m. ■ Partie d'un parc, d'un jardin d'agrément, d'un terrain privé où l'on a planté des fleurs de façon régulière. *Un parterre de bégonias.*

② ***parterre*** n. m. ■ Partie du rez-de-chaussée d'une salle de théâtre, derrière les fauteuils d'orchestre.

parthénogénèse [paʀtenɔʒenɛz] n. f. ■ Biologie. Reproduction sans mâle dans une espèce sexuée. *Les abeilles et les pucerons se reproduisent par parthénogénèse.*

① ***parti*** [paʀti] n. m. **I. 1.** Littér. Solution proposée ou choisie pour résoudre une situation. *On hésitait entre deux partis.* **2.** PRENDRE LE PARTI DE : se décider à. ⇒ **décision, résolution.** *Hésiter sur le parti à prendre.* — PRENDRE PARTI : choisir, prendre position. *Elle ne veut pas prendre parti.* — PRENDRE SON PARTI : se déterminer. *Prendre son parti de qqch., en prendre son parti,* s'y résigner, s'en accommoder. — PARTI PRIS : opinion préconçue, choix arbitraire. ⇒ **préjugé, prévention.** / contr. **objectivité** / *Des partis pris. Juger sans parti pris. Être de parti pris,* partial. **II.** Loc. TIRER PARTI DE : exploiter, utiliser. ⇒ **profiter.** *Vous avez su tirer parti de cette situation difficile.* ‹ ▶ partial ›

② ***parti*** n. m. **1.** Groupe de personnes défendant la même opinion. ⇒ **camp.** *Avoir le même parti que qqn, se ranger du parti de qqn,* défendre la même opinion. ⇒ **partisan. 2.** Plus cour. Organisation dont les membres mènent une action commune à des fins politiques. ⇒ **formation, mouvement, rassemblement, union.** *Être inscrit à un parti. Militant, membre d'un parti. Un parti fédéral, provincial.* ⇒ **conservateur, créditiste,** ① **libéral, néo-démocrate, péquiste.** *Les partis politiques américains* ⇒ **démocrate, républicain,** *anglais* ⇒ **conservateur, travailliste.** *Avoir sa carte du parti. Le Parti socialiste français. Un parti municipal.* ‹ ▶ bipartite, partisan, quadriparti, quadripartite, triparti ›

③ ***parti*** n. m. ■ Personne à marier, considérée du point de vue de la situation sociale. *Trouver, épouser un bon, un beau parti.*

④ ***parti, ie*** adj. (p. p. de *partir* , I, 7). ■ Fam. Ivre. ⇒ **éméché,** ① **gai, soûl ;** fam. **beurré, paf, paqueté.** *Après l'apéritif, ils étaients déjà un peu partis.*

partial, ale, aux [paʀsjal, o] adj. ■ Qui prend parti pour ou contre qqn ou qqch., sans souci de justice ni de vérité, avec parti pris. / contr. **impartial** / *Un juge ne doit pas être partial.* ▶ ***partialement*** adv. ▶ ***partialité*** [paʀsjalite] n. f. ■ Attitude partiale. / contr. **impartialité** / *Partialité en faveur de qqn* (favoritisme), *contre qqn* (parti pris). ‹ ▶ impartial, impartialité ›

participe [paʀtisip] n. m. ■ Forme dérivée du verbe (mode impersonnel, opposé à *personnel*), qui « participe » à la fois de l'adjectif et du verbe. *Participe présent à valeur verbale* (ex. : *étant* de *être*), à valeur d'adjectif (*brillantes* de *briller*). *Participe passé à valeur verbale* (ex. : *fait* de *faire*), à valeur d'adjectif (ex. : *fardées* de *farder*). ▶ ***participial, iale, iaux*** adj. ■ Grammaire. *Proposition participiale,* proposition ayant son sujet propre, et son verbe au participe présent ou passé (ex. : *Une fois le patron arrivé...*).

participer [paʀtisipe] v. tr. ind. ▪ conjug. 1. **I.** PARTICIPER À. **1.** Prendre part à (qqch.). *Participer à un jeu.* ⇒ **participant.** *Participer à un travail.* ⇒ **collaborer, contribuer, coopérer.** (Sports) *Participer à une course, aux Olympiques, aux séries de fin de saison. Participer au chagrin d'un ami,* s'y associer par amitié. ⇒ **partager. 2.** Payer une part de. *Tous les convives participent aux frais.* **3.** Avoir part à qqch. *Associés qui participent aux bénéfices.* **II.** Littér. (Suj. chose) PARTICIPER DE... : tenir de la nature de. *Cette fête participe des plus anciennes traditions populaires.* ▶ ***participant, ante*** adj. et n. ■ Qui participe à (qqch.). — N. *Liste des participants à une compétition.* ⇒ **candidat, concurrent.** — *Les participants d'une association.* ⇒ **adhérent, membre.** *Les participants à un régime de retraite.* ▶ ***participatif, ive*** adj. ■ Qui concerne la participation à la vie ou aux bénéfices d'une entreprise. ▶ ***participation*** n. f. **1.** Action de participer à qqch. ; son résultat. / contr. **abstention** / *Cet acteur promet sa participation au gala.* ⇒ **collaboration.** *Participation aux frais.* ⇒ **contribution. 2.** Action de participer à un profit ; son résultat. *Participation aux bénéfices.* **3.** Droit de regard et de libre discussion dans une communauté. *La participation des élèves à la vie du collège. La participation au vote fut élevée.*

particulariser [paʀtikylaʀize] v. tr. ▪ conjug. 1. ■ Différencier par des traits particuliers. ⇒ **individualiser.** / contr. **généraliser** / — SE PARTICULARISER v. pron. réfl. : se singulariser. ▶ ***particularisme*** n. m. ■ Attitude d'une communauté qui veut conserver, à l'intérieur d'un État ou d'une fédération, ses usages particuliers, son autonomie. *Le particularisme des Amérindiens.* ▶ ***particulariste*** n. ■ ⇒ **autonomiste.** ▶ ***particularité*** n. f. ■ Caractère particulier à qqn, qqch. ⇒ **caractéristique.** *Le requin offre, a, présente la particularité d'être vivipare.*

particule [paʀtikyl] n. f. **1.** Très petite partie, infime quantité (d'un corps). — Les constituants de l'atome. ⇒ **corpuscule.** *Le neutron, le photon sont des particules élémentaires (de la matière). Particules radioactives.* **2.** *Particule nobiliaire* ou *particule,* préposition « de » précédant un nom de famille (⇒ **de**). *Un nom à particule ne signifie pas qu'on soit nécessairement d'origine noble.*

particulier, ière [paʀtikylje, jɛʀ] adj. et n. **I.** Adj. **1.** Qui appartient en propre (à qqn, qqch. ou à une catégorie de personnes, de choses). ⇒ **personnel.** / contr. **courant** / — PARTICULIER À. ⇒ **propre** à. *L'insouciance qui lui est particulière.* **2.** Qui ne concerne qu'un individu (ou un petit groupe) et lui appartient. ⇒ **individuel,** ① **personnel.** / contr. **collectif, commun** / *Des leçons particulières. Une voiture particulière* (opposé à *de fonction, officielle,* à *véhicule collectif*). *C'est un cas particulier.* Loc. *À titre particulier.* — EN PARTICULIER loc. adv. : sans être entendu d'autres personnes. *Je voudrais vous parler en (dans le) particulier,* seul à seul. **3.** Qui présente des caractères hors du commun. *Un être doué de qualités particulières.* ⇒ **remarquable, spécial.** *J'ai pour vous une affection toute particulière. Des amitiés particulières* (homosexuelles). — EN PARTICULIER : spécialement, surtout. *Une élève très douée, en particulier pour les mathématiques.* **4.** Qui concerne un cas précis. / contr. ① **général** / *Sur ce point particulier. Je ne veux rien de particulier.* ⇒ **spécial.** — N. m. *Aller du général au particulier.* — EN PARTICULIER : d'un point de vue particulier. *Je ne veux rien en particulier.* / contr. en ① **général** / **II.** N. Personne privée, simple citoyen. *De simples particuliers.* — Fam. et péj. Individu. *Tu le connais toi, ce particulier ?* ▶ ***particulièrement*** adv. **1.** D'une manière particulière (3). ⇒ **surtout.** *Elle* *aime tous les arts, particulièrement la peinture.* **2.** D'une façon spéciale, différente. ⇒ **spécialement.** *J'attire tout particulièrement votre attention sur ce point. « Vous aimez cela ? – Pas particulièrement. »* **3.** D'une manière intime, privée. ⇒ **intimement, personnellement.** *Nous ne nous connaissons pas particulièrement.* ‹ ▸ particulariser ›

① ***partie*** [paʀti] n. f. **1.** Élément d'un tout, unité séparée ou abstraite (d'un ensemble). ⇒ **morceau, parcelle, part, portion.** / contr. **ensemble,** ② **tout** / *Un objet fait de plusieurs parties. Voilà une partie de la somme. Roman en deux parties.* ⇒ **épisode.** — Loc. *Une petite, une grande partie de,* un peu, beaucoup. *La majeure partie.* ⇒ la **plupart.** *Il passe la plus grande partie de son temps à la campagne.* — Loc. EN PARTIE. ⇒ **partiellement.** *Une ville en partie détruite. Tu as en partie raison.* **2.** FAIRE PARTIE DE : être du nombre de, compter parmi. ⇒ **appartenir.** *Tu fais partie de ma famille. Cela ne fait pas partie de mes attributions.* **3.** Élément constitutif (d'un être vivant). *Les parties du corps.* — Au plur. Fam. *Les parties,* ellipt pour *parties sexuelles masculines.* ⇒ **bas-ventre, organe(s).** *J'ai reçu un coup dans les parties.* **4.** Avec un possessif. Domaine d'activités. *Elle est très forte dans sa partie.* ⇒ **branche, métier, spécialité.** ▸ ***partiel, elle*** [paʀsjɛl] adj. et n. ■ Qui n'existe qu'en partie, ne concerne qu'une partie. / contr. ① **complet,** ① **général** / *Examen partiel* ou, n. m., *un partiel. Élections partielles* ou, n. f., *des partielles* (opposé à *élections générales*), qui ne portent que sur un ou quelques sièges à combler. ⇒ fam. **complémentaire.** — *Un dentier partiel* ou, n. m., *un partiel.* ⇒ ① **pont.** ▸ ***partiellement*** adv. ■ *Il n'a été que partiellement remboursé.* / contr. **entièrement** / ‹ ▸ contrepartie ›

② ***partie*** n. f. **1.** Personne qui participe à un acte juridique, est engagée dans un procès. ⇒ **plaideur.** *La partie adverse.* — Loc. *Être juge et partie,* avoir à juger une affaire où l'on est personnellement intéressé (⇒ **partial**). **2.** Loc. PRENDRE *qqn* À PARTIE : s'en prendre à qqn, l'attaquer. *Cessez de me prendre à partie !* **3.** Adversaire. — Loc. *Avoir affaire à forte partie,* à un adversaire redoutable.

③ ***partie*** n. f. **1.** Durée (d'un jeu) à l'issue de laquelle sont désignés gagnants et perdants. *La partie, la revanche et la belle. Faire une partie de cartes. Une partie de football.* ⇒ **joute, match, rencontre.** *Gagner, perdre la partie.* — Lutte, combat. *La partie a été rude. J'abandonne la partie.* **2.** Divertissement organisé à plusieurs. *Une partie de chasse. Partie de plaisir.* ⇒ anglic. **party.** *Une partie de sucre*. Une partie d'huîtres.* — Loc. *Se mettre, être de la partie. Ce n'est que partie remise, nous nous retrouverons.*

① ***partir*** [paʀtiʀ] v. ▪ conjug. 16. **I.** V. intr. **1.** Se mettre en mouvement pour quitter un lieu ; s'éloigner. ⇒ s'en **aller,** se **retirer.** / contr. **arriver** / *Partir de chez soi. Partir en hâte.* ⇒ s'**enfuir,** se **sauver.** *Partir en (comme une) flèche,* très vite. *Partir sans laisser d'adresse. Partir à pied.* — PARTIR POUR. *Partir pour la chasse. Partir pour Londres.* — Fig. *Partir pour la gloire,* se laisser emporter par son enthousiasme. — PARTIR À. *Partir à la guerre. Partir à Paris.* — PARTIR EN. *Ils sont partis en Chine, en fin de semaine, en vacances à la campagne.* — PARTIR (+ infinitif). *Il est parti dîner.* ⇒ **sortir.** — PARTIR À (+ infinitif) : commencer à. *Elle est partie à courir.* — Au passif. *Être parti à placoter, à jaser.* — (Choses) Être dirigé vers le destinataire. *Ma lettre est partie hier.* **2.** Passer de l'immobilité à un mouvement rapide. / contr. **rester** / *« À vos marques ! Prêts ? Partez ! ».* ⇒ anglic. ③ **go.** *La voiture ne veut pas partir.* ⇒ **démarrer.** **3.** (Choses) Se mettre à progresser, à marcher. *L'affaire est bien, mal partie.* ⇒ **commencer, démarrer.** *C'est assez mal parti.* ⇒ **engagé.** **4.** (Projectiles) Être lancé, commencer sa trajectoire. *Le coup n'est pas parti.* **5.** Fam. Commencer (à faire qqch.). ⇒ se **mettre.** *Il est parti pour parler au moins un quart d'heure.* **6.** (Choses) Disparaître. *La tache est partie.* — Se désagréger. *Ce meuble part par tous les bouts.* — S'épuiser. *Tout son argent part dans les, en disques.* **7.** Mourir. *Il y a un an que mon père est parti.* — Perdre conscience (⇒ ④ **parti**). **II.** PARTIR DE. **1.** Venir, provenir (d'une origine). *L'avion est parti de Londres.* **2.** Avoir son principe dans. *Mot qui part du cœur.* **3.** Commencer un raisonnement, une opération. *En partant de ce principe* (⇒ ② **partant**). **4.** À PARTIR DE : en prenant pour point de départ dans le temps. ⇒ **de, depuis, dès.** *À partir d'aujourd'hui,* désormais. **III.** V. tr. (Suj. personne) Fam. **1.** Faire démarrer (un moteur). *Partir son auto, le lave-vaisselle.* **2.** Commencer, entreprendre. *Partir une collection de cartes de hockey.* — Pronominalement. *Se partir une collection de B.D.* **3.** S'établir à son compte. ⇒ **fonder.** *Partir* ou, pronominalement, *se partir une galerie d'art.* — *Partir une enquête, une mode,* en être l'initiateur, le promoteur. ⇒ **lancer.** — REM. Ces emplois (III) sont critiqués. ‹ ▸ ① départ, partance, ① partant, ④ parti, ① repartir ›

② ***partir*** ■ Ancien verbe signifiant « partager ». AVOIR MAILLE À PARTIR. ⇒ ② **maille.** ‹ ▸ impartir, partage, ①, ②, ③ partie, répartir ›

partisan, ane [paʀtizɑ̃, an] n. et adj. **1.** N. Personne qui prend parti pour une doctrine. ⇒ **adepte, défenseur.** / contr. **adversaire, détracteur** / *Les partisanes du féminisme.* — Adj. *Ils sont partisans d'accepter. Elle n'en est pas partisane.* — REM. Il existe un féminin fam., *partisante.* **2.** (Sports) Personne qui manifeste, donne son appui à (un sportif, une équipe). ⇒ **fanatique, fervent, supporteur ;** fam. **fan.** *Les partisans du club local.* **3.** N. m. Soldat de troupes irrégulières, qui se battent en territoire occupé. ⇒ **franc-tireur.** *Guerre de partisans.* ⇒ **guérilla.** **4.** Adj. Qui témoigne d'un parti pris, d'une opinion préconçue. ⇒ **chauvin.** *Les haines partisanes.* ▸ ***partisanerie*** n. f. ■ Esprit de parti ⇒ **chauvinisme** ; action, attitude partisane ⇒ **fanatisme.** / contr. **impartialité** / *Faire preuve de partisannerie. Analyser la situation sans partisannerie.*

partitif [paʀtitif] adj. ■ Grammaire. ARTICLE PARTITIF : qui détermine une partie non mesurable (ex. : *manger du pain, boire de l'eau*).

partition [paʀtisjɔ̃] n. f. ■ Notation d'une composition musicale. *Partition de piano. Jouer sans partition,* de mémoire. ⇒ à l'**oreille** (I, 2).

partouse ou ***partouze*** [paʀtuz] n. f. ■ Fam. Partie de débauche sexuelle à plus de deux personnes. *Faire, organiser, participer à une partouse.*

partout [paʀtu] adv. ■ En tous lieux ; en de nombreux endroits. *On ne peut être partout à la fois. Il souffre de partout.* / contr. nulle **part** / ‹ ▸ passe-partout ›

parturition [paʀtyʀisjɔ̃] n. f. ■ Médecine. Accouchement. ⇒ **enfantement.** ▸ ***parturiente*** n. f. ■ Vieilli. Femme qui accouche, qui est en couches.

party [paʀte] n. m. ■ Anglic. Réunion de divertissement organisée à plusieurs personnes pour elles-mêmes. ⇒ ③ **partie ;** fam. **pow-wow.** *Aller à un party. Un party d'étudiants, de famille. Le party de Noël, de bureau. Un party de gars, de filles. Assister à un party de bière, de hot-dogs, d'huîtres.* — Loc. *Faire, organiser un party. Avoir un party,* être invité à. *Avoir tout un party,* beaucoup de plaisir. ⇒ anglic. **fun.** *Être sur le party.* ⇒ **fêter ;** fam. **foirer.**

paru, ue Part. passé du v. *paraître.*

paruline [parylin] n. f. ■ Nom scientifique de la fauvette d'Amérique.

parure [paryr] n. f. (⇒ **parer**) **1.** L'ensemble des vêtements, des ornements, des bijoux d'une personne en grande toilette. **2.** Ensemble de bijoux assortis (boucles, collier, broche...). *Une parure de diamants.* **3.** Ensemble assorti de pièces de linge.

parution [parysjõ] n. f. ■ Moment de la publication (article, livre, disque...). *Dès sa parution, ce roman a eu beaucoup de succès* (⇒ **paraître, sortir**).

parvenir [parvəniʀ] v. tr. ind. ■ conjug. 22. PARVENIR À. **1.** Arriver (en un point déterminé), dans un déplacement. ⇒ **atteindre.** *Après deux heures de marche, nous sommes parvenus à la ferme.* **2.** (Choses) Arriver à destination. ⇒ **arriver.** *Ma lettre vous est-elle parvenue ?* — Se propager à travers l'espace (jusqu'à un lieu donné, jusqu'à quelqu'un). *Le bruit de la rue lui parvenait à peine.* **3.** (Personnes) Réussir à obtenir, en s'efforçant (un résultat qu'on se proposait). ⇒ **accéder** à. *Il est enfin parvenu à ses fins, à ce qu'il voulait. Parvenir à* (+ infinitif). *Je ne parviens pas à la voir. Je ne parviens pas à les convaincre.* **4.** Atteindre naturellement. *Parvenir à un âge avancé.* ▶ ***parvenu, ue*** n. ■ Péj. Personne qui s'est élevée à une condition supérieure sans en acquérir les manières. ⇒ nouveau **riche ;** fam. **quétaine ;** péj. **chromé.**

parvis [parvi] n. m. invar. ■ Place située devant la façade (d'une église, d'une cathédrale). *Le parvis de la basilique Sainte-Anne-de-Beaupré.* — Esplanade, dans certains ensembles architecturaux modernes.

① ***pas*** [pɑ] n. m. invar. **I.** UN, DES PAS. **1.** Action de faire passer l'appui du corps d'un pied à l'autre, dans la marche. *Faire un pas, un pas en avant. Un enfant qui fait ses premiers pas. Avancer à grands pas.* ⇒ **enjambée.** — Loc. *Approcher à pas de loup,* silencieusement. ⇒ **furtivement.** — *À chaque pas,* à chaque instant. — PAS À PAS [pɑzapɑ] : lentement, avec précaution. — *Faire les* CENT PAS : attendre en marchant de long en large. — *Salle des pas perdus.* — Loc. *Revenir* SUR SES PAS : en arrière. **2.** FAUX PAS : pas où l'appui du pied manque ; fait de trébucher. ⇒ **glisser.** — Fig. Écart de conduite. ⇒ ② **faute. 3.** Trace laissée par un pied humain. *Des pas dans la neige.* **4.** Longueur d'un pas. *C'est à deux pas d'ici,* tout près. ⇒ **proximité. 5.** Fig. Chaque élément, chaque temps d'une progression, d'une marche. ⇒ **étape.** *Les discussions ont fait un pas en avant.* Loc. *Faire les premiers pas,* prendre l'initiative. ⇒ **avance(s).** — PROV. *Il n'y a que le premier pas qui coûte,* tout sera facile après. **II. 1.** LE PAS : la façon de marcher. ⇒ **allure, démarche.** *Allonger, ralentir le pas.* — Loc. *J'y vais de ce pas,* sans plus attendre. AU PAS. *Aller, avancer au pas,* à l'allure du pas normal. *Au pas de gymnastique, au pas de course,* rapidement. ⇒ au **galop,** au **trot.** — Façon réglementaire de marcher dans l'armée. *Marcher au pas.* — Loc. *Mettre qqn au pas,* le forcer à obéir. **2.** *Le pas, un pas,* ensemble des pas d'une danse. *Esquisser un pas de tango.* — PAS DE DEUX : partie d'un ballet dansée par deux danseurs. **3.** Allure, marche (d'un animal). **III.** (Au sens de *passage*) **1.** Loc. *Prendre le pas sur qqn,* le précéder. *Céder le pas à qqn,* le laisser passer devant. **2.** Lieu que l'on doit passer, passage. ⇒ ③ **col.** *Franchir le pas.* — Dans des noms géographiques. Détroit. *Le pas de Calais, en France.* **3.** Loc. *Se tirer, sortir d'un* MAUVAIS PAS : d'une situation périlleuse, grave. **4.** LE PAS DE LA PORTE : le seuil. **5.** Tours d'une rainure en spirale. *Un pas de vis.* ⇒ ② **filet.**

② ***pas*** adv. de nég. **I.** NE... PAS, NE PAS (négation du verbe). ⇒ **point.** *Je ne parle pas. Je ne vous ai pas vu.* — (+ infinitif) *Elle espère ne pas le rencontrer.* — (Avec d'autres adv.) *Il n'est pas encore arrivé. Ce n'est pas tellement difficile.* — Loc. *Ce n'est pas que* (+ subjonctif ; pour introduire une restriction). *Ce n'est pas que j'aie peur, mais...* **II.** PAS (phrases non verbales). **1.** Ellipt. (Réponses, exclamations) *Non pas. Pas de chance ! Pourquoi pas ? Ils viennent ou pas ?* ⇒ **non.** *« Vous avez aimé ? – Moi pas. »* — PAS UN (⇒ **aucun,** ① **nul**). *Il est paresseux comme pas un,* plus que tout autre. **2.** (Devant un adj., un nom ou un participe) *Une femme pas sérieuse. C'est un pas grand-chose,* une personne ordinaire, quelconque. — Fam. *J'arrive dans pas grand temps.* ⇒ **bientôt. III.** PAS (employé sans NE). Fam. (parlé) *Pleure pas ! On sait pas. On ose pas. Je veux pas !* ‹ ▶ n'est-ce pas, pantoute ›

① ***pascal, ale, als*** ou ***aux*** [paskal, o] adj. ■ Relatif à la fête de Pâques des chrétiens. *Communion pascale.*

② ***pascal, als*** n. m. ■ Informatique. Langage de programmation pour applications scientifiques. *Des pascals.*

③ ***pascal, als*** n. m. ■ Unité de pression (symb. *Pa*) correspondant à une force de 1 newton exercée sur 1 m². *1 000 pascals font un kilopascal.* ‹ ▶ kilopascal ›

paso doble [pasodɔbl] n. m. invar. ■ Danse sur une musique de caractère espagnol du type de la fanfare, à rythme rapide. *Des paso doble.*

passable [pɑsabl] adj. **1.** Qui peut passer, est d'une qualité suffisante sans être très bon, très beau (un peu au-dessus de *médiocre*). ⇒ **acceptable, convenable, moyen.** *Un travail à peine passable.* ≠ *nul, mauvais ; bon, excellent.* **2.** Praticable, où l'on peut passer. *Le chemin est-il passable ?* ▶ ***passablement*** adv. **1.** Pas trop mal. *Il sait passablement ses règles.* ⇒ **correctement. 2.** Plus qu'un peu, assez. ⇒ pas **mal.** *Elle a passablement voyagé.*

passade [pɑsad] n. f. ■ Goût passager, qui passe vite. ⇒ **caprice.** *C'est une simple passade,* ça lui passera. *Une passade amoureuse.* ⇒ **aventure, liaison.**

passage [pɑsaʒ] n. m. **I.** Action, fait de passer. **1.** (En traversant un lieu, en passant par un endroit) *Passage interdit. Les heures de passage des autobus.* — AU PASSAGE : au moment où qqn ou qqch. passe à un endroit. — Fig. *Il faut saisir les occasions au passage.* — DE PASSAGE : qui ne fait que passer, ne reste pas longtemps. *Un étranger de passage au Québec.* **2.** Traversée sur un navire. *Payer le passage.* — *Je vais payer ton passage,* ton billet (d'autobus, de train...). **3.** Le fait (pour un élève) de passer d'une classe à la classe supérieure, d'un ordre d'enseignement au suivant. — EXAMEN DE PASSAGE : examen que subissent les élèves, pour monter d'une classe dans une autre ou pour attester de la réussite d'une matière. — *La note de passage est fixée à soixante pour cent.* **4.** Le fait de passer d'un état à un autre. *Le passage de la joie à l'abattement.* — Psychologie. PASSAGE À L'ACTE : déclenchement d'une action (généralement violente). **II. 1.** Endroit par où l'on passe. *Il se frayait un passage parmi les broussailles. Je vais te montrer le passage. La côte du Passage, à Lévis.* — SUR LE PASSAGE DE : sur le chemin de qqn. *L'ennemi semait la terreur sur son passage.* **2.** Pièce longue et étroite, permettant d'aller d'une pièce à l'autre, sur un même étage. ⇒ **corridor, couloir.** *Allumer la lumière du passage. Nettoyer le tapis du passsage.* **3.** Petite voie, généralement couverte, permettant de passer d'une rue à l'autre. *On peut prendre le passage (couvert) pour rejoindre cette rue.* — *Un passage pour piétons.* **4.** PASSAGE À NIVEAU : croisement sur le même plan d'une voie ferrée et d'une route. — PASSAGE SOUTERRAIN : tunnel sous une voie de communication.

PASSAGE CLOUTÉ : passage limité sur la chaussée (autrefois, en France, par des clous, puis par des bandes blanches), où doivent traverser les piétons. **III.** Fragment d'une œuvre. ⇒ **extrait, morceau.** *Elle relisait ses passages préférés.* ‹ ▶ ① passager, ② passager ›

① ***passager, ère*** [pɑ(a)saʒe, ɛʀ] n. ■ Personne transportée à bord d'un navire ou d'un avion et qui ne fait pas partie de l'équipage. *Les passagers d'une voiture, d'un autobus, d'un train* (⇒ **voyageur**).

② ***passager, ère*** adj. ■ Dont la durée est brève. ⇒ ① **court, éphémère.** / contr. **durable** / *Un bonheur passager.* ⇒ **fugace, fugitif.** ▶ ***passagèrement*** adv. ■ Pour peu de temps seulement.

① ***passant, ante*** [pasɑ̃, ɑ̃t] adj. ■ Où il passe beaucoup de gens, de véhicules. ⇒ **fréquenté.** *Une rue passante. Chemin pas très passant.*

② ***passant, ante*** n. ■ Personne qui passe dans un lieu, dans une rue. ⇒ **promeneur.** *Le camelot interpellait les passants.*

③ ***passant*** n. m. ■ Anneau ou cordonnet de tissu ou de cuir cousu à un vêtement ou à une boucle et qui sert à tenir une ceinture en place. ⇒ **ganse.** *Les passants d'une jupe, d'un jean.*

passation [pɑ(a)sasjɔ̃] n. f. **1.** Droit. Action de passer (un acte). ⇒ ② **passer** (II, 9). *La passation d'un contrat.* **2.** *Passation de pouvoirs, des pouvoirs,* action de passer les pouvoirs à un autre, à d'autres. ⇒ **transmission.**

passe [pɑs] n. f. **I.** Action de passer (dans quelques sens). **1.** Action d'avancer sur l'adversaire, en escrime. **2.** Fig. PASSE D'ARMES : échange d'arguments, de répliques vives. — Fig. Loc. fam. *Faire une passe à qqn,* le tromper, le duper. ⇒ **passe-passe. 3.** MOT DE PASSE : formule convenue qui permet de passer librement. **4.** MAISON DE PASSE : de prostitution. **5.** *Passes magnétiques,* mouvements des mains de l'hypnotiseur pour endormir son sujet. **6.** (Sports) Action de passer (la rondelle, le ballon...) à un coéquipier. *Faire, recevoir une passe. Une passe avant, arrière ; une passe latérale.* Football. *Un receveur de passes.* Hockey. *Obtenir une passe sur un but.* ⇒ ① **aide,** ② **assistance. 7.** Laissez-passer, carte d'abonnement. ⇒ **coupon.** *Des passes d'autobus. Une passe de compagnie,* un permis de circulation gratuite. **II.** Endroit où l'on passe. ⇒ **passage** (II). — Passage naturel, court et étroit, entre des terres, des hauts-fonds. ⇒ **canal, chenal.** — *Une passe migratoire.* — En montagne. ⇒ ③ **col. III.** Fam. Moustiquaire. *Remplacer les châssis doubles par les passes.* **IV.** Loc. **1.** ÊTRE EN PASSE DE : en position, sur le point de. *Nous ne sommes pas encore riches, mais nous sommes en passe de l'être.* **2.** ÊTRE DANS UNE BONNE, UNE MAUVAISE PASSE : dans une période de chance, de bonheur ; dans une période d'ennuis. **3.** *Faire la passe,* avoir un emploi très rémunérateur, gagner beaucoup d'argent. ⇒ fam. **motton,** ① **palette, piastre.** *Des restaurateurs qui font la passe. Elle a fait une passe en vendant sa maison,* elle a réalisé un bon profit.

① ***passé*** [pase] n. m. **I. 1.** Ce qui a été, précédant un moment donné, ce qui s'est passé. / contr. **avenir, futur** / *Avoir le culte du passé,* être conservateur, traditionaliste. *Oublions le passé.* Fam. *Tout ça, c'est du passé.* **2.** Vie passée, considérée comme un ensemble de souvenirs. *Elle revenait sans cesse sur son passé.* **II.** (Opposé à *futur* ou à *présent*) **1.** Partie du temps, cadre où chaque chose passée aurait sa place. *Le passé, le présent et l'avenir. Le passé le plus reculé.* — PAR LE PASSÉ : autrefois. ⇒ **anciennement, jadis. 2.** Temps révolu où se situe l'action ou l'état exprimé par le verbe ; formes de ce verbe (⇒ **imparfait**). *Le passé simple* (ex. : *je vins*), *composé* (ex. : *je suis venu*), *récent* (ex. : *je viens d'arriver*). *Le futur du passé* (ex. : *je viendrais*). ⇒ **conditionnel.**

② ***passé*** prép. ■ Après, au-delà, dans l'espace ou le temps. / contr. ① **avant** / *Passé huit heures du soir, les rues sont désertes.*

③ ***passé, ée*** adj. **1.** Qui n'est plus, est écoulé. *Le temps passé. Il est huit heures passées,* plus de huit heures. **2.** Éteint, fané. *Des couleurs passées.*

passe-droit [pasdʀwa] n. m. ■ Faveur accordée contre le règlement. *Profiter de nombreux passe-droits.*

passe-lacet [pɑslasɛ] n. m. ■ Grosse aiguille servant à introduire un lacet dans un œillet, une coulisse. *Des passe-lacets.*

passementerie [pɑ(a)smɑ̃tʀi] n. f. **1.** Ensemble des ouvrages de fil destinés à l'ornement, en couture ou en décoration. **2.** Commerce, industrie des ouvrages de passementerie. *Passementerie militaire.*

passe-montagne [pɑsmɔ̃taɲ] n. m. ■ Chaud bonnet de tricot ne laissant qu'une partie du visage à découvert. *Des passe-montagnes.*

passe-partout [pɑspaʀtu] n. m. invar. **1.** Clé servant à ouvrir plusieurs serrures. ⇒ ① **crochet.** *Des passe-partout.* — Abrév. *Un passe ; des passes.* — En appos. Invar. Qui convient partout. *Une tenue passe-partout.* **2.** Petite scie à lame mince et étroite, utilisée pour le découpage. — En appos. *Des scies passe-partout.* **3.** Cadre en carton souple ou rigide, sans fond ou à fond amovible, dans lequel on place des œuvres sur papier (gravures, dessins, photos...).

passe-passe [pɑspɑs] n. m. invar. ■ TOUR DE PASSE-PASSE : tour d'adresse des prestidigitateurs. — Fig. Tromperie habile. ⇒ **passe.** *Des tours de passe-passe.*

passe-plat [pɑsplɑ] n. m. ■ Guichet pour passer les plats, les assiettes. *Des passe-plats.* ≠ *monte-plats.*

passepoil [pɑspwal] n. m. ■ Liséré, bordure de tissu formant un bourrelet entre deux pièces cousues.

passeport [pɑspɔʀ] n. m. ■ Pièce certifiant l'identité et la citoyenneté, délivrée par un pays à une personne pour lui permettre de se rendre à l'étranger. *Faire renouveler son passeport, faire mettre un visa sur son passeport. Un passeport diplomatique.*

① ***passer*** [pase] v. intr. ▪ conjug. 1. — REM. Avec l'auxiliaire *avoir* ou plus cour. *être.* **I.** Se déplacer de manière continue dans l'espace. / contr. s'**arrêter, rester** / **1.** Sans compl. (Suj. chose) Progresser, continuer d'avancer (dans un endroit interdit, dangereux). ⇒ **franchir.** *Halte, on ne passe pas ! Ils ne laissent passer personne. Laissez passer !* ⇒ faire **place ; laissez-passer.** *Elle a réussi à passer.* — (Suj. chose) Traverser. *Les volets laissent passer le jour. Le café est en train de passer.* — (Aliments) Être digéré. *Mon déjeuner ne passe pas, passe de travers.* — Loc. fam. *Le, la* SENTIR PASSER : subir qqch. de pénible. *On lui a ouvert son abcès, il l'a senti passer !,* il a beaucoup souffert. **2.** Sans prép. de lieu. Être en mouvement. ⇒ ① **repasser.** *Je passe ici souvent. Elle passera dans une heure. Le train va passer. La voiture passe à cent à l'heure. Il vient de passer, il est passé.* — PROV. *Les chiens aboient, la caravane passe.* — *Je ne fais que passer.* ⇒ **faire.** — EN PASSANT : au passage. *Je viendrai vous voir en passant.* Au passage, entre parenthèses. *Vous remarquerez en passant la beauté de ce tableau. Soit dit en passant,* par parenthèse. **3.** Transitivement. *Passer son chemin.* ⇒ **chemin. 4.** Avec prép. de lieu. PASSER À : atteindre un lieu en passant. *Elle est passée à la maison. Le Saguenay passe à Chicoutimi.* — PASSER DANS. *Passer dans la rue, dans le couloir.* — PASSER À CÔTÉ DE, PRÈS DE, LE LONG DE. *Passer à côté (près) d'un ami. Passer à côté (tout près) de la fortune.* ⇒ **frôler.** *Passer à côté du bonheur.* ⇒ **rater.** *La route passe le long du canal.* ⇒ **longer.** — PASSER À TRAVERS..., AU TRAVERS (DE) : traverser. *Le jour passe à travers les volets. Passer à travers bois.* ⇒ **couper, prendre.** *Il est passé au travers des pires difficultés,* les a évitées, y a échappé. ⇒ se **tirer** de. — PASSER AVANT, APRÈS : précéder, suivre (dans le temps). *Passer avant qqn. « Passez donc ! — Après vous ! »* — Abstrait. *Passer avant, après qqch., qqn,* être plus, moins important. *Sa mère passe avant sa femme. Pour lui, le sport passe avant tout.* ⇒ **surpasser.** *Les études passent après le sport.* — PASSER DEVANT, DERRIÈRE *qqch. Je suis passé devant, derrière la fenêtre.* — PASSER DEVANT, DERRIÈRE *qqn* : précéder, suivre (dans l'espace). *Je passe devant pour vous montrer le chemin. Passer devant tout le monde.* ⇒ **dépasser.** — PASSER ENTRE (deux personnes, deux choses) : se **faufiler.** PASSER OUTRE. ⇒ **outre ; outrepasser.** — PASSER PAR : traverser (un lieu) au cours d'un trajet. *Qui est passé par là ? Il s'est blessé en passant par la fenêtre. Elle est passée par Batiscan en revenant de Montréal.* — *Passer par les maisons,* faire du porte-à-porte. ⇒ **via.** — Effectuer une étape. *Elle est passée par une université américaine,* elle y a fait des études. — Loc. *Une idée m'est passée par la tête,* m'a traversé l'esprit. — Utiliser comme intermédiaire. *Pour la voir, il faut passer par son secrétaire.* — Subir qqch. *Je suis passé par là, moi aussi,* j'ai eu les mêmes difficultés. — PASSER PROCHE : faillir. ⇒ **frôler.** *Passer proche de mourir,* être près de la mort. — Y PASSER : passer par là, subir nécessairement. *La grippe est terrible, cette année, toute la famille y est passée,* l'a attrapée. Fam. Mourir. ⇒ ① **partir.** *Nous allons tous y passer.* — PASSER SOUS, DESSOUS. *Passer sous un porche, sous le fleuve.* Par ext. *Passer sous une voiture,* être écrasé. *Passer sous le (au) bistouri,* être opéré. *Passer sous (en dessous de) la table,* sauter un repas. Loc. fam. *L'affaire lui est passée sous le nez,* il l'a manquée. — PASSER SUR, DESSUS. *Passer sur un pont.* Impers. *Il passe peu de voitures sur cette route.* ⇒ **circuler, rouler.** Loc. *Passer sur le corps, sur le ventre de qqn,* lui nuire sans aucun scrupule pour parvenir à ses fins. — Ne pas s'attarder (sur un sujet), s'abstenir d'en parler. ⇒ **effleurer, glisser.** *Passons rapidement sur les détails !* Ellipt. *Passons !* — Pardonner, tolérer. *Je passe sur cette incartade.* — Variante transitive. ⇒ ② **passer** (I, 6). **5.** Loc. *Passer inaperçu,* être, rester inaperçu. **6.** Enregistrements. Être diffusé. *Ce film passe ce soir à la télévision. As-tu entendu la publicité qui passe à la radio ?* **7.** (Suj. personne) Être accepté, admis. *Elle passe en cinquième année à la rentrée. Trois candidats sur dix ont passé,* ont réussi. — (Choses) *Le message est bien passé dans le public. Comment faire passer cela ?* **8.** Être acceptable. *Cela passe difficilement.* — Loc. PASSE (ENCORE) : c'est tolérable. — (+ infinitif) *« Passe encore de bâtir ; mais planter à cet âge ! »* (La Fontaine). — (+ subjonctif) *Passe encore qu'il le dise, mais qu'il le croie !* — Être accepté et ressenti par le public. *Cette réplique, cette publicité passe bien, ne passera pas* (→ ci-dessous passer la rampe). **II.** Exprimant un changement de place, un mouvement irrégulier dans l'espace. **1.** PASSER DE... À, DANS, EN... : quitter (un lieu) pour se rendre (dans un autre lieu). *En passant de la cuisine au salon. Passer d'une chose à une autre, à l'autre. L'argent passe de main en (à) main.* ⇒ **circuler, courir.** — *Il est passé de vie à trépas,* il est mort. Ellipt. *Il est passé,* il est mort. ⇒ **trépasser.** **2.** (Sans *de*) Aller. *Passons à table. Passons dans mon bureau.* ⇒ **entrer.** *Je passerai chez vous.* — *Passer en cour.* ⇒ **comparaître.** — Aller définitivement. *Il est passé à l'ennemi. La pilule est passée dans les mœurs.* **3.** (+ infinitif) Aller (faire qqch.). *Je passerai vous voir demain. Je passe à la banque prendre de l'argent.* ⇒ faire un **saut.** **4.** Y PASSER : (choses) être consacré à. *Elle est folle de cinéma, tout son argent y passe.* **5.** PASSER À : en venir à. *Passer à l'acte. Passons à la suite !* **6.** (+ attribut) Devenir. *Il est passé lieutenant. Elle est passée sous-ministre.* **III.** Exprimant le passage du temps. **1.** S'écouler. *Les jours passaient. Déjà huit heures, comme le temps passe !* — *Le temps passé.* ⇒ ① **passé.** **2.** Cesser d'être ou avoir une durée limitée. ⇒ **disparaître, finir,** ① **partir.** *La douleur est passée.* ⇒ s'**atténuer,** se **terminer.** *Faire passer le mal.* — Loc. *Passer de mode,* cesser d'être à la mode. — Loc. fam. *Le plus dur est passé.* — *Il leur a fait passer le goût du pain, l'envie de rire,* il leur a fait la vie dure, les a punis. **3.** (Couleurs) Perdre son intensité, son éclat. ⇒ **pâlir ;** se **faner.** *Le bleu passe au soleil.* **IV.** (Verbe d'état, conjug. avec *avoir*) **1.** PASSER POUR : être considéré comme. *Elle passait pour coquette. Il a longtemps passé pour l'auteur de ce roman.* — (+ infinitif) *Il passe pour être l'auteur de ce roman.* — (Choses) Être pris pour. *Cela peut passer pour vrai.* FAIRE PASSER POUR. *Elle le fait passer pour un génie. Elle se faisait passer pour une Française.* ▶ ② **passer** v. tr. ▪ conjug. 1. — REM. Avec l'auxil. *avoir,* passif avec *être.* **I.** Traverser ou dépasser. **1.** Franchir (qqch.) dans l'espace. *Passer une rivière. Elle a passé la frontière.* **2.** *Passer un examen,* en subir les épreuves ; être reçu (⇒ **réussir./** contr. **échouer /**). *Il a dû passer trois fois son permis de conduire avant de l'obtenir.* **3.** Théâtre, cinéma. Loc. PASSER LA RAMPE. *Cette scène ne passe pas, passe très mal la rampe,* elle est mauvaise pour les spectateurs. **4.** Consacrer (du temps à qqch.). *Passe de bonnes vacances ! Passer une semaine dans le Sud. Vous passerez la soirée avec nous. J'ai passé une heure à (pour faire, sur) ce travail.* — Loc. fam. *Passer un mauvais quart d'heure,* traverser un moment pénible. — *Passer le temps à* (+ infinitif). *Il passe son temps à manger.* ⇒ **employer.** — *Pour passer le temps,* s'occuper. ⇒ **passe-temps.** **5.** Oublier, omettre (un élément d'une série). *Passer une ligne* (en copiant, en lisant). ⇒ **sauter.** — *Passez, passons les détails* (ils sont inconvenants, superflus). — *Passer son tour* (dans un jeu de société). *Je passe !* — *J'en passe, et des meilleures,* je ne dis pas tout ! **6.** PASSER *qqch.* À *qqn* : permettre, pardonner. ⇒ ① **passer** (I, 4). *Ses parents lui passent tout. Passez-moi l'expression, mais c'est un emmerdeur.* ⇒ **excuser.** **7.** Dépasser. *Passer un col, une montagne.* Loc. *Passer le cap* (d'un âge, d'une difficulté). *Passer tout droit*.* — Fam. *Passer dans le beurre*, dans le vide,* rater qqch. sur quoi on voulait frapper (balle, rondelle...). — *Passer les limites, les bornes,* aller trop loin. ⇒ **outrepasser.** *Il a passé la limite d'âge,* il est trop âgé pour cet emploi. ⇒ **dépasser.** **II.** Faire aller d'un lieu à un autre. **1.** Faire traverser. *Passer des marchandises en fraude* (⇒ **contrebandier, passeur**). — Faire sortir. *Elle passa la tête à la portière.* — Faire fonctionner sur, dans un lieu. *Passer l'aspirateur dans le salon.* **2.** *Passer* (une matière) *sur qqch.,* étendre. *Passer un coup de pinceau sur un meuble.* ⇒ **peindre, peinturer.** *Passer qqch. à* (une matière), couvrir, traiter. *Tu passeras une couche de mortier sur le mur avant de le passer à la chaux. Elle s'est passé de la crème sur les mains après se les être passées à l'eau.* **3.** *Passer qqn par, à,* soumettre à l'action de. Loc. *Il a été passé par les armes,* fusillé. **4.** Faire traverser un filtre (par un liquide). *Passer le café. Instrument pour passer le thé.* ⇒ **passoire.** **5.** Donner à voir ou à entendre (un enregistrement). *Passer un film. Elle m'a passé des diapositives. Tu passes toujours le même disque.* **6.** Enfiler, mettre. *Passer une veste. Le temps de passer un chandail, j'arrive.* **7.** Enclencher (une vitesse). *Passe le petit* *braquet ! Passe en troisième !* **8.** PASSER *qqch.* À *qqn* : donner, remettre. *Passe-moi le café, le sel, la salière. Passe-le-moi.* — REM. *Passe-moi-le* est familier. — Sports. *Passer la rondelle, le ballon.* — *Passe-moi cinq dollars.* ⇒ **prêter.** — Loc. *Ils se sont passé le mot,* se sont mis d'accord. — *Passer la parole à qqn,* la lui donner après qu'on a parlé. — *Passer un coup de fil (de téléphone) à qqn,* l'appeler au téléphone. *Passez-moi le directeur,* mettez-moi en communication avec lui. — *Passer une maladie à qqn,* la lui donner par contagion. ⇒ **communiquer, transmettre ;** fam. **refiler.** — *Passer le pouvoir à qqn.* ⇒ **transmettre ; passation.** — *Passer le chapeau après un spectacle,* solliciter les spectateurs. ⇒ **quêter.** **9.** Faire, établir. *Passer un contrat, un accord (avec qqn).* ⇒ **conclure.** *Passer (la, une) commande,* commander. — *Passer des remarques,* faire des observations, des critiques. ⇒ **renoter.** ► ③ *se* ***passer*** v. pron. **I.** (Choses) S'écouler (dans le temps). **1.** Durer. *La visite s'est passée en un quart d'heure.* ⇒ se **dérouler.** — Prendre fin. *Ça va se passer.* ⇒ **cesser,** ① **passer** (III, 2). *Mon mal de tête se passe.* — Impers. *Il ne se passe pas un jour sans qu'il téléphone.* **2.** Être (dans une durée). *L'action du film se passe au* XVI*e siècle. Tout se passe bien ? Ça s'est mal passé.* — Loc. *Ça ne se passera pas comme ça,* c'est scandaleux. — Impers. *Que se passe-t-il ?* (→ qu'est-ce qu'il y a ?). **II.** SE PASSER DE. **1.** Ne pas avoir besoin. *Cette déclaration se passe de commentaires.* **2.** (Suj. personne) Vivre dépourvu de (sans trop en souffrir). ⇒ se **dispenser.** *Se passer d'argent, de cinéma. Je me passerais bien de cette corvée ! Nous nous en passerons bien ! On ne peut se passer d'elle,* elle est indispensable. ‹ ► dépasser, impasse, laissez-passer, outrepasser, ① pas, passable, passade, passage, ① passant, ② passant, ③ passant, passation, passe, ① passé, ② passé, ③ passé, passe-droit, passe-lacet, passementerie, passe-montagne, passe-partout, passe-passe, passe-plat, passepoil, passeport, passerelle, passe-temps, passeur, passoire, ① repasser, surpasser, trépasser ›

passereaux [pasʀo] ou ***passériformes*** [paseʀifɔʀm] n. m. pl. ■ Ordre d'oiseaux d'assez petite taille (moineau, merle, rouge-gorge...), arboricoles, chanteurs et qui bâtissent des nids. — Au sing. *L'alouette est un passereau.* — Adj. *Les oiseaux passereaux.*

passerelle [pasʀɛl] n. f. **1.** Pont étroit, réservé aux piétons (pour passer). *Les rambardes d'une passerelle. Emprunter la passerelle au-dessus de l'autoroute.* **2.** Plan incliné mobile par lequel on peut accéder à un navire, un avion. **3.** Salle de navigation, la plus élevée d'un navire. *Le commandant est sur la passerelle.*

passériformes n. m. pl. ⇒ **passereaux.**

passe-temps [pastɑ̃] n. m. invar. ■ Ce qui fait passer agréablement le temps. ⇒ **amusement, divertissement.** ⇒ anglic. **hobby.**

passeur, euse [pasœʀ, øz] n. **1.** (Sports) Joueur qui passe (la rondelle, le ballon...). *Elle est la meilleure passeuse de l'équipe.* **2.** Personne qui fait passer clandestinement une frontière à qqn ou qqch. (capitaux, objets de valeur...).

passible [pasibl] adj. ■ PASSIBLE DE : qui doit subir (une peine). *Être passible d'une amende.* ⇒ **encourir.**

① ***passif*** [pasif] n. m. ■ Ensemble de dettes et charges financières. / contr. ② **actif** / *Son passif est trop élevé, il risque de faire faillite.*

② ***passif, ive*** adj. **1.** Qui se contente de subir, ne fait preuve d'aucune activité, d'aucune initiative. / contr. ① **actif** / *Il reste passif devant le danger,* il ne réagit pas. *Une femme passive.* — *Résistance passive,* sans action. **2.** *Défense passive.* ⇒ ① **défense.** ‹ ► passivement, passivité ›

③ ***passif, ive*** adj. et n. m. ■ Se dit des énoncés et des formes verbales présentant l'action comme subie par le sujet et exercée par l'agent. / contr. ③ **actif** / — N. m. *Le passif se forme avec l'auxiliaire « être » et le participe passé* (ex. : Juliette *est aimée* de, par, Roméo).

passiflore [pasiflɔʀ] n. f. ■ Plante tropicale à larges fleurs étoilées qui évoquent les clous, les instruments de la Passion (II). ⇒ fleur de la **passion.**

passim [pasim] adv. ■ Çà et là (dans tel ouvrage), en différents endroits (d'un livre). *Page neuf et passim.*

passion [pasjɔ̃] n. f. **I.** **1.** Surtout au plur. État affectif et intellectuel assez puissant pour dominer la vie mentale. *Obéir, résister à ses passions, vaincre ses passions.* ⇒ **désir.** **2.** L'amour, quand il apparaît comme une inclination puissante et durable. *Déclarer sa passion.* ⇒ ① **flamme.** *L'amour-passion. Passion subite.* ⇒ coup de **foudre.** **3.** *La passion de...,* vive inclination vers un objet que l'on poursuit, auquel on s'attache de toutes ses forces. *La passion du jeu, des voyages. La peinture, les musées, c'est une passion chez elle. La passion du hockey.* **4.** Affectivité violente, qui nuit au jugement. / contr. **lucidité, raison** / *Il faut résoudre ces problèmes sans passion.* — Opinion irraisonnée affective et violente (opposé à *raisonnement*). ⇒ **fanatisme.** *Céder aux passions politiques.* **5.** *La passion,* ce qui, de la sensibilité, de l'enthousiasme de l'artiste, passe dans l'œuvre. ⇒ **émotion, vie.** *Œuvre pleine de passion.* **II.** **1.** Religion. (Avec une majusc.) *La Passion.* Souffrance et supplice du Christ. **2.** *Fleur, fruit de la passion,* de la passiflore*. ► ***passionnel, elle*** adj. **1.** Relatif aux passions (I, 1), qui évoque la passion. *Des états passionnels.* **2.** Inspiré par la passion (I, 2) amoureuse. *Un crime, un drame passionnel.* ► ***passionner*** v. tr. ■ conjug. 1. **I.** **1.** Éveiller un très vif intérêt. *Ce film m'a passionné.* ⇒ **passionnant.** **2.** Empreindre de passion (I, 4). *Passionner un débat.* **II.** SE PASSIONNER v. pron. réfl. *Se passionner pour,* prendre un intérêt très vif. ⇒ fam. **triper.** *Se passionner pour une science.* ► ***passionnant, ante*** adj. ■ Qui passionne. ⇒ **émouvant, palpitant ;** fam. **tripant.** *Des romans passionnants.* ⇒ **captivant.** *Des films passionnants.* — (Personnes) *Des gens passionnants.* ► ***passionné, ée*** adj. **1.** (Personnes) Animé, rempli de passion. *Un amoureux passionné.* N. *C'est un passionné.* — *Passionné de, pour...,* qui a une vive inclination pour (qqch.). ⇒ **fanatique.** — N. *C'est un passionné de moto.* **2.** (Choses) *Le récit passionné d'une aventure.* ► ***passionnément*** adv. ■ Avec passion. *Ils s'aiment passionnément.*

passivement [pasivmɑ̃] adv. ■ D'une manière passive ②. / contr. **activement** / *Supporter passivement les humiliations.*

passivité [pasivite] n. f. ■ État ou caractère de celui, de celle ou de ce qui est passif. ⇒ **inertie.** / contr. ① **action, activité, dynamisme, énergie** / *La passivité d'un élève.*

passoire [paswaʀ] n. f. ■ Récipient percé de trous, utilisé pour écraser ou égoutter des aliments, pour passer des liquides. — Abstrait. *Sa mémoire est une passoire,* il (elle) ne retient rien. *Cette prison est une passoire,* on peut s'en évader facilement.

pastel [pastɛl] n. m. **1.** Bâtons de couleur utilisés dans les arts plastiques. *Pastel gras, maigre.* ⇒ **crayon.** *Des portraits au pastel.* **2.** En appos. Invar. *Bleu pastel. Des tons pastel,* doux et clairs comme ceux du pastel.

— *Des vêtements pastel.* **3.** Œuvre faite au pastel. *Des pastels et des aquarelles.* ▶ ***pastelliste*** n. ■ Peintre de pastels.

pastèque [pastɛk] n. f. ■ (Surtout en France) Gros fruit comestible à peau verte et luisante, à chair rouge et juteuse. ⇒ **melon** d'eau. *Une tranche de pastèque.*

pasteur [pastœʀ] n. m. **1.** Littér. Personne qui garde, qui fait paître le bétail. ⇒ **berger, pâtre. 2.** Chef spirituel. LE BON PASTEUR : le Christ. **3.** Ministre d'un culte protestant. ⇒ **prêtre.** — Vx. *Le pasteur d'une paroisse,* son curé. ‹ ▶ pastoral, pastorale, pastoureau ›

pasteuriser [pastœʀize] v. tr. ▪ conjug. 1. ■ Stériliser un liquide en le chauffant fortement (environ 100 °C) et en le refroidissant brusquement. ⇒ **upériser.** — *Lait pasteurisé.* ⇒ **U.H.T.** ▶ ***pasteurisation*** n. f. ■ Opération qui consiste à pasteuriser (un liquide). — REM. Ces mots viennent du nom de *Louis Pasteur.*

pastiche [pastiʃ] n. m. ■ Imitation ou évocation du style, de la manière (d'un écrivain, d'un artiste, d'une école), pour amuser. ⇒ **parodie.** ≠ *plagiat. Faire, écrire des pastiches des classiques.* ≠ *postiche.* ▶ ***pasticher*** v. tr. ▪ conjug. 1. ■ Imiter la manière, le style de. *Elle s'amusait à pasticher Nelligan.* ▶ ***pasticheur, euse*** n. ■ Auteur de pastiches ; imitateur.

pastille [pastij] n. f. **1.** Petit morceau (rond et aplati) d'une pâte pharmaceutique ou d'une préparation de confiserie. *Pastille de menthe.* ⇒ **bonbon.** *Des pastilles contre la toux.* **2.** Dessin en forme de petit disque. ⇒ **pois.** — Petit disque autocollant. *La galériste pose une pastille près de l'œuvre qu'elle vient de vendre.*

pastis [pastis] n. m. invar. ■ Boisson alcoolisée à l'anis, qui se consomme avec de l'eau.

pastoral, ale, aux [pastɔʀal, o] adj. et n. f. **1.** Littér. Relatif aux pasteurs (1), aux bergers. *Une vie pastorale.* — *La Symphonie pastorale (Beethoven) évoque la nature champêtre.* **2.** N. f. ① PASTORALE : ouvrage littéraire ou pictural dont les personnages sont des bergers. ⇒ **bergerie.**

② ***pastorale*** n. f. ■ Partie de la théologie relative à l'activité proprement sacerdotale et ensemble des principes qui l'inspirent. *Le responsable de la pastorale dans une école. Le local de (la) pastorale.*

pastoureau, elle [pastuʀo, ɛl] n. ■ Littér. Petit berger, petite bergère.

pastrami [pastʀami] n. m. ■ Viande de bœuf (noix ou semelle de ronde) marinée avec des condiments, du poivre et des épices, cuite et fumée légèrement. ⇒ **bœuf** fumé ; anglic. **smoked-meat.** *Du pastrami en tranches.* — En appos. *Du bœuf pastrami.*

patachon [pataʃɔ̃] n. m. ■ (France) Fam. *Mener une* VIE DE PATACHON : agitée, consacrée aux plaisirs.

patapouf [patapuf] n. m. ■ Fam. Personne, enfant gros et gras. *Regardez-moi ce gros patapouf !*

pataquès [patakɛs] n. m. invar. ■ Faute grossière de langage (ex. : *ce n'est pas-t-à moi*). ⇒ **barbarisme.**

patarafe [pataʀaf] n. f. ■ Fam. Loc. *Lancer une patarafe à qqn,* lui dire une parole insultante, injurieuse, lui faire un affront. ⇒ ① **pique** (II), **pointe** (III), **vacherie ;** fam. ① **craque.**

patate [patat] n. f. **1.** Pomme de terre. *Un producteur de patates.* — Fam. *Bébite* à patates.* — Cour. Le tubercule. *Les patates de l'Île-du-Prince-Édouard. Peux-tu m'éplucher, me peler quelques patates ? Un sac, une poche de patates. Des patates nouvelles,* récoltées tôt en saison de sorte que la pelure reste mince. — *Patates bouillies. Patates pilées.* ⇒ **purée.** *Patate au four* ou *en robe de chambre,* cuite au four (avec la pelure). *Patates rôties* ou *rissolées,* à la poêle. *Patates brunes* ou *jaunes,* cuites dans le jus d'une viande, surtout de porc. — *Galette aux patates.* — *Patates frites.* — Fam. *Un, une patate,* une portion de frites. *Un hot-dog avec une grosse patate,* une double portion. *Une patate(-)sauce,* une portion de frites recouvertes d'une sauce brune. ⇒ **poutine.** — *Un sac de patates chips.* ⇒ **croustilles. 2.** PATATE DOUCE : plante tropicale, cultivée pour ses gros tubercules comestibles ; le tubercule, au goût sucré. **3.** (France) Fig. et fam. Personne idiote, stupide. *Quelle patate, ce type !* **4.** Loc. fam. *En avoir* GROS SUR LA PATATE : sur le cœur. *Ne pas lâcher la patate,* ne pas se décourager, ne pas abandonner. ⇒ **tenir** bon. *Être dans les patates,* dans l'erreur. ⇒ se **tromper.** *Faire patate,* rater, manquer son coup, ce qu'on voulait faire. ⇒ **échouer.** — *Avoir une patate chaude dans la bouche,* parler indistinctement, ne pas articuler. ⇒ **marmonner.** *Patate chaude,* question, affaire délicate, épineuse, dossier explosif (pour un politicien, une administration). *Le ministre a refilé la patate chaude à son sous-ministre.*

patati, patata [patati, patatɑ] onomat. ■ Fam. Évoque un long bavardage. *Et patati ! et patata ! ils n'arrêtent pas.*

patatras [patatʀɑ] interj. ■ Onomatopée exprimant le bruit d'un corps qui tombe avec fracas. *Patatras ! Voilà le vase cassé !* ⇒ **badaboum.**

pataud, aude [pato, od] n. et adj. **1.** N. Enfant, individu à la démarche pesante et aux manières embarrassées. *Un gros pataud. Quelle pataude !* **2.** Adj. Qui est lent et lourd dans ses mouvements. ⇒ ② **gauche, maladroit.** *Avoir une allure pataude.*

patauger [patoʒe] v. intr. ▪ conjug. 3. **1.** Marcher sur un sol détrempé, dans une eau boueuse. ⇒ **barboter.** *Enfants qui pataugent dans les flaques.* **2.** Abstrait. S'embarrasser, se perdre dans des difficultés. ▶ ***pataugeuse*** [patoʒøz] ou ***pataugeoire*** [patoʒwaʀ] n. f. ■ Petit bassin de natation pour tout jeunes enfants. ⇒ **barboteuse, piscine.** *Une pataugeoire en plastique.*

patchouli [patʃuli] n. m. ■ Parfum entêtant extrait d'une plante tropicale.

patchwork [patʃwœʀk] n. m. Anglic. **1.** Ouvrage de couture rassemblant des carrés de couleurs et de matières différentes. ⇒ **courtepointe ; catalogne. 2.** Abstrait. Ensemble composite, hétéroclite. *Des patchworks.*

pâte [pɑt] n. f. **I. 1.** Préparation plus ou moins consistante, à base de farine délayée, que l'on consomme après cuisson. *Pétrir une pâte. Pâte à pain. Pâte à tarte, à pizza.* — *Rouleau à pâte,* à pâtisserie. **2.** Au plur. PÂTES (ALIMENTAIRES) : préparation culinaire à base de blé dur, vendue sous diverses formes : en feuilles ⇒ **lasagne**, en tubes ⇒ **macaroni**, en fines baguettes ⇒ **spaghetti**, etc. ⇒ **nouille**. *Des pâtes à l'italienne, à l'alsacienne. Un paquet de pâtes. Manger des pâtes.* **3.** Loc. *Mettre la* MAIN À LA PÂTE : travailler soi-même à qqch. — *Être comme un* COQ EN PÂTE : mener une vie très confortable, très heureuse. **II. 1.** Préparation, mélange plus ou moins mou. *Pâte à papier* (pour fabriquer le papier). *Du bois de pâte* ou *de la pâte de bois* (à papier). Au plur. *Les pâtes et papiers,* l'industrie papetière. — *La pâte d'un fromage. Pâte de fruits,* friandise faite de fruits. — *Pâte dentifrice* ou, fam., *pâte à dents. Pâte à modeler.* **2.** Employé seul. Matière molle, collante. ⇒ **bouillie.**

Du riz trop cuit, une vraie pâte. **3.** Matière formée par les couleurs travaillées. *Ce peintre a une pâte extraordinaire.* ≠ *patte.* **4.** Loc. *Une bonne pâte,* personne accommodante, très bonne. — PÂTE MOLLE. ⇒ **pâte(-)molle.** ‹ ▶ empâter, ① pâté, pâtée, pâteux, pâte(-)molle, pâtisserie ›

① ***pâté*** [pɑte] n. m. **1.** Préparation (de viande, etc.) dans une pâte. *Pâtés à la viande.* ⇒ **cipaille, tourtière.** *Pâté au poulet, aux huîtres, au saumon.* **2.** Préparation de charcuterie, hachis de viandes épicées cuit dans une terrine et consommé froid. ⇒ **cretons, rillettes.** *Pâté de campagne. Pâté de foie, de lapin. Chair à pâté.* — *Pâté en croûte* (enveloppé dans une croûte). **3.** *Pâté chinois,* mets composé de bœuf haché cuit, de maïs en crème ou en grains et de pommes de terre pilées, disposés en couches superposées.

② ***pâté*** n. m. **1.** PÂTÉ DE MAISONS : ensemble de maisons formant bloc. **2.** *Pâté de sable* ou, absolt, *pâté,* sable moulé à l'aide d'un seau, d'un moule (jeu d'enfant). **3.** Grosse tache d'encre. ⇒ **barbot.** *Je n'arrive pas à lire, il y a un pâté.*

pâtée [pɑte] n. f. **1.** Mélange de pâte, de farine, de son, d'herbes, etc., dont on engraisse la volaille, les porcs (⇒ **gaver**). **2.** Soupe très épaisse dont on nourrit les chiens, les chats.

patelin n. m. ■ Fam. Village, localité, pays. *Ils sont allés passer leurs vacances dans un patelin perdu.* ⇒ **bled, trou.**

patelle [patɛl] n. f. **1.** Mollusque à coquille conique qui vit fixé aux rochers. ⇒ **bernicle. 2.** Religion. Vase sacré. ⇒ **patène, patère.**

pâte(-)molle [pɑtmɔl] n. f. ■ Personne qui manque d'énergie, qui est très paresseuse. ⇒ **empâté, fainéant, flanc-mou, indolent ;** fam. ① **lâche.** *Des pâtes-molles.* — Personne sans caractère. *Une vraie pâte molle.*

patène [patɛn] n. f. ■ Vase sacré, petite assiette servant à présenter l'hostie avant de la consacrer.

patent, ente [patɑ̃, ɑ̃t] adj. ■ Littér. Évident, manifeste. / contr. **douteux** / *Une injustice patente.* ⇒ **flagrant.** ≠ *latent.*

① ***patente*** [patɑ̃t] n. f. ■ Histoire de France. Écrit public émanant du roi qui établissait un droit ou un privilège. — Adj. LETTRE PATENTE : texte administratif qui établit l'existence officielle d'une entité. *Lettres patentes créant une municipalité.* ▶ ***patenté, ée*** adj. ■ Fam. Attitré, reconnu. *Des imbéciles patentés.*

② ***patente*** n. f. Fam. **1.** Objet quelconque, dont on ignore ou dont on a oublié le nom. ⇒ fam. **affaire, bebelle, bidule, chose, gogosse, guedi, machin, truc.** *« Qu'est-ce que c'est que ça ? — Une patente pour réparer le robinet. »* **2.** Invention, chose nouvelle, procédé ingénieux, parfois un peu bizarre. *Un démarreur à distance, c'est une patente utile pour l'hiver.* ⇒ anglic. **gadget.** *Tu parles d'une belle patente, toi !* ⇒ fam. **amanchure.** *C'est quoi cette patente-là ?,* cette installation. ⇒ fam. **patentage.** — *Patente à gosses,* un objet, une chose, un assemblage qui surprend. **3.** Au plur. Idées, projets ; manière d'agir. *Elle a toutes sortes de patentes en tête.* ▶ ***patenter*** v. tr. Fam. **1.** Installer, monter qqch. avec des moyens de fortune. *Patenter une échelle sur un toit en pente. Il a patenté une rallonge électrique dans son abri d'auto.* **2.** Réparer, arranger temporairement, et tant bien que mal, qqch. ⇒ **bricoler ;** fam. **raboudiner, rafistoler.** *Patenter un cordon d'aspirateur défectueux. Comment as-tu patenté le tuyau de la sécheuse ?* **3.** Inventer qqch., mettre qqch. au point. *Patenter un bec verseur pour les contenants de lave-glace. Elle a patenté un nouveau jeu de société.* ▶ ***patentage*** n. m. **1.** Fait de patenter. ⇒ **ingéniosité.** *C'est tout un patentage pour une si petite chose !* **2.** Façon de patenter qqch. ; disposition, organisation de qqch. ⇒ **installation ;** fam. **amanchure, patente** (2). *Ça ne tiendra pas longtemps ton patentage. Un patentage de fou.* ▶ ***patenteur*** ou ***patenteux, euse*** n. **1.** Inventeur ; inventif. ⇒ **industrieux.** *Les patenteux se regroupent en association.* ⇒ **créatif, imaginatif. 2.** Personne qui répare, rafistole qqch. avec des moyens de fortune. *Elle est une très habile patenteuse.* **3.** Péj. Personne qui a la réputation de ne pas être très soigneux dans l'exécution d'un travail manuel. ⇒ **bâcleur ;** fam. **gosseur.** *Ne lui demande rien, c'est un patenteur.* — Adj. *Être patenteux.*

Pater [pɑ(a)tɛʀ] n. m. invar. ■ Vx. Prière qui commence (en latin) par les mots *Pater noster* (Notre Père). ⇒ **Notre-Père.** *Dire deux Pater et trois Ave.*

patère [patɛʀ] n. f. **1.** Long support (de bois, de métal, de plastique), sur pied, muni de crochets et qui sert à suspendre les vêtements. *Accrocher son manteau, son chapeau sur (à) une patère.* — (France) Pièce de bois ou de métal fixée à un mur, qui sert à suspendre les vêtements. ⇒ **portemanteau. 2.** Vase sacré. ⇒ **patelle.**

paternalisme [patɛʀnalism] n. m. ■ Tendance à imposer un contrôle, une domination politique ou autre, sur le modèle du père à l'égard de ses enfants. ▶ ***paternaliste*** adj. ■ *Il, elle est paternaliste. La politique paternaliste de certains pays à l'égard du tiers monde.* ⇒ **néo-colonialiste.**

paternel, elle [patɛʀnɛl] adj. et n. m. **1.** Qui est propre au père ; du père. *Amour paternel. Autorité paternelle.* **2.** N. m. Fam. Père. *Attention ! voilà mon paternel !* **3.** Qui a rapport au père, quant à la filiation. *Une tante du côté paternel. Grand-mère paternelle* (opposé à *maternel*). ▶ ***paternellement*** adv. ■ Avec bienveillance, comme un bon père. *Il l'accueillit paternellement.* ▶ ***paternité*** n. f. **1.** État, qualité de père ; sentiment paternel. *Les soucis de la paternité.* **2.** Lien qui unit le père à son enfant. *Paternité légitime. Paternité civile* (de l'adoption). **3.** (Se dit aussi des femmes) Fait d'être l'auteur (de qqch.). *Revendiquer la paternité d'un ouvrage ; d'une idée.* ‹ ▶ paternalisme ›

pâteux, euse [pɑtø, øz] adj. **1.** Qui a une consistance semblable à celle de la pâte. ⇒ **caoutchouteux, cartonneux. 2.** Abstrait. *Style pâteux,* lourd. **3.** Loc. *Avoir la bouche, la langue pâteuse,* une salive épaisse, la langue embarrassée.

pathétique [patetik] adj. et n. m. **1.** Adj. Qui suscite une émotion intense, souvent pénible (douleur, pitié, horreur, terreur, tristesse). ⇒ **touchant.** *Un film pathétique.* **2.** N. m. Littér. Caractère pathétique ; expression de ce qui est propre à émouvoir fortement. *Tu donnes dans le pathétique et le mélodrame.* ⇒ **pathos.** ▶ ***pathétiquement*** adv. ■ *Sangloter pathétiquement.*

-pathie, -pathique, -pathe ■ Éléments signifiant « ce qu'on éprouve » (ex. : *antipathie, apathique, névropathe*). ‹ ▶ allopathie, antipathie, apathie, homéopathie, névropathe, psychopathe, sympathie, télépathie ›

patho- ■ Élément signifiant « maladie ». ▶ ***pathogène*** [patɔʒɛn] adj. ■ Qui peut causer une maladie. *Microbe pathogène.* ▶ ***pathologie*** n. f. ■ Science qui a pour objet l'étude et la connaissance des causes et des symptômes des maladies. *Pathologie et thérapeutique.* ⇒ **médecine.** ▶ ***pathologique*** adj. **1.** Relatif à la maladie ; dû à la maladie. *Anatomie pathologique. État pathologique.* ⇒ **morbide. 2.** Fam. (Comportement)

Anormal, irrépressible. *Je ne peux m'en empêcher, c'est pathologique.* ⇒ **maladif.** ▶ ***pathologiste*** n. ■ Spécialiste de la pathologie, spécialt de l'anatomie pathologique. ⟨ ▶ psychopathologie ⟩

pathos [patɔs] n. m. invar. ■ Littér. et péj. Ton pathétique excessif, dans un discours, un écrit. *Tomber dans le pathos. Le gros pathos.* ⟨ ▶ pathétique ⟩

patibulaire [patibylɛʀ] adj. ■ Relatif à un homme qui semble digne de la potence, d'être pendu. ⇒ **inquiétant, sinistre.** *Une mine patibulaire,* de bandit.

patience [pasjɑ̃s] n. f. **I. 1.** Vertu qui consiste à supporter les désagréments, les malheurs, les défauts d'autrui. ⇒ **résignation ; courage.** — REM. Vx, sauf dans des loc. *S'armer de patience. Prendre patience. Souffrir avec patience.* ⇒ **endurer. 2.** Qualité qui fait qu'on persévère dans une activité, un travail de longue haleine, sans se décourager. ⇒ **constance.** / contr. **impatience** / — *Ouvrage de patience,* qui demande de la minutie et de la persévérance. **3.** Qualité d'une personne qui sait attendre, en gardant son calme. / contr. **impatience** / *Il n'a aucune patience. Après une heure d'attente, j'ai perdu patience. Ma patience a des limites !* — Fam. Loc. *Sacrez-moi patience !,* laissez-moi tranquille. **4.** PATIENCE ! : interjection pour exhorter à la patience. **5.** JEU DE PATIENCE : qui consiste à remettre en ordre des pièces irrégulièrement découpées. ⇒ **casse-tête ;** anglic. **puzzle. II.** UNE PATIENCE, UN JEU DE PATIENCE : un jeu solitaire consistant à remettre en ordre un jeu de cartes selon certaines règles. ⇒ **réussite.** *Je fais des patiences.* ▶ ***patient, ente*** adj. et n. **I.** Adj. **1.** Qui a de la patience, fait preuve de patience. *Soyez patient, je reviens tout de suite. Un chercheur patient.* ⇒ **opiniâtre, persévérant.** / contr. **impatient** / **2.** (Choses) Qui manifeste de la patience. *Un patient labeur.* **II.** N. Personne qui subit ou va subir une opération chirurgicale ; malade qui est l'objet d'un traitement, d'un examen médical. ⇒ **bénéficiaire.** *Le médecin et ses patients.* ⇒ **client.** ▶ ***patiemment*** [pasjamɑ̃] adv. ■ Avec patience, d'une manière patiente. / contr. **impatiemment** / *Elle l'attendit patiemment.* ▶ ***patienter*** [pasjɑ̃te] v. intr. ▪ conjug. 1. ■ Attendre (avec patience). *Faites-les patienter un instant.* ⟨ ▶ impatient ⟩

patin [patɛ̃] n. m. **1.** Pièce de tissu sur laquelle on pose le pied pour avancer sans salir le parquet. **2.** (Surtout au plur.) PATIN (À GLACE, À LAME) : chaussure dont la semelle est pourvue d'une lame d'acier verticale pour glisser sur la glace. *Une paire de patins de hockey. Patins à deux lames,* pour les enfants qui apprennent à patiner. *Patins de garçons, de fille. Lacets de patins. Attacher ses patins.* ⇒ **lacer.** — Loc. *Avoir un bon coup de patin,* savoir très bien patiner. *Chausser les patins,* aller patiner. — *Accrocher ses patins,* terminer la saison de patinage, spécialt la saison de hockey. Par ext. Prendre sa retraite du hockey ; mettre fin à une carrière, à une activité professionnelle. — Fig. *Être vite sur ses patins,* réagir très rapidement à une situation ; comprendre, saisir rapidement qqch. ; accomplir rapidement un travail. — *Le patin,* le patinage. *Faire du patin.* ⇒ ① **patiner.** — PATIN (À ROULETTES) : chaussure dont la semelle est pourvue de quatre roulettes pour avancer sur une surface dure. *Le patin à roulettes. Il préfère le patin à la planche à roulettes.* **3.** Pièce longue et étroite qui supporte la caisse d'une voiture d'hiver (carriole, motoneige...) ou le corps d'un traîneau. *Le patin avant d'une motoneige. Les patins d'un hydravion.* **4.** *Patin de frein,* organe mobile dont le serrage, contre la jante d'une roue de bicyclette, de cyclomoteur, permet de freiner. ▶ ① ***patiner*** [patine] v. intr. ▪ conjug. 1. **1.** Glisser, évoluer avec des patins (2). *Apprendre à patiner. Patiner à (de) reculons.* Fam. *Patiner sur la (les) bottine(s),* patiner de façon maladroite. — *Patiner à roulettes.* **2.** (Roues de véhicule) Glisser sans tourner ; tourner sans avancer. ⇒ **chasser, déraper.** *Les roues du camion patinent dans la boue.* **3.** Fig. Tenter d'esquiver, d'éluder une question embarrassante ⇒ **tergiverser** ; prendre des détours pour ne pas répondre à une question ⇒ **louvoyer.** *La ministre a patiné quelques minutes avant de répondre.* — *Savoir patiner,* être habile à l'esquive, au louvoiement. ▶ ***patinage*** n. m. **1.** Technique, activité sportive du patin (2). *Patinage artistique. Piste de patinage de vitesse.* ⇒ **patinoire.** — *Patinage à roulettes.* **2.** Fait de patiner (2, 3). *Le patinage des roues avant d'une voiture. — L'accusé est un expert en patinage.* ⇒ **hésitation, tergiversation.** ▶ ***patinette*** n. f. ■ (France) Jouet composé d'une plate-forme allongée montée sur deux roues et d'un guidon fixe. ⇒ **trottinette.** ▶ ***patineur, euse*** n. ■ Personne qui fait du patin à glace ou à roulettes. *Ce joueur est un excellent patineur. La meilleure patineuse de l'équipe.* ▶ ***patinoire*** n. f. **1.** Surface glacée sur laquelle on patine. *Les bandes d'une patinoire.* — Espace très glissant. *La route est une vraie patinoire.* **2.** Amphithéâtre sportif couvert où se trouve une patinoire (1). ⇒ **aréna.**

patine [patin] n. f. ■ Dépôt qui se forme sur certains objets anciens ; couleur qu'ils prennent avec le temps. *La patine d'un meuble.* ▶ ② ***patiner*** v. tr. ▪ conjug. 1. ■ Couvrir de patine. — Pronominalement. *Des sculptures qui commencent à se patiner.*

patio [pasjo] n. m. **1.** Cour intérieure d'une maison de style espagnol. **2.** Terrasse en carrelage aménagée dans une cour, généralement équipée de meubles de jardin. — En appos. invar. *Des meubles patio.* ⟨ ▶ porte(-)patio ⟩

pâtir [pɑtiʀ] v. intr. ▪ conjug. 2. **1.** Souffrir physiquement. *Une maladie qui fait pâtir. — Pâtir pour terminer un travail,* fournir beaucoup d'efforts. **2.** PÂTIR DE : souffrir à cause de ; subir les conséquences fâcheuses, pénibles de. *Pâtir de l'injustice.* ⇒ **endurer.** *Sa santé pâtira de ses excès. On en pâtira.* ⟨ ▶ passif, passion ⟩

pâtisserie [pɑ(a)tisʀi] n. f. **1.** Préparation de la pâte pour la confection de gâteaux, de tartes ; préparation des gâteaux, des tartes, en général. *Four, moule, rouleau à pâtisserie* (⇒ **pâte**). **2.** UNE PÂTISSERIE : une préparation sucrée de pâte travaillée. ⇒ **gâteau, tarte.** *Aimer les pâtisseries* ou (collectif) *la pâtisserie. — Une pâtisserie,* un petit gâteau individuel, une tartelette. Vieilli. *Une pâtisserie française**. **3.** Commerce, industrie de la pâtisserie ; fabrication et vente de tartes, de gâteaux frais. — Magasin, comptoir où l'on fabrique et où l'on vend ces produits. *Boulangerie-pâtisserie.* ▶ ***pâtissier, ière*** n. et adj. **1.** Personne qui fait, qui vend de la pâtisserie, des gâteaux. *Boulanger-pâtissier. Pâtissier-confiseur.* **2.** Adj. *Crème pâtissière,* utilisée pour garnir certaines pâtisseries (choux, éclairs).

patois, oise [patwa, waz] n. m. invar. et adj. **1.** (France) Parler local employé par une population généralement peu nombreuse, souvent rurale et dont le niveau culturel est plus traditionnel que celui du milieu environnant (qui emploie la langue commune). ⇒ **dialecte.** *Son grand-père parle patois (en patois, le patois).* — Adj. *Mot patois. La variante patoise d'un mot.* **2.** Mot qu'une personne utilise comme juron, sacre. *« Maudit », c'est son patois. Mon patois c'est « Bonté divine ».* ▶ ***patoisant, ante*** adj. ■ Qui parle patois.

patraque [patʀak] adj. ■ (Surtout en France) Fam. Un peu malade, en mauvaise forme. ⇒ mal **fichu, souffrant.** *Il est un peu patraque. Je me sens patraque.*

pâtre [pɑtʀ] n. m. ■ Littér. Personne qui garde, fait paître le bétail. ⇒ **berger, pasteur.**

patr(i)- ■ Élément signifiant « père ». ▸ ***patriarche*** [patʀijaʀʃ] n. m. **1.** Dans la Bible. Nom donné aux pères de l'humanité. *Adam, Noé, Abraham sont des patriarches.* **2.** Vieillard qui mène une vie simple et paisible, entouré d'une nombreuse famille. ⇒ **patriarcal.** *Mener une vie de patriarche.* **3.** Chef d'une Église séparée de l'Église romaine. — Archevêque des Églises orientales. *Un patriarche grec.* ▸ ***patriarcal, ale, aux*** [patʀijaʀkal, o] adj. **1.** Relatif aux patriarches ou qui en rappelle la simplicité, les mœurs paisibles. **2.** Qui est organisé selon les principes du patriarcat. *Une société patriarcale.* ▸ ***patriarcat*** n. m. **1.** Dignité de patriarche. — Circonscription d'un patriarche (3). **2.** Forme de famille fondée sur la puissance paternelle et la suprématie des hommes par rapport aux femmes. — Structure, organisation sociale fondée sur la famille patriarcale (opposé à *matriarcat*).

patricien, enne [patʀisjɛ̃, ɛn] adj. et n. **1.** Antiquité. Personne qui appartenait, de par sa naissance, à la classe supérieure des citoyens romains (appelés *patrices,* n. m. ; [opposé à *plèbe*]). / contr. **plébéien** / **2.** Littér. Aristocrate.

patrie [patʀi] n. f. **1.** Nation, communauté à la fois sociale et politique à laquelle on appartient ou à laquelle on a le sentiment d'appartenir ; pays habité par cette communauté. *L'amour de la patrie.* ⇒ **patriotisme.** *Ils ont la même patrie.* ⇒ **compatriote.** *Sans patrie.* ⇒ **apatride.** *Quitter sa patrie.* ⇒ s'**expatrier.** — *L'art n'a pas de patrie,* concerne tous les humains. *C'est ma seconde patrie,* le pays qui m'est le plus cher après le mien. **2.** Lieu (ville) où l'on est né. *Brouage est la patrie de Samuel de Champlain. La petite patrie,* la région où l'on est né ; surnom d'un quartier populaire de Montréal. *La Petite-Patrie.* ▸ ***patriote*** [patʀijɔt] n. et adj. ■ Personne qui aime sa patrie et la sert avec dévouement. — *La Révolte des patriotes, en 1837.* — Adj. *Être très patriote.* ▸ ***patriotard, arde*** n. et adj. ■ Péj. Qui affecte un patriotisme exagéré. ⇒ **chauvin.** ▸ ***patriotique*** adj. ■ Qui exprime l'amour de la patrie ou est inspiré par lui. *Avoir le sentiment patriotique. Des chants patriotiques.* ▸ ***patriotiquement*** adv. ▸ ***patriotisme*** n. m. ■ Amour de la patrie ; désir, volonté de se dévouer, de se sacrifier pour la défendre. *Les résistants luttèrent avec patriotisme.* ‹ ▸ antipatriotique, apatride, compatriote, expatrier, rapatrier ›

patrimoine [patʀimwan] n. m. **1.** Biens de famille, biens que l'on a hérités de ses père et mère. ⇒ **fortune.** *Dilapider son patrimoine.* **2.** Ensemble des réalisations considérées comme une propriété transmise par les ancêtres. *Le patrimoine culturel d'un pays. Le patrimoine naturel,* l'héritage commun d'une collectivité, formé des sites exceptionnels de son territoire. *Le patrimoine génétique d'un individu.* ▸ ***patrimonial, ale, aux*** adj. ■ Droit. Du patrimoine (1).

patro [patʀo] n. m. ■ Abréviation de *patronage* qui désigne le lieu où se déroulent les activités de cette œuvre. *Fréquenter un patro. Les cliques des patros participent au défilé du Carnaval. Le patro Roc-Amadour, à Québec.*

① ***patron, onne*** [patʀɔ̃, ɔn] n. **I.** Se dit du saint ou de la sainte dont on a reçu le nom au baptême, qu'un pays, une corporation reconnaît pour protecteur ; du saint à qui est dédiée une église. *Le patron des orfèvres est saint Éloi. Saint Joseph, patron du Canada.* **II.** Personne qui commande à des employés. **1.** Maître, maîtresse de maison, par rapport à ses domestiques. *La femme de ménage a la confiance de ses patrons.* **2.** Personne qui dirige une maison de commerce ; chef d'une entreprise industrielle ou commerciale privée. *Le patron, la patronne d'un restaurant. Le patron d'une usine. Le grand patron,* le président-directeur général. ⇒ **P.-D.G.** **3.** Tout employeur, par rapport à ses subordonnés. / contr. **ouvrier** / *Rapports entre patrons et employés* (⇒ **patronat**). **4.** (France) Professeur de médecine, chef de clinique. *Les grands patrons.* **5.** Personne qui dirige des travaux intellectuels, artistiques. *Patron de thèse.* ⇒ **directeur.** **6.** Fam. Supérieur hiérarchique. *Il se prend pour le patron.* ▸ ***patronal, ale, aux*** adj. **1.** Qui a rapport au saint patron (I) d'une paroisse. *Fête patronale.* **2.** Qui a rapport ou qui appartient aux chefs d'entreprise, aux patrons (II, 3). *Intérêts patronaux. Cotisation patronale.* / contr. **ouvrier** / *Une rencontre syndicale-patronale.* ▸ ***patronat*** n. m. ■ Ensemble des dirigeants d'entreprise (opposé à *salariat*). *Le Conseil du patronat du Québec (C.P.Q.).* ‹ ▸ patronner, patronnesse ›

② ***patron*** n. m. ■ Modèle de papier ou de toile préparé pour tailler un vêtement. *Le patron d'un manteau.*

patronage [patʀɔnaʒ] n. m. **1.** Appui donné par un personnage puissant ou un organisme. ⇒ **protection.** *Gala placé sous le haut patronage du premier ministre.* ⇒ **parrainage.** **2.** Œuvre, société de bienfaisance visant à assurer une formation morale à des enfants, des adolescents. ⇒ ② **foyer.** *Patronage laïque, paroissial.* — Siège de cette société. ⇒ **patro.** **3.** Fam. Favoritisme politique. ⇒ **népotisme.** *Certains partis pratiquent le patronage à outrance.* ▸ ***patroneur*** ou ***patroneux, euse*** n. et adj. ■ Fam. Politicien qui pratique le patronage (3). *Cette entreprise a bien profité de ses liens avec un patroneux reconnu.* — Adj. *Y a-t-il des partis plus patroneux que d'autres ?*

patronner [patʀɔne] v. tr. ▪ conjug. 1. ■ Donner sa protection à (⇒ **patronage**). *Être patronné par un personnage influent.* ⇒ **protéger.** *Patronner une candidature.* ⇒ **appuyer.** ‹ ▸ patronage ›

patronnesse [patʀɔnɛs] adj. f. ■ Vx et iron. DAME PATRONNESSE : qui se consacre à des œuvres de bienfaisance.

patronyme [patʀɔnim] n. m. ■ Nom de famille transmis par le père (opposé à *matronyme*).

patrouille [patʀuj] n. f. **1.** Ronde de surveillance faite par un détachement de police ; ce détachement. — *Voiture de patrouille.* ⇒ **autopatrouille.** **2.** Au combat. Déplacement d'un groupe de soldats chargé de remplir une mission ; ce groupe. *Patrouille de reconnaissance.* — *Avions envoyés en patrouille. Patrouille de chasse.* ▸ ***patrouiller*** v. intr. ▪ conjug. 1. ■ Aller en patrouille, faire une patrouille. *Les gardes-côtes patrouillent dans les eaux territoriales.* ▸ ***patrouilleur, euse*** n. **1.** Soldat qui fait partie d'une patrouille. — Policier en autopatrouille. **2.** N. m. Avion de chasse, navire de guerre d'escorte ou de surveillance. ‹ ▸ autopatrouille ›

patte [pat] n. f. **1.** (Animaux) Membre qui supporte le corps, sert à la marche (⇒ **jambe**). *Les quatre pattes des quadrupèdes. Les deux pattes d'une poule.* Loc. *Chien qui donne la patte.* — Loc. (Personnes) *Marcher* À QUATRE PATTES : en posant les mains et les pieds (ou les genoux) par terre. Fig. *Être toujours à quatre pattes,* ivre. ⇒ fam. **paqueté.** Loc. *Être à quatre pattes devant qqn,* être à plat ventre devant lui. — Par ext. Appendice servant à la marche (insectes, arthropodes, crustacés). *Les mille-pattes ont quarante-deux pattes.* — Loc. fam. *Ne pas avoir posé les pattes aux mouches,* être abruti, idiot, ne pas être très brillant, intelligent. **2.** Fam. Jambe. *Être bas, court sur pattes.* — *Avoir une patte folle,* boiter légèrement. *Il traînait la patte.* Fig. *Traîner, tirer de la patte,* être en arrière des autres (dans une compétition, un travail) ; fonctionner au ralenti. **3.** Fam. Main. BAS LES PATTES ! : n'y touchez pas, ne me touchez pas. — Loc. fam. COUP DE PATTE : coup de main habile. *Ce peintre a le coup de patte, a de la patte,* est habile. ≠ *pâte.* — *Patte gauche,* maladroit. — Au plur. *Des pattes de mouches,* une écriture fine et illisible. **4.** Loc. fam. *Coup de patte,* trait malveillant qu'on décoche à qqn en passant. ⇒ **critique ;** fam. **patarafe.** — *Retomber sur ses pattes,* se tirer sans dommage d'une affaire fâcheuse. — *Lever les pattes,* mourir. — *Montrer patte blanche,* montrer un signe de reconnaissance convenu, dire le mot de passe nécessaire pour entrer quelque part. — *Graisser* la patte à, de qqn.* — *Tirer dans les pattes de qqn,* lui susciter des difficultés, s'opposer sournoisement à lui (elle). **5.** (France) Cheveux qui poussent devant l'oreille. *Ne coupez pas les pattes.* ⇒ **favori. 6.** Languette d'étoffe, de cuir (servant à fixer, à fermer). *La patte d'une poche, d'un portefeuille.* **7.** Attache de fer scellée, chevillée ou clouée. **8.** Cour. Pied (II, 3) d'un meuble. *Pattes de table, de chaise.* — Petit chausson de bébé en laine, généralement coulissé à la cheville. ‹ ▶ empattement, ① épaté, mille-pattes, patte-d'oie ›

patte-d'oie [patdwa] n. f. **1.** Carrefour d'où partent plusieurs routes. **2.** Petites rides qui partent du coin externe de l'œil. *Des pattes-d'oie.*

pâturage [pɑtyʀaʒ] n. m. ■ Lieu couvert d'une herbe qui doit être consommée sur place par le bétail. ⇒ **pacage, prairie, pré ; herbage.** *Mener les vaches au pâturage* (⇒ **paître**). ▶ ***pâture*** n. f. **1.** Ce qui sert à la nourriture des animaux. *L'oiseau apporte leur pâture à ses petits.* **2.** Abstrait. Ce qui sert d'aliment (à une faculté, à un besoin, à une passion) ; ce sur quoi une activité s'exerce. *La bibliothèque municipale lui fournit sa pâture.* Loc. *Donner, livrer sa vie privée en pâture aux journalistes.*

paturon [patyʀɔ̃] n. m. ■ Partie du bas de la jambe du cheval. — Fam. Jambe.

① ***paume*** [pom] n. f. ■ Le dedans, l'intérieur de la main (opposé à *dos, revers*). ⇒ **creux.** *J'avais les paumes couvertes d'ampoules.*

② ***paume*** n. f. ■ Histoire. Sport, ancêtre du tennis, pratiqué en salle et qui consistait à se renvoyer une balle de part et d'autre d'un filet, au moyen d'une raquette et selon certaines règles. *Jouer à la paume.* — *Jeu de paume,* salle de jeu de paume.

paumelle [pomɛl] n. f. ■ Techniques. Charnière de métal réunissant le gond (d'un volet, d'une fenêtre, d'une porte) à la pièce où il s'articule *(œil).*

paumer [pome] v. tr. ▪ conjug. 1. (France) **1.** Vx. Fam. Arrêter, prendre qqn. *Il s'est fait paumer juste à la frontière.* ⇒ **pincer. 2.** Fam. Perdre. *J'ai paumé le fric.* — Pronominalement (réfl.). Se perdre. *Elle s'est paumée en route.* ▶ ***paumé, ée*** adj. ■ (France) Fam. Perdu, égaré. ⇒ fam. **écarté.** *Il est complètement paumé,* il ne sait plus où il en est. — N. Personne perdue pour la société. *C'est un paumé.* — Injure. *Va donc, eh, paumé !*

paupérisation [popeʀizasjɔ̃] n. f. ■ Économie. Croissance de la pauvreté. *La paupérisation de certains pays du tiers monde.* ⇒ **appauvrissement.** *La paupérisation des chômeurs* (⇒ nouveau **pauvre**).

paupière [popjɛʀ] n. f. ■ Chacune des deux parties mobiles qui recouvrent et protègent l'œil. *Battre des paupières.* ⇒ **ciller.** *Fermer les paupières,* s'endormir, dormir. *Fard à paupières.* ⇒ anglic. **eye-liner.** *Ombre à paupières.* — *Fermer les paupières d'un mort.*

paupiette [popjɛt] n. f. ■ Tranche de viande roulée et farcie. *Paupiettes de veau.*

pause [poz] n. f. **1.** Interruption momentanée (d'une activité, d'un travail, d'une marche, etc.). ⇒ **arrêt, halte.** *La pause de midi.* Fam. *La* PAUSE(-)CAFÉ (pour prendre le café). *Une pause santé. Faire, prendre une pause, la pause. Cinq minutes de pause. La pause entre deux cours.* ⇒ **interclasse. 2.** Temps d'arrêt dans les paroles. ⇒ **silence.** *« Non ! (Une pause.) Jamais ! »* **3.** Musique. Silence correspondant à la durée d'une ronde ; figure, signe qui sert à le noter. *Une pause vaut quatre soupirs.* ≠ *pose.* ‹ ▶ andropause, demi-pause, ménopause ›

pauvre [povʀ] adj. et n. **I.** Adj. **1.** Épithète (après le nom) ou attribut d'un nom de personne. Qui n'a pas (assez) d'argent. ⇒ **indigent, nécessiteux ;** fam. **fauché.** / contr. **riche** / *Il est très pauvre, pauvre comme Job.* ⇒ **misérable, miséreux.** *Je suis plutôt pauvre cette semaine.* ⇒ **démuni ;** fam. **cassé, désargenté, fauché.** — (Lieux) *Les pays pauvres.* ⇒ **sous-développé. 2.** (Choses) Qui a l'apparence de la pauvreté. *Une pauvre maison.* **3.** PAUVRE DE : qui n'a guère de. ⇒ **dénué, dépourvu, privé.** *Être un peu pauvre d'esprit.* — PAUVRE EN. *Une ville pauvre en distractions. Une rédaction pauvre en idées.* **4.** Qui est insuffisant, fournit ou produit trop peu. *Terre pauvre.* ⇒ **maigre, stérile.** / contr. **fertile** / **5.** Épithète, avant le nom. Qui inspire de la pitié. ⇒ **malheureux.** *Un pauvre malheureux. La pauvre bête reste attachée toute la journée ! Un pauvre sourire,* triste, forcé. — (En s'adressant à qqn) *Ma pauvre chérie ! Mon pauvre ami !* (affectueux ou méprisant). — Loc. *Pauvre de moi ! Pauvre toi !* — N. *Le pauvre, il (la pauvre, elle) n'est vraiment pas chanceux (chanceuse) ! Mon pauvre, ma pauvre,* exprime la commisération. **6.** Pitoyable, lamentable. *C'est un pauvre type.* **II.** N. **1.** Vx. UN PAUVRE, UNE PAUVRESSE : personne qui vit de la charité publique. ⇒ **indigent, mendiant. 2.** Au plur. LES PAUVRES (opposé à *riches*) : les personnes sans ressources, qui ne possèdent rien. ⇒ **défavorisé, démuni.** *Nouveaux pauvres,* classe sociale née de la crise économique, caractérisée par le chômage et la dépendance à l'égard de toutes les formes d'assistance. ▶ ***pauvrement*** [povʀəmɑ̃] adv. ■ D'une manière pauvre, indigente. *Vivre pauvrement.* ⇒ **misérablement.** — *Être pauvrement vêtu,* d'une manière qui trahit la pauvreté. ▶ ***pauvresse*** ⇒ **pauvre** (II). ▶ ***pauvreté*** [povʀəte] n. f. **1.** État d'une personne qui manque de moyens matériels, d'argent ; insuffisance de ressources. ⇒ **indigence, misère, nécessité ;** fam. **dèche.** / contr. **fortune, richesse** / *La société moderne n'a pas éliminé la pauvreté. La pauvreté augmente dans certains pays.* ⇒ **paupérisation.** Loc. prov. *Pauvreté n'est pas vice.* — Aspect pauvre, misérable. *La pauvreté d'un quartier.* **2.** Insuffisance matérielle ou morale. *Pauvreté du sol.* ⇒ **stérilité.** *Pauvreté intellectuelle.* ‹ ▶ appauvrir ›

se ***pavaner*** [pavane] v. pron. ▪ conjug. 1. ■ Marcher avec orgueil, avoir un maintien fier et superbe (comme un *paon* qui fait la roue). ⇒ **parader.** ▶ ***pavane*** n. f. ■ Ancienne danse, de caractère lent et solennel (XVIe et XVIIe s.) ; musique de cette danse.

paver [pave] v. tr. ▪ conjug. 1. **1.** Couvrir (un sol) d'asphalte. *Paver une autoroute.* **2.** Couvrir (un sol) d'un revêtement formé d'éléments, de blocs assemblés (pavés, pierres, mosaïque). / contr. **dépaver** / *Paver un chemin.* — Au p. p. adj. *Une route pavée.* ▶ ***pavage*** n. m. **1.** Travail qui consiste à paver. *Travailler au pavage d'une rue.* **2.** Revêtement d'asphalte d'un sol. ⇒ **chaussée, macadam, pavé.** *Attention ! Pavage déformé.* **3.** Revêtement d'un sol (pavés, mosaïque, etc.). ⇒ **carrelage, dallage. 4.** Sciences. Couverture d'une surface par un réseau régulier de lignes. ▶ ***pavé*** n. m. **1.** LE PAVÉ : l'ensemble des blocs qui forment le revêtement du sol. ⇒ **pavage, pavement.** *Le pavé de marbre d'une église.* **2.** La partie d'une voie publique ainsi revêtue ou asphaltée. ⇒ **chaussée, trottoir.** *Pavé humide, glissant.* — Loc. *Tenir le haut du pavé,* occuper le premier rang. — *Être sur le pavé,* sans domicile, sans emploi. *Mettre, jeter qqn sur le pavé. Battre le pavé,* marcher au hasard ou longtemps (dans une ville). **3.** UN PAVÉ : chacun des blocs de pierre, de bois, spécialement taillés et préparés pour revêtir un sol. ⇒ **carreau,** ① **dalle, tuile.** *Arracher les pavés pour faire une barricade. Pavés à emboîtement,* qui s'imbriquent. ⇒ **interbloc.** — Fam. *C'est un pavé dans la mare,* un événement inattendu qui dérange les habitudes, fait scandale. **4.** (France) Fromage de forme cubique. **5.** Pièce de viande rouge, épaisse. *Pavé au poivre.* **6.** Gros livre indigeste. *Un pavé de cinq cents pages.* **7.** Publicité, article de presse encadré dans la page. ▶ ***pavement*** n. m. ■ Pavage, pavés, artistiquement disposés. *Un pavement de mosaïque.* ‹ ▶ dépaver, repaver ›

① ***pavillon*** [pavijɔ̃] n. m. **1.** (Surtout en France) Petit bâtiment isolé ; petite maison dans un jardin, un parc. ⇒ **villa.** *Un pavillon de banlieue. Pavillon de chasse. Les pavillons d'un hôpital. Habiter un pavillon* (opposé à *immeuble*). **2.** Corps de bâtiment à plan sensiblement carré. *Le pavillon d'angle d'un château.* **3.** Édifice situé dans l'enceinte d'un établissement (hôpital, université, collège...) auquel il se rattache administrativement et matériellement. *Les pavillons d'un campus universitaire.* ▶ ***pavillonnaire*** adj. ■ Formé par des pavillons (1). *Une zone, un lotissement pavillonnaire.*

② ***pavillon*** n. m. **1.** Extrémité évasée (de certains instruments à vent). *Le pavillon d'une trompette.* **2.** Partie extérieure, cartilage de l'oreille (de l'être humain et des mammifères).

③ ***pavillon*** n. m. ■ Pièce d'étoffe que l'on hisse sur un navire pour indiquer sa nationalité, la compagnie de navigation à laquelle il appartient ou pour faire des signaux. ⇒ **drapeau.** *Navire qui bat pavillon grec. Pavillon de guerre. Amener le pavillon,* se rendre. *Ensemble de pavillons.* ⇒ grand **pavois.** — Loc. *Baisser pavillon devant qqn,* céder. ⇒ **capituler.** *L'équipe a baissé pavillon hier soir,* elle a perdu.

pavois [pavwa] n. m. invar. **1.** Histoire de France. Grand bouclier des Francs. — Loc. *Élever, hisser qqn* SUR LE PAVOIS : lui donner le pouvoir, le glorifier. **2.** Marine. Partie de la coque qui dépasse le niveau du pont. — GRAND PAVOIS : ensemble des pavillons hissés sur un navire comme signal de réjouissance. *Hisser le grand pavois.* ▶ ***pavoiser*** v. tr. ■ conjug. 1. ■ Orner de drapeaux (un édifice public, une maison, une ville, etc.), à l'occasion d'une fête, d'une cérémonie. — Sans compl. *Pavoiser pour la fête nationale.* Loc. fam. *Il n'y a pas de quoi pavoiser,* se réjouir, être fier. ⇒ se **vanter.**

pavot [pavo] n. m. ■ Plante cultivée pour ses fleurs ornementales, ses graines et la sève de ses capsules, qui fournit l'opium.

payement n. m. ⇒ **paiement.**

payer [peje] v. tr. ■ conjug. 8. **I. 1.** PAYER *qqn* : remettre à qqn ce qui lui est dû. *Payer un employé.* ⇒ **rémunérer.** *Être payé à l'heure, vingt dollars de l'heure pour un travail. Payer qqn en espèces.* Fam. *Je suis payé pour savoir que,* j'ai appris à mes dépens que. — *Payer qqn de retour,* reconnaître ses procédés, ses sentiments par des procédés et des sentiments semblables. **2.** PAYER *qqch.* : s'acquitter par un versement de (ce qu'on doit). *Payer ses dettes.* ⇒ **rembourser.** *Payer son loyer. Payer ses impôts.* — PROV. *Qui paie ses dettes s'enrichit.* **3.** Verser de l'argent en contrepartie de (qqch. : objet, travail). *« Combien avez-vous payé cette voiture ? — Je l'ai payée vingt mille dollars. » Payer qqch. cher, bon marché.* — Au p. p. adj. *Travail bien, mal payé.* ⇒ **rémunérer.** *Vacances payées. Port payé* (opposé à *dû*). **4.** Fam. *Payer qqch. à qqn,* offrir. *Viens, je te paie un verre.* **5.** Entraîner en contrepartie des sacrifices, une punition. *Il faudra payer.* ⇒ **expier.** *Il m'a joué un vilain tour, mais il me le paiera,* je l'en punirai. — *Payer pour,* subir les conséquences de qqch. *Si tu attends trop, tu vas payer pour.* — Pronominalement (passif). *Tout se paye.* **6.** Sans compl. Verser de l'argent. *Payer comptant. Avoir de quoi payer, pouvoir payer.* ⇒ **solvable.** — PAYER DE : payer avec. *Payer de sa poche,* avec son propre argent. Loc. *Payer de sa personne,* faire un effort, se dépenser ou subir qqch. — PAYER POUR *qqn* : à la place de qqn. *Payer pour qqn, pour qqch.,* subir les conséquences fâcheuses de, expier. **7.** (Choses) Compenser exactement. *Ce qu'elle gagne ne la paie pas de sa peine.* — Sans compl. Rapporter, être profitable. *Le crime ne paie pas.* ⇒ **payant. II.** SE PAYER **1.** v. pron. (Passif) *Les commandes se paient à la livraison.* **2.** (Réfl.) *Voilà dix dollars, payez-vous et rendez-moi la monnaie.* **3.** (Réfl. indir.) S'offrir. *On va se payer un bon repas.* — Fam. *S'en payer une tranche,* s'offrir du bon temps. — Iron. *Elle s'est payé un zéro à l'examen.* Fam. *Se payer la tête de qqn,* se moquer de lui. ▶ ***payable*** [pɛjabl] adj. ■ Qui doit être payé (dans certaines conditions de temps, de lieu, etc.). *Des marchandises payables en espèces.* ▶ ***payant, ante*** adj. **1.** Qui paie. *Spectateurs payants.* **2.** Qu'il faut payer. *Billet payant.* / contr. **gratuit** / *La télévision payante.* Fam. *Téléphone payant.* ⇒ **public. 3.** Fam. Qui profite, rapporte. ⇒ **avantageux, lucratif, rémunérateur.** *Le coup n'est pas payant. C'est payant.* ⇒ **rentable.** ▶ ***paye*** [pɛj] ou ***paie*** [pɛ] n. f. **1.** Action de payer un salaire, une solde. *Le jour de paye, de la paie.* **2.** (Surtout en France) Loc. fam. (Temps écoulé entre deux payes) *Il y a une paye qu'on ne l'a pas vu,* il y a longtemps. **3.** Ce qu'on paie aux militaires ⇒ **solde,** aux employés et ouvriers ⇒ **salaire.** *Recevoir sa paye, son chèque de paye. Une feuille de paye. Voilà toute ma paie.* ▶ ***payeur, euse*** n. **1.** Personne qui paie ce qu'elle doit. *Mauvais payeur.* — Fam. *Payeur de taxes.* ⇒ **contribuable. 2.** Personne chargée de payer pour une administration. *Trésorier-payeur général.* — En appos. *Agent payeur.* ‹ ▶ impayable, impayé, paiement, prépayer, sous-payer ›

pays [pe(ɛ)i] n. m. invar. **1.** Territoire d'une nation, délimité par des frontières terrestres, maritimes et administré par un gouvernement. ⇒ **État.** *Pays étrangers. Pays amis. Pays voisins. Les pays scandinaves. Les pays en voie de développement,* dont l'économie n'a pas atteint le niveau des pays industrialisés. **2.** Région, province. *Il n'est pas du pays. Sucre du pays. Étoffe, laine du pays. Vin de pays.* ⇒ **cru.** *Produits du pays.* ⇒ **terroir.** — Histoire ; Au plur. *Les vieux Pays-d'en-Haut*.* Vx *Les vieux pays,* l'Europe. **3.** Les gens, les habitants du pays (nation ou région). ⇒ **région.** *Tout le pays en a parlé.* **4.** (Au sens 1) LE PAYS DE *qqn,* SON PAYS : sa patrie. *Mourir pour son pays. Avoir le mal du pays.* ⇒ **nostalgie. 5.** LE PAYS DE *qqch.* : milieu particulièrement riche en. *La France est le pays des fromages.* **6.** Région géographique, considérée surtout dans son aspect physique. ⇒ **contrée.** *Les pays tempérés. Les pays chauds. Le plat pays,* la plaine. *Voir du pays,* voyager. — Loc. *Pays de cocagne,* pays fabuleux où tous les biens sont en abondance. **7.** Petite ville ; village. *Il habite un petit pays.* ⇒ fam. **bled, patelin.** ‹ ▶ arrière-pays, dépayser, paysage, paysan ›

paysage [pe(ɛ)izaʒ] n. m. **1.** Partie d'un pays que peut voir un observateur. *Le paysage est beau.* ⇒ **site, vue.** — Par ext. *Un paysage de toits et de cheminées.* **2.** Espace géographique d'un certain type. *Paysage* *urbain. Paysage laurentien, méditerranéen. — Le paysage automnal, hivernal.* **3.** *Un paysage,* tableau représentant la nature. *Peintre de paysages.* ⇒ **paysagiste.** — Image de la nature. *Dans ce film, il y a de beaux paysages.* **4.** Abstrait. *Le paysage politique actuel.* ⇒ **scène.** *Le paysage linguistique québécois.* — Loc. fam. *Cela fait bien dans le paysage,* produit un bon effet. ▶ ***paysagiste*** n. **1.** Peintre de paysages. *Les paysagistes hollandais. Une excellente paysagiste.* **2.** En appos. *Jardinier, architecte paysagiste,* qui dessine, réalise des aménagements paysagers. ▶ ***paysager, ère*** adj. ■ Aménagé, disposé de manière à produire un effet de paysage naturel. *Un parc urbain paysager. Un bureau, un mail paysager,* dans lequel on a disposé des plantes vertes, de petits arbres qui créent une atmosphère naturelle.

paysan, anne [peizɑ̃, an] n. et adj. (France) — REM. Les mots péjoratifs *(péquenot, plouc...)* désignant les paysans sont insultants. **1.** N. Homme, femme vivant à la campagne et s'occupant des travaux des champs. ⇒ **agriculteur, cultivateur, exploitant** agricole, **fermier, métayer, ouvrier** agricole. — Spécialt. Prolétaire ou petit propriétaire travaillant dans l'agriculture, l'élevage. *Ouvriers et paysans.* **2.** Adj. Propre aux paysans, relatif aux paysans. ⇒ **rural, rustique, terrien.** / contr. **citadin** / *Vie paysanne. Revendications paysannes et ouvrières.* **3.** Péj. Adj. et n. (Personnes) Qui a des manières grossières. ⇒ **colon, habitant, rustre.** ▶ ***paysannerie*** n. f. ■ Ensemble des paysans. *La paysannerie chinoise.*

① ***P.C.*** [pese] n. m. invar. ■ Abréviation de *Parti progressiste-conservateur* ou de *Parti conservateur.* ⇒ **conservateur.** *Les députés du P.C.* — En appos. *Une candidate P.C.*

② ***P.C.*** n. m. invar. ■ Anglic. Abréviation de *Personal Computer,* micro-ordinateur. ⇒ **micro.** — REM. Ce mot est un nom de marque déposée.

③ ***P.C.*** n. m. invar. ■ Abréviation de *poste de commandement. Ordres transmis du P.C.*

P.C.B. n. m. pl. ⇒ **B.P.C.** (REM.).

P.-D.G. [pedeʒe] n. invar. ■ Abréviation de *président-directeur général.* — Par ext. Gens d'affaires ; riche bourgeois. *C'est un restaurant pour P.-D.G.,* très cher.

péage [pe(j)aʒ] n. m. ■ Droit que l'on paye pour emprunter une voie de communication. *Autoroute, pont à péage.* — L'endroit où se perçoit le péage. *Les embouteillages au péage du pont Champlain.*

peanut n. f. ⇒ **pinotte.**

pea soup n. invar. ⇒ **french pea soup.**

peau [po] n. f. **I. 1.** Enveloppe extérieure du corps (des animaux vertébrés), constituée par une partie profonde ⇒ **derme** et par une couche superficielle ⇒ **épiderme.** *Relatif à la peau.* ⇒ **cutané.** *Enlever, détacher la peau d'un animal.* ⇒ **dépiauter, écorcher.** — *Une peau de carriole.* **2.** L'épiderme humain. *Peau claire, foncée, noire. Peau mate. Peau bronzée. Une coupure de la peau.* — Loc. fam. *N'avoir que la peau et les os,* être très maigre. *Se faire crever la peau,* se faire tuer. *Attraper qqn par la peau du cou, du dos,* le retenir au dernier moment. Fam. *Avoir qqn dans la peau,* l'aimer passionnément. *Avoir la peau courte,* être à court de moyens, dans la gêne. — Loc. *Se sentir bien (mal) dans sa peau,* satisfait ou non de ce qu'on est. *Ne pas savoir quoi faire de sa peau,* n'avoir rien à faire, être en peine. ⇒ **désœuvré, oisif.** *Je ne voudrais pas être dans sa peau,* à sa place. *Faire peau neuve,* changer complètement. *Jouer, risquer sa peau,* sa vie. *Sauver sa peau.* (France) *On lui fera la peau,* on le tuera. — *Par la peau des dents,* de justesse, difficilement. *L'équipe a remporté la série par la peau des dents.* **3.** Péj. *Vieille peau,* injure adressée à une femme. — *Une peau,* une prostituée, une femme de mauvaise vie. ⇒ très fam. **guidoune.** *Aller à la peau,* à la recherche d'aventures amoureuses. **4.** Filet, morceau de peau. *Couper les peaux autour d'un ongle.* ⇒ **envies.** **5.** Dépouille d'animal destinée à fournir la fourrure, le cuir. ⇒ **peausserie, pelleterie** (2). *Ouvriers des cuirs et peaux. Traiter les peaux* (⇒ **corroyer, tanner**). *Peau de chamois. Veste en peau de mouton* (veste en mouton). — Absolt. Cuir fin et souple. *Des gants de peau.* — Vx et fam. *Une peau d'âne,* un diplôme. *Une peau de vache,* une personne dure, méchante. **II. 1.** Enveloppe extérieure (des fruits). *Enlever la peau d'un fruit.* ⇒ **peler.** *Des peaux de banane.* — *La peau du lait,* pellicule qui se forme sur le lait bouilli au repos. ▶ ***peaufiner*** v. tr. ■ conjug. 1. **1.** Nettoyer, faire briller à la peau de chamois. **2.** Soigner les moindres détails (d'un travail). *Elle a peaufiné son rapport de stage.* ▶ ***peau-rouge*** [poʀuʒ] n. ■ Histoire. Amérindien (du Canada, des États-Unis). ⇒ ② **indien ;** péj. **sauvage.** *Les Peaux-Rouges se teignaient le visage en ocre.* — Adj. *Des attaques peaux-rouges.* ▶ ***peausserie*** [posʀi] n. f. **1.** Commerce, métier, travail des peaux, des cuirs. **2.** *(Une, des peausseries)* Peau travaillée. ‹ ▶ dépiauter, oripeau, peler, pelisse, pelleterie, pellicule, peluche, pelure ›

① ***pécan*** n. m. ⇒ **pacane** (REM.).

② ***pécan*** n. m. ⇒ **pékan.**

pécari [pekaʀi] n. m. **1.** Sorte de sanglier, cochon sauvage d'Amérique tropicale. *Des pécaris.* **2.** Cuir de cet animal. *Des gants de pécari.*

peccadille [pekadij] n. f. ■ Littér. Péché sans gravité, faute bénigne. *Tu te fâches pour des peccadilles.*

① ***pêche*** [pɛʃ] n. f. **1.** Fruit du pêcher, à noyau très dur et à chair fine. ⇒ **brugnon, nectarine.** *Pêche-abricot.* — Loc. *Peau, teint de pêche,* rose et velouté. **2.** (France) Loc. fam. *Avoir la pêche,* se sentir en forme. **3.** (France) Fam. Coup, gifle. ⇒ ① **claque.** *Il va te flanquer une pêche.* ‹ ▶ ① pêcher ›

② ***pêche*** n. f. **1.** Action ou manière de prendre les poissons, les crustacés, les mollusques, de pêcher ②. *Ouverture, fermeture de la pêche,* de la période où la pêche est autorisée. *Pêche à la ligne, au filet. Pêche à la truite. Pêche à pied. Aller à la pêche* (à la ligne). *Pêche au lancer. Pêche sous-marine. Faire une bonne, une mauvaise pêche. Pêche interdite. Camp de pêche. Pêche commerciale,* pratiquée dans un but lucratif. *Pêche côtière.* / contr. **hauturier** / — Fig. *Aller à la pêche aux informations,* à la recherche de qqch., sans savoir ce qu'on va trouver. **2.** Poissons, fruits de mer, pêchés. *Rapporter une belle pêche.* ‹ ▶ garde-pêche ›

pécher [peʃe] v. intr. ■ conjug. 6. **1.** Commettre un péché, des péchés. *Pécher par orgueil.* **2.** PÉCHER CONTRE *qqch.* ⇒ **manquer** à. *Pécher contre la bienséance.* **3.** (Suj. chose) PÉCHER PAR : tomber dans le défaut de. *Ce devoir pèche par une grande confusion d'idées.* ≠ ② *pêcher.* ▶ ***péché*** n. m. **1.** Religion. Acte conscient par lequel on fait ce qui est interdit par la loi divine, par l'Église. ⇒ ② **fautes.** *Commettre, faire un péché. Confesser ses péchés. L'absolution des péchés.* — *La gourmandise est* SON PÉCHÉ MIGNON : son faible. — *Péché mortel* (opposé à *péché véniel*). *Les sept péchés capitaux,* avarice, colère, envie, gourmandise, luxure, orgueil, paresse. *Le, un péché d'orgueil.* — *Le péché originel,* commis par Adam et Ève et dont tout être humain est coupable en naissant. **2.** LE PÉCHÉ : l'état où se trouve la personne qui a commis un péché mortel (opposé à *état de grâce*). *Tomber, vivre dans le péché.*

⇒ **impureté, mal.** ▶ ***pécheur, pécheresse*** n. et adj. ■ Personne qui est dans l'état de péché. *Un pécheur endurci.* — Adj. *Une âme pécheresse.* ≠ *pêcheur.*

① ***pêcher*** [pɛʃe] n. m. ■ Arbre d'origine tropicale cultivé pour ses fruits, les pêches ①. *Un pêcher en fleur.*

② ***pêcher*** v. tr. ▪ conjug. 1. **1.** Prendre ou chercher à prendre (du poisson). *Pêcher la truite, le saumon.* — Sans compl. dir. *Pêcher aux vers, à la mouche. Pêcher en mer.* — Loc. *Pêcher en eau trouble,* profiter d'un état de désordre, de confusion. **2.** Fam. Chercher, prendre, trouver (une chose inattendue) d'une manière incompréhensible. *Je me demande où vous allez pêcher ces histoires.* ≠ *pécher.* ▶ ***pêcherie*** n. f. ■ Lieu, entreprise de pêche. *Les pêcheries gaspésiennes.* — *Les pêcheries,* l'industrie de la pêche. *Le ministère des Pêcheries.* ▶ ***pêcheur, euse*** n. ■ Personne qui s'adonne à la pêche, par métier ou par plaisir. *Marin pêcheur. Pêcheur du dimanche. Pêcheur de corail. Pêcheuse de perles.* ≠ *pécheur.* ‹ ▶ ② pêche, martin-pêcheur, repêcher ›

pectine [pɛktin] n. f. ■ Substance naturelle, gélatine des tissus végétaux, dont on se sert pour conserver certains aliments. *De la pectine de pomme.*

pectoral, ale, aux [pɛktɔʀal, o] adj. et n. m. **1.** De la poitrine. *Muscles pectoraux* ou, n. m. pl., *les pectoraux.* **2.** De la face ventrale des animaux. / contr. **dorsal** / *Nageoires pectorales.* **3.** Qui combat les affections pulmonaires, celles des bronches. *Sirop pectoral.* ‹ ▶ expectorer ›

pécule [pekyl] n. m. **1.** Somme d'argent (⇒ **pécuniaire**) économisée peu à peu. *Amasser un pécule.* **2.** Argent qu'on acquiert par son travail, mais dont on ne peut disposer que dans certaines conditions. *Le pécule d'un détenu.*

pécuniaire [pekynjɛʀ] adj. — REM. [pekynje] n'existe pas. **1.** Qui a rapport à l'argent. *Des embarras pécuniaires.* ⇒ **financier. 2.** Qui consiste en argent. *Une aide pécuniaire.* ▶ ***pécuniairement*** adv. ■ *Aider qqn pécuniairement.*

péd- ■ Élément savant qui signifie « enfant ». ⇒ **puér(i)-.** ‹ ▶ pédagogie, pédéraste, pédiatre, ① pédo- ›

pédagogie [pedagɔʒi] n. f. **1.** Science de l'éducation des enfants ; art d'enseigner ou méthode d'enseignement. ⇒ **didactique. 2.** Qualité du bon pédagogue. *Il manque de pédagogie.* ▶ ***pédagogique*** adj. **1.** Qui a rapport à la pédagogie. ⇒ **éducatif.** *Méthodes pédagogiques nouvelles. Des conseillers pédagogiques. Journée pédagogique.* **2.** Qui répond à des normes de pédagogie. *Cette enseignante a un grand sens pédagogique.* ▶ ***pédagogiquement*** adv. ▶ ***pédagogue*** n. et adj. **1.** Personne qui a le sens de l'enseignement. *Une excellente pédagogue.* — Adj. *Un professeur peu pédagogue.* **2.** Dans l'Antiquité. Esclave chargé de suivre les études d'un enfant. **3.** Spécialiste de la pédagogie, de l'éducation. ‹ ▶ orthopédagogie, psychopédagogie ›

pédale [pedal] n. f. **I. 1.** Dispositif de commande ou de transmission qui s'actionne avec le pied. ≠ *manette. La pédale d'une machine à coudre. La pédale d'embrayage d'une voiture. Les pédales d'une bicyclette. Lâcher les pédales.* — Loc. fam. *Conduire la pédale au plancher,* très vite, faire de la vitesse. — *Mettre la pédale douce,* y aller doucement, éviter de s'emballer ; ralentir, diminuer ses activités. (→ Mettre une sourdine à...). *Perdre les pédales,* perdre ses moyens, son sang-froid ; se tromper dans une explication. **2.** Touche d'un instrument de musique actionnée au pied. *Les pédales d'un piano.* — *Pédale de (pour) guitare,* qui module le son d'une guitare électrique. **II.** Fam. (De *pédéraste*) *Une pédale,* un homosexuel. ⇒ ② **gai ;** fam. **fifi, homo, pédé,** ② **tante,** ② **tapette.** ▶ ***pédaler*** v. intr. ▪ conjug. 1. **1.** Actionner les pédales d'une bicyclette, d'un pédalo ; rouler à bicyclette. **2.** Fam. Aller vite. *Il va falloir pédaler pour terminer l'examen à l'heure.* ⇒ se **dépêcher.** — Loc. *Pédaler (dans le vide* ou, France, *dans la choucroute, la semoule...),* s'efforcer en vain. ▶ ***pédalier*** n. m. **1.** Ensemble formé par les pédales, le pignon et le(s) plateau(x) d'une bicyclette. **2.** Clavier inférieur de l'orgue, actionné au pied. ▶ ***pédalo*** n. m. ■ Petite embarcation à flotteurs mue par une roue à pales qu'on actionne au moyen de pédales. *Faire du pédalo. Sortir en pédalo. On loue des pédalos.* — REM. Ce mot est un nom de marque déposée.

pédant, ante [pedɑ̃, ɑ̃t] n. et adj. ■ Personne qui fait étalage d'une érudition forcée et livresque. ⇒ **cuistre.** *Quelle pédante !* ⇒ **bas-bleu.** — Adj. *Il est un peu pédant.* — (Choses) *Un ton pédant.* ▶ ***pédanterie*** n. f. ■ Littér. ⇒ **pédantisme.** ▶ ***pédantesque*** adj. ■ Littér. Propre au pédant. ⇒ **emphatique.** *Un langage pédantesque.* ▶ ***pédantisme*** n. m. ■ Prétention propre au pédant ; caractère de ce qui est pédant. *Être d'un pédantisme ridicule.*

-pède ■ Élément savant signifiant « pied ». ⇒ **-pode, podo-.** ‹ ▶ bipède, palmipède, quadrupède, vélocipède ›

pédéraste [pedeʀast] n. m. **1.** Qui s'adonne à la pédérastie. **2.** Homosexuel. ⇒ ② **gai ;** fam. **fifi, homo, pédale,** ② **tante,** ② **tapette.** — Abrév. cour. et péj. PÉDÉ n. m. (souvent injurieux). ▶ ***pédérastie*** n. f. **1.** Pratique homosexuelle entre un homme et un jeune garçon ou un adolescent. ⇒ **pédophilie. 2.** Abusivt. Homosexualité masculine.

péd(i)- ■ Élément savant signifiant « pied » (ex. : *pédicure*). ▶ ***pédestre*** [pedɛstʀ] adj. ■ Qui se fait à pied. *Randonnée pédestre.* ‹ ▶ pédale, pédicule, pédicure, pédoncule ›

pédiatre [pedjatʀ] n. ■ Médecin qui soigne les enfants. — Spécialiste des maladies infantiles. — REM. Pas d'accent sur le *a.* ▶ ***pédiatrie*** [pedjatʀi] n. f. ■ Médecine des enfants.

pédiculaire [pedikylɛʀ] n. f. ■ Plante herbacée dont les feuilles sont très découpées. *La pédiculaire du Canada est une plante printanière.*

pédicule [pedikyl] n. m. **1.** Support allongé et grêle (d'une plante). ⇒ **queue, tige.** *Le pédicule d'un champignon.* ⇒ ① **pied. 2.** Ensemble de conduits aboutissant à un organe. *Pédicules pulmonaires.* ≠ *pédicure.*

pédicure [pedikyʀ] n. ■ Auxiliaire médical spécialiste des soins des pieds. ≠ *pédicule.*

pedigree [pedigʀi(e)] n. m. ■ Anglic. Origine généalogique (d'un animal de race pure). *Établir le pedigree d'un chien. Des pedigrees.*

① ***pédo-*** ■ Élément savant signifiant « enfant ». ⇒ **péd-.** ▶ ① ***pédologie*** [pedɔlɔʒi] n. f. ■ Étude physiologique et psychologique de l'enfant. *Pédologie, pédiatrie et pédagogie.* ‹ ▶ pédophilie ›

② ***pédo-*** ■ Élément savant signifiant « sol ». ▶ ② ***pédologie*** n. f. ■ Branche de la géologie appliquée qui étudie les caractères chimiques et physiques des sols. ▶ ***pédologue*** n. ■ Spécialiste de l'étude des sols.

pédoncule [pedɔ̃kyl] n. m. **1.** Cordon de substance nerveuse unissant deux organes ou deux parties d'organes. *Pédoncules cérébraux.* **2.** Gros pédicule ;

queue d'une fleur ; axe supportant les ramifications qui portent les fleurs. ▶ ***pédonculé, ée*** adj. ■ Qui porte un, des pédoncule(s).

pédophilie [pedo(ɔ)fili] n. f. ■ Attirance sexuelle d'un adulte pour les enfants. ⇒ **pédérastie.** *Souffrir de pédophilie.* ▶ ***pédophile*** adj. et n. ■ Qui manifeste de la pédophilie, qui en est atteint. — N. *Un pédophile.*

pee-wee [piwi] adj. et n. invar. ■ Anglic. Se dit d'une catégorie sportive pour les jeunes de 11 et 12 ans, spécialt au hockey. ⇒ **atome, bantam, junior, midget, novice.** *Un club pee-wee. Le tournoi pee-wee. Le baseball pee-wee. Jouer pee-wee,* dans cette catégorie. — N. *Une ligue de pee-wee.* — Plaisant. *Les petits pee-wee.* — Absolt. *Pee-wee !, pee-wee !,* cri de ralliement.

pègre [pɛɡʀ] n. f. ■ Voleurs, escrocs considérés comme formant une sorte de classe sociale. ⇒ **canaille, racaille ; maffia.** *La pègre d'un port. La pègre et le milieu.*

peigner [peɲe] v. tr. ▪ conjug. 1. **I. 1.** Démêler, lisser (les cheveux) avec un peigne. ⇒ **coiffer.** *Peigner ses cheveux. Peigner qqn.* **2.** Démêler (des fibres textiles). *Peigner la laine, le chanvre.* ⇒ **peignage.** — Au p. p. adj. *Laine peignée.* **II.** SE PEIGNER v. pron. réfl. *Elle s'habille, se peigne.* ▶ ***peignage*** n. m. ■ Action de peigner les fibres textiles. ▶ ① ***peigne*** [pɛɲ] n. m. **1.** Instrument à dents fines et serrées qui sert à démêler et à lisser la chevelure. *Peigne de corne, d'écaille. Gros peigne.* ⇒ **démêloir.** *Se donner un coup de peigne.* Loc. *Passer qqch. au peigne fin,* examiner qqch. sans en omettre un détail. — Instrument analogue servant à retenir les cheveux (surtout des femmes). *Coiffure maintenue par des peignes et des barrettes.* **2.** Instrument pour peigner les fibres textiles (lin, chanvre, laine) dans le filage à la main. **3.** Instrument pour ramasser les bleuets. ▶ ② ***peigne*** n. m. ■ Mollusque (qui présente des dentelures, comme un peigne ①). — Mollusque dont certaines variétés, comme la coquille Saint-Jacques, sont comestibles. ▶ ***peigne-cul*** n. invar. ■ Fam. Avare, radin. ⇒ ① **chiche ;** fam. **gratteur,** ② **séraphin.** *Ils sont connus comme des peigne-cul.* ▶ ***peignure*** n. f. ■ Manière dont les cheveux d'une personne sont coiffés, arrangés. ⇒ **coiffure.** *Sa peignure n'est pas très orthodoxe.* — *Avoir la peignure de travers,* la coiffure. ⟨ ▶ dépeigner, peignoir ⟩

peignoir [pɛɲwaʀ] n. m. **1.** Vêtement en tissu éponge, long, à manches, que l'on met en sortant du bain. *Se sécher dans son peignoir.* — *Un peignoir de plage.* **2.** Vêtement léger d'intérieur que les femmes portent lorsqu'elles ne sont pas habillées. ⇒ **déshabillé.** *Un peignoir en (de) soie.*

peinard, arde [pɛnaʀ, aʀd] ou ***pénard, arde*** [penaʀ, aʀd] n. et adj. ■ Fam. Paisible, qui se tient à l'écart des ennuis. ⇒ **tranquille.** *Je me tiens peinard.* — *Un travail peinard.* ▶ ***peinardement*** ou ***pénardement*** adv. ■ Fam. Tranquillement.

peindre [pɛ̃dʀ] v. tr. ▪ conjug. 52. **I.** Couvrir, colorer avec de la peinture. ⇒ **peinturer.** *Peindre un mur en bleu. Peindre qqch. de plusieurs couleurs.* ⇒ **peinturlurer.** — Au p. p. adj. *Une statue en bois peint. Papier peint,* papier imprimé, de couleurs, pour couvrir les murs. ⇒ **tapisserie. II. 1.** Figurer au moyen de peinture, de couleurs. *Peindre un numéro sur une plaque.* **2.** Représenter, reproduire par l'art de la peinture. *Peindre des paysages.* — Sans compl. Faire de la peinture. *Elle peint et elle sculpte.* **III. 1.** Représenter par le discours, en s'adressant à l'imagination. ⇒ **décrire, dépeindre, montrer.** *Un roman qui peint la société.* **2.** SE PEINDRE v. pron. : revêtir une forme sensible ; se manifester à la vue. ⇒ **apparaître.** *La consternation se peignit sur les visages.* ⟨ ▶ dépeindre, peintre, peinture, repeindre ⟩

① ***peine*** [pɛn] n. f. **1.** Sanction appliquée à titre de punition ou de réparation pour une action jugée répréhensible. ⇒ **châtiment, condamnation, pénalité ; pénal.** *Peine sévère, juste.* **2.** Sanction prévue par la loi et applicable à une personne ayant commis une infraction. ⇒ droit **pénal.** *Être passible d'une peine d'emprisonnement. Infliger une peine,* condamner. *Peine pécuniaire.* ⇒ **amende.** *Peine privative de liberté,* emprisonnement. ⇒ **prison.** *Peine capitale, peine de mort.* **3.** SOUS PEINE DE loc. prép. : *Défense d'afficher sous peine d'amende.* ▶ ② ***peine*** n. f. **I.** Sens psychologique. **1.** Souffrance morale. ⇒ **chagrin, douleur, mal, malheur, souci, tourment.** / contr. **joie, plaisir** / *Peine de cœur, d'amour,* chagrin d'amour. **2.** LA PEINE : état fait d'un sentiment de tristesse et de dépression. ⇒ **douleur.** *Avoir de la peine. Je partage votre peine.* — *Faire de la peine à qqn.* ⇒ **affliger, peiner. 3.** Loc. *Être comme une* ÂME EN PEINE : très triste, inconsolable. *Il errait comme une âme en peine,* seul et tristement. — *Être en peine,* ne savoir que faire. **II.** Sens physique. Dur travail ; difficulté. **1.** Activité qui coûte, qui fatigue. ⇒ **effort.** *Ce travail demande de la peine.* — (Formule de politesse) *Prenez donc la peine d'entrer.* **2.** Loc. *N'être pas au bout de ses peines,* avoir encore des difficultés à surmonter. *Pour votre peine, pour la peine,* en compensation. *En avoir, en vouloir pour la peine,* pour que cela vaille le coup ; assez, beaucoup. *Homme de peine,* qui effectue des travaux de force. ⇒ **manœuvre.** *Valoir la peine.* ⇒ **valoir.** *C'était bien la peine de tant travailler,* le résultat ne valait pas tant de travail. *C'est peine perdue,* c'est inutile, vain. **3.** Difficulté qui gêne (pour faire qqch.). ⇒ **embarras, mal, misère.** *Avoir de la peine à parler, à marcher. J'ai (de la) peine à le croire.* **4.** Loc. *Avec peine. À grand-peine.* ⇒ **difficilement.** SANS PEINE. ⇒ **aisément, facilement.** *Je le crois sans peine.* — *Il n'est pas en peine pour,* il n'est pas gêné pour. *Être en peine (de qqch.),* manquer de. *Ne pas être en peine,* avoir de l'argent, des biens ; être à l'aise. **III.** À PEINE loc. adv. **1.** Presque pas, très peu. *Il y avait à peine de quoi manger.* — (Avec un numéral) Tout au plus. *Il y a à peine huit jours.* **2.** Depuis très peu de temps. ⇒ **juste.** *J'ai à peine commencé, je commence à peine.* — (Dans une propos. subordonnée, coordonnée ou juxtaposée) *Elle était à peine remise qu'elle retomba malade. À peine endormi, il se mit à ronfler.* (Avec ellipse du sujet et du verbe) *À peine dans la voiture, l'enfant s'endormit.* ▶ ***peiner*** [pene] v. ▪ conjug. 1. **1.** V. intr. Se donner de la peine, du mal. *Il peinait pour s'exprimer.* — *La voiture peine dans les montées.* ⇒ **faiblir. 2.** V. tr. Donner de la peine à (qqn). ⇒ **affliger, attrister, chagriner, fâcher.** / contr. **consoler** / *Cette nouvelle nous a beaucoup peinés.* — Au passif et au p. p. adj. *Nous en sommes très peinés.* ⟨ ▶ peinard, pénal, penaud, pénible ⟩

peintre [pɛ̃tʀ] n. **1.** Ouvrier ou artisan qui applique de la peinture sur une surface, un objet. *Peintre en bâtiment* ou, absolt, *peintre,* qui fait les peintures d'une maison, colle les papiers. **2.** Artiste qui fait de la peinture. *Ce peintre est un bon paysagiste, un portraitiste. Une peintre québécoise. Les tableaux, les toiles d'un peintre. Peintre figuratif ; peintre abstrait.* **3.** Littér. (Avec un compl.) Écrivain, orateur qui peint par le discours. *Le poète romantique est un peintre du cœur humain.* — REM. L'O.L.F. propose *une peintre* au féminin.

peinture [pɛ̃tyʀ] n. f. **I.** Action, art de peindre. **1.** Opération qui consiste à couvrir de couleur une surface. *Peinture d'art. Peinture en bâtiment. Peinture* *au rouleau, au pistolet, à la brosse, au pinceau.* ⇒ **peinturage.** **2.** EN PEINTURE : en portrait peint, en effigie. Loc. *Je ne peux pas le voir même en peinture,* je ne peux absolument pas le supporter. *C'est son père, sa mère en peinture,* il, elle leur ressemble beaucoup. ⇒ tout **craché ;** fam. tout **chié.** **3.** Description qui parle à l'imagination. *Ce roman est une peinture de la société.* **II.** **1.** LA PEINTURE : représentation, suggestion du monde visible ou imaginaire sur une surface plane au moyen de couleurs ; organisation d'une surface par la couleur ; œuvres qui en résultent (⇒ **pictural**). *Peinture à l'huile, à l'eau, à l'acrylique...* ⇒ **aquarelle, fresque, gouache, lavis.** *Peinture et dessin, et gravure, et mosaïque, et vitrail.* — (Genres, styles) *Peinture figurative, abstraite. La peinture flamande, italienne. — Exposition, galerie de peinture.* ⇒ **musée.** **2.** UNE PEINTURE : ouvrage de peinture. ⇒ **tableau, toile.** *Peintures rupestres,* sur les parois d'une grotte. ⇒ **pariétal.** *Une mauvaise peinture.* ⇒ **croûte.** **III.** **1.** Couche de couleur dont une chose est peinte. *Faire un raccord de peinture. La peinture commence à s'écailler.* **2.** Couleur préparée avec un liquide pour pouvoir être étendue. *Acheter un pot de peinture mate. Appliquer plusieurs couches de peinture. Peinture au latex*. Peinture fraîche,* qui vient d'être posée. ▶ ***peinturer*** v. tr. ▪ conjug. 1. **1.** Couvrir, colorer avec de la peinture. ⇒ **peindre.** *Peinturer un meuble. Faire peinturer son sous-sol.* — (Sans compl.) *On a peinturé toute la fin de semaine.* — Intransitivement. *Tu peintures bien, mal.* — Au p. p. adj. *Pièce déjà peinturée.* **2.** (France) Peindre d'une façon grossière et maladroite. ⇒ **barbouiller, peinturlurer.** ▶ ***peinturage*** n. m. ■ Action de peinturer. *Le peinturage prendra deux jours.* ⇒ **peinture.** — Son résultat. *Le peinturage de la cuisine est à refaire.* ▶ ***peinturlurer*** v. tr. ▪ conjug. 1. ■ Peindre avec des couleurs criardes. ⇒ **barbouiller, peinturer** (2). — Pronominalement (réfl.). *Se peinturlurer* (le visage), se maquiller à l'excès et mal. ‹ ▶ repeinturer ›

péjoratif, ive [peʒɔʀatif, iv] adj. ■ (Mots, expressions) Qui déprécie la chose ou la personne désignée. *Mot péjoratif. Les suffixes -ard (chauffard), -aud (salaud), -asse (bêtasse) sont péjoratifs.* ▶ ***péjorativement*** adv. ■ *Employer un mot péjorativement.*

pékan ou ② ***pécan*** [pekɑ̃] n. m. ■ Grande martre du Canada au pelage foncé, très recherchée pour sa fourrure. — Cette fourrure.

pékinois [pekinwa] n. m. invar. ■ Petit chien de compagnie à tête ronde, face aplatie, oreilles pendantes et à poil long.

pelade [pəlad] n. f. ■ Maladie qui fait tomber par plaques les poils et les cheveux. ⇒ **teigne.**

pelage [pəlaʒ] n. m. ■ Ensemble des poils (d'un mammifère), considéré du point de vue de son aspect. ⇒ **fourrure, poil, robe, toison.** *Le pelage du léopard.*

pélagique [pelaʒik] adj. ■ Didact. Relatif à la pleine mer, à la haute mer. *Le hareng et le saumon sont des poissons pélagiques.* ≠ *benthique.*

pèle-carottes [pɛlkaʀɔt] n. m. invar. ■ Petit ustensile de cuisine muni d'une lame fendue servant à éplucher les carottes et d'autres légumes. ⇒ **épluche-légumes, éplucheur.**

pêle-mêle [pɛlmɛl] adv. et n. m. invar. **I.** Adv. Dans un désordre complet. *Jeter des objets pêle-mêle. Des marchandises présentées pêle-mêle.* ⇒ en **vrac.** **II.** N. m. invar. **1.** Objets en désordre, mélange inextricable. ⇒ **bric-à-brac, fouillis ;** fam. **capharnaüm.** **2.** Cadre destiné à recevoir plusieurs photos. *Des pêle-mêle.*

peler [pəle] v. ▪ conjug. 5. **1.** V. tr. Dépouiller (un fruit) de sa peau. *Peler une pomme.* ⇒ **éplucher ; pelure.** **2.** V. intr. (Suj. personne ou partie du corps) Perdre son épiderme par parcelles. ⇒ se **desquamer ;** fam. **pleumer.** *Cet enfant a pris un coup de soleil, il pèle.* ▶ ***pelé, ée*** adj. et n. **1.** Qui a perdu ses poils, ses cheveux. — N. *« Ce pelé, ce galeux... »* (La Fontaine). **2.** Dépourvu de végétation, desséché. ⇒ **aride, sec.** *Montagne pelée.* ⇒ **plée.** **3.** Loc. fam. *Il n'y a que* QUATRE PELÉS ET UN TONDU : un très petit nombre de personnes. ‹ ▶ pelade, pèle-carottes ›

pèlerin, ine [pɛlʀɛ̃, in] n. ■ Personne qui fait un pèlerinage. *Les pèlerins de Sainte-Anne-de-Beaupré, Lourdes.* ▶ ***pèlerinage*** n. m. **1.** Voyage qu'on fait à un lieu saint pour des motifs religieux et dans un esprit de dévotion. *Aller en pèlerinage. Faire un pèlerinage à Jérusalem. Le pèlerinage de La Mecque* (des musulmans). **2.** Voyage fait pour rendre hommage à un lieu, à une personne renommée.

pèlerine [pɛlʀin] n. f. **1.** Vêtement de femme en forme de grand collet rabattu sur les épaules et la poitrine. **2.** Manteau (souvent, d'uniforme) sans manches, ample, souvent muni d'un capuchon. ⇒ **cape.**

pélican [pelikɑ̃] n. m. ■ Oiseau palmipède au bec très long, crochu, et muni d'une poche où il emmagasine de la nourriture pour ses petits. *Des pélicans blancs d'Amérique.*

pelisse [pəlis] n. f. ■ Manteau orné ou doublé d'une peau garnie de ses poils. ⇒ **fourrure.**

pelle [pɛl] n. f. **1.** Outil composé d'une plaque mince ajustée à un manche. *Pelle à neige.* ⇒ **gratte.** *Pelle carrée. Pelle ronde,* dont la plaque est courbée. *Pelle à charbon, pelle à ordures* (⇒ **porte-poussière ;** fam. **porte-ordures**). — *Pelle à tarte.* **2.** *Pelle (mécanique de chantier),* machine qui sert à exécuter les gros travaux de terrassement. ⇒ **excavateur, pelleteuse.** **3.** À LA PELLE loc. fam. *Remuer l'argent à la pelle,* être très riche. *On en ramasse à la pelle,* on en trouve en abondance. ▶ ***pelletée*** n. f. ■ La quantité de matière qu'on peut prendre d'un seul coup de pelle. *Une pelletée de sable.* — Loc. À (LA) PELLETÉE : en grande quantité, en abondance. *Il neigeait à la pelletée.* ▶ ***pelleter*** [pɛlte] v. tr. ▪ conjug. 4. — REM. Même lorsqu'il est conjugué, le verbe se prononce [pɛlt-], (ex. : *je pellette* [pɛlt], *je pelletais* [pɛltɛ], *je pelletterai* [pɛltʀe]). ■ Déplacer, remuer avec la pelle (1, 2). *Pelleter son entrée.* ⇒ **déneiger, souffler.** — Pronominalement. *Se pelleter un chemin jusqu'au cabanon.* — Fig. Transférer une charge additionnelle à qqn. *Le gouvernement a pelleté une partie de son déficit dans la cour des municipalités. Pelleter des nuages.* ⇒ **pelleteur.** ▶ ***pelletage*** n. m. ■ Action de pelleter. ▶ ***pelleteur*** ou ***pelleteux, euse*** n. ■ Personne qui manie, qui utilise une pelle. — Loc. fig. *Pelleteur de nuages,* personne qui a des idées, élabore des projets, discute de choses qui tiennent davantage du rêve que de la réalité ; personne qui est à la poursuite de chimères ; personne qui s'adonne à des occupations stériles. ▶ ***pelleteuse*** n. f. ■ Pelle mécanique pour charger, déplacer des matériaux.

pelleterie [pɛltʀi] n. f. **1.** Préparation et commerce des fourrures, des peaux et pelages. **2.** Surtout au plur. Ces peaux. *Des pelleteries précieuses.* — Histoire. *La traite des pelleteries.* ▶ ***pelletier, ière*** n. ■ Personne qui s'occupe de pelleterie.

pellicule [pe(ɛl)likyl] n. f. **I.** Petite écaille qui se détache du cuir chevelu. *Tes cheveux sont pleins de pellicules.* **II.** **1.** Couche fine à la surface d'un liquide, d'un solide. *Une mince pellicule de boue séchée.* **2.** Feuille mince formant un support souple à une couche sensible (en photo et cinéma). ⇒ **film ;** ① **bande.** *Acheter un rouleau de pellicule.* ≠ *plaque.* ‹ ▶ antipellicule ›

pelote [p(ə)lɔt] n. f. **I. 1.** Boule formée de ficelle, cordelette ou fil enroulé sur lui-même. ⇒ ① **peloton.** *Le chat joue avec une pelote de laine.* — Loc. *Avoir les nerfs* EN PELOTE : être très énervé. **2.** Coussinet sur lequel on peut planter des épingles, des aiguilles. Loc. *C'est une vraie pelote d'épingles,* une personne désagréable. **3.** Balle du jeu de paume et de pelote basque. **II.** PELOTE ou PELOTE BASQUE : jeu, sport où les joueurs divisés en deux équipes envoient alternativement la balle rebondir contre un mur, à main nue ou à l'aide de la chistera. ▶ ***pelotant, ante*** adj. ■ *Neige pelotante,* qui se met facilement en motte, en boule. — *Au printemps, lorsqu'il fait doux, la neige est pelotante.* ▶ ***pelotari*** [plɔtaʀi] n. m. ■ Joueur de pelote basque. *Des pelotaris.* ▶ ① ***peloton*** n. m. ■ Petite pelote de fils roulés. *Dévider un peloton de ficelle.* ▶ ***se pelotonner*** [p(ə)lɔtɔne] v. pron. ▪ conjug. 1. ■ Se ramasser en boule, en tas (en pelote ou en peloton). ⇒ se **blottir.** *Il se pelotonnait contre sa mère.* — Au p. p. *Les enfants pelotonnés sous les draps.* ‹ ▶ plotte ›

peloter [plɔte] v. tr. ▪ conjug. 1. ■ Fam. Caresser, palper, toucher sensuellement, indiscrètement (le corps de qqn ; qqn). ⇒ **lutiner, pogner.** ▶ ***pelotage*** n. m. ■ Fam. Caresses sensuelles, indiscrètes. ⇒ anglic. **necking, parking.** ▶ ***peloteur, euse*** n. ■ Fam. Personne qui aime le pelotage.

② ***peloton*** n. m. **1.** Groupe de soldats, troupe en opérations. ⇒ **section.** — *Pelotons de pompiers. Peloton d'instruction. Suivre le peloton* (formation des gradés). — *Peloton d'exécution,* groupe chargé de fusiller un condamné. **2.** Groupe compact (de concurrents dans une compétition). *Le gros du peloton. Être dans le peloton de tête,* dans les premiers.

pelouse [p(ə)luz] n. f. **1.** Terrain couvert d'une herbe serrée, fréquemment coupée. ⇒ **gazon.** *Les pelouses d'un parc. Tondre la pelouse.* — *Compétition de piste et pelouse.* **2.** Partie d'un champ de courses, généralement gazonnée, ouverte au public. *La pelouse, le pesage et les tribunes.*

peluche [plyʃ] n. f. **1.** Tissu à poils moins serrés et plus longs que ceux du velours. *Peluche de laine.* — *Animaux, chien, ours en peluche* (jouets d'enfant). **2.** *Peluche* ou, fam., PLUCHE [plyʃ] : flocon de poussière ; poil détaché d'une étoffe. **3.** Fam. Épluchure. ▶ ***pelucher*** ou ***plucher*** v. intr. ▪ conjug. 1. ■ Devenir poilu comme la peluche. *Une vieille robe de chambre qui commence à pelucher.* ▶ ***pelucheux, euse*** ou ***plucheux, euse*** adj. ■ Qui donne au toucher la sensation de la peluche ; qui peluche. *Étoffe pelucheuse.*

pelure [p(ə)lyʀ] n. f. **1.** Peau (d'un fruit, d'un légume pelé). ⇒ **épluchure.** *Une pelure de fruit, d'orange.* **2.** Fam. Habit, vêtement ; manteau. *Je vais enlever ma pelure.* **3.** *Papier pelure,* papier à écrire, fin et translucide.

pelvien, enne [pɛlvjɛ̃, ɛn] adj. ■ Anatomie. Relatif au petit bassin (appelé aussi *pelvis* [pɛlvis], n. m.).

pembina n. m. ⇒ **pimbina.**

pemmican [pe(ɛm)mikɑ̃] n. m. ■ Anciennt. Viande de bison ou d'orignal, séchée, concentrée puis réduite en poudre avant d'être mélangée avec des substances grasses. *Les voyageurs et les draveurs se nourrissaient de pemmican.*

pénal, ale, aux [penal, o] adj. ■ Relatif aux peines*, aux délits qui entraînent des peines. *Les lois pénales. Code pénal.* ▶ ***pénalement*** adv. ■ En matière pénale, en droit pénal. ▶ ***pénaliser*** v. tr. ▪ conjug. 1. ■ Infliger une peine, une punition, une pénalisation à (qqn, une action, un délit). — Au p. p. adj. *Une infraction au code de la route sévèrement pénalisée,* frappée d'une pénalité fiscale. ▶ ***pénalisation*** n. f. ■ Dans un match. Désavantage infligé à un concurrent qui a contrevenu à une règle. *Au soccer, le coup franc, le penalty sont des pénalisations.* ▶ ***pénalité*** n. f. **1.** Peine ; sanctions applicables à un délit fiscal. **2.** Sports Pénalisation. ⇒ **punition.** (Hockey) *Pénalité mineure* (2 m), *majeure* (5 m), *d'inconduite* (10 m). *Une pénalité de match,* par laquelle le joueur est expulsé du match. *Banc de pénalités. Lancer de pénalité,* qui permet à un joueur de se présenter seul avec la rondelle devant le gardien adverse. (Football) *Pénalité de dix, de vingt verges.* ▶ ***penalty*** [penalti] n. m. ■ (France) Soccer. Anglic. Sanction d'une faute commise en défense dans la surface de réparation ; coup de pied tiré directement au but, en face du seul gardien. ≠ *coup franc. Des penaltys* ou *des penalties.*

pénard n. et adj., ***pénardement*** adv. ⇒ **peinard, peinardement.**

pénates [penat] n. m. pl. **1.** Dieux domestiques chez les anciens Romains. — Loc. *Porter, emporter ses pénates quelque part,* s'y installer. *Déménager ses pénates,* s'en aller, quitter un lieu où l'on était installé. **2.** Demeure. ⇒ ② **foyer, maison.** *Regagner ses pénates.*

penaud, aude [pəno, od] adj. ■ Honteux à la suite d'une maladresse ; déconcerté à la suite d'une déception. ⇒ **confus, déconfit.**

pence Plur. de *penny.*

penchant [pɑ̃ʃɑ̃] n. m. **1.** Inclination naturelle (vers un objet ou une fin). ⇒ **faible, goût, propension, tendance.** *Mauvais penchants.* ⇒ **défaut, vice.** *Avoir un penchant à la paresse, pour la paresse,* y être enclin. **2.** Inclinaison. *Le mur a un petit penchant,* il penche légèrement. **3.** Littér. Mouvement de sympathie, d'affection (pour qqn). *Le penchant qu'ils ont l'un pour l'autre.*

pencher [pɑ̃ʃe] v. ▪ conjug. 1. **I.** V. intr. **1.** (Par rapport à la verticale) Être ou devenir oblique en prenant un équilibre instable ou une position anormale. *Ce mur penche.* **2.** (Par rapport à l'horizontale) S'abaisser. *Ce tableau penche à droite.* — Loc. *Faire pencher la balance* (en appuyant sur un plateau, en le chargeant) ; emporter la décision. **3.** (Suj. personne) PENCHER VERS, POUR : être porté, avoir une tendance à choisir, à préférer qqch., qqn. ⇒ **penchant.** *Elle penche pour la deuxième hypothèse.* ⇒ **préférer. II.** V. tr. Rendre oblique, par rapport à la verticale ou à l'horizontale ; faire aller vers le bas. ⇒ **incliner.** *Pencher une carafe pour verser de l'eau. Pencher la tête.* ⇒ **courber.** — Au p. p. adj. PENCHÉ, ÉE *La tour penchée de Pise. Une écriture penchée* (opposé à *droit*). — Loc. iron. *Avoir, prendre des airs penchés,* avoir l'air rêveur, pensif. **III.** SE PENCHER v. pron. **1.** S'incliner. *Défense de se pencher par la portière.* **2.** Fig. SE PENCHER SUR : s'occuper de qqn avec sollicitude ; s'intéresser (à qqn ou à qqch.) avec curiosité. *Se pencher sur un problème.* ⇒ **considérer, étudier, examiner.** ‹ ▶ penchant ›

pendable [pɑ̃dabl] adj. ■ Loc. *C'est un cas pendable,* une action coupable (qui mériterait qu'on pende le coupable). — *Jouer un* TOUR PENDABLE *à qqn* : un méchant tour.

pendaison [pɑ̃dɛzɔ̃] n. f. **1.** Action de pendre qqn. *Le supplice de la pendaison.* — Ce supplice. *Être condamné à la pendaison.* ⇒ **gibet, potence. 2.** Action de se pendre (suicide). **3.** *Pendaison de crémaillère,* action de pendre la crémaillère*.

① ***pendant, ante*** [pɑ̃dɑ̃, ɑ̃t] adj. **1.** Qui pend. *Les bras pendants. Les chiens haletaient, (la) langue* *pendante.* **2.** *Affaire, question pendante,* qui n'a pas reçu de solution. ▶ ② ***pendant*** n. m. **1.** *Pendants d'oreilles,* bijoux suspendus aux oreilles. ⇒ **boucle** d'oreille. **2.** LE PENDANT DE..., DES PENDANTS : chacun des deux objets d'art formant la paire. *Cette estampe est le pendant de l'autre.* **3.** FAIRE PENDANT À, *se faire pendant* : être symétrique. *Les deux tours du château se font pendant.*

③ ***pendant*** prép. **I. 1.** En même temps que, dans le temps de. *Il a été malade pendant le voyage. On est arrivé pendant la nuit.* ⇒ au **cours** de. **2.** Tout le temps qu'a duré (le complément) — REM. Dans ce cas, *pendant* peut être omis. ⇒ **durant.** *J'ai attendu (pendant) deux heures. Il s'est tu (pendant) un long moment. Elle a dansé (pendant) toute la soirée.* **3.** (Sans omission possible) *Pendant ce temps. Avant, pendant et après la guerre.* **II.** Loc. conj. PENDANT QUE : dans le même temps que ; dans tout le temps que. *Amusons-nous pendant que nous sommes jeunes.* ⇒ **alors que.** *Pendant que j'y pense, je dois vous dire...,* puisque j'y pense. Iron. *C'est ça, pendant que vous y êtes, prenez aussi mon portefeuille !* — Alors que, tandis que. *Les uns s'amusent pendant que d'autres souffrent.*

pendeloque [pɑ̃dlɔk] n. f. **1.** Bijou suspendu à une boucle d'oreille. **2.** Ornement suspendu à un lustre. *Des pendeloques de cristal.*

pendentif [pɑ̃dɑ̃tif] n. m. ■ Bijou qu'on porte suspendu au cou par une chaînette, un collier. ⇒ **sautoir.**

penderie [pɑ̃dʀi] n. f. ■ Petite pièce, placard où l'on suspend des vêtements. ⇒ **garde-robe.**

pendiller [pɑ̃dije] v. intr. ▪ conjug. 1. ■ Être suspendu en se balançant, en s'agitant en l'air. *Le linge pendillait sur une corde.* ▶ ***pendouiller*** v. intr. ▪ conjug. 1. ■ Fam. Pendre d'une manière ridicule, mollement.

pendre [pɑ̃dʀ] v. ▪ conjug. 41. **I.** V. intr. (Choses) **1.** Être fixé par le haut, la partie inférieure restant libre. ⇒ **tomber.** *Des lièvres pendaient au plafond de la ferme,* étaient suspendus. *Laisser pendre ses bras, ses jambes.* **2.** Descendre plus bas qu'il ne faudrait, s'affaisser. *Une jupe qui pend par-derrière. Il a les joues qui pendent.* **3.** Loc. fam. *Ça lui* PEND AU (BOUT DU) NEZ : se dit d'un désagrément, d'un malheur dont qqn est menacé (par sa faute). **II.** V. tr. **1.** Fixer (qqch.) par le haut de manière que la partie inférieure reste libre. ⇒ **suspendre.** *Pendre un jambon au plafond.* — Au p. p. adj. *Du linge pendu aux fenêtres.* **2.** Mettre à mort (qqn) en suspendant par le cou au moyen d'une corde. ⇒ **pendaison.** — (Dans des expressions) *Dire* PIS QUE PENDRE *de qqn* : plus qu'il n'en faudrait pour le faire pendre. ⇒ **médire.** — Fam. *Qu'il aille se faire pendre ailleurs,* se dit de qqn dont on a à se plaindre, mais qu'on ne veut pas punir soi-même. — *Je veux (bien) être pendu si...,* se dit pour appuyer énergiquement une déclaration. **3.** Loc. (Au p. p. adj.) *Avoir la langue* BIEN PENDUE : être très bavard. ⇒ **mémère ;** fam. **commère, placoteur.** (→ Avoir de la jasette) **III.** SE PENDRE v. pron. **1.** Se tenir en laissant pendre (I) son corps. *Se pendre par les mains à une barre fixe.* ⇒ se **suspendre. 2.** Au passif et au p. p. adj. ÊTRE PENDU, UE À : ne pas quitter, ne pas laisser. *Être tout le temps pendu au téléphone.* **3.** Sans compl. Se suicider par pendaison. *Il s'est pendu par désespoir.* ▶ ***pendu, ue*** n. ■ Personne qui a été mise à mort par pendaison, ou qui s'est pendue. Loc. *Parler de corde dans la maison d'un pendu,* évoquer une chose gênante, qu'il fallait taire. ‹ ▶ dépendre, pendable, pendaison, ① pendant, pendeloque, pendentif, penderie, pendiller, ② suspendre ›

① ***pendule*** [pɑ̃dyl] n. m. **1.** Masse suspendue à un point fixe par un fil tendu, qui oscille dans un plan fixe. *Oscillations, fréquence, période d'un pendule. Le pendule d'une horloge,* balancier. **2.** *Pendule de sourcier, de radiesthésiste,* servant, comme la baguette du sourcier, à déceler les « ondes ». ▶ ***pendulaire*** adj. ■ *Mouvement pendulaire.*

② ***pendule*** n. f. ■ Petite horloge, souvent munie d'un carillon qu'on pose ou qu'on applique, dont le balancier est un pendule. *La pendule sonne midi. Pendule-réveil.* ⇒ **réveil.** *Pendule électrique.* ≠ *montre.* ▶ ***pendulette*** n. f. ■ Petite pendule portative. *Pendulette de voyage.*

pêne [pɛn] n. m. ■ Pièce mobile d'une serrure, qui s'engage dans une cavité (gâche) et tient fermé l'élément (porte, fenêtre) auquel la serrure est adaptée. *Le pêne est coincé.* ≠ *penne.*

pénéplaine [peneplɛn] n. f. ■ Géographie. Région où la forme du relief est faiblement ondulée. ⇒ ① **plaine.** *Une pénéplaine est créée par un lent processus d'érosion.*

pénétrer [penetʀe] v. ▪ conjug. 6. **I.** V. intr. **1.** (Choses) Entrer profondément dans, en passant à travers ce qui fait obstacle. ⇒ s'**enfoncer,** s'**insinuer.** / contr. **effleurer** / *La balle a pénétré dans les chairs.* ⇒ **transpercer.** *Le soleil pénètre dans la chambre. Faire pénétrer qqch. dans...,* enfoncer, introduire. **2.** (Êtres vivants) Entrer. *Pénétrer dans une maison. Les envahisseurs qui pénètrent dans un pays.* **3.** Abstrait. *Une habitude qui pénètre dans les mœurs.* **II.** V. tr. **1.** (Suj. chose) Passer à travers, entrer profondément dans. *Liquide qui pénètre une substance.* ⇒ **imbiber, imprégner.** *Teinture qui pénètre le bois.* — Procurer une sensation forte, intense (froid, humidité, etc.) à (qqn). ⇒ **transpercer.** *Le froid vous pénètre jusqu'aux os.* — Abstrait. *Votre bonté me pénètre d'admiration.* ⇒ **remplir. 2.** (Suj. personne) Parvenir à connaître, à comprendre d'une manière poussée. ⇒ **approfondir, percevoir, saisir.** *Pénétrer un mystère.* ⇒ **découvrir.** *Pénétrer les intentions de qqn.* ⇒ **sonder.** *Connaissances ésotériques, impossibles à pénétrer.* ⇒ **impénétrable. III.** SE PÉNÉTRER v. pron. *Se pénétrer de,* s'imprégner (d'une idée). *Elle n'arrive pas à se pénétrer de l'utilité de ce travail.* ⇒ **pénétré.** ▶ ***pénétrable*** adj. **1.** Où il est possible de pénétrer. *Pénétrable à l'eau.* ⇒ **perméable. 2.** Qu'on peut comprendre. *Secret difficilement pénétrable.* / contr. **impénétrable** / ▶ ***pénétrant, ante*** adj. **1.** Qui transperce les vêtements, contre quoi on ne peut se protéger. *Une petite pluie pénétrante et fine.* **2.** Qui procure une sensation, une impression puissante. *Une odeur pénétrante. Des regards pénétrants.* ⇒ **aigu, perçant. 3.** Qui pénètre dans la compréhension des choses. ⇒ **clair, clairvoyant, perspicace.** / contr. **obtus** / *Vue pénétrante. Un esprit très pénétrant.* — (Personnes) *Un critique fin et pénétrant.* ▶ ***pénétration*** n. f. **1.** Mouvement par lequel un corps pénètre dans un autre. *La force de pénétration d'un projectile.* — Abstrait. *Favoriser la pénétration d'idées nouvelles.* **2.** Facilité à comprendre, à connaître. ⇒ **clairvoyance, perspicacité.** *Un esprit doué de beaucoup de pénétration.* ▶ ***pénétré, ée*** adj. ■ Rempli, imprégné profondément (d'un sentiment, d'une conviction). ⇒ **imbu, plein.** *Une mère pénétrée de ses devoirs. Être pénétré de son importance, de soi-même.* ⇒ **vaniteux.** — Souvent iron. *Un air, un ton pénétré,* convaincu. ‹ ▶ impénétrable ›

pénible [penibl] adj. **1.** Qui se fait avec peine, fatigue. ⇒ **ardu, difficile, forçant, laborieux ;** anglic. **rough, tough.** *Travail pénible.* ⇒ **ingrat.** *Respiration pénible.* **2.** Qui cause de la peine, de la douleur ou de l'ennui ; qui est moralement difficile. ⇒ **désagréable ; cruel, déplorable, dur, triste.** *Vivre des moments pénibles.* ⇒ **douloureux.** *Être pénible à qqn. Il m'est* *pénible de vous voir dans cet état. C'est pénible pour moi.* **3.** (Personnes) Fam. Difficile à supporter. ⇒ **insupportable, irritant.** *Il a un caractère pénible, il est pénible.* ► ***péniblement*** adv. **1.** Avec peine, fatigue ou difficulté. / contr. **aisément, facilement** / *On y est arrivé péniblement.* **2.** Avec douleur, souffrance. *Il en a été péniblement affecté.* ⇒ **cruellement. 3.** À peine, tout juste. *Un journal qui tire péniblement à trente-cinq mille exemplaires.*

péniche [peniʃ] n. f. ■ Bateau de transport fluvial, à fond plat. ⇒ **barge, chaland.** *Train de péniches remorquées, poussées. — Péniche de débarquement,* bâtiment militaire à fond plat.

pénicilline [penisilin] n. f. ■ Antibiotique de synthèse ou provenant d'une moisissure, très actif contre les microbes. *Recevoir une injection de pénicilline.*

péninsule [penɛ̃syl] n. f. ■ Grande presqu'île ; région ou pays qu'entoure la mer de tous côtés sauf un. ⇒ **cap, presqu'île.** *La péninsule de la Gaspésie. La péninsule Ibérique,* l'Espagne et le Portugal. ≠ *île.* ► ***péninsulaire*** adj. ■ Relatif à une péninsule, à ses habitants.

pénis [penis] n. m. invar. ■ Organe sexuel de l'homme, permettant le coït. ⇒ **phallus, sexe,** ① **verge ;** très fam. **bisoune, pissette, queue.**

pénitence [penitɑ̃s] n. f. **1.** *La pénitence,* profond regret, remords d'avoir offensé Dieu, accompagné de l'intention de réparer ses fautes. ⇒ **contrition ;** se **repentir.** *Faire pénitence,* se repentir. — Rite par lequel le prêtre donne l'absolution. ⇒ **confession. 2.** *(Une, des pénitences)* Peine que le confesseur impose au pénitent ; pratique pénible que l'on s'impose pour expier ses péchés. — Châtiment. ⇒ **punition. 3.** Loc. *Par pénitence,* pour se punir. *Pour ta pénitence, tu n'iras pas au cinéma. Mettre un enfant en pénitence.* ► ***pénitent, ente*** n. **1.** Personne qui confesse ses péchés. **2.** Membre d'une confrérie s'imposant volontairement des pratiques de pénitence. ‹ ► impénitent, pénitencier ›

pénitencier [penitɑ̃sje] n. m. ■ Prison ⇒ **bagne** ; maison de correction. *Être condamné au pénitencier.* — Abrév. fam. PEN [pɛn], n. m. ► ***pénitentiaire*** adj. ■ Qui a rapport aux détenus. *Régime, système pénitentiaire, établissement pénitentiaire* (⇒ **prison**). *Colonie pénitentiaire.*

penne [pɛn] n. f. ■ Grande plume des ailes et de la queue (des oiseaux). ≠ *pêne.* ‹ ► empenner ›

penny [pɛ(e)ni], plur. ***pence*** [pɛns] n. m. ■ Monnaie anglaise valant le centième de la livre sterling (symb. *p*). *Dix pence.* Pièce qui a cette valeur. — REM. Avant 1971, le *penny* était le douzième du *shilling* et son symb. était *d*.

pénombre [penɔ̃bʀ] n. f. ■ Lumière très faible, tamisée (presque de l'*ombre*). ⇒ **demi-jour ; clair-obscur.** *Apercevoir une forme dans la pénombre.*

pensable [pɑ̃sabl] adj. ■ (Surtout en tournure négative) Qu'on peut envisager, croire. ⇒ **imaginable.** / contr. **impensable** / *Ce n'est pas pensable, c'est à peine pensable.* ⇒ **concevable.** ‹ ► impensable ›

pensant, ante [pɑ̃sɑ̃, ɑ̃t] adj. **1.** Qui a la faculté de penser. ⇒ **intelligent.** *L'humain est un être pensant.* **2.** Vx. ou iron. BIEN PENSANT : qui pense conformément à l'ordre établi. MAL PENSANT (moins cour.) : qui a des idées subversives. *Les gens riches et bien pensants. Une revue bien pensante.*

pense-bête [pɑ̃sbɛt] n. m. ■ Chose, marque, courte note manuscrite destinée à rappeler ce que l'on a projeté de faire. *Des pense-bêtes.*

① ***pensée*** [pɑ̃se] n. f. **I.** LA PENSÉE. **1.** Ce qui affecte la conscience ; ce que qqn pense, sent, veut. *Laisse-moi deviner ta pensée. Ses mots ont dépassé sa pensée.* — L'esprit qui pense, désire, veut. *On a agi dans la pensée de bien faire,* dans l'intention, le dessein de. ⇒ **idée. 2.** Activité de l'esprit, faculté ayant pour objet la connaissance. ⇒ **esprit, intelligence, raison ; entendement.** *La pensée abstraite. L'expression de la pensée par le langage.* **3.** LA PENSÉE DE *qqn* : sa réflexion, sa façon de penser ; sa capacité intellectuelle ; sa position intellectuelle. *La pensée de Marx, de Gandhi* ⇒ **philosophie**, *d'Einstein* ⇒ **théorie**. *Je partage votre pensée là-dessus.* ⇒ **point de vue ; opinion.** Loc. *Aller jusqu'au bout de sa pensée,* ne pas craindre de surprendre, de choquer, en disant tout ce que l'on pense, en tirant toutes les conclusions d'une idée. **4.** *En pensée, par la pensée,* en esprit (et non réellement). *Se transporter quelque part par la pensée,* par l'imagination. **5.** Manière de penser. *Pensée claire.* **6.** Ensemble d'idées, de doctrines, communes à plusieurs. *La pensée marxiste. Une pensée nationaliste.* **II.** UNE, DES PENSÉES. **1.** (Sens courant) Ensemble de représentations, d'images, dans la conscience d'une personne (opposé à *mot(s), réalité(s)*). ⇒ **idée, sentiment.** *J'ai découvert le fond de ses pensées. Avoir une pensée émue pour qqn. Une pensée profonde, originale, superficielle, banale.* ⇒ **cliché.** — *Recevez nos plus affectueuses pensées.* **2.** Au plur. Résultat, produit de l'activité de la conscience. *Mettre de l'ordre dans ses pensées. Perdre le fil de ses pensées. Lire dans les pensées de qqn.* ⇒ **idée.** *Des pensées profondes. Elle restait absorbée dans ses pensées.* ⇒ **méditation, réflexion. 3.** Expression brève d'une idée (orale ou, plus souvent, écrite). ⇒ **maxime, sentence.** *Les « Pensées » de Pascal.* **III.** LA PENSÉE DE *qqn, qqch.* : le fait de penser à. *La pensée de l'être aimé l'a réconfortée. Il s'effraie à la seule pensée de prendre l'avion.* — LA PENSÉE QUE : le fait de penser, de savoir que. *La pensée que Marie l'aimait l'a réconforté.* ‹ ► arrière-pensée, libre pensée ›

② ***pensée*** n. f. ■ Plante cultivée dans les jardins pour ses grandes fleurs veloutées. *Pensées violettes, jaunes. Pensées sauvages.*

① ***penser*** [pɑ̃se] v. ■ conjug. 1. **I.** V. intr. **1.** Appliquer son esprit à concevoir, à juger qqch. *Tu ne peux donc pas penser par toi-même ?* ⇒ **comprendre, imaginer, juger, raisonner, réfléchir.** *La faculté de penser,* la raison. *Penser sur un sujet.* ⇒ **méditer, réfléchir.** *Penser juste. Il faut penser avant de parler,* il ne faut pas dire n'importe quoi. *La façon de penser de qqn,* sa pensée. — Loc. *Je vais lui dire ma façon de penser,* ce que je pense de lui. — *Une chose qui donne, qui laisse à penser,* qui fait réfléchir. **2.** Avoir des pensées. *Tu penses ou tu rêves ? Penser tout haut,* dire ce qu'on a en tête. *Penser en français, en anglais* (preuve que l'on maîtrise bien ces langues). *Les animaux pensent-ils ?* **II.** PENSER À **1.** Appliquer sa réflexion, son attention à. ⇒ **réfléchir, songer** à. *Pensez à ce que vous dites. N'y pensons plus,* oublions cela. *Faire une chose* SANS Y PENSER : machinalement. **2.** Évoquer par la mémoire, l'imagination. ⇒ **imaginer, rappeler,** se **souvenir.** *Il s'efforçait de ne plus penser à eux.* — FAIRE PENSER À. ⇒ **évoquer.** *Sa tête fait penser aux bandes dessinées.* **3.** S'intéresser à. ⇒ s'**occuper** de. *Penser aux autres. Il faut penser à l'avenir. Elle ne pense qu'à s'amuser.* **4.** Avoir en tête, en mémoire ; considérer en vue d'une action. / contr. **oublier** / *J'essaierai d'y penser.* ⇒ se **souvenir.** *J'ai pensé à tout.* ⇒ **prévoir.** *Je n'avais pas pensé à cela, je n'y avais pas pensé.* ⇒ faire **attention,** prendre **garde.** — Loc. *Sans penser à mal,* innocemment. **III.** V. tr. **1.** Avoir pour opinion, pour conviction. ⇒ **estimer.** *Penser du bien, du mal (beaucoup de bien, de mal) de qqn, de qqch. Penser qqch. de, à propos de, sur qqch. Qu'en pensez-vous ?*

— Loc. *Il ne dit rien mais il n'en pense pas moins,* il ne dit pas ce qu'il sait, il ne donne pas son opinion. **2.** Avoir l'idée de. ⇒ **croire, imaginer, soupçonner, supposer.** *Jamais je n'aurais pu penser cela !,* m'en douter. *Elle n'est pas si désintéressée qu'on le pense.* — Exclam. fam. (Sans compl.) *Tu penses !,* tu parles ! *Penses-tu ! Pensez-vous !,* mais non, pas du tout. — PENSER QUE : croire, avoir l'idée, la conviction que. *Vous pensez bien, tu penses bien que je n'aurais jamais accepté ! Je pense qu'il peut ; je ne pense pas qu'il puisse.* — *Nous pensons avoir résolu ces problèmes.* ⇒ **espérer.** — Pronominalement. *Se penser plus fin que les autres.* ⇒ se **croire.** *Elle se pense bonne.* **3.** Avoir dans l'esprit (comme idée, pensée, image, sentiment, volonté, etc.). *Dire ce que l'on pense.* — Euphémisme. *Il lui a flanqué un coup de pied où je pense, où vous pensez,* au derrière. — PENSER QUE : imaginer, songer. *Pensez qu'elle n'a que seize ans !* **4.** (+ infinitif) Avoir l'intention, avoir en vue de. ⇒ **compter.** *Que pensez-vous faire à présent ? Je pense m'en aller, renoncer, recommencer. Que penses-tu lui acheter comme cadeau ?* **5.** Littér. Considérer clairement, embrasser par la pensée. ⇒ **concevoir.** *Penser l'histoire, penser un problème.* — Au passif et au p. p. adj. *L'affaire est bien pensée.* ≠ *panser.* ▶ ② ***penser*** n. m. ■ Littér. Vx. Pensée. *Des pensers chagrins le minaient.* ▶ ***penseur, euse*** n. et adj. **1.** Personne qui s'occupe, s'applique à penser. — Adj. *Avoir l'air penseur.* ⇒ **pensif, songeur.** — Personne qui a des pensées neuves et personnelles sur les problèmes généraux. ⇒ **philosophe.** *Les penseurs du XVIIIe siècle. Mme de Staël fut une grande penseuse.* **2.** LIBRE PENSEUR. ⇒ **libre penseur.** ▶ ***pensif, ive*** adj. ■ Qui est absorbé dans ses pensées. ⇒ **songeur.** *Un homme pensif. Elle était un peu pensive. — Un air pensif.* ⇒ **préoccupé, soucieux.** ▶ ***pensivement*** adv. ■ D'une manière pensive, d'un air pensif. ▶ ***pensez-y-bien*** n. m. invar. ■ UN (DES) PENSEZ-Y-BIEN : une chose importante au sujet de laquelle il faut réfléchir sérieusement avant de prendre une décision. *Prendre des abris fiscaux, c'est toujours un pensez-y-bien.* ‹ ▶ libre penseur, pensable, pensant, pense-bête, ① pensée, repenser ›

① ***pension*** [pɑ̃sjɔ̃] n. f. ■ Allocation périodique (versée à une personne). ⇒ **dotation, retraite.** *Pension de vieillesse,* versée par le gouvernement fédéral aux personnes de 65 ans et plus. ⇒ **rente.** *Pension d'invalidité. Verser, recevoir une pension alimentaire. Avoir droit à une pension.* — Loc. fam. *Être à sa pension, prendre sa pension.* ⇒ **retraite.** ▶ ① ***pensionner*** v. tr. ▪ conjug. 1. ■ Pourvoir (qqn) d'une pension. *Pensionner un invalide.* — Au passif. *Elle est pensionnée du provincial.* ▶ ***pensionné, ée*** n. et adj. ■ Qui bénéficie d'une pension. *Les pensionnés du gouvernement.* — Adj. *Une enseignante pensionnée.*

② ***pension*** n. f. **1.** (Dans des expressions) Le fait d'être nourri et logé chez qqn. *Prendre pension dans un hôtel. Maison de pension.* — EN PENSION. *Prendre qqn chez soi en pension. Mettre un enfant en pension dans un collège. Demeurer en pension.* ⇒ **chambrer.** — *Payer la pension,* les frais de pension. **2.** (France ou vieilli) UNE PENSION : un établissement scolaire privé où l'on prend pension. *Une pension de jeunes filles.* ⇒ **internat, pensionnat.** — Ensemble des élèves d'une pension. ⇒ **pensionnaire.** *Toute la pension était en promenade.* **3.** (France) PENSION DE FAMILLE : établissement hôtelier où les conditions d'hébergement, de nourriture ont un aspect familial. — PENSION DE CHAMBRES. ⇒ maison de **chambres.** ▶ ***pensionnaire*** n. **1.** Personne qui prend pension chez un particulier ⇒ **chambreur**, dans un établissement public (hôtel, centre d'accueil, résidence...). **2.** Élève logé et nourri dans l'établissement scolaire qu'il fréquente. ⇒ **interne.** *Une pensionnaire. Les pensionnaires, les demi-pensionnaires* (ou *les semi-pensionnaires*) *et les externes.* ▶ ***pensionnat*** n. m. **1.** École, maison d'éducation privée où les élèves sont logés et nourris. ⇒ **internat.** *Le dortoir d'un pensionnat.* **2.** Les élèves de cet établissement. ▶ ② ***pensionner*** v. intr. ▪ conjug. 1. ■ Louer une chambre, dans une maison de chambres ou une maison privée. ⇒ **chambrer.** *Il paraît que vous pensionnez tout près d'ici ? Pensionner chez qqn,* y prendre pension. — Transitivement. *Pensionner qqn.* — Au passif. *Être pensionné par des parents.* ‹ ▶ demi-pension ›

pensum [pɛ̃(ɑ̃)sɔm] n. m. ■ Travail pénible, ennuyeux. *Quel pensum !*

penta- ■ Élément savant signifiant « cinq ». ⇒ **quinqu(a)-.** ▶ ***pentagone*** [pɛ̃tagɔn] ou, cour., [pɑ̃tagɔn] n. m. ■ Polygone qui a cinq côtés et cinq angles. *L'état-major des armées des États-Unis occupe un bâtiment en forme de pentagone.* — (Avec une majusc.) *Le Pentagone,* ce bâtiment ; cet état-major.

pentathlon [pɛ̃tatlɔ̃] ou, cour., [pɑ̃tatlɔ̃] n. m. ■ Ensemble de cinq épreuves sportives disputées successivement par les mêmes athlètes. ⇒ **décathlon, heptathlon.** *Pentathlon antique* ou *classique, pentathlon moderne. Pentathlon féminin,* ancienne compétition d'athlétisme, remplacée par l'*heptathlon* en 1981. ▶ ***pentathlonien, ienne*** n. ■ Athlète spécialiste du pentathlon, ou qui y participe. ⇒ **décathlonien, heptathlonienne.**

pente [pɑ̃t] n. f. **I.** Disposition oblique, penchée. **1.** Inclinaison (d'une surface) par rapport à l'horizontale. ⇒ **déclivité.** *Pente douce, raide, rapide d'un chemin, d'un terrain* (opposé à *plat*). *Une pente de quinze pour cent,* dont la déclivité est de quinze mètres sur une longueur de cent mètres. **2.** Direction de l'inclinaison selon laquelle une chose est entraînée ; descente. *Suivre la pente du terrain.* — Loc. fig. *Suivre sa pente,* ses inclinations, ses penchants, son goût. **3.** EN PENTE : qui n'est pas horizontal. *Terrain en pente. Chemin en pente douce, raide.* **II.** UNE PENTE : une surface oblique. **1.** Surface inclinée. *Descendre, monter une pente.* ⇒ ② **côte.** *En haut, au bas de la pente. La pente d'une colline.* ⇒ **côté, versant.** *La pente d'un toit.* **2.** Abstrait. Ce qui incline la vie vers la facilité, le mal. — Loc. *Être sur une mauvaise pente, sur une pente dangereuse. Remonter la pente,* cesser de s'abandonner à une facilité. ▶ ***pentu, ue*** adj. ■ En pente, fortement incliné. *Des toits pentus.* ‹ ▶ contre-pente, monte-pente, remonte-pente, soupente ›

pentecôte [pɑ̃tkot] n. f. **1.** Fête juive célébrée sept semaines après le deuxième jour de la pâque. **2.** (Avec une majusc.) Fête chrétienne célébrée le septième dimanche après Pâques pour commémorer la descente du Saint-Esprit sur les apôtres. *Le lundi de (la) Pentecôte.*

penthotal [pɛ̃tɔtal] ou, cour., [pɑ̃tɔtal] n. m. ■ Substance (barbiturique) qui produit un état de sommeil artificiel et supprime certaines défenses (communément appelé *sérum de vérité*).

penture [pɑ̃tyʀ] n. f. ■ Bande de fer, souvent décorative, à embout fixé sur un battant pour le soutenir sur le gond. ⇒ **ferrure.** *Les pentures en équerre d'une fenêtre.*

pénultième [penyltjɛm] adj. et n. f. ■ Avant-dernier. — N. f. Avant-dernière syllabe.

pénurie [penyʀi] n. f. ■ Manque de ce qui est nécessaire. *Pénurie de blé.* ⇒ **défaut, rareté.** / contr. **abondance** / *Pénurie de main-d'œuvre.* ⇒ **carence.**

pep [pɛp] n. m. ■ Anglic. Entrain, dynamisme. *Personne qui a du pep. Mettre du pep dans une soirée.*

▶ ***pepper*** v. tr. ▪ conjug. 1. ▪ Soulever l'enthousiasme, mettre de l'entrain, encourager. *L'entraîneur sait comment pepper son équipe.* — Au p. p. adj. *Elle est très peppée aujourd'hui.*

pépé [pepe] n. m. (France) Fam. **1.** Lang. enfantin. Grand-père. ⇒ **grand-papa.** *Le pépé et la mémé.* **2.** Homme âgé. *Un vieux pépé.* ⇒ fam. **pépère.**

pépée [pepe] n. f. ▪ (France) Fam. Terme d'admiration. Femme, jeune fille. *Une jolie pépée.* ⇒ fam. **pétard, poupée.**

pépère [pepɛʀ] n. m. et adj. Fam. **1.** Grand-père. ⇒ **grand-papa.** *« Bonjour, pépère ! ».* — Vieillard. ⇒ fam. **pépé. 2.** Gros homme, gros enfant paisible, tranquille. *Un gros pépère.* **3.** Adj. Agréable, tranquille. *Un petit coin pépère. Vous serez pépères ici.*

pépier [pepje] v. intr. ▪ conjug. 7. ▪ (Jeunes oiseaux) Pousser de petits cris. ▶ ***pépiement*** n. m. ▪ *Les pépiements des moineaux, des poussins.*

① ***pépin*** [pepɛ̃] n. m. ▪ Graine de certains fruits (raisins, baies, agrumes, pommes, poires, etc.). *Fruits à pépins.* ≠ *noyau. Enlever les pépins d'un fruit.* ‹ ▶ pépinière ›

② ***pépin*** n. m. ▪ Fam. Ennui, complication, difficulté. ⇒ **anicroche, os.** *Pourvu qu'il n'y ait pas de pépin !*

③ ***pépin*** n. m. ▪ (France) Fam. Parapluie. *Ouvre ton pépin, il pleut.*

pépine [pepin] n. f. ▪ Fam. Engin de chantier équipé d'une benne à l'avant et d'un godet de pelle mécanique à l'arrière, servant à creuser des tranchées, à faire des déblais. ⇒ **excavateur.**

pépinière [pepinjɛʀ] n. f. **1.** Terrain où l'on fait pousser de jeunes arbres destinés à être replantés ou à recevoir des greffes. **2.** Ce qui fournit un grand nombre de personnes qualifiées. *Ce pays est une pépinière de savants.* ⇒ **vivier.** ▶ ***pépiniériste*** n. et adj. ▪ Jardinier(ière) qui cultive une pépinière (1). ⇒ **arboriculteur.**

pépite [pepit] n. f. **1.** Morceau d'or natif (naturel) et pur. *Les orpailleurs, les chercheurs d'or ont trouvé des pépites dans ce ruisseau.* **2.** Aliments. Petit morceau. *Des pépites de poulet. Biscuits aux pépites de chocolat.*

péplum [peplɔm] n. m. **1.** Dans l'Antiquité. Vêtement de femme, sans manches, qui s'agrafait sur l'épaule. **2.** Film à grand spectacle, sur l'Antiquité classique. *Des péplums hollywoodiens, italiens.*

pepperoni [peperɔni] n. m. ▪ Saucisson épicé fait de viande de porc et de bœuf. *Un sandwich, une pizza au pepperoni. Du pepperoni en tranches.*

pepsi [pɛpsi] n. et adj. m. **1.** Boisson gazeuse de type cola, contenant des acides phosphorique et citrique, de la caféine, etc. *Boire du pepsi. Canette de pepsi. Des pepsis,* des bouteilles, des canettes de cette boisson. — REM. Ce mot est un nom de marque déposée. **2.** Vieilli. Adj. m. *La génération pepsi,* celle des jeunes qui ont l'esprit ouvert, qui sont modernes. — Loc. fam. *Être pepsi.* ⇒ **quétaine. 3.** Péj. Terme d'injure que les anglophones emploient pour désigner les francophones canadiens (opposé à *bloke, newfie*). ⇒ anglic. **frenchie, french pea soup, frog.**

pepsine [pɛpsin] n. f. ▪ Enzyme du suc gastrique.

peptide [pɛptid] n. m. ▪ Molécule constituée par l'union d'un nombre restreint d'acides aminés. ≠ *protide.*

péquenaud, aude [pɛkno, od] n. ou ***péquenot*** [pɛkno] n. m. ▪ (France) Fam. et péj. (injurieux) Paysan. ⇒ **colon, habitant.** — Adj. *Ce qu'il est péquenaud !*

péquiste [pekist] n. et adj. ▪ N. Membre ou partisan d'un parti politique provincial (*Le Parti québécois*) qui prône un nationalisme fort et un socialisme modéré (opposé à *libéral*). ⇒ **P.Q.** *Une péquiste convaincue.* — Cour. Au plur. *Les péquistes.* — Adj. *René Lévesque était un premier ministre péquiste. Une circonscription péquiste. Le vote péquiste,* en faveur de ce parti. — Adv. *Voter péquiste.*

① ***per-*** ▪ Élément signifiant « à travers » (ex. : *perforer, perméable, perspective*).

② ***per-*** ▪ Élément signifiant « complètement » (ex. : *perdurer, perfection, persister*).

perçage [pɛʀsaʒ] n. m. ▪ Opération par laquelle on perce une matière. ⇒ **percement.** *Le perçage du bois, du métal. — Le perçage des oreilles.*

percale [pɛʀkal] n. f. ▪ Tissu de coton, fin et serré. *Drap de (en) percale.*

perçant, ante [pɛʀsɑ̃, ɑ̃t] adj. **1.** Qui voit au loin. *Vue perçante ; regard perçant. — Des yeux perçants,* vifs et brillants. **2.** (Sons) Aigu et fort, qui perce les oreilles. *Pousser des cris perçants.* ⇒ **strident.** *Voix perçante.* ⇒ **criard.**

percée [pɛʀse] n. f. **1.** Ouverture qui ménage un passage ou une perspective. *Ouvrir une percée dans une forêt.* ⇒ **chemin, trouée. 2.** Action de percer, de rompre les défenses. *Tenter une percée.* **3.** Progrès spectaculaire. *Une percée technologique.* ⇒ **avancée.**

percement [pɛʀsəmɑ̃] n. m. ▪ Action de percer, de pratiquer (une ouverture, un passage). *Le percement d'un tunnel.*

perce-neige [pɛʀsənɛʒ] n. m. ou f. invar. ▪ Plante à fleurs blanches qui s'épanouissent à la fin de l'hiver. *Des perce-neige.*

perce-oreille [pɛʀsɔʀɛj] n. m. ▪ Insecte inoffensif dont l'abdomen porte une sorte de pince. *Des perce-oreilles.*

percepteur, trice [pɛʀsɛptœʀ, tʀis] n. ▪ (France) Fonctionnaire chargé de la perception ② des impôts et de certaines taxes. ⇒ ② **perception.** *Recevoir un avertissement de son percepteur.*

① ***perception*** [pɛʀsɛpsjɔ̃] n. f. ▪ Réunion de sensations en images mentales. *Perception visuelle, auditive, tactile, olfactive.* — Action de percevoir ①. *Troubles de la perception. Troubles dans la perception des couleurs. — Verbes de perception* (regarder, voir, écouter, entendre, sentir, etc.). ▶ ***perceptible*** adj. **1.** Qui peut être perçu par les sens. ⇒ **visible ; audible ; appréciable, sensible.** / contr. **imperceptible** / *Des détails perceptibles à l'œil nu. Des différences peu perceptibles.* **2.** Qui peut être compris, saisi par l'esprit. *Un avantage difficilement perceptible.* ‹ ▶ imperceptible ›

② ***perception*** n. f. **1.** Opération par laquelle l'État, le percepteur* perçoit ② les impôts directs. ⇒ **recouvrement.** — Impôt, taxe, redevance. **2.** Emploi, bureau du percepteur. ⇒ (les) **impôts, recette.**

percer [pɛʀse] v. ▪ conjug. 3. **I.** V. tr. **1.** Faire un trou dans (un objet). ⇒ **perforer, trouer.** *Percer un mur. Un clou a percé le pneu.* — Au p. p. adj. *Souliers percés.* — Traverser, trouer (une partie du corps). *Elle s'est fait percer les oreilles pour porter des boucles. Percer un abcès.* ⇒ **ouvrir. 2.** Blesser (qqn) à l'aide d'une arme pointue. ⇒ **blesser, tuer.** *Percer qqn de coups.* ⇒ **cri-**

bler. — Au p. p. adj. *Cœur percé d'une flèche,* symbole de l'amour. — Loc. *Percer le cœur de qqn,* affliger, faire souffrir. **3.** Pratiquer dans (qqch.) une ouverture pouvant servir de passage, d'accès. *Percer un rocher pour ouvrir un tunnel. Percer un coffre-fort.* **4.** Traverser (une protection, un milieu intermédiaire). ⇒ **transpercer.** *Le soleil perçait les nuages.* **5.** (Suj. personne) Se frayer un passage dans. *Percer le front des armées ennemies. Percer la foule.* (Sports) *Percer la défensive adverse.* **6.** Littér. Parvenir à découvrir (un secret, un mystère). ⇒ **déceler, pénétrer.** *Percer un complot.* — Loc. *Percer qqn, qqch. à jour,* parvenir à connaître (ce qui était tenu caché, secret). **7.** Faire (une ouverture) en enlevant des matériaux. *Percer un trou. Percer une avenue. Percer une fenêtre dans un mur.* ⇒ **ouvrir. II.** V. intr. **1.** Se frayer un passage en faisant une ouverture, un trou. — (Choses) *Les premières dents de bébé ont percé. Abcès qui perce.* ⇒ **crever.** — (Personnes) *Les ennemis n'ont pas pu percer.* ⇒ **percée. 2.** Littér. Se déceler, se manifester, se montrer. *Rien n'a percé de leur entretien.* ⇒ **filtrer, transpirer. 3.** (Personnes) Acquérir la notoriété. ⇒ **réussir.** *Un jeune chanteur qui commence à percer.* ▶ ***perceur, euse*** n. ■ Personne qui perce (I, 1, 3). *Perceur de coffre-fort.* ▶ ***perceuse*** n. f. ■ Machine-outil utilisée pour percer des pièces métalliques, pour la finition des pièces. ⇒ **aléseuse, foreuse, fraiseuse, vilebrequin.** ⇒ fam. ② **moine.** *Une perceuse électrique.* ⟨ ▶ perçage, perçant, percée, percement, perce-neige, perce-oreille, transpercer ⟩

① ***percevoir*** [pɛʀsəvwaʀ] v. tr. ▪ conjug. 28. **1.** Comprendre, parvenir à connaître. ⇒ **apercevoir, concevoir, discerner, distinguer, saisir, sentir.** *Percevoir une intention, une nuance.* **2.** Avoir conscience de (une sensation). ⇒ **éprouver, sentir ; entendre ;** ① **perception.** *Elle percevait les battements de son cœur.* — Réunir des sensations en perception ①. *Les daltoniens ne perçoivent pas certaines couleurs.* ⟨ ▶ apercevoir, ① perception ⟩

② ***percevoir*** v. tr. ▪ conjug. 28. **1.** Recevoir (une somme d'argent). ⇒ **encaisser ;** fam. **empocher.** *Percevoir un loyer.* ⇒ **toucher.** / contr. **payer** / **2.** Recueillir (le montant d'un impôt, d'une taxe). ⇒ **lever ; percepteur,** ② **perception.** — Au p. p. adj. *Droits perçus.* ⟨ ▶ percepteur, ② perception ⟩

perchaude [pɛʀʃod] n. f. ■ Perche ① commune. ⇒ ② **doré.**

① ***perche*** [pɛʀʃ] n. f. ■ Poisson d'eau douce, à chair estimée. ⇒ **perchaude,** ② **doré.**

② ***perche*** n. f. **1.** Grande tige de bois. *Perche utilisée pour propulser une barque.* — SAUT À LA PERCHE : saut en hauteur en prenant appui sur une perche. *Perche de saut en fibres de carbone.* **2.** Loc. TENDRE LA PERCHE *à qqn* : lui fournir une occasion de se tirer d'embarras (comme pour éviter qu'il, elle se noie). **3.** Fam. Personne grande et maigre. ⇒ **échalas, échalote ;** anglic. **jack.** *Quelle grande perche !* ▶ ***perchiste*** n. ■ Sauteur à la perche.

percher [pɛʀʃe] v. ▪ conjug. 1. **I.** V. intr. **1.** (Oiseaux) Se mettre, se tenir sur une branche, un perchoir. **2.** Fam. (Personnes) Loger, habiter. ⇒ **demeurer ;** fam. **crécher.** *Où est-ce que tu perches ?* — (Choses) Être situé, placé. **II.** V. tr. Fam. Placer à un endroit élevé. *Quelle idée d'avoir perché ce vase sur l'armoire !* **III.** SE PERCHER v. pron. : se mettre, se tenir sur un endroit élevé. ⇒ se **jucher, grimper.** — Au p. p. adj. PERCHÉ, ÉE. *Les pigeons perchés sur le balcon.* ▶ ***percheur, euse*** adj. ■ *Oiseau percheur,* qui a l'habitude de se percher. ▶ ***perchoir*** n. m. **1.** Endroit où viennent se percher les oiseaux domestiques, les volailles. *Perchoir de perroquet.* **2.** Fam. Endroit où qqn est perché, juché. *Descends de ton perchoir !*

percheron [pɛʀʃəʀɔ̃] n. m. ■ Grand et fort cheval de trait, de labour (provenant de la région du *Perche,* en France).

perclus, use [pɛʀkly, yz] adj. ■ Qui a de la peine à se mouvoir. ⇒ **impotent.** *Elle est toute percluse de rhumatismes. Être perclus de douleurs.* — Littér. *Un vieillard perclus.*

percolateur [pɛʀkɔlatœʀ] n. m. ■ Appareil à vapeur sous pression qui sert à faire du café en grande quantité. *Installer un percolateur dans un bar.* — Abrév. fam. PERCO n. m.

percussion [pɛʀkysjɔ̃] n. f. **1.** Action de frapper, de heurter. ⇒ **choc.** *Perceuse à percussion.* **2.** *Instrument à percussion* ou *de percussion,* dont on joue en le frappant et dont le rôle est surtout rythmique (ex. : *cymbales, grosse caisse, caisse claire, tambour, tam-tam*). ⇒ **batterie.** ▶ ***percussionniste*** n. ■ Musicien(ienne), qui joue d'un instrument à percussion.

percuter [pɛʀkyte] v. ▪ conjug. 1. **I.** V. tr. Frapper, heurter (qqch.). *La voiture a percuté un arbre.* **II.** V. intr. **1.** Heurter en explosant. *Obus qui vient percuter contre le sol.* **2.** Heurter violemment un obstacle, un véhicule. *La voiture est allée percuter contre un camion.* ▶ ***percutant, ante*** adj. **1.** Qui donne un choc. — *Un obus percutant,* qui éclate à la percussion. **2.** Fig. Qui frappe par sa netteté brutale, qui produit un choc psychologique. ⇒ **frappant.** *Un article percutant. Une formule percutante.* ▶ ***percuteur*** n. m. ■ Pièce métallique qui, dans une arme à feu, est destinée à frapper l'amorce et à la faire détoner. ⟨ ▶ percussion ⟩

perdant, ante [pɛʀdɑ̃, ɑ̃t] n. et adj. **1.** Personne qui perd au jeu, dans une affaire, une compétition. ⇒ **battu, vaincu.** / contr. **gagnant** / *Match nul, où il n'y a ni perdant ni gagnant. — Vous serez perdant.* **2.** (Choses) Qui perd. *Les numéros perdants.*

perdition [pɛʀdisjɔ̃] n. f. **1.** Le fait de se perdre (III, 5), d'être damné. — Éloignement de l'Église et des voies du salut. ⇒ **péché** mortel. / contr. **salut** / — Iron. *Lieu de perdition,* de débauche. **2.** *Navire* EN PERDITION : en danger de faire naufrage. ⇒ **détresse.**

perdre [pɛʀdʀ] v. tr. ▪ conjug. 41. **I.** Être privé de la possession ou de la disposition de (qqch.). **1.** Ne plus avoir (un bien). *Il perd, il a perdu tout son argent au jeu, dans une faillite.* / contr. **gagner ; acquérir** / — *Perdre son emploi.* — Loc. *N'avoir plus rien à perdre. Vous ne perdez rien pour attendre,* vous finirez par obtenir ce que vous méritez (formule de menace). Fam. *Tu ne le connais pas ? tu n'y perds rien, tu ne perds rien !,* il ne mérite pas d'être connu. **2.** Être séparé de (qqn) par la mort. *Elle avait perdu son père à douze ans.* — Ne plus avoir (un compagnon, un ami, etc.). *Depuis qu'il boit, il a perdu tous ses amis.* / contr. **retrouver** / **3.** Cesser d'avoir (une partie de soi ; une qualité). *Perdre ses cheveux. — Perdre du poids,* maigrir. / contr. ① **engraisser, grossir** / *Perdre ses forces,* s'affaiblir. *Perdre la vie,* mourir. — *Perdre la raison, la carte,* devenir fou. *Perdre la mémoire.* — (Compl. sans art.) *Perdre connaissance, la carte,* s'évanouir. *Perdre courage. Perdre patience.* / contr. **prendre, reprendre** / — (Choses) *Ce procédé a perdu son intérêt. Certains mots perdent leur sens.* **4.** Ne plus avoir en sa possession (ce qui n'est ni détruit ni pris). ⇒ **égarer ;** fam. **écarter.** *J'ai perdu mon stylo. Nous avons perdu notre guide.* ⇒ **perdu** (I). **5.** Laisser s'échapper. *Il perd son pantalon,* son pantalon tombe. — *Le blessé perd beaucoup de sang.* **6.** (En parlant de ce qui échappe à la portée des sens) *Ne pas perdre une bouchée, une miette d'une conversation,* n'en rien perdre. — Loc. PERDRE *qqn, qqch.* DE VUE : ne plus voir ; ne plus fréquenter qqn. *Nous nous sommes* *perdus de vue.* **7.** Ne plus pouvoir suivre, contrôler. *Perdre son chemin.* — Loc. *Perdre pied,* être dans l'embarras. *Perdre le nord, les pédales,* s'affoler ; être désorienté. *Perdre la tête,* ne plus avoir conscience de ses gestes. **8.** Ne pas profiter de (qqch.), en faire mauvais usage. ⇒ **dissiper ; gâcher, gaspiller.** *Perdre du temps.* / contr. **économiser** / *Perdre son temps. Vous n'avez pas un instant à perdre.* — *Il a perdu une bonne occasion de se taire,* il aurait mieux fait de se taire. **9.** Ne pas obtenir ou ne pas garder (un avantage). *Perdre l'avantage.* — Ne pas obtenir l'avantage dans. *Perdre la partie. Perdre une bataille. Perdre un procès.* Sans compl. *Elle a perdu,* elle s'est fait battre. *Il a horreur de perdre,* il est mauvais joueur. — *Perdre du terrain,* aller moins vite que son adversaire. *Cette maladie perd du terrain,* recule. **II.** (Compl. personne) Priver (qqn) de la possession ou de la disposition de biens, d'avantages. ⇒ **perdu** (II). **1.** (Suj. personne) Causer la ruine totale, ou même la mort de (qqn). *On cherche à nous perdre.* **2.** (Suj. chose) Priver de sa réputation, de son crédit (auprès de qqn) ; priver de sa situation. *Son excès d'ambition le perdra. Perdre qqn auprès de qqn.* ⇒ **discréditer.** — Faire condamner. *C'est le témoignage de sa complice qui l'a perdu.* **3.** Littér. Pervertir. *Ses mauvaises fréquentations l'ont perdu.* — Religion. Damner. ⇒ **perdition. 4.** Mettre (qqn) hors du bon chemin. ⇒ **égarer, fourvoyer ;** fam. **écarter.** *J'ai l'impression que notre guide nous a perdus.* ⇒ **perdu** (III). **III.** SE PERDRE v. pron. **1.** Être réduit à rien ; cesser d'exister ou de se manifester. *Les traditions se perdent.* **2.** Être mal utilisé, ne servir à rien. *Laisser (se) perdre une occasion.* **3.** (Réfl.) Cesser d'être perceptible. ⇒ **disparaître.** *Des silhouettes qui se perdent dans la nuit.* **4.** (Personnes) S'égarer ; ne plus retrouver son chemin. ⇒ se **mêler** (III) ; fam. s'**écarter.** *Nous allons nous perdre. C'était la nuit et je me suis perdu.* ⇒ **perdu** (III). — Abstrait. Être incapable de se débrouiller, d'expliquer, ne plus voir clair dans. *Plus je pense à ce problème, plus je m'y perds.* — SE PERDRE DANS, EN : appliquer entièrement son esprit au point de n'avoir conscience de rien d'autre. ⇒ s'**absorber,** se **plonger.** *Se perdre dans ses pensées.* **5.** Relig. (Personnes) Être damné. ⇒ **perdition.** ⟨ ▶ déperdition, imperdable, perdant, perdition, perdu ⟩

perdrix [pɛʀdʀi] n. f. invar. ■ Oiseau de taille moyenne, au plumage roux ou gris cendré, très apprécié comme gibier. *La perdrix grise.* — Oiseau apparenté à la perdrix, spécialt la gélinotte huppée. *Perdrix blanche.* ⇒ **lagopède.** *Perdrix des savanes.* ⇒ **tétras.** ▶ ***perdreau*** n. m. ■ Jeune perdrix de l'année. *Un vol de perdreaux.* ⟨ ▶ œil-de-perdrix ⟩

perdu, ue [pɛʀdy] adj. **I.** Qui a été perdu (⇒ **perdre** I). **1.** Dont on n'a plus la possession, la disposition, la jouissance. *Argent perdu au jeu. Tout est perdu,* il n'y a plus d'espoir, plus de remède. — Loc. prov. *Un(e) de perdu(e), dix de retrouvé(e)s,* se dit d'une personne ou d'une chose dont on pense que la perte sera facilement réparable. **2.** Égaré. *Objets perdus.* — (Lieux) Écarté ; éloigné, isolé. *Pays perdu. Un coin perdu.* **3.** Mal contrôlé, abandonné au hasard. *Il a été blessé par une balle perdue,* qui a manqué son but et l'a atteint par hasard. **4.** Qui a été mal utilisé ou ne peut plus être utilisé. *Verre, emballage perdu* (opposé à *consigné*). ⇒ **jetable.** *Une occasion perdue.* ⇒ **manqué.** *Ce n'est pas perdu pour tout le monde,* il y a des gens qui en ont profité. — (À propos du temps) *C'est du temps perdu,* inutilement employé. *Je joue du piano à mes moments perdus,* à mes moments de loisir. *À, par temps perdu,* dans les moments où l'on a du temps à perdre. **5.** Où on a eu le dessous. *Bataille, guerre perdue.* **II.** Qui a été perdu (II), atteint sans remède (par le fait d'une personne ou d'une chose). **1.** (Personnes) Atteint dans sa santé. *Le malade est perdu.* ⇒ **condamné, incurable ;** fam. **fichu, foutu.** / contr. **sauvé** / — Atteint dans sa fortune, sa situation, son avenir... *C'est un homme perdu.* ⇒ **fini.** — Loc. *Fille perdue,* prostituée. **2.** (Choses) Abîmé, endommagé. *Récoltes perdues à cause de la grêle.* **III. 1.** Qui se perd (III), qui s'est perdu. *Ça y est, on est encore perdu !* ⇒ **égaré ;** fam. **paumé.** *Se sentir perdu dans la foule.* Abstrait. *Je suis perdue, je ne m'y retrouve plus.* — N. *Courir comme un perdu,* un fou. **2.** Absorbé. *Perdue dans ses pensées, dans sa douleur,* plongée. ⟨ ▶ éperdu ⟩

perdurer [pɛʀdyʀe] v. intr. ▪ conjug. 1. ■ Littér. Continuer, durer* malgré les obstacles. ⇒ se **poursuivre,** se **prolonger.** *La douleur perdure.*

père [pɛʀ] n. m. **1.** Homme qui a engendré, donné naissance à un ou plusieurs enfants. *Être, devenir père. Être (le) père de deux enfants. Le père de qqn. Le père et la mère.* ⇒ **parents.** *Du père.* ⇒ **paternel.** — Loc. prov. *Tel père, tel fils.* — Appellatif. ⇒ **papa.** *Oui, père ! Le père, me prêterais-tu dix dollars ?* **2.** PÈRE DE FAMILLE : qui a un ou plusieurs enfants qu'il élève. ⇒ **chef** de famille. *Les responsabilités du père de famille.* — Loc. *Vivre en bon père de famille,* sans bruit ni scandale. **3.** Le parent mâle (de tout être vivant sexué). *Le père de ce poulain était un pur-sang.* — *Père biologique,* dont le rôle s'est limité à la fécondation de l'ovule ou dont le sperme a servi pour cette opération. **4.** Au plur. Littér. Ancêtre. ⇒ **aïeul. 5.** (Avec une majusc.) *Dieu le Père,* la première personne de la Sainte-Trinité. ⇒ **Notre-Père.** *Le Père éternel.* **6.** Fig. *Le père de qqch.* ⇒ **créateur, fondateur, inventeur.** — *Les Pères de la Confédération.* **7.** Celui qui se comporte comme un père, est considéré comme un père. *Père légal, adoptif. Il a été un père pour moi.* **8.** (Titre de respect) Nom donné à certains religieux. *Les Pères Blancs.* — *Le Saint-Père, notre saint-père le pape.* — *Les Pères de l'Église,* les docteurs de l'Église (du Ier au VIe siècle). — *Mon Père,* se dit en s'adressant à certains religieux. — (Avant le prénom) *Le père Jean.* **9.** Fam. (Avant le nom de famille) Désignant un homme mûr de condition modeste. *Le père Goriot,* un personnage de Balzac. *Le père Ovide,* un personnage de Claude-Henri Grignon. — *Le père Paquet.* — *Le père Noël* ou, avec une majusc., *le Père Noël.* — Fam. *Alors, mon petit père, comment ça va ? Un père tranquille,* un homme paisible. ⟨ ▶ arrière-grand-père, beau-père, compère, ① grand-père, Notre-Père, patern-, pépé, pépère, saint-père ⟩

pérégrination [peʀegʀinasjɔ̃] n. f. ■ Surtout au plur. Déplacements incessants sur de longues distances et en de nombreux endroits.

péremption [peʀɑ̃psjɔ̃] n. f. ■ Droit. Anéantissement (des actes de procédure) après un certain délai. ≠ *préemption, prescription.*

péremptoire [peʀɑ̃ptwaʀ] adj. ■ Qui détruit d'avance toute objection ; contre quoi on ne peut rien répliquer. ⇒ **décisif, tranchant.** *Argument péremptoire.* ⇒ **irréfutable.** *Elle a adopté un ton péremptoire.* — *Il a été péremptoire.* ▶ ***péremptoirement*** adv.

pérennité [peʀe(ɛ)nite] n. f. ■ Littér. État, caractère de ce qui dure toujours ⇒ **continuité, immortalité,** ou très longtemps. *Assurer la pérennité des institutions.*

péréquation [peʀekwasjɔ̃] n. f. ■ Répartition égalitaire de charges ou de moyens. *Un taux de péréquation.* — *Paiements de péréquation,* argent versé aux provinces les plus pauvres par le gouvernement fédéral et servant à équilibrer la répartition des richesses du pays.

perestroïka [peʀɛstʀɔika] n. f. ■ En Union soviétique, réorganisation du système socio-économique et modification des mentalités dans le sens de l'efficacité et d'une meilleure circulation de l'information, orientation fondée notamment sur la glasnost*.

perfectible [pɛʀfɛktibl] adj. ■ Susceptible d'être amélioré. / contr. **imperfectible** / *La science est perfectible.*

perfectif, ive [pɛʀfɛktif, iv] adj. ■ Grammaire. *Aspect, verbe perfectif,* qui exprime une action envisagée comme aboutissant à un terme, comme accomplie (opposé à *imperfectif*). — N. m. *Le perfectif.* ⟨ ► imperfectif ⟩

perfection [pɛʀfɛksjɔ̃] n. f. **1.** État, qualité de ce qui est parfait. / contr. **imperfection** / *Atteindre un haut degré de perfection. La perfection de son travail est étonnante.* **2.** À LA PERFECTION loc. adv. : d'une manière parfaite, excellente. ⇒ **parfaitement.** *Elle danse à la perfection.* **3.** Au plur. Littér. Qualités remarquables. *On ne voit que des perfections chez la personne qu'on aime.* **4.** UNE PERFECTION : une personne parfaite qui a toutes les qualités requises. *Cette jeune fille est une perfection.* ⇒ **perle.** — (Choses) *Cet ordinateur est une perfection,* un appareil très performant. ► ***perfectionner*** v. tr. ▪ conjug. 1. **I.** Rendre meilleur, plus proche de la perfection. ⇒ **améliorer, parfaire.** *Perfectionner un procédé, une technique.* **II.** SE PERFECTIONNER v. pron. : acquérir plus de qualités, de valeur. *Les techniques se perfectionnent.* — (Personnes) *Se perfectionner en anglais.* ⇒ **progresser.** ► ***perfectionné, ée*** adj. ■ Muni des dispositifs les plus modernes. *Une machine perfectionnée.* ⇒ **sophistiqué.** ► ***perfectionnement*** n. m. ■ Action de perfectionner, de rendre meilleur ; amélioration. ⇒ **progrès.** *Le perfectionnement des moyens de production. Stage de perfectionnement. Un perfectionnement de détail.* ► ***perfectionniste*** n. et adj. ■ Personne qui cherche la perfection dans son travail. *C'est une perfectionniste.* — Adj. *Tu es trop perfectionniste.* ⟨ ► imperfection ⟩

perfide [pɛʀfid] adj. et n. Littér. **1.** Qui manque à sa parole, trahit la personne qui lui faisait confiance. ⇒ **déloyal.** *Un être perfide,* infidèle. **2.** (Choses) Dangereux, nuisible sans qu'il y paraisse. *De perfides promesses.* ⇒ **fallacieux.** *Une insinuation perfide.* ⇒ **sournois.** ► ***perfidement*** adv. ■ Littér. *On nous a perfidement induits en erreur.* ► ***perfidie*** n. f. Littér. **1.** Action, parole perfide. ⇒ **traîtrise.** **2.** Caractère perfide. ⇒ **déloyauté, fourberie, trahison.** *Un hypocrite d'une étonnante perfidie.*

perforer [pɛʀfɔʀe] v. tr. ▪ conjug. 1. ■ Traverser en faisant un ou plusieurs petits trous. ⇒ **percer, trouer.** *La balle lui a perforé l'intestin.* — *Machine à perforer,* composteur, poinçonneuse ; perforatrice. ► ***perforé, ée*** adj. **1.** Percé. *Tympan perforé.* **2.** Vieilli. Informatique. *Cartes, bandes perforées,* commandant le travail ou le calcul d'une machine selon le programme ainsi transmis. ⇒ ① **bande.** ► ***perforateur, trice*** adj. et n. m. **I.** Adj. Qui perfore. *Pince perforatrice.* **II.** N. m. **1.** Outil de bureau servant à perforer. **2.** Personne travaillant à la perforatrice (1, 2). ► ***perforatrice*** n. f. **1.** Machine-outil destinée à percer profondément les roches, le sol. *Perforatrice à air comprimé.* **2.** Vieilli. Machine destinée à établir des cartes, des bandes perforées. — REM. On dit aussi *perforeuse.* ► ***perforation*** n. f. **1.** Action de perforer. **2.** Ouverture accidentelle dans un organe. *Perforation intestinale.* **3.** Petit trou (d'une carte, d'une bande perforée). — *Les perforations des feuilles de cartable.*

performance [pɛʀfɔʀmɑ̃s] n. f. **1.** Résultat obtenu par un cheval de course, un athlète, dans une compétition. *Les performances d'un champion. Sa performance sera peut-être homologuée comme record*.* **2.** Exploit, succès. ⇒ **réussite.** *C'est une belle performance !* **3.** Résultat obtenu dans un domaine précis. *Élève, voiture qui améliore ses performances.* **4.** Production réelle (notamment du discours), opposé à *compétence.* ► ***performant, ante*** adj. ■ Anglic. Dont le niveau de performances est, peut être élevé. *Un ordinateur très performant.* — (Personnes) *Un directeur des ventes très performant. Cette élève a été placée dans un groupe performant.* ⟨ ► contre-performance ⟩

perfusion [pɛʀfyzjɔ̃] n. f. ■ Injection lente et continue de sérum. ⇒ **goutte-à-goutte.** *Le blessé est placé sous perfusion.*

pergélisol [pɛʀʒelisɔl] n. m. ■ Sol, sous-sol gelé en permanence jusqu'à une certaine profondeur et absolument imperméable, dans les régions très froides. ⇒ anglic. **permafrost.**

pergola [pɛʀgɔla] n. f. ■ Petite construction de jardin qui sert de support à des plantes grimpantes. ⇒ **tonnelle.** ≠ *treille.*

péri- ■ Élément signifiant « autour » (ex. : *périmètre, périphérie, périscope*).

péricarde [peʀikaʀd] n. m. ■ Anatomie. Membrane qui enveloppe le cœur et l'origine des gros vaisseaux. *Inflammation du péricarde.*

péricarpe [peʀikaʀp] n. m. ■ Botanique. Partie du fruit qui enveloppe la graine (ou les graines).

péricliter [peʀiklite] v. intr. ▪ conjug. 1. ■ Aller à sa ruine, à sa fin. *Son affaire, son commerce périclite.* ⇒ **décliner, dépérir.** / contr. **prospérer** /

périgée [peʀiʒe] n. m. ■ Point de l'orbite d'un astre ou d'un objet spatial (satellite, fusée, etc.) gravitant autour de la Terre où cet astre, cet objet est à sa plus courte distance de la Terre. / contr. **apogée** /

péril [peʀil] n. m. **1.** Littér. Situation où l'on court de grands risques ; ce qui menace l'existence. ⇒ (plus cour.) **danger.** *S'exposer au péril. Affronter les périls avec audace. Navire en péril.* ⇒ **détresse.** **2.** *(Un, des périls)* Risque qu'une chose fait courir. *Les périls d'une situation.* — Plaisant. *Le péril jaune,* les autobus scolaires (en raison de leur couleur jaune). **3.** Loc. AU PÉRIL DE *sa vie* : en risquant sa vie. — *Faire qqch. à ses risques et périls,* en acceptant d'en subir toutes les conséquences. — *Il y a* PÉRIL EN LA DEMEURE : il y a du danger à rester, à demeurer dans la situation. ► ***périlleux, euse*** [peʀijø, øz] adj. **1.** Littér. Où il y a des risques, du danger. ⇒ **dangereux, difficile, risqué.** / contr. **sûr** / *Une entreprise périlleuse. Vous abordez là un sujet périlleux.* ⇒ **délicat.** **2.** Loc. SAUT PÉRILLEUX : où le corps fait un tour complet sur lui-même, dans un plan vertical. *Deux sauts périlleux arrière,* en arrière.

périmé, ée [peʀime] adj. **1.** Qui n'a plus cours. ⇒ **ancien, caduc, démodé, désuet, obsolète, vieillot.** / contr. **actuel** / *Des conceptions périmées.* **2.** Dont le délai de validité est expiré. / contr. **valide** / *Passeport, billet périmé.* — *Médicament périmé,* qui n'a plus l'effet désiré. ► *se* ***périmer*** v. pron. ▪ conjug. 1. ■ Être annulé après l'expiration du délai fixé. — (Avec ellipse de *se*) *Laisser périmer un billet d'autobus, de chemin de fer.*

périmètre [peʀimɛtʀ] n. m. **1.** Ligne qui délimite le contour d'une figure plane. *π 2 R, le périmètre du cercle.* ⇒ **circonférence.** **2.** L'intérieur de ce périmètre. ⇒ **zone.** *Mise en culture des périmètres irrigués. La police a établi un périmètre de sécurité.*

périnatal, ale, als, aux [peʀinatal, o] adj. ■ Relatif à la période qui précède et suit immédiatement la naissance. *Des soins périnatals* ou *périnataux.*

périnée [peʀine] n. m. ■ Partie du corps (humain) située entre l'anus et les parties génitales.

① ***période*** [peʀjɔd] n. f. **1.** Espace de temps plus ou moins long. ⇒ **durée.** *La période des vacances. En période de crise.* ⇒ **temps.** — (Hockey) Subdivision d'un match, d'une durée de vingt minutes de jeu. ⇒ **tiers** temps. *La sirène annonce la fin de la deuxième période.* — (Enseignement) Cours. *Venez me voir après la dernière période de l'avant-midi.* **2.** *Période électorale,* qui précède le jour du scrutin. **3.** Tranche chronologique marquée par des événements importants. ⇒ **époque.** *La période révolutionnaire.* **4.** Espace de temps, de durée déterminée, caractérisé par un certain phénomène. ⇒ **phase, stade.** *Les périodes d'une évolution, d'un cycle.* **5.** Sciences. Temps qui s'écoule entre deux états (même position, même vitesse) d'une onde. ⇒ **périodique** (3). ‹ ▶ périodique ›

② ***période*** n. f. ■ Didact. *Période oratoire,* phrase longue, fortement cadencée, destinée à impressionner, à émouvoir les auditeurs.

périodique [peʀjɔdik] adj. **1.** Qui se reproduit à des intervalles réguliers. *Alternance périodique de prospérité et de crise.* **2.** Qui paraît chaque semaine, chaque mois, etc. ≠ *quotidien. Un journal périodique. Presse périodique.* — N. UN PÉRIODIQUE. ⇒ **hebdomadaire, magazine, mensuel,** ② **revue. 3.** Sciences. *Mouvement, fonction périodique,* qui reprend la même valeur à intervalles réguliers. ⇒ **période** (5) **; onde. 4.** *La classification périodique,* le tableau des éléments chimiques classés d'après l'ordre croissant de leurs numéros atomiques et d'après leurs propriétés. ▶ ***périodicité*** n. f. ■ Caractère de ce qui est périodique, retour d'un fait à des intervalles plus ou moins réguliers. ⇒ **fréquence.** ▶ ***périodiquement*** adv. ■ Régulièrement, par périodes.

péripatéticienne [peʀipatetisjɛn] n. f. ■ Plaisant. Prostituée qui fait le trottoir.

péripétie [peʀipesi] n. f. **1.** Changement subit de situation dans une action dramatique, un récit. ⇒ **rebondissement.** *Péripétie centrale.* ⇒ **nœud. 2.** Événement imprévu. ⇒ **incident.** *Une vie pleine de péripéties.*

périphérie [peʀifeʀi] n. f. **1.** Ligne (surface) qui délimite une surface (un volume). ⇒ **bord, circonférence, contour, périmètre, pourtour.** / contr. **centre** / **2.** Les quartiers extérieurs à une ville. *Les usines, les grands ensembles de la périphérie.* ⇒ **banlieue, faubourg.** ▶ ***périphérique*** adj. et n. m. **1.** Adj. Qui est situé à la périphérie. *Quartiers périphériques. Une route périphérique.* — (France) *Le boulevard périphérique* ou, n. m., *le périphérique,* la voie rapide qui fait le tour de Paris. ⇒ **circulaire.** — Abrév. fam. LE PÉRIF n. m. **2.** Matériel (clavier, souris, imprimante, etc.) relié à un ordinateur et qui sert à l'entrée ou à la sortie des données.

périphrase [peʀifʀɑz] n. f. ■ Expression par plusieurs mots d'une notion qu'un seul mot pourrait exprimer. ⇒ **circonlocution, détour.** *« La capitale de la France » est une périphrase pour « Paris ». User de périphrases pour toucher à un sujet délicat.* ≠ *paraphrase.*

périple [peʀipl] n. m. **1.** Voyage d'exploration maritime autour d'une mer, d'un continent. *Le périple de Magellan* (autour du monde). **2.** Voyage, randonnée (où l'on revient à son point de départ). *Faire un périple en Grèce pendant les vacances.*

périr [peʀiʀ] v. intr. ▪ conjug. 2. Littér. **1.** Mourir (d'une manière violente). *Périr noyé.* — Fig. *Il périt d'ennui, il s'ennuie à périr.* ⇒ **dépérir. 2.** (Choses) Disparaître. ⇒ s'**anéantir, finir.** *Les civilisations périssent.* — REM. *Mourir* est toujours plus courant. ‹ ▶ dépérir, périssable ›

périscope [peʀiskɔp] n. m. ■ Instrument d'optique permettant de voir autour de soi par-dessus un obstacle. *Le périscope d'un sous-marin.*

périssable [peʀisabl] adj. **1.** Littér. Qui est sujet à périr ; qui n'est pas durable. ⇒ ① **court, éphémère, fragile, fugace.** / contr. **impérissable** / *Les sentiments les plus sincères sont périssables.* **2.** Cour. DENRÉE PÉRISSABLE : qui se conserve difficilement (opposé à *non périssable*). ‹ ▶ impérissable ›

péristaltique [peʀistaltik] adj. ■ Se dit des mouvements, des contractions qui font progresser les aliments dans le tube digestif.

péristyle [peʀistil] n. m. ■ Colonnade entourant la cour intérieure d'un édifice ou disposée autour d'un édifice. — Colonnade qui décore la façade d'un édifice.

péritoine [peʀitwan] n. m. ■ Membrane qui tapisse les parois intérieures de l'abdomen et les surfaces extérieures des organes qui y sont contenus. ▶ ***péritonite*** n. f. ■ Inflammation du péritoine. *La péritonite peut résulter d'une appendicite.*

perle [pɛʀl] n. f. **1.** Petite bille de nacre, de forme et de couleur variables, formée autour d'un parasite par certaines huîtres des mers chaudes. *Perle fine,* utilisée en bijouterie. *Perle baroque,* aux formes irrégulières. *Perle de culture,* obtenue en plaçant un grain de nacre dans une huître vivante d'élevage. *Pêcheurs de perles,* d'huîtres perlières. *Collier de perles.* — Loc. *Jeter des perles aux cochons,* accorder à qqn une chose dont il (elle) est incapable d'apprécier la valeur. **2.** Petite boule percée d'un trou. *Les perles d'un chapelet.* ⇒ **grain.** *Perle de verre.* **3.** Personne de grand mérite. *Ce collaborateur est une perle.* ⇒ **perfection** (4). — Chose de grande valeur. *Ce timbre est la perle de ma collection.* — *Perle rare,* personne d'une grande valeur dans un domaine particulier. **4.** Jeu de mot involontaire et naïf, absurdité due à un contresens ou à une faute d'orthographe. *Perles relevées dans des devoirs scolaires, dans les journaux.* ▶ ***perlier, ière*** adj. ■ *Industrie perlière.* — *Huître perlière,* d'une variété qui donne des perles ; cultivée et traitée pour provoquer le développement d'une perle. ‹ ▶ emperler, perler ›

perlé, ée [pɛʀle] adj. ■ GRÈVE PERLÉE : qui interrompt l'activité d'une entreprise par une succession de petits arrêts de travail.

perler [pɛʀle] v. intr. ▪ conjug. 1. ■ Se présenter sous forme de petites gouttes. ⇒ **suinter.** *Quelques gouttes de sueur perlaient sur son front.* ‹ ▶ perlé ›

permafrost [pɛʀmafʀɔst] n. m. ■ Anglic. Pergélisol.

permanence [pɛʀmanɑ̃s] n. f. **1.** Caractère de ce qui est durable ; longue durée (de qqch.). ⇒ **continuité, stabilité.** *La permanence des institutions.* ⇒ **pérennité.** *La permanence dans un emploi.* **2.** Service chargé d'assurer le fonctionnement ininterrompu (d'un organisme). *Assurer, tenir une permanence. La permanence d'un poste de police.* ⇒ ① **garde.** — *La permanence du parti est située à telle adresse,* le siège. **3.** EN PERMANENCE loc. adv. : sans interruption. ⇒ **constamment,** à ① **demeure, toujours.** *Assemblée qui siège en permanence.* ▶ ***permanent, ente*** adj. **1.** Qui dure ou se reproduit de façon identique ; qui ne cesse pas, ne change pas. ⇒ **constant, continu, stable.** / contr. **éphémère, passager, provisoire** / *Il prend la vie pour une aventure permanente.* — *Cinéma permanent,* où le même film est projeté plusieurs fois de suite. **2.** Qui exerce une activité permanente. ⇒ **provisoire.** *Un comité permanent.* — *Des employés permanents,* qui ont un emploi assuré. / contr. **contractuel,** ② **oc-**

casionnel / — (Opposé à *spécial, extraordinaire*) *Le représentant permanent du Canada à l'O.N.U.* — N. *Les permanents d'un syndicat, d'un parti,* les membres rémunérés pour se consacrer à l'administration. ▶ ***permanente*** n. f. ■ Traitement qui permet d'onduler les cheveux de façon durable. ⇒ **indéfrisable.** ≠ *mise en plis.* ‹ ▶ pergélisol ›

permanganate [pɛʀmɑ̃ganat] n. m. ■ Sel violet d'un acide (dit *permanganique,* adj.) et du potassium, pour désinfecter l'eau.

perme n. f. ⇒ **permission** (Abrév.).

perméable [pɛʀmeabl] adj. **1.** Qui se laisse traverser ou pénétrer par un liquide, un gaz. ⇒ **poreux.** / contr. **étanche, imperméable** / *Roches, terrains perméables.* **2.** Qui reçoit facilement (des impressions, etc.). *Une personne perméable à toutes les influences.* ▶ ***perméabilité*** n. f. ■ Propriété des corps perméables. / contr. **imperméabilité** / *La perméabilité du sol.* ‹ ▶ imperméable ›

permettre [pɛʀmɛtʀ] v. tr. ▪ conjug. 56. **I. 1.** Laisser faire (qqch.), ne pas empêcher. ⇒ **autoriser, tolérer.** / contr. **défendre, empêcher, interdire** / *Permettre les sorties* (à un pensionnaire). — (Suj. chose) *Si les circonstances le permettent.* — PERMETTRE QUE (+ subjonctif). ⇒ **admettre, consentir.** *Ma mère ne permet pas que je sorte avec toi.* — PERMETTRE *qqch.* À *qqn.* ⇒ **accorder, autoriser.** *Son médecin lui permet un peu de vin.* — Au passif. *Se croire tout permis.* — PERMETTRE DE (+ infinitif) : donner le droit, le pouvoir de. *Je ne vous permets pas de me parler sur ce ton.* **2.** (Suj. chose) ⇒ **autoriser.** *Sa santé ne lui permet aucun excès.* — PERMETTRE *à qqn* DE (+ infinitif). *Mes moyens ne me permettent pas d'acheter une voiture.* — Impers. *Autant qu'il est permis d'en juger.* ⇒ **possible. 3.** *Permettez ! Vous permettez ?,* formules faussement polies pour contredire qqn, protester ou agir à sa place. — *Permettez-moi de vous présenter M. X,* acceptez que je vous le présente. **II.** SE PERMETTRE v. pron. **1.** S'accorder (qqch.). ⇒ s'**autoriser.** *Se permettre quelques petites douceurs.* **2.** SE PERMETTRE DE (+ infinitif) : prendre la liberté de. ⇒ s'**aviser, oser.** *Elle s'était permis de répliquer.* — (Par politesse) *Puis-je me permettre de vous offrir un apéritif ?* ▶ ***permis*** n. m. invar. **1.** Autorisation officielle écrite. *Permis de construction* ou *de construire. Permis de pêche, de chasse. Permis d'alcool,* de vente de boissons alcooliques. **2.** PERMIS (DE CONDUIRE) : certificat de capacité, nécessaire pour la conduite des automobiles, motocyclettes... ⇒ fam. **licences.** — Épreuves (théorie et pratique) qui donnent le permis. *Passer son permis.* ▶ ***permissif, ive*** adj. ■ Qui permet trop facilement, qui tolère beaucoup. *Les sociétés occidentales sont devenues plus, très, trop permissives.* ▶ ***permission*** n. f. **1.** Action de permettre ; autorisation. *Obtenir la permission de faire qqch. Sortir sans permission. Avec votre permission* (formule de politesse), si vous le permettez. **2.** Congé accordé à un militaire. — Abrév. fam. (France) PERME n. f. ▶ ***permissionnaire*** n. ■ Soldat en permission.

permuter [pɛʀmyte] v. ▪ conjug. 1. **1.** V. tr. Mettre une chose à la place d'une autre (et réciproquement). *Permuter deux mots dans la phrase.* ⇒ **intervertir. 2.** V. intr. Échanger sa place. *Ces deux officiers veulent permuter.* ▶ ***permutation*** n. f. **1.** Interversion complète de deux choses (ou de plusieurs paires). *Permutations de lettres ou de syllabes.* ⇒ **contrepèterie. 2.** Échange d'un emploi, d'un poste contre un autre. *Procéder à la permutation de deux fonctionnaires.*

pernicieux, euse [pɛʀnisjø, øz] adj. **1.** (Choses) Dangereux pour la santé. ⇒ **nocif.** *Une habitude pernicieuse. La drogue est pernicieuse.* **2.** Littér. Nuisible moralement. ⇒ **mauvais, nocif.** *Erreur pernicieuse. Doctrines, théories pernicieuses.*

péroné [peʀɔne] n. m. ■ Os long et mince qui forme avec le tibia l'ossature de la jambe. *Fracture du péroné.*

péronnelle [peʀɔnɛl] n. f. ■ Vieilli. Fam. Jeune femme, jeune fille sotte et bavarde.

péroraison [peʀɔʀɛzɔ̃] n. f. ■ Conclusion (d'un discours). / contr. **exorde** /

pérorer [peʀɔʀe] v. intr. ▪ conjug. 1. ■ Discourir, parler d'une manière prétentieuse, avec emphase.

peroxyde [pɛʀɔksid] n. m. ■ Chimie. Oxyde contenant le maximum d'oxygène. *L'eau oxygénée est un peroxyde d'hydrogène.*

perpendiculaire [pɛʀpɑ̃dikylɛʀ] adj. ■ *Perpendiculaire à,* qui fait un angle droit avec (une droite ou un plan). ⇒ **orthogonal.** *Plans perpendiculaires* (entre eux). — N. f. *Tirer une perpendiculaire.* ▶ ***perpendiculairement*** adv. ■ À angle droit.

à ***perpète, perpette*** [apɛʀpɛt] loc. adv. ■ (Surtout en France) Fam. À perpétuité, pour toujours. *Je ne vais pas l'attendre jusqu'à perpète.* ⇒ **indéfiniment.**

perpétrer [pɛʀpetʀe] v. tr. ▪ conjug. 6. ■ Droit ou iron. Faire, exécuter (un acte criminel). ⇒ **commettre, consommer.** *Le crime fut perpétré à minuit.*

perpétuel, elle [pɛʀpetɥɛl] adj. **1.** Qui dure toujours, indéfiniment. ⇒ **éternel.** / contr. **éphémère** / — *Mouvement perpétuel,* qui, une fois déclenché, continuerait éternellement sans apport extérieur d'énergie (ce qui est impossible). ⇒ **continuel. 2.** Qui dure, doit durer toute la vie. *Une perpétuelle jeunesse. Secrétaire perpétuel,* à vie. **3.** Qui ne s'arrête, ne s'interrompt pas. ⇒ **constant, continuel, incessant, permanent.** / contr. **passager** / *C'était une obsession, une angoisse perpétuelle.* **4.** Au plur. Qui se renouvellent souvent. ⇒ **continuel, habituel.** *Des jérémiades perpétuelles.* ▶ ***perpétuellement*** adv. **1.** Toujours, sans cesse. **2.** Très fréquemment, très souvent. *Ces gens arrivent perpétuellement en retard.* ▶ ***perpétuer*** v. tr. ▪ conjug. 1. **I.** Faire durer constamment, toujours ou très longtemps. ⇒ **continuer, éterniser, immortaliser.** *Il veut un fils pour perpétuer son nom.* ⇒ **transmettre.** *Perpétuer une tradition.* **II.** SE PERPÉTUER v. pron. : se continuer. ⇒ **durer.** *Les espèces se perpétuent.* ⇒ se **reproduire.** ▶ ***perpétuité*** n. f. **1.** Littér. Durée infinie ou très longue. **2.** À PERPÉTUITÉ loc. adv. : pour toujours. *Les travaux forcés à perpétuité. Être condamné à perpétuité,* à vie. ‹ ▶ à perpète ›

perplexe [pɛʀplɛks] adj. ■ (Personnes) Qui hésite, ne sait pas comment se comporter dans une situation embarrassante. ⇒ **inquiet ; hésitant, indécis, irrésolu.** *Cette demande la rend perplexe, l'a laissée perplexe.* — *Un air perplexe.* ▶ ***perplexité*** n. f. ■ Embarras, incertitude. *Être dans la plus complète perplexité.*

perquisition [pɛʀkizisjɔ̃] n. f. ■ Fouille policière d'un domicile sur ordre judiciaire *(mandat de perquisition).* ▶ ***perquisitionner*** v. intr. ▪ conjug. 1. ■ Faire une perquisition. *La police a perquisitionné chez lui pour retrouver le pistolet.* — Abusivt. Transitivement. *Perquisitionner un local.*

perron [peʀɔ̃] n. m. ■ Petit escalier extérieur se terminant par une plate-forme et donnant accès à une porte d'entrée. ⇒ **seuil.** *Il nous a accueillis sur le perron. Un perron de porte.* — *Veiller sur le perron.*

① ***perroquet*** [peʀɔkɛ] n. m. ■ Oiseau grimpeur au plumage vivement coloré, à gros bec très recourbé, capable d'imiter la parole humaine. *Perroquet d'Amé-*

rique ⇒ **ara**, *d'Afrique.* — *Répéter qqch.* COMME UN PERROQUET : sans comprendre. *Faire le perroquet,* répéter ce qui vient d'être dit.

② ***perroquet*** n. m. ■ Mât gréé sur une hune. Voile carrée supérieure au hunier. *Le grand, le petit perroquet.*

perruche [pe(ɛ)ʀyʃ] n. f. **1.** Oiseau grimpeur, de petite taille, au plumage vivement coloré, à longue queue. *Un couple de perruches en cage.* **2.** Femme bavarde.

perruque [pe(ɛ)ʀyk] n. f. ■ Coiffure de faux cheveux, chevelure postiche. ⇒ ① **toupet ;** fam. **moumoute.** *Aux* XVII*e et* XVIII*e siècles, les hommes portaient des perruques. Porter une perruque. Porter perruque* (habituellement). ▶ ***perruquier, ière*** n. ■ Fabricant de perruques et de postiches.

pers [pɛʀ] adj. m. invar. ■ Littér. Se dit de diverses couleurs où le bleu domine (surtout en parlant des yeux). *Avoir des yeux pers.*

persan, ane [pɛʀsɑ̃, an] adj. et n. **1.** De Perse. ⇒ **iranien.** *Un tapis persan. Une chatte persane.* — N. (Avec une majusc.) *Un Persan, des Persanes.* **2.** *Le persan,* la langue iranienne principale, notée en caractères arabes.

persécuter [pɛʀsekyte] v. tr. ■ conjug. 1. **1.** Tourmenter (qqn) sans relâche par des traitements injustes et cruels. ⇒ **martyriser, opprimer, tyranniser.** *Hitler a persécuté les Juifs.* — Au p. p. adj. *Un peuple persécuté.* — N. *Les persécutés et les opprimés.* ⇒ **victime. 2.** Poursuivre en importunant. ⇒ **harceler ;** fam. **achaler.** *Des journalistes qui persécutent une vedette.* ▶ ***persécuteur, trice*** n. ■ Personne qui persécute. *Il s'est vengé de ses persécuteurs.* ⇒ **bourreau, tyran.** ▶ ***persécution*** n. f. **1.** *(Une, des persécutions)* Traitement injuste et cruel infligé avec acharnement. *Les persécutions subies par les chrétiens sous l'Empire romain.* — Mauvais traitement. *Se croire victime de persécutions. Être en butte à des persécutions.* **2.** Loc. *Manie, folie de la persécution, délire de la persécution,* d'une personne qui se croit persécutée. ⇒ **paranoïa.**

persévérer [pɛʀsevеʀe] v. intr. ■ conjug. 6. ■ Continuer de faire ce qu'on a résolu, par un acte de volonté renouvelé. ⇒ **insister, persister, poursuivre.** / contr. **abandonner, renoncer** / *Persévérer dans l'effort, dans l'erreur.* ⇒ s'**acharner.** ▶ ***persévérance*** n. f. ■ Action de persévérer, qualité, conduite de qqn qui persévère. ⇒ **obstination, opiniâtreté.** *Elle travaille avec persévérance.* ▶ ***persévérant, ante*** adj. ■ Qui persévère ; qui a de la persévérance. ⇒ **tenace.** *Un être persévérant.* ⇒ **obstiné, opiniâtre, patient.** *Tu n'es pas assez persévérant.* / contr. **changeant, versatile** /

persienne [pɛʀsjɛn] n. f. ■ Volet à double battant ou plus, en bois ou en fer, dont les vantaux sont constitués de lamelles fixes ou orientables. *Des persiennes.* ⇒ ② **jalousie, volet.**

persifler [pɛʀsifle] v. tr. ■ conjug. 1. ■ Littér. Tourner (qqn) en ridicule en employant un ton de plaisanterie ironique. ⇒ se **moquer, railler.** *Persifler les gens avec mépris.* ▶ ***persiflage*** n. m. ■ ⇒ **moquerie, raillerie.** *Des persiflages insolents.* ▶ ***persifleur, euse*** n. et adj. ■ Personne qui a l'habitude de persifler. — Adj. (plus cour.) *Un ton persifleur.* ⇒ **moqueur.**

persil [pɛʀsi] n. m. ■ Plante potagère aromatique, utilisée en assaisonnement. *Un bouquet de persil.* ▶ ***persillade*** [pɛʀsijad] n. f. ■ Assaisonnement à base de persil haché, d'huile, de vinaigre. ▶ ① ***persillé, ée*** adj. ■ Accompagné de persil haché. *Carottes persillées.*

② ***persillé, ée*** adj. ■ VIANDE PERSILLÉE : parsemée d'infiltrations de graisse.

persister [pɛʀsiste] v. intr. ■ conjug. 1. **1.** Demeurer inébranlable (dans ses résolutions, ses sentiments, ses opinions). ⇒ s'**obstiner, persévérer.** *Je persiste dans mon opinion.* — PERSISTER À (+ infinitif) : *Je persiste à croire que tout va s'arranger.* **2.** (Choses) Durer, rester malgré tout. ⇒ **continuer, subsister.** *Si la fièvre persiste, consultez le médecin.* ▶ ***persistance*** n. f. **1.** Action, fait de persister. ⇒ **constance, fermeté.** *C'est ce qu'elle affirmait avec persistance.* ⇒ **entêtement, obstination. 2.** Caractère de ce qui est durable, de ce qui persiste. *La persistance du mauvais temps.* ▶ ***persistant, ante*** adj. ■ Qui persiste, continue sans faiblir. ⇒ **constant, durable.** *Une odeur persistante.* ⇒ **tenace.** *Toux persistante. Neige persistante.* ⇒ **éternel.** *Feuilles persistantes* (opposé à *caduques*), qui ne tombent pas en hiver.

persona grata [pɛʀsɔnagʀata] n. attribut. invar. ■ Représentant d'un État, lorsqu'il est agréé par un autre État. — (Dans le sens opposé) PERSONA NON GRATA [-nɔngʀata]. *Ce diplomate, soupçonné d'espionnage, a été déclaré persona non grata.*

personnage [pɛʀsɔnaʒ] n. m. **1.** Personne qui joue un rôle social important et en vue. ⇒ **personnalité ;** fam. gros **bonnet, manitou, ponte.** *C'est un personnage influent. Un personnage connu.* ⇒ **célébrité. 2.** Personne qui figure dans une œuvre théâtrale et qui doit être incarnée par un acteur, une actrice. ⇒ **rôle.** *Le personnage principal de la pièce, du film.* ⇒ **héros, protagoniste.** *L'arlequin est un personnage de la comédie italienne.* — Fam. *Se mettre, entrer dans la peau de son personnage,* l'incarner avec conviction, vérité. **3.** Personne considérée quant à son comportement. *Un drôle de personnage.* ⇒ **gars, type.** — Rôle que l'on joue dans la vie. *Il n'est pas naturel, il joue un personnage.* **4.** Être humain représenté dans une œuvre d'art. *Les personnages d'un tableau. Un personnage de légende, de roman,* qui semble irréel.

personnaliser [pɛʀsɔnalize] v. tr. ■ conjug. 1. ■ Rendre personnel. *Personnaliser un contrat,* l'adapter aux besoins du client. — *Personnaliser une voiture, un appartement,* leur donner une note personnelle. — Au p. p. adj. *Crédit, service personnalisé.* ≠ *personnifier.*

personnalisme [pɛʀsɔnalism] n. m. ■ Système philosophique pour lequel la personne est la valeur suprême. ▶ ***personnaliste*** adj. et n. ■ *Un philosophe personnaliste.* — N. *Les personnalistes chrétiens.*

personnalité [pɛʀsɔnalite] n. f. **I.** *La personnalité.* **1.** Ce qui différencie (une personne) de toutes les autres. ⇒ **identité.** *La personnalité de qqn. Affirmer, développer sa personnalité. Avoir une forte, une belle personnalité. Suivre des cours de personnalité. Un être banal, sans personnalité,* sans caractère, sans originalité. **2.** Ce qui fait l'individualité (d'une personne). *Troubles de la personnalité et du comportement. Test de personnalité.* **3.** *Personnalité juridique,* aptitude à être sujet de droit. ⇒ ① **personne** (II). **II.** *(Une, des personnalités)* Personne en vue, remarquable par sa situation sociale, son activité. ⇒ **notabilité, personnage.**

① ***personne*** [pɛʀsɔn] n. f. **I. 1.** Individu de l'espèce humaine (lorsqu'on ne peut ou ne veut préciser ni l'apparence, ni l'âge, ni le sexe). ⇒ **être.** *Une personne, une femme, un homme ou un enfant.* ⇒ **quelqu'un ; on.** *Des personnes, certaines personnes.* ⇒ **gens.** *Une ville où habitent dix mille personnes.* ⇒ **âme.** *Distribuer une part, une portion* PAR PERSONNE. ⇒ **tête.** *Une personne intelligente. Une personne de connaissance. Une personne âgée. Une personne clé,* dont le rôle est essentiel afin de réaliser qqch. **2.** Femme ou jeune fille. *Il vit avec une jolie personne.* **3.** GRANDE PERSONNE : adulte. *Les enfants et les* *grandes personnes.* **4.** *La personne de qqn,* la personnalité, le moi. *Faire grand cas de sa personne. La personne et l'œuvre d'un écrivain.* **5.** *Être bien* DE SA PERSONNE : avoir une belle apparence physique. **6.** L'individu comme être vivant. *Exposer sa personne,* sa vie. *Payer de sa personne.* **7.** EN PERSONNE : soi-même, lui-même. *La ministre en personne. Vous devez vous présentez en personne.* — *C'est vraiment le calme en personne,* le calme incarné, personnifié. — Loc. *En la personne de,* qui représente qqn, qqch. d'autre. *Je remercie la Société X en la personne de sa vice-présidente ici présente.* **8.** Individu qui a une conscience claire de lui-même et qui agit en conséquence. ⇒ **moi, sujet.** *Le respect de la personne humaine.* **II.** Être auquel est reconnue la capacité d'être sujet de droit. *Personne civile. Les droits de la personne.* ⇒ **homme.** — *Personne à charge*.* — PERSONNE MORALE : association ou entreprise possédant la personnalité juridique (opposé à *personne physique, individu*). ▶ ② ***personne*** n. f. ■ Catégorie grammaticale classant les pronoms, les noms et les verbes, en fonction des rapports qui lient le locuteur, l'interlocuteur, et le reste du monde. *Première personne* (locuteur) : je, me, moi, mon, le mien ; nous, notre, le nôtre. *Deuxième personne* (interlocuteur) : tu, te toi, ton, le tien ; vous, votre, le vôtre. *Troisième personne* (le reste du monde) : il, le, se, lui, son, le sien ; ils, les, ses, leur, le leur ; elle, se, la, lui ; elles, se, les, leur. ⟨ ▶ personnage, ③ personne, ① personnel, ② personnel, ③ personnel, personne-ressource, personnifier, pèse-personne ⟩

③ ***personne*** pronom indéf. — REM. Attention à l'accord : *je n'ai jamais vu personne d'aussi intelligent.* **1.** Quelqu'un (dans une subordonnée dépendant d'une principale négative). *Il n'est pas question que personne sorte.* — (En phrase comparative) *Vous le savez mieux que personne.* ⇒ **quiconque. 2.** (Avec *ne*) Aucun être humain. *Que personne ne sorte !* ⇒ ① **nul.** *Il n'y avait personne. Je ne vois plus jamais personne.* — (Sans *ne*) *« Qui m'appelle ? – Personne. »* — *Personne de* (suivi d'un adj. ou participe au masc.). *Personne d'autre que lui. Je ne trouve personne de plus sérieux qu'elle.* — REM. La construction NE... PAS PERSONNE (DE) est critiquée (ex. : *Il n'y avait pas personne. Je ne trouve pas personne de plus fin qu'elle*).

① ***personnel, elle*** [pɛʀsɔnɛl] adj. **1.** Qui concerne une personne ①, lui appartient en propre. ⇒ **individuel, particulier.** / contr. ① **commun,** ① **général** / *L'intérêt personnel de chacun. Il, elle a une fortune personnelle. Un ordinateur personnel.* ⇒ anglic. **P.C. 2.** Qui s'adresse à qqn en particulier. *Lettre personnelle. C'est personnel, ne lisez pas.* — Fam. *Ne prends pas cela personnel,* comme te visant, dirigé contre toi. **3.** Qui concerne les personnes. *Libertés personnelles. Morale personnelle.* ▶ ***personnellement*** adv. **1.** *Je vais m'en occuper personnellement,* moi-même. *Personnellement, je ne suis pas d'accord,* en ce qui me concerne, quant à moi, pour ma part. **2.** D'une manière personnelle, en tant que personne. ⇒ **intimement.** *Je ne les connais pas personnellement.* ▶ ② ***personnel, elle*** adj. Grammaire. **1.** Se dit des formes du verbe exprimant la personne ②. / contr. **impersonnel** / *« Il chante » est personnel, « il neige » est impersonnel.* — *Modes personnels du verbe* (opposé à *infinitifs* et *participes*). **2.** PRONOM PERSONNEL : qui désigne un être en marquant la personne grammaticale. ⟨ ▶ impersonnel, personnaliser, personnalisme, personnalité ⟩

③ ***personnel*** n. m. ■ Ensemble des personnes qui sont employées dans une maison, une entreprise... (opposé à *matériel*). *Le personnel d'une usine.* ⇒ **main-d'œuvre.** *Chef, directeur, service du personnel.* — Aviation. *Le personnel navigant* (opposé à *personnel au sol*). ⟨ ▶ antipersonnel ⟩

personne-ressource [pɛʀsɔnʀɛsuʀs] n. f. ■ Expert compétent dans un domaine particulier et auquel on fait appel en qualité de conseiller pour toute question relative à ce domaine. ⇒ **spécialiste.** *Des personnes-ressources.*

personnifier [pɛʀsɔnifje] v. tr. ▪ conjug. 7. **1.** Évoquer, représenter (une chose abstraite ou inanimée) sous les traits d'une personne. ⇒ **incarner.** *Harpagon personnifie l'avarice.* **2.** Réaliser dans sa personne (un caractère), d'une manière exemplaire. — Au p. p. adj. *C'est l'honnêteté personnifiée,* il est l'honnêteté même. ≠ *personnaliser.* ▶ ***personnification*** n. f. **1.** Action de personnifier, de représenter sous les traits d'un personnage ; ce personnage. *La personnification de Dieu.* **2.** (Personnes réelles) *Néron fut la personnification de la cruauté.* ⇒ **incarnation, type.**

perspective [pɛʀspɛktiv] n. f. **I.** Concret. **1.** Peinture, dessin. Technique de représentation de l'espace et de ce qu'il contient en fonction de lignes de fuite (généralement convergentes). *Les lois de la perspective.* — *Perspective cavalière,* dont les lignes de fuite ne convergent pas, sont parallèles (employée en géométrie, dans certains plans...). **2.** Aspect esthétique que présente un ensemble, un paysage vu à distance. *Une belle perspective.* ⇒ **panorama. II.** Abstrait. **1.** Événement, ou succession d'événements, qui se présente comme probable ou possible. ⇒ **expectative ; éventualité.** *La perspective de partir en voyage l'enchantait. Des perspectives d'avenir.* **2.** EN PERSPECTIVE : dans l'avenir ; en projet. ⇒ en **vue.** *Elle a un bel avenir en perspective.* **3.** Aspect sous lequel une chose se présente ; manière de considérer qqch. ⇒ **optique, point de vue.** *Dans une perspective à long terme.*

perspicace [pɛʀspikas] adj. ■ Doué d'un esprit pénétrant, subtil. ⇒ **intelligent ; clairvoyant.** *Un enquêteur perspicace.* ▶ ***perspicacité*** n. f. ■ Qualité d'une personne perspicace. ⇒ **sagacité.**

persuader [pɛʀsɥade] v. tr. ▪ conjug. 1. **1.** *Persuader qqn de qqch.,* amener (qqn) à croire, à penser, à vouloir, à faire qqch. par une adhésion complète. ⇒ **convaincre.** / contr. **dissuader** / *Il m'a persuadé de sa sincérité. Il faut la persuader de venir.* ⇒ **décider, déterminer.** *Il a fini par persuader beaucoup de gens qu'il était compétent.* — Au passif et au p. p. adj. *J'en suis persuadé.* ⇒ **certain, convaincu, sûr. 2.** SE PERSUADER v. pron. : se rendre certain de (même à tort). *Elle s'est persuadée* ou *persuadé que son devoir était de continuer.* ▶ ***persuasif, ive*** adj. ■ Qui a le pouvoir de persuader. *Un ton persuasif.* ⇒ **éloquent.** *Vous êtes si persuasif que je finis par vous croire.* ⇒ **convaincant.** ▶ ***persuasion*** [pɛʀsɥazjɔ̃] n. f. ■ Action de persuader ; fait d'être persuadé. ⇒ **conviction.** / contr. **dissuasion** / *Son pouvoir de persuasion a fait des miracles.*

perte [pɛʀt] n. f. **I. 1.** Le fait de perdre (une personne), d'être séparé par la mort. ⇒ **privation.** *La perte d'un enfant. La perte cruelle qu'il vient d'éprouver.* — Au plur. Personnes tuées. *Infliger des pertes sévères à l'ennemi,* mettre hors de combat (tuer, blesser, faire prisonniers) de nombreux ennemis. **2.** Le fait d'être privé (d'une chose dont on avait la propriété ou la jouissance), de subir un dommage. *La perte de la vue. Faire subir une perte à qqn. Perte d'argent.* — *Pertes comptables, financières.* ⇒ **déficit.** / contr. **bénéfice, gain, profit** / — Loc. *Passer une chose aux, par* PROFITS ET PERTES : la considérer comme perdue. — *Perte sèche,* qui n'est compensée par aucun bénéfice. *Vendre qqch. à perte,* à un prix inférieur au prix d'achat ou de revient. **3.** Le fait d'égarer, de perdre (qqch.). *La perte d'un passeport.* **4.** À PERTE DE VUE : si loin que la vue ne peut plus distinguer les objets. **5.** Le fait de gaspiller ; ce qui est perdu, gaspillé. ⇒ **gaspillage.** *Une* *perte de temps et d'argent.* — EN PURE PERTE : inutilement, sans aucun profit. **6.** Quantité (d'énergie, de chaleur) qui se dissipe inutilement. ⇒ **déperdition.** / contr. **économie** / — Loc. *Avion en perte de vitesse.* **II.** Rare. Le fait de perdre, d'être vaincu. *La perte d'une bataille, d'un match.* **III.** Le fait de périr, de se perdre. ⇒ **ruine.** *Courir à sa perte. Jurer la perte de qqn.*

pertinent, ente [pɛʀtinɑ̃, ɑ̃t] adj. **1.** Qui convient exactement à l'objet dont il s'agit, qui dénote du bon sens. *Une remarque pertinente.* ⇒ **judicieux ; approprié.** *Une étude pertinente.* **2.** Sciences. Qui est propre à rendre compte de la structure d'un élément, ou d'un ensemble. *Oppositions pertinentes.* ▸ ***pertinemment*** [pɛʀtinamɑ̃] adv. ■ *Savoir pertinemment qqch.*, en être informé exactement. ▸ ***pertinence*** n. f. **1.** Caractère de ce qui est pertinent. *Vous avez répondu avec pertinence.* **2.** Caractère d'un élément pertinent. ⟨ ▸ impertinent ⟩

perturber [pɛʀtyʀbe] v. tr. ▪ conjug. 1. ■ Empêcher de fonctionner normalement. ⇒ **déranger.** *La grève va perturber les transports.* — Au p. p. adj. Fam. (Personnes) *Il avait l'air perturbé,* troublé. ▸ ***perturbateur, trice*** n. et adj. ■ Personne qui trouble, crée le désordre. ⇒ **fauteur** de troubles. *Expulser les perturbateurs.* — Adj. *Éléments perturbateurs.* ▸ ***perturbation*** n. f. **1.** Irrégularité dans le fonctionnement d'un système. ⇒ **dérèglement.** — *Perturbation atmosphérique,* vent accompagné de pluie, neige, etc. **2.** Bouleversement, agitation sociale. ⇒ **désordre,** ② **trouble.** ⟨ ▸ imperturbable ⟩

pervenche [pɛʀvɑ̃ʃ] n. f. et adj. invar. ■ Plante à fleurs bleu-mauve, qui croît dans les lieux ombragés. — Adj. invar. *Des yeux pervenche.*

pervers, erse [pɛʀvɛʀ, ɛʀs] adj. et n. **1.** Littér. Qui se plaît à faire le mal ou à l'encourager. ⇒ **corrompu, méchant.** *Une âme perverse.* **2.** Qui témoigne de perversité ou de perversion. *Il a des tendances perverses. Une personne un peu perverse.* **3.** N. Personne qui accomplit systématiquement des actes immoraux, antisociaux. ⇒ **dévoyé, sadique ; perversion** (2), **sadisme.** ▸ ***perversité*** n. f. **1.** Goût pour le mal, recherche du mal. ⇒ **malveillance.** *Perversité de mœurs.* ⇒ **corruption, dépravation. 2.** Tendance maladive à accomplir des actes immoraux, agressifs ; malveillance systématique. ▸ ***perversion*** n. f. **1.** Littér. Action de pervertir ; changement en mal. ⇒ **dépravation.** *La perversion des mœurs.* ⇒ **corruption, dérèglement. 2.** Déviation des tendances, des instincts, due à des troubles psychologiques. ⇒ **anomalie.** *Les perversions sexuelles.* ⇒ **exhibitionnisme, fétichisme, masochisme, sadisme.** ▸ ***pervertir*** v. tr. ▪ conjug. 2. **1.** *Pervertir qqn,* faire changer en mal, rendre mauvais. ⇒ **corrompre, débaucher, dépraver.** *Tout cet argent l'a perverti.* — Au p. p. adj. *Individu perverti.* ⇒ **dévoyé. 2.** *Pervertir qqch.,* perturber, détourner (de son sens ou de ses buts). ⇒ **altérer, dénaturer.** *Il interprète et pervertit la loi.* — Pronominalement. *Se pervertir.* ▸ ***pervertissement*** n. m. ■ Littér. Perversion (1).

peser [pəze] v. ▪ conjug. 5. **I.** V. tr. **1.** Déterminer le poids de (qqch.), en le comparant à un poids connu. ⇒ **pesage, pesée.** *Peser un objet avec une balance. Peser qqch. dans sa main.* ⇒ **soupeser.** *Les trois kilos de pommes que le marchand a pesés* (voir II, 1, REM.). — Pronominalement. *Il se pèse tous les matins.* **2.** (Dans quelques expressions) Apprécier, examiner avec attention. ⇒ **considérer, estimer.** *Peser le pour et le contre.* ⇒ **comparer.** *Peser ses mots,* faire attention à ce qu'on dit. — Au p. p. adj. *Tout bien pesé,* après mûre réflexion. **II.** V. intr. Concret. **1.** Avoir tel ou tel poids. ⇒ **faire.** *Cela pèse plus lourd, pèse plus, moins. Peser peu* (être léger), *beaucoup* (être lourd, pesant). *Les cent kilos qu'il a pesé autrefois.* — REM. Pas d'accord, *cent kilos* étant ici complément de poids et non objet direct de *peser.* **2.** PESER SUR, CONTRE. ⇒ **appuyer.** *Il pesa de toutes ses forces contre la porte. — Aliment indigeste, qui pèse sur l'estomac.* **3.** Cour. PESER SUR : exercer une poussée, une pression sur qqch. (sans idée de force). ⇒ **actionner, appuyer** sur, **pousser** sur, **presser** sur. *Elle pèse sur une touche du clavier.* — Fam. *Peser sur un piton, sur le gaz*, sur la suce*.* **III.** V. intr. Abstrait. **1.** PESER À : être pénible, difficile à supporter. ⇒ **ennuyer, fatiguer, importuner ;** fam. **achaler.** *Ses enfants lui pèsent.* **2.** PESER SUR : constituer une charge pénible. ⇒ **accabler.** *Le remords pèse sur sa conscience, lui pèse sur la conscience.* **3.** Avoir de l'importance. *Cet élément a pesé dans notre décision.* ▸ ***pesage*** n. m. **1.** Détermination, mesure des poids. ⇒ **pesée.** *Appareils de pesage.* ⇒ **balance, bascule, pèse-bébé, pèse-lettre, pèse-personne. 2.** Action de peser les jockeys avant une course. — Endroit où s'effectue ce pesage. *Il y avait foule au pesage.* ▸ ***pesant, ante*** [pəsɑ̃, ɑ̃t] adj. **1.** Qui pèse lourd. / contr. **léger** / *Un fardeau pesant.* — N. m. Loc. *Valoir son pesant d'or*.* **2.** Fig. Pénible à supporter. ⇒ **lourd.** *Dormir d'un sommeil pesant. Un chagrin pesant.* — Temps. *Un ciel pesant,* lourd, menaçant. **3.** Qui donne une impression de lourdeur. *Une architecture pesante. Une démarche pesante. — Repas pesant pour l'estomac.* ⇒ **indigeste ;** fam. **chargeant. 4.** Qui manque de vivacité. ⇒ **épais.** *Un esprit pesant. Il est assez pesant quand il veut plaisanter.* / contr. **agile, vif** / **5.** Fig. Fam. Qui a de l'influence. *Cette famille est très pesante dans la région.* ▸ ***pesamment*** adv. ■ Lourdement. *Retomber pesamment.* ▸ ***pesanteur*** n. f. **1.** Physique. Caractère de ce qui a un poids. *La pesanteur de l'air.* — Absolt. LA PESANTEUR : la force qui entraîne les corps vers le centre de la Terre. ⇒ **attraction, gravitation, gravité.** / contr. **apesanteur** / **2.** Caractère de ce qui paraît lourd, pesant. *Cela avait la pesanteur d'un bœuf.* / contr. **légèreté** / — Manque de vivacité. *Pesanteur d'esprit.* ▸ ***pèse-bébé*** [pɛzbebe] n. m. ■ Balance dont le plateau est disposé de manière qu'on puisse y placer un nouveau-né, un bébé. *Des pèse-bébés.* ▸ ***pesée*** n. f. **1.** Quantité pesée en une fois. **2.** Opération par laquelle on détermine le poids de qqch. *Effectuer une pesée à l'aide d'une balance.* **3.** Action de peser sur qqch. ou qqn. *De toute la pesée de son corps, il s'efforçait d'ouvrir la porte.* ⇒ **poids. 4.** Plomb lestant le bas d'une ligne, un filet. ▸ ***pèse-lettre*** [pɛzlɛtʀ] n. m. ■ Balance à lettres. *Des pèse-lettres.* ▸ ***pèse-personne*** n. m. ■ Balance, bascule pour se peser. *Des pèse-personnes.* ⟨ ▸ apesanteur, s'appesantir, soupeser ⟩

peseta [pez(s)eta] n. f. ■ Unité monétaire de l'Espagne (symb. *PTA*). *Des pesetas.*

peso [peso, pəzo] n. m. ■ Unité monétaire de plusieurs pays d'Amérique latine. *Des pesos mexicains* (symb. *$MEX*).

pessimisme [pesimism] n. m. ■ Disposition d'esprit qui porte à prendre les choses du mauvais côté, à être persuadé qu'elles tourneront mal. / contr. **optimisme** / ▸ ***pessimiste*** adj. et n. ■ Qui est porté à être mécontent du présent et inquiet pour l'avenir. ⇒ **défaitiste.** / contr. **optimiste** / *Ses malheurs l'ont rendue pessimiste. Une vue pessimiste du monde.* — N. *Un, une pessimiste invétéré(e).*

peste [pɛst] n. f. **1.** Très grave maladie infectieuse, épidémique et contagieuse causée par le bacille de Yersin. *Être atteint de la peste.* ⇒ **pestiféré.** *La peste de Londres.* **2.** Agriculture. Très grave maladie virale, contagieuse, frappant les animaux d'élevage. *Peste aviaire* (basse-cour), *bovine, porcine.* **3.** Loc. fam. *Fuir, craindre qqch. ou qqn* COMME LA PESTE. **4.** Personne insupportable, méchante. ⇒ **gale, teigne ; haïssable.** *C'est une vraie petite peste !* **5.** Beaucoup, en grande quantité. *On a eu une peste de fraises cet été. Une peste de monde assistait au match.* ▶ ***pestiféré, ée*** adj. et n. ■ Infecté ou atteint de la peste (1). — N. *On le fuit comme un pestiféré.* ‹ ▶ empester, pestilence ›

pester [pɛste] v. intr. ▪ conjug. 1. ■ Manifester son mécontentement, sa colère, par des paroles. ⇒ **fulminer, jurer, maugréer ;** fam. **rouspéter.** *Nous pestions contre le mauvais temps. Pester contre l'augmentation des tarifs de transport.*

pesticide [pɛstisid] adj. et n. m. Anglic. **1.** Adj. Se dit de produits chimiques destinés à la protection des cultures et des récoltes contre les parasites, champignons (fongicide), mauvaises herbes (herbicide), insectes (insecticide). **2.** N. m. Produit pesticide. *Épandage de pesticides par hélicoptère.*

pestilence [pɛstilɑ̃s] n. f. ■ Odeur infecte. ⇒ **infection, puanteur.** *Pestilence qui se dégage d'un tas d'ordures.* ▶ ***pestilentiel, ielle*** adj. ■ *Des miasmes pestilentiels.* ⇒ **fétide, nauséabond.**

pet [pɛt] n. m. **1.** Fam. Gaz intestinal qui s'échappe de l'anus avec bruit. ⇒ ① **gaz, vent ;** fam. **prout.** *Lâcher un pet.* ⇒ **péter.** — Loc. fam. *Ça ne vaut pas un pet, un* PET DE LAPIN : cela n'a aucune valeur. — *Filer comme un pet,* rapidement. **2.** UN PET : une chose très simple, très facile à faire et qui prend peu de temps. ⇒ **bagatelle ;** anglic. **pinotte.** *C'est un pet d'apprendre à conduire.* ‹ ▶ pétarade, pétard, pet-de-nonne, pet-de-sœur, péter ›

pétage [petaʒ] n. m. ■ Fam. Fait de démontrer de la vanité, de la prétention, de manifester un contentement excessif de soi-même. *Ne l'écoutez pas, c'est du pétage.* — Loc. *Pétage de bretelles,* contentement manifeste, fierté excessive. *Pétage de broue.* ⇒ **prétention, vanité.**

pétale [petal] n. m. ■ Chacune des pièces florales, blanche ou colorée, qui composent la corolle d'une fleur. *Les pétales blancs d'une marguerite.* ≠ *sépale.*

pétanque [petɑ̃k] n. f. ■ Jeu dans lequel on utilise un cochonnet (le but) et deux boules métalliques, qui se joue sur un terrain plat non aménagé. *Des boules de pétanque.* ▶ ***pétanqueur*** ou ***pétanqueux, euse*** n. ■ Joueur de pétanque. ⇒ **bouliste.** *Un club de pétanqueurs.*

pétant, ante [petɑ̃, ɑ̃t] adj. Fam. **1.** (Après *heure*) Exact. *À neuf heures pétantes.* ⇒ **sonnant, tapant.** **2.** Loc. *Être pétant de santé, d'énergie.* ⇒ **gonflé, plein, rayonnant.** — Fig. *Une entreprise pétante de santé,* qui fait de bonnes affaires, marche très bien. — *Une couleur pétante.* ⇒ **pété.**

pétarade [petaʀad] n. f. ■ Suite de détonations. *Les pétarades d'une motocyclette.* ▶ ***pétarader*** v. intr. ▪ conjug. 1. ■ Faire entendre une pétarade. *Le camion démarre en pétaradant.* ▶ ***pétaradant, ante*** adj. ■ *Des motos pétaradantes.*

pétard [petaʀ] n. m. **1.** Petite charge d'explosif placée dans une enveloppe de papier fort (elle « pète »). *Les enfants font claquer des pétards. Des pétards à mèche. Un pistolet-jouet à pétard.* ⇒ **capsule.** **2.** Fam. Bruit, tapage. ⇒ **vacarme ;** fam. ② **barda.** *Tu parles d'un pétard ! Il va y avoir du pétard !,* de la bagarre. *Être en pétard,* en colère. **3.** Fam. Revolver. *Il avait sorti son pétard.* **4.** Fam. Fesses, derrière. ⇒ fam. **cul.** — Loc. *Un beau pétard* (terme d'admiration), une personne au physique agréable (surtout une femme). ⇒ fam. **pépée, poupée.**

pet-de-sœur [pɛtdəsœʀ] ou **pet-de-nonne** [pɛtdənɔn] n. m. ■ Pâtisserie soufflée faite avec de la pâte à choux ou de la pâte levée. *Des pets-de-nonne.*

péter [pete] v. ▪ conjug. 6. **1.** V. intr. Fam. Faire un pet, lâcher des vents. ⇒ fam. **prouter.** — Loc. *Péter plus haut que son derrière, que son cul, que le trou,* être prétentieux, se vanter, se croire supérieur aux autres. *Péter de la broue,* être vaniteux, prétentieux. *Va donc péter dans les fleurs,* va au diable. — Pronominalement. *Se péter les bretelles.* ⇒ **pétage ;** se **glorifier.** **2.** V. tr. Fam. *Péter le feu, péter du feu, des flammes,* déborder d'entrain, de vitalité. *Péter de santé, d'énergie.* ⇒ **éclater, rayonner.** *Ça va péter des flammes,* ça va barder. **3.** Fam. (Suj. chose) Éclater avec bruit. ⇒ **exploser ; pétarader.** *Des obus pétaient dans tous les coins.* — Se rompre brusquement, se casser. *Tous les boutons de ma veste ont pété.* — *Péter un bouton dans le visage,* le crever, faire sortir le pus. — *L'affaire va vous péter dans la main, dans les mains, dans la figure,* échouer, rater. — Loc. *Envoyer qqn péter dans les fleurs,* l'envoyer promener. **4.** V. tr. très fam. Casser. *Il lui a pété la gueule,* cassé la figure, donné une râclée. *Se faire péter la gueule. Péter une bouteille, un verre.* ⇒ **briser.** — Pronominalement. *Se péter la gueule, la face, la fraise,* avoir un accident. ▶ ***pété, ée*** p. p. adj. ■ Fam. Qui est très audacieux, hardi, qui sort de l'ordinaire. ⇒ fam. **capoté, sauté ;** anglic. **flyé.** *Une chanson très pétée. C'est plutôt pété comme affiche. Une rockeuse pas mal pétée.* ▶ ***pète-sec*** [pɛtsɛk] n. invar. et adj. invar. ■ Fam. Personne autoritaire au ton hargneux et cassant. *Une directrice, un directeur pète-sec.* ▶ ***péteux, euse*** n. **1.** Fam. Peureux. **2.** Humilié. *Il se sent tout péteux.* **3.** *Péteux (de broue),* pédant, vaniteux, prétentieux. / contr. **modeste** / **4.** Fam. Derrière, fesses. *Avoir le péteux à l'air.* ‹ ▶ pétage, pétant, pétoire ›

pétiller [petije] v. intr. ▪ conjug. 1. **1.** Éclater avec de petits bruits secs et répétés. *Le feu pétille.* ⇒ **crépiter.** **2.** (Liquides) Produire de nombreuses bulles en bruissant. *Le champagne pétille dans les coupes.* **3.** Littér. Briller d'un éclat très vif. ⇒ **scintiller.** *La joie pétille dans ses yeux.* — Abstrait. *Il pétille d'esprit,* il a un esprit plein de vivacité et d'agrément. ▶ ***pétillant, ante*** adj. **1.** *Une eau minérale pétillante.* **2.** *Avoir le regard pétillant de malice. Un esprit pétillant.* ▶ ***pétillement*** n. m.

pétiole [pesjɔl] n. m. ■ Partie rétrécie de certaines feuilles vers la tige. ⇒ **queue.**

petiot, ote [pətjo, ɔt] adj. et n. ■ (France) Fam. Petit, tout petit. — N. Petit enfant.

① **petit, ite** [p(ə)ti, it] adj. **I.** Au sens physique, matériel. **1.** (Êtres vivants) Dont la taille est inférieure à la moyenne. / contr. **grand** / *Un homme très petit, mais qui n'est pas nain*.* ⇒ **minuscule.** *Rendre qqn plus petit.* ⇒ **rapetisser.** — Loc. *Se faire tout petit,* éviter de se faire remarquer. — Qui n'a pas encore atteint toute sa taille. ⇒ **jeune.** *Quand j'étais petit.* ⇒ **enfant.** *Le petit frère, la petite sœur de qqn,* frère, sœur plus jeune. *Un petit gars, garçon ; une petite fille.* **2.** (Choses) Dont les dimensions sont inférieures à la moyenne. *Une petite maison. On a fait un petit tour. J'ai fait un petit somme.* — (Désignant, avant le nom, une catégorie particulière de la chose) *Des petits pots. Le petit doigt. Du petit-lait. Regarder un film au* PETIT ÉCRAN. ⇒ **télévision.** — Au plur. *Les petites annonces*.* — *Une petite bouteille.* / contr. **gros.** / — N. f. Par ext. *Une petite,* une bouteille de petit format, spécialt une bouteille de bière. **3.** Dont la grandeur, l'importance, l'intensité est faible. ⇒ **faible, infime.** *Je vous demande une petite minute. Une petite somme.* ⇒ **maigre.** *Les petites et moyennes entreprises* (P.M.E.). *Le petit matin, le petit jour.* ⇒ **aube.** **4.** (Qualifiant ce qu'on trouve aimable, charmant, attendrissant) Fam. *Comment va cette petite santé ? Un petit coup de gin. Une petite bière ? Des bons petits plats.* — (Condescendant : méprisant ou exprimant la familiarité) *Qu'est-ce qu'elle veut, la petite madame ? Quel petit crétin ! Mon petit maudit, ma petite mosus.* — (Affectueux, après un possessif) *Ma petite maman.* — Loc. fam. *Son* PETIT AMI, *sa petite amie* : son amant, sa maîtresse. ⇒ **amoureux, copain, flirt ;** fam. **blonde ;** anglic. **chum. II.** PETIT, PETITE n. **1.** Enfant ou être humain jeune. *Le petit, ce petit. La petite a eu des coliques. Les tout-petits.* ⇒ **bébé.** *La cour des petits et celle des grands. Hé, petit ! va porter ça à ta mère.* — Cour. *Vouloir, faire un petit,* un bébé. *Avoir un petit* ou, adj., *avoir un petit garçon, une petite fille,* mettre au monde. ⇒ **accoucher** de. **2.** Jeune animal. *La chatte a fait ses petits.* — Loc. fam. *Son argent a* FAIT DES PETITS : a rapporté. *Ramasser ses petits,* ses choses personnelles. **3.** Enfant (d'une personne). *Les petites Côté,* les filles Côté. — (D'un adulte à un autre adulte) *Tu ne serais pas une petite Royer par hasard ?* **III.** Au sens psychologique, ou moral, social. **1.** De peu d'importance. ⇒ **minime.** *De petits inconvénients. Encore un petit effort ! Le petit nom.* ⇒ **prénom. 2.** (Personnes) Qui a une condition, une situation peu importante. *Les petites gens. Les petits commerçants.* — N. *Ce sont toujours les petits qui payent, trinquent.* / contr. **gros** / **3.** Qui a peu de valeur (quant au mérite, aux qualités intellectuelles ou morales). *Les petits poètes.* ⇒ ① **mineur. 4.** *Petits soins.* ⇒ **soin.** ▶ ② ***petit*** adv. **1.** PETIT À PETIT [ptitapti, pətitapəti] : peu à peu. ⇒ **progressivement.** *Petit à petit il aménageait sa maison.* — PROV. *Petit à petit, l'oiseau fait son nid.* **2.** EN PETIT : d'une manière analogue, mais sans grandeur. *Elle voit tout en petit. Je voudrais la même chose, mais en plus petit.* ⇒ **réduit. 3.** (Mesures) *Elle chausse petit, il habille petit.* ⇒ anglic. **small.** / contr. **grand** / ▶ ***petite*** n. f. ■ *La petite,* la première vitesse d'un véhicule automobile (opposé à *la grande*). — Loc. *En petite,* en première vitesse. *Se mettre en petite pour descendre une côte abrupte.* (⟶ Se mettre sur le bœuf) ▶ ***petitement*** adv. **1.** *Être logé petitement,* à l'étroit. **2.** Fig. Chichement. *Il vivait petitement de son salaire.* **3.** *Se venger petitement,* mesquinement. ▶ ***petitesse*** n. f. **1.** Caractère de ce qui est de petite dimension. / contr. **grandeur, hauteur** / *La petitesse d'une cuisine française. La petitesse de ses mains, de sa taille. La petitesse de ses revenus.* ⇒ **modicité. 2.** Caractère mesquin, sans grandeur. *Petitesse d'esprit.* ⇒ **étroitesse, mesquinerie. 3.** *(Une, des petitesses)* Trait, action dénotant un esprit mesquin. *Les petitesses d'un grand homme.* ‹ ▶ gagne-petit, petiot, petit(-), rapetisser, tout-petit ›

petit(-) ■ Élément de mots composés. ▶ ***petit-beurre*** [p(ə)tibœʀ] n. m. ■ (Surtout en France) Biscuit sec de forme rectangulaire fait au beurre. *Des petits-beurre.* ▶ ***petit-bourgeois, petite-bourgeoise*** [p(ə)tibuʀʒwa, p(ə)titbuʀʒwaz] n. et adj. ■ Personne qui appartient à la partie la moins aisée de la bourgeoisie (la *petite bourgeoisie*) réputée conformiste et mesquine. *Des petits-bourgeois.* — Adj. Péj. *Des réactions petites-bourgeoises.* ▶ ***petit-cousin, petite-cousine*** [p(ə)tikuzɛ̃, p(ə)titkuzin] n. ■ Fils, fille d'un cousin ou d'une cousine germain(e). ▶ ***petit déjeuner*** n. m. ⇒ ② **déjeuner.** ▶ ***petit-fils*** [p(ə)tifis], ***petite-fille*** [p(ə)titfij] n. ■ Fils, fille d'un fils ou d'une fille par rapport à un grand-père ou à une grand-mère. *Ils ont quatre petites-filles et trois petits-fils.* ▶ ***petit (-)four*** [p(ə)tifuʀ] n. m. ■ Petit gâteau très délicat fait par le pâtissier. *Offrir des petits fours avec le thé.* ▶ ***petit-gris*** [p(ə)tigʀi] n. m. **1.** Fourrure d'un écureuil de Russie d'un gris ardoise. *Un manteau en petit-gris.* **2.** Variété d'escargot à petite coquille brunâtre. *Des petits-gris.* ▶ ***petit-lait*** n. m. ⇒ **lait.** ▶ ***petit(-)nègre*** n. m. ⇒ **nègre.** ▶ ***petit-neveu*** [p(ə)tinvø], ***petite-nièce*** [p(ə)titnjɛs] n. ■ Fils, fille d'un neveu ou d'une nièce par rapport à un grand-oncle ou à une grand-tante. *Leurs petits-neveux et petites-nièces.* ▶ ***petits-enfants*** [p(ə)tizɑ̃fɑ̃] n. m. pl. ■ Les enfants d'un fils ou d'une fille. *Les grands-parents et leurs petits-enfants.* ▶ ***petit(-)pois*** n. m. ⇒ **pois.** ▶ ***petit-suisse*** [p(ə)tisɥis] n. m. ■ (France) Fromage frais à la crème, en forme de petit cylindre. *Des petits-suisses.* ‹ ▶ arrière-petit-fils, arrière-petite-fille ›

pétition [petisjɔ̃] n. f. ■ Demande adressée, par écrit ou oralement, aux pouvoirs publics. *Faire signer une pétition contre un pollueur.* ▶ ***pétition de principe*** n. f. ■ Faute logique par laquelle on considère comme admis ce qui doit être démontré. ▶ ***pétitionnaire*** n. ■ Personne qui fait, signe une pétition.

peton [pətɔ̃] n. m. ■ (Surtout en France) Fam. Petit pied. *L'enfant joue avec ses petons.*

pétoncle [petɔ̃kl] n. m. ■ Coquillage comestible brun et strié. *De gros pétoncles.* ⇒ **coquille** Saint-Jacques.

pétrel [petʀɛl] n. m. ■ Oiseau palmipède très vorace, qui vit en haute mer.

pétrifier [petʀifje] v. tr. ▪ conjug. 7. **1.** Changer en pierre. — Rendre minérale (une matière organique). *La silice pétrifie le bois.* — Au p. p. adj. *Crâne pétrifié.* ⇒ **fossilisé. 2.** Recouvrir d'une couche de pierre. — Au p. p. adj. *Concrétions pétrifiées* (stalactites, stalagmites...). **3.** Abstrait. Immobiliser (qqn) par une émotion violente. ⇒ **glacer, méduser.** *Cette nouvelle la pétrifia.* — Au passif. *Être pétrifié de terreur.* **4.** SE PÉTRIFIER v. pron. : devenir minéral. ▶ ***pétrifiant, ante*** adj. ■ (Eaux) Qui a la faculté de pétrifier. *Une fontaine pétrifiante.* ▶ ***pétrification*** n. f. **1.** Action de pétrifier (1, 2) ; son résultat. **2.** *Une pétrification,* objet entouré d'une couche pierreuse.

pétrifontain, aine [petʀifɔ̃tɛ̃, ɛn] adj. et n. ■ De la ville de Pierre-fonds. — N. (Avec une majusc.) Personne née dans cette ville ou qui l'habite.

pétrin [petʀɛ̃] n. m. **1.** Coffre, dispositif dans lequel on pétrit le pain. *Pétrin mécanique.* **2.** Fam. Situation embarrassante d'où il semble impossible de sortir. ⇒ fam. ② **trouble.** *Se fourrer, se mettre dans le pétrin. Quel pétrin !*

pétrir [petʀiʀ] v. tr. ▪ conjug. 2. **1.** Presser, remuer fortement et en tous sens (une pâte consistante). ⇒ **malaxer.** *Le boulanger pétrit la pâte en l'aérant* (⇒ **pétrin**). — *Pétrir de l'argile.* ⇒ **façonner, modeler. 2.** Palper fortement en tous sens. *Il pétrissait son chapeau entre ses doigts. Le masseur lui pétrit les mollets.* **3.** Abstrait. Littér. Donner une forme à, façonner. *Notre éducation nous a pétris ; nous avons été pétris par notre éducation.* **4.** Au passif et p. p. adj. ÊTRE PÉTRI, IE DE : formé(e), fait(e) avec. *Être pétri d'orgueil,* très orgueilleux. *Ils sont pétris de bonne volonté.* ▶ ***pétrissage*** n. m. ■ *Pétrissage à main, mécanique.*

① ***pétr(o)-*** ■ Élément qui signifie « pétrole » (mieux : *pétrolo-*). ▶ ***pétrochimie*** [petʀoʃimi] n. f. ■ Branche de la chimie qui étudie les dérivés du pétrole ; industrie des dérivés du pétrole. — REM. *Pétrolochimie* serait préférable. ▶ ***pétrochimique*** adj. ■ Qui concerne les dérivés du pétrole brut et du gaz naturel ; qui en produit. *Usine, installation pétrochimique.* ▶ ***pétrodollar*** n. m. ■ Dollar provenant de la vente du pétrole par les pays producteurs. *Les pétrodollars arabes.*

② ***pétro-*** ■ Élément qui signifie « roche ». ▶ ***pétrographie*** [petʀɔgʀafi] n. f. ■ Science qui décrit les roches. ⇒ **minéralogie.**

pétrole [petʀɔl] n. m. **1.** Huile minérale naturelle combustible, hydrocarbure liquide accumulé dans les roches, en gisements, et utilisée comme source d'énergie, notamment sous forme d'essence. *Les gisements de pétrole du Moyen-Orient. Puits de pétrole. Pétrole brut,* non raffiné. **2.** Un des produits obtenus par la distillation du pétrole. *Une lampe à pétrole.* **3.** En appos. *Bleu pétrole,* nuance où entrent du bleu, du gris et du vert. — Adj. invar. *Des vestes bleu pétrole.* ▶ ***pétrolier, ière*** n. m. et adj. **I.** N. m. **1.** Navire-citerne conçu pour le transport en vrac du pétrole. *Un pétrolier géant.* ⇒ anglic. **tanker. 2.** Industriel, financier des sociétés pétrolières. **II.** Adj. **1.** Relatif au pétrole. *L'industrie pétrolière. — Port pétrolier, terminal pétrolier,* doté d'installations pour charger et décharger les pétroliers (I, 1). **2.** (Personnes) Spécialisé dans la prospection pétrolière. *Géologue pétrolier.* ▶ ***pétrolifère*** adj. ■ Qui contient naturellement, fournit du pétrole. *Région, gisement, champ pétrolifère.* ‹ ▶ ① pétr(o)-, superpétrolier ›

pet shop [pɛtʃɔp] n. m. ■ Anglic. Animalerie. *Acheter des poissons rouges dans un pet shop.*

pétulant, ante [petylɑ̃, ɑ̃t] adj. ■ Qui manifeste une ardeur exubérante. ⇒ **fougueux, impétueux, turbulent, vif.** *Une bande de petits garçons pétulants. — Une joie pétulante.* ▶ ***pétulance*** n. f. ■ *La pétulance des jeunes gens.* ⇒ **fougue, turbulence.**

pétunia [petynja] n. m. ■ Plante ornementale des jardins, à fleurs violettes, roses, blanches. ⇒ **saint-joseph.** *De beaux pétunias.*

peu [pø] adv. **I.** (En fonction de nom ou de nominal) Faible quantité. **1.** LE PEU QUE, DE... *Le peu que je sais, je le dois à mon père. Son peu de fortune. Le peu de cheveux qui me reste* (insiste sur le manque). *Le peu de cheveux qui me restent* (insiste sur ce qui existe). **2.** UN PEU DE. ⇒ **brin, grain, miette.** *Un peu de sel. Un peu de vin.* ⇒ un **doigt.** *Un tout petit peu de vin.* ⇒ une **goutte,** une **larme.** *Un peu de lait.* ⇒ un **nuage.** — *« Vous en voulez ? – Un petit peu. »* / contr. **beaucoup** / — POUR UN PEU (+ conditionnel) loc. adv. : il aurait suffi de peu de chose pour que. *Pour un peu elle se serait mise en colère.* **3.** (Employé seul, sans complément) Loc. *Ce n'est pas peu dire,* c'est dire beaucoup, sans exagération. *Éviter un ennui de peu.* ⇒ de **justesse.** *À peu près.* ⇒ **environ, près, presque.** *Joueur à peu près,* au hasard. Fam. *Très peu pour moi,* formule assez brusque de refus. — (Attribut) *C'est peu, trop peu.* / contr. **assez ; trop** / — PEU À PEU : en progressant par petites quantités, par petites étapes. ⇒ **doucement, lentement, petit** à petit, **progressivement.** *Peu à peu le feu gagnait les étages.* **4.** PEU DE (suivi d'un compl.). *En peu de temps. Cela a peu d'importance.* — PEU DE CHOSE : une petite chose, qqch. d'insignifiant. ⇒ **bagatelle, rien.** *C'est très peu de chose. À peu de chose près,* presque. — (Compl. au plur.) *Ce texte dit beaucoup en peu de mots.* **5.** Ellipt. Peu de temps. *Dans peu, d'ici peu, sous peu, avant peu.* ⇒ **bientôt, incessamment.** *Depuis peu, il y a peu.* ⇒ **récemment, tantôt.** — Un petit nombre (des choses ou des gens dont il est question). *Bien peu pourraient travailler comme il le fait. Je ne vais pas me décourager pour si peu !* **II.** Adv. **1.** (Avec un verbe) En petite quantité, dans une faible mesure seulement. ⇒ **modérément,** à **peine.** / contr. **beaucoup,** ② **fort** / *Cette lampe éclaire peu, très peu.* ⇒ ② **mal.** *Peu importe.* — (Avec un adj.) Pas très. *Ils sont peu nombreux. Il n'était pas peu fier,* il était très fier. (Avec un adv.) *Peu souvent.* — SI PEU QUE (+ subjonctif). *Si peu que ce soit,* en quelque petite quantité que ce soit. — UN TANT SOIT PEU : assez. ⇒ un **tantinet.** *Tu me parais un tant soit peu susceptible.* — POUR PEU QUE (+ subjonctif) loc. conj. : si peu que ce soit. *Pour peu qu'on le contrarie, il devient agressif.* **2.** UN PEU : dans une mesure faible, mais non négligeable (opposé à *pas mal*). / contr. **beaucoup, très** / *Elle l'aime un peu.* UN PETIT PEU : un peu. *Il va un petit peu mieux.* — Littér. QUELQUE PEU : assez. *Elle se sentait quelque peu malade.* — Fam. UN PEU (pour atténuer un ordre ou souligner une remarque). *Je vous demande un peu ! Sors donc un peu que je t'arrange le portrait !* — Poli ou iron. Bien trop. *C'est un peu fort ! Un peu beaucoup,* vraiment beaucoup trop. — (Pour accentuer une affirmation) *« Tu ferais ça ? – Un peu ! Un peu que je le ferai ! »* ▶ ***peu ou prou*** loc. adv. ⇒ **prou.** ‹ ▶ à-peu-près ›

peuchère [pøʃɛʀ] interj. ■ (Sud-est de la France) Exclamation exprimant une commisération affectueuse ou ironique.

peuh [pø] interj. ■ Interjection exprimant le mépris, le dédain ou l'indifférence. *Peuh ! Ça m'est égal.*

peuple [pœpl] n. m. **I.** Ensemble humain réuni par l'appartenance à une société, une culture, une patrie communes, parlant en général la même langue, habitant (ou ayant habité) le même territoire. ⇒ **nation, pays, population, société ; ethno-.** *Le droit des peuples à disposer d'eux-mêmes,* à constituer un État. *Le peuple acadien. — Le peuple élu,* le peuple juif. **II. 1.** LE PEUPLE, UN PEUPLE : l'ensemble des personnes soumises aux mêmes lois et qui forment une communauté. *Relatif au peuple.* ⇒ **populaire.** *Gouvernement du peuple.* ⇒ **démocratie.** *Le peuple* (la nation) *en armes,* en guerre. **2.** LE PEUPLE : le plus grand nombre (opposé aux *classes supérieures, dirigeantes,* ou aux *éléments les plus cultivés de la société*). ⇒ **masse, multitude.** *Le peuple en armes,* en guerre civile. *Le peuple et la bourgeoisie.* ⇒ **prolétariat ;** vx ou péj. **plèbe.** *Homme, femme, gens du peuple.* **3.** Adj. invar. Péj. Populaire. *Elle est jolie, mais elle fait (un peu) peuple.* **III. 1.** Foule, multitude de personnes assemblées. *Une place encombrée de peuple.* — Fam. *Il y a du peuple,* du monde. ⇒ fam. **populo. 2.** Loc. fam. *Se ficher du peuple,* du monde, des gens. *Tu te fous du peuple,* de nous. ⇒ **exagérer. 3.** Littér. *Un peuple de,* un grand nombre de. *S'entourer de tout un peuple d'admirateurs.* ▶ ***peuplade*** n. f. ■ Groupement humain parfois nomade, petit peuple ne constituant pas une société complexe. ⇒ **tribu.** *Une peuplade d'Amazonie.* ▶ ***peuplé, ée*** adj. ■ Où il y a une population, des habitants. ⇒ **habité, populeux, surpeuplé.** / contr. **dépeuplé** / *Une ville très peuplée.* ▶ ***peuplement*** n. m. **1.** Action de peupler. *Le peuplement des terres vierges par des colons.* — (Animaux) *Le peuplement d'un étang.* ⇒ **repeuplement ; aleviner. 2.** État d'un territoire peuplé. *Évolution du peuplement.* ⇒ **démographie.** / contr. **dépeuplement** / **3.** Ensemble d'arbres croissant sur un même terrain. *Un peuplement d'érables.* ⇒ **érablière.** ▶ ***peupler*** v. tr. ■ conjug. 1. **I.** Pourvoir (un pays, une contrée) d'une population. / contr. **dépeupler** / *Peupler une région de colons. — Peupler un étang, un lac en (de) truites.* ⇒ **ensemencer. II. 1.** Habiter, occuper (une contrée, un pays). *Tous les humains qui peuplent la terre.* **2.** Être présent en grand nombre dans, prendre toute la place dans. *Les étudiants qui peuplent les universités.* — Littér. *Les cauchemars qui peuplaient ses nuits.* ⇒ **hanter. 3.** SE PEUPLER v. pron. : se remplir d'habitants. ‹ ▶ dépeupler, populace, populaire, population, populeux, populisme, repeupler, surpeuplé ›

peuplier [pøplije] n. m. **1.** Arbre élancé, de haute taille, à petites feuilles. ⇒ **liard.** *Peupliers blancs. Route bordée de peupliers. Peuplier tremble.* ⇒ **tremble. 2.** Bois de peuplier (bois blanc). ▶ ***peupleraie*** [pøplәʀɛ] n. f. ■ Plantation de peupliers.

peur [pœʀ] n. f. **1.** LA PEUR : émotion qui accompagne la prise de conscience d'un danger, d'une menace. ⇒ **crainte** (sens plus faible) **; effroi, épouvante,**

frayeur, terreur (sens plus fort) ; fam. **frousse, trouille ;** fam. la **chienne** (**chien** [I, 7]). *Inspirer de la peur. Être transi, vert, mort de peur,* à cause de la peur. — Loc. *Avoir plus de peur que de mal, en être quitte pour la peur,* ne pas souffrir de ce qui la provoquait. — LA PEUR DE... (suivi du nom de la personne ou de l'animal qui éprouve la peur). *La peur du gibier devant le chasseur. Chercher à cacher sa peur.* — (Suivi du nom de l'être ou de l'objet qui inspire la peur, ou d'un verbe) *La peur du chasseur fait fuir le gibier. La peur de la mort.* ⇒ **appréhension, hantise.** *La peur de mourir.* **2.** UNE PEUR : l'émotion de peur qui saisit qqn dans une occasion précise. *Une peur bleue, intense.* ⇒ **panique.** *J'ai eu, il m'a fait une de ces peurs !,* j'ai eu peur de lui ou pour lui. — Loc. *Conter, raconter des peurs à qqn,* des histoires effrayantes, qui font peur ; des choses invraisemblables. *Se faire conter, se raconter des peurs.* **3.** Loc. Sans article. *Prendre peur.* — AVOIR PEUR. ⇒ **craindre.** *N'ayez pas peur, n'aie pas peur,* formule pour rassurer. *Avoir peur pour qqn,* craindre ce qui va lui arriver. *Avoir peur de qqch. ; de faire qqch.* ⇒ **redouter.** *N'avoir peur de rien. Avoir très peur.* (Sens faible) *N'ayez pas peur d'insister sur ce point,* n'hésitez pas à. — FAIRE PEUR : donner de la peur. *Être laid à faire peur,* horrible. *Faire plus de peur que de mal,* être effrayant, mais inoffensif. *Faire peur à qqn.* ⇒ **effrayer, intimider.** *Tout lui fait peur.* **4.** PAR PEUR DE, DE PEUR DE loc. prép. : par crainte de. *Il a menti par peur d'une punition.* — (+ infinitif) *Enfant qui ment de peur d'être puni.* — DE PEUR QUE, PAR PEUR QUE (+ subjonctif) loc. conj. *Il a menti de peur qu'on (ne) le punisse.* **5.** PARTIR EN PEUR : s'énerver pour rien, s'exciter inutilement. ⇒ **s'affoler, s'emballer.** *Il part en peur parce que son équipe est en tête.* ⇒ **épouvante, mors** aux dents. ▶ ***peureux, euse*** adj. **1.** Qui a facilement peur. ⇒ **couard, craintif,** ① **lâche, poltron ;** fam. **chieur, dégonflé, froussard, jaune, péteux, pisseux trouillard.** / contr. **brave, courageux** / *Un enfant peureux.* — N. *C'est un peureux.* **2.** Qui est sous l'empire de la peur. ⇒ **apeuré, épeuré.** *Le chaton alla se cacher dans un coin, tout peureux.* ▶ ***peureusement*** adv. ■ En ayant peur. ⇒ **craintivement.** ⟨ ▶ apeurer, épeurer ⟩

peut-être [pøtɛtʀ] adv. **1.** Adverbe indiquant une simple possibilité. ⇒ **possiblement, probablement.** / contr. **sûrement** / *Ils ne viendront peut-être pas. Je vais peut-être partir. Vous partez, peut-être ? — « Il a dit ça ? — Peut-être ; peut-être bien. » Peut-être..., mais...* ⇒ sans **doute.** — (En tête d'énoncé, avec inversion du sujet) *Qui sait ? Peut-être aurons-nous la chance de réussir.* **2.** PEUT-ÊTRE QUE. *Peut-être bien que oui, peut-être bien que non* [ptɛtbjɛ̃kwi, ptɛtbjɛ̃knɔ̃]. *Peut-être que je ne pourrai pas venir.* — (+ conditionnel) *Peut-être qu'elle viendrait si on lui demandait.*

pff(t) [pf(t)], ***pfut*** [pfyt] interj. ■ Onomatopée exprimant l'indifférence, le mépris. *Pfft... ! il en est bien incapable.*

pH [peaʃ] ■ Unité de mesure d'acidité, sur une échelle allant de 1 à 14. *pH 7,* neutre ; *pH < 7,* acide ; *pH > 7,* basique, alcalin.

phacochère [fakɔʃɛʀ] n. m. ■ Mammifère ongulé d'Afrique, voisin du sanglier.

-phage, -phagie, -phagique, phag(o)- ■ Éléments savants signifiant « manger » (ex. : *aérophagie, anthropophage*). ⇒ **-vore.**

phagocyte [fagɔsit] n. m. ■ Cellule possédant la propriété d'englober et de détruire les microbes en les digérant. *Phagocytes mobiles.* ▶ ***phagocyter*** v. tr. • conjug. 1. **1.** Détruire par phagocytose. **2.** Fig. Absorber et détruire. *Ce groupe a été phagocyté par un grand parti.* ≠ *noyauter.* ▶ ***phagocytose*** n. f. ■ Processus de défense cellulaire, fonction destructrice des phagocytes.

① ***phalange*** [falɑ̃ʒ] n. f. **1.** Antiquité. Formation de combat dans l'armée grecque. — Littér. Armée, corps de troupes. **2.** Groupement politique et paramilitaire d'extrême droite.

② ***phalange*** n. f. **1.** Chacun des os longs qui soutiennent les doigts et les orteils. **2.** Partie (d'un doigt) soutenue par une phalange. *La deuxième phalange de l'index.*

phalanstère [falɑ̃stɛʀ] n. m. ■ Didact. Groupe qui vit en communauté. — Endroit où vit ce groupe.

phalène [falɛn] n. f. ou m. ■ Grand papillon nocturne ou crépusculaire.

phallus [falys] n. m. invar. **1.** Membre viril en érection ⇒ **pénis** ; son image symbolique. **2.** *Phallus impudicus,* variété de champignon. ▶ ***phallique*** adj. ■ Du phallus (1). *Symbole phallique.* ▶ ***phallocrate*** n. ■ Personne (surtout homme) qui considère les femmes comme inférieures aux hommes. *Un phallocrate.* ⇒ **machiste.** — Abrév. fam. : UN PHALLO. — Adj. *Un comportement phallocrate.*

phanérogame [fanerɔgam] adj. et n. f. pl. ■ (Plantes) Qui a des fleurs apparentes. — N. f. pl. LES PHANÉROGAMES.

phantasme n. m. ⇒ **fantasme.**

pharaon [faʀaɔ̃] n. m. ■ Ancien souverain égyptien. *Les momies des pharaons.* ▶ ***pharaonique*** ou ***pharaonien, ienne*** adj. ■ Des pharaons. *Des masques mortuaires pharaoniens.*

phare [faʀ] n. m. **1.** Tour élevée sur une côte ou un îlot, munie à son sommet d'un feu qui guide les navires. *Phare tournant. Gardien de phare.* **2.** Projecteur placé à l'avant d'un véhicule, d'une voiture automobile. *Phares antibrouillard. Faire des appels de phares,* pour signaler. — Position où le phare éclaire le plus. *Les codes et les phares.* ≠ *fard, fart.*

pharisien, ienne [faʀizjɛ̃, jɛn] n. **1.** Antiquité. Membre d'une secte puritaine d'Israël ; chef religieux juif de cette secte. *Les Évangiles présentent les pharisiens comme responsables de la mort de Jésus.* **2.** Littér., péj. Personne hypocrite et sûre d'elle-même.

pharmacie [faʀmasi] n. f. **1.** Science des remèdes et des médicaments, art de les préparer et de les contrôler (⇒ **allopathie, homéopathie**). *Préparateur en pharmacie.* **2.** Magasin où l'on vend les médicaments, des produits, objets et instruments destinés surtout aux soins du corps et où l'on fait exécuter les ordonnances médicales. ⇒ **droguerie, officine ;** anglic. **drugstore.** *Médicament vendu en pharmacie.* **3.** Assortiment de produits pharmaceutiques usuels. *Pharmacie portative.* ⇒ **trousse.** *Armoire à pharmacie, pharmacie murale.* **4.** Local d'un hôpital où l'on range ces produits. ▶ ***pharmaceutique*** adj. ■ Relatif à la pharmacie. *Produit pharmaceutique. Formules pharmaceutiques. Laboratoire pharmaceutique,* entreprise qui fabrique et vend des médicaments. ▶ ***pharmacien, ienne*** n. ■ Personne qui exerce la pharmacie, est responsable d'une pharmacie (2, 4). *L'Ordre des pharmaciens.* ▶ ***pharmaco-*** ■ Élément de mots savants signifiant « remède ». ▶ ***pharmacologie*** [faʀmakɔlɔʒi] n. f. ■ Étude des médicaments, de leur action (propriétés thérapeutiques, etc.) et de leur emploi. ▶ ***pharmacopée*** n. f. ■ Liste de médicaments.

pharynx [faʀɛ̃ks] n. m. invar. ■ Cavité où aboutissent les conduits digestifs et respiratoires (⇒ **bouche, larynx, nez**). ≠ *larynx.* ▶ ***pharyngien, ienne*** adj.

■ Du pharynx. ▶ ***pharyngite*** n. f. ■ Inflammation, angine du pharynx. ▶ ***pharyngo-*** ■ Élément savant de mots de médecine signifiant « pharynx ». ⟨ ▶ rhinopharynx ⟩

phase [fɑz] n. f. **1.** Chacun des états successifs (d'une chose en évolution). ⇒ ① **période.** *Les phases d'une maladie.* ⇒ **stade.** *Cancéreux en phase terminale. Elle énuméra les différentes phases de l'opération.* ⇒ **étape. 2.** Chacun des aspects que présentent la Lune et les planètes à un observateur terrestre, selon leur éclairement par le Soleil. *Les phases de la Lune.* ⇒ **lunaison. 3.** EN PHASE : en variant de la même façon. **4.** Chimie. État d'un élément. *Les phases solide, liquide et gazeuse.* **5.** Fam. État passager (d'une personne). *Elle est entrée dans une phase d'activité, de travail intense.* ⟨ ▶ déphasé ⟩

Ph. D. [pie(t)ʃdi] n. m. invar. ■ Anglic. Abréviation de *Doctor of Philosophy*, docteur en philosophie. — Mod. Titre universitaire de troisième cycle décerné dans toutes les disciplines, à l'exception de la médecine, du droit et de la théologie. ⇒ **doctorat.** *Avoir un Ph. D. en sociologie.* — (En fonction adj.) *Elle est Ph. D. d'une université californienne.*

phénicien, ienne [fenisjɛ̃, jɛn] adj. et n. ■ De la Phénicie antique (Méditerranée orientale). *Un bateau phénicien.*

phénix [feniks] n. m. invar. **1.** Oiseau unique de son espèce, qui, selon la mythologie, vivait plusieurs siècles et, se brûlant lui-même sur un bûcher, renaissait de ses cendres. **2.** Personne unique en son genre, supérieure par ses dons. *Ce n'est pas un phénix !*

phénol [fenɔl] n. m. **1.** Solide critallisé blanc, soluble dans l'eau, corrosif et toxique, à odeur forte. *Le phénol est un antiseptique.* **2.** *Phénols,* série de composés organiques analogues au phénol. ▶ ***phéniqué, ée*** adj. ■ Qui contient du phénol. *Eau phéniquée.*

phénomène [fenɔmɛn] n. m. **1.** Didact., surtout au plur. Fait naturel complexe pouvant faire l'objet d'expériences et d'études scientifiques. *Étudier le phénomène des éclipses. Phénomènes physiques et psychologiques.* **2.** Fait observé, événement anormal ou surprenant. *La diminution du nombre des suicides est un phénomène courant en temps de guerre.* **3.** Sujet exceptionnel d'étude. *Un article sur le phénomène de la violence.* **4.** Fam. Individu, personne bizarre. ⇒ **excentrique,** ② **original.** *C'est tout un phénomène !* ▶ ***phénoménal, ale, aux*** adj. ■ Qui sort de l'ordinaire. ⇒ **étonnant, surprenant.** *Un acrobate phénoménal. Une mémoire phénoménale.* ▶ ***phénoménologie*** n. f. ■ Didact. Philosophie qui écarte toute interprétation abstraite pour se limiter à la description et à l'analyse des seuls phénomènes perçus. *La phénoménologie de Husserl.*

phentex [fɛntɛks] n. m. ■ Anglic. Laine acrylique. *Tricoter des pantoufles en phentex.* — REM. Ce mot est un nom de marque déposée.

phil-, philo-, -phile, -philie ■ Éléments savants signifiant « ami », ou « aimer ». / contr. **-phobe, -phobie** / ▶ ***philanthrope*** [filɑ̃tʀɔp] n. **1.** Personne qui aime l'humanité. / contr. **misanthrope** / **2.** Personne qui a une conduite désintéressée. *Je suis un commerçant, je ne suis pas un philanthrope !* ▶ ***philanthropie*** n. f. **1.** Amour de l'humanité. **2.** Désintéressement. ▶ ***philanthropique*** adj. ■ *Organisation philanthropique.* ▶ ***philatélie*** [filateli] n. f. ■ Connaissance, « amour » des timbres-poste ; art de les collectionner. ▶ ***philatélique*** adj. ■ *Association philatélique.* ▶ ***philatéliste*** n. ■ Collectionneur de timbres-poste. ▶ ***philharmonique*** [filaʀmɔnik] adj. ■ Se dit de sociétés d'amateurs de musique, d'orchestres. *Orchestre philharmonique.* ⟨ ▶ anglophile, bibliophile, cinéphile, discophile, francophile, haltérophile, hémophile, hydrophile, et les mots en philo- ⟩

philistin [filistɛ̃] n. m. et adj. m. ■ Littér. Personne de goût vulgaire, fermée aux arts et aux lettres, aux nouveautés. ⇒ **béotien, borné, épais.** — Adj. m. *Il est un peu philistin.*

philo [filo] n. f. ■ Fam. Philosophie. *Un cours de philo.* — Anciennt. Classe de philosophie du cours classique. *J'ai fait ma philo I et ma philo II.*

philodendron [filodɑ̃dʀɔ̃] n. m. ■ Arbuste ornemental, d'origine tropicale, aux feuilles parfois très découpées et coriaces, aux fleurs souvent très odorantes.

philologie [filɔlɔʒi] n. f. ■ Étude historique d'une langue par l'analyse critique des textes. ⇒ **linguistique.** *La philologie française.* ▶ ***philologique*** adj. ▶ ***philologue*** n. ■ Spécialiste de l'étude historique (grammaticale, linguistique, etc.) des textes.

philosophale [filɔzɔfal] adj. f. ■ PIERRE PHILOSOPHALE : substance recherchée par les alchimistes, et qui devait posséder des propriétés merveilleuses (transmuer les métaux en or, etc.).

philosophie [filɔzɔfi] n. f. **I.** LA PHILOSOPHIE. **1.** Ensemble des questions que l'être humain peut se poser sur lui-même et examen des réponses qu'il peut y apporter ; vision systématique et générale du monde (⇒ **esthétique, éthique, logique, métaphysique, morale, ontologie, théologie**). *La philosophie et la science.* **2.** Système d'idées qui cherche à établir les fondements d'une science. *La philosophie de l'histoire.* **3.** Matière des classes collégiales (anciennt du cours classique) où est (était) enseignée la philosophie. ⇒ fam. **philo. II.** UNE PHILOSOPHIE. **1.** Se dit d'un ensemble de conceptions (ou d'attitudes) philosophiques. ⇒ **doctrine, système, théorie.** Ex. : existentialisme, marxisme, matérialisme, phénoménologie, spiritualisme, théisme, etc. *La philosophie critique de Kant.* **2.** Ensemble des conceptions philosophiques (communes à un groupe social). *La philosophie orientale.* ⇒ **pensée. 3.** Conception générale, vision du monde et de la vie. *La philosophie de l'écrivain.* ⇒ **idée(s). 4.** Absolt. Élévation d'esprit, détachement. ⇒ **sagesse.** *Supporter les revers de fortune avec philosophie.* ⇒ **résignation.** ▶ ***philosophe*** n. et adj. **I.** N. **1.** Personne qui élabore une doctrine philosophique. ⇒ **penseur.** — Spécialiste de philosophie. **2.** Au XVIIIᵉ siècle. Partisan des Lumières, du libre examen, de la liberté de pensée. **3.** Personne qui pratique la sagesse. ⇒ **sage.** *Vivre en philosophe.* — Personne détachée et optimiste. **II.** Adj. Qui montre de la sagesse, du détachement et un certain optimisme. *Pourquoi se lamenter ? Il faut être un peu plus philosophe que cela !* ▶ ***philosopher*** v. intr. ▪ conjug. 1. ■ Penser, raisonner (sur des problèmes philosophiques, abstraits). ⇒ **argumenter.** ▶ ***philosophique*** adj. **1.** Relatif à la philosophie. *Doctrine philosophique.* — Qui touche à des problèmes de philosophie. *Roman philosophique.* **2.** Qui dénote de la sagesse, de la résignation. *Un mépris philosophique de l'argent.* ▶ ***philosophiquement*** adv. **1.** D'une manière philosophique, en philosophe. **2.** En philosophe (I, 3). *Accepter philosophiquement son sort.* ⟨ ▶ philo, philosophale ⟩

philtre [filtʀ] n. m. ■ Breuvage magique destiné à inspirer l'amour. *Le philtre que Tristan et Iseut ont bu.* ⇒ **charme.** ≠ *filtre.*

phlébite [flebit] n. f. ■ Inflammation d'une veine.

phlegmon ou **flegmon** [flɛgmɔ̃] n. m. ■ Inflammation du tissu (conjonctif) qui sépare les organes. ⇒ **abcès, furoncle, tumeur.** *Phlegmon des doigts.* ⇒ **panaris.**

phlox [flɔks] n. m. invar. ■ Plante ornementale herbacée, cultivée pour ses fleurs de couleurs vives. *Les phlox ont une odeur sucrée.*

-phobe, -phobie ■ Éléments savants signifiant « qui déteste ; crainte, haine » (ex. : *anglophobe, xénophobe, xénophobie*). / contr. **-phile, -philie** / ▸ ***phobie*** [fɔbi] n. f. **1.** Peur morbide, angoisse éprouvée devant certains objets, actes, situations ou idées (*agoraphobie, claustrophobie,* etc.). *Obsessions et phobies.* **2.** Peur ou aversion instinctive. ⇒ **haine, horreur.** *On a la phobie des réunions familiales.* ▸ ***phobique*** adj. et n. ■ Médecine. Relatif à la phobie. — N. *Les phobiques et les obsédés.* ‹ ▸ agoraphobie, claustrophobie, hydrophobie, xénophobie ›

phon-, phono-, -phone, -phonie ■ Éléments savants signifiant « voix, son » (ex. : *aphone, orthophoniste, phonographe, radiophonie, saxophone*). — -PHONE signifie aussi « langue » (ex. : *francophone, arabophone*). ▸ ***phonème*** [fɔnɛm] n. m. ■ Élément sonore du langage parlé, considéré comme une unité distinctive. *Le phonème* [ʃ] *de « chat ». Phonèmes et graphèmes.* ▸ ***phonétique*** [fɔnetik] adj. et n. f. **1.** Adj. Qui a rapport aux sons du langage. *Alphabet phonétique international* (Abrév. A.P.I.). *Transcription phonétique.* **2.** N. f. Partie de la linguistique qui étudie les sons de la parole. *Phonétique descriptive.* — *Phonétique fonctionnelle.* ⇒ **phonologie.** ▸ ***phonéticien, ienne*** n. ■ Spécialiste de phonétique. ▸ ***phonétiquement*** adv. ■ *Texte transcrit phonétiquement.* ▸ ***phonologie*** [fɔnɔlɔʒi] n. f. ■ Science qui étudie les phonèmes quant à leur fonction dans la langue. ▸ ***phonologique*** adj. ■ Qui concerne les oppositions de phonèmes (structurant le système oral d'une langue). ▸ ***phonologue*** n. ■ Spécialiste de la phonologie. ‹ ▸ anglophone, aphone, arabophone, cacophonie, dictaphone, dodécaphonisme, électrophone, euphonie, francophone, hispanophone, magnétophone, microphone, orthophonie, polyphonie, radiophonique, saxophone, stéréophonie, symphonie, téléphone, vibraphone, xylophone ›

phono [fono] ou **phonographe** [fɔnɔgʀaf] n. m. ■ Autrefois. Appareil acoustique qui reproduit les sons enregistrés (remplacé par les appareils électriques ⇒ **électrophone, tourne-disque ;** ② **chaîne...**). *Des vieux phonos à pavillon.*

phoque [fɔk] n. m. **1.** Mammifère marin des eaux froides, carnassier, aux membres antérieurs courts et palmés, au cou très court, au pelage ras. ⇒ **loup-marin, otarie.** — Loc. *Souffler comme un phoque,* respirer avec effort, avec bruit. ⇒ **baleine.** — En appos. *Des bébés-phoques.* ⇒ **blanchon. 2.** Fourrure de phoque ou d'otarie. *Manteau de phoque.* ≠ *foc.*

-phore ■ Élément de mots savants signifiant « porter ». ‹ ▸ amphore, doryphore, euphorie, métaphore, périphérie, phosphore, sémaphore, téléphérique ›

phosphate [fɔsfat] n. m. ■ *Phosphate de calcium* ou, ellipt. *phosphate,* engrais naturel ou enrichi, souvent appliqué en mélange avec l'azote et la potasse (formule NPK). *Détersif sans phosphate.* ‹ ▸ superphosphate ›

phosphore [fɔsfɔʀ] n. m. ■ Élément chimique *(phosphore blanc)* très toxique et inflammable, qui brûle doucement en permanence, dégageant une lueur pâle (symb. *P*). *Bombe (incendiaire) au phosphore.* ▸ ***phosphorique*** adj. ■ Qui contient du phosphore. *Acide phosphorique.* ▸ ***phosphorescence*** [fɔsfɔʀesɑ̃s] n. f. **1.** Luminescence du phosphore. **2.** Propriété qu'ont certains corps d'émettre de la lumière après en avoir reçu. ≠ *fluorescence, incandescence.* ▸ ***phosphorescent, ente*** adj. ■ Doué de phosphorescence. *Cadran phosphorescent d'une montre.* ≠ *fluorescent, incandescent.*

photo [fɔ(o)to] n. f. ■ Abréviation de *photographie**. ‹ ▸ roman-photo ›

① **photo-, -phote** ■ Éléments savants signifiant « lumière » (ex. : *photochimie,* n. f. ; *photon,* n. m.). — Voir ci-dessous à l'ordre alphabétique et ‹ ▸ cataphote ›

② **photo-** ■ Élément signifiant « photographie » (ex. : *photogénique*).

photocomposer [fɔtokɔ̃poze] v. tr. ▪ conjug. 1. ■ Composer (un texte à imprimer) par photographie des caractères. — Au p. p. adj. *Livre photocomposé.* ▸ ***photocomposition*** n. f. ■ *Atelier de photocomposition. Photocomposition programmée par ordinateur.* ≠ *typographie.*

photocopie [fɔtokɔpi] n. f. ■ Procédé de reproduction photographique (d'un document). ⇒ **reprographie.** *Machine à photocopie.* — Reproduction ainsi obtenue. *Des photocopies.* — Abrév. PHOTO n. f. *J'aurais besoin de deux photos de ce texte.* ≠ *polycopie, télécopie.* ▸ ***photocopier*** v. tr. ▪ conjug. 7. ■ *Faire photocopier un diplôme.* ≠ *polycopier, télécopier.* ▸ ***photocopieur, euse*** n. **1.** Machine à photocopier. *Louer un photocopieur* ou *une photocopieuse.* ⇒ **copieur, duplicateur. 2.** Personne qui fait des photocopies, utilise une machine à photocopier. ≠ *polycopieur, télécopieur.*

photo-électrique [fɔtoelɛktʀik] adj. **1.** *Effet photo-électrique,* phénomène d'émission d'électrons sous l'influence de la lumière. **2.** *Cellule photo-électrique,* instrument utilisant l'effet photo-électrique pour mesurer l'intensité lumineuse qu'il reçoit ou déclencher un signal (alarme, ouverture de porte, etc.).

photogénique [fɔtɔʒenik] adj. ■ Qui produit, au cinéma, en photographie, un effet supérieur à l'effet produit au naturel. *Un visage photogénique.* ‹ ▸ télégénique ›

photographe [fɔtɔgʀaf] n. **1.** Personne qui prend des photographies. *Le photographe d'un journal. Une photographe professionnelle, amateur.* — *Les grands photographes sont des artistes.* **2.** Professionnel, commerçant qui se charge du développement, du tirage des clichés (et généralement de la vente d'appareils, d'accessoires). *Studio de photographe.* ▸ ***photographie*** ou ***photo*** [foto] n. f. **1.** Procédé, technique permettant d'obtenir l'image durable des objets, par l'action de la lumière sur une surface sensible. **2.** (Surtout PHOTO) La technique, l'art de prendre des images photographiques. *Aimer la photo, faire de la photo. La photographie aérienne,* prise du haut des airs. *Appareil (de) photo.* ⇒ fam. **caméra.** — L'art de la photographie ; les images photographiques considérées comme de l'art. *Histoire de la photo(graphie).* **3.** UNE PHOTO : l'image obtenue par le procédé de la photographie (le cliché positif). ⇒ **épreuve ; diapositive.** *Faire, prendre une photo. Photo d'identité, de passeport. Photo-souvenir.* — EN PHOTO. *Prendre en photo,* photographier. *Il est mieux en photo qu'au naturel.* ⇒ **photogénique.** ▸ ***photographier*** v. tr. ▪ conjug. 7. ■ Obtenir l'image de (qqn, qqch.) par la photographie. ⇒ ② **poser.** *Se faire photographier.* ▸ ***photographique*** adj. ■ Relatif à la photographie ; obtenu par la photographie. *Technique photographique. Épreuve photographique.* — Qui donne l'impression d'une photo. *Un tableau d'un* *réalisme photographique.* ► ***photographiquement*** adv. ‹ ► photocomposer, photocopie, photogénique, photogravure ›

photogravure [fɔtɔgʀavyʀ] n. f. ■ Procédé d'impression d'illustrations, dans lequel un négatif est projeté sur une plaque qui sera ensuite gravée par un acide. ► ***photograveur, euse*** n. ■ Spécialiste de la photogravure.

photométrie [fɔtɔmetʀi] n. f. ■ Mesure de l'intensité des rayonnements.

photon [fɔtɔ̃] n. m. ■ Corpuscule, quantum d'énergie dont le flux constitue le rayonnement électromagnétique, la lumière.

photopile [fɔtɔpil] n. f. ■ Dispositif convertissant les rayons du soleil en courant électrique. (On dit aussi, fam., *pile solaire,* et didact., *cellule photo-voltaïque.*)

photo-roman n. m. ⇒ **roman-photo.**

photosynthèse [fɔtosɛ̃tɛz] n. f. ■ Synthèse des matières organiques (et dégagement d'oxygène) par les plantes vertes sous l'effet de la lumière.

phrase [fʀɑz] n. f. **1.** Tout assemblage oral ou écrit capable de représenter l'énoncé complet d'une idée. *La phrase peut consister en un mot unique* (ex. : *Oui !* ou *Viens !*), *mais contient habituellement un second terme qui est le sujet de l'énoncé* (ex. : *Tu viens ?*). *Phrase simple ; complexe* (formée de propositions*). *Mélodie, intonation, ponctuation de la phrase. Ordre et construction de la phrase.* ⇒ **syntaxe.** *Dire, prononcer une phrase. Échanger quelques phrases.* ⇒ **propos. 2.** Au plur. *Faire des phrases,* avoir recours à des façons de parler recherchées ou prétentieuses. — *Sans phrases,* sans commentaire, sans détour. **3.** Succession ordonnée de périodes musicales. *Phrase mélodique.* ► ***phraséologie*** n. f. Didact. **1.** Façon de s'exprimer propre à un milieu, une époque. *La phraséologie administrative.* **2.** Ensemble des locutions et expressions figées (d'une langue). ► ***phraser*** v. tr. • conjug. 1. ■ Délimiter ou ponctuer par l'exécution (les périodes successives d'une partition musicale). *La pianiste a bien phrasé ce passage.* ► ***phrasé*** n. m. ■ Manière de phraser, en musique. ► ***phraseur, euse*** n. ■ Faiseur de phrases, de vains discours. ⇒ **bavard.** — Adj. *Il est un peu phraseur.* ‹ ► antiphrase, paraphrase, périphrase ›

phréatique [fʀeatik] adj. ■ *Nappe phréatique,* nappe d'eau souterraine, formée par l'infiltration des eaux de pluie et qui alimente des sources, des puits.

phrygien, enne [fʀiʒjɛ̃, ɛn] adj. ■ De Phrygie [province de l'Asie mineure antique (grecque)]. — Histoire de France. BONNET PHRYGIEN : porté par les révolutionnaires de 1789 et par Marianne (personnification de la République française).

phtisie [ftizi] n. f. **1.** Vx. Tuberculose pulmonaire. **2.** PHTISIE GALOPANTE : forme rapide, très grave, de la tuberculose ulcéreuse. ► ***phtisique*** adj. et n. ■ Vx. Tuberculeux. ► ***phtisiologue*** n. ■ Médecin spécialiste de la tuberculose pulmonaire.

phylactère [filaktɛʀ] n. m. ■ Bulle des bandes dessinées.

phyll-, phyllo-, -phylle ■ Éléments savants signifiant « feuille » (ex. : *chlorophylle*).

phylloxéra [filɔkseʀɑ] n. m. ■ Puceron parasite des racines de la vigne. — Maladie de la vigne due à cet insecte.

physicien, ienne [fizisjɛ̃, jɛn] n. ■ Savant qui s'occupe de physique. *Les physiciens et les chimistes. Une physicienne du noyau atomique.*

physicochimique [fizikoʃimik] adj. ■ À la fois physique et chimique. *Les conditions physicochimiques de la vie, des phénomènes biologiques.*

physio- ■ Élément savant signifiant « nature ». (Voir ci-dessous.)

physiologie [fizjɔlɔʒi] n. f. ■ Science qui étudie les fonctions et les propriétés des organes et des tissus des êtres vivants ; ces fonctions. *Physiologie végétale, animale, humaine.* ► ***physiologiste*** n. ■ Savant qui fait des recherches de physiologie. *Une physiologiste renommée.* ► ***physiologique*** adj. **1.** Relatif à la physiologie. **2.** (Opposé à *psychique*) *L'état physiologique du malade.* ⇒ ① **physique, somatique.** ► ***physiologiquement*** adv. ■ D'une manière, d'un point de vue physiologique. ‹ ► psychophysiologie ›

physionomie [fizjɔnɔmi] n. f. **1.** Ensemble des traits, aspect du visage (surtout d'après leur expression). ⇒ **face, faciès,** ① **physique.** *Sa physionomie s'anima. Jeux de physionomie,* mimique. **2.** Aspect particulier (d'une chose, d'un objet). ⇒ **apparence.** *La physionomie de ce pays a changé.* ► ***physionomiste*** adj. ■ Qui est capable de reconnaître au premier coup d'œil une personne déjà rencontrée. *Vous ne la reconnaissez pas ? Vous n'êtes pas physionomiste.*

physiothérapie [fizjoteʀapi] ■ Traitement médical qui utilise des moyens naturels (air, eau, lumière, chaleur, froid, etc.). *Centre de physiothérapie. Aller en physiothérapie.* — Abrév. PHYSIO, n. f. ► ***physiothérapeute*** n. ■ Spécialiste de la physiothérapie. *Le physiothérapeute d'une équipe sportive.* — Abrév. PHYSIO, n.

① ***physique*** [fizik] adj. et n. m. **I.** Adj. **1.** Qui se rapporte à la nature. ⇒ ① **matériel.** *Le monde physique.* / contr. **abstrait, mental** / *Géographie physique et humaine.* **2.** Qui concerne le corps humain. *Je suis fatigué, c'est purement physique.* / contr. **moral, psychique, psychologique** / Loc. *Éducation, culture physique,* gymnastique, sport. — *État physique,* de santé. *Troubles physiques.* ⇒ **organique, physiologique.** *Souffrance physique.* — *Dégoût, horreur physique,* que la volonté ne contrôle pas. — (Sports) *Jeu physique,* dur. Adv. *Jouer physique,* en se servant de son corps, de son poids, de sa force. ⇒ **durement, physiquement.** — Fam. *C'est physique,* je ne peux m'empêcher d'éprouver ce sentiment. — *La personne physique,* l'individu (opposé à *personne morale*). **3.** Charnel, sexuel. *Amour physique.* **4.** Qui se rapporte à la nature, à l'exclusion des êtres vivants. *Les sciences physiques,* la physique et la chimie. **5.** Qui concerne la physique ②. *Propriétés physiques et chimiques d'un corps.* **II.** N. m. **1.** Ce qui est physique dans l'être humain. — AU PHYSIQUE : en ce qui concerne le physique, le corps. *Il est brutal, au physique comme au moral.* — Loc. (Sports) *Se servir de son physique,* de son poids, de sa force. **2.** Aspect général (de qqn). ⇒ **physionomie.** *Il, elle a un physique agréable.* — Loc. *Avoir* LE PHYSIQUE DE L'EMPLOI : un physique adapté à la situation, à la fonction. ► ***physiquement*** adv. **1.** D'une manière physique, d'un point de vue physique. *Une souffrance physiquement supportable.* — (Sports) *Jouer physiquement.* ⇒ ① **physique ;** anglic. **rough, tough. 2.** En ce qui concerne l'aspect physique d'une personne. *Ils sont plutôt bien physiquement.* / contr. ① **moralement** / ‹ ► métaphysique ›

② ***physique*** n. f. **1.** Science qui étudie les propriétés générales de la matière et établit des lois qui rendent compte des phénomènes matériels (distinguée de *la physiologie,* des *sciences naturelles*). *Physique expérimentale. Physique atomique, nucléaire,* microphysique, science qui étudie la constitution intime de la matière, l'atome, le noyau. *Domaines de la physique,* acoustique, électricité, électronique, magnétisme, mécanique, optique, thermodynamique, etc. **2.** Étude physique d'un problème. *Physique du globe* (géophysique), *des astres* (astrophysique), *de la vie* (biophysique). ‹ ▸ astrophysique, biophysique, géophysique, microphysique, physicien, physicochimique ›

-phyte, phyto- ■ Éléments savants signifiant « plante » (ex. : *phytoplancton,* n. m., plancton végétal ; *phytothérapie,* n. f., médecine par les plantes).

pi [pi] n. m. ■ Symbole (π) qui représente le rapport de la circonférence d'un cercle à son diamètre (nombre irrationnel [3,1415926...]). ≠ *pie, pis.*

piaffer [pjafe] v. intr. ▪ conjug. 1. ■ Se dit d'un cheval qui, sans avancer, frappe la terre des pieds de devant. ≠ *ruer.* **1.** (Personnes) Frapper du pied, piétiner. *Piaffer d'impatience.* ⇒ **trépigner.** ▸ ***piaffant, ante*** adj. ■ *Ils sont piaffants d'impatience.* ▸ ***piaffement*** n. m. ■ Mouvement, bruit du cheval qui piaffe.

piailler [pjɑje] v. intr. ▪ conjug. 1. **1.** Fam. (Oiseaux) Pousser de petits cris aigus. ⇒ **piauler. 2.** (Personnes) Fam. *Enfant, bébé qui piaille.* ⇒ **crier, pleurer.** ▸ ***piaillement*** n. m. **1.** Action, fait de piailler. **2.** Cri poussé en piaillant. *Les piaillements d'une bande d'enfants.* ▸ ***piailleur, euse*** n. et adj. ■ Fam. *Quel piailleur !* — Adj. *Des enfants piailleurs.*

pian [pjɑ̃] n. m. ■ Grave maladie tropicale, contagieuse et endémique (ulcérations de la peau, lésions osseuses aux jambes et aux pieds). *Le pian frappe de nombreux enfants d'Afrique noire.*

① ***piano*** [pjano] n. m. ■ Instrument de musique à clavier, dont les cordes sont frappées par des marteaux (et non pincées comme au clavecin*). *Des pianos. Les touches, les pédales d'un piano.* — *Piano droit,* à table d'harmonie verticale. *Piano à queue,* à table d'harmonie horizontale. — *Ce vieux piano est désaccordé.* ⇒ fam. **casserole.** *Accorder un piano. Jouer du piano.* — PIANO MÉCANIQUE : dont les marteaux sont actionnés par un mécanisme (bande perforée, etc.). — *Piano à bretelles.* ⇒ **accordéon.** *Piano électrique, électronique.* ⇒ **synthétiseur.** ▸ ***pianiste*** n. ■ Personne dont la profession est de jouer du piano ; personne qui joue du piano avec talent. *Un, une pianiste. Elle est très bonne pianiste.* ▸ ***pianoter*** v. intr. ▪ conjug. 1. **1.** Jouer du piano maladroitement, sans talent. **2.** Tapoter (sur qqch.) avec les doigts. *Pianoter sur une table, sur un clavier d'ordinateur.* ▸ ***pianotage*** n. m. ■ Action de pianoter (1, 2). ▸ ***piano-bar*** n. m. ■ Établissement où l'on consomme de l'alcool tout en écoutant jouer un pianiste. ⇒ **bar-salon.**

② ***piano*** adv. **1.** Musique. Doucement, faiblement. / contr. **forte** / *Il faut jouer ce passage piano.* **2.** Fam. ⇒ **doucement, mollo.** *Vas-y piano !* ▸ ***pianissimo*** adv. ■ Musique. Très doucement. / contr. **fortissimo** /

piastre [pjastʀ] n. f. **1.** Aux XVIIe et XVIIIe s. Monnaie d'or. *La piastre espagnole.* **2.** Aujourd'hui. Centième partie de la livre (Égypte, Liban, Soudan, Syrie). **3.** Fam. Dollar, billet de un dollar (⇒ fam. **huard**). *La piastre canadienne, américaine. Trois piastres et demie. As-tu deux piastres pour un deux ? Une piastre en monnaie. Une piastre en papier ; une piastre ronde,* en métal. ⇒ fam. **huard.** — *N'oublie pas de mettre ton signe de piastre* ($). — Loc. *Faire la piastre,* gagner beaucoup d'argent, faire un bon profit. ⇒ fam. **bidoux, motton,** ① **palette, passe.** *Ça vaut cent piastres,* cela en vaut la peine. — Loc. prov. *C'est avec des sous, des cents qu'on fait des piastres,* en accumulant de petites choses, on en bâtit de grandes, on s'enrichit. — REM. La variante PIASSE *est très fréquente.* ‹ ▸ baise-la-piastre ›

piaule [pjol] n. f. ■ (Surtout en France) Fam. Chambre, logement. *Rentrer dans sa piaule.*

piauler [pjole] v. intr. ▪ conjug. 1. **1.** (Petits oiseaux) Crier. ⇒ **piailler. 2.** Fam. *Les enfants piaulaient et pleurnichaient.* ⇒ **piailler.** ▸ ***piaulement*** n. m. ■ Piaillement.

P.I.B. [peibe] n. m. invar. ■ Abréviation de *produit intérieur brut* (d'un pays). ⇒ **produit.**

① ***pic*** [pik] n. m. ■ Pivert. ⇒ **pic-bois.** ‹ ▸ pic-bois, pic-vert ›

② ***pic*** n. m. ■ Outil de mineur, pioche à fer(s) pointu(s). — *Jouer de la guitare avec un pic,* un petit instrument de plastique pour pincer les cordes.

③ ***pic*** n. m. et adj. ■ Montagne dont le sommet rocheux et escarpé dessine une pointe aiguë ; cette cime. *L'ascension d'un pic. Des pics enneigés.* ▸ ***à pic*** [apik] loc. adv. **1.** Verticalement. *Rochers qui s'élèvent à pic au-dessus de la mer* (⇒ **à-pic,** n. m.). — Adj. *Montagne à pic.* ⇒ **escarpé.** — *Un bateau qui coule à pic,* droit au fond de l'eau. **2.** Loc. fam. À point nommé, à propos. *Vous arrivez à pic. Ça tombe à pic.* ⇒ ④ **pile. 3.** Adj. Fam. Loc. *Être à pic avec qqn,* être hautain, arrogant. ⇒ fam. ② **bête.** — *Tu es bien à pic ce matin !,* de mauvaise humeur, irritable. ‹ ▸ à-pic ›

picador [pikadɔʀ] n. m. ■ Cavalier qui, dans les corridas, fatigue le taureau avec une pique. *Des picadors.*

picaresque [pikaʀɛsk] adj. ■ *Roman picaresque,* qui met en scène des « picaros » ou aventuriers espagnols.

pic-bois ou ***pique-bois*** [pikbwɑ] n. m. ■ Pivert. ⇒ ① **pic.**

piccolo ou ***picolo*** [pikɔlo] n. m. ■ Petite flûte en ré. *Des piccolos.*

pichenette [piʃnɛt], ***pichenotte*** [piʃnɔt] ou ***pichenolle*** [piʃnɔl] n. f. ■ Chiquenaude*, petit coup donné avec un doigt. — *Un jeu de pichenolles,* jeu qui consiste à faire glisser de petites rondelles de bois (*les pichenolles*) sur une table carrée à l'aide de chiquenaudes.

pichet [piʃɛ] n. m. ■ Petite cruche à bec ; son contenu. *Boire un pichet de vin.*

pichou [piʃu] n. m. **1.** Vx. Lynx du Canada. — Sa fourrure. **2.** Autrefois. Mocassin fait d'une seule pièce dans la peau d'un animal (caribou, orignal, bœuf, etc.). **3.** Fam. Chaussure à semelle de cuir souple ; chausson. *Une paire de pichous.*

pickles [pikœls] n. m. pl. ■ Anglic. Petits légumes macérés dans du vinaigre aromatisé, servis comme condiment. ⇒ **cornichon, marinades.** *Un pot de pickles.*

pickpocket [pikpɔkɛt] n. m. ■ Anglic. Voleur à la tire. *Méfiez-vous des pickpockets.*

① ***pick-up*** [pikɔp] n. m. invar. ■ Anglic. Vieilli. Tourne-disque ; électrophone. *Il a vendu ses deux vieux pick-up pour acheter une chaîne.*

② ***pick-up*** n. m. invar. ■ Anglic. Camionnette comportant une cabine simple et une caisse découverte. *Acheter un pick-up usagé.*

picoler [pikɔle] v. intr. ▪ conjug. 1. ■ Fam. Boire du vin, de l'alcool avec excès. *Il s'est mis à picoler.* ▸ ***picoleur, euse*** n. ■ Fam. Buveur(euse).

picolo n. m. ⇒ **piccolo.**

picorer [pikɔʀe] v. ▪ conjug. 1. **1.** V. intr. (Oiseaux) Chercher sa nourriture avec le bec. *Les poules qui picorent sur le fumier.* **2.** V. intr. (Personnes) Manger très peu, sans appétit. **3.** V. tr. Piquer, prendre de-ci, de-là avec le bec. ⇒ **becqueter.** *Des poussins qui picorent des miettes de pain.*

① ***picot*** [piko] n. m. ■ Techniques. Pièce mécanique en relief destinée à transmettre un mouvement en s'emboîtant dans une perforation. *Roue à picots.*

picote [pikɔt] n. f. Fam. **1.** *La petite picote, la picote volante,* la varicelle. **2.** *La grosse picote,* la variole. ▶ ***picoté, ée*** adj. ■ Marqué de petites taches, de petits points. ⇒ **tavelé.** *Visage picoté de petite vérole. Feuille de papier toute picotée.* ▶ ② ***picot*** n. m. ■ Petite tache ronde, petit point. ⇒ **tavelure.** *Un tissu avec des picots jaunes.* ⇒ **pois.** *Faire des picots en peinturant.*

picoter [pikɔte] v. tr. ▪ conjug. 1. **1.** Piquer légèrement et à petits coups répétés. — (Oiseaux) ⇒ **becqueter, picorer. 2.** Irriter comme par de légères piqûres répétées. ⇒ **démanger ;** fam. **gratter.** *La fumée picote les yeux.* ▶ ***picotement*** n. m. ■ Sensation de légères piqûres répétées. ⇒ **démangeaison, fourmillement.** *Éprouver des picotements dans la gorge.* ⟨ ▶ picote ⟩

picotin [pikɔtɛ̃] n. m. ■ Ration d'avoine donnée à un cheval.

picouille [pikuj] n. f. ■ Fam. Mauvais cheval. ⇒ fam. ① **piton.** *Herser avec une vieille picouille.*

picrique [pikʀik] adj. ■ ACIDE PICRIQUE : qui s'obtient par l'action de l'acide nitrique sur le phénol, solide cristallisé jaune, toxique.

pict(o)- ■ Élément qui signifie « peindre, colorer ». ▶ ***pictogramme*** [piktɔgʀam] n. m. ■ Signe, dessin représentant un être, un objet. ≠ *idéogramme.* ▶ ***pictographique*** adj. ■ *Écriture pictographique,* utilisant des pictogrammes. ⟨ ▶ pictural, pigment ⟩

pictural, ale, aux [piktyʀal, o] adj. ■ Qui a rapport ou appartient à la peinture. *Techniques picturales.*

pic-vert n. m. ⇒ **pivert.**

① ***pie*** [pi] n. f. **1.** Passereau au plumage noir et blanc, à longue queue. ⇒ **geai.** *La pie jacasse, jase.* **2.** Personne bavarde. *Ta voisine, quelle pie !* ▶ ② ***pie*** adj. invar. ■ *Cheval, jument pie,* à robe noire et blanche (comme la pie) ou fauve et blanche. *Des chevaux pie.* ⟨ ▶ pie-grièche ⟩

③ ***pie*** adj. f. ■ Loc. *Œuvre pie.* ⇒ **pieux.** ≠ *pi, pis.* ⟨ ▶ expier, impie, pietà, piété, pieux ⟩

① ***pièce*** [pjɛs] n. f. **I. 1.** (Seulement dans quelques emplois) Chaque objet, chaque élément ou unité (d'un ensemble). *Marchandises vendues au poids ou à la pièce. Travail* AUX PIÈCES : rémunéré selon le nombre de pièces exécutées par l'ouvrier. — Fam. *On n'est pas aux pièces,* nous avons tout notre temps. — *Les pièces d'une collection.* — Loc. *C'est une pièce de musée,* un objet de grande valeur. — *Un costume trois-pièces* (veston, pantalon, gilet). *Un maillot de bains deux-pièces.* ⇒ **bikini, deux-pièces. 2.** Quantité déterminée (d'une substance formant un tout). *Une pièce de soie.* **3.** Loc. *Une pièce de bétail.* ⇒ **tête. II.** (Emplois spéciaux) **1.** PIÈCE DE TERRE : espace de terre cultivable. ⇒ **champ.** — PIÈCE D'EAU : grand bassin ou petit étang. — PIÈCE DE BOIS : bille de bois qui sert de poutre. *Bâtir une maison pièce sur pièce.* **2.** PIÈCE DE VIN. ⇒ **barrique, tonneau. 3.** PIÈCE MONTÉE : grand ouvrage de pâtisserie et de confiserie, aux formes architecturales. **4.** PIÈCE (D'ARTILLERIE). ⇒ ① **canon. 5.** PIÈCE D'HOMME : homme imposant de taille. *Ce footballeur, c'est tout une pièce !* **III.** Écrit servant à établir un droit, à faire la preuve d'un fait. ⇒ ① **acte, document.** *Pièces d'identité.* ⇒ **papier(s).** *Pièces justificatives.* — PIÈCE À CONVICTION : tout écrit ou objet permettant d'établir une preuve. — Loc. *Juger, décider sur pièces, avec pièces à l'appui.* **IV. 1.** Chacun des éléments (dont l'agencement, l'assemblage forme un tout organisé). *Les pièces d'une machine. Pièces de rechange. Les pièces d'un casse-tête.* ⇒ **morceau.** — *Pièces détachées.* ⇒ anglic. **kit. 2.** Élément destiné à réparer une déchirure, une coupure. *Mettre une pièce à un vêtement.* ⇒ **rapiécer. 3.** Loc. *Être fait d'une seule pièce,* TOUT D'UNE PIÈCE : d'un seul tenant. (Personnes) *Être tout d'une pièce,* franc et direct, ou sans souplesse. ⇒ ② **entier.** — *Fait de pièces et de morceaux,* se dit de tout ce qui manque d'unité, d'homogénéité. ⇒ **disparate,** à l'**emporte-pièce.** — *Créer, forger, inventer* DE TOUTES PIÈCES : entièrement, sans rien emprunter à la réalité. **V.** Loc. Littér. FAIRE PIÈCE *à qqn* : lui faire échec, s'opposer à lui. ▶ ② ***pièce*** n. f. ■ Architecture. Chaque unité d'habitation, délimitée par ses murs, ses cloisons (sont exclus l'entrée, les corridors, les toilettes et la salle de bains). ⇒ **appartement.** *Un appartement de quatre pièces, avec une chambre, une salle à manger, un salon et un bureau.* — Ellipt. *Un deux-pièces et demie*.* ▶ ③ ***pièce*** n. f. ■ *Pièce (de monnaie),* petit disque de métal revêtu d'une empreinte distinctive et servant de valeur d'échange. *Des pièces d'or. Une pièce de vingt-cinq cents.* ⇒ fam. **trente-sous.** ▶ ***piécette*** n. f. ■ (France) Petite pièce de monnaie. ⇒ **mitraille.** ▶ ④ ***pièce*** n. f. **1.** Ouvrage littéraire ou musical. *Une pièce de vers.* — *Une pièce instrumentale.* **2.** PIÈCE (DE THÉÂTRE) : ouvrage dramatique. *Pièce en cinq actes. Cette jeune troupe monte une pièce de Molière.* ▶ *en* ***pièces*** loc. adv. ■ En morceaux. *Mettre en pièces,* casser, déchirer. ⇒ **briser.** *Tailler en pièces l'ennemi,* le détruire. ⟨ ▶ deux-pièces, empiècement, emporte-pièce, rapiécer ⟩

① ***pied*** [pje] n. m. **I. 1.** Partie inférieure articulée à l'extrémité de la jambe humaine, pouvant reposer à plat sur le sol et permettant la station verticale et la marche. ⇒ **cou-de-pied, plante, talon.** *Doigts de pied.* ⇒ **orteil.** *Pied plat* (malformation). *Se fouler le pied.* ⇒ **entorse.** — Loc. *Être pieds nus, nu-pieds. Être en pieds de bas,* sans chaussures. *Passer une rivière à pied sec,* sans se mouiller les pieds. DE PIED EN CAP *(des pieds à la tête, de la tête aux pieds).* ⇒ **complètement.** *Mettre pied à terre.* — *Avoir un pied dans la tombe,* être très vieux ou moribond. *Avoir les pieds sur terre,* être réaliste. *Avoir les deux pieds dans la même bottine,* être maladroit, malhabile ⇒ ② **gauche** ; manquer de débrouillardise. — *Se traîner les pieds* (dans une affaire), retarder une décision. — COUP DE PIED : coup donné avec le pied. *Recevoir un coup de pied.* ≠ *cou-de-pied.* — Loc. fam. *Tu es bête comme tes (deux) pieds,* très bête. ⇒ **impoli.** *J'ai joué comme un pied,* très mal. — *Marcher sur les pieds de qqn,* lui manquer d'égards, chercher à l'évincer. — *Casser les pieds (de, à qqn).* ⇒ **embêter, importuner ; casse-pieds.** — (France) *Ça te fera les pieds,* ce sera pour toi une bonne leçon. — *Se mettre les pieds dans les plats,* faire une gaffe ; se placer malgré soi dans une situation gênante. (France) *Mettre les pieds dans le plat,* aborder une question délicate avec une franchise brutale. — *Je n'y ai jamais mis les pieds,* je n'y suis jamais allé. — *Il s'est levé du pied gauche,* il est de mauvaise humeur. — *Pieds et poings liés,* réduit à l'impuissance, à l'inaction totale. — *Faire des pieds et des mains pour* (+ infinitif), ne rien épargner, se démener pour. — *Attendre qqn de pied ferme,* avec détermination. — *Au pied levé,* sans préparation. ⇒ à l'**improviste.** — ⇒ aussi ② **pied. 2.** Loc. (Avec *sur, à, en*) *Sur ses pieds, sur un pied.* ⇒ **debout.** — *Retomber sur ses pieds,* se tirer à son avantage d'une situation difficile. — SUR PIED. *Dès cinq heures, il est sur pied,* debout, levé. — *Mettre sur pied une entreprise,* la créer. ⇒ **organiser.** — Loc. (Souvent en emploi négatif) *Se laisser, se faire piler sur les pieds,* se laisser dominer, laisser qqn d'autre prendre l'avantage sur soi. — À PIED : en marchant. *Allons-y à pied.* Cour. Marcher à pied. *Course à pied.* — *Il a été mis à pied,* licencié ; suspendu dans ses fonctions (⇒ **mise** à pied). — *Être à pied,* pauvre, démuni. — À PIEDS JOINTS : en gardant les pieds rapprochés (pour sauter). — EN PIED : représenté debout, des pieds à la tête. *Un portrait en pied.* — AUX PIEDS DE *qqn* : devant lui (en étant baissé, prosterné). *Se jeter, tomber aux pieds de qqn,* pour le supplier. **3.** Loc. Sans article. *Avoir pied,* pouvoir, en touchant du pied le fond, avoir la tête hors de l'eau. *Perdre pied,* ne plus avoir pied ⇒ **tomber** ; abstrait, se troubler, être emporté par qqch. qu'on ne contrôle plus. — *Lâcher pied,* céder, reculer. **4.** *Avoir bon pied, bon œil,* être encore solide, agile, et avoir bonne vue. — *Pied à pied,* pas à pas. **5.** Emplacement des pieds. *Le pied et la tête d'un lit.* **6.** (Chez l'animal) Extrémité inférieure de la jambe (des chevaux), de la patte (des mammifères et oiseaux). ⇒ suff. **-pède, -pode.** — *Pieds de veau, de mouton, de porc* (vendus en boucherie). ⇒ pied de **grue. II. 1.** Partie par laquelle un objet touche le sol. ⇒ ① **bas, base.** *Caler le pied d'une échelle. Baignoire sur pieds* ⇒ **patte**, *lavabo sur pied. Le pied d'un mur. La maison est au pied de la colline.* — Typographie. *Le pied d'une lettre,* sa base. — Loc. *Être au pied du mur,* dans l'obligation d'agir. *Être à pied d'œuvre,* en situation d'agir, devant un travail. — (Végétaux) *Fruits vendus sur pied,* avant la récolte. **2.** Chaque individu, chaque plant (de certains végétaux cultivés). *Pied de vigne.* ⇒ **cep.** *Des pieds de salade.* **3.** Partie d'un objet servant de support. *Un verre à pied. Pied de table.* ⇒ **patte. III.** Fig. *Prendre son pied.* ⇒ ② **pied.** ▸ ***pied-à-terre*** [pjetatɛʀ] n. m. invar. ■ Logement qu'on occupe en passant, occasionnellement. *Cette société a plusieurs pied-à-terre dans la province.* ⇒ **garçonnière.** ▸ ***pied bot*** n. m. ⇒ **bot.** ▸ ***pied-de-biche*** [pjedbiʃ] n. m. ■ Levier à tête fendue. ⇒ **arrache-clou(s), barre** à clou(s), **pince-monseigneur.** — Couture. Pièce d'une machine qui maintient l'étoffe et entre les branches de laquelle passe l'aiguille. *Des pieds-de-biche.* ▸ ***pied-de-poule*** [pjedpul] n. m. ■ Tissu à chaîne et trame croisées formant une sorte de damier. *Des pieds-de-poule.* — Adj. invar. *Des vestons pied-de-poule.* ▸ ***pied-noir*** [pjenwaʀ] n. ■ Fam. Français d'Algérie. *Les pieds-noirs rapatriés en 1962.* ‹ ▸ d'arrache-pied, cale-pied, casse-pieds, chausse-pied, à cloche-pied, contre-pied, cou-de-pied, couvre-pied, croche-pied, empiéter, marchepied, piédestal, piémont, piétaille, piétiner, piéton, de plain-pied, trépied, va-nu-pieds ›

② ***pied*** n. m. **I.** Ancienne mesure de longueur équivalant à 12 pouces, soit 304,8 mm (symb. *pi*). ⇒ ② **ligne,** ② **pouce,** ③ **verge.** *Mesurer six pieds. Un pied et demie.* — Unité internationale d'altitude en aéronautique. *L'avion vole à 10 000 pieds.* ⇒ **mile,** ② **mille,** ② **nœud.** — Loc. *Être (à) six pieds sous terre,* mort et enterré. — Fig. *Il aurait voulu être (à) cent pieds sous terre,* il avait envie de se cacher (par honte, confusion, gêne). **II.** Dans des loc. abstraites. Base de mesure. **1.** *Au pied de la lettre.* ⇒ **lettre.** — (France) PRENDRE SON PIED (sa part de butin) : jouir. *Quel pied !,* quel plaisir ! *C'est le pied.* **2.** SUR *(le, un)* PIED. *Être traité, reçu sur le pied de...,* comme..., au rang de... *Sur un pied d'égalité,* comme égal. *Mettre sur le même pied,* sur le même plan. — *Armée sur le pied de guerre,* équipée et préparée pour la guerre. — *Vivre sur un grand pied,* dans le luxe. **III.** PIED À COULISSE : instrument pour mesurer les épaisseurs et les diamètres. ▸ ***pied de nez*** [pjedne] n. m. ■ Geste de dérision qui consiste à étendre la main, doigts écartés, en appuyant le pouce sur son nez (le nez a un *pied* de long). ⇒ **grimace.** *Faire un pied de nez à qqn. Des pieds de nez.* ▸ ***pied-de-roi*** n. m. ■ Règle pliante graduée en pieds, en pouces et en lignes, mesurant deux ou trois pieds. *Des pieds-de-roi.* — *Un pied-de-roi gradué en centimètres.* ⇒ **mètre** pliant.

③ ***pied*** n. m. ■ Poésie. Unité rythmique constituée par un groupement de syllabes d'une valeur déterminée (quantité, accentuation). *Les pieds d'un vers latin. Un alexandrin ne compte pas six pieds, mais douze syllabes.* ≠ *syllabe.*

piédestal, aux [pjedɛstal, o] n. m. **1.** Support isolé, assez élevé (d'une colonne, d'un objet d'art). ⇒ **socle. 2.** Loc. fig. *Mettre qqn sur un piédestal,* lui vouer une grande admiration. *Tomber de son piédestal,* perdre tout son prestige.

piedmont n. m. ⇒ **piémont.**

piège [pjɛʒ] n. m. **1.** Fosse ⇒ **trappe**, cage, collet, mâchoires de fer, engin destiné à prendre les animaux terrestres ou les oiseaux. *Dresser, tendre un piège. Un renard pris au piège. Piège à ours.* **2.** Artifice pour mettre qqn dans une situation périlleuse ou désavantageuse ; danger caché où l'on risque de tomber par ignorance ou par imprudence. ⇒ **feinte, ruse, traquenard.** *On lui a tendu un piège. Il a été pris au piège. Elle est tombée dans le piège. Les questions pièges d'un examen.* ▸ ***piéger*** v. tr. ▪ conjug. 3. **1.** Chasser, prendre (un animal) au moyen de pièges. **2.** Fam. *Piéger qqn,* le faire tomber dans un piège. *Ils se sont fait piéger.* — Au p. p. adj. *Voiture piégée,* où une bombe a été placée, qui explose lorsque le contact est mis. — *La situation est piégée,* elle comporte un, des piège(s). ▸ ***piégeage*** n. m. **1.** Chasse au moyen de pièges. **2.** Action de piéger une mine, un engin explosif. *Le piégeage d'une voiture.*

pie-grièche [pigʀijɛʃ] n. f. ■ Passereau carnassier, au plumage barré de noir.

piémont ou ***piedmont*** [pjemɔ̃] n. m. ■ Plaine alluviale en pente douce et unie située au pied d'une montagne. *L'agriculture canadienne est pratiquée surtout dans les plaines, les vallées et les piémonts.* — REM. La forme *piedmont* est un anglicisme. Elle est surtout employée par les géographes.

pierre [pjɛʀ] n. f. **I. 1.** Toute matière minérale solide, dure, qui forme l'écorce terrestre. ⇒ **lith(o)-.** *Une collection de pierres. Un bloc de pierre.* ⇒ **rocher.** *Pierre de taille,* apte à être taillée. *Escalier, cheminée de pierre, en pierre.* — Loc. *Un cœur de pierre,* dur et impitoyable. — *L'âge de pierre,* la préhistoire. ⇒ **néolithique, paléolithique. 2.** *Une pierre,* bloc ou fragment rocheux. ⇒ **roc, rocher ; caillou, galet.** *Un tas de pierres. Casseur de pierres. Jeter des pierres à, sur qqn.* ⇒ **lapider.** — Loc. *Malheureux comme les pierres,* très malheureux et seul. *Faire d'une pierre deux coups,* obtenir deux résultats par la même action. *Jeter la pierre à qqn,* l'accuser, le blâmer. — PROV. *Pierre qui roule n'amasse pas mousse**. **3.** Fragment de pierre servant à un usage particulier. *Une pierre à aiguiser. Pierre ponce.* ⇒ **ponce.** — PIERRE DE TOUCHE : fragment de céramique utilisé pour évaluer la teneur en or d'un alliage de ce métal (autrefois, du jaspe noir) ; fig. ce qui sert à mesurer la valeur d'une personne ou d'une chose. — *Pierre,* bloc de roche pour la construction. *Une carrière de pierres. Tailleur de pierres. Une maison en pierres de taille, en pierres des champs. Construction en pierres sèches,* non liées par un mortier. **4.** Bloc constituant un monument. ⇒ **mégalithe, monolithe.** *Pierres levées.* ⇒ **menhir ; dolmen.** *Inscription gravée sur une pierre tombale.* ⇒ **épitaphe. II.** PIERRE (PRÉCIEUSE) : cristal limpide et rare, dont la pureté fait la valeur, employé en joaillerie. *Pierre brute.* ⇒ **gangue.** *Pierre taillée.* ⇒ **gemme, pierreries ; diamant, émeraude, rubis, saphir.** PIERRES

FINES (ex. : *améthyste, opale, topaze, turquoise,* etc.) : employées en bijouterie. **III.** Concrétion, plus grosse que le calcul, qui se forme dans les reins, la vessie ou la vésicule biliaire. *Avoir des pierres sur le foie. Maladie de la pierre.* ⇒ **colique** (1). ▸ ***pierraille*** n. f. Collectif. **1.** Petites pierres ; éclats de pierre. ⇒ **concassé, gravelle, gravier. 2.** Étendue de pierres. ▸ ***pierreries*** n. f. pl. ■ Pierres précieuses taillées, employées comme ornement. ⇒ **joyau.** *Une couronne sertie de pierreries.* ▸ ***pierreux, euse*** adj. **1.** Couvert de pierres. ⇒ **rocailleux.** *Chemin pierreux. Le lit pierreux du ruisseau.* ⇒ **caillouteux. 2.** Qui ressemble à de la pierre. *Concrétion pierreuse.* ⇒ **pétrifier** (1). ‹ ▸ empierrer, lance-pierres ›

pierrot [pjɛʀo] n. m. ■ Homme travesti en Pierrot, personnage de pantomime, vêtu de blanc et le visage enfariné. *Des pierrots.*

pietà [pjeta] n. f. invar. ■ Statue ou tableau représentant la Vierge tenant sur ses genoux le corps du Christ mort. *Des pietà.*

piétaille [pjetɑj] n. f. Collectif (les personnes qui vont à *pied*). ■ Plaisant. L'infanterie ; les subalternes.

piété [pjete] n. f. **1.** Attachement fervent aux devoirs et aux pratiques de la religion. ⇒ **dévotion, ferveur.** / contr. **bigoterie, impiété, tiédeur** / *Des livres, des actes de piété.* ⇒ **pieux ;** ③ **pie. 2.** Littér. *Piété filiale,* attachement, fait de tendresse et de respect, des enfants pour leurs parents. ⇒ **affection, amour.** ≠ *pitié.* ‹ ▸ mont-de-piété ›

piétiner [pjetine] v. ▪ conjug. 1. **I.** V. intr. **1.** S'agiter sur place en frappant les pieds contre le sol. *Un enfant qui piétine de colère.* ⇒ **trépigner.** — Remuer les pieds sans avancer ou en avançant péniblement. *La foule piétinait sur les trottoirs.* **2.** Abstrait. Avancer peu ; ne faire aucun progrès. *Elle a l'impression de piétiner, de perdre son temps. L'enquête piétine.* / contr. **progresser** / **3.** (Foule, troupeau) Marcher ou courir en martelant le sol avec un bruit sourd. **II.** V. tr. **1.** Fouler, écraser (qqch.) en piétinant. *Il jeta la lettre et la piétina. Ils piétinent l'herbe.* **2.** Ne pas respecter, malmener. *Dans son article, il piétine les traditions.* ▸ ***piétinement*** n. m. **1.** Action de piétiner (1). **2.** Absence de progrès, stagnation. **3.** Bruit d'une multitude qui piétine.

piéton, onne [pjetɔ̃, ɔn] n. et adj. **1.** N. m. Personne (homme ou femme) qui circule à pied* dans une ville (opposé à *automobiliste, cycliste...*). *Les piétons marchent sur les trottoirs.* **2.** Adj. Pour les piétons. *Une rue piétonne.* ⇒ **piétonnier.** ▸ ***piétonnier, ière*** adj. ■ (Passage, voie...) Réservé aux piétons. *Des rues piétonnières.*

piètre [pjɛtʀ] adj. ■ Littér. (Toujours devant le nom) Très médiocre. ⇒ **dérisoire, minable.** *C'est un piètre réconfort. Il ferait piètre figure.* ▸ ***piètrement*** adv. ■ *Nous avons été piètrement récompensés.* ⇒ **médiocrement.**

① ***pieu*** [pjø] n. m. ■ Pièce de bois droite et rigide, dont l'un des bouts est pointu et destiné à être enfoncé en terre. ⇒ **épieu, piquet.** *Les pieux d'une clôture. Pieu de cèdre.*

② ***pieu*** n. m. ■ (France) Fam. Lit. *Au pieu ! il est temps de dormir.* ▸ *se* ***pieuter*** v. pron. ▪ conjug. 1. ■ (France) Fam. Se mettre au lit.

pieuvre [pjœvʀ] n. f. **1.** Poulpe. ⇒ ① **polype.** *Les bras, les tentacules d'une pieuvre.* — Spécialt. Poulpe de grande taille (considéré comme dangereux). **2.** Personne insatiable qui ne lâche jamais sa proie. ⇒ **hydre.**

pieux, pieuse [pjø, pjøz] adj. **1.** Qui est animé ou inspiré par des sentiments de piété. ⇒ **dévot.** *C'est une femme très pieuse.* / contr. **impie** / **2.** Littér. Plein d'une respectueuse affection. *Des soins pieux.* ▸ ***pieusement*** adv. **1.** Avec piété. **2.** Avec un pieux respect. *Elle conserve pieusement des souvenirs de sa mère.* ‹ ▸ impie ›

① ***pif*** [pif] interj. ■ Onomatopée (presque toujours redoublée ou suivie de *paf*) exprimant un bruit sec.

② ***pif*** n. m. ■ Fam. Nez. — Loc. *Y aller au pif,* à peu près. ⇒ au **pifomètre.** ▸ ***pifer*** ou ***piffer*** v. tr. — REM. Seulement à l'infinitif négatif. ■ Fam. Supporter ⇒ **sentir.** *Je ne peux pas le pifer, le piffer, ce gars-là.* ▸ ***au pifomètre*** loc. adv. ■ Fam. Par le simple flair (sans calcul). *J'ai choisi au pifomètre.* ‹ ▸ s'empiffrer ›

① ***pige*** [piʒ] n. f. ■ Action de piger ①. ⇒ ③ **tirage.** *Faire la pige du numéro gagnant.* — Son résultat. ▸ ① ***piger*** v. **1.** V. tr. Tirer ⑤ au sort. *Piger un nom dans un baril.* **2.** V. intr. Choisir, sélectionner qqch. *« Auriez-vous un roman à me prêter ? – Pigez dans ma bibliothèque. »* ⇒ se **servir.** *Veux-tu cesser de piger dans mon assiette,* de prendre des morceaux de nourriture. *Piger dans son compte de banque,* sortir de l'argent, par petites quantités et souvent. — Loc. *Piger dans le tas.* ⇒ **piocher.**

② ***pige*** n. f. ■ Mode de rémunération d'une personne rétribuée à la quantité de texte rédigé. *Une journaliste payée à la pige.* ▸ ***pigiste*** n. et adj. ■ Personne payée à la pige. *Traducteur pigiste.*

① ***pigeon*** [piʒɔ̃] n. m. **1.** Oiseau au bec grêle, aux ailes courtes, au plumage blanc ⇒ **colombe,** gris ou brun ; le mâle adulte. ⇒ **tourterelle.** *Des pigeons roucoulaient. Paris est envahi de pigeons. Pigeon ramier.* ⇒ **palombe.** — PIGEON VOYAGEUR : élevé pour porter des messages entre deux lieux éloignés. **2.** *Pigeon d'argile,* disque d'argile lancé en l'air au moyen d'un appareil propulseur et servant de cible pour le tir* au pigeon. ▸ ***pigeonnant, ante*** adj. ■ Se dit d'une poitrine féminine haute et généreuse, projetée en avant, et du soutien-gorge qui donne cet aspect aux seins. *Des seins pigeonnants.* ▸ ***pigeonne*** n. f. ■ Femelle du pigeon. ▸ ***pigeonneau*** n. m. ■ Jeune pigeon. *Des pigeonneaux rôtis.* ▸ ***pigeonnier*** n. m. **1.** Petit bâtiment où l'on élève des pigeons. ⇒ **colombier. 2.** Plaisant. Petit logement situé aux étages supérieurs. ‹ ▸ gorge-de-pigeon, ② pigeon ›

② ***pigeon*** n. m. ■ Fam. Personne qu'on attire dans une affaire pour la dépouiller. ⇒ **dupe.** *Il, elle a été le pigeon dans l'affaire.* ▸ ***pigeonner*** v. tr. ▪ conjug. 1. ■ Fam. Duper, rouler. ⇒ fam. **enfirouaper.** *Elle s'est fait pigeonner.*

① ***piger*** v. tr. ⇒ ① **pige.**

② ***piger*** [piʒe] v. tr. ▪ conjug. 3. ■ (Surtout en France) Fam. Saisir, comprendre. *Je n'ai rien pigé à ce livre.* Sans compl. *Tu as pigé ? Pigé !*

pigiste n. et adj. ⇒ ② **pige.**

pigment [pigmɑ̃] n. m. **1.** Substance chimique donnant aux tissus et liquides organiques leur coloration (ex. : *chlorophylle, hémoglobine*). **2.** Substance colorante insoluble qui ne pénètre pas dans les matières sur lesquelles on l'applique (au contraire des teintures). *Peinture composée d'un diluant et de pigments.* ▸ ***pigmentation*** n. f. ■ *La pigmentation de la peau,* sa couleur naturelle. ▸ ***pigmenté, ée*** adj. ■ *Peau foncée, fortement pigmentée.* ⇒ **coloré.**

① ***pignon*** [piɲɔ̃] n. m. ■ Partie haute et triangulaire d'un mur, entre les deux versants d'un toit (en façade ou sur le côté). ⇒ **fronton.** *Des maisons de rang à pignons.* — Loc. *Avoir* PIGNON SUR RUE : être honorablement connu et solvable (parce qu'on est propriétaire).

② ***pignon*** n. m. ■ Roue dentée (d'un engrenage). *Les pignons de la boîte de vitesse.*

③ ***pignon*** n. m. **1.** Graine comestible de la pomme de pin. (On dit aussi *pigne,* n. f.) **2.** En appos. *Pin pignon,* pin parasol.

pigrasser [pigʀase] v. ■ conjug. 1. **1.** V. tr. Tripoter, jouer avec la nourriture (dans une assiette). ⇒ **taponner.** *Pigrasser ses légumes.* — Sans compl. *Ne pas cesser de pigrasser.* **2.** V. intr. Perdre son temps ; accomplir de menues tâches de manière désordonnée. ⇒ **taponner ;** fam. **téter.** ► ***pigrassage*** n. m. ■ Fait de pigrasser. ► ***pigrasseur*** ou ***pigrasseux, euse*** n. et adj. ■ Personne qui pigrasse. — Adj. *Un enfant prigrasseur.*

pilaf [pilaf] n. m. ■ Riz au gras, servi fortement épicé, avec des morceaux de mouton, de volaille, de poisson, etc. — En appos. *Riz pilaf.*

pilastre [pilastʀ] n. m. ■ Pilier engagé dans un mur, un support, colonne plate formant une légère saillie. *Cheminée à pilastres.*

① ***pile*** [pil] n. f. **1.** Pilier de maçonnerie soutenant les arches (d'un pont). *Les piles du pont.* **2.** Tas plus haut que large (d'objets mis les uns sur les autres). ⇒ **empilage.** *Une pile d'assiettes, de bois* (⇒ **corde** [IV], **stère**), *de livres, de torchons. Mettre en pile,* empiler. ⇒ **corder.** ‹ ► empiler, pilastre, pilier, pilotis ›

② ***pile*** n. f. **1.** Appareil transformant de l'énergie chimique en énergie électrique. ≠ *accumlulateur.* ⇒ **photopile.** *La pile d'une lampe de poche.* ⇒ fam. **batterie. 2.** Vx. *Pile atomique,* réacteur nucléaire. ‹ ► photopile ›

③ ***pile*** n. f. ■ PILE OU FACE : revers ou face (d'une monnaie qu'on jette en l'air) pour remettre une décision au hasard. *Pile,* le coup où la pièce tombe en montrant son revers. *Tirer, choisir, jouer à pile ou face.* — En appos. *Le côté pile* (opposé à *face*).

④ ***pile*** adv. ■ *Il s'est arrêté pile,* net, brusquement. *Ça tombe pile,* juste comme il faut. ⇒ fam. à **pic.** *On est arrivé pile pour l'autobus de onze heures,* juste. ⇒ ① **précis.** ► ① ***piler*** v. intr. ■ conjug. 1. ■ S'arrêter pile. *Il a pilé sur place.*

② ***piler*** v. ■ conjug. 1. **1.** V. tr. Réduire en menus fragments, en poudre, en pâte, en purée, par des coups répétés. ⇒ **broyer, écraser ; pilon.** *Elle pilait des pommes de terre, de l'ail.* — Au p. p. adj. *Pommes de terre* ou, fam., *patates pilées,* en purée. **2.** V. intr. Marcher sur, dans. *Piler sur un plancher mouillé. Tu piles dans un trou d'eau.* — *Piler sur les pieds de qqn,* lui écraser les pieds. Fig. *Il ne faut pas lui piler sur les pieds aujourd'hui,* il est irritable, irascible. — Pronominalement. *Se piler sur les pieds,* être nombreux dans un espace trop petit. ⇒ s'**entasser.** *On ne se pile pas sur les pieds,* il n'y a pas grand monde. ► ***pilage*** n. m. ■ *Le pilage du mil.* ‹ ► pilon ›

pilet [pilɛ] n. m. ■ *(Canard) pilet,* canard sauvage, à longue queue pointue et à tête brune.

pileux, euse [pilø, øz] adj. ■ Qui a rapport aux poils. *Le système pileux,* l'ensemble des poils et des cheveux. ‹ ► épiler, pilosité ›

pilier [pilje] n. m. **1.** Élément de maçonnerie, support vertical isolé dans une construction. ⇒ **colonne, pilastre.** *Les tambours de pierre d'un pilier. Les piliers d'un temple.* — Poteau servant de support. ⇒ **pylône.** *Piliers de fer.* **2.** Personne ou chose qui assure la solidité, la stabilité. *Les piliers du régime, d'une équipe.* **3.** Péj. ou plaisant. Habitué qui fréquente assidûment un lieu. *Un pilier de bar, de taverne.*

piller [pije] v. tr. ■ conjug. 1. **1.** Dépouiller (une ville, un local) des biens qu'on trouve, d'une façon violente et destructive. ⇒ **dévaster, ravager, saccager.** *Ils prirent, pillèrent et rasèrent la ville.* — Au p. p. adj. *Des magasins pillés au cours d'une émeute.* **2.** Voler (un bien) dans un pillage. *Des objets pillés dans une église.* **3.** Emprunter à un auteur qu'on plagie. ⇒ **copier.** *Les passages qu'il a pillés dans des travaux japonais pas encore traduits.* ► ***pillage*** n. m. ■ ⇒ **razzia,** ② **sac.** *Une ville livrée au pillage.* ► ***pillard, arde*** n. et adj. **1.** N. Personne qui pille (1). ⇒ **brigand, maraudeur, pirate, voleur.** *Une bande de pillards affamés.* **2.** Adj. Qui pille, a l'habitude de piller. *Des soldats pillards.* ► ***pilleur, euse*** n. ■ Personne qui pille (2, 3). *Un pilleur d'églises.*

pilon [pilɔ̃] n. m. **1.** Instrument cylindrique de bois, de pierre ou de métal arrondi sur une face, servant à piler (généralement dans un mortier). *Broyer de l'ail avec un pilon.* ⇒ ② **piler.** — *Marteau-pilon.* — Loc. *Mettre un livre au pilon,* en détruire l'édition. **2.** Extrémité d'une jambe de bois. **3.** Partie inférieure d'une cuisse (de poulet). ► ***pilonner*** v. tr. ■ conjug. 1. **1.** Écraser avec un pilon (1). **2.** Écraser sous les obus, les bombes. *L'artillerie pilonnait les lignes ennemies.* ► ***pilonnage*** n. m. ■ *Le pilonnage d'une ville par l'aviation.* ‹ ► pilet ›

pilori [pilɔʀi] n. m. **1.** Poteau auquel on attachait le condamné à l'exposition publique et à la vindicte populaire. ⇒ **carcan.** *Daniel de Foë fut condamné au pilori,* à cette peine. **2.** Loc. *Mettre, clouer qqn* AU PILORI : le signaler à l'indignation, au mépris publics.

pilosité [pilozite] n. f. ■ Présence de poils sur une région du corps. ⇒ **duvet ; pileux.**

pilote [pilɔt] n. **1.** Marin autorisé à assister les capitaines dans la manœuvre et la conduite des navires, à l'intérieur des ports ou dans des parages difficiles. *Bateau-pilote,* petit bateau du pilote. **2.** Personne qui conduit (un avion, un hélicoptère, etc.). *Le pilote et le copilote* (⇒ **copilote**) *d'un avion. Pilote de ligne. Pilote d'essai.* **3.** Conducteur d'une voiture de course. **4.** Personne qui se charge d'en guider d'autres dans un lieu qu'elle connaît. ⇒ ① **guide.** *Servir de pilote à qqn.* **5.** Fig. En appos. (Avec ou sans trait d'union) Qui donne l'exemple ; qui sert de démonstration. *Usine pilote. Des boucheries pilotes. Classe pilote.* ⇒ **expérimental.** — REM. L'O.L.F. propose *une pilote* au féminin. ► ***piloter*** v. tr. ■ conjug. 1. **1.** Conduire en qualité de pilote (un navire, un avion). **2.** Servir de guide à (qqn). *Je l'ai piloté dans Paris.* ⇒ **guider.** ► ***pilotage*** n. m. **1.** Manœuvre, art du pilote (1). *Le pilotage des navires dans un canal, un port.* **2.** Action de diriger un avion, un planeur, un hélicoptère, etc. *Poste de pilotage. Une école de pilotage. Pilotage automatique.* **3.** Technique de perfectionnement des annonceurs (de radio, de télévision) en vue de corriger certains défauts (élocution, prononciation...). ‹ ► copilote ›

pilotis [pilɔti] n. m. invar. ■ Ensemble de pieux ⇒ ① **pile** enfoncés en terre pour asseoir les fondations d'une construction sur l'eau ou en terrain meuble. *Immeuble (construit) sur pilotis.*

pilule [pilyl] n. f. **1.** Médicament façonné en petite boule et destiné à être avalé. ≠ *cachet, comprimé. Un tube de pilules.* — Loc. fam. *Avaler, prendre la (sa) pilule,* supporter une parole, une chose désagréable, sans protester ; accepter les conséquences de ses actes. *Dorer la pilule à qqn.* ⇒ **dorer. 2.** LA PILULE : un contraceptif pris par la bouche. *Elle prend la pilule.*

pilum [pilɔm] n. m. ■ Antiquité. Lourd javelot, arme des légionnaires romains. *Des pilums.*

pimbêche [pɛ̃bɛʃ] n. f. ■ Femme, petite fille déplaisante, qui prend de grands airs. ⇒ **mijaurée.** *C'est une petite pimbêche.* — Adj. *Elle est un peu pimbêche.* ⇒ **pincé.**

pimbina ou ***pembina*** [pɛ̃bina] n. m. ■ Arbre aux larges feuilles, qui produit des fruits rouges en grappe. ⇒ **viorne.** — Fruit comestible de cet arbre.

piment [pimɑ̃] n. m. **1.** Fruit d'une plante des régions chaudes, servant de condiment et de légume. *Piment rouge,* à saveur très forte, brûlante. ⇒ **paprika, poivre** de Cayenne. *Piment doux.* ⇒ **poivron.** *Sauce au piment.* **2.** Ce qui relève, donne du piquant. ⇒ **sel.** *Ses plaisanteries, ses allusions ont mis du piment dans la conversation.* ► ***pimenter*** v. tr. ▪ conjug. 1. **1.** Assaisonner de piment rouge, épicer fortement. — Au p. p. adj. *Une cuisine très pimentée.* **2.** Relever, rendre piquant.

pimpant, ante [pɛ̃pɑ̃, ɑ̃t] adj. ■ Qui a un air de fraîcheur et d'élégance. ⇒ **fringant, gracieux.** *Une jeune fille pimpante.* — *Une pimpante petite ville.* ⇒ **coquet.**

① ***pin*** [pɛ̃] n. m. ■ Arbre résineux (conifère) à aiguilles persistantes. *Pin blanc, rouge, gris* (⇒ **cyprès**). *Pin sylvestre, pin maritime, pin parasol. Pommes de pin.* ⇒ **pignon.** *Cônes de pin.* ⇒ ③ **cocotte, pomme** de pin. — Bois de cet arbre. *Plancher en pin.* ⟨ ► pinède ⟩

② ***pin*** ou ***pine*** [pin] n. f. Anglic. **1.** Tout petit objet métallique ayant un bout pointu, qui sert à assembler ⇒ ① **cheville, goupille,** à fixer, épingler qqch au mur, sur une planche, etc. ⇒ ② **punaise ;** fam. **pinouche.** *Ça prendrait quatre pins pour faire tenir cette feuille sur le babillard.* **2.** Épinglette (2). *Les pins des clubs de hockey.* — REM. Au sens 2, en France, on emploie *pin's* n. m. **3.** Loc. fam. *Faire qqch.* À LA PINE : le plus rapidement possible. ⟨ ► pinouche ⟩

pinacle [pinakl] n. m. **1.** Sommet d'un édifice. **2.** Haut degré d'honneurs. ⇒ **apogée, comble, faîte, zénith.** *Porter qqn* AU PINACLE : le porter aux nues. ⇒ ① **louer.**

pinacothèque [pinakɔtɛk] n. f. ■ Nom de certains musées de peinture (en Italie, en Allemagne).

pinailler [pinaje] v. intr. ▪ conjug. 1. ■ (Surtout en France) Fam. Insister sur des détails sans importance. ⇒ **chipoter, ergoter.** ► ***pinailleur, euse*** n.

pinard [pinaʀ] n. m. ■ Fam. Vin ordinaire. — Par ext. Toute espèce de vin.

pinçage n. m. ⇒ **pincement** (REM.).

pince [pɛ̃s] n. f. **1.** Outil, instrument composé de deux leviers articulés, servant à saisir et à serrer. ⇒ **pincette, tenaille.** *Les branches, les mâchoires d'une pince. Pince coupante.* — Fam. *Pince (à) grippe,* qui peut être bloquée et verrouillée. — REM. Lorsqu'il désigne l'outil, le mot s'emploie souvent au plur. (ex. : *Une paire de pinces. Des pinces coupantes*). — *Pince à épiler. Pince à sucre. Pince à cheveux. Pince à linge.* ⇒ **épingle.** *Pince à feu.* ⇒ **pincettes. 2.** Levier, pied-de-biche. ⇒ **pince-monseigneur. 3.** Partie antérieure des grosses pattes de certains crustacés. *Les pinces d'un homard, d'un crabe.* **4.** Fam. *Serrer la pince à qqn,* la main. **5.** Pli cousu sur l'envers de l'étoffe destiné à diminuer l'ampleur. *Faire des pinces à la taille.* ► ***pince-monseigneur*** n. f. ■ Levier pour ouvrir de force une porte, utilisé par les voleurs. ⇒ **arrache-clou(s), barre** à clou(s), **pied-de-biche.** *Des pinces-monseigneur.* ⟨ ► pincette ⟩

pinceau [pɛ̃so] n. m. **1.** Objet composé d'un faisceau de poils ou de fibres, fixé à l'extrémité d'un manche, dont on se sert pour appliquer des couleurs, du vernis, de la colle, etc. ⇒ **brosse.** *Pinceau de peintre. Coup de pinceau.* **2.** *Pinceau lumineux,* faisceau passant par une ouverture étroite. ⇒ **rai, rayon.**

pincer [pɛ̃se] v. tr. ▪ conjug. 3. **1.** Serrer (surtout une partie de la peau, du corps) entre les extrémités des doigts, entre les branches d'une pince ou d'un objet analogue. *Sa sœur l'a pincé jusqu'au sang.* — Pronominalement. *Elle s'est pincée en fermant la porte.* — *Pincer les cordes d'une guitare,* les faire vibrer. Intransitivement. *Pincer de la guitare,* en jouer. **2.** (En parlant du froid) Affecter désagréablement. ⇒ **mordre.** — Sans compl. Fam. *Ça pince dur, ce matin !* **3.** Serrer fortement de manière à rapprocher, à rendre plus étroit, plus mince. *Pincer les lèvres.* ⇒ **pincé** (2). **4.** Fam. Arrêter, prendre en flagrant délit (un malfaiteur) ; prendre en faute. ⇒ ① **piquer** (III), **pogner ;** fam. **épingler.** *Il s'est fait pincer cette nuit.* — (France) Au passif et au p. p. adj. *Être pincé,* être amoureux. **5.** (France) EN PINCER POUR *qqn* : être amoureux de. *Il en pince pour sa jolie voisine.* ► ***pincé, ée*** adj. **1.** Qui a qqch. de contraint, de prétentieux, ou de mécontent. *Elle est antipathique avec son air pincé. Un sourire pincé.* **2.** Concret. Mince, serré. *Son petit nez pincé. Bouche pincée.* **3.** *Instrument de musique à cordes pincées* (ex. : *clavecin, guitare*). ⇒ **pincer** (1). ► ***pincée*** n. f. ■ Quantité (d'une substance en poudre, en grains) que l'on peut prendre entre les doigts. *Une pincée de sel.* — Fig. Petite quantité. ⇒ **zeste.** *Une pincée d'humour.* ► ***pincement*** n. m. **1.** Action de pincer. **2.** *Pincement au cœur,* sensation brève de douleur et d'angoisse. **3.** Action de pincer (les cordes d'un instrument). ⇒ **pizzicato.** — REM. Aux sens 1 et 3, on emploie aussi cour. *pinçage.* ► ***pince-nez*** [pɛ̃sne] n. m. invar. **1.** Autrefois. Lorgnon qu'un ressort pinçait sur le nez. ⇒ **binocle.** ≠ *face-à-main. Des pince-nez.* **2.** Petit instrument qui sert à tenir fermées les narines des nageurs. ► ***pince-sans-rire*** [pɛ̃ssɑ̃ʀiʀ] n. invar. ■ Personne qui pratique l'ironie à froid. — Adj. invar. *Ils, elles sont très pince-sans-rire.* ⟨ ► pince, pinçon ⟩

pincette n. f. ou ***pincettes*** [pɛ̃sɛt] n. f. pl. **1.** Petite pince. *Pincette d'horloger.* **2.** Au plur. Longue pince à deux branches pour attiser le feu, déplacer les bûches, les braises. — Loc. *Il n'est pas à prendre avec des pincettes,* il est de très mauvaise humeur et inabordable. *Bec à (en) pincette(s),* baiser donné à qqn (surtout à un enfant) en lui pinçant les deux joues.

pinçon [pɛ̃sɔ̃] n. m. ■ Marque qui apparaît sur la peau qui a été pincée. ≠ *pinson.*

pine n. f. ⇒ ② **pin.**

pineau [pino] n. m. **1.** Cépage du Val de Loire, en France. *Pineau rouge, blanc.* **2.** Vin de liqueur des Charentes, mélange de cognac et de jus de raisin frais. ≠ *pinot.* ⟨ ► pinard ⟩

pinède [pinɛd] ou ***pineraie*** [pinəʀɛ] n. f. ■ Plantation de pins. *L'odeur de résine des pinèdes.*

pingouin [pɛ̃gwɛ̃] n. m. ■ Gros oiseau marin palmipède, à plumage blanc et noir, habitant les régions arctiques. ≠ *manchot* (Antarctique).

ping-pong [piŋpɔ̃g] n. m. ■ Tennis de table. *Joueur, table de ping-pong.* ⇒ **pongiste.** ⟨ ► pongiste ⟩

pingre [pɛ̃gʀ] n. et adj. ■ Avare particulièrement mesquin. ⇒ fam. ② **séraphin.** *C'est un vieux pingre.* — Adj. *Elle est très pingre.* ⇒ **ladre.** ► ***pingrerie*** n. f. ■ Avarice mesquine. *Être d'une pingrerie révoltante.*

pinot [pino] n. m. ■ Cépage entrant (notamment) dans la confection des vins de Champagne et de Bourgogne. *Pinot noir, blanc.* ≠ *pineau.*

pinotte ou ***peanut*** [pinɔt] n. f. Anglic. fam. **1.** Arachide, cacahuète. *Des pinottes salées. Un sac de* *pinottes en écales.* — *Du beurre* de pinottes. Des biscuits au beurre de pinottes.* **2.** UNE PINOTTE : un rien, une bagatelle, une chose simple, facile. ⇒ **pet.** *C'est une pinotte d'assembler ce meuble en kit. Roulet cinq cents kilomètres dans une journée ? Une pinotte.* **3.** Loc. *Partir (rien que) sur une pinotte,* à toute allure, très vite. ⇒ fam. ① **gosse ;** anglic. ③ **go.** *Être sur une pinotte,* toujours pressé, excité ; passer en coup de vent.

pinouche [pinuʃ] n. f. Fam. **1.** Clou à tige mince, courte et pointue, à large tête, servant à fixer des feuilles de papier au mur, sur un babillard, etc. ⇒ ② **punaise ;** anglic. ② **pin. 2.** Petite pastille (de papier, de carton, de plastique) servant à marquer une case dans un jeu de société (bingo, etc.). ⇒ fam. ② **piton.** ▸ ***pinoucher*** v. tr. ■ Fam. Fixer qqch. à l'aide de pinouches. ⇒ ① **piquer** (I, 5), **punaiser.** *Pinoucher le menu d'une pizzeria au babillard.* — Au p. p. adj. *Message pinouché au tableau.*

pin-pon [pɛ̃pɔ̃] interj. ■ (France) Onomatopée (souvent répétée) qui exprime le bruit des avertisseurs à deux tons des voitures de pompiers.

pin's n. m. ⇒ ② **pin** (REM.).

pinson [pɛ̃sɔ̃] n. m. ■ Petit passereau à plumage bleu verdâtre et noir, à bec conique, bon chanteur. *Le pinson chanteur.* ⇒ ① **rossignol.** — Loc. *Être gai comme un pinson.* ≠ *pinçon.*

pintade [pɛ̃tad] n. f. ■ Oiseau gallinacé de la taille de la poule, au plumage sombre semé de taches claires. *Chasser la pintade. Des pintades rôties.* ▸ ***pintadeau*** n. m. ■ Petit de la pintade. *Des pintadeaux.*

pinte [pɛ̃t] n. f. **1.** Ancienne mesure de capacité pour les liquides, valant 1,136 litre (abrév. *pte* ou *pin.*). ⇒ **chopine, demiard, gallon.** — Récipient de cette contenance. *Une pinte pleine.* — Par ext. Fam. (Dans le système métrique) Litre. *Une pinte de lait, de peinture.* **2.** Loc. *Se payer une pinte de bon sang,* bien s'amuser. ▸ ***pinter*** v. intr. ▪ conjug. 1. ■ Fam. Boire beaucoup.

pin-up [pinɔp] n. f. invar. Anglic. **1.** Jolie fille sexuellement attirante. *Des pin-up.* **2.** Photo de jolie fille peu vêtue épinglée dans un local.

pioche [pjɔʃ] n. f. **I. 1.** Outil composé d'un fer à deux pointes opposées, dont une aplatie, et d'un manche de bois assez court, pour creuser un sol dur. *Pioche de terrassier.* **2.** Fam. *Une tête de pioche,* une personne entêtée, qui a la tête dure. **II.** Reste de cartes, de dominos ou de pièces d'un jeu, lot où l'on pioche en cours de partie. ⇒ ① **pot.** ▸ ***piocher*** v. ▪ conjug. 1. **I.** V. tr. **1.** Creuser, remuer avec une pioche. *Il piochait la terre.* **2.** Fam. Étudier avec ardeur. ⇒ fam. **bosser,** ② **bûcher, clencher.** *Je me mettais à piocher mon histoire.* **II.** V. intr. **1.** Fouiller (dans un tas) pour saisir qqch. ⇒ ① **piger. 2.** Jeux. Prendre une carte, un domino, une pièce d'un lot jusqu'à trouver ce qui convient. *J'ai perdu parce que j'ai dû piocher.* **3.** Fam. Frapper, taper (sur qqch.) à grands coups répétés. *Piocher sur un piano, un clavier d'ordinateur.* — Loc. *Piocher du (des) pied(s),* sur le sol. ▸ ***piochage*** n. m. ■ Action de piocher. *Le piochage des voisins au-dessus de nos têtes. Faire quelques heures de piochage avant un examen,* d'étude acharnée. ▸ ***piocheur*** ou ***piocheux, euse*** n. **1.** Fam. Travailleur assidu. ⇒ **bûcheur. 2.** Personne qui pioche du pied.

piolet [pjɔlɛ] n. m. ■ Bâton d'alpiniste à bout ferré, garni à l'autre extrémité d'un petit fer de pioche.

① ***pion, pionne*** [pjɔ̃, pjɔn] n. ■ (France) Fam. Terme d'écolier. Surveillant(e) ; maître d'internat. *Elle est sympa, la pionne !*

② ***pion*** n. m. **1.** Échecs. Chacune des huit pièces que chaque joueur place au début devant les figures. *La ligne des pions.* — Chacune des pièces au jeu de dames, et à divers autres jeux. ⇒ **jeton. 2.** Loc. *N'être qu'un pion sur l'échiquier,* être manœuvré. *Damer le pion à qqn.* ⇒ **damer.**

pioncer [pjɔ̃se] v. intr. ▪ conjug. 3. ■ (France) Fam. Dormir (surtout : dormir profondément).

① ***pionnier, ière*** [pjɔnje, jɛʀ] n. ■ Colon qui s'installe sur des terres inhabitées pour les défricher. *Les pionniers de la Nouvelle-France.*

② ***pionnier, ière*** n. ■ Personne qui est la première à se lancer dans une entreprise, qui fraye le chemin. ⇒ **créateur.** *Hélène Boucher, pionnière de l'aviation.*

pipe [pip] n. f. **1.** Tuyau terminé par un petit fourneau qu'on bourre de tabac (ou d'une autre substance à fumer). ⇒ **bouffarde, brûle-gueule, calumet, narguilé.** *Bourrer une pipe. Une pipe culottée. Un fumeur de pipe. Fumer la, sa pipe.* **2.** Loc. fam. *Par* TÊTE DE PIPE : par personne. — *Casser sa pipe,* mourir ; échouer, manquer son coup. — *Se fendre la pipe,* rire. — *Tirer la pipe à qqn,* le taquiner, l'agacer. — *Mettre qqch. dans sa pipe,* encaisser, tirer profit d'une leçon. — *Nom d'une pipe !,* juron familier. **3.** (France) Fam. Cigarette ⇒ **clope.** ▸ ***pipée*** n. f. ■ Quantité de tabac, d'opium, etc., que peut contenir le fourneau d'une pipe. *Mon grand-père fumait toujours une pipée après le souper.* ⟨ ▸ cure-pipe, pipeau, pipette ⟩

pipeau [pipo] n. m. ■ Petite flûte à bec d'un seul tenant. *Des pipeaux.*

pipeline ou ***pipe-line*** [piplin] n. m. ■ Anglic. Tuyau servant au transport à grande distance et en grande quantité de produits liquides (pétrole) ou liquéfiés (gaz naturel). ⇒ **gazoduc, oléoduc.** *Des pipe-lines.*

piper [pipe] v. ▪ conjug. 1. **1.** V. intr. *Ne pas piper,* ne pas souffler mot. **2.** V. tr. *Piper des dés, des cartes,* les truquer. — Loc. Au passif et au p. p. adj. *Les dés sont pipés,* les chances sont inégales, il y a de la tricherie.

piperade [pipeʀad] n. f. ■ Plat de cuisine basque, constitué d'œufs battus assaisonnés de tomates et de poivrons doux. ⇒ **œufs** brouillés.

pipette [pipɛt] n. f. ■ Petit tube (gradué) dont on se sert en laboratoire pour prélever un échantillon de liquide.

pipi [pipi] n. m. ■ Fam., usuel et lang. enfantin. Urine. ⇒ très fam. **pisse.** — FAIRE PIPI : uriner. *Je vais faire pipi* (→ Aller aux cabinets, aux toilettes). ⇒ très fam. **pisser.** — PIPI-ROOM [pipiʀum] n. m. : les toilettes. — *Du pipi de chat,* une mauvaise boisson ; une chose sans intérêt.

pipistrelle [pipistʀɛl] n. f. ■ Petite chauve-souris commune, à oreilles courtes. *Des pipistrelles de l'Est.*

piquage [pikaʒ] n. m. ■ Opération consistant à piquer (①, I, 7). *Le piquage d'une veste, en cousant.*

① ***piquant, ante*** [pikɑ̃, ɑ̃t] adj. **1.** Qui présente une ou plusieurs pointes acérées capables de piquer. ⇒ **pointu.** *De la broche piquante.* ⇒ **barbelé. 2.** Qui donne une sensation de piqûre. *L'air était vif et piquant.* — *Sauce piquante,* sauce cuite, à la moutarde, au vinaigre et aux cornichons ; toute sauce épicée. **3.** Littér. Qui stimule agréablement l'intérêt, l'attention. ⇒ ① **piquer** (II). *Une petite brune piquante. La rencontre est piquante !* ⇒ **amusant, plaisant.** — N. m. *Le piquant de l'aventure.* ⇒ **sel.**

② ***piquant*** n. m. **1.** Excroissance dure et acérée (des végétaux et animaux) qui peut piquer. ⇒ **épine.**

Les piquants des cactus, des oursins. **2.** Fruit d'une plante commune (la *bardane*) qui s'accroche aux vêtements, aux toisons. ⇒ ② **teigne.**

① ***pique*** [pik] n. f. **I.** Arme formée d'un long manche droit et d'un fer plat et pointu. ⇒ **hallebarde.** *Les piques des révolutionnaires.* **II.** Parole, allusion qui blesse, « pique ». *Envoyer des piques à qqn.* ⇒ **pointe** (III), **vacherie ;** fam. ① **craque, patarafe.**

② ***pique*** n. m. ■ Aux cartes. Une des couleurs, représentée par un fer de pique (①, I) stylisé. *La dame de pique. J'ai encore du pique et du trèfle.* — Loc. *Habillé, vêtu comme l'as de pique,* sans soin. *Ce n'est pas un deux de pique,* c'est qqn d'important, de brillant.

① ***piqué, ée*** [pike] adj. ⇒ ① **piquer.** ▶ ② ***piqué*** n. m. **1.** Tissu à piqûres formant des côtes ou des dessins en relief. *Une robe en piqué de coton.* **2.** *Un piqué,* une pièce de linge (carrée ou rectangulaire) que l'on place dans un lit d'enfant, de malade, etc., pour protéger le matelas. ⇒ **alaise.**

③ ***piqué*** n. m. ■ Mouvement d'un avion qui se laisse tomber presque à la verticale. / contr. **chandelle** / — EN PIQUÉ. *Bombardement en piqué.*

④ ***piqué, ée*** adj. ■ France. (Personnes) Fam. Un peu fou. ⇒ fam. **capoté, cinglé, dingue, toqué.** *Il est un peu piqué, complètement piqué.*

pique-assiette [pikasjɛt] n. invar. ■ Personne qui se fait inviter partout à manger. *Une bande de pique-assiette.*

pique-bois n. m. ⇒ **pic-bois.**

pique-feu [pikfø] n. m. invar. ■ Tisonnier. *Des pique-feu.*

pique-nique [piknik] n. m. ■ Repas en plein air dans la nature. *Des pique-niques.* — Cette nourriture. *Mettre le pique-nique dans une glacière.* ⇒ **lunch.** ▶ ***pique-niquer*** v. intr. ▪ conjug. 1. ■ Faire un pique-nique. *On a pique-niqué en forêt.* ▶ ***pique-niqueur*** ou ***pique-niqueux, euse*** n. ■ ⇒ **luncheur.**

① ***piquer*** [pike] v. tr. ▪ conjug. 1. **I.** Faire pénétrer une pointe dans (qqch.). **1.** Entamer, percer avec une pointe (un corps vivant). *Piquer la peau, le doigt de qqn. On m'a piqué le doigt avec une épingle. — Elle s'est piqué le doigt. — Piquer son cheval avec l'éperon.* Loc. Sans compl. PIQUER DES DEUX (éperons) : partir à cheval à vive allure. **2.** Faire une piqûre (4) à (qqn). — Fam. Vacciner. *On les a piqués contre la variole. — Faire piquer un animal,* lui faire faire une piqûre entraînant la mort rapide et douce. **3.** (Insectes, serpents) Percer la peau de (qqn) en enfonçant un aiguillon, un crochet à venin. *Un scorpion l'a piqué. Il a été piqué, elle s'est fait piquer par une guêpe.* **4.** Percer (qqch.) avec un objet pointu, pour attraper. *Piquer sa viande avec sa fourchette.* **5.** Fixer (qqch.) en traversant par une pointe. *Piquer une photo au mur.* ⇒ ② **punaiser ;** fam. **pinoucher.** — Au p. p. adj. *Des articles de journaux piqués au mur.* ⇒ **épingler.** **6.** Enfoncer par la pointe. *Piquer une fleur dans sa boutonnière.* — Fig. PIQUER UNE TÊTE : se jeter, plonger la tête la première. **7.** Coudre à la machine (⇒ **piqûre** [2], ④ **point**). *Bâtir une robe avant de la piquer.* — Au p. p. adj. *Un couvre-lit piqué,* décoré par des piqûres. **8.** Parsemer de petits trous. *Les vers ont piqué ce livre.* ⇒ **ronger.** — Au p. p. adj. PIQUÉ, ÉE. *Meuble ancien piqué des vers.* ⇒ **vermoulu.** Loc. fam. *Ce n'est pas piqué des vers* ou, France, *des hannetons,* c'est très fort, remarquable en son genre. ⇒ **épatant, extraordinaire.** — Semé de points, de petites taches. *Un visage piqué de taches de rousseur. Miroir piqué.* ⇒ **taché.** **9.** SE PIQUER v. pron. (Personnes) : se blesser avec une pointe. *Elle s'est piquée en cousant.* — Absolt. Se faire une piqûre (spécialt. médicale ou toxique). *Il se pique, il est morphinomane.* ⇒ se **droguer ;** fam. se **shooter.** **10.** SE PIQUER v. pron. (choses) : avoir des petits trous, des taches. *Les livres se piquent.* — Fig. *Vin qui se pique,* s'aigrit. **II.** Par ext. **1.** Donner une sensation analogue à une piqûre à (une partie du corps, qqn). *La fumée piquait les yeux, lui piquait les yeux.* ⇒ **irriter.** — *Ça me pique.* ⇒ **démanger ;** fam. **gratter.** — Fam. (Enfants) Sans compl. *De l'eau qui pique,* gazeuse. **2.** Abstrait. Faire une vive impression sur. ⇒ **exciter ;** ① **piquant.** *Son attitude a piqué ma curiosité,* littér. *m'a piqué.* Loc. PIQUER *qqn* AU VIF : irriter l'amour-propre de (qqn). ⇒ **vexer.** *Cette remarque, cette critique m'a piqué au vif.* **3.** SE PIQUER DE v. pron. : prétendre avoir, faire des efforts pour avoir (une qualité, une aptitude). ⇒ se **vanter.** *Elle se pique de poésie, d'être poète.* **III.** Fig. Attraper, prendre. — (Compl. personne) *Il s'est fait piquer par la police.* ⇒ **pogner ;** fam. **épingler, pincer.** — (Compl. chose) Voler rapidement, furtivement. *On lui a piqué son portefeuille. Piquer, c'est voler !* ⇒ **dérober ;** fam. **chiper, faucher ; pickpocket.** **IV.** **1.** V. intr. à emploi absolu. Tomber, descendre brusquement. *Un avion qui pique,* qui descend en piqué ⇒ ③ **piqué.** — *Il piqua du nez,* il tomba le nez en avant. — S'enfoncer. *Le navire piquait de l'avant.* **2.** Aller d'un lieu à un autre en prenant un raccourci, le chemin le plus court. ⇒ ① **couper** (II), **pogner.** *Elle piquait par le sentier. Piquer par (à travers) le bois.* ▶ ② ***piquer*** v. tr. ▪ conjug. 1. ■ Fam. Déclencher subitement (une action). *Piquer un cent mètres,* se mettre à courir vite. — *Piquer un somme,* faire une courte sieste. *Piquer un fard,* se mettre à rougir. *Piquer une crise. — Piquer une jasette*.* ▶ ***piquerie*** n. f. ■ Fam. Lieu où des personnes se rassemblent pour s'injecter (⇒ se **piquer**) des drogues. *La police a découvert une piquerie dans notre quartier.* ‹ ▶ ①, ②, ③ pic, picador, picorer, picoter, piquage, ① piquant, ② piquant, ① pique, ③ pique, ②,③,④ piqué, pique-bois, pique-assiette, pique-feu, ① piquet, ① piqueter, piquette, piqueur, piqûre, repiquer, surpiquer ›

① ***piquet*** [pikɛ] n. m. **1.** Petit pieu destiné à être fiché (« piqué ») en terre. *Piquets de clôture. Piquets de tente.* ⇒ **piton.** *Attacher un cheval à un piquet.* ⇒ **poteau.** — *Droit, raide, planté comme un piquet,* immobile. **2.** Vx. Loc. *Mettre un élève au piquet,* le punir en le faisant rester debout et immobile. ⇒ **coin.**

① ***piqueter*** [pikte] v. tr. ▪ conjug. 4. ■ Parsemer de points, de petites taches. *Miroir piqueté.* ⇒ **piquer** (I, 8).

② ***piqueter*** v. intr. ▪ conjug. 4. ■ Participer à un piquet de grève, au piquetage. *Ils ont piqueté sous la neige.* ▶ ② ***piquet*** n. m. ■ *Piquet de grève,* ensemble des grévistes veillant devant leurs locaux de travail à l'exécution des ordres de grève. ⇒ **piquetage.** ▶ ***piquetage*** n. m. ■ Surveillance exercée par les grévistes (le *piquet de grève*) pour interdire aux employés non syndiqués et aux briseurs de grève l'accès aux lieux de travail. *Faire du piquetage. Ligne de piquetage.* ▶ ***piqueteur*** ou ***piqueteux, euse*** n. ■ Gréviste qui fait du piquetage. *Limiter le nombre des piqueteurs par une injonction.*

piquette [pikɛt] n. f. ■ Vin ou cidre acide (qui pique), médiocre.

piqueur, euse [pikœʀ, øz] n. et adj. **I.** N. **1.** Chasse à courre. Valet qui poursuit la bête à cheval. **2.** Ouvrier, ouvrière qui pique à la machine. **3.** N. m. Ouvrier travaillant au pic, au marteau-piqueur. **II.** Adj. **1.** *Insectes piqueurs,* qui piquent pour se défendre. **2.** MARTEAU-PIQUEUR : machine pneumatique perforatrice.

piqûre [pikyʀ] n. f. **1.** Petite blessure faite par ce qui pique. *Une piqûre d'épingle. Des piqûres de moustiques.* — Sensation produite par ce qui brûle et démange. *Sentir une piqûre d'ortie.* — (Personnes) *Avoir la piqûre pour qqch.,* se découvrir une passion, un goût pour cette chose. **2.** *Piqûre* ou *point de piqûre,* point servant de couture ou d'ornement. ⇒ ② **piqué.** *Piqûres à la machine.* **3.** Petit trou. *Piqûre de ver.* — Petite tache. ⇒ **rousseur. 4.** Introduction d'une aiguille creuse dans une partie du corps pour en retirer un liquide organique ⇒ **ponction, prise** de sang, ou pour y injecter un liquide médicamenteux ⇒ **injection.** *Je viens de lui faire sa piqûre. Seringue, aiguille à piqûre.*

piranha [piʀana] n. m. ■ Petit poisson carnassier des fleuves de l'Amérique du Sud, réputé pour son extrême voracité. *Des piranhas.*

pirate [piʀat] n. m. **1.** Aventurier qui courait les mers pour piller les navires de commerce sans autorisation royale ⇒ **boucanier, flibustier, forban.** ≠ *corsaire.* — *Bateau pirate,* navire monté par des pirates. **2.** Individu sans scrupules, qui s'enrichit aux dépens d'autrui, dans la spéculation. ⇒ **escroc, requin, voleur. 3.** Personne qui copie sans autorisation des produits sous copyright (cassettes, logiciels). *Les pirates de l'informatique.* **4.** En appos. (Avec ou sans trait d'union) Qui fonctionne sans autorisation légale. *Radio pirate, télévision pirate. Des avions pirates.* **5.** *Pirate de l'air,* personne qui détourne un avion ou menace sa sécurité pour exercer un chantage. ▶ ***pirater*** v. tr. • conjug. 1. ■ Copier illégalement (un enregistrement magnétique). — Au p. p. adj. *Un logiciel piraté.* ▶ ***piratage*** n. m. ■ Action de pirater. ▶ ***piraterie*** n. f. **1.** Acte de pirate ; activité d'un pirate. *Piraterie aérienne.* **2.** Escroquerie.

pire [piʀ] adj. **I.** Comparatif. Plus mauvais, plus nuisible, plus pénible. / contr. **meilleur, mieux** / *Devenir pire.* ⇒ **empirer.** *Le remède est (aussi) pire que le mal. — Je ne connais pas de pire désagrément.* — Cour. MOINS PIRE. *La tempête est bien moins pire qu'hier.* — Loc. (En phrase négative) PAS (TROP) PIRE : beau ; bien ; bon. *Un enfant pas pire. Elle est pas pire à l'école. Une viande pas pire. Comment vas-tu ? – Pas pire. C'est pas pire ça !,* pas mal. — *Le voyage a été* PIRE QUE PIRE : très mauvais. — PROV. *Il n'y a pas, il n'est pire eau que l'eau qui dort,* il faut se méfier des personnes d'apparence inoffensive. — Pis (2). *Il n'y a rien de pire.* — Fam. Loc. adv. AU PIRE ALLER. ⇒ au **pis** aller. **II.** Superlatif. LE PIRE, LA PIRE, LES PIRES. — REM. L'emploi de *plus* devant *pire* est incorrect. **1.** Adj. Le plus mauvais. *Les pires voyous. La meilleure et la pire des choses.* **2.** N. m. Ce qu'il y a de plus mauvais. ⇒ ② **pis.** *Le pire de tout, c'est l'ennui.* — Absolt. Loc. *Époux unis pour le meilleur et pour le pire. Je m'attends au pire. La politique du pire,* celle qui consiste à rechercher le pire pour en tirer parti. ▶ ***pire-aller*** n. m. invar. ■ Fam. Pis-aller. ‹ ▶ empirer ›

pirogue [piʀɔg] n. f. ■ Longue barque étroite et plate, qui avance à la pagaie ou à la voile, utilisée en Afrique et en Océanie. *Pirogue à balancier(s).* ▶ ***piroguier*** n. m. ■ Conducteur d'une pirogue. — REM. Le féminin *piroguière* est virtuel.

pirouette [piʀwɛt] n. f. **1.** Tour ou demi-tour qu'on fait sur soi-même, sans changer de place. *Pirouettes de danseur.* — Tour qu'on fait en culbutant. ⇒ fam. **galipette.** *Les enfants jouent à la pirouette.* — Loc. *Planter la pirouette.* ⇒ **culbuter, pirouetter. 2.** Fig. et fam. Esquive, tour d'adresse intellectuel. — Loc. fam. *Répondre par des pirouettes,* éluder une question sérieuse par des plaisanteries. ▶ ***pirouetter*** v. intr. • conjug. 1. ■ Faire une, plusieurs pirouettes (1). ⇒ **virevolter ; culbuter.** *Il a pirouetté par-dessus la rampe.*

① **pis** [pi] n. m. invar. ■ Mamelle (d'une bête laitière). *Le pis, les pis de la vache, de la chèvre.* ≠ *pi, pie.*

② **pis** [pi] adv. et adj. **I.** Comparatif littér. ou loc. **1.** Adv. Plus mal. / contr. **mieux** / TANT PIS : cela ne fait rien. ⇒ fam. **coudon.** — *Tant* pis pour vous.* — Loc. *Aller de mal en pis,* empirer. ⇒ s'**aggraver. 2.** Adj. neutre. Littér. Plus mauvais, plus fâcheux. *C'est bien pis.* ⇒ cour. **pire.** — Loc. QUI PIS EST [kipize] : ce qui est plus grave. *Il est paresseux ou, qui pis est, très bête.* **3.** N. m. Une chose pire. — Loc. *Dire* PIS QUE PENDRE *de qqn* : répandre sur lui les pires médisances ou calomnies. **II.** Superlatif. **1.** Littér. LE PIS : la pire chose, ce qu'il y a de plus mauvais. ⇒ **pire** (II). *Le pis qui puisse vous arriver. Mettre les choses au pis,* les envisager sous l'aspect le plus mauvais. — REM. On emploie le plus souvent *pire,* là où *pis* conviendrait. **2.** Loc. adv. AU PIS ALLER : en supposant que les choses aillent le plus mal possible. ⇒ fam. au **pire** aller. ▶ ***pis-aller*** [pizale] n. m. invar. ■ Personne, solution, moyen à quoi on a recours faute de mieux. *Des pis-aller.* ⇒ **palliatif.**

③ **pis** conj. et adv. Fam. **I.** Conjonction de coordination qui sert à lier les mots, les syntagmes, les propositions ayant même fonction ou même rôle et à exprimer une addition, une liaison. ⇒ **et. 1.** Reliant deux parties de même nature. *Le frère pis la sœur. Deux pis deux ça fait quatre.* ⇒ ① **plus.** *Déshabille-toi pis couche-toi. J'y vais ; pis vous ? — Il y a cadeau pis cadeau,* tous les cadeaux ne sont pas pareils. — Précédent le dernier terme d'une énumération. *Tu mettras du sel, du poivre pis quelques épices.* — Devant chaque terme de l'énumération pour insister sur l'importance des éléments. *Elle est tellement intelligente, pis belle, pis fine...* **2.** Reliant deux parties de nature différente et de même fonction. *Un chandail vert pis sans manches. C'est une nouvelle enseignante pis qui n'est pas québécoise.* **II.** Adv. ⇒ **puis. 1.** (Succession dans le temps) Après cela, dans le temps qui suit. ⇒ **ensuite.** *Il rédigea son article pis il le dactylographia. Ça entrait pis ça sortait. — Pis après. Pis ensuite.* **2.** (Succession dans l'espace) Plus loin. ⇒ **après.** *On aperçoit l'église, pis le presbytère.* **3.** ET PIS (introduisant le deuxième, le troisième... terme d'une énumération). ⇒ **et.** *J'ai acheté un roman, une revue et pis un dictionnaire.* **4.** ET PIS (servant à introduire une nouvelle raison). ⇒ **d'ailleurs.** *Je n'ai pas le temps, et pis je n'ai pas le goût.* **5.** (Pour engager qqn à poursuivre) *Pis ?, pis après ?, et pis après ?* — (Pour marquer l'indifférence) *Elle ne voudra pas ? pis après ?,* quelle importance ? — (Pour marquer une objection) *Pis, pis ça.* ⇒ et **alors.** — (Dans une formule de salutation) *Pis, ça va ?* — (Pour marquer le changement de locuteur, dans un récit) *Pis ya* (il a), *a* (elle a) *dit...* (Pour introduire une nouvelle idée, dans un récit, une histoire, une phrase...). ⇒ fam. ça **fait** que. *Je lui parlais de la Floride, pis elle m'a dit...*

pisci- ■ Élément de mots savants signifiant « poisson ». ▶ ***pisciculture*** [pisikyltyʀ] n. f. ■ Ensemble des techniques de production et d'élevage des poissons comestibles d'eau douce. *Truites de pisciculture* (opposé à *sauvage* ou *de rivière*). ▶ ***pisciculteur, trice*** n. ■ Éleveur(euse) de poissons. ▶ ***piscicole*** adj. ■ Qui est relatif à la pisciculture. ‹ ▶ pissaladière ›

piscine [pisin] n. f. **1.** Bassin de natation, et ensemble des installations qui l'entourent. ⇒ **bain** (4), **barboteuse, pataugeuse.** *Une piscine couverte. Une piscine publique. Piscine olympique,* conforme aux règlements des épreuves olympiques. *Aller à la piscine. Une piscine creusée. Une piscine hors terre,* dont le bassin en toile repose sur le sol et est soutenu par une armature rigide. **2.** Bassin pour les rites de purification. ▶ ***piscinier, ière*** n. et adj. ■ Entrepreneur spécialisé dans l'installation et l'entretien des piscines. — Par ext. Établissement où l'on vend des piscines. — Adj. *Il est devenu piscinier l'année dernière.*

pissaladière [pisaladjɛʀ] n. f. ■ Plat de cuisine provençale fait de pâte salée sur laquelle on place des tomates, des anchois, etc. ≠ *pizza.*

pissenlit [pisɑ̃li] n. m. ■ Plante vivace à feuilles longues et dentées, dont les fleurs jaunes donnent naissance à de grosses boules de duvet blanc. *Salade de pissenlit.* — Loc. fam. *Manger les pissenlits par la racine,* être mort.

pisser [pise] v. ▪ conjug. 1. **1.** V. intr. Très fam. Uriner. ⇒ faire **pipi.** — Loc. fam. *Il pleut comme (une) vache qui pisse,* à verse. *Ça l'a pris comme une envie de pisser,* brusquement. *Pisser dans ses culottes,* avoir peur. *C'est comme si on pissait dans un violon,* comme si on faisait une action absurde et inutile. **2.** V. tr. Fam. Évacuer avec l'urine. *Pisser du sang.* — Laisser s'écouler (un liquide). *Ce réservoir pisse l'eau de tous les côtés,* fuit. — Sans compl. *La toiture pisse.* ▶ ***pisse*** [pis] n. f. ■ Très fam. Urine. ⇒ cour. **pipi.** ▶ ***pisse-froid*** [pisfʀwa] ou ***pisse-vinaigre*** [pisvinɛgʀ] n. m. invar. ■ Fam. Homme froid et morose, ennuyeux. ⇒ **hargneux, rouspéteur.** ▶ ***pissement*** n. m. ■ *Pissement de sang.* ▶ ***pisseur, euse*** n. ■ Très fam. Personne qui pisse souvent. — PISSEUSE n. f. Vieilli. Terme d'injure sexiste. Religieuse. ▶ ***pisseux, euse*** adj. **1.** Fam. Imprégné d'urine, qui sent l'urine. *Du linge pisseux.* **2.** D'une couleur passée, jaunie. *Des rideaux d'un blanc pisseux.* **3.** Fam. Peureux, lâche. ⇒ fam. **chieur, froussard, péteux, pissou.** ▶ ***pissette*** n. f. ■ Très fam. Pénis. ⇒ très fam. **bisoune.** — REM. On trouve aussi la variante vieillie *pissou.* ▶ ***pissotière*** [pisɔtjɛʀ] n. f. ou ***pissoir*** [piswaʀ] n. m. ■ Fam. Urinoir public. ⇒ **vespasienne.** ▶ ***pissou*** n. m. ■ Fam. Poltron, peureux. ⇒ fam. **pisseux.** ‹ ▶ pipi, pissenlit ›

pistache [pistaʃ] n. f. ■ Fruit du pistachier. — Graine de ce fruit, amande verdâtre qu'on mange salée ou qu'on utilise en confiserie. *Sorbet à la pistache.* — Adj. invar. *Vert pistache. Des vestes pistache.* ▶ ***pistachier*** n. m. ■ Arbre résineux des régions chaudes dont le fruit contient la pistache.

piste [pist] n. f. **1.** Trace que laisse un animal sur le sol où il a marché. ⇒ **foulée, voie.** — Chemin qui conduit à qqn ou à qqch. ; ce qui guide dans une recherche. *Brouiller les pistes,* rendre les recherches difficiles, faire perdre sa trace. *La police est sur sa piste.* ⇒ **trousses. 2.** Partie d'un terrain de sport divisée en couloirs et aménagée pour les courses de chevaux, les épreuves d'athlétisme, les courses cyclistes, etc. *La piste d'un vélodrome. Une piste de patinage de vitesse.* **3.** Emplacement souvent circulaire, disposé pour certaines activités (spectacles, sports). *La piste d'un cirque. Piste de danse.* **4.** (En pays de brousse) Route non stabilisée, non revêtue. *Après ce village, il n'y a plus de chemin asphalté, c'est seulement la piste.* — Voie rudimentaire, généralement dans un lieu peu habité, peu développé. **5.** Parcours aménagé et réservé aux cyclistes, aux cavaliers, aux skieurs, etc. *Piste cyclable. Piste cavalière. Piste de ski, de motoneige.* **6.** Partie d'un terrain d'aviation aménagée pour le décollage et l'atterrissage des avions. **7.** Ligne tracée sur une surface magnétique par l'enregistrement d'informations ; cette surface. *Magnétophone à quatre pistes. La piste sonore d'un film.* ⇒ ① **bande.** *Disquette de quarante pistes.* ▶ ***pister*** v. tr. ▪ conjug. 1. ■ Suivre la piste ; épier. *Attention, on nous piste !* ⇒ **filer.** ‹ ▶ dépister ›

pistil [pistil] n. m. ■ Organe femelle des plantes à fleurs, renfermant l'ovaire.

pistole [pistɔl] n. f. ■ Ancienne monnaie d'or d'Espagne, d'Italie.

① ***pistolet*** [pistɔlɛ] n. m. **1.** Arme à feu courte et portative. ≠ *fusil, revolver. Une paire de pistolets de duel. Le chargeur d'un pistolet automatique. Le parabellum est un pistolet.* — Jouet analogue. *Pistolet à bouchon, à air comprimé, à eau.* **2.** Pulvérisateur de peinture, de vernis. ⇒ **fusil.** *Peinture au pistolet.* **3.** Dispositif verseur installé à l'extrémité du tuyau de distribution d'une pompe à essence. ▶ ***pistolet-arroseur*** n. m. ■ Pulvérisateur s'adaptant à un boyau d'arrosage. ▶ ***pistolet-mitrailleur*** n. m. ■ Arme automatique individuelle pour le combat rapproché. ⇒ **mitraillette.** *Des pistolets-mitrailleurs.* ⇒ ② **P.M.**

② ***pistolet*** n. m. ■ Fam. *Un* DRÔLE DE PISTOLET : un individu bizarre. ⇒ **olibrius.**

① ***piston*** [pistɔ̃] n. m. **1.** Pièce qui se déplace dans un tube et transmet une pression. *Les pistons et les cylindres d'un moteur à explosion. Le piston d'une seringue.* **2.** Pièce mobile réglant le passage de l'air dans certains instruments à vent (cuivres). *Cornet à pistons.*

② ***piston*** n. m. ■ Fam. Appui, recommandation qui décide d'une nomination, d'un avancement. ⇒ **protection.** *Pour réussir, il faut avoir du piston.* ▶ ***pistonner*** v. tr. ▪ conjug. 1. ■ Appuyer, protéger (un candidat à une place). ⇒ **recommander.** *Il s'est fait pistonner par une ministre.*

pistou [pistu] n. m. ■ Crème de basilic et d'ail écrasés dans l'huile d'olive (assaisonnement provençal). *Une soupe au pistou.*

pita [pitɑ] n. m. ■ Pain de type méditerranéen, sans levain, qui a la forme d'une galette. — En appos. *Pain pita. Sous-marin au pain pita.* ⇒ **libanais.**

pitance [pitɑ̃s] n. f. ■ Péj. Nourriture (pauvre, insuffisante). *On leur servit une maigre pitance. Pour toute pitance, des pommes de terre bouillies.*

pitbull [pitbul] n. m. ■ Anglic. Petit chien d'attaque, de race anglaise. *Un pitbull l'a mordue.* — REM. On dénomme aussi ce chien *bull-terrier.*

pitchpin [pitʃpɛ̃] n. m. ■ Bois de plusieurs espèces de pins d'Amérique du Nord, de couleur orangée, utilisé en menuiserie. *Une armoire en pitchpin.*

piteux, euse [pitø, øz] adj. ■ Iron. Qui excite une pitié mêlée de mépris par son caractère misérable, dérisoire. ⇒ **pitoyable.** *Les résultats sont piteux. Avoir l'air piteux.* ⇒ **déconfit.** — *En piteux état,* en mauvais état. ▶ ***piteusement*** adv. ■ *L'expédition a échoué piteusement.* ⇒ **lamentablement.**

pithéc(o)-, -pithèque ■ Éléments savants signifiant « singe ». ▶ ***pithécanthrope*** [pitekɑ̃tʀɔp] n. m. ■ Fossile humain (homo erectus), vieux d'environ un million d'années. ⇒ **anthropopithèque.** ‹ ▶ anthropopithèque ›

pithiviers [pitivje] n. m. invar. ■ Gâteau feuilleté fourré de crème d'amande. *Un pithiviers.*

pitié [pitje] n. f. **1.** Sympathie qui naît au spectacle des souffrances d'autrui et fait souhaiter qu'elles soient soulagées. ⇒ **commisération, compassion.** *Éprouver de la pitié.* ⇒ s'**apitoyer.** *Inspirer, exciter la pitié ; faire pitié. Elle me fait pitié. J'ai pitié de lui. Prenez-les en pitié.* — *Par pitié, laissez-moi tranquille,* je vous en prie. *Pitié !,* grâce ! *Sans pitié.* ⇒ **impitoyable, implacable,** sans **merci.** *Pas de pitié !* ⇒ ② **quartier. 2.** Sentiment de commisération méprisante. *Un sourire de pitié,* condescendant. — *Quelle pitié !,* quelle chose pitoyable, dérisoire ! — (Choses) Loc. *Faire pitié,* être laid, mal fait. ⇒ fam. **quétaine.** *Cette couleur de peinture fait vraiment pitié. Un appartement qui fait pitié,* qui ne paie pas de mine, en piteux état. ⇒ **pitoyable.** ‹ ▶ pitoyable ›

① ***piton*** [pitɔ̃] n. m. ■ Fam. Cheval âgé, maigre et efflanqué. ⇒ ① **rosse ; étique ;** fam. **picouille.** *Des vieux pitons.* ≠ *python.*

② ***piton*** n. m. **I.** Clou, vis dont la tête forme un anneau ⇒ ① **œillet** ou un crochet. *Cadenas passant dans deux pitons. Planter une tente avec des pitons.* ⇒ **piquet. II.** Éminence isolée en forme de pointe. ⇒ ③ **pic.** *Piton rocheux.* **III.** Fam. **1.** Petite pièce ronde (de papier, de carton, de plastique) servant à marquer une case dans un jeu de société (bingo, etc.). ⇒ **jeton ;** fam. **pinouche. 2.** Bouton commandant un appareil, un mécanisme. *Tourner, fermer le piton de la radio. Tirer, pousser le piton de la télévision. Peser sur le piton de la sonnette. Un piton électrique.* ⇒ **commutateur, interrupteur.** *Les pitons d'un tableau de bord.* **3.** Touche (d'un appareil à clavier). *Les pitons d'un ordinateur. Une télécommande à pitons. Pitons d'une caisse enregistreuse, d'une calculatrice. — Téléphone à pitons* (opposé à *à cadran*). ⇒ **poussoir. 4.** Loc. SUR LE PITON : en grande forme physique, plein de vigueur, d'entrain. *Elle est sur le piton aujourd'hui ! Se remettre, remettre qqn sur le piton. — Être de bonne heure, tôt sur le piton,* se lever de très bonne heure ; se mettre à travailler très tôt. ▸ ***pitonnage*** n. m. ■ Fam. Action de pitonner. *Je n'aime pas les guichets automatiques car il y a trop de pitonnage à faire.* ▸ ***pitonner*** v. intr. ■ Fam. Pousser sur un bouton (pour activer un mécanisme, faire fonctionner un appareil), appuyer sur les touches d'un clavier. *Elle pitonne sur son magnétoscope. Les enfants pitonnent sur la télécommande.* ⇒ fam. **zapper.** *Pitonner sur le clavier du téléphone* ⇒ **composer**, *d'un ordinateur* ⇒ **taper**, *d'une calculatrice* ⇒ **calculer**. *Je pitonnais au guichet automatique sans résultat.* — Transitivement. *Pitonner un numéro de téléphone, son N.I.P. Pitonner un poste, un canal de télévision. Elle pitonne le code de sa serrure. Pitonner un texte, un mot.* — Sans compl. (Avec l'idée de durée, de gestes répétés) *Pitonner pendant plusieurs heures. Ils en ont pitonné un coup.* — Spécialt. (Informatique) Effectuer la saisie de données en ordinateur. (Télévision) Passer rapidement d'un canal à l'autre (en appuyant sur les touches d'une télécommande) à la recherche d'une émission intéressante. ⇒ **zapper.** ▸ ***pitonneur*** ou ***pitonneux, euse*** n. ■ Fam. Personne qui pitonne, qui aime pitonner.

③ ***piton*** n. m. **1.** Autrefois. Bon émis par une entreprise et qui servait à payer les employés, échangeable contre des marchandises chez des fournisseurs bien identifiés. **2.** Fam. Loc. *(Ne pas) être la (une) banque à pitons, à Jos Piton,* une source inépuisable d'argent, une personne qui imprime des billets de banque.

pitou, oune [pitu, un] n. Fam. **1.** *Mon (petit) pitou, ma (petite) pitoune,* expression d'affection de tendresse à l'égard de qqn, surtout des enfants. ⇒ ① **chou,** ② **chouette, homme** (V). **2.** N. f. Péj. *Une grosse pitoune,* une grosse femme. ⇒ fam. **toutoune ;** péj. **poupoune. 3.** N. m. Chien. *Un gros, un petit pitou.*

pitouc ou ***pitouque*** [pituk] n. m. ■ Cordage d'un cométique auquel sont fixées les courroies de chacun des chiens d'un attelage.

pitoune [pitun] n. f. ■ Fam. Bille de bois de pâte, d'une longueur de quatre pieds (1,20 m). ⇒ **billot.** *Un camion de pitounes. Faire de la pitoune,* du bois de pâte.

pitoyable [pitwajabl] adj. **I. 1.** Digne de pitié. ⇒ **déplorable.** *Après son accident, il était dans un état pitoyable.* ⇒ **triste. 2.** Qui inspire, mérite une pitié méprisante. ⇒ **piteux ; lamentable.** *Sa réponse a été pitoyable.* **II.** Vx. Qui éprouve de la pitié, qui s'apitoie*. ⇒ **humain.** / contr. **impitoyable** / ▸ ***pitoyablement*** adv. ■ D'une manière pitoyable (I). *C'est pitoyablement rédigé.* ‹ ▸ impitoyable ›

pitre [pitʀ] n. m. ■ Personne qui fait rire par des facéties (parfois forcées). ⇒ **clown.** *Quel pitre ! Arrête de faire le pitre !* ⇒ **bouffon.** ▸ ***pitrerie*** n. f. ■ Plaisanterie, facétie de pitre. ⇒ **clownerie.** *Faire des pitreries.*

pittoresque [pitɔʀɛsk] adj. **1.** Digne d'être mis en peinture ; qui attire l'attention, charme ou amuse par un aspect original. *Un quartier pittoresque. Un personnage pittoresque.* / contr. **banal, ordinaire** / **2.** Qui dépeint bien, exprime les choses d'une manière imagée. *Des expressions, des détails pittoresques.* **3.** N. m. Caractère pittoresque, expressif. ⇒ **couleur.** ▸ ***pittoresquement*** adv.

pivelé, ée [pivle] adj. ■ Qui a des taches, spécialt des taches de rousseur. ⇒ **rousselé.** *Un visage pivelé. Un œuf pivelé.*

pivert [pivɛʀ] ou ***pic-vert*** [pikvɛʀ] n. m. ■ Oiseau au plumage jaune et vert, qui se niche dans les trous d'arbres et qui frappe les troncs avec son bec pour en faire sortir les larves dont il se nourrit. ⇒ ① **pic, pic-bois.**

pivoine [pivwan] n. f. ■ Plante à bulbe, cultivée pour ses larges fleurs rouges, roses, blanches ; sa fleur. — Loc. *Elle devint rouge comme une pivoine,* très rouge.

pivot [pivo] n. m. **1.** Cône ou pointe terminant un axe vertical fixe (sur lequel tourne librement une charge). *Le pivot de la boussole.* **2.** Abstrait. Ce sur quoi repose et tourne tout le reste. ⇒ **base, centre.** *Elle est le pivot de cette entreprise.* **3.** Support d'une dent artificielle, enfoncé dans la racine. *Dent montée sur pivot.* ▸ ***pivoter*** v. intr. ■ conjug. 1. ■ Tourner sur un pivot, comme sur un pivot. *Il pivota sur ses talons.* ▸ ***pivotant, ante*** adj. ■ *Fauteuil pivotant.*

piwi [piwi] n. m. ■ Duvet d'oiseau. *Bourrer un oreiller avec du piwi.*

pixel [piksɛl] n. m. ■ Chaque point d'une image électronique auquel on peut affecter des attributs (éclat, couleur...). *La qualité d'une image est proportionnelle au nombre de pixels par centimètre carré* (⇒ **définition, résolution**). *Matrice de caractère de 30 pixels sur 30.* ⇒ ① **point.**

pizza [pidza] n. f. ■ Galette de pâte à pain garnie de sauce tomate, de salami, de fromage et de divers autres ingrédients (champignons, poivrons, oignons, etc.), cuite dans un four. *Une pizza garnie. Des pizzas au fromage. Une petite, une moyenne, une grande pizza.* ≠ *pissaladière.* ▸ ***pizzeria*** [pidzeʀja] n. f. ■ Restaurant où l'on sert des pizzas. *Des pizzerias.*

pizzicato [pidzikato] n. m. ■ Manière de jouer d'un instrument à archet en pinçant les cordes. *Les pizzicati* (ou *pizzicatos*) des violons.

P.J. [peʒi] n. f. invar. ■ (France) Abrév. fam. de *police judiciaire. Les inspecteurs de la P.J.*

P.L. [peɛl] n. m. invar. ■ Abréviation de *Parti libéral. Le caucus du P.L.* — En appos. *L'organisatrice P.L.* ▸ ***P.L.C.*** [peɛlse] n. m. invar. ■ Abréviation de *Parti libéral du Canada. Le congrès du P.L.C.* — En appos. *Le cabinet P.L.C.* ▸ ***P.L.Q.*** [peɛlky] n. m. invar. ■ Abréviation de *Parti libéral du Québec. La course à la chefferie du P.L.Q.* — En appos. *Le gouvernement P.L.Q.*

placage [plakaʒ] n. m. ■ Application sur une matière d'une plaque de matière plus précieuse ; cette plaque. *Bois de placage. Placage de marbre.* ⇒ **revêtement.** ≠ *plaquage.*

① ***placard*** [plakaʀ] n. m. **1.** Écrit qu'on affiche sur un mur, un panneau, pour donner un avis au public. ⇒ **écriteau, pancarte.** *Un placard électoral. Un placard injurieux.* **2.** Insertion d'un texte ou d'illustrations séparé(es), dans un périodique. *Placard publicitaire.* ▸ ***placarder*** v. tr. ▪ conjug. 1. ▪ *Placarder un avis, une affiche sur un mur.*

② ***placard*** n. m. ▪ Enfoncement, recoin de mur ou assemblage de menuiserie fermé par une porte et constituant une armoire fixe. ⇒ **garde-robe.** *Mettre des vêtements dans un placard. Un placard-penderie.*

place [plas] n. f. **I. 1.** Lieu public, espace découvert assez vaste, sur lequel donne(nt) une ou plusieurs voie(s) de communication, parfois entouré de constructions. ⇒ **esplanade, rond-point ;** fam. ② **carré.** *Une place rectangulaire. La place Royale, à Québec.* — Loc. *Sur la place publique,* en public. **2.** PLACE FORTE ou, ellipt, PLACE. ⇒ **forteresse.** *Le commandant d'armes d'une place.* — Loc. littér. *Être maître de la place,* agir en maître, faire ce qu'on veut. *Avoir des complicités dans la place.* **3.** Ensemble des banquiers, des commerçants, des négociants qui exercent leur activité dans une ville. *Sur la place de Toronto.* **II. 1.** Partie d'un espace ou d'un lieu (surtout avec une prép. de lieu). ⇒ **emplacement, endroit, lieu.** *À la même place. De place en place, par places.* — EN PLACE. *Ne pas tenir en place,* bouger sans cesse. — SUR PLACE. *Rester sur place,* immobile. — N. m. *Du sur place. Cycliste qui fait du sur place.* — À l'endroit où un événement a eu lieu. *Faire une enquête sur place. Manger sur place,* où on se trouve. **2.** Endroit, position qu'une personne occupe, qu'elle peut ou doit occuper. *Faites-moi une petite place près de vous. Aller s'asseoir à sa place, à la place d'un absent. Tu vois bien qu'il n'y a pas de place. À vos places ! En place !* — Loc. Sans article. *Prendre place,* se placer. *Faire place à qqn,* se ranger pour lui permettre de passer. *Place !,* laissez passer ! **3.** Sports. Rôle joué au sein d'une équipe. *« À quelle place joue-t-il ? — Ailier gauche. »* **4.** (Emplacement assigné à une personne) Siège qu'occupe ou que peut occuper une personne (dans une salle de spectacle, un véhicule, etc.). *Louer, retenir, réserver sa place dans un train. Payer demi-place, place entière.* — Loc. *Les places sont chères,* la concurrence est dure. — *La place du mort,* à côté du chauffeur de la voiture. — *Tente à deux places.* — Espace public qu'occupe ou peut occuper qqn. *Places assises et debout.* — (Stationnement) *Chercher une place pour se garer. Trouver une place libre.* **5.** Espace libre où l'on peut mettre qqch. *(de la place)* ; portion d'espace qu'une chose occupe *(une place, la place de...). Gain de place. Un meuble encombrant qui tient trop de place.* **6.** Endroit, position qu'une chose occupe, peut ou doit occuper dans un lieu, un ensemble. ⇒ **emplacement, position.** *Changer la place des meubles. La place des mots dans la phrase.* ⇒ **disposition, ordre.** — EN PLACE : à la place qui convient. *Il faut tout remettre en place.* (→ À SA PLACE.) — MISE EN PLACE : arrangement, installation. **7.** Fam. Lieu géographique (pays, ville, région, etc.). *De quelle place venez-vous ? J'ai visité plusieurs places.* **8.** Complexe, tour, édifice, centre commercial (⇒ **galerie**). *Aller magasiner à Place X.* — REM. Les sens 7 et 8 sont critiqués comme anglicismes. **III. 1.** Le fait d'être admis dans un ensemble, d'être classé dans une catégorie ; situation dans laquelle on se trouve. *Avoir sa place au soleil,* profiter des mêmes avantages que les autres. — Ellipt. *Place aux jeunes !,* il faut donner aux jeunes la place (qu'occupent les vieux). — *Il ne donnerait pas sa place pour un empire, pour tout l'or du monde.* — *Se mettre* À LA PLACE *de qqn* : supposer qu'on est soi-même dans la situation où il est. *À votre place, je refuserais,* si j'étais vous. **2.** Position, rang dans une hiérarchie, un classement. *Être reçu dans les premières places.* — (Sports) *Finir en première place* ⇒ **tête**, *en dernière place* ⇒ **queue**. **3.** Emploi (généralement modeste). *Une place d'employé de bureau. Perdre sa place.* — *Être* EN PLACE : jouir d'un emploi, d'une charge qui confère à son titulaire de l'autorité, de la considération. *Les gens en place.* **4.** (Exprime l'idée de remplacement) *Prendre la place de qqn.* ⇒ se **substituer.** *Laisser la place à qqn. Faire place à qqn, qqch.,* être remplacé par, suivi par. *Un anglophone fit place à une francophone.* — Loc. À LA PLACE DE : au lieu de. ⇒ **pour.** *Employer un mot à la place d'un autre.* **5.** *La place de qqn,* celle qui lui convient. *Être à sa place,* être fait pour la fonction qu'on occupe ; être adapté à son milieu, aux circonstances. — Loc. *Remettre qqn à sa place,* le rappeler à l'ordre. ⇒ **reprendre, réprimander.** ‹ ▸ demi-place, mono-place, ① placer, placette ›

placebo [plasebo] n. m. ▪ Substance inactive que l'on substitue à un médicament pour contrôler ou susciter les effets psychologiques accompagnant la médication. *Des placebos.*

placenta [plasɛ̃ta] n. m. ▪ Organe temporaire qui se développe dans l'utérus pendant la grossesse et qui sert aux échanges sanguins entre la mère et l'enfant (⇒ **amniotique**). *Expulsion du placenta en fin d'accouchement.* ▸ ***placentaire*** [plasɛ̃tɛʀ] adj. ▪ Du placenta. — Zoologie. Dont le fœtus vit grâce à un placenta. *Mammifères placentaires.* — N. m. pl. *Les placentaires.* — Au sing. *Un placentaire.*

① ***placer*** [plase] v. tr. ▪ conjug. 1. **I. 1.** Mettre (qqn) à une certaine place, en un certain lieu ; conduire à sa place. ⇒ **installer ;** fam. **caser.** *L'hôtesse place les spectateurs.* **2.** Mettre (qqch.) à une certaine place, en un certain lieu ; disposer. ⇒ plus cour. **mettre.** *Placer une pendule sur une cheminée. Placer les choses bien en ordre.* ⇒ **classer, ordonner, ranger.** / contr. **déplacer, déranger** / *Placer sa voix.* **II. 1.** Mettre (qqn) dans une situation déterminée. — Au p. p. adj. *L'équipe placée sous mes ordres.* **2.** *Placer qqn,* lui procurer une place, un emploi. *Placer un apprenti chez un plombier.* **3.** Abstrait. Mettre (qqch.) dans une situation, à une place ; faire consister en. *Placer le bonheur dans la sagesse.* **4.** Faire se passer (l'objet d'un récit en un lieu, à une époque). ⇒ **localiser, situer.** *Les lieux où le metteur en scène a placé l'action de son film...* **5.** Introduire, dans un récit, une conversation. *Placer une réflexion. Elle n'a pas pu placer un seul mot,* elle n'a rien pu dire. **6.** S'occuper de vendre. *Un représentant qui place des marchandises.* ⇒ **placier.** *Placer une commande,* commander qqch. **7.** Employer (un capital) afin d'en tirer un revenu ou d'en conserver la valeur. ⇒ **investir ; placement.** *Placer son argent en bons du Trésor.* **III.** SE PLACER v. pron. **1.** Se mettre à une place. — (Personnes) ⇒ s'**installer.** *Placez-vous de face.* — (Choses) Être placé. **2.** Abstrait. *Se placer à un certain point de vue.* **3.** Prendre une place, un emploi (notamment comme personnel de maison). ▸ ***placé, ée*** adj. **1.** Mis à une place. **2.** Avec un adv. Qui est dans telle situation. *Personnage haut placé.* — *Je suis bien placé pour le savoir. C'est de la fierté mal placée,* hors de propos. **3.** Courses hippiques. *Cheval placé,* qui se classe dans les deux premiers s'il y a de quatre à sept partants et dans les trois premiers s'il y a plus de sept partants. ▸ ***placement*** n. m. **1.** L'action, le fait de placer de l'argent ; l'argent ainsi placé (II, 7). ⇒ **investissement ; dépôt** à terme. *Vous avez fait un bon placement.* **2.** *Agence,* BUREAU DE PLACEMENT : qui se charge de répartir les offres et les demandes d'emploi. **3.** Football. Action de botter le ballon entre les poteaux des buts adverses, lors d'un essai. ⇒ **touché.** *Un placement de 25 verges.* — Les trois points ainsi marqués. *Le placement a fait la différence dans le* match. ≠ transformation. ▸ ***placeur, euse*** n. ■ Personne qui place (des spectateurs ⇒ **placier**), qui tient un bureau de placement. ‹ ▸ déplacer, emplacement, irremplaçable, placier, remplacer, replacer ›

② **placer** [plasɛʀ] n. m. ■ Anglic. Gisement d'or, de pierres précieuses. *Un placer de diamants. Les placers de Californie.*

placette [plasɛt] n. f. ■ Petite place (I, 1), surtout dans les villes nouvelles, les grands ensembles.

placide [plasid] adj. ■ Qui est doux et calme. ⇒ **paisible.** *Il restait placide sous les injures.* ⇒ **flegmatique, imperturbable.** / contr. **agité, nerveux** / ▸ ***placidement*** adv. ■ *Elle répondit placidement à toutes les attaques.* ▸ ***placidité*** n. f. ■ Caractère placide. ⇒ **calme, flegme, sérénité.**

placier, ière [plasje, jɛʀ] n. **1.** Personne qui place (des spectateurs) dans une salle de spectacle, un amphithéâtre sportif. ⇒ **ouvreur, placeur. 2.** Agent qui vend qqch. pour une maison de commerce. ⇒ **courtier, représentant.** *Placier en librairie.*

placoter [plakɔte] v. intr. Fam. **I. 1.** S'occuper à des riens, à des vétilles, perdre son temps. ⇒ fam. **téter.** *Placoter toute la soirée devant la télévision. Il placote dans ses livres,* il fait de petites recherches, sans but précis. *Qu'est-ce que vous placotez en ce moment ?* ⇒ **faire. 2.** (Enfants) S'amuser, jouer (dans l'eau ⇒ **patauger**, dans le sable...). **II.** Cour. Parler, dire, raconter. **1.** Bavarder, discuter de toutes sortes de choses. ⇒ ② **causer, converser, deviser,** ② s'**entretenir, jacasser, jaser ;** fam. **jacter.** *J'ai placoté du film avec elle. Tu en placotes un coup ! Passer des heures à placoter au téléphone* ou, sans compl., *à placoter.* **2.** Parler de façon indiscrète, divulguer ce qui devrait être tenu secret (à l'insu de qqn). ⇒ **bavarder, colporter, rapporter ;** fam. **bavasser, commérer.** *Il est allé placoter de cela à tout le monde.* — Transitivement. *Placoter qqch. à qqn.* **3.** Tenir des propos désobligeants sur qqn. ⇒ **déblatérer, médire, potiner.** *Placoter contre, sur qqn. On placote souvent dans son dos. — Tu placotes toujours contre qqch.* ⇒ **rechigner ;** fam. **chialer.** ▸ ***placotage*** n. m. ■ Fait de placoter (II). *Il y a du placotage en masse dans cet immeuble.* ⇒ fam. **commérage, mémérage.** *Faire du placotage sur le compte de qqn.* ⇒ fam. **bavassage.** *Ne pas s'occuper des placotages des voisins.* ⇒ **calomnie, médisance, racontar.** — *Il y a pas mal de placotage dans ce texte.* ⇒ **bavardage, délayage, verbiage.** — Ces propos, ces commentaires. — REM. On trouve parfois la forme plaisante *placoting.* ▸ ***placoteur*** ou ***placoteux, euse*** n. ■ Personne qui placote. ⇒ **grande-gueule ;** fam. **bavasseur, commère, commette, mémère.** — Adj. *Son frère est un peu placoteur.* ⇒ **plaignard ;** fam. **chialeur, téteur.**

plafond [plafɔ̃] n. m. **I.** Surface solide (plâtre, béton, bois) et horizontale qui clôt en haut une pièce d'habitation parallèlement au sol, au plancher. *Plafond à poutres apparentes. Faux plafond,* cloison horizontale légère suspendue au plafond. *Chambre basse de plafond.* — Loc. fam. *Sauter au plafond,* jubiler. *Avoir une araignée au (dans le) plafond,* être fou. **II. 1.** Limite supérieure d'altitude à laquelle peut voler un avion. **2.** Abstrait. (Opposé à *plancher*) Maximum qu'on ne peut dépasser, limite supérieure d'une fourchette (II, 2). — En appos. *Prix plafond.* ▸ ***plafonner*** [plafɔne] v. ■ conjug. 1. **I.** (France) V. tr. Garnir (une pièce) d'un plafond en plâtre. *Aucune pièce n'est encore plafonnée.* **II.** V. intr. **1.** (Avions) Atteindre son altitude maximale. **2.** Atteindre un plafond (II, 2). *Salaires qui plafonnent.* — (Personnes) Être au maximum de ses capacités intellectuelles. ▸ ***plafonnement*** n. m. ■ Action de plafonner (II, 2). *Le plafonnement des bénéfices.* ▸ ***plafonnier*** n. m. ■ Appareil d'éclairage fixé au plafond sans être suspendu. *Plafonnier encastré. Le plafonnier de la voiture.*

① **plage** [plaʒ] n. f. **1.** Portion dégagée, plate et basse d'un rivage où les vagues déferlent. ⇒ ① **grève.** *Plage de sable, de galets.* — Cet endroit, destiné à la baignade. *Plage publique, privée. Nous sommes allés à la plage nous baigner.* — Rive sableuse (d'un lac, d'une rivière). **2.** Lieu, ville où une plage est fréquentée par les baigneurs. *Les plages du Nord-Est américain. Les casinos des plages à la mode.* ▸ ***plagiste*** n. ■ Personne qui exploite une plage payante.

② **plage** n. f. **1.** *Plage lumineuse,* surface éclairée également. **2.** Chacun des espaces utiles (d'un disque) séparés par un intervalle. *La première plage dure trois minutes.* **3.** Dans une voiture. Espace plat situé entre le tableau de bord et le pare-brise *(plage avant)* ou entre les sièges et la vitre arrière *(plage arrière). Les haut-parleurs de la radio sont encastrés dans la plage arrière.* **4.** Période de temps, durée limitée. *Les différentes plages d'un horaire variable : la plage fixe, la plage mobile.*

plagier [plaʒje] v. tr. ■ conjug. 7. ■ Copier (un auteur) en s'attribuant indûment des passages de son œuvre. ⇒ **imiter, piller.** *Plagier une œuvre.* ▸ ***plagiaire*** n. ■ Personne qui pille ou démarque les ouvrages des auteurs. ⇒ **imitateur.** ▸ ***plagiat*** n. m. ■ Action de plagier, vol littéraire. ⇒ **copiage, copie, imitation.** *Ce chapitre est un plagiat.* ≠ *pastiche.*

plaid [plɛd] n. m. ■ Anglic. Couverture de voyage en lainage écossais. *S'envelopper les jambes dans un plaid.*

plaider [plɛde] v. ■ conjug. 1. **I.** V. intr. **1.** Soutenir ou contester qqch. en justice. *Plaider contre qqn,* lui intenter un procès. **2.** Défendre une cause devant les juges. *L'avocat plaide pour son client.* **3.** PLAIDER POUR, EN FAVEUR DE : défendre par des arguments justificatifs ou des excuses. *Il a plaidé en ta faveur auprès de tes parents.* — (Suj. chose) *Sa sincérité plaide pour elle, plaide en sa faveur,* joue en sa faveur. **II.** V. tr. **1.** Défendre (une cause) en justice. *L'avocat plaide la cause de l'accusé. — Plaider la cause de qqn,* en sa faveur. **2.** Soutenir, faire valoir (qqch.) dans une plaidoirie. *L'avocate a plaidé la légitime défense.* Ellipt. *Plaider coupable, non coupable.* — Loc. *Plaider le faux pour savoir le vrai,* déguiser sa pensée pour amener qqn à dire la vérité, à se découvrir. ▸ ***plaideur, euse*** n. ■ Personne qui plaide en justice. ⇒ ② **partie.** *Les plaideurs d'un procès.* ⇒ **plaignant.** ▸ ***plaidoirie*** n. f. ■ Action de plaider, exposition orale des faits d'un procès et des prétentions du plaideur (faite en général par son avocat). ⇒ ① **défense, plaidoyer.** / contr. **accusation, réquisitoire** / *Une longue plaidoirie.* ▸ ***plaidoyer*** [plɛdwaje] n. m. **1.** Plaidoirie pour défendre les droits de qqn. **2.** Défense passionnée. *Ce roman est un plaidoyer pour les opprimés. Un plaidoyer en faveur des droits de la personne.*

plaie [plɛ] n. f. **1.** Ouverture dans les chairs. ⇒ **blessure, bobo, lésion.** *Plaie profonde. Plaie mortelle. Les lèvres de la plaie. Désinfecter, panser une plaie. La plaie se cicatrise. Une plaie de lit.* ⇒ **escarre. 2.** Abstrait. Blessure, déchirement. *Les plaies du cœur.* — Loc. *Retourner le fer, le couteau dans la plaie,* faire souffrir en attisant une cause de douleur morale. — *Porter, tourner le fer sur, dans la plaie,* régler un problème de façon violente (comme en lui appliquant un fer rougi au feu). **3.** *Les sept plaies d'Égypte,* fléaux dévastateurs. **4.** Fam. *C'est une vraie plaie, quelle plaie !,* c'est une chose, une personne insupportable.

plaignant, ante [plɛɲɑ̃, ɑ̃t] adj. et n. ■ Qui dépose une plainte en justice. ⇒ **demandeur, requérant.** *La partie plaignante, le plaignant, dans un procès.*

plaignard, arde [plɛɲaʀ, aʀd] adj. et n. ■ Péj. Qui se plaint contamment. ⇒ **placoteur ;** fam. **chialeur, geignard.** *Un malade très plaignard. — Un ton plaignard,* qui indique la plainte. — N. *Les voisins du dessous sont des plaignards.* ⇒ fam. **chialeur.**

plain, plaine [plɛ̃, plɛn] adj. ≠ *plein.* ■ Vx. Dont la surface est unie. ⇒ ② **plan,** ① **plat.** — En composés. ⇒ **plain-chant,** de **plain-pied.** *Terre-plain.* ⇒ **terre-plein.** ‹ ▸ ① plaine, plain-chant, de plain-pied ›

plain-chant [plɛ̃ʃɑ̃] n. m. ■ Musique vocale rituelle de la liturgie catholique romaine. ⇒ **grégorien.** *Des plains-chants.*

plaindre [plɛ̃dʀ] v. tr. et pron. ▪ conjug. 52. **I.** V. tr. **1.** Considérer (qqn) avec un sentiment de pitié, de compassion ; témoigner de la compassion à. *Je te plains d'avoir tant de malheurs.* *Être* À PLAINDRE : mériter d'être plaint. *Vous êtes plus à plaindre qu'à blâmer. Elle aime se faire plaindre,* qu'on la plaigne. **2.** Loc. *Il ne plaint pas sa peine,* il travaille avec zèle, sans se ménager. **II.** SE PLAINDRE v. pron. **1.** Exprimer sa peine ou sa souffrance par des pleurs, des gémissements, des paroles... ⇒ se **lamenter ; plainte.** *Elle ne se plaignait jamais. Il se plaint de maux de tête.* **2.** Exprimer son mécontentement (au sujet de qqn, qqch.). ⇒ **protester, râler ;** fam. **rouspéter.** *Se plaindre de qqn,* lui reprocher son attitude. *Se plaindre de son sort.* Sans compl. *Il se plaint sans cesse. — Se plaindre à qqn,* protester, récriminer auprès de lui, au sujet d'une personne ou d'une chose. *J'irai me plaindre de cet employé (me plaindre de lui) au chef de service. J'irai me plaindre de ce vol (m'en plaindre). — Se plaindre de* (+ infinitif). *Elle se plaignit d'avoir trop à faire. — Se plaindre que* (+ subjonctif ou indicatif). *Il se plaint qu'on ne lui donnait pas assez à manger. — Le professeur se plaint de ce que vous n'obéissez pas. — Ne te plains pas s'il te punit* (tu le mérites, tu ne l'auras pas volé). *Je ne m'en plains pas,* j'en suis assez content. ‹ ▸ plaignant, plaignard, plainte ›

① ***plaine*** [plɛn] n. f. ■ Vaste étendue de pays plat ou faiblement ondulé ⇒ **pénéplaine** et moins élevée que les pays environnants (opposé à *montagne*). *Un pays de plaines. Une immense plaine. Dans les plaines. Plaines et plateaux. Les plaines de l'Ouest.* — (Collectif) *La plaine et la montagne.* ‹ ▸ pénéplaine ›

② ***plaine*** n. f. ■ Nom générique de certaines variétés d'érables, à l'exception de l'érable à sucre. *Plaine blanche,* érable argenté. *Plaine rouge,* érable rouge. *Plaine bâtarde,* érable à épis.

*de **plain-pied*** [d(ə)plɛ̃pje] loc. adv. ■ Au même niveau. *Des pièces ouvertes de plain-pied sur une terrasse. Une maison de (en) plain-pied.* — Loc. *Être de plain-pied avec qqn,* être sur le même plan, en relations aisées et naturelles avec lui.

plainte [plɛ̃t] n. f. **I. 1.** Expression vocale de la douleur. ⇒ **gémissement, hurlement, lamentation, pleur ;** se **plaindre.** *Les blessés poussaient des plaintes déchirantes. — Une plainte muette,* exprimée par le regard, le visage, les gestes. — Son qui évoque la plainte. *La plainte du vent.* **2.** Expression d'un mécontentement. ⇒ **blâme, doléance, grief, récrimination.** *Les plaintes et les revendications des travailleurs.* **II.** Dénonciation en justice d'une infraction par la personne qui affirme en être la victime. *Elle a déposé une plainte contre son agresseur. Retirer sa plainte.* — Loc. PORTER PLAINTE *pour vol, contre inconnu.* ≠ *plinthe.* ▸ ***plaintif, ive*** adj. ■ Qui a l'accent, la sonorité d'une plainte (1) généralement douce, faible. ⇒ **gémissant ;** fam. **geignard.** *Une voix plaintive.* ⇒ **plaignard.** ▸ ***plaintivement*** adv. ■ *Elle réclama plaintivement à boire.* ‹ ▸ complainte ›

plaire [plɛʀ] v. tr. ind. ▪ conjug. 54. **I.** (Personnes) **1.** PLAIRE À : être d'une fréquentation agréable à (qqn), lui procurer une satisfaction. ⇒ **captiver, charmer, séduire.** / contr. **déplaire** / *Chercher à plaire à qqn. Cet individu ne me plaît pas du tout.* **2.** Éveiller l'amour, le désir de qqn. *Ils se plurent, ils s'épousèrent.* **3.** (Sans objet précisé) Plaire aux autres, aux gens à qui on a affaire. *Il plaît,* il est aimable, charmant. **II.** (Choses) **1.** Être agréable à. ⇒ **convenir.** *Cette situation lui plaît. Ce film m'a beaucoup plu.* ⇒ **enchanter, ravir, réjouir.** *Si ça vous plaît* (→ Si ça vous chante). ⇒ **plaisir.** — Loc. *Cela vous plaît à dire* (mais je n'en crois rien). **2.** Sans compl. *Le film a plu.* ⇒ **réussir.** *Un modèle qui plaît.* **III.** Impers. **1.** IL... PLAÎT. *Il me plaît de commander.* ⇒ **aimer, vouloir.** *Tant qu'il vous plaira,* tant que vous voudrez. *Faites ce qui vous plaît,* ce que vous voudrez, distinct de *faites ce qu'il vous plaît,* ce que vous aimez. **2.** S'IL TE PLAÎT, S'IL VOUS PLAÎT : formule de politesse, dans une demande, un conseil, un ordre. *Comment dites-vous cela, s'il vous plaît ?* ⇒ **S.V.P.** — Fam. *Il y avait du monde en s'il vous plaît.* ⇒ **beaucoup. 3.** Vieilli. PLAÎT-IL ? (employé pour faire répéter ce qu'on a mal entendu ou compris). ⇒ **comment, pardon, quoi. 4.** Littér. Au subjonctif. PLAISE..., PLÛT... (en tête de phrase). *Plaise, plût à Dieu, au ciel que...,* pour marquer qu'on souhaite qqch. **IV.** SE PLAIRE v. pron. — REM. Le part. passé est toujours invar. **1.** (Réfl.) Plaire à soi-même, être content de soi. *Je me plais bien avec les cheveux longs.* **2.** (Récipr.) Se convenir, s'aimer l'un l'autre. *Ils se sont plu.* **3.** SE PLAIRE À : prendre plaisir à. ⇒ **aimer,** s'**intéresser.** *On se plaît au travail, à travailler. Elle s'est plu à le dénigrer.* ⇒ se **complaire. 4.** Trouver du plaisir, de l'agrément à être dans (un lieu, une compagnie, un milieu). *Ils se plaisent beaucoup à la campagne. Je me plais avec (auprès de) toi.* ‹ ▸ complaire, déplaire, de plaisance, plaisant, plaisir ›

*de **plaisance*** [plɛzɑ̃s] loc. adj. invar. ■ *Un bateau de plaisance ; navigation de plaisance,* pour l'agrément ou le sport. — N. f. *La plaisance,* la navigation de plaisance. ▸ ***plaisancier, ière*** n. ■ Personne qui pratique la navigation de plaisance.

plaisant, ante [plɛzɑ̃, ɑ̃t] adj. et n. m. **I.** Adj. **1.** Qui plaît, procure du plaisir. ⇒ **agréable, attrayant ;** anglic. le **fun.** / contr. **déplaisant** / *Une maison plaisante.* ⇒ **aimable,** ① **gai.** *Ce n'est guère plaisant.* ⇒ **engageant.** — (Personnes) *Qui plaît par son agrément. C'est une femme plaisante.* ⇒ **aimable ;** anglic. le **fun. 2.** Qui plaît en amusant, en faisant rire. ⇒ **comique, drôle ;** fam. **rigolo.** *Je vais vous raconter une anecdote assez plaisante.* **3.** Iron et littér. Bizarre, risible. *Je vous trouve plaisant d'oser me dire cela à moi.* **II.** N. m. **1.** Littér. *Le plaisant de qqch.,* ce qui plaît, ce qui amuse. **2.** MAUVAIS PLAISANT : personne qui fait des plaisanteries de mauvais goût. ⇒ **plaisantin.** *Un mauvais plaisant a remplacé la farine par de la colle.* ▸ ***plaisamment*** adv. **1.** De façon agréable. *Causer plaisamment.* **2.** D'une manière comique, risible. *Une colère plaisamment simulée.* ‹ ▸ plaisanter ›

plaisanter [plɛzɑ̃te] v. ▪ conjug. 1. **I.** V. intr. **1.** Faire ou (plus souvent) dire des choses destinées à faire rire ou à amuser. ⇒ **blaguer.** *Je ne suis pas d'humeur à plaisanter. Ils ont plaisanté à propos de tout et sur tout le monde.* **2.** Dire ou faire qqch. par jeu, sans penser être pris au sérieux. *C'est une personne qui ne plaisante pas,* qui prend tout au sérieux. *Ne plaisantez pas avec cela,* n'en riez pas. **II.** V. tr. (Compl. personne) Railler légèrement, sans méchanceté. ⇒ **agacer, taquiner.** *Elle aime bien plaisanter sa sœur sur ses robes.* ▸ ***plaisanterie*** n. f. **1.** Propos destinés à faire rire, à amuser. ⇒ ② **blague,** ② **farce.** *Il ne fait que des plaisanteries de mauvais goût. Savoir manier la* plaisanterie (⇒ **humour**). — Loc. *Trève de plaisanterie, revenons aux choses sérieuses.* **2.** Propos ou actes visant à se moquer. ⇒ **quolibet, taquinerie.** *C'était une plaisanterie à l'adresse de ta famille. Être victime d'une mauvaise plaisanterie.* ⇒ ② **farce.** *Il ne comprend pas, n'entend pas la plaisanterie.* **3.** Chose peu sérieuse, dérisoire, très facile. ⇒ **bêtise.** *Faire des réformes ? La bonne plaisanterie !* ⇒ ② **blague.** *Ce sera pour lui une plaisanterie de battre ce record.* ⇒ **bagatelle, pet ;** anglic. **pinotte.** ► ***plaisantin*** n. et adj. m. ■ Personne qui plaisante trop, qui fait des plaisanteries d'un goût douteux. ⇒ mauvais **plaisant.** *C'est un plaisantin, mais il n'est pas méchant. — Vous êtes un petit plaisantin !* ⇒ **blagueur, farceur.**

plaisir [plezir] n. m. **I.** Sensation ou émotion agréable, liée à la satisfaction d'un désir, d'un besoin matériel ou mental. **1.** LE PLAISIR. ⇒ **bien-être, contentement.** / contr. **déplaisir, douleur** / *Le plaisir esthétique. La recherche du plaisir. Éprouver du plaisir à... Avoir du plaisir.* ⇒ **agrément ;** anglic. **fun.** *Je vous souhaite bien du plaisir,* formule de politesse ironique. — FAIRE PLAISIR : être agréable (à qqn) en rendant service, etc. *Elle aime faire plaisir (à...). Voulez-vous me faire le plaisir de dîner avec moi ?* (Par menace) *Fais-moi le plaisir de te taire !* **2.** Absolt. *Le plaisir,* le plaisir dans l'acte sexuel. ⇒ **volupté. 3.** UN PLAISIR, LES PLAISIRS : émotion, sentiment agréable (correspondant à des circonstances particulières). *Les plaisirs de l'alpinisme.* ⇒ **joie.** — *On prend un malin plaisir à nous embêter.* **4.** LE PLAISIR DE *qqch.* : le plaisir causé par (une chose, un objet, ou une espèce d'objets). *Le plaisir du devoir accompli.* ⇒ **satisfaction. 5.** Loc. *Prendre plaisir à* (+ infinitif), aimer. *Nous prenons plaisir à travailler. Avoir du plaisir à* (+ infinitif), être charmé, ravi de. *J'espère que nous aurons bientôt le plaisir de vous voir.* ⇒ **avantage.** — *Ce sera un plaisir de les voir.* — *Au plaisir de vous revoir,* formule aimable d'adieu. Ellipt. Fam. *Au plaisir !* **6.** POUR LE PLAISIR, POUR SON PLAISIR, PAR PLAISIR : sans autre raison que le plaisir qu'on y trouve. *Il ment pour le plaisir, par plaisir. Naviguer pour le plaisir,* pas pour gagner de l'argent. **7.** AVEC PLAISIR. *Travailler avec plaisir. « Viendrez-vous ? – Avec grand plaisir. »* **II.** LES PLAISIRS : ce qui peut donner une émotion ou une sensation agréable (objets ou actions). ⇒ **agrément, amusement, distraction, divertissement.** — Au sing. *C'est un plaisir coûteux. — Courir après les plaisirs de la vie. Réserver une part de son budget pour ses* MENUS PLAISIRS. — Au plur. *Mener une vie de plaisirs,* rechercher les boissons, les bons repas, les rapports amoureux. — (Sing. collectif) *Fréquenter les lieux de plaisir.* **III.** (Dans des expressions) **1.** *Si c'est votre plaisir, si c'est votre bon plaisir,* si c'est ce qu'il vous plaît de faire, d'ordonner. *Le* BON PLAISIR *du roi* : sa volonté, acceptée sans discussion. **2.** À PLAISIR : en obéissant à un caprice, sans justification raisonnable. *Une personne qui se lamente à plaisir,* sans raison. ‹ ► déplaisir ›

① ***plan, plane*** [plɑ̃, plan] adj. **1.** Sans aspérité, inégalité, ni courbure (d'une surface). ⇒ **plain,** ① **planche,** ① **plat, uni.** / contr. **courbe** / *Surface, figure plane.* **2.** *Géométrie plane,* qui étudie les figures planes (opposé à *dans l'espace*). ≠ *plant.* ► ② ***plan*** n. m. **1.** Surface plane (dans quelques emplois). PLAN INCLINÉ. *Toit en plan incliné.* — PLAN D'EAU : surface d'eau calme et unie. **2.** Géométrie. Surface infinie contenant trois points non alignés ou deux droites parallèles. *Plans sécants perpendiculaires.* **3.** Chacune des surfaces perpendiculaires à la direction du regard, représentant les profondeurs, les éloignements (dessin, peinture, photo). *Au premier plan,* à peu de distance. / contr. **arrière-plan** / — Loc. *Mettre qqch. au premier plan,* lui accorder une importance primordiale, essentielle. *Une personne de premier plan. Je les mets tous sur le même plan. En arrière-plan,* derrière. — SUR LE PLAN *de* (suivi d'un nom), *sur le plan* (suivi d'un adj. abstrait) : au point de vue (de). *Sur le plan logique, moral.* — AU PLAN (même sens). ⇒ au **niveau, quant** à (en ce qui concerne). — REM. Cet emploi est critiqué. **4.** Image (photo), succession d'images (cinéma) définie par l'éloignement de l'objectif et de la scène à photographier, et par le contenu de cette image (dimension des objets). *Gros plan de visage. Plan américain,* à mi-corps. *Plan général, plan panoramique.* — Prise de vue effectuée sans interruption : les images qui en résultent. *Scène, séquence tournée en dix-huit plans. Plan séquence,* plan qui dure pendant une séquence entière. ‹ ► aéroplane, aplanir, arrière-plan, biplan, deltaplane, demi-plan, monoplan, ① planer, ② planer, ② planeur, planeuse, plani- ›

③ ***plan*** n. m. **I. 1.** Représentation (d'une construction, d'un jardin, etc.) en projection horizontale. *Dessiner le plan d'un bâtiment. Tracer un plan.* ⇒ **schéma. 2.** Carte à grande échelle (d'une ville, d'un réseau de communications). *Plan de Paris.* **3.** Reproduction en projection orthogonale (d'une machine). *Plans et notice technique d'un avion.* **II. 1.** Projet élaboré, comportant une suite ordonnée d'opérations destinée à atteindre un but. *Plan d'action. Plan d'épargne. Avoir, exécuter un plan. Un bon plan.* — Fam. Occupation ; bonne trouvaille. *J'ai un bon plan pour avoir du fun samedi soir.* Loc. fam. *Avoir, faire des plans de nègre,* avoir des idées, des projets irréalisables, invraisemblables, saugrenus. **2.** *Plan d'une œuvre, d'un ouvrage,* disposition, organisation de ses parties. ⇒ **canevas.** *Plan en trois parties.* — *Plan de cours,* présentation du contenu, des objectifs et des modalités d'évaluation d'un cours. **3.** Ensemble des dispositions arrêtées en vue de l'exécution d'un projet. ⇒ **planification ;** anglic. **planning.** *Plan économique.* **4.** Fam. EN PLAN : sur place, sans s'en occuper. ⇒ **abandonner, planter** là. *Tous les projets sont restés en plan.* ⇒ en **suspens.** ‹ ► plani-, planifier ›

planage n. m. ⇒ ② **planer.**

planant adj. ⇒ ① **planer.**

① ***planche*** [plɑ̃ʃ] n. f. **I. 1.** Pièce de bois plane, plus longue que large. ⇒ **latte, planchette.** *Débiter en planches un tronc d'arbre. Planche de pin. Scier une planche.* — Loc. *Planche à dessin,* panneau de bois parfaitement plan sur lequel on fixe une feuille de papier à dessin. *Planche à laver, à repasser.* — *Planche à pain,* sur laquelle on pose le pain pour le couper. Fam. Femme plate et maigre. — Loc. *Être cloué entre quatre planches,* mort et enfermé dans le cercueil. — Loc. *Planche de salut,* suprême appui ; ultime ressource, dernier moyen. — *Faire la planche,* flotter sur le dos. **2.** Au plur. LES PLANCHES : le plancher de la scène, au théâtre. *Monter sur les planches,* en scène ; faire du théâtre. **3.** Pièce de bois plate et mince ; plaque, feuille de métal poli, destinée à la gravure. *Planche à billets,* servant à imprimer les billets de banque. **4.** Estampe tirée sur une planche gravée. *Une planche de Dürer.* — Feuille ornée d'une gravure. *Les planches en couleurs d'un livre.* **5.** Fam. Ski. **6.** Sports. PLANCHE À ROULETTES : munie de roulettes et dont l'extrémité arrière est légèrement relevée. ⇒ **rouli-roulant ;** anglic. **skateboard.** — Ce sport. — PLANCHE À VOILE : munie d'une dérive, d'un mât et d'une voile (⇒ **véliplanchiste**). — Ce sport. — PLANCHE À NEIGE : conçue pour glisser sur la neige dure. — Ce sport. **7.** Adj. (Surfaces) Plat, uni. ⇒ ① **plan.** *Un terrain parfaitement planche.* **II.** À LA PLANCHE loc. adj. *Conduire à la planche,* très rapidement, à grande vitesse. *Courir à la planche,* à fond de train. *Elle travaille à la planche,* très fort et sans perdre un instant, en faisant le maximum d'efforts. ⇒ fam. au **bout.** *Son* *commerce marche à la planche,* rondement et profitablement. ▶ ***planchette*** n. f. ■ Petite planche. ⇒ **tablette.** ‹ ▶ ① plancher, véliplanchiste ›

② ***planche*** n. f. ■ (Surtout en France) Bande de terre cultivée dans un jardin. *Les planches d'un carré de légumes.*

① ***plancher*** [plɑ̃ʃe] n. m. **1.** Partie d'une construction qui constitue une plate-forme horizontale au rez-de-chaussée, ou une séparation entre deux étages. *Le plancher* (bas) *et le plafond* (haut) *d'une pièce.* **2.** Sol de la pièce constitué d'un assemblage de bois (plus grossier que le parquet). *Les lattes, lames d'un plancher. Plancher de bois franc.* — Sol (d'un véhicule, etc.). *Le plancher d'un ascenseur.* — Loc. fam. *Débarrasser le plancher,* sortir, être chassé. ⇒ **déguerpir.** *Avoir, prendre le plancher,* la parole. — *Le plancher des vaches,* la terre ferme. **3.** Fam. Étage (surtout dans un édifice public). *Mon bureau est au septième plancher.* — REM. Ce sens est critiqué. **4.** Abstrait. Limite inférieure (opposé à *plafond*). — En appos. *Prix plancher,* minimum. — REM. Le sens 3 et l'expression *avoir, prendre le plancher* sont des calques de l'anglais.

② ***plancher*** v. intr. ▪ conjug. 1. ■ Étudier, travailler avec acharnement (en vue d'une évaluation). ⇒ fam. ② **bûcher** ; à la **planche.**

plancton [plɑ̃ktɔ̃] n. m. ■ Collectif. Animaux (crevettes...) et végétaux (algues...) microscopiques vivant en suspension dans l'eau de mer ou dans les lacs. ⇒ **krill.** *Le plancton est la nourriture de certains oiseaux, de poissons et des baleines.* ‹ ▶ phyto-, zooplancton ›

① ***planer*** [plane] v. intr. ▪ conjug. 1. **1.** (Oiseaux) Se soutenir en l'air sans remuer ou sans paraître remuer les ailes. ⇒ ① **voler.** *Des faucons planaient.* — (Avions) Voler, le moteur coupé ou à puissance réduite. — (Planeurs) Voler. **2.** Littér. Considérer de haut, dominer du regard. *L'œil plane sur la ville entière.* **3.** Dominer par la pensée. *Planer au-dessus des querelles.* **4.** Rêver, être perdu dans l'abstraction. *Tu as toujours l'air de planer.* — Fam. Être dans une rêverie agréable (⇒ **planant**), être distrait. **5.** (Choses) Flotter en l'air. *Une vapeur épaisse planait.* **6.** Abstrait. (Sujet chose) Constituer une présence menaçante. *Un danger planait sur nous. Laisser planer un doute sur qqch.,* le laisser subsister. **7.** Fam. Être dans un état de bien-être, d'euphorie, d'indifférence au réel, souvent après absorption de drogue (opposé à *flipper*). ▶ ***plané, ée*** adj. ■ VOL PLANÉ (d'un oiseau qui plane ; d'un avion dont les moteurs sont arrêtés). — Fam. *Faire un vol plané,* une chute spectaculaire. ▶ ***planant, ante*** adj. ■ Fam. Qui fait planer (4). *Musique planante.* ‹ ▶ aéroplane, planeur ›

② ***planer*** v. tr. ▪ conjug. 1. ■ Rendre plan, aplanir (le bois, les tôles) en enlevant les aspérités. ⇒ **polir, raboter.** *Planer un madrier.* — Au p. p. adj. *Bois plané.* ▶ ***planage*** n. m. ■ Opération qui consiste à planer, à aplanir. ▶ ① ***planeur, euse*** n. **1.** Ouvrier spécialiste du planage. **2.** N. m. Machine à planer, à aplanir le bois. ⇒ **planeuse.** *Passer des colombages au planeur.*

planète [planɛt] n. f. ■ Corps céleste qui tourne autour du Soleil (ou d'une étoile) et n'émet pas de lumière propre. ⇒ **astéroïde, astre,** ① **étoile.** *Les principales planètes (du Soleil) sont Mercure, Vénus, la Terre, Mars, Jupiter, Saturne, Uranus, Neptune et Pluton. La Lune n'est pas une planète, mais un satellite (de la Terre). La trajectoire d'une planète. Les planètes empruntent leur lumière au Soleil.* ≠ *comète.* ▶ ***planétaire*** adj. **1.** Relatif aux planètes. *Le système planétaire.* **2.** Relatif à toute la planète Terre. ⇒ **mondial.** *L'expansion planétaire de la technique moderne.* ▶ ***planétarium*** [planetaʀjɔm] n. m. ■ Représentation, à des fins pédagogiques, des corps célestes sur la voûte d'un bâtiment. *Des planétariums.* — Ce bâtiment. ‹ ▶ interplanétaire ›

② ***planeur*** [planœʀ] n. m. ■ Appareil semblable à un avion léger, mais sans moteur, et destiné à planer. *Pilotage des planeurs,* vol à voile. ⇒ **deltaplane.** ‹ ▶ deltaplaneur ›

planeuse [planøz] n. f. ■ Techniques. Machine à aplanir, à rendre droites et plates les tôles. ⇒ ① **planeur.**

plani- ■ Élément signifiant « ② plan » (ex. : *planisphère*) et « ③ plan » (ex. : *planifier*). ‹ ▶ planisphère ›

planifier [planifje] v. tr. ▪ conjug. 7. ■ Organiser suivant un plan ③. *Planifier l'économie d'une région. On planifie nos vacances.* — Au p. p. adj. *Économie planifiée.* ▶ ***planificateur, trice*** n. ■ Personne qui organise selon un plan. — Adj. *Mesures planificatrices.* ▶ ***planification*** n. f. ■ Organisation selon un plan. *La planification de l'économie. Planification des naissances.* ⇒ **planning** (2).

planisphère [planisfɛʀ] n. m. ■ Carte où l'ensemble du monde est représenté sur une surface plane. ⇒ **globe, mappemonde.** *Des beaux planisphères.* ≠ *sphère.*

planning [planiŋ] n. m. anglic. (France) **1.** Plan de travail détaillé, programme chiffré de l'activité d'une entreprise. ⇒ **planification.** *Planning industriel. Des plannings.* **2.** *Planning familial,* planification des naissances dans un foyer. ⇒ **contraception.**

planque [plɑ̃k] n. f. **1.** Fam. Lieu où l'on cache qqch. ou qqn. ⇒ **cachette. 2.** Place abritée, peu exposée ; place où le travail est facile. ⇒ **combine, filon.** *Il a trouvé une bonne planque.* ▶ ***planquer*** v. tr. ▪ conjug. 1. **1.** Cacher, mettre à l'abri. *Planquer son argent.* ⇒ **dissimuler. 2.** SE PLANQUER v. pron. : se mettre à l'abri du danger (surtout en temps de guerre). — Au p. p. adj. *Planqué, ée.* — N. *Il ne risque rien, c'est un planqué.*

plant [plɑ̃] n. m. **1.** Ensemble de végétaux de même espèce plantés dans un même terrain ; ce terrain. ⇒ **pépinière.** *Un plant de carottes.* **2.** Végétal au début de sa croissance, destiné à être repiqué ou qui vient de l'être. *Il faut repiquer les plants de salades.* ≠ *plan.*

① ***plantain*** [plɑ̃tɛ̃] n. m. ■ Herbe très commune, dont la semence sert à nourrir les oiseaux.

② ***plantain*** n. ■ N. m. Variété de bananier dont le fruit se mange cuit. — En appos. *Banane plantain,* servie en légume. — N. f. *Une, des plantains,* cette, ces bananes.

plantation [plɑ̃tasjɔ̃] n. f. **I.** Action, manière de planter. *Plantation à la bêche. C'est la saison des plantations.* **II. 1.** Ensemble de végétaux plantés (généralement au plur.). *L'orage a saccagé les plantations.* ⇒ ① **culture. 2.** Terrain, champ planté. *Une plantation de légumes* (potager), *d'arbres fruitiers* (verger). — *Une plantation d'érables,* de végétaux de même espèce. ⇒ **érablière. 3.** Exploitation agricole de produits tropicaux. ⇒ **planteur.** *Le régisseur de la plantation de coton.* **III.** *La plantation des cheveux,* la manière dont ils sont plantés (I, 4), la ligne qui délimite la chevelure. ⇒ **implantation.**

① ***plante*** [plɑ̃t] n. f. ■ Végétal (surtout végétal à racine, tige, feuilles [opposé à *mousse,* etc.], de petite taille [opposé à *arbre*]). *Les animaux et les plantes. Étude des plantes.* ⇒ **botanique.** *Les plantes d'un lieu, d'un pays.* ⇒ **flore, végétation.** *Plante grimpante,* *naine, rampante. Plantes grasses,* les cactus. *Plantes ornementales.* ⇒ **fleur.** *Plantes d'appartement, plantes vertes,* sans fleurs, à feuilles toujours vertes.

② ***plante*** n. f. ■ Face inférieure (du pied) ; la partie comprise entre le talon et la base des orteils. ⇒ **plantaire.** *La plante des pieds.* ▶ ***plantaire*** adj. ■ De la plante des pieds. *Douleurs, verrues plantaires.* ‹ ▶ plantigrade ›

planter [plɑ̃te] v. tr. ▪ conjug. 1. **I. 1.** Mettre, fixer (un plant, une plante) en terre. / contr. **arracher, déraciner** / *Planter des arbres.* ⇒ **reboiser.** *Planter des salades.* ⇒ **repiquer. 2.** Mettre en terre (des graines, bulbes, tubercules). ⇒ **semer.** *Planter des haricots.* **3.** *Planter un lieu,* garnir de végétaux qu'on plante par plants ou semences. ⇒ **ensemencer.** — Au p. p. adj. *Avenue plantée d'arbres.* **4.** Enfoncer, faire entrer (un objet dans le sol, dans un matériau résistant). ⇒ ② **ficher.** *Planter un pieu. Planter des clous.* — Pronominalement (réfl.). *Une écharde s'est plantée dans son pied.* — Au passif. *Être planté* (cheveux, poils de barbe, dents), pousser d'une certaine façon. — Au p. p. adj. *Cheveux plantés serrés.* — Fam. Loc. *Planter (la) tête (la) première,* tomber la tête en avant. ⇒ **culbuter,** s'**enfarger. 5.** Mettre, placer debout, droit. ⇒ ① **dresser.** *Planter sa tente. Planter les décors,* les disposer sur scène. **6.** PLANTER LÀ : abandonner brusquement (une personne, une chose en un endroit). ⇒ fam. **plaquer** (II). *Il l'a planté là et s'est enfui en courant. Elle est décidée à tout planter là.* **7.** Loc. fam. *Planter qqn,* lui infliger une raclée. *Le club s'est fait planter,* il a subi une défaite écrasante. **II.** SE PLANTER v. pron. **1.** (Passif) *Arbuste qui se plante en automne.* **2.** (Personnes) Se tenir debout et immobile (par rapport à qqch.). *Il est venu se planter devant nous.* ⇒ se ② **camper. 3.** Fam. (Automobiles et passagers) S'immobiliser en s'enlisant. *La voiture s'est plantée dans la neige.* — Se heurter contre un obstacle. — Abstrait. Être arrêté par un échec. *Tu t'es planté dès la deuxième équation.* **4.** Faire des efforts, prendre les mesures pour réussir. *Il faut se planter si on veut finir cette semaine.* ▶ ***planté, ée*** adj. (Personnes) **1.** *Bien planté,* droit et ferme sur ses jambes, bien bâti. ⇒ fam. **baraqué. 2.** *Planté quelque part,* debout et immobile. *Ne restez pas planté là à me regarder. Des enfants plantés devant la télévision, un ordinateur,* qui restent assis longtemps, presque sans bouger. ▶ ***planteur, euse*** n. ■ Agriculteur, arboriculteur qui possède et exploite une plantation (3) dans les pays tropicaux. *Un riche planteur de café. — Les planteurs de tabac du Québec, de l'Ontario.* ▶ ***plantoir*** n. m. ■ Outil de jardinage (en bois, en fer, ou en plastique rigide) taillé en pointe pour ouvrir dans le sol le trou qui recevra le plant à repiquer. ‹ ▶ déplanter, implanter, plant, ① plantain, plantation, ① plante, planton, replanter, transplanter ›

plantigrade [plɑ̃tigʀad] adj. et n. m. pl. ■ Zoologie. Qui marche sur la plante des pieds (opposé à *digitigrade*). *L'homme, l'ours sont plantigrades.* — N. m. pl. *Les plantigrades.* — Au sing. *Le panda est un plantigrade.*

planton [plɑ̃tɔ̃] n. m. ■ Soldat de service auprès d'un officier supérieur, pour porter ses ordres ; sentinelle sans armes.

plantureux, euse [plɑ̃tyʀø, øz] adj. **1.** Très abondant. *Repas plantureux et bien arrosé.* ⇒ **copieux. 2.** *Femme plantureuse,* grande et bien en chair, aux formes généreuses. ▶ ***plantureusement*** adv.

plaque [plak] n. f. **I. 1.** Feuille d'une matière rigide, plate et peu épaisse. *Plaque d'égout en fonte. Plaque de propreté en plastique, en laiton,* appliquée autour des poignées de portes. *Les plaques chauffantes d'une cuisinière électrique. — Plaque de chocolat.* ⇒ **barre, plaquette** (1). — *Glisser sur une plaque de glace.* — Baseball, balle-molle. Marbre (II). — Loc. fam. *Être à côté de la plaque,* dans l'erreur, se tromper. ⇒ fam. ② **carte ;** se **fourvoyer. 2.** Plaque portant une inscription. *Plaque d'identité. Plaque d'immatriculation.* ⇒ ② **minéralogique ;** fam. ① **licence. 3.** PLAQUE TOURNANTE : plate-forme tournante, servant à déplacer le matériel roulant. — Carrefour, centre. *Paris est la plaque tournante de la France.* **4.** *Plaque sensible (photographique),* support rigide recouvert d'une émulsion sensible. ≠ *film, pellicule* (qui sont souples). **II.** Tache. *Avoir des plaques rouges sur le visage.* ▶ ***plaquette*** n. f. **1.** Petite plaque. *Une plaquette de beurre* (125 g). ⇒ ① **carré. 2.** Petit livre très mince. *Lire une plaquette de vers.* **3.** Médecine. Cellule sanguine sans noyau qui joue un rôle dans la coagulation. ▶ ***plaquer*** v. tr. ▪ conjug. 1. **I. 1.** Appliquer (une plaque) sur qqch. ⇒ **coller. 2.** Mettre (qqch.) à plat. *Elle a plaqué ses cheveux, elle s'est plaqué les cheveux.* **3.** *Plaquer un accord,* en produire les notes ensemble avec force. **4.** *Plaquer qqn contre, sur qqch.,* l'y appuyer avec force. — Football. Faire tomber (le porteur du ballon) en le saisissant par les jambes. ⇒ **plaquage.** — Pronominalement. *Se plaquer au sol, contre le mur.* **II.** Fam. Abandonner (qqn, qqch.). *Elle a plaqué son mari. Il a tout plaqué pour elle.* ⇒ **lâcher, planter** (I, 6). **III.** Couvrir (qqch.) d'une couche plate (de métal, de bois...). — Au p. p. adj. *Un meuble plaqué de merisier. Des bijoux plaqués.* ⇒ bijoux **fantaisie.** ▶ ***plaquage*** n. m. **1.** Confection d'un placage. **2.** Football. Action de plaquer (I, 4) un adversaire. **3.** Fam. Abandon. ≠ *placage.* ▶ ***plaqué*** n. m. ■ Métal recouvert d'un autre plus précieux. *Plaqué or.* ‹ ▶ contreplaqué, placage, ① placard ›

plasma [plasma] n. m. **I.** *Plasma sanguin,* partie liquide du sang. ⇒ **sérum. II.** Gaz entièrement ionisé. *Le plasma solaire. Expériences sur les plasmas.* ‹ ▶ protoplasme ›

plast-, -plaste, -plastie ■ Éléments signifiant « modeler » (ex. : *galvanoplastie*).

plasteur [plastœʀ] n. m. ■ Anglic. Pansement adhésif. ⇒ **diachylon, sparadrap.** *Une boîte de plasteurs.*

plastic [plastik] n. m. ■ Masse d'explosif ayant la consistance du mastic. *Attentat au plastic.* ⇒ **plastiquer.** ≠ *plastique.* ‹ ▶ plastiquer ›

plasticien, ienne [plastisjɛ̃, jɛn] n. ■ Médecin spécialiste de la chirurgie plastique. — En appos. *Chirurgien(-)plasticien.*

① ***plastique*** [plastik] adj. et n. f. **I. 1.** Relatif aux arts qui élaborent des formes. *Arts plastiques,* sculpture, architecture, dessin, peinture. ⇒ **visuel.** *La beauté plastique d'une œuvre. — La chirurgie* plastique.* ⇒ **esthétique** (II). **2.** N. f. *Les règles de la plastique.* **3.** Beau de forme. *Des gestes plastiques.* **II.** Flexible, malléable, mou. / contr. **rigide** / *L'argile est plastique.* ▶ ***plasticité*** [plastisite] n. f. ■ *La plasticité de la cire.* ⇒ **souplesse.** — *La plasticité du caractère de l'enfant.* ▶ ***plastiquement*** adv. ‹ ▶ plasticien ›

② ***plastique*** adj. et n. m. ■ MATIÈRE PLASTIQUE ou, n. m., UN PLASTIQUE : mélange contenant une matière synthétique de base susceptible d'être moulée (bakélite, cellulose, nylon, résine, silicone...). *Seau, règle en matière plastique, en plastique.* ≠ *plastic.* ▶ ***plastifier*** v. tr. ▪ conjug. 7. ■ Donner les propriétés d'une matière plastique à (une substance). — Couvrir, enrober de matière plastique. ≠ *plastiquer.* — Au p. p. adj. *Une carte d'identité plastifiée.*

plastiquer [plastike] v. tr. ▪ conjug. 1. ■ Faire exploser au plastic. *Terroristes qui plastiquent une* *maison.* ≠ *plastifier.* ▸ ***plastiqueur, euse*** n. ▸ ***plasticage*** ou ***plastiquage*** n. m. ■ Attentat au plastic.

plastron [plastʀɔ̃] n. m. ■ Partie de certains vêtements qui recouvre la poitrine. *Plastron de chemise.* — *Plastron d'escrimeur, de gardien de but, de receveur* (protection). ▸ ***plastronner*** v. intr. ▪ conjug. 1. **1.** Bomber le torse. **2.** ⇒ **fanfaronner, parader,** ② **poser.** *Il plastronne pour la galerie.*

① ***plat, plate*** [pla, plat] adj. **I.** Concret. **1.** Qui présente une surface plane ⇒ ① **planche** (7) ; horizontal. *Les anciens croyaient que la Terre était plate. Pays plat,* plaine, plateau. / contr. **accidenté, montagneux** / **2.** Dont le fond est plat ou peu profond. *Assiette plate. Des huîtres plates.* **3.** Peu saillant. *Poitrine plate. Ventre plat.* À PLAT VENTRE loc. adv. : étendu, couché sur le ventre, la face contre terre. *Se coucher, se mettre à plat ventre,* sur le ventre. *Ils sont à plat ventre devant leurs supérieurs,* ils s'abaissent servilement. **4.** De peu d'épaisseur. *Avoir la bourse plate,* vide. *Talons plats.* / contr. ① **haut** / *Chaussures plates,* à talons plats. **5.** À PLAT loc. adv. : horizontalement, sur la surface plate. *Posez le tissu bien à plat.* — *Pneu à plat.* ⇒ **dégonflé ;** anglic. **flat.** — (Personnes) Fam. *Être à plat,* déprimé, épuisé. *Sa maladie l'a mise à plat.* — *Tomber à plat,* être un échec complet. *Ses plaisanteries tombent toujours à plat.* **6.** *Rimes plates,* alternance de deux vers à rime masculine et deux vers à rime féminine (opposé à *croisé*). **II.** Abstrait. **1.** Sans caractère saillant ni qualité frappante. *Style plat.* ⇒ **fade, médiocre.** *Une personne bien plate,* peu intéressante, qui n'a rien à dire. ⇒ **banal.** / contr. **stimulant** / *J'ai regardé un vieux film plat. C'était un match plat,* sans intérêt. ⇒ **monotone,** ② **nul, terne.** *Faire des farces* plates.* / contr. **comique, drôle ;** fam. **crampant.** / — Loc. *C'est plat* [se(ɛ)plat] ⇒ **embêtant, ennuyant ;** fam. **emmerdant**. / contr. **excitant** / *C'est plat, je n'ai rien à faire.* — REM. Même au masc., *plat* est cour. prononcé [plat] en ce sens. On écrit aussi *plate.* **2.** (Personnes) Obséquieux. *Il est toujours très plat devant ses supérieurs* (→ ci-dessus, *à plat ventre*). De plates excuses. **3.** *De l'eau plate,* non gazeuse, non pétillante. ⟨ ▸ aplatir, méplat, omoplate, plafond, ② plat, ③ plat, plateau, plate-bande, plate-forme, platement, ① platine, platitude, raplapla ⟩

② ***plat*** n. m. **1.** La partie plate (de qqch.). *Le plat de la main,* la paume et les doigts non repliés. / contr. **dos** / *Le plat du dos* (opposé au *creux des reins*). — Partie plate d'une route (opposé à *côte, pente*). *Faire du vélo sur le plat.* **2.** (France) Plongeon manqué où le corps frappe l'eau à plat. *Faire un plat.* ⇒ anglic. **flat.** **3.** (Surtout en France) Fam. FAIRE DU PLAT *à qqn.* ⇒ **courtiser, flatter.** *Faire du plat à une femme,* tenter de la séduire par de belles paroles. **4.** Chacun des deux côtés de la reliure d'un livre.

③ ***plat*** n. m. **I. 1.** Pièce de vaisselle plus grande que l'assiette, dans laquelle on sert les aliments à table. *Des plats en porcelaine. Plats à poissons. Un plat pour micro-ondes.* — (France) *Des œufs au plat, sur le plat,* dont on fait cuire l'intérieur sans les brouiller. **2.** Loc. *Se mettre les pieds* dans les plats. Mettre les petits plats dans les grands,* se mettre en frais en l'honneur de qqn. **3.** PLAT À VAISSELLE : grand bassin dans lequel on lave la vaisselle. *Un plat à vaisselle en plastique.* — PLAT À BARBE : plat ovale et creux, marqué d'une échancrure pour le cou, utilisé autrefois par les barbiers. **II.** Mets d'un repas. *Plats régionaux.* ⇒ **recette, spécialité.** *Plat garni,* composé de viande ou de poisson et de légumes. — (Surtout en France) *Plat du jour,* au restaurant, plat qui varie selon les jours. ⇒ ② **menu** du jour. — *Plat de résistance,* plat principal. — Fam. *Faire tout un plat de qqch.,* en faire toute une affaire. ⇒ fam. **chiard.** ▸ ***platée*** n. f. ■ Contenu d'un plat. *Une platée de légumes.* — Fam. Grosse quantité. ⟨ ▸ monte-plats, passe-plat, sous-plat ⟩

platane [platan] n. m. **1.** Arbre élevé, à large frondaison, à écorce lisse se détachant par plaques irrégulières. *Avenue parisienne bordée de platanes.* — (France) Fam. *Rentrer dans un platane,* heurter un arbre (en voiture). **2.** FAUX PLATANE : variété d'érable (sycomore).

plateau [plato] n. m. **1.** Support plat servant à poser et à transporter divers objets. *Servir le déjeuner sur un plateau.* ⇒ fam. **cabaret.** — *Plateau repas,* servi dans les avions, les cafétérias. *Plateau de fromages,* assortiment de fromages servis sur un plateau (à fromages). — Loc. *Il voudrait qu'on lui apporte tout sur un plateau d'argent* (ou *sur un plat*), sans avoir d'effort à faire. — *Les plateaux d'une balance.* — *Plateau (d'un tourne-disque),* plateau tournant où l'on pose les disques. ⇒ ① **platine.** — *Plateau de chargement,* plancher mobile pour rassembler des marchandises à charger ou à décharger. **2.** Étendue de pays assez plate et dominant les environs, délimlitée par des versants. *Plateau calcaire. Le plateau Mont-Royal* ou, absolt., *le Plateau. Plateau continental,* fond marin proche des côtes, jusqu'à deux cents mètres de profondeur. ⇒ **plate-forme** (3). **3.** Plate-forme où est présenté un spectacle, etc. *Le plateau d'un théâtre,* les planches, la scène. *Le plateau d'un studio de cinéma. Être sur le plateau.* — Ensemble des installations, du personnel nécessaires à la prise de vues en studio. *Frais de plateau.*

plate-bande [platbɑ̃d] n. f. ■ Bande de terre cultivée longeant un mur ou encadrant un plant. *Une plate-bande de tulipes autour d'un carré de salades.* — Loc. fam. *Marcher sur (dans) les plates-bandes de qqn,* empiéter sur son domaine.

platée n. f. ⇒ ③ **plat.**

plate-forme [platfɔʀm] n. f. **I. 1.** Surface plane, horizontale, plus ou moins surélevée. *Toit en plate-forme.* ⇒ **terrasse.** *Plate-forme de quai. Des plates-formes.* **2.** Partie ouverte, non munie de sièges (d'un véhicule public). *La plate-forme d'un autobus parisien.* **3.** Géographie. Plateau (2). *Plate-forme continentale,* zone marine à faible pente qui borde le continent. **II.** Fig. Ensemble d'idées, sur lesquelles on s'appuie pour présenter une politique commune. ⇒ **base.** *La plate-forme électorale d'un parti.*

platement [platmɑ̃] adv. ■ D'une manière plate (⇒ ① **plat** II), banalement. *C'est écrit platement.*

① ***platine*** [platin] n. f. ■ Support plat. *La platine d'un tourne-disque* et, absolt, *la platine,* le plateau tournant circulaire. *Des platines laser.* — *Platine de microscope,* lame mince portant l'objet à examiner. ⇒ **lamelle.**

② ***platine*** n. m. **1.** Métal plus précieux que l'or, blanc grisâtre (symb. *Pt*). **2.** Adj. invar. De la couleur du platine. *Des cheveux platine.* ▸ ① ***platiné, ée*** adj. ■ (Cheveux) Teint en blond presque blanc. *Une blonde platinée.* ⇒ ② **platine.** ⟨ ▸ ② platiné ⟩

② ***platiné, ée*** adj. ■ Automobile. VIS PLATINÉES : pièces de contact pour l'allumage (ce ne sont plus des vis au platine).

platitude [platityd] n. f. **1.** Caractère de ce qui est plat, sans originalité. ⇒ **médiocrité ;** ① **plat** (II). **2.** UNE PLATITUDE. ⇒ **banalité, fadaise.** *Débiter des platitudes.* ⇒ ② **farce** plate, **niaiserie.** **3.** Acte qui témoigne de servilité. ⇒ **bassesse.** *Elle est incapable de faire des platitudes.*

platonicien, ienne [platɔnisjɛ̃, jɛn] adj. ■ Qui s'inspire de la philosophie de Platon (et de ses disciples), appelée *platonisme,* n. m. *Philosophes platoniciens* et, n. m., *les platoniciens.*

platonique [platɔnik] adj. **1.** Qui a un caractère purement idéal (à cause de Platon et de sa théorie des idées). *Amour platonique,* où n'entre rien de physique, de sexuel. ⇒ **chaste, désintéressé.** — De pure forme. *Une décision platonique et inapplicable.* ▸ ***platoniquement*** adv. ■ *Ils s'aiment platoniquement.*

plâtre [plɑtʀ] n. m. **1.** Gypse. *Carrière de plâtre.* **2.** Poudre blanche obtenue par cuisson et broyage du gypse et qui, une fois gâchée dans l'eau, fournit un matériau solide ou un mortier plastique. *Pierre à plâtre,* le gypse. *Sac de plâtre. Carreau de plâtre. Cloison de plâtre. Statuette, pipe de plâtre. Plâtre moulé.* ⇒ **stuc.** — (France) Fig. *Du plâtre,* fromage insuffisamment fait. ⇒ **plâtreux** (3). — (France) Loc. *Battre qqn comme plâtre,* avec violence. **3.** Au plur. LES PLÂTRES : les revêtements, les ouvrages de plâtre. *Refaire les plâtres.* **4.** *Un plâtre,* un objet moulé en plâtre. **5.** Appareil formé de pièces de tissu imprégnées de plâtre, pour maintenir un organe immobile. *Avoir une jambe dans le plâtre. On lui enlève son plâtre demain.* ▸ ***plâtras*** [plɑtʀɑ] n. m. invar. **1.** (Surtout en France) Débris d'un ouvrage en plâtre. ⇒ **gravats.** *De gros plâtras se détachaient.* **2.** (France) Chose informe et lourde. *Avoir un plâtras sur l'estomac,* l'estomac chargé. ▸ ***plâtrer*** v. tr. ▪ conjug. 1. **1.** Couvrir de plâtre ; sceller avec du plâtre. ⇒ **plâtrage. 2.** Mettre (un membre fracturé) dans un plâtre. *Il faudra lui plâtrer l'avant-bras.* — Au p. p. adj. *Une jambe plâtrée.* ▸ ***plâtrage*** n. m. ■ Action, façon de plâtrer. ▸ ***plâtrerie*** n. f. **1.** Entreprise, usine où l'on fabrique le plâtre. ⇒ **plâtrière. 2.** Travail du plâtrier. ⇒ **bâtiment, maçonnerie.** ▸ ***plâtreux, euse*** adj. **1.** Couvert de plâtre. **2.** D'une blancheur de plâtre. *Teint plâtreux.* **3.** Qui a la consistance du plâtre. *Fromage plâtreux.* / contr. **crémeux** / ▸ ***plâtrier, ière*** n. ■ Ouvrier qui utilise le plâtre gâché pour le revêtement et divers ouvrages. ⇒ **maçon.** *Plâtrier peintre.* ▸ ***plâtrière*** n. f. **1.** Carrière de gypse à plâtre. **2.** Four à plâtre ; usine où l'on fabrique le plâtre. ⟨ ▸ déplâtrer, emplâtre, replâtrer ⟩

plausible [plozibl] adj. ■ Qui semble devoir être admis. ⇒ **admissible, crédible, vraisemblable.** *C'est une raison très plausible.* ⇒ **probable.**

play-back [plebak] n. m. invar. ■ Anglic. Enregistrement du son en plusieurs fois. *Des play-back.* — Spécialt. Interprétation mimée d'un rôle, d'un chant enregistré sur bande magnétique. *Elle chante en play-back devant les caméras.*

play-boy [plebɔj] n. m. ■ Anglic. Jeune homme élégant et riche, courtisé, qui mène une vie consacrée aux femmes et aux loisirs. ⇒ **séducteur.** *Des play-boys.*

P.L.C. n. m. invar. ⇒ **P.L.**

plèbe [plɛb] n. f. **1.** Antiquité. Second ordre du peuple romain (opposé à l'ensemble des *patriciens*). ⇒ **plébéien. 2.** Péj. et littér. Le bas peuple. ⇒ **populace, racaille.** ▸ ***plébéien, ienne*** [plebejɛ̃, jɛn] n. et adj. **1.** Romain(e) de la plèbe. / contr. **patricien** / **2.** Adj. Littér. *Des goûts plébéiens.* ⇒ **populaire.** / contr. **aristocratique** /

plébiscite [plebisit] n. m. ■ Vieilli. Vote direct du corps électoral par oui ou par non sur un projet présenté par le pouvoir sous forme de consultation populaire. ≠ *référendum.* ▸ ***plébiscitaire*** adj. ■ *Consulter les électeurs par voie plébiscitaire.* ▸ ***plébisciter*** v. tr. ▪ conjug. 1. **1.** Voter (qqch.), désigner (qqn) par plébiscite. *Les Français ont plébiscité la fin de la guerre d'Algérie.* **2.** Élire (qqn) ou approuver (qqch.) à une majorité écrasante. *Ce modèle a été plébiscité par notre clientèle.*

plée [ple] n. f. **1.** Grand terrain dénudé par le feu. ⇒ **pelé.** *Se promener dans la plée.* **2.** Marais. ⇒ **marécage, muskeg, savane.** *La plée de Saint-Charles, dans Bellechasse.*

-plégie ■ Élément signifiant « paralyser ». ⟨ ▸ hémiplégie, paraplégie ⟩

pléiade [plejad] n. f. ■ Groupe de personnes remarquables. *Une pléiade de savants, d'écrivains.* — (Avec une majusc.) *Les Pléiades,* un groupe d'étoiles ; *la Pléiade,* un groupe d'écrivains français du XVIe siècle.

① ***plein, pleine*** [plɛ̃, plɛn] adj. **I. 1.** Sens fort. Qui contient toute la quantité possible (opposé à *vide*). ⇒ **rempli.** *Un verre plein, plein à ras bords.* — Loc. *Une valise pleine à craquer.* — *Parler la bouche pleine. Avoir l'estomac plein.* — *Crier à pleine tête,* très fort. **2.** (Personnes) *Un convive plein comme un œuf,* ou, France, *comme une barrique.* ⇒ **soûl.** — Fam. *Un gros plein de soupe,* un homme gros, vulgaire. **3.** Se dit d'une femelle animale en gestation. ⇒ **gros.** *La jument est pleine.* **4.** Avant le nom. *Un plein panier de légumes,* le contenu d'un panier. — Loc. *Saisir qqch. à pleines mains,* sans hésiter, fermement. — *Sentir à plein nez,* très fort. **5.** Qui contient autant de personnes qu'il est possible. ⇒ **bondé.** *Les autobus sont pleins.* ⇒ **complet. 6.** (Temps) *Une journée pleine,* complète ou bien occupée. **7.** Qui éprouve entièrement (un sentiment), est rempli (de connaissances, d'idées). *Avoir le cœur plein,* avoir du chagrin. — (Personnes) PLEIN DE : pénétré de. *Être plein de son sujet, d'une préoccupation.* — PLEIN DE SOI-MÊME : occupé et content de sa propre personne. ⇒ **imbu, infatué.** *Il est plein de lui-même.* **8.** Fam. PLEIN AUX AS : très riche. **II. 1.** Dont la matière occupe tout le volume. / contr. **creux** / *Une sphère pleine.* — (Formes humaines) Rond. ⇒ **dodu, potelé.** *Des joues pleines.* **2.** Qui est entier, à son maximum. *La pleine lune. Reliure pleine peau,* entièrement en peau. — *Un jour plein,* de 24 heures. *Travailler à plein temps, à temps plein.* / contr. **partiel** / **3.** Qui a sa plus grande force. ⇒ **total.** *Plein succès. Donner pleine satisfaction.* **4.** À PLEIN, EN PLEIN loc. adv. ⇒ **complètement, pleinement, totalement.** *Argument qui porte à plein.* **5.** EN PLEIN(E), suivi d'un nom : au milieu de. *Vivre en plein air.* ⇒ **dehors.** *En pleine mer,* au large. *Se réveiller en pleine nuit.* — Exactement (dans, sur). *Visez en plein milieu.* — Fam. *Tomber en pleine face*.* **6.** Fam. EN PLEIN SUR, EN PLEIN DANS loc. adv. : juste, exactement. *En plein dans le mille. En plein dedans.* — *C'est en plein ça,* tout à fait ça. ⇒ **exactement. 7.** *La pleine mer,* le large. *Le plein air,* l'extérieur. **III.** Sens faible. PLEIN DE : qui contient, qui a beaucoup de. *Un pré plein de fleurs,* qui abonde, regorge de fleurs. *Des yeux pleins de larmes. Les rues sont pleines de monde.* — (Personnes) *Être plein de santé.* — Fam. TOUT PLEIN DE. ⇒ **beaucoup** *Expression toute pleine de candeur.* ≠ *plain.* ▸ ② ***plein*** n. m. **I.** LE PLEIN (DE). **1.** État de ce qui est plein. *La lune était dans son plein.* **2.** BATTRE SON PLEIN : être à son point culminant. *Les fêtes battaient leur plein.* **3.** Plénitude, maximum. *C'était le plein de la bousculade.* **4.** *Faire le plein de,* emplir totalement un réservoir. *Faire le plein (d'essence). (Faites-moi) le plein en, de super.* **II.** UN PLEIN. **1.** Endroit plein (d'une chose). *Les pleins et les vides.* **2.** Trait épais, dans l'écriture calligraphiée. *Un écolier qui fait des pleins et des déliés.* ▸ ③ ***plein*** prép. et adv. **1.** Prép. En grande quantité dans. *Avoir de l'argent plein les poches,* beaucoup. — Loc. *En avoir plein la bouche* (de qqn, qqch.), en parler fréquemment. — Fam. *En avoir plein les bottes,* être fatigué d'avoir marché. *En avoir plein le dos, plein le (son) casque*,* en avoir assez.

⇒ fam. en avoir **marre, ras** le bol. *En mettre plein les yeux, la vue à qqn.* — Fam. Partout sur. *Il avait du poil plein la figure.* **2.** Fam. PLEIN DE loc. prép. ⇒ **beaucoup.** *Il y avait plein de monde.* **3.** Adv. À PLEIN : beaucoup, très. *Il neige à plein. Elle travaille à plein.* **4.** (France) Adv. Fam. TOUT PLEIN. ⇒ **très.** *C'est mignon tout plein. Elle est tout plein gentille.* ▶ ***pleinement*** adv. ■ Entièrement, totalement. *Profiter pleinement de ses vacances. Elle est pleinement responsable.* ⇒ **complètement.** ▶ ***plein-emploi*** ou ***plein emploi*** [plɛnɑ̃plwa] n. m. sing. ■ Emploi de la totalité des travailleurs. / contr. **chômage, sous-emploi** / *Des politiques de plein-emploi.* ▶ *de* ***plein fouet*** [d(ə)plɛ̃fwɛ] adv. ■ En plein et avec violence. ⇒ **face-à-face.** *Les deux voitures se sont heurtées de plein fouet.* ▶ ***plénière*** [plenjɛʀ] adj. f. ■ *Assemblée plénière,* où siègent tous les membres. *Conférence plénière,* devant tous les participants (d'un congrès, d'un colloque...). — *Indulgence plénière,* complète, totale. ‹ ▶ plénipotentiaire, plénitude, terre-plein, trop-plein ›

plénipotentiaire [plenipɔtɑ̃sjɛʀ] n. et adj. ■ Agent diplomatique qui a pleins pouvoirs pour l'accomplissement d'une mission. ⇒ **envoyé.** — Adj. *Ministre plénipotentiaire,* titre immédiatement inférieur à celui d'ambassadeur.

plénitude [plenityd] n. f. **1.** Littér. Ampleur, épanouissement. *La plénitude des formes.* **2.** État de ce qui est complet, dans toute sa force. *Un homme, une femme dans la plénitude de ses facultés.* ⇒ **intégrité, totalité ; maturité.**

pléonasme [pleɔnasm] n. m. ■ Terme ou expression qui répète ce qui vient d'être énoncé. ⇒ **redondance.** *Pléonasme fautif* (ex. : *monter en haut ; prévoir d'avance ; un lac d'eau*). ▶ ***pléonastique*** adj. ■ Didact. Du pléonasme. *Tour pléonastique.*

pléthore [pletɔʀ] n. f. ■ Littér. Abondance, excès. / contr. **pénurie** / *La pléthore d'un produit sur le marché engendre la mévente.* ▶ ***pléthorique*** adj. ■ Abondant, surchargé. *Classes pléthoriques,* trop pleines.

pleumer [plə(œ)me] v. intr. ▪ conjug. 1. ■ (Sujet personne ou partie du corps) Fam. Perdre son épiderme par parcelles. ⇒ se **desquamer, peler.** *Elle pleume des épaules. Son dos pleumait.*

pleur [plœʀ] n. m. **I.** Vx. Fait de pleurer. — Larmes. *Verser un pleur.* **II.** Au plur. LES PLEURS : le fait de pleurer, les larmes ; les plaintes dues à une vive douleur. ⇒ **sanglot.** *Répandre , verser des pleurs.* — EN PLEURS. *Elle était tout en pleurs.*

pleural, ale, aux [plœʀal, o] adj. ■ Qui concerne la plèvre. *Épanchement pleural.*

pleurer [plœʀe] v. intr. ▪ conjug. 1. **I. 1.** Répandre des larmes, sous l'effet d'une émotion. ⇒ **pleurnicher, sangloter ;** fam. **brailler, chialer.** / contr. **rire** / *J'ai envie de pleurer. Il pleurait à chaudes larmes, comme un veau,* beaucoup. — *Elle pleurait de rage. Un bébé qui pleure parce qu'il a faim.* ⇒ **crier.** — Loc. *C'est Jean qui pleure et Jean qui rit,* il passe facilement de la tristesse à la gaieté. **2.** À PLEURER, *à faire pleurer* : au point de pleurer, de faire pleurer. ⇒ **déplorable.** *C'est triste à pleurer,* extrêmement. **3.** (En parlant d'un réflexe de protection de l'œil) *Le vent me fait pleurer. À force d'éplucher les oignons, on a les yeux qui pleurent.* **II. 1.** Être dans un état d'affliction. *Consoler ceux qui pleurent,* les affligés. — PLEURER SUR : s'affliger à propos de (qqn, qqch.). *Pleurer sur son sort.* ⇒ **gémir,** se **lamenter. 2.** Présenter une demande d'une manière plaintive et pressante. *Aller pleurer auprès de son patron pour obtenir une augmentation.* — Fam. *Pleurer après qqch.,* réclamer avec insistance. **III.** Transitivement. **1.** Regretter, se lamenter sur. ⇒ **déplorer.** *Pleurer sa jeunesse enfuie,* la regretter. *Pleurer un enfant* (mort). — Fam. *Pleurer misère,* se plaindre. **2.** (France) Fam. Accorder, dépenser à regret (seulement en locutions). *Pleurer le pain qu'on mange,* être avare. **3.** Laisser couler (des larmes, des pleurs). *Elle pleura des larmes de joie.* ⇒ **répandre, verser.** ▶ ***pleurage*** n. m. ■ Le fait de pleurer. ⇒ **pleurnichage.** ▶ ***pleurard, arde*** adj. et n. **1.** Qui pleure à tout propos. ⇒ **pleurnicheur.** — N. *Un(e) pleurard(e) insupportable.* **2.** *Air, ton pleurard.* ⇒ **plaintif.** ▶ ***pleureur*** adj. ■ SAULE PLEUREUR : dont les branches retombent vers le sol. ▶ ***pleureuse*** n. f. ■ Femme payée pour pleurer aux funérailles. *Des pleureuses corses.* ▶ ***pleurnicher*** v. intr. ▪ conjug. 1. ■ Fam. Pleurer sans raison, d'une manière affectée ; se plaindre sur un ton geignard. ⇒ **larmoyer.** ▶ ***pleurnichage, pleurnichement*** n. m. ou ***pleurnicherie*** n. f. ■ Fam. Le fait de pleurnicher. ⇒ **larmoiement, pleurage.** ▶ ***pleurnicheur*** ou ***pleurnicheux, euse*** ou ***pleurnichard, arde*** n. et adj. ■ Fam. Personne qui pleurniche. ⇒ fam. **chialeur.** — Adj. *Enfant pleurnicheur.* ⇒ **geignard, pleurard.** ‹ ▶ éploré, pleur ›

pleurésie [plœʀezi] n. f. ■ Inflammation de la plèvre. *Pleurésie sèche,* sans épanchement (ou *pleurite,* n. f.). ▶ ***pleurétique*** adj. **1.** Relatif à la pleurésie. **2.** Qui souffre de pleurésie. — N. *Un, une pleurétique.*

pleurote [plœʀɔt] n. m. ■ Champignon comestible apprécié, cultivé ou croissant naturellement sur les débris végétaux.

pleutre [pløtʀ] n. m. et adj. ■ Littér. Homme sans courage. ⇒ **couard,** ① **lâche, poltron.** / contr. **courageux** / — Adj. *Il est très pleutre.*

pleuvoir [pløvwaʀ] v. impers. et intr. ▪ conjug. 23. **I.** V. impers. **1.** (Eau de pluie) Tomber. *Il pleut légèrement.* ⇒ **bruiner ;** fam. **mouiller.** *Il pleuvait à verse, à flots, à seaux, à torrents.* — Fam. *Il pleut à boire* debout* ou, France, *comme vache qui pisse,* très fort. *Ça pleut,* il pleut. **2.** Tomber. *Il pleut de grosses gouttes.* — Loc. fam. *On ramasse de l'argent comme s'il en pleuvait.* ⇒ **beaucoup.** (→ Faire de l'argent comme de l'eau) **II.** V. intr. (surtout 3e pers. du plur.) **1.** S'abattre, en parlant de ce que l'on compare à la pluie. *Les coups pleuvaient sur son dos.* **2.** Affluer, arriver en abondance. *Les contraventions pleuvent.* ▶ ***pleuvasser, pleuvioter*** ou ***pleuvoter*** v. impers. ▪ conjug. 1. ■ Pleuvoir légèrement, par petites averses. ⇒ **crachiner.** ‹ ▶ repleuvoir ›

plèvre [plɛvʀ] n. f. ■ Chacune des deux membranes séreuses qui enveloppent les poumons (⇒ **pleural**). *Inflammation de la plèvre.* ⇒ **pleurésie.**

plexiglas [plɛksiglas] n. m. invar. ■ Plastique dur transparent imitant le verre. — Abrév. fam. PLEXI n. m. invar. — REM. Ce mot est un nom de marque déposée.

plexus [plɛksys] n. m. invar. ■ Réseau de nerfs ou de vaisseaux. *Plexus solaire,* au creux de l'estomac.

pli [pli] n. m. **1.** Partie d'une matière souple rabattue sur elle-même et formant une double ou une triple épaisseur. *Les plis d'un éventail. Jupe à plis.* ⇒ **plissé. 2.** Ondulation (d'un tissu flottant). *Les plis des drapeaux déployés dans le vent.* — Mouvement (de terrain) qui forme une ondulation. *Un pli de terrain.* ⇒ **plissement, repli. 3.** Marque qui reste à ce qui a été plié. ⇒ **pliure.** *Faire le pli d'un pantalon,* le repasser. — FAUX PLI ou, absolt, PLI : endroit froissé ou mal ajusté ; pliure qui ne devrait pas exister. — Loc. fam. *Ça ne me fait pas un pli,* cela ne me dérange pas ; cela me laisse indifférent. *Ça ne (me) fait pas un pli sur la* *différence.* (France) *Cela ne fait (ne fera) pas un pli,* c'est une affaire faite. **4.** MISE EN PLIS : opération qui consiste à donner aux cheveux mouillés la forme, la frisure qu'ils garderont une fois secs. *Elle s'est fait faire une mise en plis.* ≠ *permanente.* **5.** Loc. PRENDRE UN (LE) PLI : acquérir une habitude. *Elle a pris un mauvais pli.* **6.** Endroit de la peau qui forme une sorte de repli ou qui porte une marque semblable ; cette marque. *Les plis et les rides du visage.* **7.** Papier replié servant d'enveloppe. *Envoyer un message sous pli cacheté. Mettre un carton d'invitation sous pli,* l'insérer dans une enveloppe. ⟨ ► repli ⟩

plie [pli] n. f. ■ Poisson plat comestible (cour. appelé *sole,* par confusion). *La plie canadienne. Pêcher une plie, des plies.*

plier [plije] v. ▪ conjug. 7. **I.** V. tr. **1.** Rabattre (une chose souple) sur elle-même, mettre en double une ou plusieurs fois. / contr. **déplier** / *Plie ta serviette. Chose pliée en deux.* — Fam. *Plier ses affaires,* les ranger. *Plier bagage,* faire ses bagages, s'apprêter à partir, à fuir. **2.** Courber une chose flexible. ⇒ **ployer, recourber.** *Plier une branche.* — Au passif et au p. p. adj. *Être plié en deux par l'âge, par la douleur.* ⇒ **courbé.** — Fam. *Être plié en deux* (de rire). **3.** Rabattre l'une sur l'autre (les parties d'un ensemble articulé) ; fermer (cet ensemble). ⇒ **replier.** *Plier une poussette, une chaise longue. Plier les genoux.* **4.** (Compl. personne) Forcer à s'adapter. *Plier des élèves à une discipline sévère.* **5.** SE PLIER v. pron. : suivre, s'adapter par force. ⇒ **céder,** se **soumettre.** *Elle se plie à tous ses caprices.* ⇒ **obéir.** / contr. **résister** / *Il faut se plier aux circonstances.* **II.** V. intr. **1.** Se courber, fléchir. ⇒ **céder.** *L'arbre plie sous le poids des fruits.* ⇒ s'**affaisser. 2.** (Personnes) Céder, faiblir. *Rien ne les fit plier.* ⇒ **mollir.** ► ***pliable*** adj. ■ Qui peut être plié sans casser. *Un carton pliable.* ► ***pliage*** n. m. ■ *Le pliage du linge.* / contr. **dépliage** / ► ***pliant, ante*** adj. et n. m. **1.** Articulé de manière à pouvoir se plier. *Un lit pliant.* **2.** N. m. Siège de toile sans dossier ni bras, à pieds articulés en X. ► ***plioir*** n. m. ■ Instrument, lame d'os ou d'ivoire, servant à travailler le papier. ⟨ ► déplier, pli, plisser, pliure, ① replier ⟩

plinthe [plɛ̃t] n. f. **1.** Bande plate de menuiserie au bas d'une cloison, d'un lambris. ≠ *plainte.* **2.** *Plinthe électrique* ou, cour., *chauffante,* appareil de chauffage électrique fixé le long d'une plinthe (1), contrôlé par un thermostat. ⇒ ① **radiateur.**

plisser [plise] v. tr. ▪ conjug. 1. ■ Couvrir de plis. **1.** Modifier (une surface souple) en y faisant un arrangement de plis. *Plisser une jupe.* — Déformer par des faux plis. *Plisser ses vêtements en dormant tout habillé.* ⇒ **chiffonner, froisser. 2.** Contracter les muscles de... en formant un pli. ⇒ **froncer.** *Plisser les yeux,* fermer à demi les yeux. ► ***plissage*** n. m. ■ Action de former des plis sur (une étoffe). ► ***plissé, ée*** adj. et n. m. **1.** Adj. À plis. *Jupe plissée.* **2.** Qui forme des plis. *Avoir la peau toute plissée.* ⇒ **ridé. 3.** N. m. Ensemble, aspect des plis. *Le plissé d'une jupe.* ► ***plissement*** n. m. **1.** Action de plisser (la peau de). ⇒ **froncement.** *Le plissement de son front. Un plissement d'yeux.* **2.** Déformation des couches géologiques par pression latérale produisant un ensemble de plis. *Le plissement alpin.* ⟨ ► déplisser ⟩

pliure [plijyʀ] n. f. ■ Endroit où se forme un pli, où une partie se replie sur elle-même. *À la pliure du bras.* — Marque formée par un pli. *La pliure d'un ourlet.*

ploc [plɔk] interj. et n. m. ■ Onomatopée traduisant la chute d'un objet qui s'écrase au sol ou s'enfonce dans l'eau. ⇒ **floc, plouf.** — N. m. *Avec un ploc sourd.*

plogue n. f., ***ploguer*** v. ⇒ **plug, pluguer.**

ploiement [plwamɑ̃] n. m. ■ Littér. L'action de ployer, de plier (qqch.) ; le fait de se ployer, d'être ployé. / contr. **déploiement** /

plomb [plɔ̃] n. m. **I.** DU PLOMB. **1.** Métal lourd d'un gris bleuâtre, mou, se laissant bien travailler (symb. *Pb*). *Toiture en plomb, tuyau de plomb.* ⇒ **plomberie.** — SOLDATS DE PLOMB : figurines représentant des soldats (à l'origine, en plomb). — *Mine de plomb,* utilisée pour dessiner. — *De l'essence sans plomb* ou DU SANS-PLOMB. **2.** (Symbole de pesanteur, opposé à *plume*) *Lourd comme du plomb.* — Loc. *Avoir du plomb dans l'estomac,* un poids sur l'estomac. *Ne pas avoir de plomb dans la tête,* être léger, étourdi. *Ça lui mettra du plomb dans la tête,* ça le rendra plus réfléchi. — DE PLOMB, EN PLOMB : lourd. *Avoir, se sentir des jambes en plomb. Sommeil de plomb,* très profond. *Un soleil de plomb.* **II.** UN PLOMB. **1.** *Plomb (de sonde),* masse de plomb attachée à l'extrémité d'une corde (pour sonder). **2.** Chacun des grains sphériques qui garnissent une cartouche de chasse. *Des plombs de chasse.* ⇒ **chevrotine. 3.** Grains de plomb lestant un bas de ligne, un filet. ⇒ **pesée.** *Le plomb et le flotteur.* — Petit disque de plomb portant une marque, qui sert à sceller un colis, etc. ⇒ **sceau. 4.** Baguette de plomb qui maintient les verres d'un vitrail. **5.** *Plomb fusible* ou, ellipt, *plomb,* fusible. *Les plombs ont sauté.* **III.** À PLOMB loc. adv. : verticalement (terme technique). *Mettre un mur à plomb.* ⇒ **aplomb.** *Fil à plomb.* ⇒ **fil.** ⟨ ► aplomb, plomber, plomberie, surplomb ⟩

plomber [plɔ̃be] v. ▪ conjug. 1. **I.** V. tr. **1.** Garnir de plomb (pour lester, etc.) — Au p. p. adj. *Une ligne plombée.* **2.** V. pron. Devenir livide. *Sa peau se plombait.* — Au p. p. adj. *Teint plombé.* **3.** Sceller avec un sceau de plomb. *Plomber un colis.* — Au p. p. adj. *Camion plombé par les douanes.* **4.** Obturer (une dent) avec un alliage argent-étain (amalgame). — Au p. p. adj. *Une dent plombée.* **II.** V. intr. (Soleil) Être ardent, brûlant. ⇒ **darder, taper.** *Le soleil a plombé tout l'après midi.* ► ***plombage*** n. m. ■ Action de plomber (une dent). ⇒ **obturation.** — Fam. Amalgame* qui bouche le trou d'une dent. *Mon plombage est parti.*

plomberie [plɔ̃bʀi] n. f. **1.** Industrie de la fabrication des objets de plomb. **2.** Pose des conduites et des appareils de distribution domestique d'eau et de gaz, des installations sanitaires, des couvertures en plomb ou en zinc. *Entreprise de couverture, plomberie, chauffage.* — *Travailler dans la plomberie,* le métier de plombier. **3.** Atelier, boutique du plombier. **4.** Installations, canalisations. *La plomberie est en mauvais état.* ► ***plombier*** n. m. ■ Ouvrier, entrepreneur qui exécute des travaux de plomberie (2). *Le plombier a réparé les robinets.* — REM. L'O.L.F. propose *plombière* au féminin.

plonger [plɔ̃ʒe] v. ▪ conjug. 3. **I.** V. tr. **1.** Faire entrer dans un liquide, entièrement ⇒ **immerger, noyer** ou en partie ⇒ **baigner, tremper.** *Il plongea sa tête dans l'évier.* — Pronominalement. *Se plonger dans l'eau,* y entrer tout entier. **2.** Enfoncer (une arme). *Il lui plongea son poignard dans le cœur.* **3.** Mettre, enfoncer (une partie du corps, dans une chose creuse ou molle). ⇒ **enfouir.** *Plante qui plonge ses racines dans le sol. Plonger la main dans une boîte.* — Mettre (qqn) brusquement dans. *Nous avons été brusquement plongés dans l'obscurité.* **4.** Loc. *Plonger ses yeux, son regard dans,* regarder au fond de. **5.** Mettre (qqn) d'une manière brusque et complète (dans une situation). ⇒ **précipiter.** *Vous me plongez dans l'embarras !* — Pronominalement. *Se plonger dans une lecture, dans un livre.* ⇒ s'**absorber.** — Au p. p. adj. Entièrement absorbé par. *Ils étaient plongés dans leur douleur.* **II.** V. intr. **1.** S'enfoncer tout entier dans l'eau, descendre au fond de l'eau. ⇒ **plongeur.** *Un* *scaphandrier qui plonge.* **2.** Se jeter dans l'eau la tête et les bras en avant ; faire un plongeon. *Plonger du grand plongeoir.* **3.** Abstrait. *Plonger dans ses pensées.* **4.** (Regard) S'enfoncer au loin, vers le bas. — Voir aisément (d'un lieu plus élevé). *De cette fenêtre, on plonge chez nos voisins.* ▶ ***plonge*** n. f. **1.** Travail des plongeurs (II), dans un restaurant, etc. *Faire la plonge.* ⇒ **vaisselle. 2.** Fam. Loc. *Prende une plonge,* faire une mauvaise chute, tomber par en avant. ⇒ **culbuter ;** fam. **débarque, fouille** (II). — Fig. *Les actions de cette compagnie ont pris une plonge aujourd'hui,* elles ont chuté brusquement. ▶ ***plongeant, ante*** adj. ■ Qui est dirigé vers le bas (dans quelques expressions). *Vue plongeante.* — *Décolleté plongeant,* très profond. ▶ ***plongée*** n. f. **1.** Action de plonger et de séjourner sous l'eau (plongeur, sous-marin). *Sous-marin en plongée.* **2.** Photographie et cinéma. Vue plongeante. *Scène filmée en plongée.* / contr. **contre-plongée** / ▶ ***plongeoir*** ou , cour., ① ***plongeon*** n. m. ■ Tremplin, dispositif au-dessus de l'eau, permettant de plonger. *Elle a sauté du deuxième plongeoir. Monter sur le plongeon.* ▶ ② ***plongeon*** n. m. **1.** Action de plonger. *Faire un plongeon. Plongeon acrobatique.* **2.** Loc. *Faire le plongeon,* perdre beaucoup d'argent et être en difficulté. *Faire le grand plongeon,* mourir. **3.** Sports. Détente du gardien de but pour saisir ou détourner ce qui est tiré en sa direction (rondelle, ballon...). ▶ ③ ***plongeon*** n. m. ■ Oiseau aquatique palmipède, plus grand que le canard, à long bec droit et effilé, bon nageur. ⇒ **huard.** ▶ ***plongeur, euse*** n. **I.** Personne qui plonge sous l'eau. *Un plongeur qui pêche des perles.* ⇒ **pêcheur.** — Personne qui plonge, se jette dans l'eau les bras et la tête en avant. *Les plongeuses de l'équipe olympique.* **II.** Personne chargée de laver la vaisselle, de la « plonger » dans l'eau (dans un restaurant). ⇒ **plonge.** ‹ ▶ contre-plongée, replonger ›

plot [plo] n. m. ■ Pièce de cuivre, de plomb permettant d'établir un contact, une connexion électrique. *Les plots d'une batterie.*

plotte [plɔt] n. f. Vulg. **1.** Sexe (4) féminin. **2.** Péj. Femme facile qui mène une vie dissolue, qui recherche les plaisirs sensuels. *Une vieille plotte.* ⇒ **prostitué, putain ;** fam. **agace ;** très fam. **guidoune ;** péj. **catin.**

plouc [pluk] n. et adj. (France) Terme d'injure **1.** Paysan(ne). **2.** Personne prétentieuse et grossière. *Quels ploucs !* — Adj. *Il, elle est un peu plouc.*

plouf [pluf] interj. et n. m. ■ Onomatopée évoquant le bruit d'une chute dans l'eau. ⇒ **ploc.** *On entendit trois énormes ploufs.*

plouto- ■ Élément signifiant « richesse ». ▶ ***ploutocrate*** [plutɔkʀat] n. m. ■ Personnage très riche qui exerce par son argent une influence politique. ▶ ***ploutocratie*** n. f. ■ Gouvernement par les plus fortunés.

ployer [plwaje] v. ▪ conjug. 8. **I.** V. tr. Littér. Plier, tordre en abaissant. ⇒ **courber.** / contr. **déployer** / — *Ployer les genoux,* les plier, étant debout. ⇒ **fléchir.** — Pronominalement. *Les herbes se ployaient à chaque rafale de vent.* **II.** V. intr. **1.** Se courber, se déformer sous une force. ⇒ **céder, fléchir.** / contr. **résister** / *Le vent faisait ployer les arbres. Les branches du sapin ployaient sous la neige. Ses jambes ployèrent sous lui.* ⇒ **faiblir. 2.** Littér. Céder à une force. ⇒ **fléchir.** *Ployer sous le joug.* ‹ ▶ déployer, ploiement ›

P.L.Q. n. masc. invar. ⇒ **P. L.**

① ***plu*** Part. passé. du v. *plaire.*

② ***plu*** Part. passé du v. *pleuvoir.*

plucher v. intr., ***plucheux*** adj. ⇒ **pelucher, pelucheux.**

plug ou ***plogue*** [plɔg] n. f. Anglic. **1.** Prise de courant. **2.** Publicité gratuite. *Pendant l'entrevue, elle a placé une plogue sur son nouveau disque.* ▶ ***pluguer*** ou ***ploguer*** v. ▪ conjug. 1. Anglic. **1.** V. tr. Brancher (un appareil, un fil électriques). ⇒ **connecter.** *Pluguer une lampe. Ploguerais-tu l'arbre de Noël ?* — Pronominalement. *Se ploguer dans une prise extérieure.* **2.** V. pron. Fig. *Se ploguer,* se décider, se brancher. / contr. **hésiter, tergiverser** / *Ça ne prendra pas de temps avant qu'on se plogue.* **3.** V. pron. Fig. *Se ploguer,* se placer dans une position avantageuse afin d'en tirer des bénéfices. *Ils ont réussi à se ploguer au gouvernement.* **4.** V. tr. Mousser qqch., en faire la publicité gratuitement. *Ploguer son spectacle au cours d'une entrevue.*

pluie [plɥi] n. f. **1.** Eau qui tombe en gouttes des nuages sur la terre. ⇒ **pleuvoir, pluvi(o)- ;** fam. ① **flotte.** *La pluie tombe à verse. Gouttes de pluie. Pluie fine.* ⇒ **bruine, crachin.** *Pluie diluvienne, battante, torrentielle. Rafales, bourrasque accompagnée(s) de pluie.* ⇒ **corde(s), trombe.** *Recevoir la pluie,* en être mouillé. *Se protéger de la pluie avec un parapluie. Le temps est à la pluie,* il va pleuvoir. *Jour de pluie.* ⇒ **pluvieux.** *Eau de pluie.* ⇒ **pluvial.** — PLUIES ACIDES : qui résultent de réactions chimiques entre l'oxygène de l'air et l'eau causées par des émanations industrielles très nuisibles à la végétation et aux forêts. **2.** Loc. *Ennuyeux, ennuyant comme la pluie,* très ennuyeux. ⇒ ① **plat** (II). *Après la pluie, le beau temps,* après la tristesse, vient la joie. *Faire la pluie et le beau temps,* être très influent ; dominer, spécialt dans un sport. *Ne pas être tombé, né de la dernière pluie.* ⇒ ① **enfant, hier, neiger** (2). *Parler de la pluie et du beau temps,* dire des banalités. **3.** UNE PLUIE : une chute d'eau sous forme de pluie. ⇒ **averse, déluge, giboulée, grain, ondée ;** fam. **saucée.** *Une petite, une grosse pluie. Des pluies continuelles et torrentielles. La saison sèche et la saison des pluies.* ⇒ **hivernage** (en Afrique). **4.** EN PLUIE : en gouttes dispersées. — *Sable qui retombe en pluie.* **5.** Ce qui tombe d'en haut, comme une pluie. *S'enfuir sous une pluie de pierres. Une pluie d'étoiles.* **6.** Ce qui est dispensé en grande quantité. ⇒ **avalanche, déluge, grêle.** *Une pluie de coups, d'injures.* ⇒ **bordée.** ‹ ▶ parapluie ›

① ***plume*** [plym] n. f. **I. 1.** Chacun des appendices qui recouvrent la peau des oiseaux, formé d'un axe (tube) et de barbes (7) latérales, fines et serrées. ⇒ **duvet, rémige.** *Gibier à plume et gibier à poil. L'oiseau lisse ses plumes.* ⇒ **plumage. 2.** Loc. fam. *Voler dans les plumes de qqn,* se jeter sur qqn, l'attaquer. — Fam. *Perdre ses plumes,* ses cheveux. ⇒ fam. **se déplumer.** *Y laisser, perdre des plumes,* essuyer une perte. — (Symbole de légèreté, opposé à *plomb*) *Léger comme une plume. Se sentir léger comme une plume,* allègre. — En appos. Invar. POIDS PLUME : se dit d'un boxeur pesant de 53,5 à 57 kilos. *Des poids plume.* / contr. **poids** lourd. / **3.** Plume d'oiseau utilisée comme ornement, etc. *Chapeau à plumes.* ⇒ **aigrette, panache, plumet.** — *Lit de plume.* (France) Fam. *Se mettre dans les plumes,* dans son lit. ⇒ fam. **plumard. II. 1.** Grande plume de certains oiseaux, dont le tube taillé en pointe servait à écrire. *Plume d'oie.* **2.** Petite lame de métal, terminée en pointe, adaptée à un *porte-plume* ou à un stylo, et qui, enduite d'encre, sert à écrire. *Un stylo à plume* ou *un stylo-plume.* ≠ *feutre, marqueur, stylo-bille.* **3.** Instrument de la personne qui s'exprime par écrit, de l'écrivain. — *Vivre de sa plume,* faire métier d'écrire. ▶ ***plumage*** n. m. ■ L'ensemble des plumes recouvrant le corps d'un oiseau. ⇒ **livrée.** ▶ ***plumard*** ou ② ***plume*** n. m. ■ (France) Fam. Lit. *Aller au plumard. Au plume !,* au lit ! ‹ ▶ se déplumer, plumeau, plumer, plumet, plumitif, porte-plume, se remplumer ›

plumeau [plymo] n. m. ■ Ustensile de ménage formé d'un manche court auquel sont fixées des plumes, et qui sert à épousseter. *Donner un coup de plumeau à une étagère.*

plumer [plyme] v. tr. ▪ conjug. 1. **1.** Dépouiller (un oiseau) de ses plumes en les arrachant. — Au p. p. adj. *Volaille plumée.* **2.** Fam. Dépouiller, voler. *Il s'est laissé plumer.* **3.** Sports, jeux. Fam. Faire subir une défaite écrasante à qqn. *Plumer l'équipe adverse.* — Intransitivement. *Se faire plumer.* ⇒ fam. **laver.**

plumet [plymɛ] n. m. ■ Touffe (de plumes) garnissant une coiffure.

plumitif [plymitif] n. m. **1.** Péj. Greffier, commis aux écritures (à cause de la *plume,* II) ; bureaucrate. ⇒ **gratte-papier. 2.** Fam. Mauvais écrivain.

plum-pudding n. m. ⇒ **pouding** (2).

la ***plupart*** [laplypaʀ] n. f. et pronom indéf. **1.** LA PLUPART DE (avec un sing.) : la plus grande part de. *La plupart du temps.* ⇒ **ordinairement.** *Je passais la plupart de mon temps dehors.* LA PLUPART DE (avec un plur.) : le plus grand nombre de. ⇒ **majorité.** *La plupart des gens. Dans la plupart des cas,* presque toujours. — Loc. adv. *Pour la plupart,* en majorité. *Les convives étaient, pour la plupart, des marchands.* **2.** Pronom indéf. LA PLUPART : le plus grand nombre. ⇒ ① **majorité.** *La plupart s'en vont,* littér. *s'en va.* / contr. **peu** /

pluralisme [plyʀalism] n. m. ■ Système politique qui repose sur la reconnaissance de plusieurs façons de penser, de plusieurs partis. / contr. **totalitarisme** / ▸ ***pluraliste*** adj. ■ *Démocratie pluraliste,* où il y a plusieurs partis (⇒ **libéral**). ▸ ***pluralité*** n. f. ■ Le fait d'exister en grand nombre, de n'être pas unique. ⇒ **multiplicité.** / contr. **unicité** / *La pluralité des opinions.*

plur(i)- ■ Élément signifiant « plusieurs » (ex. : *pluricellulaire,* adj., qui a plusieurs cellules ; *pluridisciplinaire,* adj., qui concerne plusieurs disciplines ou sciences). ⇒ **multi-, poly-.** / contr. **mono-, uni-** / ⟨ ▸ plurilingue ⟩

pluriel [plyʀjɛl] n. m. **1.** Catégorie grammaticale ⇒ **nombre** (opposé à *singulier*) concernant les mots variables (articles ou déterminants, adjectifs, noms communs, verbes, participes et pronoms) accordés entre eux, qui désignent en principe plusieurs êtres, plusieurs objets, plusieurs notions ou y renvoient. *Singulier, duel et pluriel. Les marques du pluriel sont généralement « s » (noms et adj.) et « -nt » (verbes).* **2.** Catégorie de la conjugaison des verbes ayant pour sujet « nous », « vous », « ils (elles) ». *Première personne du pluriel.*

plurilingue [plyʀilɛ̃g] adj. et n. **1.** Qui parle plusieurs langues (opposé à *monolingue, unilingue ; bilingue*). ⇒ **multilingue, polyglotte, trilingue.** *Une Européenne plurilingue.* — N. *Un(e) plurilingue.* **2.** En plusieurs langues. *Un dictionnaire plurilingue.*

① ***plus*** [ply, plys, plyz] Adv. et conj. — REM. Dans les cas ambigus, on prononce fam. [plys]. **I.** Adv. Comparatif de supériorité. / contr. **moins** / **1.** PLUS (en principe [ply] devant consonne, [plyz] devant voyelle, [plys] à la finale), modifiant un verbe, un adjectif, un adverbe. *Je t'aime plus* [plys]*, maintenant.* ⇒ **davantage.** *Plus* [ply] *grand. Plus souvent. De plus près.* — EN PLUS (suivi d'un adj.). *C'est comme chez elle en plus grand.* **2.** PLUS... QUE. *Il est plus bête que méchant.* ⇒ **plutôt.** *Aimer qqch. plus* [ply, plys] *que tout.* ⇒ **surtout.** *Plus que jamais. Plus qu'il ne faudrait.* ⇒ **trop.** *Un résultat plus qu'honorable.* — PLUS (avec un adv. ou un numéral). *Beaucoup plus* [plys]. *Encore plus. Deux ans plus* [ply] *tôt, plus tard.* — Avec un verbe et NE explétif. *C'est plus tard que tu ne penses.* **3.** (En corrélation avec *plus* ou *moins*) *Plus on* [plyzɔ̃] *est de fous, plus on rit. C'est d'autant plus cher qu'on en produit moins* (⇒ **autant**). **4.** Loc. PLUS OU MOINS [plyzumwɛ̃]. *Réussir plus ou moins bien,* avec des résultats incertains, ou moyennement. — NI PLUS NI MOINS [niplynimwɛ̃] : exactement. *C'est du vol, ni plus ni moins.* **5.** DE PLUS EN PLUS [dəplyzɑ̃ply] : toujours plus, toujours davantage. *Aller de plus en plus vite.* — ON NE PEUT PLUS (devant l'adj. ou l'adv.) : au plus haut point. ⇒ **extrêmement.** *Je suis on ne peut plus heureux* [plyzœʀø]. **II.** Nominal. **1.** Une chose plus grande, plus importante. Absolt. *Demander plus* [plys]. *Il était plus* [ply] *de minuit.* ⇒ **passé.** *Plus d'une fois.* ⇒ **plusieurs.** *Pour plus d'une raison.* ⇒ **beaucoup, bien. 2.** PLUS DE (avec un complément partitif) : davantage. *Elle avait plus de charme que de beauté.* **3.** DE PLUS [d(ə)plys] : encore. *Une fois de plus. Une minute de plus.* — DE PLUS, QUI PLUS EST [kiplyzɛ] : en outre. **4.** EN PLUS [ɑ̃plys] ou [ɑ̃ply]. ⇒ **avec, aussi, également.** — Loc. prép. *En plus de.* ⇒ **outre.** *En plus de son travail, il suit des cours. En plus de* (+ infinitif), outre le fait de. *En plus d'enseigner, elle fait une émission à la radio.* — SANS PLUS : sans rien de plus. *Elle est mignonne, sans plus,* elle n'est pas vraiment belle. **5.** N. m. [plys] PROV. *Qui peut le plus peut le moins.* **III. 1.** Conj. de coordination [plys]. En ajoutant. ⇒ **et ;** fam. ③ **pis.** *Deux plus trois font, égalent cinq* (2+3=5). **2.** S'emploie pour désigner une quantité positive, ou certaines grandeurs au-dessus du point zéro. *Le signe plus* (+). *Il fait plus 20° C.* **IV.** Adv. Superlatif. LE, LA, LES PLUS (même prononciation que I et II). **1.** Adverbial. *Ce qui frappe le plus. La plus grande partie.* ⇒ ① **majeur.** *C'est le plus important. Le plus qu'il peut.* — CE QUE... DE PLUS. *Ce que j'ai de plus précieux.* — DES PLUS (+ adj.) : parmi les plus, très. *Une situation des plus embarrassantes.* **2.** Nominal. LE PLUS DE : la plus grande quantité. *Les gens qui ont rendu le plus de services.* — AU PLUS, TOUT AU PLUS [tutoplys]. ⇒ au **maximum.** *Trente dollars au plus.* **V.** N. m. invar. Anglic. UN, DES PLUS [plys]. Commerce, publicité. Avantage. *Apporter, comporter un plus. Cette version présente de nombreux plus par rapport à la précédente.* ⇒ **perfectionnement.** — *L'arrivée d'un bon marqueur est un plus pour l'équipe.* ⟨ ▸ la plupart, plusieurs, plus-que-parfait, plus-value, plutôt, surplus ⟩

② ***plus*** [ply, plyz devant voyelle] adv. de négation. **1.** PAS PLUS QUE. *On ne doit pas mentir, pas plus qu'on ne doit dissimuler. Il n'était pas plus ému* [paplyzemy] *que ça.* **2.** NON PLUS : pas plus que (telle autre personne ou chose dont il est question ; remplace *aussi,* en proposition négative). *« Tu n'attends pas ? Moi non plus. »* **3.** NE... PLUS : désormais... ne pas. *On ne comprend plus. Il n'y en a plus. Ne plus dire un mot. Elle n'est plus,* elle est morte. *Il n'y a plus personne. Il n'y a plus personne que vous pour y croire. Je ne le ferai jamais plus, plus jamais.* — REM. L'absence de *ne* et la prononciation [py] : *y en a pus !,* sont très familières. — SANS PLUS... *Sans plus se soucier de rien.* — NON PLUS. *Compter non plus par syllabes, mais par mots.* — (Sans NE ni verbe) *Plus un mot ! Plus jamais !*

plusieurs [plyzjœʀ] adj. et pronom indéf. plur. **1.** Adj. Plus d'un, un certain nombre, bon nombre de. ⇒ **quelques.** *Plusieurs personnes sont venues. Plusieurs fois. En plusieurs endroits.* ⇒ **différent, divers. 2.** Pronom m. *Nous en avons plusieurs.* — Indéterminé. Plusieurs personnes. ⇒ **certains, quelques-uns.** *Plusieurs sont venus. Ils s'y sont mis à plusieurs.*

plus-que-parfait [plyskəpaʀfɛ] n. m. ■ *Plus-que-parfait de l'indicatif,* temps composé à base d'imparfait exprimant généralement une circonstance antérieure à une autre action passée (ex. : quand il *avait soupé,* il nous quittait ; si *j'avais pu,* je vous aurais aidé). *Le plus-que-parfait du subjonctif* (ex. : *bien qu'il eût compris, il ne fit rien transparaître*).

plus-value [plyvaly] n. f. **1.** Augmentation de la valeur d'une chose (bien ou revenu), qui n'a subi aucune transformation matérielle. **2.** Terme marxiste. Différence entre la valeur des biens produits et le prix des salaires, dont bénéficient les capitalistes. *Des plus-values.*

plutonium [plytɔnjɔm] n. m. ■ Élément radioactif inexistant dans la nature (symb. *Pu*). *Production de plutonium à partir d'uranium* (⇒ **surgénérateur**).

plutôt [plyto] adv. **1.** De préférence. — (Appliqué à une action) *Les grandes misères frappent plutôt les faibles. Plutôt que de se plaindre, ils feraient mieux de se soigner. Plutôt mourir !* — (Pour affiner une appréciation) ⇒ ① **plus.** *Plutôt moins que trop.* — OU PLUTÔT : pour être plus précis. *Elle a l'air méchant, ou plutôt revêche.* MAIS PLUTÔT. *Ce n'est pas lui, mais (bien) plutôt elle qui en porte la responsabilité.* **2.** Passablement, assez. *La vie est plutôt monotone.* — Fam. Très. *Ton histoire est plutôt plate.* ≠ *plus tôt.*

pluvial, ale, aux [plyvjal, o] adj. ■ Qui a rapport à la pluie. — *Eaux pluviales,* eaux de pluie.

pluvier [plyvje] n. m. ■ Oiseau échassier migrateur, vivant au bord de l'eau. *Un pluvier à collier. Le pluvier doré d'Amérique.*

pluvieux, euse [plyvjø, øz] adj. ■ Caractérisé par la pluie. / contr. **sec** / *Temps pluvieux. Les jours pluvieux.* — *Pays pluvieux.*

pluvi(o)- ■ Élément qui signifie « pluie ». ▶ ***pluviomètre*** [plyvjɔmɛtʀ] n. m. ■ Instrument qui sert à mesurer la quantité de pluie tombée dans un lieu, en un temps donné. ▶ ***pluviosité*** n. f. ■ Caractère pluvieux. Régime des pluies. ‹ ▶ pluvial, pluvier, pluvieux ›

① ***P.M.*** [peɛm] adj. invar. ■ Abréviation de la locution latine *post meridiem* « après midi », dans le système anglais, (opposé à ① A.M.). *Il y a un avion à 3 heures P.M.* ⇒ **après-midi**, *un autre à 10 heures P.M.* ⇒ **soir**.

② ***P.M.*** n. m. invar. ■ Abréviation de *pistolet mitrailleur*.

③ ***P.M.*** n. f. invar. ■ Abréviation de *police militaire*.

④ ***P.M.*** n. m. invar. ■ Fam. Abréviation de *premier ministre. Le P.M. fera un voyage officiel en France.*

P.M.E. [peɛmə] n. f. invar. ■ Abréviation de *petite et moyenne entreprise* (de 5 à 49 employés pour la petite entreprise et de 50 à 199 employés pour la moyenne entreprise). *Les P.M.E. et les P.M.I.*(petites et moyennes industries).

P.N.B. [peɛnbe] n. m. invar. ■ Abréviation de *produit national brut* (d'un pays). ⇒ **produit.**

① ***pneu*** [pnø] n. m. ■ Bandage en caoutchouc armé de tissu ou d'acier, tube circulaire tenu par une jante et contenant de l'air. *Les pneus d'un vélo, d'une voiture. Pneu radial. Pneu sans chambre à air.* ⇒ **boyau** (III). *Gonfler un pneu. Pneus quatre saisons,* qu'on ne change pas l'hiver. *Pneu d'été ; pneu à neige* ou *d'hiver. (Faire) changer ses pneus,* (faire) poser les pneus d'été, les pneus à neige.

② ***pneu*** ou ① ***pneumatique*** n. m. ■ France, jusqu'en 1985. Lettre rapide, envoyée dans un réseau de tubes à air comprimé par les P.T.T. de Paris. *Des pneus.*

② ***pneumatique*** [pnømatik] adj. **1.** Qui fonctionne à l'air comprimé. *Marteau pneumatique.* **2.** Qui se gonfle à l'air comprimé. *Canot pneumatique.* ‹ ▶ ① pneu, ② pneu ›

pneumo- ■ Élément savant signifiant « poumon ». ▶ ***pneumocoque*** [pnømɔkɔk] n m. ■ Microbe des voies respiratoires. ▶ ***pneumonie*** n. f. ■ Inflammation aiguë du poumon, maladie infectieuse due au pneumocoque. ⇒ **fluxion** de poitrine. *Pneumonie double, compliquée.* ⇒ **broncho-pneumonie.** ▶ ***pneumologie*** n. f. ■ Partie de la médecine qui traite du poumon et de ses maladies. *Le service de pneumologie d'un hôpital.* ▶ ***pneumologue*** n. ■ Spécialiste de la pneumologie. ‹ ▶ broncho-pneumonie ›

pochade [pɔʃad] n. f. **1.** Littér. Croquis en couleur exécuté en quelques coups de pinceau. **2.** Œuvre littéraire écrite rapidement (souvent sur un ton burlesque). ‹ ▶ pochoir ›

pochard, arde [pɔʃaʀ, aʀd] n. ■ (France) Fam. Ivrogne misérable.

poche [pɔʃ] n. f. **1.** Petit sac, pièce cousu(e) dans ou sur un vêtement et où l'on met les objets qu'on porte sur soi. *Les poches d'un veston. La poche-revolver d'un pantalon,* placée derrière. *Mettre qqch. dans ses poches.* ⇒ **empocher.** *Mettre, avoir, garder les mains dans les poches.* — Fam. *Faire les poches à (de) qqn,* lui prendre ce qui s'y trouve ou en faire l'inventaire. — Loc. *Les mains dans les poches,* sans rien faire (ou sans effort). — DE POCHE : de dimensions restreintes, pouvant tenir dans une poche. *Couteau, mouchoir de poche. Livre de poche* et, abrév. fam., UN POCHE, n. m. — *Argent de poche,* destiné aux petites dépenses des enfants, des adolescents. — *Un chien de poche,* qqn qui suit continuellement une autre personne. Loc. *Se remplir les poches,* s'enrichir (souvent malhonnêtement). *Payer* DE SA POCHE : avec son propre argent. Fam. *En être, y aller de sa poche,* perdre de l'argent quand on aurait dû en gagner. — *Connaître qqch., qqn comme (le fond de) sa poche,* à fond. — (Avec *dans*) Fam. *Ne pas avoir la langue* dans sa poche. Ne pas avoir les yeux dans sa poche,* être observateur, curieux. *Mettre qqn dans sa poche,* l'utiliser à son profit. — Fam. *C'est dans la poche,* c'est une affaire faite, c'est gagné, réglé ; c'est facile. **2.** Grand sac (de papier, de plastique, de jute...) dans lequel on met des objets à transporter. *Une poche de patates, de farine. La poche de lavage,* de vêtements à laver. *La poche du père Noël,* les cadeaux. — Loc. fig. *Être poche,* nul, mauvais, incompétent. *Être poche à l'école.* / contr. **brillant, doué ;** fam. **bollé** / — N. *Les poches de la classe.* — *Au plus fort la poche,* les plus forts l'emportent sur les plus faibles. **3.** Déformation de ce qui est détendu, mal tendu. *Ce pantalon fait des poches aux genoux.* — *Poches sous les yeux,* formées par la peau distendue. **4.** Petit sac en papier, en matière plastique. ⇒ **pochette, pochon.** — Fam. *Une poche de thé.* ⇒ **sachet. 5.** Partie, compartiment (d'un sac d'école, d'une serviette, d'un portefeuille...). *Les poches d'un sac à dos. Cette valise a une poche extérieure.* **6.** Organe creux, cavité de l'organisme. *Poche ventrale du kangourou femelle.* **7.** Cavité remplie (d'une substance). *Une poche d'eau, de pétrole.* **8.** Fam. *La poche,* les organes sexuels (des hommes). ⇒ fam. ① **gosse. 9.** Secteur, domaine dont les caractéristiques (sociales, politiques, économiques) diffèrent de celles des secteurs, des domaines voisins. *Les poches de pauvreté d'une grande ville.* ▶ ***pochette*** n. f. **1.** Petite enveloppe (d'étoffe, de papier...). *Pochette de disque, de disquette. Pochette d'allumettes.* ⇒ **carton.** POCHETTE-SURPRISE : qu'on achète ou qu'on gagne sans en connaître le contenu. **2.** Petite pièce d'étoffe qu'on dispose dans la poche de poitrine pour l'orner. ▶ ***pochetée*** n. f. **1.** Contenu d'une poche. *Une* *pochetée de grains.* **2.** Loc. *Pochetée de, à (la) pochetée,* beaucoup, en grand nombre, en grande quantité. *Une pochetée de campeurs. Il neige à pochetée. Il y a des bleuets à la pochetée. Faire de l'argent à la pochetée.* ▶ ***pochon*** n. m. (France) **1.** Petite poche. **2.** Sac en papier, en plastique, sans anses, utilisé dans le commerce d'alimentation pour servir les clients en fruit, poisson, etc. ‹ ▶ empocher, pochard, vide-poches ›

pocher [pɔʃe] v. tr. ▪ conjug. 1. **1.** *Pocher un œil à qqn,* meurtrir par un coup violent. Au p. p. adj. *Un œil poché.* **2.** Cuire sans faire bouillir. *Pocher un poisson dans un court-bouillon.* — Au p. p. adj. *Des œufs pochés.* **3.** Rater, subir un échec. *Pocher un travail, un examen.* ⇒ fam. ② **bloquer, flopper.**

pochoir [pɔʃwaʀ] n. m. ▪ Feuille à motif découpé sur laquelle on passe une brosse ou qu'on arrose de peinture avec un vaporisateur pour répéter des dessins, des inscriptions. *Un tissu imprimé au pochoir. Des graffiti peints au pochoir.*

podo-, -pode ▪ Éléments savants signifiant « pied, organe de locomotion (patte, membre, etc.) » (ex. : *pseudopode*). ⇒ **-pède.** ▶ ***podologue*** n. ▪ Médecin qui soigne les pieds. ‹ ▶ antipode, arthropodes, céphalopodes, gastéropodes, myriapodes, tétrapodes ›

podium [pɔdjɔm] n. m. **1.** Plate-forme, estrade sur laquelle on fait monter les vainqueurs après une épreuve sportive. *La première place sur le podium. Les trois marches du podium.* **2.** Estrade aménagée dans une unité mobile (camion) et sur laquelle se présentent les animateurs et les artistes d'un spectacle en plein air, d'une émission télévisée... *Des podiums ambulants.*

① ***poêle*** [pwal] n. m. **1.** Appareil de chauffage clos, où brûle un combustible. ⇒ **fourneau.** *Poêle à bois.* **2.** Fam. Cuisinière. *Poêle électrique, à gaz.*

② ***poêle*** n. f. ▪ Ustensile de cuisine en métal, plat, à bords bas, et muni d'une longue queue. *Une poêle à frire. Faire revenir des légumes à la poêle.* — (France) Loc. *Tenir la queue de la poêle,* avoir la direction d'une affaire. ▶ ***poêler*** [pwale] v. tr. ▪ conjug. 1. ▪ Cuire dans une casserole fermée, avec un corps gras. *Poêler un morceau de viande.* — Au p. p. adj. *Viande poêlée.* ▶ ***poêlon*** n. m. **1.** Casserole de métal ou de terre à manche creux, dans laquelle on fait revenir (IV) et mijoter. *Poêlon à fondue.* ⇒ **caquelon.** **2.** Petite poêle à queue courte. — *Queue* de poêlon.*

③ ***poêle*** n. m. ▪ Anciennt. Drap recouvrant le cercueil, pendant les funérailles (seulement dans *tenir les cordons du poêle,* avoir l'honneur, du fait de son intimité avec le défunt, de tenir l'un des quatre cordons du drap recouvrant son cercueil).

poème [pɔɛm] n. m. **1.** Ouvrage de poésie, en vers ou en prose rythmée (ballade, élégie, épopée, fable, sonnet, etc.). ⇒ **poésie** (2). *Les strophes, les quatrains d'un poème. Un recueil de poèmes. Des poèmes en prose de Baudelaire.* — Loc. fam. Iron. *C'est tout un poème,* cela semble extraordinaire. **2.** *Poème symphonique,* œuvre musicale à programme, sans forme fixe, pour orchestre.

poésie [pɔezi] n. f. **1.** Art du langage, visant à exprimer ou à suggérer qqch. par le rythme (surtout le vers), l'harmonie et l'image (opposé à *prose*). *Poésie orale, écrite.* — REM. On parlera de *poésie dramatique* (vieilli) ou de *théâtre en vers. Le vers, la rime* ⇒ **prosodie, versification**, *le rythme en poésie. Poésie lyrique (Lamartine), épique (« La Chanson de Roland »).* — Manière propre à un poète, à une école, de pratiquer cet art. *La poésie symboliste.* **2.** Poème. *Réciter une poésie. Un choix de poésies.* ⇒ **anthologie.** **3.** Caractère de ce qui éveille l'émotion poétique. ⇒ **beauté.** *La poésie des ruines.* **4.** Aptitude d'une personne à éprouver l'émotion poétique. *Il manque de poésie,* il est terre à terre, prosaïque. ‹ ▶ ① poétique, ② poétique, poétiser ›

poète [pɔɛt] n. **1.** Écrivain qui fait de la poésie. ⇒ **barde, chantre, troubadour, trouvère.** *L'inspiration du poète. Les poètes romantiques. Une poète américaine.* ⇒ **poétesse.** — Adj. *Il, elle est poète.* **2.** Auteur dont l'œuvre est pénétrée de poésie. *Ce romancier est un poète.* **3.** Personne douée de poésie (4). *Elle est poète.* ⇒ **rêveur.** ▶ ***poétesse*** n. f. ▪ (Vx ou péj.) Femme poète.

① ***poétique*** [pɔetik] adj. **1.** Relatif, propre à la poésie. *Style, image poétique. L'inspiration poétique.* ⇒ **muse.** *Art poétique.* ⇒ ② **poétique.** **2.** Empreint de poésie. ⇒ **lyrique.** *Une prose poétique.* **3.** *Émotion, état poétique,* analogue à ceux que suscite la poésie chez les personnes qui y sont sensibles. — Qui émeut par la beauté, le charme, la délicatesse. *Un paysage très poétique.* / contr. **banal, prosaïque** / ▶ ***poétiquement*** adv. ▪ *Cet ouvrage n'a poétiquement aucun intérêt.* ▶ ② ***poétique*** n. f. ▪ Traité de poésie. Théorie, science de la littérature en général. *La poétique d'Aristote.*

poétiser [pɔetize] v. tr. ▪ conjug. 1. ▪ Rendre poétique (2, 3). ⇒ **embellir, idéaliser.** — Au p. p. adj. *Des souvenirs poétisés.*

pogner [pɔɲe] v. ▪ conjug. 1. Cour. **I.** V. tr. (Suj. personne). Attraper, prendre ①. **1.** Rejoindre (qqn) pour s'en saisir. *Les policiers ont pogné les voleurs.* ⇒ **arrêter, capturer ;** fam. **pincer.** — Intransitivement. *Se faire pogner pour excès de vitesse.* **2.** *Pogner qqn à* (+ infinitif), le prendre sur le fait. ⇒ **surprendre.** *On les a pognés à tricher. Je te pogne à fumer en cachette, hein !* **3.** Empoigner, saisir (une chose, un animal, qqn). *Pogner un ballon au vol. Pogner de la truite* ⇒ **pêcher**, *un lièvre, une perdrix* ⇒ **chasser, tuer.** *Pogner qqn par le bras.* ⇒ **retenir.** *Pogne ton bord, pendant que je pogne le mien.* ⇒ **soulever.** *Tiens, pogne donc ça.* — Caresser, toucher indiscrètement (le corps de qqn, qqn.) ⇒ **palper ;** fam. **peloter.** — Fig. *Je n'ai pas pogné un traître mot de son discours.* ⇒ ② **comprendre.** **4.** S'engager dans la direction de. *On y arrive si on pogne l'ancienne route.* ⇒ **emprunter.** — Intransitivement. *Pogner par les petites routes.* ⇒ ① **couper** (II) ① **piquer.** — *Pogner le bois,* s'en aller dans le bois. *Pogner le bord,* quitter un lieu, s'enfuir. — *L'auto a pogné le champ, le clos,* le conducteur a perdu le contrôle (de son véhicule). **5.** Faire usage de (un moyen de transport). *Pogner l'autobus de sept heures. Pogner un pouce pour rentrer chez soi. Pogner son avion de justesse,* réussir à l'atteindre. — *Elle a pogné une bonne note à un examen.* ⇒ **obtenir.** *Qui a pogné le numéro gagnant ?* ⇒ ① **piger, tirer.** *Pogner un ticket.* ⇒ ① **avoir, recevoir.** **6.** Être la victime de. *Pogner un coup dans le dos.* ⇒ **recevoir.** *On a pogné une tempête de neige en route.* ⇒ **subir.** *Habille-toi chaudement, sinon tu pogneras un rhume, du froid, du mal.* ⇒ ② **contracter.** — Loc. *Pogner son coup de mort.* ⇒ **attraper.** **7.** Fam. *Qu'est-ce qui te pognes ? Ça vous pogne souvent ?,* se dit de qqn dont l'attitude, la réaction est inattendue. — Loc. *Pogner les nerfs,* s'énerver, se fâcher. — Impers. *Il me pogne une envie de dessert. Hier, il lui a pogné une idée pour son travail.* ⇒ **venir.** **II.** V. intr. Prendre ②. **1.** Durcir, figer. *Le ciment est en train de pogner en pain.* ⇒ se **solidifier.** — Coller. *Aliment qui pogne au fond.* **2.** Loc. *Être, rester pogné dans (qqch.), avec (qqch., qqn),* demeurer, continuer à être (dans une position, une situation, un état). *Ils sont restés pognés dans le banc de neige, dans la circulation.* ⇒ **emprisonner.** *Nous sommes pognés avec des restes de nourriture. Vous êtes restés pognés* *avec de la visite toute la fin de semaine ? — Elle est pognée avec une cicatrice au genou.* **3.** Commencer, débuter. *Le feu a pogné dans le tuyau.* ⇒ **naître.** *L'hiver va pogner bientôt. La chicane a pogné avec les voisins.* — Au passif. *La bataille est pognée entre eux.* **4.** Produire son effet, l'effet recherché. ⇒ **réussir.** *Un film, un disque qui pognent bien.* ⇒ **marcher.** *Une chanteuse qui pogne,* qui a du succès, qui est populaire auprès du public. *Un gars, une fille qui pogne,* qui a du succès auprès des personnes du sexe opposé. *Tu ne pognes plus comme tu pognais !* **5.** Loc. *Se faire pogner (par qqn),* se faire avoir, se faire duper. ⇒ **tromper ;** fam. **posséder,** ② **rouler, enfitouaper.** *Quand j'ai acheté cette maison, je me suis fait pogner bien raide. — Se faire pogner,* se faire jouer un tour, se faire faire un coup. — (Choses) Être cru, accepté. *Ça ne pogne plus avec moi.* **III.** V. pron. Prendre, tenir (avec la main). **1.** S'accrocher, se cramponner, se retenir (après qqch., qqn). ⇒ **s'agripper.** *Elle s'est pognée après mon bras pour éviter de tomber.* **2.** En venir aux mains, avec qqn, se battre. *Joueur qui se pogne avec un adversaire.* — Fig. Se quereller, se chicaner verbalement. *La ministre s'est pognée avec les journalistes.* **3.** Loc. fam. *Se pogner le derrière, le beigne* ou, très fam., *le cul,* passer son temps à ne rien faire, ne pas travailler. ⇒ **flâner, niaiser, paresser, taponner ;** fam. **lambiner, gosser, téter, vacher.** — REM. Quoique moins fréquente, la forme *poigner* existe aussi. ▶ ***pognage*** n. m. ■ Fam. Le fait de pogner indiscrètement (le corps de qqn, qqn). — Loc. fam. *Pognage de derrière* ou, très fam., *de cul.* ⇒ **taponnage ;** fam. **tétage.** — REM. Quoique moins fréquente, la forme *poignage* existe aussi. ▶ ***pogné, ée*** adj. et n. ■ Qui est complexé, inhibé, qui a des difficultés de comportement dues à un ou des complexes. ⇒ **gêné, timide.** *Des étudiants pognés.* — Loc. *Être pogné, avoir l'air pogné.* — N. *Une famille de pognés,* de gens guindés, qui ont des airs empruntés. ⇒ fam. **constipé.** — REM. Quoique moins fréquente, la forme *poigné* existe aussi. ▶ ***pogneur*** ou ***pogneux, euse*** n. ■ Personne qui se livre au pognage. *Des pogneux de la pire espèce.* — Loc. fam. *Pogneur de derrière* ou, très fam., *de cul.* ⇒ **flanc-mou,** ① **lâche, paresseux.** — REM. Quoique moins fréquentes, les formes *poigneur* et *poigneux* existent aussi. ⟨ ▶ repogner ⟩

pognon [pɔɲɔ̃] n. m. ■ (Surtout en France) Fam. Argent. *Il a du pognon plein les poches.* ⇒ fam. **bacon, bidous,** ② **foin, fric.**

pogrom [pɔgʀɔm] n. m. ■ Histoire (d'abord en Russie tsariste). Massacre et pillage des Juifs par le reste de la population (souvent encouragée par le pouvoir). *Les survivants des pogroms.*

poids [pwa(ɑ)] n. m. invar. **I.** Force physique ; sa mesure. **1.** Force exercée par un corps matériel, proportionnelle à sa masse et à l'intensité de la pesanteur au point où se trouve le corps. *D'un poids faible* ⇒ **léger**, *d'un grand poids* ⇒ **lourd, pesant**. — *Poids spécifique,* poids de l'unité de volume. ⇒ **densité. 2.** Caractère, effet de ce qui pèse. ⇒ **lourdeur, pesanteur.** *Le poids d'un fardeau.* — Loc. *Peser de tout son poids,* le plus possible. **3.** Mesure du poids (de la masse). *Denrée qui se vend au poids ou à la pièce. — Poids utile,* que peut transporter un véhicule. — (D'une personne) *Prendre, perdre du poids,* grossir, maigrir. **4.** Sports. Catégorie d'athlètes (haltérophiles), de boxeurs, d'après leur poids. *Poids coq, poids plume, poids légers, poids moyens, lourds.* — Loc. *Il ne fait pas le poids,* il n'a pas les capacités requises (contre un adversaire, dans un rôle). **II. 1.** Corps matériel pesant. ⇒ ① **masse ;** ① **charge, fardeau.** *Une horloge à poids.* **2.** Objet de masse déterminée servant à peser (⇒ **gramme,** ② **livre, kilo**). *La balance et les poids.* — Loc. *Faire deux poids, deux mesures,* juger deux choses, deux personnes de façon différente sous l'influence d'un intérêt, d'une circonstance. **3.** Sports. Masse de métal d'un poids déterminé. *Poids et haltères. — Le lancement du poids.* **4.** Sensation d'un corps pesant. *Avoir un poids sur l'estomac.* **III.** Fig. **1.** Charge pénible. *Un vieillard courbé sous le poids des années.* — Souci, remords. *Cela m'ôte un poids de la conscience.* — POIDS MORT : chose, personne inutile, inactive et qui gêne. **2.** Force, influence (de qqch.). *Le poids d'un argument. Un homme de poids,* influent. ⇒ fam. **pesant.** ▶ ***poids lourd*** n. m. ■ Véhicule industriel de fort tonnage. ⇒ **camion, fardier, remorque ;** anglic. ② **van.** — En appos. *Passer son permis poids lourds.* ⟨ ▶ contrepoids ⟩

poignage n. m. ⇒ **pognage** (REM.).

poignant, ante [pwaɲɑ̃, ɑ̃t] ou, cour., [pɔɲɑ̃, ɑ̃t] adj. ■ (⇒ **poindre,** 2) Qui cause une impression très vive et très pénible ; qui serre, déchire le cœur. ⇒ **déchirant, émouvant.** *Un souvenir poignant.*

poignard [pwaɲaʀ] ou, cour., [pɔɲaʀ] n. m. ■ Arme blanche (couteau*) à lame courte et aiguë. ⇒ **dague.** *Manche de poignard. On le frappa d'un coup de poignard, à coups de poignard.* ▶ ***poignarder*** v. tr. ▪ conjug. 1. ■ Frapper, blesser ou tuer avec un poignard, un couteau. ⟨ ▶ empoigner, poignée, poignet ⟩

poigne [pwaɲ] ou, cour., [pɔɲ] n. f. **1.** La force du poing, de la main, pour empoigner, tenir. *Avoir de la poigne.* **2.** Abstrait. Énergie, fermeté. *Une personne, un gouvernement à poigne.*

poigné adj. ⇒ **pogné** (REM.).

poignée [pwaɲe] ou, cour., [pɔɲe] n. f. **1.** Quantité (d'une chose) que peut contenir une main fermée. *Une poignée de sel. — À poignées, par poignées,* à pleines mains. — Fam. Loc. *Chanter une poignée de bêtises* à qqn.* **2.** Petit nombre (de personnes). *Une poignée de mécontents.* **3.** Partie (d'un objet : arme, ustensile) spécialement disposée pour être tenue avec la main serrée. *Poignée d'épée.* ⇒ **manche.** *Une poignée de porte ; la poignée d'une porte.* ⇒ **bec-de-cane.** — Pièce ou ustensile de protection pour saisir, soulever un objet chaud. *La poignée d'un poêle à bois. Sortir un plat du four avec une poignée,* une pièce de tissu très épaisse. ⇒ **mitaine. 4.** POIGNÉE DE MAIN : geste par lequel on serre la main de qqn, pour saluer amicalement.

poigner v. ⇒ **pogner** (REM.).

poignet [pwaɲɛ] ou, cour., [pɔɲɛ] n. m. **1.** Articulation qui réunit l'avant-bras à la main. *Poignets et chevilles.* ⇒ **attache.** *Tir* au poignet.* — Loc. *À la force du poignet, des poignets,* en se hissant à la force des bras, et par ses seuls moyens, et en faisant de grands efforts. *Fortune acquise à la force du poignet.* — Loc. très fam. *Se passer un poignet,* se masturber. ⇒ vulg. se **crosser.** — Péj. *Poignet cassé,* homosexuel. **2.** Extrémité de la manche, couvrant le poignet. *Des poignets de chemise. — Poignet de force,* bracelet de cuir large et serré.

poigneur n. ⇒ **pogneur** (REM.).

poil [pwal] n. m. **I. 1.** Chacune des productions filiformes qui poussent sur la peau de certains animaux (surtout mammifères). *Un chat qui perd ses poils. Les poils d'un pelage, d'une fourrure.* — Poils d'animaux utilisés dans la confection d'objets. *Les poils d'une brosse.* **2.** LE POIL : l'ensemble des poils. ⇒ **pelage.** *Gibier à poil.* — Loc. fam. *Caresser, flatter qqn dans le sens du poil,* chercher à lui plaire. — Peau d'animal garnie de ses poils et ne méritant pas le nom de fourrure. *Couverture de poil.* **3.** Cette production chez l'être humain lorsqu'elle n'est ni un cheveu, ni un cil. *Les poils du visage.* ⇒ **barbe, moustache, sourcil ; duvet.** — Fam. *Ne pas avoir un poil sur le caillou,* être chauve. *Ne plus avoir un poil de sec,* être trempé (par la pluie, la sueur). — LE POIL, DU POIL : l'ensemble des poils. *Avoir du poil sur le corps.* ⇒ **poilu, velu. 4.** Loc. fam. *Avoir un poil dans la main,* être très paresseux. *Tomber sur le poil de qqn,* se jeter brutalement sur lui. ⇒ fam. **paletot.** *Ne pas s'exciter, s'énerver le poil des jambes,* rester calme, ne pas paniquer. — *Reprendre du poil de la bête,* se ressaisir, reprendre le dessus. — *De tout poil* (ou *de tous poils*), de toute espèce (personnes). *Ils reçoivent des gens de tout poil.* — Fam. À POIL : tout nu. *Se mettre à poil,* se déshabiller. — *Être de bon, de mauvais poil,* être de bonne, de mauvaise humeur. **5.** POIL À GRATTER : bourre piquante des fruits du rosier (parfois appelés *gratte-cul,* fam.). **6.** Partie velue d'un tissu. *Les poils d'un tapis.* **II.** Fig. **1.** Fam. Une très petite quantité. *Il n'a pas un poil de bon sens.* ⇒ **once.** — *À un poil près,* à très peu de chose près. ⇒ **cheveu. 2.** (Surtout en France) Loc. adv. fam. AU POIL : exactement. ⇒ **parfaitement.** *Ça marche au poil ! Au quart de poil,* sans erreur. — Adj. fam. *Elle est au poil, ta copine,* très bien. — Exclam. *Au poil !,* parfait. ▶ ① ***poilu, ue*** adj. ■ Qui a des poils très apparents. ⇒ **velu.** *Il est poilu comme un singe.* / contr. **glabre** / ‹ ▶ passepoil, ② poilu, à rebrousse-poil ›

② ***poilu*** n. m. ■ Histoire de France. Soldat combattant de la guerre de 1914-1918.

poinçon [pwɛ̃sɔ̃] n. m. **1.** Instrument métallique terminé en pointe, pour percer, entamer les matières dures. ⇒ **tiers-point.** *Poinçon de sellier.* **2.** Tige d'acier trempé terminée par une face gravée, pour imprimer une marque. — La marque gravée. ⇒ **estampille.** *Le poinçon d'un bijou contrôlé.* ▶ ***poinçonner*** [pwɛ̃sɔne] v. tr. ■ conjug. 1. **1.** Marquer d'un poinçon (une marchandise, un poids, une pièce d'orfèvrerie). — Au p. p. adj. *Gourmette en or poinçonnée d'une tête d'aigle.* **2.** Perforer avec une pince (un billet de métro, de chemin de fer, etc.). *Le camelot poinçonne une carte d'abonnement à un journal.* — Au p. p. adj. *Billet poinçonné.* ▶ ***poinçonnage*** n. m. **1.** *Le poinçonnage de l'or.* **2.** *Le poinçonnage des tickets.* ▶ ***poinçonneur, euse*** n. ■ Personne qui poinçonne. ▶ ***poinçonneuse*** n. f. ■ Machine-outil pour perforer ou découper, munie d'un emporte-pièce.

poindre [pwɛ̃dʀ] v. ■ conjug. 49. **I.** V. tr. Littér. **1.** Vx. Piquer. — PROV. *Poignez vilain, il vous oindra, oignez vilain, il vous poindra,* il est dangereux d'être trop conciliant. **2.** Blesser, faire souffrir. *L'angoisse le point, le poignait.* ⇒ **poignant. II.** V. intr. Littér. Apparaître. ⇒ **pointer ;** littér. **sourdre.** *Vous verrez bientôt poindre les jacinthes.* ⇒ **sortir.** *L'aube commence à poindre* (⇒ ① **point** du jour). / contr. **disparaître** / ‹ ▶ poignant, ④ point, pointe, pointu, pourpoint ›

poing [pwɛ̃] n. m. ■ Main fermée (opposé à *main ouverte*). *Revolver au poing,* dans la main serrée. *Serrer le poing. Donner des coups de poing à qqn.* ⇒ **boxer.** — Loc. fam. *Mettre son poing sur la gueule, dans la face à qqn,* le frapper d'un coup de poing au visage. — *Dormir à poings fermés,* très profondément. *Montrer le poing,* le tendre en signe de menace. *Faire le coup de poing,* se battre en groupe avec les poings. ‹ ▶ coup-de-poing, pogner, poigne, poignée, poignet ›

① ***point*** [pwɛ̃] n. m. **I.** Dans l'espace. (⇒ ② **ponctuel**) **1.** Rarement sans compl. Endroit, lieu. *Aller d'un point à un autre. Point de chute. Point de mire. Point de repère. Point de départ. Point d'impact. Point de non-retour,* qui ne peut plus être franchi en arrière. *Les quatre points cardinaux.* — POINT D'ATTACHE *d'un bateau. C'est son point d'attache,* l'endroit où il demeure. ⇒ **port** d'attache. — *Point d'appui**. — POINT D'EAU : endroit où l'on trouve de l'eau (source, puits). — *Point culminant,* crête, sommet. — *Point de vue* (où l'on voit). ⇒ **point de vue.** — *Point chaud,* endroit où ont lieu des combats, des événements graves. — *C'est son point faible,* sa faiblesse. — POINT DE CÔTÉ : douleur poignante au creux de l'abdomen. **2.** Géométrie. Intersection de deux droites, n'ayant aucune surface propre et généralement désignée par une lettre. *Les points A, B, C.* **3.** *Le point,* la position d'un navire en mer. ⇒ **latitude, longitude.** *Faire, relever le point avec le sextant.* — Loc. FAIRE LE POINT : préciser la situation où l'on se trouve. **4.** POINT MORT. ⇒ **point mort. 5.** METTRE AU POINT : régler (un mécanisme), élaborer (un procédé, une technique) de façon complète. *J'ai mis au point une nouvelle recette.* — Au p. p. adj. *Machine bien, mal mise au point.* — Loc. N. f. MISE AU POINT : réglage précis. *As-tu bien réglé la mise au point ?,* le système optique de l'appareil photo. *Ce projet demande une mise au point,* des remaniements, des éclaircissements. *Nous avons eu une mise au point,* une explication. — *Être au point,* réglé pour donner toute satisfaction. *Cette machine n'est pas au point.* **II.** Durée. **1.** À POINT, À POINT NOMMÉ : au moment opportun. ⇒ à **propos.** *Vous arrivez à point.* **2.** SUR LE POINT DE : au moment de. *Elle était sur le point de partir.* ⇒ **prêt** à. **3.** LE POINT DU JOUR : le moment où le jour commence à poindre (II). **III.** Marque, signe ; unité de compte. **1.** Tache, image petite et aux contours imperceptibles. *Un point lumineux à l'horizon. Un point de rouille.* **2.** Chaque unité attribuée à un joueur (aux jeux, en sports). *Jouer une partie en 500 points. Compter les points,* juger qui est vainqueur dans une lutte. *Marquer des points contre, sur qqn,* prendre un avantage. *Obtenir trois points dans un match de hockey.* ⇒ ① **aide** (3), ② **assistance, passe ; but.** *Un circuit de trois points. Victoire aux points,* accordée à un boxeur après décompte des points. / contr. anglic. **K.-O.** / **3.** Chaque unité d'une note attribuée à un élève (souvent comptée sur cent), à un candidat à un concours. *Compter un point par bonne réponse. Douze points sur vingt* (noté 12/20). — Fig. *C'est un bon point en sa faveur,* il a bien agi. **4.** Fam. Pointure. *Quel est le point de tes souliers ?* **IV.** Typographie, calligraphie. **1.** Signe (.) servant à marquer la fin d'un énoncé (⇒ **ponctuation**). *Les points et les virgules. Point final. Point suivi d'un alinéa.* ⇒ **paragraphe.** *Points de suspension (...). Les points d'un pointillé. Le(s) deux-points(:). Point-virgule (;). Point d'exclamation (!) ; point d'interrogation (?).* — Fig. *Mettre le point final à qqch.* ⇒ **finir, terminer.** — Signe (.) qui précède la décimale, dans la numérotation anglo-saxonne. ⇒ **virgule.** *Trois milles point quatre (3.4 mi).* — N. f. invar. BIÈRE POINT(-)CINQ : bière contenant moins de 0,5 pour cent d'alcool. — Ellipt. *Une point cinq (0.5).* **2.** Petit signe qui surmonte les lettres i et j minuscules. — Loc. *Mettre les points sur les i,* préciser ou insister. **3.** *Point voyelle,* signe qui, en arabe et en hébreu, est placé au-dessus ou au-dessous d'une consonne, pour noter la voyelle qui suit. **4.** Unité de dimension des caractères d'imprimerie. ⇒ **pixel.** ‹ ▶ contrepoint, deux-points, ② pointage, point de vente, point de vue, ① pointer, ③ pointeur, pointillé, point mort, point-virgule, rond-point, tiers-point, trois-points ›

② ***point*** n. m. ■ (Exprimant un état) **1.** À POINT, AU POINT : dans tel état, situation. *Au point où nous en sommes.* — Loc. adv. À POINT : dans l'état convenable. *Un steak à point,* entre saignant et bien cuit. ⇒ anglic. ③ **médium.** — *Nos discussions sont au même point* *qu'hier,* elles n'ont pas progressé. — Loc. adj. invar. MAL EN POINT ou MAL-EN-POINT : en mauvais état, malade. *Elle est très mal en point.* **2.** Dans des expressions et locutions superlatives. *Le plus haut point.* ⇒ **apogée, comble, sommet, summum.** — Après À, AU. *Au plus haut point.* ⇒ **éminemment, extrêmement.** *Ils se détestent au plus haut point. À ce point,* aussi, tellement. *Je n'ai jamais souffert à ce point. À quel point,* combien. *Vous voyez à quel point ça va mal. À tel point,* tellement, autant. *À un certain point, jusqu'à un certain point,* dans une certaine mesure. *Au point de. Ce n'est pas grave au point de (se) désespérer. À ce point, au point, à tel point, à un point tel que,* si bien que, tellement que. **3.** *Point d'ébullition de l'eau,* température et pression nécessaires pour changer l'eau en vapeur. ⟨ ► embonpoint ⟩

③ ***point*** n. m. ■ Partie, élément. **1.** Chaque partie (d'un discours, d'un texte). *Les différents points d'une énumération, d'une loi.* ⇒ ① **article. 2.** Question. *Un point litigieux. Il y a un point noir dans cette affaire,* une question dangereuse, obscure. — *C'est un point commun entre eux,* un caractère commun. — *Sur ce point, je ne suis pas d'accord.* — *En tout point,* absolument. — *De point en point,* à la lettre. *Exécuter des ordres de point en point.*

④ ***point*** n. m. ■ Action de piquer, de « poindre ». **1.** Chaque longueur de fil entre deux piqûres de l'aiguille. *Bâtir à grands points. Points d'un tricot* (⇒ ① **maille**). — *Faire un point à un vêtement,* le réparer sommairement. — *Point de suture*.* **2.** Manière d'exécuter une suite de points. *Le point mousse est un point de tricot.*

⑤ ***point*** adv. ■ Vx ou littér., ou plaisant, ou région. *Ne... point...,* ne... pas.... *Je n'irai point. Point du tout.* ⇒ **nullement.**

① ***pointage*** [pwɛ̃taʒ] n. m. **1.** Action de pointer (①, I). *Le pointage du personnel à l'entrée d'une usine.* **2.** Le fait de pointer (②, II), de diriger. ⇒ **tir.** *Le pointage d'un canon.*

② ***pointage*** n. m. ■ Sports, jeux. Nombre de points, résultat (dans une partie). ⇒ **compte, marque, score.** *Aucun pointage dans le match. L'emporter par un pointage de 3 à 1. Une carte de pointage,* pour inscrire les points (au golf, etc.).

point de vente [pwɛ̃dvɑ̃t] n. m. ■ Succursale d'une chaîne de magasins ; boutique, commerce où un article est vendu. *Voici la liste de nos points de vente au Québec et au Canada.* ⇒ **concessionnaire.**

point de vue [pwɛ̃dvy] n. m. **1.** Endroit où l'on doit se placer pour voir un objet le mieux possible. **2.** Endroit d'où l'on jouit d'une vue pittoresque. *De beaux points de vue.* **3.** Manière particulière dont une question peut être considérée. ⇒ **aspect, optique, perspective.** *Adopter, choisir un point de vue.* **4.** Opinion particulière. *Je partage votre point de vue,* je suis d'accord. — Loc. prép. AU (DU) POINT DE VUE DE. *Du point de vue de la politique. Au point de vue social.* ⇒ sur le **plan, quant** à (en ce qui concerne, pour ce qui est de). — Fam. (Suivi d'un nom, sans *de*) *Au point de vue santé.* — *À tout (tous) point(s) de vue,* à tous les égards.

pointe [pwɛ̃t] n. f. **I. 1.** Extrémité allongée (d'un objet qui se termine par un angle très aigu) servant à piquer, percer. *La pointe d'une aiguille. Aiguiser la pointe d'un outil.* ⇒ **tranchant. 2.** Extrémité aiguë ou plus fine. *La pointe d'un paratonnerre. Les pointes d'un col de chemise. En pointe,* pointu. **3.** Bande de terre, partie d'un territoire qui s'avance dans la mer, un fleuve, etc. Partie extrême qui s'avance. *La pointe d'une armée,* son extrémité. — Loc. *Être à la pointe du combat, à la fine pointe du progrès.* ⇒ **avant-garde. 4.** LA POINTE DES PIEDS : l'extrémité. *Marchez sans bruit, sur la pointe des pieds.* **5.** Au plur. *Les pointes,* chaussons de danse ; chaussures de sport dont la semelle est munie de pointes. **6.** Au plur. *Pointes,* figure de ballet où la danseuse (le danseur) est en équilibre sur la pointe des pieds. *Faire des pointes.* **II.** Objet pointu. **1.** Objet en forme d'aiguille, de lame. *Casque à pointe. Les pointes de fer d'une grille.* **2.** Clou. *Une livre de pointes à tête plate.* **3.** Outil servant à gratter, percer, tracer, etc. ⇒ **poinçon.** *La pointe de diamant d'un vitrier.* — POINTE SÈCHE ou, absolt, POINTE : outil qui sert à graver sur le cuivre. ⇒ **burin.** *Gravure à la pointe sèche.* ≠ *eau-forte. Une pointe sèche,* l'estampe ainsi obtenue. **4.** POINTES DE FEU : petites brûlures faites avec un cautère (traitement médical). **III. 1.** Après quelques verbes. Opération qui consiste à avancer en territoire ennemi. *Pousser une pointe jusqu'à,* prolonger son chemin jusqu'à. **2.** Allusion ironique, désobligeante, parole blessante. ⇒ **flèche,** ① **pique ;** fam. ① **craque, patarafe.** *Ils se disputent, se lancent des pointes.* **IV.** Quantité. **1.** Petite quantité (d'une chose piquante ou forte). ⇒ **soupçon.** *Une pointe d'ail.* — Abstrait. *Une pointe d'ironie. Parler avec une pointe d'accent parisien.* **2.** Pâtisseries, pâtés. Morceau, généralement triangulaire. ⇒ **part** (I), **portion.** *Une pointe de tarte au sucre, de gâteau. Une petite pointe de pâté au saumon.* **V.** Moment où une activité, un phénomène atteint un maximum d'intensité. *La vitesse de pointe d'une automobile.* — HEURE(S) DE POINTE : période d'utilisation intense et connue d'un service (énergie, transports). *Le métro est insupportable aux heures de pointe.* ⟨ ► courtepointe, épointer, ② pointer, pointu ⟩

pointe-clairais, aise [pwɛ̃tklɛʀɛ, ɛz] adj. et n. ■ De la ville de Pointe-Claire. — N. (Avec une majusc.) Personne née dans cette ville ou qui l'habite.

① ***pointer*** [pwɛ̃te] v. tr. ▪ conjug. 1. **1.** Marquer d'un point, d'un signe (qqch.) pour faire un contrôle. ⇒ **cocher ;** ① **pointage** (1). *Il lisait la liste des élèves en pointant les noms.* **2.** Contrôler les entrées et les sorties (des employés d'un bureau, d'une usine). ⇒ ① **pointage.** ► ***pointé, ée*** adj. **1.** Marqué d'un point, d'un signe. **2.** Musique. *Note pointée,* dont la valeur est augmentée de moitié. **3.** (France) *Zéro pointé,* éliminatoire. ► ① ***pointeur, euse*** n. et adj. **1.** N. Personne qui fait une opération de pointage, enregistre des noms, des résultats. **2.** Adj. *Horloge pointeuse* ou, ellipt, n. f., *pointeuse,* machine disposée à l'entrée d'un lieu de travail dans laquelle les employés glissent une carte personnelle sur laquelle s'inscrivent leurs heures d'entrée et de sortie. **3.** N. m. Informatique. Repère vidéo ou logiciel affecté à un champ de saisie et délimitant une variable. ⇒ **curseur.** ⟨ ► ① pointage ⟩

② ***pointer*** v. tr. ▪ conjug. 1. **I. 1.** Dresser en pointe. *Cheval qui pointe les oreilles.* **2.** Intransitivement. *Des cyprès qui pointent vers le ciel.* **II.** Apparaître, sortir. *Les asperges pointent la tête hors de terre. La souris pointe le, son nez hors de son trou.* — REM. En parlant de l'aube, du jour *(le point du jour),* il y a confusion du verbe *poindre* avec le verbe *pointer.* **III.** Pronominalement. Fam. SE POINTER : arriver. *Elle s'est pointée à trois heures.* **IV. 1.** Diriger. *Il pointait son index vers moi. Se faire pointer du doigt.* **2.** Braquer, viser. *Pointer un canon vers un objectif.* **3.** Pétanque. Placer ses boules le plus près possible du but (cochonnet). **4.** *Pointer qqn,* lui lancer une, des pointes (III, 2). *Se faire pointer toute une soirée.* ► ② ***pointeur, euse*** n. **1.** Personne qui procède au pointage (2) d'une bouche à feu. ⇒ **artilleur. 2.** Joueur chargé de pointer (IV, 3). **3.** Personne qui lance, qui aime lancer des pointes aux autres. — REM. Au sens 3, on dit aussi *pointeux,* au masc.

③ ***pointer*** [pwɛ̃tœʀ, pwɛ̃tɛʀ] n. m. ■ Chien d'arrêt, à poil ras, excellent chasseur. *Des pointers.*

③ ***pointeur, euse*** [pwɛ̃tœʀ, øz] n. ■ Sports. Joueur qui marque un ou des points, spécialt au hockey. ⇒ **compteur** (II), **marqueur, scoreur ; buteur.** *Le meilleur pointeur de la ligue.* — En appos. *La championne pointeuse.*

pointillé, ée [pwɛ̃tije] n. m. et adj. **1.** Dessin, gravure au moyen de points. *Gravure au pointillé.* **2.** Groupe de petits points. *Frontières représentées en pointillé.* — *Il faut savoir lire en pointillé,* comprendre les allusions, lire entre les lignes. — Adj. *Ligne pointillée.* **3.** Trait formé de petites perforations. *Détachez suivant le pointillé.* ⟨ ▶ pointillisme ⟩

pointilleux, euse [pwɛ̃tijø, øz] adj. ■ Qui est d'une minutie excessive, dans ses exigences. ⇒ **chatouilleux, tatillon, vétilleux.** *Il est très pointilleux sur le protocole.* ⇒ **formaliste, méticuleux.**

pointillisme [pwɛ̃tijism] n. m. ■ Peinture par petites touches, par points juxtaposés de couleurs pures (on dit aussi *néo-impressionnisme*). ▶ ***pointilliste*** n. et adj. ■ *Seurat, peintre pointilliste.*

point mort [pwɛ̃mɔʀ] n. m. ■ Position de l'embrayage d'un véhicule automobile lorsqu'aucune vitesse n'est enclenchée (opposé à *prise directe*). *Au point mort.* — Loc. *L'affaire est au point mort,* elle n'évolue plus.

pointu, ue [pwɛ̃ty] adj. **1.** Qui se termine en pointe(s). ⇒ **aigu.** *Clocher, clou pointu. Menton pointu.* **2.** *Un caractère pointu,* agressif. *Un air pointu,* désagréable et sec. **3.** (Sons, voix) Qui a un timbre aigu, désagréable. *Parler sur un ton pointu.* — *Accent pointu,* accent français, surtout l'accent parisien ; (France) accents du Nord, d'Île-de-France, pour les habitants du Midi. **4.** Qui est à la pointe du progrès (scientifique, technique). *Une expérience très pointue,* délicate à élaborer et à conduire. *Un sujet pointu,* très spécialisé.

pointure [pwɛ̃tyʀ] n. f. ■ Nombre qui indique la dimension des chaussures, des coiffures, des gants, des vêtements. ⇒ **taille ;** fam. ① **point** (III). « *Quelle pointure chaussez-vous ? — La pointure 9* (ou ellipt *du 9*) ou, dans le système métrique, *la pointure 42* (ou, ellipt, *du 42*). »

point-virgule [pwɛ̃viʀgyl] n. m. ■ Signe de ponctuation, formé d'une virgule et d'un point superposés (;). *Des points-virgules.*

poire [pwaʀ] n. f. **1.** Fruit du poirier, charnu, à pépins, allongé et ventru. *Une tarte aux poires.* — *Un verre de poire,* d'alcool de poire. — (France) Loc. *Garder une poire pour la soif,* économiser pour les besoins à venir ; se réserver un moyen d'action. — Loc. *Couper la poire en deux,* faire un compromis, partager également les risques et les profits. **2.** Objet de forme analogue. *Une poire à lavement.* — *Poire électrique,* interrupteur à bouton pendant au bout du fil. **3.** (France) Fam. Face, figure. *Il a pris un coup en pleine poire.* **4.** Fam. Personne qui se laisse tromper facilement. ⇒ **naïf ;** fam. ② **gogo, poisson.** *Quelle poire, ce garçon !* ⇒ fam. ① **pomme.** — Adj. *Tu es aussi poire que moi.* **5.** Fam. Personne qui est incapable de réussir quoi que ce soit. ⇒ fam. **pourri.** ▶ ***poirier*** n. m. **1.** Arbre de taille moyenne, cultivé pour ses fruits *(les poires). Des poiriers en espaliers.* **2.** Bois de poirier, rougeâtre, utilisé en ébénisterie. *Meubles en poirier.* **3.** Loc. *Faire le poirier,* se tenir en équilibre sur les mains, la tête touchant le sol, les pieds étant dressés.

poireau [pwaʀo] n. m. **1.** Plante, variété d'ail à bulbe peu développé, cultivée pour son pied ; ce pied comestible. *Le poireau est appelé « l'asperge du pauvre ». Botte de poireaux. Soupe aux poireaux.* **2.** Loc. fam. *Rester planté comme un poireau, faire le poireau,* attendre. ▶ ***poireauter*** ou ***poiroter*** v. intr. ▪ conjug. 1. ■ Fam. Attendre debout sans se déplacer (⇒ fam. **poireau,** 2). ⇒ **niaiser.** *Ça fait deux heures que je poirote (poireaute) devant sa porte. Faire poiroter qqn.* ⇒ **lanterner.**

pois [pwa(ɑ)] n. m. invar. **I. 1.** Plante dont certaines variétés potagères sont cultivées pour leurs graines. **2.** Le fruit (gousse, cosse) d'une de ces plantes ; chacune des graines farineuses enfermées dans cette gousse. *Écosser des pois. Pois verts, pois à écosser* ou, plus cour., PETITS(-)POIS. *Petits pois frais, en conserve. Un petit pois. Des pois mange-tout**. — *Un sac de pois secs. Boîte de soupe aux pois,* préparée avec des pois secs et du lard salé. *Pois cassés,* pois secs divisés en deux. *Purée de pois cassés.* — Loc. *Purée de pois,* brouillard très épais (surtout en parlant de l'Angleterre). **3.** POIS CHICHE : plante à fleurs blanches, à gousses contenant chacune deux graines ; graine jaunâtre, à peau épaisse, de cette plante. **4.** POIS DE SENTEUR : plante grimpante ornementale cultivée pour ses fleurs odorantes. **II.** Petit disque, pastille (sur une étoffe). *Une robe à pois* (opposé à *uni*). ⇒ ② **picot.**

poison [pwazɔ̃] n. m. **1.** Substance capable d'incommoder fortement ou de tuer. *Injecter, faire boire à qqn un poison mortel, violent. Les effets des poisons.* ⇒ **empoisonnement, intoxication.** *Remède, antidote contre les poisons.* ⇒ **contrepoison.** *Assassiner qqn par le poison.* ⇒ **empoisonner.** — Adj. *Touche pas à cela, c'est poison.* — Substance dangereuse pour l'organisme (toxines, venins, polluants). **2.** Littér. Ce qui est pernicieux, dangereux. *Le poison de la calomnie.* ⇒ **venin. 3.** Fam. UN, UNE POISON : une personne acariâtre ou insupportable. *Cet enfant est un poison.* ⟨ ▶ antipoison, contrepoison, empoisonner ⟩

poisse [pwas] n. f. ■ Fam. Malchance. *Quelle poisse !* ⇒ fam. **déveine,** ② **guigne.** *Porter la poisse.*

poisser [pwase] v. tr. ▪ conjug. 1. **1.** (France) Salir avec une matière gluante. *Se poisser les mains de confiture.* — *Avoir les cheveux tout poissés.* **2.** Fam. Arrêter, attraper, prendre (qqn). *On risque de se faire poisser.* ▶ ***poisseux, euse*** adj. ■ Gluant, collant (comme de la poix). *Des papiers de bonbons poisseux.* — Sali par une matière poisseuse. *Mains poisseuses.* ⟨ ▶ poisse ⟩

poisson [pwasɔ̃] n. m. **1.** Animal vertébré vivant dans l'eau, muni de nageoires et de branchies. *Les ouïes d'un poisson. Arêtes, écailles, filets, tranches, darnes de poisson. Poissons de rivière ; de mer.* — *Poisson pélagique,* qui évolue à la surface de la mer (éperlan, hareng, maquereau...) ; *poisson de fond,* qui séjourne au fond de la mer (morue, plie, turbot...). — *Jeunes poissons.* ⇒ **alevin.** — PROV. *Petit poisson deviendra grand,* cette personne, cette chose se développera. — *L'élevage des poissons.* ⇒ **pisciculture.** *Prendre, attraper des poissons.* ⇒ **pêcher.** *Poissons et fruits de mer.* — DU, LE POISSON, collectif. *Prendre du poisson. Marchand de poisson.* ⇒ **poissonnier.** — POISSON-CHAT : poisson à longs barbillons. POISSON-SCIE*. POISSON VOLANT : se dit de certains poissons des mers chaudes, capables de bondir hors de l'eau. POISSON ROUGE : le cyprin doré. (Surtout au plur.) PETIT POISSON DES CHENAUX. ⇒ **poulamon.** — *Poisson d'avril**. **2.** Loc. *Être heureux comme un poisson dans l'eau,* se trouver dans son élément. — Fam. *Engueuler qqn comme du poisson pourri,* l'invectiver. — *Finir en* QUEUE DE POISSON : sans conclusion satisfaisante. — *Automobiliste qui fait une queue de poisson en doublant un véhicule,* qui se rabat brusquement devant lui. **3.** Fam.

Personne crédule, naïve. ⇒ fam. ② **gogo, poire.** ▶ ***poissonnerie*** n. f. ■ Commerce du poisson et des produits animaux de la mer et des rivières, dits fruits de mer (mollusques, crustacés, etc.). — Cet établissement. ▶ ***poissonneux, euse*** adj. ■ Qui contient de nombreux poissons. *Une rivière poissonneuse.* ▶ ***poissonnier, ière*** n. ■ Personne qui fait le commerce de détail des poissons, des fruits de mer. ‹ ▶ empoissonner, Poissons ›

Poissons [pwasɔ̃] n. m. pl. ■ (Avec une majusc.) Douzième signe du zodiaque (du 19 février au 20 mars). *Être du signe, né sous le signe des Poissons.* — Ellipt. Invar. *Elle est Poissons.*

poitrail, ails [pwatʀaj] n. m. **1.** Devant du corps (du cheval et de quelques animaux domestiques), entre l'encolure et les pattes de devant. **2.** Plaisant. Poitrine humaine. ‹ ▶ dépoitraillé ›

poitrine [pwatʀin] n. f. **1.** Partie du corps humain qui s'étend des épaules à l'abdomen et qui contient le cœur et les poumons. ⇒ **thorax ; buste, torse.** *Tour de poitrine,* mesure de la poitrine à l'endroit le plus large. — *Respirer à pleine poitrine,* inspirer fortement. *Il gonflait sa poitrine. Fluxion de poitrine,* pneumonie. **2.** Partie antérieure du thorax. *Bomber la poitrine.* **3.** Partie inférieure du thorax (du bœuf, du veau, du mouton, du porc). *La poitrine de bœuf sert à faire le bouilli.* — *Poitrine de poulet, de dinde.* ⇒ ② **blanc.** **4.** Les deux seins (d'une femme). ⇒ **buste, gorge.** *Elle a une jolie poitrine. Elles ont beaucoup de poitrine, la poitrine forte.*

poivre [pwavʀ] n. m. **1.** Épice à saveur très forte, piquante, faite des fruits séchés du poivrier. *Poivre en grains. Poivre noir, poivre blanc. Moulin à poivre. Steak au poivre,* couvert de poivre concassé. *Sauce au poivre.* ⇒ **poivrade.** **2.** Loc. *Cheveux* POIVRE ET SEL : bruns, noirs mêlés de blancs. ⇒ **grisonnant.** **3.** *Poivre de Cayenne,* condiment fort et piquant tiré d'une espèce de piment. ▶ ***poivrade*** n. f. ■ Sauce, préparation au poivre. — En appos. *Sauce poivrade.* ▶ ***poivré, ée*** adj. **1.** Assaisonné de poivre. *Un mets très poivré.* **2.** Abstrait. Grossier ou licencieux. *Une plaisanterie poivrée.* ⇒ **salé.** ▶ ***poivrer*** v. tr. ▪ conjug. 1. **1.** Assaisonner de poivre. **2.** Pronominalement. Fam. SE POIVRER : s'enivrer (⇒ **poivrot**). ▶ ***poivrier*** n. m. **1.** Arbrisseau grimpant des régions tropicales, produisant le poivre. **2.** Moulin à poivre. **3.** Poivrière. ▶ ① ***poivrière*** n. f. ■ Petit récipient de table, à bouchon perforé, dans lequel on met le poivre. ⇒ **poivrier.** *La salière et la poivrière.* ‹ ▶ ② poivrière, poivron ›

② ***poivrière*** [pwavʀijɛʀ] n. f. ■ Histoire de France. Guérite de forme conique (comme certaines boîtes à poivre), à l'angle d'un bastion. — *Toit* EN POIVRIÈRE : conique.

poivron [pwavʀɔ̃] n. m. ■ Fruit du piment doux. *Une salade de poivrons verts et rouges.*

poix [pwa(ɑ)] n. f. invar. ■ Vx. Colle à base de résine ou de goudron de bois. ‹ ▶ poisser ›

poker [pokœʀ] n. m. **I. 1.** Jeu de cartes basé sur des combinaisons (cinq cartes par joueur) et où l'on mise de l'argent. ⇒ anglic. **blackjack.** *Jouer au poker.* — Partie de poker. *Faire un poker.* — Loc. *Un coup de poker,* où l'on risque tout. **2.** Carré, ou quatre cartes de même valeur. *Avoir un poker d'as.* **II.** POKER D'AS : jeu de dés comportant des figures (neuf, dix, valet, dame, roi, as). *Le poker d'as se joue avec cinq dés.*

polaire [pɔlɛʀ] adj. et n. f. **1.** Relatif aux pôles (terrestres, célestes) ; situé près d'un pôle. (Avec une majusc.) *Étoile Polaire,* indiquant le nord. *Cercle polaire.* **2.** Propre aux régions arctiques et antarctiques, froides et désertes. *Climat polaire. Les glaces polaires. Ours polaire,* blanc. *Expédition polaire,* au pôle. **3.** Didact. *Coordonnées polaires,* d'un point par rapport à un point d'origine. **4.** Sciences. Relatif aux pôles magnétiques, électriques. ‹ ▶ bipolaire, polariser ›

① ***polar*** [pɔlaʀ] n. m. ■ (Surtout en France) Fam. Roman ou film policier. *Des polars.*

② ***polar*** n. m. ■ Anglic. Survêtement court en polyester ou en tissu feutré, molletonné, porté par temps froid.

polariser [pɔlaʀize] v. tr. ▪ conjug. 1. **1.** Soumettre au phénomène de la polarisation. — Au p. p. adj. *Lumière polarisée.* **2.** Fig. Attirer, réunir en un point. ⇒ **concentrer.** *Ces problèmes polarisent toutes leurs activités.* — Fam. *Être polarisé,* obsédé. ▶ ***polarisation*** n. f. Didact. **1.** Sciences. Réorganisation simplifiée (d'un corps ou d'une lumière) sous l'effet d'un champ électromagnétique (ou d'un filtre) ; polarité. **2.** Fig. Action de concentrer en un point (des forces, des influences). ▶ ***polarité*** n. f. ■ Qualité d'un système qui présente deux pôles. *La polarité d'un aimant.* ▶ ***polaroïd*** [pɔlaʀɔi(j)d] n. m. ■ Procédé de photographie permettant le tirage des photos dans l'appareil de prise de vues ; cet appareil. — Image obtenue grâce à ce procédé. — REM. Ce mot est un nom de marque déposée.

polatouche [pɔlatuʃ] n. m. ■ Mammifère rongeur auquel une membrane tendue latéralement entre les pattes permet de planer. ⇒ **écureuil** volant. *Le polatouche vit surtout la nuit.*

polder [pɔldɛʀ] n. m. ■ Marais littoral endigué et asséché. *Les polders du Zuiderzee, aux Pays-Bas.*

pole [pole] n. m. ou f. ■ Anglic. Tringle à rideaux. *Un grand, un petit pole.*

-pole, -polite ■ Éléments savants venant du mot grec « polis (la cité) » (ex. : *métropole, nécropole, cosmopolite*), présent aussi dans *police, politique.*

pôle [pol] n. m. **1.** Un des deux points de la surface terrestre formant les extrémités de l'axe de rotation de la Terre. *Pôle arctique* (pôle Nord) ; *antarctique, austral* (pôle Sud). **2.** Région géographique située près d'un pôle, entre le cercle polaire et le pôle. *L'aplatissement de la Terre aux pôles.* **3.** *Pôle céleste,* extrémité de l'axe autour duquel la sphère céleste semble tourner. **4.** Chacun des deux points de l'aimant qui correspondent aux pôles Nord et Sud. *Les pôles de l'aiguille aimantée d'une boussole.* ⇒ **polarité.** **5.** Chacune des deux extrémités d'un circuit électrique ⇒ **électrode**, chargée l'une d'électricité positive (*pôle positif, pôle +* ; ⇒ **anode**), l'autre d'électricité négative (*pôle négatif, pôle –* ; ⇒ **cathode**). ⇒ **polarisation.** **6.** Abstrait. Se dit de deux points principaux et opposés. *Les deux pôles de l'opinion.* **7.** Centre d'attraction, d'intérêt. *Le principal pôle économique d'une région. Le pôle d'attraction d'une équipe,* la personne qui retient le plus l'attention. ‹ ▶ polaire ›

polémique [pɔlemik] adj. et n. f. **1.** Adj. Qui manifeste une attitude critique ou agressive. *Un style polémique.* **2.** N. f. Débat par écrit, vif ou agressif. ⇒ **controverse, débat, discussion, dispute.** *Une polémique avec les journalistes.* ▶ ***polémiquer*** v. intr. ▪ conjug. 1. ■ Faire de la polémique. *Polémiquer contre qqn.* ▶ ***polémiste*** n. ■ Personne qui pratique, aime la polémique. ⇒ **pamphlétaire.**

① ***poli, ie*** [pɔli] adj. **1.** Dont le comportement, le langage sont conformes aux règles de la politesse. ⇒ **civil, courtois.** / contr. **impoli, malappris** / *Un enfant poli, bien élevé. Il a été tout juste poli avec moi.*

⇒ **correct.** — Loc. prov. *Il est trop poli pour être honnête,* ses manières trop affables font supposer des intentions malhonnêtes. **2.** (Choses) *Un refus poli,* qui s'accompagne des formes de la politesse. *Elle leur a opposé un refus poli, mais ferme.* ‹ ▶ impoli, malpoli, poliment, politesse ›

② ***poli, ie*** adj. et n. m. **1.** Adj. Lisse et brillant. *Un caillou poli.* / contr. **rugueux** / **2.** N. m. Aspect d'une chose lisse et brillante. *Donner un beau poli à du marbre.* ⇒ **polir.**

① ***police*** [pɔlis] n. f. **1.** Ensemble d'organes et d'institutions assurant le maintien de l'ordre public et la répression des infractions. *Police municipale. La police fédérale. La Police montée,* ancien nom de la Gendarmerie royale du Canada. *La Police provinciale,* ancien nom de la Sureté du Québec. (France) *Police judiciaire.* ⇒ fam. **P.J.** *Police secrète, polices parallèles. Police militaire.* ⇒ ③ **P.M.** *Inspecteurs de police ; agents de police.* ⇒ **policier.** *Chef de police. Police secours,* chargée de porter secours dans les cas d'urgence. — *Poste de police* ou, France, *commissariat de police. Dénoncer qqn à la police. Se faire arrêter par la police.* — Fam. *Un char de police.* ⇒ **autopatrouille. 2.** Organisation rationnelle de l'ordre public. *La police de la circulation. La police intérieure d'un groupe, d'un collège.* ⇒ **discipline. 3.** Fam. Policier (II). *Demander un renseignement à une police.* ‹ ▶ policer, policier ›

② ***police*** n. f. **I.** Contrat signé avec une compagnie d'assurances. *Souscrire à une police d'assurances. Primes, conditions et restrictions d'une police.* **II.** Techniques. Liste de caractères (lettres et signes) d'imprimerie ; ensemble de caractères d'un certain type permettant l'impression d'un texte. *Le times, le gothique sont des polices courantes. Les polices d'un ordinateur (imprimante).*

policer [pɔlise] v. tr. ▪ conjug. 3. ■ Littér. Civiliser, adoucir les mœurs par des institutions, par la culture. ⇒ **civiliser.** — Au p. p. adj. *Les sociétés les plus policées.*

polichinelle [pɔliʃinɛl] n. m. **1.** Personnage à double bosse de la comédie italienne. *Un polichinelle.* — Loc. *C'est un secret de polichinelle,* un faux secret bien vite connu de tous. — Fam. *Avoir un polichinelle dans le tiroir,* être enceinte. **2.** Personne irréfléchie et ridicule. ⇒ **guignol.**

policier, ière [pɔlisje, jɛʀ] adj. et n. **I.** Adj. **1.** Relatif à la police ; appartenant à la police. *Un corps policier. Mesures policières.* — *Chien policier.* — *Régime, État policier,* où la police a une grande importance. **2.** Se dit des formes de littérature, de spectacle qui concernent des activités criminelles plus ou moins mystérieuses, et leur découverte. *Un film policier. Un roman policier ;* n. m. *lire des policiers.* ⇒ fam. **polar. II.** Personne qui appartient à un service de police (agent de police, inspecteur, détective privé, etc.). ⇒ **constable ;** fam. **bœuf, chien.** *Des policières en autopatrouille. Un policier en civil.* ⇒ fam. ① **flic.** *Un officier de police.* ⇒ **commissaire.**

poliment [pɔlimɑ̃] adv. ■ D'une manière polie, avec courtoisie. / contr. **impoliment** / *Refuser poliment.* ‹ ▶ impoliment ›

poliomyélite [pɔljomjelit] ou, abrév., ***polio*** n. f. ■ Maladie causée par une lésion des centres nerveux, notamment de la moelle épinière. *La poliomyélite s'accompagne ordinairement de paralysie. Recevoir un vaccin contre la polio.* ▶ ***poliomyélitique*** adj. et n. ■ Qui est relatif à la poliomyélite. — Qui est atteint de poliomyélite. — N. *Un(e) poliomyélitique* ou *polio.*

polir [pɔliʀ] v. tr. ▪ conjug. 2. **1.** Rendre poli ② par frottement (une substance dure). ⇒ **limer,** ② **poncer ;** ① **sabler.** / contr. **dépolir** / *Polir qqch. avec un abrasif. Se polir les ongles.* — Au p. p. adj. *Des ongles soigneusement polis.* ⇒ ② **poli. 2.** Parachever (un ouvrage) avec soin. ⇒ **parfaire, peaufiner, perfectionner.** *Polir son style.* ▶ ***polissage*** n. m. ■ Opération qui consiste à donner une apparence lisse et brillante (à une surface). *Le polissage du bois.* ⇒ **ponçage ; sablage.** ▶ ***polisseuse*** n. f. ■ Appareil électroménager qui sert à polir les sols. ▶ ***polissoir*** n. m. ■ Ustensile de toilette, garni de peau de chamois, servant à polir les ongles. ‹ ▶ dépoli, ② poli ›

polisson, onne [pɔlisɔ̃, ɔn] n. et adj. **1.** Enfant espiègle, désobéissant. *Cet écolier est un polisson.* — Adj. *Une élève polissonne.* **2.** Adj. (Choses) Un peu grivois, licencieux. ⇒ **canaille, égrillard.** *Une chanson polissonne.* — *Des yeux polissons.* ⇒ **fripon.** ▶ ***polissonnerie*** n. f. **1.** Action d'un enfant espiègle, turbulent. **2.** Acte ou propos licencieux.

politburo [pɔlitbyʀo] n. m. ■ Histoire. (Souvent avec une majusc.) Bureau politique du Comité central de certains partis communistes, spécialt de l'U.R.S.S. *Le Politburo de l'ex-U.R.S.S. fut créé en 1917.*

politesse [pɔlitɛs] n. f. **1.** Ensemble de règles qui régissent le comportement, le langage considérés comme les meilleurs dans une société ; le fait et la manière d'observer ces usages. ⇒ **bienséance, civilité, courtoisie, éducation, savoir-vivre.** / contr. **impolitesse** / *Formules de politesse,* employées dans la conversation, dans une lettre (ex. : *s'il vous plaît, je vous en prie...*). — Loc. *Brûler la politesse à qqn,* partir brusquement. **2.** UNE POLITESSE : une action, une parole exigée par les bons usages. *Rendre la, une politesse à qqn.* — Au plur. Souvent iron. *Se faire des politesses. Échange de politesses.* ‹ ▶ impolitesse ›

politicaillerie [pɔlitikajʀi] n. f. ■ Péj. Politique mesquine, basse ; petite politique.

politicien, ienne [pɔlitisjɛ̃, jɛn] n. et adj. **1.** N. Personne qui exerce une action politique dans le gouvernement ou dans l'opposition. ⇒ homme (femme) d'**État,** ① **politique.** — Souvent péj. et opposé aux précédents. *Un politicien véreux, retors* (ou *politicard, arde, politicailleur, eux, euse,* n.). **2.** Adj. Péj. Purement politique ; qui se borne aux aspects techniques de la politique. *La politique politicienne.*

politico- ■ Élément signifiant « politique », formant des adjectifs (ex. : *politico-économique, -social,* etc.). ▶ ***politicologie*** [pɔlitikɔlɔʒi] ou ***politologie*** [pɔlitɔlɔʒi] n. f. ■ Observation, étude des faits politiques dans l'État, la société ; science politique. *Un programme universitaire de politicologie.* ▶ ***politicologue*** ou ***politologue*** n. ■ Spécialiste de politicologie.

① ***politique*** [pɔlitik] adj. et n. m. **I.** Adj. **1.** Relatif à l'organisation et à l'exercice du pouvoir dans une société organisée. *Pouvoir politique,* pouvoir de gouverner. *Les institutions politiques d'un État.* ⇒ **constitution.** *Un homme politique, une femme politique* (plutôt laudatif ; ⇒ **politicien**). **2.** Relatif à la théorie du gouvernement. *La pensée politique d'un chef d'État. Les grandes doctrines politiques.* — Relatif à la connaissance scientifique des faits politiques. *Institut, centre d'études politiques.* **3.** Relatif aux rapports du gouvernement et de son opposition ; au pouvoir et à la lutte autour du pouvoir. *La vie politique canadienne. Les procès politiques. Un prisonnier politique* (opposé à *prisonnier de droit commun*). *Les partis politiques.* **4.** Relatif à un État, aux États et à leurs rapports. *Unité politique. Les frontières politiques. Géographie politique,* partie de la géographie humaine. **5.** Littér. Habile. *Ce n'est pas très politique.* ⇒ **diplomatique. 6.** ÉCONOMIE POLITIQUE. ⇒ ① **économie. II.** N. m.

1. Littér. Homme ou femme de gouvernement. *Un fin politique. Les grands politiques.* — Personne qui sait gouverner autrui. *Il était trop mauvais politique.* **2.** Ce qui est politique. *Le politique et le social.* ▶ ***politiquement*** adv. **1.** En ce qui concerne le pouvoir politique. *Pays unifié politiquement.* **2.** Littér. Avec habileté. ⇒ **adroitement, finement.** *Agir politiquement.* ‹ ▶ apolitique, politiser ›

② ***politique*** n. f. **1.** Manière de gouverner un État *(politique intérieure)* ou de mener les relations avec les autres États *(politique extérieure). Politique conservatrice, libérale, péquiste ; politique de droite, de gauche. La politique d'un parti.* **2.** Ensemble des affaires publiques. *S'occuper, se mêler de politique. Faire de la politique.* — La carrière politique. *Elle se destine à la politique.* **3.** Manière concertée de conduire une affaire. ⇒ **tactique.** *Ce n'est pas ma politique. Pratiquer la politique du moindre effort.* — *La politique de remboursement d'un grand magasin,* la méthode, le mode. ⇒ **procédure.** ‹ ▶ politicaillerie, politicien, politico- ›

politiser [pɔlitize] v. tr. ▪ conjug. 1. ■ Donner un caractère, un rôle politique à. / contr. **dépolitiser** / *Politiser des élections syndicales.* — Au p. p. adj. *Débat politisé.* ▶ ***politisation*** n. f. ■ *La politisation des syndicats ouvriers, des grèves.* ‹ ▶ dépolitiser ›

politologie n. f., ***politologue*** n. ⇒ **politicologie, politicologue.**

polka [pɔlka] n. f. ■ Ancienne danse (et air de danse) d'origine polonaise ou tchèque, à l'allure vive et très rythmée. *Jouer des polkas.*

pollen [pɔlɛn] n. m. ■ Poussière faite de grains minuscules produits par les étamines des fleurs et qui féconde les fleurs femelles. *Les abeilles butinent le pollen. Allergie due aux pollens.* ▶ ***polliniser*** v. tr. ▪ conjug. 1. ■ Féconder par du pollen. ▶ ***pollinisation*** n. f. ■ Fécondation du pistil des fleurs par le pollen (généralement d'autres fleurs). *Pollinisation artificielle.* ▶ ***pollinisateur, trice*** adj. **1.** Qui produit du pollen. *Variété pollinisatrice,* capable d'en féconder une autre. **2.** Qui transporte du pollen. *Insectes pollinisateurs.*

polluer [pɔlɥe] v. tr. ▪ conjug. 1. ■ Salir en rendant malsain, dangereux. / contr. **dépolluer** / *Les gaz qui polluent l'atmosphère des villes.* — Sans compl. *Usine qui pollue.* — Au p. p. adj. *Eaux polluées. Air pollué,* vicié. ▶ ***polluant, ante*** adj. et n. m. ■ Adj. Qui pollue. *Une fumée polluante, des produits polluants.* ⇒ **pollueur.** — N. m. Produit provoquant une pollution. *Les polluants domestiques et industriels.* ▶ ***pollueur, euse*** adj. et n. ■ Qui pollue. ⇒ **polluant.** — N. Personne, groupe, industrie qui pollue. ▶ ***pollution*** n. f. **1.** Action de polluer, le fait d'être pollué. / contr. **dépollution** / *Pollution de l'air. La pollution d'un fleuve par les industries riveraines. Lutter contre la pollution.* **2.** POLLUTION NOCTURNE : émission involontaire de sperme pendant le sommeil. ‹ ▶ antipollution, dépolluer ›

① ***polo*** [pɔ(o)lo] n. m. ■ Sport dans lequel des cavaliers, divisés en deux équipes, essaient de pousser une boule de bois dans le camp adverse avec un maillet à long manche.

② ***polo*** n. m. ■ Chemise de sport en tricot, à col ouvert. *Des polos en piqué de coton.*

polochon [pɔlɔʃɔ̃] n. m. ■ (France) Fam. Traversin. *Les enfants se battaient à coups de polochon.*

polonais, aise [pɔlɔnɛ, ɛz] adj. et n. **1.** De Pologne. *Saucisson polonais, vodka polonaise. La communauté polonaise de Toronto.* — N. (Avec une majusc.) Personne née dans ce pays ou qui en a obtenu la citoyenneté. **2.** N. m. *Le polonais,* la langue slave parlée dans ce pays. **3.** Loc. fam. *Être soûl comme un Polonais,* au dernier point. ▶ ***polonaise*** n. f. **1.** Danse nationale des Polonais ; sa musique. *Les polonaises de Chopin.* **2.** Gâteau meringué, dont l'intérieur contient des fruits confits.

poltron, onne [pɔltʀɔ̃, ɔn] adj. et n. ■ Qui manque de courage physique. ⇒ **couard,** ① **lâche, peureux ;** fam. **froussard, jaune, trouillard.** / contr. **courageux** / — N. *Un poltron, une poltronne.* ▶ ***poltronnerie*** n. f.

poly n. f. ⇒ **polyvalente** (2).

poly- ■ Préfixe savant signifiant « nombreux ; abondant » (ex. : *polygame, polygone, polyphonie*). Voir les suivants.

polyamide [pɔliamid] n. m. ■ Corps chimique, constituant de nombreuses matières plastiques (ex. : *nylon*).

polyandre [pɔljɑ̃dʀ; pɔliɑ̃dʀ] adj. ■ Didact. Qui a plusieurs maris (opposé à *polygyne*). ⇒ **polygame.** *Une femme polyandre.* — N. f. *Une polyandre.* ▶ ***polyandrie*** n. f. ■ État d'une femme mariée à plusieurs hommes (opposé à *polygynie*). ⇒ **polygamie.**

polychlorure n. m. ⇒ **polyvinyle.**

polychrome [pɔlikʀom] adj. ■ Qui est de plusieurs couleurs ; décoré de plusieurs couleurs. / contr. **monochrome** / *Une statue polychrome.* ▶ ***polychromie*** n. f. ■ Application de la couleur à la statuaire, à l'architecture.

polyclinique [pɔliklinik] n. f. ■ Clinique où se donnent toutes sortes de soins. ⇒ **centre** médical.

polycopie [pɔlikɔpi] n. f. ■ Vieilli. Procédé de reproduction graphique par report (décalque), encrage et tirage. ≠ *photocopie, télécopie.* ▶ ***polycopier*** v. tr. ▪ conjug. 7. ■ Reproduire en polycopie. ≠ *photocopier, télécopier.* ▶ ***polycopié, ée*** adj. et n. m. ■ *Cours polycopié.* ▶ ***polycopieur, euse*** n. ■ Appareil à polycopier. *Polycopieur, polycopieuse à alcool.* ≠ *photocopieur, télécopieur.*

polyculture [pɔlikyltyʀ] n. f. ■ Culture simultanée de différents produits sur un même domaine, dans une même région. / contr. **monoculture** /

polyèdre [pɔljɛdʀ; pɔliɛdʀ] n. m. ■ Géométrie. Solide limité de toutes parts par des polygones plans. *Le cube et la pyramide sont des polyèdres.* ▶ ***polyédrique*** adj.

polyester [pɔliɛstɛʀ] n. m. ■ Composé chimique (ester) à poids moléculaire élevé (enchaînement de nombreuses molécules d'esters). *Certains polyesters sont les constituants de matières plastiques. Des étoffes synthétiques en polyester.*

polyéthylène n. m. ou f. ⇒ **polythène.**

polygame [pɔligam] n. et adj. ■ Homme uni à plusieurs femmes ⇒ **polygyne**, femme unie à plusieurs hommes ⇒ **polyandre** à la fois, en vertu de liens légitimes. / contr. **monogame** / — Adj. *Un musulman polygame.* ▶ ***polygamie*** n. f. **1.** Situation d'une personne polygame. **2.** Système social dans lequel un homme peut avoir plusieurs épouses (⇒ **polygynie**) ou une femme plusieurs maris (⇒ **polyandrie**).

polyglotte [pɔliglɔt] adj. et n. **1.** Qui parle plusieurs langues (opposé à *monolingue, unilingue, bilingue*). ⇒ **multilingue, plurilingue, trilingue.** *Interprète polyglotte.* — N. *Un(e) polyglotte.* **2.** En plusieurs langues. *Un glossaire polyglotte.*

polygone [pɔligɔn] n. m. **1.** Figure fermée par des segments de droite. *Polygone régulier,* à côtés et angles égaux. **2.** Polygone formant le tracé d'une place de guerre, d'une fortification. — *Polygone de tir,* champ de tir pour l'artillerie. ▶ ***polygonal, ale, aux*** adj. ■ Qui a plusieurs angles et plusieurs côtés.

polygyne [pɔliʒin] adj. ■ Didact. Qui a plusieurs femmes (opposé à *polyandre*). ⇒ **polygame.** *Un homme polygyne.* — N. m. *Un polygyne.* ▶ ***polygynie*** n. f. ■ État d'un homme marié à plusieurs femmes (opposé à *polyandrie*). ⇒ **polygamie.**

polymérisation [pɔlimeʀizasjɔ̃] n. f. ■ Union de plusieurs molécules d'un composé pour former une grosse molécule (appelée *polymère,* n. m.). *Le séchage d'une peinture par polymérisation ou évaporation. Résines de polymérisation,* matières plastiques. — REM. On emploie aussi *polymériser,* v. t. conjug. 1.

polymorphe [pɔlimɔʀf] adj. ■ Didact. Qui peut se présenter sous des formes différentes. *Roches polymorphes.* ▶ ***polymorphisme*** n. m. ■ *Le polymorphisme des virus, d'une maladie.*

polynésien, enne [pɔlinezjɛ̃, ɛn] adj. et n. ■ De Polynésie (ensemble d'îles et d'archipels océaniens). *Les langues polynésiennes.* — N. (Avec une majusc.) Personne née en Polynésie ou qui y habite.

polynévrite [pɔlinevʀit] n. f. ■ Névrite qui atteint plusieurs nerfs.

polynôme [pɔlinom] n. m. ■ Expression algébrique constituée par une somme algébrique de monômes (séparés par les signes + et –). *Le binôme, le trinôme sont des polynômes.*

① ***polype*** [pɔlip] n. m. ■ Animal *(Cœlentérés)* formé d'un tube dont une extrémité porte une bouche entourée de tentacules. *Une colonie de polypes. La méduse est un polype.* ▶ ***polypier*** n. m. ■ Squelette calcaire des polypes (ex. : *le corail*).

② ***polype*** n. m. ■ Tumeur, excroissance fibreuse ou muqueuse, implantée par un pédicule. *Polype de l'œsophage.*

polyphonie [pɔlifɔni] n. f. ■ Combinaison de plusieurs voix ou parties mélodiques, dans une composition musicale. ⇒ **contrepoint.** ▶ ***polyphonique*** adj. ■ *Pièce polyphonique vocale.*

polystyrène [pɔlistiʀɛn] n. m. ■ *Mousse de polystyrène,* matière plastique généralement blanche, tendre et cassante, très légère, utilisée en emballage industriel et comme isolant thermique. *Verres en polystyrène recyclable. Déchets de polystyrène sur une plage. Panneau en polystyrène expansé.*

polysyllabe [pɔlisi(l)lab] adj. et n. m. ■ Qui est composé de deux ou plusieurs syllabes. / contr. **monosyllabe, monosyllabique** / — N. m. *Un polysyllabe,* un mot de deux ou plusieurs syllabes. — REM. On dit aussi *polysyllabique.*

polytechnique [pɔlitɛknik] adj. et n. f. ■ *École polytechnique* ou, n. f., *Polytechnique,* établissement d'enseignement supérieur où l'on forme des scientifiques (ingénieurs, etc.). ⇒ **université.** ▶ ***polytechnicien, ienne*** n. ■ Élève, ancien(ne) élève de Polytechnique.

polythéisme [pɔliteism] n. m. ■ Doctrine qui admet l'existence de plusieurs dieux. *Le polythéisme grec.* ⇒ **panthéon.** / contr. **monothéisme** / ▶ ***polythéiste*** n. et adj. ■ *Religion polythéiste.*

polythène [pɔlitɛn] ou ***polyéthylène*** [pɔlietilɛn] n. m. ou f. ■ Matière plastique obtenue par polymérisation de l'éthylène. *Le polythène a de bonnes propriétés isolantes. Un rouleau de polythène.* — REM. Le mot *polythène* est un nom de marque déposée.

polyuréthane [pɔliyʀetan] n. m. ■ Matière plastique (résine) employée dans l'industrie de la peinture (vernis, etc.) ou pour fabriquer des élastomères, des produits à structure cellulaire. — REM. On écrit aussi *polyuréthanne.*

polyvalent, ente [pɔlivalɑ̃, ɑ̃t] adj. et n. **1.** Adj. Qui a plusieurs fonctions, plusieurs activités différentes. *Salle polyvalente. Un professeur polyvalent.* **2.** *École polyvalente* ou, n. f., *polyvalente,* école secondaire qui offre à la fois, un enseignement général et un enseignement professionnel. ⇒ **cégep,** ① **collège, régionale.** — Abrév. fam. POLY, n. f. *Attends-moi à la poly.*

polyvinyle [pɔlivinil] ou ***polychlorure*** [pɔliklɔʀyʀ] n. m. ■ *Chlorure de polyvinyle* ou *polychlorure de vinyle,* matière plastique obtenue par polymérisation du chlorure de vinyle, qu'on utilise pour fabriquer des fibres textiles, des tubes, etc. ⇒ **P.V.C.**

pomélo [pɔmelo] n. m. ■ (France) Fruit (agrume) appelé couramment *pamplemousse. Les pomélos sont parfois acides.*

pomicole [pɔmikɔl] adj. ■ Relatif à la pomiculture. *Les produits pomicoles.* ▶ ***pomiculteur*** ou ***pomoculteur, trice*** n. ■ Personne qui s'occupe de pomiculture. ▶ ***pomiculture*** ou ***pomoculture*** n. f. ■ Culture et exploitation industrielles des arbres produisant des fruits à pépins, spécialt les pommiers. ⇒ **arboriculture.**

pommade [pɔmad] n. f. ■ Substance grasse à mettre sur la peau (médicament, etc.). ⇒ **crème, onguent.** *Un tube de pommade.* ▶ ***pommader*** v. tr. ▪ conjug. 1. ■ Plaisant. et péj. Enduire de pommade (les cheveux ; les cheveux de qqn). — Pronominalement. *Se pommader.* — Au passif et au p. p. adj. *Il était tout pommadé, gominé.*

① ***pomme*** [pɔm] n. f. **I. 1.** Fruit du pommier, rond, à pulpe ferme et juteuse. *Pomme verte, rouge. Pomme de neige. Pommes d'automne. Pommes granny smith, mcIntosh, lobo. Eau-de-vie de pomme.* ⇒ **calvados.** *Pommes cuites. Compote de pommes. Tarte aux pommes.* — *Pomme de tire,* pomme fixée sur un bâtonnet et enrobée d'une substance caramélisée. **2.** En appos. Invar. VERT POMME : assez vif et clair. *Des jupes vert pomme.* **3.** Loc. (Surtout des enfants) *Haut comme trois pommes,* tout petit. *Chanter* la pomme* (à une femme), *chanteur* de pomme.* — *Tomber dans les pommes,* s'évanouir. — (Surtout en France) Fam. Idiot, naïf. *Cette pauvre pomme croit tout ce qu'on lui dit.* ⇒ fam. **poire. 4.** POMME D'ADAM : saillie à la partie antérieure du cou (des hommes). ⇒ fam. **gargoton. 5.** POMME DE PIN : organe reproducteur du pin, formé d'écailles dures qui protègent les graines. ⇒ ③ **cocotte.** *Pomme de chou, de laitue,* le cœur tendre de ces légumes. — *Pomme de route,* crottin de cheval. **II.** *Pomme d'arrosoir, pomme de douche,* partie arrondie percée de petits trous, qui permet de distribuer l'eau en pluie. ⟨ ▶ pomicole, pommé, pommeau, pomme de terre, pommelé, ① pommette, ② pommette, pommier ⟩

② ***pomme*** n. f. ■ (France) Pomme de terre. *Des pommes frites.* ⇒ **frite.** *Des pommes vapeur.*

pommé, ée [pɔme] adj. ■ (Plantes) Qui a une forme arrondie. *Un chou pommé. Laitue pommée.* ⇒ **iceberg** (II).

pommeau [pɔmo] n. m. **1.** Tête arrondie de la poignée (d'un sabre, d'une épée). — Boule à l'extrémité d'une canne, d'un parapluie. *La canne* à pommeau d'or. Des pommeaux.* **2.** Partie arrondie, arcade antérieure de l'arçon d'une selle. *S'accrocher au pommeau.*

pomme de terre [pɔmdətɛʀ] n. f. **1.** Tubercule comestible, riche en féculents, d'une plante potagère cultivée en plein champ dans les climats tempérés et tropicaux. ⇒ **patate,** ② **pomme.** *Sac de pommes de terre. Éplucher des pommes de terre. Pommes de terre bouillies, sautées. Pommes de terre en robe de chambre* ou *en robe des champs. Purée de pommes de terre. Pommes de terre frites.* ⇒ **frite.** — Plaisant. *Nez en pomme de terre,* gros et rond. **2.** La plante cultivée pour ses tubercules. *Champ de pommes de terre. Des fanes de pommes de terre.*

pommelé, ée [pɔmle] adj. **1.** Couvert ou formé de petits nuages ronds. *Un ciel pommelé.* **2.** (Robe du cheval) Couvert de taches rondes grises ou blanches. *Cheval pommelé, gris pommelé.* ▶ *se* ***pommeler*** v. pron. ▪ conjug. 4. ■ (Ciel) Se couvrir de petits nuages ronds. ⇒ **moutonner.**

① ***pommette*** [pɔmɛt] n. f. ■ Petite pomme à saveur légèrement acidulée. *Gelée de pommettes.* ▶ ***pommetier*** ou ***pommettier*** n. m. ■ Arbre fruitier qui produit la pommette. ⇒ **aubépine.** *Le pommetier rouge, blanc.*

② ***pommette*** n. f. ■ Partie haute de la joue. *Un visage aux pommettes saillantes.*

pommier [pɔmje] n. m. **1.** Arbre à frondaison arrondie dont le fruit est la pomme. *Pommier commun ; pommier nain.* **2.** *Pommier du Japon, de Chine,* variété exotique cultivée pour ses fleurs roses.

pomoculteur n., ***pomoculture*** n. f. ⇒ **pomiculteur, pomiculture.**

① ***pompe*** [pɔ̃p] n. f. **1.** Littér. Déploiement de faste dans un cérémonial. ⇒ ① **apparat, magnificence.** *Sous Louis XIV, la pompe de Versailles contrastait avec la misère du peuple.* — Loc. *En grande pompe,* avec tout le faste possible. **2.** Au plur. POMPES FUNÈBRES : service assurant le transport et l'enterrement (ou la crémation) des morts. ⇒ **thanatologie.** *Entrepreneur de pompes funèbres.* **3.** Loc. religieuse. *Renoncer à Satan, à ses pompes et à ses œuvres,* aux péchés et à la tentation. ⟨ ▶ pompeux ⟩

② ***pompe*** n. f. **1.** Appareil destiné à déplacer un liquide, de l'eau. *Pompe aspirante ; foulante. Amorcer une pompe. Aller chercher de l'eau à la pompe. Pompe à eau. Pompe à incendie. Bateau-pompe,* muni de lances à incendie. *La pompe à essence d'un moteur.* — *Pompe à chaleur.* ⇒ **thermopompe. 2.** POMPE (À ESSENCE ou, fam., À GAZ) : distributeur d'essence. ⇒ **poste** d'essence, **station-service ; pompiste.** *La jauge est à zéro, il faut trouver une pompe. Les pompes d'un garage.* **3.** Appareil déplaçant de l'air. *Pompe de bicyclette.* **4.** Fam. *Avoir le, un* COUP DE POMPE : se sentir brusquement épuisé. ⇒ **pomper** (6). **5.** Fam. À TOUTE POMPE : à toute vitesse. *Je me sauve à toute pompe.* ⟨ ▶ autopompe, ① pompier, pompiste, thermopompe ⟩

pomper [pɔ̃pe] v. ▪ conjug. 1. **1.** V. tr. Déplacer (un liquide, de l'air) à l'aide d'une pompe. *Pomper de l'eau,* en tirer à la pompe. ⇒ **puiser.** — Sans compl. *Pompez !* **2.** Aspirer (un liquide). *Les moustiques pompent le sang.* **3.** Intransitivement. Fam. Boire. *Il pompe bien.* **4.** Absorber (un liquide). *Pompe la tache avec un buvard !* **5.** Fam. Copier. *Il a encore pompé sur son voisin.* **6.** Fam. Épuiser. *Cet effort l'a pompé, a pompé ses énergies.* — Loc. *Pomper l'air à qqn,* le fatiguer, l'ennuyer. ⇒ fam. **achaler, tanner.** — Au p. p. adj. POMPÉ, ÉE : épuisé. **7.** V. intr. Fam. Être à bout de souffle, hors d'haleine. ⇒ **haleter.** *Pomper en montant un escalier.* ▶ ***pompage*** n. m. ■ (⇒ **pomper,** 1) *Les stations de pompage d'un pipe-line.* ⟨ ▶ ② pompe, pompette ⟩

pompette [pɔ̃pɛt] adj. ■ Fam. Un peu ivre, éméché. ⇒ ② **gris.** *Il était rentré pompette.*

pompeux, euse [pɔ̃pø, øz] adj. ■ Qui affecte une solennité plus ou moins ridicule (⇒ ① **pompe**). *Un ton pompeux.* ⇒ **déclamatoire, sentencieux.** / contr. ① **simple** / ▶ ***pompeusement*** adv.

① ***pompier*** [pɔ̃pje] n. m. ■ Personne appartenant à un corps de fonctionnaires chargé de combattre incendies et sinistres. *Avertisseur des voitures de pompiers.* ⇒ **pin-pon.** *Casques, grande échelle de pompiers.* — *Les pompiers volontaires* (dans les municipalités ne possédant pas de service organisé). — REM. L'O.L.F. propose *pompière* au féminin. ⟨ ▶ sapeur-pompier ⟩

② ***pompier, ière*** adj. ■ Emphatique et prétentieux (à cause des peintures militaires avec des casques, comparés à ceux des pompiers ①). *Un peintre pompier. Ça fait terriblement pompier.*

pompiste [pɔ̃pist] n. ■ Personne préposée à la distribution de l'essence, du carburant (par les *pompes* ②, 2, à essence).

pompon [pɔ̃pɔ̃] n. m. **1.** Touffe de laine, de soie, servant d'ornement. ⇒ **houppe.** *Bonnet à pompon rouge des marins français. Tuque à pompon.* **2.** *Rose pompon,* variété de petite rose, à fleur sphérique. **3.** Fam. Personne, chose ridicule. ⇒ **quétaine.** *Avoir l'air d'un pompon.* ▶ ***pomponner*** v. tr. ▪ conjug. 1. ■ Parer, orner avec soin. ⇒ **bichonner.** — Pronominalement. *Se pomponner.* — Au p. p. adj. *Elle était pomponnée pour sortir.*

ponant [pɔnɑ̃] n. m. ■ Vx ou littér. LE PONANT : le couchant (opposé au *levant*). ⇒ **occident, ouest.**

① ***ponce*** n. f. ■ Boisson faite d'eau chaude additionnée d'alcool (surtout de gin), de miel ou de sucre et de jus de citron, que l'on prend pour combattre certains maux (grippe, refroidissement, insomnie, etc.). ⇒ **grog.** *Ponce au (de) gin. Prendre une bonne ponce.* ⇒ ① **poncer.** ≠ ① *punch.* ▶ ① ***poncer*** v. tr. ▪ conjug. 1. ■ *Poncer qqn,* lui faire prendre une ponce. — SE PONCER : v. pron. (réfl.).

② ***ponce*** [pɔ̃s] adj. f. ■ PIERRE PONCE : roche volcanique poreuse, très légère et très dure. *Des pierres ponces.* ⟨ ▶ ② poncer ⟩

ponceau [pɔ̃so] n. m. ■ Petit pont d'une seule travée, pour passer un ruisseau, un canal d'eau, etc.

② ***poncer*** [pɔ̃se] v. tr. ▪ conjug. 3. ■ Nettoyer, polir (une surface) en frottant à la pierre ponce, à la toile émeri, au papier de verre. ⇒ ① **sabler.** *Poncer un plafond avant de le repeindre.* — Au p. p. adj. *Un meuble bien poncé et reverni.* ▶ ***ponçage*** n. m. ■ ⇒ **polissage, rabotage, sablage.** *Le ponçage du bois.* ▶ ***ponceuse*** n. f. ■ Machine servant à poncer, à polir (les surfaces planes). ⇒ **sableuse.** *Une ponceuse pour les planchers.*

poncho [pɔntʃo] n. m. ■ Manteau d'homme formé d'une pièce d'étoffe percée d'un trou pour passer la tête (en usage au Mexique et en Amérique du Sud). *Des ponchos indiens.*

poncif [pɔ̃sif] n. m. ■ Thème, expression littéraire ou artistique dénué(e) d'originalité. ⇒ **banalité, cliché, lieu** commun. *Ce film policier enchaîne tous les poncifs du genre.*

ponction [pɔ̃ksjɔ̃] n. f. **1.** Opération chirurgicale qui consiste à piquer les tissus vivants enveloppant une cavité pour en retirer le liquide qu'elle contient. *Ponction lombaire,* qui permet de retirer du liquide céphalorachidien (de la colonne vertébrale). **2.** Prélèvement (d'argent, etc.). *Une ponction dans un budget ministériel.* ▶ ***ponctionner*** v. tr. ▪ conjug. 1. ■ *Ponctionner un épanchement pleural.*

ponctuation n. f. ⇒ **ponctuer.**

① ***ponctuel, elle*** [pɔ̃ktɥɛl] adj. **1.** Vieilli. Qui met beaucoup de soin, d'attention à un travail, à une fonction. ⇒ **assidu, régulier. 2.** Qui arrive à l'heure, respecte les horaires. *Un employé ponctuel.* / contr. **inexact** / ▶ ***ponctualité*** n. f. **1.** Soin, précision dans l'accomplissement de ses devoirs. ⇒ **exactitude.** *La ponctualité d'un employé.* ⇒ **assiduité. 2.** Plus cour. Qualité de la personne qui est ponctuelle (2). ▶ ***ponctuellement*** adv. ■ *Aller dîner toujours à midi et demi, ponctuellement.* ⇒ **exactement.**

② ***ponctuel, elle*** adj. ■ Sciences. Qui peut être assimilé à un point*. *Source lumineuse ponctuelle.* — Qui ne concerne qu'un point, qu'un élément d'un ensemble (opposé à *global*). *Des remarques ponctuelles.*

ponctuer [pɔ̃ktɥe] v. tr. ▪ conjug. 1. **1.** Diviser (un texte) au moyen de la ponctuation. — Au p. p. adj. *Un devoir mal ponctué.* **2.** PONCTUER... DE : marquer (ses phrases) d'une exclamation, d'un geste. *Elle ponctuait ses phrases de soupirs.* ▶ ***ponctuation*** [pɔ̃ktɥasjɔ̃] n. f. ■ Système de signes servant à indiquer les divisions d'un texte, à noter certains rapports syntaxiques. *Signes de ponctuation,* crochet(s), deux-points, guillemet(s), parenthèse(s), point, point-virgule, tiret, virgule... — Manière d'utiliser ces signes. *Mettre, oublier la ponctuation. Bonne ponctuation. Orthographe* et ponctuation.*

pondérable [pɔ̃deʀabl] adj. ■ Qui peut être pesé ; qui a un poids mesurable. / contr. **impondérable** / ⟨ ▶ impondérable ⟩

pondération [pɔ̃deʀasjɔ̃] n. f. ■ Calme, équilibre et mesure dans les jugements. *Faire preuve de pondération.* ⇒ **réserve.** / contr. **impulsivité.** / ▶ ***pondéré, ée*** adj. ■ Calme, équilibré. *Un esprit pondéré. Elle est énergique, mais pas assez pondérée.* / contr. **déraisonnable, extrémiste** / — N. *C'est une pondérée.* ≠ *pondéré* (p. p. de *pondérer*).

pondérer [pɔ̃deʀe] v. tr. ▪ conjug. 6. ■ Littér. Équilibrer (les forces). *Pondérer le pouvoir exécutif par un contrôle du Parlement.* — Au p. p. adj. *Forces pondérées.* ≠ *pondéré.* ⟨ ▶ pondérable, pondération ⟩

pondre [pɔ̃dʀ] v. tr. ▪ conjug. 41. **1.** (Femelles ovipares) Déposer, faire (ses œufs). ⇒ ① **ponte.** *Les oiseaux pondent des œufs.* — Au p. p. adj. *Un œuf frais pondu.* **2.** Fam. et péj. Écrire, produire (une œuvre). *Il nous pond trois romans par an. Pondre une réponse à qqn.* ▶ ***pondeur, euse*** adj. et n. **1.** Qui pond (1) des œufs. *Poule pondeuse,* élevée pour ses œufs. — N. f. *Une bonne pondeuse.* **2.** Péj. Qui écrit, produit (une, des œuvres). ⟨ ▶ ① ponte ⟩

poney [pone] n. m. ■ Équidé (cheval) d'une race de petite taille. *Des poneys.* ≠ *poulain.*

pongé [pɔ̃ʒe] n. m. ■ Taffetas de soie léger et souple. ⇒ **shantoung.** *Une doublure de veste en pongé.*

pongiste [pɔ̃ʒist] n. ■ Joueur, joueuse de ping-pong, de tennis de table.

① ***pont*** [pɔ̃] n. m. **I. 1.** Construction, ouvrage reliant deux points séparés par une dépression ou par un obstacle. ⇒ **viaduc.** *Les ponts de Paris, sur la Seine. Pont franchissant un fleuve, une rivière, un canal, une voie ferrée, une autoroute. Le pont de l'Île. Levée, parapet et tablier d'un pont. Des clochards qui couchent sous les ponts. Pont suspendu. Pont pour les piétons.* ⇒ **passerelle.** *Franchir, passer, traverser un pont. Pont mobile, tournant, levant* ou *basculant.* ⇒ **pont-levis.** — *Pont couvert,* pont de bois doté de parois et surmonté d'un toit. *Pont de glace,* chemin balisé sur un cours d'eau gelé, pour passer d'une rive à l'autre. *Pont de graissage,* sur lequel on soulève les automobiles pour les graisser. — Loc. *Il est solide comme le pont de Québec,* très vigoureux. *Il coulera (passera) de l'eau sous les ponts,* il se passera un long temps. — *Couper, brûler les ponts,* s'interdire tout retour en arrière. **2.** PONTS ET CHAUSSÉES [pɔ̃zeʃose] : (France) service public chargé principalement de la construction et de l'entretien des voies publiques. *Ingénieur des Ponts et Chaussées* ou, ellipt, *des Ponts.* **3.** PONT AUX ÂNES [pɔ̃tozɑn] : démonstration mathématique que tout le monde devrait connaître ; fausse difficulté d'un programme scolaire. **4.** *Faire un* PONT D'OR *à qqn* : lui offrir une forte somme, pour le décider à occuper un poste. **5.** Ensemble des organes (d'une automobile) qui transmettent le mouvement aux roues. *Pont arrière.* **6.** Pièce d'étoffe qui se rabat (dans : À PONT). *Culotte à pont.* **7.** (Surtout en France) FAIRE LE PONT : chômer entre deux jours fériés. *Le pont du Nouvel An.* **8.** PONT AÉRIEN : liaison aérienne d'urgence quasi ininterrompue (pour acheminer des vivres, des secours, des troupes, ou évacuer des réfugiés). **9.** TÊTE DE PONT : point où une armée prend possession d'un territoire à conquérir. **II.** Prothèse dentaire servant à maintenir une dent artificielle, en prenant appui sur des dents solides. ⇒ **dentier, partiel.** ≠ *couronne.* ⟨ ▶ appontement, ponceau, pont-levis, ponton, pontonnier, pont-tunnel ⟩

② ***pont*** n. m. ■ Ensemble des bordages recouvrant entièrement la coque d'un navire. *Navire à trois ponts.* — *Pont d'envol,* sur un porte-avions. — Absolt. Pont supérieur. *Tout le monde sur le pont !* (appel). ▶ ① ***ponter*** v. tr. ▪ conjug. 1. ■ Munir d'un pont (un navire en construction). — Au p. p. adj. *Une barque pontée, non pontée.* ⟨ ▶ entrepont ⟩

① ***ponte*** [pɔ̃t] n. f. ■ Action de pondre. *La ponte des poules. La ponte des œufs.* — Les œufs pondus en une fois. *Deux pontes par jour.*

② ***ponte*** n. m. ■ Au baccara, à la roulette, etc. Chacun des joueurs qui jouent contre le banquier. ▶ ② ***ponter*** v. ▪ conjug. 1. **1.** V. intr. Jouer contre la personne qui tient la banque ; être ponte, au baccara, à la roulette. **2.** V. tr. Miser. *Ponter cinq cents dollars.*

③ ***ponte*** n. m. ■ Fam. Personnage important. *C'est un gros ponte.* ⇒ ② **pontife.**

① ***pontife*** [pɔ̃tif] n. m. **1.** Antiquité. L'un des cinq à seize grands prêtres responsables du culte public de Rome. **2.** Se dit des hauts dignitaires catholiques, évêques ou prélats. *Le souverain pontife,* le pape. ▶ ***pontifical, ale, aux*** adj. ■ Relatif au souverain pontife, au pape. ⇒ **papal.** *Le trône pontifical. Messe pontificale.* ▶ ***pontificat*** n. m. ■ Dignité de souverain pontife ; règne (d'un pape). *Cardinal élevé au pontificat.* ⇒ **papauté.**

② ***pontife*** n. m. ■ Fam., iron. Personnage plein d'autorité, gonflé de son importance. ⇒ **mandarin,** ③ **ponte ; infatué.** *Les grands pontifes du gouvernement.* ▶ ***pontifier*** [pɔ̃tifje] v. intr. ▪ conjug. 7. ■ Faire le pontife, dispenser sa science, ses conseils avec prétention et emphase. *Il pontifiait, entouré de ses disciples.* ▶ ***pontifiant, ante*** adj. ■ Qui pontifie. *Un ton pontifiant.* ⇒ **doctoral.** ⟨ ▶ ③ ponte ⟩

pont-l'évêque [pɔ̃levɛk] n. m. invar. ■ Fromage fermenté à pâte molle, de la région de Pont-l'Évêque (Calvados, France). *Des pont-l'évêque.*

pont-levis [pɔ̃lvi] n. m. ■ Moyen Âge. Pont mobile basculant qui se lève ou s'abaisse à volonté au-dessus du fossé d'un bâtiment fortifié. *Les ponts-levis d'un château fort.*

ponton [pɔ̃tɔ̃] n. m. **1.** Construction flottante formant plate-forme. *Ponton d'accostage.* ≠ *quai.* **2.** Chaland ponté servant aux gros travaux des ports. *Ponton d'abattage. Ponton-grue.*

pontonnier [pɔ̃tɔnje] n. m. ■ Soldat du génie chargé de la pose, du démontage, de l'entretien, etc., des ponts militaires. — REM. Le féminin *pontonnière* est virtuel.

pont-tunnel [pɔ̃tynɛl] n. m. ■ Ouvrage composé d'un pont et d'un tunnel reliant deux points séparés par une dépression ou par un obstacle. *Le pont-tunnel Louis-Hippolyte-LaFontaine, à Montréal.*

pool [pul] n. m. Anglic. **1.** Groupe de personnes associées ou effectuant le même travail dans une entreprise. ⇒ **équipe.** *Des pools de dactylos, de traducteurs.* **2.** Billard. *Jouer au pool. — Salle de pool.*

pop [pɔp] adj. invar. et n. Anglic. **1.** *Musique pop* ou, n. m., *le pop,* se dit de la musique rock (1960-1970), puis de musiques analogues, à base d'instruments électriques et de mélodies simples et rythmées. *Musicien pop.* **2.** N. m. POP-ART ou POP'ART : école anglo-saxonne de peinture moderne qui tire son inspiration de produits industriels de masse. — Adj. *De l'art pop.*

popcorn, pop-corn ou ***pop corn*** [pɔpkɔʀn] n. m. invar. ■ Anglic. Grains de maïs soufflés à chaud, salés ou sucrés (friandise). *Du pop-corn, des pop-corn.*

pope [pɔp] n. m. ■ Prêtre de l'Église orthodoxe slave.

popeline [pɔplin] n. f. ■ Tissu de coton ou de laine et soie, en taffetas. *Chemise en popeline.*

popote [pɔpɔt] n. f. et adj. N. f. **1.** Table commune d'officiers. ⇒ **mess ; cantine. 2.** Fam. Soupe, cuisine. *Faire la popote.* **3.** Fam. *Popote roulante,* cantine* mobile.

popotin [pɔpɔtɛ̃] n. m. ■ (France) Fam. Les fesses, le derrière. ⇒ ② **postérieur ;** fam. **foufoune, péteux.** — Loc. fam. *Se manier le popotin,* se dépêcher.

popsicle [pɔpsekœl] n. m. ou , abrév., ***pops*** [pɔps] ■ Anglic. Friandise faite d'eau gelée, aromatisée à saveur de fruit, qui tient sur un bâtonnet plat. *Des popsicles à l'orange. Manger un pops.* — REM. Ce mot est un nom de marque déposée.

populace [pɔpylas] n. f. ■ Péj. Bas peuple. ▶ ***populacier, ière*** adj. ■ Péj. Propre à la populace. ⇒ ① **commun, vulgaire.** *Langage populacier. Une allure populacière.* ⇒ **canaille.**

populaire [pɔpylɛʀ] adj. **1.** Qui émane du peuple. *La volonté populaire. Un soulèvement populaire.* — En politique et d'après Karl Marx. Qui émane du prolétariat, s'oppose à la bourgeoisie. *Démocraties populaires.* — *Front populaire,* union des forces de gauche (en France, en 1936). **2.** Propre au peuple. *Les traditions populaires.* ⇒ **folklorique.** — Langage. Qui est employé surtout par le peuple, n'est guère en usage dans la bourgeoisie. *Mot, expression populaire.* ≠ *familier ; argot.* **3.** À l'usage du peuple (et qui en émane ou non). *Un spectacle populaire. Art populaire.* ⇒ **folklore.** — (Personnes) Qui s'adresse au peuple. *Un romancier populaire.* **4.** Qui se recrute dans le peuple, que fréquente le peuple. *Les milieux populaires.* / contr. **bourgeois** / *Restaurants populaires.* **5.** Qui plaît au peuple, au plus grand nombre. ⇒ **popularité.** *Ce chanteur est plus populaire en Amérique qu'en France. Henri IV était un roi populaire.* / contr. **impopulaire** / — (Choses) *Un jouet très populaire à Noël.* — Anglic. Qui plaît, est aimé (par ses voisins, ses collègues). *Une élève très populaire dans sa classe.* ≠ *populeux.* ▶ ***populairement*** adv. ■ D'une manière populaire, dans le langage populaire. *S'exprimer populairement.* ▶ ***populariser*** v. tr. ▪ conjug. 1. ■ Faire connaître parmi le peuple, le grand nombre. *Les mots « enliser », « pieuvre » ont été popularisés par Victor Hugo.* ⇒ **répandre, vulgariser.** ▶ ***popularité*** n. f. ■ Le fait d'être connu et aimé du peuple, du plus grand nombre. *La popularité d'un chef d'État.* ⇒ **célébrité, gloire, renommée.** / contr. **impopularité** / — Faveur. *Elle jouit d'une certaine popularité dans la maison.* ⟨ ▶ impopulaire, pop, populo ⟩

population [pɔpylasjɔ̃] n. f. **1.** Ensemble des personnes qui habitent un espace défini par des limites administratives, politiques ou géographiques (⇒ **habitant**). *La population de la Californie. Recensement de la population. Région à population dense.* ⇒ **démographie. 2.** Ensemble des personnes d'une catégorie particulière. *La population active,* les travailleurs. *La population immigrée. Population étudiante, scolaire.* **3.** Ensemble d'animaux vivant en société ou recensés sur un territoire. *La population d'une ruche. Une population de chevreuils.* **4.** Sciences. Ensemble statistique. ⟨ ▶ surpopulation ⟩

populeux, euse [pɔpylø, øz] adj. ■ Très peuplé. / contr. **désert** / *Les villes populeuses. Des rues populeuses.* ≠ *populaire.*

populisme [pɔpylism] n. m. ■ École littéraire qui cherche, dans les romans, à dépeindre avec réalisme la vie des gens du peuple. — *Un populisme révolutionnaire.* ▶ ***populiste*** n. et adj. ■ *Un écrivain populiste.* — *Un politicien populiste,* qui flatte le peuple, se met à son niveau.

populo [pɔpylo] n. m. (France) Fam. **1.** Peuple. *C'est encore le populo qui trinque.* **2.** Grand nombre de gens. ⇒ **foule ;** fam. **peuple.** *C'est plein de populo !*

① ***poque*** n. f. ⇒ **puck.**

poquer [pɔke] v. tr. ▪ conjug. 1. ■ Fam. Marquer (qqch.), à la suite d'un coup, d'un heurt ; donner un coup. *Poquer son auto.* ⇒ fam. ① **bosser, maganer.** — Loc. fig. (Personnes) *Être poqué, avoir l'air poqué,* épuisé, fatigué. ⇒ **fripé ;** fam. **magané.** — Au p. p. adj. *Meuble poqué,* marqué, *aile poquée,* bosselée. *Avoir le visage poqué,* marqué de coups, meurtri. *Fruit poqué.* ▶ ② ***poque*** n. f. ■ Fam. Marque, bosse laissée par un coup, un heurt. *Une table pleine de poques. Avoir une poque sur (dans) le front* ⇒ **bosse,** *sur une cuisse* ⇒ **bleu.** *Faire une poque à, sur (qqch.).* ⇒ fam. **poquer.** ≠ ① *poque.*

porc [pɔʀ] n. m. **1.** Animal (mammifère) au corps épais, dont la tête est terminée par un groin, qui est domestiqué et élevé pour sa chair ; se dit surtout du mâle adulte (opposé à *truie,* à *goret,* à *porcelet*). ⇒ **cochon.** *Porc non châtré.* ⇒ **verrat.** *Gardien de porcs.* ⇒ **porcher.** *Relatif au porc.* ⇒ **porcin.** *Les soies du porc.* — Loc. *Il est gras, sale comme un porc. Manger comme un porc,* salement. — *C'est un vrai porc,* un homme débauché, grossier. **2.** Viande de cet animal. *Un rôti de porc (frais). Longes, côtelettes de porc. Graisse de porc.* ⇒ **lard, saindoux ; charcuterie, jambon. 3.** Peau tannée de cet animal. *Une valise en porc.* **4.** Par ext. *Porc sauvage.* ⇒ **sanglier.** ▶ ***porcelet*** n. m. ■ Jeune porc. ⇒ **goret.** *Manger du porcelet rôti,* du cochon de lait. ▶ ***porc-épic*** [pɔʀkepik] n. m. ■ Mammifère rongeur d'Amérique, d'Afrique et d'Asie, pouvant peser jusqu'à 30 kilos, au corps recouvert de longs piquants. *Dans le danger, le porc-épic se hérisse. Des porcs-épics* [pɔʀkepik]. — *C'est un véritable porc-épic,* une personne irritable. ≠ *hérisson.* ⟨ ▶ porcher, porcin ⟩

porcelaine [pɔʀsəlɛn] n. f. **1.** Substance translucide, imperméable, résultant de la cuisson du kaolin (à plus de 1300 °C). *Vaisselle en porcelaine, de porcelaine.* ≠ *céramique, faïence.* **2.** Objet en porcelaine. *Casser une porcelaine.* **3.** Mollusque, coquillage univalve luisant et poli, aux couleurs vives. ▶ ***porce-***

lainier, ière n. et adj. **1.** Marchand(e), fabricant(e) de porcelaine. **2.** Adj. *L'industrie porcelainière de Limoges, en France.*

porche [pɔʀʃ] n. m. ■ Construction en saillie qui abrite la porte d'entrée (d'un édifice). *Le porche principal d'une cathédrale.* ⇒ porte **cochère, portail.**

porcher, ère [pɔʀʃe, ɛʀ] n. ■ Gardien(ienne) de porcs ; ouvrier agricole qui s'occupe des porcs. ▶ ***porcherie*** n. f. **1.** Bâtiment où l'on élève, où l'on engraisse les porcs. ⇒ **soue. 2.** Local très sale. *C'est une vraie porcherie, ici !*

porcin, ine [pɔʀsɛ̃, in] adj. et n. m. **1.** Relatif au porc. *Élevage porcin. Race porcine.* — N. m. *Un porcin, les porcins.* **2.** Péj. Dont l'aspect rappelle celui du porc ou d'une partie du corps du porc. *Des yeux porcins.*

pore [pɔʀ] n. m. **1.** Chacun des minuscules orifices de la peau par où sortent la sueur, le sébum. *Pore obstrué.* — Loc. *Par tous les pores,* de toute sa personne. *Elle respire la joie par tous les pores.* **2.** *Les pores d'une plante.* **3.** Interstice d'une matière poreuse. ▶ ***poreux, euse*** adj. ■ Qui présente une multitude de pores, de petits trous (roche, matière minérale, terre cuite, etc.). ⟨ ▶ porosité ⟩

pornographie [pɔʀnɔgʀafi] n. f. ■ Représentation (par écrits, dessins, peintures, photos) de choses obscènes destinées à être communiquées au public. — Obscénité en littérature, dans les spectacles. ▶ ***pornographique*** adj. ■ *Des romans, des films pornographiques.* ⇒ **érotique,** de **sexe ;** fam. **cochon.** ▶ ***porno*** adj. et n. m. **1.** Adj. Pornographique. *Des films pornos.* **2.** N. m. Pornographie. *Il déteste le porno.*

porosité [pɔʀozite] n. f. ■ État de ce qui est poreux.

porphyre [pɔʀfiʀ] n. m. ■ Roche volcanique à grands cristaux de feldspath, d'une couleur soutenue, rouge, verte, bleue ou noire. *Des colonnes de porphyre.*

porridge [pɔʀidʒ] n. m. ■ (France) Anglic. Bouillie sucrée de flocons d'avoine (courant pour le déjeuner anglais). ⇒ **gruau.** *On lui donnait du porridge le matin.*

① **port** [pɔʀ] n. m. **1.** Abri naturel ⇒ **barachois** ou artificiel aménagé pour recevoir les navires, pour l'embarquement et le débarquement de leur chargement (marchandises ou passagers). *Un port maritime, fluvial. La jetée, les quais et les bassins d'un port. Port pétrolier.* ⇒ ① **terminal.** *Port de commerce, de pêche, de guerre. Port de plaisance. Le port de Montréal. Port d'attache d'un bateau,* où il est immatriculé. *Port franc,* non soumis au service des douanes. *Port autonome.* — Loc. *Arriver* À BON PORT : arriver au but d'un voyage sans accident ; et (choses) arriver à destination en bon état. **2.** Littér. Lieu de repos ; abri. ⇒ **havre, refuge.** *Chercher un port après une vie agitée.* **3.** Ville qui possède un port. *Marseille, port de la Méditerranée.* ⟨ ▶ aéroport, héliport, passeport, portuaire ⟩

② **port** n. m. ■ (France-Espagne) Col, dans les Pyrénées. ⇒ **passe.**

③ **port** n. m. **I.** Action de porter (dans quelques expressions). **1.** Le fait de porter sur soi. *Le port du jean est interdit dans cette école. Le port illégal de décorations. Port d'armes,* le fait d'être armé. *Autorisation de port d'armes.* **2.** PORT D'ARMES : position du soldat qui présente son arme. *Soldat qui se met au port d'armes.* **3.** PORT DE VOIX : passage effectué insensiblement d'un son à un autre. **II.** Prix du transport (d'une lettre, d'un colis). *Un colis expédié franc de port, franco de port. Port dû* (opposé à *payé ; franco*). **III.** Manière naturelle de se tenir. ⇒ **allure, maintien.** *Elle avait un port de déesse, de reine.* — *Un gracieux port de tête.*

portable [pɔʀtabl] adj. **1.** (Vêtements) Qu'on peut porter. ⇒ **mettable.** / contr. **importable** / *Ce manteau est encore portable.* **2.** Transportable. ⇒ **portatif.** *Machine à écrire portable. Ordinateur portable* ou, n. m., *un portable.* ▶ ***portabilité*** n. f. ■ Qualité d'un logiciel lui permettant de fonctionner sur plusieurs ordinateurs de types différents.

portage [pɔʀtaʒ] n. m. **I.** Transport (d'une charge) à dos d'homme. ⇒ **portageage. II. 1.** Action de transporter (une embarcation et son contenu) par terre entre deux cours d'eau ou deux sections d'un même cours d'eau, pour éviter un obstacle (chute, rapide, etc.). *Pour rejoindre ce lac, il y a un kilomètre de portage à faire en forêt. Faire du portage.* ⇒ **portager. 2.** Endroit sur un cours d'eau où il faut faire du portage. *On atteindra bientôt le portage.* — Par ext. Chemin ou sentier de communication entre deux cours d'eau ou deux sections d'un même cours d'eau qui sert à cette activité. *Emprunter l'ancien portage de Témiscouata.* ▶ ***portageage*** n. m. ■ Histoire. ⇒ **portage** (I, II, 1). ▶ ***portager*** v. ▪ conjug. 1. **1.** V. intr. Faire du portage (I, II, 1). *Portager pendant deux heures. Les rapides obligent à portager.* — Transitivement. *Il faut portager les canots.* **2.** Histoire. V. tr. Transporter des fardeaux en forêt, à l'aide d'un animal ou d'autres moyens. *Portager les provisions d'un chantier.* — Sans compl. *Portager à l'aide de chevaux.* ▶ ***portageur*** ou ***portageux*** n. m. ■ Histoire. Forestier affecté au portageage (2). ⇒ **porteur.** *L'hiver, les portageurs utilisaient des raquettes.* — REM. Le féminin est inusité.

portail, ails [pɔʀtaj] n. m. ■ Grande porte, parfois de caractère monumental. *Le porche et le portail d'une cathédrale. Le portail principal et les portails latéraux.* — *Le portail du parc d'un château.* ⇒ **grille.**

① **portant, ante** [pɔʀtɑ̃, ɑ̃t] adj. **I.** Dont la fonction est de porter, de soutenir. *Les murs portants d'un édifice.* ⇒ **porteur ; soutènement.** *La poutre portante.* **II.** Loc. À BOUT PORTANT : de très près. *Tirer à bout portant.* **III.** ÊTRE BIEN, MAL PORTANT : en bonne, en mauvaise santé. ⇒ se **porter.** — N. *Les bien portants.* ▶ ② ***portant*** n. m. **1.** Montant qui soutient un élément de décor, un appareil d'éclairage, au théâtre. — Cette partie de décor. **2.** Montant (d'une ouverture).

portatif, ive [pɔʀtatif, iv] adj. ■ Qui peut être utilisé n'importe où, transporté facilement. *Téléviseur portatif.* ⇒ **portable.**

① **porte** [pɔʀt] n. f. **I.** (D'une ville) **1.** Ouverture spécialement aménagée dans l'enceinte d'une ville pour permettre le passage. *Les portes furent fermées à cause de la peste.* ⇒ **poterne.** *Octroi payé aux portes. La porte Kent, à Québec.* — *L'ennemi est à nos portes,* à nos frontières, tout près. — *La Porte du Nord,* l'accès à cette région. **2.** Lieu où se trouvait autrefois une porte de l'enceinte d'une ville. *La porte des Lilas* (à Paris). **II. 1.** Ouverture plus haute que large spécialement aménagée dans un mur, une clôture, etc., pour permettre le passage ; l'encadrement de cette ouverture. *Les portes d'une maison. La grande porte du château.* ⇒ **porche, portail.** *Porte palière. Porte d'entrée. Porte de secours.* ⇒ **issue.** *Porte d'en avant, porte d'en arrière, porte de côté* (d'une habitation). *Le seuil d'une porte. Entrer par la porte. Franchir, passer la porte. Sur le pas de sa porte.* — Loc. *De porte en porte,* de maison en maison, d'appartement en appartement. *Faire du* PORTE À PORTE : se dit d'un agent commercial, d'un quêteur, etc., qui passe de logement en logement. *Le gardien interdit le porte à porte.* — *Ils habitent porte à porte,* dans des immeubles, des appartements contigus. — *Cela s'est passé à ma porte,* tout près de chez moi. — *Parler à qqn, recevoir qqn entre deux* *portes,* lui parler rapidement sans le faire entrer. *Mettre, jeter,* fam. *flanquer, sacrer qqn à la porte.* ⇒ **chasser, congédier, licencier, renvoyer.** Ellipt. *À la porte ! — Être à la porte,* ne pas pouvoir entrer. *Prendre la porte.* ⇒ **partir, sortir.** *Entrer, passer par la grande porte,* accéder directement à un haut poste. *Entrer par la petite porte. — Se ménager, se réserver une porte de sortie.* ⇒ **échappatoire, issue.** — Loc. *Être tranquille aux portes,* calme, peu entreprenant, paisible. **2.** Panneau mobile permettant d'obturer l'ouverture d'une porte (II, 1). *Porte à double battant. Porte battante. Porte coulissante en verre.* ⇒ ② **baie.** *Porte vitrée. La porte du tambour. Porte de garage ; porte d'un abri d'auto* (en toile, en plastique, ⇒ **rideau**). *Poignée de porte. Les gonds et la serrure d'une porte. Porte grande ouverte, entrebâillée. Petite porte.* ⇒ **portillon.** *Trouver porte close. Écouter aux portes,* derrière les portes. — Loc. *Frapper à la bonne, à la mauvaise porte,* s'adresser au bon, au mauvais endroit, à la bonne, à la mauvaise personne. *Ouvrir, fermer sa porte à qqn,* accepter, refuser de l'admettre chez soi. *C'est la porte ouverte à tous les abus,* l'accès libre. — PORTE(s) OUVERTE(s) : activité organisée en vue d'informer le public visiteur (sur un établissement, une entreprise, une maison en vente, etc.). *Le cégep organise une journée porte ouverte dimanche.* **3.** (D'un véhicule) ⇒ **portière.** — (D'un meuble, d'un appareil électroménager) *La porte d'une armoire, d'un four. La porte d'une sécheuse* (— REM. Pour la laveuse on dit *couvercle*). **III. 1.** Passage étroit dans une région montagneuse. ⇒ **défilé,** ② **gorge. 2.** Espace compris entre deux piquets où le skieur doit passer, dans un slalom. ▶ ***porte à porte*** n. m. ⇒ ① **porte** (II, 1). ▶ ***porte-fenêtre*** [pɔʀtfənɛtʀ] n. f. ■ Porte vitrée, généralement coulissante. ⇒ ② **baie, porte(-)patio.** *Les portes-fenêtres donnent toutes sur un balcon.* ▶ ***porte(-)patio*** [pɔʀtpasjo] n. f. ■ Porte-fenêtre s'ouvrant sur un patio. *Des portes-patio.* ▶ ***porte-tambour*** [pɔʀttɑ̃buʀ] n. f. ■ Tourniquet de quatre portes vitrées en croix, dans les lieux publics, les hôtels. *Des portes-tambours.* ⟨ ▶ contre-porte, portail, ① portier, ② portier, portière, portillon, portique ⟩

② **porte** adj. f. ■ VEINE PORTE : qui ramène au foie le sang des organes digestifs abdominaux.

porte- ■ Élément signifiant « qui porte ». ⇒ **-fère, -phore** (ex. : *porte-avions*). — REM. La série des composés de *porte-* a été divisée en trois parties pour conserver l'ordre alphabétique. Voir également après ③ *portée* et après ② *porter.* ▶ ***porte(-)à(-)faux*** [pɔʀtafo] n. m. invar. **1.** (Sans traits d'union) Disposition d'une chose (construction, assemblage) hors d'aplomb. *Un mur en porte à faux.* ⇒ **déséquilibre.** — Abstrait. *En porte à faux,* dans une situation instable. **2.** (Avec traits d'union) Construction, objet en porte à faux. *Des porte-à-faux.* ▶ ***porte-avions*** [pɔʀtavjɔ̃] n. m. invar. ■ Grand bateau de guerre dont le pont supérieur constitue une plate-forme d'envol et d'atterrissage pour les avions. ⇒ **porte-hélicoptères.** ▶ ***porte-bagages*** [pɔʀtbagaʒ] n. m. invar. ■ Dispositif, accessoire (d'un véhicule), destiné à recevoir des bagages. *Le porte-bagages d'une bicyclette.* — Filet métallique où l'on place les bagages, dans un train, un autobus, un car. ⇒ **galerie.** ▶ ***porte-bébé*** [pɔʀtbebe] n. m. ■ Sac ou harnais à bretelles, en tissu résistant, qu'on porte attaché sur le dos ou sur la poitrine pour transporter un jeune enfant. *Des porte-bébés.* ▶ ***porte-bonheur*** [pɔʀtbɔnœʀ] n. m. invar. ■ Objet que l'on considère comme porteur de chance. ⇒ **amulette, fétiche, mascotte.** / contr. **porte-malheur** / *Le trèfle à quatre feuilles, le fer à cheval sont des porte-bonheur.* ▶ ***porte-bottes*** [pɔʀtəbɔt] n. m. invar. ■ Plateau (de caoutchouc, de plastique) à bords légèrement relevés sur lequel on met les chaussures d'hiver (bottes, claques...). ▶ ***porte-bouteilles*** [pɔʀtbutɛj] n. m. invar. ■ Casier ou panier à bouteilles. *Un, des porte-bouteilles.* ▶ ***porte-cartes*** [pɔʀtəkaʀt] n. m. invar. ■ Portefeuille à divisions transparentes où l'on range carte d'identité, d'abonnement, de crédit, etc. *Un porte-cartes en cuirette.* ▶ ***porte-cigarettes*** [pɔʀtsigaʀɛt] n. m. invar. ■ Étui à cigarettes. *Un porte-cigarettes en or.* ≠ *fume-cigarette.* ▶ ***porte-clés*** ou ***porte-clefs*** [pɔʀtəkle] n. m. invar. ■ Anneau ou étui pour porter des clés. — Anneau pour clés, orné d'une breloque. *Un porte-clefs. Collectionner les porte-clés.* ▶ ***porte-conteneurs*** [pɔʀtkɔ̃tnœʀ] n. m. invar. ■ Navire aménagé pour transporter des conteneurs. ▶ ***porte-couleurs*** [pɔʀtkulœʀ] n. m. invar. ■ Sports. Joueur faisant partie d'une équipe. *Les porte-couleurs de l'équipe des Bois-Francs.* ▶ ***porte-couteau*** [pɔʀtkuto] n. m. invar. ■ Ustensile de table sur lequel on pose la lame du couteau pour ne pas salir la nappe. *Des porte-couteau en cristal taillé.* ▶ ***porte-documents*** [pɔʀtdɔkymɑ̃] n. m. invar. ■ Serviette très plate, sans soufflet. ⇒ **mallette ;** anglic. **attaché-case.** *Des porte-documents à fermeture à glissière.* ▶ ***porte-drapeau*** [pɔʀtdʀapo] n. invar. **1.** Personne qui porte le drapeau d'un régiment (vx. *porte-enseigne,* n. m. invar.). *Des porte-drapeau.* **2.** Chef reconnu et actif. *Le porte-drapeau de l'insurrection était un tout jeune homme.*

① ***portée*** [pɔʀte] n. f. ■ Ensemble des petits qu'une femelle de mammifère porte et met bas en une fois. *Une portée de chatons. Les lapins d'une même portée.*

② ***portée*** n. f. ■ Les cinq lignes horizontales et parallèles qui portent la notation musicale. *Les portées d'une partition musicale. Notes au-dessus de la portée.*

③ ***portée*** n. f. **1.** Distance à laquelle peut être lancé un projectile ; amplitude du jet. *La portée d'une carabine. Un canon à longue portée. — La portée d'une voix.* **2.** Loc. À (LA) PORTÉE (DE) : à la distance convenable pour que ce dont il est question puisse porter. *Il n'y avait personne à portée de voix. À portée de sa vue,* visible pour lui. *À portée de la main,* accessible sans se déplacer. *À la portée de qqn. Mettre un verre à la portée d'un malade.* — HORS DE (LA) PORTÉE. *Être hors de portée de voix. Tenez ce produit hors de la portée des enfants.* ⇒ **atteinte. 3.** Abstrait. À (LA) PORTÉE, HORS DE (LA) PORTÉE DE : accessible ou non. *Ce plaisir est hors de ma portée. — Spectacle à la portée de toutes les bourses,* bon marché. **4.** Capacités intellectuelles. *Cela passe la portée de son esprit.* ⇒ **étendue, force.** — À LA PORTÉE *de... La vulgarisation met la science à la portée de tous.* ⇒ **niveau. 5.** Capacité à convaincre, à toucher ; impact (en parlant d'une idée, de la pensée). *La portée d'un argument, d'une réflexion. Il n'a pas mesuré la portée de ses paroles.* ⇒ **force.** — (D'une action, d'un événement) *Une décision sans portée pratique.* ⇒ ① **effet.** *Elle a toujours ignoré la portée incalculable de sa découverte.* ⇒ **importance.**

porte-fenêtre n. f. ⇒ ① **porte.**

porte- ■ (Suite des composés) ▶ ***portefaix*** [pɔʀtəfɛ] n. m. invar. ■ Autrefois. Celui qui faisait métier de porter des fardeaux sur son dos. ▶ ***portefeuille*** [pɔʀtəfœj] n. m. **1.** Objet qu'on porte sur soi, qui se plie et qui est muni de poches où l'on range billets de banque, papiers, etc. ⇒ **porte-cartes.** *Un portefeuille de cuir. Avoir un portefeuille bien garni,* être riche. ⇒ **porte-monnaie.** Loc. *Avoir le cœur à gauche et le portefeuille à droite.* **2.** *Faire un lit en portefeuille,* avec un seul drap plié par le travers du lit (pour faire une farce). **3.** Titre, fonctions de ministre. *Le portefeuille des Affaires extérieures a été attribué à une femme. — Ministre sans portefeuille,* qui n'est pas responsable d'un ministère. ⇒ **ministre** d'État. **4.** Ensemble des valeurs mobilières et des créances détenues par une personne, une entreprise ou une banque. ▶ ***porte-greffe*** [pɔʀtəgʀɛf] n. m. invar. ■ Jeune pied de vigne ou arbrisseau sur lequel on fixe le greffon. *Des pommiers utilisés comme porte-greffe.* ▶ ***porte-hélicoptères*** [pɔʀtelikɔptɛʀ] n. m. invar. ■ Grand bateau de guerre à pont d'envol et d'atterrissage pour les hélicoptères. ⇒ **porte-avions.** ▶ ***porte-jarretelles*** [pɔʀtʒaʀtɛl] n. m. invar. ■ Sous-vêtement féminin qui s'ajuste autour des hanches et qui est muni de quatre jarretelles pour attacher les bas. *Des porte-jarretelles en soie.* ▶ ***porte-journaux*** [pɔʀtjuʀno] ou ***porte-revues*** [pɔʀtʀəvy] n. m. invar. **1.** Accessoire de mobilier où l'on peut ranger des journaux, revues, etc. **2.** PORTE-JOURNAUX : support métallique fixé sous les boîtes aux lettres ou petite boîte placée près de la porte d'entrée d'une maison, d'un appartement, et où le camelot dépose les journaux qu'il distribue. ▶ ***porte-malheur*** [pɔʀtmalœʀ] n. m. invar. ■ Rare. Chose ou personne que l'on considère comme portant malheur. / contr. **porte-bonheur** (plus cour.) / *Des porte-malheur.* ▶ ***portemanteau*** [pɔʀtmɑ̃to] n. m. ■ Pièce de bois ou de métal munie de crochets et fixée à un mur, qui sert à suspendre les vêtements. — (France) Patère ; ensemble de patères pour suspendre les vêtements. *Mettez votre pardessus au portemanteau. Les portemanteaux et les cintres.* ▶ ***porte(-)mine*** [pɔʀtəmin] n. m. invar. ■ Instrument servant à écrire, à dessiner, dans lequel on place des mines de crayon très fines. ⇒ fam. crayon à **mine.** *Le porte-mine d'un compas.* ⇒ **tire-ligne.** *Des porte-mine.* ▶ ***porte-monnaie*** [pɔʀtmɔnɛ] n. m. invar. ■ Petit sac à fermoir rigide ou à glissière, de forme variable, où l'on met l'argent de poche. *Faire appel au porte-monnaie de qqn,* à sa générosité. *Avoir le porte-monnaie bien garni,* être riche. ⇒ **portefeuille.** ▶ ***porte-ordures*** n. m. invar. ⇒ **porte-poussière.** ▶ ***porte-papier*** [pɔʀtpapje] n. m. invar. ■ Petit support à rouleau, petite boîte servant à dévider le papier hygiénique. *Des porte-papier.* ▶ ***porte-parapluies*** [pɔʀtpaʀaplɥi] n. m. invar. ■ Ustensile disposé pour recevoir les parapluies, les cannes. ▶ ***porte-parole*** [pɔʀtpaʀɔl] n. m. invar. ■ Personne qui prend la parole au nom de qqn d'autre, d'une assemblée, d'un groupe. ⇒ **délégué.** *Les porte-parole officiels du ministre. — Cette revue s'est faite le porte-parole de l'opposition.* ⇒ **interprète.** ▶ ***porte-plume*** [pɔʀtəplym] n. m. invar. ■ Vieilli. Tige au bout de laquelle on assujettit une plume à écrire. *Des porte-plume et un encrier.* ▶ ***porte-poussière*** [pɔʀt(ə)pusjɛʀ] ou, fam., ***porte-ordures*** [pɔʀtɔʀdyʀ] n. m. invar. ■ Petite pelle à manche court pour ramasser la poussière, les saletés. ⇒ **pelle** à ordures.

porte-patio n. f. ⇒ ① **porte.**

① ***porter*** [pɔʀte] v. tr. • conjug. 1. **I.** Supporter le poids de. **1.** Soutenir, tenir (ce qui pèse). ⇒ **portager.** *La mère portait son enfant dans ses bras. Porter une valise à la main* (⇒ **porteur**). **2.** Abstrait. Supporter. *Nous portons la responsabilité de nos fautes.* — Fam. *Porter l'alcool.* ⇒ **tolérer. 3.** (Suj. chose) Soutenir. *Ses jambes ne le portaient plus.* **4.** Produire en soi (un petit, un rejeton). ⇒ ① **portée.** *Cet arbre porte les plus beaux fruits.* — Sans compl. *Les juments portent onze mois.* — Abstrait. *Travail qui porte fruit.* ⇒ **productif. 5.** Avoir en soi, dans l'esprit, le cœur. — Loc. *Je ne le porte pas dans mon cœur,* je ne l'aime pas, je lui en veux. **6.** Avoir sur soi. *Porter la barbe. — Porter des lunettes. Porter un costume bleu.* **II.** V. tr. Dénommer, indiquer. **1.** (Personnes) *Le nom, le prénom que l'on porte.* **2.** (Choses) *Quel nom porte ce village, cette rivière ?* — Être revêtu d'une inscription, d'une marque. *La lettre porte la date du 20 mai.* **III.** V. tr. Mettre. **1.** Prendre pour emporter, déposer. *Ils la portèrent sur le lit.* ⇒ **mettre, transporter.** *Va lui porter ce paquet.* ⇒ **apporter.** *Porter ses souliers chez le cordonnier.* — Cour. *Aller porter son auto dans son garage,* la conduire. **2.** Orienter, diriger (le corps, une partie du corps). *Porter le corps en avant. Porter la main sur qqn,* le toucher ou le frapper. ⇒ ① **lever. 3.** Loc. (Avec un nom sans article) *Porter atteinte à l'honneur, à la réputation de qqn. Porter témoignage. Porter plainte contre qqn.* **4.** Mettre par écrit. ⇒ **inscrire.** *Porter une somme sur un registre. — Se faire porter malade,* se dire malade. Plaisant. *Se faire porter pâle.* **5.** PORTER À : amener, faire arriver (à un état élevé, extrême). *Porter un parti au pouvoir. Porter qqn aux nues,* le louer beaucoup. **6.** Donner, apporter (un sentiment, une aide,... à qqn). *L'amitié que je lui porte. Cet événement lui porte ombrage. Chose qui porte chance, qui porte malheur.* PROV. *La nuit porte conseil. — Porter un jugement sur qqn, qqch.,* le formuler, l'émettre. **7.** PORTER *qqn* À *qqch.* : pousser, inciter, entraîner qqn à. *Ce climat nous porte à l'apathie.* — PORTER *qqn* À (+ infinitif). *Tout (me) porte à croire que c'est faux.* — ÊTRE PORTÉ À (+ infinitif) : être naturellement poussé à. *Nous sommes portés à croire que tu as raison.* — ÊTRE PORTÉ SUR *qqch.* : avoir un goût marqué, un faible pour. ⇒ **aimer.** *Être porté sur la boisson. Être porté sur la chose,* sur le sexe. **IV.** V. intr. Appuyer, toucher. **1.** PORTER SUR : peser, appuyer sur (qqch.). *Tout l'édifice porte sur ces colonnes. L'accent porte sur la dernière syllabe,* est placé sur elle. — Fam. *Cela me porte sur les nerfs,* m'agace. ⇒ **énerver, exaspérer, irriter.** — Avoir pour objet. *Une discussion qui porte sur des problèmes politiques.* **2.** Sans compl. (Tir) Avoir une portée (⇒ ③ **portée**). *Un canon qui porte loin.* **3.** Toucher le but. *Le coup a porté juste. Une voix qui porte,* qui s'entend loin. **4.** Avoir de l'effet. *Vos observations ont porté,* on en a tenu compte. **V.** SE PORTER v. pron. **1.** *Se porter (bien, mal),* être en bonne, en mauvaise santé. ⇒ **aller.** *« Comment vous portez-vous ? – Je me porte beaucoup mieux. »* **2.** (Vêtements, parures) Être porté. *Les jupes se porteront plus courtes, plus longues cette année. — Cela se porte encore,* c'est encore à la mode. **3.** Littér. Se diriger (vers). *Se porter à la rencontre de qqn.* ⇒ **aller. 4.** SE PORTER À : se laisser aller à. *Empêchez-le de se porter à cette extrémité.* **5.** Dans quelques expressions. Se présenter (à, comme). *Se porter acquéreur. Il se porte garant* (⇒ **répondre**). *Se porter candidat à une élection, un poste.* ‹ ▶ aéroporté, apporter, colporter, se comporter, ① déporter, ② déporter, emporter, exporter, héliporté, importable, importer, ③ port, portable, portage, ① portant, ② portant, portatif, porte-, ①, ②, ③ portée, porteur, prêt-à-porter, rapporter, remporter, ② reporter, support, supporter, ① transporter ›

② ***porter*** [pɔʀtœʀ] n. m. ■ Anglic. Bière anglaise brune, forte et amère. ⇒ anglic. **stout.**

porte- ■ (Suite et fin des composés) ▶ ***porte-revues*** n. m. invar. ⇒ **porte-journaux.** ▶ ***porte-savon*** [pɔʀtsavɔ̃] n. m. invar. ■ Support ou emplacement destiné à recevoir (porter) un savon. ⇒ **savonnier.** *Les porte-savon d'un lavabo.* ▶ ***porte-serviettes*** [pɔʀtsɛʀvjɛt] n. m. invar. ■ Support pour les serviettes et les débarbouillettes. ▶ ***porte-skis*** [pɔʀtəski] n. m. invar. ■ Dispositif fixé au toit d'une voiture (⇒ **galerie**) ou sur le coffre pour permettre le transport des skis. ▶ ***porte-verre*** [pɔʀtəvɛʀ] n. m. ■ Dispositif fixé au mur près d'un lavabo, d'un évier pour recevoir un verre et, parfois, des brosses à dents. *Des porte-verres.* — Dispositif rétractable en forme d'anneau pour placer les verres, dans certains types de voiture. ▶ ***porte-voix*** [pɔʀtəvwa] n. m. invar. ■ Tube, cornet à pavillon évasé, pour *porter* plus loin et amplifier la voix. *Appeler avec un porte-voix. — Mettre ses mains en porte-voix,* en cornet autour de la bouche.

porte-tambour n. f. ⇒ ① **porte.**

porteur, euse [pɔʀtœʀ, øz] n. et adj. **1.** Personne chargée de remettre des lettres, des messages, des colis à leurs destinataires. ⇒ **facteur, messager.** *Un porteur de télégrammes, de journaux.* ⇒ **camelot. 2.** N. m. Absolt. PORTEUR : homme d'équipe chargé de porter les bagages des voyageurs, dans une gare, etc. *Appeler un porteur sur le quai d'une gare.* — Homme qui porte les bagages, les équipements. ⇒ **portageur, sherpa ; portage.** — Personne qui porte le cercueil lors d'un enterrement. — Au fém. Femme qui porte le bébé lors d'un baptême. *Sa sœur était (la) porteuse.* **3.** Personne qui porte effectivement (un objet). *Le porteur de la rondelle, du ballon.* **4.** Personne qui détient (certains papiers, titres). ⇒ **détenteur.** *Il était porteur, elle était porteuse de faux papiers.* — N. m. *Chèque au porteur, payable au porteur* (opposé à *nominatif*), à la personne qui le détient, sans autre indication de bénéficiaire. **5.** Personne ou chose qui apporte, transmet. *Le porteur d'une maladie contagieuse.* — Adj. *Être porteur de microbes.* **6.** Adj. Qui porte. *Mur porteur.* ⇒ ① **portant.** *Fusée porteuse* (d'un appareil). *Onde porteuse,* qui porte l'information. — Abstrait. *Secteur porteur de l'économie,* qui entraîne les autres par son développement. **7.** MÈRE PORTEUSE : qui, ayant reçu un embryon, mène la grossesse à terme pour le compte de la mère légale de l'enfant. ‹ ▸ gros-porteur, triporteur ›

① ***portier, ière*** [pɔʀtje, jɛʀ] n. ■ Personne qui surveille les entrées et les sorties à la porte principale d'un établissement ouvert au public. *Le portier de l'hôtel.* ⇒ **gardien.** *La portière d'un couvent.* — En appos. *Une sœur portière.*

② ***portier*** n. m. ■ *Portier électronique,* dispositif de contrôle d'accès constitué d'un clavier numérique et d'un bouton qui commande l'ouverture d'une porte, d'une portière grâce à un code de fonctionnement. ⇒ **digicode.** *Faire installer un portier.*

portière [pɔʀtjɛʀ] n. f. **1.** Tenture qui ferme l'ouverture d'une porte, ou en couvre le panneau. *Une portière en velours.* **2.** Porte (d'une voiture, d'un train). *Ne gênez pas la fermeture automatique des portières. Une portière verrouillée.*

portillon [pɔʀtijɔ̃] n. m. ■ Porte à battant plus ou moins bas. *Des portillons automatiques.* — (France) Loc. fam. *Ça se bouscule au portillon,* parler trop vite et s'embrouiller.

portion [pɔʀsjɔ̃] n. f. **1.** Part qui revient à qqn. *Partager un gâteau en portions égales.* — Partie (d'un mets) destinée à une personne. ⇒ **ration.** *Une portion de gâteau.* ⇒ **morceau, pointe, tranche.** — Part (d'argent, de biens) attribuée à qqn. *Sa portion de l'héritage.* ⇒ **lot. 2.** Partie. *Portion de terrain cultivé.* ⇒ **parcelle.** *Une portion de l'autoroute est fermée.* ⇒ **section.** ‹ ▸ demi-portion, proportion ›

portique [pɔʀtik] n. m. **1.** Galerie unique et ouverte soutenue par deux rangées de colonnes, ou par un mur et une rangée de colonnes. ⇒ **péristyle.** *Un portique d'église.* **2.** Fam. Entrée, vestibule. *Attends-moi dans le portique.* **3.** Poutre horizontale soutenue à ses extrémités par deux poteaux verticaux, et à laquelle on accroche des agrès. *Balançoire et corde à nœuds suspendues à un portique.*

portneuvois, oise [pɔʀnœvwa, waz] adj. et n. ■ De la région de Portneuf. *Les lacs portneuvois.* — N. (Avec une majusc.) Personne née dans cette région ou qui l'habite.

porto [pɔʀto] n. m. ■ Vin de liqueur portugais très estimé. *Du porto rouge, blanc. Boire un (verre de) porto à l'apéritif. De vieux portos.*

portoricain, aine [pɔʀtoʀikɛ̃, ɛn] adj. et n. ■ De l'île de Porto (ou Puerto) Rico. *Des vacances portoricaines.* — N. (Avec une majusc.) Personne née dans cette île des Antilles ou qui en a obtenu la citoyenneté. *Les Portoricains de New York.*

portrait [pɔʀtʀɛ] n. m. **I. 1.** Représentation (d'une personne réelle) par le dessin, la peinture, la gravure. *Faire le portrait de qqn. Un portrait en pied,* de tout le corps, debout. *Un portrait de face, de profil.* — *Le portrait,* le genre du portrait. *Il est meilleur en paysage qu'en portrait.* **2.** Photographie (d'une personne). **3.** Loc. *C'est (tout) le portrait de sa mère,* elle lui ressemble beaucoup. ⇒ en **peinture. 4.** Fam. Figure. *Se faire abîmer, arranger le portrait,* se faire défigurer. **II.** Description orale, écrite (d'une personne). *Elle m'a fait le portrait de ses voisins.* ▸ ***portraitiste*** n. ■ Peintre, dessinateur de portraits. *Van Eyck, ce grand portraitiste flamand.* ▸ ***portraiturer*** v. tr. ▪ conjug. 1. ■ Iron. Faire le portrait de. *Se faire portraiturer.* ▸ ***portrait-robot*** n. m. ■ Portrait d'une personne recherchée par la police et obtenu en combinant certains traits de physionomie sur la base des signalements fournis par des témoins. *Faire le portrait-robot d'un pyromane.* — Ensemble des traits caractérisant une catégorie de personnes ou de choses. *Dresser le portrait-robot des amateurs de fast-food.* ‹ ▸ autoportrait ›

port-salut [pɔʀsaly] n. m. invar. ■ Fromage affiné de lait de vache, à pâte ferme et de saveur douce. *Des port-salut.* — REM. Ce mot est un nom de marque déposée.

portuaire [pɔʀtɥɛʀ] adj. ■ Qui appartient à un port. *Équipement, grue portuaire.*

portugais, aise [pɔʀtygɛ, ɛz] adj. et n. **1.** Du Portugal. *Les côtes portugaises.* — N. (Avec une majusc.) Personne née dans ce pays ou qui en a obtenu la citoyenneté. *Un Portugais, une Portugaise.* **2.** N. m. *Le portugais,* la langue romane parlée au Portugal, au Brésil. ▸ ***portugaise*** n. f. ■ Variété d'huître commune. — (France) Loc. fam. *Avoir les portugaises ensablées,* être dur d'oreille.

portulan [pɔʀtylɑ̃] n. m. ■ Ouvrage manuscrit (XVe, XVIe s.) décrivant un rivage maritime de port en port. — Carte illustrant un tel manuscrit.

① ***pose*** [poz] n. f. ■ Action de poser, mise en place. *Cérémonie de la pose de la première pierre d'un édifice. Dépose et pose (d'une pièce de rechange).* ⇒ **installation.** ≠ *pause.*

② ***pose*** n. f. **I. 1.** Attitude que prend le modèle qui pose (②, II). ⇒ **position.** *Une pose académique. Garder la pose.* — Attitude du corps. *Prendre une pose, essayer des poses.* ⇒ **posture. 2.** *La pose,* une affectation dans le maintien, le comportement. ⇒ **prétention, recherche, snobisme ; poseur.** / contr. **simplicité** / **II.** Photographie. Exposition de la surface sensible à l'action des rayons. *Temps de pose,* nécessaire à la formation d'une image correcte. — Pose longue (opposé à *instantané*). *Appareil faisant la pose et l'instantané.* — *Un film de trente-six poses,* photos. ▸ ***posemètre*** n. m. ■ Appareil servant à mesurer le temps de pose optimum pour une photographie. *Un posemètre automatique.*

posé, ée [poze] adj. **1.** Calme, pondéré. *Un être posé.* ⇒ **réfléchi.** / contr. **excité, impulsif** / **2.** (Voix) *Bien posé, mal posé,* capable ou non d'émettre des sons fermes dans toute son étendue. ▸ ***posément*** adv. ■ Calmement. *Parler posément.* ⇒ **doucement.** / contr. **nerveusement** /

① ***poser*** [poze] v. tr. ▪ conjug. 1. **I. 1.** Mettre (une chose) en un endroit qui peut naturellement la recevoir et la porter. / contr. **enlever** / *Posez cela par terre. Il* *posa sa tête sur l'oreiller. — Elle posa son regard sur l'enfant.* ⇒ **arrêter. 2.** Mettre en place à l'endroit approprié. ⇒ **installer ;** ① **pose.** *Poser des rideaux.* — Écrire (un chiffre dans une opération). *Quatorze, je pose quatre et je retiens un.* **3.** Abstrait. Établir. *Poser un principe,* en faire le fondement de qqch. ⇒ **affirmer, énoncer.** — Au p. p. adj. *Ceci posé,* ceci étant admis. ⇒ **supposer. 4.** Formuler, énoncer (une question, un problème). POSER UNE QUESTION À *qqn* : l'interroger, le questionner. *Se poser une question.* ⇒ s'**interroger.** — (Suj. chose) *Cela pose un problème.* ⇒ **soulever. 5.** *Poser sa candidature,* se porter, se déclarer officiellement candidat. **6.** Loc. verb. *Poser un geste,* accomplir une action, dire qqch. qui a une certaine portée. *La municipalité va poser un geste envers les démunis.* **II.** SE POSER v. pron. **1.** (Réfl.) Se mettre doucement (quelque part). *L'oiseau se pose sur une branche.* / contr. s'**envoler** / Absolt. *Un avion qui se pose.* ⇒ **atterrir.** / contr. **décoller,** s'**envoler** / — S'arrêter. *Son regard se posa sur nous.* **2.** *Se poser comme, en tant que...,* prétendre qu'on est... *Se poser en...,* prétendre jouer le rôle de. ⇒ s'**ériger.** *Ils se posent en défenseurs des pauvres.* ⇒ ② **poser** à. **3.** Passif. (Choses) Être, devoir être posé. *Les disques se posent verticalement.* — (Questions, problèmes) Exister pour qqn. *La question ne s'est pas encore posée.* ▶ ① ***poseur, euse*** n. ■ Personne qui s'occupe de la pose de certains matériaux ou objets. *Un poseur de tapis.* ⇒ **installateur.** ⟨ ▶ apposer, apposition, ① déposer, ② déposer, disposer, entreposer, exposer, ① imposer, ③ imposer, ④ en imposer, interposer, juxtaposer, opposer, ① pose, posé, ② poser, position, postposer, préposer, proposer, ② reposer, superposer, supposer, transposer ⟩

② ***poser*** v. intr. ▪ conjug. 1. **I.** Être posé (sur qqch.). ⇒ **porter, reposer.** *Les poutres posent sur une traverse.* **II.** Fig. (Personnes) **1.** Se tenir et rester dans une attitude, pour être peint, dessiné, photographié. ⇒ ② **pose.** *Le peintre la faisait poser pendant des heures.* **2.** Prendre des attitudes étudiées pour se faire remarquer ⇒ ② **pose** (I, 2). *Il pose pour la galerie, il veut se rendre intéressant.* **3.** V. tr. Fam. Photographier. *Poser les enfants.* **4.** POSER À... : vouloir se faire passer pour... *Il veut poser au justicier.* ⇒ **jouer.** ▶ ② ***poseur*** ou ***poseux, euse*** n. ■ Personne qui prend une attitude affectée pour se faire valoir. ⇒ **poser** (II, 3) ; **fat, pédant ;** très fam. ① **frais** chié. — Adj. *Elle est un peu poseuse.* ⇒ **maniéré, prétentieux.** / contr. ① **naturel, simple** / ⟨ ▶ ① exposer, ② pose ⟩

positif, ive [pozitif, iv] adj. et n. m. **I.** (Opposé à *négatif*) **1.** Qui affirme qqch. / contr. **négatif** / *Une réponse positive. Proposition positive.* ⇒ **constructif.** — Qui affirme du bien de qqn, de qqch. *La critique de ce film a été positive.* — (Personnes) *Il n'est pas assez positif, il critique tout.* **2.** Qui se produit. ⇒ **effectif.** *Cuti-réaction positive,* signe d'infection. **3.** Qui prouve la présence de qqch. (alcool, drogue...). *Contrôle, test positif.* — Par ext. (Personnes) *Elle a été déclarée positive au contrôle antidopage.* **4.** *Nombres positifs,* plus grands que zéro. *Le signe* + (plus), *symbole des nombres positifs.* **5.** *Électricité positive. Charge positive* (⇒ **positon**). *Pôle positif.* **6.** *Épreuve positive,* image photographique finale, directement lisible, dont les valeurs (ombres et lumières) ne sont pas inversées par rapport au sujet. ⇒ **diapositive. II. 1.** Qui a un caractère de certitude. ⇒ **évident, sûr.** *Un fait positif,* atteste, assuré. / contr. **imprécis, vague** / *Il n'y a rien de positif dans son rapport.* **2.** Qui a un caractère d'utilité pratique. *Ceci présente des avantages positifs.* ⇒ **concret, effectif. 3.** (Personnes) Qui donne la préférence aux faits, aux réalités. ⇒ **réaliste.** *C'est un esprit positif. Soyez plus positif, sinon votre projet n'aboutira pas.* **4.** N. m. LE POSITIF : ce qui est rationnel. *Il lui faut du positif.* / contr. **abstrait, imaginaire** / **III.** Philosophie. Qui est imposé à l'esprit par les faits. *Connaissance positive,* fondée sur l'observation et l'expérience (et non sur l'intuition ou la déduction ; s'oppose à la fois à *métaphysique* et à *formel*). — Qui est fondée sur cette connaissance. ⇒ **positivisme.** ▶ ***positivement*** adv. **1.** D'une manière positive (II, 1). *Je ne le sais pas positivement. C'est positivement insupportable.* ⇒ **réellement. 2.** Avec de l'électricité positive. *Particules chargées positivement.* ▶ ***positivisme*** n. m. ■ Doctrine d'Auguste Comte selon laquelle les sciences positives (III) sont appelées à fonder la philosophie. ▶ ***positiviste*** adj. et n. ■ Partisan du positivisme. ⟨ ▶ diapositive, positon, séropositif ⟩

position [pozisjɔ̃] n. f. **I. 1.** Manière dont une chose, une personne est posée, placée, située ; lieu où elle est placée. ⇒ **disposition, emplacement, place.** *Position horizontale, verticale. Position stable, instable ; forte, faible. — Le club est en première position,* en tête. ⇒ **place, rang.** — FEU DE POSITION : signalant la position d'un navire, d'un avion, d'une automobile. *Allumez vos feux de position.* **2.** Emplacement de troupes, d'installations ou de constructions militaires. *Position stratégique.* Loc. *Guerre de positions* (opposé à *de mouvement*). ⇒ **tranchée. 3.** Maintien du corps ou d'une partie du corps. ⇒ **attitude,** ② **pose, posture, station.** *Prendre une position, changer de position. La position assise, couchée. Rester dans une position inconfortable. La position réglementaire du soldat.* — EN POSITION : dans telle ou telle position. *On se mit en position de combat.* — Absolt. *En position !* **4.** Abstrait. Ensemble des circonstances où l'on se trouve. *Une position critique, délicate, fausse.* — Loc. *Être en position de* (+ infinitif), pouvoir. **5.** Situation dans la société. ⇒ **condition.** *Occuper une position sociale assez importante. Un homme dans sa position ne peut pas se compromettre,* dans sa haute situation. — Fam. *Avoir une bonne position,* un emploi. ⇒ **situation. 6.** Ensemble des idées qu'une personne soutient et qui la situe par rapport à d'autres personnes. *Quelle est sa position politique ? Prendre position,* exprimer sa position. *On prit position pour, contre le ministre de façon violente. — Rester sur ses positions,* refuser toute concession. **II.** Le fait de poser comme une chose admise ou à débattre. *La position d'un problème.* ⟨ ▶ juxtaposition, préposition ⟩

positon [pozitɔ̃] n. m. ■ Physique. Particule élémentaire à charge positive, de même masse que l'électron (négatif).

posologie [pozɔlɔʒi] n. f. ■ Dosage et fréquence de prise des médicaments. — Étude de ce dosage.

posséder [pɔsede] v. tr. ▪ conjug. 6. **1.** Avoir (qqch.) à sa disposition ; avoir parmi ses biens. ⇒ **détenir.** *Elle possède une fortune, une maison. Ce pays possède des richesses naturelles qu'il laisse exploiter par d'autres.* **2.** Avoir en propre (une chose abstraite). *Il croit posséder la vérité.* ⇒ **détenir.** — Avoir (une qualité). *Elle possède une mémoire excellente.* **3.** Avoir une connaissance sûre de (qqch.). ⇒ **connaître.** *Cet auteur possède parfaitement sa langue.* ⇒ **dominer, maîtriser. 4.** *Posséder une femme,* s'unir sexuellement à elle. **5.** Fam. Tromper, duper. ⇒ **pogner.** *Il nous a bien possédés !* ⇒ fam. **avoir, feinter, rouler.** *Se faire posséder.* **6.** (Suj. chose abstraite) Dominer moralement. *La jalousie le possède,* le tient, le subjugue. **7.** Littér. Maîtriser (ses propres états). — Pronominalement. *Se posséder.* ⇒ se **dominer,** se **maîtriser,** se **tenir.** *Elle ne se possède plus de joie,* elle ne peut contenir sa joie. **8.** (Forces occultes) S'emparer du corps et de l'esprit (de qqn). *Un démon le possédait.* ⇒ **possédé.** ▶ ***possédant, ante*** adj. et n. ■ Qui possède des biens, des richesses, des capitaux.

⇒ **capitaliste.** *La classe possédante* (opposé à *la classe laborieuse*). — N. *Les possédants.* ▶ ***possédé, ée*** adj. et n. ■ (Personnes) Qui est dominé par une puissance occulte. *On croyait les épileptiques possédés du démon.* — N. *Exorciser un possédé.* — Loc. *Se démener, jurer comme un possédé,* avec une violence incontrôlée. ▶ ***possesseur*** [pɔsɛsœʀ] n. m. **1.** Personne qui possède (un bien). *L'heureux possesseur de cette maison.* ⇒ **propriétaire. 2.** Personne qui peut jouir (de qqch.). *Les possesseurs d'un secret.* ⇒ **dépositaire.** ▶ ***possessif, ive*** adj. et n. m. **1.** Qui cherche à garder pour soi seul (qqn, qqch.). *Il est jaloux, très possessif.* — *C'est une possessive.* **2.** Grammaire. Qui marque une relation d'appartenance, un rapport (de possession, de dépendance, etc.). *Adjectifs possessifs.* ⇒ **mon** (ma, mes), **ton** (ta, tes), **son** (sa, ses), **notre** (nos), **votre** (vos), **leur.** *Pronoms possessifs.* ⇒ **mien, tien, sien, nôtre, vôtre, leur.** — N. m. *Un possessif. L'emploi du possessif.* ▶ ***possession*** n. f. **I. 1.** Le fait, l'action de posséder. *La possession d'une fortune.* — *Possession* (opposé à *usufruit*). ⇒ **jouissance.** *S'assurer la possession de,* se procurer. — EN (LA, SA...) POSSESSION (sens actif). *Avoir des biens en sa possession.* ⇒ **détenir.** *Gardez-le en votre possession.* — (Sens passif) *Être en la possession de qqn.* ⇒ **appartenir, être** à. *Cette somme est-elle en votre possession ?* — PRENDRE POSSESSION DE (un lieu) : s'installer comme chez soi dans. *Prendre possession d'une chambre.* **2.** Abstrait. Le fait de connaître, de maîtriser. *La possession d'un métier, d'un instrument, d'une langue.* ⇒ **connaissance, maîtrise. 3.** Le fait de posséder l'amour, l'affection (de qqn). — Le fait de posséder (une femme). **4.** Maîtrise (des facultés, des possibilités humaines). *Il reprit lentement possession de lui-même* (après une émotion violente). *Être* EN POSSESSION *de toutes ses facultés* : sain de corps et d'esprit. *Être en pleine possession de ses moyens,* dans sa meilleure forme. **5.** Forme de délire dans lequel le malade se croit habité par un démon ⇒ **possédé**, avec sentiment de dédoublement et hallucinations. **6.** Grammaire. Mode de relation exprimé par les *possessifs* (ex. : *mon* livre, *sa* mère) ou les prépositions *à* et *de* (ex : c'est *à* moi, la mère *de* cet enfant). **II. 1.** *(Une, des possessions)* Chose possédée par qqn. ⇒ ② **avoir,** ② **bien. 2.** Vx. Territoire colonial dépendant d'un État. *Les possessions de la Couronne britannique* (⇒ **dominion**). ‹ ▶ déposséder ›

possibilité [pɔsibilite] n. f. **1.** Caractère de ce qui peut se réaliser (⇒ **possible**). *La possibilité d'une guerre.* ⇒ **éventualité. /** contr. **impossibilité /** *Il n'y a entre eux aucune possibilité d'échanges.* **2.** Chose possible. *Envisager toutes les possibilités.* ⇒ **cas.** *Les deux possibilités d'une alternative.* ⇒ **option. 3.** Capacité (de faire). ⇒ ① **faculté,** ② **moyen, occasion.** *Je viendrai, si j'en ai la possibilité. Il ne m'a pas laissé la possibilité de refuser.* **4.** Au plur. Moyens dont on peut disposer ⇒ **ressources ;** ce qu'on peut tirer d'une personne ou d'une chose. *Chacun doit payer selon ses possibilités.* ⇒ ② **moyens.** *Un enfant plein de possibilités.* ⇒ **capacité.**

possible [pɔsibl] adj. et n. m. **I.** Adj. **1.** Qui peut être réalisé, qu'on peut faire. ⇒ **faisable, réalisable ; effectif, potentiel, virtuel. /** contr. **impossible ; invraisemblable /** *C'est tout à fait possible.* ⇒ **envisageable, facile, pensable.** *Votre plan est à peine possible. Ce n'est pas possible autrement,* il n'y a pas d'autre moyen. *Venez demain si c'est possible,* ellipt *si possible. Il est possible d'y parvenir, qu'on y parvienne.* — (Pour marquer l'étonnement) ⇒ **croyable.** *Est-ce possible ? Ce n'est pas possible ! ;* ellipt et fam. *Pas possible !* **2.** Qui constitue une limite extrême. *Il a fait toutes les sottises possibles et imaginables. Je suis heureuse autant qu'il est possible de l'être.* Ellipt. *Arrangez cela aussi bien que possible.* — LE PLUS, LE MOINS, LE MIEUX, LE MEILLEUR... POSSIBLE. *Parlez le moins possible. Le moins souvent possible.* (Avec un nom au plur., *possible* est adv. et reste invar.) *Le plus, le moins de... possible. Prendre le moins de risques possible.* **3.** Qui peut se réaliser, être vrai ; qui peut être ou ne pas être. *Une aggravation possible de la maladie.* — (Dans une réponse) *« Irez-vous au chalet cet été ? - Possible. »* ⇒ **peut-être, possiblement.** — *Il est possible que* (+ subjonctif), il se peut que. ⇒ **probable.** *Il est possible qu'il fasse froid cette nuit.* **4.** Qui est peut-être ou peut devenir (tel). *Un ami possible. C'est un concurrent possible.* ⇒ **éventuel. 5.** Fam. (Choses ou personnes) Acceptable, convenable, supportable (emploi restrictif ou négatif). *Ces conditions de travail ne sont vraiment plus possibles.* **II.** N. m. LE POSSIBLE. **1.** (Dans quelques emplois) Ce qui est possible. *Dans la mesure du possible,* autant qu'on le peut. *Faire tout son possible (pour...).* — AU POSSIBLE loc. adv. ⇒ **beaucoup, extrêmement.** *Elle est fine au possible.* **2.** Ce qui est réalisable. *Les limites du possible.* **3.** Au plur. Les choses qu'on peut faire, qui peuvent arriver. *Envisager tous les possibles.* ▶ ***possiblement*** adv. ■ Peut-être ; vraisemblablement ; éventuellement. *J'irai possiblement vendredi.* ‹ ▶ impossible, possibilité ›

post- ■ Élément signifiant « après », dans le temps (ex. : *postérieur ; postérité*) et dans l'espace (ex. : *postdater*). ▶ ***postdater*** [pɔstdate] v. tr. ▪ conjug. 1. ■ Dater par une date postérieure à la date réelle (par ex., le 25 mai au lieu du 4 mai). / contr. **antidater /** — Au p. p. adj. *Lettre postdatée de trois semaines.* ▶ ***post-doctoral, ale, aux*** adj. ■ Relatif à la période qui suit l'obtention d'un doctorat. *Poursuivre des études post-doctorales. Bourse post-doctorale.* — Abrév. fam. POST-DOC. *Une recherche post-doc.* — N. m. *Faire un post-doc,* des études post-doctorales. ‹ ▶ ① postérieur, ② postérieur, postérité, postface, postnatal, postopératoire, postposer, postscolaire, post-scriptum, postsynchroniser ›

① ***poste*** [pɔst] n. f. **1.** Société d'État chargée du service de la correspondance et, en France, d'opérations bancaires. ⇒ anglic. ② **malle.** *Bureau de poste. Employé des postes, maître de poste.* ⇒ **postier.** *Un colis expédié par la poste.* **2.** Bureau de poste. *Aller à la poste. Mettre une lettre à la poste,* dans la boîte du bureau, ou dans une boîte à lettres publique. ⇒ ① **poster.** — POSTE RESTANTE : mention indiquant que la correspondance est adressée au bureau de poste où le destinataire doit venir la chercher. **3.** Autrefois. Relais de chevaux, étape pour le transport des voyageurs et du courrier. *Chevaux de poste.* ▶ ***postal, ale, aux*** adj. ■ Qui concerne la poste, l'administration des postes. *Service postal. Colis postal. Boîte* postale* ⇒ ① **B.P.**, *case postale* ⇒ **C.P.** *Indiquez votre code* postal.* ‹ ▶ ① poster, postier, ① postillon, publipostage ›

② ***poste*** n. m. **I. 1.** Lieu où un soldat, un corps de troupes se trouve placé par ordre supérieur, en vue d'une opération militaire. *Un poste avancé.* ⇒ **avant-poste.** *Poste de commandement* ⇒ ③ **P.C.**, où se tient le chef. — Loc. *Être, rester* À SON POSTE : là où le devoir l'exige, là où il faut être. — Fam. *Être* SOLIDE AU POSTE : rester à son poste, à son travail sans faiblir ; être d'une santé robuste. **2.** Groupe de soldats, corps de troupes placé en ce lieu. *Relever un poste. Poste de police, poste de garde,* corps de garde à l'entrée d'un camp militaire, etc. **3.** (Dans une ville) POSTE DE POLICE ou POSTE : corps de garde d'un service de police. ⇒ **station.** *Conduire un manifestant au poste.* — *Poste de pompiers.* ⇒ **caserne. 4.** Emploi auquel on est nommé ; lieu où on l'exerce. ⇒ ① **charge, fonction.** *Poste de travail. Professeur titulaire d'un poste. Poste vacant. Poste occasionnel, temporaire.* — *Les postes de travail,* dans une usine. **II.** (Dans des expressions) Emplacement aménagé pour recevoir des appareils, des dispositifs destinés à un usage particulier. *Le poste de pilotage d'un avion. Des postes d'essence.* ⇒ **distributeur,** ② **pompe.** *Poste d'incendie.* — Ensemble de ces appareils. *Réparer un poste d'incendie.* — *Le poste d'accueil d'une pourvoirie,* servant à l'inscription et au contrôle des usagers et des visiteurs qui ont accès à un territoire. ‹ ▶ avant-poste, ③ poste, ② poster ›

③ **poste** n. m. **1.** Appareil récepteur (de radio, de télévision). *Ouvrir le poste,* la radio, la télévision. **2.** Station de radio ou de télévision qui effectue des émissions. ⇒ **émetteur.** *Synthoniser un poste F.M. Prenez-vous les postes de Montréal ?* ⇒ **canal,** ② **chaîne.** **3.** Appareil, ligne téléphonique d'une installation intérieure. *Mon numéro de poste est le -7117.*

① **poster** [pɔste] v. tr. • conjug. 1. ■ Remettre à la poste. ⇒ fam. **maller.** *Il a posté le courrier.* ▶ **postage** n. m. ■ *Le postage du courrier.*

② **poster** [pɔste] v. tr. • conjug. 1. **1.** Placer (des soldats) à un poste déterminé. ⇒ **établir.** *Poster des sentinelles.* **2.** SE POSTER v. pron. : se placer (quelque part) pour une action déterminée, pour observer, guetter. *Il était posté à l'entrée du village. Le joueur était posté à la ligne bleue adverse.*

③ **poster** [pɔstœʀ] n. m. ■ Anglic. Grande affiche illustrée, grande photo, généralement fixée au mur. *Un poster de James Dean. Des posters de son chanteur préféré.*

① **postérieur, eure** [pɔsteʀjœʀ] adj. **1.** Comparatif. Qui vient après, dans le temps (opposé à *antérieur*). *Le document est très postérieur à l'année 1800. Nous verrons cela à une date postérieure.* ⇒ **futur, ultérieur.** **2.** Qui est derrière, dans l'espace. *Membres postérieurs et antérieurs.* ▶ **postérieurement** adv. ■ À une date postérieure. ⇒ **après.** *Un acte établi postérieurement à un autre.* / contr. **antérieurement** / ▶ **postériorité** n. f. ■ Caractère de ce qui est postérieur à qqch. / contr. **antériorité** /

② **postérieur** n. m. ■ Fam. Derrière, fesses (d'une personne). ⇒ fam. **arrière-train, cul, foufoune, péteux.** *Tomber sur son postérieur.*

a **posteriori** adj. invar. et adv. ⇒ **a posteriori.**

postérité [pɔsteʀite] n. f. **1.** Littér. Suite de personnes du même sang. ⇒ **descendant, enfant, fils ; lignée.** *Mourir sans postérité.* — *La postérité d'un artiste,* ceux qui s'inspirent de lui, après lui. **2.** Générations à venir. *Travailler pour la postérité. Œuvre qui passe à la postérité,* qui vit dans la mémoire des humains. ⇒ **immortalité.**

postface [pɔstfas] n. f. ■ Commentaire placé à la fin d'un livre (opposé à *préface*).

posthume [pɔstym] adj. **1.** Qui est né après la mort de son père. *Enfant posthume.* **2.** *Œuvres posthumes,* publiées après la mort de l'auteur. — Qui a lieu après la mort de qqn. *Décoration à titre posthume,* donnée à un mort.

postiche [pɔstiʃ] adj. et n. m. **I. 1.** Adj. Se dit d'un objet que l'on porte pour remplacer artificiellement qqch. de naturel (ne se dit pas des prothèses). ⇒ **factice,** ① **faux.** *Des cheveux postiches.* ⇒ **perruque.** **2.** N. m. Mèche que l'on adapte à volonté à sa frange, à ses cheveux. ⇒ fam. **moumoute.** **II.** Adj. Faux, inventé. *Des talents postiches.* ≠ *pastiche.*

postier, ière [pɔstje, jɛʀ] n. ■ Employé(e) du service des postes qui travaille dans un bureau de poste. ≠ *facteur.*

① **postillon** [pɔstijɔ̃] n. m. ■ Autrefois. Conducteur d'une voiture de poste. ⇒ ① **cocher.** *Le postillon de la diligence.*

② **postillon** n. m. ■ Gouttelette de salive projetée en parlant. *Arrête de m'envoyer des postillons !* ▶ **postillonner** v. intr. • conjug. 1. ■ Envoyer des postillons. *On me postillonnait dans la figure.*

postnatal, ale, als ou **aux** [pɔstnatal, o] ■ Relatif à la période qui suit immédiatement la naissance. / contr. **prénatal** / *Les soins postnatals* ou *postnataux prodigués aux bébés.*

postopératoire [pɔstɔpeʀatwaʀ] adj. ■ Médecine. Qui se produit ou se fait après une opération. *Des complications postopératoires.*

postposer [pɔstpoze] v. tr. • conjug. 1. ■ Didact. Placer un mot à la suite d'un autre avec lequel il forme un groupe. *Postposer l'adjectif « grand » dans « un homme grand ».* ▶ **postposition** n. f. **1.** Position d'un mot après un autre. *La postposition du sujet dans les phrases interrogatives.* ⇒ **inversion.** **2.** Mot placé après le mot qu'il régit. *En anglais, « up » dans « to get up » est une postposition.*

postscolaire [pɔstskɔlɛʀ] adj. ■ Relatif à la période qui suit celle de la scolarité (opposé à *préscolaire*). *L'enseignement postscolaire.* ≠ *parascolaire.*

post-scriptum [pɔstskʀiptɔm] n. m. invar. ■ Complément ajouté au bas d'une lettre, après la signature (abrév. *P.-S.*). *P.-S. : Voici ma nouvelle adresse... Sa lettre se terminait par trois post-scriptum.*

postsecondaire [pɔstsəgɔ̃dɛʀ] adj. ■ Relatif à l'enseignement collégial ou à l'enseignement universitaire. *Poursuivre des études postsecondaires.*

postsynchroniser [pɔstsɛ̃kʀɔnize] v. tr. • conjug. 1. ■ Enregistrer (les dialogues d'un film) après son tournage. ⇒ **doublage.** ▶ **postsynchronisation** n. f.

postulant, ante [pɔstylɑ̃, ɑ̃t] n. **1.** Candidat (à une place, un emploi...). **2.** Novice dans une communauté religieuse. *Les postulantes vont prononcer leurs vœux.*

postulat [pɔstyla] n. m. ■ (Opposé à *théorème*) Point de départ indémontrable mais tenu pour incontestable (d'un raisonnement logique).

postuler [pɔstyle] v. tr. • conjug. 1. **1.** Demander, solliciter (un emploi). *Postuler un poste d'informaticien.* **2.** Didact. Poser une proposition comme postulat. *Postuler que* **a** *est plus grand que* **b.** ‹ ▶ postulant, postulat ›

posture [pɔstyʀ] n. f. **1.** Attitude particulière du corps (surtout lorsqu'elle est peu naturelle). ⇒ **position.** *Essayer une posture pour dormir. La posture du scribe accroupi. Dans une posture comique.* **2.** Abstrait. Loc. *Être, se trouver en bonne, en mauvaise posture,* dans une situation favorable ou défavorable.

① **pot** [po] n. m. **I. 1.** Récipient de ménage, destiné surtout à contenir liquides et aliments. *Un pot de terre, de grès.* ⇒ **poterie.** *Des pots en étain.* — POT À : destiné à contenir (qqch.). *Pot à lait. Pot à eau* [pɔtao]. *Des pots à eau* [pɔtao]. *Un pot à tabac.* — POT DE... : contenant effectivement (qqch.). *Un pot de yogourt, de miel.* Fam. Fig. *Pot de colle*.* — POT (DE FLEURS) : récipient de terre dans lequel on fait pousser des plantes ornementales. ⇒ **jardinière ; dépoter, empoter.** *Des fleurs en pots.* — Loc. fig. *C'est le pot de terre contre le pot de fer,* une lutte inégale. — *Recevoir les fleurs avant le pot,* des compliments avant les blâmes. *Découvrir le* POT AUX ROSES [pɔtoʀoz] : découvrir le secret d'une affaire. — *Payer les pots cassés,* réparer les dommages qui ont été faits. — *Être sourd comme un pot,* très sourd. **2.** Vx. Marmite servant à faire cuire les aliments. ⇒ **pot-au-feu.** *Poule au pot,* poule bouillie. — *Cuiller à pot,* pour écumer la marmite. ⇒ ② **louche.** Loc. fam. *En deux coups de cuiller à pot,* en un tour de main. — *Tourner autour du pot,* parler avec des circonlocutions, ne pas se décider à dire ce que l'on veut dire. **3.** POT (DE CHAMBRE) : où l'on fait ses besoins. ⇒ **vase** de nuit. *Mettre un enfant sur le, sur son (petit) pot.* **4.** Contenu d'un pot. Absolt et fam. *Boire, prendre un pot,* une consommation. ⇒ **verre. 5.** POT D'ÉCHAPPEMENT : tuyau muni de chicanes qui, à l'arrière d'une voiture, d'une moto, laisse échapper les gaz brûlés. ⇒ **silencieux.** — Loc. fam. *Plein pot,* à toute vitesse. **6.** (Souvent prononcé [pɔt]) Dans les jeux de société. Lot de pièces non distribuées où chaque joueur peut piocher. ⇒ **pioche** (II). — Dans les jeux d'argent. Ensemble des mises, des enjeux. ⇒ anglic. **jack pot. II.** (Surtout en France) Fam. Chance, veine. *Un coup de pot. Manque de pot !,* pas de chance. *J'ai eu du pot.* ‹ ► cache-pot, dépoter, empoter, popotin, potage, pot-au-feu, pot-de-vin, poterie, potiche, potier, potin, pot-pourri, rempoter ›

② ***pot*** [pɔt] n. m. ■ Anglic. Marijuana. ⇒ **cannabis, haschisch ;** fam. **herbe, mari.** *Consommer du pot.*

potable [pɔtabl] adj. **1.** Qui peut être bu sans danger pour la santé. ⇒ **buvable.** *Eau non potable.* **2.** Fam. Qui passe à la rigueur ; assez bon. ⇒ **acceptable, passable, recevable.** *Un travail potable.*

potache [pɔtaʃ] n. m. ■ (France) Collégien, lycéen.

potage [pɔtaʒ] n. m. ■ Bouillon épais dans lequel on a fait cuire des aliments solides, le plus souvent coupés fin ou passés. ⇒ **soupe.** *Prendre du potage, un potage au cresson, aux légumes.* — Par ext. Début du repas (qui comprend ce mets). ‹ ► potager ›

potager, ère [pɔtaʒe, ɛʀ] adj. et n. m. **I.** Adj. **1.** (Plantes) Dont certaines parties peuvent être utilisées dans l'alimentation humaine (à l'exclusion des céréales). ⇒ **légume.** *Plantes potagères.* **2.** Où l'on cultive des plantes potagères pour la consommation. *Un jardin potager.* — Relatif aux légumes. *Culture potagère.* ⇒ **maraîcher. II.** N. m. Jardin destiné à la culture des légumes (et de certains fruits) pour la consommation.

potamo-, -potame ■ Élément savant, signifiant « fleuve » (ex. : *hippopotame ; potamonyme* « nom d'un cours d'eau »).

potasse [pɔtas] n. f. ■ Sel de potassium naturel ou produit par l'industrie, employé dans la fabrication de détergents et d'engrais. ► ***potassique*** adj. ■ Se dit des composés du potassium. *Engrais potassiques.* ► ***potassium*** n. m. ■ Métal alcalin comparable au sodium, très commun sous forme de sels (symb. *K*). *Cyanure de potassium.*

potasser [pɔtase] v. tr. ▪ conjug. 1. ■ Fam. S'enfermer pour étudier avec acharnement. *Elle potasse un examen.*

pot-au-feu [pɔtofø] n. m. invar. (Surtout en France) **1.** Plat composé de viande de bœuf bouillie avec des carottes, des poireaux, des navets, des oignons, et dont le bouillon est consommé séparément. ⇒ **bouilli.** *Des pot-au-feu.* **2.** Le morceau de bœuf qui sert à faire le pot-au-feu.

pot-de-vin [podvɛ̃] n. m. ■ Somme d'argent qui se donne en dehors du prix convenu, dans un marché, ou pour obtenir qqch. (d'une façon souvent illégale). *Une affaire de pots-de-vin,* un scandale.

pote [pɔt] n. m. ■ Fam. Ami fidèle. ⇒ anglic. **chum.** *Touche pas à mon pote,* ne cherche pas à lui nuire.

poteau [pɔ(o)to] n. m. **I. 1.** Pièce de charpente dressée verticalement pour servir de support. *Des poteaux de bois, de béton.* ⇒ **pilier.** *Poteaux de clôture.* **2.** Pièce de bois, de métal, etc., dressée verticalement. *Poteau indicateur,* portant la direction des routes. *Poteau électrique* ou *de téléphone,* portant les fils et leurs isolateurs. *Poteau de corde à linge.* — Dans une course. *Poteau de départ, d'arrivée.* **3.** *Poteau (d'exécution),* où l'on attache ceux que l'on va fusiller. — AU POTEAU. *Mettre, envoyer au poteau,* condamner à la fusillade. *Au poteau !,* à mort ! **II.** Fam. *Poteau de vieillesse,* personne sur qui l'on pourra compter plus tard pour prendre soin de soi ; assurance. ‹ ► pote ›

potelé, ée [pɔtle] adj. ■ Qui a des formes rondes et pleines. ⇒ **dodu, grassouillet. /** contr. **maigre /** *Un bébé potelé. Main potelée.*

potence [pɔtɑ̃s] n. f. **1.** Techniques. Pièce de charpente constituée par un montant vertical et une traverse placée en équerre. **2.** Instrument de supplice (pour la pendaison, etc.), formé d'une potence (1) soutenant une corde. ⇒ **gibet.** *Monter sur la potence.* — Le supplice lui-même. *Mériter la potence.* ⇒ **corde.** — Loc. *Gibier de potence,* individu qui mérite la potence. ⇒ **patibulaire.**

potentat [pɔtɑ̃ta] n. m. **1.** Personne qui a la souveraineté absolue dans un grand État. ⇒ **monarque, tyran. 2.** Homme qui possède un pouvoir excessif, absolu. ⇒ **despote.**

potentiel, elle [pɔtɑ̃sjɛl] adj. et n. m. **I.** Adj. **1.** Qui existe en puissance ou exprime la possibilité (opposé à *actuel*). ⇒ **virtuel.** *Établir, révéler les risques potentiels d'une entreprise. Miser sur, solliciter les qualités potentielles de qqn.* ⇒ **intrinsèque. 2.** *Énergie potentielle,* celle d'un corps capable de fournir un travail. **II.** POTENTIEL n. m. **1.** *Potentiel électrique,* énergie potentielle des forces électriques. *Potentiel hydraulique,* énergie électrique pouvant être obtenue par la force d'écoulement de l'eau. *L'unité pratique de potentiel est le volt.* ⇒ **voltage.** *Différence de potentiel* (charge, tension) *entre les bornes d'un générateur.* **2.** Capacité d'action, de production. ⇒ **puissance.** *Le potentiel économique et militaire d'un pays.* ► ***potentialité*** n. f. Didact. ou littér. **1.** Caractère de ce qui est potentiel. *Le subjonctif peut exprimer la potentialité.* **2.** *(Une, des potentialités)* Qualité, chose potentielle. ⇒ **possibilité, virtualité.** *Développer les potentialités des élèves,* leurs capacités réelles mais cachées. ► ***potentiellement*** adv. ■ D'une manière potentielle, en puissance.

poterie [pɔtʀi] n. f. ■ Fabrication des objets utilitaires (pots, etc.) en terre cuite (à 1000º C environ). ⇒ **céramique, faïence, porcelaine.** — Objet ainsi fabriqué ; matière dont il est fait. *Façonner une poterie au tour.*

poterne [pɔtɛʀn] n. f. ■ (France) Porte dans la muraille de sortie, secrète ou camouflée (d'un château, de fortifications).

potiche [pɔtiʃ] n. f. **1.** Grand vase de porcelaine. *Des potiches chinoises.* **2.** Fam. Personnage à qui l'on donne une place honorifique, sans aucun rôle actif. *Jouer les potiches.*

potier, ière [pɔtje, jɛʀ] n. ■ Personne qui fabrique et vend des objets en céramique, des poteries. ⇒ **céramiste.** *Tour, four de potier.*

potin [pɔtɛ̃] n. m. **1.** Surtout au plur. Bavardage, commérage. ⇒ **cancan, placotage, racontar ;** fam. **bavassage, mémérage, ragot.** *Faire des potins sur qqn,* de petites médisances. *Les potins des commères.* **2.** (France) Au sing. Bruit, tapage, vacarme. *Faire du* potin, *un potin du diable.* ⇒ fam. ① **boucan.** ▶ ***potiner*** v. intr. ▪ conjug. 1. ■ Faire des potins (1), des commérages. ⇒ **médire, placoter ;** fam. **bavasser.**

potion [pɔsjɔ̃] n. f. ■ Médicament liquide destiné à être bu. *Une potion calmante. Quelle potion !* ⇒ **drogue, purge.** *La potion magique d'Astérix.*

potiron [pɔtiʀɔ̃] n. m. ■ (France) Grosse courge (variété plus grosse que la citrouille). *Soupe au potiron.*

pot-pourri [popuʀi] n. m. **1.** Pièce de musique légère faite de thèmes empruntés à diverses sources. *Des pots-pourris. — Un pot-pourri de chansons,* des extraits. **2.** Mélange hétéroclite, assortiment, arrangement (de choses concrètes). *Un pot-pourri de fleurs séchées.*

pou [pu] n. m. **1.** Insecte qui vit en parasite sur l'être humain. *Être couvert de poux.* ⇒ **pouilleux.** *Chercher les poux.* ⇒ **épouiller.** — Loc. fam. *Être laid comme un pou,* très laid. *Chercher des poux dans (sur) la tête de qqn, à qqn,* le chicaner, lui chercher querelle. — *Être orgueilleux comme un pou,* (pour *comme un pouil,* un coq) très orgueilleux. **2.** Insecte parasite des animaux. *Pou du mouton.* ⟨ ▶ épouiller, pouilleux ⟩

pouah [pwa] interj. ■ Fam. Exclamation qui exprime le dégoût ⇒ **beurk, eurk, fi,** ① **ouache**, le mépris.

poubelle [pubɛl] n. f. ■ Récipient destiné aux ordures ménagères (d'un immeuble, d'un appartement). *Les poubelles sont vidées par les éboueurs. J'ai jeté les restes à la poubelle.* — REM. Ce mot vient du nom du préfet de police de Paris qui imposa ce récipient, par hygiène, en 1884.

① ***pouce*** [pus] n. m. **1.** Le plus gros et le plus court des doigts de la main, opposable aux autres doigts. *Il suçait son pouce.* — Loc. *Faire du pouce,* de l'auto-stop. ⇒ fam. **stop.** *Prendre, donner un pouce ; aller quelque part, voyager sur le pouce.* ⇒ anglic. ① **lift.** (Surtout en France) *Mettre les pouces,* cesser de résister. ⇒ **céder.** — Fam. *Manger un morceau* SUR LE POUCE : sans assiette et debout. — *Tourner ses pouces, se tourner les pouces,* rester sans rien faire. *Avoir les mains pleines de pouces,* être gauche, maladroit. *S'en mordre les pouces* (de qqch.), le regretter, s'en repentir. ⇒ **doigt.** *Donner le* COUP DE POUCE : la dernière main à un ouvrage. *Il a donné un coup de pouce à l'histoire,* il a déformé légèrement la réalité. **2.** Le gros orteil. ▶ ***pouceur*** ou ***pouceux, euse*** n. ■ Personne qui fait du pouce. ⇒ **auto-stoppeur.** *Faire monter des pouceurs.* ▶ ***poucer*** v. intr. ▪ conjug. 3. ■ Faire du pouce, voyager sur le pouce. *Quand j'étais étudiant, je pouçais beaucoup.* ⟨ ▶ ② pouce ⟩

② ***pouce*** n. m. ■ Ancienne mesure de longueur équivalant à la douzième partie du pied, soit 254 mm (symb. *po*). ⇒ ② **ligne,** ② **pied,** ③ **verge.** *Une disquette de 3 1/2, de 5 1/4 pouces.* — Loc. *Ne pas reculer, bouger, avancer d'un pouce,* rester immobile. — *Si je leur donne un pouce, ils prendront un pied,* il y aura de l'exagération.

pouding ou ***pudding*** [pudiŋ] n. m. Anglic. **1.** Pâte à gâteau déposée sur des fruits ou sur une préparation sucrée, qu'on fait cuire au four. *Un pouding aux bleuets. Un pouding renversé. Manger du pouding pour dessert. — Pouding(-)chômeur* ou, fam., *pouding au chômeur,* cuit sur un sirop de cassonade. — *Pouding au pain,* fait de pain rassis et cuit au four dans une préparation de lait et d'œufs (servi avec du sirop ou de la mélasse). **2.** PUDDING OU PLUM-PUDDING : gâteau anglais à base de farine, d'œufs, de graisse de bœuf, de raisins secs, etc., souvent arrosé d'eau-de-vie (rhum...). *En Angleterre, le pudding est le gâteau traditionnel de Noël.* **3.** Entremets fait de lait écrémé, de sucre et de différents produits chimiques, puis aromatisé et coloré. ⇒ **crème**-dessert. *Un pouding à la vanille, au chocolat, au tapioca. — Un petit pouding,* une portion individuelle, en conserve. — Préparation sous forme de poudre emballée à laquelle on ajoute du lait, sans cuisson. — REM. Au sens 1, le mot s'emploie fam. au fém. *(une pouding)* ; la variante *pudding* est rare. Aux sens 1 et 3, la variante *poutine* (n. f.) est fam. ou vieillie. Au sens 2, en France, les variantes *plum-pudding* et *pouding* sont rares.

① ***poudre*** [pudʀ] n. f. **1.** Substance solide divisée en très petites particules, pulvérisée. *Poudre fine. — Sucre en poudre. Lait en poudre.* ⇒ **lyophilisé.** *Savon en poudre.* ⇒ **détersif, lessive.** — Fam. *Poudre à pâte,* levure chimique utilisée en pâtisserie. — Loc. *Poudre de perlimpinpin,* que les charlatans vendaient comme une panacée. — Loc. *Jeter de la poudre aux yeux à qqn,* chercher à éblouir. *Prendre la poudre d'escampette*.* **2.** Substance pulvérulente utilisée sur la peau comme fard (et autrefois sur les cheveux). *Poudre de riz. Se mettre de la poudre.* ⇒ se **poudrer. 3.** Vx. Poussière. Loc. *Réduire qqch. en poudre.* ⇒ **pulvériser.** ▶ ***poudrer*** v. ▪ conjug. 1. **I.** V. tr. **1.** Couvrir légèrement de poudre. ⇒ **saupoudrer. 2.** Couvrir (ses cheveux, sa peau) d'une fine couche de poudre (2). — Pronominalement (réfl.). *Se poudrer.* — Au p. p. adj. POUDRÉ, ÉE : au visage poudré. *Une femme fardée, poudrée.* — N. f. Péj. *Une poudrée,* une femme très maquillée. **II.** V. impers. Produire de la poudrerie. *La neige a déjà commencé à poudrer.* ▶ ***poudrage*** n. m. ■ Action de poudrer. *Traitement chimique des cultures par poudrage.* ≠ *poudrerie.* ▶ ***poudrette*** n. f. ■ Houpette de poudrier. ▶ ***poudrerie*** n. f. ■ Neige fine et sèche déjà au sol et que le vent soulève en rafales, en tourbillons. ⇒ **blizzard ; bordée** de neige. *Neige accompagnée de poudrerie. La visibilité est nulle en raison de la poudrerie. La météo annonce de la poudrerie,* de la neige qui tombe et qui tourbillonne sous l'effet du vent. *Neige et poudrerie par endroits.* ≠ *poudrage.* ▶ ***poudreuse*** n. f. **1.** Neige poudreuse. *Piste de ski recouverte de poudreuse. La poudreuse se soulève très facilement.* **2.** Instrument servant à répandre une poudre (1). ▶ ***poudreux, euse*** adj. **1.** Qui a la consistance d'une poudre. *Neige poudreuse,* neige fraîche, profonde et molle, dans laquelle on s'enfonce. **2.** (Espace) Où il y a de la poudrerie, où il poudre. *C'est un rang poudreux.* — (Temps) Relatif à la période pendant laquelle il y a de la poudrerie, pendant laquelle il poudre. *On a eu un mois poudreux. Nuit poudreuse.* ▶ ***poudrier*** n. m. ■ Récipient à poudre (2). *Elle tira un poudrier de son sac.* ⟨ ▶ ② poudre, poudroyer ⟩

② ***poudre*** n. f. ■ Mélange explosif pulvérulent. *Poudre à canon.* Loc. *Faire parler la poudre,* faire feu. — *Mettre le* FEU AUX POUDRES : déclencher un événement violent ; envenimer une situation. — *Ne pas avoir inventé la poudre (à canon),* ne pas être très intelligent. ⇒ ③ **bouton, fil** (I, 4) ; (→ L'œuf de Colomb). ▶ ***poudrière*** n. f. ■ Magasin à poudre, à explosifs. — Abstrait. *Cette région est une poudrière,* la révolte peut y éclater.

poudroyer [pudʀwaje] v. intr. ▪ conjug. 8. **1.** Littér. Produire de la poussière (on disait : de la *poudre*) ; s'élever en poussière. *Le chemin poudroie au passage d'une voiture.* — Impersonnellement. *La neige poudroyait,* poudrait légèrement. **2.** Avoir une apparence de poudre brillante, sous l'effet d'un éclairage vif. *Le sable poudroie.* **3.** Faire briller les grains de poussière en suspension. *Le soleil poudroie à travers les volets.* ▶ ***poudroiement*** n. m. ■ Effet produit par la poussière soulevée et éclairée ou par la lumière éclairant les grains d'une poudre.

① ***pouf*** [puf] interj. ■ Exclamation exprimant un bruit sourd de chute, un bruit d'éclatement. *Et pouf ! le voilà qui s'étale par terre. Pouf ! le ballon vient de crever.* — N. m. *Faire pouf,* tomber. ‹ ▶ patapouf, pouffer, pouffiasse ›

② ***pouf*** n. m. ■ Siège bas, gros coussin capitonné, posé à même le sol. *Mettre ses pieds sur un pouf.* ⇒ **tabouret.**

pouffer [pufe] v. intr. ▪ conjug. 1. ■ POUFFER DE RIRE : éclater de rire malgré soi. ⇒ s'**esclaffer.** — Sans compl. *Les enfants pouffaient sans raison.*

pouffiasse ou ***poufiasse*** [pufjas] n. f. ■ Vulg. Terme d'injure. Femme, fille épaisse, vulgaire. *Une grosse pouffiasse.*

pouilleux, euse [pujø, øz] adj. et n. **1.** Couvert de poux, de vermine. *Un mendiant pouilleux.* **2.** Qui est dans une extrême misère. — N. *Un pouilleux, une pouilleuse.* ⇒ **gueux, pauvre. 3.** (Choses) Misérable, sordide. *Un quartier pouilleux.*

poulailler [pulɑje] n. m. **1.** Abri où on élève des poules ou d'autres volailles. — Ensemble des poules qui logent dans cet abri. *Le renard a égorgé tout le poulailler.* **2.** Fam. Galerie supérieure d'un théâtre, d'un amphithéâtre sportif, où sont les places les moins chères. *Prendre une place au (dans le) poulailler.* — Ensemble des spectateurs assis dans cette galerie. *Le poulailler a sifflé la pièce.*

poulain [pulɛ̃] n. m. **1.** Petit du cheval, mâle ou femelle (jusqu'à trente mois). ⇒ **pouliche ; pouliner.** *La jument et son poulain.* ≠ *poney.* **2.** Sportif, étudiant, écrivain débutant (par rapport à son entraîneur, son professeur, son éditeur). ⇒ **disciple, élève** ‹ ▶ poulinière ›

poulamon [pulamɔ̃] n. m. ■ Poisson qui ressemble à une petite morue, vivant dans les eaux salées ou saumâtres et qui fraie en hiver dans les rivières recouvertes de glace. ⇒ **loche,** petit **poisson** des chenaux.

poularde [pulaʀd] n. f. ■ Jeune poule engraissée.

① ***poule*** [pul] n. f. **I. 1.** La femelle du coq, volatile, volaille, oiseau de basse-cour, à ailes courtes et arrondies, à queue courte, à crête dentelée et petite. *Une poule qui picore. Le gloussement des poules. Poule pondeuse. Œuf de poule. Les poules couvent dans le poulailler.* — *Poule en chocolat,* friandise de Pâques. **2.** Loc. *Quand les poules auront des dents,* jamais. *Tuer la poule aux œufs d'or,* détruire par avidité ou impatience la source d'un profit important. *Se coucher, se lever comme (avec) les poules, à l'heure des poules,* très tôt. *Avoir la chair de poule,* frissonner. — MÈRE POULE : mère affairée et timorée ; mère qui aime à être entourée de ses enfants. — POULE MOUILLÉE : personne poltronne, timorée. ⇒ **froussard, peureux.** Adj. *Il est un peu trop poule mouillée.* — *Bouche en cul-de-poule.* ⇒ **cul-de-poule. 3.** Femelle de certains gallinacés. *Poule faisane,* faisan femelle. — POULE D'EAU : oiseau aquatique de la taille d'un pigeon, commune dans les eaux calmes. **II.** Fam. *Poule,* terme d'affection (pour les filles, les femmes). ≠ ① *poulet* (II). *Viens, ma poule.* ⇒ ① **chou,** ② **chouette ;** fam. ① **cocotte,** ① **poulet, poulette. III.** (France) Fam. Fille de mœurs légères. *C'est une poule.* ⇒ fam. **grue ;** très fam. **guidoune ;** péj. **plotte.** (Avec un possessif) Vx et péj. Maîtresse (d'un homme). *Il est avec sa poule.* ▶ ① ***poulet*** n. m. **I. 1.** Petit de la poule (de trois à dix mois). *Une poule et ses poulets.* ≠ *poussin.* **2.** Jeune poule ou jeune coq (coquelet) destiné à l'alimentation, et souvent châtré. ⇒ **chapon.** *Poulet de grain, poulet fermier. Poulet aux hormones,* produit par un élevage forcé, accéléré. *Poulet rôti, poulet barbecue. Cuisse, aile, poitrine de poulet. Poulet à la Kentucky.* — *Manger du poulet.* — Fam. *Aller au poulet,* dans un restaurant ou un comptoir spécialisé dans ce type de nourriture. **II.** *Mon (petit) poulet,* terme d'affection (pour les deux sexes). ≠ ① *poule* (II). ▶ ***poulette*** n. f. **I.** Jeune poule **II.** Fam. Jeune fille, jeune femme. *Ma poulette,* terme d'affection. ⇒ ① **poule** (II). ‹ ▶ en cul-de-poule, pied-de-poule, poulailler, poularde ›

② ***poule*** n. f. (France) **1.** Enjeu déposé au début de la partie ; somme constituée par le total des mises qui revient au gagnant. *Gagner la poule.* ⇒ ① **pot. 2.** Rugby. Groupe d'équipes destinées à se rencontrer, dans la première phase du championnat. *Poule A, poule B.*

② ***poulet*** n. m. ■ (France) Fam. Policier. ⇒ fam. **bœuf,** ① **chien,** ① **flic.** *Il s'est fait pincer par les poulets.*

pouliche [puliʃ] n. f. ■ Jument qui n'est pas encore adulte (mais qui n'est plus un poulain).

poulie [puli] n. f. **1.** Dispositif mécanique de bois, de métal, muni d'un anneau et d'une roue (appelée *réa* [ʀeɑ], n. m.) tenus ensemble par deux joues et un axe, pour soulever des fardeaux au moyen d'une corde ou d'une chaîne. ⇒ **palan. 2.** Roue à gorge ou à crans servant à transmettre un mouvement. *Poulie et courroie de ventilateur* (dans un moteur d'automobile). *Une poulie de corde à linge.*

poulinière [pulinjɛʀ] adj. f. ■ *Jument poulinière,* destinée à la reproduction (⇒ **poulain**). — N. f. *Une poulinière.*

poulpe [pulp] n. m. ■ Mollusque (appelé aussi *pieuvre*) à longs bras garnis de ventouses (⇒ ① **polype**). *Les tentacules du poulpe.*

pouls [pu] n. m. invar. ■ Battement des artères produit par les vagues successives du sang projeté du cœur (perceptible au toucher, notamment sur la face interne du poignet). *Prendre le pouls (de qqn, à qqn),* en compter les pulsations. — L'endroit où l'on sent le pouls. *Tâter le pouls.* — Fig. *Prendre, tâter le pouls de qqn, de qqch.,* juger de son état, de sa situation. *Prendre le pouls de la situation,* l'évaluer.

poumon [pumɔ̃] n. m. **1.** Chacun des deux viscères placés dans la cage thoracique, organes de la respiration où se font les échanges gazeux (⇒ **pulmonaire**). *Poumon droit et gauche. Cancer du poumon. Maladies du poumon,* pneumonie, tuberculose. *Les poumons et la plèvre.* — *Aspirer* À PLEINS POUMONS : profondément. *Chanter, crier à pleins poumons.* ⇒ s'**époumoner. 2.** POUMON ARTIFICIEL, POUMON D'ACIER : appareil qui permet d'entretenir la ventilation pulmonaire d'un malade. ‹ ▶ s'époumoner ›

poupard [pupaʀ] n. m. et adj. (France) **1.** N. m. Bébé gros et joufflu. ⇒ **poupon. 2.** Adj. *Une physionomie pouparde.* ⇒ **poupin.**

poupe [pup] n. f. ■ Arrière (d'un navire). ⇒ ② **gaillard** d'arrière. / contr. **proue** / — Loc. fig. *Avoir le vent en poupe,* être poussé vers le succès.

poupée [pupe] n. f. ⇒ fam. **catin. 1.** Figurine humaine servant de jouet d'enfant, d'ornement. *La petite fille joue à la poupée. Une poupée de porcelaine. Poupée de collection. Poupée gonflable. Avoir un visage de poupée.* ⇒ **poupin.** — *Jardin, maison de poupée,* en miniature, très petit. **2.** Fam. Jeune femme, jeune fille. ⇒ fam. **pépée, pétard.** *Une sacrée belle poupée.* **3.** Doigt malade, entouré d'un pansement ; le pansement ⇒ **catin, doigtier.** ▶ ***poupin, ine*** adj. ■ Qui a les traits d'une poupée. *Un visage poupin.* ⇒ **poupard.** ▶ ***poupon*** n. m. ■ Bébé, très jeune enfant. ⇒ **poupard.**

Un joli poupon rose. ▶ ***pouponner*** v. intr. ▪ conjug. 1. ▪ Dorloter maternellement des bébés. ⇒ **cajoler, catiner.** *Elle adore pouponner.* ▶ ***pouponnière*** n. f. **1.** Salle d'un hôpital où l'on garde les bébés naissants pendant quelques jours. *L'infirmière ramène le bébé à la pouponnière.* **2.** Établissement où l'on garde les nouveau-nés, (en France) les enfants jusqu'à trois ans. ⇒ **crèche, garderie.** ‹ ▶ pépée, poupard ›

pour [puʀ] prép. et n. m. **I.** (Exprimant l'idée d'échange, d'équivalence, de correspondance, de réciprocité) **1.** En échange de ; à la place de. *Vendre qqch. pour telle somme.* ⇒ **contre, moyennant.** *Je l'ai eu pour presque rien, pour une bouchée de pain.* Fam. *Pour pas une cenne,* gratuitement. — Loc. *Il en a été pour son argent, pour ses frais,* il n'a rien eu en échange. — *Dix... pour cent* (%), *pour mille* (‰). ⇒ **pourcentage.** — *Prendre, dire un mot pour un autre,* au lieu de. *Elle l'a pris pour son frère,* confondu avec son frère. — *Risquer le tout pour le tout.* — (Avec le même nom avant et après) *Dans un an, jour pour jour,* exactement. *Elle lui ressemble trait pour trait.* **2.** (Avec un nom ou un infinitif redoublé marquant la possibilité d'un choix entre deux choses) *Mourir pour mourir, autant que ce soit de mort subite.* **3.** (Exprimant un rapport d'équivalence entre deux termes accordés s'il le faut en nombre, en genre). ⇒ **comme.** *Avoir la liberté pour principe.* — *Pour tout avantage, pour tous avantages, il avait...,* en fait d'avantage(s). *Prendre pour époux. Avoir M. Cormier pour professeur. Elle les a pour élèves. Elle passe pour folle. Pour le moins,* au moins, au minimum. — Loc. fam. *Pour de bon,* d'une façon définitive. *Elle est revenue pour de bon.* Fam. *Pour de vrai,* vraiment (opposé à *pour (de) rire*). **4.** En prenant la place de. *Payer pour qqn,* à sa place. **5.** En ce qui concerne (qqch.). Loc. *En tout et pour tout,* seulement, uniquement. — Par rapport à. *Il fait froid pour la saison.* **6.** (Servant à mettre en valeur le sujet, l'attribut ou un compl. d'objet) *Pour moi, je pense que...* ⇒ **quant à.** *Pour ma part. Pour ce qui est de,* en ce qui concerne. — *Pour un artiste, c'est un artiste ! Pour m'aider, elle m'a aidé !,* pour ce qui est de m'aider. — Loc. *J'ai pour mon dire que...,* je pense que... — Loc. fam. *Pour un,* quant à moi, de mon côté. *Moi, pour un, j'aime bien le hockey.* — REM. La loc. *pour un* est un calque de l'anglais. **7.** En ce qui concerne (qqn). *Elle est tout pour moi. Ce n'est un secret pour personne.* **II.** (Exprimant la direction, la destination, le résultat, l'intention) **1.** (Dans la direction de, en allant vers) *Partir pour le Japon. Les voyageurs pour Rimouski.* **2.** (Marquant le terme dans le temps) *C'est pour ce soir.* — *Pour six mois,* pendant six mois à partir de maintenant. *Pour le moment,* momentanément. *Pour quand ? Pour dans huit jours.* — Fam. *Alors, c'est pour aujourd'hui ou pour demain ? Pour une fois, pour cette fois, je te pardonne. Pour le coup,* cette fois-ci. **3.** (Marquant la destination figurée, le but...) Destiné à (qqn, qqch.). *C'est pour vous. Film pour adultes.* — Ellipt et fam. *C'est fait pour.* ⇒ **exprès.** — Destiné à combattre. ⇒ **contre.** *Médicament pour la grippe.* — En vue de. *C'est pour son bien.* — *Pour le cas où,* dans le cas où. — À l'égard de. ⇒ **envers.** *Sa haine pour eux. Par égard pour mes parents.* — *Tant mieux, tant pis pour lui. C'est bien fait pour elle !* — En faveur de, pour l'intérêt, le bien de... *Prier pour qqn. Voter pour un parti. Chacun pour soi.* — ÊTRE POUR... : être partisan de (qqn, qqch.). / contr. **contre** / *Je suis pour cette décision ;* ellipt. *je suis pour.* — ÊTRE POUR (+ infinitif) : être sur le point de. *J'étais pour lui téléphoner,* je devais, j'allais. **4.** POUR (+ infinitif) : afin de pouvoir. *Faire l'impossible pour réussir. Travailler pour vivre. Pour quoi faire ?* ≠ *pourquoi.* — Loc. fam. *Ce n'est pas pour dire, mais il a du culot,* il a vraiment du culot. *C'est pour rire.* — *Ne pas être pour* (+ infinitif), ne pas faire (l'action exprimée par le verbe). *Je ne suis pas pour partir maintenant, il neige encore. On n'est pas pour lui dire cela tout de suite.* **5.** POUR QUE (+ subjonctif dans la subordonnée de but) : afin que. *Il faudra du temps pour que cela réussisse.* Iron. *C'est ça, laisse ton porte-monnaie sur la table, pour qu'on te le vole !* Fam. (Négatif) *Pour pas que,* pour ne pas que. *Laisse-moi un message pour pas que j'oublie.* — POUR QUE... NE PAS. *Elle ferma les fenêtres pour que la chaleur ne sorte pas.* **III.** (Exprimant la conséquence) **1.** En ayant pour résultat (qqch.). *Pour son malheur, il a cédé.* — (+ infinitif) Afin de. *Pour réussir, il a besoin d'être plus sûr de lui.* — (Forme négative) *Ce projet n'est pas pour me déplaire,* ne me déplaît pas. **2.** POUR QUE (+ subjonctif dans la subordonnée de conséquence). *Assez, trop... pour que... J'ai assez insisté pour qu'elle vienne. Il faut, il suffit... pour que... Il suffit que j'en parle pour que ça n'arrive pas.* **IV.** (Exprimant la cause) **1.** À cause de. *On l'admire pour ses qualités. Être puni pour ses mensonges. Pour un oui, pour un non,* à toute occasion. *Pour sa peine,* en considération de sa peine. *Pour quoi ? Pour quelle raison ?* ⇒ **pourquoi.** *Le magasin est fermé pour cause de maladie.* Absolt. *Et pour cause !,* pour une raison trop évidente. **2.** (+ infinitif passé ou passif) *Il a été puni pour avoir menti,* parce qu'il avait menti. **V.** (Exprimant l'opposition, la concession) **1.** Littér. POUR... QUE (+ indicatif ou subjonctif). ⇒ **aussi,** ① **si,** ① **tout ;** avoir **beau.** *Pour intelligent qu'il soit, il ne réussira pas sans travail.* — Loc. *Pour peu que.* ⇒ **peu.** *Pour autant que,* dans la mesure où. *Ils ne sont pas plus heureux pour autant.* **2.** *Pour être riches, ils n'en sont pas plus heureux (en sont-ils plus heureux ?),* bien qu'ils soient riches. **VI.** N. m. *Peser, considérer* LE POUR ET LE CONTRE : les bons et les mauvais aspects. ‹ ▶ laissé-pour-compte, pourboire, pourcentage, pourquoi, pourtant ›

pourboire [puʀbwaʀ] n. m. ▪ Somme d'argent remise, à titre de gratification, de récompense, par le client à un travailleur salarié. ⇒ anglic. **tip.** *Le pourboire est compris. Donner deux dollars de pourboire à la serveuse.* ⇒ ③ **pièce.** ≠ *service.*

pourceau [puʀso] n. m. ▪ Vx ou littér. Cochon, porc, porcelet.

pourcentage [puʀsɑ̃taʒ] n. m. **1.** Taux (d'un intérêt, d'une commission) calculé sur un capital de cent unités. *Le club touche un pourcentage sur la recette, dix pour cent je crois.* ⇒ pour **cent.** **2.** Proportion pour cent. *Un faible pourcentage d'électeurs.*

pourchasser [puʀʃase] v. tr. ▪ conjug. 1. **1.** Poursuivre, rechercher (qqn) avec obstination. ⇒ **chasser, poursuivre.** *Être pourchassé par des créanciers, par la police.* — Pronominalement (récipr.). *Ils se sont pourchassés les uns les autres.* **2.** Poursuivre (qqch.). *Personne qui pourchasse les honneurs.*

pourfendre [puʀfɑ̃dʀ] v. tr. ▪ conjug. 41. ▪ Littér. ou plaisant. Attaquer violemment. *Pourfendre ses adversaires.*

se pourlécher [puʀleʃe] v. pron. ▪ conjug. 6. ▪ Se passer la langue sur les lèvres (en signe de contentement avant ou après un bon repas). *On se pourlèche les babines* (→ se lécher les babines).

pourparlers [puʀpaʀle] n. m. pl. ▪ Conversation entre plusieurs États, groupes, etc., pour arriver à un accord. ⇒ **tractation.** *De longs pourparlers de paix. Être en pourparlers.*

pourpoint [puʀpwɛ̃] n. m. ▪ Moyen Âge. Partie du vêtement d'homme qui couvrait le torse jusqu'au-dessous de la ceinture (⇒ **justaucorps**). *En chausses et en pourpoint.* ‹ ▶ à brûle-pourpoint ›

pourpre [puʀpʀ] n. et adj. **I.** N. f. **1.** Matière colorante d'un rouge vif, extraite d'un mollusque (*le* *pourpre,* n. m.) et utilisée dans l'Antiquité méditerranéenne. *La toge prétexte, bordée de pourpre.* **2.** Littér. Étoffe teinte de pourpre (chez les Anciens), d'un rouge vif, symbole de richesse ou d'une haute dignité sociale. *La pourpre royale.* — La dignité de cardinal. **3.** Littér. Couleur rouge vif. *La pourpre de ses lèvres* (⇒ **purpurin**). **II.** N. m. Couleur rouge foncé, tirant sur le violet. ⇒ **amarante. III.** Adj. D'une couleur rouge foncé. *Velours pourpre.* ▶ ***pourpré, ée*** adj. ■ Littér. Coloré de pourpre. ‹ ▶ empourprer ›

① ***pourquoi*** [puʀkwa] adv. et conj. ⇒ **pour** (II et IV). **1.** (+ point d'interrogation, question directe) Pour quelle raison, dans quelle intention ? *Pourquoi fais-tu des histoires ? Pourquoi partez-vous ? Pourquoi veux-tu donc que j'y aille ?* — (Sans inversion sujet verbe) *Pourquoi est-ce que vous la saluez ?* Fam. *Pourquoi tu cries ?* — + infinitif) À quoi bon ? *Mais pourquoi crier ?* — (Sans verbe) *Pourquoi ? Pourquoi non ? Pourquoi pas ?* **2.** (Sans point d'interrogation, question rapportée) Pour quelle cause, dans quelle intention. — REM. L'emploi de *est-ce que* est fautif après *pourquoi. Je ne comprenais pas pourquoi je devais me taire. Je vous demande pourquoi vous riez. Explique-moi pourquoi.* **3.** *Voilà, voici pourquoi. — C'est pourquoi...,* c'est pour cela que. ≠ *pour quoi.* ▶ ② ***pourquoi*** n. m. invar. **1.** Cause, motif, raison. *Elle demandait le pourquoi de toute cette agitation.* **2.** Question par laquelle on demande la raison d'une chose. *Les pourquoi des enfants.*

pourrir [puʀiʀ] v. ■ conjug. 1. **I.** V. intr. **1.** (Matières organiques) Se décomposer. ⇒ se **corrompre,** se **putréfier.** *Ce bois pourrit à l'humidité.* **2.** (Personnes) Rester dans une situation où l'on se dégrade. *Pourrir dans l'ignorance.* ⇒ **croupir.** *On l'a laissé pourrir en prison.* ⇒ **moisir.** — (Situation politique, etc.) Se dégrader. *Laisser pourrir une grève, une situation.* **II.** V. tr. **1.** Attaquer, corrompre en faisant pourrir. ⇒ **gâter.** *La pluie a pourri le foin.* — Pronominalement (réfl.). *Se pourrir,* devenir pourri. **2.** Gâter extrêmement (un enfant). *Sa mère finira par le pourrir.* — REM. Le p. p. fém. est *pourrie* et non **pourrite.* ▶ ***pourri, ie*** adj. et n. m. **I.** Adj. **1.** Corrompu ou altéré par la décomposition. *Une planche pourrie.* — (Aliments) *Des fruits pourris* (opposé à *frais*). ⇒ **blet.** *De la viande pourrie.* ⇒ **avarié. 2.** Désagrégé. *Pierre pourrie,* humide et effritée. **3.** Humide et mou. *Un climat pourri.* ⇒ **malsain.** *Un été pourri,* très pluvieux. **4.** (Personnes) Moralement corrompu. *Une société pourrie.* — N. m. Fam. Terme d'injure. *Bande de pourris !* **5.** (Personnes) Incapable, incompétent. ⇒ fam. **poire.** *Une équipe pourrie.* ⇒ **faible. 6.** (Enfants) Extrêmement gâté. **7.** Fam. POURRI DE : rempli de, qui a beaucoup de. *Il est pourri d'argent* **II.** N. m. Ce qui est pourri. *Enlever le pourri. Une odeur de pourri.* ⇒ **putride.** — REM. L'adj. fém. est *pourrie* et non **pourrite.* ▶ ***pourrissant, ante*** adj. ■ Qui est en train de pourrir. ▶ ***pourrissement*** n. m. ■ Dégradation progressive (d'une situation). ▶ ***pourriture*** n. f. **1.** Altération profonde, décomposition des tissus organiques ⇒ **putréfaction** ; état de ce qui est pourri. *Une odeur de pourriture. La pourriture et la mort.* **2.** Ce qui est complètement pourri. *Une répugnante pourriture.* **3.** Abstrait. État de grande corruption morale. *La pourriture de la société.* **4.** Terme d'injure. Personne corrompue, ignoble. ⇒ **pourri.** *C'est une vraie pourriture.* ‹ ▶ pot-pourri ›

poursuite [puʀsɥit] n. f. **I.** Action de poursuivre (I). **1.** Action de suivre (qqn, un animal) pour le rattraper, l'atteindre, s'en saisir. *Scènes de poursuite d'un film d'aventures. La police s'est lancée à la poursuite du malfaiteur.* **2.** Effort pour atteindre (une chose qui semble inaccessible). ⇒ **recherche.** *La poursuite de l'argent, de la gloire, de la vérité.* **3.** Acte juridique dirigé contre qqn qui a enfreint une loi, n'a pas respecté une obligation. *Défense de* (+ infinitif) *sous peine de poursuite(s). Poursuites (judiciaires) contre qqn.* ⇒ **accusation.** *Engager des poursuites.* ⇒ **procédure.** — *La poursuite,* le représentant de l'État qui poursuit (I, 6) qqn. / contr. la **défense** / **II.** LA POURSUITE DE *qqch.* : l'action de poursuivre (II). *La poursuite d'un travail.* ⇒ **continuation.** / contr. **arrêt** /

poursuivre [puʀsɥivʀ] v. tr. ■ conjug. 40. **I.** Suivre pour atteindre. **1.** Suivre de près pour atteindre (ce qui fuit). *La police poursuivait les terroristes.* ⇒ **courir** après, **pourchasser ; poursuite.** *Poursuivre les fugitifs.* ⇒ **traquer. 2.** Tenter de rejoindre (qqn qui se dérobe). ⇒ **presser, relancer.** *Il est poursuivi par ses créanciers.* **3.** Tenter d'obtenir les faveurs amoureuses de (qqn). Loc. *Poursuivre qqn de ses assiduités.* **4.** *Poursuivre qqn de,* s'acharner contre lui par... ⇒ **harceler.** *Elle le poursuivait de sa colère.* **5.** (Suj. chose) Hanter, obséder. ⇒ **tourmenter.** *Ces images lugubres me poursuivirent longtemps.* **6.** Agir en justice contre (qqn). ⇒ **accuser, intenter.** *Je vous poursuivrai devant les tribunaux !* **II.** (Compl. chose) Chercher à obtenir (qqch.). ⇒ **briguer, rechercher.** *Poursuivre un intérêt particulier.* **III.** Continuer sans relâche. / contr. **abandonner, arrêter** / *Poursuivre son voyage, son chemin. Elle poursuit ses études. Poursuivre un récit.* — Sans compl. *Poursuivez, cela m'intéresse !* — Pronominalement (réfl.). Se continuer. *La réunion se poursuivit jusqu'à l'aube.* ▶ ***poursuivant, ante*** n. ■ Personne qui poursuit qqn. *Le voleur a échappé à ses poursuivants.* ‹ ▶ poursuite ›

pourtant [puʀtɑ̃] adv. ■ (Opposant deux notions pour mieux les relier) ⇒ **cependant, mais, néanmoins, toutefois.** *Tout a l'air de bien se passer, pourtant je suis inquiet. C'est pourtant bien simple. Elle est handicapée et pourtant quel charme !*

pourtour [puʀtuʀ] n. m. **1.** Ligne formant le tour, le contour d'un objet, d'une surface. ⇒ ① **bord, circonférence. 2.** Partie qui forme les bords (d'un bien). *Le pourtour de la place était planté d'arbres.* / contr. **centre** /

pourvoi [puʀvwa] n. m. ■ (France) *Pourvoi en cassation,* demande de révision d'un procès par un tribunal de cassation. ⇒ **recours** en grâce.

pourvoir [puʀvwaʀ] v. tr. ■ conjug. 25. **I.** V. tr. ind. POURVOIR À : faire ou fournir le nécessaire pour. *Pourvoir à l'entretien de la famille.* ⇒ **assurer.** *Pourvoir aux besoins de qqn.* ⇒ **subvenir.** *Pourvoir à un emploi,* y mettre qqn. ⇒ **combler, nommer.** — Impers. passif. *Il a été pourvu à tout,* on a pourvu à tout. **II.** V. tr. dir. **1.** Mettre (qqn) en possession (de ce qui est nécessaire). ⇒ **donner** à, **munir, nantir.** *Son père l'a pourvue d'une recommandation.* **2.** SE POURVOIR DE v. pron. : faire en sorte de posséder, d'avoir (une chose nécessaire). *Il faut se pourvoir de provisions pour le voyage.* **3.** Munir (une chose). ⇒ **garnir.** *Pourvoir un atelier de matériel, en matériel.* ⇒ **approvisionner, fournir. 4.** (Suj. chose) Littér. *La nature l'a pourvu de grandes qualités.* ⇒ **doter, douer. 5.** Au passif et p. p. adj. ÊTRE POURVU, UE : avoir, posséder. / contr. **dépourvu** / *Te voilà bien pourvu,* tu as tout ce qu'il faut. **6.** SE POURVOIR v. pron. : (droit) recourir à une juridiction supérieure ; former un pourvoi. *Elle s'est pourvue en appel, puis en cassation.* ▶ ***pourvoyeur, euse*** n. **1.** *Pourvoyeur de...,* personne qui fournit (qqch.) ou munit (une chose). *Pourvoyeur de drogue.* ⇒ anglic. **dealer, pusher. 2.** Soldat, artilleur chargé de l'approvisionnement d'un canon, d'une mitrailleuse. ⇒ **servant. 3.** Administrateur d'une pourvoirie. *Les pourvoyeurs doivent détenir un permis d'exploitation.*

► ***pourvoirie*** n. f. ■ Entreprise qui loue aux chasseurs et aux pêcheurs des installations et des services (hébergement, équipements, guides...) pour la pratique de la chasse et de la pêche sportives. — Par ext. Le domaine de chasse et de pêche. *Une pourvoirie située dans une zec.* ► ① ***pourvu, ue*** ⇒ **pourvoir** (II, 5). ‹ ► ① dépourvu, ② au dépourvu, ② pourvu que ›

② ***pourvu que*** [puʀvyk(ə)] loc. conj. ■ (+ subjonctif) Du moment que, à condition de, si. *Pourvu qu'il ait le nécessaire, il est content. Moi, pourvu que je mange à ma faim...* (sous-entendu : *cela me suffit*). **1.** Espérons que... *Pourvu qu'on arrive à temps !*

① ***pousser*** [puse] v. tr. ▪ conjug. 1. **I. 1.** Soumettre (qqch., qqn) à une pression ou à un choc pour la (le) mettre en mouvement dans une certaine direction. / contr. ① **tirer** / *Pousser un meuble dans un coin, contre un mur. Poussez la porte. Pousser (sur) un bouton, une touche.* ⇒ **peser** sur. *On nous a poussés dehors. Pousser qqn avec le coude, du coude, du genou,* pour le mettre en garde. — Fam. *Pousse la vaisselle sur le comptoir, je n'ai plus de place,* mets-la, déplace-la plus loin. — Intransitivement. *Ne poussez pas !* Loc. fam. *Faut pas pousser,* il ne faut pas exagérer. *Pousse pas, il n'y a pas le feu,* calme-toi, prends ton temps. *Pousse mais pousse égal.* — Loc. adv. Fam. À LA VA COMME JE TE POUSSE : n'importe comment, sans soin. *Ce travail a été fait à la va comme je te pousse.* **2.** Faire aller (un être vivant) devant soi, dans une direction déterminée, par une action continue. *Le berger pousse son troupeau devant lui.* — (D'une force) Entraîner. *C'est l'intérêt qui les pousse.* — Au p. p. adj. *Poussé par l'intérêt.* **3.** POUSSER *qqn,* POUSSER *qqn* À : inciter. ⇒ **conduire, entraîner.** / contr. **détourner, retenir** / *Pousser qqn à faire qqch. La publicité pousse à la consommation.* — Aider (qqn) ; faciliter la réussite de (qqn). ⇒ **favoriser.** *Pousser un élève,* le faire travailler. — POUSSER *qqn* À BOUT : acculer, exaspérer (qqn). *La contrariété les poussait à bout.* **4.** Faire avancer (qqch.). *Pousser un carosse, un chariot. Pousser une voiture pour la sortir d'un banc de neige.* — *Pousser l'aiguille,* coudre. **5.** Abstrait. Faire aller jusqu'à un certain point, un certain degré, une limite (une activité, un travail, etc.). *Il poussa ses recherches jusqu'au bout.* ⇒ **terminer.** *Vous poussez la plaisanterie un peu trop loin.* ⇒ **exagérer.** — Au p. p. adj. *Un amour poussé jusqu'à la passion,* qui n'est plus de l'amour, mais de la passion. **6.** Sans compl. ind. Faire parvenir à un degré supérieur de développement, d'intensité. *Pousser son travail.* ⇒ faire **avancer, poursuivre.** *L'entraîneur pousse ses joueurs.* — Au p. p. adj. *C'est un travail très poussé.* — *Pousser un moteur,* chercher à lui faire rendre le maximum. **7.** SE POUSSER v. pron. : s'écarter pour laisser passer. ⇒ se **tasser.** *Pousse-toi !* — Avancer en poussant. **8.** V. pron. Fam. S'en aller, partir ; quitter furtivement (un lieu). *Ils se sont poussés très tôt. Se pousser au plus vite,* ⇒ **décamper, déguerpir, fuir. II. 1.** (Suj. nom d'être animé) Produire avec force ou laisser échapper avec effort par la bouche (un son). *Il poussa de grands cris.* ⇒ **crier.** Loc. *Pousser les hauts cris*. Elle poussa un soupir.* ⇒ **exhaler.** — Fam. *Un convive poussa la chansonnette.* ⇒ **chanter. 2.** Intransitivement. Faire un effort pour expulser de son organisme (un bébé, un excrément). ► ***pousse-café*** n. m. invar. ■ Petit verre d'alcool que l'on prend après le café. ⇒ **digestif.** *Deux cafés, deux pousse-café et un cigare.* ► ***poussée*** n. f. **1.** Action d'une force. *Sous la poussée, la porte s'ouvrit. La fusée s'élève grâce à la poussée de ses réacteurs.* ⇒ **pression.** *Donner une poussée à qqn.* ⇒ **bousculer.** *Donner des poussées à un enfant sur une balançoire.* ⇒ ① **élan.** *Résister aux poussées de l'ennemi.* ⇒ **attaque. 2.** Force exercée par un élément pesant (arc, voûte, etc.) sur ses supports et qui tend à les renverser. *La poussée d'une voûte sur les murs.* **3.** Manifestation brutale (d'une force). ⇒ **impulsion.** *La poussée des circonstances.* **4.** Manifestation subite (d'un mal). *Une poussée de fièvre.* ⇒ **accès, crise.** ► ***pousse-pousse*** ou ① ***pousse*** n. m. invar. ■ Voiture légère à deux roues, à une place, tirée par un homme et en usage en Extrême-Orient. *Des pousse-pousse. Des pousse.* ► ***poussette*** n. f. **1.** Petite voiture d'enfant très basse, généralement pliante. — Châssis à roulettes pour transporter les provisions. ⇒ **chariot. 2.** Fam. Aide d'un cycliste à un autre cycliste, qui consiste à le pousser de la main dans le dos ou par la selle. ⇒ **poussée.** ‹ ► poussif, poussoir, ① repousser ›

② ***pousser*** v. intr. ▪ conjug. 1. **1.** (Végétation) Croître, se développer. *Un bon champ où tout pousse.* ⇒ **repousser, venir.** *Faire pousser des légumes.* ⇒ **cultiver.** *L'herbe commence à pousser.* ⇒ ③ **pousse.** *Ses premières dents ont toutes poussé.* **2.** (Villes, constructions) S'accroître, se développer. *Des villes qui poussent comme des champignons.* **3.** (Enfants) Grandir. *Il pousse, le petit.* ► ② ***pousse*** n. f. ■ Action de pousser, développement de ce qui pousse. *Une lotion pour la pousse des cheveux.* ► ③ ***pousse*** n. f. ■ Bourgeon naissant, germe de la graine. *Les jeunes pousses des arbres.* ‹ ► ② repousser ›

poussier [pusje] n. m. **1.** Poussière de charbon. **2.** Débris poudreux, poussière. *Le poussier de blé a fait explosion.*

poussière [pusjɛʀ] n. f. **1.** Terre desséchée réduite en particules très fines, très légères. *La poussière des routes. Un tourbillon de poussière.* — Loc. *Mordre la poussière,* échouer, perdre. *Le frappeur a mordu la poussière,* il a été retiré au bâton. **2.** Fins débris en suspension dans l'air qui se déposent sur les objets. *Couche de poussière sur un meuble. Ôter la poussière.* ⇒ **dépoussiérer, épousseter.** *Tomber en poussière,* se désagréger. *Avoir une poussière dans l'œil.* ⇒ fam. **graine. 3.** Littér. Les restes matériels de l'être humain, après la mort. ⇒ **cendre(s), débris. 4.** UNE POUSSIÈRE : un rien. Fam. *Cela m'a coûté cinquante dollars* ET DES POUSSIÈRES : et un peu plus. **5.** (Collectif) *Une poussière de,* un grand nombre, une multiplicité (d'éléments). *La Voie lactée est une poussière d'étoiles.* **6.** Matière réduite en fines particules. ⇒ **poudre.** *Poussière de charbon.* ⇒ **poussier.** *Réduire en poussière.* ⇒ **pulvériser ;** fig. **anéantir, détruire.** ► ***poussiéreux, euse*** adj. **1.** Couvert, rempli de poussière (2). *Une chambre poussiéreuse.* **2.** Qui semble couvert, gris de poussière. *Un teint poussiéreux.* **3.** Abstrait. Vieux, à l'abandon. *Cette administration poussiéreuse devrait être rénovée.* ‹ ► dépoussiérer, épousseter, porte-poussière, poussier ›

poussif, ive [pusif, iv] adj. **1.** Qui respire difficilement, manque de souffle. *Un homme poussif.* **2.** *Une voiture poussive,* qui marche par à-coups.

poussin [pusɛ̃] n. m. **1.** Petit de la poule, nouvellement sorti de l'œuf, encore couvert de duvet. *Une poule entourée de poussins qui piaillent.* ≠ *poulet.* **2.** Fam. Terme d'affection. *Mon poussin.*

poussoir [puswaʀ] n. m. ■ Bouton sur lequel on appuie (on *pousse*) pour déclencher ou régler un mécanisme. ⇒ **touche ;** fam. ② **piton** (III). *Les poussoirs d'une montre.*

poutine [putin] n. f. **1.** Portion de frites garnie de fromage en grains et recouverte d'une sauce brunâtre légèrement épicée. *Une petite, une grosse poutine. Poutine italienne,* garnie de sauce à spaghetti. **2.** Acadie. Boulette de pommes de terre râpées farcie de viande de porc, cuite à l'eau bouillante. **3.** ⇒ **pouding** (REM). **4.** Fig. Fam. *Une poutine,* un ensemble d'éléments mélangés, inextricables ; une situation compliquée. *Ce procès est une véritable poutine.*

poutre [putʀ] n. f. **1.** Grosse pièce de bois équarrie servant de support (dans une construction, une charpente). ⇒ **colombage, madrier.** *Un plafond aux poutres apparentes.* ⇒ **solive.** *Poutre d'une charpente.* ⇒ **longeron.** *La maîtresse poutre,* la poutre principale. — Loc. prov. *Il voit la paille dans l'œil du voisin et ne voit pas la poutre dans le sien,* il voit et critique les moindres défauts d'autrui et ne se rend pas compte qu'il en a de plus graves. **2.** Élément de construction allongé (en métal, en béton armé, etc.). *Une longue poutre d'acier.* ▶ ***poutrelle*** n. f. **1.** Petite poutre. **2.** Barre de fer, d'acier allongée au profil en I, entrant dans la construction d'une charpente métallique.

① **pouvoir** [puvwaʀ] v. auxiliaire et tr. ▪ conjug. 33. — REM. Le p. p. *pu* est invariable. **I.** (Devant un infinitif) **1.** Avoir la possibilité de (faire qqch.). *Puis-je (est-ce que je peux) vous être utile ? Elle ne peut pas parler. Je ne pourrai plus le faire. Peux-tu m'aider ? Qui peut savoir ? Dire qu'il a pu faire une chose pareille !, qu'il a pu le faire ! Si vous pouvez ; dès que vous pourrez. Comme ils peuvent.* — Loc. adv. et adj. *On ne peut mieux,* le mieux possible. *On ne peut plus* [ply], le plus possible. *Vous êtes on ne peut plus serviable.* — (Suj. chose) *Qu'est-ce que ça pourra bien lui faire ?* **2.** Avoir le droit, la permission de (faire qqch.). *Les élèves peuvent sortir. On ne peut quand même pas l'abandonner.* — Avoir raisonnablement la possibilité de. *On peut tout supposer. Si l'on peut dire* (pour atténuer ce qu'on vient de dire). **3.** (En parlant de ce qui risque de se produire) *Les malheurs qui peuvent nous arriver.* **4.** Littér. Au subjonctif. PUISSE : exprime un souhait. *Puisse le ciel nous être favorable ! Puissiez-vous venir demain !,* si seulement vous... **5.** Impers. IL PEUT, IL POURRA. ⇒ **peut-être.** *Il peut y avoir, il ne peut pas y avoir la guerre,* c'est possible, à la rigueur. *Il pouvait bien être deux heures du matin.* ⇒ **possiblement, vraisemblablement.** — (Plus dubitatif) *Il peut ne pas y avoir la guerre.* — *Il peut arriver,* se faire que... — Loc. *Autant que faire se peut,* autant que cela est possible. *Il, cela se peut,* c'est possible. *Il se peut que* (+ subjonctif). *Il se peut qu'il pleuve. Cela ne se peut pas,* c'est impossible. Fam. *Ça se peut,* je ne dis pas le contraire. *Ça se pourrait bien.* **II.** V. tr. **1.** (Le pronom neutre *le* remplaçant l'infinitif complément) *Résistez, si vous le pouvez,* si vous pouvez résister. *Dès qu'elle le put.* **2.** Être capable, être en mesure de faire (qqch.). *Je fais ce que je peux, j'ai fait ce que j'ai pu. Qu'y puis-je ? On n'y peut rien.* — PROV. *Qui peut le plus peut le moins.* — *Pouvoir* (qqch.) *sur...,* avoir de l'autorité sur. **3.** Loc. *N'en pouvoir plus,* être dans un état d'extrême fatigue, de souffrance ou de nervosité. *Je n'en peux plus, je m'en vais.* — Littér. *N'en pouvoir mais,* n'y pouvoir rien. ▶ ② ***pouvoir*** n. m. **1.** Le fait de pouvoir (I, 1 et 2), de disposer de moyens qui permettent une action. ⇒ ① **faculté, possibilité.** / contr. **impossibilité** / *Si j'avais le pouvoir de connaître l'avenir !* ⇒ **don.** *Cette élève possède un grand pouvoir de concentration.* — POUVOIR D'ACHAT : valeur réelle (surtout d'un salaire) mesurée par ce qu'il est possible d'acheter avec. *Le pouvoir d'achat des travailleurs diminue sans cesse.* — *Cela n'est pas en mon pouvoir. Cela dépasse son pouvoir,* ses possibilités. — Au plur. *Des pouvoirs extraordinaires.* **2.** Capacité légale (de faire une chose). ⇒ ③ **droit ; mandat, mission.** *Avoir plein pouvoir, donner plein pouvoir (*ou *pleins pouvoirs).* ⇒ **carte** blanche. *Fondé de pouvoir* (d'une société). ⇒ **fondé de pouvoir.** — Procuration. *Avoir un pouvoir par-devant notaire. Vérification des pouvoirs avant un vote.* **3.** (Avec un adj.) Propriété physique d'une substance placée dans des conditions déterminées. *Pouvoir calorifique d'une tonne de pétrole,* quantité de chaleur produite par sa combustion complète. **4.** Possibilité d'agir sur qqn, qqch. ⇒ **autorité, puissance.** *Le pouvoir moral qu'on a sur nous.* ⇒ **ascendant.** *Un pouvoir irrésistible.* — (Avec *en, à*) *Vous êtes en notre pouvoir. Être, tomber au pouvoir de qqn,* sous sa domination. **5.** Situation de la personne, de ceux qui dirigent ; puissance politique. *Le pouvoir suprême, souverain.* ⇒ **souveraineté.** *Pouvoir supérieur.* ⇒ **hégémonie.** *Pouvoir absolu.* ⇒ **toute-puissance.** *Prendre, avoir, détenir, perdre le pouvoir. Être, se maintenir au pouvoir.* — *Pouvoir législatif* (opposé à *gouvernement*), chargé d'élaborer la loi. *Pouvoir exécutif,* chargé du gouvernement et de l'administration. *Pouvoir judiciaire,* chargé de l'administration de la justice. *Division, séparation des pouvoirs* (en régime démocratique). **6.** Organes, personnes qui exercent le pouvoir en interprétant les lois et en sanctionnant les infractions. — Au plur. *Les pouvoirs publics,* les autorités pouvant imposer des règles aux citoyens. Absolt. *L'opinion et le pouvoir.* ‹ ▶ fondé de pouvoir, peut-être, puissant, sauve-qui-peut ›

pouzzolane [pudzɔlan] n. f. ▪ Roche volcanique légère et poreuse ou substance analogue, isolant ou composant de bétons légers.

pow-wow [pawɑ] n. m. invar. **1.** Assemblée des Amérindiens, fête traditionnelle. *Un pow-wow des conseils de bandes.* ⇒ **conférence. 2.** Fam. Réunion de personnes pour célébrer qqch., fête bruyante. ⇒ fam. **foire ;** anglic. **party.** *On a eu tout un pow-wow hier soir.*

P.P.C.M. [pepeseɛm] n. m. invar. ▪ Abréviation de *plus petit commun multiple.*

① **P.P.M.** [pepeɛm] n. f. invar. ▪ Abréviation de *partie par million* (mesure d'une pollution chimique).

② **P.P.M.** n. f. invar. ▪ Abréviation de *page par minute* (vitesse de tirage d'un copieur, d'une imprimante).

P.Q. [peky] n. invar. **1.** Abréviation de *Parti québécois. La politique culturelle du P.Q.* — En appos. *Le vote P.Q.* ⇒ **péquiste. 2.** Vieilli. Abréviation de *Province de Québec. J'habite Dolbeau, P.Q.*

præsidium ou **présidium** [pʀezidjɔm] n. m. ▪ U.R.S.S. Organisme directeur du Conseil suprême des Soviets (ou Soviet suprême).

pragmatique [pʀagmatik] adj. ▪ Qui est adapté à l'action concrète, qui concerne la pratique. ⇒ **pratique.** ▶ ***pragmatisme*** n. m. **1.** Philosophie. Doctrine selon laquelle n'est vrai que ce qui fonctionne réellement. **2.** Attitude d'une personne qui ne se soucie que d'efficacité. ⇒ **réalisme.** / contr. **idéalisme** / ▶ ***pragmatiste*** adj. et n.

praire [pʀɛʀ] n. f. ▪ Mollusque comestible, coquillage arrondi et strié, voisin des palourdes.

prairie [pʀeʀi] n. f. **1.** Terrain couvert d'herbe qui fournit du fourrage au bétail. ⇒ ② **pré ; herbage, pâturage. 2.** Géographie. Région, type de paysage caractérisé par l'étendue des herbages. ⇒ **pampa, steppe.** — Absolt. (Au plur.) Plaines de l'Ouest canadien et américain. *Le blé des prairies.* — (Avec une majusc.) *Les provinces des Prairies* ou *les Prairies,* le Manitoba, la Saskatchewan, l'Alberta. ⇒ **ouest.**

praline [pʀalin] n. f. ▪ Bonbon fait d'une amande rissolée dans du sucre bouillant. ▶ ***praliné, ée*** adj. ▪ Rissolé dans du sucre. — Au p. p. adj. *Amandes pralinées.* — Mélangé de pralines. *Du chocolat praliné.* — Parfumé à la praline. *Une crème glacée pralinée.*

① **praticable** [pʀatikabl] adj. **1.** Où l'on peut passer sans danger, sans difficulté. *Un chemin praticable pour les voitures.* ⇒ **carrossable.** / contr. **impraticable** / **2.** Que l'on peut mettre à exécution. ⇒ **possible, réalisable.** *Un plan difficilement praticable.* ‹ ▶ impraticable ›

② **praticable** n. m. ■ Décor où l'on peut se mouvoir, au théâtre. — Plate-forme supportant des projecteurs, des caméras et le personnel qui s'en occupe (cinéma, télévision).

praticien, ienne [pʀatisjɛ̃, jɛn] n. **1.** Personne qui connaît la pratique d'un art, d'une technique. *Les théoriciens et les praticiens.* **2.** Médecin qui exerce, qui soigne les malades (opposé à *chercheur, théoricien*). *Praticien généraliste* ou *omnipraticien.* — Adj. *Des médecins praticiens.* ‹ ▶ omni(-)praticien ›

pratiquant, ante [pʀatikɑ̃, ɑ̃t] adj. et n. ■ Qui observe exactement les pratiques (d'une religion). *Il est croyant mais peu pratiquant. Des catholiques non pratiquants.* — N. *Un pratiquant, une pratiquante.*

① **pratique** [pʀatik] n. f. **1.** Activités volontaires visant des résultats concrets (opposé à *théorie*). *Après dix ans de pratique sur le terrain... Dans la pratique,* dans la vie, en réalité. **2.** Manière concrète d'exercer une activité. / contr. **principe, règle** / *La pratique d'un sport, d'une langue, d'un art, d'une technique. Je n'en ai pas la pratique.* ⇒ **expérience, habitude.** *Elle a été condamnée pour pratique illégale de la médecine.* ⇒ **exercice.** — EN PRATIQUE : en fait, dans l'exécution. *Des décisions qu'il faut mettre en pratique,* exécuter, réaliser, concrétiser. **3.** Fam. Exercice, entraînement en vue d'une compétition. *Assister à une pratique de hockey. Les pratiques d'une troupe de théâtre,* les répétitions. *Faire une pratique.* ⇒ fam. **pratiquer.** **4.** Littér. Le fait de suivre une règle d'action (sur le plan moral ou social). *La pratique religieuse.* — *Les pratiques,* les exercices extérieurs de la piété. **5.** *(Une, des pratiques)* Manière habituelle d'agir (propre à une personne, un groupe). *La vente à crédit est devenue une pratique courante.* ⇒ ① **mode, procédé, usage.** ‹ ▶ chiropratique, praticien ›

② **pratique** adj. **1.** Épithète seulement. Qui s'applique aux réalités, aux situations concrètes, aux intérêts matériels. *Ce garçon n'a aucun sens pratique.* — (Personnes) Qui a le sens pratique. *Une femme pratique.* ⇒ **pragmatique, réaliste.** **2.** Épithète ou attribut. Qui concerne l'action (opposé à *livresque*). / contr. **théorique ; spéculatif, utopique** / *La connaissance pratique d'une langue. Sa réflexion est plus pratique que théorique. Exercices, travaux pratiques* ⇒ **T.P.**, les exercices d'applications dans l'enseignement d'une matière. **3.** Qui concerne la réalité matérielle, banale, utilitaire. *La vie pratique,* quotidienne. *Des considérations pratiques.* **4.** (Choses, actions) Ingénieux et efficace, bien adapté à son but. ⇒ **utile.** *Un outil pratique. C'est, ce n'est pas pratique. Approchez-vous, ce sera plus pratique.* ⇒ ① **commode.** ▶ ***pratiquement*** adv. **1.** Dans la pratique. / contr. **théoriquement** / **2.** En fait. **3.** Quasiment, pour ainsi dire. *Elle est pratiquement incapable de se déplacer. J'ai pratiquement terminé.* ⇒ **presque ;** à peu **près.**

pratiquer [pʀatike] v. ▪ conjug. 1. **I.** V. tr. **1.** Mettre en application (une prescription, une règle). ⇒ **observer.** *Pratiquer le pardon des injures.* — Sans compl. Observer les pratiques religieuses. ⇒ **pratiquant.** *On ne pratiquait plus.* **2.** Mettre en action, appliquer (une théorie, une méthode). — Exercer (un métier, une activité, un sport...). **3.** Employer (un moyen, un procédé) d'une manière habituelle. ⇒ **utiliser.** *Il pratique le chantage, le bluff.* — Pronominalement (passif). *Comme cela se pratique en général.* **4.** Exécuter (une opération manuelle) selon les règles prescrites. ⇒ **opérer.** *Pratiquer une opération chirurgicale.* **5.** Ménager (une ouverture, un abri, etc.). — Au p. p. adj. *De nombreuses fenêtres étaient pratiquées dans les murs.* **6.** Vx. Fréquenter. — Littér. *C'est un auteur, un ouvrage que je pratique,* que je consulte, que j'utilise volontiers. **II.** V. intr. Fam. S'entraîner à un sport, répéter (un rôle, des exercices). *Les joueurs pratiquent deux heures par jour. La troupe pratique à dix heures.* — Transitivement. *Elle pratique une nouvelle chorégraphie.* — Pronominalement. *L'équipe se pratique à l'aréna.* ‹ ▶ ① praticable, pratiquant, ① pratique ›

pré [pʀe] n. m. **1.** Terrain produisant de l'herbe qui sert à la nourriture du bétail. ⇒ **prairie.** *Acheter, vendre un pré. Mener les vaches au pré.* ⇒ **pâturage.** — Étendue d'herbe à la campagne. *À travers les prés et les champs.* **2.** Vx. *Sur le pré,* sur le terrain (du duel).

pré- ■ Élément signifiant « devant, en avant » et marquant l'antériorité (ex. : *préavis, préhistoire, prénom*). / contr. **post-** /

préalable [pʀealabl] adj. et n. m. **1.** Qui a lieu, se fait ou se dit avant autre chose, dans une suite de faits liés entre eux. ⇒ **préliminaire.** *Cette décision demande une réflexion préalable.* — PRÉALABLE À... *L'enquête préalable à une opération publicitaire.* **2.** Qui doit précéder (qqch.). *Question préalable.* **3.** N. m. Condition ou ensemble de conditions auxquelles est subordonnée l'ouverture de négociations. *Être prêt à discuter sans préalable.* **4.** Cours qui doit obligatoirement en précéder un autre dans un programme d'études (opposé à *concomitant*). ⇒ fam. **prérequis.** — Adj. *Un cours préalable.* **5.** AU PRÉALABLE loc. adv. ⇒ d'**abord, auparavant.** *Il faudrait l'en avertir au préalable.* ▶ ***préalablement*** adv. ■ Au préalable. *Vous ne ferez rien sans m'avoir préalablement averti.*

préambule [pʀeɑ̃byl] n. m. **1.** Introduction, exposé des motifs et des buts (d'une constitution, d'un traité, d'une loi). *Le préambule de la Charte de la langue française.* — Exposé d'intentions par quoi commence un discours, un écrit. / contr. **conclusion, péroraison** / *Un interminable préambule.* **2.** Paroles, démarches qui ne sont qu'une entrée en matière. *Assez de préambules ! On m'a demandé sans préambule ce que je venais faire ici.*

pré(-)arrangement [pʀeaʀɑ̃ʒmɑ̃] n. m. ■ Surtout au plur. *Préarrangements (funéraires),* dispositions prises par une personne, de son vivant, afin de régler tous les frais inhérents à ses funérailles ainsi que leur déroulement.

préau [pʀeo] n. m. ■ (France) Partie couverte d'une cour d'école. *Un préau où l'on faisait de la gymnastique. Des préaux.*

préavis [pʀeavi] n. m. invar. ■ Avertissement préalable que la loi impose de donner dans un délai et des conditions déterminés. *Préavis de congé, de licenciement. Le syndicat a déposé un préavis de grève.*

prébende [pʀebɑ̃d] n. f. ■ Revenu fixe qui était accordé à un ecclésiastique. — Revenu facilement acquis.

précaire [pʀekɛʀ] adj. **1.** Dont l'avenir, la durée, la stabilité ne sont pas assurés. ⇒ **éphémère, incertain.** *Nous jouissons d'un bonheur précaire. Sa santé est précaire.* ⇒ **fragile.** / contr. **solide** / *Être dans une situation précaire. Emploi, travail précaire,* sans garantie de durée. ⇒ **intérimaire, occasionnel, temporaire.** **2.** Révocable selon la loi. *Possession précaire, à titre précaire.* ▶ ***précarité*** n. f. ■ Littér. Caractère ou état de ce qui est précaire. ⇒ **fragilité, instabilité.** *La précarité d'un emploi.*

précambrien [pʀekɑ̃bʀijɛ̃] adj. ■ Géologie. Se dit des terrains les plus anciens, sans fossiles (avant l'ère primaire).

précaution [pʀekosjɔ̃] n. f. **1.** Disposition prise pour éviter un mal ou en atténuer l'effet. ⇒ **garantie.**

Prendre des précautions, ses précautions. Avec de grandes précautions. Par précaution contre un accident possible. Précautions oratoires. ⇒ **avertissement.** — Loc. *Être de précaution,* prévoyant. ⇒ **précautionneux. 2.** *Agir avec précaution,* prudemment. *Sans précaution,* de façon brutale ou dangereuse. *Il s'exprime sans aucune précaution.* ⇒ **circonspection, ménagement.** ▶ *se* ***précautionner*** v. pron. ▪ conjug. 1. ■ Littér. *Se précautionner contre,* prendre ses précautions. ⇒ s'**assurer,** se **prémunir.** ▶ ***précautionneux, euse*** adj. ■ Qui a l'habitude de prendre des précautions. ⇒ **prudent, soigneux ; tatillon.** ▶ ***précautionneusement*** adv. ■ Avec précaution.

précéder [pʀesede] v. tr. ▪ conjug. 6. **I.** (Choses) **1.** Exister, se produire avant, dans le temps. / contr. **suivre** / *Dans la semaine précédant mon arrivée, qui a précédé mon arrivée.* **2.** Être avant, selon l'ordre logique, la place occupée. *L'avant-propos qui précède cet ouvrage. Équipe qui en précède une autre au classement.* — Sans compl. *Dans tout ce qui précède.* **3.** Être connu ou perçu avant. *Sa mauvaise réputation l'avait précédé* (⇒ **antécédent**). — Au p. p. adj. *La voiture arrivait, précédée d'un bruit de ferraille.* **II.** (Personnes) **1.** Exister avant. *Ceux qui nous ont précédés.* ⇒ **prédécesseur. 2.** Être, marcher devant (qqn, qqch.). *Je vais vous précéder pour vous montrer le chemin.* **3.** Arriver à un endroit avant (qqn, qqch.). *Elle ne m'a précédé que de cinq minutes.* **4.** Abstrait. Devancer (qqn). *Il l'a précédé dans cette voie.* ⇒ **précurseur.** ▶ ***précédent, ente*** adj. et n. m. **I.** Adj. Qui précède, s'est produit antérieurement, qui vient avant. / contr. **suivant** / *Le présent ouvrage s'oppose au précédent.* ⇒ **antérieur.** *Le jour précédent,* la veille. *Relisez cette page et la précédente.* **II.** N. m. **1.** Fait antérieur qui permet de comprendre un fait analogue ; décision, manière d'agir dont on peut s'autoriser ensuite dans un cas semblable. *Cette décision va créer un précédent.* ⇒ **jurisprudence.** *C'est un précédent dangereux.* **2.** SANS PRÉCÉDENT : inouï, jamais vu. ⇒ **unique.** *C'est un événement sans précédent.* ⇒ **extraordinaire.** ▶ ***précédemment*** [pʀesedamɑ̃] adv. ■ Antérieurement, auparavant. / contr. **postérieurement** / *Comme nous l'avons dit précédemment.*

précepte [pʀesɛpt] n. m. **1.** Formule qui exprime un enseignement, une règle (art, science, morale, religion). ⇒ **commandement, leçon, principe.** *Les préceptes de la morale, de l'Évangile. Suivre les préceptes du maître.* **2.** Recommandation pratique. *Les préceptes de la bonne cuisine.*

précepteur, trice [pʀesɛptœʀ, tʀis] n. ■ Personne chargée de l'éducation, de l'instruction d'un enfant (de famille noble, riche...) qui ne fréquente pas un établissement scolaire. *Le précepteur d'un jeune prince.*

précession [pʀesɛsjɔ̃] n. f. ■ PRÉCESSION DES ÉQUINOXES : avance du moment de l'équinoxe, due à la rotation de la ligne des équinoxes.

préchauffer [pʀeʃofe] v. tr. ▪ conjug. 1. ■ *Préchauffer un (le) four,* le faire chauffer jusqu'au degré indiqué avant d'y introduire le mets à cuire. ≠ *réchauffer.*

prêcher [pʀɛʃe] v. ▪ conjug. 1. **I.** V. tr. **1.** Enseigner (la révélation religieuse). *Prêcher l'Évangile.* — *Prêcher le carême,* prononcer une série de sermons à l'occasion du carême. **2.** Conseiller, vanter (qqch.) par des paroles, des écrits. ⇒ **préconiser, prôner.** *Prêcher la haine. Ils prêchaient l'union des travailleurs. Prêcher la prudence au volant.* ⇒ **recommander. II.** V. intr. Prononcer un sermon ou une série de sermons. *Le curé a bien prêché* (⇒ **prédicateur**). — Loc. fig. *Prêcher dans le désert*. Prêcher pour sa paroisse*.* **III.** V. tr. PRÊCHER *qqn* : lui enseigner la parole de Dieu. ⇒ **évangéliser.** *Prêcher les infidèles.* — Fam. Essayer de convaincre, faire la morale à (qqn). ⇒ **sermonner.** — Loc. *Prêcher un converti*.* ▶ ***prêche*** n. m. **1.** Discours religieux prononcé par un pasteur protestant. — Sermon. **2.** Fam. Discours moralisateur et ennuyeux. ▶ ***prêcheur, euse*** n. et adj. **1.** *Les Frères prêcheurs,* les dominicains. **2.** Péj. Personne qui aime à faire la morale aux autres. *Avoir une tante prêcheuse.* ▶ ***prêchi-prêcha*** [pʀɛʃipʀɛʃa] n. m. invar. ■ Fam. Radotage d'un sermonneur. *Il nous ennuie avec ses prêchi-prêcha !*

① ***précieux, euse*** [pʀesjø, øz] adj. **1.** (Après le nom) De grand prix, d'une grande valeur. *Des bijoux précieux.* **2.** Auquel on attache une grande valeur (pour des raisons sentimentales, intellectuelles, morales). *Les droits les plus précieux de la personne.* — Particulièrement cher ou utile (à qqn). ⇒ **appréciable.** *Mes amis sont ce que j'ai de plus précieux. Perdre un temps précieux. Un précieux collaborateur.* ▶ ***précieusement*** adv. ■ Avec le plus grand soin, comme pour un objet précieux. *Conserver précieusement une lettre.*

② ***précieux, euse*** n. f. et adj. **I.** N. f. *Les précieuses,* femmes qui, au XVIIe s. en France, adoptèrent une attitude nouvelle et raffinée envers les sentiments, et un langage recherché. **II.** Adj. **1.** Relatif aux précieuses et à leur idéal. *La littérature précieuse.* **2.** (Personnes) Qui affecte des manières recherchées. ⇒ **guindé, maniéré,** ② **poseur.** / contr. ① **naturel,** ① **simple** / ▶ ***préciosité*** n. f. **1.** Ensemble des traits qui caractérisent les précieuses et le mouvement précieux du XVIIe s., en France. — Caractères esthétiques, moraux de mouvements analogues. **2.** Caractère affecté, recherché du langage, du style. ⇒ **affectation.** / contr. **simplicité** /

précipice [pʀesipis] n. m. ■ Vallée ou anfractuosité du sol très profonde, aux flancs abrupts. ⇒ **abîme, à-pic, gouffre.** *Une route en corniche au bord d'un précipice.* — Fig. Loc. *Courir vers le précipice,* le danger, le désastre, le malheur.

① ***précipité, ée*** [pʀesipite] adj. **1.** Très rapide dans son allure, son rythme (⇒ ① **précipiter,** II). *Elle s'éloigna à pas précipités.* / contr. **lent** / **2.** Qui a un caractère de précipitation. *Tout cela est bien précipité.* ⇒ **hâtif.** ▶ ① ***précipitation*** n. f. **1.** Grande hâte, hâte excessive. *Il faut décider sans précipitation. Ne confondez pas vitesse et précipitation.* **2.** Caractère hâtif et improvisé. *Dans la précipitation du départ, elle a oublié son passeport.* ▶ ***précipitamment*** adv. ■ En grande hâte ; avec précipitation. *On est parti précipitamment.* ⇒ **brusquement.** / contr. **lentement** /

② ***précipité*** n. m. ■ Dépôt obtenu par précipitation et décantation d'un sel en suspension dans un liquide. ⇒ ② **précipiter.** ▶ ② ***précipitation*** n. f. **1.** Phénomène à la suite duquel un précipité se forme dans une solution saturée sous l'effet d'un réactif (opposé à *suspension*). **2.** *Précipitations atmosphériques,* chute de pluie, de neige, de grêle ; bruine. *Précipitations acides,* à forte teneur en acide sulfurique ou nitrique. ⇒ **pluie.**

① ***précipiter*** [pʀesipite] v. tr. ▪ conjug. 1. **I. 1.** Littér. Jeter ou faire tomber d'un lieu élevé dans un lieu bas ou profond. ⇒ fam. **garrocher.** *Il fut précipité dans le vide.* — Fig. Faire tomber d'une situation élevée ou avantageuse ; entraîner la décadence de... **2.** Pousser, entraîner avec violence. *Ils ont été précipités contre la paroi.* **3.** Faire aller plus vite. ⇒ **accélérer, hâter.** *Précipiter ses pas, sa marche.* / contr. **ralentir** / *Précipiter son départ.* ⇒ **avancer, brusquer.** / contr. **différer, retarder** / *Ne précipitez pas le mouvement, les choses. Il ne faut rien précipiter,* il faut avoir de la patience. **II.** SE PRÉCIPITER v. pron. **1.** (Personnes ou choses) Se jeter de haut dans un lieu bas ou profond. ⇒ se **jeter, tomber** ; fam. se **garrocher.** *Le torrent se précipite du haut de la falaise.* **2.** (Personnes) S'élancer brusquement, impétueusement. ⇒ se **darder, foncer,** se **lancer,** se **ruer.** *Elle se leva et se précipita au-devant de sa mère.* ⇒ **accourir, courir.** *Se précipiter pour faire les derniers achats de Noël.* ⇒ se **dépêcher.** — Sans compl. ⇒ se **dépêcher,** se **hâter.** *Inutile de se précipiter !* **3.** (Choses) Prendre un rythme accéléré. *Les battements du cœur se précipitaient.* ‹ ► ① précipité ›

② ***précipiter*** v. ▪ conjug. 1. **I.** V. tr. Faire tomber, faire se déposer (un corps en solution dans son liquide). **II.** V. intr. Tomber dans son solvant, par précipitation ②. ‹ ► ② précipité ›

① ***précis, ise*** [pʀesi, iz] adj. **1.** Qui ne laisse place à aucune indécision dans l'esprit. ⇒ **clair.** / contr. **approximatif, évasif, imprécis** / *Des idées, des indications précises. Renseignez-moi de façon précise.* / contr. **vague** / *« Que ferez-vous demain ? – Rien de précis. » Sans raison précise.* ⇒ **particulier.** *Des faits précis.* **2.** Perçu nettement. *Des contours précis.* — Déterminé avec exactitude. *Un point précis sur la carte.* **3.** Qui est exécuté ou qui opère d'une façon sûre. *Un geste précis. Des gens précis,* qui agissent avec précision. **4.** (Grandeurs, mesures) Qui, à la limite, est exact ; qui est exactement calculé. ⇒ **exact.** *À quatre heures et demie précises.* ⇒ **juste** ; fam. ④ **pile, sonnant, tapant.** ► ***précisément*** adv. **1.** D'une façon précise. ⇒ **justement.** *Répondre précisément.* — (Pour corriger une erreur) *Les blessés, les malades plus précisément,* plus exactement, plutôt. **2.** Ellipt. (Dans une réponse) Oui, c'est cela même. *« C'est lui qui vous en a parlé ? – Précisément. »* — (En loc. négative) *Ma vie n'est pas précisément distrayante,* n'est guère, n'est pas distrayante. **3.** (Sens affaibli) S'emploie pour souligner une concordance entre deux séries de faits ou d'idées distinctes. ⇒ **justement.** *C'est précisément pour cela que je viens vous voir.* ► ② ***précis*** n. m. invar. **1.** Exposé précis et succinct. ⇒ **abrégé.** *Composer un précis des événements,* un bref historique. **2.** Petit manuel. *Acheter un précis de géographie générale.* ► ***préciser*** v. tr. ▪ conjug. 1. **1.** Exprimer, présenter de façon précise, plus précise. *Précisez votre idée. Elle précisa certains points.* ⇒ **établir.** — Sans compl. *Précisez !* — Dire de façon plus précise pour clarifier. ⇒ **souligner.** *Le témoin de l'accident a précisé qu'il n'avait pas tout vu.* **2.** Pronominalement (réfl.). Devenir plus précis, plus net. *Le danger se précise.* ► ***précision*** n. f. **I. 1.** Caractère, netteté de ce qui est précis. ⇒ **clarté.** / contr. **imprécision ; confusion** / *Des renseignements d'une grande précision. Elle revoyait toute la scène avec précision.* **2.** Façon précise d'agir, d'opérer. ⇒ **sûreté.** *Une précision mathématique. La précision d'un tir.* ⇒ **justesse. 3.** Qualité de ce qui est calculé, mesuré d'une manière précise. ⇒ **exactitude.** *La précision d'un calcul. Une balance de précision.* **II.** Au plur. Détails, faits précis, explications précises permettant une information sûre. *Demander des précisions sur tel ou tel point.* ‹ ► imprécis ›

précoce [pʀekɔs] adj. **1.** (Végétaux) Qui est mûr avant le temps normal ; qui produit des fruits, des fleurs, avant la pleine saison. ⇒ **hâtif.** *Un pêcher précoce.* — (Animaux) Dont la croissance est très rapide. *Races précoces.* **2.** Qui survient, se développe plus tôt que d'habitude. / contr. **tardif** / *Un automne précoce. Des rides précoces. Sénilité précoce.* **3.** Qui se produit, se fait plus tôt qu'il n'est d'usage. *Un mariage précoce.* **4.** (Personnes) Dont le développement est très rapide. *Un enfant très précoce.* ⇒ **avancé, mature.** / contr. **arriéré, attardé** / ► ***précocement*** adv. ▪ Littér. D'une manière précoce, de bonne heure. / contr. **tardivement** / ► ***précocité*** n. f. ▪ Caractère de ce qui est précoce.

précolombien, ienne [pʀekɔlɔ̃bjɛ̃, jɛn] adj. ▪ Relatif à l'Amérique, à son histoire, à ses civilisations avant la venue de Christophe Colomb. *Arts précolombiens* (surtout Amérique Centrale et du Sud). ⇒ **aztèque, inca, maya.**

préconçu, ue [pʀekɔ̃sy] adj. ▪ Péj. (Opinions, idées, jugements...) Formé avant toute expérience, sans jugement critique. ⇒ **préjugé.** *Avoir des idées préconçues.*

préconiser [pʀekɔnize] v. tr. ▪ conjug. 1. ▪ Recommander vivement (une méthode, un remède, etc.). ⇒ **prôner.** *Elle préconise l'abandon, d'abandonner, qu'on abandonne.*

précontraint, ainte [pʀekɔ̃tʀɛ̃, ɛ̃t] adj. ▪ BÉTON PRÉCONTRAINT : soumis à la pression permanente d'une âme d'acier fortement tendue (pour en augmenter la souplesse, la résistance). — N. m. *Du précontraint.*

précuit, uite [pʀekɥi, ɥit] adj. ▪ (Aliments) Soumis à une cuisson préalable à leur conditionnement. *Plats précuits et surgelés.*

précurseur [pʀekyʀsœʀ] n. m. et adj. m. **1.** Personne dont la doctrine, les œuvres ont frayé la voie à qqn, à un groupe, à un mouvement. *Les précurseurs de Freud, d'Einstein. Les précurseurs de la science moderne.* ⇒ **pionnier. 2.** Adj. m. Annonciateur. ⇒ **avant-coureur.** *Les signes précurseurs de l'orage.* — REM. Ce mot n'a pas de féminin.

prédateur, trice [pʀedatœʀ, tʀis] n. m. et adj. ▪ (Animaux) Qui se nourrit de proies. *La belette, la fouine, les rapaces sont des prédateurs.* — Adj. *Les espèces prédatrices.*

prédécesseur [pʀedesɛsœʀ] n. m. **1.** Personne qui a précédé (qqn) dans une fonction, une charge. / contr. **successeur** / **2.** Au plur. Personnes qui ont vécu avant nous. ⇒ **ancêtres.** — REM. Ce mot n'a pas de féminin.

prédestiner [pʀedɛstine] v. tr. ▪ conjug. 1. **1.** (Suj. Dieu) Fixer à l'avance le salut ou la perte de (Sa créature). **2.** (Sens affaibli ; suj. chose) Vouer à un destin, à une activité particulière. *Rien ne la prédestinait à devenir médecin.* ⇒ **prédéterminer.** ► ***prédestiné, ée*** adj. **1.** Qui est soumis à la prédestination divine. **2.** PRÉDESTINÉ À... : voué à (un destin particulier). *Il était prédestiné à devenir artiste.* — *Un nom prédestiné,* qui semble indiquer à l'avance un destin accompli. — Absolt. Voué à un destin exceptionnel. *Le poète romantique se considère comme prédestiné.* ► ***prédestination*** n. f. **1.** Doctrine religieuse selon laquelle Dieu destine certaines créatures au salut par la seule force de sa grâce et voue les autres (quoi qu'ils fassent) à la damnation. **2.** Littér. Détermination préalable d'événements ayant un caractère de fatalité.

prédéterminer [pʀedetɛʀmine] v. tr. ▪ conjug. 1. ▪ Didact. (Causes, raisons) Déterminer d'avance (une décision, un acte). ► ***prédétermination*** n. f.

prédicat [pʀedika] n. m. ▪ Didact. Ce qui, dans un énoncé, est affirmé à propos d'un autre terme (thème). Ex. : *Le cheval* (thème) *galope* (prédicat). *Le prédicat correspond en général au verbe.*

prédicateur, trice [pʀedikatœʀ, tʀis] n. ▪ Personne qui prêche. ⇒ **prêcheur.** *Le prédicateur monte en chaire.* ► ***prédication*** n. f. **1.** Action de prêcher. **2.** Littér. Sermon.

prédiction [pʀediksjɔ̃] n. f. **1.** Action de prédire ; paroles par lesquelles on prédit. *Faire des prédictions.* ⇒ **prophétie. 2.** Ce qui est prédit. *Vos prédictions se sont réalisées.*

prédilection [pʀedilɛksjɔ̃] n. f. ▪ Préférence marquée (pour qqn, qqch.). / contr. **aversion** / *La* *prédilection d'une mère pour un de ses enfants.* — DE PRÉDILECTION : préféré. *C'est mon sport de prédilection.*

prédire [pʀediʀ] v. tr. — REM. ▪ conjug. 37., sauf 2e pers. du plur. du présent de l'indicatif et de l'impératif : *prédisez.* **1.** Annoncer (un événement) comme devant se produire, sans preuves ni indices rationnels. ⇒ **prophétiser.** *Elle se flattait de prédire l'avenir. La voyante m'a prédit que je mourrais à trente-deux ans.* **2.** Annoncer (une chose probable) comme devant se produire, en se fondant sur le raisonnement, l'intuition, etc. *On lui prédisait le plus brillant avenir. Prédire un tremblement de terre. Je vous l'avais prédit !,* je l'avais prévu. ‹ ▸ prédiction ›

prédisposer [pʀedispoze] v. tr. ▪ conjug. 1. ■ Disposer d'avance (qqn à qqch.), mettre dans une disposition favorable. ⇒ **incliner.** *L'attitude de l'accusé ne prédisposait pas le tribunal à l'indulgence.* — Au p. p. adj. *Prédisposé à la paresse.* ⇒ **enclin.** ▸ ***prédisposition*** n. f. ■ Tendance, état d'une personne prédisposée (à qqch.). ⇒ **penchant.**

prédominer [pʀedɔmine] v. intr. ▪ conjug. 1. ■ (Choses) Être le plus important, avoir le plus d'action. ⇒ l'**emporter, prévaloir.** *Ce qui prédomine en eux, c'est l'imagination.* ▸ ***prédominance*** n. f. ■ Caractère prédominant. *La prédominance d'un groupe social.* ⇒ **prépondérance.** ▸ ***prédominant, ante*** adj. ■ Qui prédomine. ⇒ ① **principal.** *La théorie prédominante, de nos jours...*

préemballé, ée [pʀeɑ̃bale] adj. ■ Se dit d'un produit alimentaire frais vendu emballé avec mention de son poids, de son prix et de la date d'emballage. — REM. On écrit aussi *pré-emballé.*

prééminence [pʀeeminɑ̃s] n. f. ■ Supériorité absolue de ce qui est au premier rang. ⇒ **primauté ; suprématie.** / contr. **infériorité** / *Donner la prééminence à qqch.,* placer au-dessus de tout. ≠ *proéminence.* ▸ ***prééminent, ente*** adj. ■ Littér. Qui a la prééminence. ⇒ ① **supérieur.** ≠ *proéminent.*

préemption [pʀeɑ̃psjɔ̃] n. f. ■ Droit. Action d'acheter avant un autre. *Collectionneuse qui a un droit de préemption sur un tableau.* ≠ *péremption.*

préencollé, ée [pʀeɑ̃kɔle] adj. ■ Se dit d'un matériau enduit sur son envers d'un produit que l'eau transforme en colle. *Tapisserie préencollée.*

préétabli, ie [pʀeetabli] adj. ■ Établi à l'avance, une fois pour toutes. *Réaliser un plan préétabli.*

préexister [pʀeɛgziste] v. intr. ▪ conjug. 1. ■ Exister antérieurement (à qqch.). ▸ ***préexistant, ante*** adj. ■ Qui préexiste (à qqch.).

préfabriqué, ée [pʀefabʀike] adj. **1.** Se dit d'éléments de construction fabriqués en série et assemblés ultérieurement sur place. — *Maison préfabriquée,* construite avec des éléments préfabriqués. / contr. en **dur** / — N. m. *C'est du préfabriqué.* — Abrév. fam. PRÉFAB. *Ta maison, est-ce du préfab ?* **2.** Péj. Composé à l'avance, peu naturel. *Une décision préfabriquée.* ⇒ **artificiel, factice.**

préface [pʀefas] n. f. ■ Texte placé en tête d'un livre, généralement rédigé par une personne autre que l'auteur, et qui sert à le présenter au lecteur (opposé à *postface*). ⇒ **avant-propos, avertissement, introduction.** *Préface de l'auteur à une nouvelle édition. Préface de la nouvelle édition par un grand écrivain.* ▸ ***préfacer*** v. tr. ▪ conjug. 3. ■ Présenter par une préface. *Écrivaine qui préface le roman d'un jeune auteur.* ▸ ***préfacier, ière*** n. ■ Auteur d'une préface (distinct de l'auteur du livre).

préfecture [pʀefɛktyʀ] n. f. (France) **1.** Charge de préfet. — Ensemble des services du préfet ; local où ils sont installés. *Manifestation devant la préfecture.* **2.** Ville où siège cette administration. *Liste des préfectures et sous-préfectures.* ⇒ **chef-lieu.** — Circonscription administrée par le préfet (⇒ **département**). **3.** PRÉFECTURE DE POLICE : à Paris, services de direction de la police ; local où ils sont installés. ▸ ***préfectoral, ale, aux*** adj. ■ (France) Relatif au préfet, à l'administration par les préfets. *Un arrêté préfectoral.* ‹ ▸ sous-préfecture ›

préférer [pʀefeʀe] v. tr. ▪ conjug. 6. ■ Considérer comme meilleure, supérieure, plus importante (une chose, une personne parmi plusieurs) ; se déterminer en sa faveur. ⇒ **aimer** mieux. *Préférer une personne, une chose à une autre. Si tu préfères, si vous préférez,* si vous aimez mieux. — PRÉFÉRER (+ infinitif). *Préférer faire qqch.,* aimer mieux. *Je préfère me taire ! Faites comme vous préférez,* comme vous voudrez. *Il préférait souffrir plutôt que d'être seul.* — SE PRÉFÉRER v. pron. réfl. *Je me préfère avec les cheveux longs.* ▸ ***préférable*** adj. ■ Qui mérite d'être préféré, choisi. ⇒ **meilleur.** *Cette solution me paraît préférable, bien préférable à la première. Partez maintenant, c'est préférable.* ⇒ **mieux.** — Impers. *Il est préférable que...* (+ subjonctif), *de* (+ infinitif), il vaut mieux. *Il est préférable qu'elle n'ait rien su. Il est préférable de rester.* ▸ ***préférablement*** adv. ■ (Construit avec *à*) D'une manière préférable, de préférence à. ⇒ **préférentiellement.** *Préférablement à autre chose.* ⇒ **idéalement.** ▸ ***préféré, ée*** adj. et n. **1.** Le plus aimé, jugé le meilleur (par qqn). *C'est son disque préféré.* **2.** N. Personne qui est préférée, mieux aimée. ⇒ **favori.** *Cet élève est son préféré.* ⇒ **chouchou.** ▸ ***préférence*** n. f. **1.** Jugement ou sentiment par lequel on place une personne, une chose au-dessus des autres. *Les préférences de chacun. Il a une préférence nette, marquée pour sa fille cadette.* ⇒ **prédilection.** — *Je n'ai pas de préférence,* cela m'est égal. — *Accorder, donner la préférence à,* donner l'avantage dans une comparaison, un choix. ⇒ **préférer.** — *Par ordre de préférence,* en classant chaque chose selon ses préférences. — DE PRÉFÉRENCE loc. adv. : ⇒ **plutôt.** *Je sors le matin, de préférence.* — DE PRÉFÉRENCE À, PAR PRÉFÉRENCE À *qqch.* loc. prép. ⇒ **plutôt** que. **2.** Le fait d'être préféré. *Avoir, obtenir la préférence sur qqn.* ⇒ l'**emporter.** ▸ ***préférentiel, ielle*** [pʀefeʀɑ̃sjɛl] adj. **1.** Qui établit une préférence. *Tarif préférentiel.* ⇒ de **faveur ; privilège.** *Taux préférentiel,* que les institutions financières chargent à leurs meilleurs clients. **2.** (France) *Vote préférentiel,* qui permet à l'électeur de changer l'ordre des candidats sur une liste. ▸ ***préférentiellement*** adv. ■ (Construit avec *à*) ⇒ **préférablement,** de **préférence.**

préfet [pʀefɛ] n. m. **1.** Maire élu à la tête d'une municipalité régionale de comté, choisi parmi ses homologues de cette M.R.C. *Le préfet préside le conseil de comté.* **2.** (France) Fonctionnaire représentant le pouvoir exécutif central à la tête d'un département (⇒ **préfecture**). *Le préfet et les sous-préfets. Madame le préfet.* ⇒ **préfète.** — *Préfet de région,* le préfet du département dans lequel se trouve le chef-lieu de région. — *Préfet de police,* placé à la tête de la Préfecture de police (à Paris). **3.** Personne chargée de la discipline dans certains collèges privés. *Préfet des études, de discipine.* ▸ ***préfète*** n. f. ■ Femme d'un préfet. *Madame la préfète.* — Femme préfet. ‹ ▸ préfecture, sous-préfet ›

préfigurer [pʀefigyʀe] v. tr. ▪ conjug. 1. ■ Littér. Présenter par avance tous les caractères de (une chose à venir). *Ces troubles préfiguraient les journées de grève.* ▸ ***préfiguration*** n. f. ■ Littér. Ce qui préfigure qqch. ⇒ **prélude.**

préfini, ie [pʀefini] adj. et n. ■ Qui a reçu, à l'usine, une première couche de peinture, de vernis, de teinture. *Un meuble préfini.* — N. m. Panneau décoratif sans entretien dont on recouvre les murs. ⇒ **contreplaqué.** *Poser du préfini dans un sous-sol.*

préfixe [prefiks] n. m. ■ Élément de formation (affixe) placé devant un radical (opposé à *suffixe*). *Le préfixe de « préhistoire » est « pré- » qui signifie « avant ». Plusieurs préfixes peuvent se succéder* (ex. : *in-, sur-,* dans *insurmontable*). *Certains préfixes sont reliés au radical par un trait d'union* (ex. : *sous-*). ▶ ***préfixal, ale, aux*** adj. ■ Relatif aux préfixes ; qui constitue ou utilise un préfixe. *Le sens d'un élément préfixal. Des dérivés préfixaux.* ▶ ***préfixer*** v. tr. ▪ conjug. 1. ■ Joindre (un élément) comme préfixe ; composer avec un préfixe. — Au p. p. adj. *Des mots préfixés.* ▶ ***préfixation*** n. f. ■ Formation d'un mot grâce à un préfixe. *La préfixation de « lire » avec « re- » donne « relire ».*

préhension [preɑ̃sjɔ̃] n. f. ■ Didact. Faculté de saisir avec un organe approprié. ▶ ***préhenseur*** adj. m. ■ Didact. Qui sert à prendre, à saisir. *Organe préhenseur.* ▶ ***préhensile*** adj. ■ Didact. Qui peut servir à prendre, saisir (alors que la fonction première n'est pas la préhension). *La trompe de l'éléphant est préhensile.*

préhistoire [preistwar] n. f. **1.** Ensemble des événements concernant l'humanité avant l'apparition de l'écriture (opposé à *histoire*) ; étude de ces événements. ⇒ **protohistoire.** **2.** Première période de développement (d'une technique). *La préhistoire de l'aviation, du cinéma.* ⇒ **balbutiement.** ▶ ***préhistorien, ienne*** n. ■ Spécialiste de la préhistoire. ▶ ***préhistorique*** adj. **1.** Qui appartient à la préhistoire. *Les temps préhistoriques.* ⇒ **néolithique, paléolithique.** — De la préhistoire. *Animaux, cavernes préhistoriques.* **2.** Plaisant. Très ancien, suranné. ⇒ **antédiluvien, démodé.** *Une voiture préhistorique.* ⇒ **antique.**

préjudice [preʒydis] n. m. **1.** Perte d'un bien, d'un avantage par le fait d'autrui (agissant le plus souvent contre le droit, la justice) ; acte ou événement nuisible aux intérêts de qqn. / contr. **bénéfice, profit** / *Causer un préjudice à qqn. Porter préjudice,* causer du tort. *Subir un préjudice.* ⇒ **dommage.** AU PRÉJUDICE *de qqn* : contre son intérêt. ⇒ **désavantage, détriment.** **2.** Ce qui est nuisible pour, ce qui va contre (qqch.). *Un grave préjudice causé à la justice. — Au préjudice de la vérité.* ⇒ **contre.** — Littér. SANS PRÉJUDICE DE : sans porter atteinte, sans renoncer à. *Sans préjudice des questions qui pourront être soulevées plus tard.* **3.** Fam. Parti pris, préjugé. *Avoir des préjudices contre qqn, qqch.* — REM. Au sens 3, ce mot est un calque de l'anglais. ▶ ***préjudiciable*** adj. ■ Qui porte, peut porter préjudice (à qqn, à qqch.). ⇒ **nuisible.** / contr. **avantageux, profitable** / *Un travail préjudiciable à la santé de qqn.*

préjuger [preʒyʒe] v. tr. ind. ▪ conjug. 3. ■ Littér. ou terme de droit. PRÉJUGER DE : porter un jugement prématuré sur (qqch.) ; considérer comme résolue une question qui ne l'est pas. *Je ne peux pas préjuger de la décision.* ▶ ***préjugé*** n. m. **1.** Croyance, opinion préconçue souvent imposée par le milieu, l'époque ; parti pris. *Les préjugés bourgeois. Elle est sans préjugés.* ⇒ **a priori, prévention.** **2.** Indice qui permet de se faire une opinion provisoire. *C'est un préjugé en sa faveur.*

prélart [prelar] n. m. ■ Cour. Revêtement souple et imperméable pour planchers (surtout la cuisine et la salle de bain). ⇒ **linoléum.** *Poser un (du) prélart.* — Par ext. La matière dont est faite ce revêtement. *Un rouleau de prélart.*

se ***prélasser*** [prela(a)se] v. pron. ▪ conjug. 1. ■ Se détendre, se reposer nonchalamment et béatement. *Se prélasser sur une plage de la Floride.*

prélat [prela] n. m. ■ Haut dignitaire ecclésiastique (cardinal, archevêque, etc.), dans l'Église catholique.

prélatin, ine [prelatɛ̃, in] n. m. et adj. ■ Didact. Antérieur à la civilisation latine, au latin (langue). *Mot latin, italien, d'origine prélatine.*

prèle, prêle ou ***presle*** [prɛl] n. f. ■ Plante à tige creuse et à épis, qui pousse dans des endroits humides.

prélever [prelve] v. tr. ▪ conjug. 5. ■ Prendre (une partie d'un ensemble, d'un total). ⇒ **enlever, retenir, retrancher.** *Prélever un échantillon. Prélevez cette somme sur mon compte.* ▶ ***prélèvement*** n. m. ■ L'action de prélever ; la quantité qu'on prélève. *Payer ses assurances par prélèvement automatique sur son compte en banque. Un prélèvement de sang.* — Absolt. *Faire un prélèvement* (d'organe, de tissu, etc.).

préliminaire [preliminɛr] adj. ■ Qui précède, prépare (une autre chose considérée comme essentielle, plus importante). ⇒ **préparatoire.** *Discours préliminaire (à un livre, un exposé),* introduction, préambule. ⇒ **liminaire.** ▶ ***préliminaires*** n. m. plur. **1.** Ensemble des négociations qui précèdent et préparent un armistice, un traité de paix. *Les préliminaires de la paix.* **2.** Ce qui prépare un acte, un événement plus important. ⇒ **commencement.** *Abréger les préliminaires.*

prélude [prelyd] n. m. **1.** Suite de notes qu'on chante ou qu'on joue pour se mettre dans le ton. **2.** Pièce instrumentale ou orchestrale de forme libre. *Les préludes de Chopin.* **3.** Ce qui précède, annonce (qqch.) ; ce qui constitue le début (d'une œuvre, d'une série d'événements...). ⇒ **amorce, commencement, prologue.** *Le prélude des hostilités. Ce n'est qu'un prélude (à...).* ⇒ **début.** ▶ ***préluder*** v. ▪ conjug. 1. **1.** V. intr. *Préluder par,* chanter, jouer (un morceau) pour commencer. **2.** V. tr. ind. (Suj. chose) PRÉLUDER À : se produire avant (une autre chose) en la laissant prévoir. ⇒ **annoncer, préfigurer.** *Les incidents qui ont préludé aux hostilités.*

pré(-)maternelle [prematɛrnɛl] adj. f. et n. f. ■ (ÉCOLE) PRÉMATERNELLE : école que les enfants de quatre ans peuvent fréquenter avant d'entrer en maternelle. — *Une classe de prématernelle.*

prématuré, ée [prematyre] adj. **1.** Qu'il n'est pas encore temps d'entreprendre. *Je crains que ce ne soit une démarche prématurée.* — Qui a été fait trop tôt. *Une nouvelle prématurée,* annoncée avant que les événements se soient produits. **2.** Qui arrive avant le temps normal. ⇒ **hâtif, précoce.** / contr. **tardif** / *Une mort prématurée.* **3.** *Un enfant prématuré,* né vivant avant terme. — N. *Un prématuré en incubateur.* ▶ ***prématurément*** adv. ■ Avant le temps habituel ou convenable.

préméditer [premedite] v. tr. ▪ conjug. 1. ■ Décider, préparer avec calcul. ⇒ **projeter.** *Il avait prémédité sa fuite, de s'enfuir.* — Au p. p. adj. *C'est un crime prémédité.* ▶ ***préméditation*** n. f. ■ Dessein réfléchi d'accomplir une action (surtout une action mauvaise, délit ou crime). *Meurtre avec préméditation* (circonstance aggravante). ⇒ **assassinat.**

prémenstruel, elle [premɑ̃stryɛl] adj. ■ Qui précède l'époque des règles. *Le syndrome prémenstruel.*

prémices [premis] n. f. pl. **1.** Histoire. (Chez les Anciens) Premiers fruits de la terre, premiers animaux nés du troupeau, qu'on offrait à la divinité. ⇒ **rogations.** **2.** Littér. Commencement, début. *Les prémices de l'hiver.* ≠ *prémisses.*

premier, ière [prəmje, jɛr] adj., n. et adv. **I.** Adj. (Épithète le plus souvent avant le nom) Qui vient avant les autres, dans un ordre (*premier,* second ou deuxième, troisième, quatrième, etc.). / contr. **dernier** / **1.** Qui est le plus ancien ou parmi les plus anciens dans le temps ; qui s'est produit, apparaît avant. ⇒ **initial.** *Le premier jour du mois.* — N. Premier jour. *Le premier janvier, le 1er janvier, le premier de l'an.* — *Les premiers pas. Son premier amour. La première fois. À sa première venue, il n'a rien dit.* — (Précédé d'un adj. numéral) *Les trois premières semaines d'une grossesse.* — REM. Il est fautif de dire *les premières trois...* Loc. *Au premier, du premier coup,* au premier essai. *À première vue, au premier abord,* de prime abord. *La première jeunesse,* le commencement de la jeunesse. ⇒ ① **prime.** *Première nouvelle !,* je ne le savais pas ! — (Attribut) *Arriver, finir premier, bon premier,* avant les autres. ⇒ en **tête.** — N. *Parler le premier, la première. Il, elle est parmi les premiers.* **2.** Le premier à venir (dans le futur). *À la première occasion.* **3.** Qui se présente avant (dans une série, un ordre conventionnel). *La première personne du singulier, du pluriel. Première partie.* ⇒ **commencement, début.** *De la première à la dernière ligne* (→ de A à Z). *Habiter le Premier Rang. Première Avenue.* **4.** (Après le nom) Littér. Qui est dans l'état de son origine, de son début. ⇒ **originel, primitif.** *Elle ne retrouvait plus sa ferveur première.* **5.** Qui se présente d'abord (dans l'espace) par rapport à un observateur, à un point de repère. *La première (rue) à droite.* ⇒ **prochain.** *Au premier rang. Montez au premier (étage).* **6.** Qui vient en tête pour l'importance, la valeur, est plus remarquable que les autres (opposé à *second*). ⇒ **meilleur, principal.** *Première qualité, premier choix. De (tout) premier ordre. Jouer le premier rôle. Voyager en première (classe).* — Loc. *De première classe,* de grande qualité. *Une réception de première classe. Une personne de première classe,* de haut niveau. — (Personnes) *Le premier ministre.* ⇒ fam. ④ **P.M.** *Premier violon.* (Attribut) Qui vient avant les autres, dans un classement. *Sortir premier d'une promotion.* **7.** (Après le nom) Qui n'est pas déduit, qui n'est pas défini au moyen d'autre chose. *Les vérités premières.* — *Nombre premier,* divisible uniquement par 1 ou par lui-même. *3, 7, sont des nombres premiers.* **8.** (Après le nom) Qui contient en soi la raison d'être des autres réalités. *Les causes premières.* **II.** N. **1.** (Personnes) *Le premier. Le premier venu,* le premier qui est venu ou viendra ; n'importe qui. *La première venue.* — LE PREMIER, LA PREMIÈRE *de sa classe.* **2.** JEUNE PREMIER (fém. JEUNE PREMIÈRE) : comédien(ienne) qui joue les rôles importants de jeunes gens ou les premiers rôles d'amoureux. **3.** Premier ministre (en Grande-Bretagne). *Le Premier britannique, M. X.* **4.** N. m. Premier terme d'une charade. *Mon premier..., mon second..., mon tout.* **III.** EN PREMIER loc. adv. : d'abord, avant tout. *C'est ce qui doit passer en premier,* au premier rang. ▸ ***première*** n. f. **1.** Première représentation d'une pièce ou projection d'un film. *La générale et la première.* ⇒ **avant-première.** — Première fois qu'un événement important se produit. *Une première dans l'histoire de l'alpinisme.* **2.** Loc. fam. *De première !,* de première qualité ; remarquable, exceptionnel. **3.** (France) Classe qui précède les classes terminales des études secondaires. *Entrer en première.* **4.** Première vitesse d'une automobile. ⇒ **petite ;** fam. **bœuf.** / contr. **grande** / *Passer la (en) première.* ▸ ***premièrement*** adv. ■ D'abord, en premier lieu (dans une énumération). ⇒ **primo.** ▸ ***premier-né*** [pʀəmjene], ***première-née*** [pʀəmjɛʀne] adj. et n. ■ Le premier enfant. ⇒ **aîné** (opposé à *dernier-né*). *Les premiers-nés.* ⟨ ▸ avant-première ⟩

prémisse [pʀemis] n. f. **1.** Chacune des deux propositions initiales d'un syllogisme, dont on tire la conclusion. **2.** Affirmation dont on tire une conclusion ; commencement d'une démonstration. ≠ *prémices.*

prémolaire [pʀemɔlɛʀ] n. f. ■ Chacune des huit dents situées entre la canine et les grosses molaires.

prémonition [pʀemɔnisjɔ̃] n. f. ■ Avertissement inexplicable qui fait connaître un événement à l'avance ou à distance. ⇒ **prescience, pressentiment.** *Je me méfie de ses prémonitions.* ▸ ***prémonitoire*** adj. ■ Qui a rapport à la prémonition, constitue une prémonition. ⇒ **prophétique.** *Un rêve prémonitoire. Signe prémonitoire,* annonciateur. ⇒ **avant-coureur, précurseur.**

prémoulé, ée [pʀemule] adj. ■ Se dit d'un matériau préalablement façonné avant la pose. *Comptoir de cuisine, de salle de bain prémoulé.* — N. m. *C'est du prémoulé. Installer un prémoulé.*

prémunir [pʀemyniʀ] v. tr. • conjug. 2. ■ Littér. Protéger (qqn), mettre en garde (contre qqch.). *Je voudrais vous prémunir contre ce danger.* — Pronominalement (réfl.). *Comment se prémunir contre le froid ?*

prenant, ante [pʀənɑ̃, ɑ̃t] adj. **1.** PARTIE PRENANTE : droit, partie qui reçoit de l'argent ou une fourniture. — Plus cour. Protagoniste. *Les parties prenantes d'un conflit.* **2.** Qui captive en émouvant ⇒ **poignant**, en intéressant profondément ⇒ **saisissant**. *Un film prenant.* ⇒ **passionnant.** *Une voix prenante.*

prénatal, ale, als [pʀenatal] adj. ■ Qui précède la naissance. / contr. **postnatal** / *Cours prénatals.* — REM. Au masc. plur., on emploie aussi *prénataux.*

① ***prendre*** [pʀɑ̃dʀ] v. tr. • conjug. 58. **I.** Mettre avec soi ou faire sien. **1.** Mettre dans sa main (pour avoir avec soi, pour faire passer d'un lieu dans un autre, pour utiliser...). *Prendre un objet à pleine main.* ⇒ **empoigner, pogner, saisir.** — Pronominalement (passif). *Cela se prend par le milieu.* — *Je te défends de prendre ce livre.* ⇒ **toucher** à. *Prendre qqch. des mains de qqn.* ⇒ **arracher, enlever, ôter, retirer.** — Loc. *Prendre une affaire en main,* décider de s'en occuper. *Prendre qqn par la taille.* ⇒ **enlacer.** *Prendre dans ses bras.* ⇒ **embrasser. 2.** Mettre avec soi, amener à soi. / contr. **laisser** / *N'oublie pas de prendre ton parapluie.* ⇒ **emporter.** *Elle prit son chapeau et ses gants.* ⇒ **mettre.** Loc. *Prendre des gants avec qqn,* agir avec délicatesse. *Prendre du pain,* en acheter. *Prendre une assurance.* ⇒ **contracter.** *Prendre des cours.* ⇒ **suivre.** — (Compl. personne) ⇒ **accueillir.** *Le coiffeur m'a pris à 5 heures.* — *Je passerai vous prendre chez vous.* ⇒ **chercher. 3.** PRENDRE *qqch.* SUR SOI, *sous sa responsabilité* : en accepter la responsabilité. ⇒ **assumer.** — PRENDRE SUR SOI DE : s'imposer de. *Il a pris sur lui de venir malgré sa fatigue.* — PRENDRE SUR SOI : se calmer, se contrôler. *Prends sur toi avant de lui répondre.* **4.** Aborder, se mettre à considérer (qqch., qqn) de telle façon. *Prendre la vie du bon côté,* par ce qu'elle a d'agréable. *On ne sait par où le prendre,* il est susceptible. *Il n'est pas à prendre avec des pincettes.* — *Prendre une expression à la lettre.* — (Sans compl. de manière) ⇒ **considérer.** *Prenons cet exemple.* — À TOUT PRENDRE loc. adv. : somme toute. — PRENDRE BIEN, MAL *qqch.* : l'accepter ou en souffrir ⇒ **accueillir.** — *Prendre les choses comme elles viennent. Prendre qqn, qqch. au sérieux, à la légère, à cœur. Le prendre de haut. Si vous le prenez ainsi,* si c'est là votre attitude, votre manière de voir. — *Prendre pour, contre qqn.* — PRENDRE EN... : avoir en. *Prendre qqn en amitié. Prendre qqn, qqch. en horreur, en grippe.* **5.** Faire sien (une chose abstraite). *Elle a pris un surnom. Prendre (un) rendez-vous. Prendre une habitude.* **6.** Évaluer, définir (pour connaître). *Prendre des mesures. Prenez votre température.* **7.** Inscrire ou reproduire. *Prendre des notes, une photo. Prendre en photo.* **8.** S'adjoindre (une personne). *On ne prend plus personne à l'usine.* ⇒ **embaucher, engager.** — *Prendre pour, comme, à, en,* s'adjoindre, se servir de (qqn) en tant que... *Il l'a prise comme assistante. Prendre à témoin, prendre pour juge.* **9.** PRENDRE POUR : croire qu'une personne, une chose est (autre ou autrement). ⇒ **considérer.** *Prendre une personne pour une autre.* ⇒ **confondre.** *On le prenait pour un savant. Pour qui me prenez-vous ? Prendre ses désirs pour des réalités.* (→ Rêver en couleurs) — Loc. fam. *Prendre pour acquis,* tenir pour acquis, admettre d'emblée. **10.** Absorber, manger ou boire. ⇒ **ingérer.** *Prendre son café. Prendre un verre. Que prenez-vous ?* ⇒ **boire.** *Vous prenez, vous prendrez de la viande ou du poisson ?* ⇒ **choisir.** *Prendre une bouchée.* Fam. *Prendre un coup, une brosse.* ⇒ fam. se **paqueter.** — *Prendre un médicament.* — Pronominalement (passif). *Médicament qui se prend avant les repas.* — *Prendre le frais. Prendre un bain, une douche.* **II.** Agir de façon à avoir, à posséder (qqch., qqn). **1.** Se mettre en possession de ; se rendre maître de. ⇒ **s'approprier.** *Prendre qqch. par force, par ruse.* — Loc. *C'est à prendre ou à laisser.* ⇒ **laisser.** **2.** Demander, exiger. *Combien prend-il ?,* quel est son prix ? *Ça nous prend un rétroprojecteur.* — Exiger, employer (du temps). *Ce travail me prendra une heure.* **3.** Fam. Recevoir, supporter. *Il a pris un coup de pied, des claques.* ⇒ **attraper.** *Qu'est-ce que tu as pris là ?* **4.** Se rendre maître par force ; conquérir. / contr. **perdre** / *Prendre d'assaut,* en attaquant de vive force. ⇒ **enlever.** *Prendre le pouvoir.* — Loc. fam., au p. p. adj. *C'est autant de pris (sur l'ennemi),* se dit d'un petit avantage dont on est assuré. **5.** PRENDRE *qqch.* À *qqn* : s'emparer de (ce qui appartient à qqn). ⇒ **voler.** *Il lui a pris son argent. Prendre la place de qqn.* **6.** Se saisir de (ce qui fuit, se dérobe : animal, personne). *Prenez-le vivant !* ⇒ **attraper, capturer.** *Il s'est fait prendre par la police.* ⇒ **arrêter, pogner.** — (Passif) Être attrapé. *Être pris dans l'engrenage.* (Choses) *Le navire est pris par (dans) les glaces.* ⇒ **emprisonné.** **7.** Amener (qqn) à ses vues, à faire ce qu'on veut. *Prendre qqn par la douceur,* en le traitant doucement. *Il m'a pris en traître,* par traîtrise. ⇒ **avoir.** *On ne m'y prendra plus !,* je ne serai plus dupe. — Sans compl. *Savoir prendre qqn,* agir envers lui avec diplomatie pour obtenir de lui ce qu'on veut. **8.** PRENDRE *qqn* (de telle ou telle manière). ⇒ **surprendre.** *Prendre qqn en faute, en flagrant délit. Il les a pris au dépourvu, par surprise. Je vous y prends !* **9.** (Sensation, sentiment...) Saisir (qqn), faire sentir à (qqn). ⇒ **pogner.** *Les douleurs la prirent brusquement. Être pris de vertiges.* — Fam. *Qu'est-ce qui vous (te) prend ? Ça vous prend souvent ?,* se dit à une personne dont l'attitude est inattendue ou déplacée. — Impers. *Il me prend l'envie d'aller les voir.* **10.** BIEN, MAL (*lui, vous,* etc.) PREND DE : cela a de bonnes, de fâcheuses conséquences. *Mal lui a pris de mentir,* il a eu tort, il en subit les conséquences. **III.** Loc. exprimant le commencement ou la progression d'une action. **1.** Se mettre à utiliser, à avoir, à être (sans idée d'appropriation). *Prendre le deuil,* mettre des vêtements de deuil. *Prendre la plume,* écrire. *Prendre le lit,* s'aliter. — Faire usage de (un véhicule). ⇒ **utiliser.** *Prendre l'avion, le train, sa voiture. J'ai pris un taxi.* — S'engager dans. *Prendre un virage. Prendre la porte,* sortir ; être congédier. *Prendre la mer.* ⇒ **s'embarquer.** — Emprunter (une voie de communication). ⇒ **pogner.** *Prendre la route, un raccourci.* — Loc. fig. *Prendre la route,* entreprendre un voyage en voiture. — *Prendre le bois,* aller y travailler. *Prendre une marche*.* — *Prendre le bord*.* — Sans compl. direct. *Prenez à droite, sur votre gauche, par là.* **2.** User à son gré de. *Prendre le temps de, prendre son temps. Prendre congé.* **3.** Se mettre à avoir, se donner. *Prendre une attitude, une décision. Prendre la fuite. Prendre du repos. Prendre la parole,* commencer à parler. *Prendre l'avantage sur qqn. Prendre possession.* — Compl. sans article. Loc. *Prendre position,* choisir. *Prendre soin de... Prendre garde.* — Formule de politesse. *Prenez la peine d'entrer,* veuillez entrer. — Loc. fam. *Prendre une chance, le risque de,* tenter sa chance, courir le risque de. ⇒ **essayer.** **4.** Commencer à avoir (une façon d'être). *Prendre une bonne, une mauvaise tournure.* Loc. *Prendre forme.* — (Personnes ; désignant une action involontaire) *Prendre de l'âge,* vieillir. *Prendre des couleurs, du poids. Prendre du retard, de l'avance. Prendre de l'assurance. Il y prend goût.* Loc. *Prendre peur.* Fig. *Prendre son trou,* être remis à sa place par qqn. **5.** Subir l'effet de. *Prendre (en) feu,* s'enflammer. *Prendre (du) froid ; prendre du mal. Prendre du mieux. Elle a pris un rhume.* ⇒ **attraper, contracter.** — Impers. *La pluie, la noirceur prend,* commence à tomber. **IV.** SE PRENDRE v. pron. **1.** Se laisser attraper. *Moucheron qui se prend dans une toile d'araignée. Il se prenait à son propre jeu.* **2.** S'EN PRENDRE À : s'attaquer à, en rendant responsable. ⇒ **incriminer.** *Il ne pourra s'en prendre qu'à lui-même,* il est responsable de ses propres malheurs. — *S'en prendre à un adversaire,* se battre contre lui. **3.** SE PRENDRE DE : se mettre à avoir. *Se prendre d'amitié pour qqn.* ⇒ **éprouver.** **4.** S'Y PRENDRE : agir d'une certaine manière en vue d'obtenir un résultat. *Elle s'y est mal prise.* ⇒ **procéder.** *S'y prendre à deux fois,* tâtonner. *Savoir s'y prendre.* — (Avec une précision de temps) Se mettre à s'occuper de. *Il faudra s'y prendre à l'avance.* **5.** Se considérer. *Se prendre au sérieux.* — SE PRENDRE POUR : estimer qu'on est. ⇒ se **croire.** *Se prendre pour un génie. Se prendre pour qqn. Se prendre pour un autre.* — Péj. *Pour qui se prend-il ?* [pʀɑ̃til] **6.** (Récipr.) Se tenir l'un l'autre. *Elles se sont prises par la main.* — *Se prendre aux cheveux,* se chicaner, se quereller. **7.** (Récipr.) S'ôter l'un à l'autre. *Elles se sont pris leurs affaires.* ⇒ **échanger.** ► ② ***prendre*** v. intr. ▪ conjug. 58. **1.** (Substances) Durcir, épaissir. ⇒ **pogner.** *La glace commence à prendre ; elle a pris.* — Attacher, coller. *Aliment qui prend au fond de la poêle.* **2.** (Végétaux) Pousser des racines, continuer sa croissance après transplantation. *La bouture a pris.* **3.** (Feu) Se mettre à consumer une substance. *Le feu prendra si tu ajoutes du papier.* **4.** Produire son effet, l'effet recherché. ⇒ **réussir.** *Vaccin qui prend. C'est une mode qui ne prendra pas,* n'aura pas de succès. — Être cru, accepté. *À d'autres, ça ne prend pas !* ‹ ► apprendre, ① comprendre, ② comprendre, déprendre, emprise, entreprendre, s'éprendre, imprenable, malappris, se méprendre, prenant, preneur, pris, ① prise, ② prise, ① reprendre, surprendre, surprise ›

preneur, euse [pʀənœʀ, øz] n. **1.** Personne qui achète qqch. ⇒ **acheteur, acquéreur.** *Je suis preneur. Tableau qui trouve preneuse* (dans une vente aux enchères). — *Preneur aux livres,* personne qui prend les paris. **2.** Loc. *Preneur de son* (⇒ **prise** de son).

prénom [pʀenɔ̃] n. m. ▪ Chacun des noms personnels qui précèdent le nom de famille. *Elle n'aime pas le prénom que lui ont donné ses parents. Prénom usuel,* donné à une personne dans la vie courante. ⇒ petit **nom, nom** de baptême. ► ***prénommer*** v. tr. ▪ conjug. 1. ▪ Appeler d'un prénom. *On l'a prénommé, il est prénommé Jean.* — Pronominalement. *Comment vous prénommez-vous ?* — Au p. p. adj. *Un prénommé Jean.* ⇒ **nommé.**

prénuptial, ale, aux [pʀenypsjal, o] adj. ▪ Qui précède le mariage. *Des examens (médicaux) prénuptiaux.*

préoccuper [pʀeɔkype] v. tr. ▪ conjug. 1. **1.** Inquiéter fortement. ⇒ **tourmenter, tracasser ;** fam. **chicoter.** *Ces problèmes me préoccupent depuis longtemps.* **2.** Occuper exclusivement (l'esprit, l'attention). ⇒ **absorber, obséder.** *Cette idée me préoccupe.* **3.** V. pron. SE PRÉOCCUPER : s'occuper (de qqch.) en y attachant un vif intérêt mêlé d'inquiétude. ⇒ se **soucier.** / contr. se **désintéresser** / *Elle ne s'en préoccupait guère.* ▶ ***préoccupant, ante*** adj. ■ Qui préoccupe, inquiète. *La situation est préoccupante.* ▶ ***préoccupé, ée*** adj. ■ Qui est sous l'effet d'une préoccupation. ⇒ **absorbé, anxieux, inquiet.** *Tu as l'air préoccupé en ce moment.* / contr. **indifférent, insouciant** / *Préoccupé de...,* soucieux de. ▶ ***préoccupation*** n. f. ■ Souci, inquiétude qui occupe l'esprit. *C'est leur préoccupation majeure.*

préparer [pʀepaʀe] v. tr. ▪ conjug. 1. **I. 1.** Mettre en état de fonctionner, de servir. ⇒ **apprêter, arranger, disposer.** *Je vais préparer votre chambre. Préparer la table.* ⇒ **mettre.** *Préparer la voie, le terrain. Elle prépare le repas* (⇒ **préparation**). — Au p. p. adj. (Aliments) *Moutarde préparée,* prête à utiliser. **2.** Faire tout ce qu'il faut pour (une opération, une œuvre, etc.). ⇒ **organiser.** *Il a préparé soigneusement son départ* (⇒ **préparatifs**). *Un coup préparé de longue main.* ⇒ **machiner, monter.** — Travailler (à). *Le professeur a préparé son cours. Préparer un examen auquel on veut se présenter.* — (France) *Préparer une grande école,* le concours d'entrée à cette école. **3.** Rendre possible, par son action. *Préparer l'avenir. Préparer qqch. à qqn,* faire que la chose lui arrive. ⇒ **réserver.** *On lui a préparé une surprise.* — (Suj. chose) Rendre possible ou probable. *Cela ne nous prépare rien de bon.* **4.** Théâtre, roman, film... Rendre possible ou naturel en enlevant le caractère arbitraire. ⇒ **amener, ménager.** *Préparer un dénouement.* — *Préparer ses effets.* **II.** PRÉPARER *qqn* À : rendre (qqn) capable de, prêt à, par une action préalable et concertée. *Préparer un élève à l'examen.* — Mettre dans les dispositions d'esprit requises. *On a voulu le préparer à cette terrible nouvelle.* **III.** SE PRÉPARER v. pron. **1.** (Réfl.) Se mettre en état, en mesure de faire (qqch.). *Se préparer au combat, à combattre. Elle se préparait pour le bal.* **2.** (Passif) Être préparé. *La cuisine où se prépare le repas.* **3.** Être près de se produire. *Je crois qu'un orage se prépare.* ⇒ **couver ; imminent.** — Impers. *Il se prépare quelque chose de grave.* ▶ ***préparateur, trice*** n. **1.** Personne attachée à un laboratoire, chargée de préparer des expériences scientifiques. ⇒ **laborantin. 2.** PRÉPARATEUR EN PHARMACIE : employé d'une pharmacie. **3.** Appariteur. *Faire faire des photocopies par les préparateurs.* ▶ ***préparatifs*** n. m. pl. ■ Dispositions prises pour préparer qqch. ⇒ **arrangement, disposition.** *Les préparatifs du départ. Ses préparatifs de départ.* ▶ ***préparation*** n. f. **I. 1.** Action de préparer (qqch.). *La préparation du repas, des plats.* — Chose préparée. ⇒ **composition.** *Des préparations pharmaceutiques.* — (Aliments) *Préparation pour* (gâteau, pâtisserie...). ⇒ fam. **mélange** à. **2.** Arrangement, organisation ayant pour effet de préparer. *La préparation d'une fête. Roman en préparation.* — Spécialt. Devoir qui prépare à l'étude d'un texte en classe. **3.** Littér. Manière de préparer (I, 4). *La préparation d'un dénouement.* **II.** Action de préparer (qqn) ou de se préparer. ⇒ **formation.** *La préparation des étudiants à la maîtrise.* — (France) *Préparation militaire,* enseignement militaire donné avant le service. ▶ ***préparatoire*** adj. ■ Qui prépare (qqch., qqn). *Travail préparatoire.* — *Cours préparatoire.* ⇒ **propédeutique.**

prépayer [pʀepɛje] v. tr. ▪ conjug. 8. ■ Payer qqch. d'avance. *Prépayer un billet d'avion.* — Au p. p. adj. *Billets prépayés.*

prépondérant, ante [pʀepɔ̃deʀɑ̃, ɑ̃t] adj. ■ Qui a plus de poids, qui l'emporte en autorité, en influence, en prestige. ⇒ **dominant, prédominant.** *Jouer un rôle prépondérant. La voix du président est prépondérante,* décisive en cas de partage des voix. ▶ ***prépondérance*** n. f. ■ Le fait d'être plus important.

préposer [pʀepoze] v. tr. ▪ conjug. 1. ■ *Préposer à...*charger (qqn) d'assurer (un service, une fonction). ⇒ **employer.** — Au passif. *Ils étaient préposés au nettoyage de l'immeuble.* ▶ ***préposé, ée*** n. **1.** Personne qui accomplit une fonction déterminée (généralement subalterne). ⇒ **agent, commis, employé.** *La préposée au vestiaire.* **2.** (France) Nom administratif du facteur des postes (cour. : *facteur*).

préposition [pʀepozisjɔ̃] n. f. ■ Mot invariable, indiquant une relation grammaticale et le passage d'un nom, d'un verbe, d'un adjectif, d'un adverbe à son complément (ex. : *à, de*). ▶ ***prépositif, ive*** adj. ■ *Locution prépositive,* fonctionnant comme une préposition (ex. : *à cause de, à côté de, en dehors de*).

prépuce [pʀepys] n. m. ■ Repli de peau qui entoure le gland de la verge. *Excision du prépuce.* ⇒ **circoncision.**

préraphaélite [pʀeʀafaelit] n. et adj. ■ Se dit de peintres anglais (fin XIXᵉ s.) qui s'inspiraient de la peinture italienne d'avant Raphaël.

prérequis, ise [pʀeʀəki, iz] n. m. et adj. ■ Fam. Préalable. *Des cours avec ou sans prérequis.* — REM. L'O.L.F. propose *préalable* pour remplacer ce mot.

préretraite [pʀeʀətʀɛt] n. f. ■ Retraite anticipée. *Profiter de sa préretraite.* — *Toucher une préretraite,* une allocation versée à titre de retraite anticipée, avant l'âge légal de la retraite. ▶ ***préretraité, ée*** n. ■ Personne ayant pris une préretraite.

prérogative [pʀeʀɔgativ] n. f. ■ Avantage ou droit attaché à une fonction, un état. ⇒ **privilège.** *Les prérogatives dont jouissent les grands de ce monde. Les prérogatives de l'artiste.*

préromantique [pʀeʀɔmɑ̃tik] adj. ■ Qui précède et annonce l'époque romantique. ▶ ***préromantisme*** n. m.

près [pʀɛ] adv. **I.** Adverbe marquant la proximité, indiquant une petite distance. — REM. Rarement employé seul. Ne pas confondre *près (de)* et *prêt (à).* **1.** À une distance (d'un observateur ou d'un point d'origine) considérée comme petite. / contr. **loin** / *J'habite assez près, tout près. Venez plus près. Pas si près !* **2.** DE PRÈS loc. adv. (Dans l'espace) *Regarder de près, de trop près. Se raser de près,* au ras des poils. — *Connaître qqn de près,* très bien. *Examiner de près,* attentivement. Loc. *Ne pas y regarder de si près, de trop près,* se contenter de ce qu'on a. — (Dans le temps) *Deux événements qui se suivent de près.* **II.** PRÈS DE loc. prép. ⇒ **proche** de. **1.** (Dans l'espace) À petite distance de. *Près d'ici. Tout près de Paris,* aux abords de. *S'asseoir près de qqn,* auprès de, aux côtés de. *Ils étaient l'un près de l'autre, tout près l'un de l'autre.* — Loc. fam. *Être près de son argent, de ses intérêts,* être intéressé. — (Pour indiquer une mesure approximative) Un peu moins de. *Il en manque près de la moitié.* **2.** (Dans le temps) *Il était près de mourir,* sur le point de. — Impers. *Il est près de midi.* ⇒ **presque. III.** (Exprimant l'idée d'une différence, dans des loc.) **1.** À PEU PRÈS : indiquant l'approximation. ⇒ **pratiquement.** *L'hôtel était à peu près vide.* ⇒ **presque ; quasiment.** *À peu près six mille hommes.* ⇒ fam. à l'**entour** de. *Il y a à peu près vingt minutes.* **2.** À PEU DE CHOSE(S) PRÈS. ⇒ **presque.** *Il y en a mille, à peu de choses près.* ⇒ **approximativement.** — À BEAUCOUP PRÈS : avec de grandes différences. — À CELA PRÈS : cela étant mis à part. ⇒ **excepté, sauf.** *Il se sentait heureux, à cela près qu'il n'avait pas un sou.* **3.** À *qqch.* PRÈS : indiquant le degré de précision d'une évaluation. *Mesure au millimètre près. Calculer à la cent près.* — *Il n'en est pas à vingt dollars près,* une différence de vingt dollars ne le gêne pas. *Je ne suis pas à ça près !* ⟨ ▶ à-peu-près, auprès de, presque ⟩

présage [prezaʒ] n. m. **1.** Signe d'après lequel on pense prévoir l'avenir. ⇒ **augure.** *Croire aux présages.* **2.** Ce qui annonce (un événement à venir). *Les présages d'une catastrophe.* ▶ ***présager*** v. tr. ▪ conjug. 3. **1.** Littér. Être le présage de. ⇒ **annoncer.** — Faire présumer, supposer. *Cela ne présage rien de bon.* **2.** Littér. (Personnes) Prévoir. *Cela me laisse présager le pire.*

presbyte [prɛsbit] n. et adj. ▪ Personne atteinte de presbytie, qui voit mal de près (opposé à *myope*). ⇒ **hypermétrope.** *On devient presbyte avec l'âge.* ▶ ***presbytie*** [prɛsbisi] n. f. ▪ Vision trouble des objets rapprochés (opposé à *myopie*).

presbytère [prɛsbitɛr] n. m. ▪ Habitation du curé, du pasteur dans une paroisse. ⇒ **cure.**

presbytérien, ienne [prɛsbiterjɛ̃, jɛn] n. et adj. ▪ Adepte d'une secte protestante issue du calvinisme où des laïcs sont associés à la direction de l'Église.

prescience [presjɑ̃s] n. f. ▪ Littér. Connaissance des événements à venir. ⇒ **prémonition, pressentiment, prévision.**

préscolaire [preskɔlɛr] adj. ▪ Relatif à la période qui précède celle de la scolarité obligatoire (opposé à *postscolaire*). ⇒ **maternelle, prématernelle.** *Une enfant d'âge préscolaire. La formation préscolaire.*

① ***prescription*** [prɛskripsjɔ̃] n. f. ▪ Droit. *Délai de prescription,* délai prévu par la loi, passé lequel la justice ne peut plus être saisie. — Absolt. *On ne peut plus les poursuivre, il y a prescription. Droits qui échappent à la prescription.* ⇒ **imprescriptible.** ≠ *péremption, proscription.* ⟨ ▶ imprescriptible ⟩

prescrire [prɛskrir] v. tr. ▪ conjug. 39. **1.** Ordonner ou recommander expressément ; indiquer avec précision (ce qu'on exige, ce qu'on impose). *Les formes que la loi a prescrites.* ⇒ **fixer.** — Recommander, conseiller formellement. ≠ *proscrire. Le médecin a prescrit des remèdes, un traitement* (⇒ **ordonnance**). **2.** (Choses) Demander impérieusement. *L'honneur, les circonstances nous prescrivent de continuer notre action.* ⇒ **obliger.** ▶ ② ***prescription*** n. f. ▪ Ordre expressément formulé, avec toutes les précisions utiles. *Les prescriptions d'un médecin,* recommandations consignées sur l'ordonnance. — Cour. L'ordonnance elle-même. *Se faire rembourser une prescription.* ▶ ***prescrit, ite*** adj. ▪ Qui est imposé, fixé. *Au jour prescrit. — Ne pas dépasser la dose prescrite.*

préséance [preseɑ̃s] n. f. ▪ Droit de précéder (qqn) dans une hiérarchie protocolaire. ⇒ **priorité.** *Respecter les préséances.*

présence [prezɑ̃s] n. f. **I. 1.** (Personnes) Le fait d'être physiquement quelque part, auprès de qqn. / contr. **absence** / *La présence de son ami le réconfortait. La présence de qqn chez, auprès de qqn. Fuir, éviter la présence de qqn. Faire* ACTE DE PRÉSENCE : être présent, sans plus. *Signer la feuille de présence,* la feuille qui atteste la présence effective (à une réunion, etc.). — (Nations) Fait de manifester son influence dans un pays. *La présence française en Océanie.* **2.** (Personnes, animaux) Compagnie. *Son vieux chat est la seule présence qu'il supporte.* **3.** (Acteurs) Qualité qui consiste à manifester avec force sa personnalité. *Cette comédienne a de la présence.* **4.** PRÉSENCE D'ESPRIT : qualité d'esprit qui fait qu'on est toujours prêt à répondre et réagir avec à-propos. ⇒ **sang-froid. 5.** (Choses) Le fait qu'une chose soit dans le lieu où l'on est ou dont on parle. *Les sondages ont révélé la présence de pétrole.* **6.** Fig. Caractère actuel, influent dans le monde culturel (de qqn, de qqch.). *Présence du baroque, de Monteverdi.* **II. 1.** EN PRÉSENCE DE loc. prép. : en face de ; devant. *Dresser un acte en présence de témoins. En ma (ta, sa...) présence. — Mettre qqn en présence de qqn, qqch.* **2.** EN PRÉSENCE loc. adv. : dans le même lieu, face à face. *Laisser deux personnes en présence.* — Adj. *Les deux armées, les parties en présence,* confrontées. ⟨ ▶ omniprésence ⟩

① ***présent, ente*** [prezɑ̃, ɑ̃t] adj. **I.** / contr. **absent** / **1.** Qui est dans le lieu, le groupe où se trouve la personne qui parle ou de laquelle on parle. *Les personnes ici présentes* ou, n., *les présents. Être présent à une réunion.* ⇒ **assister.** *Les élèves présents à l'appel* (qui répondent : *présent !*). — *Être présent en pensée.* **2.** (Choses) *Métal présent dans un minerai.* **3.** Abstrait. *Présent à l'esprit, à la mémoire,* à quoi l'on pense, dont on se souvient. **II.** (Opposé à *futur* ou à *passé*) **1.** Qui existe, se produit au moment, à l'époque où l'on parle ou dont on parle. *Les circonstances présentes.* ⇒ **actuel.** *L'instant présent, la minute présente.* **2.** (Avant le nom) Dont il est actuellement question, qu'on fait en ce moment même. ⇒ **ce, cette, ces.** *Au moment où s'ouvre le présent récit. La présente lettre.* — N. f. *Par la présente,* par cette lettre. **3.** Qui est au présent ②. *Participe présent.* ▶ ***présentement*** adv. ▪ Au moment, à l'époque où l'on est. ⇒ **actuellement.** *Ma sœur est présentement sortie.* ⟨ ▶ omniprésent, présence, ② présent, présenter ⟩

② ***présent*** n. m. **I. 1.** Partie du temps qui correspond à l'expérience immédiate, durée opposable au passé et au futur. *Vivre dans le présent,* sans se préoccuper du passé ni de l'avenir. — Ce qui existe ou se produit dans cette partie du temps. *Le présent me suffit, me satisfait.* **2.** Grammaire. Cette durée prise comme registre d'expression, par opposition au passé. *Le futur et le passé composé sont des temps du présent.* — Temps conjugué du verbe opposé aux autres temps grammaticaux ; série des formes conjuguées sous cette étiquette. *Conjuguer un verbe au présent. Le présent de l'indicatif, du subjonctif, du conditionnel. Présent actif et passif. Tu ne sais pas le présent de « vaincre » ?* **II.** À PRÉSENT loc. adv. : au moment où l'on parle ; au moment dont on parle. ⇒ **maintenant.** *À présent, allons-nous-en ! Jusqu'à présent, elle n'a pas fait ses preuves. Dès à présent.* — À PRÉSENT QUE loc. conj. : maintenant que. *À présent qu'ils dormaient on n'entendait plus rien.* — Littér. D'À PRÉSENT loc. adj. : actuel. *La jeunesse d'à présent.* ⇒ d'**aujourd'hui.**

③ ***présent*** n. m. ▪ Littér. Cadeau. ⇒ ① **don.** — En appos. *Faire présent de qqch. à qqn.*

présenter [prezɑ̃te] v. ▪ conjug. 1. **I.** V. tr. **1.** *Présenter une personne à une autre,* l'amener en sa présence et la faire connaître en énonçant son nom, ses titres, etc., selon les usages de la politesse. ⇒ faire les **présentations.** *Permettez-moi de vous présenter une collègue. Cette personne ne m'a pas été présentée.* **2.** Faire inscrire (à un examen, à un concours, à une élection). *Le parti présente des candidats dans la plupart des circonscriptions.* **3.** Mettre (qqch.) à la portée, sous les yeux de qqn. *Présenter son billet à l'agent de bord.* ⇒ **montrer.** — *Présenter les armes,* rendre les honneurs en restant au garde-à-vous et en tenant les armes d'une certaine manière. — (Suj. chose) *La baie des Chaleurs présente un spectacle splendide.* **4.** Faire connaître au public par une manifestation spécialement organisée. *Présenter une émission, un spectacle,* prononcer quelques mots pour annoncer au public le titre, le nom des acteurs, etc. (⇒ **présentateur**). — Au p. p. adj. *Film présenté à la télévision.* **5.** Disposer (ce qu'on expose à la vue du public). *Présenter un étalage.* **6.** Remettre (qqch.) à qqn en vue d'un examen, d'une vérification, d'un jugement, etc. *Présenter une note, un devis. — Présenter sa candidature à un poste.* **7.** Exprimer, faire l'exposé de...

Savoir présenter ses idées. Permettez-moi de vous présenter mes condoléances, mes félicitations. ⇒ **offrir.** **8.** Montrer, définir comme... *Mieux vaut présenter les choses telles qu'elles sont.* **9.** Avoir telle apparence, tel caractère (par rapport à un observateur, un utilisateur). *Le malade présentait des symptômes inquiétants. Ceci présente des inconvénients.* **II.** V. intr. Fam. (Suj. personne) PRÉSENTER BIEN (MAL) : faire bonne (mauvaise) impression par son physique, sa tenue. **III.** SE PRÉSENTER v. pron. **1.** Arriver en un lieu, paraître (devant qqn). ⇒ fam. se ① **rapporter.** *Vous êtes prié de vous présenter d'urgence à la direction.* **2.** Se faire connaître à qqn, en énonçant son nom selon les usages de la politesse. *« Je me présente : Sébastien Tremblay. »* **3.** Venir se proposer au choix, à l'appréciation de qqn. *Un candidat s'était présenté.* — Subir les épreuves (d'un examen, d'un concours). ⇒ **passer.** *Se présenter au test de français.* — Être candidat. *Elle se présente aux prochaines élections. Se présenter comme duchesse du Carnaval.* **4.** (Suj. chose) Apparaître, venir. *Deux noms se présentent aussitôt à l'esprit. Profiter des occasions qui se présentent.* ⇒ s'**offrir.** **5.** Apparaître sous un certain aspect ; être disposé d'une certaine manière. *Se présenter bien (mal),* faire bonne (mauvaise) impression dès le début. *Cette affaire se présente plutôt mal.* ▶ ***présentable*** adj. **1.** (Choses) Qui est digne d'être présenté, donné. *Ce plat n'est pas présentable.* **2.** (Personnes) Qui peut paraître en public. ⇒ **sortable.** *Rase-toi, tu seras plus présentable.* ▶ ***présentateur, trice*** n. **1.** Personne qui présente qqch. au public, pour la vente. **2.** Radio, télévision. Personne qui présente (et souvent anime ⇒ **animateur**) une émission, un spectacle. ⇒ **commentateur.** *Les présentatrices de la télévision française.* ▶ ***présentation*** n. f. **1.** *Faire les présentations,* présenter une personne à une autre. **2.** Fam. Apparence (d'une personne selon son habillement, ses manières). *Avoir une bonne, une mauvaise présentation.* **3.** Action de présenter (qqch.) à qqn. *La présentation d'une pièce d'identité est obligatoire.* **4.** Manifestation au cours de laquelle on présente qqch. au public. *Assister à une présentation de modèles chez un grand couturier.* **5.** Manière dont une chose est présentée. ⇒ **étalage.** *La présentation des marchandises dans un magasin* (⇒ **présentoir**). **6.** Manière de présenter (une thèse, ses idées, etc.). **7.** Médecine. Manière particulière dont le fœtus se présente pour l'accouchement. *Présentation par le siège.* ▶ ***présentoir*** n. m. ■ Dispositif pour présenter des marchandises, dans un lieu de vente. *Les présentoirs d'un stand, d'un supermarché.* ‹ ▶ ③ présent, représenter ›

préserver [pʀezɛʀve] v. tr. • conjug. 1. ■ Garantir, mettre à l'abri ou sauver (d'un danger, d'un mal). ⇒ **protéger.** *Un auvent qui nous préservait de la pluie.* ⇒ **abriter.** *Ce produit préserve les lainages des (contre les) mites.* — Pronominalement (réfl.). *Comment se préserver de la contagion.* ⇒ se **prémunir.** ▶ ***préservatif*** n. m. ■ Enveloppe protectrice employée par l'homme contre les maladies vénériennes, le sida, et comme moyen anticonceptionnel (contraceptif masculin). ⇒ **condom ;** fam. **capote.** — *Préservatif féminin.* ⇒ **diaphragme, stérilet.** ▶ ***préservation*** n. f. ■ Action ou moyen de préserver.

président, ente [pʀezidɑ̃, ɑ̃t] n. **1.** Personne qui préside (une assemblée, une réunion, un groupement organisé) pour diriger les travaux. *Le président d'un jury de thèse. La présidente de l'association. Président-directeur général d'une société.* ⇒ **P.-D.G.** *Présidente de compagnie.* — *Être le président d'honneur d'une campagne de souscription.* **2.** Le chef de l'État (dans une république). *Le président de la République française, des États-Unis.* — *Être président de l'Assemblée nationale, de la Chambre des communes, du Sénat.* ⇒ **orateur.** *Le président d'un parti politique.* ▶ ***présidentiel, ielle*** adj. ■ Relatif au président. *Élections présidentielles* ou, n. f. pl., *les présidentielles.* — *Régime présidentiel,* dans lequel le pouvoir exécutif est entre les mains d'un président. ▶ ***présidence*** n. f. **1.** Fonction de président. *La présidence de la République (française), des États-Unis, d'une compagnie.* — Durée de ces fonctions. *Pendant la présidence de Charles de Gaulle.* **2.** Action de présider. *La présidence de l'assemblée vous revient.* ‹ ▶ vice-président ›

présider [pʀezide] v. tr. • conjug. 1. **I.** V. tr. dir. **1.** Diriger à titre de président. *Il a été désigné pour présider la séance.* **2.** Occuper la place d'honneur dans (une manifestation). *Présider un jury de festival, une campagne bénévole.* **II.** V. tr. ind. (Choses) PRÉSIDER À... : être présent en tant qu'élément actif dans... *La volonté d'aboutir qui a présidé à nos entretiens.* ‹ ▶ coprésider, président ›

présidium n. m. ⇒ **præsidium.**

presle n. f. ⇒ **prèle.**

① ***présomption*** [pʀezɔ̃psjɔ̃] n. f. ■ Action de présumer ; opinion fondée sur la vraisemblance. ⇒ **hypothèse, supposition.** *Vous n'avez que des présomptions, aucune preuve. La présomption d'innocence constitue le fondement de la justice canadienne.* ▶ ***présomptif, ive*** [pʀezɔ̃ptif, iv] adj. ■ Droit. *Héritier présomptif,* qu'on pense devoir succéder à qqn qui est encore en vie.

② ***présomption*** n. f. ■ Littér. Opinion trop avantageuse que l'on a de soi-même. ⇒ **prétention, suffisance.** *Il est plein de présomption.* / contr. **modestie** / ▶ ***présomptueux, euse*** [pʀezɔ̃ptɥø, øz] adj. ■ Qui fait preuve ou témoigne de présomption. *Jeune homme présomptueux.* ⇒ **arrogant, prétentieux ;** fam **baveux, fantasse.** / contr. **modeste** / ▶ ***présomptueusement*** adv.

presque [pʀɛsk] adv. — REM. Le *e* final se conserve devant voyelle : *presque autant,* sauf dans *presqu'île.* **1.** À peu près ; pas exactement ou pas tout à fait. *C'est presque sûr.* ⇒ **quasiment.** *Elle pleurait presque.* ⇒ à **moitié.** *Cela fait presque dix kilomètres,* un peu moins de. ⇒ **autour** de, **environ.** *Presque toujours. Presque personne, presque rien. Presque pas,* très peu, à peine. — Ellipt. *Tout le monde ou presque. Presque à chaque pas.* **2.** Littér. (Modifiant un substantif abstrait) ⇒ **quasi.** *La presque totalité des êtres.* ‹ ▶ presqu'île ›

presqu'île [pʀɛskil] n. f. ■ Partie saillante d'une côte, rattachée à la terre par un isthme, une langue de terre. *La presqu'île de Penouille, à Gaspé.* ⇒ ② **cap, péninsule.** *Des presqu'îles.*

pressage [pʀɛsaʒ] n. m. **1.** Opération par laquelle on presse, on fabrique des disques. **2.** Action de repasser (un vêtement) à la presse, au fer. ⇒ **repassage ;** anglic. **pressing.** *Le pressage d'un pantalon.*

pressant, ante [pʀɛsɑ̃, ɑ̃t] adj. **1.** Qui sollicite avec insistance. *Une demande pressante.* — (Personnes) *Il a beaucoup insisté : il a été pressant.* **2.** Qui oblige ou incite à agir sans délai. ⇒ **urgent.** *Un pressant besoin d'argent.* — Fam. *Un besoin pressant, une envie pressante,* un besoin naturel urgent.

press-book [pʀɛsbuk] n. m. ■ Anglic. Dossier de presse (photos, coupures de presse, etc.) sur la carrière d'un artiste, d'un mannequin, présenté dans des pochettes transparentes et utilisé lors des contacts professionnels. *Présenter son press-book dans une agence.*

① ***presse*** [pʀɛs] n. f. **1.** Mécanisme destiné à exercer une pression sur un solide pour le comprimer ou y laisser une impression. *Presse hydraulique. Presse à emboutir. Presse à balancier.* ⇒ **pressoir.** — *Presse à foin,* pour la préparation des ballots de foin. **2.** Machine destinée à l'impression typographique. *Presse de graveur.* ⇒ **rotative.** — Loc. *Mettre* SOUS PRESSE : donner, commencer à imprimer. ‹ ▶ ② presse ›

② ***presse*** n. f. **1.** Le fait d'imprimer ; impression de textes. *Liberté de la presse,* liberté d'imprimer et de diffuser. *Délits de presse,* fausses nouvelles, diffamation, etc. **2.** *La presse,* l'ensemble des publications périodiques et des organismes qui s'y rattachent. *La grande presse, la presse à grand tirage. La presse sportive. La presse du cœur,* les magazines sentimentaux. *La presse à scandale,* où l'on étale les moindres détails de la vie des vedettes. *Campagne de presse.* — Loc. *Avoir bonne, mauvaise presse,* avoir des commentaires flatteurs ou défavorables dans la presse ; abstrait, avoir bonne, mauvaise réputation. **3.** L'ensemble des moyens de diffusion de l'information journalistique. *Presse orale et presse écrite. La galerie* de la presse.* — Loc. *Conférence de presse. Agence de presse,* qui recueille l'information pour les rédactions abonnées (journaux, radios, chaînes de télévision). *Attaché(e) de presse.*

③ ***presse*** n. f. **1.** Littér. Foule très dense. **2.** Nécessité d'intensifier les activités au cours de certaines périodes, par suite de l'abondance des besoins de la clientèle (dans l'industrie, le commerce). *Les moments de presse.* ⇒ coup de **feu, pointe ; pressé.** — Loc. *Il n'y a pas de presse,* il n'y a pas d'urgence, il n'est pas nécessaire de se hâter.

pressé, ée [pʀese] adj. **1.** Qui montre de la hâte, qui se presse. *Il, elle est bien pressé(e).* — (+ infinitif) *Il n'a pas l'air pressé de partir.* — (+ subjonctif) *Elle ne semble pas pressée que je parte.* **2.** Urgent, pressant. *Une lettre pressée.* — Loc. *N'avoir rien de plus pressé que...* — N. m. *Aller au plus pressé,* à ce qui est le plus urgent, le plus important.

presse- ■ Élément signifiant « qui presse, sert à presser ». ▶ ***presse-citron*** [pʀɛssitʀɔ̃] ou ***presse-orange*** [pʀɛsɔʀɑ̃ʒ] n. m. invar. ■ Ustensile servant à presser les citrons, les oranges pour en extraire le jus. *Des presse-citron.* ▶ ***presse-fruits*** n. m. invar. ■ Ustensile servant à presser les fruits afin d'en extraire le jus. ▶ ***presse-papiers*** n. m. invar. ■ Ustensile de bureau, objet lourd qu'on pose sur les papiers pour les maintenir. *Des presse-papiers en cristal.* ▶ ***presse-purée*** n. m. invar. ■ Ustensile de cuisine servant à réduire les légumes en purée ; moulin à légumes. *Des presse-purée.*

pressentir [pʀe(ɛ)sɑ̃tiʀ] v. tr. ■ conjug. 16. **1.** Prévoir vaguement. ⇒ **deviner, sentir, soupçonner, subodorer.** *Elle pressentait un malheur.* — Entrevoir (une intention cachée, une intrigue). *Laisser pressentir ses intentions.* **2.** Sonder (qqn) sur ses intentions, sur ses dispositions, avant de lui confier certaines responsabilités. *Nous l'avons pressentie comme vice-présidente. Il a été pressenti pour ce poste.* ▶ ***pressentiment*** n. m. ■ Connaissance intuitive et vague d'un événement qui ne peut être connu par le raisonnement. ⇒ **impression, intuition, prémonition.** *Le pressentiment d'un danger. J'ai le pressentiment qu'elle ne viendra pas.*

presser [pʀese] v. tr. ■ conjug. 1. **I. 1.** Serrer (qqch.) de manière à extraire un liquide. *Presser des citrons.* — Loc. *On presse l'orange et on jette l'écorce,* on rejette qqn après s'en être servi au maximum. **2.** Serrer pour comprimer, marquer d'une empreinte. *Presser un disque,* l'éditer à partir d'une matrice. **3.** Serrer ou appuyer fortement. *Il la pressait dans ses bras, contre, sur sa poitrine.* ⇒ **étreindre.** — Au p. p. adj. *Pressés les uns contre les autres.* ⇒ fam. **cordé. 4.** Exercer une poussée sur. ⇒ **appuyer, peser.** *Pressez le bouton, la sonnette.* **II.** Fig. **1.** (Suj. personne) Pousser vivement (qqn) à faire qqch. *Elle presse ses amis d'agir.* **2.** (Suj. chose) Faire que (qqn) se dépêche, se hâte. ⇒ **bousculer ;** fam. **bardasser.** *Le programme de travail nous presse. Rien ne vous presse.* **3.** PRESSER *qqn* DE *questions* : le questionner avec insistance. ⇒ **harceler. 4.** (Compl. chose) Mener plus activement. *Il faut presser les choses.* ⇒ **accélérer, activer.** *Presser le pas,* marcher plus vite. / contr. **marquer** (I) / **III.** SE PRESSER v. pron. **1.** S'appuyer fortement. *L'enfant se pressait contre sa mère.* ⇒ se **blottir. 2.** Être ou se disposer en foule compacte. ⇒ s'**entasser,** se **masser ;** fam. se **corder.** *Les gens se pressaient à l'entrée.* **3.** Se hâter. ⇒ fam. se **grouiller ; pressé.** *Sans se presser,* en prenant son temps. — *Presse-toi de finir ton travail. Pressez-vous un peu !* — Fam. (Ellipse de *nous*) *Allons, pressons !* **IV.** Intransitivement. Être urgent ; ne laisser aucun délai. *Le temps presse. Rien ne presse.* ⇒ **urger.** ‹ ▶ compresser, s'empresser, oppresser, pressage, pressant, ① presse, ② presse, pressé, presse-, ① pression, ② pression, pressoir, pressurer, pressuriser ›

pressing [pʀesiŋ] n. m. ■ (France) Anglic. Repassage à la vapeur ⇒ **pressage** ; établissement où l'on repasse les vêtements à la vapeur. ⇒ **nettoyeur, teinturerie.** *Des pressings.*

① ***pression*** [pʀesjɔ̃] n. f. **I. 1.** Force qui agit sur une surface donnée ; mesure de la force qui agit par unité de surface. *La pression des gaz, de la vapeur. Le manomètre mesure la pression.* — SOUS PRESSION. *Locomotive sous pression,* dont la vapeur est à une pression suffisante pour un départ immédiat. Loc. *Il est toujours sous pression,* pressé d'agir. — *Pression atmosphérique,* exercée par l'atmosphère terrestre en un point. *Hautes, basses pressions.* ⇒ **anticyclone, cyclone, dépression ; baromètre, millibar,** ③ **pascal.** — *Pression artérielle du sang.* ⇒ **tension. 2.** Action de presser ; force (de ce qui presse). *Une légère pression de la main.* **3.** *Bière (à la) pression,* mise sous pression et versée directement dans les verres, au café, à la brasserie, etc. ⇒ anglic. **draft.** *Un demi pression.* **II.** Fig. Influence, action insistante qui tend à contraindre. *La pression des événements. Sa famille exerce une très forte pression sur elle. Faire pression sur qqn. Groupe de pression.* ⇒ anglic. **lobby.** ‹ ▶ ① dépression, ② dépression, surpression ›

② ***pression*** n. f. ou m. ■ Petit bouton métallique en deux parties qui se referme par pression de l'une sur l'autre. ⇒ **bouton-pression.** *Les pressions d'une barboteuse.*

pressoir [pʀeswaʀ] n. m. **1.** Machine servant à presser (certains fruits ou graines). *Pressoir à huile, à olives.* — Absolt. Machine à presser les raisins pour la fabrication du vin. **2.** Bâtiment abritant cette machine.

pressurer [pʀesyʀe] v. tr. ■ conjug. 1. **1.** Presser (des fruits, des graines) pour en extraire un liquide. (Cette opération est appelée *pressurage,* n. m.) **2.** Tirer de (qqn, qqch.) tout ce qu'on peut tirer. ⇒ **accabler, exploiter.** *L'occupant pressurait la population.* **3.** Fam. *Se pressurer le cerveau,* se torturer.

pressuriser [pʀesyʀize] v. tr. ■ conjug. 1. ■ Maintenir à une pression normale (un avion, un véhicule spatial). — Au p. p. adj. *Cabine pressurisée.* ▶ ***pressurisation*** n. f. ■ Mise sous pression normale. *Chute de pressurisation à l'atterrissage.*

prestance [pʀestɑ̃s] n. f. ■ Aspect imposant (d'une personne). *Avoir de la prestance.*

prestation [pʀestasjɔ̃] n. f. **I. 1.** Ce qui doit être fourni ou accompli en vertu d'une obligation. ⇒ **impôt, tribut.** — *Prestation de service,* vente d'un service. *Prestation de travail,* quantité de travail à fournir par qqn. **2.** Allocation en espèces que l'État verse aux assurés dans certaines circonstances. *Les prestations de l'assurance chômage. Prestations d'aide sociale.* **3.** Performance publique (d'un athlète, d'un artiste, d'un politicien). *La dernière prestation télévisée de la ministre.* **II.** Action de prêter (serment). ⇒ **assermentation.** *La prestation de serment d'un avocat.* ▸ ***prestataire*** n. m. **1.** Droit. Contribuable assujetti à la prestation en nature. — Personne qui bénéficie d'une prestation. *Les prestataires de l'aide sociale.* **2.** *Prestataire de services,* personne, entreprise qui vend des services.

preste [prɛst] adj. ■ Littér. Prompt et agile. *Avoir la main preste.* ⇒ **leste, vif.** ▸ ***prestement*** adv. ▸ ***prestesse*** n. f. ■ Littér. Agilité. ▸ ***prestidigitateur, trice*** n. ■ Artiste de variétés qui, par l'adresse de ses mains, de ses doigts *(digit-)* prestes, et divers truquages, produit des illusions en faisant disparaître, apparaître, changer de place ou d'aspect des objets. ⇒ **escamoteur, illusionniste, magicien.** *Un tour de prestidigitateur.* ▸ ***prestidigitation*** n. f. ■ Technique, art du prestidigitateur. ⇒ **magie.** *Un numéro de prestidigitation.* ⇒ **passe-passe.**

prestige [prɛstiʒ] n. m. ■ Attrait particulier de ce qui frappe l'imagination, impose le respect ou l'admiration. *Ce chef d'État a un grand prestige, jouit d'un grand prestige. Perdre (tout) son prestige.* ⇒ **gloire.** *Le prestige de l'uniforme.* — Loc. *Politique de prestige,* qui vise à acquérir du prestige par des opérations ou réalisations spectaculaires. ▸ ***prestigieux, euse*** adj. ■ Qui a du prestige. *Une récompense prestigieuse.*

① ***presto*** [prɛsto] adv. **1.** Vite (indication de mouvement musical). **2.** (France) Fam. Rapidement. *Il faut le payer presto.* ⇒ fam. **illico, rapido, subito.** ▸ ***prestissimo*** adv. ■ Musique. Très vite.

② ***presto*** n. m. invar. ■ Autocuiseur. *Des presto.* — REM. Ce mot est un nom de marque déposée.

prestone [prɛston] n. m. invar. ■ Anglic. Antigel pour les radiateurs de voitures automobiles. *Un litre de prestone.* — REM. Ce mot est un nom de marque déposée.

① ***présumer*** [prezyme] v. tr. ▪ conjug. 1. ■ Supposer comme probable. ⇒ **croire.** *Action de présumer.* ⇒ ① **présomption, supposition.** *On ne le voit plus, je présume qu'il est vexé.* — (Au passif + attribut) *Toute personne est présumée innocente tant qu'elle n'a pas été déclarée coupable.* — Au p. p. adj. *L'auteur présumé d'un vol.* ▸ ***présumément*** adv. ■ Selon toute probabilité. ⇒ **apparemment, censément, supposément.** *Il a présumément succombé à une crise cardiaque.*

② ***présumer*** v. tr. ind. ▪ conjug. 1. — PRÉSUMER DE. ■ *(Trop) présumer de...,* avoir trop bonne opinion de, compter trop sur. *Elle a trop présumé de ses forces, de son habileté.* ⇒ **présomptueux ;** ② **présomption.**

présupposer [presypoze] v. tr. ▪ conjug. 1. ■ Littér. (Choses) Supposer préalablement. *L'adjectif présuppose le nom.* ⇒ **impliquer.** ▸ ***présupposition*** n. f. ■ Littér. Supposition préalable, non formulée (on dit aussi *un présupposé*).

présure [prezyr] n. f. ■ Substance qui fait cailler le lait.

① ***prêt, prête*** [prɛ, prɛt] adj. — REM. Ne pas confondre *prêt (à)* et *près (de).* **1.** Qui est en état, est devenu capable (de faire qqch.) grâce à une préparation matérielle ou morale. *Ils sont prêts, fin prêts.* — *« À vos marques. Prêts ? Partez ! »* (formule de départ des courses à pied). — Habillé, paré (pour sortir, paraître en société). *Elle est prête, on peut partir.* — PRÊT(E) À (+ infinitif) : disposé(e) à. *Il est prêt à partir, prêt à la suivre. Prêt à tout,* disposé à n'importe quel acte pour arriver à ses fins ou décidé à tout supporter. **2.** (Choses) Mis en état (pour telle ou telle utilisation). *Tout est prêt pour les recevoir. Le café est prêt.* ▸ ***prêt-à-manger*** [prɛtamɑ̃ʒe] n. m. ■ Restaurant où l'on propose une restauration rapide. ⇒ anglic. **fast-food.** *Aller dans un prêt-à-manger. Des prêts-à-manger.* — Cette nourriture. *Commander du prêt-à-manger.* ▸ ***prêt-à-monter*** [prɛtamɔ̃te] n. m. ■ Objet vendu en pièces détachées, avec ses éléments d'assemblage, que le client doit monter lui-même. ⇒ anglic. **kit.** *Des prêts-à-monter.* ▸ ***prêt-à-porter*** [prɛtapɔrte] n. m. ■ Collectif. Vêtements de confection (opposé à *sur mesure*). *Des prêts-à-porter.* ‹ ▸ ① apprêter, ② s'apprêter ›

② ***prêt*** n. m. ■ Action de prêter qqch. ; ce qui est prêté. *Prêt à intérêt. Solliciter un prêt à court, à long terme.* ⇒ **emprunt.** *Un prêt étudiant. Prêt d'honneur,* sans intérêt, qu'on s'engage sur l'honneur à rembourser. *Les prêts à la construction.*

prêtantaine n. f. ⇒ **prétentaine.**

prêté [prete] n. m. ■ Loc. *C'est un prêté pour un rendu,* s'emploie pour constater un échange de bons ou de mauvais procédés.

prétendre [pretɑ̃dr] v. tr. ▪ conjug. 41. **1.** Avoir la ferme intention de (avec la conscience d'en avoir le droit, le pouvoir). ⇒ ① **vouloir ; prétention** (I, 1). *Je prétends être obéi. Que prétendez-vous faire ? Je ne prétends pas faire fortune,* je n'ai pas la prétention de... **2.** Affirmer ; oser donner pour certain (sans nécessairement convaincre autrui). ⇒ **déclarer, soutenir.** *Elle prétend m'avoir prévenu, qu'elle m'a prévenu. À ce qu'il prétend...,* à ce qu'il dit (mais je n'en crois rien). — Pronominalement (réfl.). *Il se prétend persécuté,* il soutient qu'il est persécuté. **3.** V. tr. ind. Littér. PRÉTENDRE À : aspirer ouvertement à (ce que l'on considère comme un droit, un dû). *Prétendre à un titre, à une responsabilité,* les revendiquer. **4.** V. pron. *Se prétendre,* avoir de la prétention (II), être prétentieux. ▸ ***prétendant, ante*** n. **1.** Vieilli. Prince, princesse qui prétend à un trône. **2.** N. m. Littér. ou plaisant. Homme qui prétend épouser une femme. ▸ ***prétendu, ue*** adj. ■ (Placé avant le nom) Que l'on prétend à tort être tel ; qui passe à tort pour. ⇒ **douteux,** ① **faux, soi-disant.** / contr. **authentique, vrai** / *La prétendue justice, les prétendues libertés.* ▸ ***prétendument*** adv. ■ Faussement. ⇒ à **tort.** / contr. **vraiment** / ‹ ▸ prétention ›

prête-nom [prɛtnɔ̃] n. m. ■ Personne qui assume personnellement les responsabilités d'une affaire, d'un contrat, où le principal intéressé ne veut ou ne peut pas apparaître. ⇒ **mandataire ;** péj. homme de **paille.** *Des prête-noms.*

prétentaine [pretɑ̃tɛn] ou ***pretantaine*** [prətɑ̃tɛn] n. f. ■ Loc. Vx ou plaisant. COURIR LA PRÉTENTAINE : faire sans cesse des escapades, avoir de nombreuses aventures galantes. ⇒ **galipote ;** fam. **guilledou.**

prétention [pretɑ̃sjɔ̃] n. f. **I. 1.** Souvent au plur. Revendication de qqch., exigence fondée sur un droit ou un privilège. *Nous avons des prétentions sur cet héritage. Quelles sont vos prétentions ?,* quel salaire prétendez-vous recevoir ? *Il veut cinquante mille dollars, mais il devra rabattre de ses prétentions.* **2.** Idée que l'on se fait de ses propres capacités. *Sa prétention à l'élégance.* — *Avoir la prétention de,* prétendre. ⇒ **ambition.** *Je n'ai pas la prétention d'être savant. Sans prétention(s), sans aucune prétention.* — (Choses) *Un style sans prétention,* simple. **II.** Sans compl. Estime trop grande de soi-même qui pousse à des ambitions excessives. ⇒ **arrogance, fatuité, présomption, suffisance, vanité ; prétentieux.** / contr. **modestie, simplicité** / *Elle est d'une prétention insupportable.* ▶ ***prétentieux, euse*** adj. ■ Qui affiche de la prétention (II), est trop satisfait de ses mérites. ⇒ **péteux, présomptueux, suffisant, vaniteux ;** très fam. **frais chié.** / contr. **modeste** / — N. *C'est un petit prétentieux.* ⇒ fam. **baveux, fantasse.** — Qui dénote de la prétention. *Il parlait sur un ton prétentieux.* ⇒ **affecté, maniéré, précieux.** *Une maison de campagne prétentieuse.* ▶ ***prétentieusement*** adv.

① ***prêter*** [pʀete] v. tr. ▪ conjug. 1. **I.** V. tr. dir. **1.** Fournir (une chose) à la condition qu'elle sera rendue. ⇒ ② **prêt.** / contr. **emprunter** / *Prêter de l'argent à qqn.* ⇒ **avancer.** — Sans compl. ind. *Il ne prête pas ses livres. Prêter sur gage.* **2.** Mettre (qqch.) à la disposition de qqn pour un temps déterminé. ⇒ **donner, fournir.** *Prêter son concours à une entreprise.* Loc. *Prêter attention, prêter l'oreille à qqch. Prêter serment.* ⇒ **prestation** (II). — SE PRÊTER À v. pron. : consentir à, supporter. *Je ne me prêterai pas à cette manœuvre.* (Choses) Pouvoir s'adapter à. *Une terre qui se prête à certaines cultures.* **3.** Attribuer ou proposer d'attribuer (un caractère, un acte) à qqn. ⇒ **donner.** *On me prête des propos que je n'ai jamais tenus. Prêter de l'importance à qqch.* PROV. *On ne prête qu'aux riches,* si on prête aux gens certains propos, certaines actions, c'est qu'ils ont souvent fait la preuve qu'ils en étaient capables. *Qui donne aux pauvres prête à Dieu,* la personne qui fait la charité en sera récompensée dans l'autre vie. **II.** V. tr. ind. PRÊTER À : donner matière à. *Prêter aux commentaires, à discussion. Prêter à rire, à moquerie, au ridicule.* ▶ ***prêteur, euse*** n. et adj. ≠ *préteur.* **1.** Personne, institution qui prête de l'argent, consent un prêt. / contr. **emprunteur** / — Personne qui fait métier de prêter à intérêt. *Un prêteur sur gages.* **2.** Adj. Qui prête. *Elle n'est pas prêteuse.* ‹ ▶ prestation, ② prêt, prêté, prête-nom ›

② ***prêter*** v. intr. ▪ conjug. 1. ■ (Matières non élastiques) Pouvoir s'étirer, s'étendre. *Tissu qui prête à l'usage.*

prétérit [pʀeteʀit] n. m. ■ Forme temporelle du passé, en espagnol, en anglais, en allemand correspondant à l'imparfait ou au passé simple français.

préteur [pʀetœʀ] n. m. ■ Antiquité. Magistrat romain chargé de la justice ; gouverneur de province (⇒ **prétoire**). ≠ *prêteur.* ‹ ▶ prétoire, prétorien ›

① ***prétexte*** [pʀetɛkst] n. m. **1.** Raison donnée pour dissimuler le véritable motif d'une action. ⇒ **échappatoire, excuse ;** fam. **défaite.** *Elle trouvait toujours des prétextes. Ce n'est qu'un prétexte, un mauvais prétexte. Saisir, prendre un prétexte. Donner, fournir des prétextes à qqn. Notre petit retard leur a servi de prétexte pour refuser.* — SOUS... PRÉTEXTE. *Sous un prétexte quelconque. Ne sortez sous aucun prétexte,* en aucun cas. *Il ne sort plus, sous prétexte qu'il fait trop froid.* ⇒ **parce que. 2.** Ce qui permet de faire qqch. ; occasion. *Cet événement fut le prétexte de son roman.* ▶ ***prétexter*** v. tr. ▪ conjug. 1. ■ Alléguer, prendre pour prétexte. ⇒ **objecter.** *Elle prétexta un malaise, et se retira. Il a prétexté qu'il n'était pas assez riche.* ⇒ **prétendre.**

② ***prétexte*** adj. ■ Antiquité. TOGE PRÉTEXTE : toge blanche bordée de pourpre des jeunes patriciens romains.

prétoire [pʀetwaʀ] n. m. **I.** Antiquité. Habitation du préteur. **II.** Littér. Salle d'audience d'un tribunal.

prétorien, ienne [pʀetɔʀjɛ̃, jɛn] adj. ■ Antiquité. *Garde prétorienne,* garde personnelle d'un empereur romain.

prêtre [pʀɛtʀ] n. m. **1.** Membre du clergé catholique. ⇒ **abbé, ecclésiastique ;** fam. **curé.** *Un prêtre qui célèbre la messe. Être ordonné prêtre. Un prêtre séculier,* qui n'est pas engagé par des vœux. — Loc. PRÊTRE-OUVRIER : qui partage la condition des travailleurs dans une entreprise. — *Prêtre de paroisse.* ⇒ **curé, vicaire. 2.** Ministre d'une religion, dans une société quelconque (ne se dit pas quand il existe un mot spécial : *pasteur, rabbin,* etc.). *Des prêtres bouddhiques.* ▶ ***prêtresse*** n. f. ■ Femme ou jeune fille attachée au culte d'une ancienne divinité païenne. — Plaisant. *La grande, la nouvelle prêtresse de la mode,* celle qui donne le ton. ▶ ***prêtrise*** n. f. ■ La fonction, la dignité de prêtre catholique. ⇒ **sacerdoce.** *Se destiner à la prêtrise.*

preuve [pʀœv] n. f. **1.** Ce qui sert à établir qu'une chose est vraie. *Donner comme preuve,* alléguer. *Si vous ne me croyez pas, je vous fournirai des preuves.* ⇒ **prouver.** — Loc. *Démontrer preuve en main,* par une preuve matérielle. *Croire une chose jusqu'à preuve du contraire,* jusqu'à ce qu'on ait la preuve qu'il faut croire le contraire. *Preuve par l'absurde,* qui résulte d'une démonstration par l'absurde*. **2.** Acte qui atteste un sentiment, une intention. *Recevoir une preuve d'amour.* ⇒ **marque.** — *À preuve..., la preuve...,* en voici la preuve. *Tu te sens coupable, la preuve, tu as rougi. C'est la preuve que,* cela prouve que. *La preuve en est que,* cela est prouvé par le fait que... *J'en veux pour preuve...* — FAIRE PREUVE DE : donner des preuves, des marques de... ⇒ **montrer.** *Faire preuve de tolérance.* — *Faire ses preuves,* montrer sa valeur, ses capacités. *Joueur qui a fait ses preuves dans une ligue majeure.* **3.** Chose, personne qui sert de preuve, d'exemple. *Vous en êtes la preuve, la preuve vivante,* votre cas, votre personne illustre parfaitement cela. **4.** Démonstration de l'existence d'un fait matériel ou d'un acte juridique dans les formes admises par la loi. *Des preuves matérielles. On n'a pu recueillir aucune preuve contre eux.* **5.** PREUVE PAR NEUF : opération par laquelle on vérifie l'exactitude du résultat d'un calcul. ‹ ▶ épreuve ›

preux [pʀø] adj. m. invar. et n. m. invar. ■ Vx. ou histoire. Brave, vaillant. — N. m. invar. *Un preux,* un chevalier. ‹ ▶ prouesse ›

prévaloir [pʀevalwaʀ] v. intr.— REM. ▪ conjug. 29., sauf subjonctif prés. : *que je prévale, que tu prévales, qu'ils prévalent.* **1.** Littér. (Choses) L'emporter. *L'éducation ne prévaut pas contre les instincts.* — Sans compl. *Les vieux préjugés prévalaient encore.* **2.** SE PRÉVALOIR DE v. pron. : faire valoir (qqch.) pour en tirer avantage ou parti. *Elles se sont prévalues de leurs droits.* — Tirer vanité (de qqch.). ⇒ s'**enorgueillir.** *C'est un homme modeste qui ne se prévaut jamais de ses titres.*

prévarication [pʀevaʀikasjɔ̃] n. f. ■ Didact. Crime ou délit commis par un fonctionnaire dans l'exercice de sa charge (abus d'autorité, détournement de fonds publics, etc). ⇒ **forfaiture.** ▶ ***prévaricateur, trice*** adj. et n. ■ Qui se rend coupable de prévarication.

prévenant, ante [pʀevnɑ̃, ɑ̃t] adj. ■ Qui prévient (III, 1) les désirs d'autrui, est plein d'attentions délicates. ⇒ **attentionné.** ▶ ***prévenance*** n. f. **1.** Disposition à se montrer prévenant. *Sa prévenance est charmante.* **2.** Action, parole qui témoigne de cette disposition. *Elle l'entourait de prévenances.* ⇒ **attention, délicatesse, gentillesse, soin.**

prévenir [pʀevniʀ] v. tr. ▪ conjug. 22. — REM. Se conjugue avec l'auxiliaire *avoir.* **I. 1.** Mettre (qqn) au courant d'une chose, d'un fait à venir. ⇒ **apprendre** (II, 1), **avertir.** *Tu as été prévenu. Ne fais rien sans me prévenir.* — Au p. p. adj. *Te voilà prévenu, à toi de faire attention.* — Sans compl. *Il est parti sans prévenir,* il n'a prévenu personne. **2.** Informer (qqn) d'une chose fâcheuse ou illégale pour qu'il y remédie. *Prévenez vite le médecin ! On a prévenu la police.* **II.** Littér. *Prévenir contre, en faveur de,* mettre par avance dans une disposition d'esprit hostile ou favorable à. *Des mauvaises langues vous ont prévenu contre lui.* — (Suj. chose) *Son air sérieux nous prévenait en sa faveur.* ⇒ **prévention,** ② **prévenu. III. 1.** Aller au-devant de (un besoin, un désir) pour mieux le satisfaire. *Elle essaie de prévenir tous nos désirs.* ⇒ **prévenance, prévenant. 2.** Empêcher par ses précautions (un mal, un abus). *Limiter la vitesse pour prévenir les accidents.* ⇒ **prévention** (3). Sans compl. *Mieux vaut prévenir que guérir.* — Éviter (une chose considérée comme gênante) en prenant les devants. *Prévenir une objection,* la réfuter avant qu'elle ait été formulée. ‹ ▸ prévenant, préventif, prévention, ① prévenu, ② prévenu ›

préventif, ive [pʀevɑ̃tif, iv] adj. **1.** Qui tend à empêcher (une chose fâcheuse) de se produire. ⇒ **prévenir** (III, 2). *Prendre des mesures préventives.* — *Médecine préventive,* moyens mis en œuvre pour prévenir le développement des maladies, la propagation des épidémies. **2.** Qui est appliqué aux prévenus ①. *Détention préventive.* ⇒ **prévention** (2). ▸ ***préventivement*** adv. ■ *Se soigner préventivement.*

prévention [pʀevɑ̃sjɔ̃] n. f. **1.** Opinion, sentiment irraisonné d'attirance ou de répulsion. ⇒ **parti** pris, **préjugé.** *Examiner les choses sans prévention. Avoir des préventions contre qqn.* **2.** Situation d'une personne prévenue d'une infraction. — Temps passé en prison entre l'arrestation et le jugement (détention préventive). **3.** Ensemble de mesures préventives contre certains risques ; organisation chargée de les appliquer. *La prévention routière. La prévention des maladies.*

① ***prévenu, ue*** [pʀevny] adj. et n. ■ Qui est considéré comme coupable de... *Être prévenu d'un délit.* — N. Inculpé. *Citer un prévenu devant le tribunal.*

② ***prévenu, ue*** adj. ■ Qui a de la prévention (1), des préventions (contre ou pour qqn, qqch.). *J'étais prévenu en ta faveur ; contre toi.*

prévision [pʀevizjɔ̃] n. f. **1.** Action de prévoir. *La prévision des recettes et des dépenses dans l'établissement d'un budget. La prévision économique.* ⇒ **prospective. 2.** EN PRÉVISION DE loc. prép. : pensant que telle chose sera, arrivera. *Elle fit ses valises en prévision de son départ.* **3.** Opinion formée par le raisonnement sur les choses futures (rare au sing.). ⇒ **pronostic.** *Se tromper dans ses prévisions. Prévisions météorologiques, atmosphériques,* indications données sur l'état probable de l'atmosphère pour le ou les jours à venir. ▸ ***prévisible*** adj. ■ Qui peut être prévu. *La chose était prévisible.* / contr. **imprévisible** / ▸ ***prévisionnel, elle*** adj. ■ Qui est du domaine de la prévision. *La ministre a demandé une étude prévisionnelle.* ≠ *provisionnel.* ‹ ▸ imprévisible ›

prévoir [pʀevwaʀ] v. tr. ▪ conjug. 24. **1.** Imaginer à l'avance comme probable (un événement futur). *Il faut prévoir le pire. On ne peut pas tout prévoir. Il était facile de prévoir son échec. La météo prévoit une tempête.* **2.** Envisager (des possibilités). *Les cas prévus par la loi.* **3.** Organiser d'avance, décider pour l'avenir. *L'État a prévu la construction de logements.* — Au passif et p. p. adj. *Tout était prévu.* Ellipt. *L'opération s'est déroulée comme prévu.* — *Être prévu pour,* être fait pour, destiné à. ▸ ***prévoyant, ante*** [pʀevwajɑ̃, ɑ̃t] adj. ■ Qui prévoit avec perspicacité ; qui prend des dispositions en vue de ce qui doit ou peut arriver. ⇒ de **précaution, prudent.** *Une maîtresse de maison organisée, prévoyante.* / contr. **imprévoyant, insouciant** / ▸ ***prévoyance*** n. f. ■ Qualité d'une personne prévoyante. / contr. **imprévoyance** / *Manquer de prévoyance.* ‹ ▸ prévision, imprévoyant, imprévu ›

prévôt [pʀevo] n. m. **1.** Histoire de France. Nom d'officiers, de magistrats, sous l'Ancien Régime. *Étienne Marcel, le prévôt des marchands de Paris.* **2.** (France) Officier du service de gendarmerie aux armées. **3.** Escrime. Second d'un maître d'armes. **4.** Autrefois. Détenu faisant office de surveillant. ▸ ***prévôté*** n. f. ■ (France) Service de gendarmerie aux armées (police militaire).

prier [pʀije] v. ▪ conjug. 7. **I. 1.** V. intr. Élever son âme à Dieu par la prière. *Elle priait avec ferveur. Priez pour les morts.* **2.** V. tr. S'adresser à (Dieu, un être surnaturel) par une prière. *Prions le ciel qu'il nous aide.* **II.** V. tr. **1.** S'adresser à (qqn) en lui demandant avec humilité ou déférence. ⇒ **solliciter, supplier.** *Il le priait de passer chez lui.* — SE FAIRE PRIER : n'accorder qqch. qu'après avoir opposé résistance aux prières. *Elle ne se fait pas prier,* elle le fait volontiers. *Sans se faire prier,* sans difficulté, de plein gré. **2.** (Sens faible) Demander à (qqn). *Je te prie, je vous prie, je vous en prie* (formules de politesse ; → s'il vous plaît). *Vous êtes prié d'assister à...,* invité à — Ellipt. (Après une interrogation) *Dites-moi, je vous prie, où est la station de métro. « Je peux entrer ? – Je vous en prie. »* (→ Faites donc.) **3.** Demander avec fermeté à (qqn). ⇒ **ordonner.** *Elle me pria de me taire.* — Iron. *Ah non, je t'en prie, ça suffit !* **4.** Littér. Inviter. *Il fut prié à souper.* ▸ ***prie-Dieu*** [pʀidjø] n. m. invar. ■ Siège bas, au dossier terminé en accoudoir, sur lequel on s'agenouille pour prier. *Des prie-Dieu.* ▸ ***prière*** [pʀijɛʀ] n. f. **1.** Mouvement de l'âme tendant à une communication spirituelle avec Dieu. *Une prière d'action de grâces. Être en prière,* prier. **2.** Suite de formules, parfois d'attitudes, exprimant ce mouvement de l'âme et consacrées par une église, un culte (dans différentes religions). *Faire, dire sa prière, des prières. Un livre de prières. Un moulin à prières,* un instrument que l'on tourne au cours de séances de prières. *Les prières musulmanes.* **3.** Action de prier qqn ; demande instante. *Elle finit par céder à sa prière. C'est une prière que j'ai à vous faire.* — À LA PRIÈRE DE *qqn* : sur sa demande. — Ellipt. PRIÈRE DE : vous êtes prié de. *Prière de répondre par retour du courrier. Prière d'assister aux funérailles sans autre forme d'invitation.*

prieur, eure [pʀijœʀ] n. ■ Supérieur(e) de certains couvents. ▸ ***prieuré*** n. m. ■ Couvent dirigé par un(e) prieur(e) ; église de ce couvent ; maison du prieur.

prima donna [pʀimadɔ(n)na] n. f. invar. ■ Première chanteuse d'un opéra. ⇒ **cantatrice, diva.** *Des prima donna.*

① ***primaire*** [pʀimɛʀ] adj. **1.** Qui est du premier degré, en commençant (opposé à *secondaire*). *Élections primaires du Maine* ou, n. f. pl. *les primaires du Maine.* — *Enseignement primaire* ou, n. m., *le primaire,* enseignement du premier degré d'une durée de six ans. ⇒ ① **collégial, secondaire, universitaire.** *L'école primaire. Le premier, le deuxième cycle du primaire.* ⇒ **élémentaire. 2.** Qui est, qui vient en premier dans le temps, dans une série. *Couleurs primaires,* non mélangées (bleu, jaune, rouge), opposées aux *secondaires* (vert, orange, violet). ⇒ **complémentaire.** — *Ère primaire* et, n. m., *le primaire,* ère géologique, période de formation des terrains (dits *primaires*) où se rencontrent les plus anciens fossiles (opposé à *secondaire, tertiaire* et *quaternaire*). **3.** Se dit des activités économiques productrices de matières non transformées (agriculture, pêche, mines...), opposé à *secondaire* et *tertiaire. Le secteur primaire.*

② ***primaire*** adj. ■ (Esprit, idées...) Simpliste et peu ouvert. *Un raisonnement un peu primaire.* — N. *C'est un primaire.*

primat [pʀima] n. m. ■ Prélat ayant la prééminence sur plusieurs archevêchés et évêchés. *Le primat de l'Église canadienne.* ▶ ***primatial, ale, aux*** [pʀimasjal, o] adj. ■ *Église primatiale* et, n. f., *une primatiale.*

primate [pʀimat] n. m. **1.** Didact. Animal (mammifère) à dentition complète et à main préhensile. *Les grands singes et l'humain sont des primates.* — Au plur. et avec une majusc. *L'ordre des Primates.* **2.** Fam. Homme grossier, inintelligent (comparé à un singe). — Adj. *Être un peu primate.*

primauté [pʀimote] n. f. ■ Caractère, situation de ce qu'on met au premier rang. *La primauté de l'intelligence sur les sentiments.* ⇒ **prééminence, suprématie.** *Avoir la primauté sur.* ⇒ **primer.**

① ***prime*** [pʀim] adj. **1.** En loc. Premier (⇒ **abord, jeunesse**). **2.** Se dit en mathématique d'un symbole (lettre) qui est affecté d'un seul signe (en forme d'accent). *Les points A et A prime (A'). A' et A''* (A *prime* et A seconde). **3.** (Personnes) Qui se fâche, s'emporte facilement. *Le patron était prime aujourd'hui.* **4.** Rapide, prompt à réagir. *Cette voiture est très prime,* elle accélère très vite. ‹ ▶ ② primer, primeur, primeurs ›

② ***prime*** n. f. **1.** Somme que l'assuré doit payer à l'assureur. *Elle vient de payer la prime d'assurance de sa moto.* **2.** Somme d'argent allouée à titre d'encouragement, d'aide ou de récompense. ⇒ **gratification ;** fam. **rallonge.** *Prime de transport,* destinée à couvrir les frais de transport. *Prime de fin d'année.* — *Prime à l'exportation.* — Iron. Ce qui encourage (à faire qqch.). *C'est une prime à l'agression.* **3.** Objet remis à titre gratuit à un acheteur. *Vingt-cinq litres d'essence avec un porte-clés en prime.* — Plaisant. EN PRIME : en plus, par-dessus le marché. **4.** *Faire prime,* être le plus recherché, être considéré comme le plus avantageux. ▶ ① ***primer*** v. tr. ▪ conjug. 1. ■ Récompenser par un prix. *Le jury du Festival de Cannes a primé son film.* — Au p. p. adj. *Film primé à Venise.*

② ***primer*** v. intr. ▪ conjug. 1. ■ (Choses) L'emporter (⇒ **primauté**). *Chez elle, c'est l'intelligence qui prime.* ⇒ **dominer.** — Transitivement. *Il estime que la force prime le droit.*

primerose [pʀimʀoz] n. f. ■ Rose trémière.

primesautier, ière [pʀimsotje, jɛʀ] adj. ■ Qui obéit au premier mouvement, agit, parle spontanément. ⇒ **spontané.** *Elle était gaie, primesautière.* ≠ *versatile.*

primeur [pʀimœʀ] n. f. ■ Littér. Caractère de ce qui est tout nouveau. *Vous en aurez la primeur, je vous en réserve la primeur,* vous serez le premier à l'avoir, à en bénéficier.

primeurs [pʀimœʀ] n. f. pl. ■ (Surtout en France) Premiers fruits, premiers légumes récoltés dans leur saison. *Marchand de primeurs.*

primevère [pʀimvɛʀ] n. f. ■ Plante herbacée à fleurs jaunes qui fleurit au printemps. ⇒ ② **coucou.** ▶ ***primipare*** [pʀimipaʀ] adj. et n. f. ■ Qui accouche ou qui met bas pour la première fois (d'une femelle de mammifère). Spécialt. *Femme primipare.* — N. f. *Une primipare.*

primitif, ive [pʀimitif, iv] adj. et n. **I.** Adj. **1.** Qui est à son origine ou près de son origine. *L'homme primitif,* tel qu'il était à l'apparition de l'espèce. **2.** Qui est le premier, le plus ancien. *Dans sa forme primitive.* ⇒ **initial, originaire, originel.** / contr. **actuel** / *Cette étoffe a perdu sa couleur primitive. Le nom primitif d'un lieu.* **3.** Qui est la source, l'origine (d'une autre chose de même nature). *Le sens primitif d'un mot* (opposé à *extension,* à *sens figuré*). ⇒ **étymologique, original, premier.** — *Temps primitifs d'un verbe,* à partir desquels sont formés les autres. **4.** Se dit (à tort) des groupes humains sans écriture (à tradition orale), et dont les formes sociales et les techniques sont différentes de celles des sociétés plus complexes, dont l'histoire est connue. *Les sociétés primitives, les peuples primitifs.* — Relatif à ces peuples. *L'art primitif.* **5.** Qui a les caractères de simplicité, de grossièreté qu'on attribue aux êtres humains des sociétés dites primitives. ⇒ **fruste, inculte.** *Il est un peu primitif.* **II.** N. m. **1.** Personne appartenant à un groupe social dit primitif. *Les primitifs d'Australie.* ⇒ **aborigène.** **2.** Artiste (surtout peintre) antérieur à la Renaissance, en Europe occidentale. *Les primitifs flamands, italiens.* ▶ ***primitivement*** adv. ■ À l'origine, initialement.

primo [pʀimo] adv. ■ D'abord, en premier lieu (s'emploie en corrélation avec *secundo,* éventuellement avec *tertio*). ⇒ **premièrement.** ‹ ▶ primo-infection ›

primo-infection [pʀimoɛ̃fɛksjɔ̃] n. f. ■ Infection qui se produit pour la première fois. (Se dit surtout pour la *tuberculose.*) *Des primo-infections.*

primordial, ale, aux [pʀimɔʀdjal, o] adj. ■ Qui est de première importance. ⇒ ① **capital, essentiel, fondamental.** *Son rôle a été primordial.*

prince [pʀɛ̃s] n. m. **1.** Littér. Celui qui possède une souveraineté (à titre personnel et héréditaire) ; celui qui règne. ⇒ **monarque, roi, souverain.** *Les courtisans d'un prince.* — Loc. *Le fait du prince,* acte du gouvernement, du pouvoir (surtout considéré comme astreignant et arbitraire). — *Être* BON PRINCE : faire preuve de générosité, de bienveillance, de tolérance. *Elle s'est montrée bon prince.* **2.** Celui qui appartient à une famille souveraine, sans régner lui-même ; titre porté par les membres de la famille royale, en France. *Le prince héritier.* ⇒ **dauphin.** *Les princes du sang,* les proches parents du souverain. *Le prince de Galles,* le fils aîné du souverain d'Angleterre. — (Avec une majusc.) *Le Prince Charmant* (des contes de fées). Loc. *Être vêtu, habillé comme un (petit) prince,* richement. **3.** Celui qui possède un titre conféré par un souverain ; en France, titulaire du plus haut titre de noblesse. **4.** Souverain régnant sur un État portant le nom de principauté. *Le prince de Monaco.* ▶ ***prince-de-galles*** [pʀɛ̃sdəgal] adj. invar. et n. m. invar. ■ (En hommage au prince de Galles) Tissu de laine, à lignes fines croisées de teinte uniforme sur fond clair. ▶ ***princesse*** n. f. **1.** Fille ou femme d'un prince, fille d'un souverain. *La princesse Palatine.* **2.** Souveraine d'une principauté. **3.** Loc. fam. *Aux frais de la princesse,* de l'État, d'une collectivité. *Il fait un voyage aux frais de la princesse.* ▶ ***princier, ière*** adj. **1.** Littér. De prince, de princesse. *Titre princier.* **2.** Digne d'un prince. ⇒ **fastueux, luxueux, somptueux.** *Un train de vie princier. Une allure princière.* ▶ ***princièrement*** adv. ■ *On nous a reçus princièrement.*

prince-édouardien, ienne [pʀɛ̃sedwaʀdjɛ̃, jɛn] adj. et n. ■ De l'Île-du-Prince-Édouard. — N. (Avec des majusc.) Personne née dans cette province ou qui l'habite.

princeps [pʀɛ̃sɛps] adj. ■ Relatif à la première édition d'un ouvrage littéraire ancien ou rare. *Une édition princeps des œuvres de Villon.*

① ***principal, ale, aux*** [pʀɛ̃sipal, o] adj. **1.** Qui est le plus important, le premier parmi plusieurs (opposé à *secondaire*). ⇒ ① **capital, essentiel.** *Les principales puissances du monde.* ⇒ **premier.** *Elle joue* le rôle principal. Résidence principale. — Grammaire. Proposition principale ou, n. f., principale, qui ne dépend syntaxiquement d'aucune autre, et dont dépendent une ou plusieurs autres (subordonnées). Dans « Je veux qu'il vienne », « Je veux » est la principale. ⇒ **indépendant.** **2.** N. m. (neutre) C'est le principal, la chose essentielle. Le principal est de réussir. ⇒ **l'important.** **3.** (Personnes) Elle est la principale intéressée dans cette affaire. — Inspecteur principal. ▶ ***principalement*** adv. ■ Avant les autres choses, par-dessus tout. ⇒ **surtout.** Elle en voulait principalement à son père. ‹ ▶ ② principal ›

② ***principal, ale, aux*** n. **1.** Anciennt. Directeur d'école, de collège. Être convoqué chez le principal. — (France) Fonctionnaire de l'administration scolaire qui dirige un collège. Le principal et le sous-directeur. Madame le principal. ⇒ **proviseur.** **2.** Premier clerc (clerc principal) d'un notaire.

principauté [pʀɛ̃sipote] n. f. ■ Petit État indépendant dont le souverain porte le titre de prince ou de princesse. La principauté d'Andorre, de Monaco.

principe [pʀɛ̃sip] n. m. **I. 1.** Cause première originelle. Dieu considéré comme le principe de l'univers. **2.** Source, origine (considérée comme naturelle) d'un phénomène observé ; mobile ou moteur d'une conduite humaine. / contr. **conséquence,** ① **effet** / Nos actions ont pour principe notre liberté. Remonter jusqu'au principe. — Deux qualités qui procèdent du même principe. **3.** Principe (actif), ingrédient principal (dans un mélange, un médicament). **II. 1.** (Opposé à théorème) Proposition première, posée et non déduite (dans un raisonnement, un syllogisme). ⇒ **hypothèse, postulat, prémisse.** Principe posé a priori. **2.** Notion fondamentale, base (d'une science). C'est un principe bien simple à comprendre. Les principes de la physique. — Au plur. Connaissances de base. ⇒ **rudiment.** Apprendre les premiers principes d'une science. **III. 1.** Règle d'action s'appuyant sur un jugement de valeur et constituant un modèle ou un but. ⇒ **loi.** Ériger, poser en principe que... Partir d'un principe. Loc. Une déclaration de principe. J'ai toujours eu pour principe de... — Loc. Faire, demander qqch. POUR LE PRINCIPE : pour une raison théorique (et non par intérêt), sans trop y croire. **2.** Au plur. Les règles morales auxquelles une personne, un groupe est attaché. Manquer à ses principes. Il n'est pas dans mes principes de... — Absolt. Avoir des principes. Une personne sans principes, sans moralité. — Loc. Être à cheval sur les principes, être rigide, sévère. ⇒ **inflexible, rigoureux.** **IV.** Loc. PAR PRINCIPE : par une décision, une détermination a priori. Il critique tout par principe. — DE PRINCIPE. Une hostilité de principe. Faire de qqch. une question de principe, une affaire morale. — EN PRINCIPE : théoriquement, d'après les principes. Elle avait raison en principe. En principe, ils sont d'accord, mais ils peuvent changer d'avis. ‹ ▶ pétition de principe ›

printed in [pʀintədin] loc. adj. invar. ■ Anglic. (Suivi d'un nom de lieu) Imprimé en, à, au. Ouvrage printed in France.

printemps [pʀɛ̃tɑ̃] n. m. invar. **1.** Saison qui succède à l'hiver et précède l'été, et qui, dans l'hémisphère Nord, commence à l'équinoxe de printemps (20 ou 21 mars) et s'achève au solstice d'été (21 ou 22 juin). Au printemps la végétation renaît. Un printemps précoce, tardif. **2.** Littér. Jeune âge. Le printemps de la vie. **3.** Littér. Année. Une jeune fille de seize printemps, de seize ans. **4.** Fig. Période où des progrès sociaux semblent réalisables. Le printemps de Prague. ▶ ***printanier, ière*** adj. ■ Du printemps. Une tenue printanière, légère, claire, fleurie.

a priori adj. invar., adv. et n. m. invar. ⇒ **a priori.**

priorité [pʀijɔʀite] n. f. **1.** Qualité de ce qui vient, passe en premier, dans le temps. Il faut en discuter en priorité, en premier lieu. **2.** Droit de passer le premier. Laisser la priorité à une voiture. Priorié à droite (en circulation automobile). — (France) Carte de priorité, accordée à certaines personnes, dans les files d'attente. ▶ ***prioritaire*** adj. ■ Qui a la priorité, bénéficie de la priorité. Les véhicules prioritaires, police, pompiers, ambulances...

pris, prise [pʀi, pʀiz] adj. (⇒ **prendre**) **1.** Occupé. / contr. **libre** / Cette place est-elle prise ? Elle a toute sa semaine prise. — (Personnes) Qui a des occupations. Je suis pris toute la semaine. **2.** Littér. Pris de vin, ivre. Un individu pris de boisson (même sens). **3.** Atteint d'une affection. Avoir la gorge prise, enflammée. **4.** Coincé, embourbé. Rester, être pris dans un banc de neige. **5.** BIEN PRIS : bien fait, mince. Elle a la taille bien prise. — Fort, solide. Il est bien pris. ⇒ **planté ;** fam. **baraqué.** **6.** Durci, coagulé. La crème est prise. ⇒ ② **prendre.** — Le lac est pris, gelé.

① ***prise*** [pʀiz] n. f. Action de prendre (dans quelques emplois). **I. 1.** Manière de saisir et d'immobiliser l'adversaire. Faire, prendre une prise de judo. — Loc. ÊTRE AUX PRISES : se battre avec, être en lutte contre. Être aux prises avec qqn. Se trouver aux prises avec des difficultés. Mettre aux prises, faire s'affronter. — LÂCHER PRISE : cesser de tenir, de serrer ; abandonner. Ce n'est pas le moment de lâcher prise ! **2.** Endroit, moyen par lequel une chose peut être prise, tenue. — Endroit d'une paroi où l'on peut se tenir, prendre un point d'appui. L'alpiniste cherchait une bonne prise. — Loc. DONNER PRISE : s'exposer, être exposé (à un danger, un inconvénient). Son silence donne prise aux soupçons. — AVOIR PRISE SUR : avoir un moyen d'agir sur. Ils sont si désinvoltes qu'on n'a pas prise sur eux. **3.** Action de s'emparer. La prise de Québec par les Anglais. — Prise de corps, le fait pour la justice d'emprisonner un inculpé. **4.** Capture ; personne, animal (en particulier poisson), chose dont on s'est emparé. Une belle prise. **5.** Baseball, balle-molle. Lancer au-dessus du marbre, qui doit atteindre une zone délimitée par les genoux et la poitrine du frappeur (opposé à balle). Zone des prises. Une balle, deux prises. L'arbitre signale une prise. — Élan du frappeur qui rate la balle lancée vers lui. **II.** Dans des loc. ne correspondant pas à des loc. du verbe prendre (sauf 4). PRISE DE... (action d'utiliser, de prendre). **1.** PRISE D'ARMES : parade militaire en présence de soldats en armes pour une revue, une cérémonie. (Prendre les armes a un autre sens.) **2.** PRISE DE VUES : tournage d'un plan, entre le déclenchement de la caméra et son arrêt (cinéma, télévision). — Une prise de vue, une photo. — PRISE DE SON : réglage d'un enregistrement sonore par le preneur de son. **3.** PRISE DE SANG : prélèvement de sang pour l'analyse, la transfusion. **4.** PRISE DE MÉDICAMENT : dose, quantité de médicament administrée en une seule fois (⇒ ② **prise**). **5.** PRISE DIRECTE : position du changement de vitesse d'une automobile dans laquelle la transmission du mouvement moteur est directe (opposé à point mort). Loc. Être en prise directe sur..., avoir une action directe sur... **III.** PRISE DE... (dispositif qui prend). **1.** PRISE D'EAU : robinet, tuyau, vanne où l'on peut prendre de l'eau. **2.** PRISE DE COURANT ; PRISE (électrique) : dispositif de contact permettant de brancher une lampe, un appareil électrique. ⇒ anglic. **plug.** Prise mâle ; prise femelle. **3.** PRISE DE TÉLÉPHONE : dispositif de contact permettant de brancher un appareil sur le réseau téléphonique. **IV.** (Locutions nominales dérivées de prendre, sans article) Action de prendre, de se mettre à avoir ;

le résultat de cette action. *Prise de contact.* ⇒ **prendre contact.** *Prise de conscience, prise de position.* — *Prise en charge, prise en considération.*

② ***prise*** n. f. ■ Dose, pincée (de tabac râpé) que l'on aspire par le nez. ▶ ① ***priser*** v. tr. ▪ conjug. 1. ■ Prendre, aspirer (du tabac) par le nez. *On mettait le tabac à priser dans des tabatières.*

② ***priser*** v. tr. ▪ conjug. 1. ■ Littér. Apprécier, estimer. — Au p. p. adj. *Une qualité fort prisée,* à laquelle on accorde du prix*, de la valeur. ‹ ▶ mépriser ›

prisme [pʀism] n. m. **1.** Solide à deux bases parallèles et à faces rectangulaires. *Prisme triangulaire,* dont les bases sont des triangles. **2.** *Prisme (optique),* prisme triangulaire de verre destiné à renvoyer une image ou à décomposer une lumière. *Le prisme d'un appareil photo reflex.* — Abstrait. *Voir à travers un prisme,* voir la réalité déformée. ▶ ***prismatique*** adj. **1.** Du prisme ; qui a la forme d'un prisme. **2.** Qui est muni de prismes optiques. *Jumelles prismatiques.* **3.** *Couleurs prismatiques,* résultant de la décomposition de la lumière solaire par un prisme (effet d'arc-en-ciel).

prison [pʀizɔ̃] n. f. **I.** **1.** Établissement fermé aménagé pour recevoir des délinquants (condamnés à une peine privative de liberté) ou des prévenus en instance de jugement. ⇒ **bagne.** *Être en prison.* ⇒ fam. **cabane, taule.** *Mettre qqn en prison,* emprisonner, incarcérer. *Prison des femmes. Gardien de prison.* ⇒ **geôlier, maton.** — *Aimable comme une* PORTE DE PRISON loc. fam. : se dit d'une personne très peu aimable. **2.** Local où qqn est ou se sent séquestré, enfermé. *L'otage est resté un an dans sa prison.* **II.** Peine privative de liberté subie dans ce local. ⇒ **emprisonnement, réclusion.** *Risquer la prison. Condamné à cinq ans de prison.* **III.** Jeux (de l'oie...). Fig. *Être en prison,* devoir passer son tour un certain nombre de fois. ▶ ***prisonnier, ière*** n. et adj. **1.** Personne tombée aux mains de l'ennemi et maintenue en captivité. ⇒ **captif.** *Un camp de prisonniers. Il a été fait prisonnier. Échanger des prisonniers.* Loc. *Prisonniers de guerre* (pour distinguer du sens 2). **2.** Personne qui est détenue dans une prison. ⇒ **détenu.** / contr. **libre** / — Personne que prend, qu'arrête la police. *Se constituer prisonnier,* se livrer à la police. **3.** Adj. Qui est séquestré ou maintenu dans une position où il (elle) perd toute liberté d'action. — Abstrait. *Il était prisonnier de ses préjugés.* ⇒ **esclave.** ‹ ▶ emprisonner ›

privation [pʀivasjɔ̃] n. f. **1.** Action de priver (d'une chose dont l'absence entraîne un dommage) ; le fait d'être privé ou de se priver. ⇒ **défaut, manque.** *La privation d'un bien. Être condamné à la privation des droits civils.* ⇒ **perte, suppression.** **2.** Souvent au plur. Le fait d'être privé de choses nécessaires ou de s'en priver volontairement. *Endurer les pires privations. Elle menait une vie de privations.* ▶ ① ***privatif, ive*** adj. **1.** Grammaire. Se dit d'un élément qui marque la privation, l'absence d'un caractère donné. *Préfixes privatifs* (⇒ **a- ; in-, non-, sans-**). **2.** Qui entraîne la privation (de qqch.). *Peine privative de liberté,* la prison.

privautés [pʀivote] n. f. pl. ■ Trop grandes familiarités, libertés excessives (en particulier à l'égard d'une femme). *Prendre, se permettre des privautés avec qqn.*

privé, ée [pʀive] adj. **1.** Où le public n'a pas accès, n'est pas admis. / contr. ① **public** / *Voie privée. Une rue privée,* qui appartient aux propriétaires riverains. *Propriété, plage privée.* — EN PRIVÉ loc. adv. : seul à seul. *Puis-je vous parler en privé ?* **2.** Individuel, particulier. / contr. **collectif, commun,** ① **public** / *Des intérêts privés.* **3.** Personnel. ⇒ **intime.** *Sa vie privée ne regarde qu'elle.* **4.** Qui n'a aucune part aux affaires publiques. *En tant que personne privée,* en tant que simple citoyen. ⇒ **particulier.** — (Opposé à *officiel*) *C'est à titre privé qu'il participait à la cérémonie. De source privée, on apprend que...* ⇒ **officieux.** **5.** Qui n'est pas d'État, ne dépend pas de l'État. / contr. ① **public** / *Enseignement privé. Les entreprises privées, le secteur privé* (opposé à *secteur public, nationalisé*). — N. m. Fam. *Dans le privé,* dans le secteur privé. **6.** *Détective* privé.* — N. m. *Un privé.* ▶ ② ***privatif, ive*** adj. ■ Dont on a la jouissance exclusive (sans être propriétaire). *Appartement à louer, avec garage privatif.* ▶ ***privatiser*** v. tr. ▪ conjug. 1. ■ (État) Transférer au secteur privé (une entreprise publique). ⇒ **dénationaliser.** / contr. **étatiser** / — Au p. p. adj. *Banque privatisée par un gouvernement prônant le libéralisme.* ▶ ***privatisation*** n. f. ■ Fait de privatiser, de faire gérer par une entreprise privée. *La privatisation d'une compagnie aérienne, d'une société d'État.* / contr. **nationalisation** /

priver [pʀive] v. tr. ▪ conjug. 1. **1.** Empêcher (qqn) de jouir, de profiter (d'un bien, d'un avantage présent ou futur). *Il a été privé de dessert. On l'a privé de ses droits.* — (Suj. chose) *La peur le prive de tous ses moyens.* — Au p. p. adj. *Personne privée de vacances.* **2.** SE PRIVER v. pron. réfl. : renoncer à qqch. volontairement. ⇒ se **refuser.** *On se prive de tout.* — *Elle ne se priva pas de vous dénigrer,* elle vous dénigre souvent. ⇒ s'**abstenir.** — Sans compl. S'imposer des privations. *Il n'aime pas se priver.* ‹ ▶ privation ›

privilège [pʀivilɛʒ] n. m. **1.** Droit, avantage particulier accordé à un individu ou à une collectivité, en dehors de la loi commune. *Les privilèges des amis d'un parti politique.* ⇒ **prérogative.** *Un privilège exorbitant.* **2.** Avantage (que confère qqch.). *Les privilèges de la fortune.* **3.** Apanage exclusif (d'un être, une chose). *La pensée est le privilège de l'espèce humaine. J'ai eu le privilège de la rencontrer.* ▶ ***privilégié, ée*** adj. **1.** Qui bénéficie d'un ou de divers privilèges. *Créancier privilégié,* prioritaire. **2.** Qui jouit d'avantages matériels et sociaux considérables. / contr. **défavorisé, démuni** / *Les classes privilégiées.* N. *Les privilégiés.* — Qui a de la chance. *Nous avons été privilégiés, nous avons eu un temps splendide.* **3.** Littér. (Choses) Qui convient mieux que tout autre (à telle personne, à telle chose). *Un lieu privilégié.* ▶ ***privilégier*** v. tr. ▪ conjug. 7. **1.** Avantager. ⇒ **favoriser.** *Les réductions d'impôt favorisent les ménages qui ont trois enfants.* **2.** Considérer (qqch.) comme privilégié, comme particulièrement favorable. *On a tort de privilégier les mathématiques (aux dépens des autres disciplines).*

prix [pʀi] n. m. invar. **I.** **1.** Ce qu'il faut payer pour acquérir un bien, un service. ⇒ **coût, valeur.** *Le prix d'une marchandise. À quel prix est ce manteau ?,* combien coûte-t-il, vaut-il ? *Payer le prix de qqch., y mettre le prix. Prix fixe, prix unique* (pour un même produit). *Vendre à bas, à vil prix. Casser les prix.* ⇒ **couper.** *À prix cassés.* ⇒ **solde.** *Le prix de catalogue, de vente. Le dernier prix,* celui qui n'est plus modifié, dans un marchandage. *Un prix exorbitant. Au prix fort,* sans remise ; avant la baisse. *Ça coûte un prix (de) fou,* excessif. *Prix d'ami,* consenti par faveur (plus bas). *Je vais vous faire un prix,* vous consentir une remise. — PRIX DE REVIENT. ⇒ prix de **revient.** — (France) *Prix T.T.C.,* toutes taxes comprises (opposé à *hors taxes*). — *Hausse des prix.* ⇒ **inflation.** *N'avoir pas de prix, sans prix, être* HORS DE PRIX : être de très grande valeur. ⇒ **inestimable.** *Cette montre est hors de prix,* très chère. ⇒ **dispendieux, exorbitant.** — *Mettre à prix,* proposer en vente. *Mise à prix,* prix initial dans une vente aux enchères. *Mettre à prix la tête de qqn,* promettre une récompense en argent à qui le capturera, le tuera. — *À prix d'or,* contre une forte somme. **2.** Étiquette, marque indiquant le prix d'un objet. *Enlevez le prix, s'il vous plaît, c'est pour un cadeau.* **3.** Ce qu'il en coûte pour obtenir qqch. *Le prix du succès, de la réussite.* ⇒ **rançon.** — Loc. *J'apprécie votre geste à son juste prix. Donner du prix à,* de la valeur. — *Ils ne céderont à aucun prix,* quelles que puissent être les compensations. *À tout prix,* quoi qu'il puisse en coûter. ⇒ **absolument.** *Au prix de,* en échange de (tel ou tel sacrifice). *Cet hiver, il y a eu beaucoup de neige au prix de l'année dernière,* en comparaison de. **II. 1.** Récompense destinée à honorer la personne qui l'emporte dans une compétition. *Prix littéraires. Le prix Marie-Victorin. Les prix Nobel. Prix de consolation.* ⇒ **lot.** — Récompenses décernées aux premiers, dans chaque discipline, dans un établissement scolaire. *Prix d'excellence. Distribution des prix. Livre de prix,* donné en prix. **2.** Le lauréat. *C'est un premier prix du Conservatoire.* **3.** (En parlant de l'œuvre qui a été récompensée) *Avez-vous lu le prix Goncourt ?* **4.** Épreuve à l'issue de laquelle est décernée cette récompense. *Grand prix automobile.* ‹ ▸ commissaire-priseur, mépris, ② priser ›

pro [pʀo] n. ■ Abréviation familière de *professionnel(le),* n. *Une pro. Des pros de la course automobile.*

pro- ■ Élément signifiant « en avant » (ex. : *propulsion*), « plus loin » (ex. : *prolonger*), « publiquement » (ex. : *proclamer*), ou « en faveur de » (ex. : *profrançais, procommuniste,* etc.) ⇒ **phil-** / contr. **anti-, -phobe** /.

probable [pʀɔbabl] adj. **1.** Qui peut être ; qui est plutôt vrai que faux. *Une hypothèse probable.* **2.** Qui peut être prévu raisonnablement. *La réussite probable de ses efforts.* ⇒ **possible, vraisemblable.** / contr. **improbable** / — Impers. *Il est probable qu'il viendra, peu probable qu'il vienne.* — Ellipt. (Fonction adv.) Fam. *Probable,* c'est probable. *Probable que c'est la première fois.* ⇒ sans **doute.** ▸ ***probablement*** adv. ■ Vraisemblablement. ⇒ **possiblement.** *C'est probablement ce qui va se produire. Probablement que...,* il est probable que. ▸ ***probabilisme*** n. m. ■ Position philosophique qui renonce à la certitude et se fonde sur la probabilité la plus grande. ▸ ***probabilité*** n. f. **1.** Caractère de ce qui est probable. *Selon toute probabilité.* ⇒ **vraisemblance.** **2.** *Probabilité forte, faible, nulle,* chance calculée qu'un événement donné se produise ou n'ait pas lieu (parmi d'autres). — *Calcul des probabilités,* partie des mathématiques qui évalue les chances statistiques qu'un phénomène se produise ou non. **3.** Apparence, indice qui laisse à penser qu'une chose est probable. *Opinion fondée sur de simples probabilités.* ‹ ▸ improbable ›

probant, ante [pʀɔbɑ̃, ɑ̃t] adj. ■ Qui prouve sérieusement. *Un argument probant.* ⇒ **concluant, convaincant, décisif.** *Ce n'est pas très probant.*

probatoire [pʀɔbatwaʀ] adj. ■ Didact. Qui permet de vérifier le niveau d'un candidat. *Examen, test, stage probatoire.*

probe [pʀɔb] adj. ■ Littér. (Personnes) Honnête, intègre. ▸ ***probité*** n. f. ■ Vertu qui consiste à observer scrupuleusement les règles de la morale sociale, les devoirs imposés par la justice. ⇒ **droiture, honnêteté, intégrité.** *Doutez-vous de ma probité ? Une personne d'une probité à toute épreuve.*

problème [pʀɔblɛm] n. m. **1.** Question à résoudre qui prête à discussion, dans une science. *Poser, soulever un problème, un faux problème. Résoudre un problème. C'est la clef du problème.* — Question à résoudre, portant soit sur un résultat inconnu à trouver à partir de données, soit sur la méthode à suivre pour obtenir un résultat supposé connu. *Énoncé, solution d'un problème. Faire un problème d'algèbre.* **2.** Difficulté qu'il faut résoudre pour obtenir un résultat ; situation instable ou dangereuse exigeant une décision. ⇒ **question.** *Les problèmes de la circulation. Les problèmes du Moyen-Orient. Le problème palestinien.* — Loc. *Faire, poser problème,* présenter, entraîner des difficultés. — (Sens affaibli) *Un problème, des problèmes d'argent.* ⇒ **ennui.** — Fam. *Il n'y a pas de problème,* c'est une chose simple, évidente. — *Problèmes psychologiques* ou, absolt, *problèmes,* conflit affectif, difficulté à trouver un bon équilibre psychologique. *Ils sont à l'âge où l'on a des problèmes.* — Fam. *Y a pas de problème(s),* c'est facile, tout va bien. ⇒ **certainement.** *Sans problème* (en réponse), facilement. ▸ ***problématique*** adj. et n. f. **1.** Dont l'existence, la vérité, la réussite est douteuse. ⇒ **incertain.** *La victoire est problématique.* **2.** N. f. Ensemble de questions posées dans un domaine de la science, de la philosophie, de la politique, de la recherche en général.

procédé [pʀɔsede] n. m. **1.** Façon d'agir à l'égard d'autrui. ⇒ **comportement, conduite.** *Je n'ai pas apprécié ses procédés.* — Loc. *Échange de bons procédés,* services rendus réciproquement. **2.** Méthode employée pour parvenir à un certain résultat. ⇒ ② **moyen.** *Un procédé technique.* — Péj. *Cela sent le procédé,* la recette, l'artifice. ≠ *procédure.*

① ***procéder*** [pʀɔsede] v. intr. . conjug. 6. ■ Littér. PROCÉDER DE : tirer son origine de. ⇒ **découler, dépendre, provenir.** *Ces œuvres procèdent du même courant d'idées, de la même veine.*

② ***procéder*** v. tr. ind. . conjug. 6. **1.** PROCÉDER À : faire, exécuter (un travail complexe, une opération). *Les constructeurs ont d'abord fait procéder à une étude géologique. On a procédé à une enquête.* **2.** Intransitivement. Agir d'une certaine manière. *Procédons par ordre.* ‹ ▸ procédé, procédure ›

procédure [pʀɔsedyʀ] n. f. **1.** Manière de procéder juridiquement ; série de formalités qui doivent être remplies. *Quelle est la procédure à suivre ? Procédure de divorce. Engager, intenter, introduire une procédure. Procédure d'accostage.* **2.** Branche du droit qui détermine ou étudie les règles d'organisation judiciaire (compétence, instruction des procès, exécution des décisions de justice...). *Code de procédure civile.* ≠ *procédé.* ▸ ***procédurier, ière*** adj. ■ (Personnes) Péj. Qui est enclin à la procédure, à la chicane.

① ***procès*** [pʀɔsɛ] n. m. invar. **1.** Litige soumis à un tribunal. ⇒ **instance.** *Faire, intenter un procès à qqn. Être en procès avec qqn. Gagner, perdre un procès.* **2.** Fig. *Faire le procès de,* faire la critique systématique de (une personne, une chose). ⇒ **accuser, attaquer, condamner.** **3.** Loc. *Sans autre forme de procès,* sans autre formalité, purement et simplement. *On l'a renvoyé sans autre forme de procès.* ‹ ▸ procès-verbal, p.-v. ›

② ***procès*** n. m. invar. ■ Didact. Processus ; (grammaire) action, état qu'exprime un verbe.

processeur [pʀɔsesœʀ] n. m. ■ Informatique. Unité centrale d'un ordinateur capable d'assurer le traitement complet (interprétation et exécution) d'une série d'informations. ‹ ▸ microprocesseur ›

procession [pʀɔsesjɔ̃] n. f. **1.** Défilé religieux qui s'effectue en chantant et en priant. ⇒ **cortège.** *La procession de la Fête-Dieu.* **2.** Longue suite de personnes qui marchent à la file ou qui se succèdent à brefs intervalles. *Que de visites ! une vraie procession.* ≠ *parade.*

processus [pʀɔsesys] n. m. invar. ■ Ensemble des phénomènes convergents et successifs, qui correspondent à un changement, ont une unité, un but. ⇒ **évolution, ② procès.** *Un processus biologique, industriel, économique* (⇒ **procédé**, 2).

procès-verbal, aux [pʀɔsevɛʀbal, o] n. m. **1.** Acte dressé par une autorité compétente et qui constate un fait entraînant des conséquences juridiques. ⇒ **constat.** *Rédiger, dresser un procès-verbal.* ⇒ **verbaliser.** *L'huissier est venu faire le procès-verbal de la saisie.* (France) *Avoir un procès-verbal pour excès de vitesse* ⇒ **contravention ;** fam. **billet, p.-v. ;** anglic. **ticket**. *Des procès-verbaux.* **2.** Relation officielle écrite de ce qui a été dit ou fait dans une réunion, une assemblée, etc. ‹ ▶ p.-v. ›

① ***prochain, aine*** [pʀɔʃɛ̃, ɛn] adj. **1.** (Dans l'espace) Qui est proche. *Le prochain coin de rue.* ⇒ **suivant. 2.** (Dans le temps) Qui est près de se produire. *J'irai à la prochaine occasion. Un jour prochain, un prochain jour.* ⇒ **proche. 3.** Qui suit immédiatement (le moment présent). *La semaine prochaine. L'été prochain. La prochaine fois,* la première fois que la chose se reproduira. *À la prochaine fois ;* fam. *à la prochaine !* (formule de départ, de séparation), à bientôt. *Le prochain train part dans une heure et le suivant demain seulement. Je descends à la prochaine station.* Fam. *Vous descendez à la prochaine ?* ▶ ***prochainement*** adv. ■ ⇒ **bientôt.** *Je reviendrai prochainement.*

② ***prochain*** n. m. sing. ■ Personne, être humain considéré comme un semblable. *L'amour du prochain. Dire du mal de son prochain,* des autres. — Loc. fam. *Manger son (du) prochain,* calomnier, médire. ≠ *proche* (4)

proche [pʀɔʃ] adj. et adv. ■ Qui est à peu de distance (⇒ **proximité, rapprochement**). / contr. **lointain ; éloigné** / **1.** (Dans l'espace) Voisin. *La gare est proche* (voir sens 5). **2.** (Dans le temps) Littér. Qui va bientôt arriver, qui est arrivé il y a peu de temps. *La fin est proche.* ⇒ **approcher.** *Des événements tout proches de nous.* **3.** Abstrait. Qui est peu différent. ⇒ **semblable.** *Mon opinion est proche de la vôtre.* — Qui a des affinités avec, de la sympathie pour. *Un ami très proche.* **4.** Dont les liens de parenté sont étroits. *Un proche parent.* — N. pl. LES PROCHES : les parents. *Tous ses proches l'ont abandonné.* ≠ *prochain.* **5.** Adv. Près. *Elle habite proche.* TOUT PROCHE loc. adv. *Le cégep est tout proche.* — PROCHE DE loc. prép. Près de. *Les enfants patinent proche d'ici.* — *On a passé proche de se rencontrer,* on s'est raté de peu. ⇒ **faillir.** ▶ *de* ***proche en proche*** [dəpʀɔʃɑ̃pʀɔʃ] loc. adv. ■ En avançant par degré, peu à peu. ‹ ▶ approcher, ① prochain ›

proclamer [pʀɔkla(ɑ)me] v. tr. ▪ conjug. 1. **1.** Publier ou reconnaître solennellement (comme une chose positive) par un acte officiel. *Proclamer le résultat d'un scrutin. L'indépendance est proclamée ! Proclamer un canton.* **2.** Annoncer ou déclarer hautement auprès d'un vaste public. ⇒ **clamer, crier.** *L'accusé a proclamé son innocence. Ils proclament que la justice triomphera.* ▶ ***proclamation*** n. f. **1.** Action de proclamer. ⇒ **annonce, déclaration, publication.** *La proclamation des résultats du tirage.* **2.** Discours ou écrit public contenant ce qu'on proclame. *Afficher une proclamation.*

proconsul [pʀɔkɔ̃syl] n. m. ■ Antiquité. Titre, nom donné aux gouverneurs des provinces romaines (en principe anciens consuls).

procréer [pʀɔkʀee] v. tr. ▪ conjug. 1. ■ Littér. (Espèce humaine) Engendrer. ▶ ***procréateur, trice*** n. ▶ ***procréation*** n. f.

procurateur [pʀɔkyʀatœʀ] n. m. ■ Antiquité romaine. Représentant de l'empereur dans une province. *Ponce Pilate, procurateur de Judée.* ≠ *procureur.*

procuration [pʀɔkyʀasjɔ̃] n. f. **1.** Document par lequel on autorise autrui à agir à sa place. ⇒ **mandat.** *Je vais vous signer une procuration.* **2.** PAR PROCURATION : en remettant à un autre le soin d'agir, de parler à sa place.

procure [pʀɔkyʀ] n. f. ■ Commerce, local d'une école où l'on vend certains types de marchandises (papeterie, petits objets de bureau, livres scolaires...). *Une procure de musique.*

procurer [pʀɔkyʀe] v. tr. ▪ conjug. 1. **1.** Obtenir pour qqn (qqch. d'utile ou d'agréable). ⇒ **donner, fournir.** *Il faut lui procurer un emploi.* ⇒ **trouver. 2.** SE PROCURER v. pron. : obtenir pour soi. ⇒ **acquérir.** *Se procurer de l'argent. Elle s'est procuré ce livre.* **3.** (Suj. chose) Être la cause ou l'occasion de (pour qqn qui en retire l'avantage). ⇒ **causer, occasionner.** *Le plaisir que nous procure la lecture.* — Au p. p. adj. *Plaisir procuré par la lecture.* ‹ ▶ procuration, procure, procureur ›

procureur [pʀɔkyʀœʀ] n. m. **1.** Rare. Titulaire d'une procuration juridique. **2.** *Le procureur général,* le ministre de la Justice. **3.** *Procureur de la Couronne,* magistrat chargé de l'accusation dans un procès. — REM. Le féminin *procureuse* ou *procureure* est virtuel. ≠ *procurateur.*

prodigalité [pʀɔdigalite] n. f. **1.** Caractère d'une personne prodigue. / contr. **avarice** / **2.** Souvent au plur. Dépense excessive. *Il s'est ruiné par ses prodigalités.*

prodige [pʀɔdiʒ] n. m. **I. 1.** Événement extraordinaire, de caractère magique ou surnaturel. ⇒ **miracle.** — Loc. *Tenir du prodige,* se dit d'une chose extraordinaire dans son genre, inexplicable. **2.** Action très difficile qui émerveille. ⇒ **merveille.** *Vous avez fait des prodiges ! Un, des prodiges de,* action, chose extraordinaire en matière de... *Les prodiges de la science. Des prodiges de courage.* **II.** Personne extraordinaire par ses dons, ses talents. ⇒ fam. **bolle.** *C'est un petit prodige.* — En appos. *Enfant prodige,* exceptionnellement doué pour son âge. ≠ *prodigue.* ▶ ***prodigieux, euse*** adj. ■ Extraordinaire. ⇒ **étonnant, surprenant.** *Une quantité prodigieuse.* ⇒ **considérable, faramineux.** *Une mémoire prodigieuse. Sa force était prodigieuse.* ⇒ **incroyable.** *Un artiste, un talent prodigieux.* ▶ ***prodigieusement*** adv. ■ Extraordinairement. ⇒ **extrêmement, fabuleusement.**

prodigue [pʀɔdig] adj. **1.** Qui fait des dépenses excessives ; qui dilapide son bien. ⇒ **dépensier ; prodigalité ;** anglic. **lousse.** / contr. **économe, pingre** / — *L'enfant prodigue,* qui revient chez son père après avoir dilapidé sa fortune (allusion à l'Évangile selon saint Luc). — PROV. *À père avare, fils prodigue.* ≠ *prodige.* **2.** PRODIGUE DE : qui distribue, donne abondamment (qqch.). ⇒ **prodiguer.** *Être prodigue de compliments.* / contr. **économe** / ▶ ***prodiguer*** v. tr. ▪ conjug. 1. **1.** Accorder, distribuer sans compter, en grand nombre. *On lui a pourtant prodigué des recommandations. Les soins que sa mère lui a prodigués.* **2.** SE PRODIGUER v. pron. : se dépenser sans compter. *Elle se prodigue auprès des nécessiteux.* ‹ ▶ prodigalité ›

producteur, trice [pʀɔdyktœʀ, tʀis] adj. et n. **I.** Adj. Qui produit, qui crée (qqch.). *Les forces productrices. Pays producteur d'électricité.* **II.** N. **1.** (Opposé à *consommateur*) Personne ou entreprise qui produit des biens ou assure des services. *Les producteurs de sirop d'érable. Directement du produc-*

teur au consommateur, sans intermédiaire. **2.** Personne ou société qui assure le financement d'un film, d'une émission télévisée. ‹ ▶ coproduction, reproducteur ›

productif, ive [pʀɔdyktif, iv] adj. ■ Qui produit, crée ; qui est d'un bon rapport. / contr. **improductif** / *Un travail productif. Capital productif d'intérêts.* ▶ ***productivité*** n. f. **1.** Caractère productif. *La productivité d'un placement.* **2.** Rapport du produit aux coûts de production. *Accroître la productivité en remplaçant les ouvriers par des machines, en formant professionnellemnt les ouvriers. Investissement et productivité.* ‹ ▶ improductif ›

production [pʀɔdyksjɔ̃] n. f. **1.** Action de provoquer (un phénomène) ; fait ou manière de se produire. ⇒ **formation.** *Il y a eu production de gaz carbonique.* **2.** Ouvrage (de l'art ou de l'esprit) ; ensemble des œuvres (d'un artiste, d'un genre ou d'une époque). *La production dramatique du XVIIᵉ siècle.* **3.** (Terre, entreprises) Le fait de produire (plus ou moins) ; les biens créés par l'agriculture ou l'industrie. *La production de blé. Une production élevée. La production annuelle de cette entreprise. Les productions du sol, du sous-sol.* ⇒ **produit.** *La production d'un nouveau modèle.* ⇒ **fabrication.** — Absolt. (Opposé à *la consommation*) Le fait de produire des biens matériels et d'assurer des services ; l'ensemble des activités, des moyens qui le permettent. *Les moyens de production,* terre, instruments, machines. *Les forces de production,* capital, travail, technique. **4.** Le fait de produire (un film, une émission de télévision). *La société X a assuré la production de ce film.* — Le film lui-même. *Une production à grand spectacle* (dite *superproduction*). ‹ ▶ coproduction, productique, reproduction, sous-production, superproduction, surproduction ›

productique [pʀɔdyktik] n. f. ■ Ensemble des techniques informatiques et automatiques visant à l'amélioration de la productivité dans le secteur industriel.

produire [pʀɔdɥiʀ] v. tr. • conjug. 38. **I. 1.** Causer, provoquer (un phénomène). *Cette nouvelle produisit sur elle une vive impression.* ⇒ **faire.** — Au p. p. adj. *L'effet produit a été désastreux.* **2.** Composer (une œuvre). ⇒ **créer, écrire.** — Sans compl. *Un romancier qui produit beaucoup.* **3.** Former naturellement, faire naître. *Cet arbre produit de beaux fruits.* ⇒ **donner.** *L'E.N.A.P. produit des hauts fonctionnaires.* **4.** Faire exister, par une activité économique. ⇒ **fabriquer.** *Ce pays produit dix millions de tonnes d'acier par an.* ⇒ **producteur.** / contr. **consommer** / **5.** Assurer la réalisation matérielle de (un film, une émission), par le financement et l'organisation. ⇒ **producteur** (II, 2), **production** (4). **II.** Présenter (un document). *Produire un certificat.* ⇒ **fournir. III.** SE PRODUIRE v. pron. **1.** Jouer, paraître en public au cours d'une représentation. *C'est la première fois que la troupe se produit sur cette scène.* **2.** (Choses) Arriver, survenir. *Cela peut se produire.* Impers. *Il se produisit un incident.* ‹ ▶ producteur, productif, production, produit, reproduire ›

produit [pʀɔdɥi] n. m. **I.** LE PRODUIT DE. **1.** Ce que rapporte (une propriété, une activité). ⇒ **bénéfice, profit, rapport.** *Vivre du produit de ses terres. Produit brut,* avant déduction des taxes, des frais. *Produit net,* après déduction des charges et des frais. — *Produit intérieur brut* ⇒ **P.I.B.,** somme des valeurs créées en un an par un pays à l'intérieur de ses frontières. *Produit national brut* ⇒ **P.N.B.**, somme du P.I.B. et des valeurs créées à l'étranger. **2.** Nombre qui est le résultat d'une multiplication. *Le produit de deux facteurs.* — Résultat (d'opérations mathématiques). **II. 1.** UN, LES PRODUIT(S) DE : chose qui résulte d'un processus naturel, d'une opération humaine. ⇒ ② **bien.** *Les produits de la terre. Les produits de l'érable. Les produits de la distillation du pétrole.* — *Le produit de son imagination.* ⇒ **fruit. 2.** Production de l'agriculture ou de l'industrie. *Produits fabriqués, manufacturés* (opposé à *matière première*). *Produits bruts, semi-finis, finis. Produits pharmaceutiques, chimiques. Produits d'entretien,* nécessaires à l'entretien des objets ménagers. *Un nouveau produit pour la vaisselle. Produits de beauté.* ⇒ **maquillage.** *Produits de luxe.* ‹ ▶ sous-produit ›

proéminent, ente [pʀɔeminɑ̃, ɑ̃t] adj. ■ Qui dépasse en relief ce qui l'entoure, forme une avancée. ⇒ **saillant.** *Nez, front proéminent.* ≠ *prééminent.* ▶ ***proéminence*** n. f. ■ Littér. Caractère proéminent ; protubérance, saillie. ≠ *prééminence.*

prof [pʀɔf] n. ■ Fam. Abréviation de *professeur. Un, une prof. Des profs.*

profane [pʀɔfan] adj. et n. **1.** Littér. Qui est étranger à la religion (opposé à *religieux, sacré*). *L'art profane.* — N. m. *Le profane et le sacré.* **2.** N. m. et f. Personne qui n'est pas initiée à une religion. **3.** Adj. Qui n'est pas initié à un art, une science, etc. ⇒ **ignorant.** *Expliquez-moi, je suis profane en la matière.* — N. *Je suis une profane en musique.* / contr. **connaisseur** / — N. m. (Collectif) *Aux yeux du profane,* des gens profanes. ‹ ▶ profaner ›

profaner [pʀɔfane] v. tr. • conjug. 1. **1.** Traiter sans respect (un objet, un lieu), en violant le caractère sacré. *Les vandales ont profané plusieurs tombes.* **2.** Faire un usage indigne, mauvais de (qqch.), en violant le respect qui est dû. ⇒ **avilir, dégrader.** *C'est profaner les plus beaux sentiments.* ▶ ***profanateur, trice*** n. et adj. ■ Personne qui profane. ▶ ***profanation*** n. f. ■ Action de profaner. *Profanation de sépulture.*

proférer [pʀɔfeʀe] v. tr. • conjug. 6. ■ Articuler à voix haute, prononcer avec force. *Il partit en proférant des menaces, des injures.*

professer [pʀɔfɛse] v. • conjug. 1. **1.** V. tr. Littér. Déclarer hautement avoir (un sentiment, une opinion). *Ils professaient envers leur maître la plus vive admiration.* ⇒ faire ① **profession. 2.** V. intr. Vx. Enseigner en qualité de professeur. *Elle professait dans un collège classique.* ▶ ***professeur, eure*** n. ■ Personne membre du corps enseignant, rémunérée pour enseigner une discipline, un art, une technique ou des connaissances précises. ⇒ **enseignant, instituteur, maître ;** fam. **prof.** *Professeur de collège, de cégep. Professeur d'université,* qui est titulaire d'un poste d'enseignant à l'université (opposé à *chargé de cours*). *Elle est professeure de musique. Professeur agrégé, titulaire* (à l'université). *Professeure de piano, de danse.* — REM. L'O.L.F. propose *professeure* au féminin. ▶ ***professoral, ale, aux*** adj. ■ Propre aux professeurs. *Le corps professoral.* — Péj. *Un ton professoral,* pédant. ▶ ***professorat*** n. m. ■ État de professeur. ⇒ **enseignement.** ‹ ▶ prof, ① profession ›

① ***profession*** [pʀɔfɛsjɔ̃] n. f. **1.** Littér. Loc. *Faire profession de* (une opinion, une croyance), la déclarer publiquement, ouvertement. ⇒ **professer** (I). **2.** PROFESSION DE FOI : déclaration publique de sa foi ; par ext., déclaration de principes.

② ***profession*** n. f. **1.** Occupation déterminée dont on peut tirer ses moyens d'existence. ⇒ **métier.** *Quelle est votre profession ? Ma mère est sans profession. La profession de chef d'entreprise.* **2.** Métier qui a un certain prestige social ou intellectuel. ⇒ **carrière.** *La profession d'avocat. Les professions libérales. Embrasser, exercer une profession.* **3.** DE PROFESSION :

professionnel. *Un chanteur de profession.* ▸ ***professionnel, elle*** adj. et n. **1.** Relatif à la profession, au métier. *Un ordre* professionnel. L'orientation professionnelle. Enseignement professionnel.* ⇒ **technique.** *Collège d'enseignement général et professionnel.* ⇒ **cégep.** — N. m. *Elle enseigne au professionnel,* dans ce secteur. — (Sports) *Ligue professionnelle de hockey, de baseball,* où les joueurs sont salariés. / contr. ① **mineur** (II, 2) / N. m. *Le professionnel majeur*, mineur*,* les catégories de sports professionnels (hockey, baseball...). *Jouer dans le professionnel.* — Adv. *Jouer professionnel.* **2.** De profession. *Sportif professionnel* (opposé à *amateur*). — N. (Football, hockey, baseball, etc.) *Les professionnels* (opposé à *amateur*). ⇒ fam. **pro.** — Iron. Se dit d'une habitude invétérée. *Un farceur professionnel.* **3.** N. Personne de métier (opposé à *amateur*). *C'est un vrai professionnel.* ⇒ fam. **pro. 4.** N. Catégorie de fonctionnaire qui a une description de tâche spécialisée. *Un syndicat de professionnels.* — Adj. *Les employés professionnels d'un ministère.* — Personne qui exerce une profession libérale. — REM. Ce sous-sens est critiqué. ▸ ***professionnellement*** adv. ■ De façon professionnelle ; du point de vue de la profession. ▸ ***professionnalisme*** n. m. **1.** Condition des sportifs professionnels (opposé à *amateurisme*). **2.** Qualité de professionnel. ⇒ **compétence, sérieux.** *Un professionnalisme sans faille.* ‹ ▸ pro ›

profil [pʀɔfil] n. m. **1.** Aspect du visage vu par un de ses côtés. ⇒ **contour.** *Dessiner le profil de qqn.* ⇒ **silhouette.** *Profil grec,* conforme aux règles de la beauté antique. **2.** DE PROFIL : en étant vu par le côté (en parlant d'un visage, d'un corps ; opposé à *de face*). *Un portrait de profil. De face, de dos, de profil.* **3.** Représentation ou aspect (d'une chose dont les traits, le contour se détachent). ⇒ **silhouette.** *Le profil de la cathédrale se découpait sur le ciel.* **4.** Coupe perpendiculaire (d'un bâtiment ou d'une de ses parties). — Coupe géologique. *Le profil d'un lit de rivière.* **5.** Ensemble d'aptitudes, de qualités (requises pour un emploi). *Le profil moyen des candidats. Il n'a pas le bon profil pour ce poste.* **6.** Dessin d'une courbe statistique. Fam. *Un profil bas,* une attitude réservée, *un profil haut,* une attitude d'action (en politique). ‹ ▸ profiler ›

profiler [pʀɔfile] v. tr. ▪ conjug. 1. **I. 1.** (Choses) Présenter (ses contours) avec netteté. **2.** Établir en projet ou en exécution le profil de. *Profiler une carlingue.* **II.** SE PROFILER v. pron. **1.** (Construction) Avoir un profil déterminé. **2.** Se montrer en silhouette, avec des contours précis. ⇒ se **découper,** se **dessiner,** ① se **détacher.** *Les tours se profilaient sur le ciel.* ▸ ***profilé, ée*** adj. et n. m. ■ Auquel on a donné un profil déterminé. — N. m. Pièce fabriquée suivant un profil déterminé. *Profilés métalliques.*

profit [pʀɔfi] n. m. **1.** Augmentation des biens que l'on possède, ou amélioration de situation qui résulte d'une activité. ⇒ **avantage, bénéfice.** / contr. **déficit, dommage, perte** / *Il ne cherche que son profit.* — Loc. *Il y a du profit, il y a profit à* (telle chose, faire telle chose). *Faire qqch. avec (sans) profit. Avoir le profit de qqch.,* en profiter. *Tirer profit de qqch.,* en faire résulter qqch. de bon pour soi. ⇒ **exploiter, utiliser.** *Mettre à profit,* utiliser de manière à tirer tous les avantages possibles. — AU PROFIT DE *qqn, qqch.* : (a) de sorte que la chose en question profite à. / contr. aux **dépens,** au **détriment,** au **préjudice** / *Fête donnée au profit d'œuvres.* ⇒ au **bénéfice.** (b) En agissant pour le bien, l'intérêt de qqn. *Trahir qqn au profit de qqn d'autre.* — Fam. (Choses) *Faire du profit, beaucoup de profit,* être d'un usage économique. ⇒ **durer, servir. 2.** *(Un, des profits)* Gain, avantage financier que l'on retire d'une chose ou d'une activité. ⇒ **bénéfice.** *Grand(s), petit(s) profit(s).* — *Le profit,* ce que rapporte une activité économique. *Salaires et profits.* ⇒ **plus-value.**

profiter [pʀɔfite] v. tr. ind. ▪ conjug. 1. **1.** PROFITER DE : tirer avantage de. / contr. **gâcher, négliger** / *Il faut profiter de l'occasion.* ⇒ **saisir.** — PROFITER DE *qqch.* POUR : y trouver une occasion pour. *Il a profité de l'absence de gardes pour se sauver. Elle en a profité. Il profita de ce que je ne le voyais pas.* — PROFITER DE *qqn* : tirer le maximum de lui. **2.** Fam. Se développer, se fortifier. ⇒ **grandir.** *Cet enfant a bien profité.* **3.** (Choses) PROFITER À *qqn* : apporter du profit ; être utile (à). ⇒ **servir.** *Vos conseils nous ont bien profité.* — Sans compl. Loc. prov. *Bien mal acquis ne profite jamais.* — Fam. Être d'un usage avantageux, économique. *C'est un plat qui profite.* ▸ ***profitable*** adj. ■ Qui apporte un profit, un avantage. ⇒ **avantageux, bénéfique, rentable, utile.** *Cette leçon lui sera peut-être profitable.* / contr. **néfaste** / ▸ ***profitablement*** adv. ■ D'une manière profitable. ⇒ **fructueusement.** ▸ ***profiteur*** ou ***profiteux, euse*** n. **1.** Péj. Personne qui tire des profits malhonnêtes ou immoraux (de qqch.). *Les profiteurs de guerre.* **2.** Personne qui exploite les autres au plan moral. — Loc. *Être profiteur.* ‹ ▸ profit ›

profiterole [pʀɔfitʀɔl] n. f. ■ (Surtout au plur.) Petit chou fourré de glace à la vanille et nappé de chocolat chaud. *Elle adore les profiteroles.*

profond, onde [pʀɔfɔ̃, ɔ̃d] adj. **I. 1.** Dont le fond est très bas par rapport à l'orifice, aux bords. ⇒ **creux** (I). — *Un puits profond, peu profond* (il n'y a pas de contraire). *Profond de dix mètres,* qui a une profondeur de dix mètres. — (Eaux) Dont le fond est très loin de la surface. *Un endroit profond,* un bas-fond, où il y a du fond. **2.** Qui est loin au-dessous de la surface du sol ou de l'eau. ⇒ ① **bas.** *Une cave profonde. Racines profondes.* / contr. **superficiel** / — Loc. *Au plus profond de,* tout au fond de. **3.** Dont le fond est loin de l'orifice, des bords, dans quelque direction que ce soit. *Une armoire profonde. La rade est profonde. Un fauteuil profond.* **4.** (Traces, empreintes...) Très marqué. *Des rides profondes.* **5.** Qui évoque la profondeur de l'eau. *Un regard profond. Une nuit profonde.* ⇒ **épais.** *D'un vert profond,* foncé, intense. ⇒ **soutenu. 6.** (Mouvements, opérations) Qui descend très bas ou pénètre très avant. *Un forage profond. Un profond salut,* où l'on s'incline très bas. **7.** Qui va au fond ou vient du fond des poumons. *Une aspiration profonde. Une voix profonde.* ⇒ **grave. II.** Abstrait. **1.** Qui va au fond des choses (en parlant de l'esprit, de ses activités). *C'est un esprit profond.* ⇒ **pénétrant.** / contr. **superficiel** / *De profondes réflexions.* **2.** Intérieur, difficile à atteindre. *La signification profonde d'une œuvre. Nos tendances profondes.* **3.** Très grand, extrême en son genre. *Un profond silence. Tomber dans un profond sommeil. Une profonde erreur. Éprouver une joie profonde.* ⇒ **intense. III.** Adv. Profondément ; bas. *Creuser très profond.* ▸ ***profondément*** adv. ■ D'une manière profonde. *Creuser profondément la terre.* ⇒ **profond** (III). — *Dormir profondément. Respirez profondément,* à fond. *J'en suis profondément convaincu.* ⇒ **intimement.** *Je l'aime profondément.* ⇒ **intensément, vivement.** — *C'est profondément différent.* ⇒ **foncièrement.** *Il est profondément vexé.* ⇒ **extrêmement.** ▸ ***profondeur*** n. f. **I. 1.** Caractère de ce qui a le fond très bas ou éloigné des bords. *La profondeur du fossé.* — Endroit profond, très au-dessous de la surface. *Les profondeurs de l'océan* (⇒ **fonds**), *de la mine.* **2.** Dimension verticale (d'un corps, d'un espace à trois dimensions), mesurée de haut en bas (opposé à *largeur, longueur*). *Longueur, largeur et profondeur d'une boîte, d'un tiroir.* — Distance au-dessous de la surface (du sol, de l'eau). *À deux mètres de profondeur. La profondeur d'un puits.* — Dimension (horizontale) perpendiculaire à la face extérieure (opposé à *épaisseur, hauteur*). *Hauteur, largeur et profondeur d'un tiroir.* — PROFONDEUR DE CHAMP *d'un objectif photographique, d'une caméra* : espace dans les limites duquel les images sont nettes. **3.** Suggestion d'un espace à trois dimensions sur une surface. *La profondeur est rendue par la perspective.* **4.** Caractère de ce qui s'enfonce. *La profondeur d'un forage.* **II.** Abstrait. **1.** Qualité de ce qui va au fond des choses, au-delà des apparences. *Un esprit, une œuvre sans profondeur.* **2.** (Vie affective) Caractère de ce qui est durable, intense. *La profondeur d'un sentiment.* **3.** Loc. adv. EN PROFONDEUR : de façon approfondie, jusqu'au fond des choses. *Nous devons agir en profondeur.* **4.** Partie la plus intérieure et la plus difficile à pénétrer. *La psychologie des profondeurs,* de l'inconscient (la psychanalyse). **5.** Sports. Collectif. Loc. *Avoir de la profondeur,* du talent, des ressources et une intensité au jeu. *Ce club a beaucoup de profondeur.* ⟨ ▶ approfondir ⟩

profus, use [pʀɔfy, yz] adj. ■ Littér. Qui se répand en abondance. ⇒ **abondant.** *Une lumière profuse.* ▶ ***profusément*** adv. ■ Littér. De manière profuse. ▶ ***profusion*** n. f. **1.** Grande abondance. *Une profusion de cadeaux.* — Abondance excessive. ⇒ **surabondance.** *Une profusion d'ornements, de détails.* ⇒ **débauche. 2.** À PROFUSION loc. adv. : en abondance, en quantité. *Vous aurez tout à profusion.*

progéniture [pʀɔʒenityʀ] n. f. ■ Littér. Les êtres engendrés (par un être humain, un animal). ⇒ **descendant, enfant,** ① **petit.** — Plaisant. *Le père promenait sa progéniture.*

progiciel [pʀɔʒisjɛl] n. m. ■ Programme informatique, logiciel vendu dans le commerce. *Une progiciel de comptabilité. Des progiciels.*

prognathe [pʀɔgnat] adj. ■ Didact. (Êtres humains, certains animaux : singes...) Qui a les maxillaires proéminents. *Un visage prognathe.* — Qui a le maxillaire inférieur proéminent. *Elle est prognathe.*

programme [pʀɔgʀam] n. m. **1.** Écrit annonçant et décrivant les diverses parties d'une cérémonie, d'un spectacle, etc. *Un programme de télévision.* — Ce qui est ainsi annoncé. *Changement de programme.* — Fam. Émission de télévision, de radio. *Regarder un programme.* **2.** Ensemble des matières qui sont enseignées dans un cycle d'études. *Un programme de sciences humaines. C'est au programme du secondaire. Programme de mathématique. Ce point est hors programme. Question de, du programme.* **3.** Suite d'actions que l'on se propose d'accomplir pour arriver à un résultat. ⇒ **projet ; calendrier, échéancier.** *Elle s'est donné un programme de travail. C'est tout un programme,* se dit d'une annonce qui suffit à faire prévoir la suite. **4.** Exposé général des intentions, des objectifs (d'un politicien ou d'un parti politique). *Un programme de réformes.* **5.** Suite ordonnée d'instructions, d'opérations, qu'un ordinateur, qu'une machine est chargé(e) d'effectuer. *Laveuse à programme.* ⇒ ① **cycle.** *Rédiger un programme pour son ordinateur. Copier un programme sur disquette.* ⇒ **logiciel, progiciel.** *Le menu* proposé par un programme.* ▶ ***programmer*** v. tr. ■ conjug. 1. **1.** Inclure dans un programme de cinéma, de radio. *Cette émission a été programmée à une heure trop tardive.* **2.** Élaborer un programme (5) ; commander une machine grâce à un programme. *Programmer un enregistrement magnétoscopique.* — Au p. p. adj. *Machine programmée à commande numérique.* ⇒ **robot. 3.** Organiser, planifier selon un ordre strict. *J'ai programmé ma journée.* ▶ ***programmation*** n. f. **1.** Établissement, organisation des programmes (de cinéma, radio, télévision). **2.** Élaboration et codification de la suite d'opérations formant un programme sur ordinateur ou sur machine. *Langage de programmation* (⇒ **basic, cobol, fortran,** ② **pascal**). ▶ ***programmateur, trice*** n. **1.** Personne chargée de la programmation (d'un spectacle). **2.** N. m. Système qui commande le déroulement d'une série d'opérations simples. *Le programmateur d'un lave-vaisselle.* ≠ *programmeur.* ▶ ***programmeur, euse*** n. ■ Spécialiste qui établit le programme d'un ordinateur. ≠ *programmateur.* ⟨ ▶ progiciel, sous-programme ⟩

progrès [pʀɔgʀɛ] n. m. invar. **1.** Changement d'état qui consiste en un passage à un degré supérieur. ⇒ **développement.** / contr. **recul** / *La criminalité est en progrès, fait des progrès.* ⇒ **progresser.** *Les progrès de la maladie.* ⇒ **avancement. 2.** Développement en bien. ⇒ **amélioration.** *Cet étudiant a fait de gros (grands) progrès. Le progrès social, scientifique.* — Fam. *Il y a du progrès,* cela va mieux. **3.** Absolt. *Le progrès,* l'évolution de l'humanité, de la civilisation (vers un terme idéal). *Croire au progrès, craindre, nier le progrès.* **4.** Le fait de se répandre, de s'étendre dans l'espace, de gagner du terrain. ⇒ **propagation.** *Les progrès de l'incendie, d'une épidémie.* ▶ ***progresser*** v. intr. ■ conjug. 1. **1.** Se développer, être en progrès. / contr. **décroître, reculer** / *Le mal progresse.* ⇒ **empirer.** — (Personnes) Faire des progrès, être dans un état meilleur. *Cette élève a beaucoup progressé.* / contr. **régresser** / **2.** Avancer, gagner régulièrement du terrain. *L'ennemi progresse.* ▶ ***progressif, ive*** adj. **1.** Qui s'effectue d'une manière régulière et continue. ⇒ **graduel.** *Un développement progressif.* / contr. **subit** / **2.** Qui suit une progression. *Taxe progressive* (opposé à *proportionnnel*). / contr. **dégressif** / ▶ ***progressivement*** adv. ■ D'une manière progressive, peu à peu, petit à petit. ⇒ **graduellement.** ▶ ***progressivité*** n. f. ■ *La progressivité des taxes.* ▶ ***progression*** n. f. **1.** Suite de nombres dans laquelle chaque terme est déduit du précédent par une loi constante. *Progression arithmétique* (2-4-6-8...), *géométrique* (2-6-18-54...). **2.** Mouvement dans une direction déterminée, mouvement en avant. *La lente progression des glaciers.* — *La progression d'une armée.* ⇒ **avance, marche. 3.** Développement par degrés, régulier et continu. ⇒ **progrès.** (S'oppose à *régression.*) ▶ ***progressiste*** adj. et n. ■ Qui est partisan du progrès politique, économique et d'une plus grande justice sociale, obtenue par des réformes. *Parti progressiste* (mot qui désigne, selon les pays et les époques, des positions politiques diverses). / contr. **conservateur, réactionnaire** / — Anciennt. *Le Parti progressiste-conservateur du Canada.*

prohiber [pʀɔibe] v. tr. ■ conjug. 1. ■ Défendre, interdire par une mesure légale. / contr. **autoriser** / ▶ ***prohibé, ée*** adj. ■ Interdit par la loi. *Armes prohibées,* dont l'usage, le port sont interdits. ▶ ***prohibition*** n. f. **1.** Interdiction légale. / contr. **autorisation** / *Prohibition du port d'armes.* **2.** Interdiction d'importer, de fabriquer, de vendre certaines marchandises, certaines denrées. — Absolt. LA PROHIBITION : celle de l'alcool, de 1919 à 1933, aux États-Unis. ▶ ***prohibitif, ive*** adj. **1.** Littér. Qui défend, interdit légalement. *Des mesures prohibitives.* **2.** *Droits, tarifs douaniers prohibitifs,* si élevés qu'ils équivalent à la prohibition d'une marchandise. ⇒ **protectionnisme.** — Cour. (Prix) Trop élevé, excessif ; trop cher. *Ce magasin vend ses articles à des prix prohibitifs.*

proie [pʀwa] n. f. **1.** Être vivant dont un animal s'empare pour le dévorer. *Le tigre bondit sur sa proie. Fondre sur une proie.* — DE PROIE : qui se nourrit surtout de proies vivantes. OISEAU DE PROIE : rapace. ⇒ **prédateur.** — Loc. *Lâcher la proie pour l'ombre.* ⇒ **ombre. 2.** Bien dont on s'empare par la force ; personne qu'on dépouille. *La vieille dame était une proie facile pour les escrocs.* ⇒ **victime. 3.** ÊTRE LA PROIE DE : (Personnes) être absorbé, pris par (un sentiment, une force hostile). *Être la proie de, du remords.* — (Choses) Être livré à, détruit par. *La forêt fut en un instant la proie des flammes.* **4.** EN PROIE À : tourmenté par (un mal, un sentiment, une pensée). *Elle était en proie au désespoir.*

projecteur [pʀɔʒɛktœʀ] n. m. **1.** Appareil d'optique dans lequel les rayons d'une source lumineuse intense sont réfléchis et projetés en un faisceau parallèle. *Des projecteurs de théâtre.* ⇒ anglic. **spot. 2.** Appareil servant à projeter des images sur un écran. *Un projecteur de cinéma. — Projecteur à diapositives.* ‹ ▸ rétroprojecteur ›

projectile [pʀɔʒɛktil] n. m. ■ Objet lancé en avant et avec force. *Des projectiles divers, assiettes, casseroles, couverts.* — Spécialt. *Projectiles d'artillerie,* obus, bombes.

projection [pʀɔʒɛksjɔ̃] n. f. **1.** Action de projeter, de lancer en avant ; lancement (de projectiles). *L'éruption commença par une projection de cendres.* — Au plur. Matières projetées. **2.** Opération par laquelle on fait correspondre à un point (ou à un ensemble de points) de l'espace, un point (ou un ensemble de points) d'une droite ou d'une surface suivant un procédé géométrique défini ; le point ou l'ensemble de points ainsi définis. *Projection orthogonale. — Projection cartographique,* méthode de représentation de la surface terrestre sur une carte géographique. **3.** Action de projeter une image, un film sur un écran. *Appareil de projection.* ⇒ **projecteur. 4.** Psychologie. *La projection d'un documentaire.* Action de projeter (①, 3) un sentiment sur qqn. ▸ ***projectionniste*** n. ■ Technicien (ienne) chargé(e) de la projection des films.

projet [pʀɔʒɛ] n. m. **1.** Image d'une situation, d'un état que l'on pense atteindre. ⇒ **dessein, intention,** ③ **plan.** *Projet détaillé, élaboré.* ⇒ **programme.** *Projet de recherche sur l'environnement. Une chargée de projet.* ⇒ **responsable.** *Faire des projets au lieu d'agir. Nous allons réaliser nos projets. Quels sont vos projets pour cet été ? Projets de vacances.* **2.** Brouillon, ébauche, premier état. *Ce travail est resté à l'état de projet. Un projet de roman.* — PROJET DE LOI : texte de loi élaboré à l'initiative gouvernementale et soumis au pouvoir législatif qui décidera de son adoption. ≠ *proposition de loi.* — Dessin, dossier d'architecte présentant un bâtiment à construire, un aménagement urbain. — Dessin, modèle antérieur à la réalisation. *L'étude d'un projet.* — Décision officielle annoncée. *Projet de centrale nucléaire.* ‹ ▸ avant-projet ›

① ***projeter*** [pʀɔʒte] v. tr. ▪ conjug. 4. **1.** Jeter en avant et avec force. ⇒ ① **lancer ;** fam. **garrocher.** *Le volcan projetait une pluie de pierres.* **2.** Envoyer sur une surface (des rayons lumineux, une image). *Projeter un film, des diapositives.* — Au p. p. adj. *Les silhouettes projetées sur le mur.* **3.** Psychologie. *Projeter un sentiment sur qqn,* lui attribuer un sentiment qu'on a soi-même. **4.** Pronominalement. *Se projeter dans l'avenir,* s'imaginer dans une situation future. ‹ ▸ projecteur, projectile, projection, projet ›

② ***projeter*** v. tr. ▪ conjug. 4. ■ Former l'idée de (ce que l'on veut faire et des moyens pour y parvenir). ⇒ **projet.** *On projetait un voyage. Ils projetèrent de monter une affaire ensemble.*

prolégomènes [pʀɔlegɔmɛn] n. m. plur. Littér. ou didact. **1.** Ample préface. **2.** Principes préliminaires à l'étude d'une question.

prolétaire [pʀɔletɛʀ] n. m. **1.** Antiquité. Personne dont la seule fortune était constituée par les enfants qu'elle pouvait avoir (même radical que *prolifique*). — Aujourd'hui. Ouvrier, cultivateur, employé qui ne vit que de son salaire (terme marxiste). / contr. **capitaliste ; bourgeois / 2.** Salarié aux revenus modestes. — (France) Abrév. fam. *Un, une prolo.* ▸ ***prolétariat*** n. m. ■ Classe sociale des prolétaires. *Le prolétariat urbain.* ▸ ***prolétarien, ienne*** adj. ■ Relatif au prolétariat ; formé par le prolétariat. *La révolution prolétarienne.* ▸ ***prolétariser*** v. tr. ▪ conjug. 1. ■ Réduire à la condition de prolétaire (d'anciens producteurs indépendants, artisans, etc.). ▸ ***prolétarisation*** n. f. ■ Action de prolétariser ; résultat de cette action. *La prolétarisation des petits cultivateurs propriétaires.* ‹ ▸ sous-prolétaire ›

proliférer [pʀɔlifeʀe] v. intr. ▪ conjug. 6. **1.** Se multiplier en abondance, rapidement. ⇒ se **reproduire.** *Le gibier prolifère dans cette région.* **2.** Naître en grand nombre, foisonner. *On voit proliférer les clubs vidéo.* ▸ ***prolifération*** n. f. ■ Le fait de proliférer. ⇒ **multiplication.** ▸ ***prolifique*** adj. **1.** Qui se multiplie rapidement. ⇒ **fécond.** *Les lapins sont prolifiques.* **2.** Plaisant. *Un romancier prolifique,* particulièrement fécond. ‹ ▸ non-prolifération ›

prolixe [pʀɔliks] adj. ■ Qui est trop long, qui a tendance à délayer dans ses écrits ou ses discours. ⇒ **bavard, placoteur, verbeux.** / contr. **succinct** / *Un orateur prolixe. — Style prolixe.* / contr. **concis, sobre** / ▸ ***prolixité*** n. f. ■ Littér. *Expliquer qqch. avec prolixité.* ⇒ **volubilité.** / contr. **laconisme** /

prologue [pʀɔlɔg] n. m. **1.** Première partie (d'un roman, d'une pièce) présentant des événements antérieurs à l'action proprement dite (opposé à *épilogue*). *Le prologue d'un film* (avant le générique). **2.** Texte introductif. ⇒ **introduction.** — Préliminaire, prélude. *Cette rencontre fut un prologue à la conférence.*

prolonger [pʀɔlɔ̃ʒe] v. tr. ▪ conjug. 3. **1.** Faire durer plus longtemps (⇒ **prolongation**). / contr. **abréger, interrompre** / *Nous allons prolonger notre séjour.* — Pronominalement (réfl.). Durer plus longtemps que prévu. *La séance s'est prolongée jusqu'à minuit.* **2.** Faire aller plus loin dans le sens de la longueur (⇒ **prolongement**). / contr. **raccourcir** / *Prolonger une autoroute.* — Pronominalement. Aller plus loin. ⇒ **continuer.** *Le chemin se prolonge jusqu'à la route.* **3.** (Choses) Être le prolongement de. *Les bâtiments qui prolongent les ailes de l'hôpital.* ▸ ***prolongé, ée*** adj. **1.** Qui se prolonge dans le temps. *Des vacances prolongées.* **2.** Fam. *Un adolescent prolongé,* un homme sans maturité. ⇒ **attardé.** ▸ ***prolongation*** n. f. **1.** Action de prolonger dans le temps ; report d'une échéance, d'un délai ; résultat de cette action. *Obtenir une prolongation de congé.* **2.** Sports (hockey, soccer...). Temps supplémentaire qui prolonge un match en vue de départager deux équipes à égalité. *Aller, jouer en prolongation. But en prolongation.* — Chacune de ces périodes. *Entreprendre la deuxième prolongation.* ▸ ***prolongement*** n. m. **1.** Action de prolonger dans l'espace ; augmentation de longueur. ⇒ **allongement.** *Le prolongement de la route jusqu'à la ferme. Demander le prolongement d'une ligne électrique.* / contr. **raccourcissement / 2.** Ce par quoi on prolonge (une chose) ; ce qui prolonge la partie principale (d'une chose). *Les prolongements de la cellule nerveuse.* **3.** *Dans le prolongement de,* dans la direction qui prolonge... — Abstrait. *Dans le prolongement de cette politique,* comme une suite de cette politique. **4.** Ce par quoi un événement, une situation se prolonge. ⇒ **continuation, suite.** *Les prolongements d'une affaire.*

promener [pʀɔmne] v. ▪ conjug. 5. **I.** V. tr. **1.** Faire aller dans plusieurs endroits, pour le plaisir, le délassement. *Je dois promener un ami étranger à travers, dans Charlevoix, à Québec. Promener son chien.* — Fam. *Cela vous promènera,* cela vous fera faire une promenade. **2.** Déplacer, faire aller et venir (qqch.). *Promener un archet sur les cordes. Je promenais mon regard sur le paysage.* **3.** Faire aller avec soi. *Il promène partout son ennui.* **II.** SE PROMENER v. pron. **1.** Aller d'un lieu à un autre pour se détendre, prendre l'air, etc. ⇒ se **balader, marcher ;** fam. prendre une **marche.** *Je vais me promener un peu.* ⇒ **sortir.** *Viens te promener avec papa.* **2.** Fam. (Sans pronom) ENVOYER PROMENER *qqn* : le repousser sans ménagement. — *J'ai tout envoyé promener,* j'ai tout abandonné, j'ai complètement renoncé. ▸ ***promenade*** n. f. **1.** Action de se promener ; trajet que l'on fait en se promenant. ⇒ **balade, excursion,** ② **tour ;** fam. **vadrouille, virée.** *Faire une promenade à pied, en voiture. Les enfants sont partis, allés, sortis en promenade.* **2.** Voie aménagée dans une ville pour les promeneurs. ⇒ **avenue,** ③ **cours, mail** (2). *La promenade de la Gatineau, à Hull.* ▸ ***promeneur, euse*** n. ■ Personne qui se promène à pied, dans les rues et les promenades publiques. ⇒ **flâneur, marcheur, passant.** *Il y avait encore quelques promeneurs attardés.* ▸ ***promenoir*** n. m. **1.** Lieu destiné à la promenade dans un couvent, un hôpital, une prison. **2.** Partie de certaines salles de spectacle où les spectateurs, à l'origine, se tenaient debout et pouvaient circuler.

promesse [pʀɔmɛs] n. f. **1.** Action de promettre ; ce que l'on s'engage à faire. *Il m'a fait des promesses qu'il n'a pas tenues. Manquer à sa promesse.* ⇒ **engagement, parole.** *J'ai votre promesse,* vous me l'avez promis. **2.** Engagement de contracter une obligation ou d'accomplir un acte. *Promesse d'achat, de vente. Promesse de mariage.* **3.** Littér. Espérance que donne qqch. *Un livre plein de promesses,* qui laisse espérer de belles œuvres.

promettre [pʀɔmɛtʀ] v. tr. ▪ conjug. 56. **I. 1.** S'engager envers qqn à... *Elle lui a promis de l'aider. Il lui a promis son aide. Elle lui a promis qu'elle l'aiderait. L'aide qu'il lui a promise.* **2.** Affirmer, assurer. *Je vous promets qu'il s'en repentira. Je te le promets, je te promets.* ⇒ **jurer. 3.** S'engager envers qqn à donner (qqch.). *On leur promet une récompense.* Loc. *Promettre la lune, monts et merveilles,* des choses impossibles. **4.** Annoncer, prédire. *Je vous promets du beau temps pour demain.* **5.** (Choses) Faire espérer (un développement, des événements). ⇒ **annoncer.** *Ce nuage ne promet rien de bon.* ⇒ **prédire. 6.** *Promettre beaucoup* ou, sans compl., *promettre,* donner de grandes espérances. *C'est une enfant qui promet.* — Fam. *De la neige en septembre, ça promet pour cet hiver !,* ça va être encore pire. **II.** SE PROMETTRE v. pron. **1.** (Réfl. ind.) Espérer, compter sur. *Les joies qu'il s'était promises.* — *Se promettre de* (+ infinitif), faire le projet de. *Elle se promit de ne plus recommencer.* **2.** (Récipr.) Se faire des promesses mutuelles. *Elles se sont promis de garder le secret.* ▸ ***prometteur, euse*** adj. ■ Plein de promesses. *Ce chanteur, ce groupe ont fait des débuts prometteurs,* ils vont vers le succès. *Joueur prometteur.* ⇒ anglic. **prospect.** ▸ ***promis, ise*** adj. **I. 1.** Loc. *Chose promise, chose due,* on doit faire, donner ce qu'on a promis. — *La* TERRE PROMISE : la terre de Chanaan que Dieu avait promise au peuple hébreu ; fig. pays, milieu dont on rêve. **2.** PROMIS À : destiné à, voué à. *Jeune personne promise à un brillant avenir.* **II.** N. Vx. Fiancé(e). *Il est venu avec sa promise.* ‹ ▸ promesse ›

promiscuité [pʀɔmiskɥite] n. f. ■ Situation qui oblige des personnes à vivre côte à côte et à se mêler malgré elles ; voisinage choquant ou désagréable. *Ils dorment tous dans la même chambre, quelle promiscuité !*

promontoire [pʀɔmɔ̃twaʀ] n. m. ■ Pointe de terre (⇒ ② **cap, presqu'île**), de relief élevé, s'avançant en saillie dans la mer.

promoteur, trice [pʀɔmɔtœʀ, tʀis] n. **1.** Littér. Personne qui donne la première impulsion (à qqch.). ⇒ **instigateur.** *Elle aura été la promotrice de cette réforme.* **2.** *Promoteur (immobilier),* personne du monde des affaires qui assure et finance la construction d'immeubles. — Adj. *Société promotrice.* — *Promoteur de lutte, de boxe,* personne qui organise des combats de lutte, de boxe.

promotion [pʀɔmosjɔ̃] n. f. **1.** Accession à un grade, un emploi supérieur. ⇒ **avancement.** / contr. **rétrogradation** / — *Promotion sociale,* accession à un rang social supérieur. *Obtenir une (sa) promotion. Promotion technique.* ⇒ **qualification. 2.** Ensemble des étudiants diplômés d'un établissement scolaire (secondaire, collégial, universitaire) ayant terminé, la même année, un programme d'études sanctionné par un même diplôme. ⇒ **finissant.** *Camarades de promotion. La promotion de lettres de 1971.* **3.** PROMOTION DES VENTES : développement des ventes, par la publicité, les efforts de vente exceptionnels ; ensemble des techniques, des services chargés de ce développement. *Produit en promotion.* ⇒ **réclame, solde, vente. 4.** Action de promouvoir (2). *La promotion du travail manuel, de la recherche scientifique.* ▸ ***promotionnel, elle*** adj. ■ Qui favorise l'expansion des ventes [⇒ **promotion** (3)]. *Vente promotionnelle.*

promouvoir [pʀɔmuvwaʀ] v. tr. ▪ conjug. 27. — REM. Rare, sauf à l'infinitif et au part. passé. **1.** Élever à une dignité, un grade... supérieur. *Il vient d'être promu à la direction des ventes, promu directeur.* — Au p. p. adj. *Soldats promus à un grade supérieur.* **2.** Encourager (qqch.), provoquer la création, l'essor de. ⇒ **favoriser ;** fam. **mousser.** *Il est indispensable de promouvoir la recherche scientifique.* ‹ ▸ promoteur, promotion ›

prompt, prompte [pʀɔ̃, pʀɔ̃(p)t] adj. **I. 1.** Littér. Qui agit, fait (qqch.) sans tarder. / contr. **lent** / — PROMPT À... : que son tempérament entraîne rapidement à... *Il était prompt à la colère, à riposter.* — *Elle est prompte,* elle se fâche rapidement. **2.** (Choses) Qui ne tarde pas à se produire. *Je vous souhaite un prompt rétablissement.* — *Ciment prompt,* à prise rapide. **II. 1.** Littér. (Personnes) Qui met peu de temps à ce qu'il fait, se meut avec rapidité. ⇒ **rapide, vif.** *Prompt comme l'éclair, comme la foudre,* très rapide, instantané. ⇒ **expéditif. 2.** (Choses) Qui se produit en peu de temps. ⇒ **brusque, soudain.** *Une prompte riposte.* ▸ ***promptement*** [pʀɔ̃ptəmɑ̃, pʀɔ̃tmɑ̃] adv. ■ Littér. *Obéir promptement.* ▸ ***promptitude*** [pʀɔ̃(p)tityd] n. f. Littér. **1.** Manière d'agir, réaction d'une personne prompte. ⇒ **diligence, rapidité.** / contr. **lenteur** / **2.** Caractère de ce qui survient vite ou se fait en peu de temps. *La promptitude de leur riposte.* ‹ ▸ impromptu ›

prompteur [pʀɔ̃ptœʀ] n. m. ■ Anglic. Appareil qui fait défiler un texte sur un écran au-dessus d'une caméra de télévision, de sorte qu'une personne puisse le lire en regardant la caméra (et semble improviser). ⇒ **télésouffleur.**

promu, ue Part. passé du v. *promouvoir.*

promulguer [pʀɔmylge] v. tr. ▪ conjug. 1. ■ *Promulguer une loi,* la décréter valable. ⇒ **édicter.** — Au p. p. adj. *La loi promulguée est publiée à la Gazette officielle et prend alors effet.* ▸ ***promulgation*** n. f. ■ Action de promulguer (une loi). ⇒ **proclamation.** — (France) Décret par lequel le président de la République entérine une loi votée par le Parlement.

prône [pʀon] n. m. ■ Vieilli. Religion. Sermon du dimanche. ⇒ **homélie.** ▶ ***prôner*** [pʀone] v. tr. ▪ conjug. 1. ■ Vanter et recommander sans réserve et avec insistance. *Ils prônent la tolérance.* ⇒ **exalter,** ① **louer, préconiser.** / contr. **décrier, dénigrer** /

pronom [pʀɔnɔ̃] n. m. ■ Grammaire. Mot qui a les fonctions du nom et qui, à la troisième personne ou s'agissant d'un objet, d'un concept, remplace le nom. *Pronoms démonstratifs* (ceci, cela, ça, celui-ci...), *indéfinis* (on, certains, tous...), *interrogatifs* (qui, quoi...), *personnels* (je, tu, il...), *possessifs* (le mien, le tien, le sien...), *relatifs* (que, qui, lequel, auquel, desquels...). — REM. Il y a aussi des adjectifs* démonstratifs, possessifs. ▶ ***pronominal, ale, aux*** adj. **1.** Relatif au pronom. *L'emploi pronominal de « tout ». Locution pronominale.* **2.** *Verbe pronominal,* verbe qui est précédé d'un pronom personnel réfléchi (ex. : je *me* promène, tu *te* promènes, etc.) et qui, en français, se conjugue obligatoirement avec l'auxiliaire *être* aux temps composés. *Verbe pronominal réfléchi* (je me baigne), *réciproque* (elles se sont fâchées), *à sens passif* (ce plat se mange froid). *Verbe essentiellement pronominal* (s'évanouir, se souvenir). — *Faux pronominal,* où le pronom représente le complément (*se laver les mains* : laver les mains « de soi », *laver ses mains*). ▶ ***pronominalement*** adv. ■ En emploi pronominal ; à la forme pronominale.

prononcé, ée [pʀɔnɔ̃se] adj. ■ Très marqué, très visible. ⇒ **accentué.** *Avoir les traits du visage très prononcés. Un goût prononcé pour la musique.*

prononcer [pʀɔnɔ̃se] v. ▪ conjug. 3. **I.** V. tr. **1.** Dire (un mot, une phrase). *Elle ne pouvait prononcer un mot.* **2.** Articuler d'une certaine manière (les sons du langage). ⇒ **prononciation.** *Les Français prononcent les « o » très ouverts. Il prononce correctement l'anglais.* — Articuler (tel mot). *C'est un mot impossible à prononcer,* imprononçable. — Pronominalement (passif). *Ce mot s'écrit comme il se prononce.* **3.** Faire entendre, dire ou lire publiquement (un texte). ⇒ **réciter.** *La mairesse prononça un discours.* **4.** Droit. Rendre, lire (un jugement) ; faire connaître (une décision). *Le président a prononcé la clôture des débats.* — Au p. p. adj. *Jugement prononcé.* **II.** V. intr. Rendre un arrêt, un jugement. *Le tribunal n'a pas encore prononcé.* ⇒ **juger. III.** SE PRONONCER v. pron. : se décider, se déterminer. *Se prononcer en faveur de qqn, pour, contre qqch.* — *Le pneumologue n'a pas voulu se prononcer trop tôt,* donner son avis. ▶ ***prononçable*** adj. ■ Qu'on peut prononcer. / contr. **imprononçable** / ▶ ***prononciation*** n. f. ■ La manière dont les sons du langage sont articulés, dont un mot est prononcé ; les sons qui correspondent dans le langage parlé à une lettre ou à un groupe de lettres (⇒ **phonétique**). *Corriger la prononciation des « u ».* — Manière d'articuler, de prononcer (propre à une personne, un milieu, une région, une époque). *Prononciation régionale.* ⇒ **accent.** *Avoir un défaut de prononciation.* ⇒ **élocution.** ⟨ ▶ imprononçable ⟩

pronostic [pʀɔnɔstik] n. m. **1.** Jugement que porte un médecin (après le diagnostic) sur la durée et l'issue d'une maladie. **2.** Souvent au plur. Conjecture, hypothèse sur ce qui doit arriver, sur l'issue d'une affaire, etc. ⇒ **prédiction, prévision.** *Se tromper dans ses pronostics.* — Spécialt. Hypothèses faites sur l'ordre d'arrivée des chevaux (dans une course). *Lire les pronostics des courses dans le journal.* ▶ ***pronostiquer*** v. tr. ▪ conjug. 1. **1.** Faire un pronostic, en médecine. **2.** Donner un pronostic sur (ce qui doit arriver). ⇒ **annoncer, prévoir.** *Les journaux avaient pronostiqué la victoire de ce boxeur.* ▶ ***pronostiqueur, euse*** n. ■ (France) Personne qui fait des pronostics (spécialt qui établit les pronostics sportifs, dans un journal, à la radio, etc.).

propagande [pʀɔpagɑ̃d] n. f. ■ Action exercée sur l'opinion pour l'amener à avoir et à appuyer certaines idées (religieuses, politiques, sociales...). *La propagande électorale. Instruments, moyens de propagande. Faire de la propagande pour qqch., qqn.* — *C'est de la propagande !,* des affirmations ou des nouvelles peu sérieuses, faites pour influencer l'opinion. ⇒ **désinformation.** ▶ ***propagandiste*** n. ■ Personne, partisan qui fait de la propagande.

propager [pʀɔpaʒe] v. tr. ▪ conjug. 3. **I.** Répandre, faire accepter, faire connaître à de nombreuses personnes, en de nombreux endroits. *Propager une nouvelle.* ⇒ **colporter, diffuser, transmettre.** *C'est la presse féminine qui a propagé cette mode.* **II.** V. pron. **1.** Se multiplier par reproduction. *Cette espèce s'est propagée dans l'Est.* **2.** Se répandre. *L'incendie se propage.* ⇒ s'**étendre, gagner.** *La nouvelle s'est propagée rapidement.* **3.** (Phénomènes vibratoires, influx, etc.) S'éloigner de son origine. *La vitesse à laquelle le son se propage.* ▶ ***propagateur, trice*** n. ■ Personne qui propage (une religion, une opinion, une méthode...). ▶ ***propagation*** n. f. **1.** Le fait de propager. *La propagation de la foi chrétienne par les missionnaires.* **2.** Le fait de se propager ; progression par expansion, communication dans un milieu. *La propagation de l'épidémie.* ⇒ **progrès.** *La propagation du son, de la lumière.* ⟨ ▶ propagande ⟩

propane [pʀɔpan] n. m. ■ Gaz naturel ou sous-produit de raffinage d'hydrocarbure, vendu en bouteilles pour le chauffage, le travail des métaux. ≠ *méthane.*

propédeutique [pʀɔpedøtik] adj. ■ Didact. Qui prépare. — N. f. Année, trimestre ou cours préparatoire(s) à un niveau supérieur universitaire. *Une propédeutique de quinze crédits. Être en propédeutique.* — Ces études.

propension [pʀɔpɑ̃sjɔ̃] n. f. ■ Tendance naturelle. ⇒ **disposition, inclination, penchant.** *Il a une certaine propension à la mélancolie, à douter de lui.*

propergol [pʀɔpɛʀgɔl] n. m. ■ Substance dont la décomposition ou la réaction chimique produit de l'énergie utilisée pour la propulsion des fusées.

prophète, prophétesse [pʀɔfɛt, pʀɔfetɛs] n. **1.** Personne inspirée par la divinité, qui prédit l'avenir et révèle des vérités cachées. ⇒ **augure, devin, oracle.** *Les prophètes hébreux.* — (Avec une majusc.) *Le Prophète,* Mahomet, prophète de l'islam. *Le tombeau du Prophète.* — FAUX PROPHÈTES : imposteurs. **2.** (Sens affaibli) Loc. prov. *Nul n'est prophète en (dans) son pays,* il est plus difficile d'être écouté, considéré par ses compatriotes ou ses proches que par les étrangers. Fam. *Pas besoin d'être prophète pour prévoir, pour savoir que...,* tout le monde peut prévoir que... — *Prophète de malheur,* personne qui annonce, prédit des événements fâcheux. ▶ ***prophétie*** [pʀɔfesi] n. f. **1.** Action de prophétiser ; ce qui est prédit par un prophète. *Le don de prophétie. Les prophéties de Nostradamus.* **2.** Ce qui est annoncé par des personnes qui prétendent connaître l'avenir. ⇒ **divination, vaticination. 3.** Expression d'une conjecture, d'une hypothèse sur des événements à venir. ⇒ **prédiction.** *Tes prophéties se sont réalisées.* ▶ ***prophétique*** adj. ■ Qui a rapport à un prophète, a le caractère de la prophétie. ⇒ **prémonitoire.** *Elle prononça alors ces paroles prophétiques...,* que l'avenir devait confirmer. ▶ ***prophétiser*** v. tr. ▪ conjug. 1. **1.** Prédire, en se proclamant inspiré de Dieu. ⇒ **révéler.** *Ils prophétisaient la venue du Messie, la fin du monde.* — Parler au nom de Dieu. *Alors Ézéchiel prophétisa.* **2.** Prédire, annoncer (ce qui va arriver).

prophylaxie [pʀɔfilaksi] n. f. ■ Ensemble des mesures à prendre pour prévenir les maladies.

⇒ **hygiène, prévention, vaccination.** *Les travaux de Pasteur ont permis de découvrir la prophylaxie.* ▶ ***prophylactique*** adj. ■ *Prendre des mesures d'hygiène prophylactiques.* ⇒ **préventif.**

propice [pʀɔpis] adj. **1.** Littér. (Divinités) Bien disposé, favorable. *Que le sort nous soit propice !* — Par ext. *Bénéficier d'un vent propice.* **2.** (Choses) *Propice à...,* qui se prête tout particulièrement à. ⇒ ① **bon, heureux.** *Un climat propice à sa santé.* — Opportun, favorable. *L'occasion était propice. Choisir le moment propice.* ▶ ***propitiatoire*** [pʀɔpi sjatwaʀ] adj. ■ Littér. Qui a pour but de rendre la divinité propice. *Une offrande propitiatoire.*

proportion [pʀɔpɔʀsjɔ̃] n. f. **1.** (Qualités) Rapport esthétiquement satisfaisant entre deux éléments d'un ensemble ; équilibre des surfaces, des masses, des dimensions. / contr. **disproportion** / *La proportion entre la hauteur et la largeur d'une façade.* — Au plur. Formes. *Une statue aux proportions harmonieuses.* ⇒ bien **proportionné.** *Mauvaises proportions.* ⇒ **difforme.** **2.** (Quantités) Rapport (entre deux ou plusieurs choses). *Il y a une proportion égale de réussites et d'échecs. La proportion des décès avant 50 ans est élevée dans ce pays.* ⇒ **pourcentage, taux.** — *Respectez les proportions données par la recette.* ⇒ **quantité.** — Loc. À PROPORTION DE... : suivant l'importance, la grandeur relative de. ⇒ **proportionnellement.** *Chose qui augmente à proportion de,* en raison directe de. À PROPORTION QUE : à mesure que (et dans la mesure où). À PROPORTION : suivant la même proportion. *La clientèle a augmenté et le travail à proportion.* — EN PROPORTION DE. ⇒ **proportionnellement** à, au **prorata** de, **selon, suivant.** *Le travail était payé en proportion des risques. C'est peu de chose, en proportion du service qu'elle vous avait rendu.* ⇒ en **comparaison,** par **rapport** à, **relativement.** EN PROPORTION : suivant la même proportion. *Il est grand, et gros en proportion.* — HORS DE PROPORTION, *hors de toute proportion* : qui n'est pas en proportion. ⇒ **disproportionné.** — *Toute(s) proportion(s) gardée(s).* ⇒ **garder** (II, 7). **3.** Au plur. Dimensions (par référence implicite à une échelle, une mesure). *Le déficit a pris des proportions considérables.* ▶ ***proportionnel, elle*** adj. **1.** *Suite proportionnelle,* chacune des fractions (dont aucun terme n'est égal à 0) donnée pour égale à une autre (ex. : $\frac{a}{b} = \frac{c}{d} = \frac{e}{f}$ ...). — *Moyenne, grandeur proportionnelle,* calculée à partir de suites proportionnelles. — *Directement, inversement proportionnel à...* **2.** Qui est, reste en rapport avec, varie dans le même sens que (qqch.). *Un traitement proportionnel à l'ancienneté.* — Absolt. Déterminé par une proportion. *Impôt proportionnel,* à taux invariable (opposé à *progressif*). **3.** *Représentation proportionnelle* et, n. f., *la proportionnelle,* système électoral où les élus de chaque liste sont en nombre proportionnel à celui des voix obtenues par cette liste. ▶ ***proportionnalité*** n. f. Droit ou didact. **1.** Caractère des grandeurs qui sont ou restent proportionnelles entre elles. **2.** Le fait de répartir (qqch.) selon une juste proportion. *La proportionnalité de l'impôt.* ▶ ***proportionnellement*** adv. ■ (Avec *à*) Suivant une proportion ; d'une manière proportionnelle. *Il calcule ses dépenses proportionnellement à son salaire.* ⇒ en **proportion** de. — *Un petit État peut être proportionnellement plus fort qu'un grand.* ⇒ **comparativement, relativement.** ▶ ***proportionner*** v. tr. ▪ conjug. 1. ■ Rendre (une chose) proportionnelle (à une autre) ; établir un rapport convenable, normal entre (plusieurs choses). ▶ ***proportionné, ée*** adj. **1.** *Proportionné à,* qui a un rapport normal avec. *Meuble proportionné aux dimensions d'une pièce.* **2.** BIEN PROPORTIONNÉ : qui a de belles proportions (1), bien fait. ‹ ▶ disproportion ›

① ***propos*** [pʀɔpo] n. m. invar. **I.** Littér. Ce qu'on propose ; ce qu'on se fixe pour but. ⇒ **dessein, intention, résolution.** *Son propos est de* (+ infinitif). **II.** UN, DES PROPOS : paroles dites au sujet de qqn, qqch., mots échangés. ⇒ **parole.** *Ce sont des propos en l'air. Il lui tint des propos blessants.* ‹ ▶ avant-propos, ② propos ›

② ***propos*** n. m. invar. (Dans des expressions avec *à)* **1.** À PROPOS DE : au sujet de. ⇒ **concernant.** *Je n'ai rien à ajouter à propos de cette affaire, à ce propos. À quel propos ? — À propos de tout et de rien,* sans motif. — *Se mettre en colère* À TOUT PROPOS : pour un oui ou pour un non (→ à tout bout de champ). ⇒ **constamment.** — À PROPOS, *à ce propos* : sert à introduire dans la suite du discours une idée qui surgit brusquement à l'esprit (en fait, souvent hors de propos). ⇒ **incidemment ;** fam. **coudon.** *Ah ! à propos, je voulais vous demander... — Mal à propos,* de manière intempestive, inopportune. **2.** À PROPOS : de la manière, au moment, à l'endroit convenable ⇒ à point **nommé** ; avec discernement. *Voilà qui tombe à propos. Il a jugé à propos de démissionner,* il a jugé convenable, opportun. **3.** HORS DE PROPOS : mal à propos. ⇒ à **contretemps.** *Il est hors de propos de répondre.* ⇒ hors de **question.** ‹ ▶ à-propos ›

proposer [pʀɔpoze] v. tr. ▪ conjug. 1. **I.** PROPOSER *qqch.* À *qqn.* **1.** Faire connaître à qqn, soumettre à son choix. *Quel menu nous proposez-vous ? On leur proposa un nouveau projet.* ⇒ **présenter.** — *Proposer une solution.* ⇒ **avancer, suggérer.** — *Proposer de* (+ infinitif). *Proposer de partir.* — (+ subjonctif) *Elle a proposé que tu partes.* **2.** Soumettre (un projet) en demandant d'y prendre part. *Ils nous ont proposé un arrangement, de partager les frais.* **3.** Demander à qqn d'accepter. *Elle m'a proposé de l'argent.* ⇒ **offrir.** *Les solutions qu'il m'a proposées.* **4.** Donner (un sujet, un thème). — Au p. p. adj. *Le sujet de recherche proposé aux étudiants.* **II. 1.** Faire connaître, promettre de donner. *Proposer une prime de mille dollars aux employés.* **2.** Désigner (qqn) comme candidat pour un emploi. *On l'a proposée pour ce poste.* **III.** SE PROPOSER v. pron. **1.** Se fixer (un but) ; former le projet de (faire). *Elles se sont proposé un objectif audacieux. Les buts qu'elle s'est proposé d'atteindre.* **2.** Poser sa candidature à un emploi, offrir ses services. *Elle s'est proposée pour garder les enfants.* ▶ ***proposition*** n. f. **1.** Action de proposer, d'offrir, de suggérer qqch. à qqn ; ce qui est proposé. ⇒ **offre.** *Ils ont fait des propositions alléchantes. Accepter, rejeter une proposition. Faire des propositions (déshonnêtes) à une femme. Sur la proposition de Jean,* conformément à ce qu'a proposé Jean, sur son conseil. *Sur proposition du gouvernement,* à l'initiative du gouvernement. — PROPOSITION DE LOI : (France) texte qu'un ou plusieurs parlementaires déposent sur le bureau de leur assemblée pour qu'il soit transformé en loi après un vote du Parlement. ≠ *projet de loi.* **2.** Logique. Assertion considérée dans son contenu ; signification de cette assertion. *Démontrer qu'une proposition est vraie, fausse, contradictoire.* **3.** Grammaire. Énoncé constituant une phrase simple ou entrant dans la formation d'une phrase complexe. *Sujet, verbe d'une proposition. Proposition principale, subordonnée, indépendante.* ‹ ▶ contreproposition ›

① ***propre*** [pʀɔpʀ] adj. et n. m. **I. 1.** (Après le nom) Qui appartient d'une manière exclusive ou particulière à une personne, une chose. *Vous lui remettrez ces papiers en mains propres.* — (Précédé ou suivi d'un nom indiquant la parenté au premier degré) *Ma propre cousine* ⇒ **germain**, *ma propre tante. Mon cousin propre, mon oncle propre.* — NOM PROPRE (opposé à *nom commun*) : nom qui s'applique à une personne, à un lieu, etc., qu'il désigne. *Marie, René Lévesque, L'Ancienne-Lorette, Radio-Canada, S.A.Q. sont des noms propres.* — SENS PROPRE (opposé à *sens figuré*) : sens d'un mot considéré comme antérieur aux autres (logiquement ou historiquement). ⇒ **littéral.** — PROPRE À... *C'est un trait de caractère qui lui est propre.* ⇒ **particulier.** *Un défaut propre à la jeunesse.* ⇒ **caractéristique, spécifique.** **2.** (Sens affaibli, avec un possessif et avant le nom) *Elle rentrera par ses propres moyens. Dans leur propre intérêt. Il l'a vu de ses propres yeux.* — *Ce sont ses propres mots,* exactement les mots qu'il a employés. ⇒ **même.** **3.** (Après le nom) Qui convient particulièrement. ⇒ **approprié, convenable.** / contr. **impropre** / *Le mot propre.* ⇒ **exact, juste.** *Une atmosphère propre au recueillement.* — (Personnes) Apte, par sa personnalité, ses capacités. *Je te crois propre à remplir cet emploi.* — N. UN, UNE PROPRE-À-RIEN : personne qui ne sait rien faire ou ne veut rien faire, qui ne peut se rendre utile. ⇒ **incapable.** *Quels propres-à-rien !* [pʀɔpʀaʀjɛ̃]. **II.** N. m. **1.** EN PROPRE : possédé à l'exclusion de tout autre. *Avoir un bien en propre,* à soi. ⇒ **propriété.** **2.** LE PROPRE DE : la qualité distinctive qui caractérise, qui appartient à (une chose, une personne). *C'est le propre du régime actuel.* ⇒ **particularité.** *Le rire est le propre des êtres humains.* **3.** AU PROPRE : au sens propre, littéral. *Se dit au propre et au figuré.* ▶ ① ***proprement*** adv. **1.** D'une manière spéciale à qqn ou à qqch. ; en propre. *Le gouvernement affirme que c'est une affaire proprement québécoise.* ⇒ **exclusivement, strictement.** **2.** Littér. Au sens propre du mot, à la lettre. ⇒ **exactement, précisément.** — À PROPREMENT PARLER : en nommant les choses exactement par le mot propre. ⇒ **littéralement.** *Ce chalet est à proprement parler une grande maison.* — PROPREMENT DIT(E) : au sens exact et restreint, au sens propre. *L'histoire proprement dite se résume en dix lignes.* ‹ ▶ amour-propre, approprier, exproprier, impropre, propriété ›

② ***propre*** adj. **1.** (Choses) Qui n'a aucune trace de saleté, de souillure. ⇒ **impeccable, net.** / contr. **malpropre, sale** / *Un hôtel modeste mais propre. Des draps bien propres.* ⇒ **immaculé.** *Porter des vêtements propres.* Cour. *Du linge propre,* des vêtements neufs. *Avoir les mains propres.* — (D'une action, d'une occupation) *Ne mange pas avec les doigts, ce n'est pas propre.* — N. m. *Ça sent le propre ici.* Adv. *Sentir propre* (choses, personnes). **2.** (Personnes) Qui se lave souvent ; dont le corps et les vêtements sont débarrassés de toute trace de saleté. — (Enfants) Qui a le contrôle de ses fonctions naturelles. *Elle était propre à vingt mois.* Loc. *Propre comme un sou neuf,* très propre. — (Surtout en France) Abstrait. Iron. *Nous voilà propres !,* dans une mauvaise situation (→ dans de beaux draps). ⇒ ① **frais.** **3.** Qui a l'aspect convenable, net. / contr. **négligé** / *Une copie propre.* — N. m. *Recopier, mettre au propre* (opposé à *au brouillon*). — Fait convenablement. *Voilà du travail propre,* correct (sans plus). / contr. **bâclé** / **4.** (Personnes, et surtout en France) Qui est honnête, dont la réputation est sans tache. / contr. **douteux** / Fam. *Je le connais, c'est pas grand-chose de propre,* il est malhonnête, méprisable. — (Choses) *Une affaire pas très propre.* — (France) N. m. *C'est du propre !,* se dit ironiquement d'un comportement indécent, immoral (→ c'est du beau, du joli !). ▶ ② ***proprement*** adv. **1.** D'une manière propre, soigneuse. / contr. **salement** / *Veux-tu manger proprement ! Être proprement vêtu. L'appartement est tenu très proprement.* **2.** Comme il faut, sans plus. ⇒ **convenablement, correctement.** / contr. ② **mal** / *Un travail proprement exécuté.* **3.** Avec honnêteté, décence. *Il s'est conduit proprement dans cette affaire.* ⇒ **correctement.** ▶ ***propret, ette*** adj. ■ Bien propre dans sa simplicité. ⇒ **coquet.** *Une petite auberge proprette.* ▶ ***propreté*** n. f. **1.** État, qualité de ce qui est propre. / contr. **malpropreté, saleté** / *La propreté des maisons hollandaises.* **2.** Qualité d'une personne qui est propre, qui veille à ce que les objets dont elle se sert soient propres. *Manger avec propreté.* ‹ ▶ malpropre, malpropreté ›

propriété [pʀɔpʀijete] n. f. **I.** **1.** Fait de posséder en propre (⇒ ① **propre**), complètement et légitimement ; droit de jouir et de disposer des choses de la manière la plus absolue. ⇒ **copropriété.** *Le goût, l'amour de la propriété,* de la possession. — Monopole temporaire d'exploitation d'une œuvre, d'une invention par son auteur*. *Propriété littéraire, artistique.* ⇒ anglic. **copyright.** **2.** Ce qu'on possède en vertu de ce droit. *C'est ma propriété, la propriété de l'État.* ⇒ **appartenir.** **3.** Terre, construction ainsi possédée. *Il vit du revenu de ses propriétés.* — (Collectif) *La grande propriété et la petite.* **4.** Riche maison d'habitation avec un grand terrain, un parc. ⇒ **domaine.** *Elle habite une superbe propriété dans les environs de Cape Cod.* — Cour. Maison, appartement. ⇒ **copropriété ;** anglic. **condominium.** *Ils ont une petite propriété dans les Laurentides.* **II.** Abstrait. **1.** Qualité propre d'une chose. *Les propriétés de la matière. Propriétés physiques, chimiques. Posséder, présenter la propriété de* (+ infinitif). **2.** Qualité du mot propre, de l'expression qui convient exactement. / contr. **impropriété** / ▶ ***propriétaire*** n. **1.** *Le propriétaire de qqch.,* la personne qui possède en propriété. *La propriétaire d'une voiture. Rendez ce chien à son propriétaire.* — Loc. *Faire le tour du propriétaire,* visiter sa maison, son domaine. **2.** *Un, une propriétaire,* personne qui possède en propriété des biens immeubles. *Propriétaire terrien. Les grands, les petits propriétaires.* **3.** Personne qui possède une maison, un immeuble d'habitation en propriété et les loue. ⇒ fam. **proprio.** / contr. **locataire** / *Payer son loyer au, à la propriétaire.* — Adj. *Êtes-vous propriétaire de cet immeuble ?* ▶ ***proprio*** [pʀɔpʀijo] n. ■ Fam. Propriétaire. *Il a payé le loyer à sa proprio. Des proprios.* ‹ ▶ copropriété, multi-propriété ›

propulser [pʀɔpylse] v. tr. ▪ conjug. 1. **1.** Faire avancer par une poussée (⇒ **propulsion**). — Au p. p. adj. *Missile propulsé par une fusée.* **2.** Projeter au loin, avec violence. ⇒ fam. **garrocher.** **3.** Fam. SE PROPULSER v. pron. : se déplacer, se promener. ▶ ***propulseur*** n. m. **1.** Anciennt. Bâton à encoche servant à lancer une arme de trait. **2.** Engin de propulsion assurant le déplacement d'un bateau, d'un avion. *Propulseur à hélice, à réaction.* ▶ ***propulsion*** n. f. ■ Action de pousser en avant, de mettre en mouvement. — Production d'une force qui assure le déplacement d'un mobile. *La propulsion par réaction.* — Source d'énergie appliquée aux moteurs. *Sous-marin à propulsion nucléaire.* ‹ ▶ autopropulsé, propergol, turbopropulseur ›

au ***prorata*** [opʀɔʀata] loc. prép. ■ (Avec *de*) En proportion de, proportionnellement à. *Au prorata de la population.* — *Le partage des bénéfices se fait au prorata (des fonds engagés).*

proroger [pʀɔʀɔʒe] v. tr. ▪ conjug. 3. **1.** Renvoyer à une date ultérieure. *Proroger l'échéance d'un crédit.* — Faire durer au-delà de la date d'expiration fixée. ⇒ **prolonger.** *Proroger un passeport. Le traité a été prorogé.* **2.** *Proroger une assemblée,* en suspendre les séances et en reporter la suite à une date ultérieure. ⇒ **ajourner.** ▶ ***prorogation*** n. f. ■ Action de proroger. *La prorogation du bail.* ⇒ **prolongation, renouvellement.** — Politique. Acte du pouvoir exécutif marquant la fin d'une session parlementaire.

prosaïque [pʀozaik] adj. ■ Qui manque d'idéal, de noblesse. ⇒ **commun, ordinaire,** ① **plat.** / contr. **poétique** / *Nous menons une vie prosaïque. C'est une personne prosaïque,* terre à terre. ▶ ***prosaïquement*** adv. ▶ ***prosaïsme*** n. m. ■ Littér. Caractère prosaïque. *Le prosaïsme de la vie quotidienne.*

prosateur [pʀozatœʀ] n. m. ■ Auteur qui écrit en prose. *Les prosateurs et les poètes.* — REM. Le féminin *prosatrice* est virtuel.

proscrire [pʀɔskʀiʀ] v. tr. ▪ conjug. 39. **1.** Vx. Bannir, exiler (⇒ **proscription,** 1). **2.** Littér. Interdire formellement (une chose que l'on condamne, l'usage de qqch.). *L'association voudrait que l'on proscrive le tabac, l'alcool.* / contr. **autoriser, prescrire** / ≠ *prescrire.* ▶ ***proscription*** [pʀɔskʀipsjɔ̃] n. f. **1.** Autrefois. Mesure de bannissement, prise à l'encontre de certaines personnes, de certaines choses en période d'agitation civile ou de dictature ⇒ **exil.** ≠ *prescription.* **2.** Littér. Action de proscrire (2) qqch. ; son résultat. ⇒ **condamnation, interdiction.** ▶ ***proscrit, ite*** adj. et n. ■ Qui est frappé de proscription. ⇒ **banni, exilé.** *Des lectures proscrites,* interdites. — N. *Une proscrite.*

prose [pʀoz] n. f. **1.** Forme ordinaire du discours oral ou écrit ; manière de s'exprimer qui n'est soumise à aucune des règles de la versification (opposé à *poésie, vers*). *Un drame en prose.* — Style ; texte en prose. *La prose française du XVIIIe siècle.* **2.** Fam. Souvent iron. Manière (propre à une personne ou à certains milieux) d'utiliser le langage écrit ; texte où se reconnaît cette manière. *La prose administrative. Je reconnais sa prose.* ⇒ **style.** *J'ai lu votre prose,* votre lettre, votre texte. ⟨ ▶ prosaïque, prosateur ⟩

prosélyte [pʀɔzelit] n. **1.** Nouveau converti à une religion. **2.** Personne récemment gagnée à une doctrine, un parti, une nouveauté. ⇒ **adepte, néophyte.** ▶ ***prosélytisme*** n. m. ■ Zèle déployé pour faire des prosélytes, recruter des adeptes. ⇒ **apostolat, propagande.**

prosodie [pʀɔzɔdi] n. f. **1.** Didact. Durée, mélodie et rythme des voyelles d'un poème ; règles poétiques concernant les voyelles. ⇒ ① **métrique.** *La prosodie latine.* **2.** Règles fixant les rapports entre paroles et musique du chant. **3.** Intonation et débit propres à une langue. *Phonétique et prosodie.* ▶ ***prosodique*** adj. ■ Didact. De la prosodie.

prospect, ecte [pʀɔspɛ(kt), ɛkt] n. ■ Anglic. Client potentiel d'une entreprise. — Sports. Recrue, jeune joueur qui promet. *Club qui a de bons prospects dans ses filiales.*

prospecter [pʀɔspɛkte] v. tr. ▪ conjug. 1. **1.** Examiner, étudier (un terrain) pour rechercher les richesses naturelles. *Prospecter une concession de pétrole.* **2.** Parcourir (une région) pour y découvrir une source de profit. *Nos agents commerciaux ont prospecté cette région.* — *Prospecter la documentation sur un sujet,* examiner, étudier minutieusement. ⇒ **analyser, scruter.** ▶ ***prospecteur, trice*** n. ■ Personne qui prospecte. *Les prospecteurs d'or, de pétrole.* ▶ ***prospection*** [pʀɔspɛksjɔ̃] n. f. **1.** Recherche de gisements de minerais. *Ingénieurs qui font de la prospection en Abitibi.* **2.** Recherche, voyage d'une personne qui prospecte. ⟨ ▶ prospectif ⟩

prospectif, ive [pʀɔspɛktif, iv] adj. ■ Qui concerne l'avenir, sa connaissance. / contr. **rétrospectif** / *Faire une évaluation prospective du déroulement d'un projet.* ▶ ***prospective*** n. f. ■ Ensemble de recherches concernant l'évolution future des sociétés modernes et permettant de dégager des éléments de prévision. ⇒ **futurologie.** ≠ *anticipation.*

prospectus [pʀɔspɛktys] n. m. invar. ■ Publication publicitaire (brochure ou simple feuille, dépliant) destinée à vanter un produit, un commerce, une affaire... ⇒ **réclame, tract ;** fam. **pamphlet.** *Les prospectus d'un hôtel.* ⇒ **dépliant.**

prospère [pʀɔspɛʀ] adj. ■ Qui est dans un état heureux, de prospérité. ⇒ **florissant.** *Une santé prospère. Une mine prospère,* resplendissante. *Région prospère.* ⇒ **opulent.** *Un commerçant prospère.* ▶ ***prospérer*** v. intr. ▪ conjug. 6. **1.** Être, devenir prospère. *Un terrain où prospèrent les mauvaises herbes.* ⇒ **proliférer. 2.** (Affaires, entreprises...) Réussir, progresser dans la voie du succès. ⇒ se **développer, marcher.** *Une entreprise qui prospère.* / contr. **péricliter** / ▶ ***prospérité*** n. f. **1.** Bonne santé, fortune heureuse, situation favorable (d'une personne). *Je vous souhaite bonheur et prospérité.* **2.** Augmentation des richesses d'une collectivité ; heureux développement d'une production, d'une entreprise ; progrès dans le domaine économique. / contr. **marasme** / *Une industrie en pleine prospérité.* ⇒ **essor.** / contr. **déclin, stagnation** /

prostate [pʀɔstat] n. f. ■ Organe glandulaire, chez l'homme, situé sous la vessie. *Opération de la prostate* (appelée *prostatectomie,* n. f.), ablation de la prostate ou de tumeurs de la prostate. ▶ ***prostatique*** adj. et n. m. **1.** Adj. De la prostate. *Un gonflement prostatique.* **2.** N. m. Homme atteint d'une maladie de la prostate.

se ***prosterner*** [pʀɔstɛʀne] v. pron. ▪ conjug. 1. **1.** S'incliner en avant et très bas dans une attitude d'adoration, de supplication, d'extrême respect. *Les fidèles se sont prosternés devant l'autel.* **2.** Fig. *Se prosterner devant qqn,* faire preuve d'une humilité excessive, de servilité envers lui (elle). ⇒ s'**humilier.** *Pourquoi se prosterner devant le pouvoir ?* ▶ ***prosternation*** n. f. ou ***prosternement*** n. m.

prostituer [pʀɔstitɥe] v. tr. ▪ conjug. 1. **1.** Livrer (une personne) ou l'inciter à se livrer aux désirs sexuels de qqn pour en tirer profit. — Faire de (une personne) un(e) prostitué(e) (⇒ **proxénétisme**). — SE PROSTITUER v. pron. : se livrer à la prostitution. **2.** Littér. Déshonorer, avilir. *Prostituer son talent, sa plume,* l'abaisser à des besognes indignes, déshonorantes. — Pronominalement (réfl.). S'abaisser, se dégrader. ▶ ***prostitué, ée*** n. ■ Personne qui se livre à la prostitution, en se donnant à quiconque la paie. ⇒ **fille, péripatéticienne ;** fam. **agace ;** très fam. **guidoune ;** péj. **catin, putain ;** vulg. **plotte.** *Une prostituée qui fait le trottoir. Un prostitué homosexuel, travesti.* ▶ ***prostitution*** n. f. **1.** Le fait de livrer son corps aux plaisirs sexuels d'autrui pour de l'argent et d'en faire métier ; l'exercice de ce métier et le phénomène social qu'il représente. *La réglementation de la prostitution. Maison de prostitution.* ⇒ **maison** (II). *Dans certains pays, la prostitution est légale.* **2.** Littér. Action d'avilir, de s'avilir dans un comportement dégradant. *La prostitution de ses talents.*

prostré, ée [pʀɔstʀe] adj. ■ Qui est dans un état de prostration. ⇒ **abattu, accablé, effondré.** *On l'a retrouvé prostré dans un coin de sa chambre.* ▶ ***prostration*** n. f. ■ État d'abattement physique et psychologique extrême, de faiblesse et d'inactivité totale. ⇒ **hébétude.**

protagoniste [pʀɔtagɔnist] n. m. ■ Personne qui joue le premier rôle dans une affaire. *Les protagonistes du drame.* ⇒ **héros.**

protecteur, trice [pʀɔtɛktœʀ, tʀis] n. et adj. **I.** N. **1.** Personne qui protège, qui défend (les faibles, les pauvres, etc.). *L'enfant battu a trouvé un protecteur.* Loc. iron. *Le protecteur de la veuve et de l'orphelin.* ⇒ **défenseur.** / contr. **oppresseur, persécuteur** / **2.** Personne qui protège, qui patronne qqn. *Un protecteur puissant.* — *Le protecteur d'une femme,* l'amant qui l'entretient. **3.** Personne qui favorise la naissance ou le développement (de qqch.). *Il s'est fait le protecteur des arts.* ⇒ **mécène. 4.** *Protecteur du citoyen,* personne chargée de défendre les droits des particuliers face à certains pouvoirs (publics, universitaires). ⇒ **médiateur, ombudsman.** — *Le protecteur universitaire,* qui s'occupe des droits des universitaires. **5.** N. m. Sports (hockey, baseball...) Pièce d'équipement qui protège la poitrine, le visage... d'un gardien de but, d'un receveur... *La rondelle a frappé le protecteur.* — Adj. *Masque, casque protecteur.* **II.** Adj. **1.** Qui remplit son rôle de protection à l'égard de qqn, qqch. *Avoir des parents très protecteurs. Société protectrice des animaux.* ⇒ **S.P.A.** **2.** Péj. Qui exprime une intention bienveillante et condescendante. *Un ton protecteur.*

protection [pʀɔtɛksjɔ̃] n. f. **1.** Action de protéger, de défendre qqn ou qqch. (contre un agresseur, un danger, etc.) ; le fait de se protéger ou d'être protégé. ⇒ **aide, défense, secours.** *Protection maternelle et infantile* (de la mère et de l'enfant). *Prendre qqn sous sa protection. La protection contre les maladies. La protection de la nature.* ⇒ **préservation, sauvegarde.** *La protection du filet par le gardien de but.* — *De protection,* servant à protéger. *Écran de protection,* protecteur. **2.** Personne, organisme ou chose qui protège. *C'est une bonne protection contre le froid. Une commission de protection des droits de la jeunesse.* **3.** Action d'aider, de patronner qqn. ⇒ fam. ② **piston.** *C'est une place qu'il a eue par protection,* grâce aux appuis dont il dispose. ⇒ **favoritisme ;** fam. **patronage.** **4.** Action de favoriser la naissance ou le développement de qqch. *Une œuvre qui bénéficie de la protection de l'État.* ▶ ***protectionnisme*** n. m. ■ Politique douanière qui vise à protéger l'économie nationale contre la concurrence étrangère en limitant les importations. *Le protectionnisme américain.* / contr. **libre-échange** / ▶ ***protectionniste*** adj. et n. ■ Relatif au protectionnisme (opposé à *libre-échangiste*). *Frapper les importations de taxes protectionnistes.* — Partisan du protectionnisme.

protectorat [pʀɔtɛktɔʀa] n. m. ■ Forme de colonisation dans laquelle un pays est soumis à la protection d'un autre (diplomatie, défense) tout en gardant son autonomie politique intérieure ; ce pays. *Jusqu'en 1956, le Maroc était un protectorat français.*

protéger [pʀɔteʒe] v. tr. conjug. 6 et 3 **1.** Aider (une personne) de manière à la mettre à l'abri d'une attaque, des mauvais traitements, du danger physique ou moral. ⇒ **défendre, secourir ; protecteur, protection.** / contr. **attaquer, menacer** / *Il a protégé des Juifs, il les a protégés des nazis pendant l'Occupation. Que Dieu vous protège !* (formule de souhait). ⇒ **assister, garder.** — (Choses) *Gardien qui protège sa cage. Les conducteurs doivent protéger leur droite.* **2.** Défendre contre toute atteinte. *La loi doit protéger les libertés individuelles.* **3.** (Choses) Couvrir de manière à arrêter ce qui peut nuire, à mettre à l'abri. ⇒ **abriter, garantir, préserver.** *Une crème qui protège la peau. Des arbres qui nous protègent du vent, du soleil, contre le vent, contre le soleil...* **4.** Aider (une personne), faciliter la carrière, la réussite de (qqn) par des recommandations, un appui matériel ou moral. ⇒ **patronner, recommander ;** fam. **pistonner.** **5.** Favoriser la naissance ou le développement de (une activité). ⇒ **encourager, favoriser.** *Plusieurs mécènes ont protégé les arts.* **6.** Favoriser la production, la vente de (produits) par des mesures protectionnistes. *Protéger l'industrie canadienne du vêtement.* ▶ ***protégé, ée*** n. ■ La personne qu'on prend sous sa protection. ⇒ **favori ;** fam. **chouchou.** *C'est mon petit protégé.* ▶ ***protège-cahier*** [pʀɔtɛʒkaje] n. m. ■ Couverture en matière souple qui sert à protéger un cahier d'écolier. *Des protège-cahiers.* ▶ ***protège-dents*** n. m. invar. ■ Sports (hockey, boxe...) Appareil de caoutchouc, de plastique souple servant à protéger les dents. ≠ *dentier.* ▶ ***protège-tibia*** n. m. ■ Sports (hockey, football...) Pièce d'équipement qui protège le devant de la jambe. ⇒ **jambière.** *Des protège-tibias.* ⟨ ▶ protecteur, protection, protectorat, surprotéger ⟩

protéiforme [pʀɔteifɔʀm] adj. ■ Qui (comme *Protée* dans la mythologie) peut prendre de multiples formes, se présente sous les aspects les plus divers. *Un génie protéiforme. Un écrivain protéiforme.*

protéine [pʀɔtein] n. f. ■ Grosse molécule complexe d'acides aminés, constituant essentiel des matières organiques et des êtres vivants (on dit aussi, en sciences, *protéide,* n. f.). *Le blanc d'œuf est très riche en protéines.* ≠ *protide.* ▶ ***protéique*** adj. **1.** ou PROTÉINIQUE. De la nature des protéines ; qui se rapporte aux protéines. **2.** ou PROTIDIQUE. Relatif aux protides, en général. *Facteur, substance protéique.* ⟨ ▶ protide ⟩

protestant, ante [pʀɔtɛstɑ̃, ɑ̃t] n. et adj. ■ (Opposé à *papiste*) Chrétien appartenant à la religion réformée, qui s'est détachée du catholicisme et opposée au pape (Réforme). ⇒ **anglican, calviniste, évangéliste, luthérien, presbytérien, puritain ;** histoire **huguenot.** — Adj. *Temple, culte protestant. Ministre protestant.* ⇒ **pasteur.** ▶ ***protestantisme*** n. m. **1.** La religion réformée, ses croyances ; l'ensemble des Églises protestantes. **2.** Collectif. Les protestants (d'une région, d'un pays). *Le protestantisme français.*

① **protester** [pʀɔtɛste] v. ▪ conjug. 1. **1.** V. tr. ind. Littér. PROTESTER DE : donner l'assurance formelle de. *L'accusé protestait de son innocence.* **2.** V. intr. Déclarer formellement son opposition, son refus. / contr. **approuver** / — Exprimer son opposition à qqch. *Ils protestèrent avec indignation contre cette injustice.* ⇒ s'**élever.** *Vous avez beau protester, cela ne changera rien.* ⇒ fam. **rouspéter.** *Vous avez été courageux, oui, oui, ne protestez pas !,* ne refusez pas ce compliment. (En incise) *Mais non, protesta-t-elle.* ▶ ***protestataire*** adj. ■ Littér. Qui proteste. ⇒ **contestataire.** *Le militantisme protestataire.* — N. *Les protestataires.* ▶ ***protestation*** n. f. **1.** Déclaration par laquelle on atteste (ses bons sentiments, sa bonne volonté envers qqn). *Tous me faisaient des protestations d'amitié.* ⇒ **démonstration.** **2.** Déclaration formelle par laquelle on s'élève contre ce qu'on déclare illégitime, injuste. *Rédiger, signer une protestation.* ⇒ **pétition.** **3.** Témoignage de désapprobation, d'opposition, de refus. *Élever une protestation énergique, violente. Elle se contenta d'un geste de protestation.* / contr. **approbation, assentiment** / ⟨ ▶ protestant, protêt ⟩

protêt [pʀɔtɛ] n. m. **1.** Finances. Acte par lequel le (la) bénéficiaire d'un chèque, d'une lettre de change, fait constater (par un huissier) qu'il (elle) n'a pas été payé(e) à l'échéance. **2.** Sports. *Loger un protêt,* protester officiellement contre une décision des arbitres, des juges. ▶ ② ***protester*** v. tr. ▪ conjug. 1. ■ (France) Faire un protêt contre (un chèque, une lettre) de change. *Protester un chèque sans provision.*

prothèse [pʀɔtɛz] n. f. **1.** Remplacement d'organes, de membres (en tout ou en partie) par des appareils artificiels. *Des appareils de prothèse.* **2.** Appareil de ce genre. *Une prothèse dentaire* ⇒ **dentier,** *oculaire* ⇒ **œil** artificiel, **mammaire.** *Sa jambe gauche est une prothèse.* ≠ *orthèse.* ▶ ***prothésiste*** n. ■ Fabricant de prothèses.

protide [pʀɔtid] n. m. ■ Substance nécessaire à l'alimentation, du groupe des acides aminés ou des corps qui les libèrent (peptides, protéines...). ≠ *peptide, protéine.* ▶ ***protidique*** adj. ■ ⇒ **protéique** (2).

protiste [pʀɔtist] n. m. ■ Être vivant constitué d'une seule cellule et d'un noyau (organisme plus complexe que la bactérie). ⇒ **protozoaire.**

prot(o)- ■ Élément savant signifiant « premier, primitif » (ex. : *prototype, protozoaire*).

protocole [pʀɔtɔkɔl] n. m. **1.** Document portant les résolutions d'une assemblée, d'une conférence internationale, le texte d'un engagement. *Un protocole d'accord sur les salaires. Un protocole d'entente de retour au travail* (après une grève). **2.** Recueil de règles à observer en matière d'étiquette ②, de préséances, dans les cérémonies et les relations officielles. ⇒ **décorum.** — Service chargé des questions d'étiquette. *Chef du protocole.* **3.** Sciences, techniques. Ensemble de règles et d'opérations dont l'ordre strict doit être respecté dans la conduite d'une expérience ; compte rendu de cet ensemble. *Le protocole d'entrée dans un système informatique.* ▶ ***protocolaire*** adj. **1.** Relatif au protocole. **2.** Conforme au protocole, respectueux du protocole et, en général, des usages dans la vie sociale. *Ils ont une manière de recevoir qui n'est pas très protocolaire.*

protohistoire [prɔtoistwaʀ] n. f. ■ Période de transition entre la préhistoire et l'histoire ; fin du néolithique. ▶ ***protohistorique*** adj.

proton [prɔtɔ̃] n. m. ■ Particule élémentaire de charge positive, constitutive du noyau atomique. *Les protons et les neutrons ont des masses comparables.*

protonotaire n. **1.** Fonctionnaire de justice chargé de l'administration du greffe du tribunal et qui peut exercer certains pouvoirs judiciaires. ⇒ **greffier, secrétaire.** *Une protonotaire de la Cour supérieure.* **2.** Fonctionnaire chargé de l'enregistrement des actes dans un bureau d'enregistrement régional.

protoplasme [prɔtɔplasm] n. m. ■ Matière vivante active, en général. ⇒ **cytoplasme.**

prototype [prɔtɔtip] n. m. **1.** Premier exemplaire d'un modèle (de mécanisme, de véhicule) construit avant la fabrication en série. *Les essais d'un prototype de voiture. Le prototype d'un logiciel.* **2.** Littér. Type, modèle originel ou principal. *Le prototype d'un moulage.* **3.** Exemple parfait. *C'est le prototype même de la niaiserie.* ⇒ **archétype.**

protozoaire [prɔtɔzɔɛʀ] n. m. ■ Protiste* dépourvu de chlorophylle, à reproduction sexuée. *Les amibes sont des protozoaires.*

protubérant, ante [prɔtybeʀɑ̃, ɑ̃t] adj. ■ Qui forme saillie. *Une pomme d'Adam protubérante.* ⇒ **proéminent, saillant.** ▶ ***protubérance*** n. f. **1.** Saillie à la surface d'un os, d'un organe, d'un tissu. ⇒ **bosse, excroissance.** / contr. **cavité** / **2.** *Protubérances solaires,* jets de gaz enflammés à la surface du Soleil.

peu ou ***prou*** [pøupʀu] loc. adv. ■ Littér. Plus ou moins. *Il est peu ou prou ruiné.*

proue [pʀu] n. f. ■ Avant d'un navire. / contr. **poupe** / *Une figure de proue, sculptée à la proue.* — Fig. *Elle demeure la figure* de proue de la danse contemporaine.*

prouesse [pʀuɛs] n. f. **1.** Littér. Acte de courage, d'héroïsme (des *preux*) ; action d'éclat. ⇒ **exploit.** *Des prouesses techniques.* **2.** Souvent iron. Action remarquable. *Il raconte partout ses prouesses sportives.*

prout [pʀut] interj. ■ Fam. Onomatopée imitant le bruit d'un pet. *Ça a fait prout !* — N. m. *Des prouts. Lâcher un prout.* ⇒ **péter ;** fam. **prouter.** ▶ ***prouter*** v. intr. ▪ conjug. 1. ■ Fam. Péter.

prouver [pʀuve] v. tr. ▪ conjug. 1. **1.** Faire apparaître ou reconnaître (qqch.) comme vrai, réel, certain, au moyen de preuves, d'arguments. ⇒ **démontrer, établir.** *Prouver que deux et deux font quatre. Prouver son innocence. Prouvez-le ! Cela reste à prouver.* — Impers. *Il est prouvé que...* ⇒ **avéré.** — Pronominalement (passif). *C'est une chose qui ne peut se prouver,* être prouvée. (Réfl.) Prouver, montrer à soi-même. *Se prouver qu'on est capable de faire qqch.* (Récipr.) Prouver, montrer l'un à l'autre. *Ils se sont prouvé leur amour.* **2.** Exprimer (une chose) par une attitude, des gestes, des paroles. ⇒ **montrer.** *Comment vous prouver ma reconnaissance ?* ⇒ **exprimer.** *Cet enfant prouve qu'il a le sens de l'humour.* ⇒ **démontrer. 3.** (Suj. chose) Servir de preuve, être (le) signe de. ⇒ **montrer, révéler, témoigner.** *Les derniers événements prouvent que la crise n'est pas terminée. Cela ne prouve rien. Qu'est-ce que cela prouve ?* ⟨ ▶ éprouver, preuve, probant ⟩

provenance [pʀɔvnɑ̃s] n. f. **1.** Endroit d'où vient ou provient une chose. *J'ignore la provenance de cette lettre. Un vol, un avion* EN PROVENANCE DE *Miami* (opposé à *à destination de*). — Origine. ⇒ **source.** *Des éléments de toutes provenances.* **2.** *Pays de provenance,* celui d'où une marchandise est importée (qui peut être distinct du pays d'origine).

provençal, ale, aux [pʀɔvɑ̃sal, o] adj. et n. **1.** Qui appartient ou qui a rapport à la Provence, en France. *Un plat provençal.* ≠ *provincial.* — N. (Avec une majusc.) Personne née dans cette région de la France ou qui l'habite. *Les Provençaux.* **2.** N. m. *Le provençal,* la langue d'oc ⇒ **occitan** ; sa variété parlée en Provence. **3.** À LA PROVENÇALE loc. adv. : revenu dans l'huile d'olive, avec de l'ail, du persil et des épices. *Tomates à la provençale.* — En appos. Invar. *Des escargots provençale.*

provende [pʀɔvɑ̃d] n. f. ■ Préparation nutritive (farines, graines de légumineuses concassées et fourrages hachés) pour les bestiaux, les chevaux ou les animaux de basse-cour. *Des grains de provende.*

provenir [pʀɔvniʀ] v. intr. ▪ conjug. 22. **1.** (Choses) Venir (de). *D'où provient cette lettre ?* **2.** (Choses) Avoir son origine dans, tirer son origine de. *Personne ne savait d'où provenait leur fortune. Tableau provenant d'une collection privée. Cette douleur provient du foie. Le vin provient de la vigne. Mot provenant du latin.* ⇒ **dériver.** — (Sentiments, idées) Découler, émaner. *Les habitudes proviennent de l'éducation.* ⇒ **déterminer.** ⟨ ▶ provenance ⟩

proverbe [pʀɔvɛʀb] n. m. ■ Conseil de sagesse exprimé en une formule généralement imagée (ex. : *Qui vole un œuf vole un bœuf*). ⇒ **adage, aphorisme, dicton.** *Comme dit le proverbe. Passer en proverbe,* devenir proverbial. ▶ ***proverbial, iale, iaux*** adj. **1.** Qui est de la nature du proverbe. *Phrase proverbiale.* — Qui tient du proverbe par la forme, l'emploi. *« La paille et la poutre », « le pot de fer contre le pot de terre » sont des expressions proverbiales. Locution proverbiale.* **2.** Qui est aussi généralement connu et aussi frappant qu'un proverbe ; qui est cité comme type, comme exemplaire. *Sa bonté, sa générosité est proverbiale.*

providence [pʀɔvidɑ̃s] n. f. **1.** Sage gouvernement de Dieu sur la création ; (avec une majusc.) Dieu gouvernant la création. *Les décrets de la Providence.* **2.** *Être la providence de qqn,* être la cause de son bonheur, combler ses désirs. ▶ ***providentiel, elle*** adj. **1.** Qui est un effet heureux de la providence. **2.** Qui arrive opportunément, par un heureux hasard (pour secourir, tirer d'embarras). *Il fit alors une rencontre providentielle. — Homme providentiel,* grand homme dont l'action apparaît providentielle. ▶ ***providentiellement*** adv. ■ *Vous nous avez providentiellement aidés.*

province [pʀɔvɛ̃s] n. f. **1.** Division administrative d'un royaume, d'un État. *Les neuf provinces de la Belgique.* — Histoire de France. *La Bretagne, la Normandie, la Provence sont d'anciennes provinces françaises.* — Région, partie d'un pays ayant ses coutumes et ses traditions particulières. *La province d'Utrecht, en Hollande.* **2.** Chacun des dix États fédérés qui forment le Canada, doté d'un gouvernement propre exerçant des pouvoirs spécifiques (abrév. *prov.*). ⇒ **territoire.** *La province de Québec* (aussi appelée *la Belle Province*). *Les provinces de l'Ouest.* — (Avec une majusc.) *Les Provinces maritimes*.* — Les habitants de ces États. *La province était encore sous le choc de l'événement.* **3.** (Surtout en France) Partie d'un pays, d'un État ayant un caractère propre, à l'exclusion de la capitale et de sa banlieue. *Ils arrivent du fin fond de leur province.* ⇒ **campagne, concessions, village.** — (France) LA PROVINCE : l'ensemble du pays, spécialt les villes, les bourgs, les communes, à l'exclusion de Paris et de sa banlieue. *Vivre en province. Petites villes de province.* — (Dans d'autres pays) *La province anglaise.* — Adj. Fam. et péj. Provincial. *Cela fait province.* ▶ ***provincial, ale, aux*** adj. et n. **I.** D'une province canadienne. **1.** Propre, relatif à une province. *Toronto est une capitale provinciale. Une ligue de hockey provinciale. Tournoi, association provincial(e). Le gouvernement provincial* ou, n. m., *le provincial* (opposé à *fédéral*). — *Une chaîne d'alimentation, une banque provinciales,* qui ont des succursales dans plusieurs villes de la province. **2.** (Opposé à *fédéral*). Qui concerne l'État, l'administration publique d'une province (2) ou qui en émane. *Les députés provinciaux. Lois, chartes provinciales. Il y aura des élections provinciales à l'automne. Des accords provinciaux,* entre provinces. ⇒ **interprovincial.** — Vieilli. *La Police provinciale,* la sécurité publique, spécialt la Sûreté du Québec. ⇒ **S.Q.** — N. m. *Les compétences législatives du provincial. Elle fut élue députée au provincial.* **II.** D'une province, spécialt de la province française. **1.** Qui concerne la province dans ce qu'on lui trouve de typique. *Les parlers provinciaux. La vie provinciale.* — Péj. *Avoir une éducation, des manières provinciale(s),* qui ne sont pas à la mode dans la capitale. **2.** (France) N. Personne née en province ou qui y vit. *Les provinciaux et les Parisiens. Vous êtes devenus des provinciaux ?* ≠ *provençal.* ‹ ▶ fédéral-provincial, interprovincial ›

proviseur [pʀɔvizœʀ] n. m. ■ (France) Fonctionnaire de l'administration scolaire qui dirige un lycée. *Madame le proviseur.* ⇒ **directeur,** ② **principal.**

provision [pʀɔvizjɔ̃] n. f. **I. 1.** Réunion de choses utiles ou nécessaires en vue d'un usage ultérieur. ⇒ **approvisionnement, réserve, stock.** *Avoir une provision de mazout, de bois pour l'hiver.* FAIRE PROVISION DE *qqch.* : s'en pourvoir en abondance. *Avoir des provisions.* ⇒ **vivres. 2.** Au plur. Achat de choses nécessaires à la vie courante (nourriture, produits d'entretien) ; les choses que l'on achète. *Un jeune couple qui fait ses provisions.* ⇒ **course(s).** *Un panier de provisions.* **II. 1.** Somme versée à titre d'acompte (à un avocat, un conseiller juridique...). **2.** Somme déposée chez un banquier pour assurer le paiement d'un titre. ⇒ **arrhes.** — *Chèque sans provision,* tiré sur un compte insuffisamment alimenté (délit). ▶ ***provisionnel, elle*** adj. ■ Qui constitue une provision (II). *Acompte, versement provisionnel,* défini par rapport aux impôts de l'année précédente et payé d'avance. ≠ *prévisionnel.* ‹ ▶ approvisionner ›

provisoire [pʀɔvizwaʀ] adj. **1.** Qui existe, qui se fait en attendant autre chose, qui est destiné à être remplacé. ⇒ ② **passager, temporaire, transitoire.** / contr. **définitif** / *Une solution provisoire.* ⇒ **expédient, palliatif.** *À titre provisoire,* provisoirement. — *Gouvernement provisoire,* destiné à gouverner pendant un intervalle, avant la constitution d'un régime stable. — (Choses) *Une installation provisoire.* ⇒ de **fortune.** — N. m. *Le provisoire risque de durer !* **2.** Droit. Prononcé ou décidé avant le jugement définitif. *On l'a mis en liberté provisoire.* ▶ ***provisoirement*** adv. ■ ⇒ **momentanément, temporairement.** / contr. **définitivement** / *Je me suis installé chez elle provisoirement.*

① ***provoquer*** [pʀɔvɔke] v. tr. ■ conjug. 1. ■ PROVOQUER *qqn* À. **1.** Inciter, pousser (qqn) par une sorte de défi ou d'appel, particulièrement à une action violente (meurtre, émeute...). ⇒ **entraîner, inciter.** *Provoquer qqn en duel.* — Sans compl. second. *Provoquer qqn,* l'inciter à la violence. ⇒ **attaquer, défier ;** fam. **baver.** *Arrête, ne les provoque pas.* **2.** Exciter le désir de (qqn) par son attitude. ⇒ **aguicher ; provocant.** ▶ ***provocant, ante*** adj. **1.** Qui provoque ou tend à provoquer qqn, à le pousser à des sentiments ou à des actes violents. *Attitude provocante.* ⇒ **agressif. 2.** Qui incite au désir, au trouble des sens (rare au masculin). *Porter une tenue provocante.* ▶ ***provocateur, trice*** n. et adj. **1.** Rare au fém. Personne qui provoque, incite à la violence, aux troubles. ⇒ **agitateur. 2.** Personne qui incite qqn ou un groupe à la violence, à l'illégalité, dans l'intérêt du pouvoir ou d'un parti opposé pour lequel il travaille secrètement. — Adj. *Agent provocateur.* ▶ ***provocation*** n. f. **1.** Action de provoquer. ⇒ **appel, incitation.** *Provocation au meurtre, à la débauche. Une provocation en duel.* — Absolt. Défi. *Elle y mettait de la provocation.* **2.** Action, parole qui provoque, qui émane d'un provocateur. *Les manifestants ont été mis en garde contre toute provocation.*

② ***provoquer*** v. tr. ■ conjug. 1. ■ (Suj. personne) Être volontairement ou non la cause de (qqch.). *Nous avons eu une franche explication, que j'avais d'ailleurs provoquée.* ⇒ **causer, susciter.** *Provoquer la colère, des troubles.* ⇒ **attirer.** — (Suj. chose) *Les bouleversements que provoque une invention.* ⇒ **apporter, entraîner, occasionner.** — Au p. p. adj. *Mort provoquée par un accident* (opposé à *naturel*).

proxénète [pʀɔksenɛt] n. **1.** Littér. Entremetteur, entremetteuse. **2.** N. Personne qui tire des revenus de la prostitution d'autrui. ⇒ **souteneur ;** fam. ② **maquereau.** ▶ ***proxénétisme*** n. m. ■ Le fait de tirer des revenus de la prostitution d'autrui. *La loi interdit le proxénétisme.*

proximité [pʀɔksimite] n. f. **1.** Littér. Situation d'une chose qui est à peu de distance d'une ou plusieurs autres, qui est proche*. ⇒ **contiguïté.** / contr. **éloignement** / *La proximité de la ville.* ⇒ **voisinage. 2.** À PROXIMITÉ loc. adv. : tout près. — À PROXIMITÉ DE loc. prép. : à faible distance de. ⇒ **auprès,** aux **environs, près, proche.** *Il habite à proximité de son bureau,* son bureau est proche de chez lui. **3.** Caractère de ce qui est proche dans le temps, passé ou futur. *On avait conscience de la proximité du danger.* ⇒ **imminence.** ‹ ▶ approximation ›

pruche [pʀyʃ] n. f. ■ Conifère aux aiguilles courtes, aux cônes petits et pendants. ⇒ **tsuga.** — Bois de cet arbre. ▶ ***pruchière*** n. f. ■ Peuplement de pruches.

prude [pʀyd] adj. ■ Qui est d'une pudeur affectée et outrée. ⇒ **pudibond.** — N. f. *Jouer les prudes.* ⇒ **sainte nitouche.** ▶ ***pruderie*** n. f. ■ Littér. *Elle est d'une pruderie ridicule.* ⇒ **pudibonderie.**

prudent, ente [pʀydɑ̃, ɑ̃t] adj. **1.** Qui a de la prudence, montre de la prudence. ⇒ **avisé, circonspect, prévoyant.** / contr. **imprudent** / *Il était trop prudent pour brusquer les choses. Soyez prudents, ne roulez pas trop vite.* **2.** (Choses) Inspiré par la prudence, empreint de prudence. / contr. **dangereux, imprudent** / *Une démarche prudente. Prenez une assurance tous risques, c'est plus prudent. Ce n'est pas prudent. Elle jugea prudent de se retirer.* — Impers. *Il est prudent de* (+ infinitif). ▶ ***prudemment*** [pʀydamɑ̃] adv. ■ Avec prudence. *Conduire prudemment.* ▶ ***pru-***

dence [pRydɑ̃s] n. f. ■ Attitude d'esprit d'une personne qui, réfléchissant aux conséquences de ses actes, prend ses dispositions pour éviter des erreurs, des malheurs possibles, s'abstient de tout ce qui peut être source de dommage. ⇒ **sagesse.** / contr. **imprudence** / *Annoncez-lui la nouvelle avec beaucoup de prudence.* ⇒ **ménagement, précaution.** *Conseils de prudence aux automobilistes.* ⇒ **prévoyance.** *Je vais me faire vacciner contre la grippe par (mesure de) prudence.* PROV. *Prudence est mère de sûreté.* — (Animaux) *La ruse du renard et la prudence du serpent.* ‹ ▶ imprudence ›

prudhommesque adj. ■ Littér. Qui a (comme le Joseph *Prudhomme* du dessinateur H. Monnier) un caractère de banalité emphatique et ridicule.

pruine [pRɥin] n. f. ■ Fine pellicule cireuse, naturelle, à la surface de certains fruits (prune, raisin).

prune [pRyn] n. f. et adj. **1.** Fruit du prunier, de forme ronde ou allongée, à peau fine, de couleur variable, à chair juteuse et sucrée. ⇒ **mirabelle, ① prunelle, quetsche, reine-claude.** *Tarte aux prunes. Eau-de-vie de prune. Un petit verre de prune,* d'eau-de-vie de prune. **2.** POUR DES PRUNES loc. fam. : pour rien. *Je me suis dérangé pour des prunes.* **3.** Bleu, bosse (à la suite d'un coup, d'un choc). *Se faire une prune sur le front en se cognant contre qqch.* — Loc. fam. *S'attirer des prunes,* des ennuis. **4.** Adj. invar. D'une couleur violet foncé rappelant celle de certaines prunes. *Des robes prune.* ▶ ***pruneau*** n. m. **1.** Prune séchée. *Pruneaux en conserve.* — Fam. *Elle est noire comme un pruneau.* **2.** Fam. Petite prune. *Des pruneaux jaunes.* ⇒ **mirabelle.** Fam. Projectile, balle de fusil. ▶ ① ***prunelle*** n. f. ■ Fruit d'un prunier sauvage, arbrisseau épineux (appelé *prunellier,* n. m.), petite prune bleu ardoise, de saveur âcre, dont on tire une eau-de-vie. *Il est allé cueillir des prunelles dans la haie. Offrir de la prunelle de Bourgogne.* ▶ ***prunier*** n. m. ■ Arbre fruitier qui produit les prunes. — Loc. fam. *Secouer qqn comme un prunier,* très vigoureusement. — *Prunier du Japon,* cultivé pour ses fleurs.

② ***prunelle*** n. f. ■ La pupille (⇒ ② **pupille**) de l'œil, considérée surtout quant à son aspect. *Avoir les prunelles fixes, dilatées.* — Loc. *Il y tient comme à la prunelle de ses yeux,* tout particulièrement, plus qu'à tout.

prurit [pRyRit] n. m. **1.** Sensation irritante à la surface de la peau, entraînant le besoin de se gratter ; démangeaison. *Prurit allergique. Des prurits.* **2.** Abstrait. Littér. et péj. Désir irrépressible. *Le prurit de la gloire.*

P.-S. [peɛs] n. m. invar. ■ Abréviation de *post-scriptum.*

psalmodier [psalmɔdje] v. ▪ conjug. 7. **1.** V. intr. Dire ou chanter les psaumes. — Transitivement. *Psalmodier les offices.* **2.** V. tr. Parler ou dire d'une façon monotone. *Il psalmodiait des vers, une prière...*

psaume [psom] n. m. **1.** L'un des poèmes religieux qui constituent un livre de la Bible et qui servent de prières et de chants religieux dans la liturgie juive et chrétienne. *Chanter, réciter des psaumes. Les psaumes de David.* **2.** Composition musicale (vocale), sur le texte d'un de ces poèmes. *La Symphonie de psaumes de Stravinski.* ▶ ***psautier*** [psotje] n. m. ■ Recueil de psaumes. *Psautier et antiphonaire.*

pseud(o)- ■ Élément savant signifiant « faux » et qui sert librement à former des adjectifs et des noms (ex. : *pseudo-malade, pseudo-liberté*).

pseudonyme [psødɔnim] n. m. ■ Nom choisi par une personne pour masquer son identité (dans les arts ou la clandestinité). ⇒ **alias.** *Stendhal, George Sand, Ringuet sont des pseudonymes célèbres.* ≠ *surnom.*

pseudopode [psødɔpɔd] n. m. ■ Chacun des prolongements rétractiles de certains protozoaires, qui leur permettent de se déplacer, de se nourrir.

psitt [psit] ou ***pst*** [pst] interj. ■ Fam. Interjection servant à appeler, à attirer l'attention, etc. ⇒ fam. **tsitt.**

psittacisme [psitasism] n. m. ■ Didact. Répétition mécanique de phrases, de notions que la personne qui les dit ne comprend pas (→ répéter comme un perroquet).

psoriasis [psɔ(ɔ)Rjazis] n. m. invar. ■ Maladie bénigne de la peau, caractérisée par des plaques rouges à croûtes blanchâtres.

psy [psi] n. et adj. invar. ■ Abréviation familière de *psychiatre, psychiatrie, psychologie, psychanalyste. Prendre rendez-vous chez son psy.*

psych(o)- ■ Élément savant signifiant « âme, esprit ». ‹ ▶ métempsychose, et dérivés ci-dessous ›

psychanalyse [psikanaliz] ou ***analyse*** [analiz] n. f. **1.** Méthode de psychologie clinique, investigation des processus psychiques profonds, de l'inconscient ; ensemble des travaux de Freud et de ses continuateurs (Adler, Jung, Lacan...) concernant le rôle de l'inconscient. *La psychanalyse et la psychiatrie.* **2.** Traitement de troubles psychiques (surtout névroses) et psychosomatiques par cette méthode. ⇒ **psychothérapie. 3.** Étude psychanalytique (d'une œuvre d'art, de thèmes...). *La psychanalyse des textes littéraires.* ▶ ***psychanalyser*** ou ***analyser*** v. tr. ▪ conjug. 1. **1.** Traiter par la psychanalyse. *Se faire psychanalyser.* **2.** Étudier, interpréter par la psychanalyse. ▶ ***psychanalyste*** ou ***analyste*** n. ■ Spécialiste de la psychanalyse ; personne qui exerce la thérapeutique par la psychanalyse. ▶ ***psychanalytique*** ou ***analytique*** adj. ■ Propre ou relatif à la psychanalyse.

psyché [psiʃe] n. f. ■ Grand miroir mobile monté sur un châssis à pivots.

psychédélique [psikedelik] adj. **1.** Se dit de l'état psychique résultant de l'absorption de drogues hallucinogènes. — Qui provoque cet état. *Les drogues psychédéliques.* **2.** Cour. Qui évoque les visions de l'état psychédélique. *Dessins, couleurs, éclairage psychédéliques.* ▶ ***psychédélisme*** n. m. **1.** État provoqué par des drogues hallucinogènes. **2.** Ensemble des manifestations qui évoquent l'état psychédélique.

psychiatre [psikjatR] n. ■ Médecin spécialiste des maladies mentales. ⇒ **aliéniste.** *Psychiatre expert auprès des tribunaux.* ▶ ***psychiatrie*** n. f. ■ Partie de la médecine qui étudie et traite les maladies mentales, les troubles pathologiques de la vie psychique. ⇒ **neurologie, psychopathologie, psychothérapie.** *Psychiatrie physiologique. Psychiatrie et psychanalyse.* ▶ ***psychiatrique*** adj. ■ Relatif à la psychiatrie. *Traitement psychiatrique.* — REM. La dénomination *hôpital psychiatrique* est vieillie. ▶ ***psychiatriser*** v. tr. ▪ conjug. 1. ■ Soumettre (qqn) à la psychiatrie. *Psychiatriser qqn pour des troubles de la personnalité.* — Au p. p. adj. *Les malades psychiatrisés.* — N. *Des psychiatrisés.*

psychique [psiʃik] adj. ■ Didact. Qui concerne l'esprit, la pensée, en tant que principe auquel on rattache une catégorie de faits d'expérience (opposé à *physiologique, somatique*). ⇒ **mental, psychologique.** *Phénomènes psychiques et organiques à la fois.* ⇒ **psychosomatique.** ▶ ***psychisme*** [psiʃism] n. m. Didact. **1.** La vie psychique. **2.** Ensemble particulier de faits psychiques. *Le psychisme morbide.*

psycho [psiko] n. f. invar. ■ Fam. Abréviation de *psychologie* (1). *Des cours de psycho.*

psychodrame [psiko(ɔ)dʀam] n. m. ■ Représentation théâtrale thérapeutique où le patient joue lui-même un rôle approprié à sa situation. — Ambiance qui évoque cette représentation. *La réunion a fini en psychodrame.*

psychologie [psikɔlɔʒi] n. f. **1.** Étude scientifique des phénomènes de l'esprit (au sens le plus large). *Psychologie subjective. Psychologie expérimentale. — Psychologie génétique, descriptive. La psychologie des profondeurs,* la psychanalyse. *Baccalauréat en psychologie.* ⇒ fam. **psycho. 2.** Connaissance spontanée des sentiments d'autrui ; aptitude à comprendre, à prévoir les comportements. ⇒ **intuition ; psychologue** (2). *Il manque de psychologie.* **3.** Analyse des états de conscience, des sentiments, dans une œuvre. **4.** Ensemble d'idées, d'états d'esprit caractéristiques d'une collectivité. *La psychologie d'un peuple.* — Fam. Mentalité (d'une personne). *Il faudrait changer ta psychologie.* ▶ ***psychologique*** adj. **1.** Qui appartient à la psychologie. *L'analyse psychologique. Un roman psychologique.* **2.** Étudié par la psychologie ; qui concerne les faits psychiques, la pensée. ⇒ **mental, psychique.** / contr. **organique, physiologique,** ① **physique, somatique** / *Cette sensation d'étouffement, c'est psychologique.* ▶ ***psychologiquement*** adv. ■ Du point de vue psychologique. ▶ ***psychologue*** n. et adj. **1.** N. Spécialiste de la psychologie, en particulier de la psychologie appliquée (psychotechnique, psychologie de l'enfant, psychothérapie, etc.). *Une psychologue scolaire.* **2.** Adj. Qui a une connaissance empirique des sentiments, des réactions d'autrui. *Vous n'êtes pas très psychologue !,* vous n'avez rien compris à son comportement.

psychomoteur, trice [psiko(ɔ)mɔtœʀ, tʀis] adj. ■ Didact. Qui concerne à la fois les fonctions motrices et psychiques. *Troubles psychomoteurs de la parole.* ⇒ **dyslexie** (→ dys-). ▶ ***psychomotricien, ienne*** n. ■ Personne chargée de la rééducation d'enfants atteints de troubles psychomoteurs.

psychopathe [psikɔpat] n. ■ Malade mental. *Incendie allumé par un psychopathe.* ⇒ **pyromane.**

psychopathologie [psiko(ɔ)patɔlɔʒi] n. f. ■ Didact. Étude des troubles mentaux, base de la psychiatrie.

psychopédagogie [psiko(ɔ)pedagɔʒi] n. f. ■ Application de la psychologie scientifique à la pédagogie. *Diplôme de (en) psychopédagogie.* ▶ ***psychopédagogique*** adj. ■ Qui se rapporte à la psychopédagogie. ▶ ***psychopédagogue*** n. ■ Spécialiste de la psychopédagogie.

psychophysiologie [psiko(ɔ)fizjɔlɔʒi] n. f. ■ Didact. Étude scientifique des rapports entre l'activité physiologique et le psychisme.

psychose [psikoz] n. f. **1.** Maladie mentale ignorée de la personne qui en est atteinte (qui l'interprète autrement, à la différence des névroses) et qui provoque des troubles de la personnalité. *La paranoïa, la schizophrénie sont des psychoses.* ⇒ **folie. 2.** Obsession, idée fixe. *Psychose collective.* ▶ ***psychotique*** [psikɔtik] adj. et n. ■ Qui a une psychose (1) ; malade mental. ⇒ **psychopathe.**

psychosomatique [psiko(ɔ)sɔmatik] adj. ■ Qui concerne les maladies physiques liées à des causes psychiques, à des conflits psychologiques (généralement inconscients).

psychotechnique [psiko(ɔ)tɛknik] n. f. et adj. ■ Discipline qui mesure les aptitudes physiques et mentales (orientation professionnelle, recrutement de salariés...). — Adj. *Examens psychotechniques.* ⇒ **test.** ▶ ***psychotechnicien, ienne*** n. ■ Spécialiste de la psychotechnique.

psychothérapie [psiko(ɔ)teʀapi] n. f. ■ Didact. Thérapeutique des troubles psychiques ou somatiques, lorsqu'ils peuvent être psychosomatiques, par des procédés psychiques (psychanalyse et pratiques dérivées). *Psychothérapie de groupe* — REM. Un psychiatre parlera de *soins,* un psychanalyste de *thérapie.* ▶ ***psychothérapeute*** n. ■ *Il consulte une psychothérapeute.*

psychotique adj. et n. ⇒ **psychose.**

ptér(o)- ■ Élément savant signifiant « aile » (ex. : *ptérodactyle,* adj. et n. m.).

pu Part. passé du v. *pouvoir.*

puant, ante [pɥɑ̃, ɑ̃t] adj. **1.** Qui pue. ⇒ **fétide, pestilentiel.** — *Bête* puante.* ⇒ **mouffette. 2.** Fig. (Personnes) Qui est odieux de prétention, de vanité. ▶ ***puanteur*** n. f. ■ Odeur infecte. *Une puanteur d'égouts.* ‹ ▶ empuantir ›

① ***pub*** [pɔb] n. m. ■ Grande-Bretagne, etc. Anglic. Établissement public où l'on sert des boissons alcoolisées, spécialt de la bière. ⇒ **brasserie, taverne.** — Bar de luxe imitant un tel établissement. *Des pubs.*

② ***pub*** [pyb] n. f. ■ (Surtout en France) Fam. Publicité. *J'ai vu cette pub à la télé. Il travaille dans la pub. Des pubs.*

puberté [pybɛʀte] n. f. ■ Passage de l'enfance à l'adolescence ; ensemble des modifications physiologiques et psychologiques qui se produisent à cette époque. ▶ ***pubère*** adj. ■ Littér. Qui a atteint l'âge de la puberté. / contr. **impubère, nubile** / — N. *Un(e) pubère.* ‹ ▶ impubère ›

pubis [pybis] n. m. invar. ■ Renflement triangulaire à la partie inférieure du bas-ventre. *Les poils du pubis* (ou poils *pubiens*).

① ***public, ique*** [pyblik] adj. **1.** Qui concerne le peuple pris dans son ensemble ; relatif à la nation, à l'État (⇒ **république**). *L'ordre public et la paix sociale. La vie, les affaires publiques.* ⇒ **politique.** *L'intérêt public.* ⇒ **commun,** ① **général.** / contr. **privé ; particulier** / *L'opinion publique.* — Relatif aux collectivités sociales juridiquement définies, à l'État. *Les pouvoirs publics. L'instruction publique. Les services publics.* ⇒ **fonction** publique. *École publique.* ⇒ **laïque.** *Le secteur public* (opposé à *secteur privé*). **2.** Accessible, ouvert à tous. / contr. **privé** / *Téléphone public.* ⇒ fam. **payant.** *La voie publique. Parc public. Les lieux publics. Réunion publique. Des audiences publiques.* — Vx. *Femme, fille publique,* prostituée. **3.** Qui a lieu en présence de témoins, n'est pas secret. *Scrutin public.* **4.** Qui concerne la fonction, plus ou moins officielle, qu'on remplit dans la société. *La vie publique et la vie privée. — Un homme public, une femme publique,* investi(e) d'une fonction officielle. **5.** Connu de tous. ⇒ **notoire, officiel.** *Le scandale est devenu public* (⇒ **publicité ; publier**). ▶ ***publiquement*** adv. ■ En public, au grand jour. *On l'a injurié publiquement.* / contr. **secrètement** / ▶ ② ***public*** n. m. **1.** Les gens, la masse de la population. *Le public est informé des décisions du gouvernement. Bâtiments interdits au public. Le grand public,* la population en général (opposé aux *experts,* aux *spécialistes,* au *public informé*). **2.** L'ensemble des gens qui lisent, voient, entendent (les œuvres littéraires, artistiques, musicales, les spectacles). *Livrer son ouvrage au public. Elle a son public,* un public qu'elle touche, qui la suit. **3.** Ensemble de personnes qui assistent effectivement (à un spectacle, une réunion...). ⇒ **assistance, auditoire ; spectateur.** *Le public applaudissait. Un bon public.* — Les personnes devant lesquelles on parle ou on se donne en spectacle. ⇒ **galerie.** *Il leur faut toujours un public.* **4.** EN PUBLIC loc. adv. : en présence d'un certain nombre de personnes. *Parler en public.* ‹ ▶ parapublic, publiciste, publicité, publier, république ›

publication [pyblikasjɔ̃] n. f. **1.** Action de publier (un ouvrage, un écrit) ; son résultat. ⇒ **édition.** *Dès la publication de son dernier roman.* ⇒ **apparition, parution, sortie.** *Publication assistée par ordinateur* (abrév. *P.A.O.*). ⇒ **éditique.** — Écrit publié (brochures, périodiques). *Publications scientifiques.* **2.** Action de publier (2), de porter à la connaissance de tous. *La publication des résultats d'un examen. La publication des bans.* ‹ ▶ non-publication ›

publiciste [pyblisist] n. ■ Abusivt. Agent de publicité. ⇒ **publicitaire.**

publicité [pyblisite] n. f. **I. 1.** Le fait, l'art d'exercer une action psychologique sur le public à des fins commerciales. ⇒ **réclame.** *Publicité et marketing. Agence de publicité. Une campagne de publicité et de promotion. La publicité par la poste.* ⇒ **publipostage ;** anglic. **mailing. 2.** Affiche, texte, etc., à caractère publicitaire. *Il y a dix pages de publicité dans ce journal. J'ai vu cette publicité à la télévision.* ⇒ ② **pub. II.** Caractère de ce qui est public, connu de tous. *Donner une regrettable publicité à une affaire privée.* ▶ ***publicitaire*** adj. et n. **1.** Qui sert à la publicité, présente un caractère de publicité. *Un film, une annonce, un dépliant publicitaire. Vente publicitaire. Le battage publicitaire qui entoure la sortie d'un disque.* **2.** Qui s'occupe de publicité. *Rédacteur, dessinateur publicitaire.* — N. *Un, une publicitaire.* ‹ ▶ publipostage ›

publier [pyblije] v. tr. ▪ conjug. 7. **1.** Faire paraître (un texte) dans un livre, un journal. ⇒ **éditer.** *Publier un article dans une revue. Cet éditeur publie des dictionnaires.* — (Compl. personne) *L'éditeur Untel a publié Félix Leclerc. Félix Leclerc était publié chez (par) l'éditeur Untel.* **2.** Faire connaître au public ; annoncer publiquement. ⇒ **divulguer.** *On a publié les avis d'élection.* ‹ ▶ impubliable, publication ›

publipostage [pyblipɔstaʒ] n. m. ■ (France) Sollicitation publicitaire (ou vente) par correspondance. ⇒ anglic. **mailing.**

publiquement adv. ⇒ ① **public.**

① ***puce*** [pys] n. f. **1.** Insecte sauteur, de couleur brune, parasite de l'être humain et de quelques animaux. *Être piqué, mordu par une puce.* — Fam. *Sac à puces,* lit, habits sales ; chien. **2.** Loc. fam. *Mettre la puce à l'oreille à qqn,* l'intriguer, éveiller ses doutes ou ses soupçons. — *Secouer ses puces, se secouer les puces,* s'agiter, se dépêcher. ⇒ fam. se **déniaiser.** *Secouer les puces à qqn,* le réprimander, l'attraper. — *Le marché aux puces* et, ellipt, *les puces,* marché où l'on vend toutes sortes d'objets d'occasion. ⇒ **braderie. 3.** Fam. Personne de très petite taille. — Terme d'affection. *Ça va, ma puce ?* **4.** (France) En appos. Invar. D'un brun-rouge assez foncé (rappelant la couleur de la puce). *Des habits puce.* ▶ ***puceron*** [pysʀɔ̃] n. m. ■ Petit insecte parasite des plantes. *Puceron du rosier.* — Fam. Enfant très petit.

② ***puce*** n. f. ■ Microprocesseur, circuit intégré de très petite taille, placé au cœur d'une machine informatique (ordinateur, appareil photo, robot industriel...).

pucelle [pysɛl] n. et adj. f. **1.** Vx ou plaisant. Jeune fille. *La pucelle d'Orléans,* Jeanne d'Arc. **2.** Fam. Fille vierge. ▶ ***puceau*** n. m. et adj. m. ■ Fam. Garçon, homme vierge. *Ils sont puceaux.* ▶ ***pucelage*** n. m. ■ Fam. Virginité. *Perdre son pucelage.* ‹ ▶ dépuceler ›

puck ou ① ***poque*** [pɔk] n. f. ou m. ■ Hockey. Anglic. Rondelle. ⇒ **caoutchouc, disque.** *Passer la puck à un coéquipier.* — Loc. fam. *Niaiser avec la puck,* ne plus savoir que faire, hésiter. ⇒ **tergiverser.**

pudding n. m. ⇒ **pouding.**

pudeur [pydœʀ] n. f. **1.** Sentiment de honte, de gêne qu'une personne éprouve à faire, à envisager des choses de nature sexuelle ; disposition permanente à éprouver un tel sentiment. ⇒ **chasteté, décence, pudicité ; pudique.** / contr. **impudeur** / *Des propos qui blessent la pudeur.* — ATTENTAT À LA PUDEUR (puni par la loi) : exhibitionnisme, viol... **2.** Sentiment de gêne à se montrer nu. — Gêne qu'éprouve une personne délicate devant ce que sa dignité semble lui interdire. ⇒ **discrétion, réserve, retenue.** *Ayez au moins la pudeur de vous taire !* ⇒ **délicatesse.** *Elle cachait son chagrin par pudeur.* — *Sans pudeur.* ⇒ **cyniquement.** ‹ ▶ impudeur, pudique ›

pudibond, onde [pydibɔ̃, ɔ̃d] adj. ■ Qui a une pudeur exagérée jusqu'au ridicule. ⇒ **prude.** ▶ ***pudibonderie*** n. f. ■ Littér. Pruderie.

pudique [pydik] adj. **1.** Qui a de la pudeur, montre de la pudeur. ⇒ **chaste, sage.** *Une femme pudique. Un geste pudique.* / contr. **impudique, provocant** / **2.** Plein de discrétion, de réserve. *Ils ont fait une allusion pudique à leurs querelles.* ▶ ***pudicité*** n. f. ■ Littér. Pudeur, caractère pudique. / contr. **impudicité** / ▶ ***pudiquement*** adv. **1.** D'une manière pudique. *Elle tourna la tête pudiquement.* **2.** Par euphémisme. *Ce qu'on appelle pudiquement « rétablir l'ordre ».* ‹ ▶ impudique ›

puer [pɥe] v. ▪ conjug. 1. — REM. Verbe de sens fort, péjoratif. **1.** V. intr. Sentir très mauvais, exhaler une odeur infecte. ⇒ **empester ; puant.** *Les œufs pourris puent terriblement.* **2.** V. tr. Répandre une très mauvaise odeur de... *Il a encore bu, il pue l'alcool.* ‹ ▶ puant ›

puér(i)- ■ Élément qui signifie « enfant ». ⇒ **péd-.** ▶ ***puériculture*** [pɥeʀikyltyʀ] n. f. ■ Ensemble des méthodes propres à assurer la croissance et le plein épanouissement du nouveau-né et de l'enfant (jusque vers trois ou quatre ans). ▶ ***puériculteur, trice*** n. ■ Personne diplômée spécialiste en puériculture. ‹ ▶ puéril, puerpéral ›

puéril, ile [pɥeʀil] adj. ■ Qui ne convient qu'à un enfant, n'est pas digne d'un adulte ; qui manque de sérieux. ⇒ **enfantin, infantile.** / contr. **adulte** / *Des propos, des arguments puérils.* ⇒ **futile.** ▶ ***puérilement*** adv. ■ D'une manière puérile. ▶ ***puérilité*** n. f. **1.** Caractère puéril, peu sérieux. ⇒ **futilité. 2.** Littér. Action, parole, idée puérile. ⇒ **enfantillage.** *Cessez vos puérilités !*

puerpéral, ale, aux [pɥɛʀpeʀal, o] adj. ■ Médecine. Relatif à l'accouchement. *Fièvre puerpérale,* due à une infection de l'utérus.

pugilat [pyʒila] n. m. ■ Bagarre à coups de poing. ⇒ **rixe.** *Un pugilat en règle.* ▶ ***pugiliste*** n. m. ■ Littér. Boxeur.

pugnace [pygnas] adj. ■ Littér. Qui aime le contact, la lutte. *Être de nature pugnace.* ▶ ***pugnacité*** n. f.

puîné, ée [pɥine] adj. et n. ■ Vieilli. Qui est né après un frère ou une sœur. *Frère puîné.* — N. *Une puînée.*

puis [pɥi] adv. ⇒ fam. ③ **pis. 1.** (Succession dans le temps) Littér. Après cela, dans le temps qui suit. ⇒ **ensuite.** *Ils entraient, puis ils sortaient (et puis ils sortaient). Elle convoqua sa secrétaire, puis le chef du personnel.* **2.** Littér. Plus loin, dans l'espace. ⇒ **après.** *On aperçoit la cathédrale, puis les tours à bureaux.* **3.** ET PUIS (introduisant le deuxième, le troisième... terme d'une énumération). ⇒ **et.** *Il y avait ses amis, son frère et puis sa sœur.* **4.** ET PUIS (servant à introduire une nouvelle raison). ⇒ d'**ailleurs ;** fam. ça **fait** que [→ **faire** (IV)]. *Je n'ai pas le temps, et puis ça m'embête.* — *Et puis ?,* s'emploie pour demander quelle importance peut bien avoir la chose en question. Fam. (Dans le même sens) *Et puis quoi ? et puis après ?* ⟨ ▶ depuis, ③ pis, puîné, puisque ⟩

puis-je ⇒ **pouvoir.**

puisard [pɥizaʀ] n. m. ■ Puits en pierres sèches destiné à recevoir et absorber les résidus liquides. ⇒ **égout, fosse.** — Fosse destinée à recevoir les excréments humains. *Vider le puisard du chalet.*

puisatier [pɥizatje] n. m. ■ Vieilli. Ouvrier qui creuse des puits.

puiser [pɥize] v. tr. ▪ conjug. 1. **1.** Prendre dans une masse liquide (une portion de liquide). *Puiser de l'eau à une source.* **2.** Sans compl. dir. *Puiser dans son sac, dans son porte-monnaie,* y prendre de l'argent. **3.** Fig. Emprunter, prendre. ⇒ **extraire,** ⑤ **tirer.** *Il a puisé ses exemples dans les auteurs classiques.* — Au p. p. adj. *Une documentation puisée à la source, dans une revue.*

puisque [pɥisk(ə)] conj. — REM. *Puisqu'* devant *ainsi, elle(s), il(s), en, on, un(e).* ■ Conjonction de subordination à valeur causale. **1.** (Introduisant une cause, en faisant reconnaître comme logique le rapport de cause à effet) Dès l'instant où, du moment que... ⇒ **comme.** *Puisque vous insistez, je cède. Puisque vous êtes ici, restez à souper !,* étant donné que... **2.** (Servant à justifier une assertion) *Puisque je vous le dis.* — (Reprenant un terme) *Son départ, puisque départ il y a, est fixé à midi.*

puissance [pɥisɑ̃s] n. f. **I. 1.** Situation, état d'une personne, d'un groupe qui peut beaucoup, qui a une grande action sur les personnes, les choses ; domination qui en résulte. *Qui a de la puissance.* ⇒ **puissant.** *Une grande volonté de puissance,* de dominer les gens et les choses. *La puissance temporelle* (opposée à la *puissance spirituelle*). ⇒ **pouvoir. 2.** Grand pouvoir de fait exercé dans la vie politique d'une collectivité. *La puissance d'un parti, d'un courant d'opinion, d'une classe sociale.* **3.** Caractère de ce qui peut beaucoup, de ce qui produit de grands effets. ⇒ **efficacité, force.** *La puissance de l'imagination, de la parole. — Puissance sexuelle.* / contr. **impuissance** / **4.** Quantité de travail fourni par unité de temps. *La puissance électrique est mesurée en watts.* **5.** Pouvoir d'action (d'un appareil) ; intensité (d'un phénomène). *La puissance d'un microscope. Augmenter, diminuer la puissance de la radio.* ⇒ ② **son,** ① **volume. 6.** Mathématiques. Produit de plusieurs facteurs égaux, le nombre de facteurs étant indiqué par l'exposant. *$10 \times 10 \times 10 \times 10 \times 10 = 10^5$ (« dix puissance cinq »). Élever un nombre à la puissance deux* ⇒ ② **carré,** *trois* ⇒ **cube.** Fam. *Il est bête à la puissance dix,* au plus haut degré. **7.** Hockey. Fam. *Jeu de puissance,* supériorité numérique. ⇒ **attaque** à cinq. **II.** *(Une, des puissances)* **1.** Littér. Chose qui a un grand pouvoir, produit de grands effets. *L'or est une puissance.* **2.** Catégorie, groupement de personnes qui ont un grand pouvoir de fait dans la société. *Les puissances d'argent.* **3.** État souverain. ⇒ **nation, pays.** *Les grandes puissances.* ⇒ **superpuissance. III.** EN PUISSANCE loc. adj. : qui existe sans produire d'effet, sans se réaliser. ⇒ **potentiel, virtuel.** *C'est un talent en puissance. Un criminel en puissance.* ⇒ **graine** de, en **herbe.** ⟨ ▶ impuissance, superpuissance, toute-puissance ⟩

puissant, ante [pɥisɑ̃, ɑ̃t] adj. **1.** Qui a un grand pouvoir, de la puissance. *Un personnage puissant.* ⇒ **considérable, influent, omnipotent, tout-puissant.** — N. *Les puissants de ce monde.* — Qui a de grands moyens militaires, techniques, économiques. *Ces pays dépendent de leur puissant voisin.* **2.** Qui est très actif, qui produit de grands effets. *Administrer un remède puissant.* ⇒ **énergique.** *Un sentiment puissant.* ⇒ **profond.** *Des efforts puissants.* / contr. **impuissant** / — (Personnes) Qui s'impose par sa force, son action. / contr. **faible** / *Une puissante personnalité.* **3.** Qui a de la force physique (quand cette force semble permanente, en réserve). *Des muscles puissants.* **4.** (Moteurs, machines) Qui a de la puissance, de l'énergie. *Une voiture puissante. Attention, freins puissants !* (inscription à l'arrière de camions). **5.** Qui a de la force, une grande intensité. ⇒ ① **fort.** *Il parlait d'une voix puissante.* ⇒ ① **haut.** *Joueur qui a un puissant lancer.* ▶ ***puissamment*** adv. **1.** Avec des moyens puissants, avec une action efficace. / contr. **faiblement** / **2.** Avec force, intensité. Iron. *C'est puissamment raisonné !,* fortement. ⟨ ▶ impuissant, puissance, surpuissant, toute-puissance, tout-puissant ⟩

puits [pɥi] n. m. invar. **1.** Cavité circulaire, profonde et étroite, à parois maçonnées, pratiquée dans le sol pour atteindre une nappe d'eau souterraine. *Puiser, tirer de l'eau au puits. Un puits artésien*, naturel.* **2.** Excavation pratiquée dans le sol ou le sous-sol pour l'exploitation d'un gisement. *Puits de mine. — Le forage d'un puits de pétrole.* — Passage vertical. *Un puits d'ascenseur.* ⇒ **cage.** — *Puits de lumière,* ouverture pratiquée dans un toit ou dans le haut d'un grand mur, puis vitrée, par où entre la lumière naturelle. **3.** Loc. fig. *Un* PUITS DE SCIENCE : une personne d'un immense savoir. ⟨ ▶ épuiser, puisard, puisatier, puiser ⟩

pull-over [pulɔvœʀ; pylɔvɛʀ] ou **pull** [pul; pyl] n. m. ■ (France) Anglic. Tricot de laine ou de coton avec ou sans manches, qu'on met en le passant par la tête. ⇒ **chandail, gilet.** *Des pull-overs ; des pulls.*

pulluler [pylyle] v. intr. ▪ conjug. 1. **1.** Se multiplier ; se reproduire en grand nombre et très vite. *Des égouts où pullulent les rats.* **2.** Se manifester en très grand nombre. ⇒ **grouiller, proliférer.** *Les petits mendiants pullulent dans cette ville.* — (Choses) Abonder, foisonner. ▶ ***pullulement*** n. m. ■ Fait de pulluler. — Ce qui pullule.

pulmonaire [pylmɔnɛʀ] adj. **1.** Qui affecte, atteint le poumon. *Congestion pulmonaire. Tuberculose pulmonaire.* — N. Personne atteinte de tuberculose pulmonaire. ⇒ **tuberculeux. 2.** Qui appartient au poumon. *Les alvéoles pulmonaires.*

pulpe [pylp] n. f. **1.** *La pulpe des dents,* le noyau tendre (opposé à *ivoire* et à *émail*). *Les nerfs de la pulpe rendent les caries douloureuses.* **2.** Partie juteuse (des fruits charnus). ⇒ **chair.** — Partie charnue et comestible (de certains légumes). *La peau et la pulpe.* ▶ ***pulpeux, euse*** adj. ■ *Un fruit pulpeux.* — Fig. *Une belle fille pulpeuse,* aux formes rondes et pleines.

pulsation [pylsasjɔ̃] n. f. **1.** Battement (du cœur, des artères). ⇒ **pouls.** *Les pulsations cardiaques.* **2.** Battement régulier.

pulsé [pylse] adj. m. ■ *Air pulsé,* poussé par une soufflerie.

pulsion [pylsjɔ̃] n. f. ■ Psychologie. Tendance instinctive partielle ; élément dynamique de l'activité psychique inconsciente. *Pulsions sexuelles.* ⇒ **libido.** ⟨ ▶ compulsion, impulsion ⟩

pulvériser [pylveʀize] v. tr. ▪ conjug. 1. **1.** Réduire (un solide) en poudre, en très petites parcelles ou miettes. ⇒ **broyer,** ② **piler.** — Au p. p. adj. *Du charbon pulvérisé.* **2.** Projeter (un liquide sous pression) en fines gouttelettes. ⇒ **vaporiser.** *Il faut pulvériser de l'insecticide sur les arbres.* **3.** Faire éclater en petits morceaux. *Le pare-brise a été pulvérisé.* — Fig. Détruire complètement, réduire à néant. ⇒ **anéantir.** *Elle a pulvérisé vos arguments.* — Fam. *Le record a été pulvérisé,* battu de beaucoup. ▶ ***pulvérisateur*** n. m.

■ Appareil servant à projeter une poudre, un liquide pulvérisé. ⇒ **aérosol, atomiseur, vaporisateur.** ▸ ***pulvérisation*** n. f. **1.** Action de pulvériser. **2.** Prise de médicament en aérosol (nez, gorge). *As-tu fait tes pulvérisations ?* ▸ ***pulvérulent, ente*** adj. ■ Qui a la consistance de la poussière, d'une poudre ou se réduit facilement en poudre. *La chaux vive est pulvérulente.*

puma [pyma] n. m. ■ Mammifère carnassier d'Amérique de la famille des félins, à pelage fauve et sans crinière. ⇒ **couguar.** *Des pumas femelles.*

① ***punaise*** [pynɛz] n. f. **1.** Petit insecte à corps aplati et d'odeur infecte. *Punaise des bois. Punaise des lits,* parasite de l'être humain. *Une chambre sordide, pleine de punaises.* — Fig. Loc. fam. *Punaise de sacristie,* bigote. — *Faire du sang de punaise,* du mauvais sang, s'inquiéter. **2.** *Punaise !,* interjection exprimant la surprise ou le dépit.

② ***punaise*** n. f. ■ Petit clou à large tête ronde, à pointe courte servant à fixer des feuilles de papier sur un mur, une planche... ⇒ fam. **pinouche ;** anglic. ② **pin.** ▸ ***punaiser*** v. tr. ▪ conjug. 1. ■ Fixer à l'aide de punaises. ⇒ fam. **pinoucher.**

① ***punch*** [pɔnʃ] n. m. **1.** Boisson alcoolisée à base de rhum, de sirop de canne, de jus de fruits... *Des punchs.* **2.** Boisson rafraîchissante à base de jus de fruits et de boissons gazeuses, souvent alcoolisée, servie comme apéritif lors des fêtes, des réceptions. *Un punch aux fruits.* ≠ *grog,* ① *ponce.*

② ***punch*** n. m. **1.** Aptitude d'un boxeur à porter des coups secs et décisifs. **2.** Efficacité, dynamisme. ⇒ **énergie, vitalité.** *Il manque de punch.* ▸ ***puncheur*** n. m. ■ Boxeur qui a du punch. — REM. Le féminin *puncheuse* est virtuel. ▸ ***punching-ball*** [pɔnʃiŋbɑl] n. m. ■ Anglic. Ballon fixé par des attaches élastiques, servant à l'entraînement des boxeurs. *Des punching-balls.* — Fam. *Je ne vais pas te servir de punching-ball,* de tête de Turc.

punique [pynik] adj. ■ Antiquité. De Carthage ; carthaginois. *Les guerres puniques,* menées par Rome contre Carthage.

punir [pyniʀ] v. tr. ▪ conjug. 2. **1.** Frapper (qqn) d'une peine pour avoir commis un délit ou un crime. ⇒ **châtier, condamner.** *La justice punit les coupables. Être puni de prison.* — Frapper (qqn) d'une sanction pour une faute répréhensible. / contr. **récompenser** / *Sa mère l'a puni d'avoir (pour avoir) menti.* **2.** Sanctionner (une faute) par une peine, une punition. *Punir une infraction. L'arbitre a puni un joueur de chaque équipe.* **3.** Au passif et au p. p. adj. *Il est bien puni de sa curiosité,* il supporte les conséquences fâcheuses de sa curiosité. *Être puni par où l'on a péché,* trouver sa punition dans la faute ou l'erreur même qu'on a commise. ▸ ***puni, ie*** adj. et n. ■ Qui subit une punition. *Coupables punis. Faute punie.* / contr. **impuni** / — N. Personne punie. *Les punis feront tout pour se racheter.* ▸ ***punissable*** adj. ■ Qui entraîne ou peut entraîner une peine. *Un crime punissable de prison. Une action punissable.* ⇒ **répréhensible.** ▸ ***punitif, ive*** adj. ■ Propre ou destiné à punir, à réprimer (rare, sauf *expédition punitive*). *Faire, mener une expédition punitive contre des rebelles.* ▸ ***punition*** n. f. **1.** Action de punir. ⇒ **châtiment.** *En punition de ses péchés.* ⇒ **pénitence. 2.** Ce que l'on fait subir à l'auteur d'une simple faute (non d'un crime ou délit grave). ⇒ **sanction.** / contr. **récompense** / *Infliger une punition à qqn. Pour ta punition, tu resteras dans ta chambre. Elle est en punition dans sa chambre.* **3.** Travail supplémentaire infligé en punition. *As-tu fait ta punition ?* **4.** Conséquence pénible (d'une faute, d'un défaut dont on semble puni). *Son impopularité est la punition de ses mensonges.* **5.** (Sports) Cour. Pénalité. *Une punition mineure double. Prendre une punition. L'arbitre a donné une punition de match. Un lancer de punition.* ‹ ▸ impunément, impuni ›

punk [pɔnk] adj. invar. et n. Anglic. **1.** Adj. Se dit d'un mouvement musical issu du rock anglais et d'un mode de vie qui affiche des signes provocateurs (coiffures, bijoux...). *Elle se donne des allures punk. La musique punk.* **2.** N. Personne qui se réclame de ce mouvement, de ce mode de vie. *Des punks. Une punk anglaise.* ≠ *beatnik, freak, hippie, skinhead.*

① ***pupille*** [pypil ; cour. pypij] n. ■ Orphelin(e) mineur(e) en tutelle. *Le, la pupille et son tuteur.*

② ***pupille*** [pypil ; cour. pypij] n. f. ■ Zone centrale de l'iris de l'œil, par où passent les rayons lumineux. ⇒ ② **prunelle.**

pupitre [pypitʀ] n. m. **1.** Petit meuble à tableau incliné sur un ou plusieurs pieds, où l'on pose, à hauteur de vue, un livre, du papier. *Pupitre d'orchestre. Pupitre de chœur.* ⇒ **lutrin. 2.** Petite table, casier à couvercle incliné servant à écrire. *Des pupitres d'écoliers.* **3.** Console, tableau de commandes. *Le pupitre d'un studio d'enregistrement, d'un ordinateur.*

pur, pure [pyʀ] adj. **I.** Concret **1.** Qui n'est pas mêlé avec autre chose, qui ne contient aucun élément étranger. *Substance, eau chimiquement pure. Du vin pur,* sans eau. *Du jus d'orange pur.* — (Devant un nom de produit, formant une loc. adj.) *Confiture pur fruit, pur sucre,* sans additifs ni adjuvants. *Tissu pure laine,* 100 % en laine. ⇒ **cent** pour cent. Fig. *Des Québécois pure laine*, cent pour cent pure laine.* ⇒ **authentique.** — *Métal pur,* sans alliage. — *Couleur pure,* franche. *Son pur,* simple. — *Cheval de pur sang.* ⇒ **pur-sang. 2.** Qui ne renferme aucun élément mauvais ou défectueux. *Eau pure,* claire, bonne à boire. *Air pur,* salubre. / contr. **pollué, vicié** / *Ciel pur,* sans nuages ni fumées. ⇒ **limpide.** *L'air, le ciel est pur.* **II.** Abstrait. **1.** Qui est sans mélange, s'interdit toute préoccupation étrangère à sa nature. ⇒ **absolu.** *Sciences pures* (opposé à *sciences appliquées*). *Recherche pure,* fondamentale. *Musique pure* (opposé à *descriptive*). *Poésie pure.* **2.** (Devant le nom) Qui est seulement et complètement tel. *Ton ami est un pur imbécile.* ⇒ **complet, parfait, simple, véritable.** *Un ouvrage de pure imagination. Un pur hasard.* Loc. *De pure forme. En pure perte.* — (Après le nom) PUR ET SIMPLE : sans restriction. ⇒ sans **réserve.** *Je vous demande une acceptation pure et simple.* **3.** N. Personne rigoureusement fidèle à un parti, à une orthodoxie, sans mélange ni concession. *C'est un pur (un pur et dur). Une pure.* **4.** Sans défaut d'ordre moral, sans corruption, sans tache. ⇒ **innocent.** / contr. **impur** / *Un cœur pur. Ses intentions étaient pures,* bonnes et désintéressées. / contr. **malhonnête** / *Il était pur de tout soupçon,* à l'abri de tout soupçon. **5.** Chaste. *Une jeune fille pure.* **6.** Sans défaut d'ordre esthétique. ⇒ **parfait.** *Un profil, des traits purs.* — (Langue, style) D'une correction élégante. ⇒ **châtié, épuré ; purifier, purisme.** ▸ ***purement*** adv. ■ Intégralement, exclusivement (⇒ **pur,** II, 2). ⇒ **uniquement.** *Une réaction purement instinctive.* — Loc. PUREMENT ET SIMPLEMENT : sans condition ni réserve. *On m'a purement et simplement menti,* sans aucun doute possible. ‹ ▸ dépurer, épurer, impur, pureté, purifier, purisme, puritain, pur-sang ›

purée [pyʀe] n. f. **1.** Légumes cuits et écrasés. *De la, une purée de pommes de terre, de carottes et de navets...* — (France) En appos. Invar. *Pommes purée.* ⇒ **mousseline.** — PURÉE DE POIS loc. fig. : brouillard très épais. **2.** (France) Fam. *Être dans la purée,* dans la gêne, la misère. ⇒ **panade.** — Exclam. Fam. *Purée !,* misère ! ‹ ▸ presse-purée ›

pureté [pyʀte] n. f. **I. 1.** État d'une substance chimique pure. — État d'une substance pure (I, 2). *Une eau d'une grande pureté.* **2.** État de ce qui est sans défaut, sans altération. ⇒ **limpidité, netteté.** *Ce diamant est d'une pureté absolue. La pureté de l'air des montagnes. La pureté de sa voix.* ⇒ **clarté. II. 1.** Littér. État de ce qui est pur, sans souillure morale. ⇒ **honnêteté, innocence.** *La pureté d'une sainte.* — Chasteté. / contr. **impureté** / **2.** État de ce qui est sans mélange. *C'est la foi dans toute sa pureté.* **3.** État de ce qui se conforme avec élégance à des règles, à un type de perfection. ⇒ **correction.** *Veiller à la pureté de la langue* (⇒ **purisme**). ‹ ▶ impureté ›

purgatif, ive [pyʀgatif, iv] adj. et n. m. ■ Qui a la propriété de purger. ⇒ **dépuratif, laxatif.** — N. m. *Un purgatif.* ⇒ **purgation, purge.** ▶ ***purgation*** n. f. ■ Action de purger ; remède purgatif. ⇒ **lavement, purge.** *Prendre une purgation.* ⇒ **purgatif.**

purgatoire [pyʀgatwaʀ] n. m. **1.** D'après la théologie catholique. Lieu où les âmes qui n'ont pas été condamnées à l'enfer expient, « purgent (2) » leurs péchés avant d'accéder au paradis. **2.** Lieu ou temps d'épreuve, d'expiation. *Faire son purgatoire sur terre.*

purger [pyʀʒe] v. tr. ▪ conjug. 3. **1.** Débarrasser de ce qui gêne. *Purger un radiateur,* en évacuer l'air qui gêne le fonctionnement. *Purger un moteur,* vidanger l'huile avant un démontage, un nettoyage. **2.** Littér. Débarrasser (d'une chose mauvaise ou d'êtres considérés comme dangereux). *Il faut purger la société de tous ces profiteurs.* **3.** Administrer un purgatif à... — Pronominalement (réfl.). *Se purger,* prendre un purgatif. **4.** Faire disparaître en subissant (une condamnation, une peine). *Il est en prison, il purge une peine de cinq ans.* ▶ ***purge*** n. f. **1.** Action de purger ; remède purgatif. ⇒ **purgation.** *Prendre une purge.* ⇒ **purgatif. 2.** Évacuation d'un liquide, d'un gaz dont la présence dans une conduite nuit au bon fonctionnement d'un appareil. ⇒ **vidange.** *Robinet de purge.* **3.** Élimination autoritaire d'éléments politiquement indésirables. ⇒ **épuration.** *Les grandes purges staliniennes.* ▶ ***purgeur*** n. m. ■ Robinet ou dispositif automatique de purge (d'une tuyauterie, d'une machine). ‹ ▶ expurger, purgatif, purgatoire ›

purifier [pyʀifje] v. tr. ▪ conjug. 7. **1.** Débarrasser (une substance) de ses impuretés. ⇒ **assainir, clarifier, épurer, filtrer. 2.** Littér. Rendre pur, débarrasser de la corruption, de la souillure morale. *La souffrance l'avait purifié.* — Pronominalement (réfl.). *Se purifier,* se rendre pur par des rites purificatoires. **3.** Rendre plus pur, plus correct (la langue, le style). ▶ ***purificateur, trice*** adj. et n. **1.** Qui purifie. **2.** N. m. Appareil destiné à purifier (un milieu physique). *Un purificateur d'air.* ▶ ***purification*** n. f. ■ Action de purifier, de se purifier. — Relig. (Avec une majusc.) *Fête de la Purification de Marie.* ⇒ **Chandeleur.** ▶ ***purificatoire*** adj. ■ Littér. Propre à la purification. ⇒ **lustral.** *Rites purificatoires.*

purin [pyʀɛ̃] n. m. ■ Partie liquide du fumier, constituée par les urines et la décomposition des parties solides. *Une fosse à purin.*

purisme [pyʀism] n. m. **1.** Souci excessif de la pureté du langage, de la correction grammaticale, cherchant à se conformer à un modèle idéal. **2.** Souci de pureté, de conformité totale à un type idéal (art, idées, etc.). / contr. **laxisme** / ▶ ***puriste*** adj. et n. ■ *Un grammairien puriste. Un dictionnaire puriste.* ⇒ **normatif.**

puritain, aine [pyʀitɛ̃, ɛn] n. et adj. **1.** Membre d'une secte protestante anglaise et hollandaise qui voulait pratiquer un christianisme plus pur. ⇒ **presbytérien.** *Les puritains qui émigrèrent en Amérique.* **2.** Personne qui montre ou affiche une pureté morale scrupuleuse, un respect rigoureux des principes. ⇒ **rigoriste.** — Adj. *Ils ont reçu une éducation puritaine.* ⇒ **austère, rigide.** ▶ ***puritanisme*** n. m. ■ Esprit, conduite des puritains.

pur-sang [pyʀsɑ̃] n. m. invar. ■ Cheval de race pure. — Spécialt (en France). Race française, d'origine anglaise, de chevaux de course ; cheval de cette race. *Des pur-sang.* — Adj. invar. *Courses de chevaux pur-sang.*

purulent, ente [pyʀylɑ̃, ɑ̃t] adj. ■ Qui contient ou produit du pus. *Une plaie purulente.* ▶ ***purulence*** n. f. ■ Didact. État purulent.

pus [py] n. m. invar. ■ Liquide blanchâtre ou jaunâtre, contenant des microbes, qui se forme aux points d'infection de l'organisme. ⇒ **suppuration ; abcès,** ② **bouton,** ① **clou, furoncle, pustule ; pyo-.** *Écoulement de pus.* ⇒ **purulent.** ‹ ▶ purulent, pustule, suppurer ›

pusher [puʃœʀ] n. ■ Anglic. Revendeur de drogue (illégale). ⇒ anglic. **dealer.** *Des petits pushers.*

pusillanime [pyzi(l)lanim] adj. ■ Littér. Qui manque d'audace, craint le risque, les responsabilités. ⇒ **craintif, faible, timoré.** / contr. **audacieux** / ▶ ***pusillanimité*** n. f. ■ *Sa pusillanimité l'empêche de prendre une décision.*

pustule [pystyl] n. f. **1.** Petite bulle de pus à la surface de la peau. ⇒ ② **bouton.** *Les pustules de la variole.* **2.** Chacune des petites vésicules ou saillies qui couvrent le dos du crapaud, les feuilles ou tiges de certaines plantes. ▶ ***pustuleux, euse*** adj. ■ *Éruption pustuleuse.*

putain [pytɛ̃] n. f. et adj. **1.** Péj. Prostituée. (Synonyme injurieux : *pute.*) ⇒ **fille, péripatéticienne. 2.** Péj. et vulg. Femme qui a une vie sexuelle très libre. ⇒ fam. **agace ;** très fam. **guidoune ;** péj. **catin ;** vulg. **plotte.** *Enfant, fils de putain* (termes d'injure). **3.** Adj. fam. (Homme ou femme) Qui se prostitue, cherche à plaire à tout le monde. *Il n'est pas sans talent, mais il est très putain.* **4.** Surtout en France. (Suivi de *de* et d'un nom) S'emploie pour maudire qqch. qu'on déteste. *Putain de temps !* **5.** (France) Fam. *Putain !,* exclamation marquant l'étonnement, l'admiration. *Putain de film !*

putatif, ive [pytatif, iv] adj. ■ Droit. *Enfant, père putatif,* personne qui est supposée être l'enfant, le père de qqn.

putois [pytwa] n. m. invar. **1.** Petit mammifère carnivore, à fourrure brune, à odeur nauséabonde. — Loc. *Crier comme un putois,* crier, protester très fort. **2.** Fourrure de cet animal.

putréfaction [pytʀefaksjɔ̃] n. f. ■ Décomposition des matières organiques sous l'action des bactéries. ⇒ **pourriture.** *Un cadavre en état de putréfaction avancée.* ▶ ***putréfier*** v. tr. ▪ conjug. 7. ■ Faire tomber en putréfaction. — Pronominalement (réfl.). Se décomposer, pourrir. ▶ ***putrescible*** [pytʀesibl] adj. ■ Qui peut se putréfier. / contr. **imputrescible** / ▶ ***putride*** adj. **1.** Qui est en putréfaction. **2.** (Miasmes, odeurs) Qui résulte de la putréfaction. ‹ ▶ imputrescible ›

putsch [putʃ] n. m. ■ Soulèvement, coup de main d'un groupe politique armé, en vue de prendre le pouvoir. ⇒ coup d'**État.** *Un putsch contre-révolutionnaire. Plusieurs putschs militaires ont eu lieu.* ▶ ***putschiste*** [putʃist] adj. et n. ■ Qui organise un putsch ou qui y participe. *Les généraux putschistes.*

puzzle [pɔzœl] n. m. Anglic. **1.** Casse-tête. **2.** Multiplicité d'éléments sans ordre apparent qu'un raisonnement logique doit assembler pour reconstituer la réalité des faits. *Les pièces du puzzle commençaient à s'ordonner dans sa tête.* — REM. Le mot est courant en France et il se prononce [pœz(ə)l] ou [pyzl].

p.-v. [peve] n. m. invar. ■ (France) Fam. Procès-verbal, contravention. *Attraper un p.-v.*

P.V.C. [pevese] n. m. invar. ■ Anglic. Abréviation de *Polyvinyl Chloride*, chlorure de polyvinyle ou polychlorure de vinyle. ⇒ **polyvinyle.** *Des stores en P.V.C.*

pygargue [pigaʀg] n. m. ■ Grand oiseau rapace diurne, brun, à tête et queue blanches, qui se nourrit de poissons et d'oiseaux. ⇒ **aigle** de mer, **orfraie.** *Le pygargue à tête blanche.*

pygmée [pigme] n. **1.** (Avec une majusc.) Personnes appartenant à certaines populations de petite taille (autour de 1,50 m) habitant la forêt équatoriale du centre de l'Afrique. *Un, une Pygmée. Une tribu pygmée.* **2.** Littér. Homme tout petit, ou tout à fait insignifiant. / contr. **géant** /

pyjama [piʒama] ou, cour., [pidʒama] n. m. ■ Vêtement léger de nuit ou d'intérieur. *Veste, haut de pyjama ; pantalon, culotte, bas de pyjama. Être, se mettre en pyjama.*

pylône [pilon] n. m. **1.** Structure élevée, métallique ou en béton armé, servant de support à des câbles, à une ligne de transport de l'énergie électrique, à des antennes, etc. *Des pylônes électriques.* **2.** Chacun des deux piliers quadrangulaires ornant l'entrée d'une avenue, d'un pont. *Les pylônes du pont de Québec.*

pylore [pilɔʀ] n. m. ■ Orifice faisant communiquer l'estomac avec le duodénum.

pyo- ■ Élément savant signifiant « pus ». ► ***pyorrhée*** [pjɔʀe] n. f. ■ Écoulement de pus.

pyramide [piʀamid] n. f. **1.** Grand monument à base carrée et à faces triangulaires (qui servait de tombeau aux pharaons d'Égypte, de base aux temples aztèques, incas du Mexique etc.). ⇒ **ziggourat.** *La pyramide de Chéops.* **2.** Géométrie. Polyèdre qui a pour base un polygone et pour faces des triangles possédant un sommet commun. **3.** Entassement (d'objets) qui repose sur une large base et s'élève en s'amincissant. *Des pyramides de fruits et de légumes.* **4.** Représentation graphique d'une statistique, où les éléments sont de plus en plus rares vers le haut. *La pyramide des âges, des salaires. La pyramide alimentaire.* ► ***pyramidal, ale, aux*** adj. ■ En forme de pyramide. *Un système de ventes pyramidales.*

pyr(o)- ■ Élément savant signifiant « feu ». ► ***pyrex*** [piʀɛks] n. m. invar. ■ Verre très résistant pouvant aller au feu, au four. *Des plats en pyrex.* — REM. Ce mot est un nom de marque déposée. ► ***pyrogravure*** [piʀo(ɔ)gʀavyʀ] n. f. ■ Procédé de décoration du bois consistant à graver un dessin à l'aide d'une pointe métallique incandescente. ► ***pyrograver*** v. tr. • conjug. 1. ■ Décorer, exécuter à la pyrogravure. ► ***pyrograveur, euse*** n. ■ Artiste en pyrogravure. ► ***pyromane*** n. ■ Personne qu'une impulsion morbide (dite *pyromanie,* n. f.) pousse à allumer des incendies. ⇒ **incendiaire.** ► ***pyrotechnie*** [piʀo(ɔ)tɛkni] n. f. ■ Technique de la fabrication et de l'utilisation des matières explosives et des pièces d'artifice (⇒ **artificier**). ► ***pyrotechnique*** adj. ■ *Spectacle pyrotechnique,* feu d'artifice. *Des pièces pyrotechniques.*

python [pitɔ̃] n. m. ■ Serpent des forêts tropicales d'Afrique et d'Asie, de très grande taille (jusqu'à 10 m), qui broie sa proie entre ses anneaux avant de l'avaler. ⇒ **boa.** ≠ *piton.*

q

q [ky] n. m. invar. ■ Dix-septième lettre, treizième consonne de l'alphabet. — REM. Le groupe *qu* se prononce [k] *quarante ;* [kw] *équation ;* ou [kɥ] *équilatéral.*

Q.G. [kyʒe] n. m. invar. ■ Abréviation fam. de *quartier général.*

Q.I. [kyi] n. m. invar. ■ Abréviation fam. de *quotient intellectuel.*

qiviut [kivjut] n. m. ■ Laine produite par le bœuf musqué.

quadr-, quadra-, quadri-, quadru- ■ Éléments signifiant « quatre ». ⇒ **tétra-.** ⟨ ▸ quadragénaire, quadrant, quadraplégie, quadriennal, quadrilatère, quadrimoteur, quadriparti, quadripartite, quadriréacteur, quadrumane, quadrupède, quadruple, quadruplex ⟩

quadragénaire [kwadʀaʒenɛʀ] adj. et n. ■ Dont l'âge est compris entre quarante et cinquante ans. *Elle est quadragénaire.* — N. *Elle épouse un quadragénaire.*

quadrant [k(w)adʀɑ̃] n. m. ■ Quart de la circonférence d'un cercle. — Chacune des quatre portions du plan délimitées par deux demi-droites perpendiculaires. ≠ *cadran.*

quadraplégie [kwadʀapleʒi] n. f. ■ Paralysie des membres supérieurs et inférieurs. ⇒ **tétraplégie, paraplégie ; hémiplégie.** ▸ ***quadraplégique*** adj. et n. ■ Atteint de quadraplégie. ⇒ **tétraplégique.**

quadrature [kwadʀatyʀ] n. f. ■ Opération qui consiste à construire un carré de même surface que celle d'une figure curviligne. — Loc. *La quadrature du cercle,* problème insoluble, chose irréalisable.

quadriennal, ale, aux [kwadʀije(ɛn)nal, o] adj. **1.** Qui dure quatre ans. **2.** Qui revient tous les quatre ans. *Les Jeux Olympiques sont quadriennaux.*

quadrige [kadʀiʒ ; kwadʀiʒ] n. m. ■ Char antique à deux roues attelé de quatre chevaux de front.

quadrilatère [k(w)adʀilatɛʀ] n. m. ■ Polygone à quatre côtés. ⇒ ① **carré, losange, parallélogramme, rectangle, trapèze.**

quadrille [kadʀij] n. m. ■ Contredanse à la mode au XIXe s. ⇒ **danse** carrée ; anglic. **set.** *En place pour un quadrille.*

quadriller [kadʀije] v. tr. ▪ conjug. 1. **1.** Couvrir une surface de lignes entrecroisées en carrés, en rectangles. — Au p. p. adj. *Papier quadrillé.* ⇒ **carreauté. 2.** Diviser (un territoire) en compartiments où l'on répartit des troupes, pour en garder le contrôle. *Quadriller le quartier.* ▸ ***quadrillage*** n. m. **1.** Dessin d'une surface quadrillée. **2.** Action de quadriller (2). *Le quadrillage d'une ville en insurrection.*

quadrimoteur, quadriréacteur [k(w)adʀi-] adj. et n. m. ■ (Avions) Muni de quatre moteurs, réacteurs.

quadripartite [kwadʀipaʀtit] ou ***quadriparti, ie*** [kwadʀipaʀti] adj. ■ Qui comprend des représentants de quatre partis, de quatre pays, etc. *Conférence, comité quadripartite.*

quadrumane [k(w)adʀyman] adj. et n. ■ Dont les quatre membres sont terminés par une main. — N. *Un quadrumane,* un singe.

quadrupède [k(w)adʀypɛd] adj. et n. ■ (Animaux) Qui a quatre pattes. — N. *Un quadrupède,* mammifère terrestre possédant quatre pattes (excluant le quadrumane). ≠ *tétrapode.*

quadruple [k(w)adʀypl] adj. et n. m. ■ Qui est répété quatre fois, qui vaut quatre fois (la quantité désignée). *Une quadruple rangée de barbelés.* — N. m. *Huit est le quadruple de deux.* ▸ ***quadrupler*** v. ▪ conjug. 1. **1.** V. tr. Multiplier par quatre. *Quadrupler la production.* **2.** V. intr. Devenir quatre fois plus élevé. *Les prix ont quadruplé.* ▸ ***quadruplés, ées*** ou ***quadruplets, ettes*** n. pl. ■ Les quatre enfants (jumeaux) issus d'une même grossesse.

quadruplex [k(w)adʀyplɛks] n. m. invar. ■ Immeuble d'habitation formé de quatre maisons identiques séparées par un ou deux murs mitoyens. ⇒ **duplex, triplex.**

quai [ke] n. m. **1.** Mur de soutènement où accostent les bateaux, chaussée aménagée au bord de l'eau. *Quai de débarquement, d'embarquement.* ⇒ **débarcadère, embarcadère.** ≠ *ponton. Le navire est à quai,* rangé le long du quai. — *Construire un quai au bord du lac,* une plate-forme sur pilotis. **2.** Vaste bassin destiné au chargement et au déchargement des navires. ⇒ anglic. **dock.** — *Les quais de la Basse-Ville de Québec.* — Hangars, entrepôts situés en bordure de ce bassin. **3.** Voie publique, rive, passage aménagé sur cette chaussée. *Se promener sur les quais.* **4.** Plate-forme longeant la voie dans une gare (de trains, d'autobus), une station de métro. *Le quai no 4. Accès aux quais.*

quaker, quakeresse [kwekœʀ, kwekʀɛs] n. ■ Anglic. Membre d'un mouvement religieux protestant répandu surtout aux États-Unis et en Grande-Bretagne, fondé au XVIIe siècle, qui prêchait le pacifisme, la philanthropie et la simplicité des mœurs. *Des quakers.* ▶ ***quakerisme*** [kwekœʀism] n. m. ■ Doctrine, religion des quakers.

qualifier [kalifje] v. tr. ▪ conjug. 7. **1.** Caractériser par un mot, une expression. ⇒ **appeler, désigner, nommer.** *Comment qualifier sa conduite ? Elle est inqualifiable !* — QUALIFIER DE (+ attribut). *On nous a qualifiés de niaiseux.* ⇒ **traiter. 2.** Faire que (qqn, un concurrent) soit admis aux épreuves suivantes d'une compétition. *Ce but a qualifié leur équipe pour les séries de championnat.* / contr. **disqualifier** / — Pronominalement (réfl.). Obtenir sa qualification. *Ils se sont qualifiés pour la finale.* **3.** (Compl. personne) Donner qualité de faire qqch. *Ce diplôme ne vous qualifie pas pour ce travail.* ▶ ***qualificatif, ive*** [kalifikatif, iv] adj. et n. m. **1.** Adj. Qui sert à qualifier, à exprimer une qualité. *Adjectif qualificatif.* **2.** N. m. Mot ou groupe de mots servant à qualifier qqn ou qqch. ⇒ **épithète.** *Un qualificatif élogieux.* ▶ ***qualification*** n. f. **1.** Action ou manière de qualifier. ⇒ **appellation, épithète, nom,** ① **titre. 2.** Fait, pour un concurrent à une compétition, d'être qualifié (2). / contr. **disqualification, élimination** / **3.** *Qualification professionnelle,* formation, aptitudes qui qualifient (3) pour un emploi. — Au plur. Anglic. *Décrivez vos qualifications,* votre formation, vos compétences. — REM. Ce sous-sens est critiqué. ▶ ***qualifié, ée*** adj. **1.** *Ouvrier qualifié,* ayant une formation professionnelle poussée. **2.** *Vol qualifié,* droit, assimilé à un crime ; vol évident, manifeste. ⟨ ▶ disqualifier, inqualifiable ⟩

qualité [kalite] n. f. **I. 1.** (Choses) Manière d'être caractéristique et qui donne une valeur plus ou moins grande. *Marchandise de bonne, de mauvaise qualité ; de première qualité. Améliorer la qualité de qqch. Contrôle de la qualité, normes de qualité, garantie de qualité.* — Sans compl. *La qualité* (opposé à *quantité*). **2.** Bonne qualité (1). *Un produit de qualité,* excellent, supérieur. *Une viande de qualité supérieure. Tout le monde s'accorde sur la qualité de ses travaux.* — *La qualité de la vie, de l'environnement,* ce qui les rend meilleurs. *La qualité de vie au travail.* **3.** Trait de caractère auquel on attribue une valeur morale. / contr. **défaut** / *La bonté, la prudence sont des qualités.* ⇒ **vertu.** *Elle a toutes les qualités.* **II.** (Personnes) **1.** Condition sociale, civile, juridique. ⇒ **état** (III). *Nom, prénom, qualité.* — EN SA QUALITÉ DE : comme ayant telle qualité. ⇒ **à titre** de. *En sa qualité de chef du gouvernement.* **2.** Vx. *Une personne de qualité,* de la noblesse. — *Une enseignante, une danseuse de qualité,* excellente, bonne, de haut calibre. ▶ ***qualitatif, ive*** adj. ■ Relatif à la qualité, qui est du domaine de la qualité. / contr. **quantitatif** / *L'étude qualitative d'un phénomène.* ▶ ***qualitativement*** adv.

quand [kɑ̃] conj. et adv. **I.** Conj. **1.** À (ce) moment. ⇒ **comme** (II, 2) **; lorsque, où** (I, 3). ≠ *quant à. J'attendais depuis dix minutes, quand il* [kɑ̃til] *est arrivé.* — Ellipt. *Quand je pense que son fils a 20 ans !* (je suis étonné). *Quand je vous le disais !* (j'avais raison). — Fam. *Je n'aime pas quand vous criez.* **2.** Chaque fois que, toutes les fois que. *Quand l'une disait oui, l'autre disait non.* **3.** Littér. (+ conditionnel) En admettant que. *Quand il l'aurait voulu, il ne l'aurait pas pu* (même s'il l'avait voulu). — QUAND (BIEN) MÊME... (même sens). *Quand (bien) même que j'irais, il est trop tard,* même si j'y allais... — QUAND MÊME loc. adv. : cependant, pourtant. ⇒ **néanmoins.** *Je l'aime quand même.* — Fam. Tout de même. *Ce serait quand même plus agréable si vous veniez. Quand même ! elle exagère !* **II.** Adv. (d'interrog. sur le temps). À quel moment ? *Quand partez-vous ? Jusqu'à quand ? C'est pour quand ? Alors, à quand le mariage ? Quand ça ?* — *Je ne sais pas quand.*

quant à [kɑ̃ta] loc. prép. ■ Pour ce qui est de, en ce qui concerne. ≠ *tant* qu'à, *quand. Quant à vous, attendez ici. Quant à faire,* étant donné que, tant qu'à y être. *Quant à faire, brisez donc aussi le pot de fleurs !* ▶ ***quant-à-soi*** [kɑ̃taswa] n. m. sing. ■ Réserve un peu fière de la personne qui garde pour soi ses sentiments. *Rester sur son quant-à-soi,* garder ses distances.

quanta [kwɑ̃ta] n. m. plur. ■ *Théorie des quanta,* qui suppose que la lumière, l'énergie se manifestent par petites quantités discontinues (particules). — Au sing. QUANTUM : discontinuité élémentaire d'une grandeur quantifiée, spécialt de l'énergie. ▶ ***quantique*** [kwɑ̃tik] adj. ■ Des quanta de la théorie des quanta. *Mécanique quantique.*

quantième [kɑ̃tjɛm] n. m. ■ Didact. Désignation du jour du mois par son chiffre.

quantifier [kɑ̃tifje] v. tr. ▪ conjug. 7. ■ Déterminer la quantité de. ⇒ **chiffrer.** *Quantifier les coûts de production d'un vidéo.* — Au p. p. adj. *Des coûts quantifiés.* ▶ ***quantification*** n. f. ■ Action de quantifier ; cette opération. ▶ ***quantifiable*** adj. ■ Qui peut être quantifié. *Des données quantifiables.*

quantité [kɑ̃tite] n. f. **1.** Nombre plus ou moins grand (de choses, de personnes) mesure qui sert à évaluer l'importance (d'une collection, d'un ensemble). *Quelle quantité de farine doit-on mettre ? En grande, en petite quantité.* ⇒ **beaucoup, peu. 2.** *Une, des quantité(s) de,* grand nombre, abondance. ⇒ **foule, masse.** *Une quantité de livres. Quantité de gens le pensent.* ⇒ **beaucoup.** — EN QUANTITÉ : en abondance. *Il y a de la neige en quantité.* **3.** Qualité de ce qui peut être mesuré ; la chose mesurable elle-même. — Loc. *Considérer qqn comme une quantité négligeable,* ne pas en tenir compte. **4.** LA QUANTITÉ : l'ensemble des valeurs mesurables (opposé à *la qualité*). *« Beaucoup », « peu », « plus » sont des adverbes de quantité.* ▶ ***quantitatif, ive*** adj. ■ Qui appartient au domaine de la quantité et des valeurs numériques. / contr. **qualitatif** / *L'étude quantitative d'un phénomène.* ▶ ***quantitativement*** adv.

quantum n. m. ⇒ **quanta.**

quarante [kaʀɑ̃t] adj. numér. invar. et n. m. invar. **1.** (Cardinal) Quatre fois dix (40). *Un trajet de quarante minutes.* — (Ordinal) Quarantième. *Page quarante.* — Loc. *S'en moquer comme de l'an quarante,* ne pas s'inquiéter d'une chose, s'en ficher complètement. *Ne pas être barré à quarante,* ne pas connaître la gêne, ne pas avoir d'inhibitions. / contr. **gêné, timide** / **2.** N. m. invar. *J'habite au quarante.* ▶ ***quarantième*** adj. et n. **1.** Ordinal de quarante. *Dans sa quarantième année.* — N. *Le, la quarantième.* **2.** Se dit de ce qui est contenu quarante fois dans un tout. *La quarantième partie.* — N. m. *Deux quarantièmes.* ▶ ① ***quarantaine*** n. f. **1.** Nombre d'environ quarante. *Une quarantaine de personnes.* **2.** Âge d'environ quarante ans. *Il frise la quarantaine.* ⇒ **quadragénaire.** ▶ ② ***quarantaine*** n. f. **1.** Isolement de durée variable (de quarante jours à l'origine) qu'on impose aux voyageurs et aux marchandises en provenance de pays où règnent des maladies contagieuses. **2.** Loc. *Mettre, laisser qqn* EN QUARANTAINE : mettre à l'écart, refuser d'avoir des relations avec qqn. ▶ ***quarante-onces*** n. m. invar. ■ Bouteille d'alcool d'une contenance de 1,14 litre. ⇒ **dix-onces, vingt-six-onces.** *Un quarante-onces de gin* ou, absolt, *un quarante-onces.*

quark [kwaʀk] n. m. ■ Physique. Particule élémentaire hypothétique, proposée pour expliquer la structure d'autres particules.

quart [kaʀ] n. m. **I.** Fraction d'un tout divisé en quatre parties égales. *Chacun a reçu un quart de la* succession. — *Un quart de livre* (quatre onces). (France) *Un quart de beurre,* cent vingt-cinq grammes (le quart d'une livre). — *Un quart de vin,* quart de litre. — QUART D'HEURE : quinze minutes. *Une heure moins (le) quart, deux heures et quart. Il est moins (le) quart ; il est et (le) quart.* Loc. *Un mauvais quart d'heure,* un moment pénible, une épreuve. *Faire passer un mauvais quart d'heure à qqn,* le malmener physiquement ; le réprimander. **II. 1.** Période de quatre heures, pendant laquelle une partie de l'équipage est de service. *Officier, matelot de quart,* de service. *Prendre le quart.* **2.** Partie appréciable de (qqch.). *Je n'ai pas fait le quart de ce que j'avais à faire.* — LES TROIS QUARTS : la plus grande partie. *Les trois quarts du temps,* le plus souvent. — *Portrait* DE TROIS QUARTS : où le sujet présente à peu près les trois quarts du visage. *Il l'a photographiée de trois quarts.* ▶ ***quart-arrière*** n. ■ Football. Joueur à qui le centre remet le ballon à la mise au jeu et qui tente une passe ou remet le ballon à un autre joueur. *Le quart-arrière a été plaqué par la défensive adverse.* — Position qu'occupe ce joueur. ▶ ***quart-de-rond*** n. m. ■ Moulure (à profil convexe ou concave). *Poser du quart-de-rond au bas d'une plinthe. Des quarts-de-rond.* ▶ ***quarte*** [kaʀt] n. f. ■ Musique. Intervalle de quatre degrés dans la gamme diatonique (ex. : *do-fa*). ▶ ***quartette*** [kwaʀtɛt] n. m. ■ Ensemble de jazz à quatre musiciens. ⇒ **quatuor.** ▶ ① ***quartier*** [kaʀtje] n. m. **1.** Portion d'environ un quart (de fruits, animaux de boucherie). *Un quartier de pomme. Un quartier de bœuf.* **2.** Morceau constituant une division naturelle de certains fruits, notamment des agrumes. *Des quartiers de clémentine.* **3.** Phase de la Lune où elle apparaît comme un croissant. *Premier, dernier quartier.* ‹ ▶ quatre-quarts ›

② ***quartier*** n. m. **1.** Partie d'une agglomération ayant une certaine unité, à l'originalité, au paysage et aux fonctions particulières. *Le Quartier Latin*, à Québec. Les beaux, les vieux quartiers. Cinéma de quartier,* fréquenté par les gens du quartier. — Par ext. Les habitants d'un quartier. *Tout le quartier fréquente cette pizzeria.* **2.** Au plur. Loc. Cantonnement. QUARTIERS D'HIVER : lieu où logent les troupes pendant l'hiver. — QUARTIER GÉNÉRAL : emplacement où sont installés les logements et bureaux du commandant d'une armée et de son état-major. ⇒ **Q.G.** — Loc. *Avoir quartier libre,* être autorisé à sortir de la base militaire. *Ne pas faire de quartier,* massacrer tout le monde. ▶ ***quartier-maître*** [kaʀtjemɛtʀ] n. m. ■ (Du *quartier,* cantonnement) Marin du premier grade au-dessus de celui de matelot, correspondant au grade de caporal de l'armée de terre. *Des quartiers-maîtres.*

quartz [kwaʀts] n. m. invar. ■ Forme la plus courante de la silice naturelle cristallisée. ⇒ **cristal** de roche. *Des montres à quartz.*

quasar [k(w)azaʀ] n. m. ■ Source céleste produisant une émission d'ondes radio, comparable à celle des étoiles (quasi-étoiles).

quasi(-) [kazi] adv. ■ Sans trait d'union devant un adj., un mot à valeur quantitative) Presque, pour ainsi dire. *Le souper est quasi prêt. Je préfère quasi autant que vous ne veniez pas. Il n'y avait quasi personne à la réunion.* — (Avec un trait d'union devant un nom) *Quasi-certitude, quasi-totalité.* ▶ ***quasiment*** [kazimɑ̃] adv. ■ Presque, à peu près. *Vous pourriez être quasiment mon père. J'ai quasiment terminé.*

Quasimodo [kazimɔdo] n. f. ■ Dans la liturgie chrétienne. Dimanche après Pâques.

quaternaire [kwatɛʀnɛʀ] adj. **1.** Formé de quatre éléments. **2.** *Ère quaternaire* ou, n. m., *le quaternaire,* ère géologique la plus récente (environ un million d'années), marquée par des glaciations et où est apparu l'être humain (opposé à *primaire, secondaire* et *tertiaire*).

quatorze [katɔʀz] adj. numér. invar. et n. m. invar. **1.** (Cardinal) Dix plus quatre (14). — (Ordinal) Quatorzième. *Louis XIV* (quatorze). — Loc. *Chercher midi* à quatorze heures.* **2.** N. m. invar. Le nombre, le numéro ainsi désigné. ▶ ***quatorzième*** adj. et n. **1.** Ordinal de quatorze. *Le quatorzième siècle* (entre 1301 et 1400). — N. Personne, chose qui est à la quatorzième place. *Le cheval est arrivé le quatorzième.* **2.** Se dit d'une partie d'un tout également divisé en quatorze. *La quatorzième partie.* — N. m. *Un quatorzième.* ▶ ***quatorzièmement*** adv.

quatrain [katʀɛ̃] n. m. ■ Strophe de quatre vers. *Le premier quatrain d'un sonnet.*

quatre [katʀ] adj. numér. et n. m. invar. **I.** Adj. numér. invar. **1.** (Cardinal) Trois plus un (4). ⇒ **quadr-, tétra-.** *Les quatre saisons.* — Loc. *Se mettre, se fendre en quatre,* se donner beaucoup de mal, se dépenser sans compter. ⇒ se **décarcasser.** *Manger comme quatre,* énormément. *Descendre un escalier quatre à quatre,* très vite (quatre marches à la fois). *Se faire dire ses quatre vérités,* se faire parler avec une franchise brutale. *Ne pas y aller par quatre chemins*. Entre quatre yeux.* ⇒ **(œil).** *Fendre, couper les cheveux* en quatre. Ne pas avoir inventé le bouton* à quatre trous. Un de ces quatre matins*.* **2.** (Ordinal) Quatrième. *Page quatre.* **II.** N. m. invar. Le nombre, le numéro ainsi désigné. *Habiter au quatre.* — Carte, face de dé, de domino présentant quatre marques. ▶ ***quatrième*** [katʀijɛm] adj. et n. **1.** Adj. et n. Ordinal de quatre. *Habiter au quatrième* (étage). — N. Personne, chose qui est à la quatrième place. *Terminer le, la quatrième.* — Loc. *En quatrième vitesse,* très vite. **2.** Se dit d'une partie d'un tout également divisé en quatre. *La quatrième partie du montant total.* — N. m. *En veux-tu le quatrième ?* N. f. La quatrième année du cours primaire. *Les jumelles montent en quatrième.* ▶ ***quatrièmement*** adv. ▶ ***quatre-vingt(s)*** [katʀəvɛ̃] adj. numér. et n. m. **1.** (Cardinal) Huit fois dix (80). *Âgé de quatre-vingts ans* ⇒ **octogénaire,** *de quatre-vingt-deux ans.* — QUATRE-VINGT-DIX : neuf fois dix (90). — (Ordinal) Quatre-vingtième. *Page quatre-vingt.* **2.** N. m. Le nombre, le numéro ainsi désigné. ▶ ***quatre-vingtième*** adj. et n. ▶ ***quatre-cent-vingt-et-un*** [kat(ʀə)sɑ̃vɛ̃teœ̃] n. m. invar. ■ Jeu de dés où la combinaison la plus forte est composée d'un quatre, d'un deux et d'un as. — Abrév. *Quatre-vingt-et-un* [katvɛ̃teœ̃]. ▶ ***quatre-épices*** [kat(ʀ)epis] n. m. et f. invar. ■ Plante originaire des Antilles dont les graines réduites en poudre donnent un assaisonnement qui rappelle à la fois le poivre, le girofle, la muscade et le gingembre. ▶ ***quatre(-)par(-)quatre*** [kat(ʀ)paʀkat(ʀ)] n. m. invar. **1.** Véhicule automobile à quatre roues motrices. *Des quatre-par-quatre (4 x 4).* **2.** Colombage qui a quatre pouces* sur quatre (10,16 cm x 10,16 cm). *Utiliser des quatre par quatre comme poteaux de clôture.* — REM. Ce mot est un calque de l'anglais. ▶ ***quatre-quarts*** [katkaʀ] n. m. invar. ■ Gâteau où entrent à poids égal du beurre, de la farine, du sucre et des œufs. *Des quatre-quarts succulents.* ▶ ***quatre-roues*** [kat(ʀə)ʀu] n. m. invar. ■ Petit véhicule tout terrain, découvert, aux larges roues basses, pour une seule personne. ⇒ **trois-roues.** ▶ ***quatre-saisons*** [kat(ʀə)sɛzɔ̃] n. m. invar. ■ Variété d'hortensia dont les fleurs sont réunies en grosses boules de couleurs variées (rose, rouge, bleue, blanche, etc.). ⇒ **hydrangée.** — Ces fleurs. ▶ ***quatre-temps*** [katʀətɑ̃] n. m. ■ Cornouiller du Canada. — Fruit rouge et comestible de cet arbre. ‹ ▶ deux(-)par(-)quatre, quatrain ›

quatuor [kwatɥɔʀ] n. m. **1.** Œuvre de musique écrite pour quatre instruments ou quatre voix. *Quatuor à cordes,* pour deux violons, alto et violoncelle. **2.** Les quatre musiciens ou chanteurs qui exécutent un quatuor. ⇒ **quartette.**

① ***que*** [k(ə)] conj. **1.** Introduisant une subordonnée complétive (à l'indic. ou au subj. selon le verbe de la principale, ou la nuance à rendre). *Je crois qu'il est là. Je pense que tout ira bien. C'est dommage qu'elle soit malade.* **2.** Servant à former des locutions conjonctives. *À condition, à mesure que...* **3.** Introduisant une proposition circonstancielle. — (Temporelle) *Il avait à peine fini qu'il s'en allait.* — (Finale) *Venez ici que nous jasions.* — (Causale) *Il reste au lit, non qu'il soit vraiment malade, mais il le croit.* — (Hypothétique) *Qu'il fasse beau ou non...* — NE... QUE... NE... : sans que, avant que. *Il ne se passe pas une semaine qu'elle ne vienne.* **4.** Substitut d'un autre mot grammatical *(quand, si, comme...),* dans une coordonnée. *Quand il la rencontra et qu'elle lui apprit la nouvelle.* **5.** Introduisant le second terme d'une comparaison. *Autant, plus, moins que,* etc. **6.** En corrélation avec *ne,* pour marquer la restriction. NE... QUE... ⇒ **seulement.** *Je n'aime que toi. Cela ne fait que trente dollars.* — (Renforcement) *Vous n'en n'êtes que plus coupable.* **7.** Introduisant une indépendante au subjonctif (ordre, souhait...). *Qu'il entre !* ‹ ▸ alors que, bien que, est-ce que, lorsque, parce que, plus-que-parfait, ② pourvu que, presque, puisque, quoique, tandis que ›

② ***que*** [k(ə)] adv. **1.** Interrog. (En loc.). Pourquoi, en quoi ? *Que m'importe son opinion ? Que ne venez-vous ?,* (souhait) si vous pouviez venir ! **2.** Exclam. Comme, combien ! *Que c'est beau ! Que de gens !* Fam. *Eh, qu'il est niaiseux !*

③ ***que*** [k(ə)] pronom **I.** Pronom relatif désignant une personne ou une chose (au masc. ou au fém., au sing. ou au plur.). **1.** (Objet direct) *Celle que j'aime. Les cadeaux que tu lui as faits.* **2.** (Compl. indir. ou circonstanciel). *Depuis dix ans que nous habitons ici. L'été qu'il a fait si chaud,* où* il a fait si chaud. **3.** (Attribut) *L'astronaute que vous êtes.* **II.** Pronom interrogatif (désignant une chose). **1.** (Objet direct) Quelle chose ? *Que faisiez-vous ? Qu'en dites-vous ?* (en concurrence avec *qu'est-ce que...*) *Que faire ? Que se passe-t-il ? Qu'y a-t-il ?* — (Interrog. indirect) ⇒ **quoi.** *Elle ne savait plus que dire.* **2.** (Attribut) *Qu'est-ce ? Que deviens-tu ?* — (Avec EST-CE QUE) *Qu'est-ce que vous dites ? Qu'est-ce que c'est que ça ?* — QU'EST-CE QUI... ? *Qu'est-ce qui te prend ?* ‹ ▸ quelque, quelque chose, quelquefois, quelqu'un, qu'en-dira-t-on ›

Québec [kebɛk] n. propre ■ Loc. *Se faire passer un Québec,* être victime d'une machination, spécialt dans des négociations à caractère politique ; se faire rouler, se faire avoir. ⇒ **berner, duper, pogner, tromper ;** fam. **amancher ; sapin.** — REM. On dit aussi *passer un Québec à qqn.* ▸ ***québécois, oise*** [kebekwa, waz] adj. et n. **1.** De la ville de Québec. *La politique municipale québécoise. Un cégep québécois.* N. (Avec une majusc.) *Personne née dans cette ville ou qui l'habite. Des Québécoises pure laine.* — REM. Dans ce sens, l'adj. s'emploie rarement pour désigner des personnes. **2.** De la province de Québec. ⇒ **canadien-français.** *Le gouvernement québécois.* ⇒ **provincial.** / contr. **fédéral** / *La littérature québécoise. Un dictionnaire québécois. Le sport amateur québécois. L'Association québécoise des professeurs de français.* ⇒ **provincial.** — *Le français québécois.* ⇒ le **québécois.** — *Le Parti québécois fut fondé en 1968 par René Lévesque.* ⇒ **P.Q. ; péquiste.** — N. (Avec une majusc.) Personne née dans cette province ou qui l'habite. *Les Québécois francophones* ⇒ **Franco-Québécois**, *anglophones* ⇒ **Anglo-Québécois**, *allophones* ⇒ **Néo-Québécois.** *Beaucoup de Québécois vivent à l'étranger. Anciennement les Québécois étaient dénommés « Canadiens » ou « Canadiens français ».* **3.** N. m. *Le québécois,* la variété de français en usage au Québec. ⇒ **français** québécois, **franco-canadien, franco-québécois ; joual.** *Le québécois parlé.* — Adj. *« Se faire passer un sapin » est une expression québécoise.* ⇒ **québécisme.** *« Pogner » est un mot très québécois.* — N. m. Ce français, considéré sous ses aspects les plus caractéristiques. *En (bon) québécois, on dirait... Les sacres sont considérés comme du vrai québécois.* ▸ ***québécisme*** [kebesism(ə)] n. m. ■ Fait de langue (mot, sens, locution, tournure, prononciation, etc.) propre au français du Québec. ⇒ **canadianisme ; amérindianisme, inuitisme ; américanisme, anglicisme ; acadianisme.** *Certains québécismes sont répertoriés dans des dictionnaires français. Un québécisme de prononciation.* ▸ ***québécité*** ou ***québécitude*** n. f. ■ Ensemble des caractères, des manières de penser, de sentir propres aux Québécois. — Appartenance à ce groupe social. ‹ ▸ anglo-québécois, anti-québécois, franco-québécois, homo quebecencis, italo-québécois, néo-québécois ›

quechua n. m. et adj. ⇒ **quichua.**

queen [kwin] adj. invar. ■ Anglic. *Lit, matelas queen (size),* d'une longueur de 152 cm et d'une largeur de 203 cm. ⇒ anglic. **king.**

quel, quelle [kɛl] adj. **I.** Adjectif interrogatif (servant généralement à questionner sur la nature ou l'identité d'une personne ou d'une chose). **1.** Interrog. dir. (Attribut) *Quelle est donc cette jeune fille ?* ⇒ **qui.** — (Épithète) *Quels amis inviterez-vous ? Quelle heure est-il ? Tu as fait des remarques, mais quelles remarques ?* **2.** Interrog. indir. *J'ignore quelles remarques il a faites. On ne savait pas quelle route prendre.* **3.** Exclam. *Quelle jolie maison ! Quel dommage qu'elle soit partie ! Quelle idée !* (absurde, saugrenue). **II.** Pronom interrogatif (seulement avec un partitif). ⇒ **lequel, qui.** *De nous deux, quel est le plus grand ?* **III.** Adjectif relatif. QUEL... QUE, avec le v. *être* au subjonctif (loc. concessive). *Quelle que soit la route à prendre.* ≠ *quelque.* ‹ ▸ lequel, quelconque, quelque, quelque chose, quelquefois, quelqu'un ›

quelconque [kɛlkɔ̃k] adj. **1.** Adj. indéf. N'importe lequel, quel qu'il soit. *Un point quelconque du cercle. Pour une raison quelconque. Un quelconque individu.* — Qui n'a aucune propriété particulière. *Triangle quelconque.* **2.** Adj. qualif. Tel qu'on peut en trouver partout, sans qualité ou valeur particulière. *Un être quelconque,* insignifiant. *C'est très quelconque.* ⇒ **banal, médiocre, ordinaire.** / contr. **remarquable** /

quelque [kɛlk(ə)] adj. **I.** Littér. QUELQUE... QUE (concessif). **1.** (Qualifiant un nom) *Quelque doute (quelques doutes) que tu aies, il te faudra une preuve,* quel que soit le doute, quels que soient les doutes. **2.** (Adverbial, qualifiant un adj.) ⇒ **aussi, pour,** ① **si.** *Quelque méchants que soient les hommes.* **II.** Adj. indéfini. **1.** QUELQUE : un, certain. *Il sera allé voir quelque ami. Quelque part* (opposé à *nulle part*), en un certain lieu. *Quelque autre chose.* — Un peu de... *Depuis quelque temps.* **2.** Au plur. QUELQUES : un petit nombre, un certain nombre de... ⇒ **plusieurs ;** fam. une **couple.** *J'ai vu quelques amis. Cent et quelques dollars.* **3.** Adv. Environ. *Un livre de quelque vingt-cinq dollars.* ≠ *quel... que.*

quelque chose loc. indéfinie ⇒ **chose.**

quelquefois [kɛlkəfwa] adv. ■ Un certain nombre de fois. *Il est venu quelquefois.* — Dans un certain nombre de cas. ⇒ **parfois.** *C'est quelquefois drôle.*

quelqu'un, une [kɛlkœ̃, kɛlkyn], ***quelques-uns, -unes*** [kɛlkəzœ̃, kɛlkəzyn] pronom indéf. **I.** Au sing. **1.** Une personne (absolument indéterminée ; abrév. qqn). *On dirait que quelqu'un joue du piano quelque part.* ⇒ **on.** *Il y a quelqu'un ?* **2.** (Avec *de* et un qualificatif) *Il faut trouver quelqu'un de sûr,* quelqu'un qui soit sûr. **3.** Un homme ou une femme de valeur, remarquable. *Ah, c'est quelqu'un !* **II.** Au plur. *Quelques-uns de(s)...* Un petit nombre indéterminé de... (parmi plusieurs). *Quelques-uns des assistants se mirent à rire. Quelques-unes de ses poésies sont belles.* — Sans compl. *Quelques-uns,* un petit nombre indéterminé de personnes. *C'est l'avis de quelques-uns.* ⇒ **certains.**

quémander [kemɑ̃de] v. tr. ▪ conjug. 1. ■ Demander humblement et avec insistance (de l'argent, une faveur). ⇒ fam. **bummer, seiner.** ▶ ***quémandeur*** ou ***quémandeux, euse*** n. ■ Personne qui quémande. — Adj. *Elle est quémandeuse.* ⇒ **quêteur.**

qu'en-dira-t-on [kɑ̃diʀatɔ̃] n. m. invar. ■ L'opinion malveillante d'autrui, de la société. ⇒ **placotage ;** fam. **commérage.** *Avoir peur du, se moquer du qu'en-dira-t-on.* ⇒ **on-dit.** — *Des qu'en-dira-t-on.*

quenelle [kənɛl] n. f. ■ Rouleau de pâte légère où est incorporé du poisson, de la volaille, etc., haché(e) fin.

quenotte [kənɔt] n. f. ■ Fam. Petite dent (d'enfant).

quenouille [kənuj] n. f. **1.** Petit bâton garni en haut d'une matière textile, que les femmes filaient en la dévidant au moyen du fuseau ou du rouet. **2.** Plante aquatique monocotylédone, à épi compact, à haute tige droite. ⇒ **jonc, roseau.** *Transformer les quenouilles en torches.*

querelle [kəʀɛl] n. f. ■ Vif désaccord (en paroles, en actes) entre personnes. ⇒ ① **chicane, dispute, dissension.** *Querelle de famille.* — Loc. *Chercher querelle à qqn,* le provoquer. ⇒ **noise.** ▶ ***quereller*** v. tr. ▪ conjug. 1. **1.** Littér. Adresser des reproches à (qqn). ⇒ **gronder, réprimander. 2.** SE QUERELLER v. pron. : (Récipr.), avoir une querelle, une dispute vive. ⇒ se **chamailler,** se **chicaner,** se **disputer,** se **pogner.** *Jamais ils ne se querellent.* — (Réfl.) *Se quereller avec qqn.* ▶ ***querelleur, euse*** adj. ■ Qui aime les querelles. ⇒ **batailleur, chicaneur, obstineur.** / contr. **conciliant** / *D'humeur querelleuse,* agressive.

quérir [keʀiʀ] v. tr. — REM. Ne s'emploie qu'à l'infinitif. ■ Vx. ALLER QUÉRIR *qqn, qqch.* : aller chercher. ⟨ ▶ acquérir, conquérir, requérir ⟩

question [kɛstjɔ̃] n. f. **1.** Demande qu'on adresse à qqn en vue d'apprendre qqch. de lui. ⇒ **interrogation.** *Poser* ou, fam., *demander une question à qqn. Elle s'est posé des questions.* — Ce qu'un examinateur demande au candidat qu'il interroge. *Des questions d'examen.* — Demande d'explication à un ministre, adressée par un parlementaire. *La période de(s) questions à l'Assemblée nationale.* **2.** Sujet qui implique des difficultés, donne lieu à discussion. ⇒ **affaire, matière,** ③ **point, problème.** *La question est difficile. Les divers aspects d'une question. Les questions économiques, sociales.* Loc. *Mettre, remettre en question,* soumettre à un examen (1), à une discussion. *Elle ne s'est jamais remise en question.* — *C'est toute la question,* c'est là la difficulté essentielle. *Il n'y a pas de question,* c'est sûr, il n'y a pas de problème. *Ce n'est pas la question,* il ne s'agit pas de cela. Impers. *Il est question de...,* on parle de... il s'agit de... *En première page, il était question des élections.* — (Introduisant une éventualité qu'on envisage) *Il est question de lui comme directeur. Il n'est pas question que l'État prenne à sa charge cette dépense,* on ne peut envisager que... (+ infinitif) *Il est question de prolonger l'autoroute,* on pense, on songe à. — (En emploi négatif) *Il n'en est pas question* ou, fam., *pas question !* ⇒ **non.** — EN QUESTION. *La personne, la chose en question,* dont il s'agit. — Ellipt (sans prép., + nom) Fam. *Question hockey, il est imbattable. Question santé.* **3.** Autrefois. Torture infligée aux accusés ou aux condamnés pour leur arracher des aveux. *Infliger le supplice de la question. Soumettre qqn à la question.* ▶ ***questionnaire*** n. m. ■ Liste de questions (1) méthodiquement posées en vue d'un examen, d'une enquête, d'un jeu ; formulaire. *Répondez sur le questionnaire. Remplissez ce questionnaire.* ▶ ***questionner*** v. tr. ▪ conjug. 1. ■ Poser des questions (1) à (qqn), d'une manière suivie. ⇒ **interroger.** *Questionner un candidat, un suspect.*

quétaine [ketɛn] adj. et n. Cour. **I.** (Choses) **1.** De peu de valeur, bon marché. ⇒ **clinquant ;** anglic. **cheap.** / contr. ② **cher, coûteux, dispendieux** / *Des bibelots quétaines.* **2.** De mauvais goût, de peu d'intérêt, sans classe. *C'est quétaine cette décoration.* ⇒ **artificiel,** ① **faux.** *Une émission, un film quétaine.* ⇒ **niaiseux,** ① **plat ;** fam. à la **con,** à la **noix, nounoune.** *Tableaux, meubles quétaines.* ⇒ **inesthétique, kitsch, laid.** / contr. anglic. **design** / *Ça fait quétaine.* ⇒ fam. faire **dur ;** anglic. **cheap. 3.** N. m. *Le quétaine,* tout ce qui est quétaine, niaiseux, ridicule. *Se meubler avec du quétaine.* **II.** (Personnes) **1.** Qui est stéréotypé, conventionnel. — Loc. *Être quétaine.* — N. *L'été, les plages américaines sont remplies de quétaines.* **2.** Qui est mal dégrossi, frustre, sans manières. ⇒ **épais, inculte, niaiseux ;** péj. **colon, habitant.** / contr. **cultivé, raffiné** / *Une famille de gros quétaines.* — Loc. *Avoir l'air quétaine,* manquer de raffinement, de distinction. *Être quétaine.* ⇒ fam. **pepsi.** — N. *Les quétaines du village.* **3.** Qui n'est plus à la mode, qui a fait son temps. *Chanteuse quétaine.* ⇒ anglic. **has been.** — REM. On trouve parfois l'orthographe *kétaine.* ▶ ***quétainerie*** n. f. Cour. **1.** Objet, chose manufacturé(e) qui est quétaine. ⇒ **camelote, pacotille.** *Ce cadre est une vraie quétainerie.* — Objet, chose plus ou moins utile. ⇒ fam. **patente ;** anglic. **gadget.** *Il y en a des quétaineries ici !* **2.** Comportement, action peu réfléchi(e). *Veux-tu cesser tes quétaineries.* ⇒ **niaiserie.** *Dire des quétaineries,* des paroles, des mots absurdes. ⇒ **ânerie, bêtise, idiotie, sottise. 3.** *La quétainerie,* tout ce qui rappelle la niaiserie, le ridicule. ⇒ **quétaine.** — REM. On trouve parfois l'orthographe *kétainerie.* ▶ ***quétainisme*** n. m. ■ Le fait d'être quétaine (pour qqch., pour qqn). ⇒ **vulgarité.**

① ***quête*** [kɛt] n. f. ■ Action de demander et de recueillir de l'argent pour des œuvres pieuses ou charitables. *Faire la quête pour les démunis.* — Collecte d'argent lors des offices religieux à l'église. *Faire* ou, fam., *passer la quête pendant la messe.* — Somme d'argent ainsi recueillie. ⇒ **aumône.** ▶ ***quêter*** [kɛte] v. ▪ conjug. 1. **1.** V. intr. Faire la quête. **2.** V. tr. Demander ou rechercher comme un don, une faveur. ⇒ **mendier, solliciter.** *Son regard quête une approbation. Quêter de l'argent, une cigarette.* ⇒ fam. **bummer, téter.** ▶ ***quêteur*** ou ***quêteux, euse*** n. **1.** Personne chargée de faire la quête. **2.** Anciennt. Personne qui vivait de la charité publique en quêtant de porte en porte. ⇒ **mendiant.** *Les quêteux des campagnes.* — Adj. *Les gens sont de plus en plus quêteux,* quémandeurs. — Loc. *Avoir l'air quêteux,* pauvre, démuni.

② ***quête*** n. f. ■ Vx. Recherche. *La quête du Graal.* — Loc. EN QUÊTE DE... : à la recherche de... *On se met en quête d'un restaurant.*

quetsche [kwɛtʃ] n. f. ■ Grosse prune oblongue de couleur violet sombre. *Tarte aux quetsches.* — Eau-de-vie tirée de cette prune.

queue [kø] n. f. **I. 1.** Appendice plus ou moins long et poilu qui prolonge la colonne vertébrale de nombreux mammifères. *La queue d'un chat, d'un écureuil.* — Loc. *Rentrer la queue basse, la queue entre les jambes,* piteusement. — Fam. *Tirer le diable par la queue,* être pauvre, dans le besoin, avoir de la difficulté à joindre les deux bouts. — À LA QUEUE LEU LEU loc. adv. : l'un derrière l'autre. ⇒ en **file** indienne. — Fam. *C'est une vraie queue de veau,* une personne qui ne tient pas en place, qui bouge tout le temps, qui est très affairée. **2.** Extrémité postérieure allongée du corps des poissons, reptiles, etc. *La queue du lézard. Queues de langoustines,* l'abdomen (qui est la meilleure partie). — Cour. *Queue de poêlon,* têtard (de grenouille, de crapaud). **3.** Ensemble des plumes du croupion (d'un oiseau). **4.** Très fam. Pénis. **5.** Loc. QUEUE-DE-MORUE, -DE-PIE : longues basques d'une veste d'habit. *Un habit à queue.* ⇒ fam. **arrache-clou.** Fam. *Être en queue de chemise.* ⇒ ① **pan.** — QUEUE(-)DE(-)CHEVAL : formée par les cheveux (coiffure surtout féminine). *Des queues de cheval.* — QUEUE DE POISSON. *Finir en queue de poisson,* brusquement, sans conclusion. ⇒ **tourner** court. *Faire une queue de poisson,* se rabattre brusquement (en voiture). **6.** Tige d'une fleur, d'une feuille. — Attache d'un fruit. *Tisane de queues de cerises.* — *Des queues de violon**. **II. 1.** Partie terminale, prolongement. *La queue d'une comète,* la traînée lumineuse qui la suit. — *La queue d'un avion,* la partie postérieure du fuselage. — PIANO À QUEUE : grand piano dont les cordes disposées horizontalement forment un prolongement au clavier. **2.** *Queue de billard,* long bâton arrondi qui sert à pousser les billes. *La queue d'une poêle.* ⇒ ② **manche. III. 1.** Derniers rangs, dernières personnes (d'un groupe). *La tête et la queue du cortège. Il est à la queue de sa classe,* parmi les derniers. **2.** File de personnes qui attendent leur tour. *Il y a toujours une queue de vingt mètres devant ce cinéma. Faire la queue.* **3.** Arrière d'une file de véhicules (surtout : *de queue, en queue*). *Les wagons de queue. Monter en queue.* **4.** Loc. *Commencer par la queue,* par la fin. *Sans queue ni tête,* dénué de sens, incohérent. *Projet qui n'a ni queue ni tête.* 〈 ▶ équeuter, tête-à-queue 〉

queux [kø] n. m. invar. ■ Vx. MAÎTRE QUEUX : cuisinier.

qui [ki] pronom **I.** Pronom relatif des deux nombres, masculin ou féminin, désignant une personne ou une chose. **1.** (Sujet ; avec antécédent exprimé) *Prenez la rue qui monte. Ceux qui s'en vont. Toi qui es si fine. La voilà qui arrive.* — (Sans antécédent exprimé) Quiconque ; personne qui. *Qui va lentement va sûrement. Nous sommes attirés par qui nous flatte. C'était à qui des deux serait le plus aimable.* — Ce qui. *Voilà qui doit être très agréable.* — *Qui plus est,* de plus, en outre. ⇒ au **surplus. 2.** (Compl.) Celui, celle que... *Embrassez qui vous voudrez. Qui vous savez,* la personne (connue) qu'on ne veut pas nommer. — (Compl. indir. ou circonst.) ⇒ **lequel.** *L'homme à qui j'ai parlé, de qui je vous parle* ⇒ **dont**, *pour qui je vote.* **II.** Pronom interrogatif singulier désignant une personne. **1.** (Interrog. dir. ; sujet, attribut) *Qui te l'a dit ? Qui sait ? Qui sont ces gens ? Qui est-ce ?,* quelle personne est-ce ? — (Compl.) *Qui demandez-vous ? De qui parlez-vous ?* Absolt. *Qui ?* **2.** (Interrog. indir.) *Dis-moi qui tu fréquentes, et je te dirai qui tu es.* **3.** QUI QUE (+ subjonctif). *Qui que tu sois, écoute-moi,* que tu sois tel ou tel. *Qui que ce soit,* n'importe qui. 〈 ▶ quiconque, qui-vive, sauve-qui-peut 〉

quiche [kiʃ] n. f. ■ Sorte de tarte garnie d'une préparation à base de crème, d'œufs et de lard. *Quiche aux épinards.*

quichua [kitʃwa] ou ***quechua*** [ketʃa] n. m. et adj. ■ *Le quicha,* la langue amérindienne parlée sur les hauts plateaux du Pérou et de la Bolivie et qui a été la langue officielle des Incas. — Adj. *Le mot « lama ① » est d'origine quichua.*

quiconque [kikɔ̃k] pronom rel. et indéf. **1.** (Relatif) Toute personne qui... ; qui que ce soit qui. *Quiconque m'aime, me suive.* ⇒ **qui** (I, 1). *Donnez-le à quiconque le voudra.* **2.** (Indéfini) N'importe qui, personne. *Je n'en parlerai à quiconque.*

quidam [kidam] n. m. ■ Plaisant. Un certain individu (toujours un homme). *Qui est ce quidam ? Des quidams.*

quiet, quiète [kjɛ, kjɛt] adj. ■ Littér. Paisible, tranquille. ⇒ **calme.** *Une personne quiète.* ▶ ***quiétude*** [kjetyd] n. f. ■ Littér. Calme paisible. ⇒ **sérénité.** Loc. *En toute quiétude,* en toute tranquillité. / contr. **agitation, inquiétude** / 〈 ▶ inquiet 〉

quignon [kiɲɔ̃] n. m. ■ QUIGNON (DE PAIN) : morceau de pain contenant beaucoup de croûte. *Un vieux quignon de pain.*

① ***quille*** [kij] n. f. **1.** Chacune des dix pièces de bois ou de plastique renflée à la base, et qu'on dispose debout à une certaine distance pour les renverser avec une boule lancée à la main. *Le jeu de quilles* ou, au plur., *les quilles. Petites, grosses quilles. Boule de quilles.* ⇒ **abat.** *Allée de quilles.* ⇒ **dalot.** *Partie de quilles. Salle de quilles.* — Loc. *Comme un chien* dans un jeu de quilles.* **2.** (France) Fam. Jambe. **3.** Fam. Grosse bouteille de bière. *Acheter une quille.* ▶ ***quilleur, euse*** n. ■ Personne qui joue aux quilles.

② ***quille*** n. f. ■ Pièce située à la partie inférieure d'un bateau, dans l'axe de la longueur, et qui sert à l'équilibrer. *Barque retournée, la quille en l'air.*

quincaillerie [kɛ̃kajʀi] n. f. **1.** Ensemble des ustensiles et des petits produits utilitaires en métal, en plastique, etc. *Quincaillerie d'outillage, d'ameublement.* **2.** Industrie de ces objets ou magasin où ils sont vendus. ⇒ **droguerie.** *Acheter des clous, de la peinture à la quincaillerie.* **3.** Fam. Informatique. Matériel. ▶ ***quincaillier, ière*** [kɛ̃kaje, jɛʀ] n. ■ Personne qui tient une quincaillerie. ⇒ **droguiste, ferblantier, marchand** de couleurs, de fer.

quinconce [kɛ̃kɔ̃s] n. m. ■ EN QUINCONCE : se dit d'objets disposés par groupes de cinq, dont quatre aux quatre angles d'un quadrilatère et le cinquième au centre. *Plantation d'arbres en quinconce.*

quinine [kinin] n. f. ■ Produit extrait de l'écorce d'un arbre tropical *(le quinquina),* qui sert de remède contre le paludisme.

quinqu(a)- ■ Élément savant signifiant « cinq ». ⇒ **penta-.** ▶ ***quinquagénaire*** [kɛ̃kaʒenɛʀ] adj. et n. ■ Âgé de cinquante à soixante ans. ▶ ***quinquennal, ale, aux*** [kɛ̃kenal, o] adj. **1.** Qui a lieu tous les cinq ans. **2.** Qui dure, qui s'étale sur cinq ans. *Plan quinquennal.*

quinquina [kɛ̃kina] n. m. ■ Écorce amère aux propriétés toniques et fébrifuges. 〈 ▶ quinine 〉

quintal, aux [kɛ̃tal, o] n. m. **1.** Unité de masse valant cent kilogrammes (symb. *q*). **2.** Unité de masse valant 112 livres (50,9 kg), utilisée dans le commerce du poisson.

① ***quinte*** [kɛ̃t] n. f. **1.** Intervalle de cinq degrés dans la gamme diatonique. **2.** Suite de cinq cartes de même couleur.

② ***quinte*** n. f. ■ QUINTE (DE TOUX) : accès de toux.

quintessence [kɛ̃tɛsɑ̃s] n. f. ■ Ce en quoi se résument l'essentiel et le plus pur de qqch. ⇒ le **meilleur**, le **principal.**

quintette [k(ɥ)ɛ̃tɛt] n. m. **1.** Œuvre de musique écrite pour cinq instruments ou cinq voix. **2.** Orchestre de jazz composé de cinq musiciens.

quintuple [kɛ̃typl] adj. **1.** Qui est répété cinq fois, qui vaut cinq fois plus. *Nombre quintuple d'un autre.* — N. m. *Le quintuple.* **2.** Constitué de cinq éléments semblables. ▶ ***quintupler*** v. • conjug. 1. **1.** V. tr. Rendre quintuple. **2.** V. intr. Devenir quintuple. *Les prix ont quintuplé.* ▶ ***quintuplés, ées*** ou ***quintuplets, ettes*** n. pl. ■ Les cinq enfants (jumeaux) issus d'une même grossesse.

quinze [kɛ̃z] adj. numér. invar. et n. m. invar. **I. 1.** (Cardinal) Quatorze plus un (15). *Quinze minutes.* ⇒ **quart** d'heure. *Quinze cents dollars* (ou mille cinq cents). — *Quinze jours.* ⇒ **quinzaine.** *Être payé aux quinze jours,* aux deux semaines (opposé à *au mois*). — (Avec une majusc.) *Le Quinze cents**. **2.** (Ordinal) Quinzième. *Page quinze.* **II.** N. m. invar. ■ Le nombre, le numéro ainsi désigné. ▶ ***quinzième*** adj. et n. **1.** Ordinal de quinze. — N. *L'équipe a terminé la quinzième.* **2.** Se dit de ce qui est également partagé en quinze. — N. m. *Un quinzième de point les sépare.* ▶ ***quinzièmement*** adv. ▶ ***quinzaine*** [kɛ̃zɛn] n. f. **1.** Nombre de quinze ou environ. **2.** Intervalle d'environ deux semaines. *Dans une quinzaine.*

quiproquo [kipʀɔko] n. m. ■ Erreur qui consiste à prendre une personne ou une chose pour une autre ; le malentendu qui en résulte. ⇒ **méprise.** *Des quiproquos comiques.*

quitte [kit] adj. **1.** (Surtout avec le v. *être*) Libéré d'une obligation juridique, d'une dette (matérielle ou morale). *Me voilà quitte envers vous. Nous sommes quittes.* **2.** (Avec quelques verbes : *tenir, considérer, estimer,* etc.) Libéré d'une obligation morale (par l'accomplissement de ce qu'on doit). *S'estimer quitte envers qqn.* **3.** ÊTRE QUITTE (DE) : débarrassé (d'une situation désagréable, d'obligations). *J'en suis quitte à bon compte,* je m'en tire à bon compte. — Loc. *En être quitte pour la peur,* n'avoir que la peur (et pas de mal). QUITTE À (+ infinitif) : au risque de. *Les enfants se baignent par tous les temps, quitte à attraper un rhume.* **4.** Loc. *Jouer à* QUITTE OU DOUBLE : une partie qui peut annuler ou doubler les résultats des précédentes. (→ Le tout pour le tout.) ▶ ***quittance*** [kitɑ̃s] n. f. ■ (France) Attestation écrite de remboursement d'une somme due (après laquelle on est *quitte*). ⇒ **récépissé, reçu.** *Quittance d'une hypothèque, de loyer.* ‹ ▶ acquitter ›

quitter [kite] v. tr. • conjug. 1. **1.** Laisser (qqn) en s'éloignant, en prenant congé. *Je te quitte, à bientôt.* ⇒ **aller,** s'en **aller. 2.** Laisser (qqn) pour très longtemps, rompre avec (qqn). — Pronominalement. *Ils viennent de se quitter.* ⇒ se **séparer. 3.** (Suj. chose) Cesser d'habiter, d'affecter (qqn). *Cette pensée ne la quitte pas,* l'obsède. **4.** Laisser (un lieu) en s'éloignant, cesser d'y être. ⇒ **partir.** *Quitter son pays.* ⇒ **abandonner, émigrer.** *Le médecin lui interdit de quitter la chambre,* de sortir de la chambre. **5.** Loc. *Ne pas quitter des yeux,* regarder longuement et attentivement. — *Ne quittez pas !* (au téléphone). **6.** (Surtout négatif) Cesser d'avoir sur soi, avec soi. ⇒ **enlever, ôter.** *Elle ne quittait pas ses gants.* **7.** Abandonner (une activité, un genre de vie). *Il quitta son métier, sa situation.* / contr. **garder** /

qui-vive [kiviv] loc. interj. et n. m. invar. **1.** Interj. Cri par lequel une sentinelle, une patrouille interroge en entendant ou en voyant qqch. de suspect. **2.** N. m. SUR LE QUI-VIVE loc. adv. : sur ses gardes. ⇒ ② **alerte.** *Elle est sans arrêt sur le qui-vive.*

quiz [kwiz] n. m. ■ Anglic. Jeu, concours par questions et réponses, généralement à la télévision. *Participer à un quiz.*

quoi [kwa] pronom rel. et interrog. **I.** Relatif désignant une chose. (Toujours précédé d'une préposition) **1.** *Voilà de quoi il s'agit.* — (Se rapportant à l'idée que l'on vient d'exprimer) ⇒ **cela.** *Il fallut d'abord payer l'amende ; après quoi on nous a laissés partir. Réfléchis bien ; sans quoi tu vas te tromper. Faute de quoi.* ⇒ **autrement, sinon.** *Moyennant quoi,* en contrepartie. **2.** (Dans une relative à l'infinitif) *Il n'a pas de quoi vivre,* ce qu'il faut pour vivre. *« Je vous remercie beaucoup. — Il n'y a pas de quoi. »* **3.** Fam. Quelque chose. *Je vais te dire de quoi. Cherches-tu de quoi ? Manger de quoi de sucré. Il faut faire de quoi,* intervenir. *Il a pu lui arriver de quoi de grave,* un accident, un ennui. **II.** Interrogatif désignant une chose. **1.** (Interrog. indirecte) *Je ne vois pas en quoi cela te gêne. Je saurai à quoi m'en tenir.* **2.** (Interrog. directe) *Quoi faire ? À quoi penses-tu ?* **3.** Fam. Pour demander un complément d'information. *Quoi, qu'est-ce que tu dis ?* ⇒ **comment, pardon.** — Fam. *De quoi ?,* expression de menace, de défi. *Vous n'êtes pas satisfaits, de quoi ?* **4.** Interjection. ⇒ **comment.** *Quoi ! Vous osez protester ?* **5.** QUOI QUE (loc. concessive). *Quoi qu'il arrive,* quel que soit ce qui arrive. *Quoi qu'il en soit,* de toute façon. — *Quoi que ce soit,* qqch. de quelque nature que ce soit. *Tu n'as jamais pu vendre quoi que ce soit.* ≠ *quoique.* ‹ ▶ pourquoi, quoique ›

quoique [kwak(ə)] conj. **1.** Introduisant une proposition circonstancielle d'opposition ou de concession (+ subjonctif). ⇒ **bien** que, **encore** que. *Je lui confierai ce travail quoiqu'il soit bien jeune.* — (Avec ellipse du verbe) *Elle était simple, quoique riche.* **2.** Introduisant une objection faite après coup. *Nous passons nos vacances dans le Sud, quoique aimant bien l'Europe (quoique nous aimons bien, nous aimions bien ; quoique nous aimerions autant l'Europe).* ≠ *quoi que.* ‹ ▶ je-ne-sais-quoi, pourquoi ›

quolibet [kɔlibɛ] n. m. ■ Littér. Propos moqueur à l'adresse de qqn. ⇒ **raillerie.**

quorum [kɔʀɔm] n. m. ■ Politique, administration. Nombre minimum de membres présents pour qu'une assemblée puisse valablement délibérer. *Des quorums.*

quota [kɔta] n. m. ■ Terme administratif. Volume de production déterminé par l'État et que l'on ne peut dépasser. *Des quotas d'importation. Les quotas de lait.* — Objectif à atteindre, norme de rendement imposée à un vendeur. *Des quotas de vente, de production.* — Loc. fam. *Avoir son quota,* en avoir assez, en avoir par-dessus la tête. ⇒ fam. **casque, ras le bol, voyage.**

quote-part [kɔtpaʀ] n. f. sing. ■ Part qui revient à chacun dans une répartition. ⇒ **contribution.** *Payer, toucher sa quote-part.*

quotidien, enne [kɔtidjɛ̃, ɛn] adj. et n. m. **I.** Adj. De chaque jour ; qui se fait, revient tous les jours. *Son travail quotidien.* ⇒ **habituel, journalier.** — N. m. *Le quotidien,* la vie de tous les jours. **II.** N. m. Journal qui paraît chaque jour. *Vous trouverez la nouvelle dans les quotidiens. Les quotidiens, les hebdomadaires et les mensuels.* ≠ *périodique.* ▶ ***quotidiennement*** adv. ■ Tous les jours.

quotient [kɔsjɑ̃] n. m. **1.** Arithmétique, algèbre. Résultat d'une division. **2.** *Quotient intellectuel,* rapport statistique de l'âge mental à l'âge réel d'un enfant ou d'un adolescent, mesuré par des tests. ⇒ **Q.I.**

r

r [ɛʀ] n. m. invar. ■ Dix-huitième lettre, quatorzième consonne de l'alphabet. *Rouler les r. R grasseyé*[ʀ]. — Loc. *Les mois en R,* ceux dont le nom contient un *r*, pendant lesquels il est préférable de consommer les huîtres (de septembre à avril).

r- ⇒ **re.**

rabâcher [ʀabɑʃe] v. ▪ conjug. 1. **1.** V. intr. Revenir sans cesse sur ce qu'on a déjà dit. *Ces vieux bonshommes rabâchent.* ⇒ **radoter. 2.** V. tr. Répéter continuellement, d'une manière fastidieuse. ⇒ **renoter.** *Elle rabâche toujours les mêmes choses.* ⇒ **ressasser.** — Apprendre en répétant sans cesse. *Rabâcher ses leçons.* ▸ ***rabâchage*** n. m. ■ ⇒ **radotage, renotage.** ▸ ***rabâcheur, euse*** n. ■ Personne qui a l'habitude de rabâcher. ⇒ **radoteur.**

rabais [ʀabɛ] n. m. invar. ■ Diminution faite sur le prix d'une marchandise, le montant d'une facture. ⇒ **escompte,** ① **réduction, remise, ristourne.** *Consentir un rabais sur le prix de qqch.* — AU RABAIS. *Vente au rabais.* ⇒ **solde.** Péj. *Tu l'as eue au rabais, ta nouvelle moto,* tu n'as pas dû la payer cher. — *Travailler au (à) rabais,* pour un petit salaire. ‹ ▸ coupon-rabais ›

rabaisser [ʀabɛse] v. tr. ▪ conjug. 1. **1.** Rabattre, diminuer. *Rabaisser les prétentions, l'orgueil de qqn.* **2.** Ramener à un état ou à un degré inférieur. ⇒ **abaisser, ravaler.** *Rabaisser les humains au niveau de l'animal.* — Estimer ou mettre très au-dessous de la valeur réelle. ⇒ **déprécier ; dénigrer.** *Rabaisser les mérites de qqn.* — Pronominalement. *Se rabaisser.* ⇒ s'**humilier.** *Elle a tendance à se rabaisser.* ‹ ▸ rabais ›

rabane [ʀaban] n. f. ■ Tissu de raphia. *Une natte de plage en rabane.*

rabaska [ʀabaskɑ] n. m. ■ Ancien grand canot d'écorce, d'origine amérindienne. ⇒ **canot.** — En appos. *Canot rabaska.*

① ***rabattre*** [ʀabatʀ] v. tr. ▪ conjug. 41. **1.** Diminuer en retranchant (une partie de la somme). ⇒ **déduire, défalquer.** *Il n'a pas rabattu une cenne sur la somme, de la somme demandée.* — EN RABATTRE : abandonner de ses prétentions ou des ses illusions. *Ils ont dû en rabattre.* **2.** Amener vivement à un niveau plus bas, faire retomber. *Rabattre son chapeau sur ses yeux.* **3.** Mettre à plat, appliquer contre qqch. *Je rabats le col de mon manteau.* — Refermer. *Rabattre un couvercle, le capot d'une voiture.* — Pronominalement (passif). *Le siège avant se rabat, peut se rabattre.* ≠ *rebattre.* ▸ ***rabat*** [ʀabɑ] n. m. **1.** Large cravate formant plastron, portée par les magistrats, les professeurs d'université en toge. **2.** Partie rabattue ou qui peut se replier. *Poche à rabat. Le rabat d'un sac à main.* ▸ ***rabat-joie*** [ʀabɑʒwa] n. m. invar. et adj. invar. ■ Personne chagrine, ennemie de la joie des autres. ⇒ **trouble-fête ;** fam. **casseur** (3). *Quels rabat-joie !* — Adj. invar. *Elles sont un peu rabat-joie.* ▸ ***rabattu, ue*** adj. ■ Qui est abaissé, ou replié. *Un chapeau rabattu, aux bords rabattus. Poches rabattues* (⇒ **rabat**). ≠ *rebattu.*

② ***rabattre*** v. tr. ▪ conjug. 41. **1.** Ramener par force dans une certaine direction. *Rabattre le gibier* (vers les chasseurs). — Pronominalement. Changer de direction en se portant brusquement de côté. / contr. ② **déboîter** / *La voiture s'est rabattue après avoir doublé le camion.* **2.** V. pron. SE RABATTRE (SUR) *qqn, qqch.* : en venir à accepter, faute de mieux. *L'aînée l'ayant évincé, il s'est rabattu sur la cadette.* ▸ ***rabattage*** n. m. ■ Action de rabattre (le gibier). ▸ ***rabatteur, euse*** n. **1.** Personne chargée de rabattre le gibier. **2.** Péj. Personne qui fournit des clients à un vendeur, des marchandises à un acheteur. ⇒ **racoleur** (1).

rabbin [ʀabɛ̃] ou ***rabbi*** [ʀabi] n. m. ■ Chef religieux d'une communauté juive, qui préside au culte. *Grand rabbin,* chef d'un consistoire israélite. ▸ ***rabbinique*** adj. ■ Qui concerne les rabbins. *École rabbinique.*

rabelaisien, ienne [ʀablɛzjɛ̃, jɛn] adj. ■ Qui rappelle la verve truculente de Rabelais. ⇒ **gaulois.** *Style rabelaisien.*

râble [ʀɑbl] n. m. **1.** Partie charnue du dos, chez certains quadrupèdes (lapin, lièvre). *Un râble à la moutarde.* **2.** Loc. fam. SUR LE RÂBLE : sur le dos. *Ils nous sont tombés sur le râble,* ils nous ont attaqués. ▸ ***râblé, ée*** adj. **1.** Qui a le râble épais. *Cheval râblé.* **2.** (Personnes) Trapu et vigoureux. *Un garçon râblé.*

rabonner v. tr. ⇒ **réabonner.** ▸ ***rabonnement*** n. m. ⇒ **réabonnement.**

rabot [ʀabo] n. m. ■ Outil de menuisier, servant à enlever les inégalités d'une surface de bois. ⇒ **varlope.** *Le passage du rabot produit des copeaux.* ▸ ***raboter*** v. tr. ▪ conjug. 1. ■ Aplanir au rabot. ⇒ **varloper.** *Raboter une pièce de bois.* — Au p. p. adj. *Plancher raboté.* ⇒ **plané.** ▸ ***rabotage*** n. m. ▸ ***raboteur, euse*** n. ■ Personne qui rabote, spécialt. ouvrier spécialiste du rabotage. — Adj. *Des ouvriers raboteurs.* ▸ ***raboteux, euse*** adj. ■ Qui présente des inégalités, des aspérités (surface, sol). ⇒ **inégal.** *Plancher raboteux. Des terrains raboteux.* — Abstrait. *Un style raboteux.* ⇒ **rugueux.**

raboudiner [rabudine] v. tr. ▪ conjug. 1. Fam. **1.** Faire, réparer qqch. tant bien que mal. ⇒ **bricoler ;** fam. **patenter, rafistoler.** *Raboudiner une tondeuse à gazon.* **2.** Bafouiller, dire qqch. d'une manière incompréhensible. ⇒ **rabâcher, radoter.** *Je n'ai rien compris à ce que tu raboudines.* **3.** V. pron. SE RABOUDINER : se recroqueviller, se ratatiner. *Vieillard, arbuste qui se raboudine.* — Au p. p. adj. *Plants de framboises tout raboudinés. Avoir les doigts raboudinés,* repliés. ▸ ***raboudinage*** n. m. ▪ Action de raboudiner. ▸ ***raboudineur*** ou ***raboudineux, euse*** n. ▪ Fam. Personne qui raboudine (1, 2).

se ***rabougrir*** [ʀabugʀiʀ] v. pron. ▪ conjug. 2. ▪ Se recroqueviller sous l'effet de la sécheresse (végétaux), de l'âge (personnes). ⇒ s'**étioler ;** fam. se **raboudiner.** *Cet été, l'herbe s'est rabougrie.* ▸ ***rabougri, ie*** adj. **1.** (Plantes) Qui s'est peu développé. *Arbuste rabougri.* **2.** (Personnes) Mal conformé, chétif. ⇒ **rachitique, ratatiné.** *Enfant rabougri.* ⇒ **malingre.** *Des vieillards tout rabougris.* ▸ ***rabougrissement*** n. m.

rabrier [rabʀije] v. tr. ▪ conjug. 7. **1.** Abrier de nouveau (qqn, qqch.). *La mère a rabrié son bébé.* ⇒ **recouvrir.** / contr. **désabrier** / — au p. p. adj. *Auto rabriée avec une toile.* **2.** SE RABRIER v. pron. réfl. (suj. personne) s'abrier de nouveau. / contr. se **désabrier** / *Se rabrier parce qu'il fait froid.* — REM. Ce verbe se prononce [ʀabʀij-] à tous les temps et à toutes les personnes (ex. : *Nous rabriions* [ʀabʀijjɔ̃]).

rabrouer [ʀabʀue] v. tr. ▪ conjug. 1. ▪ Traiter avec rudesse (qqn qu'on désapprouve, dont on veut se débarrasser). ⇒ **rembarrer,** ① **repousser.** *Il s'est fait vertement rabrouer.* ▸ ***rabrouement*** n. m. ▪ Littér. Action de rabrouer.

racaille [ʀakaj] n. f. ▪ Péj. Ensemble d'individus louches, craints ou méprisés. ⇒ **canaille, fripouille.** *La racaille est le milieu favori de certains romanciers populistes français.*

① ***raccommoder*** [ʀakɔmɔde] v. tr. ▪ conjug. 1. ▪ Réparer à l'aiguille (du linge, des vêtements). ⇒ **rapiécer, ravauder, repriser.** *Raccommoder un lainage.* — Au p. p. adj. *Gants raccommodés.* ▸ ***raccommodable*** adj. ▪ Qui peut être raccommodé. ▸ ***raccommodage*** n. m. ▪ Action de raccommoder, manière dont est raccommodé (le linge, un vêtement). ⇒ **rapiéçage, ravaudage, reprise.** *Faire du raccommodage. Un raccommodage hâtif.* ▸ ***raccommodeur, euse*** n. **1.** Ouvrier, ouvrière qui raccommode (du linge, des vêtements). *Raccommodeur de filets de pêche.* **2.** Réparateur. *Un raccommodeur de faïence et de porcelaine.*

② ***raccommoder*** v. tr. ▪ conjug. 1. ▪ Fam. Réconcilier. *Raccommoder deux amis.* — SE RACCOMMODER v. pron. (réfl.). *Il s'est raccommodé avec son frère.* — (Récipr.) *Ils se sont raccommodés.* ⇒ se **réconcilier.** ▸ ***raccommodement*** n. m. ▪ Fam. Le fait de se raccommoder. ⇒ **réconciliation.**

raccompagner [ʀakɔ̃paɲe] v. tr. ▪ conjug. 1. ▪ Accompagner (qqn qui s'en retourne, rentre chez lui). ⇒ **ramener, reconduire.** *Elle s'est fait raccompagner en voiture.*

raccorder [ʀakɔʀde] v. tr. ▪ conjug. 1. **1.** Relier par un raccord (des choses dissemblables ou disjointes). *Raccorder deux tuyaux.* — (Choses) Former raccord. *Le tronçon qui raccorde les deux voies.* **2.** SE RACCORDER v. pron. *Ce chemin se raccorde à la route.* — Abstrait. Se rattacher. *Un discours qui ne se raccorde à rien.* ▸ ***raccord*** [ʀakɔʀ] n. m. **1.** Le fait d'établir une liaison, une continuité entre deux choses, deux parties. *Un raccord de maçonnerie. — Faire un raccord,* refaire un peu son maquillage. **2.** *Raccord (de plans),* manière dont deux plans d'un film s'enchaînent. **3.** Pièce servant à réunir deux éléments qui doivent communiquer. ⇒ **assemblage.** *Un raccord de pompe, de tuyau.* ▸ ***raccordement*** n. m. ▪ Action, manière de raccorder. *Le raccordement d'un chauffe-eau.* ⇒ **branchement.** *Voie de raccordement,* voie de chemin de fer qui en relie deux autres. ⇒ **jonction.**

raccourci [ʀakuʀsi] n. m. **1.** Loc. EN RACCOURCI : en abrégé, en résumé. *Voici l'histoire en raccourci.* **2.** Ce qui est exprimé de façon ramassée, elliptique. *De saisissants raccourcis.* **3.** Chemin plus court que le chemin ordinaire pour aller quelque part. ⇒ **traverse.** *Prendre, passer par un raccourci, (par) le raccourci.* ⇒ ① **couper** (II), ① **piquer.**

raccourcir [ʀakuʀsiʀ] v. ▪ conjug. 2. **1.** V. tr. Rendre plus court. ⇒ fam. **écourticher.** *Raccourcir une robe.* — Au p. p. adj. *Jupe raccourcie. — Il faut raccourcir ce texte.* ⇒ **abréger. 2.** V. intr. Devenir plus court. *Cette jupe a raccourci au lavage.* ⇒ **rétrécir.** — Fam. *Les robes raccourcissent cette année,* se portent plus courtes. — (Durée) *Les jours raccourcissent.* ⇒ **diminuer.** / contr. **rallonger** / ▸ ***raccourcissement*** n. m. ▪ *Le raccourcissement d'un texte.* ⇒ **abrégement.** ⟨ ▸ raccourci ⟩

raccoutumer v. tr. ⇒ **réaccoutumer.**

par ***raccroc*** [paʀʀakʀo] loc. adv. ▪ Par un heureux hasard, sans l'avoir prévu. *On a réussi par raccroc.* ⇒ **accroc.**

raccrocher [ʀakʀɔʃe] v. tr. ▪ conjug. 1. **1.** Remettre en accrochant (ce qui était décroché). *Raccrocher un tableau. — Raccrocher le combiné* (du téléphone). — Sans compl. *Elle a raccroché,* elle a reposé le combiné sur son support. **2.** Rattraper par un coup heureux (ce qui semblait perdu). *Raccrocher une place, un emploi.* **3.** Arrêter pour retenir (qqn qui passe). ⇒ **racoler.** *Le pusher raccrochait les passants. Raccrocher les clients.* **4.** SE RACCROCHER v. pron. : se retenir (à un point d'appui). *Se raccrocher à une branche. — Il se raccroche à l'idée de partir.* ⇒ se **cramponner.** *Se raccrocher à qqn* (comme à une bouée de sauvetage). — (Suj. chose) Se rapporter, se rattacher à. *Cette idée se raccroche bien au sujet.* ▸ ***raccrochage*** n. m. ▪ Action de raccrocher (qqn ; qqch.). ⇒ **racolage.** ⟨ ▸ par raccroc ⟩

race [ʀas] n. f. **I. 1.** Famille illustre, considérée dans sa continuité. ⇒ **sang.** *La race des Capétiens.* — Loc. adj. invar. *Fin de race,* décadent. *Des gens distingués, un peu fin de race.* — L'ascendance. *Être de race noble, de race terrienne.* ⇒ **origine, souche.** — Vx. Génération. *Les races futures.* **2.** Catégorie de personnes apparentées par des comportements communs. ⇒ **espèce.** *Être de la race des vainqueurs. Nous ne sommes pas de la même race. C'est une race qui s'éteint.* — Fam. *Quelle race de monde !* ⇒ **engeance. II.** Subdivision de l'espèce zoologique, constituée par des individus réunissant des caractères communs héréditaires. *Les différentes races de chiens, de chats. Races chevalines. Animal de race pure.* ⇒ **pur-sang.** / contr. **bâtard** / — Loc. adj. *De race,* de race pure. *Animal, chiens de race.* **III. 1.** Groupe ethnique qui se différencie des autres par un ensemble de caractères physiques héréditaires (couleur de la peau, forme du squelette, etc.). ⇒ **type** (2). *Race blanche, jaune, noire. Croisement entre races,* métissage. **2.** Abusivt. Groupe naturel d'humains qui ont des caractères semblables (physiques, psychiques, culturels, etc.) provenant d'un passé commun (⇒ **racisme**). *Race latine, germanique.* La race canadienne-française. **3.** Loc. *Avoir de la race,* de la classe. ⇒ **racé** (2). ▸ ***racé, ée*** adj. **1.** (Animaux) Qui présente les qualités propres à sa race. *Un cheval racé.* **2.** (Personnes) Qui a une distinction, une élégance naturelles. *Une femme racée.* ⟨ ▸ racial, racisme ⟩

① **racheter** [raʃte] v. tr. ▪ conjug. 5. **1.** Acheter de nouveau. *Il faudra que je rachète du pain.* — Récupérer par achat (un bien vendu). *Faire racheter un immeuble.* / contr. **revendre** / **2.** Acheter à qqn qui a acheté. *Vous l'avez payé cent trente dollars, je vous le rachète cent cinquante.* **3.** Obtenir, contre rançon, la mise en liberté de (qqn). *Racheter des prisonniers.* ▶ ① **rachat** n. m. ▪ Action de racheter qqn, qqch.

② **racheter** v. tr. ▪ conjug. 5. **1.** Sauver (l'humanité) par la rédemption (en parlant de Dieu). **2.** Réparer, effacer par sa conduite ultérieure (ses fautes, ses erreurs). *Ils ont racheté leurs erreurs de jeunesse. Ceci rachète cela,* fait pardonner, oublier cela. ⇒ **compenser.** **3.** SE RACHETER v. pron. : se réhabiliter (après une faute), faire oublier par sa conduite les erreurs passées. *Se racheter par des gentillesses.* ▶ ② **rachat** n. m. ▪ Fait de se racheter, d'être racheté. *Le rachat du genre humain.*

rachidien, ienne [raʃidjɛ̃, jɛn] adj. ▪ De la colonne vertébrale. *Bulbe rachidien. Canal rachidien,* canal formé par la totalité des trous vertébraux, et qui contient la moelle épinière et ses annexes.

rachitisme [raʃitism] n. m. ▪ Maladie de la période de croissance, qui se manifeste par diverses déformations du squelette. *Petit enfant atteint de rachitisme.* — Développement incomplet (d'un végétal). ▶ **rachitique** adj. ▪ Atteint de rachitisme, très malingre, chétif. ⇒ **rabougri.** *Végétation rachitique.*

racial, iale, iaux [rasjal, jo] adj. ▪ Relatif à la race, aux races (III). *Caractères raciaux. La question, la politique raciale* (dans certains États). *Discrimination raciale* (ségrégation) *et racisme. Conflits raciaux.* ≠ *ethnique.*

racine [rasin] n. f. **I. 1.** Partie des végétaux par laquelle ils se fixent au sol et absorbent les éléments dont ils se nourrissent. *Racines comestibles* (carottes, navets...). *Les radicelles* d'une racine.* **2.** Loc. PRENDRE RACINE : rester longtemps debout au même endroit. ⇒ s'**enraciner.** *Te voilà enfin ! je commençais à prendre racine !* **3.** Littér. Principe profond, origine. *Les racines de l'orgueil. Attaquer, détruire le mal à la racine.* **4.** Littér. Lien, attache. *Un émigré coupé de ses racines. Les racines familiales.* **II.** Partie par laquelle un organe est implanté. *La racine du nez.* — *La racine d'une dent,* fixée au maxillaire dans un alvéole. *Dents à une, deux, trois racines.* — *La racine des cheveux,* partie la plus proche du cuir chevelu. **III. 1.** *Racine carrée, cubique d'un nombre* N., nombre dont le carré, le cube est égal à N. *Racine carrée de 4* ($\sqrt{4}$). *Racine cubique de 8* ($\sqrt[3]{8}$). *4 est la racine carrée de 16. Extraire une racine,* la calculer. ⇒ ② **radical** (2). **2.** Élément irréductible d'un mot, obtenu par élimination des désinences, des préfixes ou des suffixes, et qui constitue un support de signification. ⇒ ② **radical** (1). *« Bataille » et « combat » ont la même racine : « battre ». Les racines grecques, latines.* ‹ ▶ déraciner, enraciner, racinette ›

racinette [rasinɛt] n. f. ▪ Boisson gazeuse aromatisée avec des extraits de racines, des épices, etc. ⇒ anglic. **root beer.** — En appos. *Soda racinette.*

racisme [rasism] n. m. **1.** Théorie selon laquelle il existerait une hiérarchie des races donnant le droit à une race, dite supérieure, de dominer les autres. ⇒ **ségrégation.** *Le racisme n'a aucune base scientifique.* — Ensemble de réactions qui, consciemment ou non, s'accordent avec cette théorie. ⇒ **xénophobie.** *Ligue internationale contre le racisme et l'antisémitisme.* **2.** Hostilité violente contre un groupe social. *Racisme anti-jeunes.* ▶ **raciste** n. et adj. ▪ Partisan du racisme. *C'est un, une raciste ; il, elle est raciste. Politique raciste.* / contr. **antiraciste** / ‹ ▶ antiraciste ›

racket [rakɛt] n. m. ▪ Anglic. Association de malfaiteurs organisant l'extorsion de fonds, par chantage, intimidation ou terreur ; activité de ce genre de malfaiteurs (dits *racketteurs*). *Le racket dans les bars. Un racket de protection.* ▶ **racketter** v. tr. ▪ conjug. 1. ▪ Anglic. Soumettre (qqn) à un racket. *Ces commerçants se font racketter par la pègre.*

raclée [rɑkle] n. f. Fam. **1.** Volée de coups. ⇒ **correction, dégelée ;** fam. **dérouillée.** *Recevoir, flanquer une raclée.* **2.** Fig. Défaite complète. *Ils ont pris une belle raclée aux élections.*

racler [rɑkle] v. tr. ▪ conjug. 1. **1.** Frotter rudement (une surface) avec qqch. de dur ou de tranchant, de manière à égaliser ou à détacher ce qui adhère. ⇒ **gratter.** *Le chirurgien a dû racler l'os. Racler une casserole, un plat,* en gratter le fond. ⇒ **récurer.** *Racler la semelle de ses souliers. Racler une allée en gravier.* ⇒ **ratisser.** — Loc. fam. *Racler les fonds de tiroirs.* ⇒ **tiroir.** — *Se racler la gorge,* la débarrasser de ses mucosités par une expiration brutale. **2.** Enlever (qqch.) en frottant de cette façon. *Racler une tache de boue sur son pantalon.* **3.** Frotter en entrant rudement en contact. *Les pneus raclent le bord du trottoir.* — *Ce vin racle le gosier.* ⇒ **râper.** **4.** Jouer en raclant les cordes maladroitement. *Racler un violon, du violon.* ▶ **raclage** n. m. ▪ Action de nettoyer en raclant. *Le raclage des peaux.* ▶ **raclement** n. m. ▪ Action de racler ; bruit qui en résulte. *Un raclement de gorge.* ▶ **raclette** n. f. ▪ Plat suisse fait de fromage du pays exposé devant une source de chaleur, et dont on racle au fur et à mesure la partie ramollie pour la manger. *Raclette et fondue.* — Ce fromage. *Acheter de la raclette.* ▶ **raclure** n. f. ▪ Déchet de ce qui a été raclé. ⇒ **rognure.** ‹ ▶ raclée ›

racoin n. m. ⇒ **recoin.**

racoler [rakɔle] v. tr. ▪ conjug. 1. **1.** Attirer, recruter par des moyens publicitaires ou autres. *Racoler des partisans, des clients.* **2.** (Personnes se livrant à la prostitution) Accoster (qqn) en vue de l'attirer. ⇒ **raccrocher, solliciter ;** fam. **draguer ;** anglic. **cruiser.** ▶ **racolage** n. m. ▪ Action de racoler. *Faire du racolage pour un parti.* — *Prostituées poursuivies pour racolage.* ▶ **racoleur, euse** n. et adj. **1.** Recruteur ou propagandiste peu scrupuleux. **2.** Personne qui racole (2). ⇒ très fam. **guidoune.** **3.** Adj. Qui cherche à retenir l'intérêt d'une façon équivoque et grossière. ⇒ **accrocheur.** *Affiche racoleuse. Sourire racoleur.*

raconter [rakɔ̃te] v. tr. ▪ conjug. 1. **1.** Exposer par un récit (des faits vrais ou présentés comme tels). ⇒ **conter, narrer, relater ; rapporter.** *Raconter une histoire. Raconter ce qui s'est passé. Raconter que...* (+ indicatif). *Il m'a raconté comment il avait eu ce poste.* **2.** Dire, débiter à la légère ou de mauvaise foi. *Je sais ce qu'on raconte.* ⇒ **dire.** *Qu'est-ce que tu me racontes là ?* ⇒ **chanter.** **3.** SE RACONTER v. pron. : (réfl.) se décrire, se dépeindre. *Se raconter avec complaisance,* aimer parler de soi. — (Passif) *Cela ne se raconte pas.* ▶ **racontable** adj. ▪ Qui peut être raconté (surtout au négatif). ⇒ fam. **disable.** *Cela n'est guère racontable en public.* / contr. **inracontable** / ▶ **racontar** n. m. ▪ Surtout au plur. Propos médisant ou sans fondement sur le compte de qqn. ⇒ **bavardage,** ① **cancan, commérage, placotage, ragot.** *Ce ne sont que des racontars.* ▶ **raconteur, euse** n. ▪ (Avec un compl.) *Un intarissable raconteur d'histoires.* ‹ ▶ inracontable ›

racornir [rakɔrnir] v. tr. ▪ conjug. 2. ▪ Rendre dur comme de la corne ; dessécher. *La chaleur a racorni ce cuir.* — Pronominalement. *La viande s'est racornie à la cuisson.* ▶ **racorni, ie** adj. **1.** Durci comme de la corne. *Un vieux bout de viande tout racorni,* desséché. **2.** (Cœur, esprit...) Rendu insensible, sec. ▶ **racornissement** n. m.

racquetball [ʀakɛtbɔl] n. m. ■ Anglic. Sport qui se joue à deux ou à quatre et qui consiste à projeter avec force une petite balle dure sur les murs d'un court à l'aide d'une courte raquette puis à la rattraper au bond. *Un tournoi provincial de racquetball.* ≠ *squash.*

radar [ʀadaʀ] n. m. ■ Système ou appareil de détection, qui émet à intervalles réguliers des signaux (ondes électromagnétiques) très brefs et en reçoit l'écho, permettant ainsi de déterminer la direction et la distance d'un objet (avion, voiture, etc.). *Un écran de radar. Des radars. — Vitesse surveillée au radar* (par la police). — En appos. *Station radar.* ≠ *sonar.* ▸ ***radariste*** n. ■ Spécialiste assurant le fonctionnement et la réparation des radars. *Les radaristes d'un aéroport.*

rade [ʀad] n. f. **1.** Grand bassin naturel ou artificiel, ayant une issue vers la mer et où les navires peuvent mouiller. *La flotte est en rade à Halifax.* **2.** (Surtout en France) Loc. fam. EN RADE : à l'abandon. *Laisser qqn, qqch. en rade. Le projet est resté en rade,* a été abandonné. *Tomber en rade.* ⇒ en **panne.**

radeau [ʀado] n. m. ■ Plate-forme formée de pièces de bois assemblées, servant au transport de personnes ou de marchandises sur l'eau. *Un radeau de fortune. Des radeaux. — Radeau de sauvetage, radeau pneumatique,* embarcation de sauvetage pneumatique insubmersible, le plus souvent à gonflage pneumatique.

① ***radial, ale, aux*** [ʀadjal, o] adj. ■ Relatif au rayon d'un cercle ; disposé selon un rayon. *Des pneus radiaux.* (France) *Voie radiale* ou, n. f., *radiale,* route qui joint une voie centrale à une voie périphérique.

② ***radial, ale, aux*** adj. ■ Qui a rapport au radius ou à sa région. *Nerf radial. Veine radiale.*

radiant, ante [ʀadjɑ̃, ɑ̃t] adj. ■ Qui se propage par radiation ; qui émet des radiations. *Chaleur radiante.*

① ***radiateur*** [ʀadjatœʀ] n. m. ■ Appareil de chauffage à grande surface de rayonnement. ⇒ **chaufferette, calorifère, plinthe** électrique. *Radiateur de chauffage central. Purger les radiateurs. Radiateur électrique.* ‹ ▸ cache-radiateur ›

② ***radiateur*** n. m. ■ Organe de refroidissement des moteurs à explosion (tubes où l'eau circule et se refroidit). *Le radiateur de sa voiture fuit.*

① ***radiation*** [ʀadjasjɔ̃] n. f. ■ Action de radier qqn ou qqch. d'une liste, d'un registre (souvent par une sanction). / contr. **inscription** / *La radiation d'un médecin par le Collège des médecins.*

② ***radiation*** n. f. ■ Énergie émise et propagée sous forme d'ondes à travers un milieu matériel. ⇒ **rayonnement.** *Période, fréquence, longueur d'onde d'une radiation.* ‹ ▸ irradier, ① radiateur, ② radiateur, radiesthésie ›

① ***radical, ale, aux*** [ʀadikal, o] adj. et n. **I.** Adj. **1.** Qui tient à l'essence, au principe (d'une chose, d'un être). ⇒ **foncier, fondamental ; essentiel.** *Une impuissance radicale à agir. Changement radical.* ⇒ **total. 2.** Qui vise à agir sur la cause profonde de ce que l'on veut modifier. ⇒ **draconien ;** anglic. **drastique** (II). *Méthode radicale. Prendre des mesures radicales. Moyen radical.* **II.** Adj. Relatif au radicalisme politique. — (France) *Parti radical,* de nos jours, parti de réformes modérées, laïque et démocrate. — N. *Les radicaux.* ▸ ***radicalement*** adv. ■ Dans son principe, d'une manière radicale. ⇒ **absolument, complètement, entièrement, totalement.** *Des opinions radicalement opposées. Il a été radicalement guéri.* ▸ ***radicaliser*** v. tr. ▪ conjug. 1. ■ Rendre radical, plus intransigeant. — Pronominalement. *Le mécontentement se radicalise.* ▸ ***radicalisation*** n. f. ■ Action de radicaliser, fait de se radicaliser. ▸ ***radicalisme*** n. m. ■ Doctrine politique des radicaux et, en France, des radicaux-socialistes *(radical-socialisme).* ▸ ***radical-socialiste*** adj. ■ (France) Qui est propre au radicalisme politique. *Parti républicain radical et radical-socialiste.* — N. *Les radicaux-socialistes.*

② ***radical*** n. m. **1.** Toute forme particulière prise par la racine d'un mot. *« Peuple », « popul... » sont deux radicaux de la même racine.* ⇒ **racine. 2.** Symbole ($\sqrt[n]{\ }$) qui indique, en algèbre, qu'on doit extraire la racine de degré *n* de la quantité qui se trouve sous la barre horizontale du signe.

radicelle [ʀadisɛl] n. f. ■ Petit filament d'une racine.

radier [ʀadje] v. tr. ▪ conjug. 7. ■ Faire disparaître d'une liste, d'un registre, d'un compte. ⇒ **effacer, rayer ;** ① **radiation.** *Il a été radié de l'Ordre des ingénieurs.* ⇒ **exclure.** / contr. **inscrire** / ‹ ▸ ① radiation ›

radiesthésie [ʀadjɛstezi] n. f. ■ Réceptivité particulière à des radiations qu'émettraient différents corps ; procédé de détection fondé sur cette réceptivité. ▸ ***radiesthésiste*** n. ■ Personne qui pratique la radiesthésie. ⇒ **sourcier.** *Le pendule du radiesthésiste.*

radieux, euse [ʀadjø, øz] adj. **1.** Qui rayonne, brille d'un grand éclat. ⇒ **brillant.** *Un soleil radieux.* — Très lumineux. *Une journée radieuse.* **2.** (Personnes) Rayonnant de joie, de bonheur. *Une jeune femme radieuse. — Visage, sourire radieux.* ⇒ **lumineux, resplendissant.** ▸ ***radieusement*** adv.

radin, ine [ʀadɛ̃, in] adj. ■ Fam. Un peu avare. ⇒ **mesquin, regardant.** *Elle est plutôt radine !* (ou invar. *radin*). ▸ ***radinerie*** n. f. ■ Fam. Avarice. ▸ ***radiner*** v. intr. ▪ conjug. 1. ■ Fam. Être radin. *Radiner sur la nourriture.*

① ***radio*** [ʀadjo] n. f. ou, fam. m. et adj. invar. **1.** Abréviation de *radiodiffusion. Écouter la (le) radio.* (Avec une majusc.) *La Maison de Radio-Canada. Radio-Québec. — La radio communautaire,* une radio à but non lucratif, animée par des bénévoles et orientée vers certains groupes sociaux. — Adj. invar. *Des émissions radio.* **2.** Poste récepteur de radio. *Il a deux radios. Radio portative.* ⇒ **baladeur, transistor.** *Allumer, mettre, éteindre la radio. Radio-d'auto.* ⇒ **autoradio.** — Fam. *Un beau radio.* ‹ ▸ autoradio, radioreportage, radio-taxi, radiotélévisé, radio-réveil ›

② ***radio*** n. ■ Spécialiste qui assure les liaisons par radio, à bord d'un avion, d'un bateau, ou à terre. *Le pilote et le radio.*

③ ***radio*** n. f. ■ Abréviation de *radioscopie,* de *radiographie. Passer à la radio,* à la radioscopie. *Se faire faire une radio,* une radiographie. *Des radios.*

radi(o)- ■ Élément signifiant « radiation ② » (⇒ **radiesthésie, radium**), et spécialt « de la radiodiffusion » (⇒ ① **radio**), dans *radio-taxi,* etc. ▸ ***radioactif, ive*** [ʀadjoaktif, iv] adj. **1.** Capable de se désintégrer par radioactivité. *Éléments radioactifs, substances radioactives* (radium, uranium, plutonium, etc.). *Déchets radioactifs. Retombées radioactives.* **2.** Se dit de corps qui émettent des rayons ou des particules dont l'action est considérable sur les cellules vivantes qu'ils peuvent transformer ou détruire. ▸ ***radioactivité*** n. f. ■ Propriété qu'ont certains noyaux atomiques de se transformer spontanément en émettant divers rayonnements. — *Radioactivité artificielle,* provoquée sur des noyaux stables à l'état naturel.

► ***radioamateur*** n. ■ Personne qui émet et diffuse des messages sur ondes courtes, sans être un professionnel. ⇒ ① **bande** publique ; anglic. **citizen's band.** ► ***radiocassette*** n. f. ■ Appareil de radio muni d'un lecteur(-enregistreur) de cassettes. *Des radiocassettes portatives.* ► ***radiodiffusion*** n. f. ■ Émission et transmission, par ondes hertziennes, de programmes variés ; organisation qui prépare et effectue cette transmission. ⇒ **télédiffusion.** *Programmes, réseaux de radiodiffusion.* ► ***radiodiffuser*** v. tr. ■ conjug. 1. ■ Émettre et transmettre par radiodiffusion. *Radiodiffuser un concert.* — Au p. p. adj. *Conférence radiodiffusée.* ► ***radioélectrique*** [ʀadjoelɛktʀik] adj. ■ *Ondes radioélectriques,* ondes électromagnétiques de longueur supérieure aux radiations visibles et infrarouges. — Qui se rapporte à ces zones, à leur utilisation. ⇒ **hertzien.** ► ***radiographie*** [ʀadjogʀafi] n. f. ■ Enregistrement photographique de la structure interne d'un corps traversé par des rayons X. ⇒ ③ **radio.** ► ***radiographier*** v. tr. ■ conjug. 7. ■ Faire une radiographie de. *Radiographier un malade, un organe. Elle s'est fait radiographier.* — Au p. p. adj. *Poumon radiographié.* ► ***radioguidage*** n. m. **1.** Guidage des navires, des avions à l'aide d'ondes radioélectriques. **2.** (France) Information radiophonique sur la circulation routière, destinée aux automobilistes. ► ***radiojournal*** n. m. ■ Bulletin d'information quotidien radio-diffusé. ⇒ **journal, téléjournal.** *Le radiojournal du matin.* ► ***radiologie*** n. f. ■ Science traitant de l'étude et des applications (médicales, industrielles, scientifiques) de diverses radiations (notamment des rayons X et γ [gamma]). ⇒ **radiographie, radioscopie, radiothérapie.** *Le service de radiologie d'un hôpital.* ► ***radiologiste*** [piadjɔ(o)lɔʒist] ou ***radiologue*** [ʀadjɔ(o)lɔg] n. ■ Spécialiste de la radiologie. — Médecin spécialiste de la radiographie et de la radioscopie. ► ***radiophonique*** [ʀadjofɔnik] adj. ■ Qui concerne la radiodiffusion. *Programmes radiophoniques* ou *de radio* ①. ► ***radioreportage*** n. m. ■ Reportage radiodiffusé. ⇒ **téléreportage.** ► ***radioreporter*** n. ■ *Un, une radioreporter.* ► ***radioréveil*** n. m. ■ Appareil de radio à déclenchement programmable pouvant de ce fait servir de réveil. *J'ai programmé le radioréveil à 7 heures pour avoir les nouvelles du matin. Des radioréveils.* ► ***radio(-)roman*** n. m. ■ Vieilli. Feuilleton radiophonique. ⇒ **téléroman.** *Les anciens radio-romans.* ► ***radioscopie*** n. f. ■ Examen de l'image que forme, sur un écran fluorescent, un corps traversé par des rayons X. *Passer à la radioscopie.* ⇒ ③ **radio, scopie.** ► ***radio-taxi*** n. m. ■ Taxi muni d'un poste récepteur-émetteur de radio relié à une station centrale qui lui indique l'adresse des clients qu'il doit aller chercher. *Des radio-taxis.* ► ***radiotélégraphie*** n. f. ■ Télégraphie sans fil, transmission par ondes hertziennes de messages en alphabet morse. ► ***radiotéléphone*** n. m. ■ Appareil téléphonique sans fil fonctionnant à l'aide des ondes radioélectriques. ► ***radiotélescope*** n. m. ■ Télescope permettant d'obtenir une image des corps célestes très éloignés par réception et analyse des ondes qu'ils émettent. *Étudier les quasars au radiotélescope.* ► ***radiotélévisé, ée*** adj. ■ Qui est à la fois radiodiffusé et télévisé. *Allocution radiotélévisée.* ► ***radiotélévision*** n. f. ■ Ensemble des techniques de transmission d'émissions de radio ou de télévision au moyen d'ondes radioélectriques, à l'intention du public. *Le cinéma et la radiotélévision.* — L'ensemble des installations et des services de radio et de télévision. *Une station de radiotélévision.* — Entreprise qui exploite un réseau ou une station de radio et de télévision. ► ***radiothérapie*** n. f. ■ Didact. Application thérapeutique des rayons X.

radis [ʀadi] n. m. invar. **1.** Plante cultivée pour ses racines comestibles ; cette racine que l'on mange crue. ⇒ fam. **rave.** *Une botte de radis. Des radis (roses).* — *Un radis noir.* **2.** (France) Loc. fam. *N'avoir plus un radis,* plus un sou, plus d'argent.

radium [ʀadjɔm] n. m. ■ Élément radioactif, de la famille de l'uranium (Symb. *Ra*). *Le radium a été découvert par Pierre et Marie Curie.* ‹ ► radon ›

radius [ʀadjys] n. m. invar. ■ Anatomie. Os long, situé à la partie externe de l'avant-bras. *Une fracture du radius et du cubitus.* ‹ ► ② radial ›

radja(h) n. m. ⇒ **raja(h).**

radon [ʀadɔ̃] n. m. ■ Élément radioactif naturel, gaz produit par la désagrégation du radium, du thorium, etc. (symb. *Rn*).

radoter [ʀadɔte] v. intr. ■ conjug. 1. ■ Tenir, par sénilité, des propos décousus et peu sensés. *Personne âgée qui radote.* — Rabâcher. ⇒ **renoter ;** fam. **raboudiner.** *Cesse donc de radoter !* ► ***radotage*** n. m. ■ Action de radoter ; propos ainsi tenus. ⇒ **rabâchage ;** fam. **radoudinage.** ► ***radoteur*** ou ***radoteux, euse*** n. ■ Personne qui radote. ⇒ **rabâcheur.**

radouber [ʀadube] v. tr. ■ conjug. 1. ■ Réparer la coque de (un navire) dans un bassin spécial, appelé *bassin de* RADOUB [ʀadu], n. m. ⇒ **calfater, caréner.**

radoucir [ʀadusiʀ] v. tr. ■ conjug. 2. **1.** Rendre plus doux (le temps). *Le vent d'ouest a radouci le temps.* ⇒ **réchauffer. 2.** SE RADOUCIR v. pron. : devenir plus doux. *La température s'est beaucoup radoucie.* — (Personnes) *Sa colère tomba soudain et il se radoucit.* ⇒ se **calmer.** *Son ton se radoucit,* devint plus aimable. ► ***radoucissement*** n. m. ■ *Un brusque radoucissement* (du temps). ⇒ **redoux.**

rafale [ʀafal] n. f. **1.** Coup de vent soudain et brutal. ⇒ **bourrasque.** *Une rafale de pluie, de neige. Le vent souffle par rafales, en rafales.* **2.** Succession de coups tirés rapidement (par une batterie, une arme automatique). ⇒ **bordée, salve.** *Une rafale de mitrailleuse. Tirer par courtes rafales.*

raffermir [ʀafɛʀmiʀ] v. tr. ■ conjug. 1. **1.** Rendre plus ferme. ⇒ **affermir, durcir.** / contr. **ramollir** / *La douche froide raffermit les tissus.* — Pronominalement. *La pâte s'est raffermie. Sa santé se raffermissait de jour en jour.* **2.** Remettre dans un état plus stable. ⇒ **consolider, fortifier.** — Au p. p. adj. *Le gouvernement est sorti raffermi de la crise.* — Pronominalement. Retrouver son assurance. *Elle parut hésiter, puis se raffermit.* ► ***raffermissement*** n. m.

① ***raffiner*** [ʀafine] v. tr. ■ conjug. 1. ■ Procéder au raffinage de (une substance, un corps brut). — Au p. p. adj. *Sucre raffiné. Pétrole raffiné.* / contr. **brut** / ► ***raffinage*** n. m. ■ Ensemble des traitements opérés sur un corps brut ou un mélange de substances, de manière à obtenir un corps pur ou un mélange doué de propriétés déterminées. ⇒ **épuration.** *Le raffinage du sucre. Le raffinage du pétrole,* permettant d'en obtenir des produits finis (essences, huiles...). ⇒ **distillation.** ► ***raffinerie*** n. f. ■ Établissement industriel où s'effectue le raffinage (du sucre, du pétrole, du gaz naturel).

② ***raffiner*** v. intr. ■ conjug. 1. ■ Rechercher la délicatesse ou la subtilité la plus grande. *Ne cherchons pas à raffiner.* — RAFFINER SUR *qqch. Raffiner sur l'élégance, sur la présentation,* y apporter un excès de recherche. ⇒ **fignoler.** ► ***raffiné, ée*** adj. ■ Qui est d'une extrême délicatesse, témoigne d'une recherche ou d'une subtilité remarquable. ⇒ **délicat, recherché.** *Politesse, élégance raffinée. Une éducation raffinée.* / contr. **grossier** / — (Personnes) *Un homme raffiné.* ⇒ **distingué.** / contr. **épais, quétaine ;** péj. **colon,** habitant / ▶ ***raffinement*** n. m. **1.** Caractère de ce qui est raffiné. *Le raffinement de son langage, de ses manières.* — *(Un, des raffinements)* Acte, chose qui dénote ou exige de la recherche, une grande finesse de goût. **2.** *Un raffinement de...,* manifestation extrême (d'un sentiment).

raffoler [ʀafɔle] v. tr. ind. ▪ conjug. 1. ■ RAFFOLER DE : aimer à la folie, avoir un goût très vif pour (qqn, qqch.). ⇒ **adorer,** se **passionner.** *Elles raffolent toutes de lui. Cet enfant raffole des sucreries.*

raffut [ʀafy] n. m. ■ Fam. Tapage, vacarme. ⇒ fam. ① **boucan.** *Tu fais trop de raffut. Quel raffut !*

rafiot [ʀafjo] n. m. ■ Mauvais bateau. *Un vieux rafiot.*

rafistoler [ʀafistɔle] v. tr. ▪ conjug. 1. ■ Fam. Raccommoder, réparer grossièrement avec des moyens de fortune. ⇒ **bricoler ;** fam. **patenter, raboudiner.** *Rafistoler une chaise.* ▶ ***rafistolage*** n. m. ■ *C'est du rafistolage, mais ça ira provisoirement.* ⇒ fam. **patentage.**

rafle [ʀɑfl] n. f. ■ Arrestation massive opérée à l'improviste par la police. ⇒ **descente** de police. *Être pris dans une rafle.* ⟨ ▶ rafler ⟩

rafler [ʀɑfle] v. tr. ▪ conjug. 1. ■ Fam. Prendre et emporter promptement sans rien laisser. *Ils ont raflé tous les bijoux.* — Fig. *Ils ont raflé la victoire.* ⟨ ▶ érafler ⟩

rafraîchir [ʀafʀeʃiʀ] v. ▪ conjug. 2. **I.** V. tr. **1.** Rendre frais, refroidir modérément. *La pluie a rafraîchi l'atmosphère.* / contr. **radoucir, réchauffer** / — Pronominalement. *Le temps s'est bien rafraîchi.* **2.** Donner une sensation de fraîcheur à (qqn). *Cette boisson m'a rafraîchi.* — Pronominalement. *Se rafraîchir,* boire un rafraîchissement. **II.** V. tr. **1.** Rendre la fraîcheur, l'éclat du neuf à (qqch.). *Rafraîchir un blouson en le faisant teindre.* — *Rafraîchir les cheveux,* les couper légèrement. **2.** Fam. *Je vais te rafraîchir la mémoire, les idées,* te rappeler ce que tu sembles avoir oublié (se dit aussi par menace). **III.** V. intr. Devenir plus frais. *Mettre du vin, un melon à rafraîchir.* ▶ ***rafraîchi, ie*** adj. ■ Rendu frais. *Champagne rafraîchi.* ⇒ **frappé.** *Servir des fruits rafraîchis* (et mélangés). ▶ ***rafraîchissant, ante*** adj. ■ Qui rafraîchit, donne une sensation de fraîcheur. *Une petite brise rafraîchissante.* — Qui désaltère. *Boissons rafraîchissantes* (jus de fruit, limonades, etc.). ⇒ **rafraîchissement** (2). — Abstrait. *Une impression rafraîchissante,* agréable et fraîche. ▶ ***rafraîchissement*** n. m. **1.** Action de rafraîchir ; fait de devenir plus frais. *On assiste à un rafraîchissement de la température.* / contr. **réchauffement** / **2.** Boisson fraîche prise en dehors des repas. *Prendre un rafraîchissement dans un restaurant.* — Au plur. Boissons fraîches, offertes à des invités. *Servir des rafraîchissements.*

rafting [ʀaftiŋ] ou ***raft*** [ʀaft] n. m. ■ Anglic. Descente sportive, en canot pneumatique, de cours d'eau entrecoupés de rapides. *Faire une excursion de rafting.* — REM. L'O.L.F. propose *radeau* pour remplacer ce mot.

ragaillardir [ʀagajaʀdiʀ] ou , cour., ***regaillardir*** [ʀəgajaʀdiʀ] v. tr. ▪ conjug. 2. ■ Rendre de la vitalité, de l'entrain à (une personne fatiguée, déprimée). ⇒ **réconforter, revigorer.** *Cette nouvelle nous a ragaillardis.* — Au p. p. adj. *Se sentir tout regaillardi.* / contr. **ramolli** /

① ***rage*** [ʀaʒ] n. f. **1.** État, mouvement de colère, de dépit extrêmement violent, qui rend agressif. ⇒ **fureur.** *Être fou de rage, ivre de rage. Cri de rage. Être, se mettre en rage.* ⇒ fam. en **rogne.** *Il était dans une rage folle.* **2.** RAGE DE... : envie violente, besoin passionné de... ⇒ **fureur.** *La rage de détruire, de vaincre. Avoir une rage de sucré,* un besoin impérieux de qqch. de sucré. — Loc. fam. *C'est (ce n'est) plus de l'amour, c'est de la rage,* c'est une passion déchaînée. **3.** *Rage de dents,* mal de dents insupportable. **4.** FAIRE RAGE (suj. chose) : se déchaîner, atteindre la plus grande violence. *La tempête faisait rage. L'incendie fait rage.* ▶ ***rager*** v. intr. ▪ conjug. 3. ■ Fam. Enrager. ⇒ s'**irriter.** *Cela me fait rager,* cela m'exaspère. (On dit aussi *c'est* RAGEANT, adj.) ▶ ***rageur, euse*** adj. **1.** Sujet à des accès de colère. *Un enfant rageur.* ⇒ **hargneux.** **2.** Qui dénote la colère, la mauvaise humeur. *Ton rageur.* ⇒ **furieux.** ▶ ***rageusement*** adv. ⟨ ▶ enrager ⟩

② ***rage*** n. f. ■ Maladie mortelle transmise aux humains par la morsure de certains animaux (chiens, surtout), caractérisée par des convulsions ou de la paralysie. *Vaccin contre la rage,* dit *antirabique.* ⟨ ▶ enragé ⟩

raglan [ʀaglɑ̃] n. m. ■ Pardessus assez ample, dont les emmanchures remontent jusqu'au col en couvrant les épaules. *Des raglans.* — Adj. invar. *Des manches raglan. Un imperméable raglan,* à manches raglan.

ragondin [ʀagɔ̃dɛ̃] n. m. ■ Mammifère rongeur (originaire d'Amérique du Sud), vivant au bord des étangs, se nourrissant de poissons et dont la chair et la fourrure sont très estimées. *Un pâté de ragondin.* — Cette fourrure. *Un manteau de ragondin.*

ragot [ʀago] n. m. ■ Fam. Surtout au plur. Bavardage malveillant, racontar. ⇒ ① **cancan, placotage.** *Faire des ragots.*

ragoût [ʀagu] n. m. ■ Plat composé de morceaux de viande (bœuf, veau, lièvre, etc.), de volaille, cuits dans une sauce assez épaisse. *Un ragoût de pattes (de cochon). Du ragoût de boulettes,* à base de viande hachée mise en petites boules puis roulées dans la farine. — *Un ragoût de mouton,* cuit avec des légumes.

ragoûtant, ante [ʀagutɑ̃, ɑ̃t] adj. ■ Souvent en emploi négatif. Appétissant, plaisant. *Un mets peu ragoûtant. Une histoire peu ragoûtante.* / contr. **dégoûtant** / — *Un dessert ragoûtant.*

rai n. m., ou, rare ***rais*** [ʀɛ] n. m. invar. ■ Littér. Rayon (de lumière). *Un rai de lumière passe sous la porte.* ≠ *raie.* ⟨ ▶ ① rayon, ② rayon, enrayer ⟩

raid [ʀɛd] n. m. **1.** Opération très rapide en territoire ennemi, menée par des éléments très mobiles. ⇒ **incursion.** *Commando qui effectue un raid.* — Attaque aérienne. *Un raid de bombardiers.* **2.** Épreuve de longue distance, destinée à mettre en valeur la résistance du matériel et l'endurance des participants. *Raid automobile.* ⇒ anglic. **rallye.** ≠ *raide.*

raide [ʀɛd] adj. **I. 1.** Qui ne se laisse pas plier, manque de souplesse. ⇒ **rigide.** *Tissu raide.* — *Cheveux raides* (opposé à *bouclés, ondulés*). ⇒ ① **droit,** ① **plat. 2.** Qui a perdu sa souplesse. *Avoir le dos raide, le cou raide.* — Raidi, engourdi. *Avoir les jambes raides. Doigts raides de froid.* **3.** (Personnes) Qui se tient droit et ferme sans plier. *Il est, il se tient raide, comme un piquet, comme la justice.* — Qui manque de grâce, de souplesse. *Danseur trop raide.* — *Maintien raide.* ⇒ **guindé. 4.** Tendu au maximum. *Une corde raide.* — Loc. *Être sur la corde* raide.* **5.** Très incliné par rapport au plan horizontal, difficile à gravir ou à descendre. ⇒ **abrupt.** *Un escalier, une pente très raide.* **II.** Abstrait. Fam. (Choses) Difficile à accepter, à croire ou à supporter. ⇒ ① **fort.** *Elle est raide celle-là ! C'est un peu raide !* **III.** Adv. **1.** Violemment, sèchement. ⇒ ② **fort.** *Il tape raide.* **2.** En pente raide. *Un sentier qui grimpe raide.* ⇒ **dur. 3.** RAIDE MORT (s'accorde comme un adj.) : mort soudainement. *Elles sont tombées raides mortes.* **4.** Complètement, entièrement. *S'étouffer bien raide.* — *On s'est décidé raide,* tout d'un coup. ≠ *raid.* — REM. L'orthographe *roide* est vieillie ou littéraire. ▶ ***raideur*** n. f. **1.** État de ce qui est raide ou raidi. ⇒ **rigidité.** / contr. **souplesse** / *La blessure lui avait laissé une certaine raideur dans le bras.* **2.** Abstrait. Caractère de ce qui est rigide. *La raideur de ses principes.* ⇒ **rigueur. 3.** D'UNE RAIDEUR loc. fam. D'un seul coup, d'un seul élan. ⇒ **rapidement, vitement.** *Se lever, partir d'une raideur.* — REM. L'orthographe *roideur* est vieillie. ▶ ***raidillon*** [ʀɛdijɔ̃] n. m. ■ Partie d'un chemin qui est en pente raide sur une faible longueur. ⇒ ② **côte.** *Gravir un raidillon.* ▶ ***raidir*** v. tr. ▪ conjug. 2. **1.** Faire devenir raide ou tendu, priver de souplesse. *Raidir ses muscles.* ⇒ ③ **contracter. 2.** SE RAIDIR v. pron. : tendre ses forces pour résister. *Se raidir contre la douleur.* — Se montrer plus intransigeant. *Des deux côtés on se raidit, la négociation risque d'échouer.* ▶ ***raidissement*** n. m. ■ Action de raidir, de se raidir.

① ***raie*** [ʀɛ] n. f. **1.** Ligne droite, bande mince et longue tracée sur qqch. ⇒ **rayure, trait.** *De fines raies blanches. Un tissu à raies,* rayé. — Sillon naturel. *La raie des fesses.* **2.** Ligne de séparation entre les cheveux, où le cuir chevelu est apparent. *Porter la raie au milieu.* ≠ *rai.* ‹ ▶ rayer ›

② ***raie*** n. f. ■ Poisson cartilagineux, au corps aplati en losange, à queue hérissée de piquants, à la chair délicate. *Raie au beurre noir.*

raifort [ʀɛfɔʀ] n. m. ■ Plante cultivée pour sa racine au goût piquant ; condiment à goût de moutarde extrait de cette racine. *Sauce au raifort.*

rail [ʀɑj] n. m. **1.** Chacune des barres d'acier installées en deux lignes parallèles sur des traverses pour constituer une voie ferrée ; chacune des bandes continues ainsi formées. ⇒ **voie ;** anglic. **track.** *Remplacer un rail. L'écartement des rails. Les rails mobiles d'un aiguillage. Le train est sorti des rails.* ⇒ **dérailler.** — Loc. *Remettre sur les rails,* sur la bonne voie ; rendre capable (qqn, une entreprise, etc.) de marcher à nouveau. **2.** Au sing. Transport par voie ferrée. ⇒ **chemin de fer.** *La concurrence entre le rail et la route. Les ouvriers du rail.* ⇒ **cheminot. 3.** Tige de métal sur laquelle glisse une autre pièce mobile. *Le rideau coulisse sur un rail.* ⇒ **tringle ;** anglic. **pole.** *La porte est sortie de son rail.* ⇒ **glissière.** ‹ ▶ autorail, ① dérailler, ② dérailler ›

railler [ʀɑje] v. tr. ▪ conjug. 1. ■ Littér. Tourner en ridicule (qqn, qqch.) par des moqueries, des plaisanteries. ⇒ se **moquer, ridiculiser.** — Sans compl. *Aimer (à) railler.* ≠ *rallier.* ▶ ***raillerie*** [ʀɑjʀi] n. f. **1.** Vx. Habitude, art de railler (les gens, les choses). ⇒ **moquerie, persiflage.** *Un ton de raillerie.* **2.** *(Une, des railleries)* Propos ou écrit par lesquels on raille (qqn ou qqch.). ⇒ **quolibet, sarcasme.** ▶ ***railleur*** ou ***railleux, euse*** adj. ■ Qui raille, exprime la raillerie. ⇒ **ironique, narquois, persifleur.** *Un ton, un air railleur.* — N. (Personnes) *Un railleur, une railleuse.*

rainette [ʀɛnɛt] n. f. ■ Petite grenouille verte vivant dans les terrains humides. *La rainette peut grimper sur les arbustes grâce à ses doigts munis de ventouses.* ≠ *reinette.*

rainure [ʀɛnyʀ] n. f. ■ Entaille faite en long (à la surface d'un objet). *Les rainures du parquet. La rainure d'une poulie. Panneau qui glisse dans des rainures.* ⇒ **coulisse ; glissière, rail.**

rais n. m. invar. ⇒ **rai.**

raisin [ʀɛzɛ̃] n. m. ■ *Le raisin* (collectif), *les raisins,* fruit de la vigne, ensemble de baies *(grains)* réunies en grappes. *Du raisin vert, bleu.* — *Cueillir, manger du raisin, des raisins. Cure de raisins.* ⇒ **uval.** — *Raisins secs* (de Corinthe, de Malaga...). *Un petit pain aux raisins. Un pain (tranché) aux raisins.* — *Jus de raisin. Les raisins servent à faire du vin* (⇒ **vin**). ▶ ***raisiné*** n. m. ■ (France) Confiture préparée avec du jus de raisin concentré (auquel on peut ajouter d'autres fruits).

raison [ʀɛzɔ̃] n. f. **I.** (Pensée, jugement) **1.** (Opposé à *instinct*) La faculté qui permet à l'être humain de connaître, juger et agir conformément à des principes ⇒ **compréhension, entendement, esprit, intelligence,** et spécialt de bien juger et d'appliquer ce jugement à l'action ⇒ **discernement, jugement,** bon **sens.** *Un choix conforme à la raison.* ⇒ **raisonnable, rationnel.** *Contraire à la raison.* ⇒ **déraisonnable.** — Loc. *L'âge de raison,* l'âge auquel on considère que l'enfant possède l'essentiel de la raison (environ 7 ans). *Ramener qqn à la raison,* à une attitude raisonnable. *Faire entendre raison à qqn,* le convaincre au lieu de recourir à la force. *Mettre qqn à la raison,* le contraindre par la force ou l'autorité à une attitude raisonnable. — (Opposé à *intuition, sentiment*) Pensée logique. *La raison et la passion. Un mariage de raison* (et non d'amour). **2.** Les facultés intellectuelles (d'une personne), dans leur fonctionnement normal (opposé à *humeur*). *La raison de qqn, sa raison.* ⇒ **lucidité.** *Perdre la raison,* devenir fou. ⇒ **déraisonner.** *Il n'a plus toute sa raison.* **3.** Loc. PLUS QUE DE RAISON : au-delà de la mesure raisonnable. *Tu as bu plus que de raison.* ⇒ à l'**excès.** — COMME DE RAISON : comme la raison le suggère. ⇒ **évidemment.** *Comme de raison, tu arrives en retard,* il va s'en dire que. **4.** Connaissance à laquelle l'être humain accède sans l'intervention d'une foi ou d'une révélation. *Mysticisme et raison.* ⇒ **rationalisme.** *Le culte de la Raison, sous la Révolution française.* **5.** (Dans des loc. où le mot est opposé à *tort*) Jugement, comportement en accord avec les faits. AVOIR RAISON : être dans le vrai, ne pas se tromper (opposé à *avoir tort*). *Je te prouverai que j'ai raison.* — *Vous avez raison de dire...,* vous êtes dans le vrai en disant... — DONNER RAISON *à qqn* : reconnaître qu'il a raison. *Je te donne raison sur ce point.* **II.** (Principe, cause) **1.** Ce qui permet d'expliquer (l'apparition d'un événement, d'un fait). *Mon moteur est en panne ; je n'en comprends pas la raison.* ⇒ **cause.** — Ce qui permet d'expliquer (un acte, un sentiment). ⇒ **motif.** *Un mouvement d'humeur dont on s'explique mal la raison. Il s'est absenté sans donner de raison.* — Loc. PAR, POUR LA RAISON QUE. ⇒ **parce que.** *Je ne l'ai pas vu pour la (simple) raison que je me trouvais absent. Pour quelle raison ?* ⇒ **pourquoi.** *Pour une raison ou pour une autre,* sans raison connue. — EN RAISON DE... : en considération de... ⇒ à **cause.** *Le départ est retardé en raison du mauvais temps.* — SE FAIRE UNE RAISON : se résigner à admettre ce qu'on ne peut changer, prendre son parti. ⇒ **accepter.** *S'il le faut, je me ferai une raison.* **2.** Motif légitime qui pousse à faire (qqch.). ⇒ **fondement, sujet.** *Avoir une raison d'agir, d'espérer. Cet enfant est sa raison de vivre.* ⇒ **but.** *Avoir de bonnes, de fortes raisons de croire, de penser que* (+ indicatif). — *Tu as toujours de bonnes raisons.* ⇒ **excuse.** *Ce n'est pas une raison,* ce n'est pas une bonne excuse. *Il n'y a pas de raison. Raison de plus pour que* (+ subjonctif), c'est une raison de plus pour. — Loc. (au sing.) AVEC (JUSTE) RAISON : en ayant une raison valable (opposé à *à tort*). ⇒ à juste **titre.** — À PLUS FORTE RAISON : avec des raisons encore plus fortes, meilleures. ⇒ **a fortiori.** — POUR RAISON DE : pour cause de. *S'absenter de son travail pour raison de santé.* SANS RAISON : sans motif, sans justification raisonnable. *Il s'est fâché, non sans raison,* avec raison. — PROV. *La raison du plus fort est toujours la meilleure.* **3.** Au plur. Arguments destinés à prouver. *Se rendre aux raisons de qqn,* à ses arguments.

4. AVOIR RAISON DE *qqn, qqch.* loc. verb. : vaincre la résistance, venir à bout de (qqn, qqch.). *Les excès ont eu raison de sa santé. Le club local a eu raison du club visiteur,* il a gagné le match. **III.** *La* RAISON SOCIALE *d'une société, d'une compagnie* : le nom, la désignation de cette société, de cette compagnie. **IV.** Sciences. Proportion*, rapport. *La raison de la progression est 2 dans 1, 3, 5, 7,* (+2) *et 2, 4, 8, 16* (× 2). — *Augmenter, changer* EN RAISON DIRECTE, INVERSE *de...* — À RAISON DE loc. prép. : en comptant, sur la base de. *Dix paquets à raison de cinq dollars le paquet.* ▶ ***raisonnable*** [ʀɛzɔnabl] adj. **1.** Doué de raison (I), de jugement. ⇒ **intelligent, pensant.** *L'être humain est un animal raisonnable.* **2.** (Personnes) Qui pense et agit selon la raison. ⇒ **réfléchi, sage, sensé.** *Une enfant raisonnable. Sois raisonnable !* — (Choses) Conforme à la raison. *Opinion, conduite raisonnable.* ⇒ **judicieux, sage.** — Attribut ; impersonnel. *Il est raisonnable de croire que, de dire que* (+ indicatif). ⇒ ① **naturel, normal.** **3.** Qui consent des conditions modérées, en affaires. ⇒ **convenable.** *Le vendeur a été très raisonnable.* — *Prix raisonnable.* ⇒ **abordable, acceptable, accessible.** / contr. **excessif, extravagant** / ▶ ***raisonnablement*** adv. ■ D'une manière raisonnable. *Agir raisonnablement. Boire raisonnablement.* ⇒ **modérément.** — *C'est ce qu'on peut raisonnablement demander,* sans prétention excessive. ▶ ***raisonnement*** n. m. **1.** *Le raisonnement,* l'activité de la raison (I), la manière dont elle s'exerce. *Opinion fondée sur le raisonnement* ⇒ **théorique** *ou sur l'expérience.* — *Le raisonnement* (opposé à *la foi, l'intuition, la passion*). **2.** Le fait de raisonner en vue de parvenir à une conclusion. *Les prémisses, la conclusion d'un raisonnement. Un raisonnement juste ; faux.* — Fam. *Ce n'est pas un raisonnement !,* votre raisonnement est mauvais. *D'après ce raisonnement...,* à ce compte-là... ▶ ***raisonner*** v. ▪ conjug. 1. **I.** V. intr. **1.** Faire usage de sa raison pour former des idées, des jugements. ⇒ **penser, réfléchir.** *Raisonner sur des questions générales.* ⇒ **philosopher.** *Raisonner sur des détails.* ⇒ **ratiociner.** — Au p. p. adj. *Voilà qui est bien, mal raisonné,* conforme ou non aux règles du raisonnement. **2.** Employer des arguments pour convaincre, prouver ou réfuter. *Il a la manie de raisonner.* ⇒ **raisonneur** — Loc. fam. *Raisonner comme un panier percé, comme une pantoufle, comme une bottine,* mal. **3.** Enchaîner les diverses parties d'un raisonnement pour aboutir à une conclusion. *Raisonner faux, juste.* **II.** V. tr. **1.** *Raisonner qqn,* chercher à l'amener à une attitude raisonnable. *On ne peut pas les raisonner.* **2.** V. pron. SE RAISONNER : écouter la voix de la raison. *Tâche de te raisonner.* — (Sentiments, impulsions) Pouvoir être contrôlé par la raison. *L'amour ne se raisonne pas.* ≠ *résonner.* ▶ ***raisonnant, ante*** adj. ■ *Folie raisonnante,* délire nourri de raisonnements. ▶ ***raisonné, ée*** adj. **1.** Soutenu par des raisons (II), des preuves. *Projet raisonné,* étudié, réfléchi. / contr. **irraisonné** / **2.** Qui explique par des raisonnements (et ne se contente pas d'affirmer). ⇒ **rationnel.** *Méthode raisonnée de grammaire, d'anglais.* ▶ ***raisonneur, euse*** n. et adj. ■ Personne qui discute, réplique. *Faire la raisonneuse. Un insupportable raisonneur.* — Adj. *Il est très raisonneur.* ‹ ▶ arraisonner, déraison, irraisonné ›

raja(h) [ʀaʒa] ou ***radja(h)*** [ʀadʒa] n. m. ■ Prince hindou. ⇒ **maharadjah.** *Des rajas, des rajahs.*

rajeunir [ʀaʒœniʀ] v. ▪ conjug. 2. **I.** V. tr. **1.** Rendre une certaine jeunesse à (qqn). *Son séjour au grand air l'a rajeunie.* **2.** Attribuer un âge moins avancé à (qqn). *Vous me rajeunissez de cinq ans !* — Loc. *Cela ne me (te...) rajeunit pas !,* c'est un événement (anniversaire) qui souligne mon (ton,...) âge. **3.** Faire paraître (qqn) plus jeune (aspect physique). *Cette coiffure la rajeunit.* — SE RAJEUNIR v. pron. : se faire paraître plus jeune qu'on n'est. *Il essaie de se rajeunir par tous les moyens.* **4.** (Compl. chose) Ramener à un état de nouveauté. *Rajeunir une installation, un équipement.* ⇒ **moderniser.** **5.** Abaisser l'âge de recrutement de (un groupe,...). *Rajeunir les cadres d'une entreprise.* **II.** V. intr. Reprendre les apparences de la jeunesse. / contr. **vieillir** / *Elle a rajeuni, rajeuni de dix ans.* — Au p. p. adj. *Je le trouve rajeuni.* ▶ ***rajeunissant, ante*** adj. ■ Propre à rajeunir. *Suivre un traitement rajeunissant.* ▶ ***rajeunissement*** n. m. ■ Action de rajeunir ; résultat de cette action. *Une cure de rajeunissement. Son rajeunissement est flagrant.*

rajouter [ʀaʒute] v. tr. ▪ conjug. 1. **1.** Ajouter de nouveau. *Rajouter du sel, du poivre.* — *Rajouter quelques détails.* / contr. **supprimer** / — *Rajouter la T.P.S. au prix de vente,* ajouter par surcroît. **2.** EN RAJOUTER : en dire ou en faire plus qu'il n'en faut. ⇒ **exagérer,** en **remettre.** *Il faut toujours qu'il en rajoute !* ▶ ***rajout*** [ʀaʒu] n. m. ■ Ce qui est rajouté. *Faire des rajouts en marge d'un texte.*

rajuster [ʀaʒyste] ou , plus cour., ***réajuster*** [ʀeaʒyste] v. tr. ▪ conjug. 1. **1.** Remettre (qqch.) en bonne place, en ordre. *Rajuster ses lunettes (sur son nez).* — Pronominalement. *Se rajuster,* remettre en bon ordre la tenue que l'on a sur soi. **2.** Remettre en accord, en harmonie. *Rajuster les salaires,* les relever pour qu'ils demeurent proportionnés au coût de la vie. ▶ ***rajustement*** ou , plus cour., ***réajustement*** n. m. ■ Le fait de rajuster. *Le réajustement des pensions de vieillesse.*

① ***râle*** [ʀɑl] n. m. **1.** Bruit rauque de la respiration chez certains moribonds (⇒ ① **râler**). *Les râles d'un agonisant.* **2.** Altération du bruit respiratoire, qui signale une affection pulmonaire.

② ***râle*** n. m. ■ Petit échassier migrateur. *Le râle de Virginie.*

ralentir [ʀalɑ̃tiʀ] v. ▪ conjug. 2. **I.** V. tr. **1.** Rendre plus lent (un mouvement, une progression dans l'espace). / contr. **accélérer** / *Ralentir le pas, l'allure. Le verglas ralentit la circulation.* **2.** Rendre plus lent (le déroulement d'un processus). *Les difficultés qui ralentissent l'expansion, la production.* **II.** V. pron. SE RALENTIR. *Le rythme se ralentit. La production s'est ralentie.* **III.** V. intr. Réduire la vitesse du véhicule que l'on conduit. ⇒ **freiner.** *Elle ralentissait à chaque croisement. Ralentir, travaux.* ▶ ***ralenti, ie*** adj. et n. m. **I.** Adj. Dont le rythme est plus lent. *Mouvement ralenti.* / contr. **accéléré** / **II.** N. m. **1.** Régime le plus bas d'un moteur. *Régler le ralenti.* **2.** Cinéma. Procédé qui fait paraître les mouvements beaucoup plus lents à la projection que dans la réalité. **3.** Loc. AU RALENTI : en ralentissant le rythme, l'action. *Cœur qui bat au ralenti. Travailler au ralenti,* sans se presser. ▶ ***ralentissement*** n. m. ■ *Le ralentissement d'un véhicule ; de l'expansion.* / contr. **accélération** /

① ***râler*** [ʀɑle] v. intr. ▪ conjug. 1. ■ Faire entendre un râle (1) en respirant. *Le moribond râlait.* ‹ ▶ ① râle ›

② ***râler*** v. intr. ▪ conjug. 1. ■ Fam. Manifester sa mauvaise humeur ; protester. ⇒ **grogner, maugréer, récriminer ;** fam. **rouspéter.** *Ça me fait râler.* ⇒ **enrager.** ▶ ***râleur*** ou ***râleux, euse*** n. et adj. ■ Fam. Personne qui proteste, râle à tout propos. ⇒ péj. **plaignard.** *Tu parles d'une râleuse !* — Adj. *Ce que tu peux être râleur !*

rallier [ʀalje] v. tr. ▪ conjug. 7. **I. 1.** Regrouper (des gens dispersés). *Le chef rallie ses soldats, ses troupes.* ⇒ **rassembler.** **2.** Unir (des personnes) pour une cause commune ; convertir à sa cause. ⇒ **gagner.** *Elle a rallié* *les indécis.* — (Suj. chose) *Cette proposition a rallié tous les suffrages.* **3.** Rejoindre (une troupe, un parti, etc.). *Les opposants ont rallié la majorité. — L'avion a rallié la piste d'envol.* **II.** V. pron. **1.** Se regrouper. *Les troupes se rallient.* **2.** *Se rallier à,* adhérer à. *Se rallier à un parti. — Se rallier à l'avis de qqn.* ⇒ se **ranger.** ≠ railler. ▶ ***ralliement*** [ʀalimɑ̃] n. m. **1.** Le fait de rallier une troupe, de se rallier. ⇒ **rassemblement.** — Le fait de se rallier (à un parti, une cause, etc.). ⇒ **adhésion.** *Le Ralliement des créditistes*.* **2.** *Point de ralliement,* lieu convenu pour se retrouver. *Ce café sera notre point de ralliement.* **3.** *Signe de ralliement,* drapeau, enseigne, etc., autour duquel les soldats devaient se rallier dans la bataille ; objet qui sert aux membres d'une association à se reconnaître.

rallonger [ʀalɔ̃ʒe] v. ▪ conjug. 3. **1.** V. tr. Transformer (qqch.) pour le rendre plus long (en ajoutant une partie). ⇒ **allonger.** *Rallonger une robe.* **2.** V. intr. Fam. Allonger. *Les jours rallongeant, on veille plus tard.* / contr. **diminuer, raccourcir** / **3.** V. tr. fam. (Compl. personne) Être plus long pour (qqn). *Si vous prenez ce chemin, ça va vous rallonger de 5 km,* votre route sera plus longue de 5 km. ▶ ***rallonge*** n. f. **1.** Planche qui sert à augmenter la surface d'une table. Table à rallonges. **2.** Annexe d'un bâtiment. *C'était l'ancienne rallonge du chalet.* **3.** Cordon électrique qui sert à allonger un autre cordon. *La prise est trop loin, il faut une rallonge.* **4.** Loc. fam. *Nom à rallonges,* nom noble, à particule, à plusieurs éléments. **5.** Fam. Ce qu'on paye ou qu'on reçoit en plus du prix convenu ou officiel. ⇒ **supplément.** *Les ouvriers ont obtenu une rallonge pour travaux dangereux.* ⇒ ② **prime.** ▶ ***rallongement*** n. m.

rallumer [ʀalyme] v. tr. ▪ conjug. 1. **1.** Allumer de nouveau (ce qui s'est éteint, ce qu'on a éteint). *Elle ralluma le feu, éteint par le vent. Rallumer sa cigarette.* — Sans compl. *Rallumer,* redonner de la lumière. **2.** Redonner de l'ardeur, de la vivacité à. ⇒ **ranimer.** *Rallumer un conflit.* — Pronominalement. *Les haines se sont rallumées.* ▶ ***rallumage*** n. m. ▪ Action de rallumer.

rallye [ʀali] n. m. ▪ Anglic. Course d'endurance par étapes pour engins motorisés (autos, motos, avions,...). *Les rallyes sont souvent aussi éprouvants pour les concurrents que pour les machines.*

-rama ⇒ **-orama** (REM.).

ramadan [ʀamadɑ̃] n. m. ▪ Mois pendant lequel les musulmans doivent observer, entre autres prescriptions, un jeûne strict entre le lever et le coucher du soleil. ⇒ **carême.** *Avant, pendant le ramadan. — Faire le ramadan,* observer les prescriptions de ce mois. ‹ ▶ ramdam ›

ramage [ʀamaʒ] n. m. ▪ Littér. Chant des oiseaux. ⇒ **gazouillement.**

ramages [ʀamaʒ] n. m. pl. ▪ Dessins décoratifs de rameaux fleuris et feuillus. *Tissu à ramages.*

ramancher [ʀamɑ̃ʃe] v. tr. ▪ conjug. 1. Fam. **1.** Réduire (une fracture, une foulure), remettre (un membre démis) par des moyens empiriques. ⇒ **remboîter ;** fam. **rebouter. 2.** Réparer qqch., le remettre en état. *J'ai ramanché tes boutons de chemise.* ⇒ **raccommoder, repriser. 3.** Fig. Dire, raconter (des choses insensées). *Qu'est-ce que tu nous ramanches là ?* ▶ ***ramanchage*** n. m. ▪ Fam. Action de ramancher (1, 2) ; son résultat. ▶ ***ramancheur*** ou ***ramancheux, euse*** n. ▪ Fam. Personne qui ramanche (1). ⇒ **guérisseur ;** fam. **rebouteur.**

ramasser [ʀamɑse] v. tr. ▪ conjug. 1. **I. 1.** Resserrer, tenir serré (surtout au p. p. *ramassé,* et pronominalement). — *Se ramasser,* se mettre en masse, en boule. ⇒ se **pelotonner.** *Le chat se ramassa, puis bondit.* **2.** Réunir (des choses éparses). *Ramasser les ordures.* ⇒ **enlever.** *Le professeur ramasse les copies.* ⇒ **recueillir.** *Ramasser de l'argent à une quête.* **3.** Collectionner. *Elle ramasse les étiquettes des bouteilles de vin.* **4.** Fam. RAMASSER *qqn* : l'arrêter (en parlant de la police, des autorités). *Elle s'est fait ramasser par la police.* **5.** V. pron. *Se ramasser par terre,* faire une chute, tomber. — *Se ramasser en prison,* se retrouver. — *Ramasse-toi !,* mets de l'ordre dans tes choses, fais ton ménage. **II. 1.** Prendre par terre (des choses éparses) pour les réunir. ⇒ **amasser.** *Ramasser du bois, des feuilles mortes. Aller ramasser des bleuets, des fraises,* les cueillir. *Ramasser son linge,* le ranger. — Au p. p. adj. *Des champignons ramassés dans les bois.* ⇒ **cueilli. 2.** Prendre par terre (une chose qui s'y trouve naturellement ou qui est tombée). *Ramasser un caillou. Ramasser une balle de tennis, un mouchoir.* — (Compl. personne) *On l'a ramassé ivre mort.* — Loc. fam. *Être à ramasser à la petite cuiller,* être en piteux état. **3.** Fam. Prendre (des coups) ; attraper (un mal). *Il a ramassé une volée. J'ai ramassé un de ces rhumes !* — Fig. *Se faire ramasser par qqn,* réprimander, engueuler. ⇒ fam. **planter.** ▶ ***ramassage*** n. m. **1.** Action de ramasser. *Le ramassage du foin, des ordures ménagères.* **2.** Opération par laquelle un service routier transporte les ouvriers, les écoliers résidant dans des endroits éloignés ou isolés vers leur lieu de travail, leur école. *Services de ramassage. En hiver, le ramassage des écoliers est souvent retardé par la neige ou le verglas.* — (France) *Car de ramassage scolaire.* ⇒ **autobus** scolaire. ▶ ***ramassé, ée*** adj. ▪ Resserré en une masse roulé en boule. ⇒ **pelotonné, recroquevillé.** *Un aspect ramassé.* ⇒ **trapu.** — *Style ramassé,* condensé, concis. / contr. **ample** / ▶ ***ramasse-miettes*** n. m. invar. ▪ Ustensile pour nettoyer les miettes sur une table. *Des ramasse-miettes.* ▶ ***ramasseur*** ou ***ramasseux, euse*** n. **1.** Personne qui ramasse. *Un ramasseur de balles* (au tennis). — *Des ramasseurs d'eau d'érable.* ⇒ **cueilleur. 2.** Personne qui va chercher chez les producteurs (les denrées destinées à la vente). *Ramasseur de lait.* **3.** Personne qui amasse, accumule toutes sortes de choses, d'objets hétéroclites. *Un ramasseur de vieux outils.* ⇒ **collectionneur** — Loc. *Être ramasseux.* ▶ ***ramassis*** [ʀamɑsi] n. m. invar. ▪ Péj. Réunion (de choses ou de gens de peu de valeur). *Un ramassis d'incapables et de paresseux.* ⇒ **tas.**

rambarde [ʀɑ̃baʀd] n. f. ▪ Garde-corps placé autour des gaillards et des passerelles d'un navire. ⇒ **bastingage, parapet.** — Rampe métallique, garde-fou. *La rambarde d'une jetée.*

ramdam [ʀamdam] n. m. ▪ (France) Fam. Tapage, vacarme. ⇒ **bruit ;** fam. ③ **train.** *Ils ont fait un de ces ramdams ! Quel ramdam !*

① ***rame*** [ʀam] n. f. ▪ Longue barre de bois aplatie à une extrémité, qu'on manœuvre pour diriger une embarcation. ⇒ **aviron, pagaie.** *Une paire de rames.* ‹ ▶ ramer ›

② ***rame*** n. f. **1.** Vx. Branche d'arbre. **2.** Treillis fiché en terre pour guider une plante potagère grimpante. *Une rame de haricots.* ‹ ▶ ramages, rameau, ramée, ramier, se ramifier, ramure ›

③ ***rame*** n. f. **1.** Ensemble de cinq cents feuilles (de papier). **2.** File de wagons attelés (surtout du métro). *La dernière rame vient de passer.*

rameau [ʀamo] n. m. ▪ Petite branche d'arbre. *Des rameaux d'olivier. Branches et rameaux.* ⇒ **ramure.** — (Avec une majusc. et au plur.) *Le dimanche des Rameaux* ou *les Rameaux,* le dernier dimanche avant Pâques.

ramée [Rame] n. f. ■ Littér. Ensemble des branches à feuilles d'un arbre. ⇒ **feuillage, ramure.** *S'étendre sous la ramée.*

ramener [Ramne] v. tr. ▪ conjug. 5. **I. 1.** Amener de nouveau. *Ramenez-moi la malade après-demain.* **2.** Faire revenir (qqn, un animal, un véhicule) au lieu qu'il avait quitté. *Je vais le ramener chez lui.* ⇒ **reconduire, remmener.** *Ramener un cheval à l'écurie. Je te ramènerai la voiture demain.* ≠ *rapporter.* — Provoquer le retour de... *Le mauvais temps les ramena à la maison.* **3.** Faire revenir (à un sujet). *Ceci nous ramène à notre sujet.* — Faire revenir (à un état). *On l'a ramené à la vie, ramené à lui.* ⇒ **ranimer.** *Ramener qqn à de meilleurs sentiments.* — (Compl. chose) *Ramener tout à soi,* faire preuve d'égocentrisme. **4.** Faire renaître, revenir (une chose là où elle s'était manifestée). *Des tentatives pour ramener la paix.* ⇒ **restaurer, rétablir. 5.** Amener (qqn), apporter (qqch.) avec soi, au lieu qu'on avait quitté. *Elle a ramené d'Allemagne un fiancé sympathique.* — Au p. p. adj. *Des souvenirs ramenés du Japon.* **6.** Faire prendre une certaine position à (qqch.) ; remettre en place. *Ramener la couverture sur ses pieds.* ⇒ **rabrier.** — Au p. p. adj. *Cheveux ramenés derrière les oreilles.* **7.** Porter à un certain point de simplification ou d'unification. ⇒ **réduire.** *Ramener une fraction à sa plus simple expression. Ramener l'inflation à 2 %.* **8.** Loc. fam. (France) *Ramener sa fraise, la ramener,* être prétentieux. **II.** SE RAMENER v. pron. **1.** Se réduire, être réductible. ⇒ se **résumer.** *Toutes ces difficultés se ramènent à une seule. Tout ça se ramène à une question d'argent.* **2.** Fam. Venir, arriver. *Alors, tu te ramènes ?*

ramequin [Ram(ə)kɛ̃] n. m. ■ Petit récipient individuel qui supporte la chaleur de cuisson.

ramer [Rame] v. intr. ▪ conjug. 1. ■ Manœuvrer les rames, avancer à la rame. ⇒ **avironner, pagayer.** — Fam. Travailler dur. *On en a ramé un coup.* ▶ ***rameur, euse*** n. ■ Personne qui rame, qui est chargée de ramer. ⇒ **avironneur, pagayeur.** *Un rang, un banc de rameurs.*

rameuter [Ramøte] v. tr. ▪ conjug. 1. ■ Regrouper de nouveau. ⇒ **ameuter.** *Rameuter la foule.*

rami [Rami] n. m. ■ Jeu de cartes consistant à réunir des combinaisons de cartes qu'on étale sur la table. *Faire un rami, jouer au rami.*

ramier [Ramje] n. m. ■ Gros pigeon sauvage qui niche dans les arbres. ⇒ **palombe.** — Adj. *Pigeon ramier.*

se ***ramifier*** [Ramifje] v. pron. ▪ conjug. 7. **1.** Se diviser en plusieurs branches ou rameaux. *La tige s'est ramifiée.* **2.** Se subdiviser. *Les veines, les nerfs se ramifient.* — Au p. p. adj. *Les prolongements ramifiés de la cellule nerveuse.* **3.** Abstrait. Avoir des prolongements secondaires. *Une secte qui se ramifie.* ▶ ***ramification*** [Ramifikasjɔ̃] n. f. **1.** Fait de se ramifier ; son résultat. *La ramification d'un tronc d'arbre.* **2.** Subdivision des artères, des veines, des nerfs... *Ramifications nerveuses. — Les ramifications d'un souterrain, d'une voie ferrée.* **3.** Groupement secondaire dépendant d'un organisme central. *Cette société a des ramifications à l'étranger.*

ramollir [Ramɔlir] v. tr. ▪ conjug. 2. ■ Rendre mou ou moins dur. ⇒ **amollir.** *Ramollir du beurre.* — Pronominalement. Devenir plus mou ; devenir ramolli. ▶ ***ramolli, ie*** adj. **1.** (Choses) Devenu mou. Des biscuits tout ramollis. — Fam. *Cerveau ramolli,* faible, sans idées. **2.** Fam. (Personnes) Dont le cerveau est ramolli. ⇒ **gâteux.** — Sans énergie. / contr. **endurci** / *Il est un peu ramolli !* ▶ ***ramollissement*** n. m. ■ Action de se ramollir, état de ce qui est ramolli. — *Ramollissement cérébral,* lésion qui prive une partie du cerveau de l'irrigation sanguine.

ramoner [Ramɔne] v. tr. ▪ conjug. 1. ■ Nettoyer en raclant pour débarrasser de la suie (les cheminées, les tuyaux). ▶ ***ramonage*** n. m. ▶ ***ramoneur, euse*** n. ■ Personne dont le métier est de ramoner les cheminées.

① ***rampe*** [Rɑ̃p] n. f. **1.** Plan incliné qui sert de passage entre deux plans horizontaux. *Rampe pour voitures dans un garage.* — Partie en pente d'un terrain, d'une route, d'une voie ferrée. *Gravir, monter une rampe.* ⇒ **montée.** *Une rampe d'accès à une autoroute.* **2.** Plan incliné servant au lancement d'avions propulsés, de fusées. *La rampe de lancement d'une fusée.* ‹ ▶ ② rampe ›

② ***rampe*** n. f. **1.** Balustrade à hauteur d'appui ; barre sur laquelle on peut s'appuyer, le long d'un escalier. ⇒ **main-courante ;** fam. **bras** (7). *Sa main s'accroche à la rampe.* — Loc. fam. *Tenir bon la rampe,* tenir bon, s'accrocher. **2.** Bande (d'une patinoire). ⇒ **clôture.** *La rondelle frappe la rampe.* Rangée de lumières disposées au bord d'une scène de théâtre. *Les feux de la rampe.* — Loc. *Ne pas passer la rampe,* ne pas produire son effet, ne pas atteindre son public, lors d'un spectacle. *Acteur, réplique qui ne passe pas la rampe.*

ramper [Rɑ̃pe] v. intr. ▪ conjug. 1. **1.** (Reptiles, vers, etc.) Progresser en se traînant sur le ventre, par un mouvement de reptation*. — (Animaux, personnes). Progresser lentement le ventre au sol, les membres repliés. *Le tigre rampe en épiant sa proie.* **2.** (Plantes) Dont les rameaux, les tiges se développent au sol, ou qui s'étend sur un support. *Vigne, lierre qui rampe le long d'un mur.* **3.** (Personnes) Péj. S'abaisser, être humblement soumis. ⇒ s'**aplatir.** *Ils rampent devant leur sous-ministre.* ▶ ***rampant, ante*** adj. **1.** Qui rampe. *Le serpent est un animal rampant. — Plantes rampantes.* — Dans l'aviation. *Personnel rampant,* qui travaille au sol (opposé à *navigant, volant*). **2.** (Personnes) Péj. Obséquieux, servile. — *Caractère rampant.* ‹ ▶ ① rampe ›

ramure [RamyR] n. f. **1.** Littér. Ensemble des branches et rameaux (d'un arbre). ⇒ **branchage, ramée. 2.** Ensemble des bois des cervidés. ⇒ **andouiller.** *La ramure du chevreuil.*

rancard [Rɑ̃kaR] n. m. (France) Fam. **1.** Renseignement confidentiel. ⇒ **tuyau.** *Il m'a passé un rancard pour les courses.* **2.** Rendez-vous. *Elle m'a donné rancard à 8 heures devant le cinéma.* ≠ *rancart.* ▶ ***rancarder*** v. tr. ▪ conjug. 1. (France) Fam. **1.** Renseigner discrètement. *Le banquier m'a rancardé sur une prochaine dévaluation.* **2.** Pronominalement. Se renseigner. *Rancarde-toi à la gare pour connaître l'horaire des trains.* — Se donner rendez-vous. *On s'était rancardé devant les autos tamponneuses.*

rancart [Rɑ̃kaR] n. m. Loc. fam. **1.** *Mettre au rancart,* jeter, se débarrasser de (qqn ou qqch. qui est devenu inutilisable). ⇒ **rebut.** — *Un projet mis au rancart,* abandonné. **2.** (Sportifs) *Être au rancart,* être tenu à l'écart du jeu en raison d'une blessure. *Elle sera au rancart à cause d'une élongation musculaire.* ≠ *rancard.*

rance [Rɑ̃s] adj. et n. m. ■ Se dit d'un corps gras qui a pris une odeur forte et un goût âcre. *Beurre rance.* — N. m. *Ce beurre sent le rance.* ▶ ***rancir*** v. intr. ▪ conjug. 2. ■ Devenir rance. *L'huile a ranci.* — Au p. p. adj. *Huile rancie.*

ranch [Rɑ̃tʃ] n. m. Anglic. **1.** Très grande ferme située dans la prairie américaine ou canadienne ;

exploitation d'élevage qui en dépend. *Propriétaire d'un ranch.* ⇒ anglic. **rancher.** *Les cow-boys travaillent sur (dans) un ranch.* — Au plur. *Des ranchs* ou, plus rare, *des ranches.* **2.** Résidence campagnarde plus ou moins luxueuse aménagée à la manière d'un ranch (1). *Un ranch californien.* ▶ ***rancher*** [Rantʃœʀ] n. ■ Anglic. Fermier qui possède, exploite un ranch ; personne (⇒ **cow-boy**) employée dans un ranch. *Les ranchers de l'Ouest américain.* ▶ ***rancho*** [Rantʃo] n. m. ■ Ferme, exploitation d'élevage, en Amérique latine. ⇒ anglic. **ranch.** *Des ranchos.*

rancœur [ʀɑ̃kœʀ] n. f. ■ Littér. Ressentiment, amertume que l'on garde après une désillusion, une injustice, etc. ⇒ **aigreur, rancune.** *Avoir de la rancœur contre qqn. Oublier sa rancœur. Des propos pleins de rancœur. Des rancœurs tenaces.*

rançon [ʀɑ̃sɔ̃] n. f. **1.** Prix que l'on exige pour délivrer une personne captive, des otages. *Payer une rançon. Les ravisseurs exigent une rançon.* **2.** *La rançon de...,* les inconvénients que comporte (un avantage, un plaisir). ⇒ **contrepartie, envers.** *C'est la rançon de la gloire.* ⇒ **prix.** ▶ ***rançonner*** v. tr. ▪ conjug. 1. ■ Exiger de (qqn) une certaine somme d'argent sous la contrainte. *Des brigands rançonnaient les voyageurs.* ▶ ***rançonnement*** n. m.

rancune [ʀɑ̃kyn] n. f. ■ Souvenir tenace que l'on garde d'une offense, d'un préjudice, avec de l'hostilité et un désir de vengeance. ⇒ **rancœur, ressentiment.** *J'ai de la rancune contre ces gens. Garder rancune à qqn de qqch. Entretenir, nourrir sa rancune.* — Ellipt. *Sans rancune !,* formule de réconciliation. ▶ ***rancunier, ière*** adj. ■ Porté à la rancune. ⇒ **vindicatif.** — REM. On emploie aussi la forme *rancuneux, -euse,* qui est vieillie.

randonnée [ʀɑ̃dɔne] n. f. ■ Longue promenade. *Une randonnée à bicyclette, en auto, à pied. — Faire de la randonnée.* ▶ ***randonneur, euse*** n. ■ Personne qui pratique la randonnée (à pied, à vélo).

rang [ʀɑ̃] n. m. **I. 1.** Suite (de personnes, de choses) disposée sur une même ligne, en largeur (opposé à *file,* disposée en longueur). ⇒ **rangée.** *Collier à trois rangs de perles. Les rangs d'un cortège. — Se mettre* EN RANG(s) : sur un ou plusieurs rangs. *Mettez-vous en rang par deux.* — Ligne de sièges les uns à côté des autres. *Elle s'est assise au premier rang ; au dernier rang.* — Suite de mailles constituant une même ligne d'un ouvrage de tricot, de crochet. *Un rang (tricoté) à l'endroit, un rang à l'envers.* **2.** Suite de soldats placés les uns à côté des autres. ⇒ **front.** *En ligne sur deux rangs. Sortir des rangs.* **3.** Au plur. LES RANGS. *Les rangs d'une armée :* les militaires qui y servent. *Servir dans les rangs de tel régiment.* — Masse, nombre. *Ils vont grossir les rangs des mécontents, des assistés sociaux. Nous l'avons admis dans nos rangs,* parmi nous. — Loc. ÊTRE, SE METTRE SUR LES RANGS : entrer en concurrence avec d'autres (pour obtenir qqch., un poste). **4.** LE RANG : l'ensemble des soldats de troupes. *Servir dans le rang.* **II. 1.** Situation dans une série ordonnée. ⇒ ① **ordre.** *Livres classés par rang de taille.* — Place d'un dignitaire, d'un fonctionnaire, dans l'ordre des préséances. *Avoir rang avant, après qqn. Se présenter par rang d'ancienneté, d'âge.* **2.** Place, position dans un ordre, une hiérarchie. ⇒ ① **classe, échelon.** *Le rang le plus bas, le plus haut. Un officier d'un certain rang.* ⇒ ① **grade.** *Le club a glissé au dernier rang du classement.* **3.** Place (d'une personne) dans la société, de par sa naissance, sa fonction, sa puissance. ⇒ **condition, niveau, place.** *Le rang social de qqn.* — (Se dit surtout des rangs les plus élevés) *Un titre qui confère un haut rang. Garder, tenir son rang.* — Loc. (Se dit de personnes ou de choses) *Être du même rang,* de même valeur. *Mettre sur le même rang,* sur le même plan. **4.** Place dans un groupe, un ensemble (sans idée de hiérarchie). Loc. METTRE AU RANG DE : compter parmi, mettre au nombre de. ⇒ ① **ranger** (2). **III.** Type de peuplement rural. **1.** Partie du territoire d'une municipalité rurale formée d'une série d'exploitations agricoles de forme rectangulaire (les lots) et parallèles, aboutissant généralement à un cours d'eau, à une extrémité, et à un chemin commun, à l'autre extrémité. ⇒ **concession** (3). *Le village et les rangs forment une paroisse. Le rang Saint-Claude ; le Huitième Rang. — Rang simple,* dont les constructions (maisons, bâtiments de ferme) sont érigées d'un seul côté d'une route. *Rang double,* dont les constructions sont érigées de chaque côté d'une route, formant ainsi deux séries de lots. — Au plur. LES RANGS : la campagne (opposé à *village*). *Elle a grandi dans les rangs.* **2.** Par ext. Le chemin qui dessert ces exploitations à l'une de leurs extrémités (opposé à *route rurale*). *Le chemin de ligne est perpendiculaire au chemin de rang.* — Population qui vit dans un rang. *Tout le rang assistait à la messe de minuit.* ▶ ***rangée*** n. f. ■ Suite (de choses ou de personnes) disposée côte à côte sur la même ligne. ⇒ **alignement, rang** (I). *Une double rangée d'arbres. Les rangées de fauteuils d'un cinéma.* ▶ ① ***ranger*** v. tr. ▪ conjug. 3. **I. 1.** Disposer à sa place, avec ordre. ⇒ **classer,** ② **ordonner** (I), ② **serrer.** *Ranger ses affaires.* — Au p. p. adj. *Tout est bien rangé. Mots rangés par ordre alphabétique.* **2.** Mettre au nombre de, au rang de. *Cet auteur est à ranger parmi les classiques.* **3.** Mettre de côté pour laisser le passage. *Ranger sa voiture sur le bas-côté.* ⇒ **garer. II.** SE RANGER v. pron. (Suj. personne, véhicule) **1.** Se placer, se disposer. *Se ranger autour d'une table.* **2.** Se mettre en rangs (I). *Rangez-vous par trois !* **3.** S'écarter pour laisser le passage. *Le taxi se rangea contre le trottoir.* ⇒ se **garer.** **4.** Loc. SE RANGER DU CÔTÉ DE *qqn* : prendre son parti. — SE RANGER À L'AVIS DE *qqn* : se déclarer de son avis. ⇒ **adopter,** se **rallier.** **5.** Absolt. Adopter un genre de vie plus régulier, une conduite plus raisonnable. *Elle a fini par se ranger.* ▶ ***rangé, ée*** adj. **1.** *Bataille rangée.* ⇒ **bataille.** **2.** Qui s'est rangé (II, 5). ⇒ **sérieux.** *Un homme rangé. — Vie rangée.* ▶ ***rangement*** n. m. ■ Action de ranger (I, 1), de mettre en ordre ; son résultat. ⇒ **classement.** *Faire du rangement, des rangements. Tablette de rangement.* ⟨ ▶ arranger, ① déranger, ② déranger ⟩

② ***ranger*** [ʀɛndʒœʀ] n. (Aux États-Unis) Anglic. **1.** Membre d'un corps de police à cheval, dans une région peu peuplée. *Les rangers du Texas.* **2.** Garde forestier dans une réserve naturelle, un parc national, qui veille à la protection de la forêt et au respect des lois. *S'informer auprès d'un ranger.*

ranimer [ʀanime] v. tr. ▪ conjug. 1. **1.** Rendre la conscience, le mouvement à. *Ranimer une personne évanouie.* ⇒ **réanimer.** — Revigorer. *Cet air vivifiant m'a ranimé.* **2.** Au moral. Redonner de l'énergie à. ⇒ **réconforter.** *Ce discours ranima les troupes. — Ranimer l'ardeur de qqn. Ranimer de vieilles rancunes.* ⇒ **réveiller.** **3.** Redonner de la force, de l'éclat (au feu). ⇒ **attiser, rallumer.** *Ranimer le feu.* ▶ ***ranimation*** n. f. ■ ⇒ **réanimation.**

rap [ʀap] n. m. ■ Anglic. *Le rap,* une musique au rythme très martelé, contestataire et issue des ghettos noirs américains. *Écouter du rap à la radio.* — En appos. *De la musique rap, un groupe rap.* — Danse sur cette musique. ▶ ① ***rapper*** ou ***raper*** v. intr. ▪ conjug. 1. ■ Jouer, chanter du rap. ▶ ② ***rapper*** ou ***rappeur, euse*** n. ■ Personne qui joue, chante du rap.

rapace [ʀapas] n. m. et adj. **1.** N. m. Oiseau carnivore, aux doigts armés de serres, au bec puissant, arqué et pointu. *Rapaces diurnes,* qui chassent de jour (aigle, vautour...), *nocturnes,* qui chassent de nuit (chouette, hibou...). **2.** Adj. Qui cherche à s'enrichir rapidement et brutalement, au détriment d'autrui. ⇒ **avide, cupide.** *Un homme d'affaires rapace.* ▶ ***rapacité*** n. f. ■ Avidité brutale.

rapatrier [ʀapatʀije] v. tr. ▪ conjug. 7. ■ Assurer le retour de (une personne) sur le territoire du pays auquel elle appartient par sa nationalité. *Rapatrier des prisonniers de guerre. Elle a dû se faire rapatrier d'urgence.* — (Choses) *Rapatrier la Constitution canadienne.* ▶ ***rapatrié, ée*** adj. et n. ■ Qu'on a fait rentrer dans son pays. *Un malade rapatrié.* — N. (En parlant des prisonniers de guerre libérés, des coloniaux contraints de revenir en métropole, etc.) *L'aide aux rapatriés.* ▶ ***rapatriement*** n. m. ■ *Le rapatriement des prisonniers de guerre. Le rapatriement de la Constitution.*

râpe [ʀɑp] n. f. **1.** Lime à grosses entailles. *Une râpe de menuisier.* **2.** Ustensile de cuisine qui sert à râper un aliment, un condiment. *Une râpe à fromage.* ▶ ***râper*** v. tr. ▪ conjug. 1. **1.** Réduire en poudre grossière, en filaments (au moyen d'une râpe). *Râper des carottes.* — Au p. p. adj. *Gruyère râpé ;* n. m. *du râpé.* **2.** Travailler à la râpe (1). *Râper une planche.* — Irriter. *Vin qui râpe la gorge, le gosier.* ⇒ **racler.** ▶ ***râpé, ée*** adj. ■ (Tissus) Usé par le frottement, qui a perdu ses poils, son velouté. *Vêtement râpé.* ⇒ **élimé.** ⟨ ▶ râpeux ⟩

raper v. intr. ⇒ **rap**

rapetisser [ʀaptise] v. ▪ conjug. 1. **I.** V. tr. **1.** Faire paraître plus petit, par un effet d'optique. *La distance rapetisse les objets.* **2.** Diminuer le mérite de (qqn). *On a voulu rapetisser cette artiste célèbre.* **II.** V. intr. Devenir plus petit, plus court, dans l'espace ou dans le temps. *On rapetisse avec l'âge. Mon chandail a rapetissé au lavage.* ⇒ **rétrécir.** ▶ ***rapetissement*** n. m.

râpeux, euse [ʀɑpø, øz] adj. **1.** Hérissé d'aspérités, rude au toucher comme une râpe. ⇒ **rugueux.** *La langue râpeuse d'un chat. Tissu râpeux.* ⇒ **rêche.** **2.** Qui râpe la gorge. ⇒ **âpre.** *Un vin râpeux.*

raphia [ʀafjɑ] n. m. ■ Palmier d'Afrique et d'Amérique équatoriale, à très longues feuilles. — La fibre textile qu'on tire de ces feuilles. *Sac en raphia.* ⇒ **rabane.**

① ***rapide*** [ʀapid] adj. **I. 1.** Qui se déplace, se meut ou peut se mouvoir à une vitesse élevée. ⇒ **vite.** / contr. **lent** / *Il est rapide à la course. Rapide comme une flèche. Voiture rapide et nerveuse. Train rapide.* ⇒ ② **rapide.** *Le courant rapide d'une rivière.* — Baseball. *Une balle rapide,* qui est lancée en ligne droite vers le marbre (opposé à *courbe*). Ellipt. N. f. *Lancer une rapide.* **2.** (Sans idée de déplacement) Qui exécute vite. *Elle est rapide dans son travail.* ⇒ **expéditif, prompt.** — Qui comprend vite. *Esprit rapide.* ⇒ **vif.** **3.** (Allure, mouvement) Qui s'accomplit à une vitesse, une cadence accélérée. *Allure, pas rapide. — Pouls rapide,* dont les battements sont très rapprochés. *Respiration rapide.* **4.** (En parlant d'une action, de qqch. qui évolue) Qui atteint son terme en peu de temps, qui a un rythme vif. ⇒ **prompt.** *Un travail rapide mais soigné. Guérison rapide. Nous espérons une réponse rapide. Sa décision a été bien rapide.* — Qui conduit vite au but désiré. *Méthode rapide.* / contr. **lent** / **II.** Fortement incliné par rapport au plan horizontal. *Pente rapide.* ⇒ **abrupt, raide.** *Descente rapide.* ▶ ② ***rapide*** n. m. **1.** Partie d'un cours d'eau où le courant est rapide et agité de tourbillons. *Les rapides du Saint-Laurent. La descente d'un rapide en kayak.* **2.** Train qui ne s'arrête qu'aux gares importantes (opposé à *omnibus*). ≠ *express, T.G.V. Le rapide part à 12 h 23.* ▶ ***rapidement*** adv. ■ D'une manière rapide, à une grande vitesse, en un temps bref. ⇒ **vite, vitement.** / contr. **lentement** / *Je reviens rapidement.* ⇒ **bientôt, prochainement.** ▶ ***rapidité*** n. f. ■ Caractère de ce qui est rapide (personnes, choses, actes...). ⇒ **célérité.** *Agir avec rapidité.* ⇒ **promptitude.** / contr. **lenteur** / *La rapidité des mouvements de qqn. Il n'a aucune rapidité d'esprit. L'enfant a fait des progrès d'une rapidité déconcertante.* ▶ ***rapido*** adv. ■ Fam. Rapidement. ⇒ fam. **illico,** ① **presto, subito.** *Dès que les contractions ont commencé, ils ont foncé rapido à l'hôpital.* ⟨ ▶ ultrarapide ⟩

rapiécer [ʀapjese] v. tr. ▪ conjug. 3.et 6. ■ Réparer ou raccommoder en mettant une, des pièce(s). *Rapiécer du linge, des chaussures.* ⇒ **ravauder, repriser.** — Au p. p. adj. *Vêtement tout rapiécé. Pneu rapiécé.* ▶ ***rapiéçage*** n. m.

rapine [ʀapin] n. f. ■ Littér. Vol, pillage. *Vivre de rapines.*

raplomber [ʀaplɔ̃be] v. tr. ▪ conjug. 1. **1.** (Choses) Remettre d'aplomb, caler. ⇒ **aplomber.** *Raplomber la laveuse en la mettant au niveau.* **2.** (Personnes) SE RAPLOMBER v. pron. (réfl.) : retrouver son aplomb, son équilibre (au physique, au moral). *Ils se sont bien raplombés après leur faillite.*

① ***rappeler*** [ʀaple] v. tr. ▪ conjug. 4. **I. 1.** Appeler pour faire revenir. *Rappeler son chien en le sifflant. — On l'a rappelé auprès de sa mère malade.* — Au p. p. adj. *Ambassadeur rappelé d'urgence.* — Loc. *Dieu l'a rappelé à lui* (euphémisme), il est mort. **2.** RAPPELER *qqn* À : le faire revenir à. *Rappeler qqn à la vie, à lui,* le faire revenir d'un évanouissement. — *Rappeler qqn à la raison. Elle s'est fait rappeler à l'ordre.* **3.** (Choses) Faire revenir à l'usine à des fins de vérifications. *Le constructeur automobile a rappelé certains modèles afin de remplacer une pièce de la transmission.* **II. 1.** Faire revenir à l'esprit, à la conscience (le passé,...). *Je rappelle à moi tous mes souvenirs. Ne rappelons pas le passé.* **2.** Faire souvenir de. *Je te rappelle ta promesse de venir ; je te rappelle que tu m'as promis de venir. Rappelle-moi à son bon souvenir.* **3.** (Suj. chose) Faire venir à l'esprit par associations d'idées. ⇒ **évoquer.** *Ces lieux me rappellent mon enfance. Cela ne te rappelle rien ?* — Faire penser, ressembler à. *Un paysage qui rappelle la forêt abitibienne.* **4.** SE RAPPELER. v. pron. : rappeler (un souvenir) à sa mémoire, avoir présent à l'esprit. ⇒ se **souvenir,** se **remémorer.** — REM. On dit *se rappeler qqch.,* et *se souvenir de qqch. Je me le rappelle ; l'histoire, que je me rappelle bien ;* mais : *Une histoire dont on se rappelle la fin (se rappeler la fin de...). Je ne me rappelle plus rien,* j'ai oublié. *Rappelle-toi qu'on t'attend.* — SE RAPPELER À : faire souvenir de soi. *Je me rappelle à votre bon souvenir.* ▶ ① ***rappel*** n. m. **I. 1.** Action d'appeler (①, 3) pour faire revenir. *Le rappel d'un exilé. Le rappel des joueurs d'un club mineur.* — Loc. BATTRE LE RAPPEL : essayer de réunir les gens ou les choses nécessaires. *Il a battu le rappel de tous ses amis.* — Au plur. Applaudissements par lesquels on fait revenir sur scène un artiste, un comédien, etc., pour l'acclamer. ⇒ **bisser.** *Son numéro achevé, il eut de nombreux rappels. Elle a joué une valse, en rappel.* **2.** RAPPEL À : action de faire revenir ; action de rappeler (I, 2). *Rappel à l'ordre,* à ce qu'il convient de faire. ⇒ **réprimande.** *Rappel au calme, à la réalité.* **3.** Répétition qui renvoie à une même chose. *Un rappel de couleurs. — Injection, piqûre de rappel* (ou, ellipt. *rappel*), destinée à prolonger l'immunité conférée lors d'une première injection (vaccination). **4.** Paiement d'une portion d'appointements, etc., restée en suspens. *Toucher un rappel de traitement.* ⇒ **rétroactivité.** **5.** Alpinisme. Procédé de descente au moyen d'une corde que l'on ramène à soi en fin de parcours. *Faire du* rappel. Descendre en rappel. **II.** Action de rappeler (qqch.). ⇒ **évocation.** *Il rougit au rappel de cette aventure.* — Action de faire penser de nouveau à. *Signal de rappel de limitation de vitesse. Lettre de rappel.*

② ***rappeler*** v. tr. ▪ conjug. 4. ■ Appeler de nouveau au téléphone. *Je te rappellerai plus tard.* — Pronominalement (récipr.). *On se rappelle ce soir ?* ▶ ② ***rappel*** n. m. ■ *Rappel automatique,* système qui permet à un destinataire de retourner automatiquement un appel reçu pendant son absence.

rappliquer [raplike] v. intr. ▪ conjug. 1. ■ Fam. Venir, arriver. *Ils ont rappliqué à l'improviste.*

① ***rapporter*** [rapɔrte] v. tr. ▪ conjug. 1. **I. 1.** Apporter (une chose qui avait été déplacée) à l'endroit initial. ⇒ **remettre** à sa place. *Rapporter ce qu'on a pris.* ⇒ **rendre. 2.** Apporter (qqch.) d'un lieu en revenant. *Tu rapporteras du pain. Rapporte-moi la réponse dès que possible.* ≠ *ramener.* **3.** Ajouter (une chose) pour compléter qqch. *Rapporter une poche, un morceau de tissu...,* les coudre sur un autre. — Au p. p. adj. *Veste à poches rapportées.* **4.** *Rapporter un angle,* le tracer, après l'avoir mesuré sur un objet (⇒ ① **rapporteur**). **II.** (Suj. chose) Produire un gain, un bénéfice. *Rapporter un revenu. Argent qui ne rapporte rien.* — *Ce métier me rapporte.* **III.** Fam. V. pron. (réfl.) SE RAPPORTER : se présenter en un lieu, devant qqn pour répondre à une convocation. *Les joueurs se sont rapportés au camp d'entraînement.* — REM. Ce dernier sens est un calque de l'anglais. ≠ *se reporter.* ▶ ① ***rapport*** [rapɔr] n. m. ■ Le fait de rapporter (II) un profit. ⇒ **rendement.** *Il vit du rapport de ses terres. Ce placement est d'un bon rapport.* (France) Loc. *Immeuble, maison* DE RAPPORT : dont le propriétaire tire profit par la location. — Jeux. Gain produit en fonction de la mise. *« Connais-tu le rapport du pari mutuel de samedi ? — Oui, il est de 10 contre 1. »* ▶ ① ***rapporteur*** n. m. ■ Demi-cercle gradué qui sert à mesurer ou à tracer les angles.

② ***rapporter*** v. tr. ▪ conjug. 1. **1.** Venir dire, répéter (ce qu'on a appris, entendu). *On m'a rapporté que* (+ indicatif). — *Citer, rapporter un mot célèbre.* **2.** Répéter par indiscrétion ou malice une chose de nature à nuire à qqn. ⇒ **placoter.** — Fam. Sans compl. Dénoncer (⇒ ② **rapporteur**). ▶ ② ***rapport*** n. m. **1.** Action de rapporter (ce qu'on a vu, entendu) ; ce que l'on rapporte. ⇒ **récit, relation, témoignage.** *Des rapports indiscrets.* ⇒ **placotage.** — Compte rendu plus ou moins officiel. *Faire un rapport écrit, oral sur une question.* ⇒ **exposé.** *Rédiger un rapport. Rapport confidentiel, secret. Un rapport de police. Le rapport du médecin légiste.* — Fam. *Faire son rapport d'impôt,* sa déclaration de revenu. **2.** Armée. Communication d'instructions, distribution du courrier, etc. *Au rapport !* ▶ ***rapportage*** n. m. ■ (France) Fam. (Lang. des écoliers) Action de rapporter (2). ≠ *reportage.* ▶ ② ***rapporteur, euse*** adj. et n. **1.** (Personnes) Qui rapporte (2). ⇒ **délateur, placoteur ;** fam. **mouchard.** *Elle est rapporteuse et sournoise.* — N. *Oh, le rapporteur !* **2.** N. m. Personne qui rend compte d'un procès au tribunal, d'un projet de loi devant une assemblée, des débats dans une réunion (congrès, colloque...). *Désigner un rapporteur.*

③ ***rapporter*** v. tr. ▪ conjug. 1. **I.** RAPPORTER *qqch.* À : rattacher (une chose à une autre) par une relation logique. *On ne peut comprendre cet événement sans le rapporter à son époque.* ⇒ **situer. II.** SE RAPPORTER v. pron. **1.** Avoir rapport à, être en relation logique avec. ⇒ **concerner.** *La réponse ne se rapporte pas à la question.* — Grammaire. *L'attribut se rapporte au nom, au pronom.* **2.** S'EN RAPPORTER À *qqn* : lui faire confiance pour décider, juger, agir. ⇒ s'en **remettre** à. *Je m'en rapporte à vous, à votre jugement.* ⇒ se **fier** à. ▶ ③ ***rapport*** n. m. **I. 1.** Lien entre plusieurs objets distincts. ⇒ ① **relation.** *Rapports de parenté. Pouvons-nous établir un rapport entre ces deux faits ? Y a-t-il un rapport avec votre découverte ?* — AVOIR RAPPORT À : se rapporter à. *Ce texte a rapport à ce que vous cherchez,* il répond à. ⇒ **concerner. 2.** Relation de ressemblance ; traits, éléments communs. ⇒ **affinité, analogie, parenté.** *Il n'y a pas beaucoup de rapport entre leurs deux façons de voir. Être sans rapport avec autre chose,* être tout à fait différent. — EN RAPPORT AVEC : qui correspond, convient à. *Il cherche une place en rapport avec ses goûts,* en conformité, en harmonie avec. *Un salaire en rapport avec ses diplômes.* **3.** Relation de cause à effet. ⇒ **corrélation.** *Je ne vois pas le rapport. Ces deux choses n'ont aucun rapport.* — Fam. *Il n'y a pas rapport,* cela n'a rien à voir avec la situation présente. **4.** Quotient de deux grandeurs de même espèce. ⇒ **fraction.** *Nombres dans le rapport de un à dix, de cent contre un. Un bon rapport qualité-prix.* **5.** PAR RAPPORT À loc. prép. : en comparant. ⇒ **relativement** à. *Considérons ces deux œuvres l'une par rapport à l'autre. Par rapport à sa sœur, elle est petite.* **6.** Fam. RAPPORT À... : en ce qui concerne, à propos de... *Je t'écris, rapport à ma sœur.* **7.** SOUS LE RAPPORT DE : du point de vue de, en ce qui concerne. *Étudier un projet sous le rapport de sa rentabilité.* ⇒ **aspect.** *Sous tous (les) rapports,* à tous égards. *Une jeune fille très bien sous tous rapports.* **II.** Au plur. **1.** Relation entre des personnes. ⇒ **commerce** (II). *Les rapports sociaux. Entretenir de bons rapports.* — Absolt. Relations sexuelles. *Ils n'ont plus de rapports.* **2.** Relation avec des collectivités. *Les rapports entre les États, entre les peuples.*

④ ***rapporter*** v. tr. ▪ conjug. 1. ■ *Rapporter une décision, une mesure...,* annuler, supprimer. ⇒ **abroger.**

rapprendre [rapʀɑ̃dʀ] ou ***réapprendre*** [reapʀɑ̃dʀ] v. tr. ▪ conjug. 58. ■ Apprendre de nouveau. *Il faudra qu'il réapprenne sa leçon. La kinésithérapeute a dû lui réapprendre à marcher.*

rapprocher [rapʀɔʃe] v. tr. ▪ conjug. 1. **I. 1.** Mettre plus près de (qqn, qqch.), rendre plus proche*. / contr. **éloigner** / *Rapproche ton siège du mien.* — Diminuer l'espace entre. / contr. **écarter** / *Rapprocher les bords d'une plaie.* — Faire paraître plus proche. *Jumelles qui rapprochent les objets.* **2.** Faire approcher (d'un moment, d'un état à venir). *Chaque jour nous rapproche de la mort.* **3.** Disposer (des personnes) à des rapports amicaux. *Le besoin rapproche les humains.* **4.** Rattacher par des rapports de ressemblance ; comparer. *Ce sens est à rapprocher du précédent.* **II.** SE RAPPROCHER v. pron. **1.** Venir plus près. *Elle s'est rapprochée de lui. Se rapprocher les uns des autres.* **2.** Devenir plus proche. *L'orage se rapproche.* **3.** En venir à des relations meilleures. ⇒ se **réconcilier.** *Depuis quelque temps ils se sont rapprochés.* **4.** Tendre à être plus près de (un but, un principe). *Se rapprocher de son idéal.* **5.** SE RAPPROCHER DE : être près de, par la ressemblance. *C'est ce qui se rapproche le plus de la vérité. Cette définition se rapproche de celle que tu as rédigée.* ▶ ***rapproché, ée*** adj. **1.** Proche (de qqch.). *La ville la plus rapprochée.* — Au plur. Proches l'un de l'autre. *Avoir les yeux très rapprochés.* **2.** Qui se produit à peu d'intervalle. *Il y eut deux coups de feu rapprochés.* ▶ ***rapprochement*** n. m. **1.** Action de rapprocher, de se rapprocher. *Le rapprochement de deux objets.* **2.** Plus cour. Établissement ou rétablissement de relations plus cordiales. *Travailler au rapprochement de deux nations.* **3.** Action d'établir un rapport ; ce rapport. *Un rapprochement de mots.* ⇒ **association.** *Je n'avais pas fait le rapprochement entre ces deux événements.* ⇒ **relation.**

rapsodie n. f. ⇒ **rhapsodie.**

rapt [Rapt] n. m. ■ Enlèvement illégal (d'une personne). *Le rapt d'un enfant.* ⇒ **kidnappage.**

raqué, ée [Rake] adj. ■ Loc. fam. *Être raqué,* fatigué, courbaturé. ⇒ **courbatu, moulu ; éreinté, fourbu, recru.** *Au lever, j'étais pas mal raqué.*

raquette [Rakɛt] n. f. **1.** Instrument formé d'un cadre ovale ou arrondi garni d'un réseau de cordes et adapté à un manche, permettant de lancer une balle, un volant en frappant dessus. *Une raquette de tennis, de badminton, de raquetball, de squash.* — *Raquette de ping-pong,* formée d'une petite plaque de bois recouverte d'une matière caoutchoutée sur ses deux faces, à manche court. — Par métonymie. *Une bonne raquette,* un bon joueur (de tennis...). **2.** Large semelle formée d'un cadre de bois généralement ovale, garni d'un réseau de lanières de peau (la *babiche*) ou de cuir et couramment prolongé en forme de queue à l'arrière, qu'on adapte à des chaussures souples (les *mocassins*) pour marcher sur la neige sans enfoncer. *Une paire de raquettes. Participer à une course en raquettes.* — *Faire de la raquette,* marcher sur la neige avec des raquettes ; pratiquer le sport de la raquette. *Aller en raquettes.* **3.** Au plur. Par ext. Fam. Grands pieds, grandes chaussures. *À douze ans, ils chaussaient déjà des raquettes.* ▸ ***raquetteur*** ou ***raquetteux, euse*** n. ■ Personne qui se déplace en raquettes ; adepte de ce sport. *Les clubs de raquetteurs se font de plus en plus rares.*

rare [Ra(ɑ)R] adj. et adv. **I.** Adj. **1.** (Après le nom) Qui se rencontre peu souvent, dont il existe peu d'exemplaires. / contr. ① **commun, courant** / *Objet, timbre rare. Plantes, animaux rares.* — *Un sentiment rare,* peu commun. — (Dans une situation, des circonstances données) *La main-d'œuvre était rare à cette époque-là.* — Au plur. (Avant le nom) Peu nombreux, en petit nombre. *À de rares exceptions près.* — *Un(e) des rares* (+ nom + *que* + subjonctif). *Un des rares films que j'aie vu trois fois.* **2.** Qui se produit peu souvent. ⇒ **exceptionnel.** / contr. **fréquent** / *Une occasion rare. Vos visites se font rares.* — (Personnes) *Tu deviens rare, tu te fais rare,* on te voit peu, moins qu'avant. *De la visite rare,* des gens qu'on voit rarement. *La perle rare,* la personne idéale. — *Cela arrive, mais c'est rare.* ⇒ **inhabituel.** *Il est rare de pouvoir faire exactement ce qu'on veut. Il est rare que nous puissions nous absenter en semaine.* **3.** D'UN RARE, D'UNE RARE (suivi d'un nom) : qui sort de l'ordinaire. ⇒ **remarquable.** *Elle est d'une rare énergie. Un peintre d'un rare talent.* **4.** Peu abondant *Cheveux rares. Herbe rare.* ⇒ **clairsemé.** *Une lumière rare,* parcimonieuse. **II.** Adv. Fam. Très, beaucoup. *Avoir faim, froid rare. Être content rare.* — Loc. *Un peu rare,* énormément, en abondance. *L'hiver dernier, il a neigé un peu rare.* ▸ ***rarement*** adv. ■ Peu souvent. ▸ ***rareté*** n. f. **1.** Qualité de ce qui est rare, peu commun. *Un métal d'une grande rareté.* **2.** Caractère de ce qui arrive peu souvent. *La rareté de ses visites.* ▸ ***rarissime*** adj. ■ Extrêmement rare. *Une pièce rarissime.* ▸ ***raréfier*** v. tr. . conjug. 7. **1.** Rendre rare, moins dense. — Au p. p. adj. *Gaz raréfié,* gaz sous une très faible pression. **2.** SE RARÉFIER v. pron. : devenir rare. *En altitude l'oxygène se raréfie. Ces denrées se raréfient sur le marché.* ▸ ***raréfaction*** n. f. ■ Fait de devenir rare. *La raréfaction des denrées en temps de guerre.*

ras, rase [Rɑ, Rɑz] adj. **1.** Tondu. *Tête rase.* — *Cheveux ras,* coupés près de la racine. / contr. **long** / — *Animal à poil ras,* dont le poil est naturellement très court. — (Végétation) Qui s'élève peu au-dessus du sol. *Herbe rase.* — Qui ne dépasse pas les bords. *Une cuillerée rase de sucre.* **2.** Loc. EN RASE CAMPAGNE : en terrain découvert (plat, uni). **3.** RAS, À RAS loc. adv. : de très près, très court. *Cheveux coupés ras, à ras. Pelouse tondue ras* (mais : *pelouse rase*). — À RAS BORD(S) ou, fam., À RAS LE BORD : jusqu'au niveau des bords. *Verre rempli à ras bord.* **4.** À RAS, AU RAS DE loc. prép. : au plus près de la surface de, au même niveau. *Au ras de l'eau, du sol. À ras de terre.* **5.** *Chandail ras du cou,* dont l'encolure s'arrête juste à la naissance du cou. **6.** Loc. fam. *En avoir* RAS LE BOL : en avoir assez, être excédé (→ plein le dos, plein son capot, plein le (son) casque, par-dessus la tête). ⇒ fam. **voyage.** — N. m. invar. *Le, un ras-le-bol.* ▸ ***rasade*** [Razad] n. f. ■ Quantité de boisson servie à ras bords. *Rasade de vin. Boire une grande rasade.* ‹ ▸ ④ raser ›

rasage n. m. ⇒ ① **raser.**

rasant adj. ⇒ ② **raser,** ④ **raser.**

rascasse [Raskas] n. f. ■ (France) Poisson comestible, à la tête hérissée d'épines qu'on pêche en Méditerranée. ⇒ **sébaste.**

rase-mottes n. m. invar. ⇒ ④ **raser.**

① ***raser*** [Rɑze] v. tr. . conjug. 1. **1.** Couper (le poil) au ras de la peau. ⇒ **tondre.** *Raser la barbe, les cheveux de qqn.* — Couper le poil de. *Raser le menton de qqn. Elle s'est rasé les jambes, les aisselles. Crème à raser,* passée sur la peau avant le rasoir. **2.** Couper à ras les cheveux de (qqn). *Coiffeur qui rase un client.* ⇒ **rasage.** — SE RASER v. pron. : se faire la barbe. — Au p. p. adj. *Tu es mal rasé.* ▸ ***rasage*** n. m. ■ Action de raser, de se raser. *Le rasage matinal.* ▸ ① ***rasoir.*** n. m. ■ Instrument servant à raser, à se raser. *Rasoir jetable. Rasoir électrique. Lame de rasoir. Rasoir pour femme,* pour raser les jambes, les aisselles. ‹ ▸ abrasif, après-rasage, ras, ③ raser, ④ raser ›

② ***raser*** v. tr. . conjug. 1. ■ Fam. Ennuyer, fatiguer. ⇒ **agacer ;** fam. **achaler.** *Il nous rase avec ses histoires interminables.* ⇒ **assommer, embêter ;** fam. **barber.** *Ça me rase d'aller les voir.* — (France) Pronominalement *Se raser,* s'ennuyer. ▸ ① ***rasant, ante*** adj. ■ Fam. Ennuyeux. ⇒ fam. **barbant,** ② **rasoir.** *Un discours, un auteur rasant.* ▸ ***raseur, euse*** n. et adj. ■ Fam. Personne qui ennuie. ▸ ② ***rasoir*** adj. invar. ■ (Surtout en France) Fam. Ennuyeux, assommant. *Un spectacle plutôt rasoir. C'est pas mal rasoir ici.*

③ ***raser*** v. tr. . conjug. 1. ■ Abattre à ras de terre. *Raser une fortification.* ⇒ **démolir, détruire.** *Tout le quartier a été rasé par un bombardement.*

④ ***raser*** v. tr. . conjug. 1. **1.** Passer très près de (qqch.). ⇒ **effleurer, frôler.** *Raser les murs pour n'être pas vu. L'avion rase le sol* (⇒ **rase-mottes**). **2.** Fam. Faillir, venir près de se produire. *Elle a rasé faire un accident.* — Intransitivement. RASER DE. *On a rasé près (proche) de se rencontrer. Raser de se faire prendre.* ▸ ② ***rasant, ante*** adj. ■ Qui rase, passe tout près. *Lumière rasante. Balles rasantes,* à trajectoire horizontale. ▸ ***rase-mottes*** n. m. invar. ■ *Vol en rase-mottes,* très près du sol. *Faire du rase-mottes.*

rassasier [Rasazje] v. tr. . conjug. 7. **1.** Satisfaire entièrement la faim de (qqn). ⇒ **assouvir.** *On ne peut pas les rassasier* (⇒ **insatiable**). — *Un plat qui rassasie.* — Pronominalement. *Je me rassasie vite.* **2.** Littér. Satisfaire pleinement les aspirations (de l'âme, du cœur). *Rassasier sa vue d'un beau spectacle.* — *Je n'en suis pas rassasié,* ou pronominalement, *je ne m'en rassasie pas,* j'en tire toujours autant de plaisir, sans me lasser. ▸ ***rassasiement*** n. m. ■ Littér. Satisfaction qui va jusqu'à la satiété.

rassembler [Rasɑ̃ble] v. tr. ▪ conjug. 1. **1.** Faire venir au même endroit (des personnes séparées). / contr. **disperser, éparpiller** / *Le général rassemble ses troupes avant l'attaque.* — Au p. p. adj. *Famille rassemblée pour le repas.* ⇒ **réunir.** — Recruter pour une action commune. *Rassembler tous les mécontents.* ⇒ **grouper, unir.** — Pronominalement. ⇒ s'**assembler.** *La foule se rassemble le long des trottoirs pour assister au défilé.* **2.** Mettre ensemble (des choses concrètes). ⇒ **réunir.** / contr. **disséminer, éparpiller.** / *Rassembler des papiers épars, des matériaux.* **3.** Réunir (ses facultés, etc.). *Rassembler ses idées. Rassembler ses esprits,* reprendre son sang-froid. — *Rassembler son courage,* faire appel à son courage. ▸ ***rassemblement*** n. m. **1.** Action de rassembler (des choses dispersées). *Le rassemblement des pièces nécessaires.* **2.** Le fait de se rassembler ; le groupe ainsi formé. ⇒ **regroupement.** *Disperser un rassemblement.* **3.** Action de rassembler des troupes ; sonnerie pour les rassembler. *Faites sonner le rassemblement. Rassemblement !* **4.** Union pour une action commune. *Le rassemblement de la gauche française. Le Rassemblement pour l'indépendance nationale* (abrév. *R.I.N.*), ancien parti politique québécois. — Parti politique qui groupe divers éléments.

se ***rasseoir*** [RaswaR] v. pron. ▪ conjug. 26. **1.** S'asseoir de nouveau. *Elle s'est levée et s'est rassise aussitôt.* — (Avec ellipse de *se*) *Faire rasseoir qqn.* — Transitivement. *Rasseoir un enfant sur sa chaise haute.* — Loc. fig. *Rasseoir qqn,* lui parler brusquement de manière à rétablir les faits. **2.** Adopter une conduite plus sage. *Après quelques années aventureuses, il a décidé de se rasseoir.*

rasséréner [RaseRene] v. tr. ▪ conjug. 6. ■ Littér. Ramener au calme, à la sérénité (surtout p. p. et pronominalement). — Au p. p. adj. *Je me sens rasséréné par vos bonnes paroles.* — Pronominalement. Devenir calme. *Son visage s'est rasséréné.*

rassir [RasiR] v. intr. et pron. ▪ conjug. 2. ■ Devenir rassis. *Ce pain commence à rassir, à se rassir.* ⇒ se **dessécher.** ▸ ① ***rassis, ise*** [Rasi, iz] adj. ■ Qui n'est plus frais sans être encore dur. *Du pain rassis. Une brioche rassise,* ou (plus cour., fam.) *rassie.*

② ***rassis, ise*** adj. ■ Pondéré, réfléchi. ⇒ **calme, posé.** *Un homme de sens rassis,* qui a un jugement équilibré. *Un esprit rassis.*

rassurer [RasyRe] v. tr. ▪ conjug. 1. ■ Rendre la confiance, la tranquillité d'esprit à (qqn). ⇒ **tranquilliser.** / contr. **affoler, inquiéter** / *Le médecin l'a rassuré. Cela me rassure.* — Au p. p. adj. *Je n'étais pas rassurée,* j'avais peur. — SE RASSURER v. pron. : se libérer de ses craintes. *Rassure-toi, je ne te reproche rien.* ▸ ***rassurant, ante*** adj. ■ De nature à rassurer. *Recevoir des nouvelles rassurantes. Un individu peu rassurant,* menaçant.

① ***rat*** [Ra] n. m. **1.** Petit mammifère rongeur, à museau pointu et à très longue queue ; le mâle adulte de cette espèce. *Rat d'égout,* d'espèce commune. *Elle a été mordue par un rat. Rat femelle* (RATE n. f.). *Jeune rat.* ⇒ **raton.** — Loc. *Être fait comme un rat,* être pris au piège. Fam. *Geler* comme un (des) rat(s).* — Terme d'affection. *Mon rat, mon petit rat.* — *Face de rat, espèce de rat, maudit rat* (termes d'injure). **2.** Nom donné couramment à certains animaux ressemblant au rat. *Rat musqué* ⇒ **ondatra**, *rat d'Amérique* ⇒ **ragondin.** **3.** RAT D'HÔTEL : personne (souvent, jeune femme) qui s'introduit dans les chambres des grands hôtels pour dévaliser les clients. ⇒ **souris** d'hôtel. — RAT DE BIBLIOTHÈQUE : personne qui passe tout son temps à consulter des livres, à fouiller dans les bibliothèques. **4.** PETIT RAT *(de l'Opéra)* : jeune danseur(euse) de la classe de danse, employé(e) dans la figuration. ⟨ ▸ dératiser, mort-aux-rats, ratière, rat musqué, raton ⟩

② ***rat*** adj. m. ■ Radin. ⇒ **avare ;** fam. ② **séraphin.** *Il, elle est plutôt rat.*

ratage [Rataʒ] n. m. ■ Échec. ⇒ **insuccès.** *La tentative fut un ratage total.* ⇒ **fiasco.**

rataplan [Rataplɑ̃] interj. ■ Onomatopée exprimant le roulement du tambour (aussi *rantanplan*).

se ***ratatiner*** [Ratatine] v. pron. ▪ conjug. 1. ■ Se réduire, se tasser en se déformant. ⇒ fam. se **raboudiner.** *Une petite vieille qui se ratatine de plus en plus.* ▸ ***ratatiné, ée*** adj. **1.** Rapetissé et déformé. *Une pomme toute ratatinée.* **2.** Fam. Démoli, hors d'usage. *Nous sommes sains et saufs, mais la voiture est complètement ratatinée.*

ratatouille [Ratatuj] n. f. **1.** Vx et fam. Ragoût grossier. *Manger de la ratatouille.* **2.** *Ratatouille niçoise,* plat fait de légumes (aubergines, courgettes, tomates...) cuits à l'étouffée.

rate [Rat] n. f. ■ Glande située en arrière de l'estomac, sous la partie gauche du diaphragme. — Loc. fam. : SE DILATER LA RATE, rire. *Je me suis dilaté la rate,* j'ai bien ri. ⟨ ▸ dératé ⟩

râteau [Rɑto] n. m. ■ Outil de jardinage fait d'une traverse munie de dents séparées, ajustée en son milieu à un long manche. *Ratisser* une allée avec un râteau. Passer le râteau.* ⇒ **râcler, râteler.** ▸ ***râteler*** v. tr. ▪ conjug. 4. ■ Ratisser, ramasser à l'aide d'un râteau. *Râteler un parterre.* — Au p. p. adj. *Foin râtelé.* ▸ ① ***râtelier*** [Rɑtəlje] n. m. **1.** Sorte d'échelle, placée horizontalement contre un mur et inclinée, qui sert à recevoir le fourrage du bétail. *Mettre de la paille, du foin dans le râtelier.* **2.** Loc. *Manger à plusieurs, à tous les râteliers,* tirer profit de plusieurs situations, sans hésiter à servir des camps opposés. ▸ ② ***râtelier*** n. m. ■ Fam. Dentier. ⟨ ▸ ratisser ⟩

rater [Rate] v. ▪ conjug. 1. **I.** V. intr. **1.** (Coup de feu, arme) Ne pas partir. *Un coup de fusil qui rate.* **2.** Échouer. *L'affaire a raté.* — Fam. *Ça n'a pas raté !,* c'était inévitable, prévisible. **II.** V. tr. **1.** Ne pas atteindre (ce qu'on vise, ce qu'on cherche à obtenir). ⇒ **manquer.** *Chasseur qui rate un lièvre. J'ai raté la balle.* — *Rater son avion, son train.* ⇒ fam. **louper.** — *Rater qqn,* ne pas le rencontrer. — Pronominalement. *Nous nous sommes ratés à la gare.* — Fam. *Je ne vais pas le rater !,* je vais lui donner la leçon qu'il mérite ! — *Rater une occasion.* Fam. et iron. *Il n'en rate pas une,* il n'arrête pas de faire des gaffes. **2.** Ne pas réussir, ne pas mener à bien. *Rater son affaire, son coup, son effet. Rater une sauce.* — *Rater sa vie* (⇒ **raté**, II). — Au p. p. adj. *Une photo ratée. C'est complètement raté.* ▸ ***raté, ée*** n. **I.** N. m. Bruit anormal révélant le mauvais fonctionnement d'un moteur à explosion. *Le moteur a des ratés.* **II.** N. Personne qui a raté sa vie, sa carrière. *Ce n'est qu'un raté. Une ratée.* ⟨ ▸ ratage ⟩

ratiboiser [Ratibwaze] v. tr. ▪ conjug. 1. (France) **1.** Fam. Rafler au jeu ; prendre, voler. *Ils m'ont ratiboisé mon argent.* **2.** Fam. Ruiner (qqn). — Au p. p. adj. *Il est complètement ratiboisé,* il a perdu tout son argent.

ratière [RatjɛR] n. f. ■ Piège à rats. ⇒ **souricière.**

ratifier [Ratifje] v. tr. ▪ conjug. 7. **1.** Approuver, confirmer dans les formes requises par la loi. ⇒ **entériner.** — Au p. p. adj. *Contrat ratifié en bonne et due forme.* **2.** Littér. Confirmer formellement, reconnaître comme vrai. *Je ratifie tout ce qui vous a* été promis de ma part. ▶ ***ratification*** n. f. ■ Action de ratifier. *La ratification d'un traité, d'un contrat, d'une alliance.* — Son résultat.

ratine [Ratin] n. f. ■ Tissu de laine épais, dont le poil est tiré en dehors et frisé. *Un manteau de ratine.* — *Ratine de velours. Ratine de coton.* — Tissu éponge dont on fait les débarbouillettes, les serviettes, etc.

ratiociner [Rasjɔsine] v. intr. ▪ conjug. 1. — REM. La prononciation avec *t*[Ratjɔsine] est fautive. ■ Littér. Se perdre en raisonnements trop subtils et interminables. ⇒ **ergoter.** ▶ ***ratiocination*** [Rasjɔsinasjɔ̃] n. f.

ration [Rasjɔ̃] n. f. **1.** Quantité (d'aliments) qui revient à une personne, à un animal pendant une journée. *Une maigre ration. Rations imposées en temps de guerre* (⇒ **rationner**). *Les rations des soldats.* **2.** *Ration alimentaire,* quantité et nature des aliments nécessaires à l'organisme pour une durée de vingt-quatre heures. **3.** RATION DE : quantité exigée, normale. *J'ai reçu ma ration (d'épreuves, d'ennuis).* ⇒ **dose, lot.** ⟨ ▶ rationner ⟩

rationnel, elle [Rasjɔnɛl] adj. **I. 1.** Qui appartient à la raison, relève de la raison. *L'activité rationnelle,* le raisonnement (1). *La pensée rationnelle.* — Qui provient de la raison et non de l'expérience. *Philosophie rationnelle.* **2.** Conforme au bon sens, organisé avec méthode. ⇒ **logique, raisonnable, sensé.** / contr. **irrationnel** / *Méthode rationnelle. Procédons d'une manière rationnelle.* **II.** Mathématique. *Nombre rationnel,* qui peut être mis sous la forme d'un rapport entre deux nombres entiers. / contr. **irrationnel** / ▶ ***rationaliser*** [Rasjɔnalize] v. tr. ▪ conjug. 1. **1.** Organiser rationnellement, scientifiquement. *Rationaliser le travail, la production.* **2.** Justifier (un comportement, un désir) par des motifs rationnels. — Sans compl. *Tu rationalises trop.* ▶ ***rationalisation*** n. f. ■ *La rationalisation de la production.* ▶ ***rationalisme*** [Rasjɔnalism] n. m. **1.** Doctrine philosophique selon laquelle la raison est la source de toute connaissance certaine (opposé à *empirisme*). / contr. **spiritualisme** / **2.** Croyance et confiance dans la raison (opposé à *mysticisme, révélation religieuse*). *Le rationalisme des philosophes du* XVIIIe *siècle.* ▶ ***rationaliste*** adj. et n. ▶ ***rationalité*** n. f. ■ Caractère de ce qui est rationnel, en philosophie. ▶ ***rationnellement*** adv. ■ *Agir rationnellement,* raisonnablement. *Organiser rationnellement la production.* ⟨ ▶ irrationnel, ratiociner ⟩

rationner [Rasjɔne] v. tr. ▪ conjug. 1. **1.** Distribuer des rations limitées de (qqch.). *Rationner les vivres, l'eau potable, l'essence.* — Au p. p. adj. *Eau rationnée.* **2.** Mesurer à (qqn) la nourriture. *Rationner des pensionnaires.* — Pronominalement. *Se rationner,* s'imposer des restrictions (alimentaires ou autres). ▶ ***rationnement*** n. m. ■ Action de rationner ; son résultat. *Cartes, coupons de rationnement.*

ratisser [Ratise] v. tr. ▪ conjug. 1. **1.** Nettoyer à l'aide d'un râteau, passer le râteau sur. ⇒ **râcler, râteler.** *Ratisser une allée.* — Recueillir en promenant le râteau. *Ratisser les feuilles mortes.* **2.** Fam. *Se faire ratisser au jeu.* ⇒ **ruiner ;** fam. **ratiboiser. 3.** (Armée, police) Fouiller méthodiquement. *La police a ratissé tout le quartier.* ▶ ***ratissage*** n. m. ■ Action de ratisser (1, 3).

rat musqué [Rɑmyske] n. m. ■ Cour. Ondatra. ⇒ **loutre.** *Les rats musqués et les castors.* — Sa fourrure. *Une coiffure en rat musqué.*

raton [Ratɔ̃] n. m. **1.** Jeune rat. **2.** RATON LAVEUR : mammifère carnivore aux yeux cerclés de noir bordé de blanc, à la queue annelée, qui a la réputation de laver ses aliments (poissons, mollusques) avant de les absorber. ⇒ **chat** sauvage. *Les ratons laveurs semblent porter un masque.* — Sa fourrure.

ratoureur [RatuRœR] ou ***ratoureux, euse*** [RatuRø, øz] n. et adj. Fam. **1.** (Adultes) Personne particulièrement rusée en affaires. *Un vieux ratoureur.* — Adj. *Elle a été ratoureuse avec eux.* **2.** Enfant espiègle et malicieux qui aime jouer des tours. ⇒ fam. **snoreau, vlimeux.** *Mon petit ratoureux, je te pogne hein !*

rattacher [Rataʃe] v. tr. ▪ conjug. 1. **1.** Attacher de nouveau (un être, une chose). / contr. **détacher** / *Rattacher un chien après l'avoir laissé courir.* — *Rattacher ses lacets, ses cheveux.* **2.** Attacher, lier entre eux (des objets). — Au p. p. adj. *Os rattachés par des ligaments.* — *Rattacher un territoire à un État.* ⇒ **incorporer.** — (Choses) Constituer une attache. *Le dernier lien qui le rattachait à la vie.* **3.** Abstrait. Attacher, relier. *Rattacher une œuvre à une certaine tendance. On la rattache à l'école italienne.* — Pronominalement. *Ce mouvement se rattache au romantisme.* ▶ ***rattachement*** n. m. ■ *Le rattachement du Labrador à Terre-Neuve.*

rattraper [RatRape] v. tr. ▪ conjug. 1. **I. 1.** Attraper de nouveau (qqn ou qqch. qu'on avait laissé échapper). ⇒ **reprendre.** *Rattraper un prisonnier évadé. Rattraper une maille.* **2.** Regagner, récupérer. *On ne peut rattraper le temps perdu. Rattraper un retard.* **3.** *Rattraper une imprudence* (qui a échappé), une erreur. ⇒ **réparer. 4.** Rejoindre (qqn ou qqch. qui a de l'avance). ⇒ **atteindre.** *Pars devant, je te rattraperai.* — (Langue scolaire) *Elle a rattrapé les meilleurs élèves,* elle a rejoint leur niveau. **II.** SE RATTRAPER v. pron. **1.** SE RATTRAPER À *qqch* : se raccrocher à. ⇒ se **cramponner,** se **pogner,** se **retenir.** *Elle s'est rattrapée à la branche.* **2.** Agir pour combler un retard, regagner ce qu'on avait manqué. *J'ai peu dormi hier, mais je compte bien me rattraper.* **3.** Réparer ou éviter in extremis (une bévue, une gaffe). *Se rattraper à temps.* ▶ ***rattrapage*** n. m. ■ *Cours de rattrapage,* destinés à des élèves en difficulté, qui rencontrent des problèmes dans leurs études.

rature [RatyR] n. f. ■ Trait que l'on tire sur un ou plusieurs mots pour les annuler. ⇒ **barbot, fion.** *Devoir couvert de ratures. Faire une rature. Ratures et corrections.* ▶ ***raturer*** v. tr. ▪ conjug. 1. ■ Annuler par des ratures. ⇒ **barrer, biffer, rayer.** *Raturer un mot.* — Corriger par des ratures. *Raturer un manuscrit.*

rauque [Rok] adj. ■ (Voix) Qui est rude et âpre, qui produit des sons voilés. ⇒ **enroué, éraillé, rocailleux.** *Un cri rauque.*

ravage [Ravaʒ] n. m. — REM. Surtout au plur. **1.** Dégâts importants causés par des humains avec violence et soudaineté. ⇒ **dévastation.** *Les ravages de la guerre.* ⇒ **ruine. 2.** Destructions causées par les forces de la nature. *Les ravages d'un incendie.* — (Sing. collectif) *La grêle a fait du ravage.* — Littér. *Les ravages du temps,* dus à l'action de la vieillesse. **3.** Partie d'une forêt où se réfugient des bandes d'animaux sauvages (chevreuils, orignaux) pendant l'hiver. *Les chevreuils s'abritent des intempéries dans un ravage. Il est interdit de chasser dans les ravages.* — Piste battue qu'empruntent ces animaux dans leurs déplacements. *Traces d'orignaux aperçues dans un ravage.* **4.** Détérioration subie par le corps (désordres physiques, altération de la santé). *Les ravages de l'alcool, de la drogue. Le sida fait des ravages.* — Fig. Fam. *Faire des ravages,* se faire aimer et faire souffrir(→ être le bourreau des cœurs). ▶ ***ravager*** v. tr. ▪ conjug. 3. **1.** Faire des ravages dans. ⇒ **dévaster, saccager.** *Animaux qui ravagent les cultures.* — (Suj. chose) *La guerre a ravagé la contrée. Le feu ravage les forêts.* ⇒ **détruire. 2.** Apporter à (qqn) de graves perturbations physiques ou morales. *Toutes ces épreuves l'ont ravagé.* ▶ ***ra-***

vagé, ée adj. ■ *Visage ravagé,* profondément marqué par les épreuves, les excès. ▸ ***ravageur, euse*** adj. **1.** Qui détruit, ravage. *Les insectes ravageurs du blé.* **2.** Qui ravage (2). *Passion ravageuse,* dévastatrice.

① ***ravaler*** [ʀavale] v. tr. ▪ conjug. 1. ■ Nettoyer, refaire le parement de (un immeuble, un ouvrage de maçonnerie). *Ravaler un mur.* ▸ ***ravalement*** n. m. ■ *Le ravalement des façades.*

② ***ravaler*** v. tr. et intr.▪ conjug. 1. **1.** V. tr. Littér. Abaisser, déprécier. *Ravaler la dignité humaine.* — Au p. p. adj. *Être, se sentir ravalé au rang de la bête.* — SE RAVALER v. pron. : s'abaisser, s'avilir moralement. **2.** V. intr. (Collants, bas, etc.) S'affaisser, tomber sur les chevilles. *Des bas aux genoux qui ravalent tout le temps.*

③ ***ravaler*** v. tr. ▪ conjug. 1. **1.** Avaler de nouveau, avaler (ce qu'on a dans la bouche). *Ravaler sa salive.* — Loc. *Faire ravaler à qqn ses paroles,* l'obliger à se repentir de ses paroles, à les rétracter. **2.** S'empêcher d'exprimer. *Ravaler sa colère, son dégoût.*

ravauder [ʀavode] v. tr. ▪ conjug. 1. **1.** Vx. Raccommoder à l'aiguille. ⇒ **rapiécer, repriser.** *Ravauder des vieilles chaussettes.* **2.** Faire du bruit, du tapage. *Les écoliers ravaudaient dans la classe.* ▸ ***ravaudage*** n. m.

rave [ʀav] n. f. ■ (Nom commun à plusieurs espèces) Plante potagère cultivée pour sa racine comestible. — En appos. *Céleri rave.* — Fam. Radis. ‹ ▸ betterave, chou-rave ›

ravi, ie [ʀavi] adj. ■ Très content. ⇒ **enchanté.** / contr. **navré** / *Je suis ravie de mon séjour, ravie d'avoir fait ce séjour. Nous sommes ravis que vous puissiez venir. Vous m'en voyez ravi. — Un air ravi.* ⇒ **radieux.**

ravier [ʀavje] n. m. ■ Petit plat creux et oblong, dans lequel on sert les hors-d'œuvre.

ravigoter [ʀavigɔte] v. tr. ▪ conjug. 1. ■ Fam. Rendre plus vigoureux, redonner de la force à (qqn). ⇒ **revigorer.** *Un air frais qui vous ravigote.* — Au p. p. adj. *Se sentir tout ravigoté.* ▸ ***ravigotant, ante*** adj. ■ Fam. Qui ravigote.

ravin [ʀavɛ̃] n. m. ■ Petite vallée étroite très profonde, à versants raides, creusée par les eaux de ruissellement. *Tomber au fond d'un ravin, dans un ravin.* ▸ ***ravine*** n. f. ■ Petit ravin. ‹ ▸ raviner ›

raviner [ʀavine] v. tr. ▪ conjug. 1. **1.** (Eaux) Creuser (le sol) de sillons. *Pluies, ruisseaux qui ravinent la pente d'une colline.* **2.** Au p. p. adj. *Visage raviné,* marqué de rides profondes. ⇒ **parcheminé.** ▸ ***ravinement*** n. m. ■ Action de raviner ; son résultat.

ravioli [ʀavjɔli] n. m. ■ Petit carré de pâte farci de viande hachée ou de légumes. *Des raviolis à la sauce tomate.* — Au sing. collectif. *Préparer un (du) ravioli,* ce mets.

① ***ravir*** [ʀaviʀ] v. tr. ▪ conjug. 2. ■ Plaire beaucoup à. *Ce spectacle m'a ravi.* ⇒ **enchanter, enthousiasmer ;** fam. **emballer.** — À RAVIR loc. adv. : admirablement, à merveille. *Sa coiffure lui va à ravir.* ▸ ***ravissant, ante*** adj. ■ Qui plaît beaucoup, touche par la beauté, le charme. *Une robe, une aquarelle ravissante.* — (Enfants, femmes) Très joli. *Ce bébé est ravissant.* ▸ ***ravissement*** n. m. ■ Émotion éprouvée par une personne transportée de joie. ⇒ **enchantement, extase.** *On l'écoutait chanter avec ravissement.* ‹ ▸ ravi ›

② ***ravir*** v. tr. ▪ conjug. 2. ■ Littér. Prendre, enlever de force. *La mort l'a ravi à l'affection des siens.* — REM. *Ravir* ne s'emploie pas au sens de « kidnapper ». ▸ ***ravisseur, euse*** n. ■ Personne qui a commis un rapt. ⇒ **kidnappeur.** *Elle a échappé à ses ravisseurs.*

se ***raviser*** [ʀavize] v. pron. ▪ conjug. 1. ■ Changer d'avis, revenir sur sa décision. *Elle s'est ravisée au dernier moment.*

ravitailler [ʀavitɑje] v. tr. ▪ conjug. 1. **1.** Fournir (un groupe, une communauté) en vivres, en denrées diverses. *Ravitailler une ville en viande. Ravitailler une place forte en munitions. — Ravitailler un avion en vol,* lui fournir du carburant en vol. **2.** SE RAVITAILLER v. pron. *Avoir du mal à se ravitailler.* ⇒ s'**approvisionner.** ▸ ***ravitaillement*** n. m. **1.** Action de ravitailler (une armée, etc.). *Faire le ravitaillement des travailleurs forestiers.* **2.** Approvisionnement (d'une personne, d'une communauté) en vivres, denrées. *Le ravitaillement des grandes villes.* — Fam. *Aller au ravitaillement,* aller faire ses provisions, son marché. ▸ ***ravitailleur, euse*** n. **1.** N. m. Véhicule, bâtiment, navire, avion employés au ravitaillement. **2.** Personne, spécialt soldat préposé(e) au ravitaillement.

raviver [ʀavive] v. tr. ▪ conjug. 1. **1.** Rendre plus vif. *Raviver le feu, la flamme.* ⇒ **ranimer.** *Raviver des couleurs.* ⇒ **aviver.** **2.** Littér. Ranimer, faire revivre. *Raviver une douleur, un espoir, un souvenir.* ⇒ **réveiller.**

ravoir [ʀavwaʀ] v. tr. — REM. Ne s'emploie qu'à l'infinitif. ■ Avoir de nouveau (qqch.). ⇒ **recouvrer, récupérer.** *Il voudrait bien ravoir son jouet.*

rayer [ʀɛje] v. tr. ▪ conjug. 8. **1.** Marquer de raies* (en entamant la surface, etc.). *Le diamant raye le verre.* **2.** Tracer un trait sur (un mot, un groupe de mots, etc.) pour l'annuler. ⇒ **barrer, raturer.** — Ôter le nom de (qqn) sur une liste ou un registre. ⇒ **radier.** *Rayer qqn d'une liste électorale.* ⇒ **exclure.** ▸ ***rayé, ée*** adj. **1.** Qui porte des raies, des rayures (opposé à *uni*). ⇒ **barré.** *Pantalon rayé. Papier rayé.* **2.** Qui porte des éraflures. *La carrosserie est rayée. Disque rayé.* ‹ ▸ rayure ›

① ***rayon*** [ʀɛjɔ̃] n. m. **1.** Trace de lumière en ligne ou en bande. ⇒ **rai.** *Un rayon de soleil, de lune. Les rayons du soleil,* la clarté, la lumière. *Émettre, répandre des rayons.* **2.** Ligne, trajectoire, suivant laquelle une radiation lumineuse se propage. *Rayons convergents. Rayons divergents.* ⇒ **faisceau.** *Rayons réfractés, réfléchis.* **3.** Au plur. RAYONS : radiations. ⇒ **radi(o)-.** *Rayons infrarouges, ultraviolets. Rayons X* [ʀɛjɔ̃iks], rayonnement électromagnétique de faible longueur d'onde ⇒ **radiographie, radioscopie. 4.** Abstrait. Ce qui éclaire, répand la connaissance, le bonheur, etc. *Un rayon d'espérance, de joie.* ⇒ **lueur.** — Loc. *Un rayon de soleil,* chose ou personne qui remplit le cœur de joie. ▸ ① ***rayonner*** [ʀɛjɔne] v. intr. ▪ conjug. 1. **1.** Émettre des rayons lumineux, des radiations. ⇒ **irradier. 2.** Se propager par rayonnement. *La chaleur rayonne.* **3.** Émettre comme une lumière, un rayonnement. ⇒ **rayonnant** (2). *Elle rayonnait de joie, de bonheur.* ▸ ***rayonnant, ante*** adj. **1.** Qui se propage par rayonnement. *Chaleur rayonnante.* **2.** Qui rayonne (3). *Une beauté rayonnante.* ⇒ **éclatant, radieux.** — RAYONNANT DE : qui exprime vivement (qqch. d'heureux ou de bienfaisant). *Visage rayonnant de joie. Un enfant rayonnant de santé. — Il était rayonnant,* il avait un air de parfait bonheur. ▸ ***rayonnement*** [ʀɛjɔnmɑ̃] n. m. **1.** Action de rayonner ⇒ **radiation.** *Le rayonnement solaire.* **2.** Influence heureuse, éclat excitant l'admiration. *Le rayonnement qui émane de sa personne. Le rayonnement d'une œuvre, d'une culture.* ⇒ **diffusion.** ‹ ▸ ② rayon ›

② ***rayon*** n. m. **1.** Chacune des pièces divergentes qui relient le moyeu (d'une roue) à la jante. *Les rayons métalliques d'une roue de bicyclette.* — Chacun des éléments qui s'écartent à partir d'un centre. *Rues disposées en rayons.* **2.** Segment de valeur constante joignant un point quelconque (d'un cercle ou d'une sphère) à son centre. *Le rayon est égal à la moitié du diamètre.* — Loc. DANS UN RAYON DE : dans un espace circulaire déterminé à partir d'un point d'origine. *Dans un rayon de dix, vingt kilomètres.* — RAYON D'ACTION : distance maximum qu'un navire, un avion peut parcourir sans être ravitaillé en combustible ; zone d'activité. *Cette entreprise a étendu son rayon d'action.* ▶ ② ***rayonner*** v. intr. ▪ conjug. 1. **1.** Être disposé en rayons, en lignes divergentes autour d'un centre. *Une place d'où rayonnent de grandes avenues.* — Se répandre, se manifester dans toutes les directions. *La douleur rayonne.* ⇒ **irradier.** — *Cette entreprise rayonne dans toute l'Amérique,* elle est présente en plusieurs points où elle exerce une action. **2.** Se déplacer dans un certain rayon (à partir d'un point d'attache). *Nous rayonnerons dans la région.*

③ ***rayon*** n. m. **I.** Gâteau de cire fait par les abeilles. *Les rayons d'une ruche.* **II.** Planche, tablette de rangement. ⇒ **étagère, rayonnage.** *Les rayons d'une bibliothèque.* — (Dans un magasin d'alimentation) Tablette sur laquelle est rangée la marchandise. *Le rayon des boissons gazeuses, des céréales. Le rayon des viandes, des produits laitiers.* ⇒ **comptoir.** — Par ext. Chacune des allées formant une section d'un supermarché. *Laisser son panier dans le rayon des produits en vrac.* **III. 1.** Partie d'un grand magasin affectée au même type de marchandise. *Le rayon (de la) parfumerie. Responsable de rayon.* **2.** Domaine particulier. *Je regrette, ce n'est pas mon rayon,* ce n'est pas de ma compétence (ou cela ne me regarde pas). — Loc. fam. *En connaître un rayon* (de qqch.), en savoir beaucoup, être compétent (sur un sujet). ▶ ***rayonnage*** n. m. ▪ Ensemble des rayons (II) d'un meuble de rangement ; rayons assemblés. ⇒ **étagère.**

rayonne [ʀɛjɔn] n. f. ▪ Textile artificiel, dit aussi *soie artificielle.*

rayure [ʀɛjyʀ] n. f. **1.** Chacune des bandes, des lignes qui se détachent sur un fond de couleur différente. *Étoffe à rayures.* ⇒ **rayé.** *Rayures sur le pelage d'un animal.* ⇒ **zébrure. 2.** Éraflure ou rainure (sur une surface). *Rayures sur un meuble.*

raz(-)de(-)marée [ʀɑdmaʀe] n. m. invar. ▪ Vague isolée et très haute, soulevée par un tremblement de terre, une éruption sous-marine ou un ouragan, et qui pénètre profondément dans les terres. *Des raz-de-marée.* — Fig. Bouleversement social ou politique irrésistible. *Un raz-de-marée électoral.*

razzia [ʀazja] n. f. **1.** Attaque de nomades pillards, en pays arabe. ⇒ **incursion.** *Des razzias.* **2.** Fam. *Faire une razzia sur,* s'abattre sur (des choses qu'on emporte, qu'on prend rapidement). *On a fait une razzia sur le buffet.* ▶ ***razzier*** v. tr. ▪ conjug. 7. ▪ Prendre dans une razzia ; rafler.

re-, ré-, r- ▪ Éléments qui expriment « le fait de ramener en arrière » (ex. : *rabattre*), « le retour à un état antérieur » (ex. : *rhabiller*), « la répétition ou la reprise de l'action avec progression » (ex. : *redire, refaire*), « le renforcement, l'achèvement » (ex. : *réunir, ramasser*).

ré [ʀe] n. m. invar. ▪ Deuxième note de la gamme d'ut ; ton correspondant. *Sonate en ré mineur.*

R.É.A. [ʀea] n. m. invar. ▪ Abréviation de *régime* d'épargne-actions. Participer au R.É.A.* — Cour. *S'acheter des R.É.A.* — REM. On trouve aussi *R.É.A.Q., régime d'épargne-actions du Québec.*

réabonner [ʀeabɔne] ou ***rabonner*** [ʀabɔne] v. tr. ▪ conjug. 1. ▪ Abonner de nouveau. — Pronominalement. *Se réabonner à un journal, à une revue.* ▶ ***réabonnement*** ou ***rabonnement*** n. m. ▪ Action de réabonner, de se réabonner.

réac adj. et n. ⇒ **réactionnaire.**

réaccoutumer [ʀeakutyme] ou ***raccoutumer*** [ʀakutyme] v. tr. ▪ conjug. 1. ▪ Réhabituer. — Pronominalement. *Se réaccoutumer à se lever tôt.*

réacteur [ʀeaktœʀ] n. m. **1.** Moteur, propulseur à réaction ①. **2.** *Réacteur nucléaire,* appareil dans lequel se produit la désintégration des noyaux atomiques. ⇒ ② **pile.** ‹ ▶ biréacteur, quadriréacteur, triréacteur, turboréacteur ›

réactif [ʀeaktif] n. m. ▪ Substance qui peut entrer en réaction avec une ou plusieurs espèces chimiques.

① ***réaction*** [ʀeaksjɔ̃] n. f. **I. 1.** Force qu'un corps agissant sur un autre détermine en retour chez celui-ci. *Principe de l'égalité de l'action et de la réaction.* — *Propulsion par réaction,* dans laquelle des gaz chassés vers l'arrière d'un engin le projettent par réaction vers l'avant (⇒ **réacteur**). *Avion à réaction,* à un ou plusieurs réacteurs ⇒ anglic. ② **jet. 2.** Action réciproque de deux ou plusieurs substances, qui entraîne des transformations chimiques. *L'acide entre en réaction avec le calcaire.* — *Réaction nucléaire,* désintégration des noyaux atomiques. — *Réaction en chaîne,* réaction par étapes pouvant se reproduire indéfiniment ; fig., suite de répercussions provoquée par un fait initial. **3.** Modification (d'un organe, d'un organisme), produite par une excitation, une cause morbide, un remède, etc. *Les réactions de défense de l'organisme. La réaction à un vaccin.* **II. 1.** Réponse à une action par une action contraire tendant à l'annuler. *Agir en réaction à, contre, par réaction à, contre qqn, qqch.* **2.** Comportement d'une personne qui répond à une action extérieure. *La réaction de qqn à une catastrophe, à une injure. Elle a eu une réaction de peur, de colère. Réaction lente ; vive, soudaine* ⇒ **réflexe, sursaut.** *Être sans réaction,* rester inerte. *« Il a protesté ? - Non, aucune réaction. » Provoquer des réactions.* **3.** Réponse (d'une machine, d'un véhicule) aux commandes. *Cette voiture a de bonnes réactions.* ‹ ▶ cuti-réaction, réacteur, réactif, ② réaction ›

② ***réaction*** n. f. ▪ Péj. Action politique qui s'oppose aux changements, au progrès social. *Les forces de la réaction.* — La droite politique. *À bas la réaction !* ▶ ***réactionnaire*** adj. et n. ▪ Péj. Qui concerne ou soutient la réaction. *Opinions réactionnaires. Écrivain réactionnaire.* — N. *Un vieux réactionnaire.* — Abrév. fam. RÉAC.

réadapter [ʀeadapte] v. tr. ▪ conjug. 1. ▪ Adapter (qqn, qqch., qui ne l'était plus). — Pronominalement. *Laissez-lui le temps de se réadapter.* ▶ ***réadaptation*** n. f. **1.** Retour à l'adaptation. ⇒ **réinsertion.** *La réadaptation d'un soldat à la vie civile.* **2.** Traitement (massages, exercices, etc.) visant à réduire les séquelles ou les inconvénients d'un accident, d'une maladie, d'une opération afin de permettre aux membres, aux muscles, aux organes de retrouver leurs fonctions normales. ⇒ **rééducation.** *Un centre de réadaptation.*

réaffirmer [ʀeafiʀme] v. tr. ▪ conjug. 1. ▪ Affirmer de nouveau, dans une autre occasion.

réagir [ʀeaʒiʀ] v. tr. ind. ▪ conjug. 2. **I.** RÉAGIR SUR, CONTRE : avoir une réaction, des réactions (mécanique, chimique, biologique). *L'organisme réagit contre les maladies infectieuses.* **II. 1.** RÉAGIR SUR *qqn, qqch.* : agir en retour ou réciproquement sur. *Les chocs psychologiques réagissent sur l'organisme.* ⇒ se **répercuter. 2.** RÉAGIR CONTRE : s'opposer (à une action) par une action contraire. *Réagir contre une mode, un usage.* — Sans compl. *Ils essayèrent de réagir et de rétablir l'ordre.* — Faire effort pour sortir d'une situation pénible. ⇒ se **secouer.** *Réagis ! ne te laisse pas* *abattre !* **3.** Avoir une réaction. *Réagir brutalement, violemment... Je ne sais pas comment je réagirais,* quelle serait ma réaction.

réajustement n. m. ⇒ **rajustement.**

réajuster v. tr. ⇒ **rajuster.**

① ***réaliser*** [ʀealize] v. tr. ▪ conjug. 1. **I. 1.** Faire passer à l'état de réalité concrète (ce qui n'existait que dans l'esprit). ⇒ **accomplir, exécuter.** *Réaliser un projet,* le rendre effectif. *Réaliser une ambition, un idéal, un rêve.* ⇒ **atteindre.** — Pronominalement. *Ses prévisions se sont réalisées.* **2.** *Réaliser (en soi) le type, le modèle de...,* en présenter un exemple réel, concret. ⇒ **personnifier. 3.** SE RÉALISER v. pron. : devenir ce que l'on a rêvé d'être. **II. 1.** Faire. *Réaliser un achat, une vente.* — *Réaliser un film,* en être le réalisateur. **2.** Convertir, transformer en argent. *Réaliser des biens, un capital.* ⇒ **vendre.** *Réaliser un gain de capital,* faire un profit. ▸ ***réalisable*** adj. **1.** Susceptible d'être réalisé, de se réaliser. ⇒ **possible.** *Plan, projet réalisable.* ⇒ **faisable.** / contr. **irréalisable** / **2.** Transformable en argent. *Un héritage totalement réalisable.* ▸ ***réalisateur, trice*** n. **1.** Personne qui réalise, sait réaliser (un projet, une œuvre...). **2.** Personne responsable de la réalisation d'un film, d'un vidéo ou d'une émission. ⇒ **metteur** en scène. *La réalisatrice du téléroman.* ▸ ***réalisation*** n. f. **1.** Action de rendre réel, effectif. ⇒ **concrétisation, matérialisation. 2.** Chose réalisée ; création, œuvre. **3.** Transformation (d'un bien) en argent. **4.** Ensemble des opérations nécessaires à la préparation et à l'exécution (d'un film, d'un vidéo, d'une émission de radio ou de télévision). ‹ ▸ irréalisable ›

② ***réaliser*** v. tr. ▪ conjug. 1. ■ Se rendre compte avec précision ; se faire une idée nette de. ⇒ **comprendre.** *Je réalise soudain qu'il est trop tard. — Tu réalises ?,* tu saisis, tu te rends compte ?

réalisme [ʀealism] n. m. **1.** Conception selon laquelle l'artiste doit peindre la réalité telle qu'elle est, en évitant de l'idéaliser (opposé à *formalisme*). *Réalisme et naturalisme, au* XIX*e siècle.* — Caractère d'une œuvre qui répond à cette conception. *Un portrait d'un réalisme saisissant.* **2.** Attitude d'une personne qui tient compte de la réalité, l'apprécie avec justesse. / contr. **idéalisme** / *Faire preuve de réalisme.* / contr. **irréalisme** / ▸ ***réaliste*** adj. et n. **1.** Qui représente le réalisme, en art, en littérature ; qui dépeint le réel sans complaisance. *Un écrivain, une peintre réaliste. Portrait réaliste.* **2.** Qui a le sens des réalités (opposé à *sentimental*). *Un homme d'État réaliste.* ⇒ **pragmatique.** N. *Un(e) réaliste. — Une analyse réaliste de la situation.* ‹ ▸ irréalisme, néoréalisme, surréalisme ›

réalité [ʀealite] n. f. **1.** Caractère de ce qui est réel, de ce qui existe effectivement (et n'est pas seulement une invention ou une apparence). ⇒ **vérité.** / contr. **irréalité** / *Douter de la réalité d'un fait.* **2.** *La réalité,* ce qui est réel. *La science cherche à connaître et à décrire la réalité.* **3.** La vie, l'existence réelle (opposé à *désirs, rêve*). *Le rêve et la réalité. La réalité quotidienne.* — Ce qui existe (opposé à *fictif,* à *l'imagination,* à *la littérature*). *La réalité dépasse la fiction,* est plus extraordinaire que ce que l'on peut imaginer. *Dans la réalité,* dans la vie réelle (opposé à *l'esprit*). *Dans la réalité, cela se passe autrement.* — EN RÉALITÉ : en fait, réellement. *Je bois de la bière mais en réalité je n'aime pas cela.* **4.** *(Une, des réalités)* Chose réelle, fait réel (opposé à *mots, pensées*). *Les réalités de tous les jours. Les dures réalités de l'hiver. Avoir le sens des réalités* (⇒ **réaliste**). — Loc. *Prendre ses désirs pour des réalités,* se faire des illusions. ‹ ▸ irréalité ›

réanimer [ʀeanime] v. tr. ▪ conjug. 1. ■ Procéder à la réanimation de (qqn). ⇒ **ranimer.** ▸ ***réanimation*** n. f. ■ Action qui consiste à rendre les mouvements au cœur ou à l'appareil respiratoire venant de s'arrêter. ⇒ **ranimation.** *La réanimation d'un asphyxié par le bouche-à-bouche. Une salle de réanimation.*

réapparaître [ʀeapaʀɛtʀ] v. intr. ▪ conjug. 57. ■ Apparaître, paraître de nouveau. *La lune a réapparu, est réapparue.* ▸ ***réapparition*** n. f.

réapprendre v. tr. ⇒ **rapprendre.**

réapprovisionner [ʀeapʀɔvizjɔne] v. tr. ▪ conjug. 1. ■ Approvisionner de nouveau.

R.É.A.Q. n. m. invar. ⇒ **R.É.A.** (REM.).

réarmer [ʀeaʀme] v. ▪ conjug. 1. **1.** V. tr. Recharger (une arme). *Réarmer un fusil, un pistolet.* **2.** V. intr. (En parlant d'un État) Recommencer à s'équiper pour la guerre. / contr. ① **désarmer** (2) / ▸ ***réarmement*** n. m. ■ *La politique du réarmement.* / contr. **désarmement** /

réassortir [ʀeasɔʀtiʀ] v. tr. ▪ conjug. 2. **1.** Reconstituer un assortiment, en remplaçant ce qui manque. *Ils réassortissent leurs couverts.* **2.** Fournir un nouvel assortiment (d'un certain modèle). *Je crains de ne pouvoir vous réassortir.* ▸ ***réassortiment*** n. m. ■ Nouvel assortiment.

rébarbatif, ive [ʀebaʀbatif, iv] adj. ■ Qui rebute par un aspect rude, désagréable. *Mine rébarbative.* — Difficile et ennuyeux. *Études, sujets rébarbatifs.* ⇒ **ingrat.**

rebarrer [ʀ(ə)baʀe] v. tr. ▪ conjug. 1. ■ Barrer à nouveau (une porte, un cadenas, etc.). *Rebarrer la porte du garage.* — Sans compl. *J'ai oublié de rebarrer.* — Pronominalement (passif). *Cette porte se rebarre automatiquement.* ≠ *rembarrer.*

rebâtir [ʀ(ə)bɑtiʀ] v. tr. ▪ conjug. 2. ■ Bâtir de nouveau (ce qui était détruit). ⇒ **reconstruire.** *Rebâtir une maison. — Elle voudrait rebâtir la société.* ⇒ **refaire.**

rebattre [ʀ(ə)batʀ] v. tr. ▪ conjug. 41. ■ Loc. REBATTRE LES OREILLES *à qqn de qqch.* : lui en parler continuellement jusqu'à l'excéder. ⇒ **rabâcher, renoter.** *Il me rebat les oreilles de ses prouesses.* ≠ *rabattre.* ▸ ***rebattu, ue*** adj. ■ Dont on a parlé inlassablement. *Sujet, thème rebattu,* ressassé. ⇒ **éculé.** ≠ *rabattu.*

rebelle [ʀəbɛl] adj. et n. **1.** REBELLE À : qui ne reconnaît pas l'autorité de, se révolte contre (qqn). ⇒ **insoumis.** *Des sujets rebelles à leur souverain.* — Absolt. *Troupes rebelles.* — N. *Négocier avec des rebelles.* ⇒ **insurgé. 2.** REBELLE À : qui est réfractaire à (qqch.). *Il est rebelle à toute discipline, à tout effort.* ⇒ **hostile, opposé.** *Elle est rebelle aux mathématiques.* ⇒ **fermé.** — (Choses) Qui résiste à. *Mon estomac est rebelle à ce remède.* — Absolt. *Fièvre rebelle,* qui ne se laisse pas vaincre. **3.** (Choses concrètes) Sans compl. Qui ne se laisse pas facilement manier. *Mèches de cheveux rebelles.* ⇒ ① **fou, indiscipliné.** ▸ *se* ***rebeller*** [ʀ(ə)be(ɛ)le] v. pron. ▪ conjug. 1. ■ Faire acte de rebelle (1) en se révoltant. ⇒ **s'insurger.** *Se rebeller contre l'autorité paternelle.* ⇒ **braver.** — Protester, regimber. *À la fin je me suis rebellé, je lui ai dit ce que je pensais.* ▸ ***rébellion*** [ʀebe(ɛ)ljɔ̃] n. f. — REM. Attention à l'accent aigu. ■ Action de se rebeller ; acte de rebelle (1). ⇒ **insurrection, révolte.** — Tendance à se rebeller. ⇒ **désobéissance, insubordination.** *Quel est cet esprit de rébellion ?*

se ***rebiffer*** [ʀ(ə)bife] v. pron. ▪ conjug. 1. ■ Fam. Refuser brusquement, avec vivacité de se laisser mener ou humilier. ⇒ se **révolter.** *Le jeune garçon, qu'on envoyait faire toutes les commissions, s'est rebiffé.*

rebiquer [ʀ(ə)bike] v. intr. ▪ conjug. 1. ■ Fam. Se dresser, se retrousser en faisant un angle. *Les pointes de son col rebiquent.*

reblochon [ʀəblɔʃɔ̃] n. m. ■ Fromage à pâte grasse, de saveur douce, fabriqué en Savoie (France).

reboiser [ʀ(ə)bwaze] v. tr. ▪ conjug. 1. ■ Planter d'arbres (un terrain qui a été déboisé). — Au p. p. adj. *Secteur reboisé depuis deux ans.* ▶ ***reboisement*** n. m. ■ Action de reboiser. ▶ ***reboiseur, euse*** n. ■ Personne qui travaille au reboisement. *La plupart des reboiseurs sont des étudiants.*

rebondi, ie [ʀ(ə)bɔ̃di] adj. ■ De forme arrondie (se dit d'une partie du corps). ⇒ **dodu, gras, rond.** *Joues rebondies.* ⇒ **plein.** — (Personnes) Gros et gras. ⇒ **replet.**

rebondir [ʀ(ə)bɔ̃diʀ] v. intr. ▪ conjug. 2. **1.** Faire un ou plusieurs bonds après avoir heurté un obstacle. ⇒ fam. **retontir.** *La balle rebondissait sur le sol. Rebondir très haut.* **2.** Prendre un nouveau développement après un arrêt, une pause. ⇒ **repartir.** *Les derniers témoignages pourraient faire rebondir l'affaire. L'action rebondit au troisième acte.* — *L'équipe a rebondi au milieu de la saison.* ▶ ***rebond*** n. m. ■ Le fait de rebondir (1) ; mouvement d'un corps qui rebondit. *Les rebonds d'une balle.* ▶ ***rebondissement*** n. m. ■ Action de rebondir (surtout 2). *Les rebondissements d'une affaire.* ⇒ **développement, répercussion.**

rebord [ʀ(ə)bɔʀ] n. m. ■ Bord en saillie. *Le rebord d'une fenêtre.*

reboucher [ʀ(ə)buʃe] v. tr. ▪ conjug. 1. ■ Boucher de nouveau. *Rebouchez le flacon après usage. Reboucher un trou.* ⇒ **combler, obturer.**

à ***rebours*** [aʀ(ə)buʀ] loc. adv. **1.** Dans le sens contraire au sens normal, habituel ; à l'envers. *Tourner les pages d'un livre à rebours. Brosser une étoffe à rebours ; caresser un chat à rebours,* à rebrousse-poil. *Prendre l'ennemi à rebours,* l'attaquer par-derrière. — Loc. COMPTE À REBOURS : vérification successive des opérations de mise à feu d'un engin, d'une fusée, aboutissant au zéro du départ (...4, 3, 2, 1, 0). **2.** D'une manière contraire à la nature, à la raison, à l'usage. *Faire tout à rebours.* — Loc. prép. À REBOURS DE, VX AU REBOURS DE : contrairement à, à l'inverse de. *Il agit à rebours du bon sens.* ⟨ ▶ rebrousser ⟩

rebouter [ʀ(ə)bute] v. tr. ▪ conjug. 1. ■ Fam. Réduire (une fracture, une foulure), remettre (un membre démis) par des moyens empiriques. ⇒ **remboîter ;** fam. **ramancher.** ▶ ***rebouteur*** ou ***reboueux, euse*** n. ■ Fam. Guérisseur(euse) qui fait métier de remettre les membres démis, etc. ⇒ fam. **ramancheur.**

reboutonner [ʀ(ə)butɔne] v. tr. ▪ conjug. 1. ■ Boutonner de nouveau (un vêtement). — Pronominalement. *Se reboutonner,* reboutonner ses vêtements.

rebrousser [ʀ(ə)bʀuse] v. tr. ▪ conjug. 1. **1.** Relever (les cheveux, le poil) dans un sens contraire à la direction naturelle. *Rebrousser les poils d'un tapis.* — Pronominalement. *Le poil de sa moustache se rebrousse.* **2.** Loc. REBROUSSER CHEMIN : s'en retourner en sens opposé. *La rue était barrée, il dut rebrousser chemin,* revenir sur ses pas. ▶ *à* ***rebrousse-poil*** [aʀbʀuspwal] loc. adv. ■ En rebroussant le poil. *Caresser un chat à rebrousse-poil.* ⇒ à **rebours.** — Fam. *Prendre qqn à rebrousse-poil,* de telle sorte qu'il se hérisse, se rebiffe.

rebuffade [ʀ(ə)byfad] n. f. ■ Littér. Refus hargneux, méprisant. *Essuyer une rebuffade.*

rébus [ʀeby(s)] n. m. invar. **1.** Suite de dessins, de mots, de chiffres, de lettres évoquant par le son ce qu'on veut exprimer (ex. : *nez rond, nez pointu, main = Néron n'est point humain*). ⇒ **charade, devinette, énigme.** *Des rébus.* **2.** Se dit de paroles énigmatiques, d'une écriture difficile à lire. *Ta lettre est un vrai rébus !* ≠ *rebut.*

rebut [ʀəby] n. m. **1.** Ce qu'il y a de plus (mauvais dans un ensemble). *Le rebut du genre humain.* ⇒ **lie.** *Des objets de rebut.* **2.** Loc. *Mettre qqch.* AU REBUT : s'en débarrasser. ⇒ fam. au **rancart.** ≠ *rébus.*

rebuter [ʀəbyte] v. tr. ▪ conjug. 1. **1.** Dégoûter (qqn) par les difficultés ou le caractère ingrat d'une entreprise. *Ce travail me rebute. Rien ne les rebute.* ⇒ **décourager. 2.** Choquer (qqn), inspirer de la répugnance à. *La vulgarité de ses façons me rebute.* ▶ ***rebutant, ante*** adj. ■ ⇒ **déplaisant.** / contr. **attrayant, séduisant.** / *Aspect rebutant. Démarches rebutantes.*

récalcitrant, ante [ʀekalsitʀɑ̃, ɑ̃t] adj. et n. ■ Qui résiste avec entêtement. *Cheval récalcitrant.* ⇒ **rétif.** / contr. **docile, obéissant** / *Caractère, esprit récalcitrant.* ⇒ **indocile, rebelle.** — N. *Tenter de convaincre les récalcitrants.*

recaler [ʀ(ə)kale] v. tr. ▪ conjug. 1. ■ (France) Fam. Refuser (qqn) à un examen. ⇒ **coller** (I, 5). *Elle s'est fait recaler au bac.* / contr. **recevoir** / — Au p. p. adj. *Il est recalé.* — N. *Les recalés de la session de juillet.*

récapituler [ʀekapityle] v. tr. ▪ conjug. 1. ■ Répéter en énumérant les points principaux. ⇒ **résumer.** *Récapituler un exposé.* — Redire en examinant de nouveau, point par point. *Récapitulons les faits !* — Sans compl. *Récapitulons !* ▶ ***récapitulatif, ive*** adj. ■ Qui sert à récapituler. *Liste récapitulative.* — N. m. *Le récapitulatif est transcrit au tableau.* ▶ ***récapitulation*** n. f.

recaser [ʀ(ə)kɑze] v. tr. ▪ conjug. 1. ■ Fam. Caser de nouveau (qqn qui a perdu sa place).

receler [ʀəs(ə)le] conjug. 5. ou ***recéler*** [ʀəsele] v. tr. ▪ conjug. 6. **1.** (Choses) Garder, contenir en soi (qqch. de caché, de secret). ⇒ **renfermer.** *Cet ouvrage recèle de grandes beautés.* **2.** Détenir, garder (des choses volées par autrui). *Receler des objets volés.* ▶ ***recel*** [ʀəsɛl] n. m. ■ Action de receler (2). *Il est accusé de recel de bijoux.* ▶ ***receleur, euse*** [ʀəs(ə)lœʀ, øz] n. ■ Personne qui se rend coupable de recel.

récemment adv. ⇒ **récent.**

recenser [ʀ(ə)sɑ̃se] v. tr. ▪ conjug. 1. ■ Dénombrer en détail, avec précision. *Recenser la population d'un pays.* ▶ ***recensement*** n. m. ■ Compte ou inventaire détaillé. *Le recensement général des ressources.* — Dénombrement détaillé (des habitants d'un pays), à des fins statistiques. *Recensement par catégories. Division de recensement,* division territoriale établie aux fins du recensement. ▶ ***recenseur, euse*** n. et adj. ■ Personne qui est chargée d'un recensement. — Adj. *Une agente recenseuse,* employée à un recensement. ▶ ***recension*** n. f. ■ Didact. Examen critique (d'un texte). — Compte rendu critique et détaillé d'un ouvrage littéraire ou scientifique pour un journal, une revue.

récent, ente [ʀesɑ̃, ɑ̃t] adj. ■ Qui s'est produit ou qui existe depuis peu de temps. / contr. **ancien, vieux** / *Les événements récents. Une nouvelle toute récente.* ⇒ ① **frais.** *Film assez récent.* ⇒ **nouveau.** ▶ ***récemment*** [ʀesamɑ̃] adv. ■ À une époque récente. ⇒ **dernièrement.** *Quelqu'un m'a dit récemment... Tout récemment.*

récépissé [ʀesepise] n. m. ■ Écrit par lequel on reconnaît avoir reçu des objets, de l'argent, etc. ⇒ **quittance, reçu.** *Des récépissés.*

réceptacle [resɛptakl] n. m. ■ Contenant qui reçoit son contenu de diverses provenances. *La mer est le réceptacle des eaux fluviales.*

① ***récepteur*** [resɛptœr] n. m. ■ Appareil qui reçoit et amplifie les ondes. *Un récepteur de radio.* ⇒ **poste.** *Le récepteur du téléphone,* la partie mobile de l'appareil téléphonique où l'on écoute (et parle). ⇒ **combiné.** *Décrocher le récepteur.* ▶ ② ***récepteur, trice*** adj. ■ (Opposé à *émetteur*) Qui reçoit (des ondes). *L'organe récepteur de l'oreille interne. Antenne réceptrice.* ⟨ ▶ télérecepteur ⟩

réceptif, ive [resɛptif, iv] adj. ■ Susceptible de recevoir des impressions. *Son émotivité la rend très réceptive.* — RÉCEPTIF À *qqch. Les enfants sont particulièrement réceptifs à la suggestion.* ⇒ **sensible.** ⟨ ▶ réceptivité ⟩

réception [resɛpsjɔ̃] n. f. **I. 1.** Action de recevoir (une marchandise transportée). / contr. **envoi, expédition** / *La réception d'une commande. Accuser réception d'un paquet.* **2.** Action de recevoir (des ondes). ⇒ **récepteur.** / contr. **émission** / **II. 1.** Action de recevoir (une personne). ⇒ **accueillir.** *Être chargé de la réception d'un ambassadeur, d'un chef d'État.* — Manière de recevoir, d'accueillir (qqn). *Faire à qqn une cordiale réception.* ⇒ **accueil. 2.** Absolt. Local et employés affectés à la réception des clients ⇒ **réceptionniste ;** anglic. **office** (I, 5), des marchandises ⇒ **réceptionnaire**. *La réception d'un hôtel, d'un motel. Adressez-vous à la réception.* **3.** Action de recevoir des invités chez soi. — Réunion mondaine (chez qqn). *Donner une grande réception. Salle de réception,* ou ellipt. *réception,* pièce où l'on donne des réceptions. ⇒ **salon. 4.** Le fait de recevoir ou d'être reçu dans une assemblée, un cercle, etc., en tant que membre ; la cérémonie qui a lieu à cette occasion. *La réception d'un écrivain à l'Académie canadienne-française. Séance, discours de réception.* ▶ ***réceptionnaire*** n. ■ Personne qui assure la réception de marchandises et en vérifie la nature, la qualité, la quantité. ≠ *réceptionniste.* ▶ ***réceptionner*** v. tr. ▪ conjug. 1. ■ Recevoir, vérifier et enregistrer (une livraison). *Réceptionner des marchandises.* ▶ ***réceptionniste*** n. ■ Personne affectée à la réception des clients (dans une entreprise, un bureau, un hôtel, etc.). *La réceptionniste va vous renseigner.* ≠ *réceptionnaire.* ⟨ ▶ accusé de réception ⟩

réceptivité [resɛptivite] n. f. **1.** Caractère de ce qui est réceptif. ⇒ **sensibilité.** *Être en état de réceptivité,* sensibilisé à une influence. **2.** Aptitude à contracter (une maladie). / contr. **résistance** / *La réceptivité de l'organisme (à un germe, une contagion, etc.).*

récession [resesjɔ̃] n. f. ■ Régression des ventes, de la production, des investissements. ⇒ **crise.** *Une longue récession crée du chômage.*

① ***recette*** [r(ə)sɛt] n. f. ■ Total des sommes d'argent reçues. *La recette journalière d'un théâtre. Toucher un pourcentage sur la recette.* ⇒ **bénéfice.** — Loc. (Spectacles, expositions...) *Faire recette,* avoir beaucoup de succès. *Un film qui fait recette.* — Au plur. Rentrées d'argent. *Les recettes couvrent les dépenses.*

② ***recette*** n. f. **1.** Procédé pour mener à bien la confection (d'un plat, d'un mets) ; ensemble des indications détaillées qui s'y rapportent. *Donner la recette d'un gâteau. Un livre de recettes (de cuisine).* **2.** Moyen, procédé. *Une recette infaillible pour réussir.*

recevoir [rəsəvwar], dans certains contextes [rsəvwar]ou [rəsvwar] v. tr. ▪ conjug. 28. **I.** (Sens passif) RECEVOIR *qqch.* **1.** Être mis en possession de (qqch.) par un envoi, un don, un paiement, etc. *Recevoir une lettre, un colis.* / contr. **envoyer** / *Recevoir de l'argent, un salaire. Elle a reçu un prix.* ⇒ **obtenir.** — *Nous ne recevons pas les postes américains.* ⇒ **capter.** — Abstrait. *Recevoir un conseil. Recevez, Monsieur, mes salutations* (formule). ⇒ **agréer. 2.** Être atteint par (qqch. que l'on subit, que l'on éprouve). *Recevoir des coups* (⇒ fam. **manger**), *des blessures. Recevoir la pluie.* — *Recevoir un affront* ⇒ **essuyer**, *des injures.* — (Suj. chose abstraite) Être l'objet de. *Le projet initial a reçu quelques modifications.* **II.** (Sens actif) RECEVOIR *qqn, qqch.* **1.** Laisser ou faire entrer (qqn qui se présente). ⇒ **accueillir.** *Recevoir qqn à souper, à sa table. Il s'est levé pour recevoir son ami.* — Réserver un accueil (bon ou mauvais). ⇒ **traiter.** *Recevoir qqn avec empressement.* — Au p. p. adj. *Être bien, mal reçu.* — Sans compl. Accueillir habituellement des amis, des invités ; donner une réception. *Ils reçoivent très peu.* — Accueillir les clients, les visiteurs. *Médecin qui reçoit tous les matins sur rendez-vous.* — *Ce soir, l'équipe des X reçoit l'équipe des Z,* elle en est l'hôte. **2.** Laisser entrer (qqn) à certaines conditions, après certaines épreuves. ⇒ **admettre.** — Surtout au passif. *Être reçu à un examen, un concours.* — Au p. p. adj. *Candidats admissibles, reçus.* **3.** Admettre (qqch.) en son esprit (comme vrai, légitime). ⇒ **accepter.** *Recevoir les suggestions de qqn. Recevoir des excuses.* — Au p. p. adj. *Selon les usages reçus. Idée reçue,* que tout le monde admet sans examen. — Accueillir, accepter (plus ou moins bien). *Son initiative a été mal reçue.* **4.** (Suj. chose) RECEVOIR (qqch., des personnes) : laisser entrer. *Pièce qui reçoit le jour. Ce salon peut recevoir plus de cinquante personnes.* ⇒ **contenir. III.** SE RECEVOIR v. pron. **1.** Récipr. *Ils se reçoivent beaucoup.* **2.** Réfl. Retomber d'une certaine façon, après un saut. *La danseuse s'est reçue sur la jambe droite.* ▶ ***recevable*** adj. ■ Qui peut être reçu (III, 3), accepté. *Cette excuse n'est pas recevable.* ⇒ **acceptable, admissible.** ▶ ***recevant, ante*** adj. ■ Accueillant, hospitalier. ⇒ **invitant.** *Une famille très recevante.* — Loc. *Être recevant,* aimer recevoir des gens à la maison. ▶ ***receveur, euse*** n. **1.** Fonctionnaire chargé de s'occuper des recettes et de certaines dépenses publiques. *Le Receveur général du Canada.* **2.** (Surtout en France) Vieilli. Employé qui perçoit le coût du parcours dans les transports publics. *Le receveur des trains.* **3.** Personne qui reçoit le sang du donneur (dans une transfusion de sang). *Receveur universel,* appartenant au groupe AB et pouvant recevoir le sang des autres groupes sanguins (A, B et O). — Malade à qui l'on implante un fragment de tissu ou un organe d'un donneur (dans une greffe ou une transplantation d'organe). **4.** Baseball, balle-molle. Joueur placé derrière le marbre, qui se tient en position accroupie pour recevoir les balles lancées vers le frappeur par le lanceur. *Le receveur signale au lanceur quel genre de lancer il doit effectuer.* — Cette position. ⟨ ▶ irrecevable, réceptif, récepteur, réception, ② reçu ⟩

de ***rechange*** [dər(ə)ʃɑ̃ʒ; drəʃɑ̃ʒ] loc. adj. ■ Qui est destiné à remplacer un objet ou un élément identique. *Pièces de rechange. Vêtements de rechange.* — *Roue, pneu de rechange,* de secours. — De remplacement. *Une solution de rechange.*

rechaper [r(ə)ʃape] v. tr. ▪ conjug. 1. ■ Remettre un pneu usagé en bon état en reconstituant la couche de caoutchouc usée. — Au p. p. adj. *Des pneus rechapés.* ▶ ***rechapage*** n. m. ■ Action de rechaper ; son résultat. ▶ ***rechapeur, euse*** n. ■ Spécialiste du rechapage ; entreprise spécialisée dans le rechapage.

réchapper [reʃape] v. tr. ind. ▪ conjug. 1. ■ RÉCHAPPER DE... (surtout EN RÉCHAPPER) : échapper à un péril pressant, menaçant. *Ils en ont tous réchappé,* ils en sont tous sortis vivants. — (Insiste sur l'état) *Pas un n'en est réchappé. L'enfant est réchappé,* guéri ; il va survivre. — Vx. Au p. p. adj. ⇒ **rescapé.**

recharger [R(ə)ʃaRʒe] v. tr. ▪ conjug. 3. **1.** Charger de nouveau, ou davantage. *Recharger un camion.* **2.** Remettre une charge dans (une arme). *Il rechargea son fusil.* — Approvisionner de nouveau. *Recharger un appareil photographique, un briquet.* ▶ ***recharge*** n. f. ■ Deuxième charge que l'on met dans une arme, dans un ustensile. *Une recharge de stylo.* ⇒ ① **cartouche.** ▶ ***rechargeable*** adj. ■ Qui peut être rechargé. *Stylo à bille rechargeable. Piles rechargeables.*

réchaud [Reʃo] n. m. ■ Ustensile de cuisine portatif, servant à chauffer ou à faire cuire les aliments. *Réchaud à alcool, à gaz.*

réchauffer [Reʃofe] v. tr. ▪ conjug. 1. **1.** Chauffer (ce qui s'est refroidi). *Réchauffer un potage.* — Pronominalement. *Se réchauffer les mains.* — *Réchauffer le café de qqn,* lui resservir du café, sans qu'il ait à payer s'il est au restaurant. — Au p. p. adj. *Dîner réchauffé.* — Sans compl. *La marche, ça réchauffe !* **2.** Ranimer (les esprits, les cœurs, les sentiments). *Cela réchauffe le cœur.* ⇒ **réconforter. 3.** SE RÉCHAUFFER v. pron. : redonner de la chaleur à son corps. *Courir pour se réchauffer.* — Devenir plus chaud. *La température commence à se réchauffer.* / contr. **refroidir** / **4.** Fam. S'échauffer (3). *La danseuse exécute quelques mouvements pour se réchauffer.* ≠ *préchauffer.* ▶ ***réchauffé*** n. m. **1.** *Du réchauffé,* des restes de nourriture. *Encore du réchauffé pour le souper !* **2.** Fig. *Du réchauffé,* se dit d'une chose vieille, trop connue, qui ne peut plus faire effet (⇒ **éculé**). *Un gag qui sent le réchauffé.* ▶ ***réchauffement*** n. m. **1.** Action de réchauffer, de se réchauffer. *Le réchauffement de la température.* **2.** Fam. Action d'échauffer (2). *Faire des exercices de réchauffement.* ⟨ ▶ réchaud ⟩

rêche [Rɛʃ] adj. ■ Rude au toucher, légèrement râpeux. *Une laine un peu rêche.*

rechercher [R(ə)ʃɛRʃe] v. tr. ▪ conjug. 1. **1.** Chercher à découvrir, à retrouver (qqn ou qqch.). ⇒ **chercher ; recherche.** *On recherche les témoins de l'accident.* — Au passif. *Il est recherché pour meurtre.* — *Rechercher un objet égaré, une lettre.* **2.** Chercher à connaître, à découvrir. *Rechercher la cause d'un phénomène. Rechercher comment, pourquoi.* **3.** Reprendre (qqn ou qqch. qu'on a laissé pour un temps). *Je te confie ma valise, je viendrai la rechercher ce soir.* ⇒ **chercher.** — Chercher de nouveau (qqch. qui manque). *Aller rechercher de la bière au dépanneur.* **4.** Tenter d'obtenir, d'avoir. *Rechercher l'amour de qqn, une faveur.* ▶ ① ***recherche*** n. f. **1.** Effort pour trouver (qqch.). *Une recherche de renseignements,* une enquête. — Action de rechercher (qqn). *Il a échappé aux recherches de la police.* — Absolt. *Les sauveteurs ont dû abandonner les recherches.* **2.** Effort de l'esprit vers la connaissance. *La recherche de la vérité.* — *(Une, des recherches)* Les travaux faits pour trouver des connaissances nouvelles (dans un domaine déterminé). *Recherches scientifiques.* **3.** LA RECHERCHE : l'ensemble des travaux qui tendent à la découverte de connaissances nouvelles. *Goût pour la recherche. Responsable de la recherche dans un organisme. Elle fait de la recherche scientifique.* ⇒ **chercheur.** *L'Institut national de la recherche scientifique* (I.N.R.S.). *Le Centre de recherche industrielle du Québec* (C.R.I.Q.). *Organismes qui subventionnent la recherche.* **4.** Action de chercher à obtenir. *La recherche du bonheur, de la gloire.* ⇒ **poursuite. 5.** Loc. ÊTRE À LA RECHERCHE DE. ⇒ en **quête** de. *Elle est à la recherche d'un emploi.* ▶ ① ***recherché, ée*** adj. ■ Que l'on cherche à obtenir ; à quoi l'on attache du prix. *Édition recherchée.* ⇒ **rare.** — (Personnes) Que l'on cherche à voir, à connaître, à employer. *Un acteur très recherché.* ▶ ② ***recherche*** n. f. ■ Manière étudiée, raffinée, de présenter qqch. ⇒ **raffinement.** *Elle s'habille avec recherche, avec une certaine recherche. Recherche dans le style.* ⇒ **préciosité.** ▶ ② ***recherché, ée*** adj. ■ Qui témoigne de recherche. ⇒ **raffiné.** / contr. **quétaine** / *Une mise recherchée.* ▶ ***recherchiste*** n. ■ Personne dont le travail consiste à effectuer des recherches documentaires pour d'autres, en vue de la réalisation d'une émission de radio, de télévision, d'un film documentaire, etc. ⇒ **documentaliste.** — Adj. *Elle est recherchiste pour une émission du matin.*

rechigner [R(ə)ʃiɲe] v. tr. ind. et v. intr. ▪ conjug. 1. **1.** V. tr. ind. RECHIGNER À : témoigner de la mauvaise volonté pour. *Rechigner à la besogne.* ⇒ **renâcler.** *Faire qqch. en rechignant.* **2.** V. intr. Se lamenter, se plaindre continuellement. *Un enfant qui rechigne sur tout.* ▶ ***rechigneur*** ou ***rechigneux, euse*** n. ■ Personne qui rechigne. ⇒ fam. **chialeur.** ▶ ***rechignage*** n. m. ■ ⇒ fam. **chialage.**

rechute [R(ə)ʃyt] n. f. ■ Nouvel accès d'une maladie qui était en voie de guérison. *Faire, avoir une rechute.* ≠ *récidive.* ▶ ***rechuter*** v. intr. ▪ conjug. 1. ■ Faire une rechute. *Elle est retournée travailler trop tôt, et elle a rechuté.*

récidive [Residiv] n. f. **1.** Le fait de commettre une nouvelle infraction, après une condamnation. *Escroquerie avec récidive.* — Le fait de retomber dans la même faute, la même erreur. *En cas de récidive, vous serez renvoyé.* **2.** Réapparition d'une maladie après sa guérison. ≠ *rechute.* ▶ ***récidiver*** v. intr. ▪ conjug. 1. **1.** Se rendre coupable de récidive. **2.** (Maladies) Réapparaître. ▶ ***récidiviste*** n. ■ Personne qui est en état de récidive. *Une récidiviste trois fois condamnée.*

récif [Resif] n. m. ■ Rocher ou groupe de rochers à fleur d'eau, dans la mer, constituant un danger pour la navigation. ⇒ **écueil.** *Faire naufrage sur un récif, sur des récifs. Un récif de corail.*

récipiendaire [Resipjɑ̃dɛR] n. Littér. **1.** Personne qui vient d'être reçue officiellement dans une assemblée, une compagnie. **2.** Personne qui reçoit un diplôme, une nomination, etc. *La signature du (de la) récipiendaire. Les récipiendaires des prix Nobel, d'un trophée.*

récipient [Resipjɑ̃] n. m. ■ Ustensile creux qui sert à recueillir, à contenir des substances solides, liquides ou gazeuses. *Remplir, vider un récipient. Les bouteilles, les pots, les vases... sont des récipients.*

réciproque [ResipRɔk] adj. et n. f. **I.** Adj. **1.** Qui implique entre deux personnes, deux groupes, deux choses, un échange de même nature. ⇒ **mutuel.** *Confiance réciproque. Époux qui se font des concessions réciproques. Un amour réciproque.* ⇒ **partagé. 2.** Grammaire. *Verbe (pronominal) réciproque,* qui indique une action exercée par plusieurs sujets les uns sur les autres (ex. : séparer deux enfants qui *se battent*). **II.** N. f. *La réciproque,* l'inverse. *Il aime sa voisine mais la réciproque n'est pas vraie.* — *Rendre la réciproque à qqn,* la pareille. ▶ ***réciprocité*** n. f. ■ Caractère de ce qui est réciproque (I, 1). *La réciprocité d'un sentiment. À charge, à titre de réciprocité.* ▶ ***réciproquement*** adv. **1.** Mutuellement. **2.** ET RÉCIPROQUEMENT : et la réciproque est vraie. ⇒ **vice versa.** *Il aime tout le monde, et réciproquement* (et il est aimé de tous).

récit [Resi] n. m. ■ Relation orale ou écrite (de faits vrais ou imaginaires). ⇒ **exposé, narration.** *Elle nous a fait le récit de ses aventures. Un récit véridique des faits.* — REM. On ne *récite* pas un *récit* ; on le *raconte.* ⟨ ▶ récital, récitant, récitatif ⟩

récital, als [Resital] n. m. ■ Séance musicale, artistique au cours de laquelle un seul artiste se fait entendre, se produit. *Récital de piano, de chant, de danse. Donner des récitals.*

récitant, ante [resitɑ̃, ɑ̃t] n. **1.** Personne qui chante un récitatif. **2.** Personne qui récite, déclame un texte narratif ou poétique. *Tenir le rôle du récitant dans une pièce de théâtre.*

récitatif [resitatif] n. m. ■ Musique dramatique. Chant qui se rapproche des inflexions de la voix parlée. *Un récitatif d'opéra.*

réciter [resite] v. tr. ▪ conjug. 1. ■ Dire à haute voix (ce qu'on sait par cœur). *Réciter sa prière. Réciter un poème à qqn. Elle se récite tout bas ses leçons.* ▶ ***récitation*** n. f. **1.** *La récitation de,* action de réciter (qqch.). *La récitation d'une leçon.* **2.** Exercice scolaire qui consiste à réciter un texte littéraire appris par cœur ; ce texte. *Apprendre une, sa récitation.*

réclamation [rekla(ɑ)masjɔ̃] n. f. **1.** Action de réclamer, de s'adresser à une autorité pour faire reconnaître l'existence d'un droit. ⇒ **plainte, revendication.** *Faire, déposer une réclamation.* **2.** Protestation. *Assez de réclamations !* ⇒ **récrimination.**

réclame [rekla(ɑ)m] n. f. **1.** UNE, DES RÉCLAME(S) : article publicitaire recommandant qqch. ou qqn, inséré dans un journal. ⇒ **publicité.** *Une réclame pour une marque d'automobiles.* — Tout moyen particulier de faire de la publicité (affiches, prospectus...). *Des réclames lumineuses.* — En appos. *Des panneaux-réclames.* **2.** LA RÉCLAME : la publicité. *Faire de la réclame* (pour une marque, un produit). **3.** EN RÉCLAME : en vente à prix réduit. ⇒ **solde.** *Articles en réclame.* ⇒ en **promotion.** — En appos. *Des ventes réclames.* **4.** Ce qui fait valoir, ce qui assure le succès. *Cela ne lui fait pas de réclame.*

réclamer [rekla(ɑ)me] v. ▪ conjug. 1. **I.** V. tr. **1.** Demander (comme une chose indispensable) en insistant. *On lui a donné ce qu'il réclamait. Réclamer le silence. Réclamer qqn,* sa présence. *L'enfant réclamait sa mère.* **2.** Demander comme dû, comme juste. ⇒ **exiger, revendiquer.** *Réclamer sa part. On réclame une indemnité à la compagnie d'assurances.* **3.** (Suj. chose) Requérir, exiger, nécessiter. *Ce travail réclame beaucoup de soin.* **II.** V. intr. Faire une réclamation. ⇒ **protester.** — Fam. *J'ai l'estomac qui réclame,* j'ai faim. **III.** SE RÉCLAMER (DE) v. pron. : invoquer en sa faveur le témoignage ou la caution de (qqn). ⇒ se **recommander.** *Vous avez bien fait de vous réclamer de moi.* ‹ ▶ réclamation, réclame ›

reclasser [r(ə)klɑse] v. tr. ▪ conjug. 1. **1.** Classer de nouveau, selon une nouvelle méthode. *Reclasser des fiches.* **2.** Procéder au reclassement (2) de (qqn). *Reclasser des fonctionnaires.* ▶ ***reclassement*** n. m. **1.** Nouveau classement. **2.** Classement d'après une nouvelle échelle des salaires (dans la fonction publique, dans le parapublic, etc.). — Nouvelle affectation de personnes qui ne sont plus aptes à exercer leur emploi. *Le reclassement des victimes d'accidents du travail.*

reclus, use [rəkly, yz] n. et adj. ■ Littér. Personne qui vit enfermée, retirée du monde. ⇒ **isolé.** *Il ne sort plus, il vit en reclus ; il mène une vie de reclus.* — *Existence recluse.* ▶ ***réclusion*** [reklyzjɔ̃] n. f. ■ Privation de liberté, avec obligation de travailler. ⇒ **détention, emprisonnement, prison.** *Réclusion à perpétuité. Il est condamné à dix ans de réclusion criminelle.*

recoiffer [r(ə)kwafe] v. tr. ▪ conjug. 1. ■ Coiffer de nouveau. — Pronominalement. *Elle s'est recoiffée avant de sortir.*

recoin [rəkwɛ̃] ou , cour., ***racoin*** n. m. **1.** Coin, endroit caché, retiré. *Les recoins d'un grenier. Explorer les coins et les recoins.* **2.** Abstrait. Partie secrète, intime. ⇒ ① **repli.** *Les recoins de la mémoire.*

récollection [rekɔlɛksjɔ̃] n. f. ■ Littér. Action de se recueillir (1) ; retraite spirituelle. ⇒ ② **retraite** (3).

recoller [r(ə)kɔle] v. tr. ▪ conjug. 1. ■ Coller de nouveau ; raccommoder en collant. *Recoller une assiette cassée.* — Fig. *Il va falloir recoller les morceaux,* arranger les choses (après une rupture).

récollet [rekɔlɛ] n. m. ■ Religieux franciscain réformé (qui a l'esprit à la récollection). *Les récollets sont venus nombreux en Nouvelle-France.*

récolte [rekɔlt] n. f. **1.** Action de recueillir (les produits de la terre). ⇒ **moisson.** *Faire la récolte des fraises, des bleuets. — La récolte de l'eau d'érable.* ⇒ **cueillette. 2.** Les produits recueillis. *L'abondance des récoltes. Bonne, mauvaise récolte. Une récolte de pommes.* **3.** Ce qu'on recueille à la suite d'une recherche. *Une récolte de documents.* ▶ ***récolter*** v. tr. ▪ conjug. 1. **1.** Faire la récolte de. ⇒ **cueillir, recueillir.** *Récolter des pommes de terre.* — Pronominalement (passif). *Ces fraises se récoltent en juin.* **2.** Gagner, recueillir. *Récolter des renseignements. Je n'y ai récolté que des ennuis.* — Fam. Recevoir. *Récolter des coups.* ⇒ fam. **manger.** *Récolter une amende.*

recommander [r(ə)kɔmɑ̃de] v. tr. ▪ conjug. 1. **I. 1.** Désigner (qqn) à l'attention bienveillante, à la protection d'une personne. *Recommander un ami à un employeur. Il a été chaudement recommandé auprès de la ministre.* ⇒ **appuyer, pistonner.** — *Recommander son âme à Dieu,* prier pour son âme avant de mourir ; se préparer à mourir. **2.** Désigner (une chose) à l'attention de qqn ; vanter les avantages de. ⇒ **conseiller, préconiser.** *Recommander un produit, une méthode.* **3.** Demander avec insistance (qqch.) à qqn. *Je te recommande la plus grande prudence. Je vous recommande de bien l'accueillir.* — Impers. *Il est recommandé de ne pas fumer.* — Au p. p. adj. *Ce n'est pas très recommandé,* c'est déconseillé. **4.** Soumettre (un envoi postal) à une taxe spéciale qui garantit son bon acheminement. *Recommander un paquet.* — Au p. p. adj. *Lettre recommandée.* — N. m. *Envoi en recommandé. Un recommandé avec accusé de réception.* **II.** SE RECOMMANDER v. pron. **1.** *Se recommander de,* invoquer l'appui, le témoignage de. ⇒ se **réclamer.** *Vous pouvez vous recommander de moi.* **2.** *Se recommander à,* réclamer la protection de. *Se recommander à Dieu.* ▶ ***recommandable*** adj. ■ Digne d'être recommandé, estimé. *Il, elle est recommandable à tous égards.* — (Plus courant au négatif et avec *peu*) *Un individu peu recommandable.* ▶ ***recommandation*** n. f. **1.** Action de recommander qqn. ⇒ **appui, protection ;** fam. **piston.** *Je me suis adressé au secrétaire d'État adjoint sur votre recommandation. Des lettres de recommandation.* ⇒ **répondant. 2.** Action de recommander (qqch.) avec insistance. ⇒ **exhortation.** *Faire des recommandations à qqn. Tâche de suivre mes recommandations,* mes conseils. ⇒ ② **ordre.**

recommencer [r(ə)kɔmɑ̃se] v. ▪ conjug. 3. **I.** V. tr. **1.** Commencer de nouveau (ce qu'on avait interrompu, abandonné ou rejeté). ⇒ ① **reprendre.** *Recommencer la lutte.* — Sans compl. Reprendre au commencement. *J'ai oublié où j'en étais, je recommence.* — RECOMMENCER À (+ infinitif). ⇒ se **remettre.** *Il recommença à gémir.* — Impers. *Voilà qu'il recommence à pleuvoir !* **2.** Faire de nouveau depuis le début (ce qu'on a déjà fait). ⇒ **refaire.** *Recommencer un travail mal fait. Recommencer dix fois la même chose. Tout est à recommencer ! Si c'était à recommencer...* (j'agirais tout autrement). **II.** V. intr. **1.** Littér. Avoir de nouveau un commencement. *Tout renaît et recommence.* ⇒ se **renouveler. 2.** Se produire de nouveau (après une interruption). ⇒ **reprendre.**

L'orage recommence. / contr. **cesser** / — *Ça recommence de plus belle,* avec plus d'ardeur. ▶ ***recommencement*** n. m. ■ Action de recommencer. *Un perpétuel recommencement.*

récompense [ʀekɔ̃pɑ̃s] n. f. ■ Bien matériel ou moral donné ou reçu pour une bonne action, un service rendu, des mérites. ⇒ **cadeau,** ① **don, gratification.** *Donner, recevoir une récompense. La récompense de qqn,* celle qu'il reçoit. *Elle a reçu un livre en récompense. Cent dollars de récompense à qui retrouvera mon chien.* ▶ ***récompenser*** v. tr. ▪ conjug. 1. ■ Gratifier d'une récompense. / contr. **punir** / *Récompenser qqn de* (ou *pour*) *ses efforts ; le récompenser d'avoir fait des efforts.* — Au passif. *Être récompensé de ses efforts.* — (Compl. chose) *Récompenser le travail de qqn.* — *Sa patience est enfin récompensée.*

recomposer [ʀəkɔ̃poze] v. tr. ▪ conjug. 1. ■ Composer de nouveau (un texte, un numéro de téléphone...). *J'ai recomposé un mauvais numéro.* ▶ ***recomposition*** n. f. ■ Action de recomposer. *La recomposition automatique* (sur un téléphone). — Son résultat.

recompter [ʀəkɔ̃te] v. tr. ▪ conjug. 1. ■ Compter de nouveau. *Il recompta ce qu'il avait en poche.* ▶ ***recomptage*** n. m. ■ Action de recompter ; son résultat. *Lors de l'élection dans ce quartier, il a fallu procéder au recomptage des bulletins de vote. Exiger un recomptage judiciaire.*

réconcilier [ʀekɔ̃silje] v. tr. ▪ conjug. 7. **1.** Remettre en accord, en harmonie (des personnes qui étaient brouillées). ⇒ **raccommoder.** / contr. se **fâcher** / *Réconcilier deux personnes. Je veux réconcilier le père et la fille, le père avec la fille.* — Pronominalement. *Se réconcilier avec qqn. Ils se sont réconciliés.* **2.** Concilier (des opinions, des doctrines foncièrement différentes). *Réconcilier la politique et la morale.* — Faire revenir (qqn) sur une opinion ou un préjugé défavorables. *Cette exposition me réconcilie avec la peinture moderne.* ▶ ***réconciliation*** n. f. ■ Action de réconcilier ; fait de se réconcilier. ⇒ **raccommodement.** ‹ ▶ irréconciliable ›

① ***reconduire*** [ʀ(ə)kɔ̃dɥiʀ] v. tr. ▪ conjug. 38. — REM. Part. passé *reconduit(e).* **1.** Accompagner (une personne) à son domicile. ⇒ **raccompagner, ramener. 2.** Accompagner (un visiteur qui s'en va) jusqu'à la porte, par civilité. **3.** Conduire (qqn) quelque part. ⇒ **emmener.** *Aller reconduire un enfant chez sa gardienne.* — Sans compl. de lieu. *Viendrais-tu nous reconduire ?* ‹ ▶ ② reconduire ›

② ***reconduire*** v. tr. ▪ conjug. 38. — REM. Part. passé *reconduit(e).* ■ Droit, d'administration. Renouveler ou proroger (un contrat, etc.). *Reconduire des mesures temporaires, un bail, une grève.* ▶ ***reconduction*** n. f. ■ Acte par lequel on continue, on renouvelle (une location, un bail à terme...). *Tacite reconduction,* qui se fait par accord tacite.

réconfort [ʀekɔ̃fɔʀ] n. m. ■ Ce qui redonne du courage, de l'espoir. ⇒ **consolation.** *Avoir besoin de réconfort. Ta visite m'a apporté un grand réconfort.* ▶ ***réconforter*** v. tr. ▪ conjug. 1 **1.** Donner, redonner (à qqn qui en a besoin) du courage, de l'énergie. ⇒ **soutenir.** *Réconforter une famille dans la peine. Ton exemple me réconforte.* **2.** Redonner momentanément des forces physiques à (qqn d'affaibli). ⇒ **remonter, revigorer.** *Ce petit gin m'a réconforté. J'ai besoin de me réconforter,* de manger, de boire qqch. ▶ ***réconfortant, ante*** adj. ■ Qui réconforte, console. *Nouvelles réconfortantes.* — Qui revigore. — N. m. *Un réconfortant,* une boisson qui ranime. ⇒ **remontant.**

① ***reconnaître*** [ʀ(ə)kɔnɛtʀ] v. tr. ▪ conjug. 57. **I. 1.** Identifier (qqn, qqch.) à l'aide de la mémoire. ⇒ se **souvenir.** *Je reconnais cet endroit, j'y suis déjà venu. Il avait laissé pousser sa barbe, aussi je ne l'ai pas reconnu tout de suite.* ⇒ **replacer.** *Le chien reconnaît son maître.* **2.** Identifier (qqn, qqch.) en tant qu'appartenant à une catégorie. *Reconnaître une plante,* l'espèce à laquelle elle appartient. *Reconnaître une voix,* en identifiant la personne qui parle. *Reconnaître l'injustice là où elle se manifeste.* — Avec un compl. au plur. *Des jumeaux impossibles à reconnaître.* ⇒ **distinguer.** — Retrouver (une chose, une personne) telle qu'on l'a connue. *Je reconnais bien là sa paresse. On ne le reconnaît plus,* il a changé. — RECONNAÎTRE *qqn, qqch.* À : l'identifier grâce à (tel caractère, tel signe). *Reconnaître qqn à sa démarche, un arbre à ses feuilles.* **II.** SE RECONNAÎTRE v. pron. **1.** (Réfl.) Retrouver son image, s'identifier. *Je ne me reconnais pas du tout sur cette photo.* — *Se reconnaître dans qqn,* se trouver des points de ressemblance avec lui. *Les jeunes gens se reconnaissent dans le héros de ce film.* **2.** Reconnaître les lieux où l'on se trouve. ⇒ se **retrouver.** *Comment se reconnaître dans ce dédale de ruelles ?* ⇒ se ② **démêler,** s'**orienter.** *Ne plus s'y reconnaître.* ⇒ s'**embrouiller. 3.** (Récipr.) *Ils ne se sont pas reconnus, après dix ans de séparation.* **4.** (Passif) Être reconnu ou reconnaissable. *Le rossignol se reconnaît à son chant.* ▶ ***reconnaissable*** adj. ■ Qui peut être aisément reconnu, distingué. *Son parfum est reconnaissable entre tous. Il est reconnaissable à sa calvitie. Il est à peine reconnaissable, tant il est changé.* ⇒ **méconnaissable.** ▶ ① ***reconnaissance*** n. f. **1.** Action de reconnaître. — *Signe de reconnaissance,* par lequel des personnes se reconnaissent. **2.** Informatique. *Reconnaissance de la parole, reconnaissance vocale,* ensemble des techniques qui visent à faire reconnaître et comprendre un message vocal par un ordinateur. — *Reconnaissance de l'écriture,* ensemble des techniques qui visent à faire reconnaître des caractères (imprimés ou manuscrits) par un ordinateur.

② ***reconnaître*** v. tr. ▪ conjug. 57. **1.** Admettre, avouer (un acte blâmable qu'on a commis). ⇒ **confesser.** *Reconnaître ses torts, sa culpabilité. L'accusé a reconnu les faits. Il reconnaît avoir menti, qu'il a menti.* **2.** Admettre (qqn) pour chef, pour maître. *C'est le chef reconnu de la rébellion.* **3.** Admettre (qqch.). *Reconnaître la valeur, la supériorité de qqn.* — *Reconnaissons qu'elle a fait ce qu'elle a pu.* ⇒ **convenir** de. — *Reconnaître une qualité à qqn,* considérer qu'il la possède. **4.** Admettre, après une recherche. ⇒ **constater, découvrir.** *Reconnaître peu à peu les difficultés d'un sujet.* **5.** Effectuer une reconnaissance militaire (I, 2) dans (un lieu). *Reconnaître le terrain, les positions.* **6.** Admettre officiellement l'existence juridique de. *Reconnaître un nouveau pays, un gouvernement, la compétence d'un tribunal.* — *Reconnaître un enfant* (⇒ **reconnaissance**, I, 3). *Reconnaître une dette.* ▶ ② ***reconnaissance*** n. f. **I.** Action de reconnaître, d'accepter, d'admettre. **1.** Littér. Aveu, confession (d'une faute). *La reconnaissance de ses erreurs.* **2.** Examen (d'un lieu). ⇒ **exploration.** *La reconnaissance d'une contrée inconnue, d'une côte inexplorée.* — Opération militaire dont le but est de recueillir des renseignements. *Mission, patrouille de reconnaissance. Des avions, des satellites de reconnaissance.* — Loc. EN RECONNAISSANCE. *Envoyer un détachement en reconnaissance. Partir en reconnaissance.* **3.** Action de reconnaître formellement, juridiquement. *La reconnaissance d'un État par un autre État.* — *Reconnaissance d'enfant,* acte par lequel une personne reconnaît être le père ou la mère d'un enfant. — *Signer une reconnaissance de dette.* **II. 1.** Action de reconnaître (un bienfait reçu). *Il l'a faite son héritière en reconnaissance de ses services.* **2.** Gratitude. *Éprouver de la reconnaissance.* — Fam. *La* *reconnaissance du ventre,* celle que l'on éprouve envers qqn qui nous a nourris. ▶ ***reconnaissant, ante*** adj. ■ Qui a de la reconnaissance (II, 2). *Je vous suis très reconnaissante de m'avoir aidée.* ▶ ***reconnu, ue*** adj. ■ Admis pour vrai. *C'est un fait reconnu,* certain, avéré.

reconquérir [ʀ(ə)kɔ̃keʀiʀ] v. tr. ▪ conjug. 21. **1.** Reprendre par une conquête. — Au p. p. adj. *Un village conquis, perdu et reconquis.* **2.** Conquérir de nouveau par une lutte. *Reconquérir sa liberté.* ▶ ***reconquête*** n. f. ■ Action de reconquérir.

reconsidérer [ʀ(ə)kɔ̃sideʀe] v. tr. ▪ conjug. 6. ■ Considérer de nouveau (une question, un projet). ⇒ **réexaminer, revoir.** *Il faut reconsidérer le problème.*

reconstituer [ʀ(ə)kɔ̃stitɥe] v. tr. ▪ conjug. 1. **1.** Constituer, former de nouveau. *Reconstituer une armée, une équipe. Il a reconstitué sa fortune.* — Pronominalement. *Le parti s'est reconstitué.* **2.** Rétablir dans sa forme, dans son état d'origine, en réalité ou par la pensée (une chose disparue). *Reconstituer fidèlement un quartier d'une ville détruite. L'enquête a permis de reconstituer les faits.* **3.** Rétablir dans son état antérieur et normal. *Reconstituer ses forces.* ⇒ **régénérer.** ▶ ***reconstituant, ante*** adj. et n. m. ■ Propre à reconstituer, à redonner des forces à l'organisme. *Aliment, régime reconstituant.* — N. m. *Un reconstituant.* ⇒ **tonique.** ▶ ***reconstitution*** n. f. ■ Action de reconstituer, de se reconstituer. *Une reconstitution historique* (dans un spectacle, etc.), une évocation historique précise et fidèle. — *La reconstitution d'un crime, d'un accident.*

reconstruire [ʀ(ə)kɔ̃stʀɥiʀ] v. tr. ▪ conjug. 38. — REM. Part. passé *reconstruit(e).* **1.** Construire de nouveau (ce qui était démoli). *Reconstruire une ville.* ⇒ **rebâtir.** — Au p. p. adj. *Cité reconstruite après une guerre.* **2.** Réédifier, refaire. *Reconstruire sa fortune. Elle veut reconstruire la société à son idée.* ▶ ***reconstruction*** [ʀ(ə)kɔ̃stʀyksjɔ̃] n. f.

reconversion [ʀ(ə)kɔ̃vɛʀsjɔ̃] n. f. **1.** *Reconversion économique, technique,* adaptation à des conditions nouvelles (notamment quand on revient de l'économie de guerre à l'économie de paix). *La reconversion des anciens pays communistes à l'économie de marché.* **2.** Affectation (de qqn) à un nouvel emploi. ⇒ **recyclage.** *La reconversion professionnelle.* ▶ ***reconvertir*** v. tr. ▪ conjug. 2. ■ Procéder à la reconversion de (qqn, qqch.). — SE RECONVERTIR v. pron. : changer de métier. *Déçue par l'enseignement, elle s'est reconvertie dans la recherche.* ⇒ se **recycler.**

recopier [ʀ(ə)kɔpje] v. tr. ▪ conjug. 7. ■ Copier (un texte déjà écrit). ⇒ **transcrire.** *Recopier une adresse dans son nouvel agenda.* — Mettre au propre (un brouillon). *Recopier un devoir.* ▶ ***recopiage*** n. m.

① ***record*** [ʀ(ə)kɔʀ] n. m. **1.** Exploit sportif qui dépasse ce qui a été fait avant dans la même spécialité. *Établir, détenir, améliorer, battre un record. Record d'Europe, du monde. Livre des records. — Battre tous les records,* l'emporter sur les autres ; fam. dépasser tout ce que l'on peut imaginer. *Sa paresse bat tous les records !* — Loc. *En un temps record,* très rapidement. **2.** En appos. Jamais atteint. *Production record. Atteindre le chiffre record de... Des ventes records.*

② ***record*** n. m. ■ Vieilli. Anglic. Disque. *Écouter un record. Des vieux records de Noël.*

recoucher [ʀ(ə)kuʃe] v. tr. ▪ conjug. 1. ■ Coucher de nouveau (qqn qui vient de se lever). — Pronominalement. *Se recoucher.*

recoudre [ʀ(ə)kudʀ] v. tr. ▪ conjug. 48. ■ Coudre (ce qui est décousu). *Recoudre un bouton.* — Coudre les lèvres d'une plaie, d'une incision. *Recoudre la peau du visage.* — Au p. p. adj. *Son visage est tout recousu.*

① ***recouper*** [ʀ(ə)kupe] v. tr. ▪ conjug. 1. **1.** Couper de nouveau. — *Recouper un habit,* en modifier la coupe. **2.** Sans compl. Couper une seconde fois les cartes.

② ***recouper*** v. tr. ▪ conjug. 1. (Suj. chose abstraite, discours) **1.** Coïncider en confirmant. *Votre témoignage recoupe le sien.* **2.** SE RECOUPER v. pron. : coïncider en un ou plusieurs points. *Les déclarations des deux témoins se recoupent.* ▶ ***recoupement*** n. m. ■ Rencontre de renseignements de sources différentes qui permettent d'établir un fait ; vérification du fait par ce moyen. *Procéder par recoupement. Faire un recoupement.*

recourber [ʀ(ə)kuʀbe] v. tr. ▪ conjug. 1. ■ Courber à son extrémité, rendre courbe. ⇒ **crochir.** *Recourber une branche, une tige de métal.* — Au p. p. adj. *Bec recourbé.* ⇒ **crochu.**

① ***recourir*** [ʀ(ə)kuʀiʀ] v. tr. ind. ▪ conjug. 11. — RECOURIR À. **1.** Demander une aide à (qqn). *Recourir à un ami. Nous avons recouru à une agence pour trouver un appartement.* ⇒ s'**adresser. 2.** Mettre en œuvre (un moyen). ⇒ **employer, utiliser.** *Recourir à un mensonge. Il a fallu recourir à un expédient.* ▶ ***recours*** [ʀ(ə)kuʀ] n. m. invar. **1.** Action de recourir à (qqn, qqch.). *Le recours à la violence.* — AVOIR RECOURS À loc. verb. : faire appel à. *Avoir recours à qqn.* ⇒ s'**adresser, recourir.** *Ils ont eu recours à des moyens extrêmes.* **2.** Ce à quoi on recourt, dernier moyen efficace. ⇒ **ressource.** *C'est notre dernier, notre suprême recours. C'est sans recours,* c'est irrémédiable. **3.** Procédé destiné à obtenir d'une juridiction le nouvel examen d'une question. ⇒ **pourvoi.** *Recours en appel. — Recours en grâce,* adressé au chef de l'État. — *Recours collectif,* qui permet à une personne de faire valoir ses droits en justice et ceux d'autres individus, sans mandat de leur part, mais à condition que les revendications soient suffisamment similaires pour justifier leur regroupement.

② ***recourir*** v. ▪ conjug. 11. **1.** V. intr. Se remettre à courir. *Elle n'a pas recouru depuis son accident.* **2.** V. tr. *Recourir un cent mètres.*

recouvrer [ʀ(ə)kuvʀe] v. tr. ▪ conjug. 1. **1.** Littér. Rentrer en possession de (qqch.). *Il a recouvré son bien.* ⇒ **récupérer.** *Recouvrer ses droits. J'espère que tu recouvreras la santé,* que tu guériras. — Football. *Recouvrer le ballon,* le reprendre à l'adversaire. **2.** Recevoir le paiement de (une somme due). ⇒ **encaisser.** *Recouvrer la T.P.S.* ≠ *recouvrir.* ▶ ① ***recouvrement*** n. m. ■ Action de recouvrer (des sommes dues). *Le recouvrement d'une créance. — Le recouvrement du ballon.*

recouvrir [ʀ(ə)kuvʀiʀ] v. tr. ▪ conjug. 18. **I.** Couvrir de nouveau (ce qui est découvert). *Il a recouvert la casserole. — Recouvrir qqn dans son lit,* remettre une couverture sur lui. ⇒ **rabrier. II. 1.** (Suj. chose) Couvrir entièrement. *La neige recouvre le sol. — Recouvrir un fauteuil avec une housse.* **2.** (Suj. personne) Couvrir toute la surface de (qqch.) en la touchant. *Recouvrir un mur de papier peint.* ⇒ **tapisser.** *Recouvrir des sièges* (de tissu). ⇒ **garnir ; rembourrer.** *As-tu recouvert tes livres de classe ?* **3.** (Suj. chose) Cacher, masquer. *Sa désinvolture recouvre une grande timidité.* **4.** Abstrait. S'appliquer à, correspondre à. *La notion de réalisme recouvre plusieurs aspects.* ⇒ **embrasser, inclure.** ≠ *recouvrer.* ▶ ② ***recouvrement*** n. m. ■ Action de recouvrir ; (techniques) ce qui recouvre. *Le recouvrement d'un toit.*

recracher [R(ə)kRaʃe] v. tr. ▪ conjug. 1. ■ Rejeter de la bouche (ce qu'on y a mis). *Recracher un bonbon.*

recréer [R(ə)kRee] v. tr. ▪ conjug. 1. ■ Reconstruire, reconstituer, faire revivre (ce qui n'est plus). *Recréer une ambiance.* — Abstrait. Réinventer. *L'imagination recrée le monde.* ≠ *se récréer.* ▶ ***recréation*** n. f. ■ Action de recréer. *La recréation d'un personnage historique.* ≠ *récréation.*

se ***récréer*** [RekRee] v. pron. ▪ conjug. 1. ■ Littér. Se délasser par une occupation agréable. ⇒ s'**amuser,** se **détendre,** se **distraire,** se **divertir.** ≠ *recréer.* ▶ ***récréatif, ive*** adj. ■ Qui a pour objet ou pour effet de divertir. *Séance récréative organisée pour des enfants. Un centre récréatif.* ▶ ***récréation*** n. f. **1.** Temps de liberté accordé aux élèves pour qu'ils puissent jouer, se délasser. *Aller, être en récréation. La cour de récréation.* — Abrév. fam. RÉCRÉ, n. f. *Pendant la récré.* **2.** Littér. Délassement, divertissement. *S'octroyer une petite récréation. — La récréation est terminée,* il faut revenir aux choses sérieuses. ≠ *recréation.* ▶ ***récréotouristique*** adj. ■ Relatif aux activités récréatives et touristiques. *Un bureau récréotouristique régional. Secteur à vocation récréotouristique.*

se ***récrier*** [RekRije] v. pron. ▪ conjug. 7. ■ Littér. S'exclamer sous l'effet d'une vive émotion. *Elles se sont récriées d'admiration.* — Sans compl. *À ces mots, il se récria.* ⇒ s'**indigner, protester.**

récriminer [RekRimine] v. intr. ▪ conjug. 1. ■ *Récriminer contre qqn, qqch.,* critiquer avec amertume et âpreté. ⇒ **protester.** — Sans compl. *Inutile de récriminer.* ▶ ***récrimination*** n. f. ■ (Surtout au plur.) Le fait de récriminer. ⇒ **protestation, réclamation ;** fam. **chialage ;** péj. **braillage.**

récrire [RekRiR] ou ***réécrire*** [ReekRiR] v. tr. ▪ conjug. 39. **1.** Écrire de nouveau. *Je te récrirai (réécrirai) la semaine prochaine.* **2.** Rédiger de nouveau. — Au p. p. adj. *Scénario réécrit de bout en bout.*

se ***recroqueviller*** [R(ə)kRɔkvije] v. pron. ▪ conjug. 1. **1.** Se rétracter, se recourber en se desséchant. ⇒ se **racornir,** se **ratatiner ;** fam. se **raboudiner.** *Le cuir se recroqueville à la chaleur. Les feuilles mortes se sont recroquevillées.* **2.** (Suj. personne) Se replier, se ramasser sur soi-même. — Au p. p. adj. *Un malade recroquevillé dans son lit.* **3.** V. tr. *Le froid recroqueville les plantes.*

recru, ue [R(ə)kRy] adj. ■ Littér. Fatigué jusqu'à l'épuisement. ⇒ **éreinté, fourbu, harassé ;** fam. **raqué.** *Bête de somme recrue.* — REM. On dit surtout : *Être* RECRU, UE DE FATIGUE. ≠ *recrue* n. f.

recrudescence [R(ə)kRydɛsɑ̃s] n. f. **1.** Aggravation (d'une maladie) après une amélioration. *Une recrudescence de fièvre. La recrudescence d'une épidémie,* augmentation du nombre des cas. / contr. **diminution, recul** / **2.** Brusque réapparition, sous une forme plus intense. *La recrudescence des combats, d'un incendie, des eaux.* ▶ ***recrudescent, ente*** adj. ■ Littér. Qui est en recrudescence. *Criminalité recrudescente.*

recrue [R(ə)kRy] n. f. **1.** Sports. Joueur qui en est à sa première année d'activité dans un calibre de jeu. ⇒ anglic. **prospect.** *Trophée remis à la meilleure recrue de l'année.* **2.** Soldat qui vient d'être recruté. ⇒ **conscrit.** *Les nouvelles recrues.* **3.** Personne qui vient s'ajouter à un groupe. *Faire une nouvelle recrue* (dans un cercle, un parti...). ≠ *recru.* ▶ ***recruter*** v. tr. ▪ conjug. 1. **1.** Engager (des hommes) pour former une troupe ; former (une troupe). *Recruter une armée.* — Au p. p. adj. *Soldat nouvellement recruté.* ⇒ **recrue.** — Amener (qqn) à faire partie d'un groupe. *Recruter des partisans, des collaborateurs. — Recruter du personnel.* ⇒ **embaucher. 2.** SE RECRUTER v. pron. : être recruté. *Membres qui se recrutent par élection. Se recruter dans, parmi...,* provenir de. *Leurs adhérents se recrutent dans tous les milieux.* ▶ ***recrutement*** n. m. ■ Action de recruter (des soldats, des bénévoles, etc.). *Bureau, service de recrutement.* ▶ ***recruteur, euse*** n. et adj. ■ Personne qui est chargée de recruter. — Adj. *Agent recruteur.*

rectal, ale, aux [Rɛktal, o] adj. ■ Relatif au rectum. *Thermomètre rectal.*

rectangle [Rɛktɑ̃gl] adj. et n. m. **1.** Adj. Dont un angle au moins est droit. *Triangle rectangle.* **2.** N. m. Figure à quatre angles droits dont les côtés sont égaux seulement deux à deux (s'ils le sont tous, c'est un *carré).* ▶ ***rectangulaire*** adj. ■ Qui a la forme d'un rectangle. *Pièce rectangulaire. Les rangs sont rectangulaires.*

recteur [Rɛktœr] n. m. **1.** Personne qui est à la tête d'une université. *Les recteurs des universités québécoises. Le bureau du recteur.* ⇒ **rectorat.** — (France) Universitaire qui est à la tête d'une académie (2). **2.** Supérieur d'un collège religieux. *Le recteur du Séminaire X.* — REM. L'O.L.F. propose *rectrice* au féminin. ⟨ ▶ rectorat, vice-recteur ⟩

rect(i)- ■ Élément signifiant « ① droit ».

rectifier [Rɛktifje] v. tr. ▪ conjug. 7. **1.** Rendre droit. *Rectifier un alignement.* **2.** Modifier (qqch.) pour le rendre conforme à son emploi, à ce qu'il doit être. *Rectifier un tracé. Rectifier la position,* (soldats) reprendre la position réglementaire. — Loc. Abstrait. RECTIFIER LE TIR : changer sa façon d'agir pour mieux réussir. **3.** Rendre exact. ⇒ **corriger.** *Rectifier un calcul. Texte à rectifier. Rectifier une déclaration.* **4.** Faire disparaître en corrigeant. ⇒ **redresser.** *Rectifier une erreur.* — Sans compl. *Ce que tu dis là est inexact, permets-moi de rectifier.* ▶ ***rectifiable*** adj. ■ Qui peut être rectifié. ▶ ***rectificatif, ive*** adj. et n. m. ■ Qui a pour objet de rectifier (une chose inexacte). *Compte rectificatif.* — N. m. *Communiquer à la presse un rectificatif,* une note rectificative. ▶ ***rectification*** n. f. **1.** Action de rectifier. **2.** Correction. *Veuillez noter cette rectification.*

rectiligne [Rɛktiliɲ] adj. **1.** Qui est ou se fait en ligne droite. *Allées rectilignes. Mouvement rectiligne.* **2.** Limité par des droites ou des segments de droite. *Figure géométrique rectiligne.*

rectitude [Rɛktityd] n. f. ■ Littér. Qualité de ce qui est droit, rigoureux (intellectuellement et moralement). *Faire preuve de rectitude morale.* ⇒ **droiture, rigueur.** *La rectitude d'un raisonnement.* ⇒ **exactitude, justesse.**

recto [Rɛkto] n. m. ■ Première page d'un feuillet (opposé à *verso).* ⇒ ② **endroit.** *Le début est au recto. Des rectos.* — Loc. adv. RECTO VERSO : au recto et au verso. *Imprimer recto verso.*

rectorat [Rɛktɔʀa] n. m. **1.** Charge de recteur (1). — Durée de cette charge. **2.** Bureaux et services administratifs du recteur (1). *Le rapport est disponible au rectorat.*

rectum [Rɛktɔm] n. m. ■ Anatomie. Portion terminale du gros intestin, qui aboutit à l'anus. ⟨ ▶ rectal ⟩

① ***reçu, ue*** ■ Part. passé du v. *recevoir.*

② ***reçu*** [R(ə)sy] n. m. ■ Écrit par lequel une personne reconnaît avoir reçu (qqch.) à titre de paiement, de prêt, etc. ⇒ **quittance, récépissé.** *Donner, remettre un reçu. Signez et datez les reçus. Votre facture sert de reçu.*

① ***recueillir*** [R(ə)kœjiR] v. tr. ▪ conjug. 12. **I.** RECUEILLIR *qqch.* **1.** Prendre en cueillant ou en ramassant, pour utiliser ultérieurement. *Les abeilles recueillent le pollen.* — Abstrait. ⇒ **récolter.** *Quand recueillerons-nous le fruit de nos efforts ?* **2.** Rassembler, réunir (des éléments dispersés). ⇒ **collecter.** *Recueillir des matériaux, de l'argent, des souscriptions.* **3.** Faire entrer et séjourner dans un récipient. *Recueillir les eaux de pluie dans une citerne. Recueillir l'eau d'érable.* **4.** Recevoir pour conserver (une information). ⇒ **enregistrer.** *Recueillir des renseignements, les dépositions des témoins.* **5.** Recevoir (par voie d'héritage, etc.). *Recueillir des biens laissés par un vieil oncle.* — Obtenir. *Recueillir des voix, des suffrages* (dans une élection). **II.** RECUEILLIR *qqn* : offrir un refuge et une protection à (qqn dans le besoin, le malheur). *Recueillir un enfant handicapé.* ⇒ **héberger.** — *Il recueille les chiens errants.* ▶ ***recueil*** [ʀ(ə)kœj] n. m. ■ Ouvrage réunissant des écrits, des documents. *Un recueil de poèmes. Recueil de morceaux choisis.* ⇒ **anthologie.** *Des recueils de chansons.*

② ***se recueillir*** v. pron. ▪ conjug. 12. **1.** Concentrer sa pensée sur la vie spirituelle. **2.** S'isoler du monde extérieur pour mieux réfléchir, se concentrer. ⇒ **rentrer** en soi-même. *Avoir besoin de se recueillir* (⇒ **recollection**). ▶ ***recueillement*** n. m. **1.** Action de se recueillir. ⇒ **méditation. 2.** État de l'esprit qui s'isole du monde extérieur. *Écouter de la musique avec recueillement.* ▶ ***recueilli, ie*** adj. ■ Qui a, qui manifeste du recueillement. *Des communiants recueillis. Un air recueilli et méditatif.*

recuire [ʀ(ə)kɥiʀ] v. intr. ▪ conjug. 38. — REM. Part. passé *recuit(e).* ■ Subir une nouvelle cuisson. *Faire recuire un gigot trop saignant.*

recul [ʀ(ə)kyl] n. m. **1.** (Mécanismes) *Le recul d'un canon, d'une arme à feu,* le mouvement vers l'arrière après le départ du coup. **2.** Action de reculer, mouvement ou pas en arrière. / contr. **progression** / *Le recul d'une armée.* ⇒ ② **repli.** *Avoir un recul, un mouvement de recul.* — Abstrait. Régression. ⇒ **diminution.** / contr. **augmentation, croissance, recrudescence** / *On constate un certain recul de la tuberculose.* **3.** Position éloignée (dans l'espace ou dans le temps) permettant une appréciation meilleure. *Prendre du recul pour apprécier un tableau. Je n'ai compris cela que beaucoup plus tard, avec le recul.* — Le fait de se détacher mentalement d'une situation actuelle pour mieux l'évaluer. *Prenons du recul. Manquer de recul.* **4.** Espace libre, permettant (au tennis, au ping-pong) de reculer pour reprendre la balle. *Ce court n'a pas assez de recul.* ▶ ***reculer*** v. ▪ conjug. 1. **I.** V. intr. **1.** Aller, faire mouvement en arrière. / contr. **avancer** / *Reculer d'un pas. Reculer d'horreur. — Voiture qui recule.* **2.** (Choses) Perdre du terrain. *L'épidémie a reculé.* **3.** Abstrait. Se dérober devant une difficulté ; revenir à une position plus sûre. ⇒ **renoncer.** *On s'est trop avancé pour pouvoir reculer. Plus moyen de reculer !* — Loc. *Reculer pour mieux sauter,* éviter sur le moment une difficulté qu'il faudra affronter de toute façon. — RECULER DEVANT *qqch.* : craindre, fuir (un danger, une difficulté). *Elle ne recule devant rien.* — Hésiter (à faire qqch.). *Il y a de quoi faire reculer les plus audacieux.* **II.** V. tr. **1.** Porter en arrière. *Recule un peu ta chaise.* — Pronominalement. *Elle se recula pour mieux voir.* — Reporter plus loin. *Reculer les frontières d'un pays.* ⇒ **repousser. 2.** Reporter à plus tard. ⇒ **ajourner, différer, retarder.** *Reculer une décision, une échéance.* / contr. **avancer** / ▶ ***reculade*** n. f. ■ Péj. et littér. Action de qqn qui recule, cède. ⇒ **dérobade.** *Honteuse, lâche reculade.* ▶ ***reculé, ée*** adj. **1.** Péj. Lointain et difficile d'accès. ⇒ **isolé.** *Village reculé. — C'est reculé,* loin de la civilisation. ⇒ fam. **creux. 2.** Éloigné (dans le temps). ⇒ **ancien.** *À une époque très reculée.* ▶ ***reculons*** n. m. ■ (Véhicules, moteurs) Fam. LE RECULONS : la marche arrière. *Mets-toi sur le reculons.* ▶ *à* ***reculons*** [aʀkylɔ̃], *de* ***reculons*** [dəʀkylɔ̃] loc. adv. ■ En reculant, en allant en arrière. *S'éloigner à reculons. Patiner de reculons. Stationner de reculons,* par l'arrière. — *Aller, marcher à reculons.* ⇒ ② **rétrograder.** *Faire qqch. à (de) reculons,* à contrecœur.

récupérer [ʀekypeʀe] v. tr. ▪ conjug. 6. **I.** RÉCUPÉRER *qqch.* **1.** Rentrer en possession de (ce qu'on avait perdu, dépensé). *Récupérer de l'argent, ses affaires, un livre prêté. — Récupérer ses forces.* ⇒ **recouvrer.** — Sans compl. *Laisse-moi le temps de récupérer. Athlète qui récupère vite* (après un grand effort). **2.** Recueillir (ce qui serait perdu ou inutilisé). *Récupérer de la ferraille, du matériel.* **3.** *Récupérer des heures, des journées de travail,* les faire en remplacement d'heures, de journées non effectuées. **4.** Annexer, détourner à son profit. — Au p. p. adj. *Mouvement de grève récupéré par un parti.* **II.** RÉCUPÉRER *qqn.* **1.** Conserver, en l'employant autrement (qqn qui n'est plus apte à poursuivre son activité passée). *Récupérer et reclasser des accidentés.* **2.** Fam. Retrouver et prendre avec soi (qqn) après une séparation. *C'est elle qui récupérera les enfants à la garderie.* **3.** Fam. Retrouver et employer de nouveau. *J'ai récupéré ma dactylo de l'an dernier.* **4.** S'assimiler (un individu, un groupe) exprimant des idées opposées ou différentes pour lui faire servir ses propres desseins. *Les grévistes ne veulent être récupérés par aucun parti.* ▶ ***récupérable*** adj. ■ Qui peut être récupéré. *Heures (de travail) récupérables. Les matières récupérables.* ⇒ **recyclable.** — (Personnes) Qui est susceptible de reprendre dans un groupe, dans la société, la place qu'il avait perdue. / contr. **irrécupérable** / *Décrocheurs récupérables.* ▶ ① ***récupérateur*** n. m. ■ Appareil destiné à améliorer le rendement d'un système productif d'énergie (électrique, calorifique...). *Elle a fait installer une cheminée à récupérateur de chaleur.* ▶ ② ***récupérateur, trice*** n. ■ Personne qui collecte des matériaux ou objets usagés (voitures, électroménager, cartons...) afin, soit d'en retirer et de revendre les parties en bon état, soit de les rendre aptes à être transformés de nouveau en matières premières. ⇒ **ferrailleur.** ▶ ***récupération*** n. f. ■ Action de récupérer (surtout au sens I, 2). *Récupération du verre, du carton, du plastique. Entreprise de récupération.* ‹ ▶ irrécupérable ›

récurer [ʀekyʀe] v. tr. ▪ conjug. 1. ■ Nettoyer en frottant. *Récurer des casseroles, un évier. Poudre à récurer.* ▶ ***récurage*** n. m. ■ *Le récurage des chaudrons.* ▶ ***recurant*** n. m. ■ Poudre à récurer. *Un récurant à odeur de citron.*

récuser [ʀekyze] v. tr. ▪ conjug. 1. **1.** Refuser d'accepter (qqn) comme juge, arbitre, témoin. *Récuser un témoin. Récuser la compétence d'un tribunal.* **2.** Repousser comme inexact. ⇒ **rejeter.** *Récuser un argument. Ce témoignage ne peut être récusé.* **3.** SE RÉCUSER v. pron. : affirmer son incompétence sur une question. ▶ ***récusable*** adj. ■ Droit. Qu'on peut récuser. *Juge récusable.* — Auquel on n'accorde pas sa confiance. *Témoignage récusable.* / contr. **irrécusable** / ▶ ***récusation*** n. f. ‹ ▶ irrécusable ›

recyclage [ʀ(ə)siklaʒ] n. m. **1.** Changement de l'orientation scolaire vers un autre cycle d'études. ⇒ **éducation** permanente. **2.** Formation complémentaire pour adapter qqn à de nouvelles fonctions ou de nouvelles connaissances. *Stage de recyclage.* **3.** Action de récupérer des déchets, de leur faire subir un traitement et de les réintroduire dans le cycle de production. *Le recyclage du verre.* ▶ ***recycler*** v. tr. ▪ conjug. 1. **1.** Effectuer le recyclage de (qqn). — Pronominalement. *Elle cherche à se recycler.* **2.** Soumettre à un recyclage (3). *Recycler des matériaux. Usine qui recycle le papier journal.* ⇒ **désencrer.** — Au p. p. adj. *Papier recyclé.* ▸ ***recyclable*** adj. ■ (Choses) Qui peut être recyclé. *Polystyrène recyclable.* ⇒ **récupérable.**

rédaction [Redaksjɔ̃] n. f. **1.** Action ou manière de rédiger un texte. *La rédaction d'un article.* **2.** Ensemble des rédacteurs d'un journal (écrit ou parlé), d'une œuvre collective ; locaux où ils travaillent. *Salle de rédaction.* **3.** Exercice scolaire élémentaire, pour apprendre aux élèves à rédiger. ⇒ **composition** française. ▸ ***rédacteur, trice*** n. ■ Professionnel(le) de la rédaction d'un texte (publicitaire, littéraire) ou d'articles de journaux. ⇒ **journaliste.** — *Rédacteur en chef,* directeur de la rédaction d'un journal. — *Rédacteur de nouvelles* (pour la radio, la télévision). ▸ ***rédactionnel, elle*** adj. ■ Relatif à la rédaction.

reddition [Re(ɛ)disjɔ̃] n. f. ■ Le fait de se rendre, de capituler. ⇒ **capitulation.** *La reddition d'une armée.* ≠ *réédition.*

redécouper [R(ə)dekupe] v. tr. ▪ conjug. 1. ■ Procéder au redécoupage électoral. ▸ ***redécoupage*** n. m. ■ *Redécoupage de la carte électorale,* opération qui consiste à revoir la répartition territoriale des circonscriptions d'une région administrative.

redemander [Rədmɑ̃de; R(ə)dəmɑ̃de] v. tr. ▪ conjug. 1. **1.** Demander de nouveau. *Redemander d'un plat à table.* **2.** Demander (ce qu'on a laissé, ce qu'on a prêté à qqn). *Je lui ai redemandé mon stylo.*

rédemption [Redɑ̃psjɔ̃] n. f. ■ Relig. Rachat du genre humain par le Christ. ⇒ **salut.** (Avec une majusc.) *Le mystère de la Rédemption.* — Le fait de racheter, de se racheter (au sens religieux ou moral). *La rédemption des péchés.* ▸ ***rédempteur, trice*** [Redɑ̃ptœR, tRis] n. et adj. **1.** N. m. (Avec une majusc.) *Le Rédempteur,* le Christ (en tant qu'il a racheté le genre humain par sa mort, selon la doctrine chrétienne). ⇒ **sauveur. 2.** Adj. Qui rachète, au sens moral ou religieux. *Souffrance rédemptrice.*

redescendre [R(ə)desɑ̃dR] v. ▪ conjug. 41. **I.** V. intr. Descendre après être monté. *Nous sommes montés en ascenseur, et puis nous sommes redescendus à pied.* **II.** V. tr. *Redescendre des bagages.* — *Le cortège a redescendu la rue.* ▸ ***redescente*** n. f.

redevable [Rədvabl; R(ə)dəvabl] adj. **1.** Qui est ou qui demeure débiteur de qqn. *Être redevable d'une somme à un créancier.* **2.** *Être redevable de qqch. à qqn,* avoir une obligation envers lui. *Je vous suis redevable de mon succès.*

redevance [Rədvɑ̃s; R(ə)dəvɑ̃s] n. f. **1.** Somme qui doit être payée à échéances déterminées (à titre de rente, de dette). ⇒ **ristourne.** *Percevoir des redevances.* **2.** (France) Taxe due en contrepartie de l'utilisation d'un service public. *Redevances téléphoniques.* — Fam. *La redevance télé* (de télévision).

redevenir [R(ə)dvəniR; R(ə)dəvniR] v. intr. ▪ conjug. 22. ■ Devenir de nouveau, recommencer à être (ce qu'on était et qu'on a cessé d'être). *À soixante ans, elle est redevenue étudiante.*

rédhibitoire [Redibitwar] adj. ■ Littér. ou didact. Qui constitue un défaut, un empêchement auquel on ne peut passer outre. *Annuler une vente pour vice de fabrication rédhibitoire. Infirmité rédhibitoire.*

rediffuser [R(ə)difyze] v. tr. ▪ conjug. 1. ■ (Radio, télévision) Diffuser de nouveau, une autre fois. — Au p. p. adj. *Film maintes fois rediffusé.* ▸ ***rediffusion*** n. f. ■ Nouvelle diffusion. — Émission rediffusée. ≠ *retransmission.*

rédiger [Rediʒe] v. tr. ▪ conjug. 3. ■ Écrire (un texte) sous la forme définitive, selon la formule voulue (⇒ **rédacteur, rédaction**). *Rédiger un article de journal, une ordonnance.* — Au p. p. adj. *Un devoir très bien rédigé.* — Sans compl. *Elle rédige bien.* ⇒ **écrire.**

redingote [R(ə)dɛ̃gɔt] n. f. **1.** Autrefois. Long vêtement d'homme, à basques. **2.** Mod. Manteau ajusté à la taille.

redire [R(ə)diR] v. tr. ▪ conjug. 37. **I. 1.** Dire (qqch.) plusieurs fois. ⇒ **répéter.** *Il redit toujours la même chose.* ⇒ **rabâcher, radoter, ressasser.** *Je ne te le redirai pas deux fois.* **2.** Dire (ce qu'un autre a déjà dit). ⇒ **répéter.** *Redites-le après moi. Ne va pas le lui redire !* ⇒ ② **rapporter. II.** V. tr. ind. *Avoir, trouver,...* À REDIRE À : avoir, trouver qqch. à blâmer, à critiquer dans. *Je ne vois rien à redire à cela. Trouver à redire à tout.* — *C'est parfait, il n'y a rien à redire.* ⟨ ▸ redite ⟩

redistribuer [R(ə)distRibɥe] v. tr. ▪ conjug. 1. ■ Distribuer une seconde fois et autrement. *Il y a maldonne, redistribue les cartes.* — Répartir une seconde fois et autrement. *Redistribuer des terres.* ▸ ***redistribution*** n. f. ■ Nouvelle répartition. *La redistribution des tâches.*

redite [R(ə)dit] n. f. ■ Chose répétée inutilement (dans un texte, un discours). ⇒ **répétition.** *Un texte plein de redites. Évitez les redites !*

redondance [R(ə)dɔ̃dɑ̃s] n. f. ■ Abondance excessive dans le discours (développements, redites). ⇒ **prolixité, verbiage.** — Ces développements, répétitions. *Ce discours est plein de redondances.* ▸ ***redondant, ante*** adj. ■ Qui présente des redondances. / contr. **concis** / *Style redondant.* — *Terme redondant.* ⇒ **superflu.**

redonner [R(ə)dɔne] v. tr. ▪ conjug. 1. **1.** Rendre (à qqn, qqch. qu'on lui avait pris). ⇒ **restituer.** *Redonne-lui son stylo.* — Rendre (à qqn qqch. qu'il n'avait plus). *Redonner confiance à qqn.* — *Médicament qui redonne des forces.* **2.** Donner de nouveau. *Elle redonnera une série de concerts le mois prochain.*

redoubler [R(ə)duble] v. ▪ conjug. 1. **I.** V. tr. **1.** Rendre double. ⇒ **doubler.** *Redoubler une syllabe.* **2.** Recommencer. *Redoubler (une classe, une matière),* suivre une seconde année de (cette classe, cette matière). ⇒ **doubler, répéter.** *Elle a redoublé ses maths.* **3.** Renouveler en augmentant sensiblement. *Redoubler ses efforts.* **II.** V. tr. ind. REDOUBLER DE... : apporter, montrer encore plus de... *Redoubler d'amabilité, d'efforts, d'ardeur.* — (Suj. chose) *Le vent redouble de fureur.* **III.** V. intr. Recommencer de plus belle, augmenter de beaucoup. *La tempête redouble.* ▸ ***redoubleur, euse*** ou, France, ***redoublant, ante*** n. ■ Élève qui redouble. ⇒ **doubleur.** ▸ ***redoublé, ée*** adj. ■ Répété deux fois. *Syllabe redoublée.* — *Marcher à pas redoublés,* deux fois plus vite. *Frapper à coups redoublés,* plus violents et précipités. ▸ ***redoublement*** n. m. ■ Action de redoubler. *Le redoublement d'une lettre. Un redoublement d'attention, d'efforts.*

redouter [R(ə)dute] v. tr. ▪ conjug. 1. **1.** Craindre beaucoup. *Redouter qqn. Redouter le jugement de qqn.* — Au p. p. adj. *C'est un chef très redouté de son personnel.* **2.** Appréhender (2). *Redouter l'avenir.* — REDOUTER DE... (+ infinitif), REDOUTER QUE... (+ subjonctif). *Elle redoutait d'être surprise, qu'on la surprenne.* ▸ ***redoutable*** adj. ■ Qui est à redouter. *Adversaire redoutable.* ⇒ **dangereux.** *Une arme redoutable.* / contr. **inoffensif** /

redoux [Rədu] n. m. invar. ■ Période brève où le temps se radoucit, dans une saison froide. ⇒ **été** des Indiens**, radoucissement.**

redresser [R(ə)dRɛse] v. tr. ▪ conjug. 1. **1.** Remettre dans une position droite. ⇒ **rectifier.** *Redresser un poteau, redresser la tête,* remettre en position verticale. *Redressez la tablette placée devant vous.* — Hausser le nez de (un avion) à l'envol et à l'atterrissage. *Redresser l'appareil avant d'atterrir.* — Remettre (les roues d'une voiture) en ligne droite après un virage. *Braquer et redresser les roues.* Ellipt. *Redresse !* **2.** Redonner une forme droite à. *Redresser une tôle tordue, déformée.* **3.** Remettre droit ou corriger (qqch.). *Redresser des clous croches.* ⇒ **décrochir.** *Redresser la situation,* rattraper une situation compromise. **4.** SE REDRESSER v. pron. : se remettre droit, vertical, debout. ⇒ se **relever.** — Fig. *L'économie du pays s'est redressée après la guerre,* a retrouvé son niveau normal. *Après plusieurs défaites, le club s'est redressé,* il s'est remis à gagner. — (Personnes) Se tenir très droit. *Redresse-toi !* ▶ *à la* ***redresse*** [alaRdRɛs] loc. adj. ■ (France) Fam. Qui se fait respecter par la force. *Un gars à la redresse.* ▶ ***redressement*** n. m. ■ Action de redresser ou de se redresser. *Le redressement du pays, de l'économie.* — *Faire des redressements assis,* un exercice physique qui consiste à redresser le haut du corps tout en gardant les jambes allongées sur le sol. — Loc. *Maison de redressement,* où étaient détenus les enfants délinquants. ⇒ **centre** d'accueil, maison de **correction.** ▶ ***redresseur*** n. m. et adj. **1.** N. m. Iron. REDRESSEUR DE TORTS : personne qui s'érige en justicier. **2.** Adj. Techniques. Qui redresse (1). *Mécanisme redresseur.*

réductible [Redyktibl] adj. **1.** Qui peut être ramené à une forme plus simple (⇒ ① **réduire** I, 2). *Fraction réductible.* **2.** Qui peut être diminué. *Quantité, somme réductible.*

réduction n. f. ⇒ ① et ② **réduire.**

① ***réduire*** [Redɥir] v. tr. ▪ conjug. 38. — REM. Part. passé *réduit(e).* **I. 1.** RÉDUIRE *qqn* À, EN : amener à, dans (un état d'infériorité, de soumission). *Réduire des populations en esclavage, au désespoir. Sa maladie le réduit à l'inaction.* ⇒ **contraindre.** *Réduire qqn au silence.* — Sans compl. second. *Anéantir. Réduire une résistance, l'opposition.* — EN ÊTRE RÉDUIT À : n'avoir plus d'autre ressource que de. *Être réduit à mendier.* **2.** RÉDUIRE *qqch.* À : ramener à ses éléments, à un état plus simple ou plus maniable (⇒ **réductible** (1), ① **réduction**). *Réduire des fractions au même dénominateur.* — Loc. *Réduit à sa plus simple expression,* simplifié à l'extrême. — *Réduire un jus, une sauce,* les faire épaissir par évaporation. ⇒ **concentrer.** — (Alcools) Diluer. *Réduire le scotch avec de l'eau.* **3.** RÉDUIRE *qqch.* EN : mettre (en petites parties). *Réduire un objet en miettes, en morceaux, en pièces ; en bouillie, en poudre,* briser, broyer, pulvériser. **II.** Diminuer (une quantité). ⇒ **limiter, restreindre.** *Réduire le nombre d'autobus. J'ai réduit mes frais. Réduire la vitesse.* — Diminuer la dimension de. *Réduire un dessin, une photographie,* les reproduire en un format inférieur. / contr. **agrandir** / — Écourter, abréger. *Réduire un texte.* **III.** SE RÉDUIRE v. pron. **1.** SE RÉDUIRE À : se ramener à. *Ses espoirs se sont réduits à rien.* — Consister seulement en. ⇒ se **limiter.** *Ses économies se réduisent à peu de chose.* **2.** SE RÉDUIRE EN : se transformer en (éléments très petits). *Se réduire en poudre, en cendres.* **3.** (Personnes) *Se réduire,* restreindre ses dépenses, se serrer la ceinture. *Je vais être obligé de me réduire.* ▶ ① ***réduction*** [Redyksjɔ̃] n. f. **1.** Le fait de résoudre, de réduire (une chose en une autre plus simple). *Réduction à des éléments simples.* ⇒ **analyse.** *Réduction de fractions au même dénominateur,* recherche du dénominateur commun le plus faible. **2.** Action de réduire en quantité. ⇒ **diminution.** *La réduction des dépenses, du personnel. Réductions d'impôts.* — Absolt. Diminution accordée sur un prix. ⇒ **escompte, rabais, remise, ristourne.** *Faire une réduction. Une réduction de 25 %.* **3.** Reproduction selon un format réduit. *La réduction d'une carte, d'une gravure.* — EN RÉDUCTION loc. adv. : en plus petit, en miniature. *Une photocopie en réduction.* — *Une marchandise en réduction,* à prix réduit. ▶ ① ***réduit, ite*** adj. et n. m. **I.** Adj. **1.** Rendu plus petit. *Format réduit.* — Reproduit à petite échelle. *Un modèle réduit* (d'avion, de voiture...). ⇒ **maquette.** **2.** Pour lequel on a consenti une diminution, une réduction (2). *Prix, tarif réduit.* **3.** Restreint (en nombre, en importance). *Capacité réduite. Vitesse réduite.* ⇒ **faible.** **II.** Sève de l'érable à sucre qui a épaissi par évaporation mais qui n'a pas atteint le degré de concentration en sucre du sirop. ▶ ② ***réduit*** n. m. **1.** Local exigu, généralement sombre et pauvre. ⇒ fam. **boui-boui, coqueron.** *Ils vivent à dix dans un réduit.* **2.** Recoin, renfoncement dans une pièce. *Un réduit servant d'armoire à balais.* ⟨ ▶ réductible, irréductible ⟩

② ***réduire*** v. tr. ▪ conjug. 38. — REM. Part. passé *réduit(e).* ■ Médecine. Remettre en place (un os, un organe déplacé). ⇒ fam. **ramancher, rebouter.** *Réduire une fracture.* ▶ ② ***réduction*** n. f. ■ *La réduction d'une fracture.*

réécouter [Reekute] v. tr. ▪ conjug. 1. ■ Écouter de nouveau. *Réécouter un concerto, une cassette.* — Sans compl. *C'est à réécouter absolument.*

réécrire v. tr. ⇒ **récrire.**

rééditer [Reedite] v. tr. ▪ conjug. 1. **1.** Donner une nouvelle édition de. *Rééditer un ouvrage épuisé.* **2.** Fam. Répéter, recommencer. *L'enfant a réédité sa crise de nerfs de la veille. Rééditer un exploit.* ▶ ***réédition*** n. f. ■ Nouvelle édition. — Fam. Répétition (d'une situation). ≠ *reddition, réimpression.*

rééduquer [Reedyke] v. tr. ▪ conjug. 1. **1.** Refaire l'éducation de (une fonction, un organe lésé). *Rééduquer sa voix, son bras.* — *Rééduquer un mutilé, un paralysé* (en l'entraînant à certains mouvements). **2.** Éduquer (moralement, idéologiquement) une nouvelle fois et différemment. ▶ ***rééducation*** n. f. ■ *La rééducation des blessés, des handicapés.* ⇒ **réadaptation.** *Centre de rééducation.* — *La rééducation des délinquants.*

reel [Ril] n. m. Anglic. **1.** Musique pour violon, d'origine écossaise ou irlandaise, jouée sur un rythme très vif. *Les reels font partie de la musique traditionnelle du Jour de l'An. Violoneux qui joue un reel. Le Reel du mononcle.* **2.** Danse à deux ou à quatre couples exécutée sur un air de reel. — Fam. Loc. *Danser le reel du pendu,* sautiller, se tordre de douleur, souffrir beaucoup physiquement.

réel, elle [Reɛl] adj. et n. m. **I.** Adj. **1.** Qui existe en fait (opposé à *livresque, théorique*). *Personnage réel.* / contr. **imaginaire, irréel** / *Des difficultés réelles. Un fait réel et incontestable.* ⇒ **authentique.** *Des avantages bien réels.* ⇒ **tangible.** **2.** Qui est bien conforme à sa définition. ⇒ **véritable, vrai.** / contr. ① **faux** / *La valeur, la signification réelle* (d'un mot, d'une chose...). *Salaire réel* (comprenant les primes, suppléments, etc., et compte tenu des sommes retenues). ⇒ **net.** *Impôt réel* (opposé à *forfaitaire*). **3.** (Avant le nom) Sensible, notable. *Éprouver un réel bien-être, un réel plaisir.* **4.** Mathématiques. *Nombres réels* (opposé à *imaginaire*). **II.** N. m. Les faits réels, la vie réelle, ce qui est, existe réellement. ⇒ **réalité.** *Le réel et l'imaginaire.* ▶ ***réellement*** adv. ■ En fait, en réalité. ⇒ **effectivement, véritablement.** *Voir qqn tel qu'il est réellement. Réellement, je ne pense pas que...* ⇒ **vraiment.** ⟨ ▶ irréel, ① réaliser, réalisme, réalité ⟩

R.E.É.L. [Reɛl] n. m. invar. ■ Abréviation de *régime enregistré d'épargne-logement. Nos amis ont retiré leur R.E.É.L. pour donner un acompte sur une maison neuve.*

réélire [ReeliR] v. tr. ▪ conjug. 43. ■ Élire de nouveau (qqn) à une fonction à laquelle il(elle) avait déjà été élu(e). *Réélire une députée.* — Au p. p. adj. *Président réélu. Untel, réélu dans sa circonscription.* ▶ ***réélection*** [Reelɛksjɔ̃] n. f. ▶ ***rééligible*** adj. ■ Légalement apte à être réélu.

réemballer v. tr., ***réemballage*** n. m. ⇒ **remballer ; remballage.**

réembaucher [Reɑ̃boʃe] v. tr. ▪ conjug. 1. ■ Embaucher à nouveau. ⇒ **réemployer, rengager.** *La compagnie a réembauché une centaine d'ouvriers.* ▶ ***réembauchage*** n. m.

réemployer [Reɑ̃plwaje] ou ***remployer*** [Rɑ̃plwaje] v. tr. ▪ conjug. 8. ■ Employer de nouveau. ⇒ **réembaucher.** ▶ ***réemploi*** ou ***remploi*** n. m. ■ Le fait d'employer de nouveau (notamment de placer à nouveau des capitaux disponibles). — REM. Les formes en *ré-*sont plus courantes.

réengager v. tr. ⇒ **rengager.**

réentendre [Reɑ̃tɑ̃dR] v. tr. ▪ conjug. 41. ■ Entendre de nouveau.

R.E.É.R. [Reɛʀ] ou [RiR] n. m. invar. ■ Abréviation de *régime* enregistré d'épargne-retraite. Contribuer à un R.E.É.R. Les R.E.É.R.* — REM. La prononciation proposée [ReR] est peu fréquente.

réessayer v. tr. ⇒ **ressayer.**

réévaluer [Reevalɥe] v. tr. ▪ conjug. 1. ■ Évaluer sur de nouvelles bases. — Revaloriser (une monnaie). *Réévaluer le rouble.* ▶ ***réévaluation*** n. f. ■ Action de réévaluer (la valeur financière de qqch.). *La réévaluation des loyers.*

réexaminer [Reɛgzamine] v. tr. ▪ conjug. 1. ■ Procéder à un nouvel examen de. *Réexaminons la question.* ⇒ **reconsidérer.** ▶ ***réexamen*** n. m. ■ Nouvel examen.

réexpédier [Reɛkspedje] v. tr. ▪ conjug. 7. ■ Expédier à une nouvelle destination. — Renvoyer (une chose) d'où elle vient. ⇒ **retourner.** *Réexpédier du courrier.* ▶ ***réexpédition*** n. f.

refaire [R(ə)fɛR] v. tr. ▪ conjug. 60. **I. 1.** Faire de nouveau (ce qu'on a déjà fait ou ce qui a déjà été fait). ⇒ **recommencer.** *Cet été, referas-tu un voyage ? Pansement à refaire tous les jours.* **2.** Faire tout autrement. *Ton éducation est à refaire. Refaire sa vie. Si c'était à refaire !,* si je pouvais recommencer. *L'architecte doit refaire ses plans.* **3.** Remettre en état. ⇒ **réparer, restaurer ; réfection.** *Donner des fauteuils à refaire.* ⇒ **recouvrir, rembourrer.** *Faire refaire une toiture. Refaire son maquillage.* — Au p. p. adj. *Immeuble, appartement refait à neuf.* — *Refaire ses forces, sa santé.* ⇒ **rétablir.** *Elle s'est refait une santé.* **4.** Fam. *Refaire qqn.* ⇒ **duper, pogner, rouler.** *Je suis refait !* **II.** SE REFAIRE v. pron. **1.** Au jeu. Rétablir sa situation financière. **2.** (Emploi négatif) Se faire autre qu'on est, changer complètement. *Je suis comme ça, je ne peux pas me refaire. On ne se refait pas !*

réfection [Refɛksjɔ̃] n. f. ■ Action de refaire (3), de réparer, de remettre à neuf. ⇒ ② **restauration.** *La réfection d'un mur, d'une route.*

réfectoire [RefɛktwaR] n. m. ■ Salle à manger réservée aux membres d'une communauté. *Le réfectoire d'une école.* ⇒ **cafétéria, cantine.**

référé [RefeRe] n. m. ■ Droit. Procédure d'urgence pour régler provisoirement un litige. *Assigner qqn, plaider en référé.* — Arrêt rendu selon cette procédure. *Des référés.*

référence [RefeRɑ̃s] n. f. **1.** Action de se référer (à un texte, à une opinion, etc.). *Faire référence à un auteur. Ouvrages de référence,* faits pour être consultés (dictionnaires, encyclopédies, etc.). **2.** Indication par laquelle on détermine ce à quoi l'on renvoie. *Fournir la référence d'une citation* (le nom de l'auteur, le titre de l'ouvrage, etc.). *Des références bibliographiques. Références au bas des pages, en marge,* en note. *La référence d'une lettre, d'une facture. Numéro de référence.* **3.** Loc. PAR RÉFÉRENCE : par rapport. *Indemnité calculée par référence au salaire.* — Géométrie. *Système* DE RÉFÉRENCE : système d'axes par rapport auquel on détermine les coordonnées des points considérés. **4.** Au plur. RÉFÉRENCES : attestation servant de garantie, fournie par qqn (qui cherche un emploi, propose une affaire, etc.). *Avoir de sérieuses références. Références exigées.* ⇒ **certificat. 5.** Fait permettant de reconnaître la valeur de qqn. *Être loué par ce critique, ce n'est pas une référence !*

référendum [RefeRɛ̃dɔm] n. m. ■ Vote de l'ensemble des citoyens pour approuver ou rejeter une mesure proposée par le pouvoir exécutif. *Le référendum du 20 mai 1980. Des référendums.* ≠ *plébiscite.* ▶ ***référendaire*** adj. ■ *Une campagne, une question référendaire.*

référer [RefeRe] v. ▪ conjug. 6. **1.** SE RÉFÉRER À *qqn, qqch.* v. pron. : recourir à, comme à une autorité. ⇒ s'**appuyer** sur. *Se référer à l'avis de qqn. Se référer à une définition, à un texte,* les prendre comme référence. — (Suj. chose) Se rapporter. *Ce passage se réfère à un événement récent.* **2.** V. tr. ind. EN RÉFÉRER À *qqn* : lui soumettre un cas pour qu'il décide. ⇒ s'en **remettre** à. *Nous en référerons à notre chef.* ⟨ ▶ référé, référence ⟩

refermer [R(ə)fɛRme] v. tr. ▪ conjug. 1. ■ Fermer (ce qu'on avait ouvert ou ce qui s'était ouvert). *Refermer la porte ; un livre.* — SE REFERMER v. pron. *Sa plaie se referme.*

refiler [R(ə)file] v. tr. ▪ conjug. 1. ■ Fam. Remettre, donner (qqch. dont on veut se débarrasser). *On m'a refilé un faux billet.* — Donner. *Elle m'a refilé la grippe. Refile-moi donc quelques dollars.* ⇒ fam. **filer** (7).

① ***réfléchir*** [RefleʃiR] v. tr. ▪ conjug. 2. ■ Renvoyer par réflexion ①. ⇒ **réverbérer.** *La Lune réfléchit une partie de la lumière qu'elle reçoit du Soleil. Miroir qui réfléchit une image.* ⇒ **refléter ; réflecteur.** — Pronominalement. *Le ciel se réfléchissait dans le lac.* — Au p. p. adj. *Image réfléchie.* ▶ ① ***réfléchi, ie*** adj. ■ Grammaire. *Verbe pronominal réfléchi,* exprimant que l'action émanant du sujet fait retour à lui-même (ex. : *je me lave*). — *Pronom réfléchi,* pronom personnel représentant, en tant que complément, la personne qui est sujet du verbe (ex. : je *me* suis trouvé un appartement ; tu ne penses qu'à *toi*). ▶ ***réfléchissant, ante*** adj. ■ Qui réfléchit (la lumière, une onde). *Surface réfléchissante.*

② ***réfléchir*** v. intr. ▪ conjug. 2. **1.** Faire usage de la réflexion ②. ⇒ **penser ;** se **concentrer ; méditer.** *Elle rêvassait au lieu de réfléchir. Réfléchir avant de parler, d'agir. Il a agi sans réfléchir.* ⇒ **étourdiment.** *Prendre le temps de réfléchir. Cela donne à réfléchir,* cela engage à la prudence. *Je réfléchirai, je demande à réfléchir,* je déciderai plus tard. **2.** V. tr. ind. RÉFLÉCHIR À *qqch.* ⇒ **examiner, peser.** *Réfléchis bien à ma proposition, à ce que je te propose.* ⇒ **songer.** — RÉFLÉCHIR SUR *qqch.* ⇒ **délibérer, méditer.** *Réfléchir sur un sujet. Nous avons* *à réfléchir là-dessus.* **3.** V. tr. RÉFLÉCHIR QUE : s'aviser, juger après réflexion. *Je réfléchis que ta présence peut nous être utile. Je n'avais pas réfléchi qu'il faudrait prendre la voiture.* ⇒ **penser.** ▶ ② ***réfléchi, ie*** adj. ■ Qui a l'habitude de la réflexion, marque de la réflexion ② (opposé à *mécanique*). *Un homme réfléchi.* ⇒ **pondéré, prudent, raisonnable, sage.** *Action, décision réfléchie.* — Loc. *Tout bien réfléchi,* tout bien pesé. *C'est tout réfléchi* (ma décision est prise). ⟨ ▶ irréfléchi ⟩

réflecteur [ʀeflɛktœʀ] n. m. ■ Appareil destiné à réfléchir des ondes (sons, lumière...) au moyen de miroirs, de surfaces prismatiques. *Réflecteur optique. Les réflecteurs d'un projecteur.* — (Sports qui se pratiquent à l'extérieur) Loc. *Jouer sous les réflecteurs,* en soirée. ▶ ***réflectorisé, ée*** adj. ■ Techniques. Muni d'un dispositif (catadioptre, cataphote, peinture spéciale, etc.) qui, réfléchissant la lumière, rend un obstacle, un véhicule... visibles la nuit. *Plaque d'immatriculation réflectorisée.*

reflet [ʀ(ə)flɛ] n. m. **1.** Lumière atténuée réfléchie par un corps. *Reflets métalliques. Cheveux à reflets roux.* — *Des reflets d'incendie.* **2.** Image réfléchie. *Le reflet d'un visage dans la vitre.* **3.** Abstrait. Image, représentation affaiblie. ⇒ **écho.** *L'écriture, reflet de la personnalité. Il n'est plus que le reflet de lui-même.* ⇒ **ombre.** ▶ ***refléter*** v. tr. ▪ conjug. 6. **1.** Réfléchir (un corps) en produisant des reflets. *Ce miroir reflète les objets.* — Pronominalement. *Les nuages se reflétaient dans l'étang.* **2.** Être, présenter une image de. ⇒ **indiquer, traduire.** *Mes paroles ne reflètent pas mes sentiments. Son visage ne reflète rien.* ⇒ **exprimer.** — Pronominalement. *La joie se reflétait sur son visage.*

refleurir [ʀ(ə)flœʀiʀ] v. intr. ▪ conjug. 2. ■ Fleurir de nouveau. *Le rosier a refleuri.* — Abstrait. Littér. *Une amitié qui refleurit.* ⇒ **renaître.**

reflex [ʀeflɛks] adj. invar. et n. m. invar. ■ *Appareil reflex,* appareil photo, caméra, qui fournit dans le viseur l'image exacte qui sera enregistrée sur la pellicule, grâce au jeu d'un miroir. — N. m. *Un reflex,* appareil reflex.

réflexe [ʀeflɛks] n. m. **1.** Réaction automatique et involontaire d'un organisme vivant à une excitation. *Réflexe rotulien.* — *Réflexe conditionné,* réflexe provoqué, en l'absence de l'excitation normale, par une autre excitation qui lui a été associée (chien qui salive quand il entend un son que l'on a associé à la présentation de viande [expérience de Pavlov]). — Adj. *Mouvement réflexe.* **2.** Réaction spontanée à une situation nouvelle. *Avoir de bons réflexes en conduisant. Manquer de réflexe. Avoir le réflexe de* (+ infinitif).

① ***réflexion*** [ʀeflɛksjɔ̃] n. f. ■ Changement de direction des ondes (lumineuses, sonores, etc.) qui rencontrent un corps interposé (⇒ ① **réfléchir**). *La réflexion de la lumière par un miroir. Réflexion et réfraction. La réflexion des ondes sonores.* ⇒ **écho.** ≠ *réfraction.*

② ***réflexion*** n. f. **1.** Retour de la pensée sur elle-même en vue d'examiner plus à fond une idée, une situation, un problème. ⇒ **délibération, méditation ;** ② **réfléchir.** *Accorde-moi une minute de réflexion. Elle s'absorba dans ses réflexions. Il y a là matière à réflexion ; cela donne matière à réflexion. J'en étais là de mes réflexions quand le téléphone sonna.* — Loc. RÉFLEXION FAITE : après y avoir réfléchi. *Réflexion faite, je ne partirai pas aujourd'hui.* À LA RÉFLEXION : quand on y réfléchit bien, tout compte fait. *À la réflexion, c'est peut-être mieux ainsi.* **2.** LA RÉFLEXION : la capacité de réfléchir (opposé à *le sentiment*). ⇒ **discernement, intelligence.** *Affaire menée avec réflexion. Vous avez agi sans réflexion, étourdiment.* **3.** UNE, DES RÉFLEXION(S) : pensée, exprimée oralement ou par écrit, d'une personne qui a réfléchi. *Recueil de réflexions.* ⇒ **maxime, pensée.** *Cela m'amène à certaines réflexions.* ⇒ **remarque.** — Remarque adressée à qqn et qui le concerne personnellement. *Une réflexion désobligeante.* ⟨ ▶ irréflexion ⟩

réflexologie [ʀeflɛksolɔʒi] n. f. ■ Technique consistant à masser des points particuliers du corps (mains, oreilles, pieds) pour faire disparaître certaines douleurs. ▶ ***réflexologue*** n. ■ Spécialiste de la réflexologie.

refluer [ʀ(ə)flye] v. intr. ▪ conjug. 1. ■ Se mettre à couler en sens contraire. *L'eau reflue à marée descendante.* ⇒ se **retirer ; reflux.** / contr. **affluer** / *Il lui sembla que son sang refluait vers le cœur.* — (D'un flot de personnes) *La foule refluait lentement. Faire refluer,* faire reculer. ⇒ **refouler.** ▶ ***reflux*** [ʀəfly] n. m. invar. **1.** Mouvement des eaux qui refluent (opposé à *flux*). ⇒ **baissant, jusant.** *Le flux et le reflux de la mer.* **2.** Mouvement en arrière (de gens, etc.) qui succède à un mouvement en avant. *Le reflux de la foule.* — *Période de reflux,* de recul (pour un mouvement, une action collective...).

refondre [ʀ(ə)fɔ̃dʀ] v. tr. ▪ conjug. 41. ■ Refaire, remanier (un texte, un ouvrage). — Au p. p. adj. *Dictionnaire refondu et mis à jour.* ▶ ***refonte*** n. f. ■ *La refonte d'un ouvrage.* ⇒ **remaniement.**

① ***réforme*** [ʀefɔʀm] n. f. **1.** Changement qu'on apporte (dans les mœurs, les lois, les institutions) dans l'espérance d'en obtenir de meilleurs résultats (⇒ ① **réformer**). *La réforme de l'éducation. Réformes sociales. L'éternelle réforme de l'orthographe. Prôner des réformes.* ⇒ **amélioration.** — Changement progressif (opposé à *révolution*). **2.** (Avec une majusc.) LA RÉFORME : mouvement religieux du XVIe s., qui fonda le protestantisme. ▶ ***réformé, ée*** adj. ■ Issu de la Réforme (2) (opposé à *papiste*). *Religion réformée.* ⇒ **protestant.** *Branche réformée d'un ordre religieux.*

② ***réforme*** n. f. ⇒ ② **réformer.**

reformer [ʀ(ə)fɔʀme] v. tr. ▪ conjug. 1. ■ Former de nouveau, refaire (ce qui était défait). ⇒ **reconstituer.** — Pronominalement. *Le groupe se reforma un peu plus loin.*

① ***réformer*** [ʀefɔʀme] v. tr. ▪ conjug. 1. **1.** *Réformer un culte, un ordre religieux,* le rétablir dans sa forme primitive. **2.** Vx et littér. Corriger, ramener (qqn) à la vertu. **3.** Changer en mieux (une institution). ⇒ **améliorer ;** ① **réforme.** *Réformer la constitution.* **4.** Supprimer pour améliorer. *Réformer les abus.* ▶ ***réformable*** adj. ■ Qui peut ou doit être réformé. ▶ ***réformateur, trice*** n. et adj. **1.** N. Personne qui réforme ou veut réformer. *Un réformateur des mœurs, de la société.* — Fondateur d'une Église réformée. *Luther, Calvin et les autres réformateurs.* **2.** Adj. Qui réforme. *Des mesures réformatrices.* ▶ ***réformisme*** n. m. ■ Doctrine politique de ceux qui préconisent des réformes plutôt qu'une transformation radicale des structures. ▶ ***réformiste*** n. ■ Partisan du réformisme (opposé à *révolutionnaire*). — Adj. *Socialisme réformiste.* ⟨ ▶ ① réforme ⟩

② ***réformer*** v. tr. ▪ conjug. 1. ■ Libérer (qqn) des obligations militaires pour inaptitude. *Il s'est fait réformer à cause de son asthme.* — Au p. p. adj. *Soldat réformé* et, n. m., *un réformé.* ▶ ② ***réforme*** n. f. ■ Position du militaire réformé ; dispense des obligations militaires. *Conseil de réforme. Réforme temporaire, définitive.*

refouler [ʀ(ə)fule] v. tr. ▪ conjug. 1. **1.** Faire reculer, refluer (des personnes). *Refouler des envahisseurs.*

⇒ **chasser, repousser.** **2.** Faire rentrer en soi (ce qui veut s'extérioriser). ⇒ **réprimer, retenir.** *Refouler ses larmes.* — Au p. p. adj. *Colère refoulée.* — Soumettre au refoulement (2). — Au p. p. adj. *Tendances refoulées.* ▶ ***refoulé, ée*** adj. ■ Fam. (Personnes) Qui a refoulé ses instincts (notamment sexuels). *Un vieux garçon refoulé.* — N. *Un, une refoulé(e).* ▶ ***refoulement*** n. m. **1.** Action de refouler (des personnes). **2.** Mécanisme inconscient par lequel on refuse l'accès à la conscience (de désirs que l'on ne peut ou ne veut pas satisfaire). / contr. **défoulement** / — Refus des pulsions sexuelles.

réfractaire [refraktɛr] adj. **I.** (Personnes) RÉFRACTAIRE À : qui résiste à, refuse de se soumettre à. ⇒ **rebelle.** *Être réfractaire à la loi.* — N. *Un, une réfractaire,* personne qui refuse d'obéir. — Qui est fermé à, insensible à. *Être réfractaire aux mathématiques ; à toute émotion.* **II.** (Choses) Qui résiste à de très hautes températures. *Brique réfractaire.*

réfraction [refraksjɔ̃] n. f. ■ Déviation d'une onde électromagnétique (rayon lumineux, etc.) qui franchit la surface de séparation de deux milieux où la vitesse de propagation est différente (⇒ **réfringent**). ≠ ① *réflexion. Angle de réfraction,* que forme le rayon réfracté avec la normale à la surface de séparation. *L'arc-en-ciel est dû à la réfraction de la lumière au travers d'un rideau de pluie.* ▶ ***réfracter*** v. tr. ▪ conjug. 1. ■ Faire dévier (un rayon) par réfraction. — Pronominalement. *Lumière qui se réfracte.*

refrain [ʀ(ə)fʀɛ̃] n. m. **1.** Suite de mots ou de phrases répétés à la fin de chaque couplet d'une chanson. *Reprenons le refrain en chœur.* **2.** Paroles, idées qui reviennent sans cesse. ⇒ **rengaine.** *Avec eux, c'est toujours le même refrain.* ⇒ **chanson** (3). *Changez de refrain !,* parlez d'autre chose !

refréner [ʀ(ə)fʀene] ou ***réfréner*** [ʀefʀene] v. tr. ▪ conjug. 6. ■ Réprimer par une contrainte ; mettre un frein à. ⇒ **contenir, freiner.** *Refrène ton impatience, ton ardeur. Il refréna son envie.* — Pronominalement. *Essaie de te refréner.*

réfrigérer [ʀefʀiʒeʀe] v. tr. ▪ conjug. 6. **1.** Refroidir artificiellement. ⇒ **congeler, frigorifier, surgeler.** *Réfrigérer du poisson. Réfrigérer, après ouverture,* mettre au réfrigérateur (un aliment en conserve). — Au p. p. adj. Fam. Refroidi, gelé. *Tu as l'air réfrigéré.* **2.** Fam. Fig. Refroidir, glacer (qqn). *Ses sarcasmes m'ont réfrigéré.* ▶ ***réfrigérant, ante*** adj. **1.** Qui sert à produire du froid. *Mélange réfrigérant.* **2.** Fam. (Personnes, comportements) Qui refroidit, glace. ⇒ **glacial.** *Un accueil, un air réfrigérant.* ▶ ***réfrigérateur*** n. m. ■ Appareil muni d'un organe producteur de froid et destiné à conserver certaines denrées. ⇒ **congélateur, frigidaire ;** fam. **frigo.** *Réfrigérateur sans givre.* ▶ ***réfrigération*** n. f. ■ Abaissement de la température par un moyen artificiel. ⇒ **congélation, surgélation.** *Appareils de réfrigération,* glacières, réfrigérateurs.

réfringent, ente [ʀefʀɛ̃ʒɑ̃, ɑ̃t] adj. ■ Qui produit la réfraction*. *La cornée est un milieu réfringent.*

refriser v. intr. ⇒ ② **friser.**

refroidir [ʀ(ə)fʀwadiʀ] v. ▪ conjug. 2. **I.** V. tr. **1.** Rendre plus froid ou moins chaud ; faire baisser la température de (qqch.). *Refroidir une substance au-dessous de zéro.* ⇒ **congeler, geler, glacer, réfrigérer, surgeler.** / contr. **réchauffer** / *Pluies qui refroidissent l'atmosphère.* **2.** SE REFROIDIR v. pron. : devenir plus froid. *Le temps se refroidit.* / contr. se **réchauffer** / — (Personnes) Prendre froid. *N'attends pas dehors, tu vas te refroidir* (⇒ **refroidissement**). **3.** Fig. *Refroidir qqn,* diminuer son ardeur. *Son accueil nous a refroidis.* ⇒ **glacer, réfrigérer.** *Refroidir l'enthousiasme, le zèle de qqn.* — Pronominalement. *Son zèle s'est bien refroidi.* **II.** V. intr. Devenir plus froid, moins chaud. *Mange, avant que ça (ne) refroidisse. Laisser refroidir une tarte. Ton café refroidit.* ⇒ **tiédir.** ▶ ***refroidissement*** n. m. **1.** Abaissement de la température. *Refroidissement de l'air.* / contr. **réchauffement** / **2.** Malaise causé par un abaissement de la température (grippe, rhume...). *Prendre un refroidissement.* **3.** Diminution (des sentiments). *Le refroidissement d'une amitié.*

refuge [ʀ(ə)fyʒ] n. m. **1.** Lieu où l'on se retire pour échapper à un danger, se mettre en sûreté. ⇒ **abri, asile.** *Chercher, trouver refuge quelque part. Demander refuge à qqn. Refuge faunique,* territoire faunique protégé et réglementé. — Abstrait. *Son travail lui est un refuge. Un refuge contre la détresse.* **2.** Lieu où se rassemblent des personnes qui ne peuvent ou ne veulent pas aller ailleurs. *Son salon était le refuge de l'aristocratie.* **3.** Emplacement aménagé au milieu de la chaussée, qui permet aux piétons de se mettre à l'abri des voitures et de traverser en deux temps. **4.** Abri de haute montagne dans lequel les alpinistes peuvent passer la nuit. ▶ *se* ***réfugier*** [ʀefyʒje] v. pron. ▪ conjug. 7. ■ Se retirer (en un lieu) pour s'y mettre à l'abri (⇒ **refuge**). *Se réfugier à l'étranger. Surprise par la pluie, elle s'est réfugiée sous un arbre. L'enfant courut se réfugier dans les bras de son frère.* ⇒ se **blottir.** — Fig. *Se réfugier dans l'indifférence, dans le travail...*(pour oublier, etc.). ▶ ***réfugié, ée*** adj. et n. ■ (Personnes) Qui a dû fuir son pays afin d'échapper à un danger (guerre, persécutions, etc.). — N. *Des réfugiés politiques. Aide aux réfugiés.*

refuser [ʀ(ə)fyze] v. tr. ▪ conjug. 1. **I.** V. tr. **1.** Ne pas accorder (ce qui est demandé). / contr. **accorder** / *Refuser une permission à un soldat, une augmentation à un ouvrier.* — *On ne se refuse rien !,* on satisfait tous ses caprices. **2.** Ne pas vouloir reconnaître (une qualité) à qqn. ⇒ **contester.** *On ne peut lui refuser une certaine compétence.* **3.** REFUSER DE (+ infinitif) : ne pas consentir à (faire qqch.). *Refuser d'obéir. Elle refuse de reconnaître ses torts.* — Sans compl. *Il refusera sûrement* (de faire ce qui est demandé). ⇒ s'**opposer.** **4.** Ne pas accepter (ce qui est offert). *Refuser un cadeau, une invitation. Quelques personnes ont refusé le prix Nobel.* — *Refuser le combat,* ne pas l'accepter. **5.** Ne pas accepter (ce qui semble défectueux ou insuffisant). *Refuser une marchandise. L'éditeur refuse ce manuscrit.* **6.** (Compl. personne) Ne pas laisser entrer. *La pièce marche bien, on refuse du monde.* — Ne pas recevoir à un examen. *Refuser un candidat.* ⇒ **coller ;** fam. **recaler.** / contr. **admettre** / *Il est refusé.* **II.** SE REFUSER v. pron. **1.** (Passif) *Ça ne se refuse pas,* ce n'est pas une chose qu'on refuse. **2.** SE REFUSER À... : ne pas consentir à (faire qqch.), à admettre... *Je me refuse à envisager cette solution.* ▶ ***refus*** [ʀ(ə)fy] n. m. invar. ■ L'action, le fait de refuser. / contr. **acceptation,** ① **accord, assentiment** / *Le refus des louanges. Refus d'obéir, d'obéissance.* — *Opposer un refus à qqn. Se heurter à un refus.* — Loc. fam. *Ce n'est, c'est pas de refus,* j'accepte volontiers.

réfuter [ʀefyte] v. tr. ▪ conjug. 1. ■ Repousser (un raisonnement) en prouvant sa fausseté. / contr. **approuver** / *Réfuter une théorie, des objections.* — *Réfuter un auteur.* ▶ ***réfutation*** n. f. ■ Action de réfuter, raisonnement par lequel on réfute. *La réfutation d'un argument.* / contr. **approbation** / ▶ ***réfutable*** adj. ■ Qu'on peut réfuter. *Des arguments réfutables.* / contr. **irréfutable** / ⟨ ▶ irréfutable ⟩

regagner [ʀ(ə)gaɲe] v. tr. ▪ conjug. 1. **I.** Reprendre, retrouver (ce qu'on avait perdu : argent, temps, terrain...). **II.** Revenir, retourner à un endroit. *Regagner sa place.*

regaillardir v. tr. ⇒ **ragaillardir.**

① ***regain*** [R(ə)gɛ̃] n. m. ■ Herbe qui repousse dans une prairie après la première coupe. *Faucher le regain.* ⟨ ▶ ② regain ⟩

② ***regain*** n. m. ■ REGAIN DE... : retour (de ce qui était compromis, avait disparu). *Regain de vie, d'énergie, d'activité... Spectacle qui connaît un regain de faveur.*

régal, als [Regal] n. m. **1.** Nourriture délicieuse. *Cette tarte est un régal.* ⇒ **délice.** *Des régals.* **2.** Fam. Ce qui cause un grand plaisir. *Un régal pour les yeux.* ⟨ ▶ régaler ⟩

*à la **régalade*** [alaRegalad] loc. adv. ■ *Boire* À LA RÉGALADE : en renversant la tête en arrière et en faisant couler le liquide dans la bouche sans que le récipient touche les lèvres.

régaler [Regale] v. tr. ▪ conjug. 1. **1.** Offrir un bon repas, un bon plat à (qqn). *Elle les a régalés d'un gâteau.* — Sans compl. Payer à boire ou à manger. *Profites-en, c'est moi qui régale.* **2.** Plus cour. SE RÉGALER v. pron. : prendre du plaisir à manger qqch. ⇒ se **délecter.** *Je me régale !* — Se donner, éprouver un grand plaisir. *Quand j'entends cet air, je me régale.* ⟨ ▶ à la régalade ⟩

regarder [R(ə)gaRde] v. tr. ▪ conjug. 1. **I.** V. tr. dir. **1.** Faire en sorte de voir, s'appliquer à voir (qqn, qqch.). ⇒ **examiner, observer ; reluquer, zieuter.** *Regarder sa montre* (pour *regarder l'heure*). *Elle regarde un film, un vidéo. Regarder la télévision.* — Sans compl. dir. *Regarder par la fenêtre. Regarder dans, sur qqch. Regarde devant toi ! J'ai regardé partout.* ⇒ **chercher.** — *Regarder qqn avec attention, insistance.* ⇒ **dévisager.** *Regarder qqn, qqch. du coin de l'œil, à la dérobée, par en dessous.* ⇒ **lorgner.** *Regarder qqn de travers,* avec hostilité. — Loc. fam. *Regarde voir ! regarde moi ce travail !,* constate, juge par toi-même. — *Tu ne m'as pas regardé !,* ne compte pas sur moi ! **2.** Sans compl. Observer. *Savoir regarder.* — (Choses) Être orienté. *Façade qui regarde vers le sud.* **3.** REGARDER (+ infinitif). *Regarde-moi faire. Elle regardait la pluie tomber, tomber la pluie.* **4.** Envisager (qqch. de telle ou telle façon). *Regarder le danger en face,* l'affronter fermement. *Regarder les choses telles qu'elles sont.* ⇒ **considérer.** *Regarder la vie par ses bons côtés.* ⇒ **voir.** — Considérer. *Il ne regarde que son intérêt.* ⇒ **rechercher.** — *Regarder qqn, qqch. comme...* ⇒ **juger, tenir** pour. *On l'avait toujours regardée comme une incapable.* — PROV. *À cheval donné, on ne regarde pas la bride* quand on reçoit qqch. sans le payer, on ne doit pas critiquer le détail. **5.** (Suj. chose) REGARDER *qqn* : avoir rapport à. ⇒ **concerner.** *Cela ne te regarde pas,* ce n'est pas ton affaire. *Mêle-toi de ce qui te regarde !* **II.** V. tr. ind. REGARDER À *qqch.* : considérer attentivement, tenir compte de... *Ne regardez pas à la dépense. Y regarder de près, y regarder à deux fois,* avant de juger, de se décider. **III.** V. intr. Fam. REGARDER BIEN, MAL : (suj. chose) s'annoncer bien, mal. *Cette histoire regarde plutôt mal. Ça regarde bien pour elle.* — SE REGARDER v. pron. **1.** (Réfl.) *Se regarder dans un miroir.* — Loc. *Il ne s'est pas regardé !,* il a justement les défauts qu'il reproche aux autres. **2.** (Récipr.) *Ils ne peuvent pas se regarder sans rire. Se regarder dans les yeux.* ▶ ***regard*** n. m. **I. 1.** Action de regarder ; expression des yeux de la personne qui regarde. *Parcourir, fouiller, suivre qqn, qqch. du regard,* examiner, explorer. *Dérober, soustraire aux regards,* cacher. *Sa beauté attire tous les regards.* — LE REGARD (DE *qqn*). *Son regard se posa sur moi.* — L'expression habituelle des yeux. *Regard doux, dur. Un regard intelligent, franc.* — UN REGARD : un coup d'œil. *Ils s'aimèrent au premier regard. Un regard rapide, furtif, en coin.* — *Lancer, jeter un regard sur qqch. Tourner ses regards vers qqch. Échanger un regard avec qqn. Un regard complice.* — *Un regard étonné, inquiet. Un regard noir,* furieux. **2.** Loc. *Avoir (un) droit de regard sur,* avoir le droit de surveiller, de contrôler. *Elles ont un droit de regard sur la gestion de l'entreprise.* **3.** Loc. prép. AU REGARD DE : en ce qui concerne, par rapport à. *Être en règle au regard de la loi.* — EN REGARD DE : comparativement à. *Les résultats sont faibles en regard du travail fourni.* — EN REGARD loc. adv. : en face, vis-à-vis. *Texte latin avec la traduction en regard.* **II.** Ouverture facilitant les visites, les réparations (dans un conduit, une cave...). ▶ ***regardable*** adj. ■ Surtout négatif. Supportable à regarder. *Ce film, cette émission n'est pas regardable.* ▶ ***regardant, ante*** adj. **1.** Qui regarde (II) à la dépense ; qui est très économe. ⇒ **mesquin ;** fam. **radin. 2.** (Surtout au négatif) Qui est exigeant, sévère. / contr. **indulgent, tolérant** / *Avoir un patron qui n'est pas trop regardant en ce qui concerne les horaires.*

régate [Regat] n. f. ■ Souvent au plur. Course de bateaux à voiles, à moteur ou à rames, sur mer (le long des côtes), rivières ou plans d'eau, disputée en plusieurs épreuves ou plusieurs étapes. *Les régates de Valleyfield.* ▶ ***régater*** v. intr. ▪ conjug. 1. ■ Participer à une régate. ▶ ***régatier, ière*** n. ■ Personne qui participe à une (des) régate(s).

régence [Reʒɑ̃s] n. f. **1.** Gouvernement d'une monarchie par un régent*. *Exercer la régence pendant la minorité du roi.* — Histoire de France. (Avec une majusc.) *La Régence* (du duc d'Orléans, 1715-1723). *Les mœurs dissolues de la Régence.* **2.** (France) En appos. Invar. Qui appartient à l'époque de la Régence ou en rappelle le style souple et gracieux. *Style Régence. Des meubles Régence.*

régénérer [Reʒenere] v. tr. ▪ conjug. 6. ■ Renouveler en redonnant les qualités perdues. *Régénérer la société.* — *Ce séjour au grand air l'a régénéré.* ▶ ***régénérateur, trice*** adj. ■ Qui régénère. *Crème régénératrice.* ▶ ***régénération*** n. f. ■ *La régénération des tissus.*

régent, ente [Reʒɑ̃, ɑ̃t] n. **1.** Personne qui assume la responsabilité du pouvoir politique (régence) pendant la minorité ou l'absence du souverain. — Adj. *La reine régente. Le prince régent.* — Histoire de France. (Avec une majusc.) *Le Régent,* le duc d'Orléans (⇒ **régence** 1). **2.** Personne qui régit, administre. *Le régent d'un grand domaine.* ▶ ***régenter*** v. tr. ▪ conjug. 1. ■ Diriger avec une autorité excessive ou injustifiée. *Il veut tout régenter.* ⟨ ▶ régence ⟩

reggae [Rɛge] n. m. ■ Musique populaire, d'origine jamaïcaine, à rythme binaire marqué et syncopé. *Des reggaes.* — Morceau de cette musique, danse sur cette musique. *Écouter un reggae, danser le reggae.* — Adj. *Un groupe reggae.*

régicide [Reʒisid] n. et adj. **1.** N. Assassin d'un roi. *Le régicide Ravaillac.* — Adj. *Les révolutions régicides.* **2.** N. m. Meurtre (ou condamnation à mort) d'un roi. *Commettre un régicide.*

régie [Reʒi] n. f. **1.** Entreprise d'intérêt public gérée par les fonctionnaires d'une collectivité publique. ⇒ **société.** *La Régie de l'assurance-maladie du Québec* (R.A.M.Q.). *La Régie des rentes du Québec* (R.R.Q.). — (France) Nom d'entreprises nationalisées. *La Régie autonome des transports parisiens* (R.A.T.P.). **2.** Administration chargée de l'organisation matérielle d'un spectacle. *Adressez-vous à la régie* (⇒ **régisseur,** 2). **3.** Local où sont groupées les commandes nécessaires à la réalisation d'une émission de radio ou de télévision.

regimber [R(ə)ʒɛ̃be] v. intr. ▪ conjug. 1. ■ Résister en refusant. ⇒ se **rebeller ;** fam. se **rebiffer.** *Inutile de regimber.*

① ***régime*** [Reʒim] n. m. **1.** Organisation politique, économique, sociale (d'un État) ; manière de gouverner une communauté, un État. *Le Régime français,* instauré à l'arrivée des Français en Nouvelle-France (au début du XVIIe s.) et qui s'est achevé avec la Conquête anglaise (1760). *Le Régime anglais,* qui a duré de la Conquête (1760) à la Confédération (1867). *Le régime seigneurial,* le mode de colonisation du territoire ayant eu cours en Nouvelle-France de 1627 à 1854. — Histoire de France. *Les régimes successifs de la France. L'Ancien Régime,* celui de la monarchie avant 1789. — *Changement de régime. Régime constitutionnel, parlementaire, présidentiel. Régime libéral ; totalitaire. Régime féodal, capitaliste, socialiste. Les opposants au régime.* **2.** Ensemble de dispositions qui organisent une institution ; cette organisation. *Régime matrimonial. Régime fiscal, douanier. Régime pénitentiaire. Le régime des rentes, le régime de retraite.* ⇒ ① **pension.** — *Le régime d'épargne-actions,* qui permet des réductions d'impôts aux contribuables achetant des actions de certaines sociétés ayant leur siège social au Québec, à condition toutefois de conserver ces actions pendant un certain temps. ⇒ **R.É.A.** *Un régime enregistré d'épargne-retraite,* permettant aux contribuables des reports d'impôts jusqu'au moment de la retraite. ⇒ **R.E.É.R.** *Un régime d'épargne-logement,* qui permettait des économies d'impôts aux contribuables, à condition que les sommes économisées soient consacrées à l'achat d'une maison neuve. ⇒ **R.E.É.L.**

② ***régime*** n. m. **1.** Conduite à suivre en matière d'hygiène, de nourriture. *Le régime d'entraînement d'un sportif. — À ce régime, il ne tiendra pas longtemps.* **2.** Alimentation raisonnée. ⇒ ① **diète.** *Suivre, faire un régime pour maigrir. Se mettre, être au régime. Régime draconien. Régime sans sel. — Régime sec,* sans alcool.

③ ***régime*** n. m. ■ Manière dont se produisent certains mouvements, certains phénomènes physiques (météorologiques, hydrographiques). *Le régime d'écoulement d'un fluide. Le régime d'un moteur,* le nombre de tours en un temps donné ; allure de fonctionnement. ⇒ **marche.** *Régime normal, ralenti. Lancer le moteur à plein régime.* Loc. *À plein régime,* à pleine force. — *Le régime d'un fleuve,* l'ensemble des variations que subit son débit. — *Le régime des pluies.*

④ ***régime*** n. m. ■ Ensemble des fruits, réunis en grappe, de certains arbres (bananiers, dattiers). *Faire mûrir un régime de bananes.*

régiment [Reʒimɑ̃] n. m. **1.** Corps de troupe placé sous la direction d'un colonel. *Le 22e Régiment. Un régiment d'infanterie, de chars.* — Fam. *Le régiment,* l'armée. *Partir pour le régiment. Aller au régiment,* être incorporé. **2.** Grand nombre (de personnes, de choses). ⇒ **multitude, quantité** (2) ; fam. **bataillon, ribambelle.** *Un régiment d'enfants turbulents. — Il y en a pour un régiment,* pour beaucoup de gens. ‹ ▸ enrégimenter ›

réginois, oise [Reʒinwa, waz] adj. et n. ■ De Regina, en Saskatchewan. — N. (Avec une majusc.) Personne née dans cette ville ou qui l'habite.

région [Reʒjɔ̃] n. f. **1.** Territoire, étendue qui se distingue des territoires voisins par des caractères particuliers. ⇒ **contrée, province.** *Région désertique, nordique, polaire. Régions naturelles. Région à forte population. — Dans nos régions,* nos climats, nos pays. — *Région administrative,* division territoriale qui sert de cadre à l'activité des ministères, des organismes publics. *Les régions administratives du Nord-du-Québec, du Bas-Saint-Laurent. Région d'appartenance,* à laquelle les citoyens s'identifient (Beauce, Acadie, etc.). — (France) Unité territoriale administrative groupant plusieurs départements. *La région Rhône-Alpes. — Régions militaires, économiques.* **2.** Étendue de pays autour d'une ville. *Ils vont en vacances dans la région de Joliette. La région métropolitaine. — Habitez-vous (dans) la région ?* **3.** Abstrait. Domaine, sphère (de la pensée, la science...). *Les hautes régions de la philosophie.* **4.** Zone déterminée (d'un organisme, d'un organe). *Douleurs dans la région du cœur.* ▸ ***régional, ale, aux*** adj. et n. f. **1.** Relatif à une région, une province. *Les parlers régionaux de la France. Coutumes régionales.* ⇒ **folklore.** *Les nouvelles régionales. Des hebdos régionaux. Un réseau de transport régional. Les municipalités régionales de comté*. Une commission* scolaire régionale.* **2.** Qui groupe plusieurs nations voisines (opposé à *mondial*). *Les accords régionaux de l'Europe des Douze.* **3.** N. f. Vieilli. RÉGIONALE : ensemble d'écoles secondaires desservant une région. ⇒ **polyvalente.** *La régionale Tardivel.* ▸ ***régionalisation*** n. f. ■ Réforme administrative allant dans le sens du régionalisme. ⇒ **décentralisation.** ▸ ***régionalisme*** n. m. ■ Tendance à favoriser les traits particuliers d'une région ; à donner aux régions, aux provinces, une certaine autonomie. *Le régionalisme littéraire acadien.* — Linguistique. Fait de langue propre à une région, à une partie seulement des territoires où on parle une langue. ⇒ **acadianisme, canadianisme, québécisme.** *Le mot falaise au sens de « lame de neige » est un régionalisme de Charlevoix.* ▸ ***régionaliste*** adj. et n. ■ Partisan du régionalisme. — *Écrivain régionaliste,* dont les œuvres concernent une région en tant que telle.

régir [ReʒiR] v. tr. • conjug. 2. **1.** Vx. Diriger, gouverner. — Administrer, gérer. **2.** (Lois, règles) Déterminer. *Les lois qui régissent le mouvement des astres.* — Au p. p. adj. *Déneigement régi par un règlement municipal.* ▸ ***régisseur, euse*** n. **1.** Personne qui administre, qui gère (une propriété). ⇒ **intendant.** **2.** *Le régisseur d'un théâtre,* personne qui organise matériellement les représentations. *Elle est régisseuse du théâtre X.* — REM. L'O.L.F. propose *régisseuse* au féminin. ‹ ▸ régent, régie, ① régime ›

registraire [Rəʒistrɛr] n. **1.** Personne qui, dans un établissement d'enseignement (cégep, université), est chargée de l'admission et de l'inscription des étudiants, de la tenue des dossiers et de la publication de certains documents (annuaires, répertoires...). *Le bureau du registraire.* **2.** Fonctionnaire de justice chargé de la tenue des registres des tribunaux et qui peut exercer certains pouvoirs judiciaires.

① ***registre*** [Rəʒistr] n. m. ■ Gros cahier sur lequel on note des faits, des noms, des chiffres dont on veut garder le souvenir. ⇒ ① **livre, répertoire.** *Inscrire sur, dans un registre.* ⇒ **enregistrer.** *Tenir un registre. — Le registre du commerce,* où doivent s'inscrire les commerçants. *Registres publics d'état civil* (naissances, mariages, décès). ‹ ▸ enregistrer, registraire ›

② ***registre*** n. m. **1.** Chacun des étages de la voix d'un chanteur, quant à la hauteur des sons. *Le registre aigu, haut, moyen, grave.* — Étendue de l'échelle musicale (d'une voix, d'un instrument). ⇒ **tessiture.** **2.** Caractères particuliers (d'une œuvre, du discours). ⇒ ② **ton.** *C'est écrit dans un registre plaisant. Le registre familier, didactique, dans une langue.*

réglable adj., ***réglage*** n. m. ⇒ ② **régler.**

① ***règle*** [Rɛgl] n. f. ■ Instrument allongé qui sert à tirer des traits, à mesurer une longueur, etc. *Tracer des lignes à la règle, avec une règle. Règle graduée. — Règle à calcul,* permettant d'effectuer rapidement certaines opérations. ‹ ▸ ① régler ›

② ***règle*** n. f. **I. 1.** Ce qui est imposé ou adopté comme ligne directrice de conduite ; formule qui indique ce qui doit être fait dans un cas déterminé. ⇒ **loi, principe.** *Un ensemble de règles.* ⇒ **règlement, réglementation.** *Adopter une règle de conduite.* ⇒ **ligne.** *Une règle de vie.* — *Avoir pour règle de* (+ infinitif), pour principe. *Se faire une règle de,* se faire une obligation de. *Elle s'est fait une règle d'être toujours ponctuelle. Les règles de la politesse, de la bienséance. Les règles de (la) grammaire.* — Loc. *La règle, les règles du jeu,* celle(s) en usage dans une certaine situation, une certaine activité. — *Établir, prescrire une règle. Observer la règle.* **2.** Loc. *Selon les règles, dans les règles, dans les règles de l'art,* comme il se doit. *Plat cuisiné dans les règles de l'art.* — *En règle générale,* dans la majorité des cas. ⇒ **généralement.** *C'est la règle,* c'est ainsi (que les choses se passent). — DE RÈGLE : conforme aux usages. *Il est de règle qu'on fasse cela.* — EN RÈGLE loc. adj. : conforme aux règles, aux usages ; qui est fait d'une manière méthodique. *Une bataille en règle. Faire une cour en règle à une femme. C'est de la provocation en règle.* — Établi, exécuté conformément aux prescriptions légales. *Avoir ses papiers en règle. Être, se mettre en règle avec...,* dans la situation requise par le règlement (⇒ **régulier** I, 1). *En règle générale.* ⇒ **généralement. 3.** Ensemble des préceptes disciplinaires auxquels est soumis un ordre religieux (⇒ **régulier**, II, 1). **4.** *La règle de Saint Benoît.* Arithmétique. Procédé, formule qui permet de résoudre certains problèmes. *Faire la règle de trois*.* **II.** Au plur. Écoulement menstruel. ⇒ **menstruations, menstrues.** *Elle attend, elle a eu ses règles.* ▸ ***réglé, ée*** adj. **1.** Soumis à des règles. *Une vie réglée.* ⇒ **organisé.** — Fam. (Jeu de mots avec ① *régler*) *C'est réglé comme du papier à musique,* cela arrive avec une régularité mathématique. **2.** Au fém. Qui a ses règles (II). ⇒ **nubile, pubère.** ‹ ▸ réglo ›

règlement [ʀɛgləmɑ̃] n. m. **I. 1.** Le fait, l'action de régler ② une affaire, un différend. *Le règlement d'un conflit.* **2.** Action de régler (un compte). ⇒ **paiement.** *Le règlement d'une dette. Faire un règlement par chèque.* — Fig. *Règlement de compte(s),* action de se faire justice soi-même, de se venger de manière violente. **II. 1.** Décision administrative qui pose une règle générale. ⇒ **arrêté, décret.** *Règlement de police.* **2.** Ensemble de règles, auxquelles sont soumis les membres d'un groupe, d'un organisme. *Le règlement intérieur d'une association.* ⇒ **statut.** *Le règlement, c'est le règlement.* ⇒ **consigne.** *Enfreindre le règlement.* ▸ ***réglementaire*** [ʀɛgləmɑ̃tɛʀ] adj. ■ Conforme au règlement ; imposé, fixé par un règlement. *Ce certificat n'est pas réglementaire.* ⇒ **régulier** (I, 1). *La tenue réglementaire d'un soldat.* ▸ ***réglementairement*** adv. ▸ ***réglementer*** v. tr. ▪ conjug. 1. ■ Assujettir à un ensemble de règles, organiser. *Réglementer le droit de grève.* ▸ ***réglementation*** n. f. **1.** Action de réglementer. *La réglementation des prix.* ⇒ **taxation. 2.** Ensemble de règlements qui concernent un domaine particulier. *La réglementation du travail, de l'affichage commercial.*

① ***régler*** [ʀegle] v. tr. ▪ conjug. 6. ■ Couvrir (du papier...) de lignes droites parallèles (appelées *réglures* [ʀeglyʀ], n. f.). — Surtout au p. p. adj. *Papier réglé* ou *quadrillé.*

② ***régler*** v. tr. ▪ conjug. 6. **I. 1.** RÉGLER... SUR. *Régler sa conduite sur qqn.,* le, la prendre pour modèle. *Je règle mon pas sur le vôtre,* je lui imprime la même cadence. — Pronominalement. *Se régler sur qqn.* ⇒ **suivre. 2.** Fixer, définitivement ou exactement. *Régler les modalités d'une entrevue.* ⇒ **établir. 3.** Mettre au point le fonctionnement de (un mouvement, un dispositif, un mécanisme, etc.). ⇒ **réglage.** / contr. **dérégler** / *Régler le débit d'un robinet, le régime d'une machine.* ⇒ **régulariser** (2). *Régler sa montre. Régler le tir.* — Au p. p. adj. *Un carburateur mal réglé.* ⇒ **ajusté. II. 1.** Résoudre définitivement, terminer. *Régler une question, un problème* (⇒ **règlement**). *Régler une affaire.* ⇒ **arranger.** — Pronominalement. *L'affaire s'est réglée à l'amiable.* — Au p. p. adj. *C'est une affaire réglée,* conclue, sur laquelle il n'y a pas à revenir. **2.** *Régler un compte,* l'arrêter et le payer. — Payer (une note). *Régler sa note d'hôtel, ses factures.* ⇒ **acquitter.** Sans compl. *Réglerez-vous par chèque ? Elle règle en espèces.* — Payer (un fournisseur). *Régler le livreur, le camelot.* ▸ ***réglable*** adj. **1.** Qu'on peut régler (I, 3). *Sièges réglables.* **2.** Qui doit être payé (dans certaines conditions de lieu, de temps...). *Facture réglable à (dans les) quatre-vingt-dix jours.* ▸ ***réglage*** n. m. ■ Opération qui consiste à régler (un appareil, un mécanisme). *Le réglage d'une machine. Le réglage du tir.* — Manière dont un appareil, un mécanisme est réglé. *Mauvais réglage du carburateur.* ‹ ▸ dérégler, ② règle, règlement ›

réglisse [ʀeglis] n. f. ■ Plante à racine brune, jaune au-dedans, comestible. *Récolter la réglisse. Mâcher un bâton de réglisse.* — *Pâte de réglisse,* tirée de la réglisse. *Bonbons à la réglisse,* faits de cette pâte. *Sucer de la réglisse.*

réglo [ʀeglo] adj. invar. ■ (France) Fam. Conforme à la règle. *C'est réglo.* — (Personnes) Qui respecte la règle en vigueur. *Des types réglo. Elle a été réglo.* ⇒ **régulier** (II, 4).

règne [ʀɛɲ] n. m. **I. 1.** Exercice du pouvoir souverain ; période pendant laquelle s'exerce ce pouvoir. *Le règne de Louis XIV. Sous le règne de Napoléon. Un long règne.* — Par ext. *Le règne d'un pape. Le règne d'un sous-ministre, d'une mairesse.* — (Choses) Loc. *Faire son (leur) règne,* faire son (leur) temps. *Ce téléviseur a fait son règne, il est en train de lâcher.* — *J'ai fait mon règne,* ma vie est finie, j'ai fait mon temps. **2.** Pouvoir absolu (d'une personne ou d'une chose). *Le règne de l'argent, des banquiers. Le règne de la corruption, de la facilité.* **II.** *Règne minéral, végétal, animal,* les trois grandes divisions de la nature. ≠ *classe, embranchement.* ▸ ***régner*** v. intr. ▪ conjug. 6. **I.** Exercer le pouvoir monarchique (⇒ **règne**, I). *Régner (pendant) vingt ans. Les vingt ans qu'il a régné.* — Par ext. Exercer le pouvoir ecclésiastique. *Le pape règne sur les catholiques.* Loc. prov. *Diviser pour régner,* créer des rivalités entre ceux qu'on gouverne, pour mieux les dominer. **II. 1.** Exercer un pouvoir absolu. ⇒ **dominer.** *Il règne en maître dans la maison. Elle règne sur toute la maisonnée.* **2.** (Choses) Avoir une influence prédominante. *Il voudrait faire régner la justice sur le monde.* — (Opinions) Avoir cours. **III.** (Sens affaibli ; suj. chose) Exister, s'être établi (quelque part). *Le bon accord qui règne entre nous. Faire régner l'ordre, le silence.* — Iron. « *Vous vérifiez tous les comptes ? La confiance règne !* » ▸ ***régnant, ante*** adj. ■ Qui règne (I). *Le prince régnant. Famille régnante,* dont un membre règne. ‹ ▸ interrègne ›

regonfler [ʀ(ə)gɔ̃fle] v. tr. ▪ conjug. 1. ■ Gonfler (qqch. qui s'est dégonflé). *Regonfler un ballon, des pneus.* — Fam. *Regonfler qqn, le moral de qqn,* lui redonner du courage. — Au p. p. adj. *Me voilà regonflée à bloc !*

regorger [ʀ(ə)gɔʀʒe] v. intr. ▪ conjug. 3. ■ REGORGER DE : avoir en surabondance. ⇒ **abonder.** *Région qui regorge de richesses.*

régression [ʀegʀɛsjɔ̃] n. f. ■ Évolution qui ramène à un degré moindre (s'oppose à *progression*). ⇒ **recul.** *La mortalité infantile est en régression, en voie de régression.* ⇒ **diminution.** / contr. **recrudescence** / ▸ ***régresser*** v. intr. ▪ conjug. 1. ■ Subir une régression.

/ contr. **progresser** / *La douleur régressait enfin.* — *Cet enfant régresse, il recommence à mouiller son lit.* ▶ ***régressif, ive*** adj. ■ Qui constitue une régression. *Phénomène régressif.*

regret [R(ə)gRɛ] n. m. **I.** État de conscience douloureux causé par la perte d'un bien. *Le regret du pays natal. Le regret du passé.* ⇒ **nostalgie.** *Regrets éternels,* formule d'inscription funéraire. *Quitter qqn avec regret; le quitter sans regret.* **II. 1.** Mécontentement ou chagrin (d'avoir fait, de n'avoir pas fait, dans le passé). ⇒ **remords, repentir.** *Je n'ai qu'un regret, c'est d'avoir été si long à comprendre.* — *Le regret d'une faute, d'avoir commis une faute.* **2.** Déplaisir causé par une réalité contrariante. *Le regret de n'avoir pas réussi.* — À REGRET loc. adv. : contre son désir. ⇒ à **contrecœur, malgré** soi. *Accepter à regret. À mon grand regret, j'ai dû partir.* **3.** Déplaisir qu'on exprime d'être dans la nécessité de. *J'ai le regret de ne pouvoir vous recevoir. Tous mes regrets.* ⇒ **excuse.** — (Formule administrative) *Nous sommes au regret de vous informer...* ▶ ***regretter*** [R(ə)gRe(ɛ)te] v. tr. ▪ conjug. 1. **I.** Éprouver le désir douloureux de (un bien qu'on a eu et qu'on n'a plus). *Regretter le temps passé, sa jeunesse.* — *Nous le regretterons longtemps,* nous regretterons son absence, sa mort. — Au p. p. adj. *Notre regretté confrère,* notre confrère mort récemment. **II. 1.** Être mécontent (d'avoir fait ou de n'avoir pas fait). ⇒ se **repentir.** *Elle regrette d'être venue. Je ne regrette rien. Il me ferait regretter ma patience.* — (Pour menacer) *Tu le regretteras !* — (Pour inciter à agir) *Viens ! Tu ne le regretteras pas !* — Désavouer (sa conduite passée). *Je regrette mon geste.* **2.** Être mécontent de (ce qui contrarie une attente, un désir). ⇒ **déplorer.** *Je regrette cette décision.* — REGRETTER QUE (+ subjonctif). *Je regrette qu'il ne soit pas venu.* **3.** REGRETTER DE (+ infinitif) : faire savoir qu'on éprouve du regret. / contr. se **féliciter** / *Je regrette de vous avoir fait attendre,* je m'en excuse. *Je regrette,* formule pour contredire ou s'excuser. ⇒ **pardon.** *Je regrette, je n'ai pas du tout dit cela.* ▶ ***regrettable*** adj. ■ Qui est à regretter. ⇒ **fâcheux.** *Un incident, une erreur regrettable. Conséquences regrettables.* ⇒ **déplorable.** *Il est regrettable que vous ne puissiez pas venir.* ⇒ **dommage, malheureux,** de **valeur.**

regrouper [R(ə)gRupe] v. tr. ▪ conjug. 1. **1.** Grouper de nouveau (ce qui s'était dispersé). *Regrouper les membres d'un parti.* — Pronominalement. *Se regrouper autour de qqn, derrière qqn.* **2.** Grouper (des éléments dispersés), réunir. *Regrouper les populations.* — *Parti qui regroupe tous les mécontents.* ⇒ **rassembler, réunir.** ▶ ***regroupement*** n. m. ■ Action de regrouper, de se regrouper ; son résultat.

régulariser [Regylarize] v. tr. ▪ conjug. 1. **1.** Rendre conforme aux lois ; mettre en règle. *Régulariser sa situation* (financière, administrative...). **2.** Rendre régulier (ce qui est inégal, intermittent). *Régulariser le fonctionnement d'un appareil* (② **régler**, I, 3). *Régulariser le régime d'un fleuve.* ▶ ***régularisation*** n. f. ■ *Statut en voie de régularisation.* ≠ *régulation.*

régularité [Regylarite] n. f. **1.** Caractère régulier (d'un mouvement). *La régularité de son pas, de son allure.* / contr. **irrégularité** / — Caractère égal, uniforme. *Faire preuve de régularité dans son travail. Une régularité d'horloge.* — Retour régulier des fonctions physiologiques. *La régularité des selles.* **2.** Le fait de présenter des proportions régulières. *La régularité d'une façade* (⇒ **symétrie**). **3.** Conformité aux règles. ⇒ **légalité.** *La régularité d'une élection.*

régulateur, trice [RegylatœR, tRis] adj. et n. m. **I.** Adj. Qui règle (②, I, 3), qui régularise. *Force régulatrice. Le mécanisme régulateur d'une horloge.* **II.** N. m. Système de commande destiné à maintenir la régularité d'un mécanisme. *Régulateur de vitesse* ⇒ **contrôleur**, *de température.* ▶ ***régulation*** [Regylasjõ] n. f. ■ Le fait d'assurer le fonctionnement correct (d'un système complexe). *La régulation du trafic* (chemin de fer, etc.). *La régulation des naissances.* ⇒ **contrôle ; contraception.** — *Régulation thermique,* processus qui maintient la chaleur à un degré uniforme chez les mammifères et les oiseaux. ≠ *régularisation.*

régulier, ière [Regylje, jɛR] adj. et n. m. **I.** (Choses) **1.** Qui est conforme aux règles. ⇒ **normal.** / contr. **irrégulier** / *Verbes réguliers,* qui suivent les règles ordinaires de la conjugaison (pour le français, verbes du premier et du deuxième groupe, en *-er* et *-ir*). — Établi ou accompli conformément aux dispositions légales, réglementaires. *Gouvernement régulier. Coup régulier,* permis (au jeu). — Fam. Loyal, correct. *Le coup est dur, mais régulier.* **2.** Qui présente un caractère de symétrie, d'ordre. *Une façade aux formes régulières. Écriture régulière,* bien formée, nette. *Visage régulier.* **3.** (Mouvements, phénomènes) Qui se déroule de façon uniforme. *Vitesse régulière,* constante. *Rythme régulier,* égal. *Progrès réguliers,* suivis. **4.** Qui se renouvelle à intervalles égaux. *Frapper des coups réguliers. Visites, inspections régulières.* — Loc. *À intervalles réguliers,* régulièrement. **5.** Qui n'est pas occasionnel, mais habituel. *Être en correspondance régulière avec qqn. Un service régulier d'autobus.* **6.** Qui reste conforme aux mêmes principes, ne change pas. *Habitudes régulières. Vie régulière.* **7.** Fam. Dont la qualité est courante, ordinaire, qui n'a rien de spécial ou de particulier. *Un café régulier. Du gaz régulier* ou, n. m., *du régulier,* de l'essence ordinaire. ⇒ fam. **jaune.** — REM. Ce sens est critiqué comme calque de l'anglais. **II.** (Personnes) **1.** Qui appartient à un ordre religieux (opposé à *séculier*). *Clergé régulier et clergé séculier* (⇒ ② **règle**, I, 3). **2.** *Armées, troupes régulières,* contrôlées par le pouvoir central (opposé à *troupes improvisées, milices, francs-tireurs,* etc.). **3.** Ponctuel, réglé. *Elle est régulière dans ses habitudes, dans son travail.* — Qui obtient des résultats d'un niveau constant. *Élève régulier.* **4.** Fam. Qui respecte les règles en vigueur dans une profession, une activité. *Un homme très régulier en affaires.* ⇒ **correct ;** fam. **réglo.** ▶ ***régulièrement*** adv. **1.** D'une manière régulière, légale. *Sous-ministre régulièrement nommée.* / contr. **irrégulièrement** / **2.** Avec régularité. *Couche de terre répartie régulièrement.* ⇒ **uniformément.** *S'approvisionner régulièrement au même endroit. Client qui vient très régulièrement.* **3.** Fam. (En tête de phrase) Normalement. *Régulièrement, c'est toi qui dois gagner.* ⟨ ▶ irrégularité, irrégulier, régulariser, régularité, régulateur ⟩

régurgiter [RegyRʒite] v. tr. ▪ conjug. 1. **1.** Didact. Faire revenir de l'estomac dans la bouche. / contr. **ingurgiter** / *Régurgiter des aliments, un repas.* ⇒ **vomir.** — Sans compl. *Bébé qui régurgite.* **2.** Fam. Répéter sans modification (ce qu'on vient d'apprendre).

réhabiliter [Reabilite] v. tr. ▪ conjug. 1. **1.** Rendre à (un condamné) ses droits perdus et l'estime publique, en reconnaissant son innocence. *Finalement, on réhabilita Louis Riel.* **2.** Rétablir dans l'estime, dans la considération d'autrui. *Réhabiliter la mémoire d'un ami. Sa conduite l'a réhabilité.* — Pronominalement. *Se réhabiliter.* ⇒ se **racheter.** **3.** Remettre en bon état pour l'habitation. ⇒ **rénover.** — Au p. p. adj. *Immeuble ancien, quartier réhabilité.* ▶ ***réhabilitation*** n. f. ■ Le fait de réhabiliter.

réhabituer [reabitɥe] v. tr. ▪ conjug. 1. ■ Faire reprendre à (qqn) une habitude perdue. ⇒ **réaccoutumer.** / contr. **déshabituer** / — Pronominalement. *Elle s'est réhabituée à se lever tôt.*

rehausser [ʀəose] v. tr. ▪ conjug. 1. **1.** Hausser davantage ; élever à un plus haut niveau. *Rehausser un mur.* ⇒ **surélever.** — Faire valoir davantage. *Il nous faut rehausser le prestige de l'équipe.* **2.** (Suj. chose) Faire valoir davantage par sa présence. *Le fard rehausse l'éclat de son teint.* — Au p. p. adj. REHAUSSÉ, ÉE DE : mis(e) en valeur par, orné(e) de. *Habit rehaussé de broderies.* **3.** Donner plus de relief à (un dessin) en accentuant certains éléments. — Au p. p. adj. *Portrait rehaussé de couleurs vives.* ▶ **rehaut** [ʀəo] n. m. ■ Terme technique. Touche claire qui accuse les lumières, en peinture.

réimpression [ʀeɛ̃pʀɛsjɔ̃] n. f. ■ Nouvelle impression (d'un livre) sans changements. ≠ *réédition.* ▶ **réimprimer** v. tr. ▪ conjug. 1. ■ Imprimer de nouveau. — Au p. p. adj. *Un livre souvent réimprimé.*

rein [ʀɛ̃] n. m. **1.** Au plur. LES REINS : la partie inférieure du dos, au niveau des vertèbres lombaires. ⇒ **lombes.** *La cambrure des reins. Une belle chute de reins.* — *Coup de reins,* violent effort des muscles de la région lombaire. — Loc. *Tour de reins,* lumbago. — Fig. *Avoir les reins solides,* être de taille à triompher d'une épreuve ; avoir suffisamment d'argent pour tenir bon. *Casser les reins à qqn,* briser sa carrière ; (sports) briser l'élan de l'adversaire. *Ce but leur a cassé les reins.* **2.** L'un des deux organes qui élaborent l'urine. ⇒ **néphr(o)-.** *Rein droit, gauche. Rein flottant,* mobile. *Une greffe du rein. Rein artificiel. Avoir une pierre sur le rein. Reins comestibles d'un animal.* ⇒ **rognon.** ⟨ ▶ éreinter, rénal ⟩

se réincarner [ʀeɛ̃kaʀne] v. pron. ▪ conjug. 1. ■ Religion. S'incarner dans un nouveau corps. *Se réincarner dans un animal.* ▶ **réincarnation** n. f. ■ Nouvelle incarnation (d'une âme qui avait été unie à un autre corps). ⇒ **métempsychose.** *Le cycle des réincarnations, dans la religion hindoue.*

reine [ʀɛn] n. f. — REM. Le masc. est *roi.* **1.** Épouse d'un roi. *Le roi et la reine.* — *La reine mère,* mère du souverain régnant ; plaisant. la belle-mère (ou la mère de famille). *Pas un mot à la reine mère !* **2.** Femme qui détient l'autorité souveraine dans un royaume. ⇒ **souveraine.** *La reine Victoria.* — Loc. *Avoir un port de reine,* un maintien majestueux, imposant. *Une dignité de reine offensée,* exagérée et pointilleuse. **3.** La deuxième pièce du jeu d'échecs, à l'action la plus étendue. **4.** *La, une reine de...,* femme qui l'emporte sur les autres par une éminente qualité. *La reine du bal, de la fête.* — *Reine de beauté.* ⇒ **miss** (2). — *La reine du Carnaval.* ⇒ **duchesse.** *Le bal, le palais de la reine.* — (Choses) *Reine des reinettes* (nom d'une pomme ⇒ **reinette**). **5.** Femelle féconde (d'abeille, de guêpe, etc.) unique dans la colonie. ≠ *rêne, renne.* ▶ **reine-claude** n. f. ■ Variété de prune, verte, à chair fondante. *Des reines-claudes.* ▶ **reine-marguerite** n. f. ■ Plante aux fleurs roses ou mauves ; ces fleurs. *Des reines-marguerites.* ⟨ ▶ vice-reine ⟩

reinette [ʀɛnɛt] n. f. ■ Variété de pomme très parfumée, à peau tachetée ou grisâtre. *Un kilo de reinettes. Reinette grise. Reinette du Canada,* très grosse et verte. *La reine des reinettes* (jaune et rouge). ≠ *rainette.*

réinsérer [ʀeɛ̃seʀe] v. tr. ▪ conjug. 6. ■ Insérer de nouveau, réintroduire. ⇒ **réadapter.** *Réinsérer des décrocheurs dans le milieu scolaire.* — Pronominalement. *Elle veut se réinsérer sur le marché du travail.* ▶ **réinsertion** n. f. ■ Fait de réinsérer, spécialt qqn dans la société, dans un groupe. *La réinsertion d'un handicapé dans la vie professionnelle active. La réinsertion sociale des malades mentaux.* ⇒ **désinstitutionnalisation.**

réinstaller [ʀeɛ̃stale] v. tr. ▪ conjug. 1. ■ Installer de nouveau. *On l'a réinstallé dans ses fonctions.* / contr. **destituer, relever.** / ▶ **réinstallation** n. f.

réintégrer [ʀeɛ̃tegʀe] v. tr. ▪ conjug. 6. **1.** (Compl. chose) Revenir dans (un lieu qu'on avait quitté). *Réintégrer son bureau. Réintégrer le domicile conjugal,* reprendre la vie commune avec son conjoint. **2.** Rétablir (qqn) dans la jouissance d'un bien, d'un droit. *Réintégrer un fonctionnaire après une mise en disponibilité.* ▶ **réintégration** n. f.

réintroduire [ʀeɛ̃tʀɔdɥiʀ] v. tr. ▪ conjug. 38. ■ Introduire de nouveau. ▶ **réintroduction** n. f.

réitérer [ʀeiteʀe] v. tr. ▪ conjug. 6. ■ Faire de nouveau, faire plusieurs fois. ⇒ **renouveler.** *Réitérer une promesse. Je vous réitère ma demande.* — Sans compl. ⇒ **recommencer.** *Il avait juré de ne plus boire, mais il a réitéré.* — Au p. p. adj. *Attaques réitérées, efforts réitérés,* répétés. ▶ **réitération** n. f. ■ Renouvellement (d'une action).

rejaillir [ʀ(ə)ʒajiʀ] v. intr. ▪ conjug. 2. **1.** (Liquides) Jaillir en étant renvoyé par un obstacle ou sous l'effet d'une pression, d'un choc. ⇒ fam. **refriser, revoler.** *La boue rejaillissait sous les roues de la voiture.* **2.** Abstrait. REJAILLIR SUR *qqn* : se reporter sur (par un prolongement de l'effet). ⇒ **retomber.** *Sa honte a rejailli sur nous tous.* ▶ **rejaillissement** n. m.

① **rejet** n. m. ■ Nouvelle pousse (d'un arbre), provenant d'une souche ou d'une tige. *Un rejet de souche. Des rejets de châtaignier. L'ensemble des rejets forme le taillis.* ⇒ **rejeton** (1). ▶ **rejeton** [ʀəʒtɔ̃; ʀ(ə)ʒətɔ̃] n. m. **1.** Nouvelle pousse sur la souche d'un arbre. ⇒ ① **rejet. 2.** Fam. ou iron. Enfant, fils. *Être fier de ses rejetons.*

rejeter [ʀəʒte; ʀ(ə)ʒəte] v. tr. ▪ conjug. 4. **I. 1.** Jeter en sens inverse (ce qu'on a reçu, ce qu'on a pris). ⇒ **relancer.** *Rejeter un poisson à l'eau. La mer rejette les épaves à (sur) la côte.* **2.** Évacuer, expulser. *Le malade rejeta un caillot de sang. Son estomac rejette toute nourriture.* ⇒ **rendre** (II, 1), **vomir ;** fam. **renvoyer, restituer. 3.** Abstrait. Faire retomber (sur un autre). *Rejeter les torts, la responsabilité sur qqn.* **II.** Jeter, porter ou mettre ailleurs. *Rejeter un mot à la fin d'une phrase.* — (En changeant la position) *Rejeter la tête, les épaules en arrière.* — Pronominalement. *Se rejeter en arrière.* **III.** Ne pas admettre. **1.** Écarter (qqch.) en refusant. / contr. **accepter, agréer** / *Rejeter une offre, une proposition.* ⇒ **décliner.** *L'Assemblée nationale a rejeté ce projet de loi.* ⇒ **repousser.** / contr. **adopter, sanctionner** / **2.** Écarter (qqn) en repoussant. — Au p. p. adj. *Elle se sent rejetée par ses proches.* ▶ ② **rejet** [ʀ(ə)ʒɛ] n. m. **1.** Action de rejeter, d'évacuer ; son résultat. *Le rejet des matières fécales.* — *Réaction, phénomène de rejet,* d'intolérance de l'organisme à l'assimilation (d'un organe greffé). **2.** Renvoi au début du vers suivant d'un ou plusieurs mots de la proposition, dans un souci d'expressivité (ex. : *« C'est bien à l'escalier/Dérobé... »,* Hugo). **3.** Action de rejeter, de refuser ; son résultat. ⇒ **abandon, refus.** *Le rejet d'une requête, d'un recours en grâce.* ⟨ ▶ ① rejet ⟩

rejoindre [ʀ(ə)ʒwɛ̃dʀ] v. tr. ▪ conjug. 49. **1.** Se joindre, aller retrouver (une ou plusieurs personnes). / contr. **quitter** / *Rejoindre sa famille. Elle a rejoint son ambassade.* — Pronominalement. *Nous devons nous rejoindre chez lui.* ⇒ se **retrouver.** — *Rejoindre qqn au* *téléphone,* le joindre, l'atteindre. **2.** Regagner (un lieu). *Il est temps de rejoindre la maison.* — (Choses) Venir en contact avec. *La rue rejoint le boulevard à cet endroit.* — S'ajouter à. *Cette vieille chaise ira rejoindre les meubles brisés à la cave.* **3.** Avoir une grande ressemblance, des points communs avec. *Cela rejoint ce que tu disais au début.* **4.** Atteindre (qqn qui a de l'avance). ⇒ **rattraper.** *Pars devant, je te rejoindrai.*

réjouir [ReʒwiR] v. tr. ▪ conjug. 2. **I.** V. tr. Rendre joyeux. ⇒ faire **plaisir.** / contr. **attrister, contrarier, désoler** / *Choses qui réjouissent le cœur, le regard.* — Mettre en gaieté. ⇒ **amuser, égayer.** *Ses blagues ont réjoui l'assemblée.* **II.** SE RÉJOUIR v. pron. : éprouver de la joie, de la satisfaction. / contr. **déplorer** / *Se réjouir du malheur des autres.* — *Il n'y a pas lieu de se réjouir.* — SE RÉJOUIR À. ⇒ **jubiler.** *Je me réjouis à la pensée de vous revoir.* — SE RÉJOUIR DE. *Je me réjouis de ton succès.* ⇒ se **féliciter.** *Elle se réjouissait de l'entendre. Je me réjouis que tu sois là.* — Au p. p. adj. *Une mine réjouie.* ⇒ ① **gai, joyeux.** ▸ ***réjouissance*** n. f. **1.** Joie collective. *Les occasions de réjouissance ne manquaient pas.* **2.** Au plur. Fêtes. *Réjouissances publiques, officielles. Le programme des réjouissances,* des distractions. ▸ ***réjouissant, ante*** adj. ▪ Qui réjouit, est propre à réjouir. *Une nouvelle qui n'a rien de réjouissant.* — Iron. *Eh bien, c'est réjouissant !* (en parlant d'une chose désagréable). ⇒ ① **gai.**

① ***relâche*** [R(ə)lɑʃ] n. m. ou f. **1.** Vx. Répit. *Prendre un peu de relâche.* — Loc. SANS RELÂCHE : sans répit, sans arrêt. ⇒ **interruption, trêve.** *Travailler sans relâche.* **2.** Fermeture momentanée d'une salle de spectacle. *Jour de relâche. Faire relâche.* **3.** *Jour(s), semaine de relâche,* interruption de l'enseignement pendant une brève période, en cours d'année scolaire. *Fin octobre, nous aurons notre semaine de relâche.*

① ***relâcher*** [R(ə)lɑʃe] v. ▪ conjug. 1. **I.** V. tr. **1.** Rendre moins tendu ou moins serré. ⇒ **détendre, desserrer.** *Relâcher son étreinte.* — *Relâcher ses muscles,* les décontracter. **2.** Reposer et détendre. *Relâcher son attention.* **3.** Remettre (qqn) en liberté. *Relâcher un prisonnier.* ⇒ **libérer,** ② **relaxer. II.** SE RELÂCHER v. pron. **1.** Devenir plus lâche. *Les liens entre nous se sont relâchés avec les années.* **2.** Devenir moins rigoureux. ⇒ **faiblir.** *La discipline s'est relâchée.* — (Personnes) Montrer moins d'ardeur, d'exactitude. *Se relâcher dans son travail.* ▸ ***relâché, ée*** adj. ▪ Qui a perdu de sa vigueur, ou de sa rigueur. *Style relâché. Conduite, morale relâchée.* ⇒ **laxisme.** / contr. **strict** / ▸ ***relâchement*** n. m. ▪ *Le relâchement de l'attention, de la discipline.* ⇒ **laisser-aller.** ⟨ ▸ ① relâche, ② relâcher ⟩

② ***relâcher*** v. intr. ▪ conjug. 1. ▪ Marine. S'arrêter dans un port, faire escale. *Le bateau dut relâcher à Saint-Malo.* ▸ ② ***relâche*** n. f. ▪ Action de relâcher (dans un port). *Notre bateau a fait relâche à Halifax.*

relais [R(ə)lɛ] n. m. invar. **1.** Autrefois. Lieu où des chevaux étaient postés pour remplacer les chevaux fatigués. *Un relais de poste.* — Mod. Auberge ou hôtel près d'une grande route. *Relais routier.* **2.** *Course de relais,* ou *relais,* épreuve disputée entre équipes de plusieurs coureurs qui se relayent* à des distances déterminées. — *Le relais 4 fois cent mètres.* **3.** Mode d'organisation d'un travail continu où les ouvriers se remplacent par roulement. *Équipes de relais.* — Loc. PRENDRE LE RELAIS DE : remplacer. ⇒ **relayer, succéder** à. **4.** Étape (entre deux points de l'espace). — En appos. *Ville relais.* — Intermédiaire (entre deux personnes). *Servir de relais dans une transaction.* **5.** Dispositif servant à retransmettre un signal radioélectrique en l'amplifiant. *Un relais de télévision.*

relancer [R(ə)lɑ̃se] v. tr. ▪ conjug. 3. **1.** Lancer à son tour (une chose reçue). *Il me relança la balle.* ⇒ **renvoyer. 2.** Remettre en marche, en route, lancer de nouveau. *Relancer un moteur.* — *Relancer un projet. Relancer l'économie du pays.* **3.** Poursuivre (qqn) avec insistance, pour obtenir de lui qqch. *J'ai dû le relancer pour qu'il me rembourse.* **4.** Jeux. Mettre un enjeu supérieur à celui de l'adversaire. ▸ ***relance*** n. f. **1.** Jeux. Action de relancer (4). *Limiter la relance dans une partie de poker.* **2.** Reprise, nouvelle impulsion. *La relance de l'économie. Mesures de relance.*

relater [R(ə)late] v. tr. ▪ conjug. 1. ▪ Littér. Raconter d'une manière précise et détaillée. ⇒ **rapporter.** *Les historiens relatent le fait, relatent que...* — *Chroniques qui relatent des événements importants.* ⟨ ▸ ② relation ⟩

relatif, ive [R(ə)latif, iv] adj. **I. 1.** (Opposé à *essentiel*) Qui est défini par rapport à une autre chose, n'est ni absolu, ni indépendant (⇒ ① **relation**). *Toute connaissance est relative. Valeur relative,* évaluée par comparaison. *Tout est relatif,* on ne peut juger de rien en soi. — *Relatif à...,* en relation avec. — Au plur. Qui ont une relation mutuelle. *Positions relatives,* considérées l'une par rapport à l'autre. ⇒ **respectif. 2.** Incomplet, imparfait. ⇒ **partiel.** *C'est d'une honnêteté relative, d'une relative honnêteté. Vivre dans un luxe relatif.* **3.** RELATIF À... (sens faible) : se rapportant à..., concernant. *Documents relatifs à tel sujet, à telle période.* **II.** Grammaire. Se dit des mots servant à établir une relation entre un nom ou un pronom qu'ils représentent et une subordonnée. *Pronoms relatifs (qui, que, dont, quoi, où, lequel, quiconque). Adjectifs relatifs (lequel, quel). Proposition relative* ou, n. f., RELATIVE : proposition introduite par un pronom relatif. ▸ ***relativement*** adv. **1.** D'une manière relative. *C'est relativement rare.* — *Il est relativement honnête,* jusqu'à un certain point. *Être relativement riche.* ⇒ **plutôt. 2.** RELATIVEMENT À : par une relation, un rapport de comparaison. ⇒ **proportionnellement.** *Relativement au prix de l'an dernier, ce n'est pas cher.* ⇒ par **rapport.** ▸ ***relativité*** n. f. **I.** Caractère de ce qui est relatif (I, 1). *La relativité de la connaissance, du jugement humain.* **II.** *Théorie de la relativité* d'Einstein (1905), selon laquelle les mesures de distance et de temps sont relatives (à la position et au mouvement de l'observateur) ; seule est constante et absolue la vitesse de la lumière. *La relativité fait du temps la quatrième dimension. On distingue la relativité et la relativité généralisée.*

① ***relation*** [R(ə)lasjɔ̃] n. f. **1.** Rapport de dépendance entre des choses, des phénomènes... *Relation de cause à effet. Étroite relation entre les diverses parties d'un tout. En relation avec...* ⇒ **relatif** à. *Ce que je dis est sans relation avec ce qui précède.* **2.** Surtout au plur. Lien de dépendance ou d'influence réciproque (entre personnes) ; fait de se fréquenter. ⇒ **commerce** (II), **contact,** ③ **rapport.** *Les relations humaines. Relations d'amitié ; relations amoureuses. Relations professionnelles, mondaines. Nouer, avoir des relations avec qqn. Bonnes, mauvaises relations* (→ être en bons, en mauvais termes). *Cesser, interrompre ses relations avec qqn.* — *Relations épistolaires.* ⇒ **correspondance.** — *Avoir des relations sexuelles* ou, absolt, *des relations avec qqn,* faire l'amour. ⇒ ③ **rapport** (II). — Loc. EN RELATION. *Être, se mettre, rester en relation avec qqn.* **3.** Au plur. Le fait de connaître, de fréquenter des gens influents. *Cultiver ses relations. Obtenir un poste par relations.* **4.** Personne avec laquelle on est en *relation,* avec qui on a des *relations* d'habitude, d'intérêt. ⇒ **connaissance(s)** (II, 2). *Ce n'est pas un ami, seulement une relation. Elle ne fait pas partie de mes relations.* **5.** Lien officiel entre groupes (peuples, nations). *Tension, détente dans les relations internationales. Relations intergouvernementales, interprovinciales. Relations diplomatiques. Relations culturelles entre pays.* — RELATIONS PUBLIQUES : ensemble des activités destinées à favoriser les contacts à l'intérieur d'un organisme, d'une entreprise, à informer le public des réalisations de cet organismes, cette entreprise. ⇒ **propagande, publicité.** *Être dans les relations publiques.* ⇒ **relationniste. 6.** Sciences. Tout ce qui implique une interdépendance, une interaction (entre un être vivant et un milieu). *L'étude des relations des êtres vivants avec leur milieu* (⇒ **écologie, environnement**). ▶ ***relationniste*** n. ■ Spécialiste des relations publiques (dans un organisme public, une entreprise privée). *La relationniste d'une compagnie d'assurances.* — Adj. *Elle est relationniste à Montréal.* ‹ ▶ interrelation ›

② ***relation*** n. f. ■ Le fait de relater* ; récit. *Selon la relation d'un témoin.* ⇒ **témoignage.** *Faire la relation des événements.* — Récit fait par un voyageur, un explorateur. *La relation d'un voyage en Chine. Les Relations des jésuites.*

relativement adv., ***relativité*** n. f. ⇒ **relatif.**

relax, relaxe [Rəlaks] adj. et n. Anglic. **1.** Fam. Qui favorise la détente. ⇒ **décontracté, détendu ;** anglic. **cool.** *Une soirée plutôt relax(e).* — (France) En appos. *Fauteuil(-)relax* ou, n. m. invar., RELAX : fauteuil, chaise longue confortable. *Des relax.* **2.** (France) N. f. RELAXE : détente, décontraction. ▶ ***relaxation*** n. f. ■ Anglic. Méthode thérapeutique destinée à supprimer la tension musculaire ou nerveuse par des procédés psychologiques actifs. — Fam. Repos, détente. ▶ ① ***se relaxer*** v. pron. ▪ conjug. 1. ■ Anglic. Fam. Se détendre physiquement et intellectuellement. ⇒ se **décontracter.** — Intransitivement. *Ils vont pouvoir relaxer un peu.* ▶ ***relaxant, ante*** adj. ■ Qui procure une détente. *Ambiance relaxante.*

② ***relaxer*** v. tr. ▪ conjug. 1. ■ Droit. Remettre en liberté (un détenu), par une décision (appelée *relaxe,* n. f.).

relayer [R(ə)lɛje] v. tr. ▪ conjug. 8. **1.** Remplacer (qqn) dans une activité qui ne peut être interrompue. *Quand tu seras fatigué de ramer, je te relaierai.* **2.** SE RELAYER v. pron. : se remplacer l'un l'autre, alternativement (dans une activité, une course...). *Elles se sont relayées toute la nuit auprès de la malade.* ‹ ▶ relais ›

relecture [R(ə)lɛktyR] n. f. ■ Action de relire. *Relecture des épreuves d'imprimerie.*

reléguer [R(ə)lege] v. tr. ▪ conjug. 6. **1.** Envoyer, maintenir (qqn dans un endroit écarté ou médiocre). ⇒ **exiler.** *On les relégua dans la chambre du fond.* — (Choses) *Reléguer un objet au grenier.* **2.** Fig. *On l'a relégué dans une fonction subalterne.* — Au p. p. adj. *Se sentir relégué au second plan.*

relent [R(ə)lɑ̃] n. m. **1.** Mauvaise odeur qui persiste. *Des relents d'alcool, de friture.* **2.** Abstrait. Trace, soupçon. *Son histoire a des relents de racisme.*

relevailles [Rələvɑj] n. f. pl. ■ Période qui suit l'accouchement et pendant laquelle la femme refait ses forces.

relevé [Rəlve] n. m. ■ Action de relever (⇒ ① **relever,** III, 3), de noter ; ce qu'on a noté. *Le relevé des dépenses. Un relevé de notes.* ⇒ **bulletin.** — *Faire le relevé d'un compteur d'électricité.*

relève [R(ə)lɛv] n. f. **1.** Remplacement (d'une ou plusieurs personnes) par d'autres, dans un travail continu. *La relève de la garde. Assurer, prendre la relève.* — (Baseball, balle-molle) *Lanceur de relève.* ⇒ **releveur.** *Venir en relève au lanceur partant.* ⇒ ① **relever** (IV, 1). Les personnes qui assurent ce remplacement. — *Enfin ! voilà la relève !* **2.** Remplacement (dans une action, une tâche collective). *La jeunesse prendra la relève. Préparer la relève.* ⇒ **succession.**

relèvement [R(ə)lɛvmɑ̃] n. m. **1.** Redressement, rétablissement. *Le relèvement d'un pays, d'une économie.* **2.** Action de relever (①, II), de hausser. / contr. **abaissement** / *Le relèvement d'un sol.* — Action d'augmenter. *Le relèvement des salaires.* ⇒ **hausse, majoration.**

① ***relever*** [Rəlve; R(ə)ləve] v. tr. ▪ conjug. 5. **I. 1.** Remettre debout, dans sa position naturelle (qqn, qqch. qui est tombé). **2.** Remettre en bon état (ce qui est au plus bas). *Il faut relever le pays, l'économie. Relever le moral de qqn.* **3.** ⇒ **ramasser.** *Professeur qui relève les cahiers, les copies.* — Loc. *Relever le défi,* y répondre. **II.** Remettre plus haut. **1.** Diriger, orienter vers le haut (une partie du corps, du vêtement). *Relever la tête, le front. Relever son col, ses jupes.* ⇒ **retrousser.** / contr. **rabattre** / — Au p. p. adj. *Manches relevées.* — *Virage relevé,* dont l'extérieur est plus haut que l'intérieur. — *Relever une manette.* / contr. **abaisser** / **2.** Donner plus de hauteur à, porter à un niveau supérieur. ⇒ **élever, hausser ; relèvement.** *Relever le niveau de vie, les salaires.* / contr. **baisser** / — Au p. p. adj. *Plaisanterie, film d'un niveau pas très relevé,* médiocre, de mauvais goût. **3.** Littér. Donner une valeur plus haute à (qqn, qqch.). ⇒ **rehausser.** *Cet exploit le relève à ses propres yeux.* **4.** Donner plus de goût à, par des condiments, des épices. *Relever une sauce.* — Au p. p. adj. *Un plat relevé.* ⇒ **épicé. 5.** Littér. Donner du relief à..., mettre en valeur. *Relever un récit de (par des) détails piquants.* ⇒ **agrémenter, pimenter. III. 1.** Faire remarquer ; mettre en relief. ⇒ **noter, souligner.** *Relever des erreurs, des fautes dans un texte. On ne peut relever aucune charge contre eux.* **2.** Répondre vivement à (une parole). *Cette accusation ne mérite pas d'être relevée. Je n'ai pas voulu relever l'allusion.* **3.** Noter par écrit, ou par un croquis (⇒ **relevé**). *Relever une adresse, une recette de cuisine. Relever le plan d'un appartement.* — *Relever un compteur,* le(s) chiffre(s) d'un compteur (d'électricité, de gaz, d'eau...). Fam. *Relever le gaz, l'électricité.* **IV. 1.** Assurer la relève de (qqn). ⇒ **relayer.** *Relever une sentinelle. Équipe qui en relève une autre. Lanceur venu en relever un autre.* **2.** RELEVER *qqn* DE : le, la libérer (d'une obligation). *Relever un religieux de ses vœux.* ⇒ **délier.** *Relever qqn de ses fonctions.* ⇒ **destituer.** / contr. **réinstaller, réintégrer** / **V.** SE RELEVER v. pron. **1.** Se remettre debout, reprendre la position verticale. *Aider qqn à se relever.* — Fig. Se remettre d'une situation difficile, pénible. *Pays qui se relève (de ses ruines, de ses cendres). Je ne m'en relèverai jamais.* **2.** Se diriger vers le haut. *Les coins de sa bouche se relèvent.* — (Passif) Être ou pouvoir être dirigé vers le haut. *Ces accoudoirs se relèvent.* **VI.** Intransitivement. (Suj. personne) RELEVER DE : se rétablir, se remettre de. *Relever de maladie. Relever d'un accouchement.* ⇒ **relevailles.** ▶ ***releveur, euse*** adj. et n. **I.** Anatomie. Qui relève (un organe, etc.). *Le muscle releveur de la paupière.* **II.** N. (Personnes) **1.** Professionnel qui relève (III, 3), note. *Le releveur des compteurs.* **2.** Baseball, balle-molle. Lanceur qui vient en relève à un autre lanceur. *Un releveur gaucher, droitier.* ‹ ▶ relevé, relève, relèvement ›

② ***relever*** v. tr. ind. ▪ conjug. 5. — RELEVER DE. **1.** Dépendre (d'une autorité). *Les seigneurs relevaient directement du roi.* **2.** Être du ressort, de la compétence de. *Une affaire qui relève du tribunal de la jeunesse.* **3.** Être du domaine de. *Cette théorie relève de la pure fantaisie, invention.*

relief [ʀəljɛf] n. m. **1.** UN RELIEF : ce qui fait saillie sur une surface. *La paroi ne présentait aucun relief.* — EN RELIEF. *Les caractères en relief du braille.* **2.** Ouvrage comportant des éléments qui se détachent plus ou moins sur un fond plan. *Façade ornée de reliefs* (⇒ **bas-relief**). *Le haut-relief se détache presque complètement du fond.* **3.** Forme de la surface terrestre, comportant des saillies et des creux. *Le relief laurentien.* **4.** Caractère (d'une image) donnant l'impression d'une profondeur de plans différents ; perception qui y correspond. *Le relief d'une peinture. Sensation de relief. — Photographie, cinéma* EN RELIEF : qui donne l'impression du relief. **5.** Abstrait. Apparence plus nette, plus vive, du fait des oppositions. *Un style qui manque de relief. — Mettre en relief,* faire valoir en mettant en évidence. ‹ ▸ bas-relief ›

reliefs [ʀəljɛf] n. m. pl. ■ Vx ou plaisant. Ce qui reste d'un repas. ⇒ **reste(s).** *Des reliefs de poulet.* ‹ ▸ relief ›

① ***relier*** [ʀəlje] v. tr. ▪ conjug. 7. ■ Attacher ensemble (les feuillets formant un ouvrage) et les couvrir avec une matière rigide ou souple. *Relier une thèse, une collection de revues. Faire relier un livre en maroquin.* — Au p. p. adj. *Livre relié,* relié avec une matière rigide (opposé à *broché*), généralement plus riche que le carton (opposé à *cartonné*). ▸ ***relieur, euse*** n. ■ Personne dont le métier est de relier des livres. *Relieur d'art.* ‹ ▸ reliure ›

② ***relier*** v. tr. ▪ conjug. 7. **1.** Lier ensemble. ⇒ **attacher.** *Relier deux maillons, un maillon à un autre.* **2.** Mettre en communication avec. ⇒ **joindre, raccorder.** *Route qui relie deux villes.* **3.** Fig. Mettre en rapport avec (autre chose). *Relier des événements.* — Au p. p. adj. *Mots reliés par une conjonction.* ⇒ **uni.**

religieuse [ʀ(ə)liʒjøz] n. f. ■ Pâtisserie faite de deux boules (une petite posée sur une plus grosse) de pâte à choux fourrée de crème pâtissière (au café, au chocolat).

religieux, euse [ʀ(ə)liʒjø, øz] adj. et n. **I.** Adj. **1.** Qui concerne la religion, les rapports entre les êtres humains et un pouvoir surnaturel. *Le sentiment religieux. Pratiques religieuses. Édifice religieux* (⇒ **église, mosquée, pagode, temple...**). *Cérémonies religieuses. Mariage religieux.* / contr. ① **civil** / *L'enseignement religieux* (opposé à *laïque*). ⇒ **confessionnel.** *Art religieux* (opposé à *profane*). ⇒ ① **sacré.** — *Conceptions religieuses.* ⇒ **dogme, théologie.** *Le fanatisme religieux.* **2.** (Personnes ou choses) Consacré à la religion, à Dieu, par des vœux. *La vie religieuse.* ⇒ **monastique.** — *Communautés, congrégations religieuses ; ordres religieux.* **3.** (Personnes) Qui pratique une religion, a de la religion. ⇒ **croyant.** *Il est religieux sans être dévot.* **4.** Qui présente les caractères du sentiment ou du comportement religieux. *Avoir pour qqn une vénération religieuse. Un silence religieux,* respectueux et attentif. **II.** N. Personne qui a prononcé des vœux dans un ordre monastique. ⇒ **frère,** ① **moine, nonne, sœur.** *Une communauté de religieux, de religieuses.* ⇒ **congrégation, couvent, monastère,** ① **ordre.** *On dit « Ma sœur » aux religieuses.* ▸ ***religieusement*** adv. **1.** Avec religion ; selon les rites d'une religion. *Être enterré religieusement.* **2.** Avec une exactitude religieuse. ⇒ **scrupuleusement.** *Observer religieusement le règlement.* **3.** Avec une attention recueillie. *Écouter religieusement un concert.* ‹ ▸ areligieux, antireligieux, irréligieux, religiosité ›

religion [ʀ(ə)liʒjɔ̃] n. f. **1.** LA RELIGION : reconnaissance par l'être humain d'un principe supérieur de qui dépend sa destinée ; attitude intellectuelle et morale qui en résulte. *Être tolérant en matière de religion. — Une guerre de religion.* — Croyance, conviction religieuse. ⇒ **foi.** *Sa religion est profonde, sincère. — Avoir de la religion,* être croyant, pieux. — Iron. *Ma religion m'interdit de me lever tôt.* **2.** UNE RELIGION : un système de croyances et de pratiques propre à un groupe social et marquant les rapports de l'être humain avec des puissances surnaturelles (appelées *divinités*). ⇒ **culte.** *Pratiquer une religion. Se convertir à une religion. Les adeptes d'une religion. Ministres, prêtres des diverses religions. — Religions révélées. Religion animiste, polythéiste, monothéiste.* ⇒ **animisme, polythéisme, monothéisme.** *Religion chrétienne* ⇒ **christianisme**, *musulmane* ⇒ **islamisme**, *juive* ⇒ **judaïsme**. *La religion catholique. La religion réformée.* ⇒ **protestantisme.** *Les religions orientales.* ⇒ **bouddhisme, hindouisme.** **3.** Culte, attachement mystique (à certaines valeurs). *Une religion de la science, de l'art.* **4.** Loc. *Entrer en religion,* prononcer ses vœux de religieux, entrer dans les ordres. **5.** Fig. Conviction. — *Éclairer la religion de qqn,* éclairer ses idées sur qqch. *Je n'ai rien compris, il faudrait que tu éclaires ma religion.* ▸ ***religiosité*** n. f. ■ Inclination sentimentale vers la religion. ‹ ▸ coreligionnaire, irréligion, religieux ›

reliquat [ʀ(ə)likɑ] n. m. ■ Ce qui reste d'une somme (à payer, à percevoir). ⇒ **reste ;** fam. **balance.** *Toucher un reliquat, le reliquat d'une dette.*

relique [ʀ(ə)lik] n. f. **1.** Fragment du corps d'un saint (ou objet associé à la vie du Christ ou d'un saint) auquel on rend un culte. *La vénération des reliques. — Garder un objet comme une relique,* soigneusement, précieusement. **2.** Objet témoignant du passé auquel on attache moralement le plus grand prix. ▸ ***reliquaire*** n. m. ■ Coffret précieux renfermant des reliques.

relire [ʀ(ə)liʀ] v. tr. ▪ conjug. 43. **1.** Lire de nouveau (ce qu'on a déjà lu). *J'ai relu ce livre avec plaisir.* **2.** Lire en vue de corriger, de vérifier (ce qu'on a écrit ou ce que qqn a écrit). *Il faut que tu relises ton devoir.* — Pronominalement. *Se relire avant de cacheter sa lettre.* ‹ ▸ relecture ›

relish [ʀəliʃ] n. f. ■ Anglic. Condiment fait de cornichons finement hachés, vinaigrés et épicés. *Un pot de relish.* — En appos. *Un hot-dog relish, moutarde.*

reliure [ʀəljyʀ] n. f. **1.** Action ou art de relier (les feuillets d'un livre). *Donner un livre à la reliure.* **2.** Manière dont un livre est relié ; couverture d'un livre relié. *Les plats, le dos d'une reliure. Reliure pleine peau. Des reliures anciennes en vélin.*

reloger [ʀ(ə)lɔʒe] v. tr. ▪ conjug. 3. ■ Procurer un nouveau logement à (qqn qui a perdu le sien). *Le propriétaire devra reloger les locataires expulsés.* — Pronominalement. *L'incendie force cette famille à se reloger ailleurs.* ▸ ***relogement*** n. m. ■ Action de reloger (qqn).

relu, ue ■ Part. passé du v. *relire.*

reluire [ʀəlɥiʀ] v. intr. ▪ conjug. 38. ■ Luire en réfléchissant la lumière, en produisant des reflets. ⇒ **briller.** — Briller après avoir été soigneusement nettoyé et frotté. *Faire reluire des cuivres, des meubles. Brosse à reluire.* ⇒ **brosse.** ▸ ***reluisant, ante*** adj. **1.** Qui reluit de propreté. *Chaussures reluisantes.* **2.** (En phrase négative) Fig. ⇒ **brillant.** *Un avenir peu reluisant. Une équipe pas très reluisante.*

reluquer [ʀ(ə)lyke] v. tr. ▪ conjug. 1. ■ Fam. Regarder du coin de l'œil, avec intérêt et curiosité. ⇒ **lorgner ;** fam. **zieuter.** *Reluquer les filles.* — Considérer avec convoitise. ⇒ **guigner.** *Il reluque votre héritage.*

remâcher [ʀ(ə)mɑʃe] v. tr. ▪ conjug. 1. ■ Faire revenir sans cesse ses pensées sur (qqch. qui inspire de l'amertume). ⇒ **ressasser, ruminer.** *Remâcher ses soucis, sa rancune.*

remailler [Rəmaje] v. tr. ▪ conjug. 1. ▪ Réparer les mailles de (un tricot, un filet, etc.). ⇒ **remmailler.**

remake [Rimek] n. m. ▪ Anglic. Nouvelle version (d'un film, d'une œuvre littéraire). *Des remakes.*

rémanent, ente [Remanɑ̃, ɑ̃t] adj. ▪ Sciences. Qui subsiste après la disparition de la cause. *Magnétisme rémanent, aimantation rémanente.*

remanier [R(ə)manje] v. tr. ▪ conjug. 7. **1.** Modifier (un ouvrage de l'esprit) par un nouveau travail. ⇒ **corriger, retoucher.** *Remanier un texte.* — Au p. p. adj. *Édition remaniée.* **2.** Modifier la composition de (un groupe). *Remanier le cabinet.* — Au passif. *L'équipe nationale de natation a été profondément remaniée.* ▶ ***remaniement*** [R(ə)manimɑ̃] n. m. ▪ *Remaniement ministériel.*

se ***remarier*** [R(ə)maRje] v. pron. r fl. ▪ conjug. 7. ▪ Se marier à nouveau. *Elle ne s'est jamais remariée.* ▶ ***remariage*** n. m.

remarquer [R(ə)maRke] v. tr. ▪ conjug. 1. **1.** Avoir la vue, l'attention frappée par (qqch.). ⇒ **apercevoir, constater, découvrir.** *Remarquer qqch. du premier coup d'œil. Remarquer la présence, l'absence de qqn. Avez-vous remarqué comment elle était habillée, si elle était seule ? Je n'ai rien remarqué.* — Pronominalement (passif). *Détails qui se remarquent à peine.* — REMARQUER QUE (+ indicatif). *Il a probablement remarqué que tu étais fatiguée.* — (En tournure négative : + subjonctif ou indicatif) *Je n'ai pas remarqué qu'il était (qu'il fût) déçu. Je n'ai pas remarqué qu'il vous faisait la cour.* — *Remarquez, remarquez bien que...,* j'attire spécialement votre attention sur le fait que... ⇒ **noter.** *Permettez-moi de vous faire remarquer que...,* de vous faire observer... ⇒ **indiquer, signaler. 2.** Distinguer particulièrement (une personne, une chose parmi d'autres). *J'ai remarqué un individu à la mine louche.* — (Suj. chose) FAIRE REMARQUER *qqn. L'excentricité de son caractère le fait remarquer partout.* **3.** Péj. SE FAIRE REMARQUER : attirer sur soi l'attention. *Ne pas aimer se faire remarquer.* ▶ ***remarquable*** adj. **1.** Digne d'être remarqué, d'attirer l'attention. ⇒ **marquant, notable.** *Un événement remarquable. Être remarquable par...* ⇒ se **signaler.** *Un artiste remarquable par son talent. Il est remarquable que* (+ subjonctif). *Il est remarquable que tu aies réussi à les réconcilier. C'est très remarquable.* **2.** Digne d'être remarqué par son mérite, sa qualité. ⇒ **éminent.** *Une des personnalités les plus remarquables de ce temps. Exploit remarquable.* ⇒ **extraordinaire.** *Une adresse remarquable.* ▶ ***remarquablement*** adv. ▪ D'une manière remarquable. *Une fille remarquablement belle.* ⇒ **très.** *Elle a remarquablement réussi.* ▶ ***remarque*** n. f. **1.** Action de remarquer (qqch.). *C'est une remarque que j'ai souvent faite,* une chose que j'ai souvent remarquée. *Digne de remarque,* remarquable. **2.** Mots prononcés pour attirer l'attention de qqn sur qqch. et comportant notamment une critique. *Faire une remarque à qqn.* ⇒ **observation.** *Je l'ai trouvée complètement transformée et je lui en ai fait la remarque. Faire une remarque désobligeante à qqn.* ⇒ ② **réflexion. 3.** Notation, réflexion qui attire l'attention du lecteur. ⇒ **commentaire.** *Ce livre est plein de remarques pertinentes. Remarque sur une difficulté grammaticale.* ▶ ***remarqué, ée*** adj. ▪ Qui est l'objet de l'attention, de la curiosité. / contr. ② **discret** / *Elle a fait une entrée très remarquée. Une conférence remarquée.*

remballer [Rɑ̃bale] ou ***réemballer*** [Reɑ̃bale] v. tr. ▪ conjug. 1. ▪ Remettre dans son emballage (ce qu'on a déballé). *Le représentant a remballé sa marchandise.* — Fig. et fam. *Remballer ses compliments,* les garder pour soi. ▶ ***remballage*** ou ***réemballage*** n. m. ▪ Action de remballer (qqch.).

rembarquer [Rɑ̃baRke] v. ▪ conjug. 1. **1.** V. tr. Embarquer de nouveau (ce qu'on avait débarqué). **2.** *Se rembarquer* v. pron. réfl. ou *rembarquer* v. intr., s'embarquer de nouveau. — Fig. *Elle s'est rembarquée en politique active.* ▶ ***rembarquement*** n. m. ▪ *Le rembarquement des troupes.*

rembarrer [Rɑ̃baRe] v. tr. ▪ conjug. 1. ▪ Repousser brutalement (qqn) par un refus, une réponse désobligeante. *Il s'est fait rembarrer sèchement.* ⇒ **rabrouer.** ≠ *rebarrer.*

remblai [Rɑ̃blɛ] n. m. **1.** Opération de terrassement, consistant à rapporter des terres pour faire une levée ou combler une cavité. *Travaux de remblai.* **2.** Terres rapportées à cet effet. *Le mur de soutènement d'un remblai.* ▶ ***remblayer*** [Rɑ̃bleje] v. tr. ▪ conjug. 8. ▪ Faire des travaux de remblai sur... *Remblayer une route* (la hausser), *un fossé* (le combler). / contr. **déblayer** /

rembobiner [Rɑ̃bɔbine] v. tr. ▪ conjug. 1. ▪ Ramener par enroulement (un ruban de cassette, de bande vidéo, etc.) sur la bobine de départ. *N'oubliez pas de rembobiner la cassette.* — Au p. p. adj. *Film rembobiné.* ▶ ***rembobinage*** n. m. ▪ Opération qui consiste à rembobiner ; son résultat. *Le rembobinage prendra quelques minutes. Appareil photo à rembobinage automatique.*

remboîter [Rɑ̃bwate] v. tr. ▪ Remettre en place (ce qui était déboîté). *Remboîter une articulation.* ⇒ fam. **ramancher, rebouter.**

rembourrer [Rɑ̃buRe] v. tr. ▪ conjug. 1. ▪ Garnir (qqch.) d'une matière molle (laine, crin, etc.). ⇒ **capitonner, matelasser.** *Rembourrer un siège.* — Au p. p. adj. *Un coussin bien rembourré.* ▶ ***rembourrage*** n. m. ▪ Action de rembourrer. — Matière servant à rembourrer. ⇒ **bourre, bourrure, rembourrure.** *Fauteuil usé qui laisse voir le rembourrage.* ▶ ***rembourreur, euse*** n. ▪ Ouvrier, artisan spécialiste du rembourrage. ▶ ***rembourrure*** n. f. ▪ Matériau servant à rembourrer. ⇒ **bourre, bourrure, rembourrage.**

rembourser [Rɑ̃buRse] v. tr. ▪ conjug. 1. **1.** REMBOURSER *qqch.* : rendre à qqn (la somme qu'il a déboursée). *Rembourser une dette, à qqn.* — Au p. p. adj. *Billets de loterie remboursés.* — *Remboursez !* (les places), cri de mécontentement, à un mauvais spectacle. **2.** REMBOURSER *qqn* : lui rendre ce qu'il a déboursé. *Rembourser tous ses créanciers.* — *Rembourser qqn de qqch. On l'a remboursé de tous ses frais.* ▶ ***remboursable*** adj. ▪ Qui peut ou qui doit être remboursé. *Hypothèque remboursable en quinze ans.* ▶ ***remboursement*** n. m. ▪ Action de rembourser. *Le remboursement d'un emprunt, d'une marchandise payée.* — *Envoi* CONTRE REMBOURSEMENT : contre paiement à la livraison.

se ***rembrunir*** [Rɑ̃bRyniR] v. pron. réfl. ▪ conjug. 2. ▪ Prendre un air sombre, chagrin. ⇒ se **renfrogner.** / contr. s'**éclairer** / *À ces mots, elle se rembrunit. Son visage s'est rembruni.*

remède [R(ə)mɛd] n. m. **1.** Substance employée au traitement d'une maladie. ⇒ **médicament.** *La préparation, la composition d'un remède. Prescrire, administrer un remède. Prendre un remède. Un remède énergique. Un remède universel.* ⇒ **panacée.** — Loc. *Remède de bonne femme, de ma grand-mère,* simple et populaire. *Remède de cheval,* brutal. **2.** Ce qui est employé pour atténuer ou guérir une souffrance morale. Loc. prov. *Aux grands maux, les grands remèdes,* quand le mal est grave, il faut employer un remède énergique. — *Un remède à l'ennui, contre l'ennui,* qui guérit de l'ennui. ⇒ **solution.** *Porter* remède à... ⇒ **remédier.** — *C'est un remède contre l'amour,* se dit d'une personne très laide. — *Sans remède,* irrémédiable.

remédier [R(ə)medje] v. tr. ind. ▪ conjug. 7. — REMÉDIER À. ▪ Apporter un remède (2) à. ⇒ **corriger.** *Remédier à des abus. Pour remédier à cette situation.* ⟨ ▸ irrémédiable ⟩

*se **remémorer*** [R(ə)memɔRe] v. pron. réfl. ▪ conjug. 1. ▪ Reconstituer avec précision dans sa mémoire. ⇒ se **rappeler,** se **souvenir.** *J'essaie de me remémorer toute cette histoire.*

① ***remercier*** [R(ə)mɛRsje] v. tr. ▪ conjug. 7. ▪ Dire merci, témoigner de la reconnaissance à (qqn). *Tu les remercieras de ma part. Je ne sais comment vous remercier. Voilà comment il me remercie !,* se dit de qqn qui fait preuve d'ingratitude. — REMERCIER *qqn* DE, POUR. *Je vous remercie de votre gentillesse, pour votre cadeau. Elle l'a remercié d'être venu.* — *Je vous remercie,* formule de refus poli : *non, merci.* ▸ ***remerciement*** n. m. ▪ *Avec tous mes remerciements. Lettre de remerciement.* ⟨ ▸ ② remercier ⟩

② ***remercier*** v. tr. ▪ conjug. 7. ▪ Congédier (qqn). ⇒ **licencier, renvoyer.** / contr. **embaucher, engager, recruter** / *Elle a remercié sa secrétaire.*

remettre [R(ə)mɛtR] v. tr. ▪ conjug. 56. **I.** Mettre de nouveau. **1.** Mettre à sa place antérieure. *Remettre une chose en place, à sa place. Remets ce livre où tu l'as trouvé. Il a remis son mouchoir dans sa poche.* — (Compl. personne) *Remettre une enfant en pension.* — Loc. *Remettre qqn en liberté,* libérer. — Abstrait. *Remettre qqn sur la bonne voie. Remettre qqn à sa place,* le rabrouer. **2.** *Remettre en esprit, en mémoire,* rappeler (une chose oubliée). *Je vais vous remettre cette affaire en esprit.* (Surtout en France) *Remettre qqn,* le reconnaître. ⇒ **replacer.** *Ah, maintenant, je vous remets !* **3.** Replacer (dans la position antérieure). *Remettre une chose d'aplomb, debout,* la raplomber, la redresser. **4.** Porter de nouveau sur soi. *Remettre son chapeau, ses gants. Remettre des bottes de l'année dernière,* les reporter. **5.** Rétablir. *Remettre le courant. Remettre de l'ordre.* **6.** Mettre une seconde fois, mettre encore. ⇒ **ajouter.** *Remettre de l'eau dans un humidificateur.* — Fam. EN REMETTRE : faire ou dire plus qu'il n'est utile, exagérer. ⇒ en **rajouter. 7.** Fam. REMETTRE ÇA : recommencer. *Je croyais que c'était fini, mais non, il faut remettre ça. On remet ça ?,* on recommence ? ; spécialt. on boit une autre tournée ? **8.** REMETTRE *qqch.* À..., EN... : passer dans un autre état, ou à l'état antérieur. *Remettre une pendule à l'heure, un moteur en marche. Remettre qqch. en état, en ordre.* — Loc. *Remettre qqch., qqn en cause, en question.* ⇒ **reconsidérer.** — Au p. p. adj. *Moteur remis en marche, en état.* **9.** SE REMETTRE v. pron. réfl. : se mettre de nouveau. *Ils se sont remis en route. Le temps s'est remis au beau.* — SE REMETTRE À (+ nom d'activité ou infinitif) : reprendre (une activité). ⇒ **recommencer.** *Se remettre au tennis, à l'anglais. Il s'est remis à fumer. Je m'y suis remis.* — *Se remettre avec qqn,* vivre de nouveau avec lui (elle). *Ils se sont remis ensemble.* **II. 1.** Mettre (qqch.) en la possession ou au pouvoir de qqn qui doit le recevoir. *Remettre un paquet au destinataire. Remettre un coupable à la justice.* — *Remettre sa démission.* ⇒ **donner.** *Je remets mon sort entre vos mains.* **2.** Faire grâce de (une obligation). *Je vous remets votre dette,* je vous en tiens quitte. *Dieu remet les péchés.* ⇒ **absoudre, pardonner ; rémission. III.** Renvoyer (qqch.) à plus tard. ⇒ **ajourner, différer,** ② **reporter.** *Remettre une chose, son départ au lendemain. Elle a remis son départ de quelques jours.* — Au passif. *L'opération est remise. Le match de baseball est remis à cause de la pluie.* — Être renvoyé (à plus tard). *La décision est remise à plus tard.* — Au passif et au p. p. adj. (ÊTRE) REMIS, ISE. *Décision remise.* **IV.** SE REMETTRE v. pron. réfl. **1.** (Idée de retour) SE REMETTRE DE : revenir à un état meilleur après (une maladie, une épreuve). *Se remettre d'une maladie, de ses fatigues.* ⇒ **recouvrer,** se **rétablir.** Fam. *Se remettre sur le piton.* — Sans compl. *Elle se remet très vite.* — Au p. p. adj. *Malade remis.* — *Il (s') est remis de son émotion, de sa frayeur. Il ne s'en est jamais remis.* — Sans compl. *Allons, remettez-vous !,* reprenez vos esprits. **2.** (Idée de remise) S'EN REMETTRE À *qqn, à sa décision, à son avis* : lui faire confiance, s'y fier. ⇒ se **fier,** s'en **rapporter.** *S'en remettre à qqn du soin de...,* lui laisser le soin. *Je m'en remets à votre jugement.* ⇒ s'en **référer** à. ⟨ ▸ ① remise, rémission ⟩

rémige [Remiʒ] n. f. ▪ Grande plume de l'aile (des oiseaux).

remilitariser [R(ə)militaRize] v. tr ▪ conjug. 1. ▪ Militariser de nouveau (un pays démilitarisé). ⇒ **réarmer.** / contr. **démilitariser** / ▸ ***remilitarisation*** n. f.

réminiscence [Reminisɑ̃s] n. f. ▪ Littér. Souvenir imprécis, où domine la tonalité affective. *Je n'en ai que des réminiscences. Une œuvre pleine de réminiscences.*

remis, ise ▪ Part. passé du v. *remettre.*

① ***remise*** [R(ə)miz] n. f. ▪ Action de remettre. **1.** REMISE EN... : action de mettre à sa place antérieure, dans son état antérieur. *La remise en place, en marche, en ordre (de qqch.).* — *Une remise en question, en jeu.* **2.** Action de mettre en la possession de (qqn). ⇒ **distribution, livraison.** *La remise d'un colis à son destinataire. Remise des prix aux lauréats.* **3.** Renonciation à (une créance). *Remise de dette.* **4.** Diminution de prix. ⇒ **escompte, rabais, réduction.** *Faire, consentir une remise à qqn. Remise de 5 % sur tous nos articles.* — REMISE DE PEINE : réduction de la peine infligée à un condamné.

② ***remise*** n. f. ▪ Local où l'on peut abriter des voitures, des objets, des instruments divers. ⇒ **cabanon, hangar, resserre.** *Les remises d'une ferme. Le tracteur est dans la remise.* ▸ ***remiser*** v. tr. ▪ conjug. 1. ▪ Ranger (un véhicule) dans une remise. ⇒ **garer.** — Ranger (une chose, un véhicule dont on ne se sert pas pendant un certain temps). ⇒ **serrer.** *Remiser sa valise au grenier. Remiser sa voiture pour l'hiver.* — Au p. p. adj. *Auto remisée.* ▸ ***remisage*** n. m. ▪ Action de remiser (une chose, un véhicule). *Le remisage d'hiver.*

rémission [Remisjɔ̃] n. f. **1.** Action de remettre, de pardonner (les péchés). *La rémission des péchés.* ⇒ **absolution. 2.** Loc. SANS RÉMISSION : sans plus d'indulgence, de faveur. *Je vous accorde encore 24 heures, sans rémission. C'est sans rémission !,* sans appel. **3.** Diminution momentanée (d'un mal). *Être en rémission d'un cancer.* ⟨ ▸ irrémissible ⟩

remmailler [Rɑ̃maje] v. tr. ▪ conjug. 1. ▪ Réparer en reconstituant, en remontant les mailles. ⇒ **remailler.** *Remmailler des bas.* ▸ ***remmaillage*** n. m. ▸ ***remmailleuse*** n. f. ▪ Ouvrière qui remmaille.

remmener [Rɑ̃m(ə)ne] v. tr. ▪ conjug. 5. ▪ Emmener (qqn) au lieu d'où on l'a amené. ⇒ **ramener,** ① **reconduire.** *Remmener un enfant chez lui.*

remodeler [R(ə)mɔdle] v. tr. ▪ conjug. 5. ▪ Transformer en améliorant la forme de (qqch.). *Remodeler une statue ; un visage* (par la chirurgie esthétique). — Abstrait. Modifier l'organisation de (qqch.). ⇒ **remanier.** *Remodeler l'organisation d'un service administratif.* ⇒ **restructurer.**

① ***remonter*** [R(ə)mɔ̃te] v. tr. ▪ conjug. 1. **I. 1.** Monter (ce qui était démonté). *J'ai eu du mal à* *remonter le carburateur.* **2.** Reconstituer, rendre complet (ce qui était devenu incomplet, insuffisant). *Il faut que je remonte ma garde-robe.* — Fam. *Se faire remonter* (le visage, les seins...), subir une chirurgie esthétique. ⇒ **remodeler. II. 1.** Tendre le ressort de (un mécanisme). *Remonter une horloge, une montre.* — Au p. p. adj. *Horloge remontée.* **2.** (Personnes) Rendre l'énergie à. *Remonter le moral à qqn.* — Redonner de la force physique ou morale à. *Ce petit alcool va vous remonter.* ⇒ **ragaillardir.** ▶ ***remontage*** n. m. ■ Action de remonter (un mécanisme, un moteur... qu'on avait démonté). ▶ ***remontant, ante*** adj. et n. m. ■ Qui remonte, redonne de la vigueur. ⇒ **fortifiant, reconstituant.** — N. m. UN REMONTANT : remède, boisson qui redonne des forces. ⇒ ① **cordial, tonique.** *J'aurais besoin d'un petit remontant.* ▶ ***remontoir*** n. m. ■ Dispositif pour remonter (II, 1) un mécanisme. *Montre à remontoir.*

② ***remonter*** v. ▪ conjug. 1. **I.** V. intr. **1.** Monter de nouveau ; regagner l'endroit d'où l'on est descendu. / contr. **redescendre** / *Il est remonté au grenier. Remonter au premier étage. Remonter en voiture. Tu remontes par l'ascenseur ou à pied ?* **2.** (Choses) Aller de nouveau en haut. *Remonter à la surface.* Sans compl. *Le baromètre remonte.* — (En parlant de ce qui ne reste pas à sa place) *Sa jupe remonte.* — S'élever de nouveau. *La route descend, puis remonte. Les légumes remontent,* leur prix augmente à nouveau. **3.** Aller vers la source, à contre-courant, en amont (d'un fleuve) ; fig. aller vers l'origine, la cause première (de qqch.). — *Remonter de l'effet à la cause.* **4.** REMONTER À : être aussi ancien que, avoir son origine à (une époque passée). ⇒ **dater.** *Souvenirs qui remontent à l'enfance. Cette légende remonte aux débuts de la colonie.* — Loc. *Remonter au déluge.* **II.** V. tr. **1.** Parcourir de nouveau vers le haut. *Remonter l'escalier.* — (Dans une course) *Remonter le peloton,* regagner le terrain perdu sur lui. — Fig. Loc. *Remonter la pente, la côte,* retrouver la santé ; redresser une situation précaire. **2.** Aller vers l'amont de (un cours d'eau). *Remonter le Mississippi. Les bateaux remontent le fleuve.* — Loc. *Remonter le courant,* redresser une situation compromise. **3.** Porter de nouveau en haut. *Remonter une malle au grenier.* **4.** Mettre à un niveau plus élevé. *Remonter son pantalon, son col, ses manches.* ⇒ **relever.** — Pronominalement. Loc. *Se remonter les manches,* travailler plus fort. ▶ ***remontée*** n. f. **1.** Action de remonter. *La remontée de l'eau dans un siphon.* — Le fait de remonter (une pente, une rivière). **2.** Action de regagner du terrain perdu. *Cette cycliste a fait une belle remontée.* **3.** Dispositif servant à remonter les skieurs. *Les* REMONTÉES MÉCANIQUES : remonte-pentes, télésièges, etc. ▶ ***remonte-pente*** n. m. ■ Câble servant à hisser les skieurs en haut d'une pente, au moyen d'amarres. ⇒ **monte-pente, remontée, télésiège, téléski ;** fam. **tire-fesses.** *Des remonte-pentes.*

① ***remontrer*** [ʀ(ə)mɔ̃tʀe] v. tr. ▪ conjug. 1. ■ Montrer de nouveau. *Remontrez-moi ce modèle.*

② ***remontrer*** v. intr. ▪ conjug. 1. ■ EN REMONTRER À *qqn* : se montrer supérieur, être capable de donner des leçons à... *Il prétend en remontrer à son maître.* ▶ ***remontrance*** n. f. ■ Littér. Observation adressée directement à qqn, comportant une critique raisonnée et une exhortation à se corriger. ⇒ **réprimande, reproche.** *Faire des remontrances à un élève.*

remords [ʀ(ə)mɔʀ] n. m. invar. ■ Sentiment douloureux, accompagné de honte, que cause la conscience d'avoir mal agi. ⇒ **regret, repentir.** *Avoir des remords. Être en proie au remords. Plaisir mêlé de remords. Le remords de son crime le poursuivait.*

remorque [ʀ(ə)mɔʀk] n. f. **1.** Véhicule sans moteur, destiné à être tiré par un autre. *Remorque de camion. Remorque de camping.* ⇒ **caravane ;** fam. **roulotte.** — En appos. *Camion(-)remorque.* ⇒ **fardier, poids lourd ;** anglic. ② **van. 2.** Loc. *Prendre* EN REMORQUE : remorquer (un bateau, un véhicule). **3.** Loc. *Être, se mettre à la remorque de qqn,* se laisser mener par lui. *Être toujours à la remorque,* en arrière, à la traîne. **4.** Câble de remorquage. *La remorque vient de casser.* ▶ ***remorquer*** v. tr. ▪ conjug. 1. **1.** Tirer (un bateau) au moyen d'une remorque (4). ⇒ **remorqueur. 2.** Tirer (un véhicule sans moteur ou en panne). *Camion qui remorque une voiture accidentée.* **3.** Fam. Tirer, traîner derrière soi (qqn). *Il faut toujours les remorquer.* ▶ ***remorquage*** n. m. ■ *Le remorquage des péniches.* ⇒ **halage.** ▶ ***remorqueur, euse*** n. **1.** N. m. Navire de faible tonnage, à machines puissantes, muni de dispositifs de remorquage. *Le pilote du remorqueur.* **2.** N. f. REMORQUEUSE : camion spécialement équipé pour remorquer un véhicule en panne. ⇒ **dépanneuse. 3.** N. Personne qui fait des remorquages de véhicules. ‹ ▶ semi-remorque ›

rémoulade [ʀemulad] n. f. ■ Sauce piquante, faite d'huile, de moutarde, d'ail, etc. — En appos. Invar. *Céleris rémoulade.*

rémouleur [ʀemulœʀ] n. m. ■ Vieilli. Artisan, souvent ambulant, qui aiguise (→ moudre) les instruments tranchants.

remous [ʀ(ə)mu] n. m. invar. **1.** Tourbillon qui se produit à l'arrière d'un navire. — Endroit d'un cours d'eau où l'eau s'agite dans un sens contraire au courant. *Les remous d'une rivière.* — Tourbillon dans un fluide quelconque. *Les remous de l'atmosphère.* **2.** Mouvement confus et massif (d'une foule). *Son discours a suscité divers remous dans l'auditoire.* **3.** Fig. Agitation. *Les grands remous sociaux.*

rempailler [ʀɑ̃pɑje] v. tr. ▪ conjug. 1. ■ Garnir (un siège) d'une nouvelle paille. ⇒ **empailler.** *Rempailler des chaises.* ▶ ***rempaillage*** n. m. ▶ ***rempailleur, euse*** n. ■ Personne qui rempaille des sièges. ⇒ **empailleur.**

rempart [ʀɑ̃paʀ] n. m. **1.** Forte muraille qui forme l'enceinte (d'une forteresse, d'une ville fortifiée). ⇒ **citadelle, fortification.** *Les remparts du Vieux-Québec.* **2.** Au plur. Zone comprise entre cette enceinte et les habitations les plus proches. *Se promener sur les remparts.* **3.** Littér. Ce qui sert de défense, de protection. ⇒ **bouclier.** *Se faire un rempart du corps de qqn.* — Abstrait. Littér. *Le rempart de la foi.*

rempiler [ʀɑ̃pile] v. ▪ conjug. 1. **1.** V. tr. Empiler de nouveau. *Elle rempila ses dossiers.* **2.** (France) V. intr. Fam. Se rengager (dans l'armée). *Sous-officier qui rempile pour deux ans.*

rempirer [ʀɑ̃piʀe] v. ▪ conjug. 1. Fam. **1.** V. intr. (Situation, état) Devenir pire. ⇒ **empirer.** *Depuis quelques jours, son rhume a rempiré.* **2.** V. tr. Rendre pire (une situation, les choses). *Votre manière d'agir rempire les choses.* ⇒ **aggraver.** / contr. **améliorer, atténuer** / *Rempire pas !,* ne rends pas les choses plus difficiles, n'exagère pas.

remplacer [ʀɑ̃plase] v. tr. ▪ conjug. 3. **1.** *Remplacer qqch.,* mettre une autre chose à sa place. ⇒ **substituer.** *Remplacer des rideaux par des stores.* — *Remplacer qqn,* lui donner un remplaçant, un successeur. *Remplacer un employé malade par un occasionnel.* — Mettre à la place de (qqch.) une chose semblable et en bon état. *Remplacer un carreau cassé. Remplacer sa vieille voiture.* ⇒ **changer. 2.** Être mis, venir à la place de (qqch., qqn). ⇒ **succéder** à. *Les calculatrices ont remplacé les bouliers.* **3.** Tenir la place de. ⇒ **suppléer.** *Le miel remplace le sucre,* tient lieu de... **4.** Exercer temporairement les fonctions de (qqn). *Il* *n'est pas capable de remplacer le comptable. Actrice qui se fait remplacer.* ⇒ **doubler.** ▸ ***remplaçable*** adj. ■ Qui peut être remplacé. ⇒ **interchangeable.** / contr. **irremplaçable** / *Objet, personne facilement remplaçable.* ▸ ***remplaçant, ante*** n. ■ Personne qui en remplace une autre (à un poste, une fonction). ⇒ **suppléant.** *On a eu une remplaçante pour le cours de musique. — Être nommé à titre de remplaçant.* ▸ ***remplacement*** n. m. ■ L'action, le fait de remplacer (chose ou personne). *Le remplacement d'un carreau cassé, des pneus usés. En remplacement de qqch., qqn,* à la place de. *Produit de remplacement.* ⇒ **ersatz, succédané.** — *Faire un remplacement.* ⇒ **intérim, suppléance.** *Médecin qui fait des remplacements.* ‹ ▸ irremplaçable ›

① ***remplir*** [ʀɑ̃pliʀ] v. tr. ▪ conjug. 2. **I. 1.** Rendre (un espace disponible) plein (d'une substance, d'éléments quelconques). ⇒ **emplir.** / contr. **vider** / *Remplir une casserole d'eau. Remplir un récipient à moitié, à ras bord. — Remplir une salle* (de spectateurs, d'auditeurs). — Pronominalement (passif). *La salle commence à se remplir. — Remplir qqn de* (un sentiment), rendre plein de. *Ce succès l'a rempli d'orgueil.* **2.** Faire en sorte qu'une chose contienne beaucoup de. ⇒ **truffer.** *Remplir un discours de citations.* **3.** Compléter par des indications dans les espaces laissés en blanc. *Remplir un questionnaire.* **II. 1.** Rendre plein par sa présence (une portion d'espace). *L'eau remplissait les réservoirs. — Remplir un vide.* ⇒ **combler.** — Envahir. *Peu à peu la foule remplissait la place.* **2.** Abstrait. Occuper entièrement. *La colère qui remplit son cœur.* — (Temps) *Toutes les occupations qui remplissent sa vie.* **3.** Couvrir entièrement (une feuille, une page, etc.). *Remplir des pages et des pages.* ⇒ **couvrir** d'écriture. ▸ ***rempli, ie*** adj. **1.** Plein (de qqch.). *Un bol rempli de lait.* — (Temps) Occupé dans toute sa durée. *Journée bien remplie.* — Littér. *Être tout rempli de son importance.* ⇒ **gonflé. 2.** Qui contient en grande quantité. *Un texte rempli d'erreurs.* ⇒ **bourré, truffé.** *Un jardin rempli de fleurs.* ▸ ***remplissage*** n. m. **1.** Opération qui consiste à remplir (un récipient, etc.) ; le fait de se remplir. *Le remplissage d'un réservoir. Réservoir en cours de remplissage. — Remplissage demandé,* terre qui sert à combler des fossés, faire des remblais, etc. **2.** Péj. Ce qui allonge un texte inutilement. *Faire du remplissage.* ‹ ▸ ② remplir ›

② ***remplir*** v. tr. ▪ conjug. 2. ■ (Suj. personne ou chose) Exercer, accomplir effectivement. *Remplir une fonction. Elle a rempli ses engagements.* ⇒ **tenir.** *La tragédie classique devait remplir certaines conditions.* ⇒ **satisfaire** à.

remploi n. m., ***remployer*** v. tr. ⇒ **réemploi ; réemployer.**

se ***remplumer*** [ʀɑ̃plyme] v. pron. réfl. ▪ conjug. 1. Fam. **1.** Rétablir sa situation financière. **2.** Reprendre du poids après un amaigrissement sensible. *Le convalescent commence à se remplumer.*

① ***remporter*** [ʀɑ̃pɔʀte] v. tr. ▪ conjug. 1. ■ Emporter (ce qu'on avait apporté). ⇒ **reprendre.** *Le livreur a dû remporter la marchandise.* ‹ ▸ ② remporter ›

② ***remporter*** v. tr. ▪ conjug. 1. ■ Obtenir, s'assurer après compétition. ⇒ **gagner.** *Remporter une victoire, un prix, un succès. La pièce remporta un grand succès.*

rempoter [ʀɑ̃pɔte] v. tr. ▪ conjug. 1. ■ Changer (une plante) de pot, spécialt la mettre dans un pot plus grand. ⇒ **replanter.** ▸ ***rempotage*** n. m. ■ Action de rempoter, son résultat.

remuer [ʀ(ə)mɥe] v. ▪ conjug. 1. **I.** V. tr. **1.** Faire changer de position. ⇒ **bouger, déplacer.** *Objet lourd à remuer.* — Mouvoir (une partie du corps). *Remuer les lèvres. Le chien remuait la queue.* — Loc. *Ne pas remuer le petit doigt,* ne pas intervenir. **2.** Déplacer (qqch.) dans ses parties, ses éléments. *Remuer la terre.* ⇒ **retourner.** *Remuer la pâte.* ⇒ **pétrir.** *Remuer la salade.* ⇒ **retourner.** — Loc. *Remuer ciel et terre pour obtenir qqch.,* s'agiter, intervenir de tous côtés. **3.** Agiter moralement, émouvoir. *Le récit de ses malheurs nous a profondément remués.* — Au p. p. adj. *Elle était toute remuée.* **II.** SE REMUER v. pron. réfl. : se mouvoir, faire des mouvements. *Avoir de la peine à se remuer.* — Agir en se donnant de la peine. ⇒ se **démener,** se **dépenser.** *Se remuer pour faire aboutir un projet.* Fam. *Allons, remue-toi !* ⇒ se **dépêcher,** se **grouiller,** se **hâter. III.** V. intr. **1.** Bouger, changer de position. *Il souffre dès qu'il remue. Enfant qui ne peut rester sans remuer.* Fam. *Ton nez remue !,* tu mens. **2.** (D'un groupe d'opposants) S'agiter, menacer de passer à l'action. ⇒ **bouger.** *Les syndicats commencent à remuer.* ▸ ***remuant, ante*** adj. ■ (Personnes) Qui remue beaucoup, s'agite. ⇒ **énervant.** *Un enfant remuant.* — Qui a des activités multiples et un peu brouillonnes. ▸ ***remue-ménage*** n. m. invar. ■ Mouvements, déplacements bruyants et désordonnés. *Tu fais un de ces remue-ménage !* ⇒ **chahut.** — Agitation (dans un groupe, un parti...). ⇒ **chambardement.** ▸ ***remue-méninges*** n. m. invar. ■ Technique de recherche d'idées originales, de solutions à des problèmes fondée sur la mise en commun des suggestions de chacun des membres d'un groupe. *Organiser un remue-méninges afin de trouver un slogan publicitaire.* ▸ ***remuement*** [ʀ(ə)mymɑ̃] n. m. ■ Mouvement de ce qui remue.

remugle [ʀ(ə)mygl] n. m. ■ Littér. Odeur désagréable de renfermé. *La chambre du malade sentait le remugle.*

rémunérer [ʀemyneʀe] v. tr. ▪ conjug. 6. ■ Récompenser en argent, payer (un travail, qqn pour un travail). ⇒ **rétribuer.** *Mal rémunérer un travail, un collaborateur.* — Au p. p. adj. *Travail bien, mal rémunéré.* ▸ ***rémunérateur, trice*** adj. ■ Qui paie bien, procure des bénéfices. *Un travail rémunérateur.* ⇒ **lucratif.** ▸ ***rémunération*** n. f. ■ Rétribution (d'un travail). ⇒ **salaire.**

renâcler [ʀ(ə)nɑkle] v. intr. et tr. ind. ▪ conjug. 1. ■ Témoigner de la répugnance (devant une contrainte, une obligation). ⇒ ② **râler, rechigner.** *Elle a accepté la corvée sans renâcler. Renâcler devant un travail, à un travail.*

renaissance [ʀ(ə)nɛsɑ̃s] n. f. **I.** Réapparition ou nouvel essor (d'une chose humaine). ⇒ **renouveau.** *La renaissance de la poésie française au* XIXe *siècle.* **II.** (Avec une majusc.) LA RENAISSANCE : essor intellectuel provoqué, à partir du XVe s. en Italie, puis dans toute l'Europe, par le retour aux idées et à l'art antiques. — Période historique allant du XIVe ou du XVe s. à la fin du XVIe s. *Tableau, édifice de la Renaissance.* — En appos. Invar. *Les châteaux Renaissance des bords de la Loire.* ▸ ① ***renaissant, ante*** adj. ■ Arts. De la Renaissance. *La littérature renaissante.*

renaître [ʀ(ə)nɛtʀ] v. intr. ▪ conjug. 59. — REM. Le part. passé n'est pas employé. **1.** Littér. RENAÎTRE À : revenir dans (tel ou tel état). *Renaître à la vie,* recouvrer la santé, la joie de vivre. *Renaître à l'espoir.* **2.** Revivre, reprendre des forces (au physique ou au moral). *Se sentir renaître.* — Loc. *Renaître de ses cendres,* revivre, se ranimer, réapparaître. **3.** (Choses) Recommencer à vivre, à se développer. ⇒ **reparaître, revenir.** *L'espoir renaît. — Faire renaître le passé,* le faire revivre. — Recommencer à croître. ⇒ ② **repousser.** *Tout renaît au printemps.* ▸ ② ***renaissant, ante*** adj. ■ (Choses abstraites) Qui renaît. *Des discussions sans cesse renaissantes.*

rénal, ale, aux [Renal, o] adj. ■ Relatif au rein, à la région du rein. ⇒ **néphrétique.** *Tuberculose rénale.* ⟨ ▸ surrénal ⟩

renard [R(ə)naR] n. m. **1.** Mammifère carnivore à la tête triangulaire et effilée, à la queue touffue ; le mâle adulte. *Renard roux, argenté, bleu.* — Loc. *Rusé comme un renard.* **2.** Fourrure de cet animal. *Manteau à col de renard.* **3.** Fig. Personne rusée, subtile. *Un vieux renard.* ▸ ***renarde*** n. f. ■ Femelle du renard. ▸ ***renardeau*** n. m. ■ Petit de la renarde et du renard. *Une portée de renardeaux.* ▸ ***renardière*** n. f. ■ Ferme d'élevage du renard pour sa fourrure.

renchausser [Rɑ̃ʃose] v. tr. ▪ conjug. 1. ■ Remettre de la terre au pied de (un arbre, un arbuste). ⇒ **chausser** (II, 1). *Il a fallu renchausser quelques pommiers.* — *Renchausser les fondations, le solage d'une maison,* étendre de la terre ou d'autres matériaux autour pour les protéger du froid, du gel. ▸ ***renchaussage*** n. m. ■ Action de renchausser ; son résultat.

① ***renchérir*** [Rɑ̃ʃeRiR] v. intr. ▪ conjug. 2. ■ Littér. Devenir encore plus cher. *Les prix ont renchéri.* ▸ ***renchérissement*** n. m. ■ Hausse de prix. *Le renchérissement du pétrole.* / contr. **baisse** /

② ***renchérir*** v. intr. ▪ conjug. 2. ■ Littér. RENCHÉRIR SUR : aller encore plus loin, en action ou en paroles. ⇒ **surenchérir** (2). *Elle renchérit sur tout ce que dit son frère.*

rencontrer [Rɑ̃kɔ̃tRe] v. tr. ▪ conjug. 1. **I. 1.** Se trouver en présence de (qqn) par hasard. *Je l'ai rencontré au coin de la rue.* ⇒ **tomber** sur. **2.** Se trouver en contact avec (qqn) après en être convenu, avoir pris rendez-vous. *Rencontrer un envoyé, un client étranger.* — Être opposé en compétition à (un adversaire). *Nous rencontrerons un club de Détroit.* **3.** Se trouver pour la première fois avec (qqn). ⇒ faire la **connaissance.** *Je l'ai rencontré chez des amis, dans un bal.* **4.** Trouver (parmi d'autres). *Un ami comme on n'en rencontre plus*(→ comme on n'en fait* plus). **II.** (Compl. chose) Se trouver en présence de, en contact avec (qqch.). *Un des plus beaux sites qu'il m'ait été donné de rencontrer.* ⇒ **voir.** — (D'un obstacle) *Sa tête a rencontré le mur.* ⇒ **heurter.** — Abstrait. *Le projet a rencontré une forte opposition.* **III.** SE RENCONTRER v. pron. réfl. **1.** (Personnes) Se trouver en même temps au même endroit. *Ils se sont rencontrés dans la rue.* — Faire connaissance. *Nous nous sommes déjà rencontrés.* — Avoir une entrevue. *Les ministres provinciaux des finances se rencontrent régulièrement à Ottawa.* ⇒ se **réunir. 2.** (Personnes) Partager, exprimer les mêmes idées, les mêmes sentiments. Loc. iron. *Les grands esprits se rencontrent,* se dit quand deux personnes émettent le même avis. **3.** (Choses) Entrer en contact. *Leurs regards se rencontrèrent. Les deux véhicules se sont rencontrés face à face.* ⇒ se **heurter. 4.** Au passif. Se trouver, être constaté. ⇒ **exister.** *Les petitesses qui se rencontrent dans les grands caractères.* — Impers. *Il se rencontre des gens qui...,* il y a des gens qui... ⇒ **trouver.** ▸ ***rencontre*** n. f. **1.** Le fait, pour deux personnes, de se trouver (par hasard ou non) en contact. *Rencontre inattendue. Mauvaise rencontre,* celle d'une personne dangereuse. *Ménager une rencontre entre deux personnes.* ⇒ **entrevue, rendez-vous.** — À LA RENCONTRE DE *qqn* : au-devant de. *Aller à la rencontre de qqn, à sa rencontre.* **2.** Voie latérale permettant à des voitures de se croiser dans un chemin d'hiver. **3.** Engagement, combat, match. ⇒ **joute.** *Organiser une rencontre de boxe.* **4.** (Choses) Le fait de se trouver en contact. ⇒ **jonction.** *Point de rencontre de deux cours d'eau. Rencontre brutale.* ⇒ **choc, collision. 5.** Loc. adj. Littér. DE RENCONTRE : formé par le hasard, fortuit ; rencontré par hasard. *Des amitiés, des amours de rencontre.*

rendement [Rɑ̃dmɑ̃] n. m. **1.** Production de la terre, évaluée par rapport à l'unité de surface cultivée. *Les progrès techniques ont amélioré le rendement à l'hectare de ces terres à blé.* — Production évaluée par rapport à des données de base (matériel, capital, travail, etc.). ⇒ **productivité.** *Diminuer, augmenter le rendement dans une entreprise. Le rendement augmente lorsque le matériel est utilisé rationnellement.* **2.** Produit effectif d'un travail. ⇒ **efficacité.** *Il s'applique, mais le rendement est faible. La division du travail a entraîné un accroissement du rendement individuel.*

rendez-vous [Rɑ̃devu] n. m. invar. **1.** Rencontre convenue entre deux ou plusieurs personnes (qui *se rendent* au même endroit). ⇒ fam. **rancard.** *Avoir (un) rendez-vous avec qqn. Rendez-vous manqué. Je lui ai donné rendez-vous. J'ai pris rendez-vous avec mon médecin. Recevoir sur rendez-vous.* — *Rendez-vous amoureux, galant.* — *Maison de rendez-vous,* qui accueille des couples de rencontre. **2.** Lieu fixé pour cette rencontre. *Être le premier au rendez-vous.* — Lieu où certaines personnes se rencontrent habituellement. *Ce café est le rendez-vous des étudiants.* — (France) *Rendez-vous de chasse,* pavillon où les chasseurs se retrouvent.

se ***rendormir*** [Rɑ̃dɔRmiR] v. pron. réfl. ▪ conjug. 16. ■ Recommencer à dormir après avoir été réveillé. *J'ai eu du mal à me rendormir. Elle s'est vite rendormie.*

① ***rendre*** [Rɑ̃dR] v. ▪ conjug. 41. **I.** V. tr. RENDRE *qqch.* À *qqn.* **1.** Donner en retour (ce qui est dû). *Je vous rends votre argent, votre livre.* **2.** Donner (sans idée de restitution). *Rendre des services à un ami.* — (Sans compl. second) *Rendre un jugement, un arrêt.* ⇒ **prononcer.** — Loc. *Rendre grâce,* remercier. *Le culte qu'on rend à la Sainte Vierge.* **3.** Redonner (ce qui a été pris ou reçu). ⇒ **restituer.** *Rendre ce qu'on a volé. Rendre un cadeau,* le renvoyer, le remettre. — *Rendre à qqn sa parole, sa liberté,* le délier d'un engagement. **4.** Rapporter au vendeur (ce qu'on a acheté). *Article qui ne peut être ni rendu ni échangé.* **5.** (Suj. chose) Donner à nouveau (à son possesseur ce qu'il a perdu). ⇒ **redonner.** *Ce traitement m'a rendu des forces, m'a rendu le sommeil.* **6.** Donner (une chose semblable, en échange de ce qu'on a reçu). *Recevoir un coup et le rendre.* Loc. *Rendre coup pour coup. Rendre la monnaie* (sur un billet). / contr. **garder** / — *Rendre à qqn la monnaie de sa pièce,* lui rendre le mal qu'il a fait. — *Rendre un salut. Rendre à qqn sa visite.* — *Dieu vous le rendra au centuple.* **II.** V. tr. Laisser échapper (ce qu'on ne peut garder, retenir). **1.** Vomir. ⇒ fam. **renvoyer, restituer.** *Il a rendu tout son dîner.* — Sans compl. *Avoir envie de rendre,* avoir mal au cœur. **2.** Loc. *Rendre l'âme, le dernier soupir,* mourir. **3.** Faire entendre, émettre (un son). *Instrument qui rend des sons grêles.* **4.** Céder, livrer. *Rendre les armes. Le commandant a dû rendre la place.* **III.** V. tr. Présenter après interprétation. **1.** Traduire. *Il est difficile de rendre en français cette tournure.* **2.** Exprimer par le langage. ⇒ **traduire.** *Le mot qui rend le mieux ma pensée...* **3.** Représenter par un moyen plastique, graphique. *Rendre avec vérité un paysage.* **IV.** V. intr. Rapporter. *Ces terres rendent peu.* ⇒ **rendement.** *La pêche a bien rendu.* — Fam. *Ça n'a pas rendu,* ça n'a pas marché, ça n'a rien donné. **V.** SE RENDRE v. pron. réfl. **1.** *Se rendre à,* se soumettre, céder. *Se rendre aux prières, aux ordres de qqn.* ⇒ **obéir. 2.** Sans compl. Se soumettre (en rendant ses armes). Mourir plutôt que de se rendre. Se rendre sans conditions. ⇒ **capituler.** — (D'un criminel) Se livrer (⇒ **reddition**). ▸ ① ***rendu*** n. m. **1.** Loc. *C'est un prêté pour un rendu.* ⇒ **prêté. 2.** Objet rendu à un commerçant. ⟨ ▸ compte rendu, rendement, ③ se rendre ⟩

② ***rendre*** v. ▪ conjug. 41. **I.** V. tr. (+ attribut du complément) Faire devenir. Il me rendra fou. Rendre une personne heureuse. Cela va rendre le travail difficile. — Au passif. *Le jugement a été rendu public.* **II.** SE RENDRE v. pron. réfl. : se faire tel, devenir par son propre fait. *Chercher à se rendre utile. Vous allez vous rendre malade. Il se rend insupportable par son mauvais caractère.*

③ *se* ***rendre*** v. pron. réfl. ▪ conjug. 41. ■ Se transporter, aller. Se rendre à son travail. Se rendre à l'étranger. Elle s'est rendue chez lui. ▸ ② ***rendu, ue*** p. p. et adj. **1.** Arrivé. *Nous voilà rendus.* **2.** Loc. *Être rendu à,* avoir atteint (un lieu, une date, un état, une situation...). *Ils sont rendus à la campagne, aux États-Unis,* ils sont installés, ils vivent à. *On est déjà rendu à samedi ?* — Fam. *Elles sont rendues au coton, au boutte,* être exténué (physiquement ou moralement). ⇒ **vidé.** — *Être rendu à (au) bout,* ne plus pouvoir continuer. — (+ infinitif) *Être rendu à demander la lune.* **3.** Loc. *Être rendu* (+ nom, sans article), être devenu. *Il est rendu professeur d'université. Elle est déjà rendue sous-ministre.* (+ adj.) *Ils sont rendus vieux.* — Fam. *C'est rendu que,* maintenant, à présent. ⇒ **voilà ;** fam. **astheure.** *C'est rendu que les prix augmentent toutes les semaines. C'est rendu qu'on n'a plus la paix chez soi.* ⟨ ▸ rendez-vous ⟩

rêne [ʀɛn] n. f. ■ Chacune des courroies fixées aux harnais d'une bête de selle, et servant à la diriger. Tenir les rênes. ⇒ **bride, cordeaux, guides.** — Loc. fig. *Prendre les rênes d'une affaire,* la diriger. *Tenir les rênes bien solides,* avoir une situation bien en main. *Lâcher les rênes,* tout abandonner. ≠ *reine, renne.*

renégat, ate [ʀənegɑ, at] n. ■ Personne qui a renié sa religion. ⇒ **apostat.** — Personne qui a trahi ses opinions, son parti, sa patrie, etc. ⇒ **déserteur, traître** à.

renfermer [ʀɑ̃fɛʀme] v. tr. ▪ conjug. 1. **1.** (Choses) Tenir contenu dans un espace, en soi. *Les roches renferment des minéraux. Ce tiroir renferme des papiers importants.* — Comprendre, contenir. *Combien cette phrase renferme-t-elle de mots ?* **2.** Tenir caché (un sentiment). ⇒ **dissimuler.** *Il renferme son chagrin.* — Pronominalement (réfl.). *Se renfermer en soi-même,* ne rien livrer de ses sentiments (⇒ **renfermé**). ▸ ① ***renfermé, ée*** adj. ■ Qui ne montre pas ses sentiments. ⇒ **dissimulé, secret. /** contr. **communicatif,** ② **démonstratif, expansif, exubérant /** *Elle est assez renfermée.* ⇒ **taciturne.** ▸ ② ***renfermé*** n. m. ■ Mauvaise odeur d'un lieu mal aéré. *Cette chambre sent le renfermé.* ⇒ **remugle.**

renfler [ʀɑ̃fle] v. tr. ▪ conjug. 1. ■ Rendre convexe, bombé. — Pronominalement. *Se renfler.* ▸ ***renflé, ée*** adj. ■ Qui présente une partie bombée. ⇒ **pansu.** *La forme renflée d'un vase.* ▸ ***renflement*** n. m. ■ État de ce qui est renflé ; partie renflée.

renflouer [ʀɑ̃flue] v. tr. ▪ conjug. 1. **1.** Remettre en état de flotter. *Renflouer un navire échoué.* — Au p. p. adj. *Bateau renfloué.* **2.** Sauver (qqn, une entreprise...) de difficultés financières en fournissant des fonds. ▸ ***renflouage*** ou ***renflouement*** n. m. ■ Action de renflouer (1, 2).

renfoncement [ʀɑ̃fɔ̃smɑ̃] n. m. (⇒ **enfoncer**) ■ Ce qui forme un creux. *Se cacher dans le renfoncement d'une porte.* — Recoin, partie en retrait.

renforcer [ʀɑ̃fɔʀse] ou ***renforcir*** [ʀɑ̃fɔʀsiʀ] v. tr. ▪ conjug. 3. **1.** Rendre plus fort, plus résistant. ⇒ **consolider.** *Renforcer un mur.* — Au p. p. adj. *Chaussettes, bas à talons renforcés.* **2.** Rendre plus fort, plus efficace. *Renforcer, renforcir une armée, une équipe.* **3.** Rendre plus intense, plus énergique. *Mot qui sert à renforcer l'expression,* qui la rend plus expressive. **4.** Rendre plus certain, plus solide. ⇒ **fortifier.** *Ceci renforce mes soupçons.* — *Renforcer qqn dans une opinion,* lui fournir de nouvelles raisons de s'y tenir ⇒ **raffermir.** ▸ ***renforcement*** n. m. ■ *Le renforcement d'un mur.* — *Le renforcement du nationalisme sous le gouvernement péquiste.* ⇒ **raffermissement.** ▸ ***renfort*** n. m. **1.** Effectifs et matériel destinés à renforcer une armée. *Envoyer des renforts. Les renforts arrivent.* — Fam. Aide. *J'aurais besoin de renforts pour ma réception de ce soir.* **2.** À GRAND RENFORT DE : à l'aide d'une grande quantité de. *On discutait à grand renfort de gestes.*

se ***renfrogner*** [ʀɑ̃fʀɔɲe] v. pron. réfl. ▪ conjug. 1. ■ Témoigner son mécontentement par une expression contractée du visage. *À cette proposition, il se renfrogna.* ▸ ***renfrogné, ée*** adj. **1.** Contracté par le mécontentement. **2.** (Personnes) Maussade, revêche. *Visage renfrogné.*

rengager [ʀɑ̃gaʒe] ou ***réengager*** [ʀeɑ̃gaʒe] v. tr. ▪ conjug. 3. **1.** Engager de nouveau. ⇒ **réembaucher.** *Rengager du personnel.* **2.** SE RENGAGER (RÉENGAGER) v. pron. réfl. : reprendre du service volontaire dans l'armée. ⇒ fam. **rempiler.** — Au p. p. adj. *Soldat rengagé.* — N. *Un rengagé.*

rengaine [ʀɑ̃gɛn] n. f. **1.** Formule répétée à tout propos. *C'est toujours la même rengaine.* ⇒ **antienne, chanson, refrain.** *Change un peu de rengaine !* ⇒ **disque.** **2.** Chanson ressassée. *Une rengaine à la mode.*

rengainer [ʀɑ̃gɛne] v. tr. ▪ conjug. 1. **1.** Remettre dans la gaine, au fourreau. *Rengainer son révolver, son épée.* / contr. **dégainer / 2.** Fam. Rentrer (ce qu'on avait l'intention de manifester). *Rengainer son compliment, son discours.* ⇒ **remballer.**

se ***rengorger*** [ʀɑ̃gɔʀʒe] v. pron. réfl. ▪ conjug. 3. **1.** (Oiseaux) Avancer la gorge en ramenant la tête en arrière. *Le paon se rengorge.* **2.** (Suj. personne) Prendre une attitude avantageuse, manifester une satisfaction vaniteuse. *Depuis ce succès, elle se rengorge.*

renier [ʀənje] v. tr. ▪ conjug. 7. **1.** Déclarer faussement qu'on ne connaît pas ou plus (qqn). *Saint Pierre renia trois fois Jésus. Renier sa famille* (par honte). **2.** Renoncer à (ce à quoi on aurait dû rester fidèle). *Renier sa foi.* ⇒ **abjurer.** *Renier ses opinions, sa signature.* ⇒ **désavouer.** *Renier ses engagements,* s'y dérober. — Pronominalement. *Se renier,* renier ses opinions. ▸ ***reniement*** n. m. ■ *Un reniement honteux.*

renifler [ʀ(ə)nifle] v. ▪ conjug. 1. **1.** V. intr. Aspirer bruyamment par le nez. *Cesse de renifler et mouche-toi.* **2.** V. tr. Aspirer fort par le nez, sentir (qqch.). *Chien qui renifle une odeur. Renifler un plat.* — Abstrait. *Renifler qqch. de louche. Il a reniflé une bonne affaire.* ⇒ **flairer.** ▸ ***reniflement*** ou ***reniflage.*** n. m. ■ Action de renifler ; bruit que l'on fait en reniflant. ▸ ***renifleur*** ou ***renifleux, euse*** n. et adj. Fam. **1.** Personne qui renifle. — Adj. *Un enfant renifleur.* **2.** Personne curieuse, qui met son nez dans les affaires des autres. ⇒ **indiscret ;** fam. **écornifleur, senteur.** — Adj. *La voisine d'en face est plutôt renifleuse.*

renipper [ʀ(ə)nipe] v. tr. et pron. ▪ conjug. 1. Fam. **1.** Améliorer l'apparence de qqn, qqch. ⇒ **embellir.** *Renipper un vieux divan. Renipper un enfant pauvre.* **2.** V. pron. SE RENIPPER : s'acheter de nouveaux vêtements. *Elle s'est renippé dans une boutique rétro.* ▸ ***renippage*** n. m. ■ Fam. Action de renipper.

renne [ʀɛn] n. m. ■ Mammifère ruminant de grande taille, aux bois aplatis, qui vit dans les régions froides de l'hémisphère Nord. ⇒ **caribou,** ② **élan.** *Les troupeaux de rennes des Lapons.* ≠ *reine, rêne.*

renom [R(ə)nɔ̃] n. m. **1.** Littér. Opinion répandue dans le public (sur qqn ou qqch.). ⇒ **réputation.** *Elle a acquis un certain renom ; son renom est grand. Un renom de style mérité.* **2.** Opinion favorable et largement répandue. ⇒ **célébrité, renommée.** *Le renom des grandes universités.* — Loc. *En renom, de grand renom,* réputé, célèbre. *Une maison en renom.* ▸ ***renommé, ée*** adj. ■ Qui a du renom. ⇒ **célèbre, réputé.** *La mode française est renommée dans le monde entier. Un restaurant renommé pour sa cuisine régionale.* ▸ ***renommée*** n. f. **1.** Le fait (pour une personne, une chose) d'être très favorablement et largement connu. ⇒ **célébrité, gloire, notoriété, renom.** — *Un savant de renommée internationale. La renommée dont jouit la cuisine française.* — Sports. *Le temple de la Renommée,* musée consacré au souvenir ou à la mémoire des grands joueurs ayant pratiqué un sport (hockey, baseball, football...). *Faire partie du, être élu au temple de la Renommée du hockey.* — PROV. *Bonne renommée vaut mieux que ceinture dorée* (que la richesse). **2.** Littér. Opinion publique répandue. *Si l'on en croit la renommée.*

renoncer [R(ə)nɔ̃se] v. tr. ind. ▪ conjug. 3. — RENONCER À *qqch.* **1.** Abandonner un droit sur (qqch.). *Renoncer à une succession. Il n'y a pas moyen de le faire renoncer à ses prétentions.* — Abandonner l'idée de. *Renoncer à un voyage, à un projet.* — (+ infinitif) *Je renonce à comprendre ! C'est impossible, j'y renonce !* **2.** Abandonner volontairement (ce qu'on a). ⇒ se **dépouiller.** *Renoncer au pouvoir,* abdiquer. *Elle devra renoncer à ses prétentions.* — (+ infinitif) Cesser volontairement de. *Renoncer à fréquenter qqn.* **3.** Cesser de pratiquer, d'exercer. *Renoncer à un métier, à ses habitudes.* **4.** Cesser d'employer. ⇒ se **priver** de. *Renoncer au tabac, au vin.* **5.** En terme de religion. *Renoncer au monde,* cesser d'être attaché aux choses de ce monde. Loc. *Renoncer à Satan, à ses pompes et à ses œuvres,* au péché et aux occasions de pécher. **6.** *Renoncer à qqn,* cesser de rechercher sa compagnie. *Renoncer à celle qu'on aime. Elle avait renoncé à lui depuis longtemps.* **7.** V. intr. Abandonner un projet par impossibilité ou difficulté de réussir. *Savoir renoncer. Avoir le courage de renoncer, d'accepter l'échec.* ▸ ***renoncement*** n. m. ■ Littér. Le fait de renoncer volontairement aux biens terrestres. ⇒ **détachement.** *Vivre dans le renoncement. Le renoncement à soi-même,* l'abnégation, le sacrifice. ▸ ***renonciation*** n. f. **1.** Le fait de renoncer (à un droit, une charge) ; l'acte par lequel on y renonce. ⇒ **abandon.** *Renonciation à une succession.* — *Renonciation au trône.* ⇒ **abdication.** **2.** Action de renoncer (à un bien moral). *La renonciation de tout un peuple à la liberté.*

renoncule [R(ə)nɔ̃kyl] n. f. ■ Plante herbacée, à petites fleurs serrées de couleurs vives, en particulier jaunes (⇒ **bouton-d'or**).

renoter [R(ə)nɔte] v. tr. et intr. ▪ conjug. 1. ■ Passer constamment des remarques, faire des commentaires inutiles ; répéter sans cesse les mêmes choses. ⇒ **rabâcher, radoter, rebattre ;** fam. **raboudiner.** *Tu renotes toujours les mêmes niaiseries. Elle passe son temps à renoter. Tu me renotes toujours les vingt dollars que je t'ai empruntés !,* tu reviens toujours là-dessus. ▸ ***renoteur*** ou ***renoteux, euse*** n. ■ Personne qui renote, fait des redites. ▸ ***renotage*** n. m. ■ Action de renoter ; propos ainsi tenus. ⇒ **redite.** *Les éternels renotages.*

renouer [Rənwe] v. tr. ▪ conjug. 1. **1.** Refaire un nœud à ; nouer (ce qui est dénoué). *Renouer ses lacets de chaussures.* **2.** Abstrait. Rétablir après une interruption. *Renouer la conversation.* **3.** RENOUER AVEC... : reprendre des relations avec... *Renouer avec un ami après une brouille.* — *Cet artiste renoue avec les traditions populaires. Joueur qui renoue avec la compétition* (après une absence).

renouveau [R(ə)nuvo] n. m. **1.** Apparition de formes entièrement nouvelles. ⇒ **renaissance.** *Le théâtre connaît un renouveau.* **2.** Littér. Retour du printemps.

renouveler [R(ə)nuvle] v. tr. ▪ conjug. 4. **I. 1.** Remplacer par une chose nouvelle et semblable (ce qui a servi, est altéré, diminué). ⇒ **changer.** *Renouveler l'air d'une pièce. Il faudrait renouveler le matériel, l'outillage.* — Remplacer une partie des membres de (un groupe). *Renouveler le personnel d'une entreprise. Renouveler le Sénat.* ⇒ **réélire.** **2.** Rendre nouveau en transformant. *L'auteur a renouvelé le genre.* ⇒ **rajeunir ;** fam. **revamper.** **3.** Donner une validité nouvelle à (ce qui expire). ⇒ ② **reconduire.** *Renouveler un passeport. Renouveler un bail.* **4.** Faire de nouveau. ⇒ **réitérer.** *Je vous renouvelle ma question, ma demande, mes compliments. Elle a renouvelé sa promesse.* **II.** SE RENOUVELER v. pron. réfl. **1.** Être remplacé par des éléments nouveaux et semblables. *Les membres de cette assemblée se renouvellent par tiers chaque année. La nature se renouvelle au printemps.* **2.** Apporter des changements dans son activité créatrice, se montrer inventif. *Dans ce métier, il faut sans cesse se renouveler.* **3.** Recommencer. ⇒ se **répéter,** se **reproduire.** *Souhaitons que cet incident ne se renouvelle pas.* ▸ ***renouvelable*** adj. ■ Qui peut être renouvelé. *Passeport renouvelable. Bail renouvelable. Les énergies renouvelables.* ▸ ***renouvellement*** n. m. **1.** Action de renouveler. *Le renouvellement d'un permis de conduire.* **2.** Changement complet des formes qui crée un état nouveau. *Besoin de renouvellement de certaines structures. Le renouvellement d'un genre littéraire.* **3.** Remise en vigueur. *Le renouvellement d'un bail.* ⇒ **reconduction.**

rénover [Renɔve] v. tr. **1.** Améliorer en donnant une forme nouvelle, moderne. ⇒ **moderniser, transformer.** *Rénover la pédagogie de l'orthographe, l'enseignement des langues vivantes.* **2.** Remettre à neuf. *Rénover un immeuble vétuste.* ⇒ **réhabiliter,** ① **restaurer.** — Au p. p. adj. *Un restaurant entièrement rénové.* ▸ ***rénovateur, trice*** n. et adj. ■ Personne qui rénove. *Les rénovateurs d'un parti.* ▸ ***rénovation*** n. f. ■ Remise à neuf. *La rénovation d'un vieux quartier.*

renseigner [Rɑ̃sɛɲe] v. tr. ▪ conjug. 1. ■ Éclairer sur un point précis, fournir un renseignement à... ⇒ **informer, instruire.** *Je regrette de ne pouvoir vous renseigner. C'est son domaine, elle pourra nous renseigner sur ce sujet.* — Au passif et au p. p. adj. *Être bien, mal renseigné,* savoir ou ignorer ce dont il est question. — (Choses) Constituer une source d'information. *Ce détail nous renseigne utilement.* — SE RENSEIGNER v. pron. réfl. : prendre, obtenir des renseignements. *Se renseigner auprès de qqn.* ⇒ s'**informer, interroger.** *Renseignez-vous avant de signer le contrat.* ▸ ***renseignement*** [Rɑ̃sɛɲ(ə)mɑ̃] n. m. **1.** Ce par quoi on renseigne (qqn) ; la chose portée à sa connaissance. ⇒ **indication, information ;** fam. **tuyau.** *Donner, fournir un renseignement à qqn. Chercher des renseignements sur qqch. On a trouvé, récolté de nombreux renseignements sur ce sujet, à propos de cette affaire.* ⇒ **documentation.** *Demander à titre de renseignement,* à titre indicatif. *Aller aux renseignements,* à leur recherche. — *Prendre des renseignements sur le compte d'une personne, d'une entreprise,* pour juger de sa valeur. *Fournir de bons renseignements,* des références. — Commerce, administration. *Bureau, guichet des renseignements.* **2.** Information concernant la sécurité du territoire ; recherche de telles informations. *Agent, service de renseignements.* ⇒ **espionnage.**

rentable [Rɑ̃tabl] adj. **1.** Qui donne un bénéfice suffisant. *Une affaire rentable.* ⇒ **profitable.** **2.** Fam. Qui donne des résultats. ⇒ **payant.** ▸ ***rentabiliser***

v. tr. ▪ conjug. 1. ■ Rendre rentable (1). *Rentabiliser un investissement.* ▶ ***rentabilité*** n. f. ■ Caractère de ce qui est rentable. *La rentabilité d'un placement.*

rente [Rɑ̃t] n. f. **1.** Revenu périodique d'un bien, d'un capital. *Avoir des rentes.* — Loc. *Vivre de ses rentes,* ne pas travailler. **2.** Somme d'argent qu'une personne est tenue de donner périodiquement à une autre personne. — *Rente viagère,* pension payable pendant la vie de la personne qui la reçoit. — *Un régime de rente.* ⇒ ① **pension.** *La Régie des rentes du Québec* (R.R.Q.). ▶ ***rentier, ière*** n. ■ Personne qui a des rentes, qui vit de ses rentes. Loc. *Mener une vie de rentier,* ne pas travailler. ‹ ▶ rentable ›

rentrée [Rɑ̃tRe] n. f. **I.** (Êtres vivants) **1.** Le fait de rentrer. / contr. **sortie** / *La rentrée des travailleurs de la construction.* ⇒ **retour.** *Heure de rentrée.* **2.** Reprise des activités de certaines institutions après une interruption. *La rentrée parlementaire.* — *La rentrée des classes, la rentrée universitaire,* après les vacances. Sans compl. *Le jour de la rentrée.* — LA RENTRÉE : époque de l'année, après les vacances, où l'ensemble des activités reprennent. *Les livres, les spectacles de la rentrée. Nous reparlerons de cela à la rentrée.* **3.** Retour (d'un acteur) à la scène, après une interruption. *Faire sa rentrée sur une scène new-yorkaise.* — *Préparer sa rentrée politique.* **II.** (Choses) **1.** Mise à l'abri (de ce qui était dehors). *La rentrée des foins.* **2.** *Rentrée d'argent,* somme d'argent qui entre en caisse. ⇒ ① **recette.** / contr. **sortie** / — Absolt. *Il attend des rentrées importantes. Les rentrées de l'impôt.*

rentrer [Rɑ̃tRe] v. ▪ conjug. 1. **I.** V. intr. (Avec l'auxil. *être*) **1.** Entrer de nouveau (dans un lieu où l'on a déjà été). ⇒ **pénétrer.** / contr. **ressortir** / *Je l'ai vu sortir, puis rentrer précipitamment dans la maison.* — *Rentrer dans un fichier d'ordinateur,* y avoir accès. — Abusivt. Entrer (sans idée de répétition ni de retour). *Rentrer dans un magasin.* **2.** Revenir chez soi. *Je vais rentrer chez moi. Il est rentré à Genève. Elle vient de rentrer de voyage. Nous rentrerons tard. Rentrer souper.* **3.** Reprendre ses activités, ses fonctions. *Les tribunaux, les cégépiens rentrent à telle date.* **4.** Loc. *Rentrer dans ses droits.* ⇒ **recouvrer.** *Rentrer dans ses dépenses, dans ses frais, dans son argent,* les récupérer ou en retrouver l'équivalent. — (Choses) *Tout est rentré dans l'ordre,* l'ordre est revenu. **5.** Littér. *Rentrer en soi-même,* faire retour sur soi-même. ⇒ se **recueillir.** **6.** Se jeter avec violence. *Sa voiture est rentrée dans un arbre, dans le décor*. Rentrer dedans*. — Faire rentrer qqch. dans la tête (de qqn),* faire comprendre ou apprendre avec peine, en insistant. **7.** (Choses) S'emboîter, s'enfoncer. *La clé rentre dans la serrure.* — *Le cou lui rentre dans les épaules.* Fig. *Les jambes lui rentraient dans le corps* (de fatigue). **8.** Être compris dans. ⇒ **entrer.** *Cela ne rentre pas dans mes attributions.* **9.** (Argent) Être perçu, gagné. *Faire rentrer l'impôt.* **II.** V. tr. (Avec l'auxil. *avoir*) **1.** Mettre ou remettre à l'intérieur, dedans. *Rentrer les foins. Elle a rentré sa voiture* (au garage). — *Rentrer le ventre,* le rendre plat. **2.** Dissimuler, faire disparaître sous (ou dans). *Rentrer sa chemise dans son pantalon.* ⇒ s'**enculotter.** *Le chat rentre ses griffes.* — Refouler. *Rentrer ses larmes, sa rage.* **III.** RENTRÉ, ÉE adj. **1.** Qui est réprimé, ne peut se manifester. *Colère rentrée.* **2.** *Yeux rentrés,* enfoncés. ▶ ***rentrant, ante*** adj. **1.** Qui peut être rentré. *Train d'atterrissage rentrant.* ⇒ **escamotable.** **2.** ANGLE RENTRANT : de plus de 180° (opposé à *saillant*). **3.** *Un rentrant de côte,* une échancrure d'une falaise incurvée vers l'intérieur. ‹ ▶ rentrée ›

renverser [Rɑ̃vɛRse] v. tr. ▪ conjug. 1. **I.** **1.** Mettre de façon que la partie supérieure devienne inférieure. *Renverser un seau.* **2.** Disposer ou faire mouvoir en sens inverse. ⇒ **inverser.** *Renverser l'ordre des mots dans une phrase. Renverser les termes d'une proposition. Renverser le courant, la vapeur.* **3.** Faire tomber à la renverse, jeter à terre (qqn). *C'est une camionnette qui l'a renversé.* — Faire tomber (qqch.). *Renverser une chaise.* — Répandre (un liquide) en faisant tomber le récipient. *Renverser du vin sur la nappe. Il a renversé son bol de soupe.* **4.** Faire tomber, démolir. ⇒ **abattre.** *Renverser tous les obstacles.* — *Renverser un ministre, le gouvernement,* le faire démissionner en lui refusant la confiance. **5.** Incliner en arrière. / contr. **courber** / *Renverser la tête, le buste.* **6.** (Compl. personne) Étonner extrêmement. ⇒ **stupéfier.** *Cela me renverse* (⇒ **renversant**). **7.** Droit. Casser (un jugement, une sentence...). ⇒ **annuler.** *La Cour suprême a renversé le jugement.* **II.** V. pron. réfl. **1.** (Suj. chose) Se retourner. *La barque s'est renversée.* — Basculer, tomber. *La bouteille s'est renversée.* **2.** (Suj. personne) *Elle se renversa sur son siège.* ▶ ***renversé, ée*** adj. et n. m. **1.** À l'envers ; le haut mis en bas. *Une image renversée. Pyramide renversée.* — CRÈME RENVERSÉE : qui a pris et qu'on retourne sur un plat pour la servir. *Un pouding renversé.* — N. m. *Un renversé à l'ananas.* — Loc. C'EST LE MONDE RENVERSÉ ! : c'est contraire au bon sens. ⇒ ② à **l'envers.** **2.** Qu'on a fait tomber. *Meubles renversés.* **3.** Incliné en arrière. *Ils buvaient la tête renversée.* **4.** Stupéfait. *Je suis renversé !* ▶ ***renversant, ante*** adj. ■ Qui renverse (6), frappe de stupeur. ⇒ **surprenant.** *Une nouvelle renversante. C'est absolument renversant !* ▶ *à la* ***renverse*** loc. adv. ■ *Tomber à la renverse,* sur le dos. ▶ ***renversement*** n. m. **I.** Action de mettre à l'envers. **1.** Passage en bas de la partie haute. *Le renversement des images.* **2.** Passage à un ordre inverse. **3.** Changement complet en l'inverse. *Le renversement des alliances,* lorsque les alliés deviennent ennemis et inversement. *On assiste au renversement de la situation.* ⇒ **retournement.** *Les renversements d'un match de football.* **II.** **1.** Le fait de renverser, de jeter bas. *Le renversement du régime.* ⇒ **chute.** **2.** Rejet en arrière (d'une partie du corps).

① ***renvoi*** [Rɑ̃vwa] n. m. ■ Envoi par la bouche de gaz de l'estomac. ⇒ littér. **éructation ;** fam. **rot.** *Avoir des renvois. Un renvoi bruyant. Faire faire ses renvois à un bébé.*

② ***renvoi*** n. m. ■ RENVOI (D'EAU) : système de tuyauterie par lequel s'écoulent les eaux d'un bassin domestique (évier, lavabo, baignoire, douche), d'un appareil sanitaire, d'un appareil électroménager (laveuse, lave-vaisselle), etc. *Le renvoi d'eau de l'évier est bouché. Le renvoi d'une gouttière.*

renvoyer [Rɑ̃vwaje] v. tr. — REM. Conjug. 8, sauf au futur *je renverrai,* et au conditionnel *je renverrais.* **1.** Faire retourner (qqn) là où il était précédemment. *Il est guéri, vous pouvez le renvoyer en classe.* — Faire repartir (qqn) dont on ne souhaite plus la présence. *Elle désirait se reposer et elle a renvoyé tout le monde.* **2.** Faire partir (en faisant cesser une fonction). ⇒ **chasser, congédier, remercier.** *Renvoyer un employé.* ⇒ **licencier.** — Au passif. *Il a été renvoyé du collège.* ⇒ **exclus, expulsé.** **3.** Faire reporter (qqch. à qqn). ⇒ **retourner.** *Renvoyer un cadeau. Je vous renvoie vos documents.* ⇒ **rendre.** **4.** Relancer (un objet qu'on a reçu). *Renvoyer un ballon. Le mur a renvoyé la balle,* la balle a rebondi sur le mur. — Réfléchir, répercuter (la lumière, le son). *L'écho renvoyait les coups de tonnerre.* **5.** Envoyer, adresser (qqn) à une autorité plus compétente. *On m'a renvoyé à un autre service. Renvoyer un prévenu devant la Cour supérieure.* — Faire se reporter. *Je renvoie le lecteur à mon précédent ouvrage.* — (Suj. chose) *Notes qui renvoient à certains passages.* ⇒ ③ **renvoi.** **6.** Remettre à une date ultérieure. ⇒ **ajourner, différer.**

Renvoyer une affaire à huitaine. **7.** Fam. Vomir. ⇒ **rejeter, rendre ;** fam. **dégueuler, restituer.** *Il a renvoyé son déjeuner.* — Sans compl. *Elle a failli renvoyer.* ► ③ ***renvoi*** n. m. ■ Action de renvoyer. **1.** *Le renvoi de qqn à son lieu de départ.* **2.** Le fait de renvoyer (2) qqn. ⇒ **congédiement, expulsion, licenciement.** *Renvoi collectif. Le renvoi d'un employé.* **3.** Le fait de renvoyer à l'expéditeur. *Le renvoi d'une lettre.* **4.** Fait de relancer. *Le renvoi d'un ballon.* **5.** Le fait d'envoyer à l'autorité compétente. *Renvoi aux assises criminelles.* **6.** Fait de se reporter. *Un renvoi en bas de page.* **7.** Ajournement, remise à plus tard. *Le renvoi d'une décision à une date ultérieure.*

réoccuper [reɔkype] v. tr. ▪ conjug. 1. ■ Occuper de nouveau. *Réoccuper un territoire.* ► ***réoccupation*** n. f. ■ *La réoccupation d'un territoire par l'armée.*

réorganiser [reɔrganize] v. tr. ▪ conjug. 1. ■ Organiser de nouveau, d'une autre manière. ⇒ **restructurer.** *Réorganiser un service.* ► ***réorganisation*** n. f. ■ *La réorganisation d'une administration.*

réorienter [reɔrjɑ̃te] v. tr. ▪ conjug. 1. ■ Orienter dans une nouvelle direction. *Réorienter les antennes d'un satellite.* — *On a dû réorienter quelques élèves,* déterminer un nouveau cheminement. ► ***réorientation*** n. f. ■ Action de réorienter. *Une réorientation de carrière.*

réouvrir v. tr. ⇒ **rouvrir.** ► ***réouverture*** [reuvɛrtyr] n. f. **1.** Le fait de rouvrir (un établissement qui a été quelque temps fermé). *La réouverture d'un théâtre.* **2.** Droit. Mesure consistant à rouvrir des débats, un procès, une enquête qu'on avait déclaré clos(e). *Un nouveau témoignage a forcé la réouverture de l'enquête.*

repaire [r(ə)pɛr] n. m. **1.** Lieu qui sert de refuge aux bêtes sauvages (surtout féroces). ⇒ **antre, tanière.** **2.** Lieu qui sert de refuge à des individus dangereux. *Un repaire de bandits.* ≠ *repère.*

repaître [rəpɛtr] v. tr. ▪ conjug. 57. **I.** Abstrait. Littér. Nourrir, rassasier (ses yeux, son esprit). *Repaître ses yeux d'un spectacle. Repaître qqn de fausses espérances.* **II.** SE REPAÎTRE v. pron. réfl. **1.** (Animaux) Assouvir sa faim. **2.** Littér. *Ce tyran ne se repaît que de sang et de carnage.* ⇒ se **délecter,** se **rassasier.** *Se repaître de chimères, d'illusions.* ⟨ ► repu ⟩

répandre [repɑ̃dr] v. tr. ▪ conjug. 41. **I. 1.** Faire tomber (un liquide). *Répandre du vin sur une nappe.* ⇒ **renverser.** *Répandre des larmes,* pleurer. ⇒ **verser.** **2.** (Choses) Produire et envoyer autour de soi (de la lumière, de la chaleur, etc.). ⇒ **diffuser, émettre.** *Répandre une odeur.* ⇒ **dégager, exhaler.** **II. 1.** Littér. Donner avec profusion (une chose abstraite). ⇒ **dispenser, prodiguer.** *Répandre des bienfaits.* **2.** Faire régner (un sentiment) autour de soi. *Répandre l'effroi.* ⇒ **jeter, semer.** *Répandre la joie, l'allégresse.* **3.** Diffuser, étendre à un plus grand nombre. *Répandre une doctrine, une mode (dans le public, parmi des gens...).* ⇒ **propager, vulgariser.** **4.** Rendre public. *Répandre une nouvelle, un bruit.* ⇒ **colporter, ébruiter.** **III.** SE RÉPANDRE v. pron. **1.** (Choses) Couler, s'étaler sur un plus grand espace. *Près de la grange, une odeur de paille se répandait. La fumée se répand dans la pièce.* — Fig. *La consternation se répandit sur tous les visages.* **2.** Se propager. *L'épidémie risque de se répandre. Cet usage se répand peu à peu.* ⇒ **gagner.** — *Le bruit s'est répandu qu'il avait disparu.* ⇒ **courir.** **3.** (Personnes) *Se répandre* (ou *être répandu*) *dans la société,* avoir une vie mondaine très active. **4.** (Personnes) SE RÉPANDRE EN... : extérioriser ses sentiments par une abondance de... *Se répandre en injures, en menaces, en louanges.* ► ***répandu, ue*** adj. **1.** Épars, dispersé. **2.** (Pensées, opinions) Qui est commun à un grand nombre de personnes. ⇒ **courant, dominant.** *Un préjugé très répandu.* **3.** (Choses) Qui est en abondance, en grande quantité. *L'épinette est un conifère très répandu au Québec.*

reparaître [r(ə)parɛtr] v. intr. ▪ conjug. 57. **1.** Se montrer de nouveau à la vue. ⇒ **apparaître** de nouveau, **réapparaître.** *Le soleil a reparu, vient de reparaître.* — Paraître de nouveau (devant qqn). *Ne reparais jamais devant moi !* **2.** Redevenir sensible, se manifester de nouveau. *Ce caractère peut reparaître après plusieurs générations.*

réparer [repare] v. tr. ▪ conjug. 1. **1.** Remettre en état (ce qui a été endommagé, ce qui s'est détérioré). ⇒ **bricoler ;** fam. **patenter, raboudiner, rafistoler.** *Réparer un aspirateur, une bicyclette. Donner ses chaussures à réparer.* ⇒ **arranger.** — Au passif et p. p. adj. *(Être) réparé.* **2.** *Réparer ses forces, sa santé,* se rétablir. **3.** Faire disparaître (les dégâts causés à qqch.). *Réparer un accroc.* — Corriger (en supprimant les conséquences). *Réparer une perte, un oubli.* ⇒ **remédier** à. *Réparer sa faute, ses torts.* ► ***réparable*** adj. **1.** Qu'on peut réparer. *Cette montre est réparable.* **2.** Qu'on peut corriger, compenser, etc. *C'est une perte facilement réparable.* ► ***réparateur, trice*** n. et adj. **1.** N. Artisan, ouvrier qui répare des objets. *Un réparateur de tapis, de télévisions.* **2.** Adj. Qui répare les forces. *Sommeil réparateur.* — *Chirurgie réparatrice,* qui reconstitue les formes, après une lésion grave. ► ***réparation*** n. f. **1.** Opération, travail qui consiste à réparer qqch ; son résultat. *La réparation d'une montre.* — *En réparation,* qu'on est en train de réparer. *L'ascenseur est en réparation.* — Au plur. Travaux effectués pour réparer ou entretenir un bâtiment. *Ils ont fait de grosses réparations dans leur maison.* **2.** L'action de réparer (un accident, etc.). *La réparation d'une avarie, d'une panne.* **3.** Action de réparer (une faute, une offense, etc.). ⇒ **expiation.** Loc. *Demander, obtenir réparation* (d'une offense). ⇒ **satisfaction.** — *Surface de réparation,* partie du terrain de soccer où une faute donne lieu à un coup de pied de pénalité. **4.** Dédommagement, indemnité. *Réparations imposées à un pays vaincu.* ⟨ ► irréparable ⟩

reparler [r(ə)parle] v. intr. ▪ conjug. 1. **1.** Parler de nouveau (de qqch. ou de qqn). *Nous aurons le temps d'en reparler.* Fam. *On en reparlera,* se dit pour exprimer son scepticisme et marquer que l'avenir risque de donner tort à l'interlocuteur. **2.** Parler de nouveau (à qqn avec qui on s'était fâché). *Je ne lui ai jamais reparlé.* — Pronominalement. *Peut-être se reparlera-t-on un jour ?*

① ***repartir*** [r(ə)partir] v. intr. ▪ conjug. 16. **1.** Partir pour l'endroit d'où l'on vient. *Ils sont repartis le lendemain de leur arrivée.* **2.** Partir de nouveau (après un temps d'arrêt). *Le train va repartir.* **3.** Fig. Recommencer. *Nous avons dû repartir à, de zéro.* — (Choses) Reprendre. *L'affaire repart bien.* — Absolt. *C'est reparti.*

② ***repartir*** v. intr. ▪ conjug. 16. ■ Littér. Répliquer, répondre. *« C'est impossible » repartit le maître.* ≠ *répartir.* ► ***repartie*** [rəparti; reparti] n. f. — REM. *Repartie* s'écrit sans accent. ■ Réponse rapide et juste. ⇒ ② **réplique, riposte.** *Elle a de la repartie.* — *Esprit de repartie.*

répartir [repartir] v. tr. ▪ conjug. 2. **I. 1.** Partager selon des conventions précises (une quantité ou un ensemble). *Répartir une somme, un travail entre plusieurs personnes.* **2.** Distribuer dans un espace. ⇒ **disposer.** *Répartir ses troupes.* — Au p. p. adj. *Chargement mal réparti.* **3.** Étaler (dans le temps). *Répartir un programme sur plusieurs années.* ⇒ **échelonner.** **4.** Classer, diviser. ⇒ **partager.** *On a réparti les* *élèves en deux groupes de travail.* **II.** SE RÉPARTIR v. pron. réfl. : se diviser. *Le pays se répartit en dix provinces. Les rôles se répartiront ainsi,* seront répartis ainsi. ≠ *repartir.* ▶ ***répartition*** n. f. **1.** Opération qui consiste à répartir qqch. ; manière dont une chose est répartie. ⇒ **distribution.** *Procéder à la répartition des emplacements. La répartition de la richesse nationale.* **2.** Distribution dans un espace, à l'intérieur d'un volume. ⇒ **disposition.** *La répartition géographique d'une espèce.*

repas [ʀ(ə)pɑ] n. m. invar. **1.** Nourriture prise en une fois à heures réglées. *Faire un repas copieux, plantureux, pantagruélique.* ⇒ **festin.** *Repas léger.* ⇒ **casse-croûte, lunch.** *Repas froid,* fait de plats froids. *Préparer, servir le repas. — Repas à la carte, à prix fixe* (dans un restaurant). *Repas sur le pouce,* très rapide et léger. **2.** Action de se nourrir, répétée quotidiennement à heures réglées. *Prendre ses repas chez soi. Faire trois repas par jour. Repas du matin* ⇒ ② **déjeuner,** petit **déjeuner** (France), *du (de) midi* ⇒ ② **déjeuner** (France), ⇒ ② **dîner**, *du soir* ⇒ ② **dîner** (France), ② **souper**. — Le déjeuner ou le dîner. *Être chez soi à l'heure des repas. — Repas de noces.* ⇒ **banquet.** *Repas champêtre.* ⇒ **pique-nique.** — *Des repas-bénéfices**.

① ***repasser*** [ʀ(ə)pɑse] v. ▪ conjug. 1. **I.** V. intr. Passer de nouveau. *Je repasserai à cet endroit demain. Je repasserai vous voir.* ⇒ **revenir.** Fam. *Il peut toujours repasser !,* il n'aura rien, quoi qu'il fasse. *Vous n'êtes pas obligé de repasser par le même chemin. Passer et repasser. Elle repasse devant la boutique, hésite, mais ne peut se décider à entrer. — Le film repasse,* est projeté à nouveau. — Fig. *Des souvenirs repassaient dans sa mémoire.* **II.** V. tr. **1.** Passer, franchir de nouveau ou en retournant. *Repasser les monts, les mers. — Repasser un examen,* en subir de nouveau les épreuves. **2.** Passer de nouveau (qqch. à qqn). *Repasse-moi le plat, le pain.* — Faire passer à nouveau (dans son esprit). ⇒ **évoquer.** *Repasser les événements de sa vie.* **3.** Fam. Passer (ce qu'on a reçu de qqn d'autre). ⇒ fam. **refiler.** *Repasser un travail à qqn.* ‹ ▶ ② repasser, ③ repasser ›

② ***repasser*** v. tr. ▪ conjug. 1. **I.** (France) Affiler, aiguiser (une lame). ⇒ **affûter.** *Repasser des ciseaux.* **II.** Rendre lisse et net (du linge, du tissu, etc.), au moyen d'un instrument approprié. *Repasser une chemise.* — Sans compl. *Fer à repasser.* ▶ ***repassage*** n. m. ▪ Action de repasser ; son résultat. *Faire du (le) repassage. Mon repassage est fini.* — Les vêtements à repasser. *Ma mère m'a dit de lui apporter mon repassage.* ▶ ***repasseuse*** n. f. **1.** Ouvrière qui repasse le linge, les vêtements. ⇒ **blanchisseur.** **2.** Machine électrique qui repasse le linge entre deux plaques chauffantes.

③ ***repasser*** v. tr. ▪ conjug. 1. ▪ Relire, apprendre en revenant plusieurs fois sur le même sujet. ⇒ **potasser.** *Repasser ses leçons. Repasser ses notes (de cours).* ⇒ **étudier, réviser.** — *Repasser son rôle, un pas de danse,* le répéter.

repaver [ʀ(ə)pave] v. tr. ▪ conjug. 1. ▪ Paver de nouveau ; remplacer le pavage de. *Il faut repaver un tronçon de l'autoroute.* — Au p. p. adj. *Stationnement repavé.* ▶ ***repavage*** ou ***repavement*** n. m. ▪ Opération par laquelle on repave.

repêcher [ʀ(ə)peʃe] v. tr. ▪ conjug. 1. **1.** *Repêcher un noyé,* le retirer de l'eau. **2.** Sports. Sélectionner, pour son équipe, des joueurs qui évoluent dans un calibre de jeu amateur, spécialt le junior, et qui, à partir de dix-huit ans, deviennent éligibles au sport professionnel ; sélectionner des joueurs admissibles au calibre de jeu immédiatement supérieur à celui dans lequel ils évoluent. *Repêcher un gardien de but. Telle équipe a repêché des joueurs francophones, européens.* — Intransitivement. *Club qui repêche au premier rang,* qui a le premier choix. — Au passif et au p. p. adj. *Il a été repêché par une équipe américaine. Joueur repêché en troisième ronde.* ≠ *dépister.* **3.** (Surtout en France) Fam. *Repêcher un candidat,* le recevoir malgré un total de points inférieur au total exigé. — *Repêcher un concurrent,* le qualifier pour les épreuves suivantes quand il n'a pas été désigné directement par les éliminatoires. ▶ ***repêchage*** n. m. **1.** Action de repêcher. *Le repêchage d'un noyé.* **2.** Sports. Réunion des équipes (hockey, baseball, football...) au cours de laquelle on repêche des joueurs. *Séance, ronde de repêchage. Le repêchage junior,* des joueurs de la catégorie midgel. *Être éligible au repêchage* (de telle année). ≠ *dépistage.* **3.** (Surtout en France) *Examen, épreuve de repêchage,* organisé pour permettre aux candidats (qui seraient normalement éliminés) d'être admis.

repeindre [ʀ(ə)pɛ̃dʀ] conjug. 52 ou ***repeinturer*** conjug. 1, v. tr. ▪ Peindre de nouveau, peindre à neuf. *Repeindre, faire repeindre son appartement. Repeinturer sa galerie.* — Au p. p. adj. *Appartement entièrement repeint.* ▶ ***repeint*** n. m. ▪ Partie d'un tableau qui a été repeinte. *Les repeints d'une fresque.* ≠ ② *repentir.*

repenser [ʀ(ə)pɑ̃se] v. tr. ▪ conjug. 1. **1.** V. tr. ind. Penser de nouveau, réfléchir encore plus (à qqch.). *J'y repenserai.* **2.** V. tr. dir. Reconsidérer. *Repenser un problème.*

repentignois, oise [ʀəpɑ̃tiɲwa, waz] adj. et n. ▪ De la ville de Repentigny. — N. (Avec une majusc.) Personne née dans cette ville ou qui l'habite. *La ministre est une Repentignoise.*

① *se* ***repentir*** [ʀ(ə)pɑ̃tiʀ] v. pron. réfl. ▪ conjug. 16. **1.** Ressentir le regret (d'une faute), avec le désir de ne plus la commettre, de réparer. ⇒ **regretter.** *Se repentir d'une faute, d'avoir commis une faute.* — Sans compl. *Elle s'est repentie.* **2.** Regretter vivement, souhaiter n'avoir pas fait ou dit (qqch.). *Se repentir d'un acte. Se repentir amèrement d'avoir trop parlé. — Il s'en repentira,* se dit par menace. ▶ ***repentant, ante*** adj. ▪ Religion. Qui se repent de ses fautes, de ses péchés. ⇒ **contrit.** *Un pécheur repentant. — Un air repentant.* ▶ ***repenti, ie*** adj. ▪ Qui s'est repenti de ses fautes, qui a commencé à réparer. *Pécheur repenti.* ▶ ② ***repentir*** n. m. **1.** Vif regret d'une faute, accompagné d'un désir d'expiation, de réparation. ⇒ **remords ; contrition.** *Un repentir sincère.* **2.** Regret d'une action quelconque. **3.** Littér. Changement apporté à une œuvre d'art en cours d'exécution. ⇒ **correction.** *Les repentirs d'un peintre.* ≠ *repeint.*

repérable [ʀ(ə)peʀabl(ə)] adj. ▪ Que l'on peut repérer, qu'il est possible de repérer. / contr. **indétectable** / *Elle est facilement repérable dans la foule.*

repérage [ʀ(ə)peʀaʒ] n. m. ▪ Opération par laquelle on repère. *Le repérage des avions par radar.* — Cinéma. *Le repérage des extérieurs. Partir en repérages.*

répercuter [ʀepɛʀkyte] v. tr. ▪ conjug. 1. **1.** Renvoyer dans une direction nouvelle (un son, une onde). ⇒ **réfléchir.** *Les parois de la caverne répercutent le son. Chant que l'écho répercute.* — Au p. p. adj. *Échos répercutés par les montagnes.* **2.** Abstrait. SE RÉPERCUTER : se transmettre, se propager par une suite de réactions. ⇒ fam. **retontir.** *Le coût des transports se répercute sur le prix des marchandises.* ▶ ***répercussion*** n. f. ▪ Le fait d'être renvoyé, répercuté. *La répercussion d'un son par l'écho.* — (Souvent au plur.) Conséquences indirectes (d'un événement ou d'une décision). ⇒ **contrecoup, incidence, suites.**

repère [ʀ(ə)pɛʀ] n. m. **1.** Marque, signe... utilisé pour retrouver un endroit dans un travail avec précision.

Tracer des repères sur des pièces de bois, sur la chaussée. Choisir un repère. **2.** POINT DE REPÈRE : objet ou endroit précis reconnu et choisi pour s'orienter, se retrouver (dans l'espace ou dans le temps). ⇒ **balise, jalon.** ≠ *repaire.* ▶ ***repérer*** v. tr. ▪ conjug. 6. **1.** Situer avec précision, en se servant de repères ou par rapport à des points de repère. ⇒ **détecter.** *Repérer un emplacement, une batterie ennemie.* **2.** Découvrir (qqch.) ; reconnaître (qqn). *Repérer un coin tranquille. Repérer qqn dans la foule.* ⇒ **apercevoir, remarquer.** — *Être repéré, se faire repérer,* être découvert (alors qu'on cherche à échapper à une surveillance). **3.** Fam. SE REPÉRER v. pron. : reconnaître où l'on est, grâce à des repères. *Se repérer facilement dans une ville.* ⇒ s'**orienter.** / contr. s''**égarer,** se **mêler** (III), se **perdre** / — Abstrait. *Je n'arrive pas à me repérer dans cette histoire.* ‹ ▶ repérable, repérage ›

répertoire [ʀepɛʀtwaʀ] n. m. **1.** Inventaire (liste, recueil...) où les matières sont classées dans un ordre qui permet de les retrouver facilement. *Un répertoire de cours, de programme. Répertoire alphabétique.* ⇒ **dictionnaire, index, lexique.** — Carnet permettant une consultation rapide. *Répertoire d'adresses.* **2.** Liste des pièces qui forment le fonds d'un théâtre et sont susceptibles d'être reprises. *Le répertoire de la Comédie-Française.* — *Le répertoire d'un artiste,* l'ensemble des œuvres, des chansons qu'il a l'habitude d'interpréter. — Fam. *Tout un répertoire d'injures, de sacres.* — *Film, cinéma* DE RÉPERTOIRE : qui a une grande valeur artistique, qui est devenu classique. ▶ ***répertorier*** v. tr. ▪ conjug. 7. ▪ Inscrire dans un répertoire. ⇒ **enregistrer, recenser.** *Répertorier les tableaux d'un musée,* en dresser la liste.

répéter [ʀepete] v. tr. ▪ conjug. 6. **I. 1.** Dire de nouveau (ce qu'on a déjà dit). ⇒ **redire.** *Répéter toujours la même chose.* ⇒ **rabâcher, renoter, ressasser.** — RÉPÉTER DE (+ infinitif). *Je vous ai répété cent fois de ne pas toucher à cet appareil.* — RÉPÉTER QUE (+ indicatif). *Il avait beau nous répéter qu'il ne risquait rien...* **2.** Exprimer, dire (ce qu'un autre a dit). *Je ne fais que répéter ses paroles.* ⇒ **citer.** *Répéter qqch. mot pour mot.* — Dire (ce qu'un autre a dit) en divulguant. ⇒ **placoter, rapporter.** *Ceci ne doit pas être répété. Je vous confie un secret, ne le répétez pas.* — Exprimer comme étant de soi (qqch. emprunté à qqn d'autre). *Elle répète ce qu'elle a entendu dire.* **3.** (Personnes) Recommencer (une action, un geste). *Répéter une expérience.* ⇒ **recommencer, refaire.** *Répéter les essais, les tentatives.* **4.** Redire ou refaire pour s'exercer, pour fixer dans sa mémoire. ⇒ **apprendre,** ③ **repasser.** *Répéter un rôle.* — Sans compl. *Les comédiens sont en train de répéter* (⇒ **répétition**). **II.** SE RÉPÉTER v. pron. **1.** (Personnes) Redire les mêmes choses sans nécessité. *Vous vous répétez !* **2.** Sens passif. (Suj. chose) Être répété ; se reproduire. *Que cet incident ne se répète pas !* ▶ ***répété, ée*** adj. ▪ Qui se produit en série. *Coups de tonnerre répétés.* — *Nous avons fait des tentatives répétées,* nombreuses et fréquentes. ▶ ***répétiteur, trice*** n. ▪ (France) Vieilli. Personne qui explique à des élèves la leçon d'un professeur, les fait travailler. ▶ ***répétitif, ive*** adj. ▪ Qui se répète d'une manière régulière et monotone. *Un travail répétitif et ennuyeux.* ▶ ***répétition*** n. f. **1.** Le fait (pour un mot, une idée...) d'être dit, exprimé plusieurs fois. ⇒ **redite.** *La répétition d'un mot. Des répétitions inutiles.* — *La répétition d'un thème.* ⇒ **leitmotiv. 2.** Le fait de recommencer (une action, un processus). *La répétition d'un acte crée l'habitude.* — (D'un mécanisme) Loc. *Armes à répétition,* pouvant tirer plusieurs coups sans être rechargées. **3.** Le fait de répéter pour s'exercer. *La répétition d'un rôle, d'un numéro de cirque.* — Séance de travail pour mettre au point les divers éléments d'un spectacle. *Pièce en répétition. Répétition générale.* ⇒ ① **générale** (2). **4.** (France) Vieilli. Leçon particulière (⇒ **répétiteur**).

repeupler [ʀəpœple] v. tr. ▪ conjug. 1. ▪ Peupler de nouveau. *Les immigrants qui repeuplèrent ce pays.* — Regarnir (un lieu) d'animaux, de végétation. *Repeupler une forêt.* ⇒ **replanter.** *Repeupler un étang* (de poissons). ⇒ **ensemencer.** ▶ ***repeuplement*** n. m.

repiquer [ʀ(ə)pike] v. tr. ▪ conjug. 1. **1.** Mettre en terre (des plants provenant de semis, de pépinière). ⇒ **replanter.** *Repiquer des salades.* **2.** Faire un nouvel enregistrement. *Repiquer un disque, une cassette.* ▶ ***repiquage*** n. m. ▪ *Le repiquage du riz.* — *Le repiquage d'un enregistrement ancien sur disque compact.*

répit [ʀepi] n. m. ▪ Arrêt d'une chose pénible, temps pendant lequel on cesse d'être menacé ou accablé par elle. ⇒ **détente, repos, sursis.** *Je n'ai pas un instant de répit.* — SANS RÉPIT : sans arrêt, sans cesse. *Au-dessus de nos têtes, des avions passaient sans répit. Travailler sans répit.*

replacage [ʀəplakaʒ] n. m. ▪ Opération qui consiste à remplacer une mince feuille de bois qui recouvre un meuble. *Le replacage d'un vaisselier par un ébéniste.*

replacer [ʀ(ə)plase] v. tr. ▪ conjug. 3. **1.** Remettre en place, à sa place. ⇒ **ranger, serrer.** *Replacer un bijou dans un écrin, dans un coffret.* — *Replacer une histoire dans son cadre, dans son époque.* ⇒ **resituer. 2.** *Replacer qqn,* reconnaître (qqn qu'on n'a pas vu depuis un certain temps). ⇒ **remettre.** *Me replacez-vous ?*

replanter [ʀ(ə)plɑ̃te] v. tr. ▪ conjug. 1. **1.** Planter de nouveau dans une autre terre. ⇒ **rempoter, repiquer. 2.** Repeupler de végétaux. *Replanter une forêt en chênes.*

replâtrer [ʀ(ə)plɑtʀe] v. tr. ▪ conjug. 1. **1.** Plâtrer de nouveau ; reboucher avec du plâtre. *Replâtrer un mur, une fissure.* **2.** Fam. Réparer ou remanier d'une manière superficielle, maladroite (une œuvre humaine). *Replâtrer un manuel.* — Au p. p. adj. *Une amitié replâtrée.* ▶ ***replâtrage*** n. m. ▪ Fam. Arrangement sommaire. — *Replâtrage ministériel,* remaniement sommaire, avec une nouvelle distribution des portefeuilles. — Réconciliation fragile (d'un couple).

replet, ète [ʀəplɛ, ɛt] adj. ▪ Qui est bien en chair, qui a assez d'embonpoint. ⇒ **dodu, grassouillet.** *Une petite vieille replète. Visage replet.*

① ***replier*** [ʀ(ə)plije] v. tr. ▪ conjug. 7. **1.** Plier de nouveau (ce qui avait été déplié). *Replier un journal.* **2.** Ramener en pliant (ce qui a été étendu, déployé). *L'oiseau replie ses ailes. Replier un pied-de-roi.* — Pronominalement. *Paravent qui se replie.* — Au p. p. adj. *Dormir les jambes repliées.* ▶ ① ***repli*** n. m. **1.** Pli qui se répète (d'une étoffe, d'un drapé). *Les replis de rideaux de fenêtres.* — *Les replis de l'intestin. Plis et replis d'un double menton.* **2.** Abstrait. Partie dissimulée, secrète. *Les replis du cœur, de la conscience.* ‹ ▶ ② replier ›

② ***replier*** v. tr. ▪ conjug. 7. **1.** Ramener en arrière, en bon ordre (une troupe en contact avec l'ennemi). *Replier son armée.* **2.** SE REPLIER v. pron. réfl. : reculer en bon ordre. *Ordre aux troupes de se replier.* — Abstrait. *Se replier sur soi-même,* rentrer en soi-même, s'isoler de l'extérieur. ⇒ se **renfermer. 3.** Sports, spécialt le hockey. *Se replier (en défensive),* revenir occuper une position défensive après avoir lancé une attaque. *Joueur qui se replie bien.* ▶ ② ***repli*** n. m. ▪ (Troupes) Action de se replier. ⇒ **recul.** *Repli stratégique* (euphémisme pour *retraite*). — Sports. *Un repli (défensif).* — Économie. *Repli du dollar, de la Bourse après une hausse.* ⇒ **baisse.**

① **réplique** [ʀeplik] n. f. **1.** Arts. Nouvel exemplaire (d'une œuvre), anciennement exécuté dans la tradition de l'original. *Les répliques romaines des statues grecques.* ⇒ **copie, reproduction. 2.** Chose ou personne qui semble être le double d'une autre. ⇒ **sosie.** *C'est une vivante réplique de sa sœur.*

répliquer [ʀeplike] v. ■ conjug. 1. **1.** V. tr. dir. RÉPLIQUER *qqch.* À *qqn* : répondre à qqn par une réplique. *Que pouvais-je lui répliquer ? Je lui ai répliqué qu'il mentait.* **2.** V. tr. ind. RÉPLIQUER À : répondre avec vivacité, en s'opposant à. *Répliquer à une critique.* **3.** V. intr. Répondre avec impertinence. *Je te défends de répliquer !* — Riposter. *Il a répliqué par un direct du gauche.* ▶ ② ***réplique*** n. f. **1.** Réponse vive, marquant une opposition. ⇒ **repartie, riposte.** — Objection. *Des arguments sans réplique. Obéissez sans réplique,* sans protestation ni discussion. **2.** Ce qu'un acteur doit dire en réponse aux paroles qui lui sont adressées ; chaque élément du dialogue. *Oublier une réplique.* **3.** Loc. DONNER LA RÉPLIQUE *à qqn* : lire, réciter un rôle pour permettre à un acteur de dire le sien. — *Se donner la réplique,* se répondre, discuter.

replonger [ʀ(ə)plɔ̃ʒe] v. tr. ■ conjug. 3. ■ Plonger de nouveau (qqch.). *Replonger qqch. dans un liquide ; un pays dans l'anarchie.* — Pronominalement (réfl.). *Il s'est replongé dans sa lecture.*

repogner [ʀ(ə)pɔɲe] v. ■ conjug. 1. Cour. **I.** V. tr. Pogner (qqn, qqch.) à nouveau. *On te repogneras bien mon petit gars ! Elle m'a repogné le bras. Après un détour de vingt kilomètres, ils ont pu repogner l'autoroute. Nous avons repogné une tempête de neige dans les Maritimes.* — Loc. *Ne repogne pas les nerfs.* **II.** V. intr. *La chicane est repognée avec les propriétaires.* — REM. Quoique moins fréquente, la forme *repoigner* existe aussi.

répondant, ante [ʀepɔ̃dɑ̃, ɑ̃t] n. ■ Personne qui donne une garantie pour qqn. ⇒ **caution, garant ; recommandation.** *Servir de répondant à qqn.* — Fam. *Avoir du répondant,* de la répartie ; de la vigueur, de l'énergie ; de l'argent derrière soi.

répondeur [ʀepɔ̃dœʀ] n. m. ■ Appareil capable de répondre, au moyen d'un enregistrement sur cassette, à un appel téléphonique en cas de non-réponse du destinataire, et d'enregistrer un message du demandeur *(répondeur enregistreur). J'ai laissé un message sur son répondeur.*

① **répondre** [ʀepɔ̃dʀ] v. tr. dir. et ind. ■ conjug. 41. **I.** RÉPONDRE À *qqn* (verbalement ou par écrit) : faire connaître en retour sa pensée (à celui qui s'adresse au sujet). *Répondez-moi par oui ou par non. Répondez-moi franchement. Répondre sèchement, distraitement. Répondre par un sourire.* — (En s'opposant) ⇒ **répliquer, rétorquer, riposter.** *Elle répond à son père.* — Sans compl. *Cesse de répondre !* — Dans un lieu public. *Est-ce qu'on vous a répondu ?,* s'est-on occupé de vous ? **II.** RÉPONDRE À *qqch.* **1.** *Répondre à une question, à une lettre. Répondre* (à un examen objectif) *par vrai ou faux.* — (En se défendant) *Répondre à des objections, à des attaques.* **2.** (Suj. chose) Se faire entendre tout de suite après. *Bruit auquel répond l'écho.* — Pronominalement (récipr.). *Les chants des oiseaux se répondent dans la forêt.* **3.** Réagir (à un appel). *Nous avons sonné, personne n'a répondu. Ça ne répond pas* (au téléphone). *Répondre au nom de Jean,* avoir pour nom Jean. **III.** RÉPONDRE *qqch.* À *qqn* : dire ou écrire (à celui qui s'adresse à vous). *Et que lui répondrez-vous ? Elle ne savait que répondre. « C'est ta faute » répondit-il.* Fam. *Bien répondu ! Répondre présent à l'appel* (soldats, élèves). — RÉPONDRE QUE (+ indicatif), DE (+ infinitif). ⇒ **dire, rétorquer.** *Je vais lui répondre que je ne peux pas venir. On m'a répondu de faire ce que je voulais.* ‹ ▶ répondeur, ② répondre, répons, réponse ›

② **répondre** v. tr. ind. ■ conjug. 41. **I.** RÉPONDRE À. **1.** (Choses) Être en accord avec, conforme à (une chose). ⇒ **correspondre.** *Sa voix répondait à sa physionomie. Cette politique répond à un besoin.* **2.** (Personnes) Réagir par un certain comportement à... *Répondre à la force par la force.* — *Répondre à un salut.* ⇒ **rendre.** *Répondre aux avances de qqn.* **3.** (Choses) Produire les effets attendus, après une stimulation. *L'organisme répond aux excitations extérieures.* — Sans compl. *Des freins qui répondent bien.* ⇒ **fonctionner. II.** (Personnes) RÉPONDRE DE. **1.** S'engager en faveur de (qqn), envers un tiers. *Je réponds d'eux* (⇒ **répondant**). **2.** Se porter garant de (qqch.). *Répondre de l'innocence de qqn. Je ne réponds pas des dettes de ma femme. Je ne réponds pas de pouvoir maintenir l'ordre.* — *Je ne réponds pas de moi,* je n'arrive pas à me contrôler. **3.** S'engager en affirmant. ⇒ **assurer, garantir.** *Je ne réponds de rien,* je ne vous garantis rien. Fam. *Je vous en réponds* (renforce une affirmation). — *Je vous réponds que ça ne se passera pas comme cela !* ‹ ▶ répondant ›

répons [ʀepɔ̃] n. m. invar. ■ Chant liturgique exécuté par un soliste et répété par le chœur (en réponse).

réponse [ʀepɔ̃s] n. f. **I. 1.** Action de répondre (verbalement ou par écrit) ; son résultat. *Vous devez me donner, me faire une réponse avant lundi. Obtenir, recevoir une réponse. Notre demande est restée sans réponse. Réponse affirmative* (oui), *négative* (non). — (France) *Réponse de Normand,* équivoque (ni oui ni non). — *En réponse à votre lettre du 20 mai.* — Loc. AVOIR RÉPONSE À TOUT : avoir de la repartie ; faire face à toutes les situations. **2.** Solution apportée à une question par le raisonnement. *Noter les réponses d'un élève. Réponses d'examen.* **3.** Réfutation qu'on oppose aux attaques, aux critiques de qqn. — DROIT DE RÉPONSE : droit de faire insérer une réponse dans un journal, une revue. ⇒ ② **réplique. II. 1.** Riposte. *Ce sera ma réponse à ses manœuvres.* **2.** Réaction à un appel. *J'ai sonné, mais pas de réponse.* **3.** Sciences. Réaction à une excitation, à une stimulation. *Réponse musculaire.* ⇒ **réflexe.**

report [ʀ(ə)pɔʀ] n. m. **1.** Le fait de reporter, de renvoyer à plus tard. ⇒ **ajournement, renvoi.** *Le report de la date d'ouverture du congrès.* **2.** Le fait de reporter ailleurs, sur un autre document. *Report d'écritures.* — Opération qui consiste à reporter un total en haut d'une nouvelle colonne. *Faire un report. Report à nouveau.*

reportage [ʀ(ə)pɔʀtaʒ] n. m. **1.** Article ou ensemble d'articles où un(e) journaliste relate de manière vivante ce qu'il (elle) a vu et entendu. *Faire un reportage.* — (Par l'image) *Reportage télévisé.* **2.** Le métier de reporter ; le genre journalistique qui s'y rapporte. *Elle a débuté dans le reportage.* ≠ *rapportage.* ▶ ① ***reporter*** [ʀ(ə)pɔʀtɛ(œ)ʀ] n. ■ Journaliste spécialisé(e) dans le reportage. *Des reporters photographes. Elle est reporter pour un magazine. Grand reporter.* ‹ ▶ ciné-reportage, radioreportage, téléreportage ›

② **reporter** [ʀ(ə)pɔʀte] v. tr. ■ conjug. 1. **I. 1.** Porter (une chose) à l'endroit où elle se trouvait. ⇒ **rapporter.** *Je vais reporter la malle au grenier.* **2.** Porter de nouveau (sur soi). ⇒ **remettre.** *Reporter un manteau, des bottes d'hiver.* **II.** Porter plus loin ou ailleurs (espace ou temps). **1.** Faire un report (2). *Reporter le solde d'un compte.* **2.** Renvoyer à plus tard. ⇒ **différer, remettre.** *Ils ont reporté leur voyage. La cérémonie a été reportée.* ⇒ ① **repousser. 3.** REPORTER SUR :

appliquer à une chose ou à une personne (ce qui revenait à une autre). *J'ai reporté sur lui l'affection que j'avais pour vous. Reporter ses voix sur un autre candidat.* — Miser (un gain sur un nouveau numéro, un nouveau cheval). **4.** SE REPORTER v. pron. réfl. : revenir en esprit (à une époque antérieure). *Il faut se reporter à l'époque pour bien comprendre cette œuvre.* — Se référer (à qqch.). *Se reporter au texte d'une loi.* ≠ *se rapporter.* ‹ ▶ report ›

repos [ʀ(ə)po] n. m. invar. **1.** Le fait de se reposer, l'état d'une personne qui se repose ; le temps pendant lequel on se repose. *Prendre du repos, un jour de repos. Salle de repos,* où l'on prend une pause au travail. — (France) *Maison de repos,* clinique où des gens malades, surmenés se reposent. **2.** L'une des positions militaires réglementaires ; commandement ordonnant cette position. *Garde à vous !... Repos !* **3.** Loc. EN REPOS : dans l'inaction. *Ne pas pouvoir rester en repos,* tranquille. — AU REPOS : immobile. *Animal au repos.* **4.** État d'une personne que rien ne vient troubler, déranger. ⇒ **paix, tranquillité.** *Ne pas pouvoir trouver le repos. Laissez-moi en repos.* — DE TOUT REPOS : sûr, assuré. *C'est une situation, une affaire de tout repos. Ce n'est pas de tout repos.* **5.** Moment de calme (dans les événements, la nature, etc.). ⇒ **accalmie, détente, répit. 6.** Littér. *Le repos de la mort.* — Relig. *Le repos éternel,* l'état de béatitude des âmes qui sont au ciel.

① ***reposer*** [ʀ(ə)poze] v. ▪ conjug. 1. **I.** V. intr. **1.** Littér. Rester immobile ou allongé de manière à se délasser. — REM. *Se reposer* (III) est plus courant. *Il ne dort pas, il repose.* — (Suj. chose) *Tout reposait dans la ville.* ⇒ **dormir. 2.** Être étendu mort. — Être enterré (à tel endroit). *Ici repose...* ⇒ **ci-gît.** *Qu'il repose en paix !* **3.** REPOSER SUR : être établi sur (un support), être fondé sur. *Statue qui repose sur un piédestal. La tour Eiffel repose sur quatre piliers.* — Abstrait. *Cette affirmation ne repose sur rien.* **4.** *Laisser reposer un liquide,* le laisser immobile afin qu'il se clarifie. *Laisser reposer la pâte,* cesser de la travailler. **II.** V. tr. **1.** Mettre dans une position qui délasse ; appuyer (sur). *Reposer sa tête sur un oreiller, sur l'épaule de qqn.* **2.** Délasser (le corps, l'esprit). *Cette lumière douce repose la vue.* — Sans compl. *Ça repose.* ⇒ **reposant. III.** SE REPOSER v. pron. réfl. **1.** Cesser de se livrer à une activité fatigante. ⇒ se **délasser,** se **détendre.** *Laissez-moi un peu me reposer.* ⇒ **souffler. 2.** *Laisser (se) reposer la terre,* la laisser en jachère. **3.** SE REPOSER SUR *qqn* : faire confiance à (une personne), se décharger sur elle d'un travail. ⇒ **compter** sur. *Il se repose entièrement sur elle.* ▶ ***reposant, ante*** adj. ▪ Qui repose. ⇒ **délassant.** *Des vacances reposantes.* / contr. **fatigant** / *Cet enfant n'est pas reposant,* il est agité, nerveux. — Fam. *C'est pas reposant !,* c'est difficile ; il y a de l'agitation, de la nervosité. ▶ ***reposé, ée*** adj. **1.** Qui s'est reposé, qui est frais. — *Visage reposé.* **2.** Qui est dans un état de calme, de repos. — Loc. adv. À TÊTE REPOSÉE : à loisir, en prenant le temps de réfléchir. *Prendre une décision à tête reposée.* ▶ ***repose-*** ▪ Premier élément de composés désignant des objets où l'on peut poser qqch. *Des repose-pied(s). Des repose-tête.* ‹ ▶ repos, reposoir ›

② ***reposer*** v. tr. ▪ conjug. 1. **1.** Poser de nouveau (ce qu'on a soulevé). *Il reposa à terre la caisse qu'il portait sur les épaules. Elle reposa son verre bruyamment.* — *Reposez arme !,* commandement militaire. **2.** Poser de nouveau (ce qu'on a enlevé) ; remettre en place. **3.** Poser de nouveau (une question). — Pronominalement. *Le problème se repose dans les mêmes termes.*

reposoir [ʀ(ə)pozwaʀ] n. m. ▪ Support en forme d'autel sur lequel le prêtre dépose (fait *reposer*) le saint sacrement au cours d'une procession.

① ***repousser*** [ʀ(ə)puse] v. tr. ▪ conjug. 1. **I. 1.** Pousser (qqn) en arrière, faire reculer loin de soi. ⇒ **écarter, éloigner.** *Il l'a repoussé d'une bourrade contre le mur. Repousser l'ennemi, les attaques.* **2.** Ne pas accueillir, ou accueillir mal. ⇒ **éconduire, rabrouer.** *Repousser qqn avec dédain.* **3.** Pousser (qqch.) en arrière ou en sens contraire. *Repousser les objets qui encombrent la table.* — Pronominalement (récipr.). *Les corps électrisés s'attirent ou se repoussent.* **4.** Refuser d'accepter (qqch.), de céder à (qqn). ⇒ **rejeter.** *Repousser les offres de qqn.* ⇒ ① **décliner. 5.** Faire reculer (par un sentiment de répulsion*). *Cette odeur m'a repoussé* (⇒ **repoussant**). / contr. **attirer** / **II.** Remettre à plus tard. ⇒ **différer,** ② **reporter.** *Voulez-vous que nous repoussions le rendez-vous ?* ▶ ***repoussant, ante*** adj. ▪ Qui inspire la répulsion. ⇒ **dégoûtant, écœurant, répugnant.** *Il est d'une laideur repoussante, il est repoussant. Être repoussant de saleté. Un personnage laid, malpropre et repoussant.* ▶ ***repoussé*** adj. m. ▪ *Cuir, métal repoussé,* travaillé pour y faire apparaître des reliefs. ‹ ▶ repoussoir ›

② ***repousser*** v. intr. ▪ conjug. 1. ▪ Pousser de nouveau. *Les feuilles repoussent. Laisser repousser sa barbe.*

repoussoir [ʀ(ə)puswaʀ] n. m. ▪ Chose ou personne qui en fait valoir une autre par contraste. *Servir de repoussoir à qqn.* — Fam. *C'est un vrai repoussoir,* se dit d'une personne laide.

répréhensible [ʀepʀeɑ̃sibl] adj. ▪ (Actions) Qui mérite d'être blâmé, repris ②. ⇒ **blâmable, condamnable ;** ② **reprendre.** / contr. **louable** / *Actes, conduites répréhensibles.*

① ***reprendre*** [ʀ(ə)pʀɑ̃dʀ] v. ▪ conjug. 58. **I.** V. tr. **1.** Prendre de nouveau (ce qu'on a cessé d'avoir ou d'utiliser). *Reprendre ses instruments de travail après la pause. Reprendre ses études. Reprendre sa (la) route. Reprendre courage, confiance.* — Loc. *Reprendre ses esprits.* ⇒ **revenir** à soi. *Reprendre son souffle. Reprendre haleine,* se reposer un instant. — Prendre (qqn, qqch. qu'on avait laissé temporairement quelque part). *Il a repris son vélo et il a filé.* **2.** Prendre à nouveau (ce qu'on avait donné ou perdu). *Reprenez votre livre, je n'en ai plus besoin. Elle a repris sa liberté.* — *Reprendre des forces.* **3.** Prendre et rembourser le prix de (ce qui a été vendu). *Cet article ne peut être ni échangé ni repris.* — Racheter d'occasion. *Le garagiste m'a repris ma vieille voiture.* **4.** REPRENDRE DE *qqch.* : en prendre une seconde fois. *Reprendre d'un plat.* ⇒ se **resservir.** *Je reprendrais bien du café.* **5.** Prendre de nouveau (qqn qu'on avait abandonné ou laissé échapper). *Le prisonnier évadé a été repris, la police l'a repris.* — Loc. *On ne m'y reprendra plus,* je ne me laisserai plus prendre, tromper. ⇒ **repogner.** — *Que je ne vous y reprenne pas !* (menace), ne recommencez pas. — (Suj. chose) *Mon rhumatisme m'a repris. Voilà que ça la reprend !* **6.** Recommencer après une interruption. ⇒ se **remettre** à. *Reprendre un travail, la lutte. Reprendre une pièce,* la jouer de nouveau. — (Suj. chose) *La vie reprend son cours.* **7.** Prendre de nouveau la parole pour dire (qqch.). *Il reprit d'une voix sourde... ; « oui », reprit-il.* — Redire, répéter. *Reprendre un refrain en chœur. Reprenons l'histoire depuis le début.* ⇒ **recommencer. 8.** Remettre la main à (qqch.) pour améliorer. *Reprendre un article,* le corriger, le refaire. ⇒ **remanier. 9.** Adopter de nouveau en modernisant. *Reprendre un programme.* **II.** V. intr. **1.** Retrouver son énergie, sa vigueur (après un temps d'arrêt, de faiblesse). *Arbre transplanté qui est long a reprendre. Le petit a bien repris. Les affaires reprennent.* **2.** Recommencer. *Les cours reprendront à telle date. La pluie reprit de plus belle.* **III.** SE

SE REPRENDRE v. pron. **1.** Rectifier ce qu'on a dit. ⇒ se **rattraper.** *Elle a dit une énormité, mais elle s'est vite reprise.* **2.** *S'y reprendre à deux fois, à plusieurs fois,* recommencer. *On se reprend à espérer,* on se remet à... **3.** Fam. Rendre une invitation, spécialt une invitation pour un repas. *On se reprendra le mois prochain.* ‹ ▶ ① reprise ›

② ***reprendre*** v. tr. ▪ conjug. 58. ■ Littér. *Reprendre qqn,* lui faire une observation sur une erreur ou une faute commise. ⇒ **critiquer, réprimander.** *Elle s'est souvent fait reprendre. — Reprendre qqch.* ⇒ **blâmer, condamner.** *Il n'y a rien à reprendre à sa conduite. Cela mérite d'être repris.* ⇒ **répréhensible.** ‹ ▶ repris de justice ›

représailles [ʀ(ə)pʀezaj] n. f. pl. **1.** Mesures de violence prises par un État pour répondre à un acte jugé illicite d'un autre État. — Loc. *Par, en représailles,* en guise de représailles. **2.** Se dit de toute riposte individuelle à un mauvais procédé. *Exercer des représailles contre qqn.* ⇒ se **venger.**

représenter [ʀ(ə)pʀezɑ̃te] v. tr. ▪ conjug. 1. **I. 1.** Présenter à l'esprit (un objet absent ou une chose abstraite) au moyen d'un autre objet (signe) qui lui correspond. ⇒ **évoquer, exprimer.** *Le glaive représente la guerre.* ⇒ **symboliser.** — (En parlant du signe lui-même) *La monnaie représente la valeur des biens.* **2.** Évoquer par un procédé graphique, plastique. ⇒ **dessiner, figurer, peindre.** *Représenter un objet, un paysage.* — (En parlant de l'image) *Ce tableau représente des ruines.* **3.** Faire apparaître, à l'esprit, par le moyen du langage. ⇒ **décrire, dépeindre.** *Représenter les faits dans toute leur complexité.* **4.** Rendre présent à l'esprit, à la conscience (un objet qui n'est pas perçu directement). *Ce que représente un mot.* — SE REPRÉSENTER *qqch.* : former dans son esprit (l'image d'une réalité absente), évoquer (une réalité passée). ⇒ **concevoir,** s'**imaginer.** *Je me représente mal cette situation. Représentez-vous ma surprise.* **5.** Présenter (une chose) à l'esprit par simple association d'idées, être un bon exemple de. ⇒ **évoquer, symboliser.** *Cela représente pour moi la société d'avant-guerre. Ce film représente un tournant dans l'histoire du cinéma.* — (Choses équivalentes) ⇒ **constituer.** *L'épargne représente une privation. Cela représente plus d'un million.* **6.** Montrer (une action) à un public par des moyens scéniques. *Troupe qui représente une pièce.* ⇒ **interpréter, jouer. 7.** V. intr. Littér. Donner à autrui une impression d'importance par son maintien, son comportement social. ⇒ en **imposer.** *Elle représente bien.* ⇒ **présenter** bien. **II.** V. tr. **1.** Tenir la place de (qqn), agir en son nom, en vertu d'un droit, d'une charge qu'on a reçu(e). *La ministre s'était fait représenter.* **2.** Être représentant de. *Il représente diverses compagnies d'assurances.* **III. 1.** Présenter (I, 2) de nouveau. *Le parti représente le même candidat.* **2.** SE REPRÉSENTER v. pron. *Se représenter à un examen. Se représenter dans la même circonscription.* — (Choses) *Si l'occasion se représente.* ▶ ***représentant, ante*** n. **I. 1.** Personne qui représente qqn et agit en son nom. ⇒ **agent, délégué, mandataire.** *La mission d'un représentant, d'une représentante.* **2.** Personne désignée par un groupe, une société, etc., pour agir en son nom. *Le représentant d'un syndicat.* — Personne élue par le peuple pour le représenter. ⇒ **conseiller** municipal, **député. 3.** Personne désignée pour représenter un État, un gouvernement, auprès d'un autre (⇒ **ambassadeur, consul**...). *Le représentant du Canada a fait valoir que...* **4.** Personne qui représente une ou plusieurs maisons de commerce. ⇒ **colporteur, démarcheur, voyageur** de commerce. *Il est représentant de commerce. Une représentante en pharmacie.* ≠ *démonstrateur.* **5.** (États-Unis) Membre de la Chambre* des Représentants. *Une représentante démocrate, républicaine.* **II.** Personne, animal, chose que l'on considère comme type (d'une classe, d'une catégorie). *L'un des meilleurs représentants de l'école expressionniste.* ▶ ***représentatif, ive*** adj. **1.** Qui représente, rend sensible (qqch. d'autre). *Emblème représentatif d'une idée.* **2.** Qui concerne, assure la représentation du peuple, d'un groupe... par des élus. *Assemblée représentative. Le système représentatif.* ⇒ **parlementaire. 3.** Propre à représenter (une classe, un ensemble de personnes), qui représente bien. ⇒ **caractéristique, typique.** *Un garçon représentatif de la jeune génération.* ▶ ***représentativité*** n. f. ■ Didact. Caractère représentatif (2, 3). ▶ ***représentation*** n. f. **I. 1.** Le fait de rendre sensible (un objet absent ou un concept) au moyen d'une image, d'un signe, etc. ⇒ **notion.** — Action de représenter (la réalité extérieure) dans les arts plastiques ; l'image, le signe qui représente. *Une représentation réaliste, stylisée...* **2.** Psychologie. Processus par lequel une image est présentée aux sens. ⇒ **perception. 3.** Le fait de représenter une pièce en public. ⇒ **spectacle.** *Donner des représentations. Première représentation après la répétition générale.* ⇒ **première. II.** Train de vie auquel certaines personnes sont tenues, en raison de odleur situation. *Allocation pour frais de représentation.* **III. 1.** Le fait de représenter (le peuple, la nation), dans l'exercice du pouvoir. ⇒ **délégation, mandat.** — Ceux qui représentent le peuple. ⇒ **représentant(s).** *La représentation nationale.* **2.** Métier de représentant de commerce. *Faire de la représentation.*

répression [ʀepʀesjɔ̃] n. f. **1.** Action de réprimer. ⇒ **châtiment, punition.** *La répression d'un crime, des agressions.* **2.** Le fait d'arrêter par la violence un mouvement de révolte collectif. *Police, troupes chargées de la répression.* ▶ ***répressif, ive*** adj. ■ Qui réprime, sert à réprimer. *Loi répressive.*

réprimande [ʀepʀimɑ̃d] n. f. ■ Blâme adressé avec sévérité (à un inférieur). ⇒ **admonestation, observation, remontrance, reproche.** / contr. **compliment** / *Faire une réprimande à un élève.* ▶ ***réprimander*** v. tr. ▪ conjug. 1. ■ Faire des réprimandes à (qqn). ⇒ **blâmer, chicaner,** ① **disputer, gronder.** *Le professeur les réprimanda sévèrement.*

réprimer [ʀepʀime] v. tr. ▪ conjug. 1. **1.** Empêcher (un sentiment, une tendance) de se développer, de s'exprimer. ⇒ **contenir, refréner.** *Réprimer sa colère, son envie.* **2.** Empêcher (une chose dangereuse pour la société) de se manifester, de se développer. ⇒ **châtier, punir.** *Réprimer des abus. La révolte a été durement réprimée. Réprimer une insurrection.* ‹ ▶ irrépressible, répression, réprimande ›

repris, ise ■ Part. passé du v. *reprendre.*

reprisage [ʀ(ə)pʀizaʒ] n. m. ■ Raccommodage par reprise. *Le reprisage d'un tee-shirt.*

repris de justice [ʀ(ə)pʀidʒystis] n. m. invar. ■ Individu qui a été précédemment l'objet d'une ou de plusieurs condamnations pour infraction à la loi pénale. ⇒ **récidiviste.** *Des repris de justice.*

① ***reprise*** [ʀ(ə)pʀiz] n. f. **I. 1.** Action de prendre (ce qu'on avait laissé, donné...). **2.** Action de faire de nouveau après une interruption ; résultat de cette action. *La reprise des hostilités. La reprise des coups.* — *Reprise d'une pièce de théâtre,* le fait de la jouer de nouveau. — *Un examen de reprise* ou *une reprise.* ⇒ **repêchage.** — Loc. *À deux, trois..., plusieurs, maintes* REPRISES. ⇒ **fois. 3.** Chaque partie (d'une action qui se déroule en plusieurs fois : leçon d'équitation, assaut d'escrime, match de boxe...). *Combat en trois reprises.* ⇒ **round. 4.** (Automobiles, moteurs) Accélération après un ralentissement. *Ta voiture a de bonnes reprises.* **5.** Séquence d'un match, d'un événement, etc., enregistré sur bande vidéo et qui est montrée aux téléspectateurs dans les instants qui suivent l'action réelle ; cette présentation. *Présenter un but en reprise. Une reprise au ralenti. La reprise montre bien qu'il y avait matière à pénalité.* **II.** Le fait de prendre un nouvel essor après un moment de crise. *La reprise des affaires.*

② ***reprise*** n. f. ■ Raccommodage d'un tissu dont on cherche à reconstituer le tissage. ⇒ **reprisage.** *Faire des reprises à un pantalon.* ▶ ***repriser*** v. tr. ▪ conjug. 1. ■ Raccommoder en faisant une ou plusieurs reprises. *Repriser des chaussettes.* — Au p. p. adj. *Des chaussettes toutes reprisées.* — Sans compl. *Aiguille à repriser.* ⟨ ▶ reprisage ⟩

réprobation [ʀepʀɔbasjɔ̃] n. f. ■ Désapprobation vive, sévère ; fait d'être réprouvé*. ⇒ **condamnation.** *Encourir la réprobation de ses amis. La réprobation générale.* ▶ ***réprobateur, trice*** adj. ■ Qui exprime la réprobation. *Ton, regard réprobateur.*

reprocher [ʀ(ə)pʀɔʃe] v. tr. ▪ conjug. 1. ■ *Reprocher qqch. à qqn,* blâmer qqn pour une chose dont on le tient pour coupable ou responsable. *On lui reproche sa désinvolture. Je ne vous reproche rien,* se dit pour atténuer une observation qui pourrait passer pour un reproche. — (Avec *de* + infinitif) *Elle lui reproche de s'être laissé impressionner, d'avoir laissé passer l'occasion.* — SE REPROCHER *qqch.* : se considérer comme responsable de qqch. *On n'a rien à se reprocher. Je me reproche d'avoir manqué de courage.* — (Avec un compl. de chose) *Ce que je reproche à cette théorie, c'est sa banalité.* ▶ ***reproche*** n. m. **1.** Blâme, formule pour inspirer la honte ou le regret. ⇒ **désapprobation, remontrance, réprimande ; observation, remarque.** / contr. **compliment, félicitation** / *Faire des reproches à qqn. Il nous a adressé de vifs reproches. Accabler (qqn) de reproches.* — SANS REPROCHE : à qui on ne peut adresser de reproches. ⇒ **irréprochable.** *Une vie sans reproche. Le chevalier sans peur et sans reproche,* surnom de Bayard. — Loc. adv. Sans prétendre faire de reproches. *Soit dit sans reproche.* **2.** Littér. *Être un vivant reproche (pour qqn),* se dit d'une chose, d'une personne qui a l'air de reprocher à qqn sa conduite. ⟨ ▶ irréprochable ⟩

reproduire [ʀ(ə)pʀɔdɥiʀ] v. tr. ▪ conjug. 38. **I. 1.** Répéter, rendre fidèlement (qqch.). ⇒ **imiter, représenter.** *Un récit qui reproduit la réalité. Ce portrait ne reproduit pas l'impression que fait l'original.* **2.** Faire qu'une chose déjà produite paraisse de nouveau ; faire exister, par un procédé technique approprié, des choses semblables à (un modèle). ⇒ **copier.** *Reproduire un dessin, un texte à des milliers d'exemplaires.* **3.** Constituer une image de. *Les objets qui reproduisent un modèle.* **II.** SE REPRODUIRE v. pron. réfl. **1.** Produire des êtres vivants semblables à soi-même, par la génération. ⇒ se **multiplier, proliférer.** *Les insectes se reproduisent très rapidement.* **2.** Se produire de nouveau. ⇒ **recommencer,** se **répéter.** *Veillez à ce que cela ne se reproduise plus.* ▶ ***reproducteur, trice*** adj. ■ Qui sert à la reproduction (animale, végétale). *Organes reproducteurs.* ⇒ **génital.** ▶ ***reproduction*** [ʀ(ə)pʀɔdyksjɔ̃] n. f. **I.** Fonction par laquelle les êtres vivants se reproduisent ; action de se reproduire. *Reproduction asexuée, sexuée.* **II. 1.** Action de reproduire fidèlement (une chose existante) ; ce qui est ainsi reproduit. *La reproduction de l'image, du son. La reproduction de documents par la photocopie. Procédés de reproduction.* — Image obtenue à partir d'un original. *Une excellente reproduction.* **2.** Nouvelle publication (d'un texte). *La reproduction d'un article dans un recueil.* — Copie (d'un écrit, d'un objet). *Reproduction interdite.* ⟨ ▶ reprographie ⟩

reprographie [ʀəpʀɔgʀafi] n. f. ■ Ensemble des techniques de reproduction des documents écrits. ⇒ **photocopie, polycopie.** *Un service de reprographie. Expédier un document à la reprographie,* au local qui offre ce service. — Abrév. LA REPRO n. f. *Mes notes de cours sont-elles revenues de la repro ?* ▶ ***reprographier*** v. tr. ▪ conjug. 1. ■ Reproduire (un document) par reprographie. ⇒ **photocopier.** — Au p. p. adj. *Journal étudiant reprographié à cinq cent exemplaires.*

réprouver [ʀepʀuve] v. tr. ▪ conjug. 1. **1.** Rejeter en condamnant (qqch., qqn). ⇒ **blâmer, désapprouver.** *Action de réprouver.* ⇒ **réprobation.** / contr. **approuver** / *Ceux que la société réprouve.* — *Réprouver l'attitude de qqn.* **2.** Rejeter et destiner aux peines éternelles. ⇒ **maudire.** ▶ ***réprouvé, ée*** n. ■ Personne rejetée par la société. *Vivre en réprouvé.* — Personne rejetée par Dieu. ⇒ **damné.**

reps [ʀɛps] n. m. invar. ■ Tissu d'ameublement en grosse toile.

reptation [ʀɛptajɔ̃] n. f. ■ (Animaux, reptiles...) Action de ramper.

reptile [ʀɛptil] n. m. **1.** UN REPTILE : un serpent (qui rampe ⇒ **reptation**). **2.** N. m. pl. LES REPTILES : la classe d'animaux vertébrés, à peau couverte d'écailles (serpents, lézards, tortues...). ⇒ **saurien.** *Les reptiles actuels sont des représentants d'un groupe d'animaux plus important (reptiles fossiles de l'ère secondaire, dinosaures, etc.).*

repu, ue [ʀəpy] adj. (⇒ **repaître**) ■ Qui a mangé à satiété. ⇒ **gavé, rassasié.** *Les fauves repus s'endormirent.*

républicain, aine [ʀepyblikɛ̃, ɛn] adj. et n. **1.** Qui est partisan de la république. *Un journal républicain interdit dans une dictature.* — N. *Des républicains convaincus.* **2.** Relatif à une république ; de la république. *Constitution républicaine.* **3.** N. Membre ou partisan d'un parti politique américain de tendance féréraliste, libéral et conservateur, et qui est soucieux de préserver les libertés locales (opposé à *démocrate*). *Le vice-président est un républicain.* — Adj. *Les électrices républicaines. Le Parti républicain des États-Unis.*

république [ʀepyblik] n. f. ■ Forme de gouvernement où le chef de l'État ⇒ **président** n'est pas seul à détenir le pouvoir qui n'est pas héréditaire. *République démocratique, populaire, socialiste.* — (France) Fam. *On est en république !,* se dit pour protester contre une interdiction, une contrainte. — LA RÉPUBLIQUE FRANÇAISE : le régime politique français actuel *(Ve République),* la France sous ce régime. — *La République populaire de Chine.* — État qui est gouverné par une république. *L'Italie est une république.* — Histoire. *L'Union des républiques socialistes soviétiques* (U.R.S.S.). ⟨ ▶ républicain ⟩

répudier [ʀepydje] v. tr. ▪ conjug. 7. **1.** Dans certaines civilisations. Renvoyer (sa femme) en rompant le mariage selon les formes fixées par la loi et de manière unilatérale. **2.** Littér. Rejeter, repousser (un sentiment, une idée, etc.). *Répudier ses engagements.* ⇒ **renier.** ▶ ***répudiation*** n. f. ■ *La répudiation d'une épouse.*

répugner [ʀepyɲe] v. tr. ▪ conjug. 1. **I.** V. tr. ind. RÉPUGNER À. **1.** Littér. Éprouver de la répugnance pour (qqch.). *Il ne répugnait pas à cette perspective, à admettre cette perspective.* **2.** Inspirer de la répugnance à (qqn) ; faire horreur. *Cette nourriture lui répugne.* ⇒ **dégoûter, écœurer.** *Ce gars-là me répugne !* **II.** V. tr. dir. Rare. Dégoûter, rebuter (qqn). *La puanteur répugnait tout le monde.* ▶ ***répugnance*** n. f. **1.** Vive sensation d'écœurement que provoque une chose dont on ne peut supporter la vue, l'odeur, le contact. ⇒ **répulsion.** *Elle a une véritable répugnance pour le lait.* **2.** Abstrait. Vif sentiment de mépris, de dégoût qui fait qu'on évite (qqn, qqch.). ⇒ **horreur.** *Avoir une grande répugnance pour le mensonge.* — Manque d'enthousiasme ou difficulté psychologique (à faire qqch.). *Éprouver une invincible répugnance à faire, à dire qqch.* ▶ ***répugnant, ante*** adj. **1.** Qui inspire de la répugnance physique. ⇒ **dégoûtant, écœurant, repoussant.** *Une maison d'une saleté répugnante. Une laideur répugnante. Il fait un travail répugnant.* **2.** (Au moral) Abject, ignoble. *Un individu répugnant.*

répulsion [ʀepylsjɔ̃] n. f. ■ Répugnance* physique ou morale à l'égard d'une chose ou d'un être qu'on repousse. ⇒ **antipathie, dégoût, écœurement.** *Elle éprouve une répulsion irrésistible à l'égard des, pour les serpents.*

réputer [ʀepyte] v. tr. ▪ conjug. 1. **1.** Littér. (+ attribut) Tenir pour, considérer comme. *On le répute excellent nageur.* **2.** (ÊTRE) RÉPUTÉ, ÉE : avoir la réputation de, passer pour. *Des terres réputées incultes.* — (Avec *pour* et le v. *être*) *Il est réputé pour être intelligent,* on le dit intelligent. ▶ ***réputation*** n. f. **1.** Le fait d'être honorablement connu du point de vue moral. *Nuire à la réputation de qqn. Perdre qqn de réputation,* le, la déshonorer. — *La réputation d'une femme,* son honneur. **2.** Le fait d'être connu, célèbre. ⇒ **notoriété, renommée** (plus fort). *Elle doit soutenir sa réputation. La réputation d'une entreprise. Son dernier livre consacra sa réputation.* ⇒ **renom. 3.** Le fait d'être connu (honorablement ou fâcheusement). *Avoir bonne, mauvaise réputation. Connaître qqn de réputation,* pour en avoir entendu parler (et ne pas le connaître personnellement). **4.** RÉPUTATION DE : fait d'être considéré comme..., de passer pour... *Une réputation d'homme d'esprit. On lui fait une réputation de tricheur.* ▶ ***réputé, ée*** adj. ■ Qui jouit d'une grande réputation. ⇒ **célèbre, connu, fameux.** *Un vin réputé.* — *Réputé pour,* bien connu en raison de. *Une ville réputée pour ses musées.*

requérir [ʀəkeʀiʀ] v. tr. ▪ conjug. 21. **1.** Littér. Demander, solliciter (une chose abstraite). *Requérir l'aide de qqn.* **2.** Droit. Réclamer au nom de la loi (⇒ **réquisitoire**). *Le procureur requiert l'emprisonnement à vie pour l'accusé.* **3.** Littér. (Suj. chose) Demander, réclamer. *Ce travail requiert toute notre attention.* ⇒ **exiger.** *La récolte requiert tous les bras.* ▶ ***requérant, ante*** adj. et n. ■ Droit. Qui demande au nom de la loi, spécialt qui requiert en justice. ⇒ **demandeur, plaignant.** *La partie requérante dans un procès.* — N. *Tous les requérants.* ▶ ***requête*** n. f. **1.** Littér. Demande instante, verbale ou écrite. ⇒ **prière.** *Présenter, adresser une requête à qqn. Requête pour obtenir une faveur.* — *À, sur la requête de,* à la demande de. **2.** Droit. Demande écrite présentée sous certaines formes juridiques. *Requête pour obtenir un divorce. Citations faites à la requête de la poursuite.* ▶ ***requis, ise*** adj. ■ Demandé, exigé comme nécessaire. ⇒ **prescrit.** *Satisfaire aux conditions requises. Avoir tout juste l'âge requis.* ‹ ▶ prérequis, réquisition, réquisitoire ›

requiem [ʀekɥ(w)ijɛm] n. m. invar. **1.** Prière, chant pour les morts, dans la liturgie catholique. *Messe de requiem,* pour le repos de l'âme d'un mort. **2.** Partie de la messe des morts mise en musique. *Les requiem de Mozart, Verdi, Fauré, Brahms.*

requin [ʀəkɛ̃] n. m. **1.** Poisson du type squale, de grande taille, très fort et très vorace. *Les requins sont dangereux, sur cette côte.* **2.** Personne cupide et impitoyable en affaires. *Les requins de la finance.*

requinquer [ʀ(ə)kɛ̃ke] v. tr. ▪ conjug. 1. ■ Fam. Redonner des forces, de l'entrain. *Ce petit gin me requinque.* ⇒ ① **remonter.** — SE REQUINQUER v. pron. réfl. : reprendre des forces, retrouver sa forme. *Elle s'est bien requinquée.*

requis adj. ⇒ **requérir.**

réquisition [ʀekizisjɔ̃] n. f. **1.** Opération par laquelle l'Administration exige qu'une personne ou un bien soit mis à sa disposition pour une cause publique. *En temps de guerre, l'État peut faire la réquisition de véhicules.* **2.** Document administratif qui décrit précisément les articles, les meubles, etc. (quantité, coût...) à commander. *Remplir une réquisition pour les fournitures de bureau.* ⇒ bon de ① **commande.** ▶ ***réquisitionner*** v. tr. ▪ conjug. 1. **1.** Se procurer (une chose) par voie de réquisition. *Les autorités ont réquisitionné des locaux pour les réfugiés.* **2.** Utiliser par réquisition les services de (une personne). *Le gouvernement a réquisitionné les mineurs en grève.* — Fam. Utiliser d'autorité (une personne). *Je vous réquisitionne tous pour m'aider.*

réquisitoire [ʀekizitwaʀ] n. m. **1.** Le fait, pour le représentant du ministère public, de développer une accusation contre qqn, de requérir*(2). *Le procureur a prononcé un violent réquisitoire.* **2.** Discours, écrit contenant de violentes attaques. *Un réquisitoire contre le racisme, la violence.*

rescapé, ée [ʀɛskape] n. ■ Personne qui est réchappée d'un accident, d'un sinistre. *Les rescapés d'un naufrage.* ⇒ **survivant.** ▶ ***rescaper*** v. tr. ▪ conjug. 1. ■ Sauver (qqn) d'un danger, d'un accident, d'un sinistre. *Rescaper des enfants enfouis sous un banc de neige.*

à la ***rescousse*** [alaʀɛskus] loc. adv. ■ (Avec des verbes comme *appeler, venir...*) Au secours, à l'aide. *Il appela son grand frère à la rescousse. Des renforts sont venus à la rescousse.*

réseau [ʀezo] n. m. **1.** Ensemble de lignes, de bandes, de fils, etc., entrelacés plus ou moins régulièrement. *Le réseau des mailles d'un filet. Réseau de veines apparentes sous la peau.* **2.** Ensemble de voies de communication, conducteurs électriques, etc., qui desservent une même unité géographique, dépendent de la même compagnie. *Un réseau ferroviaire, routier. Le réseau téléphonique. Un réseau informatique.* — *Un réseau hydrographique,* l'ensemble des cours d'eau et des plans d'eau d'une région ⇒ **hydrographie. 3.** Répartition des éléments d'une organisation en différents points ; ces éléments. *Réseau commercial. Réseau de télévision* (stations émettrices et relais). *Émission présentée sur tout le réseau.* — Organisation clandestine formée par un certain nombre de personnes obéissant aux mêmes directives. *Organiser un réseau d'espionnage, de drogue.* **4.** Littér. Ce qui retient, serre comme un filet. *Un réseau d'habitudes.*

résection [ʀesɛksjɔ̃] n. f. ■ Opération chirurgicale qui consiste à couper, enlever (à *réséquer*[ʀeseke] v. tr. conjug. 6) une partie d'organe ou de tissu. *La résection de portions du côlon.*

réséda [ʀezeda] n. m. ■ Plante aux fleurs odorantes disposées en grappes. *Des résédas.*

réservation [ʀezɛʀvasjɔ̃] n. f. ■ Le fait de réserver une place, une chambre..., sans faire de location ferme. ‹ ▶ surréservation ›

① ***réserve*** [ʀezɛʀv] n. f. **I.** Le fait de garder pour l'avenir. **1.** *Faire, émettre des réserves* (sur une opinion, un projet...), ne pas donner son approbation pleine et entière. *Les savants ont fait de sérieuses réserves sur cette prétendue découverte.* — Loc. SOUS TOUTES RÉSERVES : sans garantie. *Nouvelle donnée sous toutes réserves.* — SOUS RÉSERVE DE : en réservant (un recours), en mettant à part (une éventualité). *J'accepte sous réserve de vérification.* **2.** SANS RÉSERVE loc. adv. et adj. : sans restriction, sans réticence. ⇒ sans **bornes.** *Il lui est dévoué sans réserve. Une admiration sans réserve.* **II. 1.** Quantité accumulée pour en disposer au moment le plus opportun. ⇒ **provision, stock.** *Avoir des réserves de vivres, d'argent. Les réserves d'or d'un pays. Les réserves de graisse de l'organisme. Certains oiseaux se constituent des réserves alimentaires en cachant des graines sous terre.* — Quantité non encore exploitée (d'une substance minérale). *Les réserves mondiales de pétrole.* **2.** Loc. *Avoir, mettre, tenir qqch.* EN RÉSERVE. ⇒ de **côté.** — DE RÉSERVE : qui constitue une réserve. *Vivres de réserve.* **3.** *Les* RÉSERVES : troupe qu'on garde disponible pour la faire intervenir au moment voulu. — LA RÉSERVE : portion des forces militaires d'un pays qui n'est pas maintenue sous les drapeaux mais peut y être rappelée. ⇒ **réserviste.** *Officiers de réserve. La réserve et l'armée active.* **III. 1.** Territoire choisi pour la protection de la flore et de la faune. ⇒ fam. **sanctuaire.** ≠ *jardin zoologique. Réserve zoologique. La réserve faunique des Laurentides. Réserve de chasse et pêche,* où la pratique de la chasse, de la pêche est interdite ou limitée. *Réserve écologique.* Réserve de la Biosphère, territoire reconnu d'intérêt international. **2.** Territoire réservé aux Amérindiens et soumis à un régime spécial. *Visiter une réserve montagnaise.* **3.** Local (d'une bibliothèque, d'un musée...) où l'on garde à part certains objets.

② ***réserve*** n. f. ■ Qualité qui consiste à se garder de tout excès dans les propos, les jugements. ⇒ **circonspection, discrétion.** *Garder une certaine réserve.* Loc. *Se tenir sur la réserve,* garder une attitude réservée. — (Conduite) ⇒ **décence,** ② **retenue.** *Sa conduite manque de réserve.* ▶ ① ***réservé, ée*** adj. ■ (Personnes) Qui fait preuve de réserve. ⇒ **discret, prudent.** *Une personne plutôt réservée. Garder une attitude réservée. Il est très réservé dans ses jugements.*

réserver [ʀezɛʀve] v. tr. ▪ conjug. 1. **1.** Destiner exclusivement ou spécialement (à une personne ou un groupe). *On vous a réservé ce bureau.* **2.** S'abstenir d'utiliser immédiatement (qqch.), en vue d'une occasion plus favorable. ⇒ **garder.** *Réserver le meilleur pour la fin. Réserver son jugement, son pronostic,* le remettre à plus tard. — *Réserver l'avenir,* faire en sorte de garder sa liberté d'action pour l'avenir. — SE RÉSERVER DE (+ infinitif) : conserver pour l'avenir le droit ou la possibilité de (faire qqch.). *Elle se réserve de prendre les dispositions qui s'imposent.* (Voir aussi 5.) **3.** Mettre de côté (une marchandise, une place, pour la tenir à la disposition de qqn). *Pouvez-vous me réserver deux mètres de cette étoffe ?* — Faire mettre à part (ce qu'on veut trouver disponible). *Il est prudent de réserver ses places dans les trains européens.* ⇒ ② **louer.** *Avez-vous pensé à réserver une table au restaurant ?* ⇒ **retenir. 4.** Destiner (qqch. à qqn) ; causer (un effet pour, chez qqn).*Le sort, l'accueil qui nous est réservé. Cette soirée me réservait bien des surprises.* **5.** SE RÉSERVER v. pron. réfl. : s'abstenir d'agir, de s'engager, de manière à conserver toutes possibilités pour plus tard. *Je me réserve le droit d'intervenir dans cette affaire. Je préfère me réserver pour une meilleure occasion.* ⇒ **attendre.** ▶ ② ***réservé, ée*** p. p. adj. **1.** Qui a été attribué à qqn exclusivement. *Droits de traduction réservés pour tous pays.* **2.** Dont l'usage, l'accès est destiné exclusivement à qqn. *Rue réservée aux piétons.* ⇒ **piétonnier. 3.** Qui a été retenu. *Avoir une place réservée dans le train, une table réservée au restaurant, une chambre réservée dans une auberge.* ‹ ▶ réservation, ① réserve, réserviste, réservoir ›

réserviste [ʀezɛʀvist] n. m. **1.** (Surtout en France) Militaire de l'armée de réserve. *Rappel de réservistes.* **2.** Sports. Joueur qui fait partie d'une équipe mais que l'entraîneur ne fait jouer qu'occasionnellement. *Séance d'entraînement pour les réservistes. Habiller un réserviste,* le faire jouer.

réservoir [ʀezɛʀvwaʀ] n. m. **1.** Cavité où un liquide peut s'accumuler, être gardé en réserve. *Réservoir d'eau.* ⇒ **citerne.** *Réservoir d'essence* (d'une voiture). **2.** Bassin d'alimentation en eau. *Le réservoir de Caniapiscau.* **3.** Endroit contenant en réserve (un grand nombre de personnes, de choses). *Ce pays est un inépuisable réservoir d'artistes.*

résider [ʀezide] v. intr. ▪ conjug. 1. **1.** (Personnes) Être établi d'une manière habituelle dans un lieu ; y avoir sa résidence. ⇒ **demeurer.** *Il réside actuellement au Manitoba.* **2.** (Choses abstraites) Avoir son siège, son principe. ⇒ **consister.** *La difficulté réside en ceci.* ▶ ***résidence*** n. f. **1.** Le fait de demeurer habituellement en un lieu ; ce lieu. ⇒ **demeure, habitation.** *Changer de résidence.* — Lieu où une personne habite effectivement durant un certain temps. *Certificat, attestation de résidence. Résidence principale,* le lieu d'habitation. ⇒ **domicile, maison.** *Résidence secondaire,* maison de campagne, de vacances. ⇒ **chalet.** *Vivre en résidence (universitaire).* **2.** Lieu construit, généralement luxueux, où l'on réside. *Une somptueuse résidence.* — Groupe d'immeubles résidentiels assez luxueux. *La résidence X.* — *Résidence funéraire.* ⇒ **funérarium, salon. 3.** Droit. Séjour obligatoire. *Être assigné à résidence. Résidence surveillée.* **4.** Durée du séjour d'un résident dans un hôpital. ▶ ***résident, ente*** n. **1.** Personne établie dans un autre pays que son pays d'origine. ⇒ **étranger.** *Les résidents espagnols en France. Les travailleurs étrangers permanents sont des résidents.* **2.** Terme administratif. Personne qui habite en un lieu donné. *Les résidents de l'Ancienne-Lorette.* **3.** Habitant d'une résidence. *Les résidents d'une cité universitaire.* **4.** Médecin qui prépare une spécialisation dans un hôpital. ⇒ **interne.** — En appos. *Les médecins résidents menacent de faire la grève.* — Adj. *Elle est résidente en pédiatrie.* ▶ ***résidentiel, ielle*** adj. ■ Propre à l'habitation, à la résidence (en parlant des beaux quartiers). ⇒ fam. **domiciliaire.** / contr. **commercial, industriel** / *Immeubles, quartiers, secteurs résidentiels.*

résidu [ʀezidy] n. m. **1.** Péj. Reste peu utilisable, sans valeur. ⇒ **déchet, détritus.** *Il y a quelques résidus de bois dans la remise.* **2.** Ce qui reste après une opération physique ou chimique. *Utilisation des résidus par l'industrie.* ▶ ***résiduel, elle*** adj. ■ Qui forme un reste, un résidu. *Argiles résiduelles résultant de la décalcification des craies.*

① *se* ***résigner*** [ʀeziɲe] v. pron. réfl. ▪ conjug. 1. ■ SE RÉSIGNER (À) : accepter sans protester (une chose pénible mais inévitable). *Je ne peux me résigner à son départ, à la voir partir.* — Sans compl. Adopter une attitude d'acceptation ; se soumettre. ⇒ s'**incliner.** *Il faut se résigner, c'est la vie !* ▶ ***résigné, ée*** adj. ■ Qui accepte avec résignation, est empreint d'une soumission sans protestation. *Être résigné* (à son sort). *Un courage résigné.* — N. *Des résignés.* / contr. **révolté** / ▶ ***résignation*** n. f. ■ Le fait d'accepter sans protester (la volonté d'un supérieur, de Dieu, le sort) ; tendance à se soumettre, à subir sans réagir. ⇒ **soumission.** *Tout supporter avec résignation. Une résignation passive, courageuse.* ‹ ▶ ② résigner ›

② ***résigner*** v. tr. ▪ conjug. 1. ■ Littér. Abandonner (une fonction). ⇒ se **démettre.** *Résigner sa place, son emploi.*

résilier [ʀezilje] v. tr. ▪ conjug. 7. ■ Dissoudre (un contrat) soit par l'accord des parties, soit par la volonté d'un seul. *Résilier un bail, un marché.* ▶ ***résiliation*** n. f. ■ *La résiliation d'un contrat.*

résille [ʀezij] n. f. ■ Tissu de mailles formant une poche dans laquelle on enserre les cheveux. ⇒ ④ **filet.** — En appos. Invar. *Des bas résille,* dont le dessin forme une sorte de grille (de réseau*) imitant celui de cette poche.

résine [ʀezin] n. f. **1.** Produit collant et visqueux qui suinte de certains végétaux, notamment des conifères. *Résine du pin. On obtient les résines par incision de l'écorce des arbres qui les produisent.* **2.** Se dit de nombreuses matières plastiques. *Résines synthétiques. Meubles de patio en résine de synthèse. Dent artificielle en résine.* ▶ ***résineux, euse*** adj. et n. m. **1.** (Opposé à *feuillu*) Qui produit de la résine, contient de la résine (1). *Arbres, bois résineux.* — N. m. plur. *Les résineux,* les plantes qui produisent de la résine. ⇒ **conifère.** *Les pins sont des résineux.* — Au sing. *L'épinette est un résineux.* **2.** Propre à la résine (1). *Odeur résineuse.*

résister [ʀeziste] v. tr. ind. ▪ conjug. 1. — RÉSISTER À. **I.** Valeur passive. **1.** (Choses) Ne pas céder, ne pas s'altérer sous l'effet de. *Quelques arbres ont résisté à la tempête. Des couleurs qui résistent au lavage.* **2.** (Êtres vivants) Ne pas être détruit, altéré (par ce qui menace l'organisme). *Les marathoniens ne résisteront plus longtemps.* ⇒ fam. **durer.** *Résister à la fatigue, à la maladie.* ⇒ **supporter.** — Supporter sans faiblir (ce qui est moralement pénible). *Elle a résisté à ce malheur.* **3.** (Choses abstraites) Se maintenir, survivre. *L'amour ne résiste pas à l'habitude. L'argument ne résiste pas à l'examen.* **II.** Valeur active. **1.** Faire effort contre l'usage de la force. *Il résista aux agents qui tentaient de l'empoigner.* ⇒ se **débattre.** — Sans compl. *Ne résistez pas !* — S'opposer (à une attaque armée). ⇒ se **défendre.** *Résister à des assauts répétés.* **2.** S'opposer (à ce qui contrarie les désirs, menace la liberté). ⇒ **lutter** contre. *Résister à l'oppression.* ⇒ se **révolter.** *Personne n'ose lui résister.* **3.** Repousser les sollicitations de (qqn). *Elle n'a pas su lui résister. Personne ne lui résiste.* ⇒ **irrésistible. 4.** S'opposer (à ce qui plaît, tente...). *Résister à une passion, à une tentation. Je n'ai pas pu résister à l'envie de venir.* — Sans compl. *Ne pas pouvoir résister.* ▶ ***résistance*** n. f. **I.** (Phénomènes physiques) **1.** Fait de résister, d'opposer une force à (une autre) ; cette force. *Résistance d'un corps au choc. La résistance de l'air.* — Capacité d'annuler ou de diminuer l'effet d'une force. *Résistance mécanique.* RÉSISTANCE DES MATÉRIAUX : leur comportement face à des forces, des contraintes ; étude de ce comportement. **2.** *Résistance électrique,* quotient de la puissance perdue dans un circuit sous forme de chaleur par le carré de l'intensité du courant. *La résistance est mesurée en ohms.* — *Une résistance,* un conducteur qui dégage une puissance thermique déterminée. *Les résistances d'un fer à repasser.* **3.** Qualité (d'un être vivant) qui résiste (à des épreuves, des fatigues). ⇒ **endurance, force, solidité.** *Manquer de résistance, n'avoir aucune résistance. La résistance au froid, à la chaleur des espèces animales.* **4.** PLAT DE RÉSISTANCE (dont on ne vient pas à bout aisément) : plat principal d'un repas. **II.** (Actions humaines) **1.** Action par laquelle on essaie de rendre sans effet (une action dirigée contre soi). *La résistance à l'oppression. On ne nous opposa aucune résistance. Résistance passive,* refus d'obéir (sans action). — Ce qui s'oppose à notre volonté. ⇒ **difficulté, obstacle.** *Se heurter à une forte résistance. Venir à bout d'une résistance.* **2.** Action de s'opposer à une attaque par les moyens de la guerre. *Organiser la résistance. Faire de la résistance.* — Histoire de France (Avec une majusc.) *La Résistance,* l'opposition de certains Français à l'action de l'occupant allemand pendant la Seconde Guerre mondiale, l'organisation qui s'ensuivit. *En 1941, le général de Gaulle fut reconnu comme le chef de la Résistance.* ▶ ***résistant, ante*** adj. et n. **1.** Qui résiste à une force contraire ; qui résiste à l'effort, à l'usure. *Un tissu très résistant.* ⇒ **solide.** / contr. **fragile** / **2.** (Êtres vivants) Endurant, robuste. ⇒ anglic. **tough.** *Elle est très résistante.* **3.** Histoire de France *Un résistant, une résistante,* patriote qui appartenait à la Résistance (II, 2), à un mouvement de résistance. *Les résistants refusaient la défaite et l'occupation.* ⟨ ▶ irrésistible ⟩

resituer [ʀ(ə)sitɥe] v. tr. ▪ conjug. 1. **1.** Replacer (dans l'espace, dans le temps). *Peux-tu me resituer le parc où nous avons vu des séquoias ? Je ne peux pas resituer la date du deuxième voyage de Jacques Cartier.* **2.** *Resituer qqn,* reconnaître (qqn qu'on n'a pas vu depuis un certain temps). ⇒ **replacer.** *Me resituez-vous, vous avez été mon professeur de latin ?*

résolu, ue [ʀezɔly] adj. ■ Qui sait prendre une résolution ① et s'y tenir. ⇒ **décidé, déterminé.** / contr. **hésitant, irrésolu** / *Le directeur est un homme résolu.* ▶ ***résolument*** adv. ■ D'une manière résolue. ⇒ **énergiquement, fermement, hardiment.** *S'opposer résolument à une décision.* ⟨ ▶ irrésolu ⟩

① ***résolution*** [ʀezɔlysjɔ̃] n. f. **I. 1.** Décision volontaire arrêtée après délibération. *Prendre la résolution de...* ⇒ **décider.** *Les résolutions du Jour de l'An,* ce que l'on aimerait faire pendant l'année qui commence. *Bonnes résolutions,* résolutions de bien faire, de se corriger. *Ma résolution est prise.* — *Une résolution municipale,* un document officiel marquant la décision d'un corps municipal. ⇒ **règlement.** *La Ville a adopté une résolution pour officialiser les noms de ses rues.* **2.** Comportement d'une personne résolue. ⇒ **détermination, énergie, fermeté.** *Elle resta inébranlable dans sa résolution.* **II.** Solution (d'une difficulté, d'un problème). *La résolution d'une équation.*

② ***résolution*** n. f. ■ Didact. Transformation physique d'une substance qui se résout ②. *Résolution de l'eau en vapeur.*

résonner [ʀezɔne] v. intr. ▪ conjug. 1. **1.** Produire un son accompagné de résonances. *Cloche qui résonne. Des pas résonnaient sur la chaussée.* **2.** (Sons, voix) Retentir en s'accompagnant de résonances. ⇒ fam. **retontir. 3.** S'emplir d'échos, de résonances. *La rue résonnait de cris d'enfants.* ≠ *raisonner* ▶ ***résonance*** n. f. — REM. S'écrit avec un seul *n.* **1.** Prolongement ou amplification des sons, des vibrations ; augmentation d'amplitude. *Caisse de résonance.* — Propriété d'un lieu où ce phénomène se produit. *La résonance d'une voûte.* **2.** Littér. Effet de ce qui se répercute dans l'esprit. ⇒ **écho.** *Ce thème éveillait en moi des résonances profondes.* ▶ ***résonateur*** n. m. — REM. S'écrit avec un seul *n.* ■ Appareil où peut se produire un phénomène de résonance.

résorber [ʀezɔʀbe] v. tr. ▪ conjug. 1. **1.** Faire disparaître (dans la circulation sanguine, lymphatique). — Pronominalement. Disparaître par résorption. *Hématome qui se résorbe lentement.* **2.** Faire disparaître par une action interne. ⇒ **éliminer, supprimer.** *Résorber un déficit.* — Pronominalement. *Les excédents se sont résorbés.* ▶ ***résorption*** [ʀezɔʀpsjɔ̃] n. f. **1.** Disparition (d'un produit pathologique repris par la circulation sanguine ou lymphatique). *Résorption d'un abcès.* **2.** Suppression (d'un phénomène nuisible). *La résorption du chômage.*

① ***résoudre*** [ʀezudʀ] v. tr. ▪ conjug. 51. — REM. Part. passé *résolu, ue.* **I.** Découvrir la solution de. ⇒ **solutionner.** *Résoudre un problème, une équation, une énigme, une difficulté.* ⇒ ① **résolution.** *Qu'on ne peut résoudre.* ⇒ **insoluble. II. 1.** Déterminer (qqn) à prendre une résolution. *Il faut les résoudre à abandonner.* — (Surtout au passif) (ÊTRE) RÉSOLU(E) À :

être fermement décidé(e) à. *Il est résolu à partir. Je suis bien résolue à ce qu'on la laisse entrer. Il est résolu à tout,* prêt à prendre tous les risques. **2.** Décider (qqch. à exécuter). *Je ferai ce que j'ai résolu. J'ai résolu de voyager.* **3.** Pronominalement (réfl.). SE RÉSOUDRE À (+ infinitif) : se décider à. *Elle ne peut pas se résoudre à y renoncer.* ⟨ ▶ résolu, ① résolution ⟩

② ***résoudre*** v. tr. ▪ conjug. 51. — REM. Part. passé *résous, oute.* ▪ Transformer en ses éléments. — (Surtout pronominalement) *Brouillard qui se résout en pluie.* ⇒ **② résolution.** ⟨ ▶ ② résolution ⟩

respect [ʀɛspɛ] n. m. **1.** Sentiment qui porte à accorder à qqn de la considération en raison de sa supériorité, son âge, etc. ⇒ **déférence.** / contr. **irrespect** / *Inspirer le respect* (⇒ **respectable**). *Témoigner du respect à qqn,* être respectueux. *J'ai beaucoup de respect pour eux.* ⇒ **estime.** *Manquer de respect à, envers, à l'égard de qqn,* ne pas le traiter avec le respect qu'on lui doit. *Le respect de soi-même.* ⇒ **dignité, honneur.** *Marques de respect.* ⇒ **politesse.** — Loc. SAUF VOTRE RESPECT, *sauf le respect que je vous dois* : se dit pour s'excuser d'une parole trop libre, un peu choquante. **2.** Sentiment de vénération (dû au sacré, à Dieu...). ⇒ **culte, piété.** *Le respect pour les morts, dû aux morts.* **3.** Au plur. Témoignage de respect (formule de politesse). ⇒ **hommages.** *Présenter ses respects à qqn.* **4.** Considération que l'on porte à une chose jugée bonne, avec le souci de ne pas l'enfreindre. *Le respect de la parole donnée. Le respect de la loi.* **5.** RESPECT HUMAIN [ʀɛspɛymɛ̃] : crainte du jugement des êtres humains, qui conduit à se garder de certains actes. **6.** *Tenir qqn en respect,* dans une soumission forcée (en montrant sa force, une arme, en menaçant...). ⟨ ▶ irrespect, respecter, respectueux ⟩

respecter [ʀɛspɛkte] v. tr. ▪ conjug. 1. **1.** Considérer avec respect. ⇒ **honorer, vénérer.** / contr. **détester, haïr, mépriser** / *Respecter ses parents. Un chef qui sait se faire respecter.* — *Respecter certaines valeurs.* — Au p. p. adj. *Un nom respecté.* **2.** Ne pas porter atteinte à. ⇒ **observer.** *Respecter les convenances. Il faut respecter les règlements de la circulation. Respecter le sommeil de ses voisins,* ne pas le troubler. **3.** SE RESPECTER v. pron. réfl. : agir de manière à conserver l'estime de soi-même. — Fam. QUI SE RESPECTE : digne de ce nom. *Un ouvrier qui se respecte n'acceptera jamais ces conditions de travail.* ▶ ***respectable*** adj. **I.** Qui est digne de respect. *Une artiste respectable.* ⇒ **estimable, honorable.** *Vos scrupules sont respectables.* **II.** (Quantité) Assez important, digne de considération. *Une somme respectable.* ▶ ***respectabilité*** n. f. ▪ État d'une personne respectable, socialement respectée. *Avoir le souci de sa respectabilité.*

respectif, ive [ʀɛspɛktif, iv] adj. ▪ Qui concerne chaque chose, chaque personne (parmi plusieurs). *Les droits respectifs des époux.* — *La position respective des astres,* de chaque astre par rapport aux autres. ▶ ***respectivement*** adv. ▪ Chacun en ce qui le concerne. *Deux enfants âgés respectivement de six et (de) quatre ans.*

respectueux, euse [ʀɛspɛktɥø, øz] adj. **1.** Qui éprouve ou témoigne du respect, de la déférence. / contr. **irrespectueux** / *Ils sont respectueux envers leurs parents.* **2.** Qui marque du respect. *Ton respectueux.* — (Formule de politesse) *Veuillez agréer mes sentiments respectueux.* — Loc. *Rester à une distance respectueuse,* à une distance assez grande. **3.** RESPECTUEUX DE : soucieux de ne pas porter atteinte à. *Être respectueux des usages.* ▶ ***respectueusement*** adv. ▪ Avec respect. *Il s'est adressé respectueusement au vieux maître.*

respirer [ʀɛspiʀe] v. ▪ conjug. 1. **I.** V. intr. **1.** Absorber l'air dans la cage thoracique, puis l'en rejeter. ⇒ **aspirer, inspirer, expirer.** *Respirer par le nez, par la bouche. Respirer avec difficulté.* ⇒ **haleter.** *Le malade respire encore,* il est encore en vie. — Loc. fam. *Respire par le nez,* calme-toi, prends sur toi. / contr. s'**emballer,** s'**énerver** / Exercer la fonction de la respiration (II). *Les plantes respirent.* **2.** (Personnes) Avoir un moment de calme, de répit, éprouver une sensation de soulagement. ⇒ **souffler.** *Laissez-moi respirer ! Ouf ! on respire !,* on se sent mieux. **II.** V. tr. Aspirer, attirer par les voies respiratoires. *Respirer le grand air. On lui fit respirer de l'éther.* ⇒ **renifler.** — Sans compl. *Respirer profondément.* **III.** V. tr. Avoir un air de, dégager une impression de. *Vous respirez la santé.* ⇒ fam. **péter** *Son visage respire l'intelligence.* ▶ ***respirable*** adj. ▪ Qu'on peut respirer (surtout en emploi négatif : *peu respirable, pas respirable*). / contr. **irrespirable** / ▶ ***respiration*** n. f. **I. 1.** Le fait de respirer. *Respiration difficile, haletante, essoufflée. Respiration bruyante. Retenir sa respiration.* — REM. Dans ce sens on emploie fam. RESPIR n. m. (ex. : *perdre, reprendre son respir ; elle laissa échapper un gros respir* ⇒ **soupir**). **2.** *Respiration artificielle,* ensemble de manœuvres pratiquées pour rétablir les fonctions respiratoires, chez les asphyxiés. **II.** Fonction biologique, absorption d'oxygène, rejet de gaz carbonique et d'eau. *Respiration pulmonaire. Respiration interne* (des cellules vivantes ou des tissus). — Fonction chlorophyllienne des végétaux. ▶ ***respiratoire*** adj. **1.** Qui permet la respiration. *Appareil respiratoire. Les voies respiratoires* (bronches, larynx, poumons, etc.). **2.** De la respiration. *Les échanges respiratoires des plantes.* ⟨ ▶ irrespirable ⟩

resplendir [ʀɛsplɑ̃diʀ] v. intr. ▪ conjug. 2. ▪ Littér. Briller d'un vif éclat (⇒ **splendeur**). ▶ ***resplendissant, ante*** adj. ▪ Qui resplendit. ⇒ **éclatant.** *Un beau soleil, resplendissant. Église resplendissante d'or.* — *Visage resplendissant de bonheur.* ⇒ **rayonnant.** *Vous avez une mine resplendissante* (de santé).

responsable [ʀɛspɔ̃sabl] adj. **1.** Qui a des responsabilités, doit répondre de ses actes. *Les experts jugeront si l'accusé est responsable. Être responsable de qqn,* de sa vie, de sa conduite. *Être tenu pour responsable de qqch. Rendre qqn responsable de qqch.,* le considérer comme responsable. **2.** Qui est la cause volontaire et consciente (de qqch.). — N. Fam. ⇒ **auteur, coupable.** *Qui est le responsable de cette niaiserie ?* **3.** Qui doit rendre compte de sa politique. *Le gouvernement est responsable devant le Parlement.* **4.** Chargé de, en tant que chef qui prend les décisions. *Le ministre responsable de la Défense nationale.* — N. *Un, une responsable,* dans une organisation, un dirigeant. *Les responsables syndicaux.* **5.** Absolt. Raisonnable, réfléchi, sérieux. *Soyez responsable. Attitude responsable.* ▶ ***responsabilité*** n. f. **1.** Obligation de réparer le dommage que l'on a causé par sa faute, dans certains cas déterminés par la loi. *La responsabilité de l'employeur dans les accidents de travail.* — *Prendre une assurance-responsabilité.* **2.** Obligation morale de réparer une faute, de remplir un devoir, d'assumer les conséquences de ses actes. *Avoir de lourdes responsabilités. Accepter, assumer une responsabilité. Prendre la responsabilité de qqch.,* accepter d'en être tenu (pour) responsable. *Prendre ses responsabilités,* agir, se décider en acceptant toutes les conséquences. *Décliner toute responsabilité.* **3.** Situation d'une autorité politiquement responsable. *Le premier ministre a engagé la responsabilité du gouvernement.* ⟨ ▶ irresponsable ⟩

resquiller [ʀɛskije] v. ▪ conjug. 1. **1.** V. intr. Spectacles, transports. Entrer sans payer. — Obtenir une chose sans y avoir droit, sans rien débourser. **2.** V. tr. Obtenir (qqch.) sans y avoir droit. *Il a resquillé sa place.* ▶ ***resquille*** n. f. ou ***resquillage*** n. m. ▪ Action de resquiller. *C'est de la resquille.* ▶ ***resquilleur, euse*** adj. et n. ■ Qui resquille, a l'habitude de resquiller. *Les resquilleurs du métro.*

ressac [ʀəsak] n. m. ■ Retour violent des vagues sur elles-mêmes, après un choc, lorsqu'elles ont frappé un obstacle.

se ***ressaisir*** [ʀ(ə)sɛziʀ] v. pron. réfl. ▪ conjug. 2. ■ Rentrer en possession de son calme, redevenir maître de soi. ⇒ se **maîtriser.** *Un instant affolé, il n'a pas tardé à se ressaisir.* — Se rendre de nouveau maître de la situation par une attitude plus ferme. *Le boxeur s'est ressaisi au quatrième round. L'équipe s'est ressaisie en deuxième moitié de saison.*

ressasser [ʀ(ə)sase] v. tr. ▪ conjug. 1. **1.** Revenir sur (les mêmes choses), faire repasser dans son esprit. ⇒ **remâcher.** *Il ressasse ses difficultés, ses mécontentements.* **2.** Répéter de façon lassante. ⇒ **rabâcher, radoter, renoter.** *Ressasser les mêmes plaisanteries.* — Au p. p. adj. *Des histoires ressassées.*

ressaut [ʀ(ə)so] n. m. ■ Saillie, petite avancée.

ressayer [ʀɛ(e)seje] ou ***réessayer*** [ʀeɛ(e)seje] v. tr. ▪ conjug. 8. ■ Essayer de nouveau, faire un nouvel essai. *Ressayer une recette. Ressayer de faire démarrer un moteur.* — Faire un nouvel essayage. *Ressayer une paire de patins.*

ressembler [ʀ(ə)sɑ̃ble] v. tr. ind. ▪ conjug. 1. **I.** (Personnes) **1.** (Au physique) Avoir de la ressemblance, des traits communs (avec qqn). *Un enfant qui ressemble à sa mère.* — Fam. *Dis-moi à quoi il ressemble,* comment il est au physique. — Pronominalement (récipr.). *Ils se ressemblent.* Loc. *Se ressembler comme deux gouttes d'eau.* ⇒ **sosie. 2.** (Au moral) *Elle ressemble plus à son père qu'à sa mère.* ⇒ **tenir** de. *Il lui ressemble, en plus fou !* — V. pron. récipr. PROV. *Qui se ressemble s'assemble,* les personnes qui ont des traits de caractère communs sont attirées les unes vers les autres. **II.** (Choses) **1.** Avoir de la ressemblance, un aspect semblable... *Une roche blanche qui ressemble à du marbre. Votre question ressemble étrangement à un défi. Ressembler vaguement, un peu à...* — Loc. *Cela ne ressemble à rien,* c'est très original. Péj.C'est informe. *Je me demande bien à quoi ça ressemble !* (même sens). — V. pron. récipr. *Toutes les maisons de ce quartier se ressemblent.* PROV. *Les jours se suivent et ne se ressemblent pas,* une situation change d'un jour à l'autre (en bien ou en mal). **2.** Être conforme au caractère de (qqn), digne de (qqn). *Cela lui ressemble tout à fait,* c'est bien de lui, d'elle. *Cela ne lui ressemble pas,* il, elle n'a pas l'habitude de se comporter ainsi. ▶ ***ressemblance*** n. f. **1.** Rapport entre des objets présentant des éléments identiques, semblables, en nombre suffisant. ⇒ **similitude.** / contr. **contraste, différence** / *La ressemblance de deux objets, entre deux objets, d'un objet avec un autre.* — Au plur. Traits communs. *Ils ont des ressemblances.* **2.** (Personnes) Similitude de traits physiques (surtout ceux du visage) ou de traits de caractère. *Il y a une ressemblance frappante entre la mère et la fille.* **3.** Rapport entre la chose et son modèle. *Ce portraitiste cherche la ressemblance.* ▶ ***ressemblant, ante*** adj. ■ Qui a de la ressemblance avec son modèle. *Un portrait très ressemblant.* — Fam. *Il est très ressemblant* (sur une photo, une caricature...), on le reconnaît bien (→ C'est bien lui).

ressemeler [ʀ(ə)səmle] v. tr. ▪ conjug. 4. ■ Garnir de semelles neuves. *Faire ressemeler ses chaussures chez le cordonnier.* ▶ ***ressemelage*** n. m. ■ *Combien coûte le ressemelage ? Un ressemelage solide.*

ressentiment [ʀ(ə)sɑ̃timɑ̃] n. m. ■ Le fait de se souvenir des torts qu'on a subis avec le désir de se venger (comme si on les ressentait, ou les « sentait » encore). ⇒ **animosité, rancœur, rancune.** *Éprouver, garder du ressentiment de qqch., contre qqn. Elle garde un profond ressentiment des torts qu'on lui a causés.*

ressentir [ʀ(ə)sɑ̃tiʀ] v. tr. ▪ conjug. 16. **I. 1.** Littér. Éprouver vivement l'effet de... *Ressentir une injure, une privation.* **2.** Être pleinement conscient de (un état affectif qu'on éprouve). *Ressentir de la sympathie, de la colère pour, à l'égard de qqn.* — Éprouver (une douleur). **II.** SE RESSENTIR DE v. pron. réfl. **1.** Subir l'influence de. *Son travail se ressent de son humeur, de sa fatigue.* **2.** Continuer à éprouver les effets (d'une maladie, d'un mal). *Se ressentir d'une chute, d'une opération. Le pays se ressent de la récession.* ‹ ▶ ressentiment ›

resserre [ʀ(ə)sɛʀ] n. f. ■ (Surtout en France) Endroit où l'on range certaines choses. ⇒ **cabanon,** ② **remise.** *Ranger du bois, des outils dans une resserre.*

resserrer [ʀ(ə)sɛʀe] v. tr. ▪ conjug. 1. **1.** Diminuer le volume, la surface de (qqch.), en rapprochant les éléments. ⇒ **contracter.** *Lotion astringente qui resserre les pores. Les touristes resserraient le cercle autour du guide.* **2.** Rapprocher de nouveau ou davantage (des parties disjointes, les éléments d'un lien) ; serrer* davantage. / contr. **desserrer** / *Resserrer un nœud, un boulon.* — *Ce malheur a resserré leurs liens,* les a unis davantage. **3.** SE RESSERRER v. pron. réfl. : se rapprocher de plus en plus. *L'étau se resserre. Leurs relations se sont resserrées.* ▶ ***resserrement*** [ʀ(ə)sɛʀmɑ̃] n. m. ■ *Le resserrement des liens. Resserrement d'une amitié, de la discipline.*

resservir [ʀ(ə)sɛʀviʀ] v. ▪ conjug. 14. **1.** V. tr. Servir de nouveau (un plat). — Fam. *Ce sont les mêmes boniments qu'on nous ressert depuis dix ans !* — Pronominalement. *Il s'est resservi un peu de tourtière.* ⇒ ① **reprendre. 2.** V. intr. Être encore utilisable. *Cela peut resservir.*

① ***ressort*** [ʀ(ə)sɔʀ] n. m. **1.** Pièce d'un mécanisme qui utilise les propriétés élastiques de certains corps pour produire un mouvement. *Tendre un ressort. Ressort à boudins, à lames. Ressort d'une montre, d'un jouet mécanique. Ressorts de sommier. Matelas à ressorts. Ressorts de suspension d'une voiture.* **2.** Littér. Énergie, force (généralement occulte) qui fait agir. *Les ressorts cachés de nos actes.* **3.** Loc. *Avoir du ressort,* une grande capacité de résistance morale ou de réaction. *Un être sans aucun ressort.*

② ***ressort*** n. m. **1.** Loc. EN DERNIER RESSORT : sans qu'on puisse faire appel à une juridiction supérieure. — En définitive, finalement. ⇒ en fin de **compte.** *En dernier ressort, on l'a emporté.* **2.** Loc. DU RESSORT DE : de la compétence, du domaine de... *Cette affaire est du ressort de la Cour d'appel.* ⇒ ② **ressortir.** *Cela n'est pas de mon ressort.* ‹ ▶ ② ressortir ›

① ***ressortir*** [ʀ(ə)sɔʀtiʀ] v. intr. ▪ conjug. 16. **I.** V. tr. (Auxiliaire *avoir*) Mettre de nouveau hors d'un endroit (où qqch. était rangé). *Elle a ressorti ses vieux disques.* **II.** V. intr. (Auxiliaire *être,* comme *sortir*) **1.** Sortir à nouveau (d'un lieu) ; sortir peu après être entré. — (Personnes) *Il ressortait de chez lui.* — (Choses) *La balle est ressortie par le cou.* **2.** Paraître avec plus de relief, être saillant. ⇒ se **détacher.** — Paraître nettement, par contraste. *La couleur ressort mieux sur ce fond. Faire ressortir qqch.,* mettre en évidence, en valeur. *Cette coiffure fait ressortir la finesse de ses traits.* **3.** Apparaître comme conséquence. ⇒ **résulter.** *Il ressortait, il est ressorti de nos échanges de vues que nous étions d'accord sur les objectifs.*

② ***ressortir*** v. tr. ind. ▪ conjug. 2. – RESSORTIR À. **1.** Droit. Être du ressort ②, de la compétence de (une juridiction). *Ce procès ressortissait à une autre juridiction.* **2.** Littér. Être naturellement relatif à. ⇒ **dépendre, relever** de. *Tout ce qui ressortit au théâtre.* ▶ ***ressortissant, ante*** n. ■ Personne qui, dans un pays étranger, relève des représentants d'un autre pays. *Les ressortissants français au Canada.*

ressoudre [ʀ(ɛ)sudʀ] v. intr. ▪ conjug. 5. **1.** (Eaux) Sourdre, jaillir de terre. *L'eau a ressoud tout à coup.* **2.** Vieilli et fam. (Personnes) Arriver, survenir sans être attendu, à l'improviste. ⇒ fam. **retontir.** *D'où est-ce que tu ressouds à cette heure si tardive ?* **3.** Réapparaître soudainement. *La balle a ressoud devant le lanceur.*

ressource [ʀ(ə)suʀs] n. f. **I.** UNE RESSOURCE : ce qui peut améliorer une situation fâcheuse. ⇒ **expédient, recours.** *Je n'ai d'autre ressource que de partir.* SANS RESSOURCE : sans remède. *Cette situation apparaît sans ressource.* **II.** Au plur. DES RESSOURCES. **1.** Moyens matériels d'existence. ⇒ **argent, fortune, richesse(s).** *Ses ressources sont modestes. Être sans ressources.* ⇒ **pauvre.** *Les ressources de l'État.* **2.** Moyens (en êtres humains, en matériel, en réserves d'énergie...) dont dispose ou peut disposer une collectivité. *Les ressources naturelles d'un pays, ses ressources minières, forestières...* ⇒ **richesses.** *Les ressources énergétiques,* les moyens naturels utilisés pour produire de l'énergie. *Les ressources humaines,* la main-d'œuvre. **3.** Moyens intellectuels et possibilités d'action qui en découlent. *Elle a dû faire appel à toutes les ressources de son talent.* — Loc. *Un homme de ressources,* habile, apte à trouver des expédients en toute circonstance. — Au sing. *Il a de la ressource,* il n'a pas épuisé ses moyens. *Avec eux, il y a de la ressource.* — *Les ressources d'un art, d'une technique,* ses possibilités. *Les ressources d'une langue,* les moyens d'expression qu'elle fournit à l'utilisateur. ‹ ▶ personne-ressource ›

se ***ressouvenir*** [ʀ(ə)suvniʀ] v. pron. réfl. ▪ conjug. 22. ■ Littér. Se souvenir (d'une chose très ancienne ou que l'on a momentanément oubliée). *Elle s'est ressouvenue de cet épisode.*

ressuer [ʀ(ə)sɥe] v. intr. ▪ conjug. 1. ■ Se couvrir de buée d'humidité. *Les murs mal isolés ressuent.* — Au p. p. adj. *Des vitres ressuées.* ▶ ***ressuage*** n. m. ■ Condensation de l'eau sur une surface froide.

ressusciter [ʀe(ɛ)sysite] v. ▪ conjug. 1. **I.** V. intr. **1.** Être de nouveau vivant. ⇒ **résurrection.** — Au p. p. adj. *Le Christ ressuscité.* **2.** Revenir à la vie normale, après une grave maladie. — Reprendre vie, manifester une vie nouvelle. *Pays qui ressuscite après une catastrophe.* ⇒ se **relever. II.** V. tr. **1.** Ramener de la mort à la vie. *Ressusciter les morts. Le Christ a ressuscité Lazare, selon l'Évangile.* **2.** (Suj. chose) Guérir d'une grave maladie, sortir d'un état de mort apparente. *Ce traitement m'a ressuscité.* **3.** Faire revivre en esprit, par le souvenir. *Ressusciter les héros du passé.* — Faire renaître. *Ressusciter un art, une mode.*

① ***restant*** [ʀɛstɑ̃] n. m. ■ Reste (d'une somme, d'une quantité). ⇒ fam. **balance.** *Je vous paierai le restant dans un mois.* — Loc. *C'est le restant (de),* le comble, le banquet.(→ C'est le bout de... ; c'est la cerise sur...) *Une tempête à la fin d'avril, c'est le restant des écus.* — Au plur. Restes d'un repas. *Faire un hachis avec les restants de viande.*

② ***restant, ante*** adj. **1.** (Après un nom précédé d'un numéral) Qui reste, qui est encore disponible. *Les cent dollars restants. La seule personne restante.* **2.** POSTE RESTANTE. ⇒ **poste.**

restaurant [ʀɛstɔʀɑ̃] n. m. ■ Établissement où l'on sert des repas moyennant paiement. ⇒ **auberge, hôtel.** *Aller au restaurant. Un bon, un grand restaurant. Café-restaurant.* ⇒ **bistro, brasserie, casse-croûte ;** anglic. **snack-bar.** *Restaurant libre-service.* ⇒ **cafétéria.** — Abrév. fam. RESTAU, RESTO[ʀɛsto], n. m. ▶ ① ***restaurateur, trice*** n. ■ Personne qui tient un restaurant. ⇒ **hôtelier.** ▶ ① ***restauration*** n. f. ■ Métier de restaurateur. — Cette industrie, ce secteur d'activités. *Restauration rapide.* ⇒ anglic. **fast-food.** ‹ ▶ wagon-restaurant ›

① ***restaurer*** [ʀɛstɔʀe] v. tr. ▪ conjug. 1. **1.** Littér. Rétablir en son état ancien ou en sa forme première (des choses abstraites). *Restaurer la liberté, la paix.* ⇒ **ramener. 2.** Réparer (des objets d'art ou des monuments anciens) en respectant l'état primitif, le style. *Restaurer une cathédrale, une statue, une fresque. Restaurer un vieux quartier.* ⇒ **réhabiliter, retaper.** ▶ ② ***restaurateur, trice*** n. ■ Spécialiste de la restauration des œuvres d'art. ▶ ② ***restauration*** n. f. **1.** Action de restaurer (une dynastie, un régime). — Histoire de France. Sans compl. (Avec une majusc.) *La Restauration,* celle des Bourbons, après la chute du premier Empire (1814-1830). **2.** Action de restaurer (une œuvre d'art, un monument). ⇒ **réfection.** *Restauration d'une mosaïque romaine.*

② *se* ***restaurer*** v. pron. ▪ conjug. 1. ■ Reprendre des forces en mangeant. ⇒ se **sustenter.** ‹ ▶ restaurant ›

reste [ʀɛst] n. m. **I.** LE RESTE DE... : ce qui reste de (un tout dont une ou plusieurs parties ont été retranchées). ⇒ fam. **balance. 1.** (D'un objet ou d'une quantité mesurable) *Le reste d'une somme d'argent.* ⇒ **reliquat,** ① **restant, solde.** *Mettez le reste du lait dans un pot.* — Loc. *Partir* SANS DEMANDER SON RESTE : sans insister, comme qqn qui a son compte (de reproches, d'ennuis, etc.). **2.** (D'un espace de temps) *Le reste de sa vie.* — Loc. adv. LE RESTE DU TEMPS : aux autres moments, dans les autres occasions. **3.** (D'une pluralité d'êtres ou de choses) *Vivre isolé du reste des mortels du monde.* — REM. Lorsque *le reste de* est suivi d'un nom au pluriel, le verbe s'accorde au sing. ou parfois au plur. *Le reste des figurants se mettra,* ou *se mettront à genoux. Le reste (des gens) se casa où il put.* **4.** (D'une chose non mesurable) *Le reste de l'ouvrage. Laissez-moi faire le reste.* **5.** Absolt. LE RESTE : tout ce qui n'est pas la chose précédemment mentionnée. *Ne t'occupe pas du reste. Pour le reste, quant au reste.* — (En fin d'énumération) *Et le reste,* et ce qui s'ensuit. ⇒ **et cætera. II.** Loc. adv. DE RESTE : plus qu'il n'en faut. *Avoir de l'argent, du temps de reste,* en avoir à perdre et les prodiguer inutilement. — EN RESTE. *Être, demeurer en reste,* être le débiteur, l'obligé (de qqn). *Ne pas vouloir être en reste avec un voisin.* — AU RESTE littér., DU RESTE : quant au reste, quant à ce qui n'est pas mentionné (s'emploie quand on ajoute qqch. qui a un rapport avec ce qui a été dit). ⇒ d'**ailleurs,** au **surplus.** *Elle vivait, du reste, très simplement.* **III.** UN, DES RESTE(S) : un, des élément(s) restant (en plus ou moins grand nombre) d'un tout qui a disparu. **1.** Concret. *Les restes d'une vieille cité, d'une fortune, d'un repas...* ⇒ **débris, vestige.** *Un reste de beurre,* un peu de beurre qui reste. Absolt. *Utilisation des restes en cuisine.* ⇒ ① **restants. 2.** Littér. *Les restes de qqn,* son cadavre. **3.** Abstrait. *C'est un reste de l'ancien langage.* ⇒ **survivance.** *Aucun reste d'espoir.* — Loc. *Avoir de beaux restes,* des restes de beauté (en parlant d'une femme). **4.** Péj. *Les restes de qqn, ses restes,* ce qu'il a négligé, méprisé. *Il n'a eu que vos restes !* **5.** Dans un calcul. Élément restant d'une quantité, après soustraction ⇒ **différence** ou après division. *Onze divisé par trois laisse un reste de deux.*

rester [ʀɛste] v. intr. ▪ conjug. 1. **I.** Continuer d'être dans un lieu. ⇒ **demeurer. 1.** (Suj. personne) *Il est resté à Paris. Nous sommes restés là plus d'une heure. Rester* *au lit, à table. Rester auprès de qqn.* — Loc. fam. *Elle a failli y rester,* mourir. *Rester en chemin,* fam. *en plan,* ne pas aller jusqu'au bout. — Sans compl. / contr. s'en **aller,** ① **partir** / *Je resterai (pour) garder la maison. Restez donc à manger avec nous.* **2.** (Suj. chose) *La voiture est restée au garage. L'arête est restée en travers de sa gorge.* — Loc. *Cela me reste sur l'estomac,* je ne peux le digérer. *Cela m'est resté sur le cœur,* j'en garde du ressentiment. *Cela doit rester entre nous* (d'un secret, d'une chose confiée). **II.** Continuer d'être (dans une position, une situation, un état). *Rester debout, sans bouger. Rester en place, en fonction. Elle resta un moment sans parler. La voiture est restée en panne sur la route. Rester dans l'ignorance.* ⇒ **croupir.** — (Personnes) Loc. *Ne pas rester en place (deux minutes),* être agité, turbulent (d'un enfant) ; être de tout bord, de tout côté (d'un adulte). — RESTER À (+ infinitif) : en passant son temps à. *Elle resta seule à attendre. Cela reste à prouver.* — (+ attribut) *Elle est restée coincée dans l'ascenseur. Rester immobile. Le magasin restera ouvert en juillet.* — Impers. *Il reste entendu que...* **III.** Subsister à travers le temps. *C'est une œuvre qui restera.* ⇒ **durer.** PROV. *Les paroles s'envolent, les écrits restent.* **IV.** RESTER À *qqn* : continuer d'être, d'appartenir à qqn. *L'avantage est resté à nos troupes. Ce nom lui est resté longtemps.* — Impers. *Il me reste du pain.* **V.** EN RESTER À : s'arrêter, être arrêté à (un moment d'une action, d'une évolution). *Où en es-tu resté de ta lecture ? Dans cette région, les gens en sont restés à la télévision sans câble.* — EN RESTER LÀ : ne pas aller plus loin, ne pas continuer. ⇒ s'en **tenir** là. *Inutile de poursuivre, restons-en là.* — RESTER SUR : conserver. *Rester sur sa faim.* ⇒ **faim.** — *Rester sur une impression,* avoir encore cette impression. **VI.** (Auxiliaire *avoir*) Habiter. ⇒ **résider.** *Ils sont restés deux ans en banlieue.* **VII.** (En parlant d'éléments d'un tout) **1.** Être encore présent (après élimination des autres éléments). ⇒ **subsister.** *Rien ne reste de cette œuvre. Le seul bien qui me reste.* — *Ce qui reste, ce qu'il reste.* ⇒ ① **restant.** — Impers. *Il en reste un fond de bouteille. Il nous reste encore de quoi vivre.* **2.** RESTER À (+ infinitif). *Une trentaine de dollars restaient à payer,* étaient encore à payer. *Le plus dur reste à faire.* — Impers. *Il reste beaucoup à faire. Le temps qu'il nous reste à vivre. Il ne me reste plus qu'à vous remercier,* je dois encore vous remercier (formule de remerciement). *Il reste à savoir si..., reste à savoir si... Reste à trouver la meilleure solution.* **3.** Impers. IL RESTE QUE, IL N'EN RESTE PAS MOINS QUE (+ indicatif) : il n'en est pas moins vrai, certain que... ⇒ **toujours** est-il que. *Il n'en reste pas moins que tu as été imprudent.* ‹ ▶ ① restant, ② restant, reste ›

restituer [ʀɛstitɥe] v. tr. ▪ conjug. 1. **1.** Rendre à qqn (une chose dérobée ou retenue indûment). *Le receleur dut restituer les objets volés.* **2.** Reconstituer à l'aide de fragments subsistants, de documents, etc. *Restituer un texte altéré, une inscription.* **3.** Libérer (ce qui a été absorbé, accumulé). *Énergie restituée par un système mécanique.* **4.** Fam. Rendre, vomir. ⇒ **rejeter ;** fam. **dégueuler, renvoyer.** *Restituer tout son repas.* — Sans compl. *Depuis son opération, elle restitue beaucoup.* ▶ ***restitution*** n. f. ▪ *La restitution d'un monument disparu.*

resto n. m. ⇒ **restaurant** (Abrév.).

restreindre [ʀɛstʀɛ̃dʀ] v. tr. ▪ conjug. 52. **1.** Rendre plus petit, ramener à des limites plus étroites. ⇒ **diminuer, limiter, réduire.** / contr. **accroître, étendre** / *Restreindre ses dépenses, ses ambitions.* **2.** SE RESTREINDRE v. pron. : devenir plus petit, moins étendu. *Le champ de nos recherches se restreint.* — *Se restreindre dans ses dépenses.* — Sans compl. *Il va falloir se restreindre.* ▶ ***restreint, einte*** adj. **1.** Étroit ; limité. *Auditoire, personnel restreint.* **2.** RESTREINT À : limité à. *Modernisation restreinte à un secteur de l'économie.*

restriction [ʀɛstʀiksjɔ̃] n. f. **1.** Ce qui restreint le développement, la portée de qqch. *Il faut apporter des restrictions à ce principe.* — *Faire des restrictions,* faire des réserves, des critiques. — SANS RESTRICTION loc. adv. : entièrement ; sans réserve. ⇒ **totalement.** *Je l'admire, sans restriction.* — *Restriction mentale,* acte mental par lequel on donne à sa phrase un sens différent de celui que l'interlocuteur va vraisemblablement lui donner, afin de l'induire en erreur. ⇒ **équivoque. 2.** Action de restreindre ; fait de devenir moindre, moins étendu. ⇒ **limitation.** *Restriction des naissances.* **3.** Au plur. Mesures propres à réduire la consommation en période de pénurie ; privations qui en résultent. ⇒ **rationnement.** *Les restrictions en temps de guerre. Les restrictions budgétaires d'un gouvernement.* ▶ ***restrictif, ive*** [ʀɛstʀiktif, iv] adj. ▪ Qui restreint, qui apporte une restriction. ⇒ **limitatif.** *Clause, condition restrictive. Expression restrictive* (ex. : *ne... que...*).

restructurer [ʀəstʀyktyʀe] v. tr. ▪ conjug. 1. ▪ Donner une nouvelle structure, une nouvelle organisation à (qqch.). *Restructurer un espace urbain.* — Abstrait. Organiser sur de nouvelles bases. ⇒ **remodeler, réorganiser.** *Restructurer un ministère, un programme d'enseignement.* — Au p. p. adj. *Secteur industriel complètement restructuré.* ▶ ***restructuration*** n. f. ▪ Fait de restructurer (qqch.) ; son résultat. *La restructuration d'un département hospitalier.*

résultat [ʀezylta] n. m. **1.** Tout ce qui arrive et qui est produit par une cause. ⇒ **conséquence, effet.** *Cela a eu un résultat heureux, désastreux. Avoir pour résultat,* produire, causer. Fam. *Elle a sauté par la fenêtre ; résultat, elle s'est foulé la cheville.* **2.** Ce que produit une activité consciente dirigée vers une fin ; cette fin. ⇒ **aboutissement, fruit.** *Le résultat d'une expérience. Arriver à un bon résultat.* ⇒ **réussite, succès.** — Au plur. Réalisations concrètes. *Exiger, obtenir des résultats.* **3.** Solution (d'un problème). — Ce qui sort d'une opération mathématique. ⇒ **produit, quotient, reste,** ① **somme.** *Le résultat d'une division.* **4.** Au plur. L'admission ou l'échec à un examen ; la liste de ceux qui ont réussi. *Affichage, proclamation des résultats.* — *Les résultats scolaires.* ⇒ **bulletin, notes.** — Issue (d'une compétition). *Les résultats d'une élection. Résultats d'un match* (⇒ **compte, marque,** ② **pointage, score**), *des courses.* ▶ ***résulter*** v. intr. ▪ conjug. 1. — REM. Ne s'emploie qu'à l'infinitif, au part. prés. et aux 3es pers. du sing. et du plur. — RÉSULTER DE. **1.** Être le résultat de. ⇒ **découler, naître, provenir.** *Fatigue qui résulte du surmenage. Je ne sais ce qui en résultera.* **2.** Impers. ; avec *que* + indicatif. *Il résulte de ceci que, il en est résulté que...* ⇒ ① **ressortir.** ▶ ***résultante*** n. f. ▪ Conséquence, résultat de plusieurs facteurs (surtout quand il s'agit de forces, d'actions complexes). *La résultante de deux vecteurs.*

résumer [ʀezyme] v. tr. ▪ conjug. 1. **1.** Rendre en moins de mots. ⇒ **abréger.** *Résumer un discours, la pensée d'un auteur.* — Présenter brièvement. *Je vais essayer de résumer la situation.* **2.** SE RÉSUMER v. pron. réfl. : reprendre en peu de mots ou abréger ce qu'on a dit. *Pour nous résumer...* — (Passif) Se manifester par un seul caractère. *Sa vie se résume à son travail.* ⇒ **consister** dans, en. *En lui se résume toute une époque.* ▶ ***résumé*** n. m. **1.** Abrégé, condensé. *Faire le résumé d'un livre. Un résumé succinct. Le résumé des nouvelles.* — Ouvrage succinct, aide-mémoire. ⇒ **compendium,** ② **précis. 2.** EN RÉSUMÉ loc. adv. : en peu de mots. ⇒ en **bref.** *En résumé, tout le travail est à refaire.* — À tout prendre, somme toute. *En résumé, elle était assez satisfaite.*

resurfaceuse [ʀəsyʀfasøz] n. f. ■ Véhicule équipé d'un grand réservoir d'eau, utilisé pour refaire la surface glacée d'une patinoire intérieure.

résurgence [ʀezyʀʒɑ̃s] n. f. ■ Didact. Eaux souterraines qui ressortent à la surface. *Résurgences qui se forment au pied d'un plateau calcaire.* — Fig. Fait de réapparaître, de surgir de nouveau. *La résurgence d'une doctrine.*

resurgir [ʀ(ə)syʀʒiʀ] v. intr. ▪ conjug. 2. ■ Surgir, apparaître brusquement, de nouveau.

résurrection [ʀezyʀɛksjɔ̃] n. f. **1.** Retour de la mort à la vie (⇒ **ressusciter**). *La résurrection du Christ.* Absolt. (Avec une majusc.) *Le mystère de la Résurrection.* — *La résurrection de la chair, des corps* (au jugement dernier). **2.** Retour quasi miraculeux à la vie, guérison surprenante. — Fait de ressusciter (le passé). *L'histoire conçue comme résurrection du passé.*

retable [ʀətabl] n. m. ■ Partie postérieure et décorée d'un autel, qui surmonte verticalement la table ; la peinture qui la décore. *Un retable du Moyen Âge en bois sculpté.*

rétablir [ʀetabliʀ] v. tr. ▪ conjug. 2. **I. 1.** Établir de nouveau (ce qui a été oublié, altéré). *Rétablir un texte dans son intégralité.* ⇒ **restituer.** *Rétablir les faits, la vérité.* **2.** RÉTABLIR *qqn, qqch.* DANS : remettre en une situation, un état (ce qui n'y était plus). *On l'a rétabli dans son emploi, dans ses droits.* **3.** Faire exister ou fonctionner de nouveau. *Rétablir des communications, le courant. Le contact est rétabli. Rétablir l'ordre.* ⇒ **ramener. II.** Remettre (qqn) en bonne santé. *Ce traitement te rétablira en peu de temps.* **III.** SE RÉTABLIR v. pron. **1.** Se produire de nouveau. ⇒ **revenir.** *Le silence se rétablit.* **2.** Guérir, se remettre. *Malade qui se rétablit.* **3.** Faire un rétablissement (3). *Se rétablir sur la barre.* ▶ ***rétabli, ie*** adj. ■ *Sa santé est maintenant rétablie.* — (Personnes) *Il est tout à fait rétabli.* ▶ ***rétablissement*** n. m. **1.** Action de rétablir (ce qui était altéré, interrompu, compromis...). *Le rétablissement des relations diplomatiques entre deux pays.* **2.** Retour à la santé. ⇒ **guérison.** *Je fais des vœux pour votre prompt rétablissement.* **3.** Mouvement de gymnastique qui consiste, pour une personne suspendue par les mains, à se hisser par la force des bras jusqu'à ce qu'elle se retrouve les bras à la verticale, les mains en bas et en appui. — Abstrait. *Opérer un rétablissement,* retrouver l'équilibre après une crise.

retaille [ʀ(ə)tɑj] n. f. ■ Surtout au plur. Partie enlevée, retranchée (d'une chose façonnée, d'une matière souple ; étoffe, peau...). *Faire une catalogne avec des retailles de tissu.* — *Des retailles de gâteau, de pain. Retailles d'hostie,* morceaux qui restent une fois que le rond de l'hostie est découpé.

rétamer [ʀetame] v. tr. ▪ conjug. 1. ■ Étamer de nouveau (un ustensile). *Faire rétamer des casseroles.* — Au p. p. adj. *Une casserole mal rétamée.* ▶ ***rétamage*** n. m. ▶ ***rétameur, euse*** n. ■ Artisan qui rétame les ustensiles.

retaper [ʀ(ə)tape] v. tr. ▪ conjug. 1. **1.** Remettre dans sa forme. *Retaper un lit,* taper, défroisser la literie. **2.** Réparer, arranger sommairement. ⇒ ① **restaurer.** *Retaper une vieille maison.* **3.** Fam. *Se retaper,* se rétablir, retrouver ses forces. *Il a bien besoin de se retaper !*

retard [ʀ(ə)taʀ] n. m. **1.** Le fait d'arriver trop tard, après le moment fixé, attendu. / contr. **avance** / *Le retard d'un train. Arriver, être* EN RETARD *à un rendez-vous* (⇒ **retardataire**). *Se mettre en retard.* — Temps écoulé entre le moment où une personne, une chose arrive et le moment où elle aurait dû arriver. *Un retard d'une heure, de dix minutes. Avoir du retard, une heure de retard.* **2.** Le fait d'agir trop tard, de n'avoir pas encore fait ce qu'on aurait dû faire. *Retard dans un paiement. J'ai du courrier en retard.* — EN RETARD SUR *qqn, qqch.* : plus lent que. *Je suis en retard sur lui. Être en retard sur son horaire.* **3.** Fait de fonctionner à une allure plus lente que la normale. *Montre qui prend du retard.* ⇒ ② **arrière.** — Mécanisme qui permet de ralentir la marche d'une horloge, d'une montre. **4.** Action de retarder, de remettre à plus tard. ⇒ **ajournement, atermoiement.** *Il s'est décidé après bien des retards.* — SANS RETARD : sans délai, sans tarder. ⇒ **rapidement.** *Écrivez-lui sans retard.* **5.** État de la personne qui est moins avancée dans un développement, un progrès ; temps qui sépare la personne moins avancée des autres. *Comment rattraperai-je mon retard ? Ce pays a du retard sur le nôtre. Un pays en retard de cinquante ans.* — Le fait d'être à un niveau de développement inférieur à la normale. *Retard mental, affectif. Un enfant en retard.* ⇒ **retardé ; arriéré.**

retardataire [ʀ(ə)taʀdatɛʀ] adj. et n. **1.** Qui arrive en retard. *Les spectateurs retardataires.* — N. *Les retardataires seront punis.* **2.** Qui a du retard dans son développement. ⇒ **retardé.** *Enfants retardataires,* en retard dans leurs études. — *Une pédagogie retardataire.* ⇒ **archaïque.**

retarder [ʀ(ə)taʀde] v. ▪ conjug. 1. **I.** V. tr. **1.** Faire arriver en retard. *Je ne veux pas vous retarder.* ⇒ **attarder.** — Pronominalement (réfl.). Se mettre en retard. — (Suj. chose) *Cet incident m'a retardée.* — *Retarder qqn dans* (une activité), faire aller plus lentement. *Ne le retardez pas dans son travail.* **2.** *Retarder une montre,* la mettre à une heure moins avancée que celle qu'elle indique. / contr. **avancer** / **3.** Faire se produire plus tard. ⇒ **ajourner, différer, remettre.** *Retarder le départ de qqn.* **II.** V. intr. **1.** (Horloges, pendules) Aller trop lentement, marquer une heure moins avancée que l'heure réelle. *Ma montre retarde de cinq minutes.* — Fam. *Je retarde,* ma montre retarde. **2.** *Retarder sur son temps,* ne pas avoir les idées, le goût de son temps. **3.** Fam. *Retarder,* n'être pas au courant, découvrir qqch. longtemps après les autres. *Sa femme ? Vous retardez, ils ont divorcé l'an dernier.* ▶ ***retardé, ée*** adj. ■ Qui est en retard dans ses études, son développement. *Un enfant retardé.* ⇒ **arriéré, attardé.** — N. *Un retardé.* ▶ ***à retardement*** loc. adj. et adv. ■ *Engin à retardement,* dont la déflagration est différée et réglée par un mécanisme spécial. *Bombe à retardement.* — Fam. D'une manière tardive, trop tard. *Comprendre à retardement.* ‹ ▶ retard, retardataire ›

retenir [ʀətniʀ; ʀ(ə)təniʀ] v. tr. ▪ conjug. 22. **I. 1.** Garder (une partie d'une somme) pour un usage particulier. ⇒ **déduire, prélever.** *On lui retient dix pour cent de son salaire.* ⇒ **retenue. 2.** Faire réserver (ce qu'on veut trouver disponible). *Retenir une chambre dans un hôtel.* — Engager d'avance (qqn pour un travail). — Fam. Iron. *Celui-là, je le retiens !,* je n'aurai plus recours à ses services. **3.** Conserver dans sa mémoire. ⇒ se **souvenir.** *Retenir sa leçon. Retenez bien ce que je vais vous dire. Je ne retiens pas facilement les dates.* **4.** Prendre comme élément d'appréciation ou objet d'étude. *Nous regrettons de ne pouvoir retenir votre proposition. Retenir une accusation contre qqn.* **5.** Faire une retenue (arithmétique). *Je pose 4 et je retiens 3.* **II. 1.** Faire rester (qqn) avec soi. ⇒ **garder.** *Il m'a retenu plus d'une heure. Retenir qqn à jaser. Je ne vous retiens pas,* vous pouvez partir (formule de congédiement). — *Retenir qqn prisonnier.* — (Choses) ⇒ **immobiliser.** *Le mauvais temps nous a retenus ici.*

2. Être un objet d'intérêt pour (le regard, l'attention... de qqn). *Votre offre a retenu notre attention.* **3.** Maintenir (qqch.) en place, dans une position fixe. ⇒ **attacher, fixer.** *La corde qui retenait le chargement s'est rompue.* — Au p. p. adj. *Cheveux retenus par un ruban.* **4.** (Suj. chose) Ne pas laisser passer ; contenir. *Une écluse retient l'eau.* **5.** (Suj. personne) S'empêcher d'émettre, de prononcer... *Retenir son souffle. Retenir un cri, une insulte.* — *Retenir sa langue,* s'abstenir de trop parler. **6.** Maintenir, tirer en arrière, afin d'empêcher de tomber, d'aller trop vite. ⇒ **arrêter.** *Retenir qqn par le bras.* ⇒ **pogner.** — *Joueur pénalisé pour avoir retenu un adversaire.* — *Retenir un cheval,* modérer son allure. **7.** RETENIR DE : empêcher d'agir (une personne sur le point de faire qqch.). *Retenir qqn de faire une bêtise. Retenez-moi ou je fais un malheur !* — (Suj. chose) Empêcher d'agir, de parler. *Une invincible timidité me retenait. Je ne sais pas ce qui me retient de te flanquer une claque !* **III.** V. intr. (Suj. personne) RETENIR DE : ressembler à, avoir les traits de, le caractère de. *Elle retient plus de sa mère que de son père.* — Loc. *Ne pas retenir la lune, de la patte de table...,* reconnaître immédiatement une ressemblance entre deux personnes. **IV.** SE RETENIR v. pron. réfl. **1.** Faire effort pour ne pas tomber. *Se retenir sur une pente. Se retenir à qqch.* ⇒ s'**accrocher,** se **pogner.** **2.** Différer de céder à un désir, une impulsion. ⇒ se **contenir.** *Elle se retenait pour ne pas pleurer.* — Différer de satisfaire ses besoins naturels. *Il ne sait pas encore se retenir, il fait pipi au lit.* ▸ ***retenu, ue*** adj. **1.** Qui a été réservé. *Places retenues.* / contr. **libre** / **2.** (Personnes) Qui est dans l'impossibilité de faire qqch. *La directrice, retenue, vous prie de l'excuser.* ⟨ ▸ rétention, ① retenue, ② retenue ⟩

rétention [ʀetɑ̃sjɔ̃] n. f. **1.** Médecine. Se dit du séjour prolongé dans une cavité ou un conduit de l'organisme d'une substance destinée à être évacuée ou expulsée. *Rétention d'urine. Faire de la rétention d'eau.* **2.** Immobilisation de l'eau des précipitations.

retentir [ʀ(ə)tɑ̃tiʀ] v. intr. ▪ conjug. 2. **1.** (Sons) Se faire entendre avec force. ⇒ se **répercuter, résonner ;** fam. **retontir.** *Le timbre de l'entrée retentit.* **2.** Littér. RETENTIR DE : être rempli par (un bruit). *La salle retentissait d'acclamations.* **3.** Abstrait. *Retentir sur...,* avoir un retentissement, une répercussion sur... ▸ ***retentissant, ante*** adj. **1.** Qui retentit, résonne. ⇒ **bruyant, sonore.** *Des voix retentissantes.* **2.** Qui a un grand retentissement dans l'opinion. *La pièce a eu un succès retentissant.* ⇒ **éclatant.** *Un échec retentissant.* ▸ ***retentissement*** n. m. **1.** Littér. Bruit, son répercuté. **2.** Effet indirect ou effet en retour ; série de conséquences. ⇒ **contrecoup, répercussion.** *Ces mesures auront un retentissement sur la situation économique. La disparition de l'U.R.S.S. a eu un immense retentissement dans le monde.* **3.** Le fait de susciter l'intérêt ou les réactions du public. *Ce manifeste a eu un grand retentissement.*

① ***retenue*** [ʀətny; ʀtəny] n. f. **I.** **1.** Prélèvement sur une rémunération. *Les retenues pour la retraite, le régime des rentes. Retenues à la source,* prélèvement fiscal sur un revenu, avant qu'il soit payé. **2.** Chiffre qu'on réserve pour l'ajouter à la colonne suivante, dans une addition, une soustraction, etc. *Ton addition est fausse, tu as oublié la retenue.* **II.** Le fait, l'action de retenir une personne ou une chose. — Punition scolaire qui consiste à faire rester ou revenir un élève en dehors des heures de cours, à le priver de sortie. ⇒ arg. ② **colle, consigne.** *Deux heures de retenue. Être en retenue.* **III.** Fait de retenir l'eau ; eau ainsi retenue. *Établir une retenue d'eau sur une rivière, par un barrage.*

② ***retenue*** n. f. ▪ Attitude d'une personne qui sait se contenir, se modérer. ⇒ **discrétion, mesure,** ② **réserve.** *Avoir beaucoup de retenue.* — *Rire sans retenue,* sans se retenir.

réticent, ente [ʀetisɑ̃, ɑ̃t] adj. **1.** Qui comporte des réticences. *Être réticent,* ne pas dire tout ce qu'on devrait. *Elle s'est montrée assez réticente.* **2.** Qui manifeste de la réticence, des hésitations. ⇒ **hésitant, indécis.** *Il a donné son accord, mais je l'ai senti réticent.* ▸ ***réticence*** n. f. **1.** Omission volontaire d'une chose qu'on devrait dire ; la chose omise. ⇒ **sous-entendu.** *Il y a bien des réticences dans cette partie de ses mémoires. Parler sans réticence.* **2.** Témoignage de réserve, dans les discours, le comportement. ⇒ **hésitation.** *Montrer une certaine réticence.*

① ***réticule*** [ʀetikyl] n. m. ▪ Sciences. Système de fils croisés placé dans le plan focal d'un instrument d'optique. ▸ ② ***réticule*** n. m. ▪ Petit sac à main (de femme).

rétif, ive [ʀetif, iv] adj. **1.** (Montures) Qui s'arrête, refuse d'avancer. / contr. **docile** / *Un cheval rétif.* **2.** (Personnes) Qui est difficile à entraîner, à conduire, à persuader. ⇒ **récalcitrant.** *Enfant rétif.*

rétine [ʀetin] n. f. ▪ Tunique interne de l'œil, membrane destinée à recevoir les impressions lumineuses et à les transmettre au nerf optique. *Formation des images sur la rétine.*

retirer [ʀ(ə)tiʀe] v. tr. ▪ conjug. 1. **I.** **1.** RETIRER *qqch.* À (un être vivant) : enlever. *On lui a retiré son permis. Retirer sa selle à un cheval.* **2.** Enlever ce qui garnit, ce qui couvre. *Retirer l'emballage d'un colis.* Enlever (ses propres vêtements). ⇒ **ôter.** *Retirer ses gants, sa tuque, ses lunettes.* **II.** RETIRER *qqn, qqch.* DE. **1.** Faire sortir de. *Retirer un corps des décombres.* ⇒ **dégager.** — *Elle retira son fils du collège.* — (Compl. chose) *Retirer une casserole du feu.* — Fam. *On me retirera difficilement de l'idée que...,* quoi qu'on fasse, je continuerai à penser que... **2.** Faire sortir à son profit (un objet qui était déposé, engagé). *Retirer de l'argent de la banque. Retirer une valise de la consigne, un paquet au bureau de poste.* **3.** Éloigner, faire reculer. *Retire tes doigts !* **4.** Cesser de formuler, de présenter. ⇒ **annuler ; retrait.** *Retirer sa candidature, une plainte. Je retire ce que j'ai dit.* ⇒ se **rétracter.** **III.** RETIRER *qqch.* DE : obtenir pour soi qqch. qui provient de... ⇒ **recueillir.** *Retirer un bénéfice d'une affaire. Je n'en ai retiré que des désagréments.* **IV.** Baseball, balle-molle. Mettre un joueur hors du jeu en l'empêchant de frapper une balle en jeu ou d'avancer sur les buts. *Le lanceur a retiré deux frappeurs sur des prises. Retirer un joueur sur les buts, au bâton.* — Au passif et au p. p. adj. *Être retiré sur un faible roulant au champ intérieur.* Absolt. *Retiré !,* appel de l'arbitre pour signaler qu'un joueur est retiré. *« Troisième prise. Retiré. »* **V.** SE RETIRER v. pron. réfl. **1.** Partir, s'éloigner. *Il est temps de se retirer. Se retirer discrètement.* **2.** Aller (dans un lieu) pour y trouver un abri, un repos. *Se retirer dans sa chambre.* — Prendre sa retraite. *Il s'est retiré dans sa maison de campagne.* **3.** SE RETIRER DE : quitter (une activité). *Se retirer de la partie, des affaires.*(→ Accrocher ses patins) **4.** (Liquides, gaz) Refluer, revenir vers son origine. *Les eaux se retirent. La mer se retire* (⇒ **reflux**). ▸ ***retiré, ée*** adj. **1.** (Personnes) Qui s'est retiré (du monde, des affaires...). *Vivre retiré,* loin des êtres humains. *Vie retirée.* ⇒ **solitaire.** **2.** (Choses) Éloigné, situé dans un lieu isolé. *Elle habite dans un quartier retiré et tranquille.* ⇒ **écarté.**

retombée [ʀ(ə)tɔ̃be] n. f. — REM. Rare au sing. **1.** *Retombées radioactives,* substances radioactives qui retombent après l'explosion d'une bombe atomique ou la fuite accidentelle de vapeurs hors d'une centrale nucléaire. **2.** Conséquences directes ou indirectes, applications possibles (de recherches, d'une affaire). ⇒ **répercussion.** *Les retombées imprévisibles d'une découverte scientifique. Ce scandale a eu pour principale retombée la démission du ministre.*

retomber [R(ə)tɔ̃be] v. intr. ▪ conjug. 1. **I.** (Êtres vivants) **1.** Tomber de nouveau. *Elle se releva, mais retomba aussitôt.* — Toucher terre après s'être élevé. *La judoka est mal retombée et s'est fracturé un poignet. Le chat est retombé sur ses pattes.* — Fam. RETOMBER SUR SES PIEDS : rétablir une situation, une affaire en difficulté. **2.** Tomber de nouveau dans une situation mauvaise (après en être sorti). *Elle est retombée malade* (⇒ **rechute**). — (Sens moral) *Retomber dans l'erreur.* **II.** (Choses) **1.** Tomber après s'être élevé. ⇒ **redescendre.** *La fusée est retombée.* — Fam. *Ça lui retombera sur le nez,* il en sera puni, il en subira les conséquences. **2.** S'abaisser (après avoir été levé). *Laisser retomber les bras.* **3.** Pendre (en parlant de ce qui est soutenu par le haut). *Ses cheveux retombent sur les épaules.* **4.** Revenir (dans un état, une situation). *Retomber dans l'oubli.* — Cesser de se soutenir, d'agir. *L'intérêt ne doit pas retomber.* **5.** Abstrait. RETOMBER SUR *qqn* : être rejeté sur. ⇒ **incomber** à, **rejaillir** sur. *C'est sur elle que retombent toutes les responsabilités.* ⟨ ▸ retombée ⟩

retontir [R(ə)tɔ̃tiR] v. intr. ▪ conjug. 2. Fam. **I.** (Personnes) **1.** Arriver quelque part sans être attendu, à l'improviste. ⇒ fam. **ressoudre.** *Ils ont retonti à la maison avec leurs trois enfants.* **2.** Aller, entrer quelque part (avec l'idée d'une manifestation d'humeur : hostilité, joie...). *Si ça continue, il va me voir retontir dans son bureau.* **II.** (Choses) **1.** Retentir, se répercuter. ⇒ **résonner.** *Le bruit du tonnerre retontissait dans toute la vallée.* — Abstrait *Sa réputation a retonti jusqu'ici.* **2.** Rebondir. *Balle de squash qui retontit rapidement.*

retordre [R(ə)tɔRdR] v. tr. ▪ conjug. 41. **1.** Terme technique. Assembler (des fils) en les tordant. **2.** *Donner du fil à retordre (à qqn).* ⇒ **fil.** ⟨ ▸ retors ⟩

rétorquer [RetɔRke] v. tr. ▪ conjug. 1. ▪ *Rétorquer que...,* répliquer que. ⇒ **objecter,** ① **répondre.** *On m'a rétorqué que je n'avais pas à me mêler de cette affaire.* — Sans compl. *Tu n'avais pas à rétorquer.* ⟨ ▸ rétorsion ⟩

retors, orse [Rətɔr, ɔRs] adj. ▪ Plein de ruse, d'une habileté tortueuse. ⇒ **malin, rusé.** / contr. ① **droit** / *Un homme de loi retors. — Des manières, des manœuvres retorses.*

rétorsion [RetɔRsjɔ̃] n. f. ▪ Le fait, pour un État, de prendre contre un autre État des mesures coercitives analogues à celles que celui-ci a prises contre lui. *Mesures de rétorsion.* ⇒ **représailles.** *Rétablir des barrières douanières par mesure de rétorsion.*

retoucher [R(ə)tuʃe] v. tr. ▪ conjug. 1. **1.** Reprendre (un travail, une œuvre) en faisant des changements partiels. ⇒ **corriger, remanier.** *Elle a retouché son tableau, son texte.* — Au p. p. adj. *Photo retouchée.* **2.** Faire des retouches à (un vêtement). ▸ ***retouche*** n. f. **1.** Action de retoucher, correction. **2.** Modification partielle d'un vêtement de confection, pour l'adapter aux mesures de l'acheteur. *Faire une retouche à une robe.* ▸ ***retoucheur, euse*** n. ▪ Spécialiste qui effectue des retouches. *Retoucheur photographe.*

retour [R(ə)tuR] n. m. **I.** (Personnes) **1.** Le fait de repartir pour l'endroit d'où l'on est venu. *Il faut songer au retour. Sans esprit de retour,* sans intention de revenir. *Être sur le chemin du retour.* — Voyage que l'on fait, temps qu'on met pour revenir à son point de départ (opposé à *aller*). *Les enfants ont dormi durant tout le retour. L'aller* et le retour. Prendre un (billet d') aller et retour.* **2.** Le fait de retourner, d'être revenu à son point de départ. *Le retour de qqn. Depuis son retour, je ne l'ai plus vu.* — Loc. À MON, TON... RETOUR ; AU RETOUR DE... : au moment du retour ou après le retour. *Je vous verrai à mon retour de vacances. À son retour du service militaire.* — ÊTRE DE RETOUR : être revenu. *Quand elle fut de retour chez elle...* — DE RETOUR *après la pause* (à la télévision, à la radio). — RETOUR DE : au retour de (tel endroit). *Retour d'Europe, j'ai changé de situation.* **II.** (Choses) Mouvement inverse d'un précédent. **1.** RETOUR OFFENSIF (d'une armée) : qui attaque après avoir reculé. *Retour offensif du froid* (après un début d'amélioration). — RETOUR DE FLAMME : mouvement accidentel de gaz enflammés, qui jaillissent hors du foyer d'une chaudière ou qui remontent vers le carburateur ; abstrait, contrecoup d'une action qui se retourne contre son auteur. — RETOUR DE MANIVELLE : (voitures anciennes) mouvement brutal en sens inverse de la manivelle, qui peut se produire quand on met en marche un moteur à explosion ; abstrait, revirement, changement brutal. — Sports. RETOUR DE BOTTÉ : au football) action de ramener le ballon vers la zone des buts adverse ; cette tentative. *Un retour de botté de soixante verges.* RETOUR DE LANCER : (au hockey) rondelle qui revient en jeu après avoir frappé le gardien de but. *But compté sur un retour de lancer.* **2.** *Effet, action, choc* EN RETOUR : qui s'exerce une deuxième fois en sens inverse de la première. ⇒ **contrecoup. 3.** L'action de retourner, le fait d'être réexpédié. ⇒ **réexpédition.** *Retour à l'envoyeur* (d'un objet, d'une lettre, etc.). — *Retour d'impôt,* montant que l'État rembourse à un contribuable à la suite de l'examen de sa déclaration. — PAR RETOUR (DU COURRIER) : par le courrier qui suit immédiatement. *Répondre par retour du courrier,* immédiatement. **III.** Abstrait. **1.** RETOUR À : le fait de retourner ou d'être retourné (à son état habituel, à un état antérieur). *Le retour au calme. Retour aux sources.* **2.** ÊTRE SUR LE RETOUR *(de l'âge)* : commencer à prendre de l'âge, vieillir. — RETOUR D'ÂGE : l'âge de la ménopause. **3.** *Retour en arrière,* le fait de remonter à un point antérieur d'une narration. *Faire un retour en arrière dans un récit. Le retour en arrière est une technique romanesque, cinématographique.* ⇒ anglic. **flash-back.** — *Retour sur soi-même,* réflexion sur sa conduite, sur sa vie passée. **4.** Loc. *Par un juste retour des choses,* par un juste retournement de la situation. **5.** Le fait de revenir, de réapparaître. *Le retour de la belle saison, de l'hiver. Le retour de la paix.* — Répétition, reprise. *Retour régulier, périodique.* ⇒ **rythme.** — Loc. L'ÉTERNEL RETOUR *des événements, des choses* (par lequel tout recommencerait). **6.** FAIRE RETOUR À : revenir (à son possesseur de droit). *Ces biens doivent faire retour à la communauté.* **7.** EN RETOUR (DE) loc. adv. : en échange, en compensation (de). *Je lui ai rendu de nombreux services, en retour il a promis de m'aider. Je n'ai pas eu grand chose en retour de mon vieil ordinateur.*

retourner [R(ə)tuRne] v. ▪ conjug. 1. **I.** V. tr. **1.** Tourner en sens contraire, à l'envers. *Retourner un matelas. Retourner un morceau de viande sur le gril. Retourner une carte* (pour la faire voir, et notamment fixer l'atout). — *Retourner la terre,* la travailler de manière à la mettre sens dessus dessous. ⇒ **labourer.** *Retourner la salade.* — Fam. *Il a retourné toute la maison* (pour trouver ce qu'il cherchait). **2.** Mettre la face intérieure à l'extérieur. *Retourner ses poches. Retourner un vêtement,* en mettant l'envers de l'étoffe à l'endroit. — Loc. fig. *Retourner sa veste.* ⇒ **veste ;** fam. ② **capot.** — Fam. *Retourner qqn,* le faire changer d'avis. *On l'a retourné comme une crêpe.* — Changer complètement. *Elle a su retourner la situation en sa faveur.* **3.** Modifier (une phrase) par la permutation des éléments. *On peut retourner le proverbe et dire...* **4.** Diriger dans le sens opposé à la direction antérieure (une arme, un argument...). *On peut retourner l'argument contre vous. Retourner une arme contre soi-même,* se tuer ou tenter de le faire. **5.** Renvoyer. *Retourner une marchandise.* ⇒ **réexpédier. 6.** Loc. *Tourner* et retourner une idée, une pensée dans sa tête.* **7.** Bouleverser (qqn) ⇒ **émouvoir, troubler.** *Cette nouvelle m'a retourné.* — Au p. p. adj. *J'en suis encore toute retournée !* **II.** V. intr. **1.** Aller au lieu d'où l'on est venu, où l'on devrait être normalement (et qu'on a quitté). ⇒ **rentrer ; revenir.** *Retourner chez soi, dans son pays, en France. Retourner à son poste, à sa place, dans sa maison.* ⇒ **regagner, réintégrer. 2.** Aller de nouveau (là où on est déjà allé). *Je retournerai en Floride cette année.* — (+ infinitif) *Demain, je retourne travailler.* **3.** Abstrait. RETOURNER À : retrouver (son état initial), se remettre à (une activité). *Retourner à la vie sauvage. Retourner à son ancien métier, à ses premières amours.* **4.** Impers. *Savoir de quoi il retourne,* savoir de quoi il s'agit, quelle est la situation. **III.** SE RETOURNER v. pron. réfl. **1.** S'EN RETOURNER : repartir pour le lieu d'où l'on est venu. ⇒ **revenir.** *S'en retourner quelque part, chez soi.* ⇒ s'en **aller.** *S'en retourner comme on est venu,* sans avoir rien obtenu, rien fait. **2.** Changer de position en se tournant dans un autre sens, dans le sens inverse. *Se retourner sur le dos. Elle se retournait dans son lit sans pouvoir s'endormir. La barque s'est retournée,* renversée. ⇒ **chavirer.** — Abstrait. *Laissez-moi le temps de me retourner,* de m'adapter à cette situation nouvelle. **3.** Tourner la tête en arrière (pour regarder). *Partir sans se retourner. On se retournait sur son passage. Se retourner vers qqn pour lui parler.* **4.** SE RETOURNER CONTRE : combattre (qqn, qqch. dont on avait pris le parti). ⇒ s'**attaquer** à, s'**opposer** à. *Son associé s'est retourné contre lui.* — (Choses) *Ses procédés se retourneront contre elle.* ▶ ***retournement*** n. m. **1.** Changement brusque et complet d'attitude, d'opinion. ⇒ **revirement, volte-face. 2.** (Choses) Transformation soudaine et complète (d'une situation). ⇒ **renversement.** *Retournement de la situation.* ‹ ▶ retour ›

retracer [ʀ(ə)tʀase] v. tr. ▪ conjug. 3. **1.** Raconter de manière à faire revivre. ⇒ **relater.** *Retracer la vie d'un grand homme.* **2.** Retrouver les traces de qqn, qqch. *Je ne peux les retracer dans cette ville. On a retracé des preuves de l'existence d'une civilisation disparue.*

① ***rétracter*** [ʀetʀakte] v. tr. ▪ conjug. 1. **1.** Littér. Nier, retirer (ce qu'on avait dit). *Rétracter des propos calomnieux.* **2.** SE RÉTRACTER v. pron. réfl. : revenir sur des aveux, des déclarations qu'on ne reconnaît plus pour vrais. ⇒ se **dédire.** *Après ses aveux, il s'est rétracté,* il est revenu* sur ses aveux. ▶ ***rétractation*** n. f. ■ Littér. ⇒ **désaveu.** *Il avait fait des aveux, mais sa rétractation est complète.*

② ***rétracter*** v. tr. ▪ conjug. 1. ■ Contracter en tirant en arrière. *L'escargot rétracte ses cornes.* — Pronominalement (réfl.). *Se rétracter,* se contracter. *Le muscle s'est rétracté ;* au passif et p. p. adj. *est rétracté.* ▶ ***rétractile*** adj. **1.** (Ongles, griffes...) Que l'animal peut rentrer. **2.** Susceptible de rétraction. *Organes rétractiles.* ▶ ***rétraction*** n. f. ■ Acte par lequel certains animaux, certains organes se rétractent en présence de situations déterminées. — Raccourcissement et rétrécissement que présentent certains tissus ou organes malades. ⇒ **contraction.** *Rétraction musculaire.* ▶ ***rétracteur*** adj. m. ■ *Muscle rétracteur,* qui permet à une partie du corps de se rétracter.

retrait [ʀ(ə)tʀɛ] n. m. **I.** Le fait de se retirer. **1.** (Choses) *Retrait des eaux après une inondation.* **2.** (Personnes) *Le retrait des troupes d'occupation.* ⇒ **évacuation.** — *Elle annonça son retrait de la compétition.* **3.** Baseball, balle-molle. Le fait de retirer un joueur, ce qui met fin à chacune des subdivisions d'une manche. *Retrait sur trois prises. Effectuer un retrait au premier but. Un double retrait.* Loc. EN RETRAIT : en arrière de l'alignement. *Maison construite en retrait* (par rapport à la route). — Abstrait. *Être, rester, se tenir en retrait,* ne pas se mettre en avant. **II.** Action de retirer (un objet déposé, confié...). *Retrait des bagages de la consigne. Retrait du permis de conduire. Faire un retrait à la banque* (opposé à *dépôt*). ‹ ▶ ① retraite, ② retraite ›

① ***retraite*** [ʀ(ə)tʀɛt] n. f. ■ Recul délibéré et méthodique d'une armée qui ne peut se maintenir sur ses positions. ⇒ **repli.** — BATTRE EN RETRAITE : reculer ; céder momentanément devant un adversaire, abandonner provisoirement certaines prétentions. *Ils ont prudemment battu en retraite.*

② ***retraite*** n. f. **1.** Action de se retirer de la vie active. *Une période de retraite forcée.* **2.** État d'une personne qui s'est retirée d'un emploi, et qui a droit à une pension. *Prendre sa retraite.* ⇒ fam. ① **pension.** *Elle a pris une retraite anticipée. Être à la retraite.* ⇒ **retraité.** *Avoir l'âge de la (mise à la) retraite.* — Pension assurée aux personnes admises à la retraite. *Toucher une retraite. Les caisses de retraite des cadres. Assurance retraite.* ⇒ **R.E.É.R. 3.** Période passée dans la prière et le recueillement. ⇒ **récollection.** *Faire, suivre une retraite.* **4.** Littér. Lieu où l'on se retire, pour échapper aux dangers, aux tracas ou aux mondanités. ⇒ **asile, refuge.** ▶ ***retraité, ée*** adj. et n. ■ Qui est à la retraite (2). *Un officier retraité.* — N. *Un, une retraité(e). Les petits retraités,* ceux qui touchent une petite retraite. ‹ ▶ préretraite ›

retrancher [ʀ(ə)tʀɑ̃ʃe] v. tr. ▪ conjug. 1. **I.** Enlever d'un tout (une partie, un élément). ⇒ **éliminer, ôter. 1.** Enlever d'un texte. *Retrancher certains détails, certains passages d'un texte.* ⇒ **biffer, supprimer. 2.** Enlever d'une quantité. ⇒ **déduire, prélever.** / contr. **ajouter** / *Retrancher mille dollars d'une somme.* ⇒ **soustraire. II.** SE RETRANCHER v. pron. réfl. : se fortifier, se protéger par des moyens de défense. *Nos troupes se sont retranchées derrière le fleuve.* — Abstrait. *Se retrancher dans un mutisme farouche, derrière des hochements de tête, des soupirs. Se retrancher derrière l'autorité d'un chef, derrière le secret professionnel.* ⇒ se **réfugier.** ▶ ***retranchement*** n. m. ■ Position utilisée pour protéger les défenseurs (dans une place de guerre) ; obstacle, fortification employés à la défense. *Retranchements creusés.* ⇒ **tranchée.** — Loc. *Attaquer, forcer, poursuivre, pousser qqn dans ses derniers retranchements,* l'attaquer violemment, l'acculer.

retransmettre [ʀ(ə)tʀɑ̃smɛtʀ] v. tr. ▪ conjug. 56. ■ Diffuser plus loin, sur un autre réseau (un message, une émission, etc.). *Retransmettre un discours à la télévision.* ▶ ***retransmission*** n. f. ■ *La retransmission d'un match en direct, en différé.* ≠ *rediffusion.*

rétrécir [ʀetʀesiʀ] v. ▪ conjug. 2. **I.** V. tr. **1.** Rendre plus étroit, diminuer la largeur de (qqch.). ⇒ **raccourcir.** / contr. **élargir** / *Rétrécir une jupe.* **2.** Abstrait. *Son éducation lui a rétréci l'esprit.* **II.** V. intr. Devenir plus étroit, plus court. *Ce tissu rétrécit au lavage.* ⇒ ① **fouler. III.** SE RÉTRÉCIR v. pron. réfl. : devenir de plus en plus étroit. *Passage qui va en se rétrécissant.* ⇒ se **resserrer.** ▶ ***rétréci, ie*** adj. **1.** Devenu plus étroit. *Route rétrécie.* **2.** *Idées rétrécies, esprit rétréci,* borné, étriqué. / contr. **large** / ▶ ***rétrécissement*** n. m. **1.** Le fait de se rétrécir. *Le rétrécissement d'un* *vêtement, d'une rue.* **2.** Diminution permanente des dimensions (d'un conduit, d'un orifice naturel). *Souffrir d'un rétrécissement de l'aorte.* ‹ ▶ irrétrécissable ›

se **retremper** [ʀ(ə)tʀɑ̃pe] v. pron. ▪ conjug. 1. ■ *Se retremper dans,* reprendre des forces en se replongeant dans. *Se retremper dans le milieu familial.*

rétribuer [ʀetʀibɥe] v. tr. ▪ conjug. 1. **1.** Donner de l'argent en contrepartie de (un service, un travail). ⇒ **payer, rémunérer.** — Au p. p. adj. *Travail bien, mal rétribué.* / contr. **bénévole.** / **2.** *Rétribuer qqn,* le payer pour un travail. ⇒ **appointer.** ▶ ***rétribution*** n. f. ■ Ce qui est donné en échange d'un service, d'un travail (en général de l'argent). ⇒ **appointement, honoraires, paiement, rémunération, salaire, traitement.**

retriever [ʀetʀivœʀ] n. m. ■ Anglic. Chien d'arrêt dressé à rapporter le gibier. *Des retrievers.* — *Un golden retriever.*

① **rétro** [ʀetʀo] adj. invar. et n. m. ■ Qui imite un style passé, démodé (en particulier de la première partie du XXᵉ siècle). / contr. **contemporain, moderne** / *Des modes rétro. Une coiffure, une robe rétro.* — N. m. *Un amateur de rétro.*

② **rétro** n. ■ Abréviation fam. (masc. ou fém.) de plusieurs mots en *rétro-* (ex. : *rétroactif, rétroactivité, rétroprojecteur, rétroviseur*).

rétro- ■ Élément savant signifiant « en arrière ».

rétroactif, ive [ʀetʀoaktif, iv] adj. et n. m. **1.** (Lois, actes juridiques...) Qui exerce une action sur ce qui est antérieur, sur le passé. *Effet rétroactif.* **2.** N. m. Fam. Rétroactivité (2). *As-tu reçu ton rétroactif ?* — Abrév. fam. RÉTRO, n. m. ▶ ***rétroactivité*** n. f. **1.** *La rétroactivité d'une mesure.* **2.** Somme d'argent versée à la signature d'une convention collective et correspondant à l'augmentation salariale courue depuis l'échéance de la convention. — Abrév. fam. RÉTRO, n. f. ▶ ***rétroaction*** [ʀetʀoaktjɔ̃] n. f. ■ Effet rétroactif, action de retour. ⇒ anglic. **feed-back.** *Rétroaction positive, négative.*

rétrocéder [ʀetʀosede] v. tr. ▪ conjug. 6. ■ Céder à qqn (un bien, un droit qu'on avait reçu de lui). ⇒ **rendre.** *Rétrocéder un don.* ▶ ***rétrocession*** n. f. ■ *Rétrocession d'un droit* (à la personne qui l'avait cédé).

rétrofusée [ʀetʀofyze] n. f. ■ Fusée servant au freinage ou au recul. *Les rétrofusées d'un engin spatial.*

① **rétrograder** [ʀetʀogʀade] v. tr. ▪ conjug. 1. ■ Faire reculer (qqn) dans une hiérarchie, un classement. ⇒ ② **déclasser.** — Au passif et p. p. adj. *Ce haut fonctionnaire a été rétrogradé. Coureur, cheval rétrogradé.* ▶ ***rétrogradation*** n. f. **1.** Mesure disciplinaire par laquelle qqn doit reculer dans la hiérarchie. / contr. **promotion** / **2.** Sanction par laquelle on fait reculer (un cheval, un coureur) dans le classement d'une course.

② **rétrograder** v. intr. ▪ conjug. 1. **1.** Rare. Marcher vers l'arrière, revenir en arrière. ⇒ **reculer.** *Les troupes ont dû rétrograder.* **2.** Aller contre le progrès ; perdre les acquisitions apportées par une évolution. ⇒ **régresser.** *Une civilisation menacée de rétrograder.* **3.** Passer à la vitesse inférieure, en conduisant une voiture. *Rétrograde avant le virage.* ▶ ***rétrograde*** adj. **1.** Didact. Qui revient vers son point de départ. *Mouvement, marche rétrograde.* **2.** Abstrait. Qui veut rétablir un état passé, précédent, en s'opposant à l'évolution, au progrès. ⇒ **archaïque,** ① **arriéré, attardé, réactionnaire.** / contr. **progressiste** / *Une politique rétrograde. Un esprit rétrograde. Il est rétrograde dans ses idées.* ‹ ▶ ① rétro ›

rétropédalage [ʀetʀopedalaʒ] n. m. ■ Action de pédaler à l'envers, par l'arrière (sur une bicyclette). — *Vélo de course avec rétropédalage,* équipé de ce système.

rétrospectif, ive [ʀetʀospɛktif, iv] adj. **1.** Qui regarde en arrière, dans le temps ; qui concerne le passé. *L'examen rétrospectif des événements.* **2.** Se dit d'un sentiment actuel qui s'applique à des faits passés. *Jalousie, peur rétrospective.* ▶ ***rétrospectivement*** adv. ■ *Je suis indigné rétrospectivement quand j'y repense.* ▶ ***rétrospective*** n. f. ■ Exposition présentant l'ensemble des œuvres d'un artiste, d'une école, depuis ses débuts. *Rétrospective consacrée à l'œuvre d'un peintre.* — Présentation des films d'un réalisateur, d'un acteur célèbre, d'un genre cinématographique. — *La rétrospective de l'année,* des événements qui s'y sont déroulés.

rétroprojecteur [ʀetʀopʀɔʒɛktœʀ] n. m. ■ Projecteur qui permet de reproduire sur un écran un texte, une image sur support transparent. — Abrév. fam. RÉTRO, n. m.

retrousser [ʀ(ə)tʀuse] v. tr. ▪ conjug. 1. ■ Replier vers le haut et vers l'extérieur. ⇒ **relever.** *Retrousser sa robe pour marcher dans l'eau. Retroussons nos manches !*(pour travailler). — Pronominalement (réfl.). *Se retrousser,* retrousser ses jupes, sa robe. ▶ ***retroussé, ée*** adj. **1.** Qui est remonté, relevé. *Manches retroussées.* **2.** *Nez retroussé,* court et au bout relevé.

retrouver [ʀ(ə)tʀuve] v. tr. ▪ conjug. 1. **I. 1.** Voir se présenter de nouveau. *C'est une occasion que tu ne retrouveras pas.* — Pronominalement (passif). *La faute se retrouve plusieurs fois dans ce texte.* **2.** Découvrir de nouveau (ce qui a été découvert, puis oublié). *Retrouver un secret de fabrication.* **3.** Trouver (qqn) de nouveau (quelque part, en un état). *Gare à vous si je vous retrouve ici.* **4.** Trouver quelque part (ce qui existe déjà ailleurs). *On retrouve chez le fils l'expression de la mère.* ⇒ **reconnaître.** — Pronominalement (passif). *Ce mot se retrouve dans plusieurs langues.* **II. 1.** Trouver (une personne qui s'est échappée, qui est partie). ⇒ **retracer.** *On a retrouvé les fugitifs.* — (Avec un attribut) *On l'a retrouvé à demi mort.* — (Choses) *Retrouver une voiture volée.* — Loc. prov. *Une chatte, une chienne n'y retrouverait pas ses petits ; une poule n'y retrouverait pas ses poussins,* se dit d'un endroit en désordre. **2.** Recouvrer (une qualité, un état perdu). *Retrouver le sommeil.* **3.** Être de nouveau en présence de (qqn dont on était séparé). *J'irai les retrouver là-bas à la fin du mois.* ⇒ **rejoindre.** — (Avec un attribut) Revoir sous tel aspect. *Elle le retrouva grandi.* **III.** SE RETROUVER v. pron. **1.** (Récipr.) Être de nouveau en présence l'un de l'autre. *Tiens ! comme on se retrouve !* (dans une rencontre inattendue). — *On se retrouvera !,* j'aurai ma revanche (menace). **2.** (Réfl.) Retrouver son chemin après s'être perdu. — Abstrait. *Se retrouver dans ; s'y retrouver,* s'y reconnaître. *Il faut remettre de l'ordre dans cette bibliothèque, on a du mal à s'y retrouver.* **3.** Fam. Équilibrer les dépenses et les recettes ; tirer profit, avantage. *Il a des frais, mais il s'y retrouve.* **4.** Être de nouveau (dans un lieu qu'on a quitté, dans une situation qui avait cessé). *Il se retrouva sur le trottoir. Se retrouver seul, se retrouver sans travail, au chômage.* — Loc. *Se retrouver le bec à l'eau,* sans ressources, sans rien devant soi. ▶ ***retrouvailles*** [ʀ(ə)tʀuvɑj] n. f. pl. ■ Le fait, pour des personnes séparées, de se retrouver. *Il nous faut fêter nos retrouvailles. Les retrouvailles d'une mère et de son enfant naturel.*

rétroviseur [ʀetʀovizœʀ] n. m. ■ Petit miroir qui permet au conducteur d'un véhicule de voir derrière lui sans avoir à se retourner. *Rétroviseur intérieur, extérieur.* — Abrév. fam. *Regarder dans le rétro. Des rétros.*

rétrovirus [ʀetʀoviʀys] n. m. ■ Virus de l'A.R.N. dont une forme (*le L.A.V.* ou *le H.I.V.*) est retrouvée chez les sidéens.

réunifier [ʀeynifje] v. tr. ▪ conjug. 7. ■ Rétablir l'unité de (un pays, un groupe divisé). *Réunifier un parti.* ▸ ***réunification*** n. f. ■ *La réunification de l'Allemagne est maintenant réalisée.*

réunion [ʀeynjɔ̃] n. f. **I.** (Choses) **1.** Le fait de réunir (une province à un État). ⇒ **annexion, rattachement. 2.** Le fait de réunir (des choses séparées), de rassembler (des choses éparses). ⇒ **assemblage, combinaison.** *La réunion de documents, d'éléments divers.* **II.** (Personnes) **1.** Le fait de se retrouver ensemble. *La réunion des bénévoles en sous-groupes.* ⇒ **rassemblement. 2.** Fait de réunir des personnes (pour le plaisir ou le travail) ; les personnes ainsi réunies ; temps pendant lequel elles sont ensemble. ⇒ **assemblée.** *Organiser une réunion. Participer à une réunion de parents. Convoquer une réunion syndicale. Réunion d'athlétisme.* ⇒ **compétition.** *La réunion s'est prolongée.* — Être EN RÉUNION. *Le président est en réunion, il ne pourra pas vous recevoir.* — Groupement momentané de personnes, hors de la voie publique. *Réunions privées,* sur invitations. *Réunions publiques,* où tout le monde peut se rendre. *Réunion électorale. Réunion politique.* ⇒ anglic. **meeting.**

réunir [ʀeyniʀ] v. tr. ▪ conjug. 2. **I. 1.** Mettre ensemble (des choses séparées) ; joindre ou rapprocher suffisamment pour unir (des choses entre elles). ⇒ **assembler, grouper, rassembler.** / contr. **éparpiller.** / *Réunir dans une vitrine des pièces de collection. Réunir les fonds nécessaires à une entreprise.* **2.** Rapprocher (des éléments abstraits). ⇒ **rassembler.** *Réunir des renseignements, des faits, des preuves.* **3.** Comporter (plusieurs éléments d'origines diverses et parfois opposés). *Il réunit en lui d'étonnants contrastes.* **II.** Mettre ensemble, faire communiquer (des personnes). *Réunir des amis autour d'une table. Le destin qui les avait séparés les a à nouveau réunis.* **III.** SE RÉUNIR v. pron. **1.** Se rapprocher ou se joindre de façon à être ensemble. *États qui se réunissent en une fédération.* ⇒ s'**associer. 2.** Avoir une réunion. *Nous nous réunissons dans cette salle. — Se réunir entre amis, avec des amis.* ⇒ se **retrouver.** Sans compl. *L'assemblée va se réunir,* tenir sa séance. ‹ ▸ réunion ›

réussir [ʀeysiʀ] v. ▪ conjug. 2. **I.** V. intr. **1.** (Choses) Avoir une heureuse issue, un bon résultat, du succès. / contr. **échouer, rater** / *L'affaire, l'entreprise a réussi.* — RÉUSSIR À *qqn* : avoir (pour lui) d'heureux résultats. *Tout lui réussit. Le climat de ce pays vous réussit bien. Ce mode de vie ne vous réussit pas,* ne vous convient pas. **2.** (Personnes) Obtenir un bon résultat. *Réussir dans une entreprise. Il est convaincu qu'il va réussir où les autres ont échoué.* — RÉUSSIR À (+ infinitif). ⇒ **arriver, parvenir.** *Vous n'avez pas réussi à me convaincre.* **3.** (Personnes) Avoir du succès (dans un milieu social, une profession). *Ses enfants ont tous réussi.* — Être reçu à un examen. / contr. **échouer, pocher ;** fam. ② **bloquer,** ② **couler, flopper** / *Réussir un test de français.* **II.** V. tr. Exécuter, faire avec bonheur, avec succès. *Il réussit tout ce qu'il entreprend.* ⇒ **mener** à bien. *Réussir un plat. Réussir son coup, son effet.* ▸ ***réussi, ie*** adj. ■ Exécuté avec bonheur, succès. *Une œuvre tout à fait réussie. Une soirée réussie, un spectacle réussi,* excellent, qui a du succès. — Fam. Iron. *Eh bien, c'est réussi !* (le résultat est contraire à celui qu'on cherchait). ▸ ***réussite*** n. f. **I. 1.** Succès (de qqch.). *La réussite du projet est complète. La réussite d'une expérience. — C'est une réussite,* une chose réussie. **2.** Le fait, pour qqn, de réussir ou d'avoir réussi. *Être fier de sa réussite. Réussite éclatante, méritée. Une brillante réussite.* / contr. ① **échec** / **II.** Combinaison de cartes soumise à des règles définies ; jeu qui consiste à réussir (seul) cette combinaison. *Faire une réussite pour se distraire.* ⇒ **patience** (II).

revaloir [ʀ(ə)valwaʀ] v. tr. ▪ conjug. 29. — REM. Rare sauf à l'infinitif, au futur et au conditionnel. ■ Rendre la pareille à qqn, en bien (récompenser, remercier) ou en mal (se venger). *Je vous revaudrai ça un jour. Je te le revaudrai.*

revaloriser [ʀ(ə)valɔʀize] v. tr. ▪ conjug. 1. **1.** Rendre sa valeur à (une monnaie). / contr. **déprécier, dévaloriser** / — Rendre son pouvoir d'achat à (un salaire). **2.** Donner une plus grande importance, accorder un nouvel intérêt à. *Revaloriser une doctrine, une idée. On a revalorisé le rôle de Louis Riel. — Revaloriser qqn,* lui redonner sa dignité, le sentiment qu'il a de sa valeur. ⇒ **réhabiliter.** ▸ ***revalorisation*** n. f. ■ *La revalorisation du travail manuel.*

revamper [ʀ(ə)vɑ̃pe] v. tr. ▪ conjug. 1. ■ Fam. Renouveler, réorganiser qqch. *Revamper une mode, un genre.* — Remodeler (un ensemble urbain), retoucher (une œuvre d'art). *Les autorités municipales demandent une aide gouvernementale pour revamper le secteur portuaire.*

revanche [ʀ(ə)vɑ̃ʃ] n. f. **1.** Le fait de reprendre l'avantage (sur qqn) après avoir eu le dessous. ⇒ **vengeance.** *Prendre sa revanche, une éclatante revanche sur qqn. Elle n'a pas eu sa juste revanche.* **2.** Histoire. *La revanche des berceaux,* le fort accroissement du taux de natalité. **3.** Jeux, sports. Partie, match qui donne au perdant une nouvelle chance de gagner. *La revanche aura lieu sur la patinoire adverse.* — En appos. *Partie, match revanche.* **4.** Loc. À CHARGE DE REVANCHE : à condition qu'on rendra la pareille. *Je t'aiderai, mais à charge de revanche.* **5.** EN REVANCHE loc. adv. : en contrepartie. *Il y fait froid, mais en revanche c'est très vivifiant.* — Inversement. *C'est une femme agréable, en revanche son mari est plutôt renfermé.* ⇒ par **contre** ▸ ***revanchard, arde*** adj. et n. ■ Péj. Qui cherche à prendre une revanche (surtout d'ordre militaire). *Politique revancharde.* — N. *Les revanchards.*

rêvasser [ʀɛvase] v. intr. ▪ conjug. 1. ■ Penser vaguement à des sujets imprécis, s'abandonner à une rêverie. *Aimer à rêvasser.* ▸ ***rêvasserie*** n. f. ■ Le fait de rêvasser. — Idée imprécise et peu réaliste. ⇒ **rêve** (2).

rêve [ʀɛv] n. m. **1.** Suite de phénomènes psychiques (d'images, en particulier) se produisant pendant le sommeil. *Rêve agréable. Rêve pénible.* ⇒ **cauchemar.** Loc. *S'évanouir, disparaître comme un rêve,* sans laisser de trace. — LE RÊVE : l'activité psychique pendant le sommeil. *Théorie freudienne du rêve.* — Loc. *En rêve,* au cours d'un rêve. ⇒ **songe. 2.** Construction imaginaire destinée à échapper au réel, à satisfaire un désir, à refuser une réalité pénible (opposé à *fait, réalité*). ⇒ **fantasme.** *Caresser, poursuivre un rêve. Rêves irréalisables, fous.* ⇒ **chimère, utopie.** *J'allais enfin réaliser un rêve de jeunesse : visiter l'Asie. C'était un beau rêve,* un projet trop beau pour se réaliser. ⇒ **illusion.** — Loc. *La femme de ses rêves,* celle qu'il avait rêvée, la femme idéale. — *De rêve,* qui paraît irréel à force de perfection. *Une voiture de rêve. Une vie de rêve.* / contr. **banal** / — LE RÊVE : l'imagination créatrice, la faculté de former des représentations imaginaires. *Le rêve et la réalité.* **3.** Fam. Chose ravissante. *C'est le rêve, ce n'est pas le rêve,* l'idéal.

rêvé, ée adj. ⇒ **rêver.**

revêche [ʀəvɛʃ] adj. ■ Peu accommodant, qui manifeste un mauvais caractère. ⇒ **acariâtre, har-**

gneux, rébarbatif. / contr. **aimable,** ① **fin, gentil** / *À l'entrée de l'immeuble, un gardien revêche nous a interpellés.*

① ***réveil*** [ʀevɛj] n. m. **1.** Passage du sommeil à l'état de veille. *Un réveil brusque. Elle a des réveils difficiles, pénibles.* — AU RÉVEIL : au moment du réveil. — *Sonner le réveil,* l'heure du lever dans un camp militaire (par une sonnerie de clairon). **2.** Le fait de reprendre une activité. *Le réveil des nationalismes, après la Seconde Guerre mondiale. Le réveil de la nature,* le retour du printemps. *Le réveil d'un volcan éteint.* **3.** Le fait de revenir à la réalité (après un beau rêve). *N'ayez pas trop d'illusions, le réveil serait pénible.* ▶ ② ***réveil*** n. m. ■ Réveille-matin. *Mettre son réveil à sept heures. Des réveils électroniques.* ⟨ ▶ radio-réveil ⟩

réveiller [ʀeve(ɛ)je] v. tr. ▪ conjug. 1. **I. 1.** Tirer (qqn, un animal) du sommeil. ⇒ **éveiller** (moins cour.). *Vous me réveillerez à six heures. La sonnerie du téléphone m'a réveillé en sursaut.* PROV. *Il ne faut pas réveiller le chat qui dort,* ranimer une affaire désagréable qui est en sommeil. Loc. fam. *Un bruit à réveiller les morts,* très fort. **2.** Ramener à l'activité (une personne). *Réveiller qqn de sa torpeur.* — (Compl. chose) *Réveiller une douleur, de vieux souvenirs.* ⇒ **ranimer. II.** SE RÉVEILLER v. pron. réfl. **1.** Sortir du sommeil. ⇒ s'**éveiller.** *Se réveiller en sursaut.* **2.** Reprendre une activité après une longue inaction. *Allons, réveille-toi, secoue-toi !* — (Choses) Reprendre de la vigueur. *Toute leur animosité s'est réveillée.* ▶ ***réveille-matin*** n. m. invar. **1.** Pendule munie d'une sonnerie qui se déclenche à l'heure indiquée par une aiguille spéciale. *Des réveille-matin.* ⇒ ② **réveil ;** fam. **cadran. 2.** Espèce d'euphorbe dont le suc est irritant pour la peau. ⟨ ▶ ① réveil, réveillon ⟩

réveillon [ʀevɛjɔ̃] n. m. ■ Repas de fête que l'on fait la nuit de Noël et la nuit du 31 décembre ; la fête elle-même. ▶ ***réveillonner*** v. intr. ▪ conjug. 1. ■ Faire un réveillon ; participer à un réveillon. *Cette année, on a réveillonné chez ma sœur.*

révéler [ʀevele] v. tr. ▪ conjug. 6. **I. 1.** Faire connaître (ce qui était inconnu, secret). ⇒ **dévoiler, divulguer.** *Elle n'a pas encore révélé ses véritables intentions. Les difficultés de la vie nous révèlent à nous-mêmes,* nous apprennent ce que nous sommes réellement. *La presse vient de révéler que l'accusé est (était) innocent.* **2.** Faire connaître d'une manière surnaturelle. *Ce que prétend révéler la magie, l'astrologie.* — Faire connaître par révélation (2) divine. **3.** (Suj. chose) Faire connaître, laisser deviner (par un signe manifeste). ⇒ **indiquer, témoigner.** *Une démarche qui révèle de bons sentiments.* **II.** SE RÉVÉLER v. pron. réfl. **1.** (Divinités) Se manifester par une révélation. **2.** Se manifester par des signes, des résultats. *Son talent s'est révélé cette année.* — (Avec un attribut) *Ce travail s'est révélé plus facile qu'on ne pensait.* **III.** (ÊTRE) RÉVÉLÉ passif et p. p. adj. : (être) connu par une révélation. — Adj. *Vérité révélée. Religion révélée,* fondée par une révélation. ▶ ***révélateur, trice*** n. m. et adj. **I.** N. m. Solution chimique employée pour le développement photographique et qui rend visible l'image latente. **II.** Adj. Qui révèle qqch. ⇒ **caractéristique, significatif.** *Son attitude est révélatrice de ses intentions. Un silence révélateur.* ⇒ **éloquent.** ▶ ***révélation*** n. f. **1.** Le fait de révéler (ce qui était secret). ⇒ **divulgation.** *La révélation d'un secret.* — Information qui apporte des éléments nouveaux, permet d'éclaircir une question obscure. *Ouvrage précieux pour les révélations qu'il contient. Faire des révélations à la police.* **2.** Phénomène par lequel des vérités cachées sont révélées aux humains d'une manière surnaturelle. *Révélation religieuse* (opposé à *rationalisme*). — (Avec une majusc.) *La Révélation,* les vérités révélées par Dieu. **3.** Ce qui apparaît brusquement comme une connaissance nouvelle, un principe d'explication ; cette prise de conscience. *Il eut soudain la révélation de son erreur, qu'il s'était trompé. Cela a été pour moi une véritable révélation.* **4.** Personne qui révèle soudain de grands talents. *Elle a été la révélation de la saison musicale.*

revenant, ante [ʀəvnɑ̃, ɑ̃t] n. **1.** Âme d'un mort qu'on suppose revenir de l'autre monde sous une forme physique. *Ils croyaient que la maison était hantée par des revenants.* ⇒ **apparition, fantôme, spectre. 2.** Personne qui revient (après une longue absence). *Tiens, voilà un revenant !*

revendeur, euse [ʀ(ə)vɑ̃dœʀ, øz] n. ■ Personne qui vend au détail des marchandises achetées à un grossiste ⇒ **détaillant,** ou des articles d'occasion. *Les revendeurs des marchés aux puces.* — *Revendeurs de drogue.* ⇒ anglic. **dealer, pusher.**

revendiquer [ʀ(ə)vɑ̃dike] v. tr. ▪ conjug. 1. **1.** Réclamer (une chose sur laquelle on a un droit). *Revendiquer sa part d'héritage. Galilée revendiquait la liberté du savoir.* **2.** (Groupes, collectivités) Demander avec force, comme un dû. ⇒ **exiger.** *Les syndicats revendiquent une augmentation de salaire.* — Assumer pleinement. *Revendiquer une responsabilité, un attentat.* ▶ ***revendicatif, ive*** adj. ■ Qui comporte des revendications (sociales). *Mouvement revendicatif.* ▶ ***revendication*** n. f. ■ Le fait de revendiquer (un bien, un droit, une chose considérée comme due) ; ce qu'on revendique. *Les revendications salariales.*

revendre [ʀ(ə)vɑ̃dʀ] v. tr. ▪ conjug. 41. **1.** Vendre ce qu'on a acheté (notamment, sans être commerçant soi-même). *J'ai pu revendre ma voiture.* **2.** Loc. AVOIR *qqch.* À REVENDRE : en avoir en abondance, en excès. *Des barrettes, des crayons, j'en ai à revendre.* — *Elle a de l'esprit à revendre.* ⟨ ▶ revendeur ⟩

revenez-y [ʀəvnezi; ʀ(ə)vənezi] n. m. invar. ■ Fam. *Un petit goût de revenez-y,* un goût agréable, qui incite à en reprendre, à recommencer.

revenir [ʀəvniʀ; ʀ(ə)vəniʀ] v. intr. ▪ conjug. 22. **I. 1.** Venir de nouveau là où l'on était déjà venu. ⇒ ① **repasser.** *Le docteur promit de revenir le lendemain. Je reviendrai vous voir.* **2.** (Choses) Apparaître ou se manifester de nouveau. *Un mot qui revient souvent dans la conversation. Voilà le mauvais temps qui revient.* **II. 1.** (Personnes) Retourner dans un lieu. *Revenir chez soi, à la maison.* ⇒ **rentrer, retourner.** *Revenir dans son pays, au Canada. Revenir à sa place.* — Sans compl. *Je reviens dans une minute.* — Loc. *Revenir sur ses pas,* en arrière. **2.** S'EN REVENIR v. pron. réfl. *Ils s'en revenaient tranquillement.* **III.** REVENIR À. **1.** (Suj. personne) *Revenir à qqn,* retourner avec qqn. *Il est revenu à (avec) sa femme.* **2.** Abstrait. Reprendre (ce qu'on avait laissé). *Revenir aux anciennes méthodes. Revenons(-en) à notre sujet. Nous y reviendrons,* nous en parlerons plus tard. **3.** (Choses abstraites) Se présenter de nouveau (après être sorti de l'esprit). *Ça me revient !,* je m'en souviens à l'instant. **4.** (Rumeurs, nouvelles) Être rapporté à qqn. *Cela lui revint aux oreilles. Il me revient que,* j'ai appris que. **5.** (Suj. personne) REVENIR À SOI : reprendre conscience. *Elle est revenue à elle après un long évanouissement.* **6.** (Suj. chose) Devoir être donné (à titre de profit, d'héritage). ⇒ **échoir.** *La propriété doit lui revenir à sa majorité. Il me revient tant.* ⇒ **revenu.** — Être à qqn, en vertu d'un droit, d'une prérogative. ⇒ **appartenir.** *Cet honneur vous revient.* Impers. *C'est à eux qu'il revient de.* ⇒ **incomber. 7.** Plaire (surtout négatif ; avec un pronom). *Il a une tête qui ne me revient pas,* il ne m'est pas sympathique. **8.** En loc. Équivaloir. *Cela revient au même,* c'est la même chose. *Cela revient à dire que,* c'est comme si on disait que. **9.** Coûter au total (à qqn). *Le dîner m'est revenu à une quinzaine de dollars. Sa maison de campagne lui revient cher en entretien.* **IV.** REVENIR DE. **1.** ⇒ **rentrer.** *Les enfants reviennent de l'école. Les acteurs sont revenus épuisés de leur tournée.* — Loc. *On revient de loin,* on a failli perdre, mourir. **2.** Sortir (d'un état). *Revenir de son étonnement, de sa surprise.* — N'EN PAS REVENIR : être très étonné. *Il n'en revenait pas. Je n'en reviens pas de son manque de perspicacité, qu'elle se soit laissé manœuvrer.* Fam. *J'en reviens pas.* — Abandonner, cesser d'entretenir en soi (une erreur, une illusion). *Il est revenu de tout,* il est désabusé, blasé. *J'en suis bien revenu !,* j'en suis bien dégoûté, je n'y crois plus. **V.** REVENIR SUR. **1.** Examiner à nouveau, reprendre (une question, une affaire). *À quoi bon revenir là-dessus ? Ne revenons pas sur le passé.* **2.** Annuler (ce qu'on a dit, promis). ⇒ se **dédire.** *Revenir sur sa décision, sur ses déclarations, sur des aveux.* ⇒ se ① **rétracter. VI.** FAIRE REVENIR *un aliment* : le passer dans un corps gras chaud pour en dorer et en rendre plus ferme la surface. ⇒ **rissoler.** *Faire revenir des oignons dans une poêle.* ‹ ▶ revenant, revenez-y, revenu, prix de revient ›

revenu [Rəvny; R(ə)vəny] n. m. ■ Ce qui revient à qqn, à titre d'intérêt, de rente, de salaire, etc. *Revenu d'un capital,* ce qu'il rapporte. ⇒ ② **intérêt.** *Impôt sur le revenu,* calculé sur les revenus annuels d'un contribuable. *Déclaration de revenu(s)* ⇒ fam. **rapport** d'impôt. — *Revenu national,* ensemble des biens et des services obtenus par une économie nationale pendant une période donnée. — LE REVENU : le ministère du Revenu. ⇒ **fisc.** *Frauder le Revenu.* — Au plur. LES REVENUS *de qqn* : l'argent dont une personne dispose. *Avoir de gros, de maigres revenus.*

rêver [Rɛve] v. ▪ conjug. 1. **I.** V. intr. **1.** Faire des rêves. *Je rêve rarement.* Loc. *Je me demande si je rêve* (tant ce que je perçois est incroyable). *On croit rêver,* c'est une chose incroyable (exprime souvent l'indignation). — Transitivement (ind.). RÊVER DE, À. *Rêver d'une personne, d'une chose,* la voir, l'entendre en rêve. *Elle a rêvé à son copain. Rêver à son auto. Elle en rêve la nuit,* cela l'obsède. **2.** Laisser aller son imagination. ⇒ **rêvasser.** *Un élève qui rêve au fond de la classe* (⇒ **rêveur**). — Transitivement (ind.). RÊVER À : penser vaguement à, imaginer. *À quoi rêvez-vous ? Je rêve aux vacances.* **3.** S'absorber dans ses désirs, ses souhaits. *On rêve, on fait des châteaux en Espagne.* — Transitivement (ind.). RÊVER DE : songer à, en souhaitant ardemment. *Il rêve d'un sort meilleur. La maison dont je rêve.* (+ infinitif) *Tout enfant, il rêvait déjà de voyager à travers le monde.* — Loc. *Rêver en couleurs.* ⇒ **couleur** (II). **II.** V. tr. **1.** Littér. Imaginer, désirer idéalement. *Ce n'est pas la vie que j'avais rêvée.* **2.** (Compl. indéterminé) Former en dormant (telle image, telle représentation). *Nous avons rêvé la même chose.* — RÊVER QUE (+ indicatif). *J'ai rêvé que je mourais.* ▶ ***rêvé, ée*** adj. **1.** Qui existe en rêve, dans un rêve. *Une image rêvée, mais très nette.* **2.** Qui convient tout à fait. ⇒ **idéal, parfait.** *C'est l'endroit rêvé pour passer des vacances tranquilles.* ‹ ▶ rêvasser, rêve, rêverie, rêveur ›

réverbère [RevɛRbɛR] n. m. ■ Appareil destiné à l'éclairage de la voie publique. ⇒ **lampadaire.** *Réverbères à gaz, électriques.* ⇒ **bec** de gaz.

réverbérer [RevɛRbeRe] v. tr. ▪ conjug. 6. ■ Renvoyer (la lumière, la chaleur). ⇒ ① **réfléchir.** *Le mur blanc réverbérait la chaleur.* ▶ ***réverbération*** n. f. ■ *Être ébloui par la réverbération du soleil sur la neige. La réverbération d'un mur blanchi à la chaux.* ‹ ▶ réverbère ›

reverdir [R(ə)vɛRdiR] v. intr. ▪ conjug. 2. ■ Redevenir vert, retrouver sa verdure. *Les arbres reverdissent au printemps.*

① ***révérence*** [Reverɑ̃s] n. f. ■ Salut cérémonieux, conservé pour les femmes en certains cas, et qu'on exécute en inclinant le buste et en pliant les genoux. *Faire une révérence devant la reine d'Angleterre.* — Loc. fam. TIRER SA RÉVÉRENCE *à qqn* : le quitter, s'en aller. — *Il a tiré sa révérence au gouvernement.* — Sans compl. *Tirer sa révérence,* prendre sa retraite (→ Accrocher ses patins) ; mourir.

révérend, ende [Reverɑ̃, ɑ̃d] adj. **1.** Épithète honorifique devant les mots « père », « mère » (en parlant de religieux). *La révérende mère.* — N. *Mon révérend.* **2.** Titre des pasteurs dans l'Église anglicane.

révérer [Revere] v. tr. ▪ conjug. 6. ■ Littér. Traiter avec un grand respect, honorer particulièrement. ⇒ **respecter.** *Révérer les saints.* ⇒ **vénérer.** — Au p. p. adj. *Un maître révéré.* ▶ ② ***révérence*** n. f. ■ Littér. Grand respect ⇒ **déférence.** *S'adresser à qqn avec révérence.* / contr. **irrévérence** / ▶ ***révérencieux, euse*** adj. ■ Littér. Qui a, qui manifeste de la révérence. ⇒ **déférent, respectueux.** / contr. **irrévérencieux** / ‹ ▶ irrévérence, ① révérence, révérend ›

rêverie [RɛvRi] n. f. **1.** Activité de l'esprit qui n'est pas dirigée par l'attention, et qui se complaît dans des pensées vagues, des imaginations. — Manifestation de cette activité. ⇒ **imagination, songerie.** *Se laisser aller à la rêverie.* **2.** Péj. Idée vaine et chimérique. ⇒ **illusion.** *Ces rêveries ne mèneront à rien.*

revers [R(ə)vɛR] n. m. invar. **I. 1.** Le côté opposé à celui qui se présente d'abord ou est considéré comme le principal. ⇒ **envers, verso.** *Le revers de la main,* le dos (opposé à *paume*). **2.** Côté (d'une médaille, d'une monnaie) qui est opposé à la face principale (appelée aussi *avers* [avɛR], n. m. invar.). ⇒ ③ **pile.** — Loc. *Le* REVERS DE LA MÉDAILLE : l'aspect déplaisant d'une chose qui paraissait sous son beau jour ; l'autre aspect d'une réalité (sans nécessairement qu'elle soit déplaisante). **3.** Partie d'un vêtement qui est repliée et montre l'autre face du tissu. *Le revers d'une manche. Pantalon à revers.* ⇒ ① **bas** (III). — Chacune des deux parties rabattues sur la poitrine, qui prolongent le col. *Les revers d'un veston.* **4.** Loc. *Prendre* À REVERS : de flanc ou par derrière. ⇒ **tourner.** *L'armée prit les troupes ennemies à revers.* **5.** REVERS DE MAIN : geste par lequel on écarte, on frappe, etc., avec le dos de la main. — Fig. *Écarter un argument du (d'un) revers de (la) main,* rapidement, sans le prendre au sérieux. — Tennis, ping-pong. Coup de raquette effectué le dos de la main en avant. *Un revers à deux mains.* — Hockey. Lancer effectué le dos tourné au gardien de but. *Il a marqué d'un (lancer de) revers, en étant sur son revers. Passe du revers.* **II.** Événement inattendu, qui change une situation en mal. ⇒ **défaite,** ① **échec.** *Revers militaires. Revers de fortune. Essuyer un revers, des revers. Une série de revers.* / contr. **gain, victoire** / ‹ ▶ réversible ›

reverser [R(ə)vɛRse] v. tr. ▪ conjug. 1. **1.** Verser de nouveau (un liquide) ou le remettre dans le même récipient. **2.** Reporter. *Reverser un excédent sur un compte.*

réversible [RevɛRsibl] adj. **1.** Qui peut se reproduire en sens inverse. *Mouvement réversible. L'histoire n'est pas réversible.* / contr. **irréversible** / **2.** Qui peut se porter à l'envers comme à l'endroit ; qui n'a pas d'envers. *Étoffe, manteau, coupe-vent réversible.* ‹ ▶ irréversible ›

revêtement [R(ə)vɛtmɑ̃] n. m. ■ Élément extérieur qui recouvre une surface, pour la protéger, la consolider. ⇒ **lambris, lambrissage.** *Le revêtement d'une paroi, d'une route, d'un four. Revêtement de sol ; revêtement mural.*

revêtir [ʀ(ə)vetiʀ] v. tr. ▪ conjug. 20. **I.** **1.** Couvrir (qqn) d'un vêtement particulier. ⇒ **parer.** *La chemise blanche dont on revêtait les pénitents.* — Pronominalement (réfl.). *Elle s'est revêtue de ses plus beaux habits.* **2.** Abstrait. Investir. *Revêtir qqn d'une dignité, d'une autorité.* — Couvrir d'un aspect. *Elle revêt sa théorie d'une apparence paradoxale.* **3.** Mettre sur (un acte, un document) les signes matériels de sa validité. *Revêtir un dossier des signatures prévues par la loi.* **II.** Orner ou protéger par un revêtement. ⇒ **couvrir, garnir, recouvrir.** **III.** **1.** Mettre sur soi (un habillement spécial). ⇒ **endosser.** *Revêtir l'uniforme.* **2.** Avoir, prendre (un aspect, une apparence). *Le conflit revêtait un caractère dangereux.* **IV.** (ÊTRE) REVÊTU, UE. **1.** Vêtu. *Acteur revêtu de son costume de scène.* — Abstrait. *Être revêtu d'un pouvoir.* **2.** Recouvert. *Canapé revêtu de velours grenat. Coupole revêtue de mosaïques.* ‹ ▶ revêtement ›

rêveur, euse [ʀɛvœʀ, øz] adj. et n. **1.** Qui se laisse aller à la rêverie. *Un enfant rêveur et distrait. Un air rêveur.* ⇒ **songeur.** — N. *C'est un rêveur, un poète.* — Péj. Penseur chimérique, dépourvu de réalisme. ⇒ **utopiste.** **2.** Loc. *Cela me laisse rêveur, rêveuse,* perplexe. ▶ ***rêveusement*** adv. ▪ D'une manière rêveuse ; avec perplexité. *On regardait rêveusement le paysage.*

*prix de **revient*** [pʀidʀəvjɛ̃] n. m. invar. ▪ Prix auquel un objet fabriqué revient (III, 9) au fabricant, tous frais compris. *Le prix de vente est égal au prix de revient augmenté du bénéfice.*

revigorer [ʀ(ə)vigɔʀe] v. tr. ▪ conjug. 1. ▪ Redonner de la vigueur à (qqn). ⇒ **ragaillardir, ravigoter,** ② **remonter.** *Cette bonne douche m'a revigoré.* ▶ ***revigorant, ante*** adj. ▪ Qui revigore. *Un froid sec et revigorant.*

revirement [ʀ(ə)viʀmɑ̃] n. m. ▪ Changement brusque et complet dans les dispositions, les opinions. ⇒ **retournement, virevolte** (2), **volte-face.** *Un revirement d'opinion. Les revirements d'un homme politique.*

revirer [ʀ(ə)viʀe] v. intr. ▪ conjug. 1. **1.** Loc. fam. *Revirer qqch. à l'envers,* le mettre sens dessus dessous, déranger. *En cherchant ses clés, elle a reviré la maison à l'envers.* — Fig. *La recrue de l'année a reviré la ligne à l'envers cette saison,* elle a fait sensation. — Au passif. *Être reviré à l'envers,* être perturbé, troublé. ⇒ fam. **virer.** — *Vouloir revirer le monde à l'envers,* le changer complètement. **2.** V. pron. *Se revirer de bord,* se tourner de l'autre côté. *Les élèves se sont mis à chahuter dès que le professeur s'est reviré de bord.* — Fig. Voir venir qqch. ; reprendre le contrôle de soi ; se remettre à l'œuvre. *On se donne une semaine pour se revirer de bord.*

réviser [ʀevize] v. tr. ▪ conjug. 1. **1.** Procéder à la révision de. ⇒ **modifier.** *Réviser un traité, la constitution.* — *Réviser son jugement,* le modifier d'après ce qu'on a appris. **2.** Revoir (ce qu'on a appris). ⇒ ③ **repasser, revoir.** *Réviser sa leçon. Réviser des matières d'examen.* **3.** Vérifier le fonctionnement de (qqch.). *Réviser un moteur.* ▶ ***réviseur, euse*** n. ▪ Personne qui révise ou qui revoit. *Réviseur de traductions.* — REM. L'O.L.F. propose *réviseure* au féminin. ▶ ***révision*** n. f. **1.** Action d'examiner de nouveau en vue de corriger ou de modifier (un texte). *Préparer une révision de la constitution.* — Acte par lequel une juridiction supérieure peut infirmer, après examen, la décision d'une juridiction inférieure. *La révision d'un procès, d'un jugement.* **2.** Mise à jour par un nouvel examen. ⇒ **modification.** *Révision des listes électorales,* permettant l'inscription d'électeurs nouveaux. **3.** Examen par lequel on vérifie qu'une chose est bien dans l'état où elle doit être. ⇒ **vérification.** *Procéder à la révision d'un véhicule.* **4.** Action de revoir (un programme d'études) en vue d'une composition, d'un examen. *Faire des révisions.* ▶ ***révisionniste*** adj. ▪ Qui est partisan d'une révision de la constitution ou d'une doctrine politique (attitude appelée *révisionnisme,* n. m.). *Les marxistes orthodoxes le traitent de révisionniste.*

revitaliser [ʀəvitalize] v. tr. ▪ conjug. 1. **1.** Redonner de la vitalité à (qqch. de vivant). *Revitaliser des cheveux anémiés.* — Au p. p. adj. *Peau revitalisée.* **2.** Fig. Faire revivre. *Revitaliser une partie du centre-ville.* ▶ ***revitalisation*** n. f. ▪ Action de revitaliser ; son résultat. ▶ ***revitalisant, ante*** adj. et n. m. ▪ Qui revitalise. *Crème, lotion revitalisante.* — N. m. *Un revitalisant pour cheveux.*

revivre [ʀəvivʀ] v. ▪ conjug. 46. **I.** V. intr. **1.** Vivre de nouveau (après la mort). ⇒ **ressusciter.** — Littér. Se continuer (en la personne d'un autre). *Il revit dans son fils,* son fils lui ressemble, agit comme lui. **2.** Recouvrer ses forces, son énergie. *Je commence à revivre depuis que j'ai reçu de ses nouvelles.* ⇒ **respirer.** **3.** FAIRE REVIVRE : redonner vie à (qqch. de passé) dans les institutions ou les œuvres d'art. *Il a fait revivre la Révolution française dans son livre, dans son film.* **II.** V. tr. Vivre ou ressentir de nouveau (qqch.). *Je ne veux pas revivre cette épreuve.*

révocable [ʀevɔkabl] adj. ▪ Qui peut être révoqué. / contr. **irrévocable** / ‹ ▶ irrévocable ›

révocation [ʀevɔkasjɔ̃] n. f. ▪ Action de révoquer (une chose, une personne). *La révocation de l'Édit de Nantes,* le 18 octobre 1685. ⇒ **abrogation.** *La révocation d'un fonctionnaire.* ⇒ **destitution, licenciement,** ③ **renvoi.**

revoici [ʀ(ə)vwasi], ***revoilà*** [ʀ(ə)vwala] prép. ▪ Fam. Voici, voilà de nouveau. *Me revoici, c'est encore moi ! Nous revoilà dans la même situation.*

revoir [ʀ(ə)vwaʀ] v. tr. ▪ conjug. 30. **I.** **1.** Être de nouveau en présence de (qqn). ⇒ **retrouver.** *Je l'ai souvent revu depuis* (cette époque). *Au plaisir de vous revoir !* (en prenant congé de qqn). — Pronominalement (récipr.). *Ils ne se sont jamais revus.* — AU REVOIR [ɔʀvwaʀ] : locution interjective par laquelle on prend congé de qqn que l'on pense revoir. *Au revoir Mademoiselle.* ⇒ fam. à la **revoyure.** *Dire au revoir.* — N. m. invar. *Ce n'est qu'un au revoir et non un adieu.* **2.** Retourner dans (un lieu qu'on avait quitté). *L'exilé n'a jamais revu sa patrie.* **3.** Regarder de nouveau, assister de nouveau à (un spectacle). *Un film qu'on aimerait revoir.* **4.** Voir de nouveau en imagination, par la mémoire. *Je revois les lieux de mon enfance.* — Pronominalement (réfl.). *Il se revoit errant dans la ville, désespéré.* **II.** **1.** Examiner de nouveau pour parachever, corriger. *Revoir un texte de près* (⇒ **réviseur**). — Au p. p. adj. *Édition revue et corrigée.* **2.** Apprendre de nouveau pour se remettre en mémoire. ⇒ ③ **repasser, réviser.** *J'ai revu tout le programme. Revoir ses notes de cours avant l'examen.* ‹ ▶ à la revoyure, ① revue, ② revue ›

revoler [ʀ(ə)vɔle] v. tr. et intr. ▪ conjug. 1. Fam. **1.** Être projeté au loin, faire voler à distance. *Les coups de hache font revoler des morceaux de bois. Les cailloux revolent sur l'auto. Les enfants font revoler des mottes.* ⇒ ① **lancer ;** fam. **garrocher.** *En patinant, la petite fille a revolé sur le derrière.* ⇒ **tomber.** — Sans compl. *Lors du tremblement de terre, tout revolait.* ⇒ **tomber.** **2.** Se heurter, se frapper réciproquement. *Dans le carambolage, les autos ont revolé les unes sur les autres. Quand l'autobus a freiné brutalement, les passagers ont revolé les uns sur les autres.* ⇒ **projeter.** — *Les ceintures de sécurité empêchent les gens de revoler dans* *le pare-brise.* **3.** (Liquides, boues...) Gicler, éclabousser. ⇒ **jaillir ;** fam. ② **friser.** *Les voitures qui vont vite font revoler la sloche. Tu fais revoler l'eau partout. La neige revole sous les skis. La boue a revolé sur moi.* — Sans compl. *Le sang revolait partout.* **4.** Fig. (Argent). Être dépensé largement, sans compter. *Pendant leurs vacances, l'argent revolait en excursions, en restaurants... — Je te dis qu'à Noël, la carte de crédit revolait.*

révolter [ʀevɔlte] v. tr. • conjug. 1. **I.** Soulever (qqn) d'indignation, remplir de réprobation. ⇒ **écœurer ; indigner.** *Ces procédés me révoltent.* **II.** SE RÉVOLTER v. pron. réfl. : se dresser, entrer en lutte contre le pouvoir, l'autorité établie. ⇒ s'**insurger,** se **rebeller,** se **soulever.** *Le peuple s'est révolté contre le dictateur. Les minorités opprimées se révoltent.* — Se dresser contre (une autorité). *Enfant qui se révolte contre ses parents. — Toute sa nature se révoltait,* rejetait violemment (cette contrainte, cette réalité...). ▸ ***révolté, ée*** adj. et n. **1.** Qui est en révolte contre (l'autorité, le pouvoir). ⇒ **dissident, insurgé, mutiné, rebelle.** *Des soldats révoltés.* N. *Les révoltés.* — Qui a une attitude de révolte contre (une autorité, une contrainte). *Adolescent révolté contre la société.* N. *C'est une révoltée.* **2.** Rempli d'indignation. ⇒ **outré.** *Vous me voyez révolté !* ▸ ***révoltant, ante*** adj. ■ Qui révolte. *Une injustice révoltante.* ⇒ **criant.** *Des abus révoltants.* ⇒ **honteux.** ▸ ***révolte*** n. f. **1.** Action violente par laquelle un groupe se révolte contre l'autorité politique, la règle sociale établie. ⇒ **guerre** civile, **insurrection, rébellion, révolution.** *La Révolte des patriotes, en 1837. Inciter, pousser qqn à la révolte.* **2.** Attitude de refus et d'hostilité devant une autorité, une contrainte. *Esprit de révolte. Cri, sursaut de révolte.* ⇒ **indignation.** — *La révolte des sens, de l'instinct* (contre la raison). ≠ *émeute.*

révolu, ue [ʀevɔly] adj. ■ (Espace de temps) Écoulé, terminé. ⇒ **achevé.** *À l'âge de 18 ans révolus.* ⇒ **accompli.** *Une époque révolue.* ⇒ **disparu.**

① ***révolution*** [ʀevɔlysjɔ̃] n. f. **1.** Retour périodique d'un astre à un point de son orbite ; mouvement d'un tel astre, temps qu'il met à l'accomplir. *Les révolutions de la Terre.* **2.** Rotation complète d'un corps mobile autour de son axe *(axe de révolution). Les révolutions des aiguilles d'un compteur d'électricité.*

② ***révolution*** n. f. **1.** Changement très important dans les sociétés humaines, dans l'Histoire (opposé à *réforme*). ⇒ **bouleversement, transformation ; évolution.** *Une révolution morale, artistique. La révolution industrielle de la fin du* XIXe *s. La révolution culturelle* (en Chine, de 1965 à 1968). *La Révolution tranquille* (au Québec, vers 1960). **2.** Ensemble d'événements historiques qui ont lieu lorsqu'un besoin de transformation radicale de la société provoque le renversement du régime en place. *La Révolution française* (de 1789). — Absolt. En France. *Avant la Révolution,* sous l'Ancien Régime. *La Révolution russe* (de 1917). — Les forces révolutionnaires, le pouvoir issu d'une révolution. *La victoire de la révolution sur la réaction.* **3.** Fam. Grande agitation. *Tout le quartier est en révolution.* ⇒ **ébullition, effervescence.** ≠ *émeute.* ▸ ***révolutionnaire*** adj. et n. **1.** Qui vise à une révolution. / contr. **conservateur** / *Mouvement, parti révolutionnaire.* — Issu de la révolution, propre à la révolution (française en particulier). *Le gouvernement révolutionnaire. Les chants révolutionnaires.* — N. Personne qui fait la révolution (opposé à *réformiste*). *Les révolutionnaires ont pris le pouvoir.* **2.** Qui apporte des changements radicaux et soudains, dans quelque domaine que ce soit. *Une théorie, une technique révolutionnaire.* ▸ ***révolutionner*** v. tr. • conjug. 1. **1.** Agiter violemment, mettre en émoi. *Cette nouvelle a révolutionné le quartier.* **2.** Transformer radicalement, profondément. ⇒ **bouleverser.** *L'invention de la micro-informatique a révolutionné la recherche.* ‹ ▸ contre-révolution ›

revolver [ʀevɔlvɛʀ] n. m. ■ Arme à feu courte et portative, à approvisionnement automatique par barillet. ≠ *fusil, pistolet.* — *Une poche*-revolver.*

révoquer [ʀevɔke] v. tr. • conjug. 1. **1.** Destituer (un fonctionnaire, un magistrat...). ⇒ **casser** (I), **relever** de ses fonctions. **2.** Annuler (un acte juridique) au moyen de formalités déterminées. ⇒ **abolir.** *Révoquer un testament.* ‹ ▸ révocable, révocation ›

*à la **revoyure*** [alaʀvwajyʀ] loc. interj. ■ Fam. Au revoir.

① ***revue*** [ʀ(ə)vy] n. f. **I.** Examen qu'on fait (d'un ensemble matériel ou abstrait) en considérant successivement chacun des éléments. ⇒ **inventaire.** *Faire la revue de son matériel de camping. — La revue de la presse, une revue de presse,* ensemble d'extraits d'articles qui donne un aperçu des différentes opinions sur l'actualité. **II. 1.** Cérémonie militaire au cours de laquelle les troupes sont présentées à des personnalités civiles ou militaires. ⇒ ② **défilé,** ② **parade.** *La revue du 14 Juillet, en France. En revenant de la revue.* — PASSER EN REVUE : inspecter des militaires qui stationnent ou défilent à cette intention. *Le général passa le régiment en revue.* **2.** Loc. fig. PASSER EN REVUE : examiner successivement. *Nous avons passé en revue les divers problèmes.* **III.** Pièce satirique passant en revue l'actualité. — Spectacle de variétés. *Une revue à grand déploiement.*

② ***revue*** n. f. ■ (Opposé à *livre*) Publication périodique (mensuelle, trimestrielle, etc.). ⇒ **magazine, périodique.** *Revue littéraire, scientifique. S'abonner à une revue.* ‹ ▸ porte-revues ›

révulser [ʀevylse] v. tr. • conjug. 1. **1.** Indigner avec force. *Ça me révulse !* **2.** SE RÉVULSER v. pron. réfl. : se contracter violemment (sous l'effet d'une émotion). *Visage qui se révulse.* ▸ ***révulsé, ée*** adj. ■ (Visage, yeux) Qui a une expression bouleversée. *Yeux révulsés,* tournés de telle sorte qu'on ne voit presque plus la pupille. ▸ ***révulsion*** n. f. ■ Procédé thérapeutique qui consiste à produire un afflux de sang dans une région déterminée afin de dégager un organe atteint de congestion ou d'inflammation. ▸ ***révulsif*** n. m. ■ Remède qui produit la révulsion (cataplasme, friction, etc.).

rez-de-chaussée [ʀe(ɛ)dʃose] n. m. invar. ■ Partie d'un édifice dont le plancher est sensiblement au niveau de la rue, du sol. *Il habite au rez-de-chaussée,* au premier étage. *Des rez-de-chaussée.* — (France) *Elle habite au premier et sa sœur au rez-de-chaussée,* à l'étage au-dessous. ≠ *sous-sol.*

rhabiller [ʀabije] v. tr. • conjug. 1. ■ Habiller de nouveau. *Rhabiller un enfant.* — Pronominalement (réfl.). *Les baigneurs se rhabillaient.* — Fam. *Il peut* ALLER SE RHABILLER : se dit d'un artiste, d'un athlète qui est mauvais, et qu'on engage à retourner au vestiaire, ou de qqn qui n'a plus qu'à s'en aller, à renoncer. *Va te rhabiller !*

rhapsodie ou ***rapsodie*** [ʀapsɔdi] n. f. ■ Pièce musicale instrumentale de composition très libre et d'inspiration nationale et populaire. *Les rhapsodies hongroises de Liszt.*

rhénan, ane [ʀenɑ̃, an] adj. ■ Relatif au Rhin, à la Rhénanie (en Allemagne). *Le pays rhénan.*

rhéostat [ʀeɔsta] n. m. ■ Appareil qui, intercalé dans un circuit, permet de régler l'intensité du courant électrique.

rhésus [Rezys] n. m. invar. **I.** Sciences naturelles. Singe du genre macaque, qui vit dans le nord de l'Inde. — En appos. *Des singes rhésus.* **II.** Médecine. FACTEUR RHÉSUS (symb. *Rh*) : substance découverte dans le sang du singe rhésus, présente dans 85 % des sangs humains et qui rend incompatibles du sang à *rhésus positif* et du sang à *rhésus négatif* (qui n'a pas cette substance).

rhéteur [RetœR] n. m. **1.** Antiquité. Maître de rhétorique. **2.** Péj. Orateur, écrivain sacrifiant à la rhétorique (2). ⇒ **phraseur.** ▶ ***rhétorique*** n. f. **1.** Art de bien parler ; technique de la mise en œuvre des moyens d'expression (par la composition, les figures). *Les anciens traités de rhétorique.* **2.** Péj. Éloquence creuse, purement formelle. ⇒ **déclamation, emphase.** ▶ ***rhétoricien, ienne*** n. ■ Spécialiste de rhétorique.

rhin-, rhino- ■ Élément savant signifiant « nez ». ▶ ***rhinopharynx*** [Rinofarɛ̃ks] n. m. invar. ■ Partie supérieure du pharynx. ▶ ***rhinopharyngite*** n. f. ■ Affection du rhinopharynx. 〈 ▶ oto-rhino-laryngologie, rhinocéros 〉

rhinocéros [Rinɔ(o)seRɔs] n. m. invar. **1.** Mammifère de grande taille au corps couvert d'une peau épaisse et rugueuse, armé d'une ou de deux cornes sur le nez. — Abrév. *Un* RHINO. *Des rhinos.* **2.** *Parti rhinocéros,* parti politique axé sur la dérision, qui refait surface à chaque élection. — Abrév. *Voter rhino.*

rhizome [Rizom] n. m. ■ Didact. Tige souterraine (de certaines plantes, comme l'iris).

rhodanien, ienne [Rɔdanjɛ̃, jɛn] adj. ■ Du Rhône, en France. *Vallée rhodanienne.*

rhododendron [Rɔdodɛ̃dRɔ̃] n. m. ■ Arbuste à feuilles persistantes, à fleurs roses ou rouges.

rhombo- ■ Élément savant signifiant « losange ».

rhubarbe [RybaRb] n. f. ■ Plante à larges feuilles portées par de gros pétioles comestibles. *Confiture de rhubarbe. Tarte à la rhubarbe.*

rhum [Rɔm] n. m. ■ Eau-de-vie obtenue par fermentation et distillation du jus de canne à sucre, ou de mélasses. *Rhum blanc, brun. Boisson au rhum.* ⇒ **grog,** ① **punch.** *D'excellents vieux rhums.* — Fam. Anglic. *Un rhum and coke.* ▶ ***rhumerie*** [Rɔmri] n. f. **1.** Distillerie de rhum. **2.** (Paris) Café spécialisé dans les boissons au rhum.

rhumatisme [Rymatism] n. m. ■ Affection aiguë ou chronique, caractérisée généralement par des douleurs dans les articulations. ⇒ **arthrite,** ③ **goutte.** ▶ ***rhumatisant, ante*** adj. et n. ■ Atteint de rhumatisme, sujet aux rhumatismes. *Vieillard rhumatisant.* — N. *Un rhumatisant.* ▶ ***rhumatismal, ale, aux*** adj. ■ Propre au rhumatisme. *Douleurs rhumatismales.* ▶ ***rhumatologie*** n. f. ■ Médecine des rhumatismes. ▶ ***rhumatologue*** n. ■ Spécialiste des rhumatismes.

rhume [Rym] n. m. ■ Inflammation générale des muqueuses des voies respiratoires (nez, gorge, bronches). *Rhume de cerveau,* inflammation des fosses nasales. ⇒ **coryza.** *Avoir, attraper un rhume, un gros rhume. Son rhume la fait éternuer. Rhume des foins*.* ≠ *grippe.* 〈 ▶ dérhumer, désenrhumer, enrhumer 〉

rhythm and blues [Ritəmmɛn(d)bluz] n. m. invar. ■ Anglic. Musique de danse des Noirs américains, le plus souvent chantée, apparentée au blues, au jazz et au gospel, et caractérisée par l'intensité de l'expressivité musicale et par le recours quasi systématique à l'amplification électrique. ⇒ anglic. **soul.** *Chanteuse de rhythm and blues.*

riant, riante [Rijɑ̃, Rijɑ̃t] adj. **1.** Qui exprime la gaieté. ⇒ ① **gai.** / contr. **triste** / *Visage riant.* **2.** Qui semble respirer la gaieté et y inciter. / contr. **morne** / *Une campagne riante.*

ribambelle [Ribɑ̃bɛl] n. f. ■ Longue suite (de personnes ou de choses en grand nombre). ⇒ **trâlée.** *Une ribambelle d'enfants.*

riboflavine [Riboflavin] n. f. ■ Vitamine (B2) présente dans les céréales, les légumes, la levure de bière, et entrant dans la constitution de divers enzymes et protéines jaunes de l'organisme.

ricaner [Rikane] v. intr. ■ conjug. 1. **1.** Rire à demi de façon méprisante ou sarcastique. *L'individu me regarda d'un air féroce et se mit à ricaner.* **2.** Rire de façon stupide, sans motif ou par gêne. *Pour toute réponse, elle se contenta de ricaner.* ▶ ***ricanement*** n. m. ▶ ***ricaneur*** ou ***ricaneux, euse*** adj. et n. ■ Qui ricane.

riche [Riʃ] adj. et n. m. **1.** Adj. Qui a de la fortune, possède des richesses. ⇒ **fortuné, opulent.** / contr. **pauvre** / *Il, elle est riche. Il est aisé, mais pas vraiment riche. Ce sont des gens très riches.* ⇒ **richissime.** *Faire un riche mariage,* se marier avec une personne riche. *Les pays riches, industrialisés et les pays pauvres, en voie de développement.* **2.** N. m. pl. LES RICHES (opposé à *pauvres*). ⇒ **milliardaire, millionnaire, richard.** — Au sing. NOUVEAU RICHE : personne récemment enrichie, qui étale sa fortune sans modestie et sans goût. ⇒ **parvenu.** — (France) Péj. GOSSE DE RICHE(S) : enfant de personnes riches, plus ou moins gâté. ⇒ péj. **fils** à papa. **3.** (Choses ; souvent avant le nom) Qui suppose la richesse, a l'apparence de choses coûteuses. ⇒ **somptueux.** *De riches tapis.* Fam. *Ça fait riche.* **4.** (Choses) RICHE EN : qui possède beaucoup de (choses utiles ou agréables). *Un aliment riche en vitamines. Minerai riche en cuivre, en fer.* — RICHE DE (surtout abstrait) : qui a beaucoup de, est plein de. *Un livre riche d'enseignements.* **5.** (Choses) Qui contient de nombreux éléments, ou des éléments importants en abondance. *Un sol, une terre riche.* ⇒ **fertile.** *Langue riche* (en moyens d'expression). — Fam. *C'est une* RICHE NATURE : une personne pleine de possibilités, énergique. *Une riche idée,* excellente. — (Aliments) Qui contient des corps gras, du sucre, des calories en abondance. ⇒ **nourrissant, nutritif.** *Son cholestérol lui interdit désormais les desserts trop riches. Pâtisserie, sauce riche.* — Adv. *Ils mangent trop riche.* ▶ ***richement*** adv. **1.** De manière à rendre ou à devenir riche. *Il a marié richement ses filles.* **2.** Avec magnificence. *Richement vêtu.* / contr. **pauvrement** / ▶ ***richesse*** n. f. **I. 1.** Possession de grands biens (en nature ou en argent). ⇒ ② **argent, fortune, opulence.** / contr. **pauvreté** / *Vivre dans la richesse.* **2.** Qualité de ce qui est coûteux ou le paraît. *La richesse des tentures, du décor.* **3.** RICHESSE EN : état de ce qui est riche en. *La richesse de ce pays en pétrole.* **4.** Qualité de ce qui a en abondance les éléments requis. *Richesse du sous-sol. La richesse de sa documentation.* ⇒ **abondance, importance. II.** Au plur. LES RICHESSES. **1.** L'argent, les possessions matérielles. *Accumuler les richesses.* — Objets de grande valeur. *Les richesses d'un musée.* **2.** Ressources d'un pays ; produits de l'activité économique dont profite la collectivité. *La répartition des richesses.* **3.** Abstrait. Biens, ressources (d'ordre intellectuel, esthétique). ⇒ **trésor.** *Les richesses d'un style architectural.* — *Les richesses du cœur.* ▶ ***richard, arde*** n. ■ Fam. et péj. Personne riche. *Un gros richard.* ▶ ***richissime*** adj. ■ Extrêmement riche. 〈 ▶ enrichir 〉

richelain, aine [Riʃəlɛ̃, ɛn] adj. et n. ■ De la Vallée-du-Richelieu. — N. (Avec une majusc.) Personne née dans cette région ou qui l'habite.

ricin [Risɛ̃] n. m. ■ Plante dont le fruit renferme des graines oléagineuses. — HUILE DE RICIN : employée comme purgatif. ⇒ huile de **castor.**

ricochet [Rikɔʃɛ] n. m. **1.** Rebond d'une pierre lancée obliquement sur la surface de l'eau, ou d'un projectile renvoyé par un obstacle. *Faire des ricochets.* **2.** PAR RICOCHET : par contrecoup, indirectement. ▶ ***ricocher*** v. intr. ▪ conjug. 1. ■ Faire ricochet. ⇒ **rebondir.** *La balle a dû ricocher sur le mur. La rondelle a ricoché sur une jambière avant de pénétrer dans le but.*

rictus [Riktys] n. m. invar. ■ Contraction de la bouche, qui donne l'aspect de rire forcé, de sourire grimaçant. ⇒ **grimace.** *Des rictus de colère.*

ride [Rid] n. f. **1.** Petit pli de la peau du front, du visage et du cou (dû à l'âge, à l'amaigrissement, ou au froncement). ⇒ **ridule.** *Visage sillonné de rides.* **2.** Légère ondulation à la surface de l'eau ; pli, sillon sur une surface. ⟨ ▶ ridule ⟩

rideau [Rido] n. m. **1.** Pièce d'étoffe (mobile) destinée à tamiser la lumière, à abriter ou décorer qqch. *Rideaux de fenêtres.* ⇒ **voilage.** *Doubles rideaux,* rideaux en tissu épais, par-dessus des rideaux transparents. *Tringle à rideaux.* ⇒ anglic. **pole.** — *Fermer, ouvrir, écarter, tirer les rideaux.* — Loc. fam. *Grimper, monter dans les rideaux,* être très agité, très fâché. ⇒ s'**énerver,** s'**exciter. 2.** Grande draperie (ou toile peinte) qui sépare la scène de la salle. *Lever, baisser le rideau. Rideau !,* exclamation des spectateurs mécontents (pour demander qu'on baisse le rideau). **3.** RIDEAU DE FER : rideau métallique séparant la scène de la salle en cas d'incendie ; fermeture métallique de la devanture d'un magasin. *Baisser le rideau de fer.* — Histoire. Ligne qui isolait en Europe les pays communistes des pays non communistes. *Au-delà du rideau de fer.* **4.** Loc. TIRER LE RIDEAU *sur qqch.* : cesser de s'en occuper, d'en parler. **5.** RIDEAU DE DOUCHE : rideau en plastique souple, en tissu imperméable, coulissant sur une tringle fixée au-dessus du rebord d'une baignoire ou d'une cabine de douche. *Un rideau de douche lavable à la machine.* — *Rideau de garage,* toile qui sert de porte à un abri d'auto. **6.** Fig. RIDEAU DE : chose capable d'intercepter la vue, de mettre à couvert. ⇒ **écran.** *Un rideau de verdure, d'arbres.* — *Rideau de feu,* tirs d'artillerie protégeant la progression des troupes.

ridelle [Ridɛl] n. f. ■ Châssis à claire-voie disposé de chaque côté d'une charrette, d'un camion, etc., afin de maintenir la charge. *Des wagons à ridelles.*

rider [Ride] v. tr. ▪ conjug. 1. **1.** Marquer, sillonner de rides. ⇒ **flétrir.** — Pronominalement. *Peau qui se ride.* **2.** Marquer d'ondulations, de plis. *La brise ridait l'eau, la surface du lac.* — Pronominalement. *Les pommes commencent à se rider.* ⇒ se **ratatiner.** ▶ ***ridé, ée*** adj. ■ Marqué de rides. *Visage ridé et flétri. Une petite vieille toute ridée. Une pomme ridée.* ⟨ ▶ antirides, dérider, ride, rideau ⟩

ridicule [Ridikyl] adj. et n. m. **I.** Adj. **1.** Qui mérite d'exciter le rire et la moquerie, qui fait rire par un caractère de laideur, d'absurdité, de bêtise. ⇒ **dérisoire, grotesque, risible.** *Une personne ridicule, qui se rend ridicule. Cette mode est ridicule. Un accoutrement ridicule.* — (Comportements) Dénué de bon sens. ⇒ **absurde, déraisonnable, idiot, niaiseux.** *Une prétention ridicule.* — (Personnes) *Ils sont ridicules de prétention. Tu es ridicule de dire cela.* — Impers. *Il est, c'est, il serait ridicule de* (+ infinitif), *que* (+ subjonctif). *Il serait ridicule de laisser passer une pareille occasion, qu'il ne saisisse pas l'occasion.* **2.** Insignifiant. *Une somme, une quantité ridicule.* ⇒ **dérisoire, minime.** **II.** N. m. **1.** Loc. TOURNER *qqn* EN RIDICULE : le rendre ridicule. ⇒ se **moquer, ridiculiser. 2.** Trait qui rend ridicule, ce qu'il y a de ridicule. *Montrer les ridicules (de qqn).* ⇒ **défaut.** *Sentir tout le ridicule d'une situation. Se donner le ridicule de discuter sans rien savoir,* se rendre ridicule en discutant... — Absolt. *Le ridicule,* ce qui excite le rire et la risée. *C'est le comble du ridicule. Avoir la peur, le sens du ridicule.* — PROV. *Le ridicule tue (ne tue pas),* on ne se relève pas (on supporte très bien) d'avoir été ridicule. ▶ ***ridiculement*** adv. ■ De manière ridicule. *Être ridiculement accoutré.* — Dans des proportions dérisoires. *Salaire ridiculement bas.* ▶ ***ridiculiser*** v. tr. ▪ conjug. 1. ■ Rendre ridicule. ⇒ **moquer.** — Pronominalement (réfl.). *Tu te ridiculises.*

ridule [Ridyl] n. f. ■ Petite ride.

rien [Rjɛ̃] pronom indéf., n. m. et adv. **I.** Nominal indéfini. — REM. Dans cet emploi, on fait la liaison, ex. : *rien à dire* [Rjɛ̃nadiR] — *Rien,* objet direct, suit le verbe ou l'auxiliaire ; ex. : *je ne comprends rien, je n'ai rien compris.* Il se place aussi devant l'infinitif : *il est parti sans rien dire.* **1.** Quelque chose (dans un contexte négatif). *Elle fut incapable de rien dire,* de dire quoi que ce soit. *Je ne crois pas qu'on puisse rien prouver contre moi. Rester sans rien dire. A-t-on jamais rien vu de pareil ?* **2.** (Employé avec *ne*) Aucune chose, nulle chose. / contr. ① **tout** / *Je n'ai rien vu. Il n'en sait rien. Je n'y comprends rien. Il n'y a rien à craindre.* PROV. *Qui (ne) risque rien n'a rien. Vous n'aurez rien du tout,* absolument rien. *Il ne comprend rien à rien. Cela ne fait rien,* cela n'a pas d'importance. *Ça ne sert à rien. On n'y peut rien. Ils ne s'entendent sur rien.* — Fam. (Sans sujet et sans *ne*) *Y a rien là,* ce n'est rien, ce n'est pas grave ; ce n'est pas compliqué. RIEN QUE. *Je n'ai rien que mon salaire.* ⇒ **seulement.** RIEN DE (+ adj. ou adv. *moins, plus, mieux, pis,* etc.). *Il n'y a rien de mieux, de tel. Il n'y a rien de plus facile.* — RIEN QUI, QUE (le plus souvent + subjonctif). *Je n'ai rien trouvé qui vaille la peine. Il n'y a rien que tu puisses faire.* — N'AVOIR RIEN DE... : aucun des caractères de... *Elle n'a rien d'une ingénue.* (+ adj.) N'être pas du tout. *Cela n'a rien d'impossible.* — *N'avoir rien à son épreuve,* pouvoir entreprendre n'importe quoi. (Comme sujet) *Rien n'est trop beau pour lui. Rien ne motive son absence. Rien ne va plus* (au jeu : « il est trop tard pour miser »). — (En attribut) N'ÊTRE RIEN : n'avoir aucun pouvoir, aucune importance. *N'être rien en comparaison de qqn, qqch. Elle n'est rien pour moi,* elle ne compte pas. *Ce n'est rien,* c'est sans importance, sans gravité. *Ce n'est pas rien,* c'est important. *Il n'en est rien,* ce n'est pas vrai du tout. — Littér. RIEN MOINS (QUE). *Ce n'est rien moins que sûr,* ce n'est pas du tout sûr. — Pas moins. *Il ne s'agissait de rien moins que de...* ou (dans le même sens) *de rien de moins que de...* **3.** Loc. adv. EN RIEN (positif) : en quoi que ce soit. *Sans gêner en rien son action.* — NE... EN RIEN : d'aucune manière, pas du tout. *Cela ne nous touche en rien.* **4.** (Sans particule négative, dans une phrase elliptique, une réponse) Nulle chose. *« À quoi penses-tu ? - À rien. »* — *Rien à dire. Rien de tel pour se distraire,* rien n'est si bien. *Rien d'étonnant si l'affaire a raté, que l'affaire ait raté.* RIEN À FAIRE : la chose est impossible. *Rien à faire pour faire démarrer ce moteur. « Je vous remercie. - De rien »,* je vous en prie. ⇒ fam. **bienvenue.** *C'est tout ou rien,* il n'y a pas de demi-mesure. *C'est cela ou rien,* il n'y a pas d'autre choix. *Ce que nous faisons ou rien, c'est la même chose,* nous ne faisons rien d'utile. *Rien de plus, rien de moins,* exactement (ceci). *C'est mieux que rien,* c'est quelque chose. *C'est moins que rien,* c'est nul. *En moins de rien,* en très peu de temps, très rapidement. — RIEN QUE... ⇒ **seulement.** *C'est à moi, rien qu'à moi.* ⇒ **uniquement.** *Rien que d'y penser,* à cette seule pensée. **5.** (Après une prép.) Chose ou quantité (quasi) nulle. *Faire qqch. de rien. Se réduire à rien.* ⇒ à **zéro.** — POUR RIEN : pour un résultat nul. ⇒ **inutilement.** *Se déranger pour rien. Ce n'est pas pour rien que...,* ce n'est pas sans raison que... — Sans payer. ⇒ **gratuitement.** *Je l'ai eu pour rien. On n'a rien pour rien. Rien pour rien,* inutilement, sans motif. — *C'est pour rien !,* ce n'est pas cher(→ C'est donné). — DE RIEN, DE RIEN DU TOUT (compl. de nom) : sans valeur, sans importance. *Un petit bobo de rien du tout.* — Vieilli. *Une fille de rien,* de mauvaise conduite. — *C'est deux, trois fois rien,* une chose insignifiante. — Loc. COMME SI DE RIEN N'ÉTAIT : comme si rien ne s'était passé. — *C'est comme rien,* c'est sûr, probable. ⇒ **évident. II.** N. m. — REM. Dans cet emploi, on ne fait pas de liaison : *un rien effraie* [rjɛ̃e(ɛ)fʀɛ] *cet enfant.* **1.** UN RIEN : peu de chose. *Il se fâche pour un rien. Un rien l'amuse, l'habille. Un petit rien tout nu,* une petite chose, un petit objet sans grande valeur qu'on donne à qqn sans l'emballer. — Au plur. *Perdre son temps à des riens.* ⇒ **bagatelle, bêtise, niaiserie.** — POUR UN RIEN : pour une raison insignifiante. *Tu te fais de la bile pour un rien.* — Fam. COMME UN RIEN : très facilement. *Il saute 1,50 m comme un rien.* **2.** UN RIEN DE : un petit peu de. *« En reprenez-vous ? - Un rien »,* une goutte, une miette. *Un rien, un petit rien de fantaisie.* — EN UN RIEN DE TEMPS : en très peu de temps. ⇒ **promptement, rapidement.** — UN RIEN loc. adv. : un petit peu, légèrement. *C'est un rien trop grand.* **3.** N. invar. UN, UNE RIEN DU TOUT : une personne méprisable (socialement, moralement). *Ce sont des rien du tout.* **III.** Adv. RIEN. Fam. (Par antiphrase) Très. ⇒ **rudement.** *C'est rien grand ici !* ⟨ ▸ vaurien ⟩

rieur, rieuse [ʀjœʀ, ʀjøz; ʀijœʀ, ʀijøz] n. et adj. **1.** N. Personne qui rit, est en train de rire. — Loc. *Avoir, mettre les rieurs de son côté, avec soi,* faire rire aux dépens de son adversaire. **2.** Adj. Qui aime à rire, à s'amuser. ⇒ ① **gai ; enjoué.** *Un enfant rieur.* — Qui exprime la gaieté. *Yeux rieurs. Expression rieuse.* **3.** *Mouette rieuse,* variété de mouette blanche, au bec et aux pattes rouges, dont le cri saccadé évoque le rire.

rififi [ʀififi] n. m. ■ (France) Arg. Bagarre. *Il y a du rififi dans la rue.*

rigide [ʀiʒid] adj. **1.** (Choses) Qui garde sa forme, ne se déforme pas. ⇒ **raide.** / contr. **flexible, souple** / *Armature rigide. Livre à couverture rigide.* **2.** (Personnes) Qui se refuse aux concessions, aux compromis. ⇒ **inflexible, rigoureux, sévère.** *Un moraliste rigide.* — Qui manque de souplesse. *Ce parti a une organisation très rigide. Une morale rigide.* ▸ ***rigidité*** n. f. **1.** Raideur. *Rigidité d'un papier. La rigidité cadavérique.* **2.** *Rigidité des principes.* ⇒ **austérité, rigorisme.** / contr. **souplesse** /

rigodon [ʀigɔdɔ̃] n. m. ■ Danse très vive et très gaie. *« En place pour un rigodon. »* — Musique à deux temps sur laquelle on dansait. — REM. On écrit aussi *rigaudon.*

rigole [ʀigɔl] n. f. **1.** Petit conduit creusé dans une pierre, ou petit fossé aménagé dans la terre pour l'écoulement des eaux. ⇒ **caniveau, ruisseau. 2.** Filet d'eau qui ruisselle par terre. *La pluie forme des rigoles.*

rigoler [ʀigɔle] v. intr. ▪ conjug. 1. ■ Fam. Rire, s'amuser. *On a bien rigolé.* — Plaisanter. *Il ne faut pas rigoler avec ça* (⇒ **rigolade**). ▸ ***rigolade*** [ʀigɔlad] n. f. Fam. **1.** Amusement, divertissement. *Prendre qqch. à la rigolade,* comme une plaisanterie. **2.** Chose ridicule, ou sans importance. ⇒ ② **farce.** *C'est une vaste rigolade.* ⇒ ② **blague. 3.** *C'est de la rigolade,* c'est facile à réaliser. ▸ ***rigolard, arde*** adj. ■ Fam. Gai. *Un air rigolard.* ▸ ***rigolo, ote*** adj. et n. Fam. **1.** Qui amuse, fait rire, rigoler. ⇒ **amusant, drôle ;** fam. **marrant.** *Elle est rigolote.* — N. Personne amusante. ⇒ **boute-en-train.** Péj. *C'est un petit rigolo,* un farceur. **2.** Curieux, étrange.

rigorisme [ʀigɔʀism] n. m. ■ Respect exagéré des règles de la religion ou des principes moraux. ⇒ **austérité, puritanisme, rigidité.** ▸ ***rigoriste*** n. et adj. ■ N. *Une rigoriste.* — Adj. ⇒ **intransigeant, sévère.** *Attitude rigoriste.*

rigueur [ʀigœʀ] n. f. **1.** Sévérité, dureté extrême. *La rigueur de la répression. La rigueur d'une punition. Punir avec trop de rigueur.* — Loc. TENIR RIGUEUR *à qqn* : ne pas lui pardonner, lui garder rancune. — Au plur. *Les rigueurs de l'hiver.* **2.** Exactitude, logique implacable. *La rigueur d'un raisonnement.* ⇒ **précision.** *Son exposé manque de rigueur.* **3.** DE RIGUEUR : imposé par les usages, les règlements. ⇒ **obligatoire.** *Tenue de soirée de rigueur.* **4.** À LA RIGUEUR loc. adv. : en cas de nécessité absolue. ⇒ au **pis** aller. *On peut à la rigueur se passer d'eux.* ▸ ***rigoureux, euse*** adj. **1.** Qui fait preuve de rigueur. *Une morale rigoureuse.* ⇒ **rigide ; rigoriste. 2.** Dur à supporter. *Un hiver rigoureux.* ⇒ **rude.** / contr. **clément, doux** / **3.** D'une exactitude inflexible. *Observation rigoureuse des consignes.* ⇒ **étroit, strict.** *Une rigoureuse neutralité.* ⇒ **absolu.** — Mené avec précision. *Un raisonnement rigoureux.* — (Personnes) *Être rigoureux dans une démonstration.* ▸ ***rigoureusement*** adv. **1.** D'une manière rigoureuse, stricte. *Il est rigoureusement interdit de fumer.* ⇒ **formellement, strictement. 2.** Absolument, totalement. ⇒ **incontestablement.** *C'est rigoureusement exact.* — Avec exactitude, minutie. *Nous avons respecté rigoureusement les consignes.* ⟨ ▸ rigorisme ⟩

rillettes [ʀijɛt] n. f. pl. ■ Charcuterie faite de viande de porc ou d'une autre viande, hachée et cuite dans la graisse. *Un pot de rillettes. Rillettes d'oie, de canard. Un sandwich de rillettes.* ≠ *cretons.*

rime [ʀim] n. f. **1.** Disposition de sons identiques à la finale de mots placés à la fin de deux ou plusieurs vers. *Rime riche,* comprenant au moins une voyelle et sa consonne d'appui (ex. : *image - hommage*). *Rime pauvre* (ex. : *ami - pari*). *Rimes plates,* qui ont la forme a-a-b-b ; *rimes croisées,* qui ont la forme a-b-a-b. — *Rime féminine, masculine,* terminée par *e* muet ou non. **2.** SANS RIME NI RAISON : d'une manière incompréhensible, absurde. *Ça n'a ni rime ni raison,* aucun sens. ▸ ***rimer*** v. ▪ conjug. 1. **I.** V. intr. **1.** Faire des vers. **2.** Constituer une rime. *« Vent » rime avec « souvent ».* — Loc. *Cela ne rime à rien,* n'a aucun sens. **II.** V. tr. Mettre en vers rimés. *Rimer une chanson.* ▸ ***rimé, ée*** adj. ■ Pourvu de rimes. *Poésie rimée.* ▸ ***rimeur, euse*** n. ■ Poète sans inspiration (variante péj. *rimailleur, euse,* n.).

rimmel [ʀimɛl] n. m. ■ Fard pour les cils. ⇒ **mascara.** — REM. Ce mot est un nom de marque déposée.

rimouskois, oise [ʀimuskwa, waz] adj. et n. ■ De la ville de Rimouski. *Une sous-ministre rimouskoise.* — N. (Avec une majusc.) Personne née dans cette ville ou qui l'habite.

rinceau [ʀɛ̃so] n. m. ■ Ornement architectural en forme d'arabesque. *Des rinceaux.*

rincer [ʀɛ̃se] v. tr. ▪ conjug. 3. **1.** Nettoyer à l'eau (un récipient). ⇒ **laver.** *Rincer des verres, des bouteilles.* **2.** Passer à l'eau (ce qui a été lavé) pour enlever les produits de lavage. *Rincer du linge. — Elle s'est rincé la bouche après s'être lavé les dents.* **3.** V. pron. Fam. SE RINCER L'ŒIL : regarder avec plaisir ce qui excite les sens. — *Se rincer le dalot, la dalle, le gosier, le canadien,* boire beaucoup. ▸ ***rinçage*** n. m. ■ *Le rinçage des verres.* ▸ ***rince-bouche*** n. m. invar. ■ Liquide aromatisé utilisé pour rafraîchir l'haleine. ⇒ **gargarisme.** *Une bouteille de rince-bouche.* ▸ ***rince-***

doigts n. m. invar. ■ Petit récipient contenant de l'eau (parfumée de citron, etc.), servant à se rincer les doigts au cours d'un repas. ▶ ***rinçure*** n. f. ■ Eau sale qui a servi à rincer.

ring [riŋ] n. m. ■ Anglic. Estrade entourée de trois rangs de cordes, sur laquelle combattent des boxeurs, des lutteurs. ⇒ **arène.** *Monter sur le ring. Des rings.* — La boxe. *L'une des plus grandes figures du ring.*

ringard, arde [ʀɛ̃gaʀ, aʀd] n. et adj. (France) Fam. **1.** N. Acteur(trice), chanteur(euse) démodé(e). — Individu incapable. *Une bande de ringards.* **2.** Adj. Démodé, médiocre. *Un roman ringard.* — (Personnes) Médiocre, incapable.

ringuette [ʀɛ̃gɛt] n. f. ■ Sport de glace apparenté au hockey, qui se pratique avec un bâton droit et un anneau de caoutchouc, et dans lequel les contacts physiques sont interdits. *Une ligue de ringuette. La ringuette est un sport surtout féminin.* — L'anneau de caoutchouc utilisé par les joueurs de ringuette. *La ringuette a pénétré dans le but.*

ripaille [ʀipaj] n. f. ■ Fam. Repas où l'on mange beaucoup et bien. ⇒ **festin.** *Faire ripaille.* ⇒ **bombance,** ② **bombe.** ▶ ***ripailler*** v. intr. ▪ conjug. 1. ■ Faire ripaille.

ripolin [ʀipɔlɛ̃] n. m. ■ (France) Peinture laquée, très brillante. — REM. Ce mot est un nom de marque déposée. ▶ ***ripoliner*** v. tr. ▪ conjug. 1. ■ (France) Peindre au ripolin. — Au p. p. adj. *Murs ripolinés.*

riposte [ʀipɔst] n. f. **1.** Réponse vive, instantanée, faite à un interlocuteur agressif. *Être prompt à la riposte.* **2.** Vive réaction de défense, contre-attaque vigoureuse. ⇒ ② **réplique.** *Une riposte foudroyante.* ▶ ***riposter*** v. intr. ▪ conjug. 1. **1.** Adresser une riposte. ⇒ **répondre.** — Transitivement. *Il riposta qu'il n'en savait rien.* ⇒ **répliquer, rétorquer. 2.** Répondre par une attaque (à une attaque). ⇒ **contre-attaquer,** se **défendre.** *Riposter à coups de grenade.*

① ***rire*** [ʀiʀ] v. ▪ conjug. 36. **I.** V. intr. **1.** Exprimer la gaieté par un mouvement de la bouche, accompagné d'expirations saccadées plus ou moins bruyantes. ⇒ s'**esclaffer ;** fam. se **marrer, rigoler.** / contr. **brailler, pleurer ;** fam. **chialer** / *Se mettre à rire. Rire aux éclats, à gorge déployée, aux larmes.* ⇒ fam. se **bidonner,** se **tordre.** *Rire jaune*. Rire comme une baleine, comme un bossu. Avoir toujours le mot pour rire,* plaisanter à tout propos. *Tu m'as bien fait rire. Avoir envie de rire.* — (Verbe + *de rire*) *Éclater, pouffer, se tordre de rire. C'est à mourir de rire. Pleurer de rire.* RIRE DE : à cause de. *Nous avons bien ri de ces plaisanteries. Il n'y a pas de quoi rire.* — *Entendre à rire,* (souvent en emploi négatif) bien accepter la plaisanterie, la moquerie. — Loc. *En pas pour rire,* beaucoup, très ; de manière inhabituelle. ⇒ **énormément.** *J'ai du travail en pas pour rire. C'est beau, grand en pas pour rire.* **2.** Se réjouir. — Loc. prov. *Rira bien qui rira le dernier,* se dit pour marquer qu'on prendra sa revanche sur la personne qui a l'air de triompher maintenant. — S'amuser. ⇒ se **divertir.** *Elle ne pense qu'à rire.* **3.** Dans des loc. Ne pas parler ou ne pas faire qqch. sérieusement. ⇒ **badiner, plaisanter.** *Vous voulez rire ? C'est pour rire.* — *Histoire de rire,* en manière de plaisanterie. — *Sans rire, est-ce que... ?,* sérieusement... — *On ne rit plus,* cela devient sérieux, grave. — *On rit bien, mais ce n'est pas drôle.* **4.** RIRE DE : se moquer de (qqn). ⇒ **railler, ricaner ; dérision.** *Faire rire de soi.* Loc. *Il vaut mieux en rire qu'en pleurer.* — Sans compl. *Vous me faites rire,* je me moque de ce que vous dites. **5.** Littér. Avoir un aspect joyeux. ⇒ **riant, rieur.** *Avoir les yeux qui rient.* **II.** Littér. SE RIRE DE v. pron. : se jouer de. *Elle s'est ri des difficultés.* ▶ ② ***rire*** n. m. ■ Action de rire. *Un rire bruyant. Un gros rire. Éclater d'un gros rire.* ⇒ éclater de ① **rire.** *Un rire gras. Un rire bête. Un rire moqueur,* ironique. — *Avoir le fou rire,* ne plus pouvoir s'arrêter de rire. — *Un éclat de rire.* — *Rire nerveux, forcé, méchant.* ⇒ **ricanement.** *Déclencher, attirer les rires.* ⟨ ▶ dérision, dérisoire, pince-sans-rire, riant, ridicule, rieur, risée, risette, risible, sourire ⟩

ris de veau [ʀidvo] n. m. invar. ■ Glande du cou (thymus) du veau, qui donne un plat apprécié. *Du* ou *des ris de veau. Rognons et ris de veau.* — REM. On emploie aussi (moins courant) *du ris d'agneau.* ≠ *riz.*

risée [ʀize] n. f. ■ Moquerie collective envers une personne (dans quelques expressions). *Être un objet de risée. S'exposer à la risée du public.* — *Être la risée de tous, de tout le monde,* être un objet de risée.

risette [ʀizɛt] n. f. ■ *Faire risette, des risettes à qqn,* des sourires (surtout en parlant des enfants). — Surtout au plur. Fam. Sourire de commande, de flatterie. *Faire des risettes et des courbettes aux gens.*

risible [ʀizibl] adj. ■ Propre à exciter une gaieté moqueuse. ⇒ **ridicule.** *Tu es risible. Attitude risible.*

risotto [ʀizɔto] n. m. ■ Riz préparé à l'italienne (souvent assaisonné de parmesan). *Des risottos. Risotto aux fruits de mer.*

risque [ʀisk] n. m. **1.** Danger éventuel plus ou moins prévisible. *Une entreprise pleine de risques. Ce sont les risques du métier.* ⇒ **inconvénient.** *C'est un risque à courir,* c'est risqué, mais il faut le tenter. *Un placement à risque.* — Loc. *À vos risques et périls*.* — RISQUE DE. *Un risque d'aggravation. Courir, prendre le risque de se voir trahi,* s'exposer à... — *Au risque de,* en s'exposant à. *Au risque de se tuer, il sauta dans le vide.* **2.** Éventualité d'un événement préjudiciable à la santé, la vie de qqn, la possession de qqch. *Les risques d'incendie. Assurance tous risques.* **3.** Le fait de s'exposer à un danger (dans l'espoir d'obtenir un avantage). *Avoir le goût du risque. Prendre un risque, des risques.* ⇒ **oser.** ▶ ***risquer*** v. tr. ▪ conjug. 1. **I. 1.** Exposer à un risque. ⇒ **aventurer.** *Risquer sa vie,* s'exposer à la mort. Loc. *Risquer le paquet, le tout pour le tout,* tout ce qu'on peut. *Risquer une somme considérable dans une affaire. Risquer de l'argent à la roulette, dans un pari* (⇒ **gager**). PROV. *Qui (ne) risque rien n'a rien.* — Sans compl. *Risquer gros,* en jouant gros jeu, en prenant des risques. — Fam. Mettre (une partie du corps) là où il y a risque d'être surpris, vu, etc. *Risquer un œil à la fenêtre.* **2.** Tenter (qqch. qui comporte des risques). ⇒ **entreprendre.** *Je ne suis pas d'avis de risquer le coup. Je veux bien risquer une démarche en ce sens.* — Avancer (un mot, une remarque) avec la conscience du risque couru. *Si je peux risquer cette comparaison.* **3.** S'exposer ou être exposé à (un danger, un inconvénient). *Je risquais la mort, les pires ennuis. Après tout, qu'est-ce qu'on risque ?* — (Choses) *Tes affaires ne risquent rien ici.* **4.** RISQUER DE (+ infinitif). — (Suj. personne) Courir le risque de. *Tu risques de tomber, de t'estropier. Il risque de perdre son emploi.* — (Suj. chose) Pouvoir (en tant que possibilité dangereuse ou fâcheuse). *Le rôti risque de brûler.* — (Sans idée d'inconvénient) Avoir une chance de. *La seule chose qui risque de l'intéresser, c'est de gagner cet argent.* — RISQUER QUE (+ subjonctif). *Tu risques qu'on te voie,* d'être vu par qqn. **II.** SE RISQUER v. pron. **1.** S'exposer à un risque. *Je ne me risquerai pas dans cette affaire.* **2.** SE RISQUER À *qqch.* : se hasarder à dire, à faire qqch. *Je ne me risquerai pas à la contredire. Je ne m'y risquerai pas,* c'est un danger auquel je ne m'exposerai pas. ▶ ***risqué, ée*** adj. ■ Plein de risques. ⇒ **dangereux, hasardeux.** *Démarche risquée. C'est trop risqué.* — Scabreux, osé. *Plaisanteries* *risquées.* ▶ ***risque-tout*** n. invar. ■ Personne qui pousse l'audace jusqu'à l'imprudence. ⇒ **casse-cou.** *C'est une risque-tout.* ‹ ▶ multirisque ›

rissoler [ʀisɔle] v. tr. ▪ conjug. 1. ■ Faire cuire (une viande, des légumes, etc.) de manière à en dorer la surface. — Au p. p. adj. *Pommes de terre rissolées.*

ristourne [ʀistuʀn] n. f. ■ Commission, remise plus ou moins licite. ⇒ **escompte, rabais, redevance,** ① **réduction.** *Faire une ristourne à qqn.* ▶ ***ristourner*** v. tr. ▪ conjug. 1. ■ Remettre (une somme) à titre de ristourne.

rite [ʀit] n. m. **1.** Ensemble des cérémonies en usage dans une communauté religieuse ; organisation traditionnelle de ces cérémonies. ⇒ **culte.** — REM. On écrit aussi RIT [ʀit], en religion. — *Rites secrets pratiqués chez certains peuples.* **2.** Cérémonie réglée ou geste particulier prescrit par la liturgie d'une religion. ⇒ **rituel.** *Rites funèbres. Les masques des rites funéraires africains. Rites destinés à assurer le succès de la récolte.* **3.** Pratique réglée, invariable. ⇒ **usage.** *Les rites de la politesse. C'est devenu un rite,* une habitude. *Le rite du chocolat de Pâques.* ▶ ***rituel, elle*** adj. et n. m. **I.** Adj. Qui constitue un rite ; a rapport aux rites. *Chants rituels, danses rituelles.* — Réglé comme par un rite, habituel et précis. *Elle faisait sa promenade rituelle.* **II. 1.** N. m. Livre liturgique, recueil des divers rites du culte (catholique). **2.** Ensemble d'habitudes, de règles immuables. *Selon le rituel.* ▶ ***rituellement*** adv. ■ Invariablement, régulièrement.

ritournelle [ʀituʀnɛl] n. f. ■ Air à couplets répétés. — Loc. *C'est toujours la même ritournelle,* le même refrain. ⇒ **chanson.**

rivage [ʀivaʒ] n. m. **1.** Partie de la terre qui borde une mer. ⇒ ③ **côte, littoral.** *S'éloigner du rivage.* **2.** Zone soumise à l'action des vagues, des marées. ⇒ **batture, grève,** ① **plage.** *Épaves rejetées sur le rivage.* ≠ *berge.*

rival, ale, aux [ʀival, o] n. et adj. **I.** N. **1.** Personne qui dispute à autrui ce qu'un seul peut obtenir. ⇒ **adversaire, concurrent.** *Il a évincé tous ses rivaux.* — Personne qui dispute à une autre l'amour, les faveurs d'une personne. **2.** Personne qui dispute le premier rang ; qui est égale ou comparable. *N'avoir pas de rival en qqch.* — *Sans rival,* inégalable. *Rome, la ville sans rivale du monde antique.* **II.** Adj. Qui est opposé (à qqn ou à qqch.) pour disputer un avantage, sans recourir à la violence. *Nations rivales.* ▶ ***rivaliser*** v. intr. ▪ conjug. 1. ■ Disputer avec qqn à qui sera le meilleur, être le rival de. *Elle rivalise avec son frère. Rivaliser (avec qqn) d'élégance, de générosité. Ils rivalisaient d'ingéniosité, d'adresse.* ▶ ***rivalité*** n. f. ■ Situation d'une personne rivale d'une ou plusieurs autres (dans un domaine déterminé). ⇒ **compétition, concurrence.** *Rivalité politique, amoureuse. — Une rivalité.* ⇒ **opposition.** *Des rivalités d'intérêts.*

rive [ʀiv] n. f. **1.** Bande de terre qui borde un cours d'eau important. ⇒ **berge,** ① **bord.** *La rive droite et la rive gauche* (dans le sens du courant) *d'un fleuve, d'une rivière*.* (France) *Habiter rive gauche,* dans l'un des quartiers de la rive gauche de la Seine, à Paris. *Québec est sur la rive nord, Lévis sur la rive sud du Saint-Laurent.* — (Avec une majusc.) *Habiter sur la Rive-Sud,* dans cette région. **2.** Bord (d'une mer fermée, d'un lac, d'un étang). *La maison est sur la rive du lac, près de la rive.* ‹ ▶ arriver, ① dériver, ② dériver, interrives, rivage, river, rivière ›

river [ʀive] v. tr. ▪ conjug. 1. **I. 1.** *River un clou, une pointe,* recourber ou aplatir son extrémité et la rabattre sur le bord de la pièce traversée et ainsi fixée. ⇒ **crochir.** — Loc. *River son clou à qqn,* le réduire au silence par une critique, une réponse. **2.** Fixer, assujettir par des rivets, des clous que l'on rive. ⇒ **riveter.** *River deux plaques de tôle.* — Au p. p. adj. *Tôles rivées.* **II. 1.** Attacher solidement et étroitement, au moyen de pièces de métal. ⇒ **enchaîner.** *On rivait les forçats à des chaînes.* **2.** Abstrait. Attacher fermement, fixer. — Surtout au passif et p. p. adj. *Il est, il reste rivé à son travail. — Le regard rivé sur un objet, sur le petit écran,* fixé. ▶ ***rivet*** [ʀivɛ] n. m. ■ Tige cylindrique munie d'une tête à une extrémité et dont l'autre extrémité est aplatie *(rivée)* au moment de l'assemblage. *Assemblage, fixation par rivets.* ▶ ***riveter*** v. tr. ▪ conjug. 4. ■ Fixer au moyen de rivets. ⇒ **river.** ▶ ***riveteuse*** n. f. ■ Machine srvant à poser des rivets, à assembler par rivetage. ▶ ***rivetage*** n. m. ■ Opération par laquelle on assemble (des tôles, des profilés) au moyen de rivets ; assemblage par rivets.

riverain, aine [ʀivʀɛ̃, ɛn] n. **1.** Personne qui habite sur la rive d'un cours d'eau, d'un lac, d'un détroit, etc. **2.** *Les riverains d'une rue, d'une route, d'un rang,* ceux dont les maisons, les terres bordent cette voie.

rivière [ʀivjɛʀ] n. f. **1.** Cours d'eau naturel de moyenne importance ou qui se jette dans un autre cours d'eau plus important (opposé à *fleuve, torrent*). *Cette rivière est l'affluent d'un fleuve. Les bords de la rivière.* ⇒ **berge, rive.** *Rivière navigable. Se baigner dans la rivière. Poissons de rivière* (opposé à *pisciculture*). *Rivière à saumons.* **2.** Fossé rempli d'eau que doivent sauter les chevaux dans un steeple-chase ou un concours hippique. **3.** Littér. Flots, ruisseau. *Des rivières de sang.* **4.** RIVIÈRE DE DIAMANTS : collier de diamants. ‹ ▶ riverain ›

rixe [ʀiks] n. f. ■ Querelle violente accompagnée de coups, dans un lieu public. ⇒ **altercation, bagarre.**

riz [ʀi] n. m. invar. **1.** Céréale *(Graminées)* originaire d'Extrême-Orient, riche en amidon. *Chapeau en paille de riz.* **2.** Le grain de cette plante décortiqué et préparé pour la consommation. *Riz à grains longs, courts. Soupe au riz. Riz à l'espagnole* (plat) ⇒ **paella,** *à l'italienne* ⇒ **risotto.** *Riz pilaf*. Riz blanc,* accompagnant la nourriture, en Extrême-Orient. *Riz cantonais* (plat chinois). *Riz au curry. — Riz au lait,* sucré et servi comme entremets. *Gâteau de riz. Pouding au riz.* ≠ *ris.* ▶ ***rizière*** n. f. ■ Terrain périodiquement inondé où l'on cultive le riz. ▶ ***riziculture*** n. f. ■ Culture du riz.

roast-beef n. m. ⇒ **rosbif.**

robe [ʀɔb] n. f. **I. 1.** Vêtement féminin de dessus, d'un seul tenant, avec ou sans manches, de longueur variable. *Une robe longue, courte. Robe de lainage, de soie. — Robe du soir, robe de bal. — Robe de mariée. — Robe de maternité,* portée pendant la grossesse. — *Robe de nuit,* long vêtement ample porté pour dormir. ⇒ ① **chemise ;** fam. **jaquette. 2.** Vêtement d'enfant en bas âge. *La robe de baptême d'un bébé.* **3.** Vêtement distinctif de certains états ou professions (hommes ou femmes). *Robe de magistrat, d'avocat.* — Anciennt. *Robe de prêtre, de religieux.* ⇒ **soutane.** — Histoire. *Les Robes noires,* les missionnaires de Nouvelle-France. — Histoire de France. LA ROBE : sous l'Ancien Régime, les hommes de loi, la justice. *Les gens de robe* (on disait aussi les *robins,* n. m.). **4.** ROBE DE CHAMBRE : long vêtement d'intérieur, pour homme ou femme, à manches, non ajusté. ⇒ **déshabillé, peignoir ;** fam. **kimono.** *Des robes de chambre. — Pommes de terre en robe de chambre (ou des champs),* cuites au four avec leur peau. **II. 1.** Pelage de certains animaux (cheval, fauves...). *La robe d'une panthère.* **2.** *Robe de carriole,* couverture de voyage en fourrure, en peau, dont on se servait l'hiver. **III.** Couleur (du vin). *Ce vin offre une belle robe.* ‹ ▶ enrober, garde-robe ›

robervalois, oise [ʀɔbɛʀvalwa, waz] adj. et n. ■ De la ville de Roberval. — N. (Avec une majusc.) Personne née dans cette ville ou qui l'habite.

robinet [ʀɔbinɛ] n. m. ■ Appareil placé sur un tuyau de canalisation permettant de régler à volonté le passage d'un fluide. ⇒ fam. **champlure.** *Robinet d'eau froide, d'eau chaude. Le robinet extérieur,* fixé sur un mur extérieur d'une maison. *Robinet à gaz. Le robinet du gaz. — Ouvrir, fermer un robinet.* Fam. *C'est un vrai robinet,* il, elle est très bavard(e). ► ***robinetterie*** n. f. **1.** Ensemble des robinets d'un dispositif qui en comporte plusieurs. *La robinetterie de la salle de bain.* **2.** Industrie, commerce des robinets ; usine où l'on fabrique des robinets.

robineux, euse [ʀɔbinø, øz] n. ■ Cour. Personne qui consomme de la robine, spécialt ivrogne, clochard. ⇒ **alcoolique, éthylique ;** fam. **soûlon.** *Ce centre d'accueil sert des repas aux robineux.* ⇒ **itinérant.** ► ***robine*** n. f. ■ Cour. Alcool frelaté ou dénaturé, de fabrication clandestine ; liquide alcoolisé qui n'est pas propre à la consommation. ⇒ fam. **gnôle, tord-boyaux.** — Loc. fam. *Sentir la robine,* empester l'alcool. ⇒ fam. ② **tonne.** ► ***robiner*** v. intr. ▪ conjug. 1. ■ Consommer de la robine ; mener une vie de robineux.

robot [ʀɔbo] n. m. **1.** Mécanisme automatique complexe pouvant se substituer à l'humain pour effectuer certaines opérations. *L'utilisation des robots dans l'exploration spatiale, dans l'industrie.* ⇒ **cybernétique, robotique.** *Avion-robot,* sans pilote, téléguidé. — Appareil ménager à utilisations multiples (moulin, batteur, mixer). *Un robot culinaire, de cuisine.* **2.** PORTRAIT-ROBOT. ⇒ **portrait-robot. 3.** Machine automatique, à aspect humain. *Le personnage du robot dans les films d'anticipation.* **4.** Personne réduite à l'état d'automate. ► ***robotique*** n. f. ■ Étude et mise au point d'appareils automatiques (⇒ **robot** (1)) capables d'exécuter des opérations selon un programme fixé à l'avance. *Introduire l'informatique et la robotique dans une usine.* ‹ ► portrait-robot ›

robuste [ʀɔbyst] adj. **1.** Fort et résistant, de par sa solide constitution. *Un homme robuste.* ⇒ **costaud, vigoureux.** / contr. **chétif, délicat, faible, fragile** / *Joueur robuste,* qui s'implique physiquement dans un match. *Avoir une santé robuste. Plante robuste.* ⇒ **vivace. 2.** (Choses) *Un moteur robuste.* ⇒ **solide.** — Abstrait. *Avoir une foi robuste.* ► ***robustesse*** n. f. ■ Qualité de ce qui est robuste. ⇒ **force, résistance, solidité.** *La robustesse d'une machine. Match où il y a eu beaucoup de robustesse.*

roc [ʀɔk] n. m. **1.** Littér. Rocher. — Loc. *Être dur, ferme comme un roc. Solide comme un roc. C'est un roc !* **2.** LE ROC : la matière rocheuse et dure. *Corniche taillée dans le roc.* ⇒ **roche.** — Fig. *Bâtir, construire* (qqch.) *sur le roc,* faire une œuvre durable, solide. ‹ ► rocaille ›

rocade [ʀɔkad] n. f. ■ (France) Voie de communication (parallèle à une autre) utilisée comme dérivation. *Emprunter une rocade.*

rocaille [ʀɔkaj] n. f. **1.** Pierres qui jonchent le sol ; terrain plein de pierres. ⇒ **pierraille. 2.** Pierres cimentées, utilisées avec des coquillages, etc., pour construire des décorations de jardin (grottes, etc.). *Fontaine en rocaille.* **3.** UNE ROCAILLE : une section d'un parterre aménagée avec des pierres, des arbustes, des fleurs, etc., qui forme parfois un monticule. *Le patio est situé devant la rocaille.* **4.** *Style rocaille,* style ornemental (en vogue sous Louis XV), variété de baroque caractérisée par la fantaisie des lignes contournées. ⇒ **rococo.** ► ***rocailleux, euse*** adj. **1.** Qui est plein de pierres. ⇒ **pierreux ; caillouteux.** *Chemin rocailleux.* **2.** Dur et heurté. *Un style rocailleux. Une voix rocailleuse,* rauque. ‹ ► rococo ›

rocambolesque [ʀɔkɑ̃bɔlɛsk] adj. ■ Extravagant, plein de péripéties extraordinaires (dignes de Rocambole, héros de roman). *Aventures rocambolesques.*

roche [ʀɔʃ] n. f. **1.** Littér. Rocher. *Des éboulis de roches.* **2.** LA ROCHE : un bloc important de matière minérale (la pierre). *Un morceau, un quartier de roche. La roche mère,* couche du sous-sol formée de roches solides sur lesquelles se développe le sol. — Loc. EAU DE ROCHE : eau de source très limpide. *C'est clair comme de l'eau de roche,* c'est évident. *Il y a anguille* sous roche.* **3.** Assemblage de minéraux définis par leurs éléments chimiques. *Étude des roches.* ⇒ **géologie, minéralogie, pétrographie.** *Les roches de l'écorce terrestre. Roches sédimentaires* (calcaire, sable...), *volcaniques* (basalte...). **4.** Cour. Caillou, pierre. *Les roches du chemin. Lancer, tirer des roches.* ► ***rocher*** n. m. **1.** Grande masse de roche formant une éminence généralement abrupte. *Les rochers de la forêt Enchantée, au Témiscamingue. Le rocher Percé.* **2.** LE ROCHER : la paroi rocheuse. *À flanc de rocher. — Faire du rocher,* de l'escalade de rocher. ⇒ **varappe. 3.** Partie massive (« pierreuse ») de l'os temporal. *Une fracture du rocher.* ► ***rocheux, euse*** adj. **1.** Couvert, formé de rochers. *Côte rocheuse.* (Avec une majusc.) *Les montagnes Rocheuses* ou, n. f. pl., *les Rocheuses.* **2.** Formé de roche, de matière minérale dure. *Un fond rocheux.* ‹ ► roc, tripe(-)de(-)roche ›

rock [ʀɔk] n. m. ou ***rock and roll*** [ʀɔkɛnʀɔl] n. m. invar. Anglic. **1.** LE ROCK : une musique très populaire issue du jazz américain, à deux ou quatre temps, au rythme très marqué, caractérisée par le recours systématique à la batterie et à l'amplification électrique (guitares, basses, etc.). ⇒ anglic. **funky, hard rock.** *Le rock moderne. Disque, spectacle de rock.* — Morceau de cette musique, chanson accompagnée de cette musique ; danse sur cette musique. **2.** Adj. invar. Relatif à ce style de musique. *Une chanteuse rock.* ⇒ **rockeur.** *Un concert rock. Des opéras rock.* — Caractéristique de ce mouvement musical. ⇒ **rockeur.** *La culture, le style rock. Des vêtements rock. Des bars, des endroits rock and roll. Cela fait rock (and roll).* ⇒ **rockeur.** ► ***rockeur*** ou ***rockeux, euse*** n. et adj. **1.** Chanteur, musicien de rock. *Un groupe de rockeurs.* ⇒ anglic. **rock.** — Adepte du rock. *Elles sont habillées en rockeuses.* **2.** Caractéristique d'une allure, d'un style, de valeurs rattachés au rock. *La mode rockeuse. Un lieu qui fait rockeur. C'est plutôt rockeur dans ce bar. Des adolescents rockeurs.* ‹ ► hard rock ›

rocking-chair [ʀɔkiŋ(t)ʃɛʀ] n. m. ■ (France) Anglic. Fauteuil à bascule que l'on peut faire osciller d'avant en arrière par un simple mouvement du corps. ⇒ ② **berceuse, chaise** berceuse. *Des rocking-chairs.*

rococo [ʀɔkɔko; ʀokoko] n. m. et adj. invar. **1.** N. m. Style rocaille du XVIIIe s. ⇒ **kitsch ; rocaille** (4). *Le rococo a succédé au baroque. Le rococo dans l'ameublement.* — Adj. invar. *L'art rococo.* **2.** Adj. invar. Démodé et un peu ridicule. ⇒ fam. **ringard.**

rodéo [ʀɔdeo] n. m. ■ Ouest canadien et américain. Fête donnée pour le marquage du bétail, et qui comporte des jeux (maîtriser un cheval sauvage, un bœuf, en se tenant d'une main, etc.). *Le rodéo de Calgary.*

roder [ʀɔde] v. tr. ▪ conjug. 1. **1.** Faire fonctionner (un moteur neuf, une voiture neuve) avec précaution, de manière que les pièces puissent s'user régulièrement et s'adapter ainsi les unes aux autres. *Il n'a pas fini de roder sa voiture.* **2.** Fam. Mettre au point (une chose nouvelle) par des essais, par la pratique. *Encore quelques jours pour roder le spectacle.* — (Personnes) Au passif et p. p. adj. *Être rodé,* au courant, capable de remplir une fonction. (Choses) *Concert bien rodé.*

— Pronominalement. (Personnes) *Tu as besoin de te roder un peu.* ≠ *rôder.* ▶ ***rodage*** n. m. ■ Le fait de roder (un moteur, un véhicule). *Voiture en rodage,* dont le moteur n'est pas encore rodé. *Période de rodage.*

rôder [ʀode] v. intr. ▪ conjug. 1. **1.** Errer avec des intentions suspectes. *Voyou qui rôde dans une rue.* **2.** Errer au hasard. ⇒ **vagabonder.** ≠ *roder.* ▶ ***rôdeur, euse*** n. ■ Personne qui rôde en quête d'un mauvais coup. *Crime de rôdeur.*

rodomontade [ʀɔdɔmɔ̃tad] n. f. ■ Littér. Action, propos de *rodomont* (vx), de fanfaron. ⇒ **vantardise.**

rogations [ʀɔgasjɔ̃] n. f. pl. ■ Religion catholique. Cérémonies dont le but est d'attirer les bénédictions divines sur les travaux des champs. ⇒ **prémices.**

rogatoire [ʀɔgatwaʀ] adj. ■ Droit. *Commission rogatoire,* adressée à un tribunal par un autre pour un acte de procédure ou d'instruction dont il ne peut se charger.

rogne [ʀɔɲ] n. f. Fam. **1.** *En rogne,* en colère, de mauvaise humeur. *Être en rogne. Ça m'a mis en rogne.* **2.** Personne peu recommandable, canaille. *Fais attention à eux, ce sont de vraies rognes.* — Loc. *Être rogne,* traître, rusé. ▶ ① ***rogner*** v. intr. ▪ conjug. 1. ■ Fam. Être en rogne. ⇒ **rager.**

② ***rogner*** v. tr. ▪ conjug. 1. **1.** Couper sur les bords, de manière à rectifier les contours ou à prélever une partie. *Le relieur a rogné les feuillets.* ⇒ **massicoter.** — *Rogner les griffes à un chat.* **2.** Diminuer d'une petite quantité (pour un profit mesquin). *L'État va encore rogner leurs maigres bénéfices.* **3.** Sans compl. dir. ROGNER SUR *qqch.* : retrancher difficilement qqch. de (une somme, une dépense). *Rogner sur un budget.* ▶ ***rognure*** n. f. **1.** Souvent au plur. Ce que l'on enlève, ce qui tombe quand on rogne qqch. ⇒ **déchet.** *Des rognures de cuir. Rognure de métal. Des rognures d'ongles.* — Spécialt. Déchets plus ou moins répugnants. **2.** Chose sans valeur, débris, résidu. ‹ ▶ écharogner ›

rognon [ʀɔɲɔ̃] n. m. ■ Rein d'un animal destiné à la cuisine. *Des rognons de mouton, de porc. Rognons et ris de veau.* — Plaisant. Rein de l'être humain. *Avoir mal aux rognons.* Fam. *Tomber sur les rognons de qqn,* l'énerver.

rogue [ʀɔg] adj. ■ Littér. Qui est plein de morgue, à la fois méprisant, froid et rude. — *Un ton rogue.* ⇒ **arrogant, hargneux.**

roi [ʀwa] n. m. — REM. Le fém. est *reine.* **1.** Chef souverain de certains États ⇒ **royaume**, accédant au pouvoir par voie héréditaire. ⇒ **dynastie.** *Le Roi-Soleil,* Louis XIV. *Le roi très-chrétien,* autrefois, le roi de France. — Histoire. *Le chemin* du Roi* (ou *Roy*). *Les filles du roi,* qui épousaient les premiers habitants de la Nouvelle-France. — *Les Rois mages.* ⇒ **mage.** *La fête des Rois.* ⇒ **Épiphanie.** *Le gâteau des Rois,* (vieilli) gâteau traditionnel renfermant un pois (pour le roi) et une fève (pour la reine), que l'on mange à la fête de l'Épiphanie. — Loc. *Morceau de roi,* de choix. **2.** Homme qui règne quelque part, dans un domaine. *L'homme a été appelé le roi de la création.* — Personne riche et puissante, qui s'est assuré la maîtrise (d'un secteur économique). *Les rois du pétrole.* ⇒ **magnat.** **3.** LE ROI DE : le chef, le représentant éminent (d'un groupe ou d'une espèce). *Le roi des animaux,* le lion. — Fam. Le plus grand de. *C'est le roi des imbéciles.* — (+ nom) Inscription apparaissant au début d'une raison sociale. *Le Roi de la patate. Les Rois du silencieux.* **4.** Échecs. La pièce la plus importante, qu'il s'agit de mettre échec et mat. *Échec au roi.* — Jeux. Carte figurant un roi. *Roi de carreau.* **5.** En appos. Invar. *Bleu roi,* bleu très vif, outremer. ▶ ① ***roitelet*** [ʀwatlɛ] n. m. ■ Roi peu important. ‹ ▶ pied-de-roi, ② roitelet, royal, vice-roi ›

② ***roitelet*** n. m. ■ Oiseau passereau plus petit que le moineau.

rôle [ʀol] n. m. **I. 1.** Partie d'un texte que doit dire un acteur sur scène ou un comédien devant une caméra ; le personnage qu'il représente. *Rôle tragique, comique. Jouer, interpréter un rôle. Avoir le premier rôle,* le rôle principal. *Le rôle titre d'une pièce* (Macbeth, Phèdre), *d'un opéra.* **2.** Conduite sociale de qqn qui joue dans le monde un certain personnage. *Le rôle du médecin de famille.* — Loc. *Avoir* LE BEAU RÔLE : apparaître à son avantage dans telle ou telle situation. **3.** Influence que l'on exerce, fonction que l'on remplit. *Avoir, jouer un rôle important dans une affaire. Un rôle de premier plan. C'est, ce n'est pas mon rôle de* (+ infinitif), ce n'est pas à moi de... — (Choses) Fonction. *Le rôle du verbe dans la phrase. Dans la stratégie du XVIIe siècle, les places fortes jouent un rôle essentiel.* **II. 1.** Droit. Registre où sont portées les affaires qui doivent venir devant un tribunal. — Registre public établissant la valeur des biens immobiliers aux fins de l'impôt foncier. ⇒ **cadastre.** *Un rôle municipal.* — (France) Liste des jeunes gens appelés au service militaire. *Être inscrit au rôle de la conscription.* **2.** À TOUR DE RÔLE loc. adv. : chacun à son tour. *Vous entrerez à tour de rôle. Elles veillaient le malade à tour de rôle.* ‹ ▶ enrôler ›

romain, aine [ʀɔmɛ̃, ɛn] adj. et n. **1.** Qui appartient à l'ancienne Rome et à son empire. ⇒ **latin.** *L'Empire romain. La sculpture romaine. Chiffre* romain* (opposé à *arabe*). — N. (Avec une majusc.) *Les Romains.* Loc. *Un* TRAVAIL DE ROMAIN : une œuvre longue et difficile, supposant un effort gigantesque. **2.** Qui appartient à la Rome moderne (depuis la chute de l'Empire romain). *La campagne romaine.* — *Caractères romains,* à traits perpendiculaires, les plus courants en typographie. N. m. *Imprimer un texte en romain et en italique.* — N. (Avec une majusc.) Personne née dans cette ville ou qui l'habite. **3.** Qui a rapport à Rome considérée comme le siège de la papauté. *L'Église catholique, apostolique et romaine.* ‹ ▶ gallo-romain, gréco-romain, romaine ›

romaine [ʀɔmɛn] n. f. ■ Variété de laitue, à feuilles allongées, rigides et croquantes. — En appos. *De la laitue romaine.*

① ***roman*** [ʀɔmɑ̃] n. m. **1.** Œuvre d'imagination en prose qui présente des personnages donnés comme réels. *Les nouvelles* sont plus brèves que les romans. Roman d'amour, d'aventures. Roman policier.* ⇒ fam. **polar.** *Roman fantastique, d'anticipation, de science-fiction. Des romans érotiques. Des romans à l'eau de rose,* dont le sujet est très léger, mièvre et sentimental. — ROMAN-FLEUVE : très long, avec de nombreux personnages de plusieurs générations. — ROMAN-FEUILLETON. ⇒ **feuilleton** (2). — Loc. *Cela n'arrive que dans les romans,* c'est invraisemblable. *C'est tout un roman,* une longue histoire invraisemblable ou très compliquée. ⇒ **fable.** **2.** Le genre littéraire que constituent ces œuvres. ⇒ **fiction.** *Balzac, créateur du roman réaliste. Il a réussi au théâtre plus que dans le roman. Le roman québécois.* — *Le* NOUVEAU ROMAN : tendance du roman français contemporain, hostile au roman psychologique et narratif. **3.** Histoire littéraire. Poème médiéval contant les aventures de héros. *Les romans de chevalerie.* ▶ ***romancer*** v. tr. ▪ conjug. 3. ■ Présenter sous forme de roman, en déformant plus ou moins les faits. *Romancer l'histoire de la Conquête de l'Ouest.* — Au p. p. adj. *Biographie romancée.*

▸ ***romancier, ière*** n. ■ Auteur de romans. ▸ ***roman-photo*** ou ***photo-roman*** n. m. ■ Récit présenté sous forme d'une série de photos accompagnées de textes succincts. *Des romans-photos.* ▸ ***roman-savon*** n. m. ■ Feuilleton télévisé ou radiodiffusé mettant en scène des personnages au caractère stéréotypé dans des intrigues sentimentales fondées essentiellement sur des situations de la vie quotidienne. ⇒ **radio-roman, téléroman.** *Le roman-savon est souvent quotidien et d'une durée de trente minutes.* ‹ ▸ ciné-roman, radio-roman, romanesque, roman-savon, téléroman ›

② ***roman, ane*** adj. **I.** *La langue romane* ou, n. m., *le roman,* la langue issue du latin qui a précédé l'ancien français. (C'est-à-dire avant le IXe s.). — Au plur. *Les langues romanes,* issues du latin populaire (français, italien, espagnol, catalan, portugais, roumain, etc.). **II.** *Architecture romane,* architecture médiévale d'Europe occidentale (de la fin de l'État carolingien à la diffusion du style gothique). *L'art roman. Églises romanes.* ▸ ***romaniste*** n. ■ Linguiste spécialiste des langues romanes.

romance [ʀɔmɑ̃s] n. f. ■ Chanson sentimentale. *Pousser la romance.*

romanche [ʀɔmɑ̃ʃ] n. m. ■ Langue romane en usage notamment dans les Grisons (en Suisse). *Le romanche est la quatrième langue nationale de la Suisse.*

romand, ande [ʀɔmɑ̃, ɑ̃d] adj. et n. ■ Se dit de la partie de la Suisse où l'on parle le français. *La Suisse romande.* — N. (Avec une majusc.) Personne née dans cette région ou qui l'habite. *Les Romands.*

romanesque [ʀɔmanɛsk] adj. **1.** Qui offre les caractères du roman ancien (aventures et sentiments extraordinaires). *Une passion romanesque.* — Qui a des idées, des sentiments dignes des romans. *Une personne romanesque.* ⇒ **sentimental ; romantique** (3). **2.** Littér. Propre au roman en tant que genre littéraire. *Le récit romanesque. Des personnages romanesques.*

romanichel, elle [ʀɔmaniʃɛl] n. ■ Péj. Tzigane nomade. ⇒ **bohémien.** *Roulotte de romanichels.* — Abrév. fam. *Romano.*

roman-photo n. m., ***roman-savon*** n. m. ⇒ ① **roman.**

romantique [ʀɔmɑ̃tik] adj. **1.** Qui appartient au romantisme, en a les caractères. *La poésie romantique.* — N. *Les classiques et les romantiques.* **2.** Qui évoque les attitudes et les thèmes chers aux romantiques (sensibilité, exaltation, rêverie, etc.). *Un paysage, une beauté romantique.* **3.** Qui manifeste de l'idéalisme, de la sentimentalité. ⇒ **romanesque.** *Une âme romantique. Une histoire romantique.* ▸ ***romantisme*** n. m. **1.** Mouvement de libération littéraire et artistique qui s'est développé dans la première moitié du XIXe s., par réaction contre le caractère classique et rationaliste des siècles précédents. *Le romantisme français, allemand.* **2.** Caractère, esprit romantique. *Le romantisme de l'adolescence.* ‹ ▸ préromantique ›

romarin [ʀɔmaʀɛ̃] n. m. ■ Petit arbuste aromatique ; feuilles de cet arbuste.

rombière [ʀɔ̃bjɛʀ] n. f. ■ (France) Péj. Bourgeoise d'âge mûr, ennuyeuse, prétentieuse, un peu ridicule. *Des vieilles rombières.*

rompre [ʀɔ̃pʀ] v. ▪ conjug. 41. **I.** V. tr. ⇒ **briser. 1.** Littér. Casser. *Rompre le pain,* le partager à la main. *Les esclaves ont rompu leurs chaînes.* — Loc. *Applaudir à tout rompre,* très fort. **2.** Littér. Enfoncer par un effort violent. *La mer a rompu les digues.* **3.** Défaire un arrangement, un ordre (de personnes ou de choses). ROMPRE LES RANGS : les quitter de manière à ne plus former un rang. — Sans compl. *Rompez !,* ordre donné à une troupe ou à un soldat de se disperser, de partir. **4.** Arrêter le cours de. ⇒ **interrompre.** *Rompre le jeûne. Rompre le silence,* le faire cesser en parlant. ⇒ **troubler.** *Rompre l'équilibre,* le faire perdre. *Rompre un charme,* l'empêcher d'agir. Loc. *Le charme* est rompu.* — Interrompre (des relations). *Rompre les relations diplomatiques.* — Cesser de respecter (un engagement, une promesse). ⇒ **rupture.** *Rompre un traité, un marché. Rompre des fiançailles.* ⇒ **annuler. 5.** Littér. *Rompre qqn à un exercice,* l'y accoutumer. ⇒ **rompu (2). II.** V. intr. **1.** Littér. Casser. ⇒ **briser.** *La corde a rompu.* **2.** Escrime, boxe. Reculer. **3.** Renoncer soudain à des relations d'amitié (avec qqn). ⇒ **se brouiller.** *Elle a rompu avec sa famille.* — Se séparer (en parlant d'amoureux). *Il n'a pas le courage de rompre. Ils ont rompu.* — *Rompre avec qqch.,* cesser de pratiquer. *Rompre avec des traditions.* **III.** V. pron. passif. Littér. Se briser, se casser. *Les attaches se sont rompues.* ▸ ***rompu, ue*** adj. (Personnes) **1.** Extrêmement fatigué. ⇒ **exténué, fourbu ;** fam. **raqué.** *Être rompu de fatigue.* **2.** Littér. ROMPU À : qui a une grande expérience de (un art, un métier, une discipline...). *Elle est rompue à l'informatique.* **3.** Loc. *À bâtons* rompus.* ‹ ▸ interrompre, rupteur, rupture ›

romsteck [ʀɔmstɛ(e)k] n. m. ■ Partie de l'aloyau qui se mange rôtie ou braisée. *Des romstecks.* — REM. On écrit aussi *rumsteck, rumsteak.*

ronce [ʀɔ̃s] n. f. **1.** Mûrier sauvage, arbuste épineux aux fruits comestibles (⇒ **mûre**). *Un buisson de ronces* (un *roncier,* n. m.). **2.** Branche épineuse. *S'égratigner en passant dans des ronces.* **3.** Nœuds, veines de certains bois ; ces bois. *Meuble en ronce de noyer.* ▸ ***ronceraie*** n. f. ■ Terrain inculte où croissent les ronces (1).

ronchonner [ʀɔ̃ʃɔne] v. intr. ▪ conjug. 1. ■ Fam. Manifester son mécontentement en protestant avec humeur. ⇒ **bougonner, grogner, maugréer, râler.** *Tu es toujours en train de ronchonner.* ▸ ***ronchonnement*** n. m. ▸ ***ronchonneur*** ou ***ronchonneux, euse*** n. et adj. ■ Qui ronchonne sans cesse. *C'est une mautadite ronchonneuse.* ⇒ **bougon.**

rond, ronde [ʀɔ̃, ʀɔ̃d] adj. et n. m. **I.** Adj. **1.** Dont la forme extérieure constitue (à peu près) une circonférence. ⇒ **circulaire, sphérique.** *Caractère de ce qui est rond.* ⇒ **rotondité.** *La Terre est ronde. Une table ronde. Le ballon rond,* ballon de soccer (opposé à *ovale*). *Du bois* rond.* — *Des yeux ronds,* écarquillés (par l'étonnement, etc.). **2.** En arc de cercle. *Tuiles rondes. Bout rond.* / contr. **pointu** / — Arrondi, voûté. *Avoir le dos rond.* **3.** (Parties du corps) Charnu, sans angles. *Des joues rondes.* ⇒ **rebondi.** — (Personnes) Gros et court. *Un petit bonhomme tout rond.* ⇒ **rondelet. 4.** (Quantités) Entier, sans décimales, et se terminant de préférence par un ou plusieurs zéros. *Ça fait cent dollars en chiffres ronds* (⇒ **arrondir**). **5.** (Personnes) Qui agit sans détours. ⇒ ③ **franc.** *Un homme rond en affaires.* **6.** Fam. Ivre, soûl. ⇒ fam. **chaud, paqueté.** *Il était complètement rond.* **II.** Loc. adv. TOURNER ROND : d'une manière régulière. *Moteur qui tourne rond.* — *Ça ne tourne pas rond,* il y a qqch. d'anormal. — Fam. *Tourner les coins ronds,* ne pas soigner son travail. — *Avaler tout rond,* sans avoir mastiqué ; tout entier, d'un seul coup. **III.** N. m. **1.** Figure circulaire. ⇒ **cercle, circonférence.** *Tracer un rond. Faire des ronds dans l'eau,* des ondes circulaires et concentriques. *Faire des ronds de fumée.* ⇒ **volute.** — EN ROND loc. adv. : en cercle. *S'asseoir en rond autour d'une table.* Loc. *Tourner en rond,* ne pas progresser ; perdre son temps. ⇒ **niaiser ;** fam. **téter. 2.** Objet matériel de forme ronde. *Rond de serviette,* anneau pour enserrer une serviette roulée. Fam. *Rond (à patiner),* patinoire, généralement extérieure. — Cour. Chacun des feux d'une cuisinière. *Faire chauffer un rond.* Chacune des plaques mobiles d'un poêle à bois. *Un poêle à deux, à quatre ronds.* — (France) Loc. fam. *En baver des ronds de chapeau,* être au plus haut degré de l'admiration, de l'étonnement. **3.** Tranche ronde. ⇒ **rondelle.** *Manger quelques ronds de saucisson.* **4.** En termes de danse. *Rond de bras, de jambe,* mouvement circulaire (des bras, des jambes). — Loc. *Faire des* RONDS DE JAMBE : des politesses exagérées. **5.** (Surtout en France) Fam. *Ils ont des ronds,* de l'argent. *Il n'a pas le rond.* ⇒ ② **cent, sou.** ▶ ① ***ronde*** n. f. **1.** Loc. À LA RONDE : dans un espace circulaire. ⇒ **alentour.** *À dix lieues à la ronde.* — Tour à tour, parmi des personnes installées en rond. *Servir à la ronde.* **2.** Inspection militaire pour s'assurer que tout va bien. *Faire une ronde.* — Visite de surveillance. ⇒ **tournée.** *La ronde d'un gardien de nuit.* **3.** Danse où plusieurs personnes forment un cercle et tournent. *Entrer dans la ronde.* — Chanson de cette danse. *Ronde enfantine.* **4.** Écriture à jambages courbes, à boucles arrondies. **5.** Figure de note évidée et sans queue. *La ronde vaut deux blanches.* **6.** Fam. *Donner une ronde à qqn, manger sa ronde,* donner, recevoir une correction. ⇒ **volée.** — *Il a mangé toute une ronde,* il a été l'objet d'une engueulade. ▶ ***rond-de-cuir*** [Rɔ̃dkɥiR] n. m. ■ Péj. Employé de bureau (par allusion aux ronds de cuir qui garnissaient les sièges des bureaux). ⇒ péj. **bureaucrate.** *Des ronds-de-cuir.* ▶ ***ronde-bosse, ronde bosse*** [Rɔ̃dbɔs] n. f. ■ Sculpture en relief qui se détache du fond. *Des rondes-bosses.* ≠ *bas-relief. Sculptures en ronde bosse.* ▶ ***rondelet, ette*** [Rɔ̃dlɛ, ɛt] adj. ■ Qui a des formes arrondies. ⇒ **dodu, grassouillet, potelé, rondouillard.** *Une femme rondelette.* — *Une somme rondelette,* assez importante. ⇒ **coquet** (II). ▶ ***rondelle*** n. f. **1.** Pièce ronde, peu épaisse, généralement évidée. *Rondelle en caoutchouc pour les robinets. Rondelle de métal,* placée entre l'écrou d'un boulon et la partie serrée. **2.** Petite tranche ronde. *Une rondelle de citron, de saucisson. Couper des carottes en rondelles.* ⇒ **rond. 3.** Hockey. Morceau de caoutchouc rond, épais et durci dont on se sert pour jouer. ⇒ **disque ;** anglic. **puck.** *L'arbitre met la rondelle au jeu. Lancer la rondelle sur la bande.* ▶ ***rondement*** adv. **1.** Avec vivacité et efficacité. ⇒ **rapidement, tambour battant.** *Une affaire rondement menée.* **2.** D'une manière franche et directe. *Parler rondement.* ⇒ **franchement.** ▶ ***rondeur*** n. f. **1.** Forme ronde (d'une partie du corps). *La rondeur des bras.* — UNE RONDEUR : une partie ronde. Fam. *Elle a des rondeurs bien placées.* **2.** Caractère rond (⇒ **bonhomie**). *On m'a répondu avec rondeur,* sans façon. ▶ ***rondin*** n. m. **1.** Morceau de bois de chauffage (cylindrique). **2.** Tronc d'arbre employé dans les travaux de construction. ⇒ **bois** rond. *Une cabane en rondins.* ▶ ***rondouillard, arde*** adj. ■ Fam. et iron. Qui a de l'embonpoint. ⇒ **grassouillet, gros, rond, rondelet.** ▶ ***rond-point*** n. m. ■ Place circulaire d'où rayonnent plusieurs voies de communication. ⇒ **carrefour.** *Des ronds-points.* ‹ ▶ arrondir, quart-de-rond, rondeau ›

② ***ronde*** [Rɔ̃d] n. f. ■ Partie inférieure de la cuisse du bœuf (en boucherie). ⇒ ② **gîte.** *Steak, bifteck de (dans la) ronde. Une tranche de ronde.*

rondeau [Rɔ̃do] n. m. ■ Poème à forme fixe, sur deux rimes avec des vers répétés (destiné d'abord à être chanté). *Les rondeaux de Charles d'Orléans.* ≠ *rondo.*

rondo [Rɔ̃do] n. m. ■ Musique. Pièce brillante servant de finale, dans la sonate et la symphonie classiques. *Des rondos de Mozart.* ≠ *rondeau.*

ronéo [Rɔneo] n. f. ■ Machine à reproduire un texte dactylographié au moyen de stencils. — REM. Ce mot est un nom de marque déposée. ▶ ***ronéotyper*** v. tr. ▪ conjug. 1. ■ Reproduire à la ronéo.

ronflant, ante [Rɔ̃flɑ̃, ɑ̃t] adj. ■ Fam. Grandiloquent, plein d'emphase. ⇒ **pompeux.** *Phrases ronflantes. Titre ronflant.* ⇒ **prétentieux.**

ronfler [Rɔ̃fle] v. intr. ▪ conjug. 1. ■ Faire, en respirant pendant le sommeil, un fort bruit du nez. — (Choses) Produire un bruit comparable. ⇒ **ronronner, vrombir.** *Le poêle commence à ronfler.* ▶ ***ronflement*** n. m. ■ Action de ronfler ; bruit que fait une personne qui ronfle. *Des ronflements sonores. Le ronflement sourd du feu dans la cheminée. — Le ronflement du moteur.* ⇒ **ronron.** ▶ ***ronfleur*** ou ***ronfleux, euse*** n. ■ Personne qui a l'habitude de ronfler. ‹ ▶ ronflant ›

ronger [Rɔ̃ʒe] v. tr. ▪ conjug. 3. **1.** User en coupant avec les dents (incisives) par petits morceaux. *Souris qui ronge du pain.* ⇒ **grignoter, gruger.** *Le chien rongeait un os.* — Pronominalement (réfl.). *Se ronger les ongles.* — (Vers, insectes) Détériorer peu à peu. *Vers qui rongent le bois.* — Au passif et p. p. adj. *(Être) rongé par, de... Meuble rongé par les vers.* ⇒ **vermoulu.** *Ongles rongés.* — Mordiller (un corps dur). *Le cheval rongeait son frein, son mors.* — Fig. Loc. *Ronger son frein.* ⇒ **frein** (3). **2.** (Choses) Détruire peu à peu (qqch.). *La rouille ronge le fer.* ⇒ **corroder.** — *Le mal qui le ronge.* ⇒ ② **miner.** *Cette pensée me ronge. L'impatience le ronge. Le chagrin, le remords les ronge.* ⇒ **torturer.** — Pronominalement. Fam. *Se ronger (les sangs),* se faire du souci, se tourmenter. — Au passif. *Être rongé de remords, par le remords, l'inquiétude,* tourmenté, dévoré. ▶ ***rongeur*** ou ***rongeux, euse*** adj. et n. **1.** Qui ronge. *Des bêtes rongeuses.* — N. Fig. Loc. *Rongeur de balustre*.* **2.** N. m. pl. Ordre de mammifères dépourvus de canines, munis d'incisives tranchantes *(lapin, rat...).* — Au sing. *Un rongeur.*

ronron [Rɔ̃Rɔ̃] n. m. **1.** Fam. Ronflement sourd et continu. ⇒ **ronronnement.** *Le ronron d'un moteur.* **2.** Petit grondement continu et régulier du chat lorsqu'il est content. *Faire ronron.* ⇒ **ronronner. 3.** Abstrait. *Le ronron de la vie quotidienne,* sa monotonie assoupissante. ⇒ **routine, train-train.** ▶ ***ronronner*** v. intr. ▪ conjug. 1. ■ *Le chat ronronne quand on le caresse.* ▶ ***ronronnement*** n. m. ■ Ronron.

root beer [RutbiR] n. f. ■ Anglic. Boisson gazeuse aromatisée avec des extraits de racines, des épices, etc. ⇒ **racinette.** — REM. L'O.L.F. propose *racinette* pour remplacer ce mot.

roquefort [Rɔkfɔr] n. m. ■ Fromage fait de lait de brebis et ensemencé d'une moisissure spéciale. *Des roqueforts. Le roquefort, le bleu, le gorgonzola se ressemblent.*

roquer [Rɔke] v. intr. ▪ conjug. 1. ■ Échecs. Placer l'une de ses tours à côté du roi et faire passer ce dernier de l'autre côté de la tour, lorsqu'il n'y a aucune pièce entre eux.

roquet [Rɔkɛ] n. m. **1.** Petit chien hargneux qui aboie pour un rien. **2.** Fig. Personne hargneuse et peu redoutable.

roquette [Rɔkɛt] n. f. ■ Projectile autopropulsé. ⇒ **fusée.** *Roquette antichar. Tube lance-roquettes* (ou bazooka). ‹ ▶ lance-roquettes ›

roquille [Rɔkij] n. f. ■ ancienne mesure de capacité pour les liquides, valant 0,142 litre. ⇒ **gallon.** — Récipient de cette contenance.

rorqual [RɔRkal] n. m. ■ Mammifère cétacé à large tête aplatie, à face ventrale striée, possédant une nageoire dorsale, qui vit dans les mers froides et effectue de longues migrations. *Au printemps, on peut voir des rorquals dans le golfe du Saint-Laurent.*

rosace [ROZAS] n. f. **1.** Figure symétrique faite de courbes inscrites dans un cercle. — Ornement qui a cette forme. *Plafond à rosace.* **2.** Grand vitrail d'église, de forme circulaire.

rosacées [ROZASE] n. f. pl. ■ Botanique. Famille de plantes à feuilles découpées (dentées), dont la fleur porte des étamines nombreuses soudées à la base (ex. : *aubépine, rosier*). — Au sing. *Une rosacée.*

rosaire [ROZɛR] n. m. ■ Grand chapelet composé de quinze dizaines d'Ave Maria précédées chacune d'un Pater. — Les prières elles-mêmes. *Dire, réciter son rosaire.* — (Avec une majusc.) *Notre-Dame du Rosaire,* titre donné à la Vierge.

rosâtre [ROZɑtR] adj. ■ Qui est d'un rose peu franc.

rosbif ou ***roast-beef*** [Rɔsbif] n. m. ■ Morceau de bœuf à rôtir (ou rôti), généralement coupé dans l'aloyau. *Une tranche de rosbif. Du rosbif au jus.*

① ***rose*** [ROZ] n. f. **1.** Fleur du rosier, décorative et odorante. *Des roses rouges, blanches. Rose pompon,* de petite taille. *Bouton de rose. Rose sauvage.* ⇒ **églantier.** — EAU DE ROSE : essence de roses diluée dans l'eau. *Un roman à l'eau de rose,* sentimental et mièvre. — Loc. *Être frais, fraîche comme une rose,* avoir un teint éblouissant. *Pas de roses sans épines,* toute joie comporte une peine. Fam. *Envoyer qqn* SUR LES ROSES : l'envoyer au diable. ⇒ **paître, rabrouer, rembarrer. 2.** ROSE TRÉMIÈRE : nom courant de la guimauve rose. ⇒ **primerose. 3.** *Bois de rose,* bois de placage de couleur rosée utilisé en ébénisterie et en marqueterie. **4.** ROSE DES VENTS : figure en étoile à 32 divisions représentant les trente-deux aires du vent sur le cadran d'une boussole. **5.** ROSE DE SABLE : cristallisation de gypse, en forme de rose, dans le Sahara. ▸ ② ***rose*** adj. et n. m. **1.** Adj. Qui est d'un rouge très pâle, comme de nombreuses roses. *Des robes roses. Son visage devenait tout rose.* ⇒ **rosir. 2.** Loc. *Ce n'est pas rose,* ce n'est pas gai, pas agréable (difficultés, corvées). *Voir la vie en rose, voir tout en rose,* avec optimisme (opposé à *en noir*). **3.** N. m. Couleur rose. *Être habillé de rose. Traditionnellement, le rose est pour les filles, le bleu pour les garçons. Une écharpe d'un rose vif, pâle. Rose bonbon,* vif. ⇒ fam. **nanane.** ▸ ***rosé, ée*** adj. ■ Légèrement teinté de rose. *Beige rosé.* — *Vin rosé* et, n. m., *du rosé,* vin rouge clair. *Rosé de Provence, d'Anjou.* ⟨ ▸ primerose, rosace, rosacées, rosaire, rosâtre, roséole, rosette, rosier, rosière, rosir ⟩

roseau [ROZO] n. m. ■ Plante aquatique à tige droite et lisse. ⇒ **jonc, quenouille.** *Des roseaux au bord d'un étang. « L'arbre tient bon, le roseau plie »* (La Fontaine).

rosée [ROZe] n. f. ■ Condensation de la vapeur en fines gouttelettes d'eau, sous l'effet du rayonnement de la terre ; ces gouttelettes. ⇒ ② **serein.** *Herbe humide de rosée.*

roséole [ROZeɔl] n. f. ■ Éruption de taches rosées qui s'observe dans certaines maladies infectieuses et intoxications.

roseraie [ROZRɛ] n. f. ■ Plantation de rosiers.

rosette [ROZɛt] n. f. ■ Insigne (en forme de rose) du grade d'officier, dans certains ordres. ⇒ **décoration.** — Absolt. (en France). *Avoir la rosette* (de la Légion d'honneur).

rosier [ROZje] n. m. ■ Arbrisseau épineux portant les roses. *Rosier grimpant. Rosier sauvage.* ⇒ **églantier.** *Les rosiers d'une roseraie.* ⟨ ▸ roseraie ⟩

rosière [ROZjɛR] n. f. ■ (France) Jeune fille à laquelle on décernait une couronne de roses en récompense, pour sa réputation de vertu. *Ce n'est pas une rosière,* elle n'est pas très vertueuse.

rosir [ROZiR] v. intr. ▪ conjug. 2. ■ Prendre une couleur rose. *Son visage rosit de plaisir.*

① ***rosse*** [Rɔs] n. f. ■ Vieilli. Mauvais cheval. ⇒ ① **piton.**

② ***rosse*** n. f. et adj. ■ Personne dont on subit les méchancetés, la dureté. ⇒ fam. **chameau,** ② **vache.** *Maudite rosse. Ah ! les rosses !* — Adj. Dur et injuste. *Vous avez été rosse avec les enfants.* ▸ ***rosserie*** n. f. ■ Parole ou action rosse. ⇒ **méchanceté.**

rosser [Rɔse] v. tr. ▪ conjug. 1. ■ Battre, frapper violemment. *Se faire rosser.* ⇒ **cogner.** ▸ ***rossée*** n. f. ■ Fam. Volée. *Flanquer, recevoir une rossée.* ⇒ **correction ;** fam. **raclée, trempe.**

① ***rossignol*** [Rɔsiɲɔl] n. m. ■ Oiseau passereau, au chant varié et très harmonieux. — Pinson chanteur.

② ***rossignol*** n. m. ■ Instrument pour crocheter les portes. ⇒ **crochet.** *Rossignol de cambrioleur.*

rot [RO] n. m. ■ Fam. Expulsion plus ou moins bruyante de gaz de l'estomac par la bouche. ⇒ **éructation,** ① **renvoi.** *Faire faire son rot à un bébé.* ⟨ ▸ roter ⟩

rotation [Rɔtasjɔ̃] n. f. **1.** Didact. Mouvement d'un corps autour d'un axe (matériel ou non). *Rotation de la Terre.* — Mouvement circulaire. ⇒ **cercle,** ① **révolution,** ② **tour.** *Exécuter, faire une rotation.* **2.** Abstrait. Le fait d'alterner, de remplacer périodiquement. *La rotation des équipes.* — Fréquence des voyages à partir d'un même lieu. *La rotation des avions d'une ligne.* — *Rotation du stock,* succession des renouvellements d'un stock (de marchandises). ⇒ **roulement.** *Rotation des cultures.* ⇒ **assolement.** ▸ ***rotatif, ive*** adj. ■ Qui agit en tournant, par une rotation. *Foreuse rotative.* ▸ ***rotative*** n. f. ■ Presse à imprimer continue, agissant au moyen de cylindres. *Les rotatives qui impriment les journaux.* ▸ ***rotatoire*** adj. ■ Qui est caractérisé par une rotation. *Mouvement rotatoire.* ⇒ **circulaire.**

roter [Rɔte] v. intr. ▪ conjug. 1. ■ Fam. Faire un, des rot(s). ⇒ **éructer.**

rôti [Rɔti] n. m. ■ Morceau de viande de boucherie, cuit à sec et à feu vif. *Rôti de bœuf, de veau. Un rôti de porc frais.* — *Graisse* de rôti.*

rôtie [Rɔti] n. f. ■ Tranche de pain grillé. ⇒ anglic. **toast.** *Rôties, café. Mettre des cretons sur ses rôties.*

rotin [Rɔtɛ̃] n. m. ■ Partie de la tige des branches d'une variété de palmier, utilisée pour faire des sièges cannés. *Meubles en rotin.*

rôtir [RotiR] v. ▪ conjug. 2. **1.** V. tr. Faire cuire (de la viande) à feu vif. *Rôtir du porc.* — Au p. p. adj. *Poulet rôti.* — Fam. Exposer à une forte chaleur. — Pronominalement (réfl.). *Se rôtir au soleil.* ⇒ se **dorer. 2.** V. intr. Cuire à feu vif. *Mettre la viande à rôtir. Le rosbif rôtit depuis un quart d'heure.* — Fam. Supporter une chaleur qui incommode. *On rôtit, ici.* ⇒ **cuire.** ▸ ***rôtisserie*** n. f. ■ Restaurant où l'on mange des viandes rôties, spécialt le poulet. ⇒ **brochetterie, grilladerie.** — Magasin, comptoir où l'on prépare des viandes rôties. ▸ ***rôtisseur, euse*** n. ■ Personne qui prépare et vend des viandes rôties. ▸ ***rôtissoire*** n. f. ■ Ustensile de cuisine qui sert à faire rôtir la viande. *Mettre la dinde dans une rôtissoire.* ⟨ ▸ rôti, rôtie ⟩

rotoculteur [Rɔtokyltœr] n. m. ■ Appareil muni d'un dispositif rotatif équipé de dents recourbées rigides, qui sert à retourner, à mélanger la terre.

rotonde [Rɔtɔ̃d] n. f. ■ Édifice circulaire (à dôme et à colonnes).

rotondité [ʀɔtɔ̃dite] n. f. **1.** Littér. Caractère de ce qui est rond, sphérique. *La rotondité d'un globe.* **2.** Fam. Rondeur d'une personne assez grosse. ⇒ **embonpoint.**

rotor [ʀɔtɔʀ] n. m. ■ Partie rotative d'un moteur, d'une turbine, et spécialt, ensemble moteur d'un hélicoptère, formé de pales tournant autour d'un axe.

rotule [ʀɔtyl] n. f. ■ Os court, plat, situé à la partie antérieure du genou. ⇒ ① **palette.** — Loc. fam. *Être sur les rotules,* très fatigué. ▸ ***rotulien, ienne*** adj. ■ Relatif à la rotule. *Réflexe rotulien,* mouvement de la jambe obtenu en frappant la rotule.

roture [ʀɔtyʀ] n. f. ■ Littér. Condition, classe des roturiers (opposé à *noblesse*). ▸ ***roturier, ière*** adj. et n. ■ Qui n'est pas noble, qui est de condition inférieure, dans la société féodale et sous l'Ancien Régime, en France. — N. *Un roturier, une roturière.* ⇒ **bourgeois, manant.**

rouage [ʀwaʒ] n. m. **1.** Chacune des pièces (petites roues) d'un mécanisme (d'horlogerie, etc.). *Les rouages d'une montre.* **2.** Abstrait. Chaque partie essentielle d'une chose organisée qui fonctionne. *Les rouages de la machine sociale. Les rouages de l'économie, du capitalisme.*

roublard, arde [ʀublaʀ, aʀd] adj. et n. ■ (France) Fam. Qui fait preuve d'astuce et de ruse dans la défense de ses intérêts. ⇒ **malin, rusé.** / contr. **scrupuleux** / *C'est un vieux roublard.* ⇒ fam. **vlimeux.** ▸ ***roublardise*** n. f. ■ (France) Caractère, conduite de roublard. ⇒ **rouerie.**

rouble [ʀubl] n. m. ■ Unité monétaire de l'ancienne U.R.S.S. et maintenant de la communauté des États indépendants. *Un rouble vaut cent kopecks.*

roucouler [ʀukule] v. intr. ▪ conjug. 1. **1.** (Pigeons, tourterelles) Faire entendre son cri. **2.** Tenir des propos tendres et langoureux. *Des amoureux qui roucoulent.* ▸ ***roucoulement*** n. m. ■ *Le roucoulement des tourterelles. — Des roucoulements d'amoureux.*

roue [ʀu] n. f. **1.** Disque plein ou évidé tournant sur un axe* et utilisé comme organe de déplacement. *Les roues d'une voiture, d'une bicyclette. Véhicule à deux, quatre roues.* ⇒ **quatre-roues.** *Roues avant, arrière. Roue de secours,* de rechange. *Chapeau de roue,* pièce qui protège le moyeu. Fam. *Virage sur les chapeaux de roue,* à toute allure. ROUE LIBRE : dispositif permettant au cycliste de rouler sans pédaler. — Loc. *Pousser, mettre l'épaule à la roue,* aider qqn à réussir. *Être la cinquième roue du carrosse, de la charrette,* être inutile, insignifiant. **2.** Disque tournant sur son axe, servant d'organe de transmission, d'élévation, etc. ⇒ **poulie, rouage.** *Roues dentées.* **3.** *Supplice de la roue,* qui consistait à attacher le criminel sur une roue après lui avoir rompu les membres. ⇒ **rouer. 4.** Disque tournant. *Grande roue,* attraction foraine, manège en forme de roue dressée. *Roue de loterie,* disque vertical portant des numéros, que l'on fait tourner. **5.** FAIRE LA ROUE : tourner latéralement sur soi-même en faisant reposer le corps alternativement sur les mains et sur les pieds. — (Oiseaux) Déployer en rond les plumes de la queue. *Paon qui fait la roue.* — Péj. Déployer ses séductions. ⇒ se **pavaner. 6.** Fam. Volant (d'un véhicule automobile). *Une roue de camion. Roue qui barre.* Loc. *Prendre la roue.* ⇒ **conduire.** — REM. Ce sens est un calque de l'anglais. ▸ ***rouelle*** [ʀwɛl] n. f. ■ Partie de la cuisse de veau au-dessus du jarret, coupée en rond. ▸ ***rouer*** [ʀwe] v. tr. ▪ conjug. 1. **1.** Autrefois. Supplicier sur la roue (3). **2.** Loc. *Rouer qqn de coups,* le frapper à coups redoublés. ⇒ **battre, rosser.** ▸ ***rouet*** [ʀwɛ] n. m. ■ Autrefois. Machine à roue servant à filer (chanvre, laine, lin, etc.). *Une fileuse à son rouet.* ‹ ▸ deux-roues, quatre-roues, rouage, ① rouler, roulette ; rotation ›

roué, ée [ʀwe] n. et adj. Littér. ■ N. Personne rusée qui ne s'embarrasse d'aucun scrupule pour arriver à ses fins. ⇒ **hypocrite.** — Adj. ⇒ **malin, rusé.** ▸ ***rouerie*** [ʀuʀi] n. f. ■ Finesse et habileté sans scrupule. ⇒ **ruse.**

rouf [ʀuf] n. m. ■ Terme de marine. Petite construction élevée sur le pont d'un navire.

rouflaquettes [ʀuflakɛt] n. f. pl. ■ Fam. Favoris, poils que les hommes laissent pousser sur les côtés du visage.

rouge [ʀuʒ] adj. et n. **I.** Adj. **1.** Qui est de la couleur du sang, du rubis, etc. (extrémité du spectre solaire). ⇒ **carmin, écarlate, pourpre.** *Corriger un texte au crayon rouge. Rose rouge. Viande rouge,* très peu grillée. ⇒ **saignant.** *Le drapeau rouge,* révolutionnaire. — VIN ROUGE : fait avec des raisins ayant leur peau (souvent des raisins noirs), avec macération complète. *Un bordeaux rouge.* — N. m. *Boire du rouge.* **2.** Qui a pour emblème le drapeau rouge ; qui est d'extrême gauche. ⇒ **communiste.** *La banlieue rouge de Paris.* — N. Vieilli. *Les rouges,* les communistes. — *L'Armée rouge.* ⇒ **soviétique. 3.** Qui est porté à l'incandescence. *Fer rouge.* ⇒ **fer. 4.** (Personnes) Dont la peau devient de cette couleur, par l'afflux du sang (opposé à *blanc, pâle*). ⇒ **congestionné, rougeaud ; rubicond.** *Être rouge comme un coq, une tomate, une pivoine,* rouge d'émotion, de confusion. *Être rouge de colère.* — Adv. *Se fâcher tout rouge,* devenir rouge de colère. ⇒ fam. **bleu.** *Voir rouge,* avoir un accès de colère qui incite au meurtre (voir du sang). **II.** N. m. LE ROUGE. **1.** La couleur rouge. *Peindre une clôture en rouge. Un rouge vif, foncé. Un beau rouge vin,* très foncé. ⇒ **bordeaux, bourgogne.** *Des pétales d'un rouge vif.* **2.** Colorant rouge ; pigment donnant une couleur rouge. *Broyer du rouge sur sa palette.* — Fard rouge. ROUGE À LÈVRES : pour les lèvres. *Tube de rouge.* **3.** Couleur, aspect du métal incandescent. *Barre de fer portée au rouge.* **4.** Teinte rouge que prend la peau sous l'effet d'une émotion. ⇒ **feu.** *Le rouge lui montait aux joues, au front.* **5.** Fam. DU ROUGE : du supercarburant (opposé à *jaune*). **6.** N. Fam. Membre ou partisan d'un parti politique libéral (fédéral ou provincial), opposé à *bleu.* — Au plur. *Les rouges,* l'un ou l'autre des partis libéraux. *Les rouges ont perdu les élections.* — Adj. Qui appartient, qui est propre à l'un de ces partis. *Une ministre rouge.* — Adv. *Voter rouge au fédéral.* **7.** Loc. fam. *Être dans le rouge,* avoir un compte à découvert, connaître des difficultés financières ; avoir un déficit. ▸ ***rougeâtre*** [ʀuʒɑtʀ] adj. ■ Légèrement rouge. *Lueur rougeâtre.* ▸ ***rougeaud, aude*** [ʀuʒo, od] adj. ■ Haut en couleur (teint) ; qui a le teint trop rouge. ⇒ **congestionné, rubicond.** *Une figure rougeaude.* ▸ ***rouge-gorge*** [ʀuʒgɔʀʒ] n. m. **1.** Oiseau de petite taille, dont la gorge et la poitrine sont d'un roux vif. *Des rouges-gorges.* **2.** Cour. Merle d'Amérique, dont la poitrine est rousse. ▸ ***rougeole*** [ʀuʒɔl] n. f. ■ Maladie infectieuse caractérisée par une éruption de taches rouges sur la peau. ⇒ **rubéole.** ▸ ***rougeoleux, euse*** adj. et n. ■ *Un enfant rougeoleux.* ▸ ***rougeoyer*** [ʀuʒwaje] v. intr. ▪ conjug. 8. ■ Prendre une teinte rougeâtre ; produire des reflets rougeâtres. *Incendie qui rougeoie dans la nuit.* ▸ ***rougeoiement*** [ʀuʒwamɑ̃] n. m. ■ *On apercevait au loin le rougeoiement des torches.* ▸ ***rougeoyant, ante*** [ʀuʒwajɑ̃, ɑ̃t] adj. ■ *Ciel rougeoyant au coucher du soleil.* ▸ ***rouget*** n. m. ■ Poisson de mer de couleur rouge, très estimé. *Une friture de rougets.* ▸ ***rougeur*** n. f. **1.** Coloration du visage causée par la chaleur, l'émotion. *Une brusque rougeur.* **2.** Au plur. ROUGEURS : taches rouges sur la peau, de nature inflammatoire. ⇒ **érythème.**

▸ ***rougir*** v. ▪ conjug. 2. **I.** V. intr. **1.** Devenir rouge, plus rouge. *Les écrevisses rougissent à la cuisson. Les feuilles rougissent à l'automne.* **2.** (Personnes) Devenir rouge sous l'effet d'une émotion. / contr. **pâlir** / *Elle a rougi jusqu'aux oreilles,* beaucoup. ⇒ piquer un **fard.** *Rougir de colère, de honte,* sous l'effet de... — Au p. p. adj. *Des yeux rougis* (de pleurs). — (Par pudeur) *Ces propos grivois la faisaient rougir.* **3.** Éprouver un sentiment de culpabilité, de confusion. *Je n'ai pas à rougir de cela.* **II.** V. tr. Rendre rouge. — Littér. *Rougir ses mains* (de sang), commettre un crime. — *Rougir une barre de fer,* chauffer au rouge. ▸ ***rougissant, ante*** adj. ▪ Qui rougit d'émotion. *Un garçon timide et rougissant.* ▸ ***rougissement*** n. m. ▪ Le fait de rougir. *Le rougissement des érables.* ⟨ ▸ dérougir, infrarouge, peau-rouge ⟩

rough [ʀɔf] adj., n. et adv. Anglic. Fam. **I.** Adj. (Choses) **1.** Difficile, dur. ⇒ **laborieux, pénible ;** anglic. **tough.** *L'examen était rough. Un hiver très rough.* **2.** (Surfaces, sols) Qui présente des inégalités, qui est en mauvais état faute d'entretien. *Le chemin est rough.* ⇒ **cahoteux, raboteux. 3.** (Bois) Qui n'est pas plan ①. ⇒ **rude.** *Une poutre rough.* **II.** Adj. et n. (Personnes) **1.** Qui est costaud et brutal. ⇒ anglic. **tough.** *Des jeunes roughs.* — N. *Une petite gang de roughs.* — REM. Dans ce sens, on emploie fréquemment l'expression *rough and tough.* **2.** Qui est grossier, mal élevé, sans éducation. *Ils sont colons et roughs.* **III.** Adv. ⇒ fam. **roughment. 1.** Rudement, d'une manière très physique. *Footballeur qui joue rough.* ⇒ **agressivement, durement. 2.** Beaucoup, très. *Elle a travaillé rough pour en arriver là.* ⇒ ② **fort.** ▸ ***roughment*** adv. ▪ Fam. Rudement, durement. ⇒ fam. **rough.** *Tu y vas un peu trop roughment, non ?*

rouille [ʀuj] n. f. **1.** Produit de la corrosion du fer en présence de l'oxygène de l'air, en milieu humide. *Tache de rouille. Couvert, rongé de rouille.* — Adj. invar. D'un rouge-brun. ⇒ **roux. 2.** Nom de certaines maladies des végétaux. ▸ ***rouiller*** v. **I.** V. intr. Se couvrir de rouille. *Ces outils ont rouillé sous la pluie.* **II.** V. tr. **1.** Provoquer la formation de la rouille sur (qqch.). ⇒ **corroder, ronger.** *L'humidité rouille le fer.* — Pronominalement. *La grille commence à se rouiller.* **2.** Fig. Rendre moins alerte (le corps, l'esprit) par manque d'exercice. *La paresse rouille l'esprit.* Pronominalement. *Il s'est rouillé faute d'exercice.* **III.** Au passif et p. p. adj. (ÊTRE) ROUILLÉ, ÉE. **1.** Taché, couvert de rouille. *Les gonds de la fenêtre sont tout rouillés. Un clou rouillé.* — Fam. et plaisant. *Avoir le visage rouillé,* plein de taches de rousseur. **2.** Fig. *Avoir les jambes rouillées, la mémoire rouillée. Être rouillé.* ⟨ ▸ antirouille, ② dérouiller ⟩

roulable [ʀulabl] adj. ▪ (Routes, voies) Où l'on peut rouler. ⇒ **carrossable,** ① **praticable, roulant.** *Vers dix-sept heures, ce n'est plus roulable dans le centre-ville. Ce chemin forestier est roulable si on ne dépasse pas 50 km/h.*

roulade [ʀulad] n. f. **1.** Succession de notes chantées rapidement et légèrement sur une seule syllabe. *Faire des roulades.* **2.** Mouvement de gymnastique qui consiste à s'enrouler sur soi-même, en avant ou en arrière. ⇒ **galipette. 3.** Tranche de viande, de poisson, roulée et farcie. *Des roulades de jambon.*

roulage [ʀulaʒ] n. m. ▪ Transport de marchandises par voitures automobiles ; camionnage.

roulant, ante [ʀulɑ̃, ɑ̃t] adj. et n. m. **1.** Qui roule (sur roues, roulettes). *Table roulante,* servant de desserte, de bar, etc. *Fauteuil roulant* ou, fam., *chaise* roulante.* — *Matériel roulant* (opposé à *matériel fixe*), dans les chemins de fer, les mines, les exploitations agricoles, etc. — *Le personnel roulant* ou n., fam., *les roulants,* ceux qui se déplacent (agents de conduite, etc.). **2.** Se dit de surfaces animées d'un mouvement continu, servant à transporter d'un point à un autre. *Un pont roulant* (dans une usine ⇒ **portique**). *Trottoir, escalier roulant* ou *mécanique.* **3.** (Routes, voies) (France) Où l'on roule avec facilité. ⇒ **carrossable,** ① **praticable, roulable. 4.** N. m. Baseball, balle-molle. Balle frappée au sol. *Un petit roulant en direction du troisième but.* **5.** *Feu roulant,* tir continu. — Fig. *Un feu roulant de questions.* ▸ ***roulante*** n. f. ▪ Fam. Cuisine roulante de l'armée.

rouleau [ʀulo] n. m. **I. 1.** Bande enroulée de forme cylindrique. *Rouleau de papier peint. Rouleau de pellicules photographiques.* ⇒ **bobine.** — *Être au bout de son rouleau, du rouleau,* n'avoir plus rien à dire ; plus d'argent, plus d'énergie. ⇒ fam. ② **coton. 2.** Ensemble d'objets roulés en forme de cylindre. *Rouleau de pièces de monnaie. Rouleau de bonbons.* — Cheveux enroulés. **3.** Grosse vague qui se brise après s'être recourbée. ⇒ **brisant. 4.** Technique de saut en hauteur au cours duquel le corps roule au-dessus de la barre. *Rouleau dorsal, ventral.* **II. 1.** Cylindre allongé de bois, de métal, etc., que l'on fait rouler. *Rouleau à pâte, à pâtisserie.* — *Rouleau compresseur,* servant à aplanir le revêtement d'une route. — *Rouleau à peinturer ou rouleau de peintre en bâtiment,* servant à appliquer la peinture. *Peinturer au rouleau.* **2.** Objet cylindrique destiné à recevoir ce qui s'enroule. *Rouleau à mise en plis, pour les cheveux.* ⇒ **bigoudi.** *Un rouleau de fil.* ⇒ **bobine.**

① ***rouler*** [ʀule] v. ▪ conjug. 1. **I.** V. tr. **1.** Déplacer (un corps arrondi) en le faisant tourner sur lui-même (⇒ **roue**). *Rouler un tonneau.* — *Rouler des croquettes dans la farine.* — Loc. *Rouler sa bosse,* voyager beaucoup. ⇒ **bourlinguer. 2.** Déplacer (un objet muni de roues, de roulettes). *Roulez la table jusqu'ici.* — Déplacer (qqn) dans un véhicule, un dispositif à roues. *Rouler un bébé dans sa poussette.* **3.** Mettre en rouleau. *Rouler des tapis. Rouler une cigarette,* en enroulant le tabac dans la feuille de papier. *Rouler des cennes.* — Pronominalement. *Elle se roule une cigarette.* **4.** Imprimer un mouvement circulaire, rotatoire à. *Rouler les hanches en marchant.* — (France) Fam. *Rouler les mécaniques,* les muscles des épaules pour montrer sa force. — *Se rouler les pouces* (fam. *se les rouler*), se tourner les pouces, ne rien faire. **5.** Littér. Tourner et retourner. *Rouler mille projets dans sa tête.* **6.** *Rouler les r,* les faire vibrer. **II.** SE ROULER v. pron. réfl. **1.** Se tourner de côté et d'autre en position allongée. ⇒ **virailler.** *Se rouler par terre, dans l'herbe.* — Loc. *C'est à se rouler par terre* (de rire), à se tordre de rire. ⇒ **crevant ;** fam. **crampant. 2.** S'envelopper (dans). ⇒ s'**enrouler.** *Se rouler dans une couverture.* **III.** V. intr. **1.** Avancer en tournant sur soi-même. *Faire rouler un cerceau. Larme qui roule sur la joue.* ⇒ ① **couler.** — Tomber et tourner sur soi-même par l'élan pris dans la chute. ⇒ **dégringoler.** *Rouler du haut d'un talus.* **2.** (Suj. chose) Avancer au moyen de roues, de roulettes, sur un véhicule à roues. *La voiture roulait à 100 à l'heure.* — (Suj. personne) Voyager dans un véhicule à roues. *Nous avons roulé toute la journée. Vous roulez trop vite.* ⇒ **conduire. 3.** (Bateaux) Être agité de roulis. *Le bateau tangue et roule.* **4.** (Personnes) Errer de lieu en lieu sans s'arrêter. *Elle a pas mal roulé dans sa vie.* **5.** (Argent) Circuler (⇒ **roulement,** 4). **6.** (Conversations, propos...) ROULER SUR : avoir pour sujet. ⇒ **porter** sur. *L'entretien a roulé sur la politique.* ▸ ***roulé, ée*** adj. et n. m. **1.** Enroulé ; mis en rouleau. *Chandail à col roulé. Épaule roulée* (viande de boucherie), désossée et enroulée. **2.** N. m. Gâteau dont la pâte est enroulée sur elle-même. *Roulé à la confiture. Des petits roulés au chocolat.* **3.** Fam. (Personnes) BIEN ROULÉ, bien fait, qui a un beau corps. ▸ ***roulé-boulé***

n. m. ■ Culbute par laquelle on tombe en se roulant en boule pour amortir le choc fait. *Des roulés-boulés.* ▶ ***roulement*** n. m. **1.** Action de rouler (III, 1). — *Roulement à billes.* ⇒ **bille. 2.** Bruit d'un véhicule, etc., qui roule, ou bruit analogue. *On entendait un roulement de chariots, de barriques. Un roulement de tambour.* **3.** Mouvement de ce qui tourne. *Roulement d'yeux.* **4.** (Argent) Action de circuler. *Le roulement des capitaux. Fonds de roulement.* **5.** Alternance de personnes qui se relayent dans un travail. *Ils travaillent par roulement.* ⟨ ▶ dérouler, enrouler, roulable, roulade, roulage, roulant, rouleau, ② rouler, roulière, rouli-roulant, rouleuse, roulis, roulotte ⟩

② ***rouler*** v. tr. ▪ conjug. 1. ■ Fam. Duper (qqn). ⇒ **avoir, organiser, pogner, posséder.** *Il a voulu me rouler. Vous vous êtes fait rouler.*

roulette [ʀulɛt] n. f. **1.** Petite roue permettant le déplacement d'un objet. *Table, patins, planche à roulettes. Marcher, aller comme sur des roulettes,* (affaires) très bien, sans difficultés. **2.** Fraise (de dentiste). — Petit outil à roue dentée. *Roulette de pâtissier.* **3.** Jeu de hasard où une petite boule d'ivoire, lancée dans une cuvette tournante à cases numérotées rouges ou noires, décide du gagnant. *Jouer un numéro à la roulette.* — *La roulette russe,* forme de duel au révolver, le barillet étant seulement chargé d'une ou de deux balles, à un (des) emplacement(s) que les joueurs ignorent. *Joueur à la roulette russe.*

rouleuse [ʀuløz] n. f. ■ Fam. Cigarette faite (⇒ **rouler**) à la main. ⇒ fam. **taponneuse.** *Elle fume des rouleuses.*

roulière [ʀuljɛʀ] n. f. ■ Trace, plus ou moins profonde, laissée dans une voie (boue, neige, etc.) par le passage de véhicules munis de roues ou de patins. ⇒ **ornière.** *Les roulières creusées par un tracteur.*

rouli-roulant [ʀuliʀulɑ̃] n. m. ■ Planche à roulettes. ⇒ anglic. **skateboard.** *Des rouli-roulants.*

roulis [ʀuli] n. m. invar. ■ Mouvement d'un bateau qui penche alternativement à droite et à gauche sous l'effet de la houle. *Roulis et tangage*. Un coup de roulis.*

roulotte [ʀulɔt] n. f. **1.** Cour. Remorque d'automobile aménagée pour servir de logement aux vacanciers. ⇒ **autocaravane,**② **campeur,** ② **caravane ;** anglic. **camping-car. 2.** Voiture aménagée en maison, où vivent des nomades (forains, bohémiens). ⇒ ① **caravane.** ⟨ ▶ tente-roulotte ⟩

roumain, aine [ʀumɛ̃, ɛn] adj. et n. **1.** De Roumanie. — N. (Avec une majusc.) Personne née dans ce pays ou qui en a obtenu la citoyenneté. *Les Roumains.* **2.** N. m. *Le roumain,* la langue romane parlée en Roumanie. — Adj. *Un néologisme roumain.*

round [ʀawnd] n. m. ■ Reprise d'un combat de boxe. *Combat en dix rounds.*

roupie n. f. ■ Unité monétaire de l'Inde, du Pakistan, du Sri Lanka, du Népal, etc.

roupiller [ʀupije] v. intr. ▪ conjug. 1. ■ (Surtout en France) Fam. Dormir. ▶ ***roupillon*** n. m. ■ (Surtout en France) Fam. Petit somme. *Faire, piquer un roupillon.*

rouquin, ine [ʀukɛ̃, in] adj. et n. ■ Fam. Qui a les cheveux roux. *Il est rouquin.* — N. *Une belle rouquine.*

rouspéter [ʀuspete] v. intr. ▪ conjug. 6. ■ Fam. Protester, réclamer (contre qqch.). ⇒ **grogner, pester, protester ;** fam. ② **râler.** *Il rouspète toute la journée.* ▶ ***rouspétance*** n. f. ■ *Assez de rouspétance !* ▶ ***rouspéteur*** ou ***rouspéteux, euse*** n. ■ Personne qui aime à rouspéter. ⇒ **hargneux ;** fam. **pisse-froid, râleur.**

roussâtre [ʀusɑtʀ] adj. ■ Qui tire sur le roux.

rousse adj. et n. ⇒ **roux.**

rousseler [ʀusle] v. tr. ▪ conjug. 4. — REM. S'emploie surtout à l'infinitif. ■ Marquer, se couvrir de taches de rousseur. *Le soleil fait rousseler son visage. Tu commences à rousseler sur les épaules.* — Au passif et au p. p. adj. *Être rousselé. Avoir les mains rousselées.* ⇒ **pivelé ;** fam. **rouillé.**

roussette [ʀusɛt] n. f. **1.** Poisson (squale), appelé aussi *chien de mer.* **2.** Grande chauve-souris des régions tropicales. **3.** Beigne dont la pâte est torsadée. *Des roussettes au chocolat.*

rousseur [ʀusœʀ] n. f. **1.** Couleur rousse. — TACHE DE ROUSSEUR : tache rousse qui peut apparaître sur la peau (du visage, des mains...). **2.** Tache roussâtre qui apparaît avec le temps sur le papier.

roussir [ʀusiʀ] v. ▪ conjug. 2. **1.** V. tr. Rendre roussâtre (surtout en brûlant légèrement). *Roussir du linge en repassant.* **2.** V. intr. Devenir roux. *Faire roussir des oignons dans le beurre.* ⇒ **revenir.** ▶ ***roussi*** n. m. ■ Odeur d'une chose qui a légèrement brûlé. *Cheveux roussis.* — Loc. SENTIR LE ROUSSI : se dit d'une affaire qui tourne mal, d'une situation qui se gâte.

routage [ʀutaʒ] n. m. ■ Expédition d'imprimés groupés. ⇒ **publipostage ;** anglic. **mailing.**

route [ʀut] n. f. **1.** Voie de communication terrestre de première importance reliant deux agglomérations. *Une bonne, une mauvaise route. Route côtière, route de montagne, route panoramique. Route nationale, interprovinciales. La route transcanadienne.* ⇒ **autoroute.** *La route de Boston,* qui va à Boston. *La grande* (ou *grand-*) *route,* nom donné, à la campagne, à la route principale. *Une route rurale* (opposé à *rang* ; abrév. *R.R.*). *Une belle route de campagne. Route de terre, route secondaire. La route est enneigée.* — Absolt. *La route,* l'ensemble des routes ; le moyen de communication qu'elles constituent. *Arriver par la route,* par voiture, autobus. *Prendre la route,* partir en voiture. *Faire de la route,* rouler beaucoup. *Accidents de la route.* **2.** Chemin à suivre dans une direction déterminée pour parcourir un espace. ⇒ **itinéraire.** *Changer de route. Perdre sa route. Nous sommes sur la bonne route,* dans la bonne direction. — Ligne que suit un navire, un avion. *La route des Indes, du pôle Sud. Le navire a dû changer de route,* a été dérouté. — FAIRE FAUSSE ROUTE : se tromper dans les moyens à employer pour parvenir à ses fins. **3.** Marche, voyage. *Faire route vers Paris,* aller, voyager vers Paris. — EN ROUTE. *Se mettre en route. En route ! En cours de route,* pendant le voyage. *Manger, coucher en route.* — *Bonne route !* — *Feuille de route,* délivrée à des militaires se déplaçant isolément. **4.** METTRE EN ROUTE : mettre en marche (un moteur, une machine). *Mettre en route sa voiture ; mettre sa voiture en route.* Absolt. *Au moment de mettre en route.* ⇒ **démarrer.** — Abstrait. *Mise en route,* mise en train (d'une affaire). *Avoir qqch. en route,* être en train d'exécuter qqch. *Mon projet est en route.* **5.** Abstrait. Chemin. *La route est toute tracée,* on sait ce qu'il faut faire. *Nos routes se croisent,* nos destins... *La route sera longue,* le temps pour faire qqch. ▶ ① ***routier, ière*** adj. et n. m. **1.** Adj. Relatif aux routes. *Réseau routier. Carte routière. Halte* routière.* — (France) *Gare routière,* pour les services d'autocars. — Qui se fait sur route. *Transports routiers.* **2.** N. m. Conducteur de poids lourds effectuant de longs trajets. ⇒ **camionneur.** *Restaurant de routiers.* — REM. Le féminin *routière* (n. f.) est virtuel. ▶ ***routard, arde*** n. **1.** Personne qui prend la route, voyage et vagabonde librement. *Un guide de routard.* **2.** Personne qui pratique la moto sur route. ⟨ ▶ autoroute, dérouter, routage, routine ⟩

② **routier** n. m. ■ *Vieux routier,* homme habile, plein d'expérience. *Un vieux routier de la politique.*

routine [Rutin] n. f. **1.** Habitude d'agir ou de penser devenue mécanique. ⇒ **train-train.** *Son travail est devenu une espèce de routine.* — *La routine,* l'ensemble des habitudes et des préjugés, considérés comme faisant obstacle au progrès. *La routine qui règne dans l'administration.* **2.** Anglic. *Examen, opérations de routine,* habituels. ▶ ***routinier, ière*** adj. ■ Qui agit par routine, se conforme à la routine. *C'est un esprit étroit et routinier.*

rouvrir [RuvRiR] ou **réouvrir** [ReuvRiR] v. ■ conjug. 18. **I.** V. tr. Ouvrir de nouveau (ce qui a été fermé). / contr. **refermer** / *Rouvrir son magasin pour un client attardé. Rouvrir les yeux.* — Pronominalement. *La plaie s'est rouverte.* — *Rouvrir un débat.* — *Rouvrir une convention collective, un contrat,* en changer certaines dispositions. **II.** V. intr. Être de nouveau ouvert après une période de fermeture. ⇒ **réouverture.** *Les magasins réouvriront après Noël.*

roux, rousse [Ru, Rus] adj. et n. **1.** D'une couleur entre l'orangé et le rouge. ⇒ **roussâtre.** *Des cheveux roux.* — N. m. invar. *Le roux,* la couleur rousse. **2.** Dont les cheveux sont roux. *Une belle fille rousse.* — N. *Un roux, une rousse.* ⇒ **rouquin. 3.** N. m. invar. *Un roux,* sauce faite de farine roussie dans du beurre. **4.** LUNE ROUSSE : la lune d'avril (qui est censée roussir, geler la végétation). ⟨ ▶ rouquin, roussâtre, rousseler, roussette, rousseur, roussir ⟩

rouynorandien, ienne [Rwɛ̃nɔRɑ̃djɛ̃, jɛn] adj. et n. ■ De la ville de Rouyn-Noranda. — N. (Avec une majusc.) Personne née dans cette ville ou qui l'habite.

royal, ale, aux [Rwajal, o] adj. **1.** Du roi ; qui concerne le roi. *Palais royal. Prince royal,* héritier présomptif. *La famille royale. Une visite royale,* du roi, de la reine ou d'un membre de leur famille. **2.** Qui est au service ou placé sous la protection du roi, de la reine. *La Gendarmerie royale du Canada. La Société royale du Canada. La Monnaie royale.* **3.** *Commission royale d'enquête,* groupe de personnes officiellement désignées par le gouvernement fédéral pour effectuer une enquête et produire un rapport dans un domaine particulier. **4.** Qui est digne d'un roi. ⇒ **magnifique, princier, somptueux.** *Un cadeau royal. Un repas royal. Pizza royale.* — *Un salaire royal,* très élevé. *Une indifférence royale,* parfaite. ▶ ***royalement*** adv. **1.** Avec magnificence. *Être royalement traité.* **2.** Fam. *S'en moquer royalement,* tout à fait. ⇒ **complètement.** ▶ ***royalisme*** n. m. ■ Attachement à la monarchie, à la doctrine monarchiste. ▶ ***royaliste*** n. et adj. ■ Partisan de la royauté, du régime monarchique. ⇒ **monarchiste.** — Loc. *Être plus royaliste que le roi,* défendre les intérêts de qqn, d'un parti, avec plus d'ardeur qu'il ne le fait lui-même.(→ Être plus catholique que le pape) ⟨ ▶ royaume, royauté ⟩

royalties [Rwajalti] n. f. pl. ■ (France) Anglic. Somme que l'utilisateur d'un brevet étranger verse à l'inventeur. ⇒ ③ **droits.** — Redevance payée au pays producteur par une compagnie pétrolière étrangère. — Droit proportionnel aux ventes.

royaume [Rwajom] n. m. **1.** État gouverné par un roi, une reine ; territoire d'une monarchie. — *Le Royaume-Uni,* union de la Grande-Bretagne et de la partie orientale de l'Irlande du Nord (Ulster). — Par ext. *Le royaume du père Noël, du Bonhomme Carnaval.* (Avec une majusc.) *Le Royaume du Saguenay.* Histoire. *Le Royaume du Nord.* **2.** *Le royaume de Dieu, des cieux,* le règne de Dieu dans le ciel. ⇒ **paradis.** — Littér. *Le royaume des morts,* les Enfers.

royauté [Rwajote] n. f. **1.** Dignité de roi. *Aspirer à la royauté.* ⇒ **couronne, trône. 2.** Pouvoir royal. ⇒ **monarchie.** *Chute de la royauté.*

-rragie ■ Élément savant signifiant « épanchement » (ex. : *hémorragie*).

-rrhée ■ Élément savant signifiant « écoulement, flux » (ex. : *séborrhée*).

ruade [Rɥad] n. f. ■ Mouvement par lequel les chevaux, les ânes, etc., lancent vivement en arrière leurs membres postérieurs en soulevant leur train arrière. *Décocher, lancer une ruade.* ⇒ **ruer** (II).

ruban [Rybɑ̃] n. m. **1.** Étroite bande de tissu, servant d'ornement, d'attache. *Ses cheveux sont retenus par un ruban de velours. Nœud de rubans.* **2.** Bande de tissu servant d'insigne à une décoration. *Le ruban d'une décoration.* — (France) *Il a le ruban* (de la Légion d'honneur) *et il attend la rosette.* **3.** Bande mince et assez étroite d'une matière flexible. *Un ruban à mesurer.* ⇒ **galon.** *Le ruban encreur d'une imprimante. Un ruban magnétoscopique.* ⟨ ▶ enrubanner ⟩

rubéole [Rybeɔl] n. f. ■ Maladie éruptive contagieuse proche de la rougeole.

rubicond, onde [Rybikɔ̃, ɔ̃d] adj. ■ (Visages) Très rouge de peau. ⇒ **rougeaud ; cramoisi.** *Une face rubiconde.*

rubis [Rybi] n. m. invar. **1.** Pierre précieuse d'un beau rouge ; cette pierre taillée en bijou. **2.** Monture de pivot en pierre dure, dans un rouage d'horlogerie. *Montre trois rubis.* **3.** Loc. *Payer* RUBIS SUR L'ONGLE : payer ce qu'on doit jusqu'au dernier sou et séance tenante. ⇒ **comptant.**

rubrique [RybRik] n. f. **1.** Titre indiquant la matière des articles de presse. *La rubrique des spectacles, des sports.* — Série régulière d'articles sur un sujet déterminé. ⇒ ② **chronique.** *Tenir la rubrique littéraire.* — *La rubrique nécrologique.* **2.** SOUS (TELLE) RUBRIQUE : sous tel titre, telle désignation. *Classer, mettre deux choses différentes sous la même rubrique.*

ruche [Ryʃ] n. f. **1.** Abri aménagé pour un essaim d'abeilles. *Ruche en paille, en bois.* **2.** La colonie d'abeilles qui l'habite. *Bourdonnement de ruche.* — (Symbole d'activité collective) *Le centre de la ville est une véritable ruche où chacun s'affaire.* ▶ ***rucher*** [Ryʃe] n. m. ■ Emplacement où sont disposées des ruches ; ensemble de ruches. ⟨ ▶ ruché ⟩

ruché [Ryʃe] n. m. ■ Garniture de vêtement faite d'une étoffe plissée, froncée (on dit aussi *ruche,* n. f.).

rude [Ryd] adj. Littér., sauf dans quelques emplois et sens III. **I.** (Personnes) **1.** Simple et grossier. *Un homme rude.* ⇒ **fruste ;** anglic. **rough.** — (Comportement) *Un trappeur aux manières un peu rudes.* / contr. **délicat, raffiné** / **2.** Littér. Dur, sévère. — Redoutable. ⇒ anglic. **tough.** *Un rude adversaire.* **II.** (Choses) **1.** Qui donne du mal, est dur à supporter. ⇒ **pénible.** *Un métier rude. Les travaux des champs sont rudes.* — Loc. *Être soumis à rude épreuve.* — N. f. plur. *En voir de rudes,* en supporter beaucoup, de dures. — Cour. *Un climat particulièrement rude. L'hiver fut rude cette année.* ⇒ **rigoureux. 2.** Dur au toucher. ⇒ **rugueux.** / contr. **doux** / *Toile rude.* ⇒ **rêche.** — Dur ou désagréable à l'oreille. *Une voix rude.* **III.** Fam. (Avant le nom) Remarquable en son genre. ⇒ **drôle, fameux,** ② **sacré.** *Nous avons fait un rude voyage. Un rude appétit.* ⇒ **solide.** ▶ ***rudement*** adv. **I.** Littér. **1.** De façon brutale. *Heurter rudement.* **2.** Avec dureté, sans ménagement. ⇒ anglic. **roughment.** *Traiter qqn rudement.* ⇒ **rudoyer. II.** Fam. Beaucoup, très. ⇒ **drôlement, fameusement ;** fam.

bigrement, diablement, mauditement. *C'est rudement bon. Cette musique est rudement bien. Elle a rudement changé.* ▶ ***rudesse*** n. f. **1.** (Personnes) Caractère rude (II, 1 ou 2) ; sévérité. ⇒ **brusquerie.** *Rudesse du ton.* ⇒ **brutalité, dureté.** *Traiter qqn avec rudesse.* / contr. **douceur** / — Sports. *Pénalité pour rudesse.* **2.** (Choses) Caractère de ce qui est rude (1). *La rudesse de leurs mœurs.* / contr. **raffinement** / ▶ ***rudoyer*** [ʀydwaje] v. tr. ▪ conjug. 8. ■ Traiter rudement, avec des paroles dures. *Les terroristes rudoyaient les otages.* ⇒ **brutaliser ;** fam. **maganer.** ‹ ▶ rudiment ›

rudiment [ʀydimɑ̃] n. m. **I.** Ébauche ou reste (d'un organe). *Un rudiment de queue.* **II.** Au plur. LES RUDIMENTS. **1.** Notions élémentaires (d'une science, d'un art). ⇒ **a b c.** *Rudiments de grammaire.* **2.** Premiers éléments (d'une organisation, d'un système...). ▶ ***rudimentaire*** adj. **1.** (Organes) Qui est à l'état d'ébauche ou de résidu. **2.** Qui n'a atteint qu'un développement très limité. ⇒ **élémentaire, primitif.** *L'architecture rudimentaire de l'homme préhistorique.* — Sommaire, insuffisant. *Connaissances rudimentaires.*

rue [ʀy] n. f. **1.** Voie bordée de maisons, dans une agglomération. ⇒ **artère, avenue, boulevard, impasse.** *Les rues de Paris. La rue Sainte-Catherine. Une rue calme, animée, commerçante. La rue principale d'un village, la grande rue, la grand-rue. Une rue large, étroite. Une petite rue.* ⇒ **ruelle.** *Une rue piétonne, piétonnière*. Marcher, se promener dans les rues. Prendre une rue. Traverser la rue. Au coin de deux rues. Au coin de la rue. Les noms de rues.* — Loc. *À tous les coins de rue,* partout. **2.** (Dans un système de dénomination fondé sur l'orientation des voies de circulation suivant un plan en damier) Voie de communication urbaine située dans un axe perpendiculaire à celui des voies qui portent le nom d'*avenue*. *La rue d'Orléans est parallèle à la rue Bourg-Royal.* ⇒ **avenue, boulevard.** — REM. Selon ce système, les rues sont généralement orientées dans la direction est-ouest. **3.** *La rue, les rues,* symbole de la vie urbaine, des milieux populaires. *Scènes de la rue. L'homme de la rue.* — *Fille des rues,* prostituée. — *En pleine rue, dans la rue,* dans la ville. *Descendre, manifester dans la rue.* — Population de la ville. *La rue s'agitait, se soulevait.* **4.** Loc. *Être* À (DANS) LA RUE : sans domicile, sans abri ; ruiné. *Jeter qqn à la rue,* dehors. ▶ ***ruelle*** [ʀɥɛl] n. f. **I.** Petite rue étroite et relativement courte. ⇒ **venelle. II.** Espace libre entre un lit et le mur ou entre deux lits. — Au XVIIe s. Chambre, alcôve où certaines femmes de haut rang recevaient.

ruer [ʀɥe] v. ▪ conjug. 1. **I.** SE RUER v. pron. réfl. S'élancer avec violence, impétuosité. ⇒ se **précipiter ;** fam. se **garrocher.** *Fou de colère, il s'est rué sur moi.* — (En masse) *Les gens se ruaient vers la sortie, sur le buffet. Les troupes se ruèrent à l'assaut.* **II.** V. intr. Lancer une, des ruade(s). *Les chevaux ruaient.* ≠ *piaffer.* — Loc. *Ruer dans les brancards,* regimber, opposer une vive résistance à un ordre, à une discipline. ⇒ **protester,** se **rebeller,** se **rebiffer.** ▶ ***ruée*** [ʀɥe] n. f. ■ Mouvement rapide d'un grand nombre de personnes dans la même direction. *La ruée vers les magasins à l'époque des Fêtes.* Histoire. *La ruée vers l'or,* le mouvement de migration des chercheurs d'or. ‹ ▶ ruade ›

rugby [ʀygbi]plus cour. [ʀɔgbe] n. m. ■ (Surtout en Europe) Sport d'équipe dans lequel il faut poser un ballon ovale derrière la ligne de but de l'adversaire ⇒ **essai**, ou le faire passer entre les poteaux de but. *Terrain de rugby. Le ballon ovale du rugby. Équipe de rugby.* — *Rugby à treize,* joué avec des équipes de treize joueurs (on dit plus souvent *jeu à treize*).

rugir [ʀygiʀ] v. ▪ conjug. 2. **1.** V. intr. (Lions, fauves) Pousser des rugissements. — (Personnes) Pousser des cris terribles. ⇒ **hurler.** *Rugir de colère, de rage.* — (Choses) Produire un bruit sourd et violent. *Le vent, la mer rugissait.* **2.** V. tr. Proférer avec violence (des menaces, des injures...). ▶ ***rugissement*** n. m. **1.** Cri du lion et de certains fauves (tigres, panthères, etc.). *Le lion ouvrit la gueule et poussa un formidable rugissement.* **2.** Cri rauque. *Des rugissements de colère.* **3.** (Choses) Grondement sourd et violent. ⇒ **mugissement.** *Le rugissement de la tempête.*

rugueux, euse [ʀygø, øz] adj. ■ Dont la surface présente de petites aspérités, et qui est rude au toucher. ⇒ **raboteux, râpeux, rêche ;** anglic. **rough.** / contr. **lisse,** ② **poli** / *Peau rugueuse. Écorce rugueuse. Toile rugueuse.* ▶ ***rugosité*** n. f. ■ État d'une surface rugueuse ; petite aspérité sur cette surface.

ruine [ʀɥin] n. f. **I.** *(Une, des ruines)* **1.** Débris d'un édifice ancien ou écroulé. ⇒ **décombres, vestige.** *Des ruines gallo-romaines. Les habitants ont été ensevelis sous les ruines. Pays qui se relève de ses ruines,* répare les dommages subis. **2.** Personne qui a perdu la plus grande partie de ses forces, de ses facultés. *C'est une véritable ruine.* ⇒ **loque. II.** *(La ruine)* **1.** Écroulement partiel ou total d'un édifice ; état de ce qui s'écroule (⇒ **délabrement, vétusté**). *Grange en ruine. La maison tombe en ruine,* se dégrade et s'écroule par morceaux. — Loc. MENACER RUINE. *Ce mur menace ruine,* menace de s'écrouler. **2.** Destruction, perte. *Le régime a précipité sa ruine. C'est la ruine de ses espérances.* ⇒ **anéantissement. 3.** Perte des biens, de la fortune. ⇒ **faillite.** *Être au bord de la ruine.* — *Une ruine,* une cause de ruine. ⇒ **ruineux.** *Cette propriété, quelle ruine !* ▶ ***ruiner*** v. tr. ▪ conjug. 1. **1.** Endommager gravement. *Ruiner sa santé.* ⇒ **altérer ;** fam. **maganer. 2.** Causer la ruine, la perte de. ⇒ **anéantir, détruire.** *Cet échec a ruiné tous ses espoirs.* **3.** Faire perdre la fortune à (qqn). *Ruiner un concurrent.* — Au p. p. adj. *Il est complètement ruiné.* — Par exagér. *Tu veux me ruiner !,* tu me fais faire une dépense excessive. *Ce n'est pas ça qui nous ruinera,* ce n'est pas cher. **4.** SE RUINER v. pron. réfl. : causer sa propre ruine (argent). *Il s'est ruiné au jeu.* — Dépenser trop. *Se ruiner en médicaments.* ▶ ***ruineux, euse*** adj. **1.** Qui amène la ruine (II, 3), la faillite. *Dépenses ruineuses.* **2.** Coûteux. ⇒ **dispendieux, prohibitif.** *Ce n'est pas ruineux.* ▶ ***ruine-babines*** n. m. invar. Fam. **1.** Harmonica. ⇒ **musique** à bouche. **2.** Guimbarde, bombarde.

ruisseau [ʀɥiso] n. m. **1.** Très petit cours d'eau (opposé à *torrent*). ⇒ ② **crique.** — PROV. *Les petits ruisseaux font les grandes rivières,* plusieurs petites sommes réunies finissent par en faire une grosse. — Par exagér. *Des ruisseaux de sang, de larmes.* ⇒ **torrent. 2.** Eau qui coule le long des trottoirs pour se jeter dans les égouts ; caniveau destiné à recevoir cette eau. — Loc. *Tomber, rouler dans le ruisseau,* dans une situation dégradante. *Sortir qqn du ruisseau.* ▶ ***ruisselet*** [ʀɥislɛ] n. m. ■ Petit ruisseau. ‹ ▶ ruisseler ›

ruisseler [ʀɥisle] v. intr. ▪ conjug. 4. **1.** Couler sans arrêt en formant des ruisseaux. *La pluie ruisselle. Les larmes ruisselaient le long de ses joues.* — Se répandre à profusion. *Une pièce où ruisselle le soleil.* **2.** RUISSELER DE : être couvert d'un liquide qui ruisselle. *La vitre ruisselait de pluie. Athlètes qui ruisselaient de sueur.* ▶ ***ruisselant, ante*** adj. ■ Qui ruisselle. *Ruisselant d'eau,* trempé. *Ruisselant de sueur.* ⇒ **inondé.** ▶ ***ruissellement*** [ʀɥisɛlmɑ̃] n. m. ■ *Eaux de ruissellement,* eaux fluviales qui s'écoulent à la surface du sol et alimentent les ruisseaux, les cours d'eau. — *Un ruissellement de lumière.*

rumba [ʀumba] n. f. ■ Danse d'origine cubaine ; musique de cette danse. *Des rumbas endiablées.*

rumeur [ʀymœʀ] n. f. **1.** Bruit confus de voix, de sons assourdis. — Bruit de voix qui protestent. *Des rumeurs s'élevaient dans le public.* **2.** Bruit, nouvelles qui se répandent. ⇒ **on-dit, placotage ;** fam. **bobard.** *Ce n'est encore qu'une vague rumeur. Apprendre qqch. par la rumeur publique. Des rumeurs d'élection.*

ruminer [ʀymine] v. tr. ▪ conjug. 1. **1.** (Ruminants) Mâcher de nouveau des aliments revenus de l'estomac, avant de les avaler définitivement. *Les vaches ruminent l'herbe* (ou, sans compl., *ruminent*). **2.** (Personnes) Tourner et retourner lentement dans son esprit. ⇒ **remâcher.** *Ruminer son chagrin. Ruminer un projet. Il rumine ses anciens griefs.* ▶ ***ruminant*** n. m. ■ *Un ruminant,* un animal qui rumine. — Au plur. LES RUMINANTS : le groupe de mammifères dont l'estomac complexe permet aux aliments de remonter dans la bouche pour une seconde mastication.

rumsteck, rumsteak n. m. ⇒ **romsteck** (REM.).

rupestre [ʀypɛstʀ] adj. **1.** Qui vit dans les rochers. *Plantes rupestres.* **2.** (Œuvres plastiques) Qui est exécuté sur une paroi rocheuse. *Les peintures rupestres de la préhistoire. Art rupestre.*

rupteur [ʀyptœʀ] n. m. ■ Dispositif qui interrompt le courant électrique. ⇒ **interrupteur.**

rupture [ʀyptyʀ] n. f. **1.** Fait de se casser, de se rompre*. *La rupture d'un câble.* ⇒ **bris. 2.** Cessation brusque (de ce qui durait). *La rupture des relations diplomatiques entre deux pays.* — Opposition entre des choses qui se suivent. *Rupture de rythme,* changement brusque. — EN RUPTURE AVEC : en opposition affirmée à. *Être en rupture de ban avec la société.* — EN RUPTURE DE STOCK : situation où le niveau des marchandises en stock est insuffisant pour satisfaire la demande. *Nous sommes en rupture de stock.* — Annulation (d'un engagement). *Rupture de contrat, de fiançailles.* **3.** Séparation plus ou moins brusque entre des personnes qui étaient unies. ⇒ **brouille, divorce.** *Scène de rupture.*

rural, ale, aux [ʀyʀal, o] adj. ■ Qui concerne la vie dans les campagnes. ⇒ **rustique** (1). / contr. ① **urbain** / *Exploitation rurale.* ⇒ **agricole.** *Paroisses rurales. L'exode rural,* le dépeuplement des milieux ruraux. — N. m. pl. Habitants de la campagne. / contr. **citadin** / *Les ruraux.* ⇒ **paysan.**

ruse [ʀyz] n. f. **1.** Procédé habile pour tromper. ⇒ **artifice, feinte, machination, manœuvre, piège, stratagème, subterfuge.** *Ruses de guerre,* par lesquelles on surprend l'ennemi, un adversaire. Loc. *Des ruses de Sioux,* très habiles. **2.** LA RUSE : l'art de dissimuler, de tromper. ⇒ **habileté, rouerie.** *Recourir à la ruse. Obtenir qqch. par (la) ruse.* ▶ ***rusé, ée*** adj. ■ Qui a ou exprime de la ruse. ⇒ ② **malin, matois, roublard ;** fam. **ratoureur.** *C'est assez rusé, comme manœuvre.* — N. *C'est une rusée. Petit rusé.* ⇒ **futé.** ▶ ***ruser*** v. intr. ▪ conjug. 1. ■ User de ruses, agir avec ruse. *Être obligé de ruser pour obtenir qqch.*

rush [ʀɔʃ] n. m. Anglic. **1.** Sports. Accélération d'un concurrent en fin de course. ⇒ anglic. **sprint. 2.** Afflux brusque d'un grand nombre de personnes. ⇒ **ruée.** *C'est le grand rush vers les plages.* — Loc. *Donner un rush,* faire un effort subit et rapide. **3.** Au plur. La totalité des plans d'un tournage avant le choix pour le montage du film. *Visionner des rushes.* ▶ ***rusher*** [ʀɔʃe] v. intr. Fam. **1.** Travailler très fort et avec acharnement pendant un temps déterminé. ⇒ fam. ② **bûcher, clencher, piocher.** *Il a fallu que je rushe pour terminer mon devoir. Elle rushait du matin au soir.* **2.** Se dépêcher, se grouiller. *Rusher pour arriver à l'heure à un rendez-vous.*

russe [ʀys] adj. et n. **1.** De Russie. *La révolution russe.* Loc. *Danse russe,* dans laquelle le danseur accroupi lance une jambe puis l'autre en avant, sur le côté. — *Boire à la russe,* en faisant cul sec et en jetant le verre. — N. (Avec une majusc.) Personne née dans ce pays ou qui en a obtenu la citoyenneté. *Les Russes. Un Russe blanc,* un émigré russe (opposant au régime soviétique). *Les Russes soviétiques.* **2.** N. m. *Le russe,* la langue slave parlée en Russie. — Adj. *« Perestroïka » est un mot russe.* ≠ *soviétique, ukrainien.*

rustaud, aude [ʀysto, od] adj. et n. ■ Qui a des manières grossières et maladroites. — N. *Une espèce de gros rustaud.* ⇒ **balourd, rustre.** *Quelle rustaude !*

rustine [ʀystin] n. f. ■ Petite rondelle de caoutchouc qui sert à réparer une chambre à air de bicyclette. — REM. Ce mot est un nom de marque déposée.

rustique [ʀystik] adj. et n. **1.** Littér. De la campagne. ⇒ **agreste, champêtre, rural.** *La vie rustique.* — Péj. Très simple et peu raffiné. ⇒ **campagnard. 2.** *Meuble rustique,* fabriqué à la campagne ou dans le style traditionnel, ancien. **3.** (Plantes) Qui demande peu de soins. ⇒ **résistant.** ▶ ***rusticité*** n. f. ■ Littér. Caractère de ce qui est rustique.

rustre [ʀystʀ] n. m. ■ Homme grossier et brutal. ⇒ **brute, goujat, malotru, rustaud.** *Un gros rustre !* ⟨ ▶ rustaud ⟩

rut [ʀyt] n. m. ■ Période d'activité sexuelle où les animaux (mammifères) cherchent à s'accoupler. *Femelle en rut,* en chaleur.

rutabaga [ʀytabaga] n. m. ■ Plante dont la racine comestible (proche du navet) sert surtout à la nourriture du bétail ; cette racine. ⇒ **chou** de Siam.

rutiler [ʀytile] v. intr. ▪ conjug. 1. ■ Être rutilant, briller d'un vif éclat. ⇒ **étinceler.** ▶ ***rutilant, ante*** adj. ■ Qui brille, reluit. *Une rutilante voiture (de) sport.*

rye [ʀaj] n. m. ■ Anglic. Whisky à base de grains de seigle, pur ou mélangé.

rythme [ʀitm] n. m. **1.** Retour à intervalles égaux ou calculés d'un repère constant (geste répété, rime). — Alternance de temps forts et de temps faibles. — Poésie. Mouvement du discours réglé par la métrique. Répartition des accents. *Le rythme d'une strophe, d'une phrase. Rythme et style.* — Musique. Répartition des sons dans le temps. ⇒ **mouvement.** ≠ *mesure. Rythme régulier. Avancer au rythme d'une musique militaire. Rythme souple, variable.* — Absolt. Rythme régulier et marqué. *Avoir du rythme, manquer de rythme* (se dit de la musique, d'un musicien). **2.** Mouvement périodique, régulier. *Le rythme des vagues. Le rythme cardiaque.* — *Rythme biologique* (ou *biorythme,* n. m.). — Alternance régulière. *Suivre le rythme des saisons.* **3.** Allure à laquelle s'exécute une action, se déroule un processus. ⇒ **cadence, vitesse.** *Le rythme de la production. Ne pas pouvoir suivre le rythme.* — AU RYTHME DE : à la cadence de. *Elle écrit au rythme de 6 à 10 pages par jour.* — *Travailler à un rythme accéléré, régulier.* ▶ ***rythmer*** v. tr. ▪ conjug. 1. **1.** Soumettre à un rythme régulier et marqué. *Rythmer sa marche en chantant.* — Au p. p. adj. *Prose rythmée. La musique très rythmée du jazz.* **2.** Souligner le rythme (d'une phrase, d'un poème, d'un morceau de musique). ⇒ **scander.** *Rythmer un air en tapant des mains.* ▶ ***rythmique*** adj. **1.** Qui est soumis à un rythme régulier. — *Gymnastique rythmique,* par mouvements rythmés et enchaînés. *Danse rythmique* ou, n. f., *la rythmique,* intermédiaire entre la danse classique et la gymnastique. **2.** Qui est relatif au rythme. *Accent rythmique. Les valeurs rythmiques de la musique chinoise, indienne, occidentale.* **3.** Qui utilise les effets du rythme. *Versification rythmique,* fondée sur l'accent tonique. — N. f. *La rythmique,* l'étude des rythmes dans la langue.

S

S [ɛs] n. m. invar. **1.** Dix-neuvième lettre, quinzième consonne de l'alphabet. *L's* ou *le s.* — REM. Le *s* se prononce [s] ou [z] ; *ss* se prononcent [s]. **2.** *S'*. ⇒ **se,** ① **si. 3.** Forme sinueuse du s. *Un virage en S.*

sa adj. poss. ⇒ ① **son.**

sabbat [saba] n. m. **1.** Repos que les Juifs doivent observer le samedi, jour consacré au culte divin. *Observer le sabbat.* **2.** Assemblée nocturne et bruyante de sorciers et sorcières, dans les légendes anciennes. ▶ ***sabbatique*** adj. **1.** Qui a rapport au sabbat (1). **2.** Loc. *Année sabbatique,* année de congé accordée aux professeurs d'université chaque fois qu'ils ont accompli six ans d'enseignement, afin de leur permettre de se recycler, d'effectuer des recherches personnelles. — Par ext. Année de congé que prend une personne pour mener à bien un travail personnel. *Artiste, fonctionnaire qui prend une année sabbatique.*

sabir [sabiʀ] n. m. ■ Jargon mêlé d'arabe, de français, d'espagnol, d'italien, parlé en Afrique du Nord et dans le Levant. ⇒ **créole.** — Péj. Langue mêlée, remplie d'éléments étrangers. ⇒ **franglais, joual ; charabia.**

sable [sɑbl] n. m. **1.** Ensemble de petits grains minéraux (quartz) séparés, recouvrant le sol. *Du sable. Marcher dans le sable. Une plage de sable fin. Mer de sable,* ensemble de dunes. *Sables mouvants,* sable mouillé qui s'enfonce sous un poids et où on peut s'enliser. *Gisements de sables bitumineux.* **2.** Loc. BÂTIR SUR LE SABLE : entreprendre sur des bases peu solides. — Fam. ÊTRE SUR LE SABLE : se retrouver sans argent, être sans travail. ⇒ sur la **paille.** — *Le marchand de sable est passé,* les enfants ont sommeil (les yeux leur piquent). **3.** Adj. invar. Beige très clair. *Des vestes sable.* ▶ ***sablé, ée*** n. m. et adj. **1.** N. m. Petit biscuit sec à pâte friable (comme du sable). *Un paquet de sablés.* **2.** Adj. Qui a la texture de ce gâteau. *Pâte sablée et pâte feuilletée.* **3.** *Papier sablé,* toile d'émeri, papier de verre. *Une feuille de papier sablé fin.* ▶ ① ***sabler*** v. tr. ▪ conjug. 1. **1.** Couvrir de sable. *Sabler une route.* — Au p. p. adj. *Allée sablée.* **2.** Épandre une substance liquéfiante ou abrasive (calcium, sel, sable) sur une chaussée, un trottoir. *Sabler les rues enneigées, les entrées verglacées.* **3.** Polir, poncer (une surface). *Sabler des meubles.* ⇒ **décaper.** *Sabler des planchers.* — Au p. p. adj. *Planchers de bois franc sablés.* ▶ ***sablage*** n. m. ▶ ***sableur, euse*** n. **1.** Ouvrier qui fait les moules en sable dans une fonderie. **2.** Personne qui sable, fait du sablage. ▶ ***sableuse*** n. f. **1.** Véhicule, machine qui sert à sabler la chaussée, les trottoirs. ⇒ **épandeuse.** *Les sableuses suivent les grattes.* **2.** Machine servant à sabler, à polir (les surfaces planes). ⇒ **ponceuse.** *Une sableuse électrique.* **3.** Machine servant à décaper, à nettoyer par projection d'un jet de sable. ▶ ***sablier*** [sɑblije] n. m. ■ Instrument fait de deux petits vases de verre superposés communiquant par un étroit conduit, le vase supérieur étant rempli de sable qui coule doucement dans l'autre (pour mesurer le temps). ▶ ***sablière*** n. f. ■ Carrière de sable. ▶ ***sableux, euse*** adj. ■ Qui contient du sable en grande quantité. *Fonds, terrain sableux.* ≠ *sablonneux.* ▶ ***sablonneux, euse*** adj. ■ Naturellement couvert ou constitué de sable. *Terrains sablonneux.* ≠ *sableux.* ▶ ***sablon*** n. m. ■ Sable dont le grain est fin. *Blanc-Sablon.* ‹ ▶ s'ensabler, ② sabler ›

② ***sabler*** v. tr. ▪ conjug. 1. ■ Loc. SABLER LE CHAMPAGNE : boire du champagne en abondance, lors d'une réjouissance. ≠ *sabrer.*

sabord [sabɔʀ] n. m. ■ Ouverture rectangulaire servant, sur les vaisseaux de guerre, de passage à la bouche des canons. — *Mille sabords !,* juron familier de marins. ▶ ***saborder*** v. tr. ▪ conjug. 1. **1.** Percer (un navire) au-dessous de la flottaison pour le faire couler. — Pronominalement. *Se saborder,* couler volontairement son navire. **2.** *Saborder son entreprise,* (pronominalement) *se saborder,* mettre fin volontairement aux activités de son entreprise. *Le journal s'est sabordé.* ▶ ***sabordage*** ou ***sabordement*** n. m. ■ Action de saborder, de se saborder.

sabot [sabo] n. m. **1.** Chaussure campagnarde faite d'une seule pièce de bois évidée, ou d'une semelle de bois et d'un dessus de cuir ⇒ **galoche** ou de toile. — Loc. *Je le vois* (ou *je l'entends*) *venir* AVEC SES GROS SABOTS : ses allusions sont un peu trop grosses, ses intentions trop claires. — *Mettre* SES GROS SABOTS *dans qqch.,* agir sans ménagement, faire preuve de peu de subtilité, de raffinement. **2.** Enveloppe cornée qui entoure l'extrémité des doigts chez les ongulés. *Garnir de fers les sabots d'un cheval.* ⇒ **ferrer. 3.** *Sabot (de frein),* pièce mobile servant à freiner un véhicule. — *Sabot de Denver,* pince que la police ajuste aux roues des véhicules en stationnement interdit. **4.** En appos. *Baignoire sabot,* baignoire courte où l'on se baigne assis. *Des baignoires sabots.* **5.** *Sabot de la Vierge ou de Vénus,* fleur de la famille des orchidées, à larges feuilles, qui fleurit au printemps. *Le sabot de la Vierge est l'emblème floral de l'Île-du-Prince-Édouard.* ▶ ***sabotier, ière*** n. ■ Personne qui fabrique, qui vend des sabots. ≠ *savetier.* ‹ ▶ saboter ›

saboter [sabɔte] v. tr. ▪ conjug. 1. **1.** Faire vite et mal. ⇒ **bâcler, gâcher.** *L'orchestre a saboté ce morceau,* l'a très mal exécuté. — Au p. p. adj. *Un travail saboté.*

2. Détériorer ou détruire par un acte visant à empêcher le fonctionnement d'une machine, d'une installation. *Saboter un avion ennemi.* — Chercher à contrarier ou à neutraliser par malveillance. *Saboter un projet, une négociation.* ▶ ***sabotage*** n. m. ■ Action de saboter. *Sabotage industriel. Être victime d'un acte de sabotage.* ▶ ***saboteur, euse*** n. ■ Personne qui sabote.

sabre [sɑbʀ] n. m. ■ Arme blanche, à pointe et à simple tranchant, à lame plus ou moins recourbée. ⇒ **cimeterre, yatagan.** *Sabre de cavalerie.* — *Faire du sabre,* pratiquer l'escrime au sabre. — (Surtout en France) Loc. LE SABRE ET LE GOUPILLON : l'armée et l'Église. ▶ ***sabrer*** v. tr. ▪ conjug. 1. **1.** Frapper à coups de sabre. *Sabrer l'ennemi.* **2.** Pratiquer de larges coupures dans. *La rédaction a sabré l'article de son correspondant. Sabrer dans un budget,* le réduire considérablement. **3.** Fam. *Sabrer des candidats,* les refuser impitoyablement. ≠ *sabler.* ▶ ***sabreur*** n. m. ■ Celui qui se bat au sabre. — Soldat courageux et brutal.

① ***sac*** [sak] n. m. **I. 1.** Contenant formé d'une matière souple et ouvert seulement par le haut. ⇒ **poche.** *Un sac de toile, de papier. Un sac en plastique. Un sac de charbon, de blé,* contenant du charbon, du blé. *Sac à provisions.* — Loc. SAC DE COUCHAGE : fait de duvet naturel ou synthétique, pour dormir. ⇒ anglic. **sleeping. 2.** Loc. *Être ficelé, fagoté comme un sac,* être mal habillé. — *Mettre dans le même sac* (des personnes, des choses abstraites), les englober dans la même réprobation, les considérer comme semblables. *Prendre qqn la main dans le sac,* le surprendre, le prendre sur le fait. *Il a plus d'un tour dans son sac,* il est malin. *L'affaire est dans le sac,* le succès est assuré. — Fam. VIDER SON SAC : dire le fond de sa pensée ; avouer. — *En avoir plein son sac,* être exaspéré. Fam. UN SAC DE NŒUDS : une affaire confuse et embrouillée. — UN SAC À VIN : un ivrogne. **3.** Objet souple, fabriqué pour servir de contenant, où l'on peut ranger, transporter diverses choses. ⇒ **cartable** (2), **musette, sacoche.** *Un sac de soldat, d'alpiniste, de campeur, d'écolier* ou *d'école,* sacs portés sur le dos à l'aide de bretelles. *Sac à dos.* ⇒ **havresac.** *Sac à ouvrage,* où l'on range le matériel de couture. *Sac de voyage,* bagage à main souple et sans couvercle (à la différence de la valise). — SAC À MAIN et, absolt, SAC : sac où les femmes mettent l'argent, les papiers, les petits accessoires de toilette. ⇒ **sacoche** ; fam. ① **bourse.** *Elle porte son sac en bandoulière.* **4.** Contenu d'un sac de dimension déterminée. *Moudre cent sacs de blé. Déballer les sacs d'épicerie. Sac de ciment.* ⇒ **poche. II.** Cavité ou enveloppe en forme de poche. *Sac lacrymal,* à l'angle interne de l'œil. ⟨ ▶ besace, cul-de-sac, ensacher, havresac, sachet, sacoche, sacquer ⟩

② ***sac*** n. m. ■ Pillage (d'une ville, d'une région). ⇒ **saccage.** *Le sac de Rome en 1527.* — Loc. METTRE UNE VILLE À SAC : piller. ⇒ **saccager.** ⟨ ▶ saccager ⟩

③ ***sac*** n. m. ■ Football. Fait, pour plusieurs joueurs de la ligne défensive adverse, de se précipiter sur le quart-arrière pour le plaquer au sol. — Résultat de cette action. *Le sac du quart-arrière a causé une grande perte de terrain.* ⟨ ▶ sacquer ⟩

saccacomi(e) [sakakɔmi] n. m. ■ Plante dont les feuilles peuvent servir de succédané au tabac. *Les Amérindiens fumaient le saccacomi.*

saccade [sakad] n. f. ■ Surtout au plur. Mouvement brusque et irrégulier, en général répété. ⇒ **à-coup, secousse, soubresaut.** *La voiture avançait par saccades.* ▶ ***saccadé, ée*** adj. ■ Qui procède par saccades. *Des gestes saccadés,* heurtés.

saccager [sakaʒe] v. tr. ▪ conjug. 3. **1.** Littér. Mettre à sac, en détruisant et en volant. ⇒ **dévaster, piller, ravager. 2.** Mettre en désordre, abîmer. *Les vandales ! Ils ont tout saccagé !* ▶ ***saccage*** n. m. ■ Littér. Action de saccager ; son résultat. ⇒ **ravage.**

sacchar(o)- ■ Élément savant qui signifie « sucre ». ⇒ **gluc(o)-.** ▶ ***saccharine*** [sakaʀin] n. f. ■ Substance blanche utilisée comme succédané du sucre. ▶ ***saccharose*** [sakaʀoz] n. m. ■ Nom scientifique du sucre de canne ou de betterave. *Le saccharose est fusible à partir de 160° C.*

sacerdoce [sasɛʀdɔs] n. m. **1.** Religion chrétienne. Dignité ou fonction du ministre de Dieu. ⇒ **prêtrise.** *Ce prêtre exerce son sacerdoce avec ferveur.* **2.** Fonctions auxquelles on peut attacher un caractère quasi religieux. *Pratiquer la médecine est pour lui un sacerdoce.* ▶ ***sacerdotal, ale, aux*** adj. ■ Propre aux prêtres. *Les habits sacerdotaux.*

sachem [saʃɛm] n. m. ■ Vieillard, ancien faisant fonction de chef et de conseiller de la tribu, chez les Amérindiens. *Le Grand sachem.*

sachet [saʃɛ] n. m. ■ Petit sac (1). *Un sachet de bonbons. Levure en sachet. Les sachets de sucre.* — Petit emballage poreux utilisé tel quel. ⇒ fam. **poche.** *Un sachet de thé.*

sacoche [sakɔʃ] n. f. **1.** Sac de cuir ou de toile forte qu'une courroie permet de porter. *La sacoche du facteur. Sacoche à outils.* **2.** Sac accroché au porte-bagages d'un véhicule à deux roues. *Une paire de sacoches.* **3.** Petit sac à main plat où les hommes rangent leurs papiers d'identité, cartes de crédit, portefeuille, etc. — Cour. Sac à main de femme. ⇒ fam. ① **bourse.** *Traîner sa sacoche partout.*

sacquer ou ***saquer*** [sake] v. tr. ▪ conjug. 1. **1.** (France) Fam. Renvoyer (un employé) ; refuser (un candidat). ⇒ fam. **sabrer.** *Elle s'est fait saquer.* **2.** Football. Effectuer le sac du quart-arrière. *En se faisant sacquer, il a échappé le ballon.*

sacraliser [sakʀalize] v. tr. ▪ conjug. 1. ■ Didact. Attribuer un caractère sacré à. *Certains peuples sacralisent leurs ancêtres.* — *Sacraliser le travail.* ▶ ***sacralisation*** n. f. ■ Fait de sacraliser.

sacramentel, elle [sakʀamɑ̃tɛl] adj. ■ Qui appartient à un sacrement, aux sacrements. *Les formules sacramentelles.*

au plus sacrant [oplysakʀɑ̃] loc. ■ Fam. Le plus rapidement possible, au plus vite. ⇒ au plus **coupant,** au plus **tôt.** *Il faut arriver là-bas au plus sacrant.* — Adj. verbal. *C'est sacrant,* fâcheux, ennuyeux, embêtant.

① ***sacre*** [sakʀ] n. m. **1.** Cérémonie par laquelle l'Église consacre un souverain (⇒ **couronnement**), un évêque. **2.** Consécration solennelle. *Le sacre du printemps.*

② ***sacre*** n. m. ■ Terme religieux dont on se sert pour blasphémer, jurer, insulter, injurier. ⇒ **blasphème, imprécation, injure, juron, patois ; saint(e)-.** *Lâcher, lancer une série de sacres.* ⇒ ② **sacrer.** — Loc. *Être en sacre, fâché,* en colère. *Elle est en sacre parce qu'elle a oublié ses mitaines.*

sacrement [sakʀəmɑ̃] n. m. et interj. **1.** N. m. Religion chrétienne. Signe et rite sacrés institués par Jésus-Christ, pouvant produire ou augmenter la grâce dans les âmes. *Les sept sacrements,* (baptême, mariage, etc.). *Les derniers sacrements,* les sacrements administrés à un mourant. *Le saint sacrement (de l'autel),* l'eucharistie. — Loc. *Porter, tenir qqch.* COMME LE SAINT SACREMENT : comme une chose très précieuse. ⇒ **sacramentel. 2.** (Aussi SACRAMENT [sakʀamɑ̃]) interj.

Fam. Sacre, juron très fréquent et employé dans toutes sortes de circonstances. *Sacrament, j'ai oublié mes clés dans l'auto ! Ayoye, sacrament !* Absolt. *Sacrement !* — *Sacrement de* (+ autre juron). *Sacrement d'enfant de nanane.* — Loc. *Être en sacrament,* très fâché, de très mauvaise humeur ; ne pas être très content. *Elle était en sacrament parce qu'il ne restait plus de billet pour le spectacle.* — UN SACREMENT DE : sert à qualifier la chose, la personne qui est mentionnée. *C'est un sacrement de bon gars.* Sans compl. UN SACREMENT : terme d'injure, de mépris. *Mes sacrements, vous autres ! Tu parles d'une sacrement !* — Loc. adv. EN SACREMENT : très beaucoup. *Elle a une belle job en sacrement.* — AU PLUS SACREMENT : au plus vite. ≠ *sacrément.* ⟨ ▶ sacramentel ⟩

① ***sacrer*** [sakʀe] v. tr. ▪ conjug. 1. **1.** Consacrer (qqn) par la cérémonie du sacre. *Il a été sacré roi dans la basilique.* ⇒ **couronner. 2.** Déclarer solennellement. *Le jury l'a sacrée meilleure actrice de l'année.* ▶ ① ***sacré, ée*** adj. **1.** Qui appartient à un domaine interdit et inviolable et fait l'objet d'une vénération religieuse (opposé à *profane*). ⇒ **saint, tabou.** *Les livres, les vases sacrés.* — Qui appartient à la liturgie. *La musique sacrée.* ⇒ **religieux.** — N. m. *Le sacré et le profane.* **2.** Qui est digne d'un respect absolu, qui a un caractère de valeur absolue. ⇒ **inviolable, sacro-saint.** *Un droit sacré. Les dettes de jeu sont sacrées.* — Fam. *Ma petite sieste, c'est sacré !* — Loc. *Avoir le feu *sacré.* ▶ ***Sacré-Cœur*** n. m. ▪ Cœur de Jésus-Christ, auquel l'Église catholique rend un culte. *La fête du Sacré-Cœur. La basilique du Sacré-Cœur à Paris.* ▶ ② ***sacré, ée*** adj. ▪ Fam. (Avant le nom) Renforce un nom, avec le sens de « grand ». ⇒ **satané.** *Tu es un sacré menteur ! Tu as un sacré culot, une sacrée chance.* ⇒ fam. ② **fichu, foutu, sapré.** ▶ ***sacrément*** adv. ▪ Beaucoup, très. ⇒ **diablement, extrêmement ;** fam. **saprément.** *Il est sacrément prétentieux.* ≠ *sacrement* (2). ⟨ ▶ consacrer, sacraliser, au plus sacrant, ① sacre, ② sacre, sacrement, sacrifier, sacrilège, sacristie, sacro-saint, sapré, sapristi ⟩

② ***sacrer*** v. conjug. 1. **I.** V. intr. Proférer des sacres, des jurons, des blasphèmes. ⇒ **blasphémer, jurer.** *Les filles sacrent de plus en plus. Sacrer comme un déchaîné, un damné, un démon...,* beaucoup. — Sans compl. *Certaines personnes ne disent pas deux mots sans sacrer.* — Loc. *Faire sacrer qqn,* le faire enrager, fâcher, le mettre en rogne. *Ça me fait sacrer de voir que tu oublies toujours tout.* **II.** V. tr. et pron. Fam. ⇒ fam. **sapre̲r. 1.** V. tr. Donner, porter un coup (à qqn, un animal). *Je lui ai sacré une bonne volée.* ⇒ **flanquer.** *Sacrer des coups de pied à un chien.* ⇒ **envoyer 2.** Lancer qqch., s'en débarrasser. ⇒ fam. **garrocher.** *Sacrer les vieux journaux au recyclage. Le bébé a sacré son assiette par terre.* **3.** Mettre qqn à la porte, un animal dehors. ⇒ **expulser.** *On l'a sacré à la porte de l'école. Son patron l'a sacré dehors.* ⇒ **congédier, licencier, renvoyer. 4.** Mettre en prison, enfermer. *La police a sacré quelques robineux en cellule.* ⇒ **incarcérer.** *Se faire sacrer dedans, en prison. Ses parents l'ont sacrée dans sa chambre pour l'après-midi.* ⇒ **embarrer 5.** Abandonner, laisser tomber qqch. *Il a sacré là ses études.* ⇒ **décrocher.** *Sacrer son auto sur le bord du chemin.* — Loc. *Sacrer patience, la paix à qqn, le laisser tranquille.* — S'en aller, quitter qqn. *Sacrer le (son) camp de la maison.* ⇒ **décamper, déguerpir, partir ;** se **pousser. 6.** SE SACRER DE : v. pron. Se moquer de, se ficher de (qqn, qqch.). ⇒ se **foutre** de. *« Préfères-tu le bleu ou le rouge ? — Je m'en sacre bien. »* ▶ ***sacreur, euse*** n. ▪ Personne qui sacre, jure, blasphème. *Les draveurs et les bûcherons ne donnaient pas leur place comme sacreurs.* ▶ ***sacrage*** n. m. ▪ Action de sacrer. *Sa fille déteste le sacrage.*

sacrificateur, trice [sakʀifikatœʀ, tʀis] n. ▪ Prêtre(esse) préposé(e) aux sacrifices.

sacrifice [sakʀifis] n. m. **I. 1.** Offrande rituelle à la divinité, caractérisée par la destruction (réelle ou symbolique) ou l'abandon volontaire de la chose offerte. *Sacrifices humains,* d'êtres humains. *Offrir des mets, des animaux en sacrifice.* — *Le Saint sacrifice,* la messe. **2.** Renoncement ou privation volontaire dans une intention religieuse ou morale. *Aller jusqu'au sacrifice de sa vie.* — Dépenses que l'on s'impose. *C'est pour moi un gros sacrifice ! Je ne reculerai devant aucun sacrifice.* **3.** *Le sacrifice,* le fait de se sacrifier. ⇒ **abnégation, dévouement, renoncement.** *Le goût du sacrifice. L'esprit de sacrifice.* **4.** Baseball, balle-molle. Fig. En appos. *Coup, amorti, ballon sacrifice,* qui cause le retrait du frappeur mais permet au(x) joueur(s) sur les buts d'avancer. **II.** Interj. Fam. Juron très fréquent et employé dans toutes sortes de circonstances. *Sacrifice, tais-toi ! Attention !, sacrifice !* Absolt. *Sacrifice !* — Loc. *Être en sacrifice,* très fâché, de très mauvaise humeur ; ne pas être très content. *Elle était en sacrifice après son fils.* — UN SACRIFICE DE : sert à qualifier la chose, la personne qui est mentionnée. *Un sacrifice de beau lac.* Sans compl. UN SACRIFICE : terme d'injure, de mépris. *Toi, mon sacrifice !* — Loc. adv. EN SACRIFICE : très beaucoup. *Il y avait du chevreuil en sacrifice.*

sacrifier [sakʀifje] v. ▪ conjug. 7. **I.** V. tr. **1.** Offrir en sacrifice. ⇒ **immoler.** *Sacrifier un bélier à une divinité.* **2.** Abandonner ou négliger (qqch. ou qqn) en considération de ce qu'on fait passer avant. *Il a sacrifié sa santé à sa carrière, ses proches à son travail. Merci de m'avoir sacrifié un peu de votre temps.* **3.** Fam. Se défaire avec peine, ou à perte, de (qqch.). *Marchand qui sacrifie ses électroménagers.* — Au p. p. adj. *Marchandises sacrifiées,* soldées à très bas prix. **II.** V. intr. SACRIFIER À : offrir des sacrifices à (une divinité). *Sacrifier aux idoles.* — Littér. (Compl. chose) Se montrer soumis à..., obéir fidèlement à... *L'auteur a sacrifié à la mode.* **III.** SE SACRIFIER : se dévouer par le sacrifice de soi, de ses intérêts. *Ceux qui se sacrifient à de nobles causes. Elle s'est toujours sacrifiée à sa famille, pour sa famille.* ⟨ ▶ sacrificateur, sacrifice ⟩

sacrilège [sakʀilɛʒ] n. et adj. **1.** N. m. Profanation d'objets, de lieux, de personnes revêtus d'un caractère sacré. ⇒ **blasphème.** *Commettre un sacrilège.* — Attentat contre ce qui est particulièrement respectable. *C'est un sacrilège d'avoir démoli ce château.* **2.** N. *Un, une sacrilège,* personne qui a commis un sacrilège. ⇒ **profanateur.** — Adj. Qui a un caractère de sacrilège. *Un attentat sacrilège.*

sacripant, ante [sakʀipɑ̃, ɑ̃t] n. et adj. ▪ Fam. Mauvais sujet, chenapan. ⇒ **vaurien.** *Mon petit sacripant, si je t'attrape...* — Adj. *Son amie est bien sacripante.* ⇒ **haïssable.**

sacristie [sakʀisti] n. f. ▪ Annexe d'une église, où sont déposés les vases sacrés, les vêtements sacerdotaux. — Loc. fam. PUNAISE DE SACRISTIE : dévote qui hante les sacristies, les églises. ⇒ fam. **balustre** (3). ▶ ***sacristain*** n. m., ***sacristaine*** ou ***sacristine*** n. f. ▪ Personne qui est préposée à la sacristie, à l'entretien de l'église. ⇒ **bedeau.**

sacro-saint, sacro-sainte [sakʀosɛ̃, sakʀosɛ̃t] adj. ▪ Qui fait l'objet d'un respect exagéré ou même absurde. *Toi et tes sacro-saintes manies !*

sacrum [sakʀɔm] n. m. ▪ Os formé par la réunion de cinq vertèbres (dites *sacrées*), situé à la partie inférieure de la colonne vertébrale. *Le coccyx et le sacrum. Des sacrums.*

sadisme [sadism] n. m. **1.** Perversion sexuelle où le plaisir est obtenu par la souffrance infligée à l'objet du désir (opposé à *masochisme*). *Sadisme et maso-*

*chisme**. **2.** Plaisir moral qu'on prend à la souffrance d'autrui. *Punition pleine de sadisme.* ⇒ **cruauté.** ► ***sadique*** adj. ■ ⇒ **cruel.** *Il est sadique. Plaisir sadique.* — N. *Un, une sadique.* ► ***sadomasochisme*** [sadomazɔʃism] n. m. ■ Sadisme combiné au masochisme chez la même personne. ► ***sadomasochiste*** adj. et n. ■ À la fois sadique et masochiste.

safari [safaʀi] n. m. ■ Expédition de chasse aux gros animaux sauvages, en Afrique noire. — SAFARI-PHOTO : excursion organisée à la manière d'un safari, au cours de laquelle on photographie les animaux. *Des safaris-photos.*

① ***safran*** [safʀɑ̃] n. m. **1.** Poudre aromatique orangée provenant d'une fleur du genre crocus. *Riz au safran.* ≠ *curry.* **2.** Matière colorante jaune clair tirée de la même fleur. — Couleur jaune clair. — Adj. invar. *Des soieries safran.*

② ***safran*** n. m. ■ Pièce principale d'un gouvernail de navire, qui agit sur l'eau.

saga [sagɑ] n. f. **1.** Récit historique ou mythologique de la littérature médiévale scandinave. *La saga d'Erik le Rouge.* — Histoire, récit plus ou moins légendaire. ⇒ **fresque.** *Écrire la saga d'une famille. Des sagas.* **2.** Situation compliquée, à l'origine de nombreux débats, de longs conflits. *La saga du dossier constitutionnel.*

sagace [sagas] adj. ■ Littér. Doué de perspicacité et d'intuition. ⇒ **clairvoyant, subtil.** ► ***sagacité*** n. f. ■ Pénétration, perspicacité. ⇒ **finesse.** *Faire preuve de sagacité.*

sagaie [sagɛ] n. f. ■ Lance, javelot utilisé par les chasseurs, les guerriers dans certaines civilisations traditionnelles. *Lancer des sagaies.*

sagamité [sagamite] n. f. ■ Mets amérindien fait de farine de maïs et de viande, cuit dans un chaudron, à ciel ouvert.

sage [saʒ] adj. **1.** Réfléchi et modéré. ⇒ **prudent, raisonnable, sensé, sérieux.** / contr. **déraisonnable, fou** / *De sages conseils.* ⇒ **judicieux.** — N. *C'est une sage. Agir en sage.* ⇒ **sagement.** ≠ *savant.* **2.** Littér. Qui a un art de vivre supérieur, qui peut être considéré comme un modèle. *Le penseur, homme sage.* — N. *Sa vie fut celle d'un sage.* **3.** Honnête et réservé dans sa conduite sexuelle. ⇒ **chaste.** *Elle est aussi sage que belle.* **4.** (Après le nom) Calme et docile. *Un enfant sage, sage comme une image.* **5.** (Choses) Qui est mesuré, fuit tout excès. *Des goûts sages.* — Fam. *Une petite robe toute sage.* / contr. **hardi** / ► ***sagement*** adv. ■ *Elle a agi très sagement. — Attends-moi bien sagement ici.* ► ***sagesse*** n. f. **1.** Modération et prudence dans la conduite. ⇒ **circonspection.** *Avoir la sagesse d'attendre. La voix de la sagesse.* ⇒ **raison** (I, 1). **2.** Littér. Philosophie de sage (2). — Prudence éclairée. ⇒ **discernement.** *La sagesse du législateur. La sagesse des nations,* remarques, conseils de bon sens, résultant d'une longue expérience, que les nations mettent en proverbes. **3.** Tranquillité, docilité (d'un enfant). ⇒ **obéissance.** *Il a été d'une sagesse exemplaire, aujourd'hui.* **4.** (Choses) Absence d'excès, d'innovation. *Un projet d'une trop grande sagesse.* ‹ ► assagir, sage-femme ›

sage-femme [saʒfam] n. f. ■ Personne (femme) qui connaît et pratique les techniques de l'accouchement. ⇒ **accoucheur.** *Les sages-femmes accouchaient beaucoup de femmes à la campagne.*

Sagittaire [saʒitɛʀ] n. m. invar. ■ Neuvième signe du zodiaque (22 novembre-20 décembre). *Être du signe du Sagittaire.* — Ellipt. Invar. *Elles sont Sagittaire.*

sagouin, ouine [sagwɛ̃, win] n. ■ Personne, enfant malpropre. — Injure. *Mon petit maudit sagouin !*

saguenayen, enne [sagneɛ̃, ɛn] adj. et n. ■ Du Saguenay. *Les journaux saguenayens.* — N. (Avec une majusc.) Personne née dans cette région du Québec ou qui l'habite. *Les Saguenayens sont très hospitaliers.* — REM. On écrit aussi *saguenéen, enne.*

saharienne [saaʀjɛn] n. f. ■ Veste de toile à manches courtes.

saigner [sɛɲe] v. ▪ conjug. 1. **I.** V. intr. (Corps, organes) Perdre du sang. *Il saignait comme un bœuf,* abondamment. *Le doigt, la plaie saigne. — Saigner du nez,* avoir le nez qui saigne. — Littér. *Son cœur saigne,* il souffre, il a beaucoup de peine. **II.** V. tr. **1.** Vx. Faire une saignée à (qqn). **2.** Tuer (un animal) en le privant de son sang, par égorgement. ⇒ **égorger.** *Saigner un porc.* **3.** Épuiser (qqn) en lui retirant ses ressources. *Elle a saigné ses parents. Elle s'est fait saigner à blanc,* vider de toutes ressources. — Pronominalement. Loc. SE SAIGNER AUX QUATRE VEINES : se priver en donnant tout ce qu'on peut. ► ***saignant, ante*** adj. ■ Se dit de la viande rôtie ou grillée, lorsqu'elle est peu cuite et qu'il y reste du sang. ⇒ **rouge.** *Les biftecks, saignants ou à point ? Très saignant.* ⇒ **bleu** (I, 1). ► ***saignée*** n. f. **I. 1.** Évacuation provoquée d'une certaine quantité de sang. *Les anciens médecins faisaient des saignées.* **2.** Perte de population que subit un pays (par la guerre, l'émigration, etc.). *La saignée subie par la France en 1914.* **II.** Pli entre le bras et l'avant-bras. *Pincer qqn à la saignée du bras.* ► ***saignement*** n. m. ■ *Saignement de nez,* hémorragie nasale.

① ***saillir*** [sajiʀ] v. intr. ▪ conjug. 13. ■ Avancer en formant un relief. *Ses veines saillent. Ses muscles saillaient.* ► ***saillant, ante*** adj. **1.** Qui avance, dépasse. ⇒ **proéminent.** *Des pommettes saillantes. — Angle saillant,* de moins de 180° (opposé à *rentrant*). **2.** Abstrait. Qui est en évidence, s'impose à l'attention. ⇒ **frappant, marquant, remarquable.** *Les traits, les événements saillants de cette période. Les faits saillants d'un match.* ► ① ***saillie*** [saji] n. f. ■ Partie qui avance, dépasse le plan, l'alignement. ⇒ **avancée, relief.** *Les saillies d'un mur. Un balcon formant saillie, faisant saillie, en saillie.* ⇒ **saillant** (1), en **surplomb**.

② ***saillir*** v. tr. ▪ conjug. 2. ■ (Suj. animal mâle) Monter (la femelle). *Le bouc saillissait une chèvre.* ► ② ***saillie*** n. f. ■ (Animaux) Action du mâle qui monte la femelle. ‹ ► salace ›

③ ***saillir*** v. intr. ▪ conjug. 2. — REM. Ne s'emploie qu'à l'infinitif et à la 3ᵉ personne. ■ Vx. S'élancer, jaillir. — REM. Même origine que *sauter.* ► ③ ***saillie*** n. f. ■ Littér. Trait brillant et inattendu (dans la conversation, le style). ⇒ **boutade, trait** d'esprit. *Une repartie pleine de saillies.* ‹ ► assaillir, tressaillir ›

sain, saine [sɛ̃, sɛn] adj. **1.** Qui est en bonne santé (opposé à *malade*). *Arbre sain. Être sain de corps et d'esprit,* en bonne santé physique et morale. — Loc. SAIN ET SAUF : en bon état physique, exempt de dommage, après un danger, une épreuve. ⇒ **indemne.** *Ils sont arrivés sains et saufs* [sɛ̃esof] *Saines et sauves* [sɛn(z)esov]. **2.** Qui jouit d'une bonne santé morale. *Un enfant parfaitement sain et équilibré.* — Considéré comme bon et normal. *Un jugement sain. Des idées saines.* / contr. **malsain** / **3.** (Choses) Qui contribue à la bonne santé physique. *Un climat très sain.* ⇒ **salubre.** *Une nourriture saine et abondante.* **4.** Normal, qui ne présente rien de dangereux ou de suspect. *C'est une affaire saine.* ≠ *saint.* ► ***sainement*** adv. ■ *Vivre sainement. — Juger sainement.* ‹ ► assainir, insane, malsain, sanatorium, santé ›

saindoux [sɛ̃du] n. m. invar. ■ Graisse de porc fondue. *Du saindoux.*

saint, sainte [sɛ̃, sɛ̃t] n. et adj. **I.** N. **1.** Personne qui est après sa mort l'objet, de la part de l'Église catholique, d'un culte public, en raison de la perfection chrétienne qu'elle a atteinte durant sa vie. *Mettre au rang des saints.* ⇒ **canoniser ; élu** (II, 1). *Les bienheureux ne sont pas mis au rang des saints* — (France) Loc. PRÊCHER POUR SON SAINT : avoir en vue son intérêt personnel en vantant qqn ou qqch. ⇒ **paroisse.** — *Ne pas savoir* À QUEL SAINT SE VOUER : ne plus savoir comment se tirer d'affaire. *Ce n'est pas un saint,* il n'est pas parfait. *Ce n'est pas un petit saint,* il n'est ni naïf ni vertueux. — *Elle est belle à faire damner un saint,* vraiment belle. *Il vaut mieux s'adresser à Dieu qu'à ses saints,* il vaut mieux s'adresser au supérieur plutôt qu'aux subordonnés. — Loc. fam. *Descendre tous les saints du ciel,* blasphémer, jurer, sacrer ②. **2.** (Dans d'autres religions) *Les saints de l'islam, du bouddhisme.* **3.** Personne d'une vertu, d'une patience exemplaires. *Cette femme, c'est une sainte !* **4.** N. m. *Le saint des saints,* l'enceinte du Temple la plus sacrée. — Loc. LE SAINT DES SAINTS : l'organisme le plus secret et le plus important d'une collectivité. **II.** Adj. ≠ *sain.* **1.** S'emploie (avant le prénom) pour désigner un saint, des saints. *L'Évangile selon saint Jean.* — *La Sainte Famille,* Jésus, Joseph et Marie. — (Avec une majusc.) *La Sainte Vierge. Le Saint-Esprit.* Loc. *Le Saint-Esprit passe.* ⇒ **ange** (2). — *La Saint-Jean,* la fête nationale des Québécois, célébrée le 24 juin. *La Saint-Sylvestre,* la veille du Jour de l'An. **2.** Qui mène une vie en tous points conforme aux lois de la morale et de la religion. *Un saint homme, une sainte femme.* **3.** (Choses) Qui a un caractère sacré, religieux ; qui appartient à l'Église. *Rendre saint.* ⇒ **sanctifier.** *La sainte table. L'histoire sainte. Les Lieux saints, la Terre sainte,* où le Christ a vécu. — Loc. TOUTE LA SAINTE JOURNÉE : pendant toute la journée, sans arrêt. PAS DE SAINT DANGER : non, pas du tout. ⇒ fam. **pantoute.** — *Guerre sainte,* guerre menée au nom de motifs religieux. **4.** Qui est inspiré par la piété. *Une sainte colère,* colère éminemment morale. **5.** Interj. *Sainte, sainte-bénite, ma bonne foi du saint-bon Dieu...,* exprime l'étonnement, la surprise. *Eh sainte !, c'est dispendieux de prendre l'avion.* ▶ ***saintement*** adv. ■ D'une manière sainte (I, 2). ▶ ***sainteté*** [sɛ̃tte] n. f. **1.** Caractère d'une personne ou d'une chose sainte. **2.** (Avec une majusc.) *Sa, Votre Sainteté,* titre de respect qu'on emploie en parlant du pape ou en s'adressant à lui. ‹ ▶ sacro-saint, sanctifier, sanctuaire, santon, Toussaint, et ci-dessous les mots en saint- ›

saint(e)- ■ Élément placé devant certains jurons ou sacres pour les introduire ou pour en atténuer la portée (ex. : *saint-ciboire, saint-cibole, saint-simonac, sainte-bénite, sainte-face, sainte-fesse*).

saint-bernard [sɛ̃bɛʀnaʀ] n. m. invar. ■ Race de grands chiens de montagne, dressés à porter secours aux voyageurs qui s'y sont égarés (du nom du col du Grand-Saint-Bernard). *Des saint-bernard.* — Fig. *C'est un vrai saint-bernard,* une personne toujours prête à secourir les autres.

sainte(-)nitouche [sɛ̃tnituʃ] n. f. ■ Femme, fillette qui affecte l'innocence (→ c'est une petite sainte). *Des saintes nitouches.*

Saint-Esprit n. pr. m. ⇒ ② **esprit.**

à la ***saint-glinglin*** [alasɛ̃glɛ̃glɛ̃] loc. adv. ■ Fam. À une date indéfiniment reportée. *Il me remboursera à la saint-glinglin.* ⇒ **jamais.** *Je ne vais pas l'attendre jusqu'à la saint-glinglin.* ⇒ **éternellement.**

saint-honoré [sɛ̃tɔnɔʀe] n. m. invar. ■ Gâteau garni de crème Chantilly et de petits choux. *Des saint-honoré.*

saint-joseph [sɛ̃zosɛf] n. m. invar. ■ Pétunia. *Des saint-joseph.*

saint-nectaire [sɛ̃nɛktɛʀ] n. m. ■ Fromage d'Auvergne (France), à base de lait de vache, à pâte pressée. *Des saint-nectaires.*

saint-paulin [sɛ̃polɛ̃] n. m. ■ Fromage affiné à pâte pressée, voisin du port-salut. *Des saint-paulins.*

saint-père [sɛ̃pɛʀ] n. m. ■ (Avec des majusc.) Le pape. *Le Saint-Père. Notre Saint-Père le pape.* — *Des saints-pères.*

Saint-Siège [sɛ̃sjɛʒ] n. m. ■ *Le Saint-Siège,* la papauté, au Vatican.

saint-thomas [sɛ̃tɔmɑ] n. invar. ■ Personne incrédule, qui doit voir avant de croire. *Voilà encore un saint-thomas.* — Loc. *Être un saint-thomas.*

saisir [seziʀ] v. tr. ▪ conjug. 2. **I. 1.** Mettre en sa main (qqch.) avec force ou rapidité. ⇒ **attraper, empoigner, pogner,** ① **prendre.** *Le gardien de but a pu saisir la rondelle.* ⇒ s'**emparer** de. — Prendre (qqn, un animal), retenir brusquement ou avec force. ⇒ **capturer.** *Saisir qqn à bras le corps.* **2.** Se mettre promptement en mesure d'utiliser, de profiter de. *Il faut saisir l'occasion. Occasion à saisir ! Elle saisira le moindre prétexte.* **3.** Parvenir à comprendre, connaître (qqch.) par les sens, par la raison. *Je ne saisissais que des bribes de la conversation.* — Fam. *Tu saisis ?,* tu comprends ? **4.** (Sensations, émotions, etc.) S'emparer brusquement des sens, de l'esprit de (qqn). ⇒ ① **prendre.** *Un frisson de peur la saisit.* — Faire une impression vive et forte sur (qqn). ⇒ **émouvoir, frapper, impressionner ; saisissant, saisissement.** *Sa pâleur m'a saisi.* **5.** Exposer d'emblée à un feu vif (ce qu'on fait cuire). — Au p. p. adj. *Viande bien saisie.* **6.** Procéder à la saisie (II) de (certains biens). ⇒ **confisquer.** *On a saisi ses meubles.* — *Saisir qqn,* saisir ses biens. — *Saisir un numéro de journal.* **7.** Informatique. Effectuer la saisie (I) de (données...). *J'ai saisi ce texte hier soir.* ⇒ **taper. II.** SAISIR... DE... : porter devant (une juridiction). — (Souvent au passif) *Le Conseil de sécurité des Nations Unies a été saisi de la plainte de tel pays.* **III.** SE SAISIR DE v. pron. : mettre vivement en sa possession. ⇒ s'**emparer.** *Les parachutistes se sont saisis d'un aérodrome. Saisissez-vous de ce traître !* ▶ ***saisie*** n. f. **I.** Informatique. Enregistrement de données dans la mémoire d'un ordinateur. *Faire la saisie d'un texte au clavier, avec un lecteur optique.* (⇒ **saisir,** 7). *Utiliser une souris pour la saisie.* **II. 1.** Procédure par laquelle des biens sont remis à la justice ou à l'autorité administrative, dans un intérêt privé (d'un créancier) ou public. *Être sous le coup d'une saisie. L'huissier a ordonné la saisie des biens du débiteur.* **2.** Prise de possession (d'objets interdits par l'autorité publique). *La saisie d'un journal.* ▶ ***saisissant, ante*** adj. ■ Qui surprend. ⇒ **étonnant, frappant.** *Un contraste saisissant. Une ressemblance saisissante. Un froid saisissant.* ⇒ **vif.** ▶ ***saisissement*** n. m. ■ Effet soudain d'une sensation (surtout de froid), ou d'une émotion. *Il était muet de saisissement.* ‹ ▶ dessaisir, insaisissable, se ressaisir ›

saison [sɛzɔ̃] n. f. **1.** Chacune des quatre grandes divisions de l'année déterminées par la révolution de la Terre autour du Soleil : printemps, été, automne et hiver (dans les régions tempérées) ; saison sèche et saison des pluies (hivernage), en climat tropical et équatorial. *Le retour des saisons.* EN TOUTE(S) SAISON(S) : toute l'année. **2.** Époque de l'année caractérisée par un certain climat et un certain état de la végétation. *La belle, la mauvaise saison. La saison des pluies en Afrique.* ⇒ **hivernage.** — (France) *Marchand(e) des* QUATRE SAISONS : qui vend des fruits et des légumes frais sur les marchés. — *La saison des foins. Manger des fruits de saison,* de la saison en cours. *La saison des sucres*. La saison des amours,* la période où les animaux s'accouplent. **3.** Époque de l'année propice à une activité. ⇒ **période.** *La saison des vacances. La saison des soldes.* — Loc. ÊTRE DE SAISON : (suj. chose abstraite) être de circonstance. **4.** Chacune des époques où se renouvelle la mode. *Les nouveautés de la saison.* **5.** Époque où une activité est pratiquée, un lieu fréquenté. *La saison théâtrale. La saison s'annonce bonne pour les hôteliers. Haute, basse saison. Les prix baissent hors saison. La saison morte. La saison de hockey, de baseball. Le match des étoiles a lieu à (la) mi-saison.* ▶ ***saisonnier, ière*** adj. **1.** Propre à une saison. *Cultures saisonnières.* **2.** Qui ne dure qu'une saison, qu'une partie de l'année. *Un service saisonnier de traversiers.* — *Ouvrier saisonnier* ou, n. m., *saisonnier,* qui loue ses services pour une saison, une récolte, le travail forestier... — *Les saisonniers,* les vacanciers. ⟨ ▶ arrière-saison, assaisonner, demi-saison, morte-saison, quatre-saisons ⟩

saké [sake] n. m. ■ Boisson alcoolisée japonaise obtenue par fermentation du riz. *Le saké se boit tiède ou chaud.*

salace [salas] adj. ■ Littér. (Hommes) Porté à l'acte sexuel. ⇒ **lascif, lubrique.** ▶ ***salacité*** n. f. ■ Littér. ⇒ **lubricité.**

salade [salad] n. f. **1.** *De la salade, une salade,* mets fait de feuilles d'herbes potagères crues, assaisonnées d'huile, de vinaigre, de sel, etc. *Une salade de laitue, d'endives.* **2.** Plante cultivée dont on fait la salade (surtout laitue, romaine, scarole, frisée...). *Repiquer la salade. Des feuilles de salade. Des salades braisées.* — Cour. Laitue. *Une pomme de salade.* **3.** Plat froid fait de salade (2), de légumes, de viande (ou d'œufs, de crustacés, etc.) assaisonnés d'une vinaigrette. *Une salade de maïs. Salade de poulet, de jambon. Salade niçoise* (olives, tomates, anchois, etc.). — *Salade de (au) chou,* faite de chou haché. *Salade de pommes de terre* ou *de patates.* SALADE RUSSE : macédoine de légumes à la mayonnaise. — EN SALADE : accommodé comme une salade. *Des tomates en salade.* **4.** *Salade de fruits,* fruits coupés, servis froids avec un sirop, une liqueur. **5.** Fam. Mélange confus. *On ne s'y retrouve plus, quelle salade !* **6.** Fam. *Vendre sa salade,* chercher à convaincre par des boniments. *N'essaie pas de me vendre ta salade !* — Au plur. Fam. Histoires, mensonges. ⇒ **baratin ;** fam. **boniment.** *Assez de salades !* ▶ ***saladier*** n. m. ■ Récipient, jatte où l'on sert la salade (1), et d'autres mets ; son contenu. *Ils ont mangé un plein saladier de tomates.*

salage [salaʒ] n. m. **1.** Action de saler (1) ; son résultat. *Le salage de la morue.* **2.** Épandage du sel sur une chaussée enneigée ou verglacée (pour faire fondre la neige, le verglas). ≠ *solage.*

salaire [salɛʀ] n. m. **1.** Rémunération d'un travail, d'un service. ⇒ **appointements, rétribution, traitement.** — Somme d'argent payable régulièrement par l'employeur à la personne qu'il emploie (opposé à *émoluments, honoraires, indemnité*). *Toucher un salaire, son salaire.* ⇒ **paye.** *Demander une augmentation de salaire. Salaire brut,* avant toute retenue ; *salaire net. Salaire minimum. Un salaire de famine, de misère, de crève-faim,* très bas. **2.** Littér. Ce par quoi on est payé (récompensé ou puni) de ce qu'on a fait. *Voilà le salaire de nos erreurs.* ⟨ ▶ salarial, salarié ⟩

salaison [salɛzɔ̃] n. f. **1.** Opération par laquelle on sale (un produit alimentaire) pour le conserver. *La salaison du poisson.* **2.** Denrée alimentaire conservée par le sel. *Des salaisons de porc.* — Lieu où l'on sale et conserve le poisson.

salamalecs [salamalɛk] n. m. pl. ■ Fam. Saluts, politesses exagérées. *Pas tant de salamalecs !*

salamandre [salamɑ̃dʀ] n. f. ■ Petit batracien noir taché de jaune, dont la peau sécrète une substance venimeuse.

salami [salami] n. m. ■ Gros saucisson sec de porc ou de bœuf. *Du salami à l'ail, à la bière, hongrois. Un sandwich, un sous-marin au salami.*

salant [salɑ̃] adj. m. ⇒ **marais** salant.

salarial, ale, aux [salaʀjal, o] adj. ■ Du salaire, relatif aux salaires. *Masse salariale. Conventions salariales. Une dispute salariale.*

salarié, ée [salaʀje] adj. et n. ■ Qui reçoit un salaire. *Les employés salariés.* — N. *Un salarié, une salariée.* ⇒ **employé, ouvrier.** — En appos. (avec un trait d'union) *Un bas-salarié.* ⇒ **gagne-petit.** ▶ ***salariat*** n. m. **1.** Condition de salarié. **2.** Ensemble des salariés (opposé à *patronat*). *Les revendications du salariat.*

salaud [salo] n. m. et adj. m. — REM. Au féminin, on emploie le mot *salope**. **1.** N. m. Fam. Se dit d'un homme qui agit de façon méprisable et révoltante ou, simplement, dont on est très mécontent. ⇒ fam. **dégueulasse, écœurant, saligaud, salopard.** *Quel salaud ce chauffard !* — Adj. m. *Ils ont été salauds avec elle.* — (Sans valeur injurieuse) *Eh bien mon salaud, tu ne te refuses rien !* **2.** Adj. m. Qui salit, est malpropre (en faisant qqch.). *Bébé qui est salaud en mangeant. C'est salaud de marcher dans le sloche.*

sale [sal] adj. **I.** Concret. (Après le nom) **1.** Qui n'est pas propre. ⇒ **crasseux, crotté, dégoûtant, malpropre ;** fam. **dégueulasse.** *Avoir les mains sales. Du linge sale.* — (Personnes) Mal tenu, qui se lave insuffisamment. *Il était sale comme un cochon.* **2.** *Couleur sale,* qui n'est pas franche, qui est ternie. **II.** Abstrait. (Avant le nom) Très désagréable. *Il fait un sale temps.* ⇒ **vilain ;** fam. **moche.** *C'est une sale histoire, un sale coup.* ⇒ **fâcheux, vilain.** *Elle s'est fait jouer un sale tour.* — (Surtout en France) Fam. *Il a une sale gueule,* très antipathique. — (France) (Personnes, animaux) Mauvais, désagréable, méprisable. *Quel sale bonhomme ! Les sales bandits ! La sale bête m'a piqué.* — N. Très fam. *Un maudit sale.* ⇒ fam. **chien** (I, 6), **écœurant, salaud.** ▶ ***salement*** adv. **1.** D'une manière sale, en salissant. / contr. **proprement** / *Il mange salement.* **2.** (Surtout en France. Devant un adjectif) Fam. Très. *Je suis salement embêté.* ⇒ fam. **vachement.** ▶ ***saleté*** n. f. **1.** Caractère de ce qui est sale. ⇒ **malpropreté.** *Chose, personne d'une saleté repoussante.* **2.** Ce qui est sale, mal tenu ; ce qui salit. ⇒ ② **crasse, ordure ;** fam. **cochonnerie.** *Ils vivent dans la saleté. Tu en as fait des saletés, avec ta peinture !* — (Euphémisme) Excrément. *Le chat a fait ses saletés sur le parquet.* **3.** Fam. Chose immorale, indélicate. ⇒ fam. ② **crasse, saloperie.** **4.** Fam. Chose sans aucune valeur, qui déplaît. *Pourquoi acheter toutes ces saletés ?* — Chose mauvaise au goût. *Manger des saletés pareilles !* ⟨ ▶ salaud, saligaud, salir, salope ⟩

saler [sale] v. tr. ▪ conjug. 1. **1.** Assaisonner avec du sel. *Saler la soupe.* — Imprégner de sel, pour conserver. *Saler des poissons.* / contr. **dessaler** / **2.** *Saler la chaussée,* pour la rendre moins glissante. **3.** *Saler la note,* demander un prix excessif. ⇒ ① **salé** (II, 2). ▶ ① ***salé, ée*** adj. **I.** Qui contient naturellement du sel. *Eau salée* (opposé à *eau douce*). — Assaisonné ou conservé avec du sel. *Cacahuètes, arachides salées. Un morceau de lard salé* — N. m. *Aimer le salé* / contr. **sucré** / — Adv. *Manger salé.* **II. 1.** Qui excite l'esprit par qqch. de licencieux. ⇒ ② **cru, osé.** *Une histoire assez salée.* ⇒ **grivois, licencieux.** **2.** Fam. Exagéré. *L'addition, la facture est salée,* trop élevée. ▶ ② ***salé*** n. m. ■ (France) Porc salé. — PETIT SALÉ : morceau de poitrine de porc peu salé, que l'on mange bouilli. ⟨ ▶ dessaler, pissaladière, salade, salage, salaison, salant, saloir ⟩

acide ***salicylique*** [salisilik] n. m. ■ Acide utilisé pour fabriquer l'aspirine.

① ***salière*** [saljɛʀ] n. f. ■ Petit récipient de table, à bouchon perforé, dans lequel on met le sel. *Salière et poivrière.* ‹ ► ② salière ›

② ***salière*** n. f. ■ Creux derrière les clavicules, chez les personnes maigres.

saligaud, aude [saligo, od] n. ■ Fam. Insulte. Salaud. *Espèce de grands saligauds !* — REM. Le féminin *saligaude* est rare.

salin, ine [salɛ̃, in] adj. ■ Qui contient naturellement du sel, est formé de sel. *Roche saline.* — *Air, vent salin,* près de l'océan. ► ***salinité*** n. f. ■ Proportion de sels dans l'eau.

saline n. f. ■ Entreprise de production du sel. ‹ ► saunier ›

salique [salik] adj. ■ Histoire de France. LOI SALIQUE : loi qui excluait les femmes de la succession à la couronne de France.

salir [saliʀ] v. tr. ▪ conjug. 2. **1.** Rendre sale. ⇒ **maculer, souiller, tacher ;** fam. **beurrer, graisser.** *Tu as sali tes gants. Elle s'est sali les mains.* — Pronominalement (réfl.). *Elle s'est salie en tombant. Un tissu clair qui se salit vite.* ⇒ **salissant** (1). **2.** Abstrait. Abaisser, souiller moralement. *Chercher à salir la réputation de qqn, à le salir.* ► ***salissage*** n. m. ■ Action de souiller moralement, de dénigrer qqn. *Se livrer à une campagne de salissage contre un candidat adverse.* ► ***salissant, ante*** adj. **1.** Qui se salit aisément. **2.** Qui salit, où on se salit. *Un métier salissant.* ► ***salissure*** n. f. ■ Ce qui salit en surface.

salive [saliv] n. f. ■ Liquide produit par les glandes dites *salivaires,* dans la bouche. *Jet de salive.* ⇒ ② **postillon.** — Loc. Abstrait. *Avaler sa salive,* se retenir de parler. Fam. DÉPENSER, GASPILLER SA SALIVE : parler beaucoup. PERDRE SA SALIVE : parler en vain. ► ***saliver*** v. intr. ▪ conjug. 1. ■ Sécréter de la salive. *Une odeur de cuisine qui fait saliver* (→ faire venir l'eau à la bouche). ► ***salivaire*** adj. ■ Qui a rapport à la salive. — *Glandes salivaires,* qui sécrètent la salive. ► ***salivation*** n. f. ■ Production de la salive.

salle [sal] n. f. **1.** Nom de certaines pièces, dans un appartement, une maison. SALLE À MANGER ou, fam., SALLE À DÎNER : pièce disposée pour y prendre les repas. Fam. *La salle à dîner d'un restaurant, d'un hôtel.* — *La salle de jeu,* le sous-sol. SALLE DE BAINS : pièce aménagée pour y prendre des bains et pour faire sa toilette. ⇒ fam. **chambre** de bain. — Par euph. Toilettes. *La salle de bain d'un restaurant, d'un bureau de dentiste.* SALLE D'EAU : aménagée pour les lavages et la toilette. *Des salles d'eau.* — SALLE DE SÉJOUR : grande pièce où l'on se tient habituellement. ⇒ **séjour, vivoir ;** anglic. **living.** *Des salles de séjour. La salle de télévision* ou, fam., *la salle télé.* — Fam. *Où est la salle de(s) toilette(s) ?* **2.** Vaste local, dans un édifice ouvert au public. *Les salles d'un musée. Salle de classe, d'audience, d'attente... Une salle de danse.* ⇒ anglic. **dancing.** *Salle de cinéma. Les salles de spectacle d'une ville. Aller dans une salle de quilles, une salle d'entraînement. Une salle de jeux électroniques.* ⇒ ② **arcade.** *Salle paroissiale.* ⇒ **soubassement.** — *Salle d'armes,* où l'on enseigne et pratique l'escrime. — Loc. LES SALLES OBSCURES : les salles de cinéma. **3.** Le public d'une salle de spectacle. *Une bonne salle. La salle se leva d'un bloc.* ‹ ► salon ›

salmigondis [salmigɔ̃di] n. m. invar. ■ Littér. Mélange, assemblage disparate et incohérent. *Quel salmigondis !* ⇒ **salade** (5) ; fam. **chiard.**

salmonidés [salmɔnide] n. m. pl. ■ Famille de poissons au corps oblong et écailleux, vivant dans les eaux pures et rapides et se nourissant de proies vivantes. — Au sing. *La truite est un salmonidé.* — Adj. *Le touladi est un poisson salmonidé indigène.* ► ***salmoniculture*** n. f. ■ Élevage des truites et des saumons.

saloir [salwaʀ] n. m. ■ Coffre, pot ou local destiné aux salaisons.

salon [salɔ̃] n. m. **I. 1.** Pièce de réception (dans un logement privé). *Le canapé, les fauteuils du salon.* SALON DOUBLE : grande pièce, souvent séparée par deux portes vitrées coulissantes, et dont une section sert de salle à manger. — Mobilier de cette pièce. *Un salon contemporain.* — *Salon d'attente* (d'un médecin, d'un dentiste, etc.). ⇒ **salle. 2.** Lieu de réunion, dans une maison où l'on reçoit régulièrement ; la société qui s'y réunit. *Les salons littéraires du* XVIIIe *s.* — *Faire salon,* réunir des personnes pour converser. — Loc. LE DERNIER SALON OÙ L'ON CAUSE : un lieu où l'on bavarde (au lieu de travailler). **3.** Salle (d'un établissement ouvert au public). *Salon de coiffure,* boutique de coiffeur, de coiffeuse. — SALON DE THÉ : pâtisserie où l'on sert des consommations. — *Salon (funéraire, mortuaire),* funérarium. *Faire une visite au salon.* **4.** *Les salons,* la société mondaine. — ... DE SALON. ⇒ **mondain.** *Une conversation, une gloire de salon.* **II.** (Avec une majusc.) **1.** Exposition périodique d'œuvres d'artistes vivants. *Exposer au Salon d'automne.* **2.** Exposition annuelle où l'on présente de nouveaux modèles, des productions récentes. ⇒ **foire.** *Le Salon de l'auto. Le Salon du livre. Le salon des aînés.* ► ***salonnard, arde*** n. ■ Péj. Habitué(e) des salons mondains. ► ***salon-bar*** n. m. ⇒ **bar-salon.** ‹ ► bar-salon ›

saloon [salun] n. m. ■ Anglic. Bar du Far-West. *Les saloons des films westerns.* — *Porte de saloon,* à claire-voie, à deux battants à mi-hauteur.

salope [salɔp] n. f. ■ Fam. Équivalent, au féminin, de *salaud** (aux sens 1 (insulte) et 2). ► ***salopard*** n. m. ■ Fam. Insulte. Salaud. ► ***saloper*** v. tr. ▪ conjug. 1. ■ Fam. Faire très mal (un travail). — Au p. p. adj. *Un travail salopé.* ► ***saloperie*** n. f. ■ Fam. Saleté (aux sens 2, 3, 4). ‹ ► salopette ›

salopette [salɔpɛt] n. f. **1.** Vêtement de travail qu'on met par-dessus ses vêtements (pour ne pas les salir). ⇒ **bleu** (II, 7), **combinaison. 2.** Pantalon à bretelles et à plastron sur le devant. *Une salopette d'enfant, de bébé.*

salpêtre [salpɛtʀ] n. m. ■ Couche de nitrates pulvérulente qui se forme sur les vieux murs humides.

salpingite [salpɛ̃ʒit] n. f. ■ Médecine. Inflammation d'une trompe de l'utérus.

salsepareille [sals(ə)paʀɛj] n. f. ■ Arbuste épineux à propriétés médicinales (purifier le sang, faire suer).

salsifis [salsifi] n. m. invar. ■ Plante potagère cultivée pour sa longue racine charnue ; cette racine. *Une entrée de salsifis.*

saltimbanque [saltɛ̃bɑ̃k] n. ■ Personne qui fait des tours d'adresse, des acrobaties en public. ⇒ **acrobate, équilibriste.** *Un, une saltimbanque.*

salubre [salybʀ] adj. ■ (Air, climat, milieu...) Qui a une action favorable sur l'organisme. ⇒ **sain.** / contr. **insalubre, malsain** / ► ***salubrité*** n. f. **1.** Caractère de ce qui est salubre. *La salubrité d'une maison.* **2.** *Salubrité publique,* état d'une population préservée des maladies endémiques et contagieuses. *Des mesures de salubrité publique.* ⇒ **hygiène.** ‹ ► insalubre ›

saluer [salɥe] v. tr. ▪ conjug. 1. **1.** Adresser un salut à (qqn). *Saluer un ami. Saluer qqn d'un geste de la* main. ⇒ ② **salut.** — *J'ai bien l'honneur de vous saluer,* formule assez sèche pour conclure une lettre, un entretien. — *Artiste qui salue le public.* **2.** Manifester du respect par des pratiques réglées. *Saluer le drapeau.* — Faire le salut militaire à (un autre soldat). **3.** Accueillir par des manifestations extérieures. *Son apparition a été saluée par des* (ou *d'*) *applaudissements, par des* (ou *de*) *huées.* **4.** *Saluer qqn comme..., saluer en lui...,* l'honorer comme. *Je salue en lui un précurseur.* ‹ ▶ salutation ›

① ***salut*** [saly] n. m. **1.** Le fait d'échapper à la mort, au danger (→ ① sauf, sauver), de garder ou de recouvrer un état heureux, prospère. *Chercher son salut dans la fuite. Elle n'a dû son salut qu'à son courage,* elle n'en a réchappé que grâce à son courage. — *Le* SALUT PUBLIC : la sauvegarde de la nation. **2.** Religion. Le fait d'être sauvé de l'état naturel de péché et de la damnation qui en résulterait. *Pour le salut de son âme.* — (Avec une majusc.) *L'*ARMÉE DU SALUT : association protestante à but religieux et philanthropique. ⇒ **salutiste.** — Loc. *Hors de l'Église, point de salut.* ▶ ***salutaire*** adj. ■ Qui a une action favorable, dans le domaine physique ou moral. ⇒ **bienfaisant,** ① **bon, profitable, utile.** / contr. **fâcheux, mauvais** / *Un effet salutaire.* ▶ ***salutiste*** n. et adj. ■ Membre de l'Armée du Salut. *Les salutistes.* — Adj. *Une bénévole salutiste. Un défilé salutiste,* de l'Armée du Salut.

② ***salut*** n. m. **1.** Littér. Formule exclamative par laquelle on rend hommage à qqch., à qqn ; on le salue. *Salut à toi, ô César !* **2.** Fam. Formule brève d'accueil ou d'adieu. ⇒ **bonjour, bonsoir,** au **revoir.** *Salut les gars ! Salut tout le monde !* **3.** Démonstration de civilité (par le geste ou par la parole) qu'on fait en rencontrant qqn. ⇒ **courbette, inclination** de tête. *Adresser, faire, rendre un salut à qqn.* **4.** *Salut militaire,* généralement geste de la main droite, portée à la tempe, à la coiffure. *Salut fasciste,* le bras tendu. — *Le salut au drapeau.* **5.** Court office catholique chanté pendant lequel on expose, on « salue » le saint sacrement. *Le salut se termine par une bénédiction.* ‹ ▶ saluer ›

salutation [salytasjɔ̃] n. f. **1.** Manière de saluer exagérée. *On lui a fait de grandes salutations.* **2.** (Au plur., dans les formules de politesse écrites) *Veuillez agréer mes salutations distinguées. Salutations amicales, cordiales.*

salve [salv] n. f. **1.** Décharge simultanée d'armes à feu ou coups de canon successifs. *Une salve d'artillerie.* **2.** *Des salves d'applaudissements,* des applaudissements qui éclatent comme des salves.

samare [samaʀ] n. f. ■ Fruit sec à aile membraneuse de certains arbres (érables, ormes, frênes). ⇒ fam. **hélicoptère.**

samba [sɑ̃mba] n. f. ■ Danse à deux temps d'origine brésilienne ; sa musique. *Des sambas.*

samedi [samdi] n. m. ■ Jour de la semaine qui précède le dimanche. *Tous les Samedis. Le Samedi saint,* la veille de Pâques. — Adv. *Je pars samedi,* samedi prochain.

samouraï [samuʀaj] n. m. ■ Guerrier japonais des siècles passés. *La caste des samouraïs.*

samovar [samɔvaʀ] n. m. ■ Bouilloire russe utilisée surtout pour la confection du thé. *Des samovars en cuivre.*

samoyède [samɔjɛd] n. m. et adj. ■ Chien à épaisse fourrure blanche, d'assez grande taille, très robuste, aux yeux pâles, utilisé pour la traction des traîneaux. ⇒ chien **esquimau ;** anglic. **husky.** — Adj. *Un chien samoyède.* — Au plur. *Les samoyèdes,* cette race de chiens originaires de Sibérie.

sampan [sɑ̃pɑ̃] n. m. ■ Petite embarcation chinoise. *Des sampans et des jonques.*

sanatorium [sanatɔʀjɔm] ou, abrév. fam., ***sana*** [sana] n. m. ■ Maison de santé située dans des conditions climatiques déterminées, où l'on traite les tuberculeux pulmonaires. *Des sanatoriums* ; fam. *des sanas.*

sanctifier [sɑ̃ktifje] v. tr. ▪ conjug. 7. **1.** Rendre saint (II, 3). *Sanctifier un lieu.* **2.** Révérer comme saint. *Sanctifier le dimanche,* le célébrer suivant la loi de l'Église. ▶ ***sanctifiant, ante*** adj. ■ *Grâce sanctifiante.* ▶ ***sanctification*** n. f. ■ Action de sanctifier ; son résultat.

① ***sanction*** [sɑ̃ksjɔ̃] n. f. **1.** Acte par lequel le chef du pouvoir exécutif approuve une mesure législative. **2.** (Éducation) *Sanction des études,* reconnaissance officielle, par un diplôme, du succès d'un élève à un programme d'études. **3.** Approbation, ratification. ⇒ **consécration.** *Locution qui reçoit la sanction de l'usage,* qui est consacrée par l'usage. ▶ ① ***sanctionner*** v. tr. ▪ conjug. 1. ■ Confirmer par une sanction (①, 1). — Confirmer légalement ou officiellement. ⇒ **entériner, homologuer, ratifier.** *Le D.E.S. sanctionne les études secondaires.* ‹ ▶ ② sanction ›

② ***sanction*** n. f. ■ Peine établie par une autorité pour réprimer un acte. ⇒ **condamnation.** *Le gouvernement a pris des sanctions à l'encontre des* (ou *contre les*) *manifestants. — Sanctions scolaires.* ⇒ **punition.** ▶ ② ***sanctionner*** v. tr. ▪ conjug. 1. ■ Punir par une sanction. *Les actes d'indiscipline seront sanctionnés.*

sanctuaire [sɑ̃ktɥɛʀ] n. m. **1.** Lieu le plus saint d'un temple, d'une église. **2.** Édifice consacré aux cérémonies du culte, lieu saint qui est l'objet d'une dévotion particulière. *Delphes, sanctuaire d'Apollon.* — Lieu de pèlerinage. *Le sanctuaire de Sainte-Anne-de-Beaupré.* **3.** Fam. Réserve naturelle. *Un sanctuaire d'oiseaux.*

sandale [sɑ̃dal] n. f. ■ Chaussure légère faite d'une simple semelle qui s'attache au pied par des cordons ou des lanières. *Mettre ses sandales.* ≠ **soulier.** ▶ ***sandalette*** n. f. ■ Sandale légère.

sandwich [sɑ̃dwitʃ] ou, cour., [sanwitʃ] n. m. ou f. **1.** Mets constitué de deux tranches de pain, entre lesquelles on place des aliments froids (jambon, saucisson, salade, etc.). ⇒ **sous-marin ; casse-croûte.** *Des sandwiches* ou *des sandwichs. Un sandwich au jambon. Un sandwich tomates, laitue, mayonnaise. Sandwich western,* au pain grillé et avec un œuf frit. *Sandwich au fromage grillé.* ⇒ anglic. **grilled-cheese ; croque-monsieur.** *Sandwich au poulet chaud.* ⇒ anglic. **hot chicken.** *Sandwich au bœuf mariné.* ⇒ anglic. **smoked-meat.** Fam. *Un sandwich (à) trois étages.* ⇒ **club-sandwich.** — *Pain (à) sandwich,* pain tranché, de forme à peu près carrée. — *Sandwich de (à la) crème glacée,* friandise faite de crème glacée entre deux biscuits. — Fam. *Une boîte de sandwichs,* de serviettes hygiéniques. **2.** Fam. ÊTRE PRIS EN SANDWICH : serré, coincé entre deux choses ou deux personnes (abstrait ou concret). ‹ ▶ club-sandwich, homme-sandwich ›

sang [sɑ̃] n. m. **1.** Liquide visqueux, de couleur rouge, qui circule dans les vaisseaux, à travers tout l'organisme, où il joue des rôles essentiels et multiples. ⇒ **hémat(o)- ; -émie ; sanguin.** *La circulation du sang. Animaux à sang chaud,* à température constante ; *à sang froid,* à température variable. *Sang artériel,* *veineux. Couleur de sang. Une prise de sang.* — En appos. Invar. *Rouge sang.* — Loc. *Le sang lui monte au visage,* il devient tout rouge. — *Mon sang n'a fait qu'un tour,* j'ai été bouleversé (indignation, peur, etc.). — COUP DE SANG : congestion. ⇒ **apoplexie.** — *Avoir le sang chaud,* être irascible, impétueux, ou facilement amoureux. — *Avoir du sang dans les veines,* être courageux, résolu. — *Fouetter le sang.* ⇒ **stimuler.** Fam. *Avoir du sang de navet,* être sans vigueur, être lâche. *Un apport de sang frais,* une arrivée d'éléments nouveaux, jeunes ; un apport de capitaux. — MAUVAIS SANG. *Se faire du mauvais sang,* s'inquiéter, se tourmenter dans l'incertitude et l'attente. — *Se faire un* SANG D'ENCRE, *du* SANG DE NÈGRE : s'inquiéter énormément. ⇒ **mouron.** *Se ronger les sangs.* **2.** (Blessures) *Perdre du sang.* ⇒ **saigner.** *Verser, faire couler le sang.* ⇒ **tuer.** — Loc. *Avoir du sang sur les mains,* avoir commis un crime. — EN SANG : ensanglanté. — *Jusqu'au sang,* jusqu'à ce que le sang coule. *Se gratter jusqu'au sang.* **3.** Le sang considéré comme porteur des caractères héréditaires. *Un personnage de sang royal. Les liens du sang.* — Loc. *avoir du* SANG BLEU : être d'origine noble. — AVOIR ÇA DANS LE SANG : c'est une tendance profonde. *La voix du sang,* instinct affectif familial. **4.** BON SANG ! : juron familier. ‹ ▶ consanguin, exsangue, pur-sang, saigner, sang-froid, sanglant, sang-mêlé, sangsue, sanguin, ① sanguinaire, ② sanguinaire, sanguinolent ›

sang-froid [sɑ̃fʀwa] n. m. sing. ■ Maîtrise de soi qui permet de ne pas céder à l'émotion et de garder sa présence d'esprit. ⇒ **calme, froideur, impassibilité, présence** d'esprit. *Garder, perdre son sang-froid. Il l'a tué de sang-froid,* de façon délibérée et en pleine conscience de son acte. ⇒ **froidement.**

sanglant, ante [sɑ̃glɑ̃, ɑ̃t] adj. **1.** En sang, couvert de sang. *Glaive sanglant.* ⇒ **ensanglanté. 2.** Qui fait couler le sang, s'accompagne d'effusion de sang. ⇒ **meurtrier.** *Une bataille sanglante.* — *Une mort sanglante.* ⇒ **violente. 3.** Extrêmement dur et outrageant. *Des reproches sanglants.* ‹ ▶ ensanglanter ›

sangle [sɑ̃gl] n. f. ■ Bande large et plate (de cuir, de toile, etc.) qu'on tend pour maintenir ou serrer qqch. *Livres de classe retenus par une sangle.* — Bande de toile forte formant le fond d'un siège, d'un lit. *Un lit de sangles.* ▶ ***sangler*** v. tr. • conjug. 1. **1.** *Sangler un cheval,* serrer la sangle qui maintient sa selle. **2.** Serrer fortement comme avec une sangle. — Au p. p. adj. *Il était sanglé dans son uniforme.*

sanglier [sɑ̃glije] n. m. ■ Porc sauvage au corps massif, à peau épaisse garnie de soies dures, vivant dans les forêts de l'Ancien Monde (⇒ **laie, marcassin**). ⇒ **solitaire** (II, 2). *Une battue au sanglier.* — Viande de cet animal.

sanglot [sɑ̃glo] n. m. ■ Respiration convulsive et bruyante, due à des contractions du diaphragme, qui se manifeste généralement dans les crises de larmes. ⇒ **gémissement.** *Il était secoué de sanglots. Éclater en sanglots. Avoir des sanglots dans la voix,* une voix étranglée par des sanglots retenus. *Voix entrecoupée de sanglots.* ▶ ***sangloter*** v. intr. • conjug. 1. ■ Pleurer avec des sanglots. *Sangloter désespérément.* — *Sangloter de joie.*

sang-mêlé [sɑ̃mɛle] n. invar. ■ Personne issue du croisement de races différentes. ⇒ **métis.** *Des sang-mêlé. Un, une sang-mêlé.*

sangria [sɑ̃gʀija] n. f. ■ Boisson d'origine espagnole faite de vin rouge et d'oranges macérées, parfois d'autres fruits. *Un pot de sangria.*

sangsue [sɑ̃sy] n. f. **1.** Genre de ver d'eau. *Sangsue médicinale,* utilisée pour les saignées locales. *Les sangsues sucent le sang.* **2.** Fam. Personne importune, « collante » ; parasite. ⇒ fam. **mouche.** *Du genre sangsue. Une vraie sangsue !*

sanguin, ine [sɑ̃gɛ̃, in] adj. **1.** Du sang, qui a rapport au sang, à sa circulation. *Les vaisseaux sanguins. Groupes sanguins.* **2.** *Tempérament sanguin,* défini par une forte corpulence, un visage rouge, et un caractère irascible. — N. m. *C'est un sanguin.* ‹ ▶ sanguine ›

① ***sanguinaire*** [sɑ̃ginɛʀ] adj. ■ Qui se plaît à répandre le sang, à tuer. ⇒ **cruel, féroce.** *Dictateur sanguinaire.*

② ***sanguinaire*** n. f. ■ Plante herbacée, vivace et commune, contenant un latex âcre couleur de sang. *Les Amérindiens se teignaient la peau avec la sanguinaire.*

sanguine [sɑ̃gin] n. f. **1.** Variété d'oxyde de fer, rouge (comme le sang). — Crayon fait de cette matière (d'un rouge ocre ou pourpre). — Dessin exécuté avec ce crayon. *Une sanguine de Watteau.* **2.** Variété d'orange dont la pulpe est rouge sang.

sanguinolent, ente adj. ■ Couvert, teinté de sang. *Des pansements sanguinolents.*

sanie [sani] n. f. ■ Pus mêlé de sang, qui s'écoule des plaies infectées.

sanitaire [sanitɛʀ] adj. **1.** Relatif à la santé publique et à l'hygiène. *Service sanitaire. Action sanitaire et sociale.* — Fam. *Serviette sanitaire,* hygiénique. **2.** Se dit des appareils et installations d'hygiène destinés à distribuer et à évacuer l'eau dans les habitations. *Appareils, installations sanitaires,* baignoires, lavabos, éviers, toilettes, etc. — N. m. pl. *Les sanitaires,* ces installations.

sans [sɑ̃] prép. **1.** Préposition qui exprime l'absence, le manque, la privation ou l'exclusion. *J'irai sans toi.* / contr. **avec** / *Être sans argent. Un film sans intérêt. Une personne sans scrupule.* — *Sans toi, j'étais mort !,* si tu n'avais pas été là, j'étais mort. *J'étais malade, sans quoi* (ou *sans cela*) *je serais venu.* ⇒ **autrement, sinon.** *Sans ça,* exprime la menace. ⇒ **sinon.** *Fais-le immédiatement, sans ça...* — (Dans des loc. de valeur négative) *Sans cesse, sans exception. Non sans peine,* péniblement. — (+ infinitif) *Elle partit sans dire un mot.* Loc. CELA VA SANS DIRE : c'est évident. *Vous n'êtes pas sans savoir que,* vous n'ignorez pas que. — SANS PLUS (+ infinitif). *Partons sans plus attendre.* **2.** Loc. conj. SANS QUE (+ subjonctif). *Sans qu'on s'en soit aperçu,* de telle manière qu'on ne s'en est pas aperçu. **3.** Fam. (Employé comme adv.) *Elle avait son parapluie, elle ne sort jamais sans.* ▶ ***sans-abri*** [sɑ̃zabʀi] n. invar. ■ (Surtout au plur.) Personne qui n'a plus aucun logement. ⇒ **itinérant, sans-logis.** *Reloger les sans-abri.* ▶ ***sans-allure*** n. invar. ■ Personne qui est dénuée de bon sens, qui n'a guère de manières. ⇒ **épais, niaiseux ;** fam. ③ **cave.** — Adj. *Être sans-allure.* ⇒ **sans-dessein, sans génie.** ▶ ***sans-cœur*** [sɑ̃kœʀ] n. et adj. invar. ■ Fam. Personne qui est insensible à la souffrance d'autrui. *Elles sont sans-cœur.* — *Un gros sans-cœur,* un paresseux, un fainéant. ▶ ***sans-culotte*** n. m. ■ Histoire de France. Nom que se donnaient les républicains les plus ardents sous la Révolution française (qui ne portaient pas une *culotte,* comme les aristocrates, mais un *pantalon*). *Les sans-culottes.* ▶ ***sans-dessein*** n. invar. ■ Personne qui agit sans réfléchir, qui n'est guère brillante. ⇒ **épais, maladroit, niaiseux, stupide.** *Espèce de sans-dessein, tu pourrais faire attention !* — Adj. *Être sans-dessein.* ⇒ **sans-allure, sans-génie.** ▶ ***sans-emploi*** n. invar. ■ (surtout au plur.) Personne sans activité rétribuée. ⇒ **chômeur, sans-travail.** *Les sans-emploi.* ▶ ***sans-fil*** n. m. ■ Vx. Message radio (transmis par télégraphie sans fil). *Envoyer des sans-fils.* ▶ ***sans-filiste*** n. Vx. **1.** Opérateur de T.S.F. ⇒ **radio (2). 2.** Personne qui pratique la T.S.F. (en amateur). *Des sans-filistes.* ▶ ***sans-gêne*** adj. invar. et n. invar. **1.** Adj. Qui agit avec une liberté, une familiarité excessive. / contr. **gêné** / *Elles sont un peu sans-gêne.* — N. *C'est un, une sans-gêne.* **2.** N. m. Attitude d'une personne qui ne se gêne pas pour les autres. ⇒ **désinvolture, impolitesse.** / contr. **discrétion** / *Il est d'un sans-gêne !* ▶ ***sans-génie*** n. et adj. invar. ■ Idiot, imbécile, niaiseux. *Des sans-génie. Agir en sans-génie.* — Adj. *C'est de valeur à dire, mais il est sans-génie.* ⇒ **sans-allure, sans-dessein.** *Un geste sans-génie,* fou, stupide. ▶ ***sans-le-sou*** [sɑ̃lsu] n. invar. ■ Fam. Personne sans argent. *Des sans-le-sou.* ▶ ***sans-logis*** n. invar. ■ Vieilli (Surtout au plur.) Personne qui ne dispose pas pour se loger de local à usage d'habitation. ⇒ **itinérant, sans-abri.** ▶ ***sans-plomb*** n. m. ⇒ **plomb.** ▶ ***sans-souci*** adj. invar. ■ Qui est insouciant par nature. *Elles sont sans-souci.* ▶ ***sans-travail*** n. invar. ■ (France) Surtout au plur. Personne sans travail. ⇒ **chômeur, sans-emploi.** *L'aide aux sans-travail.* ‹ ▶ pince-sans-rire ›

sanscrit, ite ou ***sanskrit, ite*** [sɑ̃skʀi, it] n. m. et adj. **1.** N. m. Langue indo-européenne, langue classique de la civilisation brahmanique de l'Inde. *Les védas sont rédigés en sanscrit.* **2.** Adj. Relatif à cette langue.

sansonnet [sɑ̃sɔnɛ] n. m. ■ Autre nom de l'étourneau commun.

santal, als [sɑ̃tal] n. m. ■ Arbre exotique, à bois dur et jaunâtre, dont on tire des parfums. *Des santals.* — Son bois. *Faire brûler du santal.* — Parfum qui en est extrait.

santé [sɑ̃te] n. f. **1.** Bon état physiologique de ce qui est sain* ; fonctionnement régulier et harmonieux de l'organisme humain pendant une période appréciable. *Être plein de santé. Elle n'a pas de santé.* — Loc. fam. *Le travail c'est la santé. C'est mauvais pour la santé.* — Fam. *Il a la santé !* — *Boire à la santé de qqn,* en son honneur. ⇒ **trinquer.** *À ta santé !* — Fam. *Offrir une santé à qqn,* un verre d'alcool, surtout à l'arrivée des visiteurs. **2.** Fonctionnement plus ou moins harmonieux de l'organisme, sur une période assez longue. *Être en bonne, excellente, parfaite santé. Jouir d'une bonne santé. Avoir une santé de fer,* une constitution robuste. *Sa santé se rétablit.* ⇒ **convalescence.** *Être en mauvaise santé. Avoir une mauvaise, une petite santé. Elle n'a pas une grosse santé. Magasin fermé pour raison de santé. Comment va la santé ?* **3.** Équilibre psychique. *Santé mentale.* — Vx. *Maison de santé.* **4.** État sanitaire d'une société. *Le ministère de la Santé et des Services sociaux.* ‹ ▶ sanitaire ›

santon [sɑ̃tɔ̃] n. m. ■ Figurine provençale ornant les crèches de Noël.

saoul adj. ⇒ ① **soûl.**

sapajou [sapaʒu] n. m. ■ Petit singe de l'Amérique centrale et du Sud, à pelage court et à longue queue. *Des sapajous.*

① ***saper*** [sape] v. tr. . conjug. 1. **1.** Détruire les assises de (une construction) pour faire écrouler. **2.** Abstrait. Attaquer les bases, les principes pour ruiner. ⇒ **ébranler,** ① **miner.** *Saper l'autorité des parents.* — Fam. *Saper le moral de qqn.* ▶ ***sape*** n. f. **1.** Tranchée ou fosse creusée sous une construction pour la faire écrouler. **2.** Action de saper. *Travaux de sape.* — Abstrait. *Faire, mener un travail de sape.* ⇒ **saper (2).** ‹ ▶ sapeur-pompier ›

② ***saper*** v. intr. conjug. 1. ■ Faire du bruit avec sa langue et ses lèvres (en mangeant, en buvant). *Arrête de saper. Saper en mangeant sa soupe.* ▶ ***sapage*** n. m. ■ Fait de saper, son résultat. ▶ ***sapeur*** ou ***sapeux, euse*** n. et adj. ■ Personne qui sape. — Adj. *Un enfant sapeur.*

sapeur-pompier [sapœʀpɔ̃pje] n. m. ■ (France) Nom administratif des pompiers. *Des sapeurs-pompiers.* — REM. Ce mot n'a pas de féminin.

saphir [safiʀ] n. m. **1.** Pierre précieuse très dure, transparente et bleue. — *Un saphir,* cette pierre taillée en ornement. **2.** Petite pointe de cette matière qui constitue la tête de lecture d'un électrophone (⇒ **diamant**). *Changer le saphir.*

sapin [sapɛ̃] n. m. **1.** Arbre résineux (conifère) à tronc droit, à écorce épaisse, écailleuse, à branches inclinées et à feuilles (⇒ **aiguille**) persistantes. *Un sapin de Noël,* petit sapin qu'on décore pour les fêtes de Noël. ⇒ **arbre.** *Gomme de sapin.* **2.** Bois de cet arbre. *Une planche de sapin.* — Loc. *Passer un sapin à qqn,* duper, rouler qqn. ⇒ ① **avoir, berner, pogner, tromper ;** fam. **amancher, enfirouaper ; Québec.** — *Se faire passer un sapin.* — (France) Loc. fam. (Par allusion au bois dont sont généralement faits les cercueils) *Ça sent le sapin,* se dit lorsque qqn n'a plus longtemps à vivre. ▶ ***sapinage*** n. m. **1.** Collectif. Branches de conifères, spécialt du sapin. *Couper du sapinage pour faire une couronne de Noël.* **2.** Au plur. Pousses de conifères, jeunes conifères. *Quelques années après une coupe à blanc, on commence à voir les sapinages.* ▶ ***sapinière*** n. f. ■ Forêt, plantation de sapins.

saponifier [sapɔnifje] v. tr. . conjug. 7. ■ Didact. Transformer en savon (par une réaction chimique, appelée *saponification,* n. f.).

sapré, ée [sapʀe] adj. ■ Fam. (Avant le nom) Renforce un nom avec le sens de « grand » (forme atténuée de *sacré* ①). *Saprée tannante, sapré achalant. C'est un sapré bon gars. Des saprés fous, niaiseux. Cette saprée neige.* ▶ ***saprer*** v. tr. et pron. conjug. 1. ■ Fam. Forme atténuée de *sacrer* ② (II), dont elle a tous les sens. *Saprer une claque, un coup, qqn. Le joueur a sapré son gant par terre. Elle a sapré son chien à la porte de chez elle. Ses parents veulent le saprer dans un camp de vacances. J'ai tout sapré là pour me reposer. Saprer le (son) camp de quelque part.* — SE SAPRER v. pron. *Je me sapre bien du salaire, du moment que je travaille.* ⇒ se **ficher,** se **moquer.** ▶ ***Sapré(e)ment*** adv. ■ Fam. Forme atténuée de *sacrément.* ⇒ fam. **fichtrement, fichument, mauditement.**

sapristi [sapʀisti] interj. ■ Juron familier, exprimant l'étonnement, l'exaspération. — N. *Ma bande de sapristis.*

S.A.Q. [ɛsɑky] n. f. invar. ■ Abréviation de *Société des alcools du Québec.*

saquer v. tr. ⇒ **sacquer.**

sarabande [saʀabɑ̃d] n. f. **1.** Ancienne danse populaire d'origine espagnole, au rythme vif. — Musique. Air de danse ancien, grave et lent. *Une sarabande de Bach.* **2.** *Danser, faire la sarabande,* faire du tapage, du vacarme. — Succession rapide et désordonnée. *Une sarabande d'images défilaient dans sa tête.* ⇒ **ribambelle.**

sarbacane [saʀbakan] n. f. ■ Tube creux servant à lancer de petits projectiles, par la force du souffle. ≠ *barbacane.*

sarcasme [saʀkasm] n. m. ■ Moquerie, raillerie insultante. ⇒ **dérision.** — Trait d'ironie mordante. *Décocher des sarcasmes.* ▶ ***sarcastique*** adj. ■ Moqueur et méchant. *Un air, un sourire sarcastique.* ⇒ **sardonique.** ▶ ***sarcastiquement*** adv.

sarcelle [saʀsɛl] n. f. ■ Petit canard sauvage, au vol très rapide. *La sarcelle à ailes bleues. La sarcelle à ailes vertes,* qui est très petite.

sarcler [saʀkle] v. tr. ▪ conjug. 1. **1.** Arracher en extirpant les racines, avec un outil (dit *sarcloir,* n. m.). *Sarcler le chiendent.* **2.** Débarrasser (un terrain de culture, des plantes cultivées) des herbes nuisibles avec un outil. *Sarcler un potager.* ▶ ***sarclage*** n. m. ■ *Sarclage à la houe.*

sarcome [saʀkom] n. m. ■ Médecine. Tumeur maligne, développée aux dépens du tissu conjonctif.

sarcophage [saʀkɔfaʒ] n. m. ■ Cercueil de pierre. ⇒ **tombe, tombeau.** *Les sarcophages des pharaons.*

sardine [saʀdin] n. f. ■ Petit poisson de mer, consommé surtout en conserve. *Un banc de sardines. Une boîte de sardines à l'huile.* — Loc. ÊTRE SERRÉS, CORDÉS, TASSÉS COMME DES SARDINES (EN BOÎTE) : très serrés, dans un endroit comble. ⇒ **hareng.** ▶ ***sardinier, ière*** adj. et n. **1.** Relatif à la pêche, à l'industrie de la conserve des sardines. *Bateau sardinier* et, n. m., *sardinier.* **2.** N. Pêcheur, pêcheuse de sardines. — Ouvrier(ière) d'une usine de mise en conserve de sardines.

sardonique [saʀdɔnik] adj. ■ Qui exprime une moquerie amère, froide et méchante. *Rire, rictus sardonique.* ⇒ **sarcastique.**

sari [saʀi] n. m. ■ Longue étoffe drapée que portent les femmes, en Inde. *Des saris.*

sariette n. f. ⇒ **sarriette.**

sarigue [saʀig] n. f. ■ Petit mammifère de l'ordre des marsupiaux, à queue longue et préhensile. ⇒ **opossum.** *Une sarigue mâle.*

sarment [saʀmɑ̃] n. m. ■ Rameau de vigne lorsqu'il est devenu ligneux. *Faire un feu de sarments.*

sarracenia [saʀasenja] ou ***sarracénie*** [saʀaseni] n. f. ■ Plante carnivore qui croît sur le littoral atlantique et dont les feuilles peuvent capturer les insectes. *La sarracénie pourpre est l'emblème floral de Terre-Neuve.*

① ***sarrasin, ine*** [saʀazɛ̃, in] n. et adj. ■ N. (Avec une majusc.) Moyen Âge. Musulman d'Orient, d'Afrique ou d'Espagne. *Un Sarrasin, une Sarrasine.* ⇒ **Arabe, Maure.** — Adj. Des Sarrasins. *Invasions sarrasines.* ‹ ▶ ② sarrasin ›

② ***sarrasin*** [saʀazɛ̃] n. m. ■ Céréale riche en amidon, pouvant pousser sur des sols pauvres (appelée aussi *blé noir*). — Farine de cette céréale. *Galettes de sarrasin* (opposé *à de froment).*

sarrau [saʀo] n. m. ■ Blouse de travail en grosse toile, courte et ample, portée par-dessus les vêtements. ⇒ fam. **chienne.** *Un sarrau de peintre. Des sarraus.*

sarriette ou ***sariette*** [saʀjɛt] n. f. ■ Plante dont on cultive une variété pour ses feuilles aromatiques. *Du lapin à la sarriette.*

sas [sɑ] n. m. invar. Terme technique. **1.** Tamis de crin, de soie, etc., cerclé de bois, servant à passer des matières liquides ou pulvérulentes. ⇒ **crible.** *Passer du plâtre au sas.* ⇒ **sasser** (1). **2.** Bassin compris entre les deux portes d'une écluse. *La péniche attend dans le sas.* **3.** Petite pièce étanche entre deux milieux différents, qui permet le passage. *Le sas d'un engin spatial.* ▶ ***sasser*** [sɑse] v. tr. ▪ conjug. 1. **1.** Passer au sas, au sasseur. ⇒ **cribler, tamiser.** — *Sasser la cendre d'un poêle à bois, à charbon,* la faire tomber dans le récipient sous la grille. **2.** Faire passer par le sas d'une écluse. ▶ ***sasseur*** n. m. ■ Machine qui sépare des produits par l'action d'un courant d'air. ‹ ▶ ressasser ›

saskatchewanais, aise [saskatʃəwanɛ, ɛz] adj. et n. ■ De la saskatchewan. — N. (Avec une majusc.) Personne née dans cette province ou qui l'habite. ⇒ **fransaskois.** ‹ ▶ fransaskois ›

sassafras [sasafʀɑ] n. m. ■ Arbre voisin du laurier, dont les racines aromatiques sont utilisées comme condiment ou en parfumerie.

satané, ée [satane] adj. ■ (Épithète et avant le nom) Maudit (2). ⇒ fam. ② **sacré, sapré.** *Avec ces satanés embouteillages, je suis arrivé en retard. Satanés menteurs.* ≠ *satanique.*

satanique [satanik] adj. **1.** De Satan, inspiré par Satan. ⇒ **démoniaque, diabolique.** *Culte satanique.* **2.** Qui évoque Satan, est digne de Satan. ⇒ **infernal.** *Un rire satanique.* ≠ *satané.*

satellite [sate(ɛl)lit] n. m. **1.** Corps céleste gravitant sur une orbite elliptique autour d'une planète. *La Lune est le satellite naturel de la Terre.* — *Satellite artificiel,* engin lancé en orbite autour de la Terre ou d'un autre astre, et porteur d'équipements à destination scientifique, économique ou militaire. *Spoutnik I a été le premier satellite artificiel. Émission de télévision par satellite. Des satellistes météorologiques. Satellite de télécommunication,* utilisé pour la transmission des signaux de télévision, de radio et de téléphone à travers le monde. **2.** Bâtiment annexe d'un autre, auquel il est relié par un couloir. *Les satellites d'une aérogare.* **3.** Personne ou nation qui vit sous l'étroite dépendance d'une autre et gravite autour d'elle. — En appos. *Les pays satellites de l'ancienne U.R.S.S.* ▶ ***satelliser*** v. tr. ▪ conjug. 1. ■ Transformer en satellite (I), mettre en orbite autour de la Terre. — Au p. p. adj. *Une fusée porteuse satellisée.*

satiété [sasjete] n. f. ■ État où se trouve une personne dont un besoin, un désir est amplement satisfait (jusqu'à en être indifférente ou dégoûtée). *L'excès amène la satiété.* ⇒ **rassasiement, saturation.** — À SATIÉTÉ : jusqu'à la satiété. ⇒ à l'**excès.** *Manger, boire à satiété.* — *Répéter une chose à satiété,* jusqu'à fatiguer, incommoder l'auditoire. ‹ ▶ insatiable ›

satin [satɛ̃] n. m. ■ Étoffe de soie ou de coton, lisse et brillante sur l'endroit, sans trame apparente. *Satin uni, broché, lamé. Une doublure en satin. Du satin de coton.* — Fig. *Une peau de satin,* douce comme du satin. ▶ ***satiné, ée*** adj. ■ Lisse et doux au toucher. *Peinture satinée. Peau satinée.* ▶ ***satiner*** v. tr. ▪ conjug. 1. ■ Lustrer (une étoffe, un papier) pour donner l'apparence du satin. ▶ ***satinette*** n. f. ■ Étoffe de coton qui a sur l'endroit l'aspect du satin. *Pyjama en satinette.*

satire [satiʀ] n. f. **1.** Poème où l'auteur attaque les vices, les ridicules de ses contemporains. *Les satires de Boileau.* **2.** Écrit, discours qui s'attaque à qqch., à qqn, en s'en moquant. ⇒ **pamphlet.** — Critique moqueuse. *Proust a fait la satire de la société mondaine.* ▶ ***satirique*** adj. ■ Qui appartient à la satire, constitue une satire. *Des chansons satiriques.* ▶ ***satiriser*** v. tr. ▪ conjug. 1. ■ Se moquer de (qqn, qqch.) par la satire.

satisfaction [satisfaksjɔ̃] n. f. **1.** Acte par lequel qqn obtient la réparation d'une offense. — Acte par lequel on accorde à qqn ce qu'il demande. *Avoir, obtenir satisfaction.* ⇒ **gain** de cause. *Les grévistes ont obtenu satisfaction.* **2.** Sentiment de bien-être, plaisir qui résulte de l'accomplissement de ce qu'on juge souhaitable. ⇒ **contentement, joie.** / contr. **contrariété, frustation** / *Tout est résolu à la satisfaction générale. Je constate avec satisfaction que...* — Loc. DONNER SATISFACTION. *Elle donne toute satisfaction à son professeur. Est-ce que ce nouveau projet vous donne satisfaction ?* — UNE SATISFACTION : un plaisir, une occasion de plaisir. *Laissons-lui quelques satisfactions d'amour-propre.* **3.** Action de satisfaire (un besoin, un désir). *La satisfaction d'un penchant.* ⇒ **assouvissement.** ‹ ▶ insatisfaction ›

satisfaire [satisfɛʀ] v. tr. ▪ conjug. 60. **I.** V. tr. dir. **1.** Faire ou être pour (qqn) ce qu'il demande, ce qui lui convient. *Il a pu satisfaire ses créanciers. Cet état de choses ne nous satisfait pas.* ⇒ **convenir, plaire.** — Pronominalement. *On se satisfait de peu.* ⇒ **se contenter.** **2.** Contenter (un besoin, un désir). *Je vais satisfaire ta curiosité.* / contr. **décevoir** / *Satisfaire ses besoins* (⇒ **rassasier ; satiété**). **II.** V. tr. ind. SATISFAIRE À : s'acquitter de (ce qui est exigé par qqn), remplir (une exigence). *Vous devez satisfaire à vos engagements.* / contr. **manquer** à. / — (Suj. chose) *Le bâtiment prévu devra satisfaire à trois conditions.* ⇒ **remplir.** ▶ ***satisfaisant, ante*** [satisfəzɑ̃, ɑ̃t] adj. ▪ Qui satisfait, est conforme à ce qu'on peut attendre. ⇒ **acceptable, bon, honnête.** *Des résultats satisfaisants.* ▶ ***satisfait, aite*** adj. **1.** Qui a ce qu'il veut. ⇒ **comblé.** *Je m'estime satisfait.* / contr. **insatisfait** / *Il est toujours satisfait.* ⇒ **content.** / contr. **insatiable** / — Qui a du plaisir sexuel. Un couple satisfait. **2.** SATISFAIT DE : content de (qqn, qqch.). *Être satisfait de son sort. — Un air satisfait,* content de soi. **3.** Qui est assouvi, réalisé. *Son envie est enfin satisfaite.* ‹ ▶ insatisfait, satisfaction ›

saturer [satyʀe] v. tr. ▪ conjug. 1. ▪ Remplir complètement ; rendre saturé. *Saturer une éponge d'eau. Saturer le marché.* ▶ ***saturé, ée*** adj. **1.** (Liquides, solutions) Qui, à une température et une pression données, renferme la quantité maximale d'une substance dissoute. **2.** Qui ne peut contenir plus. ⇒ **rempli.** *Une éponge saturée d'eau.* ⇒ **gorgé.** *Marché saturé* (d'un produit). *Le pont est saturé.* **3.** Abstrait. *Être saturé de qqch.,* être dégoûté par son excès (⇒ **satiété**). *Être saturé de télévision.* ▶ ***saturation*** n. f. ▪ État de ce qui est saturé. *Le point de saturation d'une solution chimique. — Le marché des céréales arrive à saturation. Ils ont mangé des bonbons jusqu'à saturation.*

satyre [satiʀ] n. m. **1.** Mythologie grecque. Divinité rustique à corps humain, à cornes et parfois à pieds de bouc. ⇒ ① **faune.** **2.** Homme lubrique, dont les appétits sexuels sont exagérés ; exhibitionniste, voyeur. ≠ *satire.*

sauce [sos] n. f. ▪ Préparation liquide ou onctueuse, qui sert à accommoder certains mets. *Sauce tomate. Sauce blanche,* à base de beurre et de farine. *Viande en sauce,* accommodée avec une sauce. Sauce à spaghetti. Sauce B.B.Q. — En appos. *Rognons sauce madère.* — Loc. *À quelle sauce serons-nous mangés ?,* de quelle façon serons-nous vaincus, dupés ? — *Mettre qqn* À TOUTES LES SAUCES : l'employer à toutes sortes d'activités. — ALLONGER LA SAUCE : amplifier un texte, un discours. ▶ ***saucer*** v. tr. ▪ conjug. 3. **1.** Tremper (un aliment) dans une sauce, un liquide. *Saucer son pain dans son assiette. Elle sauce son morceau de poulet dans la sauce B.B.Q.* **2.** Essuyer en enlevant la sauce (pour la manger). *Saucer son assiette avec un morceau de pain.* **3.** Fam. *Se faire saucer, être saucé,* recevoir la pluie. **4.** V. pron. (Personnes) Fam. SE SAUCER : pénétrer dans l'eau (d'une piscine, d'un lac...). *C'est elle qui s'est saucée la première.* — Se baigner rapidement. *Tu t'es à peine saucée !* ▶ ***saucée*** n. f. ▪ Fam. Averse, forte pluie qui trempe. *Nous allons avoir une jolie saucée !* ▶ ***saucette*** n. f. **1.** Courte baignade. ⇒ **trempette.** *Sa mère n'a fait qu'une petite saucette.* **2.** Fam. Brève visite chez qqn. *Faire une saucette chez sa sœur.* ▶ ***saucière*** n. f. ▪ Récipient dans lequel on sert les sauces, les jus. ‹ ▶ gâte-sauce ›

saucisse [sosis] n. f. **1.** Préparation de viande maigre hachée et de gras de porc *(chair à saucisse),* assaisonnée, et entourée d'un boyau, que l'on fait cuire ou chauffer. *Saucisses de Toulouse, italienne. Saucisse de bœuf. Saucisses à hot-dog. Saucisse pimentée.* ⇒ **merguez.** — *Saucisse sèche,* genre de saucisson. **2.** Ballon captif de forme allongée. ‹ ▶ saucisson ›

saucisson [sosisɔ̃] n. m. ▪ Préparation de charcuterie (porc, bœuf haché et cuit dans un boyau. ⇒ **saucisse**) destinée à être mangée froide et sans cuisson. ⇒ **pepperoni, salami.** *Du saucisson de Bologne.* ⇒ **baloney.** *Saucisson ciré. Une tranche, une rondelle de saucisson. Saucisson sec ; saucisson à l'ail. C'est du saucisson pur porc.* — Loc. fam. ÊTRE FICELÉ COMME UN SAUCISSON : mal habillé. ⇒ **saucissonné.** ▶ ***saucissonné, ée*** adj. ▪ Fam. Serré, ficelé dans ses vêtements. ⇒ **boudiné.**

saudit, ite [sodi, it] interj. ▪ Fam. Juron plus atténué que *maudit* ②. ⇒ **maudine, mautadit.** *Saudits achalants.* Absolt. *Saudit !* — Loc. *Être en saudit,* fâché, ne pas être content. *Elle est en saudit parce que l'autobus est passé tout droit.* — N. UN SAUDIT : sert à qualifier la personne, la chose qui est mentionnée. *Un saudit menteur. Des saudites folles.* Sans compl. UN SAUDIT ; terme d'injure, de mépris. *Mes saudits, disparaissez d'ici.* Sans article. *Saudit argent.* — Loc. adv. EN SAUDIT : très, beaucoup. *C'est glissant en saudit.* UN SAUDIT (+ adj. + nom.) : très. *On a fait une saudite belle descente en canot.* — Loc. *On a ramé sur un saudit temps,* beaucoup. ▶ ***sauditement*** adv. ▪ Très, beaucoup (forme atténuée de *mauditement*). *J'étais sauditement en retard.*

① ***sauf, sauve*** [sof, sov] adj. ▪ Indemne, sauvé (dans quelques expressions). *Sain et sauf. Laisser la vie sauve à qqn,* l'épargner. *L'honneur est sauf. La morale est sauve.* ▶ ***sauf-conduit*** [sofkɔ̃dɥi] n. m. ▪ Document délivré par une autorité et qui permet de se rendre en un lieu, de traverser un territoire, etc. ⇒ **laissez-passer.** *Des sauf-conduits.* ‹ ▶ sauvegarde, sauver ›

② ***sauf*** prép. **1.** À l'exclusion de. ⇒ **excepté, hormis.** *Tous, sauf lui, sauf un.* ⇒ à **part.** — SAUF SI (+ indicatif). *J'irai, sauf s'il pleut,* à moins qu'il ne pleuve. — SAUF QUE (+ indicatif) : avec cette réserve que. *C'est un bon film, sauf qu'il est trop long.* — À moins de, sous réserve de. *Sauf avis contraire. Sauf erreur de notre part.* **2.** Loc. *Sauf le respect que je vous dois,* sans qu'il soit porté atteinte au respect... **3.** Littér. SAUF À (+ infinitif) : sans que soit exclu le risque ou la possibilité de. ⇒ **quitte** à. *Elle acceptera, sauf à s'en repentir plus tard.*

sauge [soʒ] n. f. ▪ Plante aromatique aux nombreuses variétés. *Infusion de sauge. Sauge officinale. Sauge des prés.*

saugrenu, ue [sogʀəny] adj. ▪ Inattendu et quelque peu ridicule. ⇒ **absurde, bizarre.** *Quelle idée saugrenue !*

saule [sol] n. m. ▪ Arbre ou arbrisseau qui croît dans les lieux humides. *Saule pleureur,* à branches tombantes.

saumâtre [somɑtʀ] adj. ▪ *Eau saumâtre,* qui est mélangée d'eau de mer, a un goût salé.

saumon [somɔ̃] n. m. **1.** Gros poisson migrateur à chair rose, qui abandonne la mer et remonte les fleuves au moment du frai. *Saumon de l'Atlantique, du Pacifique. Une tranche de saumon fumé.* **2.** Adj. invar. D'un rose tendre tirant légèrement sur l'orangé. *Des rideaux saumon.* ▶ ***saumoné, ée*** adj. **1.** *Truite saumonée,* qui a la chair rose comme le saumon. **2.** (Couleurs) *Rose saumoné,* rose légèrement orangé. ▶ ***saumoneau*** n. m. ▪ Jeune saumon. *Des saumo-*

neaux. ▶ ***saumoneux, euse*** adj. ■ (Cours d'eau) Où abonde le saumon. ▶ ***saumonier, ière*** n. ■ Pêcheur sportif de saumons.

saumure [somyʀ] n. f. ■ Eau très fortement salée dans laquelle on met des aliments pour en faire des conserves. *Mettre des olives dans la saumure.*

sauna [sona] n. m. ■ Bain de vapeur à la manière finlandaise. *Des saunas finlandais. Prendre un sauna.* — Établissement, pièce où l'on prend ces bains. *Aller au sauna.* ⇒ **hammam.** *Sauna aménagé dans un sous-sol.*

saunier, ière [sonje, jɛʀ] n. **1.** Exploitant(ante) d'un marais salant (saline). — Ouvrier qui travaille à l'extraction du sel dans une saline. **2.** FAUX SAUNIER n. m. : personne qui faisait la contrebande du sel.

saupoudrer [sopudʀe] v. tr. ▪ conjug. 1. ■ Couvrir d'une légère couche d'une substance pulvérulente. *Saupoudrer qqch. de sucre, de sel.* ▶ ***saupoudrage*** n. m. ■ Action de saupoudrer ; son résultat. *Le saupoudrage des beignes.*

saur [sɔʀ] adj. m. ■ *Hareng saur,* hareng conservé par fumage et salage. *Des harengs saurs.*

sauriens [sɔʀjɛ̃] n. m. pl. ■ Sous-ordre de reptiles au corps recouvert d'écailles généralement imbriquées. *Le lézard, l'orvet, l'iguane sont des sauriens.* — Au sing. *Le caméléon est un saurien.* — Adj. *Un reptile saurien fossile.*

saut [so] n. m. **1.** Mouvement ou ensemble de mouvements par lesquels un humain, un animal s'élève au-dessus du sol ou se projette à distance de son appui. ⇒ **bond.** *Faire un saut par-dessus un obstacle. Faire du saut à la corde. Saut périlleux,* où le corps du sauteur effectue un tour complet. *Saut de la mort,* exercice de voltige très dangereux, au trapèze. *Saut en hauteur, à la perche, en longueur ; triple saut,* épreuves athlétiques. *Saut de l'ange,* plongeon avec les bras tendus et écartés comme des ailes. *Saut en parachute.* — Loc. FAIRE LE SAUT : prendre une décision, une résolution hasardeuse. — Fam. *Le* GRAND SAUT : la mort. *Il a fait le grand saut,* il est mort. **2.** Mouvement, déplacement brusque (pour changer de position). *Il s'est levé d'un saut.* — Loc. AU SAUT DU LIT : au sortir du lit, au lever. FAIRE UN SAUT, FAIRE FAIRE UN SAUT À *qqn.* ⇒ **sursauter.** *Mon Dieu ! tu m'as fait faire un saut.* **3.** Action d'aller très rapidement et sans rester. *Faire un saut chez qqn.* ⇒ ① **passer. 4.** Abstrait. Passage d'un point à un autre sans intermédiaire. *Le narrateur fait ici un saut de deux années.* ‹ ▶ assaut, primesautier, sauter, soubresaut, sursaut ›

sauter [sote] v. ▪ conjug. 1. **I.** V. intr. **1.** Faire un saut. *Sauter haut. Il sauta à pieds joints sur le banc. Sauter dans l'eau, dans le vide. Sauter à cloche-pied. Affolé, il a sauté par la fenêtre. Il sautait de joie,* il était tout joyeux (au point de sauter sur place). ⇒ **bondir.** — Loc. SAUTER AU PLAFOND : avoir une réaction très vive, de colère ou de surprise. **2.** Monter, descendre, se lever... vivement. *Elle a sauté (à bas) du lit.* — Se jeter, se précipiter. *Elle lui a sauté au cou,* pour l'embrasser. *Sauter sur qqn, lui sauter dessus.* — (Suj. chose) Loc. SAUTER AUX YEUX : frapper la vue, être ou devenir évident. *La solution saute aux yeux.* **3.** Abstrait. Aller, passer vivement (d'une chose à une autre) sans intermédiaire. *L'auteur saute d'un sujet à un autre.* **4.** (Choses) Être déplacé ou projeté avec soudaineté. *Attention, le bouchon va sauter.* ⇒ **partir.** *La chaîne du vélo sautait tout le temps.* — Fam. *Et que ça saute !,* que cela soit vite fait. **5.** Exploser. *Le navire a sauté sur une mine. On fera sauter les ponts. Les fusibles ont sauté,* ont fondu (par un court-circuit). — Fam. *Le directeur risque de sauter,* de perdre son poste. — *Se faire sauter la cervelle,* se tuer d'un coup de revolver. **6.** FAIRE SAUTER (un aliment) : le faire revenir à feu très vif (⇒ **sauté**). **II.** V. tr. **1.** Franchir par un saut. *Le cheval a bien sauté l'obstacle. Sauter un mur. Sauter le mur,* escalader un mur pour s'échapper. — Loc. Abstrait. SAUTER LE PAS : se décider. **2.** Omettre, ne pas faire (qqch. par-dessus quoi on passe). *Tu as sauté un mot, une page. Sauter un repas. Un bon élève qu'on a autorisé à sauter une classe.* **3.** Fam. *Sauter qqn,* avoir des relations sexuelles avec qqn. ▶ ***saute*** [sot] n. f. ■ (Dans des expressions) Brusque changement. *Des sautes de vent, de température.* — *Avoir des sautes d'humeur.* ▶ ***sauté, ée*** adj. et n. **1.** Adj. Cuit à la poêle ou à la cocotte, à feu vif et en remuant. *Pommes de terre sautées.* **2.** N. m. Aliment cuit dans un corps gras, à feu vif. *Un sauté de veau.* **3.** Fam. Qui est très audacieux, hardi, en marge des conventions. ⇒ ② **original ;** fam. **capoté, pété ;** anglic. **flyé.** / contr. **conventionnel** / *Une rockeuse pas mal sautée. Un spectacle sauté.* — N. *Une gang de sautés.* ▶ ***saute-mouton*** [sotmutɔ̃] n. m. ■ Jeu où l'on saute par-dessus un autre joueur, qui se tient courbé (le « mouton »). *Jouer à saute-mouton.* ‹ ▶ ressaut, saltimbanque, sauterelle, sauterie, sauteur, sauteuse, sautiller, ① sautoir, ② sautoir, tressauter ›

sauterelle [sotʀɛl] n. f. **1.** Insecte sauteur vert ou gris à grandes pattes postérieures repliées et à tarière. **2.** Abusivt. Criquet pèlerin. *Un nuage de sauterelles.* **3.** (Surtout des femmes) Personne maigre et sèche.

sauterie [sotʀi] n. f. ■ Vx ou plaisant. Réunion sans prétention où l'on danse entre amis. *Elles ont organisé une petite sauterie.* ⇒ ③ **partie ;** fam. **powwow ;** anglic. **party.**

sauternes [sotɛʀn] n. m. ■ Vin de bordeaux blanc très fruité et liquoreux.

sauteur, euse [sotœʀ, øz] n. **1.** Spécialiste du saut. *Un sauteur, une sauteuse en longueur.* — En appos. *Les insectes sauteurs,* qui se déplacent en sautant (opposé à *marcheurs*). **2.** (France) N. m. Fam. Homme qui a de nombreuses aventures sexuelles. ⇒ **coureur ;** fam. **courailleur.** *Quel sauteur !*

sauteuse n. f. **1.** Casserole plate dans laquelle on fait sauter les viandes, les légumes. **2.** *Sauteuse* ou *scie sauteuse,* scie à bois mue par un moteur, qui effectue des travaux complexes.

sautiller [sotije] v. intr. ▪ conjug. 1. ■ Faire des petits sauts successifs. *Boxeur qui sautille.* ▶ ***sautillant, ante*** adj. ■ Qui sautille. *Des enfants sautillants.* ⇒ **agité.** — *Musique sautillante,* au rythme rapide et saccadé. ▶ ***sautillement*** n. m. ■ *Le sautillement d'un moineau.*

① **sautoir** [sotwaʀ] n. m. ■ Longue chaîne ou long collier qui se porte sur la poitrine. *Un sautoir de perles.* — *En sautoir,* porté en collier sur la poitrine.

② **sautoir** n. m. ■ Emplacement aménagé pour les sauts des athlètes.

sauvage [sovaʒ] adj. et n. **I. 1.** (Animaux) Qui vit en liberté dans la nature. *Les bêtes sauvages. Truite sauvage* (opposé à *de pisciculture*). *On peut apprivoiser certains animaux sauvages.* — *Chat *sauvage.* ⇒ **raton** laveur — Non domestiqué (dans une espèce qui comporte des animaux domestiques). *Canard sauvage.* **2.** Vx ou péj. (Êtres humains) Primitif. ⇒ **barbare.** / contr. **civilisé** / — N. *La théorie du « bon sauvage »* (de Montaigne à Diderot). **3.** Autrefois. Relatif aux Amérindiens. ⇒ ② **indien.** *Les tribus sauvages d'Amérique. Une traîne *sauvage. Des souliers sauvages.* ⇒ **mocassin.** — N. (Avec une majusc.) *Un Sauvage.* ⇒ **sauvagesse.** — Au plur. *Les Sauvages de la*

Nouvelle-France. — Loc. *L'été des Sauvages.* ⇒ ② **indien.** *S'asseoir en Sauvage,* les jambes repliées. — Fam. *Partir en (comme un) Sauvage,* sans prendre congé, sans saluer. Vx (Femmes) *Attendre les Sauvages,* être enceinte, sur le point d'accoucher. ⇒ **Messie.** *Croire aux Sauvages,* être naïf, crédule (à propos de la façon dont naissent les enfants). **4.** (Végétaux) Qui pousse et se développe naturellement sans être cultivé. *Fleurs, fraises sauvages.* **5.** (Lieux) Que la présence humaine n'a pas marqué ; d'un aspect peu hospitalier, parfois effrayant. *Île sauvage. Étendues sauvages.* **II. 1.** Qui fuit toute relation avec les humains. ⇒ **farouche, insociable.** *Cet enfant est très sauvage,* timide. — N. *C'est un vieux sauvage.* ⇒ **ours. 2.** N. Personne d'une nature rude ou même brutale. *Il s'est conduit comme un sauvage.* ⇒ **brute.** *Faites attention, bande de sauvages ! Maudits sauvages !* — Adj. *Une vraie bête sauvage avec les autres.* — Loc. *Être sauvage,* brutal, féroce. **3.** Qui a quelque chose d'inhumain, de barbare. *Des cris sauvages.* **4.** Spontané, ni contrôlé ni organisé. *Une grève sauvage. Camping sauvage,* en dehors des lieux surveillés. ▸ ***sauvagement*** adv. ■ D'une manière sauvage, barbare, cruelle. *Frapper qqn sauvagement.* ▸ ***sauvageon, onne*** [sovaʒɔ̃, ɔn] n. **1.** N. m. Arbre non greffé, employé comme sujet à greffer. **2.** Arbre de Noël non cultivé, pris directement dans la forêt. **3.** N. Enfant qui a grandi sans éducation, comme un petit animal. *Va te coiffer, tu as l'air d'une sauvageonne.* ▸ ***sauvagerie*** n. f. **1.** Caractère sauvage (II, 1), peu sociable. *Sa sauvagerie l'isole de ses semblables.* **2.** Caractère brutal et cruel. ⇒ **férocité.** *L'agresseur l'a frappé avec sauvagerie.* ⇒ **barbarie, brutalité, cruauté.** ▸ ***sauvagesse*** n. f. ■ (Avec une majusc.) Autrefois. Femme amérindienne. — Vx au péj. Femme sauvage. — REM. Ce mot est le féminin de *sauvage* (2 et 3). ▸ ***sauvagine*** n. f. ■ Littér. Nom collectif donné par les chasseurs aux oiseaux sauvages des zones aquatiques. *Chasse à la sauvagine.* ▸ ***sauvaginier, ière*** n. ■ Chasseur d'animaux sauvages, spécialt d'oiseaux sauvages aquatiques. ⇒ **sauvagine.**

sauvegarde [sovgaʀd] n. f. **1.** Protection et garantie (de la personne, des droits) assurées par l'autorité ou les institutions. ⇒ **tutelle.** *Être, se mettre sous la sauvegarde de la justice.* **2.** Protection, défense. *Travailler à la sauvegarde de la paix.* **3.** Informatique. Opération consistant à sauvegarder (2). *Sauvegarde automatique.* ▸ ***sauvegarder*** v. tr. ▪ conjug. 1. **1.** Assurer la sauvegarde de. ⇒ **défendre, préserver, protéger.** *Sauvegarder les libertés.* **2.** Informatique. Enregistrer périodiquement sur un support (disquette, disque rigide) les informations saisies afin de les conserver en mémoire. *Sauvegarder un texte.* — Au p. p. adj. *Document sauvegardé.*

sauver [sove] v. tr. ▪ conjug. 1. **I.** V. tr. **1.** Faire échapper (qqn) à quelque grave danger. *On a pu sauver l'enfant qui se noyait. Il est sauvé,* hors de danger. ⇒ sain et **sauf.** — Relig. chrétienne. Assurer le salut éternel de... / contr. **damner** / *Le Christ est venu sauver l'humanité.* — SAUVER *qqn* DE : soustraire à..., préserver de (un danger). *Sauver qqn de la misère.* ⇒ **tirer** de. **2.** Empêcher la destruction, la perte de (qqch.). *Elle m'a sauvé la vie.* Fam. *Il a réussi à sauver sa peau.* — Loc. fam. SAUVER LES MEUBLES : sauver l'essentiel, ne pas tout perdre. — *Les acteurs ont du mal à sauver la pièce,* à l'empêcher d'échouer. — *Sauver une entreprise de la faillite.* **II.** SE SAUVER v. pron. ■ S'enfuir pour échapper au danger. ⇒ **s'évader.** *Il se sauva à toutes jambes.* — Fam. Prendre congé promptement. *Sauve-toi vite, tu vas être en retard.* **III.** (Argent) Fam. Économiser, épargner. *J'ai réussi à sauver un mille dollars cette année. Si on paie comptant, on sauve les intérêts.* ⇒ **éviter.** — *Si on prend par le raccourci, on sauvera quelques minutes. Sauver un vieux chandail, le garder, le porter encore.* — REM. L'emploi de *sauver* (III) est critiqué comme anglicisme. ▸ ***sauve-qui-peut*** [sovkipø] n. m. invar. **1.** Cri de *sauve qui peut* (que se sauve qui le peut !). *Des « sauve-qui-peut ! » éclatent tout autour.* **2.** Fuite générale et désordonnée où chacun se tire d'affaire comme il le peut. ⇒ **débandade, panique.** *À l'annonce de l'incendie, ça a été le sauve-qui-peut général.* ▸ ***sauvetage*** n. m. ■ Action de sauver (les occupants d'un navire en détresse, ou toute personne qui se noie). *Le sauvetage des naufragés. Bateau de sauvetage ; bouée, ceinture, gilet, canot de sauvetage.* — Action de sauver d'un sinistre quelconque (incendie, inondation...) des êtres humains ou du matériel. — Fam. *Escalier de sauvetage,* de secours. ▸ ***sauveteur*** n. m. **1.** Personne qui prend part à un sauvetage. *L'équipe des sauveteurs.* **2.** Surveillant de plage, de piscine. *Avoir son brevet de sauveteur.* — REM. Le féminin *sauveteuse* est virtuel. ‹ ▸ à la sauvette, sauveur ›

à la **sauvette** [alasovɛt] loc. adv. ■ *Vendre à la sauvette,* vendre en fraude sur la voie publique (des marchandises présentées de telle sorte que les *marchands à la sauvette* peuvent facilement *se sauver* en les emportant, en cas d'alerte). — *À la sauvette,* à la hâte, pour ne pas attirer l'attention. ⇒ en **cachette,** à la **dérobée.** *Ils l'ont jugé à la sauvette.*

sauveur [sovœʀ] n. m. **1.** (Avec une majusc.) Relig. chrétienne. Celui qui a sauvé l'humanité. ⇒ **messie, rédempteur.** *« Jésus-Christ, notre Sauveur ».* **2.** Personne qui sauve (un individu, une collectivité). *Vous êtes mon sauveur ! Elle a été notre sauveur. Le sauveur de la patrie.* ⇒ **libérateur.** — REM. Ce mot n'a pas de forme féminine.

savane [savan] n. f. **1.** Vaste prairie des régions tropicales, pauvre en arbres et en fleurs, et riche en animaux variés. *Les hautes herbes de la savane.* **2.** Terrain bas, humide et parfois marécageux où les arbres poussent difficilement et où abondent les mousses. ⇒ **marais, muskeg.** ≠ *steppe.*

savant, ante [savɑ̃, ɑ̃t] adj. et n. **I.** Adj. **1.** Qui sait beaucoup, en matière d'érudition ou de science. ⇒ **docte, érudit, instruit, lettré.** ≠ *sage. Un savant professeur. Elle est très savante en la matière.* ⇒ **compétent,** ① **fort.** / contr. **ignorant** / — Habile. *Chien savant,* dressé à faire des tours d'adresse. **2.** Où il y a de l'érudition. *Une édition savante.* — Linguistique. *Mot savant,* mot emprunté au grec ou au latin et qui n'a pas évolué phonétiquement comme les formes dites *populaires* (ex. : le mot latin *lac, lactis,* a donné *lait* et *laiteux* [mots *populaires*], et *lacté* [mot *savant*]). **3.** Qui, par sa difficulté, n'est pas accessible à tous. ⇒ **compliqué, difficile.** *C'est trop savant pour moi.* / contr. ① **simple** / **4.** Fait avec science, art ; où il y a une grande habileté. *Un arrangement savant. De savantes précautions.* / contr. **facile, naïf** / **II.** N. m. Personne qui, par ses connaissances et ses recherches, contribue à l'élaboration, au progrès d'une science et, plus spécialement, d'une science expérimentale ou exacte. ⇒ **chercheur, scientifique.** *Marie Curie et Einstein furent de grands savants. Savante qui reçoit un prix Nobel.* ▸ ***savamment*** adv. **1.** D'une manière savante, avec érudition. ⇒ **doctement.** *Ils discutaient savamment.* — Fam. *J'en parle savamment,* en connaissance de cause. **2.** Avec une grande habileté. *Le gouvernement a savamment manœuvré.*

savarin [savaʀɛ̃] n. m. ■ Gâteau en forme de couronne, fait d'une pâte molle imbibée d'un sirop à la liqueur (cuit au four dans un *moule à savarin*). ⇒ ② **baba.**

savate [savat] n. f. **1.** Vieille chaussure ou vieille pantoufle qui ne tient plus au pied. — Loc. fam.

TRAÎNER LA SAVATE : vivre misérablement. **2.** Fam. Personne maladroite. *Il joue comme une savate !* **3.** Sport de combat où l'on peut porter des coups de pied à l'adversaire. *La savate a été supplantée par la boxe* française.* ▶ ***savetier*** [savtje] n. m. ■ Vx. Cordonnier. ≠ *sabotier.*

saveur [savœʀ] n. f. **1.** Qualité perçue par le sens du goût. ⇒ **goût.** *Une saveur agréable. Une viande sans saveur,* fade. ⇒ **insipide. 2.** Cour. Goût de ce qui est aromatisé. ⇒ **parfum.** *Un petit pouding à (la) saveur d'érable. Quelle saveur, ton cornet ? Saveur de vanille.* ⇒ **essence.** — Loc. *À saveur de.* ⇒ **parfumé** à **3.** Abstrait. Qualité comparable à qqch. d'agréable au goût. *La saveur de la nouveauté.* ⇒ **piment.** ⟨ ▶ insipide, savourer, savoureux ⟩

① ***savoir*** [savwaʀ] v. tr. ■ conjug. 32. — REM. Part. passé *su, sue.* **I. 1.** Avoir présent à l'esprit (qqch. qu'on identifie et qu'on tient pour réel) ; pouvoir affirmer l'existence de. ⇒ **connaître ; connaissance, science.** *Je ne sais pas son nom. On n'en sait rien.* — FAIRE SAVOIR. ⇒ **annoncer, communiquer, informer.** *Je te ferai savoir la date de mon retour. — Avez-vous su la nouvelle ?* ⇒ **apprendre.** *Sais-tu quoi ?,* es-tu au courant de ? — Pronominalement (passif). *Tout finit par se savoir,* par être su, connu. *Ça se saurait !* (si cela était vrai, on en aurait entendu parler). — (Suivi d'une subordonnée) *Je sais qu'ils sont en voyage. Je sais bien que c'est dur, mais fais-le. Nous croyons savoir que...,* s'emploie quand l'information n'est pas absolument sûre. *Savez-vous s'il doit venir ?* — (Suivi d'un attribut) *Je te sais honnête.* **2.** Être conscient* de ; connaître la valeur, la portée de (tel acte, tel sentiment). *Il ne sait plus ce qu'il dit. Être poète sans le savoir. Je ne veux pas le savoir !,* je ne veux pas connaître tes raisons. *Je ne veux rien savoir de tes combines,* je refuse de faire quoi que ce soit à ce propos. — Pronominalement (suivi d'un attribut). *Elle se sait condamnée.* **3.** Avoir dans l'esprit (des connaissances). *On disait qu'il savait tout et ne comprenait rien. Que sais-je ? Qu'en savons-nous ?* **4.** Être en mesure d'utiliser, de pratiquer. *Bien savoir son métier.* **5.** Avoir présent à l'esprit dans tous ses détails, de manière à pouvoir répéter. *Elle sait son rôle, sa leçon. Savoir qqch. par cœur.* **II.** Loc. *Vous n'êtes pas sans savoir que...,* vous n'ignorez pas que... — *Sachez que...,* apprenez que... — (Souligne une affirmation) *Il est gentil, vous savez. Et puis, tu sais, nous t'aimons bien.* — (Au futur, enfin ou en début de phrase et seult *tu* et *vous*) *Ils sont venus hier, tu sauras. Vous saurez qu'elle n'est plus ici.* — À SAVOIR ou VX SAVOIR : c'est-à-dire. *Nos cinq sens, à savoir : l'ouïe, la vue, ...* — SAVOIR SI : reste à savoir si. *Savoir si ça va marcher !,* je me demande si ça va marcher. *Qui sait ?,* ce n'est pas impossible. ⇒ **peut-être.** — (Avec NE) *Elle est on ne sait où. Il y a je ne sais combien de temps,* très longtemps. — *Ne savoir que faire, quoi faire. Ne savoir que devenir, où se mettre...* — ... QUE JE SACHE : autant que je puisse savoir, en juger, à ma connaissance. *Tu n'es pas venu au cours, que je sache. — Savoir gré de.* ⇒ **gré. III.** SAVOIR (+ infinitif). **1.** Être capable, par un apprentissage, par l'habitude, de (faire qqch.). *Je ne savais pas nager. Il sait s'y prendre ;* fam. *il sait y faire.* **2.** S'appliquer à, par effort de volonté. *C'est qqn qui sait écouter.* **3.** (Au conditionnel et en tour négatif avec *ne* seul) Pouvoir. *On ne saurait penser à tout,* il est impossible de penser à tout. ▶ ② ***savoir*** n. m. ■ Ensemble de connaissances. ⇒ **culture, instruction, science.** *Le savoir d'une époque. L'étendue de son savoir.* ▶ ***savoir-faire*** n. m. invar. ■ Habileté à résoudre les problèmes pratiques ; compétence, expérience dans l'exercice d'une activité artistique ou intellectuelle. ⇒ **adresse, art, expertise.** *Le savoir-faire d'un artisan. Le savoir-faire technologique.* ▶ ***savoir-vivre*** n. m. invar. ■ Qualité d'une personne qui connaît et sait appliquer les règles de la politesse. ⇒ **éducation, tact.** *Manquer de savoir-vivre.* ⟨ ▶ à l'insu de, je-ne-sais-quoi, savant, au su de, tsé ⟩

savon [savɔ̃] n. m. **1.** Produit utilisé pour le dégraissage et le lavage, obtenu par l'action d'un alcali sur un corps gras. *Du savon de toilette. Un savon à barbe. Savon à vaisselle. — Savon en poudre,* destiné à être dissous dans l'eau pour le lavage du linge. ⇒ **détergent, détersif, lessive.** *Du savon en poudre sans phosphate.* **2.** *Un savon,* un morceau moulé de ce produit. *Des pains de savon. — Une boîte de savon en poudre.* **3.** Loc. fam. PASSER UN SAVON À *qqn* : l'attraper, le réprimander. ▶ ***savonner*** v. tr. ■ conjug. 1. ■ Laver en frottant avec du savon. *Savonner et rincer.* — Pronominalement. *Savonne-toi bien.* ▶ ***savonnage*** n. m. ▶ ***savonnerie*** n. f. ■ Usine où l'on fabrique du savon. ▶ ***savonnette*** n. f. **1.** Petit savon (2) pour la toilette. **2.** Blaireau (pour la barbe). ▶ ***savonneux, euse*** adj. ■ Qui contient du savon. *Une eau savonneuse.* ▶ ***savonnier*** n. m. ■ Porte-savon mobile ou fixé au mur. ⟨ ▶ porte-savon, roman-savon, saponifier ⟩

savourer [savuʀe] v. tr. ■ conjug. 1. **1.** Manger, boire avec toute la lenteur et l'attention requises pour apprécier pleinement. ⇒ **déguster,** se **délecter,** se **régaler.** *Il savourait son cognac.* **2.** Apprécier en prolongeant le plaisir. *J'espère que tu as savouré la scène !*

savoureux, euse [savuʀø, øz] adj. **1.** Qui a une saveur agréable, riche et délicate. ⇒ **appétissant, succulent.** / contr. **insipide** / *Des fruits savoureux.* **2.** Abstrait. Qui a de la saveur, du piquant. *Une anecdote savoureuse.* ▶ ***savoureusement*** adv. ■ D'une façon savoureuse.

savoyane [savɔjan] n. f. ■ Plante à longues racines jaunes qui pousse dans les terrains humides et les tourbières, employée autrefois en médecine populaire. *La savoyane soignait les maladies buccales.*

saxophone [saksɔfɔn] n. m. ■ Instrument à vent, à anche simple et à clés. *Saxophone ténor, alto.* — Abrév. SAXO, n. m. *Un saxo ténor, alto. Jouer du saxo.* ▶ ***saxophoniste*** n. ■ Joueur de saxophone. *Un, une saxophoniste.* — Abrév. fam. SAXO. *Des saxos.*

sbire [sbiʀ] n. m. ■ Péj. Policier sans scrupule ; homme de main.

scab [skab] n. ■ Anglic. Fam. Briseur* de grève. *Entreprise en grève qui engage des scabs.*

scabieuse [skabjøz] n. f. ■ Plante herbacée à fleurs mauves, employée en médecine pour ses propriétés dépuratives.

scabreux, euse [skɑ(a)bʀø, øz] adj. **1.** Littér. Embarrassant, délicat. *C'est un sujet scabreux. — Une affaire scabreuse,* louche. **2.** Qui choque la décence. *Une histoire scabreuse.* ⇒ **indécent, licencieux.**

scalaire [skalɛʀ] adj. ■ Mathématiques. *Grandeur scalaire,* qui se mesure par un nombre (opposé à *vectoriel*).

scalène [skalɛn] adj. ■ Géométrie. *Triangle scalène,* dont les trois côtés sont inégaux (opposé à *isocèle, équilatéral*).

scalpel [skalpɛl] n. m. ■ Petit couteau à manche plat destiné aux dissections. *Le bistouri et le scalpel.*

① ***scalper*** [skalpe] v. tr. ■ conjug. 1. **1.** Dépouiller (qqn) du cuir chevelu par incision de la peau. *Les Amérindiens scalpaient leurs ennemis.* **2.** Fam. Vendre un billet de spectacle à un prix beaucoup plus élevé que celui qui est indiqué sur le billet. ▶ ***scalpeur*** ou

scalpeux, euse ou ② ***scalper*** n. ■ Anglic. Vendeur qui scalpe (2) des billets. *Les scalpeurs de billets de hockey.* ▶ ***scalp*** n. m. **1.** Action de scalper. *Danse du scalp,* danse guerrière exécutée par les Amérindiens autour de la victime qui allait être scalpée. **2.** Trophée constitué par la peau du crâne avec sa chevelure.

scampi [skɑ̃(am)pi] n. m. ■ Surtout au plur. Grosse crevette. *Une brochette de scampis.* ≠ *langoustine.*

scandale [skɑ̃dal] n. m. **1.** Effet produit par des actes, des propos condamnables, de mauvais exemples. *Sa tenue a provoqué un scandale. Un livre, un film qui fait scandale.* — Émotion indignée qui accompagne cet effet. *Au grand scandale de sa famille.* **2.** Désordre, tapage. *Faire du scandale sur la voie publique. Si ça continue, je fais un scandale !* **3.** Grave affaire publique où des personnalités sont compromises. *Un scandale financier, politique.* **4.** Fait immoral, injuste, révoltant. ⇒ **honte.** *Cette condamnation est un scandale !* ▶ ***scandaleux, euse*** adj. **1.** Qui cause du scandale. *Une conduite scandaleuse.* **2.** Qui constitue un scandale (⇒ **honteux, révoltant**). *Le prix des loyers est scandaleux.* ▶ ***scandaliser*** v. tr. ▪ conjug. 1. ■ Apparaître scandaleux à... ⇒ **choquer, indigner.** *Son attitude a scandalisé tout le monde.* — Pronominalement. S'indigner comme d'une chose scandaleuse. *Pourquoi se scandaliser d'une chose si naturelle ?*

scander [skɑ̃de] v. tr. ▪ conjug. 1. **1.** Déclamer (un vers) en analysant ses éléments métriques. *Scander des alexandrins.* **2.** Prononcer en détachant les syllabes, les groupes de mots. *Scander un refrain, un slogan politique.* ▶ ***scansion*** [skɑ̃sjɔ̃] n. f. ■ Didact. Action de scander (1).

scandinave [skɑ̃dinav] adj. ■ De Scandinavie. *Les pays scandinaves,* Norvège, Suède, Danemark... *Les langues scandinaves.* ⇒ **germanique.** — N. (Avec une majusc.) Personne née en Scandinavie ou qui y habite. *Les Scandinaves.*

scanner ou ***scanneur*** [skanœʀ] n. m. ■ Anglic. Appareil de radiographie traitant les résultats obtenus par une calculatrice électronique. *Des scanners.*

scaphandre [skafɑ̃dʀ] n. m. ■ Équipement de plongée individuel à casque étanche. *Scaphandre autonome,* pourvu d'une bouteille à air comprimé. — Appareil semblable pour les voyages spatiaux. *Le scaphandre des cosmonautes.* ▶ ***scaphandrier, ière*** n. ■ Plongeur muni d'un scaphandre. ⇒ **homme-grenouille.**

scapulaire [skapylɛʀ] n. m. ■ Religion catholique. Vx. Objet de dévotion composé de deux petits morceaux d'étoffe bénits reliés par des cordons.

scarabée [skaʀabe] n. m. ■ Coléoptère noir à reflets mordorés. ⇒ **barbeau, hanneton.**

scarifier [skaʀifje] v. tr. ▪ conjug. 7. **1.** Médecine. Inciser superficiellement (la peau). ▶ ***scarification*** n. f. ■ *Opération qui consiste à scarifier.* **2.** Routes. Imprimer des rainures à l'asphalte que l'on veut recouvrir d'une nouvelle couche. — Au p. p. adj. *Tronçon d'autoroute scarifié.*

scarlatine [skaʀlatin] n. f. ■ Maladie contagieuse, caractérisée par une éruption sur les muqueuses de la bouche et sur la peau, en larges plaques écarlates.

scarole [skaʀɔl] n. f. ■ Salade à larges feuilles peu découpées et croquantes.

scato- ■ Élément savant signifiant « excrément ». ▶ ***scatologique*** [skatɔlɔʒik] adj. ■ Où il est question d'excréments. *Plaisanterie scatologique.*

sceau [so] n. m. **1.** Cachet officiel dont l'empreinte est apposée sur des actes pour les rendre authentiques ou les fermer de façon inviolable. *Le garde des Sceaux* (en France, le ministre de la Justice). **2.** Empreinte faite par ce cachet ; cire, plomb portant cette empreinte. *Mettre, apposer son sceau sur un document.* ⇒ **sceller. 3.** Littér. Marque qui authentifie, confirme. *Son récit est marqué du, au sceau de la bonne foi.* — Loc. SOUS LE SCEAU DU SECRET, DE LA CONFIDENTIALITÉ : sous la condition d'une discrétion absolue. ≠ *seau.* ⟨ ▶ sceller ⟩

scélérat, ate [seleʀa, at] n. ■ Littér. Bandit, criminel. ⇒ **coquin** (1). — Adj. *Des lois scélérates.* ▶ ***scélératesse*** n. f. ■ Littér. Caractère, comportement de scélérat. ⇒ **perfidie.** — Action scélérate. *Commettre une scélératesse.*

sceller [sɛle] v. tr. ▪ conjug. 1. **I. 1.** Marquer (un acte) d'un sceau. *Le testament a été scellé.* — Fermer au moyen d'un sceau, d'un scellé. *Sceller un local. Le compteur d'électricité est scellé.* **2.** Abstrait. Confirmer, comme par un sceau. *Sceller un pacte. Poignée de main qui scelle une réconciliation.* **II. 1.** Fermer hermétiquement (un contenant, une ouverture). *Sceller des boîtes de conserve.* **2.** Fixer avec du ciment, du plâtre... *Sceller un anneau dans un mur.* — Au p. p. adj. *Fenêtre à barreaux scellés.* ▶ ***scellé*** n. m. ■ Surtout au plur. Cachet de cire sur bande de papier ou d'étoffe, au sceau de l'État, apposé par l'autorité de justice sur une fermeture ; fil métallique recourbé et relié à une petite pastille de plomb. *Mettre les scellés. Local mis sous scellés. Lever les scellés.* ≠ *seller.* ⟨ ▶ desceller ⟩

scénario [senaʀjo] n. m. **1.** Description de l'action (d'un film), comprenant généralement des indications techniques et les dialogues. ⇒ **script** (2). *Écrire des scénarios.* — Processus qui se déroule selon un plan préétabli. *Leurs disputes suivent toujours le même scénario.* **2.** Texte d'une bande dessinée. ▶ ***scénariste*** n. ■ Personne qui écrit des scénarios.

scène [sɛn] n. f. **I. 1.** Emplacement d'un théâtre où les acteurs paraissent devant le public. ⇒ ① **planche(s), plateau.** *L'ordre d'entrée en scène des acteurs. En scène ! Sortir de scène. Elle fait ses débuts sur la scène, sur scène.* METTRE EN SCÈNE : représenter par l'art dramatique. *Metteur en scène ; mise en scène.* ⇒ **scénographie** (2). *Porter une pièce de théâtre à la scène ; adapter un texte pour la scène.* — *Mettre en scène un film,* le réaliser (⇒ **porter à l'écran**). — Abstrait. Le monde, considéré comme un théâtre. *Occuper le* DEVANT DE LA SCÈNE : une position importante, en vue. — *La scène politique.* **2.** Le théâtre, l'art dramatique. *Les vedettes de la scène et de l'écran.* **3.** Décor du théâtre. *La scène représente une forêt. La scène a changé.* Fig. *La scène politique évolue vite.* ⇒ **paysage.** — L'action. *La scène se passe à Londres, au* XVIe *s.* **II. 1.** Partie, division d'un acte ; l'action qui s'y déroule. *Acte III, scène II. La grande scène du second acte.* — Loc. JOUER LA GRANDE SCÈNE (DU DEUX) : faire une démonstration théâtrale (de colère, de douleur, d'indignation...). **2.** Toute action partielle ayant une unité, à l'intérieur d'un livre, d'un film... *Le roman se termine par une scène tragique. Une scène de film.* ⇒ **séquence. 3.** Composition représentée en peinture, lorsqu'elle suggère une action. *Une scène de genre, une scène d'intérieur, de mœurs.* **4.** Action, événement dont on se trouve spectateur. *J'ai été témoin de la scène. Une scène comique.* **5.** Explosion de colère, dispute bruyante. *Il m'a fait une scène à cause de mon retard. Une scène de ménage,* dans un couple. *Enfant qui fait des scènes,* des colères, des caprices. ≠ *Cène.* ▶ ***scénique*** [senik] adj. ■ Propre à la scène, au théâtre. *Un effet scénique.* ⟨ ▶ avant-scène ⟩

scénographie [senɔgʀafi] n. f. **1.** Art de représenter en perspective. **2.** Art et technique de l'aménagement des théâtres. (On dit aussi *scénologie.*) ▶ ***scénographe*** n. ■ Spécialiste de scénographie (1, 2).

sceptique [sɛptik] n. et adj. I. N. 1. Philosophe qui pratique le doute, l'examen critique systématique (opposé à *dogmatique*). 2. Personne qui adopte une attitude de scepticisme (2, 3). *Un, une sceptique.* II. Adj. 1. Qui professe le scepticisme philosophique. 2. Qui doute, est empreint de scepticisme. ⇒ **incrédule.** / contr. **convaincu** / *Je reste sceptique quant à l'issue du projet. Elle a eu un sourire sceptique.* ≠ *septique.* ▸ ***scepticisme*** n. m. 1. Doctrine des anciens philosophes sceptiques grecs, selon lesquels l'esprit humain ne peut atteindre aucune vérité générale. / contr. **dogmatisme** / 2. Mise en doute des dogmes religieux. ⇒ **incrédulité.** 3. Attitude critique faite de méfiance, d'incrédulité, de refus de toute illusion. / contr. **conviction** / *Il parle de notre influence avec scepticisme.*

sceptre [sɛptʀ] n. m. 1. Bâton de commandement, signe d'autorité suprême. *Le sceptre du roi.* 2. Abstrait. Littér. L'autorité souveraine, la royauté.

schah ou **shah** [ʃa] n. m. ■ Histoire. Souverain de la Perse (puis de l'Iran moderne) avant 1979. *Le shah de Perse, le shah d'Iran* (pléonasmes).

scheik n. m. ⇒ **cheik(h).**

schelem n. m. ⇒ **chélem.**

schéma [ʃema] n. m. 1. Figure donnant une représentation simplifiée et fonctionnelle (d'un objet, d'un mouvement, d'un processus, d'un organisme). ⇒ **diagramme.** *Schéma de la nutrition chez les plantes. Le schéma d'un moteur.* 2. Description ou représentation mentale réduite aux traits essentiels. ⇒ **esquisse.** *Voici en gros le schéma de l'opération. Des schémas directeurs. — Schéma d'aménagement d'une M.R.C.,* plan dans lequel on établit les utilisations du territoire sur une période de cinq ans. ▸ ***schématique*** adj. 1. Qui constitue un schéma, est propre aux schémas. *Une coupe schématique.* 2. Trop simplifié, qui manque de nuances. ⇒ **rudimentaire, sommaire.** *Un compte rendu schématique de la situation.* ▸ ***schématiquement*** adv. ■ *Voici schématiquement de quoi il s'agit.* ⇒ **grosso modo.** ▸ ***schématiser*** v. tr. ▪ conjug. 1. 1. Présenter en schéma. 2. Présenter de façon schématique, simplifiée. *En schématisant, on peut dire que... —* Au p. p. adj. *Une pensée schématisée.* ▸ ***schématisation*** n. f. ■ Action de schématiser, de réduire à l'essentiel.

scherzo [skɛʀdzo] n. m. ■ Morceau musical vif et gai, au mouvement rapide. *Le scherzo d'une sonate. Des scherzos.*

schilling [ʃiliŋ] n. m. ■ Unité monétaire de l'Autriche. ≠ *shilling.*

schisme [ʃism] n. m. 1. Séparation des fidèles d'une religion, qui reconnaissent des autorités différentes. *Le schisme d'Orient* (entre les Églises d'Occident et d'Orient). 2. Scission* (d'un groupe organisé). ⇒ **dissidence.** *Un schisme politique.* ▸ ***schismatique*** [ʃismatik] adj. ■ Qui forme schisme ; qui ne reconnaît pas l'autorité du Saint-Siège.

schiste [ʃist] n. m. ■ Roche qui présente une structure feuilletée. *Des lames de schiste.* ▸ ***schisteux, euse*** [ʃistø, øz] adj. ■ *L'ardoise est une roche schisteuse.*

schizophrénie [skizɔfʀeni] n. f. ■ Psychose caractérisée par une grave division de la personnalité et une inadaptation du malade au réel. *Schizophrénie et autisme.* ▸ ***schizophrène*** adj. et n. ■ Atteint de schizophrénie.

schnaps [ʃnaps] n. m. invar. ■ Eau-de-vie de pomme de terre ou de grain, fabriquée dans les pays germaniques.

schnock ou **chnoque** [ʃnɔk] n. ■ Fam. Imbécile. *Espèce de vieux schnock !*

schnorkel ou **schnorchel** [ʃnɔʀkɛl] n. m. ■ Petit tube adapté à un masque de plongée ou à embout, dont l'extrémité recourbée dépasse la surface de l'eau, permettant ainsi au plongeur de continuer à respirer. ⇒ ② **tuba.**

schnout [ʃnut] n. f. ■ Fam. Chose de peu de valeur. *N'achète pas cet appareil, cela ne vaut pas de la schnout. Tout cela, c'est de la schnout. — Mange de la schnout.* ⇒ fam. **marde.**

schuss [ʃus] n. m. invar. ■ Descente directe à skis en suivant la plus grande pente. *Descendre en schuss.* — Adv. *Descendre (tout) schuss.*

sciage [sjaʒ] n. m. ■ Action, manière de scier (le bois, la pierre, les métaux...). — *Bois de sciage,* bois de construction ou de menuiserie. — Débitage des grumes et des billes de bois en pièces de forme utilisable pour les industries de seconde transformation du bois.

sciatique [sjatik] adj. et n. f. 1. Anatomie. Du bassin, de la hanche. *Nerf sciatique.* 2. N. f. Douleur violente qui se fait sentir à la hanche et dans la jambe, le long du trajet du nerf sciatique. *Il a une sciatique. Crise de sciatique.*

scie [si] n. f. 1. Outil ou machine servant à couper des matières dures par l'action d'une lame dentée. ⇒ **égoïne, godendart.** *Scie à bois. Scie à chaîne. Scie à métaux* ou, fam., *à fer. Scie circulaire,* ou *scie ronde,* scie à moteur formée d'un disque à bord denté qui tourne à grande vitesse. — Loc. *En dent* de scie. — Un vieux* MOULIN À SCIE : une scierie. 2. N. m. POISSON-SCIE ou, n. f., SCIE : squale voisin du requin dont le museau s'allonge en lame droite, flexible, portant deux rangées de dents. *Des poissons-scies.* 3. SCIE MUSICALE : instrument de musique fait d'une lame d'acier qu'on fait vibrer en la pliant. 4. Chanson, refrain ressassés et usés. ⇒ **rengaine.** *On entend cette scie sur toutes les ondes.* 5. Personne, chose désagréable ou ennuyeuse. *Quelle scie !* ‹ ▸ bec-scie, bran de scie, couteau-scie, sciotte ›

sciemment [sjamɑ̃] adv. ■ En connaissance de cause, volontairement. / contr. **involontairement** / *Il n'a pas pu faire cela sciemment.* ⇒ **consciemment.**

science [sjɑ̃s] n. f. I. 1. Vieilli. Ensemble des connaissances générales (de qqn). ⇒ ② **savoir.** *Sa science est étendue.* — Loc. *C'est un* PUITS DE SCIENCE : une personne très savante. 2. Littér. Savoir-faire que donnent les connaissances, l'expérience, l'habileté. ⇒ **art.** *Elle a manœuvré avec une science consommée. Sa science des couleurs, de la toilette.* II. 1. Plus cour. UNE SCIENCE, LES SCIENCES : l'ensemble des connaissances, des travaux d'une valeur universelle, ayant pour objet l'étude de faits et de relations vérifiables, selon des méthodes déterminées (comme l'observation, l'expérience, ou les hypothèses et la déduction). *Sciences exactes* ou *pures,* ensemble des mathématiques. *Sciences appliquées,* au service de la technique. *Sciences expérimentales,* où l'objet d'étude est soumis à l'expérience (physique, chimie...). *Sciences naturelles,* sciences d'observation qui étudient les êtres vivants et les corps dans la nature. *Les sciences humaines,* qui étudient l'être humain (psychologie, sociologie, linguistique...). — Absolt. Au plur. (Opposé à *lettres*) LES SCIENCES : les sciences où le calcul, la déduction et l'observation ont une grande part (mathématiques, astronomie, physique, chimie, biologie...). *Les sciences et les lettres. Faculté des sciences. Des sciences.* ⇒ **scientifique.** 2. LA SCIENCE : l'ensemble des travaux des sciences ; la connaissance exacte, universelle et vérifiable exprimée par des lois. *Dans l'état actuel de la science. Les progrès de la science et de la technique.* ▸ ***science-fiction*** n. f. ■ Genre littéraire et artistique qui décrit un état futur du monde (⇒ **anticipation**) en faisant appel à l'imagination scientifique. *Un film de science-fiction.* — Abrév. fam. *S.-F.*, n. f. invar. ▸ ***scientifique*** adj. et n. **1.** Qui appartient à la science, concerne les sciences (spécialt opposé aux *lettres*). *Revue scientifique. La recherche scientifique. Le nom scientifique d'une plante* (opposé à *vulgaire*). **2.** Qui est conforme aux exigences d'objectivité, de précision, de méthode de la science. *Ce n'est pas une explication scientifique.* **3.** N. Personne qui étudie les sciences, savant spécialiste d'une science. *Un, une scientifique.* ⇒ **chercheur, savant.** *Les littéraires et les scientifiques.* ▸ ***scientifiquement*** adv. ■ *Phénomène étudié scientifiquement.* ▸ ***scientiste*** adj. ■ Qui prétend résoudre tous les problèmes philosophiques par la science. — N. *La philosophie des scientistes* (ou *scientisme,* n. m.). ▸ ***scientologie*** n. f. ■ *L'Église de scientologie,* une secte religieuse fondant ses croyances sur la science. ▸ ***scientologiste*** n. ■ Membre de l'Église de scientologie. ‹ ▸ anti-scientifique, conscient, omniscient, prescience, sciemment, techno(-)scientifique ›

scier [sje] v. tr. ▪ conjug. 7. **1.** Couper avec une scie, une tronçonneuse. *Scier du bois.* **2.** (France) Fam. Stupéfier. ⇒ **étonner, surprendre.** *Alors là, tu me scies !* — Au p. p. adj. *Je suis scié !* ▸ ***scierie*** [siʀi] n. f. ■ Atelier, usine où des scies mécaniques débitent le bois. ⇒ moulin à **scie.** ▸ ***scieur, euse*** [sjœʀ, øz] n. ■ Personne dont le métier est de scier (le bois) ; personne qui scie (du bois). — Loc. SCIEUR DE LONG : scieur de bois de charpente, qui scie les troncs en long. ‹ ▸ sciage, scie, sciure ›

scinder [sɛ̃de] v. tr. ▪ conjug. 1. ■ Couper, diviser (qqch. qui n'est pas d'ordre matériel). ⇒ **fractionner.** *Scinder un parti.* — Pronominalement (emploi le plus courant). *Le parti s'est scindé en deux après le vote.* ⇒ **scission.**

scintiller [sɛ̃tije] v. intr. ▪ conjug. 1. **1.** (Astres) Briller d'un éclat caractérisé par le phénomène de la scintillation. *Les étoiles scintillaient.* **2.** Briller d'un éclat intermittent. ⇒ **étinceler.** *Diamants, paillettes qui scintillent.* ▸ ***scintillant, ante*** adj. et n. m. **1.** Qui scintille. ⇒ ① **brillant.** *Lumière scintillante.* **2.** N. m. Décoration brillante (glaçon, étoile, guirlande...) pour orner les arbres de Noël. ▸ ***scintillation*** n. f. **1.** Modification rapide et répétée de l'intensité et de la coloration de la lumière des étoiles (à cause des irrégularités de la réfraction dans l'atmosphère terrestre). **2.** Lumière qui scintille (2). ▸ ***scintillement*** n. m. ■ Éclat de ce qui scintille. *Le scintillement des braises.* ⇒ **rougeoiment.**

sciotte [sjɔt] n. m. ou f. ■ Scie manuelle à cadre tubulaire métallique ou à cadre de bois, employée pour tronçonner des billes ou des grosses pièces de bois.

scission [sisjɔ̃] n. f. ■ Action de se scinder. ⇒ **division, schisme, séparation.** *Le groupe qui a fait scission* (les *scissionnistes*). ≠ *fission.*

scissiparité [sisipaʀite] n. f. ■ Didact. Reproduction par simple division de l'organisme, chez les êtres unicellulaires.

sciure [sjyʀ] n. f. ■ Poussière d'une matière qu'on scie, en particulier du bois. ⇒ **bran de scie.** *L'odeur de la sciure.*

sclérose [skleʀoz] n. f. **1.** Durcissement pathologique d'un organe ou d'un tissu organique. — *Sclérose en plaques,* grave maladie des centres nerveux, à la surface desquels se forment des plaques de sclérose. **2.** Abstrait. État, défaut de ce qui ne sait plus évoluer ni s'adapter, qui a perdu toute souplesse. ⇒ **vieillissement.** *La sclérose des institutions.* ▸ *se* ***scléroser*** v. pron. ▪ conjug. 1. **1.** (Organes, tissus) Se durcir, être atteint de sclérose. **2.** Abstrait. Se figer, ne plus évoluer. ⇒ s'**immobiliser.** *Un parti, une bureaucratie qui se sclérose.* ▸ ***sclérosé, ée*** adj. **1.** Atteint de sclérose (1). *Des artères sclérosées.* **2.** Abstrait. Qui n'évolue plus. ⇒ **figé.** *Économie sclérosée.* ‹ ▸ artériosclérose ›

sclérotique [skleʀɔtik] n. f. ■ Anatomie. Membrane fibreuse qui entoure le globe oculaire avec une ouverture dans laquelle se trouve la cornée. ⇒ blanc **de l'œil.**

scolaire [skɔlɛʀ] adj. **1.** Relatif ou propre aux écoles, à la vie des écoles, à l'enseignement et aux élèves. *Établissement, groupe scolaire. Programmes scolaires. Les livres scolaires. Année scolaire,* période allant de la rentrée à la fin des classes. ⇒ **académique.** *Obligation scolaire,* d'aller à l'école. *Âge scolaire,* âge légal de l'obligation scolaire. *Commission* scolaire.* **2.** Péj. Qui évoque les exercices de l'école par son côté livresque ; qui traduit un manque de réflexion personnelle. *Cet exposé est trop scolaire.* ▸ ***scolariser*** v. tr. ▪ conjug. 1. ■ Soumettre à un enseignement scolaire régulier. — Au p. p. adj. *Enfants en âge d'être scolarisés. Population scolarisée,* qui a reçu un enseignement scolaire. ▸ ***scolarisable*** adj. ■ Apte à recevoir un enseignement scolaire. ▸ ***scolarisation*** n. f. ■ *Le problème de la scolarisation des enfants de réfugiés.* ▸ ***scolarité*** n. f. ■ Le fait de suivre régulièrement les cours d'un établissement d'enseignement. *Certificat de scolarité. Frais de scolarité.* — Temps pendant lequel joue l'obligation scolaire. *Le gouvernement va-t-il prolonger la scolarité ?* — Durée des études. *Pendant toute sa scolarité...* ‹ ▸ interscolaire, parascolaire, postscolaire, préscolaire ›

scolastique [skɔlastik] n. f. et adj. Didact. **I.** N. f. Philosophie et théologie enseignées au Moyen Âge par l'Université ; enseignement et méthode qui s'y rapportent. **II.** Adj. **1.** Relatif ou propre à la scolastique. **2.** Littér. Qui rappelle la scolastique décadente, par son abus de la dialectique et son formalisme. *Esprit scolastique.*

scoliose [skɔljoz] n. f. ■ Déviation de la colonne vertébrale sur le côté.

① ***scolopendre*** [skɔlɔpɑ̃dʀ] n. f. ■ Fougère à feuilles entières, très allongées, qui croît dans les lieux humides. *Sous les feuilles de la scolopendre s'alignent des bandes de sporanges.*

② ***scolopendre*** n. f. ■ Genre de mille-pattes. *Certaines scolopendres ont une morsure dangereuse.*

sconse [skɔ̃s] ou ***skunks*** [skɔ̃ks] n. m. ■ (France) Anglic. Fourrure de la mouffette. — REM. On écrit aussi *scons, sconce.*

scoop [skup] n. m. ■ Anglic. Nouvelle importante donnée en exclusivité par une agence de presse, un journal. *Un journaliste à l'affût des scoops.*

scooter [skutœʀ] n. m. ■ Motocycle léger, caréné, à cadre ouvert et à plancher. ⇒ **mobylette.** *Des scooters.*

-scope, -scopie ■ Éléments de mots savants, servant à désigner des instruments et des techniques d'observation (ex. : *microscope, endoscopie*).

scopie n. f. ■ Abréviation de *radioscopie.* ⇒ ③ **radio.**

scorbut [skɔʀby(t)] n. m. ■ Maladie provoquée par l'absence ou l'insuffisance dans l'alimentation des vitamines C. *L'équipage de Jacques Cartier a souffert du scorbut.* ▸ ***scorbutique*** adj. ■ Atteint du scorbut. — N. *Un, une scorbutique.*

score [skɔʀ] n. m. ■ Anglic. Marque, décompte des points au cours d'un match, d'une compétition ; résultat indiqué par la marque. ⇒ **compte,** ② **pointage.** *Faire un beau score.* ▶ ***scorer*** v. tr. ▪ conjug. 1. ■ Sports. fam. Compter des buts, spécialt au hockey, au soccer. ⇒ **marquer.** *Il a scoré son vingtième but de la saison.* — Sans compl. *Trois matchs sans scorer.* — Intransitivement. *Scorer sur un tir de pénalité.* — Au p. p. adj. *But scoré sans aide.* ▶ ***scoreur, euse*** n. ■ Sports. Fam. Joueur qui marque des points, spécialt des buts, au hockey et au soccer. ⇒ **compteur** (II), **marqueur,** ② **pointeur.** *Être en tête des scoreurs.* — En appos. *Il était champion scoreur chez les pee-wee.*

scories [skɔʀi] n. f. pl. **1.** Résidu solide provenant de la fusion de minerais métalliques, de la combustion de la houille ⇒ **mâchefer. 2.** *Scories volcaniques,* lave légère et fragmentée ressemblant au mâchefer. **3.** Abstrait. Déchets, partie médiocre ou mauvaise. *Débarrasser un texte de ses scories.*

scorpion [skɔʀpjɔ̃] n. m. **1.** Petit animal (famille des araignées) dont la queue est armée d'un aiguillon crochu et venimeux. *Piqûre de scorpion.* **2.** (Avec une majusc.) Huitième signe du zodiaque (23 octobre-21 novembre). *Être du signe du Scorpion, être du Scorpion.* — Ellipt. Invar. *Elles sont Scorpion.*

① ***scotch*** [skɔtʃ] n. m. ■ Anglic. Whisky écossais. *Il a bu deux scotches purs.*

② ***scotch*** n. m. ■ Anglic. Ruban adhésif transparent. *Un rouleau de scotch. Du scotch invisible.* — REM. Ce mot est un nom de marque déposée. ▶ ***scotcher*** v. tr. ▪ conjug. 1. ■ Coller avec du ruban adhésif. — Au p. p. adj. *Une photo scotchée au mur.*

scoubidou [skubidu] n. m. ■ (France) Colifichet que les enfants confectionnent à l'aide de quatre fils de plastique semi-rigide tressés. *Des scoubidous multicolores.*

scout, e [skut] n. et adj. ■ Anglic. Jeune qui fait partie d'une organisation de scoutisme. ⇒ **boy-scout.** *Les louveteaux, les scouts et les éclaireurs.* ⇒ **cheftaine,** ② **guide,** ② **jeannette.** *Réunion de scouts.* ⇒ **jamboree.** — Adj. *Un camp scout. La fraternité scoute.* ▶ ***scoutisme*** n. m. ■ Mouvement éducatif destiné à compléter la formation que l'enfant reçoit dans sa famille et à l'école, en offrant aux jeunes des activités de plein air et des jeux. *Elle a fait du scoutisme, elle était guide.*

scrabble [skʀabəl] n. m. ■ Anglic. Jeu de société qui consiste à placer sur une grille des jetons portant chacun une lettre, de manière à former des mots. — REM. Ce mot est un nom de marque déposée. ▶ ***scrabbleur, euse*** n. ■ Joueur de scrabble.

scrap [skʀap] n. f. et adj. Anglic. Fam. **1.** Tout objet, toute chose de mauvaise qualité. *Acheter, vendre de la scrap.* **2.** Loc. *Mettre qqch. à la scrap,* s'en débarrasser, le jeter. *Il a fallu envoyer le char à la scrap,* à la ferraille. — *La cour à (de) scrap.* **3.** Adj. Loc. (Choses) *Être scrap,* fini, cassé, brisé. *La télévision, le tapis est scrap.* ▶ ***scraper*** v. tr. ▪ conjug. 1. ■ Fam. Envoyer qqch. au rebut. *Scraper une vieille bicyclette. J'ai scrapé mon auto,* je l'ai démolie dans un accident. — Au p. p. adj. *Un jouet scrapé,* qui n'est plus utilisable. ⇒ **brisé, cassé.**

scribe [skʀib] n. m. **1.** Personne qui écrivait les textes officiels, copiait les écrits, dans des civilisations sans imprimerie et où les lettrés étaient rares. ⇒ **copiste.** *Les scribes égyptiens de l'Antiquité.* **2.** Clerc de la classe sacerdotale juive qui, vers le temps de Jésus, était docteur de la Loi et maître d'école. ‹ ▶ scribouillard ›

scribouillard, arde [skʀibujaʀ, aʀd] n. ■ Péj. Fonctionnaire, commis aux écritures. ⇒ **gratte-papier.**

script [skʀipt] n. m. **1.** Anglic. Type d'écriture à la main, proche des caractères d'imprimerie. *Écrire en script.* — En appos. *L'écriture script.* **2.** Scénario d'un film, d'une émission, comprenant le découpage technique et les dialogues. *Des scripts.* ▶ ***scripte*** [skʀipt] n. ■ Cinéma, télévision. Auxiliaire du metteur en scène, du réalisateur qui note les détails techniques et artistiques de chaque prise de vues (⇒ **script,** 2), afin d'assurer la continuité du film. *Le scripte travaille sur le plateau. Une scripte* ou, vx, *une* SCRIPT-GIRL. *Des script-girls.*

scrofuleux, euse [skʀɔfylø, øz] adj. **1.** Vx. Qui a des écrouelles. **2.** Qui est lymphatique et prédisposé aux affections tuberculeuses de la peau, des muqueuses. *Un enfant scrofuleux.*

scrotum [skʀɔtɔm] n. m. ■ Enveloppe cutanée des testicules ; bourses. ⇒ fam. **poche.**

scrupule [skʀypyl] n. m. **1.** Incertitude d'une conscience exigeante sur la conduite à adopter ; inquiétude sur un point de morale. ⇒ **cas** de conscience. *Un scrupule me retient. Être dénué de scrupules, sans scrupule,* agir sans se poser de problèmes moraux. *Les scrupules ne l'étouffent pas ; elle n'a aucun scrupule. Se faire des scrupules.* — Littér. *Se faire (un) scrupule de qqch.,* hésiter (par scrupule) à faire qqch. *Il ne se ferait aucun scrupule de tout nier.* **2.** Exigence morale très poussée ; tendance à juger avec rigueur sa propre conduite. *Exactitude poussée jusqu'au scrupule.* ▶ ***scrupuleux, euse*** adj. **1.** Qui a fréquemment des scrupules, qui est exigeant sur le plan moral. ⇒ **consciencieux.** *Un homme d'affaires scrupuleux.* ⇒ **honnête.** — (Choses) Qui témoigne d'une grande exigence morale. *Recherches scrupuleuses.* **2.** Qui respecte strictement les règles qu'il s'impose dans son action, son travail. *Un élève, un employé scrupuleux.* ⇒ **consciencieux, méticuleux.** ▶ ***scrupuleusement*** adv. ■ D'une manière scrupuleuse. ⇒ **rigoureusement.**

scruter [skʀyte] v. tr. ▪ conjug. 1. ■ Examiner avec soin, pour découvrir ce qui est caché. *Scruter les intentions de qqn.* ⇒ **sonder.** — Examiner attentivement par la vue ; fouiller du regard. ⇒ **observer.** *Scruter l'horizon.* ▶ ***scrutateur, trice*** **I.** Adj. (⇒ **scruter**) Qui examine attentivement. *Un regard scrutateur.* ⇒ **inquisiteur. II.** N. Personne qui participe au dépouillement d'un scrutin*. ▶ ***scrutin*** n. m. **1.** Vote au moyen de bulletins déposés dans un récipient fermé (boîte, urne) d'où on les retire ensuite pour les compter. **2.** L'ensemble des opérations électorales ; modalités particulières des élections. *L'ouverture, la clôture d'un scrutin. Scrutin uninominal,* où l'électeur choisit un seul candidat. (France) *Scrutin de liste,* où l'on vote pour plusieurs candidats choisis sur une liste. *Scrutin proportionnel. Scrutin majoritaire. Dépouiller le scrutin* (⇒ **scrutateur,** II).

sculpter [skylte] v. tr. ▪ conjug. 1. **1.** Produire (une œuvre d'art) par l'un des procédés de la sculpture. *Sculpter un buste.* **2.** Façonner (une matière dure) par une des techniques de la sculpture. *Sculpter de la pierre.* — Au p. p. adj. *Armoire sculptée,* ornée de sculptures. ▶ ***sculpteur*** n. m. ■ Personne qui pratique l'art de la sculpture. *Il, elle est sculpteur.* — REM. Le féminin *sculptrice* est rare. L'O.L.F. propose *sculpteure* au féminin. ▶ ***sculpture*** [skyltyʀ] n. f. **1.** Représentation d'un objet dans l'espace, au moyen d'une matière à laquelle on impose une forme esthétique ; ensemble des techniques qui permettent cette représentation. *La sculpture grecque, romane. Faire de la sculpture sur bois.* **2.** *Une sculpture,* une œuvre sculptée. *C'est une sculpture en bois.* ▶ ***sculptural, ale, aux*** adj. **1.** Relatif à la sculpture. ⇒ ① **plastique. 2.** Dont les formes rappellent la sculpture classique. *Une beauté sculpturale.*

se ou **s'** [s(ə)] pronom pers. ■ Pronom personnel réfléchi de la 3e personne du sing. et du plur. *Il se lave. Il se donne de la peine. Elle s'est fait réprimander. Elle s'est lavé les mains. Ils se sont rencontrés. Elles se sont donné des conseils. Les conseils qu'elles se sont donnés.* — Impers. *Cela ne se fait pas. Comment se fait-il que... ?*

séance [seɑ̃s] n. f. **1.** Réunion des membres d'un corps constitué siégeant en vue d'accomplir certains travaux ; durée réglée de cette réunion. *Les séances du Parlement.* ⇒ **débat, session.** — *Être en séance. Ouvrir la séance. La séance est levée,* terminée. **2.** Loc. adv. SÉANCE TENANTE : immédiatement et sans retard. ⇒ sur-le-**champ.** *L'automobiliste a obéi séance tenante.* **3.** Durée déterminée consacrée à une occupation qui réunit deux ou plusieurs personnes. *Une séance de travail, de pose, de massage, de psychanalyse. Séance d'entraînement.* ⇒ fam. ① **pratique.** **4.** Temps consacré à certains spectacles. — Le spectacle lui-même. *Une séance de cinéma. La première séance est à midi.* ⇒ **représentation.** **5.** Spectacle donné par qqn qui se comporte de façon bizarre ou insupportable. *Il nous a fait une de ces séances !* ⇒ **scène** (II, 5).

① **séant** [seɑ̃] n. m. ■ Loc. SE DRESSER, SE METTRE SUR SON SÉANT : s'asseoir brusquement, en parlant d'une personne qui était allongée, couchée. ≠ *céans.*

② **séant, ante** [seɑ̃, ɑ̃t] adj. ■ Littér. Qui sied ⇒ **seoir,** est convenable. *Il n'est pas séant de quitter déjà la réunion.* ⟨ ▶ bienséant, malséant, seyant ⟩

seau [so] ou, anciennt ou fam., **siau** [sjo] n. m. ■ Récipient cylindrique muni d'une anse servant à transporter des liquides ou diverses matières. ⇒ fam. **chaudière.** *Seau en plastique. Seau hygiénique. Seau à charbon. Seau à glace,* servant à contenir de la glace. *Jouer dans le sable avec une pelle et un seau.* — Son contenu. *Un demi-seau d'eau.* — Loc. fam. IL PLEUT À SEAUX ou À SIAUX : abondamment, à verse. *Il mouillait à siaux hier soir.* ≠ *sceau.*

sébaste [sebast] n. m. ■ Poisson de mer au corps comprimé, de taille moyenne, à tête écailleuse et épineuse. ⇒ **rascasse.** *On trouve du sébaste dans le golfe du Saint-Laurent.*

sébile [sebil] n. f. ■ Petite coupe de bois pour mendier. *La sébile d'un aveugle.*

sébum [sebɔm] n. m. ■ Matière grasse sécrétée en certains endroits du corps par des glandes de la peau, appelées *glandes sébacées.* ▶ ***séborrhée*** [sebɔʀe] n. f. ■ Augmentation excessive de la sécrétion de sébum.

sec, sèche [sɛk, sɛʃ] adj. **I. 1.** Qui n'est pas ou peu imprégné de liquide. / contr. **humide, mouillé** / *Du bois sec. Le linge est déjà sec.* — Sans humidité atmosphérique, sans pluie. *Un froid sec.* — *Avoir la gorge sèche,* avoir soif. — Loc. N'AVOIR PLUS UN POIL DE SEC : transpirer abondamment. **2.** Déshydraté, séché en vue de la conservation. *Raisins secs. Légumes, fruits secs* (opposé à *frais*). **3.** Qui n'est pas accompagné du liquide auquel il est généralement associé. *Orage sec,* sans pluie. *Mur de pierres sèches,* sans ciment. *Toux sèche,* sans crachements. — *Panne sèche.* — *Perte sèche.* **4.** (Parties du corps) Qui a peu de sécrétions. *Peau sèche, cheveux secs* (opposé à *gras*). *Ses yeux étaient secs,* sans larmes. — Loc. REGARDER D'UN ŒIL SEC : sans être ému. *Ne pas avoir le nombril* sec.* **5.** Qui a peu de graisse, qui est peu charnu. *Un petit vieillard tout sec. Deux grands secs.* **6.** Qui manque de moelleux ou de douceur. *Une voix sèche. Coup sec,* rapide et bref. *Tissu sec,* à tissage bien marqué. — *Vin sec,* peu sucré (opposé à *vin doux*). ⇒ anglic. **dry. II.** Abstrait. **1.** Qui manque de sensibilité, de gentillesse. ⇒ **dur.** *Un cœur sec. Répondre d'un ton sec,* cassant, désobligeant. ⇒ **tranchant ; sèchement.** / contr. **chaleureux** / **2.** Qui manque de grâce, de charme. ⇒ **austère.** *Un style un peu sec.* **3.** Fam. *Rester sec,* ne savoir que répondre. ⇒ **sécher** (II, 3). **III.** N. m. **1.** Sécheresse ; endroit sec. *Mettre, tenir qqch. au sec.* **2.** À SEC : sans eau. ⇒ **tari.** *La rivière est à sec.* — Fam. Sans argent. ⇒ fam. **cassé, fauché.** *Ils sont à sec.* **IV.** Adv. **1.** *Boire (un vin, un alcool) sec,* ne pas y mettre d'eau. — Sans compl. *Boire sec,* beaucoup. **2.** Rudement et rapidement. *Boxeur qui frappe sec. Elle a dû freiner sec.* ⇒ **brusquement. 3.** Loc. adv. Fam. AUSSI SEC : immédiatement, sans hésiter et sans tarder. *Elle a répliqué aussi sec.* ⟨ ▶ pète-sec, sèche, sèchement, sécher, sécheresse ⟩

sécant, ante [sekɑ̃, ɑ̃t] adj. et n. f. **1.** Adj. Qui coupe (une ligne, un plan, un volume). *Plan sécant. Figures sécantes,* qui ont au moins un point d'intersection. **2.** SÉCANTE n. f. : droite sécante.

sécateur [sekatœʀ] n. m. ■ Gros ciseaux à ressort servant au jardinage.

sécession [sesɛsjɔ̃] n. f. ■ Action par laquelle une partie de la population d'un État se sépare de l'ensemble de la collectivité en vue de former un État distinct. ⇒ **dissidence, indépendance.** *Faire sécession.* — *La guerre de Sécession,* entre le Nord et le Sud des États-Unis (1861-1865). ▶ ***sécessionniste*** adj. ■ Qui fait sécession, lutte pour la sécession. *Mouvement sécessionniste.* ⇒ **autonomiste, séparatiste.**

séchage [seʃaʒ] n. m. ■ Action de faire sécher, de sécher. *Colle à séchage rapide. Séchage à froid.*

sèche [sɛʃ] n. f. ■ (France) Fam. Cigarette.

sèchement [sɛʃmɑ̃] adv. **1.** D'une manière sèche, sans douceur. *Frapper sèchement la balle.* **2.** Avec froideur, dureté. *Tous ont répliqué sèchement.*

sécher [seʃe] v. ▪ conjug. 6. **I.** V. tr. **1.** Rendre sec. / contr. **mouiller** / *Le froid sèche la peau.* ⇒ **dessécher.** *Se sécher les cheveux.* — Pronominalement. *Sèche-toi vite !* ⇒ s'**essuyer.** — Au p. p. adj. *Du poisson séché,* déshydraté (opposé à *frais*). ⇒ **saur. 2.** Absorber ou faire s'évaporer (un liquide). *Sécher ses larmes.* **3.** (Surtout en France) Fam. Manquer volontairement et sans être excusé (un cours, la classe...). *Ils sèchent le cours pour aller au cinéma.* **II.** V. intr. **1.** Devenir sec par une opération ou naturellement. *Mettre du linge à sécher.* **2.** Abstrait. Dépérir, languir. *Il sèche d'impatience.* — Loc. SÉCHER SUR PIED (comme une plante) : s'ennuyer, se morfondre. — Transitivement. *Faire sécher qqn,* le faire attendre, ne pas s'occuper de lui. **3.** Fam. (Candidats, élèves...) Rester sec, être embarrassé pour répondre. *Il a séché en histoire.* ⇒ **sec** (II, 3). ▶ ***sèche-cheveux*** [sɛʃʃəvø] n. m. invar. ■ (France) Appareil électrique manuel qui, en envoyant de l'air chaud, sert à sécher les cheveux mouillés. ⇒ **séchoir ; casque.** *Des sèche-cheveux.* ⟨ ▶ assécher, dessécher, séchage, sécheuse, séchoir ⟩

sécheresse [sɛ(e)ʃʀɛs] n. f. **1.** État de ce qui est sec, de ce qui manque d'humidité. ⇒ **aridité.** *La sécheresse d'un sol.* — Temps sec, absence ou insuffisance des pluies. *Un pays où sévit la sécheresse.* **2.** Littér. Dureté, insensibilité. *Répondre avec sécheresse.* ⇒ **sèchement. 3.** Caractère de ce qui manque de charme, de richesse. *La sécheresse du style.* ⇒ **austérité.**

sécheuse [sɛ(e)ʃøz] n. f. ■ Appareil électroménager dans lequel circule un courant d'air chaud qui sert à faire sécher le linge qui a été lavé. *Mettre le linge dans la sécheuse.*

séchoir [seʃwaʀ] n. m. **1.** Lieu aménagé pour le séchage. *Séchoir agricole. Un séchoir à tabac.* **2.** Dispositif composé de tringles, sur lequel on étend le linge à sécher. *Séchoir à linge en bois.* **3.** Appareil servant à faire sécher des matières humides par évaporation accélérée. *Séchoir électrique.* — Spécialt. Appareil électrique manuel soufflant de l'air chaud et qui sert à sécher les cheveux mouillés. *Séchoir à cheveux* ou *séchoir.* ⇒ **casque, sèche-cheveux.**

second, onde [səgɔ̃, ɔ̃d] adj. et n. **I.** Adj. et n. **1.** Qui vient après une chose de même nature ; qui suit le premier. ⇒ **deuxième.** *Pour la seconde fois. En second lieu,* après, ensuite, d'autre part. ⇒ **deuxièmement.** *Obtenir qqch.* DE SECONDE MAIN : d'occasion (opposé à *de première main*). *Habiter au second étage* [səgɔ̃tetaʒ] ou, n. m., *au second. Passer la (en) seconde vitesse* ou, n. f., *la seconde. Enseignement du second degré.* ⇒ **secondaire (2).** *Le second cycle du primaire* (les classes de quatrième, cinquième et sixième année), *du secondaire* (les classes de troisième, quatrième et cinquième année). **2.** Qui n'a pas la primauté, qui vient après le plus important, le meilleur (opposé à *premier*). *Article de second choix.* (France) *Billet de seconde classe* ou, n. f., *de seconde. Voyager en seconde* (ou *en deuxième*). — EN SECOND loc. adv. : en tant que second dans un ordre, une hiérarchie. *Passer en second,* passer après. **3.** Qui constitue une nouvelle forme de qqch. d'unique. ⇒ **autre.** *L'habitude est une seconde nature. Il a été un second père pour moi.* — N. Littér. SANS SECOND, SANS SECONDE : unique, sans pareil, inégalable. *Une beauté sans seconde.* **4.** *État second,* état pathologique d'une personne qui se livre à une activité étrangère à sa personnalité manifeste, et généralement oubliée lorsque cet état cesse. *L'état second des somnambules.* — Cour. *Être dans un état second,* anormal. **II.** SECOND n. m. : personne qui aide qqn. ⇒ **adjoint, assistant, collaborateur.** — Officier de marine qui commande à bord, immédiatement après le commandant. ▶ ① ***seconde*** n. f. ■ (France) Classe de l'enseignement secondaire qui précède la première. *Elle est en seconde.* ▶ ***secondaire*** [səgɔ̃dɛʀ] adj. **1.** Qui ne vient qu'au second rang, est de moindre importance (opposé à *essentiel*). / contr. ① **capital** / *La question est tout à fait secondaire.* ⇒ **accessoire.** / contr. **primordial** / *Personnages secondaires d'un film, d'un roman...* (opposé à *principaux*). **2.** Qui constitue un second ordre dans le temps (opposé à *primaire*). *L'enseignement secondaire* ou, n. m., *le secondaire,* enseignement du second degré d'une durée de cinq ans. ⇒ ① **collégial,** ① **primaire, universitaire.** *Ils sont en troisième (du) secondaire. École secondaire.* ⇒ anglic. **high school ; cégep.** — *Ère secondaire* ou, n. m., *le secondaire,* ère géologique qui succède au primaire, comprenant le trias, le jurassique et le crétacé (opposé à *primaire, tertiaire* et *quaternaire*). **3.** Qui se produit en un deuxième temps, une deuxième phase dérivant de la première. *Les effets secondaires d'un médicament.* — *Secteur secondaire* ou, n. m., *le secondaire,* les activités productrices de matières transformées (opposé à *primaire* et *tertiaire*). ⇒ ① **industrie.** ▶ ***secondement*** [səgɔ̃dmɑ̃] adv. ■ Deuxièmement. ⇒ **secundo.** ▶ ***seconder*** [səgɔ̃de] v. tr. ▪ conjug. 1. **1.** Aider (qqn) en tant que second. ⇒ **assister.** — Au p. p. *Médecin secondé par une bonne équipe.* **2.** Favoriser (les actions de qqn). *J'ai secondé ses démarches.*

② ***seconde*** [səgɔ̃d] n. f. **1.** Soixantième partie de la minute (symb. *s*). — Temps très bref. ⇒ **instant,** ① **moment.** *Je reviens dans une seconde. Une seconde !,* attendez un instant. **2.** Unité d'angle égale au 1/60 de la minute (symb. " ; ex. *30"*).

secouer [s(ə)kwe] v. tr. ▪ conjug. 1. **1.** Remuer avec force, dans un sens puis dans l'autre (et généralement à plusieurs reprises). ⇒ **agiter.** *Secouez le flacon, la bouteille avant usage. Secouer la salade. La voiture nous secouait.* **2.** Mouvoir brusquement et à plusieurs reprises (une partie de son corps). *Secouer la tête,* en signe de négation, d'approbation, ou de doute. ⇒ **hocher.** **3.** Se débarrasser de (qqch.) par des mouvements vifs et répétés. *Secoue la neige de ton manteau.* — *Secouer les tapis.* Loc. SECOUER LE JOUG : se libérer de l'oppression. **4.** Ébranler par une commotion, une vive impression. *Cette opération l'a beaucoup secoué.* — Fam. *Secouer qqn, lui secouer les puces,* le réprimander, l'inciter à l'action. — Pronominalement. *Se secouer,* sortir de son apathie, faire un effort. ⇒ **réagir.** *Voyons, secoue-toi !* ⟨ ▶ secousse ⟩

secourir [səkuʀiʀ] v. tr. ▪ conjug. 11. ■ Aider (qqn) à se tirer d'un danger pressant ; assister dans le besoin. *Secourir un blessé. Secourir un ami dans la gêne.* ⇒ prêter **main-forte.** ▶ ***secourable*** adj. ■ Littér. Qui secourt, aide volontiers les autres. ⇒ **obligeant.** — Loc. *Prêter, tendre une* MAIN SECOURABLE *à qqn.* ⟨ ▶ secours ⟩

secouriste [səkuʀist] n. ■ Personne qui fait partie d'une organisation de secours aux blessés, ⇒ **sauveteur.** ▶ ***secourisme*** n. m. ■ Méthode de sauvetage et d'aide aux victimes d'accidents, aux blessés... *Avoir le brevet de secourisme, savoir donner les premiers soins.*

secours [s(ə)kuʀ] n. m. **1.** Tout ce qui sert à qqn pour sortir d'une situation difficile, et qui vient d'un concours extérieur. ⇒ ① **aide, appui,** ② **assistance, soutien.** *Au secours !,* cri d'appel à l'aide. *Porter secours à qqn. Je vais à ton secours.* **2.** Aide matérielle ou financière. *Secours mutuel.* ⇒ **entraide.** *Associations de secours mutuel,* d'assistance et de prévoyance. *Envoyer des secours à des sinistrés,* des dons. — Histoire. *Le secours direct,* les prestations d'aide sociale. Loc. *Être sur le secours direct.* **3.** Renfort humain, matériel, pour porter assistance aux personnes en danger. *Secours en mer, en forêt. Attendre les secours. Les secours arrivent.* **4.** Soins qu'on donne à un malade, à un blessé dans un état dangereux. *Premiers secours aux noyés.* ⇒ **sauvetage.** — *Poste de secours,* où l'on peut trouver médicaments, soins, etc. **5.** Aide surnaturelle. *Les secours de la religion,* les sacrements. **6.** (Dans *d'un... secours*) Qui est utile dans une situation délicate. *Tu m'as été d'un grand secours. Sa force ne lui a été d'aucun secours.* ⇒ **utilité. 7.** (Choses) DE SECOURS : qui est destiné à servir en cas de nécessité, d'urgence, de danger. *Sortie de secours* [sɔʀtidsəkuʀ]. *Les escaliers de secours. Roue de secours,* de rechange. *Trousse de secours,* de premiers soins. ⟨ ▶ secouriste ⟩

secousse [səkus] n. f. **1.** Mouvement brusque qui ébranle, met en mouvement un corps. ⇒ **choc ; secouer.** *Une violente secousse. Prendre une secousse électrique.* ⇒ ③ **décharge (2).** *Secousse sismique, tellurique,* tremblement de terre (⇒ **séisme**). **2.** Choc psychologique. *Ça a été pour eux une terrible secousse.* **3.** Loc. PAR SECOUSSES : d'une manière irrégulière ; par accès. ⇒ par **intermittence.** *Travailler par secousses.* **4.** Temps assez long qui s'écoule entre deux événements. ⇒ **siècle.** *Cela fait une secousse qu'on s'est vu,* quelque temps, un bon moment. *Attendre qqn (pendant) une secousse.* — Loc. *Par secousses,* de temps en temps. *Par secousses, elles se découragent.*

① ***secret, ète*** [səkʀɛ, ɛt] adj. **1.** Qui n'est connu que d'un nombre limité de personnes ; qui est ou doit être caché au public. *Garder, tenir une chose secrète. Un rendez-vous secret. Des documents secrets.* ⇒ **confidentiel.** *Documents très secrets* (TOP SECRET, anglic.) — POLICE SECRÈTE ou, n. f., LA SECRÈTE : l'ensemble des policiers en civil dépendant d'une autorité d'État (par exemple, la G.R.C., la S.Q.). ⇒ **parallèle.** *Un agent secret. Les services secrets.* ⇒ ② **intelligence. 2.** Qui appartient à un domaine réservé, ésotérique. *Rites secrets. Sciences secrètes.* ⇒ **occulte. 3.** Qui n'est pas facile à trouver. ⇒ **dérobé, caché.** *Un tiroir secret.* **4.** Qui ne se manifeste pas, qui correspond à une réalité profonde. ⇒ **intérieur.** *Sa vie, ses pensées secrètes.* ⇒ **intime.** **5.** (Personnes) Littér. Qui ne se confie pas, sait se taire. ⇒ **renfermé, réservé.** *Un être secret et silencieux.* ▶ ② ***secret*** n. m. **1.** Ensemble de connaissances, d'informations qui doivent être réservées à quelques-uns et que le détenteur ne doit pas révéler. ⇒ **confidence.** *Confier un secret à qqn. Garder, trahir un secret. Je n'ai pas de secret pour toi,* je ne te cache rien. *C'est un secret,* je ne peux vous le dire. Loc. *C'est un* SECRET DE POLICHINELLE : un faux secret, connu de tous. — *Un* SECRET D'ÉTAT : information dont la divulgation, nuisible aux intérêts de l'État, est punie. Loc. fam. *Faire de qqch. un secret d'État,* un grand mystère. **2.** *Être* DANS LE SECRET : dans la confidence. Loc. fam. *Être dans le secret des dieux.* **3.** Ce qui ne peut pas être connu ou compris. ⇒ **mystère.** *Les secrets de la nature. Dans le secret de son cœur.* ⇒ **tréfonds.** **4.** Explication, raison cachée. *Trouver le secret de l'affaire.* ⇒ **clé.** **5.** Moyen pour obtenir un résultat, connu seulement de quelques personnes qui se refusent à le répandre. *Le secret du bonheur.* ⇒ ② **recette** (2). *Un secret de fabrication.* Loc. *Une de ces formules dont il avait le secret,* qu'il était seul à connaître. **6.** EN SECRET : de telle sorte que l'on ne soit pas observé. ⇒ en **cachette.** *Elles sont venues en secret.* **7.** *Mettre qqn* AU SECRET : l'emprisonner dans un lieu caché, sans communication avec l'extérieur. *L'espion a été mis au secret.* **8.** Discrétion, silence sur une chose qui a été confiée ou que l'on a apprise. *Le ministre a exigé le secret absolu. Promets-moi le secret sur cette affaire. Secret professionnel,* obligation (pour les médecins, avocats...) de ne pas divulguer des faits confidentiels appris dans l'exercice de la profession. *Le secret de la confession est absolu.* **9.** Mécanisme qui ne joue que dans certaines conditions connues de quelques personnes. *Une serrure à secret.* ‹ ▶ secrètement ›

① ***secrétaire*** [s(ə)kʀetɛʀ] n. **1.** Nom donné à divers personnages qui relevaient directement d'une haute autorité politique. — SECRÉTAIRE D'ÉTAT : titre de la personne qui remplit la charge de chef politique de certains ministères fédéraux. ⇒ **ministre.** *La secrétaire d'État aux Affaires extérieures.* — (États-Unis et Vatican) Ministre des Affaires étrangères. *Elle est secrétaire d'État.* SECRÉTAIRE D'AMBASSADE : agent diplomatique d'un grade inférieur à celui d'ambassadeur. *Un, une secrétaire d'ambassade. Le premier secrétaire* (de l'ambassade). **2.** Personne qui s'occupe de l'organisation et du fonctionnement (d'une assemblée, d'une société, d'un service administratif). *Le secrétaire perpétuel de l'Académie française. Le secrétaire d'une section, d'une fédération* (politique, syndicale). — SECRÉTAIRE GÉNÉRAL : fonctionnaire, cadre qui assiste un directeur, un président. — SECRÉTAIRE DE RÉDACTION *(d'un journal)* : qui assiste le rédacteur en chef. **3.** Employé(e) capable d'assurer la rédaction du courrier, de répondre aux communications téléphoniques, etc., pour le compte d'un patron. ⇒ **dactylo.** *Une secrétaire de direction. Secrétaire médical(e),* qui assiste un médecin, un dentiste. *Secrétaire-réceptionniste,* qui reçoit les visiteurs dans un bureau. ▶ ***secrétariat*** n. m. **1.** Fonction de secrétaire ; durée de cette fonction. **2.** Services dirigés par un secrétaire. — *Le secrétariat d'État du Canada,* un ministère fédéral. — Le personnel d'un tel service. *Adressez-vous au secrétariat.* **3.** Métier de secrétaire (3). *École de secrétariat.* — *À la maison, elle assure tout le secrétariat.* ‹ ▶ ② secrétaire, sous-secrétaire ›

② ***secrétaire*** n. m. ■ Meuble à tiroirs destiné à ranger des papiers et pourvu d'un panneau qui, rabattu, sert de table à écrire. *Ranger des dossiers dans un secrétaire.*

secrètement [səkʀɛtmɑ̃] adv. **1.** D'une manière secrète, en secret. ⇒ en **cachette, clandestinement, furtivement.** **2.** Littér. D'une manière non apparente, sans rien exprimer. *Il était secrètement déçu.* ⇒ **intérieurement.**

sécrétion [sekʀesjɔ̃] n. f. **1.** Phénomène physiologique par lequel un tissu produit une substance spécifique. *Glandes à sécrétion interne* (ou *glandes endocrines), à sécrétion externe.* **2.** La substance ainsi produite (mucus, sébum, hormone, etc.). *Le lait maternel, la sueur sont des sécrétions.* ▶ ***sécréter*** v. tr. ▪ conjug. 6. — REM. Accent aigu sur les deux *e.* ■ Produire (une substance) par sécrétion. — Abstrait. *Ce film sécrète l'ennui.* ⇒ **distiller.**

secte [sɛkt] n. f. **1.** Groupe organisé de personnes qui ont une même doctrine au sein d'une religion. *Les membres d'une secte.* — *Vivre dans une secte,* dans une communauté ayant une idéologie religieuse, le plus souvent mystique, et dirigée par un chef spirituel. ⇒ ② **commune.** **2.** Péj. Coterie, clan. ▶ ***sectaire*** n. et adj. ■ Personne qui professe des opinions étroites, fait preuve d'intolérance (en politique, religion, philosophie comme dans une *secte*). ⇒ **fanatique.** — Adj. *Une attitude sectaire.* ▶ ***sectarisme*** n. m. ■ Attitude sectaire.

secteur [sɛktœʀ] n. m. **1.** Partie d'un front ou d'un territoire qui constitue le terrain d'opérations d'une unité, en position défensive. *Un secteur agité.* — Fam. Endroit. *Il va falloir changer de secteur.* ⇒ **coin** (2). **2.** Division artificielle d'un territoire (en vue d'organiser une action d'ensemble, de répartir les tâches). ⇒ **zone ; section** (I, 2). *Distribution de prospectus par secteurs.* — Subdivision administrative d'un territoire créé à des fins particulières. ⇒ **quartier.** *Le secteur Saint-Télesphore à Saint-Romuald.* — Subdivision d'un réseau de distribution d'électricité. *Une panne de secteur. Poste de radio branché sur le secteur.* — *Un secteur résidentiel* ou, fam., *domiciliaire,* réservé à l'habitation. **3.** Ensemble d'activités et d'entreprises qui ont un objet commun ou entrent dans la même catégorie. *Secteur primaire, secondaire, tertiaire. Secteur privé,* ensemble des entreprises privées. *Secteur public, nationalisé,* ensemble des entreprises qui dépendent d'une collectivité publique, de l'État. *Le secteur parapublic.* ⇒ **domaine.** — Éducation. *Le secteur professionnel,* l'ensemble des spécialités apparentées, regroupées à des fins d'enseignement. **4.** SECTEUR DE CERCLE : géométrie, portion délimitée par deux rayons et l'arc de cercle correspondant. ▶ ***sectoriel, elle*** adj. ■ Relatif à un secteur (3). *Revendications, négociations sectorielles.* ‹ ▶ bissectrice ›

section [sɛksjɔ̃] n. f. **I. 1.** Élément, partie (d'un groupe, d'un ensemble). *La section locale d'un parti. J'ai trois sections pour les T.P.* — Subdivision d'une compagnie ou d'une batterie (de trente à quarante militaires). *Une section d'infanterie. Section, halte !* **2.** Partie, division administrative. ⇒ **secteur** (2). *Section de vote,* ensemble des électeurs qui votent dans un même bureau ; ce bureau. — *Sections des sciences humaines,* des sciences pures... (dans un programme d'études). **II. 1.** Figure géométrique qui résulte de la coupe d'un volume par un plan (⇒ **sécant**). *Les diverses sections du cube* (carré, rectangle, hexagone...). **2.** Forme, surface présentée par une chose à l'endroit où elle est coupée selon un plan transversal. *La section circulaire d'un tube. Un tuyau de 6 cm de section.* — Aspect de cette surface. *Une section nette.* — Dessin en coupe. ▶ ***sectionner*** [sɛksjɔne] v. tr. ▪ conjug. 1. **1.** Abstrait. Diviser (un ensemble) en plusieurs sections (I). ⇒ **fractionner.** **2.** Couper net. — Au p. p. adj. *Il a eu un doigt sectionné par la machine.*

▶ ***sectionnement*** n. m. ■ Fait de couper net, d'être coupé net. *Le sectionnement d'un nerf.* ‹ ▶ intersection, vivisection ›

séculaire [sekylɛʀ] adj. ■ Qui existe depuis un siècle ⇒ **centenaire,** plusieurs siècles. *Chêne séculaire. Traditions séculaires.*

séculier, ière [sekylje, jɛʀ] adj. **1.** Qui appartient au « siècle » (4), à la vie laïque (opposé à *ecclésiastique*). ⇒ **laïque.** *Tribunaux séculiers.* **2.** Qui vit dans le siècle, dans le monde, n'est pas soumis à une règle monastique (opposé à *régulier* II, 1). *Le clergé séculier.* — N. *Un séculier,* un prêtre séculier. ▶ ***séculariser*** v. tr. ▪ conjug. 1. ■ Relig. Faire passer à l'état séculier ou laïque (qqn ⇒ **défroqué,** qqch.).

secundo [səgɔ̃do] adv. ■ En second lieu (s'emploie en corrélation avec *primo,* éventuellement avec *tertio*). ⇒ **deuxièmement, secondement.**

sécurité [sekyʀite] n. f. **1.** État d'esprit confiant et tranquille de la personne qui se croit à l'abri du danger. ⇒ **assurance, tranquillité ; sûr.** *Sentiment de sécurité.* / contr. **insécurité** / **2.** Situation tranquille qui résulte de l'absence réelle de danger. *Être en sécurité.* ⇒ en **sûreté.** *Rechercher la sécurité matérielle, la sécurité d'emploi* ou *de l'emploi.* — Cette situation dans la mesure où elle dépend de conditions politiques, d'une organisation collective. *La sécurité nationale, internationale. Conseil de sécurité,* un des organes principaux de l'O.N.U. — *Sécurité publique.* ⇒ **S.Q.** *Mesures de sécurité,* de sécurité publique. **3.** (France) *Sécurité sociale,* organisation destinée à garantir les travailleurs contre les risques (maladies, accidents...). **4.** DE SÉCURITÉ : se dit de choses capables d'assurer la sécurité des intéressés. ⇒ **sécuritaire, sûreté.** *Ceinture de sécurité* (pour automobiliste). *Casque de sécurité* (pour les travailleurs). ▶ ***sécuriser*** v. tr. ▪ conjug. 1. ■ Donner une impression de sécurité. — Au p. p. adj. *Se sentir sécurisé.* ▶ ***sécurisant, ante*** adj. ■ *Un milieu sécurisant.* ⇒ **rassurant.** / contr. **angoissant** / ▶ ***sécuritaire*** adj. **1.** Qui concerne la sécurité publique, la défense contre le vol et la violence. **2.** Propre à assurer la sécurité (4). *Fermeture sécuritaire. Siège d'enfant peu sécuritaire.* ‹ ▶ insécurité ›

sédatif, ive [sedatif, iv] adj. et n. m. ■ Calmant. / contr. **excitant** / *Propriétés sédatives.* — N. m. *Un sédatif,* un remède calmant.

sédentaire [sedɑ̃tɛʀ] adj. **1.** Qui se passe, s'exerce dans un même lieu, n'entraîne aucun déplacement. *Une vie, un métier sédentaire.* **2.** (Personnes) Qui ne quitte guère son domicile. ⇒ **casanier.** — Dont l'habitat est fixe. / contr. **itinérant, nomade** / *Une population sédentaire.* — N. *Des sédentaires.*

sédiment [sedimɑ̃] n. m. **1.** Dépôt dû à la précipitation de matières en suspension dans un liquide organique. *Sédiment urinaire.* **2.** Surtout au plur. Dépôt naturel dont la formation est due à l'action des agents externes. ⇒ **alluvion.** *Les sédiments fluviaux.* ▶ ***sédimentaire*** adj. ■ Produit ou constitué par un sédiment. *Roches sédimentaires.* ▶ ***sédimentation*** n. f. **1.** Formation de sédiment (1). *Vitesse de sédimentation,* vitesse à laquelle s'effectue le dépôt des globules rouges dans un tube, et qui permet de mesurer l'importance d'une maladie infectieuse ou inflammatoire. **2.** Processus de formation des sédiments (2).

sédition [sedisjɔ̃] n. f. ■ Littér. Révolte concertée contre l'autorité publique. ⇒ **insurrection, soulèvement.** ▶ ***séditieux, euse*** adj. ■ Littér. Qui prend part à une sédition. ⇒ **factieux.** *Troupes séditieuses.* — Qui tend à la sédition. *Attroupements séditieux. Écrits séditieux.*

séduire [sedɥiʀ] v. tr. ▪ conjug. 38. — REM. Part. passé *séduit(e).* **1.** Gagner (qqn), en persuadant ou en touchant, en employant tous les moyens de plaire. ⇒ **attirer (4), conquérir.** / contr. **déplaire** / *Elle séduit tous les hommes. Il séduisait même ses adversaires.* **2.** Vx. Amener (une femme) à des rapports sexuels hors mariage. *Elle a été séduite et abandonnée avec son enfant* (⇒ **séducteur,** 2). **3.** (Choses) Attirer de façon puissante, irrésistible. ⇒ **captiver, charmer, fasciner, plaire.** *J'avoue que ses projets nous ont séduits.* ▶ ***séduisant, ante*** adj. **1.** Qui séduit, ou peut séduire (1) grâce à son charme. ⇒ **charmant.** *Une femme très séduisante.* ⇒ **aguichant ;** anglic. **sexy. 2.** (Choses) Qui attire ou tente fortement. *Un visage séduisant.* ⇒ **attrayant.** *Offre séduisante.* ⇒ **tentant.** ▶ ***séducteur, trice*** [sedyktœʀ, tʀis] n. **1.** Personne qui séduit, qui fait habituellement des conquêtes. ⇒ **chanteur** de pomme. *Un séducteur.* ⇒ **charmeur, don Juan.** *Une grande séductrice.* ⇒ femme **fatale.** — Adj. *Sourire séducteur,* qui cherche à ensorceler. ⇒ **enjôleur. 2.** Vx. Homme qui séduisait (2) une jeune fille. ⇒ **suborneur.** ▶ ***séduction*** [sedyksjɔ̃] n. f. **1.** Action de séduire, d'entraîner. ⇒ **attirance, fascination.** *Exercer une séduction irrésistible.* **2.** Charme ou attrait. *Les séductions de la nouveauté.*

segment [sɛgmɑ̃] n. m. **1.** Portion (d'une figure géométrique). *Segment de droite. Les extrémités d'un segment.* **2.** Partie distincte (d'un organe). *Les segments des membres des insectes.* **3.** Nom de diverses pièces mécaniques. *Des segments de piston.* ▶ ***segmenter*** v. tr. ▪ conjug. 1. ■ Partager en segments. — Pronominalement. ⇒ se **diviser.** *Œuf fécondé qui se segmente.* ▶ ***segmentation*** n. f. ■ Division en segments. ⇒ **fractionnement, fragmentation.**

ségrégation [segʀegasjɔ̃] n. f. ■ Séparation organisée et réglementée d'un groupe social d'avec les autres groupes (du fait de sa race, de sa religion...), opposé à *intégration.* ⇒ **discrimination.** *La ségrégation raciale, en Afrique du Sud.* ⇒ **apartheid.** *Ségrégation sociale, sexuelle.* ▶ ***ségrégationniste*** adj. et n. ■ Partisan de la ségrégation.

seiche [sɛʃ] n. f. ■ Mollusque céphalopode à coquille interne *(os de seiche),* capable, en cas d'attaque, de projeter un liquide noirâtre qui rend l'eau trouble.

séide [seid] n. m. ■ Didact., littér. Homme fanatiquement dévoué à un chef. ⇒ homme de **main, sbire.**

seigle [sɛgl] n. m. ■ Céréale dont les grains produisent une farine ; cette farine. *Pain de seigle.*

seigneur [sɛɲœʀ] n. m. **1.** Maître, dans le système des relations féodales. *Le seigneur et ses vassaux.* — Histoire de la Nouvelle-France. Propriétaire d'une seigneurie (2). *Le seigneur de Vaudreuil.* Loc. plaisant. *Mon* SEIGNEUR ET MAÎTRE : mon mari. — PROV. *À tout seigneur tout honneur,* à chacun selon son rang, à chacun ce qu'on lui doit. **2.** Histoire de France. Titre honorifique donné aux grands personnages de l'Ancien Régime. ⇒ **gentilhomme, noble.** — Ancien terme de civilité (Monsieur). **3.** Loc. fig. GRAND SEIGNEUR. Loc. *Vivre en grand seigneur,* dans le luxe. *Faire le grand seigneur,* être très généreux, ne pas compter. **4.** Religion catholique. (Avec une majusc.) Nom donné par les croyants à celui qu'ils considèrent comme le fils de Dieu. *Notre-Seigneur Jésus-Christ.* — Appellation du dieu des chrétiens lui-même. *Le jour du Seigneur,* le dimanche. — *Seigneur Dieu ! Seigneur !,* exclamations (avec ou sans connotation religieuse). ▶ ***seigneurial, ale, aux*** adj. **1.** Du seigneur. *Terres seigneuriales.* — Littér. Digne d'un seigneur. ⇒ **noble, magnifique.** *Une réception seigneuriale.* **2.** Histoire de la Nouvelle-France. Relatif au régime des seigneuries. ▶ ***seigneurie*** n. f. **1.** Pouvoir, terre des anciens seigneurs. **2.** Histoire de la Nouvelle-France. Grande terre que le roi de France ou l'État octroyait à qqn (le *seigneur*), à condition qu'il y installe des colons et qu'il partage cette terre entre des familles moyennant des redevances annuelles. *Les seigneuries d'Argenteuil et du Grand-Pabos.* **3.** (Précédé d'un adj. poss. : *Votre, Sa Seigneurie*) Titres donnés autrefois à certains dignitaires, en particulier au juge. ⇒ **honneur** (II, 5). ‹ ► ① monseigneur, ② monseigneur ›

sein [sɛ̃] n. m. **1.** Littér. La partie antérieure de la poitrine. *Serrer, presser qqn, qqch. sur, contre son sein.* — Abstrait. Cœur. *Le sein de Dieu,* le paradis. *Le sein de l'Église,* communion (2) des fidèles de l'Église catholique. **2.** Chacune des mamelles de la femme. *Sein gauche, sein droit.* ⇒ fam. ① **jos, néné, nichon, téton.** *Les seins.* ⇒ **poitrine.** *Donner le sein à un enfant,* l'allaiter. *Enfant nourri au sein.* **3.** Littér. Partie du corps féminin où l'enfant est conçu, porté. ⇒ **entrailles, flanc.** *Dans le sein de sa mère.* ⇒ **utérus, ventre.** **4.** Littér. La partie intérieure, le milieu de. *Le sein de la terre. Au sein des flots.* — Loc. abstr. Cour. AU SEIN DE : dans. *Chaque État garde son autonomie au sein de la fédération. Il y a des dissensions au sein de l'équipe.* ⇒ ③ **cœur,** ① **milieu.**

seiner [sɛne] v. tr. ▪ conjug. 1. ■ Fam. Quémander, demander qqch. sans manière. ⇒ fam. **téter.** *Seiner de l'argent à ses amis. Seiner une cigarette.* ⇒ fam. **bummer.** — Sans compl. *Être toujours en train de seiner.* ► ***seineur*** ou ***seineux, euse*** n. ■ Fam. Personne qui seine. — Adj. *Adolescents seineux.* ⇒ fam. **téteur.** ► ***seinage*** n. m. ■ Fam. Fait de seiner ; son résultat. *Je suis tanné du seinage.*

seing [sɛ̃] n. m. ■ Vx. Signature. — Loc. SOUS SEING PRIVÉ : signature d'un acte non enregistré devant notaire. *Des actes sous seing privé.*

séisme [seism] n. m. ■ Didact. Tremblement de terre. ⇒ **secousse** sismique, tellurique. ‹ ► sism(o)- ›

seize [sɛz] adj. numér. invar. et n. m. **1.** Quinze plus un (16). *Elle a seize ans.* — Ordinal. *La page seize.* — N. m. *Le seize du mois. On habite au seize,* au numéro 16. **2.** N. m. Ellipt. Fam. UN SEIZE : un fusil de chasse de calibre seize. *Tirer au seize.* ► ***seizième*** adj. et n. **1.** Adj. numér. ordinal. Dont le numéro, le rang est seize (16ᵉ). — N. m. *Les seizièmes de finale.* — *Le seizième,* le seizième siècle ; le seizième arrondissement de Paris. — N. Personne, chose qui est au seizième rang. *Être le, la seizième.* **2.** N. m. Fraction d'un tout divisé également en seize. ► ***seizièmement*** adv.

séjour [seʒuʀ] n. m. **1.** Le fait de séjourner, de demeurer un certain temps en un lieu. ⇒ **résidence.** *On leur a accordé le droit de passage, non de séjour. Permis de séjour* (pour les étrangers). — Temps où l'on séjourne. *Nous avons prolongé notre séjour à la campagne.* **2.** SALLE DE SÉJOUR ou SÉJOUR : pièce principale servant de salon, salle à manger. ⇒ **vivoir ;** anglic. **living.** *À louer trois pièces, comprenant une cuisine, un séjour et une chambre.* **3.** Littér. Le lieu où l'on séjourne pendant un certain temps. *Passer l'été dans un séjour agréable, charmant, enchanteur.*

séjourner [seʒuʀne] v. tr. ▪ conjug. 1. **1.** Rester assez longtemps dans un lieu pour y avoir sa demeure, sans toutefois y être fixé. ⇒ **habiter.** *Nous avons séjourné chez des amis, à l'hôtel.* **2.** (Choses) Rester longtemps à la même place. *Une cave où l'eau séjourne.* ‹ ► séjour ›

sel [sɛl] n. m. **1.** Substance blanche, friable, soluble dans l'eau, d'un goût piquant, et qui sert à l'assaisonnement, à la conservation des aliments (chlorure de sodium). *Sel gemme. Sel marin. Sel de cuisine* ou *gros sel.* — *Sel de table* ou *sel fin.* — *Sel de céleri.* — Loc. *Être pauvre comme du sel,* très pauvre. **2.** Abstrait. Ce qui donne du piquant, de l'intérêt. *Une plaisanterie pleine de sel.* ⇒ **esprit** IV. *Cela ne manque pas de sel.* ⇒ **piquant.** — Loc. *Le chrétien est le sel de la Terre.* **3.** Composé chimique qui se forme par action d'un acide sur une base. *Un sel est constitué d'ions de signes opposés.* — Au plur. *Des sels,* composé volatil qu'on fait respirer à qqn qui se sent mal. — *Sels de bain.* ‹ ► demi-sel, esprit-de-sel, salade, salaison, salami, salaud, saler, ① salière, salin, saline, salpêtre, saumâtre, saumure, saunier, saupoudrer ›

sélect, ecte [selɛkt] adj. ■ Fam. Choisi, distingué. *Une clientèle sélecte.* ⇒ **chic, élégant.** *Des bars sélects.*

sélectif, ive [selɛktif, iv] adj. **1.** Qui constitue ou opère une sélection. *Épreuve sélective.* **2.** *Poste récepteur sélectif,* doué de sélectivité. ► ***sélectivité*** n. f. ■ Qualité d'un récepteur de radio capable d'opérer une bonne discrimination des ondes de fréquences voisines.

sélection [selɛksjɔ̃] n. f. **1.** Action de choisir les objets, les individus qui conviennent le mieux. ⇒ **repêchage.** *Faire, opérer une sélection. Épreuve sportive de sélection.* — *Sélection naturelle,* théorie évolutionniste selon laquelle l'élimination naturelle des individus les moins aptes dans la « lutte pour la vie » permettrait à l'espèce de se perfectionner de génération en génération. — *Sélection artificielle,* opérée par les humains pour améliorer une espèce animale ou végétale. **2.** Ensemble des choses choisies. ⇒ **choix.** *Une sélection de films.* ► ***sélectionner*** v. tr. ▪ conjug. 1. ■ Choisir par sélection. ⇒ **repêcher.** ► ***sélectionné, ée*** adj. **1.** Qui a été choisi après une épreuve. *Les joueurs sélectionnés de l'équipe nationale du Canada.* **2.** (Choses) Qui a été trié, choisi. *Des graines sélectionnées.* ► ***sélectionneur, euse*** n. ■ Personne dont le métier est de sélectionner (des choses, des gens). *Le sélectionneur d'une compagnie d'informatique.*

sélénium [selenjɔm] n. m. ■ Corps simple, métalloïde qui existe sous diverses formes (symb. *Se*). *Épreuve photographique virée au sélénium.*

self [sɛlf] n. m. Anglic. **1.** Fam. Abréviation de (station) *self-service. Aller dans un self.* **2.** (France) Abréviation de *(restaurant) self-service. Des selfs.*

self-made-man [sɛlfmedman] n. m. ■ Anglic. Homme qui ne doit sa réussite matérielle et sociale qu'à lui-même. *Des self-made-men* [-mɛn]. ≠ *autodidacte.*

self-service [sɛlfsɛʀvis] n. m. ■ Anglic. Établissement commercial à libre service. *Des self-services.* ⇒ **libre-service.** — En appos. *Une station self-service.* ⇒ **self.** (France) *Un restaurant self-service.* ⇒ **cafétéria, self.** ‹ ► self ›

① ***selle*** [sɛl] n. f. **1.** Pièce de cuir incurvée, placée sur le dos du cheval et qui sert de siège au cavalier. *Cheval de selle,* qui sert de monture (opposé à *de trait*). — EN SELLE : sur la selle ; à cheval. *Se mettre en selle,* monter à cheval. — Loc. *Mettre qqn en selle,* l'aider à commencer une entreprise. **2.** Petit siège de cuir muni de ressorts, adapté à une bicyclette, une moto. **3.** Partie de la croupe (du mouton, du chevreuil) entre le gigot et la première côte. *De la selle d'agneau.* ► ***seller*** v. tr. ▪ conjug. 1. ■ Munir (un cheval) d'une selle. *Brider et seller un cheval.* ≠ *sceller.* ► ***sellier*** n. m. ■ Fabricant et marchand de selles, de harnais. ⇒ **bourrelier.** — REM. Le féminin *sellière* est virtuel. ► ***sellerie*** n. f. **1.** Métier, commerce du sellier. **2.** Ensemble des selles et des harnais ; lieu où on les range. ‹ ► desseller, sellette ›

② **selle** n. f. **1.** ALLER À LA SELLE : expulser les matières fécales. ⇒ **déféquer ;** vulg. **chier. 2.** Au plur. *Les selles,* les matières fécales.

sellette [sɛlɛt] n. f. **1.** Vx. Petit siège sur lequel on faisait asseoir les accusés. **2.** Loc. *Être* SUR LA SELLETTE : être la personne dont on parle, qu'on juge.

selon [s(ə)lɔ̃] prép. **1.** En se conformant à ; en prenant pour modèle. ⇒ **conformément** à, **suivant.** *Faire qqch. selon les règles.* — En prenant (telle forme), en suivant (tel chemin), en obéissant à (telle loi naturelle), etc. *La Terre tourne autour du Soleil selon une orbite elliptique.* — En proportion de. *À chacun selon ses mérites.* **2.** Si l'on se rapporte à. *Selon l'expression consacrée.* — D'après. *Tu as fait, selon moi, une bêtise. Évangile selon saint Luc.* — Si l'on juge d'après tel principe, tel critère. *Selon toute vraisemblance.* **3.** (Employé dans une phrase marquant l'alternative) *C'est rapide ou lent, selon les cas.* — SELON QUE (+ indicatif). ⇒ **dépendamment** que. *Son humeur change selon qu'il se sent admiré ou critiqué.* **4.** Fam. C'EST SELON : cela dépend des circonstances. ⇒ **peut-être.**

semailles [s(ə)maj] n. f. pl. ■ Travail qui consiste à semer ; période de l'année où l'on sème.

semaine [s(ə)mɛn] n. f. **1.** Chacun des cycles de sept jours (lundi, mardi, mercredi, jeudi, vendredi, samedi, dimanche) dont la succession partage conventionnellement le temps en périodes égales. — REM. Il est désormais recommandé de considérer le lundi comme le 1er jour de la semaine. *En début, en fin de semaine. À la semaine prochaine ! Qui a lieu une fois par semaine.* ⇒ **hebdomadaire.** *La* SEMAINE SAINTE : la semaine qui précède le jour de Pâques. — Loc. *Dans la semaine des quatre jeudis*.* **2.** Cette période, considérée du point de vue du nombre et de la répartition des heures de travail. *La semaine de trente-cinq heures. Être payé à la semaine* (opposé à *payé à l'heure, au mois.*). — L'ensemble des jours ouvrables. *C'est une route moins encombrée en semaine qu'en fin de semaine.* **3.** Période de sept jours, quel que soit le jour initial. *Ce sera fini dans une semaine* ⇒ **huitaine,** *dans deux semaines* ⇒ **quinzaine**. — À LA SEMAINE : pour une période d'une semaine, renouvelable. *Chambre louée à la semaine.* — À LA PETITE SEMAINE : sans plan d'ensemble, sans prévisions à long terme (→ au jour le jour). — ÊTRE DE SEMAINE : assurer son service à son tour, pendant une semaine. **4.** (France) Salaire d'une semaine de travail. *Toucher sa semaine.* ▶ ***semainier*** n. m. ■ Agenda divisé en semaines. — *Le semainier paroissial,* un calendrier des prières et des activités religieuses pour une semaine. ‹ ▶ fin de semaine ›

sémantique [semɑ̃tik] n. f. et adj. **1.** N. f. Étude du sens, de la signification des signes, notamment dans le langage. ⇒ **sémiologie. 2.** Adj. Qui concerne le sens, la signification. *Analyse sémantique.* ▶ ***sémanticien, ienne*** n. ■ Spécialiste de la sémantique.

sémaphore [semafɔʀ] n. m. **1.** Poste établi sur le littoral, permettant de communiquer par signaux optiques avec les navires. **2.** Dispositif qui indique si une voie de chemin de fer est libre ou non.

semblable [sɑ̃blabl] adj. et n. m. **1.** *Semblable à,* qui ressemble à. ⇒ **analogue, comparable, similaire.** / contr. **différent** / *Une maison banale, semblable à beaucoup d'autres.* — *Considérer comme semblable, rendre semblable.* ⇒ **assimiler.** — Qui ressemble à la chose en question. ⇒ **pareil.** *En semblable occasion.* **2.** Au plur. Qui se ressemblent entre eux. / contr. **dissemblable** / *Des goûts semblables. Relation unissant deux choses semblables.* ⇒ **ressemblance, similitude.** *Triangles semblables,* qui ont leurs angles égaux, chacun à chacun, et leurs côtés homologues proportionnels. **3.** Littér. (Souvent avant le nom) De cette nature. ⇒ **tel.** *De semblables propos sont inadmissibles.* **4.** N. m. Être, personne semblable. *Vous et vos semblables.* — Être humain considéré comme semblable aux autres. ⇒ ② **prochain.** *Il n'a pas son semblable. Partager le sort de ses semblables.* ‹ ▶ dissemblable, vraisemblable ›

semblant [sɑ̃blɑ̃] n. m. **1.** Littér. FAUX-SEMBLANT : apparence trompeuse. *Des faux-semblants.* — *Un semblant de,* quelque chose qui n'a que l'apparence de. ⇒ **simulacre.** *Manifester un semblant d'intérêt.* **2.** Loc. verb. FAIRE SEMBLANT DE : se donner l'apparence de, faire comme si. ⇒ **feindre, simuler.** *J'ai fait semblant d'avoir oublié.* — *Ne faire semblant de rien,* feindre l'ignorance ou l'indifférence. Fam. *Fais semblant de rien.*

sembler [sɑ̃ble] v. intr. ■ conjug. 1. **I.** (Suivi d'un attribut) Avoir l'air, présenter (une apparence) pour qqn. ⇒ **paraître.** *Les heures m'ont semblé longues. Elle semble fatiguée.* — (+ infinitif) Donner l'impression, l'illusion de. *Tu sembles le regretter.* **II.** Impers. **1.** (Avec adj. attribut) *Il me semble inutile de revenir là-dessus.* — SEMBLER BON : convenir, plaire. *Venez quand bon vous semblera. Elle travaille quand (comme, si) bon lui semble.* **2.** IL SEMBLE QUE : les apparences donnent à penser que, on a l'impression que. *Il semble qu'il n'y a plus rien à faire* (c'est certain). *Il semble qu'il n'y ait plus rien à faire* (ce n'est pas certain). — *Il n'y a plus rien à faire, semble-t-il.* **3.** IL ME (TE...) SEMBLE QUE (+ indicatif) : je (tu...) crois que. *Il me semble que c'est assez grave.* **4.** IL ME (TE...) SEMBLE (+ infinitif). *Il lui semblait connaître ce garçon.* **5.** Littér. *Que vous semble de... ?,* que pensez-vous de... ? *Que t'en semble ?* ‹ ▶ ressembler, semblable, semblant ›

semelle [s(ə)mɛl] n. f. **1.** Pièce constituant la partie inférieure de la chaussure. *Des semelles de cuir, de caoutchouc. Des semelles de corde,* des espadrilles (2). — Pièce découpée (de feutre, liège...) qu'on met à l'intérieur d'une chaussure. *Semelles orthopédiques.* — Partie d'un bas, d'une chaussette, correspondant à la plante du pied. — Par. anal. *La semelle d'un ski,* le dessous. **2.** Loc. NE PAS QUITTER *qqn* D'UNE SEMELLE : rester constamment avec lui. **3.** Fig. *Semelle de botte,* tranche de viande mince, coriace, de piètre qualité et trop cuite. *Ton steak, c'est de la semelle de botte.* ‹ ▶ ressemeler ›

semence [səmɑ̃s] n. f. **1.** Graines qu'on sème ou qu'on enfouit. *Trier des semences. Le temps des semences.* ⇒ **semailles. 2.** Vx. Sperme. ⇒ liquide **séminal.** ‹ ▶ ensemencer ›

semer [s(ə)me] v. tr. ■ conjug. 5. **1.** Répandre en surface ou mettre en terre (des semences). ⇒ **ensemencer.** *Semer du blé.* — Pronominalement (passif). *La salade se sème au printemps.* — Loc. *Semer le bon grain,* répandre de bons principes, des idées fructueuses. — PROV. *Qui sème le vent récolte la tempête,* en prêchant la révolte on risque de déchaîner des catastrophes. **2.** Répandre en dispersant. ⇒ **disséminer.** *Semer des pétales de fleurs sur le passage de qqn.* — Abstrait. *Semer la discorde, la ruine, la zizanie.* — Au p. p. adj. SEMÉ, ÉE *de* : parsemé(e). *Une mer semée d'écueils.* **3.** Fam. Se débarrasser de la compagnie de (qqn qu'on devance, qu'on prend de vitesse). *Semer ses poursuivants, ses concurrents.* ⇒ **lâcher.** ▶ ***semeur, euse*** n. **1.** Personne qui sème du grain. **2.** *Semeur de...,* personne qui répand, propage. *Un semeur de discorde. Une semeuse de bonheur.* ‹ ▶ clairsemé, parsemer, semailles, semis, semoir ›

semestre [səmɛstʀ] n. m. **1.** Première ou seconde moitié d'une année (civile, scolaire ou universitaire)

⇒ **trimestre** ; période de six mois consécutifs. **2.** Rente, pension qui se paye tous les six mois. ▸ ***semestriel, ielle*** adj. ■ Qui a lieu, se fait chaque semestre. *Bulletin semestriel.*

semi- ■ Élément de mots composés signifiant « demi ». ⇒ **demi-** ▸ ***semi-automatique*** [səmiɔtɔmatik] adj. ■ Qui est en partie automatique. *Appareil de photo reflex semi-automatique.* ▸ ***semi-auxiliaire*** adj. et n. m. ■ Se dit des verbes employés devant un infinitif et servant d'auxiliaire (ex. : *aller, devoir, faire*). ▸ ***semi-circulaire*** adj. ■ En forme de demi-cercle. *Rue semi-circulaire.* ⇒ **demi-circulaire.** *Canaux semi-circulaires,* tubes osseux de l'oreille interne, jouant un rôle important dans le maintien de l'équilibre du corps. ▸ ***semi-conducteur*** n. m. ■ Corps non métallique qui conduit imparfaitement l'électricité. *Les semi-conducteurs ont de nombreuses applications techniques (transistors, etc.).* ▸ ***semi-consonne*** n. f. ■ Voyelle ou groupe vocalique qui a une fonction de consonne (ex. : [j] dans *pied*). *Des semi-consonnes.* — REM. On dit aussi *semi-voyelle* n. f. ▸ ***semi-finale*** n. f. ■ Anglic. Demi-finale. ▸ ***semi-fini, ie*** adj. ■ Se dit de produits industriels qui ont subi une transformation mais doivent en subir d'autres avant d'être commercialisés. ⇒ **semi-ouvré.** ▸ ***semi-meublé, ée*** adj. et n. m. ■ Se dit de la location d'un appartement, d'une maison incluant certains meubles ou appareils électroménagers, notamment la cuisinière et le réfrigérateur. — N. m. *Des semi-meublés.* ▸ ***semi-ouvré, ée*** adj. ■ Se dit d'un produit industriel partiellement élaboré. ⇒ **semi-fini.** ▸ ***semi-remorque*** n. **1.** N. f. Remorque de camion dont la partie antérieure, sans roues, s'adapte au dispositif de traction. **2.** N. f. ou m. Camion à semi-remorque. ⇒ anglic. ② **van.** *De grosses semi-remorques.*

sémillant, ante [semijɑ̃, ɑ̃t] adj. ■ Littér. D'une vivacité, d'un entrain qui se remarque. ⇒ **enjoué, fringant, pétulant.** *Une sémillante jeune personne.*

séminaire [seminɛʀ] n. m. **1.** Établissement religieux où étudient les jeunes qui doivent recevoir les ordres (dit aussi *grand séminaire*). — *Petit séminaire,* école secondaire catholique, où l'on pouvait se préparer ou non au grand séminaire. **2.** Groupe de travail d'étudiants, dont l'animation est assurée par un professeur, un chercheur, un spécialiste. *Un séminaire sur la toponymie.* — Réunion d'ingénieurs, de techniciens, etc., pour l'étude de certaines questions. ⇒ **colloque.** *Séminaire de ventes.* ▸ ***séminariste*** n. m. ■ Élève d'un séminaire religieux.

séminal, ale, aux [seminal, o] adj. ■ Relatif au sperme, à la semence (2). *Liquide séminal,* le sperme. *Canaux séminaux.*

sémio- ■ Élément de mots savants signifiant « signe, signification, sens ; symptôme ». ▸ ***sémiologie*** [semjɔlɔʒi] n. f. **1.** Partie de la médecine qui étudie les signes (symptômes) des maladies. **2.** Science étudiant les systèmes de signes (langage et autres systèmes). ⇒ **sémiotique.** *La sémiologie du geste.* ▸ ***sémiologique*** adj. ■ Relatif à la sémiologie (2). ▸ ***sémiotique*** n. f. et adj. ■ N. f. Sémiologie (2). — Adj. Sémiologique.

semi-remorque n. ⇒ **semi-.**

semis [səmi] n. m. invar. **1.** Action, manière de semer, en horticulture. *Semis en lignes.* **2.** Terrain ensemencé et jeunes plantes qui y poussent. **3.** Ornement fait d'un petit motif répété. *Une robe ornée d'un semis de fleurs.*

sémite [semit] n. (Avec une majusc.) **1.** Nom donné à différents peuples appartenant à un groupe ethnique originaire d'Asie occidentale et parlant des langues apparentées dites *sémitiques,* hébreu, araméen, etc.). *Les Sémites.* — Adj. *Avoir le type sémite.* **2.** Abusivt. Juif. ‹ ▸ antisémite ›

semoir [səmwaʀ] n. m. ■ Machine agricole destinée à semer le grain.

semonce [səmɔ̃s] n. f. **1.** Ordre donné à un navire de montrer ses couleurs, de s'arrêter. COUP DE SEMONCE : coup de canon appuyant cet ordre. **2.** Avertissement sous forme de reproches. ⇒ **réprimande.** *Il a reçu une verte semonce,* on lui a fait des reproches vigoureux.

semoule [səmul] n. f. ■ Farine granulée qu'on tire des blés durs. *Préparer la semoule pour le couscous.* — (France) En appos. *Sucre semoule,* sucre ordinaire (en grains).

sempiternel, elle [sɛ̃(ɑ̃)pitɛʀnɛl] adj. ■ Continuel et lassant. ⇒ **perpétuel.** *Il nous ennuie avec ses sempiternelles récriminations.* ▸ ***sempiternellement*** adv. ■ D'une manière sempiternelle.

sénat [sena] n. m. **1.** Conseil souverain de la Rome antique (dont les empereurs limitèrent considérablement les pouvoirs). ⇒ ① **curie.** *Décret du sénat.* ⇒ **sénatus-consulte. 2.** Nom donné à certains anciens conseils ou assemblées. *Le sénat d'Athènes.* **3.** (Avec une majusc.) Assemblée délibérante dont les membres sont nommés sur recommandation du gouvernement ⇒ ② **Chambre** haute ; l'édifice où elle siège. *Le président du Sénat.* ▸ ***sénateur, trice*** n. ■ Membre d'un sénat. *Ministre puis sénateur, une belle fin de carrière. Les sénateurs ont voté,* la Chambre haute. — REM. L'O.L.F. propose *sénatrice* au féminin. ▸ ***sénatorial, ale, aux*** adj. ■ Relatif à un sénat, aux sénateurs. *Délégués sénatoriaux.*

sénatus-consulte [senatyskɔ̃sylt] n. m. ■ Antiquité. Décret, décision du sénat romain. — (Consulat, empire) Acte émanant du sénat et qui avait force de loi. *Des sénatus-consultes.*

senelle n. f. ⇒ **cenelle.** ▸ ***senellier*** n. m. ⇒ **cenellier.**

sénescence [senɛsɑ̃s] n. f. ■ Didact. Ralentissement de l'activité vitale chez les individus âgés. ⇒ **sénilité, vieillissement.**

sénevé [sɛnve] n. m. ■ Moutarde sauvage ; graine de cette plante.

sénile [senil] adj. ■ De vieillard, propre à la vieillesse. ⇒ **gâteux.** *Tremblement sénile.* ▸ ***sénilité*** n. f. ■ Ensemble des aspects pathologiques caractéristiques de la vieillesse avancée (⇒ **sénescence**). *Sénilité précoce.* ⇒ **gâtisme.**

senior [senjɔʀ] n. et adj. Anglic. **1.** Sportif qui a cessé d'être junior et appartient à la catégorie adulte. *Une senior. Des seniors.* **2.** Adj. vieilli. Se dit du père dont le fils porte le même prénom. / contr. **junior** / *C'est Jean-Marie senior.*

① ***sens*** [sɑ̃s] n. m. invar. **I. 1.** Faculté d'éprouver les impressions que font les objets matériels, correspondant à un organe récepteur spécifique (⇒ **sentir,** I, 1). *Les cinq sens traditionnels* (vue, ouïe, odorat, goût, toucher). *Reprendre (l'usage de) ses sens,* reprendre connaissance après un évanouissement, une émotion violente. *Sixième sens,* l'intuition. — Loc. TOMBER SOUS LE SENS : être évident. **2.** Au plur. Littér. LES SENS : chez les êtres humains, instinct sexuel, besoin de le satisfaire (⇒ **sensualité**). *Troubler les sens.* **3.** LE SENS DE... : faculté de connaître d'une manière immédiate et intuitive. ⇒ **instinct.** *Elle a le sens du rythme. Tu n'as pas le sens du ridicule. Avoir le sens pratique ; le sens de l'humour.* — *Le sens moral,* la conscience morale. **II. 1.** BON SENS : capacité de bien juger, sans passion.

⇒ **raison, sagesse.** *Une personne de bon sens. Avoir du bon sens.* ⇒ **sensé.** *Manquer de bon sens. Le gros bon sens,* l'évidence. — Loc. *Ça n'a pas de bon sens* [dbɔ̃sɑ̃], c'est terrible, c'est épouvantable ; ça ne tient pas debout, c'est inadmissible. ⇒ **allure.** *S'en faire sans bon sens,* de manière exagérée. **2.** SENS COMMUN : manière d'agir, de juger commune et raisonnable (qui équivaut au *bon sens*).*Ça n'a pas le sens commun,* c'est déraisonnable. ⇒ **insensé** . **3.** Dans des loc. Manière de juger (d'une personne). ⇒ **opinion, sentiment.** *À mon sens,* à mon avis, selon moi. — Manière de voir. *En (dans) un sens,* d'un certain point de vue. — *Ça n'a pas de sens, ce que tu dis.* **III. 1.** Idée ou ensemble intelligible d'idées que représente un signe ou un ensemble de signes. ⇒ **signification.** *Le sens d'une mimique, d'un texte. Ce symbole a un sens profond. Étude du sens.* ⇒ **sémantique.** — Idée générale à laquelle correspond un mot (objet, sentiment, relation, etc.). ⇒ **acception, valeur ; concept, notion.** *Ce mot a plusieurs sens. Sens propre, figuré. Paroles à double sens,* ambiguës, équivoques. **2.** Idée intelligible servant d'explication, de justification. *Ce qui donne un sens à la vie.* ⟨ ▸ ① contresens, faux-sens, non-sens, sensé, sensitif, sensoriel, sensualisme, sensuel, sentir, stricto sensu ⟩ — REM. *Sensation, sensible* viennent de *sentir.*

② ***sens*** n. m. invar. **1.** Direction ; position d'une droite dans un plan, d'un plan dans un volume. *Dans le sens de la longueur. Retourner qqch. dans tous les sens.* — Loc. *En tous sens,* dans toutes les directions, de toute part. *La foule se dispersait en tous sens. Tailler dans le sens du bois,* en suivant les fibres. — Loc. *Flatter qqn dans le sens du poil,* l'aborder avec diplomatie, tact, lui faire des compliments pour obtenir des faveurs. — SENS DESSUS DESSOUS [sɑ̃dsydsu] : (choses) dans une position telle que ce qui devrait être dessus se trouve dessous et inversement ; dans un grand désordre, une grande confusion ; (personnes) dans un grand trouble. — SENS DEVANT DERRIÈRE [sɑ̃dvɑ̃dɛʀjɛʀ]. *Il a mis son chandail sens devant derrière.* **2.** Ordre dans lequel un mobile parcourt une série de points ; mouvement orienté. *Voie à sens unique ; à double sens. Panneau de sens interdit. Sens giratoire,* dans lequel on doit contourner un refuge. *Refaire un chemin en sens inverse. Tourner le bouton dans le sens des aiguilles d'une montre.* **3.** Abstrait. Direction que prend une activité. *Nous devons travailler dans le même sens.* — Direction générale, prise de façon irréversible. *Le sens de l'histoire.* ⟨ ▸ à ② contresens ⟩

sensation [sɑ̃sasjɔ̃] n. f. **1.** Impression perçue directement par les organes des sens (opposé à *intelligence*). ⇒ ① **sens.** *Sensations auditives, olfactives, etc. Éprouver une sensation de faim, de froid. Philosophie des sensations.* ⇒ **sensualisme.** ≠ *sentiment.* **2.** État psychologique qui résulte des impressions reçues (distinct du sentiment par son caractère immédiat et simple). *Il avait la sensation d'être traqué, qu'on le traquait. C'était une sensation pénible. Aimer les sensations fortes.* ⇒ **émotion. 3.** Forte impression produite sur plusieurs personnes. *Son intervention a fait sensation. Elle fait sensation dans le patinage artistique.* — Loc. À SENSATION : qui fait ou est destiné à faire sensation. *La presse à sensation.* ▸ ***sensationnel, elle*** adj. **1.** Qui fait sensation (3). *Une nouvelle sensationnelle.* **2.** Fam. Remarquable, d'une valeur exceptionnelle. ⇒ **extraordinaire, formidable.** *Un acteur sensationnel.* ⇒ fam. ② **super, terrible.** ▸ ***sensationnalisme*** n. m. ■ Goût, recherche systématique du sensationnel, spécialt dans le domaine journalistique.

sensé, ée [sɑ̃se] adj. ■ Qui a du bon sens. ⇒ **raisonnable, sage.** / contr. **insensé** / — (Choses) Conforme à la raison. ⇒ **judicieux.** *Des observations justes et sensées.* ≠ *censé.* ▸ ***sensément*** adv. ■ D'une manière sensée. *Agir sensément.* ⟨ ▸ insensé ⟩

sensibiliser [sɑ̃sibilize] v. tr. ▪ conjug. 1. **1.** Rendre sensible à l'action de la lumière (une émulsion photographique). **2.** Rendre (qqn, l'opinion) sensible à. — Au p. p. adj. *L'opinion publique n'est pas encore sensibilisée à ce problème.* ▸ ***sensibilisation*** n. f. **1.** Action de sensibiliser (une émulsion photographique). **2.** Modification de l'organisme, qui le rend sensible à une agression. ⇒ **allergie. 3.** Action de sensibiliser (qqn, l'opinion).

sensibilité [sɑ̃sibilite] n. f. **1.** Propriété (d'un être vivant, d'un organe) de réagir d'une façon adéquate aux modifications du milieu. ⇒ **excitabilité.** *La sensibilité de la rétine.* **2.** Propriété de l'être humain sensible, traditionnellement distinguée de l'*intelligence* et de la *volonté* (opposé à *l'esprit*). ⇒ **affectivité,** ② **cœur.** / contr. **insensibilité** / *Une vive sensibilité. Un artiste qui manque de sensibilité. Un ouvrage plein de sensibilité* (⇒ **senti**). — Faculté d'éprouver la compassion, la sympathie. ⇒ **pitié, tendresse. 3.** Propriété d'un objet sensible qui réagit rapidement. *La sensibilité d'une balance, d'un appareil.* ⟨ ▸ hypersensibilité ⟩

① ***sensible*** [sɑ̃sibl] adj. **1.** Capable de sensation et de perception. / contr. **insensible** (1) / *Les êtres sensibles. L'oreille n'est pas sensible à certains sons.* **2.** (Choses) Que le moindre contact rend douloureux. *Endroit sensible. Avoir les pieds sensibles. Le point sensible de qqn, qqch.,* son point faible. — (Personnes) Fragile. *Elle était sensible du foie.* **3.** Capable de sentiment, apte à ressentir profondément les impressions. *C'est un enfant très sensible.* ⇒ **émotif, impressionnable.** — SENSIBLE À... : qui se laisse toucher par, ressent vivement. *Je suis sensible à vos attentions. Être sensible à la critique.* **4.** (Objets) Capable de réaction. *Plaque sensible. — Balance très sensible,* qui indique des mesures très fines. *Film, pellicule plus ou moins sensible.* ▸ ***sensiblerie*** n. f. ■ Sensibilité (2) exagérée et déplacée ; compassion un peu ridicule. *Je t'en prie, pas de sensiblerie !* ⟨ ▸ hypersensible, ① insensible, sensibiliser, sensibilité, ② sensible, ultra-sensible ⟩

② ***sensible*** adj. **1.** Qui peut être perçu par les sens (opposé à *intelligible*). ⇒ **perceptible, tangible.** *La réalité sensible.* **2.** Qui peut être perçu et, par suite, non négligeable. ⇒ **appréciable, notable.** *Une baisse sensible des prix.* ▸ ***sensiblement*** adv. **1.** Autant que les sens ou l'intuition puissent en juger. *Nous étions sensiblement de la même taille,* à peu près de la même taille. **2.** D'une manière appréciable. ⇒ **notablement.** *La situation s'est sensiblement améliorée.* ⇒ **visiblement.** ⟨ ▸ ② insensible ⟩

sensitif, ive [sɑ̃sitif, iv] adj. et n. **1.** Adj. Qui transmet les sensations. *Nerfs sensitifs.* **2.** N. Littér. et vx. Personne particulièrement sensible, qu'un rien peut blesser. *Un sensitif, une sensitive.* ⇒ **hypersensible.** ⟨ ▸ sensitive ⟩

sensitive n. f. ■ Variété de mimosa très sensible (4), dont les feuilles se rétractent au contact.

sensoriel, elle [sɑ̃sɔʀjɛl] adj. ■ Qui concerne la sensation, les organes des sens. *Les organes sensoriels.*

sensualisme [sɑ̃sɥalism] n. m. ■ Doctrine philosophique d'après laquelle toutes les idées viennent des sensations et non de la raison. ▸ ***sensualiste*** adj.

sensuel, elle [sɑ̃sɥɛl] adj. **1.** Propre aux sens, émanant des sens. ⇒ **charnel.** *L'amour sensuel.* **2.** (Personnes) Porté à rechercher et à goûter tout ce qui flatte les sens (en particulier en amour). **3.** Qui annonce ou évoque un tempérament voluptueux. *Une bouche sensuelle. Un sourire sensuel.* ▸ ***sensualité*** [sɑ̃sɥalite] n. f. ■ Attirance pour les plaisirs des sens, pour le plaisir sexuel. *L'éveil de la sensualité. — Une danse pleine de sensualité.*

sentence [sɑ̃tɑ̃s] n. f. **1.** Décision d'un juge, d'un arbitre. ⇒ **arrêt, jugement, verdict.** *Juge qui prononce, qui fait exécuter une sentence.* — Fig. *Alors docteur, quelle est votre sentence ?* ⇒ **diagnostic. 2.** Littér. Maxime. ▶ ***sentencieux, euse*** adj. ■ Qui s'exprime comme par sentences (2), avec qqch. de solennel et d'affecté. *Un ton sentencieux.* ⇒ **moralisateur, pompeux.** ▶ ***sentencieusement*** adv. ■ D'une manière sentencieuse.

① ***senteur*** [sɑ̃tœʀ] n. f. ■ Odeur agréable, parfum qu'on sent (I). *Les senteurs d'un soir d'été.*

② ***senteur*** ou ***senteux, euse*** [sɑ̃tø, øz] n. et adj. ■ Fam. Personne qui cherche à voir et à entendre ce que font et disent les autres, qui met son nez partout. ⇒ **curieux, fouineur, guetteur, indiscret ;** fam. **écornifleur, fouine, renifleur.** *Maudite senteuse.* — Loc. *Être senteux comme une belette,* très curieux.

senti, ie [sɑ̃ti] adj. ■ Littér. Empreint de sincérité, de sensibilité. *Une description sentie.* — BIEN SENTI : exprimé avec conviction et habilement présenté. *La mairesse a placé quelques mots bien sentis.*

sentier [sɑ̃tje] n. m. ■ Chemin étroit (en forêt, en montagne, à travers prés...) pour les piétons et les bêtes. *Sentiers de randonnée. Des sentiers de lièvre. Sentier de migration des caribous.* — Loc. Abstrait. *Les* SENTIERS BATTUS : les voies, les usages communs. *Suivre les sentiers battus. S'écarter, s'éloigner des sentiers battus.*

sentiment [sɑ̃timɑ̃] n. m. **I. 1.** Conscience plus ou moins claire, connaissance comportant des éléments affectifs et intuitifs (opposé à *mine, raison*). ⇒ **impression, intuition.** ≠ *sensation. Avoir le sentiment de sa force. Il éprouvait un sentiment de solitude.* **2.** Capacité d'apprécier (un ordre de choses ou de valeurs). ⇒ **sens** (I, 3). *Avoir le sentiment du comique.* **3.** Littér. Avis, opinion. *C'est aussi mon sentiment.* **II. 1.** État affectif complexe, assez stable et durable. ⇒ **émotion, passion.** *L'amour, l'espoir sont des sentiments fondamentaux. Manifester, dissimuler ses sentiments. Le sentiment religieux, esthétique.* — Amour. *Un sentiment partagé.* Loc. fam. *Ça n'empêche pas les sentiments,* ça ne veut pas dire qu'il n'y ait pas d'affection (souv. iron.). — *Les sentiments, les bons sentiments,* les sentiments généreux, les inclinations altruistes. — (Dans les formules de politesse) *Recevez l'expression de mes sentiments respectueux, de mes sentiments les meilleurs.* **2.** Absolt. La vie affective, la sensibilité (opposé à *l'action* ou à *la réflexion*). *Le sentiment ne suffit pas !* — Démonstrations sentimentales. *Pas tant de sentiment ! Faire du sentiment.* — Fam. *Avoir qqn* AU SENTIMENT : réussir à l'apitoyer, à l'attendrir. — Expression de la sensibilité. *Elle a chanté avec beaucoup de sentiment.* ▶ ***sentimental, ale, aux*** adj. **1.** Qui concerne la vie affective, l'amour. ⇒ **amoureux.** *Sa vie sentimentale est assez agitée.* **2.** Qui provient de causes d'ordre affectif, n'est pas raisonné. *Un point de vue sentimental* (opposé à *réaliste*). — *La valeur sentimentale d'un objet.* **3.** Qui est sensible, rêveur, donne de l'importance aux sentiments tendres et les manifeste volontiers. ⇒ **romanesque.** — N. *C'est un(e) sentimental(e).* **4.** Empreint d'une sensibilité mièvre, de sentiments romanesques. *Des romances sentimentales.* ▶ ***sentimentalement*** adv. ▶ ***sentimentalité*** n. f. ■ Caractère sentimental (3, 4). ‹ ▶ assentiment, dissentiment, ressentiment ›

sentinelle [sɑ̃tinɛl] n. f. ■ Soldat qui a la charge de faire le guet devant un lieu occupé par l'armée, de protéger un lieu public, etc. ⇒ **factionnaire, guetteur.** *Relever les sentinelles.* — *En sentinelle,* en faction.

sentir [sɑ̃tiʀ] v. tr. et intr. ▪ conjug. 16. **I.** V. tr. **1.** Connaître, pouvoir réagir à (un objet, un fait, une qualité) par des sensations. ⇒ **percevoir ;** ① **sens.** *Je sens un courant d'air. Elle ne sentait pas la fatigue.* — Fam. *Ne plus sentir ses jambes,* les avoir presque insensibles à cause d'un excès de fatigue. — Avoir la sensation de (une odeur, l'odeur de qqch.). ⇒ **flairer.** *Sens ce parfum !* ⇒ **humer.** — Loc. fam. NE PAS POUVOIR SENTIR *qqn* : le détester. ⇒ fam. **blairer. 2.** Abstrait. Avoir ou prendre conscience plus ou moins nettement de... ⇒ **pressentir.** *On sentait le danger ; on sentait que c'était grave. Ce sont des choses qu'on sent, qui se sentent.* **3.** Avoir un sentiment esthétique de (qqch.). ⇒ **apprécier, goûter.** *La salle sentait la beauté de cette musique.* **4.** Être affecté agréablement ou désagréablement par (qqch.). ⇒ **éprouver, ressentir.** *Il ne sent jamais rien,* il est insensible. — Sans compl. *Nos manières de sentir sont très proches.* **5.** FAIRE SENTIR... : faire qu'on se rende compte de... *On m'a fait sentir que j'étais de trop. Se faire sentir,* devenir sensible, se manifester. *Les effets se feront bientôt sentir.* **II. 1.** Dégager, répandre une odeur de... ⇒ **senteur.** *Cette pièce sent le renfermé. Ces fleurs sentent bon.* ⇒ **embaumer.** *Tu sens mauvais.* ⇒ **puer.** — Sentir mauvais. *Ça sent des pieds.* — Sans compl. *Commencer à sentir,* à dégager une odeur désagréable. *Fromage, viande qui commence à sentir.* **2.** Donner une impression de, évoquer à l'esprit l'idée de. *Des manières qui sentent le parvenu.* **III.** V. intr. Fam. Mettre son nez dans les affaires des autres, vouloir tout savoir. ⇒ **espionner, fouiner, fureter ;** fam. **écornifler.** *Toujours aller sentir chez le voisin.* **IV.** V. pron. **1.** *Ne pas se sentir de,* être transporté de... *Elle ne se sentait plus de joie.* Fam. *Tu ne te sens plus ?,* tu perds la tête ? — (Avec un attribut) Avoir l'impression, le sentiment d'être. *Il se sentait mieux.* — (+ infinitif) *Elle s'est sentie tomber.* **2.** Fam. *Ils ne peuvent pas se sentir,* ils se détestent. ‹ ▶ consentir, dissension, dissentiment, pressentir, ressentir, sensation, ① sensible, ② sensible, ① senteur, ② senteur, senti, sentiment ›

seoir [swaʀ] v. intr. ▪ conjug. 26. — REM. Seulement à la 3e pers. prés., imp., fut., condit., et p. prés. ■ Littér. Convenir. *Cette robe vous sied à merveille.* ⇒ **seyant.** — Impers. *Comme il sied ; comme il vous siéra.* ‹ ▶ asseoir, assiette, assis, assise, se rasseoir, rassis, séance, ① séant, ② séant, siège, sis, surseoir ›

sépale [sepal] n. m. ■ Chaque pièce du calice d'une fleur. ≠ *pétale. Les sépales restent verts.*

séparer [sepaʀe] v. tr. ▪ conjug. 1. **I. 1.** Faire cesser (une chose) d'être avec une autre ; faire cesser (plusieurs choses) d'être ensemble. ⇒ **détacher, disjoindre, isoler.** / contr. **unir** / *Séparer une chose d'une autre, une chose d'avec une autre.* **2.** Faire en sorte que (des personnes) ne soient plus ensemble, ne soient plus en contact. ⇒ **désunir.** / contr. **réunir** / *On a dû la séparer de ses enfants. On a séparé les combattants.* — Au p. p. adj. *Des époux séparés. Ils vivent séparés.* **3.** Considérer (deux qualités ou notions) comme étant à part, comme ne devant pas être confondues. ⇒ **différencier, dissocier, distinguer.** / contr. **confondre** / *Tu as tort de séparer théorie et pratique.* **4.** (Suj. chose) Constituer une séparation entre (deux choses, deux personnes). *La cloison qui sépare les deux pièces.* **5.** (Suj. chose) Faire que (des personnes) ne soient pas, ou plus, en harmonie. ⇒ **éloigner.** *Leurs goûts les séparent. La politique nous a séparés.* / contr. **rapprocher** / **II.** V. pron. **1.** SE SÉPARER DE : cesser d'être avec, de vivre avec (qqn). ⇒ **quitter.** *Elle s'est séparée de son mari.* — Ne plus garder avec soi. *J'ai dû me séparer de mon vélo.* **2.** Cesser de vivre ensemble, de collaborer. ⇒ se **quitter.** *Ils se sont séparés à l'amiable.* ▶ ***séparable*** adj. ■ Qui peut être séparé (d'autre chose, d'un ensemble). ⇒ **dissociable.** / contr. **inséparable** / ▶ ***séparation*** n. f. **1.** Action de séparer, de se séparer ; fait d'être séparé. *La séparation des éléments d'un mélange. On discute beaucoup de la séparation du Québec.* ⇒ **indépendance.** *La séparation des pouvoirs.* / contr. **unification** / **2.** (Personnes) Fait de se séparer, de se quitter (par suite d'un départ, ou d'une rupture). / contr. **union** / *Leur séparation a été pénible. — Séparation (à l')amiable,* état de deux époux qui sont convenus de vivre séparément. *Séparation de corps,* qui résulte d'une décision de justice. **3.** Ce qui est entre deux choses pour empêcher l'union ou le contact. *Haie qui sert de séparation entre deux terrains. Séparation entre deux pièces,* cloison. — Fam. Raie (des) cheveux. *Porter la séparation à gauche.* ▶ ***séparatisme*** n. m. ■ Tendance, mouvement politique qui réclame l'autonomie d'un territoire par rapport au pays, à l'État dont il dépend. ⇒ **indépendantisme, nationalisme, souveraineté, souverainisme.** / contr. **fédéralisme** /. *Le séparatisme basque, québécois. Être en faveur du séparatisme,* de l'indépendance. ▶ ***séparatiste*** n. ■ Partisan du séparatisme. ⇒ **autonomiste, indépendantiste, nationaliste, souverainiste ; péquiste.** / contr. **fédéraliste** / *Des séparatistes convaincus.* — Adj. *Organisation, parti séparatiste* (⇒ **P.Q.**). ▶ ***séparément*** adv. ■ De façon séparée, à part l'un de l'autre. ⇒ **isolément.** *Je les recevrai séparément.* / contr. **ensemble** / ‹ ▶ inséparable ›

sépia [sepja] n. f. **1.** Matière colorante d'un brun très foncé. *Un lavis à la sépia.* — En appos. Invar. Cette couleur brune. *Des teintes sépia.* **2.** Dessin, lavis exécuté avec cette matière. *Des sépias.*

sept [sɛt] adj. numér. et n. m. invar. ■ Six plus un. ⇒ **hepta-.** *Les sept jours de la semaine.* — Ordinal. Septième. *Chapitre sept.* (Avec une majusc.) *Habiter dans le rang Sept.* — N. m. invar. *Il habite au sept,* au numéro sept. — Carte qui présente sept marques. *Le sept de carreau. J'ai les quatre sept.* ‹ ▶ dix-sept, septennat, septième, septuagénaire, septuple ›

septembre [sɛptɑ̃bʀ] n. m. ■ Neuvième mois de l'année dans le calendrier actuel (30 jours). *La douceur des septembres.*

septennat [sɛptena] n. m. ■ Durée de sept ans d'une fonction. *Le septennat du président de la République française.*

septentrional, ale, aux [sɛptɑ̃tʀijɔnal, o] adj. ■ Du nord, situé au nord (appelé autrefois *septentrion,* n. m.). *L'Europe septentrionale.* / contr. **méridional** /

septicémie [sɛptisemi] n. f. ■ Nom générique des maladies provoquées par l'introduction dans le sang d'un agent infectieux qui s'y développe sans susciter de réaction locale (appelées aussi *empoisonnement du sang*).

septième [sɛtjɛm] adj. **1.** Ordinal de sept. *Le septième art,* le cinéma. (Avec une majusc.) *La Septième Avenue. Aller dans le Septième Rang.* — N. f. *La septième,* la dernière classe de l'ancien cours primaire. — N. Personne, chose qui est au septième rang. *Arriver la septième dans une course.* **2.** Se dit d'une fraction d'un tout divisé également en sept. — N. m. *Un septième de cette somme.* ▶ ***septièmement*** adv. ■ En septième lieu. ‹ ▶ dix-septième ›

septilien, ienne [sɛtiljɛ̃, jɛn] adj. et n. ■ De la ville de Sept-Îles. *La députée septilienne était absente.* — N. (Avec une majusc.) Personne née dans cette ville ou qui l'habite.

septique [sɛptik] adj. **1.** Qui produit l'infection. / contr. **aseptique, antiseptique** / *Les bactéries septiques.* **2.** *Fosse septique,* fosse d'aisances où les matières, sous l'action de microbes, deviennent inodores et inoffensives. ≠ *sceptique.* ‹ ▶ septicémie ›

septuagénaire [sɛptɥaʒenɛʀ] adj. ■ Dont l'âge est compris entre soixante-dix et quatre-vingts ans. — N. *Un, une septuagénaire.*

septuple [sɛptypl] adj. ■ Qui vaut sept fois (la quantité désignée). — N. m. *Le septuple.*

sépulcre [sepylkʀ] n. m. **1.** Tombeau du Christ (ou *Saint-Sépulcre*). — Littér. Tombeau. **2.** Loc. *Des* SÉPULCRES BLANCHIS : des gens corrompus sous leur apparence honnête. ▶ ***sépulcral, ale, aux*** adj. ■ Qui évoque la mort. ⇒ **funèbre.** *Une voix sépulcrale.*

sépulture [sepyltyʀ] n. f. **1.** Littér. Inhumation, considérée surtout dans les formalités et cérémonies qui l'accompagnent. — *Rester sans sépulture,* ne pas être inhumé. **2.** Lieu où est déposé le corps d'un défunt. *Violation de sépulture.*

séquelle [sekɛl] n. f. ■ Surtout au plur. Suites et complications plus ou moins tardives et durables d'une maladie, d'un accident. *Cette chute lui a laissé des séquelles.* — Effet ou contrecoup inévitable, mais isolé et passager, d'un événement. *Les séquelles de la dévaluation du dollar.*

séquence [sekɑ̃s] n. f. ■ Suite. **1.** Jeux. Série d'au moins trois cartes de la même couleur qui se suivent ou de cinq d'une couleur quelconque. **2.** Cinéma. Succession de plans formant un tout, une scène, même s'ils ne sont pas tournés dans le même décor. **3.** Sciences. Suite ordonnée d'éléments, d'opérations.

séquestre [sekɛstʀ] n. m. ■ Dépôt (d'une chose dont la possession est discutée) entre les mains d'un tiers en attendant le règlement de la contestation. Loc. SOUS SÉQUESTRE. *Des biens mis sous séquestre.* ‹ ▶ séquestrer ›

séquestrer [sekɛstʀe] v. tr. . conjug. 1. ■ Enfermer et isoler rigoureusement (qqn). ⇒ **embarrer.** *Ils séquestrent leur fille.* — Tenir arbitrairement et illégalement (qqn) enfermé. *Les ravisseurs ont séquestré l'enfant une semaine.* ≠ *kidnapper.* ▶ ***séquestration*** n. f. ■ *La séquestration des otages.*

séquoia [sekɔja] n. m. ■ Arbre (conifère) originaire de Californie, aux dimensions gigantesques. *Une forêt de séquoias.*

sérac [seʀak] n. m. ■ Bloc de glace entouré de crevasses, dans un glacier. *Les séracs sont dangereux à franchir.*

sérail, ails [seʀaj] n. m. **1.** Palais du sultan, dans l'ancien Empire ottoman. — Histoire. Gouvernement du sultan turc. **2.** Vx. Harem. *Des sérails.*

① ***séraphin*** [seʀafɛ̃] n. m. ■ Religion chrétienne. Ange de la première hiérarchie. ▶ ***séraphique*** [seʀafik] adj. ■ Angélique.

② ***séraphin, ine*** adj. et n. ■ Fam. Qui est avare, avaricieux d'une manière exagérée. ⇒ **grippe-sou, pingre, radin ;** fam. **baise-la-piastre, gratteur, suce-la-cenne.** / contr. **généreux, prodigue** / *Des gens séraphins.* Loc. *Être séraphin.* — N. *Avoir affaire à des séraphins.*

① ***serein, eine*** [səʀɛ̃, ɛn] adj. **1.** Littér. (Ciel, temps) Qui est à la fois pur et calme. ⇒ **beau, clair.** *Une nuit sereine.* **2.** Abstrait. Dont le calme provient de la paix morale. ⇒ **paisible, tranquille.** *Il reste serein devant la mort. Visage serein.* — Insensible aux passions. ⇒ **impartial.** *Un jugement serein.* ≠ *serin.* ▶ ***sereinement*** adv. ■ D'une manière sereine, impartiale. ‹ ▶ rasséréner, sérénité ›

② ***serein*** n. m. ■ Humidité, fraîcheur qui tombe avec le soir après une belle journée. — Fam. Rosée du matin.

sérénade [seʀenad] n. f. **1.** Concert qui se donnait la nuit sous les fenêtres d'une femme aimée. *Donner* *une sérénade à sa belle.* — Composition musicale (de préférence pour instruments à vent). *Une sérénade de Mozart.* **2.** Fam. Charivari, tapage.

sérénissime [seʀenisim] adj. ■ Titre honorifique donné à certains princes ou hauts personnages. *Altesse sérénissime.*

sérénité [seʀenite] n. f. ■ État, caractère d'une personne sereine. ⇒ **calme.** *Envisager la mort avec sérénité.* — Caractère d'un jugement serein, objectif.

séreux, euse [seʀø, øz] adj. et n. f. ■ Qui ressemble au sérum, qui renferme du sérum. *Liquide séreux. Membrane séreuse,* qui tapisse certaines cavités internes de l'organisme *(cavités séreuses).* — N. f. *La séreuse de la plèvre.* ‹ ▸ sérosité ›

serf, serve [sɛʀ(f), sɛʀv] n. ■ Dans les sociétés féodales. Paysan qui n'avait pas de liberté personnelle, était attaché à une terre et assujetti à des obligations envers un seigneur (⇒ **corvée** 1, ① **taille** 3). / contr. **libre** / *Affranchir des serfs.* ≠ *cerf.* ‹ ▸ asservir, servage ›

serge [sɛʀʒ] n. f. ■ Étoffe de laine formant des côtes obliques. *Une jupe en serge.*

sergent [sɛʀʒɑ̃] n. m. **1.** Sous-officier du grade le plus bas. *Sergent-chef,* d'un grade immédiatement supérieur à celui de sergent. *Des sergents-chefs. Sergent-major,* sous-officier chargé de la comptabilité d'une compagnie. *Des sergents-majors.* **2.** *Le sergent d'armes,* le fonctionnaire chargé de la protection des membres du Parlement ainsi que du service d'ordre de l'Assemblée nationale. — REM. L'O.L.F. propose *sergente* au féminin.

sériciculture [seʀisikyltyʀ] n. f. ■ Élevage des vers à soie.

série [seʀi] n. f. **1.** Suite déterminée et limitée (de choses de même nature). *Émission d'une série de timbres. Une série de questions. Une série télévisée.* ⇒ **téléroman, télésérie.** *Une série noire,* une succession de catastrophes. *Des attentats en série.* ⇒ **cascade** (2). — Sciences. Suite de nombres, de composés chimiques, etc., répondant à une loi. — Spécialt. Collection de vêtements de confection, de chaussures, etc., comportant toutes les tailles. *Soldes de fins de séries.* **2.** Petit groupe constituant une subdivision d'un classement. ⇒ **catégorie.** *Film de série B,* à petit budget et tournage plus rapide que les grandes productions. — Chaque groupe de concurrents, d'équipes disputant une épreuve de qualification ; degré dans un classement sportif. *Les séries éliminatoires* ou, absolt, *les séries. Équipe qui ne participe pas aux séries. La série finale,* l'épreuve elle-même. **3.** Grand nombre d'objets identiques fabriqués à la chaîne. *Voiture de série. Fabrication, production en série.* — Abstrait. HORS SÉRIE : absolument différent du commun, d'une valeur exceptionnelle. ▸ ***sériel, elle*** adj. ■ Musique. Qui utilise les douze demi-tons de la gamme chromatique. ⇒ **dodécaphonique.** *Une composition sérielle.* ▸ ***sérier*** v. tr. ▪ conjug. 7. ■ Classer, disposer par séries selon l'importance. *Il faut sérier les questions.* ‹ ▸ télésérie ›

sérieux, euse [seʀjø, øz] adj. et n. m. **I.** Adj. **1.** Qui ne peut prêter à rire, qui mérite considération. ⇒ **important.** / contr. **futile** / *Revenons aux choses sérieuses.* — Qui compte, par la quantité ou la qualité. *Une sérieuse augmentation.* — Assez inquiétant. *La situation est sérieuse.* ⇒ ① **critique, préoccupant.** **2.** Qui n'est pas fait, dit pour l'amusement. / contr. **amusant** / *Des lectures sérieuses.* **3.** (Personnes) Qui prend en considération ce qui mérite de l'être. ⇒ **posé, raisonnable, réfléchi.** / contr. **fantaisiste, frivole** / *Un élève sérieux et appliqué.* ⇒ **consciencieux.** — Qui est fait dans cet esprit, avec soin. *Un travail sérieux.* **4.** (Personnes) Qui ne rit pas, ne manifeste aucune gaieté. ⇒ **grave.** Loc. fam. *Être* SÉRIEUX COMME UN PAPE : très sérieux. — Qui ne plaisante pas, dit la vérité. *Tu n'es pas sérieux, c'est une blague !* **5.** (Choses) Sur qui (ou sur quoi) l'on peut compter. ⇒ **sûr.** *S'adresser à une maison sérieuse. Un renseignement sérieux.* — Fam. *Ce n'est pas sérieux,* c'est une plaisanterie. **6.** (Personnes) Qui ne prend pas de liberté avec la morale sexuelle. ⇒ **rangé, sage.** *Des jeunes gens sérieux.* **II.** N. m. **1.** État d'une personne qui ne rit pas. *J'avais de la peine à conserver mon sérieux.* **2.** Qualité d'une personne posée, appliquée. *Il manque de sérieux dans son travail.* **3.** Caractère d'une chose qu'on doit prendre en considération. — PRENDRE *qqch.* AU SÉRIEUX : le prendre pour réel, important. — PRENDRE *qqn* AU SÉRIEUX : le prendre pour sincère, fiable, important. Pronominalement. *Se prendre au sérieux,* attacher une grande importance à ce qu'on dit, à ce qu'on fait. ▸ ***sérieusement*** adv. **1.** Avec sérieux, avec réflexion et application. ⇒ **consciencieusement.** **2.** Sans plaisanter. *Tu dis ça sérieusement ?* **3.** Réellement, effectivement. ⇒ **vraiment.** *Elle songe sérieusement à démissionner.* **4.** Fortement. *Il est sérieusement atteint.* ⇒ **gravement.**

sérigraphie [seʀigʀafi] n. f. ■ Techniques. Procédé d'impression sur toutes sortes de matières à l'aide d'un écran de tissu à mailles quadrillées (soie, etc.). — Œuvre réalisée par ce procédé.

serin [s(ə)ʀɛ̃] n. m. **1.** Petit passereau chanteur au plumage généralement jaune, qu'on peut élever en cage. ⇒ **canari.** — En appos. *Jaune serin,* jaune clair et vif. **2.** Fam. (parfois *serine* [səʀin] au fém.) Niaiseux, nigaud. ≠ *serein.* **3.** Fam. Jeune homosexuel qui se met sous la protection d'un plus âgé.

seriner [s(ə)ʀine] v. tr. ▪ conjug. 1. ■ Répéter inlassablement (qqch. à qqn). *Il m'a seriné le même air toute la soirée.*

seringue [s(ə)ʀɛ̃g] n. f. ■ Petite pompe utilisée en médecine pour injecter des liquides dans l'organisme ou en prélever. *Faire une piqûre à l'aide d'une seringue.*

serment [sɛʀmɑ̃] n. m. **1.** Affirmation ou promesse solennelle faite en invoquant un être ou un objet sacré, une valeur morale reconnue (⇒ **jurer** I, 1 et II, 1). *Un serment sur l'honneur.* ⇒ **parole.** *Prêter serment. Témoigner* SOUS SERMENT, *sous la foi du serment.* — Engagement solennel prononcé en public. *Serment professionnel,* prononcé par les magistrats, les officiers ministériels. *Serment d'Hippocrate,* énonçant les principes de déontologie médicale. *Serment d'allégeance,* acte par lequel on jure fidélité et obéissance à un pays, à un souverain. **2.** Promesse ou affirmation particulièrement ferme. *Je vous en fais le serment.* — Loc. DES SERMENTS D'IVROGNE : des promesses jamais tenues. **3.** Vx. Promesse d'amour durable, de fidélité. *Échanger des serments.* ‹ ▸ assermenter ›

sermon [sɛʀmɔ̃] n. m. **1.** Relig. catholique. Discours prononcé en chaire par un prédicateur. ⇒ **prêche.** *Le sermon dominical.* **2.** Péj. Discours moralisant, généralement long et ennuyeux. *Faire un sermon à qqn.* ⇒ **sermonner.** ▸ ***sermonner*** v. tr. ▪ conjug. 1. ■ Adresser des conseils ou des remontrances à (qqn). ▸ ***sermonneur, euse*** adj. et n. ■ Qui aime à sermonner.

sér(o)- ■ Élément qui signifie « liquide organique ; sérum* ». ▸ ***séropositif, ive*** [seʀɔpozitif, iv] adj. ■ Dont le sérum sanguin contient des anticorps spécifiques (notamment à propos du sida).

sérosité [seʀozite] n. f. ■ Liquide organique sécrété et contenu dans les cavités séreuses*. *Épanchement de sérosité.*

serpe [sɛʀp] n. f. ■ Outil formé d'une large lame tranchante recourbée en croissant, montée sur un manche, et servant à tailler le bois, à élaguer, émonder. ⇒ **faucille.** — Loc. *Visage taillé à la serpe, à coups de serpe,* visage anguleux, aux lignes rudes.

serpent [sɛʀpɑ̃] n. m. **1.** Reptile à corps cylindrique très allongé, dépourvu de membres apparents. ⇒ **ophidiens.** *Une morsure de serpent. Serpent venimeux.* — *Serpent à lunettes,* naja. *Serpent à sonnettes,* crotale. *Serpent d'eau,* espèce de couleuvre. — *Serpent de mer,* monstre marin mythique. — Loc. fig. *Ressortir le serpent de mer,* reparler d'une vieille histoire, reprendre un thème rebattu. **2.** Incarnation du démon qui tenta Ève, dans la Bible (Genèse). **3.** (Par allusion aux caractères attribués au serpent) *Une prudence, une ruse de serpent. Langue de serpent.* ⇒ **vipère.** — Loc. littér. *Nourrir, réchauffer un serpent dans son sein,* choyer qqn qui se retournera contre soi. ‹ ▸ serpenter, serpentin ›

serpenter [sɛʀpɑ̃te] v. intr. ▪ conjug. 1. ■ Aller ou être disposé suivant une ligne sinueuse (comme un serpent). ⇒ **onduler.** *Le sentier serpente dans la campagne.*

serpentin [sɛʀpɑ̃tɛ̃] n. m. **1.** Tuyau en spirale ou à plusieurs coudes (comparé à un serpent), utilisé dans les appareils de distillation. **2.** Petit rouleau de papier coloré qui se déroule quand on le lance (fêtes, carnavals, etc.). *Confettis et serpentins.*

serpolet [sɛʀpɔlɛ] n. m. ■ Variété de thym.

serre [sɛʀ] n. f. ■ Construction vitrée où l'on met les plantes à l'abri pendant l'hiver, où l'on cultive les végétaux exotiques ou délicats. *Mettre une plante en serre.* — Loc. EN SERRE CHAUDE : se dit de ce qu'on place dans des conditions artificielles de développement. — L'EFFET DE SERRE : l'augmentation de la température sur la planète causée par la pollution atmosphérique qui emprisonne la chaleur du soleil.

serres [sɛʀ] n. f. pl. ■ Grilles ou ongles puissants (qui « serrent ») des oiseaux rapaces. — Fig. Loc. *Tomber dans les serres de qqn.*

① ***serrer*** [seʀe] v. tr. ▪ conjug. 1. **I. 1.** Saisir ou maintenir vigoureusement, de manière à comprimer. ⇒ **empoigner.** Loc. SERRER LA MAIN *à qqn, de qqn* : lui donner une poignée de main. — Prendre (qqn) entre ses bras et tenir pressé (contre soi). ⇒ **embrasser, étreindre.** *Serrer qqn contre soi, le serrer dans ses bras.* **2.** (Suj. sensation) Faire peser une sorte de pression sur (la gorge, le cœur). *Cela me serre le cœur,* j'en ai de la peine, cela me fait pitié. **3.** Disposer (des choses, des personnes) plus près les unes des autres. ⇒ **rapprocher.** *Serrez les rangs !* **4.** Maintenir énergiquement fermé (le poing), rapprocher énergiquement (les mâchoires...). ⇒ **contracter.** *Serrer les lèvres.* ⇒ **pincer.** — Fig. *Serrer les dents,* se contenir. **5.** (Choses) Comprimer en entourant ou en s'appliquant. *Cette jupe me serre, me serre la taille.* — Rendre plus étroit (un lien). *Serrez votre ceinture. Serrer le nœud de sa cravate.* **6.** Faire mouvoir (un organe de fixation), de manière à rapprocher deux choses, à fermer un mécanisme. *Serrer un robinet, un écrou.* — Loc. SERRER LA VIS *à qqn* : le traiter avec sévérité, le mater ; réduire sa liberté de manœuvre. **7.** Pousser, coincer (qqn). *Serrer qqn contre un mur. Serrer un adversaire contre la bande,* le mettre en échec. **8.** *Serrer qqn de près,* être tout près de qqn qu'on suit. *Ses concurrents le serraient de près.* ⇒ **talonner.** — *Serrer de près une question, un problème,* l'examiner avec soin, dans les détails. **9.** Sans compl. *Serrez à droite, à gauche,* rapprochez-vous de la droite, de la gauche (voitures). **II.** V. pron. SE SERRER : se mettre tout près, tout contre (qqn). ⇒ se **blottir,** se **coller,** se **tasser ;** fam. se **corder.** *Se serrer contre qqn.* — Se rapprocher jusqu'à se toucher. *Serrez-vous, faites-nous un peu de place.* ▸ ***serré, ée*** adj. **1.** Qui s'applique étroitement sur le corps. ⇒ **ajusté,** ② **juste.** *Un habit serré à la taille. Un maillot serré.* ⇒ **collant, moulant. 2.** Au plur. Placés l'un tout contre l'autre. *Nous étions serrés comme des sardines.* ⇒ **cordé. 3.** Dont les éléments sont très rapprochés. ⇒ **compact, dense.** *Herbe serrée. Une écriture fine et serrée.* — (France) *Un café serré,* fort. **4.** Abstrait. Qui laisse peu de place à une échappatoire. *Une discussion serrée. La partie est serrée.* ⇒ **acharné.** — Adv. *Il nous faut jouer serré.* **5.** Qui n'est pas financièrement à l'aise. ⇒ **gêné.** *Je ne peux pas m'acheter de livres, car je suis trop serré en ce moment.* ▸ ***serrage*** n. m. ■ Action de serrer ; son résultat. *Collier de serrage.* ▸ ***serrement*** n. m. ■ Action de serrer. *Un serrement de main,* une poignée de main. — Fait d'être serré, contracté. *Serrement de cœur,* angoisse. ▸ ***serre-tête*** n. m. invar. ■ Bandeau, cercle qui enserre les cheveux. ‹ ▸ desserrer, enserrer, resserrer, ② serrer, serres ›

② ***serrer*** v. tr. ▪ conjug. 1. ■ Ranger, remiser. *Où as-tu serré tes affaires ? Serrer son auto pour l'hiver.* ‹ ▸ resserre, serre, serrure ›

serrure [seʀyʀ] n. f. ■ Dispositif fixe de fermeture (d'une porte, d'un tiroir...) comportant un mécanisme ⇒ **gâchette, pêne,** qu'on manœuvre à l'aide d'une clé. *La clé est dans la serrure.* — *Serrure codée.* ▸ ***serrurier*** n. m. **1.** Artisan qui pose des serrures, fabrique des clés. **2.** Entrepreneur, ouvrier en serrurerie (2). *Serrurier en bâtiment.* **3.** Personne qui ouvre des serrures. ≠ *crocheteur.* — REM. Le féminin *serrurière* est virtuel. ▸ ***serrurerie*** [seʀyʀʀi] n. f. **1.** Métier de serrurier ; commerce des serrures, verrous, etc. **2.** Confection d'ouvrages en fer. *Serrurerie d'art,* travail du fer forgé. ⇒ **ferronnerie.**

sertir [sɛʀtiʀ] v. tr. ▪ conjug. 2. ■ Enchâsser (une pierre précieuse). — Au p. p. adj. *Rubis serti dans une monture en or.* SERTI DE : incrusté de. *Coffret serti de pierres précieuses.* ▸ ***sertissage*** n. m. ▸ ***sertisseur, euse*** n.

sérum [seʀɔm] n. m. **1.** *Sérum sanguin,* partie du sang formée d'eau. ⇒ **plasma. 2.** *Sérum thérapeutique,* préparation à base de sérum (1) provenant d'un animal immunisé ou d'un convalescent, contenant un anticorps spécifique, utilisée en injections sous-cutanées à titre curatif ou préventif. *Sérum antitétanique.* — *Sérum de vérité,* barbiturique ⇒ **penthotal** plongeant le sujet dans un état qui permet de découvrir si ce qu'il dit est vrai ou non. — *Sérum physiologique,* solution saline de même composition moléculaire que le plasma sanguin. *Des sérums.* ‹ ▸ séreux, sér(o)- ›

servage [sɛʀvaʒ] n. m. ■ Dans les sociétés féodales. Condition du serf. *L'abolition du servage.*

servant, ante [sɛʀvɑ̃, ɑ̃t] n. **1.** Clerc ou laïque qui assiste, « sert » le prêtre pendant la messe basse. *Des servants de messe.* **2.** Soldat chargé d'approvisionner une pièce d'artillerie (canon...).

servante [sɛʀvɑ̃t] n. f. ■ Fille ou femme employée comme domestique, qui « sert » qqn. ⇒ **bonne.**

serveur, euse [sɛʀvœʀ, øz] n. **I.** (Personnes) **1.** Personne qui sert* les clients dans un café, un restaurant. ⇒ **garçon** (II, 2) ; anglic. **barmaid, barman.** *On dit « monsieur » ou « garçon » au serveur, « mademoiselle » ou « madame » à la serveuse.* — Domestique qu'on prend en extra pour servir à table. **2.** Personne qui distribue les cartes, met la balle en jeu (tennis, etc.). **II.** Informatique. **1.** Organisme privé ou public exploitant un système informatique permettant à un utilisateur de consulter directement des banques de données. **2.** Ordinateur principal d'un réseau où se trouvent une mémoire centrale ainsi que divers fichiers et bases de données interrogeables.

serviable [sɛʀvjabl] adj. ■ Qui est toujours prêt à rendre service. ⇒ **complaisant, obligeant.** ▶ ***serviabilité*** n. f. ■ Fait d'être serviable. — Caractère serviable.

① ***service*** [sɛʀvis] n. m. **I. 1.** Travail particulier que l'on doit accomplir. ⇒ **fonction.** *Assurer un service. Pendant les heures de service. Être en service commandé,* occupé à un travail imposé par la fonction. *Être de service ; prendre son service,* prendre son tour dans l'exercice de ses fonctions, à telle heure, tel jour. *Le pompier de service.* — Loc. *Être de service,* (personnes) serviable, disposé à rendre service ; (choses) qu'on peut utiliser pour faire qqch. *La télécommande n'est plus de service.* **2.** SERVICE (MILITAIRE) : temps qu'un citoyen doit passer dans l'armée (dans certains pays : France, États-Unis...). *Il fait son service militaire, son service.* — ÉTATS DE SERVICE : carrière d'un militaire, d'un fonctionnaire. **3.** Relig. Ensemble des devoirs envers la divinité. *Se consacrer au service de Dieu,* être prêtre, religieux. — *Service divin,* messe, office. *Service funèbre.* — *Assister au service.* **4.** Obligations d'une personne dont le métier est de servir un maître ; fonction de domestique. *Être au service de qqn, en service chez qqn. Escalier, porte* DE SERVICE. — Travail de la personne qui est chargée de servir des clients. *Service rapide et soigné.* **5.** Action, manière de servir des convives, de servir les plats à table. *Quand il reçoit, il fait lui-même le service.* **6.** Ensemble des repas servis à la fois (dans un restaurant, un wagon-restaurant). *Premier, deuxième service.* **7.** Au restaurant, au café, à l'hôtel. Pourcentage de l'addition affecté au personnel. *Menu à vingt dollars, service non compris.* ≠ *pourboire.* **II. 1.** (Dans des expressions) Fait de se mettre à la disposition de (qqn) par obligeance. *Je suis à votre service.* Fam. *Qu'y a-t-il pour votre service ?,* que puis-je faire pour vous ? — *Voiture de service,* que le garagiste prête au client dont la voiture nécessite une longue réparation. ⇒ fam. **courtoisie. 2.** UN SERVICE : ce que l'on fait pour qqn, avantage qu'on lui procure bénévolement. ⇒ ① **aide, faveur.** *J'ai un service, quelques services à te demander. Peux-tu me rendre un petit service ? Rendre un mauvais service à qqn,* lui nuire en croyant agir dans son intérêt. — (Suj. personne ou chose) RENDRE SERVICE *à qqn* : l'aider, lui être utile. **3.** Au plur. Ce qu'on fait pour qqn contre rémunération. *Je vais être obligé de me priver de vos services. Offrir ses services* (à un employeur éventuel). **4.** Économie. Activité qui présente une valeur économique sans correspondre à la production d'un bien matériel. ⇒ secteur **tertiaire.** *Prestation de services. Taxe sur les produits et services.* ⇒ **T.P.S. III. 1.** (Dans des locutions) Usage, fonctionnement. *Mettre qqch.* EN SERVICE. *Appareil* HORS SERVICE. — (Personnes) Fam. *Être hors service,* épuisé. ⇒ fam. **magané. 2.** Ensemble d'opérations par lesquelles on fait fonctionner (qqch.). *Le service d'une pièce d'artillerie.* **3.** Coup par lequel on sert la balle, le ballon (au tennis, au volley-ball...). *Faute de service.* **4.** Expédition, distribution. Loc. SERVICE DE PRESSE (d'un livre aux journalistes). **IV. 1.** Fonction d'utilité commune, publique (SERVICE PUBLIC) ; activité organisée qui la remplit. *Les grands services publics. Le service des postes. Le* SERVICE D'ORDRE : personnes qui assurent le bon ordre (particuliers, police). **2.** Le travail dans les activités d'utilité publique. *Note de service. Il est à cheval sur le service,* très pointilleux. **3.** Organisation chargée d'une branche d'activités correspondant à une fonction d'utilité sociale. ⇒ **département.** *Chef de service. Services administratifs, des finances. Le service de pédiatrie d'un hôpital. Le service social d'une entreprise. Services de santé* (dans les établissements hospitaliers). *Services sociaux,* de prévention, de réadaptation, de protection sociale. *Service après-vente.* ⇒ **après-vente.** *Services aux élèves, services éducatifs* (dans un établissement scolaire). *Un service de renseignement.* **4.** Grande organisation de l'armée (à l'exclusion des unités combattantes). *Service des transmissions, de santé.* ‹ ▶ libre-service, self-service, ② service, station-service ; serviable, uniservice ›

② ***service*** n. m. **1.** Assortiment d'objets utilisés pour servir à table. *Un service à café, à thé.* **2.** Ensemble assorti de plats, assiettes, saladiers, etc. ⇒ **vaisselle ;** anglic. **set** (II). *Un service de porcelaine.* **3.** Linge de table, nappe et serviettes. *Un service brodé.*

serviette [sɛʀvjɛt] n. f. **1.** Pièce de linge dont on se sert à table ou pour la toilette. *Serviette de table, de toilette, de bain.* — *Serviette en papier.* ⇒ **essuie-tout.** — Loc. fam. (critiquée) *Lancer la serviette,* jeter l'éponge, renoncer à qqch., abandonner la partie. *Deux ou trois clubs ont déjà lancé la serviette.* **2.** SERVIETTE HYGIÉNIQUE ou, fam., SANITAIRE : bande de coton absorbant utilisée comme protection externe par les femmes pendant les règles. ⇒ **tampon. 3.** Sac à compartiments, rectangulaire, généralement pliant, servant à porter des papiers, des livres. ⇒ anglic. **attaché-case.** *Une serviette en cuir.* ⇒ **porte-documents.** ‹ ▶ porte-serviettes ›

servile [sɛʀvil] adj. **1.** Histoire. Propre aux esclaves et aux serfs. **2.** Littér. Qui a un caractère de soumission avilissant. ⇒ ① **bas, obséquieux.** *Un ton servile. Des serviles flatteries.* **3.** Qui est étroitement soumis à un modèle, dépourvu d'originalité. *Une servile imitation.* ▶ ***servilement*** adv. ▶ ***servilité*** n. f. ■ Littér. Caractère, comportement servile.

① ***servir*** [sɛʀviʀ] v. tr. ▪ conjug. 14. **I.** SERVIR *qqn.* **1.** S'acquitter de certaines obligations ou de certaines tâches envers (qqn auquel on obéit). ⇒ **travailler** pour. *Elle a bien servi son pays, l'État.* — Sans compl. *Servir,* être soldat. — (À titre de domestique) *Se faire servir,* avoir des domestiques. — PROV. *On n'est jamais si bien servi que par soi-même,* le mieux est de faire soi-même les choses. **2.** Pourvoir du nécessaire. *Servir qqn à table,* lui donner à manger. *Servir un client,* lui fournir ce qu'il demande. — Iron. *En fait d'embêtements, nous avons été servis,* nous en avons eu beaucoup. **3.** SE SERVIR v. pron. : prendre ce dont on a besoin (à table, dans un magasin). *Sers-toi en légumes, de légumes.* — *Se servir chez un commerçant,* acheter habituellement chez lui. ⇒ s'**approvisionner. 4.** Aider, appuyer (qqn), en y employant sa peine, son crédit. / contr. **desservir** / *Je vous ai servi, j'ai servi vos intérêts.* — (Suj. chose) Être utile à ⇒ **aider.** *Sa discrétion l'a bien servie.* **II.** SERVIR *qqch.* **1.** Mettre à la disposition de qqn pour tel ou tel usage. *Sers-moi à boire. Servir des rafraîchissements. Servir du melon en entrée, comme entrée. À table ! C'est servi !* — *Servir (la balle),* la mettre en jeu (au tennis, etc.) — *Servir (les cartes),* les distribuer. *À moi de servir* (⇒ **serveur,** 2 ; ① **service,** III, 3). — Verser. *On lui sert une petite rente.* ⇒ **allouer, donner. 2.** *Servir la messe,* participer matériellement à son déroulement (enfants de chœur). ‹ ▶ ① desservir, ② desservir, resservir (1), servant, servante, serveur, serviable, ① service, ② servir, serviteur ›

② ***servir*** v. tr. ind. ▪ conjug. 14. **I.** SERVIR À. (Suj. chose) **1.** *Servir à qqn,* lui être utile. *Cela peut vous servir à l'occasion.* **2.** *Servir à qqch.,* être utile à, avoir pour but. *À quoi sert cet instrument ? Il sert à ouvrir les bouteilles. Ne pleure pas, cela ne sert à rien.* **3.** *Servir* (à qqn) à (faire qqch.), être utile. *Cette prime va me servir à payer mes dettes.* **4.** (Suj. personne) *Tu ne sers à rien, tu es inutile.* **II.** SERVIR DE. **1.** Être utilisé comme, tenir lieu de. *La petite pièce sert de débarras. La personne qui lui sert de témoin. Cela te servira de leçon. Servir de cobaye.* **2.** Pronominalement. SE SERVIR DE : utiliser. *Nous nous servons des machines les plus récentes. Elle s'est servie de son expérience.* — Péj. *Se servir de qqn,* l'utiliser, à son insu ou non ; l'exploiter. ‹ ► ③ desservir, resservir (2), serviette ; ② service ›

serviteur [sɛʀvitœʀ] n. m. **1.** Littér. (Opposé à *maître*) Personne qui sert (qqn envers lequel elle a des devoirs). *Un fidèle serviteur de l'État.* — Domestique. *Les serviteurs et les servantes.* **2.** Vx ou plaisant. (En s'adressant à qqn) *Votre humble serviteur,* moi-même.

servitude [sɛʀvityd] n. f. **1.** État de dépendance totale d'une personne ou d'une nation soumise à une autre. ⇒ **asservissement, esclavage, sujétion.** / contr. **liberté** / *Maintenir qqn dans la servitude.* **2.** Ce qui crée ou peut créer un état de dépendance. ⇒ **contrainte.** *Les servitudes d'un métier.* **3.** Droit. Charge que supporte un immeuble, un terrain pour l'utilité commune. *Servitude de lignes électriques. Chemin de servitude.*

servo- ■ Élément qui signifie « automatique » (ex. : *servocommande,* n. f., *servomécanisme,* n. m.). ► ***servocommande*** [sɛʀvokɔmɑ̃d] n. f. ■ Techniques. Mécanisme auxiliaire qui assure automatiquement, par l'amplification d'une force, le fonctionnement d'un ensemble. ► ***servodirection*** n. f. ■ Techniques. Servocommande qui amplifie les mouvements donnés à la direction d'un véhicule (dite alors *assistée*) par le conducteur. ► ***servofrein*** n. m. ■ Techniques. Frein assisté par une servocommande.

ses adj. poss. ⇒ ① **son.**

① ***sésame*** [sezam] n. m. ■ Plante oléagineuse originaire de l'Inde. — Graine de cette plante. *Biscuits au sésame.*

② ***sésame*** n. m. ■ (Allusion au conte d'Ali Baba) *Le sésame, le « sésame ouvre-toi »,* le mot, la formule magique qui fait obtenir qqch. *Des sésames.*

session [sɛsjɔ̃] n. f. **1.** Période pendant laquelle une assemblée délibérante, un tribunal est apte à tenir séance. *La session parlementaire. Une session extraordinaire du Parlement.* **2.** Période, de durée variable, pendant laquelle un établissement scolaire offre des activités structurées de formation et de perfectionnement. *Une session de fouilles archéologiques.* — Spécialt. Subdivision d'une année scolaire. ⇒ **semestre, trimestre.** *La session d'automne, d'hiver* (à l'université, au cégep). ≠ *cession.*

sesterce [sɛstɛʀs] n. m. ■ Ancienne monnaie romaine. *Le sesterce était une division du denier.*

set [sɛt] n. m. Anglic. **I.** Manche d'un match de tennis, de ping-pong, de volley-ball. *Remporter un set. Match en trois sets gagnants.* **II.** Fam. Ensemble ; service. **1.** Mobilier de certaines pièces (cuisine, salon, chambre...). *Un beau set de chambre contemporain.* **2.** *Set de vaisselle,* service de vaisselle. *Set de table,* service de table. **III.** Contredanse, quadrille. *On dansait des sets.* — *Set carré,* danse* carrée. *Caller un set (carré).* — Son air. *Jouer un set au violon.*

setter [sɛtœʀ] n. m. ■ Anglic. Chien de chasse à poils longs et ondulés. *Des setters irlandais.*

seuil [sœj] n. m. **1.** Dalle ou planche recouvrant la partie inférieure de l'ouverture d'une porte. — Entrée d'une maison. ⇒ **pas** de la porte. ⇒ **perron.** *La gardienne se tenait sur le seuil.* **2.** Abstrait. AU SEUIL DE... : au commencement de... ⇒ **début.** *Au seuil de l'hiver. Au seuil de la vieillesse.* **3.** Limite au-delà de laquelle se mettent en place de nouvelles conditions. *Seuil de rentabilité,* à partir duquel une affaire est rentable. / contr. **plafond** / *Seuil de la pauvreté,* revenu estimé nécessaire pour qu'une famille dispose d'un niveau de vie acceptable.

seul, seule [sœl] adj. **I.** Attribut. **1.** Qui se trouve être sans compagnie, séparé des autres. *Peux-tu me laisser seule un instant ?* ⇒ s'**isoler.** *Il vit seul. Parler tout seul,* sans interlocuteur. *Être seul avec qqn,* sans autre compagnie. *Il faut que je te parle* SEUL À SEUL : en particulier. ⇒ en **tête** à tête. **2.** Qui a peu de relations avec d'autres personnes. ⇒ **solitaire.** *Être seul, tout seul au monde.* ⇒ **esseulé ; isolé. 3.** Unique. *Être seul de son espèce.* **II.** Épithète. **1.** Après le nom. Qui n'est pas accompagné. *Il y avait à la table deux femmes seules,* sans compagnons. — Loc. FAIRE CAVALIER SEUL : agir seul. **2.** Avant le nom. Un (et pas plus). ⇒ **unique.** *C'est ma seule joie. D'un seul coup. Il n'y avait plus une seule place. C'est le seul avantage,* il n'y en a pas d'autre. — Loc. *À seule fin de,* uniquement pour. ⇒ **seulement. III.** Valeur adverbiale. **1.** Seulement. — (En fonction d'apposition) *Seuls doivent compter les faits.* — (Renforçant un nom, un pronom) *Elle seule en est capable.* **2.** Sans aide. *Je pourrai le faire seul, tout seul. Débrouille-toi toute seule ! Le feu ne prend pas tout seul,* sans cause extérieure. *Cela ira tout seul,* sans difficulté. **IV.** N. UN, UNE SEUL(E) : une seule personne, une seule chose. *Par la volonté d'un seul... Un seul de ses livres m'a plu.* — LE, LA SEUL(E) : la seule personne. *Tu n'es pas le seul !,* il y en a bien d'autres dans ton cas ! *Il est le seul à m'avoir aidé.* ► ***seulement*** adv. **1.** Sans rien d'autre que ce qui est mentionné. ⇒ **exclusivement, rien** que, **simplement, uniquement.** *L'homme ne vit pas seulement de pain. Tu fais cela seulement pour épater le prof,* à seule fin de. — (Avec un compl. de temps). *Elle part seulement à huit heures,* pas plus tôt que, pas avant. — Fam. SEULEMENT QUE : rien que. *J'ai seulement que ça à t'offrir. Il vient seulement d'arriver,* il vient d'arriver à l'instant même. — Loc. *Non seulement... mais* (encore)..., sert à introduire deux idées dont la seconde marque une addition, une insistance, etc. *Non seulement tu nies, mais tu m'accuses.* **2.** (Dans des propos. nég. ou interrog.) Même. *Sans avoir seulement le temps de dire un mot.* **3.** Loc. de souhait. *Si seulement il pouvait faire beau !* **4.** (En tête de proposition) Sert à introduire une restriction. ⇒ **cependant, mais, toutefois.** *C'est une bonne voiture, seulement elle coûte cher.* ‹ ► esseulé, soliloque, solitaire, solitude, solo ›

sève [sɛv] n. f. **1.** Liquide nutritif tiré du sol par les racines, qui circule dans les plantes vasculaires. *La montée de la sève* (d'un arbre, etc.). *La sève de l'érable.* ⇒ **eau** d'érable. **2.** Littér. Principe vital, énergie. *Malgré son grand âge, il déborde de sève.* ⇒ **vigueur.**

seven-up [sɛ(e)vɛnɔp] n. m. invar. ■ Anglic. Boisson gazeuse sans cola. *Bouteilles, canettes de seven-up.* — REM. Ce mot est un nom de marque déposée.

sévère [sevɛʀ] adj. **1.** Qui n'admet pas qu'on manque à la règle ; prompt à punir ou à blâmer. ⇒ **dur, exigeant, regardant, strict.** / contr. **indulgent** / *Des parents sévères. Être sévère avec qqn, envers qqn.* — (Choses) Qui punit, blâme sans indulgence. *Adresser de sévères critiques à qqn.* — Très rigoureux. *Des mesures sévères.* ⇒ **draconien ;** anglic. **drastique** (II). **2.** Littér. Qui ne cherche pas à plaire, qui a qqch. de strict. ⇒ **austère.** *La façade est sévère.* **3.** Très grave, très difficile. *Une sévère défaite.* ⇒ **cuisant, lourd.** *La lutte sera sévère.* ► ***sévèrement*** adv. ■ Avec sévérité. *Punir, critiquer sévèrement.* ► ***sévérité*** n. f. **1.** Caractère ou comportement d'une personne sévère. ⇒ **du-**

reté. / contr. **indulgence** / — Caractère rigoureux (d'une peine, d'une mesure). **2.** Littér. Caractère austère, sérieux. ⇒ **austérité.**

sévices [sevis] n. m. pl. ■ Mauvais traitements corporels exercés sur qqn qu'on a sous son autorité, sous sa garde. ⇒ **coup, violence.** *Exercer des sévices sur qqn. Se rendre coupable de sévices.* ⇒ **brutalité.**

sévir [seviʀ] v. intr. ▪ conjug. 2. **1.** Exercer la répression avec rigueur. *Les autorités sont décidées à sévir.* ⇒ **punir.** — *L'arbitre a sévi contre le gardien de but,* il l'a pénalisé. **2.** (Fléaux) Exercer ses ravages. *L'épidémie sévissait depuis plusieurs mois.* ‹ ▸ sévices ›

sevrer [səvʀe] v. tr. ▪ conjug. 5. **1.** Cesser progressivement d'alimenter en lait (un enfant), pour donner une nourriture plus solide. **2.** Littér. SEVRER *qqn* DE : le priver de (qqch. d'agréable). ⇒ **frustrer.** — Au p. p. adj. *Une enfant sevrée de tendresse.* ▸ ***sevrage*** n. m. ■ Action de sevrer (un nourrisson, un toxicomane, etc.).

sexagénaire [sɛksaʒenɛʀ] adj. et n. ■ Qui a entre soixante et soixante-dix ans.

sex-appeal [sɛksapil] n. m. ■ Anglic. (Surtout des femmes) Charme, attrait à base de sexualité, qui excite le désir. ⇒ **séduction ;** anglic. **sex symbol, sexy.**

sexe [sɛks] n. m. **1.** Conformation particulière qui distingue le mâle de la femelle, l'homme de la femme, en leur assignant un rôle déterminé dans la génération. *Enfant du sexe masculin, féminin.* **2.** Qualité d'homme, qualité de femme. *Sans distinction de race ni de sexe.* — Iron. *Le sexe fort,* les hommes. *Le sexe faible, le deuxième sexe, le beau sexe,* les femmes. **3.** Sexualité (2). *Parler de sexe.* — *Film, boutique, revue* DE SEXE : érotique, pornographique. **4.** Parties sexuelles. *Le sexe de l'homme.* ⇒ **pénis, testicules ;** très fam. **bisoune, queue.** *Le sexe de la femme.* ⇒ **vulve ; clitoris, vagin ;** vulg. **plotte. 5.** Constitution et fonction particulière de chacun des deux éléments complémentaires qui interviennent dans la reproduction dite sexuée (⇒ **femelle, mâle**). *Fleur qui a un sexe* (ou *unisexuée), deux sexes* (ou *bisexuée).* ▸ ***sexisme*** n. m. ■ Attitude de discrimination, de mépris à l'égard du sexe féminin. ⇒ **misogynie.** ▸ ***sexiste*** n. et adj. ■ Personne dont les modes de pensée et le comportement sont imprégnés de sexisme. — Adj. *Offres d'emploi sexistes. Tenir des propos sexistes.* ▸ ***sexologie*** n. f. ■ Science qui étudie les problèmes relatifs à la sexualité des êtres humains. ▸ ***sexologue*** n. ■ Spécialiste de sexologie. *Une sexologue.* ‹ ▸ cache-sexe, sex-appeal, sex-shop, sex-symbol, sexué, sexuel, sexy, unisexe ›

sex-shop [sɛksʃɔp] n. m. ■ Anglic. Magasin spécialisé dans la vente de choses érotiques ou pornographiques (vidéos, revues, livres, objets...). *Des sex-shops.* ▸ ***sex-symbol*** n. m. ■ Anglic. Vedette représentant l'idéal féminin ou masculin sur le plan de la sexualité, de la sensualité. ⇒ anglic. **sex-appeal, sexy.** *Des sex-symbols.*

sextant [sɛkstɑ̃] n. m. ■ Instrument composé d'un sixième de cercle gradué, qui permet de mesurer la hauteur d'un astre à partir d'un navire, d'un avion. *Navigateur qui fait le point à l'aide d'un sextant.*

sextuor [sɛkstɥɔʀ] n. m. ■ Composition musicale à six parties. — Orchestre de chambre formé de six instruments. *Des sextuors.*

sextuple [sɛkstypl] adj. ■ Qui vaut six fois une quantité donnée. — N. m. *Le sextuple.* ▸ ***sextupler*** v. ▪ conjug. 1. **1.** V. tr. Multiplier par six. **2.** V. intr. Devenir sextuple.

sexué, ée [sɛksɥe] adj. **1.** Qui est pourvu d'organes sexuels différenciés. *Les végétaux sont sexués.* / contr. **asexué** / **2.** Qui se fait par la conjonction des sexes. *La reproduction sexuée.* ‹ ▸ asexué, bisexué, unisexué ›

sexuel, elle [sɛksɥɛl] adj. **1.** Relatif au sexe, aux conformations et fonctions particulières du mâle et de la femelle. *Parties sexuelles.* ⇒ **génital. 2.** (Chez les humains) Qui concerne l'accouplement, les comportements qu'il détermine et ceux qui en dérivent. *L'acte sexuel.* ⇒ **coït.** *Relations sexuelles. Le harcèlement* sexuel.* ▸ ***sexualité*** n. f. **1.** Caractère de ce qui est sexué, ensemble des caractères propres à chaque sexe. *La sexualité des plantes.* **2.** Ensemble des comportements relatifs à l'instinct sexuel et à sa satisfaction. ⇒ **libido, sexe** (3). *Cours sur la sexualité. Troubles de la sexualité.* ▸ ***sexuellement*** adv. ■ Quant au sexe, à la sexualité. *Maladie transmise sexuellement.* ⇒ **M.T.S.** ‹ ▸ hétérosexualité, hétérosexuel, homosexuel, transsexuel ›

sexy [sɛkse] adj. invar. ■ Anglic. Qui a du sex-appeal, fait valoir le sex-appeal. ⇒ **aguichant, séduisant, suggestif.** ⇒ anglic. **sex-symbol.** *Elle est très sexy. Une mode sexy. Des vêtements sexy.*

seyant, ante [sɛjɑ̃, ɑ̃t] adj. — REM. Part. prés. du v. *seoir.* ■ Littér. Qui va bien, flatte la personne qui le porte. *Une robe, une coiffure seyante. Ce n'est pas très seyant.*

S.-F. n. f. invar. ⇒ **science-fiction** (Abrév.).

shah n. m. ⇒ **schah.**

shaker [ʃekœʀ] n. m. ■ Anglic. Récipient formé d'une double timbale, que l'on utilise pour la préparation des cocktails et boissons glacées. ⇒ **mélangeur.** *Secouer un shaker. Des shakers.*

shakespearien, ienne [ʃɛkspiʀjɛ̃, jɛn] adj. ■ De Shakespeare, qui évoque son théâtre. *Un drame shakespearien. Un auteur shakespearien. Un acteur shakespearien,* spécialiste de son théâtre.

shampooing ou ***shampoing*** [ʃɑ̃pwɛ̃] n. m. **1.** Anglic. Lavage des cheveux et du cuir chevelu au moyen d'un produit approprié. *Se faire un shampooing.* — Ce produit. *Une bouteille de shampooing.* — Abrév. fam. SHAMPOO [ʃɑ̃pu], n. m. *Une bouteille de shampoo.* **2.** Produit moussant pour laver les tapis, etc. *Shampooing à moquette.* — REM. La prononciation [ʃɑ̃pu] est fam. ▸ ***shampouiner*** ou ***shampooiner*** [ʃɑ̃p wine] v. tr. ▪ conjug. 1. ■ Faire un shampooing (1, 2) à. ▸ ***shampouineur*** ou ***shampooineur, euse*** n. **1.** Personne qui, dans un salon de coiffure, fait les shampooings. **2.** N. f. Appareil servant à appliquer une mousse nettoyante sur les sols.

shantoung ou ***shantung*** [ʃɑ̃tuŋ] n. m. ■ Tissu de soie ou de soie sauvage, voisin du pongé.

shawiniganais, aise [ʃawiniganɛ, ɛz] adj. et n. ■ Des villes de Shawinigan et de Shawinigan-Sud. — N. (Avec une majusc.) Personne née dans l'une ou l'autre de ces villes ou qui y habite.

sherbrookois, oise [ʃɛʀbʀukwa, waz] adj. et n. ■ De la ville de Sherbrooke. *Une paroisse sherbrookoise.* — N. (Avec une majusc.) Personne née dans cette ville ou qui l'habite.

shérif [ʃeʀif] n. m. Anglic. **1.** Officier de justice dont la fonction, au pénal, consiste à dresser la liste des jurés dans un procès, et, au civil, à veiller à l'exécution des jugements concernant la vente en justice de biens immeubles. **2.** (Angleterre) Magistrat responsable de l'application de la loi dans un comté. **3.** (États-Unis) Officier de police élu, à la tête d'un comté. *Les shérifs des westerns. Étoile de shérif.*

sherpa [ʃɛʀpa] n. m. ■ Guide de haute montagne (d'un groupe ethnique précis), dans l'Himalaya. *Des sherpas.*

sherry [ʃɛʀi(e)] n. m. ■ Anglic. Vin blanc apéritif, d'origine espagnole. ⇒ **xerès.** *Du sherry sec, sucré. Des sherrys ou sherries. — Prendre un sherry,* un verre de ce vin.

shetland [ʃɛtlɑ̃d] n. m. ■ Anglic. Tissu de laine d'Écosse. *Jupe en shetland.* — Absolt. *(Un, des shetlands)* Un, des chandail(s) en shetland.

shiatsu [ʃiatsu] n. m. invar. ■ Technique de massage d'origine asiatique qui procure la détente, la relaxation grâce à la pression des doigts exercée sur certains points du corps.

shilling [ʃiliŋ] n. m. ■ Anglic. Ancienne unité monétaire anglaise, qui valait un vingtième de la livre. ≠ *schilling.*

shogun [ʃɔgun] n. m. ■ Histoire. Général en chef des armées, au Japon (XIIe au XIXe siècle). *Des shoguns.* — REM. On écrit aussi *shogoun.*

se ***shooter*** [ʃute] v. pron. ▪ conjug. 1. ■ Fam. Se droguer (en s'injectant un stupéfiant). ⇒ se **piquer.** *Se shooter à l'héroïne.* — Transitivement. *Shooter de la morphine à qqn.*

shopping [ʃɔpiŋ] n. m. ■ (France) Anglic. Le fait de parcourir les magasins pour regarder et faire des achats. ⇒ **lèche-vitrines, magasinage.** *Elle faisait du shopping avec une amie.*

short [ʃɔʀt] n. m. Anglic. **1.** Culotte courte (pour le sport, les vacances). *Se mettre en short(s).* **2.** Surtout au plur. Caleçon. ⇒ **bobettes ;** anglic. **slip.**

shortcake [ʃɔʀtkek] n. m. ■ Anglic. Gâteau à pâte blanche et spongieuse, garni de crème fouettée et de fruits, spécialt des fraises. *Des shortcakes aux fraises.*

shortening [ʃɔʀtniŋ] n. m. ■ Anglic. Corps gras fait d'huiles végétales, souvent partiellement hydrogénées, utilisé en pâtisserie. ⇒ **graisse.** *Des shortenings.*

show [ʃo] n. m. ■ Anglic. Spectacle de variétés centré sur une vedette. *Des shows. — Faire, donner un show,* se mettre en évidence, jouer à la vedette dans une circonstance donnée. *La ministre a donné tout un show à la conférence de presse.* ► ***show-business*** [ʃobiznɛ(ə)s] n. m. ■ (Surtout en France) Anglic. Industrie, métier du spectacle. — Abrév. fam. Anglic. SHOW-BIZ [ʃobiz].

① ***si*** [si] conj. — REM. *Si* devient *s'* devant *il, ils.* **I.** SI, hypothétique. **1.** Introduit soit une condition (à laquelle correspond une conséquence dans la principale), soit une simple supposition ou éventualité. ⇒ **advenant** que, au **cas** où, à (la) **condition** de, que, **supposé** que. *Si tu es libre, nous irons ensemble. Si tu lui en parlais, elle accepterait peut-être. Si j'avais su, je ne serais pas venu. Viendras-tu ? Si oui, préviens-moi à l'avance.* **2.** (En corrélation avec une proposition implicite) *Il se conduit comme s'il était fou,* comme il se conduirait s'il était fou. *Et si ça tourne mal ?* (sous entendu : *que ferons-nous ?*). *S'il neigeait, irions-nous quand même ?* ⇒ fam. des **fois** que. — Exprime le souhait, le regret. *Si seulement, si au moins je pouvais me reposer ! S'il avait été plus prudent !* **3.** (Dans des loc. figées) *Si on veut.* ⇒ ① **vouloir** (I, 4). *Si on peut dire. — Si je ne me trompe,* à moins que je me trompe. — SI CE N'EST... : même si ce n'est pas..., en admettant que ce ne soit pas. ⇒ **sinon.** *Un des meilleurs, si ce n'est le meilleur.* SI CE N'EST QUE... : sauf que... ⇒ **excepté** que. *Tout va bien, si ce n'est que j'ai un petit rhume.* **4.** N. m. invar. Hypothèse, supposition. *Des si et des peut-être.* Loc. prov. *Avec des si, on mettrait Paris dans une bouteille, on ferait des choses impossibles. Avec si on va à Paris, avec ça on reste là.* **II.** SI, non hypothétique. **1.** Servant à marquer un lien logique) *S'il revient te voir, c'est qu'il n'a pas d'amour-propre.* ⇒ **puisque. 2.** (Introduisant une complétive, une interrogative indirecte) *Je dois m'assurer si tout est en ordre. Tu me diras si c'est elle. Vous pensez, s'ils étaient fiers !* ⇒ **combien, comme.** ⟨ ► sinon ⟩

② ***si*** adv. **I. 1.** Littér. SI FAIT : mais oui. **2.** (Surtout en France) S'emploie pour contredire l'idée négative que vient d'exprimer l'interlocuteur. *« Tu n'iras pas. — Si ! »* (= j'irai !). *« Tu n'en as pas besoin. — Mais si ! Que si ! »* **II.** (Exprime l'intensité) **1.** À un tel degré. ⇒ **tellement.** *Tu es si bête !* **2.** (Avec une consécutive) *Ils ont si mal joué qu'ils ont été hués.* — Loc. conj. SI BIEN QUE... : de sorte que... *Il a plu si bien que la partie n'a pu avoir lieu.* **III.** Adv. de comparaison avec *que.* Au même degré. ⇒ **aussi.** *On n'est jamais si bien servi que par soi-même.* — (Avec une concessive) *Il échouera si malin qu'il soit.* ⇒ **quelque.** ⟨ ► sitôt ⟩

③ ***si*** n. m. invar. ■ Septième note de la gamme d'ut. *Sonate en si mineur.*

S.I. [ɛsi] n. m. invar. ■ Abréviation de *système* international* (d'unités). *Le S.I. a remplacé le système anglais au cours des années soixante-dix.* — En appos. *Des unités S.I.*

siamois, oise [sjamwa, waz] adj. **1.** Du Siam (ancien nom de la Thaïlande). — N. *Les Siamois. — Chat siamois* ou, n., *un siamois, une siamoise,* chat à poil ras et aux yeux bleus. **2.** *Frères siamois, sœurs siamoises,* jumeaux, jumelles rattachés l'un à l'autre par une membrane. — Fig. Amis inséparables.

siau n. m. ⇒ **seau.**

sibérien, enne [sibeʀjɛ̃, ɛn] adj. ■ De Sibérie. — *Un froid sibérien,* digne de la Sibérie ; extrême. ⟨ ► transsibérien ⟩

sibyllin, ine [sibilɛ̃, in] adj. ■ Littér. Dont le sens est caché, comme celui des oracles que rendaient les *sibylles* (n. f.), devineresses de l'Antiquité. ⇒ **énigmatique, mystérieux, obscur.** *Des propos sibyllins.*

sic [sik] adv. ■ Se met entre parenthèses après un mot ou une expression cités, pour souligner qu'on les cite textuellement, aussi étranges soient-ils.

sicilien, ienne [sisiljɛ̃, ɛn] adj. et n. **1.** De la Sicile. *Des immigrés siciliens.* — N. (Avec une majusc.) Personne née dans cette île italienne ou qui l'habite. **2.** N. m. *Le sicilien,* un dialecte du groupe italien. — Adj. *Le parler sicilien.*

sida [sida] n. m. ■ Abréviation de *syndrome d'immuno-déficience acquise* ou de *syndrome immuno-déficitaire acquis,* maladie grave, souvent mortelle, se caractérisant par une chute brutale des défenses immunitaires de l'organisme, et due à un virus. ⇒ **V.I.H. ;** anglic. **H.I.V., L.A.V.** *Le sida est transmissible par voie sexuelle ou sanguine.* ► ***sidéen, éenne*** ou ***sidatique*** adj. et n. ■ Du sida ; atteint du sida.

side-car [sajdkaʀ; sidkaʀ] n. m. ■ Anglic. Habitacle à une roue et pour un passager, monté sur le côté d'une motocyclette. — L'ensemble du véhicule. *Des side-cars.*

sidéral, ale, aux [sideʀal, o] adj. ■ Astronomie. Qui a rapport aux astres. ⇒ **astral, céleste, cosmique.** *Observations sidérales.* ⟨ ► intersidéral ⟩

sidérer [sideʀe] v. tr. ▪ conjug. 6. ■ Fam. Frapper de stupeur. *Cette nouvelle m'a sidéré.* — Au p. p. adj. *Complètement sidéré.* ⇒ **abasourdi, stupéfié.** ► ***sidérant, ante*** adj. ■ Fam. ⇒ **stupéfiant.**

sidérurgie [sideʀyʀʒi] n. f. ■ Métallurgie du fer, de la fonte, de l'acier et des alliages ferreux ; industrie qui s'y rapporte. ▶ ***sidérurgique*** adj. ■ *Usine sidérurgique.* ▶ ***sidérurgiste*** n. ■ Ouvrier, industriel de la sidérurgie.

siècle [sjɛkl] n. m. **1.** Période de cent ans dont le début est déterminé par rapport à un moment arbitrairement défini, en particulier par rapport à l'ère chrétienne. *Le cinquième siècle après Jésus-Christ* (de 401 à 500), *avant J.-C.*(de 499 à 400). *Au siècle dernier,* au XIXe siècle. **2.** Période de cent années environ considérée comme une unité historique présentant certains caractères. *Le siècle d'or,* le XVIIe siècle espagnol. *Le Grand Siècle,* le XVIIe siècle français. *Le Siècle des lumières,* le XVIIIe siècle en Europe. — Époque. *Elle défendait les idées de son siècle, du siècle.* **3.** Durée de cent années. *Cet arbre a été planté il y a un siècle* (⇒ **séculaire**). — Très longue période. *Depuis des siècles,* depuis très longtemps. *Cela fait un siècle que je l'ai vue.* ⇒ **secousse. 4.** Langage religieux. *Le siècle,* le monde temporel (⇒ **séculier**). *Refuser les tentations du siècle.* ‹ ▶ séculaire, séculier ›

① ***siège*** [sjɛʒ] n. m. **I. 1.** Lieu où se trouve la résidence principale (d'une autorité, d'une société). ⇒ **permanence.** *Le siège d'un parti.* SIÈGE SOCIAL : domicile légal d'une société commerciale. **2.** Lieu où réside, où se trouve la cause (d'un phénomène). *Le siège d'une douleur.* **II.** Lieu où s'établit une armée, pour investir une place forte ; ensemble des opérations menées pour prendre une place forte. *Mettre le siège devant une ville.* ⇒ **assiéger.** — *Lever le siège,* cesser d'assiéger ; se retirer. — ÉTAT DE SIÈGE : régime spécial qui soumet les libertés individuelles à une emprise renforcée de l'autorité publique. *L'état de siège a été proclamé.* ▶ ***siéger*** v. intr. ▪ conjug. 3. et 6. **1.** Tenir séance, être en séance. *Le juge siégera demain.* — *Siéger à* ou, fam., *sur un conseil d'administration,* en faire partie, en être membre. **2.** Avoir le siège de sa juridiction à tel endroit. *L'Assemblée nationale siège au Parlement, à Québec. Députée qui siège à Ottawa.* — (Suj. chose) Littér. Résider, se trouver. *Voilà où siège le mal.* ‹ ▶ assiéger, ② siège ›

② ***siège*** n. m. **I.** Objet fabriqué, meuble disposé pour qu'on puisse s'y asseoir. ⇒ **chaise, fauteuil,** etc. *Donner, offrir un siège à qqn. Prends un siège,* assieds-toi. *Les sièges avant, arrière, d'une automobile. Siège d'auto,* pour les bébés, que l'on fixe au dossier du siège arrière d'une voiture. *Siège de bébé,* support incliné et portatif pour les jeunes bébés. **II. 1.** Place à pourvoir par élection. *Le parti a gagné vingt sièges à l'Assemblée.* **2.** Dignité d'évêque, de pontife. *Siège épiscopal.* ‹ ▶ Saint-Siège, ③ siège, télésiège ›

③ ***siège*** n. m. ■ (Dans des expressions) Partie du corps humain sur laquelle on s'assied. ⇒ **postérieur.** *Bain de siège. Enfant qui se présente par le siège* (dans un accouchement).

sien, sienne [sjɛ̃, sjɛn] adj. et pronom poss. ■ Possessif de la troisième personne du singulier. **1.** Adj. Littér. *Faire siennes les idées de son chef.* **2.** Pronom. *Je préfère mon vélo au sien.* **3.** N. *Il y a mis du sien,* de la bonne volonté. — Fam. FAIRE DES SIENNES : commettre des sottises. *Elle avait encore fait des siennes.* **4.** N. m. pl. *Les siens,* sa famille, ses amis ; ses partisans. *Elle est revenue parmi les siens.*

sierra [sjɛʀa] n. f. ■ Chaîne de montagnes hérissée de sommets (surtout dans les pays de langue espagnole). *Les sierras. La Sierra Nevada.*

sieste [sjɛst] n. f. ■ Repos (accompagné ou non de sommeil) pris après le repas de midi. ⇒ ③ **somme.** *Faire la sieste.*

sieur [sjœʀ] n. m. ■ Vieilli. Monsieur (en langage de procédure). *Madame Une telle, épouse de sieur X, est décédée...* — Péj. *À en croire le sieur Un tel...* ‹ ▶ monsieur ›

siffler [sifle] v. ▪ conjug. 1. **I.** V. intr. **1.** Émettre un son aigu, modulé ou non, en faisant échapper l'air par une ouverture étroite (bouche, sifflet...). *Sais-tu siffler ? Asthmatique qui siffle en respirant.* ⇒ fam. **râler.** *Siffler comme un merle.* — (Animaux) *La marmotte siffle.* **2.** Produire un son aigu par un frottement, par un mouvement rapide de l'air. *Le vent sifflait dans la cheminée.* — *Jet de vapeur qui siffle.* ⇒ **chuinter. II.** V. tr. **1.** Moduler (un air) en émettant de tels sons. *Siffler un petit air joyeux.* **2.** Appeler ou signaler par de tels sons. *Siffler son chien. L'arbitre a sifflé un hors-jeu. Siffler les filles,* démontrer son admiration, son intérêt. **3.** (Suj. le public) Désapprouver bruyamment, par des sifflements, des cris, etc. *Le pianiste s'est fait siffler.* ⇒ **conspuer, huer.** / contr. **applaudir** / **4.** Fam. Boire d'un trait. ⇒ fam. ② **caler,** ① **descendre, siphonner.** *Il a sifflé trois verres à la suite.* ▶ ***sifflant, ante*** adj. ■ Qui s'accompagne d'un sifflement. *Respiration sifflante. Consonne sifflante,* dont l'émission est caractérisée par un bruit de sifflement (ex. : [s]). ▶ ***sifflement*** n. m. **1.** Action de siffler ; son émis en sifflant. *Émettre un sifflement admiratif.* **2.** Production d'un son aigu. *Le sifflement des balles.* — Bruit parasite perçu dans un récepteur de radio. ⇒ fam. **grichage.** ▶ ***sifflet*** n. m. **1.** Petit instrument formé d'un tuyau court à ouverture en biseau, servant à émettre un son aigu. ⇒ **appeau.** *Le sifflet de l'arbitre.* **2.** *Coup de sifflet* ou, absolt, *sifflet,* son produit en soufflant dans un sifflet ou en sifflant. *J'ai entendu des sifflets. L'orateur fut interrompu par les sifflets du public.* ⇒ **huée ;** ② **chou.** / contr. **bravo** / **3.** Loc. fam. COUPER LE SIFFLET *à qqn* : le laisser coi, interloqué. *Ça m'a coupé le sifflet.* ▶ ***siffleur*** ou ***siffleux, euse*** adj. et n. **1.** Qui siffle. *Merle siffleur.* **2.** N. m. Cour. Marmotte. *Les siffleux hibernent.* ▶ ***siffloter*** v. intr. ▪ conjug. 1. ■ Siffler négligemment en modulant un air. *Siffloter gaiement.* — Transitivement. *Siffloter une rengaine.* ▶ ***sifflotement*** n. m. ■ Action de siffloter ; air siffloté. ‹ ▶ persifler ›

sigle [sigl] n. m. ■ Suite d'initiales servant d'abréviation (ex. : *M.T.S.,* maladie transmise sexuellement ; *S.Q.,* Sûreté du Québec). ≠ *mot-valise.*

signal, aux [siɲal, o] n. m. **1.** Signe convenu (geste, son...) fait par qqn pour indiquer le moment d'agir. *À son signal, tout le monde se leva. Donner le signal du départ.* — Fait qui déclenche une action, un processus en réponse. *Leur arrestation a été le signal de l'insurrection.* **2.** Signe (ou système) conventionnel destiné à transmettre une information. *Signal d'alarme. Signaux optiques, acoustiques. Signaux de chemin de fer* (disques, feux réglant la circulation sur les voies). *Le conducteur n'a pas respecté le signal. Signaux routiers* (⇒ **signalisation**). ‹ ▶ signaler, signaliser ›

signaler [siɲale] v. tr. ▪ conjug. 1. **I. 1.** Annoncer par un signal (ce qui se présente, un mouvement). *Cycliste qui tend le bras pour signaler qu'il va tourner.* ⇒ **indiquer.** *L'automobiliste signale à gauche,* enclenche le clignotant correspondant. — Au p. p. adj. *Le train est signalé,* il va entrer en gare. **2.** Faire remarquer ou connaître en attirant l'attention. *Rien à signaler. On a signalé leur présence à Paris. Permettez-moi de vous signaler que...* **3.** Dénoncer pour faute commise. *Le dépanneur les a signalés à la police.* **4.** Pronominalement. *Se signaler,* se faire remarquer, se distinguer (en bien ou en mal). *Elle s'est signalée par son courage.* **II.** Fam. Composer (un numéro de téléphone). ⇒ fam. **pitonner.** *Quel numéro avez-vous signalé ?* — Au p. p.

adj. *Le numéro signalé est le ...* ≠ *signaliser.* ▶ ***signalé, ée*** adj. ■ Littér. (En loc., devant le nom) Remarquable, insigne. *Elle m'a rendu un signalé service.* ▶ ***signalement*** n. m. ■ Description physique d'une personne qu'on veut faire reconnaître. *Son signalement a été donné à tous les postes frontières.* ⟨ ▶ signalétique ⟩

signalétique [siɲaletik] adj. ■ Qui donne un signalement. *Fiche signalétique.*

signaliser [siɲalize] v. tr. ▪ conjug. 1. ■ Munir d'un ensemble de signaux coordonnés. *Signaliser une route, un parcours.* — Au p. p. adj. *Piste bien signalisée.* ≠ *signaler.* ▶ ***signalisation*** n. f. ■ Emploi, disposition des signaux destinés à assurer la bonne utilisation d'une voie et la sécurité des usagers. *Panneaux, feux de signalisation.*

signataire [siɲatɛʀ] n. ■ Personne, autorité qui a signé (une lettre, un acte, un traité). *Les signataires d'un pacte.*

signature [siɲatyʀ] n. f. **1.** Inscription, sous une forme personnelle et constante, qu'une personne fait de son nom en vue de certifier exact ou authentique, ou d'engager sa responsabilité. ⇒ **griffe, paraphe, seing.** *Une signature illisible. Apposer sa signature sur un document.* ⇒ **signer.** — *Honorer sa signature,* l'engagement qu'on a signé. **2.** Action de signer (un écrit, un acte). *L'arrêté va être soumis pour la signature du ministre.*

signe [siɲ] n. m. **I. 1.** Chose perçue qui permet de conclure à l'existence ou à la vérité (d'une autre chose, à laquelle elle est liée). ⇒ **indication, indice, manifestation, marque, signal, symbole, symptôme.** *Un portrait est un signe de la personne représentée.* ⇒ **image.** *Un mot est un signe arbitraire de la chose signifiée.* (→ ci-dessous II, 2.) *C'est un signe qui ne trompe pas. Signes extérieurs de richesse,* ce qui, dans le train de vie, est pour les observateurs un indice de richesse. *Donner des signes de fatigue, de nervosité.* ⇒ **manifester, témoigner.** *Vérifier les signes vitaux d'un blessé,* les indications qu'il est encore vivant. Loc. *Ne pas donner* SIGNE DE VIE : paraître mort ; ne donner aucune nouvelle. *C'est* BON SIGNE, *c'est* MAUVAIS SIGNE : c'est l'annonce que ça va bien, mal. *Il est sorti, c'est signe qu'il va mieux,* cela annonce, prouve qu'il va mieux. **2.** Élément ou caractère (d'une personne, d'une chose) qui permet de distinguer, de reconnaître. *Son visage ne présente pas de signes particuliers. Un signe des temps,* une chose qui caractérise l'époque où l'on vit. — Marque faite pour distinguer. *Faire un petit signe sur un livre avant de le prêter.* **II. 1.** Mouvement ou geste destiné à communiquer avec qqn, à faire savoir qqch. ⇒ **signal.** *Communiquer par signes* (opposé à *parole*). *Un signe de tête affirmatif, négatif. Elle me fit signe que non. On m'a fait signe d'entrer. Je te ferai signe,* j'entrerai en contact avec toi. — *En signe de...,* pour manifester, exprimer. *Agiter son mouchoir en signe d'adieu.* ⇒ en **guise** de. **2.** Représentation matérielle simple qui se rapporte conventionnellement à une réalité complexe. ⇒ **symbole.** *Le noir, signe de deuil.* — Mathématiques. *Le signe « plus »* (+), *le signe « moins »* (-). — Élément du langage, associant un signifiant à un signifié. *Les mots sont des signes* (⇒ **sémantique ; sémiologie, sémiotique**). — *Signes de ponctuation*.* **3.** Emblème, insigne (d'une société, d'une fonction). *Le signe de la croix,* l'emblème des chrétiens. *Faire le signe de la croix, un signe de croix,* le geste qui l'évoque. **4.** Chacune des figures représentant en astrologie les douze constellations du zodiaque. *Être né sous le signe du Bélier, être du signe du Bélier.* — En appos. *Être Bélier.* — Fam. *Sous le signe de la bonne humeur,* dans une atmosphère de bonne humeur. ⇒ sous les **auspices** de. ▶ ***signé, ée*** adj. ■ Qui concerne les signes (II, 1). *Le langage signé des sourds,* le langage des signes. ⟨ ▶ assigner, ① consigner, désigner, ② insigne, signal, ① signer, ② se signer, signet, signifier ⟩

① ***signer*** [siɲe] v. tr. ▪ conjug. 1. ■ Revêtir de sa signature (une lettre, une œuvre d'art, un traité). ⇒ **initialer.** *Signer un chèque. Signer la paix,* le traité de paix. — Au p. p. adj. *Tableau signé X. Œuvre signée de la main de l'artiste.* — Abstrait. *C'est signé !,* cela porte bien la marque de la personne en question. — *Lettres non signées,* anonymes. ⟨ ▶ contresigner, signataire, signature, soussigné ⟩

② ***se signer*** v. pron. ▪ conjug. 1. ■ Faire le signe de croix. *Elle s'est signée et a fait une prière.*

signet [siɲɛ] n. m. ■ Petit ruban ou bande de papier, de carton, servant à marquer tel ou tel endroit d'un livre.

signifier [siɲifje] v. tr. ▪ conjug. 7. **1.** (Suj. chose) Avoir un sens, être le signe de. ⇒ vouloir **dire.** *Je ne sais pas ce que signifie ce mot. Le mot anglais « bed » signifie « lit ». Ta conduite signifie que tu n'as pas confiance en moi. Qu'est-ce que cela signifie ?* (expression de mécontentement). **2.** (Suj. personne) Faire connaître par des signes, des termes parfaitement clairs. *Elle nous a signifié ses intentions.* — Droit. Faire savoir légalement. ⇒ **notifier.** ▶ ***signifiant, ante*** adj. et n. m. **1.** Adj. Qui signifie. **2.** N. m. Linguistique. Partie matérielle du signe (phonèmes ou sons, caractères écrits), opposée et liée au *signifié*.* ▶ ***significatif, ive*** adj. ■ Qui signifie, exprime ou renseigne clairement. ⇒ **expressif, révélateur.** *Une indication, une remarque très significative.* ▶ ***signification*** n. f. **1.** Ce que signifie (une chose, un fait). *Quelle est la signification de cette grimace ?* — Sens (d'un signe, d'un ensemble de signes, et notamment d'un mot). *La signification d'un symbole. Les diverses significations d'un mot.* ⇒ **acception. 2.** Droit. Action de signifier (un jugement, etc.). ⇒ **notification.** ▶ ***signifié*** n. m. ■ Linguistique. Contenu du signe opposé et lié au *signifiant*.* ⇒ **sens ; concept, notion.** ⟨ ▶ insignifiant ⟩

sikh, sikhe [sik] adj. et n. ■ Qui est membre de l'un des quatre grands groupes religieux (le *sikhisme*) de l'Inde. *La communauté sikh de Toronto.* — N. (Avec une majusc.) *Des Sikhs.*

silence [silɑ̃s] n. m. **I. 1.** Fait de ne pas parler ; attitude d'une personne qui reste sans parler. ⇒ **mutisme.** *Garder le silence,* se taire. *En silence,* sans rien dire. *Faites silence !,* taisez-vous ! Ellipt. *Silence !* — *Minute de silence,* hommage que l'on rend aux morts en demeurant debout, immobile et silencieux. — *(Un, des silences)* Moment(s) pendant lequel (lesquels) on ne dit rien. *Une conversation coupée de silences.* **2.** Le fait de ne pas exprimer, de ne pas divulguer (ce qu'on veut cacher). *Passer qqch. sous silence,* n'en rien dire, ne pas en faire mention. *Promets-moi un silence absolu.* ⇒ ② **secret.** *La loi du silence,* qui interdit aux malfaiteurs de faire des révélations sur leurs complices. *Réduire qqn au silence,* l'empêcher de se manifester ; le tuer. **II. 1.** Absence de bruit, d'agitation. *Dans le silence de la nuit. Il régnait un silence de mort, un silence total.* **2.** Interruption du son d'une durée déterminée, indiquée dans la notation musicale ; signe qui l'indique. ⇒ **pause, soupir.** ▶ ① ***silencieux, euse*** adj. **1.** Où le silence et le calme règnent. / contr. **bruyant** / *Rue silencieuse.* — Qui se fait, fonctionne sans bruit. *Moteur silencieux.* **2.** Qui garde le silence. ⇒ **muet.** *Nous restions silencieux.* — Qui ne s'accompagne pas de paroles. *Repas silencieux.* ▶ ***silencieusement*** adv. ■ Sans faire aucun bruit. — Sans parler. ▶ ② ***silencieux*** n. m. invar. **1.** Pot d'échappement (d'un véhicule à moteur). **2.** Dispositif qui étouffe le bruit d'une arme à feu.

siler [sile] v. intr. ▪ conjug. 1. **1.** Respirer difficilement, en faisant entendre un sifflement. *L'asthme fait siler.* **2.** Produire, faire entendre un son aigu. *Le vent sile dans les arbres. La bouilloire silait. Les oreilles me silent. — Le chien silait à la porte.* ⇒ **gémir.** ▶ ***silage*** ou ***silement*** n. m. ▪ Fait de siler.

silex [silɛks] n. m. invar. **1.** Roche sédimentaire siliceuse, cristallisée (⇒ **quartz**). **2.** Arme, outil préhistorique fait de cette roche taillée. *Des silex du paléolithique.* ⟨ ▶ silice ⟩

silhouette [silwɛt] n. f. **1.** Forme qui se profile en noir sur un fond clair. *La silhouette de la tour se découpe sur le ciel.* — Forme ou dessin aux contours schématiques. *Silhouette des arbres reflétée dans l'eau.* **2.** Allure ou ligne générale d'une personne. *Sa silhouette est très jeune.* ▶ ***silhouetter*** v. tr. ▪ conjug. 1. ▪ Représenter en silhouette. — Pronominalement. *Se silhouetter.* ⇒ se **profiler.**

silice [silis] n. f. ▪ Oxyde de silicium, corps solide de grande dureté, blanc ou incolore, entrant dans la composition de nombreux minéraux. *Silice pure cristallisée.* ⇒ **quartz.** ▶ ***silicate*** n. m. ▪ Combinaison de silice avec divers oxydes métalliques. ▶ ***siliceux, euse*** adj. ▶ ***silicium*** [silisjɔm] n. m. ▪ Corps simple de couleur grise, métalloïde du groupe du carbone, présent dans la silice et les silicates (symb. *Si*). ▶ ***silicone*** n. m. ▪ Nom générique des dérivés du silicium se présentant sous forme d'huiles, de résines, de matières plastiques. *Remplir un joint de silicone. Prothèse mammaire en silicone.* — REM. En France, le mot *silicone* est féminin. ▶ ***silicose*** n. f. ▪ Maladie pulmonaire professionnelle des mineurs, due à l'inhalation de poussières de silice. ▶ ***silicosé, ée*** adj. et n. ▪ Qui est atteint de silicose. *Un mineur silicosé.* — N. *Les silicosés.*

sillage [sijaʒ] n. m. **1.** Trace qu'un bateau laisse derrière lui à la surface de l'eau. — Loc. *Être, marcher* DANS LE SILLAGE *de qqn* : à la suite de, derrière qqn (qui ouvre la voie). **2.** *Le sillage d'une odeur, d'un parfum,* l'odeur laissée par une personne qui passe.

sillerois, oise [silәrwa, waz] adj. et n. ▪ De la ville de Sillery. — N. (Avec une majusc.) Personne née dans cette ville ou qui l'habite.

sillon [sijɔ̃] n. m. **1.** Longue tranchée ouverte dans la terre par la charrue. — Poét. Au plur. Les champs cultivés, la campagne. **2.** Ligne, ride. *Menton creusé d'un sillon.* — Anatomie. *Les sillons du cerveau,* les rainures qui séparent les circonvolutions. **3.** Trace produite à la surface d'un disque par l'enregistrement phonographique. ⇒ **microsillon.** ▶ ***sillonner*** v. tr. ▪ conjug. 1. **1.** Creuser en faisant des sillons, des fentes. — Au p. p. adj. *Front sillonné de rides.* **2.** Traverser d'un bout à l'autre. *Les éclairs sillonnaient le ciel.* — Traverser, parcourir en tous sens. *Les routes qui sillonnent cette région.* ⟨ ▶ microsillon, sillage ⟩

silo [silo] n. m. ▪ Réservoir où l'on entrepose les produits agricoles pour les conserver. ⇒ **élévateur** à grains. *Des silos à fourrage, à blé.*

s'il vous (te) plaît ⇒ **plaire.**

simagrée [simagʀe] n. f. ▪ Surtout au plur. Façons, petite comédie destinées à tromper. ⇒ **grimace, manière ;** fam. **chichi.** *Elle s'est laissé prendre à tes simagrées. Cesse de faire des simagrées.* ⇒ **contorsion.**

simiens [simjɛ̃] n. m. pl. ▪ Sous-ordre de l'ordre des Primates, comprenant les singes proprement dits. *Les anthropoïdes sont des simiens.* — Au sing. *Le chimpanzé est un simien.* — Adj. Propre, relatif aux singes. *L'habitat simien.*

simiesque [simjɛsk] adj. ▪ Littér. Qui tient du singe, évoque le singe. *Un visage simiesque.*

similaire [similɛʀ] adj. ▪ Qui est à peu près semblable. ⇒ **analogue, équivalent.** *Nous n'avons plus ce produit, mais nous pouvons vous proposer quelque chose de similaire.* ▶ ***similarité*** n. f. ▪ Qualité des choses similaires. ⟨ ▶ simil(i)- ⟩

simil(i)- ▪ Élément qui signifie « pareil, semblable ». ⇒ **semblable.** ▶ ***simili*** n. **1.** Imitation (d'une matière ou d'une chose précieuse). *« Est-ce un vrai diamant ? - Non, c'est du simili. »* **2.** N. f. Fam. Abréviation de *similigravure.* ▶ ***similicuir*** [similikɥiʀ] n. m. ▪ Matière plastique imitant le cuir. ⇒ **cuirette.** ▶ ***similifourrure*** n. f. ▪ Matière synthétique imitant la fourrure. *Manteau d'hiver en similifourrure.* ▶ ***similigravure*** n. f. ▪ Photogravure en demi-teinte au moyen de trames à travers lesquelles sont photographiés les objets ; cliché ainsi obtenu. ⇒ **simili.**

similitude [similityd] n. f. ▪ Relation unissant deux choses semblables. ⇒ **analogie, identité, ressemblance.** — Caractère de deux figures géométriques semblables. ⟨ ▶ similaire ⟩

simonac [simɔnak] interj. ▪ Fam. Juron très fréquent et employé dans toutes sortes de circonstances. *Simonac, j'ai raté mon autobus !* Absolt. *Simonac ! — Simonac de* (+ autre juron). — Loc. *Être en simonac,* très fâché, de très mauvaise humeur ; ne pas être très content. *Elle était en simonac parce qu'elle avait attendu une heure.* — N. UN SIMONAC DE : sert à qualifier la chose, la personne qui est mentionnée. *Une simonac de belle voiture.* Sans compl. UN SIMONAC : terme d'injure, de mépris. *Ah ! Mon simonac ! Elle aussi, la simonac !* — Loc. adv. EN SIMONAC : très, beaucoup. *De ce temps-ci, ils travaillent en simonac.*

simoun [simun] n. m. ▪ Vent violent, chaud et sec, accompagné de tourbillons de sable, qui souffle sur les régions désertiques de l'Arabie, de l'Égypte, du Sahara. ⇒ **sirocco.**

① ***simple*** [sɛ̃pl] adj. **I.** (Personnes) **1.** Qui agit selon ses sentiments, sans affectation, sans calcul, sans recherche. ⇒ **direct.** *Un être simple et rude. — Un cœur simple.* **2.** Dont les manières, les goûts ne dénotent aucune prétention. *Elle a su rester simple dans les honneurs. — Les gens simples,* de condition modeste. **3.** Péj. Qui a peu de finesse, se laisse facilement tromper. ⇒ **crédule, simplet.** *Il est un peu simple.* — Région. Loc. *Faire simple,* agir stupidement. *Fais pas simple !* — SIMPLE D'ESPRIT : qui n'a pas une intelligence normalement développée. ⇒ **arriéré.** N. Débile mental. *Un, une simple d'esprit.* **II.** (Choses) **1.** Qui n'est pas composé de parties, est indécomposable. *Corps chimiques simples. Un billet, un aller simple* (opposé à *aller et retour*). *Les temps simples d'un verbe* (opposé à *composé*). — *Un lit simple,* à une place. *Chambre simple,* à un seul lit. N. m. *Varier du simple au double,* être multiplié par deux. **2.** (Avant le nom) Indique que le nom est pris au sens strict, à l'exclusion de toute autre idée. *Une simple formalité.* ⇒ **pur.** *Un simple soldat.* **3.** Qui est formé d'un petit nombre de parties ou d'éléments. ⇒ **élémentaire.** / contr. **complexe** / *L'intrigue de ce roman est simple.* **4.** Qui, étant formé de peu d'éléments, est aisé à comprendre, à utiliser. ⇒ ① **commode, facile.** / contr. **compliqué, difficile.** / *Il y a un moyen bien simple. C'est simple comme bonjour* (comme de dire bonjour). *Ce n'est pas si simple.* Fam. *C'est bien simple,* se dit pour ramener une question à une évidence. *C'est bien simple, il suffit* *d'aller tout droit.* **5.** Qui comporte peu d'éléments ajoutés, peu d'ornements. *Dans le plus simple appareil,* déshabillé, nu. *Une robe toute simple.* / contr. **recherché** / — Sans décorum, sans cérémonie. *Le mariage a été très simple.* **6.** Loc. adj. (Après le nom) PUR ET SIMPLE. ⇒ **pur.** ▶ ***simplement*** adv. **1.** D'une manière simple, sans complication, sans affectation. ⇒ **naturellement.** **2.** Seulement. *Je voulais simplement te dire...* **3.** PUREMENT ET SIMPLEMENT. ⇒ **purement.** ▶ ***simplet, ette*** adj. **1.** Qui est un peu simple d'esprit. ⇒ **naïf, niais.** — N. *Ce sont des simplets.* **2.** (Choses) D'une excessive simplicité. *Une musique plutôt simplette.* ▶ ② ***simple*** n. m. **1.** Partie de tennis entre deux adversaires (opposé à *double*). *Un simple messieurs ; un simple dames.* **2.** Baseball, balle-molle. Coup* sûr d'un but. ⇒ **amorti, coup** retenu. *Réussir un simple sur un roulant.* ‹ ▶ simplicité, simplifier, simpliste ›

simplicité [sɛ̃plisite] n. f. **I.** **1.** Sincérité sans détour. ⇒ **franchise.** — Comportement naturel et spontané. ⇒ ② **naturel.** *Répondre avec simplicité.* **2.** Caractère d'une personne simple (2). / contr. **affectation, ostentation, vanité** / — Loc. EN TOUTE SIMPLICITÉ : sans cérémonie. **3.** Littér. Naïveté exagérée. ⇒ **candeur.** *Je n'ai pas la simplicité de le croire.* **II.** (Choses) **1.** Caractère de ce qui n'est pas composé ou décomposable. — Caractère de ce qui est facile à comprendre, à utiliser. / contr. **complexité** / *Problème, mécanisme d'une grande simplicité.* **2.** Qualité de ce qui n'est pas chargé d'ornements superflus. *La simplicité de sa toilette.*

simplifier [sɛ̃plifje] v. tr. • conjug. 7. ■ Rendre moins complexe, moins chargé d'éléments accessoires, plus facile. / contr. **compliquer** / *Cela simplifie la question. Cet appareil me simplifie la vie.* ⇒ **faciliter.** — *Simplifier une fraction,* en réduire également les deux termes. ▶ ***simplification*** n. f. ■ Action, fait de simplifier.

simpliste [sɛ̃plist] adj. ■ Qui ne considère qu'un aspect des choses et simplifie outre mesure. *Un raisonnement simpliste.*

simulacre [simylakʀ] n. m. ■ Littér. Ce qui n'a que l'apparence de ce qu'il prétend être. ⇒ **illusion, parodie, semblant.** *Il n'y a eu qu'un simulacre de combat.*

simuler [simyle] v. tr. • conjug. 1. ■ Faire paraître comme réel, effectif (ce qui ne l'est pas). *Simuler une vente.* — Donner pour réel en imitant l'apparence de (la chose à laquelle on veut faire croire). ⇒ ① **affecter, feindre,** faire **semblant** de. *Simuler un malaise.* — Au p. p. adj. *Une indifférence simulée.* ⇒ **fictif.** ▶ ***simulateur, trice*** n. **1.** Personne qui simule un sentiment. ⇒ **hypocrite.** *Un habile simulateur.* — Personne qui simule une maladie. *Le médecin l'a prise pour une simulatrice.* **2.** N. m. Appareil qui permet de représenter artificiellement un fonctionnement réel. *Un simulateur de vol.* ▶ ***simulation*** n. f. **1.** Fait de simuler (un acte juridique). **2.** Action de simuler (un sentiment, une maladie). ⇒ **comédie.** **3.** Terme technique. Représentation à l'aide d'un simulateur. ‹ ▶ dissimuler, simulacre ›

simultané, ée [simyltane] adj. **1.** Se dit d'événements distincts ayant lieu au même moment. ⇒ **concomitant, synchrone.** / contr. **successif** / *Mouvements simultanés.* **2.** *Interprétation, traduction simultanée,* donnée en même temps que parle l'orateur. / contr. **consécutif** / ▶ ***simultanéité*** n. f. ■ Caractère simultané ; synchronisme absolu. *La locution conjonctive « au moment où » marque la simultanéité.* ▶ ***simultanément*** adv. ■ En même temps.

sinanthrope [sinɑ̃tʀɔp] n. m. ■ Grand primate fossile proche de l'être humain dont les restes ont été découverts en Chine (d'où son nom → sin(o)-).

sinapisme [sinapism] n. m. ■ Traitement révulsif par application d'un cataplasme à base de farine de moutarde (ou *sinapis,* n. m.) ; ce cataplasme. ⇒ **mouche** de moutarde. ▶ ***sinapisé, ée*** adj. ■ *Cataplasme sinapisé,* à la moutarde.

sincère [sɛ̃sɛʀ] adj. **1.** Qui est disposé à reconnaître la vérité et à faire connaître ce qu'il pense, ce qu'il ressent. ⇒ ③ **franc, loyal.** / contr. **menteur** / *Il s'est excusé et je le crois sincère.* **2.** Qui est tel réellement et en toute bonne foi. ⇒ **véritable, vrai.** *Ami sincère. Un sincère amateur d'art moderne.* **3.** (Choses) Réellement pensé ou senti. *Amour, repentir sincère. Ce n'est pas sincère.* / contr. **factice, hypocrite.** / — (Dans le lang. de la politesse) *Mes sincères condoléances.* ▶ ***sincèrement*** adv. ▶ ***sincérité*** n. f. **1.** Qualité d'une personne sincère. ⇒ bonne **foi, franchise, loyauté.** *Je vous le dis en toute sincérité.* **2.** Caractère de ce qui est sincère.

sinécure [sinekyʀ] n. f. ■ Charge ou emploi où l'on est rétribué sans avoir rien (ou presque rien) à faire ; situation de tout repos. *Tu as trouvé une sinécure, avec cet emploi.* — Fam. *Ce n'est pas une sinécure,* ce n'est pas une mince affaire. ⇒ **complexe, difficile.**

sine die [sinedje] loc. adv. ■ Sans fixer de date pour une autre réunion, une autre séance. *Le débat a été ajourné sine die.*

sine qua non [sinekwanɔn] loc. adj. invar. ■ *Condition sine qua non,* absolument indispensable. ⇒ **essentiel, nécessaire, obligatoire.**

singe [sɛ̃ʒ] n. m. **1.** Mammifère (primates) caractérisé par une face nue, un cerveau développé, des membres inférieurs plus petits que les membres supérieurs, et des mains. ⇒ **simiens ; pithéc(o)-.** *Qui rappelle le singe.* ⇒ **simiesque.** — Cet animal mâle. ⇒ **guenon.** **2.** PROV. *On n'apprend pas à un vieux singe à faire la grimace, des grimaces,* on n'apprend pas les ruses à une personne pleine d'expérience. — Loc. *Payer en* MONNAIE DE SINGE : récompenser ou payer par de belles paroles, des promesses creuses. — *Être malin comme un singe.* — *Faire le singe,* se comporter d'une façon déraisonnable ; faire des singeries. ⇒ **clown.** **3.** Personne laide. *C'est un vieux singe.* ▶ ***singer*** v. tr. • conjug. 3. **1.** Imiter (qqn) maladroitement ou d'une manière caricaturale (comme font les singes). ⇒ **contrefaire.** *Singer qqn, les manies de qqn.* **2.** Feindre, simuler (un sentiment). *Il singeait la passion.* ▶ ***singerie*** n. f. ■ Grimace, attitude comique. *Pas tant de singeries !* ⇒ **pitrerie.**

singhalais adj. et n. ⇒ **cingalais.**

singulariser [sɛ̃gylaʀize] v. tr. • conjug. 1. ■ Distinguer des autres par qqch. de peu courant. *Sa tenue voyante la singularise.* — Pronominalement. *Se singulariser,* se faire remarquer par qqch. de bizarre. ⇒ se **particulariser.**

singularité [sɛ̃gylaʀite] n. f. ■ Caractère exceptionnel de ce qui se distingue (en bien ou en mal). ⇒ **bizarrerie, étrangeté.** — Fait, trait singulier. ⇒ **particularité.** *Cet appareil photo présente la singularité de fonctionner sous l'eau.*

singulier, ière [sɛ̃gylje, jɛʀ] adj. et n. m. **1.** Qui est digne d'être remarqué (en bien ou en mal) par des traits peu communs. ⇒ **bizarre, curieux, étonnant, étrange.** / contr. **banal** / *Sa réaction a été tout à fait singulière. Singulière façon de voir les choses !* **2.** Littér. Différent des autres. ⇒ ② **original, particulier, spécial.** *Une nature singulière.* **3.** *Combat singulier,* duel. **4.** N. m. Catégorie grammaticale qui exprime l'unité (opposé à *pluriel*). ⇒ ② **duel ; nombre.** ▶ ***singulièrement*** adv. **1.** Beaucoup, très. ⇒ **extrêmement.** *Un cas singulièrement troublant.* **2.** Littér. Bizarrement. *Il se* *conduit singulièrement.* **3.** Littér. Notamment, particulièrement. *Cette architecte a revitalisé le secteur portuaire, singulièrement près de la traverse.* ⇒ **spécifiquement.** ‹ ▸ singulariser, singularité ›

① ***sinistre*** [sinistʀ] adj. **1.** Qui fait craindre un malheur, une catastrophe. *Des craquements sinistres.* ⇒ **effrayant, épeurant.** — Sombre, inquiétant. *Une allure sinistre. Une rue sinistre.* **2.** (Devant le nom) Inquiétant, dangereux. *Un sinistre individu.* — Intensif. *Un sinistre crétin.* **3.** Triste et ennuyeux. ⇒ **lugubre.** *La soirée a été sinistre.* ‹ ▸ ② sinistre ›

② ***sinistre*** n. m. **1.** Événement catastrophique naturel (incendie, inondation, tremblement de terre, etc.). *Le sinistre a fait de nombreuses victimes. Se rendre sur les lieux du sinistre.* **2.** Dommages ou pertes subis par des objets assurés. *Évaluer le sinistre.* ▸ ***sinistré, ée*** adj. et n. ■ Qui a subi un sinistre. *Région, zone sinistrée,* admissible à des programmes d'aide gouvernementaux. — (Personnes) N. *Les sinistrés sont aidés par la Croix-Rouge.*

sin(o)- ■ Élément savant signifiant « de la Chine » (ex. : *sinologie,* n. f., « ensemble des études relatives à la Chine »). ▸ ***sinologue*** [sinɔlɔg] n. ■ Spécialiste de la Chine. *Une sinologue émérite.* ‹ ▸ sinanthrope ›

sinon [sinɔ̃] conj. **1.** (Après une propos. négative) En dehors de... ⇒ **excepté, sauf.** *Elle ne sentait rien, sinon une légère douleur. Je n'ai pas grand-chose à lui reprocher, sinon qu'il est un peu lent.* — (Après une propos. interrogative) Si ce n'est. *Qu'est-ce qu'on peut faire sinon accepter ?* **2.** (Concession) En admettant que ce ne soit pas. *Sa conduite a rencontré sinon l'approbation, du moins l'indulgence. C'est une de mes passions, sinon la seule,* et même peut-être la seule. **3.** (Emploi absolu) Si la supposition énoncée est fausse ou ne se réalise pas. ⇒ **autrement, sans** quoi cela. *Il n'a pas eu ta lettre, sinon il serait venu. Viendras-tu ? Si oui, tant mieux ; sinon, tant pis.*

sinueux, euse [sinɥø, øz] adj. ■ Qui présente une suite de courbes irrégulières et dans des sens différents. / contr. **rectiligne** / *Des ruelles étroites et sinueuses.* — Abstrait. Tortueux. *Des raisonnements sinueux.* ▸ ***sinuosité*** n. f. ■ Ligne sinueuse, courbe. ⇒ **détour, méandre.** *Les sinuosités de la rivière.*

① ***sinus*** [sinys] n. m. invar. **1.** Cavité irrégulière de l'os du maxillaire et du front, où peut siéger une infection. *Douleur dentaire qui se propage dans les sinus.* **2.** Renflements de certains vaisseaux sanguins. *Le sinus de la carotide.* ▸ ***sinusite*** [sinyzit] n. f. ■ Inflammation des sinus (1), consécutive à l'inflammation de la muqueuse nasale.

② ***sinus*** n. m. invar. ■ *Sinus d'un angle,* rapport entre la mesure d'un vecteur partant du sommet et porté par un côté, et la mesure de sa projection orthogonale sur un axe orthogonal à l'autre côté (symb. : *sin*). *Sinus du complément d'un angle.* ⇒ **cosinus.** *Fonction sinus* (⇒ **trigonométrie**). ▸ ***sinusoïde*** [sinyzɔid] n. f. ■ Courbe représentative de la fonction sinus ou cosinus. ▸ ***sinusoïdal, ale, aux*** adj. ■ Qui a la forme ondulée d'une sinusoïde. — *Mouvement sinusoïdal.* ⇒ **pendulaire.** ‹ ▸ cosinus ›

sionisme [sjɔnism] n. m. ■ Mouvement politique et religieux, visant à l'établissement puis à la consolidation d'un État juif en Palestine. *Être pour, contre le sionisme. Elle est contre le sionisme mais elle n'est pas antisémite.* ▸ ***sioniste*** adj. et n. ■ Relatif ou favorable au sionisme. — N. *Un, une sioniste.* ‹ ▸ antisionisme ›

sioux [sju] adj. invar. et n. invar. **1.** Relatif à une nation d'Amérindiens de l'Ouest de l'Amérique (de l'Arkansas aux Rocheuses). *Les peuples sioux.* — N. (Avec une majusc.) Membre de cette nation. *Une Sioux. Les Sioux vivent aujourd'hui dans les réserves.* **2.** N. m. *Le sioux,* la langue parlée par ces Amérindiens. **3.** *Une ruse de Sioux,* très habile.

siphon [sifɔ̃] n. m. **1.** Tube courbé ou appareil permettant de transvaser un liquide ou de faire communiquer deux liquides. — Tube recourbé en forme de S, placé à la sortie des appareils sanitaires, de façon à empêcher la remontée des mauvaises odeurs. **2.** Bouteille contenant sous pression de l'eau gazéifiée et munie d'un bouchon à levier. *Un siphon d'eau de Seltz.* ▸ ***siphonner*** v. tr. ▪ conjug. 1. **1.** Transvaser (un liquide) à l'aide d'un siphon. — Intransitivement. *Il serait préférable de siphonner directement dans la citerne.* — Sans compl. *Veux-tu que je siphonne à ta place ?,* que je fasse fonctionner le siphon. **2.** Vider (un récipient) de son contenu à l'aide d'un siphon. *Siphonner une cruche d'eau. Siphonner le réservoir d'essence de qqn,* lui voler son essence. — Fig. Fam. *Siphonner les contribuables,* leur soutirer de l'argent par les taxes, les impôts, etc. **3.** Fam. Boire rapidement, d'un trait. ⇒ fam. ② **caler,** ① **descendre, siffler** (II, 4). / contr. fam. **sucer, téter** / *Siphonner une couple de bières.* ▸ ***siphonnage*** ou ***siphonnement*** n. m. ■ Action de siphonner. ‹ ▸ siphonné ›

siphonné, ée [sifɔne] adj. ■ Fam. Fou. *Tu es complètement siphonné !*

sir [siʀ]ou [sœʀ] n. m. ■ Anglic. Titre honorifique donné par les souverains anglais à certaines personnalités et qui précède le prénom et le nom de famille. *Sir John Alexander Macdonald.* ≠ *sire.*

sire [siʀ] n. m. **1.** Histoire. Ancien titre honorifique. ⇒ **seigneur.** — Loc. *Un* TRISTE SIRE : un individu peu recommandable. **2.** Titre qu'on donne à un souverain quand on s'adresse à lui. ≠ *sir.* ‹ ▸ messire ›

① ***sirène*** [siʀɛn] n. f. **1.** Antiquité. Être fabuleux, à tête et torse de femme et à queue de poisson, qui passait pour attirer, par la douceur de son chant, les navigateurs sur les écueils. — Loc. *Écouter le chant des sirènes,* se laisser charmer, séduire. **2.** Femme douée d'un dangereux pouvoir de séduction. ⇒ femme **fatale.** ‹ ▸ ② sirène ›

② ***sirène*** n. f. ■ Puissant appareil sonore destiné à produire un signal. *Sirène d'alarme. La sirène d'une usine,* annonçant la reprise et la cessation du travail. *Sirène de la police, de l'ambulance.*

sirloin n. m. ⇒ **surlonge.**

sirocco [siʀɔko] n. m. ■ (Afrique) Vent de sud-est extrêmement chaud et sec, d'origine saharienne. ⇒ **simoun.**

sirop [siʀo] n. m. **1.** Produit liquide composé de sucre en solution dans de l'eau ou du jus de fruit et additionné de substances aromatiques ou médicamenteuses. *Un sirop de fraise, de framboise. Sirops pharmaceutiques. Du sirop contre la toux.* **2.** Liquide alimentaire très concentré en sucre résultant du traitement de certaines substances naturelles (jus de canne à sucre, sève...). ⇒ **mélasse.** — *Sirop d'érable,* provenant de la transformation par évaporation de la sève de l'érable à sucre. — *Sirop de maïs* ou *de blé d'Inde,* obtenu par hydrolyse de fécules de maïs. — Plaisant. *Sirop de poteau,* sirop d'érable de mauvaise qualité. ‹ ▸ siroter, sirupeux ›

siroter [siʀɔte] v. tr. ▪ conjug. 1. ■ Fam. Boire à petits coups, en savourant. ⇒ **déguster.** *Siroter son café.*

sirupeux, euse [siʀypø, øz] adj. **1.** De la consistance du sirop (du miel, de la mélasse). *Liquide sirupeux.* **2.** Fig. *Musique sirupeuse,* mièvre.

sis, sise [si, siz] adj. ■ Lang. juridique. Situé. *Un domaine sis à tel endroit.*

sisal, als [sizal] n. m. ■ Agave dont les feuilles fournissent une fibre textile ; cette fibre. *Des tapis en sisal. Des sisals.*

sism(o)- ■ Élément savant signifiant « secousse, tremblement ; séisme* ». ► ***sismique*** [sismik] adj. ■ Relatif aux séismes. *Ondes sismiques. Secousse sismique.* ⇒ **tellurique.** ► ***sismographe*** n. m. ■ Instrument de mesure qui enregistre l'heure, la durée et l'amplitude des secousses du sol. ► ***sismologie*** n. f. ■ Étude des séismes, spécialt des tremblements de terre. ► ***sismologue*** n. ■ Spécialiste de la sismologie.

sitar [sitaʀ] n. m. ■ Instrument de musique à cordes pincées (voisin de la guitare), originaire de l'Inde. *Jouer du sitar.* ≠ *cithare.*

site [sit] n. m. **1.** Paysage (considéré du point de vue de l'esthétique, du pittoresque). *Un site classé.* **2.** Configuration du lieu où s'élève une ville, manière dont elle est située. — *Site archéologique,* où l'on effectue des fouilles. — *Site historique,* lieu où se sont déroulés des événements historiquement importants ou qui renferme des monuments, des biens historiques. ‹ ► situer ›

sitôt [sito] adv. **1.** (En loc.) Aussitôt*. *Sitôt après. Sitôt entré, il se coucha,* dès qu'il fut entré. *Pas de sitôt,* pas bientôt, avant longtemps. *Elle ne reviendra pas de sitôt,* elle n'est pas près de revenir. *Sitôt dit, sitôt fait.* **2.** Loc. conj. SITÔT QUE (+ indicatif) : aussitôt que. ⇒ **dès** que. *Sitôt qu'il les vit, il sortit.*

sittelle [sitɛl] n. f. ■ Oiseau passereau qui se nourrit d'insectes et de graines et qui grimpe avec agilité sur les troncs. *Des sittelles à poitrine rousse.* — REM. On écrit aussi *sittèle.*

① ***situation*** [sitɥasjɔ̃] n. f. **1.** Ensemble des circonstances dans lesquelles une personne se trouve. ⇒ **condition, position.** *Sa situation est délicate. Leur situation financière s'améliore. Situation de famille* (célibataire, marié...). — Au théâtre. *Des situations comiques.* **2.** Emploi, poste rémunérateur régulier et stable. ⇒ **fonction, place ;** anglic. **job.** *Il a perdu sa situation. Avoir une bonne, une belle situation.* **3.** Loc. ÊTRE EN SITUATION DE... (+ infinitif) : en mesure de... ; être bien placé pour... **4.** Ensemble des circonstances dans lesquelles un pays, une collectivité se trouve. *La situation est grave. Tentatives du gouvernement pour dominer la situation. La situation politique, économique actuelle.* ⇒ **conjoncture.**

situer [sitɥe] v. tr. ▪ conjug. 1. ■ Placer par la pensée en un lieu ⇒ **localiser**, à une époque, à une certaine place dans un ensemble. *L'auteur a situé l'action à Londres au* XVI*e siècle.* Fam. *On ne le situe pas bien,* on ne voit pas quelle sorte d'être c'est, quel est son milieu. — Pronominalement. *Avoir du mal à se situer par rapport à qqn, qqch.,* à préciser sa position, à trouver sa place. ► ***situé, ée*** adj. ■ Placé (à tel endroit, de telle ou telle façon). *Maison bien située.* ► ② ***situation*** n. f. ■ Emplacement (d'un édifice, d'une ville). ⇒ **position.** *Ce port occupe une situation abritée.* ⇒ **site** (2). ‹ ► resituer, ① situation ›

six [sis] adj. numér. invar. et n. m. invar. — REM. *Six* se prononce [si] devant consonne, [siz] devant voyelle, [sis] dans les autres cas, sauf exception devant les noms de mois : *le six avril* se prononce [ləsisavʀil] ou [ləsizavʀil] ; *le six mai* [ləsime] ou [ləsisme]. ■ Cinq plus un (6). ⇒ **demi-douzaine.** *Six et dix.* ⇒ **seize.** *Dix fois six.* ⇒ **soixante.** *Multiplier par six* (⇒ **sextuple**). *Les Six Jours,* en France, épreuve cycliste sur piste, disputée pendant six jours par des équipes de deux coureurs qui se relaient. — (Ordinal) Sixième. *Page six. Charles VI* (six). — N. m. Le nombre, le numéro six. *Sa lettre est du six* (du mois courant). Carte, face de dé, de domino présentant six marques. *Le six de trèfle.* ► ***sixième*** [sizjɛm] adj. numér. et n. ■ Ordinal de six. *Le sixième jour.* — *La sixième année,* la classe qui termine l'enseignement primaire. — Se dit d'une fraction d'un tout divisé également en six. — N. m. *Le sixième de la somme.* — N. Personne, chose qui est au sixième rang. *Êtes-vous les cinquièmes ou les sixièmes ?* ► ***sixièmement*** adv. ■ En sixième lieu. ► ***sixte*** [sikst] n. f. Sixième degré de la gamme diatonique. — Intervalle musical de six degrés. ‹ ► vingt-six-onces ›

sizerin [sizʀɛ̃] n. m. ■ Petit passereau granivore, au bec conique, possédant une tache rouge sur la tête, commun dans les forêts du nord (Amérique, Europe). ⇒ **linotte.**

skate(-)board [sketbɔʀd] ou , abrév., ***skate*** [sket] n. m. ■ Anglic. Planche à roulettes. ⇒ **rouli-roulant.** *Des skate-boards.*

sketch [skɛtʃ] n. m. ■ Courte scène, généralement comique et rapide, interprétée par un nombre restreint d'acteurs. *Film à sketches.*

ski [ski] n. m. **1.** Chacun des deux longs patins de bois, de métal ou de matière plastique, relevés à l'avant, dont on se chausse pour glisser sur la neige. *Une paire de skis. Aller en skis, à skis.* — *Le ski (alpin),* la locomotion, le sport en skis (descente, slalom, saut...). *Faire du ski. Station de ski,* lieu pourvu d'importantes installations, *centre de ski,* lieu pourvu d'installations élémentaires. *Ski de printemps. Ski de piste. Ski de fond,* sur parcours à faible dénivellation. *Ski de randonnée,* hors des pistes, en montagne. *Gants, mitaines de ski. Habit de ski.* ⇒ **costume. 2.** SKI NAUTIQUE : sport nautique dans lequel le participant glisse sur l'eau, tiré par un bateau à moteur, et chaussé d'un ou deux longs patins. ► ***skier*** [skje] v. intr. ▪ conjug. 7. ■ Aller en skis, faire du ski. ► ***skieur, skieuse*** n. ■ Personne qui pratique le ski. ‹ ► après-ski, monoski, porte-skis, téléski ›

skidoo [skidu] n. m. ■ Anglic. Motoneige. *Vente de skidoos.* — Ce sport, cette activité. *Faire du skidoo. Club de skidoo.* — REM. Ce mot est un nom de marque déposée. On trouve aussi les graphies *Ski-Doo, Ski-doo.*

skinhead [skinɛd] ou , abrév., ***skin*** [skin] n. ■ Anglic. Jeune marginal adoptant un comportement de groupe agressif et violent, souvent raciste et xénophobe, et qui manifeste son adhésion à cette idéologie par un crâne rasé de près et une tenue vestimentaire d'inspiration militaire. *Un groupe de skins.* ≠ *beatnik, hippie, freak, punk.*

skiff [skif] n. m. ■ Anglic. Bateau de sport très long, effilé, pour un seul rameur. ≠ *esquif. Des squiffs.*

skunks n. m. ⇒ **sconse.**

slack [slak] adj. ■ Anglic. Fam. Qui a du jeu, lâche, relâché. ⇒ **mou** (III) ; anglic. **lousse.** *Vis qui est slack* ou, n. m., *qui a du slack. Un manche de marteau slack. Un pantalon un peu slack.* ⇒ **flottant.** — REM. On écrit aussi *sla(c)que.*

slaille ou ***sly*** [slaj] n. f. ■ Anglic. Fam. Loc. *Sur la slaille,* en cachette, furtivement. ⇒ au **noir.** *Travailler, être payé sur la slaille,* à l'insu du fisc.

slalom [slalɔm] n. m. ■ Course de ski, descente sinueuse avec passage obligatoire entre plusieurs paires de piquets (les « portes »). *Descente en slalom. Un slalom géant. Des slaloms.* — Fig. Fam. *Faire du slalom entre les voitures* (motos, vélos...). ► ***slalomer*** v. intr. ▪ conjug. 1. ■ Effectuer un parcours en slalom. ► ***slalomeur, euse*** n. ■ Skieur, skieuse spécialiste du slalom.

slang [slaŋ] n. m. ■ Anglic. Argot anglais ou américain. *Film en slang.* — Loc. *C'est du slang,* du charabia. ⇒ **chinois.** — En appos. *Mot slang ; parler slang.*

slave [slav] adj. et n. ■ Nom générique de peuples d'Europe centrale et orientale dont les langues sont apparentées (bulgare, polonais, russe, tchèque, etc.). *Plusieurs langues slaves sont écrites en alphabet cyrillique.* — Loc. *Le charme, l'âme slave.* — N. (Avec une majusc.) Ces peuples. *Les Slaves.* — *Une Slave.*

sleeping [slipiŋ] n. m. ■ Anglic. Sac de couchage. *Dormir dans un sleeping.*

sleigh [sle] n. f. ■ Anglic. Traîneau ou traîne à patins hauts et ajourés. ⇒ **toboggan.** *Glisser en sleigh. Sleigh à barreaux,* muni d'un manche articulé terminé par une poignée, pour transporter, promener les bébés, les jeunes enfants. ▶ ***sleigh ride*** [slerajd] n. m. ■ Anglic. Promenade en groupe dans une carriole, un traîneau. *Pendant la partie de sucre, il y aura un sleigh ride.* ‹ ▶ bobsleigh ›

slip [slip] n. m. ■ Culotte échancrée sur les cuisses, à ceinture basse, portée comme sous-vêtement ⇒ **bobettes, caleçon ;** anglic. **short** ou comme maillot de bain. *Le slip de son bikini. Des slips.* — (France) Fam. *Se retrouver en slip,* être dépouillé de tout, se retrouver sans rien.

sloche ou ***slush*** [slɔʃ] n. f. Anglic. **1.** Mélange brunâtre de neige fondante, de sable et de sels abrasifs (de calcium, de sodium), sur les trottoirs, la chaussée. ⇒ **bouette, gadoue.** *On marchait dans la sloche.* **2.** Friandise de glace pilée aromatisée. *Une slush à l'orange.* — REM. Au sens 2, l'O.L.F. propose *barbotine* pour remplacer ce mot. ▶ ***slocheux, euse*** adj. Fam. **1.** Endroit où il y a de la sloche, où il se forme de la sloche. ⇒ **boueux ;** fam. **bouetteux.** *Le rang est pas mal slocheux aujourd'hui.* **2.** Qui a la consistance, l'aspect de la sloche. *Au bas des pentes, la neige était plutôt slocheuse.*

slogan [slɔgɑ̃] n. m. ■ Anglic. Formule concise et frappante, utilisée par la publicité, la propagande politique, etc. *Lancer, répéter un slogan.*

slow [slo] n. m. ■ Anglic. Danse lente à pas glissés, où les partenaires se tiennent enlacés ; musique qui accompagne cette danse. *Danser un slow. L'orchestre joua trois slows à la suite.*

sly n. f. ⇒ **slaille.**

smala [smala] n. f. **1.** Réunion de tentes abritant la famille, les bagages d'un chef arabe qui le suivent dans ses déplacements. **2.** (France) Fam. Famille ou suite nombreuse qui vit aux côtés de qqn, qui l'accompagne partout. *Il est venu avec toute sa smala.*

small [smal] adj. et n. ■ Anglic. Petit, en parlant de la taille de qqch. ⇒ anglic. ② **large,** ③ **médium.** *Une chemise à carreaux small.* — *Une pizza au pepperoni small.* — N. *Un, une small* (vêtements, pizzas...). — Absolt. « *Quelle taille ? – Small.* »

smash [smaʃ] n. m. ■ Anglic. Tennis, volley-ball, ping-pong. Coup qui rabat violemment une balle, un ballon haut(e). *Faire un smash* (ou *smasher,* v. intr., conjug. 1). *Des smashes* ou *des smashs.*

smatte [smat] ou ***smart*** [smaʀt] adj. et n. Anglic. **1.** Fin, gentil, sympathique. ⇒ **affable, distingué.** Le professeur est bien smatte. — Loc. *Avoir l'air smatte.* **2.** N. Iron. *Un beau smatte,* une personne qui n'agit pas correctement. — *Faire son, sa smatte,* se montrer, vouloir se faire remarquer, faire le malin. ⇒ **fanfaronner,** se **pavaner,** se **montrer.** — Formule qui sert à apostropher, interpeler. *Hé ! le smatte, viens ici !*

smocks [smɔk] n. m. pl. ■ Anglic. Fronces brodées, en couture. *Robe à smocks.*

smog [smɔg] n. m. ■ Anglic. Brouillard très épais formé de particules de suie et de gouttes d'eau, dans les régions humides et industrielles. *Le smog de Los Angeles.*

smoked(-)meat [smokmit] n. m. ■ Anglic. Viande de bœuf (poitrine) marinée avec des condiments, du poivre et des épices, cuite et fumée légèrement, servie en tranches minces. ⇒ **bœuf** fumé, **pastrami.** *Assiette de smoked-meat.* — Sandwich fait avec cette viande. *Un smoked-meat géant.* — Par ext. Restaurant qui se spécialise dans la préparation de ces sandwichs. *Aller dîner dans un smoked-meat. Smoked-meat chez Untel* (raison sociale).

smoking [smokiŋ] n. m. ■ Anglic. Tenue habillée comportant un veston à revers de soie, un gilet et un pantalon à galon de soie. ⇒ anglic. **tuxedo.** *Pantalon, veste de smoking. Des smokings.*

snack-bar [snakbaʀ] ou ***snack*** [snak] n. m. Anglic. **1.** Casse-croûte. *Une chaîne de snack-bars.* **2.** SNACK : repas rapide, collation (dans l'après-midi ⇒ ② **goûter,** la soirée). ⇒ **lunch.** *Se contenter d'un snack le midi. Prendre un petit snack.* — *Faire tout un snack,* un repas très copieux et délicieux. *Le banquet auquel nous avons participé, c'était tout un snack.*

sniff ou ***snif*** [snif] interj. ■ Anglic. Onomatopée évoquant un bruit de reniflement (souvent répété). ‹ ▶ sniffer ›

sniffer [snife] v. tr. ▪ conjug. 1. ■ Fam. Priser (un stupéfiant). *Ils sniffaient de la cocaïne.* — Sans compl. *On dit qu'il sniffe,* qu'il prend des stupéfiants.

snob [snɔb] n. et adj. ■ Personne qui cherche à être assimilée aux gens distingués de la haute société, en faisant étalage des manières, des modes qu'elle lui emprunte sans discernement, ainsi que des relations qu'elle peut y avoir. *Un, une snob.* — Adj. *Un café snob,* fréquenté par des snobs. ▶ ***snober*** [snɔbe] v. tr. ▪ conjug. 1. ■ Traiter (qqn) de haut ; tenir (qqn) à l'écart, par mépris. ▶ ***snobinard, arde*** n. ■ Péj. Petit, petite snob. — Au fém., on dit aussi *snobinette.* ▶ ***snobisme*** n. m. ■ Comportement de snob.

snoreau [snoʀo] n. et adj. Fam. **1.** (Enfants) Espiègle, malicieux, sans méchanceté. ⇒ **escogriffe ;** fam. **ratoureur, vlimeux.** *Mes petits snoreaux, si je vous pogne.* **2.** *Vieux snoreau,* homme âgé qui n'agit pas toujours franchement avec les autres. ⇒ **vicieux.**

sobre [sɔbʀ] adj. **1.** Qui mange, boit avec modération. ⇒ **tempérant.** — Qui boit peu ou ne boit pas d'alcool. **2.** Qui est mesuré, modéré. *Être sobre de gestes ; sobre en paroles.* — (Choses) Qui ne recherche pas l'effet. ⇒ ① **simple.** *Vêtement de coupe sobre.* ⇒ **classique.** *Style sobre.* ⇒ **dépouillé.** ▶ ***sobrement*** adv. ▶ ***sobriété*** n. f. **1.** Comportement d'une personne, d'un animal sobre. *La sobriété du chameau.* **2.** Mesure, réserve (dans un domaine quelconque). *La sobriété d'un décor.*

sobriquet [sɔbʀikɛ] n. m. ■ Surnom familier individuel ou collectif, souvent moqueur (⇒ **blason**), ex. *le Bigleux ; les Bleuets du Lac-Saint-Jean.* ≠ *gentilé.*

soc [sɔk] n. m. **1.** Lame de la charrue qui tranche horizontalement la terre. *Des socs de charrue.* **2.** Morceau de viande de porc qui provient de l'épaule.

soccer [sɔkɛ(œ)ʀ] n. m. ■ Anglic. Sport opposant deux équipes de onze joueurs, où il faut faire pénétrer un ballon rond dans les buts adverses sans utiliser les mains. ⇒ anglic. **football.** *Match, coupe de soccer. Joueur de soccer.*

sociable [sɔsjabl] adj. ■ Qui est capable d'avoir des relations humaines faciles, qui recherche la compagnie de ses semblables, aime la vie en société. / contr. **insociable, sauvage** (II, 1) / — *Caractère sociable.* ⇒ **facile** (4). ► ***sociabilité*** n. f. ■ Caractère d'une personne sociable. ⟨ ► insociable ⟩

social, ale, aux [sɔsjal, o] adj. **I. 1.** Relatif à une société*, à un groupe d'individus considéré comme un tout, aux rapports de ces individus entre eux. / contr. **individuel** / *Les rapports sociaux. Les phénomènes sociaux. Les sciences sociales,* sciences humaines envisagées d'un point de vue sociologique. **2.** Propre à la société constituée. *Les classes sociales. L'échelle sociale.* **3.** Relatif aux rapports entre les classes de la société (et notamment aux conditions matérielles des travailleurs et à leur amélioration). *Les questions sociales. Conflits sociaux. Une politique, des mesures sociales.* / contr. **antisocial** / *Avantages sociaux. Travailleurs sociaux. Le bien-être* social.* ⇒ **B.S.** *Carte, numéro, d'assurance* sociale* (⇒ **N.A.S.**). *Charges sociales.* — N. m. *Le social.* **II.** Relatif à une société commerciale. *Le siège social. Une raison sociale,* le nom d'une société. ► ***socialement*** adv. ■ Quant aux rapports entre classes sociales. ► ***socialiser*** v. tr. ■ conjug. 1. ■ Mettre sous régime communautaire, sous contrôle de la collectivité (des biens, des moyens de production). ⇒ **collectiviser, nationaliser.** / contr. **privatiser.** / ► ***socialisation*** n. f. ■ ⇒ **collectivisation.** ► ***socialisme*** n. m. **1.** Doctrine d'organisation sociale qui entend faire prévaloir l'intérêt collectif sur les intérêts particuliers, au moyen d'une organisation collective et du contrôle par la société, en général par l'État ⇒ **étatisme,** des grands moyens de production et d'échange (finance, commerce). ⇒ **collectivisme, communisme.** / contr. **libéralisme** / *Socialisme réformiste et socialisme révolutionnaire.* Absolt. *Le socialisme.* — Les partis qui se réclament de cette doctrine. En France, les partis de gauche non communistes. **2.** Dans le schéma de l'évolution marxiste. Phase transitoire entre la disparition du capitalisme et l'instauration du communisme. ► ***socialiste*** adj. et n. **1.** Relatif ou propre au socialisme ; qui fait profession de socialisme. *Les partis socialistes* (travaillistes, communistes, etc.). *Un régime, un État socialiste.* — N. *Un, une socialiste.* **2.** (France) Qui appartient au parti socialiste. *Députés socialistes et députés radicaux.* — N. *Les socialistes.* **3.** Relatif au socialisme (2) tel qu'il existe dans certains pays. *L'économie socialiste des pays de l'Est.* ► ***social-démocrate*** adj. et n. ■ Se dit de socialistes réformistes, libéraux (attitude politique appelée *social-démocratie,* n. f.). *Députés sociaux-démocrates. La liste sociale-démocrate.* ⟨ ► antisocial, asocial, national-socialisme, radical-socialiste, socio- ⟩

sociétaire [sɔsjetɛʀ] adj. et n. ■ Qui fait partie d'une association, d'une société. — N. Les sociétaires des caisses populaires. — (France) *Les sociétaires de la Comédie-Française.*

société [sɔsjete] n. f. **I. 1.** Littér. Relations mondaines, sociales. *Aimer la société.* — Loc. JEUX DE SOCIÉTÉ : jeux distrayants qui peuvent se jouer à plusieurs. **2.** Compagnie habituelle. *Se plaire dans la société de ses semblables.* **3.** Ensemble de personnes qui se réunissent habituellement, en raison d'affinités de classe. *Les usages de la bonne société. La* HAUTE SOCIÉTÉ : le beau monde. — Absolt. *Être introduit, reçu dans la société.* **II. 1.** État particulier à certains êtres vivants, qui vivent en groupes organisés (⇒ **social,** I). *Les abeilles vivent en société.* **2.** Ensemble des personnes entre lesquelles existent des rapports organisés (avec institutions, sanctions, etc.) ; ensemble des forces du milieu agissant sur les individus. ⇒ **communauté.** *L'évolution de la société. Relatif à la société.* ⇒ **collectif, public, social.** — UNE SOCIÉTÉ : groupe social limité dans le temps et dans l'espace. *Les sociétés primitives. La civilisation, la culture d'une société. Les sociétés modernes.* — Type d'état social. *La société d'abondance, de consommation.* **III. 1.** Compagnie ou association religieuse. ⇒ **congrégation.** *La Société de Jésus.* ⇒ **jésuite. 2.** Organisation fondée pour un travail commun ou une action commune. ⇒ **association.** *Les sociétés savantes. Société d'histoire, historique. La Société Saint-Jean-Baptiste* (S.S.J.B.). *Société secrète,* association qui poursuit en secret des menées subversives. **3.** Droit. Groupement, issu d'un contrat, de personnes ayant mis des biens ou des activités en commun, en vue de partager les bénéfices éventuels ou de profiter d'une économie. *Sociétés civiles* (non commerciales). *Société de crédit,* qui fournit des crédits à ses adhérents. — SOCIÉTÉ (COMMERCIALE) : qui accomplit des opérations commerciales à but lucratif. ⇒ **compagnie, entreprise, établissement, firme.** *Société à but non lucratif,* de charité. *Société par actions,* comportant des associés dont la part est représentée par des actions. *Société à responsabilité limitée,* où la responsabilité des associés est limitée au montant de leur apport. *La société ABC enr.*, inc.*, ltée*. Une société à numéro,* anonyme. (France) *Société anonyme* (S.A.). *Le président, le conseil d'administration de cette société. Une société de fiducie*.* ⇒ anglic. **trust. 4.** Organisme public doté de la personnalité morale et de l'autonomie financière par rapport à un ministère. ⇒ ① **office, régie.** *La Société des alcools du Québec* (S.A.Q.). *La Société d'assurance-automobile du Québec* (S.A.A.Q.). *Une société de la Couronne.* ⇒ **corporation.** *Société d'État,* entreprise publique appartenant au gouvernement. *Hydro-Québec est une société d'État.* Nom donné à certaines associations entre États (comme l'ancienne *Société des Nations*). ⇒ **organisation.** ⟨ ► sociétaire, socio- ⟩

socio- ■ Élément qui signifie « social » (ex. : *socioculturel, elle,* adj. ; *socioprofessionnel, elle,* adj. ; *sociolinguistique,* n. f.) ou « groupe social, société ». ⟨ ► sociologie ⟩

sociologie [sɔsjɔ(o)lɔʒi] n. f. ■ Étude scientifique des phénomènes sociaux chez les humains. ≠ *anthropologie.* — Abrév. fam. SOCIO [sɔsjo]. *Une étudiante en socio.* — Étude de toutes les formes de sociétés (II). *Sociologie animale.* ► ***sociologique*** adj. ■ *Analyse sociologique de la mode.* ► ***sociologue*** n. ■ Spécialiste des travaux sociologiques.

socle [sɔkl] n. m. ■ Base sur laquelle repose une construction, un objet. ⇒ **piédestal.** *Le socle d'une colonne, d'une statue.*

socque [sɔk] n. m. **1.** Antiquité. Chaussure basse que portaient les acteurs de comédie à Rome. *Le socque et le cothurne.* **2.** Chaussure à semelle de bois. ⇒ **sabot.**

socquette [sɔkɛt] n. f. ■ Petite chaussette arrivant au-dessus de la cheville.

socratique [sɔkʀatik] adj. ■ Propre à Socrate, ou qui l'évoque. *L'ironie socratique. Les dialogues socratiques de Platon.*

① ***soda*** [sɔda] n. m. ■ (Surtout en France) Boisson à base d'eau gazeuse, additionnée de sirop de fruit ou accompagnant un alcool fort. ⇒ fam. **liqueur.** *Des sodas à l'orange.* — En appos. *Un whisky soda.*

② ***soda*** n. m. ■ *Soda (à pâte),* bicarbonate de soude employé comme levure chimique en pâtisserie et contre les maux d'estomac. — *Biscuit* (au) soda.*

sodium [sɔdjɔm] n. m. ■ Corps simple d'un blanc argenté, très mou, qui brûle à l'air et réagit violemment avec l'eau, avec formation de soude et dégagement d'hydrogène (symb. *Na*). *Chlorure de sodium* (sel). *Carbonate de sodium* (soude).

sodomie [sɔdɔmi] n. f. ■ Coït anal (pratiqué sur un homme ou sur une femme). ▶ **sodomiser** v. tr. ▪ conjug. 1. ■ Pratiquer la sodomie sur (qqn). ▶ **sodomite** n. m. ■ Littér. Homme qui pratique la sodomie. ≠ *homosexuel.*

sœur [sœʀ] n. f. **1.** Personne de sexe féminin, considérée par rapport aux autres enfants des mêmes parents. *Sœur aînée (grande sœur), sœur cadette (petite sœur). Paul et Anne sont frère et sœur.* — Fam. *Et ta sœur ?,* se dit ironiquement pour inviter qqn à se mêler de ce qui le regarde, ou pour couper court à ses propos. — (France) SŒUR DE LAIT : fille d'une nourrice, par rapport à un des nourrissons dont elle a la charge. **2.** Littér. Se dit d'une chose, d'une notion apparentée, quand elle est désignée par un nom féminin. *Théorie et pratique doivent être sœurs.* — ÂME SŒUR : se dit d'une personne qui semble faite pour en bien comprendre une autre de sexe opposé. *Elle n'a pas trouvé l'âme sœur.* — En appos. *Des villes sœurs,* situées à proximité et qui entretiennent des liens étroits. *Québec et Lévis sont des villes sœurs.* **3.** Titre donné aux religieuses. *Au revoir, ma sœur.* — Fam. BONNE SŒUR : religieuse d'un ordre charitable ou enseignant. — Loc. fam. *Avoir l'air sœur,* avoir un comportement, des vêtements un peu austères. ▶ **sœurette** n. f. ■ Terme d'affection envers une petite sœur. ⟨ ▶ belle-sœur, consœur, demi-sœur, pet-de-sœur, sororal ⟩

sofa [sɔfa] n. m. ■ Lit de repos à deux ou trois appuis, servant aussi de siège. ⇒ **canapé, divan, fauteuil.** *Des sofas confortables.* — *Des sofas-lits.*

softball [sɔfbɔl] n. m. ■ Anglic. Balle-molle. *Match de softball. Équipe, joueur de softball.*

soi [swa] pronom pers. réfléchi de la 3e personne. **I.** (Personnes) **1.** (Se rapportant à un sujet indéterminé) *Pour réussir, il faut avoir confiance en soi. La conscience de soi. Comme on est bien chez soi !* **2.** Vx. (Se rapportant à un sujet déterminé) ⇒ **elle, eux, lui.** *Il regardait droit devant soi. Une femme sûre de soi.* **II.** (Choses) *C'est un régime qui n'est pas mauvais en soi,* de par sa nature. *Cela va de soi,* c'est bien évident, bien naturel. **III.** SOI-MÊME. *Ici, on fait tout soi-même. Aimer son prochain comme soi-même. Il faut savoir sortir de soi-même.* ▶ **soi-disant** [swadizɑ̃] adj. invar. **1.** Qui dit, qui prétend être (telle ou telle chose). *Une soi-disant comtesse. Des soi-disant champions.* **2.** (Choses) Prétendu. *Cette soi-disant liberté est une illusion.* — REM. Cet emploi est critiqué. **3.** Loc. adv. Prétendument. *Ils sont allés en Californie soi-disant pour affaires.* ⇒ **supposément.** ⟨ ▶ chez-soi, quant-à-soi ⟩

soie [swa] n. f. **I. 1.** Substance filiforme sécrétée par quelques chenilles de papillons (*vers à soie* ⇒ **sériciculture**), utilisée comme matière textile. *Fil de soie. Chemise, bas de soie. Un foulard pure soie. Une trame de soie.* ⇒ **sas.** *Impression par une trame de soie.* ⇒ **sérigraphie.** — *Soie sauvage,* produite par certaines chenilles d'Extrême-Orient. **2.** Fig. (Personnes) Doux, gentil, fin. *Cette enfant, c'est une soie.* **3.** PAPIER DE SOIE : papier fin, translucide et brillant. **II.** Poil long et rude de certains animaux (porc, sanglier). *Un pinceau en soie de porc.* ▶ **soierie** [swaʀi] n. f. ■ Tissu de soie. — *La soierie,* l'industrie et le commerce de la soie. ⇒ **magnanerie.** ⟨ ▶ soyeux ⟩

soif [swaf] n. f. **1.** Sensation correspondant à un besoin de l'organisme en eau. *Avoir soif, très soif,* être assoiffé. *Cette chaleur m'a donné soif.* ⇒ **altérer.** — Fig. JUSQU'À PLUS SOIF : à satiété. *Rester sur sa soif,* n'être pas entièrement satisfait. *Ce film m'a laissé sur ma soif.* — (Terre, végétation) Manquer d'eau. *Les rosiers ont soif.* **2.** Désir passionné et impatient. *La soif de connaître. J'ai soif d'indépendance.* ⟨ ▶ assoiffé ⟩

soigner [swaɲe] v. tr. ▪ conjug. 1. **1.** S'occuper du bien-être et du contentement de (qqn), du bon état de (qqch.). / contr. **maltraiter, négliger** / *Une maison qui soigne sa clientèle. Il soigne ses outils, ses livres,* il en prend grand soin. *Soigner les animaux d'une ferme,* les nourrir. — Au p. p. adj. *Des plantes bien soignées. Être très soigné de sa personne.* — Pronominalement. *Elle devrait se soigner davantage, être plus soignée,* s'occuper davantage de sa beauté, de sa toilette. **2.** Apporter du soin (III) à (ce qu'on fait). / contr. **bâcler** / *Il faut soigner les détails.* ⇒ **fignoler.** — Au p. p. adj. *Un travail soigné.* ⇒ **minutieux, précis.** **3.** S'occuper de rétablir la santé de (qqn), d'entretenir la forme de (un sportif). *Le médecin qui me soigne.* ⇒ **traiter ; soin** (II). — Pronominalement. *Soigne-toi bien.* — Fam. *Il faut te faire soigner !,* tu es fou ! — S'occuper de guérir (un mal). *Soigne ton rhume.* — Fam. *Il faut soigner ça !* ou, pronominalement, *ça se soigne !,* se dit à qqn dont on juge le comportement peu normal. ▶ **soignant, ante** adj. ■ Se dit d'une personne chargée de donner les soins. *Le personnel soignant d'un hôpital. Aide soignant(e),* personne qui assiste les infirmiers et infirmières. ▶ **soigneur, euse** n. ■ Personne qui est chargée de soigner (3) un sportif. *Les soigneurs d'une équipe de hockey, d'un boxeur.* ⟨ ▶ soin ⟩

soigneux, euse [swaɲø, øz] adj. **1.** Qui est fait avec soin, avec méthode. ⇒ **consciencieux.** *Un travail peu soigneux.* **2.** Qui soigne son ouvrage. ⇒ **appliqué, méticuleux.** / contr. **négligent** / *Une élève très soigneuse. Un plombier très soigneux.* / contr. **patenteur** / ▶ **soigneusement** adv. ■ Avec soin.

soin [swɛ̃] n. m. **I. 1.** Littér. Préoccupation relative à un objet auquel on s'intéresse. *Son premier soin a été de me prévenir de son arrivée.* — AVOIR, PRENDRE SOIN DE (+ infinitif) : penser à, s'occuper de. ⇒ **veiller** à. *J'avais pris soin de l'avertir.* — Travail dont on est chargé. ⇒ ① **charge.** *On lui a confié le soin de la maison.* — Fam. Loc. IL N'Y A (Y'A) PAS DE SOIN : il n'y a rien à redire. *C'est propre ici, il n'y a pas de soin.* — *Je m'en occupe, il n'y a pas de soin,* ne vous en faites pas, c'est certain, sûr. **2.** AVOIR, PRENDRE SOIN DE... *qqn, qqch.* : s'occuper du bien-être de (qqn), du bon état de (qqch.). ⇒ **veiller** sur. **II.** Au plur. LES SOINS. **1.** Actes par lesquels on veille au bien-être, au bon état (de qqn, qqch.). *L'enfant a besoin des soins d'une mère. Les soins du ménage. Soins de toilette, de beauté. Aux (bons) soins de M. X,* se dit d'une lettre confiée à qqn pour la faire parvenir à son destinataire. — Loc. *Être* AUX PETITS SOINS *pour qqn* : être très attentionné. **2.** Actions par lesquelles on conserve ou on rétablit la santé (⇒ **soigner** (3) **; curatif, médical, thérapeutique**). *Le blessé a reçu les premiers soins. Les soins intensifs,* qui nécessitent une surveillance constante à l'hôpital. **III.** LE SOIN : la manière appliquée, exacte, scrupuleuse (de faire qqch.). ⇒ **soigneux.** *Le soin qu'elle met, qu'elle apporte à faire son travail.* ⇒ **application, attention, sérieux.** / contr. **négligence** / *Être habillé avec soin.* ⟨ ▶ soigneux ⟩

soir [swaʀ] n. m. **1.** Fin du jour, moments qui précèdent et qui suivent le coucher du soleil. ⇒ **brunante, crépuscule, tombée** du jour. *Le soir descend, tombe. Il fait frais le soir.* — Loc. ÊTRE DU SOIR : être actif le soir, aimer se coucher tard. **2.** Les dernières heures du jour et les premières de la nuit (opposé à *après-midi*). *Prendre un comprimé matin et soir. Elle sort souvent le soir, le samedi soir. Tous les lundis soir. Hier (au) soir. À ce soir ! Robe du soir,* de soirée. *Que fait-on ce soir* ou, fam., *à soir ?,* dans la soirée. — Loc. LE GRAND SOIR : celui de la révolution sociale ; la nuit de noces. **3.** Dans le décompte des heures. Temps qui va de 4 ou 5 heures de l'après-midi à minuit. *Dix heures du soir* (opposé à *du matin*). *Prendre des cours du soir.* ▶ ***soirée*** n. f. **1.** Temps compris entre le déclin du jour et le moment où l'on s'endort ; durée du soir (2), manière de la passer. *Les chaudes soirées de juillet. Les longues soirées d'hiver.* ⇒ **veillée.** *Il passe sa soirée chez des amis. Toute la soirée.* **2.** Réunion mondaine ou intellectuelle, qui a lieu le soir, après le repas du soir. *Assister à une soirée. Tenue de soirée,* très habillée. — *Une soirée canadienne,* de chants, de musique, de danses traditionnels, folkloriques. — Séance de spectacle qui se donne le soir (opposé à *matinée*). *Projeter un film en soirée.* — *Des soirées-bénéfices**. ⟨ ▶ bonsoir ⟩

soit [swa] conj. et adv. **1.** SOIT..., SOIT... : marque l'alternative. ⇒ **ou.** *Soit l'un, soit l'autre. Soit avant, soit après.* — SOIT QUE..., SOIT QUE... (+ subjonctif). *Soit que j'aille chez toi, soit que tu viennes.* **2.** SOIT (présentant une hypothèse ou une supposition) : étant donné. *Soit un triangle rectangle.* — À savoir, c'est-à-dire. *Trente milles soit cinquante kilomètres.* **3.** SOIT [swat] adv. d'affirmation (valeur de concession). Bon, admettons. *Soit ! et après ? Eh bien soit !,* d'accord.

soixante [swasɑ̃t] adj. numér. invar. **1.** Six fois dix (60). *Soixante et un, soixante-deux.* SOIXANTE-DIX (70). *Soixante et onze, soixante-douze. Il, elle a eu soixante ans* ⇒ **sexagénaire**, *soixante-dix ans* ⇒ **septuagénaire**. — (Ordinal) *Page soixante.* Ellipt. *La Crise d'octobre (de) soixante-dix,* de 1970. **2.** N. m. invar. Le nombre, le numéro soixante. ▶ ***soixantaine*** [swasɑ̃tɛn] n. f. **1.** Nombre de soixante environ. *Une soixantaine d'invités.* **2.** Âge de soixante ans. *Elle approche de la soixantaine. Il a bien la soixantaine,* environ soixante ans. ▶ ***soixantième*** [swasɑ̃tjɛm] adj. et n. ■ Ordinal de *soixante.* — N. Personne, chose qui est au soixantième rang. — Se dit d'une fraction d'un tout divisé également en soixante parties. — N. m. *Le soixantième des bénéfices lui revient.*

soja ou ***soya*** [sɔʒa] n. m. ■ Plante légumineuse d'origine exotique, utilisée dans l'alimentation. *Huile, germes de soja. Sauce de soja.* — En appos. *De la sauce soya.*

① ***sol*** [sɔl] n. m. **1.** Partie superficielle de la croûte terrestre, à l'état naturel ou aménagée par l'être humain. ⇒ **terre.** *Posé au sol, à même le sol. Vitesse au sol d'un avion. Un sol revêtu, cimenté. Les sols à bâtir.* — *Un sol en merisier, recouvert de linoléum.* ⇒ **plancher.** — Aviation. *Personnel au sol* (opposé à *personnel navigant,* volant). **2.** Cette partie, considérée du point de vue géologique ou agricole. *La pédologie, science des sols. Des sols argileux, calcaires.* ⇒ **terrain.** *Sol riche, pauvre.* **3.** Couche superficielle de tout corps céleste. *Le sol lunaire.* ▶ ***solage*** n. m. ■ Fondations d'une construction (maison, immeuble...), généralement en maçonnerie ou en béton. *Le drain longe le solage.* ≠ *salage.* ⟨ ▶ entresol, pergélisol, sous-sol ⟩

② ***sol*** n. m. invar. ■ Cinquième degré de la gamme de do ; signe qui le représente. ⟨ ▶ solfège, solfier ⟩

solaire [sɔlɛʀ] adj. **I. 1.** Relatif au soleil, à sa position ou à son mouvement apparent dans le ciel. *Heure solaire* (opposé à *heure légale*). **2.** Du soleil. *Taches solaires. Énergie solaire. La lumière solaire.* — *Système solaire,* ensemble des corps célestes formé par le Soleil et son champ de gravitation (planètes, comètes...). **3.** Qui fonctionne grâce à la lumière, au rayonnement du soleil. *Cadran solaire. Chauffage solaire.* — *Maison solaire.* **4.** Qui protège du soleil. *Crème, filtre solaire.* **II.** Fig. De forme rayonnante. *Plexus solaire.*

solarium [sɔlaʀjɔm] n. m. ■ Emplacement réservé aux bains de soleil dans une piscine, une maison... *Des solariums. Mettre une plante dans le solarium.*

soldat, ate [sɔlda, at] n. **1.** Personne qui sert dans une armée. ⇒ **militaire.** *Le métier de soldat. Un grand soldat,* un grand homme de guerre. — Loc. JOUER AU PETIT SOLDAT : faire le brave, le malin. **2.** *Simple soldat* ou *soldat,* militaire non gradé des armées de terre et de l'air. *Les soldats et les marins. Soldate promue au rang de caporale.* — *La tombe du Soldat inconnu,* où repose la dépouille anonyme d'un soldat de la guerre de 1914-1918. **3.** Abstrait. Littér. Combattant, défenseur au service d'une cause. *Les soldats de la foi.* **4.** *Soldats de plomb,* figurines (à l'origine en plomb) représentant des soldats. — REM. L'O.L.F. propose *soldate* au féminin. ▶ ***soldatesque*** adj. et n. f. **1.** Adj. Propre aux soldats, à la condition de soldat. **2.** N. f. Péj. Ensemble de soldats brutaux et indisciplinés. *Violences commises par la soldatesque.*

① ***solde*** [sɔld] n. f. **1.** Rémunération (versée aux militaires). ⇒ **paye, salaire.** *Toucher sa solde.* — *Congé sans solde,* sans traitement, non payé. **2.** Loc. péj. À LA SOLDE DE *qqn* : payé par qqn, acheté par qqn. *On l'accusait d'être à la solde de l'étranger.* ⟨ ▶ soldat, soudoyer ⟩

② ***solde*** n. m. **1.** Différence qui apparaît, à la clôture d'un compte, entre le crédit et le débit. *Solde créditeur, débiteur.* — Absolt. Ce qui reste à payer sur un compte. *Je vous paierai le solde demain.* — Loc. POUR SOLDE DE TOUT COMPTE : s'écrit sur une facture, etc., lorsque la totalité de la somme due est réglée. **2.** EN SOLDE : vendu au rabais. ⇒ en **vente.** *Acheter des bottes en solde.* — Au plur. SOLDES : articles mis en solde. *Des soldes intéressants, avantageux* (le fém. est incorrect). ⇒ **liquidation, vente ; braderie.** ⟨ ▶ supersolde ⟩

solder [sɔlde] v. tr. ■ conjug. 1. **1.** Arrêter (un compte) en établissant le solde. *Solder un compte en banque.* — Pronominalement. (Comptes, budgets) SE SOLDER PAR : faire apparaître à la clôture un solde consistant en (un débit ou un crédit). *Le bilan se solde par un déficit de cinq millions.* — Abstrait. Aboutir en définitive à. *Tous ses efforts se sont soldés par un échec.* **2.** Mettre, vendre en solde. — Au p. p. adj. *Fins de série soldées.* ▶ ***soldeur, euse*** n. ■ (France) Personne qui fait le commerce d'articles en solde. ⟨ ▶ ② solde ⟩

① ***sole*** [sɔl] n. f. **1.** Poisson plat ovale couvert d'écailles fines, qui vit près des côtes et dont la chair est très estimée. *Des filets de sole. Des soles meunière.* **2.** Plie (par confusion).

② ***sole*** n. f. ■ Partie réfractaire d'un four, sur laquelle on place les produits à traiter. *Le pain sur la sole, de sole,* cuit dans cette partie du four.

solécisme [sɔlesism] n. m. ■ Emploi fautif, relativement à la syntaxe, de formes par ailleurs existantes. ⇒ **barbarisme.** *« Je veux qu'il vient » (au lieu de « je veux qu'il vienne ») est un solécisme.*

soleil [sɔlɛj] n. m. **I. 1.** Astre qui donne la lumière et la chaleur à la Terre, et qui rythme la vie à sa surface. ⇒ **héli(o)-.** *Les rayons, la chaleur du soleil* (⇒ **solaire**). *Le lever, le coucher du soleil.* — PROV. *Le soleil brille pour tout le monde* chacun a le droit d'être heureux. *Rien de nouveau sous le soleil,* sur la terre. — (Avec une majusc.) Sciences. Cet astre, en tant qu'étoile de la galaxie, autour de laquelle gravitent plusieurs planètes dont la Terre. — Le Soleil, en tant qu'objet d'un culte. *Les dieux du Soleil.* — *Louis XIV, le Roi-Soleil.* **2.** Lumière de cet astre ; temps ensoleillé. *Un beau soleil. Il fait soleil, du soleil,* il fait beau temps. *Le soleil plombe. Les pays du soleil,* ceux où il fait souvent un temps ensoleillé. *Aller au soleil,* en vacances dans un pays chaud. — Rayons du soleil ; lieu exposé à ces rayons (opposé à *ombre*). *Se mettre au soleil, en plein soleil. Prendre du soleil,* se faire bronzer. *Bain* de soleil. Des lunettes (de) soleil,* qui protègent du soleil. ⇒ **fumée.** Loc. *Faire trop soleil,* faire trop chaud, y avoir un soleil trop fort, trop éblouissant. *À cette heure, il fait trop soleil sur la plage.* — COUP DE SOLEIL : insolation, ou légère brûlure causée par le soleil. — Loc. *Avoir* UNE PLACE AU SOLEIL : une situation où l'on profite de certains avantages. *Avoir des biens au soleil,* des propriétés. **3.** Image de cet astre, cercle entouré de rayons. *Dessiner un, le soleil.* **4.** Abstrait. RAYON DE SOLEIL : ce qui réjouit, console. **5.** Pièce d'artifice, cercle monté sur pivot, garni de fusées qui le font tourner en lançant leurs feux. **II.** Fig. **1.** Tour acrobatique d'une personne autour d'un axe horizontal. *Faire le grand soleil à la barre fixe.* **2.** Grande fleur à pétales jaune vif entourant un cœur plus foncé. ⇒ ① **tournesol.** ⟨ ► ensoleiller, insolation, parasol, pare-soleil, solaire, solarium, solstice, ① tournesol ⟩

solennel, elle [sɔlanɛl] adj. **1.** Qui est célébré avec pompe, avec apparat, par des cérémonies publiques. *Des honneurs solennels lui ont été rendus.* **2.** Accompagné de formalités, d'actes publics qui lui donnent une importance particulière. *Un serment solennel.* **3.** Souvent péj. Qui a une gravité propre aux grandes occasions. *Un ton solennel.* ⇒ **cérémonieux, grave, pompeux.** ► ***solennellement*** [sɔlanɛlmɑ̃] adv. ► ***solennité*** [sɔlanite] n. f. **1.** Fête solennelle. **2.** Souvent péj. Caractère solennel, pompeux. ⇒ **majesté.** *Débiter un discours avec solennité.*

solénoïde [sɔlenɔid] n. m. ■ Sciences, techniques. Bobine constituée par un fil conducteur enroulé et traversé par un courant qui crée sur son axe un champ magnétique.

solfège [sɔlfɛʒ] n. m. ■ Étude des principes élémentaires de la musique et de sa notation. *Faire du solfège* (⇒ **solfier**) ; *étudier le solfège.*

solfier [sɔlfje] v. tr. ▪ conjug. 7. ■ Chanter (un morceau de musique) en nommant les notes.

solidaire [sɔlidɛʀ] adj. **1.** Se dit de personnes qui sont ou se sentent liées par une responsabilité et des intérêts communs. *Ouvriers qui se déclarent solidaires d'autres travailleurs en grève. Étudiants et professeurs ont été solidaires dans la lutte.* **2.** Se dit de choses qui dépendent l'une de l'autre, de pièces mécaniques liées dans un même mouvement. / contr. **indépendant** / *La bielle est solidaire du vilebrequin.* ≠ *solitaire.* ► ***solidairement*** adv. ► *se* ***solidariser*** v. pron. ▪ conjug. 1. ■ Se rendre, se déclarer solidaire (de qqn). *Se solidariser avec des collègues,* faire cause commune avec eux. ► ***solidarité*** n. f. **1.** Fait d'être solidaire, relation entre personnes ayant conscience d'une communauté d'intérêts qui entraîne une obligation morale d'assistance mutuelle. *Solidarité de classe. Solidarité professionnelle.* **2.** Interdépendance (de phénomènes, d'éléments). *Faire appel à la solidarité internationale.* ⟨ ► se désolidariser ⟩

① ***solide*** [sɔlid] adj. et n. m. **I.** Qui a de la consistance, qui n'est pas liquide (tout en pouvant être plus ou moins mou). *Aliments solides et aliments liquides. L'état solide* (opposé à *gazeux* et *liquide*). *Rendre solide.* ⇒ ① **solidifier.** — N. m. *Les solides,* les corps solides. **II.** N. m. Figure géométrique à trois dimensions, limitée par une surface fermée, à volume mesurable. *Le prisme, le cube sont des solides.* ► ① ***solidifier*** v. tr. ▪ conjug. 7. ■ Donner une consistance solide (1) à (une substance). / contr. **gazéifier, liquéfier** / — Pronominalement. *Se solidifier,* passer de l'état liquide à l'état solide. ⇒ **durcir.** — Au p. p. adj. *Corps solidifié.* ► ***solidification*** n. f. ■ Action de solidifier. ⟨ ► ② solide ⟩

② ***solide*** adj. **1.** Qui résiste aux efforts, à l'usure. ⇒ **résistant, robuste.** / contr. **fragile** / *Des meubles solides.* — N. m. Fam. *Ça, c'est du solide !* — Qui garde sa position. *Être solide sur ses jambes.* ⇒ ① **ferme** (2), **stable. 2.** Abstrait. Sur quoi l'on peut s'appuyer, compter ; qui est à la fois effectif et durable. ⇒ **sérieux, sûr.** *Une amitié solide. De solides qualités. J'ai de solides raisons pour croire cela. Être doué d'un solide bon sens.* **3.** (Personnes) Qui est massif, puissant. ⇒ ① **fort.** *Un solide gaillard.* — Qui a une santé à toute épreuve, une grande endurance. ⇒ **vigoureux.** *Il est toujours solide, solide comme un roc. Il n'a pas l'estomac très solide. Être solide au poste.* **4.** Fam. Bon, grand (dans quelques emplois). *Gens qui ont un solide appétit.* **5.** Adv. Fam. Solidement. *Maison construite bien solide.* ► ***solidement*** adv. ► ② ***solidifier*** ou ***solider*** v. tr. conjug. 7 et 1. ■ Rendre plus solide, plus ferme, consolider, renforcer qqch. *Il faut solidifier les murs de la grange.* — Au p. p. adj. *Margelle solidée.* ► ***solidité*** n. f. **1.** Robustesse, résistance (d'une chose). / contr. **fragilité** / *Une construction d'une solidité à toute épreuve.* **2.** Abstrait. Caractère de ce qui est solide (2). — Qualité de ce qui est bien pensé, sérieux. *La solidité d'un raisonnement.* ⟨ ► consolider, souder ⟩

soliloque [sɔlilɔk] n. m. ■ Discours d'une personne seule* qui se parle à elle-même, qui pense tout haut. ⇒ **monologue.** *Se livrer à un triste soliloque.* ► ***soliloquer*** v. intr. ▪ conjug. 1. ■ Se livrer à des soliloques. ⇒ **monologuer.**

soliste [sɔlist] n. ■ Musicien ou chanteur qui exécute une partie de solo, ou qui interprète une œuvre écrite pour un seul instrument ou une seule voix. ⇒ **concertiste.** *Un, une soliste* (opposé à *musicien d'orchestre,* à *choriste*). — Adj. *Une pianiste soliste.*

solitaire [sɔlitɛʀ] adj. et n. **I.** Adj. **1.** Qui vit seul, dans la solitude. — Qui vit dans la solitude et s'y complaît. *Un voyageur, un promeneur solitaire.* **2.** *Ver solitaire.* ⇒ **ténia. 3.** Qu'on accomplit seul, qui se passe dans la solitude. *Une enfance solitaire.* — *Le plaisir solitaire,* la masturbation. **4.** Où l'on est seul, qui est inhabité. ⇒ **écarté, retiré.** *C'est un endroit solitaire.* **II.** N. **1.** N. m. ou f. Ermite ; personne qui a l'habitude de vivre seule. *Un, une solitaire. Vivre en solitaire.* **2.** N. m. Sanglier mâle (qui a quitté toute compagnie). *Chasser un vieux solitaire.* **3.** N. m. Diamant monté seul, en particulier sur une bague. ≠ *solidaire.* ► ***solitairement*** adv. ■ Dans la solitude.

solitude [sɔlityd] n. f. **1.** Situation d'une personne qui est seule (de façon momentanée ou durable). ⇒ **isolement.** *La solitude lui pèse. Nous avons troublé sa solitude. Solitude à deux,* d'un couple qui s'isole. — Situation d'une personne qui vit habituellement seul, qui a peu de contacts avec autrui. ⇒ ② **retraite.** *Vivre dans la solitude.* — *Les deux solitudes,* le Canada français et le Canada anglais qui n'arrivent pas à se comprendre. **2.** Littér. *Une solitude,* un lieu solitaire. — Atmosphère solitaire (d'un lieu). *Dans la solitude des forêts.*

solive [sɔliv] n. f. ■ Chacune des pièces de charpente s'appuyant sur les poutres ou les murs, et qui soutient le plancher. ⇒ **colombage, madrier, poutre.** *Solives en bois ou en fer. Poutres et solives apparentes.* ► ***soliveau*** n. m. ■ Petite solive. *Renforcer les soliveaux.*

solliciter [sɔ(l)lisite] v. tr. ▪ conjug. 1. **1.** (Suj. chose) Appeler, tenter de manière pressante. ⇒ **attirer, séduire.** *La publicité nous sollicite continuellement.* — (Suj. personne) Chercher à éveiller (l'attention, la curiosité). *Solliciter l'attention de qqn par des signes.* **2.** Faire appel à (qqn) de façon pressante en vue d'obtenir qqch. ⇒ **assiéger, importuner** ; fam. **achaler.**

Solliciter qqn de faire qqch., le prier de... **3.** Demander dans les formes officielles (qqch. qu'on veut obtenir d'une autorité). *Solliciter une faveur, une aumône. Solliciter un entretien, un emploi.* ▶ ***sollicitation*** n. f. **1.** Littér. Incitation, tentation insistante. **2.** Demande instante, démarche pressante. *Céder aux sollicitations de qqn.* ▶ ***solliciteur, euse*** n. **1.** Personne qui sollicite qqch. d'une autorité, d'un personnage influent. ⇒ **quémandeur, quêteur.** *Éconduire un solliciteur.* **2.** Politique. *Solliciteur général,* ministre d'État qui a la charge de conseiller juridique du gouvernement et de responsable de l'administration de la justice. *La G.R.C. relève du solliciteur général du Canada. Elle est avocate au ministère du solliciteur général du Québec.* ‹ ▶ sollicitude ›

sollicitude [sɔ(l)lisityd] n. f. ■ Attention, intérêt affectueux porté à qqn. *Écouter qqn avec sollicitude.*

solo [sɔlo] n. m. ■ Morceau joué ou chanté par un seul interprète *(soliste). Des solos de piano.* — En appos. *Flûte solo.* — Loc. EN SOLO : seul. *Jouer en solo.* Fig. *Traverser l'océan en solo.* ‹ ▶ soliste ›

solstice [sɔlstis] n. m. ■ Chacune des deux époques où le Soleil atteint son plus grand éloignement angulaire du plan de l'équateur. *Solstice d'hiver* (21 ou 22 décembre), *d'été* (21 ou 22 juin), jour le plus court et jour le plus long de l'année dans l'hémisphère Nord (dans l'hémisphère Sud, la situation est inversée).

soluble [sɔlybl] adj. **1.** Qui peut se dissoudre (dans un liquide). / contr. **insoluble** (2) / *Café soluble.* ⇒ **instantané. 2.** (Problèmes) Qui peut être résolu. / contr. **insoluble** (1) / ▶ ***solubiliser*** v. tr. ▪ conjug. 1. ■ Rendre soluble. — Au p. p. adj. *Cacao solubilisé.* ▶ ***solubilité*** n. f. ■ Caractère de ce qui est soluble. ‹ ▶ insoluble, solucamphre, soluté, solvant ›

solucamphre [sɔlykɑ̃fʀ] n. m. ■ Dérivé du camphre, soluble dans l'eau, utilisé comme tonique pour le cœur.

soluté [sɔlyte] n. m. **1.** Corps dissous dans un solvant*. **2.** Remède liquide contenant une substance en solution (②, 2).

① ***solution*** [sɔlysjɔ̃] n. f. **1.** Opération mentale par laquelle on surmonte une difficulté, on résout* un problème ; son résultat. *Trouver la solution. Je cherche la solution de ce problème, une solution à ce problème.* ⇒ ① **résoudre, solutionner. 2.** Ensemble de décisions et d'actes qui peuvent résoudre une difficulté. *Une solution de facilité,* qui exige le moindre effort. *Ce n'est pas une solution !,* cela n'arrange rien ! — Manière dont une situation compliquée se dénoue. ⇒ **conclusion, dénouement, issue.** *La solution de la crise est en vue.* ▶ ***solutionner*** v. tr. ▪ conjug. 1. ■ Trouver, apporter une solution à (un problème, une difficulté). ⇒ ① **résoudre.** *Solutionner une équation.* — Au p. p. adj. *Crise solutionnée.*

② ***solution*** n. f. **1.** Action de dissoudre* (un solide) dans un liquide ; le fait de se dissoudre. ⇒ **dissolution ; soluté** (1), **solvant.** *Solution à chaud.* **2.** Mélange homogène de deux ou plusieurs sortes de molécules chimiques. *Une solution saturée.* — Liquide contenant un solide dissous. ‹ ▶ ① solution, solution de continuité ›

solution de continuité n. f. ■ Interruption (dans la continuité) ; rupture. *Des solutions de continuité. Sans solution de continuité,* sans interruption, continu. — *Cette falaise peut être escaladée, car elle offre une solution de continuité,* une aspérité qui en interrompt la verticalité.

solvable [sɔlvabl] adj. ■ Qui a les moyens de payer ses créanciers. / contr. **insolvable** / ▶ ***solvabilité*** n. f. ■ Le fait d'être solvable. *Sa solvabilité est certaine.* ‹ ▶ insolvable ›

solvant [sɔlvɑ̃] n. m. ■ Substance (le plus souvent liquide) qui a le pouvoir de dissoudre d'autres substances. ⇒ **dissolvant,** ② **solution.**

somatique [sɔmatik] adj. ■ Qui concerne le corps, l'organisme (opposé à *psychique*). ⇒ **physiologique,** ① **physique.** ‹ ▶ psychosomatique ›

sombre [sɔ̃bʀ] adj. **I. 1.** Qui est peu éclairé, reçoit peu de lumière. ⇒ **noir, obscur.** / contr. **clair, éclairé** / *Cette pièce est très sombre. Il fait sombre,* il y a peu de lumière. — *Coupe* sombre.* **2.** Foncé. *Une teinte sombre.* **II. 1.** (Personnes ; choses humaines) Empreint de tristesse, d'inquiétude. ⇒ **morne, morose, taciturne, triste.** *Il était sombre et abattu. Son visage restait sombre. De sombres réflexions.* **2.** (Choses) D'une tristesse tragique ou menaçante. ⇒ **inquiétant, sinistre.** *L'avenir est bien sombre. C'est une sombre histoire.* **3.** Fam. Lamentable. *Une sombre brute. Un sombre idiot.* ‹ ▶ assombrir ›

sombrer [sɔ̃bʀe] v. intr. ▪ conjug. 1. **1.** (Bateaux) Cesser de flotter, s'enfoncer dans l'eau. ⇒ ② **caler,** ② **couler. 2.** S'enfoncer ou se perdre. *Elle a sombré dans un sommeil de plomb. Il a sombré dans la folie, sa raison a sombré.*

sombrero [sɔ̃(ɔm)bʀeʀo] n. m. ■ Chapeau à larges bords, en usage dans les pays hispaniques. *Des sombreros.*

① ***sommaire*** [sɔ(m)mɛʀ] adj. **1.** Qui est résumé brièvement. ⇒ ① **court.** / contr. **détaillé** / *Un exposé sommaire,* succinct, élémentaire. **2.** Qui est fait promptement, sans formalité. ⇒ **expéditif.** *Coup d'État suivi d'exécutions sommaires.* **3.** Qui est réduit à sa forme la plus simple. *Connaissances sommaires.* ⇒ **rudimentaire.** ▶ ***sommairement*** adv. ■ D'une manière sommaire. ⇒ **brièvement.** ▶ ② ***sommaire*** n. m. ■ Résumé des chapitres d'un livre, en table des matières. *Le sommaire d'une revue,* la liste des articles et de leurs auteurs. *Qu'y a-t-il au sommaire ?*

sommation [sɔ(m)masjɔ̃] n. f. ■ Action de sommer qqn (⇒ **sommer**). *Après la troisième sommation, la sentinelle a tiré. Le huissier lui a apporté la sommation de quitter les lieux.*

① ***somme*** [sɔm] n. f. **1.** Quantité formée de quantités additionnées ; résultat d'une addition. *Faire la somme de plusieurs nombres.* **2.** Ensemble de choses qui s'ajoutent. ⇒ **total.** — Quantité considérée dans son ensemble. ⇒ ① **masse.** *Une somme d'efforts considérable.* — Loc. adv. EN SOMME : tout bien considéré. SOMME TOUTE : en résumé, après tout. ⇒ **finalement. 3.** *Somme (d'argent),* quantité déterminée d'argent. *Une grosse somme. Arrondir une somme.* **4.** Œuvre qui résume toutes les connaissances relatives à une science, à un sujet. *Ce traité est une somme.* ‹ ▶ ① sommaire, sommer ›

② ***bête de somme*** n. f. ■ Bête de charge qui porte les fardeaux. *Des bêtes de somme. — Travailler comme une bête de somme,* durement.

③ ***somme*** [sɔm] n. m. ■ Action de dormir, considérée dans sa durée. ⇒ **sieste.** *Faire, piquer un petit somme.* ⇒ fam. **roupillon.** *Je n'ai fait qu'un somme,* j'ai dormi toute la nuit sans m'éveiller. ‹ ▶ assommer, sommeil ›

sommeil [sɔmɛj] n. m. **1.** État d'une personne qui dort, caractérisé essentiellement par la suspension de la conscience et le ralentissement de certaines fonctions (opposé à *veille*). *J'ai besoin de sommeil. Dormir d'un sommeil profond, d'un sommeil de plomb. Dormir du sommeil du juste,* profondément, sans tracas. *Avoir le sommeil léger,* s'éveiller facilement. *Le premier sommeil,* les premières heures qui suivent le moment où l'on s'endort. *Privation de sommeil.* ⇒ **insomnie.** *Qui provoque le sommeil.* ⇒ **somnifère, soporifique.** *Sommeil provoqué.* ⇒ **hypnose.** *Faire une cure de sommeil. Maladie du sommeil* (transmise par la mouche tsé-tsé). — *Le sommeil éternel, le dernier sommeil,* la mort. — Envie de dormir. ⇒ **endormitoire.** (→ cogner des clous) *Avoir sommeil. Tomber de sommeil.* **2.** Ralentissement des fonctions vitales pendant les saisons froides, chez certains êtres vivants. *Le sommeil hivernal de la marmotte.* ⇒ **engourdissement, hibernation. 3.** État de ce qui est provisoirement inactif. *Volcan en sommeil. Laisser une affaire en sommeil,* en suspens. ▶ ***sommeiller*** [sɔmɛje] v. intr. ▪ conjug. 1. **1.** Dormir d'un sommeil léger et pendant peu de temps. ⇒ **somnoler. 2.** Exister à l'état latent. *Une passion qui sommeille.* ‹ ▶ demi-sommeil, ensommeillé, et aussi les mots en somn- ›

sommelier, ière [sɔməlje, jɛʀ] n. ■ Personne chargée de la cave, des vins, dans un restaurant.

sommer [sɔ(m)me] v. tr. ▪ conjug. 1. ■ *Sommer qqn à...,* le mettre en demeure, dans les formes établies ; l'avertir par une sommation. *Sommer qqn à comparaître devant la justice.* — *Sommer qqn de...,* lui commander impérativement de. ⇒ **enjoindre.** *Je l'ai sommé de répondre.* ‹ ▶ sommation ›

sommet [sɔ(m)mɛ] n. m. **1.** Partie qui se trouve en haut, point le plus élevé (d'une chose verticale). ⇒ **faîte,** ② **haut ;** ① **sommité. /** contr. ① **bas, base /** *Monter au sommet de la tour Eiffel.* — Point culminant (d'un relief, spécialt d'une montagne). ⇒ **cime.** *L'air pur des sommets.* **2.** Ce qui est le plus haut ; degré le plus élevé. ⇒ **summum.** *Le sommet de la hiérarchie. Être au sommet de la gloire.* ⇒ **apogée, faîte.** *Avoir atteint le sommet de ses capacités, de ses compétences. Conférence au sommet,* ou *sommet,* entre dirigeants du niveau le plus élevé. *Les sommets de la francophonie.* **3.** Géométrie. Intersection de deux côtés (d'un angle, d'un polygone). *Angles opposés par le sommet.*

sommier [sɔmje] n. m. **1.** Partie souple d'un lit, sur laquelle s'étend le matelas. *Sommier à ressorts, métallique.* **2.** (France) Terme administratif. Gros registre ou dossier. *Les sommiers de la police judiciaire.*

① ***sommité*** [sɔ(m)mite] n. f. ■ Botanique. Extrémité de la tige d'une plante. *Plante dont on utilise les sommités fleuries en tisane.* ‹ ▶ ② sommité ›

② ***sommité*** n. f. ■ Personnage éminent. ⇒ **personnalité** (II). *Les sommités de la science.*

somnambule [sɔmnɑ̃byl] n. et adj. **1.** Personne qui, pendant son sommeil, effectue par automatisme des marches et autres actes coordonnés. *Un, une somnambule.* — Adj. *Il est somnambule.* **2.** Personne qui, dans un sommeil hypnotique, peut agir ou parler. ▶ ***somnambulisme*** n. m. ■ État d'automatisme inconscient du somnambule. ▶ ***somnambulique*** adj. ■ *Comportement somnambulique.*

somnifère [sɔmnifɛʀ] n. m. ■ Médicament qui provoque le sommeil. ⇒ **soporifique.** *Dose de somnifère.*

somnoler [sɔmnɔle] v. intr. ▪ conjug. 1. ■ Être dans un état de somnolence, dormir à demi. (→ cogner des clous) ▶ ***somnolent, ente*** adj. ■ Qui somnole. ▶ ***somnolence*** n. f. ■ État intermédiaire entre la veille et le sommeil. ⇒ **demi-sommeil, endormitoire, torpeur.** — Tendance irrésistible à s'assoupir. *Médicament qui peut amener un état de somnolence.*

somptuaire [sɔ̃ptɥɛʀ] adj. **1.** Antiquité. *Loi somptuaire,* loi qui, à Rome, restreignait les dépenses de luxe. **2.** (Emploi critiqué) *Dépenses somptuaires,* de luxe. ≠ *somptueux.*

somptueux, euse [sɔ̃ptɥø, øz] adj. ■ Qui est d'une beauté coûteuse, d'un luxe visible. ⇒ **dispendieux, fastueux, luxueux, magnifique, princier, splendide.** *Un somptueux cadeau.* ≠ *somptuaire.* ▶ ***somptueusement*** adv. ▶ ***somptuosité*** n. f. ■ Beauté de ce qui est riche, somptueux. ⇒ **magnificence.** *La somptuosité d'une fête.*

① ***son*** [sɔ̃], ***sa*** [sa], ***ses*** [se(ɛ)] adj. poss. de la 3ᵉ pers. du sing. ■ Qui appartient, est relatif à la personne ou la chose dont il est question. *C'est son parapluie, c'est le sien. Elle a oublié son sac et sa valise. Il finit ses études. Ce n'est pas son genre. Il a comparu devant ses juges.* — *Une œuvre qui a perdu de son actualité, de sa fraîcheur.* — *On n'est jamais content de son sort. Chacun son tour. La fête bat son plein.*

② ***son*** n. m. ■ Sensation auditive créée par un mouvement vibratoire dans l'air ; ce phénomène. ⇒ **bruit ; phon-, sonner.** *Entendre, percevoir un son. Au son du timbre, il sera 13 h. Émettre des sons. Sons inarticulés, articulés.* — *Vitesse du son.* ⇒ **Mach.** *Sons musicaux. Enregistrement, reproduction du son. Ingénieur du son,* qui s'occupe de la *prise de son.* — *Spectacle (de) son et lumière,* qui a lieu le soir et est constitué d'illuminations très colorées tandis que se fait entendre un accompagnement sonore (voix, musique...). ‹ ▶ infra-son, sonner, subsonique, supersonique, ultra-son, unisson ›

③ ***son*** n. m. **1.** Résidu de la mouture provenant de l'enveloppe des grains. *Farine de son,* mêlée de son. *Pain de son,* fait avec cette farine. *Céréales de son et d'avoine.* **2.** Sciure servant à bourrer. *Poupée de son.* **3.** Loc. TACHES DE SON : taches de rousseur.

sonar [sɔnaʀ] n. m. ■ Équipement de détection et de communications sous-marines par réflexion des ultra-sons. *Sonars utilisés pour la détection des bancs de poissons.* ≠ *radar.*

sonate [sɔnat] n. f. ■ Composition musicale pour un ou deux instruments, en trois ou quatre mouvements. *Une sonate pour piano et violon.* ▶ ***sonatine*** n. f. ■ Petite sonate de caractère facile.

sonde [sɔ̃d] n. f. **1.** Instrument (ligne à plomb) qui sert à mesurer la profondeur de l'eau et à reconnaître la nature du fond. *Naviguer à la sonde,* en utilisant la sonde. — Appareil de mesure des altitudes. *Sonde aérienne* (ou *ballon-sonde*). **2.** Instrument de chirurgie destiné à explorer les canaux naturels ou accidentels. *On lui a mis une sonde après son opération.* — Instrument servant à l'alimentation artificielle. **3.** Appareil servant aux forages et aux sondages du sol. ⇒ **trépan. 4.** *Sonde spatiale,* engin cosmique non habité lancé pour étudier la haute atmosphère terrestre, le milieu interplanétaire ou certains astres du système solaire. ▶ ***sonder*** v. tr. ▪ conjug. 1. **1.** Reconnaître au moyen d'une sonde ou d'un instrument de sondage. *Sonder les grands fonds.* — *Sonder un malade,* prélever l'urine dans la vessie à l'aide d'une sonde. — Fig. *Sonder le terrain**. **2.** Abstrait. Chercher à entrer dans le secret de... ⇒ **explorer, scruter.** *Sonder qqn,* chercher à connaître ses dispositions d'esprit. *Sonder l'opinion.* ▶ ***sondage*** n. m. **1.** Exploration locale et méthodique d'un milieu (mer, atmosphère, sol) à l'aide d'une sonde, etc. **2.** Introduction d'une sonde (2) dans l'organisme. **3.** *Sondage (d'opinion),* enquête visant à déterminer la répartition des opinions sur une question, en recueillant des réponses auprès d'un échantillon de population. *Des sondages d'opinion.* ▶ ***sondeur, euse*** n. ■ Personne qui fait des sondages. — N. m. Entreprise de sondage (d'opinion, de cote d'écoute...). ⟨ ▶ insondable ⟩

songe [sɔ̃ʒ] n. m. ■ Littér. Rêve. ⇒ **cauchemar.** *Faire un songe.* PROV. *Songes, mensonges.* ▶ ***songer*** v. tr. ind. ▪ conjug. 3. **1.** Vx. Rêver ou s'abandonner à la rêverie (⇒ **songeur**). **2.** SONGER À : penser à, réfléchir à. *Songez-y bien !* — Avoir présent à l'esprit. *Cela me fait songer que je suis en retard,* cela me le rappelle. — Envisager en tant que projet qui demande réflexion. *Ils songent au mariage, à se marier. Il ne faut pas y songer,* c'est impossible. — S'intéresser à... ⇒ fam. **jongler.** *Il est temps qu'il songe à son avenir.* — Au p. p. adj. Plaisant. *Ce sont des paroles songées,* pensées, réfléchies, astucieuses. **3.** Prendre en considération. *Avez-vous songé qu'il y a un gros risque ?* ▶ ***songerie*** n. f. ■ Littér. Rêverie. ▶ ***songeur, euse*** adj. ■ Perdu dans une rêverie empreinte de préoccupation. ⇒ **pensif ;** fam. **jongleur.** *Cette nouvelle le laissait songeur. Je te trouve bien songeuse.*

sonner [sɔne] v. ▪ conjug. 1. **I.** V. intr. **1.** Retentir sous un choc. ⇒ **résonner, tinter.** *Cela sonne creux,* rend le son d'un objet creux (quand on le frappe). *Les cloches sonnent.* ⇒ **carillonner. 2.** Produire le son commandé par une sonnerie. *Le téléphone, le réveil a sonné.* — (Heure) *Minuit sonne. Trois heures sonnent.* — Loc. *Sa dernière heure a sonné,* l'heure de sa mort est arrivée. **3.** *Une phrase qui sonne mal,* peu harmonieuse. *Sonner juste, bien. Tout cela sonne faux,* donne une impression de fausseté, d'hypocrisie. **4.** Faire fonctionner une sonnerie. *Entrer sans sonner.* **II.** V. tr. ind. SONNER DE : jouer (du clairon, du cor...). *Sonner de la trompette.* **III.** V. tr. **1.** Faire résonner. *Le sacristain sonnait les cloches.* — Loc. fam. *Se faire sonner les cloches.* ⇒ **cloche** (1). **2.** Faire entendre (une sonnerie particulière) ; signaler, annoncer par une sonnerie. *On a sonné le tocsin, l'alarme. L'horloge a sonné onze heures.* — Au p. p. adj. *Il est midi sonné,* il est plus de midi. *Il est cinq heures sonnées.* Loc. *Il a soixante ans* BIEN SONNÉS : révolus. **3.** Appeler (qqn) par une sonnerie, une sonnette. *Sonner l'infirmière de garde.* — Loc. fam. ON NE T'A PAS SONNÉ : on ne t'a pas appelé, mêle-toi de tes affaires. **4.** Assommer, étourdir d'un coup de poing. — Au p. p. adj. *Le boxeur était sonné.* ⇒ anglic. **groggy.** ▶ ***sonné, ée*** adj. **1.** ⇒ **sonner** (III, 4). **2.** Fam. Fou ; cinglé, toqué. *Être complètement sonné.* ▶ ***sonnant, ante*** adj. **1.** Loc. ESPÈCES SONNANTES ET TRÉBUCHANTES : monnaie métallique. **2.** (Heure) Qui est en train de sonner. ⇒ ④ **pile, tapant.** *À cinq heures sonnantes. À midi sonnant.* ▶ ***sonnerie*** n. f. **1.** Son de ce qui sonne ou d'un instrument dont on sonne. *Une sonnerie de clairon. La sonnerie du téléphone.* **2.** Mécanisme qui fait sonner une horloge, un réveille-matin. *Programmer la sonnerie d'un réveil.* — Appareil avertisseur, formé d'un timbre que fait vibrer un marteau. ⇒ **sonnette.** *Sonnerie électrique.* ▶ ***sonnette*** n. f. **1.** Petit instrument métallique (clochette) qui sonne pour avertir. *Le président agitait sa sonnette.* — Timbre, sonnerie électrique ; objet matériel qui sert à déclencher la sonnerie. *Appuyez sur la sonnette. Bouton de sonnette. Donnez trois coups de sonnette. Sonnette d'alarme. Sonnette d'entrée.* **2.** Son produit par une sonnette. *Je n'ai pas entendu la sonnette du téléphone.* ⇒ **sonnerie.** ▶ ***sonneur, euse*** n. ■ Personne qui sonne les cloches. ⟨ ▶ assonance, consonance, consonne, dissonance, résonner, sonore ⟩

sonnet [sɔnɛ] n. m. ■ Petit poème à forme fixe (deux quatrains sur deux rimes embrassées et deux tercets).

sonore [sɔnɔʀ] adj. **1.** Qui résonne fort. ⇒ **éclatant.** *Elle parlait avec une voix sonore.* — *Consonne sonore* et, n. f., *une sonore* (opposé à *sourde*), dont l'émission s'accompagne de vibrations des cordes vocales (ex. : [b]). **2.** Qui renvoie ou propage le son. *Une salle trop sonore.* **3.** Relatif au son, phénomène physique ou sensation auditive. *Ondes sonores.* — *Film sonore,* qui comporte l'enregistrement des sons et des bruits. / contr. **muet** / *Effets sonores,* bruits, sons spéciaux qui accompagnent l'image. ▶ ***sonoriser*** v. tr. ▪ conjug. 1. **1.** Rendre sonore (une consonne sourde). — Pronominalement. [t] *peut se sonoriser en* [d]. **2.** Rendre sonore (un film muet, un spectacle). *Sonoriser un montage de diapositives.* **3.** Munir (une salle) d'un matériel de diffusion du son. — Au p. p. adj. *Salle sonorisée.* ▶ ***sonorisation*** n. f. ■ Action de sonoriser. — Matériel de diffusion du son (abrév. fam. *la* SONO). ▶ ***sonorité*** n. f. **1.** Qualité du son. *Cet instrument, cette radio a une belle sonorité.* — Au plur. Inflexions, sons particuliers (d'une voix). **2.** Qualité acoustique (d'un local). *Cette salle de concert a une bonne sonorité.* ▶ ***sonothèque*** n. f. ■ Archives où l'on conserve une collection d'enregistrements de bruits et d'effets sonores. ⟨ ▶ insonore ⟩

-sophe, -sophie ■ Éléments signifiant « savant, sage » et « science, sagesse ».

sophiste [sɔfist] n. m. **1.** Antiquité grecque. Maître de rhétorique et de philosophie qui enseignait l'art de parler en public et de défendre toutes les thèses, même contradictoires, avec des arguments subtils. **2.** Personne qui use de raisonnements spécieux *(sophismes).* ▶ ***sophisme*** n. m. ■ Argument, raisonnement faux malgré une apparence de vérité.

sophistiqué, ée [sɔfistike] adj. **1.** Alambiqué, affecté. *Un style sophistiqué.* **2.** Qui se distingue par son allure recherchée, artificielle. *Une femme sophistiquée.* **3.** Complexe, perfectionné ; qui utilise des techniques de pointe. *Machine très sophistiquée.* ▶ ***sophistication*** n. f. ■ Caractère sophistiqué, artificiel.

soporifique [sɔpɔʀifik] adj. et n. m. **1.** Qui provoque le sommeil. — N. m. *Un soporifique.* ⇒ **somnifère. 2.** Endormant, ennuyeux. *Un discours soporifique.*

soprano [sɔpʀano] n. **1.** N. m. La plus élevée des voix. *Le soprano de la femme, du jeune garçon.* **2.** N. Personne qui a cette voix. *Un, une soprano. Des sopranos.* — En appos. *Un enfant soprano.* ⟨ ▶ mezzo-soprano ⟩

sorbet [sɔʀbɛ] n. m. ■ Mets glacé léger à base de jus de fruit, sans lait, ni crème. *Un sorbet au citron.* ≠ *crème glacée* et *parfait* (à la crème) ; *glace* (au lait). ▶ ***sorbetière*** [sɔʀbətjɛʀ] n. f. ■ Appareil pour préparer les sorbets et la crème glacée.

sorbier [sɔʀbje] n. m. ■ Arbre sauvage ou ornemental, à petits fruits rouge orangé (les *sorbes,* n. f.) recherchés des oiseaux. — *Sorbier cultivé,* à fruits comestibles. — *Sorbier d'Amérique.* ⇒ **cormier, mascouabina.**

sorcellerie [sɔʀsɛlʀi] n. f. ■ Pratique des sorciers. *Les anciens procès de sorcellerie.* — *C'est de la sorcellerie,* c'est inexplicable, extraordinaire.

sorcier, ière [sɔʀsje, jɛʀ] n. **1.** Personne qui pratique une magie de caractère traditionnel, secret et illicite ou dangereux. ⇒ **magicien.** *Les sorciers du Moyen Âge. Sorciers et guérisseurs en Afrique.* **2.** Fam. *(Vieille) sorcière,* femme vieille, laide ou méchante. **3.** Loc. CHASSE AUX SORCIÈRES : poursuite systématique, par un gouvernement ou un parti, de ses opposants. — Adj. Fam. *Ce n'est pas sorcier,* ce n'est pas difficile. ⇒ ② **malin.** ≠ *sourcier.* ⟨ ▶ ensorceler, sorcellerie ⟩

sordide [sɔʀdid] adj. **1.** D'une saleté repoussante, qui dénote une misère extrême. ⇒ **répugnant.** *Des* *taudis sordides.* **2.** Qui est bassement intéressé, d'une mesquinerie ignoble. *Une sordide affaire d'héritage. Crime sordide,* ⇒ **abject, honteux**, commis par simple intérêt. ▶ ***sordidement*** adv. ▶ ***sordidité*** n. f. ■ Littér. Caractère de ce qui est sordide.

sorelois, oise [sɔʀɛlwa, waz] adj. et n. ■ De la ville de Sorel. *L'industrie navale soreloise.* — N. (Avec une majusc.) Personne née dans cette ville ou qui l'habite.

sorgho [sɔʀgo] n. m. ■ Graminée des pays chauds. *Le sorgho est utilisé comme céréale.*

sornette [sɔʀnɛt] n. f. ■ Surtout au plur. Propos frivoles, affirmations qui ne reposent sur rien. ⇒ **baliverne.** *Raconter, débiter des sornettes.*

sororal, ale, aux [sɔʀɔʀal, o] adj. ■ Didact. D'une sœur (correspond à *fraternel*).

sort [sɔʀ] n. m. **1.** Ce qui échoit (à qqn) du fait du hasard, ou d'une prédestination supposée ; situation faite ou réservée (à une personne, une classe). ⇒ **destinée.** *Les infirmités sont le sort de la vieillesse. Améliorer le sort des travailleurs. Abandonner qqn à son triste sort.* — Littér. FAIRE UN SORT À *qqch.* : mettre en valeur. Fam. *Faire un sort à un plat, une bonne bouteille,* ne rien en laisser. **2.** Puissance qui est supposée fixer le cours des choses. *C'est un coup, une ironie du sort. Le* MAUVAIS SORT : la malchance. *Conjurer le mauvais sort.* **3.** Désignation par le hasard (opposé à *choix, élection*). *Le sort décidera. Les noms des gagnants seront tirés au sort. Le sort en est jeté,* les dés sont jetés. **4.** Loc. JETER UN SORT *à qqn* : pratiquer sur lui une opération de sorcellerie. ⇒ **envoûtement, maléfice, sortilège.** ⟨ ▶ sorcier, sortilège ⟩

sortable [sɔʀtabl] adj. ■ (Souvent en emploi négatif) Que l'on peut sortir, présenter en public. *Tu n'es vraiment pas sortable.*

sortant, ante [sɔʀtɑ̃, ɑ̃t] adj. et n. **1.** Qui sort d'un tirage au sort. *Les numéros sortants.* ⇒ **gagnant. 2.** Qui cesse de faire partie d'une assemblée (lorsque son mandat arrive à expiration). *Le député sortant a été réélu.* — N. *Les sortants.* **3.** N. Éducation. Élève, étudiant qui termine un programme d'études. ⇒ **diplômé, finissant.** — Adj. *Les élèves sortants d'une polyvalente.*

sorte [sɔʀt] n. f. **1.** Ensemble (de gens ou d'objets caractérisés par une certaine manière d'être). ⇒ **catégorie, espèce, genre.** *Il y a plusieurs sortes de problèmes. Cette sorte de gens. On vend ici toutes sortes d'articles de sport. Des fruits de toutes sortes, de la même sorte. Une sorte de fraises tardives.* ⇒ **variété. 2.** UNE SORTE DE... : ce qu'on ne peut qualifier exactement et que l'on rapproche d'autre chose. *C'était une sorte de vagabond.* ⇒ une **espèce** de. *Elle a une sorte d'autorité naturelle.* **3.** En loc. Façon d'accomplir une action. — DE LA SORTE : de cette façon, ainsi. *Pourquoi ris-tu de la sorte ?* — DE SORTE À (+ infinitif) : de manière à. *Ils se dépêchent d'étudier de sorte à pouvoir sortir après.* — EN QUELQUE SORTE : d'une certaine manière, pour ainsi dire. *Tu as eu de la chance, en quelque sorte.* — DE TELLE SORTE QUE : de telle manière que. *Il avait brouillé les pistes de telle sorte qu'on ne l'a jamais retrouvé.* — DE SORTE QUE : si bien que. *J'étais en retard, de sorte que j'ai manqué le début du film.* — FAIRE EN SORTE QUE (+ subjonctif) : s'arranger pour que... *Fais en sorte que tout soit prêt demain.* FAIRE EN SORTE DE (+ infinitif). *Fais en sorte d'être à l'heure.* ⟨ ▶ assortir ⟩

sorteur ou ***sorteux, euse*** adj. et n. ■ Surtout en emploi négatif. Qui aime sortir (I, 2) pour se distraire, pour rencontrer des gens. *Les adolescents sont plutôt sorteux* ou, n., *des sorteux. Ne pas être sorteux,* préférer rester chez soi. ⇒ **casanier ;** fam. **pantouflard.** — *Enfant qui n'est pas sorteux,* qui n'aime pas aller jouer dehors.

sortie [sɔʀti] n. f. **I. 1.** Action de quitter un lieu ; moment où des personnes sortent. / contr. **entrée** / *C'est l'heure de la sortie des ouvriers* (des usines). *La sortie des magasins, de l'école, des bureaux. Viens me chercher à la sortie. À la sortie des théâtres,* lorsque les spectateurs sortent. Loc. *Acteur qui fait une* FAUSSE SORTIE : qui sort pour rentrer en scène peu après. *Une sortie dans l'espace.* **2.** Action militaire pour sortir d'un lieu. *Les assiégés ont tenté une sortie.* — *Le gardien de but a fait une sortie imprudente,* il a quitté son but. **3.** Attaque verbale ; parole incongrue. *Elle est capable de n'importe quelle sortie devant les gens. Faire une sortie en règle.* **4.** Action de sortir pour se distraire, faire une course. *C'est le jour de sortie des pensionnaires.* Fam. *Aujourd'hui, nous sommes* DE SORTIE : nous devons sortir. **5.** (Produits, capitaux) Le fait de sortir d'un pays. *D'importantes sorties de devises.* **6.** Le fait d'être produit, livré au public. *La sortie d'un nouveau modèle de voiture.* **7.** Somme dépensée. *Il y a plus de sorties que de rentrées ce mois-ci.* **8.** (Choses) Action de s'écouler, de s'échapper. *La sortie des gaz d'échappement.* **9.** Informatique. Transfert de données saisies dans un ordinateur sur un support externe (imprimante...). *Faire une sortie d'un document.* **II.** Porte, endroit par où les personnes, les choses sortent. *Sortie de secours.* ⇒ **issue.** *Par ici la sortie ! Les sorties de Montréal sont encombrées le vendredi soir.* **III.** SORTIE DE BAIN : peignoir que l'on porte après le bain.

sortilège [sɔʀtilɛʒ] n. m. ■ Artifice de sorcier ; action, influence qui semble magique. ⇒ ② **charme** (1), **envoûtement.** *Sortilège malfaisant.* ⇒ **maléfice, sort** (4).

① ***sortir*** [sɔʀtiʀ] v. ■ conjug. 16. **I.** V. intr. (Avec l'auxiliaire *être*) Aller du dedans au dehors. / contr. **entrer** / **1.** Aller hors (d'un lieu). *Les gens sortaient du cinéma.* — Sans compl. Quitter une maison, une pièce. ⇒ **partir,** se **retirer.** *Sortez discrètement. Sortez !* **2.** Aller dehors, se promener. *Ce n'est pas un temps pour sortir ! Nous sortions faire un tour.* ⇒ ① **aller.** — Aller hors de chez soi pour se distraire (dans le monde, au spectacle). *Nous sortons beaucoup.* — *Il, elle sort tout le temps,* il, elle fréquente des endroits publics (bars, discothèques...). — *Sortir avec qqn,* le fréquenter ; l'accompagner dans une sortie (4). *Sors-tu encore avec ton américaine ? Elle sort avec ses amies de filles ce soir.* **3.** (Le suj. désigne un objet en mouvement, un fluide) Aller hors de... *Une eau qui sort de terre à 18°.* ⇒ s'**échapper.** *La buée sortait de sa bouche.* ⇒ s'**exhaler.** — Aller hors du contenant ou de l'espace normal. *La rivière est sortie de son lit.* ⇒ **déborder.** *La voiture est sortie de la route. Le ballon est sorti en touche.* — *Cela m'est sorti de la tête,* je l'ai oublié. **4.** Apparaître en se produisant à l'extérieur. ⇒ ② **pousser ; percer.** *Les bourgeons sortent.* — Être livré au public. ⇒ **paraître.** *Ce film sort la semaine prochaine.* **5.** Se produire (au jeu, au tirage au sort). *Un numéro, une combinaison qui n'est pas encore sorti.* **II.** V. intr. (Personnes) Cesser d'être dans tel lieu, dans tel état. **1.** Quitter le lieu d'une occupation. *Sortir, être sorti de table,* avoir fini de manger. *Sortir de prison.* — Sans compl. *Les élèves sortent à trois heures trente.* **2.** Quitter, venir à bout (d'une occupation). *Sortir d'un entretien, d'un travail difficile. J'ai trop à faire, je n'en sors pas.* — Fam. (+ infinitif) *Je sors de lui parler,* je viens de lui parler. *Merci bien, je sors d'en prendre !,* je ne suis pas près de recommencer ! **3.** Quitter (un état), faire ou voir cesser (une situation). *Je sors à peine de maladie,* je suis à peine guéri. *Nous ne sommes pas encore sortis d'affaire, d'embarras, de ce mauvais pas. On n'est pas encore sorti du bois*.* — Abandonner (un comportement habituel). *Il n'est pas sorti de sa froideur coutumière.* ⇒ se **départir. 4.** Ne pas se tenir à (une chose fixée). ⇒ s'**écarter.** *Tu sors du sujet. Vous sortez de votre rôle.* — Loc. IL N'Y A PAS À SORTIR DE LÀ : il faut s'en tenir là. — (Choses) Cesser de faire partie de..., être en dehors de... *Cela sort de ma compétence. C'est une chose qui sort de l'ordinaire,* qui n'est pas ordinaire. **III.** V. intr. Être issu de... **1.** Avoir son origine, sa source dans. ⇒ **venir** de. *Des mots qui sortent du cœur,* sincères. — Provenir en tant que conséquence, résultat. *Je ne sais pas ce qui sortira de nos recherches.* — Impers. *De tous nos efforts, il n'est encore rien sorti.* **2.** (Personnes) Avoir pour ascendance. *Elle sort d'une bonne famille.* ⇒ ② **descendre.** *D'où sort-il ?,* se dit de qqn dont les manières ou les propos sont choquants. — Avoir été formé (quelque part). *Les ingénieurs sortent d'une université. Officiers sortis du rang.* ⇒ **rang** (I, 4). **3.** Avoir été fait, fabriqué (quelque part). *Des robes qui sortent de chez les grands couturiers.* **IV.** V. tr. (Avec l'auxiliaire *avoir*) **1.** Mener dehors (un être qui ne peut ou ne doit pas sortir seul). *Je vais sortir les enfants. Il a sorti le chien.* — Fam. Accompagner (qqn) au spectacle, dans le monde. *Elle voudrait bien que son mari la sorte davantage.* **2.** Mettre dehors (qqch.), tirer (d'un lieu). *As-tu sorti la voiture du garage ?* **3.** Fam. Expulser, jeter dehors (qqn). *À la porte ! Sortez-le !* — Éliminer (un concurrent, une équipe). *Elle s'est fait sortir aux (des) éliminatoires.* **4.** Tirer d'un état, d'une situation. *Il faut vous sortir de là.* — Pronominalement. *Se sortir d'un mauvais pas.* — S'EN SORTIR : venir à bout d'une situation pénible, dangereuse. *Elle s'en est sortie brillamment. Docteur, ai-je des chances de m'en sortir ?* ⇒ s'en **tirer. 5.** Produire pour le public, mettre dans le commerce. *Éditeur qui sort un livre.* ⇒ **publier. 6.** Fam. Dire, débiter. *Qu'est-ce qu'il va encore nous sortir (comme ânerie, niaiserie) ?* ▸ ② ***sortir*** n. m. ■ Littér. AU SORTIR DE : en sortant de (un lieu, un état, une occupation). *Au sortir de l'enfance. Au sortir du théâtre.* ⇒ à la **sortie.** ⟨ ▸ ① ressortir, sortable, sortant, sorteur, sortie ⟩

S.O.S. [ɛsoɛs] n. m. invar. ■ Signal de détresse (d'un bateau, d'un avion). *Envoyer, lancer un S.O.S.* — Appel à secourir d'urgence des personnes en difficulté. *Des S.O.S.*

sosie [sozi] n. m. ■ Personne qui a une parfaite ressemblance avec une autre. *Elle s'est découvert un sosie. C'est ton sosie. Avoir un sosie.*

sot, sotte [so, sɔt] adj. et n. **1.** Littér. Qui a peu d'intelligence et peu de jugement. ⇒ ② **bête, idiot, ignorant, niaiseux, stupide.** *Je ne suis pas assez sot pour lui en vouloir.* — Privé momentanément de jugement (du fait de la surprise, de l'embarras). ⇒ **confus.** *Se trouver tout sot.* ⇒ **penaud.** — N. *Tu n'es qu'un sot.* ⇒ **âne.** *Une petite sotte.* **2.** (Choses) Littér. Qui ne dénote ni intelligence ni jugement. ⇒ **absurde, inepte.** *Rien de plus sot que cette réponse !* ▸ ***sottement*** adv. ■ D'une manière sotte. ⇒ **bêtement, niaiseusement.** ▸ ***sottise*** n. f. **1.** Littér. Manque d'intelligence et de jugement. ⇒ **bêtise, stupidité. 2.** Parole ou action qui dénote peu d'intelligence. *Dire des sottises.* ⇒ **ânerie, niaiserie ; absurdité.** *Faire, commettre une sottise.* ⇒ **faute, maladresse.** — Acte d'un enfant désobéissant et turbulent. **3.** Mots injurieux. *Elle lui a dit des sottises.* ▸ ***sottisier*** n. m. ■ Recueil de sottises (2) ou de platitudes échappées à des auteurs connus.

sou [su] n. m. **1.** Centième partie du dollar canadien ou américain (symb. ¢). ⇒ ② **cent ;** fam. **piastre.** *Ça coûte 57 sous de timbres.* — Pièce de monnaie d'une valeur de un sou. *Un sou de 1946.* Fam. *Des sous noirs.* — *Cinq, dix, vingt-cinq* (⇒ **trente-sous**) *sous,* pièces ayant ces valeurs. *Il me reste quelques anciens cinq sous.* **2.** *Machine à sous,* appareil où l'on joue des pièces de monnaie. — Loc. AMASSER SOU À SOU, SOU PAR SOU. *Dépenser jusqu'au dernier sou.* NE PAS AVOIR LE (UN) SOU : ne pas avoir d'argent ; être dans le besoin. ⇒ **cenne.** *Je n'ai pas un sou qui m'adore,* je suis sans argent. *Être* SANS LE SOU : sans argent. *Un bijou de quatre sous,* sans valeur. *Il n'est pas compliqué* POUR UN SOU : pas compliqué du tout. *Il n'a pas un sou de bon sens.* ⇒ **grain, gramme, once.** *Être propre, reluire comme un sou neuf,* très propre. **3.** Fam. Au plur. Argent. *Être près de ses sous,* intéressé, avare. ⇒ fam. ② **séraphin.** *Une question de gros sous,* d'intérêt. ⟨ ▸ grippe-sou, sans-le-sou, trente-sous ⟩

soubassement [subasmɑ̃] n. m. **1.** Partie inférieure (d'une construction, d'une colonne). ⇒ **base. 2.** Sous-sol aménagé d'une construction importante (édifice public, église...). *Le bingo aura lieu dans le soubassement de l'église.* **3.** Socle sur lequel reposent des couches géologiques.

soubresaut [subʀəso] n. m. **1.** Saut brusque, secousse imprévue. *Le cheval fit un soubresaut.* **2.** Mouvement convulsif et violent du corps. ⇒ **haut-le-corps.** *Elle eut un soubresaut.*

soubrette [subʀɛt] n. f. ■ Suivante ou servante de comédie. *Les soubrettes (des comédies) de Molière, de Marivaux.*

souche [suʃ] n. f. **1.** Ce qui reste du tronc avec les racines, quand l'arbre a été coupé. *Brûler les souches d'un abatis.* — Loc. ÊTRE, RESTER COMME UNE SOUCHE : inerte. DORMIR COMME UNE SOUCHE : très profondément. **2.** En loc. Origine d'une lignée. *Faire souche,* avoir des descendants. *De vieille souche,* de vieille famille. — Origine commune (d'un groupe de peuples, de langues). *Mot de souche latine.* — En appos. *Un mot souche.* **3.** Partie d'un document qui reste fixée à un carnet, quand on en a détaché la partie à remettre à l'intéressé. ⇒ **talon.** *Un chéquier à souche.*

① ***souci*** [susi] n. m. **1.** Préoccupation inquiète à propos de qqn ou de qqch. ⇒ **contrariété, tourment, tracas.** *Se faire du souci. Être rongé, miné par les soucis. Être accablé de soucis. Cela vous épargnerait bien des soucis. Il ne se fait pas de souci, aucun souci,* il est insouciant. ⇒ **sans-souci. 2.** Être, chose qui détermine cet état d'esprit. *Sa santé est pour moi un souci continuel.* — Loc. *C'est le dernier, le cadet, le moindre de mes soucis,* cela m'est égal, me laisse indifférent. **3.** Intérêt soutenu. *Elle a le souci de la perfection.* ▸ ***se soucier*** v. pron. ▪ conjug. 7. ■ (Surtout négatif) Prendre intérêt à, s'inquiéter de, se préoccuper de. *Je ne m'en soucie guère. Il s'en soucie comme de sa première chemise, comme de l'an quarante,* pas du tout. ▸ ***soucieux, euse*** adj. **1.** Qui est absorbé, marqué par le souci. ⇒ **inquiet, préoccupé.** *Un air soucieux.* **2.** SOUCIEUX DE : qui se préoccupe, se soucie de. *Elle est soucieuse de notre bien-être.* ⟨ ▸ insouciant, insoucieux, sans-souci ⟩

② ***souci*** n. m. ■ Petite plante de jardin, à fleurs jaunes ou orangées. *Cueillir des soucis.*

soucoupe [sukup] n. f. **1.** Petite assiette qui se place sous une tasse. — Loc. *Faire, avoir des yeux comme des soucoupes,* les écarquiller d'étonnement. **2.** Fam. SOUCOUPE VOLANTE : objet volant non identifié. ⇒ **ovni.**

soudain, aine [sudɛ̃, ɛn] adj. et adv. **1.** Adj. Qui arrive, se produit en très peu de temps, sans avoir été prévu. ⇒ **brusque, imprévu, subit.** / contr. **lent** / *Une mort soudaine.* **2.** Adv. Dans l'instant même, tout à coup. *Soudain, l'animal s'enfuit.* ▸ ***soudainement*** adv. ■ D'une manière soudaine ⇒ **soudain.** ▸ ***soudaineté*** n. f. ■ *La soudaineté de sa riposte m'a laissé sans voix.*

soude [sud] n. f. **1.** *Soude caustique,* oxyde de sodium, cristaux très corrosifs, toxiques. — *Lessive de* *soude,* obtenue en dissolvant ces cristaux avec de l'eau. **2.** Pharmacie. Sodium. *Sulfate de soude. Bicarbonate de soude.*

souder [sude] v. tr. ▪ conjug. 1. **1.** Joindre, ou faire adhérer (des pièces métalliques, des matières plastiques) en faisant une seule masse indivise. *Souder ou braser des métaux.* **2.** Unir étroitement et solidement. *Il faut souder ces divers groupes au sein d'une organisation.* ▶ ***soudage*** n. m. ■ Action de souder (opération technique). ▶ ***soudeur, euse*** n. **1.** Ouvrier spécialiste de la soudure. **2.** N. f. Machine à souder. ▶ ***soudure*** n. f. **1.** Alliage fusible servant à souder les métaux. *Cours de soudure.* **2.** Résultat de l'opération de soudage ; cette opération elle-même. *Faire une soudure à l'étain. Soudure au chalumeau.* — Partie soudée. **3.** Économie. Arrivée d'une nouvelle récolte avant l'épuisement des réserves alimentaires. *Faute de faire la soudure, c'est la disette.* ‹ ▶ dessouder ›

soudoyer [sudwaje] v. tr. ▪ conjug. 8. ■ S'assurer à prix d'argent et d'une manière immorale le concours de (qqn). ⇒ **acheter.**

soue [su] n. f. **1.** Porcherie. **2.** Endroit d'une saleté repoussante, très malpropre, en désordre. ⇒ **écurie.** *C'est une vraie soue (à cochons) ici.*

souffler [sufle] v. ▪ conjug. 1. **I.** V. intr. **1.** Expulser de l'air par la bouche ou par le nez, par une action volontaire. *Souffler sur le feu,* pour l'attiser. *Souffler sur ses mains, sur la soupe, dans une trompette.* **2.** Respirer avec peine, en expirant fort, après un effort. ⇒ **haleter.** *Souffler comme un bœuf, comme un phoque. Laisser souffler son cheval,* lui laisser reprendre souffle. *Laissez-moi le temps de souffler,* prendre un peu de repos. **3.** (Vents) Produire un courant d'air. *Le vent souffle.* **II.** V. tr. **1.** Envoyer un courant d'air sur (qqch.). *Souffler une bougie,* l'éteindre par le souffle. **2.** Fam. SOUFFLER *qqch.* À *qqn* : le lui enlever. — *Souffler un pion,* aux dames, prendre le pion à l'adversaire quand celui-ci ne s'en est pas servi pour prendre alors qu'il le pouvait. **3.** Détruire par l'effet du souffle. — Au p. p. adj. *Maison soufflée par une explosion.* **4.** Envoyer de l'air, du gaz dans (le verre qu'on façonne). — Au p. p. adj. *Verre soufflé.* — Gonfler (un ballon, un pneu...). / contr. **dessouffler** / *Voudrais-tu souffler quelques ballounes ?* — Fam. *Souffler dans la balloune*.* **5.** Dire à voix basse. *Souffler qqch. à l'oreille de qqn,* lui dire en confidence. ⇒ **chuchoter, murmurer.** Loc. *Ne pas souffler mot,* ne rien dire. **6.** Dire discrètement à qqn qu'on veut aider (une réplique, une réponse). *Souffler une réplique à un acteur.* ⇒ **souffleur.** — Sans compl. *Il a été puni parce qu'il a soufflé.* **7.** Fam. (Compl. personne) Stupéfier, ahurir. **III.** V. tr. (Neige) Déneiger à l'aide d'une souffleuse. *Souffler la neige dans les camions. Dans certaines municipalités, on souffle la neige sur les terrains. Souffler son entrée.* — Sans compl. *Après le souper, j'irai souffler.* — Au p. p. adj. *Boulevard entièrement soufflé.* ▶ ***soufflé, ée*** adj. et n. m. **I.** Adj. **1.** Gonflé. *Des pommes de terre soufflées,* gonflées à la cuisson. *Maïs soufflé.* ⇒ anglic. **popcorn. 2.** *Il a des traits soufflés,* bouffis, boursouflés. **3.** Stupéfait, ahuri. *J'en ai été soufflé !* ⇒ **époustouflé, sidéré. II.** N. m. Préparation de pâte légère qui se gonfle à la cuisson. *Un soufflé au fromage. Soufflé sucré.* ▶ ***soufflage*** n. m. **1.** Opération par laquelle on façonne le verre en y insufflant de l'air. **2.** Action de souffler (un ballon, un pneu...). ⇒ **gonflage.** *Le soufflage d'un matelas pneumatique.* **3.** Opération de déneigement à l'aide d'une souffleuse. ▶ ***soufflant, ante*** adj. ■ Fam. Qui coupe le souffle. ⇒ **étonnant.** ▶ ***souffle*** n. m. **I. 1.** Mouvement de l'air que l'on produit en soufflant. *On le renverserait d'un souffle,* il est très faible. — Capacité de souffler fort, longtemps. *Pour jouer de la trompette, il faut du souffle.* **2.** Expiration ; air rejeté par la bouche. ⇒ **haleine.** *Jusqu'à son* DERNIER SOUFFLE : jusqu'à la mort. ⇒ **soupir.** — La respiration ; son bruit. *Retenir son souffle. Couper le souffle,* interrompre la respiration régulière ; étonner vivement. *Une virtuosité à vous couper le souffle. Avoir le souffle court,* être vite essoufflé. *Être à bout de souffle,* haletant de fatigue, épuisé. *Coureur qui a du souffle,* qui ne s'essouffle pas facilement. *Elle a trouvé son second souffle.* **3.** Force qui anime, crée. ⇒ **inspiration.** *Quel souffle chez ce poète ! Ce récit manque de souffle.* **II. 1.** Mouvement d'air moins sensible que le vent ou que la brise. ⇒ **bouffée, courant.** *Ces feuilles frémissent au moindre souffle.* **2.** Air, fluide déplacé (par une différence de pression). ⇒ **poussée.** *Le souffle d'un réacteur. Effet de souffle d'un explosif.* **3.** Médecine. *Bruit de souffle,* bruit perçu à l'auscultation du cœur ou des poumons. *Avoir un souffle au cœur,* une lésion des valvules déterminant ce bruit. ▶ ***soufflement*** n. m. ■ Action de souffler (I). *Les soufflements d'un bœuf.* ⇒ **souffle.** ▶ ***soufflerie*** n. f. **1.** Machine servant à souffler et conduire de l'air. *La soufflerie d'une forge.* **2.** Installation permettant d'étudier les mouvements de l'air, de la vapeur d'eau autour d'un matériel qui doit être soumis à de grandes vitesses. *Essais aérodynamiques d'une maquette en soufflerie.* ‹ ▶ boursouflé, dessouffler, essouffler, ① soufflet, ② soufflet, souffleur, souffleuse, soufflure ›

① **soufflet** [suflɛ] n. m. **1.** Instrument composé de deux tablettes reliées par un assemblage de cuir qui se déplie en faisant entrer l'air et se replie en le chassant. *Un soufflet de forgeron.* **2.** Partie pliante ou souple entre deux parties rigides. *Aller d'un wagon à l'autre en passant par le soufflet. Le soufflet d'un autobus articulé.*

② **soufflet** n. m. ■ Littér. Gifle. ⇒ ① **claque.** — Abstrait. Insulte grave. ▶ ***souffleter*** v. tr. ▪ conjug. 4. ■ Littér. Gifler. *Il l'a souffleté et ils se sont battus en duel.*

souffleur, euse [suflœʀ, øz] n. **1.** Personne chargée d'aider les acteurs qui ont un trou de mémoire en leur soufflant (II, 6) leur rôle. *Le trou du souffleur.* **2.** *Souffleur de verre,* ouvrier qui forme des objets de verre en soufflant. ‹ ▶ télésouffleur ›

souffleuse [sufløz] n. f. ■ *Souffleuse (à neige),* lourd véhicule équipé à l'avant d'un dispositif hélicoïdal et d'un long tuyau recourbé qui permet de projeter la neige à distance. *Le bruit des souffleuses la nuit.* — Petit engin à moteur équipé de manière similaire, dirigé à l'aide de manchons. ⇒ **déneigeuse.** *Passer la souffleuse dans son entrée.*

soufflure [suflyʀ] n. f. ■ Techniques. Bulle de gaz constituant un défaut de fabrication.

souffrance [sufʀɑ̃s] n. f. **1.** Le fait de souffrir ; douleur physique ou morale. **2.** EN SOUFFRANCE : se dit de marchandises qui n'ont pas été retirées à l'arrivée ou d'une affaire qui reste en suspens. *Un compte en souffrance,* non acquitté.

souffreteux, euse [sufʀətø, øz] adj. ■ Qui est de santé débile, qui est habituellement souffrant. ⇒ **maladif, malingre.**

souffrir [sufʀiʀ] v. ▪ conjug. 18. **I.** V. intr. **1.** Éprouver une souffrance, des douleurs physiques ou morales. *Où souffrez-vous ? Ses rhumatismes le font souffrir.* SOUFFRIR DE (origine, cause). *Nous avons beaucoup souffert du froid. Il souffre de la (sa) solitude, d'être seul.* — Avoir bien du mal, peiner. *J'ai souffert pour lui expliquer le problème.* **2.** Éprouver un dommage. ⇒ **pâtir.** *Pays, plante qui souffre de la* *sécheresse. Sa réputation en a souffert.* **3.** Transitivement. Loc. *Souffrir le martyre, mille morts,* souffrir beaucoup. **II.** V. tr. **1.** Littér. Supporter (qqch. de pénible ou de désagréable). ⇒ **endurer, tolérer.** *Elle ne peut pas souffrir la plaisanterie.* — (+ subjonctif) *Elle ne peut pas souffrir qu'on se moque d'elle.* — Fam. (Compl. personne ; tournure négative) *Je ne peux pas souffrir ces gens-là.* **2.** Littér. Permettre. *Souffrez que...* (+ subjonctif). — (Choses) Admettre. *Une règle qui ne souffre aucune exception.* ▶ ***souffrant, ante*** adj. ■ Légèrement malade. ⇒ **indisposé, mal-en-train.** *Il est souvent souffrant.* ⇒ **souffreteux.** — *C'est souffrant,* douloureux. ▶ ***souffre-douleur*** n. m. invar. ■ Personne qui est en butte aux mauvais traitements, aux tracasseries de son entourage. *Des souffre-douleur.* ⟨ ▶ souffrance, souffreteux ⟩

soufre [sufʀ] n. m. ■ Corps simple, solide, jaune citron, entrant dans la composition de minéraux *(sulfures)* et de matières organiques (symb. *S*). *Vapeurs de soufre.* ⇒ **sulfureux.** — En appos. Invar. *Jaune soufre.* — *Odeur de soufre,* qui passe pour signaler la présence du diable. ▶ ***soufrer*** v. tr. ▪ conjug. 1. **1.** Imprégner, enduire de soufre. — Au p. p. adj. *Des allumettes soufrées.* **2.** Traiter au soufre, à l'anhydride sulfureux (la vigne, des étoffes...). ▶ ***soufrage*** n. m. ■ Action de soufrer. ▶ ***soufrière*** n. f. ■ Mine de soufre. ⟨ ▶ sulf-, sulfure, sulfureux ⟩

souhaiter [swɛte] v. tr. ▪ conjug. 1. ■ Désirer, pour soi ou pour autrui, la possession de (qqch.), la réalisation de (un événement). ⇒ **espérer.** *Je souhaite sa réussite. Je lui souhaite de réussir,* (+ subjonctif) *qu'il réussisse. Je souhaite vous rencontrer. Je souhaite que tout aille bien. Ce n'est pas à souhaiter,* souhaitable. *Je vous souhaite bonne chance.* Iron. *Je vous souhaite bien du plaisir.* — *Souhaiter la bonne année* ou *souhaiter Bonne Année* (à qqn), offrir ses vœux de Nouvel An. ▶ ***souhait*** [swɛ] n. m. **1.** Désir d'obtenir qqch. de voir un événement se produire. ⇒ **vœu.** *Exprimer, former, faire des souhaits. Tous nos souhaits de réussite vous accompagnent. Les souhaits de bonne année. À tes, vos souhaits !,* se dit à une personne qui éternue. ⇒ fam. **bénir** (I, 1). **2.** À SOUHAIT loc. adv. : autant, aussi bien qu'on peut le souhaiter. *Tout marche à souhait.* ▶ ***souhaitable*** adj. ■ Qui peut, ou qui doit être souhaité, recherché. ⇒ **désirable.** *La candidate a toutes les qualités souhaitables pour un tel poste.*

souiller [suje] v. tr. ▪ conjug. 1. **1.** Salir. — Au p. p. adj. *Plage souillée de détritus. Linge souillé.* **2.** Abstrait. Salir par le contact d'une chose mauvaise, immorale. *On tente de souiller sa mémoire.* ▶ ***souillure*** n. f. **1.** Littér. Saleté, tache. **2.** Abstrait. Tache morale, flétrissure. ⇒ **corruption.** ▶ ***souillon, onne*** n. et adj. ■ Personne qui salit ses vêtements, a l'air négligé, malpropre. *Une famille de souillons.* — Adj. *Des enfants souillons.*

souk [suk] n. m. **1.** En pays arabes. Marché couvert réunissant, dans un dédale de ruelles, des boutiques et ateliers. ⇒ **bazar. 2.** (France) Fam. Lieu où règne le désordre, le bruit. *Quel souk !*

soul [sul] adj. invar. et n. m. ■ Anglic. Se dit d'un style de musique populaire des Noirs américains issu du rhythm and blues et caractérisé par la pureté de l'inspiration et la sincérité d'expression. *Du jazz soul.* — N. m. Cette musique. *Jouer, écouter du soul.*

① ***soûl, soûle*** [su, sul] adj. **1.** Ivre. ⇒ ① **plein ;** fam. **chaud** (I), **paqueté.** *Il était soûl comme un cochon, comme une botte.* **2.** *Être soûl de qqch.,* en avoir trop, en être rassasié. *Je suis soûl de grand air.* ⇒ **étourdi, grisé.** — REM. On écrit aussi *saoul, saoule.* ▶ ② *tout mon (ton, son...)* ***soûl*** loc. adv. ■ À satiété, autant qu'on veut. *Vous pouvez manger tout votre soûl.* ⟨ ▶ soûler ⟩

soulager [sulaʒe] v. tr. ▪ conjug. 3. **1.** Débarrasser (qqn, qqch.) d'une partie d'un fardeau, dispenser de (un effort, une fatigue, un poids). *Donnez-moi cette valise, cela vous soulagera. Soulager l'avant de la voiture.* Plaisant. *Un pickpocket l'a soulagé de son portefeuille.* **2.** Débarrasser partiellement (qqn) de ce qui pèse sur lui (douleur, remords, etc.). *Ce remède a bien soulagé la malade. Parlez, cela vous soulagera.* **3.** Rendre moins pesant, moins pénible à supporter (un mal). ⇒ **calmer.** *Soulager la peine, la douleur de qqn.* **4.** Pronominalement (réfl.). Fam. Satisfaire un besoin naturel. *Il s'est soulagé derrière le garage dans la ruelle.* ▶ ***soulagement*** n. m. **1.** Action ou manière de soulager ; chose qui soulage. ⇒ **adoucissement.** *Je cherche dans les livres le soulagement et l'oubli.* **2.** État de la personne qui se trouve soulagée. ⇒ **apaisement.** *Pousser un soupir de soulagement.*

soûler [sule] v. tr. ▪ conjug. 1. **1.** Enivrer. — Pronominalement (réfl.). *Il s'est encore soûlé !* ⇒ fam. prendre une **brosse,** se **paqueter. 2.** Littér. Griser. *On l'avait soûlé de beaux discours, de compliments.* **3.** (France) Fam. Ennuyer, fatiguer. ⇒ fam. **achaler, tanner.** *Tu nous soûles avec tes jérémiades !* — REM. On écrit aussi *saouler.* ▶ ***soûlant, ante*** adj. ■ Fam. Ennuyeux, lassant. ▶ ***soûlerie*** n. f. ■ Fam. Le fait de se soûler. ⇒ **beuverie, soûlographie.** ⟨ ▶ dessoûler, soûlographie, soûlon ⟩

soulever [sulve] v. tr. ▪ conjug. 5. **1.** Lever à une faible hauteur. *Il soulevait de temps en temps le couvercle de la casserole.* — Relever. *J'ai soulevé le rideau.* **2.** Faire s'élever. *La voiture soulevait de la poussière.* — Loc. *Soulever le cœur*. de qqn.* — Pronominalement. *Se soulever,* s'élever. *Ces terrains se sont soulevés à l'ère tertiaire.* — Au p. p. adj. *Terrains soulevés au tertiaire.* **3.** Abstrait. Transporter, exalter (qqn). *L'élan de gratitude qui la soulevait.* **4.** Animer (qqn) de sentiments hostiles ; exciter et entraîner à la révolte. *Soulever le peuple contre un dictateur.* — Pronominalement (réfl.). Se révolter. ⇒ **soulèvement. 5.** Exciter puissamment (un sentiment, une réaction). ⇒ **déclencher, provoquer.** *Son discours a soulevé l'enthousiasme.* **6.** Faire que se pose (une question, un problème). ⇒ **poser.** *La question sera soulevée à la prochaine réunion.* **7.** (France) Fam. Enlever, prendre. *Il veut lui soulever ses clients.* ▶ ***soulèvement*** n. m. **1.** Fait de se soulever. Élévation de l'écorce terrestre. / contr. **affaissement** / *Un soulèvement de terrain.* **2.** Mouvement massif de révolte contre un oppresseur (plus qu'une émeute, moins qu'une révolution).

soulier [sulje] n. m. ■ Chaussure à semelle résistante, qui couvre le pied sans monter beaucoup plus haut que la cheville. ⇒ **mocassin ;** fam. **pichou.** ≠ *botte, bottine, chausson, pantoufle, sandale. Souliers de marche, habillés, de sport.* — Loc. *Être* DANS SES PETITS SOULIERS : être mal à l'aise, dans l'embarras.

souligner [suliɲe] v. tr. ▪ conjug. 1. **1.** Tirer une ligne, un trait sous (des mots qu'on veut signaler à l'attention). *Ce que vous soulignez sera imprimé en italique.* — Au p. p. adj. *Souligné dans le texte,* qui n'est pas souligné par celui qui cite le texte original. — Border d'un trait qui met en valeur. *Des paupières soulignées de noir.* **2.** Fig. Accentuer ; mettre en valeur. ⇒ **appuyer.** *Les clins d'œil dont il soulignait ses remarques.* — Faire remarquer avec une insistance particulière. *L'auteur souligne l'importance de cet événement.* ▶ ***soulignage*** ou ***soulignement*** n. m. ■ Action de souligner ; trait qui souligne.

soûlographie [sulɔgʀafi] n. f. ■ Fam. Ivrognerie. ⇒ **soûl.**

soûlon, onne [sulɔ̃] n. et adj. ■ Fam. Alcoolique, ivrogne. ⇒ **éthylique, robineux.** / contr. **sobre** / *Une gang de soûlons.* — Adj. *C'est une personne un peu soûlonne,* qui aime boire de l'alcool.

① ***soumettre*** [sumɛtʀ] v. tr. ▪ conjug. 56. **1.** Mettre dans un état de dépendance, ramener à l'obéissance. *L'armée veut soumettre les rebelles.* **2.** Mettre dans l'obligation d'obéir à une loi, d'accomplir un acte. ⇒ **assujettir.** — Au p. p. adj. *Les revenus soumis à l'impôt.* — Exposer à un effet qu'on fait subir. *On l'a soumis à un entraînement sévère.* **3.** Pronominalement (réfl.). Obéir, se conformer. ⇒ se **plier.** *Se soumettre à tous les caprices d'un enfant.* ▶ ***soumis, ise*** adj. **1.** Docile, obéissant. **2.** (France) FILLE SOUMISE : prostituée (qui était soumise à des contrôles). ▶ ① ***soumission*** n. f. **1.** Fait de se soumettre, d'être soumis (à une autorité, une loi). ⇒ **obéissance.** — Docilité. *Une soumission aveugle,* irresponsable. **2.** Action de se soumettre, d'accepter une autorité contre laquelle on a lutté. *Faire acte de soumission. Les révoltés ont fait leur soumission.* ‹ ▶ insoumis, ② soumettre ›

② ***soumettre*** v. tr. ▪ conjug. 56. ■ Proposer (qqch.) au jugement, au choix. *Le maire a soumis le cas à la communauté urbaine. Soumettez-nous vos conditions.* ▶ ② ***soumission*** n. f. ■ Devis établi par une personne, une entreprise en réponse à un appel d'offres, à l'adjudication publique d'un marché. ▶ ***soumissionner*** v. tr. ▪ conjug. 1. ■ Proposer une soumission. ▶ ***soumissionnaire*** n. ■ Personne, entreprise qui présente une soumission. ⇒ **appel** d'offres. *Le plus bas soumissionnaire.*

soupane [supan] n. f. ■ Vieilli ou région. Bouillie faite de farine de maïs ou de flocons d'avoine.

soupape [supap] n. f. ■ Pièce mobile qu'une surpression peut ouvrir momentanément. ⇒ **clapet, valve.** *Les soupapes d'un moteur d'automobile* (commandant l'admission et l'échappement). *Soupape de sûreté, de sécurité,* placée sur un conduit sous pression pour éviter une explosion.

soupçon [supsɔ̃] n. m. **I.** Opinion qui fait attribuer à qqn des actes ou intentions blâmables. ⇒ **suspicion.** *Nous avons des soupçons à son sujet,* nous le soupçonnons. *Elle est* AU-DESSUS DE TOUT SOUPÇON : son honnêteté ne peut être mise en doute. — Idée, pressentiment. *Je n'en ai pas le moindre soupçon.* **II.** Concret. Apparence qui laisse supposer la présence d'une chose ; très petite quantité. *Elle mettait un soupçon de rouge.* ⇒ **ombre.** *C'est une grosse farce, avec un soupçon de vulgarité.* ⇒ **pointe.** ▶ ***soupçonner*** [supsɔne] v. tr. ▪ conjug. 1. **1.** Faire peser des soupçons sur (qqn). ⇒ **suspecter.** *Soupçonner un innocent. On le soupçonne de vol, d'avoir volé.* **2.** Pressentir (qqch.) d'après certains indices. ⇒ **entrevoir, flairer.** *Je soupçonne une manœuvre de dernière heure.* ▶ ***soupçonnable*** adj. ■ Qui peut être soupçonné. / contr. **insoupçonnable** / ▶ ***soupçonneux, euse*** adj. ■ Enclin aux soupçons. ⇒ **méfiant.** *Un enquêteur soupçonneux. Air, regard soupçonneux.* ‹ ▶ insoupçonnable ›

soupe [sup] n. f. **1.** Potage ou bouillon épaissi additionné d'aliments solides non passés et coupés en morceaux. *Soupe à l'oignon, aux légumes. Boîte de soupe aux tomates, aux pois.* — *Assiette, plat à soupe. Une assiettée de soupe. Tremper la soupe,* la servir. — Loc. fam. *Un* GROS PLEIN DE SOUPE : un homme très gros, ventru. — Loc. *C'est une* SOUPE AU LAIT, *il est soupe au lait,* il se met facilement en colère (comme la soupe au lait déborde facilement de la casserole). — *Sentir la soupe chaude,* se sentir surveillé, menacé, être prêt d'être découvert. **2.** Repas composé d'un plat unique (surtout de la soupe) qu'on servait aux soldats en campagne. *À la soupe !* — *Soupe populaire,* repas gratuit servi à ceux qui n'ont rien à manger ; local où l'on sert ce repas. ▶ ***soupière*** n. f. ■ Récipient large et profond, dans lequel on sert la soupe ou le potage ; son contenu. ‹ ▶ ① souper ›

soupente [supɑ̃t] n. f. ■ Réduit clos aménagé dans la hauteur d'une pièce ⇒ **mezzanine** ou sous un escalier, pour servir de chambre. *Il couche dans une soupente.* ⇒ **mansarde.**

① ***souper*** [supe] v. intr. ▪ conjug. 1. **1.** Prendre le repas du soir. ⇒ ① **dîner** (2). *Qu'est-ce qu'on mange pour souper ? Souper au restaurant.* **2.** (France) Prendre un repas ou une collation à une heure avancée de la nuit, après un spectacle, au cours de la soirée. ⇒ **luncher.** *Les comédiens vont souper dans un restaurant chic.* **3.** Fig. Loc. fam. *En avoir soupé* (de qqch.), en avoir assez, en être excédé.(→ Avoir son voyage ; en avoir marre) ▶ ② ***souper*** n. m. **1.** Repas du soir. ⇒ ② **dîner.** *Un souper d'anniversaire. Elle téléphone toujours à l'heure du souper.* — *Des soupers-bénéfices**. **2.** (France) Repas, collation pris(e) tard en soirée. ⇒ **lunch.** *Un souper aux chandelles.* **3.** Les mets qui composent le souper (1, 2). *Faire réchauffer le souper. Mettre son souper au micro-ondes.* — REM. Dans les circonstances officielles, on emploie *dîner* (2) au lieu de *souper* (1).

soupeser [supəze] v. tr. ▪ conjug. 5. **1.** Soulever et soutenir un moment dans la main (pour juger approximativement du poids). *Soupeser une valise.* **2.** Abstrait. Peser, évaluer. *Soupeser ses arguments.* — Au p. p. adj. *Tout bien pesé et soupesé.*

soupière n. f. ⇒ **soupe.**

soupirail, aux [supiʀaj, o] n. m. ■ Ouverture pratiquée dans le bas d'un rez-de-chaussée pour donner de l'air (qui s'exhale, ⇒ **soupirer**), du jour au sous-sol, aux caves, aux soubassements.

soupirer [supiʀe] v. ▪ conjug. 1. **1.** V. intr. Pousser un soupir, des soupirs. — Littér. *Soupirer après..., pour...,* désirer ardemment (qqch. dont on ressent la privation). **2.** V. tr. (Surtout en incise) Dire en soupirant. *Hélas ! soupira-t-il...* ▶ ***soupirant*** n. m. ■ Iron. Amoureux (qui soupire après celle qu'il aime). *Elle a tout un cortège de soupirants.* ⇒ **prétendant.** ▶ ***soupir*** n. m. **1.** Inspiration ou respiration plus ou moins bruyante, dans les états d'émotion. *Pousser des soupirs, un profond soupir* (de soulagement, d'ennui, d'impatience, de satisfaction...). *Rendre le dernier soupir,* mourir. **2.** Littér. Plainte lyrique, mélancolique. **3.** Musique. Silence correspondant à une noire ; signe indiquant ce silence. ‹ ▶ demi-soupir, soupirail ›

souple [supl] adj. **1.** Qu'on peut plier et replier facilement, sans casser ni détériorer. ⇒ **flexible.** / contr. **raide** / *Un cuir souple. L'acier est plus souple que le fer.* / contr. **cassant, dur** / — (Membres, corps, personnes) Qui se plie et se meut avec aisance. ⇒ **agile.** *Ce danseur est très souple. Elle est souple comme une anguille.* **2.** (Personnes) Capable de s'adapter adroitement à la volonté d'autrui, aux exigences de la situation. *Un esprit très souple.* — Fam. Accommodant. *Elle est très souple, elle fermera les yeux.* / contr. **regardant, rigide, strict** / ▶ ***souplesse*** n. f. **1.** Propriété de ce qui est souple, de ce qui plie ou se meut avec aisance. *La souplesse d'un athlète. La souplesse de poignet d'un escrimeur.* ⇒ **élasticité, flexibilité.** **2.** Caractère, action d'une personne souple. *Vous avez manœuvré avec souplesse.* ⇒ ② **adresse.** — Loc. EN SOUPLESSE (opposé à *en force*) : en douceur, sans effort. — Faculté d'adaptation, aisance dans le fonctionnement. *La souplesse d'une langue, d'une construction.* ‹ ▶ assouplir ›

souquer [suke] v. ▪ conjug. 1. **1.** V. intr. Marine. Tirer fortement sur les avirons. *Souquer dur.* **2.** V. tr. Tirer fortement sur. *Souquer une amarre, un nœud.* ▶ ***souque*** n. f. ▪ SOUQUE-À-LA-CORDE : jeu dans lequel deux équipes disposées en file indienne tirent un câble, chacun de son côté, de part et d'autre d'une ligne de démarcation, de manière à entraîner l'autre équipe au-delà de la ligne.

source [suʀs] n. f. **1.** Eau qui sort de terre ; lieu où une eau souterraine émerge à la surface du sol. ⇒ **sourdre.** *Boire de l'eau de source. Les sources thermales.* — *La source d'un cours d'eau,* celle qui lui donne naissance. *Le fleuve prend sa source à (tel endroit).* **2.** Abstrait. Origine, principe. *La source d'une erreur.* ⇒ ① **cause.** *Une source de profit, de revenu.* — En appos. *Langue source* (d'un document, d'un discours traduit, opposé à *langue cible*). **3.** Origine (d'une information). *Tenir, savoir de bonne source, de source sûre, généralement bien informée. Source officielle, officieuse.* — Surtout au plur. Œuvre antérieure qui a fourni un thème, une idée (à un artiste, un chercheur). *Étudier les sources de Molière. Citer ses sources,* ses références. **4.** Corps, point d'où rayonne (une énergie). *Source de chaleur, source lumineuse.* ⇒ ① **foyer.** ▶ ***sourcier, ière*** n. ▪ Personne à laquelle on attribue l'art de découvrir les sources et les nappes d'eau souterraines. ⇒ **radiesthésiste.** *La baguette, le pendule du sourcier.* ≠ *sorcier.*

sourcil [suʀsi] n. m. ▪ Dans l'espèce humaine. Arc garni de poils qui surplombe les yeux ; ces poils. *Avoir de gros sourcils. Froncer les sourcils,* exprimer ainsi son mécontentement. ▶ ***sourcilier, ière*** adj. ▪ Relatif aux sourcils. — *Arcade sourcilière,* saillie de l'os frontal au-dessus de l'orbite, recouverte par le sourcil. ▶ ***sourciller*** [suʀsije] v. intr. ▪ conjug. 1. ▪ (En emploi négatif) Manifester quelque émotion ou mécontentement. *Il n'a pas sourcillé, il a répondu sans sourciller.* ⇒ **ciller.** ▶ ***sourcilleux, euse*** adj. ▪ Littér. Hautain, sévère, exigeant. *Des critiques sourcilleux.* ⇒ **pointilleux.**

① **sourd, sourde** [suʀ, suʀd] adj. et n. **1.** Qui perçoit insuffisamment les sons ou ne les perçoit pas (⇒ **surdité**). *Sourd partiel.* ⇒ **malentendant.** *Il est sourd d'une oreille.* Loc. *Sourd comme un pot,* complètement sourd (on dit aussi *être sourd d'une oreille, ne pas entendre de l'autre*). — N. UN, UNE SOURD(E). *Les sourds et les muets.* Loc. *Frapper, cogner, crier comme un sourd,* de toutes ses forces. — DIALOGUE DE SOURDS : où aucun ne comprend l'autre, ne tient compte de ses raisons. PROV. *Il n'est pire sourd que celui qui ne veut pas entendre,* se dit pour condamner qui refuse de comprendre. **2.** Littér. SOURD À : qui refuse d'entendre, reste insensible. *Le ministère reste sourd à nos appels.* ▶ ***sourd-muet, sourde-muette*** n. ▪ Personne atteinte de surdité congénitale entraînant la mutité. *Le langage des sourds-muets* (par signes). ▶ ② ***sourd, sourde*** adj. (Choses) **1.** Peu sonore, qui ne retentit pas. *Un bruit sourd.* ⇒ **assourdi, étouffé.** — *Consonnes sourdes* [p, t, k, f...], dont l'émission ne comporte pas de vibration des cordes vocales. **2.** Qui est peu prononcé, ne se manifeste pas nettement. *Une douleur sourde.* / contr. **aigu** / *Une lutte sourde,* cachée, non déclarée. ▶ ***sourdement*** adv. Littér. **1.** Avec un bruit sourd. **2.** D'une manière sourde, cachée. ▶ ***sourdine*** n. f. **1.** Dispositif qu'on adapte à des instruments à vent ou à cordes, pour amortir le son. *Jouer avec la sourdine.* **2.** Loc. EN SOURDINE : sans bruit, sans éclat. ⇒ **discrètement.** *Mettre une sourdine à...,* exprimer moins bruyamment. (→ Mettre la pédale douce) ‹ ▶ assourdir, surdité ›

sourdre [suʀdʀ] v. intr. — REM. Seulement *sourdre, il sourd, ils sourdent ; il sourdait, ils sourdaient.* ▪ Littér. (Eaux) Sortir de terre. ⇒ **ressoudre.** — Abstrait. Naître, surgir. ⇒ **poindre.** *La tristesse qui sourdait en eux.* ‹ ▶ ressoudre, source ›

souriant, ante [suʀjɑ̃, ɑ̃t] adj. ▪ Qui sourit, est agréable à vivre. *Visage, paysage souriant.*

souriceau [suʀiso] n. m. ▪ Jeune souris. *Des souriceaux.*

souricière [suʀisjɛʀ] n. f. **1.** Piège à souris. ⇒ **ratière.** **2.** Piège tendu par la police (qui cerne un endroit après s'être assurée que qqn s'y rendrait). ⇒ **guet-apens.**

① **sourire** [suʀiʀ] v. intr. ▪ conjug. 36. **1.** Prendre une expression rieuse ou ironique par un léger mouvement de la bouche et des yeux. ⇒ **rire.** *Sourire à qqn,* lui adresser un sourire. — *Cela fait sourire,* cela amuse, paraît légèrement ridicule. **2.** (Suj. chose) Être agréable. ⇒ **plaire.** *Ce projet ne me sourit guère.* — Être favorable. *Enfin la chance lui a souri.* ▶ ② ***sourire*** n. m. ▪ Action de sourire, mouvement et expression d'un visage qui sourit. — *Avoir le sourire,* être enchanté de ce qui est arrivé. *Garder le sourire,* rester souriant en dépit d'une déception. ‹ ▶ souriant ›

souris [suʀi] n. f. invar. **1.** Petit mammifère rongeur. *Souris femelle, souris mâle. Jeune souris.* ⇒ **souriceau.** **2.** (France) Fam. Jeune fille, jeune femme. ⇒ fam. **nana, nénette.** — SOURIS D'HÔTEL : voleuse qui s'introduit subrepticement dans les chambres. ⇒ **rat** d'hôtel. **3.** Informatique. Dispositif auxiliaire d'un ordinateur dont le déplacement manuel sur une surface plane permet de désigner un secteur de l'écran et d'effectuer des opérations. ‹ ▶ chauve-souris, souriceau, souricière ›

sournois, oise [suʀnwa, waz] adj. ▪ Qui dissimule ses sentiments réels dans une intention malveillante. ⇒ **dissimulé.** / contr. ③ **franc, honnête** / — N. *C'est un sournois.* ⇒ **fourbe, hypocrite.** — *Une méchanceté sournoise.* ▶ ***sournoisement*** adv. ▶ ***sournoiserie*** n. f. ▪ Littér. ⇒ **dissimulation, fourberie.**

sous [su] prép. **I.** Marque la position en bas par rapport à ce qui est en haut, ou en dedans par rapport à ce qui est en dehors. ⇒ **dessous.** / contr. **sur** / **1.** (Chose en contact) *Disposer un oreiller sous la tête d'un malade. Sous l'eau,* sous la surface des eaux. **2.** (Chose qui recouvre) *Une lettre sous enveloppe.* — Abstrait. En prenant. *Sous une forme, sous un nom...* **3.** (Sans contact) *S'abriter sous un parapluie. Sous les fenêtres de qqn,* devant chez lui. — (Chose à quoi on est exposé) *Sous le feu de l'ennemi. Sous les yeux de tout le monde,* en étant vu par... **II. 1.** (Rapport de subordination ou de dépendance) *Sous un régime capitaliste, socialiste. Sous sa direction. Sous condition,* avec des conditions. — *Sous l'action de. Blessé placé sous perfusion.* **2.** (Valeur temporelle) Pendant le règne de... *Sous Élisabeth Ire.* — Avant que ne soit écoulé (un espace de temps). *Je vous répondrai sous huitaine. Sous peu,* bientôt. **3.** Par l'effet de. *Sous la pression des événements. Vu sous cet angle,* en considérant la chose de ce point de vue. ‹ ▶ ① dessous, ② dessous, soubassement, soucoupe, soulever, souligner, soumettre, soupeser, sous-, souterrain, soutirer ›

sous- ▪ Préfixe marquant la position (ex. : *sous-main, sous-maxillaire, sous-sol*), la subordination (ex. : *sous-ministre*), la subdivision (ex. : *sous-classe, sous-ensemble, sous-genre*), le degré inférieur et l'insuffisance (ex. : *sous-alimenté*). ⇒ **hypo-, infra-, sub-.** ▶ ***sous-alimentation*** n. f. ▪ Insuffisance alimentaire capable à la longue de compromettre la santé ou la vie ; état pathologique qui en découle. ▶ ***sous-alimenté, ée*** [suzalimɑ̃te] adj. ▪ Victime de la sous-alimentation.

/ contr. **suralimenté** / ▶ ***sous-bois*** [subwa] n. m. invar. ■ Partie de la forêt où la végétation pousse sous les arbres. ≠ *futaie.* ▶ ***sous-chef*** n. ■ (France) Personne qui vient immédiatement après le chef. *Des sous-chefs de bureau. Ma sous-chef.* ▶ ***sous-comité*** n. m. ■ Comité constitué à l'intérieur d'un comité pour étudier une question particulière. ▶ ***sous-commission*** n. f. ■ Commission secondaire qu'une commission nomme parmi ses membres. ▶ ***sous-continent*** n. m. ■ *Le sous-continent indien,* unité géographique comprenant l'Inde, le Pakistan, le Bangladesh. ▶ ***sous-contracteur, euse*** n. ■ Fam. Sous-traitant. — REM. Cette forme est parfois critiquée. ▶ ***sous-cutané, ée*** adj. ■ Qui est situé ou se fait sous la peau. *Piqûre sous-cutanée* (opposé à *intramusculaire* et *intraveineuse*). ▶ ***sous-développé, ée*** adj. ■ Vx. Qui souffre d'une insuffisance d'éducation, de production, d'équipement et d'un excès d'endettement auprès des pays riches *(sous-développement)* et, par suite, qui est pauvre en biens de consommation. *Pays sous-développés,* en voie de développement, nouvellement industrialisés. ⇒ **tiers monde.** / contr. **développé, industrialisé, riche** / ▶ ***sous-développement*** n. m. ■ État d'un pays sous-développé. ▶ ***sous-diacre*** n. m. ■ Clerc promu au *sous-diaconat* (supprimé en 1972). *Le sous-diacre gardait le célibat ; il assistait le diacre.* ▶ ***sous-directeur, trice*** n. ■ Directeur, directrice en second. ▶ ***sous-embranchement*** n. m. ■ Sciences naturelles. Division venant après l'embranchement. ▶ ***sous-emploi*** [suzɑ̃plwa] n. m. ■ Emploi d'une partie seulement des travailleurs disponibles, les autres restant au chômage. / contr. **plein-emploi, suremploi** / ▶ ***sous-ensemble*** n. m. ■ Mathématiques. Ensemble dont tous les éléments font partie d'un autre ensemble. ▶ ***sous-entendre*** [suzɑ̃tɑ̃dʀ] v. tr. ▪ conjug. 41. ■ Avoir dans l'esprit sans dire expressément. — Impers. *Il est sous-entendu que...* Il va sans dire que... ▶ ***sous-entendu*** n. m. ■ Action de sous-entendre ; ce qui est sous-entendu (souvent dans une intention malveillante). ⇒ **allusion, insinuation.** — (En incise) *Il s'est trompé, sous-entendu, c'est un incapable.* ▶ ***sous-estimer*** [suzɛstime] v. tr. ▪ conjug. 1. ■ Estimer au-dessous de sa valeur, de son importance. / contr. **surestimer** / — Pronominalement (réfl.). *Tu te sous-estimes !* ▶ ***sous-estimation*** n. f. ▶ ***sous-exposer*** [suzɛkspoze] v. tr. ▪ conjug. 1. ■ Exposer insuffisamment (une pellicule, un film) à la lumière. / contr. **surexposer** / ▶ ***sous-exposition*** n. f. ■ Le fait de sous-exposer (un film). ▶ ***sous-fifre*** n. m. ■ Fam. Subalterne, tout petit employé. ⇒ **sous-ordre.** *Des sous-fifres.* ▶ ***sous-gouverneur*** n. m. ■ Adjoint du gouverneur de certaines banques. *Il fut déjà sous-gouverneur de la Banque du Canada.* — REM. Voir la remarque sous *gouverneur* au sujet du féminin. ▶ ***sous-groupe*** n. m. ■ Subdivision d'un groupe. *Faire des sous-groupes pour les travaux pratiques.* ▶ ***sous-jacent, ente*** adj. ■ Qui s'étend au-dessous. *La couche sous-jacente.* — Abstrait. Caché, implicite. *Raisonnement sous-jacent.* ▶ ***sous-lieutenant, ante*** n. ■ Officier du premier grade des officiers, au-dessous de lieutenant, chef de section ou de peloton. *Des sous-lieutenants récemment nommés.* ▶ ***sous-louer*** v. tr. ▪ conjug. 1. **1.** Donner à loyer (ce dont on est soi-même locataire principal). — Sans compl. *Son propriétaire lui interdit de sous-louer.* **2.** Prendre à loyer du locataire principal. ▶ ***sous-locataire*** n. ■ Personne qui prend un local en sous-location. ▶ ***sous-location*** n. f. ■ Action de sous-louer ; état de ce qui est sous-loué. ▶ ① *en* ***sous-main*** [ɑ̃sumɛ̃] loc. adv. ■ Littér. En secret ; clandestinement. ⇒ sous la **table.** ▶ ② ***sous-main*** n. m. invar. ■ Accessoire de bureau sur lequel on place le papier pour écrire. *Des sous-main en cuir.* ▶ ***sous-marin, ine*** adj. et n. m. **1.** Qui est dans la mer, s'effectue sous la mer. *La pêche, la plongée sous-marine.* **2.** N. m. Navire capable de naviguer sous l'eau, en plongée. ⇒ **submersible.** *Des sous-marins nucléaires.* **3.** Sandwich fait avec un petit pain allongé ou un bout de baguette. *Un sous-marin végétarien. — Sous-marin libanais,* fait avec du pain pita*. ▶ ***sous-marque*** n. f. ■ Marque utilisée par un fabricant pour commercialiser des produits moins élaborés, différents. *Les sous-marques d'une grande marque.* ▶ ***sous-ministre*** n. ■ Haut fonctionnaire qui seconde un ministre dans l'administration d'un ministère. ⇒ **sous-secrétaire.** *On l'a nommée sous-ministre aux Affaires culturelles.* ▶ ***sous-multiple*** adj. ■ Se dit d'une grandeur contenue un nombre entier de fois dans une autre. ⇒ **diviseur, quotient.** — N. m. *3 et 5 sont des sous-multiples de 15.* ▶ ***sous-officier, ière*** n. ■ Militaire d'un grade qui fait de lui un auxiliaire de l'officier. *Le sergent est un sous-officier.* ⇒ fam. **sous-fifre.** — Abrév. fam. SOUS-OFF. ▶ ***sous-ordre*** n. m. **1.** Employé subalterne qui n'a guère de responsabilité. **2.** Biologie. Division d'un ordre. ▶ ***sous-payer*** v. tr. ▪ conjug. 8. ■ Payer insuffisamment ou au-dessous de la normale. — Au p. p. adj. *Des employés sous-payés.* ▶ ***sous-plat*** n. m. ■ Support (en paille, en bois...), plateau sur lequel on pose les plats chauds (pour éviter de brûler un comptoir, de tacher une nappe, etc.). ▶ ***sous-préfet*** n. m. ■ (France) Fonctionnaire représentant le pouvoir central dans un arrondissement (⇒ **préfet**) ; commissaire de la République adjoint. *Madame la sous-préfète,* la femme du sous-préfet. *Madame le sous-préfet,* femme qui est sous-préfet. ▶ ***sous-préfecture*** n. f. ■ (France) Ville (chef-lieu d'arrondissement) où réside le sous-préfet et où sont installés ses services ; bâtiment qui les abrite. ▶ ***sous-production*** n. f. ■ Production insuffisante. / contr. **surproduction** / ▶ ***sous-produit*** n. m. ■ Produit secondaire obtenu au cours de la fabrication du produit principal. — Fig. Mauvaise imitation. ▶ ***sous-programme*** n. m. ■ Informatique. Partie d'un programme faisant l'objet d'un traitement particulier. ▶ ***sous-prolétariat*** n. m. ■ (France) Classe sociale urbaine ou rurale la plus pauvre, vivant d'emplois précaires et dans des conditions misérables. *Le sous-prolétariat des bidonvilles.* ▶ ***sous-secrétaire*** n. ■ *Sous-secrétaire d'État,* haut fonctionnaire fédéral qui seconde un ministre (le secrétaire d'État) dans l'administration d'un ministère. ⇒ **sous-ministre.** *Elle a été promue sous-secrétaire d'État adjointe.* ▶ ***soussigné, ée*** [susiɲe] adj. ■ Qui a signé plus bas, au dessous. *Je soussigné Jean Untel déclare...* — N. *Les soussignés s'engagent à respecter les conditions du contrat.* ⇒ **partie.** ▶ ***sous-sol*** n. m. **1.** Partie de l'écorce terrestre qui se trouve au-dessous du sol. *Le propriétaire du sol et du sous-sol.* **2.** Partie d'une construction aménagée au-dessous du rez-de-chaussée. ⇒ **soubassement.** *Descendre au sous-sol,* dans la cave. *Stationnement au troisième sous-sol. — Un sous-sol fini,* habitable. *Louer un appartement dans un sous-sol.* — REM. Lorsqu'il y a des soupiraux, on dit aussi *demi-sous-sol.* ≠ *rez-de-chaussée.* ▶ ***sous-tasse*** n. f. ■ Soucoupe. *Des sous-tasses.* ▶ ***sous-tendre*** v. tr. ▪ conjug. 41. **1.** Constituer ou joindre les extrémités de (un arc, une voûte). **2.** Abstrait. Servir de base plus ou moins nette à (un raisonnement, une politique). *Les hypothèses qui sous-tendent sa position* (⇒ **sous-jacent**). ▶ ***sous-titre*** n. m. **1.** Titre secondaire (placé sous le titre principal d'un ouvrage). — Titre secondaire placé entre les paragraphes. *Les sous-titres sont de la rédaction.* **2.** Traduction condensée du dialogue d'un film (dit *sous-titré*), en bas de l'image. *Vous préférez voir le film doublé ou avec des sous-titres ?* ▶ ***sous-titrer*** v. tr. ▪ conjug. 1. ■ Mettre des sous-titres à (un film). — Au p. p. adj. *Film sous-titré en français* (opposé à *doublé*). ▶ ***sous-traitant, ante*** n. ■ Personne qui est chargée d'une partie du travail concédé à un entrepreneur principal. ⇒ fam. **sous-contracteur.** *L'atelier est débordé de travail et cherche des sous-traitants. — Une entreprise sous-traitante.* ▸ ***sous-verre*** n. m. **1.** N. m. invar. Image, photo que l'on place entre une plaque de verre et un fond rigide ; cet encadrement. *Des sous-verre simples, bordés, à griffes.* **2.** Petit objet plat (en bois, en liège, etc.) que l'on place sous les verres (pour protéger une table, une nappe...). *Les sous-verres d'un pub.* ▸ ***sous-vêtement*** n. m. ■ Vêtement de dessous (bobettes, camisole, culotte, bas, soutien-gorge...). *Des sous-vêtements.* ‹ ▸ anti-sous-marin ›

souscrire [suskʀiʀ] v. tr. ▪ conjug. 39. **1.** V. tr. dir. S'engager à payer, en signant. *Souscrire un abonnement.* — Au p. p. adj. *Capital entièrement souscrit.* **2.** V. tr. ind. Littér. SOUSCRIRE À : donner son adhésion. ⇒ **acquiescer, consentir.** *Ils ont dû souscrire à nos exigences.* — S'engager à fournir une somme pour sa part. *Souscrire à une publication,* prendre l'engagement d'acheter, en versant une partie de la somme, un ouvrage en cours de publication. ≠ *s'abonner.* ▸ ***souscripteur, trice*** [suskʀiptœʀ, tʀis] n. ■ Personne qui souscrit. ▸ ***souscription*** [suskʀipsjɔ̃] n. f. ■ Action de souscrire ; somme versée par un souscripteur. *Ouvrage vendu par souscription.* ≠ *suscription.*

soustraire [sustʀɛʀ] v. tr. ▪ conjug. 50. **1.** Retrancher par soustraction (un nombre d'un autre). ⇒ **déduire, ôter.** / contr. **additionner** / **2.** Enlever (qqch., surtout un document) le plus souvent par la ruse, la fraude. ⇒ **dérober, voler. 3.** Faire échapper à (qqch. à quoi on est exposé). *On a pu soustraire la vedette à la curiosité, aux questions des journalistes.* — Pronominalement (réfl.). Échapper à..., s'affranchir de... ⇒ **éviter.** ▸ ***soustraction*** [sustʀaksjɔ̃] n. f. **1.** Opération inverse de l'addition, par laquelle on retranche un ensemble d'un autre, pour obtenir la « différence » entre les deux. **2.** Action de soustraire (2). ⇒ ② **vol.**

soutane [sutan] n. f. ■ Longue robe boutonnée par-devant, pièce principale du costume ecclésiastique traditionnel (abandonnée par la majorité des prêtres catholiques). *Prêtre en soutane.* Loc. *Prendre la soutane,* devenir prêtre.

soute [sut] n. f. ■ Magasin situé dans la cale d'un navire ou dans le fuselage d'un avion. *Soute à bagages, à combustible.* ‹ ▸ soutier ›

souteneur [sutnœʀ] n. m. ■ Proxénète (il « soutient » celles qu'il exploite).

soutenir [sutniʀ] v. tr. ▪ conjug. 22. **I. 1.** Tenir (qqch.) par-dessous, en servant de support ou d'appui. ⇒ ① **porter.** *De fortes poutres soutiennent les solives.* **2.** Maintenir debout, empêcher (qqn) de tomber. *L'infirmier soutenait le blessé.* **3.** Empêcher de défaillir, en rendant des forces. ⇒ **fortifier.** *On lui a fait une piqûre pour soutenir le cœur.* **4.** Réconforter (qqn). ⇒ **aider, encourager.** *Son amitié m'a soutenu dans cette épreuve.* **5.** Appuyer, prendre parti en faveur de (qqn, qqch.). *Deux partis ont décidé de soutenir ce candidat. — Soutenir financièrement une œuvre de bienfaisance.* ⇒ **aider, commanditer, financer. 6.** Affirmer, faire valoir en appuyant par des raisons. *Il est décidé à soutenir ses droits. Soutenir une thèse,* présenter et défendre devant le jury une thèse de doctorat (⇒ **soutenance**). *Je soutiens que...,* j'affirme, je prétends que. ⇒ **assurer ; soutenable. 7.** Faire que (qqch.) continue sans faiblir. *Elle sait soutenir l'intérêt de l'auditoire. Soutenez votre effort !* **II.** Subir sans fléchir (une force, une action qui s'exerce). *Soutenir le regard de qqn,* ne pas baisser les yeux devant lui. ▸ ***soutenable*** [sutnabl] adj. **1.** (Souvent en emploi négatif) Qui peut être soutenu (6). *Sa position n'est guère soutenable.* **2.** Qui peut être supporté. *Ce film est d'une violence difficilement soutenable.* ▸ ***soutenant, ante*** adj. ■ Qui est nourrissant. *Des aliments soutenants.* ▸ ***soutenance*** n. f. ■ Action de soutenir (une thèse de doctorat). ▸ ***soutènement*** [sutɛnmɑ̃] n. m. ■ Appui, contrefort destiné à soutenir une masse (de terre, d'eau, etc.). *Mur de soutènement.* ▸ ***soutenu, ue*** adj. **1.** *Style soutenu,* qui se maintient à un certain niveau de pureté, d'élégance. ⇒ **élevé, noble, soigné.** / contr. **familier** / **2.** Qui est constant, régulier. *Une attention soutenue.* **3.** Accentué, prononcé. *Un bleu plus soutenu.* ⇒ **dense, profond.** ▸ ***soutien*** [sutjɛ̃] n. m. **1.** Action ou moyen de soutenir (dans l'ordre financier, politique, militaire). ⇒ ① **aide, appui.** *Notre parti apportera son soutien au gouvernement.* **2.** Personne qui soutient (une cause, un parti). SOUTIEN DE FAMILLE : personne dont l'activité est indispensable pour assurer la subsistance de sa famille. ▸ ***soutien-gorge*** n. m. ■ Sous-vêtement féminin destiné à soutenir les seins. ⇒ fam. **brassière.** *Bonnets et bretelles de soutien-gorge. Des soutiens-gorge.* ‹ ▸ insoutenable, souteneur ›

souterrain, aine [sutɛʀɛ̃, ɛn] adj. et n. m. **1.** Adj. Qui est ou se fait sous terre. *Un passage souterrain. Essai nucléaire souterrain.* / contr. **atmosphérique** / — Abstrait. Caché, obscur. *Une évolution souterraine.* **2.** N. m. Passage souterrain, naturel ou pratiqué par les humains. *Les souterrains du château.*

soutier [sutje] n. m. ■ Vx. Matelot chargé d'alimenter la chaudière en charbon, dans la soute (anciens navires à charbon).

soutirer [sutiʀe] v. tr. ▪ conjug. 1. **1.** Transvaser doucement (le vin, le cidre) d'un récipient à un autre, de façon à éliminer les dépôts qui doivent rester dans le premier. ⇒ ⑤ **tirer. 2.** *Soutirer de l'argent, des informations à qqn,* les lui arracher habilement. ⇒ **extorquer,** ⑤ **tirer.** ▸ ***soutirage*** n. m. ■ Action de soutirer (I).

① ***souvenir*** [suvniʀ] v. pron. et intr. ▪ conjug. 22. **I.** V. pron. SE SOUVENIR (DE). **1.** Avoir de nouveau présent à l'esprit (qqch. qui appartient à une expérience passée). ⇒ se **rappeler,** se **ressouvenir.** *Je m'en souviens,* je me le rappelle. / contr. **oublier** / *Je me souviens de cette rencontre, de l'avoir rencontré, que je l'ai rencontré. Faites m'en souvenir,* rappelez-moi cela. (Avec reconnaissance ou rancune) *Je m'en souviendrai !,* se dit par menace. *Se souvenir de qqn,* l'avoir encore présent à l'esprit ou penser à lui. — *Je me souviens,* devise du Québec. **2.** À l'impératif. Ne pas manquer de considérer, penser à. *Souvenez-vous de nos conventions, que vous me l'avez promis.* **II.** V. intr. Impers. Littér. IL ME SOUVIENT : j'ai le souvenir. *Il me souvient d'avoir lu cela, que j'ai lu cela autrefois.* ▸ ② ***souvenir*** n. m. **1.** Mémoire ; fait de se souvenir. *Conserver, perdre le souvenir d'un événement.* **2.** Ce qui revient ou peut revenir à l'esprit des expériences passées ; image que garde et fournit la mémoire. ⇒ **réminiscence.** *Des souvenirs d'enfance, de lecture. Cette maison éveille en moi bien des souvenirs. J'en garde un bon, un mauvais souvenir. Gardez cela* EN SOUVENIR DE *moi. Garde-le* EN SOUVENIR. — (Dans les formules de politesse) *Affectueux, meilleurs souvenirs.* — Au plur. *Écrire ses souvenirs,* ses mémoires. **3.** (Objets concrets) Ce qui fait souvenir, ce qui reste comme un témoignage (de ce qui appartient au passé). *Il y avait là quelques souvenirs d'un temps meilleur.* **4.** Cadeau (qui fait qu'on pense à la personne qui l'a donné). *Elle nous a rapporté à chacun un petit souvenir.* — Bibelot qui évoque le souvenir d'un lieu touristique. *Une marchande de souvenirs.* ▸ ***souvenance*** n. f.

■ Littér. *Avoir, garder souvenance de qqch., qqn,* s'en souvenir. *Je n'en ai pas souvenance.* ⟨ ► se ressouvenir ⟩

souvent [suvɑ̃] adv. **1.** Plusieurs fois, à plusieurs reprises dans un espace de temps. / contr. **jamais** / *Peu souvent.* ⇒ **rarement.** *Assez souvent, souvent, très souvent.* ⇒ **fréquemment.** *J'ai souvent pensé à vous.* — Loc. *Plus souvent qu'à mon, qu'à son tour,* plus souvent qu'il n'est normal pour moi, pour lui. Fam. *Plus souvent !,* sûrement pas ! **2.** En de nombreux cas. — Dicton. *On a souvent besoin d'un plus petit que soi.* — *Le plus souvent,* dans la plupart des cas. ⇒ **généralement.**

① ***souverain, aine*** [suvʀɛ̃, ɛn] adj. **1.** Qui est au-dessus des autres, dans son genre. ⇒ **suprême.** *Une habileté souveraine. Un remède souverain.* ⇒ **efficace.** **2.** Dont le pouvoir n'est limité par celui d'aucun autre. *Le peuple souverain. Défendre l'idée d'un Québec souverain.* ⇒ **indépendant.** — N. *Le souverain.* — Loc. *Le souverain pontife,* le pape. — Qui possède la souveraineté (2). *État souverain.* — Qui juge ou décide sans appel. *Assemblée souveraine.* **3.** Extrême (avec un sentiment de supériorité). *Un souverain mépris.* ► ***souverainement*** adv. **1.** Littér. Supérieurement. **2.** *Décider souverainement.* **3.** *Il était souverainement méprisant.* ⇒ **extrêmement, suprêmement.** ► ② ***souverain, aine*** n. ■ Chef d'État monarchique. ⇒ **reine, roi.** ► ***souveraineté*** n. f. **1.** Autorité suprême d'un souverain, d'un prince ou d'une nation. *La souveraineté du peuple, fondement de la démocratie.* **2.** Caractère d'un État qui n'est soumis à aucun autre État. ⇒ **autonomie, indépendance ; indépendantisme, nationalisme, séparatisme, souverainisme.** / contr. **fédéralisme** / *Le grand débat de la souveraineté du Québec.* ► ***souveraineté-association*** n. f. ■ Forme d'autonomie politique dans laquelle certains pouvoirs, certains secteurs économiques (la monnaie...) demeurent partagés. ► ***souverainisme*** n. m. ■ Tendance, mouvement politique qui réclame l'autonomie d'un territoire par rapport au pays, à l'État dont il dépend. ⇒ **indépendantisme, nationalisme, séparatisme, souveraineté.** / contr. **fédéralisme** / *L'émergence du souverainisme québécois dans les années soixante.* ► ***souverainiste*** n. ■ Partisan de la souveraineté politique. ⇒ **autonomiste, indépendantiste, nationaliste, séparatiste ; péquiste.** / contr. **fédéraliste** / *Les jeunes souverainistes de la province.* — Adj. *La vision souverainiste du libre-échange. Parti souverainiste.* ⇒ **P.Q.** ► ③ ***souverain*** n. m. ■ Ancienne monnaie anglaise (environ 7,5 grammes d'or).

soviet [sɔvjɛt] n. m. ■ Histoire de la Russie. Conseil de délégués ouvriers et soldats au moment de la révolution de 1917. — Chambre des représentants de la nation *(Soviet de l'Union),* chambre des républiques fédérées *(Soviet des nationalités),* formant le parlement de l'ancienne U.R.S.S. (ou *Soviet suprême*). — Péj. *Les soviets,* la Russie communiste, le communisme. ► ***soviétique*** adj. et n. ■ Relatif à l'État fédéral socialiste, né de la révolution de 1917 (nommé *Union des Républiques socialistes soviétiques* [U.R.S.S.] ou *Union soviétique*) et aboli en 1991. — N. (Avec une majusc.) *Les Soviétiques.* ≠ *russe.* ► ***soviétologue*** n. ■ Spécialiste des questions concernant l'Union soviétique, spécialt la politique. *Une soviétologue canadienne.*

soya n. m. ⇒ **soja.**

soyeux, euse [swajø, øz] adj. et n. m. ■ Adj. Qui est doux et brillant comme la soie.

spa [spɑ] n. m. ■ Anglic. Grand bassin dans lequel des jets d'eau minérale, généralement très chaude, ont un effet de massage thérapeutique sur le corps, pour plusieurs personnes. ⇒ **thalassothérapie.** — Lieu qui offre ce genre de traitement thérapeutique. *Aller dans un spa.*

S.P.A. [ɛspea] n. f. invar. ■ Abréviation de *Société protectrice des animaux,* lieu de dépôt des animaux trouvés, donnés par leurs propriétaires ou saisis. ⇒ **fourrière.**

spacieux, euse [spasjø, øz] adj. ■ Où l'on a de l'espace, où l'on est au large. ⇒ **grand, vaste.** / contr. **étroit** / *Une voiture spacieuse. C'est assez spacieux pour trois personnes.* ≠ *spatial, spécieux.*

spadassin [spadasɛ̃] n. m. ■ Littér. Autrefois. Assassin à gages. ⇒ **sbire.**

spaghetti [spagɛti] n. m. ■ Variété de pâtes alimentaires fines et longues. *Boîte de spaghettis. Sauce à spaghetti.* — Au sing. collectif. *Commander du spaghetti,* ce mets. — Abusivt. *Manger du spaghetti italien.* — Abrév. fam. SPAG, n. m. — REM. En France, le mot s'emploie en général au pluriel (ex. : *des spaghettis*). ► ***spaghettini*** n. m. ■ Spaghetti très fin.

sparadrap [spaʀadʀɑ] n. m. ■ Bande adhésive utilisée pour protéger ou soigner des plaies, souvent combinée avec un petit pansement. ⇒ **diachylon ;** anglic. **plaster.**

sparage [spaʀaʒ] n. m. ■ Fam. (Surtout au plur.) Gestes, gesticulations (des mains, des bras). *Faire toutes sortes de sparages en parlant, en racontant qqch.*

sparterie [spaʀt(ə)ʀi] n. f. ■ Fabrication d'objets en fibres végétales (jonc, crin) vannées ou tissées. — Ouvrage ainsi fabriqué.

spartiate [spaʀsjat] adj. ■ Qui évoque les anciens citoyens de Sparte (Lacédémone) et leur austérité. *Une vie spartiate.*

spartiates [spaʀsjat] n. f. pl. ■ Sandales faites de lanières de cuir croisées.

spasme [spasm] n. m. ■ Contraction brusque et involontaire d'un ou de plusieurs muscles. ⇒ **convulsion, crampe, crispation.** ► ***spasmodique*** adj. ■ Convulsif. *Des frissons spasmodiques.* ⟨ ► antispasmodique ⟩

spath [spat] n. m. ■ Nom donné autrefois à différents cristaux naturels qui se débitent en lamelles.

spatial, ale, aux [spasjal, o] adj. **1.** Qui est du domaine de l'espace (opposé à *temporel*). **2.** Relatif à l'espace interplanétaire, interstellaire, à son exploration. ⇒ **cosmique.** *Une combinaison spatiale. La fusée spatiale européenne.* ≠ *spacieux, spécieux.* ⟨ ► aérospatial, spatio-temporel ⟩

spatio-temporel, elle [spasjotɑ̃pɔʀɛl] adj. ■ Qui appartient à l'espace et au temps.

spatule [spatyl] n. f. ■ Ustensile à lame plate, large *(spatule de cuisine, de sculpteur)* ou étroite *(spatule de maçon* ⇒ **truelle**).

① ***speaker*** [spikœʀ] n. m. ■ Anglic. (Angleterre) Président de la Chambre des Communes. ⇒ **orateur.** — (États-Unis) Président de la Chambre des Représentants.

② ***speaker*** n. m. ■ (France) Anglic. Annonceur, présentateur de radio. *Des speakers.* — Fém. : SPEAKERINE [spikʀin].

spécial, ale, aux [spesjal, o] adj. et n. m. **I.** Adj. **1.** Qui concerne une espèce de choses (opposé à *général*). *Des connaissances spéciales.* **2.** Qui est particulier à (une personne, un groupe) ou destiné à leur usage exclusif. *Ces malades étaient hospitalisés* *dans un pavillon spécial.* ⇒ **particulier.** — Qui constitue une exception, est employé pour les circonstances extraordinaires. *Prendre des mesures spéciales.* — Loc. ENVOYÉ(E) SPÉCIAL(E). *L'envoyé spécial d'un grand quotidien* (opposé à *permanent*). **3.** Qui présente des caractères particuliers dans son genre, n'est pas commun, ordinaire. ⇒ **étrange, singulier.** *Il prenait alors une voix spéciale.* Fam. *C'est un peu spécial,* bizarre. — Par euphémisme. *Des mœurs spéciales,* d'homosexuel. **II.** N. m. Anglic. **1.** *Spécial (du jour),* au restaurant, *menu du jour.* **2.** Prix réduit (d'une marchandise). ⇒ **solde, vente.** *Des spéciaux de fin de semaine.* — Loc. *Ce magnétoscope est* EN SPÉCIAL. — REM. Ces emplois (II) sont critiqués ▸ ***spécialement*** adv. **1.** D'une manière spéciale, en particulier. ⇒ **notamment, surtout. 2.** D'une manière adéquate, tout exprès. *Des salles spécialement équipées.* **3.** D'une manière très caractéristique. — Fam. *Ce n'est pas spécialement beau,* pas tellement beau. ▸ ***spécialiser*** v. tr. ▪ conjug. 1. ▪ Employer, cantonner dans une spécialité. — Pronominalement (réfl.). *Il s'est spécialisé dans la littérature médiévale.* — Au p. p. adj. *Chercheurs spécialisés.* ⇒ **spécialiste.** *Ouvrier spécialisé* ⇒ **O.S.**, *sans aucune qualification (en fait, il n'est pas spécialisé).* ⇒ **journalier,** ③ **manœuvre.** ▸ ***spécialisation*** n. f. ▪ Action, fait de se spécialiser (en particulier dans un domaine de la science ou de la technique). ▸ ***spécialiste*** n. **1.** Personne qui s'est spécialisée, qui a des connaissances approfondies dans un domaine déterminé et restreint (science, technique...). ⇒ **conseiller, personne-ressource.** *Un, une spécialiste de l'art précolombien.* ⇒ **expert.** *Ouvrage pour spécialistes* (opposé à *grand public*). — Médecin qui se spécialise dans une branche particulière de la médecine. / contr. **omnipraticien** / *Les généralistes et les spécialistes. Consulter un spécialiste des poumons.* ⇒ **pneumologue. 2.** Fam. Personne qui est coutumière de (qqch.). *Un spécialiste de la gaffe.* ▸ ***spécialité*** n. f. **1.** Ensemble de connaissances sur un objet d'étude limité. ⇒ **branche, domaine, partie.** *En dehors de sa spécialité, il ne sait rien.* ⇒ **sphère. 2.** Production déterminée à laquelle on se consacre. *Spécialités gastronomiques régionales,* mets typiques. — *Spécialité pharmaceutique,* médicament, produit vendu exclusivement en pharmacie. **3.** Fam. Art particulier et personnel. *Les insinuations, c'est sa spécialité.* ⟨ ▸ spécifier, spécifique, spécimen ⟩

spécieux, euse [spesjø, øz] adj. ▪ Littér. Qui n'a qu'une belle apparence, qui est faux et sans valeur. ≠ *spacieux, spatial. Sous un prétexte spécieux. Raisonnement spécieux,* trompeur. ⇒ **sophisme.**

spécifier [spesifje] v. tr. ▪ conjug. 7. ▪ Mentionner de façon précise, explicite. ⇒ **préciser.** *Vous n'avez pas spécifié la date, spécifié à quelle date vous viendrez.* ▸ ***spécification*** n. f. **1.** Action de spécifier (qqch.). ⇒ **précision.** *La spécification du jour et du lieu du rendez-vous.* **2.** Délimitation des caractéristiques essentielles de qqch. (produit, matériel, service, etc.). *La spécification des tâches de chacun.*

spécifique [spesifik] adj. **1.** Didact. Propre à une espèce (commun à tous les individus et aux cas de cette espèce, *opposé à générique*). *Terme spécifique. Remède spécifique,* propre à guérir une maladie particulière. **2.** Qui a son caractère et ses lois propres, ne peut se rattacher à autre chose. ≠ *unique.* ▸ ***spécificité*** n. f. ▪ Didact. Caractère spécifique. ▸ ***spécifiquement*** adv.

spécimen [spesimɛn] n. m. **1.** Individu qui donne une idée de l'espèce ; unité d'un ensemble qui donne une idée du tout. ⇒ **échantillon, exemple, représentant.** *Des spécimens.* **2.** Exemplaire ou feuille publicitaire (d'une revue, d'un manuel).

spectacle [spɛktakl] n. m. **1.** Ensemble de choses ou de faits qui s'offre au regard. ⇒ **apparence, tableau, vision.** *La maison dévastée offrait un triste spectacle.* — Loc. prép. *Au spectacle de,* à la vue de. *Au spectacle du sang qui giclait, elle s'est évanouie.* — Loc. péj. *Se donner en spectacle,* se faire remarquer. **2.** Représentation (théâtre, cinéma...), ce qu'on présente au public au cours d'une même séance. *Allez-vous souvent au spectacle ? Spectacle de ballet. Salle de spectacle. Des spectacles-bénéfices*.* — L'ensemble des activités concernant le théâtre, le cinéma, les variétés, etc. *L'industrie du spectacle.* ⇒ anglic. **show-business. 3.** *Pièce, revue* À GRAND SPECTACLE : qui comporte une mise en scène somptueuse. ⇒ **déploiement.** ▸ ***spectaculaire*** adj. ▪ Qui parle aux yeux, frappe l'imagination. ⇒ **frappant, impressionnant.** *Une réalisation, un exploit spectaculaire.* ▸ ***spectateur, trice*** n. **1.** Témoin d'un événement, personne qui regarde ce qui se passe. *Aucun des spectateurs du drame n'a voulu témoigner.* ⇒ **observateur.** / contr. **acteur** / **2.** Personne qui assiste à un spectacle (représentation, match, cérémonie, etc.). ⇒ **assistance, public.** ⟨ ▸ téléspectateur ⟩

① ***spectre*** [spɛktʀ] n. m. **1.** Apparition effrayante d'un mort. ⇒ **fantôme, revenant.** *Une pâleur de spectre.* **2.** Littér. Perspective menaçante. *Le spectre de la mort, de la défaite.* ▸ ① ***spectral, ale, aux*** adj. ▪ De spectre (1). *Une pâleur spectrale.*

② ***spectre*** n. m. ▪ Image résultant de l'analyse d'un rayonnement par le spectroscope. *Le spectre solaire obtenu à travers un prisme. Étudier les spectres des étoiles* (dont les raies décèlent la composition chimique). ▸ ② ***spectral, ale, aux*** adj. ▪ Relatif aux spectres, à leur étude. *Raies spectrales.* ▸ ***spectroscope*** n. m. ▪ Instrument pour produire ou examiner des spectres (de l'infrarouge aux rayons X). ▸ ***spectroscopie*** n. f. ▪ Physique, astronomie (astrophysique). Étude des spectres.

spéculer [spekyle] v. intr. ▪ conjug. 1. **1.** Littér. Méditer, se livrer à la recherche abstraite. **2.** Faire des spéculations financières, commerciales. *Spéculer en bourse.* — SPÉCULER SUR *qqch.* : compter dessus pour réussir. ▸ ***spéculateur, trice*** n. ▪ Personne qui fait des spéculations (II) financières ou commerciales (souvent péj.). ▸ ***spéculatif, ive*** adj. ▪ Relatif à la spéculation (I, II). ▸ ***spéculation*** n. f. **1.** Littér. Théorie, recherche abstraite. **2.** Opération financière ou commerciale, fondée sur les fluctuations du marché ; pratique de ce genre d'opérations. *La spéculation sur les terrains à bâtir.*

spéculum [spekylɔm] n. m. ▪ Instrument dont une face forme miroir, utilisé par les médecins et chirurgiens pour explorer certaines cavités de l'organisme. *Des spéculums.*

speech [spitʃ] n. m. Anglic. **1.** (France) Petite allocution de circonstance (notamment en réponse à un toast). *Des speeches.* **2.** Loc. fam. *Avoir droit à un speech,* à une engueulade, à des remontrances.

spéléo- ▪ Élément savant signifiant « caverne ». ▸ ***spéléologie*** [speleɔlɔʒi] n. f. ▪ Exploration et étude scientifique des cavités du sous-sol (grottes, gouffres, eaux souterraines, etc.). ▸ ***spéléologique*** adj. ▸ ***spéléologue*** n. ▪ Spécialiste de la spéléologie. — Abrév. *Un, une* SPÉLÉO.

sperme [spɛʀm] n. m. ▪ Liquide physiologique, formé par les spermatozoïdes et par le produit des sécrétions des glandes génitales mâles. ⇒ liquide **séminal.** *Le sperme est éjaculé.* ▸ ***spermat(o)-, sperm(o)-, -sperme*** ▪ Éléments de mots savants signifiant « semence, graine ». ▸ ***spermatozoïde*** [spɛʀmatɔzɔid] n. m. ▪ Cellule reproductrice (gamète) mâle formée d'un noyau et d'un long filament.

⇒ **gonade.** ▸ ***spermicide*** adj. et n. m. ■ Se dit d'une substance qui, introduite dans le vagin, agit comme contraceptif local en détruisant les spermatozoïdes. *Une gelée spermicide.* — N. m. *Des spermicides.* ‹ ▸ angiospermes, gymnospermes, spermophile ›

spermophile [spɛʀmɔfil] n. m. ■ Petit rongeur aux bajoues volumineuses, qui vit habituellement dans des terriers où il entasse des graines. *On voit beaucoup de spermophiles dans les Prairies.*

sphère [sfɛʀ] n. f. **1.** Surface fermée dont tous les points sont à égale distance (rayon) du centre ; solide limité par cette surface. ⇒ ① **balle,** ① **bille, boule.** *Le cercle, le disque et la sphère sont ronds. Sphère céleste,* image sphérique du ciel nocturne. *La sphère terrestre.* ⇒ **globe.** ≠ *planisphère. Moitié de sphère.* ⇒ **hémisphère. 2.** Fig. Spécialité professionnelle, domaine d'activité (de qqn). *Chacun travaille dans sa sphère. Une sphère d'activité fort lucrative.* — (Choses) *Sphère d'action,* espace où se manifeste un agent physique. ⇒ **champ.** *Sphère d'influence,* zone dans laquelle une puissance possède un droit d'intervention. ▸ ***sphérique*** adj. **1.** En forme de sphère (1). ⇒ **rond. 2.** Qui appartient à la sphère. *Calotte sphérique.* ▸ ***sphéroïde*** n. m. ■ Solide à peu près sphérique. *La Terre est un sphéroïde.* ‹ ▸ atmosphère, hémisphère, planisphère, stratosphère ›

sphincter [sfɛ̃ktɛʀ] n. m. ■ Muscle annulaire disposé autour d'un orifice naturel qu'il ferme en se contractant. *Le sphincter de l'anus.*

① ***sphinx*** [sfɛ̃ks] n. m. invar. **1.** Monstre imaginaire, lion ailé à tête et buste de femme, qui tuait les voyageurs quand ils ne résolvaient pas l'énigme qu'il leur proposait. *Le Sphinx interrogea Œdipe.* — Statue de lion couché, à tête d'homme, de bélier ou d'épervier, représentant une divinité égyptienne. *Le grand sphinx de Gizeh.* **2.** Personne énigmatique, figée dans une attitude mystérieuse. *Ils jouent les sphinx.* ‹ ▸ ② sphinx ›

② ***sphinx*** n. m. invar. ■ Grand papillon du crépuscule aux ailes étroites, au vol puissant. *Des sphinx tête-de-mort* (portant une tache semblable à une tête de mort).

spi n. m. ⇒ **spinnaker.**

spinal, ale, aux [spinal, o] adj. ■ Anatomie. Qui appartient à la colonne vertébrale ou à la moelle épinière. *Ressentir des douleurs spinales.*

spinnaker [spinakœʀ] n. m. ■ Grande voile creuse, de forme triangulaire, hissée devant le foc aux allures portantes. — Abrév. : SPI, n. m. *Voilier sous spi,* dont le spinnaker est déployé.

spirale [spiʀal] n. f. **1.** Courbe plane qui décrit des révolutions autour d'un point fixe (ou pôle), en s'en écartant de plus en plus. **2.** Courbe qui tourne autour d'un axe, dans l'espace (appelée scientifiquement *hélice*). ⇒ **volute.** *Des spirales de fumée. Un cahier à spirale,* dont les feuilles tiennent ensemble grâce à un fil qui forme une spirale. — *En spirale. Escalier en spirale,* en colimaçon. **3.** Montée rapide et irrésistible (d'un phénomène). *La spirale de l'inflation.*

spire [spiʀ] n. f. ■ Tour complet (d'une spirale ou d'une hélice). — Enroulement d'une coquille. ‹ ▸ spirale ›

spirite [spiʀit] adj. et n. **1.** Adj. Relatif à l'évocation des esprits des morts. **2.** N. Personne qui évoque les esprits, s'occupe de spiritisme. ▸ ***spiritisme*** n. m. ■ Science occulte fondée sur l'existence, les manifestations et l'enseignement des esprits.

spiritual n. m. ⇒ **negro-spiritual.**

① ***spirituel, elle*** [spiʀitɥɛl] adj. **1.** Qui est de l'ordre de l'esprit considéré comme distinct de la matière. ⇒ **immatériel. 2.** Propre à l'âme, considérée comme un don de Dieu. / contr. **corporel** / *La vie spirituelle.* **3.** Qui est d'ordre moral, n'appartient pas au monde physique. *Pouvoir spirituel de l'Église* (opposé à *temporel*). *Les valeurs spirituelles d'une civilisation.* ▸ ***spiritualiser*** v. tr. ▪ conjug. 1. ■ Littér. Doter, imprégner de spiritualité. ▸ ***spiritualisme*** n. m. ■ Doctrine selon laquelle l'esprit constitue une réalité indépendante et supérieure. / contr. **matérialisme, rationalisme** / ▸ ***spiritualiste*** adj. et n. ■ Tenant du spiritualisme. ▸ ***spiritualité*** n. f. **1.** Caractère de ce qui est d'ordre spirituel, indépendant de la matière. **2.** Croyances et pratiques qui concernent la vie spirituelle. *La spiritualité hindoue.* ▸ ② ***spirituel, elle*** adj. ■ Qui est plein d'esprit (①, IV), de fine drôlerie. ⇒ ① **fin, malicieux.** *Un causeur très spirituel. Une plaisanterie spirituelle.* ⇒ **piquant.** / contr. **grossier,** ① **plat** / ▸ ***spirituellement*** adv. ■ Avec esprit, finesse.

spiritueux, euse [spiʀitɥø, øz] adj. et n. m. ■ Qui contient une forte proportion d'alcool. — N. m. invar. Liqueur forte en alcool. ⇒ fam. ③ **fort.** *Vins et spiritueux. Le cognac, le gin, le rye, le whisky sont des spiritueux.* ⇒ **alcool.**

spleen [splin] n. m. ■ Anglic. Littér. Mélancolie sans cause apparente, caractérisée par le dégoût de toute chose ; vague à l'âme, neurasthénie. ⇒ **ennui.** *Avoir le spleen.* ⇒ ③ **cafard.**

splendeur [splɑ̃dœʀ] n. f. **1.** Beauté donnant une impression de luxe, de magnificence. ⇒ **somptuosité.** — Prospérité, gloire (d'un État, d'une famille). *Athènes au temps de sa splendeur.* Iron. *Voici Tremblay dans toute sa splendeur,* étalant tous ses ridicules. **2.** Chose splendide. *Cette tapisserie est une splendeur.* ▸ ***splendide*** adj. **1.** Plein d'éclat. ⇒ **clair, rayonnant.** *Il fait un temps splendide.* — Riche et beau. ⇒ **magnifique, somptueux.** *Une fête splendide.* **2.** D'une beauté éclatante. ⇒ **superbe.** *C'est une fille splendide.* ▸ ***splendidement*** adv. ■ Littér. Avec splendeur. ‹ ▸ resplendir ›

split-level [splitlɛvœl] ou, abrév., ***split*** [split] n. m. ■ Anglic. Maison unifamiliale à paliers ou niveaux d'habitation décalés. *Split-level à vendre.* — REM. L'O.L.F. propose *maison à demi-niveaux* pour remplacer ce mot.

spolier [spɔlje] v. tr. ▪ conjug. 7. ■ Dépouiller (qqn) d'un bien par violence, par fraude, par abus de pouvoir. ⇒ **déposséder.** ▸ ***spoliation*** n. f.

spongieux, euse [spɔ̃ʒjø, øz] adj. **1.** Qui rappelle l'éponge, par sa structure et sa consistance. *Le tissu spongieux des poumons.* **2.** Qui est mou et s'imbibe, retient les liquides. *Un sol spongieux.* ▸ ***spongiosité*** n. m. ■ Caractère de ce qui est spongieux.

spontané, ée [spɔ̃tane] adj. **1.** Que l'on fait soi-même, sans être incité ni contraint par autrui. *Une manifestation spontanée.* / contr. **organisé** / **2.** Qui se produit sans avoir été provoqué. ⇒ ① **naturel.** *Émission spontanée de rayonnement.* **3.** Qui se fait, s'exprime directement, sans réflexion ni calcul. ⇒ **automatique, instinctif.** *Sa réaction a été tout à fait spontanée.* / contr. **réfléchi** / — (Personnes) Qui obéit au premier mouvement, ne calcule pas. ⇒ ① **naturel, sincère.** *Un artiste spontané.* ▸ ***spontanéité*** n. f. ■ Caractère spontané (3). *Elle a beaucoup de spontanéité et de naturel.* ▸ ***spontanément*** adv. ■ Avec spontanéité. *Ils ont tout avoué spontanément.*

sporadique [spɔʀadik] adj. **1.** Qui apparaît, se produit çà et là et de temps à autre, d'une manière irrégulière et isolée. ⇒ **occasionnel.** *Des protestations sporadiques.* **2.** *Maladie sporadique,* qui atteint des individus isolés (opposé à *endémique, épidémique*). ▶ ***sporadiquement*** adv.

spore [spɔʀ] n. f. ■ Corpuscule reproducteur de certaines espèces végétales et de certains protistes. ⇒ **pollen.** *Les spores des algues, des champignons.* ▶ ***sporange*** n. m. ■ Organe qui renferme ou produit les spores. *Sporanges mâles.* ⇒ **étamine.** *Sporanges femelles.* ⇒ **pistil.**

sport [spɔʀ] n. m. et adj. invar. **1.** *(Le sport)* L'activité physique exercée dans le sens du jeu et de l'effort, et dont la pratique suppose un entraînement méthodique, le respect de règles. ⇒ éducation **physique ; athlétisme, gymnastique.** *Faire du sport. Terrain de sport.* — *Veste, chaussures de sport,* pour la promenade, la campagne. / contr. **habillé** / *Être habillé en sport,* de manière décontractée. — Loc. fam. *C'est du sport !,* c'est un exercice, un travail très difficile ou dangereux. *Il va y avoir du sport !,* de l'agitation, de la bagarre. **2.** *(Un, des sports)* Chacune des formes particulières et réglementées de cette activité. *La natation est un sport complet. Sports de compétition. Sports de combat* (boxe, judo, karaté...), *individuels* (athlétisme, cyclisme), *d'équipes* (football, baseball, hockey...). *Sports d'hiver* (ski, patin, raquette..). *Sports d'été* (natation, cyclisme...). **3.** Adj. invar. (Choses) Qui convient pour le sport, pour faire du sport. *Des vêtements sport.* — (Personnes) Qui est loyal, sincère. ⇒ **sportif.** *Malgré leur défaite, ils ont été très sport.* ▶ ***sportif, ive*** [spɔʀtif, iv] adj. **1.** Propre ou relatif au sport, aux différents sports. *Épreuves sportives. L'esprit sportif, basé sur le franc-jeu. Disciplines sportives. Chroniqueur sportif.* **2.** Qui pratique, qui aime le sport. — N. *C'est un grand sportif. Sportif amateur* (opposé à *professionnel*). — Qui atteste la pratique du sport. *Une allure sportive.* ⇒ **sport** (3). **3.** Qui respecte l'esprit du sport. *Le public n'a pas été très sportif.* ⇒ **sport** (3). ▶ ***sportivement*** adv. ■ Avec un esprit sportif, loyal. *Accepter sportivement sa défaite.* ▶ ***sportivité*** n. f. ■ Esprit d'une personne sportive (3), qui joue franc-jeu. ‹ ▶ antisportif, omnisport ›

spot [spɔt] n. m. Anglic. **1.** Point lumineux, tache lumineuse (sur un instrument de mesure, un écran...). **2.** Petit projecteur. ⇒ anglic. **sunlight. 3.** *Spot publicitaire,* bref message publicitaire. ⇒ anglic. **flash.**

sprat [spʀat] n. m. ■ Petit poisson de l'Atlantique, voisin du hareng, qui se mange surtout fumé. *Des sprats.*

spray [spʀe] n. m. ■ Anglic. Jet de liquide en fines gouttelettes lancé par un pulvérisateur ; ce pulvérisateur. ⇒ ① **bombe** (6). *Des sprays désodorisants. Un spray pour les cheveux.* ⇒ **cosmétique, laque.**

sprint [spʀint] n. m. ■ Allure la plus rapide possible qu'un coureur prend à un moment déterminé (surtout à la fin) d'une course ; fin de la course. *Elle a gagné au sprint.* — (Athlétisme, cyclisme) Course de vitesse sur petite distance (opposé à *fond*). ▶ ① ***sprinter*** ou ***sprinteur, euse*** [spʀintœʀ, øz] n. ■ Spécialiste des courses de vitesse, des sprints. ▶ ② ***sprinter*** [spʀinte] v. intr. ▪ conjug. 1. ■ Accélérer et soutenir l'allure la plus rapide possible, notamment en fin de course. — Fam. *Il va falloir sprinter,* se dépêcher.

S.Q. [ɛsky] n. f. invar. ■ Abréviation de *Sûreté du Québec,* corps de police provincial. *Voiture de la S.Q.*

squale [skwal] n. m. ■ Poisson de grande taille, au corps allongé et cylindrique, avec des fentes branchiales de chaque côté du cou. ⇒ **requin.**

squame [skwam] n. f. **1.** Biologie. Écaille (de poisson, de serpent...). **2.** Lamelle qui se détache de l'épiderme (par *desquamation*). ▶ ***squameux, euse*** adj. ■ Didact. Écailleux. ‹ ▶ desquamer ›

square [skwaʀ] n. m. ■ (France) Anglic. Petit jardin public, souvent aménagé au milieu d'une place. ⇒ **place ;** fam. ② **carré.**

squash [skwaʃ] n. m. invar. ■ Anglic. Sport pratiqué en salle, où deux joueurs se renvoient une balle en la frappant à la raquette contre un mur. *Raquette de squash.* ≠ *racquetball.*

① ***squatter*** ou ***squatteur*** [skwatœʀ] n. ■ Anglic. Personne qui réside illégalement dans un local vacant, qui s'installe sur les terres de l'État. *Les squatters ont été expulsés par la police.* ▶ ***squattériser*** ou ② ***squatter*** [skwate] v. tr. ▪ conjug. 1. ■ Occuper (un lieu) en squatters. ▶ ***squattage*** n. m. ■ Action de squatter.

squaw [skwɑ] n. f. ■ Anglic. Nom donné aux femmes amérindiennes mariées par les Blancs lors de la conquête de l'Ouest des États-Unis. *Des squaws.*

squelette [skəlɛt] n. m. **1.** Charpente osseuse des vertébrés. — Restes osseux d'un humain ou d'un animal. *Les fouilles ont fait découvrir de nombreux squelettes.* — Fig. Fam. Personne très maigre. **2.** Les grandes lignes (d'une œuvre). ⇒ **architecture,** ③ **plan. 3.** Structures (d'un immeuble). ▶ ***squelettique*** adj. ■ Qui évoque un squelette (par sa maigreur). — Très réduit, peu nombreux.

S.R.C. [ɛsɛʀse] n. f. invar. ■ Abréviation de *Société Radio-Canada,* le réseau national de radio et de télévision. *Match télédiffusé par la S.R.C.*

S.S. [ɛsɛs] n. m. invar. – Sigle de *Schutz Staffel.* **1.** Histoire. Membre des formations policières et militaires spéciales de l'Allemagne nazie. **2.** (France) Policier accusé de nazisme, de brutalité.

stable [stabl] adj. **1.** Qui n'est pas sujet à changer ou à disparaître ; qui demeure dans le même état. ⇒ **durable, solide.** *Un régime stable.* **2.** Qui reste, tient bien en équilibre. / contr. **bancal, branlant, instable** / *L'escabeau n'est pas très stable. Équilibre stable.* ⇒ **équilibre. 3.** Doué de stabilité (du point de vue chimique ou physique). ⇒ **inerte.** ▶ ***stabiliser*** v. tr. ▪ conjug. 1. **1.** Rendre stable (la monnaie, les prix, les institutions, une situation). / contr. **déstabiliser** / **2.** Amener (un système, une substance) à la stabilité. — Au p. p. adj. *Accotements non stabilisés,* mouvants, susceptibles de glisser, de s'effondrer. **3.** Assurer la stabilité de (un navire, un avion, un véhicule). ⇒ **équilibrer.** ▶ ***stabilisateur, trice*** adj. et n. m. **1.** Adj. Propre à stabiliser. **2.** N. m. Dispositif de correction automatique des écarts et des erreurs, destiné à stabiliser, équilibrer un véhicule. *Les stabilisateurs d'une bicyclette d'enfant,* roulettes montées de chaque côté de la roue arrière. *Bateau de croisière muni de stabilisateurs.* ▶ ***stabilisation*** n. f. ■ Action de rendre stable. *Plan de stabilisation de la monnaie.* ▶ ***stabilité*** n. f. **1.** Caractère de ce qui tend à demeurer dans le même état. ⇒ **continuité, fermeté.** / contr. **instabilité** / *La stabilité des institutions anglaises.* — *Assurer la stabilité de la monnaie.* **2.** État d'une construction capable de demeurer dans un équilibre permanent. — Propriété d'un véhicule de revenir à sa position d'équilibre. *La stabilité d'un avion.* **3.** Tendance (d'un composé chimique, d'un phénomène physique) à rester dans un état défini. ‹ ▶ déstabiliser, instable ›

stabulation [stabylasjɔ̃] n. f. ■ Technique d'élevage en étable.

staccato [stakato] adv. ■ Musique. En jouant les notes détachées (opposé à *legato*).

① ***stade*** [stad] n. m. **1.** Antiquité grecque. Distance (180 m environ) sur laquelle on disputait les courses ; terrain de sport et enceinte qui la complétaient. **2.** Terrain aménagé pour la pratique des sports, et le plus souvent entouré de gradins, de tribunes. *Un stade olympique. Stade de baseball.*

② ***stade*** n. m. ■ Chacune des étapes distinctes de (une évolution) ; chaque forme que prend une réalité en devenir. ⇒ **phase, ① période.** *À tous les stades de la vie.* ≠ *stage.*

staff n. m. ■ Anglic. Groupe de travail ; équipe dirigeante d'une entreprise. *La P.-D.G. et son staff.*

stage [staʒ] n. m. **1.** Période d'études pratiques imposée aux candidats à certaines professions. *Faire, suivre un stage d'avocat.* **2.** Période de formation ou de perfectionnement. *Stage de recyclage. Il est en stage chez un artisan.* ≠ *stade* ② ▸ ***stagiaire*** adj. et n. ■ Qui fait son stage. *Elle est stagiaire dans une banque.* — N. *Un, une stagiaire.*

stagnant, ante [stagnɑ̃, ɑ̃t] adj. **1.** (Fluides) Qui ne s'écoule pas, reste immobile. ⇒ **dormant.** *Des eaux stagnantes.* **2.** Fig. Inerte, inactif. *Le commerce est stagnant.* ▸ ***stagnation*** [stagnasjɔ̃] n. f. **1.** État d'un fluide stagnant. **2.** Fig. État fâcheux d'immobilité, d'inactivité. ⇒ **inertie, marasme.** *La stagnation de la production, de l'économie.* ▸ ***stagner*** [stagne] v. intr. ▪ conjug. 1. **1.** (Fluides) Rester immobile sans couler, sans se renouveler. ⇒ **croupir. 2.** Fig. Être inerte. ⇒ **piétiner.** *Les affaires stagnent.*

stalactite [stalaktit] n. f. ■ Concrétion calcaire qui tombe de la voûte d'une grotte. / contr. **stalagmite** /

stalag [stalag] n. m. ■ Histoire. Camp de prisonniers de guerre non officiers en Allemagne (1940-1945).

stalagmite [stalagmit] n. f. ■ Concrétion calcaire qui monte du sol vers la voûte d'une grotte. / contr. **stalactite** /

stalinien, ienne [stalinjɛ̃, jɛn] adj. ■ Relatif à Staline, au stalinisme. — N. Partisan du stalinisme. *Un vieux stalinien.* ▸ ***stalinisme*** n. m. ■ Politique stalinienne caractérisée par sa violence totalitaire, son dogmatisme borné et la centralisation des partis communistes.

stalle [stal] n. f. **1.** Chacun des sièges de bois à dossier élevé réservés au clergé, des deux côtés du chœur d'une église, d'une chapelle. **2.** Dans une étable, une écurie. Compartiment cloisonné réservé à un animal. ⇒ **box.**

stance [stɑ̃s] n. f. **1.** Vx. Strophe. **2.** Au plur. Poème composé d'une suite de strophes lyriques d'inspiration grave. *Les stances de Rodrigue, dans « le Cid ».*

stand [stɑ̃d] ou, cour. [stan] n. m. Anglic. **1.** Emplacement réservé, dans une exposition, une foire ; ensemble des installations et des produits exposés. ⇒ **kiosque.** *Les stands de l'Exposition provinciale.* **2.** *Stand de ravitaillement,* emplacement aménagé en bordure de piste pour les coureurs cyclistes ou automobiles. **3.** STAND DE TIR : emplacement aménagé pour le tir à la cible.

① ***standard*** [stɑ̃daʀ] n. m. et adj. invar. Anglic. **I.** N. m. **1.** Type, norme de fabrication. ⇒ **étalon, modèle, norme.** *Des standards.* **2.** *Standard de vie,* niveau de vie. **II.** Adj. invar. **1.** Conforme à un type ou à une norme de fabrication en série. ⇒ **courant.** *Modèle standard et options personnalisées.* **2.** Conforme au modèle habituel, sans originalité. ⇒ anglic. **straight.** *Les sourires standard des hôtesses.* ▸ ***standardiser*** v. tr. ▪ conjug. 1. ■ Anglic. Rendre conforme à un standard ; rendre standard. ⇒ **normaliser.** — Au p. p. adj. *Produits standardisés.* ▸ ***standardisation*** n. f. ■ Anglic. Normalisation. ⇒ **harmonisation, uniformisation.**

② ***standard*** n. m. ■ Dispositif permettant, dans un réseau téléphonique, de mettre en relation les interlocuteurs. *« Allô, le standard ? – Oui Monsieur, quel poste demandez-vous ? »* ▸ ***standardiste*** n. ■ Téléphoniste chargé(e) du service d'un standard. ⇒ **opérateur.**

stand-by [stanbaj] n. invar. et adj. invar. Anglic. **1.** N. m. Manière de voyager en avion sans réservation préalable et à condition qu'une place soit disponible. *Sur cette ligne, il n'y a jamais de stand-by.* — Loc. *Voyager en stand-by. Passager en stand-by,* en attente. — N. Personne qui voyage de cette manière. *Faire embarquer les derniers stand-by.* **2.** Qui concerne cette manière de voyager. *Réduction sur les billets stand-by.*

standing [stɑ̃diŋ] n. m. Anglic. **1.** Position économique et sociale qu'occupe qqn aux yeux de l'opinion. ⇒ **niveau** de vie. *Mon standing a un peu baissé. Son standing va en prendre un coup.* ⇒ **image. 2.** *Immeuble de* GRAND STANDING : de grand confort, de luxe.

staphylocoque [stafilɔkɔk] n. m. ■ Microbe, agent de diverses infections qui se présente en grappes. *La pénicilline combat les staphylocoques.*

star [staʀ] n. f. ■ Anglic. Célèbre acteur (actrice) de cinéma. ⇒ **étoile, vedette ;** anglic **super-star.** *Le déclin des stars.* — *Une star de la politique, du sport.* ▸ ***starlette*** n. f. ■ Jeune actrice de cinéma qui rêve d'une carrière de star. ‹ ▸ superstar ›

① ***starter*** [staʀtœʀ] n. m. ■ Anglic. Personne qui est chargée de donner le départ d'une course par un coup de pistolet. *Des starters.* ‹ ▸ ② starter ›

② ***starter*** n. m. Anglic. **1.** Démarreur (d'un véhicule automobile). **2.** (France) Dispositif destiné à faciliter le démarrage à froid du moteur d'une automobile. ⇒ **étrangleur.** *Des starters.*

starting-block [staʀtiŋblɔk] n. m. ■ (France) Anglic. Dispositif formé de deux cales réglables sur lesquelles les athlètes appuient leurs pieds au départ d'une course. — Au plur. (Même sens) *Des starting-blocks.* — REM. La forme francisée *bloc de départ* s'emploie aussi.

station [stasjɔ̃] n. f. **I. 1.** Fait de s'arrêter au cours d'un déplacement. ⇒ **arrêt, halte.** *Elle faisait de longues stations devant les boutiques de mode.* — *Les stations du chemin de la Croix,* commémorant les arrêts de Jésus portant sa croix. **2.** Le fait de se tenir (d'une certaine façon). *La station verticale,* debout. **II.** (Lieux) **1.** Endroit où l'on se place pour effectuer des observations scientifiques, des recherches ; installations qui y sont aménagées. *Une station de recherche forestière. Station radar,* pourvue des installations nécessaires au fonctionnement d'un radar. *Station de pompage, d'épuration (des eaux). Station orbitale, maritime, sous-marine.* — *Station de radio, de télévision,* centre à partir duquel les émissions sont transmises. ⇒ ③ **poste. 2.** Endroit aménagé pour l'arrêt momentané de véhicules. *Une station de métro, d'autobus.* ⇒ **arrêt.** *Station de taxis,* emplacement réservé aux taxis, où ils attendent les clients. *Station de chemin de fer,* gare de peu d'importance. — Gare et agglomération qui s'est développée autour. *Ils habitent à Hébertville-Station.* **3.** Poste de police, de pompiers. *Les prévenus furent conduits à la station.* **4.** (Villes) *Station (thermale),* lieu de cure thermale. — *Station balnéaire,* avec sa plage. *Station de ski, de* sports d'hiver, avec ses pistes. *Station militaire,* moins importante qu'une base. ▶ ***stationnaire*** [stasjɔnɛʀ] adj. **1.** Qui reste un certain temps à la même place. *Ondes stationnaires.* **2.** Qui demeure un certain temps dans le même état ; qui n'évolue pas. *L'état du malade est stationnaire.* ▶ ***stationner*** v. ▪ conjug. 1. **1.** V. intr. Faire une station (I). — (Véhicule vide de ses occupants) Rester à la même place sur la voie publique. *Il n'y a plus de place pour stationner.* ⇒ se **garer.** / contr. **circuler** / **2.** V. tr. (Véhicules) Garer, mettre en stationnement. *Stationner sa voiture devant la maison.* — Au passif et au p. p. adj. *Tu es mal stationnée. Camion stationné de travers.* — Pronominalement. *Se stationner devant l'entrée.* ▶ ***stationnement*** n. m. **1.** Fait de stationner. *Panneaux de stationnement interdit. Stationnement payant* (⇒ **parcomètre ;** anglic. **parking**). **2.** Emplacement où on peut garer un véhicule. *Chercher une place de stationnement. Stationnement à louer.* — Terrain aménagé pour y stationner de nombreux véhicules. ⇒ **parc-autos ;** anglic. **parking.** *Le stationnement d'un amphithéâtre sportif. Vaste stationnement intérieur. Parc de stationnement.* ▶ ***station-service*** n. f. ▪ Poste de distribution d'essence accompagné d'installations pour l'entretien courant (et non la réparation) des automobiles. ⇒ **libre-service.** *Des stations-service.* ≠ *garage.* ‹ ▶ géostationnaire ›

statique [statik] n. f. et adj. **I.** N. f. Didact. Étude des corps en équilibre. / contr. **dynamique** / — *Électricité* statique.* **II.** Adj. **1.** Didact. Relatif aux états d'équilibre. **2.** Qui est fixé, qui n'évolue pas. / contr. **dynamique** / *Un art statique.* ▶ ***statisme*** n. m. ▪ État de ce qui est statique (opposé à *dynamisme*). ‹ ▶ électrostatique, hydrostatique ›

statistique [statistik] n. f. et adj. **I.** N. f. Science et techniques d'interprétation de données trop complexes et trop nombreuses pour être appréciées sans calcul. *Selon les statistiques, ce pays se dépeuple.* **II.** Adj. **1.** Relatif à la statistique. *Méthodes, données, résultats statistiques. Étude statistique de l'opinion publique* (⇒ **échantillon, sondage**). **2.** Qui concerne les grands nombres, les phénomènes quantitatifs complexes. *Prévisions d'ordre statistique.* ▶ ***statisticien, ienne*** n. ▪ Spécialiste de la statistique. ▶ ***statistiquement*** adv. ▪ Par la statistique, selon les statistiques.

statue [staty] n. f. ▪ Ouvrage représentant en entier un être vivant ou imaginaire. ⇒ **buste, sculpture.** *Une statue équestre de Jeanne d'Arc. La statue de la Liberté.* — Fig. *Le malheureux était la statue du désespoir,* il personnifiait le désespoir. — *Être figé comme une statue.* ≠ *statut.* ▶ ***statuette*** [statɥɛt] n. f. ▪ Statue de petite taille. ▶ ***statuaire*** n. f. ▪ Art de représenter en relief ou dans l'espace la figure humaine ou animale. *La statuaire et la sculpture.* ▶ ***statufier*** v. tr. ▪ conjug. 7. ▪ Plaisant. Élever une statue à (qqn).

statuer [statɥe] v. intr. ▪ conjug. 1. ▪ Prendre une décision (sur un cas, une affaire). *Le juge n'a pas statué sur le fond.* ‹ ▶ statut ›

statu quo [statykwo] n. m. ▪ État actuel des choses. *Maintenir le statu quo pour éviter un conflit.*

stature [statyʀ] n. f. **1.** Le corps humain considéré dans sa taille et sa position debout. *Une stature d'athlète.* **2.** Abstrait. Importance (de qqn). *De Gaulle avait une tout autre stature que la plupart des hommes d'État.*

statut [staty] n. m. **1.** Ensemble des lois et règlements qui définissent la situation (d'une personne, d'un groupe) ; cette situation. *Les droits et les devoirs fixés par le statut des diplomates.* **2.** Situation de fait dans la société, position. *Le statut de la femme dans l'Antiquité classique.* — *Statut social,* place d'une personne dans la société, déterminée par sa classe sociale, son âge, son sexe, etc. **3.** Au plur. STATUTS : suite d'articles définissant une association, une société, et réglant son fonctionnement. *Rédiger, déposer les statuts d'une société.* ≠ *statue.* ▶ ***statutaire*** adj. ▪ Conforme aux statuts. *Augmentation de salaire statutaire,* prévue par la convention collective. ▶ ***statutairement*** adv. ▪ Selon les statuts.

steak [stɛk] n. m. ▪ Morceau de bœuf grillé. ⇒ **bifteck.** *Des steaks saignants. Du steak haché.* — Par ext. Fam. *Steak de jambon* ⇒ **tranche**, *de saumon* ⇒ **darne**, *d'orignal.* — Loc. fam. *Être, demeurer assis sur son steak,* sur son derrière ; rester sans bouger, sans rien faire (quand qqch. se passe).

steamer [stimœʀ] n. m. ▪ Anglic. Vx. Bateau à vapeur. *Les steamers du Mississippi.*

stéarine [steaʀin] n. f. ▪ Graisse animale ou végétale traitée à la soude, solide et blanche, autrefois employée pour faire des bougies. ≠ *cire.*

steeple-chase [stipœltʃez] ou ***steeple*** [stipœl] n. m. Anglic. **1.** Course d'obstacles pour les chevaux, comportant haies, murs, fossés, etc. *Des steeple-chases.* **2.** STEEPLE : course à pied dans laquelle les coureurs ont à franchir divers obstacles.

stèle [stɛl] n. f. ▪ Monument monolithe qui porte une inscription, des ornements sculptés. *Une stèle funéraire.*

stellaire [ste(ɛl)lɛʀ] adj. ▪ Des étoiles ; relatif aux étoiles. *La lumière stellaire.* ‹ ▶ interstellaire ›

stencil [stɛnsil] n. m. ▪ Vx. Anglic. Papier paraffiné perforé à la main ou à la machine, servant à la polycopie. *Des stencils.*

sténo- ▪ Élément qui signifie « resserré » (en parlant de l'écriture). ▶ ***sténo*** [steno] n. **1.** *Un, une sténo.* ⇒ **sténodactylo, sténographe. 2.** N. f. ⇒ **sténographie.** ▶ ***sténodactylo*** [stenɔdaktilo] ou ***sténo*** [steno] n. ▪ Dactylo qui connaît la sténographie. ▶ ***sténographie*** ou ***sténo*** n. f. **1.** Écriture abrégée et simplifiée, formée de signes qui permettent de noter la parole à la vitesse de prononciation normale. *Prendre le texte d'une conférence en sténo.* **2.** Le métier de sténographe. ▶ ***sténographique*** adj. ▪ *Notes sténographiques d'un procès.* ▶ ***sténographe*** ou ***sténo*** n. ▪ Personne qui pratique à titre professionnel la sténographie. *Ils, elles sont sténos.* ▶ ***sténographier*** v. tr. ▪ conjug. 7. ▪ Noter par la sténographie. ▶ ***sténotypie*** n. f. ▪ Transcription phonétique simplifiée de la parole (au moyen d'une machine appelée *sténotype,* n. f., utilisée par le ou la *sténotypiste*).

stentor [stɑ̃tɔʀ] n. m. ▪ VOIX DE STENTOR : voix forte, retentissante (semblable à celle d'un héros de l'Iliade, appelé *Stentor*).

steppe [stɛp] n. f. ▪ Grande plaine inculte, couverte d'herbe rase en plaques. ⇒ **prairie.** *Les steppes d'Asie centrale. Art, civilisation des steppes,* des plaines de la Russie méridionale, à l'âge du bronze. ≠ *savane.* ▶ ***steppique*** adj. ▪ Propre à la steppe. *Une végétation steppique.*

steppette [stɛpɛt] n. f. ▪ Fam. (Surtout au plur.) *Faire des steppettes,* une série de petits pas de danse, des sautillements.

stère [stɛʀ] n. m. ▪ Volume (de bois) mesurant 1 m x 1 m x 1 m. ⇒ **corde** (IV). *Deux stères de bois de chauffage.*

stéréo- ▪ Élément de mots savants, signifiant « solide » et « en trois dimensions ». ▶ ***stéréophonie***

[steʀeofɔni] ou ***stéréo*** [steʀeo] n. f. ■ Enregistrement et reproduction du son (par deux sources) permettant de donner l'impression du relief acoustique. *Émission en stéréophonie.* ▶ ***stéréophonique*** adj. ou ***stéréo*** adj. invar. ■ *Disque stéréophonique,* en stéréo. — *Des chaînes haute-fidélité stéréo,* utilisant le principe de la stéréophonie. — N. m. Fam. *Elle s'est acheté un stéréo,* une chaîne stéréophonique. ▶ ***stéréoscope*** n. m. ■ Instrument d'optique où deux images donnent la sensation du relief. ▶ ***stéréoscopie*** n. f. ■ Technique permettant d'obtenir l'impression d'un relief. ‹ ▶ stéréotype ›

stéréotype [steʀeɔtip] n. m. ■ Opinion toute faite réduisant les particularités. ⇒ **cliché, généralisation.** *Allocution pleine de stéréotypes.* ⇒ **poncif, préjugé.** ▶ ***stéréotypé, ée*** adj. ■ Qui paraît sortir d'un moule ; tout fait, figé. *Des formules stéréotypées.*

stérile [steʀil] adj. **I. 1.** Inapte à la génération, à la reproduction. ⇒ **infécond.** *Les hybrides sont stériles. Couple stérile,* qui ne peut pas avoir d'enfants. **2.** (Terre, sol) Qui ne produit pas de végétaux utiles. **3.** Exempt de tout germe microbien. *En milieu stérile.* **II.** Fig. Qui ne produit rien, ne donne naissance à aucun résultat positif. *Un écrivain stérile. Des efforts stériles.* ⇒ **inutile, vain.** ▶ ***stérilement*** adv. ▶ ***stérilet*** n. m. ■ Dispositif anticonceptionnel placé dans l'utérus. ⇒ **diaphragme.** *Elle a gardé cinq ans son stérilet ; maintenant, elle prend la pilule.* ▶ ***stériliser*** v. tr. ▪ conjug. 1. **1.** Littér. Rendre stérile, inefficace. **2.** (Personnes) Rendre stérile. ⇒ **châtrer.** *Il s'est fait stériliser par vasectomie.* **3.** Opérer la stérilisation de (qqch.). ⇒ **aseptiser, désinfecter, pasteuriser.** *Stériliser soigneusement les instruments chirurgicaux.* — Au p. p. adj. *Lait stérilisé.* ▶ ***stérilisant, ante*** adj. ■ Qui stérilise. ▶ ***stérilisation*** n. f. ■ Opération qui consiste à stériliser. *La stérilisation de la femme par ligature des trompes.* ▶ ***stérilisateur*** n. m. ■ Appareil à stériliser (3). ▶ ***stérilité*** n. f. **1.** Incapacité pour un être vivant de procréer ou de reproduire. / contr. **fécondité** / **2.** Caractère de ce qui est stérile. / contr. **fertilité** /

sterling [stɛʀliŋ] n. m. et adj. invar. **1.** N. m. Ancienne monnaie anglaise d'argent, servant d'étalon. **2.** Adj. invar. LIVRE STERLING. ⇒ ③ **livre.**

sterne [stɛʀn] n. f. ■ Oiseau palmipède aux ailes longues et étroites, à dos gris, à tête noire sur le dessus, à la queue généralement fourchue, vivant sur les côtes. ⇒ **hirondelle** de mer.

sternum [stɛʀnɔm] n. m. ■ Os placé au milieu de la face antérieure du thorax et recevant les sept paires de côtes supérieures. *Des sternums.*

sternutatoire [stɛʀnytatwaʀ] adj. ■ Didact. Qui provoque des éternuements.

stéroïde [steʀɔid] adj. et n. m. ■ Se dit de certaines substances hormonales d'origine animale ou végétale sécrétées par les glandes endocrines. *Athlète qui prenait des stéroïdes anabolisants.*

stéthoscope [stetɔskɔp] n. m. ■ Instrument qui transmet à l'oreille du médecin les bruits internes du corps, notamment de la poitrine. *Le médecin ausculte à l'aide du stéthoscope.*

steward [stjuwaʀd] n. m. ■ Anglic. Maître d'hôtel ou garçon de service à bord d'un paquebot, d'un avion (⇒ **agent** de bord). — REM. Au fém. on dit *hôtesse.*

stick [stik] n. m. (France) Anglic. **I.** Courte baguette souple ; cravache. **II. 1.** Bâtonnet de cosmétique, de produit de beauté. *Des sticks.* **2.** Bâtonnet de colle.

s'tie interj. ⇒ **hostie** (II).

① ***stigmate*** [stigmat] n. m. **1.** Au plur. Relig. Blessures, marques miraculeuses, disposées sur le corps comme les cinq blessures du Christ. *Les stigmates de saint François d'Assise.* **2.** Autrefois. Marque d'infamie (fleur de lys appliquée au fer rouge). **3.** Marque laissée sur la peau (par une plaie, une maladie). ⇒ **cicatrice.** *Les stigmates de la petite vérole.* ▶ ***stigmatisé, ée*** adj. et n. ■ Qui a reçu des stigmates (1). ‹ ▶ stigmatiser ›

② ***stigmate*** n. m. **1.** Sciences naturelles. Chacun des orifices par où l'air pénètre dans les trachées des insectes. **2.** Botanique. Orifice du pistil.

stigmatiser [stigmatize] v. tr. ▪ conjug. 1. ■ Littér. Dénoncer comme infâme, condamner avec force (d'abord marquer de « stigmates », au fer rouge). ⇒ **blâmer.** *Nous stigmatisons ces attentats, cette répression, cette prise d'otage.*

stimuler [stimyle] v. tr. ▪ conjug. 1. **1.** Augmenter l'énergie, l'activité de (qqn) : pousser (qqn) à faire qqch. ⇒ **encourager, exciter, inciter.** *Ces bons débuts ont stimulé l'équipe.* **2.** Augmenter l'activité (des fonctions organiques). Redonner des forces à. *La dévaluation stimulera les exportations.* ▶ ***stimulant, ante*** adj. et n. m. **1.** Qui augmente l'activité, les fonctions organiques. ⇒ **fortifiant, tonique.** — N. m. *Un stimulant,* un médicament stimulant. ⇒ **excitant.** **2.** Qui stimule, augmente l'ardeur de qqn. / contr. fam. ① **plat** / — N. m. Ce qui stimule, pousse à agir. ⇒ **encouragement.** *Les bonnes notes sont un excellent stimulant.* ▶ ***stimulation*** n. f. ■ Action de stimuler ; ce qui stimule. ▶ ***stimulateur*** n. m. ■ Médecine. Appareil électrique implanté dans l'organisme pour suppléer une commande nerveuse déficiente. — *Stimulateur cardiaque,* prothèse cardiaque électronique. ▶ ***stimulus*** [stimylys] n. m. ■ Neurologie. Cause externe ou interne capable de provoquer la réaction d'un organisme vivant. *Les stimuli (*ou *les stimulus) sensoriels.*

stipe [stip] n. m. ■ Botanique. Tige ligneuse (de plantes arborescentes et des fougères).

stipendier [stipɑ̃dje] v. tr. ▪ conjug. 7. ■ Littér. Corrompre, payer pour une action méprisable ou criminelle. ⇒ **soudoyer.**

stipuler [stipyle] v. tr. ▪ conjug. 1. **1.** Énoncer comme condition (dans un contrat, un acte). ⇒ **spécifier** **2.** Faire savoir expressément. ⇒ **préciser.** Impers. *Il est stipulé dans l'annonce qu'il faut écrire au journal.* ▶ ***stipulation*** n. f. ■ Clause, condition (énoncée dans un contrat). — Précision donnée expressément.

stock [stɔk] n. m. Anglic. **1.** Quantité (de marchandises en réserve). *Un stock de blé. Constituer, renouveler les stocks.* ⇒ **lot, provision, réserve.** *Être en rupture* de stock. Avoir qqch. en stock.* **2.** Fam. Choses en réserve, provisions. — Choses possédées en grande quantité. *Gardez-le, j'en ai tout un stock. As-tu vu le stock de livres qu'ils ont ? — Arranger son stock de pêche,* son matériel. ⇒ fam. **attirail, gréement.** ▶ ***stocker*** v. tr. ▪ conjug. 1. ■ Garder (qqch.) en stock, en réserve. ⇒ **emmagasiner, entreposer.** ▶ ***stockage*** n. m. **1.** Le fait de mettre, de garder en stock. ⇒ **entreposage.** **2.** Informatique. Le fait de saisir, de mettre des données en mémoire. *Le stockage d'un corpus.*

stock-car [stɔkkaʀ] n. m. ■ Anglic. Course où de vieilles automobiles se heurtent à des obstacles, font des carambolages. *Des stock-cars.*

stoïcisme [stɔisism] n. m. **1.** Doctrine antique des philosophes (appelés *stoïciens*), selon laquelle le bonheur est dans la vertu. *Zénon, Épictète, Marc-Aurèle ont marqué l'histoire du stoïcisme.* **2.** Courage pour supporter la douleur, le malheur, les privations, avec les apparences de l'indifférence. ⇒ **héroïsme.**

stoïque [stɔik] adj. et n. ■ Qui fait preuve de stoïcisme (2). ⇒ **courageux, héroïque, impassible.** *Elle est restée stoïque devant le danger, sous les attaques.* ▶ ***stoïquement*** adv. ■ *Résister stoïquement.* ⇒ **courageusement.** ‹ ▶ stoïcisme ›

stomacal, ale, aux [stɔmakal, o] adj. ■ De l'estomac. ⇒ **gastrique.**

stomat(o)- ■ Élément de mots savants, signifiant « bouche ». ▶ ***stomatologiste*** [stɔmatɔlɔʒist] ou ***stomatologue*** [stɔmatɔlɔg] n. ■ Médecin spécialiste des maladies de la bouche.

stone [ston] adj. ■ Anglic. Qui est sous l'influence de la drogue, spécialt d'une drogue douce. ⇒ **drogué, gelé** ; fam. **dopé, givré.** *Tout le monde était stone.*

stop [stɔp] interj. et n. m. **1.** *Stop !*, commandement ou cri d'arrêt. *Stop ! Arrêtez !* — Mot employé dans les télégrammes pour séparer les phrases. *Mère malade. Stop. Arrivez d'urgence. Stop.* **2.** N. m. Feu arrière des véhicules automobiles, qui s'allume quand on freine. *Des stops. Le stop de la lunette arrière.* ⇒ **cyclope.** ≠ *phare.* **3.** Panneau de signalisation routière imposant l'arrêt complet du véhicule à une intersection de voies. ⇒ **arrêt.** *Il a brûlé un stop. Faire un (son) stop,* respecter ce signal d'arrêt. **4.** (France) Fam. Auto-stop. ⇒ ① **pouce.** *Il veut aller à Nice en stop.* ▶ ① ***stopper*** v. ▪ conjug. 1. **I.** V. tr. **1.** Commander l'arrêt de (une masse en mouvement). *Le capitaine a fait stopper le navire.* **2.** Arrêter, empêcher de se continuer. *Ces mesures ont stoppé les progrès de la maladie.* **II.** V. intr. (Véhicules) S'arrêter. ‹ ▶ auto-stop ›

② ***stopper*** v. tr. ▪ conjug. 1. ■ Réparer (une déchirure, un vêtement déchiré) en refaisant la trame et la chaîne. ⇒ **raccommoder, repriser.** *J'ai donné ma veste à stopper.* ▶ ***stoppage*** n. m. ■ Action de stopper.

store [stɔʀ] n. m. **1.** (Surtout en France) Rideau ou assemblage souple d'éléments, destiné à abriter une fenêtre, une vitrine, à protéger une devanture. **2.** *Store vénitien,* à lamelles orientables (intérieur ou extérieur). ⇒ **vénitienne.** *Des stores verticaux.* ≠ *toile.*

stout [stawt] n. f. ■ Anglic. Sorte de bière très brune, amère. ⇒ anglic. ② **porter.**

strabisme [stʀabism] n. m. ■ Didact. Défaut des yeux qui ne regardent pas dans la même direction. ⇒ **louchage.** *Strabisme convergent. Strabisme divergent. Avoir un léger strabisme.* ⇒ **loucher.**

stradivarius [stʀadivaʀjys] n. m. ■ Violon, violoncelle, alto fabriqué par le célèbre luthier Antonio Stradivari (dit *Stradivarius*). *Jouer sur un stradivarius.*

straight [stʀet] adj. et n. Anglic. Fam. **I.** (Personnes) **1.** Conformiste, traditionaliste. ⇒ **conservateur.** / contr. **marginal** / *Des gens straights.* — Loc. *Être straight.* — N. *Une famille de straights.* — Adv. *Elle s'habille toujours straight,* d'une manière très classique. **2.** Sévère, intransigeant. ⇒ **rigoriste.** / contr. **ouvert, tolérant** / *On dit que les enseignants des écoles privées sont plus straights que les autres. Avoir des parents straights.* **3.** N. Hétérosexuel. / contr. **homosexuel** / *Les straights ne sont pas toujours admis dans les bars gais.* **II.** (Choses) Ordinaire, conforme au modèle le plus courant. ⇒ ① **conventionnel** ; anglic. ① **standard.** *Un aménagement intérieur bien straight.*

strangulation [stʀɑ̃gylasjɔ̃] n. f. ■ Didact. ou littér. Le fait d'étrangler (qqn). *Asphyxie par strangulation.*

strapontin [stʀapɔ̃tɛ̃] n. m. **1.** Siège à abattant (dans le métro, une salle de spectacle...). *Deux fauteuils et un strapontin d'orchestre. Les strapontins d'une limousine.* **2.** Fig. Place secondaire.

strass [stʀas] n. m. invar. ■ Imitation de pierre précieuse, cristal coloré dans la masse. *Un collier en strass.*

stratagème [stʀataʒɛm] n. m. ■ Ruse habile, bien combinée. ⇒ **feinte, subterfuge.** *Les stratagèmes de Scapin, de Figaro.*

strate [stʀat] n. f. ■ Couche superposée à d'autres, parallèle à d'autres. — Spécialt. *Chacune des couches de roches sédentaires superposées dans la croûte terrestre.* ▶ ***stratifié, ée*** adj. et n. m. **1.** Disposé en strates. **2.** Composite, formé de matériaux disposés en couches minces imprégnées de résine. *Panneaux de bois stratifié.* — N. m. *Coque de voilier en stratifié.* ▶ ***stratification*** n. f. ■ Disposition (de matériaux, de terrains...) par strates. ▶ ***stratigraphie*** n. f. ■ Partie de la géologie qui étudie la stratification des roches sédimentaires, l'âge relatif des terrains. ‹ ▶ strato-, substrat, superstrat ›

stratégie [stʀateʒi] n. f. **1.** (Opposé à *tactique*) Art de faire évoluer une armée en campagne jusqu'au moment où elle entre en contact avec l'ennemi. — Partie de la science militaire qui concerne la conduite générale de la guerre. *Stratégie navale, aérienne.* **2.** Plan d'actions coordonnées. *La stratégie d'un parti.* ▶ ***stratège*** [stʀatɛʒ] n. m. **1.** Chef militaire qui conduit des opérations de grande envergure. — (Opposé à *tacticien*) Personne spécialisée en stratégie. **2.** Personne qui sait manœuvrer les autres. *Un fin stratège. Les stratèges d'un parti politique.* ▶ ***stratégique*** adj. **1.** (Opposé à *tactique*) Qui concerne la stratégie. *Armes nucléaires stratégiques à très longue portée.* **2.** Relatif à l'art de la guerre ; qui présente un intérêt militaire. *Une position stratégique.* **3.** Qui donne un avantage décisif (contre un adversaire économique). *Le blé a une importance stratégique.*

strato- ■ Élément savant signifiant « étendu ». ▶ ***stratosphère*** [stʀatɔsfɛʀ] n. f. ■ Une des couches supérieures de l'atmosphère (entre 12 et 50 km d'altitude) où l'air est rare et contient très peu d'oxygène. ▶ ***stratosphérique*** adj. ■ *Les courants stratosphériques.* ▶ ***stratus*** [stʀatys] n. m. invar. ■ Nuage de brouillard. ▶ ***strato-cumulus*** n. m. invar. ■ Couche régulière ou en bancs de nuages minces.

streptocoque [stʀɛptɔkɔk] n. m. ■ Se dit de bactéries, de forme arrondie, groupées en chaînettes, provoquant généralement du pus.

streptomycine [stʀɛptɔmisin] n. f. ■ Antibiotique utilisé pour combattre diverses maladies, notamment la tuberculose.

stress [stʀɛs] n. m. invar. ■ Anglic. Blocage des réactions naturelles de défense d'un animal, de l'être humain, sous l'effet d'un choc physique ou nerveux ; ce choc. ▶ ***stressant, ante*** adj. ■ Qui provoque un stress. *Une situation stressante.* — (Personnes) Qui stresse qqn d'autre. *Tu es stressant.* ▶ ***stresser*** v. tr. ▪ conjug. 1. ■ Fam. Angoisser en bloquant les réactions normales. *La vie dans les très grandes villes stresse les habitants.* ▶ ***stressé, ée*** adj. ■ Qui éprouve un stress. ⇒ **tendu.**

strict, stricte [stʀikt] adj. **1.** Qui laisse très peu de liberté d'action ou d'interprétation. ⇒ **étroit.** *Des principes très stricts.* — Rigoureusement conforme aux règles, à un modèle. ⇒ **exact.** *La stricte observation du règlement.* **2.** Qui ne tolère aucun relâchement, aucune négligence. ⇒ **rigide, sévère.** *Il est strict en affaires.* ⇒ **dur. 3.** (Choses) Qui constitue un minimum. *C'est son droit strict, le plus strict. Dans la plus stricte intimité. N'avoir que le strict nécessaire*. Le strict minimum. Le sens strict d'un mot,* le sens le moins étendu, le plus précisément défini. / contr. **large** / *Au sens strict du* *terme.* ⇒ **étroit, précis, stricto sensu. 4.** Très correct et sans ornements ; conforme à un type classique. ⇒ anglic. **straight.** *Une tenue très stricte.* ⇒ **austère.** ▶ ***strictement*** adv. **1.** D'une manière stricte, exclusive de tout autre point de vue. ⇒ **rigoureusement.** *Une affaire strictement personnelle.* **2.** D'une manière simple et sévère. *Elle était vêtue très strictement.* ⇒ anglic. **straight.** ▶ ***stricto sensu*** [striktosɛ̃sy(u)] loc. latine adv. ■ Au sens strict. ⟨ ▶ restriction ⟩

strident, ente [stridɑ̃, ɑ̃t] adj. ■ (Bruits, sons) Qui est à la fois aigu et intense. ⇒ **perçant.** *Pousser des cris stridents.* ▶ ***stridence*** n. f. ■ Littér. Caractère strident (d'un son).

strie [stri] n. f. ■ Petit sillon, ou rayure (quand il y en a plusieurs à peu près parallèles). *Les stries d'une coquille.* ▶ ***strié, ée*** [strije] adj. ■ Couvert, marqué de stries. *La peau du dos striée par des coups de fouet. Une chaussée striée.* — MUSCLES STRIÉS : qui se contractent volontairement. ▶ ***strier*** v. tr. ▪ conjug. 7. ■ Marquer de stries. ▶ ***striure*** [strijyr] n. f. ■ Disposition par stries, manière dont une chose est striée. ⇒ **rayure.**

strip-tease [striptiz] n. m. ■ Anglic. Spectacle de cabaret au cours duquel une ou plusieurs femmes *(strip-teaseuses* ou *effeuilleuses)* se déshabillent suggestivement en musique. *Des strip-teases.* — Abrév. fam. STRIP.

strobo- ■ Élément de mots savants, signifiant « rotation » (ex. : *stroboscope,* n. m.).

strontium [strɔ̃tjɔm] n. m. ■ Métal d'un blanc argenté, mou (comme le plomb) dont certains isotopes sont radioactifs (symb. *Sr*). *Le strontium 90 peut provoquer cancers et leucémies.*

strophe [strɔf] n. f. ■ Ensemble cohérent formé par plusieurs vers, avec une disposition déterminée de mètres et de rimes. *Un poème composé de trois strophes.*

structure [stryktyr] n. f. **1.** Disposition, agencement visible des parties (d'une œuvre, d'un bâtiment). *Une structure métallique.* ⇒ **armature.** *La structure d'un poème.* **2.** Agencement des parties (d'un ensemble) tel qu'il apparaît lorsqu'on l'étudie. ⇒ **constitution.** *La structure cellulaire. La structure de l'atome. La structure d'un État. Une structure hiérarchique.* — Ensemble d'éléments essentiels, profonds. *Des réformes de structure.* **3.** Sciences. Système complexe décrit et analysé en fonction de relations réciproques entre ses parties. ▶ ***structural, ale, aux*** adj. Didact. **1.** Qui appartient à la structure. *État structural d'un organe* (opposé à *fonctionnel*). **2.** Qui étudie les structures, en analyse les éléments. *Linguistique, grammaire structurale.* ≠ *fonctionnel.* ▶ ***structuralisme*** n. m. ■ Théorie selon laquelle les sciences humaines doivent envisager principalement les structures. ▶ ***structuraliste*** adj. et n. ■ Partisan du structuralisme. ▶ ***structurel, elle*** adj. ■ Des structures (2). ▶ ***structurer*** v. tr. ▪ conjug. 1. ■ Donner une structure à (qqch.). — Pronominalement. Acquérir une structure. — Au p. p. adj. *Un cours bien structuré.* ⇒ **organisé.** ⟨ ▶ destructurer, infrastructure, restructurer, superstructure ⟩

strychnine [striknin] n. f. ■ Poison violent, qui contracte convulsivement les muscles, et qui est tiré de certains arbres tropicaux (⇒ **curare, cyanure**).

stuc [styk] n. m. ■ (Surtout en France) Mélange plastique de plâtre ou de poussière de marbre et de colle, qui imite le marbre. *Les stucs d'un décor.* ▶ ***stucco*** n. m. ■ Anglic. Revêtement de plâtre ou de ciment employé pour couvrir ou décorer les murs, les plafonds, etc. ⇒ **stuc.** *Les murs de la cheminée sont en stucco. Couvrir le solage extérieur avec du stucco.*

studieux, euse [stydjø, øz] adj. **1.** Qui aime l'étude, le travail intellectuel. / contr. **paresseux** / *Un élève studieux.* ⇒ **appliqué. 2.** Favorable ou consacré à l'étude. *Une retraite studieuse.*

studio [stydjo] n. m. **1.** Atelier d'artiste (peinture, sculpteur, photographe...), de styliste (2). **2.** Ensemble des locaux aménagés pour les prises de vues de cinéma, les enregistrements. *Tourner en studio* (opposé à *en extérieur*). — *Un studio de radio, de télévision.* Au plur. *Les studios de...,* le poste, la station... **3.** Pièce servant de salon, de salle à manger et de chambre à coucher. ⇒ anglic. **living.** — Appartement formé d'une seule pièce principale. ⇒ anglic. **flat.** *Chambres et studios à louer.*

stupéfait, aite [stypefɛ, ɛt] adj. ■ Frappé de stupeur ; rendu sans réactions par l'étonnement. ⇒ **abasourdi, ahuri, éberlué, interdit, stupide** (3). *J'en suis encore stupéfaite.* ▶ ***stupéfaction*** [stypefaksjɔ̃] n. f. ■ État d'une personne stupéfaite. ▶ ***stupéfier*** v. tr. ▪ conjug. 7. ■ Étonner de manière à laisser sans réaction. ⇒ **ébahir, sidérer.** *Cela nous stupéfie. Il en est resté stupéfié.* ▶ ① ***stupéfiant, ante*** adj. ■ Qui frappe de stupéfaction. ⇒ **étonnant, renversant.** *Des nouvelles incroyables, stupéfiantes.* ⟨ ▶ ② stupéfiant ⟩

② ***stupéfiant*** n. m. ■ Substance euphorisante (opium, morphine, cocaïne...) entraînant généralement une accoutumance et un état de stupeur. ⇒ **drogue.** *Trafic de stupéfiants.*

stupeur [stypœr] n. f. **1.** Incapacité totale d'agir et de penser (due à un trouble, à un choc moral, psychologique, à des substances chimiques). **2.** Étonnement profond. ⇒ **stupéfaction.** *Je suis resté muet de stupeur.*

stupide [stypid] adj. **1.** Dénué d'intelligence. *Il est tout à fait stupide.* ⇒ **abruti, bête, idiot, niaiseux.** / contr. **intelligent** / — (Choses) *Mener une vie stupide. Une remarque stupide.* **2.** Privé de sens. *La guerre est stupide. Une mort stupide.* **3.** Littér. Stupéfait, paralysé par l'étonnement. ⇒ **hébété.** *J'en suis resté stupide.* ▶ ***stupidement*** adv. ■ D'une manière stupide. ⇒ **niaiseusement.** ▶ ***stupidité*** n. f. ■ Caractère d'une personne, d'une chose stupide. ⇒ **absurdité, bêtise, idiotie.** — Action ou parole stupide. ⇒ **ânerie, niaiserie.** *Ce sont des stupidités.*

stupre [stypr] n. m. ■ Littér. Débauche honteuse. ⇒ **lubricité, luxure.**

① ***style*** [stil] n. m. et adv. **I. 1.** Part de l'expression qui est laissée à la liberté de chacun, n'est pas directement imposée par les normes, les règles de l'usage, de la langue. *La grammaire et le style. Étudier le style d'un grand écrivain.* ⇒ **écriture, façon ; procédé, tournure.** — Façon de s'exprimer propre à une personne, à un groupe, à un type de discours. *Style oratoire. Elle a un style original, inimitable. Le style administratif, didactique.* — Manière d'écrire présentant des qualités artistiques. *C'est un auteur qui manque de style.* — Aspect particulier de l'énoncé. *Style parlé, écrit ; familier. Style soutenu.* ⇒ **registre. 2.** Grammaire. Forme de discours. *Style direct* (ex. : *« Où vas-tu ? », « où est-ce que tu vas ? », « où tu vas ? »*), style indirect (ex. : *« Je te demande où tu vas »*). **3.** Manière de traiter une œuvre d'art ; ensemble des caractères d'une œuvre (d'un ensemble d'œuvres) qui permettent de la (le) rapprocher d'autres œuvres. *Le style d'une école, d'une époque.* ⇒ **facture.** *Le style Nouvelle-Angleterre.* **4.** Fabriqué sur le modèle d'une époque (à une époque plus récente). *Meuble de style Nouvelle-Angleterre.* ⇒ **copie, genre, imitation, manière ;** (opposé à *meuble Nouvelle-Angleterre* authentique). **II.** Manière personnelle d'agir, de se comporter. ⇒ anglic. **look.** *C'est bien là son style. Style de vie.* — Loc. *De grand style,* mettant en œuvre de puissants moyens d'action. *Une opération de grand style.* — Manière personnelle de pratiquer un sport, tendant à l'efficacité et la beauté. *Ce patineur a un très beau style, a du style.* **III.** Adv. Fam. *Pourrais-tu garder style une heure ou deux ?,* environ, à peu près. ⇒ fam. **genre.** *« Te souviens-tu de l'air ? - Non, mais, c'est style jazz. »* ▶ ***stylé, ée*** adj. ■ *Personnel stylé* (dans un hôtel, un restaurant...), qui accomplit son service dans les formes. ▶ ***styliser*** v. tr. ▪ conjug. 1. ■ Représenter (un objet naturel) en simplifiant les formes en vue d'un effet décoratif. — Au p. p. adj. *Un motif de fleurs de lis stylisées.* ▶ ***stylisation*** n. f. ▶ ***styliste*** n. **1.** Écrivain remarquable par son culte du style. **2.** Spécialiste de la création de modèles dans la couture, la chaussure, l'ameublement. ⇒ **modéliste ;** anglic. **designer.** ▶ ***stylistique*** n. f. et adj. **1.** N. f. Étude du style (1), de ses procédés, de ses effets. **2.** Adj. Relatif aux façons de s'exprimer, d'écrire. ⇒ **rhétorique.**

② ***style*** n. m. Terme savant. **1.** Poinçon avec lequel les anciens Grecs écrivaient sur des tablettes de cire. **2.** Tige verticale (d'un cadran solaire). **3.** Botanique. Partie allongée du pistil entre l'ovaire et les stigmates. ▶ ***stylet*** n. m. **1.** Autrefois. Poignard effilé. **2.** Zoologie. Pointe qui arme la bouche de certains insectes piqueurs et suceurs (moustique, etc.). ‹ ▶ ① style, stylo ›

stylo [stilo] n. m. ■ Porte-plume à réservoir d'encre (abrév. de *stylographe*). — *Stylo à bille* (ou *stylo-bille*) stylo à encre grasse où la plume est remplacée par une bille de métal. ≠ *feutre, marqueur, plume.* ▶ ***stylomine*** n. m. ■ Porte-mine. — REM. Ce mot est un nom de marque déposée.

styromousse [stiRomus] n. f. ■ Mousse de polystyrène*. *Verres de styromousse. Styromousse recyclable.*

su, sue Part. passé du v. *savoir.* ■ ▶ *au **su** de* [osyd(ə)] loc. prép. ■ Littér. La chose étant connue de... ⇒ au **vu** et au su de. / contr. à l'**insu** de / *Elle vit avec lui au su de tout le monde,* au grand jour.

suaire [sɥɛR] n. m. ■ Littér. Linceul. *Un fantôme revêtu de son suaire. Le saint suaire (de Turin),* le linceul dans lequel le Christ aurait été enseveli.

suant, ante [sɥɑ̃, ɑ̃t] adj. ■ Fam. Qui fait suer (I, 2). ⇒ **ennuyeux ;** fam. **emmerdant.**

suave [sɥav] adj. ■ Littér. Qui a une douceur délicieuse. ⇒ **exquis.** *Un parfum, une musique suave.* ▶ ***suavité*** n. f. ■ Littér. Caractère suave. *La suavité de son regard.*

sub- ■ Préfixe qui exprime la position en dessous (ex. : *submerger, supporter*), le faible degré (ex. : *subdivision, subsonique*) et la proximité (ex. : *suburbain, succéder, suffixe*). — REM. *Sub-*prend aussi les formes *su-*(ex. : *suspect*), *suc-, suf-, sup-*respectivement devant *c* (ex. : *succession*), *f* (ex. : *suffixe*), *p* (ex. : *supporter*).

subalterne [sybaltɛRn] adj. et n. **1.** Adj. Qui occupe un rang inférieur, est dans une position subordonnée. *Un employé, un emploi subalterne. Un officier subalterne* (opposé à *supérieur*). — *Un rôle subalterne,* secondaire. **2.** N. Subordonné. / contr. ① **supérieur** / *Une subalterne.*

subconscient, ente [sybkɔ̃sjɑ̃, ɑ̃t] adj. et n. m. **1.** Adj. Se dit d'un phénomène ou d'un état psychique qui n'est pas clairement conscient. ≠ *inconscient.* **2.** N. m. Conscience vague. *Son subconscient était en alerte.*

subdiviser [subdivize] v. tr. ▪ conjug. 1. ■ Diviser (un tout déjà divisé ; une partie d'un tout divisé). *Le roman est divisé en plusieurs livres, eux-mêmes subdivisés en chapitres.* ▶ ***subdivision*** n. f. ■ Fait d'être subdivisé ; partie obtenue en subdivisant (ex. : *sous-chapitre, sous-classe*).

subir [sybiR] v. tr. ▪ conjug. 2. **I.** (Suj. personne) **1.** Être l'objet sur lequel s'exerce (une action, un pouvoir sentis comme négatifs) ; recevoir l'effet pénible de. ⇒ **supporter.** *Ils ont subi un long interrogatoire. Nous avons subi une grave défaite.* — Avoir une attitude passive envers. *Nous ne devons pas subir les événements.* **2.** Se soumettre volontairement à (un traitement, un examen). *Elle a subi l'épreuve avec succès.* **3.** (Compl. personne) Supporter effectivement (qqn qui déplaît, ennuie, agace). *Il a fallu subir l'orateur pendant deux heures.* **II.** (Suj. chose) Être l'objet d'une action, d'une opération, d'une modification. *La tige, la poutre a subi une déformation.*

subit, ite [sybi, it] adj. ■ Qui arrive, se produit en très peu de temps, de façon soudaine. ⇒ **brusque, brutal, inopiné, soudain.** *Une mort subite. Un changement subit et imprévisible.* ▶ ***subitement*** adv. ■ Brusquement, soudainement. *Il est mort subitement.* ▶ ***subito*** [sybito] adv. ■ Fam. Subitement. ⇒ fam. ② **presto, rapido.** [→ En criant (bingo, ciseau, lapin)] — *Subito presto,* subitement et rapidement.

subjectif, ive [sybʒɛktif, iv] adj. **1.** Philosophie. Qui concerne le sujet en tant que personne consciente. ⇒ ③ **sujet** (IV, 3). *La pensée, phénomène subjectif.* / contr. ① **objectif** / **2.** Propre à une personne, en particulier, à son affectivité. ⇒ ① **personnel.** *Une vision subjective du monde. C'est une opinion toute subjective.* **3.** Exagérément personnel, partial. *Tu es trop subjectif(ive). Une critique subjective, qui manque d'objectivité.* ▶ ***subjectivement*** adv. ■ D'une façon subjective, toute personnelle. / contr. **objectivement** / ▶ ***subjectivisme*** n. m. **1.** Théorie philosophique selon laquelle la pensée du sujet, de l'individu est la seule réalité connaissable. **2.** Attitude d'une personne qui tient compte de ses sentiments personnels plus que de la réalité. ▶ ***subjectivité*** n. f. **1.** Caractère de ce qui appartient au sujet, à l'individu seul. / contr. **objectivité** / **2.** Attitude de qui juge la réalité à partir de ses opinions, de ses passions personnelles.

subjonctif [sybʒɔ̃ktif] n. m. ■ Mode personnel du verbe, exprimant le doute, l'incertitude, la volonté, le sentiment, ou caractérisant certaines subordonnées. *Subjonctif présent* (ex. : je veux *que tu viennes*) ; passé, imparfait, plus-que-parfait du subjonctif (je veux *que tu aies fini* à temps ; je voulais *que tu eusses fini*).

subjuguer [sybʒyge] v. tr. ▪ conjug. 1. **1.** Séduire vivement par son talent, son charme. ⇒ **charmer, conquérir, envoûter.** *La conférencière a subjugué son auditoire.* **2.** Littér. Soumettre (par les armes, par sa force morale), mettre « sous *(sub)* le joug *(jug-)* ». ⇒ **asservir.**

sublime [syblim] adj. et n. m. **I.** Adj. **1.** Qui est très haut, dans la hiérarchie des valeurs (morales, esthétiques). ⇒ **admirable, divin, merveilleux.** *Une musique, une scène sublime. Un dévouement sublime.* ⇒ **absolu, illimité, infini.** **2.** (Personnes) Qui fait preuve de génie ou d'une vertu exceptionnelle. *Une personne sublime de dévouement. Dans ce rôle, elle est sublime de beauté.* **II.** N. m. Littér. **1.** Ce qu'il y a de plus élevé dans l'ordre moral, esthétique. ⇒ **grandeur.** **2.** Dans l'esthétique classique. Le style, le ton qui est propre aux sujets élevés. ▶ ***sublimement*** adv. ■ Littér. D'une manière sublime, admirable. ▶ ***sublimité*** n. f. ■ Littér. Caractère sublime.

① ***sublimer*** [syblime] v. tr. ▪ conjug. 1. ■ Chimie. Opérer le passage de (une substance) de l'état solide à l'état gazeux, sans passer par l'état liquide. ▶ ① ***sublimation*** n. f. ▶ ***sublimé*** n. m. ■ Composé de mercure obtenu par sublimation.

② ***sublimer*** v. tr. ▪ conjug. 1. ■ Transposer (les pulsions) sur un plan supérieur (selon la théorie de Freud). *Sublimer une déception.* ▶ ② ***sublimation*** n. f. ■ Détournement de l'énergie sexuelle vers la création artistique, l'action, les sentiments élevés (selon la théorie de Freud).

submerger [sybmɛʀʒe] v. tr. ▪ conjug. 3. **1.** (Liquides, flots...) Recouvrir complètement. ⇒ **inonder, noyer.** *Le fleuve en crue a submergé la plaine.* — Fig. *Il a été entraîné, submergé par la foule.* ⇒ **engloutir. 2.** Abstrait. Envahir complètement. *La douleur les submergeait.* — Passif. *Je suis submergée de travail.* ⇒ **débordé.** ‹ ▶ submersible ›

submersible [sybmɛʀsibl] adj. et n. m. **1.** Adj. Qui peut être recouvert d'eau. *Pompe submersible.* **2.** N. m. Sous-marin. — Spécialt. Sous-marin d'exploration scientifique, plus léger que le bathyscaphe. ▶ ***submersion*** n. f. ■ Didact. Le fait de submerger. ‹ ▶ insubmersible ›

subodorer [sybɔdɔʀe] v. tr. ▪ conjug. 1. ■ Deviner, pressentir. ⇒ **flairer, soupçonner.**

subordonner [sybɔʀdɔne] v. tr. ▪ conjug. 1. **1.** Placer (une personne, un groupe) sous l'autorité de qqn, dans un ensemble hiérarchisé (surtout au passif et au p. p. adj.). *Être subordonné au chef de service.* **2.** Soumettre (à qqch. dont on doit tenir compte d'abord, à une condition préalable). *Nous devons subordonner toutes ces actions à notre stratégie.* ▶ ***subordonné, ée*** adj. et n. **1.** Qui est dans une relation de dépendance syntaxique, grammaticale. *Les propositions subordonnées sont compléments du verbe principal ou d'un antécédent.* — N. f. *Une subordonnée complétive ou relative.* **2.** N. Personne placée sous l'autorité d'une autre dans une hiérarchie. ⇒ **subalterne.** / contr. ① **supérieur** / *Il ne sait pas se faire obéir de ses subordonnés.* ▶ ***subordination*** n. f. **1.** Fait d'être soumis (à une autorité). ⇒ **dépendance.** / contr. **insubordination** / **2.** Le fait, pour une chose, d'être subordonnée à une autre. **3.** (Opposé à *coordination*) Construction grammaticale où une unité est subordonnée à une unité de niveau supérieur. *Conjonction de subordination suivie de l'indicatif ou du subjonctif* (ex. : *Il m'a dit qu'il venait ; je veux qu'il vienne*). ‹ ▶ insubordonné ›

suborner [sybɔʀne] v. tr. ▪ conjug. 1. **1.** Littér. Séduire (une femme). **2.** Inciter (un témoin) à mentir. ⇒ **corrompre.** — Au p. p. adj. *Témoins subornés.* ▶ ***suborneur*** n. m. ■ Littér, péj. ou plaisant. Homme qui a séduit une jeune fille, une femme. ⇒ **séducteur.** *Un vil suborneur.* ▶ ***subornation*** n. f. ■ Action de suborner (un témoin). ⇒ **corruption.**

subpoena [subpena] n. m. ■ Anglic. Assignation à comparaître. *Recevoir un subpoena.*

subreptice [sybʀɛptis] adj. ■ Qui est obtenu, qui se fait par surprise, à l'insu de qqn et contre sa volonté. ⇒ **caché, clandestin, furtif.** *Par une manœuvre subreptice.* ⇒ **déloyal, souterrain.** ▶ ***subrepticement*** adv. ■ De manière subreptice. / contr. **ostensiblement** /

subrogé, ée [sybʀɔʒe] adj. ■ Droit. SUBROGÉ TUTEUR, SUBROGÉE TUTRICE : personne chargée de défendre les intérêts du pupille en cas de conflit avec le tuteur.

subséquent, ente [sybsekɑ̃, ɑ̃t] adj. ■ Littér. Qui vient immédiatement après dans le temps, dans une série. ▶ ***subséquemment*** [sybsekamɑ̃] adv. **1.** Vx. En conséquence de quoi. ⇒ **conséquemment. 2.** Plus tard, ultérieurement. *Nous en reparlerons subséquemment.*

subside [syp(b)sid] n. m. ■ Somme versée à un particulier ou à un groupement à titre d'aide, de subvention, ou en rémunération de services. *Demander des subsides.*

subsidiaire [syp(b)sidjɛʀ] adj. ■ Secondaire, accessoire. / contr. ① **principal** / *Question subsidiaire,* destinée à départager les gagnants d'un concours. ▶ ***subsidiairement*** adv. ■ De manière subsidiaire, accessoire.

subsister [sybziste] v. intr. ▪ conjug. 1. **1.** (Choses) Continuer d'exister, après élimination des autres éléments, ou malgré le temps. — Impers. *De l'ancienne basilique, il ne subsiste que la crypte.* ⇒ **rester. 2.** (Personnes) Entretenir son existence, pourvoir à ses besoins essentiels. ⇒ **survivre.** *La famille arrivait à subsister tant bien que mal.* ▶ ***subsistance*** n. f. **1.** Le fait de subsister, ce qui sert à assurer l'existence matérielle. *Contribuer, pourvoir à la subsistance du ménage. Pour votre subsistance.* **2.** Au plur. Ensemble des vivres et des objets qui permettent de subsister.

subsonique [syp(b)sɔnik] adj. ■ *Vitesse subsonique,* inférieure à la vitesse du son (à 300 m/s). / contr. **supersonique** /

substance [sypstɑ̃s] n. f. **1.** Ce qu'il y a d'essentiel (dans une pensée, un discours). — EN SUBSTANCE : dans un résumé qui respecte l'essentiel ; pour le fond. ⇒ **en gros.** *C'est, en substance, ce qu'a déclaré la ministre.* **2.** Philosophie. Ce qui est permanent. ⇒ **substantif. 3.** Matière. *C'était un objet d'une consistance étrange, fait d'une substance inconnue. La substance et la forme. — Une substance chimique.* ⇒ **corps.** *La substance* (ou *matière*) *grise* (du cerveau). ▶ ***substantiel, elle*** [sypstɑ̃sjɛl] adj. **1.** Qui nourrit bien, abondant. ⇒ **nourrissant, soutenant.** *Nous avons pris un petit déjeuner substantiel.* **2.** Abstrait. Important. *Des avantages, des bénéfices substantiels.* ‹ ▶ consubstantiel, substantif, substantifique ›

substantif, ive [sypstɑ̃tif, iv] adj. et n. m. **1.** Didact. Grammaire. Du nom (opposé à *adjectif,* à *verbal*). ⇒ **nominal. 2.** N. m. Mot qui peut constituer le noyau du syntagme nominal, être le sujet d'un verbe et dont la désignation est précise (à la différence du *pronom*). ⇒ **nom.** ▶ ***substantivement*** adv. ■ Avec valeur de nom. *Un adjectif pris substantivement.* ▶ ***substantiver*** v. tr. ▪ conjug. 1. ■ Transformer en nom. — Au p. p. adj. *Le nom « sourire » est un infinitif substantivé.*

substantifique [sypstɑ̃tifik] adj. ■ Loc. *La* SUBSTANTIFIQUE MOELLE : ce qui, selon Rabelais, nourrit l'esprit, si on l'extrait d'un écrit, d'une œuvre.

substituer [sypstitɥe] v. tr. ▪ conjug. 1. ■ Mettre (qqch., qqn) à la place (de qqch., qqn d'autre), pour faire jouer le même rôle. ⇒ **remplacer.** *Vous substituez vos rêves à la réalité.* — Pronominalement (réfl.). *Se substituer à qqn,* le remplacer. ▶ ***substitution*** n. f. **1.** Action de substituer ; son résultat. *Il y a eu substitution de lanceur. La substitution d'un mot à un autre.* ⇒ **remplacement. 2.** Chimie. Remplacement d'atomes ou de radicaux sans changement de constitution du composé. ‹ ▶ substitut ›

substitut [sypstity] n. **1.** Magistrat du ministère public, chargé de suppléer (de se *substituer* à) un autre magistrat. — *Le substitut du procureur général,* un avocat du gouvernement qui représente l'État dans les causes criminelles. **2.** Sports. Joueur qui peut en remplacer un autre, au besoin. *Rappeler des substituts des filiales.* — En appos. *Gardien, quart-arrière substitut.* — REM. L'O.L.F. propose *une substitut* au féminin.

substrat [sypstʀa] n. m. **1.** Ce qui sert de support stable (à une existence, une action). **2.** Linguistique.

Langue anciennement parlée dans un pays où son influence reste perceptible (opposé à *superstrat*). *Le substrat gaulois en français est surtout sensible dans les noms de lieux de la France.*

subterfuge [syptɛʀfyʒ] n. m. ■ Moyen habile et détourné pour se tirer d'embarras. ⇒ **échappatoire, ruse, stratagème.** *Recourir à un habile subterfuge.*

subtil, ile [syptil] adj. **I. 1.** Qui a de la finesse, qui est habile à percevoir des nuances ou à trouver des moyens ingénieux. *Un observateur subtil.* ⇒ **adroit,** ① **fin, perspicace. 2.** Qui est dit ou fait avec finesse, habileté. ⇒ **ingénieux.** *Une remarque, une argumentation subtile.* / contr. **grossier, maladroit** / **II.** Qui est difficile à percevoir, à définir. *Une différence bien subtile.* ⇒ **ténu.** *C'est trop subtil pour moi, je ne vois pas de différence.* ▶ ***subtilement*** adv. ■ D'une manière subtile (1, 2). ▶ ① ***subtiliser*** v. intr. ▪ conjug. 1. ■ Littér. Faire des raisonnements trop subtils. ▶ ***subtilité*** n. f. **1.** Caractère d'une personne subtile, de ce qui est subtil. ⇒ **finesse.** *La subtilité d'une psychologue, d'une analyse.* **2.** Pensée, parole, nuance subtile. *Les subtilités de la langue française. Les subtilités de la politesse.*

② ***subtiliser*** v. tr. ▪ conjug. 1. ■ Fam. Dérober avec adresse ; s'emparer avec habileté de (qqch.). ⇒ ② **voler.** *On lui a subtilisé son portefeuille dans le métro.* ▶ ***subtilisation*** n. f.

suburbain, aine [sybyʀbɛ̃, ɛn] adj. ■ Qui est près d'une grande ville, qui l'entoure. ⇒ **banlieue, faubourg, périphérie.** *Le transport suburbain.* ≠ *urbain.*

subvenir [sybvəniʀ] v. tr. ind. ▪ conjug. 22. ■ SUBVENIR À... : fournir en nature, en argent, de quoi satisfaire à (un besoin, une dépense). ⇒ **pourvoir.** *Il subvient aux besoins de toute la famille.* ▶ ***subvention*** [sybvɑ̃sjɔ̃] n. f. ■ Aide financière que l'État, qu'une association accorde à un groupement, à une personne, à des fins spécifiques. ⇒ **secours, subside ;** fam. ① **octroi.** *Le gouvernement a décidé d'accorder une subvention à la région sinistrée. Une subvention de recherche universitaire.* ▶ ***subventionner*** v. tr. ▪ conjug. 1. ■ Aider financièrement, soutenir par une subvention. — Au p. p. adj. *Les théâtres subventionnés* (par l'État). — N. *Les subventionnés.* ▶ ***subventionnaire*** ou ***subventionneur, euse*** adj. ■ Se dit d'un organisme qui accorde une subvention.

subversif, ive [sybvɛʀsif, iv] adj. ■ Qui renverse ou menace de renverser l'ordre établi, les valeurs reçues. *Des opinions subversives.* ▶ ***subversion*** n. f. ■ Action subversive.

suc [syk] n. m. **1.** Sciences naturelles. Liquide susceptible d'être extrait des tissus animaux ou végétaux. *Le suc d'une viande.* — Liquide cellulaire ou de sécrétion. *Le suc gastrique.* **2.** Littér. Abstrait. Ce qu'il y a de plus substantiel (dans un écrit). ⇒ **quintessence.** ⟨ ▶ succulent ⟩

succédané [syksedane] n. m. **1.** Médicament, produit ayant les mêmes propriétés qu'un autre qu'il peut remplacer. ⇒ **synthétique. 2.** Ce qui remplace plus ou moins bien autre chose. *Un succédané de café à base d'orge torréfiée.* ⇒ **ersatz.** *Un succédané de sucre.*

succéder [syksede] v. ▪ conjug. 6. **I.** SUCCÉDER À v. tr. ind. **1.** Venir après (qqn) de manière à prendre sa charge, sa place. *Le fils aîné a succédé à son père à la tête de l'affaire* (⇒ **successeur**). **2.** (Suj. et compl. choses) Se produire, venir après, dans l'ordre chronologique. ⇒ **remplacer, suivre.** *Le découragement succédait à l'enthousiasme.* / contr. **précéder** / — (Dans l'espace) *Des champs succédaient aux érablières.* **II.** SE SUCCÉDER v. pron. — REM. Le p. p. adj. SUCCÉDÉ reste invariable. Venir l'un après l'autre. *Les gouvernements qui se sont succédé.* — (Époques, événements) *Les attractions se succédaient sans interruption.* ⇒ **se suivre.** — (Dans l'espace) *Les tableaux se succèdent tout le long du mur.* ⟨ ▶ successeur, successif, ① succession, ② succession ⟩

succès [syksɛ] n. m. invar. **1.** Heureux résultat, caractère favorable de ce qui arrive. *Assurer le succès d'une entreprise. Avec succès.* — *Sans succès,* sans résultat, en vain. — Le fait, pour qqn, de parvenir à un résultat souhaité. ⇒ **réussite.** / contr. **échec** / *Elle est sur le chemin du succès.* **2.** *Un succès,* un événement qui constitue un résultat très heureux pour qqn. *Obtenir, remporter des succès, de beaux, de grands succès.* ⇒ **victoire. 3.** Le fait d'obtenir une audience nombreuse et favorable, d'être connu du public. ⇒ **triomphe.** *L'auteur, la pièce a beaucoup de succès, un succès fou. Un auteur à succès,* qui a du succès. — *Un succès de librairie,* un livre qui a un grand succès. ⇒ anglic. **best-seller.** *Cette chanson est un gros succès.* ⇒ fam. ② **tube. 4.** Le fait de plaire. *Elle a beaucoup de succès. Les succès féminins d'un séducteur.* ⟨ ▶ insuccès ⟩

successeur [syksɛsœʀ] n. m. **1.** Personne qui succède ou doit succéder (à qqn). / contr. **prédécesseur** / *Il a désigné lui-même son successeur. Sa fille sera son successeur pour diriger l'affaire. Son successeur a annulé ce projet.* — Personne qui continue l'œuvre de. ⇒ **continuateur.** *Les successeurs de Félix Leclerc.* **2.** Personne appelée à recueillir une succession. ⇒ **héritier.** *Sa nièce est son unique successeur.*

successif, ive [syksɛsif, iv] adj. ■ Au plur. Qui se succèdent. *Il était découragé par ces échecs successifs, répétés.* ≠ *consécutif.* ▶ ***successivement*** adv. ■ Selon un ordre de succession, par éléments successifs. *On entendit successivement un choc et un cri. On les a vus successivement joyeux et furieux,* tour à tour...

① ***succession*** [syksɛsjɔ̃] n. f. **1.** Ensemble de faits qui occupent dans le temps des moments voisins, mais distincts, de manière à présenter un ordre ; cet ordre. ⇒ **enchaînement, série, suite.** *Une succession ininterrompue de difficultés.* **2.** Suite de choses rapprochées dans l'espace, entre lesquelles un ordre peut être perçu.

② ***succession*** n. f. **1.** Transmission du patrimoine laissé par une personne décédée à une ou plusieurs personnes vivantes ; manière dont se fait cette transmission. ⇒ **héritage.** *Léguer qqch. par voie de succession. C'est sa part de succession,* du patrimoine. **2.** Le fait de succéder à qqn, d'obtenir le pouvoir (d'un prédécesseur). *Son petit fils a pris sa succession. Guerre de succession.* ▶ ***successoral, ale, aux*** adj. ■ Relatif aux successions (1). *Payer des droits successoraux.*

succinct, incte [syksɛ̃, ɛ̃t] adj. **1.** Qui est dit, écrit en peu de mots. ⇒ **bref, concis,** ① **court, laconique, schématique, sommaire.** / contr. **détaillé** / *Faites-moi un exposé succinct de la situation.* — Qui s'exprime brièvement. ⇒ **concis.** / contr. **prolixe** / *Soyez succinct.* **2.** Peu abondant, réduit. *Un repas succinct.* / contr. **copieux.** / ▶ ***succinctement*** [syksɛ̃tmɑ̃] adv. ■ *Racontez-moi succinctement les faits.*

succion [syksjɔ̃] n. f. ■ Didact. Action de sucer, d'aspirer (en faisant le vide). *Bruit de succion.* — *Passer la succion dans une plaie,* un appareil qui aspire les liquides.

succomber [sykɔ̃be] v. intr. ▪ conjug. 1. **1.** Être vaincu dans une lutte. **2.** Mourir. *Le blessé a succombé* *pendant son transfert à l'hôpital.* **3.** S'affaisser (sous un poids trop lourd). **4.** SUCCOMBER À... : se laisser aller à..., ne pas résister. ⇒ **céder.** *Elle a succombé à la tentation.*

succulent, ente [sykylɑ̃, ɑ̃t] adj. ■ Qui a une saveur délicieuse. ⇒ **excellent, exquis, savoureux.** *Un plat succulent.* — Fig. Plein de saveur. *Un récit succulent.*

succursale [sykyʀsal] n. f. ■ Établissement, commerce qui dépend d'un autre (la maison mère), mais qui jouit d'une certaine autonomie. ⇒ **annexe, filiale.** *Les succursales d'une banque. Magasin à succursales multiples.*

sucer [syse] v. tr. ▪ conjug. 3. **1.** Exercer une pression et une aspiration sur (qqch.), avec les lèvres, la langue, pour extraire un liquide, faire fondre. *Les joueurs suçaient des oranges à la mi-temps. Sucez plusieurs pastilles par jour.* **2.** Porter à la bouche et aspirer. ⇒ **téter.** *Le bébé suçait son pouce.* **3.** Fam. Boire très lentement, à petites gorgées (le contenu d'un verre, d'une bouteille). ⇒ fam. **téter.** *Sucer une bière.* **4.** (Animaux) Aspirer (un suc, le sang) au moyen d'un organe spécial (pompe, suçoir). ▸ ***suce*** n. f. **1.** Embouchure de caoutchouc d'un biberon, que tète les bébés. ⇒ **tétine.** *Stériliser les suces.* **2.** Petite pièce de caoutchouc fixée à une rondelle de plastique munie d'un anneau, qu'on donne à sucer aux bébés et aux jeunes enfants. ⇒ fam. **noune.** *Tremper la suce dans du miel. Il a encore sa suce !* **3.** Fam. Ventouse (3). *Mouiller la suce des fléchettes pour qu'elles adhèrent mieux au mur.* — Loc. *Peser sur la suce,* appuyer sur l'accélérateur, accélérer. ⇒ fam. **champignon ;** anglic. ② **gaz.** ▸ ***suce-la-cenne.*** n. invar. et adj. invar. ■ Fam. Qui est près de ses sous, calcule la moindre cenne. ⇒ **avare, grippe-sou, radin ;** fam. **baise-la-piastre, gratteur,** ② **séraphin.** / contr. **généreux, prodigue** / *Des suce-la-cenne.* ▸ ***sucette*** n. f. **1.** Légère ecchymose qu'on fait à la peau en la tirant par succion. ⇒ **suçon** (2). — *Faire une sucette à qqn.* **2.** (France) Suçon (1). ▸ ***suceur*** ou ***suceux, euse*** n. et adj. **1.** N. Personne qui suce (qqch.). — Loc. fig. SUCEUR DE SANG : personne qui vit des autres en les exploitant. **2.** Adj. (Insectes) Qui aspire sa nourriture avec une trompe. ▸ ***suçoir*** n. m. ■ Trompe d'un insecte suceur. ▸ ***suçon*** n. m. **1.** Bonbon à sucer fixé à l'extrémité d'un bâtonnet. ⇒ **sucette** (2). *Un gros suçon enveloppé.* **2.** (France) Sucette (1). ▸ ***suçoter*** v. tr. ▪ conjug. 1. ■ Sucer longuement et délicatement. ▸ ***suçotement*** n. m. ⟨ ▸ succion ⟩

sucre [sykʀ] n. m. **I. 1.** Substance alimentaire, blanche, cristallisée (saccharose), de saveur douce, soluble dans l'eau. ⇒ **gluc(o)-, sacchar-.** *Sucre de canne, de betterave. Sucre en morceaux, cristallisé, en poudre* ou *à glacer.* — (France) *Sucre glace,* finement broyé. *Sucre brun, roux.* ⇒ **cassonade.** — *Régime sans sucre des diabétiques. Un sucre, un carré de sucre,* un morceau de sucre. *Pince à sucre.* — Loc. *Être* TOUT SUCRE TOUT MIEL : se faire très doux, doucereux. CASSER DU SUCRE *sur le dos de qqn* : en dire du mal en son absence. **2.** Cette substance, préparée en confiserie. — SUCRE À LA CRÈME : friandise fondante faite de sirop, de sucre ou de cassonade qu'on fait bouillir avec de la crème puis refroidir. *Des carrés de sucre à la crème.* SUCRE D'ORGE : sucre cuit et parfumé, présenté en petits bâtons (confiserie). **3.** Chimie. Corps ayant une constitution voisine du saccharose (ex. : *glucose*). **II.** Dans l'exploitation de l'érable à sucre. **1.** *Sucre (d'érable* ou, vx, *du pays*), produit solide provenant de la concentration de la sève de l'érable à sucre. *Acheter un pain de sucre. Sucre mou,* qui reste fondant, *sucre dur,* qui est durci, ferme. **2.** *Cabane* (à sucre).* ⇒ **sucrerie. 3.** Au plur. LES SUCRES. — Loc. *La saison, le temps des sucres* ou, ellipt. *les sucres,* l'époque du printemps pendant laquelle une érablière est en exploitation alors qu'on récolte la sève des érables. — *Faire les sucres,* exploiter une érablière. *Ils font les sucres depuis des générations. Chaque année, je fais les sucres,* je participe à l'activité d'exploitation. — *Aller aux sucres,* participer à une partie de sucre. — *Partie de sucre,* fête de groupe organisée à la cabane à sucre, au cours de laquelle les visiteurs dégustent les produits de l'érable. *Elle a rencontré son mari au cours d'une partie de sucre.* ▸ ***sucré, ée*** adj. **1.** Qui a le goût du sucre. ⇒ **doux.** *Des oranges très sucrées.* — N. m. sing. *Aimer le sucré,* les choses sucrées (desserts, friandises). ⇒ **sucrage. 2.** Fig. Doucereux. *Un petit air sucré.* **3.** N. f. Loc. *S'en faire passer une sucrée,* accepter qqch, qui paraît intéressant, avantageux sans voir ce qui est réellement dissimulé derrière. — *En manger une sucrée,* recevoir une bonne raclée. ▸ ***sucrer*** v. tr. ▪ conjug. 1. **I. 1.** Additionner de sucre. *Elle ne sucre jamais son thé.* — Au p. p. adj. *Eau sucrée.* **2.** Donner une saveur sucrée à (qqch.). — Absolt. *La saccharine sucre plus que le sucre.* **II.** SE SUCRER v. pron. **1.** (France) Fam. Se servir en sucre (pour le café, le thé...). **2.** Loc. *Se sucrer le bec,* manger des sucreries, des desserts sucrés. *À l'Halloween, les enfants en profitent pour se sucrer le bec.* **3.** Fam. Faire de gros bénéfices (au détriment des autres). *Ils ont dû se sucrer dans cette opération.* ▸ ***sucrage*** n. m. **1.** Dans la fabrication des vins. Addition de sucre au moût avant la fermentation. ⇒ **chaptalisation. 2.** Aliment (friandise, dessert...) très sucré. *Manger beaucoup de sucrage.* ▸ ***sucrerie*** n. f. **1.** Usine où l'on fabrique le sucre. ⇒ **raffinerie. 2.** (Souvent au plur.) Friandise à base de sucre. ⇒ **bonbon, confiserie, douceur. 3.** Érablière, spécialt cabane à sucre. *Les sucreries de la Beauce.* ▸ ***sucrier, ière*** adj. et n. **1.** Adj. Qui a rapport au sucre et à sa production. *L'industrie sucrière.* **2.** N. m. Récipient où l'on met le sucre. **3.** N. Acériculteur. ⇒ **érablier.**

sud [syd] n. m. **1.** Celui des quatre points cardinaux qui est diamétralement opposé au nord (abrév. *S*). *Une façade exposée au sud, plein sud* (exactement au sud). ⇒ **midi.** — Adj. invar. Qui se trouve au sud. ⇒ **méridional.** *Habiter sur la rive sud* (d'un cours d'eau). *Le pôle Sud.* **2.** (*Sud,* avec majusc.) Ensemble des régions situées dans l'hémisphère sud. *L'Afrique, l'Amérique du Sud.* — Région sud d'un pays. *Dans le sud de la France.* ⇒ **midi.** Loc. *Aller dans le Sud,* en vacances (en Floride, dans les Antilles, au Mexique...). — Dans des adjectifs et noms composés (gentilés) : *Sud-Africain, Sud-Américain, Sud-Coréen, Sud-Vietnamien.* ▸ ***sud-américain, aine*** adj. et n. ■ Relatif à l'Amérique du Sud. ⇒ **américain, centre-américain, latino-américain, mexicain ; nord-américain.** *La musique sud-américaine.* ⇒ **brésilien.** — N. (Avec des majusc.) Personne née dans l'un des pays de cette partie de l'Amérique ou qui l'habite. ▸ ***sudiste*** n. et adj. ■ Histoire. Partisan de l'indépendance des États du Sud (et de l'esclavage des Noirs), pendant la guerre de Sécession* aux États-Unis. ⇒ **confédéré.** / contr. **nordiste** / ▸ ***sud-est*** [sydɛst] n. m. ■ Point de l'horizon situé à égale distance, entre le sud et l'est. — Partie d'un pays située dans cette direction. *Le Sud-Est asiatique.* — Adj. invar. *La région sud-est.* ▸ ***sud-ouest*** [sydwɛst] n. m. ■ Point de l'horizon situé à égale distance entre le sud et l'ouest. — Partie d'un pays située dans cette direction. *Le Sud-Ouest (de la France).* — Adj. invar. *La région sud-ouest.* ⟨ ▸ suroît ⟩

sudation [sydasjɔ̃] n. f. ■ Production volontaire de sueur (par hygiène, pour se soigner, maigrir, etc.). ▸ ***sudoripare*** adj. ■ *Glandes sudoripares,* qui sécrètent la sueur.

sudburois, oise [sɔdbəʀwa, waz] adj. et n. ■ De la ville de Sudbury en Ontario. — N. (Avec une majusc.) Personne née dans cette ville ou qui l'habite. *Les Sudburois francophones.*

suède [sɥɛd] n. m. ■ Peau dont le côté chair est à l'extérieur, employée surtout en ganterie. *Une paire de gants de suède. Des souliers de (en) suède.* ▶ ***suédé, ée*** adj. et n. m. **1.** Se dit d'une peau, d'un cuir dont le côté chair est à l'extérieur. *Un cuir suédé.* **2.** Qui imite l'aspect du suède. ⇒ **suédine.** — N. m. *Un suédé, du suédé.* ▶ ***suédine*** n. f. ■ Tissu suédé, imitant le suède, le daim. *Un veston de (en) suédine.*

suédois, oise [sɥedwa, waz] adj. et n. **1.** De Suède. ⇒ **scandinave.** *L'économie suédoise.* — Loc. GYMNASTIQUE SUÉDOISE : méthode de gymnastique (due au Suédois Ling) comportant une série de mouvements simples et rationnels. — N. (Avec une majusc.) Personne née dans ce pays ou qui en a obtenu la citoyenneté. *Une Suédoise. Les Suédois.* **2.** N. m. *Le suédois,* une langue du groupe germanique nordique.

suer [sɥe] v. ▪ conjug. 1. **I.** V. intr. **1.** Produire beaucoup de sueur. ⇒ **transpirer.** *Il suait à grosses gouttes.* ⇒ être en **nage,** en **sueur. 2.** Fig. Se fatiguer, se donner beaucoup de mal. ⇒ **peiner.** *Il a fallu trimer et suer pour y arriver.* **3.** FAIRE SUER : fam. fatiguer, embêter (qqn). ⇒ **contrarier ;** fam. **achaler.** *Tu commences à me faire suer ! Se faire suer,* s'ennuyer. ⇒ fam. s'**emmerder. 4.** Dégager de l'humidité. *Les fondations suent.* **II.** V. tr. **1.** Rendre par les pores de la peau. — Loc. SUER SANG ET EAU : faire de grands efforts, se donner beaucoup de peine. **2.** Exhaler. *Ce lieu sue l'ennui. Ce type sue la bêtise.* ⇒ **respirer.** ▶ ***suée*** n. f. ■ Fam. Transpiration abondante sous l'effet d'un travail, d'une inquiétude. *Prendre une suée.* ▶ ***sueur*** n. f. **1.** Liquide odorant, salé, composé d'eau et d'acides organiques, qui, dans certaines conditions (chaleur, travail, émotion, etc.), suinte des pores de la peau, sous forme de gouttes. ⇒ **transpiration.** *Couvert, trempé, ruisselant de sueur.* — EN SUEUR. ⇒ en **eau,** en **nage.** *Elle était toute en sueur.* SUEUR FROIDE : accompagnée d'une sensation de froid et de frisson. **2.** *(Une, des sueurs)* Le fait de suer. ⇒ **suée.** *Des sueurs abondantes.* — Fam. *Cela me donne des sueurs froides,* me fait peur, m'inquiète vivement. **3.** *La sueur,* symbole du travail et de l'effort. *Le sang, la sueur et les larmes d'un peuple.* ⟨ ▶ exsuder, ressuer, suaire, suant, sudation, transsuder ⟩

suffire [syfiʀ] v. tr. ind. ▪ conjug. 37. — REM. Le part. passé *suffi* est toujours invariable. **I.** (Choses) **1.** SUFFIRE À..., POUR... : avoir juste la quantité, la qualité, la force nécessaire à, pour (qqch.). *Cela suffit à mon bonheur. Un jour suffit, suffira pour préparer, pour que nous préparions la rencontre.* **2.** Être de nature à contenter (qqn) sans qu'il ait besoin de plus ou d'autre chose. *Votre parole me suffit.* — Sans compl. *Cela ne suffit pas.* — Fam. ÇA SUFFIT *(comme ça) !* : j'en ai, on en a assez ! ⇒ fam. ça va **faire. II.** Impers. IL SUFFIT À *qqn* DE (+ infinitif) : il n'a pas besoin d'autre chose que de... *Il lui suffit, il lui a suffi de se montrer pour que le calme se rétablisse.* — IL SUFFIT À *qqn* QUE (+ subjonctif). *Il ne lui a pas suffi que tu aies ton diplôme, elle voulait que tu aies une mention.* — Sans compl. *Il suffit d'une fois ! Il suffisait d'y penser. Il suffit que vous nous teniez au courant.* **III.** (Personnes) SUFFIRE À. **1.** Être capable de fournir ce qui est nécessaire à, de satisfaire à (qqch.). *Une personne suffisait à l'entretien de la maison. Je n'y suffis plus,* je suis débordé. **2.** Être pour qqn tel qu'il n'ait pas besoin d'une autre personne. *Sa famille lui suffit, il ne voit personne.* **IV.** SE SUFFIRE v. pron. **1.** N'avoir besoin de rien d'autre, d'aucun complément. *Cette définition se suffit à elle-même.* **2.** (Personnes) Trouver par ses propres moyens de quoi satisfaire ses besoins. *Le pays se suffit (à lui-même) quant à, pour l'énergie.* ▶ ***suffisant, ante*** [syfizɑ̃, ɑ̃t] adj. **1.** (Choses) Qui suffit. *Je n'ai pas la somme suffisante. C'est amplement suffisant, plus que suffisant. Conditions nécessaires et suffisantes* (en sciences). *Aurez-vous le temps suffisant pour terminer le travail ?* / contr. **insuffisant** / **2.** (Personnes) Littér. Qui a une trop haute idée de soi et décide de tout sans douter de rien. ⇒ **fat, prétentieux, vaniteux.** ▶ ***suffisamment*** adv. ■ En quantité suffisante, d'une manière suffisante (I). ⇒ **assez.** *Vous n'avez pas suffisamment affranchi votre lettre. Suffisamment de...,* assez de. ▶ ***suffisance*** n. f. **1.** Quantité suffisante (à qqn). *En avoir sa suffisance, à sa suffisance, en suffisance.* ⇒ **satiété. 2.** Littér. Caractère, esprit d'une personne suffisante (II). ⇒ **prétention.** *Être plein de suffisance.* ⟨ ▶ insuffisant, insuffisance ⟩

suffixe [syfiks] n. m. ■ Élément de formation des dérivés placé après le radical (opposé à *préfixe*). *« -ation » est un suffixe. Les suffixes et les préfixes sont des affixes.* ≠ *désinence.* ▶ ***suffixal, ale, aux*** adj. ■ Relatif aux suffixes ; qui constitue ou utilise un suffixe. *Les éléments suffixaux. La dérivation suffixale.* ▶ ***suffixer*** v. tr. ▪ conjug. 1. ■ Pourvoir d'un suffixe. — Au p. p. adj. *Mot suffixé.* ▶ ***suffixation*** n. f. ■ Processus par lequel des dérivés se forment avec des suffixes.

suffoquer [syfɔke] v. ▪ conjug. 1. **I.** V. tr. **1.** (Choses) Empêcher (qqn) de respirer, rendre la respiration difficile. ⇒ **étouffer, oppresser.** *Une épaisse fumée nous suffoquait.* **2.** Remplir d'une émotion vive qui « coupe le souffle ». *L'émotion, la colère me suffoquait.* — Remplir d'étonnement et d'indignation. **II.** V. intr. Respirer avec difficulté, perdre le souffle. ⇒ **étouffer.** — Être étouffé, oppressé par une émotion vive. *Il répondit en suffoquant de colère.* ▶ ***suffocant, ante*** adj. **1.** Qui suffoque (I) qui gêne ou empêche la respiration. ⇒ **étouffant.** *Une chaleur suffocante.* **2.** Qui étonne et indigne vivement. *La ministre a eu une réponse suffocante.* ▶ ***suffocation*** n. f. ■ Le fait de suffoquer ; impossibilité ou difficulté de respirer. ⇒ **asphyxie, étouffement, oppression.** *Une crise de suffocation. Elle souffre de suffocations.*

suffrage [syfʀaʒ] n. m. **1.** Acte par lequel on déclare sa volonté, dans un choix, une délibération, notamment politique. ⇒ **vote.** *Suffrage universel,* système dans lequel le corps électoral est formé par tous les citoyens en âge de voter (18 ans) et qui jouissent de leurs droits civiques. — Voix. *Suffrages exprimés,* excluant les bulletins blancs et nuls. **2.** Opinion, avis favorable. ⇒ **approbation.** *Obtenir les suffrages du public.* ▶ ***suffragette*** n. f. ■ Histoire. Anglic. Nom donné aux femmes qui, en Grande-Bretagne, réclamaient le droit de vote (accordé en 1928). — Péj. Militante féministe.

suggérer [sygʒeʀe] v. tr. ▪ conjug. 6. **1.** (Personnes) Faire penser (qqch.) sans exprimer ni formuler. ⇒ **insinuer, sous-entendre.** *Elle posait la question de manière à suggérer la réponse.* — Présenter (une idée, un projet) en tant que suggestion, conseil. ⇒ ② **conseiller, proposer.** *Je vous suggère d'agir sans plus tarder.* **2.** (Choses) Faire naître (une idée, un sentiment...) dans l'esprit. ⇒ **évoquer.** *Ce passage du texte suggère de nombreux symboles.* ▶ ***suggestif, ive*** adj. **1.** Qui a le pouvoir de suggérer des idées, des images, des sentiments. ⇒ **évocateur. 2.** Qui suggère des idées érotiques. ⇒ **aguichant, séduisant ;** anglic. **sexy.** *Des photos suggestives.* ▶ ***suggestion*** [sygʒɛstjɔ̃] n. f. **1.** Idée, projet que l'on propose, en laissant la liberté d'accepter, de faire sien ou de rejeter. ⇒ ① **conseil, proposition.** *C'est une simple suggestion que je fais.* **2.** Idée, désir, inspiré(e) par autrui.

Suggestion sous hypnose. ≠ *sujétion.* ▶ ***suggestionner*** v. tr. ▪ conjug. 1. ■ Influencer par la suggestion (2). ‹ ▶ autosuggestion ›

suicide [sɥisid] n. m. **1.** Action de causer volontairement sa propre mort (ou de le tenter). ⇒ **autodestruction.** *Un suicide par balle. Tentative de suicide.* **2.** Le fait de prendre des risques mortels, d'engager une action qui ne peut que nuire gravement. *C'est un suicide !* — En appos. *Un avion suicide,* dont le pilote va volontairement à la mort. ⇒ **kamikaze.** ▶ ***suicidé, ée*** adj. et n. ■ Qui s'est tué volontairement. ▶ ***se suicider*** v. pron. ▪ conjug. 1. ■ Se tuer volontairement. ⇒ se **supprimer.** — Transitivement, au passif. Fam. *Il a été suicidé,* on l'a assassiné avant de prétendre à un suicide. ▶ ***suicidaire*** adj. **1.** Du suicidé ; qui mène au suicide. *Une conduite suicidaire. Des tendances suicidaires.* — N. *Un, une suicidaire,* qui fait des tentatives de suicide, prédisposé au suicide. **2.** Qui mène à l'échec, à la faillite. *Un projet suicidaire.*

suie [sɥi] n. f. ■ Noir de fumée mêlé d'impuretés, dû à une combustion incomplète et qui se dépose dans les cheminées, les tuyaux. *Enlever la suie en ramonant.*

suif [sɥif] n. m. ■ Graisse animale fondue, servant jadis à fabriquer des onguents, des chandelles, du savon.

sui generis [sɥiʒeneʀis] loc. adj. invar. ■ Propre à une espèce, à une chose. ⇒ **spécial.** *Odeur sui generis,* spéciale (et désagréable).

suint [sɥɛ̃] n. m. ■ Graisse que sécrète la peau du mouton, et qui se mêle à la laine.

suinter [sɥɛ̃te] v. intr. ▪ conjug. 1. **1.** (Liquides) S'écouler très lentement, sortir goutte à goutte. ⇒ **perler, sourdre.** *Plaie qui suinte.* **2.** Produire un liquide qui s'écoule goutte à goutte. Un sous-sol où les murs suintent. ▶ ***suintement*** n. m. ■ Fait de suinter. — Liquide, humidité qui suinte. ‹ ▶ suint ›

suisse [sɥis] adj. et n. **I.** De la Suisse. ⇒ **helvétique.** *Les Alpes suisses. Dix francs suisses.* — N. (Avec une majusc.) Personne née dans ce pays ou qui en a obtenu la citoyenneté. ⇒ **Suissesse.** *Les Suisses allemands.* — Loc. *Manger, boire* EN SUISSE : tout seul, sans inviter les amis. **II. 1.** (Avec une minusc.) Employé chargé de la garde de l'église, de l'ordonnance des processions, etc. ⇒ **bedeau. 2.** Fam. ⇒ **petit-suisse. III.** N. m. Petit écureuil ou pelage rayé dans le sens de l'échine. ⇒ **tamia.** *Les petits suisses sont vifs comme l'éclair.* ▶ ***Suissesse*** n. f. Vieilli. ■ Femme, fille suisse. *Ce Québécois a épousé une Suissesse.* ‹ ▶ petit-suisse ›

suite [sɥit] n. f. **I.** (Dans des loc.) **1.** Situation de ce qui suit. *Prendre la suite de qqn,* lui succéder. FAIRE SUITE À... : venir après, suivre. À LA SUITE DE : en suivant. *À la suite de ces incidents,* après ces incidents et à cause d'eux. *À la suite,* successivement, coup sur coup. ⇒ d'**affilée.** *Il a bu trois verres à la suite.* **2.** Ordre de ce qui se suit en formant un sens. *La suite des phrases d'un texte.* — *Des mots* SANS SUITE : incohérents, incompréhensibles. *Avoir de la suite dans les idées,* se dit d'une personne persévérante. **3.** DE SUITE : à la suite les uns des autres, sans interruption. *J'ai écrit quatre pages de suite.* ET AINSI DE SUITE : en continuant de la même façon. **4.** TOUT DE SUITE : sans délai, sans plus attendre. ⇒ **immédiatement, sur-le-champ.** *Venez tout de suite !* — (Dans l'espace) *C'est tout de suite après le dépanneur.* — Fam. *J'arrive de suite.* **II. 1.** Personnes qui se déplacent avec une autre dont elles sont les subordonnées. ⇒ **équipage, escorte,** ① **train.** *L'émir est descendu dans un grand hôtel avec sa suite.* **2.** Ce qui suit qqch. ; ce qui vient après ce qui n'était pas terminé. *La suite du discours s'est perdue dans le vacarme. La suite au prochain numéro* (du journal). SUITE ET FIN : dernière page, dernier épisode. *Apportez-nous la suite* (du repas). **3.** Temps qui vient après le fait ou l'action dont il est question. *Attendons la suite.* — DANS, PAR LA SUITE : dans la période suivante, après cela. ⇒ **ensuite. 4.** Ce qui résulte (de qqch.). ⇒ **conséquence,** ① **effet, résultat.** *Ce sont les suites normales de leur erreur. Des suites fâcheuses.* ⇒ **développement, prolongement.** *Les suites d'une maladie.* ⇒ **contrecoup, répercussion, séquelle.** — DONNER SUITE À : poursuivre ou reprendre l'action en vue de faire aboutir (un projet, une demande). *Suite, comme suite à votre lettre du...,* en réponse à votre lettre (premiers mots de lettres commerciales). ⇒ **poursuite.** — PAR SUITE DE... : à cause de, en conséquence de. **5.** Ensemble de choses, de personnes qui se suivent (dans l'espace, et surtout dans le temps). ⇒ **séquence, série,** ① **succession.** *La conversation n'a été qu'une suite de banalités. La suite des nombres premiers.* **6.** Composition musicale faite de plusieurs pièces de même tonalité. *Suite en ré.* **7.** Appartement de plusieurs pièces en enfilade, loué à un seul client, dans un hôtel de luxe. *Le président a retenu plusieurs suites pour ses collaborateurs.* **8.** Anglic. Local, bureau. *La suite 711 est déjà louée.* — REM. Ce dernier sens est critiqué. ‹ ▶ ensuite ›

① ***suivant, ante*** [sɥivɑ̃, ɑ̃t] adj. **1.** Qui suit, qui vient immédiatement après. / contr. **précédent** / *Les jours suivants. La page suivante* et, n. f., *la suivante.* — N. m. *Au suivant !,* au tour de la personne qui suit. **2.** Qui va suivre (dans un énoncé, une énumération). *L'exemple suivant,* ci-dessous, ci-après.

② ***suivant*** prép. **1.** Conformément à. ⇒ **selon.** *Suivant l'usage. Suivant son habitude.* **2.** En fonction de. *Suivant une proportion géométrique.* **3.** Conformément à (des circonstances). ⇒ **dépendamment.** *Suivant le jour, elle est gaie ou triste.* — Dans la mesure où. *Le point de vue change suivant qu'on est d'un parti ou de l'autre.*

suivante [sɥivɑ̃t] n. f. ■ Autrefois. Dame de compagnie. *Les suivantes de la reine.*

suiveur [sɥivœʀ] ou **suiveux, euse** [sɥivø, øz] **1.** Personne qui suit une course, à titre officiel (observateur, journaliste). *La caravane des suiveurs du Tour de l'Abitibi.* **2.** Personne qui, sans esprit critique, ne fait que suivre (un mouvement intellectuel, etc.). ⇒ **imitateur.** — Loc. *Être suiveux.* ▶ ***suivisme*** n. m. ■ Attitude du suiveur (2).

suivi, ie [sɥivi] adj. et n. m. (⇒ **suivre**). **I.** Adj. **1.** Qui se fait d'une manière continue. ⇒ **régulier.** *Un travail suivi.* **2.** Dont les éléments s'enchaînent pour former un tout. ⇒ **cohérent.** / contr. **décousu** / *Ce n'est pas une histoire suivie.* **II.** N. m. Action de suivre, de surveiller (qqch., qqn), pendant un temps donné, en vue de contrôler l'accomplissement d'un processus. *Assurer le suivi d'un élève en difficulté. Un suivi médical. Le suivi d'un dossier.*

suivre [sɥivʀ] v. tr. ▪ conjug. 40. **I.** (Venir après) **1.** Aller derrière (qqn qui marche, qqch. qui avance). / contr. **précéder** / *Ne suivez pas la voiture de trop près. Suivez le guide !* — Pronominalement (récipr.). *Ils se suivaient à la queue leu leu.* — (Choses) Être transporté après (qqn). *Le colis nous a suivis à notre adresse de vacances.* FAIRE SUIVRE : mention portée sur l'enveloppe d'une lettre afin que celle-ci puisse suivre le destinataire à sa nouvelle adresse. **2.** Aller derrière pour rejoindre ou repérer. ⇒ **poursuivre.** *Le chasseur suivait la bête à la trace. Faire suivre un suspect.* ⇒ **filer. 3.** Aller avec (qqn qui a l'initiative d'un déplacement). ⇒ **accompagner.** *Si vous voulez bien me suivre dans mon bureau. Suivre qqn comme son ombre, comme une queue de veau.* Loc. prov. *Qui m'aime me* *suive !* — Loc. *Suivre le mouvement,* aller avec les autres, faire comme eux. **4.** *Suivre qqn, qqch. des yeux, du regard,* accompagner par le regard (ce qui se déplace). **5.** Être placé ou considéré après, dans un ordre donné. *La démonstration qui suit le théorème. On verra dans l'exemple qui suit que...* — Impers. COMME SUIT : comme il est dit dans ce qui suit. — V. pron. récipr. Se présenter dans un ordre, sans qu'il manque un élément. *Cartes qui se suivent,* séquence*. **6.** Venir, se produire après, dans le temps. ⇒ **succéder** à. *Plusieurs jours d'orage ont suivi les grosses chaleurs.* — Pronominalement (récipr.). PROV. *Les jours se suivent et ne se ressemblent pas,* la situation change d'un jour à l'autre. **7.** Venir après, comme effet (surtout impers.). *Il suit de là que ; d'où il suit que...* ⇒ s'**ensuivre ; conséquence, conséquent, subséquent. II.** (Garder une direction) **1.** Aller dans (une direction, une voie). *Suivez ce chemin.* ⇒ **prendre.** *Les chiens suivaient sa piste. — Ces deux sœurs ont suivi des voies bien différentes.* — Aller le long de... ⇒ **longer.** *Nous suivions le quai.* **2.** Fig. Garder (une idée, etc.) avec constance. *Vous auriez dû suivre votre idée. Le malade devra suivre un long traitement. Elle veut suivre des cours de judo.* — (Choses) *La maladie, l'enquête suit son cours,* évolue normalement, sans changer de caractère. — À SUIVRE : mention indiquant que le texte se poursuivra dans d'autres numéros (d'une publication...). **III.** (Se conformer à) **1.** Aller dans le sens de, obéir à (une force, une impulsion). *J'aurais dû suivre mon premier mouvement.* **2.** Penser ou agir selon (les idées, la conduite de qqn). ⇒ **imiter.** *Un exemple à suivre. Une élégante qui suit la mode.* **3.** Se conformer à (un ordre, une recommandation). ⇒ **obéir.** *Il faut suivre la consigne. — On ne m'a pas suivi,* on n'a pas fait ce que je recommandais, ce que je faisais. **4.** Se conformer à (un modèle abstrait). *La méthode, la marche à suivre.* **IV.** (Porter son attention sur) **1.** Rester attentif à (un énoncé). *Je suivais leur conversation. Suivre un cours, la leçon.* — Sans compl. *Cet élève ne suit pas.* **2.** Observer attentivement et continûment dans son cours. *Les spectateurs suivaient le match avec passion. C'est une affaire à suivre. — Suivre qqn,* être attentif à son comportement, pour le surveiller, le diriger. *Le médecin qui suit une malade.* **3.** Comprendre dans son déroulement (un énoncé). *Je ne suis pas votre raisonnement. Vous me suivez ?* ‹ ► s'ensuivre, poursuivre, suite, ① suivant, ② suivant, suivante, suiveur, suivi ›

① ***sujet, ette*** [syʒɛ, ɛt] adj. ■ Exposé à, susceptible de. *Je suis sujet au mal de mer. Elle est sujette aux évanouissements.*

② ***sujet, ette*** n. **1.** N. m. Personne soumise à une autorité souveraine. *Les sujets et le souverain.* **2.** (Rare au fém.) Ressortissant d'un État. *Les vacanciers étaient des sujets britanniques.* ‹ ► assujettir, sujétion ›

③ ***sujet*** n. m. **I. 1.** Ce sur quoi s'exerce (la réflexion). *Des sujets de méditation.* — Ce dont il s'agit, dans la conversation, dans un écrit. ⇒ **matière, objet,** ③ **point, question, thème.** *Nous avons abordé une multitude de sujets. Revenons à notre sujet* (→ revenons à nos moutons). ⇒ **propos.** *Hors du sujet* ou, ellipt, *hors sujet,* qui ne concerne pas ce dont il faut parler. *Assez sur ce sujet.* AU SUJET DE : à propos de. ⇒ **relativement** à. *C'est à quel sujet ?* **2.** Ce qui, dans une œuvre littéraire, sert de base au talent créateur de l'auteur. ⇒ **idée, thème.** *Un bon sujet de roman.* — Ce à quoi s'applique la réflexion, dans un ouvrage didactique. *Une bibliographie par sujets.* — Ce qui est représenté dans une œuvre plastique. *On reconnaît mal le sujet de ce tableau.* ⇒ **cause, motif. II.** SUJET DE : ce qui fournit matière, occasion à (un sentiment, une action). ⇒ **cause, motif, raison.** *Des sujets de mécontentement, de dispute.* — Littér. *Je n'ai pas sujet de me plaindre.* **III.** Grammaire. Terme considéré comme le point de départ de l'énoncé, à propos duquel on affirme qqch. ou avec lequel s'accorde le verbe (opposé à *objet*). — En appos. *Nom, pronom, infinitif, proposition sujet. — Sujet réel distinct du sujet grammatical. Sujet inversé* (placé après le verbe). **IV.** (Personnes) **1.** Loc. BON, MAUVAIS SUJET : jeune, adulte qui se conduit bien, mal. — *Un brillant sujet,* un très bon élève. **2.** Être vivant soumis à l'observation ; individu présentant tel ou tel caractère. *Les souris qui servent de sujets d'expérience.* **3.** Philosophie. L'être pensant, considéré comme le siège de la connaissance (opposé à *objet*). *Du sujet.* ⇒ **subjectif.**

sujétion [syʒesjɔ̃] n. f. **1.** Littér. Situation de qqn ou d'un pays qui est soumis (⇒ ② **sujet**) à une domination souveraine. ⇒ **dépendance, soumission ; assujettir. 2.** Situation d'une personne astreinte à une nécessité ; obligation pénible, contrainte. *C'est une sujétion que de travailler si loin de chez moi.* ≠ *suggestion.*

sulf(o)- ■ Élément savant signifiant « soufre ». ► ***sulfamide*** [sylfamid] n. m. ■ Nom générique de médicaments bactéricides. ► ***sulfate*** n. m. ■ Sel de l'acide sulfurique. *Sulfate de cuivre,* utilisé pour sulfater les vignes. ► ***sulfater*** v. tr. ▪ conjug. 1. ■ Traiter (la vigne) en pulvérisant sur ses tiges et ses feuilles une bouillie à base de sulfate de cuivre, afin de la protéger contre les maladies. ≠ *sulfurer.* ► ***sulfatage*** n. m. ■ Action de sulfater. ► ***sulfateuse*** n. f. **1.** Pulvérisateur utilisé pour sulfater. **2.** (France) Fam. Mitraillette. ► ***sulfure*** n. m. ■ Composé du soufre (avec un métal, etc.), constituant de nombreux minerais. ► ***sulfuré, ée*** adj. ■ Combiné avec le soufre. *L'hydrogène sulfuré sent l'œuf pourri.* ► ***sulfurer*** v. tr. ▪ conjug. 1. ■ Traiter (une vigne) au sulfure de carbone pour la débarrasser du phylloxéra. ≠ *sulfater.* ► ***sulfureux, euse*** adj. **1.** Qui contient du soufre ; relatif au soufre. *Vapeurs sulfureuses. Bains sulfureux,* bains d'eau sulfureuse. GAZ SULFUREUX : utilisé dans la fabrication de l'acide sulfurique, les industries de blanchiment, etc. **2.** Littér. Qui sent le soufre de l'enfer, évoque le diable. *Un discours sulfureux,* inquiétant, subversif. ► ***sulfurique*** adj. ■ ACIDE SULFURIQUE : acide corrosif, attaquant les métaux. ⇒ **vitriol.** ► ***sulfurisé, ée*** adj. ■ Traité à l'acide sulfurique. *Papier sulfurisé,* rendu imperméable par trempage dans l'acide sulfurique dilué.

sulky [sɔlke] n. m. ■ Anglic. Voiture légère à deux roues, sans caisse, utilisée pour les courses au trot attelé. *Des sulkies.*

sultan [syltɑ̃] n. m. ■ Souverain de l'Empire ottoman ou de certains pays musulmans. ► ***sultanat*** n. m. **1.** Dignité de sultan. **2.** État gouverné par un sultan. ≠ *émirat.* ► ***sultane*** n. f. ■ Épouse ou favorite du sultan.

sumac [symak] n. m. ■ Arbuste, plante dont certaines variétés fournissent des gommes employées pour la fabrication de vernis, de laques, de colorants, de tanins. — *Le sumac vénéneux,* l'herbe à puce.

summum [sɔmɔm] n. m. ■ Le plus haut point ⇒ **apogée, faîte,** le plus haut degré. ⇒ **comble, sommet.** *Des summums de qualité.*

sundae [sɔnde] n. m. ■ Anglic. Crème glacée garnie de morceaux de fruits, de noix hachées, nappée d'une sauce aromatisée et présentée dans une coupe. *Un sundae au caramel.* — Loc. fam. *Mettre, c'est la cerise* sur le sundae.* ⇒ **gâteau.**

sunlight [sɔnlajt] n. m. ■ Anglic. Projecteur puissant utilisé dans les studios de cinéma. ⇒ anglic. **spot.** *Des sunlights.*

sunnite [synit] adj. et n. ■ Musulman orthodoxe, respectueux de la *Sunna* (recueil des actes de Mahomet qui complète le Coran). ≠ *chiite.*

① ***super*** [sypɛʀ] n. m. ■ Abrév. fam. de *supercarburant. Donnez-moi vingt litres de super. Du super sans plomb.*

② ***super*** adj. invar. ■ Fam. Supérieur, formidable. ⇒ fam. au **bout, capotant, capoté, épatant,** ② **extra.** *Ce nouveau disque est vraiment super. Elles sont super, tes amies.* — Adv. Très. *On a fait un voyage super le fun. Cette robe lui va super bien.*

③ ***super*** n. f. ■ *La super,* la loterie provinciale dont l'enjeu est une très grosse somme. ⇒ ③ **inter, mini.** *Jouer à l'inter.* — Ce billet de loto. *Prendre une super.*

① ***super-*** ■ Élément qui signifie « au-dessus de », « sur » (ex. : *superposer, supersonique*), « de qualité supérieure » (ex. : *supercarburant, superphosphate*).

② ***super-*** ■ Préfixe de renforcement placé devant des mots auxquels il donne une valeur de superlatif familier (ex. : un *super-champion,* un très grand champion ; un *super-party* ⇒ **gros** ; les *super-grands, les superpuissances,* les plus grandes puissances, États-Unis et l'ancienne U.R.S.S.). — REM. On trouve aussi *super* sans trait d'union : *superchampion.*

① ***superbe*** [sypɛʀb] n. f. ■ Littér. Assurance orgueilleuse, qui se manifeste par l'air, le maintien. ⇒ **fierté.** *Vous n'avez rien perdu de votre superbe.*

② ***superbe*** adj. **1.** Très beau, d'une beauté éclatante. ⇒ **magnifique, splendide.** *La vue d'ici est superbe.* / contr. **affreux** / **2.** Remarquable. ⇒ **excellent.** *Elle a une superbe situation.* ▸ ***superbement*** adv. ■ *Tu as superbement réussi.*

supercarburant [sypɛʀkaʀbyʀɑ̃] n. m. ■ Carburant de qualité supérieure (opposé à *essence ordinaire*). ⇒ ① **super** ; fam. **rouge.** / contr. fam. **jaune.** / ⟨ ▸ ① super ⟩

supercherie [sypɛʀʃəʀi] n. f. ■ Tromperie qui consiste généralement à faire passer le faux pour le vrai. ⇒ **fraude, mystification.** *Découvrir la supercherie.*

supérette ou ***superette*** [sype(ɛ)ʀɛt] n. f. ■ (France) Magasin d'alimentation imitant, en plus petit, les supermarchés.

superfétatoire [sypɛʀfetatwaʀ] adj. ■ Littér. Qui s'ajoute inutilement (à une autre chose utile). ⇒ **superflu.**

superficie [sypɛʀfisi] n. f. **1.** Surface. *La superficie de la Terre, d'un appartement.* — Nombre caractérisant l'étendue d'une surface. *Calculer la superficie d'un terrain. Mesure de superficie* (opposé à *mesure linéaire* ou *de volume*). **2.** (Opposé à *fond*) Aspect superficiel (2). — *Rester à la superficie des choses.* ⟨ ▸ superficiel ⟩

superficiel, elle [sypɛʀfisjɛl] adj. **1.** Qui est propre à la surface ou n'appartient qu'à la surface d'un corps. / contr. **profond** / *Les couches superficielles de l'écorce terrestre. Des brûlures superficielles sur la peau.* **2.** Abstrait. Qui n'est ni profond ni essentiel. ⇒ **apparent.** *Une amabilité superficielle.* — Qui, dans l'ordre de la connaissance, ne fait qu'effleurer sans approfondir. *Un esprit, un travail superficiel.* ▸ ***superficiellement*** adv. ■ De manière superficielle (1 ou 2).

superflu, ue [sypɛʀfly] adj. **1.** Qui n'est pas absolument nécessaire. ⇒ ① **accessoire.** / contr. **indispensable** / *Ce sont des biens superflus.* — N. m. *Le nécessaire et le superflu.* ⇒ **luxe. 2.** Qui est en trop. ⇒ **inutile, oiseux.** *Ces explications sont superflues.* — Impers. *Il est superflu d'insister.* **3.** Qui est de trop et que l'on cherche à éliminer. *Les poils superflus.*

① ***supérieur, eure*** [sypeʀjœʀ] adj. / contr. **inférieur** / **I.** Qui est plus haut, en haut. *Les étages supérieurs d'un immeuble. La lèvre supérieure et la lèvre inférieure.* — *Le cours supérieur d'un fleuve,* qui est plus haut, plus éloigné du niveau de la mer (opposé à *inférieur, moyen*). **II.** SUPÉRIEUR (À). **1.** Qui a une valeur plus grande, occupe un degré au-dessus dans une hiérarchie. *Son nouvel ouvrage est nettement supérieur aux précédents.* — (Compl. chose) *Un homme supérieur à la situation, à sa tâche,* qui la domine. — Absolt. Qui est au-dessus des autres. ⇒ **suprême.** *Les intérêts supérieurs du pays, de la nation. Produit de qualité supérieure.* ⇒ **excellent.** *C'est un esprit supérieur.* ⇒ **éminent. 2.** Plus grand que. *Un nombre supérieur à 10* (noté » 10). **3.** Plus avancé dans une évolution. *Les animaux supérieurs,* les vertébrés. **4.** Plus élevé dans une hiérarchie politique, administrative, sociale. *Les classes dites supérieures de la société* (opposé à *peuple*). ⇒ **dominant.** *L'enseignement supérieur,* de niveau universitaire. ⇒ ① **collégial,** ① **primaire, secondaire.** *Cadres supérieurs. Officiers supérieurs* (opposé à *subalterne*). — N. m. Personne hiérarchiquement placée au-dessus d'autres qui sont sous ses ordres. *Il a consulté ses supérieurs.* / contr. **subordonné** / **III.** Qui témoigne d'un sentiment de supériorité (2). ⇒ **condescendant, dédaigneux.** *Un air, un sourire supérieur.* ▸ ***supérieurement*** adv. ■ À un degré supérieur, éminent. ⇒ **très.** *Un garçon supérieurement intelligent.* ▸ ***supériorité*** n. f. **1.** Fait d'être supérieur, plus fort. / contr. **infériorité** / *Les ennemis s'étaient assuré la supériorité numérique. La supériorité de leur équipe a été écrasante.* — Qualité d'une personne supérieure. *Un sentiment, un complexe de supériorité.* **2.** Hockey. *Supériorité numérique,* fait d'avoir plus de joueurs sur la glace que l'équipe adverse. ⇒ **attaque** à cinq ; fam. jeu de **puissance.** *Supériorité numérique d'un joueur, de deux joueurs.*

② ***supérieur, eure*** n. ■ Religieux, religieuse qui dirige une communauté, un couvent. *Madame la supérieure.* — En appos. *Le père supérieur, la mère supérieure.*

superlatif, ive [sypɛʀlatif, iv] n. m. **1.** Terme qui exprime le degré supérieur d'une qualité. *« Rarissime, infime, excellent, parfait, sublime » sont des superlatifs.* — Adj. *Préfixes superlatifs : archi-, extra-, hyper-, super-...* — Terme exagéré, hyperbolique. **2.** *Le superlatif,* l'ensemble des procédés grammaticaux qui expriment la qualité au degré le plus élevé. *Le superlatif absolu* (très, tout à fait grand), *relatif* (le plus grand).

supermarché [sypɛʀmaʀʃe] n. m. ■ Vaste magasin d'alimentation offrant des denrées et des produits courants en libre-service. ⇒ ② **dépanneur, épicerie, marché.** *Les circulaires des supermarchés. Petit supermarché.* ⇒ **supérette.**

supernova [sypɛʀnɔvɑ] n. f. ■ Astronomie. Étoile massive qui, invisible jusqu'alors, se manifeste lors de son explosion en devenant momentanément extrêmement brillante. *Les supernovas ont une très forte magnitude.*

superpétrolier [sypɛʀpetʀɔlje] n. m. ■ Navire pétrolier qui jauge plusieurs centaines de milliers de tonnes. ⇒ anglic. **tanker.**

superphosphate [sypɛʀfɔsfat] n. m. ■ Engrais artificiel contenant du phosphate.

superposer [sypɛʀpoze] v. tr. ▪ conjug. 1. ■ Poser au-dessus de, par-dessus ; disposer l'un au-dessus de l'autre. *Superposer une chose à une autre, une chose et une autre, plusieurs choses.* ⇒ **empiler.** — Au p. p. adj. *Des couches superposées.* — Pronominalement. *Divers souvenirs s'étaient superposés dans sa mémoire.* — Géométrie. Placer (une figure) au-dessus d'une autre, pour en constater ou en vérifier l'égalité. ▶ ***superposable*** adj. ■ Que l'on peut superposer. ▶ ***superposition*** n. f. **1.** Action de superposer ; état de ce qui est superposé. — Abstrait. *La superposition de plusieurs influences.* **2.** Ensemble de choses superposées. *Une superposition de couches.*

superproduction [sypɛʀpʀɔdyksjɔ̃] n. f. ■ Film, spectacle réalisé à grands frais.

superpuissance [sypɛʀpɥisɑ̃s] n. f. ■ Puissance, État qui surpasse les autres par son importance (politique ou économique). *Les superpuissances américaine et soviétique.* ⇒ ② **super-.**

supersolde [sypɛʀsɔld] n. m. ■ Solde où les prix des marchandises sont très au-dessous des prix courants. *Les supersoldes d'après les Fêtes.*

supersonique [sypɛʀsɔnik] adj. ■ Dont la vitesse est supérieure à celle du son. / contr. **subsonique** / *Avion supersonique,* qui peut dépasser cette vitesse.

superstar [sypɛʀstaʀ] n. f. ■ Anglic. Fam. Très grande vedette. *Des superstars.*

superstitieux, euse [sypɛʀstisjø, øz] adj. ■ Qui fait preuve ou témoigne de superstition. *Nous serons treize à table, j'espère que vous n'êtes pas superstitieux.* ▶ ***superstition*** n. f. **1.** Le fait de croire que certains actes, certains signes entraînent mystérieusement des conséquences bonnes ou mauvaises ; croyance ou pratique qui en résulte. *Les superstitions populaires.* **2.** Respect maniaque, instinctif (de qqch.). *Il a la superstition de l'ordre, de l'exactitude.*

superstrat [sypɛʀstʀa] n. m. ■ Linguistique. Langue qui s'introduit assez largement sur le territoire d'une autre langue, mais sans la remplacer, et qui disparaît tout en laissant des traces plus ou moins importantes (opposé à *substrat*). *Le superstrat germanique en Gaule.*

superstructure [sypɛʀstʀyktyʀ] n. f. ■ Partie (d'une construction, d'une installation) située au-dessus du sol, d'un niveau (opposé à *infrastructure*). *Les superstructures d'une voie de chemin de fer.*

superviser [sypɛʀvize] v. tr. ▪ conjug. 1. ■ Contrôler (un travail), sans entrer dans les détails. ⇒ **surveiller.** ▶ ***supervision*** n. f. ■ Action de superviser. ▶ ***superviseur, euse*** n. ■ Personne qui supervise. *Le superviseur des arbitres.* — REM. L'O.L.F. propose *superviseure* au féminin.

supin [sypɛ̃] n. m. ■ Forme du verbe latin, substantive, sur laquelle se forment le participe passé en *-us* et certains dérivés.

supplanter [syplɑ̃te] v. tr. ▪ conjug. 1. **1.** Prendre la place de (qqn) en lui faisant perdre son crédit auprès de qqn. ⇒ **évincer.** *Il cherche à supplanter son rival.* **2.** (Choses) Éliminer (une chose) en la remplaçant dans la faveur du public. *Le micro-ordinateur supplante rapidement la machine à écrire.*

suppléer [syplee] v. tr. ▪ conjug. 1. **I.** V. tr. dir. Littér. Ajouter (pour remplacer ce qui manque) ; combler (un vide), remédier à (un manque). *Suppléer le pétrole par l'énergie atomique.* — *Suppléer qqn.* ⇒ **suppléant.** **II.** V. tr. ind. SUPPLÉER À. ⇒ **pallier** à. **1.** Apporter ce qu'il faut pour remplacer ou pour fournir (ce qui manque). *Suppléer à l'énergie nucléaire par l'énergie solaire.* **2.** Remédier à (un défaut, une insuffisance) en remplaçant, en compensant. *La rapidité de ce joueur supplée à son manque de puissance.* ▶ ***suppléant, ante*** [sypleɑ̃, ɑ̃t] adj. et n. ■ Qui supplée qqn ou est chargé de le suppléer dans ses fonctions (opposé à *en titre*). ⇒ **adjoint, remplaçant.** *Professeur suppléant. Elle n'est pas permanente mais suppléante. Un poste de suppléant.* ▶ ***suppléance*** n. f. ■ Action de suppléer à qqn. *Faire de la suppléance dans une polyvalente.* ‹ ▶ supplément, supplétif ›

supplément [syplemɑ̃] n. m. **1.** Ce qui est ajouté à une chose déjà complète ; addition extérieure (à la différence du *complément*). ⇒ **surplus.** *Un supplément de salaire versé sous forme de prime.* — Ce qui est ajouté (à un livre, à une publication). *Le supplément d'un dictionnaire.* **2.** Dans un tarif (transports, théâtre, etc.). Somme payée en plus *(supplémentée)* pour obtenir un bien ou un service dans la classe supérieure. *Dans certains trains européens, il faut payer un supplément. Train à supplément.* — EN SUPPLÉMENT : en sus (d'un nombre fixé, d'une quantité indiquée). — Au restaurant. *Vin en supplément.* ▶ ***supplémentaire*** adj. et n. **1.** Qui est en supplément. *Demander des crédits supplémentaires. Heures supplémentaires,* heures de travail faites en plus d'un horaire normal. ⇒ fam. **surtemps.** *Autobus supplémentaire,* ou n. m., *un supplémentaire. Représentations supplémentaires* ou, n. f., *des supplémentaires,* représentations ajoutées à celles qui sont déjà prévues. **2.** Qui est de trop, en plus. *C'est une charge supplémentaire.* **3.** Sports. *Temps supplémentaire* ou, n. m., *supplémentaire,* prolongation. ⇒ fam. **surtemps.** *Gagner en supplémentaire. Être en deuxième période supplémentaire.* ▶ ***supplémentairement*** adv. ■ En supplément.

supplétif, ive [sypletif, iv] adj. et n. ■ (Troupes, soldats) Destiné à suppléer d'autres forces. — N. *Des supplétifs.*

suppliant, ante [syplijɑ̃, ɑ̃t] adj. et n. **1.** Adj. Qui exprime la supplication. ⇒ **implorant.** *Un regard suppliant.* **2.** N. Personne qui supplie.

supplication [syplikasjɔ̃] n. f. ■ Prière faite avec soumission ; action de supplier. ⇒ **imploration.** *Il refuse d'entendre mes supplications.*

supplice [syplis] n. m. **1.** Peine corporelle grave, mortelle ou terrible, infligée par la justice à un condamné. *Le supplice de la croix, de la roue, de la guillotine. Instruments de supplice.* — *Supplice chinois,* particulièrement cruel et raffiné. — *Le dernier supplice,* la peine de mort. — Loc. *Le supplice de Tantale,* vive souffrance de qqn qui, comme Tantale dans la mythologie, est proche de l'objet de ses désirs, sans pouvoir l'atteindre. **2.** Cruelle souffrance morale, très vif désagrément. ⇒ **calvaire, martyre, torture.** *Ces visites sont pour moi un supplice.* — ÊTRE AU SUPPLICE : être dans une situation très pénible. ▶ ***supplicier*** v. tr. ▪ conjug. 7. **1.** Livrer au supplice (un condamné). **2.** Littér. Torturer moralement. ▶ ***supplicié, ée*** n. ■ Personne qui a subi la peine de mort ou a été torturée.

supplier [syplije] v. tr. ▪ conjug. 7. ■ Prier (qqn) avec insistance et humilité, en demandant qqch. comme une grâce. ⇒ **adjurer,** ② **conjurer, implorer.** *L'enfant suppliait son père de l'emmener au cinéma.* — Prier instamment. *Je vous supplie de vous taire.* ‹ ▶ suppliant, supplication, supplique ›

supplique [syplik] n. f. ■ Humble demande (souvent écrite) par laquelle on sollicitait une grâce ou une faveur d'un maître, d'un souverain. ⇒ **requête.**

support [sypɔʀ] n. m. **1.** Ce sur quoi repose ou s'appuie une chose. *Supports de charpente.* ⇒ **base, socle.** — Assemblage destiné à recevoir un instrument (chevalet, trépied...). **2.** Fam. Cintre ②. *Des supports en bois.* **3.** Élément matériel qui sert de base à une œuvre graphique. *Le support d'un dessin.* — *Support publicitaire,* moyen matériel (affiches, journaux, télévision, etc.) par lequel se fait une publicité. ⇒ **espace, surface.** **4.** Informatique. Tout élément matériel (disquette, disque rigide ou optique...) susceptible de recevoir et de stocker des données dans un système informatique puis de les restituer à la demande.

① ***supporter*** [sypɔʀte] v. tr. ▪ conjug. 1. **I. 1.** Recevoir le poids, la poussée de (qqch.) sur soi. ⇒ **soutenir ; porter.** *Les piliers supportent la voûte.* **2.** Avoir (qqch.) comme charge, être assujetti à. *Vous en supporterez les conséquences.* **II. 1.** Subir les effets pénibles de (qqch.) sans faiblir. ⇒ **endurer.** *Les nombreuses épreuves qu'il a supportées dans sa vie. La troupe supporte mal la critique.* **2.** Subir de la part d'autrui, sans réagir. ⇒ **tolérer.** *Ne vous imaginez pas que je vais supporter ses injures. Tout supporter de qqn,* tout lui passer. — (+ subjonctif) *Je ne supporte pas qu'on me mente.* **3.** *Supporter qqn,* admettre, tolérer sa présence, son comportement. *Je ne peux pas supporter ce bonhomme-là,* je le déteste. — Pronominalement (récipr.). *Ils se sont supportés pendant quinze ans.* **4.** Subir sans dommage (une action physique). ⇒ **résister.** *Tu supportes bien le froid ?* — Résister à (une épreuve). *Cette idée ne supporte pas l'examen.* ▶ ***supportable*** adj. **1.** Qu'on peut supporter. ⇒ **endurable, tolérable.** *C'est une douleur très supportable.* / contr. **insupportable, intenable** / **2.** Qu'on peut tolérer, admettre. — Acceptable. ⇒ **passable.** *Il est tout juste supportable dans ce rôle.* ⟨ ▶ insupportable, support ⟩

② ***supporter*** v. tr. ▪ conjug. 1. ■ Sports. Encourager, soutenir (un sportif, une équipe sportive). *Supporter le club local.* — Par ext. Aider, donner son appui à (une personne, un groupe...). *Supporter un parti politique.* ▶ ***supporteur*** ou ③ ***supporter, trice*** [sypɔʀtœʀ, tʀis] ■ Sports. Anglic. Partisan (d'un sportif, d'une équipe) qui manifeste son appui. ⇒ **fervent ;** fam. **fan.** *Les bruyants supporteurs d'une équipe de hockey.* — Par ext. Partisan d'un homme, d'une femme politique. — REM. Au féminin, on trouve aussi la forme *supporteure.*

supposer [sypoze] v. tr. ▪ conjug. 1. **I. 1.** Poser à titre d'hypothèse. *Supposons le problème résolu.* ⇒ **admettre.** *La température étant supposée constante.* — (+ subjonctif) *Supposez que vous ayez un accident.* ⇒ **imaginer.** *En supposant, à supposer que ce soit possible.* **2.** Croire, considérer comme chose probable ou comme explication plausible. ⇒ **présumer.** *Je le suppose, mais je n'en suis pas sûr. On vous supposait averti. On supposait que vous étiez au courant.* **II.** (Suj. chose) Comporter comme condition nécessaire, impliquer comme cause. ⇒ **exiger.** *Un message suppose un expéditeur et un destinataire. Cela suppose du courage.* **III.** Droit. Donner pour authentique, en trompant. — Au p. p. adj. *Un testament supposé.* **IV.** Loc. (Suj. personne) *Être supposé de,* être censé de (faire, accomplir qqch.). *Vous n'étiez pas supposés de déménager ? — « Venez-vous toujours au cinéma avec nous ? – C'est supposé. »* ⇒ **probable.** — REM. Cette loc. (IV) est critiquée en tant que calque de l'anglais. ▶ ***supposition*** n. f. ■ Hypothèse, conjecture. *Dans cette supposition,* si nous supposons cela. Fam. *Une supposition que...,* supposons que... — Ce qu'on avance, ce qu'on imagine, faute de certitude. *Ce n'est qu'une supposition, mais cela ma paraît probable.* ▶ ***supposément*** adv. ■ Censément, présumément. *Supposément, elle devait me rappeler hier soir.* — *Supposément que,* apparemment que. *Supposément qu'elle est déjà retournée en France.* ⟨ ▶ présupposer, présupposition ⟩

suppositoire [sypozitwaʀ] n. m. ■ Préparation pharmaceutique, de forme conique, que l'on introduit dans le rectum.

suppôt [sypo] n. m. ■ Littér. ou plaisant. Partisan (d'une personne, d'une chose nuisible). ⇒ **complice.** *Les suppôts de la réaction.* — SUPPÔT DE SATAN loc. littér. : démon, personne méchante.

supprimer [sypʀime] v. tr. ▪ conjug. 1. **1.** Faire disparaître, faire cesser d'être (qqch. qui gêne). ⇒ **détruire.** *En supprimant cette cloison, on agrandirait la pièce.* ⇒ **abattre.** *Supprimer la douleur.* ⇒ **arrêter, vaincre.** *Vous supprimez l'effet, vous ne supprimez pas la cause.* — Réduire considérablement. ⇒ **effacer.** *L'avion supprime les distances.* **2.** Faire cesser d'être dans (un ensemble), ou avec (qqch.). ⇒ **ôter, retrancher.** *Un mot, un passage à supprimer.* **3.** Rendre sans effet légal ; mettre fin à (une loi, un usage). ⇒ **abolir, abroger.** / contr. **maintenir** / **4.** *Supprimer qqn,* faire disparaître en tuant. ⇒ **éliminer ;** fam. **liquider.** *Supprimer un témoin gênant.* ▶ ***suppression*** n. f. ■ Action de supprimer ; son résultat. *La suppression des inégalités.* ⇒ **abolition.** *Un tel régime aboutit à la suppression des libertés.* — *Opérer des suppressions dans un texte.* ⇒ **coupure, retranchement.**

suppurer [sypyʀe] v. intr. ▪ conjug. 1. ■ Laisser écouler du pus. *La plaie suppure. Qui suppure.* ⇒ **purulent.** ▶ ***suppuration*** n. f. ■ Production et écoulement de pus.

supputer [sypyte] v. tr. ▪ conjug. 1. **1.** Évaluer indirectement, par un calcul, mais sans données précises. ⇒ **jauger.** ≠ *calculer. Essayons de supputer les revenus que suppose un tel train de vie.* **2.** Évaluer empiriquement (les chances, la probabilité). ⇒ **estimer.** *Elle supputait ses chances.*

supra [sypʀa] adv. ■ Sert à renvoyer à un passage qui se trouve avant, dans un texte.(→ Ci-dessus, plus haut.) / contr. **infra** /

supra- ■ Élément signifiant « au-dessus, au-delà », entrant librement dans la formation de mots savants (ex. : *supraconducteur,* ⇒ ② **conducteur**), d'adjectifs (ex. : *une réalité suprahumaine*). ▶ ***supranational, ale, aux*** [sypʀanasjɔnal, o] adj. ■ Placé au-dessus des institutions nationales. *Les pouvoirs supranationaux de la C.E.E.* ▶ ***supraterrestre*** adj. ■ De l'au-delà.

suprématie [sypʀemasi] n. f. **1.** Situation dominante (en matière politique). ⇒ **hégémonie, prééminence. 2.** Domination (intellectuelle, morale). ⇒ **supériorité.**

① ***suprême*** [sypʀɛm] adj. **1.** Qui est au-dessus de tous et de tout, dans son genre, dans son espèce. ⇒ ① **supérieur.** *L'autorité suprême.* ⇒ ① **souverain.** *L'Être suprême,* Dieu. — *La Cour suprême,* le plus haut tribunal du pays. — Le plus élevé en valeur. *Le bien, le bonheur suprême. Au suprême degré.* — Très grand. *Vous avez déployé une suprême habileté.* **2.** Le dernier (avec une idée de solennité ou de tragique). *L'instant suprême,* de la mort. *Le saumon fit un suprême effort.* ▶ ***suprêmement*** adv. ■ Au suprême degré (souvent iron.). *Il restait suprêmement indifférent.* ⟨ ▶ ② suprême ⟩

② ***suprême*** n. m. ■ Filets (de gibier, de poisson) servis avec un velouté à la crème. — En appos. *Volaille sauce suprême.*

① ***sur*** [syʀ] prép. **I.** Marque la position « en haut » ou « en dehors ». / contr. **sous** / **1.** (Surface, chose qui en porte une autre) *Poser un objet sur une table. La clé est sur la porte. Le terrain sur lequel on a construit cette maison. Sur terre et sur mer. Monter sur une bicyclette. Il portait sur lui un carnet,* avec soi, dans la poche. — (Accumulation) *Les uns sur les autres. Recevoir visite sur visite,* des visites ininterrompues. — *S'étendre sur...,* couvrir (telle distance). *La plage s'étend sur huit* *kilomètres.* — (Surface ou chose atteinte) *Appuyer sur un bouton. Recevoir un coup sur la tête. Frapper sur une balle, une rondelle. Tirer sur qqn. Écrire sur un registre. Mettez ça sur mon compte. Chercher sur une carte,* (mais : *dans* un atlas). **2.** (Sans contact) ⇒ **au-dessus** de. *Les ponts sur le Saint-Laurent.* **3.** (Sélectionnant un ou quelques éléments d'un ensemble) *Prélever sur ses économies.* — (Permettant d'établir un rapport) *Deux mètres sur trois* (noté 2 m × 3 m). ⇒ fam. **par.** *Un jour sur deux. Deux ou trois cas sur cent.* **4.** (Direction) *Sur votre droite. Foncer sur qqn. Traverser sur la rive sud.* **5.** (Dans les toponymes) *L'Islet-sur-Mer, Fossambault-sur-le-Lac.* **II.** Abstrait. **1.** (Introduisant le nom de ce qui sert de base, de fondement) *Juger les gens sur la mine,* d'après. *Jurer sur son honneur. Sur mesure.* — (Sujet) *Discuter sur un problème,* d'un problème. *Sur cette matière, sur ce point.* ⇒ à **propos** de, **quant** à. *Essai, considérations sur...* **2.** (Valeur temporelle) Immédiatement après, à la suite de... *Sur le coup. Coup sur coup.* SUR CE : après ces paroles. *Il nous a dit au revoir ; sur ce, il est parti.* — (Approximation) ⇒ **vers.** *Sur le soir. Être sur le (son) départ,* près de partir. **3.** (Rapport de supériorité) *Prendre l'avantage sur qqn.* ‹ ► sur-, surcot, surcroît, surface, ② surtout ›

② ***sur, sure*** adj. ■ Qui a un goût acide. ⇒ **aigre.** *De la crème sure. Pommes sures.* — N. m. sing. *Ne pas aimer le sur,* les choses sures. ≠ *sûr.* ► ***suret, ette*** adj. ■ Un peu acide. *La crème est un peu surette.* ‹ ► surir ›

sûr, sûre [syʀ] adj. **I.** (Personnes) SÛR DE. **1.** Qui envisage avec confiance, qui tient pour assuré (un événement). ⇒ **certain, convaincu.** *Il est sûr de son coup* (fam., *sûr de réussir.* — *Être sûr de qqn,* avoir confiance en lui, être assuré de sa fidélité. *Je suis sûr d'eux.* — SÛR DE SOI : qui se comporte avec assurance. *Il est sûr de lui, elle est sûre d'elle.* **2.** Qui sait avec certitude, qui est assuré de ne pas se tromper. *J'en suis sûr. Elle est sûre que vous vous trompez.* — *Sûr de son fait,* de ce qu'on pense, de ce qu'on dit. **II. 1.** (Choses) Où l'on ne risque rien, qui ne présente pas de danger. / contr. **dangereux** / *Le quartier n'est pas très sûr, la nuit. Caractère de ce qui est sûr.* ⇒ **sécurité.** *Ce sera plus sûr,* cela constituera une garantie. — Loc. *En lieu sûr,* à l'abri. ⇒ **sûreté.** — Baseball, balle-molle. *Frapper la balle en lieu sûr.* ⇒ **coup*** sûr. *Le plus sûr est de...,* le meilleur parti est de... **2.** En qui l'on peut avoir confiance. *Un ami sûr.* — Sur quoi l'on peut compter. ⇒ **solide.** *Des valeurs sûres. Des bases peu sûres. C'est le plus sûr moyen de réussir.* — Loc. À COUP SÛR : sans risque d'échec. — Baseball, balle-molle. *Coup* sûr.* **3.** Qui fonctionne avec efficacité et exactitude. *Un projectile lancé d'une main sûre. Un goût très sûr.* **4.** Dont on ne peut douter, qui est considéré comme vrai ou inéluctable. ⇒ **assuré, certain, évident, indubitable.** *La chose est sûre.* / contr. **douteux** / *Ce n'est pas si sûr. Ce qui est sûr, c'est que je n'irai pas.* **5.** BIEN SÛR ! loc. adv. : c'est évident, cela va de soi, bien entendu. ⇒ **sûrement.** — Fam. *(Bien) sûr qu'on n'y peut rien.* — Fam. POUR SÛR : certainement. ≠ ② *sur.* ‹ ► assurer, rassurer, sûrement, sûreté ›

sur- ■ Élément qui signifie « plus haut, au-dessus, par-dessus » (ex. : *surélever, survêtement*), « au-delà, par-delà » (ex. : *surnaturel, survie*), ou indique un degré élevé dans un classement (ex. : *surdoué, surenchère, surlendemain, surnombre, surproduction* ⇒ **sus-**.). / contr. **sous-, sub-** /

surabonder [syʀabɔ̃de] v. intr. ▪ conjug. 1. ■ Littér. Exister en quantité plus grande qu'il n'est nécessaire. ⇒ **abonder, regorger.** ► ***surabondance*** n. f. ■ Abondance extrême ou excessive. ⇒ **pléthore, profusion.** *Une surabondance de détails.* ► ***surabondant, ante*** adj. ■ Qui surabonde ; très ou trop abondant, nombreux. ► ***surabondamment*** adv. ■ En surabondance.

suraigu, uë [syʀegy] adj. ■ (Sons, voix...) Très aigu. ⇒ **strident.** *Une voix suraiguë.*

surajouter [syʀaʒute] v. tr. ▪ conjug. 1. ■ Ajouter (qqch.) à ce qui est déjà complet, ajouter après coup. ⇒ **remettre.** — Pronominalement. *D'autres faits se sont surajoutés.*

suralimenter [syʀalimɑ̃te] v. tr. ▪ conjug. 1. **1.** Procurer à (qqn) une alimentation plus riche. — Au p. p. adj. *Les personnes suralimentées risquent des maladies cardiaques.* **2.** Fournir à (un moteur) une plus grande quantité de combustible que la normale. ► ***suralimentation*** n. f. **1.** Alimentation plus riche que la normale (« ration d'entretien ») ; alimentation trop riche. / contr. **sous-alimentation** / **2.** Action de suralimenter (un moteur).

suranné, ée [syʀane] adj. ■ Littér. Qui a cessé d'être en usage, qui évoque une époque révolue. ⇒ **démodé, désuet, obsolète, vieillot.** / contr. à la **mode, récent** / *Une galanterie surannée.*

surcharger [syʀʃaʀʒe] v. tr. ▪ conjug. 3. **I. 1.** Charger d'un poids qui excède la charge ordinaire (ou légale). — Au p. p. adj. *Un véhicule surchargé.* — Abstrait. *Des connaissances qui ne font que surcharger la mémoire.* ⇒ **encombrer.** — Au p. p. adj. *Un emploi du temps surchargé.* **2.** Charger (qqn) à l'excès. ⇒ **accabler, écraser.** *Il se plaint d'être surchargé d'impôts, de travail.* **II.** Marquer d'une surcharge (manuscrite ou imprimée). ► ***surcharge*** n. f. **I. 1.** Charge ajoutée à la charge ordinaire, ou qui excède la charge permise. *Une surcharge de deux cents kilos.* ⇒ **excédent.** *Le bateau avait pris des passagers en surcharge.* **2.** Fig. Excès, surabondance. *La chapelle est décorée avec une surcharge de dorures inimaginable.* **II.** Mot écrit au-dessus d'un autre raturé. — Inscription imprimée en recouvrant une autre, et ajoutée après coup. *Timbre-poste portant une surcharge.*

surchauffer [syʀʃofe] v. tr. ▪ conjug. 1. ■ Chauffer à l'excès. *Inutile de surchauffer ta chambre !* ► ***surchauffé, ée*** adj. **1.** Chaud ou chauffé au-delà de ce qui convient. *Le wagon était surchauffé.* — *Vapeur surchauffée,* dont la pression a été augmentée par un supplément de chauffage. **2.** Abstrait. Surexcité, exalté. *Les esprits étaient surchauffés.* ► ***surchauffe*** n. f. **1.** État d'un appareil, d'un moteur qui chauffe au-delà de la normale. **2.** État de tension excessive dans l'activité économique.

surclasser [syʀklɑse] v. tr. ▪ conjug. 1. **1.** Dominer (ses adversaires) au point de paraître d'une classe tout à fait supérieure. ⇒ **surpasser.** *Cet athlète surclasse tous ses concurrents.* **2.** (Choses) Être nettement supérieur à (qqch.). *Ce produit surclasse tous les autres.*

surcomposé, ée [syʀkɔ̃poze] adj. ■ Grammaire. Se dit du temps composé d'un verbe dont l'auxiliaire est lui-même à un temps composé (ex. : quand *j'ai eu terminé*).

surcot [syʀko] n. m. ■ Moyen Âge. Vêtement porté par dessus la cotte.

surcouper [syʀkupe] v. tr. ▪ conjug. 1. ■ Aux cartes. Couper avec un atout supérieur à celui avec lequel un autre joueur (dit alors *« en surcoupe »*) vient de couper.

surcreusé, ée [syʀkʀøze] adj. ■ Géologie. Se dit d'une cavité résultant d'une érosion glaciaire et qui a déjà subi une première érosion par les eaux. *Le bassin est la partie surcreusée d'un cours d'eau.*

surcroît [syʀkʀwa] n. m. ■ Ce qui vient s'ajouter à ce qu'on a déjà. ⇒ **supplément.** *Un surcroît de* *précautions. C'est un surcroît de travail. Pour surcroît de malheur.* — Littér. DE SURCROÎT, PAR SURCROÎT loc. adv. : en plus, en outre.

surdité [syʀdite] n. f. ■ Affaiblissement ou abolition complète du sens de l'ouïe (⇒ **sourd**). ▶ ***surdimutité*** n. f. ■ État de sourd-muet.

surdose [syʀdoz] n. f. ■ Dose excessive (d'une drogue) pouvant entraîner la mort. ⇒ anglic. **overdose.**

surdoué, ée [syʀdwe] adj. et n. ■ Personne, enfant beaucoup plus intelligent(e) que la moyenne. *Des écoliers surdoués.* ⇒ très **doué, talentueux ;** fam. **bollé.** / contr. en **difficulté** /

sureau [syʀo] n. m. ■ Arbrisseau à baies rouges ou noires, dont la tige légère peut facilement s'évider. *Moelle de sureau. Des sureaux.*

surélever [syʀelve] v. tr. ▪ conjug. 5. ■ Donner plus de hauteur à. *On a surélevé d'un étage cette maison ancienne.* — Au p. p. adj. *Rez-de-chaussée surélevé,* qui n'est pas de plain-pied. ▶ ***surélévation*** n. f. ■ Situation de ce qui est surélevé.

sûrement [syʀmɑ̃] adv. **I.** **1.** Adv. de phrase, modifiant tout l'énoncé. D'une manière certaine, évidente. ⇒ **assurément, certainement.** *Le tribunal va sûrement les condamner.* — (En réponse) *Sûrement ! Sûrement pas !* **2.** De façon très probable. ⇒ sans **doute.** *Elle est sûrement malade.* **II.** De façon sûre, sans risque d'échec ; en sûreté. PROV. *Qui va lentement va sûrement* (italien : *qui va piano va sano*).

suremploi [syʀɑ̃plwa] n. m. ■ Emploi excessif de la main-d'œuvre disponible par suite du manque d'ouvriers sur le marché du travail. / contr. **sous-emploi** / *Secteurs où il y a du suremploi.*

surenchère [syʀɑ̃ʃɛʀ] n. f. **1.** Enchère supérieure à la précédente. **2.** Abstrait. Promesse, offre supérieure. *La surenchère électorale.* ▶ ***surenchérir*** v. intr. ▪ conjug. 2. **1.** Faire une surenchère. *Vous surenchérissez ?* **2.** Proposer, promettre plus qu'un autre. — Renchérir (sur qqch.).

surestimer [syʀɛstime] v. tr. ▪ conjug. 1. ■ Estimer au-delà de son prix. — Apprécier, estimer au-delà de son importance, de sa valeur. / contr. **sous-estimer** / *Ne surestimons pas nos possibilités.* ⇒ **exagérer.** — Pronominalement. *Il se surestime.* — Au p. p. adj. *Des avantages surestimés.* ▶ ***surestimation*** n. f. ■ Le fait de surestimer.

sûreté [syʀte] n. f. **I.** **1.** (Rare, sauf en loc.) Absence de risque, de danger. ⇒ **sécurité.** PROV. *Prudence est mère de sûreté.* — *Pour plus de sûreté,* pour augmenter la sécurité par une précaution supplémentaire. — EN SÛRETÉ : à l'abri du danger. *Les évadés sont à présent en sûreté.* — DE SÛRETÉ : qui est destiné à assurer une protection, à éviter un danger. *Un verrou de sûreté. Une épingle* de sûreté.* **2.** Garantie, assurance d'ordre et de sécurité collective. *La sûreté publique. Complot contre la sûreté de l'État.* **3.** *La Sûreté du Québec,* un corps policier relevant de l'État (ministère de la justice). ⇒ **S.Q.** *Sûreté municipale,* corps policier relevant d'une municipalité. **II.** Caractère de ce qui est sûr, sans danger ou sans risque d'erreur. *La sûreté de son coup d'œil.* **III.** Droit. Garantie. *Donner des sûretés à qqn.*

suret adj. ⇒ ② **sur.**

surexciter [syʀɛksite] v. tr. ▪ conjug. 1. ■ Exciter à l'extrême. ⇒ **énerver.** *Tous ces mystères surexcitaient la curiosité des gens.* ⇒ **exalter, exaspérer.** ▶ ***surexcité, ée*** adj. ■ Qui est dans un état d'excitation, de nervosité extrême. ⇒ **survolté** (2). *Les élèves sont surexcités à l'approche des vacances.* ▶ ***surexcitation*** n. f.

surexposer [syʀɛkspoze] v. tr. ▪ conjug. 1. ■ Exposer à la lumière (la pellicule photographique, un film) plus longtemps ou plus intensément que la normale. — Au p. p. adj. *Des clichés surexposés.* / contr. **sous-exposer** / ▶ ***surexposition*** n. f.

surf [sœʀf] n. m. ■ Anglic. Jeu sportif qui consiste à se laisser porter par une vague déferlante sur une planche. ▶ ***surfeur, euse*** [sœʀfœʀ, øz] n. ■ Personne qui pratique le surf.

surface [syʀfas] n. f. **1.** Partie extérieure (d'un corps) qui le limite en tous sens ; face apparente. *À la surface du globe. La surface de l'eau. Ces poissons nagent en surface,* près de la surface. — FAIRE SURFACE. *Le sous-marin fait surface,* émerge. Fig. (Personnes) Revenir à la conscience. — Abstrait. Ce qu'on observe, ce qu'on comprend d'abord, avec le moins d'effort ; les apparences. / contr. **fond** / *Rester à la surface des choses,* être superficiel. **2.** Superficie. ⇒ **aire.** *Trente-cinq mètres carrés de surface.* — (France) *Magasins à* GRANDE SURFACE : les supermarchés. Absolt. *Une grande surface,* un supermarché. **3.** Géométrie. Zone de l'espace parcourue par une ligne qui se déplace. *Surface plane, courbe.* — *Partie de plan limitée par des segments. Calculez la surface du triangle.* ⇒ **superficie.** **4.** Limite entre deux milieux physiques différents. *Surface de séparation.* **5.** Football. *Surface de réparation*. La surface glacée,* la patinoire. ‹ ▶ resurfaceuse ›

surfait, aite [syʀfɛ, ɛt] adj. ■ Trop apprécié, inférieur à sa réputation. ⇒ **surestimé.** *C'est un livre bien surfait.* ⇒ **décevant.** *Une réputation surfaite.*

surfiler [syʀfile] v. tr. ▪ conjug. 1. ■ Couture. Passer un fil qui chevauche le bord de (un tissu) pour l'empêcher de s'effilocher. — Au p. p. adj. *Un ourlet surfilé.*

surgeler [syʀʒəle] v. tr. ▪ conjug. 5. ■ Soumettre à la surgélation. ⇒ **congeler, geler, réfrigérer.** / contr. **décongeler, dégeler** / *Coopérative qui surgèle des fruits et des légumes.* ▶ ***surgélation*** n. f. ■ Congélation très rapide et à très basse température d'un produit alimentaire. ⇒ **réfrigération.** ▶ ***surgelé, ée*** adj. et n. m. ■ (Aliment) Congelé rapidement et à très basse température, en vue de la conservation. *Des filets de poisson surgelés.* — N. m. *Du surgelé* ou, au plur., *des surgelés,* des produits surgelés. *J'ai acheté des surgelés et les ai mis au congélateur.*

surgénérateur, trice [syʀʒeneʀatœʀ, tʀis] adj. et n. m. ■ Qui produit plus de noyaux fissibles qu'il n'en consomme. *Un réacteur surgénérateur.* — N. m. *Les surgénérateurs.* — REM. On emploie aussi le synonyme *surrégénérateur* adj. et n. m.

surgir [syʀʒiʀ] v. intr. ▪ conjug. 2. **1.** Apparaître brusquement en s'élevant, en sortant de. *L'avion surgit des nuages.* — Au p. p. adj. *Une forme surgie de l'ombre.* **2.** Abstrait. Se manifester brusquement. ⇒ **naître.** *Les objections surgissaient de toute part.* ⇒ **jaillir.** ▶ ***surgissement*** n. m. ■ Littér. Le fait de surgir. ‹ ▶ résurgence, resurgir ›

surhomme [syʀɔm] n. m. ■ Être humain doté de pouvoirs intellectuels ou physiques exceptionnels. ▶ ***surhumain, aine*** [syʀymɛ̃, ɛn] adj. ■ Qui apparaît au-dessus des forces et des aptitudes normales. *Un travail surhumain. Une vertu surhumaine.*

surimpression [syʀɛ̃pʀesjɔ̃] n. f. ■ Impression de deux images photographiques ou plus sur une même surface sensible. *Truquage par surimpression.*

surintendant, ante [syʀɛ̃tɑ̃dɑ̃, ɑ̃t] n. **1.** N. m. Histoire de France. Titre de certains ministres, sous l'Ancien Régime. *Le surintendant (des Finances)*

Fouquet. **2.** N. Responsable de la surveillance d'un chantier de construction, de travaux publics d'une administration.

surir [syʀiʀ] v. intr. ▪ conjug. 2. ■ Devenir sur, un peu aigre. *Le lait a suri.*

surjet [syʀʒɛ] n. m. ■ Point de couture serré servant à assembler deux lisières, ou un tissu et une dentelle. *Faire un surjet* (*surjeter*).

sur-le-champ loc. adv. ⇒ **champ** (II, 2).

surlendemain [syʀlɑ̃dmɛ̃] n. m. ■ Jour qui suit le lendemain (⇒ **après-demain**). *Le surlendemain de son arrivée* (opposé à *avant-veille*).

surlonge [syʀlɔ̃ʒ] ou ***sirloin*** [sœʀlɔjn] n. m. ■ Morceau de bœuf de très bonne qualité provenant de la partie arrière de la longe. *Des steaks de surlonge.* — REM. La forme *sirloin* est un anglicisme.

surmener [syʀməne] v. tr. ▪ conjug. 5. ■ Fatiguer à l'excès (jusqu'au surmenage). ⇒ **épuiser.** — Au p. p. adj. *Des gens surmenés.* N. *Un(e) surmené(e).* — Pronominalement (réfl.). *Elle n'est pas raisonnable, elle se surmène.* ▶ ***surmenage*** n. m. ■ Ensemble des troubles résultant d'un excès d'activité, épuisement professionnel. ⇒ anglic. **burn-out.**

surmonter [syʀmɔ̃te] v. tr. ▪ conjug. 1. **1.** Être placé, situé au-dessus de. *La coupole qui surmonte l'oratoire Saint-Joseph.* **2.** Fig. Aller au-delà de (un obstacle, une difficulté), par un effort victorieux. ⇒ **franchir.** *Surmonter tous les obstacles.* — Vaincre par un effort volontaire (une difficulté psychologique). ⇒ **dominer, maîtriser.** *Surmonter sa répugnance, sa peur.* ▶ ***surmontable*** adj. ■ Qui peut être surmonté (2). / contr. **insurmontable** / ⟨ ▶ insurmontable ⟩

surmulot [syʀmylo] n. m. ■ Gros rat. ≠ *mulot.*

surmultiplié, ée [syʀmyltiplije] adj. ■ Se dit d'un ensemble d'engrenages dans un changement de vitesse imprimant à l'arbre de transmission une vitesse de rotation plus grande que celle de l'arbre moteur. *Voiture qui prend la vitesse surmultipliée à partir de 80 km.* ▶ ***surmultiplication*** n. f. ■ Combinaison d'engrenages permettant l'obtention d'une vitesse surmultipliée.

surnager [syʀna(ɑ)ʒe] v. intr. ▪ conjug. 3. **1.** Se soutenir, rester à la surface d'un liquide. ⇒ **flotter.** *Une mouche morte surnageait dans son verre.* **2.** Abstrait. Subsister, se maintenir (parmi ce qui disparaît). ⇒ **persister.**

surnaturel, elle [syʀnatyʀɛl] adj. **1.** D'origine divine. *L'action surnaturelle de la grâce.* **2.** Qui dépasse les lois de la nature, les explications scientifiques. ⇒ **magique.** *Un sorcier, un mage qui prétend avoir des pouvoirs surnaturels. Une apparition surnaturelle.* ⇒ **miraculeux.** — N. m. *Ils admettent le surnaturel.* **3.** Extraordinaire, prodigieux. *Une beauté surnaturelle.* ⇒ **fantastique.**

surnom [syʀnɔ̃] n. m. **1.** Nom ajouté (lorsqu'il ne s'agit pas du nom de famille). ⇒ **alias.** *Le Bel* (le « beau »), *surnom de Philippe IV.* **2.** Nom attribué à une personne par d'autres. ⇒ **blason** populaire, **sobriquet.** ≠ *pseudonyme.* ▶ ***surnommer*** v. tr. ▪ conjug. 1. ■ Désigner par un surnom. *On l'a surnommé T'sé-là, parce qu'il répète toujours cette expression.*

en ***surnombre*** [ɑ̃syʀnɔ̃bʀ] loc. adv. ■ En trop, par rapport à un nombre normal. ⇒ en **excédent.** *On a reproché au conducteur d'avoir pris des voyageurs en surnombre.* ⇒ **surnuméraire.**

surnuméraire [syʀnymeʀɛʀ] adj. et n. ■ Terme administratif. Qui est en surnombre.

suroît [syʀwa] n. m. **1.** Vent du sud-ouest, dans le langage des marins (opposé à *noroît*). **2.** Chapeau imperméable de marin. *Un pêcheur en ciré avec son suroît.*

surpasser [syʀpɑse] v. tr. ▪ conjug. 1. ■ Être supérieur à (qqn) sous certains rapports. ⇒ **dominer, surclasser.** *Il surpasse son frère, tant en force qu'en souplesse.* — V. pron. réfl. SE SURPASSER : faire encore mieux qu'à l'ordinaire. *La cuisinière s'est surpassée.* ⟨ ▶ insurpassable ⟩

surpeuplé, ée [syʀpœple] adj. ■ Dont les habitants sont trop nombreux. *Région, maison surpeuplée.* / contr. **dépeuplé** / ▶ ***surpeuplement*** n. m. ■ État d'un lieu surpeuplé. ▶ ***surpopulation*** n. f. ■ Population excessive par rapport aux ressources disponibles. *L'Inde et la Chine, éprouvent de graves problèmes de surpopulation.*

surplis [syʀpli] n. m. invar. ■ Vêtement liturgique, blanc, à manches larges, souvent plissé, porté pardessus la soutane. *Enfants de chœur en surplis.*

surplomb [syʀplɔ̃] n. m. ■ Partie d'un bâtiment qui est en saillie par rapport à la base. — EN SURPLOMB : qui présente un surplomb. *Une falaise en surplomb,* dont la base est creusée par l'action des vagues. ▶ ***surplomber*** v. ▪ conjug. 1. **1.** V. intr. Dépasser par le sommet la ligne de l'aplomb. *Mur qui surplombe,* qui penche. **2.** V. tr. Faire saillie au-dessus de. *Le viaduc surplombe le port.* ▶ ***surplombant, ante*** adj. ■ Qui surplombe, fait saillie.

surplus [syʀply] n. m. invar. **1.** Ce qui excède la quantité, la somme voulue. ⇒ **excédent.** — Stock vendu à très bas prix. *Les surplus américains* (stocks de matériel militaire). *Magasin de surplus.* — *Un surplus* (ou, fam., *de guerre*), ce type de magasin. **2.** Littér. Loc. AU SURPLUS : au reste, d'ailleurs.

surpopulation n. f. ⇒ **surpeuplé.**

surprendre [syʀpʀɑ̃dʀ] v. tr. ▪ conjug. 58. **1.** Prendre sur le fait. ⇒ **pogner.** *On les a surpris en train de fouiller dans l'armoire.* — Découvrir (ce que qqn cache). *Tu as surpris mon secret.* **2.** Se présenter inopinément à (qqn). *Il m'a surprise en petite tenue.* — Attaquer par surprise. *La sentinelle, la patrouille s'est laissé surprendre.* — (Suj. chose) *L'orage nous a surpris.* **3.** Frapper l'esprit de (qqn qui ne s'y attend pas ou s'attend à autre chose). ⇒ **déconcerter, étonner, stupéfier.** *Vous me surprenez, cela semble incroyable. Cela me surprendrait,* je ne crois pas que ce soit possible. — Au passif et au p. p. adj. *J'en suis surpris, agréablement surpris. Vous paraissez surpris de nous trouver ici, que nous soyons ici.* **4.** V. pron. SE SURPRENDRE À (+ infinitif) : se découvrir soudain en train de (faire, penser qqch. sans l'avoir voulu). *Je me suis surpris à les tutoyer.* **5.** Loc. Littér. *Surprendre la bonne foi de qqn,* le tromper en lui faisant commettre de bonne foi une faute, une erreur. ▶ ***surprenant, ante*** adj. **1.** Qui surprend, étonne. ⇒ **étonnant.** *Une surprenante nouvelle. Une grève surprenante.* ⇒ **sauvage** **2.** Remarquable. *Ses progrès ont été surprenants.* ▶ ***surprise*** n. f. **1.** Action ou attaque inopinée (surtout dans la loc. PAR SURPRISE). *Prendre qqn par surprise. Vous avez obtenu mon accord par surprise.* ⇒ à l'**improviste, inopinément.** — En appos. *Une grève surprise,* inattendue, soudaine. ⇒ **inopiné. 2.** État de qui est surpris, émotion provoquée par qqch. d'inattendu. ⇒ **étonnement.** *Sa surprise n'était pas feinte. Une exclamation de surprise. À ma grande surprise, il m'a remerciée.* **3.** Ce qui surprend ; chose inattendue. *Une mauvaise surprise l'attend. Un voyage sans surprise,* qui se passe normalement. **4.** Plaisir ou cadeau fait à qqn de manière à le surprendre agréablement. *On veut vous faire une surprise, vous apporter une petite surprise.* — En appos. *Pochette-surprise.* ⇒ **pochette.**

surpression [syʀpʀɛsjɔ̃] n. f. ■ Pression supérieure à la normale. *La surpression peut faire ouvrir une soupape.*

surproduction [syʀpʀɔdyksjɔ̃] n. f. ■ Production excessive par rapport aux besoins. / contr. **sous-production** / *La surproduction entraîne des surplus.*

surprotéger [syʀpʀɔteʒe] v. tr. ▪ conjug. 6. et 3 ■ Protéger (qqn) à l'excès (sur le plan psychologique). ⇒ ① **couver.** — Absolt. *Certains parents ne pensent qu'à surprotéger.* — Au p. p. adj. *Une enfant surprotégée.* ▶ ***surprotection*** n. f. ■ Le fait de surprotéger (qqn). — Son résultat.

surréalisme [syʀʀealism] n. m. ■ Ensemble de procédés de création et d'expression utilisant des forces psychiques (automatisme, rêve, inconscient) libérées du contrôle de la raison ; mouvement littéraire et artistique (fondé par André Breton) recommandant ces formes. ▶ ***surréaliste*** adj. et n. ■ *La poésie surréaliste. Peintre surréaliste.* — N. *Les surréalistes belges.*

surrégénérateur adj. et n. m. ⇒ **surgénérateur** (REM.).

surrénal, ale, aux [sy(ʀ)ʀenal, o] adj. et n. ■ Placé au-dessus du rein. — N. f. *Les surrénales,* glandes endocrines qui produisent l'adrénaline.

surréservation [syʀ(ʀ)ezɛʀvasjɔ̃] n. f. ■ Location (dans les transports aériens, l'hôtellerie) d'un nombre de places supérieur à celui dont on dispose, en prévision d'éventuelles annulations ou défections.

sursaut [syʀso] n. m. **1.** Mouvement involontaire qui fait qu'on se dresse brusquement, sous l'action d'une sensation brutale. ⇒ **soubresaut.** *Il a eu un sursaut en entendant frapper à la fenêtre. Se réveiller* EN SURSAUT : brusquement. **2.** Regain subit (d'un sentiment conduisant à une réaction vive). *Dans un dernier sursaut d'énergie.* ▶ ***sursauter*** v. intr. ▪ conjug. 1. ■ Avoir un sursaut. ⇒ **tressaillir, tressauter.** *Sursauter de peur, de surprise.*

surseoir [syʀswaʀ] v. tr. ind. ▪ conjug. 26. (forme en *-oi*) ■ SURSEOIR À : attendre l'expiration d'un délai pour procéder à (un acte juridique, l'application de certaines mesures...). ⇒ **différer, remettre.** *Le juge sursoit à l'exécution de la peine.* ⟨ ▶ sursis ⟩

sursis [syʀsi] n. m. invar. **1.** Décision de surseoir à qqch., remise à une date postérieure. *Sursis (à l'exécution des peines),* grâce accordée sous condition par le tribunal au délinquant qui n'a pas subi de condamnation antérieure. *Trois ans de prison dont deux avec sursis* (un an de prison ferme). — (France) *Sursis (d'appel, d'incorporation),* report du service militaire à une date postérieure à la date normale. — *Étudiant qui demande un sursis.* **2.** Période de répit. ⇒ **délai.** *Les vacances laissent un sursis au gouvernement.* ▶ ***sursitaire*** adj. et n. ■ Qui bénéficie d'un sursis, notamment, en France, d'un sursis d'incorporation.

surtaxe [syʀtaks] n. f. ■ Majoration d'une taxe ; droit perçu en même temps qu'une autre taxe. *Ta lettre était insuffisamment affranchie et j'ai dû payer une surtaxe.*

surtemps [syʀtɑ̃] n. m. Fam. **1.** Sports. Prolongation (d'un match). ⇒ **supplémentaire.** *Période de surtemps. But compté en surtemps.* **2.** Heures de travail supplémentaires. *Faire du surtemps.* — REM. Ce mot est critiqué comme calque de l'anglais.

① ***surtout*** [syʀtu] adv. **1.** Avant tout, plus que tout autre chose. — (Renforçant un conseil, un ordre) *Surtout ne dites rien !* **2.** Plus particulièrement. ⇒ **principalement.** *Il aime le sport, surtout le football.* **3.** Fam. SURTOUT QUE... : d'autant plus que...

② ***surtout*** n. m. **1.** Pièce de vaisselle ou d'orfèvrerie décorative, qu'on place sur une table. *Des surtouts de vermeil.* **2.** Vêtement, blouse que l'on met par-dessus les autres pour les protéger.

surveiller [syʀveje] v. tr. ▪ conjug. 1. **1.** Observer (qqn) avec une attention soutenue, de manière à exercer un contrôle, à maintenir l'ordre, à éviter un danger. *On nous surveille de près.* — Au p. p. adj. LIBERTÉ SURVEILLÉE : situation de délinquants laissés libres mais obligés de se rapporter périodiquement à la police. **2.** Suivre avec attention (un travail) de manière à constater si tout se déroule comme il faut. ⇒ **contrôler, inspecter, superviser.** **3.** Être attentif à (qqch. de personnel). *Elle surveille sa ligne,* elle craint de grossir. *Surveillez votre langage !* — Pronominalement (réfl.). *Il ne se surveille pas assez quand il parle.* ▶ ***surveillance*** [syʀvɛjɑ̃s] n. f. ■ Le fait de surveiller ; ensemble des actes par lesquels on exerce un contrôle suivi. *La surveillance des gardiens s'était relâchée. Être sous la surveillance de qqn,* être surveillé par lui. *On lui a confié la surveillance des travaux.* — (France) *Direction de la surveillance du territoire* (D.S.T.), chargée de la répression de l'espionnage. — *Surveillance médicale,* situation d'un malade, d'un blessé dont l'état est suivi attentivement par les médecins. ▶ ***surveillant, ante*** n. **1.** Personne qui surveille ce dont elle a la responsabilité. ⇒ ④ **garde, gardien.** *Des surveillants de prison.* ⇒ **matrone.** — Agent chargé de surveiller des travaux. **2.** Personne chargée de la discipline dans un établissement d'enseignement, une communauté. *Surveillant d'internat.* ⇒ fam. **pion.** — (France) *Surveillant(e) général(e),* membre du personnel administratif d'un lycée, au-dessous du proviseur et du principal (abrév. fam. : SURGÉ). ⟨ ▶ télésurveillance ⟩

survenir [syʀvəniʀ] v. intr. ▪ conjug. 22. ■ (Personnes, choses) Arriver, venir à l'improviste, brusquement. *Une grave crise est survenue.* — Impers. *S'il survient un visiteur, dites que je ne suis pas là.*

survêtement [syʀvɛtmɑ̃] n. m. ■ Blouson, pantalon molletonné que les sportifs passent sur leur tenue de sport. *Un survêtement d'hiver.* ⇒ **habit** de neige.

survie [syʀvi] n. f. **1.** Vie de l'âme après la mort. **2.** Le fait de survivre, de se maintenir en vie. *Une survie de plusieurs années obtenue grâce à une intervention chirurgicale. Un équipement de survie. L'instinct de survie.*

survivre [syʀvivʀ] v. ▪ conjug. 46. **I.** V. tr. ind. SURVIVRE À. **1.** Demeurer en vie après la mort de (qqn). *Elle a survécu à tous les siens.* — Vivre encore après (un temps révolu, une chose passée). **2.** (Choses) Exister encore après, durer plus longtemps que. *L'œuvre d'art survit à son auteur.* **3.** Continuer à vivre après (une chose insupportable). *Il n'a pu survivre à la honte.* **4.** Échapper à (une mort violente et collective). *Ils ont survécu à la déportation* (⇒ **survivant**). **5.** SE SURVIVRE v. pron. : continuer à exercer une influence, après sa mort. *Il se survit dans ses enfants.* — Vivre encore alors qu'on n'est plus soi-même, qu'on a perdu ses qualités. *Cet auteur se survit, il n'écrit plus rien de bon.* **II.** V. intr. **1.** Continuer à vivre, rester en vie. *L'espoir de survivre.* **2.** (Choses) Rester, subsister. *Rien ne survivra de cette œuvre.* ▶ ***survivance*** n. f. ■ Ce qui survit, ce qui subsiste d'une chose disparue. *La bénédiction du Jour de l'An est la survivance d'une très vieille tradition.* ▶ ***survivant, ante*** n. **1.** Personne qui survit à qqn, à d'autres. *La totalité des biens appartiendra au dernier survivant,* à celui ou celle (mari ou femme) qui vivra le plus longtemps. **2.** Personne qui survit à l'époque, à la société à laquelle elle appartenait. *Les rares survivants d'une époque révolue.* **3.** Personne qui a échappé à la mort là où d'autres sont mortes. ⇒ **rescapé.** *Il n'y a aucun survivant parmi les passagers de l'avion,* tous sont morts.

survoler [syʀvɔle] v. tr. ▪ conjug. 1. **1.** (Oiseaux, avions...) Voler au-dessus de. *Nous avons survolé les Rocheuses.* **2.** Examiner de façon rapide et superficielle. *Tu n'as fait que survoler la question.* ▶ ***survol*** n. m. ▪ Action de survoler (1 ou 2).

survolté, ée [syʀvɔlte] adj. **1.** (Courant, appareils électriques) Dont le potentiel est anormalement élevé. **2.** Dont la tension nerveuse est extrême. ⇒ **surexcité, tendu.** *Il était survolté.* ▶ ***survoltage*** n. m. ▪ Action d'augmenter le potentiel (voltage) électrique (d'une batterie). *Le survoltage d'une voiture à l'aide de câbles fixés sur une autre batterie.*

sus [sy(s)] adv. **1.** Littér. *Courir sus à qqn,* l'attaquer. *Sus* [sys] *à l'ennemi !* **2.** EN SUS DE loc. prép. : en plus de (une somme fixée par la loi). ⇒ en **dehors** de.

sus-, -sus ▪ Éléments qui signifient « en haut, plus haut, sur » (ex. : *susdit, dessus*). ⇒ **sur-.**

① ***susceptible*** [sysɛptibl] adj. — SUSCEPTIBLE DE. **1.** Qui peut présenter (un caractère), recevoir (une impression), subir (une modification). *Cette phrase est susceptible de deux interprétations, d'être interprétée de deux façons.* **2.** (+ infinitif) Capable de (par capacité ou à l'occasion). *Des propositions susceptibles de vous intéresser. Elle est susceptible d'accepter,* il est possible, probable qu'elle accepte.

② ***susceptible*** adj. ▪ (Personnes) Particulièrement sensible dans son amour-propre ; qui se vexe, s'offense facilement. ⇒ **chatouilleux, ombrageux.** *Être très susceptible. Je ne suis pas particulièrement susceptible, mais ils ont été trop loin.* ▶ ***susceptibilité*** n. f. ▪ Caractère d'une personne susceptible. *Vous devrez ménager sa susceptibilité.*

susciter [sysite] v. tr. ▪ conjug. 1. **1.** Littér. Faire exister (qqch.) pour aider ou pour contrecarrer, faire agir (qqn) en tant qu'ami ou ennemi. ⇒ **créer.** *On lui a suscité des ennuis, des adversaires.* **2.** Faire naître (un sentiment, une idée). ⇒ **éveiller, exciter, provoquer, soulever.** *L'affaire suscitait un intérêt profond.*

suscription [syskʀipsjɔ̃] n. f. ▪ Terme administratif. Adresse d'une lettre. ≠ *souscription.*

sushi [suʃi] n. m. ▪ Préparation culinaire japonaise, constituée de riz vinaigré et assaisonné, avec du poisson (cru ou cuit), des légumes, des œufs, etc., présentés en rouleaux, tranches ou petites boules. *La carte propose un assortiment de sushis.* — Restaurant qui sert ce type de nourriture. *Aller dans un sushi* ou *un sushi-bar.*

suspect, ecte [syspɛ, ɛkt] adj. et n. **1.** (Personnes) Qui est soupçonné ou éveille les soupçons. *Un individu suspect. Ils se sont rendus suspects à tous par leurs réponses contradictoires.* — N. *Trois suspects ont été arrêtés.* — *Suspect de...,* qu'on soupçonne ou peut soupçonner de... ⇒ **douteux, louche ; suspicion.** **2.** (Choses) Qui éveille les soupçons ou le doute. *Un témoignage suspect. Son enthousiasme m'est suspect.* ▶ ***suspecter*** [syspɛkte] v. tr. ▪ conjug. 1. ▪ Tenir pour suspect (une personne ou une chose). ⇒ **soupçonner.** *Il s'indigne qu'on suspecte sa bonne foi. On le suspecte de mensonge, d'avoir menti.*

① ***suspendre*** [syspɑ̃dʀ] v. tr. ▪ conjug. 41. **1.** Interrompre (une action) pour quelque temps. ⇒ **arrêter.** / contr. **continuer** / *On a dû suspendre la séance. Les combats sont suspendus pour deux jours par une trêve* (⇒ ① **suspension**). **2.** Mettre un terme aux activités, aux effets de. *Les autorités ont suspendu certaines libertés, certains journaux.* — *Suspendre qqn,* le destituer provisoirement. *Suspendre un joueur pour dix matchs.* **3.** Remettre à plus tard, réserver. *Je suspends mon jugement.* ‹ ▶ en suspens, suspense, ① suspension ›

② ***suspendre*** v. tr. ▪ conjug. 41. **1.** Tenir ou faire tenir (une chose, une personne), de manière à ce qu'elle pende. ⇒ **accrocher.** *Suspendre un jambon au plafond, un tableau au mur.* — Au p. p. adj. *Un lustre suspendu à un crochet.* — Pronominalement. *Il s'est suspendu au trapèze.* **2.** *Être suspendu aux lèvres de qqn,* l'écouter avec avidité. (→ boire ses paroles.) ▶ ***suspendu, ue*** adj. **1.** PONT SUSPENDU : dont le tablier est maintenu par des câbles. **2.** *Véhicule* BIEN, MAL SUSPENDU : dont la suspension (②, I, 2) est plus ou moins souple. **3.** Qui semble être accroché à une certaine hauteur. *Un village suspendu aux rochers. Jardins suspendus,* en terrasses. ‹ ▶ ② suspension ›

en suspens [ɑ̃syspɑ̃] loc. adv. ▪ Dans l'indécision, sans solution, sans achèvement. *La question reste en suspens. On a laissé les travaux en suspens.*

suspense [sy(ɔ)spɛns] n. m. ▪ Anglic. Dans un film, un récit, etc. Moment ou passage qui fait naître un sentiment d'attente angoissée. — Ce sentiment. *À la fin du match, il y a eu du suspense, un beau suspense.* — REM. On peut dire (mieux) *du suspens* [syspɑ̃].

① ***suspension*** [syspɑ̃sjɔ̃] n. f. **1.** Interruption ou remise à plus tard. — Loc. *Suspension d'armes,* arrêt concerté, local et momentané, des opérations de guerre. ⇒ **trêve.** *Suspension d'audience,* décidée par le président du tribunal. **2.** Fait de retirer ses fonctions (à un magistrat, à un fonctionnaire...) à titre de sanction disciplinaire. *Une suspension de dix matchs.* **3.** POINTS DE SUSPENSION notés ... : marquent l'interruption d'un énoncé ; notés (...), entre parenthèses, marquent une coupure dans le texte cité.

② ***suspension*** n. f. **I.** **1.** Manière dont un objet suspendu est maintenu en équilibre stable. *La suspension du tablier d'un pont* (suspendu) *par des câbles tendus entre les pylônes.* **2.** Appui élastique (d'un véhicule) sur ses roues. *Une bonne suspension.* — Ensemble des pièces (amortisseurs, ressorts) assurant la liaison élastique du véhicule et des roues. **3.** EN SUSPENSION : se dit de particules solides baignant dans un liquide ou dans un gaz (opposé à *précipitation*). **II.** Appareil d'éclairage muni de lampes et d'un abat-jour. ⇒ **lustre.** *Une suspension et des appliques.*

suspicion [syspisjɔ̃] n. f. ▪ Littér. Le fait de considérer comme suspect, de ne pas avoir confiance. ⇒ **défiance, méfiance.** *Il nous tient en suspicion. Un regard plein de suspicion.* ⇒ **soupçon.**

sustentation [systɑ̃tasjɔ̃] n. f. ▪ Fait de soutenir, de se soutenir en équilibre. — Loc. *Polygone de sustentation,* formé par des points d'appui au sol qui permettent de rester en équilibre stable.

se sustenter [systɑ̃te] v. pron. ▪ conjug. 1. ▪ Se nourrir. ⇒ se **restaurer.**

susurrer [sysyʀe] v. ▪ conjug. 1. **1.** V. intr. Murmurer doucement. ⇒ **chuchoter.** **2.** V. tr. *Il lui susurrait des mots doux à l'oreille.*

suture [sytyʀ] n. f. ▪ Réunion, à l'aide de fils, de parties de chair coupées. *On a fait au blessé une suture, plusieurs points de suture.*

suzerain, aine [syzʀɛ̃, ɛn] n. ▪ Dans le système féodal. Seigneur qui avait concédé un fief à un vassal.

Le suzerain devait protection et justice à ses vassaux. ▶ ***suzeraineté*** n. f. ■ Qualité de suzerain. — Littér. Souveraineté.

svastika ou ***swastika*** [svastika] n. m. **1.** Emblème religieux de l'Inde, croix à extrémités à angle droit. **2.** Croix gammée, ressemblant au svastika (1). *Le svastika, emblème du parti nazi.*

svelte [svɛlt] adj. ■ Qui produit une impression de légèreté, de souplesse, par sa forme élancée. ⇒ ① **fin, mince.** *Une svelte jeune fille.* ⇒ **élancé ;** fam. **fanal.** *Une taille svelte.* ▶ ***sveltesse*** n. f.

S.V.P. [ɛsvepe] ■ Abrév. de *s'il vous plaît.*

sweepstake [swipstɛk] n. m. ■ Anglic. Loterie où l'attribution des prix dépend à la fois d'un tirage et du résultat d'une course. *Des sweepstakes.*

① ***swing*** [swiŋ] n. m. Anglic. **1.** Coup de poing donné en ramenant horizontalement ou obliquement le bras, de l'extérieur à l'intérieur. **2.** Golf. Mouvement de balancement du joueur qui frappe la balle.

② ***swing*** n. m. **1.** Vx. Danse sur une musique très rythmée, inspirée du jazz. *Orchestre de swing.* **2.** Fluidité rythmique propre à la musique de jazz. *Cet orchestre a du swing.*

sy- ⇒ **syn-.**

sybarite [sibaʀit] n. ■ Littér. Personne qui, comme les habitants de l'antique Sybaris, recherche les plaisirs de la vie dans une atmosphère raffinée. ⇒ **jouisseur, voluptueux.** / contr. **ascète** / ▶ ***sybaritisme*** n. m.

sycomore [sikɔmɔʀ] n. m. **1.** Figuier originaire d'Égypte, au bois très léger et imputrescible. **2.** Érable blanc, faux platane.

syl- ⇒ **syn-.**

syllabe [si(l)lab] n. f. ■ Voyelle ou groupe de consonnes et de voyelles se prononçant d'une seule émission de voix. *Parler en détachant les syllabes. Des vers de douze syllabes* (alexandrins). ≠ *pied. Elle n'a pas prononcé une syllabe,* un seul mot. ▶ ***syllabique*** adj. ⟨ ▶ dissyllabique, dodécasyllabe, monosyllabe, octosyllabe, polysyllabe, trisyllabe ⟩

syllogisme [si(l)lɔʒism] n. m. ■ Raisonnement déductif rigoureux qui, ne supposant aucune proposition étrangère sous-entendue, lie des prémisses* à une conclusion (ex. : *Si tout B est A et si tout C est B, alors tout C est A*).

sylphe [silf] n. m. ■ Génie aérien des mythologies gauloise et germanique. ⇒ **elfe.** ▶ ***sylphide*** [silfid] n. f. ■ Génie aérien féminin plein de grâce. *Elle a une taille de sylphide,* très mince.

sylvestre [silvɛstʀ] adj. ■ Littér. Propre aux forêts, aux bois. ▶ ***sylviculture*** n. f. ■ Exploitation rationnelle des arbres forestiers (conservation, entretien, reboisement, etc.). ⇒ **foresterie.**

sym- ⇒ **syn-.**

symbiose [sɛ̃bjoz] n. f. **1.** Sciences. Association biologique, durable et réciproquement profitable, entre deux ou plusieurs êtres vivants. *Les lichens sont formés d'algues et de champignons vivant en symbiose.* **2.** Littér. Étroite union. *Symbiose entre deux théories.*

symbole [sɛ̃bɔl] n. m. **I. 1.** Être, objet ou fait qui, par sa forme ou sa nature, évoque spontanément (dans une société ou une civilisation donnée) quelque chose d'abstrait ou d'absent. ⇒ **emblème, signe.** *La colombe est le symbole de la paix. Le blanc est le symbole de la pureté. Les mythes et les symboles populaires.* — Image ou énoncé qui vaut par ce qu'il (elle) évoque. ⇒ **allégorie, image, métaphore. 2.** Signe ou abréviation conventionnel(le) employé(e) dans les sciences. *Symbole algébrique. 0, symbole chimique de l'oxygène.* **3.** Personne qui représente, évoque (qqch.) de façon exemplaire. ⇒ **personnification.** *Elle est le symbole de la générosité.* **II.** Formule dans laquelle l'Église chrétienne résume sa foi. *Le symbole des apôtres commence par « Je crois en Dieu... ».* ▶ ***symbolique*** adj. et n. f. **I.** Adj. **1.** Qui constitue un symbole, repose sur un ou des symboles. ⇒ **allégorique, emblématique. 2.** Qui vaut surtout par ce qu'il représente ; qui est le signe d'autre chose. *Il a obtenu le dollar symbolique de dommages et intérêts. Un salaire symbolique,* minuscule. **II.** N. f. Système de symboles. *La symbolique des animaux, au Moyen Âge.* ▶ ***symboliquement*** adv. ▶ ***symboliser*** v. tr. ▪ conjug. 1. **1.** Représenter par un symbole. *La balance symbolise la justice.* **2.** (Personnes ou choses) Être le symbole de (une abstraction). ▶ ***symbolisme*** n. m. **1.** Figuration par des symboles, système de symboles. *Le symbolisme religieux. Le symbolisme des masques africains.* **2.** Mouvement littéraire et d'arts plastiques (de la fin du XIXe s.) qui s'efforça de fonder l'art sur une vision symbolique et spirituelle du monde. ▶ ***symboliste*** adj. et n. ■ Du symbolisme. — N. Membre du mouvement du symbolisme. *Verlaine fut l'un des plus célèbres symbolistes.*

symétrie [simetʀi] n. f. **1.** Distribution régulière de parties, d'objets semblables de part et d'autre d'un axe, autour d'un centre. *La parfaite symétrie des deux ailes d'un château. La symétrie de deux points par rapport à un troisième* (qui se trouve au milieu du segment qui joint les deux autres). *Axe de symétrie,* droite par rapport à laquelle il y a symétrie. **2.** Littér. Régularité et harmonie, dans les parties d'un objet ou dans la disposition d'objets semblables. *Un visage qui manque de symétrie.* ▶ ***symétrique*** adj. ■ Qui présente une symétrie, est en rapport de symétrie (1). ▶ ***symétriquement*** adv. ■ *Des ornements disposés symétriquement.* ⟨ ▶ asymétrie, dissymétrie ⟩

sympa adj. ⇒ ① **sympathique.**

sympathie [sɛ̃pati] n. f. **1.** Relations entre personnes qui, ayant des affinités, se conviennent, se plaisent spontanément et réciproquement. *La sympathie qui existe entre eux.* ⇒ **entente.** — Sentiment chaleureux et spontané qu'une personne éprouve (pour une autre). ⇒ **amitié, cordialité, penchant.** / contr. **antipathie** / *J'ai beaucoup de sympathie pour ces gens.* **2.** Bonne disposition (à l'égard d'une action, d'une production humaine). *Accueillir un projet avec sympathie.* **3.** Participation à la douleur d'autrui (*-pathie* veut dire « douleur »), fait de ressentir tout ce qui le touche. *Croyez à toute ma sympathie.* — Au plur. Fam. *Offrir ses sympathies à qqn* à l'occasion d'un décès). ⇒ **condoléances.** ▶ ① ***sympathique*** adj. **I.** *Encre* sympathique.* **II. 1.** Qui inspire la sympathie. ⇒ **agréable, aimable,** ① **fin ;** anglic. **smatte.** / contr. **antipathique** / *Je le trouve très sympathique. Elle m'est très sympathique.* **2.** (Choses) Fam. Très agréable. *Une petite plage sympathique.* — (France) Abrév. fam. invar. SYMPA. *Ils sont sympa. Une soirée assez sympa.* ▶ ***sympathiquement*** adv. ■ Avec sympathie, d'une façon sympathique. ▶ ***sympathiser*** v. intr. ▪ conjug. 1. ■ S'entendre bien dès la première rencontre. *Nous avons tout de suite sympathisé.* ▶ ***sympathisant, ante*** n. ■ Personne qui, sans appartenir à un parti, à un groupe, approuve l'essentiel de sa politique, de son action. *Les militants et les sympathisants.*

② ***sympathique*** n. m. ■ LE SYMPATHIQUE : système nerveux périphérique *(orthosympathique)* qui commande les mouvements inconscients, incontrôlés comme ceux de l'œil, du cœur, des poumons, la sueur, les frissons, etc. — REM. On disait aussi : *le grand sympathique.*

symphonie [sɛ̃fɔni] n. f. **1.** Composition musicale à plusieurs mouvements, construite sur le plan de la sonate* et exécutée par un nombre important d'instrumentistes. *Les neuf symphonies de Beethoven.* — *Symphonie concertante,* concerto à plusieurs solistes. **2.** Littér. Ensemble harmonieux. *Une symphonie de parfums, de couleurs.* ▶ ***symphonique*** adj. **1.** POÈME SYMPHONIQUE : composition musicale assez ample, écrite pour tout l'orchestre et illustrant un thème précis. **2.** Qui appartient à la symphonie, à la musique classique pour grand orchestre. *Concert, musique symphonique.* — *Orchestre symphonique.*

symposium [sɛ̃pozjɔm] n. m. ■ Congrès scientifique réunissant un nombre restreint de spécialistes et traitant un thème particulier. ⇒ **colloque, forum, séminaire, table ronde.** *Un symposium sur la sculpture amérindienne.*

symptôme [sɛ̃ptom] n. m. **1.** Phénomène, caractère observable lié à une maladie qu'il permet de déceler, dont il est le signe*. *Plusieurs symptômes associés font un syndrome.* **2.** Ce qui manifeste, révèle ou permet de prévoir (un état, une évolution). ⇒ **indice, présage, signe.** *Les symptômes avant-coureurs d'une crise.* ▶ ***symptomatique*** [sɛ̃ptɔmatik] adj. **1.** Qui constitue un symptôme de maladie. *Une douleur symptomatique.* **2.** Qui révèle ou fait prévoir (un état ou un processus caché). ⇒ **caractéristique.** *Leur réaction a été symptomatique.*

syn- ou **sy-, syl-, sym-** ■ Éléments de mots savants, qui marquent l'idée de réunion dans l'espace ou le temps.

synagogue [sinagɔg] n. f. ■ Édifice, temple consacré au culte israélite.

synchrone [sɛ̃kʀo(ɔ)n] adj. ■ Qui se produit dans le même temps ou à des intervalles de temps égaux. ⇒ **simultané.** *Mouvements synchrones.* ▶ ***synchronique*** adj. ■ Qui concerne, étudie les phénomènes, les événements qui ont lieu en même temps. ▶ ***synchroniser*** [sɛ̃kʀɔnize] v. tr. ▪ conjug. 1. **1.** Rendre synchrones (des phénomènes, des mouvements, des mécanismes). *Synchronisons nos montres,* mettons-les à la même heure. — Au p. p. adj. *Gymnaste parfaitement synchronisé,* dont les gestes s'enchaînent harmonieusement. *Compétition de nage synchronisée. Feux de signalisation synchronisés,* assurant une circulation régulière. — Mettre en concordance (la piste sonore et la bande des images d'un film). ⇒ **postsynchroniser. 2.** Faire s'accomplir simultanément (plusieurs actions appartenant à des séries différentes). ▶ ***synchronisation*** n. f. ■ Opération par laquelle on synchronise (1). ▶ ***synchronisme*** n. m. **1.** Caractère de ce qui est synchrone (phénomènes physiques, mouvements) ou synchronisé (mécanismes, dispositifs). **2.** Coïncidence de dates, identité ou concordance d'époques. / contr. **anachronisme** / ⟨ ▶ postsynchroniser ⟩

① **syncope** [sɛ̃kɔp] n. f. ■ Arrêt ou ralentissement marqué des battements du cœur, accompagné de la suspension de la respiration et de la perte de la conscience. ⇒ **connaissance** (3), **évanouissement.** *Avoir une syncope. Tomber en syncope.*

② **syncope** n. f. ■ Musique. Prolongation sur un temps fort d'un élément accentué sur un temps faible. ▶ ***syncopé, ée*** adj. ■ Caractérisé par un emploi systématique de la syncope. *Le rythme syncopé du swing, du rock.*

syncrétisme [sɛ̃kʀetism] n. m. ■ Didact. Combinaison de doctrines, de systèmes initialement incompatibles. *Le syncrétisme religieux du vaudou.*

syndic [sɛ̃dik] n. m. **1.** Moyen Âge. Représentant des habitants, dans les villes franches. **2.** *Syndic des gens de mer,* agent des Affaires maritimes chargé d'un bureau d'affaires maritimes. **3.** *Syndic de faillite,* auxiliaire de justice chargé par un tribunal d'administrer provisoirement une entreprise en faillite. **4.** Mandataire choisi par les copropriétaires d'un immeuble et chargé de l'administrer. ⟨ ▶ syndicat ⟩

syndicat [sɛ̃dika] n. m. **1.** (France) Association qui a pour objet la défense d'intérêts communs. *Un syndicat de copropriétaires. Syndicat de communes,* qui gère des services communs à plusieurs communes. — SYNDICAT D'INITIATIVE : organisme destiné à développer le tourisme dans une localité ; service qui en dépend. **2.** Association qui a pour objet la défense d'intérêts professionnels. *Syndicat patronal, de fonctionnaires. Syndicats ouvriers. Carte du syndicat.* **3.** (Employé seul) *Syndicat,* syndicat ouvrier, de salariés. *L'action sociale, les revendications salariales des syndicats.* ⇒ **syndicalisme ; syndical** (2). ▶ ***syndical, ale, aux*** adj. **1.** Relatif à une association professionnelle. *Chambre syndicale,* syndicat patronal. **2.** Relatif à un syndicat de salariés, au syndicalisme. *Les grandes centrales syndicales québécoises* (C.E.Q., C.S.D., C.S.N., F.T.Q., etc.). *Délégué syndical.* ⇒ **syndicaliste.** *Luttes syndicales.* ▶ ***syndicalisme*** n. m. ■ Le fait social et politique que représentent l'existence et l'action des syndicats de travailleurs salariés (⇒ **syndicat**, 2, 3) ; leur mouvement, leur doctrine. *Les lois sociales sont une conquête du syndicalisme.* — Activité exercée dans un syndicat. *Faire du syndicalisme.* ▶ ***syndicaliste*** n. ■ Personne qui fait partie d'un syndicat et y joue un rôle actif. — Adj. *Le mouvement syndicaliste.* ≠ *syndiqué.* ▶ *se* ***syndiquer*** v. pron. ▪ conjug. 1. ■ Se grouper en un syndicat ; adhérer à un syndicat (surtout 3). ▶ ***syndiqué, ée*** adj. ■ Qui fait partie d'un syndicat. — N. *Les syndiqués et les non-syndiqués d'une entreprise.* ≠ *syndicaliste.* ⟨ ▶ intersyndical ⟩

syndrome [sɛ̃dʀom] n. m. ■ Médecine. Ensemble de symptômes cliniques ou biologiques (analyses), caractérisant un état pathologique et permettant d'orienter le diagnostic. — *Le syndrome de Stockholm,* les relations d'amitié, de sympathie qui se développent entre un otage et son ou ses ravisseurs, après un certain temps de captivité.

synecdoque [synɛkdɔk] n. f. ■ Didact. Figure de rhétorique, variété de métonymie qui consiste à évoquer le référent par plus petit (ex. : *une voile* pour *un navire*) ou par plus grand (ex. : *le Canada* pour *l'équipe du Canada*) que lui.

synode [sinɔd] n. m. ■ Assemblée d'ecclésiastiques convoquée par un évêque. — Dans certaines Églises protestantes. Réunion de pasteurs. — *Le saint-synode,* le conseil suprême de l'Église russe.

synodique [sinɔdik] adj. ■ Astronomie. Relatif à une conjonction d'astres.

synonyme [sinɔnim] adj. et n. m. **1.** Adj. Se dit de mots ou d'expressions qui ont un sens identique ou très voisin. / contr. **antonyme, contraire.** / *« Marjolaine » et « origan », « jaunisse » et « ictère » sont synonymes.* — *Pour eux, modernisme est synonyme de décadence,* équivaut à. **2.** N. m. Mot ou expression synonyme. *Les synonymes exacts sont rares.* ▶ ***synonymie*** n. f. ■ Relation entre deux mots, deux expressions synonymes. ▶ ***synonymique*** adj. ■ *Un réseau synonymique.*

synopsis [sinɔpsis] n. m. ou f. invar. ■ Cinéma. Récit très bref qui constitue un schéma de scénario*.

synoptique [sinɔptik] adj. **1.** Qui donne une vue générale. *Un tableau synoptique.* **2.** *Les Évangiles synoptiques* ou, n. m. pl., *les synoptiques,* les trois Évangiles (de saint Matthieu, de saint Marc, de saint Luc) dont les plans sont à peu près semblables.

synovie [sinɔvi] n. f. ■ Liquide d'aspect filant qui lubrifie les articulations mobiles (notamment au genou). *Un épanchement de synovie.* ▶ ***synovial, ale, aux*** adj. ■ *Le liquide synovial.*

syntagme [sɛ̃tagm] n. m. ■ Linguistique. Groupe de mots formant une unité à l'intérieur de la phrase. *Syntagme nominal, syntagme verbal,* correspondant souvent au sujet et au prédicat d'une phrase.

syntaxe [sɛ̃taks] n. f. **1.** Étude des règles grammaticales d'une langue ; ces règles. ⇒ **grammaire.** ≠ *morphologie. Respecter la syntaxe.* **2.** Étude descriptive des relations existant entre les mots, les formes et les fonctions dans une langue. ⇒ **grammaire.** *La syntaxe fait partie de la linguistique.* — Ouvrage consacré à cette étude. ▶ ***syntaxique*** ou ***syntactique*** adj. ■ Grammatical.

synthèse [sɛ̃tɛz] n. f. **1.** Suite d'opérations mentales qui permettent d'aller des notions simples aux notions composées. / contr. **analyse** / **2.** Opération intellectuelle par laquelle on rassemble des éléments de connaissance en un ensemble cohérent. *Un effort de synthèse.* **3.** Formation d'un tout matériel au moyen d'éléments. ⇒ **composition, mélange.** — Préparation (d'un composé chimique) à partir des éléments constituants. *Un produit de synthèse.* ⇒ **synthétique** (2). **4.** Ensemble constitué par les éléments méthodiquement réunis. *L'historienne nous livre une vaste synthèse.* **5.** Notion philosophique qui réalise l'accord de la thèse et de l'antithèse en les faisant passer à un niveau supérieur (⇒ **dialectique**). ▶ ***synthétique*** adj. **1.** Qui constitue une synthèse ou provient d'une synthèse. **2.** Produit par synthèse chimique, artificiellement. *Le nylon provient d'une résine synthétique. Laine synthétique.* — N. m. *Un, du synthétique.* **3.** (Esprit) Apte à la synthèse, aux efforts de synthèse. / contr. **analytique** / ▶ ***synthétiquement*** adv. ■ Par une synthèse. ▶ ***synthétiser*** v. tr. ▪ conjug. 1. ■ Associer, combiner par une synthèse. *Synthétiser une molécule.* ▶ ***synthétiseur*** n. m. ■ Instrument de musique électronique à clavier dont chaque son est programmé par l'utilisateur et produit par une synthèse acoustique. ‹ ▶ photosynthèse ›

syntoniseur [sɛ̃tɔnizœʀ] n. m. ■ Appareil de réception radio, élément d'une chaîne stéréophonique. ▶ ***syntoniser*** v. tr. ▪ conjug. 1. ■ Régler une fréquence donnée sur un récepteur radio. *J'ai synthonisé telle station. — Vous synthonisez la station X,* vous écoutez. ▶ ***syntonisation*** n. f. ■ Opération qui consiste à synthoniser.

syphilis [sifilis] n. f. invar. ■ Grave maladie transmise sexuellement. ▶ ***syphilitique*** adj. et n.

système [sistɛm] n. m. **I. 1.** Ensemble abstrait dont les éléments sont coordonnés par une loi, une théorie. *Le système astronomique de Ptolémée a été remplacé par celui de Copernic. Le système philosophique de Sartre.* **2.** Ensemble de pratiques organisées en fonction d'un but. ⇒ **méthode.** *Le système de défense d'un accusé.* — Fam. Moyen habile. *Je connais le système.* LE SYSTÈME D : qui permet de se débrouiller. **3.** Ensemble de pratiques et d'institutions. *Système politique, social.* ⇒ ① **régime.** *Un système démocratique. Le système scolaire d'un pays. Le système monétaire.* — Absolt. La société et ses valeurs, senties comme des contraintes. *Ils refusent le système.* **4.** ESPRIT DE SYSTÈME : tendance à organiser, à relier les connaissances particulières en ensembles cohérents ; (péj.) tendance à faire prévaloir la conformité à un système sur une juste appréciation du réel. **II. 1.** Ensemble complexe d'éléments naturels de même espèce ou de même fonction. ⇒ **structure.** *Le système solaire. Le système grammatical du français. Le système nerveux.* — Loc. fam. *Ça commence à me* TAPER, TOMBER SUR LE SYSTÈME (nerveux) : à m'énerver. ⇒ **agacer, irriter ;** fam. **achaler. 2.** Dispositif, appareil complexe mis en œuvre pour aboutir à un résultat. *Système d'exploitation d'un ordinateur. Système d'alarme.* **3.** Ensemble structuré (de choses abstraites). *Système d'unités,* ensemble d'unités de mesures. *Le système décimal, métrique. Le système impérial. Le système international.* ⇒ **S.I. III.** Fam. *Système de son,* chaîne stéréophonique. ▶ ***systématique*** adj. **1.** Qui appartient à un système intellectuel. **2.** Organisé méthodiquement. *Ce pays est victime d'une exploitation systématique.* **3.** Qui pense selon un système. — Péj. Qui préfère son système à toute autre raison. ⇒ **dogmatique.** ▶ ***systématiquement*** adv. ■ D'une manière systématique (2). *Ils s'opposent systématiquement à toute réforme.* ▶ ***systématiser*** v. tr. ▪ conjug. 1. ■ Réunir (plusieurs éléments) en un système. *Il faut systématiser toutes ces mesures plus ou moins improvisées.* ▶ ***systématisation*** n. f. ‹ ▶ écosystème ›

systole [sistɔl] n. f. ■ Contraction du cœur (alternant avec la diastole*).

t

t [te] n. m. invar. **1.** Vingtième lettre, seizième consonne de l'alphabet. — Loc. *Mettre les barres sur les t,* s'expliquer clairement, nettement. (→ mettre les points sur les i) — REM. Le groupe *th* se prononce [t]. Le *t* final ne se prononce pas dans les formes verbales et dans un grand nombre de mots : il *dit* [di], un *rat* [ʀɑ], un *fagot* [fago]. Il se prononce dans certains mots : *net* [nɛt], *dot* [dɔt], etc. Le *t* euphonique se place entre le verbe et le pronom sujet dans l'inversion lorsque le verbe n'a pas de finale en *t* ou en *d* : *puisse-t-il, arrive-t-on,* mais *prend-elle* [pʀɑ̃tɛl], *vient-il* [vjɛ̃til]. Le groupe *tion* se prononce [sjɔ̃] : *nation. T* devant *i* se prononce tantôt [s] *(ambitieux, calvitie),* tantôt [t] *(matière, potier).* **2.** Forme du T majuscule. *Antenne en T.* ⇒ **té.** ‹ ▶ té ›

ta adj. poss. ⇒ ① **ton.**

① ***tabac*** [tabɑ] n. m. **1.** Plante originaire d'Amérique, haute et à larges feuilles, qui contient un alcaloïde, la nicotine. *Des cultures de tabac.* **2.** Produit manufacturé fait de feuilles de tabac séchées et préparées (pour priser, chiquer, fumer). *Tabac gris.* ⇒ **caporal.** *Fumer du tabac blond. Tabac à cigarette, à pipe.* — Loc. fam. *Connaître le tabac,* avoir de l'expérience, être rusé. (→ avoir déjà vu neiger ; connaître la musique) *C'est toujours le même tabac,* c'est toujours la même chose. — Adj. invar. D'une couleur brun roux qui rappelle celle du tabac. *Des imperméables tabac.* **3.** (France) *Un tabac,* un bureau* de tabac. ⇒ **tabagie.** *Des cafés tabacs.* ▶ ***tabagie*** n. f. **I.** Vieilli. Endroit où l'on a beaucoup fumé. *Quelle tabagie, chez vous !* **II.** Établissement commercial où l'on vend surtout du tabac, des cigarettes et des articles pour fumeurs. ⇒ ① **tabac** (3). ▶ ***tabatière*** n. f. **1.** Petite boîte pour le tabac à priser. **2.** Lucarne à charnière. *Châssis à tabatière.* ‹ ▶ antitabac ›

② ***tabac*** n. m. **1.** Loc. PASSER *qqn,* PASSAGE À TABAC : (exercer des) violences sur une personne qui ne peut se défendre. **2.** (France) Loc. fam. *Faire un tabac,* avoir un grand succès. *Ce film a fait un tabac.* / contr. ② **bide** / ▶ ***tabasser*** v. tr. ▪ conjug. 1. ■ Fam. Battre, rouer de coups, passer à tabac. *Tabasse-le.* — *Ils se sont tabassés.*

tabagane [tabagan] ou ***tobagane*** [tɔbagan] n. f. ■ Traîneau long et étroit, sans patins, fait de planches dont l'extrémité avant est recourbée vers l'arrière. ⇒ **toboggan, traîne ;** anglic. **sleigh.** *Aller glisser en tabagane.*

tabernacle [tabɛʀnakl] n. m. et interj. **I.** N. m. Petite armoire qui occupe le milieu de l'autel d'une église et contient le ciboire. **II.** [tabaʀnak] interj. ■ Très fam. Sacre, juron très fréquent et employé dans toutes sortes de circonstances. *Fais attention tabernacle ! Tabernacle qu'il fait froid !* Absolt. *Tabernacle !* — *Tabernacle de* (+ autre juron). *Tabernacle de crisse.* — Loc. *Être en tabernacle,* très fâché, de très mauvaise humeur ; ne pas être très content. *Elle est en tabernacle après sa sœur.* — UN(E) TABERNACLE DE : sert à qualifier la chose, la personne qui est mentionnée. *C'est une tabernacle de grosse truite. Un tabernacle de niaiseux.* Sans compl. TABERNACLE n. m. terme d'injure, de mépris. *Mes petits tabernacles !* — Loc. adv. EN TABERNACLE : très, beaucoup. *C'était le fun en tabernacle. Ça joue en tabernacle.* — AU PLUS TABERNACLE : au plus vite. — REM. On emploie aussi plusieurs variantes (ex. : *tabarnac, tabarnaque*) ainsi que des formes atténuées (ex. : *ta (être en ta), tabarnane, tabarnouche, tabarouette*). ▶ ***tabarnaco*** n. ■ (Surtout au plur.) Plaisant. (Avec une majusc.) Surnom dont les Latino-Américains affublent les Québécois qui passent leurs vacances dans leur pays, spécialt sur les plages. *Les (los) Tabarnacos.*

tablature [tablatyʀ] n. f. ■ Figuration graphique des sons musicaux propres à un instrument. *Tablature d'orgue.*

table [tabl] n. f. **I. 1.** Meuble sur pied comportant une surface plane. *Table de bois. Table ronde, rectangulaire ; à rallonges. Table basse. Table roulante.* **2.** Spécialt. Le meuble où l'on prend ses repas. — Loc. *Mettre la table,* disposer sur la table tout ce qu'il faut pour manger. — DE TABLE : qui sert au repas. *Linge de table,* nappe, serviette. *Service de table.* ⇒ anglic. **set** (II). *Vin de table, huile de table.* — Loc. *Se mettre, être* À TABLE : attablé pour manger. *À table !,* passons, passez à table. — *Se lever, sortir de table. Quitter la table,* interrompre son repas. *Recevoir qqn à sa table.* — Loc. fig. SE METTRE À TABLE : avouer, dire ce qu'on a sur la conscience. Fam. *Passer en-dessous de la table,* être privé d'un repas. — *Payer qqn sous (en-dessous de) la table,* sans le déclarer à l'impôt. ⇒ au **noir,** en **sous-main.** — Ceux qui prennent leur repas, qui sont à table. ⇒ **tablée.** *Présider la table.* — *La table,* la nourriture servie à table. *Aimer la (bonne) table,* aimer la bonne chère, la bonne cuisine. *Une table d'hôte*. Table à salades.* **3.** Table (1) servant à d'autres usages que les repas. *Table de travail.* ⇒ **bureau.** *Table à dessin. Table d'opérations,* pour les opérations chirurgicales. — *Table à repasser,* planche montée sur pieds pliants pour repasser le linge. — *Table de jeu.* Loc. *Jouer cartes sur table,* ne rien dissimuler. — Fam. *Table à cartes,* pour jouer aux cartes. — *Tennis de table,* le ping-pong. **4.** TABLE RONDE : autour de laquelle peuvent s'asseoir (sans hiérarchie) les représentants à un congrès, à une conférence. — Réunion pour discuter d'un sujet précis. ⇒ **colloque, congrès, forum, séminaire, symposium.** *Organiser une table ronde sur l'environnement.* **5.** Meuble comprenant, outre un support plat, différentes parties (tiroirs, coffre, tablettes). — TABLE DE NUIT : petit meuble placé au chevet du lit. On dit aussi *table de chevet.* **6.** TABLE D'ORIENTATION : table circulaire de pierre, sur laquelle sont figurés les directions des points cardinaux et les principaux accidents topographiques visibles. **7.** Partie supérieure de l'autel. *La sainte table,* l'autel. **II.** Surface plane. **1.** Partie plane ou légèrement incurvée d'un instrument de musique sur laquelle les cordes sont tendues. *Table (d'harmonie),* sur laquelle repose le chevalet. **2.** TABLE D'ÉCOUTE : poste d'écoute qui permet d'entendre les communications téléphoniques à l'insu des usagers. **3.** Fam. TABLE TOURNANTE : la platine d'un tourne-disque. Surface plane naturelle. *Une table calcaire.* **III. 1.** (Dans quelques emplois) Surface plane sur laquelle on peut écrire, graver, inscrire. ⇒ **tablette.** — Loc. FAIRE TABLE RASE *du passé* : le considérer comme inexistant, nul. — *Les* TABLES DE LA LOI (remises par Dieu à Moïse) : les commandements de Dieu. **2.** Présentation méthodique sous forme de liste ou de tableau*. ⇒ **index.** *Table alphabétique.* TABLE DES MATIÈRES : dans un livre, énumération des chapitres, des questions traitées. **3.** Recueil d'informations, de données (numériques, expérimentales), groupées de façon systématique. *Tables de multiplication. Table de calcul des taux d'intérêt, des taux hypothécaires. Table de vérité* (en logique). ‹ ▸ s'attabler, entablement, retable, tablature, tableau, tablée, tabler, tablette, ② tablier, tabulaire, tabulateur ›

tableau [tablo] n. m. **I. 1.** Peinture exécutée sur un support rigide et autonome. ⇒ **toile.** *Un mauvais tableau* ⇒ **croûte.** *Un tableau abstrait. Genre de tableaux.* ⇒ ① **marine, nature morte, paysage, portrait.** *Exposer ses tableaux. Marchande de tableaux.* ⇒ **galériste. 2.** TABLEAU VIVANT : groupe de personnages immobiles évoquant un sujet de tableau. **3.** Image, scène réelle qui évoque une représentation picturale. *Un tableau touchant.* — Fam. *Vous voyez d'ici le tableau !,* la scène. **4.** TABLEAU DE CHASSE : ensemble des animaux abattus, rangés par espèces. **5.** Description ou évocation imagée, par la parole ou par écrit. ⇒ **récit.** *Brosser un tableau de la situation,* une rapide description. **6.** Subdivision d'un acte qui correspond à un changement de décor, au théâtre. *Un drame en vingt tableaux.* **II.** Panneau plat. **1.** Panneau destiné à recevoir une inscription, une annonce. *Un tableau d'affichage.* ⇒ **babillard.** *Tableau des départs, des arrivées,* dans une gare. — Liste de renseignements affichés. *Tableau de service.* **2.** (Emplacement où on mise de l'argent) Avec SUR. — Loc. *Jouer, miser ; gagner sur les deux tableaux, sur tous les tableaux,* se réserver plusieurs chances. **3.** TABLEAU (NOIR) : panneau sur lequel on écrit à la craie dans une salle de classe. Vieilli. *Aller au tableau,* se faire interroger. **4.** Support plat réunissant plusieurs objets ou appareils. *Le tableau des clés dans un hôtel.* **5.** TABLEAU DE BORD : panneau où sont réunis les instruments de bord. *Le tableau de bord d'un avion, d'une voiture.* **III.** Ce qui est écrit sur un tableau. **1.** Liste par ordre (de personnes). *Tableau des promotions.* — TABLEAU D'HONNEUR : liste des élèves les plus méritants. *Être inscrit au tableau d'honneur.* **2.** Série de données, de renseignements, disposés d'une manière claire et ordonnée. *Tableau des conjugaisons. Tableau statistique. Tableau synoptique.* ⇒ **table** (III, 2). *Disposé en tableau.* ⇒ **tabulaire.** ▸ ***tableautin*** n. m. ■ Tableau (I) de petite dimension.

tablée [table] n. f. ■ Ensemble des personnes assises à une table, qui prennent ensemble leur repas. *Une grosse tablée.*

tabler [table] v. intr. ■ conjug. 1. ■ TABLER SUR *qqch.* : baser une estimation, un calcul sur (ce qu'on croit sûr). ⇒ **compter.** *On avait tablé sur un gros succès, mais la pièce est tombée à plat.*

tablette [tablɛt] n. f. **I. 1.** Autrefois. Planchette, petite surface plane destinée à recevoir une inscription. — Loc. *Je l'écris, je le marque sur mes tablettes,* j'en prends note, je m'en souviendrai. **2.** Bloc de papier d'assez grandes dimensions. ⇒ **bloc-notes, calepin.** *Une tablette lignée, quadrillée. Tablette à écrire, à dessiner.* **II.** Petite planche horizontale. ⇒ **planchette.** *Les tablettes d'une armoire* (⇒ **rayon**). — Plaque d'une matière dure fixée au mur, servant de support, d'appui, d'ornement. *Tablette d'une fenêtre,* terminant le mur d'appui. *Tablette d'un foyer, d'une cheminée.* ⇒ **manteau. III.** Produit alimentaire présenté en petites plaques rectangulaires. *Tablette de chocolat* ⇒ **barre, plaque ;** fam. **palette** de gomme à mâcher. **IV.** (Personnes) Employé salarié victime du tablettage, spécialt dans la fonction publique. ⇒ **tabletté.** *Cela fait des années qu'il est une tablette.* — Loc. *Être, mettre (qqn, qqch.) sur une (la) tablette.* ⇒ **tabletter. V.** En fonction adj. Fam. En appos. Produit alimentaire, boisson non réfrigéré(e), qui est à la température de la pièce. *Une bière tablette.* — *Cette bouteille de cola est tablette.* ▸ ***tabletter*** v. tr. ■ conjug. 1. **1.** (Personnes) Empêcher un employé salarié d'exercer ses fonctions pour des motifs d'ordre politique, professionnel ou personnel, en l'affectant à des tâches de moindre importance ou nulles, et cela sans le priver des avantages liés à son statut initial (salaire, bureau, etc.). *Se faire tabletter.* — Au passif et au p. p. adj. *Être tabletté. Cadres tablettés.* — N. *Un, une tabletté(e).* ⇒ **tablette. 2.** (Choses) Mettre un document (rapport, étude, etc.) de côté, ne pas en faire état ou ne pas le rendre public pour des motifs d'ordre politique ou professionnel. ⇒ ① **glace.** ▸ ***tablettage*** n. m. ■ Action de tabletter qqn, qqch. ; son résultat. *Ne pas être à l'abri du tablettage. Le système du tablettage.*

① ***tablier*** [tablije] n. m. **1.** Vêtement de protection, pièce de matière souple qui garantit le devant du corps. *Tablier à bavette. Tablier de cuir. Tablier de domestique.* — Loc. *Rendre son tablier,* refuser de servir plus longtemps ; démissionner. **2.** Blouse de protection. *Tablier d'écolier.*

② ***tablier*** n. m. **1.** Dispositif (plaque ou assemblage de plaques) servant à protéger. *Le tablier de la cheminée.* ⇒ **rideau.** *Les tabliers de fer des magasins.* **2.** Plate-forme horizontale (d'un pont qui supporte une chaussée, une voie ferrée...). ‹ ▸ ① tablier ›

tabloïd ou ***tabloïde*** [tablɔid] n. m. ■ Anglic. Journal (quotidien, hebdomadaire, etc.) de petit format, spécialt la presse populaire. *Ce quotidien est maintenant un tabloïd.* — En appos. *La section des sports est en format tabloïde.*

tabou [tabu] n. m. et adj. **1.** N. m. Système d'interdictions religieuses appliquées à ce qui est considéré comme sacré (et interdit) ou impur. — Adj. Qui est soumis au tabou, exclu de l'usage commun. *Des armes taboues.* **2.** Ce sur quoi on fait silence, par crainte, pudeur. *Les tabous sexuels.* — Adj. Interdit. *Il vaut mieux ne pas aborder les sujets tabous.*

taboulé [tabule] n. m. ■ Préparation culinaire à base de semoule de blé crue, de feuilles de menthe, de persil, de tomates hachées, assaisonnée d'huile d'olive et de jus de citron.

tabouret [tabuʀɛ] n. m. **1.** Siège sans bras ni dossier, à pied(s). *Tabouret de bar. Tabouret de cuisine.* ⇒ ① **banc. 2.** Siège bas, capitonné, posé à même le sol. ⇒ ② **pouf.** *Poser ses pieds sur un tabouret.*

tabulaire [tabylɛʀ] adj. **1.** Disposé en tables, en tableau (III). **2.** En forme de table. *Plateau, massif tabulaire,* relief plat qui domine les environs.

tabulateur [tabylatœʀ] n. m. ■ Dispositif d'une machine de bureau (à écrire, à calculer), d'un ordinateur, permettant d'aligner des signes en colonnes, en tableaux. ▸ ***tabulatrice*** n. f. ■ Machine à trier, à mettre en liste des informations, utilisant les cartes perforées.

tac [tak] n. m. et interj. **1.** Bruit sec. **2.** Loc. *Répondre, riposter* DU TAC AU TAC : répondre à un mot désagréable en rendant aussitôt la pareille.

tache [taʃ] n. f. **I. 1.** Petite étendue de couleur, d'aspect différent du reste. *Taches de rousseur sur la peau.* ⇒ **lentigo.** *Les taches du léopard. Taches sombres, lumineuses, colorées.* **2.** *Taches solaires,* zones relativement sombres qui apparaissent à la surface du Soleil. **3.** Chacune des touches de couleur uniforme, juxtaposées dans un tableau (⇒ **tachisme**). *Des taches de lumière.* **II. 1.** Surface salie par une substance étrangère ; cette substance. ⇒ **éclaboussure, salissure, souillure ; tacher.** *Une tache d'encre. Tache de suie. Des taches de doigts gras.* ⇒ **marque.** *Faire des ratures et des taches en écrivant.* ⇒ **bavure, barbot, fion, pâté.** *Enlever les taches d'un vêtement.* ⇒ **détacher.** *Produit détachant, qui fait disparaître les taches.* **2.** FAIRE TACHE : rompre une harmonie de couleurs ou toute autre harmonie. *Ce vase fait tache dans le salon.* **3.** Souillure morale. ⇒ **déshonneur, tare.** *C'est une tache à sa réputation. Réputation sans tache.* — Relig. *La tache originelle,* le péché originel. **4.** Fam. Personne importune et tenace, qui dérange constamment. ⇒ **collant, fatiguant, gêneur ;** fam. **achalant, crampon, tannant.** *C'est une vraie tache.* Très fam. *Une tache à marde.* — Loc. *Être tache avec qqn.* ≠ *tâche.* ▸ ***tacher*** v. tr. ▪ conjug. 1. **I. 1.** Salir en faisant une tache, des taches. ⇒ **maculer, salir, souiller,** fam. **beurrer, graisser.** *Tu as taché la nappe. La sauce a taché la nappe. Il a taché ses vêtements.* — (Suj. chose) Sans compl. *Le vin rouge tache.* **2.** Fam. Ennuyer, importuner qqn de manière tenace. *Ça fait des jours que tu me taches pour rien.* **II.** SE TACHER v. pron. **1.** Faire des taches sur soi, sur ses vêtements. **2.** (Choses) Recevoir des taches, se salir. *Une nappe blanche se tache vite.* **3.** Se couvrir de taches. *Les bananes se tachent de points noirs en mûrissant.* **III.** (ÊTRE) TACHÉ, ÉE au passif et au p. p. adj. *Table tachée d'encre. Robe tachée.* ≠ *tâcher.* ▸ ***tacheté, ée*** adj. ■ Qui présente des petites taches. *Un tissu tacheté de brun.* ⇒ **moucheté.** ▸ ***tacheter*** v. tr. ▪ conjug. 4. ■ Couvrir de petites taches. ⟨ ▸ détacher, entacher, tachisme ⟩

tâche [tɑʃ] n. f. **1.** Travail déterminé qu'on doit exécuter. ⇒ **besogne, ouvrage.** *Accomplir sa tâche quotidienne. Elle s'acquitte très bien de cette tâche.* **2.** Loc. À LA TÂCHE : se dit des ouvriers, des artisans qui sont payés selon l'ouvrage exécuté. — Fam. *Je ne suis pas à la tâche,* laissez-moi prendre mon temps. ⇒ anglic. à la **job. 3.** Ce qu'il faut faire ; conduite commandée par une nécessité ou dont on se fait une obligation. ⇒ ② **devoir, mission, rôle.** *Former les jeunes est une tâche difficile.* ≠ *tache.* ▸ ***tâcher*** v. tr. ▪ conjug. 1. **1.** V. tr. ind. TÂCHER (DE) : faire des efforts, faire ce qu'il faut pour... ⇒ s'**efforcer, essayer.** *Tâchez de nous rendre visite.* — (À l'impératif, par euphémisme, pour donner un ordre) *Et tâche de ne pas recommencer, de ne pas me répondre sur ce ton !* **2.** TÂCHER QUE (à l'impératif + subjonctif) : faire en sorte que. *Tâchez que ça ne se reproduise plus.* ≠ *tacher.* ▸ ***tâcheron*** n. m. **1.** Petit entrepreneur du bâtiment travaillant à la tâche. **2.** Personne qui travaille avec application, en effectuant sans initiative des travaux ingrats, des tâches peu importantes.

tachisme [taʃism] n. m. ■ Façon de peindre par taches de couleur juxtaposées. ▸ ***tachiste*** n. et adj. ■ *Un (peintre) tachiste.*

tachy- ■ Élément savant signifiant « rapide ». ▸ ***tachycardie*** [takikaʀdi] n. f. ■ Accélération du rythme des battements du cœur. ▸ ***tachymètre*** [takimɛtʀ] n. m. ■ Appareil de mesure des vitesses de rotation (d'un moteur, etc.). ⇒ **compte-tours.**

tacite [tasit] adj. ■ Non exprimé, sous-entendu entre plusieurs personnes. ⇒ **implicite, inexprimé.** *Un consentement tacite. La reconduction tacite d'un contrat.* ▸ ***tacitement*** adv. ■ Implicitement.

taciturne [tasityʀn] adj. ■ Qui parle peu, reste habituellement silencieux. / contr. **causant, jasant, loquace** / — Qui n'est pas d'humeur à faire la conversation. ⇒ **morose, sombre.** *Vous êtes bien taciturne aujourd'hui.*

① ***taco*** [tako] n. m. ■ Mets d'origine mexicaine composé de bœuf haché cuit et épicé avec de la poudre de chili, servi dans une tortilla puis garni de légumes crus coupés en petits morceaux (tomates, oignons, laitue, etc.) et nappé d'une sauce tomate plus ou moins relevée. *Un restaurant tex-mex spécialisé dans les tacos.*

T.A.C.O. ou ② ***taco*** n. m. ■ Abréviation fam. de *tomographe* axial commandé par ordinateur,* appareil de radiographie très sophistiqué qui travaille sous plusieurs angles. — *Elle a passé un taco pour les poumons,* un examen avec cet appareil.

tacot [tako] n. m. ■ Fam. Vieille automobile qui n'avance pas. ⇒ **guimbarde ;** fam. **bagnole, bazou, char, minoune.** — Petite voiture rudimentaire fabriquée par les enfants avec des planches, des roues de carrosse, etc. *Faire une course de tacots.*

tact [takt] n. m. **I.** Sensibilité qui permet, au contact d'une surface, d'apprécier certains caractères (caractère lisse, soyeux ; rugueux ; sec, humide, gluant, etc.). ⇒ ② **toucher.** *Choisir une étoffe au tact. Qui tombe sous le sens du tact.* ⇒ **tangible. II.** Caractère d'une personne qui manifeste des qualités de réserve, de discrétion et de prévenance envers autrui. ⇒ **délicatesse, doigté.** *Avoir du tact. Il lui a annoncé la nouvelle avec tact. En intervenant brutalement, il a montré qu'il n'avait aucun tact. Un malappris qui se caractérise par son manque de tact.* ▸ ***tactile*** adj. ■ Qui concerne les sensations du tact (I), du toucher. — *Poils tactiles,* qui chez certains animaux servent au tact (ex. : *moustaches du chat*). ≠ *tangible.* ⟨ ▸ contact, intact ⟩

tactique [taktik] n. f. et adj. **I.** N. f. **1.** Art de combiner tous les moyens militaires (troupes, armements) au combat (opposé à *stratégie*) ; exécution des plans de la stratégie*. *Tactique d'infanterie. Tactique d'encerclement. La tactique de la terre brûlée,* qui consiste à tout détruire. **2.** Ensemble des moyens coordonnés que l'on emploie pour parvenir à un résultat. ⇒ ③ **plan, stratégie.** *La tactique parlementaire. Il va falloir changer de tactique.* **II.** Adj. Relatif à la tactique. ≠ *stratégique. Arme atomique tactique. Faire preuve d'habileté tactique.* ▸ ***tacticien, ienne*** n. **1.** Militaire spécialiste de la tactique. **2.** Personne qui met en œuvre des moyens habiles pour arriver à un résultat.

taekwon-do ou ***taekwondo*** [taekwɔndo] n. m. ■ Art martial d'auto-défense d'origine coréenne. ⇒ **karaté.** *Suivre des cours de taekwon-do.*

tænia n. m. ⇒ **ténia.**

taffetas [tafta] n. m. invar. **1.** Tissu de soie à armure unie. *Taffetas changeant,* dont la chaîne et la trame sont de nuances différentes. **2.** (France) *Taffetas,*

taffetas gommé, morceau de tissu gommé recouvert d'une gaze, qu'on applique sur les petites plaies, les coupures.

tag [tag] n. f. ■ Anglic. Jeu du chat (I, 4). *Voulez-vous jouer à la tag pendant la récréation ? Donner la tag à qqn.*

tagliatelle [taljatɛl] n. f. ■ (Surtout au plur.) Pâte alimentaire qui a la forme d'un mince ruban assez large.

taïaut ou ***tayaut*** [tajo] interj. ■ Dans la chasse à courre. Cri du veneur pour signaler la bête.

taï chi ou ***tai-chi*** [tajʃi] n. m. ■ Gymnastique chinoise caractérisée par un ensemble de mouvements lents, harmonieux et continus, exécutés selon des schémas précis et associés à la respiration. *Le taï chi aide à surmonter le stress.*

taie [tɛ] n. f. **1.** Enveloppe de tissu (d'un oreiller). *Changer les draps et les taies d'oreillers.* **2.** Tache opaque ou à demi transparente de la cornée. *Avoir une taie sur l'œil.*

taïga [taiga] n. f. ■ Forêt de conifères, pauvre en espèces, qui borde la toundra, dans la partie septentrionale de l'Amérique et de l'Asie.

taillader [tajade] v. tr. ▪ conjug. 1. ■ Faire des coupures (dans les chairs, sur la peau). *Il s'est tailladé le menton en se rasant.* ⇒ **entailler.** — *Taillader sa table avec un canif.* ⇒ **érafler.**

taillant [tajɑ̃] n. m. ■ Tranchant (d'une lame, d'une hache).

① ***taille*** [taj] n. f. **1.** Opération qui consiste à tailler qqch. ; forme qu'on donne à une chose en la taillant. *La taille des pierres, des diamants.* Loc. PIERRE DE TAILLE : taillée (par un tailleur (II) de pierres, pour servir à la construction, etc.). *Un mur en pierre de taille.* — *La taille des arbres de la vigne.* **2.** Tranchant de l'épée, du sabre, qui sert à tailler (opposé à *estoc*). *Recevoir un coup de taille.*

② ***taille*** n. f. **1.** Hauteur du corps humain, debout et droit. ⇒ **stature.** *La mensuration de la taille avec une toise. Une taille de 1,75 m. La taille de qqn, sa taille. Une personne de petite taille, de taille moyenne, de haute taille.* **2.** Loc. À LA TAILLE DE, DE LA TAILLE DE... : en rapport avec. *C'est un sujet à sa taille.* — ÊTRE DE TAILLE À (+ infinitif) : avoir la force suffisante, les qualités nécessaires pour. ⇒ **capable** de. *Ils sont de taille à se défendre.* — Négatif. (Sans compl.) *Tu n'es pas de taille.* **3.** Grandeur, grosseur et conformation (du corps) par rapport aux vêtements. *Cette veste n'est pas à ma taille.* — Chacun des types standard dans une série de confection. *Taille 40. Il faudrait la taille au-dessus.* **4.** Grosseur ou grandeur. *Photo de la taille d'une carte de visite.* ⇒ **dimension, format.** — Fam. DE TAILLE : très grand, très important. ⇒ **considérable.** *Il est de taille, votre parapluie.* ⇒ **immense.** Abstrait *C'est une erreur de taille.* ⇒ **énorme,** ① **majeur.** ‹ ▸ ③ taille ›

③ ***taille*** n. f. **1.** Partie plus ou moins resserrée du tronc entre les côtes et les hanches. *Entrer dans l'eau jusqu'à la taille. Avoir la taille épaisse, fine.* Loc. *Taille de guêpe,* très fine. *Tour de taille,* mesuré à la ceinture. *Prendre qqn par la taille.* **2.** Partie plus ou moins resserrée (d'un vêtement) à cet endroit du corps. *Manteau à taille ajustée. Un pantalon à taille basse* (qui se porte sur les hanches).

① ***tailler*** [taje] v. tr. ▪ conjug. 1. **1.** Couper, travailler (une matière, un objet) avec un instrument tranchant, de manière à lui donner une forme déterminée. *Tailler une pièce de bois. Tailler la pierre. Tailler un crayon,* le tailler en pointe pour dégager la mine. ⇒ **affiler, aiguiser.** *Tailler un arbre,* ses branches. ⇒ **élaguer, émonder.** *Tailler un arbre en cône.* **2.** Confectionner, obtenir (une chose) en découpant. *Tailler des torchons dans un drap usagé.* — *Tailler un vêtement,* découper les morceaux que l'on coud ensuite pour faire le vêtement. ⇒ **couper.** **3.** SE TAILLER *un beau succès* : obtenir. ▸ ***taillé, ée*** [taje] adj. **1.** Fait (du corps humain). *Il est taillé en athlète.* ⇒ **bâti.** *Un visage comme taillé au couteau.* **2.** Loc. *Être taillé pour,* être fait pour, apte à. *Il est taillé pour faire une belle carrière.* **3.** Coupé, rendu moins long. *Moustache taillée.* — Élagué. *Arbres taillés.* — TAILLÉ EN : qu'on a taillé en donnant la forme de. *Cheveux taillés en brosse. Bâton taillé en pointe.* ▸ ***taille-bordures*** n. m. invar. ■ Ciseau mécanique pour couper l'herbe sous les haies, près des arbres, le long des solages, des bordures de trottoirs, etc. *Des taille-bordures.* ▸ ***taille-crayon*** ou ***taille-crayons*** n. m. ■ Petit instrument avec lequel on taille les crayons. ⇒ **affile-crayon, aiguise-crayon.** *Un taille-crayon ou un taille-crayons. Des taille-crayons.* ▸ ***taille-douce*** n. f. ■ Gravure en creux. — Gravure sur cuivre au burin. *Des tailles-douces.* ‹ ▸ détail, entaille, retaille, taillader, taillant, ① taille, tailleur, taillis ›

② ***se tailler*** v. pron. ▪ conjug. 1. ■ (France) Fam. Partir, s'enfuir. ⇒ se **sauver,** se **tirer ; sacrer** son camp. *Taillons-nous !*

tailleur [tajœʀ] n. m. **I. 1.** Artisan, ouvrier qui fait des vêtements sur mesure pour hommes ; personne qui exploite et dirige l'atelier où on les confectionne. ⇒ **couturière.** *Se faire faire un costume chez un tailleur. Le tailleur prend les mesures de son client.* **2.** — Loc. *S'asseoir en tailleur,* par terre, les jambes à plat sur le sol et repliées, les genoux écartés. ⇒ en **Sauvage.** **3.** *Un tailleur,* costume de femme (veste et jupe de même tissu). *Un tailleur sport.* **II.** TAILLEUR DE... : ouvrier qui taille, qui façonne (qqch.) par la taille. *Tailleur de pierre(s).* — REM. L'O.L.F. propose *tailleuse* au féminin.

taillis [taji] n. m. invar. ■ Partie d'un bois ou d'une forêt où il n'y a que des arbres de faible dimension ; ces arbres. *Des taillis et des futaies.*

tain [tɛ̃] n. m. ■ Amalgame métallique (étain ou mercure) qu'on applique derrière du verre pour qu'il puisse réfléchir la lumière. *Le tain d'un miroir. Miroir sans tain.* ≠ *teint.*

taire [tɛʀ] v. tr. ▪ conjug. 54, sauf 3e pers. du sing. de l'indicatif *il tait* et part. passé fém. *tue.* **I.** SE TAIRE v. pron réfl. **1.** Rester sans parler, s'abstenir de parler, de s'exprimer. *Il se tait.* / contr. **parler** / *Savoir se taire,* être discret. *Se taire sur qqch.,* à propos de qqch. *Je préfère me taire là-dessus. Dans certains cas, il vaut mieux se taire.* — Loc. fam. *Il a manqué, perdu une belle occasion de se taire,* il a parlé mal à propos. **2.** Cesser de parler (ou de crier, de pleurer). *Elles se sont tues. Les étudiants ont fini par se taire. Tais-toi ! taisez-vous !* ⇒ **chut, silence.** — *Allez-vous vous taire ?* — (Avec ellipse de *se*) FAIRE TAIRE *qqn* : empêcher de parler, de crier, de pleurer ; forcer à se taire. *Faites-les taire.* — *Faire taire l'opposition.* ⇒ **museler.** *Faire taire ses scrupules.* **3.** (Suj. chose) Ne plus se faire entendre. ⇒ s'**éteindre.** *Les bruits se sont tus. L'orchestre s'était tu.* **II.** V. tr. Moins cour. Ne pas dire ; s'abstenir ou refuser d'exprimer (qqch.). ⇒ **cacher, celer.** / contr. **révéler** / *Il y a des vérités qu'il vaut mieux taire. Taire ses raisons. Une personne dont je tairai le nom.* / contr. **dire** /

talc [talk] n. m. ■ Poudre (silicate naturel de magnésium). *Mettre du talc sur le corps d'un bébé.* ‹ ▸ talquer ›

① **talent** [talɑ̃] n. m. **1.** Aptitude particulière, dans une activité. ⇒ **capacité,** ① **don.** Fam. *Montrez-nous vos talents,* ce que vous savez faire. *Talent de société,* qui intéresse, divertit en société. *Talent littéraire. Avoir du talent pour,* être doué pour. *Ils ont du talent pour le jardinage.* — *Avoir le talent de* (+ infinitif). *Vous avez le talent de m'impatienter.* ⇒ **chic,** ① **don. 2.** LE TALENT : une aptitude remarquable dans le domaine intellectuel ou artistique. ⇒ **douance.** *Avoir du talent. Il n'a aucun talent. Un écrivain de talent.* — *Le talent d'une peintre.* **3.** Au plur. Personne qui a du talent. *Il faut encourager les jeunes talents.* ▶ ***talentueux, euse*** [talɑ̃tɥø, øz] adj. ■ Qui a du talent. ⇒ **doué.** *Un peintre talentueux. Des étudiantes talentueuses.* ⇒ **surdoué ;** fam. **bollé.** / contr. en **difficulté** / ▶ ***talentueusement*** adv. ■ Avec talent.

② **talent** n. m. ■ Poids de 20 à 27 kg, dans la Grèce antique. — Monnaie de compte équivalant à un talent d'or ou d'argent.

talion [taljɔ̃] n. m. **1.** Châtiment qui consistait à infliger au coupable le même traitement qu'il avait fait subir à autrui. *La loi du talion* (œil pour œil, dent pour dent). **2.** Le fait de rendre la pareille, de se venger.

talisman [talismɑ̃] n. m. ■ Objet (pierre, anneau, etc.) sur lequel sont gravés ou inscrits des signes, et auquel on attribue des vertus magiques de protection, de pouvoir. ⇒ **amulette, porte-bonheur.**

talkie-walkie n. m. ⇒ **walkie-talkie.**

talk-show [tɑkʃo] n. m. ■ Anglic. Émission de télévision consistant en une série de conversations légères, sur divers sujets, entre un animateur et des invités qui se succèdent.

talle [tal] n. f. ■ Groupe serré de plantes, d'arbustes ou d'arbres de la même espèce qui poussent au même endroit. *Une talle de bouleaux au milieu d'un champ.* — Cet endroit, spécialt là où se trouve une grande quantité d'arbustes ou d'arbrisseaux fruitiers. *Une talle de bleuets, de fraises sauvages.* ≠ *thalle.*

Talmud [talmyd] n. m. ■ Recueil des enseignements des grands rabbins. *Étudier le Talmud.* ▶ ***talmudique*** adj. ■ *Recueil talmudique.*

taloche [talɔʃ] n. m. ■ Fam. Gifle (surtout à un enfant). ⇒ ① **claque, tape ;** fam. **mornifle.** *Si tu continues, tu vas recevoir une taloche.* ▶ ***talocher*** v. tr. ▪ conjug. 1. ■ Fam. ⇒ **gifler.**

① **talon** [talɔ̃] n. m. **1.** (France) Reste, bout (d'un pain, d'un fromage) où il y a beaucoup de croûte. — Extrémité (d'un jambon). **2.** Ce qui reste d'un jeu de cartes après la première distribution. *Piocher dans le talon.* **3.** Partie d'une feuille de carnet, de registre, qui demeure fixée à la souche après qu'on en a ôté la partie détachable (volant). *Le talon du chèque fait foi.*

② **talon** n. m. **1.** Partie postérieure du pied humain, dont la face inférieure touche le sol pendant la marche. *Talon et pointe du pied. Pivoter sur ses talons. Être accroupi sur ses talons. Le talon d'Achille* (le seul endroit où Achille pouvait être blessé), le point vulnérable. ⇒ ② **défaut.** *C'est son talon d'Achille.* — Loc. *Marcher, être* SUR LES TALONS *de qqn* : le suivre de tout près. *La police était sur ses talons.* ⇒ **talonner.** — *Montrer, tourner les talons,* s'en aller, partir, s'enfuir. — *Avoir l'estomac dans les talons,* avoir très faim. **2.** Partie (d'un bas, d'une chaussette, etc.) qui enveloppe le talon. *Bas à talons renforcés.* **3.** Pièce rigide et saillante à l'arrière d'une chaussure. *Talons plats. Talons hauts. Talons aiguilles,* hauts et fins. *Mocassins usés aux talons. Talons compensés,* qui corrigent la longueur apparente d'une jambe. ▶ ***talonnette*** n. f. **1.** Techniques. Lame de liège que l'on place sous le talon à l'intérieur de la chaussure. **2.** Ruban que l'on coud au bas des jambes d'un pantalon pour en éviter l'usure. ▶ ***talonner*** v. tr. ▪ conjug. 1. **1.** Suivre ou poursuivre de très près. *Ses poursuivants le talonnent.* ⇒ **serrer** de près. **2.** Presser vivement et sans relâche. ⇒ **harceler.** *Ses créanciers le talonnent.* — (Suj. chose) *La soif le talonnait.* — Au p. p. adj. *Talonné par la faim.* — *Presser un cheval du talon,* de l'éperon pour le faire avancer. **3.** Frapper du talon. ▶ ***talonnement*** n. m. ■ Action de talonner (1, 2). ⟨ ▶ ① talon ⟩

talquer [talke] v. tr. ▪ conjug. 1. ■ Enduire, saupoudrer de talc. ⇒ **poudrer.** — Au p. p. adj. *Gants de caoutchouc talqués.*

talus [taly] n. m. invar. ■ Terrain en pente très inclinée, aménagé par des travaux de terrassement. *Talus de déblai,* qui borde une excavation. *Talus de remblai,* fait de terre rapportée et qui s'élève au-dessus du sol. *Les talus qui bordent un chemin.* — Ouvrage de fortifications. ⇒ **glacis.**

talweg n. m. ⇒ **thalweg.**

tamanoir [tamanwaʀ] n. m. ■ Mammifère d'Amérique du Sud communément appelé *grand fourmilier,* qui peut atteindre 2,50 m, à langue effilée et visqueuse, qui lui sert à capturer les fourmis dont il se nourrit.

tamarinier [tamaʀinje] n. m. ■ Grand arbre exotique à fleurs en grappes, qui pousse dans les régions tropicales (son fruit s'appelle le *tamarin*).

tamaris [tamaʀis] n. m. invar. ou **tamarin** n. m. ■ Arbrisseau originaire d'Orient, à petites feuilles en écailles, à petites fleurs roses en épi, très décoratif. *Une allée de tamaris.*

tambouille [tɑ̃buj] n. f. **1.** Fam. Plat grossier, cuisine médiocre. ⇒ fam. **chiard.** *La tambouille de la cafétéria.* **2.** Fam. Cuisine. *Faire la tambouille.*

tambour [tɑ̃buʀ] n. m. **I. 1.** Instrument à percussion, formé de deux peaux tendues sur un cadre cylindrique (⇒ **caisse**) et que l'on fait résonner à l'aide de baguettes. *Un roulement de tambour.* — Loc. *Tambour battant*. Sans tambour ni trompette,* sans attirer l'attention. — *Raisonner* (résonner) *comme un tambour,* très mal. **2.** Personne qui bat le tambour. *Les tambours du régiment.* **3.** Tout instrument à percussion à membrane tendue. ⇒ **timbale.** *Tambour de basque,* petit cerceau de bois muni d'une peau tendue et entouré de grelots. ⇒ **tambourin.** *Tambours africains.* ⇒ **tam-tam** (2). **II. 1.** Petite entrée à double porte, servant à mieux isoler l'intérieur d'un édifice. *Tambour d'église.* — Tourniquet formé de quatre portes vitrées, en croix. ⇒ **porte-tambour.** *Tambour vitré à l'entrée d'un hôtel.* **2.** Galerie couverte et vitrée longeant l'arrière d'une maison et qui sert surtout pour le rangement. *Les pelles sont dans l'armoire du tambour. Notre tambour n'est pas isolé.* **3.** Métier circulaire pour broder à l'aiguille. *Broderie au tambour.* **4.** Cylindre d'un treuil. *Tambour de moulinet* (pêche). — Cylindre (de machines). *Le tambour d'une laveuse, d'une sécheuse.* **5.** *Tambour de frein,* pièce cylindrique solidaire de la roue, à l'intérieur de laquelle frottent les segments. ▶ ***tambourin*** n. m. **1.** Tambour de basque. **2.** Tambour haut et étroit, que l'on bat d'une seule baguette. *Tambourin provençal.* ▶ ***tambourinaire*** n. m. ■ Joueur de tambourin (2). ▶ ***tambouriner*** v. ▪ conjug. 1. **I.** V. intr. Faire un bruit de roulement, de batterie (avec un objet dur, avec ses poings, ses doigts). *On tambourine à la porte.* — (Suj. chose) *La grêle tambourinait contre les vitres.* **II.** V. tr. Jouer (un air) sur un tambour, un tambourin. *Tambouriner une marche.* — Au p. p. adj. *Langages* *tambourinés d'Afrique,* signaux transmis par les tambours, les tam-tams (2). ▶ ***tambourinage*** ou ***tambourinement*** n. m. ■ Action de tambouriner. ▶ ***tambour-major*** n. m. ■ Sous-officier, du grade de sergent-major, qui commande les tambours et les clairons d'un régiment. *Des tambours-majors.* ⟨ ▶ porte-tambour ⟩

tamia [tamja] n. m. ■ Petit écureuil au pelage rayé dans le sens de l'échine. ⇒ **suisse** (III). *Le tamia rayé et le tamia mineur.*

tamis [tami] n. m. invar. **1.** Instrument formé d'un réseau plus ou moins serré (toile, vannerie) ou d'une surface percée de petits trous, et d'un cadre, qui sert à passer et à séparer les éléments d'un mélange. ⇒ **crible, sas.** *Tamis de cuisinière.* ⇒ **passoire. 2.** Loc. *Passer au tamis,* trier, ne conserver que certains éléments. *On a passé le personnel au tamis.* ▶ ***tamiser*** v. tr. ▪ conjug. 1. **1.** Trier au tamis. ⇒ **cribler.** *Tamiser de la farine.* **2.** Laisser passer (la lumière) en partie. ⇒ ① **voiler.** *Les rideaux tamisaient la lumière.* — Au p. p. adj. *Lumière tamisée,* filtrée ; douce, voilée. ▶ ***tamisage*** n. m. ■ *Le tamisage de la farine.*

tampax [tɑ̃paks] n. m. invar. ■ Serviette hygiénique. ⇒ ① **tampon.** *Des tampax à usage interne.* — REM. Ce mot est un nom de marque déposé.

① ***tampon*** [tɑ̃pɔ̃] n. m. **I. 1.** Petite masse dure ou d'une matière souple pressée, qui sert à boucher un trou, à empêcher l'écoulement d'un liquide. ⇒ **bouchon.** *Un tampon de liège.* **2.** Cheville qu'on plante pour y fixer un clou, une vis. **3.** Petite masse formée ou garnie de tissu, d'une matière souple, servant à étendre un liquide. *Tampon métallique à récurer,* formé d'une masse de fils métalliques. *Tampon encreur,* coussinet imprégné d'encre. **4.** Petite masse de gaze, d'ouate, de charpie, servant à étancher le sang, nettoyer la peau, etc. *Un tampon imbibé d'éther.* — *Tampons hygiéniques* ou *périodiques,* que les femmes portent pour se protéger pendant les règles. ⇒ **serviette. 5.** EN TAMPON : froissé en boule (papier, tissu). ⇒ **tapon.** *Son mouchoir était roulé en tampon.* **II.** Timbre (qu'on encre sur un tampon encreur) qui sert à marquer, à oblitérer. *Apposer le tampon sur une lettre.* — Cachet, oblitération. ▶ ① ***tamponner*** v. tr. ▪ conjug. 1. **I.** Enduire d'un liquide ; essuyer, nettoyer avec un tampon (I, 3 et 4). *Tamponner une plaie avec de la gaze. Elle s'est tamponné le nez avec un mouchoir.* **II.** Timbrer, apposer un tampon (II) sur. *Faire tamponner une autorisation.* ▶ ① ***tamponnement*** n. m. ■ *Désinfecter une plaie par tamponnement,* avec un tampon d'ouate. ⟨ ▶ ② tampon ⟩

② ***tampon*** n. m. **1.** Plateau métallique vertical destiné à recevoir et à amortir les chocs. *Les tampons d'une locomotive. Coup de tampon,* choc des tampons. **2.** Ce qui amortit les chocs, empêche les heurts (dans un sens concret ou abstrait). *Servir de tampon entre deux personnes qui se disputent.* — En appos. ÉTAT TAMPON : dont la situation intermédiaire entre deux autres États empêche les conflits directs. ▶ ② ***tamponner*** v. tr. ▪ conjug. 1. **1.** Heurter avec les tampons (1). **2.** (Véhicules) Heurter violemment. ⇒ **télescoper.** — Pronominalement (récipr.). *Les deux voitures se sont tamponnées.* ▶ ② ***tamponnement*** n. m. **1.** Le fait de heurter avec les tampons. **2.** Accident résultant du heurt de deux véhicules, spécialt de deux trains. ▶ ***tamponneur, euse*** adj. ■ AUTOS TAMPONNEUSES : attraction foraine où de petites voitures électriques circulent et se heurtent sur une piste.

tam-tam [tamtam] n. m. **1.** Tambour de bronze ou gong d'Extrême-Orient. ⇒ **gong.** *Des tam-tams.* **2.** Plus cour. Tambour en usage en Afrique noire et chez les Amérindiens comme instrument de musique et pour la transmission de messages. **3.** (Surtout en France) Bruit, publicité tapageuse, scandale bruyant. *Faire du tam-tam autour d'un événement.*

tancer [tɑ̃se] v. tr. ▪ conjug. 3. ■ Littér. Réprimander. ⇒ **admonester, gronder, morigéner ; engueuler.** *Elle les tança vertement.*

tanche [tɑ̃ʃ] n. f. ■ Poisson d'eau douce, à peau sombre et gluante, à chair délicate. *La tanche vit sur les fonds vaseux.*

tandem [tɑ̃dɛm] n. m. **1.** Bicyclette à deux sièges et deux pédaliers placés l'un derrière l'autre. **2.** Fam. Se dit de deux personnes associées. — Loc. *En tandem,* en collaboration. *Faire une traduction en tandem.*

tandis que [tɑ̃dikə] loc. conj. **1.** Pendant le temps que, dans le même moment que. ⇒ **alors** que, **comme, pendant** que. *Ils sont arrivés tandis que je m'apprêtais à sortir.* **2.** (Marquant l'opposition) ⇒ **alors** que. *Tandis que l'un travaille, l'autre se repose.*

tangage [tɑ̃gaʒ] n. m. ■ Mouvement alternatif d'un navire dont l'avant et l'arrière plongent successivement (⇒ **tanguer**). *Le tangage et le roulis. Il y a du tangage.* — *Le tangage d'un avion.*

tangent, ente [tɑ̃ʒɑ̃, ɑ̃t] adj. ■ Qui touche, sans la couper, une ligne, une surface en un seul point. *Droite tangente à un cercle. Courbe tangente à une autre, à un plan.* ▶ ***tangente*** n. f. **1.** *La tangente à une courbe,* la droite qui touche une courbe en un seul point. *Tracer la tangente en un point de la courbe. Tangente à un cercle,* perpendiculaire au rayon du cercle en ce point. **2.** Loc. PRENDRE LA (UNE) TANGENTE : se sauver sans être vu ; se tirer d'affaire adroitement en éludant la difficulté par un faux-fuyant. ⇒ s'**esquiver.** *Prendre une mauvaise tangente,* être sur la mauvaise pente. ▶ ***tangence*** n. f. ■ Position de ce qui est tangent. ▶ ***tangentiel, ielle*** adj. ■ Qui a rapport aux tangentes. *Force tangentielle,* exercée dans le sens de la tangente à une courbe.

tangerine [tɑ̃ʒəʀin] n. f. ■ Variété de mandarine à peau rougeâtre. ⇒ **clémentine.** *La tangerine se pèle facilement.*

tangible [tɑ̃ʒibl] adj. **1.** Qui tombe sous le sens du tact, que l'on peut connaître en touchant. ≠ *tactile. La réalité tangible.* ⇒ ① **matériel, palpable. 2.** Dont la réalité est évidente. ⇒ **manifeste.** *Des preuves tangibles. Un fait tangible.* ⟨ ▶ intangible ⟩

① ***tango*** [tɑ̃go] n. m. ■ Danse originaire de l'Argentine, sur un rythme assez lent à deux temps. *Un tango langoureux.* — Cet air musical. *Jouer des tangos.*

② ***tango*** n. m. et adj. invar. ■ Orange vif (teinte). ⇒ **orangé.** *Des tangos.* — *Des robes tango.*

tanguer [tɑ̃ge] v. intr. ▪ conjug. 1. **1.** (Bateaux) Se balancer par un mouvement de tangage. *Un navire qui roule* et qui tangue. Ça tangue !* **2.** Remuer par un mouvement alternatif d'avant en arrière (pour le mouvement de côté, il faut dire *rouler*). *Tout tanguait autour de lui.* ⟨ ▶ tangage ⟩

tanière [tanjɛʀ] n. f. **1.** Retraite (d'une bête sauvage), caverne, lieu abrité ou souterrain. ⇒ **antre, gîte,** ② **ouache, repaire, terrier.** *Une bête tapie au fond de sa tanière.* **2.** Logis dans lequel on s'isole, on se cache. *Faire sortir un malfaiteur de sa tanière.*

tanin ou ***tannin*** [tanɛ̃] n. m. **1.** Substance d'origine végétale, rendant les peaux imputrescibles. **2.** Substance provenant des grappes de raisin, et qui entre dans la composition des vins rouges. *Ajouter du tanin à un moût. Le tanin d'un bordeaux.*

① ***tank*** [tɑ̃k] n. m. ■ Anglic. Citerne d'un navire pétrolier. *Des tanks.* ▶ ***tanker*** [tɑ̃kœʀ] n. m. ■ Anglic. Bateau-citerne transportant du pétrole. ⇒ **pétrolier, superpétrolier.**

② ***tank*** n. m. ■ Anglic. Vx. Char d'assaut. ⇒ **char.** ▶ ***tankiste*** n. ■ Soldat d'une unité de tanks, de blindés.

① ***tanner*** [tane] v. tr. ▪ conjug. 1. **1.** Préparer (les peaux) avec du tanin ou d'autres produits pour les rendre imputrescibles et en faire du cuir. **2.** (Suj. *soleil*) Rendre bronzé, hâlé. *Le soleil lui a tanné le visage.* ▶ ***tannage*** n. m. ■ Action de tanner (les peaux). ▶ ***tanné, ée*** adj. **I.** Qui a subi le tannage. *Peaux tannées.* **II.** (Personnes) Dont la peau a pris une couleur brune par l'effet du soleil, des intempéries. *Un marin, un cultivateur au visage tanné.* ⇒ **basané, hâlé ;** fam. **grillé.** ▶ ***tannerie*** n. f. **1.** Établissement où l'on tanne les peaux. **2.** Opérations par lesquelles on tanne les peaux. *La tannerie et le corroyage.* ▶ ***tanneur, euse*** n. ■ Personne qui tanne les peaux, qui possède une tannerie et vend des cuirs. ⟨ ▶ tanin ⟩

② ***tanner*** v. ▪ conjug. 1. Fam. **I.** V. tr. Agacer, importuner qqn. ⇒ **déranger, écœurer, embêter, taquiner ;** fam. **achaler.** *Tu nous tannes ! Tanner qqn pour avoir de l'argent,* le harceler. *Cette routine me tanne,* me fatigue, m'assomme. ⇒ fam. **emmerder.** *Se faire tanner par qqn.* **II.** SE TANNER v. pron. **1.** Se fatiguer, se lasser de (qqn, qqch.). ⇒ s'**écœurer.** *Elle s'est tannée de travailler la nuit. Ça ne te tanne pas de passer la journée à ne rien faire ? On se tanne du pâté chinois.* ⇒ se **dégoûter.** — Au passif et au p. p. adj. *Ils sont bien tannés du bruit des motos. Je suis tanné d'endurer les enfants aujourd'hui. Des gens très tannés.* / contr. **patient, tolérant** / **2.** Perdre son calme, perdre patience, en avoir assez. ⇒ se **fâcher.** *Si je me tanne, vous allez recevoir des taloches.* ▶ ***tannant, ante*** adj. et n. Fam. **I.** (Personnes) **1.** Qui tanne, importune par son insistance. ⇒ **agaçant, collant ;** fam. **achalant, chiant, emmerdeur, tache.** *Ils sont tannants avec leurs questions.* — N. *Encore une autre tannante.* ⇒ pot de **colle. 2.** Espiègle, malicieux sans méchanceté (surtout des enfants). ⇒ **exécrable, haïssable, malcommode, turbulent.** *Les professeurs les trouvent bien tannants.* — Loc. *Être tannant aux portes,* être agité, difficile à tenir. — N. *Allez-vous la fermer, bande de tannants.* ⇒ fam. **snoreau, vlimeux. II.** (Choses) **1.** Fatigant, monotone. ⇒ **fastidieux ;** fam. ① **plat.** *Un travail tannant à faire.* — Loc. *C'est tannant de* (faire qqch.). *C'est tannant de toujours chercher un stationnement. Attendre l'autobus quand il fait froid, c'est bien tannant.* ⇒ **désagréable.** / contr. anglic. le **fun** / — *C'est tannant ça !* **2.** Loc. UN(E) TANNANT(E) DE : très ; vrai. *On a fait un tannant de beau voyage. C'était une tannante de tempête.* ⇒ **gros.** — (Personnes) *Un tannant de niaiseux. Une tannante de bonne skieuse.*

tannin n. m. ⇒ **tanin.**

tant [tɑ̃] adv. et nominal. **I.** Adv. de quantité, marquant l'intensité. **1.** TANT QUE : exprime qu'une action ou qu'une qualité portée à un très haut degré devient la cause d'un effet. ⇒ **tellement.** *Il souffre tant qu'il ne peut plus se lever.* **2.** TANT DE... QUE... : une si grande quantité, un si grand nombre de... que... *Elle éprouvait tant de jalousie qu'elle en était malade.* — Sans compl. Tant de choses. *Elle a fait tant pour vous ! Puisque vous avez déjà tant fait, il faut continuer. Il fit* TANT ET SI BIEN *que la corde cassa.* **3.** (Sans QUE) Tellement. *Il vous aimait tant. Celle que vous avez tant aimée.* — REM. *Tant* se place entre l'auxiliaire et le verbe. — *Je voudrais tant avoir fini.* **4.** TANT DE : une si grande, une telle quantité de. *Tant de gens se trompent. Tant de travail reste à faire. Celui-là et tant d'autres. Tant de fois. Ne faites pas tant de façons.* ⇒ **autant** de. *Des gens comme il y en a tant.* Loc. fam. *Vous m'en direz tant !,* je ne suis plus étonné après ce que vous m'avez dit. — (UN) TANT SOIT PEU : si peu que se soit. ⇒ le **moindrement.** *S'il est (un) tant soit peu délicat, il comprendra.* — TANT S'EN FAUT : il s'en faut de beaucoup, loin de là. *Il n'est pas généreux, tant s'en faut,* il est tout le contraire de généreux. **5.** Littér. (Introduisant la cause) *Il n'ose plus rien entreprendre, tant il a été déçu.* ⇒ **tellement.** — Loc. *Tant il est vrai que...,* introduit une vérité qui découle de ce qui vient d'être dit. **II.** Une quantité qu'on ne précise pas. *Être payé à tant par semaine, à tant la page. Tant pour cent.* — TANT ET PLUS : la quantité dont on parle et plus encore. *J'ai des amis tant et plus.* **III.** (Exprimant une comparaison) **1.** TANT... QUE : exprime l'égalité dans des propositions négatives ou interrogatives. ⇒ **autant.** *Ce n'est pas tant l'isolement qui me fait peur que le silence.* — TANT QUE... en phrase affirmative. ⇒ **autant.** *Il frappe tant qu'il peut.* — *Tant que ça,* tellement. *Dis-moi pourquoi tu tiens à l'acheter tant que ça ?* — SI TANT EST QUE... (+ subjonctif) : exprime une supposition très improbable. *Il a l'air d'un honnête homme si tant est qu'il en existe encore.* — TOUS TANT QUE (et verbe *être* au plur.) : tous, autant qu'il y en ait. *Tous tant que nous sommes, nous commettons des erreurs.* **2.** EN TANT QUE... : dans la mesure où... *La justice est bonne en tant qu'elle garantit la liberté.* — Considéré comme. *La photographie en tant qu'art, en tant que technique, en tant qu'industrie.* ⇒ **comme.** *Il ne s'intéresse à nous qu'en tant que nous pouvons l'aider.* **3.** TANT... QUE... : aussi bien que. *Ses activités tant sportives qu'artistiques.* — TANT BIEN QUE MAL (+ verbe d'action) : ni bien ni mal et avec peine. *J'ai réussi tant bien que mal à le réparer.* **4.** TANT QU'À (+ infinitif) : puisqu'il faut... *Tant qu'à changer, j'aimerais mieux choisir une voiture plus spacieuse.* — Loc. TANT QU'À FAIRE. *Tant qu'à faire, faites-le bien.* — Cour. TANT QU'À : quant à. **5.** TANT MIEUX, TANT PIS : locutions exprimant la joie ou le dépit. *Elle est guérie, tant mieux ! Il n'est pas là, tant pis ! Tant pis pour vous,* c'est dommage, mais c'est votre faute. ⇒ de **valeur. IV.** TANT QUE... : aussi longtemps que. *Je ne lui parlerai pas tant qu'il ne m'aura pas fait des excuses. Je m'y opposerai tant que j'en aurai le pouvoir.* — *Tant que vous y êtes,* pendant que vous y êtes. *Tant que tu y es, tu peux aussi nous demander la lune !* (du moment que tu demandes beaucoup). ⟨ ▶ autant, ② partant, pourtant, tantième, tantinet, tantôt ⟩

① ***tante*** [tɑ̃t] n. f. ■ Sœur du père ou de la mère ; femme de l'oncle. ⇒ **matante, tantine.** *Tante paternelle, maternelle.* ▶ ***tantine*** n. f. ■ (France) Lang. enfantin. Ma tante, en s'adressant à elle. *Bonjour, tantine.* ⟨ ▶ grand-tante, matante ⟩

② ***tante*** n. f. ■ (France) Fam. et insultant. Homosexuel. ⇒ ② **gai, pédéraste ;** fam. **fifi, homo, pédale, pédé,** ② **tapette.**

tantième [tɑ̃tjɛm] n. m. ■ Pourcentage d'un tout, part de bénéfice, dividende. *Le tantième du chiffre de vente.*

tantinet [tɑ̃tinɛ] n. m. et loc. adv. **1.** *Un tantinet de,* un tout petit peu de. *Donnez-moi un tantinet de sucre.* **2.** Loc. adv. Un petit peu, passablement. *Elles sont un tantinet fâchées. Il est un tantinet menteur, farceur.*

tantôt [tɑ̃to] adv. **1.** Dans un moment, plus tard. ⇒ tout à l'**heure.** *Je te rappelle tantôt. Tu m'y feras penser tantôt. À tantôt.* ⇒ **bientôt,** au **revoir.** — (France) Cet après-midi. *Venez tantôt prendre le thé.* **2.** Plus tôt, il y a peu de temps. ⇒ tout à l'**heure.** *Elle m'en a parlé tantôt. J'ai essayé de t'appeler tantôt.* **3.** TANTÔT..., TANTÔT... : à un moment, puis à un autre moment (pour exprimer des états différents d'une même chose). ⇒ des **fois, parfois.** *Il se porte tantôt bien, tantôt mal. Tantôt elle pleure, tantôt elle rit.*

taon [tɑ̃] n. m. **1.** Insecte piqueur et suceur, grosse mouche dont la femelle suce le sang des animaux. *Bœuf tourmenté par les taons.* **2.** Fig. Fam. Appellation donnée à une personne qui s'énerve, s'agite un peu inutilement. *Eh, le taon !, prends ton temps.*

tapage [tapaʒ] n. m. **1.** Bruit violent, désordonné produit par un groupe de personnes. ⇒ **chahut, potin, raffut, tintamarre, vacarme** ; fam. ① **boucan.** / contr. **silence** / *Un tapage infernal. Arrêtez ce tapage !* — TAPAGE NOCTURNE : consistant à troubler la tranquillité des habitants en faisant du bruit, la nuit, sans motif légitime. **2.** Fig. Esclandre, scandale. *On a fait beaucoup de tapage autour de ce divorce.* ⇒ **bruit, publicité.** ▸ ***tapageur, euse*** adj. **1.** Qui fait du tapage. *Un enfant tapageur.* **2.** Qui fait du scandale. *Publicité tapageuse.* **3.** Qui se fait remarquer par l'outrance, le contraste des couleurs. ⇒ **criard, voyant.** / contr. **discret** / *Un luxe tapageur.*

tapée [tape] n. f. ■ (France) Fam. Grande quantité. *Des ennuis, j'en ai des tapées.* ⇒ ① **masse** ; fam. **flopée.**

taper [tape] v. ▪ conjug. 1. **I.** V. tr. **1.** Frapper du plat de la main. ⇒ **claquer, cogner.** *Taper un enfant. Maman, elle m'a tapé !* **2.** Donner des coups sur (qqch.). *Taper la table du poing. Taper le ballon. Il l'a tapé avec sa règle. Taper des tapis,* les battre. — (Le compl. désigne une partie du corps) Loc. fam. *Se taper les cuisses de contentement.* — Fam. *Il y a de quoi se taper le derrière par terre,* c'est une chose risible, grotesque. — Fam. *C'est à se taper la tête contre les murs,* c'est une situation révoltante et sans issue. **3.** Produire (un bruit) en tapant. *Taper trois coups à la porte.* ⇒ **cogner. 4.** Écrire (un texte) au moyen de la machine à écrire (⇒ **dactylographier**), de l'ordinateur. ⇒ **saisir.** *Faire taper une lettre.* **5.** Fam. Emprunter de l'argent à (qqn). ⇒ fam. **bummer, seiner.** *Je l'ai tapé de vingt dollars.* ⇒ **tapeur. II.** Tasser, aplatir, damer, compacter qqch. de malléable. *Taper la neige des pistes de ski de fond.* **III.** V. intr. **1.** Donner des coups. *Le boxeur tapait comme un sourd.* ⇒ **cogner.** *Arrête de taper sur ton frère. Taper sur le ballon. Taper des mains, dans ses mains.* ⇒ **applaudir.** *Taper du poing sur la table.* **2.** Loc. fig. *Taper sur qqn,* dire du mal de lui en son absence. ⇒ **critiquer, médire.** — *Taper sur le ventre de qqn,* le traiter avec une familiarité excessive. — *Taper sur les nerfs de qqn,* l'agacer. — *Taper dans l'œil de qqn,* lui plaire vivement. — *Taper dans le mille,* réussir ; deviner juste. **3.** Écrire au moyen d'une machine. *Il tapait un rapport à la machine.* Sans compl. direct. *Taper (à la machine). Cette dactylo tape vite.* **4.** *Le soleil tape dur,* chauffe très fort. ⇒ **darder, plomber.** Fam. *Ça tape, aujourd'hui !* **5.** Fam. TAPER DANS : prendre dans, se servir de. ⇒ ① **piger.** *Ils ont déjà tapé dans les provisions.* ⇒ **puiser.** *Tapez dans le tas !* **IV.** SE TAPER v. pron. **1.** (Récipr.) Se frapper l'un l'autre. ⇒ se **tapocher.** *Ils se sont tapés comme des brutes.* **2.** Faux pron. Fam. Manger, boire (qqch.). ⇒ fam. s'**envoyer.** *Elle se tape un club-sandwich.* **3.** Faux pron. Fam. Faire (une corvée). ⇒ fam. se **farcir.** *Se taper tout le travail. Elle s'est tapé le trajet à pied.* **4.** Faux pron. Fam. S'en moquer, s'en ficher. ⇒ fam. se **foutre** de, se **sacrer** de. *Tes histoires, je m'en tape bien.* ▸ ***tapant, ante*** adj. ■ (Après le nom d'une heure) Qui est en train de sonner (une heure). ⇒ **juste, pétant,** ④ **pile,** ① **précis, sonnant.** *À midi tapant. À neuf heures tapantes.* — REM. On dit aussi *neuf heures tapant* (part. prés. de *taper*). ▸ ***tape*** n. f. ■ Coup donné avec le plat de la main. ⇒ **gifle, taloche.** *Une tape dans le dos.* ⇒ ① **claque.** *Il m'a donné une tape amicale.* ▸ ***tapé, ée*** adj. **I.** (France) **1.** Trop mûr, pourri par endroits (aux endroits des heurts). *Pommes tapées.* — Fam. (D'une personne qui n'est plus jeune) *Elle est un peu tapée.* **2.** Fam. BIEN TAPÉ : réussi, bien fait. *Une réponse bien tapée,* bien envoyée. — Bien servi. *Un demi bien tapé.* **3.** Fam. Fou. *Il est complètement tapé.* ⇒ **cinglé, sonné. II.** Damé, aplati, compacté. *Neige tapée. Sable bien tapé.* ⇒ **tassé.** ▸ ***tape-à-l'œil*** [tapalœj] adj. invar. et n. m. invar. **1.** Adj. Qui attire l'attention par des couleurs voyantes, un luxe tapageur. *Une décoration un peu tape-à-l'œil.* / contr. **sobre, discret** / **2.** N. m. invar. *C'est du tape-à-l'œil,* cela fait beaucoup d'effet mais cela a peu de valeur. ▸ ***tapecul*** ou ***tape-cul*** [tapky] n. m. **1.** Voiture à cheval, automobile qui a une mauvaise suspension. **2.** Exercice de manège, à cheval. **3.** (France) Brimade consistant à soulever qqn par les pieds et les épaules et à lui taper le derrière par terre. ⇒ **bascule.** ▸ ***tapement*** n. m. ■ Action de taper (I, 1 et 2) ; *Des tapements de pieds.* — Le bruit ainsi produit. *Un tapement sourd.* ▸ ① ***tapette*** n. f. ■ Raquette d'osier, de plastique pour battre les tapis ; pour tuer les mouches. ⇒ **tue-mouches.** ⟨ ▸ retaper, tapage, tapée, tapeur, tapocher, tapoter ⟩

② ***tapette*** [tapɛt] n. m. ou f. ■ Fam. Homosexuel. ⇒ ② **gai, pédéraste ;** fam. **fifi, homo, pédale, pédé,** ② **tante.** — Loc. *Avoir l'air tapette,* efféminé, maniéré.

tapeur, euse [tapœʀ, øz] n. ■ Personne qui emprunte souvent de l'argent (⇒ **taper**, I, 5).

en tapinois [ɑ̃tapinwa] loc. adv. ■ En se cachant, à la dérobée. ⇒ en **catimini, sournoisement.** *Le groupe avançait en tapinois.*

tapioca [tapjɔka] n. m. ■ Fécule extraite de la racine de manioc. *Un pouding au tapioca.*

① ***se tapir*** [tapiʀ] v. pron. r fl. ▪ conjug. 2. ■ Se cacher, se dissimuler en se blottissant. *Le chat s'est tapi sous le buffet.* — Au p. p. adj. *Une bête tapie dans les buissons.* ⟨ ▸ en tapinois ⟩

② ***tapir*** n. m. ■ Mammifère ongulé, herbivore, d'assez grande taille (jusqu'à 2 m de long), bas sur pattes, dont le nez se prolonge en trompe. *Les tapirs vivent en Amérique et en Asie tropicale.*

tapis [tapi] n. m. invar. **1.** Ouvrage de fibres textiles, destiné à être étendu sur le sol. ⇒ **moquette.** *Tapis de haute laine. Tapis tressé.* ⇒ **catalogne.** *Secouer les tapis.* Fam. *Tapis mur à mur*.* — *Marchand de tapis,* fig et péj. vendeur, marchand trop insistant. *Des discussions de marchand de tapis.* — Loc. *Dérouler le tapis rouge,* recevoir qqn avec les honneurs. *Pousser, balayer la cendre sous le tapis,* dissimuler un problème, une difficulté. *Tapis volant* (des légendes orientales). **2.** Revêtement souple de sol. *Tapis de fibres.* ⇒ **natte.** *Tapis de caoutchouc.* ⇒ **laize.** *Tapis de sol,* dans une tente de camping, etc. — TAPIS-BROSSE : paillasson. *Des tapis-brosses.* — *Envoyer son adversaire* AU TAPIS : au sol. **3.** TAPIS ROULANT : surface plane animée d'un mouvement de translation et servant à transporter des personnes, des marchandises. *Des tapis roulants.* **4.** Couche, surface qui évoque un tapis. *Un tapis de neige.* **5.** Pièce de tissu recouvrant un meuble, une table. *Tapis de table.* ⇒ **dessus** de table. — Loc. *Mettre une affaire, une question sur le tapis,* la faire venir en discussion. *Avec eux, ce sont toujours les mêmes histoires qui reviennent sur le tapis.* **6.** *Tapis volant,* morceau de plastique mince et rectangulaire sur lequel les enfants s'assoient pour glisser sur les pentes. ⟨ ▸ tapisser ⟩

tapisser [tapise] v. tr. ▪ conjug. 1. **1.** Couvrir de tapisseries, tentures, étoffes, papiers, etc., pour orner. *Tapisser un mur, une chambre. Papier à tapisser. Tapisser sa chambre d'affiches.* — Au p. p. adj. *Une pièce tapissée de jute.* **2.** (Suj. chose) Recouvrir (un mur, une paroi) en manière d'ornement. *Le papier peint qui tapisse un appartement.* — Recouvrir parfaitement. *Le lierre tapissait tout le mur. Un dépôt de sel tapisse le fond de la lagune à sec.* ▶ ***tapissage*** n. m. ■ Action de poser la tapisserie ; son résultat. *Entreprendre le tapissage d'une pièce.* ▶ ***tapisserie*** n. f. **1.** Ouvrage d'art en tissu, effectué au métier, dans lequel le dessin résulte de l'armure même. *Tapisseries exposées dans un musée.* **2.** Loc. FAIRE TAPISSERIE *dans un bal* : se dit d'une jeune fille, d'une femme qui n'est pas invitée à danser (et qui reste immobile le long du mur, comme une tapisserie). **3.** Ouvrage de dame à l'aiguille, dans lequel un canevas est entièrement recouvert par des fils de laine, de soie. *Faire une tapisserie, de la tapisserie.* **4.** Papier peint. *Rouleau, laize de tapisserie.* ▶ ***tapissier, ière*** n. **1.** (Surtout en France) Personne qui fabrique et vend des tissus utilisés en ameublement et en décoration. ⇒ **rembourreur.** **2.** Ou TAPISSEUR, EUSE. Personne qui tapisse une pièce, une maison, pose les papiers peints. *Tapissier-décorateur. Sa mère est une très bonne tapisseuse.*

tapocher [tapɔʃe] v. tr. ▪ conjug. 1. ■ Donner des coups de poing, des tapes à qqn. *Tapocher un adversaire. Se faire tapocher.* — Pronominalement (récipr.) *Ils se sont tapochés à qui mieux mieux.* ⇒ se **battre,** se **frapper,** se **taper.** — Au p. p. adj. *Boxeur très tapoché.* ⇒ fam. **magané.** ▶ ***tapochage*** n. m. ■ Action de tapocher. ▶ ***tapocheur*** ou ***tapocheux, euse*** n. et adj. ■ Personne qui aime tapocher les autres, se tapocher.

tapon [tapɔ̃] n. m. **1.** Petit tas d'étoffe, de papier, d'herbe, etc., roulé en boule, chiffonné. ⇒ **tampon.** *Des tapons de poussière.* ⇒ ② **minou.** — Loc. EN TAPON : roulé, mis en boule, en tas. *Des serviettes mouillées laissées en tapon sur le sol.* **2.** Amas, amoncellement de choses semblables. ⇒ **paquet.** *Un tapon de journaux. Des tapons de nuages noirs, annonciateurs de pluie.* **3.** Morceau, petite masse (d'une matière meuble, malléable). *Un tapon de neige.* ⇒ **motte.** *Écarter les tapons qui restent dans une sauce.* ⇒ **grumeau.** *Tapons de terre collés sous les semelles.* ⇒ **motton.** 〈 ▶ taponner 〉

taponner [tapɔne] v. ▪ conjug. 1. **I.** V. tr. **1.** Manipuler, palper qqch. ⇒ **toucher, tripoter.** *Les clients taponnent souvent les fruits.* **2.** Manier avec insistance et machinalement. ⇒ **triturer.** *Taponner un bouton, une mèche de ses cheveux. — Taponner (dans) sa nourriture.* ⇒ **pigrasser.** **3.** Caresser, toucher indiscrètement (une partie du corps de qqn). ⇒ **lutiner, pogner, tripoter ;** fam. **peloter.** — Pronominalement (réfl.) Se masturber. ⇒ vulg. se **crosser.** (Récipr.) Se caresser. ⇒ se **lutiner ;** fam. se **peloter.** **II.** V. intr. **1.** Perdre son temps à ne rien faire, rester inactif. ⇒ **niaiser,** tourner en **rond, virailler ;** fam. **branler, lambiner,** se **pogner, téter.** *Elle a taponné durant toute la journée.* **2.** S'occuper à de menues tâches, à de petits travaux sans se presser. ⇒ fam. **téter.** *Taponner dans sa cave. Elle taponne dans ses livres. Passer la soirée à taponner sur son ordinateur.* **3.** Réfléchir longuement, tergiverser avant de prendre une décision. ⇒ **hésiter ;** fam. **tataouiner, zigonner.** *Cela fait deux semaines qu'il taponne pour s'acheter une auto.* **4.** Faire divers essais pour découvrir une solution. ⇒ **tâtonner.** *Elle a taponné un peu avant de répondre.* ⇒ **cafouiller.** **5.** Exécuter qqch. avec un soin minutieux jusque dans les moindres détails. ⇒ **fignoler, peaufiner, polir ;** fam. **téter.** / contr. **bâcler** / *Regarde comme c'est bien, ils ont dû en taponner un coup pour obtenir ce fini.* ▶ ***taponnage*** n. m. ■ Le fait de taponner ; son résultat. *Tout cela, c'est du taponnage,* une perte de temps. ▶ ***taponneur*** ou ***taponneux, euse*** n. ■ Personne qui taponne. — Adj. *Des gens très taponneux.* ⇒ **chichiteux ;** fam. **téteur.** ▶ ***taponneuse*** n. f. ■ Fam. Cigarette faite à la main. ⇒ fam. **rouleuse.**

tapoter [tapɔte] v. tr. ▪ conjug. 1. ■ Frapper légèrement à petits coups répétés. *Tapoter la joue d'un enfant. À sept ans, il tapotait du Mozart.* ⇒ **pianoter.** — Intransitivement. *Tapoter sur la table.* ⇒ **tambouriner.** *Tapoter* (ou pianoter) *sur un clavier d'ordinateur.* ⇒ fam. **pitonner.** ▶ ***tapotement*** n. m. ■ *Entendre un léger tapotement à la porte.*

taquet [takɛ] n. m. **1.** Pièce de bois qui soutient l'extrémité d'un tasseau. — Coin de bois pour caler un meuble. **2.** Petite pièce (de bois, de métal) qui tourne autour d'un axe et sert à maintenir qqch. (porte, fenêtre...) fermé. ⇒ **barrure, loquet.** *Les taquets des carreaux.* ≠ *targette.*

taquin, ine [takɛ̃, in] adj. ■ Qui prend plaisir à contrarier autrui dans les petites choses et sans désir de nuire. *Un enfant taquin.* ⇒ **espiègle, taquineur.** *Un caractère taquin.* ▶ ***taquiner*** v. tr. ▪ conjug. 1. **1.** S'amuser à contrarier dans de petites choses. ⇒ **asticoter,** faire **enrager, plaisanter.** *Il la taquinait pour la mettre en colère. Tu ne devrais pas la taquiner là-dessus, à ce sujet.* **2.** (Suj. chose) Être la cause de petites contrariétés, d'une douleur légère. *Ce retard me taquine.* ⇒ **inquiéter.** *J'ai une dent qui me taquine.* ⇒ **agacer.** **3.** Loc. fam. *Taquiner le poisson,* pêcher à la ligne. ▶ ***taquinerie*** n. f. **1.** Caractère d'une personne taquine. **2.** *Une taquinerie,* action de taquiner ; parole taquine. ⇒ fam. **agaçages, badrage.** ▶ ***taquineur*** ou ***taquineux, euse*** adj. ■ Qui prend plaisir à taquiner. ⇒ **taquin.**

tarabiscoté, ée [taʀabiskɔte] adj. **1.** Qui comprend beaucoup d'ornements. *Des meubles tarabiscotés.* **2.** Abstrait. Affecté, contourné. *Style tarabiscoté.* ⇒ ① **complexe, compliqué.** *Une explication tarabiscotée.* ⇒ **embarrassée.**

tarabuster [taʀabyste] v. tr. ▪ conjug. 1. **1.** Importuner (qqn) par des paroles, des interventions renouvelées. ⇒ **harceler, houspiller, tourmenter, tracasser.** *Mes patrons vont encore me tarabuster.* ⇒ fam. ② **tanner.** **2.** (Suj. chose) Causer de la contrariété, de l'inquiétude, de l'agitation à (qqn). *C'est une idée qui me tarabuste.* ⇒ **turlupiner.**

tarama [taʀamɑ] n. m. ■ Hors-d'œuvre préparé avec des œufs de cabillaud, fumés, écrasés et mêlés à de la crème fraîche, parfois de l'huile.

taratata [taʀatata] interj. ■ Onomatopée exprimant l'incrédulité, la défiance, le mépris. *Taratata ! tout ça, c'est des histoires !*

taraud [taʀo] n. m. ■ Écrou. *Serrer, desserrer des tarauds.* — Fig. *Il lui manque un taraud,* il a l'esprit dérangé.

tarauder [taʀode] v. tr. ▪ conjug. 1. **1.** Creuser, percer (une matière dure) pour y pratiquer un pas de vis. *Tarauder une planche.* **2.** Percer avec une tarière. *Les insectes qui taraudent le bois.*

tard [taʀ] adv. **1.** Après le moment habituel ; après un temps considéré comme long. / contr. **tôt** / *Se lever tard.* — PROV. *Mieux vaut tard que jamais. Il est rentré de son travail plus tard que d'habitude. — Un peu tard, bien tard, trop tard,* après un temps trop long, après le moment convenable. *Votre lettre est arrivée trop tard, j'étais déjà parti.* — TÔT OU TARD : inévitablement mais à un moment qu'on ne peut prévoir avec certitude. — (Avec *être*) *Il est, c'est trop tard.* PROV. *Il n'est jamais trop tard pour bien faire. — Au plus tard,* en prenant le délai le plus long qu'on puisse admettre ou estimer. *Je vous rembourserai dans un mois au plus tard.* — PLUS TARD : dans l'avenir. ⇒ **ultérieurement.**

Ce sera pour plus tard. Quelques minutes plus tard. ⇒ **après.** *Pas plus tard qu'hier* (il y a si peu de temps). **2.** À la fin d'une période, à une heure avancée du jour ou de la nuit. *Tard dans la matinée, dans la nuit. Rentrer tard.* — Adj. *Il est, il se fait tard,* l'heure est avancée. *Il se fait tard, partons. Je ne croyais pas qu'il fût* (littér.), *qu'il était si tard.* **3.** N. m. SUR LE TARD : à un âge considéré comme avancé. *Il s'est mis à jouer du piano sur le tard.* ▶ ***tarder*** v. intr. ▪ conjug. 1. **1.** Se faire attendre ; être lent à venir. *Ça n'a pas tardé !* **2.** Mettre beaucoup de temps ; rester longtemps avant de commencer à agir. *Ne tardez pas, décidez-vous. Venez sans tarder,* tout de suite. — TARDER À (+ infinitif). *Elle n'a pas tardé à lui répondre.* **3.** Impers. IL ME (TE, LUI...) TARDE (+ infinitif) : exprimant l'impatience de faire, de voir se produire qqch. *Il me tarde d'avoir les résultats.* — (Avec *que* + subjonctif) *Il leur tarde que ce soit terminé.* ▶ ***tardif, ive*** adj. **1.** Qui apparaît, qui a lieu tard, vers la fin d'une période, d'une évolution. *Maturité tardive. Enfant d'une intelligence tardive.* **2.** Qui a lieu tard dans la journée, la matinée ou la soirée. *Ils sont rentrés à une heure tardive.* ⇒ **avancé.** — Qui vient, qui se fait trop tard. *Des remords tardifs.* **3.** Qui se forme, se développe plus lentement ou plus tard que la moyenne. *Un fruit tardif.* / contr. **hâtif, précoce** / ▶ ***tardivement*** adv. ▪ Tard. *Elle s'en aperçut tardivement.* ‹ ▶ s'attarder, couche-tard, lève-tard, retardataire, retarder ›

① ***tare*** [taʀ] n. f. **1.** Poids de l'emballage, du récipient pesé avec une marchandise. *Il faut déduire du poids brut la tare pour obtenir le poids net.* **2.** Poids qu'on place sur le plateau d'une balance, équivalent de celui d'un objet qu'on ne veut pas compter dans un poids total. ▶ ***tarer*** v. tr. ▪ conjug. 1. ▪ Peser (un emballage ou un récipient) avant de le remplir afin de pouvoir déduire son poids du poids brut.

② ***tare*** n. f. **1.** Grave défaut (d'une personne, d'une société, d'une institution). *Les tares humaines.* **2.** Défectuosité physique ou psychologique, souvent considérée comme héréditaire et irrémédiable. ▶ ***taré, ée*** adj. **1.** Affecté de tares (1). *Un politicien taré. Régime taré.* **2.** Atteint d'une tare (2). **3.** Fam. Inintelligent. ⇒ **bête, idiot.** *Mais tu es complètement taré ! Avoir l'air taré.* — N. *Bande de tarés !*

tarentelle [taʀɑ̃tɛl] n. f. ▪ Danse du sud de l'Italie, sur un air au rythme très rapide.

tarentule [taʀɑ̃tyl] n. f. ▪ Grosse araignée venimeuse des pays chauds.

targette [taʀʒɛt] n. f. ▪ Petit verrou, à tige cylindrique ou plate, que l'on manœuvre en poussant ou en tournant un bouton. ⇒ **barrure.** *Mettre la targette.* ≠ *taquet.*

se ***targuer*** [taʀge] v. pron. r fl. ▪ conjug. 1. ▪ Littér. Se prévaloir (de qqch.) avec ostentation, se vanter de... *Il se targue un peu trop de sa générosité.* — Plus cour. (+ infinitif). *Elle s'est targuée d'y parvenir. Il se targue de ce que tout lui réussit.*

targui [taʀgi] n. et adj. ⇒ **touareg** (REM.).

tarière [taʀjɛʀ] n. f. **1.** Grande vrille pour percer le bois. — Instrument qui sert à forer des trous peu profonds dans le sol. **2.** Prolongement de l'abdomen (d'insectes) capable de creuser des trous.

tarif [taʀif] n. m. **1.** Tableau ou liste qui indique le montant des droits à acquitter, des prix fixés ; ces prix. *Les tarifs des chemins de fer. Tarif réduit.* ⇒ **demi-tarif.** *Payer plein tarif.* — En parlant de salaires. *Tarif syndical,* fixé par un syndicat. — *Tarif douanier,* taux du droit de douane des produits pouvant être importés. **2.** Le prix tarifé ou usuel (d'une marchandise, d'un travail). *Le tarif, les tarifs d'un fabricant, d'un commerçant. Un tarif horaire.* — Fam. *Il aura deux mois de prison, c'est le tarif,* la peine habituelle. ▶ ***tarifaire*** adj. ▪ *Dispositions, grilles tarifaires.* ▶ ***tarifer*** ou ***tarifier*** v. tr. ▪ conjug. 1. ▪ Fixer à un montant, à un prix déterminé ; déterminer le tarif de. *Faire tarifer une ordonnance.* — Au p. p. adj. *Des marchandises tarifées.* ▶ ***tarification*** n. f. ▪ Fixation des prix selon un tarif précis. — L'ensemble des tarifs. ‹ ▶ demi-tarif ›

tarir [taʀiʀ] v. ▪ conjug. 2. **I.** V. intr. **1.** Cesser de couler ; s'épuiser. *Source qui tarit. Ses larmes ne tarissent plus.* **2.** *L'entretien, la conversation tarit,* s'arrête parce qu'on n'a plus rien à se dire. — (Personnes) NE PAS TARIR : ne pas cesser de dire, de parler. *Il ne tarit pas sur ce sujet.* ⇒ **intarissable.** *Elle ne tarit pas d'éloges sur vous.* **II.** V. tr. Faire cesser de couler ; mettre à sec. ⇒ **assécher.** *Tarir un fleuve. La sécheresse a tari tous les ruisseaux.* **III.** SE TARIR v. pron. *La source s'est tarie. — Sa veine poétique s'est tarie.* ⇒ s'**épuiser.** ▶ ***tari, ie*** adj. ▪ Sans eau. *Une rivière tarie.* ⇒ à **sec.** ▶ ***tarissement*** n. m. ▪ *Le tarissement d'une source, d'un puits.* ⇒ **assèchement.** ‹ ▶ intarissable ›

tarlais [taʀlɛ] n. m. ▪ Fam. Idiot, imbécile, niaiseux. ⇒ **épais.** *Un grand tarlais. Faire le tarlais,* agir en idiot.

tarot [taʀo] n. m. ▪ *Les tarots,* cartes à jouer portant des figures spéciales et plus longues que les cartes ordinaires, utilisées surtout en cartomancie (pour révéler l'avenir). *Un jeu de tarots* (ou ellipt *un tarot*) *de soixante-dix-huit cartes. Jouer aux tarots.* ≠ *taraud.*

tarse [taʀs] n. m. ▪ Partie du squelette du pied constituée par une double rangée d'os courts. ▶ ***tarsien, ienne*** adj. ▪ *Articulation tarsienne, os tarsiens.* ‹ ▶ métatarse ›

① ***tartan*** [taʀtɑ̃] n. m. ▪ Tissu écossais propre à un clan*. — Tissu imité dit *écossais**. *Doublure, cravate en tartan.*

② ***tartan*** n. m. ▪ Revêtement des pistes d'athlétisme fait d'un aggloméré de caoutchouc, de matières plastiques et d'amiante. — REM. Ce mot est un nom de marque déposée.

tartare [taʀtaʀ] n. et adj. **1.** Se disait des populations d'Asie centrale (Turcs et Mongols). **2.** *Sauce tartare,* mayonnaise aux câpres et à la moutarde. — *Un* STEAK TARTARE ou, n. m., *un tartare,* viande de bœuf (ou de cheval) crue et hachée, assaisonnée d'une sauce tartare. — *Tartare de poisson* (bar, thon, etc.).

tarte [taʀt] n. f. et adj. **I.** N. f. **1.** Pâtisserie formée d'un fond de pâte entouré d'un rebord et garni (de confiture, de fruits, de crème, etc.), souvent recouverte d'une autre couche de pâte (l'*abaisse*). *Tarte aux fraises, au sucre, à la farlouche. Tarte aux fruits. Un morceau, une pointe de tarte. — Des assiettes à tarte,* des moules. — Loc. fig. TARTE À LA CRÈME : formule vide et prétentieuse par laquelle on prétend avoir réponse à tout. — Fam. *C'est pas de la tarte !,* c'est désagréable ou difficile. **2.** (France) Fam. Coup, gifle. *Il a reçu une sacrée tarte.* **II.** Adj. Fam. Niaiseux, sot et ridicule, peu dégourdi. ⇒ **cloche.** (Avec ou sans accord) *Grosse tarte !* — (D'une chose) *Il est un peu tarte, son chapeau !* ▶ ***tartelette*** n. f. ▪ Petite tarte individuelle. ⇒ **barquette.** ‹ ▶ tartine ›

Tartempion [taʀtɑ̃pjɔ̃] n. m. ▪ Nom propre d'une personne fictive prise comme type de l'individu quelconque. ⇒ **chose.** *Monsieur Tartempion.*

tartine [taʀtin] n. f. **1.** (Surtout en France) Tranche de pain recouverte de beurre, de confiture... (⇒ **beur-**

rée) ou destinée à l'être. *Faire des tartines. Tartines grillées.* ⇒ **rôtie ;** anglic. ② **toast. 2.** Fam. Développement interminable sur un sujet quelconque. ⇒ **laïus, tirade.** *Elle a fait là-dessus toute une tartine.* ▸ ***tartiner*** v. tr. ▪ conjug. 1. ■ Étaler (du beurre, etc.) sur une tranche de pain. ⇒ **beurrer ;** fam. **graisser.** — Loc. adv. *À tartiner,* facile à étendre (sur du pain, des biscottes, etc.). *Fromage à tartiner.*

tartre [taʀtʀ] n. m. **1.** Dépôt qui se forme dans les récipients contenant du vin. **2.** Dépôt plus ou moins dur, de couleur jaune ou brune (phosphate de calcium), qui s'attache au collet des dents. **3.** Croûte calcaire qui se forme sur les parois des chaudières, des bouilloires. ≠ *dartre.* ‹ ▸ détartrer, entartrer ›

tartufe ou ***tartuffe*** [taʀtyf] n. m. et adj ■ Personne hypocrite. — Adj. *Il est un peu tartuffe.* ▸ ***tartuferie*** ou ***tartufferie*** n. f. ■ Conduite de tartufe. ⇒ **hypocrisie.**

tas [tɑ] n. m. invar. **1.** Amas (de matériaux, de morceaux, d'objets) s'élevant sur une large base. *Un tas de pierres, de sable ; de détritus.* ⇒ **monceau.** *Faire des petits tas de... Mettre des bûches en tas.* ⇒ **empiler, entasser ; corder.** — Vulg. *Faire un tas* (de merde), aller à la selle. **2.** Grande quantité, grand nombre (de choses). ⇒ **flopée.** *Un tas de détails inutiles. Des tas de...,* beaucoup. *Elle s'intéresse à des tas de choses.* ⇒ **quantité.** — Péj. ou fam. Grand nombre (de gens). ⇒ **multitude.** *Un tas de gens.* — DANS LE TAS : dans le grand nombre de gens en question. *Tirer, taper, frapper dans le tas,* dans un groupe, sans viser précisément qqn. — (Dans une injure) *Tas de crétins, de salauds !* ⇒ ② **bande ;** fam. **gang. 3.** Loc. SUR LE TAS : sur le lieu du travail, au travail. *Grève sur le tas.* Fam. *Être formé sur le tas,* par le travail même. ⇒ sur le **terrain. 4.** Fam. Personne grosse, corpulente et niaiseuse. *Tu parles d'un gros tas !* ‹ ▸ entasser, tasser ›

tasse [tɑs] n. f. **1.** Petit récipient à anse ou à oreilles, servant à boire. ⇒ **bol.** *Une tasse de porcelaine. Des tasses à café.* — Son contenu. *Prendre une tasse de thé.* **2.** Mesure pour les liquides, les solides, équivalant à environ 225 ml (8 onces), utilisée en cuisine. *Une tasse de lait et une tasse de sucre.* — *Tasse à mesurer,* tasse, généralement transparente, graduée (en millilitres, en onces et en fractions) dont on se sert pour mesurer les ingrédients d'une recette. **3.** Loc. fam. *Boire une tasse, la tasse,* avaler involontairement de l'eau en se baignant. *Prendre une tasse,* boire beaucoup d'alcool. ‹ ▸ sous-tasse ›

tasseau [tɑso] n. m. ■ Petite pièce de bois ou de métal destinée à soutenir l'extrémité d'une tablette et qui est soutenue elle-même par un taquet. ⇒ **support.** *Une planche, supportée par deux tasseaux.*

tasser [tɑse] v. tr. ▪ conjug. 1. **I. 1.** Comprimer le plus possible, en tapant, poussant, serrant. *Tasser ses affaires dans un sac. Tasser le tabac dans la pipe.* ⇒ **bourrer.** *Tasser de la terre à coups de pelle.* ⇒ **compacter, taper. 2.** (Compl. personne) *Tasser des prisonniers dans un wagon.* ⇒ **entasser ;** fam. **corder. 3.** Repousser (des objets) loin de soi, mais en les rapprochant les uns des autres. *Tasser la vaisselle sur le comptoir pour faire de la place.* — *Tasser la neige,* la repousser sur le côté. **4.** Déplacer (une chose). *Voudrais-tu tasser ta chaise un petit peu ? Tasser le curseur sur un écran.* **II.** SE TASSER v. pron. **1.** S'affaisser sur soi-même. *Des terrains qui se tassent.* **2.** (Suj. chose) Fam. Revenir, après quelque incident, à un état normal. ⇒ s'**arranger.** *Il y a des difficultés ; ça se tassera ! Les choses vont se tasser.* **3.** (France) Faux pron. (Suj. personne) Fam. *Se tasser qqch.,* s'envoyer. *Qu'est-ce qu'elle s'est tassé comme gâteaux !* ⇒ se **taper. III.** V. pron. **1.** S'écarter pour laisser passer (qqn, qqch.). ⇒ se **pousser.** *Elle s'est tassée quand elle a vu la voiture arriver.* — *Tasse-toi, je ne vois pas l'écran.* — Fig. *Se faire tasser,* être écarté au profit de qqn d'autre. **2.** S'écarter pour éviter d'entrer en collision avec qqn, qqch. *Je me suis tassé pour ne pas heurter le cycliste.* **3.** S'écarter, se déplacer pour faire de la place à qqn d'autre. *Tasse-toi au bout du fauteuil, je veux m'asseoir.* — *Tassez-vous un peu vers moi,* rapprochez-vous de moi. **IV.** ÊTRE TASSÉ (ÉE) passif et p. p. adj. **1.** Qu'on a tassé. *Terre tassée. Voyageurs tassés dans le métro. On est tassés.* **2.** Affaissé. *Constructions tassées. Une petite vieille toute tassée.* ⇒ **recroquevillé ;** fam. **raboudiné. 3.** Fam. BIEN TASSÉ : qui remplit bien le verre. *Un gin bien tassé. Un café, un pastis bien tassé,* très fort. ▸ ***tassement*** n. m. ■ ⇒ **affaissement.** *Le tassement du sol.* ▸ ***tasserie*** n. f. ■ Partie de la grange où l'on entasse le foin.

taste-vin [tastəvɛ̃] ou ***tâte-vin*** [tɑtvɛ̃] n. m. invar. ■ Petite tasse plate servant aux dégustateurs de vin.

tata [tata] n. m. **1.** (Lang. enfantin) Geste de la main, mot pour saluer. *Des tatas. Tata, grand-maman.* — Loc. *Faire tata ; faire un (des) tata(s),* envoyer la main. *Dire « tata » à qqn,* dire ce mot tout en envoyant la main. **2.** Fam. Personne sotte, stupide, niaiseuse. *Ce gars-là, c'est un moyen tata.*

tatami [tatami] n. m. ■ Tapis, natte couvrant le sol des locaux où l'on pratique les sports de combat japonais (judo, karaté, etc.). *Des tatamis.*

tataouiner [tatawine] v. intr. ▪ conjug. 1. ■ Fam. Tergiverser, hésiter avant de prendre une décision. ⇒ **balancer, taponner ;** fam. **téter, zigonner.** *Chauffeur qui tataouine avant de tourner.* ▸ ***tataouinage*** n. m. ■ Fam. Fait de tataouiner. *Pas de tataouinage.* ▸ ***tataouineur*** ou ***tataouineux, euse*** n. ■ Fam. Personne qui tataouine. ⇒ fam. **branleur.**

tâter [tɑte] v. tr. ▪ conjug. 1. **1.** Toucher attentivement avec la main, afin d'explorer, d'éprouver, de reconnaître. ⇒ **manier, palper.** *Il tâte les murs pour trouver son chemin. Tâter le pouls d'un malade.* — TÂTER LE TERRAIN : le reconnaître ; s'assurer, avec précaution, des possibilités d'action. *Je ne sais si elle acceptera, il faut tâter le terrain,* s'assurer de ses intentions. **2.** Chercher à connaître les forces ou les dispositions de (qqn), en le questionnant avec prudence. ⇒ **sonder.** *Tâter qqn, l'opinion. Je l'ai tâtée sur cette affaire, elle ne veut pas s'engager.* **3.** Intransitivement TÂTER DE : faire l'expérience de. ⇒ **essayer.** *Il a tâté un peu de tous les métiers. Tâter de la prison.* **4.** V. pron. Fig. SE TÂTER : s'étudier avec attention ; s'interroger longuement, hésiter. ⇒ **taponner.** *Il n'a rien décidé, il se tâte.* ‹ ▸ taste-vin, tatillon, tâtonner ›

tatillon, onne [tatijɔ̃, ɔn] adj. ■ (Personnes) Exagérément minutieux, exigeant, attaché aux détails des règlements. ⇒ **pointilleux, taponneur ;** fam. **téteur.** *Un bureaucrate tatillon.*

tâtonner [tɑtɔne] v. intr. ▪ conjug. 1. **1.** Tâter plusieurs fois le sol, les objets autour de soi, pour se diriger ou trouver qqch. *Il tâtonnait dans l'obscurité.* **2.** Hésiter, faute de compréhension suffisante. — Faire divers essais pour découvrir une solution. ⇒ **essayer, taponner.** *La médecine tâtonne encore dans bien des domaines.* ▸ ***tâtonnant, ante*** adj. ■ *Un geste tâtonnant. Des recherches tâtonnantes.* ▸ ***tâtonnement*** n. m. **1.** Action de tâtonner. *Les tâtonnements d'un aveugle.* **2.** Essai hésitant et renouvelé pour trouver qqch. *Nous trouverons certainement la solution après quelques tâtonnements.* ⇒ **essai, tentative.** ▸ ***tâtonneur*** ou ***tâtonneux, euse*** n. ■ Personne qui tâtonne, tergiverse. ▸ ***à tâtons*** [atɑtɔ̃] loc. adv. **1.** En tâtonnant (1). ⇒ à l'**aveuglette.** *Avancer à tâtons dans l'obscurité.* **2.** Au hasard, sans méthode. *Procéder à tâtons dans ses recherches.*

tatou [tatu] n. m. ■ Mammifère édenté d'Amérique du Sud, au corps recouvert d'une carapace articulée. *Grand tatou. Des tatous.*

tatouer [tatwe] v. tr. ▪ conjug. 1. **1.** Marquer, orner (une partie du corps) d'inscriptions ou de dessins indélébiles en introduisant au moyen de piqûres des matières colorantes sous l'épiderme. *Un marin qui se fait tatouer la poitrine.* — Au p. p. adj. *Bras tatoué. Une femme tatouée.* — N. *Un, une tatoué(e).* **2.** Exécuter (un dessin) par tatouage (et abusivt par un autre procédé). — Au p. p. adj. *Il a une sirène tatouée dans le dos.* ▶ ***tatouage*** n. m. **1.** Action de tatouer. *Le raffinement des tatouages polynésiens.* **2.** Signe, dessin exécuté en tatouant la peau. *Il a les bras couverts de tatouages.* ▶ ***tatoueur, euse*** n.

taudis [todi] n. m. invar. **1.** Logement misérable, sans confort ni hygiène. ⇒ **galetas, gourbi ;** fam. **boui-boui, coqueron.** *Les taudis des bas quartiers. Lutte contre les taudis.* **2.** Maison, pièce sale et en désordre. ⇒ **soue.** *Ta chambre est un vrai taudis !*

taule ou ① ***tôle*** [tol] n. f. **1.** (France) Fam. et péj. Chambre. ⇒ **piaule. 2.** Arg. Prison. *Aller en taule.* ≠ ② *tôle.* ▶ ***taulier, ière*** ou ① ***tôlier, ière*** n. ■ (France) Fam. et péj. Propriétaire ou gérant d'un hôtel. *Le taulier lui a réclamé la note.* ≠ ② *tôlier.*

taupe [top] n. f. **1.** Petit mammifère insectivore aux yeux très petits, qui vit sous terre en creusant de longues galeries (⇒ **taupinière**). *La taupe vit dans l'obscurité, mais n'est pas aveugle.* — Loc. *Myope comme une taupe,* très myope. — *Vivre comme une taupe,* sans sortir de chez soi. — Fam. *Vieille taupe,* vieille femme désagréable. **2.** Fourrure à poil court et soyeux de cet animal. **3.** Espion infiltré dans le milieu qu'il observe. *Une taupe des services secrets.* ▶ ***taupinière*** n. f. ■ Monticule de terre formé par la taupe lorsqu'elle creuse des galeries.

taupin [topɛ̃] n. m. ■ Homme grand, fort et batailleur. ⇒ **fier-à-bras.** *Une bande de taupins.*

taureau [tɔʀo] n. m. **1.** Mammifère ruminant domestique, mâle de la vache, apte à la reproduction (opposé à *bœuf,* animal castré). *Des taureaux qui mugissent, beuglent. Mener une vache au taureau.* — Loc. *Un cou de taureau,* épais et puissant. *Fort comme un taureau. Prendre le taureau par les cornes*.* — TAUREAU DE COMBAT : taureau sélectionné pour les *courses de taureaux.* ⇒ **corrida ; tauromachie. 2.** (Avec une majusc.) Deuxième signe du zodiaque (21 avril-20 mai). *Être né sous le signe du Taureau, être du Taureau.* — Ellipt. Invar. *Elles sont Taureau.* ▶ ***taure*** n. f. ■ Génisse, jeune vache. ▶ ***taurillon*** n. m. ■ Jeune taureau qui ne s'est pas encore accouplé. ▶ ***taurin, ine*** adj. ■ Relatif au taureau, au taureau de combat. ▶ ***tauromachie*** [tɔʀɔmaʃi] n. f. ■ Art de combattre les taureaux dans l'arène. *Les règles, le vocabulaire de la tauromachie.* ⇒ **corrida.** ▶ ***tauromachique*** adj. ■ De la tauromachie. ⟨ ▶ torero, toréador, toréer, toril ⟩

tauto- ■ Élément savant signifiant « le même ». ⟨ ▶ tautologie ⟩

tautologie [totɔlɔʒi] n. f. **1.** Répétition inutile de la même idée sous une autre forme. ⇒ **pléonasme.** *« Je suis toujours à l'heure, je ne suis jamais en retard » est une tautologie.* **2.** Logique. Phrase qui donne dans le prédicat le sens du sujet. ⇒ **redondance.** ▶ ***tautologique*** adj. ■ Qui n'apporte aucune information. ⇒ **redondant.** *Un raisonnement tautologique.*

taux [to] n. m. invar. **1.** Montant d'une imposition, d'un prix fixé par l'État. *Taux de change,* prix d'une monnaie étrangère. ⇒ ① **cours,** ① **pair.** — Montant de l'intérêt annuel. *Un taux de 12 %. Taux actuariel* brut.* **2.** Proportion dans laquelle intervient un élément variable. *Le taux d'urée sanguin.* — Pourcentage. *Le taux de mortalité.*

tavelé, ée [tavle] adj. ■ Marqué de petites taches. ⇒ **picoté.** *Un visage tavelé. Un fruit tavelé.* ▶ ***tavelure*** n. f. ■ ⇒ ② **picot.** *Les tavelures de la peau.*

taverne [tavɛʀn] n. f. **1.** Autrefois. Lieu public où l'on mangeait et l'on buvait en payant. ⇒ **auberge. 2.** Établissement public où l'on sert uniquement de la bière et où, avant 1988, l'entrée était interdite aux femmes. ⇒ **brasserie ;** anglic. ① **pub.** *Fréquenter la taverne du coin. Prendre une bière à la taverne.* ⇒ anglic. **draft. 3.** (France) Café-restaurant de genre ancien et rustique. ⇒ **hostellerie.** ▶ ***tavernier, ière*** n. ■ Propriétaire d'une taverne.

taxe [taks] n. f. **1.** Somme prélevée par l'État à titre d'imposition sur un service. ⇒ **douane** (3), **impôt** indirect. *Taxe sur le chiffre d'affaires,* impôt sur le chiffre d'affaires des entreprises. *Taxe sur les produits et services.* ⇒ **T.P.S.** *La taxe de vente du Québec.* ⇒ **T.V.Q.** (France) *Taxe à la valeur ajoutée.* ⇒ **T.V.A.** *Taxe d'amusement. Taxe de bienvenue.* ⇒ ② **mutation** (3). *Prix* HORS TAXES : sans les taxes. *Produits hors taxes,* non soumis au paiement des taxes. **2.** Somme que doit payer le bénéficiaire d'une prestation fournie par l'autorité publique. *Taxe sur l'enlèvement des ordures, taxe d'eau.* **3.** Nom de certains impôts. *Les taxes municipales, scolaires. Une taxe de mutation* ou, fam., *de bienvenue,* qu'il faut payer lors d'une transaction immobilière. ▶ ***taxable*** adj. ■ Qui peut être taxé, soumis à une taxe. ⇒ **imposable.** *Produits taxables.* ▶ ① ***taxer*** v. tr. ▪ conjug. 1. **1.** (État, tribunal) Fixer à une somme déterminée. *Taxer le prix d'une chose à tant.* — Au p. p. adj. *Prix taxés.* **2.** Soumettre à une imposition, à une taxe (un service, une transaction...) ; percevoir une taxe sur. ⇒ **imposer.** *Taxer les objets de luxe, les boissons, l'essence, les cigarettes.* ▶ ***taxation*** n. f. ■ Le fait de taxer (1). *La taxation des vêtements.* ⟨ ▶ détaxer, hors-taxe(s), surtaxe ⟩

② ***taxer*** v. tr. ▪ conjug. 1. **1.** TAXER *qqn* DE : accuser de. *Elle le taxe de méchanceté.* **2.** Qualifier (une personne, une chose) de. ⇒ **appeler, considérer** comme. *La fantaisie est toujours taxée de folie.*

taxi [taksi] n. m. ■ Voiture automobile munie d'un compteur (⇒ **taximètre**), qu'on loue pour se faire conduire sur des distances relativement courtes. *J'ai pris un taxi. Hep taxi ! — Chauffeur de taxi,* personne qui conduit un taxi. *Station de taxis.* — Fam. *Il, elle fait du taxi,* il, elle est chauffeur de taxi. Loc. *Faire le taxi,* aller reconduire les uns et les autres à leur domicile. ▶ ***taximètre*** n. m. ■ Compteur de taxi qui enregistre le temps écoulé et la distance, et détermine la somme à payer. ⟨ ▶ radio-taxi ⟩

taxi- ■ Élément qui signifie « arrangement, ordre ». ▶ ***taxidermie*** [taksidɛʀmi] n. f. ■ Didact. Art de préparer, d'empailler les animaux morts. ⇒ **empaillage,** ② **naturalisation.** ▶ ***taxidermiste*** n. ■ Spécialiste de la taxidermie. ⇒ **empailleur.** ▶ ***taxinomie*** n. f. ■ Didact. Science des classifications.

taxiphone [taksifɔn] n. m. ■ (France) Téléphone public (souvent, dans une cabine) où l'on obtient la communication en introduisant un jeton, une pièce, une carte de crédit, une carte à puce dans l'appareil. — REM. Ce mot est un nom de marque déposée.

tayaut interj. ⇒ **taïaut.**

taylorisme [telɔʀism] n. m. ■ Méthode d'organisation scientifique du travail industriel, par l'utilisation maximale de l'outillage, la suppression des gestes inutiles.

T-bone [tibon] n. m. ■ Anglic. Steak pris dans la longe et comportant un os qui a la forme d'un T.

tchèque [tʃɛk] adj. et n. **1.** De la partie de la Tchécoslovaquie comprenant la Bohême et la Moravie. — N. (Avec une majusc.) *Les Tchèques.* **2.** N. m. *Le tchèque,* une langue slave. ▸ ***tchécoslovaque*** [tʃekoslɔvak] adj. et n. ■ Relatif à la Tchécoslovaquie.

tchéquer [tʃeke] v. tr. ▪ conjug. 6. ■ Anglic. Fam. Loc. *Tchéquer ses claques**. — À l'impératif (valeur d'interjection). *Tchèque mon gars, tchèque ça* ou absolt *tchèque,* regarde, cela en vaut la peine, il faut que tu voies cela. ⇒ fam. **viser.** *Tchèque bien,* observe, sois attentif.

tchin-tchin [tʃintʃin] interj. ■ Fam. Interjection pour trinquer. ⇒ **santé.**

te [t(ə)] pronom pers. ■ Pronom personnel de la deuxième personne du singulier des deux genres, employé comme complément (⇒ **toi,** ① **tu**). — REM. *Te* s'élide en *t'* devant une voyelle ou un *h* muet. **1.** (Compl. d'objet direct ou attribut) *Je t'accompagne. Je te quitte. Tu t'habilleras toi-même. Cela va te rendre malade.* **2.** (Compl. indir.) À toi. *Je te donnerai vingt dollars. Je te l'ai promis. Il ne t'a pas répondu.* — (Marquant un rapport de possession) *Les enfants te cassent la tête. Si cela te vient à l'esprit.* — Fam. *Elle te court après,* après toi. — (Compl. de l'attribut) *Cela peut t'être utile.* **3.** (Avec un verbe de forme pronominale) *Tu t'en souviens ! Tu te perdras. Ne t'en fais pas.*

té [te] n. m. ■ Règle plate, faite de deux branches en équerre. *Des tés.* ⇒ **t** (2).

technique [tɛknik] adj. et n. **I.** Adj. **1.** Qui appartient à un domaine particulier, spécialisé, de l'activité ou de la connaissance. ⇒ **spécial.** *Des revues techniques. Mots techniques,* qui ne sont employés que par les techniciens, les spécialistes (opposé à *vulgaire*). / contr. **courant** / — Spécialt. *C'est trop technique pour moi,* trop spécialisé et difficile. **2.** Qui, dans le domaine de l'art, concerne les procédés de travail plus que l'inspiration. *Les difficultés techniques d'un morceau de piano.* **3.** Qui concerne les applications de la science, de la connaissance théorique, dans le domaine de la production et de l'économie. *Progrès techniques et scientifiques. L'enseignement technique* ou, n. m., *le technique. Une ancienne école technique. Faire un cours technique au cégep.* **4.** Qui concerne les objets, les mécanismes nécessaires à une action. Loc. *Un* INCIDENT TECHNIQUE : dû à une défaillance du matériel. **II.** LA, UNE TECHNIQUE n. f. **1.** Ensemble de procédés employés pour produire une œuvre ou obtenir un résultat déterminé. ⇒ **art** (II), **métier.** *La technique du théâtre. Les techniques audiovisuelles. Un musicien qui manque de technique.* **2.** Fam. Manière de faire. *N'avoir pas la (bonne) technique,* ne pas savoir s'y prendre. **3.** Ensemble de procédés méthodiques, fondés sur des connaissances scientifiques, employés à la production. *Les industries et les techniques. Techniques agro-alimentaires. Les techniques modernes, de pointe, les plus avancées.* ⇒ anglic. **technologie** (II). *Transfert de techniques aux pays en voie de développement.* ▸ ***technicien, ienne*** n. **1.** Personne qui possède, connaît une technique (1) particulière. ⇒ **professionnel, spécialiste.** *C'est une technicienne de la peinture.* **2.** (Opposé à *théoricien*) Personne qui connaît et contrôle professionnellement des applications pratiques, économiques d'une science. *Les pays en voie de développement ont besoin de techniciens.* **3.** Agent spécialisé qui travaille sous les ordres directs d'un ingénieur et transmet les consignes aux exécutants. *Ouvriers et techniciens.* ▸ ***technicité*** [tɛknisite] n. f. ■ Caractère technique. *La technicité d'un mot, d'un exposé. D'une haute technicité.* ▸ ***techniquement*** adv. ■ Selon, d'après la technique. *Un procédé techniquement au point.* ⟨ ▸ électrotechnique, mnémotechnique, polytechnique, psychotechnique, pyrotechnique, techno- ⟩

techno- ■ Élément signifiant « métier, procédé, technique ». ▸ ***technocrate*** [tɛknɔkʀat] n. m. ■ Ministre, haut fonctionnaire, responsable possédant des compétences techniques (ou industrielles, financières, etc.) et qui voit principalement les aspects techniques des problèmes économiques, au détriment de l'élément humain. ▸ ***technocratie*** [tɛknɔkʀasi] n. f. ■ Système politique dans lequel les techniciens et les technocrates ont un pouvoir prédominant. ▸ ***technocratique*** adj. ■ *Des décisions technocratiques.* ▸ ***technologie*** [tɛknɔlɔʒi] n. f. **1.** Étude des techniques, des outils, des machines, etc. *Un enseignement de technologie.* **2.** Anglic. Technique (II), en général complexe et moderne. *Les technologies de pointe. La technologie spatiale.* ▸ ***technologique*** adj. ■ Qui appartient à la technologie (1, 2). *Un parc technologique. Vocabulaire technologique.* ⇒ **technique.** ▸ ***techno(-)scientifique*** ou ***technico(-)scientifique*** adj. ■ Qui est à la fois technique et scientifique. ▸ ***technopole*** n. f. ■ Ville ou centre urbain qui possède les infrastructures et le potentiel nécessaires à l'enseignement, la formation et la recherche dans le secteur des hautes technologies. ⇒ **technopôle.** *Une technopole californienne.* ▸ ***technopôle*** n. m. ■ Site disposant d'un aménagement favorisant la création ou le développement de l'industrie de haute technologie. ⇒ **technopole.** ⟨ ▸ biotechnologie ⟩

teck ou ***tek*** [tɛk] n. m. ■ Bois brunâtre, dur, très dense, imputrescible, provenant surtout des régions tropicales.

teckel ou ***tekel*** [te(ɛ)kɛl] n. m. ■ Basset allemand, à pattes très courtes.

tectonique [tɛktonik] adj. et n. f. ■ Relatif à la structure de l'écorce terrestre. *Le relief dépend pour une large part des facteurs tectoniques.* — N. f. Étude géologique de cette structure. — *La théorie de la tectonique des plaques.*

Te Deum [tedeɔ(u)m] n. m. invar. ■ Chant religieux (catholique) de louange et d'action de grâces. *Des Te Deum.*

tee [ti] n. m. ■ Golf. Anglic. Petite cheville sur laquelle on pose la balle au départ d'un trou.

tee-shirt ou ***t-shirt*** [tiʃœʀt] n. m. ■ Anglic. Maillot de coton à manches courtes ou longues, en forme de T. *Des tee-shirts bleu marine. Porter un tee-shirt sous sa chemise,* ce maillot comme sous-vêtement.

téflon [teflɔ̃] n. m. ■ Matière plastique dérivée de l'éthylène et du fluor, très résistante aux agents chimiques et à la température. *Une poêle traitée au téflon.* — REM. Ce mot est un nom de marque déposée.

tégument [tegymɑ̃] n. m. **1.** Tissu vivant qui recouvre le corps (d'un animal), avec ses appendices (poils, plumes, écailles, piquants, etc.). ⇒ **peau.** **2.** Enveloppe protectrice (des végétaux). *Le tégument de la graine.*

① ***teigne*** [tɛɲ] n. f. **1.** Petit papillon de couleur terne (ex. : *la mite*). *La teigne des jardins.* **2.** Maladie parasitaire du cuir chevelu entraînant la chute des cheveux. ⇒ **pelade.** — Loc. *Il est mauvais comme une (la) teigne,* très méchant (→ c'est une teigne [3]). **3.** *C'est une teigne,* une personne méchante, hargneuse. ⇒ **gale, peste.** ▸ ***teigneux, euse*** adj. ■ Qui a la teigne. — N. *Un teigneux.*

② ***teigne*** n. f. **1.** Plante herbacée annuelle, à fleurs groupées en capitules, dont une variété produit un fruit (⇒ ② **piquant**) qui s'accroche aux vêtements, aux toisons. ⇒ **lampourde.** 2. Fam. Personne qui s'accroche aux autres de manière insistante. ⇒ fam. **achalant, mouche** à merde, **sangsue, tache, tannant.**

teindre [tɛ̃dʀ] v. tr. ▪ conjug. 52. **1.** Imprégner (qqch.) d'une substance colorante par teinture. *Elle a teint ses cheveux. Qui sert à teindre.* ⇒ **tinctorial.** — SE TEINDRE v. pron. réfl. : teindre ses cheveux. **2.** Littér. Colorer. ⇒ **teinter.** — (Suj. chose) *Les champs se teignent de pourpre.* — REM. La forme *teindu* au participe passé est fautive. ▶ ① ***teint, teinte*** adj. ▪ Qu'on a teint. *Cheveux teints.* ▶ ② ***teint*** [tɛ̃] n. m. **I.** Loc. *Tissu bon teint, grand teint,* dont la teinture résiste au lavage et à la lumière. — (Personnes) BON TEINT : qui ne change pas, solide. *Un catholique bon teint.* **II.** Nuance ou aspect particulier de la couleur du visage. ⇒ **carnation.** *Un teint de blonde. Un teint basané. Avoir le teint frais, le teint pâle.* — *Fond de teint.* ⇒ **fond.** ≠ *tain.* ▶ ***teinte*** n. f. **1.** Couleur, le plus souvent complexe ; nuance d'une couleur. ⇒ **nuance, ton.** *Les teintes de sa palette.* — *Une toilette aux teintes vives. Une teinte rougeâtre.* **2.** Abstrait. Apparence peu marquée ; petite dose. *Sa réponse avait une légère teinte d'ironie.* ▶ ***teinter*** v. tr. ▪ conjug. 1. **1.** Couvrir uniformément d'une teinte légère, colorer* légèrement. *Teinter un papier.* — Pronominalement. *Le ciel se teintait de rouge.* — Au p. p. adj. *Blanc teinté de rose.* **2.** V. pron. Avoir une légère apparence. *Sa remarque se teinte d'un peu d'ironie.* ≠ *tinter.* ▶ ***teinté, ée*** adj. ▪ Légèrement coloré. *Lunettes à verres teintés.* ▶ ***teinture*** n. f. **I. 1.** Action de teindre (qqch.) en fixant une matière colorante. *La teinture du coton. Un produit pour la teinture des cheveux.* **2.** UNE TEINTURE DE... : connaissance superficielle. ⇒ **vernis.** *Ils ont une petite teinture de philosophie.* **II.** (Substance) **1.** Substance colorante pour teindre. *Une teinture acajou pour les cheveux.* **2.** Préparation pharmaceutique à base d'alcool, d'éther ou d'eau. *Teinture d'iode* (pour nettoyer les plaies, souvent remplacée par le *mercurochrome*). ▶ ***teinturerie*** n. f. **1.** Industrie de la teinture (1), métier de teinturier (1). **2.** Magasin de teinturier (2). *Donner un complet à la teinturerie.* ⇒ **blanchisserie, nettoyeur ;** anglic. **pressing.** ▶ ***teinturier, ière*** n. **1.** Personne qui assure les diverses opérations de la teinture. *Teinturier en cuirs et peaux.* **2.** Plus cour. Personne dont le métier est d'entretenir les vêtements (nettoyage, dégraissage, repassage, teinture). ⇒ **nettoyeur.** *Porter un costume chez le teinturier.* ‹ ▶ demi-teinte, déteindre, tinctorial ›

tek n. m. ⇒ **teck.**

tekel n. m. ⇒ **teckel.**

tel, telle [tɛl] adj., pronom et nominal. **I.** (Marquant la ressemblance, la similitude) **1.** Semblable, du même genre. ⇒ **même, pareil, semblable.** *Je suis étonné qu'il tienne de tels propos,* ces propos-là. *S'ils ne sont pas avares, ils passent pour tels,* pour avares. — (En tête de proposition, avec inversion de l'attribut) *Telle est ma décision. Telles furent ses dernières paroles.* — COMME TEL : en cette qualité, à ce titre. *C'est votre aîné, respectez-le comme tel.* — EN TANT QUE TEL : en soi, par sa seule nature. *Détester la violence en tant que telle.* — (Redoublé et représentant deux personnes ou deux choses différentes) Loc. prov. *Tel père, tel fils,* le père et le fils sont semblables. **2.** TEL QUE... : comme. *Une femme telle que sa mère. Les arbres tels que les pins, les cèdres, etc. Acceptez-vous tel que vous êtes.* — Fam. TEL QUE (+ p. p. adj.). *Produit vendu tel qu'annoncé.* **3.** Littér. Comme. *Elle avançait majestueusement, telle une reine. Il file telle une flèche. Tel je l'ai laissé, tel je le retrouve,* je le retrouve sans changement. **4.** TEL QUEL : sans arrangement ; sans modification. *Laisser les choses telles quelles* (emploi critiqué : *telles que*). **II.** (Exprimant l'intensité) Si grand, si fort, qui atteint un degré si élevé. ⇒ **pareil, semblable.** *Je n'ai jamais eu une telle peur.* — *À tel point.* ⇒ **tellement.** — RIEN DE TEL : rien de si efficace. *Rien de tel que la marche pour se délasser l'esprit.* — (Introduisant une conséquence) *J'ai eu une peur telle que je me suis enfui.* — (+ subjonctif à la négative) *Je n'en ai pas un besoin tel que je ne puisse attendre.* **III.** Indéfini. Un... particulier. **1.** Adj. (Sans article) *Que m'importe que tel ou tel candidat soit élu !,* un candidat ou un autre. — REM. Avec *tel ou tel, tel et tel,* le nom et le verbe se mettent au sing. *Telle et telle chose sera à faire.* — (Désignant une chose précise qu'on ne nomme pas) *Telle quantité de.* ⇒ **tant.** *Tel jour, à telle heure.* **2.** Pronom. Littér. Certain, quelqu'un. *Tel veut être flatté, tel autre a cela en horreur.* **3.** UN TEL : tenant lieu d'un nom propre. *Il est sorti avec une telle. Monsieur Un tel ou Untel, Madame Une telle.* — *La famille Un tel. Les Un tel.* ‹ ▶ tellement ›

télé [tele] n. f. ▪ Fam. Abréviation de *télévision, téléviseur.* ⇒ anglic. **T.V.** *Regarder la télé. Des télés couleurs.*

télé- **1.** Élément savant signifiant « au loin, à distance » (ex. : *télécommunication*). **2.** Élément, abréviation de *télévision* (ex. : *téléreporter,* n. m.). **3.** Élément, abréviation de *téléphérique* (ex. : *télésiège, téléski*).

téléaste [teleast] n. ▪ Personne qui réalise des films pour la télévision (⇒ **téléfilm**).

téléavertisseur [teleavɛʀtisœʀ] n. m. ▪ Télérécepteur.

télécabine [telekabin] ou ***télébenne*** [telebɛn] n. f. ▪ Téléphérique à un seul câble et à plusieurs petites cabines. ≠ *télésiège.*

télécommander [telekɔmɑ̃de] v. tr. ▪ conjug. 1. **1.** Commander à distance (une opération). ⇒ **téléguider.** *Télécommander la mise à feu d'une fusée.* — Au p. p. adj. *Avions télécommandés.* **2.** Fig. *La manœuvre a été télécommandée de l'étranger,* inspirée par des influences étrangères. ▶ ***télécommande*** n. f. ▪ *La télécommande des avions. Poste de télévision livrée avec télécommande* (permettant de régler éclairage, couleurs et son, de changer de canal).

télécommunication [telekɔmynikasjɔ̃] n. f. ▪ Ensemble des procédés de transmission d'informations à distance (télégraphe, téléphone, télévision...). *Une entreprise de télécommunications. Satellites de télécommunications. Informatique et télécommunications.* ⇒ **télématique.**

téléconférence [telekɔ̃feʀɑ̃s] n. f. ▪ Conférence dans laquelle plus de deux interlocuteurs se trouvent dans des lieux différents et sont reliés entre eux par des moyens de télécommunication.

télécopie [telekɔpi] n. f. ▪ Procédé de télécommunication consistant à émettre par téléphonie l'analyse de la surface d'un document et à produire, à la réception, un document géométriquement semblable. ⇒ fam. **fax.** ≠ *photocopie, polycopie.* ▶ ***télécopier*** v. tr. ▪ conjug. 7. ▪ Transmettre (une information écrite, un document) par télécopie. ⇒ fam. **faxer.** ≠ *photocopier, polycopier.* ▶ ***télécopieur*** n. m. ▪ *Appareil de télécopie.* ⇒ fam. **fax.** ≠ *photocopieur, polycopieur.*

télédétection [teledetɛksjɔ̃] n. f. ▪ Science et technique de la détection à distance effectuée à l'aide de satellites.

télédiffuser [teledifyze] v. tr. ▪ conjug. 1. surtout au p. p. adj. ▪ Diffuser par la télévision. *Un match télédiffusé.* ▶ ***télédiffusion*** n. f. ▪ Diffusion par télévision. ⇒ **radio-diffusion.** ▶ ***télédiffuseur*** n. m. ▪ Organisme qui assure la télédiffusion d'un événement. *Le télédiffuseur officiel des Jeux Olympiques.*

télédistribution [teledistʀibysjɔ̃] n. f. ■ Procédé de diffusion d'émissions télévisées par câbles, utilisé pour des réseaux d'abonnés à domicile ou en circuit fermé. ⇒ **câblodistribution.**

télé(-)enseignement [teleɑ̃sɛɲmɑ̃] n. m. ■ Mode d'enseignement utilisant le support de la télévision.

télé-évangéliste n. ⇒ **télévangéliste.**

téléférique n. m. ⇒ **téléphérique.**

téléfilm [telefilm] n. m. ■ Film tourné spécialement pour la télévision. *Des téléfilms.*

télégénique [teleʒenik] adj. ■ (Personnes) Qui produit un bel effet, qui a belle apparence à la télévision.

télégramme [telegʀam] n. m. ■ Communication transmise par le télégraphe ou par radiotélégraphie ; contenu de cette communication ; feuille sur laquelle est inscrite cette communication. ⇒ **dépêche.** *Envoyer un télégramme. Un télégramme chanté.*

télégraphe [telegʀaf] n. m. **1.** Système de transmission de messages écrits par une ligne électrique. *Envoyer une dépêche par télégraphe,* télégraphier. **2.** Anciennt. Fraude électorale qui consistait à substituer une personne à une autre lors du vote. *Passer un télégraphe,* commettre cette fraude. ▶ ***télégraphie*** n. f. ■ Technique, science de la transmission par télégraphe électrique. *Alphabet morse utilisé en télégraphie. Procédés de télégraphie* (télécopie...). ▶ ***télégraphier*** v. tr. ▪ conjug. 7. ■ Transmettre par télégraphe. ⇒ **câbler.** *Télégraphier une nouvelle à un ami.* ▶ ***télégraphique*** adj. **1.** Du télégraphe. *Fils, poteaux télégraphiques.* **2.** Expédié par télégraphe ou télégramme. *Un mandat télégraphique.* **3.** *Style télégraphique,* abrégé, concis comme dans les télégrammes. ▶ ***télégraphiquement*** adv. ■ Par télégraphie, par télégramme. *Prévenir qqn télégraphiquement.* ▶ ***télégraphiste*** n. **1.** Spécialiste de la transmission et de la réception des messages télégraphiques. **2.** Personne qui délivre les télégrammes et les messages urgents. ‹ ▶ radiotélégraphie, télégramme ›

téléguider [telegide] v. tr. ▪ conjug. 1. **1.** Diriger, guider à distance (un véhicule, un engin). *Téléguider une fusée, un char.* — Au p. p. adj. *Elle jouait avec une petite voiture téléguidée.* **2.** Fam. Inspirer, conduire par une influence lointaine, secrète. ⇒ **télécommander.** ▶ ***téléguidage*** n. m.

téléinformatique [teleɛ̃fɔʀmatik] n. f. ■ Informatique faisant appel à des moyens de transmission à distance (ex. : *courrier électronique*).

téléjournal, aux [teleʒuʀnal, o] n. m. ■ Bulletin d'information quotidien télédiffusé. ⇒ **journal, radiojournal.**

télématique [telematik] n. f. ■ Ensemble des techniques qui combine les moyens de l'informatique avec ceux des télécommunications. — Adj. *Les services télématiques.*

télémètre [telemɛtʀ] n. m. ■ Appareil de mesure des distances par un procédé optique.

téléo-, télo- ■ Éléments savants signifiant « fin, but », et « complet, achevé » (ex. : *téléologie,* n. f., philosophie qui considère dans l'univers des moyens servant à des buts, des objectifs).

téléobjectif [teleɔbʒɛktif] n. m. ■ Objectif photographique capable d'agrandir l'image et servant à photographier des objets éloignés. *Il est parti avec son téléobjectif et son trépied.* — Abrév. fam. *Un télé.*

télépathie [telepati] n. f. ■ Sentiment de communication à distance par la pensée ; communication réelle extra-sensorielle. ⇒ **transmission** de pensée. ▶ ***télépathique*** adj. ■ *Être en communication télépathique.*

téléphérique ou ***téléférique*** [teleferik] n. m. ■ Dispositif de transport par cabine suspendue à un câble, en montagne surtout.

téléphone [telefɔn] n. m. **1.** Instrument qui permet de transmettre à distance des sons, par l'intermédiaire d'un circuit électrique. — Procédés, dispositifs permettant la liaison d'un grand nombre de personnes au moyen de cet appareil. *Téléphone interurbain. Avoir le téléphone. Les abonnés du téléphone,* personnes disposant d'un appareil téléphonique à domicile. *Liste des abonnés du téléphone.* ⇒ **annuaire.** *Numéro de téléphone* (abrév. *tél.*), indicatif d'un abonné. Fam. *As-tu mon téléphone ?,* mon numéro. — *Faire un téléphone.* ⇒ **téléphoner.** *Appeler qqn au téléphone* (⇒ **appel ; allô**). *Ne le dérangez pas, il est au téléphone.* — Fam. COUP DE TÉLÉPHONE. ⇒ coup de **fil.** *Donner, recevoir un coup de téléphone.* **2.** Appareil constitué d'un combiné microphone-récepteur qui repose sur un support. *Téléphone à cadran, à touches* ou, fam., *à pitons. Téléphone sans fil. Mon téléphone est en dérangement. Téléphone public.* ⇒ **taxiphone.** *Téléphone à cartes magnétiques. Téléphone cellulaire.* ▶ ***téléphoner*** v. ▪ conjug. 1. **1.** V. tr. Communiquer, transmettre par téléphone. *Téléphone-lui la nouvelle. Il lui a téléphoné qu'il serait absent toute la journée.* — Au p. p. adj. *Message téléphoné.* **2.** V. tr. ind. (Avec *à*) Se mettre, être en communication par téléphone. *Téléphonez-moi demain. Elle a téléphoné à ses parents.* ⇒ **appeler.** — Pronominalement. *On se téléphonera.* **3.** V. intr. Se servir du téléphone ; communiquer par téléphone. *Je téléphonerai pour vous donner de mes nouvelles. Elle est en train de téléphoner.* ▶ ***téléphonique*** adj. ■ *Une communication, un appel téléphonique. Une ligne téléphonique pour un modem. Une cabine téléphonique. Un répondeur téléphonique.* ▶ ***téléphoniste*** n. ■ Personne chargée d'assurer les liaisons, les transmissions téléphoniques. ⇒ **opératrice, standardiste.** ‹ ▶ interphone ›

télérécepteur [teleʀesɛptœʀ] n. m. ■ Récepteur électronique qui permet à l'utilisateur de recevoir un message sonore ou optique. ⇒ **téléavertisseur.**

téléreportage [teleʀ(ə)pɔʀtaʒ] n. m. ■ Reportage télédiffusé. ⇒ **radioreportage.** ▶ ***téléreporter*** n. ■ *Un, une téléreporter.*

téléroman [teleʀɔmɑ̃] n. m. ■ Feuilleton télévisé à épisodes multiples, généralement diffusé en début de soirée, aux heures de grande écoute. ⇒ **radioroman.** *Ce téléroman dure depuis plus de cinq ans.* ≠ *télésérie.* ▶ ***téléromancier, ière*** n. ■ Auteur d'un téléroman.

télescope [telɛskɔp] n. m. ■ Instrument d'optique destiné à l'observation des objets éloignés, des astres. ≠ *lunette astronomique.* ▶ ***télescopique*** adj. **1.** Qui se fait à l'aide du télescope. *Observations télescopiques.* **2.** Dont les éléments s'emboîtent les uns dans les autres, comme les éléments du tube d'une lunette d'approche, d'une longue-vue. *Une antenne, une grue télescopique.* ‹ ▶ radiotélescope, télescoper ›

télescoper [telɛskɔpe] v. tr. ▪ conjug. 1. ■ Rentrer dans, enfoncer par un choc violent (de deux véhicules). ⇒ **heurter,** ② **tamponner.** *Le train a télescopé la motoneige au passage à niveau.* — Pronominalement (récipr.). *Les deux voitures se sont télescopées.* **1.** SE TÉLESCOPER v. pron. Fig. : se chevaucher, se mêler. *Des souvenirs qui se télescopent dans la mémoire.* ▶ ***télescopage*** n. m.

téléscripteur [teleskʀiptœʀ] n. m. ■ Appareil télégraphique qui permet d'envoyer directement un texte dactylographié. ⇒ **télex.** — REM. On dit aussi *télétype,* n. m.

téléssérie [telesеʀi] n. f. ■ Feuilleton télévisé dont la durée ne dépasse pas quelques épisodes. *Une télésérie sur Léonard de Vinci.* ≠ *téléroman.*

télésiège [telesjɛʒ] n. m. ■ Téléphérique constitué par une série de sièges suspendus à un câble unique. ≠ *télécabine.*

téléski [teleski] n. m. ■ Remonte-pente pour les skieurs.

télésouffleur [telesuflœʀ] n. m. ■ Appareil qui fait défiler un texte sur un écran au-dessus d'une caméra de télévision, de sorte qu'une personne puisse le lire en regardant la caméra (et semble improviser). ⇒ anglic. **prompteur.**

téléspectateur, trice [telespɛktatœʀ, tʀis] n. ■ Spectateur et auditeur de la télévision.

télésurveillance [telesyʀvɛjɑ̃s] n. f. ■ Surveillance effectuée à distance, spécialt à l'aide de moyens électroniques (caméra vidéo...).

téléthon [teletɔ̃] n. m. ■ Émission de télévision de très longue durée (jusqu'à vingt-quatre heures) à laquelle participent de nombreux artistes, et dont l'objectif est la cueillette de fonds pour la recherche médicale (cancer, paralysie cérébrale, etc.). *Faire un don au téléthon.*

télévangéliste [televɑ̃ʒelist] ou ***télé-évangéliste*** [teleevɑ̃ʒelist] n. ■ Pasteur, personne qui anime une émission de télévision au cours de laquelle il prêche la parole de Dieu. *Les télévangélistes américains.*

télévision [televizjɔ̃] n. f. **1.** Ensemble des procédés et techniques employés pour la transmission des images instantanées d'objets, après analyse de l'image (en points et en lignes) et transformation en ondes hertziennes. ⇒ fam. **télé ;** anglic. **T.V.** *Caméra de télévision. Télévision en noir et blanc, en couleurs.* **2.** Ensemble des activités et des services assurant l'élaboration et la diffusion d'informations et de spectacles à un grand nombre de personnes par le procédé de la télévision (1). *Studios de télévision. Émissions, programmes, chaînes, canaux de télévision. Télévision scolaire. Télévision privée, payante, à péage. Télévision par câble, câblée. Télévision communautaire,* chaîne sans but lucratif mise à la disposition d'une communauté. **3.** Fam. Poste récepteur de télévision. ⇒ **téléviseur.** *Acheter une télévision. Ils restent des heures devant la télévision.* ⇒ petit **écran.** ▶ ***téléviser*** v. tr. ▪ conjug. 1. ■ Transmettre (des images, un spectacle) par télévision. — Au p. p. adj. *Les spectacles télévisés. Émission télévisée en stéréo.* ▶ ***téléviseur*** n. m. ■ Poste récepteur de télévision. ⇒ fam. **télé, télévision** (3) ; anglic. **T.V.** *Un téléviseur couleurs.* ▶ ***télévisuel, elle*** adj. ■ De la télévision 〈 ▶ eurovision, radiotélévision, télé, télédiffuser, télédistribution, télé(-)enseignement, téléfilm, télégénique, téléjournal, téléreportage, téléroman, télésérie, téléspectateur, téléthon 〉

télex [telɛks] n. m. invar. ■ Service de dactylographie à distance avec le téléscripteur. *Les abonnés du télex. Numéro de télex.* — Loc. *Par télex.* — Message transmis par télex. *Recevoir un télex de Paris.* ▶ ***télexer*** v. tr. ▪ conjug. 1. ■ Transmettre par télex. *Télexer un message à Paris.* ▶ ***télexiste*** n. ■ Personne qui assure les liaisons par télex.

tellement [tɛlmɑ̃] adv. **1.** À un degré si élevé, à ce point. ⇒ ① **si.** *C'est un spectacle tellement original. Elle l'aime tellement. Tellement plus, mieux, moins.* Fam. *Pas tellement, plus tellement,* pas très, pas beaucoup. *« Vous aimez ça ? — Pas tellement. » Il ne travaille pas tellement. Ça goûte tellement rien. Elle a tellement rien à faire.* — TELLEMENT... QUE... *Il allait tellement vite qu'il ne nous a pas vus.* ⇒ ① **si.** — Littér. (+ subjonctif, à la négative) *Il n'est pas tellement vieux qu'il ne puisse travailler.* **2.** Fam. TELLEMENT DE... ⇒ **tant.** *J'ai tellement de soucis.* **3.** (+ proposition de cause) Tant. *Je ne les reconnais plus, tellement ils ont changé.*

tellurique [te(ɛ)lyʀik] adj. ■ *Secousse tellurique,* tremblement de terre. ⇒ **séisme.**

téméraire [temeʀɛʀ] adj. **1.** Hardi à l'excès, avec imprudence. ⇒ **audacieux, aventureux.** / contr. ① **lâche, timoré** / *Elle est téméraire dans ses jugements.* **2.** Plus cour. (Choses) Qui dénote une hardiesse imprudente. *Une entreprise téméraire.* ⇒ **hasardeux, dangereux.** / contr. **prudent, sage** / *Jugement téméraire,* porté à la légère, sans réflexion. *Il est téméraire de se lancer dans cette aventure.* ▶ ***témérité*** n. f. ■ Littér. Disposition à oser, à entreprendre sans réflexion ou sans prudence. ⇒ **audace, hardiesse.** / contr. **circonspection, prudence** / *Une folle, une dangereuse témérité.*

témiscabitibien, ienne [temiskabitibjɛ̃, jɛn] adj. et n. ■ De l'Abitibi-Témiscamingue. — N. (Avec une majusc.) Personne née dans cette région du Québec ou qui l'habite.

témiscamien, ienne [temiskamjɛ̃, jɛn] adj. et n. ■ Du Témiscamingue. — N. (Avec une majusc.) Personne née dans cette région du Québec ou qui l'habite.

témoigner [temwaɲe] v. tr. ▪ conjug. 1. **I.** V. tr. dir. **1.** Certifier qu'on a vu ou entendu. (Avec *que* ou l'infinitif) ⇒ **attester ; témoignage.** *Il a témoigné qu'il l'a vu, l'avoir vu.* — Sans compl. dir. Déposer en tant que témoin. *Témoigner en justice. Ils ont témoigné en sa faveur. Témoigner contre qqn.* **2.** Exprimer, faire connaître ou faire paraître. ⇒ **manifester, montrer.** *Elle lui témoignait ses sentiments par des petites attentions.* **3.** (Choses) Littér. (Avec *que, combien*) Être l'indice, la preuve, le signe de... ⇒ **attester, montrer, révéler.** *Ce geste témoigne qu'il vous est attaché, combien il vous est attaché.* **II.** V. tr. ind. TÉMOIGNER DE. **1.** (Suj. personne) Confirmer la vérité, la valeur de (qqch.), par des paroles, ou simplement par ses actes, son existence même. ⇒ **témoin.** *Elle peut témoigner de ma bonne foi. Il était d'accord, je peux en témoigner.* **2.** (Suj. chose) Être la marque, le signe de. *Ses œuvres témoignent d'une grande imagination. Elle est courageuse, sa conduite en témoigne.* ▶ ***témoignage*** n. m. **1.** Déclaration de ce qu'on a vu, entendu, servant à l'établissement de la vérité. ⇒ **attestation, rapport.** *Invoquer le témoignage de qqn* (pour prouver qqch.). *Selon son témoignage, cela s'est passé ainsi. Un témoignage irrécusable. J'ai besoin de votre témoignage.* RENDRE TÉMOIGNAGE *à, pour qqn* : témoigner en sa faveur. **2.** Déclaration d'un témoin en justice. ⇒ **déposition.** *Des témoignages écrasants. Faux témoignage,* témoignage inexact et de mauvaise foi (fait par un *faux témoin*). ⇒ **parjure.** **3.** Le fait de donner des marques extérieures ; ces marques (paroles ou actes). ⇒ **démonstration, manifestation, preuve.** *Les premiers témoignages d'une navigation, d'une civilisation d'agriculteurs. Je lui ai toujours donné des témoignages d'affection. — Recevez ce cadeau, en témoignage de mon amitié.* ⇒ **gage.** — Cadeau qui matérialise un sentiment. *Acceptez ce modeste témoignage de ma reconnaissance.* 〈 ▶ témoin 〉

témoin [temwɛ̃] n. m. **I. 1.** Personne qui certifie ou peut certifier qqch., qui peut en témoigner. *Un témoin* *oculaire,* direct. *Un témoin impartial. Cette dame est le seul témoin de l'accident.* — Loc. PRENDRE À TÉMOIN : invoquer le témoignage de. *Je vous prends à témoin que je ne suis pas responsable.* **2.** Personne en présence de qui s'est accompli un fait et qui est appelé à l'attester en justice. *Comparution, déposition des témoins au cours d'une enquête. Témoin à charge,* qui dépose à l'appui de l'accusation. *Les témoins de l'accusation, de la défense.* — FAUX TÉMOIN : personne qui fait un faux témoignage. **3.** Personne qui doit certifier les identités, l'exactitude des déclarations, lorsqu'un acte est dressé. *Les témoins d'un mariage.* **4.** *Témoin (de)...,* personne qui assiste involontairement à un événement, un fait. *J'ai été témoin de leurs disputes.* ⇒ **assister, voir.** *Des témoins gênants. Parlons sans témoins.* **5.** *Témoin de Jéhovah,* membre d'un mouvement religieux adventiste. **II.** Ce qui sert de preuve. **1.** Littér. Ce qui, par sa présence, son existence, atteste, permet de constater, de vérifier. *Les derniers témoins d'une civilisation disparue.* — Géologie. BUTTE TÉMOIN : qui a échappé à l'érosion. **2.** Élément qui sert de repère, de point de comparaison. *Animaux témoins, sur lesquels on n'a pas fait d'expérience et que l'on compare à ceux qui en ont subi.* — Dispositif de contrôle. *Les lampes témoins d'un tableau de bord.* **3.** Chose, élément qui sert de modèle, de référence. *Des maisons(-)témoins.* **4.** Bâtonnet que doivent se passer les coureurs de relais. *Le passage du témoin.* **III.** (En tête de phrase) Invar. À preuve. *Ils ne sont pas unis ; témoin leurs déclarations contradictoires.*

tempe [tɑ̃p] n. f. ■ Côté de la tête, entre le coin de l'œil et le haut de l'oreille. *Cheveux ramenés sur les tempes. Un homme mûr, aux tempes grisonnantes,* aux cheveux grisonnants sur les tempes. ‹ ▸ temporal ›

① ***tempérament*** [tɑ̃peʀamɑ̃] n. m. ■ Constitution physiologique de l'individu et traits de caractère résultant de cette constitution. ⇒ **nature.** *Un tempérament nerveux ; sanguin et colérique. Il est d'un tempérament romanesque.* ⇒ **caractère.** *Un tempérament actif, faible.* ⇒ **personnalité.** — Sans compl. *C'est un tempérament,* une forte personnalité. **1.** *Avoir du tempérament,* une forte personnalité ; spécialt des appétits sexuels. ⇒ **sensualité.**

② ***tempérament*** n. m. **I.** *Vente* À TEMPÉRAMENT : où le règlement du prix par l'acheteur est réparti en plusieurs paiements partiels. *Achats à tempérament,* à crédit. / contr. **comptant** / **II.** Musique. Organisation de l'échelle des sons, qui donne une valeur commune au dièse d'une note et au bémol de la note immédiatement supérieure (ex. : *sol* dièse et *la* bémol). ⇒ ① **tempéré.**

tempérance [tɑ̃peʀɑ̃s] n. f. **1.** Littér. Modération dans les plaisirs. ⇒ **mesure.** / contr. **excès, intempérance** / **2.** Modération dans la boisson (surtout dans la consommation d'alcool) et la nourriture. ⇒ **frugalité, sobriété.** ▸ ***tempérant, ante*** adj. ■ Littér. Qui a de la tempérance. ⇒ **frugal, sobre.** / contr. **intempérant** / ‹ ▸ intempérance ›

température [tɑ̃peʀatyʀ] n. f. **1.** Degré de chaleur ou de froid de l'atmosphère en un lieu. ⇒ **thermo-.** *Courbes des températures. Température en hausse, en baisse. La douceur de la température. La température ambiante.* **2.** Chaleur du corps. *Animaux à température fixe* (à « sang chaud »), *variable* (à « sang froid »). *Prendre sa température avec un thermomètre.* — Loc. *Prendre la température d'une assemblée, d'un groupe, etc.,* prendre connaissance de son état d'esprit. **3.** Chaleur excessive de l'organisme. *Avoir, faire de la température.* ⇒ **fièvre.** **4.** Fam. Temps ②. *Une belle température. Température de saison.*

① ***tempéré, ée*** [tɑ̃peʀe] adj. ■ Musique. Qui est réglé par le tempérament ②. *Le clavecin bien tempéré* (de J.-S. Bach).

tempérer [tɑ̃peʀe] v. tr. ▪ conjug. 6. **1.** Adoucir l'intensité (du froid, de la chaleur). **2.** Littér. Adoucir et modérer. ⇒ **atténuer.** *Tempérer l'ardeur de qqn. Il faut tempérer son agressivité.* ⇒ **assagir, calmer.** ▸ ② ***tempéré, ée*** adj. ■ *Climat tempéré,* ni très chaud ni très froid. ⇒ **doux.** *Zone tempérée,* où règne ce climat. *Les pays tempérés.* ‹ ▸ tempérance ›

tempête [tɑ̃pɛt] n. f. **1.** Violente perturbation atmosphérique ; vent rapide qui souffle en rafales, souvent accompagné d'orage. ⇒ **bourrasque, cyclone, ouragan, tourmente.** — Ce temps sur la mer, qui provoque l'agitation des eaux. / contr. **calme** / *La tempête se lève. Affronter, essuyer des tempêtes.* — *Tempête de neige* ou, absolt, *une tempête,* chutes de neige avec un vent violent. ⇒ **averse** de neige, **bordée** de neige, **poudrerie.** — En appos. *Lampe-tempête, briquet-tempête,* dont la flamme protégée ne s'éteint pas par grand vent. **2.** Loc. *Une tempête dans un verre d'eau,* beaucoup d'agitation, de controverse pour rien. *Déchaîner la tempête, des tempêtes,* provoquer de vives protestations. — PROV. *Qui sème le vent récolte la tempête,* celui, celle qui incite à la violence, à la révolte, s'expose à de grands périls. **3.** *Une tempête d'applaudissements, d'injures,* une explosion subite de ... ▸ ***tempêteux, euse*** adj. ■ (Espace) Où il y a des tempêtes de neige, où il fait tempête. ⇒ **tempétueux.** *Région bien tempêteuse.* — (Temps) Qui annonce, laisse prévoir une tempête ; relatif à la période où il fait tempête. *La première semaine de mars fut tempêteuse.* ▸ ***tempétueux, euse*** adj. ■ Littér. Où les tempêtes sont fréquentes. ⇒ **tumulte.** ‹ ▸ tempêter ›

tempêter [tɑ̃pɛte] v. intr. ▪ conjug. 1. ■ Manifester à grand bruit son mécontentement, sa colère. ⇒ **fulminer ;** fam. **gueuler.** *Il tempêtait contre toute sa famille.*

temple [tɑ̃pl] n. m. **1.** Édifice public consacré au culte d'une divinité. ⇒ **église, mosquée, pagode, synagogue.** *Profaner un temple. Les temples grecs, romains. Un temple bouddhiste, hindouiste.* **2.** Édifice où les protestants célèbrent le culte. *Aller au temple.* **3.** (Avec une majusc.) *Le Temple,* en histoire, ordre fondé lors des premières croisades près de l'emplacement du temple de Jérusalem. **4.** Sports. *Le temple de la renommée**. ⇒ **panthéon.** ▸ ***templier*** n. m. et adj. ■ Chevalier de l'ordre religieux et militaire du *Temple,* au Moyen Âge. — Adj. *Les extravagances templières.*

tempo [tɛmpo] n. m. ■ Notation d'un mouvement musical. — Vitesse d'exécution, dans la musique de jazz. *Un tempo trop lent. Des tempos.*

temporaire [tɑ̃pɔʀɛʀ] adj. **1.** Qui ne dure ou ne doit durer qu'un temps limité. ⇒ **momentané, passager, provisoire.** / contr. **définitif** / *Une nomination à titre temporaire.* ⇒ **intérimaire.** *Mesures temporaires. Il s'agit d'une crise temporaire. Fermeture temporaire d'une usine.* — Loc. *Travail temporaire,* organisé par des agences qui envoient leurs employés à des entreprises, pour un temps déterminé assez bref (remplacements, etc.). / contr. **permanent** / **2.** Qui n'exerce ses activités que pour un temps. ⇒ **intérimaire.** *Directeur temporaire.* ▸ ***temporairement*** adv. ■ ⇒ **provisoirement.**

temporal, ale, aux [tɑ̃pɔʀal, o] adj. ■ Qui appartient aux tempes. *Os temporal* ou, n. m., *le temporal.*

temporel, elle [tɑ̃pɔʀɛl] adj. **1.** Religion. Qui est du domaine du temps, des choses qui passent. / contr. **éternel** / *Le bonheur temporel et la béatitude éternelle.* — Qui est du domaine des choses matérielles (opposé à *spirituel*). ⇒ **séculier, terrestre.** *La puissance temporelle de l'Église.* **2.** Grammaire. Qui concerne, qui marque le temps, les temps. *Subordonnées temporelles,* propositions circonstancielles de temps. **3.** Relatif au temps ; situé dans le temps (surtout opposé à *spatial*). *Le déroulement temporel.* ▸ ***temporalité*** n. f. **1.** Grammaire. Caractère temporel, valeur temporelle. *La temporalité exprimée par les temps du verbe.* **2.** Didact. Caractère de ce qui est dans le temps, qui est vécu, conçu comme une succession. *La temporalité dans un roman.* ‹ ▸ spatio-temporel ›

temporiser [tɑ̃pɔʀize] v. intr. ▪ conjug. 1. ▪ Différer d'agir, par calcul, dans l'attente d'un moment plus favorable. ⇒ **attendre.** ▸ ***temporisateur, trice*** adj. et n. ▪ (Personne) qui attend, ne se décide pas. ▸ ***temporisation*** n. f. ▪ Le fait de temporiser. ⇒ **attentisme.**

① ***temps*** [tɑ̃] n. m. invar. **I.** Continuité indéfinie, qui paraît être le milieu où se déroule la succession des existences, des vies, des événements et des phénomènes, les changements, mouvements, etc. ⇒ **durée.** *Le temps et l'espace. Temps réel et temps vécu.* ⇒ **temporalité.** **1.** Durée. *Nous avons du temps libre,* des loisirs. *Perdre, gagner du temps. Rattraper le temps perdu. Donnez-moi du temps et je le ferai. Ça prend trop de temps. Le temps presse,* il faut agir rapidement. *Dans peu de temps,* bientôt. *En peu de temps,* rapidement. *Un laps de temps,* un moment. — (Considéré comme une grandeur mesurable) *Unités de temps,* jour, heure, minute, seconde. *La division du temps en années, mois, semaines, jours, heures, minutes, secondes. Le temps universel* (abrév. *T.U.*). ⇒ anglic. **G.M.T. 2.** Portion limitée de cette durée. ⇒ ① **moment,** ① **période.** *Trouver le temps long. Emploi du temps. Travailler à plein temps* (pendant toute la journée normale de travail), *à mi-temps. Temps mort,* sans activité ni occupation. — *Durant, pendant ce temps. Dans pas grand temps,* dans pas longtemps. ⇒ **bientôt.** *Depuis quelque temps. Quelque temps après. Pour un temps. N'avoir qu'un temps,* être éphémère, provisoire. *La beauté n'a qu'un temps,* elle disparaît vite. — Loc. conj. *Depuis le temps que... Voilà* BEAU TEMPS *que...,* il y a longtemps que. — Employé comme adv. en locutions. *Elle attendit quelque temps,* pendant quelque temps. — *La plupart du temps,* le plus souvent. *C'est comme cela tout le temps,* continuellement. — LE TEMPS DE (+ infinitif) : le temps nécessaire pour. *On n'a pas le temps de s'amuser.* — *Le* TEMPS QUE (+ subjonctif). *Attendez-moi quelques minutes, le temps que j'aille téléphoner.* — *Vous avez tout le temps. Je n'ai pas le temps.* — MON, TON, SON TEMPS... *Passer son temps à un travail, à ne rien faire. Il passe* LE PLUS CLAIR DE SON TEMPS *à rêver* : la plus grande partie de son temps. *Perdre son temps. Prendre son temps,* ne pas se presser. — *Avoir fait son temps,* avoir terminé sa carrière ; être dépassé ; être hors d'usage. *Ce vêtement a fait son temps.* **3.** Chacune des divisions égales de la mesure, en musique. *Une noire, une croche par temps. Une valse à trois temps.* — Loc. fam. *En deux temps, trois mouvements,* très rapidement. **4.** Chacune des phases (d'une manœuvre, d'une opération, d'un cycle de fonctionnement). *Moteur à quatre temps. Manœuvre en trois temps.* — (Surtout en France) Loc. AU TEMPS *pour les crosses* : recommencez la manœuvre. *Au temps pour moi,* je me suis trompé. **5.** Durée chronométrée d'une course. *Réaliser le meilleur temps.* — TEMPS MORT : sans activité. ⇒ **pause.** *Demander un temps d'arrêt,* une interruption momentanée du jeu. **II.** (Dans une succession, une chronologie) **1.** Point repérable dans une succession par référence à un « avant » et un « après ». ⇒ **date, époque,** ① **moment.** *En ce temps-là. Depuis ce temps-là,* depuis lors. — Loc. *Chaque chose* EN SON TEMPS : on ne peut s'occuper de tout en même temps. — *Adverbes, compléments de temps,* marquant le moment. *Subordonnées de temps.* ⇒ **temporel. 2.** Époque. ⇒ **ère, siècle.** *Notre temps,* celui où nous vivons. *Être de son temps,* en avoir les mœurs, les idées. *Le temps passé ; (dans) l'ancien temps, le bon vieux temps* (évoque la nostalgie du passé), autrefois. — *Temps de...,* occupé, caractérisé par... *Le temps des fraises, le temps des lilas, des cerises. Le temps des sucres*. Le temps des vacances, le temps des Fêtes. En temps de paix. En temps normal.* — LES TEMPS (avec une nuance d'indétermination). *Les temps ont changé depuis. Les Temps modernes. Ceci se passait dans des temps très anciens.* — Employé comme adv. *Je l'ai vu ces derniers temps, ces temps derniers.* **3.** Époque de la vie. — (Avec un adj. poss.) *De mon temps,* quand j'étais jeune. **4.** BON TEMPS : moments agréables, de plaisir. *Se donner, se payer, prendre du bon temps,* s'amuser. **5.** LE TEMPS DE (+ infinitif) : le temps où il convient de... *Le temps est venu de prendre des décisions.* — *Ce n'est pas le temps de parler de cela.* ⇒ ① **moment.** — IL EST TEMPS DE : le moment est venu. *Il est temps de se décider. Il n'en est plus temps. Il est temps que* (+ subjonctif avec une idée d'urgence). *Il était temps* ou, fam., *c'était temps que tu arrives !* **6.** Loc. adv. À TEMPS ou, cour. EN TEMPS : à l'heure, juste assez tôt. *Nous sommes arrivés à temps.* — EN MÊME TEMPS : simultanément. *Ils arrivèrent en même temps.* — À la fois, aussi bien. *Cet outil sert en même temps à plusieurs usages.* — ENTRE TEMPS ⇒ **entre-temps.** — DE TEMPS EN TEMPS [dətɑ̃zɑ̃tɑ̃] DE TEMPS À AUTRE [dətɑ̃zaotʀ] : à des intervalles de temps plus ou moins longs et irréguliers. ⇒ **parfois, quelquefois.** — DE TOUT TEMPS : depuis toujours. — EN TOUT TEMPS : toujours. — DANS LE TEMPS : autrefois, jadis. *Je l'ai connue dans le temps.* — *En temps et lieu*.* — DANS LE TEMPS COMME DANS LE TEMPS : au moment opportun, propice. — *Dans le temps de le dire,* très rapidement. — Loc. conj. DU TEMPS QUE (+ indicatif) : lorsque. *Du temps que j'étais jeune.* DANS LE TEMPS, AU TEMPS, DU TEMPS OÙ... : quand. **7.** Grammaire. Forme verbale particulière à valeur temporelle. *Temps et modes. Temps simples,* présent, imparfait, passé simple, futur. *Temps composés,* formés avec un auxiliaire : futur antérieur, passé composé, passé antérieur, plus-que-parfait. **III.** LE TEMPS : entité (souvent personnifiée) représentative du changement continuel de l'univers. *La fuite du temps. La courbe du temps. L'action du temps. Tromper le temps, tuer le temps,* échapper à l'ennui, en s'occupant ou en se distrayant avec peu de chose. ‹ ▸ contretemps, deux-temps, entre-temps, longtemps, mi-temps, passe-temps, printemps, quatre-temps, tempo, temporaire, temporel, temporiser, ② temps ›

② ***temps*** n. m. invar. ▪ État de l'atmosphère à un moment donné, considéré surtout dans son influence sur la vie et l'activité humaines (⇒ **air, ciel, température, vent**). *Un temps chaud, pluvieux. Quel temps fait-il ? Il fait beau temps,* il y a du soleil. *Nous avons eu beau temps. Le mauvais temps.* ⇒ **pluie ; orage.** *Un temps de chien* ou, fam., *de cul. Un temps froid, neigeux. Temps gris. Temps lourd, orageux. Le temps est mort,* lourd, chaud et humide. *Gros temps.* ⇒ **tempête.** *Temps de saison,* normal pour l'époque de l'année. *Étude et prévision scientifique du temps.* ⇒ **météorologie.** *Le temps se gâte. Sortir par tous les temps.* — Loc. *Beau temps, mauvais temps,* peu importe le temps ; en toutes circonstances.

tenable [t(ə)nabl] adj. ▪ Où l'on peut se tenir, demeurer (en emploi négatif). *Il fait trop chaud, ce n'est pas tenable.* ⇒ **supportable.** / contr. **intenable** / *Ces enfants ne sont pas tenables,* ils sont très agités. — Fig. *Sa position n'était plus tenable.*

tenace [tənas] adj. **1.** Dont on se débarrasse difficilement. *Une douleur tenace. Des préjugés tenaces.* ⇒ **durable.** *Odeur tenace.* ⇒ **persistant. 2.** (Personnes) Qui respecte et fait respecter ses opinions, ses décisions avec fermeté. ⇒ **entêté,** ① **ferme, obstiné,**

opiniâtre, persévérant. *Un travailleur, une chercheuse tenace.* — (Actes) Qui implique la ténacité, l'obstination. *Résistance, rancune tenace.* ⇒ **acharné, durable.** ▸ ***tenacement*** adv. ■ Avec ténacité, opiniâtreté. ▸ ***ténacité*** [tenasite] n. f. **1.** Caractère de ce qui est tenace. *La ténacité d'une odeur. La ténacité d'un préjugé.* **2.** Attachement opiniâtre à une décision, un projet. ⇒ **détermination, fermeté, obstination, persévérance.** *Elle est d'une ténacité à toute épreuve. Un projet poursuivi avec ténacité.*

tenaille [t(ə)naj] n. f. ■ Surtout au plur. Outil de métal, formé de deux pièces assemblées en croix, dont une extrémité sert de manche et l'autre forme mâchoire (permettant de *tenir* qqch.). ⇒ **pince.** *Arracher un clou avec des tenailles.* — Fig. *Prendre l'ennemi en tenaille.* ‹ ▸ tenailler ›

tenailler [tənaje] v. tr. ▪ conjug. 1. ■ Faire souffrir moralement ou physiquement. ⇒ **torturer, tourmenter.** *La faim le tenaille ; il est tenaillé par les remords.*

tenancier, ière [tənɑ̃sje, jɛʀ] n. ■ Péj. Personne qui dirige, qui gère *(tient)* un établissement soumis à la surveillance des pouvoirs publics. *Le tenancier d'un hôtel, d'une maison de jeux.*

① ***tenant, ante*** [tənɑ̃, ɑ̃t] adj. ■ Qui se tient ; qui tient (dans quelques emplois). **1.** SÉANCE TENANTE : sur-le-champ. *Elle accepta séance tenante.* **2.** *Chemise à col tenant,* qui tient, n'est pas séparé.

② ***tenant, ante*** n. **I. 1.** *Le tenant du titre (d'un titre sportif),* personne qui le détient. **2.** Personne qui soutient. ⇒ **adepte, partisan.** *Les tenants d'une opinion. Les tenants du libéralisme.* / contr. **adversaire** / **II.** N. m. (Choses) **1.** D'UN (SEUL) TENANT : d'une seule pièce. *Deux arpents d'un seul tenant.* **2.** *Connaître* LES TENANTS ET LES ABOUTISSANTS *d'une affaire.* ⇒ **aboutissant.** *Les tenants et les aboutissants d'un cours d'eau,* la source et l'embouchure.

tendance [tɑ̃dɑ̃s] n. f. **1.** Ce qui porte (« tend ») à être, à agir, à se comporter de telle ou telle façon. ⇒ **disposition, inclination, penchant, propension.** *Ils ont des tendances opposées.* — AVOIR TENDANCE À (+ infinitif) : tendre à ⇒ ② **tendre** ; être enclin à. *J'ai plutôt tendance à grossir.* **2.** Orientation commune à une catégorie de personnes. ⇒ **courant.** *À quelle tendance politique appartient-il ?* **3.** Évolution (de qqch.) dans un même sens. ⇒ **direction, orientation.** *Les tendances du cinéma, de la mode.* — AVOIR TENDANCE À : s'orienter sensiblement vers. *Les prix ont tendance à monter.* ⇒ ② **tendre** (2). **4.** *Faire à qqn un procès de tendance,* le juger sur les intentions qu'on lui prête, sans attendre les actes. ⇒ procès d'**intention.** ▸ ***tendancieux, euse*** adj. ■ Péj. Qui manifeste ou trahit une tendance (2) intellectuelle inexprimée, des préjugés. ⇒ **partial.** *Récit tendancieux,* peu objectif. ▸ ***tendancieusement*** adv. ■ *Un texte interprété tendancieusement.*

tendeur [tɑ̃dœʀ] n. m. **1.** Appareil servant à tendre (une chaîne de bicyclette, des fils, des ressorts, etc.). *Les tendeurs des piquets de tente.* **2.** Câble élastique servant à fixer (les bagages sur la galerie d'une voiture, etc.).

tendon [tɑ̃dɔ̃] n. m. ■ Organe conjonctif, fibreux, d'un blanc nacré, par lequel un muscle s'insère sur un os (et qui semble *tendre* l'os et le muscle). *Tendon d'Achille,* tendon du talon. ▸ ***tendineux, euse*** adj. ■ Qui contient beaucoup de tendons. ⇒ **tiraille.** *Viande tendineuse.* ▸ ***tendinite*** n. f. ■ Inflammation d'un tendon. *Cette danseuse souffre d'une tendinite.*

① ***tendre*** [tɑ̃dʀ] v. tr. ▪ conjug. 41. **1.** Tirer sur (une chose souple ou élastique) en la rendant droite. ⇒ **tension.** / contr. **détendre** / *Tendre une corde. Tendre un arc.* ⇒ **bander.** — *Tendre ses muscles,* les raidir. ⇒ **contracter. 2.** Déployer en allongeant en tous sens. *Tendre un filet. Tendre un piège*. Tendre une embuscade à l'ennemi.* **3.** Recouvrir d'une chose tendue (⇒ **tenture**). *Tendre un mur de papier peint, de soie.* ⇒ **tapisser. 4.** SE TENDRE v. pron. : menacer de rompre, devenir tendu (liens, rapports). *Leurs rapports se tendirent.* **5.** Allonger ou présenter en avançant (une partie du corps). / contr. **fléchir** / *Tendre les bras* (pour accueillir, embrasser). — *Tendre la main,* pour prendre (une autre main) ; pour saluer, pour demander l'aumône (⇒ **mendier, quêter**) ; pour aider, secourir. *Tendre une main secourable.* — Loc. TENDRE L'OREILLE : écouter avec attention. ⇒ **dresser. 6.** Présenter (qqch.) à qqn. ⇒ **donner.** *Elle lui tendit un paquet de cigarettes.* ▸ ***tendu, ue*** adj. **1.** Rendu droit par traction. ⇒ **étiré.** *Corde tendue. Fil tendu.* ⇒ ① **droit. 2.** Tapissé. *Une chambre tendue d'un papier bleu.* **3.** *Esprit tendu, volonté tendue,* qui s'applique avec effort à un objet. — (Personnes) *Être très tendu,* soucieux. ⇒ **contracté, préoccupé, stressé.** / contr. **détendu, serein ;** anglic. **cool** / **4.** Qui menace de se dégrader, de rompre. ⇒ **difficile.** *Atmosphère tendue. J'ai des rapports tendus avec eux.* **5.** Que l'on tend, que l'on avance. *S'approcher de qqn la main tendue.* ‹ ▸ détendre, détente, distendre, étendre, extenseur, extensible, extensif, extension, hypertendu, hypotendu, intense, ostensible, ostensoir, ostentation, sous-tendre, tendance, tendeur, tendon, ② tendre, tension, tenture ›

② ***tendre*** v. tr. ind. ▪ conjug. 41. **1.** TENDRE À, VERS : avoir un but, une fin et s'en rapprocher d'une manière délibérée. ⇒ **viser** à ; **tendance.** *Tendre à la perfection. Tous leurs efforts tendent au même résultat.* ⇒ **concourir, converger. 2.** (Choses) TENDRE À (+ infinitif) : avoir tendance à, évoluer de façon à (+ infinitif). *La situation tend à s'améliorer.* **3.** TENDRE À (+ infinitif) : conduire, mener à (un résultat) sans le réaliser pleinement. *Ceci tendrait à prouver que notre hypothèse était juste.* ⇒ **sembler.** ‹ ▸ tendance ›

③ ***tendre*** [tɑ̃dʀ] adj. et n. m. **1.** (Choses) Qui se laisse facilement entamer, qui oppose une résistance relativement faible. ⇒ **mou.** / contr. **dur** / *Une viande tendre. Pain tendre,* frais. — *Roche tendre,* moins dure que d'autres. **2.** Délicat, fragile. *L'âge tendre,* le jeune âge. ⇒ **enfance.** *Tendre enfance,* la première enfance. **3.** (Personnes) Porté à la sensibilité, aux affections. ⇒ **sensible.** / contr. **dur, insensible** / *Un cœur tendre. Une tendre épouse.* ⇒ **affectueux,** ① **fin ; aimant, doux.** — N. *C'est un, une tendre.* ⇒ **sentimental.** — Fam. *N'être pas tendre pour qqn,* être sévère, impitoyable. **4.** (Sentiments) Qui présente un caractère de douceur et de délicatesse. *Une tendre amitié. Un sentiment tendre.* — Qui manifeste l'affection. *Un tendre aveu. Un regard tendre.* ⇒ **caressant, langoureux.** / contr. **dur, froid** / **5.** (Couleurs) Doux, atténué. *Un rose tendre.* ⇒ **pâle.** / contr. **vif** / ▸ ***tendrement*** adv. ■ *Ils s'embrassèrent tendrement. Un ami profondément et tendrement dévoué.* ▸ ***tendresse*** n. f. **1.** Sentiment tendre pour qqn. ⇒ **affection, attachement.** *J'ai de la tendresse pour eux. La tendresse maternelle.* **2.** Au plur. Expressions, témoignages de tendresse. ≠ *tendreté.* ▸ ***tendreté*** n. f. ■ (Substances) Caractère de ce qui est tendre. *La tendreté d'un T-bone.* ≠ *tendresse.* ‹ ▸ attendrir, tendron ›

tendron [tɑ̃dʀɔ̃] n. m. ■ *Tendron de veau,* morceau de viande constituant la paroi inférieure du thorax.

tendu, ue adj. ⇒ ① **tendre.**

ténèbres [tenɛbʀ] n. f. pl. ■ Obscurité profonde. ⇒ **noir, noirceur, obscurité.** / contr. **lumière** / *Dans les ténèbres d'un cachot. Une lueur dans les ténèbres.* — Fig. Littér. *Les ténèbres de l'inconscient. Les ténèbres de la préhistoire. Les ténèbres de l'ignorance.* ▸ ***téné-***

breux, euse adj. **1.** Littér. Où il y a des ténèbres, une obscurité menaçante. ⇒ **sombre.** / contr. **lumineux** / *Un bois ténébreux.* **2.** Secret et dangereux. ⇒ **mystérieux.** « *Une ténébreuse affaire* » (titre d'un roman de Balzac). ⇒ **sombre. 3.** (Personnes) Sombre et mélancolique. — *Un beau ténébreux,* un bel homme à l'air sombre et profond.

teneur [tənœʀ] n. f. **1.** Contenu exact, texte littéral (d'un écrit officiel ou important). *La teneur d'un article.* — *La teneur des conversations.* **2.** Ce que (un corps) contient (d'une substance déterminée). ⇒ **proportion, taux.** *La teneur en or d'un minerai.*

ténia ou ***tænia*** [tenja] n. m. ■ Ver parasite de l'intestin des mammifères, au corps formé d'un grand nombre d'anneaux plats, muni de ventouses ou de crochets de fixation. *Le ténia de l'être humain* ou *ver solitaire.*

tenir [t(ə)niʀ] v. ■ conjug. 22. **I.** V. tr. **1.** Avoir (un objet) avec soi en le serrant afin qu'il ne tombe pas, ne s'échappe pas. / contr. **lâcher** / *Il tenait son chapeau à la main. Vous tenez la photo à l'envers. Elle tenait un enfant dans ses bras.* — *Tenir un enfant par la main,* tenir sa main. *Elle tenait une feuille dans sa main. Tenir un verre entre ses mains.* **2.** (Choses) Faire rester (qqch., qqn) en place. ⇒ **retenir.** *La courroie qui tient mes livres.* **3.** Faire rester (en telle situation, tel état) pendant un certain temps. ⇒ **maintenir.** *Tenir une porte fermée.* Loc. *Tenir qqn en respect, en échec. Cette enfant ne tient pas en place.* — (Suj. chose) *Ces travaux me tiennent occupé. Son gros manteau le tient chaud.* **4.** Saisir (un être qui s'échappe), s'emparer de. ⇒ **pogner.** *Nous tenons les voleurs.* — *Tenir qqn,* être maître de lui, pouvoir le punir, etc. *Si je le tenais !* **5.** Résister à (dans quelques expressions). *Tenir le vin, l'alcool,* être capable de boire beaucoup sans être ivre. ⇒ ① **porter.** — *Tenir tête à.* ⇒ **tête. 6.** Avoir en sa possession (surtout abstrait). ⇒ **détenir.** *Ils croient tenir la vérité.* ⇒ **posséder.** — Fam. *Je tiens un de ces rhumes !* — PROV. *Mieux vaut tenir que courir,* il vaut mieux avoir effectivement qqch. qu'entretenir de grands espoirs. — (Substantivé) *Un tiens vaut mieux que deux tu l'auras,* mieux vaut avoir effectivement un bien, que la promesse de deux biens (ou d'un plus grand bien). **7.** TIENS, TENEZ !, prends, prenez. *Tenez, voilà votre argent.* — (Pour présenter qqch.) *Tenez, je l'ai vu hier.* — TIENS ! (pour marquer l'étonnement). *Tiens, te voilà encore, je te croyais parti.* — REM. *Tiens !* s'emploie aussi avec *vous : Tiens, vous revoilà.* — *Tiens ! Tiens ! C'est bien étrange. Tiens, il neige !* **8.** TENIR EN (et nom d'attitude psychologique) : avoir en. *Tenir qqn en estime.* **9.** TENIR *qqch.* DE *qqn* : l'avoir par lui. *De qui tenez-vous ce renseignement ?* — Avoir par hérédité. *Elle tient cela de ses parents.* **10.** Occuper (un certain espace). *Le buffet tient toute la pièce. Cela tient trop de place.* ⇒ ① **prendre. 11.** Occuper (un lieu), sans s'en écarter. *Conducteur qui tient sa droite. Tenir la route.* ⇒ **tenue** de route. **12.** Remplir (une activité). *Tenir son rôle.* — S'occuper de. *Tenir un hôtel.* ⇒ **diriger, gérer.** *Elle tient une auberge à la campagne. Tenir la caisse, la comptabilité. Elle tient bien sa maison* (⇒ **tenu**). *Il songeait à tenir un journal.* **13.** Dire (suivi de *propos, discours*). *Tenir des propos scandaleux.* **14.** Présider (une réunion). — Prendre part à. *Tenir une assemblée. Tenir un conseil d'administration. Ils tiennent un conseil de famille.* **15.** TENIR... POUR... : considérer, croire. *Je le tiens pour un honnête homme. Tenir un fait pour certain. Tenir qqch. pour acquis.* Loc. *Tenez-vous-le pour dit,* tenez-en compte (on ne vous le redira pas). — TENIR COMPTE DE *qqch.* ⇒ **compte** (8). **16.** Observer fidèlement (ce qu'on a promis). *Tenir parole, sa parole. Tenir ses promesses.* ⇒ **respecter.** / contr. **manquer** à / **II.** V. intr. **1.** Être attaché, fixé, se maintenir dans la même position. *Mes lunettes ne tiennent pas bien. Je ne tiens plus debout* (de fatigue). Loc. *Votre histoire ne tient pas debout,* est invraisemblable. **2.** (Choses) Être solide, ne pas céder, ne pas se défaire. *Faites un double nœud, cela tiendra mieux. Sa coiffure ne tient pas.* — IL N'Y A PAS *de raison, d'excuse...* QUI TIENNE : qui puisse s'opposer à... — Résister à l'épreuve du temps. *Leur union tient toujours.* Fam. (En parlant d'un projet) *Ça tient toujours pour jeudi ?,* nous sommes toujours d'accord ? **3.** (Suj. personne) Résister. *Il faut* TENIR (BON) : ne pas céder. (→ Ne pas lâcher la patate). / contr. **flancher** / *Ne plus pouvoir tenir, ne pouvoir y tenir,* être au comble de l'impatience, à bout, hors de soi. *Tenir pour une opinion,* la soutenir. **4.** Être compris, être contenu dans un certain espace. ⇒ **entrer.** *Nous ne tiendrons pas tous dans la voiture.* **III.** V. tr. ind. **1.** TENIR À *qqn,* À *qqch.* : y être attaché par un sentiment durable. *Je ne tiens plus à rien ni à personne.* — Vouloir absolument. *Si vous y tenez, on le fera.* (Avec une propos.) *J'ai tenu à les inviter.* — TENIR À CE QUE (+ subj.). *Elle ne tient pas à ce que je vienne. Il ne tenait pas à ce qu'on mît le nez dans ses manigances.* **2.** (Suj. chose) TENIR À *qqch.* : avoir un rapport de dépendance, d'effet à cause. ⇒ **provenir, résulter.** *Leur dynamisme tient à leur jeunesse.* — Impers. NE TENIR QU'À... *Il ne tient qu'à moi qu'il obtienne satisfaction,* il ne dépend que de moi. *Il ne tient qu'à vous que l'affaire se termine. Qu'à cela ne tienne !,* peu importe. *Bouton qui ne tient qu'à un fil.* **3.** TENIR DE *qqn,* DE *qqch. Il tenait de sa mère.* ⇒ **ressembler** à. *Elle a de qui tenir,* ses parents ont bien ce trait qu'elle possède. — Participer de la nature de (qqch.). *Cela tient du miracle.* **IV.** V. pron. **1.** SE TENIR À *qqch.* : tenir qqch. afin de ne pas tomber, de ne pas changer de position. *Tenez-vous à la rampe.* **2.** Être, demeurer (dans une position). *Se tenir debout. Tiens-toi droit !* — (Choses) Être formé d'éléments cohérents qui entraînent la vraisemblance. *Une histoire qui se tient.* **3.** Être (quelque part). *L'animal se tenait au milieu de la chambre. Se tenir près, auprès de qqn.* — Avoir lieu. *La salle où se tient la réunion.* **4.** Être et rester (d'une certaine manière, dans un certain état). *Se tenir tranquille,* ne pas bouger ; rester sage. — *Se tenir bien, mal,* se conduire en personne bien, mal élevée. — Sans compl. *Ces enfants savent se tenir en société,* bien se tenir. **5.** Littér. NE POUVOIR SE TENIR DE... : ne pouvoir s'empêcher de... ; se retenir de (faire telle chose). *Ils ne pouvaient se tenir de rire.* **6.** S'EN TENIR À *qqch.* : ne pas aller au-delà, ne vouloir rien de plus. ⇒ se **borner,** se **limiter.** *Je m'en tiens aux consignes que j'ai reçues. Tenez-vous-en là.* — Loc. *Savoir à quoi s'en tenir,* être fixé, informé. **7.** SE TENIR POUR : se considérer comme. *Ils se tiennent un peu trop pour intelligents.* **8.** (Récipr.) Se tenir l'un l'autre. *Se tenir par la main, le bras.* — Fig. Groupes. Établir une cohésion entre les membres. *Tous les joueurs se tiennent devant l'entraîneur.* — *Se tenir ensemble, avec qqn.* ⇒ ① **être.** (Choses) Être dans une dépendance réciproque. *Dans cette affaire, tout se tient.* ‹ ▶ s'abstenir, contenir, détenir, ① entretenir, ② entretenir, intenable, lieutenant, maintenir, obtenir, retenir, soutenir, tenable, tenaille, tenancier, ① tenant, ② tenant, teneur, tenon, tenu, tenue ›

tennis [te(ɛ)nis] n. m. invar. et n. m. pl. **1.** Anglic. Sport dans lequel deux ou quatre joueurs se renvoient alternativement une balle, à l'aide de raquettes, de part et d'autre d'un filet, selon des règles précises et sur un terrain de dimensions déterminées. *Un court de tennis. Jouer au tennis. Les joueuses de tennis. Une partie de tennis.* — *Tennis de table.* ⇒ **ping-pong. 2.** Terrain de tennis. ⇒ ② **court.** *Les tennis d'un club sportif.* **3.** (France) N. m. pl. Chaussures basses en toile, à semelles de caoutchouc. ⇒ **espadrille ;** anglic. ② **basket.** *Porter des tennis blancs.* ▶ ***tennistique*** adj. ■ Relatif au tennis.

ténois, oise [tenwa, waz] adj. et n. ■ Des Territoires du Nord-Ouest. ⇒ **franco-ténois, territorien.** — N. (Avec une majusc.) Personne née dans cette région du Canada ou qui l'habite. *Les Ténois sont peu nombreux.* ‹ ▶ franco-ténois ›

tenon [tənɔ̃] n. m. ■ Partie saillante d'un assemblage, qui s'ajuste à une mortaise (et qui *tient*).

ténor [tenɔʀ] n. m. et adj. **1.** N. m. Voix d'homme la plus aiguë ; chanteur qui a ce type de voix. / contr. **basse** / *Un ténor de l'opéra.* **2.** Adj. Se dit des instruments dont l'étendue correspond à celle de la voix de ténor. *Saxophone ténor.* **3.** Personnage très en vue dans l'activité qu'il exerce. *Les ténors de la politique.*

tension [tɑ̃sjɔ̃] n. f. **I.** Concret. **1.** État d'une substance souple ou élastique tendue. / contr. **détente** / *La tension d'un élastique. Régler la tension d'une corde de violon.* **2.** Force qui agit de manière à écarter, à séparer les parties constitutives d'un corps. **3.** *Tension (artérielle, veineuse),* pression du sang. *Prendre la tension de qqn.* — Absolt. Hypertension. *Avoir de la tension, un peu de tension.* **4.** Différence de potentiel électrique entre deux points d'un circuit. *Haute tension,* tension élevée (plusieurs milliers de volts). *Basse tension. Fil placé sous tension.* **II.** Abstrait. **1.** Effort intellectuel ; application soutenue. ⇒ **concentration.** *Tension d'esprit.* ⇒ **attention.** / contr. **relâchement** / **2.** État de ce qui menace de rompre. *La tension des relations entre deux pays.* **3.** *Tension nerveuse,* énervement. ⇒ anglic. **stress.** ‹ ▶ hypertension, hypotension ›

tentacule [tɑ̃takyl] n. m. ■ Bras de certains mollusques (poulpes, calmars), organe allongé muni de ventouses. *Les tentacules d'une pieuvre.* ▶ ***tentaculaire*** adj. ■ Qui se développe dans toutes les directions. *Ville tentaculaire.*

tentateur n., ***tentation*** n. f. ⇒ ① **tenter.**

tentative n. f. ⇒ ② **tenter.**

tente [tɑ̃t] n. f. ■ Abri fait d'une matière souple tendue sur des supports (mâts, piquets). ⇒ **tipi, wigwam.** *Une tente de camping. La tente d'un cirque.* ⇒ **chapiteau.** ▶ ***tente-caravane*** ou ***tente-roulotte*** n. f. ■ Caravane pliante tractée dont les parois, et parfois le toit, sont en toile. *Des tentes-caravanes.* ▶ ① ***tenter*** v. intr. ▪ conjug. 1. ■ Installer, dresser une tente. *Tenter dans le bois, sur une montagne. Nous sommes tentés, nous avons tenté à Sainte-Anne-des-Monts.* — Pronominalement. Fam. *Arpenteurs-géomètres qui se tentent près d'un lac.*

② ***tenter*** [tɑ̃te] v. tr. ▪ conjug. 1. **1.** Religion. Essayer d'entraîner au mal, au péché. *Le démon tenta Ève.* **2.** Éveiller le désir, l'envie de (qqn). ⇒ **attirer, séduire.** *Un bijou, un voyage qui me tente. Ça ne me tente guère.* ⇒ **plaire.** *Se laisser tenter par...,* céder à (une envie, un désir). — Au passif et au p. p. adj. *Être tenté, très tenté,* avoir envie (d'une chose) ; avoir envie de, tendance à. *Je suis tenté de penser que... Explorateur tenté par l'aventure.* ▶ ***tentant, ante*** adj. ■ ⇒ **alléchant, séduisant.** *Un menu tentant. Une situation assez tentante.* ⇒ **enviable.** ▶ ***tentateur, trice*** n. et adj. **1.** N. m. ⇒ **démon.** **2.** N. Plaisant. ou littér. Personne qui cherche à tenter, à séduire. — Adj. *Une beauté tentatrice.* ▶ ***tentation*** n. f. **1.** Religion. Impulsion qui pousse au péché, au mal. *La tentation de saint Antoine* (par les démons). *Succomber, résister à la tentation.* **2.** Ce qui incite à (une action) en éveillant le désir. ⇒ **attrait, envie.** *La tentation de l'ambition,* dont l'ambition est la cause. *La tentation des voyages,* de partir en voyage. *Il n'a pu résister à la tentation d'ouvrir la lettre.*

③ ***tenter*** v. tr. ▪ conjug. 1. ■ Éprouver (les chances de réussite) ; commencer, en vue de réussir. *Tenter une démarche. Tenter l'impossible. On a tout tenté pour réussir. Tenter de* (+ infinitif). ⇒ **chercher** à, **essayer** de. *Le prisonnier a tenté de s'enfuir. Il a tenté de se suicider. Inutile de tenter de vous disculper.* — Loc. *Tenter sa chance,* tenter de gagner, de réussir. *Tenter le tout pour le tout,* risquer de tout perdre pour gagner. ▶ ***tentative*** n. f. ■ Action par laquelle on s'efforce d'obtenir un résultat (quand ce résultat est ou douteux ou nul). ⇒ **essai.** *Faire une tentative auprès de qqn,* essayer d'obtenir de lui qqch. ⇒ **démarche.** *Une tentative de suicide, d'assassinat. Tentative infructueuse.*

tente-roulotte n. f. ⇒ **tente-caravane.**

tenture [tɑ̃tyʀ] n. f. ■ Pièce de tissu, de cuir, de papier (tendu) servant d'élément de décoration murale. ⇒ **draperie, rideau, tapisserie.** *Des tentures de velours.*

tenu, ue [t(ə)ny] part. passé de *tenir* et adj. **1.** (Passif) ÊTRE TENU À : être obligé à (une action). ⇒ **contraint.** *Le médecin est tenu au secret professionnel.* Loc. prov. *À l'impossible nul n'est tenu.* **2.** ÊTRE TENU DE (+ inf.) : être obligé de. *Vous êtes tenu d'obéir.* **3.** Adj. BIEN (MAL) TENU : bien (ou mal) arrangé, entretenu. *Maison mal tenue. Ses enfants sont bien tenus.*

ténu, ue [teny] adj. ■ Très mince, très fin, de très petites dimensions. ⇒ ① **grêle.** *Des particules ténues.* / contr. **épais** / — Abstrait. *Une différence ténue.* ⇒ **subtil.** ▶ ***ténuité*** n. f. ■ *La ténuité d'un lien.* ⇒ **finesse.** ‹ ▶ atténuer ›

tenue [t(ə)ny] n. f. **1.** Action de tenir une réunion (assemblée, séance, audience...) ; fait de se réunir, de siéger. *La tenue des assises.* — La durée de cette réunion. *Durant la tenue des Jeux Olympiques.* ⇒ **déroulement.** **2.** Le fait, la manière de *tenir,* de gérer (un établissement, etc.) ; la manière dont la discipline, l'économie y sont assurées. ⇒ ① **ordre.** *La tenue de la maison,* son entretien et l'organisation de la vie domestique. *La tenue des comptes. Une bonne tenue des comptes. La tenue de livres,* la comptabilité. **3.** Action de se tenir ; dignité de la conduite, correction des manières. *Manquer de tenue. Allons, un peu de tenue ! Bonne tenue en classe.* — Façon de se tenir (IV, 2). ⇒ **attitude, maintien.** **4.** Manière dont une personne est habillée ; son aspect, sa présentation. ⇒ **mise.** *Une tenue correcte, impeccable. Une tenue négligée. Quelle tenue !* — Habillement particulier (à une profession, à une circonstance). *Une tenue (de) sport. Tenue de ville. Tenue de soirée. Tenue de vol des aviateurs. Tenue militaire.* ⇒ **uniforme.** *Militaire* EN TENUE (opposé à *en civil*). *Se mettre en tenue de travail.* — Fam. *Être en petite tenue,* peu vêtu. **5.** TENUE DE ROUTE : aptitude d'un véhicule à se maintenir dans la direction commandée par le conducteur (à *tenir la route*).

tequila [tekila] n. f. ■ Alcool obtenu par la fermentation du jus de l'agave mexicain.

ter [tɛʀ] adv. **1.** Musique. Indication d'avoir à répéter un passage trois fois. **2.** (France) Indique la répétition, une troisième fois, du numéro (sur une maison, devant un paragraphe...). *Le 12, le 12 bis et le 12 ter de la rue Balzac.*

térato- ■ Élément savant signifiant « monstre ». ▶ ***tératologie*** [teʀatɔlɔʒi] n. f. ■ Étude des anomalies et des monstruosités des êtres vivants.

tercet [tɛʀsɛ] n. m. ■ Couplet, strophe de trois vers. *Les deux quatrains et les deux tercets d'un sonnet.*

térébenthine [teʀebɑ̃tin] n. f. ■ Résine qu'on recueille par l'incision de certains végétaux (conifères). *Essence de térébenthine.*

térébrant, ante [terebʀɑ̃, ɑ̃t] adj. Didact. **1.** *Insecte térébrant,* qui perce des trous. **2.** *Douleur térébrante,* qui donne l'impression qu'une pointe s'enfonce dans la partie douloureuse.

térésien, ienne [terezjɛ̃, jɛn] adj. et n. ■ De la ville de Sainte-Thérèse. — N. (Avec une majusc.) Personne née dans cette ville ou qui l'habite. — REM. *Térésien* s'écrit sans *h,* en raison d'un usage très ancien.

tergal [tɛʀgal] n. m. ■ Étoffe synthétique de polyester, fabriquée en France. *Un pantalon de tergal.* — REM. Ce mot est un nom de marque déposée.

tergiverser [tɛʀʒivɛʀse] v. intr. ▪ conjug. 1. ■ Littér. User de détours, de faux-fuyants pour éviter de donner une réponse nette, pour retarder le moment de la décision. ⇒ **atermoyer, niaiser, patiner, taponner, temporiser ;** fam. **tataouiner, téter.** *Sans tergiverser,* sans hésiter. ▶ ***tergiversation*** n. f. ■ (Presque toujours au pluriel) *Assez de tergiversations !* ⇒ **atermoiement, faux-fuyant, niaisage, taponnage ;** fam. **tétage.**

① ***terme*** [tɛʀm] n. m. ≠ *thermes.* **1.** Limite fixée dans le temps. *Passé ce terme, les billets seront périmés.* ⇒ **délai.** *Mettre un terme à qqch.,* faire cesser. — À TERME : dont l'exécution correspond à un terme fixé. *Vente, achat à terme.* ⇒ à **crédit,** à ② **tempérament.** *Emprunt à court terme. À court terme, à moyen terme, à long terme,* qui doit se réaliser dans peu de temps, dans quelque temps, dans longtemps. *C'est un projet à court terme.* **2.** (France) Époque fixée pour le paiement des loyers. ⇒ **délai, échéance.** — Somme due au terme. *Payer son terme.* **3.** Littér. Dernier élément, dernier stade (de ce qui a une durée). ⇒ **conclusion,** ② **fin.** / contr. **commencement, début** / *Le terme de la vie,* la mort. *Mener qqch. à terme, à son terme.* ⇒ **achever, finir, terminer. 4.** *Accouchement* À TERME : dans le temps normal de la naissance, neuf mois après la conception, chez la femme. — *Enfant né avant terme.* ⇒ **prématuré.** ⟨ ▶ atermoyer ⟩

② ***terme*** n. m. **I. 1.** Mot ou expression qui dénomme une notion précise, une classe d'objets. ⇒ **vocable.** *Le sens d'un terme. Chercher le terme exact. Terme usuel, rare, savant.* **2.** TERMES n. m. pl. : ensemble de mots et d'expressions choisis pour faire savoir qqch. ; manière de s'exprimer. *Aux termes du contrat.* ⇒ **formule.** *Parler en termes choisis,* bien s'exprimer. Loc. EN D'AUTRES TERMES : pour donner une équivalence à l'aide d'autres mots. *Il ne dit pas la vérité, en d'autres termes, il ment.* ⇒ **c'est-à-dire.** Fam. *Elle parle en termes,* elle emploie des mots compliqués, savants, difficiles à comprendre ; elle parle avec affectation. **3.** Mot appartenant à un vocabulaire spécial. *Les termes techniques.* ⇒ **terminologie.** *Terme scientifique, juridique.* **4.** Chacun des éléments simples entre lesquels on établit une relation. *Les termes d'une comparaison. Les termes d'une équation. Les deux termes d'une fraction.* — MOYEN TERME : solution, situation intermédiaire. *Il faut chercher des moyens termes.* **II.** Loc. *Être en bons* TERMES, *en mauvais termes avec qqn* : entretenir de bonnes ou de mauvaises relations avec qqn. ⟨ ▶ terminologie ⟩

① ***terminal, aux*** [tɛʀminal, o] n. m. Anglic. **1.** Installations pour le déchargement de navires de transport (pétroliers, etc.). **2.** Élément d'un système informatique situé à l'extrémité. *L'ordinateur central et les terminaux.* ⇒ **écran. 3.** Point final d'une ligne d'autobus reliant un aéroport à la ville. ≠ *terminus.*

terminer [tɛʀmine] v. tr. ▪ conjug. 1. **I. 1.** Faire cesser (qqch. dans le temps) par une décision. *Terminer un débat.* ⇒ **clore,** ① **lever.** / contr. **ouvrir ; engager** / **2.** Faire arriver à son terme, mener à terme (ce qui est fait en grande partie). ⇒ **achever.** *Terminer un travail.* ⇒ **finaliser.** / contr. **commencer, entreprendre** / — Sans compl. *À quelle heure est-ce que tu termines* (ta journée de travail) ? *En avoir terminé avec qqch.,* avoir enfin fini. *La hâte d'en avoir terminé.* — Passer la dernière partie de (un temps). *Nous terminerons la soirée au cinéma.* **3.** Constituer, former le dernier élément de (qqch.). *Terminer une phrase par* ou, fam., *avec un point d'exclamation. Un revers termine la manche. La formule qui termine la lettre.* — Au p. p. adj. *Une fête terminée par un feu d'artifice.* **II.** SE TERMINER v. pron. **1.** Prendre fin. — (Dans l'espace) *Une rue qui se termine au boulevard René-Lévesque.* — (Dans le temps) *La soirée s'est plutôt mal terminée.* **2.** SE TERMINER PAR : avoir pour dernier élément. *Les mots qui se terminent par un x ne prennent pas l's au pluriel. La soirée se termine par un bal.* **3.** SE TERMINER EN (Dans l'espace) : avoir (telle forme) à son extrémité. *Clocher qui se termine en pointe. Les verbes qui se terminent en* -ER. — (Dans le temps) Prendre (tel aspect) à sa fin. *L'histoire se termine en drame. L'affaire s'est terminée en queue de poisson.* ▶ ***terminaison*** n. f. **1.** Dernier élément d'un mot considéré sous un aspect quelconque (phonétique, graphique, morphologie). ⇒ **finale.** *Les terminaisons des mots en fin de vers.* ⇒ **assonance, consonance, rime.** *Les terminaisons des formes conjuguées d'un verbe.* ⇒ **désinence.** *La terminaison « age » de breuvage.* ⇒ **suffixe. 2.** Extrémité (d'une chose). *Les terminaisons nerveuses* (dans le muscle). ▶ ② ***terminal, ale, aux*** adj. ■ Qui forme le dernier élément, la fin. ⇒ **final.** *La phase terminale d'une maladie. Les classes terminales du collégial.* ⟨ ▶ déterminer, exterminer, indéterminé, interminable, prédéterminer ⟩

terminologie [tɛʀminɔlɔʒi] n. f. **1.** Ensemble des désignations et des notions appartenant à une science, à une technique, à un domaine du savoir. ⇒ **lexicologie.** *La terminologie de la médecine.* — Vocabulaire didactique d'un groupe social. *La vieille terminologie humanitaire.* **2.** Étude des systèmes de termes et de notions. ▶ ***terminologique*** adj. ▶ ***terminologue*** n. ■ Spécialiste de terminologie (2). ▶ ***terminographe*** n. ■ Spécialiste de la confection de dictionnaires terminologiques. ⇒ **lexicographe.** ▶ ***terminographie*** n. f. ■ Recensement et étude des termes d'un domaine du savoir (science, technique, etc.). ⇒ **lexicographie.**

terminus [tɛʀminys] n. m. ■ Dernière station, dernière gare, dernier arrêt d'une ligne de transports en commun (train, autobus, métro). / contr. **tête** de ligne / *Aller jusqu'au terminus.* — Exclam. *Terminus ! Tout le monde descend.* ≠ *terminal.*

termite [tɛʀmit] n. m. ■ Insecte qui vit en société et ronge les pièces de bois par l'intérieur. — Loc. *Travail de termite,* travail de destruction lent et caché. ▶ ***termitière*** n. f. ■ Nid de termites, butte de terre percée de galeries.

ternaire [tɛʀnɛʀ] adj. ■ Composé de trois éléments, de trois unités. *Nombre ternaire. Mesure, rythme ternaire ou binaire.*

terne [tɛʀn] adj. **1.** Qui manque d'éclat, qui reflète peu ou mal la lumière. *Des couleurs ternes.* ⇒ **fade, neutre.** / contr. **vif** / *Œil, regard terne,* sans éclat ni expression. ⇒ **éteint.** / contr. **brillant, expressif** / **2.** Qui n'attire ni ne retient l'intérêt. ⇒ **fade, morne,** ① **plat.** *Une conversation terne et languissante. Des journées ternes.* — (Personnes) Falot, insignifiant. *Des gens ternes.* / contr. **brillant** / ▶ ***ternir*** v. tr. ▪ conjug. 2. **1.** Rendre (qqch.) terne. ⇒ **décolorer, faner, altérer.** / contr. **polir** / *La poussière ternissait les meubles.* — Pronominalement. *L'argenterie se ternit.* — Au p. p. adj. *Couleurs ternies.* ⇒ **passé. 2.** Porter atteinte à la valeur morale, intellectuelle de. ⇒ **flétrir.** *Ternir la réputation, l'honneur de qqn.* ⇒ **salir.**

terrain [tɛʀɛ̃] n. m. **I. 1.** Étendue de terre (considérée dans son relief ou sa situation). ⇒ **sol.** *Un terrain plat, accidenté. Accident de terrain. Un terrain fertile. Glissement de terrain.* — Loc. *Un terrain glissant,* une situation dangereuse, hasardeuse. **2.** Loc. adj. invar. TOUT TERRAIN : se dit d'un véhicule capable de rouler hors des routes, sur toutes sortes de terrains. ⇒ **quatre-roues.** *Des véhicules tout terrain.* — N. m. invar. TOUT-TERRAIN. *Un concessionnaire de tout-terrain.* ⇒ **V.T.T. 3.** Portion plus ou moins étendue et épaisse de l'écorce terrestre, considérée quant à sa nature, son âge ou son origine (souvent au plur.). *Les terrains primaires, secondaires. Terrains glaciaires.* **4.** *Le terrain,* la zone où se déroulent des opérations militaires. *Reconnaître le terrain,* le champ de bataille. Loc. *Sur le terrain,* en se rendant sur les lieux mêmes du combat ; sur place. — Loc. *Gagner, perdre du terrain,* avancer, reculer (sens propre et figuré). *Être sur son terrain,* dans un domaine familier, où l'on est à l'aise. *Je ne vous suivrai pas sur ce terrain,* dans vos jugements. *Chercher, trouver un terrain d'entente,* une base, un sujet sur lequel on s'entende, lorsqu'on s'oppose. *Se conduire comme en terrain conquis,* tyranniquement, avec arrogance. *Reconnaître, préparer, sonder, tâter le terrain,* la situation l'état des choses et des esprits, avant d'agir. **5.** *Le terrain,* le lieu de l'action, de l'observation. *Enquête sur le terrain.* — Loc. *De terrain. Travail de terrain* (en ethnologie, etc.). *Une archéologue de terrain,* qui observe, agit sur les lieux mêmes de l'action. **6.** État (d'un organisme, d'un organe, d'un tissu), quant à sa résistance à la maladie. *Avoir un terrain prédisposant au cancer.* **II. 1.** *(Un, des terrains)* Espace, étendue de terres de forme et de dimensions déterminées. ⇒ **parcelle.** *Acheter, vendre un terrain. Avoir grand de terrain. Des terrains marécageux. Un terrain cultivé.* ⇒ **terre.** *Terrains à bâtir. Spéculation sur les terrains.* — TERRAIN VAGUE : sans cultures ni constructions, dans une ville. **2.** Emplacement aménagé ou disposé pour une activité particulière. *Terrain de camping, de jeu, de sport. Terrain de baseball, de football. Terrain de tennis.* ⇒ ② **court.** *Terrain d'aviation.* ‹ ▶ tout-terrain ›

terrasse [tɛʀas] n. f. **1.** Dépôt de matériaux meubles formant plate-forme. *Les terrasses d'un parc. Cultures en terrasses,* en étages, soutenues par de petits murs. **2.** Plate-forme qui surplombe un cap, un abrupt. *Touristes qui déambulent sur la terrasse Dufferin.* **3.** Rue. *Ils habitent au 27, terrasse Frontenac.* **4.** Plate-forme en plein air d'un étage de maison, en retrait sur l'étage inférieur. *Appartement avec terrasse.* — Toiture plate (d'une maison). — Partie d'une cour aménagée en carrelage et généralement équipée de meubles de jardin. ⇒ **patio.** *S'asseoir sur sa terrasse.* **5.** Partie d'un café qui déborde sur le trottoir (en plein air ou couverte). *Les Parisiens attablés aux terrasses des cafés. Voulez-vous vous mettre à la terrasse (en terrasse), ou à l'intérieur ?*

terrassement [tɛʀasmɑ̃] n. m. **1.** Opération par laquelle on creuse et on déplace la terre. *Travaux de terrassement.* **2.** Terres, matériaux déplacés ; déblais ou remblais. *Les terrassements d'une voie ferrée.* ▶ ***terrassier*** n. m. ■ Ouvrier employé aux travaux de terrassement. — REM. Le féminin *terrassière* est virtuel.

terrasser [tɛʀase] v. tr. • conjug. 1. **1.** Abattre, renverser (qqn), jeter à terre dans une lutte. *Terrasser son adversaire.* **2.** (Suj. chose) Abattre, rendre incapable de réagir, de résister. ⇒ **foudroyer** (2). *Cette nouvelle l'a terrassé. Être terrassé par l'émotion.* ⇒ **accabler, atterrer.** *Être terrassé par la maladie,* atteint subitement et gravement.

terrazzo [tɛʀazo] n. m. ■ Anglic. Revêtement durci et poli, formé d'une couche de ciment où des fragments de marbre ou de pierres dures colorées sont incorporés. *Le plancher du hall est en terrazzo.*

terre [tɛʀ] n. f. **I.** L'élément solide qui supporte les êtres vivants et où poussent les végétaux. **1.** Surface sur laquelle les humains, les animaux se tiennent et marchent. ⇒ ① **sol.** *Se coucher sur la terre. Jeter, lancer, mettre* À TERRE, PAR TERRE : renverser. *Tomber à, par terre. Mettre pied à terre,* descendre de voiture, du lit, etc. — Fig. Loc. *Courir ventre à terre,* très vite. — À TERRE. *Depuis une semaine, elle est complètement à terre,* morte de fatigue, épuisée. ⇒ **harassé ;** fam. **crevé.** *Cela fait quelque temps que j'ai le moral à terre,* bas. *Les piles de la lampe de poche sont encore à terre,* à plat. *Après l'incendie de leur demeure, ils étaient pas mal à terre,* découragés, dépressifs. *Vouloir rentrer* SOUS TERRE (de honte). *Avoir les pieds* SUR TERRE : être réaliste. ⇒ **terre à terre. 2.** Matière qui forme la couche superficielle de la croûte terrestre. *La terre d'un chemin. Un chemin, une piste de terre,* non revêtu(e), non rocheux(euse). *Un sol de terre battue. Mottes, mottons de terre. Mettre un mort en terre.* ⇒ **enterrer, inhumer.** — Au plur. Quantité de terre. *Des terres rapportées.* **3.** L'élément où poussent les végétaux ; étendue de cet élément. *Une terre aride. Terre végétale.* ⇒ **humus, terreau.** *Cultiver, labourer la terre. Les produits de la terre.* — Loc. EN PLEINE TERRE : se dit des plantes, des arbres qui poussent dans une terre qui n'est pas dans un contenant. — LES TERRES : étendue indéterminée de terrain où poussent les végétaux. *Terres à blé,* propres à cette culture. *Terres cultivées.* ⇒ **champ.** *Défricher les terres vierges.* **4.** LA TERRE : la vie agricole (opposé à *la ville*). *Le retour à la terre,* aux activités agricoles. **5.** Étendue limitée de surfaces cultivables, considérée comme objet de possession. ⇒ ② **bien, domaine, propriété, terrain.** *Acquérir une terre.* ⇒ **exploitation** agricole, ② **ferme.** *Vivre sur sa terre. — La terre. Acheter de la terre. Lopin de terre. Une terre à bois.* — Loc. *Je ne donnerais pas ma maison pour une terre en bois debout,* pour rien au monde. — *Les terres de la Couronne* ou *les terres publiques,* dont le gouvernement a le pouvoir de disposer, y compris les eaux s'y étendant ou les traversant, ainsi que les ressources naturelles s'y trouvant. — Loc. *Politique de la terre brûlée,* de destruction des récoltes, des villages (à la guerre). — Au plur. *Vivre de ses terres. Se retirer sur ses terres.* **6.** Vaste étendue de la surface solide du globe. ⇒ **territoire, zone.** *Terres arctiques, australes.* **7.** LA TERRE, LES TERRES (opposé à *la mer*). ⇒ **continent, île.** *La répartition des terres et des mers à la surface du globe. La terre ferme. L'armée de terre. Un village perdu dans les terres,* éloigné du rivage. **8.** La croûte terrestre. *Tremblement de terre.* ⇒ **séisme,** secousse **tellurique. 9.** Le sol, considéré comme ayant un potentiel électrique égal à zéro. Loc. *Prise de terre.* **II.** Le milieu où vit l'humanité ; notre monde. ⇒ **terrestre. 1.** (Avec une majusc.) Astronomie. Planète appartenant au système solaire, animée d'un mouvement de rotation sur elle-même et de révolution autour du Soleil (et où vit l'humanité). *La Lune, satellite de la Terre. Le centre de la Terre. La place de la Terre dans l'Univers.* **2.** L'ensemble de tous les lieux de la surface de la planète. *Il avait parcouru la terre entière.* **3.** Cette planète, en tant que milieu où vit l'humanité. *Être seul sur la terre,* au monde. *Être sur terre.* ⇒ **exister, vivre.** — Loc. *Remuer ciel et terre* (pour obtenir qqch.), se démener, s'adresser à tous ceux qu'on connaît. **III. 1.** Nom de diverses matières pulvérulentes dans la composition desquelles entre généralement l'argile, et qui servent à fabriquer des objets. *Pipe en terre. Terre glaise.* — TERRE CUITE :

argile ordinaire ferrugineuse durcie par la chaleur. *Poteries de terre cuite.* — *Récipient de terre.* ⇒ **terrine.** **2.** Nom de différents colorants (couleurs minérales). *Terre de Sienne,* colorant brun. ⇒ **ocre.** ▶ ***terreau*** [tεʀo] n. m. ■ Engrais naturel, formé d'un mélange de terre végétale et de produits de décomposition. ⇒ **compost, humus.** ▶ ***terre à terre*** [tεʀatεʀ] loc. adj. invar. ■ Matériel et peu poétique. *Un esprit terre à terre.* ⇒ **prosaïque.** *Les préoccupations terre à terre du ménage.* ‹ ▶ atterrer, atterrir, déterrer, enterrer, ① parterre, ② parterre, pied-à-terre, pomme de terre, souterrain, terrain, terrasse, terrassement, terrasser, terre-neuvas, terre-neuve, terre-plein, se terrer, terrestre, terreux, terrien, ① terrier, ② terrier, terril, terrine, territoire, terroir ›

terrebonnien, ienne [tεʀbɔnjɛ̃, jεn] adj. et n. ■ De la ville de Terrebonne. — N. (Avec une majusc.) Personne née dans cette ville ou qui l'habite.

terre-neuvas [tεʀnœva] ou ***terre-neuvier*** [tεʀnœvje] n. m. ■ Navire, marin qui pêche à Terre-Neuve. *Des terre-neuvas* ou *des terre-neuviers.*

terre-neuve [tεʀnœv] n. m. invar. ■ Gros chien à tête large, à longs poils, dont la race est originaire de Terre-Neuve. *Des terre-neuve.*

terre-neuvien, ienne [tεʀnœvjɛ̃, jεn] adj. et n. ■ De Terre-Neuve. — N. (Avec des majusc.) Personne née dans cette province ou qui l'habite. ⇒ **franco-terre-neuvien ;** anglic. **newfie.** ‹ ▶ franco-terre-neuvien ›

terre-plein [tεʀplɛ̃] n. m. ■ Plate-forme, levée de terre généralement soutenue par une maçonnerie. *Les terre-pleins d'une autoroute.*

se ***terrer*** [teʀe] v. pron. ▪ conjug. 1. **1.** (Animaux) Se cacher dans un terrier ou se blottir contre terre. — Au p. p. adj. *Une bête terrée dans sa tanière.* **2.** Se mettre à l'abri, se cacher dans un lieu couvert ou souterrain. *Il se terre chez lui,* il ne se montre plus.

terrestre [teʀεstʀ] adj. **1.** De la planète Terre. *Les océans et les mers recouvrent 70 % de la surface terrestre. Le globe terrestre,* la Terre. **2.** Des terres (opposé à *marin*). *Habitat terrestre.* — *Les animaux terrestres.* **3.** Qui est, qui se déplace sur le sol (opposé à *aérien, maritime*). *Locomotion, transport terrestre.* **4.** (Opposé à *céleste*) Du monde où vivent les humains ; d'ici bas. *Les choses terrestres,* temporelles, matérielles. ‹ ▶ extra-terrestre, supra-terrestre ›

terreur [tεʀœʀ] n. f. **1.** Peur extrême qui bouleverse, paralyse. ⇒ **effroi, épouvante, frayeur.** *Une terreur panique. Être muet, glacé de terreur. Inspirer de la terreur à qqn.* ⇒ **terrifier, terroriser.** *La terreur de...,* inspirée par... *La terreur des policiers. Répandre, semer la terreur.* **2.** Peur collective qu'on fait régner dans une population, un groupe pour briser sa résistance ; régime, procédé politique fondé sur l'emploi de l'arbitraire imposé et de la violence. ⇒ **terrorisme.** *Gouverner par la terreur. Le régime de terreur.* **3.** (Avec un compl.) Être ou chose qui inspire une grande peur. *Ce chien est la terreur des voisins. Il saccage tout, c'est la terreur de l'école.* — Fam. *Tu jouais les terreurs.* ⇒ **dur.** ‹ ▶ terrible, terrifier, terroriser, terrorisme ›

terreux, euse [tεʀø, øz] adj. **1.** Qui appartient à la terre (I, 2, 3), qui est de la nature de la terre. *Un goût terreux.* **2.** Mêlé, souillé de terre. *Des bottes terreuses.* ⇒ **boueux.** **3.** D'une couleur dépourvue d'éclat et de fraîcheur. *Un teint terreux.* ⇒ **blafard.** ‹ ▶ cul-terreux ›

terrible [teʀibl] adj. **1.** (Choses) Qui inspire de la terreur (1), qui amène ou peut amener de grands malheurs. ⇒ **effrayant, épeurant, terrifiant.** *Une terrible catastrophe.* ⇒ **effroyable.** *Une terrible éruption du Vésuve.* **2.** Très pénible, très grave, très fort. *Il fait un froid terrible.* ⇒ **excessif, intense.** *Il est d'une humeur terrible,* de très mauvaise humeur. *C'est terrible de ne pouvoir compter sur eux.* ⇒ **désolant.** — (Avec *que* + subjonctif) *C'est terrible qu'on ne puisse pas compter sur eux.* **3.** (Personnes) Agressif, turbulent, très désagréable. *Un enfant terrible.* ⇒ **haïssable, insupportable, intenable.** **4.** Fam. Extraordinaire, grand. ⇒ **formidable, remarquable.** *J'ai un appétit terrible. Ce film n'a rien de terrible. C'est un avocat terrible,* très fort. ⇒ **étonnant.** — *C'est pas terrible,* c'est médiocre, mauvais. Adv. *Ça marche terrible.* ▶ ***terriblement*** adv. ■ D'une manière très intense ; à l'extrême. *C'est terriblement dispendieux, ennuyant.* ⇒ **affreusement, excessivement, extrêmement, horriblement.**

terrien, ienne [tεʀjɛ̃, jεn] adj. et n. **I.** Adj. **1.** Qui possède des terres. *Propriétaire terrien.* ⇒ **foncier.** **2.** Littér. Qui concerne la terre, la campagne, qui est propre aux agriculteurs (opposé à *citadin*). *Un atavisme terrien.* — N. *C'est un terrien.* **II.** N. Habitant de la planète Terre (lorsque l'on compare aux habitants supposés des autres planètes : *extra-terrestre, martien...*).

① ***terrier*** [tεʀje] n. m. ■ Trou, galerie que certains animaux creusent dans la terre et qui leur sert d'abri. ⇒ **tanière.** *Faire sortir un lièvre de son terrier.*

② ***terrier*** n. m. ■ Chien qu'on peut utiliser pour la chasse des animaux à terrier. *Les terriers sont de bons chiens de garde.* ‹ ▶ fox-terrier ›

terrifier [teʀifje] v. tr. ▪ conjug. 7. ■ Frapper (qqn) de terreur. ⇒ **effrayer, épeurer, épouvanter, terroriser.** *Leurs cris terrifiaient l'enfant.* ▶ ***terrifiant, ante*** adj. ■ ⇒ **terrible** (2, 4). *Des cris terrifiants. C'est terrifiant comme il a vieilli !* ⇒ **effarant, étonnant.**

terril ou ***terri*** [tεʀi(l)] n. m. ■ Grand tas de déblais au voisinage d'une mine. ⇒ **crassier.**

terrine [tεʀin] n. f. ■ Récipient de terre (III) assez profond, où l'on fait cuire et où l'on conserve certaines viandes. — Son contenu. ⇒ **pâté.** *Terrine de pâté de lièvre.*

territoire [tεʀitwaʀ] n. m. **1.** Étendue de la surface terrestre sur laquelle vit un groupe humain. *Le territoire national.* ⇒ ① **sol.** *En territoire ennemi.* — *Aménagement du territoire,* répartition des activités économiques selon un plan régional. **2.** Étendue de pays sur laquelle s'exerce une autorité, une juridiction. *Le territoire de la municipalité.* — *Territoire non organisé,* non érigé en municipalité locale. ⇒ **T.N.O.** **3.** Pays qui jouit d'une personnalité, mais ne constitue pas un État souverain. *Les départements et territoires d'outre-mer français* (D.O.M.-T.O.M.). — Division administrative relevant du gouvernement fédéral. ⇒ **province.** *Les Territoires du Nord-Ouest. Le Territoire du Yukon.* **4.** Zone qu'un animal se réserve et dont il interdit l'accès à ses congénères. ▶ ***territorial, ale, aux*** adj. **1.** Qui consiste en un territoire, le concerne. *Puissance territoriale.* — *Les eaux territoriales,* zone de la mer sur laquelle s'exerce la souveraineté d'un État riverain. **2.** Qui concerne la défense du territoire national. *Armée territoriale.*

territorien, ienne [tεʀitɔʀjɛ̃, jεn] adj. et n. ■ Des Territoires du Nord-Ouest. ⇒ **ténois.** *Un conseil de bande territorien.* — N. (Avec une majusc.) Personne née dans ces territoires ou qui y habite. ⇒ **franco-ténois.**

terroir [tεʀwaʀ] n. m. **1.** Région rurale, provinciale, considérée comme influant sur ses habitants. *Accent du terroir. Poètes du terroir.* **2.** Ensemble des terres d'une même région fournissant un produit agricole caractéristique. *Goût de terroir,* goût particulier (d'un vin), dû au terrain.

terroriser [tɛʀɔʀize] v. tr. ▪ conjug. 1. ■ Frapper, paralyser de terreur, faire vivre dans la terreur. ⇒ **effrayer, terrifier.** *Son patron le terrorise. Vous terrorisez cet enfant avec vos menaces.*

terrorisme [tɛʀɔʀism] n. m. ■ Emploi systématique de la violence pour atteindre un but politique ; actes de violence (attentats, destructions, prises d'otages) destinés à déclencher des changements politiques. *Terrorisme et contre-terrorisme.* ▶ ***terroriste*** n. et adj. **1.** N. Membre d'une organisation politique qui use du terrorisme. *Un, une terroriste.* **2.** Adj. Du terrorisme. *Une organisation, un attentat terroriste.* ‹ ▶ antiterrorisme, contre-terrorisme ›

tertiaire [tɛʀsjɛʀ] adj. **1.** (⇒ **troisième**) *Ère tertiaire* ou, n. m., *le tertiaire,* ère géologique (environ 70 millions d'années) qui a succédé à l'ère secondaire (opposé à *primaire, quaternaire, secondaire*). *Les plissements alpins datent du tertiaire. — Terrains tertiaires.* **2.** (Opposé à *primaire, secondaire*) *Secteur tertiaire* ou, n. m., *le tertiaire,* secteur comprenant toutes les activités non directement productrices de biens de consommation (commerces, administration, services).

tertio [tɛʀsjo] adv. ■ En troisième lieu (s'emploie en corrélation avec *primo* et *secundo*). ⇒ **troisièmement.**

tertre [tɛʀtʀ] n. m. ■ Petite éminence isolée à sommet aplati. ⇒ **butte, monticule.** *Une maison sur un tertre.*

tes adj. poss. ⇒ ① **ton.**

tessiture [tɛsityʀ] n. f. ■ Musique. Échelle des sons qui peuvent être émis normalement par une voix. ⇒ ② **registre.**

tesson [tɛsɔ̃] n. m. ■ Débris (d'un objet de verre, d'une poterie). *Des tessons de bouteille.*

test [tɛst] n. m. **1.** Épreuve qui permet de déceler les aptitudes d'une personne et fournit des renseignements sur ses connaissances, son caractère, etc. *Soumettre qqn à un test, faire passer des tests à qqn. Un test d'orientation professionnelle. Test pédagogique, scolaire.* **2.** Épreuve ou expérience décisive, opération témoin permettant de juger, de poser un diagnostic. *Test sanguin. Test de grossesse.* ▶ ① ***tester*** v. tr. ▪ conjug. 1. **1.** Soumettre à des tests. *Tester des élèves.* **2.** Contrôler, éprouver. *Tester un produit, un appareil. Tester un procédé.* ⇒ **essayer, expérimenter.** ▶ ***testeur*** n. m. **1.** Appareil servant à vérifier les circuits électriques, les batteries de voiture, les piles, les composants électroniques, etc. *Un testeur de microprocesseurs.* **2.** Échantillon d'un produit que l'on peut utiliser pour en connaître les caractéristiques. *Un testeur de parfum, de shampooing.* ‹ ▶ alcootest ›

testament [tɛstamɑ̃] n. m. **I.** (Avec une majusc.) Nom des deux parties de l'Écriture sainte. *L'Ancien et le Nouveau Testament.* ⇒ **Bible. II. 1.** Acte par lequel une personne dispose des biens qu'elle laissera en mourant (⇒ **héritage**). *Léguer qqch. par testament. Mettre, coucher qqn sur son testament,* l'y inscrire comme légataire. *Un testament olographe*.* — Loc. fam. *Il peut faire son testament,* il n'en a plus pour longtemps à vivre. **2.** Dernière œuvre, dernier écrit, considérés comme la suprême expression de la pensée et de l'art de qqn. *Testament littéraire, politique.* ▶ ***testamentaire*** adj. ■ Qui se fait par testament, se rapporte à un testament. *Dispositions testamentaires. Exécutrice testamentaire*.* ▶ ***testateur, trice*** n. ■ Droit. Auteur d'un testament. ▶ ② ***tester*** v. intr. ▪ conjug. 1. ■ Droit. Disposer de ses biens par testament, faire un testament. ‹ ▶ intestat ›

testicule [tɛstikyl] n. m. ■ Glande productrice des spermatozoïdes. — (Chez l'homme) Cet organe (les deux glandes) et ses enveloppes, en arrière du pénis. ⇒ **bourse ;** fam. ① **gosse, poche.** *Les testicules.*

tétanos [tetanos] n. m. invar. **1.** Grave maladie infectieuse caractérisée par une contraction douloureuse des muscles du corps, avec des crises convulsives. **2.** *Tétanos musculaire,* contraction prolongée d'un muscle. ▶ ***tétanique*** adj. **1.** Atteint de tétanos. **2.** Propre au tétanos musculaire. ‹ ▶ antitétanique ›

têtard [tɛtaʀ] n. m. ■ Larve de batracien, à grosse tête prolongée par un corps effilé, à respiration par les branchies. *Un têtard qui devient grenouille.* ⇒ **queue** de poêlon.

tête [tɛt] n. f. **I. 1.** Extrémité antérieure (à l'avant) et supérieure (en haut) chez les animaux à station verticale, qui porte la bouche et les principaux organes des sens (lorsque cette partie est distincte et reconnaissable). *La tête d'un oiseau, d'un poisson. Une tête d'éléphant.* — Cette partie d'un animal préparée pour la consommation. *Tête de veau. Tête fromage** ou *fromagée.* **2.** Partie supérieure du corps humain, contenant le cerveau, qui est de forme arrondie et tient au tronc par le cou. *Il a une grosse tête, une tête ronde, carrée.* Loc. *Des pieds à la tête, de la tête aux pieds.* ⇒ ① **pied.** *Se promener la tête haute,* avec fierté. *La tête basse,* en étant confus, honteux. *Baisser la tête. Détourner la tête. Hocher la tête. Signe de tête.* — Loc. *Être tombé sur la tête,* être un peu fou, déraisonner. — *Se taper la tête contre les murs,* désespérer. *Donner tête baissée dans...,* se jeter sur qqch. ; se jeter naïvement, imprudemment, dans un piège. — *Ne savoir où donner de la tête,* ne savoir que faire, avoir trop d'occupations. ⇒ **submergé.** *En avoir par-dessus la tête,* assez. — Partie de la tête où sont les cheveux. ⇒ **crâne.** *Avoir un chapeau sur la tête. Être tête nue* ou *nu-tête,* sans chapeau. *Se laver la tête. Tête chauve.* ⇒ fam. **caillou.** *Donner un coup sur la tête.* ⇒ fam. **caboche, ciboulot, citron, citrouille,** ① **coco.** — TENIR TÊTE : résister (à l'adversaire) ; s'opposer avec fermeté (à la volonté de qqn). *Tenir tête à ses parents.* **3.** (Sensations localisées à la tête) ⇒ **cerveau.** *Avoir mal à la tête,* la migraine. *La tête lui tourne,* il a un étourdissement. **4.** (La tête étant considérée comme la partie vitale) ⇒ **vie.** *Je le jure sur la tête de mes enfants. L'accusé a sauvé sa tête* (de la peine capitale). *Risquer sa tête,* sa vie. — Loc. *Donner sa tête à couper que...,* affirmer avec conviction. **5.** Le visage, quant aux traits et à l'expression. ⇒ **face,** ② **figure ;** fam. **gueule.** *Il a une tête sympathique, une bonne tête.* ⇒ fam. **bouille.** *Il a, il fait une drôle de tête.* ⇒ fam. **binette, bobine, fiole,** ① **fraise, poire, trombine, tronche.** — Loc. *Faire une tête de six pieds de long,* être triste, maussade. — FAIRE LA TÊTE. ⇒ **bouder. 6.** Représentation de cette partie du corps de l'être humain, des animaux supérieurs. *Tête sculptée.* — TÊTE DE PIPE : tête formant le fourneau d'une pipe. — Plaisant. *Cela coûtera tant par tête de pipe,* par personne. TÊTE DE TURC. *Être la tête de Turc, servir de tête de Turc,* être sans cesse en butte aux plaisanteries de qqn. ⇒ **souffre-douleur.** — TÊTE DE MORT : représentation d'un crâne humain, emblème de la mort. *Le drapeau à tête de mort des pirates.* **7.** Hauteur d'une tête humaine. *Il a une tête de plus qu'elle.* — Longueur d'une tête de cheval, dans une course. *Cheval qui gagne d'une tête.* **8.** Partie d'une chose où l'on pose la tête. ⇒ **chevet.** *La tête d'un lit.* **9.** Soccer. Coup de tête dans la balle. *Joueur qui fait une tête.* **II. 1.** Le siège de la pensée, chez l'être humain. ⇒ **cerveau, cervelle, esprit.** *N'avoir rien dans la tête. Avoir une petite tête.* — Loc. *Avoir une tête sans cervelle, une tête en l'air, une tête vide, une tête de linotte,* être étourdi, écervelé. *Une grosse tête,* une personne savante, intelligente. ⇒ fam. **bolle.** *Ne pas être la tête à Papineau*.* — Sans compl. *Avoir de la tête,* du jugement et de la mémoire. *Il n'a pas de tête,* il oublie tout. *Avoir la (une) tête sur les épaules*. Une femme de tête,* énergique, efficace. — *De tête,* mentalement. *Calculer de tête.* — *Avoir une idée derrière la tête,* une intention cachée. *Avoir la tête vide,* ne plus pouvoir réfléchir, se souvenir. *Mettre, fourrer qqch. dans la tête de qqn,* lui apprendre, lui expliquer. *Se mettre dans la tête, en tête de..., que...,* décider ou imaginer, se persuader. *Elle s'est mis dans la tête que vous viendriez la voir. Je n'ai plus son nom en tête,* je ne m'en souviens plus. **2.** Le siège des états psychologiques. — (Caractère) *Avoir la tête froide,* être calme. *Avoir une tête de cochon, une tête de pioche, une tête dure,* être têtu. ⇒ **entêté.** — (États passagers) *Perdre la tête,* perdre son sang-froid. ⇒ ② **carte** (2), **nord ;** fam. **boule, boussole ; capoter.** *Mettre (à qqn) la tête à l'envers.* ⇒ **griser.** *Avoir la tête à ce qu'on fait,* y appliquer son esprit, son attention. *Avoir la tête ailleurs,* être dans la lune. *N'en faire qu'à sa tête,* agir selon sa fantaisie. — *Un* COUP DE TÊTE : une décision, une action inconsidérée, irréfléchie. **3.** Loc. *Perdre la tête,* devenir fou ou gâteux. *Avoir toute sa tête.* ⇒ **lucidité. III. 1.** (Représentant une personne) *Tête couronnée,* prince. *Tête de cochon, de mule,* personne entêtée. — Fam. et péj. *Tête carrée,* terme d'injure que les francophones emploient pour dénommer les anglophones. ⇒ fam. **Anglo ;** anglic. péj. **bloke, newfie.** — *Une tête brûlée.* ⇒ **brûlé.** *Une forte tête,* une personne qui s'oppose aux autres et fait ce qu'elle veut. *Une mauvaise tête,* une personne obstinée, querelleuse. Fam. *Salut, petite tête !* — Physionomie, visage (qui rend qqn reconnaissable). *Cette tête-là ne m'est pas inconnue.* **2.** PAR TÊTE : par personne, par individu. *Dix dollars par tête.* Fam. *Par tête de pipe.* **3.** Personne qui conçoit et dirige (comme le cerveau fait agir le corps). *Elle est la tête de l'entreprise.* **4.** Animal d'un troupeau. *Cent têtes de bétail.* **IV. 1.** Partie supérieure (d'une chose), notamment lorsqu'elle est arrondie. *La tête des arbres.* ⇒ **cime.** *Tête de violon*.* ⇒ **fougère. 2.** Partie terminale, arrondie, large, etc. *La tête d'un clou. Une tête d'épingle.* Loc. *Tourner sur une tête d'épingle*.* ⇒ ② **cent.** *Tête d'ail,* bulbe de l'ail. — *Tête de lecture d'un électrophone,* extrémité du bras qui porte le diamant. **3.** Partie antérieure (d'une chose qui se déplace). *La tête d'un train, d'un cortège. Fusée à* TÊTE CHERCHEUSE : à tête munie d'un dispositif pouvant modifier sa trajectoire vers l'objectif. *Une tête nucléaire.* ⇒ **ogive. 4.** Partie antérieure (d'une chose orientée). *Tête de ligne,* point de départ d'une ligne de transport. / contr. **terminus** / — *La tête d'un lac,* la source. — *Tête de liste,* premier nom d'une liste. *Une tête d'affiche.* **5.** Place de ce qui est à l'avant ou au début (surtout : *de, en tête*). *Passer en tête.* ⇒ **devant,** le **premier.** *Wagon de tête. L'article de tête d'un journal. Mot en tête de phrase. Joueur en tête des compteurs. Équipe en tête de la ligne, en tête de sa division.* **6.** *Être* À LA TÊTE *de qqch.,* PRENDRE LA TÊTE : la première place (classement, compétition, direction). *Être à la tête de sa classe,* être le premier. *La coureuse a pris la tête du peloton. Il est à la tête d'une entreprise.* ⇒ **chef, directeur.** ▶ ***tête-à-queue*** n. m. invar. ■ Volte-face d'un véhicule. *La voiture a fait plusieurs tête-à-queue.* — Fig. *Effectuer un tête-à-queue sur la question de l'avortement,* changer radicalement de position. ▶ ***tête à tête*** loc. adv., ***tête-à-tête*** n. m. invar. **I.** Adv. (Deux personnes) Ensemble et seuls ; seul (avec qqn). *On nous a laissés tête à tête.* ⇒ **seul** à seul. **II.** N. m. invar. **1.** *Un tête-à-tête,* situation de deux personnes qui se trouvent seules ensemble, qui s'isolent ensemble. *Elle essaya de nous ménager un tête-à-tête.* ⇒ **entrevue. 2.** EN TÊTE À TÊTE loc. adv. : dans la situation de deux personnes qui se trouvent seules ensemble ou qui s'isolent. *Laissons ces amoureux en tête en tête !* ▶ ***tête-bêche*** [tɛtbɛʃ] loc. adv. ■ Dans la position de deux personnes dont l'une a la tête du côté où l'autre a les pieds ; parallèlement et en sens inverse, opposé. *Il fallait coucher tête-bêche pour y loger tous. Timbres tête-bêche.*

▶ ***tête-de-loup*** n. f. ■ Brosse ronde munie d'un long manche, pour nettoyer les plafonds. *Des têtes-de-loup.* ▶ ***tête-de-nègre*** adj. invar. ■ De couleur brun foncé. *Des jupes tête-de-nègre.* ⟨ ▶ appui-tête, casse-tête, en-tête, ① entêter, ② s'entêter, étêter, nu-tête, serre-tête, têtard, têtu, à tue-tête ⟩

téter [tete] v. ■ conjug. 6. **I.** V. tr. **1.** Enfants, jeunes animaux. Boire (le lait) en suçant le mamelon ou une tétine. *Téter le lait. Téter sa mère.* — Sans compl. *Donner à téter à son enfant,* l'allaiter. **2.** Fam. Boire très lentement, à petites gorgées (le contenu d'un verre, d'une bouteille). ⇒ fam. **sucer.** / contr. fam. ② **caler,** ① **descendre, siffler** (II, 4), **siphonner** / *Téter une bière au bar.* — Par ext. Sucer. *Téter sa pipe.* **3.** Fig. Fam. Quémander, demander qqch. à qqn (avec insistance). ⇒ **quêter, solliciter ;** fam. **bummer, seiner.** *Il m'a encore tété cinq piastres. Étudiants qui tètent des points à un professeur.* **II.** V. tr. Abstrait. Fam. (Avec une idée de durée) **1.** Perdre son temps à ne rien faire, rester inactif. ⇒ **niaiser, taponner, traîner ;** fam. **branler, gosser,** se **pogner.** *Elle tète dans sa chambre.* **2.** Faire les choses sans se presser, sans ordre précis ; étirer le temps. ⇒ **taponner ;** fam. **lambiner.** *Le professeur tétait pour terminer son cours.* **3.** Réfléchir, hésiter longuement avant de prendre une décision. ⇒ **taponner, tergiverser ;** fam. **tataouiner.** *La ministre tétait depuis un mois sur la question environnementale.* — Retarder le moment de faire, de dire qqch. ⇒ **niaiser.** *Chauffeur qui tète au feu vert.* **4.** Exécuter qqch. avec un soin méticuleux, fignoler longuement un travail, et dans les moindres détails. ⇒ **peaufiner, polir, taponner.** / contr. **bâcler** / *Journaliste qui a tété pendant plusieurs heures sur un article.* ▶ ***tétage*** n. m. ■ Fam. Le fait de téter (II) ; son résultat. ⇒ **niaisage, taponnage, traînage ;** fam. **pognage, tataouinage.** *Avec ton tétage, on a raté l'avion.* ≠ *tétée.* ▶ ***téteur*** ou ***téteux, euse*** n. ■ Fam. Personne qui tète. *Des téteux de prof,* des profiteurs. ⇒ fam. **achalant, emmerdeur, seineur.** *Les téteux passent leur temps à la cafétéria.* ⇒ fam. **gosseur.** *C'est un téteux qui conduit l'auto devant nous.* ⇒ **taponneur ;** fam. **chichiteux, lambin, mémère, tataouineur.** — Adj. *Une automobiliste téteuse.* ▶ ***tétée*** n. f. ■ Action de téter. — Repas du nourrisson. ≠ *tétage.* ▶ ***tétine*** n. f. **1.** Mamelle (de la vache, de la truie...). ⇒ ① **pis. 2.** Bouchon allongé de caoutchouc ajusté à un biberon, que tète le nourrisson. ⇒ **suce ;** fam. **noune.** ▶ ***téton*** [tetɔ̃] ou ***teton*** [tətɔ̃] n. m. ■ Fam. Sein* de femme. ⇒ fam. ① **jos, néné.**

tétra- ■ Élément savant signifiant « quatre ». ▶ ***tétraèdre*** [tetʀaɛdʀ] n. m. ■ Polyèdre à quatre faces triangulaires. ▶ ***tétralogie*** n. f. ■ Littér. Ensemble de quatre œuvres présentant une unité d'inspiration. ▶ ***tétraplégie*** [tetʀapleʒi] n. f. ■ Paralysie des membres supérieurs et inférieurs. ⇒ **quadraplégie ; paraplégie ; hémiplégie.** ▶ ***tétraplégique*** adj. et n. ■ Atteint de tétraplégie. ⇒ **quadraplégique.** ▶ ***tétrapodes*** n. m. pl. ■ Ensemble des animaux vertébrés à quatre membres, apparents ou non (batraciens, reptiles, oiseaux, mammifères). — Au sing. *Le chevreuil est un tétrapode.* — Adj. *Animal tétrapode.* ≠ *quadrumane.* ▶ ***tétrarchie*** n. f. ■ Antiquité. Organisation de l'Empire romain sous Dioclétien en un gouvernement collégial de quatre empereurs.

tétras [tetʀa] n. m. ■ Oiseau apparenté à la perdrix, aux pattes emplumées, commun dans les forêts de conifères. ⇒ **gélinotte, lagopède, perdrix.** *Le tétras ou perdrix des savanes.*

têtu, ue [tety] adj. ■ Entêté, obstiné. ⇒ **buté ; comprenure.** *Il est têtu comme une mule. Elles sont volontaires et têtues.* ⇒ **persévérant, tenace.**

teuf-teuf [tœftœf] n. m. invar. ■ Onomatopée. Bruit du moteur à explosion.

-teur, -trice ■ Suffixes de noms tirés de verbes, signifiant « personne ou chose qui fait... » (ex. : *producteur, productrice*).

texan, ane [teksɑ̃, an] adj. et n. ■ De l'État du Texas, aux États-Unis. *Le pétrole texan.* — N. (Avec une majusc.) Personne née dans cet État ou qui l'habite. ▸ ***tex-mex*** [tɛksmɛks] n. m. et adj. ■ Type de cuisine qui associe à la fois la façon de faire texane et la façon de faire mexicaine. *Restaurant spécialisé dans le tex-mex* ou, adj., *dans la cuisine tex-mex.* — Restaurant spécialisé dans ce type de cuisine. *Un tex-mex* ou, en appos., *un restaurant, un comptoir tex-mex.*

texte [tɛkst] n. m. **1.** LE TEXTE DE, UN TEXTE : les termes, les phrases qui constituent un écrit ou une œuvre. *Commenter, annoter, traduire un texte. Lire Platon dans le texte, en grec* (opposé à : *en traduction*). *Le texte d'une loi.* ⇒ **teneur.** *Le texte d'un opéra, d'une chanson* (opposé à *musique*). ⇒ **livret, parole.** — La composition, la page imprimée. *Illustration dans le texte* (opposé à *hors-texte*). — Informatique. TRAITEMENT DE TEXTE : ensemble des opérations de saisie, de correction, de mise à jour et d'impression d'un texte à l'aide de moyens informatiques (logiciel, micro-ordinateur, etc.). — Ce logiciel. **2.** UN TEXTE, DES TEXTES : écrit considéré dans sa rédaction originale et authentique. *L'édition des textes.* — Œuvre littéraire. *Un texte bien écrit.* **3.** Page, fragment d'une œuvre. *Textes choisis.* ⇒ **morceau.** *Une explication de textes.* ▸ ***textuel, elle*** adj. ■ Conforme au texte. *Traduction textuelle.* ⇒ **littéral.** *Voilà ce qu'elle a dit, c'est textuel,* ce sont ses propres mots. ▸ ***textuellement*** adv. ■ *Elle m'a dit textuellement ceci.* ⇒ **exactement.** ⟨ ▸ contexte, hors-texte ⟩

textile [tɛkstil] adj. et n. m. **1.** Susceptible d'être tissé, d'être divisé en fils que l'on peut tisser. *Matières textiles végétales* (ex. : *chanvre, coton, jute, lin*), synthétiques (ex. : *nylon*), animales (ex. : *laine, poil, soie naturelle*). — N. m. Fibre, matière textile. *Les textiles artificiels.* **2.** Qui concerne la fabrication, la vente des tissus. *Les industries textiles.* ⇒ **filature, tissage.** — N. m. *Il travaille dans le textile.*

texture [tɛkstyʀ] n. f. ■ Arrangement, disposition (des éléments d'une matière, d'un tout). ⇒ **constitution, structure.** *La texture du marbre, d'une pâte.* — *La texture d'un roman.* ⟨ ▸ contexture ⟩

T.G.V. [teʒeve] n. m. invar. ■ (France) Abréviation de *train à grande vitesse. Prendre un T.G.V.* ≠ *rapide.*

thalamus [talamys] n. m. ■ Noyaux de substance grise situés à la base du cerveau et qui constituent un relais pour les voies sensitives.

thalasso- ■ Élément savant signifiant « mer ». ▸ ***thalassothérapie*** [talasoteʀapi] n. f. ■ Usage thérapeutique des bains de mer, du climat marin. ⇒ anglic. **spa.**

thalle [tal] n. f. ■ Botanique. Partie végétative des plantes inférieures sans tige ni feuilles (algues, bactéries, champignons) appelées THALLOPHYTES, n. f. pl. ≠ *talle.*

thalweg ou ***talweg*** [talvɛg] n. m. ■ Terme géographique et militaire. Ligne de plus grande pente d'une vallée, suivant laquelle se dirigent les eaux.

thanatologie [tanatolɔʒi] n. f. ■ Étude des différents aspects, biologiques, sociologiques et juridiques (signes, circonstances, causes, nature...), de la mort. ⇒ **embaumement, pompes** funèbres. ▸ ***thanatologue*** n. ■ Spécialiste de la thanatologie, spécialt de l'embaumement. ⇒ **embaumeur ;** fam. **croque-mort.** ▸ ***thanatopraxie*** [tanatopʀaksi] n. f. ■ Technique de l'embaumement des cadavres, destinée à en retarder la décomposition et à leur donner une apparence socialement acceptable. ▸ ***thanatopracteur, trice*** n. ■ Spécialiste de l'embaumement. ⇒ **embaumeur, thanatologue ; croque-mort.**

thaumaturge [tomatyʀʒ] n. m. ■ Littér. Faiseur de miracles. ⇒ **magicien.**

thé [te] n. m. **1.** Arbre ou arbrisseau d'Extrême-Orient, cultivé pour ses feuilles qui contiennent un alcaloïde, la *théine (caféine du thé).* ⇒ **théier.** *La culture du thé.* — *(Petit) thé des bois,* gaulthérie couchée. **2.** Feuilles de thé servant à faire une boisson infusée. *Thés de Chine, de Ceylan. Thé vert* (au Japon, par exemple). *Sachet de thé.* — Cette boisson. *Faire, préparer du thé, le thé. Une tasse de thé. Thé glacé. Se faire tirer au thé,* lire l'avenir à partir de l'agencement des feuilles dans une tasse. **3.** Collation où l'on boit du thé. *Prendre le thé. Salon de thé.* — Réunion où l'on sert du thé, des biscuits, des petites pâtisseries. *Un thé dansant.* **4.** En appos. Invar. *Rose thé* ou *rose-thé* (de la couleur de la boisson). ▸ ***théier*** n. m. ■ Arbre à thé. ▸ ***théière*** n. f. ■ Récipient dans lequel on fait infuser le thé.

théâtre [teɑtʀ] n. m. **I. 1.** Construction ou salle destinée aux spectacles se rattachant à l'art dramatique. *La salle et la scène d'un théâtre. Aller au théâtre,* voir un spectacle dans un théâtre. *Un théâtre d'été.* — Antiquité. Construction en amphithéâtre généralement adossée à une colline creusée en hémicycle, réservée aux spectacles. *Les théâtres grecs.* ⇒ **amphithéâtre. 2.** Entreprise de spectacles dramatiques (⇒ **troupe**). *Les théâtres subventionnés. Le répertoire d'un théâtre. Un homme, une femme de théâtre.* **3.** *Théâtre de verdure,* aménagement artistique dans un parc. **4.** Le cadre, le lieu où se passe un événement. *La garderie a été le théâtre d'un enlèvement. Le théâtre des opérations* (militaires). **II. 1.** LE THÉÂTRE : l'art visant à représenter devant un public une suite d'événements où des êtres humains agissent et parlent ; genre littéraire, œuvres qui y correspondent. ⇒ **comédie, drame, tragédie.** *Un personnage de théâtre. Le théâtre québécois. Théâtre de boulevard,* comédies légères et faciles. *Critique de théâtre,* qui juge les spectacles. — PIÈCE DE THÉÂTRE : texte littéraire qui expose une action dramatique, généralement sous forme de dialogue entre des personnages. **2.** Activités de l'acteur ; profession de comédien de théâtre. *Cours de théâtre,* d'art dramatique. *Faire du théâtre.* ⇒ **jouer. 3.** COUP DE THÉÂTRE : brusque changement imprévu dans une situation. *La déposition du nouveau témoin fut un coup de théâtre.* ▸ ***théâtral, ale, aux*** adj. **1.** Qui appartient au théâtre ; de théâtre (II, 1). ⇒ **dramatique.** *Une œuvre, une représentation théâtrale. Une situation théâtrale.* ⇒ **scénique, spectaculaire. 2.** Qui a le côté artificiel, emphatique, outré du théâtre. *Une attitude, une pose théâtrale.* — (Des personnes) *Il est un peu trop théâtral.* ▸ ***théâtralement*** adv. ■ D'une manière théâtrale (2). *Elle gesticulait théâtralement.* ⟨ ▸ amphithéâtre, café-théâtre ⟩

théisme [teism] n. m. ■ Croyance en dieu. ⇒ **déisme.** / contr. **athéisme** / ▸ ***théiste*** adj. ■ *Un philosophe théiste.* ⇒ **croyant, déiste.** *Théorie théiste.* / contr. **athée** / ⟨ ▸ monothéisme, polythéisme ⟩

-théisme, -théiste ■ Éléments savants signifiant « Dieu » (⇒ **théo-**) dans une doctrine (ex. : *monothéisme, polythéiste*).

thème [tɛm] n. m. **1.** Sujet, idée, proposition qu'on développe (dans un ouvrage) ; ce sur quoi s'exerce la réflexion ou l'activité. ⇒ **objet, sujet.** *Les thèmes favoris d'un écrivain. Proposer un thème de réflexion.* **2.** Traduction (d'un texte) de sa langue maternelle dans une langue étrangère (opposé à *version*). *Thème et version.* — UN FORT EN THÈME : un très bon élève, et péj., une personne appliquée, de culture livresque. **3.** Dessin mélodique qui constitue le sujet d'une composition musicale et qui est l'objet de variations. ⇒ **motif.** *Faire des variations sur un thème.* ▶ ***thématique*** adj. ■ Relatif à un thème (1, 3). *Des index thématiques.*

théo- ■ Élément savant signifiant « Dieu ». ▶ ***théocratie*** [teɔkʀasi] n. f. **1.** Gouvernement par un souverain considéré comme le représentant de Dieu. **2.** Régime où l'Église, les prêtres jouent un rôle politique important. ▶ ***théocratique*** adj. ■ *Un régime théocratique.* ▶ ***théogonie*** n. f. ■ Dans les religions polythéistes. Système, récit qui explique la naissance des dieux. ⇒ **mythologie.** ▶ ***théologale, ales*** adj. fém. ■ Relig. chrétienne. *Vertus théologales,* qui ont Dieu lui-même pour objet (foi, espérance, charité). ▶ ***théologie*** n. f. **1.** Étude des questions religieuses fondée sur les textes sacrés, les dogmes et la tradition. *Faculté, professeur de théologie. La théologie de Bossuet.* **2.** Études de théologie. *Faire sa théologie.* ▶ ***théologien, ienne*** n. ▶ ***théologique*** adj. ■ *Études théologiques.* ⟨ ▶ athée, panthéisme, panthéon, théisme, -théisme, théosophe ⟩

théorème [teɔʀɛm] n. m. ■ Proposition démontrable qui résulte d'autres propositions déjà posées (opposé à *axiome, définition, postulat, principe*). *Démontrer un théorème. Théorème de géométrie, de mathématique. Le théorème de Pythagore.*

théorie [teɔʀi] n. f. **1.** Ensemble organisé d'idées, de concepts abstraits prenant pour objet un domaine particulier qu'il décrit et explicite. ⇒ **conception, doctrine, système, thèse.** *Bâtir une théorie. Les théories politiques, économiques.* — Sans compl. LA THÉORIE (opposé à *la pratique*). EN THÉORIE : en envisageant la question d'une manière abstraite. *C'est très beau en théorie, mais en fait, en pratique, c'est impossible.* **2.** Système formé d'hypothèses, de connaissances vérifiées et de règles logiques qui correspond à un domaine de la science. *La théorie mathématique des ensembles.* — Éléments de connaissance organisée en système. *La théorie musicale.* ▶ ***théoricien, ienne*** n. **1.** Personne qui connaît la théorie (d'un art, d'une science). *Les théoriciens de l'électricité.* **2.** Personne qui élabore, défend une théorie sur un sujet. *Les théoriciens de l'art figuratif.* **3.** Sans compl. Personne qui, dans un domaine déterminé, se préoccupe surtout de connaissance abstraite et non de la pratique, des applications (opposé à *technicien*). *Les théoriciens et les techniciens. C'est une théoricienne.* — Adj. *Un médecin théoricien* (opposé à *praticien*). ▶ ***théorique*** adj. **1.** Qui consiste en connaissance abstraite ; qui élabore des théories. / contr. **empirique** / *La recherche théorique.* ⇒ **fondamental, spéculatif.** *Physique théorique* / contr. **appliqué, expérimental** / **2.** Souvent péj. Qui est considéré, défini, étudié d'une manière abstraite et souvent incorrecte (opposé à *expérimental, réel, vécu*). *Une égalité toute théorique.* ▶ ***théoriquement*** adv. ■ *Justifier théoriquement une œuvre. Théoriquement, vous avez raison.* ⇒ en **principe.** / contr. **pratiquement** /

théosophe [teɔzɔf] n. ■ Adepte de diverses doctrines, fortement imprégnées de magie et de mysticisme, qui visent à la connaissance de Dieu. ▶ ***théosophie*** n. f. ■ Doctrine des théosophes.

-thèque ■ Élément signifiant « loge, réceptacle, armoire » (ex. : *bibliothèque, cinémathèque,* etc.).

thérapeutique [teʀapøtik] adj. et n. f. **1.** Adj. Qui concerne les actions et pratiques destinées à guérir, à traiter les maladies ; apte à guérir. ⇒ **curatif, médical, médicinal.** *Substances thérapeutiques.* ⇒ **médicament, remède.** **2.** N. f. LA THÉRAPEUTIQUE : la partie de la médecine qui étudie et utilise les moyens propres à guérir et à soulager les malades. — UNE THÉRAPEUTIQUE. ⇒ **thérapie, traitement.** *Une thérapeutique nouvelle.* ▶ ***thérapeute*** n. ■ Didact. Personne qui soigne des malades (⇒ **médecin**), notamment sur le plan psychique (psychanalyste, psychothérapeute). ▶ ***thérapie*** [teʀapi] n. f. Didact. **1.** Thérapeutique. ⇒ **soin.** **2.** Méthode de traitement de certaines névroses ou de certains troubles du comportement. ⇒ **analyse, psychanalyse, psychothérapie.** *Suivre une thérapie. Être en thérapie. Une thérapie de groupe.*

-thérapie ■ Élément signifiant « soin, cure » (ex. : *psychothérapie*). ⟨ ▶ chimiothérapie, ergothérapie, héliothérapie, hydrothérapie, hypnothérapie, inhalothérapie, kinésithérapie, massothérapie, physiothérapie, psychothérapie, radiothérapie, thalassothérapie ⟩

thermes [tɛʀm] n. m. pl. ≠ *terme.* **1.** Établissement de bains publics de l'Antiquité. *Les thermes de Caracalla.* **2.** Établissement où l'on soigne par les eaux thermales. ▶ ***thermal, ale, aux*** adj. **1.** *Eau thermale,* qui contient des matières dissoutes (sels, silice...) à une température élevée à la source et qui sert à traiter certaines maladies. *Sources thermales, situées dans les régions volcaniques.* ⇒ **minéral.** **2.** Où l'on utilise les eaux médicinales. *Station thermale. Cure thermale.*

thermique adj. **1.** Relatif à la chaleur, qui se traduit par des sensations particulières dites *chaud* et *froid* ⇒ **chaud,** ② **froid**, par des phénomènes physiques. *Effet thermique* (ou calorifique). *Énergie thermique,* chaleur. *Centrale thermique,* utilisant des moteurs thermiques pour produire l'énergie électrique. **2.** Qui concerne l'étude des phénomènes thermiques. ⇒ **thermodynamique.**

thermo- ■ Élément de mots savants signifiant « chaud, chaleur ». ▶ ***thermocautère*** [tɛʀmo kotɛʀ] n. m. ■ Instrument pour cautériser par la chaleur intense. ▶ ***thermodynamique*** n. f. ■ Branche de la physique et de la chimie qui étudie les relations entre l'énergie thermique (chaleur) et mécanique (travail). ▶ ***thermoélectrique*** adj. ■ *Effet thermoélectrique,* production de courant électrique dans un circuit comprenant deux conducteurs différents dont les deux soudures sont à des températures différentes. (On forme ainsi un *couple thermoélectrique.*) ▶ ***thermogène*** adj. ■ Qui engendre la chaleur. — OUATE THERMOGÈNE : coton imprégné d'une teinture de poivre dans l'alcool, pour congestionner la peau. ⇒ **sinapisme.** ▶ ***thermomètre*** n. m. ■ Instrument destiné au repérage des températures, généralement grâce à la dilatation d'un liquide (mercure, alcool, etc.) ou d'un gaz. *Thermomètre à (au) mercure. Thermomètre médical,* destiné à repérer la température interne du corps. — *Le thermomètre monte, descend,* la colonne de liquide du thermomètre. ▶ ***thermonucléaire*** adj. ■ Se dit de l'énergie obtenue par la fusion de noyaux atomiques à des millions ou des dizaines de millions de degrés. *Bombe thermonucléaire,* bombe atomique à hydrogène (cour. *bombe H*). ▶ ***thermopompe*** n. f. ■ Générateur d'énergie calorifique dont le fonctionnement est semblable à celui d'une machine frigorifique. ⇒ **pompe** à chaleur. ▶ ***thermos*** [tɛʀmos] n. m. invar. ■ Récipient isolant qui maintient durant quelques heures la température du liquide qu'il contient. *Mettre du café dans un thermos.* — En appos. *Une bouteille thermos.* — REM. En France, le mot est aussi féminin : *une thermos.* Ce mot est un nom de marque déposée. ▶ ***thermostat*** n. m. ■ Appareil qui permet d'obtenir une température constante dans une enceinte fermée. *Avoir un thermostat dans chaque pièce. Four à thermostat.* ⟨ ▶ thermique ⟩

thésauriser [tezɔ(o)ʀize] v. ▪ conjug. 1. Littér. **1.** V. intr. Amasser de l'argent pour le garder, sans le faire circuler ni l'investir. ⇒ **capitaliser, économiser ; trésor.** *Il n'achète rien, il thésaurise.* **2.** V. tr. Amasser (de l'argent) de manière à se constituer un trésor. ⇒ **accumuler, entasser, épargner.** / contr. **dépenser** / *Elle a thésaurisé une petite fortune !* ▸ ***thésaurisation*** n. f. ▪ Action de mettre en réserve. ▸ ***thésauriseur, euse*** n. ▪ Qui thésaurise.

thèse [tɛz] n. f. **1.** Proposition ou théorie particulière qu'on tient pour vraie et qu'on s'engage à défendre par des arguments. *Avancer, soutenir une thèse.* ⇒ **doctrine, opinion.** — Littér. *Pièce, roman* À THÈSE : qui illustre une thèse (philosophique, morale, politique, etc.) que l'auteur propose au public. **2.** Ouvrage présenté pour l'obtention du doctorat. *Préparer une thèse de doctorat. Soutenance de thèse,* défense d'une thèse devant un jury d'évaluateurs. — *Thèse de maîtrise* (de plus en plus, on dit *mémoire**). **3.** Philosophie. Premier moment de la démarche dialectique auquel s'oppose l'*antithèse,* jusqu'à ce que ces contraires soient conciliés par la *synthèse.* ▸ ***thésard, arde*** ou ***thésiste*** n. ▪ Personne qui prépare une thèse. *Liste des thésards d'un département.* ⟨ ▸ antithèse, hypothèse, synthèse ⟩

thetfordois, oise [tɛtfœʀdwa, waz] adj. et n. ▪ De la ville de Thetford Mines. — N. (Avec une majusc.) Personne née dans cette ville ou qui l'habite.

thibaude [tibod] n. f. ▪ (France) Molleton de tissu grossier ou de feutre qu'on met entre le sol et les tapis. *Une moquette sur thibaude.*

thon [tɔ̃] n. m. ▪ Poisson de grande taille qui vit dans l'Atlantique et la Méditerranée. *La pêche au thon. Thon en boîte.* ▸ ***thonier*** n. m. ▪ Bateau pour la pêche au thon.

Thora n. f. ⇒ **Torah.**

thoraco- ▪ Élément de mots de médecine signifiant « thorax ».

thorax [tɔʀaks] n. m. invar. **1.** Chez l'humain. Région comprise entre les douze vertèbres dorsales, les douze paires de côtes et le sternum, renfermant le cœur et les poumons. ⇒ **poitrine, torse. 2.** Partie du corps de l'insecte portant les organes locomoteurs. ▸ ***thoracique*** adj. ▪ *Cage thoracique.*

thorium [tɔʀjɔm] n. m. ▪ Métal gris radioactif (symb. *Th*).

thromb(o)- ▪ Élément savant signifiant « caillot ». ▸ ***thrombose*** [tʀɔ̃boz] n. f. ▪ Formation d'un caillot dans un vaisseau sanguin ou dans le cœur.

thuriféraire [tyʀifeʀɛʀ] n. m. ▪ Littér. Encenseur, flatteur. ⇒ **laudateur.**

thuya [tyja] n. m. ▪ Conifère d'origine nord-américaine ou asiatique, proche du cyprès. *Le thuya occidental.* ⇒ **cèdre** (1).

thym [tɛ̃] n. m. ▪ Plante aromatique des régions tempérées utilisée en cuisine.

thymus [timys] n. m. invar. ▪ Glande située à la partie inférieure du cou. *Thymus de veau.* ⇒ **ris** de veau.

thyroïde [tiʀɔid] adj. et n. f. ▪ *Corps, glande thyroïde* et, n. f., *la thyroïde,* glande endocrine située à la partie antérieure et inférieure du cou, et qui produit des hormones. *Action de la thyroïde sur la croissance. Tumeur de la thyroïde.* ⇒ **goitre.** ▸ ***thyroïdien, ienne*** adj. ▪ De la thyroïde. *Insuffisance thyroïdienne.*

ti-, tit- ▪ Élément à valeur préfixale (altération de *petit, petite*) servant à former des diminutifs : noms propres ou noms communs de personnes (ex. : *ti-Jean, ti-Jos connaissant ; ti-gars, ti-chum ; ti-fille, tit-fille, tit-femme, tit-amie*). ⟨ ▸ ti-cul ⟩

-ti. ⇒ **tu.**

tiare [tjaʀ] n. f. ▪ Coiffure circulaire, entourée de trois couronnes, portée par le pape dans certaines circonstances solennelles. *La tiare pontificale.*

tibétain, aine [tibetɛ̃, ɛn] adj. et n. ▪ Du Tibet. — N. (Avec une majusc.) *Les Tibétains.*

tibia [tibja] n. m. **1.** Os du devant de la jambe, en forme de prisme triangulaire. *Tibia et péroné.* **2.** Partie antérieure de la jambe, où se trouve le tibia. *Tibias protégés par des jambières. Un coup de pied dans les tibias.* ⟨ ▸ protège-tibia ⟩

tic [tik] n. m. **1.** Mouvement convulsif, geste bref automatique, répété involontairement. *Il a des tics.* **2.** Geste, attitude habituels, que la répétition rend plus ou moins ridicules ; manie. *Un tic de style. C'est devenu un tic.* ≠ *tique.* ⟨ ▸ tiquer ⟩

ticket [tikɛ] n. m. Anglic. **1.** Rectangle de carton, de papier, donnant droit à un service, à l'entrée dans un lieu, etc. ⇒ **billet.** *Un ticket de métro. Des tickets de hockey, de baseball. As-tu gardé le ticket de caisse ?* ⇒ **facture, reçu. 2.** TICKET MODÉRATEUR : quote-part que le gouvernement laisse à la charge de l'assuré. **3.** (France) Fam. *Avoir un ticket,* une touche (①, 2). **4.** Fam. Contravention. ⇒ **billet.** *Recevoir un ticket pour excès de vitesse.*

tic tac interj., ***tic-tac*** [tiktak] n. m. invar. ▪ Bruit sec et uniformément répété (d'un mécanisme d'horlogerie). *La pendule fait tic tac. Le tic-tac du réveil l'empêche de dormir. Des tic-tac.*

tic(-)tac(-)toc [tiktakto] n. m. ▪ Jeu à deux, qui consiste à noter alternativement un X ou O dans l'une des neuf cases prévues, le premier joueur à obtenir une suite de trois signes semblables étant déclaré gagnant. *Jouer au tic-tac-toc. Parties de tic-tac-toc. — Tic tac toc !,* cri du joueur qui gagne la partie.

ti-cul [tiky] n. m. ▪ Fam. Jeune garçon pas très grand, mais très sûr de lui et qui imite des comportements adultes. ⇒ fam. **morpion ;** anglic. ② **flot, mox.** *Des ti-culs qui fument à neuf, dix ans.*

tiède [tjɛd] adj. **1.** Légèrement chaud, ni chaud ni froid. *De l'eau tiède. Café tiède,* refroidi ou légèrement réchauffé. *Un vent tiède.* ⇒ **doux.** — Adv. *Boire tiède.* **2.** Qui a peu d'ardeur, de zèle ; sans ferveur. ⇒ **indifférent.** *Un fédéraliste tiède.* / contr. **enthousiaste, fervent, fanatique** / — N. *C'est un, une tiède.* ▸ ***tiédasse*** adj. ▪ D'une tiédeur désagréable. *Une bière tiédasse.* ▸ ***tièdement*** adv. ▪ (Surtout sens 2) *Il a réagi plutôt tièdement à ma proposition.* ▸ ***tiédeur*** n. f. **1.** État, température de ce qui est tiède. *La tiédeur du climat.* **2.** Défaut d'ardeur, de passion, de zèle. ⇒ **indifférence, nonchalance.** *La tiédeur de ses sentiments. La tiédeur d'un accueil.* ▸ ***tiédir*** v. ▪ conjug. 2. **1.** V. intr. Devenir tiède (1). *L'eau chaude tiédit. Faire tiédir l'eau.* ⇒ **attiédir. 2.** V. tr. Rendre tiède (1). *Tiédir l'eau.* — Au p. p. adj. *Air tiédi par le soleil.* ▸ ***tiédissement*** n. m. ⟨ ▸ attiédir ⟩

tien, tienne [tjɛ̃, tjɛn] adj. et pronom poss. de la deuxième pers. du sing. (⇒ **mien, sien.**) **I.** Adj. poss. Littér. De toi. ⇒ ① **ton.** *Un tien parent. Je suis tien, elle est tienne,* à toi. **II.** Pronom poss. *Le tien, la tienne, les tiens, les tiennes,* l'objet ou l'être lié par un rapport à la personne à qui l'on s'adresse. *Ce sont mes affaires, occupe-toi des tiennes. C'est le tien !* — Fam. *À la tienne !,* à ta santé ! **III.** N. **1.** DU TIEN (partitif). *Il faut y mettre du tien,* il faut que tu fasses un effort. **2.** LES TIENS : tes parents, tes amis, tes partisans.

tiens *(un tiens vaut mieux... ; tiens !)* ■ Forme du verbe *TENIR.*

tierce [tjɛʀs] n. f. **1.** Intervalle musical de trois degrés (ex. : *do-mi*). *Tierce majeure, mineure.* **2.** Trois cartes de même couleur qui se suivent. **3.** Troisième et dernière épreuve d'imprimerie avant le tirage.

tiers, tierce [tjɛʀ, tjɛʀs] adj. et n. m. invar. **I.** Adj. **1.** Vx. Troisième. *Le « Tiers Livre » de Rabelais. Le tiers état.* — Loc. *Une tierce personne,* une troisième personne ; un étranger. **2.** *Le* TIERS MONDE ou *le* TIERS-MONDE : le troisième groupe de nations, qui n'appartient ni au monde « occidental » ni au camp socialiste. **II.** N. m. invar. TIERS. **1.** Troisième personne. Loc. fam. *Se moquer, se ficher du tiers comme du quart* (du troisième comme du quatrième), des uns comme des autres. **2.** Personne étrangère (à une affaire, à un groupe). ⇒ **inconnu.** *Un tiers nous écoute.* **3.** Fraction d'un tout divisé en trois parties égales. *Il faut en supprimer les deux tiers.* **4.** TIERS TEMPS : période d'un match de hockey. *Il reste une minute à jouer avant la fin du premier tiers temps.* **5.** (France) TIERS PROVISIONNEL : acompte sur l'impôt, égal au tiers de l'imposition de l'année précédente. ‹ ► tiers-point ›

tiers-point [tjɛʀpwɛ̃] n. m. ■ Lime, poinçon à section triangulaire.

tige [tiʒ] n. f. **I. 1.** Partie allongée des plantes, qui naît au-dessus de la racine et porte les feuilles. *Un bouquet avec de longues tiges.* ⇒ **queue. 2.** Jeune plant d'un arbre à une seule tige. *Ce pépiniériste peut fournir trois cents tiges.* **II. 1.** Partie (d'une chaussure, d'une botte) au-dessus du pied, et qui couvre la jambe. *Bottines à tige.* **2.** Pièce allongée droite et mince. ⇒ **barre, tringle.** *Des tiges de fer.* ‹ ► coton-tige ›

tignasse [tiɲas] n. f. ■ Chevelure touffue, rebelle, mal peignée.

tigre [tigʀ] n. m., ***tigresse*** [tigʀɛs] n. f. **1.** Mammifère de grande taille, félin d'Asie au pelage jaune roux rayé de bandes noires transversales, dangereux carnassier. *Tigre royal* ou *du Bengale.* **2.** *Une tigresse,* une femme très agressive, très jalouse. ► ***tigron*** ou ***tiglon, onne*** n. ■ Félin, hybride stérile d'une lionne et d'un tigre, ou d'une tigresse et d'un lion. ‹ ► chat-tigre, tigré ›

tigré, ée [tigʀe] adj. **1.** Marqué de petites taches arrondies. ⇒ **moucheté, tacheté.** *Des bananes tigrées.* **2.** Marqué de bandes foncées. ⇒ **rayé, zébré.** *Un chat tigré.*

tiguidou [tigidu] ou ***diguidou*** [digidu] adv. ■ Fam. Très bien, parfait ; très bon. ⇒ anglic. **O.K.** *Je trouve ça tiguidou. « Comment vas-tu ? – Ça va tiguidou. »* — Loc. *C'est tiguidou.*

tilde [tild] n. m. ■ Signe en forme de S couché (~) qui se met au-dessus de certaines lettres, notamment du *n* espagnol lorsqu'il se prononce [ɲ] (ex. : *España*). — REM. Ce signe est utilisé dans la transcription phonétique pour noter la nasalisation d'une voyelle (ex. : [ɛ̃] notant *ain, in*).

tilleul [tijœl] n. m. **1.** Grand arbre à feuilles simples, à fleurs blanches ou jaunâtres très odorantes. *Une allée de tilleuls.* **2.** La fleur de cet arbre, séchée pour faire des infusions ; cette infusion. *Une tasse de tilleul.* **3.** Le bois de cet arbre, tendre et léger. *Une table de tilleul. Le tilleul* ou *bois blanc.*

tilt [tilt] n. m. et interj. ■ Anglic. Dispositif qui interrompt la partie, au billard électrique. — Loc. FAIRE TILT : attirer brusquement l'attention ; produire un effet. *Tilt ! je viens d'y penser (ça a fait tilt).* ► ***tilter*** v. intr. ■ conjug. 1. ■ Fam. Mettre brusquement fin à une partie de billard électrique. *J'ai fait tilter la machine.* — Intransitivement. *La machine a tilté.*

① ***timbale*** [tɛ̃bal] n. f. ■ Instrument à percussion, grand tambour formé d'un bassin hémisphérique couvert d'une peau tendue. ► ***timbalier, ière*** n. ■ Musicien qui joue des timbales.

② ***timbale*** n. f. (Surtout en France) **1.** Gobelet de métal de forme cylindrique, sans pied. *Offrir une timbale en argent à un enfant.* — Fam. DÉCROCHER LA TIMBALE : obtenir une chose disputée, un résultat important. **2.** Moule de cuisine de forme circulaire. — Préparation culinaire cuite dans ce moule. *Une timbale de queues d'écrevisses.*

timbrage [tɛ̃bʀaʒ] n. m. ■ Opération qui consiste à timbrer (1, 2). *Envoi dispensé de timbrage.*

① ***timbre*** [tɛ̃bʀ] n. m. **I.** Calotte de métal qui, frappée par un petit marteau, joue le rôle d'une sonnette. *Timbre de bicyclette. Timbre électrique.* ⇒ **sonnerie. II.** Qualité spécifique des sons, indépendante de leur hauteur, de leur intensité et de leur durée. ⇒ **sonorité.** *Le timbre de la flûte.* — Sans compl. *Une voix qui a du timbre,* dont la sonorité est pleine. ► ① ***timbré, ée*** adj. **I.** *Une voix bien timbrée,* qui a un beau timbre. **II.** Un peu fou. *Il est complètement timbré.* ⇒ fam. **capoté, sonné, toqué.**

② ***timbre*** n. m. **1.** Petite vignette, au verso enduit de gomme, et qui, collée sur un objet confié à la poste, a une valeur d'affranchissement égale au prix marqué sur son recto. — REM. On dit aussi TIMBRE-POSTE. *Des timbres-poste. Acheter des timbres au bureau de poste. Carnet de timbres. Collection de timbres.* ⇒ **philatélie. 2.** Vignettes vendues au profit d'œuvres. *Timbres de la Société Canadienne du cancer.* **3.** TIMBRE(-PRIME) : offert en prime au moment de l'achat d'une marchandise et dont la valeur peut être déduite d'un achat subséquent, dans le même magasin. **4.** Marque, cachet que doivent porter certains documents officiels, et qui donne lieu à la perception d'un droit au profit de l'État ; ce droit. *Acte soumis à l'obligation du timbre fiscal. Droit de timbre sur les passeports.* **5.** Marque apposée sur un document, une lettre, un colis pour en indiquer l'origine. ⇒ **cachet. 6.** Instrument qui sert à imprimer cette marque. ⇒ **cachet, tampon.** ► ***timbrer*** v. tr. ■ conjug. 1. **1.** *Timbrer une lettre,* y coller un ou plusieurs timbres. ⇒ **affranchir. 2.** Marquer (un acte, un document) du timbre fiscal. **3.** Marquer (un document, un objet) d'un cachet, d'un timbre. ⇒ **estampiller.** ► ② ***timbré, ée*** adj. **1.** *Enveloppe timbrée.* **2.** *Papier timbré,* papier émis par le gouvernement, marqué d'un timbre (3) et destiné à la rédaction de certains actes (opposé à *papier libre*). ‹ ► timbrage ›

timide [timid] adj. **1.** Qui manque d'aisance et d'assurance dans ses rapports avec autrui. ⇒ **gêné, pogné.** / contr. **assuré, effronté** / *Un jeune homme timide. Un amoureux timide.* ⇒ **transi.** — N. *C'est une grande timide. — Elle parlait d'une voix timide.* **2.** Qui manque d'audace, de vigueur, d'énergie. ⇒ **timoré.** / contr. **audacieux, hardi** / *Il a été bien timide dans ses revendications. — Une satire trop timide.* ► ***timidement*** adv. ■ *Elle tendit timidement la main. Il exposa timidement sa requête.* / contr. **hardiment** / ► ***timidité*** n. f. **1.** Manque d'aisance et d'assurance en société ; comportement, caractère d'une personne timide. ⇒ **confusion, embarras, gaucherie, gêne, modestie.** / contr. **aplomb, culot** / *Surmonter sa timidité.* **2.** Manque d'audace et de vigueur dans l'action ou la pensée. / contr. **audace** / ‹ ► intimider ›

timon [timɔ̃] n. m. ■ Longue pièce de bois disposée à l'avant d'une voiture, d'une machine agricole et de chaque côté de laquelle on attelle une bête de trait. ‹ ► timonier ›

timonier [timɔnje] n. m. ■ Personne qui tient la barre du gouvernail, qui s'occupe de la direction du navire. — Par métaphore. Conducteur, guide. *Le Grand Timonier,* surnom de Mao Zedong. ▶ ***timonerie*** n. f. **1.** Service dont sont chargés les timoniers. **2.** Partie du navire qui abrite les divers appareils de navigation.

timoré, ée [timɔʀe] adj. ■ Qui est trop méfiant, trop attaché à ses habitudes, qui craint le risque, les responsabilités, l'imprévu. ⇒ **craintif, indécis, méfiant, pusillanime, timide.** / contr. **courageux, entreprenant, téméraire** / *Elle est trop timorée pour s'engager dans cette entreprise.*

tinctorial, ale, aux [tɛ̃ktɔʀjal, o] adj. ■ Qui sert à teindre. — Relatif à la teinture.

tinette [tinɛt] n. f. ■ Fig. Loc. (Choses) *Ne pas prendre goût de tinette,* ne pas traîner en longueur, se faire rapidement, sans délai. ⇒ fam. **traînerie.**

tintamarre [tɛ̃tamaʀ] n. m. ■ Grand bruit discordant. ⇒ **vacarme.** *Le tintamarre des klaxons. Faire du tintamarre.* ⇒ **tapage ;** fam. ① **boucan.**

tinter [tɛ̃te] v. intr. ▪ conjug. 1. **1.** Produire des sons aigus qui se succèdent lentement (se dit d'une cloche dont le battant ne frappe que d'un côté). ⇒ **résonner, sonner.** *La cloche tinte.* **2.** Produire des sons clairs et aigus. *Il fit tinter sa monnaie dans sa poche.* **3.** Loc. *Les oreilles* ont dû vous tinter.* ⇒ **siler.** ≠ *teinter.* ▶ ***tintement*** n. m. **1.** Bruit de ce qui tinte. *Un tintement de sonnette. Le tintement d'une clochette.* **2.** *Tintement d'oreilles,* bourdonnement interne analogue à celui d'une cloche. ▶ ***tintinnabuler*** [tɛ̃tinabyle] v. intr. ▪ conjug. 1. ■ Littér. Se dit d'une clochette, d'un grelot qui sonne, et de ce qui tinte. ‹ ▶ tintamarre ›

tintouin [tɛ̃twɛ̃] n. m. ■ Fam. Souci, tracas. *Les enfants malcommodes, quel tintouin ! Se donner du tintouin,* du mal.

tip [tip] n. m. ■ Anglic. Pourboire. *Laisser, ne pas laisser de tip au restaurant. Donner un tip au livreur de pizzas.* ⇒ fam. **tiper.** ▶ ***tiper*** ou ***tipper*** v. tr. ▪ conjug. 1. ■ Fam. Donner, laisser un pourboire. *As-tu tipé la serveuse ? On tipe moins qu'avant.* ▶ ***tipeur*** ou ***tippeur, tipeux*** ou ***tippeux, euse*** n. ■ Fam. Personne qui donne, laisse un pourboire, spécialt personne qui est généreuse dans ses pourboires. *Certains touristes ne sont guère tipeux.*

tipi [tipi] n. m. ■ Habitation traditionnelle amérindienne en forme de tente conique, légère et recouverte de peaux ou d'écorce. ⇒ **wigwam.**

tique [tik] n. f. ■ Insecte parasite du chien, du bœuf, du mouton, dont il suce le sang. *Ce chien a des tiques.* ≠ *tic.*

tiquer [tike] v. intr. ▪ conjug. 1. ■ Manifester par la physionomie, ou par un mouvement involontaire, son mécontentement, sa désapprobation, son dépit. *Elle a tiqué. Ma proposition l'a fait tiquer.*

tir [tiʀ] n. m. **I. 1.** Le fait de tirer ④, de lancer une flèche ou des projectiles (à l'aide d'une arme). *Pratiquer le tir à l'arc, au fusil. Arme à tir automatique. Exercices de tir, dans l'armée. Canon en position de tir.* ⇒ en **batterie.** *Ligne de tir.* — Lancement (d'une fusée, d'un engin). — *La fusée est installée sur le pas de tir,* sur son aire de lancement. **2.** Direction selon laquelle une arme à feu lance ses projectiles ; leur trajectoire. *Un tir précis. Régler le tir.* **3.** Série de projectiles envoyés par une ou plusieurs armes. *Tir d'artillerie.* ⇒ **coup, rafale, salve.** *Tir de barrage,* pour arrêter l'ennemi. **4.** Sports (hockey, soccer...) *Tir au but,* coup pour envoyer la rondelle (⇒ ② **lancer**), le ballon au but. *Un tir frappé,* projeté avec force. **II.** Emplacement aménagé pour s'y exercer au tir à la cible. ⇒ anglic. **stand.** *Un tir forain.* — TIR AU PIGEON : dispositif pour s'exercer au tir des oiseaux au vol ; emplacement où l'on s'exerce à ce tir. **III.** TIR AU, DU POIGNET : jeu de force consistant, pour deux personnes qui se font face et se tiennent la main paume contre paume, le coude appuyé sur une table, à abattre l'avant-bras de l'adversaire.

tirade [tiʀad] n. f. **1.** Longue suite de phrases, de vers, récitée sans interruption par un personnage de théâtre. *Les tirades de Phèdre.* **2.** Souv. péj. Long développement, longue phrase emphatique. *On nous a fait toute une tirade sur le bonheur.* ⇒ **discours, laïus.**

① ***tirage*** [tiʀaʒ] n. m. ■ Le fait de tirer ① ; son résultat. **1.** Allongement, étirage. *Le tirage de la soie.* **2.** *Un cordon de tirage,* qui sert à tirer. **3.** Mouvement de l'air qui est attiré vers une combustion, un foyer. ⇒ ① **tirer** (II, 2). *Régler le tirage d'un poêle.* **4.** *Tirage de joints,* leur remplissage avec du plâtre.

② ***tirage*** n. m. **1.** Le fait d'imprimer, de reproduire par impression ; ce qui est imprimé. *Un beau tirage sur papier glacé.* ⇒ ③ **tirer** (3). **2.** Ensemble des exemplaires, quantité d'exemplaires tirés ③ en une fois. *Journal à grand tirage. Second tirage.* ⇒ **édition.** **3.** Opération par laquelle on reproduit sous son aspect définitif (une œuvre gravée). *Le tirage des gravures, d'une estampe.* **4.** Opération par laquelle on obtient une image positive (épreuve) d'un cliché photographique. *Développement et tirage. Le tirage d'un film, des copies (d'un film).*

③ ***tirage*** n. m. **1.** Action de tirer ⑤. *Le tirage du vin.* **2.** TIRAGE AU SORT : désignation par le sort. ⇒ ① **pige.** — Fait de tirer au hasard un ou plusieurs numéros. *Tirage d'une loterie. Demain le tirage !*

tiraille [tiʀaj] n. f. ■ Ensemble de tendons, de filaments présents dans la viande. ⇒ **tendineux.** *Il y a de la tiraille dans ce morceau de bœuf.*

① ***tirailler*** [tiʀɑje] v. tr. ▪ conjug. 1. **1.** Tirer ① à plusieurs reprises, en diverses directions. *Il le tiraillait par le bras.* **2.** ÊTRE TIRAILLÉ PAR, ENTRE : être sollicité par (des demandes ou des désirs contradictoires). *Être tiraillé par des raisons, des sentiments contraires.* ⇒ **écartelé.** **3.** V. pron. *Se tirailler,* se disputer, se chamailler, se battre, par jeu. *Les enfants se tiraillaient.* ▶ ***tiraillage*** n. m. ■ Le fait de se tirailler. ⇒ **chamaillage, chicane, querelle.** *Je n'aime pas les tiraillages inutiles.* ▶ ***tiraillement*** n. m. **1.** Le fait de tirailler (1). **2.** Le fait d'être tiraillé (2) entre divers sentiments, désirs, etc. ; difficultés résultant de volontés ou d'intérêts contradictoires. **3.** Sensation douloureuse, crampe. *Des tiraillements d'estomac.*

② ***tirailler*** v. intr. ▪ conjug. 1. ■ Tirer ④ souvent, irrégulièrement, en divers sens ; tirer à volonté. *Des chasseurs qui tiraillent dans le bois.* ▶ ***tirailleur*** n. m. ■ Soldat détaché pour tirer à volonté sur l'ennemi. *Soldats déployés en tirailleurs,* en lignes espacées, sans profondeur.

tirant [tiʀɑ̃] n. m. **1.** Cordon sur lequel on tire ①, servant à ouvrir, à fermer une bourse, un sac. **2.** Anse à la partie supérieure des tiges de bottes, pour aider à les mettre.

tirant d'eau [tiʀɑ̃do] n. m. ■ Quantité, volume d'eau que déplace, « tire » un bateau ; distance verticale entre la ligne de flottaison et la quille. *Des tirants d'eau.*

① ***à la tire*** [alatiʀ] loc. adj. ■ (France) Fam. VOL À LA TIRE : en tirant qqch. de la poche, du sac de qqn. *Voleur à la tire.* (⇒ anglic. **pickpocket**).

② ***tire*** [tiʀ] n. f. **1.** Confiserie de consistance molle faite avec de la mélasse ou du sirop de cassonade qu'on fait cuire. *La tire (de la) Sainte-Catherine. La tire est enveloppée dans des papillotes.* — *Pomme de tire,* pomme enrobée d'un sirop caramélisé et fixée sur un bâtonnet. **2.** TIRE (D'ÉRABLE) : confiserie de consistance semi-liquide, de couleur brune et translucide, provenant de la concentration du sirop d'érable. — *Tire sur la neige,* sirop d'érable chaud et épaissi, versé sur de la neige où il se fige avant d'être servi comme confiserie. *La tire sur la neige se mange avec une palette.*

tire- ■ Premier élément de composés du v. *tirer.*

tire-au-cul [tiʀoky] ou ***tire-au-flanc*** [tiʀoflɑ̃] n. m. invar. ■ (France) Fam. Personne (d'abord soldat) qui tire ② au flanc, cherche à se défiler, à échapper aux travaux. ⇒ **feignant, flanc-mou, paresseux.**

tire-bouchon [tiʀbuʃɔ̃] n. m. **1.** Instrument, formé d'une hélice de métal et d'un manche, qu'on enfonce en tournant dans le bouchon d'une bouteille pour le tirer ⑤, l'enlever. *Des tire-bouchons.* **2.** *En tire-bouchon,* en hélice (circulaire). *La queue en tire-bouchon* (des cochons). ▶ ***tirebouchonner*** ou ***tire-bouchonner*** v. tr. ▪ conjug. 1. ■ Mettre en tire-bouchon, en spirale. — Au p. p. adj. *Des pantalons tirebouchonnés.*

à ***tire-d'aile*** [atiʀdɛl] loc. adv. **1.** Avec des coups d'ailes, des battements rapides et ininterrompus. *Les oiseaux s'envolent à tire-d'aile.* **2.** Littér. Très vite, comme un oiseau. *Filer à tire-d'aile.*

tirée [tiʀe] n. f. (France) **1.** Fam. Longue distance pénible à parcourir (⇒ ② **tirer**). **2.** Fam. *Il y en a toute une tirée,* une grande quantité. ⇒ **flopée.**

tire-fesses [tiʀfɛs] n. m. invar. ■ Fam. Téléski, remonte-pente.

à ***tire-larigot*** [atiʀlaʀigo] loc. adv. ■ (France) Fam. Beaucoup, en quantité. *Il boit à tire-larigot.* ⇒ à ① **gogo.**

tire-ligne [tiʀliɲ] n. m. ■ Petit instrument de métal servant à tirer ③, à tracer des lignes de largeur constante. *Des tire-lignes.*

tirelire [tiʀliʀ] n. f. **1.** Petit récipient percé d'une fente par où on introduit les pièces de monnaie. ⇒ fam. **banque, cochon** (I), ② **tronc.** *Mettre ses économies dans une tirelire. Casser sa tirelire* (pour avoir les pièces de monnaie). **2.** (France) Fam. Tête. ⇒ fam. **caboche, ciboulot.** *Avoir reçu un coup sur la tirelire.*

① ***tirer*** [tiʀe] v. ▪ conjug. 1. **I.** V. tr. dir. **1.** Amener vers soi une extrémité, ou éloigner les extrémités de (qqch.), de manière à étendre, à tendre. ⇒ **allonger, étirer.** *Tirer ses chaussettes. Tirer un élastique.* — Loc. *Tirer les cheveux, les oreilles de qqn. Se faire tirer l'oreille,* se faire prier. — *Tirer les cordes, les ficelles,* faire agir, manœuvrer. — *Tirer qqch. en longueur,* faire durer à l'excès. **2.** Faire aller dans une direction, en exerçant une action, une force sur (une partie qu'on amène vers soi, tout en restant immobile). *Tirer un tiroir,* pour l'ouvrir. *Tirer l'échelle,* le haut de l'échelle. Loc. *Il faut tirer l'échelle,* il n'y a plus rien à faire, à espérer. — *Tirer l'aiguille,* travailler à l'aiguille, coudre. — TIRER *qqch.* À SOI : vers soi, le prendre. *Tirer un auteur, un texte à soi,* lui faire dire ce qu'on veut. — *Tirer une chaise à qqn* ou, pronominalement, *se tirer une chaise,* l'approcher pour s'asseoir. **3.** Faire mouvoir sur le côté pour ouvrir ou fermer. *Tirer les rideaux. Tirer le verrou.* **4.** Faire avancer ; déplacer derrière soi. ⇒ **traîner ; entraîner.** *Tirer une charrette. Les bœufs tirent la charrue. Tirer qqn par le bras, par la manche.* / contr. **pousser** / **5.** Littér. *Tirer l'attention, le regard,* attirer. **II.** V. tr. ind. ou intr. **1.** TIRER SUR... : exercer une traction, faire effort sur..., pour tendre ou pour amener vers soi. *Les chiens aboyaient en tirant sur leurs chaînes.* — Loc. *Tirer sur la corde* ou, France, *sur la ficelle,* exagérer, aller trop loin. — *Tirer au, du poignet.* Sans compl. *Tirer de toutes ses forces.* **2.** TIRER SUR : exercer une forte aspiration sur. ⇒ **aspirer.** *Tirer sur une pipe.* — Intransitivement. Avoir une bonne circulation d'air. *La cheminée, le poêle tire bien.* ⇒ ① **tirage** (4). **III.** V. intr. **1.** Subir une tension, éprouver une sensation de tension. *La peau lui tire.* **2.** Loc. *Cela tire en longueur,* dure trop. ▶ ***tiré, ée*** adj. ■ Qui a été tiré, tendu. *Cheveux tirés en arrière.* — *Un verrou tiré.* — Allongé, amaigri par la fatigue. *Visage tiré, traits tirés.* ⟨ ▶ attirer, étirer, ① tirage, tiraille, ① tirailler, tirant, ① à la tire, ② tire, tire-fesses, tirette, tiroir ⟩

② ***tirer*** v. ▪ conjug. 1. ■ Aller (dans une direction ou le long de), s'approcher ; passer (le temps). ▶ **I.** V. intr. **1.** *Tirer à,* aller vers. *Cette voiture tire à gauche.* Loc. TIRER À SA FIN : approcher de la mort, être à l'agonie. — (Choses) Approcher de sa fin. ⇒ **toucher.** *Le spectacle tire à (sur) sa fin.* ⇒ **achever.** — *Cela ne tire pas à conséquence,* n'est pas grave. **2.** TIRER SUR : se rapprocher de (qqch.), avoir un rapport de ressemblance avec. *Un bleu tirant sur le vert,* un peu vert. *Le poil de ce chat tire sur le roux.* **II.** V. tr. **1.** (Bateaux) Déplacer (une quantité d'eau). *Ce navire tire six mètres.* ⇒ **tirant d'eau.** **2.** Fam. Passer péniblement (une durée). *Il a tiré six mois de prison.* ⇒ **faire.** *Plus qu'une heure à tirer !* **III.** (France) SE TIRER v. pron. **1.** Fam. (Temps) S'écouler lentement. *Cette soirée ennuyeuse finira bien par se tirer. Ouf, ça se tire !* **2.** Fam. S'en aller, fuir. ⇒ **filer.** *Je me suis tiré en douce.* ≠ *se* ⑤ *tirer de.* ▶ ***tirer au flanc*** v. intr. ▪ conjug. 1. ■ Chercher à échapper à un travail, à une corvée (en « tirant » sur le côté, en s'esquivant). ⇒ **tire-au-flanc.** ⟨ ▶ se retirer, tirant d'eau, tire-au-cul, tire-au-flanc, à tire-d'aile, tirée ⟩

③ ***tirer*** v. tr. ▪ conjug. 1. **1.** Allonger sur le papier (une figure). *Tirer un trait. Tirer un plan,* le tracer. — *Tirer les joints**. **2.** Loc. *Se faire* TIRER LE PORTRAIT : se faire dessiner, peindre, photographier. **3.** Imprimer (⇒ ② **tirage**). *Tirer un tract.* — Sans compl. *Journal qui tire à trente mille (exemplaires).* — BON À TIRER : mention portée sur les épreuves corrigées, bonnes pour l'impression. *Les bons à tirer,* ces épreuves. — Au p. p. adj. *Des exemplaires mal tirés. Brochure tirée à part,* extraite d'un recueil. — N. m. *Un* TIRÉ À PART ⟨ ▶ ① tirage, ② tirage, tirade, tire-ligne, tiret ⟩

④ ***tirer*** v. ▪ conjug. 1. **I.** V. tr. **1.** Envoyer au loin (une flèche, un projectile) au moyen d'une arme. ⇒ **tir,** ② **tirailler ;** fam. **garrocher.** *Tirer une balle. Tirer un coup de feu, de revolver.* — Au p. p. adj. *Des coups tirés au hasard.* — Intransitivement. *Tirez !* ⇒ **feu.** *Tirer à vue. Tirer au but,* faire mouche. *Tirer sur qqn,* le viser. *On lui a tiré dessus.* — Loc. *Tirer dans le dos,* attaquer par derrière. *Tirer dans le tas.* — TIRER À : avec (une arme). *Tirer à l'arc, au fusil.* **2.** Faire partir (une arme à feu), faire exploser. ⇒ **décharger.** *Tirer le canon. Tirer des pétards. Tirer un feu d'artifice le 24 juin.* **3.** Chercher à atteindre (un animal) par un coup de feu, une flèche, etc. *Tirer un oiseau au vol.* **4.** Envoyer la rondelle, le ballon. *Tirer au but. Tirer une boule de quille, une boule de pétanque.* ⇒ ① **lancer ;** fam. **garrocher.** *Tirer des mottes de neige sur les autos.* **II.** V. pron. Fam. *Se tirer sur, vers* (qqn, qqch.), s'élancer, se précipiter sur, vers. ⇒ se **darder,** se **lancer,** se **ruer ;** fam. se **garrocher.** *Elle s'est tirée sur lui pour l'embrasser. L'auto se tirait vers moi.* ⇒ se **diriger.** *Se tirer sur les aubaines.* ⇒ se **jeter.** — (Avec *dans*) *Les gens se tirent dans les magasins. Les enfants se tiraient dans le banc de neige,* ils se laissaient tomber. ⇒ **sauter.** — *Se tirer en l'air,* s'énerver, s'exciter ; faire un achat très important, faire de grosses dépenses. ▶ ① ***tireur, euse*** n. ■ Personne qui se sert d'une arme à feu. *Un tireur d'élite.* ⟨ ▶ franc-tireur, tir, ② tirailler ⟩

⑤ ***tirer*** v. tr. ▪ conjug. 1. **I. 1.** Faire sortir (une chose) d'un contenant. ⇒ **extraire, retirer, sortir.** / contr. **mettre** / *Tirer un mouchoir de son sac. Tirer qqn du lit,* le forcer à se lever. — Loc. *Tirer la langue,* l'allonger hors de la bouche ; avoir très soif ; manquer cruellement de ce qu'on souhaite. *Tirer la langue à qqn,* pour se moquer. — Fam. *Tirer une touche*.* — *Tirer le vin* (du tonneau). Loc. prov. *Quand le vin est tiré, il faut le boire,* il faut supporter les conséquences de ses actes. — Traire. *C'est l'heure d'aller tirer les vaches.* **2.** Choisir parmi d'autres, dans un jeu de hasard. ⇒ ① **piger.** *Tirer le bon, le mauvais numéro à la loterie. Tirer qqch. au sort.* — TIRER LES CARTES, AUX CARTES : dire la bonne aventure, prédire l'avenir à l'aide des cartes, des tarots. *Tirer au thé*. Tirer la fève,* TIRER LES ROIS : en mangeant le gâteau des Rois à l'Épiphanie. **3.** (Compl. personne) Faire cesser (qqn) d'être (dans un lieu une situation où l'on est retenu). ⇒ **délivrer, sortir.** *Tirer qqn de prison, d'une situation dangereuse.* — Loc. TIRER *qqn* D'AFFAIRE : le sauver. — Faire cesser d'être (dans un état). *Tirer qqn du sommeil,* réveiller. *Tirer qqn du doute, de l'erreur,* détromper. **4.** SE TIRER DE v. pron. réfl. : échapper, sortir de... (un lieu où l'on est retenu, une situation fâcheuse). *Se tirer d'affaire,* fam. *du pétrin.* ⇒ s'en **sortir.** ≠ *se* ② *tirer* (III). *Se tirer d'un mauvais pas.* — Venir à bout de... (une chose difficile). ⇒ se **dépêtrer,** se **sortir.** *Se tirer avec habileté d'un sujet épineux.* **5.** S'EN TIRER : en réchapper, en sortir indemne ; réussir une chose délicate, difficile. *Il est grièvement blessé, mais il s'en tirera. Pour un premier essai, elle s'en est bien tirée.* ⇒ **réussir.** — *Il s'en tire avec un mois de prison,* il en est quitte pour... **II.** Obtenir (qqch.) en séparant, en sortant de. **1.** Obtenir (un produit) en utilisant une matière première, une source, une origine. ⇒ **extraire.** *Tirer le fer du minerai. L'opium est tiré d'un pavot.* ⇒ **provenir.** *Tirer des sons d'un instrument.* **2.** Obtenir (qqch.) d'une personne ou d'une chose (dans quelques loc.). *Tirer vanité de,* s'enorgueillir, se prévaloir de. — Loc. TIRER PARTI DE : se servir de, en profitant. — Obtenir (des paroles, des renseignements, une action) de qqn. *Tirer de force des informations d'un témoin.* ⇒ **extorquer.** *On ne peut rien en tirer,* la personne reste muette. *Il n'y a pas grand-chose à en tirer.* — *Tirer (qqch.) au clair*.* **3.** Obtenir (de l'argent, un avantage matériel). ⇒ **retirer.** *Tirer de l'argent de qqn,* ⇒ **soutirer**. *Tirer un intérêt de ses capitaux.* — *Tirer un chèque sur un compte,* prélever une somme sur le crédit de ce compte (⇒ ② **tireur** 1). **4.** Faire venir (une chose) de. ⇒ **dégager ; déduire.** *Tirer argument de qqch. Il ne faudrait pas tirer de cette information des conclusions hâtives.* **5.** Emprunter (son origine, sa raison d'être de qqch.). *Tirer sa force, son pouvoir de... Tirer son origine de...,* descendre, venir de. ⇒ **provenir. 6.** Élaborer, faire, en utilisant des éléments que l'on a extraits. *Tirer des citations d'un texte.* — Au p. p. adj. *Un roman tiré d'un fait divers. Film tiré d'un roman.* ▶ ② ***tireur, euse*** n. **1.** Personne qui tire un chèque. **2.** *Tireur de joints,* personne qui tire les joints. **3.** N. f. TIREUSE DE CARTES : cartomancienne. ⟨ ▶ retirer, soutirer, ③ tirage, ① à la tire, tire-bouchon, à tire-larigot ⟩

tiret [tiʀɛ] n. m. ■ Petit trait que l'on trace (⇒ **tirer** ③) et que l'on place après un mot interrompu en fin de ligne pour renvoyer à la fin du mot, au début de la ligne suivante. — Trait un peu plus long qui fonctionne comme une parenthèse. — Trait qui indique le changement d'interlocuteur dans un dialogue. — Trait d'union.

tirette [tiʀɛt] n. f. ■ Planchette mobile (que l'on peut tirer ①), adaptée à certains meubles. *Une table à tirette.*

tireur n. ⇒ ④ **tirer,** ⑤ **tirer.**

tiroir [tiʀwaʀ] n. m. **1.** Compartiment coulissant emboîté dans un emplacement réservé (d'un meuble, etc.), et que l'on peut tirer ①. *Les tiroirs d'une commode.* **2.** FOND DE TIROIR : ce qu'on oublie au fond des tiroirs ; chose vieille, sans valeur. *Racler, gratter les fonds de tiroir,* prendre tout l'argent disponible jusqu'au dernier sou. *Auteur qui publie ses fonds de tiroir.* **3.** Littér. *Pièce* À TIROIRS : dont l'intrigue comprend des scènes étrangères à l'action principale, et emboîtées dedans. ▶ ***tiroir-caisse*** n. m. ■ Caisse où l'argent est renfermé dans un tiroir qu'un mécanisme peut ouvrir lorsqu'un crédit est enregistré. *Les tiroirs-caisses d'un magasin.*

tisane [tizan] n. f. ■ Boisson contenant une substance végétale (obtenue par macération, infusion, décoction de plantes) à effet médical ou hygiénique. *Une tasse de tisane.*

tison [tizɔ̃] n. m. ■ Reste d'un morceau de bois, d'une bûche dont une partie a brûlé. *Les tisons enterrés dans la cendre continuaient de fumer.* ▶ ***tisonner*** v. tr. ▪ conjug. 1. ■ Remuer les tisons, la braise de (un foyer, un feu) pour faire tomber la cendre. ▶ ***tisonnier*** n. m. ■ Longue barre de fer à extrémité un peu relevée pour attiser le feu.

tisser [tise] v. tr. ▪ conjug. 1. **1.** (Au p. p. TISSÉ) Fabriquer (un tissu) par tissage. ⇒ **filer.** *Tisser une toile.* — Transformer (un textile) en tissu. *Tisser de la laine.* Sans compl. *Métier à tisser.* — *Araignée qui tisse sa toile,* qui la confectionne. **2.** (Au p. p. TISSU [littér.] et TISSÉ) Littér. Former, élaborer, disposer les éléments de (qqch.) comme par tissage. ⇒ **ourdir, tramer.** *Tisser des intrigues compliquées.* — Au p. p. adj. *Un livre tissu (ou tissé) d'aventures compliquées et invraisemblables.* ▶ ***tissage*** n. m. **1.** Action de tisser ; ensemble d'opérations consistant à entrelacer des fils textiles pour produire des étoffes ou tissus. **2.** Établissement, ateliers où s'exécutent ces opérations. *Le tissage est à côté de la filature.* ▶ ***tisserand, ande*** n. ■ Ouvrier qui fabrique des tissus sur métier à bras. ▶ ***tisseur, euse*** n. ■ Ouvrier sur métier à tisser. *Tisseur de tapis.* ▶ ***tissu*** n. m. **I. 1.** Surface souple et résistante constituée par un assemblage régulier de fils entrelacés, tissés ou à mailles. ⇒ **étoffe.** *Un tissu de coton. Robe en tissu imprimé. Du tissu-éponge. Des tissus d'ameublement.* **2.** Abstrait. Suite ininterrompue (de choses regrettables ou désagréables). ⇒ **enchaînement.** *C'est un tissu de mensonges, d'inepties.* **II. 1.** Ensemble de cellules de l'organisme possédant la même organisation et assurant la même fonction. *Les tissus osseux, musculaires, nerveux. Tissus végétaux. Étude des tissus vivants.* ⇒ **histologie. 2.** Fig. Ensemble d'éléments de mêmes fonctions, organisés en un tout homogène. *Le tissu social, urbain, industriel.* ▶ ***tissulaire*** adj. ■ Didact. Relatif aux tissus cellulaires.

tit- ⇒ **ti-.**

titan [titɑ̃] n. m. ■ Littér. Géant (du nom des géants de la mythologie grecque). *Un travail de titan. Un titan de la pensée.* ▶ ***titanesque*** adj. ■ Littér. Grandiose et difficile. *C'est une entreprise titanesque.* ⇒ **colossal, démesuré, gigantesque.**

titane [titan] n. m. ■ Métal blanc brillant (symb. *Ti*). *Le titane est employé en peinture (blanc de titane).*

① ***en titi*** [ɑ̃titi] loc. adv. ■ Beaucoup, très. *Il neige en titi.* ⇒ **abondamment.** *J'ai faim en titi.* — *Être en titi,* fâché, en colère. — Interj. *Titi que c'est froid !* — Absolt. *Titi ! Eh titi !*

② ***titi*** [titi] n. m. ■ (France) Gamin déluré et malicieux. ⇒ **gavroche.** *Des titis parisiens.*

titiller [titije] v. tr. ▪ conjug. 1. Littér. ou plaisant. **1.** Chatouiller agréablement **2.** Exciter légèrement (à faire qqch.). ⇒ **démanger.** *L'envie de nous parler le titille.* ▶ ***titillation*** n. f. ■ Action de titiller ; sensation de chatouillement léger qu'elle provoque, agréable et irritante à la fois.

① ***titre*** [titʀ] n. m. **I. 1.** Désignation honorifique exprimant une distinction de rang, une dignité. *Les titres de noblesse. Le titre de maréchal.* **2.** Désignation correspondant à une charge, une fonction, un grade. *Le titre de directeur. Les titres universitaires.* — EN TITRE : qui a effectivement le titre de la fonction qu'il exerce (opposé à *auxiliaire, suppléant*). *Professeur en titre.* ⇒ **titulaire.** *La sous-ministre en titre. Le fournisseur en titre d'une maison.* ⇒ **attitré. 3.** Qualité de gagnant, de champion (dans une compétition). *Remporter le titre dans un championnat. Le titre des compteurs.* **4.** À TITRE ; À TITRE DE loc. prép. : en tant que, comme. *Elle y participe à titre (de) bénévole. Elle travaille dans cette société à titre de comptable. Argent remis à titre d'indemnité. Je vous raconte cela à titre d'exemple.* — À CE TITRE : pour cette qualité, cette raison (le titre donnant un droit). — AU MÊME TITRE : de la même manière. *Au même titre que* loc. conj., de la même manière que, de même que. *J'y ai droit au même titre qu'eux.* — À TITRE (+ adjectif). *À titre amical,* amicalement. *À titre indicatif, je cite quelques dates. Une faveur accordée à titre exceptionnel. À plus d'un titre, à plusieurs titres,* pour plusieurs raisons. **II.** (Cause qui établit un droit) **1.** Document qui constate et prouve un droit (de propriété, à un service, etc.). ⇒ **certificat, papier,** ① **pièce.** *Titres de propriété. Titres de transport,* billet, carte, ticket. — Certificat représentatif d'une valeur de bourse. ⇒ **valeur.** *Vendre, acheter des titres.* **2.** Loc. À JUSTE TITRE : à bon droit, avec fondement, raison. ▶ ① ***titrer*** v. tr. ▪ conjug. 1. ■ Donner un titre de noblesse à (qqn). — Au p. p. adj. *Être titré.* ⟨ ▶ attitré, titulaire ⟩

② ***titre*** n. m. ■ (Désignation d'une proportion) **1.** Proportion d'or ou d'argent contenue dans un alliage. ⇒ **taux.** *Le titre d'une monnaie.* **2.** Rapport de la masse d'une substance dissoute à la masse ou au volume de solvant ou de solution. ⇒ **degré.** ▶ ② ***titrer*** v. tr. ▪ conjug. 1. **1.** Déterminer le titre de. *Titrer un alliage, un alcool.* **2.** Avoir (tant de degrés) pour titre. *Les liqueurs doivent titrer 15° minimum.* ▶ ① ***titrage*** n. m. ■ *Le titrage d'un alcool.*

③ ***titre*** n. m. **1.** Désignation du sujet traité (dans un livre) ; nom donné (à une œuvre littéraire) par son auteur, et qui évoque plus ou moins clairement son contenu. *Les titres des livres. Page de titre,* portant le titre, le sous-titre, le nom de l'auteur, etc. FAUX TITRE : titre simple sur la page précédant la page de titre. — Par ext. Un ouvrage en particulier. *Les meilleurs titres de l'année.* **2.** Nom (d'un poème, d'une chanson, d'un film, d'une émission). **3.** Expression, phrase, plus visible que le reste du texte, qui présente un article de journal. ⇒ **rubrique.** *Titre sur cinq colonnes à la une.* ⇒ ② **manchette.** *Gros titres,* titres en gros caractères figurant à la première page d'un journal. **4.** Subdivision du livre (dans un recueil juridique). *Titres, chapitres, sections du code civil.* ▶ ③ ***titrer*** v. tr. ▪ conjug. 1. ■ Donner un titre à. ⇒ **intituler.** *Titrer un film,* y joindre les textes de présentation des séquences, surtout dans les films muets. ▶ ② ***titrage*** n. m. ■ *Le titrage d'un film.* ⟨ ▶ sous-titre ⟩

tituber [titybe] v. intr. ▪ conjug. 1. ■ Vaciller sur ses jambes, aller de droite et de gauche en marchant. ⇒ **chanceler.** *Un malade qui titube.* ▶ ***titubant, ante*** adj. ■ ⇒ **vacillant.** *Un ivrogne titubant. Une démarche titubante.*

titulaire [titylɛʀ] adj. et n. **1.** Qui a une fonction, une charge pour laquelle il a été personnellement nommé (⇒ ① **titre**). *Un professeur titulaire.* ⇒ **agrégé ; permanent.** / contr. **adjoint, auxiliaire, suppléant** / — N. *Le, la titulaire d'un poste.* — Vx. Instituteur, enseignant responsable d'une classe. *Il fut mon titulaire pendant deux ans au cours classique.* **2.** Qui possède juridiquement (un droit). *Les personnes titulaires du permis de conduire, d'un diplôme.* — N. *Les titulaires d'un baccalauréat.* ▶ ***titulariser*** v. tr. ▪ conjug. 1. ■ Rendre (une personne) titulaire d'une fonction, d'une charge qu'elle remplit, spécialt, nommer un professeur d'université au rang de titulaire (⇒ **agrégation**). *Titulariser un professeur.* — Au passif. *Être titularisé.* ▶ ***titularisation*** n. f. ■ *Une demande de titularisation.*

T.N.O. [teɛno] n. m. invar. ■ Abréviation de *territoire* non organisé. La M.R.C. de Vallée-de-l'Or compte sept T.N.O.*

T.N.T. [teɛnte] n. m. invar. ■ Explosif solide, cristallisé, dérivé nitré d'un hydrocarbure, le toluène (nom scientifique *trinitrotoluène*).

① ***toast*** [tos(t)] n. m. ■ Anglic. Action (fait de lever son verre) ou discours par quoi l'on propose de boire en l'honneur de qqn ou de qqch., à la santé de qqn, etc. *Porter un toast. Un toast de bienvenue. Prononcer plusieurs toasts.*

② ***toast*** n. Anglic. ■ Tranche de pain grillée en surface (⇒ **rôtie**). *Du café et des toasts beurrés. Des toasts dorées,* du pain doré. — Loc. fam. *Ça va y aller aux toasts,* très rapidement, aussi vite que possible. ⇒ à la **planche.** ▶ ***toaster*** v. tr. ▪ conjug. 1. ■ Fam. Griller, faire griller du pain. *Faire toaster un bout de baguette.* — Spécialt au p. p. adj. TOASTÉ, ÉE : grillé. *Un sandwich aux tomates toasté.* ▶ ***toasteur*** n. m. ■ Grille-pain. *Acheter un nouveau toasteur.*

tobagane n. m. ⇒ **tabagane.**

toboggan [tɔbɔgɑ̃] n. m. **1.** Traîneau sans patins utilisé pour glisser sur la neige, qui servait autrefois au transport des marchandises. ⇒ **tabagane, traîne ;** anglic. **sleigh. 2.** (France) Traîneau à longs patins métalliques. *Piste de toboggan.* **3.** Piste où l'on fait des descentes et qui est utilisée comme jeu (dans les foires, les parcs d'attractions). ⇒ **glissade, glissoire. 4.** Appareil de manutention formé d'une glissière. **5.** (France) Voie de circulation automobile qui enjambe un carrefour.

① ***toc*** [tɔk] interj. **1.** Onomatopée d'un bruit, d'un heurt (souvent répété). *Toc, toc !, qui est là ?* ⟨ ▶ toqué, ② toquer ⟩

② ***toc*** n. m. **1.** *Le toc, du toc,* imitation d'une matière précieuse, d'un objet ancien. *C'est du toc.* ⇒ **camelote.** *Bijou en toc.* ⇒ de **pacotille. 2.** Adj. Fam. Sans valeur, faux et prétentieux. *Un meuble toc. Ça fait toc.* ⇒ **kitsch, quétaine.** ▶ ***tocard, arde*** adj. et n. (France) **1.** Adj. Fam. Ridicule, laid. *Un salon tocard.* ⇒ **moche. 2.** N. Fam. Personne incapable, sans valeur. *C'est un tocard.* ⇒ **ringard.** — Mauvais cheval. *Elle a misé sur un tocard.*

tocade n. f. ⇒ **toquade.**

toccata [tɔkata] n. f. ■ Pièce de musique écrite pour le clavier, à rythme régulier et marqué. *Toccatas et fugues de J.-S. Bach.*

tocsin [tɔksɛ̃] n. m. ■ Sonnerie de cloche répétée et prolongée, pour donner l'alarme. *Faire sonner le tocsin. On sonnait le tocsin en cas d'incendie.*

toffee [tɔfe] n. m. ■ Anglic. Confiserie faite de beurre et de sucre caramélisés.

tofu [tɔfy] ou ***tofou*** [tɔfu] n. m. ■ Produit alimentaire d'origine japonaise, à base de soya, qui a l'apparence d'une gelée blanchâtre et qui est vendu en petits blocs. *La cuisine au tofu.* — REM. L'orthographe *tofou* a été proposée par l'O.L.F.

toge [tɔʒ] n. f. **1.** Ample pièce d'étoffe sans coutures dans laquelle les Romains se drapaient. **2.** Robe de cérémonie, dans certaines professions. *Une toge d'avocat, de professeur.* ‹ ► épitoge ›

tohu-bohu [tɔybɔy] n. m. invar. ■ Désordre, confusion de choses mêlées ; bruit confus. *Le tohu-bohu des voitures.* ⇒ **tintamarre, vacarme.** *Dans le tohu-bohu du départ.*

toi [twa] pronom pers. et nominal. ■ Pronom personnel (forme tonique) de la 2ᵉ pers. du sing. et des deux genres, qui représente la personne à qui l'on s'adresse. ⇒ **tu. 1.** Compl. d'un verbe pronominal à l'impératif. *Dépêche-toi. Mets-toi là. Sauve-toi vite.* — REM. Devant *en* et *y, toi* s'élide en *t'*. ⇒ **te.** *Garde t'en bien.* (Rare) *Mets t'y.* **2.** (+ infinitif) *Toi, nous quitter ?* — Sujet d'un participe. *Toi parti, la maison sera bien triste.* — Sujet d'une propos. elliptique. *Moi d'abord, toi après.* **3.** Sujet ou complément, coordonné à un nom, un pronom. — (Suj.) *Ta sœur et toi partirez.* — (Compl.) *Toi ou moi* (nous) *irons. Elle invitera tes parents et toi.* — (Dans une phrase comparative) *Il est plus gentil que toi.* **4.** Renforçant le pronom. *Et toi, tu restes. Toi ma fille, tu vas aller te coucher. T'épouser, toi, jamais !* **5.** TOI QUI... *Toi qui me comprends.* — TOI QUE. *Toi que j'estime. Toi que j'ai vu grand comme ça.* — *Toi dont, à qui, pour qui...* **6.** (En fonction de vocatif) *Toi, viens avec moi.* **7.** TOI, attribut. *C'est toi. Si j'étais toi...,* à ta place. — *C'est toi qui l'as voulu.* **8.** (Précédé d'une préposition) *Prends garde à toi.* — *Chez toi. Je suis content de toi. Le mal vient de toi. Avant toi, après toi, vers toi, sans toi. Je crois en toi.* — (Renforçant le possessif TON) *Ton livre, tes livres à toi.* **9.** TOI-MÊME. *Connais-toi toi-même.* — TOI SEUL... *Toi seule iras. Tu ne le feras pas à toi (tout) seul. Toi aussi. Toi non plus.* ‹ ► chez-toi, tutoyer ›

toile [twal] n. f. **I.** (Sens général) **1.** Tissu d'armure unie (⇒ ② **armure**), fait de fils de lin, de coton, de chanvre, etc. *Tisser la toile, une toile. Toile de jute. Toile à matelas. Une robe de toile. Torchon de toile.* — Loc. *Faire la toile,* perdre connaissance, avoir une faiblesse. **2.** *(Une, des toiles)* Pièce de toile. *Une toile de 3 m². Toile de tente.* — *Une* TOILE CIRÉE : pièce de toile vernie servant de nappe, de revêtement. **3.** Pièce de toile qui s'enroule sur une baguette, qu'on installe devant une ouverture (fenêtre, porte). *Monter, descendre la toile.* ≠ *store.* **4.** Fam. Écran de cinéma. **II. 1.** Pièce de toile, montée sur un châssis, poncée et enduite d'un côté, et servant de support pour une œuvre peinte. *La toile et le châssis d'un tableau.* — Cette œuvre. ⇒ **peinture, tableau.** *Un musée où l'on expose des toiles de maître.* **2.** Loc. TOILE DE FOND : toile verticale, au fond de la scène, représentant les derniers plans des décors. — Fig. Ce qui sert d'arrière-plan à une description (contexte historique, politique, social, etc.). *Le Montréal des années cinquante est la toile de fond de l'intrigue.* **III.** Réseau de fils (d'araignée). *Une toile d'araignée. L'araignée tisse sa toile.* — Loc. très fam. *Avoir une toile d'araignée dans le vagin,* être encore vierge, à un certain âge. ‹ ► entoiler ›

① ***toilette*** [twalɛt] n. f. **1.** Action de se préparer, de s'apprêter pour paraître en public (de se peigner, se farder, s'habiller). *Meuble, table de toilette. Produits de toilette. Être à sa toilette.* **2.** Le fait de s'habiller et de se parer. ⇒ **ajustement, habillement.** *Avoir le goût de la toilette,* être coquet. **3.** Manière dont une femme est vêtue et apprêtée. ⇒ **mise, parure, tenue, vêtement.** *Être en grande toilette. Elle porte bien la toilette.* — UNE TOILETTE : les vêtements que porte une femme. *Une toilette élégante.* **4.** Ensemble des soins de propreté du corps. *Faire sa toilette avant de s'habiller. Faire un brin de toilette,* une toilette rapide. *Savon de toilette.* (France) *Un gant de toilette.* ⇒ **débarbouillette.** *Trousse de toilette.* **5.** CABINET DE TOILETTE : petite pièce où est aménagé ce qu'il faut pour se laver (lavabo, douche, etc.), mais sans baignoire. ⇒ **salle** de bains ; fam. **chambre** de bains. ► ***toiletter*** v. tr. ▪ conjug. 1. ■ Faire la toilette de (un chien d'appartement). ‹ ► toilettes ›

toilettes n. f. pl. ou ***toilette*** n. f. ■ Lieu où l'on fait ses besoins naturels. ⇒ fam. **bécasse, chiottes.** *Aller aux toilettes.* ⇒ **cabinets,** petit **coin,** petit **endroit.** *Où sont les toilettes ?* ⇒ ① **lavabo, W.-C.** — *Du papier de toilette.* — *Le bol* de toilette.* ⇒ **cuvette.**

toise [twaz] n. f. **1.** Anciennt. Mesure de longueur valant 6 pieds (presque 2 mètres). — Mesure de superficie valant 100 pieds carrés. *Deux toises de bardeaux.* — Mesure de volume employée en foresterie pour le bois empilé et valant 216 pieds cubes. **2.** Tige verticale graduée qui sert à mesurer la taille. *Passer des soldats à la toise.* ► ***toiser*** v. tr. ▪ conjug. 1. **1.** Mesurer (qqn) à la toise. **2.** Fig. Regarder avec dédain, mépris. ⇒ **dévisager, examiner.** *Elle le toisa des pieds à la tête.*

toison [twazɔ̃] n. f. **1.** Pelage laineux des moutons, etc. *La toison blanche et bouclée d'un agneau.* (Avec une majusc.) *La Toison d'or,* trésor fabuleux (dans l'Antiquité). **2.** Chevelure très fournie. ⇒ **tignasse.** *Une toison blonde.* — Poils abondants de certains animaux (chat, chien) ou de l'humain. *Il a une toison sur la poitrine.*

toit [twa] n. m. **1.** Surface supérieure (d'un édifice) ; matériaux recouvrant une construction et la protégeant contre les intempéries. ⇒ **couverture** (I, 3), **toiture.** *Un toit de bardeaux, de tôle. Les toits de Paris. Toit en pente. Toit plat, en terrasse.* — *Habiter sous les toits,* au dernier étage d'un immeuble, dans une mansarde. — Loc. *Crier, publier qqch. sur les toits,* divulguer, répandre. — (Avec une majusc.) Loc. fig. *Le Toit du monde,* le Tibet. **2.** Maison, abri où l'on peut vivre. ⇒ **domicile, logement.** *Posséder un toit. Être sans toit. Vivre avec qqn sous le même toit. Recevoir qqn* SOUS SON TOIT : chez soi. **3.** Paroi supérieure (d'un véhicule). *Le toit d'une automobile. Voiture à toit ouvrant.* ► ***toiture*** n. f. ■ Ensemble constitué par la couverture d'un édifice et son armature. *La toiture d'une maison, d'une gare. Les bardeaux de la toiture.* ‹ ► entretoit ›

① ***tôle*** n. f. ⇒ **taule.** ► ① ***tôlier*** n. ⇒ **taulier.**

② ***tôle*** [tol] n. f. **1.** Feuille de fer ou d'acier obtenue par laminage *(une tôle)* ; fer ou acier laminé *(la tôle). La tôle est utilisée en carrosserie automobile.* — Loc. *Froisser de la tôle,* endommager la carrosserie. — Loc. fam. *Ne plus avoir une tôle,* un sou. **2.** TÔLE ONDULÉE : tôle de fer présentant des plis courbes, alternés, et servant à couvrir des hangars, des bâtiments industriels, etc. *Un toit en tôle ondulée.* — Sol, revêtement de route qui forme des plis transversaux. ≠ *taule.* ► ***tôlerie*** n. f. **1.** Fabrication, commerce de la tôle. **2.** Atelier où l'on travaille la tôle. **3.** (Collectif) Ensemble des tôles. *La tôlerie d'une automobile.* ► ② ***tôlier*** n. m. ■ Personne qui fabrique, travaille ou vend la tôle. ≠ *taulier.* — REM. Le féminin *tôlière* est virtuel.

tolérer [tɔlere] v. tr. ▪ conjug. 6. **I. 1.** Laisser se produire ou subsister (une chose qu'on aurait le droit ou la possibilité d'empêcher). ⇒ **permettre.** *On tolère le stationnement dans cette ruelle.* — Au p. p. adj.

Stationnement toléré. / contr. **interdit** / — Considérer avec indulgence (une chose qu'on n'approuve pas et qu'on pourrait blâmer). ⇒ **excuser, pardonner.** *J'ai toléré tes bêtises trop longtemps. Tolérer qqch. de qqn. Elle tolère de sa sœur ce qu'elle n'accepterait de personne d'autre.* **2.** Supporter avec patience (ce qu'on trouve désagréable, injuste). ⇒ **endurer.** *Une douleur qu'on ne peut tolérer.* ⇒ **intolérable. 3.** *Tolérer qqn,* admettre sa présence, le supporter malgré ses défauts. — Pronominalement (récipr.). *Ils se tolèrent, mais ne s'aiment pas.* **II.** (Organismes vivants) Supporter sans réaction fâcheuse. *Tolérer un médicament.* ▶ ***tolérable*** adj. **1.** Qu'on peut tolérer, considérer avec indulgence. *Vos négligences ne sont plus tolérables.* ⇒ **admissible, excusable. 2.** Qu'on peut supporter. ⇒ **endurable.** *Son existence n'est plus tolérable.* ⇒ **supportable.** / contr. **intolérable** / ▶ ***tolérance*** n. f. **I. 1.** Attitude qui consiste à admettre chez autrui une manière de penser ou d'agir différente de celle qu'on adopte soi-même ; le fait de respecter la liberté d'autrui en matière d'opinions. *La tolérance religieuse, politique.* **2.** *Une tolérance,* ce qui est toléré, permis. *Ce n'est pas un droit, c'est une tolérance. Tolérance (grammaticale),* liberté de ne pas appliquer la règle stricte (dans certains cas). **II. 1.** Aptitude de l'organisme à supporter sans symptômes de maladie l'action d'une substance, etc. **2.** Limite de l'écart admis entre les caractéristiques réelles d'un objet fabriqué ou d'un produit et les caractéristiques prévues. *Marge de tolérance. Tolérance de calibre, de poids.* ▶ ***tolérant, ante*** adj. ■ Qui manifeste de la tolérance (I, 1). *Ses parents sont très tolérants.* ⇒ **compréhensif, indulgent, ouvert.** / contr. **intolérant** / ⟨ ▶ intolérable, intolérance ⟩

tollé [tɔl(l)e] n. m. ■ Clameur collective de protestation indignée. ⇒ **huée.** *Sa déclaration déclencha un tollé général. Des tollés.* / contr. **ovation** /

toluène [tɔlɥɛn] n. m. ■ Hydrocarbure liquide, incolore, inflammable, à odeur forte, utilisé comme solvant et détachant, ou dans la préparation de colorants, de médicaments, d'explosifs (⇒ **T.N.T.**).

T.O.M. n. m. invar. ⇒ **D.O.M.**

tomahawk [tɔmaɔ(a)k] n. m. ■ Hache de guerre dont se servaient les Amérindiens. ⇒ **casse-tête.** *Des tomahawks.*

tomaison [tɔmɛzɔ̃] n. f. ■ Indication du numéro du tome (sur les pages de titre, au dos des reliures).

tomate [tɔmat] n. f. **1.** Fruit sphérique rouge d'une plante annuelle, qui se consomme comme un légume. *Une salade de tomates. Des tomates farcies. Sauce tomate,* à la tomate. *Du ketchup* aux tomates vertes.* — Loc. *Être rouge comme une tomate,* très rouge (de honte, de timidité). ⇒ **coquelicot.** *Avoir la tomate rouge,* le visage. *Saigner comme une tomate,* abondamment. **2.** Fam. Dollar. ⇒ fam. **piastre.** *Le billet coûte dix tomates.*

tombe [tɔ̃b] n. f. **1.** Lieu où l'on ensevelit un mort, fosse recouverte d'une dalle (parfois d'un monument). ⇒ **sépulture, tombeau.** *Descendre un cercueil dans une tombe. Les tombes d'un cimetière. Il se recueille sur la tombe de sa mère. — S'il pouvait voir cela, il se retournerait dans sa tombe,* se dit d'un défunt qu'on imagine indigné par qqch. **2.** Fam. Cercueil. ⇒ ② **bière, sarcophage.** *Une tombe en merisier. Porter la tombe.* **3.** Loc. *Être au bord de la tombe, avoir déjà un pied dans la tombe,* être près de mourir. *Être muet comme une tombe,* observer un mutisme absolu, garder les secrets. **4.** Pierre tombale, monument funéraire. *Un nom gravé sur une tombe.* ▶ ***tombal, ale*** adj. — REM. Le masc. plur. est inusité. ■ *Inscriptions tombales. Pierre tombale,* dalle qui recouvre une tombe. ▶ ***tombeau*** n. m. **1.** Monument funéraire servant de sépulture. ⇒ **caveau, mausolée, sépulcre, stèle.** *Un tombeau en marbre.* **2.** Littér. Lieu clos, sombre, d'aspect funèbre. *Cette maison est un vrai tombeau.* **3.** Loc. À TOMBEAU OUVERT : avec une telle vitesse qu'on risque un accident mortel. *Rouler à tombeau ouvert.* **4.** *Le tombeau de...,* composition poétique, œuvre musicale en l'honneur d'un grand homme, d'un artiste disparu. *« Le Tombeau d'Edgar Poe », par Baudelaire.*

① ***tomber*** [tɔ̃be] v. intr. ■ conjug. 1.(Avec auxil. *être*) **I. 1.** Être entraîné à terre en perdant son équilibre ou son assise. ⇒ **chute.** *Il est tombé par terre, à terre. Tomber de tout son long. Elle tomba à la renverse. On l'a fait tomber. Tomber mort. Elles sont tombées raides mortes. Ils sont tombés au champ d'honneur.* — Loc. *Tomber de fatigue, de sommeil,* avoir du mal à se tenir debout. — (Sans aller à terre) Se laisser aller, choir. *Elle se laissa tomber dans un fauteuil. Tomber dans les bras de qqn.* — (Choses) S'écrouler. *Ce pan de mur menace de tomber.* ⇒ s'**effondrer.** Fig. *Faire tomber les barrières, les cloisons.* — TOMBER EN *(ruine, poussière)* : en se réduisant à l'état de ruine, etc. *Ce livre tombe en morceaux.* **2.** (Personnes) Cesser de régner, être déchu, renversé. *Le gouvernement est tombé.* **3.** (Choses) Être détruit ou disparaître. *La difficulté tombe.* — Échouer. *La pièce est tombée.* **4.** Perdre de sa force, ne pas se soutenir. ⇒ **diminuer.** *Le jour tombe.* ⇒ **décliner.** *Sa colère était tombée.* ⇒ **apaiser, calmer. II. 1.** Être entraîné vers le sol, d'un lieu élevé à un lieu bas ou profond. ⇒ **dégringoler.** *Le camion est tombé dans le ravin, dans le vide. L'oiseau est tombé du nid. Tomber du cinquième étage. Il est tombé dans l'eau, à l'eau.* Loc. *Notre projet est tombé à l'eau. L'avion tombe en chute libre. La pluie tombe. La foudre est tombée.* Impers. *Il tombait de la neige. Il tombe des clous,* il pleut abondamment. — Au p. p. adj. *Des fruits tombés. — Laisser tomber un paquet. Attention ! ça va tomber. La plume me tombe des mains,* je lâche la plume (d'ennui, de fatigue). — Loc. LAISSER TOMBER : ne plus s'occuper de. *Elle laisse tomber la danse.* ⇒ **abandonner.** *Laisser tomber qqn,* ne plus s'intéresser à lui. *On ne laisse pas tomber ses amis.* Fam. *Laisse tomber,* abandonne (un projet, une attitude). **2.** (Lumière, obscurité, sons, paroles, etc.) Arriver, parvenir du haut. ⇒ **frapper.** *La nuit tombe. Les paroles qui tombent de la bouche de qqn.* **3.** Baisser. ⇒ **descendre.** *Les prix tombent. Les cours de la Bourse sont tombés.* **4.** Être en décadence. ⇒ **déchoir, dégénérer.** *Il est tombé bien bas.* **5.** (Choses) S'abaisser en certaines parties, tout en restant suspendu ou soutenu. *Ses cheveux châtains tombaient en boucles sur ses épaules. Une robe qui tombe bien,* en s'adaptant aux lignes du corps. — S'affaisser. *Des épaules qui tombent.* ⇒ **tombant** (2). *Les bras lui tombent de fatigue.* Loc. *Les bras m'en tombent,* je suis stupéfait, accablé. **III. 1.** TOMBER SUR : s'élancer de toute sa force et par surprise. ⇒ **attaquer,** ② **charger, foncer.** *L'ennemi tomba sur nous. — Tomber sur qqn,* l'accuser ou le critiquer sans ménagement, l'accabler. — (Choses) *Les malheurs tombent sur moi.* **2.** TOMBER EN..., DANS *un état* : se trouver entraîné dans (un état critique, une situation fâcheuse). *Tomber dans l'oubli. Tomber dans le désespoir. Il tombe d'un excès dans un autre.* ⇒ **passer.** *Tomber dans l'erreur, dans le ridicule. Tomber dans un piège, dans une embuscade. — Notre voiture est tombée en panne.* **3.** (Personnes ; + adjectif ou compl. avec *dans, en*) Être, devenir (après une évolution rapide). *Tomber en disgrâce, en décadence. Tomber malade. Tomber en amour, amoureux. Elle est tombée enceinte. — Tomber endormi,* s'endormir brusquement. *Elle a failli tomber endormie au volant. — Tomber d'accord,* s'accorder. *Elle tombera bientôt* *en vacances.* ⇒ **commencer.** **IV. 1.** Arriver ou se présenter inopinément. ⇒ **survenir.** *On est tombé en pleine réunion.* — TOMBER SUR... *qqn, qqch.* : rencontrer ou toucher par hasard. *Je tombe alors sur un ancien collègue. Je suis tombé par hasard sur une vieille photo de ma mère. La conversation est tombée sur la politique.* — TOMBER SOUS... : se présenter à portée de (la main). *Elle attrape tout ce qui lui tombe sous la main.* — Loc. *Tomber sous le sens,* être évident. *Tomber sous le coup de la loi,* être passible d'une peine. — TOMBER BIEN, MAL, etc. (choses, personnes) : arriver à propos ou non. *Tiens ! tu tombes bien. Ça tombe à propos, à pic, pile.* **2.** Arriver, par une coïncidence. *Cette fête tombe un dimanche.* ▸ ***tombant, ante*** adj. **1.** *À la nuit tombante,* au crépuscule. ⇒ **brunante. 2.** Qui s'incline vers le bas, s'affaisse. *Des joues un peu tombantes. Avoir des épaules tombantes.* ▸ ***tombée*** n. f. ■ TOMBÉE DE LA NUIT, DU JOUR : moment où la nuit tombe, où le jour décline. ⇒ **brunante, crépuscule.** *On lui rendit visite à la tombée de la nuit.* ‹ ▸ retombées, retomber, ② tomber ›

② ***tomber*** v. tr. ▪ conjug. 1.(Avec auxil. *avoir*) **1.** Vaincre (l'adversaire) en le faisant tomber et en lui faisant toucher le sol des épaules. **2.** Fam. *Tomber une femme,* la séduire. **3.** Loc. fam. TOMBER LA VESTE : l'enlever. ⇒ **retirer.** ▸ ***tombeur*** n. m. ■ Fam. *Un tombeur de femmes.* — Sans compl. *C'est un vrai tombeur.* ⇒ **don Juan, séducteur.**

tombereau [tɔ̃bʀo] n. m. ■ Grosse voiture à cheval faite d'une caisse montée sur deux roues, susceptible d'être déchargée en basculant à l'arrière ; son contenu. *Des tombereaux de sable, d'ordures.*

tombola [tɔ̃bɔla] n. f. ■ Loterie de société où chaque gagnant reçoit un lot en nature. *La tombola d'une foire. Des tombolas.*

tome [tom] n. m. **1.** Division principale (d'un ouvrage). ⇒ **tomaison.** *Un livre divisé en quatre tomes et publié en deux volumes. Le second tome d'un livre.* **2.** Volume (d'un ouvrage en plusieurs volumes). ‹ ▸ tomaison ›

-tome, -tomie ■ Éléments savants signifiant « couper, découper » (ex. : *anatomie, dichotomie ; atome*).

tomographe [tɔmɔgʀaf] n. m. ■ Appareil d'exploration radiologique qui permet d'obtenir la radiographie d'une mince couche d'organe à une profondeur voulue.

tom-pouce [tɔmpus] n. m. **1.** Fam. Homme de très petite taille, nain. **2.** Petit parapluie à manche court.

① ***ton*** [tɔ̃], ***ta*** [ta], ***tes*** [te(ɛ)] adj. poss. **I.** (⇒ **tien**) (Sens subjectif) **1.** Qui est à toi, t'appartient. ⇒ **toi, tu.** *C'est ta veste, ton veston. Occupe-toi de ton avenir.* — (Devant un mot fém. commençant par une voyelle, *ton* au lieu de *ta*) *Ton erreur.* **2.** (Devant un nom de personne) Exprime des rapports de parenté, d'amitié, de vie sociale. *Ton père, ta mère. Ton épouse.* **II.** (Sens objectif) *Ton juge,* la personne qui te juge. *À ta vue,* en te voyant.

② ***ton*** n. m. **I. 1.** Hauteur de la voix. *Le ton aigu de sa voix. Changement de ton,* inflexion. **2.** Qualité de la voix humaine, en hauteur (*ton* proprement dit), en timbre et en intensité, qui dépend du contenu du discours, et des sentiments qu'elle exprime. ⇒ **accent, expression, intonation.** *Un ton suppliant, moqueur. Un ton de supériorité. On lui annonça cela d'un ton détaché, d'un ton sec. Dire qqch. sur le ton de la conversation, de la plaisanterie, sur un ton calme. Hausser, baisser le ton,* parler avec plus, moins d'arrogance. — Loc. *Ne le prenez pas* SUR CE TON : de si haut. *Dire, répéter* SUR TOUS LES TONS : de toutes les manières. **3.** Manière de s'exprimer, dans un écrit. ⇒ **style.** *Le ton amical d'une lettre.* **4.** Loc. DE BON TON : de bon goût. *Une élégance, une réserve de bon ton* (→ une élégance... bon genre). **II. 1.** Linguistique. Hauteur du son de la voix ; accent de hauteur. *Langues à ton,* où la signification dépend de la hauteur de certaines syllabes (ex. : *le chinois*). **2.** Musique. Intervalle qui sépare deux notes consécutives de la gamme. *Il y a un ton majeur entre do et ré, un ton mineur entre ré et mi, un demi-ton entre mi et fa.* **3.** Chacune des gammes caractérisées par la disposition particulière des intervalles qui séparent les notes d'une suite comprise dans les limites d'une octave (ex. : de *do* à *do*). ⇒ ① **tonalité** (2). *Le ton se dit de la gamme choisie pour écrire un morceau de musique* (il porte le nom de la note initiale appelée *tonique*). *Le ton de si bémol majeur, mineur. Morceau de musique écrit dans tel ton.* **4.** Hauteur des sons émis par la voix dans le chant ou par un instrument, définie par un repère. *Donner le ton, le la. Sortir du ton,* détonner. *Se mettre* DANS LE TON : s'accorder. ▸ ***tonal, ale, als*** adj. **1.** Qui concerne ou définit un ton, une hauteur caractéristique. *La hauteur tonale des sons musicaux.* **2.** Qui concerne la tonalité ① (opposé à *modal*). *Musique tonale et musique modale.* ▸ ① ***tonalité*** n. f. **I. 1.** Système musical fondé sur la disposition des tons et demi-tons dans la gamme (opposé à *modalité*). **2.** Ton (II, 3). *La clef donne la tonalité principale du morceau.* **3.** Ensemble des caractères, hauteur, timbre (d'un ensemble de sons, d'une voix). **II.** Son émis par un téléphone avant la composition d'un numéro d'appel. *La tonalité indique que la ligne est libre.* ‹ ▸ atone, demi-ton, détonner, entonner, intonation, monotone, ② tonique ›

③ ***ton*** n. m. ■ Couleur, considérée dans sa force, son intensité. ⇒ **teinte, nuance.** *Une robe aux tons criards.* Loc. TON SUR TON : dans une même couleur nuancée, claire et foncée (→ en camaïeu). ▸ ② ***tonalité*** n. f. ■ Ensemble de tons, de nuances de couleur ; impression que ces nuances produisent. *Ce tableau est dans une tonalité verte.*

tondre [tɔ̃dʀ] v. tr. ▪ conjug. 41. **1.** Couper à ras (les poils, la laine). *Tondre la toison d'un mouton, tondre un caniche.* — Loc. *Tondre des poils sur des œufs,* effectuer un travail très minutieux. **2.** Dépouiller (un animal) de ses poils, (une personne) de ses cheveux en les coupant ras. ⇒ **tonte.** — *Se faire tondre la nuque, le crâne.* ⇒ **raser ; tonsure. 3.** Couper à ras ; égaliser en coupant. *Tondre le gazon. Tondre une haie.* **4.** Dépouiller (qqn). *Il s'est laissé tondre sans protester.* ⇒ **plumer.** ▸ ***tondeuse*** n. f. **1.** Instrument destiné à tondre le poil des animaux, les cheveux des humains. **2.** *Tondeuse (à gazon),* petite faucheuse rotative. ▸ ***tondu, ue*** adj. ■ Coupé à ras. *Des cheveux tondus.* ⇒ **ras.** — N. Loc. *Quatre pelés et un tondu.* ⇒ **pelé.** ‹ ▸ tonsure, tonte ›

tonifier [tɔnifje] v. tr. ▪ conjug. 7. ■ Avoir un effet tonique sur. ⇒ **fortifier, stimuler.** *Ce bain m'a tonifié. Une bonne lecture tonifie l'esprit.* ▸ ***tonifiant, ante*** adj. ■ ⇒ **tonique, vivifiant.** / contr. **lénifiant** / *Une lotion tonifiante. Une promenade tonifiante.*

① ***tonique*** [tɔnik] adj. et n. m. **1.** Qui fortifie, reconstitue les forces. *Un médicament tonique.* **2.** N. m. *Un tonique,* substance employée comme médicament tonique. ⇒ **fortifiant, remontant.** ≠ *topique.* **3.** Qui stimule, augmente la force vitale, rend plus vif. *Un froid sec et tonique.* ⇒ **vivifiant.** — *Une idée tonique, réconfortante.* / contr. **débilitant** / — Qui stimule la circulation du sang. *Une lotion tonique pour l'épiderme.* ⇒ **tonifiant.** ▸ ***tonicité*** n. f. ■ Caractère de ce qui est tonique, stimulant. *La tonicité de l'air marin.* ‹ ▸ tonifier ›

② ***tonique*** adj. **1.** *Voyelle, syllabe tonique,* qui porte l'accent de hauteur. ⇒ ② **ton** (II, 1). *Formes toniques des pronoms.* / contr. **atone** / *« Toi » est la forme tonique correspondant à « te ».* **2.** ACCENT TONIQUE : à la fois d'intensité et de hauteur, portant sur une syllabe. *L'accent tonique porte sur la dernière syllabe non muette, en français.* ‹ ▶ diatonique ›

③ ***tonique*** n. f. ■ Première note de la gamme (d'un ton donné), celle qui commence un morceau de musique et lui donne son nom. (ex. : *do majeur*). ⇒ ② **ton** (II, 3) ; ① **tonalité.**

tonitruant, ante [tɔnitʀyɑ̃, ɑ̃t] adj. ■ Fam. Qui fait un bruit de tonnerre, énorme. *Une voix tonitruante.* ⇒ **retentissant, tonnant.**

tonnage [tɔnaʒ] n. m. **1.** Capacité de transport (d'un navire de commerce). ⇒ **jauge.** *Un bâtiment d'un fort tonnage.* **2.** Capacité totale des navires marchands (d'un port ou d'un pays).

tonnant, ante [tɔnɑ̃, ɑ̃t] adj. ■ Qui fait un bruit de tonnerre. *Une voix tonnante.* ⇒ **tonitruant.**

① ***tonne*** [tɔn] n. f. **1.** Unité de masse, mesure valant 1 000 kilogrammes (symb. *t*). *Commander deux tonnes de charbon.* — Ancienne unité de masse valant 2 000 livres ou 907 kilogrammes. **2.** Énorme quantité (de choses). *Elle épluche des tonnes de légumes.* **3.** Unité de poids de 1 000 kilogrammes servant à évaluer le déplacement ou le port en lourd d'un navire. *Un paquebot de 16 000 tonnes.* ⇒ ① **tonneau.** **4.** Mesure du poids (des véhicules, des poids lourds). *Un camion de 7 tonnes,* et ellipt. *un 7 tonnes.* ▶ ① ***tonneau*** n. m. ■ Unité internationale de volume employée pour déterminer la capacité des navires ⇒ **jauge, tonnage**, et valant 2,83 mètres cubes. *Un bateau de 200 tonneaux.* ≠ ② *tonneau.* ‹ ▶ mégatonne, tonnage ›

② ***tonne*** n. f. ■ Techniques. Grand récipient plus large que le tonneau. *Une énorme tonne de vin.* — Loc. fam. *Sentir la tonne, le fond de tonne,* empester l'alcool. ⇒ fam. **robine.** ▶ ② ***tonneau*** n. m. ■ Grand récipient cylindrique en bois, en métal, en plastique, renflé au milieu. ⇒ **barrique.** *Mettre le vin en tonneau. Un tonneau de bière.* — Contenu d'un tonneau. — Tonneau de vin. *Fond de tonneau,* ce qui reste au fond du tonneau, où il y a de la lie ; mauvais vin ; résidu. ≠ ① *tonneau.* ▶ ***tonnelet*** n. m. ■ Petit tonneau, petit fût. ⇒ **baril.** *Un tonnelet d'eau-de-vie.* ▶ ***tonnelier*** n. m. ■ Artisan, ouvrier qui fabrique et répare les tonneaux et récipients en bois. — REM. Le féminin *tonnelière* est virtuel. ‹ ▶ entonner, entonnoir ›

③ ***tonneau*** n. m. **1.** Tour complet (d'un avion) autour de son axe longitudinal. *Le pilote a exécuté une série de tonneaux.* **2.** Accident par lequel une automobile fait un tour complet sur le côté. *La voiture a fait plusieurs tonneaux sur la pente du ravin.*

tonnelle [tɔnɛl] n. f. ■ Petit abri circulaire à sommet arrondi, fait de lattes en treillis sur lequel on fait grimper des plantes. ⇒ **charmille.** *Déjeuner sous une tonnelle.*

tonner [tɔne] v. intr. ▪ conjug. 1. **1.** Impers. (Tonnerre) Éclater. *Il fait des éclairs et il tonne.* **2.** Faire un bruit de tonnerre. *Les canons tonnaient.* **3.** Exprimer violemment sa colère en parlant très fort. ⇒ **crier, fulminer, tonitruer ; tonnant.** *Tonner contre l'injustice.* ▶ ***tonnerre*** n. m. **1.** Bruit de la foudre, accompagnant l'éclair (qui parvient plus tard à l'observateur, le son se propageant plus lentement que la lumière). *On entend le tonnerre dans le lointain. Un coup de tonnerre.* — Cour. *Le tonnerre,* la foudre. *Le tonnerre est tombé sur un arbre.* **2.** COUP DE TONNERRE : événement brutal et imprévu. *La mort de sa mère fut pour elle un coup de tonnerre.* **3.** Bruit très fort. *Un tonnerre d'applaudissements. Une voix de tonnerre.* ⇒ **tonitruant.** **4.** Fam. DU TONNERRE : superlatif exprimant l'admiration. ⇒ **formidable, terrible ;** ② **super.** *Une fille du tonnerre. Il y avait une ambiance du tonnerre (de Dieu).* **5.** Exclam. En interjection, pour exprimer la violence, la menace. *Tonnerre de Dieu ! Tonnerre !* ‹ ▶ détoner, paratonnerre, tonitruant, tonnant ›

tonsure [tɔ̃syʀ] n. f. **1.** Anciennt. Petit cercle rasé au sommet de la tête des ecclésiastiques, signe du premier degré dans la hiérarchie cléricale. *Porter la tonsure.* **2.** Fam. Calvitie circulaire au sommet de la tête. ▶ ***tonsurer*** v. tr. ▪ conjug. 1. ■ Raser le sommet de la tête de (qqn). — Au p. p. adj. *Clerc tonsuré.* — N. *Un tonsuré.*

tonte [tɔ̃t] n. f. **1.** Action de tondre. *La tonte des moutons. L'époque de la tonte. — La tonte des gazons.* **2.** Laine obtenue en tondant les moutons.

tonton [tɔ̃tɔ̃] n. m. ■ (Surtout en France) Lang. enfantin. Oncle. *Tonton Pierre.* ⇒ **mononcle.** ≠ *toton.*

tonus [tɔnys] n. m. invar. **1.** *Tonus musculaire,* légère contraction permanente du muscle vivant. **2.** Énergie, dynamisme. *On manque de tonus.* ⇒ **vitalité.**

① ***top*** [tɔp] n. m. ■ (France) Signal sonore qu'on donne pour déterminer un moment avec précision. *Au quatrième top, il sera exactement 8 heures 12 minutes. On a entendu deux tops (sonores).*

② ***top*** n. m. Anglic. Fam. **1.** Mégot. *Écraser ses tops.* **2.** Toit d'une auto. *Cirer son top. Virer sur le top,* faire un tonneau. ⇒ **capoter.** — Fig. Loc. *Être viré sur le top,* être devenu fou. **3.** Loc. *Être au top de,* au sommet, en tête. *Cette chanson est au top du palmarès. — Le volume de la radio est au top,* au maximum. — *Cette marque de bière, c'est le top,* la meilleure.

topaze [tɔpɑz] n. f. ■ Pierre fine (silicate), pâle ou jaune, transparente.

toper [tɔpe] v. intr. ▪ conjug. 1. ■ Surtout à l'impératif. Accepter un défi, un enjeu ; taper dans la main, heurter le verre (du partenaire) pour signifier qu'on accepte, qu'on conclut le marché. *Topez là, affaire conclue !* ▶ ***tope*** interj. ■ Exclamation signifiant « j'accepte (nous acceptons) le défi ».

topinambour [tɔpinɑ̃buʀ] n. m. ■ Tubercule utilisé surtout pour la nourriture du bétail. *Pendant la guerre, on mangeait des topinambours et des rutabagas.*

topique [tɔpik] adj. ■ Didact. Relatif à un lieu (→ topo-), à un endroit précis. *Médicament topique* et, n. m., *un topique,* médicament qui agit sur un point précis du corps. ≠ *tonique.*

topless [tɔplɛs] n. f. ■ Anglic. *(Danseuse) topless,* femme qui danse les seins nus (à l'intention des clients d'un bar, d'un cabaret...). ⇒ **danseur** à gogo ; anglic. **gogo-girl.**

topo [tɔpo] n. m. ■ Fam. Discours, exposé. ⇒ **laïus.** — REM. A d'abord signifié « croquis » ; de *topographie. Elle nous a fait tout un topo sur la situation financière de l'entreprise. Des topos.*

topo- ■ Élément savant signifiant « lieu ». ▶ ***topographie*** [tɔpɔgʀafi] n. f. **1.** Technique du levé des cartes et des plans de terrains faits en supposant la Terre plane. ⇒ **cartographie.** **2.** Configuration, relief (d'un lieu, terrain ou pays). *Avant de construire, il faut étudier la topographie des lieux.* ▶ ***topographe*** n. ■ Spécialiste de la topographie. ▶ ***topographique*** adj. ■ *Des cartes topographiques. Appareils topographiques qui enregistrent les gauchissements du sol.*

▸ ***topologie*** n. f. ■ Géométrie qui étudie les positions indépendamment des formes et des grandeurs (géométrie de situation). ▸ ***toponyme*** n. m. ■ Nom de lieu. ▸ ***toponymie*** n. f. **1.** Étude des noms de lieux, de leur étymologie. **2.** Ensemble des noms de lieux (d'une région, d'un pays, d'une langue). La toponymie amérindienne. ▸ ***toponymique*** adj. ▸ ***toponymiste*** n. ■ Spécialiste de la toponymie. ⟨ ▸ isotope, topique, topo ⟩

toquade ou ***tocade*** [tɔkad] n. f. ■ Fam. Goût très vif, généralement passager, souvent bizarre et déraisonnable, pour une chose ou pour une personne. ⇒ **caprice, engouement, lubie.** *Avoir une toquade pour une femme. C'est sa dernière toquade.* ⇒ **manie.**

toquant, ante [tikɑ̃, ɑ̃t] adj. ■ Aliments. Qui rassasie vite, procure la satiété rapidement (souvent d'un aliment très riche en sucre). *Le toffee, la tire d'érable sont toquants.*

toque [tɔk] n. f. ■ Coiffure cylindrique sans bords. *Une toque de fourrure.* ⇒ **casque.** *La toque blanche d'un cuisinier.*

toqué, ée [tɔke] adj. et n. Fam. **1.** Un peu fou, bizarre. ⇒ ① **timbré ;** fam. **capoté, cinglé, sonné.** *Elle est toquée.* — N. *Ce sont des toqués.* — *Toqué de...,* amoureux fou de... ⇒ **toquade. 2.** Qui est obstiné, ne change pas d'idée facilement. ⇒ **entêté ; têtu.** ▸ ① ***se toquer*** v. pron. ▪ conjug. 1. ■ Fam. *Se toquer de...,* avoir une toquade pour (qqn). ⇒ s'**amouracher,** s'**éprendre.** *Elle s'est toquée d'un chanteur de rock.* ⟨ ▸ toquade ⟩

② ***toquer*** v. intr. ▪ conjug. 1. ■ Fam. Frapper légèrement, discrètement. ⇒ **cogner ;** ① **toc.** *On toque à la porte.*

Torah ou ***Thora*** [tɔʀɑ] n. f. ■ Les cinq premiers livres de la Bible (ou Pentateuque), dans la tradition juive.

torche [tɔʀʃ] n. f. **1.** Flambeau grossier (bâton de bois résineux). *Des torches flambantes éclairaient l'entrée du camp.* — *Être transformé en torche vivante,* brûler vif. **2.** *Torche (électrique),* lampe électrique de poche, de forme cylindrique. **3.** Fam. Lampe à souder. *Une torche à acétylène.* **4.** Fam. et péj. Femme grande et grosse. ⇒ fam. **toutoune.** ⟨ ▸ torchère ⟩

torcher [tɔʀʃe] v. tr. ▪ conjug. 1. **1.** Fam. Essuyer pour nettoyer. *Torcher un plat.* — Très fam. *Torcher le derrière d'un enfant. Torcher un enfant.* — Sans compl. *Il faut torcher aujourd'hui,* faire du ménage dans la maison. — SE TORCHER v. pron. Très fam. S'essuyer après être allé aux toilettes. — Loc. fam. *Je m'en torche,* je m'en fiche totalement. **2.** Bâcler, faire vite et mal. *Torcher son travail.* ⇒ fam. **torchonner.** ▸ ***torché, ée*** adj. Fam. **1.** *Ça, c'est torché ! Bien torché,* réussi, bien enlevé. **2.** Bâclé, fait trop vite. *C'est du travail torché.* ⟨ ▸ torchon ⟩

torchère [tɔʀʃɛʀ] n. f. **1.** Candélabre monumental ; applique qui porte plusieurs sources lumineuses. *Une lampe torchère.* **2.** Tuyauterie élevée qui permet de dégager et de brûler les gaz excédentaires d'hydrocarbures, dans une raffinerie.

torchis [tɔʀʃi] n. m. invar. ■ (France) Terre argileuse malaxée avec de la paille hachée et utilisée pour construire. *Des murs de torchis.*

torchon [tɔʀʃɔ̃] n. m. **1.** Morceau de toile, de tissu qui sert à essuyer la vaisselle, les meubles. ⇒ **chiffon, guenille.** *Donner un coup de torchon sur la table.* **2.** Loc. fam. *Il ne faut pas mélanger les torchons et les serviettes,* il faut traiter différemment les gens selon leur condition sociale, les choses selon leur valeur. — *Le torchon brûle,* il y a une querelle entre les personnes dont on parle. **3.** Fam. et péj. Écrit sans valeur ; texte très mal présenté. *Votre devoir est un vrai torchon.* — Journal de mauvaise qualité et méprisable. ≠ *canard. Ne lisez plus ce torchon !* ▸ ***torchonner*** v. tr. ▪ conjug. 1. ■ Fam. ⇒ **bâcler, torcher.** — Au p. p. adj. *Du travail torchonné.*

tord-boyaux [tɔʀbwajo] n. m. invar. ■ Fam. Eau-de-vie très forte, de mauvaise qualité. ⇒ **robine ;** fam. **gnôle.**

tordre [tɔʀdʀ] v. tr. ▪ conjug. 41. **I. 1.** Déformer en tournant sur le côté (torsion), enrouler en hélice. *Elle tordit ses cheveux et fit un chignon. Tordre un chiffon mouillé. On tord le linge mouillé avant de le faire sécher.* **2.** Soumettre (un membre, une partie du corps) à une torsion. *Il m'a tordu le bras. Tordre le cou,* étrangler. — *L'angoisse lui tord l'estomac.* ⇒ ① **serrer.** — Fig. Loc. fam. *Tordre le bras à qqn,* l'obliger à faire qqch., lui forcer la main. — REM. Cette locution est un calque de l'anglais. **3.** Déformer par flexion ; plier. *Tordre une barre de fer.* ⇒ **crochir.** *Le vent tordait les branches.* **4.** (Faux pronominal) Plier brutalement (une articulation, en la forçant). *Elle s'est tordu le pied, la cheville.* ⇒ se **forcer** (III), ② se **fouler. 5.** Tourner de travers en déformant. *Tordre la bouche de douleur.* **II.** SE TORDRE v. pron. réfl. : se plier en deux (sous l'effet de la douleur, d'une émotion vive). *Se tordre de douleur.* — *Se tordre (de rire). Il y a de quoi se tordre* (⇒ **tordant**). ▸ ***tordage*** n. m. **1.** Action de tordre. *Le tordage d'une débarbouillette mouillée.* — Fig. Loc. fam. *Du tordage de bras,* le fait d'obliger qqn à faire qqch., de lui forcer la main. ▸ ***tordant, ante*** adj. ■ Fam. Très drôle, très amusant. ⇒ **comique ;** fam. **crampant, crevant ;** se **tordre.** / contr. ① **plat** / *C'est une histoire tordante.* ▸ ***tordu, ue*** adj. **1.** Dévié, tourné de travers ; qui n'est pas droit. ⇒ ① **croche** (I). *Une règle tordue. Des jambes tordues.* **2.** N. Fam. *Un tordu,* un homme mal bâti. **3.** Abstrait. *Avoir l'esprit tordu,* bizarre, mal tourné. — Fam. *Il est complètement tordu,* fou. *Tordu de rire.* ⇒ fam. **crampé.** — Terme d'injure. *Espèce de tordu !* ⟨ ▸ contorsion, distorsion, entorse, retordre, tord-boyaux, tors, torsion, torticolis, tortiller, tortueux ⟩

torero [tɔʀeʀo] n. m. ■ Homme qui combat et doit tuer le taureau, dans une corrida. ⇒ **matador.** *Des toreros.* ▸ ***toréador*** n. m. ■ Vx. Torero. ▸ ***toréer*** [tɔʀee] v. intr. ▪ conjug. 1. ■ Combattre le taureau selon les règles de la tauromachie. ▸ ***toril*** [tɔʀil] n. m. ■ Enceinte où l'on tient enfermés les taureaux, avant la corrida.

torgnole [tɔʀɲɔl] n. f. ■ (France) Coup, série de coups. *Son père lui a flanqué une torgnole.* ⇒ fam. **raclée, volée.**

torgueux ou ***torrieu, euse*** [tɔʀjø, øz] n. ■ (Valeur d'adj.) Très fam. Diable de, espèce de. ⇒ fam. **bonguenne,** ② **maudit, mosus ;** très fam. **bonyeu.** *Elle est rusée, la petite torrieuse. Un torgueux de beau voyage dans le Sud.* — Interj. exprimant la surprise, l'étonnement. *Torrieu ! il neige encore.* — Absolt. *Maudit torrieu !* — Loc. adv. *En torgueux, en torrieu,* bien ; beaucoup, passablement. ⇒ fam. en ② **maudit.** *Cette année , il y a des bleuets en torrieu.* — *Être en torgueux, en torrieu,* fâché, en colère. — REM. On trouve également d'autres variantes (ex. : *torrieux*) et des formes atténuées (ex. : *tornon*).

tornade [tɔʀnad] n. f. ■ Mouvement tournant de l'atmosphère, effet violent de certaines perturbations tropicales. ⇒ **bourrasque, cyclone, ouragan, typhon.** *La tornade a tout arraché.* — *Il est entré comme une tornade,* brusquement (→ en coup de vent).

toron [tɔʀɔ̃] n. m. ■ Terme technique. Fils tordus ensemble, pour fabriquer les câbles, etc.

torontois, oise [tɔʀɔ̃twa, waz] adj. et n. ■ De la ville de Toronto, en Ontario. *L'équipe de baseball torontoise.* — N. (Avec une majusc.) Personne née dans cette ville de l'Ontario ou qui l'habite.

torpeur [tɔʀpœʀ] n. f. ■ Diminution de la sensibilité, de l'activité, sans perte de conscience. *Une sorte de torpeur l'envahit.* ⇒ **engourdissement, somnolence.** *Faire sortir, tirer qqn de sa torpeur.*

torpille [tɔʀpij] n. f. **1.** Engin de guerre chargé d'explosifs et se dirigeant de lui-même sous l'eau vers les objectifs à atteindre (navires, etc.). ⇒ **lance-torpilles. 2.** Poisson capable de produire une décharge électrique. ▸ ***torpiller*** v. tr. ▪ conjug. 1. **1.** Attaquer, faire sauter à l'aide de torpilles. *Sous-marin qui torpille un navire.* **2.** Attaquer sournoisement. *Torpiller les négociations.* ▸ ***torpillage*** n. m. ■ *Le torpillage du « Lusitania ». — Le torpillage d'un plan de paix.* ▸ ***torpilleur*** n. m. ■ Bateau de guerre plus léger et rapide que le croiseur et destiné à lancer des torpilles. ≠ *croiseur.* ⟨ ▸ contre-torpilleur, lance-torpilles ⟩

torréfier [tɔʀefje] v. tr. ▪ conjug. 7. ■ Calciner superficiellement à feu nu (le tabac, le café). *Torréfier le tabac pour le dessécher.* — Au p. p. adj. *Café bien torréfié.* ▸ ***torréfacteur, trice*** n. ■ N. m. Appareil servant à torréfier. *Un torréfacteur à café.* — N. Commerçant qui vend du café qu'il torréfie lui-même. ▸ ***torréfaction*** n. f. ■ Début de calcination à feu nu, que l'on fait subir à certaines matières organiques. *La torréfaction du café.*

torrent [tɔʀɑ̃] n. m. **1.** Cours d'eau à forte pente, à rives encaissées, à débit rapide, impétueux et irrégulier. ≠ *ruisseau, rivière. Torrent de montagne, alimenté par les glaciers. La crue du torrent.* **2.** Écoulement très rapide de liquide, dans la nature. *Des torrents de boue. Un torrent de lave.* — Loc. *Il pleut* À TORRENTS : très abondamment. ⇒ à **verse ; torrentiel.** (→ À boire debout) **3.** Grande abondance (de ce qui afflue violemment). — *Elle versait des torrents de larmes.* ⇒ **déluge,** ① **flot.** *Un torrent d'injures.* ▸ ***torrentiel, elle*** adj. ■ Qui coule comme un torrent. *Une pluie torrentielle.* ⇒ **diluvien.**

torride [tɔʀid] adj. ■ Où la chaleur est extrême. ⇒ **brûlant, chaud.** *Un climat torride. Une chaleur torride,* extrême. — REM. *Torréfier* vient du même radical.

tors, torse [tɔʀ, tɔʀs] adj. **1.** *Colonne torse,* à fût contourné en spirale. **2.** *Jambes torses,* tordues, arquées. ⇒ ① **croche** (I). ▸ ***torsade*** n. f. **1.** Rouleau de fils, cordons tordus ensemble en hélice pour servir d'ornement. *Torsade d'épaulette* (d'un officier). — *Une torsade de cheveux,* cheveux longs réunis et tordus ensemble. **2.** Motif ornemental en hélice. *Colonne à torsades.* ▸ ***torsader*** v. tr. ▪ conjug. 1. ■ Mettre en torsade. *Torsader des cheveux.* — Au p. p. adj. *Colonnes torsadées.*

torse [tɔʀs] n. m. ■ Buste, poitrine. *Se mettre torse nu.* ⇒ fam. en **bedaine.** *Un beau torse.* — Sculpture représentant un tronc sans tête ni membres. *Un torse d'Aphrodite.*

torsion [tɔʀsjɔ̃] n. f. **1.** Action de tordre (I) ; déformation que l'on fait subir à un objet allongé en faisant tourner une de ses extrémités dans un sens, les autres parties restant fixes ou étant soumises à un mouvement contraire. *Un mouvement de torsion. Effectuer une torsion de bras.* **2.** État, position de ce qui est tordu. *La torsion des fils d'une torsade.*

tort [tɔʀ] n. m. **I.** (Employé sans article) **1.** AVOIR TORT : ne pas avoir le droit, la raison de son côté (opposé à *avoir raison*). ⇒ se **tromper.** *Elle n'avait pas tort.* — AVOIR TORT DE... *Tu as tort de tant fumer.* — DONNER TORT À : accuser, désapprouver. *On lui a donné tort. Les faits vous ont donné tort,* ont montré que vous aviez tort. / contr. **raison** / **2.** À TORT : pour de mauvaises, de fausses raisons ; injustement. *Soupçonner qqn à tort. C'est à tort qu'on a prétendu cela* (opposé à *avec raison, à bon droit*). — À TORT OU À RAISON : sans motifs ou avec de justes motifs, quelle que soit la réalité. *À tort ou à raison, il considère qu'il a été lésé dans le partage.* — À TORT ET À TRAVERS : sans raison ni justesse. ⇒ **inconsidérément.** *Tu dépenses à tort et à travers. Parler à tort et à travers,* dire n'importe quoi. **3.** DANS SON TORT : dans la situation d'une personne qui a tort (relativement à la loi, à un autre) ; opposé à *dans son droit, son bon droit. Il, elle se met dans son tort en agissant ainsi. Se sentir dans son tort.* ⇒ **coupable.** — EN TORT. *Vous êtes en tort et passible d'amende.* **II.** *(Un, des torts ; le tort de...)* **1.** Action, attitude blâmable (envers qqn). *Il a des torts envers elle. Reconnaître ses torts.* **2.** Action, attitude qui constitue une erreur, une faute. *Ces gens avaient le tort de parler trop.* ⇒ **défaut.** *Vous faites comme ceci ? C'est un tort.* ⇒ **erreur. 3.** Le fait d'agir injustement contre qqn, de léser qqn. *Les torts qu'on lui a causés.* ⇒ **dommage, préjudice.** *Demander réparation d'un tort.* — FAIRE DU TORT À... *Ces placotages nous ont fait du tort. Ça ne fait de tort à personne.*

torticolis [tɔʀtikɔli] n. m. invar. ■ Torsion du cou avec inclinaison de la tête accompagnée de sensations douloureuses dans les muscles.

tortilla [tɔʀtija] n. f. ■ Galette mince et plate, d'origine mexicaine, faite de farine de maïs, qu'on mange chaude et garnie d'une préparation de viande, de légumes, etc. (taco, chili). *Des tortillas.*

tortiller [tɔʀtije] v. ▪ conjug. 1. **I.** V. tr. Tordre à plusieurs tours (une chose souple). *Tortiller ses cheveux.* **II.** V. intr. **1.** Se remuer en ondulant, se tourner de côté et d'autre. *Elle dansait en tortillant des hanches.* ⇒ **balancer.** — REM. *Se tortiller* (III) est plus courant. **2.** Loc. fam. (IL N')Y A PAS À TORTILLER : à hésiter. *Il n'y a pas à tortiller, il faut y aller !* ⇒ **taponner, tergiverser ;** fam. **tataouiner, téter. III.** SE TORTILLER v. pron. réfl. : se tourner de côté et d'autre sur soi-même. *Se tortiller comme un ver.* ▸ ***tortillon*** n. m. ■ Chose tortillée. *Un tortillon de tissu, de papier.* ▸ ***tortillard*** n. m. ■ Train d'intérêt local sur une voie de chemin de fer qui fait de nombreux détours, qui va très lentement (et dont la voie se *tortille*). ⟨ ▸ entortiller ⟩

tortionnaire [tɔʀsjɔnɛʀ] n. ■ Personne qui fait subir des tortures. ⇒ **bourreau.** — Adj. *Des policiers, des terroristes tortionnaires.*

tortue [tɔʀty] n. f. ■ Reptile à quatre pattes courtes, à corps enfermé dans une carapace, à tête munie d'un bec corné, à marche lente. *Tortue marine. Le lièvre et la tortue. — Quelle tortue, c'est une vraie tortue !,* se dit d'une personne très lente. *Marcher, avancer à pas de tortue,* très lentement.

tortueux, euse [tɔʀtɥø, øz] adj. **1.** Qui fait des détours, présente des courbes irrégulières. ⇒ **sinueux ; méandre.** *Des rues tortueuses.* / contr. ① **droit** / *Cours tortueux d'une rivière.* **2.** Péj. Plein de détours, qui ne se manifeste pas franchement. *Les manœuvres tortueuses d'un politicien. Un esprit tortueux.* ⇒ **retors.** / contr. **direct** / ▸ ***tortueusement*** adv.

torture [tɔʀtyʀ] n. f. **1.** Souffrances physiques infligées à qqn pour lui faire avouer ce qu'il refuse de révéler. ⇒ **supplice.** *Torture légale* (autrefois). ⇒ **question.** *Pays qui emploient la torture au mépris des droits de la personne. Il est mort après avoir souffert d'atroces tortures. Bourreau qui inflige des tortures.* ⇒ **tortion-**

naire. **2.** Loc. *Instruments de torture,* se dit d'instruments, d'objets qui font souffrir. — *Mettre qqn* À LA TORTURE : l'embarrasser ou le laisser dans l'incertitude. *Se mettre l'esprit à la torture,* faire des efforts pénibles pour trouver ou se rappeler qqch. ⇒ se **creuser** la tête. **3.** Souffrance physique ou morale intolérable. ⇒ **martyre, tourment.** *La torture de la soif. Les tortures de la jalousie.* ▶ ***torturer*** v. tr. ▪ conjug. 1. **1.** Infliger la torture (1), faire subir des tortures à (qqn). *Torturer un prisonnier.* ⇒ **supplicier ; tortionnaire. 2.** Faire beaucoup souffrir. ⇒ **martyriser.** *Ne le torturez pas avec vos questions.* — Pronominalement. *Se torturer le cerveau, l'esprit,* le mettre à la torture. — (Suj. chose) *La faim, la jalousie les torturait.* ⇒ **tenailler, tourmenter. 3.** Transformer par force. *Torturer un texte,* l'altérer en le transformant. — Au p. p. adj. *Un visage torturé,* déformé (par l'angoisse, un sentiment violent). ▶ ***torturant, ante*** adj. ■ *Un remords torturant.* ‹ ▶ tortionnaire ›

torve [tɔʀv] adj. ■ *Œil torve, regard torve,* oblique et menaçant.

tory [tɔʀe(i)] adj. et n. m. ■ Anglic. Aussi en Angleterre. Se dit des membres du parti conservateur. — N. *Les tories s'opposent aux libéraux et aux travaillistes.*

toscan, ane [tɔskɑ̃, an] adj. et n. **1.** De la Toscane, en Italie. *L'architecture toscane.* — N. (Avec une majusc.) Personne née dans cette région de l'Italie ou qui l'habite. **2.** N. m. *Le toscan,* le dialecte parlé en Toscane, qui est la base de l'italien moderne.

tôt [to] adv. et adj. **1.** Au bout de peu de temps et sensiblement avant le moment habituel ou normal. *Les arbres ont fleuri tôt cette année. Vous êtes arrivés trop tôt.* / contr. **tard** / — TÔT ou TARD*. PLUS TÔT : avant le moment où l'on est ou dont on parle. ⇒ **auparavant.** *Un jour plus tôt. Il est arrivé plus tôt que moi.* ≠ *plutôt.* — *Elle ne viendra pas* DE SI TÔT : pas dans un proche avenir et peut-être jamais. — Adj. (emploi impers.) *Il est trop tôt pour manger.* — PAS PLUS TÔT QUE. *Nous n'étions pas plus tôt rentrés qu'il fallut repartir,* il fallut repartir immédiatement après. — LE (AU) PLUS TÔT... *Le plus tôt que vous pourrez,* dès que vous pourrez. — N. m. *Le plus tôt sera le mieux. Revenez au plus tôt,* le plus tôt possible. *Mon travail sera terminé dans quinze jours au plus tôt,* pas avant. **2.** Au commencement d'une portion déterminée de temps. *Se lever tôt,* de bonne heure. **3.** Loc. *Avoir tôt fait de.* ⇒ **vite.** ‹ ▶ aussitôt, bientôt, couche-tôt, lève-tôt, plutôt, sitôt, tantôt ›

total, ale, aux [tɔtal, o] adj. et n. **1.** Adj. Qui affecte toutes les parties, tous les éléments (de la chose ou de la personne considérée). ⇒ **absolu, complet,** ① **général.** *Une destruction totale. Dans l'obscurité totale. Une confiance totale.* ⇒ ① **entier, parfait.** — Pris dans son entier, dans la somme de toutes ses parties. / contr. **partiel** / *La somme totale* ⇒ **global** *et les parties, les fractions.* **2.** N. m. Nombre total, quantité totale. ⇒ **montant,** ① **somme.** *Le total de la population. Faire le total,* additionner le tout. — AU TOTAL : en comptant tous les éléments. *Cela fait mille dollars au total.* — *Au total,* tout compte fait, tout bien considéré. ⇒ en **définitive,** en **somme.** *Au total, il vaut mieux attendre.* — Adv. Fam. En conclusion, finalement. *Total, on s'est encore fait voler.* ▶ ***totalement*** adv. ■ Complètement, entièrement. / contr. **partiellement** / *Être totalement guéri.* ⇒ **tout** à fait. *Je suis totalement de votre avis.* ⇒ **absolument.** ▶ ***totaliser*** v. tr. ▪ conjug. 1. **1.** Additionner. *Totaliser les points avec une calculatrice.* / contr. **soustraire** / **2.** Compter au total. *L'équipe qui totalise le plus grand nombre de points.* ▶ ***totalisateur, trice*** adj. et n. m. ■ Appareil donnant le total d'une série d'opérations. *Machine totalisatrice.* — N. m. *Un totalisateur.* ▶ ***totalisation*** n. f. ■ Opération consistant à totaliser. ‹ ▶ totalitaire, totalité ›

totalitaire [tɔtalitɛʀ] adj. **1.** *Régime totalitaire,* régime à parti unique, n'admettant aucune opposition organisée et dans lequel le pouvoir politique tend à confisquer la totalité des activités sociales. ⇒ **dictatorial.** *Les régimes totalitaires de l'Italie fasciste, de l'Espagne franquiste.* ⇒ **dictature.** *États totalitaires.* / contr. **libéral** / **2.** Didact. Qui englobe la totalité des éléments (d'un ensemble). *Une conception totalitaire du monde.* ▶ ***totalitarisme*** n. m. ■ Système politique des régimes totalitaires. *Le totalitarisme stalinien.*

totalité [tɔtalite] n. f. ■ Réunion totale des parties ou éléments constitutifs (d'un ensemble, d'un tout). ⇒ **intégralité, total.** / contr. **fraction,** ① **partie** / *La totalité de ses biens. La totalité du personnel.* ⇒ ② **ensemble.** *Lire un texte dans sa totalité.* ⇒ en **entier.** — EN TOTALITÉ. ⇒ en **bloc, complètement, intégralement, totalement.** *Nos propositions avaient été rejetées en totalité.*

totem [tɔtɛm] n. m. ■ Animal (ou quelquefois végétal) considéré comme l'ancêtre et le protecteur d'un clan, objet de tabous et de devoirs particuliers. ⇒ **idole.** *Ces Amérindiens ont pour totem une tortue.* — Mât représentant les totems d'un clan. *Un totem scout.* ▶ ***totémique*** adj. ■ Du totem. *Clan totémique. Mât totémique,* qui porte le totem. ▶ ***totémisme*** n. m. ■ Organisation sociale, familiale fondée sur les totems et leur culte.

① ***toto*** [toto] n. f. ■ Lang. enfantin. Auto. *Oh, la belle toto !*

② ***toto*** n. ■ Fam. Personne idiote, niaiseuse. ⇒ fam. **nono.** *J'ai l'air d'un beau toto amanché comme ça !* — Adj. *Avoir l'air toto.*

toton [tɔtɔ̃] n. m. **1.** Littér. Petite toupie. *Tourner comme un toton.* **2.** Fam. Nigaud, stupide, niaiseux. *Espèce de toton !* — Loc. *Être pas mal toton.* ≠ *tonton.*

touage n. m. ⇒ **touer.**

touareg [twaʀɛg] n. et adj. ■ Nomade du Sahara. — REM. Le mot est déjà un pluriel ; au sing., il faudrait dire *un, une* TARGUI, IE.

toubib [tubib] n. ■ (Surtout en France) Fam. Médecin. *C'est un bon toubib. Les toubibs de l'hôpital.* — Adj. *Elle est toubib.*

toucan [tukɑ̃] n. m. ■ Oiseau grimpeur, au plumage vivement coloré, à bec énorme et très long, qui vit dans les régions montagneuses de l'Amérique du Sud.

① ***touchant*** [tuʃɑ̃] prép. ■ Lttér. Au sujet de... ⇒ **concernant, sur.** *Je ne sais rien touchant cette affaire.*

② ***touchant, ante*** adj. **1.** Littér. Qui fait naître de la pitié, de la compassion. *Un récit touchant.* ⇒ **attendrissant, émouvant.** *C'est très touchant.* **2.** Qui émeut, attendrit d'une manière douce et agréable. *Ils se sont fait des adieux touchants.* — (Personnes) Attendrissant (iron.). *Il est touchant de maladresse.*

① ***touche*** [tuʃ] n. f. **1.** Action du poisson qui mord à l'hameçon. *Pas la moindre touche aujourd'hui, je n'ai rien pris.* **2.** Fam. *Faire une touche,* rencontrer qqn à qui l'on plaît. *Avoir la touche, une touche avec qqn,* plaire manifestement à qqn. ⇒ Anglic. **ticket** (3). **3.** Fam. Bouffée de cigarette ou de pipe. — Loc. *Tirer une touche,* fumer une cigarette, une pipe.

② ***touche*** n. f. **I. 1.** Action, manière de poser la couleur, les tons sur la toile. *Peindre à larges touches.* — Couleur posée d'un coup de pinceau. *Une touche* de rouge. **2.** Loc. *Mettre une touche de gaieté, une touche exotique* (dans un décor, une toilette, une description, etc.), apporter un détail gai, un élément exotique. **II.** (France) Fam. Aspect d'ensemble. ⇒ **allure, dégaine, tournure.** *Tu as une drôle de touche.*

③ ***touche*** n. f. **1.** Football, soccer. *Ligne de touche,* ou *touche,* chacune des limites latérales du champ de jeu, perpendiculaire aux lignes de but. *En touche, sur la touche.* — Sortie du ballon en touche. *Il y a touche.* **2.** Loc. *Rester, être mis* SUR LA TOUCHE : dans une position de non-activité, de non-intervention.

④ ***touche*** n. f. **1.** Chacun des petits leviers que l'on frappe des doigts, qui constituent un clavier. ⇒ fam. ② **piton** (III). *Les touches d'un piano. — Les touches d'une machine à écrire, d'un clavier d'ordinateur.* **2.** Bouton-poussoir d'un appareil. ⇒ fam. ② **piton** (III). *Les touches d'un téléphone* ou *téléphone à touches. Les touches d'une télécommande.*

touché [tuʃe] n. m. ■ Football. Points marqués (6) par le joueur qui traverse la ligne des buts adverses en tenant le ballon. *Marquer un touché. Passe de touché.*

① ***toucher*** [tuʃe] v. tr. . conjug. 1. **I.** (Avec mouvement) **1.** (Êtres vivants) Entrer en contact avec (qqn, qqch.) en éprouvant les sensations du tact. ⇒ **palper.** *Elle touche le radiateur pour savoir si le chauffage marche. Il lui touche l'épaule. Toucher légèrement le clavier.* ⇒ **effleurer ;** ④ **touche,** ② **toucher** (3). *Je n'ai jamais touché une carte,* jamais joué, *une cigarette,* jamais fumé. *Toucher la main de, à qqn,* pour dire bonjour. — *Lutteur qui touche le sol des deux épaules. Toucher le fond* (de l'eau), avoir pied. **2.** (Sans contact direct) ⇒ **atteindre.** *Il tira et toucha son adversaire à l'épaule.* ⇒ **blesser.** *Elle le toucha au visage. Toucher le sol de sa canne, avec sa canne. Toucher la toile avec son pinceau.* ⇒ ② **touche.** *Toucher le côté du jeu avec le ballon.* ⇒ ③ **touche. 3.** Joindre, arriver à rencontrer (qqn), par un intermédiaire (lettre, téléphone). ⇒ **atteindre.** *Où peut-on vous toucher ?* **4.** (Choses) Entrer en contact avec (qqn, qqch.) au terme d'un mouvement. ⇒ **atteindre.** *Être touché par une balle,* blessé. *Le bateau a touché le port, a touché terre.* ⇒ **accoster.** *L'avion touchera le sol dans un instant.* ⇒ **atterrir. 5.** Entrer en possession de, prendre livraison de (une somme d'argent). ⇒ **recevoir.** *Toucher de l'argent. Toucher un traitement.* ⇒ **gagner.** — Percevoir. *Ils ont touché leurs rations de cigarettes.* **6.** Abstrait. Procurer une émotion à (qqn), faire réagir en suscitant l'intérêt affectif. ⇒ **intéresser.** *La musique la touche particulièrement,* elle y est très sensible. *Ce reproche l'a touché.* ⇒ **blesser.** — Plus cour. Émouvoir en excitant la compassion, la sympathie et une certaine tendresse. ⇒ **attendrir ;** ② **touchant.** *Ses larmes m'ont touché.* **7.** Loc. TOUCHER UN MOT *de qqch. à qqn* : dire un mot à qqn concernant qqch., dire un mot de... *Avant de décider, il faut lui en toucher un mot.* **II.** (Sans mouvement) **1.** Se trouver en contact avec ; être tout proche de. *Sa maison touche l'église.* **2.** Concerner, avoir un rapport avec. ⇒ **regarder.** *C'est un problème qui les touche de près. C'est une question qui ne me touche en rien. Elle connaît tout ce qui touche à l'histoire romaine.* ⇒ ① **touchant.** — Pronominalement (récipr.). Être en rapport étroit. *Les extrêmes se touchent.* **III.** V. tr. ind. TOUCHER À. **1.** Porter la main sur, pour prendre, utiliser. ⇒ **taponner.** *Ne touche pas à ce vase, n'y touche pas !* Fam. *Pas touche ! Cet enfant touche à tout.* ⇒ **touche-à-tout.** — *Il n'avait pas faim, il n'a pas touché à son repas,* il n'a rien mangé. *Il n'a jamais touché à un volant,* il n'a jamais conduit. **2.** Abstrait. Se mêler, s'occuper de (qqch.). *Il vaut mieux ne pas toucher à ce sujet.* ⇒ **aborder.** — S'en prendre (à qqch.), pour modifier, corriger. *Ils n'osent pas toucher aux traditions. Elle a l'air de ne pas y toucher,* un air faussement innocent (⇒ **sainte nitouche**). **3.** Littér. Atteindre, arriver à (un point qu'on touche ou dont on approche). *Toucher au port. Nous touchons au but.* — (Dans le temps) TOUCHER À SA FIN. *L'automne touchait à sa fin et faisait place à l'hiver.* **4.** Être en contact avec. *Un immeuble qui touche à la gare.* **5.** Avoir presque le caractère de. ⇒ **confiner.** *Son goût pour le ménage touche à la névrose.* ▶ ② ***toucher*** n. m. **1.** Un des cinq sens correspondant aux sensibilités qui interviennent dans l'exploration des objets par contact avec la peau, la main. ⇒ **tact. 2.** Action ou manière de toucher. ⇒ **attouchement, contact.** *Le velours est doux au toucher.* **3.** Manière dont un(e) pianiste obtient la sonorité en frappant les touches. *Elle a un beau toucher.* **4.** Médecine. Exploration d'une cavité naturelle à la main. ⇒ **palpation.** *Toucher rectal, vaginal.* ▶ ***touche-à-tout*** n. m. invar. **1.** Personne, enfant qui touche à tout. **2.** Personne qui se disperse en activités multiples. ⟨ ▶ attouchement, intouchable, retoucher, sainte nitouche, ① touchant, ② touchant, ①, ②, ③ et ④ touche, touché ⟩

touer [twe; tue] v. tr. . conjug. 1. ■ Faire avancer en tirant, en remorquant ; spécialt (navires, barques) en tirant à bord sur une amarre. ▶ ***touage*** n. m. ■ Remorquage (d'un navire).

touffe [tuf] n. f. ■ Assemblage naturel de plantes, de poils, de brins..., rapprochés par la base. ⇒ **bouquet.** *Une touffe d'herbe. Une touffe de poils, de cheveux.* ⇒ **épi, mèche.** ▶ ***touffu, ue*** adj. **1.** Qui est en touffes, qui est épais et dense. *Un bois touffu. Une barbe touffue.* ⇒ **dru, fourni.** / contr. **clairsemé** / **2.** Qui présente en trop peu d'espace des éléments abondants et complexes. *Un livre touffu.* / contr. **concis,** ① **simple** /

tough [tɔf] Anglic. Fam. **I.** Adj. (Choses) **1.** Difficile, dur à faire (d'une activité : travail, recherche, sport...). ⇒ **fatigant, laborieux, pénible ;** anglic. **rough.** *Le voyage a été tough. Pêcher le saumon, c'est pas mal tough.* **2.** Difficile, dur à supporter. *L'hiver est tough cette année.* ⇒ anglic. **rough.** *C'est tough de voir son père mourir d'un cancer.* **II.** (Personnes) **1.** Qui est brutal, grossier ; dur à cuire. ⇒ anglic. **rough.** *Certains motards paraissent toughs. Joueur très tough,* rude. — N. *Des gros toughs.* — Loc. *Être, avoir l'air tough. Rough and tough,* très dur. **2.** Qui a une grande résistance. ⇒ **endurant, robuste.** / contr. **faible** / *Il faut être tough pour enseigner à des centaines d'étudiants. Cette alpiniste est tough.* — (Choses) *Un tissu, un matériau tough.* ⇒ **solide.** / contr. **fragile** / **III.** Adv. D'une manière physique ①, rude. ⇒ **durement, physiquement ;** fam. **roughment ;** anglic. **rough.** *Hockeyeur qui joue tough.* ⇒ **agressivement.**

toujours [tuʒuʀ] adv. de temps. **1.** Dans la totalité du temps considéré (la vie, le souvenir, etc.) ou pendant tout un ensemble d'instants discontinus ; à chaque instant, sans exception. ⇒ **constamment, continuellement.** / contr. **jamais ; parfois** / *Je l'ai toujours pensé. Ça ne durera pas toujours.* ⇒ **éternellement.** *On ne peut pas toujours réussir. Elle arrive toujours à l'heure. Les journées sont toujours trop courtes.* — *Toujours plus..., toujours moins* (+ adj.), de plus en plus, de moins en moins. *Les candidats sont toujours plus nombreux.* — COMME TOUJOURS : de même que dans tous les autres cas (→ comme d'habitude). *Je pensais à elle comme toujours.* — PRESQUE TOUJOURS : très souvent. ⇒ **généralement, ordinairement.** — DE TOUJOURS : qui est toujours le même (→ de tout temps). *Ce sont des amis de toujours.* — DEPUIS TOUJOURS. *Ça se fait depuis toujours.* — POUR TOUJOURS. *Il est parti pour toujours.* ⇒ **définitivement,** à **jamais. 2.** Encore maintenant, encore au moment jaunes en petites boules ; ces fleurs. *Un bouquet de mimosa.* — En appos. Invar. *Œufs mimosa,* œufs durs à la mayonnaise, dont le jaune est écrasé.

minable [minabl] adj. et n. ■ Fam. Très médiocre. ⇒ **déplorable, lamentable, piteux.** *Résultats minables.* — *Vous avez entendu sa conférence ? Il a été minable.* — N. (Personnes) *Une bande de minables.*

minaret [minaʀɛ] n. m. ■ Tour d'une mosquée du haut de laquelle le muezzin invite les fidèles musulmans à la prière.

minauder [minode] v. intr. ▪ conjug. 1. ■ Prendre des manières affectées pour attirer l'attention, plaire, séduire. ▶ ***minauderie*** n. f. **1.** Action de minauder ; caractère d'une personne qui manque de naturel en voulant plaire. ⇒ **affectation. 2.** Au plur. DES MINAUDERIES : airs, attitudes, manières, gestes affectés d'une personne qui minaude. ⇒ **chichi, façon, grimace, manière, simagrée.** *Les minauderies d'une aguicheuse.*

① ***mince*** [mɛ̃s] adj. **1.** (Opposé à *épais*) Qui a peu d'épaisseur. ⇒ ① **fin.** *Métal réduit en bandes, en plaques minces.* **2.** (Opposé à *large*) Étroit, filiforme. **3.** (Personnes ; parties du corps) Qui a des formes relativement étroites pour leur longueur, et donne une impression de finesse. *Il, elle voudrait être plus mince.* ⇒ **élancé, gracile, svelte.** / contr. **gros ;** ① **fort** / *Jambes minces.* **4.** Qui a peu d'importance, peu de valeur. ⇒ **insignifiant, maigre, médiocre.** *Pour un mince profit. Un prétexte bien mince.* **5.** Adv. Peu épais. *Viande tranchée mince.* ▶ ***minceur*** n. f. **1.** *La minceur d'une feuille de papier.* / contr. **épaisseur** / **2.** (Personnes) *Elle est d'une minceur et d'une élégance remarquables.* ▶ ***mincir*** v. intr. ▪ conjug. 2. ■ Devenir plus mince. *Tu as beaucoup minci.* ⇒ **amincir.** ‹ ▶ amincir, émincer ›

② ***mince*** interj. ■ (France) Fam. Exclamation de surprise, de dépit. ⇒ **zut.** *Mince alors, j'ai perdu mon portefeuille !* ⇒ fam. **merde.**

① ***mine*** [min] n. f. **I.** (Aspect physique) Aspect extérieur, apparence (opposé à *la nature profonde,* aux *sentiments*). ⇒ **extérieur.** *C'est un passionné, sous sa mine tranquille. Juger des gens sur (d'après) la mine.* — Loc. *Ça ne paie pas de mine,* ça a mauvaise apparence. — FAIRE MINE DE (+ infinitif) : paraître disposé à faire qqch. ⇒ faire **semblant** de. *Elle a fait mine de partir, mais elle est finalement restée.* — MINE DE RIEN : sans en avoir l'air. *Tâche de les faire parler, mine de rien.* **II. 1.** Aspect du visage selon l'état de santé. *D'après sa mine, il va mieux. Avoir bonne, mauvaise mine.* **2.** Aspect du visage, expression du caractère ou de l'humeur. ⇒ **figure, physionomie.** *Mine renfrognée, soucieuse, réjouie.* — Loc. *Avoir la mine basse,* être triste, découragé. — Loc. *Faire* GRISE MINE *à qqn* : l'accueillir avec froideur, déplaisir. **III.** DES MINES : jeux de physionomie, attitudes, gestes. *Mines affectées.* ⇒ **façon, minauderie.** ‹ ▶ minauder, minois ›

② ***mine*** n. f. ■ Petit bâton d'une matière laissant une trace, qui constitue la partie centrale d'un crayon. *Mine de plomb. Crayon à mine dure, tendre.* Fam. *Crayon à mine.* ⇒ **porte-mine.** ‹ ▶ porte(-)mine, stylomine ›

③ ***mine*** n. f. **1.** Terrain d'où l'on peut extraire et traiter primairement un métal, du charbon, etc., en grande quantité. ⇒ **gisement.** *Mine de fer, mine de cuivre. Mine souterraine, à ciel ouvert.* ≠ *carrière.* **2.** Fig. Source inépuisable. *Une mine de renseignements. Ce restaurant est une véritable mine d'or,* une affaire lucrative. **3.** Cavité pratiquée dans le sous-sol et ensemble d'ouvrages souterrains aménagés pour l'extraction d'un minerai. *Galerie, puits de mine. Une mine de cuivre. Il travaille à la mine.* ‹ ▶ minerai, minéral, ③ mineur, minier ›

④ ***mine*** n. f. ■ Engin explosif (sur terre ou dans l'eau). *Mines antichars. Champ de mines. Détecteur de mines. Poser une mine. Le camion a sauté sur une mine. Dragueur de mines* (démineur). ▶ ① ***miner*** v. tr. ▪ conjug. 1. ■ Garnir de mines. *Miner un pont.* / contr. **déminer** / ‹ ▶ déminer ›

② ***miner*** [mine] v. tr. ▪ conjug. 1. **1.** Creuser, attaquer la base ou l'intérieur de (une chose). ⇒ **creuser, saper.** *La mer mine les falaises.* **2.** Fig. Attaquer, affaiblir par une action progressive et sournoise. ⇒ **consumer, user.** *Le chagrin te mine.* — Pronominalement. *Elle se mine.* — Au passif. *Il est miné par le souci.*

minerai [minʀɛ] n. m. ■ Minéral qui contient des substances chimiques qu'on peut isoler, extraire. *Minerai en filon, en gisement.* ⇒ ③ **mine.** *Extraire un métal d'un minerai.* ▶ ***minéral, ale, aux*** adj. et n. m. **I.** Adj. **1.** Constitué de matière inorganique (opposé à *animal, végétal*). *Le règne minéral. Huiles minérales. Sels minéraux. Laine minérale,* laine de verre pour l'isolation. **2.** Relatif aux corps minéraux. *Chimie minérale.* / contr. **organique** / **3.** EAU MINÉRALE : contenant des matières minérales. *Boire de l'eau minérale gazeuse, non gazeuse (plate).* **II.** N. m. Élément ou composé naturel inorganique, constituant de l'écorce terrestre. ⇒ **minerai, pierre, roche.** *Étude des minéraux.* ⇒ **géologie, minéralogie.** ▶ ***minéralogie*** n. f. ■ Science des minéraux constituant les matériaux de l'écorce terrestre. ▶ ① ***minéralogique*** adj. ■ Relatif à la minéralogie. *Collection minéralogique.* ▶ ***minéralogiste*** n. ■ Personne qui s'occupe de minéralogie.

② ***minéralogique*** adj. ■ Vieilli ou France. *Numéro minéralogique,* numéro d'immatriculation d'un véhicule à moteur. *Plaque minéralogique.*

minerve [minɛʀv] n. f. ■ Appareil orthopédique servant à maintenir la tête en bonne position.

minestrone [minɛstʀon(e)] n. f. ■ Soupe aux légumes, préparée à l'italienne. *Une minestrone saupoudrée de parmesan.* — En appos. *De la soupe minestrone.* — REM. En France, le mot *minestrone* est masculin.

minet, ette [minɛ, ɛt] n. **1.** Petit chat. ⇒ fam. **minou. 2.** (Personnes) Terme d'affection. *Mon minet, ma petite minette.* **3.** N. m. Péj. Jeune homme élégant, un peu efféminé. — (France) N. f. Jeune fille à la mode.

① ***mineur, eure*** [minœʀ] adj. et n. **I. 1.** D'importance, d'intérêt secondaire. / contr. **capital, essentiel** / *Problème, soucis mineurs. Arts mineurs. Genres mineurs. Peintre, poète mineur.* **2.** Musique. *Intervalle mineur,* plus réduit que le majeur. *Tierce mineure.* — *Sonate en fa mineur.* **II.** Sports. Adj. et n. f. **1.** Relatif à la catégorie de jeu de second niveau professionnel (opposé à *majeure*). ⇒ **filiale.** *Une ligue professionnelle mineure.* — N. f. pl. *Les mineures,* les petites ligues professionnelles. *Passer une saison dans les mineures.* **2.** Relatif aux catégories de jeu organisées aux niveaux inférieurs au professionnel. ⇒ **atome, bantam, junior, midget, novice, pee-wee.** *Le hockey, le baseball mineur de la région de Québec.* **3.** Hockey. *Une pénalité mineure* ou, n. f., *une mineure,* une pénalité de deux minutes (⇒ ① **majeur**). ‹ ▶ mineure ›

② ***mineur, eure*** adj. et n. ■ (Personnes) Qui n'a pas atteint l'âge de la majorité (18 ans). ⇒ ② **minorité.** / contr. ② **majeur** / — N. *Un mineur, une mineure. Détournement de mineur.*

③ ***mineur*** [minœʀ] n. m. ■ Ouvrier qui travaille dans une mine. *Mineur de fond. Village de mineurs.* ⇒ **coron.** — REM. Le féminin *mineuse* ou *mineure* est virtuel.

mineure [minœʀ] n. f. ■ Champ d'études secondaire dans un programme scolaire (opposé à *majeure*). *Sa mineure est en anglais.*

mini- ■ Élément signifiant « (plus) petit » (ex. : *minijupe*). ⇒ **micro-.** / contr. **maxi-** /

mini n. f. ⇒ **mini-loto.**

miniature [minjatyʀ] n. f. **I. 1.** Peinture fine de petits sujets servant d'illustration aux manuscrits, aux missels. ⇒ **enluminure. 2.** Genre de peinture délicate de très petit format ; cette peinture. *Une miniature du XVIIIe siècle.* **II.** Chose, personne très petite. Loc. EN MINIATURE : en très petit, en réduction. *Maquette représentant un avion en miniature.* — En appos. *Train miniature. Des golfs miniatures.* ⇒ **minigolf.** ▶ ***miniaturé, ée*** adj. ■ Orné de miniatures. ▶ ***miniaturiser*** v. tr. ▪ conjug. 1. ■ Donner à (un objet, un mécanisme) les plus petites dimensions possibles. — Au p. p. adj. *Une crèche de Noël miniaturisée.* ▶ ***miniaturisation*** n. f. ■ Action de miniaturiser. ▶ ***miniaturiste*** n. ■ Peintre de miniatures.

minibus [minibys] n. m. invar. ■ Petit autobus. *Des minibus.*

minicassette [minikasɛt] n. f. ■ Cassette de petite dimension. — Par ext. N. m. Petit magnétophone portatif. — REM. Ce mot est un nom de marque déposée.

minicultivateur [minikyltivatœʀ] n. m. ■ Outil à manche court ou long, muni de trois dents pour nettoyer les plates-bandes, les baies, les arbustes.

minier, ière [minje, jɛʀ] adj. ■ Qui a rapport aux mines ③. *Gisement minier. Ingénieur minier.* — Où il y a des mines. *Pays minier, région minière.*

minigolf [minigɔlf] n. m. ■ Parcours miniature de golf aménagé sur un terrain de jeu, à l'intérieur d'un lieu accessible au public ou dans une maison.

minijupe [miniʒyp] n. f. ■ Jupe très courte. *Des minijupes.*

mini-loto [minilɔto] ou, abrév., ***mini*** [mini] n. f. ■ *La mini-loto* ou *la mini,* la loterie provinciale dont l'enjeu maximum est de cinquante mille dollars. ⇒ ③ **inter,** ③ **super.** *Jouer à la mini.* — Ce billet de loterie. *Acheter une mini-loto. Prendre des minis.*

minima n. m. pl. ou adj. fém. invar. ⇒ **minimum.**

minimal, ale, aux [minimal, o] adj. ■ Qui constitue un minimum. *Températures minimales.* / contr. **maximal** /

minime [minim] adj. ■ (Choses abstraites) Très petit, peu important. ⇒ **infime.** / contr. **considérable** / *Des faits minimes. Salaires minimes.* ▶ ***minimiser*** v. tr. ▪ conjug. 1. ■ Réduire l'importance de (qqch.). ⇒ **dédramatiser.** / contr. **dramatiser, exagérer** / *Minimiser des résultats, des incidents ; le rôle de qqn.* / contr. **amplifier, grossir** / ‹ ▶ minimal, minimum ›

minimum [minimɔm] n. m. et adj. **1.** Valeur la plus petite atteinte par une quantité variable ; limite inférieure. *Un minimum de frais. Les minimums* ou *les minima atteints.* — Fam. *S'il avait un minimum de savoir-vivre.* ⇒ le **moindre.** — (Suivi d'un nombre qui indique différentes choses, opposé à *maximum*) *Minimum 10° C. Minimum 60 km. Minimum 20 passagers.* Abrév. MIN. — Loc. AU MINIMUM : au moins, pour le moins. *Les travaux dureront au minimum trois jours.* — MINIMUM VITAL : somme permettant de satisfaire l'essentiel des besoins qui correspondent au niveau de vie dans une société donnée. **2.** Adj. Minimal. *Âge minimum. Pertes, gains minimums (*ou *minima).*

mini-ordinateur [miniɔʀdinatœʀ] n. m. ■ Ordinateur de petite taille, d'une capacité moyenne de mémoire (supérieure à celle du micro-ordinateur).

ministère [ministɛʀ] n. m. **I. 1.** Ensemble des ministres d'un gouvernement. ⇒ **cabinet, gouvernement.** *Former, modifier un ministère. Un ministère fédéral, provincial.* — (Suivi du nom du premier ministre) *Le ministère Lévesque.* **2.** Secteur administratif de l'État placé sous la direction d'un ministre. *Le ministère des Affaires culturelles.* — Bâtiment, services d'un ministère. **3.** Fonction de ministre. ⇒ **portefeuille. II.** LE MINISTÈRE PUBLIC : les magistrats qui défendent les intérêts de la société, l'exécution des décisions (avocat, procureur, etc.). ⇒ la **Couronne, parquet. III.** Charge remplie par le prêtre, le pasteur (⇒ **ministre,** II). ⇒ **sacerdoce.** *Il exerce son ministère dans une petite paroisse.* ▶ ***ministériel, elle*** adj. ■ Relatif au ministère (I). *Crise ministérielle.* — Partisan du ministère. *Député ministériel.* ⇒ **gouvernemental.** — Relatif à un ministère ; qui émane d'un ministre. *Crédits ministériels. Arrêté ministériel.* ▶ ***ministre*** n. **I.** N. **1.** Membre du gouvernement qui est à la tête d'un ministère. ⇒ **secrétaire** d'État. *Nomination d'une ministre. Le Conseil des ministres.* ⇒ **cabinet, gouvernement, ministère.** *Il a des chances de devenir ministre,* il est ministrable. *Le ministre de l'Éducation.* — *Ministre d'État,* ministre qui n'est pas nommé à la tête d'un ministère, mais qui a la responsabilité d'organismes ou de dossiers relevant d'un ministre titulaire. ⇒ **portefeuille.** *La ministre d'État aux Affaires sociales.* (France) Titre honorifique accordé à certains ministres en fonction de l'importance attribuée à leur ministère ou en raison de la personnalité de leur titulaire. — *Ministre délégué.* — *Le premier ministre,* le chef du gouvernement. *La conférence des premiers ministres provinciaux.* — En appos. *Bureau ministre,* bureau de grande taille. *Des bureaux ministres. Du papier ministre,* de grand format. **2.** Agent diplomatique de rang immédiatement inférieur à celui d'ambassadeur, à la tête d'une légation. *Ministre plénipotentiaire.* **II.** N. m. *Ministre du culte,* prêtre. — *Ministre,* pasteur protestant. ▶ ***ministrable*** adj. ■ Politique. Qui peut devenir ministre. *Une députée ministrable.* ‹ ▶ administrer, interministériel, sous-ministre ›

minitel [minitɛl] n. m. ■ (France) Petit terminal de consultation de banques de données commercialisé par les P.T.T. *Des minitels.* — REM. Ce mot est un nom de marque déposée.

minium [minjɔm] n. m. ■ Peinture rouge, à l'oxyde de plomb, préservant le fer de la rouille. ‹ ▶ miniature ›

minois [minwa] n. m. invar. ■ Jeune visage délicat, éveillé, plein de charme. *Un petit minois d'enfant.* ⇒ **frimousse.**

① ***minorité*** [minɔʀite] n. f. **1.** Groupement (de voix) qui est inférieur en nombre dans un vote, une réunion de votants. / contr. ① **majorité** / *Une petite minorité d'électeurs. Ils sont en minorité.* — Parti, groupe qui n'a pas la majorité des suffrages. — *Gouvernement mis en minorité,* qui ne recueille pas la majorité des voix. **2.** *La, une minorité de,* le plus petit nombre de, le très petit nombre. *Dans la minorité des cas.* — Sans compl. *C'est la minorité qui...* **3.** Groupe englobé dans une collectivité plus importante. *Minorités ethniques. Droits des minorités.* ▶ ***minoritaire*** adj. ■ De la minorité. *Groupe, tendance minoritaire.* — *Gouvernement minoritaire,* qui n'a pas la majorité absolue.

② ***minorité*** n. f. ■ (Opposé à ② *majorité*) État d'une personne qui n'a pas encore atteint l'âge où elle sera légalement considérée comme pleinement capable et responsable de ses actes (⇒ ② **mineur**). — Temps pendant lequel un individu est mineur.

minot [mino] n. m. ■ Mesure de capacité pour les grains et les matières sèches, équivalant à 15,4 kilos. ⇒ **boisseau.** ⟨ ▶ demi-minot ⟩

minoterie [minɔtʀi] n. f. **1.** Grand établissement industriel pour la transformation des grains en farine. ⇒ **moulin. 2.** Meunerie. ▶ ***minotier*** n. m. ■ Industriel qui exploite une minoterie. ⇒ **meunier.** — REM. Le féminin *minotière* est virtuel.

① **minou** [minu] n. m. ■ Fam. Lang. enfantin. Petit chat. ⇒ **minet.** *Des petits minous. Minou, minou,* sert à appeler les chats. — Terme d'affection. *Minou, passe-moi le sel.*

② **minou** n. m. ■ Rouleau de mousse, flocon de poussière. *Il y a des minous sous le lit.*

minoucher [minuʃe] v. tr. Fam. **1.** Caresser, cajoler (une personne, un animal). *Minoucher son petit bébé. Elle minouche son gros chat.* ⇒ **flatter.** — Sans compl. *Cesse de minoucher.* **2.** (Personnes) SE MINOUCHER v. pron. récipr. : se carresser, s'embrasser sensuellement. *Ils se sont minouchés toute la soirée.* **3.** Flatter qqn pour l'amadouer. *Elle minouche son père pour qu'il lui prête son auto.* ▶ ***minouchage*** n. m. ■ Fam. Action de minoucher. ⇒ **câlinerie.** ▶ ***minoucheur*** ou ***minoucheux, euse*** adj. et n. ■ Fam. Qui aime minoucher. *Une enfant minoucheuse. — Des minoucheurs.*

minoune [minun] n. f. Fam. **I. 1.** Vieille grosse voiture délabrée. ⇒ **guimbarde ;** fam. **bazou, casserole, tacot.** *Sa minoune est encore au garage.* **2.** Iron. Grosse voiture neuve ou luxueuse. ⇒ fam. **limousine.** *Tu t'es acheté une belle grosse minoune.* **II.** Personnes. *Ma minoune,* expression de tendresse, d'affection à l'égard des petites filles. *Qu'est-ce que t'as donc ma belle minoune ?*

minuit [minɥi] n. m. **1.** Milieu de la nuit. *Soleil de minuit. Bain de minuit.* **2.** Heure du milieu de la nuit, la douzième après midi (24 heures ou 0 heure). *À minuit précis. L'avion décolle à minuit et demi. Je reviendrai vers les minuit,* aux environs, aux alentours de. *Messe de minuit,* à Noël.

minus [minys] n. m. invar. ■ Fam. Individu incapable ou peu intelligent. *C'est un minus. Bande de minus !* ⇒ **crétin, débile.**

minuscule [minyskyl] adj. **1.** *Lettre minuscule* (opposé à *majuscule*), lettre courante, plus petite et d'une forme particulière. — N. f. *Une minuscule.* **2.** Très petit. ⇒ **exigu, infime.** *Une minuscule boîte.* / contr. **énorme, immense** / *Un minuscule animal.* / contr. **gigantesque** /

① **minute** [minyt] n. f. **1.** Division du temps, soixantième partie de l'heure (symb. *min*). *La minute se divise en soixante secondes.* **2.** Court espace de temps. ⇒ **instant, moment.** *Jusqu'à la dernière minute. Je reviens dans une minute. Je n'ai pas une minute à moi.* — Loc. D'UNE MINUTE À L'AUTRE : dans un futur imminent. À LA MINUTE : à l'instant même, tout de suite. — En appos. Invar. Fam. Préparé, réparé rapidement. *Des entrecôtes minute. Talon minute.* — Interj. Fam. *Minute !,* attendez une minute. **3.** Unité de mesure des angles ; soixantième partie d'un degré de cercle (symb. *'*). *Angle de deux degrés et cinq minutes* (2° 5'). ▶ ***minuter*** v. tr. ▪ conjug. 1. ■ Organiser (une cérémonie, un spectacle, une opération, un travail) selon un horaire précis. — Au p. p. adj. *Emploi du temps strictement minuté* (ou *minutage,* n. m.). ▶ ***minuterie*** n. f. ■ Appareil électrique destiné à assurer, à l'aide d'un mouvement d'horlogerie, un contact pendant un nombre déterminé de minutes. *La minuterie d'une cuisinière, d'un micro-ondes.* ⇒ **minuteur.** *La minuterie d'un édifice.* ▶ ***minuteur*** n. m. ■ (France) Minuterie d'un appareil ménager. *Le minuteur d'un four.*

② **minute** n. f. ■ Droit. Original d'un acte. *La minute d'un jugement. Consulter les minutes d'un procès.*

minutie [minysi] n. f. ■ Application attentive aux menus détails. ⇒ **méticulosité, précision, soin.** *Faire un travail avec minutie.* ▶ ***minutieux, euse*** [minysjø, øz] adj. **1.** (Personnes) Qui s'attache, s'arrête avec minutie aux détails. ⇒ **méticuleux, tatillon ;** fam. **téteur.** / contr. **désordonné, négligent** / **2.** (Choses) Qui marque ou suppose de la minutie. ⇒ **attentif, soigneux.** *Inspection minutieuse. Exposé minutieux.* ⇒ **détaillé.** ▶ ***minutieusement*** adv.

mioche [mjɔʃ] n. ■ (Surtout en France) Fam. Enfant. ⇒ fam. **gamin,** ② **gosse, marmot, môme,** ③ **mousse, moutard ;** anglic. ② **flot.** *Une bande de mioches.*

mirabelle [miʀabɛl] n. f. **1.** Petite prune ronde et jaune. *Confiture de mirabelles.* **2.** Eau-de-vie de ce fruit. ▶ ***mirabellier*** n. m. ■ Prunier à mirabelles.

mirabellois, oise [miʀabɛlwa, waz] adj. et n. ■ De la ville de Mirabel. — N. (Avec une majusc.) Personne née dans cette ville ou qui l'habite. *Les Mirabellois.*

miracle [miʀakl] n. m. **1.** Fait extraordinaire où l'on croit reconnaître une intervention divine. ⇒ **mystère, prodige.** *Les miracles de Lourdes. Cela tient du miracle,* c'est miraculeux. **2.** Drame médiéval sacré, au sujet emprunté à la vie des saints. *Les miracles et les mystères.* **3.** Chose étonnante et admirable qui se produit contre toute attente. *Tout semblait perdu, et le miracle se produisit. Faire, accomplir des miracles. Crier miracle, au miracle.* — En appos. *Solution, remède miracle.* — PAR MIRACLE loc. adv. : d'une façon inattendue et heureuse. *Elle en a réchappé par miracle.* ▶ ***miraculé, ée*** adj. ■ (Personnes) Sur qui s'est opéré un miracle (1). *Malade miraculé.* — N. *Un(e) miraculé(e).* ▶ ***miraculeux, euse*** adj. **1.** Qui est le résultat d'un miracle. ⇒ **surnaturel.** *Apparition miraculeuse.* / contr. ① **naturel** / **2.** Qui produit comme par miracle l'effet souhaité. ⇒ **merveilleux.** *Un remède miraculeux. — Des médailles miraculeuses.* ▶ ***miraculeusement*** adv. ■ Comme par miracle. ⇒ **extraordinairement.**

mirador [miʀadɔʀ] n. m. **1.** Belvédère. **2.** Poste d'observation, de surveillance (dans un camp de prisonniers). *Des miradors.*

mirage [miʀaʒ] n. m. **1.** Phénomène optique pouvant produire l'illusion d'une nappe d'eau s'étendant à l'horizon. **2.** Apparence séduisante et trompeuse. ⇒ **chimère, illusion.** *Les mirages de la gloire, du succès.*

mire [miʀ] n. f. **1.** DE MIRE : pour viser. *Ligne de mire,* ligne droite imaginaire déterminée par l'œil du tireur. — Fig. POINT DE MIRE : point de visée. — *Être le point de mire,* le centre d'intérêt, d'attention. **2.** Signal fixe servant à déterminer une direction par une visée. *Ajuster la mire avant de tirer.* **3.** Image fixe servant à vérifier la qualité de la transmission à la télévision. *La mire apparaît sur l'écran avant le début des émissions.*

mirer [miʀe] v. tr. ▪ conjug. 1. **I.** Examiner à contre-jour pour vérifier la fraîcheur ou l'intégrité de qqch. *Mirer un œuf.* **II.** Littér. SE MIRER v. pron. réfl. : se regarder, se refléter. *La montagne se mire dans le lac.*

mirifique [miʀifik] adj. ■ Plaisant. Merveilleux. ⇒ **mirobolant.** *Des promesses mirifiques.*

mirliton [miʀlitɔ̃] n. m. ■ Littér. ou surtout en France. Tube creux (de roseau, de carton, etc.) garni à ses deux extrémités d'une membrane, dans laquelle on chantonne un air. — *Vers de mirliton,* mauvaise poésie.

mirobolant, ante [miʀɔbɔlɑ̃, ɑ̃t] adj. ■ Fam. Incroyablement magnifique, trop beau, pour être vrai. ⇒ **mirifique.** *Des gains mirobolants.*

miroir [miʀwaʀ] n. m. **1.** Objet constitué d'une surface polie qui sert à réfléchir la lumière, à refléter les images. ⇒ ② **glace.** *Se regarder dans le miroir.* — Loc. MIROIR AUX ALOUETTES : ce qui trompe en attirant, en fascinant. **2.** Surface unie (eau, marbre...) qui réfléchit la lumière ou les objets. *Le miroir des lacs.* — *La glace de la patinoire est comme un miroir,* lisse et glissante. **3.** Fig. Ce qui offre à l'esprit l'image des personnes, des choses, du monde. *Les yeux sont le miroir de l'âme.* ▶ ***miroiterie*** [miʀwatʀi] n. f. ■ Commerce, industrie des miroirs (du *miroitier*) et des vitres (du *vitrier*).

miroiter [miʀwate] v. intr. ▪ conjug. 1. **1.** Réfléchir la lumière en produisant des reflets scintillants. ⇒ **briller, chatoyer, scintiller.** *Vitre, eau qui miroite.* **2.** Loc. FAIRE MIROITER : proposer (qqch.) comme avantageux (afin d'appâter qqn). *Elle lui a fait miroiter les avantages qu'il pourrait en tirer.* ▶ ***miroitant, ante*** adj. ■ Brillant, chatoyant. *La surface miroitante de la mer.* ▶ ***miroitement*** n. m. ■ Éclat, reflet de ce qui miroite. ⇒ **chatoiement, reflet, scintillement.** *Le miroitement des vitres au soleil.*

miroton [miʀɔtɔ̃], fam. ***mironton*** [miʀɔ̃tɔ̃] n. m. ■ (Surtout en France) Bœuf bouilli aux oignons. — En appos. *Du bœuf miroton.*

mis, mise [mi, miz] Part. passé de *mettre.*

misaine [mizɛn] n. f. ■ Voile basse du mât de l'avant du navire. *Le mât de misaine.*

misandre [mizɑ̃dʀ] adj. et n. ■ Qui hait ou méprise les hommes (opposé à *misogyne*). ⇒ **misanthrope.** *Il y a de quoi devenir misandre !* — *Un, une misandre.* ▶ ***misandrie*** n. f.

misanthrope [mizɑ̃tʀɔp] n. et adj. **1.** Personne qui manifeste de l'aversion pour le genre humain (⇒ **misandre, misogyne**), qui aime la solitude. ⇒ **ours, sauvage, solitaire.** / contr. **philanthrope** / *Un vieux misanthrope.* **2.** Adj. Qui évite de fréquenter ses semblables. ⇒ **farouche.** *Elle est devenue bien misanthrope.* ▶ ***misanthropie*** n. f. ■ Haine du genre humain ; caractère du misanthrope. / contr. **philanthropie** / ▶ ***misanthropique*** adj. ■ Littér. *Réflexions, idées misanthropiques.* / contr. **philanthropique** /

mise [miz] n. f. **I.** Avec un compl. **1.** (Avec EN) Action de mettre (quelque part). *Mise en place. Mise en bouteilles.* Fam. *Mise en boîte,* moquerie. — MISE EN SCÈNE : organisation matérielle de la représentation ; choix des décors, places, mouvements et jeu des acteurs, etc. (théâtre, cinéma, télévision). **2.** Action de mettre (dans une position nouvelle). *La mise sur pied d'un programme. Mise à pied,* sanction pouvant aboutir à un renvoi ; renvoi, en raison d'un manque de travail. **3.** Loc. (Avec EN, À) Action de mettre (dans un état nouveau, une situation nouvelle). *Mise en plis. Mise au net. Mise au point.* ⇒ **clarification.** *Mise en état, en ordre. Mise en vente. Mise à prix* (avant des enchères). Sports. *Mise au (en) jeu,* début d'un match, d'une séquence. **II. 1.** Action de mettre de l'argent au jeu ou dans une affaire ; cet argent. ⇒ **enjeu ; miser.** *Déposer une mise. Doubler la mise.* — MISE DE FONDS : investissement, placement. **2.** DE MISE : qui a cours, est reçu, accepté (souvent au négatif). *Ces manières ne sont plus de mise.* **3.** Manière d'être habillé. ⇒ **habillement, tenue, toilette.** *Soigner sa mise.* ‹ ▶ mainmise, remise, miser ›

miser [mize] v. tr. ▪ conjug. 1. **1.** Déposer, mettre (un enjeu). ⇒ **mise** (II, 1). ⇒ **gagner, parier.** *Miser dix dollars.* **2.** Sans compl. *Miser sur un cheval, aux courses.* — Fam. *Miser sur,* compter, se fonder sur. *On ne peut pas miser là-dessus.*

misère [mizɛʀ] n. f. **1.** Littér. Sort digne de pitié ; malheur extrême. ⇒ **adversité, détresse, infortune.** / contr. **bonheur** / *La misère des temps. Quelle misère !* — Interj. *Misère !* **2.** *Une misère,* événement malheureux, douloureux. ⇒ **calamité, chagrin, malheur, peine.** *Compassion aux misères d'autrui. Petites misères.* ⇒ **ennui.** — *Faire des misères à qqn,* le tracasser. ⇒ **méchanceté, taquinerie. 3.** Extrême pauvreté, pouvant aller jusqu'à la privation des choses nécessaires. ⇒ **besoin, dénuement, indigence.** / contr. **fortune, richesse** / *Être, tomber dans la misère. Misère noire.* — Loc. *Crier, pleurer misère,* se plaindre. *Salaire de misère,* très insuffisant. **4.** *Une misère,* chose, somme de peu d'importance. ⇒ **babiole, bagatelle, broutille, vétille.** *Ils se sont fâchés pour une misère.* **5.** Loc. *Avoir de la misère* (*à* + inf.), avoir de la difficulté. ⇒ **peine.** *J'ai de la misère à comprendre ce problème de math. M'aiderais-tu ? J'ai de la misère.* — *Manger de la misère,* être dans la gêne, avoir de la difficulté à joindre les deux bouts. *Pendant la guerre, mes parents ont mangé beaucoup de misère. Ce n'est pas la première fois qu'on mange de la misère en canot,* qu'on subit des épreuves. ▶ ***misérable*** adj. et n. **1.** Qui inspire ou mérite d'inspirer la pitié ; qui est dans le malheur, la misère. ⇒ **lamentable, malheureux, pitoyable.** / contr. **heureux** / — (Choses) Triste, pénible. *Une misérable existence.* **2.** Qui est dans une extrême pauvreté ; qui indique la misère. ⇒ **pauvre ; indigent.** / contr. **riche** / *Région misérable,* très pauvre. — N. UN, UNE MISÉRABLE. ⇒ **gueux, miséreux. 3.** Sans valeur, sans mérite. ⇒ **insignifiant, méprisable, piètre.** *Une argumentation misérable.* — (Avant le nom) ⇒ **malheureux, méchant, pauvre.** *Tant d'histoires pour un misérable billet de cinq dollars !* **4.** N. Personne méprisable. ⇒ **malheureux.** *C'est un misérable.* — Plaisant. *Ah, petit misérable !* ▶ ***misérablement*** adv. **1.** Pitoyablement, tristement. *Décliner misérablement.* **2.** Dans la pauvreté. *Vivre misérablement.* / contr. **richement** / ▶ ***miséreux, euse*** adj. et n. ■ Qui donne l'impression de la misère (3). ⇒ **famélique, misérable, pauvre.** *Un mendiant miséreux.* ⇒ **loqueteux.** *Quartiers miséreux.* / contr. **aisé, riche** / — N. *Un miséreux.* ⇒ **nécessiteux.** ‹ ▶ commisération, miséricorde ›

miséricorde [mizeʀikɔʀd] n. f. **1.** Pitié par laquelle on pardonne au coupable. ⇒ **clémence, indulgence.** / contr. **dureté** / *Demander, obtenir miséricorde.* **2.** Interj. Exclamation qui marque une grande surprise accompagnée de douleur, de regret. ▶ ***miséricordieux, ieuse*** adj. ■ Qui a de la miséricorde, de la compassion ⇒ ① **bon** ; qui pardonne facilement ⇒ **clément.**

mis(o)- ■ Élément signifiant « qui déteste ». ⇒ **misandre, misanthrope.** ▶ ***misogyne*** [mizɔʒin] adj. et n. ■ Qui hait ou méprise les femmes (opposé à *misandre*). *Les phallocrates sont misogynes.* — N. *Un, une misogyne.* ▶ ***misogynie*** n. f. ‹ ▶ misanthrope ›

miss [mis] n. f. Anglic. **1.** Mademoiselle, en parlant d'une Anglaise, d'une Américaine. **2.** Titre donné aux jeunes reines de beauté élues dans les concours. *Miss Canada.* — REM. On emploie de plus en plus fréquemment la forme *mademoiselle.*

missel [misɛl] n. m. ■ Livre liturgique qui contient les prières et les lectures nécessaires pour suivre la messe. ⇒ **paroissien.**

missile [misil] n. m. ■ Engin de destruction autopropulsé et guidé par autoguidage ou téléguidage. ⇒ **fusée.** *Des missiles sol-air.* ‹ ▶ euromissile, lance-missiles ›

mission [misjɔ̃] n. f. **1.** Charge donnée à qqn d'aller accomplir qqch., de faire qqch. ⇒ **mandat, tâche.** *On l'a chargé d'une mission. Envoyer qqn en mission. Mission accomplie.* — *Mission scientifique.* ⇒ **expédition.** — *Mission diplomatique.* ⇒ **ambassade.**

caméras) *Tourner un film,* faire un film (⇒ **tournage**). — Sans compl. *Silence, on tourne !* **II.** V. tr. **1.** Façonner (un objet) au tour ③. *Tourner une poterie.* **2.** Agencer, arranger (les mots) d'une certaine manière, selon un certain style. *Tourner un compliment.* — Au p. p. adj. *Une lettre bien tournée.* **3.** TOURNER EN..., À... : transformer (qqn ou qqch.) en donnant un aspect, un caractère différent. *Tourner un auteur en dérision. Il tourne tout à son avantage.* **III.** V. intr. **1.** Se mouvoir circulairement (exécuter un mouvement de rotation) ou décrire une ligne courbe (autour de qqch.). *La Terre est l'une des planètes qui tournent autour du Soleil.* — *Voir tout tourner,* avoir le vertige. — (Personnes) *Elle tourne autour de la maison. Les enfants tournaient en rond sur un petit manège. Elle tournait dans la pièce comme une bête en cage. On tourne en rond, ne sachant que faire.* **2.** TOURNER AUTOUR : évoluer sans s'éloigner. *Arrêtez de tourner autour de nous !* — *Tourner autour de qqn,* lui faire la cour. — (Choses) Avoir pour centre d'intérêt. *La conversation tourne autour de l'éducation des enfants.* **3.** Avoir un mouvement circulaire (sans que l'ensemble de l'objet se déplace). *Tourner sur soi-même comme une toupie. Faire tourner un disque* (⇒ **tourne-disque**). — Se mouvoir autour d'un axe fixe. ⇒ **pivoter.** *La porte tourna aussitôt sur ses gonds.* — Fam. *L'heure tourne,* le temps passe. **4.** Fonctionner (en parlant de mécanismes dont une ou plusieurs pièces ont un mouvement de rotation). *Le moteur tourne, tourne rond. Tourner à vide.* — *Faire tourner une entreprise,* la faire marcher. **5.** Loc. *La tête lui tourne,* il est étourdi, perd le sens de l'équilibre. *Ça me fait tourner la tête,* ça m'étourdit (→ tourner [I ,3] la tête à qqn). **6.** Changer de direction. *Tournez à gauche !* — *La chance a tourné,* changé. **7.** TOURNER À..., EN... : changer d'aspect, d'état, pour aboutir à (un résultat). ⇒ se **transformer.** *Le temps tourne au froid.* — *La discussion tournait à l'aigre, au vinaigre,* tendait à s'envenimer. *Cette agitation risque de tourner au désordre. Dans son cerveau, tout tourne à l'obsession.* **8.** TOURNER BIEN, MAL : évoluer bien, mal. *Ça va mal tourner.* ⇒ se **gâter.** *Les choses pourraient tourner mieux, autrement.* — (Personnes) *Tourner mal,* se dit de qqn dont la conduite devient condamnable. *Elle a mal tourné.* **9.** Devenir aigre. *Le lait a tourné.* **IV.** SE TOURNER v. pron. réfl. **1.** Aller, se mettre en sens inverse ou dans une certaine direction. ⇒ se **retourner.** *Se tourner vers qqn. Tournez-vous un peu. Se tourner d'un autre côté.* ⇒ se **détourner.** *Il se tourne et se retourne dans son lit.* **2.** Se diriger. *Elle s'était tournée vers les études.* ⇒ s'**orienter.** *Se tourner contre qqn,* changer d'attitude en prenant parti contre lui. ‹ ▶ chantourner, contourner, détourner, retourner, ② tour, ③ tour, tournage, ① tournant, ② tournant, tourneboulet, tournebroche, tourne-disque, tournedos, tournée, en un tournemain, ① tournesol, ② tournesol, tourneur, tournevis, tourniquet, tournis, tournoyer, tournure ›

① ***tournesol*** [tuʀnəsɔl] n. m. ■ Nom de plantes dont la fleur se tourne vers le soleil (héliotrope, grand soleil). *Des graines de tournesol. Huile de tournesol.*

② ***tournesol*** n. m. ■ Chimie. Substance d'un bleu-violet, qui tourne au rouge sous l'action d'un acide, au bleu sous l'action des bases.

tourneur, euse [tuʀnœʀ, øz] n. ■ Artisan, ouvrier qui travaille au tour (à main ou automatique). ⇒ ③ **tour, tourner** (II, 1). *Un tourneur en (ou sur) métaux.*

tournevis [tuʀnəvis] n. m. invar. ■ Outil pour tourner les vis, tige d'acier aplatie à son extrémité et munie d'un manche. *Tournevis étoile,* dont la tête est façonnée en pointe. *Tournevis à tête carrée.*

tourniquet [tuʀnikɛ] n. m. **1.** Appareil formé d'une croix horizontale tournant autour d'un pivot vertical, placé à l'entrée d'un chemin ou d'un édifice afin de livrer passage aux personnes, chacune à son tour ; porte à tambour. **2.** Cylindre métallique, à volets, tournant sur un pivot, et servant à présenter des cartes postales, des cravates, etc. ⇒ **présentoir. 3.** Arroseur qui tourne sous la force de l'eau. *La pelouse est arrosée par un tourniquet.* **4.** Garrot servant à arrêter une hémorragie. *Faire un tourniquet à qqn.*

tournis [tuʀni] n. m. invar. **1.** Maladie des bêtes à cornes qui se manifeste par le tournoiement de la bête atteinte. **2.** Fam. Vertige. *Vous me donnez le tournis.*

tournoi [tuʀnwa] n. m. **1.** Moyen Âge. Fête guerrière où les chevaliers combattant les uns contre les autres rivalisaient de force et d'adresse. ⇒ **joute. 2.** Littér. Lutte d'émulation. ⇒ **assaut, concours.** *Un tournoi d'éloquence.* **3.** Compétition sportive à plusieurs séries d'épreuves ou de manches. *Un tournoi de tennis, de hockey, de golf.*

tournoyer [tuʀnwaje] v. intr. ▪ conjug. 8. **1.** Décrire des courbes, des cercles inégaux sans s'éloigner. *Les oiseaux tournoient, tournoyaient dans le ciel.* **2.** Tourner sur soi ⇒ **pivoter** ou tourner en spirale, en hélice ⇒ **tourbillonner**. *Le vent fait tournoyer les feuilles. L'eau bourbeuse du fleuve tournoyait.* ▶ ***tournoiement*** n. m. ■ Le fait de tournoyer. *Le tournoiement de la poussière sous l'effet du vent. Un tournoiement de feuilles mortes.* ▶ ***tournoyant, ante*** adj. ■ Qui tournoie. *Danses tournoyantes.* ‹ ▶ tournoi ›

tournure [tuʀnyʀ] n. f. **1.** Forme particulière donnée à l'expression, à la phrase. *Une tournure impersonnelle, négative.* ⇒ ② **tour** (IV, 3). *Tournures affectées, régionales, dialectales.* **2.** Air, apparence (d'une chose). *Maintenant qu'elle est réparée, repeinte, la maison a (pris) une autre tournure !* — Aspect, allure générale (des événements). *Je n'aime pas la tournure que prend cette affaire.* ⇒ ① **cours.** — PRENDRE TOURNURE : prendre forme. *Ça commence à prendre tournure,* à s'organiser. **3.** TOURNURE D'ESPRIT : manière d'envisager, de juger les choses. *Je n'apprécie pas sa tournure d'esprit.*

tourte [tuʀt] n. f. (Surtout en France) **1.** Pâtisserie ronde (à la viande, au poisson...). **2.** Fam. Personne inintelligente. *Quelle tourte !* ▶ ***tourtière*** n. f. **1.** Pâté fait de viande de porc hachée et assaisonnée. ⇒ **pâté** à la viande. *Faire des tourtières pour les Fêtes.* **2.** Gros pâté profond composé de plusieurs sortes de viandes (de gibier ou de boucherie) coupées en morceaux et de pommes de terre. *Une recette de tourtière du Lac-Saint-Jean.* ≠ *cipaille.* **3.** (France) Ustensile de cuisine pour faire des tourtes. — Tourte à la viande.

① ***tourteau*** [tuʀto] n. m. ■ Résidu de graines, de fruits oléagineux, servant d'aliment pour le bétail ou d'engrais. *Des tourteaux.*

② ***tourteau*** n. m. ■ Gros crabe de l'Atlantique, à chair très estimée.

tourterelle [tuʀtəʀɛl] n. f. ■ Oiseau voisin du pigeon, mais plus petit. *La tourterelle roucoule.* ▶ ***tourtereau*** n. m. **1.** Jeune tourterelle. **2.** *Des tourtereaux,* de jeunes amoureux.

Toussaint [tusɛ̃] n. f. ■ Fête catholique en l'honneur de tous les saints, le 1er novembre. — Loc. *Un temps de Toussaint,* gris et froid.

tousser [tuse] v. intr. ▪ conjug. 1. **1.** Avoir un accès de toux. *Le malade tousse beaucoup.* **2.** Se racler la gorge, volontairement (pour éclaircir sa voix avant de parler ou faire signe à qqn, l'avertir). ⇒ fam. se **dérhumer.** ▶ ***toussailler*** v. intr. ▪ conjug. 1. ■ Tousser un peu. ▶ ***tousseur*** ou ***tousseux, euse*** n. ■ Personne qui tousse. — Adj. *Un enfant tousseux.* ▶ ***toussotement*** n. m. ■ Action de toussoter. ▶ ***toussoter*** v. intr. ■ conjug. 1. ■ Tousser d'une petite toux peu bruyante.

① ***tout*** [tu], ***toute*** [tut], ***tous*** [tu], ***toutes*** [tut] adj., pronom et adv. — REM. *Tout* se prononce couramment [tut] même devant une consonne (ex. : *c'est tout* [setut], *tout le reste* [tutləʀɛst]) ; *tous* adj., se prononce [tu] devant consonne, [tuz] devant voyelle. **I.** TOUT, TOUTE (pas de pluriel), adjectif qualificatif. Complet, entier. **1.** (Devant un nom précédé d'un article, d'un possessif, d'un démonstratif) TOUT LE, TOUTE LA (+ nom). *Tout le jour, toute la nuit, tout le temps.* ⇒ **toujours.** — TOUT LE MONDE : l'ensemble des gens (selon le contexte) ; chacun d'eux. *Tout le reste,* l'ensemble des choses qui restent à mentionner. — TOUT UN, UNE. *Elle a passé tout un hiver à voyager. C'est toute une affaire, toute une histoire,* une véritable, une grave affaire. *C'est tout un chalet que vous avez-là !,* ce qu'il y a de mieux, qui sort de l'ordinaire. — (Devant un titre) *J'ai lu toute « la Chartreuse de Parme », tout « les Misérables ».* — (Devant un possessif) *Toute sa petite famille. S'étendre de tout son long. Perdre toute sa fortune.* — (Devant un démonstratif) *Tout cet été. Tout ce que j'aime.* — TOUT CE QU'IL Y A DE (+ nom pluriel ; accord facultatif du verbe). *Tout ce qu'il y avait de professeurs était venu* ou *étaient venus.* — Fam. *Tout ce qu'il y a de plus* (avec un adj. ou un nom employé comme adj.), très. *« C'est vrai ? — Tout ce qu'il y a de plus vrai. » Des gens tout ce qu'il y a de plus cultivé (*ou *cultivés).* REM. L'accord de l'adjectif est facultatif. **2.** (Dans des loc.) Devant un nom sans article. *Avoir tout intérêt,* un intérêt évident et grand. *À toute vitesse,* à la vitesse la plus grande possible. — *De toute beauté,* très beau. *De toute éternité,* depuis toujours. *En toute simplicité. Selon toute apparence,* d'une manière très probable. — POUR TOUT (+ nom sans article) : en fait de..., sans qu'il y ait rien d'autre. *Il n'eut qu'un sourire pour toute récompense.* — *Lire tout Racine,* l'œuvre entière de Racine. — *De ma fenêtre, je vois tout Montréal,* toute la ville. *Tout Rimouski était en émoi,* tous ses habitants. — REM. Devant un nom propre, *tout* ne s'accorde pas. — LE TOUT-PARIS : les personnes les plus notables ou célèbres, tout ce qui compte à Paris. *Elle fait partie du Tout-Hollywood.* **3.** TOUT, TOUTE À (employé en apposition). *Elle était toute à son travail,* entièrement absorbée par son travail. TOUT, TOUTE EN, DE : entièrement fait(e) de... *Une vie toute de soucis et de malheurs. Une robe toute en soie. Habillée toute en noir.* — REM. Dans *elle est tout en noir, tout* est adverbe (→ ci-dessous, IV). **II.** Adj. indéf. **1.** TOUS [tu], TOUTES (toujours pluriel) : l'ensemble, la totalité de, sans excepter une unité. — Le plus grand nombre de. *Tous les hommes.* / contr. **aucun,** ① **nul** / *Tous les moyens sont bons. Tous les élèves sont là. Nous partirons tous les quatre dès le matin. Tous les jours.* ⇒ **chaque.** *Toutes les fois que...,* chaque fois. *Je les aime tous les deux. Dans tous les sens.* — (Devant un nom sans article) *Toutes sortes de choses. Avoir tous pouvoirs sur qqn. Tous deux, tous trois ont tort.* REM. La série ne va pas au-delà de *tous quatre.* — *C'est* TOUT UN : la même chose. — *Tous, toutes* + nom (sans article) et participe ou adjectif. *La voiture roulait tous feux éteints. Toutes proportions gardées. On nous a tous trompés.* — (Précédé d'une préposition) *En tous lieux. À toutes jambes. En toutes lettres.* **2.** TOUS [tu], TOUTES (pluriel de *chaque*) : marquant la périodicité, l'intervalle. *Un anniversaire fêté tous les ans,* une fois par an, chaque année. *Il travaille tous les jours.* — *Tous les combien ? Toutes les dix minutes,* à chaque instant. **3.** TOUT, TOUTE (singulier, + nom sans article) : un quelconque, n'importe quel ; un individu pris au hasard. *Tout homme qui se présentera... Toute personne.* ⇒ **quiconque.** PROV. *Toute vérité n'est pas bonne à dire.* — (Avec préposition) *À tout moment. À tout hasard. En toute saison. À tout prix. De tout côté. En tout cas.* ⇒ **cas.** *Avant toute chose,* avant tout, plus que tout. — Loc. *Tout un chacun,* chaque personne, tout le monde. — TOUT(E) AUTRE... *Toute autre qu'elle aurait accepté.* **III.** Pronom TOUT ; TOUS [tus], TOUTES. **1.** TOUS, TOUTES (pluriel) : représentant un ou plusieurs noms, pronoms, exprimés avant. *Nous mourrons tous. Ce sont tous des voleurs. La première, la dernière de toutes. Tous ensemble. Regardez tous ! Nous tous. Tous autant que nous sommes.* **2.** TOUS, TOUTES (en emploi nominal) : tous les humains, tout le monde ou une collectivité entière. *Tous furent tués. Il s'insurge contre tous. Il les méprise toutes. Toutes ont approuvé cette décision. Nous avons tous nos défauts. Ils parlaient tous en même temps.* — *Eux tous, nous tous.* **3.** TOUT (masc. sing.), pronom ou nominal : l'ensemble des choses dont il est question. *Le temps efface tout,* toutes choses. *Elle sait tout.* / contr. **rien** / *Tout va bien. Tout est fini.* Loc. prov. *Tout est bien qui finit bien,* ce qui finit bien peut être considéré comme entièrement bon, heureux (malgré les difficultés passagères). — *Tout est là,* là réside le problème. — *À tout prendre,* tout bien considéré. *Pour tout dire,* en somme. — TOUT : résumant une série de termes. *Ses amis, ses enfants, son travail, tout l'exaspère.* — TOUT, attribut. *Être tout pour qqn,* avoir une extrême importance. — C'EST TOUT : marque la fin d'une énumération ou d'une déclaration catégorique. *Et c'est tout. Ce sera tout pour aujourd'hui. Un point, c'est tout.* — *Ce n'est pas tout,* il reste encore qqch. — *Ce n'est pas tout de..., que de...,* ce n'est pas assez. Fam. *Ce n'est pas tout de s'amuser,* il y a autre chose à faire. — VOILÀ TOUT (pour marquer que ce qui est fini, borné, n'était pas très important). *Il est malade ? Il a trop mangé, voilà tout.* — *Avant tout. Par-dessus tout* (⇒ **surtout**). COMME TOUT : extrêmement. *Elle est gentille comme tout.* — EN TOUT : complètement. *Une histoire conforme en tout à la réalité.* — Au total. *Cela fait cent dollars en tout.* — *Il y avait en tout et pour tout trois personnes.* **4.** TOUT DE... *Il ignore tout de cette affaire, de vous.* — Fam. *Avoir tout de...,* avoir toutes les qualités, les caractéristiques de... *Elle avait tout d'une mère.* **IV.** Adv. TOUT (parfois TOUTE, TOUTES) : entièrement, complètement ; d'une manière absolue, intégrale (⇒ **absolument,** ① **bien, exactement, extrêmement**). **1.** Devant quelques adjectifs, des participes présents et passés. — REM. Sur l'accord de TOUT : 1) *Tout* est invariable au masculin et devant les adj. fém. commençant par une voyelle ou un h « muet ». *Il est tout jeune. Tout émue. Ils sont tout étonnés. Tout enfant, elle apprit la danse. Une fille tout humble. Tout entière.* 2) *Tout* est variable en genre et en nombre devant les adj. fém. commençant par une consonne, ou par un h « aspiré ». *Toute belle. Elles sont toutes contentes. Elle est toute honteuse.* — TOUT AUTRE : complètement différent. *C'est une tout autre affaire. Le tout premier, la toute première,* celui, celle qui est exactement le premier. *Les toutes premières pages d'un livre.* — TOUT... QUE... : exprime la concession. *Tout riches qu'ils sont, toutes riches qu'elles sont...,* bien que riches. — (+ subjonctif) *Tout intelligente qu'elle soit, elle s'est trompée.* **2.** TOUT, invariable, devant une préposition, un adverbe. *Elle est habillée tout en noir.* — REM. Dans *toute en noir, tout* est adj. : ci-dessus (I, 3). *Elle était tout en larmes. Elle était tout à son travail. Parlez tout bas. J'habite tout près. Tout autrement. Tout autant. Tout récemment.* — *Tout à coup.* ⇒ **coup.** — *Tout à l'heure.* ⇒ **heure.** *Tout de suite.* ⇒ **suite.** *Tout au plus,* au plus, au maximum. — *Tout d'abord. C'est tout le contraire. Le chien salit tout partout.* **3.** TOUT À FAIT [tutafɛ] ⇒ **complètement, entièrement, totalement.** *Ce n'est pas tout à fait pareil.* ⇒ **exactement.** **4.** TOUT EN... (+ part. prés.) : marque la simultanéité. *Elle chante tout en* *travaillant.* **5.** TOUT, invariable pour renforcer un nom épithète ou attribut. *Je suis tout ouïe. Elle est tout yeux tout oreilles. Un tissu tout laine,* pure laine. ▶ ***tout-à-l'égout*** [tutalegu] n. m. invar. ■ Système de vidange qui consiste à envoyer directement à l'égout les eaux ménagères, résiduelles, les matières fécales. ▶ ***tout-aller*** adj. invar. ■ Vêtements. Qui convient à plusieurs circonstances. / contr. **habillé** / *Des modèles tout-aller.* ▶ ***tout-fou*** [tufu] adj. m. et n. ■ Fam. Très excité, un peu fou. *Ils sont tout-fous.* ▶ ***tout-nu, nue*** n. ■ Fam. Qui n'est pas riche. ⇒ **pauvre.** *Une famille de tout-nus.* ▶ ***tout-petit*** [tup(ə)ti] n. m. ■ Très jeune enfant ; bébé. *Les tout-petits.* ▶ ***tout-puissant, toute-puissante*** [tupɥisɑ̃; tutpɥisɑ̃t] adj. **1.** Qui peut tout, dont la puissance est absolue, illimitée. ⇒ **omnipotent.** *Dieu est tout-puissant. — Un lien tout-puissant les unit. Des dictateurs tout-puissants. Elles sont toutes-puissantes.* **2.** N. m. (Avec une majusc.) *Le Tout-Puissant,* Dieu. ▶ ***toute-puissance*** n. f. ■ Puissance absolue. ▶ ***tout-terrain*** n. m. invar. ⇒ **terrain** (I, 2). ▶ ***tout-venant*** [tuvnɑ̃] n. m. ■ Tout ce qui se présente (sans triage, sans classement préalable). *Le tout-venant.* ‹ ▶ brise-tout, essuie-tout, fait-tout, fourre-tout, tout de ② go, mange-tout, partout, risque-tout, ① surtout, ② sur-tout, touche-à-tout, toujours, Toussaint, ② tout, toutefois, va-tout ›

② *tout,* plur. ***touts*** [tu] n. m. **I. 1.** LE TOUT : l'ensemble dont les éléments viennent d'être désignés. ⇒ **totalité.** *Vendez le tout. Risquer le tout pour le tout,* risquer de tout perdre pour pouvoir tout gagner. *Les touts et leurs parties.* **2.** UN, LE TOUT : l'ensemble des choses dont on parle ; l'unité qu'elles forment. *Le tout et la partie. Ces divers éléments forment un tout. — Le tout d'une charade,* le mot cherché. **3.** LE TOUT : ce qu'il y a de plus important. *Le tout est d'être attentif.* Fam. *Ce n'est pas le tout de rigoler,* ça ne suffit pas. **II.** Loc. adv. **1.** DU TOUT AU TOUT : complètement, en parlant d'un changement (toutes les circonstances envisagées étant modifiées en leurs inverses). *Changer du tout au tout.* **2.** PAS DU TOUT : absolument pas. ⇒ **nullement ;** fam. **pantoute.** *Il ne fait pas froid du tout. Plus du tout. Rien du tout,* absolument rien. — Ellipt. *« Vous y croyez, vous ? – Du tout. »* ‹ ▶ pantoute ›

toutefois [tutfwa] adv. ■ En considérant toutes les raisons, toutes les circonstances (qui pourraient s'opposer), et malgré elles. ⇒ **cependant, néanmoins, pourtant.** *Ce n'est pas grave, toutefois soignez-vous. Si toutefois vous vous décidez...*

toutou [tutu] n. m. **1.** Lang. enfantin ou affectif. Chien, spécialt bon chien, chien fidèle. *Des gros toutous. Oh ! le joli toutou !* **2.** Animal en peluche. *Il lui faut son toutou préféré pour dormir.*

toutoune [tutun] ou, abrév., ② ***toune*** [tun] n. f. Fam. **1.** Péj. Femme très corpulente, grosse, de petite taille. ⇒ fam. **doudoune, torche.** *Une grosse toutoune mal habillée. — Elle est pas mal toutoune,* un peu niaiseuse. **2.** *Ma (petite, belle) toutoune,* expression de tendresse, d'affection à l'égard des petites filles. ⇒ ① **chou, chouchou,** ② **chouette.**

toux [tu] n. f. invar. ■ Bruit produit par une expiration forcée (à travers la glotte rétrécie), souvent à cause d'une irritation des muqueuses de la gorge. *Accès, quinte de toux. Une toux sèche, grasse* (⇒ **tousser**). *Petite toux discrète.* ⇒ **toussotement.** ‹ ▶ tousser ›

township [tawnʃip] n. m. ■ Histoire. Anglic. Division de l'espace territorial. ⇒ **canton.** *Une municipalité de township. Le township de Sheen.*

toxédo n. m. ⇒ **tuxedo.**

toxico- ■ Élément savant signifiant « poison ». ▶ ***toxicologie*** [tɔksikɔlɔʒi] n. f. ■ Étude scientifique des poisons. ▶ ***toxicologique*** adj. ▶ ***toxicomanie*** n. f. ■ Goût et besoin morbides, prolongés et tyranniques, pour des substances ou des médicaments toxiques (opium, cocaïne, haschisch, hypnotiques), créant un état de dépendance psychique et physique. ⇒ **intoxication.** ▶ ***toxicomane*** adj. et n. ■ Qui souffre de toxicomanie. ⇒ **drogué, intoxiqué ;** fam. **dopé.** ‹ ▶ désintoxiquer, intoxiquer, toxine ›

toxine [tɔksin] n. f. ■ Poison soluble sécrété par les bactéries, qui pénètre dans le sang et se fixe sur un tissu ou un organe où il produit des lésions ou des troubles fonctionnels. *Élimination des toxines par le foie.* ▶ ***toxique*** [tɔksik] n. m. et adj. **1.** N. m. Poison. *Les toxiques contenus dans les venins de serpents.* **2.** Adj. Qui agit comme un poison. *Gaz toxiques.* ⇒ **délétère.** ▶ ***toxicité*** n. f. ■ Caractère toxique (d'une substance). ‹ ▶ antitoxine ›

T.P. [tepe] n. m. pl. ■ Abréviation de *travaux pratiques. Les T.P. de chimie.*

T.P.S. [tepeɛs] n. f. invar. ■ Abréviation de *taxe sur les produits et services.* ⇒ **T.V.Q.** *La T.P.S. est une taxe fédérale.*

trac [tʀak] n. m. ■ Peur ou angoisse que l'on ressent avant d'affronter le public, de subir une épreuve, d'exécuter une résolution. *Ce comédien a le trac avant chaque représentation.*

traçant adj. ⇒ **tracer.**

tracasser [tʀakase] v. tr. ▪ conjug. 1. ■ (Suj. chose) Tourmenter avec insistance, physiquement ou moralement, de façon agaçante. ⇒ **chicoter, obséder.** *Ses ennuis d'argent le tracassent.* — (Suj. personne) *Je ne me laisserai pas tracasser par mon patron.* ⇒ **agacer, énerver, ennuyer ;** fam. **badrer,** ② **tanner.** — SE TRACASSER v. pron. réfl. : s'inquiéter. *Ne vous tracassez pas.* ▶ ***tracas*** [tʀakɑ] n. m. invar. ■ Souci ou dérangement causé par des préoccupations d'ordre matériel. ⇒ **difficulté, ennui.** *Les tracas du ménage. Se donner bien du tracas,* se donner du souci, du mal. ▶ ***tracasserie*** n. f. ■ Ce qui tracasse. — Difficulté ou ennui qu'on suscite à qqn dans un esprit de chicane et de vexation mesquine. *Les tracasseries de l'administration.* ⇒ **taponnage.** ▶ ***tracassier, ière*** adj. ■ Qui se plaît à tracasser les gens. *Un patron tracassier.*

trace [tʀas] n. f. **1.** Empreinte ou suite d'empreintes, de marques, que laisse le passage d'un être ou d'un objet. *Des traces de pas sur la neige. Suivre, perdre la trace d'un fugitif.* ⇒ **piste.** — *Suivre qqn, un animal à la trace,* suivre ses traces. **2.** Loc. fig. *Suivre les traces, marcher sur les traces de qqn,* suivre son exemple. **3.** Marque. *Un visage qui porte les traces d'une longue fatigue. Des traces de sang, d'encre.* ⇒ **tache. 4.** Ce à quoi on reconnaît que qqch. a existé, ce qui subsiste d'une chose passée. ⇒ **reste, vestige.** *Retrouver des traces d'une civilisation disparue.* **5.** Très petite quantité perceptible. *L'autopsie a révélé des traces de poison.*

tracer [tʀase] v. tr. ▪ conjug. 3. **1.** Mener (une ligne) dans une direction ; former, dessiner (qqch.) en faisant plusieurs traits. *Tracer des cercles, une droite, un trait* (⇒ ③ **tirer**). *Tracer le plan d'une ville.* — Former par les traits de l'écriture. *Tracer des lettres.* **2.** Indiquer et ouvrir plus ou moins (un chemin) en faisant une trace. ⇒ **frayer.** *Tracer une route.* — Loc. *Tracer le chemin, la voie,* indiquer la route à suivre, donner l'exemple. ▶ ***traçant, ante*** adj. **1.** Botanique. *Racine traçante,* horizontale. **2.** *Balle traçante,* qui laisse derrière elle une trace lumineuse. — REM. On emploie aussi *balle traceuse.* ▶ ***tracé*** n. m. **1.** Ensemble des lignes constituant le plan d'un ouvrage à exécuter. ⇒ **graphique,** ③ **plan.** *Faire le tracé d'une route.* **2.** Contours d'un dessin au trait, d'une écriture. ⇒ **graphisme.** *Le tracé d'une côte.* ‹ ▶ retracer, trace ›

trachée [tRaʃe] n. f. ■ Portion du conduit respiratoire comprise entre l'extrémité inférieure du larynx et l'origine des bronches. ▶ ***trachée-artère*** [tRaʃeaRtɛR] n. f. ■ Trachée. *Des trachées-artères.* ▶ ***trachéite*** [tRakeit] n. f. ■ Inflammation de la trachée, généralement liée à la laryngite ou à la bronchite. ▶ ***trachéotomie*** [tRakeɔ(o)tɔmi] n. f. ■ Incision chirurgicale de la trachée, destinée à rétablir le passage de l'air en cas d'obstruction.

tracien, ienne [tRasjɛ̃, jɛn] adj. et n. ■ De la ville de Tracy. — N. (Avec une majusc.) Personne née dans cette ville ou qui l'habite.

track ou ***traque*** [tRak] n. f. Anglic. Fam. **1.** Voie ferrée. *Traverser une track.* — Rail. *Remplacer les tracks.* **2.** Loc. *Être en dehors, à côté de la track,* être en dehors du sujet, passer à côté de la question. ⇒ se **fourvoyer,** se **tromper ;** fam. **carte,** ① **coche, plaque.**

tract [tRakt] n. m. ■ Petite feuille ou brochure de propagande. *Distribuer des tracts.*

tractation [tRaktasjɔ̃] n. f. ■ Péj. Surtout au plur. Négociation à caractère semi-clandestin, où interviennent des manœuvres et des marchandages. *L'affaire se préparait dans les coulisses par diverses tractations.* ⇒ fam. **combine, magouille.**

tracter [tRakte] v. tr. ▪ conjug. 1. ■ Tirer par un tracteur, un véhicule à moteur. — Au p. p. adj. *Engins tractés.* ▶ ***tracteur*** n. m. ■ Véhicule automobile destiné à tirer des instruments et machines agricoles, etc. — REM. Le radical de ce verbe est présent dans plusieurs familles de mots *(traction ; abstraction, attraction, contracter, détracteur, extraction, rétracter, soustraction).*

traction [tRaksjɔ̃] n. f. **1.** Terme technique. Action de tirer ① en tendant, en étendant ; la force qui en résulte. *Résistance des matériaux à la traction.* **2.** Mouvement de gymnastique consistant à tirer le corps (suspendu), en amenant les épaules à la hauteur des mains, ou à relever le corps (étendu à plat ventre) en tendant et raidissant les bras. *Faire des tractions pour développer ses biceps.* **3.** Action de traîner, d'entraîner. ⇒ **remorquage.** *La traction animale. La traction électrique.* ⇒ **locomotion. 4.** TRACTION AVANT, ARRIÈRE : qui commande les roues avant ou arrière d'une automobile. — Ces deux types d'automobile. *Acheter une traction avant. Des tractions avant, arrière.*

tradition [tRadisjɔ̃] n. f. **1.** LA TRADITION : transmission à travers les siècles des coutumes, des opinions, usages, etc., par la parole ou l'exemple. *La tradition chrétienne, cartésienne. Une longue tradition artistique. Sociétés sans écritures, de tradition* (ou *à tradition*) *orale.* **2.** Ensemble des notions relatives au passé, ainsi transmises de génération en génération. *Des traditions millénaires. Les traditions populaires.* ⇒ **folklore. 3.** Manière de penser, de faire ou d'agir, qui est un héritage du passé. ⇒ **coutume, habitude.** *Il reste attaché aux traditions de sa famille. Les traditions culinaires. Les traditions académiques en peinture. Fidèle à la tradition. Dans la tradition.* ▶ ***traditionnel, elle*** adj. **1.** Qui est fondé sur la tradition, correspond à une tradition (religieuse, politique, etc.). ⇒ **orthodoxe.** *Des conceptions traditionnelles.* ⇒ **classique.** *Fêtes, musique, costume traditionnels.* / contr. **nouveau, révolutionnaire** / **2.** (Objets concrets ; avant le nom) D'un usage ancien et familier, consacré par la tradition. ⇒ **habituel.** *La traditionnelle robe de mariée. Le traditionnel pâté à la viande à Noël.* ▶ ***traditionalisme*** n. m. ■ Attachement aux idées, aux notions, aux coutumes et aux techniques traditionnelles. ⇒ **conformisme.** ▶ ***traditionaliste*** adj. et n. ■ Propre au traditionalisme ; partisan du traditionalisme. ⇒ **conservateur** (III) ; anglic. **straight.** *Un professeur traditionaliste.* ▶ ***traditionnellement*** adv. ■ Selon une tradition. ⇒ **rituellement.** *Une cérémonie traditionnellement célébrée à telle date.*

traduction [tRadyksjɔ̃] n. f. **1.** Action, manière de traduire. *Traduction fidèle, littérale. Faire une traduction* (⇒ **thème, version**). *Traduction libre.* ⇒ **adaptation.** *Traduction* (écrite) *et interprétation.* — *Traduction automatique,* opérée par des machines électroniques. *Traduction assistée par ordinateur (T.A.O.). Aide à la traduction.* **2.** Texte ou ouvrage traduit. *Se référer à une traduction de Shakespeare. Lire une œuvre en traduction* (opposé à *dans le texte*). ▶ ***traducteur, trice*** n. ■ Auteur d'une traduction. *C'est le traducteur en français de Kafka. Une traductrice spécialisée,* dans une science, une technique. — Personne capable de traduire ; professionnel de la traduction. *Le métier de traducteur.* — *Traducteur-interprète,* professionnel chargé de traduire des textes oralement et par écrit.

① ***traduire*** [tRadɥiR] v. tr. ▪ conjug. 38. — REM. Part. passé *traduit(e).* **1.** (Suj. personne) Faire que ce qui était énoncé dans une langue le soit dans une autre, en tendant à l'équivalence de sens et de valeur des deux énoncés. *Traduire un texte russe en français.* — Au p. p. adj. *Un poème traduit de l'anglais. Un roman bien traduit.* **2.** Exprimer, de façon plus ou moins directe, en utilisant les moyens du langage ou d'un art. *Il ne sait pas traduire ses émotions en paroles. Les mots qui traduisent notre pensée.* **3.** (Suj. chose) Manifester aux yeux d'un observateur (un enchaînement, un rapport). *Les troubles politiques traduisent une crise économique.* — Pronominalement (passif). *La haine qui se traduisait sur son visage,* se manifestait. ▶ ***traduisible*** adj. ■ *Ce jeu de mots n'est guère traduisible.* / contr. **intraduisible** / ⟨ ▶ intraduisible, traduction ⟩

② ***traduire*** v. tr. ▪ conjug. 38. — REM. Part. passé *traduit(e).* ■ Citer, déférer. ⇒ faire **passer.** *Traduire qqn en justice.*

① ***trafic*** [tRafik] n. m. **1.** Mouvement général des trains, des véhicules. *Le trafic maritime, routier, aérien.* — Par ext. et plaisant. *Il y a du trafic dans le magasin,* un grand nombre de personnes qui y circulent. **2.** Anglic. Circulation routière. *Il y a un trafic intense sur l'autoroute.* — Loc. fam. *Va jouer dans le trafic,* ne m'importune plus, laisse-moi tranquille (surtout des enfants).

② ***trafic*** n. m. ■ Péj. Commerce plus ou moins clandestin, honteux et illicite. *Trafic d'armes, de stupéfiants. Faire du trafic.* — *Trafic d'influence,* d'une personne qui use de son influence en faveur de qui la paie. ⇒ **corruption, malversation.**

trafiquer [tRafike] v. ▪ conjug. 1. **1.** V. tr. Faire du trafic ②, acheter et vendre (en réalisant des profits illicites). *Trafiquer les métaux précieux.* — Sans compl. *Il a trafiqué pendant la guerre.* **2.** V. tr. Fam. Modifier (un objet, un produit), en vue de tromper sur la marchandise. ⇒ **falsifier.** *Trafiquer un vin.* ⇒ **frelater.** *Le moteur de cette voiture a été trafiqué.* **3.** V. tr. Fam. Faire (qqch. de mystérieux), intriguer. *Qu'est-ce que tu es en train de trafiquer ?* ⇒ **fabriquer.** ▶ ***trafiquant, ante*** n. ■ Péj. Personne qui trafique. *Des trafiquants d'armes, de drogue.* ▶ ***traficoter*** v. intr. ▪ conjug. 1. ■ Fam. Faire un petit trafic. ⇒ **trafiquer.** ⟨ ▶ narco(-)trafiquant, ② trafic ⟩

tragédie [tRaʒedi] n. f. **1.** Œuvre dramatique en vers, représentant des personnages illustres aux prises avec un destin exceptionnel et malheureux ; genre de ce type de pièce. / contr. **comédie** / ≠ *drame. Les tragédies grecques. Les tragédies de Corneille, de Racine.* **2.** Événement ou ensemble d'événements tragiques. *Sa vie est une véritable tragédie.* ⇒ **catas-**

trophe, drame ; tragique (2). ▶ ***tragédien, enne*** n. ■ Acteur, actrice qui joue spécialement les rôles tragiques (tragédies et drames), opposé à *comédien*.

tragi-comédie [tʀaʒikɔmedi] n. f. **1.** Tragédie dont l'action est romanesque et le dénouement heureux (ex. : *le Cid*). *Des tragi-comédies.* **2.** Événement, situation où le comique se mêle au tragique. ▶ ***tragi-comique*** adj. **1.** Qui appartient à la tragi-comédie. **2.** Où le tragique et le comique se mêlent. *Une aventure tragi-comique.*

tragique [tʀaʒik] adj. **1.** De la tragédie ; qui évoque une situation où l'être humain prend douloureusement conscience d'un destin ou d'une fatalité. *Pièce tragique. Auteur tragique. — La fatalité tragique.* — N. m. *Le tragique et le comique. — Les tragiques grecs,* les auteurs de tragédies de la Grèce antique (Eschyle, Sophocle, Euripide). **2.** Qui inspire une émotion intense, par un caractère effrayant ou funeste. ⇒ **dramatique, émouvant, terrible.** *Actuellement, nous sommes dans une situation tragique. Il a eu une fin tragique. Les événements tragiques qui ont ensanglanté le pays.* — Fam. *Ce n'est pas tragique,* ce n'est pas bien grave. — N. m. *Prendre une chose au tragique,* s'en alarmer à l'excès. ⇒ s'**inquiéter,** se **tourmenter,** se **tracasser.** — (Choses) *Tourner au tragique,* prendre une tournure tragique. ▶ ***tragiquement*** adv. ■ *Mourir tragiquement,* dans des circonstances tragiques. ⇒ **dramatiquement.** ‹ ▶ tragi-comédie ›

trahir [tʀaiʀ] v. tr. ■ conjug. 2. **1.** Cesser d'être fidèle à (qqn, une cause...) ; abandonner qqn, ou le livrer. *Trahir un ami. Trahir ses complices.* ⇒ **dénoncer.** *Trahir sa patrie.* — Sans compl. *Un soldat qui trahit.* ⇒ **déserter.** — *Trahir la confiance de qqn.* — (Suj. chose) Desservir par son caractère révélateur. *Sa voix l'a trahi.* **2.** (Suj. chose) Lâcher, cesser de seconder. *Ses forces le trahissent.* — Exprimer infidèlement. *Les mots trahissent notre pensée.* **3.** Livrer (un secret). ⇒ **divulguer, révéler.** *Trahir un secret.* — Être le signe, l'indice... (d'une chose peu évidente ou dissimulée). ⇒ **révéler.** *L'expression de son visage trahissait sa jalousie, son émotion.* **4.** SE TRAHIR v. pron. réfl. : laisser apparaître, laisser échapper ce qu'on voulait cacher. *Il s'est trahi par cette question.* ⇒ se **démasquer.** — Se manifester, se révéler. *Sa faiblesse s'est trahie en cette occasion.* ▶ ***trahison*** [tʀaizɔ̃] n. f. **1.** Crime d'une personne qui trahit, qui passe à l'ennemi. ⇒ **défection, désertion, traîtrise ; perfidie, traître.** — HAUTE TRAHISON : intelligence (entente) avec une puissance étrangère ou ennemie, en vue de nuire à sa patrie (crime). **2.** Action de manquer au devoir de fidélité.

① ***train*** [tʀɛ̃] n. m. **I. 1.** La locomotive et l'ensemble des wagons et voitures qu'elle traîne. ⇒ **convoi, rame.** *Le train de Toronto,* qui va à Toronto, ou qui vient de Toronto. *Train omnibus, rapide. Train à grande vitesse.* ⇒ **T.G.V.** (en France). *Train de marchandises. Prendre le train. Avoir, manquer son train.* — Loc. Abstrait. *Prendre le train en marche,* s'associer à une action déjà en cours. *Manquer, rater le train,* manquer son coup, rater une affaire, qqch. d'intéressant. *Un train peut en cacher un autre. — Train miniature* (jouet). *Un train électrique.* **2.** Moyen de transport par rail. ⇒ **chemin de fer.** *Voyager par le train. Préférer le train à la voiture.* **3.** File de choses traînées ou entraînées. *Un train de bois,* un assemblage de billes qui flottent (⇒ **draver**) sur un cours d'eau. ⇒ **drave.** *Un train routier,* une suite de remorques tirées par un seul véhicule. *Un train de péniches.* **II. 1.** Suite ou ensemble de choses semblables qui fonctionnent en même temps. *Un train de mesures pour réduire les pluies acides. — Train de pneus,* ensemble de pneus neufs d'une automobile. **2.** *Train des équipages,* matériel de transport des unités non autonomes de l'armée ; sans compl. (avec une majusc.) *le Train.* **III.** Partie qui porte le corps d'une voiture et à laquelle sont attachées les roues. *Le train avant, arrière d'une automobile.* — TRAIN D'ATTERRISSAGE : parties d'un avion (roues) destinées à être en contact avec le sol. ‹ ▶ aérotrain, T.G.V., turbotrain ›

② ***train*** n. m. **1.** TRAIN D'AVANT, DE DERRIÈRE : partie de devant ⇒ **avant-train,** de derrière ⇒ **arrière-train** des animaux de trait, des quadrupèdes. **2.** Fam. Derrière. *Je vais te botter le train ! Se grouiller le train. Filer le train à qqn,* le suivre de près. ‹ ▶ arrière-train, avant-train ›

③ ***train*** n. m. **1.** Dans des loc. Manière d'aller, d'évoluer, marche (des choses). *Du train où vont les choses,* si les choses continuent comme cela. *Aller son train,* continuer de la même manière. ⇒ suivre son **cours. 2.** TRAIN DE VIE : manière de vivre, relativement aux dépenses de la vie courante que permet la situation des gens. — *Train de maison,* domesticité, dépenses d'une maison. *Mener* GRAND TRAIN : vivre dans le luxe. **3.** Soins quotidiens donnés aux animaux de ferme (étable, écurie). *S'occuper du train.* — Spécialt. *Faire le train,* traire les vaches. ⇒ ④ **traite. 4.** Allure du cheval, d'une monture, d'un véhicule ou d'un coureur, d'un marcheur. *Accélérer le train,* aller plus vite. *Aller bon train.* Loc. *Aller* À FOND DE TRAIN : très vite. **5.** EN TRAIN loc. adv. : en mouvement, en action ou en humeur d'agir. ≠ *entrain. Je ne suis pas en train,* je ne me sens pas bien disposé, je ne suis pas en forme. — (Choses) *Mettre un travail en train,* commencer à l'exécuter. ⇒ en **chantier.** *Mise en train,* début d'exécution. *Surveiller la mise en train de la chaufferie.* **6.** EN TRAIN DE loc. prép. : marque l'action en cours. *Elle est en train de travailler,* elle travaille en ce moment. **7.** Fam. Bruit, tapage, tumulte. ⇒ **vacarme ;** fam. **ramdam.** *J'ai entendu du train dans la cave.* — Loc. *Faire, mener du train.* ⇒ ① **diable.** ‹ ▶ boute-en-train, entrain, mal-en-train, train-train ›

traîner [tʀɛne] v. ■ conjug. 1. **I.** V. tr. **1.** Tirer après soi ; déplacer en tirant derrière soi sans soulever. *Traîner une charge sur un traîneau.* ⇒ ① **tirer.** *Action de traîner.* ⇒ **traction** (3). *Il traîne une chaise près de moi. Traîner un corps, une personne évanouie par terre.* / contr. **pousser** / — *Traîner la jambe, la patte,* avoir de la difficulté à marcher. *Traîner les pieds,* marcher sans soulever les pieds du sol. **2.** Forcer (qqn) à aller (quelque part). *Elle nous traîne à des réunions fastidieuses.* **3.** Amener, avoir partout avec soi par nécessité (les gens ou les choses dont on voudrait pouvoir se libérer). ⇒ **trimbaler.** *Elle est obligée de traîner partout ses enfants.* — Supporter (une chose pénible qui se prolonge). *Elle traîne cette maladie depuis des années.* **4.** Faire durer, faire se prolonger. *Traîner les choses en longueur.* **II.** V. intr. **1.** (Suj. chose) Pendre à terre en balayant le sol. *Vos lacets traînent par terre.* **2.** Être posé ou laissé sans être rangé. *Des vêtements qui traînent sur une chaise. Ne laisse pas traîner ton argent.* — PROV. *Tout ce qui traîne se salit.* **3.** Abstrait. Se trouver, subsister. *Les vieilles notions qui traînent dans les livres scolaires. Ça traîne partout,* c'est usé, rebattu. **4.** Durer trop longtemps, ne pas finir. *Négociations, réunion qui traînent en longueur.* ⇒ s'**éterniser.** *Ça n'a pas traîné !,* ç'a été vite fait. ⇒ **tarder.** *Faire traîner qqch.* / contr. **expédier** / **5.** Émettre des sons anormalement lents et bas. *Une voix qui traîne* (⇒ **traînant**). **6.** (Suj. personne) Aller trop lentement, s'attarder. *Ne traîne pas en rentrant de l'école.* — Agir trop lentement. *Le travail presse, il ne s'agit plus de traîner.* ⇒ **niaiser, taponner ;** fam. **lambiner, tataouiner, téter. 7.** Péj. Aller sans but ou rester longtemps (en un lieu peu recommandable ou peu intéressant). ⇒ **errer, vagabonder.** *Traîner dans les rues.* **III.** V. pron. réfl. **1.** Avancer, marcher avec peine (par infirmité, maladie, fatigue). *Elle se traîne de son lit au fauteuil. Il ne peut plus se traîner. Se traîner à une réunion,* y aller à contrecœur. — Fig. *Se traîner les pieds,* agir trop lentement, perdre son temps. ⇒ **niaiser, tergiverser. 2.** Avancer à plat ventre ou à genoux. *Arrête de te traîner par terre !* **3.** S'étirer en longueur dans le temps. *Une conversation, une réunion qui se traîne.* ⇒ s'**éterniser.** ▶ ***traînage*** n. m. **1.** Transport par traîneau ; fait de traîner qqch. *Le traînage des arbres abattus jusqu'au chemin.* **2.** Fait de laisser traîner (II, 2) qqch. ⇒ ① à la **traîne ;** choses qui traînent. ⇒ **traîneries.** *Sa mère déteste le traînage.* **3.** (Compl. personne) Action de traîner (II, 6), de s'attarder quelque part. *Le traînage (des jeunes) dans les rues le soir. Le traînage des élèves avant l'entrée en classe.* ▶ ***traînailler*** ou ***traînasser*** v. intr. ▪ conjug. 1. ■ Traîner, être trop long (à faire qqch.). ⇒ fam. **lambiner.** — Errer inoccupé. *Traînasser dans les cafés.* ▶ ***traînant, ante*** adj. ■ (Voix) Trop lent, qui traîne (II, 5). *Un accent traînant.* ▶ ***traînard, arde, traîneur*** ou ***traîneux, euse*** n. **1.** Personne qui traîne, reste en arrière d'un groupe en marche. **2.** Personne trop lente dans son travail. ⇒ fam. **lambin, téteur. 3.** Personne qui laisse traîner (II, 2) ses choses. — Adj. *Des enfants traîneux.* ▶ ① ***à la traîne*** loc. adv. **1.** En arrière d'un groupe de personnes qui avance. *Il est toujours à la traîne.* **2.** En désordre (comme ce qui traîne à l'abandon). ⇒ **traînerie.** *Des vêtements à la traîne sur une chaise.* ▶ ② ***traîne*** n. f. ■ Bas d'un vêtement qui traîne à terre derrière une personne qui marche. ⇒ **queue.** *Robe de mariée à traîne.* ▶ ③ ***traîne*** n. f. **1.** Voiture sur patins bas qui glisse sur la neige ou la glace, qui sert au transport (du bois, des marchandises...). ⇒ **toboggan** (2), **traîneau, troïka ;** anglic. **sleigh. 2.** *Traîne sauvage,* traîneau long et étroit, sans patins, fait de planches minces dont l'extrémité avant est recourbée vers l'arrière. ⇒ **tabagane, toboggan** (1) ; anglic. **sleigh.** *Aller glisser en traîne sauvage.* ▶ ***traîneau*** n. m. ■ Voiture à patins que l'on traîne (ou pousse) sur la neige ou la glace. ⇒ **carriole, troïka.** *Un traîneau tiré par des chevaux. Une promenade en traîneau.* ⇒ **carriole ;** anglic. **sleigh ride.** *Les traîneaux à chiens du Grand Nord.* ⇒ **cométique.** — Petit véhicule plat dont se servent les enfants pour aller glisser. ⇒ **luge,** ③ **traîne.** ▶ ***traînée*** n. f. **1.** Longue trace laissée sur le sol ou sur une surface par une substance répandue. ⇒ ① **coulisse, dégoulinade.** *Des traînées de sang.* **2.** Loc. *Se répandre comme une* TRAÎNÉE DE POUDRE : (se dit d'une nouvelle, etc.) très rapidement, de proche en proche. **3.** Ce qui suit un corps en mouvement et semble émaner de lui. *La traînée lumineuse d'une comète.* — Bande allongée. *Des traînées rouges dans le ciel.* ▶ ***traînerie*** n. f. **1.** Au plur. Choses laissées à la traîne, à l'abandon. ⇒ **cochonneries.** *Ramassez vos traîneries. Jeter des vieilles traîneries. Ses parents détestent les traîneries.* ⇒ **traînage. 2.** Fam. Loc. *Ne pas prendre, être une traînerie,* (choses), ne pas traîner en longueur, se faire rapidement, sans délai. ⇒ **tinette.** *On a ramassé toutes les feuilles et ça n'a pas été une traînerie.* ⟨ ▶ ① entraîner, ① train ⟩

training [tʀeniŋ] n. m. ■ (France) Anglic. Survêtement muni d'une capuche. *Des trainings.*

train-train [tʀɛ̃tʀɛ̃] n. m. invar. ■ Marche régulière (⇒ ③ **train**) sans imprévu. ⇒ **ronron, routine.** *Le train-train de la vie quotidienne.*

traire [tʀɛʀ] v. tr. ▪ conjug. 50. ■ Tirer (⑤, I) le lait de (la femelle de certains animaux domestiques) en pressant le pis ou mécaniquement. *Traire une vache* (⇒ **traite**). — Par extension. *Traire le lait.* — REM. *Traire* voulait dire « tirer » ; d'où ①, ②, ③ *trait, trait d'union,* ①, ②, ③ *traite,* et aussi *abstraire, distraire, extraire, retrait, retraite, soustraire.* ⟨ ▶ ④ traite, trayeuse ⟩

① ***trait*** [tʀɛ] n. m. **I. 1.** *Dessin* AU TRAIT : fait en dessinant, en tirant ③ une ligne ou un ensemble de lignes. — *Esquisser* À GRANDS TRAITS : en traçant rapidement les lignes principales. — *Décrire, raconter à grands traits,* sans entrer dans le détail. **2.** Ligne droite ou courbe surtout quand on la forme sans lever l'instrument. *Faire, tirer* ③, *tracer un trait. Petit trait pour relier les éléments d'un mot composé.* ⇒ **trait d'union.** *Copier, reproduire trait pour trait,* avec une parfaite exactitude. **3.** Au plur. Les lignes caractéristiques du visage. ⇒ **physionomie.** *Elle a les traits réguliers. Les traits tirés par la fatigue.* **II. 1.** TRAIT DE... : acte, fait qui constitue une marque, un signe (d'une qualité, d'une capacité). *Un trait de bravoure. Un trait d'esprit,* une parole, une remarque vive et spirituelle. *Trait de génie.* ⇒ **illumination. 2.** Loc. verb. AVOIR TRAIT À (suj. chose) : se rapporter à, concerner. *Tout ce qui a trait à cette période de notre histoire.* **3.** Élément caractéristique qui permet d'identifier, de reconnaître. ⇒ **caractère, caractéristique.** *Les traits dominants d'une œuvre. Trait de caractère.* ⟨ ▶ trait d'union, trécarré ⟩

② ***trait*** n. m. **I. 1.** Projectile lancé, tiré ④ à la main (javelot, lance). — Loc. *Filer, partir comme un trait,* comme une flèche. **2.** Littér. Acte ou parole qui manifeste un esprit malveillant. ⇒ **flèche, sarcasme.** *Les traits de la satire. Décocher un trait à qqn.* **II.** (En loc.) *Boire d'un trait, d'un seul trait,* en une seule fois, d'un seul coup. *Boire à longs traits,* à grandes gorgées. — *Il dormit jusqu'à midi d'un seul trait,* d'une seule traite.

③ ***trait*** n. m. **1.** *Bête, animal* DE TRAIT : destiné à tirer ① des voitures. *Cheval de trait* (opposé à *de selle*). **2.** Corde servant à tirer les voitures. *Les traits d'un attelage.*

traitable [tʀɛtabl] adj. ■ Littér. Accommodant. ⇒ **conciliant.** *J'espère que mon créancier sera plus traitable que les vôtres.* / contr. **intraitable** / ⟨ ▶ intraitable ⟩

traitant, ante [tʀɛtɑ̃, ɑ̃t] adj. m. ■ (Choses) Qui traite, soigne. Crème de beauté traitante. — (Médecins) Qui traite les malades d'une manière suivie. *Aller chez son médecin traitant.*

trait-carré n. m. ⇒ **trécarré.**

trait d'union [tʀɛdynjɔ̃] n. m. **1.** Signe en forme de petit trait horizontal (⇒ **tiret**), servant de liaison entre les éléments de certains composés (ex. : *arc-en-ciel*), entre le verbe et le pronom placé après (ex. : *crois-tu ?, prends-le*). *Des traits d'union.* **2.** Personne, chose qui sert d'intermédiaire, entre deux êtres ou objets.

① ***traite*** [tʀɛt] n. f. **1.** Histoire. *La traite des fourrures,* l'échange des fourrures contre des marchandises, entre les Amérindiens et les Blancs. — *Poste de traite,* comptoir où s'effectuait ce commerce. **2.** Anciennt. *La traite des esclaves, des Noirs,* le fait d'en faire commerce comme des marchandises, en les transportant de force hors d'Afrique. — *Traite des Blanches,* entraînement ou détournement de femmes blanches en vue de la prostitution.

② ***traite*** n. f. ■ Billet, écrit par lequel un créancier oblige son débiteur à payer ce qu'il doit à une certaine date. ⇒ **lettre** de change. *Tirer, payer une traite. Il y a encore plusieurs traites à payer.*

③ ***traite*** n. f. **1.** Trajet effectué sans s'arrêter. ⇒ **chemin, parcours.** *Il nous reste à faire une longue traite.* **2.** Loc. D'UNE *(seule)* TRAITE : sans interruption. *Elle a fait ce long voyage d'une seule traite.* ⇒ ② **trait** (II).

④ ***traite*** n. f. ■ Action de traire (les vaches, les femelles d'animaux domestiques). ⇒ ③ **train** (3).

⑤ ***traite*** n. f. ■ Anglic. Fam. Tournée. *Payer une (la) traite (à qqn).* — Iron. *Payer la traite à qqn,* le blâmer sévèrement. ⇒ **enguirlander ;** fam. **engueuler.** — Pronominalement (réfl.). *Se payer la traite,* se gâter, se faire plaisir, spécialt en mangeant.

traité [tʀete] n. m. **I.** Ouvrage didactique, où un sujet est exposé d'une manière systématique. ⇒ ② **cours, manuel.** *Un traité d'algèbre. Un traité d'économie politique.* **II.** Acte juridique par lequel des gouvernements d'États établissent des règles et des décisions. ⇒ **pacte.** *Les clauses d'un traité. Conclure, ratifier un traité de paix. Le traité de libre-échange.* ⇒ **convention.**

traiter [tʀete] v. ▪ conjug. 1. **I.** V. tr. (Compl. personne) **1.** Agir, se conduire envers (qqn) de telle ou telle manière. *Traiter qqn très mal.* ⇒ **maltraiter.** *Il nous traite comme des subalternes. Traiter qqn d'égal à égal. On nous traite en bébés,* comme des bébés. *Traiter durement ses enfants.* **2.** Littér. Convier ou recevoir (qqn) à sa table. *Traiter qqn en lui offrant un bon repas* (⇒ **traiteur**). **3.** Soumettre (qqn) à un traitement médical. *Le médecin qui le traite.* ⇒ **soigner ; traitant. 4.** TRAITER *qqn* DE... : qualifier (qqn) de tel ou tel mot péjoratif. *Il l'a traité d'imbécile. Elle l'a traité de tous les noms* (injurieux). **II.** V. tr. (Compl. chose) **1.** Régler (une affaire) en discutant, en négociant. *Traiter un marché.* **2.** Soumettre (une substance) à diverses opérations de manière à la modifier. *On traite le pétrole brut dans les raffineries pour obtenir de l'essence.* — Au p. p. adj. *Acier traité.* — Soumettre (des cultures) à l'action de produits. — Au p. p. adj. *Oranges non traitées.* — Informatique. *Traiter des informations, des données.* ⇒ **traitement** (4). **3.** Soumettre (un objet) à la pensée en vue d'étudier, d'exposer. ⇒ **examiner.** *Traiter une question. L'élève n'a pas traité le sujet.* **III.** V. intr. **1.** TRAITER DE (surtout suj. chose) : avoir pour objet. *Un livre qui traite des questions sociales.* ⇒ ① **parler. 2.** (Suj. personne) Entrer en pourparlers, pour régler une affaire, conclure un marché. ⇒ **traité.** *Je ne peux pas traiter avec vous. Les nations qui traitent entre elles.* ⇒ **négocier, parlementer.** ▶ ***traitement*** n. m. **I. 1.** Comportement à l'égard de qqn ; actes traduisant ce comportement. *Un traitement de faveur. Mauvais traitements,* coups, sévices. **2.** Manière de soigner (un malade, une maladie), ensemble des moyens employés pour guérir. ⇒ **thérapeutique.** *Suivre un traitement. Prescrire un traitement.* ⇒ **médication.** *Un traitement de canal,* fait de dévitaliser une dent. **3.** Manière de traiter (une substance). *Le traitement du minerai.* **4.** Informatique. *Traitement de l'information, des données,* déroulement automatique et systématique d'une suite d'opérations effectuées sur des données déjà saisies, pour les exploiter selon un programme. — *Traitement par lots,* suivant lequel les données à traiter, les programmes à exécuter sont groupés par ensembles. — *Traitement de texte*.* **II.** Rémunération (d'un fonctionnaire) ; gain attaché à un emploi régulier d'une certaine importance sociale. ⇒ **émoluments, salaire.** *Congé à traitement différé.* ‹ ▶ maltraiter, sous-traitant, traitable, traitant, traité, traiteur ›

traiteur, euse [tʀɛtœʀ, øz] n. ■ Personne qui prépare des repas, des plats à emporter et à consommer chez soi, et fournit éventuellement le personnel pour le service. *Commander un buffet à un traiteur.* — REM. L'O.L.F. propose *traiteuse* au féminin.

traître [tʀɛtʀ] n. et adj. — REM. On emploie la forme *traître* au féminin, comme au masculin ; *traîtresse* [tʀɛtʀɛs] n'est plus employé que par plaisanterie. **I.** N. **1.** Personne qui trahit, se rend coupable d'une trahison. ⇒ **délateur, parjure, renégat.** *Les traîtres seront jugés.* **2.** Loc. *Prendre qqn* EN TRAÎTRE : agir avec lui de façon perfide, sournoise. **3.** Plaisant. TRAÎTRE, TRAÎTRESSE : perfide. *Tu m'as menti, traîtresse !* **II.** Adj. **1.** Qui trahit ou est capable de trahir. ⇒ **déloyal.** / contr. **fidèle** / *On accusa cette femme d'être traître à sa patrie.* — (Choses, actions) *Un regard traître,* fourbe. **2.** Qui est dangereux sans le paraître, sans qu'on s'en doute. *Ce vin rosé est traître,* il enivre rapidement. **3.** Loc. fam. *Elle n'a rien dit, pas* UN TRAÎTRE MOT : pas un seul mot. ▶ ***traîtreusement*** adv. ■ Littér. Par traîtrise. *Être attaqué traîtreusement.* ⇒ **perfidement.** ▶ ***traîtrise*** n. f. **1.** Caractère, comportement de traître. ⇒ **déloyauté, fourberie, perfidie. 2.** UNE TRAÎTRISE : acte perfide, déloyal. ⇒ **trahison.** *Cette traîtrise est digne de lui. Il l'a pris par traîtrise.*

trajectoire [tʀaʒɛktwaʀ] n. f. ■ Ligne décrite par le centre de gravité (d'un mobile, d'un projectile). *La trajectoire d'une flèche, d'un obus.* — *La trajectoire d'une planète, d'un satellite,* son orbite.

trajet [tʀaʒɛ] n. m. ■ Le fait de parcourir un certain espace, pour aller d'un lieu à un autre ; le chemin ainsi parcouru. ⇒ **itinéraire, parcours.** *Il a une heure de trajet pour se rendre à son bureau.* ⇒ **chemin, route.** *Les enfants font à pied le trajet de la maison à l'école.* ‹ ▶ trajectoire ›

① ***tralala*** [tʀalala] n. m. ■ Fam. Luxe recherché et voyant (dans quelques expressions). ⇒ **fla-fla.** *Recevoir à souper en grand tralala.*

② ***tralala*** interj. ■ Onomatopée exprimant la joie... *Tralala ! j'ai gagné.* — Dans une chanson. *Tralala, tralala...,* mots qui remplacent des paroles.

trâlée [tʀale] n. f. ■ Grand nombre de personnes. ⇒ ② **bande, ribambelle ;** fam. **gang.** *Ils ont une trâlée de petits-enfants.* ⇒ fam. **tripotée.**

tram n. m. ⇒ **tramway.**

trame [tʀam] n. f. **1.** Ensemble des fils qui se croisent avec les fils de chaîne, dans le sens de la largeur, pour constituer un tissu, l'armure ② d'un tissu. *Une trame de coton. Une trame fine, grossière. Un tapis usé jusqu'à la trame.* ⇒ **corde. 2.** Ce qui constitue le fond et la liaison d'une chose organisée. ⇒ **texture.** *La trame d'un récit.* ▶ ***tramer*** v. tr. ▪ conjug. 1. ■ Élaborer par des manœuvres cachées. ⇒ **combiner, machiner, manigancer, ourdir.** *Ils trament un complot. Tramer une conspiration, la perte de qqn.* — Pronominalement (impers.). *Il se trame quelque chose.* — (Passif) *Un complot se trame contre le gouvernement.*

tramontane [tʀamɔ̃tan] n. f. ■ (France) Vent du nord (sur la côte méditerranéenne), ou vent qui vient d'au-delà des montagnes (Alpes, Pyrénées).

trampoline [tʀɑ̃pɔlin] n. f. ■ Appareil de gymnastique formé d'une toile tendue à une certaine hauteur du sol et fixée par des ressorts à un cadre métallique et sur lequel on exécute divers sauts. — Le sport ainsi pratiqué. *Faire de la trampoline.*

tramway [tʀamwɛ] ou ***tram*** [tʀam] n. m. ■ Voiture publique qui circule sur des rails plats dans les rues des villes. *On a souvent remplacé les trams (les tramways) par des autobus, par des trolleybus, mais des trams modernes circulent.*

tranchée [tʀɑ̃ʃe] n. f. **1.** Excavation pratiquée en longueur dans le sol (comme si on l'avait coupé, *tranché*). ⇒ **cavité, fossé.** *Creuser une tranchée, pour poser des canalisations, des fondations.* **2.** (Surtout au plur.) Dispositif allongé, creusé à proximité des lignes ennemies, et où les soldats demeurent à couvert. *Une guerre de tranchées* (opposé à *guerre de mouvement*).

trancher [tʀɑ̃ʃe] v. ▪ conjug. 1. **I.** V. tr. dir. **1.** Diviser, séparer (une chose en parties, deux choses unies) d'une manière nette, au moyen d'un instrument dur et fin (instrument *tranchant*). ⇒ **couper.** *Trancher une corde, un fil.* — *Trancher la tête de qqn,* le décapiter. *Trancher la gorge,* égorger. **2.** Couper en tranches (un aliment). *Trancher du pain, un rôti.* Terminer par une décision, un choix ; résoudre en terminant (une affaire, une question). *Trancher une difficulté.* **II.** V. intr. **1.** Loc. fig. *Trancher* DANS LE VIF : employer les grands moyens, agir de façon énergique. **2.** Décider d'une manière franche, catégorique. *Il faut trancher sans plus hésiter.* **3.** (Choses) Se distinguer avec netteté ; former un contraste, une opposition. ⇒ **contraster,** se **détacher, ressortir.** *Un rouge qui tranche sur un fond noir. Trancher avec..., sur... Son silence tranchait avec (sur) l'agitation générale.* ▶ ① ***tranchant, ante*** adj. **1.** Qui est dur et effilé, peut diviser, couper. ⇒ **coupant.** *Le couteau, les ciseaux sont des instruments tranchants.* **2.** Qui tranche, décide d'une manière péremptoire. ⇒ **brusque, cassant, coupant, sec.** *C'est ce qu'il affirma d'un ton tranchant.* ▶ ② ***tranchant*** n. m. **1.** *Le tranchant,* le côté mince, destiné à couper, d'un instrument tranchant. ⇒ **taillant.** *Un couteau à deux tranchants, à double tranchant. Le tranchant de la main,* la partie qui s'oppose au pouce. **2.** Loc. À DOUBLE TRANCHANT : se dit d'un argument, d'un procédé dont l'emploi peut provoquer des effets opposés (et se retourner contre la personne qui les emploie). ▶ ***tranche*** n. f. **I.** Concret. **1.** Morceau coupé assez mince, sur toute la largeur (d'une chose comestible). *Une tranche de gâteau.* ⇒ **part, pointe, portion.** *Tranche de pain.* ⇒ **tartine.** *Une tranche de jambon. Couper des tranches fines.* — Loc. EN TRANCHES. ⇒ **tranché.** *Pain, jambon en tranches. Du fromage en tranches.* **2.** Partie moyenne de la cuisse de bœuf. *Bifteck dans la tranche.* **3.** TRANCHE NAPOLITAINE : glace ayant la forme d'une tranche (de gâteau). **4.** Partie des feuillets d'un livre qui est rognée, « tranchée » pour présenter une surface unie (opposé à *dos*). *Livre* DORÉ SUR TRANCHE : à tranche dorée. **II.** Abstrait. **1.** Série de chiffres. **2.** Partie séparée arbitrairement (dans le temps) d'une opération de longue haleine. *Les tranches d'émission d'une loterie.* **3.** *Une tranche de vie,* scène réaliste de la vie quotidienne. **4.** Loc. fam. S'EN PAYER UNE TRANCHE (de bon temps) : s'amuser beaucoup. ▶ ***tranché, ée*** adj. **1.** Concret. (Aliments) Qui est coupé en tranches. *Salami, pastrami tranché.* **2.** Abstrait. Nettement séparé (de choses semblables ou comparables). *Des couleurs tranchées.* ⇒ **net,** ③ **franc.** — *Opinion tranchée,* bien nette, qui est affirmée catégoriquement. ▶ ***tranchet*** [tʀɑ̃ʃɛ] n. m. ▪ Outil tranchant, formé d'une lame plate, sans manche. *Un tranchet de cordonnier.* ‹ ▶ retrancher, tranchée ›

tranquille [tʀɑ̃kil] adj. **1.** Où se manifestent un ordre et un équilibre qui ne sont affectés par aucun changement soudain ou radical (mouvement, bruit...). ⇒ **calme, immobile, silencieux.** / contr. **agité, bruyant** / *Un coin tranquille. Un quartier tranquille. C'est très tranquille, ici.* — Calme et régulier. *Un sommeil tranquille. Un pas tranquille.* — Histoire. *La Révolution tranquille,* les divers changements sociaux qui se sont produits au Québec au début des années soixante. **2.** (Êtres vivants) Qui est, par nature, peu remuant, n'éprouve pas le besoin de mouvement, de bruit. ⇒ **paisible.** / contr. fam. **tannant** / *Des voisins tranquilles.* — Loc. *Un père tranquille,* un homme d'âge mûr aux habitudes régulières et calmes. ⇒ fam. **pépère.** **3.** Qui est momentanément en repos, qui ne bouge pas. *Les enfants, restez tranquilles !* (→ soyez sages !) **4.** Qui éprouve un sentiment de sécurité, de paix. ⇒ **serein.** / contr. **anxieux, inquiet** / *Soyez tranquille, ne vous inquiétez pas. Soyez tranquille, je m'en occupe.* **5.** Loc. LAISSER *qqn* TRANQUILLE : s'abstenir ou cesser de l'inquiéter, de le tourmenter. *Laisse-moi tranquille. Laisse ça tranquille,* n'y touche pas, ne t'en occupe plus. — *Avoir l'esprit, la conscience tranquille,* n'avoir rien à se reprocher. **6.** ÊTRE TRANQUILLE (à propos, au sujet de qqch.) : être certain de la réalité de la chose. *Elle n'ira pas, je suis (bien) tranquille.* ⇒ **sûr.** *Tu peux être tranquille qu'il n'ira pas.* ▶ ***tranquillement*** adv. **1.** D'une manière tranquille. *Il était agité, mais maintenant il dort, il repose tranquillement.* — Fam. Loc. *Faire qqch. tranquillement pas vite.* ⇒ **lentement.** **2.** Sans émotion ni inquiétude. ⇒ **calmement.** *Envisageons la situation tranquillement.* ▶ ***tranquilliser*** v. tr. ▪ conjug. 1. ▪ Rendre (qqn) tranquille ; délivrer de l'inquiétude. ⇒ **calmer, rassurer.** *Je vais essayer de vous tranquilliser à ce sujet. Cette idée me tranquillise.* — SE TRANQUILLISER v. pron. réfl. *Tranquillisez-vous.* — Au passif et p. p. adj. *(Être) tranquillisé(e).* ▶ ***tranquillisant, ante*** adj. et n. m. **1.** Adj. Qui tranquillise. ⇒ **rassurant.** *Une nouvelle plutôt tranquillisante.* **2.** N. m. Médicament qui calme, tranquillise, en combattant l'angoisse, l'anxiété. ⇒ **calmant, sédatif.** *Il ne faut pas abuser des tranquillisants ni des somnifères.* ▶ ***tranquillité*** n. f. **1.** État stable, constant, ou modifié régulièrement et lentement. *La tranquillité de son sommeil. La tranquillité de la nuit.* ⇒ **calme.** — EN TOUTE TRANQUILLITÉ : sans être dérangé. ⇒ en toute **quiétude.** *Vous pouvez partir en toute tranquillité.* **2.** Stabilité morale ; état tranquille (4). ⇒ **calme, paix, repos, sérénité.** *Elle tient à sa tranquillité. La tranquillité d'esprit.*

trans- ▪ Élément signifiant « au-delà de » (ex. : *transalpin*), « à travers » (ex. : *transpercer*), et qui marque le passage ou le changement (ex. : *transformation*).

transaction [tʀɑ̃zaksjɔ̃] n. f. **1.** Contrat où chacun renonce à une partie de ses prétentions. — Arrangement, compromis (⇒ **transiger**). **2.** Opération effectuée dans les marchés commerciaux, dans les bourses de valeurs. *Des transactions financières.*

transalpin, ine [tʀɑ̃zalpɛ̃, in] adj. ▪ (France) Qui est au-delà des Alpes.

① **transatlantique** [tʀɑ̃zatlɑ̃tik] adj. et n. m. **1.** Adj. Qui traverse l'Atlantique. ⇒ **océanique.** *Paquebot transatlantique.* — *Course transatlantique* ou, n. f., *la Transatlantique* (abrév. *la Transat* [tʀɑ̃zat]). **2.** N. m. *Un transatlantique,* paquebot faisant le service entre l'Amérique et l'Europe. ‹ ▶ ② transatlantique ›

② **transatlantique** ou **transat** [tʀɑ̃zat] n. m. ▪ (France) Chaise longue pliante en toile, employée sur les plages, les terrasses, dans les jardins. *Des transats.*

transbahuter [tʀɑ̃sbayte] v. tr. ▪ conjug. 1. ▪ Fam. Transporter, déménager. *Transbahuter une armoire.* ⇒ **trimbaler.** — Fam. *Se transbahuter,* se déplacer.

transborder [tʀɑ̃sbɔʀde] v. tr. ▪ conjug. 1. ▪ Faire passer d'un navire à un autre, d'un train, d'un wagon à un autre (des voyageurs, des marchandises). ▶ ***transbordement*** n. m. ▶ ***transbordeur*** n. m. et adj. m. **1.** Véhicule servant à transporter les passagers de l'aérogare à un avion ou vice-versa. **2.** *Transbordeur* ou *pont transbordeur,* pont à tablier très élevé, et qui comporte une plate-forme mobile.

transcanadien, ienne [tʀɑ̃skanadjɛ̃, jɛn] adj. et n. f. ▪ Qui traverse le Canada d'un océan à l'autre. ⇒ **transquébécois.** *La route transcanadienne* ou, n. f. (avec une majusc.), *la Transcanadienne.*

transcender [tʀɑ̃sɑ̃de] v. tr. ▪ conjug. 1. **1.** Dépasser en étant supérieur ou d'un autre ordre, se situer au-delà de... *L'art transcende la réalité.* **2.** SE TRANS-

CENDER v. pron. réfl. : se dépasser, aller au-delà des possibilités apparentes de sa propre nature. ▶ ***transcendant, ante*** adj. **1.** Qui s'élève au-dessus du niveau moyen, des autres. ⇒ **sublime,** ① **supérieur.** *C'est un esprit transcendant.* **2.** Philosophie. Qui est au-delà de l'expérience et fait appel à un ordre de réalités supérieur, à un principe extérieur et supérieur. / contr. **immanent** / *Dieu est transcendant,* Dieu ne se confond pas avec la nature, mais en est le principe créateur. *Les valeurs morales transcendantes. L'immortalité de l'âme est un principe transcendant.* — *Transcendant à... Le monde est transcendant à la conscience,* il est d'une tout autre nature ; la conscience ne peut en rendre compte. ▶ ***transcendance*** n. f. **1.** Caractère de ce qui est transcendant ; existence de réalités transcendantes. **2.** Action de transcender ou de se transcender.

transcontinental, ale, aux [tʀɑ̃skɔ̃tinɑ̃tal, o] adj. ■ Qui traverse un continent d'un bout à l'autre. *Chemin de fer transcontinental ; route transcontinentale.* — N. f. *La transcontinentale canadienne.* ⇒ **transcanadien.**

transcrire [tʀɑ̃skʀiʀ] v. tr. ▪ conjug. 39. **1.** Copier très exactement, en reportant. ⇒ **copier, enregistrer.** *Transcrire un texte. Transcrire des noms sur un registre.* **2.** Reproduire (un texte, des mots) dans un autre alphabet. *Transcrire un texte grec en caractères latins* (on dit aussi TRANSLITTÉRER). **3.** Adapter (une œuvre musicale) pour d'autres instruments que ceux pour lesquels elle a été écrite. ▶ ***transcription*** [tʀɑ̃skʀipsjɔ̃] n. f. **1.** Action de transcrire (1) ; son résultat. ⇒ **copie, enregistrement. 2.** Action de transcrire (2). (On dit aussi TRANSLITTÉRATION, n. f.) *Le mot « eau » donne* [o] *en transcription phonétique.* **3.** Action de transcrire (3) une œuvre musicale. ⇒ **arrangement.**

transe [tʀɑ̃s] n. f. **1.** Au plur. Inquiétude ou appréhension extrêmement vive. ⇒ **affres, anxiété, tourment.** *Être dans les transes.* **2.** EN TRANSE : dans un état d'hypnose. *Médium qui entre en transe.* — *Être, entrer en transe,* s'énerver, être hors de soi.

transept [tʀɑ̃sɛpt] n. m. ■ Partie (nef) transversale qui coupe la nef principale (en long) d'une église et lui donne la forme symbolique de la croix.

transférer [tʀɑ̃sfeʀe] v. tr. ▪ conjug. 6. **I. 1.** Transporter en observant les formalités prescrites. *Transférer un prisonnier. Le siège social de l'organisation sera transféré à New York.* — *Transférer ses biens par don ou legs.* — Faire passer d'un compte à un autre. *Transférer des capitaux.* **2.** Étendre (un sentiment) à un autre objet, par un transfert (II). **II.** V. intr. Anglic. **1.** (Compl. personne) Affecter à un autre poste, dans une autre ville, muter. *Sa compagnie l'a transféré en Ontario.* — Au passif et au p. p. adj. *Être transféré. Fonctionnaire transférée.* **2.** (Transports en commun) Prendre une correspondance. *Il faut transférer deux fois.* — REM. Ces emplois (II) sont critiqués. ⟨ ▶ transfert ⟩

transfert [tʀɑ̃sfɛʀ] n. m. **I. 1.** Déplacement d'un lieu à un autre. ⇒ **transport.** *Le transfert des cendres de Napoléon* (de Sainte-Hélène à Paris). *Transfert de capitaux à l'étranger. Transfert de technologie* (d'un pays développé vers un pays moins développé). *Le transfert d'un footballeur* (d'une équipe dans une autre). ⇒ **échange. 2.** Anglic. Fait d'être transféré (II). ⇒ **mutation.** *Elle a eu son transfert à Matane.* **3.** Anglic. Correspondance (dans les transports en commun) ; billet qui valide cette correspondance. *N'oublie pas de prendre un transfert.* **II.** Psychologie. Phénomène par lequel un sentiment éprouvé pour un objet est étendu à un objet différent. ⇒ **identification, projection.** — Psychanalyse. Le fait, pour le patient en analyse, de revivre une situation affective de son enfance dans sa relation avec le ou la psychanalyste. — REM. Les emplois I, 2 et 3 sont critiqués.

transfigurer [tʀɑ̃sfigyʀe] v. tr. ▪ conjug. 1. **1.** Transformer en revêtant d'un aspect éclatant et glorieux. *Jésus fut transfiguré sur le mont Thabor,* apparut (à ses disciples) sous une forme glorieuse. **2.** Transformer (qqch., qqn) en donnant une beauté et un éclat inhabituels. ⇒ **embellir.** *Le soleil qui transfigure tout. Le bonheur l'a transfiguré.* ▶ ***transfiguration*** n. f. ■ Action de transfigurer ; son résultat. ⇒ **métamorphose.**

transformer [tʀɑ̃sfɔʀme] v. tr. ▪ conjug. 1. **I. 1.** Faire passer d'une forme à une autre, donner un autre aspect, une autre forme. ⇒ **changer, modifier, renouveler.** *Transformer une maison. Transformer un atelier pour en faire un bureau* (→ ci-dessous, 2). *Transformer une matière première. L'art transforme le réel.* — Football. *Transformer un touché,* botter le ballon, qu'on a posé au sol, entre les poteaux du but adverse. — (Compl. personne) *Son séjour à la campagne l'a complètement transformé.* **2.** TRANSFORMER EN : faire prendre la forme, l'aspect, la nature de. ⇒ **convertir.** *Transformer une ancienne école en résidence pour personnes âgées, un atelier en bureau.* **II.** SE TRANSFORMER v. pron. **1.** Prendre une autre forme, un autre aspect. *Les animaux à métamorphoses se transforment au cours de leur vie. La chenille se transforme en papillon.* — Devenir différent. ⇒ **changer, évoluer.** *Leurs rapports se sont transformés.* **2.** SE TRANSFORMER EN : devenir différent ou autre en prenant la forme, l'aspect, la nature de. *Leur amitié s'est transformée en amour. La manifestation risque de se transformer en émeute.* ▶ ***transformable*** adj. ■ Qui peut être transformé, qui peut prendre une autre forme, une autre position. *Un fauteuil transformable* (en lit). ⇒ **convertible.** ▶ ***transformateur*** n. m. ■ Appareil servant à modifier la tension, l'intensité ou la forme d'un courant électrique pour l'adapter aux besoins. — Abrév. fam. TRANSFO [tʀɑ̃sfo] n. m. *Des transfos.* ▶ ***transformation*** n. f. **1.** Action de transformer, opération par laquelle on transforme. ⇒ **conversion.** *La transformation des matières premières. Industrie de transformation,* qui transforme les matières brutes en produits finis ou semi-finis. *Faire des transformations dans une maison.* ⇒ **amélioration, rénovation.** *Travaux de transformation.* — Football. Action de transformer un touché ; point(s) ainsi marqué(s). *Réussir la transformation.* ≠ *placement.* **2.** Le fait de se transformer, modification qui en résulte. ⇒ **changement.** *La lente transformation de ses goûts.* — Action de se transformer en... ; passage d'une forme à une autre. *La transformation du mouvement en chaleur.* ▶ ***transformisme*** n. m. ■ Théorie de l'évolution des êtres vivants, selon laquelle les espèces dérivent les unes des autres par des transformations successives (⇒ **évolutionnisme).** *Le transformisme de Darwin.* ▶ ***transformiste*** adj. et n. ■ *Les théories transformistes.* — N. Partisan du transformisme.

transfrontalier, ière [tʀɑ̃sfʀɔ̃talje, jɛʀ] adj. ■ Relatif au franchissement d'une frontière entre deux États, aux relations entre deux États de part et d'autre d'une frontière. *Un tunnel transfrontalier. Le transport transfrontalier. La toponymie transfrontalière.*

transfuge [tʀɑ̃sfyʒ] n. **1.** N. m. Militaire qui déserte en temps de guerre pour passer à l'ennemi. ⇒ **traître. 2.** Personne qui abandonne son parti pour rallier le parti adverse ; personne qui trahit sa cause. ⇒ **dissident.** *Une transfuge libérale.*

transfuser [tʀɑ̃sfyze] v. tr. ▪ conjug. 1. ■ Faire passer (le sang d'un individu) dans le corps d'un autre.

— Au p. p. adj. *Sang transfusé.* ▶ ***transfusion*** n. f. ■ *Transfusion (sanguine),* injection de sang humain qui passe de la veine du donneur à celle du receveur (de bras à bras). ⇒ **perfusion.** *Le plus souvent, la transfusion n'est pas directe et on utilise du sang stocké.*

transgresser [tʀɑ̃sgʀese] v. tr. ▪ conjug. 1. ■ Passer par-dessus (un ordre, une obligation, une loi). ⇒ **contrevenir** à, **désobéir** à, **enfreindre, violer.** *Transgresser des ordres.* ▶ ***transgression*** n. f. ■ Action de transgresser. ⇒ **désobéissance** à, **violation.** *La transgression d'une interdiction. La transgression du règlement par qqn.*

transhumer [tʀɑ̃zyme] v. intr. ▪ conjug. 1. ■ (Troupeaux) Aller paître en montagne pendant l'été. ▶ ***transhumance*** n. f. ■ Migration périodique du bétail de la plaine, qui s'établit en montagne pendant l'été. ▶ ***transhumant, ante*** adj. ■ *Troupeaux transhumants.* — N. *Les transhumants.*

transiger [tʀɑ̃ziʒe] v. intr. ▪ conjug. 3. **1.** Faire des concessions réciproques, de manière à régler, à terminer un différend. ⇒ s'**arranger, composer ; transaction.** *Il nous faudra transiger.* **2.** TRANSIGER SUR, AVEC *qqch.* : ne pas se montrer ferme, céder ou faire des concessions, par faiblesse. *Transiger avec l'injustice.* ⇒ **pactiser.** *Transiger avec sa conscience, avec son devoir. Je ne transige pas là-dessus.* ‹ ▶ intransigeant ›

transir [tʀɑ̃ziʀ] v. tr. ▪ conjug. 2. — REM. Seulement prés. indicatif, temps composés, et infinitif. ■ Littér. (Froid, sentiments) Pénétrer en engourdissant, transpercer. ⇒ **glacer, saisir.** *Le froid nous transit. La peur l'avait brusquement transi.* ▶ ***transi, ie*** [tʀɑ̃zi] adj. ■ Pénétré, engourdi de froid ou d'un sentiment qui paralyse. ⇒ **transir.** *Il fait froid, je suis transi.* ⇒ **gelé.** *Être transi de froid. Il était transi de peur.* — Iron. *Un amoureux transi, timide.*

transistor [tʀɑ̃zistɔʀ] n. m. **1.** Dispositif électronique utilisé pour redresser ou amplifier les courants électriques. *Poste de radio à transistors.* **2.** Poste récepteur portatif de radio. *Emporter son transistor en promenade.* ▶ ***transistoriser*** v. tr. ▪ conjug. 1. ■ Équiper de transistors. — Au p. p. adj. *Téléviseur portatif transistorisé.*

transit [tʀɑ̃zit] n. m. **1.** Situation d'une marchandise qui ne fait que traverser un lieu et ne paye pas de droits de douane ; passage en franchise (surtout dans *en, de transit*). *Marchandises en transit. Port de transit.* **2.** Situation de voyageurs à une escale (aérienne, maritime...), lorsqu'ils ne franchissent pas les contrôles de police, de douane. ▶ ***transitaire*** adj. et n. **1.** Adj. De transit. *Pays transitaire,* traversé en transit. — *Commerce transitaire.* **2.** N. Commerçant(e) qui s'occupe des transits. ▶ ***transiter*** v. ▪ conjug. 1. **1.** V. tr. Faire passer (des marchandises, etc.) en transit. *Transiter des marchandises.* **2.** V. intr. Passer, voyager en transit. *Marchandises qui transitent par l'Amérique du Sud.*

transitif, ive [tʀɑ̃zitif, iv] adj. ■ Se dit de tout verbe qui peut avoir un complément d'objet. *Verbes transitifs directs* (ex. : *il travaille la terre*). *Verbes transitifs indirects,* dont le complément est construit avec une préposition *(à, de).* Ex. : *il travaille à son devoir.* / contr. **intransitif** / *Emploi absolu (sans complément) des verbes transitifs* (ex. : *je mange*). ▶ ***transitivement*** adv. ■ Avec la construction d'un verbe transitif direct. *Employer transitivement un verbe intransitif* (ex. : *vivre sa vie ; il pleut des clous*). ‹ ▶ intransitif ›

transition [tʀɑ̃zisjɔ̃] n. f. **1.** Manière de passer de l'expression d'une idée à une autre en les reliant dans le discours. *Un orateur qui possède l'art des transitions. Une transition ingénieuse entre deux chapitres.* ⇒ **charnière. 2.** Passage d'un état à un autre, en général lent et graduel ; état intermédiaire. ⇒ **changement, évolution.** *La transition entre le froid et la chaleur. Il passe* SANS TRANSITION *du désespoir à l'exaltation,* brusquement. — DE TRANSITION : qui constitue un intermédiaire. ⇒ **transitoire.** *Régime de transition entre deux constitutions.* ▶ ***transitoire*** adj. ■ Qui constitue une transition. *Une mesure transitoire.* ⇒ **passager, provisoire, temporaire.**

translation [tʀɑ̃slasjɔ̃] n. f. ■ Déplacement, mouvement (d'un corps, en physique, d'une figure, en géométrie) pendant lequel les positions d'une même droite (de la figure ou liée à elle) restent parallèles. *Translation et rotation.*

translucide [tʀɑ̃slysid] adj. ■ Qui laisse passer la lumière, mais ne permet pas de distinguer nettement les objets. ⇒ **diaphane.** *Une coupe en opaline à peine translucide.* / contr. **opaque** / ≠ *transparent.* ▶ ***translucidité*** n. f. ■ *La translucidité d'une porcelaine.*

transmettre [tʀɑ̃smɛtʀ] v. tr. ▪ conjug. 56. ■ Faire passer (qqch.) d'une personne à une autre, d'un lieu à un autre (le plus souvent lorsqu'il y a des intermédiaires). ⇒ **transmission. 1.** Faire passer d'une personne à une autre (un bien, matériel ou moral). *Transmettre un héritage.* ⇒ **léguer.** *Transmettre son autorité, son pouvoir à qqn.* ⇒ **déléguer. 2.** Faire passer, laisser à ses descendants, à la postérité (un bien matériel ou moral). *Transmettre des traditions (à ses descendants).* — Au p. p. adj. *Un secret de fabrication transmis de père en fils.* **3.** Faire passer d'une personne à une autre (un écrit, des paroles, etc.) ; faire changer de lieu, en vue d'une utilisation. *Transmettre un message à qqn.* ⇒ faire **parvenir.** *Transmettre une information, un ordre.* ⇒ **communiquer.** — (Dans une formule de politesse) *Transmettez mes amitiés à votre sœur.* **4.** Faire parvenir (un phénomène physique) d'un lieu à un autre. ⇒ **conduire.** *Des corps qui transmettent l'électricité. Une courroie, une chaîne, une roue dentée transmettent le mouvement.* **5.** Faire passer (un germe, une maladie) d'un organisme à un autre. *Il a transmis la rougeole à ses frères.* — Pronominalement (passif). *Une maladie qui se transmet héréditairement, sexuellement.* ▶ ***transmetteur*** n. m. et adj. ■ Appareil qui sert à transmettre les signaux. ▶ ***transmissible*** [tʀɑ̃smisibl] adj. ■ Littér. ou terme de droit. Qui peut être transmis. *Patrimoine transmissible. La rougeole est transmissible.* ⇒ **contagieux.** — (France) *Une maladie sexuellement transmissible.* ⇒ **M.S.T., M.T.S.** ▶ ***transmission*** n. f. **I. 1.** Action de transmettre (1). *La transmission d'un bien.* ⇒ **cession.** *La transmission des pouvoirs.* ⇒ **passation. 2.** Le fait de laisser à ses descendants, à la postérité. *La transmission héréditaire de la propriété. La transmission des caractères héréditaires.* **3.** Le fait de transmettre (une maladie). **4.** Action de faire connaître. *La transmission d'un message, d'un ordre.* ⇒ **communication. 5.** TRANSMISSION DE PENSÉE : coïncidence entre les pensées de deux personnes, communication directe entre deux esprits. ⇒ **télépathie. 6.** Déplacement (d'un phénomène physique ou de ses effets ⇒ **propagation**) lorsque ce déplacement implique un ou plusieurs facteurs intermédiaires. *La transmission de la lumière dans l'espace. Transmission des sons.* ⇒ **diffusion, émission.** *La transmission d'un spectacle télévisé.* ⇒ **retransmission.** *Les organes de transmission d'une machine.* — Spécialt. Organe ou ensemble d'organes qui transporte la puissante d'un producteur d'énergie (le moteur) au mécanisme utilisateur (les roues motrices). *Transmission manuelle, automatique.* **II.** Au plur. LES TRANSMISSIONS. **1.** Ensemble des moyens destinés à transmettre les informations (renseignements, troupes). ⇒ **communication(s),** ① **radio.** *Service des trans-*

missions. **2.** Troupes spécialisées qui mettent en œuvre ces moyens. *Servir dans les transmissions.* ‹ ► retransmettre ›

transmuer [tʀɑ̃smɥe] ou ***transmuter*** [tʀɑ̃smyte] v. tr. ▪ conjug. 1. ■ Littér. Transformer (qqch.) en altérant profondément sa nature ; changer en une autre chose. *Les alchimistes voulaient transmuer (transmuter) les métaux vils en or. Un malheur qui se transmue en joie.* ► ***transmutation*** n. f. **1.** Changement d'une substance en une autre. *La transmutation des métaux, rêvée par les alchimistes.* — Physique. Changement de nature d'un corps simple ayant pour résultat une modification de la composition du noyau (le nombre de protons de ce noyau, le nombre atomique, est modifié). *La transmutation des atomes s'accompagne souvent de phénomènes radioactifs.* **2.** Littér. Changement de nature, transformation totale. *Le poète opère une véritable transmutation du langage.*

transparaître [tʀɑ̃spaʀɛtʀ] v. intr. ▪ conjug. 57. ■ Littér. Se montrer au travers de qqch. ⇒ **apparaître, paraître.** *La forme du corps transparaît au travers d'un voile. — L'angoisse transparaît sur son visage. Laisser transparaître sa jalousie.*

transparent, ente [tʀɑ̃spaʀɑ̃, ɑ̃t] adj. et n. m. **I.** Adj. **1.** Qui laisse passer la lumière et paraître avec netteté les objets qui se trouvent derrière. *Le verre est transparent. Une eau transparente.* ⇒ **cristallin, limpide.** / contr. ① **trouble** / — *Tissus, papiers transparents.* ≠ *translucide.* **2.** Translucide, diaphane. *Avoir un teint transparent,* clair et délicat. **3.** Qui laisse voir le sens. *C'est une allusion transparente.* ⇒ **clair, évident.** *Un texte transparent.* ⇒ **limpide. II.** N. m. **1.** Feuille de papier réglée que l'on met sous une autre feuille pour écrire droit (par transparence). *Les transparents de la petite école.* **2.** Feuille d'acétate de cellulose servant de support à un texte destiné à être projeté avec un rétroprojecteur. *Imprimer des schémas sur des transparents.* ► ***transparence*** n. f. **1.** Qualité d'un corps transparent ; phénomène par lequel les rayons lumineux visibles sont perçus à travers certaines substances. / contr. **opacité** / *La transparence de l'eau.* ⇒ **limpidité.** *Un écran éclairé* PAR TRANSPARENCE : par-derrière (l'écran étant transparent ou translucide). **2.** *La transparence du teint,* sa clarté, sa finesse. **3.** Littér. Qualité de ce qui est transparent (3). ⇒ **limpidité.** *La transparence de ses allusions.* — Politique, économie. Clarté. *Réclamer la transparence du financement des partis.*

transpercer [tʀɑ̃spɛʀse] v. tr. ▪ conjug. 3. **1.** Percer de part en part. *La balle lui a transpercé l'intestin.* ⇒ **perforer. 2.** Littér. Atteindre profondément, en faisant souffrir. ⇒ **percer.** *La douleur transperça son cœur.* ⇒ **fendre. 3.** Pénétrer ; passer au travers. *La pluie a transpercé mes vêtements.* ⇒ **traverser.**

transpirer [tʀɑ̃spiʀe] v. intr. ▪ conjug. 1. **1.** Sécréter de la sueur par les pores de la peau. ⇒ **suer.** *Transpirer des pieds. Il transpirait à grosses gouttes* (→ être en nage, en eau). **2.** Littér. (D'une information tenue cachée) Finir par être connu. *La nouvelle a transpiré.* ► ***transpiration*** n. f. **1.** Sécrétion de la sueur par les pores de la peau. ⇒ **sudation.** *La transpiration provoquée par la chaleur. Être* EN TRANSPIRATION : couvert de sueur. **2.** Sueur. *Une chemise humide de transpiration.*

transplanter [tʀɑ̃splɑ̃te] v. tr. ▪ conjug. 1. **1.** Sortir (un végétal) de la terre pour replanter ailleurs. *Transplanter un jeune arbre.* ⇒ **repiquer. 2.** Opérer la transplantation de (un organe, un tissu vivant). *Transplanter un rein.* — Au p. p. adj. *Un organe transplanté.* **3.** Transporter d'un pays dans un autre, d'un milieu dans un autre. *Transplanter des populations.* — Pronominalement (réfl.). *Cette famille s'est transplantée en Argentine.* — Au p. p. adj. *Coutume transplantée.* ► ***transplantation*** n. f. **1.** Action de transplanter (une plante, un arbre). **2.** Inclusion dans un organisme d'un organe, d'un fragment de tissu empruntés soit au même organisme, soit à un autre. ⇒ **greffe.** *Transplantation du rein, transplantation cardiaque.* **3.** Déplacement (de personnes, d'animaux) de leur lieu d'origine dans un autre lieu. ► ***transplantoir*** n. m. ■ Petite pelle à manche court utilisée pour creuser des trous et planter des fleurs.

① ***transporter*** [tʀɑ̃spɔʀte] v. tr. ▪ conjug. 1. ■ Faire changer de place. **1.** (Suj. chose [nom de véhicule], ou personne) Déplacer (qqn, qqch.) d'un lieu à un autre en portant. *Transporter un colis chez qqn. Transporter un canot en forêt.* ⇒ **portager.** *Transporter un blessé. Train qui transporte des marchandises, des voyageurs.* — Au p. p. adj. *Les marchandises transportées.* — Pronominalement. (Personnes) *Nous nous sommes transportés sur les lieux.* ⇒ se **rendre.** *Transportez-vous par la pensée à Londres.* **2.** Faire passer d'un point à un autre. ⇒ **transmettre.** *Les ondes transportent l'énergie à distance.* **3.** Faire passer dans un autre contexte. *Transporter un thème dans une œuvre.* ⇒ **introduire.** ► ① ***transport*** n. m. **1.** Manière de déplacer ou de faire parvenir par un procédé particulier et sur une distance assez longue. *Le transport d'un blessé en ambulance. Transport de marchandises.* ⇒ **circulation.** *Lignes de transport de l'énergie électrique. Transport des voyageurs par chemin de fer. Transport automobile. — Avions de transport. Moyen de transport,* utilisé pour transporter les marchandises ou les personnes (véhicules, avions, navires). **2.** Au plur. Moyens d'acheminement des personnes et des marchandises. *Transports aériens. Le ministère des Transports. — Transports en commun,* transport des voyageurs dans des véhicules publics. — *Le transport intermodal*. Le transport scolaire.* **3.** TRANSPORT *(de sang)* AU CERVEAU : hémorragie cérébrale. ► ***transportable*** adj. ■ Qui peut être transporté (dans certaines conditions). *Marchandise transportable par avion. — Malade transportable,* qui peut supporter sans danger un transport. / contr. **intransportable** / ► ***transporteur, euse*** n. et adj. **1.** Personne qui se charge de transporter (des marchandises ou des personnes) ; entrepreneur de transports. *Un transporteur aérien. Elle est transporteuse.* **2.** Appareil, dispositif (comportant des éléments mobiles) servant à transporter des marchandises. — Adj. *Une courroie transporteuse.* ‹ ► intransportable, ② transporter ›

② ***transporter*** v. tr. ▪ conjug. 1. ■ (Suj. chose) Agiter (qqn) par un sentiment violent (⇒ ② **transport**) ; mettre hors de soi. ⇒ **enivrer, exalter.** *Ce spectacle l'a transporté.* ⇒ **enthousiasmer.** — Au passif. *Être transporté de joie, d'enthousiasme.* ► ② ***transport*** n. m. ■ Littér. Vive émotion, sentiment passionné (qui émeut, entraîne) ; état de la personne qui l'éprouve. ⇒ **enthousiasme, exaltation, ivresse.** *Transports de colère, de joie.* ⇒ ① **élan, emportement.** — Fam. Loc. *Calmer, modérer ses transports,* prendre sur soi.

transposer [tʀɑ̃spoze] v. tr. ▪ conjug. 1. **I. 1.** (Avec un compl. plur. ou collectif) Placer en intervertissant l'ordre. ⇒ **intervertir, permuter.** *Transposer les mots d'une phrase.* **2.** Faire changer de forme ou de contenu en faisant passer dans un autre domaine. *Transposer une intrigue romanesque dans une pièce de théâtre.* ⇒ **adapter.** *Transposer dans l'Italie contemporaine une histoire qui se passe au* XV*e* *siècle.* **II.** Faire passer (une structure musicale) dans un autre ton sans l'altérer.

Transposer une chanson pour l'adapter aux possibilités vocales d'un enfant. ▶ ***transposable*** adj. ▶ ***transposition*** n. f. **1.** Déplacement ou interversion dans l'ordre des éléments de la langue. *Transposition de lettres* (dans le mot), *de mots* (dans la phrase). **2.** Le fait de transposer, de faire passer dans un autre domaine. *La transposition de la réalité dans un livre.* **3.** Le fait de transposer un morceau de musique. — Morceau transposé. *La transposition pour baryton d'un lied pour ténor.*

transquébécois, oise [trɑ̃skebekwa, waz] adj. et n. f. ■ Qui traverse le Québec. ⇒ **transcanadien.** *La route transquébécoise* ou, n. f. (avec une majusc.), *la Transquébécoise.*

transsexuel, elle [trɑ̃ssɛksɥel] adj. et n. ■ Psychologie. Qui a le sentiment pathologique d'appartenir au sexe opposé et se conduit en conséquence. — N. Personne qui a changé de sexe. ≠ *homosexuel.* ▶ ***transsexualisme*** n. m. ■ Sentiment d'appartenir au sexe opposé, le plus souvent associé au désir de changer de sexe.

transsibérien, enne [trɑ̃ssiberjɛ̃, ɛn] adj. ■ Qui traverse la Sibérie. *Chemin de fer transsibérien* et, n. m., *le transsibérien.*

transsubstantiation [trɑ̃ssypstɑ̃sjasjɔ̃] n. f. ■ En terme de religion chrétienne. Changement du pain et du vin en la substance du corps de Jésus-Christ.

transsuder [trɑ̃ssyde] v. intr. ▪ conjug. 1. ■ Passer au travers des pores, sortir des pores d'un corps en fines gouttelettes (comme fait la sueur). ⇒ **filtrer, suinter.** *Eau qui transsude d'une paroi rocheuse.*

transvaser [trɑ̃svɑze] v. tr. ▪ conjug. 1. ■ Verser, faire couler d'un récipient dans un autre. *Transvaser du vin.* ⇒ **transvider.** ▶ ***transvasement*** n. m.

transversal, ale, aux [trɑ̃svɛrsal, o] adj. **1.** Qui traverse une chose en la coupant perpendiculairement à sa plus grande dimension (longueur ou hauteur). *Coupe transversale et coupe longitudinale.* **2.** Qui traverse, est en travers. *L'avenue et les rues transversales. La barre transversale des buts* (hockey, football, etc.). ⇒ **horizontal.** ▶ ***transversalement*** adv. ■ *Les poutres posées transversalement.* ▶ ***transverse*** adj. ■ Se dit, en anatomie, d'un organe qui est en travers. *Côlon transverse.*

transvider [trɑ̃svide] v. tr. ▪ conjug. 1. ■ Faire passer (un contenu) dans un autre récipient. *Transvider le sucre d'un sac dans le sucrier. Transvider un liquide dans une carafe.* ⇒ **transvaser.**

① ***trapèze*** [trapɛz] n. m. ■ Quadrilatère dont deux côtés sont parallèles (surtout lorsqu'ils sont inégaux). *Les bases d'un trapèze,* les côtés parallèles. ▶ ***trapézoïdal, ale, aux*** [trapezɔidal, o] adj. ■ Didact. En forme de trapèze.

② ***trapèze*** n. m. ■ Appareil de gymnastique, d'acrobatie ; barre horizontale suspendue par les extrémités à deux cordes. *Faire du trapèze.* TRAPÈZE VOLANT : où l'on saute d'un trapèze à l'autre en se balançant. ▶ ***trapéziste*** n. ■ Acrobate spécialisé dans les exercices du trapèze. *Une trapéziste de cirque.*

① ***trappe*** [trap] n. f. **1.** Ouverture pratiquée dans un plancher ou dans un plafond et munie d'une fermeture qui se rabat, pour donner accès à une cave, un grenier, etc. — Loc. *Se fermer la trappe,* se taire. ⇒ fam. **boîte, clapet, gueule. 2.** Piège formé d'un trou recouvert de branchages ou d'une bascule. ⇒ **chausse-trape.** — Fam. *Trappe à souris* (⇒ **souricière**), *à rat* (⇒ **ratière**). ‹ ▶ attraper, chausse-trape, trappeur ›

② ***Trappe*** n. f. ■ Ordre religieux institué en 1664. *La Trappe d'Oka.* ▶ ***trappiste*** n. m., ***trappistine*** n. f. ■ Moine, religieuse qui observe la règle réformée de la Trappe.

trappeur [trapœr] n. m. ■ Chasseur professionnel qui vit de la chasse à la trappe ①, spécialt de celle des animaux à fourrure dont il fait commerce. ⇒ **coureur** de bois. *Les trappeurs amérindiens.* — REM. L'O.L.F. propose *trappeuse* au féminin. ▶ ***trappage*** n. m. ou ③ ***trappe*** n. f. **1.** Métier de trappeur. ⇒ **forestier.** *Vivre du trappage.* **2.** Action de trapper. *Le trappage commence avec l'arrivée de l'hiver.* ▶ ***trapper*** v. tr. et intr. ▪ conjug. 1. ■ Chasser les animaux à fourrure à la trappe ①, spécialt exercer le métier de trappeur. *Trapper le castor. Il aime mieux trapper que pêcher.*

trapu, ue [trapy] adj. ■ (Personnes) Qui est court et large, ramassé sur soi-même (souvent avec l'idée de robustesse, de force). *Un homme petit et trapu.* / contr. **élancé** / — (Choses) Ramassé, massif. *Une construction trapue.*

traque n. f. ⇒ **track.**

traquer [trake] v. tr. ▪ conjug. 1. **1.** Poursuivre (le gibier) en resserrant toujours le cercle qu'on fait autour de lui. ⇒ **forcer.** — Au p. p. adj. *Un air de bête traquée.* **2.** Poursuivre (qqn), le forcer dans sa retraite. — Au p. p. adj. *Un homme traqué par la police.* ▶ ***traquenard*** [traknar] **1.** Piège. *Être pris dans un traquenard.* ⇒ **souricière. 2.** Difficulté suscitée volontairement. *Des questions pleines de traquenards.* ⇒ **embûche.**

traumatique [tromatik] adj. ■ Didact. Qui a rapport aux plaies, aux blessures. *Choc traumatique,* après une blessure grave, une opération. ▶ ***traumatisant, ante*** adj. ■ Qui traumatise. *Vivre une expérience traumatisante.* ▶ ***traumatiser*** v. tr. ▪ conjug. 1. ■ Provoquer un traumatisme psychologique. *La mort de sa mère l'a complètement traumatisé.* ▶ ***traumatisme*** n. m. **1.** Ensemble des troubles provoqués dans l'organisme par une lésion, un coup, une blessure grave. *Traumatismes crâniens.* **2.** Choc émotionnel très violent. ▶ ***traumatologie*** n. f. ■ Didact. Partie de la médecine, de la chirurgie consacrée à soigner les blessures. *Le service de traumatologie d'un hôpital.*

travail, aux [travaj, o] n. m. **I. 1.** *(Le travail)* Ensemble des activités humaines organisées, coordonnées en vue de produire ce qui est utile ; état, activité d'une personne qui agit avec suite en vue d'obtenir un tel résultat. ⇒ **action, activité, labeur ; travailler.** / contr. **inaction, oisiveté, repos** / *Le travail manuel, intellectuel. L'organisation du travail. Être surchargé de travail.* — Loc. AU TRAVAIL. *Se mettre au travail,* commencer un travail. *Être au travail. Avoir du travail.* **2.** *(Le travail de qqch.)* L'action ou la façon de travailler (I) une matière ; de manier un instrument. *Le travail du bois.* **3.** *(Un travail ; le travail de qqn)* Ensemble des activités manuelles ou intellectuelles exercées pour parvenir à un résultat utile déterminé. ⇒ **besogne** (2), **tâche ;** fam. **boulot.** *Entreprendre un travail. Accomplir, faire un travail. Un travail de longue haleine.* — Loc. *Un travail de Romain,* long et dur, *de bénédictin,* long et patient (intellectuel). — Ouvrage de l'esprit (considéré comme le résultat d'une recherche, d'une étude). — *Les travaux scolaires* (devoirs, récitations, examens...). **4.** Manière dont un ouvrage, une chose ont été exécutés. *Travail soigné* (→ fam. de la belle ouvrage). *C'est du travail d'amateur,* mal fait, peu soigné. Iron. *C'est du beau travail !* **II.** Au plur. LES TRAVAUX. **1.** Suite d'entreprises, d'opérations exigeant l'activité physique suivie d'une ou de plusieurs personnes et l'emploi de moyens techniques. *Les* *travaux des champs,* l'agriculture. *Les travaux ménagers ; travaux de maison. Gros travaux,* pénibles et n'exigeant pas une habileté particulière. *Pendant la durée des travaux, le magasin restera ouvert.* ⇒ **réparation.** *Travaux de réfection des routes. Attention ! Ralentir, travaux ! — Surveiller des travaux.* **2.** (Avec une majusc.) TRAVAUX PUBLICS : travaux de construction, de réparation, ou d'entretien d'utilité générale faits pour le compte d'une administration (ex. : *routes, ponts,* etc.). *Un ingénieur des Travaux publics. Le ministère des Travaux publics du Canada.* **3.** Ancienn. TRAVAUX FORCÉS : peine de droit commun qui s'exécutait dans les bagnes, et qui est remplacée de nos jours par une réclusion de plus de dix ans. **4.** Suite de recherches dans un domaine intellectuel, scientifique. ⇒ **recherche.** *Les travaux scientifiques. Travaux pratiques,* cours où l'on fait des exercices en application d'un cours théorique. ⇒ **T.P. 5.** Délibérations (d'une réunion) devant aboutir à une décision. *L'assemblée poursuit ses travaux.* **III. 1.** Activité laborieuse, rétribuée, dans une profession. ⇒ **emploi, fonction, gagne-pain, métier, profession, spécialité ;** fam. **boulot, job, jobine.** / contr. **chômage, loisir, vacances** / *Un travail à mi-temps, à plein temps. Arrêt de travail,* grève momentanée ; interruption de travail (spécialt, pour une maladie : *le médecin lui a donné un arrêt de travail d'une semaine*). *Être sans travail* (⇒ **chômeur**). *Aller au travail. Il est interdit de fumer pendant le travail.* ⇒ ① **service.** *Travail payé à l'heure, à la pièce. — Travail continu,* exécuté sans interruption par une équipe. *Travail à la chaîne*. Travail à domicile* (exécuté chez soi). *Travail temporaire. — Permis de travail* (pour les travailleurs étrangers, immigrés...). *— Droit, code du travail. Contrat de travail. — Travail au noir,* exercé dans des conditions illégales. **2.** L'ensemble des travailleurs, surtout dans les secteurs agricole et industriel. ⇒ **ouvrier, paysan, prolétariat, travailleur(s) ; main-d'œuvre.** *Le monde du travail. Le ministère du Travail. Le Tribunal du travail. La fête* du Travail.* **IV.** Sciences. **1.** Action continue, progressive ; son effet. *Le travail d'érosion des eaux. — Le travail du temps. Le travail de l'inconscient.* **2.** Le fait de produire un effet utile, par son activité. ⇒ **fonctionnement,** ① **force.** *Travail musculaire,* quantité d'énergie fournie par l'ensemble des muscles d'un organisme. **3.** Produit d'une force par le déplacement de son point d'application (estimé suivant la direction de la force). *Quantité de travail que peut fournir une machine par unité de temps.* ⇒ **puissance. V.** (Souffrances de l'accouchement) *Une femme en travail,* en train d'enfanter. *Salle de travail,* où se déroulent les phases préparatoires à l'accouchement. ‹ ▶ sans-travail, T.P., travailliste ›

travailler [tʀavaje] v. ▪ conjug. 1. **I.** V. tr. Modifier par le travail (I). **1.** Soumettre à une action suivie, pour donner forme (ou changer de forme), rendre plus utile ou utilisable. *Travailler une matière première.* ⇒ **élaborer, façonner.** *Travailler l'ivoire. Travailler la terre.* ⇒ **cultiver.** *Travailler la pâte.* **2.** Soumettre à un travail intellectuel, pour améliorer. *Travailler son style.* ⇒ **perfectionner.** — Au p. p. adj. *Un style travaillé,* élaboré avec soin. **3.** Chercher à acquérir ou perfectionner (une science, une technique, une activité, un art) par l'exercice, l'étude, la connaissance ou la pratique. *Travailler la philosophie.* ⇒ ② **bûcher, potasser.** *Travailler un morceau de piano. Travailler un rôle, une scène.* ⇒ **répéter. 4.** Soumettre à des influences volontaires de manière à faire agir de telle ou telle façon. *Il travaillait l'opinion. Travailler les esprits,* les pousser au mécontentement, à la révolte. ⇒ **exciter. 5.** (Suj. chose) Faire souffrir. *Ses rhumatismes le travaillent. L'enfant est fiévreux ; ce sont ses dents qui le travaillent.* — Inquiéter, préoccuper. *Cette histoire me travaille.* ⇒ **tracasser ;** fam. **chicoter. 6.** Transitivement (ind.). TRAVAILLER À... : faire tous ses efforts pour obtenir (un résultat), en vue de... *Travailler à la perte de qqn.* — Consacrer son activité, apporter ses soins à (un ouvrage). *Elle travaille à un exposé.* ⇒ **préparer.** *Travailler ensemble à l'œuvre commune.* **II.** V. intr. **1.** Agir d'une manière suivie, avec plus ou moins d'effort, pour obtenir un résultat utile (intellectuellement, manuellement). ⇒ fam. ② **bosser,** ② **bûcher, trimer.** / contr. s'**amuser, chômer,** se **reposer** / *Travailler dur, d'arrache-pied. Travailler comme un forçat, un bœuf, une bête de somme,* travailler à des ouvrages pénibles, en se fatiguant beaucoup. *Nous travaillons comme des chiens,* énormément. — Fam. *Faire travailler sa matière grise, son esprit.* — Étudier. *Elle travaille bien en classe. Élève qui ne travaille pas,* paresseux. **2.** Exercer une activité professionnelle, un métier. *Il travaille en usine depuis l'âge de seize ans.* — Au p. p. adj. *Comptabiliser les heures travaillées.* **3.** S'exercer ; effectuer un exercice. *Les acrobates travaillent sans filet.* **4.** (Suj. chose : temps, force...) Agir. *Le temps travaille pour nous, contre nous.* **5.** Fonctionner pour la production. *Industrie qui travaille pour l'exportation. Travailler à perte.* **6.** Loc. fam. *Il* TRAVAILLE DU CHAPEAU : il est fou. **III.** V. intr. (Choses) Subir une force, une action. **1.** Subir une ou plusieurs forces (pression, traction, poussée) et se déformer. *Le bois a travaillé.* ⇒ **crochir,** se **déformer,** se **gondoler. 2.** Fermenter, subir une action interne. *Le vin travaille. La pâte travaille,* lève. **3.** Être agité. *Son esprit, son imagination travaille.* ▶ ***travaillant, ante*** n. et adj. **1.** Personne qui prend son travail à cœur, qui travaille dur. ⇒ **travailleur.** *Ce menuisier est un bon travaillant.* — Adj. *Une étudiante travaillante,* qui aime travailler, qui met beaucoup d'efforts dans son travail. **2.** Au plur. *Les travaillants,* les gens de métier (ouvriers, manœuvres...), les employés salariés. ⇒ **travailleur.** — Loc. *L'heure des travaillants,* l'heure de pointe. ▶ ***travailleur, euse*** n. et adj. **I.** N. **1.** Personne qui travaille, fait un travail physique ou intellectuel. ⇒ **travaillant.** *Les oisifs et les travailleurs. C'est une grande travailleuse.* **2.** Personne qui exerce une profession, un métier. *Les travailleurs manuels.* ⇒ **manœuvre, ouvrier.** *Travailleurs intellectuels. Les travailleurs indépendants,* qui œuvrent pour leur propre compte. *Les travailleurs de la construction. Une travailleuse sociale,* qui intervient auprès des démunis. *— Les travailleurs,* les salariés, surtout les ouvriers de l'industrie. ⇒ **prolétaire.** *La condition des travailleurs.* **II.** Adj. **1.** Qui aime le travail. ⇒ **laborieux, travaillant.** *Un élève travailleur.* / contr. **paresseux** / **2.** Des travailleurs. *Les masses travailleuses,* laborieuses. ‹ ▶ travail ›

travailliste [tʀavajist] n. et adj. ▪ (Angleterre) Membre du Labour Party (parti du *Travail*). ⇒ **socialiste.** / contr. **conservateur ;** anglic. **tory** / — *Député travailliste.*

travée [tʀave] n. f. **1.** Portion (de voûte, de comble, de pont...) comprise entre deux points d'appui (colonnes, piles, piliers, etc.). *Nef à cinq travées.* **2.** Rangée de tables, de bancs placés les uns derrière les autres. *Les travées d'un amphithéâtre.* **3.** Section d'une voie de circulation séparée par les lignes tracées sur la chaussée. ⇒ ① **bande.** *Changer brusquement de travée. Une travée réservée aux autobus.* ⇒ **couloir.**

travelling [tʀavliŋ] n. m. ▪ Anglic. Mouvement de la caméra placée sur un chariot, qui glisse sur des rails. *Des travellings avant, arrière.*

travelo [tʀavlo] n. m. ▪ (France) Fam. Travesti, homosexuel qui se déguise en femme. *Des travelos.*

① ***travers*** [tʀavɛʀ] n. m. invar.(Dans des loc. adv., adj. et prép.) **1.** EN TRAVERS : dans une position transversale par rapport à un axe. ⇒ **transversalement.** *Le chat dort en travers du lit.* — Loc. Littér. *Se mettre, se jeter en travers de...,* s'opposer, faire obstacle à. *Il s'est mis en travers de ma route, de mon entreprise.* **2.** À TRAVERS : par un mouvement transversal d'un bout à l'autre d'une surface ou d'un milieu (avec l'idée d'un obstacle passé). *Passer à travers champs, à travers la foule.* ⇒ au **milieu, parmi ; traverser.** *Des objets distingués à travers une vitre. — À travers diverses péripéties.* — (Temps) *À travers les siècles.* — Loc. fam. *Parler à travers son chapeau*.* **3.** AU TRAVERS : en passant d'un bout à l'autre ; de part en part. ⇒ ① **bord.** *La maison est vieille, le vent passe au travers. — Se promener au travers des invités, du monde,* parmi. — Loc. *Passer au travers,* échapper à un danger, à une punition. *Il n'a pas eu d'ennuis, il est passé au travers.* **4.** PAR LE TRAVERS : sur le côté. **5.** DE TRAVERS : dans une direction, une position oblique par rapport à la normale ; qui n'est pas droit. ⇒ ① **croche** (I), fam. de **traviole.** *Avoir le nez de travers.* ⇒ **dévié.** *Les crabes marchent de travers* (→ marcher en crabe). — Loc. *Regarder qqn de travers,* avec animosité, suspicion. — *Raisonner de travers, tout de travers.* ⇒ ② **mal.** *Tu comprends tout de travers. — Tout va de travers,* tout va mal. **6.** À TORT ET À TRAVERS : n'importe comment. ⇒ **inconsidérément.** *Tu parles à tort et à travers.* (→ Parler à travers son chapeau) ⟨ ▸ traverse, traverser, traversin, de traviole ⟩

② ***travers*** n. m. invar. ■ UN, DES TRAVERS : défaut qui fait qu'on ne réagit pas correctement, qu'on s'écarte du bon sens. *Chacun a ses qualités et ses travers.*

traverse [tʀavɛʀs] n. f. **1.** Barre de bois, de métal, etc., disposée en travers, servant à assembler, à consolider des montants, des barreaux (opposé à *montant*). *Les traverses d'une fenêtre.* **2.** Pièce (de bois, de métal, de béton) placée en travers de la voie pour maintenir l'écartement des rails. ⇒ ③ **dormant. 3.** DE TRAVERSE loc. adj. *Chemin de traverse,* chemin qui coupe. ⇒ **raccourci. 4.** Lieu de passage d'un cours d'eau (fleuve, bras de mer, lac, rivière...) où l'on exploite un service de traversier. *La traverse de Lévis. Prendre le bateau de la traverse.* **5.** Croisement, intersection. *Une traverse d'écoliers, de piétons. Traverse d'animaux. La traverse de chemin de fer.*

traverser [tʀavɛʀse] v. tr. ▪ conjug. 1. **I. 1.** Passer, pénétrer de part en part, à travers (un corps, un milieu interposé). ⇒ **percer, transpercer.** *Traverser un mur à coups de pioche. L'eau traverse la toile.* ⇒ **filtrer.** — Fig. (Sports) *On a enfin réussi à traverser le gardien de but,* à marquer un but. **2.** Se frayer un passage à travers (des personnes rassemblées). *Traverser la foule.* ⇒ **fendre. II. 1.** Parcourir (un espace) d'une extrémité, d'un bord à l'autre. ⇒ **franchir, parcourir.** *Traverser une ville. Traverser le fleuve. Le train traverse une jolie région. Les routes qui traversent le pays du nord au sud.* — (Suj. personne) Couper (une voie de communication), aller d'un bord à l'autre. *Traverser la rue, la rivière.* — Sans compl. *Les piétons qui traversent. Fais attention en traversant.* **2.** (Choses ; sans mouvement) Être, s'étendre, s'allonger au travers de... *La route traverse la voie ferrée.* ⇒ **croiser. 3.** Aller d'un bout à l'autre de (un espace de temps), dépasser (un état durable). *Traverser une période, une époque.* **4.** Passer par (l'esprit, l'imagination). *Une idée me traversa l'esprit.* ⇒ se **présenter.** — Au p. p. adj. *Un sommeil agité, traversé de cauchemars.* ▸ ***traversable*** adj. ■ *Rivière traversable à gué.* ▸ ***traversée*** n. f. **1.** Action de traverser la mer (ou une grande étendue d'eau) ; son résultat (⇒ **trajet**). *La traversée de Matane à Godbout. La traversée du lac Saint-Jean à la nage.* **2.** Action de traverser (un espace) d'un bout à l'autre. ⇒ **passage.** *La traversée d'une ville en voiture.* ▸ ***traversier, ière*** adj. et n. **I.** Adj. Vx ou loc. Qui est en travers. *Rue traversière. Flûte traversière,* la grande flûte. **II.** Adj. et n. m. Qui traverse (l'eau). *Barque traversière.* — N. m. Navire spécialement aménagé pour faire traverser des passagers, des véhicules d'une rive à l'autre d'un cours d'eau. ⇒ ① **bac ;** anglic. **ferry-boat.** *Le traversier est prisonnier des glaces. Le traversier Rivière-du-Loup - Saint-Siméon.*

traversin [tʀavɛʀsɛ̃] n. m. ■ (France) Long coussin de chevet, cylindrique, qui tient toute la largeur du lit (en travers du lit). ⇒ **polochon.**

travestir [tʀavɛstiʀ] v. ▪ conjug. 2. **1.** V. pron. réfl. SE TRAVESTIR : se déguiser pour un bal, un rôle de théâtre. *Ils se sont travestis pour le carnaval.* **2.** V. tr. Transformer en revêtant d'un aspect mensonger qui défigure, dénature. ⇒ **déformer, fausser.** *Travestir la pensée de qqn.* ⇒ **falsifier.** ▸ ***travesti, ie*** adj. et n. **1.** Adj. Revêtu d'un déguisement. *Jeunes filles travesties pour un bal.* ⇒ **costumé, déguisé.** *Un acteur travesti* ou, n., *un travesti,* un acteur qui se travestit, qui joue un rôle féminin. **2.** N. Personne qui se déguise pour prendre l'apparence de l'autre sexe. ⇒ fam. **travelo.** ▸ ***travestissement*** n. m. **1.** Action ou manière de travestir, de se travestir. ⇒ **déguisement. 2.** Déformation, parodie. *Le travestissement de la vérité.* ⟨ ▸ travelo ⟩

de traviole [d(ə)tʀavjɔl] loc. adv. ■ (Surtout en France) Fam. De travers. *Avec son béret tout de traviole.*

trayeuse [tʀɛjøz] n. f. ■ Petite machine pour traire les vaches.

trébucher [tʀebyʃe] v. intr. ▪ conjug. 1. **1.** Perdre soudain l'équilibre, faire un faux pas. ⇒ **chanceler.** *Un ivrogne qui trébuche et titube. Trébucher contre, sur une pierre.* ⇒ **buter,** s'**enfarger. 2.** Être arrêté par une difficulté, faire une erreur. *Élève qui trébuche sur les mots difficiles.* ▸ ***trébuchant, ante*** adj. **1.** Qui trébuche. *Une démarche trébuchante.* **2.** Qui hésite à chaque difficulté. *Une diction trébuchante.* **3.** Loc. Plaisant. *Espèces* SONNANTES ET TRÉBUCHANTES (pièces qui résonnent et qui pèsent le poids au trébuchet) : argent liquide. ⟨ ▸ trébuchet ⟩

trébuchet [tʀebyʃɛ] n. m. **1.** Piège à prendre les petits oiseaux, muni d'une bascule. **2.** Petite balance pour les pesées délicates.

trécarré [tʀekɑʀe] ou ***trait-carré*** [tʀɛkɑʀe] n. m. ■ Histoire. Ligne qui marque les extrémités d'une terre ou d'une exploitation agricole. *Courir les vaches dans le trécarré.*

tréfiler [tʀefile] v. tr. ▪ conjug. 1. ■ Étirer (un métal) en le faisant passer au travers des trous d'une filière pour obtenir des fils de la grosseur requise. *Tréfiler du fer.* ⇒ **fileter.** ▸ ***tréfilage*** n. m. ■ Opération par laquelle on tréfile (un métal). ▸ ***tréfilerie*** n. f. ■ Atelier, usine où se fait le tréfilage des métaux.

trèfle [tʀɛfl] n. m. **1.** Plante, herbe aux feuilles composées de trois éléments, qui pousse dans les prairies des régions tempérées. *Un champ de trèfle. — Trèfle à quatre feuilles,* feuille de trèfle qui comporte anormalement quatre éléments, considérée comme porte-bonheur. **2.** Motif décoratif évoquant la feuille de trèfle. — Cartes. Ce motif, de couleur noire. *Roi de trèfle. Jouer, demander du trèfle.* **3.** (France) *Croisement en trèfle* ou, n. m., *trèfle,* croisement de grandes routes à niveaux séparés, à raccords courbes. ⇒ **échangeur.**

tréfonds [tʀefɔ̃] n. m. invar. ■ Littér. Ce qu'il y a de plus profond, de plus secret. ⇒ **fond.** *Le tréfonds du cœur.*

treille [trɛj] n. f. **1.** Vigne qui pousse en berceau, en voûte, les ceps étant soutenus par un treillage ; tonnelle où grimpe la vigne. **2.** Vigne que l'on fait pousser contre un support (treillage, mur, espalier...). ≠ *pergola.* ▶ ***treillage*** n. m. ■ Assemblage de lattes, de perches posées parallèlement ou croisées dans un plan vertical. *Treillage en voûte.* ⇒ **berceau, tonnelle.** ▶ ① ***treillis*** n. m. invar. ■ Entrecroisement de lattes, de fils métalliques formant claire-voie. *Le treillis métallique d'un garde-manger.*

② ***treillis*** [trɛji] n. m. **1.** Toile de chanvre très résistante. *Pantalon de treillis.* **2.** Tenue militaire d'exercice ou de combat.

treize [trɛz] adj. numér. invar. et n. m. invar. **1.** Adj. numér. cardinal (13 ou XIII). Dix plus trois. *Un garçon de treize ans. Treize cents* ou *mille trois cents* (1 300). — Loc. *Treize à la douzaine,* treize choses pour le prix de douze. **2.** Adj. numér. ordinal. Treizième. *Louis XIII* (treize). *Treize heures. Page treize. Un vendredi treize.* **3.** N. m. invar. Le nombre, le numéro treize. *Treize est un nombre entier.* ▶ ***treizième*** adj. numér. ordinal ■ Adjectif ordinal de treize. **1.** Qui vient après le douzième. *Le treizième inscrit. La Treizième Avenue.* — N. *Être le, la treizième.* **2.** Se dit d'une fraction d'un tout, également partagé en treize. *La treizième partie.* — N. m. *Un treizième de la somme.* ▶ ***treizièmement*** adv. ■ En treizième lieu.

tréma [trema] n. m. ■ Signe orthographique formé de deux points juxtaposés que l'on met sur les voyelles *e, i, u,* pour indiquer que la voyelle qui précède doit être prononcée séparément. *« Astéroïde »* [asteʀɔid] *s'écrit avec un i tréma, « aiguë »* (fém.) [egy] *avec un e tréma.*

tremble [trɑ̃bl] n. m. ■ Peuplier à écorce lisse, à tige droite, dont les feuilles tremblent au moindre vent. — *La pointe aux Trembles.* — En appos. (Avec un trait d'union) *Le peuplier faux-tremble.*

trembler [trɑ̃ble] v. intr. ▪ conjug. 1. **1.** Faire une suite de petites oscillations, être agité de petits mouvements répétés autour d'une position d'équilibre. *L'explosion a fait trembler les vitres.* ⇒ **remuer, trépider, vibrer.** *Le feuillage tremble sous la brise.* ⇒ **frémir.** — Être ébranlé. *La terre tremble.* ⇒ **séisme, tremblement** de terre. — (Lumière) Produire une image vacillante. — (Voix) Ne pas conserver la même intensité ; varier rapidement (en intensité, hauteur). *Son qui tremble.* ⇒ **tremblé ; trémolo. 2.** (Personnes) Être agité par une suite de petites contractions involontaires des muscles. ⇒ **frissonner.** *Les passagers tremblaient de froid. Tu trembles de fièvre.* ⇒ **grelotter.** Loc. *Trembler comme une feuille,* beaucoup. *Elles tremblent de peur.* **3.** Éprouver une violente émotion, sous l'effet de la peur. *Tout le monde tremble devant eux. Je tremble qu'on ne nous tende un piège. Je tremble pour vous,* j'ai peur pour vous, je vous vois en danger. *Il tremble de la perdre,* il craint de la perdre. ⇒ **appréhender.** ▶ ***tremblant, ante*** adj. **1.** Qui tremble. *Il était tout tremblant de froid.* ⇒ **grelottant.** *Une lueur tremblante.* ⇒ **vacillant.** *Une voix tremblante.* ⇒ **chevrotant. 2.** Qui tremble, craint, qui a peur. ⇒ **craintif.** *Effrayée et tremblante, elle se taisait.* ▶ ***tremblé, ée*** adj. **1.** Tracé d'une main tremblante. *Écriture tremblée.* **2.** (Sons, voix) Qui tremble. ▶ ***tremblement*** n. m. **1.** Secousses répétées qui agitent une chose. ⇒ **ébranlement.** — TREMBLEMENT DE TERRE : vibrations de l'écorce terrestre provoquées par des mouvements provenant de l'intérieur de la Terre. ⇒ **séisme.** *Des tremblements de terre ont détruit une partie de la ville.* **2.** Léger mouvement de ce qui tremble. *Le tremblement des feuilles. Avec un tremblement dans la voix. Le tremblement des vitres lorsque passe un camion.* ⇒ **trépidation, vibration. 3.** Agitation du corps ou d'une partie du corps par petites oscillations involontaires. ⇒ **frémissement, frisson.** *Un tremblement de froid, de peur. Être pris, agité de tremblements convulsifs.* **4.** Loc. fam. ET TOUT LE TREMBLEMENT : et tout le reste. ⇒ ① **tralala.** ▶ ***trembloter*** v. intr. ▪ conjug. 1. ■ Trembler (1, 2) légèrement. ▶ ***tremblote*** ou ***tremblette*** n. f. ■ Fam. Tremblement de froid, de fièvre, de peur. *Avoir la tremblote.* ▶ ***tremblotement*** n. m. ■ Léger tremblement. 〈 ▶ tremble 〉

trémie [tremi] n. f. ■ Grand entonnoir en forme de pyramide renversée qui permet de déverser une substance à traiter.

trémière [tremjɛʀ] adj. f. ⇒ **rose** trémière.

tremolo ou ***trémolo*** [tremɔlo] n. m. **1.** Effet musical obtenu par la répétition très rapprochée d'un son, d'un accord. **2.** TRÉMOLO : tremblement d'émotion (souvent affecté) dans la voix. *Déclamer avec des trémolos dans la voix.*

trémousser [tremuse] v. pron. ▪ conjug. 1. ■ S'agiter avec de petits mouvements vifs et irréguliers. ⇒ **frétiller,** se **tortiller ;** fam. **gigoter.** ▶ ***trémoussement*** n. m. ■ *Des trémoussements d'impatience.*

tremper [trɑ̃pe] v. ▪ conjug. 1. **I.** V. tr. **1.** (Liquides) Mouiller fortement, imbiber. *La pluie a trempé sa chemise.* — Au passif et p. p. adj. ⇒ fam. ② **trempe.** *(Être) trempé. Une chemise trempée de sueur. Nous étions complètement trempés après cet orage.* **2.** Faire entrer (un solide) dans un liquide pour imbiber, enduire. ⇒ **saucer.** *Il trempait son biscuit sec dans son thé.* — Immerger, baigner. *Elle trempe son bras dans le lavabo.* — Pronominalement (réfl.). *Se tremper,* prendre un bain rapide ; se baigner rapidement (⇒ fam. se **saucer**). **3.** Plonger (l'acier) dans un bain froid. ⇒ **trempe.** — Au p. p. adj. *Acier* TREMPÉ : durci par la trempe. **4.** Littér. Aguerrir, fortifier. — Au p. p. adj. *Un caractère bien trempé,* énergique. **II.** V. intr. **1.** Rester plongé dans un liquide. *Les fleurs ne trempent pas bien dans ce vase. Faire tremper le linge, mettre le linge à tremper,* le laisser un certain temps dans l'eau ou la lessive avant le lavage. — *Faire tremper des légumes secs* (dans l'eau). *Ça trempe dans l'huile.* ⇒ **baigner. 2.** Loc. (Suj. personne) TREMPER DANS... (une affaire malhonnête) : y participer, en être complice. *Il a trempé dans cette escroquerie.* ▶ ***trempage*** n. m. ■ Action de tremper. *Le trempage du linge.* ▶ ① ***trempe*** n. f. **1.** Immersion dans un bain froid (d'un métal, d'un alliage chauffé à haute température). *La trempe de l'acier.* — Qualité qu'un métal acquiert par cette opération. *Une lame de bonne trempe.* **2.** DE... TREMPE : qualité, caractère. *Un gars de sa trempe ne se laisse pas faire.* **3.** (France) Fam. Volée de coups. ⇒ **raclée.** ▶ ② ***trempe*** adj. ■ Fam. Trempé, mouillé. *Des vêtements tout trempes. Marcher sur un plancher encore trempe.* ⇒ **humide.** *Être trempe de sueur.* ▶ ***trempette*** n. f. **1.** FAIRE (UNE) TREMPETTE : prendre un bain (mer, lac, piscine...) hâtif sans entrer complètement dans l'eau. ⇒ **saucette. 2.** Préparation de sauce (mayonnaise, moutarde, ketchup) assaisonnée, de consistance onctueuse, dans laquelle trempent des légumes crus. *Trempette à l'ail.* — Ces morceaux de légumes qu'on trempe. *Préparer des trempettes.* — Morceaux de pain qu'on trempe dans du lait, de la crème, un sirop, spécialt dans le sirop d'érable. *Faire des trempettes à la cabane à sucre.* 〈 ▶ détremper, se retremper 〉

tremplin [trɑ̃plɛ̃] n. m. **1.** Planche élastique sur laquelle on prend élan pour sauter. ⇒ **plongeoir.** *Plonger du haut d'un tremplin. — Un tremplin pour le saut à ski,* le plan incliné à partir duquel les sauteurs s'élancent. **2.** Abstrait. Moyen qui permet de parvenir à un but. *Cet emploi d'été lui a servi de tremplin pour sa carrière.*

trench-coat [tʀɛnʃkot] ou ***trench*** [tʀɛnʃ] n. m. ■ Anglic. Imperméable à ceinture. *Des trench-coats* ou *des trenchs.*

trente [tʀɑ̃t] adj. numér. invar. et n. m. invar. **1.** Adj. numéral cardinal invar. Trois fois dix (30). *Mois de trente jours. Octobre a trente et un jours.* — TRENTE-SIX : nombre utilisé familièrement pour désigner un grand nombre indéterminé. ⇒ ① **cent, cinquante-six,** ① **mille.** *Il n'y a pas trente-six façons de le dire.* Loc. *Tous les trente-six du mois,* presque jamais. *Se mettre sur son trente-six.* ⇒ **trente** et un. **2.** Adj. numéral ordinal invar. Qui suit le vingt-neuvième. ⇒ **trentième.** *Numéro trente, page trente. Les années trente,* de 1930 à 1939. **3.** N. m. Nombre, numéro trente. *Elle habite au trente.* — Loc. *Se mettre, être* SUR SON TRENTE ET UN ou SUR SON TRENTE-SIX : mettre ses plus beaux vêtements. ▶ ***trentaine*** n. f. ■ Nombre de trente, d'environ trente. *Une trentaine d'années.* — Âge d'environ trente ans. *Il doit avoir dépassé la trentaine.* ▶ ***trentième*** adj. numér. ordinal ■ Qui vient après le vingt-neuvième. — N. *Être le, la trentième sur la liste.* — *La trentième partie* ou, n. m., *le trentième,* partie d'un tout également divisé en trente. ▶ ***trente-sous*** n. m. ■ Fam. Pièce de monnaie d'une valeur de vingt-cinq cents. *Aurais-tu un trente-sous à me prêter ?* — Loc. *Échanger quatre trente-sous pour une piastre,* ne réliser aucun bénéfice lors d'une transaction, ne rien recevoir de mieux en échange de ce qu'on offre (→ C'est bonnet blanc et blanc bonnet). *Avoir, obtenir qqch pour une poignée de trente-sous,* pour pas cher.

trépan [tʀepɑ̃] n. m. **1.** Instrument de chirurgie destiné à percer les os du crâne. **2.** Vilebrequin pour forer. ⇒ **foreuse.** *Trépan de sonde.* ▶ ***trépaner*** v. tr. ▪ conjug. 1. ■ Pratiquer un trou dans la boîte crânienne à l'aide d'un trépan. *Trépaner un blessé.* — Au p. p. adj. et n. *Les trépanés.* ▶ ***trépanation*** n. f. ■ Opération par laquelle on trépane.

trépas [tʀepɑ] n. m. invar. ■ Vieilli. La mort. — Littér. En loc. ⇒ ① **mort.** *Passer de vie à trépas,* mourir. ▶ ***trépasser*** v. intr. ▪ conjug. 1. ■ Littér. ⇒ **décéder, mourir.** — Au p. p. adj. et n. *Les trépassés,* les morts.

trépider [tʀepide] v. intr. ▪ conjug. 1. ■ Être agité de petites secousses fréquentes, d'oscillations rapides. ⇒ **trembler, vibrer.** *Le plancher du wagon trépidait.* ▶ ***trépidant, ante*** adj. **1.** Qui est agité de petites secousses. **2.** Très rapide et agité. ⇒ **fébrile.** *Rythme trépidant. La vie trépidante des grandes villes,* la vie agitée des gens pressés. ▶ ***trépidation*** n. f. ■ Agitation de ce qui trépide. *La trépidation du moteur.*

trépied [tʀepje] n. m. ■ Meuble ou support à trois pieds. *Le trépied d'un appareil photographique.*

trépigner [tʀepiɲe] v. intr. ▪ conjug. 1. ■ Piétiner ou frapper des pieds contre terre à plusieurs reprises, sous le coup d'une émotion. *La foule trépignait d'enthousiasme, d'impatience.* ▶ ***trépignement*** n. m. ■ *Des trépignements d'impatience, de colère.*

très [tʀɛ] adv. — REM. *Très* se prononce [tʀɛ] devant une consonne, [tʀɛz] devant une voyelle ou un *h* muet. ■ S'emploie pour marquer le superlatif absolu. ⇒ ① **bien,** ② **fort. 1.** (Devant un adj.) *Il est très gentil. C'est très drôle.* ⇒ **extrêmement.** *Un hiver très froid. C'est très clair.* ⇒ **parfaitement.** *Je suis très content. Cette question est très embarrassante.* ⇒ **terriblement.** — *Mes très chers frères, mes très chères sœurs...,* formule utilisée par les prêtres à l'endroit des fidèles. (Avec une majusc.) *Le Très-Haut*.* — (Devant un terme, une expression à valeur d'adjectif) *J'étais très en retard. Un monsieur très comme il faut. Elle est déjà très femme.* — (Devant un p. p.) *Un air très connu. J'étais très gêné.* **2.** (Devant un adv.) *Elle se porte très bien. Ça ne va pas très vite.* **3.** (Dans des locutions verbales d'état) *Il faisait très chaud.* — (Devant un nom) *Elle s'était fait très mal.* — (Emplois critiqués) ⇒ **grand.** *J'ai très faim, très soif. Faites très attention. J'en ai très envie.*

trésor [tʀezɔʀ] n. m. **I. 1.** Ensemble de choses précieuses amassées et cachées. *On a découvert un trésor en démolissant le vieux quartier. L'île au trésor,* où il y a un trésor (de pirates, etc.). — *Amasser un trésor.* ⇒ **thésauriser. 2.** DES TRÉSORS : grandes richesses concrètes, objets de grand prix. *Les trésors artistiques des musées.* — LE TRÉSOR : ensemble des objets précieux d'une église, réunis dans une sorte de musée. **3.** LE TRÉSOR (PUBLIC) : ensemble des moyens financiers dont dispose un État. — Spécialt. Service financier étatique qui veille à l'exécution du budget du gouvernement, à l'encaissement des recettes, au paiement des dépenses publiques, et qui s'occupe en outre du contrôle des finances des collectivités locales. *Le président du Conseil du Trésor.* — *Des bons du Trésor,* des emprunts à court terme émis par l'État. **II.** Abstrait. **1.** *Un, des trésor(s) de,* une accumulation de (choses utiles, belles ou précieuses). *Il faut des trésors de patience pour te supporter.* **2.** *Le Trésor de la langue,* un grand dictionnaire. (On dit aussi THÉSAURUS [tezɔʀys] n. m.) **3.** *Mon trésor,* terme d'affection. ▶ ***trésorerie*** [tʀezɔʀʀi] n. f. **1.** Administration du Trésor public. — Services financiers (de l'armée, d'une association...). **2.** État et gestion des fonds, des ressources. ⇒ **finance.** *Difficultés de trésorerie,* insuffisance de ressources pour faire face aux dépenses. ▶ ***trésorier, ière*** n. ■ Personne chargée de l'administration des finances (d'une organisation publique ou privée). *Le trésorier d'un parti. Le trésorier de la province.* — En appos. (Avec un trait d'union) *La secrétaire-trésorière de la municipalité de paroisse,* la personne responsable des finances, et parfois du greffe, d'une municipalité.

tressaillir [tʀesajiʀ] v. intr. ▪ conjug. 13. ■ Éprouver un tressaillement. ⇒ **sursauter, tressauter.** *Il tressaillait au moindre bruit. Tressaillir de peur, de joie* ⇒ **frémir, trembler.** ▶ ***tressaillement*** n. m. ■ Ensemble de secousses musculaires qui agitent brusquement le corps, sous l'effet d'une émotion vive ou d'une sensation inattendue. *Un léger tressaillement parcourut sa nuque, la parcourut.* ⇒ **frémissement, tremblement.**

tressauter [tʀɛsote] v. intr. ▪ conjug. 1. **1.** Tressaillir. *Un claquement de porte nous fit tressauter.* **2.** (Choses) Être agité de façon désordonnée. *La charrette tressautait sur le chemin défoncé.* ⇒ **cahoter.** ▶ ***tressautement*** n. m. ■ Mouvement de ce qui tressaute.

tresse [tʀɛs] n. f. **1.** Assemblage de trois longues mèches de cheveux entrecroisées à plat et retenues par une attache. ⇒ **natte.** *Faire des tresses à une petite fille.* **2.** Cordon plat fait de fils entrelacés ; galon fait de plusieurs cordons. ▶ ***tresser*** v. tr. ▪ conjug. 1. **1.** Entrelacer (des brins de paille, de jonc), de manière à former un réseau fait de tresses. *Tresser de la paille. Tresser ses cheveux.* **2.** Faire (un objet) en entrelaçant des fils, des brins. *Les Micmacs de Maria tressaient des paniers.* — Au p. p. adj. *Un tapis tressé.* — Loc. *Tresser des couronnes à qqn,* le louer, le glorifier.

tréteau [tʀeto] n. m. **1.** Longue pièce de bois sur quatre pieds, servant de support (à une estrade, un étalage, etc.). *Table à tréteaux.* **2.** Au plur. Littér. LES TRÉTEAUX : théâtre de foire, scène sommairement installée. *Monter sur les tréteaux.* ⇒ **planche(s).**

treuil [tʀœj] n. m. ■ Appareil de levage composé d'un cylindre qu'on fait tourner sur son axe *(le tambour)* à l'aide d'une manivelle et autour duquel s'enroule une corde, un câble. ⇒ **cabestan.**

trêve [tʀɛv] n. f. **1.** Cessation provisoire des combats, pendant une guerre, par convention des belligérants. ⇒ **armistice, cessez-le-feu. 2.** Interruption dans une lutte. *Une trêve politique. Faisons trêve à nos querelles.* — (Choses) *Ne pas avoir de trêve,* de fin. *Ne pas laisser de trêve,* de repos. **3.** SANS TRÊVE : sans arrêt, sans interruption. *Travailler sans trêve. Il a plu sans trêve pendant une semaine,* sans cesse, sans répit. — Exclam. TRÊVE DE... : assez de. *Trêve de plaisanterie !, de bavardage !*

tri [tʀi] n. m. ■ Action de trier. ⇒ **triage.** *Le tri des lettres.*

tri- ■ Préfixe signifiant « trois » (ex : *tricycle, trident, trilogie*).

triage [tʀijaʒ] n. m. ■ Le fait de trier dans un ensemble ou de répartir ; son résultat. ⇒ **tri, choix.** *Le triage du linge à laver.* — Séparation et regroupement des wagons pour former des convois. *Gare de triage.*

triangle [tʀijɑ̃gl] n. m. **1.** Figure géométrique, polygone à trois côtés. *Triangle isocèle, équilatéral, rectangle. Des billes disposées en triangle.* — Objet de cette forme. *Découper un petit triangle blanc.* — Fig. *L'éternel triangle (amoureux),* l'homme, la femme et la maîtresse ou l'amant. **2.** Instrument de musique à percussion, fait d'une tige d'acier repliée, sur laquelle on frappe avec une baguette. ▶ ***triangulaire*** adj. **1.** En forme de triangle. *Une voile triangulaire.* **2.** Qui met en jeu trois éléments. *Élection triangulaire,* à trois candidats. ▶ ***triangulation*** n. f. ■ Division (d'un terrain) en triangles pour le mesurer.

trias [tʀijɑs] n. m. ■ Géologie. Période la plus ancienne de l'ère secondaire durant laquelle se sont déposés trois types de roches caractéristiques (grès, calcaires, marnes) constituant des phases sédimentaires.

tribal, ale, aux [tʀibal, o] adj. ■ Didact. De la tribu. *Guerres tribales.*

tribo-électricité [tʀiboelɛktʀisite] n. f. ■ Électricité statique produite par frottement. ▶ ***tribo-électrique*** adj.

tribord [tʀibɔʀ] n. m. ■ Côté droit d'un navire (quand on regarde vers la proue, l'avant). *Terre à tribord !* / contr. **bâbord** /

tribu [tʀiby] n. f. ≠ *tribut.* **1.** Antiquité. Division du peuple romain, des peuples grecs. — Chez les Hébreux. Groupe qui s'estimait issu d'un des douze fils de Jacob. **2.** Groupe social et politique fondé sur une parenté ethnique réelle ou supposée, dans les sociétés non industrialisées. *Les tribus amérindiennes.* ⇒ **nation.** *Des tribus nomades.* **3.** Groupe nombreux ; grande et nombreuse famille. *Il part en vacances avec toute sa tribu.* ⟨ ▶ tribal ⟩

tribulation [tʀibylasjɔ̃] n. f. **1.** Littér. Adversité, épreuve physique ou morale. ⇒ **tourment. 2.** Au plur. Aventures plus ou moins désagréables. ⇒ **mésaventure, péripétie.** *Elle n'est pas au bout de ses tribulations.*

tribun [tʀibœ̃] n. m. **1.** Nom d'officiers *(tribuns militaires)* ou de magistrats *(tribuns de la plèbe)* dans l'ancienne Rome. **2.** Littér. Défenseur éloquent (d'une cause, d'une idée), orateur qui remue les foules. *Louis-Joseph Papineau était reconnu comme un redoutable tribun populaire.* ⟨ ▶ tribunal, tribune ⟩

tribunal, aux [tʀibynal, o] n. m. **1.** Lieu où l'on rend la justice. ⇒ **palais** de justice. *Se rendre au tribunal.* **2.** Magistrat ou corps de magistrats exerçant une juridiction. ⇒ ② **chambre,** ② **cour.** *Tribunaux administratifs, judiciaires. Tribunal de commerce. Le tribunal de la Jeunesse. Porter une affaire devant les tribunaux.* **3.** Justice de Dieu, jugement de la postérité. *Comparaître devant le tribunal suprême. Le tribunal de l'histoire.*

tribune [tʀibyn] n. f. **1.** Emplacement élevé où sont réservées des places (dans une église, une salle publique). *La tribune de (la) presse, dans une assemblée politique, sportive.* ⇒ **galerie.** — Emplacement en gradins (dans un champ de courses, un stade). ⇒ **estrade. 2.** Emplacement élevé, estrade d'où l'orateur s'adresse à une assemblée. *L'orateur monte à la tribune.* — L'éloquence parlementaire, politique (⇒ **tribun**). **3.** Article de journal par lequel on s'adresse au public. *La* TRIBUNE LIBRE, DU LECTEUR *d'un journal.* **4.** *Tribune téléphonique,* émission (de radio, de télévision) qui permet à des auditeurs, des téléspectateurs de communiquer par téléphone avec un animateur. ⇒ fam. **ligne** ouverte.

tribut [tʀiby] n. m. ≠ *tribu.* **1.** Contribution forcée, imposée par un État à un autre. ⇒ **redevance.** — REM. *Tribut, contribution, distribution, rétribution* ont la même origine. **2.** Littér. Contribution payée à une autorité, un pouvoir. *Lever un tribut sur la population.* **3.** Abstrait. Ce qu'on est obligé de supporter ou d'accorder. *Payer un lourd tribut à la maladie.* ▶ ***tributaire*** adj. et n. **1.** Qui paye tribut, est soumis à une autorité. **2.** Qui dépend (d'un autre pays). *L'Europe est tributaire des pays tropicaux pour certaines denrées.* — (Personnes) *Les cultivateurs sont tributaires du climat.* — N. *Nous sommes vos tributaires.* **3.** N. m. Cours d'eau qui se jette dans un autre plus important.

triceps [tʀisɛps] n. m. invar. ■ Muscle constitué à l'une de ses extrémités par trois faisceaux distincts s'insérant à des points osseux différents.

tricher [tʀiʃe] v. intr. ▪ conjug. 1. **1.** Enfreindre les règles d'un jeu en vue de gagner. *Il triche aux cartes. Elle a triché.* **2.** Enfreindre une règle, un usage en affectant de les respecter. *On le soupçonne d'avoir triché à l'examen.* ⇒ **copier.** *Tricher sur la qualité, les prix.* ⇒ **frauder.** — *Tricher sur son âge.* ⇒ **mentir. 3.** Dissimuler un défaut dans la confection d'un ouvrage matériel. ▶ ***trichage*** n. m. ou, France, ***triche*** n. f. ■ Fam. *C'est du vrai trichage,* de la tricherie. ▶ ***tricherie*** n. f. **1.** Tromperie au jeu. ⇒ fam. **trichage, triche. 2.** Mauvaise foi de la personne qui triche. ▶ ***tricheur, euse*** n. **1.** Personne qui triche au jeu. **2.** Personne qui enfreint secrètement les règles, est de mauvaise foi. *Ce politicien est un tricheur, un hypocrite.* ⇒ ① **croche** (II).

trichromie [tʀikʀɔmi] n. f. ■ Procédé photographique basé sur la séparation des trois couleurs fondamentales : bleu, rouge, jaune.

tricolore [tʀikɔlɔʀ] adj. **1.** Qui est de trois couleurs. *Feux tricolores à un carrefour.* **2.** (France) Des trois couleurs nationales (bleu, blanc, rouge). *Le drapeau tricolore. Cocarde tricolore.* — *L'équipe tricolore,* française. — N. *Les tricolores.*

tricorne [tʀikɔʀn] n. m. ■ Chapeau à trois cornes formées par ses bords.

tricot [tʀiko] n. m. **1.** Tissu formé d'une matière textile disposée en mailles et confectionné avec des aiguilles. *Un gilet de tricot.* **2.** Action de tricoter ; ouvrage d'une personne qui tricote. *Faire du tricot.* **3.** Vêtement tricoté. ⇒ **chandail ;** anglic. **pull-over.** *Un bon tricot bien chaud.* — *Un tricot de peau, de corps.* ⇒ **maillot.** ▶ ***tricoter*** v. ▪ conjug. 1. **I.** V. tr. Exécuter au tricot. *Elle tricotait des chaussettes.* — Sans compl.

Des aiguilles à tricoter. Machine à tricoter. ⇒ **tricoteuse.** — Au p. p. adj. *Mitaines tricotées.* — Loc. *Connaître qqn comme si on l'avait tricoté,* aussi bien que soi-même. ⇒ **poche. II.** V. intr. Hockey. Déjouer des adversaires en maniant habilement la rondelle d'un côté puis de l'autre du bâton. *Joueur qui tricotait au centre de la patinoire.* ▸ ***tricotage*** n. m. ■ Action de tricoter. ▸ ***tricoteur*** ou ***tricoteux, euse*** n. **1.** Personne qui tricote. *Ma grand-mère était une excellente tricoteuse.* **2.** N. f. Machine, métier à tricoter.

trictrac [tʀiktʀak] n. m. ■ (France) Jeu de dés, où l'on fait avancer des pions sur une surface à deux compartiments comportant chacun six cases triangulaires. ⇒ anglic. **backgammon.**

tricycle [tʀisikl] n. m. ■ Véhicule semblable à la bicyclette, mais à trois roues dont deux parallèles. ⇒ fam. **bicycle.** *Tricycle d'enfant. Tricycle de livreur.* ⇒ **triporteur.**

trident [tʀidɑ̃] n. m. **1.** Fourche à trois pointes. **2.** Engin de pêche, harpon à trois pointes. *Attraper un thon au trident.*

tridimensionnel, elle [tʀidimɑ̃sjɔnɛl] adj. ■ Didact. Qui a trois dimensions ; qui se développe dans un espace à trois dimensions.

trièdre [tʀijɛdʀ] n. m. ■ Figure géométrique (dans l'espace) formée par trois plans qui se coupent deux à deux.

triennal, ale, aux [tʀijɛnal, o] adj. ■ Qui a lieu tous les trois ans ou dure trois ans. *Plan triennal.* — *Assolement triennal,* alternance de trois cultures sur un même terrain.

trier [tʀije] v. tr. ▪ conjug. 7. **1.** Choisir parmi d'autres ; extraire d'un plus grand nombre, après examen (⇒ **tri, triage**). *Les semences qu'il a triées pour l'année suivante.* — Loc. TRIER SUR LE VOLET : sélectionner avec le plus grand soin. **2.** Traiter de manière à ôter ce qui est mauvais. *Trier des bleuets,* éliminer les baies non comestibles, les feuilles, etc. **3.** Répartir en plusieurs groupes sans rien éliminer. ⇒ **classer.** *Elle était occupée à trier ses papiers. Trier des lettres* (⇒ **tri**). ▸ ***trieur, trieuse*** n. **1.** Ouvrier chargé de trier qqch. *Trieur de minerai.* **2.** N. m. Appareil servant au triage. — N. f. Machine à trier, à classer des fiches, etc. ‹ ▸ tri, triage ›

trière [tʀijɛʀ] n. f. ■ Antiquité grecque. Bateau à trois rangs de rames. ⇒ **trirème.**

trifluvien, ienne [tʀiflyvjɛ̃, jɛn] adj. et n. ■ De la ville de Trois-Rivières. *Un médecin trifluvien.* — N. (Avec une majusc.) Personne née dans cette ville ou qui l'habite.

trifouiller [tʀifuje] v. ▪ conjug. 1. Fam. **1.** V. tr. Mettre en désordre, en remuant. ⇒ **taponner.** *On a trifouillé mes papiers.* **2.** V. intr. Fouiller (dans). ⇒ **farfouiller.** *Ne viens pas trifouiller dans mes affaires.*

trigonométrie [tʀigɔnɔmetʀi] n. f. ■ Application du calcul à la détermination des éléments des triangles. ▸ ***trigonométrique*** adj. ■ Qui concerne la trigonométrie ; qui est utilisé en trigonométrie. *Calculs, tables trigonométriques. Lignes trigonométriques.* ⇒ **cosinus,** ② **sinus, tangente.**

trijumeau [tʀiʒymo] adj. et n. m. ■ *(Nerf) trijumeau,* cinquième nerf crânien (qui se divise en trois : un nerf innervant les yeux ; deux nerfs innervant les maxillaires).

trilingue [tʀilɛ̃g] adj. et n. **1.** Qui parle trois langues (opposé à monolingue, unilingue ; bilingue). ⇒ **multilingue, plurilingue, polyglotte.** *Une interprète trilingue.* — N. *Des trilingues.* **2.** En trois langues. *Un document trilingue.*

① ***trille*** [tʀij] n. m. ■ Musique. Battement rapide et ininterrompu sur deux notes voisines. *Exécuter un trille sur la flûte.*

② ***trille*** n. m. ■ Plante vivace comportant trois feuilles disposées sur le même axe et une fleur (blanche ou rouge) à trois pétales, commune dans les forêts. *La trille à fleurs blanches est l'emblème floral de l'Ontario.*

trillion [tʀiljɔ̃] n. m. ■ Un milliard de milliards (soit 10^{18}).

trilogie [tʀilɔʒi] n. f. **1.** Ensemble de trois tragédies grecques sur un même thème. **2.** Groupe de trois pièces de théâtre, de trois œuvres dont les sujets se font suite.

trimaran [tʀimaʀɑ̃] n. m. ■ Anglic. Bateau multicoque formé d'une coque centrale flanquée de deux petites coques parallèles réunies transversalement par une armature rigide. *Des trimarans.* ≠ *catamaran.*

trimbaler [tʀɛ̃bale] v. tr. ▪ conjug. 1. ■ Fam. Mener, porter partout avec soi (souvent avec l'idée de difficulté). ⇒ **traîner, transporter.** *Il a fallu trimbaler la cage toute la journée.* — Pronominalement (réfl.). *Il a fallu que je me trimbale chez eux avec les enfants.* ▸ ***trimbalage*** ou ***trimbalement*** n. m.

trimer [tʀime] v. intr. ▪ conjug. 1. ■ Fam. Travailler avec effort, à une besogne pénible. *Ce n'est pas une vie, de trimer du matin au soir !* ⇒ **peiner.**

trimestre [tʀimɛstʀ] n. m. **1.** Durée de trois mois. — Division d'une année scolaire collégiale ou d'une année universitaire, d'une durée de trois ou quatre mois. ⇒ **semestre. 2.** Somme payée ou allouée tous les trois mois. *Toucher son trimestre.* ▸ ***trimestriel, ielle*** adj. **1.** Qui dure trois mois. **2.** Qui a lieu, qui paraît tous les trois mois. *Bulletin trimestriel. Revue trimestrielle.* ▸ ***trimestriellement*** adv. ■ Tous les trois mois.

trimoteur [tʀimɔtœʀ] adj. et n. m. ■ (Avions) Qui a trois moteurs. ⇒ **triréacteur.**

tringle [tʀɛ̃gl] n. f. ■ Tige métallique servant de support. *Tringle à rideaux.* ⇒ anglic. **pole.** *Cintres suspendus à une tringle.*

trinité [tʀinite] n. f. **1.** Dans la doctrine chrétienne. (Avec une majusc.) Dieu unique en trois personnes. *La Sainte-Trinité.* **2.** Groupe de trois dieux (ou de trois principes, de trois objets considérés comme sacrés).

trinitéen, enne [tʀiniteɛ̃, ɛn] adj. et n. ■ De l'État de Trinité et Tobago. *Une chaîne de montagnes trinitéenne.* — N. (Avec une majusc.) Personne née dans cet État des Petites Antilles ou qui en a obtenu la citoyenneté.

trinôme [tʀinom] n. m. ■ Polynôme à trois termes.

trinquer [tʀɛ̃ke] v. intr. ▪ conjug. 1. **1.** Boire en même temps que qqn, après avoir choqué les verres, pour souhaiter la santé, le succès, etc. *Trinquer avec des amis.* **2.** Fam. Subir des désagréments, des pertes. ⇒ **écoper.** *Ce sont toujours les mêmes qui trinquent !*

trio [tʀijo] n. m. **1.** Morceau pour trois instruments ou trois voix. — Groupe de trois musiciens. *Des trios à cordes.* **2.** Groupe de trois personnes (souvent péj.). *Ils font un joli trio !*

triolet [tʀijɔlɛ] n. m. ■ Musique. Groupe de trois notes de valeur égale qui se jouent dans le temps de deux. *Un triolet de croches vaut une noire (deux croches).*

triomphe [tʀijɔ̃f] n. m. **1.** Victoire éclatante à l'issue d'une lutte, d'une rivalité. — (Choses) Établissement, avènement éclatant (de ce qui était en lutte avec autre chose). *Le triomphe de notre cause.* **2.** Antiquité. Honneur décerné à un général romain qui avait remporté une grande victoire. — Loc. ARC DE TRIOMPHE : élevé pour un triomphe. **3.** Loc. PORTER *qqn* EN TRIOMPHE : le hisser au-dessus de la foule pour le faire acclamer. **4.** Joie rayonnante que donne la victoire ; grande satisfaction. *Un cri de triomphe.* **5.** Approbation enthousiaste du public. *L'artiste a remporté un vrai triomphe.* — Représentation, interprétation, spectacle... qui déchaîne l'enthousiasme du public. ⇒ **réussite, succès.** *Ce film, ce disque est un vrai triomphe.* ▶ ***triomphal, ale, aux*** adj. **1.** Qui a les caractères d'un triomphe, qui est accompagné d'honneurs, d'acclamations. *Un accueil triomphal.* **2.** Qui constitue un triomphe, une grande réussite. *Une élection triomphale.* ▶ ***triomphalement*** adv. ■ D'une manière triomphale ; en triomphe. *Il a été reçu triomphalement. Elle nous a montré triomphalement sa découverte.* ‹ ▶ triompher ›

triompher [tʀijɔ̃fe] v. ▪ conjug. 1. **I.** V. tr. ind. TRIOMPHER DE... : vaincre (qqn) avec éclat à l'issue d'une lutte. *Triompher de tous ses adversaires.* ⇒ **battre.** — Venir à bout de (qqch.). ⇒ **surmonter.** *Nous avons triomphé de sa résistance, de toutes les difficultés.* **II.** V. intr. **1.** Remporter une éclatante victoire. — (Choses) S'imposer, s'établir de façon éclatante. *Leurs thèses ont triomphé.* **2.** Éprouver un sentiment de triomphe, crier victoire. ⇒ **pavoiser.** *Vous avez tort de triompher !* **3.** Réussir brillamment. ⇒ **exceller.** — Être l'objet de l'enthousiasme du public. *La pièce a triomphé.* ▶ ***triomphant, ante*** adj. **1.** Qui triomphe, qui a remporté une éclatante victoire. ⇒ **victorieux.** *Un geste triomphant.* ⇒ **vainqueur. 2.** Qui exprime le triomphe, est plein d'une joie éclatante. ⇒ **heureux, radieux.** *Un air triomphant.* ▶ ***triomphateur, trice*** n. **1.** Personne qui remporte une éclatante victoire. ⇒ **vainqueur.** *Les triomphateurs de la journée.* **2.** Général romain à qui l'on faisait les honneurs du triomphe (2).

trip [tʀip] n. m. Anglic. Fam. **1.** Absorption de substances hallucinogènes (notamment le L.S.D.). — État pathologique qui en résulte chez le sujet. ⇒ fam. **voyage.** *Un trip d'acide. Faire un mauvais trip.* ⇒ fam. **triper.** *Être sur un trip.* **2.** Intérêt particulier qu'on a pour qqch. ⇒ **passion.** *Le jazz, c'est son trip.* **3.** Défi qu'on relève, difficulté qu'il faut vaincre. *Gagner contre cette patineuse, c'est tout un trip.* ▶ ***triper*** v. intr. ▪ conjug. 1. Fam. **1.** Halluciner, faire un trip (1). *Ils ont pas mal tripé dans leur jeunesse.* **2.** Se passionner pour qqch. ⇒ se **pâmer.** *Triper sur le rock. Elle tripait sur l'astronomie. Le fast-food ne me fait pas triper.* ⇒ **plaire.** — (Personnes) Être attiré par. ⇒ en **pincer** pour. *Elle tripe sur les grands bruns.* **3.** Être l'objet d'une émotion forte, d'un sentiment d'euphorie ; être comblé, satisfait. ⇒ **exulter,** se **réjouir.** *Quand j'ai vu mon nom sur la liste des boursiers, je tripais.* ▶ ***tripant, ante*** adj. ■ Fam. Excitant, passionnant. ⇒ **amusant, captivant ;** fam. ② **super ;** anglic. le **fun.** / contr. ① **plat** / *Un film tripant. Un party pas trop tripant.* — (Personnes) *Elle est tripante au bout.* ⇒ anglic. **cool,** le **fun.** ▶ ***tripeur*** ou ***tripeux, euse*** n. Fam. **1.** Adepte de drogues hallucinogènes, personne qui aime faire des trips (1). ⇒ **marginal ;** anglic. **freak. 2.** Personne qui vit suivant certains principes et valeurs sociales axés sur le bien-être physique, moral et, souvent, spirituel. *Les tripeurs de l'alimentation naturelle, de la culture biologique.* ⇒ anglic. **granola.** — Adj. *Cet ancien fumeur est devenu tripeux.*

triparti, ie [tʀipaʀti] ou ***tripartite*** [-tit] adj. ■ Politique. Qui réunit trois partis ou trois parties qui négocient. *Pacte tripartite.*

tripatouiller [tʀipatuje] v. tr. ▪ conjug. 1. **1.** Remanier sans scrupule (un texte original) en ajoutant, retranchant. *Tripatouiller la comptabilité d'une entreprise.* — Altérer, truquer (des écritures, des comptes). **2.** Concret. Tripoter. ▶ ***tripatouillage*** n. m. ■ Fam. Action de tripatouiller (un texte). — Modification malhonnête. *Des tripatouillages électoraux.* ⇒ **magouille, tripotage.** ▶ ***tripatouilleur, euse*** n. et adj.

tripe [tʀip] n. f. (Surtout au plur.) **1.** (Surtout en France) *Des tripes,* plat fait de panses de ruminants préparées. *Tripes à la mode de Caen.* **2.** Fam. Intestin de l'humain ; ventre. — Loc. *Rendre* TRIPES ET BOYAUX : vomir. *Avoir une tripe de vide,* être affamé. *J'ai mangé un sandwich,* ÇA BOUCHE UNE TRIPE : cela calme l'appétit, en attendant le repas. **3.** Entrailles. *Une musique qui prend aux tripes,* qui bouleverse. ▶ ***triperie*** n. f. ■ (France) Commerce du tripier ≠ *boucherie.* ▶ ***tripier, ière*** n. ■ (France) Commerçant qui vend des abats (tripes, etc.). ‹ ▶ étriper, tripe(-)de(-)roche ›

tripe(-)de(-)roche [tʀipdəʀɔʃ] n. f. ■ Lichen utilisé en médecine populaire. *Des tripes-de-roche.*

triper v. intr. ⇒ **trip.**

tripette [tʀipɛt] n. f. ■ Loc. *Ça ne* VAUT PAS TRIPETTE : cela ne vaut rien. ⇒ fam. ② **cent** (4).

tripeur n. ⇒ **trip.**

triple [tʀipl] adj. et n. m. **1.** Qui équivaut à trois, se présente comme trois. *Un triple rang de perles. Un triple menton,* qui fait trois plis. — Qui concerne trois éléments. *Triple entente,* entente entre trois puissances. ⇒ **triparti.** (Baseball, balle-molle) *Un triple retrait,* réussi lors de la même phase de jeu. — Fam. (Sert de superlatif) Très vite. *Au triple galop. — Triple idiot !* **2.** Trois fois plus grand. *Prendre une triple dose.* — N. m. *Le triple,* quantité trois fois plus grande. *Neuf est le triple de trois.* **3.** N. m. (Baseball, balle-molle) Coup* sûr de trois buts. *Frapper un triple au champ centre.* ▶ ***tripler*** v. ▪ conjug. 1. **1.** V. tr. Rendre triple, multiplier par trois. **2.** V. intr. Devenir triple. *Les terrains ont triplé de valeur depuis dix ans.* ▶ ***triplés, ées*** ou ***triplets*** n. plur. ■ Groupe de trois enfants nés d'une même grossesse. ⇒ **jumeaux.** — Au sing. *Un triplé,* l'un des trois enfants.

triplex [tʀiplɛks] n. m. invar. **1.** Maison comprenant trois logements superposés, le plus souvent pourvus d'entrées distinctes. ⇒ **duplex. 2.** Immeuble d'habitation formé de trois maisons identiques séparées par des murs mitoyens. ⇒ **duplex, jumelé ; quadriplex.**

triporteur [tʀipɔʀtœʀ] n. m. ■ Vieilli. Tricycle muni d'une caisse pour le transport des marchandises légères.

tripot [tʀipo] n. m. ■ Péj. Maison de jeu, café où l'on joue.

tripotée [tʀipɔte] n. f. Fam. **1.** (France) Raclée, volée. **2.** Grand nombre. *Avoir une tripotée d'enfants.* ⇒ **trâlée.**

tripoter [tʀipɔte] v. ▪ conjug. 1. **1.** V. tr. Manier, tâter sans délicatesse. ⇒ **taponner.** *Ne tripotez pas ces fruits.* — Toucher de manière répétée, machinalement. ⇒ **pigrasser, triturer ;** fam. **peloter. 2.** V. intr. Se livrer à des opérations et combinaisons peu avouables, malhonnêtes. ⇒ **magouiller ; trafiquer.** *Il a tripoté dans pas mal d'affaires.* ▶ ***tripotage*** n. m. **1.** Action de tripoter (1). ⇒ **taponnage. 2.** Arrangement, combinaison louche. ⇒ **manigance,** ② **trafic, tripatouillage.** ▶ ***tripoteur*** ou ***tripoteux, euse*** n. ■ Personne qui tripote, se livre à des tripotages. ⇒ **magouilleur.** ‹ ▶ tripotée ›

triptyque [tʀiptik] n. m. ■ Ouvrage de peinture ou de sculpture composé d'un panneau central et de deux volets mobiles pouvant se rabattre. — Œuvre littéraire en trois tableaux ou récits. ≠ *diptyque.*

trique [tʀik] n. f. ■ Gros bâton utilisé pour frapper. *Mener les gens à coups de trique,* par la brutalité. Loc. *Être sec comme un coup de trique,* très maigre.

triréacteur [tʀiʀeaktœʀ] n. m. ■ Avion à trois réacteurs. ⇒ **trimoteur.**

trirème [tʀiʀɛm] n. f. ■ Antiquité. Navire de guerre des Romains, des Carthaginois, etc., à trois rangées de rames superposées. ⇒ **trière.**

trisaïeul, eule [tʀizajœl] n. ■ Père, mère du bisaïeul, ou de la bisaïeule. Mes trisaïeuls.

trisomie [tʀizɔmi] n. f. ■ Médecine. Anomalie génétique due à la présence d'un chromosome surnuméraire dans une paire chromosomique. *Malade atteint de la trisomie 21.* ⇒ **mongolien.** ► ***trisomique*** adj. et n. ■ Atteint de trisomie. *Un enfant trisomique.* — N. *Des trisomiques.*

triste [tʀist] adj. **I. 1.** Qui éprouve un malaise douloureux, de tristesse. ⇒ **affligé, peiné.** / contr. ① **gai, heureux, joyeux** / *Il est triste d'avoir échoué, parce qu'il a échoué.* ⇒ **abattu.** — Loc. *Triste comme la pluie, la mort.* — *Des gens tristes,* habituellement sans gaieté. ⇒ **mélancolique, morose. 2.** Qui exprime la tristesse, est empreint de tristesse. ⇒ **malheureux, sombre.** *Un visage triste. Le chevalier à la triste figure,* don Quichotte. *Rouler de tristes pensées, des pensées bien tristes.* **3.** (Choses) Qui répand la tristesse. ⇒ **morne, sinistre.** *Le ciel est triste. Des couleurs tristes.* **II.** Valeur active. ⇒ **attristant.** (Choses) **1.** Qui fait souffrir, fait de la peine. ⇒ **affligeant, douloureux, navrant, pénible.** / contr. **heureux** / *C'est une triste nouvelle. Ces gens ont eu une vie bien triste.* — Qui raconte ou montre des choses pénibles. *Ce film est trop triste.* **2.** Qui suscite des jugements pénibles. ⇒ **déplorable.** *Ce malade est dans un triste état. C'est bien triste.* ⇒ **malheureux, regrettable. 3.** Péj. (Toujours devant le nom) Dont le caractère médiocre ou odieux afflige. ⇒ **lamentable.** *Quelle triste époque ! Un triste individu.* ⇒ **méprisable.** ► ***tristement*** adv. **1.** En étant triste, d'un air triste. *Baisser la tête tristement.* **2.** D'une manière pénible, affligeante. *Il est devenu tristement célèbre* (à cause de ses méfaits). ► ***tristesse*** n. f. **1.** État affectif pénible et durable ; envahissement de la conscience par une douleur morale ou par un malaise qui empêche de se réjouir du reste. ⇒ **ennui, mélancolie, peine.** / contr. **gaieté, joie** / *Des accès de tristesse. L'enfant souriait avec tristesse.* **2.** *(Une, des tristesses)* Moment où l'on est dans cet état ; ce qui le fait naître. *Une des tristesses de ma vie.* ⇒ **chagrin. 3.** Caractère de ce qui exprime ou suscite cet état. *La tristesse de ces ruines.* ⟨ ► attrister ⟩

trisyllabe [tʀisil(l)ab] adj. et n. m. ■ Qui a trois syllabes (mot) ou trois pieds (vers). — N. m. *Le mot « éléphant » est un trisyllabe.* ► ***trisyllabique*** adj. ■ Qui est formé de trois syllabes, qui appartient à un trisyllabe. *Composer des vers trisyllabiques.*

① ***triton*** [tʀitɔ̃] n. m. ■ (Avec une majusc.) Divinité mythologique à figure humaine et à queue de poisson. *Neptune et ses Tritons.*

② ***triton*** n. m. ■ Batracien aquatique, proche de la salamandre, à queue aplatie.

triturer [tʀityʀe] v. tr. . conjug. 1. **1.** Réduire en poudre ou en pâte en écrasant par pression et frottement. ⇒ **broyer, décortiquer.** *Les molaires triturent les aliments.* **2.** Manier à fond. ⇒ **pétrir.** — Fam. *Se triturer les méninges, la cervelle,* se mettre l'esprit à la torture en cherchant qqch., en se faisant du souci. **3.** Manier avec insistance, machinalement. ⇒ **pigrasser, taponner.** *Il triturait sa casquette, sa moustache.* ► ***trituration*** n. f. ■ Action de triturer (1).

triumvir [tʀijɔmviʀ] n. m. ■ Antiquité. Magistrat romain chargé, avec deux collègues, d'une mission administrative ou du gouvernement. *Les trois triumvirs.* ► ***triumvirat*** n. m. **1.** Antiquité. Fonction de triumvir. **2.** Littér. Association de trois personnes qui exercent un pouvoir, une influence.

trivial, ale, aux [tʀivjal, o] adj. **1.** Qui est caractéristique d'une mauvaise éducation, qui est contraire aux bons usages. ⇒ **vulgaire.** *Des plaisanteries triviales.* — (Mots) Qui désigne, ouvertement et d'une manière populaire, des réalités que le bon ton passe sous silence. ⇒ **grossier, obscène. 2.** Sciences. Ordinaire, non scientifique. ► ***trivialement*** adv. ■ D'une manière grossière. *Parler trivialement.* ► ***trivialité*** n. f. ■ Caractère de ce qui est grossier, vulgaire. *La trivialité de ses propos.*

troc [tʀɔk] n. m. ■ Échange direct d'un bien contre un autre, sans intermédiaire monétaire. *Faire un troc avec qqn. Faire du troc.* ⇒ **troquer.** — Système économique primitif, excluant l'emploi de monnaie. *Économie de troc. Les Amérindiens faisaient le troc des fourrures.*

trochilidés [tʀɔkilide] n. m. pl. ■ Zoologie. Famille d'oiseaux passereaux américains, petits, à plumage multicolore, à bec arqué (colibris) ou droit (oiseaux-mouches), se nourrissant d'insectes et de nectar. — Au sing. *Le colibri est un trochilidé.*

troène [tʀɔɛn] n. m. ■ Arbuste à feuilles presque persistantes, à petites fleurs blanches très odorantes. *Une haie de troènes.*

troglodyte [tʀɔglɔdit] n. m. ■ Habitant d'une caverne, d'une grotte, ou d'une demeure aménagée dans le roc.

trogne [tʀɔɲ] n. f. ■ Fam. Visage grotesque. *Une trogne rouge, comique.* — Visage. *Il a une bonne trogne.* ⇒ fam. **trombine, tronche.**

trognon [tʀɔɲɔ̃] n. m. ■ Ce qui reste quand on a enlevé la partie comestible (d'un fruit, d'un légume). *Un trognon de pomme* (⇒ ③ **cœur,** ② **coton**)*, de chou.* — Loc. Fam. JUSQU'AU TROGNON : jusqu'au bout, complètement. *On nous a eus jusqu'au trognon !*

troïka [tʀɔika] n. f. ■ Grand traîneau russe, attelé à trois chevaux de front.

trois [tʀwa] adj. numér. invar. et n. m. invar. **1.** Adj. cardinal. Deux plus un (3 ou III). *Les trois dimensions. Frapper les trois coups,* qui, au théâtre, précèdent le lever du rideau. *J'ai trois rois.* ⇒ **brelan.** *Trois cartes qui se suivent.* ⇒ **tierce.** *Trois cents, trois mille.* Loc. *Règle de trois,* par laquelle on cherche le quatrième terme d'une proportion, quand les trois autres sont connus. — *Deux ou trois, trois ou quatre,* un très petit nombre. *Nous n'étions que deux ou trois.* **2.** Adj. ordinal. Troisième. *Page trois.* **3.** N. m. *Multiplier par trois. Un, deux, trois, partez !* — Le chiffre, le numéro trois. *Tracer des trois en chiffres romains* (III) — Numéro, carte, domino... marqué de trois signes. *Le trois a gagné. Le trois de carreau.* — Troisième jour du mois. *Il est arrivé le trois. Le trois fait le mois.* Maison, appartement qui porte le numéro trois. *Elle habite au trois.* ► ***troisième*** [tʀwazjɛm] adj. et n. **1.** Qui vient après le deuxième. *La troisième personne.* — N. m. *Habiter au troisième* (étage). — N. *Le, la troisième à prendre le départ. La Troisième Rue.* **2.** Adj. Qui s'obtient en divisant par trois. *La troisième partie d'un tout.* ⇒ **tiers.** ► ***troisièmement*** adv. ■ En troisième lieu. ⇒ **tertio.** ► ***trois-huit*** [tʀwaɥit] n. m. pl. ■ (France) Système de travail continu qui nécessite la succession de trois équipes travaillant chacune huit heures. *Faire les trois-huit dans une usine.* ► ***trois-***

mâts n. m. invar. ■ Navire à voiles à trois mâts. ▶ ***trois-points*** loc. adj. ■ Fam. *Les frères trois-points,* les francs-maçons (à cause des *trois-points* [∴], symbole de la franc-maçonnerie). ▶ ***trois-roues*** [tʀwaʀu] n. m. invar. ■ Petit véhicule tout terrain, découvert, aux larges roues (deux à l'arrière, une à l'avant), pour une seule personne. ⇒ **quatre-roues.**

trôler [tʀole] v. intr. ▪ conjug. 1. ■ Fam. Pêcher en laissant traîner une ligne munie d'une cuiller. *Ils ont trôlé une partie de l'après-midi.* — REM. Ce mot est un calque de l'anglais. ▶ ***trôle*** n. f. ■ Fam. Cuiller pour la pêche. *Pêcher à la trôle.* ⇒ fam. **trôler.**

trolley [tʀɔle] n. m. ■ Anglic. Dispositif mobile (perche) servant à transmettre le courant d'un câble conducteur au moteur d'un véhicule. *Des trams à trolleys.* — Fam. Trolleybus. *Des trolleys.* ▶ ***trolleybus*** [tʀɔlebys] n. m. invar. ■ Autobus à trolley.

trombe [tʀɔ̃b] n. f. **1.** Cyclone tropical déterminant la formation d'une sorte de colonne tourbillonnante qui soulève la surface des eaux ; cette colonne. ⇒ **tornade. 2.** *Trombe d'eau,* pluie torrentielle. **3.** Loc. EN TROMBE, *comme une trombe* : avec un mouvement rapide et violent. *Il est arrivé en trombe.*

trombine [tʀɔ̃bin] n. f. ■ (France) Fam. Tête, visage. ⇒ fam. **bette, binette, bobine, bouille,** ② **fraise, trogne.**

tromblon [tʀɔ̃blɔ̃] n. m. ■ Anciennt. Arme à feu individuelle au canon évasé en entonnoir. — Fam. Vieux fusil.

trombone [tʀɔ̃bɔn] n. m. **I.** Instrument à vent, cuivre de grande dimension, à embouchure. *Trombone à pistons.* — Spécialt. *Trombone à coulisse,* dont le tube replié forme une longue coulisse qu'on allonge ou raccourcit pour produire des sons différents. — N. Joueur de trombone. *Il est trombone dans l'orchestre de jazz.* **II.** Petite agrafe de fil de fer repliée en deux boucles, servant à retenir plusieurs feuillets.

① ***trompe*** [tʀɔ̃p] n. f. ■ Instrument à vent à embouchure, formé d'un simple tube évasé en pavillon. *Trompe de chasse,* cor. — *Trompe de brume,* appareil sonore utilisé comme signal en cas de brume. ⇒ **corne.** ‹ ▶ trompette ›

② ***trompe*** n. f. **I. 1.** Prolongement de l'appendice nasal (nez) de l'éléphant, organe tactile, qui lui sert à saisir, à aspirer, à pomper les liquides. *L'éléphant balance sa trompe. Trompe d'éléphant.* **2.** Organe buccal de certains insectes. **II. 1.** TROMPE DE FALLOPE : chez la femme, conduit par lequel l'ovule quitte l'ovaire. **2.** TROMPE D'EUSTACHE : canal qui relie au rhinopharynx la partie antérieure de la caisse du tympan.

③ ***trompe*** n. f. ■ Architecture. Section de voûte qui fait saillie et supporte une construction qui dépasse (encorbellement). *Coupole sur trompes.*

tromper [tʀɔ̃pe] v. tr. ▪ conjug. 1. **I.** V. tr. **1.** Induire (qqn) en erreur quant aux faits ou quant à ses intentions, en usant de mensonge, de dissimulation, de ruse. ⇒ **berner, duper, leurrer, mystifier, rouler ;** très fam. **crosser.** *Le vendeur a essayé de nous tromper. Elle nous a bien trompés, avec ses airs de franchise.* **2.** (Dans la vie amoureuse et conjugale) Être infidèle à... *Il l'a souvent trompée.* — Au p. p. adj. *Mari trompé.* ⇒ fam. **cocu. 3.** Échapper à (des poursuivants, des surveillants). ⇒ **déjouer.** *Il a trompé tous ses poursuivants, ses gardiens.* — Sports. *Tromper la vigilance de l'adversaire,* prendre en défaut. ⇒ **feinter. 4.** (Suj. chose) Faire tomber (qqn) dans l'erreur, l'illusion. *La ressemblance vous trompe. C'est ce qui vous trompe,* c'est en quoi vous faites erreur. *Cela ne trompe personne.* — Sans compl. *Ça ne trompe pas,* c'est un indice sûr. **5.** Littér. Être inférieur à (ce qu'on attend, ce qu'on souhaite). ⇒ **décevoir.** *L'événement a trompé notre attente.* — Au p. p. adj. *Un espoir toujours trompé.* **6.** Donner une satisfaction illusoire ou momentanée à (un besoin, un désir). *Des pastilles qui trompent la soif.* **II.** SE TROMPER v. pron. réfl. : (suj. personne) commettre une erreur. ⇒ s'**illusionner,** se **méprendre,** avoir **tort.** *Tout le monde peut se tromper. Je me suis trompé sur ses intentions, sur elle,* à son propos, quant à elle. *Ne t'y trompe pas. Se tromper de dix dollars dans un compte,* faire une erreur de dix dollars. — *Se tromper de...* (+ nom sans article), faire une confusion de. ⇒ se **mêler** (III). *Je me suis trompé de route, de date.* Loc. *Se tromper d'adresse,* ne pas s'adresser à la personne qui convient. — *Si je ne me trompe,* sauf erreur. ▶ ***tromperie*** [tʀɔ̃pʀi] n. f. ■ Le fait de tromper, d'induire volontairement en erreur. ⇒ **fraude, imposture, mensonge, supercherie.** ▶ ***trompe-l'œil*** [tʀɔ̃plœj] n. m. invar. **1.** Peinture décorative visant à créer l'illusion d'objets réels en relief, par la perspective. *De beaux trompe-l'œil de la Renaissance. Fenêtre, colonne, décor, statue en trompe-l'œil.* **2.** Abstrait. Apparence trompeuse, chose qui fait illusion. *Sa démonstration n'est que du trompe-l'œil.* ‹ ▶ détromper, trompeur ›

trompette [tʀɔ̃pɛt] n. **I.** N. f. **1.** Instrument à vent à embouchure, qui fait partie des cuivres. *Une sonnerie de trompettes. Trompette de jazz. Trompette bouchée,* dont l'embouchure a été munie d'une sourdine. **2.** Loc. EN TROMPETTE. *Nez en trompette,* retroussé. *La queue en trompette,* relevée. **3.** Nom de coquillages ; de champignons. TROMPETTE(-)DE(-)LA MORT : champignon noir comestible. **II.** N. m. Musicien qui joue de la trompette dans une musique militaire. *Un trompette.* ≠ *trompettiste.* ▶ ***trompettiste*** n. ■ Musicien(ienne) qui joue de la trompette dans un orchestre. *Une excellente trompettiste classique, de jazz.* ≠ *trompette* (II).

trompeur, euse [tʀɔ̃pœʀ, øz] adj. **1.** (Personnes) Qui trompe, est capable de tromper par mensonge, dissimulation. ⇒ **déloyal, fourbe, hypocrite, perfide.** / contr. **sincère** / N. *Un grand trompeur.* — PROV. *À trompeur, trompeur et demi,* un trompeur en trouve toujours un autre pour le tromper. **2.** (Choses) Qui induit en erreur. *Les apparences sont trompeuses.* / contr. **vrai** / *Un calme trompeur.* ▶ ***trompeusement*** adv. ■ En trompant (volontairement ou non).

① ***tronc*** [tʀɔ̃] n. m. **I. 1.** Partie inférieure et dénudée de la tige (d'un arbre). *Le tronc d'un arbre ; un, des tronc(s) d'arbre,* la partie située entre les racines et les branches maîtresses. **2.** Fig. TRONC COMMUN : partie commune appelée à se diviser, à se différencier. — Ensemble des cours suivis par tous les élèves inscrits à des programmes apparentés. **3.** Partie principale (d'un nerf, d'une artère, d'une veine). **II.** Partie du corps humain où sont fixés la tête et les membres. ⇒ **torse. III.** Partie comprise entre la base et une section plane parallèle (d'une figure solide). *Tronc de cône.* ⇒ **tronconique.** ‹ ▶ tronçon, tronconique, tronquer ›

② ***tronc*** n. m. ■ Boîte percée d'une fente, où l'on dépose des offrandes, dans une église. *Le tronc des pauvres.* — Fam. Tirelire. ⇒ fam. **banque, cochon** (I).

tronche [tʀɔ̃ʃ] n. f. ■ (Surtout en France) Fam. et péj. Tête. *Il a une sale tronche, une drôle de tronche.* ⇒ fam. **trogne.**

tronçon [tʀɔ̃sɔ̃] n. m. **1.** Partie d'un objet plus long que large, qui a été coupé ou cassé. *Du bois débité en tronçons.* — Morceau coupé (de certains animaux à corps cylindrique). *Ver de terre coupé en trois tronçons.* **2.** Partie (d'une route, d'une ligne de chemin de fer). *On vient d'achever un nouveau tronçon d'autoroute.*

▶ ***tronçonner*** [tʀɔ̃sɔne] v. tr. • conjug. 1. ■ Couper, diviser en tronçons. ▶ ***tronçonnage*** n. m. ■ *Le tronçonnage du bois, des métaux.* ▶ ***tronçonneuse*** n. f. ■ Machine-outil mue par un moteur à essence, servant à découper du bois (⇒ **scie** à chaîne), du métal, etc., en tronçons.

tronconique [tʀɔ̃kɔnik] adj. ■ Qui constitue un tronc de cône.

trône [tʀon] n. m. **1.** Siège élevé sur lequel prend place un souverain dans des circonstances solennelles. — Fam. et plaisant. Siège d'un cabinet d'aisances. **2.** Symbole de la puissance d'un souverain. *Il a été mis sur le trône. Les prétendants au trône.* ⇒ **souveraineté. 3.** (Avec une majusc.) *Le discours du Trône,* le discours inaugural de la session parlementaire fédérale, qui est prononcé par le gouverneur général. ▶ ***trôner*** v. intr. • conjug. 1. **1.** Siéger sur un trône. — Être comme sur un trône, occuper la place d'honneur. — Fam. et plaisant. Être aux toilettes. *Il est en train de trôner.* — (Choses) Être bien en évidence. *La photographie de ses enfants trône sur son bureau.* **2.** Péj. Faire l'important ; s'étaler avec orgueil. *Il trônait au milieu de ses admirateurs.* ⟨ ▶ détrôner, introniser ⟩

tronquer [tʀɔ̃ke] v. tr. • conjug. 1. **1.** Couper en retranchant une partie importante. — Au p. p. adj. *Des colonnes tronquées.* **2.** Péj. Retrancher qqch. de (un discours). *Elle s'est permis de tronquer le texte.* — Au p. p. adj. *Citation tronquée. La version tronquée d'un texte.*

trop [tʀo] adv. **I. 1.** D'une manière excessive, abusive ; plus qu'il ne faudrait. ⇒ **excessivement.** *C'est trop cher.* — (Modifiant un adv.) *On est partis trop tard. Trop peu,* pas assez, insuffisamment. *C'est trop peu, trop tard.* — (Un adj.) *Il est trop bon.* — (Un verbe) *Tu as trop bu.* — TROP... POUR : s'emploie pour exclure une conséquence. *C'est trop beau pour être vrai,* on n'ose y croire. *Le temps est trop précieux pour qu'on le gaspille.* — (Modifié par un adv.) *C'est un peu, beaucoup, bien trop cher.* — (Avec la négation) PAS TROP : en quantité raisonnable. *Donnez-lui du vin, mais pas trop.* **2.** Beaucoup, très (sans idée d'excès). *Vous êtes trop aimable. Cet enfant est trop mignon.* — (Avec une négation) *Je ne sais pas trop,* pas bien. *Sans trop comprendre. Les choses ne vont pas trop bien,* elles vont médiocrement ; *pas trop mal,* plutôt bien. **II.** (Nominal) **1.** Une quantité excessive. *C'est trop !* (en remerciement pour un compliment, pour un cadeau). — DE TROP : s'emploie pour exprimer la mesure de l'excès. *Je l'ai payé dix dollars de trop. Boire un coup de trop.* — EN TROP. *Je n'y comprends rien, j'ai de l'argent en trop.* — DE TROP (en attribut) : superflu. *Huit jours de travail ne seront pas de trop. Être de trop,* imposer une présence inutile ou inopportune. — TROP DE (+ nom) : une quantité excessive de... *Vous faites trop de bruit. Je n'ai montré que trop de patience,* plus de patience que j'aurais dû. *C'en est trop,* c'est assez, ce n'est plus supportable. **2.** (Employé comme nom) Excès. *Le trop de lumière est gênant.* ⟨ ▶ trop-plein ⟩

trope [tʀɔp] n. m. ■ Littér. Figure de rhétorique par laquelle un mot ou une expression sont détournés de leur sens propre. *La métaphore, la métonymie sont des tropes.*

-trope ■ Élément d'adjectifs savants, signifiant « qui se tourne vers » (-TROPIE, -TROPISME servent à former des noms).

trophée [tʀɔfe] n. m. **1.** Dépouille d'un ennemi vaincu, dans l'Antiquité ; ensemble d'objets attestant la victoire, un succès. *Trophée de chasse,* tête empaillée de l'animal abattu. *Trophée sportif,* coupe, médaille. **2.** Motif décoratif formé d'armes, de drapeaux, etc., (groupés autour d'une armure, d'un casque, et en architecture).

tropique [tʀɔpik] n. m. **1.** Chacun des deux cercles de la sphère terrestre, parallèles à l'équateur, qui correspondent au passage du Soleil au zénith à chacun des solstices, et qui séparent les zones tempérées des zones chaudes. *Tropique du Cancer* (hémisphère Nord), *du Capricorne* (Sud). **2.** *Les tropiques,* la région située près des tropiques. *Le soleil des tropiques.* ▶ ***tropical, ale, aux*** adj. **1.** Qui concerne les tropiques, les régions situées autour de chaque tropique. ⇒ **équatorial.** *Région tropicale. Les pays tropicaux. Des poissons tropicaux. Climat tropical,* type de climat chaud à faible variation annuelle de température, à forte variation du régime des pluies, qui règne de part et d'autre de chaque tropique. *La végétation tropicale. La forêt tropicale.* ≠ *équatorial.* **2.** Se dit d'une chaleur très forte, d'une température très élevée. ⇒ **torride. 3.** Destiné aux tropiques, au climat tropical. *Des vêtements tropicaux.*

tropisme [tʀɔpism] n. m. **1.** Didact. Phénomène d'orientation, de croissance de la matière vivante (plantes, protistes, etc.) en réponse à des facteurs physiques ou chimiques. **2.** Littér. Force obscure qui pousse qqn à agir d'une certaine façon.

trop-plein [tʀoplɛ̃] n. m. **1.** Ce qui excède la capacité d'un récipient, ce qui déborde. — Réservoir destiné à recevoir un liquide en excès. ⇒ **déversoir.** *Des trop-pleins.* **2.** Abstrait. Ce qui est en trop, ce qui excède la capacité. *Épancher le trop-plein de son cœur,* exprimer les sentiments que l'on ne peut garder en soi. *Un trop-plein de vie, d'énergie,* une surabondance.

troquer [tʀɔke] v. tr. • conjug. 1. **1.** Donner en troc. ⇒ **échanger. 2.** Changer, faire succéder à. *Il avait troqué ses culottes courtes contre des pantalons.* ⟨ ▶ troc ⟩

troquet [tʀɔkɛ] n. m. ■ (France) Fam. Petit bistrot.

trotter [tʀɔte] v. • conjug. 1. V. intr. **1.** Aller au trot. *Le poulain trottait.* **2.** (Personnes) Marcher rapidement à petits pas. — Faire de nombreuses allées et venues. *Elle devait trotter d'un bout de la ville à l'autre.* ⇒ fam. **courailler. 3.** *Un air qui me trotte par la tête,* qui me poursuit. ⇒ fam. **chicoter.** ▶ ***trot*** [tʀo] n. m. **1.** Une des allures naturelles du cheval (et de quelques quadrupèdes), intermédiaire entre le pas et le galop. *Le cheval a pris le trot, est parti* AU TROT, *au petit trot, au grand trot. Courses de trot,* réservées aux trotteurs (trot monté ou trot attelé). **2.** Fam. AU TROT : en marchant rapidement, sans traîner. *À l'école, et au trot !* ▶ ***trotte*** n. f. ■ Fam. Chemin assez long à parcourir à pied. *Ça fait une bonne trotte !* — Loc. *Être toujours sur la trotte,* par monts et par vaux. ▶ ***trotteur, euse*** n. ■ Cheval dressé à trotter ; cheval entraîné pour les courses de trot. ▶ ***trotteuse*** n. f. ■ Aiguille des secondes d'une montre. ▶ ***trottiner*** v. intr. • conjug. 1. **1.** Aller avec un trot très court. *Des ânes qui trottinent.* **2.** Marcher à petits pas courts et pressés. ▶ ***trottinette*** n. f. **1.** Jouet d'enfant composé d'une planchette montée sur deux roues et d'une tige de direction terminée par un guidon. ⇒ **patinette. 2.** Fam. Petite automobile. ▶ ***trottoir*** [tʀɔtwaʀ] n. m. **1.** Chemin surélevé réservé à la circulation des piétons (sur les côtés d'une rue). *Se promener sur les trottoirs. Une chaîne* de trottoir.* — *Faire le trottoir,* se dit d'un(e) prostitué(e). **2.** *Trottoir roulant,* plate-forme qui roule sur des rails ou des galets, et sert à transporter des personnes ou des marchandises.

trou [tʀu] n. m. **I. 1.** Abaissement ou enfoncement (naturel ou artificiel) de la surface extérieure de qqch. ⇒ **cavité, creux, enfoncement, excavation.** *Faire un trou dans le bois, la pierre. Tomber dans un trou. Boucher un trou.* — *Trou d'air,* courant atmosphérique descendant qui fait que l'avion perd brusquement de l'altitude. — Cour. et abusivt. TROU D'EAU : flaque, mare. *Marcher dans un trou d'eau.* **2.** Abri naturel ou creusé. *Trou de souris. Trou de fée.* ⇒ **caverne, grotte.** Fam. *Trou d'homme.* ⇒ **regard** (II). — Loc. *Se réfugier dans son trou.* ⇒ **tanière, terrier.** — Loc. *Faire son trou,* se faire une place, réussir. — Fam. *Prendre* son trou.* ⇒ se **calmer,** se **rasseoir.** — Théâtre. *Le trou du souffleur,* loge sur le devant de la scène, où se tient le souffleur. **3.** Loc. Abstrait. (Idée de manque, d'espace vacant) *Boucher un trou,* remplir une place vide, combler un manque. *Il y a un trou dans sa comptabilité,* des sommes d'argent qui ont disparu sans trace comptable. *Être dans le trou,* en déficit, ruiné. *(Se) sortir du trou,* se libérer de ses difficultés financières. *Avoir un* TROU DE MÉMOIRE. ⇒ **oubli.** *Il y a un trou dans son emploi du temps,* un espace de temps inoccupé. — *Manger comme un trou,* avec voracité. *Boire* comme un trou.* **4.** Fam. Petit village perdu, retiré. ⇒ **concessions ;** fam. **bled ; creux.** *N'être jamais sorti de son trou,* ne rien connaître du monde. *Un petit trou pas cher,* une petite localité où l'on peut passer des vacances à bon marché. **5.** Fam. *Être au trou,* en prison, spécialt partie de la prison où on isole entièrement un détenu. ⇒ arg. **taule. 6.** Établissement (bar, restaurant, cabaret, etc.) un peu louche, mal fréquenté. ⇒ **bouge ;** fam. **boui-boui.** *Ne va pas là, c'est un trou.* **II. 1.** Ouverture pratiquée de part en part dans une surface ou un corps solide. — *Trou d'aération. Le trou d'une aiguille.* ⇒ **chas.** *Le trou de la serrure,* orifice par lequel on introduit la clé. **2.** Solution de continuité produite involontairement (du fait de l'usure, d'une brûlure, etc.). *Il y a un trou à ta manche.* **3.** Nom familier de certains orifices ou cavités. *Trous de nez.* ⇒ **narine.** — Fam. Loc. *Trou(-)de(-)cul,* injure désignant un incapable, un incompétent. ‹ ▸ bouche-trou, trouer ›

troubadour [tʀubaduʀ] n. m. ■ Moyen-Âge. Poète lyrique courtois de langue d'oc, aux XIIe et XIIIe siècles. ≠ *ménestrel.* — REM. Correspond au *trouvère** pour la langue d'oïl.

troublant, ante [tʀublɑ̃, ɑ̃t] adj. **1.** Qui rend perplexe en inquiétant. ⇒ **étrange.** / contr. **rassurant** / *Des coïncidences troublantes.* ⇒ **déconcertant.** *Une ressemblance troublante.* ⇒ **saisissant. 2.** Qui excite le désir. *Un regard troublant.*

① ***trouble*** [tʀubl] adj. **1.** (Liquides) Qui n'est pas limpide, qui contient des particules en suspension. / contr. **clair** / *L'eau des ruisseaux venant des terres labourées est trouble. Cette rivière est trouble, mais pas polluée.* — Qui n'est pas net. *L'image est trouble. Avoir la vue trouble,* voir les images embrouillées. **2.** Qui contient des éléments obscurs, équivoques. *Il y a qqch. de trouble dans sa conduite.* ⇒ **ambigu.** *Une affaire trouble.* ⇒ **louche, suspect.** ‹ ▸ troubler ›

② ***trouble*** n. m. **1.** État de ce qui cesse d'être en ordre. ⇒ **confusion, désordre.** *Jeter, porter, semer le trouble dans une famille. Mettre le trouble partout.* — Au plur. Ensemble d'événements caractérisés par l'agitation, par l'opposition violente d'un groupe à l'intérieur d'une société. ⇒ **désordre, émeute, manifestation.** *Des troubles sociaux, politiques. Des troubles sanglants. Réprimer les troubles.* **2.** État anormal et pénible d'agitation, d'angoisse, avec une diminution de la lucidité. ⇒ **agitation, émotion.** *Remettez-vous de votre trouble. Le trouble de son esprit.* ⇒ **désarroi.** / contr. **sérénité** / — État, attitude de la personne qui manifeste son trouble. *Son trouble était visible.* **3.** (Surtout au plur.) Modification pathologique des activités de l'organisme ou du comportement de l'être vivant. ⇒ **dérèglement, perturbation.** *Les troubles de la vue. Des troubles visuels. Troubles névrotiques.* **4.** Fam. Loc. *Avoir du trouble* (avec qqch., qqn), avoir des ennuis, des difficultés. *J'ai du trouble avec mon auto. Ils ont eu du trouble aux douanes.* — *Être, se mettre, se fourrer dans le trouble,* dans une situation embarrassante d'où il semble impossible de sortir. ⇒ fam. **pétrin.** — *Faire du trouble,* troubler (2), créer des problèmes à qqn ou quelque part. ⇒ **grabuge.** *Adolescents qui font du trouble à leurs parents. Faire du trouble à l'école.* — *Se donner du trouble* (pour faire qqch.), se donner du mal. *Ils se sont donnés beaucoup de trouble pour élever leurs enfants.* — REM. Ces locutions (4) sont critiquées. ‹ ▸ fauteur de troubles ›

troubler [tʀuble] v. tr. ▪ conjug. 1. **1.** Modifier en altérant la clarté, la transparence, la netteté. *Troubler l'eau.* **2.** Modifier en empêchant que se maintienne (un état d'équilibre ou de paix). ⇒ **bouleverser, déranger, perturber.** *On les accusait de troubler l'ordre public. Rien ne troublait notre repos. Rien ne venait troubler ce grand calme de la nuit.* **3.** Interrompre ou gêner le cours normal de (qqch.). ⇒ **déranger, perturber.** *La représentation a été troublée par des manifestants.* — Au p. p. adj. *Une période troublée de notre histoire,* où des troubles se sont produits. **4.** Littér. Priver de lucidité (la raison, le jugement). ⇒ **égarer.** — Au passif et au p. p. adj. *Être troublé,* fou. *Avoir l'esprit troublé par qqch.* **5.** (Compl. personne) Affecter, déconcerter en faisant naître le trouble. ⇒ **impressionner, inquiéter.** *L'hostilité de ses voisins ne le troublait pas.* — Rendre perplexe. ⇒ **embarrasser, gêner ;** fam. **chicoter.** *Il y a un détail qui me trouble.* — Émouvoir en faisant naître le désir. *La voix de cette femme le troublait.* — SE TROUBLER v. pron. réfl. *Ne vous troublez pas, gardez votre sang-froid.* ⇒ s'**affoler ;** fam. **paniquer.** — Au p. p. adj. *Le candidat paraissait troublé.* / contr. **assuré, maître** de soi / *Tranquillité troublée.* ▸ ***trouble-fête*** n. invar. ■ Personne qui trouble une situation agréable, des réjouissances. ⇒ **rabat-joie ;** fam. **casseur** de veillée. *Jouer les trouble-fête. Sa sœur est une vraie trouble-fête.* ‹ ▸ troublant, ② trouble ›

trouer [tʀue] v. tr. ▪ conjug. 1. **1.** Faire un trou, des trous dans. ⇒ **perforer.** *Il a troué sa culotte.* — Au p. p. adj. *Des chaussettes trouées.* ⇒ **percer.** — Loc. *Se faire trouer la peau,* se faire tuer par des balles. **2.** Faire une trouée dans. *Le faisceau du projecteur trouait les ténèbres.* ▸ ***trouée*** [tʀue] n. f. **1.** Large ouverture qui permet le passage, ou qui laisse voir. *Une belle trouée dans les nuages.* **2.** Ouverture faite dans les rangs d'une armée. ⇒ **percée. 3.** Large passage naturel dans une chaîne de montagnes, entre deux massifs. *La trouée de Belfort, en France.*

trouille [tʀuj] n. f. ■ Peur. *Avoir la trouille.* ⇒ fam. **frousse.** *C'est idiot, mais j'ai la trouille en avion.* ▸ ***trouillard, arde*** adj. et n. ■ Fam. Peureux, poltron.

troupe [tʀup] n. f. **1.** Groupe régulier et organisé de soldats. *Rejoindre la troupe, le gros de la troupe.* — LES TROUPES, LA TROUPE : la force armée, la force publique. *L'avance de nos troupes. La troupe dut intervenir.* — LA TROUPE : l'ensemble des soldats (opposé à *officiers*). *Le moral de la troupe.* — *Homme de troupe,* simple soldat. **2.** Réunion de gens qui vont ensemble. ⇒ ② **bande, groupe.** *Une troupe d'amis. En troupe,* à plusieurs, tous ensemble. — Groupe d'animaux de même espèce vivant naturellement ensemble. *Une troupe de singes.* **3.** Groupe de comédiens, d'artistes qui jouent ensemble. *Une troupe en tournée. Troupe théâtrale.* ⇒ **compagnie.** ‹ ▸ attrouper, troupeau ›

troupeau [tʀupo] n. m. **1.** Réunion (d'animaux domestiques qu'on élève ensemble). ⇒ **cheptel.** *Un troupeau de taureaux, de moutons, d'oies, de dindes. Des bergers à cheval qui tournent autour de leur troupeau* (⇒ **gaucho, vacher ;** anglic. **cow-boy**). — Troupe (de bêtes sauvages). *Un troupeau d'éléphants.* **2.** Péj. Troupe nombreuse et passive (de personnes). *De longs troupeaux de touristes.*

① ***trousse*** [tʀus] n. f. ■ Autrefois. Haut-de-chausses relevé dans le bas. — Loc. *Avoir qqn* À SES TROUSSES (⇒ ① **basque**) : qqn qui vous suit ou vous poursuit. *La police est à ses trousses.*

② ***trousse*** n. f. ■ Étui à compartiments pour ranger un ensemble d'objets. *Trousse de médecin. Trousse de toilette,* pour mettre des objets de toilette. *Sa trousse de maquillage. Trousse à pharmacie.* ‹ ▶ trousseau ›

trousseau [tʀuso] n. m. **1.** *Trousseau de clés,* réunion de plusieurs clés attachées à un anneau, un porte-clés. **2.** Vêtements, linge qu'emporte une jeune fille qui se marie, que porte un enfant qu'on baptise. *Un trousseau de baptême tout blanc.*

trousser [tʀuse] v. tr. ▪ conjug. 1. **1.** Cuisine. *Trousser une volaille,* replier ses membres et les lier au corps avant de la faire cuire. **2.** Littér. Retrousser (un vêtement). *Trousser ses manches.* — Fam. *Trousser les filles,* poursuivre de ses assiduités, en parlant d'un homme coureur et brutal *(un trousseur de jupons).* **3.** Littér. Faire rapidement et habilement (un petit ouvrage). — Au p. p. adj. *Un compliment assez bien troussé.* ⇒ fam. **torché.** ‹ ▶ détrousser, retrousser, ① trousse, ② trousse ›

trouvaille [tʀuvaj] n. f. **1.** Fait de trouver de manière heureuse ; la chose ainsi trouvée. ⇒ **découverte.** *J'ai fait une trouvaille au marché aux puces.* **2.** Le fait de découvrir (une idée, une image, etc.) d'une manière heureuse ; idée, expression originale. ⇒ **création, invention.** *Les trouvailles d'un écrivain. On relève dans ce texte d'admirables trouvailles d'écriture.*

trouver [tʀuve] v. tr. ▪ conjug. 1. **I. 1.** Apercevoir, rencontrer (ce que l'on cherchait ou ce que l'on souhaitait avoir). ⇒ **découvrir ;** fam. **dégoter, dénicher.** *J'ai eu du mal à trouver sa maison. On a fini par trouver le responsable.* ⇒ **retrouver. 2.** Se procurer, parvenir à avoir. *Elle a trouvé un appartement, une situation.* **3.** Parvenir à rencontrer, à être avec (qqn). *Où peut-on vous trouver ?* ⇒ **atteindre, joindre, toucher.** — *Aller trouver qqn,* aller le voir, lui parler. **II.** Découvrir, rencontrer (qqn, qqch.) sans avoir cherché. *J'ai trouvé un parapluie dans le taxi.* / contr. **égarer, perdre** / *On l'a trouvé évanoui. On trouve des mots régionaux dans ce roman.* — *Il a trouvé son maître,* il est tombé sur qqn de plus fort que lui. **III. 1.** Découvrir par un effort de l'esprit, de l'imagination. ⇒ **imaginer, inventer.** *Il faut trouver un moyen, un prétexte. As-tu trouvé la solution ?* ⇒ **deviner.** *Eurêka ! J'ai trouvé !* Fam. *Où avez-vous trouvé cela ?,* qu'est-ce qui vous fait croire cela ? ⇒ ① **prendre. 2.** Pouvoir disposer de (temps, occasion, etc.). *Si j'en trouve le temps, la force, je le ferai.* — Littér. TROUVER À... (+ infinitif) : trouver le moyen de... *Je trouverai bien à vous tirer de là.* **3.** TROUVER *qqch.* À (+ infinitif) : avoir à... (pour faire, en faisant qqch.). *Je n'ai rien trouvé à dire.* — Loc. *Trouver à redire,* critiquer. *Elle trouve un malin plaisir à nous taquiner.* ⇒ **éprouver.** *Il trouve de la difficulté à s'exprimer.* **IV. 1.** (Le compl. est accompagné d'un attribut) Voir (qqn, qqch.) se présenter d'une certaine manière. *J'ai trouvé la porte fermée. À cette heure, vous le trouverez au lit.* **2.** TROUVER (un caractère, une qualité) À (qqn, qqch.) : lui reconnaître un caractère, une qualité. *Je lui trouve mauvaise mine, bien du mérite.* **V.** TROUVER *qqn, qqch.* (+ attribut) : estimer, juger que (qqn, qqch.) est... ⇒ **juger, regarder** comme, **tenir** pour. *Je la trouve sympathique. Trouver le temps long,* être fatigué d'attendre. Loc. fam. *La trouver mauvaise,* être mécontent. — TROUVER BON, MAUVAIS QUE... (+ subjonctif) : approuver, ne pas approuver que. *Je trouve (je ne trouve pas) bon que vous ayez pris cette liberté.* — TROUVER QUE... : juger, estimer que... — REM. Indicatif à l'affirmatif, indicatif ou subjonctif au négatif. *Je trouve qu'il est sympathique. Je ne trouve pas qu'il est, qu'il soit sympathique. Elle a dû croire que nous la trouvions ridicule. Vous trouvez ?,* vous croyez ? **VI.** SE TROUVER v. pron. **1.** Être (en un endroit, en une circonstance, en présence de). *Les personnes qui se trouvaient là. Il ne faisait pas bon se trouver sur son chemin.* — *Le dossier se trouvait dans un tiroir secret.* **2.** Être (dans un état, une situation). *Nous nous trouvons dans une situation difficile. Je me trouve dans l'impossibilité de vous aider. Il se trouvait pris dans les compromissions de ses amis. Se trouver dans une impasse.* — SE TROUVER, SE TROUVER À (+ infinitif) : être, avoir, faire par hasard. *Elle se trouvait habiter tout près de chez moi. Elle se trouvait à être la sœur de mon ami.* — Impers. IL SE TROUVE : il existe, il y a. *Il se trouve toujours des gens qui disent, pour dire...,* il y a toujours... IL SE TROUVE QUE... : il arrive que, il se fait que. *Il se trouve que c'est moi qui ai raison,* les choses font que c'est moi... Fam. SI ÇA SE TROUVE : se dit pour présenter une chose qui peut très bien arriver. **3.** (Avec un attribut) Se sentir (dans un état). *Je me trouvais dépaysé. Comment vous trouvez-vous ce matin ?* — Loc. SE TROUVER MAL : s'évanouir. — SE TROUVER BIEN, MAL DE *qqch.* : en tirer un avantage, en éprouver un désagrément. *Un remède dont on s'est bien trouvé,* qui nous a réussi. — Se croire. *Si tu te trouves fin !* ‹ ▶ introuvable, retrouver, troubadour, trouvaille, trouvère ›

trouvère [tʀuvɛʀ] n. m. ■ Moyen Âge. Poète de la France du Nord, s'exprimant en langue d'oïl (il « trouvait », inventait ses poésies). — REM. Correspond à *troubadour** pour la langue d'oc. ≠ *ménestrel.*

truand, ande [tʀyɑ̃, ɑ̃d] n. ■ Homme du « milieu », souteneur ou voleur. ⇒ **bandit, malfaiteur.**

truc [tʀyk] n. m. **1.** Façon d'agir qui requiert de l'habileté, de l'adresse. ⇒ **combine,** ② **moyen.** *J'ai trouvé le truc. C'est un bon truc.* — Procédé habile pour obtenir un effet particulier. ⇒ **astuce.** *Les trucs d'un prestidigitateur.* — Moyen concret, machine ou dispositif scénique destiné à créer une illusion. ⇒ **truquage. 2.** Fam. Chose quelconque. ⇒ fam. **affaire, bebelle, bidule, gogosse, guedi, machin, patente.** *Qu'est-ce que c'est que ce truc-là ?* ‹ ▶ truquer ›

trucage ou ***truquage*** n. m. ⇒ **truquer.**

truchement [tʀyʃmɑ̃] n. m. **1.** Littér. Personne qui parle à la place d'une autre, exprime sa pensée. ⇒ **interprète, porte-parole. 2.** Loc. *Par le truchement de qqn,* par l'intermédiaire de qqn.

trucider [tʀyside] v. tr. ▪ conjug. 1. ■ Plaisant. Tuer.

truculent, ente [tʀykylɑ̃, ɑ̃t] adj. ■ Haut en couleur, qui étonne et réjouit par ses excès. *Un personnage, un langage truculent.* ⇒ **pittoresque.** *Le style truculent de Rabelais.* ▶ ***truculence*** n. f. ■ Caractère de ce qui est truculent. *La truculence de son style.*

truelle [tʀyɛl] n. f. ■ Outil de maçon servant à étendre le mortier. ⇒ **spatule.**

truffe [tʀyf] n. f. **1.** Tubercule souterrain de la famille des champignons, très apprécié comme garniture de certains mets (dinde, foie gras, etc.). *Truffes noires, blanches.* — *Truffes en chocolat,* confiserie faite d'une pâte chocolatée. **2.** Extrémité du museau (du chien). ▶ ***truffer*** v. tr. ▪ conjug. 1. **1.** Garnir de truffes (1). — Au p. p. adj. *Pâté truffé.* **2.** Remplir, enrichir (de choses disséminées en abondance). *Il aimait truffer ses discours de citations et de proverbes.* ⇒ **parsemer.** — Au p. p. adj. *Une dictée truffée de fautes.*

truie [tʀɥi] n. f. **1.** Femelle du porc, du cochon. *Une truie et ses porcelets.* — Vulg. Terme d'injure adressé aux femmes. *Espèce de grosse truie.* **2.** Poêle rudimentaire, de petites dimensions (dans les camps forestiers, les cabanes à sucre, etc.). *Chauffer la truie à blanc.*

truisme [tʀɥism] n. m. ■ Littér. Vérité évidente, banale. ⇒ **lapalissade, lieu** commun.

truite [tʀɥit] n. f. ■ Poisson salmonidé à chair très estimée qui vit surtout dans les eaux pures et vives. *Pêcher la truite. Truite mouchetée* (⇒ **omble** de fontaine), *grise* (⇒ **touladi**), *arc-en-ciel.*

trumeau [tʀymo] n. m. ■ Partie d'un mur, d'une cloison comprise entre deux ouvertures verticales ; panneau, revêtement (de menuiserie, de miroir) qui l'occupe.

truquer [tʀyke] v. tr. • conjug. 1. ■ Changer pour tromper, donner une fausse apparence à (qqch.). ⇒ **falsifier, maquiller.** *Il a truqué les cartes. Les élections ont été truquées.* ⇒ **fausser.** — Au p. p. adj. *Un combat de boxe truqué,* arrangé d'avance. ▸ ***truquage*** ou ***trucage*** n. m. **1.** Le fait de truquer, de falsifier. **2.** Procédé employé au cinéma pour produire à l'image une illusion (on dit aussi *effets spéciaux*). *Les truquages d'un film de science-fiction.* ▸ ***truqueur, euse*** n. **1.** Personne qui truque, triche. **2.** Technicien du truquage cinématographique.

trust [tʀɔst] n. m. Anglic. **1.** Économie. Combinaison financière réunissant plusieurs entreprises sous une direction unique. *Un trust international.* ⇒ **multinationale. 2.** Entreprise assez puissante pour exercer une influence prépondérante dans un secteur économique. *Les grands trusts internationaux.* **3.** Société, compagnie de fiducie. *Faire un emprunt dans un trust.*

tsar [dzaʀ] n. m. ■ Nom donné aux anciens empereurs de la Russie (et aux anciens souverains serbes et bulgares). *Sous les tsars, avant la révolution d'octobre 1917.* — REM. On a écrit *tzar.* ▸ ***tsarine*** [dzaʀin] n. f. ■ Femme du tsar, impératrice de Russie. ▸ ***tsarisme*** n. m. ■ Régime autocratique des tsars ; période de l'histoire russe où ont régné les tsars. ▸ ***tsariste*** adj. ■ Du tsarisme.

tsé [tse] interj. Fam. **1.** Sert à marquer le désaccord, la réticence, l'excuse (pour ne pas avoir fait qqch.). *Tsé là !, on peut pas tout faire en même temps. C'est dur à trouver, tsé ! « Tu aurais pu faire attention ! – Ben tsé ! »,* je n'y peux rien. **2.** Sert à renforcer une affirmation. *On l'aimait beaucoup, tsé ! C'est très bon pour la santé, tsé !* **3.** Loc. *Tsé veux dire,* cela ne nécessite pas d'explication ; devine. — Formule qui sert à ponctuer un discours. ⇒ fam. ③ **pis** (II, 5). *On est allé passer une fin de semaine au lac, tsé veux dire, puis ils sont venus ici à leur tour, tsé veux dire.*

tsé-tsé [tsetse] n. f. invar. ■ *Mouche tsé-tsé,* mouche d'Afrique qui peut transmettre diverses maladies (notamment la maladie du sommeil). *Des mouches tsé-tsé.*

t-shirt n. m. ⇒ **tee-shirt.**

tsigane [tsigan] ou ***tzigane*** [tzigan] n. et adj. **1.** (Avec une majusc.) *Les Tsiganes,* nom d'un peuple venu de l'Inde, qui a mené une existence de nomades. ⇒ **bohémien, gitan. 2.** *Musique tsigane,* musique populaire de Bohême et de Hongrie, adaptée par les musiciens tsiganes.

tsitt [tsit] interj. ■ Fam. Interjection servant à appeler, à attirer l'attention, etc. (surtout redoublée). ⇒ fam. **psitt.** *Tsitt, tsitt !, viendrais-tu ici une minute ?*

tsuga [tsygɑ] n. m. ■ Nom scientifique de la pruche. *Le tsuga du Canada.*

tsunami [tsynami] n. m. ■ Géographie. Raz-de-marée provoqué par un séisme ou un phénomène volcanique. *Des tsunamis.*

① ***tu*** [ty] pronom pers. ■ Pronom personnel sujet de la deuxième personne du singulier et des deux genres. **1.** (Pronom) *Tu as tort.* — Fam. (Élidé en *t'* devant voyelle ou *h* muet) *T'as tort.* (Après le verbe en inversion ; dans une interrogation) *As-tu dormi ? Viens-tu ?* Plus cour. (en France) *Tu viens ?* **2.** (Nominal) *Je lui dis tu depuis l'enfance.* ⇒ **tutoyer.** *Être à tu et à toi avec qqn,* être très lié, intime avec lui. ⟨ ▸ m'as-tu-vu, tsé, tutoyer ⟩

② ***tu, tue*** Part. passé du v. *taire.*

-tu ou ***-ti*** ■ Fam. Élément associé au verbe et toujours employé à l'oral. **1.** Élément qui marque l'interrogation non inversée. *Je sais-tu, moi ? Tu veux-tu mon dessert ? On va-tu y aller ? Vous venez-tu au chalet en fin de semaine ? Les enfants sont-tu prêts ? C'est-tu elle ? C'est-tu tout ?* **2.** Élément qui marque l'emphase, l'insistance (dans une phrase affirmative). *Ça mange-tu, une gang de même ! Ces jeunes sont-tu fous à ton goût ! Ça se peut-tu !* — REM. L'emploi de *-ti* est plus fréquent chez les personnes âgées.

tuant, ante [tɥɑ̃, ɑ̃t] adj. ■ Épuisant, très fatigant. *Un travail tuant.* ⇒ **éreintant, exténuant, harassant.** — Énervant, assommant. *Cet enfant est tuant !*

① ***tuba*** [tybɑ] n. m. ■ Gros instrument à vent à trois pistons et embouchure. *Des tubas.*

② ***tuba*** n. m. ■ Tube respiratoire pour nager la tête sous l'eau. ⇒ **schnorkel.** *Des tubas.*

tubage [tybaʒ] n. m. ■ Médecine. Introduction d'un tube dans un organe. *Tubage gastrique.*

tube [tyb] n. m. **1.** Conduit à section circulaire, généralement rigide, ouvert à une extrémité ou aux deux. *Un tube de verre.* TUBE À ESSAI : tube de verre cylindrique et fermé à un bout. ⇒ **éprouvette.** — Tuyau de métal. *Les tubes d'une chaudière* (⇒ **tubulure, tuyauterie**). Loc. À PLEINS TUBES : avec toute la puissance du moteur. — *Tube à décharges électriques,* muni d'électrodes, contenant un gaz ou une vapeur à une pression convenable. *Tube fluorescent* (pour l'éclairage). *Tube au néon.* ⇒ **lampe. 2.** Sciences naturelles, anatomie. Organe creux et allongé. *Le* TUBE DIGESTIF : ensemble des conduits de l'appareil digestif, par lesquels passent et sont assimilés les aliments. **3.** Petit étui cylindrique, fermé par un bouchon, servant d'emballage. *Un tube de colle. Un tube de dentifrice.* ⟨ ▸ tubage, tubulaire, tubulure ⟩

① ***tubercule*** [tybɛʀkyl] n. m. Anatomie, médecine. **1.** Petite protubérance* arrondie (à la surface d'un os ou d'un organe). — Petite masse solide arrondie (dans certaines maladies). *Tubercules syphilitiques.* **2.** Agglomérat de cellules détruites ou modifiées autour d'une colonie de bacilles de Koch (notamment dans les poumons). ⇒ **tuberculose.** ▸ ***tuberculeux, euse*** adj. et n. **1.** Qui s'accompagne de tubercules (1) pathologiques. **2.** Relatif à la tuberculose. *Bacille tuberculeux. La radiographie a décelé une lésion tuberculeuse.* **3.** Atteint de tuberculose. — N. *Tuberculeux en traitement dans un sanatorium.* ▸ ***tuberculine*** n. f. ■ Extrait d'une culture de bacilles tuberculeux utilisé pour diagnostiquer la tuberculose. ⇒ **cuti-réaction.** ▸ ***tuberculose*** n. f. ■ Maladie infectieuse et contagieuse, causée par le bacille de Koch et caractérisée notamment par la formation de tubercules (2). *Tuberculose pulmonaire, osseuse, rénale.* ⟨ ▸ antituberculeux, ② tubercule ⟩

② ***tubercule*** n. m. ■ Excroissance arrondie de certaines racines, constituant une réserve nutritive (certaines sont comestibles, comme la pomme de terre).

tubéreuse [tybeʀøz] n. f. ■ Herbe à hautes tiges portant des grappes de fleurs blanches très parfumées. — Ces fleurs.

tubulaire [tybylɛʀ] adj. **1.** Qui a la forme d'un tube. **2.** Qui est fait de tubes métalliques. *Chaudière tubulaire.*

tubulure [tybylyʀ] n. f. ■ Tube métallique d'un ensemble tubulaire. *La tubulure d'une érablière moderne.*

tue-mouches [tymuʃ] adj. invar. et n. m. invar. **1.** *Papier tue-mouches,* qui sert à engluer et tuer les mouches. **2.** Petit instrument en forme de raquette, pour tuer les mouches, les moustiques. ⇒ ① **tapette.**

tuer [tɥe] v. tr. ▪ conjug. 1. **I. 1.** Faire mourir (qqn) de mort violente. ⇒ **assassiner, exécuter, supprimer ;** fam. ① **descendre, trucider, zigouiller.** *L'assassin l'a tué à coups de couteau.* Fam. *Il est à tuer !,* on a envie de le tuer tant il est exaspérant. *Si ça continue, je vais te (le) tuer !,* pour exprimer une colère, une menace plus feinte que réelle. — Surtout au passif. Faire mourir à la guerre. *Dix soldats et un officier ont été tués.* — N. (rare au fém.) *Les tués et les blessés.* — Donner involontairement la mort à (qqn). *Il a tué qqn au cours d'une partie de chasse.* **2.** Faire mourir volontairement (un animal). *Nous avons tué trois lièvres à la chasse. Tuer des bêtes à l'abattoir.* ⇒ **abattre. 3.** (Sujet chose) Causer la mort de. *Une bombe, une maladie qui a tué des centaines de personnes.* **4.** Causer la disparition de (qqch.), faire cesser plus ou moins brutalement. ⇒ **ruiner.** *La bureaucratie tue l'initiative.* — Loc. *Tuer qqch. dans l'œuf,* étouffer (qqch.) avant tout développement. — *Tuer le temps,* le passer en évitant de s'ennuyer (quand on n'a aucune occupation). **5.** (Suj. chose) Épuiser (qqn) en brisant la résistance. *Ce bruit, ces escaliers me tuent.* ⇒ **fatiguer, user.** — Plonger dans un désarroi ou une détresse extrême. ⇒ **désespérer.** *Tous ses mensonges me tuent.* **II.** SE TUER v. pron. réfl. **1.** Se suicider. — Être cause de sa propre mort par accident. *Elle s'est tuée dans un accident de voiture.* **2.** User ses forces, compromettre sa santé. *Il se tue au travail, à la peine.* — SE TUER À (+ infinitif) : se donner beaucoup de mal pour. *Je me tue à vous le répéter.* ⇒ s'**épuiser.** ▶ ***tuerie*** [tyʀi] n. f. ■ Action de tuer en masse, sauvagement. ⇒ **boucherie, carnage, hécatombe, massacre.** *Les affreuses tueries de la Grande Guerre.* ▶ *à* ***tue-tête*** [atytɛt] loc. adv. ■ D'une voix si forte qu'on casse la tête, qu'on étourdit. *Chanter à tue-tête.* ▶ ***tueur, euse*** n. **1.** Personne qui assassine par profession ou comme par profession. ⇒ **meurtrier.** *Un tueur à gages. Il a une tête de tueur,* d'assassin. **2.** Terme technique. Professionnel qui tue les bêtes dans un abattoir. ⟨ ▶ s'entretuer, tuant, tue-mouches ⟩

tuf [tyf] n. m. **1.** Pierre poreuse provenant d'un dépôt de calcaire ou de la consolidation des cendres volcaniques. **2.** Littér. L'élément originel que l'on découvre en profondeur, en creusant sous la surface (d'un être, d'une société).

tuile [tɥil] n. f. **1.** Cour. Carreau (de terre cuite, de vinyle, de linoléum, etc.) servant à couvrir les murs, les sols, les plafonds. *Des tuiles de céramique, de béton* (⇒ ① **dalle, pavé**). *Tuiles de (à) plancher. Murs de salle de bains en tuiles. Tuiles de patio.* **2.** (Surtout en France) Plaque (de terre cuite, etc.) servant à couvrir un édifice. *Un toit de tuiles.* **3.** Fam. Désagrément inattendu (comparé à une tuile qui tombe sur la tête de qqn). ⇒ **accident, malchance.** *Ça, c'est une tuile !* ▶ ***tuilerie*** n. f. ■ (France) Fabrique de tuiles. *Une tuilerie.* — *La tuilerie,* l'industrie de la fabrication des tuiles.

tulipe [tylip] n. f. **1.** Plante à bulbe, aux feuilles allongées et dont la fleur renflée à la base est évasée à l'extrémité. **2.** Objet (verre, globe, lampe...) dont la forme rappelle celle de cette fleur.

tulle [tyl] n. m. ■ Tissu léger, formé d'un réseau de mailles rondes ou polygonales. *Des rideaux de tulle.*

tuméfier [tymefje] v. tr. ▪ conjug. 7. ■ Causer une augmentation de volume anormale à (une partie du corps). ⇒ **enfler, gonfler.** *Le coup a tuméfié l'arcade sourcilière.* — Surtout au p. p. adj. *Des doigts tuméfiés par les engelures.* ▶ ***tuméfaction*** [tymefaksjɔ̃] n. f. ■ Fait de se tuméfier, d'être tuméfié. ⇒ **enflure.** — Partie tuméfiée.

tumeur [tymœʀ] n. f. **1.** Gonflement pathologique formant une saillie anormale (⇒ **excroissance**). **2.** Médecine. Amas de cellules qui se forme par multiplication anarchique. *Tumeurs bénignes,* à croissance lente et qui ne réapparaissent pas (après extirpation). *Tumeurs malignes,* qui ont tendance à se généraliser. ⇒ **cancer, sarcome.**

tumulte [tymylt] n. m. **1.** Désordre bruyant ; bruit confus que produisent des personnes assemblées. ⇒ **brouhaha, charivari, vacarme ;** fam. ① **boucan.** *L'orateur ne pouvait se faire entendre dans le tumulte.* — Agitation bruyante et incessante. *Le tumulte de la rue.* **2.** Littér. Agitation, désordre (dans la vie psychique). *Le tumulte des passions.* ▶ ***tumultueux, euse*** adj. Littér. **1.** Agité et bruyant. *La discussion a été tumultueuse.* ⇒ **orageux. 2.** Agité et violent. *Les flots tumultueux.* ⇒ **furieux. 3.** Abstrait. Plein d'agitation, de trouble. *Une jeunesse tumultueuse.* ▶ ***tumultueusement*** adv.

tumulus [tymylys] n. m. invar. ■ Archéologie. Tertre artificiel élevé au-dessus d'une tombe.

tungstène [tœ̃kstɛn] n. m. ■ Métal gris, ne se déformant que très peu sous l'action des efforts mécaniques, même à température élevée (symb. *W*). *Acier au tungstène, au carbure de tungstène.*

tunique [tynik] n. f. **I. 1.** Vêtement de dessous des Anciens, sorte de chemise longue avec ou sans manches. *Les Romains revêtaient, pour sortir, la toge par-dessus la tunique.* **2.** Corsage, chemise descendant jusqu'à mi-cuisses, de forme droite. *Ensemble composé d'une tunique et d'un pantalon.* **3.** *Tunique d'armes,* ancienne veste d'armure, en mailles d'acier. — *Veste ou redingote d'uniforme.* **II.** Membrane qui enveloppe ou protège (un organe). *La tunique de l'œil.*

tunisien, ienne [tynizjɛ̃, jɛn] adj. et n. ■ De Tunisie. *Un port tunisien.* — N. (Avec une majusc.) Personne née dans ce pays ou qui en a obtenu la citoyenneté. *Elle a épousé un Tunisien.*

tunnel [tynɛl] n. m. ■ Galerie souterraine destinée au passage d'une voie de communication (sous un cours d'eau, un bras de mer ; à travers une élévation de terrain). ⇒ **pont-tunnel.** *Le tunnel Louis-Hippolyte-LaFontaine.* — Loc. *Arriver au bout du tunnel, sortir du tunnel,* sortir d'une période difficile, pénible. *Voir, entrevoir la lumière au bout du tunnel,* la solution à un problème. ⟨ ▶ pont-tunnel ⟩

tupperware [tɔpœʀwɛʀ] n. m. ■ Anglic. Matière plastique souple dont on fait des plats, des contenants. *C'est du tupperware.* — Par ext. Ces plats, ces contenants vendus à domicile. *Démonstration de tupperware. Tupperware qui va au micro-onde.* — REM. Ce mot est un nom de marque déposée.

tuque [tyk] n. f. ■ Bonnet d'hiver en laine, en forme de cône, à bords roulés ou non et parfois surmonté d'un gland ou d'un pompon. *C'est le temps de sortir les tuques, les foulards et les mitaines.* — Fig. Loc. *Tiens bien ta tuque,* accroche-toi, tiens-toi bien car qqch. va se passer ; attention. — Par anal. Friandise en forme de cône. *Des tuques en chocolat.*

turban [tyʀbɑ̃] n. m. **1.** En Orient. Coiffure d'homme faite d'une longue bande d'étoffe enroulée autour de la tête. **2.** Coiffure de femme évoquant cette coiffure. *Un turban multicolore.*

turbine [tyʀbin] n. f. ■ Dispositif rotatif, destiné à utiliser la force d'un liquide ou d'un gaz et à transmettre le mouvement au moyen d'un arbre (⇒ **turbo-**). *Les turbines d'une centrale hydro-électrique. Turbines hydrauliques. Turbines à gaz.* ‹ ▶ turbo- ›

turbo- ■ Élément de mots techniques signifiant « turbine ». ▶ ***turbocompresseur*** [tyʀbokɔ̃pʀesœʀ] n. m. ■ Organe mécanique constitué par une turbine et un compresseur montés sur le même axe. — REM. Les moteurs équipés d'un *turbocompresseur à suralimentation* sont appelés familièrement *moteurs turbo* ou *turbo* (n. m.). ▶ ***turbomoteur*** n. m. ■ Moteur dont l'élément principal est une turbine *à gaz.* ▶ ***turbopropulseur*** n. m. ■ Moteur d'avion dans lequel une turbine à gaz entraîne une ou plusieurs hélices. ▶ ***turboréacteur*** n. m. ■ Moteur à réaction dans lequel une turbine à gaz alimente les compresseurs. ▶ ***turbotrain*** n. m. ■ Train dont l'énergie motrice est fournie par une ou plusieurs turbines à gaz.

turbot [tyʀbo] n. m. ■ Poisson de mer, à corps plat et ovale, à chair très estimée. *Filets de turbot surgelés.*

turbulent, ente [tyʀbylɑ̃, ɑ̃t] adj. **I.** (Personnes) **1.** Qui est porté à s'agiter physiquement, qui est souvent dans un état d'excitation bruyante. ⇒ **agité, bruyant, remuant.** *Un enfant turbulent.* ⇒ **chahuteur, espiègle, haïssable.** / contr. **calme, sage** / **2.** Littér. Qui aime le trouble, le désordre. *Une population turbulente.* **II.** Physique. Qui forme des tourbillons. ▶ ***turbulence*** n. f. **1.** Caractère d'une personne turbulente. **2.** Physique. Formation de tourbillons, dans un fluide. *Les turbulences qui ralentissent l'avion. Zone de turbulences.* — Fig. *L'économie mondiale entre dans une zone de turbulences.*

turc, turque [tyʀk] adj. et n. **1.** Adj. De la Turquie (ottomane ou moderne). *Café turc* (ou *oriental*), noir et fort, servi avec le marc dans une très petite tasse. *Bain turc,* bain de vapeur suivi de massages (⇒ **hammam**). — *Être assis* À LA TURQUE : en tailleur. *Cabinets à la turque,* sans siège. **2.** N. (Avec une majusc.) Personne née dans ce pays ou qui en a obtenu la citoyenneté. *Les Turcs immigrés.* — Loc. *Fort comme un Turc,* très fort. — *Tête de Turc.* ⇒ **tête. 3.** N. m. *Le turc,* la langue parlée en Asie centrale et en Turquie. ‹ ▶ turquoise ›

turf [tœʀf] n. m. ■ Les courses de chevaux, leur préparation, et les activités qui en dépendent (paris, etc.). ⇒ **hippisme.** ▶ ***turfiste*** [tyʀfist] n. ■ (France) Personne qui aime les courses de chevaux et les paris. ⇒ **parieur.**

turgescent, ente [tyʀʒesɑ̃, ɑ̃t] adj. ■ Physiologie. (Organes) Gonflé par un liquide organique (notamment le sang). ▶ ***turgescence*** n. f. ■ *La turgescence d'une veine.*

turista ou ***tourista*** [tuʀista] n. f. ■ Fam. Gastro-entérite bénigne se traduisant par des diarrhées, qui affecte les touristes en pays étrangers. ⇒ fam. **chiasse, courante, flux, va-vite.** *Attraper la tourista.*

turlupiner [tyʀlypine] v. tr. ▪ conjug. 1. ■ Fam. Tourmenter, tracasser. *Ça me turlupine.* ⇒ **obséder, travailler ;** fam. **chicote.**

turluter [tyʀlyte] v. tr. et intr. ■ Chanter sans paroles en répétant un motif sonore sur un rythme rapide et comme si les sons roulaient dans la gorge, à la façon d'une rengaine. ⇒ **chantonner, fredonner.** *Turluter une chanson traditionnelle. La Bolduc turlutait.* — Au p. p. adj. *Un refrain turluté.* ▶ ***turlute*** n. f. ■ Chanson turlutée. ▶ ***turluteur*** ou ***turluteux, euse*** n. ■ Personne qui turlute. *La Bolduc fut une célèbre turluteuse.*

turpitude [tyʀpityd] n. f. ■ Littér. Bassesse, indignité extrême. ⇒ **ignominie, infamie.** — *(Une, des turpitudes)* Action, parole, idée... d'une grande bassesse.

turquoise [tyʀkwaz] n. f. ■ Pierre fine d'un bleu tirant sur le vert. *Les turquoises venaient de Turquie.* — Bijou fait avec cette pierre. — Adj. invar. De la couleur de cette pierre. *Des écharpes turquoise.*

tutélaire [tytelɛʀ] adj. ■ Littér. Qui assure une protection. ⇒ **protecteur.** *Divinités tutélaires.*

tutelle [tytɛl] n. f. **1.** Droit. Institution destinée à assurer la protection des personnes (mineurs interdits). ⇒ ① **tuteur.** *Le juge des tutelles. Tutelle administrative,* moyens de contrôle dont dispose le gouvernement sur les collectivités publiques. *La tutelle d'un ministère sur une régie, un office, une société d'État. Mettre une municipalité en tutelle,* nommer un administrateur qui la gère, après avoir retiré les pouvoirs du Conseil municipal. **2.** État de dépendance d'une personne soumise à une surveillance gênante. *Se libérer de la tutelle de sa famille.* — Protection vigilante. *Être sous la tutelle des lois.* ⇒ **sauvegarde.** ‹ ▶ ① tuteur ›

① ***tuteur, trice*** [tytœʀ, tʀis] n. ■ Personne chargée de veiller sur un mineur ou une personne frappée d'interdiction (2), de gérer ses biens, et de le représenter dans les actes juridiques. ⇒ **curateur.** ‹ ▶ tutélaire, ② tuteur ›

② ***tuteur*** n. m. ■ Armature de bois ou de métal, fixée dans le sol pour soutenir ou redresser des plantes.

tutoyer [tytwaje] v. tr. ▪ conjug. 8. ■ S'adresser à (qqn) en employant la deuxième personne du singulier ; dire tu à (qqn). / contr. **vouvoyer** / ▶ ***tutoiement*** n. m. ■ Action de tutoyer.

et tutti quanti [etu(t)tikwɑ̃ti] loc. nominale ■ Iron. (Après plusieurs noms de personnes) Et tous les gens de cette espèce. ⇒ **et cætera.**

tutu [tyty] n. m. ■ Jupe de gaze courte et évasée, portée par les danseuses de ballet. *Des tutus.* — *Tutu romantique,* qui descend jusqu'au genou.

tuxedo ou ***toxédo*** [tɔksedo] n. m. ■ Anglic. Veston habillé, à revers de soie. ⇒ anglic. **smoking.** *Louer un tuxedo pour le bal des finissants.*

① ***tuyau*** [tɥijo] n. m. **I. 1.** Conduit à section circulaire destiné à faire passer un liquide, un gaz. ⇒ **canalisation, conduite, tube.** *Tuyau d'incendie, d'arrosage.* ⇒ **boyau** (I). *Le tuyau d'échappement d'une automobile. Tuyau de refoulement des gaz.* ⇒ **tuyère.** *Tuyau de cheminée,* partie extérieure du conduit de cheminée, qui évacue la fumée. *Tuyau de poêle,* qui relie un poêle à une cheminée. — *Pantalon en tuyau de poêle,* dont le pli est disparu et les jambes sont froissées. **2.** Cylindre creux. *Le tuyau d'une plume.* — Loc. fam. *Dire, raconter qqch. à qqn dans le tuyau de l'oreille,* confier tout bas, de bouche à oreille (⇒ ② **tuyau**). **II.** Pli ornemental (en forme de tube, de tuyau). ▶ ***tuyauté, ée*** adj. ■ Orné de tuyaux (II). *Une coiffe tuyautée.* — N. m. *Un tuyauté,* un ensemble de tuyaux (II) juxtaposés. ▶ ***tuyauterie*** n. f. ■ Ensemble des tuyaux (I) d'une installation (eau, chauffage...). ‹ ▶ ② tuyau, tuyère ›

② ***tuyau*** n. m. ■ Indication confidentielle pour le succès d'une opération. ⇒ **renseignement.** *Avoir un bon tuyau aux courses.* Plaisant. *Un tuyau crevé,* un mauvais tuyau. ▶ ***tuyauter*** v. tr. ▪ conjug. 1. ■ Fam. Renseigner en donnant des tuyaux.

tuyère [ty(ɥi)jɛʀ] n. f. ■ Large tuyau d'admission ou de refoulement des gaz (dans une machine, un réacteur). *Les tuyères d'une fusée.*

T.V. [teve] n. f. invar. ■ Anglic. Abréviation de *télévision, téléviseur.* ⇒ fam. **télé.**

T.V.A. [tevea] n. f. ■ (France) Abréviation de *taxe à la valeur ajoutée,* impôt général de consommation supporté par le consommateur. ⇒ **T.P.S., T.V.Q.** *Le taux de T.V.A. varie selon la nature des produits.*

T.V.Q. [teveky] n. f. invar. ■ Abréviation de *taxe de vente du Québec.* ⇒ **T.P.S.** *Le taux de la T.V.Q.*

tweed [twid] n. m. ■ Anglic. Épais tissu de laine cardée, d'aspect rugueux et de couleurs mélangées. *Un veston de (en) tweed. Des tweeds.*

twist [twist] n. m. ■ Vx. Anglic. Danse d'origine américaine, sur un rythme rapide, caractérisée par un mouvement de rotation des jambes et du bassin. *Le twist.* — *Jouer un twist,* un air de cette musique sur laquelle on danse le twist.

twit [twit] adj. et n. ■ Anglic. Fam. Stupide, crétin, niaiseux. ⇒ **épais.** *Vous êtes pas mal twits.* — N. *Tu parles d'une gang de twits.*

① ***tympan*** [tɛ̃pɑ̃] n. m. ■ Espace délimité par des arcs ou des droites, dans un fronton ou un portail. *Le tympan sculpté d'une église romane.*

② ***tympan*** n. m. ■ Membrane fibreuse translucide qui sépare le conduit auditif externe de l'oreille moyenne. *Crever le tympan,* se dit d'un bruit assourdissant.

tympanon [tɛ̃panɔ̃] n. m. ■ Ancien instrument de musique composé de cordes tendues sur une caisse et que l'on frappait avec deux petits maillets.

① ***type*** [tip] n. m. **1.** Modèle réunissant les traits caractéristiques d'une catégorie de personnes ou de choses et auquel on se réfère pour apprécier les individus et les objets particuliers ; ensemble d'images qui correspondent à ce modèle. ⇒ ③ **canon, idéal.** *Un type de beauté éternelle. L'auteur a créé un type.* ⇒ **caractère, personnage.** *Conforme à un type.* ⇒ **typique. 2.** Ensemble des caractères qui permettent de distinguer des catégories d'objets et de faits individuels. *Distinguer des types dans un ensemble. Les types humains,* considérés du point de vue ethnique, esthétique. *Elle a le type nordique.* — Fam. *Ce n'est pas mon type,* le type physique, esthétique qui m'attire. ⇒ **genre. 3.** Ensemble des caractères d'une série d'objets fabriqués tel qu'il a été défini avant leur production. ⇒ **modèle, norme, standard.** *Conforme au type réglementaire.* **4.** *Un, le type de...,* personne ou chose qui réunit les principaux éléments d'un modèle abstrait et qui peut être donné en exemple. ⇒ **personnification, représentant.** *C'est le type même de l'affaire louche !* — En appos. *C'est l'Anglaise type. Voilà l'exemple type de la stupidité.* ▶ ***typé, ée*** adj. ■ Qui présente nettement les caractères d'un type. *Un personnage bien typé.* ▶ ***typer*** v. tr. ▪ conjug. 1. ■ Donner à (une création) les caractères apparents d'un type. ‹ ▶ archétype, prototype, stéréotype, ② type, typique, typologie ›

② ***type*** n. m. ■ (Surtout en France) Fam. Homme en général, individu. ⇒ **bonhomme, gars.** *Un groupe de types. Un brave, un chic type.* — Péj. *Va donc, eh, pauvre type !* — REM. Au féminin, on dit parfois *typesse,* n. f.

typhoïde [tifɔid] adj. et n. f. ■ *Fièvre typhoïde,* maladie infectieuse, contagieuse, caractérisée par des troubles nerveux et intestinaux et un état général d'abattement. — N. f. *Attraper la typhoïde.*

typhon [tifɔ̃] n. m. ■ Cyclone des mers de Chine et de l'océan Indien.

typhus [tifys] n. m. invar. ■ Maladie épidémique caractérisée par une fièvre intense et brutale et des rougeurs généralisées. ▶ ***typhique*** [tifik] adj. ■ Du typhus (ou de la typhoïde). ‹ ▶ typhoïde ›

typique [tipik] adj. **1.** Qui constitue un type ①, un exemple caractéristique. ⇒ **caractéristique, remarquable.** *Un cas typique.* **2.** Qui présente suffisamment les caractères d'un type ① pour servir d'exemple, de repère (dans une classification). ⇒ **spécifique. 3.** *Musique typique,* musique de caractère sud-américain (danse, variétés). ▶ ***typiquement*** adv. ■ D'une manière typique. ⇒ **spécifiquement.** *Un comportement typiquement anglais.*

typo-, -type ■ Éléments de mots signifiant « empreinte ». ‹ ▶ linotype, prototype, typographie ›

typographie [tipɔ(o)ɡʀafi] n. f. **1.** Ensemble des techniques permettant de reproduire des textes par l'impression d'un assemblage de caractères en relief (en particulier, les opérations de composition), opposé à *offset. La typographie est souvent remplacée par la photocomposition.* ≠ *photocomposition.* **2.** Manière dont un texte est imprimé (quant au type des caractères, à la mise en pages, etc.). *Une typographie aérée, serrée.* ▶ ***typographique*** adj. ■ *La composition et l'impression typographiques.* ▶ ***typographe*** n. ■ Professionnel qui exerce une des spécialités de la typographie ; en particulier, compositeur à la main. (Abrév. fam. UN, UNE TYPO.)

typologie [tipɔ(o)lɔʒi] n. f. ■ Didact. Science de l'élaboration des types, facilitant l'analyse d'une réalité complexe et la classification. — Système de types. *Une typologie des langues.* ▶ ***typologique*** adj.

tyran [tiʀɑ̃] n. m. **1.** Personne qui, ayant le pouvoir suprême, l'exerce de manière absolue, oppressive. ⇒ **autocrate, despote, dictateur. 2.** Personne autoritaire qui impose sa volonté. *Un tyran domestique,* qqn qui tyrannise sa famille. ▶ ***tyranneau*** n. m. ■ Littér. Petit tyran, tyran subalterne. ▶ ***tyrannie*** n. f. **1.** Gouvernement absolu et arbitraire, cruel. ⇒ **despotisme, dictature.** *Autorité, pouvoir qui dégénère en tyrannie.* **2.** Abus de pouvoir. *Se libérer de la tyrannie d'un père, d'un mari.* — Contrainte impérieuse. *La tyrannie de la mode.* ▶ ***tyrannique*** adj. ■ Qui exerce une tyrannie. *Être d'une volonté tyrannique.* ▶ ***tyranniser*** v. tr. ▪ conjug. 1. ■ Traiter (qqn) avec tyrannie, en abusant de son pouvoir ou de son autorité. ⇒ **opprimer, persécuter.** — (Choses) Exercer une contrainte qui asservit. *Les préjugés, les habitudes qui nous tyrannisent.*

tyrannosaure [tiʀanozɔʀ] n. m. ■ Reptile fossile du crétacé supérieur, carnivore, mesurant jusqu'à 15 mètres de long. *Le tyrannosaure est le plus grand carnivore ayant jamais existé.*

tyrolien, ienne [tiʀɔljɛ̃, jɛn] adj. et n. f. **1.** Du Tyrol, région d'Autriche. *La population tyrolienne.* — *Chapeau tyrolien* (d'homme, de femme). **2.** TYROLIENNE, n. f. Chant montagnard à trois temps originaire du Tyrol, caractérisé par le passage rapide de la voix de poitrine à la voix de tête.

tzigane n. et adj. ⇒ **tsigane.**

U

u [y] n. m. invar. ■ Vingt et unième lettre de l'alphabet, cinquième voyelle. *U tréma* ou *ü.* — *En U,* en forme de U. *Tube en U. Effectuer un virage en U,* un demi-tour.

ubiquité [ybikɥite] n. f. ■ Présence en plusieurs lieux à la fois. ⇒ **omniprésence.** *Je n'ai pas le don d'ubiquité,* je ne peux pas être à deux endroits à la fois. ▶ ***ubiquiste*** adj. et n. ■ Qui est présent partout à la fois. ⇒ **omniprésent.** — N. *Une ubiquiste.*

U.É.C. [yese] n. f. invar. ■ Abréviation de *unité d'éducation continue. Cette année, elle a acquis huit U.É.C.*

U.H.F. [yaʃɛf] adj. invar. et n. m. invar. ■ Abréviation de *ultra-haute fréquence. Un poste U.H.F.* — N. m. *Installer une antenne pour capter le U.H.F.* ≠ *V.H.F.*

U.H.T. [yaʃte] adj. invar. ■ (Abrév. d'*ultra-haute température*) Stérilisé par passage à très haute température en vue d'une longue conservation. *Du lait U.H.T.* ⇒ **upérisé.**

ukase [ykaz] ou ***oukase*** [ukaz] n. m. **1.** Histoire. Édit promulgué par le tsar. **2.** Décision arbitraire.

ukrainien, ienne [ykʀɛnjɛ̃, jɛn] adj. et n. **1.** De l'Ukraine, l'un des États de la Communauté des États indépendants (C.É.I.). *Folklore ukrainien.* — N. (Avec une majusc.) Personne née dans cet État ou qui l'habite. *Un Ukrainien immigré dans l'Ouest.* **2.** N. m. *L'Ukrainien,* langue des Ukrainiens. ≠ *russe.*

ukulele ou ***ukulélé*** [jukulele] n. m. ■ Sorte de guitare hawaïenne. *Jouer du ukulele.*

ulcère [ylsɛʀ] n. m. ■ Perte de substance de la peau et des muqueuses formant des plaies qui ont tendance à ne pas se cicatriser. *Ulcère à l'estomac.* ▶ ***ulcération*** n. f. **1.** Formation d'un ulcère. *Début d'ulcération.* **2.** Altération de la peau et des muqueuses avec perte de substance. *Ulcérations cancéreuses.* ▶ ① ***ulcérer*** v. tr. ▪ conjug. 6. ■ Produire un ulcère sur (une partie du corps). ▶ ***ulcéreux, euse*** adj. **1.** Qui a la nature de l'ulcère ou de l'ulcération. *Plaie, lésion ulcéreuse.* **2.** Couvert d'ulcères. *Membre ulcéreux.*

② ***ulcérer*** v. tr. ▪ conjug. 6. ■ Blesser (qqn) profondément. ⇒ **irriter, vexer.** *Ce manque de confiance l'a ulcéré.* — Au p. p. adj. *Je suis ulcérée !*

ultérieur, eure [ylteʀjœʀ] adj. ■ Qui sera, arrivera plus tard. ⇒ **futur,** ① **postérieur.** *Réunion reportée à une date ultérieure.* / contr. **antérieur** / ▶ ***ultérieurement*** adv. ■ Plus tard. ⇒ **après, ensuite, subséquemment.** *Nous reparlerons de cette question ultérieurement.*

ultimatum [yltimatɔm] n. m. ■ Les dernières conditions présentées par un État à un autre et comportant une sommation. *Adresser, envoyer un ultimatum. Des ultimatums.* — Exigence impérative. *Les grévistes ont présenté un ultimatum à la direction.*

ultime [yltim] adj. ■ Dernier, final (dans le temps). *Faire une ultime tentative.* / contr. **premier** /

ultra [yltʀa] adj. et n. ■ Réactionnaire extrémiste. *Des ultras.*

ultra- ■ Élément savant signifiant « au-delà » ou « très » (ex. : *ultraconfidentiel, ultrasecret,* adj.). ▶ ***ultra-léger, ère*** [yltʀaleʒe, ɛʀ] adj. et n. m. ■ D'un poids très peu élevé. *Un avion ultra-léger.* — N. m. *Écrasement d'un ultra-léger.* ▶ ***ultramoderne*** [yltʀamɔdɛʀn] adj. ■ Très moderne. *Du matériel ultramoderne.* ▶ ***ultramontain, aine*** adj. et n. ■ Qui soutient la position traditionnelle de l'Église catholique italienne. / contr. **gallican** / — N. *Les ultramontains se prononcent pour le pouvoir absolu du pape.* ▶ ***ultra-rapide*** adj. ■ Très rapide. *Des voitures ultra-rapides.* ▶ ***ultra-sensible*** adj. ■ (Choses) Sensible à l'extrême. *Pellicule ultra-sensible.* ▶ ***ultra-son*** ou ***ultrason*** [yltʀasɔ̃] n. m. ■ Onde acoustique de fréquence trop élevée pour correspondre à un son. ▶ ***ultra-violet*** ou ***ultraviolet, ette*** adj. et n. m. ■ Adj. (Radiations électromagnétiques) Dont la longueur d'onde se situe entre celle de la lumière visible (extrémité violette du spectre) et celle des rayons X. *Rayons ultra-violets.* — N. m. *Le visible et l'utraviolet.* — Abrév. Invar. *Rayons U.V.*

ululer v. ⇒ **hululer.**

ululement n. m. ⇒ **hululement.**

U.N. [yɛn] n. f. invar. ■ Abréviation de *Union* nationale. L'ancien parti de l'U.N.*

umiak ou ***oumiak*** [umjak] n. ■ Embarcation inuit de grandes dimensions, faite de peaux de phoques assemblées et cousues. ⇒ **kayak.** *Des umiaks.*

un, une [œ̃, yn] adj. numér. ; adj. et pronom indéf. **I.** Numéral, expression de l'unité. **1.** Adj. cardinal. *Une ou deux fois. En un instant* [ɑ̃nœ̃nɛ̃stɑ̃]. — *Les Mille et Une Nuits. Un seul homme. Pièce de un dollar, de une piastre. Pas un seul.* — PAS UN : aucun, nul. *Pas un navire à l'horizon.* Pronom. *Pas un n'a téléphoné.* (Avec *de* + adjectif) *Il n'y en a pas une de libre.* (Avec *qui* + subjonctif) *Pas un qui ne vienne nous voir.* — *Un à un* [œ̃naœ̃], *une à une, un par un,* à tour de rôle et un seul à la fois. **2.** N. m. Une unité ; le chiffre notant l'unité. *Un et un* [œ̃eœ̃] *(font) deux.* — Fam. *Un* UN, plus cour., UNE, *des* UNS, UNES : une, des pièce(s) de un dollar. ⇒ fam. **piastre.** *J'aimerais avoir deux unes* *pour un deux. J'ai encore quelques vieux uns dollars en papier.* — Numéro correspondant à l'unité. *Le un est gagnant.* ⇒ **as.** — *Elle habite l'appartement un, au un de telle rue.* **3.** Loc. NE FAIRE QU'UN AVEC : se confondre avec. *Lui et son frère ne font qu'un.* **3.** Ordinal. Premier. *Livre un. La page un. Il est une heure.* — (Pour marquer le premier temps d'un mouvement, d'une sommation) *Une !... deux !...* — Fam. *Ne faire ni une ni deux,* agir sans hésitation. **4.** Adj. qualificatif (après le nom ou attribut). Qui n'a pas de parties et ne peut être divisé. *La République une et indivisible.* **II.** Art. indéf. (plur. *des* ⇒ **des**) **1.** Désigne un individu distinct mais indéterminé. *Une voiture est entrée dans la cour. Il faut appeler un plombier. Je voudrais une plante, pas des fleurs coupées.* — *Un jour. Une fois. Un peu. Un autre..., un certain...* — (Avec le pronom *en*) *Je vais vous en raconter une bonne* (histoire). — Fam. *En manger (toute) une,* recevoir une bonne râclée, essuyer un gros revers. *En voilà une qui ne s'en fait pas.* — Nominal. *Une qui serait contente de venir, c'est ta sœur.* **2.** (Devant un attribut) *Ce Chicoutimien est un journaliste réputé.* — REM. *Un, une* sont absents dans des locutions figées, des phrases négatives, devant un attribut énonçant une condition sociale, une caractérisation, ou devant une apposition. Ex. : *être médecin ; la Règle du jeu, film de Jean Renoir* : ne pas dire *un film de.* **3.** Désigne un individu comme le représentant de l'espèce. *Un triangle a trois côtés.* **4.** (Avec valeur intensive) *Sa robe était d'un beau vert.* — (En valeur exclamative) *Cette rue est d'un sale !* **5.** (Devant un nom propre) Une personne telle que ou comparable à... *Je ne serai jamais un Félix Leclerc. C'est un Machiavel.* — Une personne de telle famille. *C'est une Tremblay (de Jonquière), une petite Landry (de l'Acadie).* — Une œuvre. *Un Picasso. Un Jean-Paul Lemieux.* **III.** Pronom indéf. UN, UNE, UNS, UNES. *Un de ces jours. Un, une (des choses, personnes) qui (que)...,* avec un verbe au pluriel accordé avec le complément de *un (un des livres qui lui plaisent le plus),* ou un verbe au singulier accordé avec *un (une des plus belles villes que j'aie vues).* — L'UN, L'UNE... *L'un des artistes les plus connus de son époque. L'un(e) et l'autre. Aimez-vous les uns les autres. Ni l'un ni l'autre.* ⇒ **autre.** ▸ ***une*** [yn] n. f. ▪ La première page d'un journal. *Son procès a fait la une pendant trois jours.* — Loc. *Cinq colonnes* à la une.* ≠ *hune.* ‹ ▸ chacun, quatre-cent-vingt-et-un, quelqu'un, unanime, uni-, unième, unifier, union, unique, unir, unité ›

unanime [ynanim] adj. **1.** Au plur. Qui ont tous la même opinion, le même avis. *Ils sont unanimes à penser, pour penser que...* **2.** Qui exprime un avis commun à plusieurs. ⇒ ① **général.** *Consentement unanime.* — Qui est fait par tous, en même temps. ▸ ***unanimement*** adv. ▪ Par tous ; d'un commun accord. *Déclarer unanimement...* ▸ ***unanimité*** n. f. **1.** Conformité d'opinion ou d'intention entre tous les membres d'un groupe. ⇒ **accord ; consentement.** / contr. **contradiction, division, discorde** / *Il y a unanimité dans cette assemblée. Faire l'unanimité contre soi.* **2.** Expression de la totalité des opinions dans le même sens. *Être élu à l'unanimité, à l'unanimité moins deux voix, moins deux abstentions.*

ungui- ▪ Élément de mots savants signifiant « ongle » (ex. : *unguifère* « qui porte un ongle »).

uni, unie [yni] adj. **I. 1.** Qui est avec *(uni à, avec)* ou qui sont ensemble *(unis)* de manière à former un tout ou à être en union. ⇒ **confondu, lié.** *Cœurs unis* (par le sentiment, l'amour). *Ils sont unis par le mariage.* / contr. **séparé** / — *Les États-Unis. Les Nations Unies.* **2.** Joint, réuni. *Il se tenait les talons unis.* — *Deux idées souvent unies.* **3.** Qui est formé d'éléments liés ; qui constitue une unité. *Le Royaume-Uni.* **4.** En bonne entente ; qui est dans la concorde. *Une famille unie.* / contr. **désuni** / **II.** Dont les éléments sont semblables ; qui ne présente pas d'inégalité, de variation apparente. ⇒ **cohérent, homogène. 1.** (Surfaces) Sans aspérités. ⇒ **égal, lisse,** ① **plan.** / contr. **accidenté, inégal** / — De couleur, d'aspect uniforme. *Couleur unie. Étoffe unie, tissu uni* (opposé à *rayé, écossais, imprimé, à pois...*). — N. m. *De l'imprimé et de l'uni.* — Sans ornement. *Une robe unie.* / contr. **orné** / — Adv. *Des agglomérés tout uni.* **2.** Littér. Qui s'écoule sans changement notable. ⇒ **calme, monotone, tranquille.** *Une vie unie.* ‹ ▸ désuni, états-unien, réuni, uniment ›

uni- ▪ Élément savant signifiant « un ». / contr. **multi-, poly-** / ▸ ***unicellulaire*** [ynise(ɛl)lylɛʀ] adj. ▪ Sciences. Formé d'une seule cellule. ⇒ **monocellulaire.** *Organismes unicellulaires.* — N. m. *Les unicellulaires.* ⇒ **protiste.** ‹ ▸ unidirectionnel, unifamilial, unifolié, ① uniforme, unijambiste, unilatéral, unilingue, uninominal, unipare, uniservice, unisexe, unisexué, univalve, univoque ›

unicité [ynisite] n. f. ▪ Littér. Caractère de ce qui est unique. *L'unicité d'un cas.* / contr. **multiplicité, pluralité** /

unidirectionnel, elle [ynidiʀɛksjɔnɛl] adj. **1.** Qui se propage, qui reçoit ou propage selon une direction déterminée. *Émetteur, récepteur unidirectionnel.* **2.** Qui va dans une seule direction. *Circulation automobile unidirectionnelle.*

unième [ynjɛm] adj. numér. ordinal ▪ (Après un numéral) Qui vient en premier, immédiatement après une dizaine (sauf *soixante-dix, quatre-vingt-dix*), une centaine, un millier. *Vingt, trente... et unième. Cent unième.*

unifamilial, ale, aux [ynifamiljal, o] adj. ▪ *Maison unifamiale,* maison d'architecture moderne construite sur un seul étage de plain-pied, au toit surélevé et à faibles versants. ⇒ anglic. **bungalow, cottage.** — N. f. *L'entreprise ne construit que des unifamiliales.*

unifier [ynifje] v. tr. ▪ conjug. 7. **1.** Faire de (plusieurs éléments) une seule et même chose ; rendre unique, faire l'unité de. ⇒ **unir.** *Unifier des régions* (en un seul pays). ⇒ **fusionner, mêler.** / contr. **désunir, séparer** / **2.** Rendre semblables (divers éléments que l'on rassemble). ⇒ **uniformiser.** *Unifier l'orthographe d'un texte ancien.* ⇒ **normaliser, standardiser.** / contr. **diversifier** / **3.** Rendre homogène ; faire l'unité morale de. *Unifier un parti.* **4.** S'UNIFIER v. pron. réfl. : se fondre en un tout (de plusieurs éléments). *Les diverses tendances du parti se sont unifiées avant les élections.* ▸ ***unificateur, trice*** adj. ▪ Qui unifie, qui contribue à unifier. ▸ ***unification*** n. f. ▪ Le fait d'unifier (plusieurs éléments, un ensemble d'éléments), de rendre unique ou uniforme ; le fait de s'unifier. ⇒ **intégration.** *L'unification d'un pays.* / contr. **division** / ‹ ▸ réunifier, réunification ›

unifolié, ée [ynifɔlje] adj. et n. m. **1.** Botanique. Qui ne porte qu'une feuille. N. m. Le drapeau du Canada *L'unifolié et le fleurdelisé.*

① ***uniforme*** [ynifɔʀm] adj. **1.** Qui présente des éléments tous semblables ; dont toutes les parties sont ou paraissent identiques. ⇒ **régulier.** / contr. **inégal, irrégulier** / *Accélération uniforme.* **2.** Qui ne varie pas ou peu ; dont l'aspect reste le même. / contr. **changeant, divers** / *Un ciel uniforme et gris.* **3.** Qui ressemble beaucoup aux autres. ⇒ **même, pareil, semblable.** *Caractères uniformes.* ▸ ***uniformément*** adv. **1.** Par un mouvement régulier. *Orbites décrites uniformément.* — Proportionnellement au temps. *Mouvement uniformément accéléré.* **2.** De la même façon dans toute sa durée ou son étendue. *Sa vie s'écoule uniformément.* **3.** Comme tous les autres. *Les enfants étaient vêtus uniformément.* / contr. **différemment** / ► ② ***uniforme*** n. m. **1.** Costume dont la forme, le tissu, la couleur sont définis par un règlement pour toutes les personnes d'une même unité militaire. *Uniforme d'officier. En uniforme ou en civil. En grand uniforme,* en uniforme de cérémonie. — *L'uniforme,* la tenue militaire (symbole de l'armée). **2.** Vêtement déterminé, obligatoire pour un groupe. ⇒ fam. **habillement, habit.** *Uniforme d'huissier, d'agent de bord. Porter l'uniforme de telle équipe.* ⇒ **couleurs** (I). ► ***uniformiser*** v. tr. • conjug. 1. **1.** Rendre uniforme. *Uniformiser une teinte.* **2.** Compl. au plur. Rendre semblables ou moins différents. ⇒ **normaliser.** *Uniformiser les programmes.* ⇒ **standardiser, unifier.** / contr. **diversifier** / ► ***uniformisation*** n. f. ■ Le fait de rendre uniforme ; son résultat. ► ***uniformité*** n. f. **1.** Caractère de ce qui est uniforme. *L'uniformité d'un mouvement.* / contr. **inégalité** / **2.** Absence de changement, de variété ; monotonie de ce qui ne varie pas. *L'uniformité et l'ennui de la vie quotidienne.*

unijambiste [yniʒɑ̃bist] n. et adj. ■ Personne qui a été amputée d'une jambe.

unilatéral, ale, aux [ynilateʀal, o] adj. **1.** Qui ne se fait que d'un côté. *Appui unilatéral,* dans la marche. — *Stationnement unilatéral,* autorisé d'un seul côté d'une voie. **2.** Droit. Qui n'engage qu'une seule partie. *Contrat unilatéral.* **3.** Qui provient d'un seul, n'intéresse qu'un seul (lorsque deux personnes, deux éléments sont concernés). / contr. **bilatéral, multilatéral** / *Décision unilatérale,* prise sans consulter les partenaires. ► ***unilatéralement*** adv. ■ D'une manière unilatérale (surtout 3).

unilingue [ynilɛ̃g] adj. et n. **1.** Qui ne parle qu'une langue (opposé à *bilingue, trilingue ; multilingue, plurilingue, polyglotte*). ⇒ **monolingue.** *Un anglophone unilingue.* — N. *Une unilingue.* **2.** En une seule langue. *Dictionnaire unilingue.*

uniment [ynimɑ̃] adv. **1.** D'une manière unie. **2.** Littér. Semblablement ; avec régularité. ⇒ **également, régulièrement.** *Avancer uniment.* **3.** TOUT UNIMENT : avec simplicité. ⇒ **franchement, simplement.** *Elle a répondu tout uniment.*

uninominal, ale, aux [yninɔminal, o] adj. ■ Qui porte sur un seul nom. *Scrutin, vote uninominal.*

union [ynjɔ̃] n. f. **I. 1.** Relation qui existe entre deux ou plusieurs personnes ou choses considérées comme formant un ensemble. — REM. *Union* désigne le résultat d'un processus alors que *unité* désigne plutôt un caractère ou un état. ⇒ **assemblage, association, réunion.** / contr. **désunion** / *Union étroite, solide. Union des couleurs, des sons musicaux.* — *Union mystique,* de l'âme à une divinité. **2.** Relation réciproque qui existe entre deux ou plusieurs personnes ; sentiments réciproques, vie en commun. ⇒ **amitié, attachement, fraternité.** *Union des cœurs, des âmes.* — *Union conjugale,* mariage. UNION LIBRE, DE FAIT : vie commune d'un couple non marié. ⇒ **concubinage ; conjoint** de fait ; fam. **accoté.** *Partenaires en union libre, en union de fait.* **3.** État dans lequel se trouvent des personnes, des groupes liés par un accord ou par des intérêts communs. *Négocier une union économique. Union douanière,* entre États qui suppriment leurs frontières douanières. ⇒ **libre-échange. 4.** Entente entre plusieurs personnes, plusieurs groupes. *Resserrer l'union entre des partis.* / contr. **discorde, opposition** / — PROV. *L'union fait la force,* l'entente, la communauté de vues et d'action engendrent la force. **II. 1.** Ensemble de ceux qui sont unis. ⇒ **association, groupement, entente, ligue.** *Union ouvrière. Union de syndicats,* groupement de plusieurs syndicats similaires ou de syndicats d'une ville, d'une région. ⇒ **confédération, fédération.** — Anglic. *L'union,* le syndicat. **2.** Histoire. (Avec une majusc.) *L'acte d'Union,* l'acte adopté par le Parlement britannique en 1840 et qui réunissait le Bas-Canada et le Haut-Canada sous un même gouvernement. — *L'Union nationale,* un parti politique à tendance conservatrice, prônant des réformes sociales, économiques et politiques, fondé et longtemps dirigé par Maurice Duplessis (⇒ **duplessisme**) et qui a existé de 1935 à 1988. ⇒ **U.N.** *Le gouvernement de l'Union nationale.* — *L'Union des républiques socialistes soviétiques* (U.R.S.S.). — *L'Union sud-africaine.* ► ***unioniste*** n. et adj. ■ Membre ou partisan de l'ancienne Union nationale. ⇒ **conservateur** (III), **duplessiste ;** fam. **bleu.** *Les unionistes ont longtemps été au pouvoir.* — Adj. *Les comtés unionistes.* ⟨ ► réunion, trait d'union ⟩

unipare [ynipaʀ] adj. **1.** Se dit des femelles des mammifères lorsqu'elles ne donnent généralement naissance qu'à un seul petit à chaque grossesse. *La jument est unipare.* **2.** Se dit de la femme qui n'a eu qu'un seul enfant.

unique [ynik] adj. **I.** (Quantitatif) **1.** (Avant ou après le nom) Qui est un seul, n'est pas accompagné par d'autres du même genre. / contr. **multiple, plusieurs** / — REM. *Unique* a plus de force placé après le nom. *C'est son unique fils* (ou *son fils unique*). *Il est fils unique,* il n'a ni frères ni sœurs. *C'est mon unique, mon seul et unique chapeau.* — (Toujours après le nom) *Rue à sens unique. Un cas unique.* ⇒ **isolé.** *Une seule et unique occasion. Salaire unique,* quand une seule personne est salariée dans un couple. **2.** (Généralement après le nom) Qui est un seul, qui répond seul à sa désignation et forme une unité. *La Trinité des catholiques est un Dieu unique en trois personnes.* — Qui est le même pour plusieurs choses, plusieurs cas. / contr. **divers** / *Un principe unique. Prix unique.* **II.** (Qualitatif) REM. Dans ce sens, le comparatif et le superlatif sont possibles. *C'est le plus unique en son genre.* **1.** (Généralement après le nom) Qui est le seul de son espèce ou qui dans son espèce présente des caractères qu'aucun autre ne possède. *Il faut essayer d'employer le mot juste, le mot unique.* **2.** (Après le nom) Qui est ou qui paraît foncièrement différent des autres. ⇒ **irremplaçable ; exceptionnel, remarquable.** / contr. **commun, courant** / *Une œuvre unique. C'est un artiste unique. Une chance unique. Unique en son genre,* extraordinaire. — Fam. Qui étonne beaucoup (en bien ou en mal). ⇒ **curieux, extravagant, inouï.** *Tu es vraiment unique !* ► ***uniquement*** adv. **1.** À l'exclusion des autres. ⇒ **exclusivement, seul.** *Pour eux, le résultat compte uniquement.* **2.** Seulement. *Elle désire uniquement réussir. Il veut uniquement les faire enrager.* ⇒ **rien** que, **simplement.** *Pas uniquement,* pas seulement. ≠ *spécifique.* ⟨ ► unicité ⟩

unir [yniʀ] v. tr. • conjug. 2. **I. 1.** Mettre ensemble (les éléments d'un tout) ou rapprocher (des éléments). ⇒ **assembler, réunir.** *Unir une province à un pays. Il faut unir des mots pour former une phrase.* **2.** Faire exister, vivre ensemble (des personnes). *C'est le prêtre qui les a unis.* ⇒ **marier.** — (Suj. chose) Constituer l'élément commun, la cause de l'union entre (des personnes). *Sentiment, affection qui unit deux êtres.* / contr. **diviser, opposer, séparer** / **3.** Associer par un lien politique, économique. *Unir deux États.* ⇒ **allier. 4.** Relier par un moyen de communication. *Ligne aérienne qui unit deux continents.* **5.** UNIR *qqch.* À : avoir, posséder à la fois (des caractères différents et souvent en opposition). ⇒ **allier, associer, joindre.** *Il unit la force à la douceur.* **II.** S'UNIR v. pron. **1.** Réfl. Contracter une union (avec qqn), s'associer avec.

S'unir à, avec des amis pour former une association. **2.** Récipr. (Choses) Ne plus former qu'un tout. ⇒ se **fondre,** se **joindre,** se **mêler.** *Rivières qui s'unissent en mêlant leurs eaux.* — (Personnes) Faire cause commune. ⇒ s'**associer,** se **liguer,** se **solidariser.** *S'unir contre l'envahisseur.* ⇒ se **coaliser.** *États, nations qui s'unissent politiquement.* — S'attacher par des liens affectifs, par le mariage. *Les époux s'unissent pour le meilleur et pour le pire.* **3.** Passif. Se trouver ensemble, de manière à former un tout. ⇒ se **joindre.** *Couleurs qui s'unissent harmonieusement.* ⇒ s'**associer.** *Leurs idées s'unissent sans peine.* ⟨ ▸ désunir, réunir, uni, unisson ⟩

uniservice [ynisɛʀvis] adj. ■ Se dit d'un objet qu'on peut ou doit jeter après un seul usage. ⇒ **jetable.** *Une seringue uniservice.*

unisexe [ynisɛks] adj. ■ (Habillement, coiffure) Destiné indifféremment aux hommes et aux femmes. *Pantalon unisexe. Des chemises unisexes. Boutique unisexe.*

unisexué, ée [ynisɛksɥe] adj. ■ Sciences naturelles. (Fleurs, animaux) Qui n'a qu'un seul sexe (opposé à *bisexué, hermaphrodite*).

unisson [ynisɔ̃] n. m. ■ Son unique produit par plusieurs voix ou instruments. ⇒ **consonance.** *Un bel unisson.* — Loc. À L'UNISSON. *Chanter, jouer à l'unisson.* Fig. En accord, en harmonie. *Nos cœurs battent à l'unisson.*

unitaire [ynitɛʀ] adj. **1.** Qui forme, qui concerne une unité politique. *Manifestation unitaire.* **2.** Relatif à l'unité, à un seul objet. *Le prix unitaire est de vingt dollars.* / contr. **global, total** /

unité [ynite] n. f. **I. 1.** Caractère de ce qui est unique. *Unité et pluralité.* — UNITÉ DE... : caractère unique. *Unité de vues dans le gouvernement.* ⇒ **conformité, identité.** / contr. **diversité, multiplicité** / *Unité d'action,* principes d'action communs à plusieurs groupes. **2.** Caractère de ce qui n'a pas de parties, ne peut être divisé. *L'unité d'une espèce.* — État de ce qui forme un tout organique, dont les parties sont unies par des caractères communs, par leur contribution au fonctionnement de l'ensemble. *Faire, maintenir ; briser, rompre l'unité. L'unité d'une nation. Les discussions sur l'unité canadienne.* **3.** Cohérence interne. ⇒ **cohésion, homogénéité.** *L'unité d'une œuvre. Ce texte manque d'unité.* **II.** Élément. **1.** Élément simple (d'un ensemble homogène). *Les M.R.C. sont des unités administratives québécoises.* — Objet fabriqué (en série). *Une commande de tant d'unités. Prix à l'unité.* ⇒ **unitaire. 2.** Formation militaire ayant une composition, un armement, des fonctions déterminées et spécifiques. *Grande unité d'infanterie. Rejoindre son unité.* **3.** Élément arithmétique qui forme les nombres. *Mesure des unités.* ⇒ **quantité.** — Dans les nombres de deux chiffres et plus, le chiffre placé à droite de celui des dizaines. *Dans 325, 5 est le chiffre des unités.* **4.** Grandeur finie servant de base à la mesure des autres grandeurs de même espèce. *Dans le système des unités C. G. S., le centimètre est l'unité de longueur, le gramme l'unité de poids, la seconde l'unité de temps. La lire est l'unité monétaire de l'Italie.* **5.** Informatique. *Unité centrale,* partie de l'ordinateur groupant les organes de calcul et la mémoire centrale, à l'exclusion des sous-ensembles périphériques (organes d'entrée et de sortie). ⟨ ▸ unitaire ⟩

univalve [ynivalv] adj. ■ Dont la coquille n'est formée que d'une pièce. *L'escargot est un mollusque univalve.*

univers [ynivɛʀ] n. m. invar. **I. 1.** L'ensemble des sociétés, des êtres humains sur la Terre. *L'univers entier craint la guerre nucléaire. Citoyen de l'univers.* **2.** L'ensemble de tout ce qui existe. ⇒ **monde** (I), **nature.** *Les lois de l'univers.* **3.** Sciences. Ensemble de la matière distribuée dans l'espace et dans le temps. *La structure de l'univers connu est étudiée par l'astronomie.* **4.** *Un univers,* un système planétaire ou galactique. **II.** Fig. Milieu réel, matériel ou moral *(univers mental). L'univers poétique et l'univers du rêve. Le petit univers familial.* ▸ ***universel, elle*** adj. et n. m. **I.** Adj. **1.** Qui s'étend, s'applique à la totalité des objets (personnes ou choses) qui existent. ⇒ ① **général.** / contr. **individuel, particulier** / *Jugement universel,* qui s'applique à tous les cas, est vrai partout et toujours. *Un remède universel.* ⇒ **panacée.** — Loc. *Clé universelle,* qui s'adapte à différents types de boulons, d'écrous. **2.** (Personnes) Dont les connaissances, les aptitudes s'appliquent à tous les sujets. ⇒ **complet, omniscient.** *Un esprit universel.* **3.** Qui concerne la totalité des êtres humains, le monde entier ou la totalité d'un groupe. *Histoire universelle,* qui concerne tous les peuples. *Exposition universelle. Guerre, paix universelle.* ⇒ **mondial.** — *Suffrage universel,* étendu à tous les individus (sauf les exceptions prévues par la loi). — Commun à tous les êtres humains ou à un groupe donné ; qui peut s'appliquer à tous. *La science est universelle.* **4.** Qui concerne l'univers tout entier. *Gravitation universelle.* ⇒ **cosmique. II.** N. m. Ce qui comprend tous les objets dont il est question. *L'universel et le particulier.* ▸ ***universellement*** adv. ■ Par tous les êtres humains, sur toute la terre. ⇒ **mondialement.** *Une chose universellement connue.* ▸ ***universaliser*** v. tr. . conjug. 1. ■ Rendre commun à tous les êtres humains ; répandre largement. ⇒ **diffuser, généraliser.** — Pronominalement (réfl.). *Cette coutume tend à s'universaliser.* ▸ ***universalisation*** n. f. ■ Le fait de répandre largement, d'étendre à tous les êtres humains. ⇒ **généralisation.** ▸ ***universalité*** n. f. **1.** Caractère de ce qui est universel (I, 1) ou considéré sous son aspect de généralité universelle. *Universalité d'un jugement.* — *L'universalité des programmes sociaux,* qui s'appliquent à toutes les personnes d'une société donnée. **2.** Caractère d'un esprit universel (I, 2). *L'universalité des connaissances d'un historien.* **3.** Caractère de ce qui concerne la totalité des êtres humains, de ce qui s'étend à tout le globe. *L'universalité de la langue anglaise.*

université [ynivɛʀsite] n. f. **1.** (France. Avec une majusc.) *L'Université,* les maîtres, professeurs, etc., de l'enseignement public des divers degrés. *Entrer dans l'Université.* **2.** *Une université,* un établissement public d'enseignement supérieur, constitué par un ensemble de facultés et d'écoles et administré par un *conseil d'université.* ⇒ **polytechnique ; cégep.** *Elle fait ses études dans une université américaine.* ▸ ***universitaire*** adj. et n. **1.** Qui appartient, est relatif à une université ou, France, à l'Université (1). *Le corps universitaire.* — N. *Un universitaire,* un membre d'une université. ⇒ **professeur. 2.** Relatif aux universités, à l'enseignement supérieur. *Diplômes universitaires. Cafétérias, résidences universitaires,* d'étudiants. — N. Personne qui étudie dans une université. *Un couple d'universitaire.* ⟨ ▸ interuniversitaire ⟩

univoque [ynivɔk] adj. ■ Sciences. Se dit d'une correspondance, d'une relation dans laquelle un terme entraîne toujours le même corrélatif (la relation est dite *bi-univoque,* s'il y a réciprocité). ▸ ***univocité*** n. f. ■ Didact. Caractère univoque.

upériser [ypeʀize] v. tr. . conjug. 1. ■ Stériliser un liquide en injectant de la vapeur à la température de 140° C et en le refroidissant brusquement. — Au p. p. adj. *Jus d'orange, lait upérisé.* ⇒ **pasteuriser, U.H.T.**

uppercut [ɔpɛʀkɔt] n. m. ■ Boxe. Coup porté de bas en haut. ⇒ ④ **crochet.** *Des uppercuts.*

uranium [yʀanjɔm] n. m. ■ Élément radioactif naturel, métal gris, dur, présent dans plusieurs minerais où il est toujours accompagné de radium. (symb. *U*).

① ***urbain, aine*** [yʀbɛ̃, ɛn] adj. ■ Qui est de la ville, des villes. / contr. **rural** / *Transports urbains. Populations urbaines. — Communauté* urbaine.* ▶ ***urbaniser*** v. tr. ▪ conjug. 1. ■ Donner le caractère urbain, citadin à (un lieu). — Au p. p. adj. *Région urbanisée.* ▶ ***urbanisation*** n. f. **1.** Processus de développement des villes, en nombre ou en importance. L'urbanisation des zones rurales autour des grandes villes. **2.** Concentration croissante de la population (d'une région, d'un pays) dans les agglomérations urbaines. L'urbanisation a entraîné le dépeuplement des campagnes. ▶ ***urbanisme*** n. m. ■ Étude systématique des méthodes permettant d'adapter l'habitat urbain aux besoins des êtres humains. Architecture et urbanisme. ▶ ***urbaniste*** n. ■ Architecte, technicien spécialisé dans l'urbanisme. ⟨ ▶ conurbation, interurbain, suburbain ⟩

② ***urbain, aine*** adj. ■ Littér. (Personnes) Affable, agréable en société. ▶ ***urbanité*** n. f. ■ Politesse où entrent beaucoup d'affabilité naturelle et d'usage du monde.

urbi et orbi [y(u)ʀbiɛtɔʀbi] loc. adv. ■ Se dit de la bénédiction que le pape donne à toute la chrétienté. — Loc. *Publier, proclamer urbi et orbi,* partout.

-ure ■ Chimie. Élément suffixal indiquant que le composé est un sel ne renfermant pas d'oxygène (ex. : *chlorure, sulfure*).

urée [yʀe] n. f. ■ Substance cristalline que l'on rencontre dans le sang et l'urine des carnivores. L'urée qui se forme dans le foie est éliminée par le rein. — Excès d'urée (maladie). Il a de l'urée. ▶ ***urémie*** n. f. ■ Intoxication due à l'accumulation de l'urée dans le sang. Une crise d'urémie. ▶ ***urée(-)formol*** n. f. invar. ■ Composé obtenu par l'union de molécules d'urée et de formol. ⇒ **M.I.U.F.** ⟨ ▶ uréthan(n)e ⟩

uréthan(n)e [yʀetan] n. m. ■ Éther carbonique. *Certains uréthanes ont des propriétés plastiques.* — En appos. *Du caoutchouc uréthane.* ⟨ ▶ polyuréthane ⟩

uretère [yʀtɛʀ] n. m. ■ Canal qui conduit l'urine du rein à la vessie. ≠ *urètre.*

urètre [yʀɛtʀ] n. m. ■ Canal excréteur de l'urine qui s'ouvre dans la vessie et aboutit à l'extérieur ⇒ **méat** urinaire. ≠ *uretère.*

urgent, ente [yʀʒɑ̃, ɑ̃t] adj. ■ Dont on doit s'occuper sans retard. Des affaires urgentes. ⇒ **pressé.** *Un besoin urgent.* ⇒ **pressant.** *C'est urgent. Il devient urgent de te faire opérer.* ▶ ***urgence*** n. f. **1.** Caractère de ce qui est urgent. L'urgence d'un travail. **2.** Nécessité d'agir vite. *Il y a urgence,* c'est urgent. *En cas d'urgence. — Une urgence,* un malade à opérer, à soigner sans délai. *Service des urgences dans un hôpital. Aller, se présenter à l'urgence.* **3.** D'URGENCE loc. adv. : sans délai, en toute hâte. *Venez d'urgence, de toute urgence.* ▶ ***urger*** v. intr. ▪ conjug. 3. (Seulement 3e pers. sing.) ■ Fam. Être urgent. *Ça urge !* ⇒ **presser.** ▶ ***urgentologue*** n. ■ Médecin spécialiste qui travaille à l'urgence dans un hôpital.

urine [yʀin] n. f. ■ Liquide organique clair et jaune, odorant, qui se forme dans le rein, passe dans les uretères, séjourne dans la vessie et est évacué par l'urètre. ⇒ fam. **pipi, pisse.** *Les urines,* l'urine évacuée. *Analyse d'urines.* ▶ ***urinaire*** adj. ■ Qui a rapport à l'urine. *Appareil urinaire,* qui forme et évacue l'urine (rein, uretère, urètre, vessie). *Voies, calculs urinaires. Appareil génital et urinaire.* ▶ ***urinal, aux*** n. m. ■ Récipient à col incliné où les malades peuvent uriner couchés. *Des urinaux.* ▶ ***uriner*** v. intr. ▪ conjug. 1. ■ Évacuer l'urine. ⇒ fam. faire **pipi, pisser.** *Le fait d'uriner s'appelle « miction ».* ▶ ***urinoir*** n. m. ■ Petit édifice où les hommes vont uriner. ⇒ **pissotière, vespasienne.** — Chacun des appareils sanitaires installés en ces lieux. ⟨ ▶ uro- ⟩

urique [yʀik] adj. ■ ACIDE URIQUE : acide organique azoté dont on trouve de petites quantités dans l'urine humaine.

urne [yʀn] n. f. **1.** Vase qui sert à renfermer les cendres d'un mort. *Urne funéraire, cinéraire.* **2.** Vase antique à flancs arrondis. *Les urnes et les amphores.* **3.** Boîte dont le couvercle est muni d'une fente, dans laquelle les électeurs déposent leur bulletin de vote. *Aller aux urnes,* aller voter.

uro- ■ Élément de mots de médecine signifiant « urine ». ▶ ***urographie*** [yʀo(ɔ)gʀafi] n. f. ■ Radiographie de l'appareil urinaire. ▶ ***urologie*** n. f. ■ Partie de la médecine qui s'occupe de l'appareil urinaire. *Service d'urologie dans un hôpital.* ▶ ***urologue*** n. ■ Médecin spécialiste de l'appareil urinaire. ⟨ ▶ diurétique, urée, uretère, urètre, urique ⟩

ursuline [yʀsylin] n. f. ■ Religieuse de l'ordre de sainte Ursule fondé en Italie en 1535 par sainte Angèle de Merici. *Elle a étudié chez les ursulines.* — Par ext. *Les Ursulines,* leur couvent. — Adj. *Les religieuses ursulines.*

urticaire [yʀtikɛʀ] n. f. ■ Éruption passagère rosée ou rouge sur la peau (semblable à des piqûres d'ortie) accompagnée d'une sensation de brûlure.

us [ys] n. m. pl. ■ Loc. *Les* US ET COUTUMES : les habitudes, les usages traditionnels.

U.S. [yɛs] ou [jues] adj. invar. ■ Anglic. Fam. Abréviation de *United States.* ⇒ **américain.** *Des dollars U.S. L'argent U.S.* — REM. Cette abréviation est aussi la réduction de la forme *U.S.A., United States of America.*

usage [yzaʒ] n. m. **I. 1.** Action d'user de qqch., de s'en servir, de l'appliquer pour satisfaire un besoin. *L'usage d'un outil, d'un instrument.* ⇒ **emploi, utilisation.** *Le bon, le mauvais usage de l'argent. Je n'en ai pas l'usage,* cela ne m'est pas utile. — (Compl. abstrait) *L'usage de la force.* **2.** Mise en activité effective (d'une faculté, d'une fonction physique ou mentale). ⇒ **exercice, fonctionnement.** *L'usage du raisonnement. L'usage des sens,* le fait de sentir, de percevoir. *Il a perdu l'usage de la parole.* **3.** Loc. FAIRE USAGE DE : se servir de. ⇒ **utiliser ; employer.** *Elle a fait usage de stratagèmes pour parvenir à ses fins.* — À L'USAGE : lorsqu'on s'en sert, lorsqu'on l'utilise. *À l'usage, sa découverte s'est révélée utile.* — EN USAGE : qui est encore employé. ⇒ **usité.** *Dispositifs encore en usage.* **4.** Le fait de pouvoir produire un effet particulier et voulu. ⇒ **fonction, utilité.** *Un couteau à plusieurs usages.* — HORS D'USAGE : qui ne peut plus fonctionner, produire son effet. *Une vieille voiture hors d'usage.* — À USAGE (DE) : destiné à être utilisé (de telle ou telle façon). *Médicament à usage externe, interne. Note à usage interne,* qui ne doit pas être rendue publique. **5.** À L'USAGE DE : destiné à être utilisé (par). ⇒ à l'**intention** de, **pour.** *Des livres à l'usage des écoles.* **6.** Le fait d'employer les éléments du langage dans le discours, la parole ; manière dont ils sont employés. ⇒ **emploi.** *L'usage oral, écrit, courant, populaire. Mot en usage* (usité), *hors d'usage, sorti de l'usage. Le bon usage* (considéré comme seul correct). *Expression consacrée par l'usage. Les marques d'usage d'un* *dictionnaire.* **II. 1.** Pratique que l'ancienneté ou la fréquence rend normale, courante, dans une société. ⇒ **coutume, habitude, mœurs, us.** *Un ancien usage qui se perd.* — *Les usages,* les comportements considérés comme les meilleurs, ou les seuls normaux dans une société. *Conforme aux usages,* correct, courant, normal. *Contraire aux usages,* bizarre ou incorrect. — Habitude particulière (dans un groupe). ⇒ **rite.** *C'est un usage, dans ce collège, de donner une fête le dernier jour avant les vacances.* ⇒ **tradition. 2.** L'USAGE : l'ensemble des pratiques sociales. ⇒ **coutume, habitude.** *C'est l'usage,* c'est ce qu'il convient de faire, de dire. *Consacré par l'usage.* — D'USAGE : habituel, normal. ⇒ **usuel.** *La formule d'usage.* **3.** Littér. Les bonnes manières. ⇒ **civilité, politesse.** *Manquer d'usage.* **III.** Droit réel qui permet à son titulaire (l'usager) de se servir d'une chose appartenant à autrui. ⇒ **usufruit.** *Avoir l'usage d'un lieu.* ▶ ***usagé, ée*** adj. **1.** Qui a beaucoup servi (sans être forcément détérioré, à la différence de usé). Vêtements usagés. ⇒ **défraîchi, vieux. 2.** Cour. Qui n'est pas neuf, qui est d'occasion. *S'acheter une auto usagée. Meubles, livres usagés.* ▶ ***usager, ère*** n. **1.** Qui a un droit réel d'usage (III). Les usagers du chemin et son propriétaire. **2.** Personne qui utilise (un service public, le domaine public). ⇒ **utilisateur.** *Les usagers de la route. Les usagers des services sociaux et de santé.* — Utilisateur (de la langue). Les usagers du français. — Personne qui utilise un ouvrage de consultation. Les usagers de l'annuaire, d'un dictionnaire.

usant, ante [yzɑ̃, ɑ̃t] adj. ■ Fam. Qui use la santé, les forces. Cet enfant est usant. ⇒ **fatigant, tuant.**

usé, ée [yze] adj. **1.** Altéré par un usage prolongé, par des actions physiques (frottements, etc.). ⇒ **détérioré, vieux ;** fam. **magané.** *Vêtements usés.* ⇒ **avachi, défraîchi, râpé.** *Usé jusqu'à la corde,* élimé. Fam. *C'est usé au coton*. Chaussure, semelle usée,* éculée. — Hors d'usage. *Vos pneus sont usés.* ⇒ fam. **foutu, magané.** — *Eaux usées,* salies par l'usage. **2.** Littér. Diminué, affaibli par une action progressive. ⇒ **émoussé, éteint.** *Passion usée,* refroidie. **3.** (Personnes) Dont les forces, la santé sont diminuées. ⇒ fam. **magané.** *Elle est épuisée, usée.* **4.** Qui a perdu son pouvoir d'expression, d'évocation par l'usage courant, la répétition. ⇒ **banal,** ① **commun, éculé, rebattu.** *Termes vagues et usés. Une comparaison usée.*

user [yze] v. tr. ▪ conjug. 1. **I.** V. tr. ind. USER DE. **1.** (Avec un compl. désignant une chose abstraite) Avoir recours à, mettre en œuvre. ⇒ se **servir, utiliser ; usage.** *User d'un droit, d'un privilège. Vous usez et même abusez de votre pouvoir.* — Employer, se servir de (tel élément du langage). *User de termes ambigus.* **2.** Littér. EN USER *avec qqn* : agir, se conduire (d'une certaine manière). ⇒ se **comporter.** *Il en use avec elle d'une façon fort amicale.* **II.** V. tr. dir. **1.** Détruire par la consommation ; utiliser (qqch.) jusqu'à l'épuiser. *Ce poêle use beaucoup de bois.* ⇒ **consommer, dépenser. 2.** Modifier (qqch.) progressivement en enlevant certaines de ses parties, en altérant son aspect, par un usage prolongé. ⇒ **abîmer, altérer, élimer ;** fam. **maganer ; usure.** *User ses vêtements jusqu'à la corde.* — Loc. *User ses fonds (son fond) de culottes sur les bancs de l'école,* aller à l'école. — (En parlant du temps, d'effets naturels ou d'une action volontaire) Altérer ou entamer (qqch.). Au passif et p. p. adj. *Terrains usés par l'érosion.* **3.** Diminuer, affaiblir (une sensation, la force de qqn) par une action lente, progressive. *User ses forces, sa santé.* ⇒ ② **miner.** *La lecture a usé ses yeux.* ⇒ **abîmer.** *Tu vas t'user la vue à lire dans le noir.* **4.** Diminuer ou supprimer les forces de (qqn). ⇒ **épuiser.** *Le travail l'a usé.* **III.** S'USER v. pron. réfl. **1.** Se détériorer à l'usage ; perdre de son effet, de son utilité. *Tissu, instrument, machine qui s'use vite.* **2.** Fig. S'affaiblir, être diminué avec le temps. *Les sentiments finissent par s'user.* **3.** (Personnes) Perdre sa force, sa santé. *Elle s'est usée au travail.* ⇒ se **fatiguer,** s'**épuiser,** se **tuer.** — Perdre son ascendant, sa puissance, son influence. *Poste où les sous-ministres s'usent vite.* ‹ ▶ abus, abuser, désabusé, inusable, inusité, us, usage, usant, usé, usité, usuel, ① usure ›

usine [yzin] n. f. **1.** Établissement de la grande industrie destiné à la fabrication d'objets ou de produits, à la transformation de matières premières, à la production d'énergie. ⇒ **fabrique, industrie, manufacture.** *Travailler dans une usine, en usine. Usines de métallurgie.* ⇒ **sidérurgie.** *Usines textiles. Usine de pâte et papier.* ⇒ **papetière.** *Usine d'aluminium.* ⇒ **aluminerie.** *Usine de traitement des eaux.* ⇒ **station** d'épuration. — En appos. (Avec un trait d'union) *Un navire-usine.* **2.** *L'usine,* la grande industrie. *Des ouvriers d'usine.* **3.** Fam. Local qui, par ses dimensions, son nombreux personnel et l'importance de son rendement, évoque une usine. *Ce restaurant est une véritable usine.* ▶ ***usiner*** v. tr. ▪ conjug. 1. **1.** Façonner une pièce avec une machine-outil. **2.** Fabriquer dans une usine. *Usiner des produits finis.* ▶ ***usinage*** n. m. ■ Action d'usiner. *Usinage de pièces mécaniques.*

usité, ée [yzite] adj. ■ Qui est employé, en usage. *Un mot usité.* ⇒ **courant, usuel.** / contr. **inusité** / — *Peu usité,* rare. ‹ ▶ inusité ›

ustensile [ystɑ̃sil] n. m. ■ Objet ou accessoire, dont l'utilisation n'exige pas la mise en mouvement d'un mécanisme et servant aux usages quotidiens, spécialt dans la cuisine. *Mettre les ustensiles sur la table,* le couvert (2). *Ustensiles de cuisine,* chaudrons, casseroles, etc. *Les ustensiles de toilettes.*

usuel, elle [yzɥɛl] adj. ■ Qui est utilisé habituellement, qui est dans l'usage courant. *Un objet usuel.* ⇒ ① **commun, familier, ordinaire.** *La langue usuelle. Expressions usuelles,* en usage et courantes. ⇒ **usité.** ▶ ***usuellement*** adv. ■ Communément. ⇒ **couramment,** d'**ordinaire.**

usufruit [yzyfʀɥi] n. m. ■ Jouissance légale d'un bien dont on n'a pas la propriété (opposé à *possession*). *Avoir l'usufruit d'une maison, une maison en usufruit.* ▶ ***usufruitier, ière*** n. ■ Personne qui détient un usufruit.

① ***usure*** [yzyʀ] n. f. **1.** Détérioration par un usage prolongé, par le frottement, etc. ⇒ **dégradation.** *Résister à l'usure.* — Action de ce qui use, dégrade. *L'usure du temps. Guerre* D'USURE : où l'on use les forces de l'adversaire sans l'attaquer massivement. **2.** Diminution ou altération (d'une qualité, de la santé). *Usure des forces, de l'énergie.* ⇒ **fatigue.** — Fam. *Avoir qqn* À L'USURE : prendre l'avantage sur lui en le fatiguant peu à peu. **3.** État de ce qui est détérioré par l'usage (⇒ **usagé**).). *L'usure des marches les rendait glissantes.*

② ***usure*** n. f. ■ Intérêt de taux excessif ; le fait de prendre un tel intérêt. *Prêter à usure.* — AVEC USURE loc. littér. : au-delà de ce qu'on a reçu (comme dans le prêt à usure). *Je lui rendrai sa méchanceté avec usure.* ▶ ***usuraire*** adj. ■ Qui a le caractère de l'usure, est propre à l'usure. *Intérêt, taux usuraire.* ▶ ***usurier, ière*** n. ■ Prêteur qui exige un taux excessif (et souvent illégal).

usurper [yzyʀpe] v. tr. ▪ conjug. 1. ■ S'approprier sans droit, par la violence ou la fraude (un pouvoir, une dignité, un bien). ⇒ s'**arroger,** s'**emparer.** *Usurper un pouvoir, un titre, un nom, des honneurs.* — Obtenir de façon illégitime. — Au p. p. adj. *Une réputation* *usurpée.* ▸ ***usurpateur, trice*** n. ■ Personne qui usurpe (un pouvoir, un droit ; la souveraineté). *Révoltons-nous contre cet usurpateur.* ⇒ **imposteur.** ▸ ***usurpation*** n. f. ■ Action d'usurper ; son résultat. ⇒ **appropriation.** — *Usurpation de pouvoir,* commise par un agent administratif qui empiète sur le domaine réservé aux autorités judiciaires.

ut [yt] n. m. invar. ■ Ton de do. *La Cinquième Symphonie de Beethoven, en ut mineur. Clé d'ut.* — Do (note). *Deux ut de poitrine.*

utérus [yteʀys] n. m. invar. ■ Chez la femme. Organe situé entre la vessie et le rectum, destiné à contenir l'œuf fécondé puis l'embryon jusqu'à son complet développement. ⇒ fam. **matrice.** *Col de l'utérus.* — Chez les animaux supérieurs vivipares. Organe de la gestation chez la femelle. ▸ ***utérin, ine*** adj. ■ De l'utérus, relatif à l'utérus. *Hémorragie utérine.*

utile [ytil] adj. et n. m. **1.** Dont l'usage, l'emploi est ou peut être avantageux (à qqn, à la société), satisfait un besoin (surtout matériel). ⇒ ① **bon, profitable, salutaire ; indispensable, nécessaire.** / contr. **inutile** / UTILE À... *Achetez ce livre, il vous sera utile.* — *Dépenses utiles ou inutiles.* — Profitable, fructueux. *Efforts utiles.* — IL EST UTILE DE (+ infinitif). ⇒ **avantageux.** *Il serait plus utile de travailler que de discuter.* — IL EST UTILE QUE (+ subjonctif). *Il est utile que vous appreniez l'anglais.* — UTILE À (+ infinitif) : qu'il est utile de... *Ouvrages utiles à consulter.* — N. m. L'UTILE. ⇒ ① **bien, utilité.** *Joindre l'utile à l'agréable.* **2.** (Personnes) Dont l'activité est ou peut être avantageusement mise au service d'autrui. *Un collaborateur très utile.* ⇒ **précieux.** *Chercher à se rendre utile. Puis-je vous être utile ?* — *Animaux utiles* (opposé à *nuisibles*). **3.** *En temps utile,* au moment opportun. ▸ ***utilement*** adv. ■ D'une manière utile. ▸ ***utiliser*** v. tr. ▪ conjug. 1. **1.** Rendre utile, faire servir à une fin précise (ce qui n'y était pas nécessairement ou spécialement destiné). ⇒ **employer, exploiter,** se **servir** de. *Utiliser une ficelle pour lacer sa chaussure. La manière d'utiliser les restes.* ⇒ **accommoder.** **2.** Employer. ⇒ **pratiquer,** se **servir** de, **user** de. *Utiliser un procédé, un moyen, un instrument.* ▸ ***utilisable*** adj. ■ Qui peut être utilisé. *Les moyens utilisables.* / contr. **inutilisable** / ▸ ***utilisateur, trice*** n. ■ Personne qui utilise (une machine, un appareil, etc.). ⇒ **usager.** *Les utilisateurs des guichets automatiques.* ▸ ***utilisation*** n. f. ■ Action, manière d'utiliser. ⇒ **emploi, usage.** *Les utilisations de l'énergie hydro-électrique.* ▸ ***utilité*** n. f. **1.** Caractère de ce qui est utile, satisfait des besoins matériels. *Utilité d'un instrument, d'une méthode. Ce procédé n'est d'aucune utilité dans nos recherches.* ⇒ **secours.** — (Personnes) *Elle m'est d'une grande utilité.* **2.** Le bien ou l'intérêt (de qqn). *Pour mon utilité personnelle.* ⇒ **convenance.** — *Association reconnue d'utilité publique.* **3.** Au plur. Emploi subalterne d'acteur (simplement utile). *Jouer les utilités.* ▸ ***utilitaire*** adj. et n. **1.** Qui vise essentiellement à l'utile. *Arts utilitaires.* ⇒ ② **pratique.** — *Véhicules utilitaires,* camions, autobus... / contr. de **tourisme** / **2.** Péj. Préoccupé des intérêts matériels. *Préoccupations utilitaires.* ⇒ **intéressé.** ‹ ▸ inutile, inutilisable, réutiliser ›

utopie [ytɔpi] n. f. **1.** Idéal, vue politique ou sociale qui ne tient pas compte de la réalité. **2.** Conception ou projet qui paraît irréalisable. ⇒ **chimère, illusion, mirage, rêve.** ▸ ***utopique*** adj. ■ Qui constitue une utopie, tient de l'utopie. ⇒ **imaginaire, irréalisable.** *Tu as des idées utopiques.* ▸ ***utopiste*** n. ■ Auteur de systèmes utopiques, esprit attaché à des vues utopiques. ⇒ **rêveur.**

uval, ale, aux [yval, o] adj. ■ Qui a rapport au raisin. *Une cure uvale,* à base de raisin. *Station uvale,* où l'on fait cette cure.

uvule [yvyl] n. f. ■ Anatomie. Luette.

V

v [ve] n. m. invar. **1.** Vingt-deuxième lettre de l'alphabet, dix-septième consonne. — *En V,* en forme de V majuscule. *Décolleté en V,* en pointe. — Loc. fam. *À la vitesse grand V,* très vite. **2.** *V,* cinq (en chiffres romains).

va [va] **1.** (⇒ **aller**) Fam. *Va pour,* je suis d'accord pour. *Va pour 10 dollars,* les voici. **2.** Interj. *Va !,* s'emploie pour encourager ou menacer. *Tu peux rester, va ! Va donc !,* s'emploie devant une injure. *Va donc, espèce de crétin !* **3.** Loc. adv. *À la va-vite,* rapidement et sans soin. *À la va comme je te pousse,* n'importe comment (d'un travail).

vacant, ante [vakɑ̃, ɑ̃t] adj. **1.** Qui n'a pas de titulaire. *Poste vacant.* **2.** Qui n'est pas rempli, qui est libre. ⇒ **libre ; inoccupé.** *Siège vacant. Logement vacant.* / contr. **occupé** / ▸ ***vacance*** n. f. ■ État d'une charge, d'un poste vacant. *Vacance d'un siège de député.* — Poste sans titulaire. *La vacance du trône.* ▸ ***vacances*** n. f. pl. **1.** Période pendant laquelle les écoles, les universités rendent leur liberté aux élèves, aux étudiants. *Vacances scolaires.* / contr. **rentrée** / — (France) *Les grandes vacances,* les deux ou trois mois d'été. — *Les vacances de Pâques, de Noël. Camp* de vacances.* — *Vacances parlementaires,* période qui s'étend de l'ajournement à la reprise des travaux, à l'intérieur d'une même session parlementaire. **2.** Repos, cessation des occupations, du travail ordinaires. *Vous êtes fatigué, vous avez besoin de vacances.* — Temps de repos accordé aux employés. *Vacances payées.* ⇒ **congé.** *Nous prendrons nos vacances en juillet. Passer ses vacances à la mer, dans le Sud, au chalet. Partir en vacances.* ▸ ***vacancier, ière*** n. ■ Personne en vacances. ⇒ **estivant.**

vacarme [vakaʀm] n. m. **1.** Grand bruit de gens qui crient, se querellent, s'amusent. ⇒ **clameur.** *Faire du vacarme.* ⇒ **chahut, tapage, tintamarre, tumulte.** **2.** Bruit assourdissant. *Le vacarme d'un chantier.*

vacation [vakasjɔ̃] n. f. ■ Temps consacré à l'accomplissement d'une fonction précise par la personne qui en a été spécialement chargée. *Encanteur payé à la vacation.* ⇒ **vacataire.** — Travail fait pendant ce temps déterminé. *Faire une vacation, des vacations.* ▸ ***vacataire*** adj. et n. ■ (France) Personne affectée à une fonction précise pendant un temps déterminé. *Vacataire qui cherche à être titulaire.*

vaccin [vaksɛ̃] n. m. ■ Substance (microbe ou produit soluble) qui, inoculée à un individu, lui confère l'immunité contre une maladie. *Sérum et vaccin. L'injection, l'inoculation d'un vaccin. Vaccin antigrippe.* — *Faire un vaccin à qqn,* inoculer un vaccin à qqn. ▸ ***vacciner*** v. tr. ▪ conjug. 1. **1.** Immuniser par un vaccin. *Vacciner qqn contre la fièvre typhoïde.* — Au p. p. adj. *Les enfants vaccinés.* — N. *Les vaccinés.* **2.** Fam. *Être vacciné contre qqch.,* être préservé d'une chose désagréable, dangereuse pour en avoir fait la pénible expérience. ⇒ **guéri.** *Plus d'affaires sentimentales, je suis vacciné pour un moment.* ▸ ***vaccination*** n. f. ■ Inoculation d'un vaccin pour combattre une maladie ou créer une immunité *(vaccination préventive).*

① ***vache*** [vaʃ] n. f. **1.** Femelle du taureau. *Jeune vache.* ⇒ **génisse, taure.** — REM. En boucherie, on dit *bœuf. La vache meugle, beugle. Les vaches paissent, ruminent. Bouse de vache. Vache laitière. La vache et ses petits veaux. La vache vient de vêler*.* **2.** Loc. *Vache à lait,* personne, organisme qu'on exploite, qui est une source de profit. *Ce secteur est la vache à lait de l'entreprise. Être gros comme une vache,* très gros. *Il pleut comme vache qui pisse,* très fort. ⇒ à **verse ;** fam. à **boire** debout. — *Manger de la vache enragée,* en être réduit à de dures privations. — *Avoir mangé de la vache enragée,* être en colère, de mauvaise humeur. — Fam. *Le diable est aux vaches,* le désordre règne. — *Parler français comme une vache espagnole,* parler mal le français. **3.** Peau de la vache apprêtée en fourrure, en cuir. *Sac en vache.* ▸ ① ***vacher, ère*** n. ■ Personne qui mène paître les vaches et les soigne. ▸ ***vachette*** n. f. **1.** Jeune vache. **2.** Cuir de génisse. ‹ ▸ ② vacher ›

② ***vache*** n. f. et adj. Fam. **1.** N. f. Personne méchante, qui se venge ou punit sans pitié. *C'est une vieille vache, une belle vache.* — *C'est une (vraie) peau de vache.* — *Un coup (en) vache,* nuisible et hypocrite. — (En parlant d'une personne dont on a à se plaindre) *Ah ! les vaches, ils m'ont oublié !* **2.** N. f. *La vache !,* exclamation exprimant l'étonnement, l'admiration (⇒ **vachement**), l'indignation. *La vache ! c'est superbe !* — (Devant le nom) *Une vache de belle maison.* ⇒ fam. ② **sacré.** **3.** Adj. Méchant ou sévère, injuste. *Il a été vache avec moi. Une réponse assez vache. C'est vache !,* se dit aussi d'un contretemps, d'une malchance. ▸ ***vachement*** adv. ■ Fam. (Intensif, admiratif) Beaucoup ; très. ⇒ **drôlement, rudement.** *C'est vachement bien. Ça nous aide vachement.* ▸ ***vacherie*** n. f. ■ Fam. Parole, action méchante. ⇒ **méchanceté,** ① **pique** (II), **pointe** (III) ; fam. ① **craque, patarafe.** *Dire, faire des vacheries.* — Caractère vache (3), méchant. *Elle est d'une vacherie inouïe !* / contr. **gentillesse** /

② ***vacher*** [vaʃe] v. intr. ▪ conjug. 1. ■ Fam. Ne rien faire, par paresse ou pour passer le temps, perdre son temps. ⇒ **fainéanter, paresser, taponner ;** fam. **s'éva-**

cher, gosser, se **pogner, téter.** *Il a vaché toute la journée. Vacher en faisant un travail,* ne faire aucun effort dans l'accomplissement de qqch. ▶ ③ ***vache*** n. f. ■ Fam. Personne qui est fainéante, paresseuse. ⇒ **empâté, flanc-mou, pâte-molle, évaché ;** fam. ① **lâche.** *Une grosse vache étendue sur un fauteuil devant la télévision.* — Adj. *Des étudiants vaches.* ⟨ ▶ s'avachir, s'évacher ⟩

vacherin [vaʃʀɛ̃] n. m. ■ Meringue à la crème fraîche, souvent servie glacée.

vaciller [vasije] v. intr. ■ conjug. 1. **1.** Être animé de mouvements répétés, alternatifs, être en équilibre instable et risquer de tomber. ⇒ **chanceler.** *Vaciller sur ses jambes.* **2.** Trembler, être sur le point de s'éteindre ; scintiller faiblement. ⇒ **trembloter.** *Bougie, flamme, lumière qui vacille.* ⇒ **osciller. 3.** Devenir faible, incertain ; manquer de solidité. *Mémoire, intelligence qui vacille.* ⇒ s'**affaiblir.** ▶ ***vacillant, ante*** adj. ■ Qui vacille. *Démarche vacillante.* ⇒ **chancelant, tremblant.** *Flamme, lumière vacillante.* ▶ ***vacillation*** n. f. ou ***vacillement*** n. m. ■ Mouvement, état de ce qui vacille. *Vacillation d'une flamme.*

vacuité [vakɥite] n. f. **1.** Didact. État de ce qui est vide. **2.** Vide moral, intellectuel. *La vacuité de ses propos.* / contr. **plénitude** /

vacuole [vakɥol] n. f. ■ Sciences naturelles. Petite cavité.

vade-mecum [vademekɔ(u)m] n. m. invar. ■ Littér. Livre (manuel, guide, aide-mémoire) que l'on garde sur soi pour le consulter. *Des vade-mecum.*

vadrouiller [vadʀuje] v. intr. ■ conjug. 1. ■ Fam. Se promener sans but précis, sans raison. ⇒ **traîner.** ▶ ① ***vadrouille*** n. f. ■ Fam. Action de vadrouiller. ⇒ **balade.** *Être en vadrouille.*

② ***vadrouille*** [vadʀuj] n. f. ■ Instrument de nettoyage. ⇒ anglic. **mop. 1.** Faisceau de cordages fixé à un long manche, servant à laver les sols. *Passer une vadrouille humide sur le linoléum.* — *Vadrouille(-) éponge,* dont l'extrémité est terminée par une grande éponge. **2.** Balai au bout duquel s'articule un faisceau de gros fils de coton entortillés, servant à essuyer la poussière sur les planches. *Passer la vadrouille sous les lits. Secouer la vadrouille.*

va-et-vient [vaevjɛ̃] n. m. invar. **1.** Dispositif servant à établir une communication en un sens et dans le sens inverse. — Dispositif électrique comportant deux interrupteurs (ou plus) montés en circuit, et permettant d'allumer, d'éteindre de plusieurs endroits. *Installer un va-et-vient dans une grande salle.* **2.** Mouvement alternatif. *Les va-et-vient d'une balançoire.* ⇒ **balancement. 3.** Allées et venues de personnes. *Le va-et-vient perpétuel d'un café.*

vagabond, onde [vagabɔ̃, ɔ̃d] adj. et n. **I.** Adj. **1.** Littér. Qui mène une vie errante. ⇒ **nomade.** / contr. **sédentaire** / *Les tribus vagabondes de bohémiens.* **2.** Qui change sans cesse, n'est retenu par rien. *Humeur, imagination vagabonde.* **II.** N. Personne sans domicile fixe et sans ressources, qui se déplace à l'aventure. ⇒ **clochard, itinérant, sans-abri, sans-logis ; robineux.** ▶ ***vagabondage*** n. m. **1.** Fait ou habitude d'errer, d'être vagabond. **2.** État de l'imagination vagabonde. ▶ ***vagabonder*** v. intr. ■ conjug. 1. **1.** Circuler, marcher sans but, se déplacer sans cesse. ⇒ **errer.** *Vagabonder sur les chemins.* **2.** Fig. Passer sans s'arrêter d'un sujet à l'autre. *Son imagination vagabondait.*

vagin [vaʒɛ̃] n. m. ■ Organe sexuel féminin, conduit qui s'étend de l'utérus à la vulve. ▶ ***vaginal, ale, aux*** adj. ■ Du vagin. *Muqueuse vaginale.*

vagir [vaʒiʀ] v. intr. ■ conjug. 1. ■ Pousser de faibles cris. ▶ ***vagissant, ante*** adj. ■ Qui vagit. ▶ ***vagissement*** n. m. ■ Cri de l'enfant nouveau-né. — Cri plaintif et faible (de quelques animaux : lièvre, crocodile...).

① ***vague*** [vag] n. f. **1.** Inégalité de la surface d'une étendue liquide (mer, lac...) due aux courants, au vent, etc. ; masse d'eau qui se soulève et s'abaisse. ⇒ ① **flot, houle,** ② **lame.** *Le bruit, le clapotis des vagues. Une grosse vague.* **2.** Phénomène comparable (par l'ampleur, la puissance, la progression...). *La vague d'enthousiasme pour cet auteur est passée.* ⇒ **courant, mouvement.** *Vague de protestation.* — Fam. *Ça a fait des vagues,* des remous, de l'agitation. — *La* NOUVELLE VAGUE : la dernière génération ou tendance. — *Vague de chaleur, de froid,* afflux de masses d'air chaud, froid. — Masse (d'humains, de choses) qui se répand brusquement. *Des vagues successives d'immigrants.* — *Faire la vague* (spectateurs dans un amphithéâtre sportif, un stade), lever les bras au-dessus de la tête, par groupes successifs et en répétant ce mouvement plusieurs fois. **3.** Surface ondulée. *Les vagues de sa chevelure.* ▶ ***vaguelette*** n. f. ■ Petite vague ; ride à la surface de l'eau. ▶ ① ***vaguer*** v. intr. ■ conjug. 1. ■ Présenter une surface ondulée, qui a des vagues. *Sa chevelure vague.* — Au p. p. adj. *Cette enfant a la tête toute vaguée.*

② ***vague*** adj. ■ *Terrain vague,* vide de cultures et de constructions, dans une ville.

③ ***vague*** adj. et n. m. **I.** Adj. **1.** Que l'esprit a du mal à saisir, à cause de son caractère mouvant ou de son sens mal défini, mal établi. ⇒ **confus, flou, imprécis, incertain.** *On m'a donné des indications vagues.* / contr. **précis** / *Il est resté vague,* il s'est contenté de propos vagues. ⇒ **évasif.** *Une angoisse vague,* sans objet précis. ⇒ **indéfinissable.** — (Avant le nom) Insuffisant, faible. *Elle n'a qu'une vague idée de ce qui se passe. Elle a de vagues souvenirs de cette époque. De vagues connaissances d'anglais.* **2.** *Regard vague,* qui exprime des pensées ou des sentiments imprécis. ⇒ **distrait. 3.** Qui est perçu d'une manière imparfaite. ⇒ **indéfinissable, obscur.** *On apercevait dans l'obscurité une silhouette vague.* ⇒ **flou.** / contr. **distinct, net** / **4.** Qui n'est pas ajusté, serré. *Manteau vague.* ⇒ **ample.** / contr. **moulant** / **5.** (Avant le nom) Dont l'identité précise importe peu ; quelconque, insignifiant. *Elle travaille dans un vague bureau. Un vague cousin.* **II.** N. m. **1.** Ce qui n'est pas défini, fixé (espace, domaine intellectuel, affectif). *Regarder dans le vague,* sans rien fixer. ⇒ **vide** (II). *Rester dans le vague,* ne pas préciser sa pensée. **2.** Loc. *Avoir du (le) vague à l'âme,* être dans un état mélancolique. ▶ ***vaguement*** adv. **1.** D'une manière vague, en termes imprécis. *On m'a vaguement dit de quoi il s'agit.* / contr. **précisément** / **2.** D'une manière incertaine ou douteuse. *Un geste vaguement désapprobateur.* / contr. **nettement** / ▶ ② ***vaguer*** v. intr. ■ conjug. 1. **1.** (Pensées, regards) Errer, ne pas se fixer. *Laisser vaguer son imagination.* ≠ *vaquer.*

vahiné [vaine] n. f. ■ Femme de Tahiti. *Des vahinés.*

vaillant, ante [vajɑ̃, ɑ̃t] adj. **1.** Littér. Plein de bravoure, de courage, de valeur pour se battre, pour le travail, etc. ⇒ **brave, courageux.** / contr. ① **lâche, poltron** / **2.** Vigoureux, en bonne santé. *Il est guéri, mais pas encore bien vaillant.* / contr. **faible** / **3.** Loc. *N'avoir pas un sou vaillant,* être pauvre, démuni. ▶ ***vaillamment*** adv. ■ Avec vaillance. ⇒ **bravement, courageusement.** ▶ ***vaillance*** n. f. **1.** Littér. Valeur guerrière, bravoure. ⇒ **courage.** *Un soldat dont la vaillance est connue.* / contr. **lâcheté** / **2.** Courage d'une personne que la souffrance, les difficultés, le travail n'effraient pas. / contr. **faiblesse** /

vain, vaine [vɛ̃, vɛn] adj. **I.** (Choses) **1.** Littér. Dépourvu de valeur, de sens. ⇒ **dérisoire, futile, insignifiant.** *Ce ne sont que de vains mots.* ⇒ **creux.** — Qui n'a pas de base sérieuse. ⇒ **chimérique, illusoire, utopique.** *Un vain espoir* [œ̃vɛnɛspwaʀ] / contr. **fondé** / **2.** Qui est dépourvu d'efficacité. ⇒ **inefficace, inutile.** *Faire de vains efforts.* — Impers. *Il est vain de songer à cela.* **II.** (Personnes) Littér. Fier de soi sans avoir de bonnes raisons de l'être. ⇒ **glorieux, vaniteux.** *Être superficiel et vain.* **III.** Loc. adv. EN VAIN : sans obtenir de résultat, sans que la chose en vaille la peine. ⇒ **inutilement,** sans **succès, vainement.** *J'ai protesté en vain,* en pure perte. *C'est en vain qu'elle lui a écrit.* ‹ ▸ vainement, vanité ›

vaincre [vɛ̃kʀ] v. tr. ▪ conjug. 42. **1.** L'emporter par les armes sur (un ennemi). ⇒ **battre, triompher** de. *Nous vaincrons l'ennemi.* — Sans compl. *Il faudra vaincre ou mourir.* ⇒ **gagner.** / contr. **perdre** / — Dominer et réduire à sa merci, au terme d'une lutte. *Elle l'a vaincu par son acharnement.* **2.** L'emporter sur (un adversaire, un concurrent) dans une compétition. ⇒ **battre.** *L'équipe locale a vaincu les visiteurs.* **3.** Être plus fort que (une force naturelle), faire reculer ou disparaître. ⇒ **dominer, maîtriser, surmonter.** *Elle a vaincu la maladie. Vaincre ses mauvais penchants.* ▸ ***vaincu, ue*** [vɛ̃ky] adj. ■ Qui a subi une défaite (de la part d'un ennemi, d'un rival, d'une force). ⇒ **perdant.** / contr. **gagnant, vainqueur, victorieux** / *S'avouer vaincu,* reconnaître sa défaite. *Il était vaincu d'avance,* sa défaite était inévitable. — N. *Malheur aux vaincus !* ▸ ***vainqueur*** n. m. — REM. Ce mot n'a pas de féminin et s'emploie pour les deux genres. **1.** Personne qui a gagné une bataille, une guerre. — Adj. Victorieux. *Avoir un air vainqueur,* orgueilleux et satisfait. ⇒ **triomphant. 2.** Gagnant. ⇒ **champion, lauréat.** *Le vainqueur d'une épreuve sportive.* **3.** Personne qui a triomphé (d'une force, d'une difficulté naturelle). *Le vainqueur de l'Everest.* ‹ ▸ invaincu ›

vainement [vɛnmɑ̃] adv. ■ En vain, inutilement.

vair [vɛʀ] n. m. ■ Vx. Fourrure de petit-gris. *La pantoufle de vair de Cendrillon.* ≠ *ver, verre, vers, vert.*

① ***vairon*** [vɛʀɔ̃] n. m. ■ Petit poisson des eaux courantes, au corps cylindrique. *Utiliser le vairon comme appât pour la truite.*

② ***vairon*** adj. m. ■ Se dit des yeux à l'iris cerclé d'une teinte blanchâtre, ou qui ont des couleurs différentes. *De petits yeux vairons.*

① ***vaisseau*** [vɛso] n. m. ■ Organe tubulaire permettant la circulation des liquides organiques. *Vaisseaux sanguins, lymphatiques.* ⇒ **artère, capillaire, veine.** ‹ ▸ vasculaire ›

② ***vaisseau*** n. m. **I. 1.** Vieilli, sauf dans certaines locutions. Bateau d'une certaine importance. ⇒ **navire ; bâtiment.** *Un vaisseau fantôme. Capitaine, enseigne de vaisseau.* **2.** *Vaisseau spatial, cosmique,* véhicule des astronautes. *Des vaisseaux spatiaux.* **II.** Espace allongé que forme l'intérieur d'un grand bâtiment, d'un bâtiment voûté. ⇒ **nef.** *Le vaisseau d'une église.*

vaisselle [vɛsɛl] n. f. **1.** Ensemble des récipients qui servent à manger, à présenter la nourriture. *De la vaisselle de faïence, de porcelaine, de plastique. Pile de vaisselle. Un service de vaisselle.* ⇒ anglic. **set** (II). **2.** Ensemble des plats, assiettes, ustensiles de table à laver. *Faire la vaisselle,* la laver. — *Elle n'a pas fini sa vaisselle,* le lavage de sa vaisselle. *De l'eau de vaisselle.* — Fig. *Boire de l'eau de vaisselle,* du mauvais café. *Projet qui tourne en eau de vaisselle,* qui n'a pas de suite. ▸ ***vaisselier*** n. m. ■ Meuble rustique, où la vaisselle est exposée à la vue. ⇒ **buffet, dressoir.** ‹ ▸ lave-vaisselle ›

val, plur. ***vaux*** ou ***vals*** [val, vo] n. m. **1.** (Dans des noms de lieux) Vallée. *Elle habite à Val-d'Or. Aller à Val-David. Le lac du Val des Pins.* **2.** Loc. À VAL : en suivant la pente de la vallée. ⇒ en **aval.** — *Par monts et par vaux.* ⇒ **mont.** ‹ ▸ aval, dévaler, vallée, vallon ›

valable [valabl] adj. **1.** Qui remplit les conditions requises (pour être reçu en justice, accepté par une autorité, etc.). ⇒ **valide.** / contr. **caduc,** ② **nul, périmé** / *Acte, contrat valable. Ma carte d'assurance-maladie n'est plus valable.* ⇒ en **règle. 2.** Qui a une valeur, un fondement reconnu. ⇒ **acceptable, admissible, sérieux.** *Il n'a donné aucun motif valable.* **3.** Qui a des qualités estimables. *Une solution valable.* ⇒ ① **bon.** *Interlocuteur valable,* qualifié, autorisé. — REM. Cet emploi est critiqué. ▸ ***valablement*** adv. **1.** De manière à être reçu, à produire ses effets juridiques. *Valablement autorisé.* **2.** À bon droit. *Alléguer valablement que...* **3.** D'une manière efficace, appréciable. *Ils savent utiliser valablement ses talents.* — REM. Cet emploi est critiqué.

valdinguer [valdɛ̃ge] v. intr. ▪ conjug. 1. ■ (France) Fam. Tomber, dégringoler. *Il l'a envoyé valdinguer dans l'escalier.*

valdorien, ienne [valdɔʀjɛ̃, jɛn] adj. et n. ■ De la ville de Val-d'Or. — N. (Avec une majusc.) Personne née dans cette ville ou qui l'habite.

valence [valɑ̃s] n. f. ■ Nombre d'atomes d'hydrogène avec lesquels peut se lier un atome, ou auxquels il peut se substituer.

valentin, ine [valɑ̃tɛ̃, in] n. **1.** Jeune homme choisi comme amoureux par une jeune fille, pour la Saint-Valentin, et qui doit lui offrir des présents. — N. f. VALENTINE : jeune fille qui choisit un valentin. — Par ext. Amoureux, amoureuse. **2.** N. m. Souhait ou cadeau échangé par les amoureux le jour de la fête de saint Valentin (patron des amoureux, fêté le 14 février). *Offrir un valentin à sa femme, à son mari.*

valériane [valeʀjan] n. f. ■ Plante à fleurs roses ou blanches, à la racine très ramifiée. *Valériane officinale* (appelée aussi *herbe-aux-chats*).

valet [valɛ] n. m. **I. 1.** Autrefois. Domestique. ⇒ **laquais, serviteur.** *Les valets des comédies classiques.* — VALET DE PIED : domestique de grande maison, en livrée. — VALET DE CHAMBRE : domestique masculin servant dans une maison ou un hôtel. **2.** Salarié chargé de certains travaux. — Vx. *Valet de ferme,* ouvrier agricole. — *Valet d'écurie,* chargé des soins des chevaux. — Fam. *Restaurant, hôtel avec service de valet,* l'employé qui va stationner la voiture des clients. ⇒ **voiturier. II.** Carte sur laquelle est représenté un jeune écuyer, et qui vient en général après le roi et la dame. *Valet de pique.*

valétudinaire [valetydinɛʀ] adj. et n. ■ Littér. Maladif. *Vieillard valétudinaire.*

valeur [valœʀ] n. f. **I. 1.** Caractère mesurable (d'un objet) en tant que susceptible d'être échangé, d'être désiré. ⇒ **prix.** *Avoir la valeur de, valoir. La valeur d'un bien. Objet de valeur, sans valeur. Estimer la valeur de qqch.* ⇒ **évaluer.** — Loc. METTRE EN VALEUR : faire valoir, faire produire (un bien matériel, un capital). *Mettre en valeur des terres incultes.* Faire valoir (une personne, une chose) en la montrant à son avantage. *Mot mis en valeur dans la phrase.* — ÊTRE EN VALEUR : être à son avantage. *Ce tableau est mieux en valeur de ce côté.* **2.** *Valeurs (mobilières),* titres cotés ou non en Bourse. ⇒ **action, billet,** ② **bon, débenture,** ② **effet, obligation, titre.** *Des valeurs or.* — (France) *Taxe à la valeur ajoutée.* ⇒ **T.V.A. II. 1.** Caractère de ce qui répond aux normes idéales de son type, qui a de la qualité. *La valeur de cet ouvrage vient de la sincérité de l'auteur.* **2.** Ce en quoi une personne est digne d'estime. ⇒ **mérite.** *C'est un être de grande valeur. Estimer qqn à sa juste valeur.* **3.** JUGEMENT DE VALEUR : par lequel on affirme qu'un objet est plus ou moins digne d'estime. *Je ne porterai aucun jugement de valeur sur ce roman.* **4.** Qualité de ce qui produit l'effet souhaité. ⇒ **efficacité, portée, utilité.** *La valeur d'une méthode.* **5.** *Une valeur,* ce qui est vrai, beau, bien (selon un jugement en accord avec celui de la société, de l'époque). *Les valeurs morales, sociales, esthétiques. Échelle des valeurs,* les valeurs classées de la plus haute à la plus faible, dans la conscience, servant de référence dans les jugements, la conduite. **III. 1.** Mesure (d'une grandeur ou d'une quantité variable). *Valeur de x.* — Quantité approximative. *Ajoutez la valeur d'un litre d'eau.* **2.** Mesure conventionnelle attachée à un signe. *La valeur des différentes cartes à jouer.* — Durée relative (d'une note, d'un silence), indiquée par sa figure, éventuellement modifiée par certains signes. *La valeur d'une blanche est deux noires.* **3.** Sens d'un mot limité ou précisé par son contexte. *Un mot a sa valeur par son opposition aux autres mots.* **IV.** Cour. Loc. adj. DE VALEUR : dommage, regrettable (à propos de qqch.). ⇒ **malheureux.** / contr. anglic. le **fun** / *Elle trouvait ça de valeur de partir si tôt. Le plus de valeur, c'est qu'ils venaient de se marier.* ⇒ **triste.** — *C'est de valeur* DE, QUE. *C'est bien de valeur de devoir quitter cette ville. C'est donc de valeur que ce soit si loin.* — *C'est de valeur, mais tu me dois encore de l'argent* (formule de menace, d'avertissement). — Absolt. *C'est de valeur.* ⇒ **dire** (IV, 4), **tant** pis. — *Si c'est pas de valeur de voir ça. C'est pas de valeur d'être généreux, ils sont riches !,* c'est facile, ce n'est pas dommage. ▶ ***valeureux, euse*** adj. ■ Littér. Brave, courageux. ⇒ **vaillant.** *De valeureux soldats.* ‹ ▶ contre-valeur, valoriser ›

valide [valid] adj. **1.** Qui est en bonne santé, capable de travail, d'exercice. / contr. **handicapé, impotent, infirme, invalide, malade** / **2.** Qui présente les conditions requises pour produire son effet. ⇒ **valable.** *Passeport valide.* / contr. ② **nul, périmé** / ▶ ***valider*** v. tr. ▪ conjug. 1. **1.** Rendre ou déclarer valide (2). ⇒ **entériner, homologuer, ratifier.** *Faire valider un certificat, un billet de Loto.* **2.** Analyser la valeur, la pertinence, la conformité (d'un moyen de contrôle, d'évaluation), du point de vue de son application. *Valider un test, un questionnaire.* ▶ ***validation*** n. f. ■ Action de valider ; son résultat. / contr. **annulation, invalidation** / *Validation des élections.* ▶ ***validité*** n. f. ■ Caractère de ce qui est valide (2). *Durée de validité d'un billet d'autobus.* ‹ ▶ invalide, invalider ›

valise [valiz] n. f. **1.** Bagage de forme rectangulaire, relativement plat et pouvant être porté à la main. ⇒ fam. **valoche.** *Petite valise.* ⇒ **mallette.** *Faire sa valise, ses valises,* y disposer ce qu'on emporte ; s'apprêter à partir. — Loc. *Prendre qqn pour une valise,* pour une personne crédule, pour un naïf. **2.** VALISE DIPLOMATIQUE : transport de correspondance ou d'objets sous le couvert de l'immunité diplomatique. ≠ *malle.* ‹ ▶ dévaliser, mot-valise, valoche ›

valium [valjɔm] n. m. ■ Barbiturique utilisé comme somnifère. — REM. Ce mot est un nom de marque déposée.

vallée [vale] n. f. **1.** Dépression allongée entre deux zones plus élevées (pli concave) ou espace situé de part et d'autre du lit d'un cours d'eau. ⇒ **val, vallon ;** ② **gorge, ravin.** *Ce village est au fond de la vallée.* **2.** Région qu'arrose un cours d'eau. ⇒ **bassin.** *La vallée du Saint-Laurent, du Nil.* **3.** (En montagne). Se dit des régions moins hautes (vallées proprement dites et pentes).

vallon [valɔ̃] n. m. ■ Petite dépression allongée entre deux collines, deux coteaux. ⇒ **vallée.** ▶ ***vallonné, ée*** adj. ■ Parcouru de vallons. *Région vallonnée.* ▶ ***vallonnement*** n. m. ■ Relief d'un terrain où il y a des vallons et des collines.

valoche [valɔʃ] n. f. ■ (Surtout en France) Fam. Valise. *C'est toujours moi qui porte les valoches !*

valoir [valwaʀ] v. ▪ conjug. 29. **I.** V. intr. **1.** Correspondre à (une certaine valeur) ; avoir un rapport d'égalité avec (autre chose) selon l'estimation qui en est faite. ⇒ **coûter, faire.** *Valoir peu, beaucoup. Votre maison vaut cent mille dollars. Cela ne vaut pas grand-chose.* — *Cela vaut de l'argent,* c'est une chose de prix. — Loc. (D'une chose étonnante, ridicule) *Cela vaut son pesant d'or ! Il ne vaut plus les mille dollars qu'il a valu* (p. p. invar.). **2.** Correspondre, dans le jugement des humains, à (une qualité, une utilité). *Il a conscience de ce qu'il vaut. Prendre une chose pour ce qu'elle vaut,* ne pas se faire d'illusion à son sujet. — (En tour négatif) *Ne rien valoir,* être sans valeur, médiocre. *Cette colle ne vaut rien.* — *L'oisiveté ne lui vaut rien,* ne lui réussit pas. **3.** (Sans compl.) Avoir de la valeur, de l'intérêt, de l'utilité. *Cette loi vaut pour tout le monde.* — Loc. *Rien qui vaille,* rien de bon, rien d'important. *Cela ne me dit rien qui vaille,* cela m'inquiète. — *Vaille que vaille,* tant bien que mal. — *À valoir,* en constituant une somme dont la valeur est à déduire d'un tout. *Verser un acompte à valoir sur telle somme.* — FAIRE VALOIR : faire apprécier plus ; rendre plus actif, plus efficace. *Faire valoir ses droits,* les exercer, les défendre. — *Se faire valoir,* se montrer à son avantage. — Rendre productif (un bien). ⇒ **exploiter.** *Faire valoir son domaine, ses capitaux.* **4.** Être égal en valeur, en utilité, équivalent à (autre chose). ⇒ **équivaloir.** *Cette carte vaut deux points. Cette façon de faire en vaut bien une autre,* n'est pas pire qu'une autre. — (Personnes) Avoir les mêmes qualités, le même mérite que (qqn). *Tu le vaux bien.* SE VALOIR v. pron. : avoir même valeur, être équivalent. Fam. *Ça se vaut,* ce n'est ni meilleur ni pire. **5.** VALOIR MIEUX QUE (+ nom) : avoir plus de valeur, être plus estimable, plus utile. *Le travail vaut mieux que l'ennui.* — Impers. *Il vaut mieux, mieux vaut,* il est préférable, meilleur de. (Avec *que* + subjonctif) *Il vaut mieux que tu te taises plutôt que de dire des bêtises.* (+ infinitif) *Il vaut mieux perdre de l'argent que la santé.* Fam. *Ça vaut mieux,* c'est préférable. *Ça vaut mieux que de se casser une jambe !* **6.** Être comparable en intérêt à (autre chose), mériter (un effort, un sacrifice). *Cela vaut le dérangement.* Fam. *Ça vaut le coup,* la peine. — VALOIR LA PEINE : mériter qu'on prenne la peine de... *Ça ne vaut pas la peine d'en parler, que nous en parlions,* c'est insignifiant. **II.** V. tr. Faire obtenir, avoir pour conséquence. ⇒ **procurer.** *Qu'est-ce qui nous vaut cet honneur ? Les ennuis que lui a valus cette aventure* (p. p. accordé). ⇒ **donner.** ‹ ▶ ambivalence, ① équivalent, équivaloir, évaluer, faire-valoir, plus-value, polyvalent, prévaloir, revaloir, vaillant, valable, valence, valeur, valide, vaurien ›

valoriser [valɔʀize] v. tr. ▪ conjug. 1. ■ Faire prendre de la valeur à (qqch., un bien), augmenter la valeur que l'on attribue à qqch. ⇒ **revaloriser.** / contr. **déprécier, dévaloriser, dévaluer** / *Valoriser une monnaie.* — Pronominalement (réfl.). *Il cherche à se valoriser,* à se donner de la valeur. ▶ ***valorisation*** n. f. ■ *La valorisation de ses efforts.* ‹ ▶ dévaloriser, revaloriser ›

valse [vals] n. f. **1.** Danse à trois temps, où chaque couple tourne sur lui-même tout en se déplaçant. *Valse* *viennoise, valse lente. Valse musette.* — Morceau de musique composé sur le rythme de cette danse. *Les valses de Chopin.* **2.** Fam. Mouvement de personnel à des postes politiques ou administratifs que les titulaires ont l'air d'échanger entre eux. *La valse des ministres.* — Changements répétés. *La valse des étiquettes.* ▶ ***valser*** v. intr. ▪ conjug. 1. **1.** Danser la valse, une valse. **2.** Fam. Être projeté. *Il est allé valser sur le trottoir.* ⇒ fam. **valdinguer.** — *Faire valser l'argent,* le dépenser sans compter. — *Faire valser des employés,* les déplacer. *Envoyer valser,* congédier ⇒ fam. **balancer,** ou rembarrer. ▶ ***valseur, euse*** n. ■ Personne qui valse, qui sait valser. *Bon, mauvais valseur.* ▶ ***valse-hésitation*** n. f. ■ Suite de décisions, d'actes contradictoires. *La valse-hésitation des commissions scolaires au sujet de la fermeture de certaines écoles.*

valve [valv] n. f. **1.** Chacune des deux parties de la coquille (dite *bivalve*) de certains mollusques et crustacés. *Les valves d'une moule.* **2.** Système de régulation d'un courant de liquide ou de gaz (assurant souvent le passage du courant dans un seul sens). — Soupape à clapet. *Valve de chambre à air.* **3.** Appareil laissant passer le courant électrique dans un sens. ▶ ***valvule*** n. f. ■ Repli muqueux ou membraneux qui règle le cours de matières circulant dans les vaisseaux. *Les valvules du cœur.*

vamp [vɑ̃p] n. f. ■ Vieilli. Anglic. Femme fatale et irrésistible. *Des vamps.*

vampire [vɑ̃piʀ] n. m. **1.** Fantôme sortant la nuit de son tombeau pour aller sucer le sang des vivants. *Un film de vampires.* **2.** Personne avide d'argent. — Meurtrier cruel. **3.** Grande chauve-souris insectivore de l'Amérique du Sud (elle suce aussi le sang des animaux pendant leur sommeil).

① ***van*** [vɑ̃] n. m. ■ Panier à fond plat, large, muni de deux anses, qui sert à vanner les grains. ‹ ▶ ① vanner ›

② ***van*** ou ① ***vanne*** [van] n. m. ou f. Anglic. **1.** Semi-remorque très longue qui s'adapte à un dispositif de traction. ⇒ **fardier, poids lourd, remorque.** *Une grosse vanne.* **2.** Fourgonnette aménagée pour y dormir. *Un van de ville.*

vancouvérois, oise [vɑ̃kuveʀwa, waz] adj. et n. ■ De la ville de Vancouver, en Colombie-Britannique. — N. (Avec une majusc.) Personne née dans cette ville ou qui l'habite.

vaniérois, oise [vanjeʀwa, waz] adj. et n. ■ De la ville de Vanier, au Québec ; de la ville de Vanier, en Ontario. — N. (Avec une majusc.) Personne née dans l'une de ces villes ou qui l'habite.

vandale [vɑ̃dal] n. ■ Destructeur brutal, ignorant. *Le musée a été saccagé par des vandales.* ▶ ***vandalisme*** n. m. ■ Destruction ou détérioration des œuvres d'art, des équipements publics. *Des actes de vandalisme.*

vanille [vanij] n. f. **1.** Gousse allongée d'une plante tropicale (⇒ **vanillier**), qui, séchée, devient noire et aromatique. **2.** Substance aromatique (contenue dans cette gousse ou artificielle) utilisée en confiserie et en pâtisserie. *Crème glacée à la vanille* (souvent faite avec un extrait chimique, la *vanilline*). ▶ ***vanillé, ée*** adj. ■ Aromatisé avec de la vanille. *Sucre, chocolat vanillé.* ▶ ***vanillier*** [vanije] n. m. ■ Plante des régions tropicales à tige grimpante, dont le fruit est la vanille.

① ***vanité*** [vanite] n. f. **1.** Défaut d'une personne vaine*, satisfaite d'elle-même et étalant cette satisfaction. ⇒ **fatuité, orgueil, prétention, suffisance.** / contr. **humilité, modestie, simplicité** / *Flatter, ménager la vanité de qqn.* **2.** Caractère de ce qui est frivole, insignifiant ; chose futile, illusoire. *Les vanités de la vie mondaine.* **3.** Caractère de ce qui est vain (I, 2), inefficace. *La vanité de nos efforts.* ▶ ***vaniteux, euse*** adj. ■ Plein de vanité (1). ⇒ **fier, orgueilleux, péteux, prétentieux, suffisant.** *Il est vaniteux comme un paon. Un air vaniteux.* — N. *C'est un vaniteux.* ⇒ **fat ;** très fam. frais **chié.** / contr. **modeste** /

② ***vanité*** n. f. ■ Anglic. Meuble de salle de bains pour se coiffer, se maquiller, se laver. *Le séchoir à cheveux est sur la vanité.*

vannage [vanaʒ] n. m. ■ Action de vanner (les grains).

① ***vanne*** n. f. ⇒ ② **van.**

② ***vanne*** [van] n. f. ■ Panneau vertical mobile disposé dans une canalisation ou dans un réservoir pour intercepter ou laisser libre le passage d'un liquide (eau, pétrole) ou d'un fluide (gaz, vapeur). *Les vannes d'une écluse, d'un moulin. Ouvrir, fermer les vannes.*

vanné, ée [vane] adj. ■ Fam. Très fatigué. ⇒ **fourbu ;** fam. **crevé, raqué.**

vanneau [vano] n. m. ■ Oiseau échassier de la taille du pigeon, à huppe noire. *Des vanneaux.*

① ***vanner*** [vane] v. tr. ▪ conjug. 1. ■ Secouer dans un van (les grains), de façon à les nettoyer en les séparant de la paille, des poussières et des déchets. *Vanner du blé.* ▶ ***vanneur, euse*** n. ■ Personne qui vanne les grains. ‹ ▶ vannage ›

② ***vanner*** v. tr. ▪ conjug. 1. ■ Fam. Accabler de fatigue. ⇒ **harasser.** *Cette course à pied m'a vanné.* ⇒ fam. **crever, tuer.** ‹ ▶ vanné ›

vannier [vanje] n. m. ■ Ouvrier qui travaille, tresse l'osier, le rotin, pour en faire des objets de vannerie. — REM. Le féminin *vannière* est virtuel. ▶ ***vannerie*** [vanʀi] n. f. **1.** Fabrication des objets tressés avec des fibres végétales, des tiges. **2.** Objets ainsi fabriqués.

vantail, aux [vɑ̃taj, o] n. m. ■ Panneau mobile. ⇒ **battant.** *Les vantaux d'une fenêtre, d'une armoire. Petit vantail.* ⇒ **vasistas.**

vantard, arde [vɑ̃taʀ, aʀd] adj. ■ Qui a l'habitude de se vanter. ⇒ **bluffeur, fanfaron, hâbleur, prétentieux.** — N. *Quel vantard !* ▶ ***vantardise*** n. f. ■ Caractère ou propos de vantard. ⇒ **fanfaronnade ;** anglic. **bluff.**

vanter [vɑ̃te] v. ▪ conjug. 1. **I.** V. tr. Littér. Parler très favorablement de (qqn ou qqch.), en louant publiquement et avec excès. ⇒ **célébrer, exalter.** / contr. **dénigrer** / *Il vante ses enfants, les mérites de ses enfants.* **II.** SE VANTER v. pron. réfl. **1.** Exagérer ses mérites ou déformer la vérité par vanité. *C'est faux, elle se vante.* — *Sans me vanter,* soit dit sans vanité. **2.** SE VANTER DE : tirer vanité de, prétendre avoir fait. ⇒ se **glorifier.** *Se vanter d'un succès, d'avoir réussi.* Fam. *Elle ne s'en est pas vantée,* elle l'a caché. *Il n'y a pas de quoi se vanter,* il n'y a pas de quoi être fier. *Et je m'en vante !,* et j'en tire un sujet de satisfaction (bien loin d'en avoir honte). — Se déclarer, par vanité, capable de faire qqch. ⇒ **crâner,** se **flatter,** se **targuer.** *Il se vante de réussir sans travailler.* ‹ ▶ vantard ›

va-nu-pieds [vanypje] n. invar. ■ Misérable qui vit en vagabond. ⇒ **gueux, quêteur.** — REM. *Va* (du verbe aller) et *nu,* adv., ne sont pas accordés. *Des va-nu-pieds.*

vapes [vap] n. f. pl. ■ Loc. fam. *Dans les vapes,* dans un état (vapeurs) proche de la somnolence dû à un choc, un malaise, la boisson, une drogue, etc. *Il est complètement dans les vapes. Elle est tombée dans les vapes,* elle s'est évanouie.

① ***vapeur*** [vapœʀ] n. f. **1.** Amas visible, en masses ou traînées blanchâtres, de très fines et légères gouttelettes d'eau en suspension dans l'air. ⇒ **brouillard, brume, nuage.** **2.** *Vapeur d'eau,* ou *vapeur,* eau à l'état gazeux, état normal de l'eau au-dessus de son point d'ébullition. *Machine* À VAPEUR. *Locomotive, bateau à vapeur.* — Loc. *Renverser la vapeur,* la faire agir sur l'autre face du piston ; fig. arrêter net une action qui se développait dans un sens dangereux et la mener dans un sens opposé. — *La vapeur monte,* la colère se développe. — *À toute vapeur,* en utilisant toute la vapeur possible, à toute vitesse. Fam. *Faire qqch. à la vapeur,* à la hâte, en se pressant. *Adopter une loi à la vapeur,* très rapidement, en abrégeant les étapes. — *Bain de vapeur.* ⇒ **étuve.** — *Pommes de terre cuites à la vapeur* (France, *pommes vapeur*). *Repassage à la vapeur.* **3.** Sciences. Gaz obtenu par vaporisation d'un liquide ou par sublimation d'un solide. *Vapeur d'essence. Condensation de la vapeur.* ⟨ ▸ coupe-vapeur, pare-vapeur, ② vapeur, vaporeux, vaporiser ⟩

② ***vapeur*** n. m. ■ Autrefois. Bateau à vapeur. ⇒ anglic. **steamer.**

vapeurs [vapœʀ] n. f. pl. ■ Troubles, malaises attribués à des exhalaisons montant au cerveau. *Les vapeurs de l'ivresse.* — Iron. *Avoir ses vapeurs.* ⟨ ▸ vapes ⟩

vaporeux, euse adj. **1.** Littér. Où la présence de la vapeur est sensible ; que des vapeurs couvrent, voilent. ⇒ **nébuleux.** — *Des lointains vaporeux,* aux contours incertains. ⇒ **flou, fondu.** **2.** Léger, fin et transparent. *Une robe de tulle vaporeux.*

vaporiser [vapɔʀize] v. tr. ▪ conjug. 1. **1.** Disperser et projeter en fines gouttelettes. ⇒ **pulvériser.** *Vaporiser un insecticide.* **2.** Didact. Transformer en vapeur. — V. pron. *Substance qui se vaporise.* ▸ ***vaporisateur*** n. m. ■ Petit pulvérisateur. *Vaporisateur à parfum.* ⇒ **atomiseur.** ▸ ***vaporisation*** n. f. ■ Action de vaporiser. ⇒ **pulvérisation.**

vaquer [vake] v. tr. ind. ▪ conjug. 1. ■ — VAQUER À : s'occuper de, s'appliquer à. *Vaquer à ses occupations.* ≠ *vaguer.*

varan [vaʀɑ̃] n. m. ■ Reptile saurien, grand lézard.

varappe [vaʀap] n. f. ■ Ascension d'un couloir rocheux, d'une paroi abrupte, en montagne. — *Faire de la varappe,* pratiquer l'escalade de rocher.

varathane [vaʀatan] n. m. ■ Anglic. Sorte de vernis plastique. ⇒ **laque.** *Un plancher en varathane. Donner une couche de varathane sur qqch.* — REM. Ce mot est un nom de marque déposée.

varech [vaʀɛk] n. m. ■ Ensemble des algues, goémons, etc., rejetés par la mer et que l'on récolte sur le rivage.

varennois, oise [vaʀɛnwa, waz] adj. et n. ■ De la ville de Varennes. *Les parcs varennois.* — N. (Avec une majusc.) Personne née dans cette ville ou qui l'habite.

vareuse [vaʀøz] n. f. **1.** Blouse courte en grosse toile. *Vareuse de marin, de pêcheur.* **2.** Veste de certains uniformes. — Veste assez ample (d'intérieur, de sport).

varger [vaʀʒe] v. tr. et intr. ▪ conjug. 3. ■ Fam. Frapper à grands coups. *Varger (sur) qqn. Cesse de varger dans la porte.* — Fig. *Varger sur l'intérêt du client,* insister fortement. ▸ ***vargeux, euse*** adj. ■ Fam. Remarquable, extraordinaire. *Une vargeuse de belle maison.* — Loc. *C'est pas vargeux,* pas fameux, pas terrible.

variable [vaʀjabl] adj. **1.** Qui est susceptible de se modifier, de changer souvent au cours d'une durée. ⇒ **changeant, incertain, instable.** / contr. **constant, invariable** / *Temps variable.* — *Vent variable,* qui change souvent de direction ou d'intensité. — Sciences. Qui prend, peut prendre plusieurs valeurs distinctes. *Grandeur, quantité variable.* — N. f. *Une variable,* un symbole ou terme auquel on peut attribuer plusieurs valeurs numériques différentes. — Grammaire. *Mot variable,* dont la forme est susceptible de se modifier suivant la phrase qui le contient. *Mots variables en genre et en nombre.* / contr. **invariable** / **2.** Qui prend plusieurs valeurs, plusieurs aspects (selon les cas individuels, les circonstances). *Loi variable selon les pays.* **3.** Qui présente ou peut présenter des transformations, se réaliser diversement. *Les formes variables de l'art.* **4.** Qui est conçu, fabriqué pour subir des variations. *Lentilles à foyer variable.* ▸ ***variabilité*** n. f. ■ Caractère de ce qui est variable. / contr. **constance, invariabilité** / *Variabilité du temps, des goûts.* ⟨ ▸ invariable ⟩

variante [vaʀjɑ̃t] n. f. **1.** Énoncé partiel d'un texte qui est un peu différent de celui qui est imprimé ; différence selon les versions. *Édition critique d'un texte accompagné des variantes.* **2.** Forme ou solution légèrement différente. *Cette formule publicitaire est une variante des précédentes.* **3.** Moyen d'expression (ton, prononciation) qui s'écarte d'une référence, d'un type. *Le mot « fjord » présente comme variante orthographique « fiord ».*

variation [vaʀjasjɔ̃] n. f. **1.** Passage d'un état à un autre ; différence entre deux états successifs. ⇒ **changement, modification.** *Les variations de son humeur sont imprévisibles.* ⇒ **saute.** **2.** Écart entre deux valeurs numériques (d'une quantité variable) ; modification de la valeur (d'une quantité, d'une grandeur). *Variations de la température. Variations d'intensité* (d'un courant, etc.). **3.** Modification d'un thème musical. — Composition formée d'un thème et de ses modifications. *Variations pour piano.*

varice [vaʀis] n. f. ■ Dilatation permanente d'un vaisseau, d'une veine (surtout aux jambes). *Avoir des varices.* ▸ ***variqueux, euse*** adj. ■ Accompagné de varices. *Ulcère variqueux.*

varicelle [vaʀisɛl] n. f. ■ Maladie infectieuse, contagieuse, généralement bénigne, caractérisée par des éruptions. ⇒ fam. petite **picote.** *Il y a une épidémie de varicelle à l'école.*

varier [vaʀje] v. ▪ conjug. 7. **I.** V. tr. **1.** Donner à (une seule chose) plusieurs aspects distincts, en changeant à plusieurs reprises certains de ses caractères ; rendre divers. *Elle cherche à varier le menu.* **2.** Rendre (plusieurs choses) nettement distinctes, diverses. *Varions un peu nos distractions.* ⇒ **changer, diversifier.** Iron. *Pour varier les plaisirs,* en passant d'un ennui à l'autre. **II.** V. intr. **1.** Présenter au cours d'une durée plusieurs modifications ; changer souvent. ⇒ se **modifier ; variation.** *Le temps varie.* — (Personnes) Ne pas conserver la même attitude, les mêmes opinions. *Elle n'a jamais varié sur ce point.* **2.** Se réaliser sous des formes différentes, diverses. *Les coutumes varient selon les lieux.* ⇒ **différer.** ▸ ***varié, ée*** adj. **1.** Qui présente des aspects ou des éléments distincts. ⇒ **divers.** *Un répertoire varié.* — *Un programme de musique variée. Terrain varié,* accidenté. **2.** Au plur. Qui sont nettement distincts, donnent une impression de diversité. *Des arguments variés. Hors-d'œuvre variés.* ⟨ ▸ variable, variante, variation, variété ⟩

variété [vaʀjete] n. f. **1.** Caractère d'un ensemble formé d'éléments variés, qui donne une impression de changement ; différences qui existent entre ces éléments. ⇒ **diversité.** *Une grande variété de papillons. Il y a dans cette œuvre une grande variété de thèmes, de tons. Cela manque de variété.* / contr. **monotonie, uniformité** / **2.** Subdivision de l'espèce, délimitée par la variation de caractères individuels. ⇒ **type.** *Toutes les variétés de poires et de pommes.* **3.** Au plur. Titre de recueils contenant des morceaux sur des sujets variés. ⇒ **mélange(s).** — *Spectacle, émission de variétés,* comprenant des attractions variées (⇒ **music-hall**).

variole [vaʀjɔl] n. f. ■ Maladie infectieuse, épidémique et contagieuse, grave, caractérisée par une éruption de boutons (taches rouges, vésicules, pustules). ⇒ petite **vérole ;** fam. grosse **picote.** *Tu t'es fait vacciner contre la variole ? L'éradication de la variole.* ▸ ***varioleux, euse*** adj. et n. ■ (Personnes) Qui a la variole. ▸ ***variolique*** adj. ■ De la variole. *Une éruption variolique.*

variqueux adj. ⇒ **varice.**

varlope [vaʀlɔp] n. f. ■ Grand rabot à poignée, qui se manie à deux mains. ▸ ***varloper*** v. tr. ▪ conjug. 1. **1.** Travailler (une pièce de bois) à la varlope. ⇒ **raboter.** *Varloper un madrier.* — Au p. p. adj. *Colombage bien varlopé.* **2.** Fig. Fam. Critiquer sévèrement. ⇒ fam. **maganer.** *Se faire varloper par une journaliste.* — Au passif. *Être varlopé.*

vasculaire [vaskylɛʀ] adj. ■ Qui appartient aux vaisseaux ①, contient des vaisseaux. *Le système vasculaire sanguin.* — *Plantes vasculaires,* végétaux supérieurs à tige, racine et feuilles. ▸ ***vasculariser*** v. tr. ▪ conjug. 1. ■ Pourvoir de vaisseaux (surtout pronominalement et au p. p. adj.). *Tissus vascularisés.*

① ***vase*** [vɑz] n. m. **1.** Récipient servant à des usages nobles ou ayant une valeur historique, artistique. ⇒ **amphore, urne.** *Vases grecs.* **2.** Récipient destiné à recevoir des fleurs coupées. *Un grand vase en cristal.* **3.** *Vases sacrés,* destinés à la célébration de la messe. ⇒ **burette, calice, ciboire, patène. 4.** Récipient utilisé en chimie. — Loc. *Le principe des* VASES COMMUNICANTS. **5.** Loc. EN VASE CLOS : sans communication avec l'extérieur. *Sa théorie s'est développée en vase clos.* — *Le vase déborde,* c'est assez, on n'en supportera pas plus. ⇒ ③ **comble.** ‹ ▸ évaser, transvaser ›

② ***vase*** n. f. ■ Dépôt de terre et de particules organiques en décomposition, qui se forme au fond des eaux stagnantes ou à cours lent. ⇒ **boue, bouette, fange, limon ;** anglic. **sloche.** *Un chalutier échoué dans la vase.* ▸ ① ***vaseux, euse*** adj. ■ Qui contient de la vase, est formé de vase. ⇒ **bouetteux, boueux.** *Fonds vaseux.* ‹ ▸ s'envaser ›

vasectomie [vazɛktɔmi] n. f. ■ Médecine. Résection totale ou partielle des canaux excréteurs des testicules, entraînant la stérilité masculine. ▸ ***vasectomiser*** v. tr. ▪ conjug. 1. ■ Médecine. Pratiquer une vasectomie sur. — Au passif et au p. p. adj. *Son mari est vasectomisé.*

vaseline [vazlin] n. f. ■ Substance molle, grasse, obtenue à partir des pétroles de la série des paraffines, utilisée en pharmacie.

② ***vaseux, euse*** [vɑzø, øz] adj. Fam. **1.** (Personnes) Qui se trouve dans un état de malaise, de faiblesse. ⇒ **fatigué.** *Je me sens vaseux ce matin.* **2.** Trouble, embarrassé, obscur. *Un raisonnement vaseux.* ⇒ **confus, embrouillé,** fam. **vasouillard.** ‹ ▸ vasouiller ›

vasistas [vazista(ɑ)s] n. m. invar. ■ Petit vantail pouvant s'ouvrir dans une porte ou une fenêtre. ⇒ **carreau.**

vaso- ■ Élément savant signifiant « récipient ». ▸ ***vasoconstricteur, trice*** [vazokɔ̃stʀiktœʀ, tʀis] adj. et n. m. ■ (Nerfs) Qui commande la diminution du calibre d'un vaisseau par contraction de ses fibres musculaires *(vasoconstriction).* ▸ ***vasodilatateur, trice*** adj. et n. m. ■ (Nerfs) Qui commande la dilatation des vaisseaux *(vasodilatation).* ▸ ***vasomoteur, trice*** adj. ■ Relatif à la vasoconstriction et à la vasodilatation.

vasouiller [vazuje] v. intr. ▪ conjug. 1. ■ (Surtout en France) Fam. Être hésitant, peu sûr de soi, maladroit (dans une réponse, etc.). ⇒ s'**embrouiller,** se **mêler, nager, patauger ;** fam. **cafouiller.** *Il vasouille à tous ses oraux.* ▸ ***vasouillard, arde*** adj. ■ Fam. Qui vasouille, est plutôt vaseux ②. *Une explication vasouillarde.*

vasque [vask] n. f. ■ Bassin ornemental peu profond qui peut être aménagé en fontaine. *Vasque de marbre.*

vassal, ale, aux [vasal, o] n. **1.** Moyen Âge. Personne liée à un seigneur, un suzerain qui lui concédait la possession effective d'un fief. **2.** Individu, groupe dépendant d'un autre et considéré comme un inférieur. — En appos. *Pays vassaux.* ⇒ **satellite.**

vaste [vast] adj. **1.** (Surfaces) Très grand, immense. *Une vaste forêt d'épinettes.* **2.** (Constructions) Très grand. / contr. **exigu, petit** / *C'est une église très vaste.* — Littér. Spacieux, ample. *Il portait un vaste manteau.* **3.** Important en quantité, en nombre. *Un vaste groupe d'étudiants.* **4.** Étendu dans sa portée ou son action. *Elle possède une vaste culture.* / contr. **limité** / Fam. *C'est une vaste blague, une vaste plaisanterie,* je n'y crois pas.

vaticiner [vatisine] v. intr. ▪ conjug. 1. ■ Littér. Prédire l'avenir (en parlant comme un oracle), prophétiser avec emphase. ▸ ***vaticination*** n. f. ■ Littér. Prédiction de l'avenir. ⇒ **oracle, prophétie.**

va-tout [vatu] n. m. invar. ■ Cartes. Coup où l'on risque tout son argent. — Loc. fig. JOUER SON VA-TOUT : risquer le tout pour le tout.

vaudeville [vodvil] n. m. ■ Comédie légère, divertissante, fertile en intrigues et rebondissements. *Cette histoire est un vrai vaudeville,* elle est burlesque. ▸ ***vaudevillesque*** adj. ■ Qui a le caractère léger ou burlesque du vaudeville.

vaudou [vodu] n. m. et adj. ■ Culte religieux des Antilles, d'Haïti, mélange de pratiques magiques, de sorcellerie et d'éléments chrétiens. — Les divinités du culte et les personnes qui le pratiquent. *Des vaudous.* — Adj. *Des cérémonies vaudoues.*

vaurien, ienne [voʀjɛ̃, jɛn] n. ■ Mauvais sujet, petit voyou. ⇒ **bon** à rien**, chenapan, galopin, garnement ;** anglic. **bum.**

vautour [votuʀ] n. m. **1.** Oiseau rapace de grande taille, au bec crochu, à la tête et au cou dénudés, qui se nourrit de charognes et de détritus. ⇒ **condor. 2.** Personne dure et rapace, qui n'hésite pas à dépouiller qqn. *Son associé est un vautour.* ⇒ **requin.**

se ***vautrer*** [votʀe] v. pron. réfl. ▪ conjug. 1. **1.** Se coucher, s'étendre (sur, dans qqch.) en prenant une position abandonnée (II, 2). ⇒ fam. s'**effoirer,** s'**évacher.** *L'enfant se vautrait par terre.* — Au p. p. adj. *Il reste des heures vautré sur son lit.* **2.** Se complaire. *Ils se vautraient dans la paresse, la débauche.*

va-vite [vavit] n. m. ■ Fam. *Le va-vite,* la diarrhée. ⇒ **colique ;** fam. **chiasse, courante, flux, turista.** *Avoir le va-vite.* ▸ ***à la va-vite*** loc. adv. ⇒ **va.**

veau [vo] n. m. **I. 1.** Petit de la vache, pendant sa première année, mâle ou femelle. *Veau de lait.* — Loc. *Tuer le* VEAU GRAS : faire un festin à l'occasion de réjouissances familiales. — *Pleurer comme un veau,* en sanglotant bruyamment. — *Adorer le Veau d'or,* avoir le culte de l'argent. — Fam. *Une queue* de veau.* **2.** Viande de cet animal (viande blanche). *Escalope, côtelette, cretons de veau. Blanquette de veau.* **3.** Peau de cet animal (ou de génisse), tannée et apprêtée. ⇒ **box-calf, vélin.** *Chaussures, sacs en veau retourné.* **4.** Petit de l'orignal. *Un orignal femelle et son veau.*

II. ■ (Personnes) Fam. Nigaud, paresseux. *Vous n'êtes tous que des veaux !,* vous êtes tous veules. — Fam. *Espèce de grand veau,* de grand bébé braillard. ‹ ▸ ris de veau, vêler, vélin ›

vecteur [vɛktœʀ] n. m. **1.** Segment de droite orienté, formant un être mathématique sur lequel on peut effectuer des opérations. *Norme, direction, sens d'un vecteur.* **2.** Animal transmettant un agent infectieux d'un sujet à un autre. *Le renard, principal vecteur de la rage.* **3.** Chose ou personne qui sert d'intermédiaire. *La télévision est un grand vecteur de l'information.* **4.** Véhicule capable de transporter une charge nucléaire. ▸ ***vectoriel, ielle*** adj. ■ Relatif aux vecteurs (opposé à *scalaire*). *Calcul vectoriel,* étude des opérations que l'on peut effectuer sur les vecteurs.

vécu, ue [veky] adj. et n. m. ■ Adj. Qui appartient à l'expérience de la vie (opposé à *livresque, réel*). ⇒ **réel.** *Histoire vécue.* ⇒ **vrai.** *Expérience vécue.* — N. m. *Le vécu,* l'expérience vécue. *Raconter son vécu.*

véda [veda] n. m. ■ Texte religieux et poétique de l'Inde ancienne. *Les védas.* ▸ ***védique*** adj. ■ Relatif aux védas.

① ***vedette*** [vədɛt] n. f. ■ Petit navire de guerre chargé d'observations. — Canot rapide. *Les vedettes de la douane.*

② ***vedette*** n. f. **1.** *Mettre* EN VEDETTE : mettre en évidence, en valeur. *Son intelligence le mettait toujours en vedette.* **2.** Théâtre. Le fait d'avoir son nom imprimé en gros caractères. *Avoir, partager la vedette.* — *Avoir la vedette,* être au premier plan. *Le congrès du parti tient la vedette.* **3.** Artiste qui a la vedette, personne qui jouit d'une grande renommée. *Les vedettes de la scène, du cinéma.* ⇒ **diva, étoile ;** anglic. **star.** — *Passer en vedette américaine. C'est une des vedettes de l'actualité. Une vedette sportive,* du monde du sport. ▸ ***vedettariat*** n. m. ■ Condition sociale des vedettes ; attitude de vedette. *Les contraintes du vedettariat.*

végétal, ale, aux [veʒetal, o] n. m. et adj. **I.** N. m. Être vivant caractérisé par rapport aux autres (les animaux) par des mouvements et une sensibilité plus faibles, une composition chimique particulière, une nutrition à partir d'éléments simples. ⇒ ① **plante, végétation.** *Étude des végétaux.* ⇒ **botanique. II.** Adj. **1.** Relatif aux plantes, aux êtres vivants appelés végétaux. *Règne végétal* (opposé à *animal, minéral*). **2.** Qui provient d'organismes de végétaux. *Huiles végétales.* ⇒ anglic. **shortening.** *Crin végétal.*

végétation [veʒetasjɔ̃] n. f. ■ Ensemble des végétaux, des plantes qui poussent en un lieu. ⇒ **flore.** *Zones de végétation* (glaciale, tempérée, tropicale...). *Une végétation luxuriante.*

végétations n. f. pl. ■ Hypertrophie des replis de la peau ou des muqueuses. *Opérer un enfant des végétations,* d'une hypertrophie des tissus des amygdales.

végéter [veʒete] v. intr. ▪ conjug. 6. **1.** Péj. (Plantes) Mal pousser, croître avec difficulté. *Tes tomates, cette année, végètent.* **2.** (Personnes) Avoir une activité réduite ; vivre dans une morne inaction ou rester dans une situation médiocre. ⇒ **vivoter.** *Il végète derrière son bureau.* — (Choses) Avoir une activité réduite. *Son entreprise végète.* ▸ ***végétarien, ienne*** [veʒetaʀjɛ̃, jɛn] adj. et n. ■ *Régime végétarien,* d'où sont exclus la viande, le poisson. *Restaurant végétarien,* spécialisé dans ce type de cuisine. — N. *Un(e) végétarien(ne),* une personne qui suit ce régime. ▸ ***végétatif, ive*** adj. **1.** Qui concerne les activités physiologiques involontaires. *Vie végétative* ou *organique.* — Relatif à la partie du système nerveux qui innerve les viscères. ⇒ ② **sympathique.** *Système végétatif centrifuge.* **2.** Qui évoque la vie des végétaux, par son inaction. ⇒ **inactif, oisif.** *Mener une vie végétative,* végéter. ‹ ▸ végétal, végétation, végétations ›

véhémence [veemɑ̃s] n. f. ■ Littér. Force impétueuse (des sentiments ou de leur expression). ⇒ **ardeur, emportement, fougue, impétuosité.** *Elle protesta avec véhémence.* / contr. **calme, froideur** / ▸ ***véhément, ente*** adj. ■ Littér. Qui a une grande force expressive, qui entraîne ou émeut. ⇒ **entraînant, fougueux.** *Un discours véhément. Un orateur véhément.*

véhicule [veikyl] n. m. **1.** Moyen de transport terrestre, le plus souvent autonome et muni de roues. *Véhicule automobile.* ⇒ **voiture.** *Véhicule prioritaire. Véhicule de tourisme,* utilisé pour le transport de personnes. *Véhicule utilitaire,* utilisé pour le transport des marchandises. — *Véhicule de plaisance,* véhicule automobile ou tracté qui peut servir de logement, généralement utilisé à des fins de loisirs. — *Les véhicules spatiaux.* **2.** Ce qui sert à transmettre, à faire passer d'un lieu à un autre, à communiquer. *Le langage, véhicule de la pensée.* ▸ ***véhiculaire*** adj. ■ Qui sert aux communications entre des peuples de langue maternelle différente (opposé à *vernaculaire*). ▸ ***véhiculer*** v. tr. ▪ conjug. 1. **1.** Transporter (qqn) avec un véhicule (1). *Il les a véhiculées jusqu'à l'école.* ⇒ **conduire. 2.** Constituer un véhicule (2) pour (qqch.). *Le sérum sanguin véhicule divers pigments.*

① ***veille*** [vɛj] n. f. ■ Jour qui en précède un autre, qui précède celui dont il est question. / contr. **lendemain** / *La veille et l'avant-veille. La veille au soir.* — Loc. fam. *Ce n'est pas demain la veille,* ce n'est pas pour bientôt. — À LA VEILLE DE (un événement) : dans la période qui le précède immédiatement. *À la veille des séries éliminatoires, de la Seconde Guerre mondiale.* — (+ infinitif) *Être à la veille de faire qqch.,* sur le point de. — *Le(s) lendemain(s) de la veille,* état vaseux consécutif à l'abus de nourriture et d'alcool consommés le jour d'avant. *Le lendemain de la veille, on paye pour les abus.* ‹ ▸ avant-veille ›

② ***veille*** n. f. **I. 1.** Action de veiller (I, 1) (opposé à *sommeil*) ; moment sans sommeil pendant le temps normalement destiné à dormir. *Les longues veilles passées à travailler.* **2.** Garde de nuit. *Elle a pris la veille cette nuit-là.* **II.** État d'une personne qui ne dort pas (opposé à *sommeil*). *État entre la veille et le sommeil.* ⇒ **somnolence.** ▸ ***veillée*** n. f. **1.** Temps qui s'écoule entre le moment du repas du soir et celui du coucher, qui est consacré à des réunions familiales ou de voisinage. ⇒ **soirée.** *À la veillée. Les contes de la veillée.* — *Une veillée de famille. Faire une veillée dans le temps des Fêtes.* **2.** Loc. VEILLÉE D'ARMES : préparation morale à une épreuve, une action difficile. **3.** Action de veiller un malade, un mort ; nuit passée à le veiller. *Veillée funèbre.* ▸ ***veiller*** v. ▪ conjug. 1. **I.** V. intr. **1.** Rester volontairement éveillé pendant le temps habituellement consacré au sommeil (⇒ ② **veille.**) *Tu ne devrais pas veiller si tard.* **2.** Être de garde. *Veiller auprès d'un malade.* — Être en éveil, vigilant. *Je suis là qui veille.* **3.** *Aller veiller* (chez qqn), se rendre, participer à une veillée (1), à une soirée. *Il va veiller chez sa blonde,* y passer la soirée. **II.** V. tr. **1.** V. tr. dir. Rester la nuit auprès de (un malade pour s'occuper de lui ; un mort). **2.** V. tr. ind. VEILLER À *qqch.* : y faire grande attention et s'en occuper activement. *Elle veille au bon déroulement des opérations.* (+ infinitif) *Il faudra veiller à ranger tes affaires.* (Avec *ce que* + subjonctif) *Veillez à ce que tout soit en ordre à mon retour.* — VEILLER SUR *qqn* : prêter grande attention à ce qu'il fait, à ce qui lui arrive (pour intervenir au besoin). ⇒ **surveiller.** *Veillez bien sur cet enfant.* ▸ ***veilleur*** ou ***veilleux, euse*** n. **1.** Soldat de garde. **2.** VEILLEUR DE NUIT : gardien (d'un magasin, d'une banque, etc.), qui est de service de nuit ; employé d'hôtel chargé d'assurer le service et la réception pendant la nuit. **3.** Personne qui aime veiller (I, 1) tard, qui aime aller veiller (II, 3). ⇒ **couche-tard.** / contr. **couche-tôt** / *Ma mère était une grande veilleuse* ou, adj., *était veilleuse. Tu parles de veilleux, ils ne partent plus !* ▶ ***veilleuse*** n. f. **1.** Petite lampe qu'on laisse allumée pendant la nuit ou en permanence dans un lieu sombre. — *Mettre une lampe* EN VEILLEUSE : réduire la flamme, diminuer l'éclairage. *Ils se sont mis en veilleuse,* ils ont réduit leur activité. — Fam. *Mets-la en veilleuse,* du calme, tais-toi. **2.** Petite flamme d'un chauffe-eau à gaz, d'un réchaud. ‹ ▶ éveiller, réveiller, surveiller ›

① ***veine*** [vɛn] n. f. **1.** Vaisseau à ramifications convergentes, qui ramène le sang des capillaires au cœur. *Les veines et les artères**. — *S'ouvrir les veines,* se trancher les veines du poignet pour se donner la mort. **2.** (Dans des loc.). *Les veines,* les vaisseaux sanguins, symboles de la vie *Ne pas avoir de sang dans les veines,* être lâche. ▶ ① ***veiné, ée*** adj. ■ Qui présente des veines bleues apparentes sous la peau. ▶ ***veineux, euse*** adj. ■ Qui a rapport aux veines. *Système veineux.* ▶ ***veinule*** n. f. **1.** Petit vaisseau qui, convergeant avec d'autres, forme les veines. **2.** Ramification extrême des nervures des feuilles. ‹ ▶ intraveineux ›

② ***veine*** n. f. **1.** Filon mince (d'un minéral). *Veine de quartz, de houille. Exploiter une veine dans une mine.* **2.** Dessin coloré, mince et sinueux (dans le bois, les pierres dures). ▶ ② ***veiné, ée*** adj. ■ Qui présente des veines, des filons. *Bois, marbre veiné.*

③ ***veine*** n. f. **I. 1.** Inspiration de l'artiste. *La veine poétique, dramatique. — Être en veine,* inspiré. **2.** EN VEINE DE... : disposé à. *On est en veine de travail.* **II.** Fam. Chance. ⇒ fam. ① **pot.** *Il a eu de la veine. C'est un coup de veine.* ▶ ***veinard, arde*** adj. et n. ■ (Surtout en France) Fam. Qui a de la veine (II). ⇒ **chanceux ;** fam. **merdeux, verni.** — N. *Quel veinard !* ‹ ▶ déveine ›

vélaire [velɛʀ] adj. ■ Qui est articulé près du voile du palais. [k] *est une consonne vélaire.* — N. f. *Une vélaire.*

vélar [velaʀ] n. m. ■ Plante herbacée annuelle de la famille des crucifères, très commune. *Le vélar giroflée est aussi appelé « herbe au chantre ».*

velcro [vɛlkʀo] n. m. invar. ■ Ensemble de deux rubans, tissés différemment, qui s'agrippent par contact ; chacun de ces deux rubans. *Du velcro.* — En appos. *Une bande velcro.* — REM. Ce mot est un nom de marque déposée.

vêler [vɛle] v. intr. ▪ conjug. 1. ■ (Vaches, orignaux) Mettre bas, avoir son veau. ▶ ***vêlage*** ou ***vêlement*** n. m. ■ Action de vêler.

vélin [velɛ̃] n. m. **1.** Peau de veau mort-né, plus fine que le parchemin ordinaire. *Manuscrit, ornements sur vélin.* — Cuir de veau. *Reliure de vélin.* **2.** Papier très blanc et de pâte très fine. *Exemplaire sur vélin.*

véliplanchiste [veliplɑ̃ʃist] n. ■ Personne qui pratique la planche à voile.

vélivole [velivɔl] adj. ■ Relatif au vol à voile ; qui pratique le vol à voile. *Les vélivoles et les aviateurs.* — REM. On trouve aussi la variante *vélivoliste.*

velléité [ve(ɛl)leite] n. f. ■ Intention *(vouloir)* qui n'aboutit pas à une décision. *Il a eu des velléités de résister.* ▶ ***velléitaire*** adj. et n. ■ Qui n'a que des intentions faibles, ne se décide pas à agir. ⇒ **aboulique.**

vélo [velo] n. m. ■ Bicyclette (autrefois, *vélocipède*). ⇒ fam. **bicycle.** *Elle est à vélo, en vélo, sur son vélo. Des vélos.* — Le fait de monter, de rouler à bicyclette. *Faire du vélo, aimer le vélo.* ⇒ **cyclisme.** ‹ ▶ vélodrome, vélomoteur ›

véloce [velɔs] adj. ■ Littér. Agile, rapide. ▶ ***vélocité*** n. f. **1.** Rare. Mouvement rapide, aptitude à aller vite. ⇒ **vitesse.** *La vélocité des vents.* **2.** Agilité, vitesse dans le jeu d'un instrument de musique. *Exercice de vélocité au piano.* ⇒ **virtuosité.**

vélocipède [velɔsipɛd] n. m. ■ Ancien appareil de locomotion, ancêtre de la bicyclette. ‹ ▶ vélo ›

vélodrome [velodʀom] n. m. ■ Piste entourée de gradins, aménagée pour les courses de bicyclettes.

vélomoteur [velomɔtœʀ] n. m. ■ Vélo à moteur de petite cylindrée, entre 50 et 125 cm³. ⇒ **cyclomoteur.** ≠ *moto.*

velours [v(ə)luʀ] n. m. invar. **1.** Tissu à deux chaînes superposées dont l'une produit le fond du tissu et l'autre le velouté ; tissu analogue dont le velouté est produit par une trame. *Velours de coton, de soie, de rayonne. Velours uni, côtelé, cordé. Pantalon de velours.* — *Velours de laine,* tissu de laine pelucheux sur l'endroit, utilisé dans l'ameublement. — Loc. *Jouer sur le velours,* agir sans risques. — *Chat qui fait patte de velours,* qui présente sa patte après avoir rentré ses griffes. *Faire patte de velours,* dissimuler un dessein de nuire sous une douceur affectée. — Fig. *Faire un petit velours* (à qqn), faire plaisir, procurer une certaine satisfaction, flatter. ⇒ ① **toucher.** *Ça m'a fait un petit velours de recevoir une médaille.* **2.** Ce qui donne une impression de douceur au toucher, à la vue, au goût. ⇒ **velouté.** *Le velours d'une pêche. — C'est du velours,* une boisson, une nourriture délectable. — Plaisant. *Faire des yeux de velours,* des yeux doux. ▶ ***velouté, ée*** adj. et n. m. **1.** Doux au toucher, comme du velours. / contr. **rêche** / ⇒ **duveté.** *Pêche veloutée.* **2.** Doux et onctueux (au goût). *Potage velouté. Yogourt velouté.* — N. m. *Un velouté d'asperges.* **3.** N. m. *Le velouté,* la douceur de ce qui est velouté au toucher ou à l'aspect. *Le velouté de la peau.*

velu, ue [vəly] adj. ■ Qui a les poils longs et très abondants. ⇒ **poilu.** *Mains velues.*

velum ou ***vélum*** [velɔm] n. m. ■ Grande pièce d'étoffe servant à tamiser la lumière ou à couvrir un espace sans toiture. *Des vélums.*

venaison [vənɛzɔ̃] n. f. ■ Chair de grand gibier (cerf, chevreuil, daim, sanglier).

vénal, ale, aux [venal, o] adj. ■ Qui se laisse acheter au mépris de la morale. ⇒ **cupide.** *Un être vénal,* qui n'agit que par intérêt. ⇒ **corrompu.** / contr. **intègre, probe** / — (Choses) *Amour vénal.* ▶ ***vénalité*** n. f. **1.** Fait d'être cédé pour de l'argent au mépris des valeurs morales. **2.** Caractère ou comportement d'une personne vénale. ⇒ **bassesse, corruption.**

à tout ***venant*** [atuv(ə)nɑ̃] loc. ■ À chacun, à tout le monde. *Il parle à tout venant.*

vendable [vɑ̃dabl] adj. ■ Qui peut être vendu. / contr. **invendable** / *Ces vieux livres sont encore vendables.* ‹ ▶ invendable ›

vendange [vɑ̃dɑ̃ʒ] n. f. **1.** Le fait de recueillir les raisins mûrs pour la fabrication du vin. *Faire la vendange, les vendanges.* ⇒ **vendanger.** — Au plur. *Les vendanges,* l'époque des vendanges, en automne. **2.** Raisin récolté pour faire le vin. *La vendange est abondante.* ▶ ***vendanger*** v. ▪ conjug. 3. **1.** V. tr. Récolter (les raisins) pour faire le vin. *Vendanger le* *vignoble.* **2.** V. intr. Faire la vendange, cueillir les raisins et les transporter. ▶ ***vendangeur, euse*** n. ■ Personne qui fait les vendanges.

vendetta [vɑ̃de(ɛt)ta] n. f. ■ Coutume corse, par laquelle les membres de deux familles ennemies poursuivent une vengeance réciproque jusqu'au crime. *Des vendettas.*

vendeur, euse [vɑ̃dœʀ, øz] n. **1.** Personne qui vend ou a vendu qqch. / contr. **acheteur, acquéreur, client** / — REM. En ce sens et en droit, le féminin est *venderesse.* **2.** Personne dont la profession est de vendre (surtout lorsqu'elle ne dispose pas de local fixe comme le *commerçant*). ⇒ **marchand.** *Vendeur ambulant, itinérant.* ⇒ **colporteur.** *Vendeur de crème glacée.* ⇒ ② **glacier. 3.** Employé chargé d'assurer la vente dans un établissement commercial. *Vendeuse de grand magasin.* **4.** Personne qui connaît et applique les procédés de vente. *Ce directeur commercial est un excellent vendeur.* ‹ ▶ revendeur ›

vendre [vɑ̃dʀ] v. tr. ▪ conjug. 41. **1.** Céder (qqch.) à qqn en échange d'une somme d'argent. (⇒ **vente**). / contr. **acheter, acquérir** / *Il a vendu ses livres. Vendre qqch. (à) tel prix, tant. Vendre cher. Vendre à perte.* — *À vendre,* offert pour la vente. *La maison est à vendre.* — Faire commerce de (ce qu'on a fabriqué ou acheté). *Vendre qqch. au détail ; en réclame, en solde.* ⇒ **brader, liquider, solder.** — Pronominalement (passif). Être vendu. *Ce livre se vend bien.* — Organiser, faire la vente de. *Pays qui vend des produits finis.* ⇒ **exporter. 2.** Souvent péj. Accorder ou céder (un avantage, un service) en faisant payer, ou contre un avantage matériel. *Vendre ses charmes.* **3.** Exiger qqch. en échange de. *Vendre chèrement sa vie* ou, fam., *sa peau,* se défendre avec vaillance jusqu'à la mort. **4.** Trahir, dénoncer (qqn). *Il a vendu ses complices.* ⇒ **donner, livrer.** — Pronominalement (réfl.). Se mettre au service de qqn par intérêt matériel (⇒ **vénal**). *Se vendre à un parti.* ▶ ***vendu, ue*** adj. **1.** (Choses) Cédé pour de l'argent. *Adjugé, vendu !* (aux enchères). **2.** (Personnes) Qui a aliéné sa liberté, promis ses services pour de l'argent. *Juge vendu.* ⇒ **corrompu, vénal.** / contr. **intègre** / **3.** N. Personne qui a trahi pour de l'argent. ⇒ **traître.** — Crapule, personne sans honneur (injure). *Tas de vendus !* ‹ ▶ invendu, revendre, vendable, vendeur, vente ›

vendredi [vɑ̃dʀədi] n. m. ■ Cinquième jour de la semaine*, qui succède au jeudi. *Tous les vendredis après-midi. Le vendredi saint,* précédant le dimanche de Pâques. — *Viens vendredi,* le vendredi qui vient.

veneer [vəniʀ] n. m. ■ Anglic. Contreplaqué. ⇒ **placage.** *Une feuille, un morceau de veneer.*

venelle [vənɛl] n. f. ■ Petite rue étroite. ⇒ **ruelle.**

vénéneux, euse [venenø, øz] adj. ■ (Végétaux) Qui contient un poison, qui peut empoisonner. ⇒ **toxique.** / contr. **comestible** / *Champignons vénéneux.* ≠ *venimeux.*

vénérer [veneʀe] v. tr. ▪ conjug. 6. **1.** Considérer avec le respect dû aux choses sacrées. ⇒ **adorer, révérer.** *Vénérer un saint.* **2.** Littér. Avoir un grand respect, empreint d'affection pour (qqn, qqch.). ⇒ **adorer.** ▶ ***vénérable*** adj. ■ Littér. ou plaisant. Digne de vénération. *Une vénérable dame.* — *D'un âge vénérable,* très vieux. ⇒ **respectable.** *Cette vénérable institution.* ▶ ***vénération*** n. f. **1.** Respect religieux. **2.** Grand respect fait d'admiration et d'affection. ⇒ **adoration, culte, dévotion.** *Il a pour sa mère une véritable vénération.*

vénerie [vɛnʀi] n. f. ■ Art de la chasse à courre. *Petite, grande vénerie.*

vénérien, ienne [veneʀjɛ̃, jɛn] adj. et n. ■ *Maladies vénériennes* (de *Vénus,* déesse de l'amour), maladies contagieuses qui se communiquent par les rapports sexuels (syphilis...). ⇒ **M.S.T., M.T.S.**

veneur [vənœʀ] n. m. ■ Personne qui organise les chasses à courre. — REM. Ce mot n'a pas de féminin.

venger [vɑ̃ʒe] v. tr. ▪ conjug. 3. **1.** Dédommager moralement (qqn) en punissant son offenseur. *Venger qqn d'un affront. Venger la mémoire d'un ami.* — (Suj. chose) Constituer une vengeance ou une compensation pour (qqn). *Son échec me venge.* **2.** Littér. Réparer (une offense) en punissant l'offenseur. *Venger un affront dans le sang.* **3.** SE VENGER v. pron. réfl. : rendre une offense (à qqn) pour se dédommager moralement. *Elle s'est vengée de lui. Je me vengerai. Ils veulent toujours se venger.* ⇒ **vindicatif.** — Se dédommager (d'une offense) en punissant son auteur. *Se venger d'une insulte, d'une injure.* ▶ ***vengeance*** n. f. ■ Action de se venger ; dédommagement moral de l'offensé par punition de l'offenseur. ⇒ **vendetta.** *Tirer vengeance d'un affront. Une terrible vengeance a puni l'agresseur.* ⇒ **châtiment.** *Soif, désir de vengeance,* rancune, ressentiment. ⇒ **revanche.** — Loc. prov. *La vengeance est un plat qui se mange froid,* il faut savoir attendre pour se venger. ▶ ***vengeur, vengeresse*** adj. et n. **1.** Adj. Qui venge (une personne, sa mémoire, ses intérêts). — Littér. *Un bras vengeur,* animé par la vengeance. **2.** N. Personne qui venge, punit (rare au fém.).

véniel, elle [venjɛl] adj. ■ *Péché véniel,* petite faute digne de pardon (opposé à *mortel*).

venimeux, euse [vənimø, øz] adj. **1.** (Animaux) Qui a du venin. *Serpents venimeux.* ≠ *vénéneux.* **2.** Fig. Haineux, perfide. ⇒ **malveillant.** *Des remarques, des allusions venimeuses.*

venin [vənɛ̃] n. m. **1.** Substance toxique sécrétée chez certains animaux par une glande spéciale, qu'ils injectent par piqûre ou morsure. *Crochets à venin d'un serpent. Venin de scorpion, d'araignée.* — Substance toxique des piquants (de certaines plantes). **2.** Fig. Haine, méchanceté perfide. *Lettre pleine de venin. Cracher son venin,* dire des méchancetés dans un accès de colère. ‹ ▶ envenimer, vénéneux, venimeux ›

venir [v(ə)niʀ] v. intr. ▪ conjug. 22. **I.** (Sens spatial) Se déplacer de manière à aboutir dans un lieu. ⇒ **aller,** se **déplacer,** se **rendre. 1.** (Sans compl. de lieu) *Venez avec moi,* accompagnez-moi. ⇒ fam. s'en **venir (V).** *Aller et venir.* Fam. *Je ne fais qu'aller et venir,* je reviens tout de suite. — *Faire venir qqn,* le convoquer. *Faire venir qqch.,* le commander, se le faire livrer. — VOIR VENIR. *Je te vois venir,* je devine tes intentions. *Voir venir* (les événements), attendre prudemment en observant l'évolution des événements. **2.** (Avec un compl. marquant le terme du mouvement) VENIR À, CHEZ, DANS... *Demain vous viendrez chez moi. Venez ici. Elle vient vers nous, jusqu'à nous.* — VENIR À *qqn* : aller vers lui, aller le trouver. — (Choses) *Mot qui vient aux lèvres, sous la plume. Cette idée ne m'était pas venue à l'esprit.* — Impers. *Jamais il ne m'est venu à l'esprit de* (+ infinitif). **3.** Parvenir (à un but, une étape d'un développement). *Venir à bout de qqch.* — *Il faudra bien qu'il y vienne,* il finira bien par s'y résoudre, par l'accepter. — VENIR À (un sujet, une question). ⇒ **aborder.** EN VENIR À : finir par faire, par employer, après une évolution. *En venir aux mains, aux coups,* engager la lutte. *Où veut-il en venir ?,* que veut-il, que cherche-t-il en fin de compte ? *J'en viens à croire qu'il est idiot,* je finis par croire... **4.** VENIR DE (avec un compl. marquant le point de départ, l'origine). *Je viens de Granby. D'où venaient-ils ? Les nuages viennent de l'ouest.* — Provenir. *Son bracelet vient des Indes. Des* *biens qui lui venaient de son grand-père* (par héritage). **5.** Provenir, sortir de. *La plupart des mots français viennent du latin.* ⇒ **dériver. 6.** (Avec un compl. de cause) Être l'effet de. ⇒ **découler.** *Son malheur vient de son imprévoyance. Cela vient de ce que* (+ indicatif). — Impers. *De là vient que..., d'où vient que...,* c'est pourquoi. **II.** (Semi-auxiliaire + infinitif) **1.** Se déplacer (pour faire). *J'irai la voir et ensuite je viendrai vous chercher. Viens m'aider ! Venez voir par ici !* **2.** VENIR À (surtout à la 3e pers.) : se trouver en train de faire, de subir qqn. *S'il venait à me perdre,* au cas où il me perdrait. — Impers. *S'il venait à passer quelqu'un.* **3.** VENIR DE (+ infinitif) : avoir (fait) très récemment, avoir juste fini de. *Elle vient de sortir. Elle venait d'être malade.* — VENIR POUR (+ infinitif) : être sur le point de. *Je venais pour partir quand le téléphone a sonné.* **III.** Arriver, se produire, survenir. **1.** (Personnes) Arriver (dans la vie). *Venir au monde.* ⇒ **naître.** *Ceux qui viendront après nous.* ⇒ **succéder.** — (Événements) Se produire. ⇒ **survenir.** *Prendre les choses comme elles viennent, avec philosophie.* — (Temps) *L'heure est venue de réfléchir. Le jour viendra où nous pourrons réussir.* — Au p. p. adj. *La nuit venue,* tombée. — Loc. adj. À VENIR. ⇒ **futur.** *Les générations à venir.* **2.** (Végétaux, tissus vivants) Naître et se développer. ⇒ **pousser.** *Un sol où le blé vient bien.* **3.** (Idées, créations) *Les idées ne viennent pas. Alors, ça vient ?,* allez-vous répondre ? *L'idée lui est venue subitement.* **IV.** Fam. **1.** (Choses) Devenir, prendre une autre apparence (taille, couleur, consistance, etc.). *La pâte vient gonflée. Ton œil est venu tout rouge. La neige venait en sloche.* ⇒ se **transformer.** *Des fois, la musique vient trop forte.* **2.** (Personnes) *Elle est venue blême, malade. Venir enragé, fou.* **V.** Fam. V. pron. S'EN VENIR : venir, revenir. *Je m'en viens. Elle s'en vient avec nous,* elle nous accompagne. ⟨ ▸ advenir, avenir, avenu, avenue, bienvenu, circonvenir, contrevenir, événement, intervenir, malvenu, parvenir, prévenir, provenir, revenir, subvenir, survenir, tout-venant, va-et-vient, à tout venant, venu, venue ⟩

vénitien, ienne [venisjɛ̃, jɛn] adj. et n. ■ De la ville de Venise. — *Blond vénitien,* blond tirant sur le roux. — *Un store* vénitien.* ⇒ **vénitienne.** — N. (Avec une majusc.) Personne née dans cette ville ou qui l'habite. *Les Vénitiens, les Vénitiennes.* ▸ ***vénitienne*** n. f. ■ (Souvent au plur.) Store* vénitien. *Ouvrir, fermer la vénitienne.*

vent [vɑ̃] n. m. **I.** Déplacement naturel de l'atmosphère. **1.** Mouvement de l'atmosphère ressenti au voisinage du sol ; déplacement d'air. *Vent modéré* ⇒ **brise,** *violent, glacial* ⇒ **bise.** *Le vent du nord,* qui vient du nord. *Le vent souffle, se lève, tombe. Il y a du vent, il fait du vent. Coup, rafale de vent.* — *Vent à écorner* les bœufs.* — Loc. *Passer en* COUP DE VENT : rapidement. — *Marcher contre le vent, le vent dans la figure.* / contr. dans le **dos** / — Loc. *Au vent* (dans la direction du vent) ; *sous le vent* (dans la direction opposée). *Les îles Sous-le-Vent, en Polynésie.* — À VENT : mû par l'air. *Moulin à vent.* — *Énergie du vent.* ⇒ **éolien.** — *Les quatre vents,* les quatre points cardinaux (directions des vents). *Aux quatre vents ; à tous les vents,* partout, en tous sens. — *De la corde à (faire) virer le vent,* qqch. d'inutile, d'impossible. **2.** *Le vent,* l'atmosphère, l'air (généralement agité par des courants). *Flotter au vent. Voler au vent. Exposer au vent. En plein vent,* en plein air. *Le nez au vent,* le nez en l'air, d'un air étourdi. **3.** Loc. (*Le vent,* symbole des impulsions, des influences) *Aller contre vents et marées,* envers et contre tout. *Avoir le vent en poupe, le vent dans le dos,* être bien parti, avoir une suite de succès. *Être dans le vent,* avoir la direction générale (de la mode ⇒ anglic. **in,** etc.). — *Quel bon vent vous amène ?,* quelle est la cause de votre venue ? (formule d'accueil). Iron. *Bon vent !,* bon débarras. — *Le vent tourne,* les événements vont changer. *Le vent était à l'optimisme.* — (Symbole de vitesse) *Aller, filer comme le vent, plus vite que le vent.* **4.** *Du vent,* des choses vaines, vides. *C'est du vent, ce n'est que du vent,* se dit de promesses faites à la légère. **5.** AVOIR VENT DE : avoir connaissance de. *J'ai eu vent de ses projets.* **II.** Déplacement d'air, de gaz. **1.** *Le ventilateur fait du vent.* Loc. fam. *Personne qui fait du vent,* fait l'importante. **2.** *Instrument* (de musique) *à vent,* dans lequel on souffle. **3.** Vx. Au plur. Gaz intestinaux. ⇒ fam. **pet.** ⟨ ▸ contrevent, coupe-vent, engoulevent, éventail, éventaire, ① éventer, paravent, venter, ① ventiler, ventouse, vire-vent, vol-au-vent ⟩

vente [vɑ̃t] n. f. **1.** Fait d'échanger une marchandise contre de l'argent, de la transmettre en toute propriété à un acquéreur en la faisant payer (⇒ **vendre**). / contr. **achat** / *En vente,* pour être vendu, ou disponible dans le commerce. *Mettre qqch. en vente. Marchandises en vente (libre). Magasin, point de vente. Vente au comptant, à crédit, à tempérament. Prix de vente. Vente en gros, au détail. Vente par correspondance.* **2.** Cour. Fait de vendre une marchandise au rabais. ⇒ **liquidation,** ② **solde.** *Courir les ventes. Vente de fumée, de feu. Vente de débarras, d'inventaire, d'écoulement. Vente de garage, de trottoir.* ⇒ **braderie.** — REM. *Vente de garage* et *vente de trottoir* sont critiqués. **3.** Réunion des vendeurs et des acquéreurs éventuels, au cours de laquelle on vend publiquement. *Vente aux enchères.* ⇒ **encan ; adjudication.** *Salle des ventes,* où ont lieu les ventes publiques. — *Vente de charité,* au cours de laquelle on vend au bénéfice d'une œuvre des objets généralement donnés. ⟨ ▸ après-vente, mévente, point de vente ⟩

venter [vɑ̃te] v. impers. ▪ conjug. 1. ■ (Vent) Souffler. *Il vente,* il fait du vent. — Loc. *Il ventait à écorner les bœufs,* très fort. *Qu'il pleuve ou qu'il vente,* par tous les temps. ▸ ***venteux, euse*** adj. ■ Où il y a beaucoup de vent. ⇒ ① **éventé.** *Plaine venteuse.* — REM. On dit aussi *venté, ée.*

① ***ventiler*** [vɑ̃tile] v. tr. ▪ conjug. 1. ■ Produire un courant d'air dans, sur. ⇒ **aérer.** — Au p. p. adj. *Un local mal ventilé.* ▸ ***ventilateur*** n. m. **1.** Appareil servant à rafraîchir l'atmosphère en soufflant de l'air. *Ventilateur électrique à hélice. Ventilateur de plafond,* fixé au plafond et servant à brasser l'air ambiant. **2.** Mécanisme utilisé dans le refroidissement du moteur d'une automobile. *Courroie de ventilateur.* ▸ ① ***ventilation*** n. f. ■ Opération par laquelle l'air est brassé, renouvelé ou soufflé. ⇒ **aération.** *La ventilation de cette salle de cinéma est insuffisante.*

② ***ventiler*** v. tr. ▪ conjug. 1. ■ Répartir (une somme totale) entre plusieurs comptes. *Ventiler les dépenses.* — Répartir en plusieurs groupes (des choses, des personnes). ▸ ② ***ventilation*** n. f. ■ Répartition entre divers comptes. *Ventilation des frais généraux.*

ventouse [vɑ̃tuz] n. f. **1.** Vieilli. Petite cloche de verre appliquée sur la peau après qu'on y a raréfié l'air, pour provoquer une révulsion. *Poser des ventouses à un malade.* **2.** Organe où un vide partiel se fait, et qui sert à sucer, aspirer. *Les ventouses des sangsues.* — *Faire ventouse,* adhérer. **3.** Dispositif (rondelle de caoutchouc, etc.) qui se fixe par vide partiel sur une surface plane. ⇒ **suce.** *Fléchettes à ventouse.*

ventre [vɑ̃tʀ] n. m. **I.** (Êtres vivants) **1.** (Êtres humains) Partie antérieure de la cavité qui contient l'intestin ⇒ **abdomen** ; paroi antérieure du bassin, au-dessous de la taille. *À plat ventre,* allongé sur le ventre. — Loc. *Se mettre à plat ventre devant qqn,* s'humilier par intérêt. *Marcher, passer sur le ventre,* écraser, éliminer (qqn) pour arriver à ses fins. — *Le* *bas du ventre* (⇒ **bas-ventre**). — *Danse du ventre,* danse orientale où la danseuse remue les hanches et le bassin. **2.** (Animaux) Partie analogue au ventre humain chez les mammifères. Paroi inférieure du corps (opposé à *dos*). *Le ventre argenté d'un poisson.* — Loc. *Courir* VENTRE À TERRE : très vite. **3.** Proéminence que forme la paroi antérieure de l'abdomen, de la taille au bas-ventre. ⇒ fam. **bedaine, bedon,** ① **bide, brioche, panse.** *Rentrer le ventre. Avoir, prendre du ventre,* un gros ventre. **4.** *Le ventre,* l'abdomen en tant que siège de la digestion (estomac et intestins). *Se remplir le ventre.* — Loc. *Avoir le ventre creux, plein,* l'estomac vide, rassasié. *Avoir les yeux plus grands que le ventre,* vouloir manger plus que son appétit ne réclame. ⇒ **panse.** — *Avoir mal au ventre, avoir un mal de ventre,* souffrir des intestins (⇒ **colique**). — Loc. *Faire mal au ventre à qqn,* lui être très désagréable. *Arrête ! Tu me fais mal au ventre.* **5.** (Femmes ou femelles de mammifères) *Le ventre,* l'abdomen en tant que siège de la gestation et des organes génitaux internes. ⇒ **sein** (3), **utérus.** *Enfant dans le ventre de sa mère.* — Fam. *Un ventre de six mois.* **6.** Loc. *Avoir, mettre du cœur au ventre,* de l'énergie, du courage. *Il n'a rien dans le ventre,* il est lâche. *Chercher à savoir ce que qqn a dans le ventre,* quels sont ses projets, ses intentions secrètes, ce qu'il est capable de faire. **II.** (Choses) Partie creuse, lorsqu'elle présente à l'extérieur un renflement. *Le ventre d'une cruche.* — Partie bombée de la coque d'un bateau. — *Avion qui a atterri sur le ventre,* sans avoir sorti le train d'atterrissage. ▶ ***ventral, ale, aux*** adj. **1.** Du ventre, de l'abdomen. ⇒ **abdominal.** *Nageoires ventrales. La poche ventrale de la femelle du kangourou.* **2.** Qui se porte sur le ventre. *Parachute ventral.* / contr. **dorsal** / ▶ ***ventrée*** n. f. ■ (France) Fam. Nourriture qui remplit bien le ventre ; repas au cours duquel on s'empiffre. *Une ventrée de frites.* ▶ ***ventre(-)de(-)bœuf*** n. m. ■ Dépression dans la chaussée causée par le dégel printanier. ⇒ **fondrière, nid-de-poule.** ‹ ▶ bas-ventre, éventrer, ventricule, ventriloque, ventru ›

ventricule [vɑ̃tʀikyl] n. m. **1.** Chacun des deux compartiments inférieurs (du cœur), séparés par une cloison. **2.** Se dit de quatre cavités d'un cerveau. *Ventricules latéraux, ventricule moyen.* ▶ ***ventriculaire*** adj. ■ D'un ventricule, des ventricules.

ventriloque [vɑ̃tʀilɔk] n. et adj. ■ N. Personne qui peut articuler sans remuer les lèvres, d'une voix étouffée qui semble venir du ventre. — Adj. *Il est ventriloque.*

ventripotent, ente [vɑ̃tʀipɔtɑ̃, ɑ̃t] adj. ■ Qui a un gros ventre. ⇒ **gros, ventru ;** fam. **bedonnant.** / contr. **maigre** /

ventru, ue [vɑ̃tʀy] adj. **1.** (Personnes) Qui a un gros ventre. ⇒ **gros, pansu, ventripotent. 2.** (Choses) Renflé, bombé. *Commode ventrue.* ⇒ **pansu.**

venu, ue [v(ə)ny] adj. et n. **1.** Littér. *Être* BIEN, MAL VENU : arriver à propos (ou non) ; être bien (ou mal) accueilli. — *Être mal venu de* (+ infinitif), n'être pas fondé à, ne pas être qualifié par. *Vous seriez mal venu d'insister.* **2.** BIEN, MAL VENU : qui s'est développé (bien, mal). *Un enfant mal venu, chétif.* **3.** N. *Le* PREMIER VENU : n'importe qui. *Ce n'est pas la première venue.* — *Les nouveaux, les derniers venus.*

venue [v(ə)ny] n. f. **1.** Action, fait de venir (I). ⇒ **arrivée. 2.** Littér. Action, fait de venir (III), de se produire, d'arriver. *La venue du beau temps.* **3.** Loc. (en parlant des plantes, des arbres). *D'une seule venue, tout d'une venue,* d'un seul jet ‹ ▶ allée et venue ›

vêpres [vɛpʀ] n. f. pl. ■ Cérémonie religieuse (catholique) qui se fait l'après-midi ou le soir. *Chanter les vêpres.*

ver [vɛʀ] n. m. **1.** Petit animal invertébré au corps mou (insecte, larve) sans pattes. — VER (DE TERRE) : lombric terrestre, petit animal annelé et rougeâtre très commun. *Vers de pêche. Vers à vendre.* — *Ver solitaire,* ténia. *Cet enfant a des vers* (intestinaux). — *Ver blanc,* larve de hanneton ; asticot. — *Ver luisant,* femelle d'un coléoptère (appelé *lampyre*) qui brille la nuit (se dit aussi de la *luciole* ⇒ fam. **mouche** à feu). — *Ver à soie,* chenille du bombyx du mûrier, qui s'enferme dans un cocon fait d'un enroulement de fils de soie. — *Fruit plein de vers.* ⇒ **véreux. 2.** Loc. *Se tortiller comme un ver* (de terre). *Être nu comme un ver,* tout nu. — *Tirer les vers du nez de qqn,* le faire parler, avouer. — Fam. *C'est pas piqué des vers,* se dit de qqch. qui force l'attention par son caractère extrême. ⇒ **hanneton. 3.** Littér. Vermine qui, selon la croyance populaire, ronge la chair des morts. ≠ *vair, verre, vers, vert.* ‹ ▶ véreux, vermicelle, vermiculaire, vermifuge, vermine, vermisseau, vermoulu ›

véracité [veʀasite] n. f. **1.** Littér. Qualité d'une personne qui dit la vérité. *Décrire, raconter avec véracité.* ⇒ **exactitude, fidélité. 2.** Qualité de ce qui est rapporté avec véracité (1). *La véracité de son témoignage.* ⇒ **authenticité, sincérité.** / contr. **fausseté** /

véranda [veʀɑ̃da] n. f. ■ Galerie vitrée longeant la façade d'une maison, servant généralement de petit salon. *Des vérandas.*

verbal, ale, aux [vɛʀbal, o] adj. **I.** Du verbe (I) ; relatif au verbe (opposé à *adjectif, substantif*). *Désinences verbales. Adjectif verbal,* participe présent du verbe, employé comme adjectif (ex. : *partant*). *Locution verbale,* groupe de mots formé d'un verbe et d'un nom et qui se comporte comme un verbe (ex. : *prendre froid*). **II. 1.** Qui se fait de vive voix (opposé à *écrit*). ⇒ **oral.** *Promesse verbale.* **2.** Qui se fait, s'exprime par des mots et non par d'autres signes. *Violence verbale.* — Qui concerne les mots plutôt que la chose ou l'idée. *Une explication purement verbale.* ⇒ **formel.** ▶ ***verbalement*** adv. **1.** De vive voix et non par écrit. ⇒ **oralement. 2.** Par des mots. *S'exprimer verbalement.* ‹ ▶ procès-verbal, verbaliser, verbalisme ›

verbaliser [vɛʀbalize] v. intr. • conjug. 1. ■ (France) Dresser un procès-verbal (1). *Agent de police qui verbalise.* ▶ ***verbalisation*** n. f. ■ (France) Action de verbaliser.

verbalisme [vɛʀbalism] n. m. ■ Péj. Utilisation des mots pour eux-mêmes au détriment de l'idée (et sans intention esthétique). ⇒ **verbiage.**

verbe [vɛʀb] n. m. **I.** Mot qui exprime une action, un état, un devenir, et qui présente un système complexe de formes (⇒ **conjugaison**). *Formes, temps, modes, personnes du verbe. Verbe transitif, intransitif, pronominal. Conjuguer un verbe.* **II. 1.** (Avec une majusc.) Théologie chrétienne. Parole (de Dieu) adressée à l'humanité. *Le Verbe de Dieu.* **2.** Littér. Expression de la pensée (oralement ou par écrit) au moyen du langage. ⇒ **langage, langue.** *La magie du verbe.* **3.** Ton de voix. *Avoir le verbe haut,* parler très fort ; parler, décider avec hauteur. ‹ ▶ adverbe, cruciverbiste, proverbe, verbal, verbeux, verbiage ›

verbeux, euse [vɛʀbø, øz] adj. ■ Qui dit les choses en trop de paroles, trop de mots. ⇒ **diffus.** *Un orateur verbeux.* ⇒ **bavard, prolixe.** *Commentaire verbeux.* / contr. **bref, concis** / ▶ ***verbeusement*** adv. ▶ ***verbosité*** n. f. ■ Défaut de la personne verbeuse, de ce qui est verbeux.

verbiage [vɛʀbjaʒ] n. m. ■ Abondance de paroles, de mots vides de sens ou qui disent peu de chose. ⇒ **bavardage, délayage, placotage.** *Un verbiage creux. Tendance au verbiage.* ⇒ **verbalisme.**

verchère [vɛʀʃɛʀ] n. f. ■ Chaloupe à rames à fond plat dont la grande stabilité est reconnue. — En appos. *Une chaloupe verchère.* — REM. On écrit aussi *Verchères* (avec une majusc.), n. f. invar.

verdâtre [vɛʀdɑtʀ] adj. ■ Qui tire sur le vert, est d'un vert un peu sale et trouble. *Teinte verdâtre.*

verdeur [vɛʀdœʀ] n. f. **1.** Vigueur de la jeunesse (chez qqn qui n'est plus jeune). **2.** Acidité d'un fruit vert, d'un vin trop vert. **3.** Liberté, spontanéité savoureuse dans le langage. *La verdeur du langage de Rabelais.*

verdict [vɛʀdikt] n. m. **1.** Déclaration par laquelle le jury répond, après délibération, aux questions posées par le tribunal. *Verdict de culpabilité, d'acquittement. Prononcer, rendre un verdict.* **2.** Jugement rendu par une autorité. ⇒ **décision, sentence.** *Un verdict sévère.*

verdier [vɛʀdje] n. m. ■ Oiseau passereau, de la taille du moineau, à plumage verdâtre, commun dans toute l'Europe.

verdir [vɛʀdiʀ] v. intr. ▪ conjug. 2. ■ Devenir vert. — (Végétaux) Pousser, se couvrir de feuilles. — Devenir vert de peur. ⇒ **blêmir.** *Il a verdi en le voyant.* ▶ ***verdissant, ante*** adj. ■ Qui verdit, est en train de verdir. ‹ ▶ reverdir ›

verdoyer [vɛʀdwaje] v. intr. ▪ conjug. 8. ■ Se dit des végétaux, des prés, de la campagne... qui donnent une sensation dominante de vert. ▶ ***verdoiement*** n. m. ■ Littér. Fait de verdoyer. *Le verdoiement des prés.* ▶ ***verdoyant, ante*** adj. ■ Qui verdoie ; où la végétation est vivace. *Une vallée verdoyante.*

verdunois, oise [vɛʀdynwa, waz] adj. et n. ■ De la ville de Verdun. — N. (Avec une majusc.) Personne née dans cette ville ou qui l'habite.

verdure [vɛʀdyʀ] n. f. **1.** Couleur verte de la végétation. **2.** Arbres, plantes, herbes, feuilles. ⇒ **végétation.** *Un rideau de verdure. Se reposer dans la verdure.* **3.** Plante potagère que l'on mange crue, en salade. *Un plat de verdure.*

véreux, euse [veʀø, øz] adj. **1.** Qui contient un ver, est gâté par des vers. *Fruits véreux.* **2.** Foncièrement malhonnête. / contr. **intègre** / *Agent, financier véreux.* — Qui n'est pas sain. *Affaire véreuse.* ⇒ **douteux, louche, suspect.**

① ***verge*** [vɛʀʒ] n. f. ■ Organe de la copulation (chez l'homme et les mammifères). ⇒ **pénis, phallus.**

② ***verge*** n. f. ■ Littér. Baguette (pour frapper, battre). ‹ ▶ vergeté ›

③ ***verge*** n. f. ■ Ancienne mesure de longueur équivalant à 3 pieds ou 36 pouces, soit 914 mm (symb. *v*). ⇒ ② **ligne,** ② **pied,** ② **pouce.** *Acheter du tissu à la verge.* — Règle graduée de la longueur d'une verge, qui sert à mesurer. ⇒ **centimètre, galon,** ② **mètre, pied-de-roi.**

verger [vɛʀʒe] n. m. ■ Terrain planté d'arbres fruitiers, spécialt de pommiers.

vergeté, ée [vɛʀʒəte] adj. ■ Marqué de petites raies. ⇒ **rayé.** *Peau tavelée et vergetée.* ▶ ***vergeture*** n. f. ■ Surtout au plur. Petites marques qui sillonnent la peau aux endroits qui ont été distendus.

verglas [vɛʀglɑ] n. m. invar. ■ Couche de glace naturelle très mince qui se forme sur le sol. *Faites attention au verglas sur la route ! Une plaque de verglas.* ▶ ***verglaçant, ante*** adj. ■ Qui provoque le verglas, se transforme en verglas. *On annonce de la pluie verglaçante.* ▶ ***verglacé, ée*** adj. ■ Couvert de verglas. *Route verglacée.*

sans ***vergogne*** [sɑ̃vɛʀgɔɲ] loc. adv. ■ Sans honte, sans scrupule. *On nous a menti sans vergogne.* ⇒ **effrontément, impudemment.**

vergue [vɛʀg] n. f. ■ Longue pièce de bois disposée sur l'avant des mâts, et servant à porter la voile qui y est fixée. ‹ ▶ envergure ›

véridique [veʀidik] adj. **1.** Littér. Qui dit la vérité, qui rapporte qqch. avec exactitude (⇒ **véracité**). *Témoin véridique.* **2.** Cour. Conforme à la vérité, à ce qui a été éprouvé, constaté. ⇒ **authentique, exact.** / contr. ① **faux, trompeur** / *Témoignage, récit véridique.* ▶ ***véridiquement*** adv. ■ D'une manière véridique, exacte.

vérifier [veʀifje] v. tr. ▪ conjug. 7. **1.** Examiner la valeur de (qqch.), par une confrontation avec les faits ou par un contrôle de la cohérence interne. ⇒ **examiner ; contrôler.** *Vérifier une nouvelle. Elle a vérifié toute sa comptabilité. Vérifier un compte. Vérifier l'exactitude, l'authenticité d'une assertion.* ⇒ **reconnaître.** — *Vérifier si* (+ indicatif), examiner de manière à constater que. *Elle vérifie si l'avion part toujours à la même heure.* ⇒ s'**assurer.** *Vérifier que* (+ indicatif). *Vérifier qu'un devoir a bien été fait.* **2.** Examiner (une chose) de manière à pouvoir établir si elle est conforme à ce qu'elle doit être, si elle fonctionne correctement. *Vérifier ses freins. As-tu fait vérifier le niveau d'huile ?* **3.** Reconnaître ou faire reconnaître (une chose) pour vraie. ⇒ **prouver.** *Vérifier une hypothèse.* — (Suj. chose) Constituer le signe non récusable de la vérité de (qqch.). *Les faits ont vérifié nos soupçons.* ⇒ **confirmer, justifier.** — Pronominalement (passif). SE VÉRIFIER : se révéler exact, juste. *Les présomptions se sont vérifiées.* ▶ ***vérifiable*** adj. ▶ ***vérificateur, trice*** n. ■ Professionnel chargé de vérifier (1). *Le vérificateur général,* chargé de contrôler les dépenses de l'État. — Personne qui vérifie des comptes, des déclarations. ⇒ **contrôleur.** ▶ ***vérification*** n. f. **1.** Fait de vérifier. ⇒ **contrôle, épreuve.** *Faire des vérifications.* — *Une vérification comptable,* l'examen et le contrôle des états financiers d'une entreprise, d'un organisme. **2.** Constatation qu'une chose est vraie. — Fait d'être vérifié (3), d'être exact. ⇒ **confirmation.** *Son attitude n'est que la vérification de ses affirmations.* ‹ ▶ contre-vérifier, invérifiable ›

vérin [veʀɛ̃] n. m. ■ Appareil de levage à vis. ⇒ **cric ;** anglic. **jack.**

vérisme [veʀism] n. m. ■ Mouvement littéraire italien de la fin du XIXe siècle, inspiré par le naturalisme et dirigé contre les romantiques.

vérité [veʀite] n. f. **1.** Ce à quoi l'esprit peut et doit donner son assentiment (par suite d'un rapport de conformité avec l'objet de pensée, d'une cohérence interne de la pensée) ; connaissance à laquelle on attribue la plus grande valeur (opposé à *erreur, illusion*). *Chercher, prétendre posséder la vérité. La recherche de la vérité.* **2.** Connaissance conforme au réel ; son expression (opposé à *invention*). / contr. **mensonge** / *Connaître, dire la vérité sur qqch. C'est l'entière, la pure vérité ;* fam. *la vérité vraie, toute nue.* — *Dire la vérité, toute la vérité.* / contr. **mentir** / — Loc. prov. *La vérité sort de la bouche des enfants,* ce que disent spontanément les enfants apprend beaucoup sur ce que leurs proches cachent. — Loc. adv. EN VÉRITÉ : sert à renforcer une affirmation, une assertion. ⇒ **assurément, certainement, vraiment.** *C'est peu de chose, en vérité.* — Loc. adv. À LA VÉRITÉ : s'emploie pour introduire une restriction, une précision. *Il est intelligent, mais à la vérité plutôt paresseux.* — Loc. DE VÉRITÉ (après un nom désignant une durée) : moment décisif où il faut affronter la réalité, dire la vérité, montrer sa vraie valeur. *Minute de vérité.* **3.** Caractère de ce qui s'accorde avec notre sentiment de la réalité. *La vérité d'un portrait* ⇒ **ressemblance,** *d'un personnage de roman* ⇒ **vraisemblance.** **4.** (*Une, des vérités*) Idée ou proposition vraie, qui mérite un assentiment entier ou qui l'emporte. ⇒ **conviction, évidence.** *Vérités éternelles. Vérités premières,* évidentes mais indémontrables. *Dire, énoncer des vérités.* — *Dire ses quatre vérités à qqn,* lui dire sur son compte des choses désobligeantes avec une franchise brutale. ⇒ **façon** (II, 1). **5.** *La vérité,* le réel. ⇒ **réalité.** *Tout ce que l'on peut dire des camps d'extermination est au-dessous de la vérité.* **6.** *Un accent, un air de vérité,* de sincérité. ▶ ***véritable*** adj. **1.** Qui a lieu, qui existe réellement, en dépit de l'apparence (opposé à *apparent, faux, imaginé, inventé...*). ⇒ **réel, vrai.** *Toute cette histoire est véritable.* **2.** (Choses concrètes) Qui est conforme à l'apparence, qui n'est pas imité. *De l'or véritable.* **3.** (Choses abstraites, personnes ; généralement avant le nom) Qui est conforme à l'idée que l'on s'en fait, qui mérite son nom et sa réputation. *Un véritable ami,* digne de ce nom. *Le véritable amour.* **4.** (Devant le nom) Qui est exactement nommé ; qui mérite son nom. *Une véritable canaille.* — (Pour introduire une désignation figurée qui n'est justement pas « véritable » mais dont on veut souligner l'exactitude) *Cette classe est un véritable capharnaüm.* ▶ ***véritablement*** adv. **1.** D'une manière réelle, effective. ⇒ **réellement, vraiment.** *Ils se sont battus véritablement.* **2.** Conformément à l'apparence, au mot qui désigne. ⇒ **absolument, proprement, vraiment.** *C'est véritablement génial.* ‹ ▶ contre-vérité ›

verjus [vɛʀʒy] n. m. invar. ■ Suc acide extrait de certaines espèces de raisin, ou de raisin cueilli vert.

verlan [vɛʀlɑ̃] n. m. ■ (France) Procédé argotique consistant à inverser les syllabes de certains mots (ex. : *laisse béton* pour « laisse tomber »).

① ***vermeil, eille*** [vɛʀmɛj] adj. ■ (Teint, peau) D'un rouge vif et léger. *Teint vermeil.* / contr. **blafard, pâle** / ▶ ② ***vermeil*** n. m. Argent recouvert d'une dorure d'un ton chaud tirant sur le rouge. *Plats en vermeil.* ‹ ▶ vermillon ›

vermicelle [vɛʀmisɛl] n. m. ■ Pâtes à potage en forme de fils très minces. *Soupe au vermicelle.*

vermiculaire [vɛʀmikylɛʀ] adj. ■ Qui a la forme, l'aspect d'un petit ver. *Appendice vermiculaire,* ou, cour., *appendice,* prolongement du cæcum.

vermifuge [vɛʀmifyʒ] adj. ■ Propre à provoquer l'expulsion des vers intestinaux. — N. m. *Prendre un vermifuge.*

vermillon [vɛʀmijɔ̃] n. m. ■ Substance colorante ou couleur d'un rouge vif tirant sur le jaune. — Adj. invar. *Des robes vermillon.*

vermine [vɛʀmin] n. f. **1.** Nom collectif désignant tous les insectes (puces, poux, etc.) parasites de l'humain et des animaux. — Nom collectif désignant les rongeurs nuisibles (coquerelles, rats, souris, etc.). *Il y a de la vermine dans la cave.* **2.** Littér. Ensemble nombreux d'individus méprisables, nuisibles à la société. ⇒ **racaille.** **3.** Personne méprisable, vaurien. ⇒ **canaille, peste.** *Une petite vermine.*

vermisseau [vɛʀmiso] n. m. ■ Petit ver, petite larve. *Des vermisseaux.*

vermontois, oise [vɛʀmɔ̃twa, waz] adj. et n. ■ De l'État du Vermont, aux États-Unis. — N. (Avec une majusc.) Personne née dans cet État ou qui l'habite.

vermoulu, ue [vɛʀmuly] adj. ■ Se dit du bois, d'un objet de bois rongé, mangé par les vers. ▶ ***vermoulure*** n. f. ■ Fait de devenir vermoulu ; trace de vers (dans le bois).

vermouth ou ***vermout*** [vɛʀmut] n. m. ■ Apéritif à base de vin aromatisé de plantes amères et toniques. *Du vermouth blanc, rouge.*

vernaculaire [vɛʀnakylɛʀ] adj. ■ Du pays, propre au pays (terme savant). *Langue vernaculaire,* dialecte (opposé à *véhiculaire*).

verni, ie [vɛʀni] adj. ■ (France) Fam. (Personnes) Qui est chanceux. ⇒ **veinard.** *Elle n'est pas vernie.*

vernis [vɛʀni] n. m. invar. **1.** Solution résineuse qui laisse sur le corps où on l'applique une pellicule brillante servant à le décorer ou à le protéger. ⇒ **enduit, laque.** *Vernis d'un tableau. Vernis à ongles.* **2.** Fig. Connaissances superficielles, apparence de bonnes manières. *Il a un vernis de littérature.* ▶ ***vernir*** v. tr. ■ conjug. 2. ■ Enduire de vernis. *Vernir un tableau.* — Au p. p. adj. *Souliers, planchers vernis.* ▶ ***vernissage*** n. m. **1.** Action de vernir (un tableau, une planche de gravure, etc.), de vernisser (une poterie). **2.** Jour d'ouverture d'une exposition d'art (peinture, photo, etc.). ▶ ***vernisser*** v. tr. ■ conjug. 1. ■ Enduire de vernis (une poterie, une faïence). — Au p. p. adj. *Tuiles vernissées.*

vérole [veʀɔl] n. f. **1.** PETITE VÉROLE : variole. **2.** Fam. Syphilis. ▶ ***vérolé, ée*** adj. **1.** *Être vérolé, avoir la peau vérolée,* avoir la peau marquée de petits trous comme ceux laissés par la variole. **2.** Fam. Qui a la syphilis.

véronal, als [veʀɔnal] n. m. ■ Barbiturique employé comme somnifère. — REM. Ce mot est un nom de marque déposée.

véronique [veʀɔnik] n. f. ■ Plante herbacée à fleurs bleues.

verrat [vɛʀa] n. **1.** N. m. Porc mâle employé comme reproducteur. **2.** N. Fam. Terme d'injure. *Espèce de verrat ! Ma verrat !* — Interj. *Verrat !* — Loc. *Être en (beau) verrat,* fâché, en colère.

verre [vɛʀ] n. m. **1.** (*Le verre, du verre*) Substance fabriquée, dure, cassante et transparente, de structure « vitreuse » (formée de silicates alcalins). *Bouteille en verre. Panneau de verre d'une fenêtre.* ⇒ **carreau,** ② **glace, vitre.** *Verre dépoli.* — Loc. *Se briser, se casser comme (du) verre,* très facilement. — *Laine de verre,* matière composée de fils de verre, utilisée comme filtrant ou isolant. — *Papier de verre,* où des débris de verre sont fixés au papier, à la toile (abrasif). ⇒ **papier** sablé. — *Verre blanc* ou *verre,* verre ordinaire (opposé à *cristal*). *Coupe en verre taillé.* **2.** (*Un, des verres*) Plaque, lame, morceau ou objet de verre. *Verre de montre,* qui en protège le cadran. — *Verres optiques. Verres déformants, grossissants. Des verres,* des verres optiques que l'on porte pour mieux voir. ⇒ **lorgnon, lunettes.** *Verres fumés.* — *Verres de contact.* ⇒ ② **lentille.** **3.** Récipient à boire (en verre, cristal, matière plastique). *Verre à pied. Verre à vin, à liqueur. Emplir son verre. Lever son verre* (pour trinquer). *Verre à dents,* servant à se rincer la bouche quand on se lave les dents. **4.** Contenu d'un verre. *Boire un verre d'eau.* — Loc. *Se noyer dans un verre d'eau,* être incapable de surmonter les moindres difficultés. — Boisson alcoolisée (hors des repas, au café). *Je vous paie un verre.* ⇒ fam. ① **pot.** *Boire, prendre un verre. Un petit verre,* un verre d'alcool, de liqueur. — Loc. fam. *Avoir un verre dans le nez,* être légèrement ivre. ≠ *vair, ver, vers, vert.* ▶ ***verrerie*** n. f. **1.** Fabrique, usine où l'on fait et où l'on travaille le verre ; fabrication du verre. ⇒ **cristallerie, miroiterie, optique, vitrerie.** **2.** Commerce du verre, des objets en verre ; ces objets. *Le rayon de verrerie d'un grand magasin.* **3.** Ensemble des objets en verre fin, spécialt les verres, que qqn possède. *Sortir sa belle verrerie.* — Meuble, armoire où on range le service des verres. ▶ ***verrier, ière*** n.

1. Personne qui fabrique le verre, des objets en verre. **2.** Artiste qui fait des vitraux ; peintre sur verre. ▶ ***verrière*** n. f. **1.** Grande ouverture ornée de vitraux. *Les verrières de la cathédrale de Montréal.* **2.** Grand vitrage ; toit vitré (d'une véranda, etc.). *La verrière d'une gare.* ▶ ***verroterie*** n. f. ■ Verre coloré et travaillé, dont on fait des bijoux et des ornements. *De la verroterie. Bijoux en verroterie.* ⇒ **pacotille.** ‹ ▶ porte-verre, sous-verre ›

verrou [vɛʀu] n. m. ■ Système de fermeture constitué par une pièce de métal allongée qui coulisse horizontalement de manière à s'engager dans un crampon ou une gâchette (comme le pêne d'une serrure). ⇒ **barrure, clenche, targette.** *Pousser, tirer le verrou* (pour fermer et ouvrir). — Loc. *Mettre qqn* SOUS LES VERROUS : l'enfermer, l'emprisonner. *Être sous les verrous,* en prison. ▶ ***verrouiller*** v. tr. ▪ conjug. 1. ■ Fermer à l'aide d'un verrou. ⇒ **barrer.** / contr. **débarrer, déverrouiller** / *Verrouiller une porte, une fenêtre.* ▶ ***verrouillage*** n. m. ■ Le fait de verrouiller ; manière dont une ouverture est verrouillée. ‹ ▶ déverrouiller ›

verrue [vɛʀy] n. f. **1.** Petite excroissance cornée de la peau (aux mains, aux pieds, à la figure). **2.** Littér. Ce qui défigure, enlaidit. *Ce quartier misérable est une verrue au milieu de la ville.* ▶ ***verruqueux, euse*** adj. ■ En forme de verrue ; qui a des verrues (1).

① ***vers*** [vɛʀ] prép. **1.** En direction de. *Courir vers la sortie. Elle venait vers moi. S'avancer, marcher vers l'ennemi.* ⇒ **à, sur.** — *Tourner la tête vers qqn.* **2.** Fig. (Pour marquer le terme d'une évolution ou d'une tendance) *C'est un pas vers la découverte de la vérité.* — (Avec ellipse du verbe dans les titres de journaux) *Vers la résolution du conflit.* **3.** Du côté de (sans mouvement). *Vers le nord, il y a un village.* — Aux environs de. *Nous nous sommes arrêtés vers Trois-Rivières.* **4.** À peu près (à telle époque). ⇒ **environ, sur.** *Vers (les) cinq heures. Vers le milieu de sa vie.* ‹ ▶ ① envers ›

② ***vers*** [vɛʀ] n. m. invar. **1.** *Un vers,* un fragment d'énoncé formant une unité rythmique définie par des règles concernant la longueur, l'accentuation, ou le nombre des syllabes (opposé à *prose*). *Un vers de douze syllabes est un alexandrin. Vers réguliers,* conformes aux règles de la versification traditionnelle. *Vers libres,* non rimés et irréguliers. *Suite de vers.* ⇒ **quatrain, strophe, tercet ; poème.** **2.** *Les vers,* l'écriture en vers. *Composer, écrire, faire des vers,* de la poésie versifiée. *Réciter des vers.* ≠ *vair, ver, verre, vert.* ‹ ▶ verset, versifier ›

versant [vɛʀsɑ̃] n. m. ■ Chacune des deux pentes d'une montagne ou d'une vallée. — Pente (d'un toit).

versatile [vɛʀsatil] adj. ■ Qui change facilement de parti, d'opinion. ⇒ **changeant, inconstant ;** fam. **virecapot.** *Une opinion publique versatile.* / contr. **entêté, persévérant** / ≠ *primesautier.* ▶ ***versatilité*** n. f. ■ Caractère versatile.

à ***verse*** [avɛʀs] loc. adv. ■ En abondance (se dit de la pluie qui tombe). ⇒ ① **clou, corde, seau ;** fam. à **boire** debout. *Il pleuvait à verse* (⇒ **averse**).

versé, ée [vɛʀse] adj. ■ Littér. *Versé dans,* expérimenté et savant (en une matière), qui en a une longue expérience. ⇒ ① **fort ;** fam. **bollé, calé.** *Elle est très versée dans la littérature chinoise.*

Verseau [vɛʀso] n. m. invar. ■ Onzième signe du zodiaque (20 janvier – 18 février). *Être du signe du Verseau, être du Verseau.* — Ellipt. Invar. *Elles sont Verseau.*

verser [vɛʀse] v. ▪ conjug. 1. **I.** V. tr. **1.** Faire tomber, faire couler (un liquide) d'un récipient qu'on incline. *Verser du vin dans un verre.* — Servir (une boisson). *Verser le café. Verse-nous à boire. Elle s'est versé du champagne.* **2.** Répandre. *Verser des larmes, des pleurs,* pleurer. *Verser le sang,* le faire couler en blessant, en tuant. *Verser son sang,* être blessé, ou mourir pour une cause. **3.** Déverser, répandre. *On a versé du sable dans la cour.* — Donner en répandant. ⇒ **prodiguer.** *Verser l'or à pleines mains.* **4.** Apporter (de l'argent) à titre de paiement, de dépôt, de mise de fonds. ⇒ **payer.** *Les sommes à verser. Verser des intérêts, un acompte.* — Déposer, annexer des documents. *Verser une pièce au dossier.* **5.** Affecter (qqn) à une arme, à un corps. ⇒ **incorporer.** *On l'a versé dans l'infanterie.* **II.** V. intr. **1.** Basculer et tomber sur le côté. ⇒ **culbuter,** se **renverser.** *Sa voiture a versé dans le fossé. Le canot a versé.* ⇒ **chavirer.** **2.** Fig. VERSER DANS... : tomber. *Dans ce roman, l'auteur a versé dans la facilité.* ▶ ***versement*** n. m. ■ Action de verser de l'argent. ⇒ **paiement.** *S'acquitter en plusieurs versements. Versements mensuels.* ⇒ **mensualité.** ‹ ▶ renverser, reverser, versant, à verse, Verseau, verseur, versoir ›

verset [vɛʀsɛ] n. m. **1.** Paragraphe (d'un texte sacré). *Versets de la Bible, d'un psaume.* **2.** Liturgie. Brève formule ou maxime, récitée ou chantée à l'office. **3.** Phrase ou suite de phrases rythmées d'une seule respiration, découpées dans un texte poétique.

verseur [vɛʀsœʀ] n. et adj. m. **1.** Appareil servant à verser (1). **2.** Adj. m. Qui sert à verser. *Bec verseur, bouchon verseur.* ▶ ***verseuse*** n. f. ■ Cafetière en métal à poignée droite horizontale.

versifier [vɛʀsifje] v. tr. ▪ conjug. 7. ■ Mettre en vers (surtout au p. p. adj.). *Une œuvre versifiée.* ▶ ***versificateur, trice*** n. ■ Faiseur(euse) de vers. ⇒ **rimeur.** ▶ ***versification*** n. f. **1.** Technique du vers régulier (⇒ **poésie**). *Les règles de la versification.* ⇒ **métrique, prosodie.** **2.** Technique du vers propre à un poète. *La versification de Verlaine, d'Octave Crémazie.*

version [vɛʀsjɔ̃] n. f. **1.** Traduction (d'un texte en langue étrangère) dans sa propre langue (opposé à *thème*). *Version latine.* **2.** Chacun des états d'un texte qui a subi des modifications. *Les différentes versions de la Chanson de Roland.* — *Film en version originale* (abrév. *V.O.*), avec la bande sonore originale. *Film américain en version française,* doublé. **3.** Manière de rapporter, de présenter, d'interpréter un fait, une série de faits. ⇒ **interprétation.** *Selon la version du témoin.*

verso [vɛʀso] n. m. ■ Envers d'un feuillet (opposé à *recto*). *Au verso.* ⇒ **dos.** *Des versos.*

versoir [vɛʀswaʀ] n. m. ■ Pièce de la charrue qui rabat sur le côté la terre détachée par le soc.

vert, verte [vɛʀ, vɛʀt] adj. et n. m. **I.** Adj. **1.** Intermédiaire entre le bleu et le jaune ; qui a la couleur dominante de la végétation. *Couleur verte des plantes à chlorophylle* (⇒ **verdure**). *Feuilles vertes* (opposé à *jaune*). *Chêne vert,* à feuilles persistantes. *Lézard vert.* — *Feu, signaux verts,* indiquant que la voie est libre. Loc. *Donner le* FEU VERT *à...* : permettre d'entrer en action, d'agir. — Par exagér. *Le teint vert d'un malade. Être vert de peur.* ⇒ **blême, bleu.** *Être vert de jalousie.* — *Bleu-vert, gris-vert,* tirant sur le vert. *Des robes gris-vert.* **2.** (Céréales, fruits) Qui n'est pas mûr ; qui a encore de la sève. / contr. **blet, passé, sec** / *Blé vert. Bois vert. Légumes verts* (consommés non séchés). — *En voir, en dire des vertes et des pas mûres,* voir, dire des choses scandaleuses, choquantes. — *Vin vert,* qui n'est pas fait. ⇒ **jeune.** **3.** (Personnes) Qui a de la vigueur, de la verdeur. *Un vieillard encore vert.* ⇒ ① **gaillard, vaillant.** **4.** *Langue verte.* ⇒ **argot.** **5.** Relatif à la nature, à la campagne, à l'environnement. *L'Europe verte,* la Communauté européenne agricole. — *Un candidat vert,* écologiste. N. m. *Un, des vert(s). La police verte,* qui veille au respect des lois et règlements sur l'environnement. **II.** N. m. **1.** Couleur verte. *Le vert est complémentaire du rouge. Vert foncé, vert tendre. Vert amande, vert pomme. Vert d'eau.* **2.** Se dit de feuilles vertes, de la verdure (dans des expressions). — Fourrage frais. *Mettre un cheval au vert,* le nourrir au fourrage frais. — Fam. *Se mettre au vert,* prendre du repos à la campagne. ≠ *vair, ver, verre, vers.* ‹ ▶ pic-vert, pivert, verdâtre, verdeur, verdier, verdir, verdoyer, verdure, verjus, vert-de-gris, vertement ›

vert-de-gris [vɛʀdəgʀi] n. m. invar. et adj. invar. **1.** N. m. invar. Dépôt verdâtre qui se forme à l'air humide sur le cuivre, le bronze, etc. **2.** Adj. invar. D'un vert grisâtre. *Des uniformes vert-de-gris.* ▶ ***vert-de-grisé, ée*** adj. ■ Couvert de vert-de-gris. *Une statue vert-de-grisée.*

vertèbre [vɛʀtɛbʀ] n. f. ■ Chacun des os qui forment la colonne vertébrale (support du tronc chez les vertébrés, chez l'humain). *Elle s'est déplacé une vertèbre.* ▶ ***vertébral, ale, aux*** adj. ■ Des vertèbres. *Colonne vertébrale.* ⇒ **épine dorsale.** ▶ ***vertébré, ée*** adj. et n. **1.** Adj. Qui a des vertèbres, un squelette. *Animaux vertébrés et invertébrés.* **2.** N. m. pl. *Les vertébrés* : l' embranchement du règne animal formé des animaux qui possèdent une colonne vertébrale constituée de vertèbres osseuses ou cartilagineuses (poissons, batraciens, reptiles, oiseaux, mammifères). / contr. **invertébrés** / ‹ ▶ colonne vertébrale, invertébré ›

vertement [vɛʀtəmɑ̃] adv. ■ Avec vivacité, rudesse. ⇒ **sévèrement.** *Reprendre vertement qqn.*

vertical, ale, aux [vɛʀtikal, o] adj. et n. **1.** Adj. Qui suit la direction de la pesanteur, du fil à plomb en un lieu ; perpendiculaire à l'horizontale (opposé à *oblique, horizontal*). *Ligne verticale. Station verticale de l'être humain.* ⇒ **debout.** *Des stores verticaux.* **2.** n. f. Ligne, position verticale. *Une verticale.* — Loc. adv. À LA VERTICALE : dans la direction de la verticale. / contr. à l'**horizontale** / *Hélicoptère qui se pose à la verticale.* ⇒ **verticalement.** *Falaise à la verticale.* ▶ ***verticalement*** adv. ■ En suivant une ligne verticale. ⇒ à **plomb.** / contr. **horizontalement, obliquement** / *La pluie tombe verticalement.* ▶ ***verticalité*** n. f. ■ Caractère, position de ce qui est vertical. *Vérifier la verticalité d'un mur.* ⇒ **aplomb.**

vertige [vɛʀtiʒ] n. m. **1.** Impression par laquelle une personne croit que les objets environnants et elle-même sont animés d'un mouvement circulaire ou d'oscillations. ⇒ **éblouissement, étourdissement.** *Avoir un vertige, des vertiges.* **2.** Peur pathologique de tomber dans le vide. *Je ne peux monter par cette échelle, j'ai le vertige. Ça me donne le vertige. À donner le vertige,* très haut, très impressionnant. **3.** État d'une personne qui ne sait plus ce qu'elle fait, où elle en est. ⇒ **égarement, trouble.** *Le vertige du succès,* la tentation. ▶ ***vertigineux, euse*** adj. ■ Très haut, très grand (en parlant de ce qui pourrait donner le vertige [2]). *Des hauteurs, des vitesses vertigineuses.* — Fig. Très grand. *Augmentation, hausse vertigineuse des prix.* ⇒ **fantastique, terrible.** ▶ ***vertigineusement*** adv.

vertu [vɛʀty] n. f. **I. 1.** Vieilli ou littér. Force avec laquelle l'être humain tend au bien ; force morale appliquée à suivre la règle, la loi morale ; cette règle, cette loi morale (opposé à *vice*). — Loc. fam. *Il a de la vertu,* il a du mérite (à faire cela). **2.** Littér. Conduite, vie vertueuse. **3.** Vieilli ou plaisant. Chasteté ou fidélité sentimentale, conjugale (d'une femme). *Femme de petite vertu,* de mœurs légères. **4.** Disposition à accomplir des actes moraux par un effort de volonté ; qualité portée à un haut degré. *Parer qqn de toutes les vertus,* lui attribuer toutes les qualités. Relig. catholique. *Les quatre vertus cardinales,* courage, justice, prudence, tempérance. *Les trois vertus théologales,* charité, espérance, foi. **II. 1.** Littér. Principe qui, dans une chose, est considéré comme la cause des effets qu'elle produit. ⇒ **pouvoir, propriété.** *Vertu médicale, curative des plantes.* — *La vertu réparatrice du temps.* **2.** Loc. prép. EN VERTU DE : par le pouvoir de, au nom de. *Ce qu'on nous impose en vertu des principes moraux. En vertu de quoi accepterait-il ?* ▶ ***vertueux, euse*** adj. **1.** Vieilli. (Personnes) Qui a des vertus, des qualités morales. ⇒ **honnête, moral, sage.** / contr. **corrompu, malhonnête** / **2.** Vieilli (Femmes) Qui est chaste ou fidèle. ⇒ **honnête, pur. 3.** Littér. (Choses) Qui a le caractère de la vertu. ⇒ **édifiant.** *Action, conduite vertueuse.* ▶ ***vertueusement*** adv. ‹ ▶ s'évertuer ›

verve [vɛʀv] n. f. ■ Qualité brillante, imagination et fantaisie dans la parole. ⇒ **brio.** *La verve d'un orateur.* — *Être* EN VERVE : être plus brillant qu'à l'ordinaire.

verveine [vɛʀvɛn] n. f. **1.** Plante dont une espèce a des vertus calmantes. *Verveine odorante,* cultivée pour son parfum (citronnelle). **2.** Infusion de verveine officinale. *Boire une tasse de verveine.*

vésical, ale, aux [vezikal, o] adj. ■ De la vessie. *Artères vésicales. Calculs vésicaux.*

vésicatoire [vezikatwaʀ] n. m. ■ Remède pour provoquer une révulsion locale et le soulèvement de l'épiderme.

vésicule [vezikyl] n. f. ■ Cavité, réservoir ou petit sac membraneux (comparés à de petites vessies). — *Vésicule (biliaire),* réservoir membraneux situé à la face inférieure du foie et qui emmagasine la bile.

vespasienne [vɛspazjɛn] n. f. ■ Urinoir public pour hommes. ⇒ fam. **pissotière.**

vespéral, ale, aux [vɛspeʀal, o] adj. ■ Littér. Du soir, du couchant. *Des lueurs vespérales.*

vesse [vɛs] n. f. ■ Très fam. Gaz intestinal qui sort sans bruit et répand une mauvaise odeur. ⇒ **vent ;** fam. **pet.** *Lâcher une vesse.*

vessie [vɛsi] n. f. **1.** Organe creux dans lequel s'accumule l'urine. *Inflammation de la vessie,* cystite. *Calculs, pierres dans la vessie.* **2.** Vessie desséchée d'un animal, formant sac. *Vessie d'un ballon. Mettre son tabac dans une vessie de cochon.* — Loc. *Prendre des vessies pour des lanternes,* se tromper. **3.** (Chez certains poissons) *Vessie natatoire,* sac membraneux relié à l'œsophage, qui, en se remplissant plus ou moins de gaz, règle l'équilibre de l'animal dans l'eau. ‹ ▶ vésicule ›

vestale [vɛstal] n. f. ■ Antiquité romaine. Prêtresse de Vesta, vouée à la chasteté et chargée d'entretenir le feu sacré.

veste [vɛst] n. f. **1.** Vêtement court (à la taille ou aux hanches), avec manches, ouvert devant, et qui se porte sur la chemise, le gilet. *Veste droite, croisée.* ⇒ **veston.** *Veste de tailleur* (femmes). *Veste de sport.* ⇒ anglic. **blazer.** *La veste d'un complet trois-pièces. Porter une veste. Enlever, ôter sa veste.* Fam. *Tomber la veste.* — VESTE (DE LAINE) : vêtement tricoté, à manches longues, boutonné sur le devant. ⇒ **cardigan ; chandail, tricot.** *Une veste en cachemire. Veste de pyjama,* partie du pyjama couvrant le torse. **2.** Loc. fam. *Retourner sa veste,* changer brusquement d'opinion, de parti. ⇒ **casaque ;** fam. ② **capot.** — (Personnes) *Une veste de cuir,* un blouson noir ⇒ anglic. **bum** ; un motard. ‹ ▶ veston ›

vestiaire [vɛstjɛʀ] n. m. **1.** Lieu où l'on dépose momentanément les vêtements d'extérieur (manteaux), les parapluies, cannes, etc., dans certains établissements publics. *Vestiaire d'un théâtre, d'un restaurant. La dame du vestiaire.* — Ensemble des vêtements et objets déposés au vestiaire. *Réclamer son vestiaire.* **2.** Partie d'un stade, d'un gymnase, etc., où les sportifs se changent. ⇒ **chambre** des joueurs. *Le vestiaire des hommes, des femmes.* **3.** Meuble ou endroit d'un logement aménagé pour déposer les vêtements. *Les vestiaires des employés.*

vestibule [vɛstibyl] n. m. ■ Pièce d'entrée (d'un édifice, d'une maison, d'un appartement). ⇒ **antichambre, entrée, portique ;** anglic. **hall.** *Attendre dans un vestibule.*

vestige [vɛstiʒ] n. m. — REM. S'emploie surtout au plur. **1.** Ce qui demeure (d'une chose détruite, disparue, d'un groupe humain, d'une société). *Les vestiges d'un temple, d'une armée.* ⇒ **ruine. 2.** Ce qui reste (d'une chose abstraite : idée, sentiment ; d'un caractère). *Vestiges de grandeur.* ⇒ **marque, reste, trace.**

vestimentaire [vɛstimɑ̃tɛʀ] adj. ■ Qui a rapport aux vêtements. *Dépense vestimentaire.*

veston [vɛstɔ̃] n. m. ■ Veste ou veste d'un complet d'homme. *Être en veston. Un veston (de) sport.* — En appos. *Des complets-veston.*

vêtement [vɛtmɑ̃] n. m. **1.** (Au plur.) *Les vêtements,* l'habillement (comprenant le linge mais non les chaussures) ; en particulier les vêtements de dessus (opposé à *sous-vêtements*). ⇒ **habillement, habits, nippes ;** fam. **fringues, fripes, frusques, linge.** *Vêtements neufs, usés, en loques.* ⇒ **guenilles, haillons.** *Vêtements de travail, de tous les jours, du dimanche. Vêtements habillés, de ville, de sport. Mettre ses vêtements.* ⇒ s'**habiller,** se **vêtir.** *Des vêtements.* ⇒ **vestimentaire. 2.** (sing. collectif) *Le vêtement,* les vêtements. *Industrie, commerce du vêtement.* **3.** *Un vêtement,* une pièce de l'habillement de dessus (manteau, veste). *Je vais chercher un vêtement et je sors avec vous.* ⟨ ▶ sous-vêtement, survêtement ⟩

vétéran [veteʀɑ̃] n. m. **1.** Ancien combattant. *Les vétérans de la dernière Grande Guerre.* **2.** Personne pleine d'expérience (dans un domaine). *Un vétéran de l'enseignement.* ⇒ **ancien.** / contr. **bleu, nouveau** /

vétérinaire [veteʀinɛʀ] adj. et n. **1.** Adj. Qui a rapport au soin des bêtes (animaux domestiques, bétail). *Art vétérinaire.* **2.** N. Médecin vétérinaire, qui soigne les animaux. *Un, une vétérinaire.*

vétille [vetij] n. f. ■ Chose insignifiante. ⇒ **bagatelle, détail, misère, niaiserie, rien.** *Ergoter sur des vétilles.* ▶ ***vétilleux, euse*** adj. ■ Littér. Qui s'attache à des détails, à des vétilles. ⇒ **pointilleux, taponneur.**

vêtir [vɛtiʀ] v. tr. ▪ conjug. 20. **1.** Littér. Couvrir (qqn) de vêtements ; mettre un vêtement à (qqn). *Vêtir un enfant.* ⇒ **habiller. 2.** Littér. SE VÊTIR v. pron. réfl. : s'habiller. / contr. se **dévêtir** / ▶ ***vêtu, ue*** adj. ■ Qui porte un vêtement. ⇒ **habillé.** *Être bien vêtu, mal vêtu, à demi vêtu.* / contr. **nu** / *Chaudement vêtu.* ⟨ ▶ court-vêtu, dévêtir, revêtir, travestir, vêtement ⟩

vétiver [vetivɛʀ] n. m. **1.** Plante tropicale dont l'odeur éloigne les insectes et dont la racine est utilisée en parfumerie. **2.** Parfum de la racine de cette plante.

veto [veto] n. m. invar. ■ Opposition à une décision. *Droit de veto. Mettre son veto à une décision. Des veto.*

vétuste [vetyst] adj. ■ (Choses, bâtiments et installations). Qui est vieux, n'est plus en bon état *Maison vétuste.* ⇒ **délabré.** ▶ ***vétusté*** n. f. ■ Littér. État de ce qui est vétuste, abîmé par le temps. ⇒ **délabrement.**

veuf, veuve [vœf, vœv] adj. et n. **1.** Adj. Dont le conjoint est mort. *Il est veuf de deux femmes.* **2.** N. Personne veuve. *Épouser un veuf.* — Loc. iron. *Défenseur de la veuve et de l'orphelin,* des personnes sans appui (se dit des avocats). ▶ ***veuvage*** n. m. ■ Situation, état d'une personne veuve et non remariée. *Elle s'est remariée après une année de veuvage.*

veule [vøl] adj. ■ Qui n'a aucune énergie, aucune volonté. ⇒ **avachi, faible, lâche, mou ;** fam. ③ **vache.** *Il est veule et hypocrite.* — *Un air veule.* / contr. **énergique,** ① **ferme** / ▶ ***veulerie*** n. f. ■ Caractère, état d'une personne veule. ⇒ **apathie, faiblesse, lâcheté.**

vexer [vɛkse] v. tr. ▪ conjug. 1. **1.** Blesser (qqn) dans son amour-propre. ⇒ **désobliger, froisser, humilier, offenser.** *Je ne voulais pas vous vexer.* — (Avec *de* + infinitif) *Il est vexé d'avoir raté son examen.* (Avec *que* + subjonctif) *Elle est vexée que tu ne viennes pas.* — Au p. p. adj. *Facilement vexé.* ⇒ **susceptible. 2.** SE VEXER v. pron. passif. : être vexé, se piquer. *Il se vexe d'un rien.* ⇒ se **fâcher,** se **formaliser,** se **froisser.** ▶ ***vexant, ante*** adj. **1.** Qui contrarie, peine. ⇒ **contrariant, irritant.** *Nous avons raté l'autobus, c'est vexant !* ⇒ **rageant. 2.** Qui blesse l'amour-propre. *Une remarque, un refus vexant.* ⇒ **blessant.** — (Personnes) *Il est vexant.* ▶ ***vexation*** n. f. **1.** Littér. Action de maltraiter ; son résultat. ⇒ **brimade, persécution. 2.** Blessure, froissement d'amour-propre. ⇒ **humiliation, mortification.** *Essuyer des vexations.* ▶ ***vexatoire*** adj. ■ Qui a le caractère d'une vexation (1). *Mesure vexatoire.*

V.H.F. [veaʃɛf] adj. invar. et n. f. invar. ■ Anglic. Abréviation de *Very High Frequency,* très haute fréquence. *Poste, antenne V.H.F.,* qui reçoit ou émet des ondes très courtes. — N. f. invar. *Une V.H.F.,* un émetteur ou un récepteur de ce type. ≠ *U.H.F.*

V.H.S. [veaʃɛs] adj. invar. ■ Anglic. Abréviation de *Video Home System,* le système vidéo le plus répandu. *Magnétoscope V.H.S. Système d'enregistrement V.H.S. Des vidéocassettes V.H.S.*

via [vja] prép. ■ Par la voie de, en passant par. ⇒ **par.** *Aller de Montréal à Québec via la rive sud du Saint-Laurent.*

① ***viabilité*** [vjabilite] n. f. ■ (France) État d'un chemin, d'une route où l'on peut circuler. — Ensemble des travaux d'aménagement (voirie, égouts, adductions) à exécuter avant de construire sur un terrain.

viable [vjabl] adj. **1.** Apte à vivre ; qui peut avoir une certaine durée de vie. *Cet enfant n'est pas viable.* **2.** Qui présente les conditions nécessaires pour durer, se développer. ⇒ **durable.** *Entreprise viable.* ▶ ② ***viabilité*** n. f. **1.** État d'un organisme (et notamment d'un embryon) viable. **2.** État de ce qui peut se développer. *La viabilité d'un projet.*

viaduc [vjadyk] n. m. ■ Pont de grande longueur servant au passage d'une voie ferrée, d'une route. ⇒ **échangeur.** *La voie emprunte plusieurs viaducs et un tunnel.*

viager, ère [vjaʒe, ɛʀ] adj. et n. m. ■ Qui doit durer pendant la vie d'une personne et pas au-delà. *Rente viagère.* — N. m. *Le viager,* la rente viagère. — (France) *Vendre une maison* EN VIAGER : moyennant une rente viagère.

viande [vjɑ̃d] n. f. **1.** Chair des mammifères et des oiseaux que l'être humain emploie pour sa nourriture (surtout des animaux de boucherie). *Viande rouge,* le bœuf, le chevreuil, le mouton. *Viande blanche,* la volaille, le veau, le porc. *Viande en sauce. Jus de viande. Viande froide. Viande bien cuite, à point ; viande saignante, bleue.* — *Pain à la viande,* pain hot-dog garni de bœuf haché assaisonné. — Chair d'animal dont un autre animal se nourrit. *Animal qui se nourrit de viande.* ⇒ **carnassier, carnivore. 2.** Très fam. Chair de l'être humain, corps. *Amène ta viande !,* viens ! *Écrase ta viande,* assieds-toi, installe-toi. *Étaler sa viande,* se dénuder. *Viande étendue sur les plages américaines.* ‹ ▶ hache-viande ›

viarge [vjaʀʒ] interj. ■ Très fam. Sacre, juron très fréquent et employé dans toutes sortes de circonstances. *Viarge que c'est bon ! C'est pas ça, viarge !* Absolt. *Viarge ! — Viarge de* (+ autre juron). — Loc. *Être en viarge,* très fâché, de très mauvaise humeur ; ne pas être très content. *Ne l'appelle pas, il est encore en viarge.* N. UN VIARGE DE : sert à qualifier la chose, la personne qui est mentionnée. *C'est une viarge de mauvaise décision. Une viarge de belle vue. Du viarge de bon monde.* — Sans compl. Terme d'injure, de mépris. *Ma petite viarge ! Toi, mon viarge !* — Loc. adv. EN VIARGE : très, beaucoup. *Il y a de la sloche en viarge. C'est plat en viarge.*

viatique [vjatik] n. m. **1.** Communion portée à un mourant. *Recevoir le viatique.* **2.** Littér. Soutien, secours indispensable.

vibrer [vibʀe] v. intr. ▪ conjug. 1. **1.** Se mouvoir périodiquement autour de sa position d'équilibre avec une très faible amplitude et une très grande rapidité ; être en vibration (ondes*). ⇒ **résonner.** *Faire vibrer un diapason, une cloche.* **2.** (Voix) Avoir une sonorité tremblée qui dénote une émotion intense. *Sa voix vibrait d'émotion.* **3.** Être vivement ému, exalté. *Faire vibrer son auditoire.* ▶ ***vibrant, ante*** adj. **1.** Qui vibre (1), est en vibration. — *Consonne vibrante* et, n. f., *une vibrante,* produite par la vibration de la langue [l] ou du gosier [ʀ]. *Une voix forte et vibrante,* très sonore. **2.** Qui vibre (2), exprime ou trahit une forte émotion. *Discours vibrant,* pathétique. ▶ ***vibraphone*** [vibʀafɔn] n. m. ■ Instrument de musique formé de plaques métalliques vibrantes, que l'on frappe à l'aide de marteaux. ▶ ***vibraphoniste*** n. ■ Musicien(ienne) qui joue du vibraphone. ▶ ***vibration*** n. f. **1.** Mouvement, état de ce qui vibre ; effet qui en résulte (son et ébranlement). ⇒ **trépidation.** *Vibration de moteur.* **2.** Physique. Mouvement de va-et-vient d'un point matériel déplacé de sa position d'équilibre et qui y est ramené par l'effet de forces complexes, analysées au moyen d'une fonction harmonique. *Vibrations lumineuses, sonores, électromagnétiques.* **3.** Tremblement. *La vibration d'une voix. — Vibration de l'air, de la lumière,* impression de tremblotement que donne l'air chaud. ▶ ***vibratoire*** adj. **1.** Formé par une série de vibrations. *Phénomène vibratoire.* **2.** Qui s'effectue en vibrant, en faisant vibrer. *Massage vibratoire* (⇒ **vibromasseur**). ▶ ***vibrato*** n. m. ■ Tremblement rapide d'un son ⇒ **trémolo,** utilisé dans la musique vocale ou par les instruments, en jazz. *Des vibratos.* ▶ ***vibreur*** n. m. ■ Élément qui produit, transmet une vibration. — Sonnerie sans timbre. *Le vibreur d'un téléphone.* ▶ ***vibromasseur*** n. m. ■ Appareil électrique qui produit des massages par vibration. ‹ ▶ vibrion ›

vibrion [vibʀijɔ̃] n. m. ■ Sciences. Bactérie de forme incurvée.

vicaire [vikɛʀ] n. m. **1.** Prêtre qui exerce en second les fonctions attachées à un office ecclésiastique. — Prêtre qui aide et remplace éventuellement le curé. **2.** *Le vicaire de Dieu, de Jésus-Christ,* le pape. ▶ ***vicariat*** n. m. ■ Fonction, dignité de vicaire, durée de cette fonction.

vice [vis] n. m. **I. 1.** *Disposition habituelle au mal ; conduite qui en résulte* (opposé à *vertu*). ⇒ **immoralité,** ③ **mal, péché.** *Vivre dans le vice et la débauche.* — Fam. Dépravation du goût. *Il n'aime que les laiderons : c'est du vice !* **2.** *Un vice,* un mauvais penchant, un défaut grave que réprouve la morale sociale. *Avoir tous les vices. Être pourri de vices.* — PROV. *L'oisiveté (la paresse) est (la) mère de tous les vices. Pauvreté n'est pas vice.* — Perversion sexuelle. *Un vice contre nature.* **3.** Mauvaise habitude qu'on ne peut réprimer. *Le bavardage est notre vice familial.* ⇒ **faible, faiblesse, travers. II.** Imperfection grave qui rend une chose plus ou moins impropre à sa destination. ⇒ **défaut, défectuosité.** *Vice de construction d'un bâtiment. — Vice de forme,* absence d'une formalité obligatoire qui rend nul un acte juridique. ≠ *vis.* ‹ ▶ vicelard, vicier, vicieux ›

vice- ■ Particule invariable signifiant « à la place de », formant des noms de grades, de fonctions immédiatement inférieures (ex. : *vice-amiral, vice-consul, vice-légat, vice-première ministre, vice-rectrice,* etc.). ▶ ***vice-président, ente*** n. ■ Personne qui seconde ou supplée le président, la présidente. *La vice-présidente d'une société. Les deux vice-présidents.* ≠ *coprésident.* ▶ ***vice-présidence*** n. f. ■ Fonction de vice-président. ≠ *coprésidence.* ▶ ***vice-recteur, trice*** n. ■ Universitaire qui seconde ou supplée, le cas échéant, le recteur. *La vice-rectrice à l'enseignement.* — REM. La variante féminine *vice-recteure* existe également. ▶ ***vice-roi, vice-reine*** n. ■ Personne à qui un roi, un empereur a délégué son autorité pour gouverner un royaume, ou une province ayant eu titre de royaume. *Des vice-rois. Le gouverneur général a titre de vice-roi.* ‹ ▶ vicomte ›

vicelard, arde [vislaʀ, aʀd] adj. et n. (France) Fam. **1.** Un peu vicieux. *Un air vicelard.* — N. *Un, une vicelarde.* **2.** Malin, rusé et pas très honnête.

vice(-)versa [visevɛʀsa ; visvɛʀsa] loc. adv. ■ Réciproquement, inversement.

vichy [viʃi] n. m. **1.** Toile de coton à carreaux ou rayée. *Tablier de vichy bleu et blanc.* **2.** Eau minérale de Vichy. — *S'il vous plaît ! Un vichy !,* un verre de vichy.

vicier [visje] v. tr. ▪ conjug. 7. Littér. **1.** Droit. Rendre défectueux. *Cette incompatibilité ne vicie pas l'élection.* **2.** Corrompre. ⇒ **polluer.** *Des fumées d'usine vicient l'air.* — Pronominalement (passif). *L'air s'est vicié.* / contr. **purifier** / ▶ ***vicié, ée*** adj. ■ Impur, pollué. *Air vicié.* / contr. **pur, sain** / ≠ *vicieux.*

vicieux, euse [visjø, øz] adj. **I. 1.** Littér. Qui a des vices, de mauvais penchants. ⇒ **corrompu, dépravé.** / contr. **vertueux** / — Se dit d'une bête ombrageuse et rétive. *Cheval vicieux.* — Sports. Qui n'est pas envoyé, exécuté franchement. *Un coup vicieux, une rondelle vicieuse.* **2.** Qui a des mœurs sexuelles que la société réprouve. ⇒ **pervers ;** fam. **vicelard.** *Il est un peu vicieux.* — N. *Un vieux vicieux.* ⇒ **débauché, libertin, satyre ;** fam. **snoreau. 3.** Fam. Qui a des goûts dépravés, bizarres. *Il faut être vicieux pour aimer ça.* ≠ *vicié.* **II.** (Choses) Défectueux, mauvais, entaché de vices (II). *Expression vicieuse.* ⇒ **fautif.** / contr. **correct** / — *Cercle* vicieux.*

vicinal, ale, aux [visinal, o] adj. ■ (France) *Chemin vicinal,* route étroite qui met en communication des villages.

vicissitudes [visisityd] n. f. pl. ■ Littér. Choses bonnes et mauvaises, événements heureux et surtout malheureux qui se succèdent dans la vie. *Les vicissitudes de l'existence.* ⇒ **tribulation.** *Les vicissitudes de la mode.* ⇒ **changement, variation.**

vicomte, esse [vikɔ̃t, ɛs] n. **1.** N. m. Titre de noblesse au-dessous du comte. **2.** N. f. Titre de noblesse au-dessous de la comtesse. — Femme du vicomte.

victime [viktim] n. f. **1.** Créature vivante offerte en sacrifice aux dieux. *Immoler, égorger une victime.* **2.** Personne qui subit la haine, les injustices de qqn, ou qui souffre (d'un état de choses). *Les victimes d'un tyran. Se prendre pour une victime. Victime de la calomnie. Elle est victime de son dévouement.* **3.** Personne tuée ou blessée. *La catastrophe a fait plus de cent victimes.* ⇒ ② **mort.** / contr. **rescapé** / *Le corps de la victime* (d'un meurtre). — Personne arbitrairement tuée, condamnée à mort. *Les victimes du nazisme.*

victoire [viktwaʀ] n. f. **1.** Succès obtenu dans un combat, une bataille, une guerre. / contr. **défaite, déroute** / *Ils ont remporté la victoire. Victoire éclatante.* **2.** Heureuse issue d'une lutte, d'une opposition, d'une compétition, pour la personne qui a eu l'avantage. ⇒ **triomphe.** *Une victoire facile.* / contr. **échec** / *Crier, chanter victoire,* se glorifier d'une réussite. — Sports, jeux. Situation de la personne, du groupe qui gagne contre qqn. *Victoire d'une équipe sportive.* ▸ ***victorieux, euse*** adj. **1.** Qui a remporté une victoire (1). ⇒ **vainqueur.** / contr. **vaincu** / *Armée, troupes victorieuses.* **2.** Qui l'a emporté sur qqn. *Sortir victorieux d'une dispute. — L'équipe victorieuse.* — Par ext. *Un air victorieux,* de triomphe. ▸ ***victorieusement*** adv.

victoriavillois, oise [viktɔʀjavilwa, waz] adj. et n. ■ De la ville de Victoriaville. — N. (Avec une majusc.) Personne née dans cette ville ou qui l'habite.

victorien, ienne [viktɔʀjɛ̃, jɛn] adj. ■ Relatif à la reine Victoria, à son règne (1837-1901). *Le puritanisme de l'époque victorienne. L'architecture victorienne.*

victuailles [viktɥaj] n. f. pl. ■ Provisions de bouche. ⇒ **vivres.** *Nous avons partagé nos victuailles.*

vidange [vidɑ̃ʒ] n. f. **1.** Action de vider (surtout en parlant d'opérations techniques ou sales). *Faire la vidange d'un fossé, du réservoir d'huile d'une voiture.* ⇒ fam. **changement** d'huile. *Vidange et graissage.* — Opération par laquelle on vide une fosse d'aisances. **2.** Ce qui est enlevé, vidé. *Évacuation des vidanges.* **3.** Mécanisme qui sert à vider, à évacuer l'eau. *La vidange d'un lavabo* (bonde à soupape). **4.** Au plur. Cour. *Les vidanges,* les ordures ménagères. ⇒ **déchets, détritus.** *Sac de vidanges. Camion de vidanges. La cueillette des vidanges. Mettre qqch. aux vidanges,* le jeter. — Loc. *Mettre, sortir les vidanges,* les déposer devant sa porte pour qu'on puisse les enlever. — Par ext. *Les vidanges sont-elles passées ?,* les vidangeurs. ▸ ***vidanger*** v. tr. ▪ conjug. 3. **1.** Faire la vidange de (une fosse, un réservoir). *Vidanger une cuve.* ⇒ **purger. 2.** Évacuer par une vidange. *Vidanger l'huile d'un moteur.* ▸ ***vidangeur, euse*** n. **1.** Personne qui fait la vidange des fosses d'aisances. **2.** Éboueur. ⇒ ② **boueux.** *Les vidangeurs passent.* **3.** Variété de poisson qui, dans un aquarium, mange tous les détritus.

vide [vid] adj. et n. m. **I.** Adj. **1.** Qui ne contient rien de perceptible ; dans lequel il n'y a ni solide ni liquide. *Espace vide entre deux choses. Ensemble vide,* qui n'a aucun élément. **2.** Dépourvu de son contenu normal. / contr. **plein, rempli** / *Bouteille vide. Louer un appartement vide,* sans meubles (opposé à *meublé*). — Loc. *Avoir l'estomac, le ventre vide.* ⇒ **creux.** *Rentrer les mains vides,* sans rapporter ce que l'on allait chercher. **3.** (Locaux, lieux) Inoccupé. *La maison est vide,* il n'y a personne dedans. *Paris est à moitié vide au mois d'août.* ⇒ **désert.** *En été, les écoles sont vides. Place vide.* ⇒ **libre, vacant. 4.** (Durée) Qui n'est pas employé, occupé comme il pourrait l'être ; sans occupation. *Des journées vides, ennuyeuses.* **5.** *Avoir la tête vide,* ne plus avoir momentanément sa présence d'esprit, ses connaissances et ses souvenirs ; ne pas être réfléchi, intelligent. *C'est une belle tête vide.* **6.** Qui manque d'intérêt, de substance. ⇒ **creux, vain.** *Des propos vides.* ⇒ **insignifiant ; vacuité. 7.** (Surfaces) Qui n'est pas couvert, recouvert. ⇒ **nu.** *Murs vides.* **8.** VIDE DE : qui ne contient, ne renferme, ne possède pas (ce qu'il devrait normalement contenir). ⇒ **sans.** *Rues vides de voitures. — Mots vides de sens.* ⇒ **dépourvu** de. **II.** N. m. **1.** Espace qui n'est pas occupé par de la matière ; abaissement très important de la pression d'un gaz. *Faire le vide en aspirant l'air. Nettoyage par le vide. Emballage sous vide.* **2.** Espace non occupé par des choses ou des personnes. *Faire le vide autour de qqn,* écarter tout le monde de lui. *Il a fait le vide autour de lui,* il s'est isolé ; il n'a plus d'amis. — Espace où il n'y a aucun corps solide susceptible de servir d'appui. *Nous étions au-dessus du vide.* — VIDE SOUS TOIT : espace entre la couverture et le plafond de l'étage supérieur d'un bâtiment. VIDE SANITAIRE : petit espace entre le sol et le dessous d'un bâtiment dépourvu de cave ou de sous-sol. — *Elle regardait dans le vide,* dans le vague. — *Parler dans le vide,* sans objet ou sans auditeur ; parler à qqn qui n'écoute pas, n'obéit pas. ⇒ **inutilement,** pour **rien.** — *Le grand vide,* l'espace intersidéral. **3.** *Espace vide ou solution de continuité.* ⇒ **espace, fente, ouverture.** *Boucher un vide.* — Ce qui est ressenti comme un manque. *Son départ fait un grand vide.* **4.** Caractère de ce qui manque de réalité, d'intérêt. *Le vide de l'existence.* ⇒ **néant, vacuité.** / contr. **plénitude** / **5.** Loc. adv. À VIDE : sans rien contenir. *L'autobus est parti à vide.* — Sans avoir l'effet (matériel) normalement attendu. *Rouage qui tourne à vide. Vous raisonnez à vide.* — Loc. PASSAGE À VIDE : moment où un mécanisme tourne à vide ; moment où une activité s'exerce sans effet utile ; baisse de l'efficacité d'une personne due à la maladie, à la fatigue, etc. *Elle a eu un passage à vide après ses examens.*

vidé, ée [vide] adj. **1.** (Choses) ⇒ **vider (I). 2.** (Personnes) Épuisé de fatigue. ⇒ **éreinté, fatigué, fourbu ;** fam. **crevé, lessivé, raqué.** — Qui n'a plus de ressources morales, intellectuelles. *Écrivain fini, vidé.*

vidéo [video] n. et adj. invar. **1.** N. f. (Abrév. de *vidéophonie*) Technique audiovisuelle permettant d'enregistrer sur un support magnétique l'image et le son au moyen d'un magnétoscope, puis de restituer cet enregistrement sur un écran de télévision. — Cet équipement, cette installation. ⇒ anglic. **V.H.S.** — Adj. invar. ou en appos. *Bande vidéo. Technique vidéo. Caméra vidéo. Disque vidéo.* ⇒ **vidéodisque.** *Jeux vidéo,* jeux qui utilisent un écran de visualisation et dans lesquels les mouvements sont commandés électroniquement. **2.** N. m. Enregistrement vidéo sur cassette. *Regarder un vidéo.* ▸ ***vidéocassette*** n. f. ■ Cassette contenant une bande vidéo où sont enregistrés l'image et le son d'un programme télévisé, d'un film, etc. *Des vidéocassettes.* ▸ ***vidéoclip*** ou, abrév., ② ***clip*** n. m. ■ Court film vidéo utilisant des effets spéciaux et réalisé pour promouvoir une chanson, un disque, un groupe... *Tourner un vidéoclip.* ▸ ***vidéoclub*** ou ***club vidéo*** n. m. ■ Boutique qui loue ou vend des vidéocassettes enregistrées, spécialt des films vidéo. *S'abonner à un vidéoclub.* ▸ ***vidéoconférence*** n. f. ■ Téléconférence qui permet aux participants de se voir, de se parler et d'échanger des documents graphiques. ▸ ***vidéodisque*** n. m. ■ Disque qui permet de reproduire sur un écran de télévision un enregistrement (images et son). ▸ ***vidéothèque*** n. f. ■ Collection d'enregistrements vidéo. — Lieu, meuble où ils sont entreposés.

vide-ordures [vidɔʀdyʀ] n. m. invar. ■ Conduit vertical dans lequel on peut jeter les ordures par une trappe ménagée à chaque étage. ⇒ **chute** à déchets.

vide-poches [vidpɔʃ] n. m. invar. **1.** Petit meuble, corbeille où l'on peut déposer de petits objets (qui étaient dans les poches). **2.** Compartiment de rangement sur le tableau de bord d'une automobile (appelé aussi *boîte à gants*) ou au bas des portières.

vider [vide] v. tr. ▪ conjug. 1. **I. 1.** Rendre vide (un contenant) en ôtant ce qui est dedans. / contr. **emplir, garnir, remplir** / *Vider un seau, un sac, ses poches, un meuble.* — *Vider son cœur,* s'épancher. Fam. *Vider son sac**. — Pronominalement. *Se vider le cœur,* dire ce qu'on a sur le cœur, ce qui nous chagrine, nous pèse, nous choque. — (En buvant) *Vider une bouteille.* — (En emportant, volant, dépensant) *Ils ont vidé les tiroirs.* — VIDER... DANS, SUR : répandre tout le contenu de... quelque part. ⇒ **verser.** *Vide-moi cette bouteille dans le lavabo !* **2.** Ôter les entrailles de (un poisson, une volaille) pour le faire cuire. ⇒ **arranger.** *Vider et flamber un poulet.* — Au p. p. adj. *Des truites vidées.* **3.** VIDER... DE : débarrasser de. *Vider une maison de ses meubles.* — Pronominalement (réfl.). *En juillet, Québec se vide de ses habitants.* **4.** Rendre vide en s'en allant. Loc. *Vider les lieux,* partir. — Pronominalement (réfl.). *Salle qui se vide.* / contr. s'**emplir,** se **remplir** / **5.** Fam. Épuiser les forces de (qqn). ⇒ **crever, éreinter ; vidé (2).** *Ce travail l'a vidé.* **6.** Faire en sorte qu'une question soit épuisée, réglée. ⇒ **résoudre, terminer.** *Vider une affaire, un débat.* **II.** Enlever d'un lieu. **1.** Ôter (le contenu d'un contenant). ⇒ **évacuer, retirer.** *Aller vider les ordures. Vider l'eau d'un vase.* — Pronominalement (réfl.). S'écouler. *Les eaux sales se vident dans l'égout.* **2.** Fam. Faire sortir brutalement (qqn) d'un lieu, d'un emploi, d'une situation. ⇒ **chasser, congédier, renvoyer ;** fam. **virer.** *Elle s'est fait vider.* ▶ **vidage** n. m. ▪ Action de vider (II, 2). ▶ **videur, euse** n. ▪ Personne qui vide, est chargée de vider. — Personne qui est chargée de vider (II, 2) les indésirables (d'un bar, d'une discothèque). *Les videurs ont viré les ivrognes.* ‹ ▶ dévider, évider, transvider, vidange, vide, vidé, vide-ordures, vide-poches ›

vie [vi] n. f. **I. 1.** Fait de vivre*, propriété essentielle des êtres organisés qui évoluent de la naissance à la mort (surtout en parlant des êtres humains). ⇒ **existence.** *Être en vie,* vivant. *Sans vie,* mort ou évanoui. *Revenir à la vie. Être entre la vie et la mort. Donner la vie à un enfant,* enfanter. *Sauver la vie de qqn. Donner, risquer sa vie pour son idéal. Lutte pour la vie. C'est une question de vie ou de mort. Assurance sur la vie.* — Vigueur, vivacité. *Enfant plein de vie.* ⇒ **vitalité.** — Animation que l'artiste donne à son œuvre. *Une œuvre pleine de vie.* **2.** *La vie,* l'ensemble des phénomènes (croissance, métabolisme, reproduction) que présentent tous les organismes, animaux ou végétaux, de la naissance à la mort. *Science de la vie.* ⇒ **biologie.** *Vie animale, végétale.* **3.** Espace de temps compris entre la naissance et la mort d'un individu. *Espérance de vie. Durée moyenne de la vie d'une espèce. Au commencement, à la fin de la vie.* — Loc. *Jamais de la vie.* ⇒ **jamais.** *De toute ma vie, je n'ai vu chose pareille !,* jamais. — Religion. *Cette vie, la vie terrestre* (opposé à *l'autre vie, la vie future, éternelle*). — Temps qui reste à vivre à un individu. *Amis pour la vie.* Loc. *Nous sommes amis à la vie à la mort* (même sens). À VIE : pour tout le temps qui reste à vivre. *Il a été élu membre à vie. Prison à vie.* ⇒ **perpétuité.** **4.** Ensemble des activités et des événements qui remplissent pour chaque être cet espace de temps. ⇒ **destin, destinée.** *Elle raconte sa vie à tout le monde. Écrire la vie de qqn.* ⇒ **biographie.** — Manière de vivre (d'un individu, d'un groupe). *La vie rude des pêcheurs. Mode, train, style de vie.* ⇒ **mœurs.** *Vie simple, rangée. Elle mène une vie agitée.* Loc. *Il nous fait, nous mène la vie dure,* il nous tourmente, nous fait souffrir. *Ce n'est pas une vie !,* c'est insupportable. *C'est la belle, la bonne vie, la vie de château, de pacha. Faire une belle vie,* être heureux, vivre bien. *Mener joyeuse vie. Vivre sa vie,* la vie pour laquelle on s'estime fait, en la menant à sa guise. — Vieilli. *Femme de mauvaise vie,* prostituée. — *Faire la vie,* mener une vie de plaisirs. **5.** (Suivi d'une épithète, d'un compl.) Part de l'activité humaine, type d'activité. *Vie privée. Vie civile, militaire. Vie conjugale. Vie professionnelle. La vie politique. Vie étudiante* (au collège, à l'université), ensemble des activités des étudiants, à l'exclusion de l'enseignement. — Monde, Univers où s'exerce une activité psychique. *La vie intérieure, spirituelle. La vie affective. Vie mentale. Vie intellectuelle.* **6.** Moyens matériels (nourriture, argent) d'assurer la subsistance d'un être vivant. *Gagner (bien, mal) sa vie. La vie est chère. Niveau de vie. Le coût de la vie.* **7.** Sans compl. *La vie,* le monde humain, le cours des choses humaines. *Expérience de la vie. Regarder la vie en face. Que voulez-vous, c'est la vie !,* c'est comme ça ! (d'une chose déplaisante). **II.** Existence dont le caractère temporel et dynamique évoque la vie. **1.** (Dans le monde humain) *La vie des sociétés. La vie du pays.* **2.** (Dans le monde matériel, inorganique) *La vie des étoiles.* **III.** AVOIR LA VIE DURE : résister contre toute cause de mort ou de disparition. *Il a encore réchappé de cette maladie, il a la vie dure ! Une idée, une erreur qui a la vie dure.* ‹ ▶ eau-de-vie, survie, viable ›

vieil, vieille ⇒ **vieux.** ▶ **vieillard** [vjɛjaʀ] n. m. **1.** Homme d'un grand âge. *Vieillard respectable. Vieillard impotent, gâteux.* **2.** (Au plur. ou sing. indéterminé) Personne (homme ou femme) d'un grand âge. *Les adultes et les vieillards. Maison de retraite de vieillards.* ⇒ **centre** d'accueil. ▶ **vieillerie** [vjɛjʀi] n. f. **1.** Objet vieux, démodé, usé. *Un tas de vieilleries.* **2.** Idée, conception rebattue, usée ; œuvre démodée. / contr. **nouveauté** / ▶ **vieillesse** n. f. **1.** Dernière période de la vie humaine, temps de la vie qui succède à la maturité et qui est caractérisé par le ralentissement des activités biologiques (sénescence). ⇒ **âge.** *Avoir une vieillesse triste, heureuse, une longue vieillesse. Pensions de vieillesse,* sommes allouées aux personnes âgées, retraitées. **2.** Fait, pour un être humain, d'être vieux. / contr. **jeunesse** / *Mourir de vieillesse,* par le seul effet du grand âge. **3.** (Considérée comme une puissance active parfois personnifiée) *La vieillesse arrive à grands pas.* **4.** Ensemble des personnes âgées, les vieillards. *Aide à la vieillesse.* ▶ **vieillir** [vjɛjiʀ] v. ▪ conjug. 2. **I.** V. intr. **1.** S'approcher de la vieillesse ou continuer à vivre alors qu'on est vieux. *Vieillir dans sa famille,* y passer sa vieillesse. *Vieillir bien, mal,* être peu, beaucoup éprouvé par les effets de l'âge. — *Dans une semaine tu vieilliras d'un an,* ce sera ton anniversaire. — Demeurer longuement (dans tel état, telle situation). *Vieillir dans un métier* (→ blanchir sous le harnais). **2.** Acquérir les caractères de la vieillesse ; changer par l'effet du vieillissement. ⇒ **décliner.** *Il a beaucoup vieilli depuis sa maladie.* — Au p. p. adj. *Je l'ai trouvé vieilli.* **3.** (Choses) Perdre de sa force, de son intérêt, avec le temps. *Livre, film qui a vieilli, ne vieillit pas.* — Être en voie de disparition. *Mot, expression qui vieillit.* — Au p. p. adj. *Mot vieilli.* ⇒ **désuet.** **4.** (Produits) Acquérir certaines qualités par le temps. ⇒ **vieux** (II, 1). *Faire vieillir du vin, des alcools.* **II.** V. tr. **1.** Faire paraître plus vieux ; donner les caractères (physiques, moraux) de la vieillesse. *La fatigue le vieillit. Ce vêtement la vieillit.* — Pronominalement (réfl.). *Elle se vieillit à plaisir.* **2.** Attribuer à (qqn) un âge supérieur à son âge réel. *Vous me vieillissez d'un an !* / contr. **rajeunir** / ▶ **vieillissant, ante** adj. ▪ Qui vieillit, est en train de vieillir. *Des hommes vieillissants.* ▶ **vieillissement** n. m. **1.** Fait de devenir vieux, ou de s'affaiblir par l'effet de l'âge. *Lutter contre le vieillissement. Vieillissement d'une population,* augmentation de la proportion de vieillards. **2.** Fait de se démoder. *Le vieillissement d'une doctrine, d'un mot.* **3.** Processus par lequel les vins se modifient, acquièrent leur bouquet. *Vieillissement forcé.* ▶ ***vieillot, otte*** adj. ■ Qui a un caractère vieilli et un peu ridicule. ⇒ **désuet, suranné.** *Une installation démodée, vieillotte.*

viennois, oise [vjɛnwa, waz] adj. et n. ■ De Vienne, en Autriche. — *Pain viennois. Pâtisserie viennoise. Café, chocolat viennois,* avec de la crème Chantilly. — N. (Avec une majusc.) *Un Viennois, une Viennoise.* — N. m. *Un viennois,* un pain viennois. ▶ ***viennoiserie*** n. f. ■ Boulangerie, pâtisserie où l'on vend des produits « viennois ».

vierge [vjɛʀʒ] n. f. et adj. **I.** N. f. **1.** Fille qui n'a jamais eu de relations sexuelles. ⇒ **pucelle.** *Une pureté de vierge.* ⇒ **virginal. 2.** (Avec une majusc.) *La Vierge, la Sainte Vierge,* Marie, mère de Jésus. — Représentation de la Sainte Vierge (tableau, statue). ⇒ **madone.** *Une vierge romane, gothique.* **3.** (Avec une majusc.) Sixième signe du zodiaque (23 août-22 septembre). *Être du signe de la Vierge, être de la Vierge.* — Ellipt. Invar. *Ils sont Vierge.* **II.** Adj. **1.** Qui n'a jamais eu de relations sexuelles. *Garçon vierge.* ⇒ **puceau. 2.** Qui n'a jamais été touché, sali ou utilisé. ⇒ **blanc, net, pur.** *Cahier, feuille vierge,* sur quoi on n'a pas écrit. *Film, pellicule vierge,* non impressionnés. *Casier judiciaire vierge.* — VIERGE DE : qui n'est pas sali de, qui n'a pas de. *Vierge de toute accusation.* **3.** Qui n'est mélangé à rien d'autre. *Pure laine vierge.* **4.** Inculte, inexploité. *Sol, terre vierge.* — FORÊT VIERGE : forêt tropicale, impénétrable. **5.** *Vigne* (3) vierge.* ⟨ ▶ viarge ⟩

vietnamien, ienne [vjɛtnamjɛ̃, jɛn] adj. et n. **1.** Du Viêt-nam. *Des immigrés vietnamiens. La cuisine vietnamienne.* — N. (Avec une majusc.) Personne née dans ce pays ou qui en a obtenu la citoyenneté. — (Dans des composés avec *nord, sud*) *Les Nord-Vietnamiens, les Sud-Vietnamiens.* **2.** N. m. *Le vietnamien,* la langue parlée par cette ethnie.

vieux [vjø] ou ***vieil*** [vjɛj], plur. ***vieux*** [vjø], ***vieille*** [vjɛj] plur. ***vieilles,*** adj. et n. — REM. Au masc. sing. on emploie *vieil* devant un nom commençant par une voyelle ou un h « muet » : *un vieil homme, un vieil arbre* (mais *un homme vieux et malade*). **I.** Adj. (Êtres vivants) / contr. **jeune** / **1.** Qui a vécu longtemps ; qui est dans la vieillesse. ⇒ **âgé.** *Un vieil homme, un homme vieux. Les vieilles gens. Être, devenir vieux, vieille. Vivre vieux. Se faire vieux,* vieillir. *Un vieux chien.* — (En loc. avec des termes péj. ou des injures) *C'est un vieux schnock, une vieille bique, un vieux snoreau. Vieille noix, vieux crétin.* **2.** Qui a les caractères physiques ou moraux d'une personne âgée, d'un vieillard. ⇒ **décrépit, sénile ;** fam. **magané.** *Vieux avant l'âge.* **3.** Loc. *Sur ses vieux jours,* dans sa vieillesse. **4.** Qui est depuis longtemps dans l'état indiqué. *C'est un vieil ami, un vieux chum. Vieux garçon, vieille fille,* célibataire d'un certain âge. **5.** (Avec *assez, trop, plus, moins*) Âgé. *Tu es plus vieille que moi. Le plus vieux de la famille,* l'aîné. **II.** (Choses) / contr. ② **neuf, nouveau, récent** / **1.** Qui existe depuis longtemps, remonte à une date éloignée. ⇒ fam. **magané.** *Un vieux mur croulant. Une vieille voiture.* — (En insistant sur l'ancienneté, la valeur, le charme) *Une vieille demeure.* ⇒ **ancien.** *De vieux meubles.* — Se dit de certaines couleurs adoucies, rendues moins vives. *Vieil or. Vieux rose.* — Boissons Amélioré par le temps. *Vin vieux* (⇒ **vieillir**, I, 4). **2.** Dont l'origine, le début est ancien (opposé à *nouveau*). *C'est vieux comme le monde, comme la Terre,* très ancien, très connu. *Vieille habitude.* ⇒ **invétéré.** Loc. *Le Vieux Monde, le Vieux Continent,* l'Europe. *Les vieux pays,* l'Europe, spécialt la France. *Mes grands-parents rêvaient des vieux pays. Marcher dans le Vieux-Québec* ou, fam., *dans le Vieux. Manger dans un restaurant du Vieux-Montréal.* — VIEUX DE (+ numéral) : qui date de. *Une histoire vieille de vingt ans.* — Péj. Qui a perdu son intérêt, ses qualités, avec la nouveauté. ⇒ **démodé, vieillot.** *Vieilles sornettes.* — VIEUX JEU adj. invar. : démodé. / contr. **moderne** / *Des idées vieux jeu. Il est gentil, mais un peu vieux jeu.* **3.** Qui a existé autrefois, il y a longtemps. ⇒ **éloigné, lointain, révolu.** *Le bon vieux temps. La vieille France.* En appos. *Une politesse très vieille France,* raffinée et désuète. **III.** N. **1.** *Un vieux, une vieille,* un vieil homme, une vieille femme. ⇒ **vieillard ;** fam. **croulant.** Fam. *Un petit vieux.* — Loc. *Un vieux de la vieille* (garde), un vieux travailleur, une personne qui a de l'expérience. **2.** Les gens plus âgés ou très âgés. *Les vieux disent toujours la même chose. Les vieux du village.* ⇒ **anciens. 3.** Fam. (Le plus souvent avec le possessif) Père, mère ; parents. *Ses vieux sont morts.* **4.** Fam. Terme d'amitié (même entre personnes jeunes). *Mon (petit) vieux, ma vieille.* **5.** Fam. COUP DE VIEUX : vieillissement subit. *Prendre, avoir, recevoir un coup de vieux.* ⟨ ▶ vieil ⟩

① ***vif, vive*** [vif, viv] adj. **I. 1.** Dont la vitalité se manifeste par la rapidité, la vivacité* des mouvements et des réactions. ⇒ **agile, alerte, éveillé.** *Un enfant vif et intelligent.* / contr. **apathique, mou** / *Œil, regard vif,* brillant, prompt à suivre, à saisir. *Mouvements, gestes vifs.* ⇒ **rapide. 2.** Qui est d'une ardeur excessive, qui s'emporte facilement. ⇒ **brusque, emporté, violent.** *Il a été un peu vif dans la discussion.* — *Échanger des propos très vifs,* qui ont quelque chose de blessant. **3.** Prompt dans ses opérations. *Esprit vif.* ⇒ **ouvert.** *Intelligence vive. Vive imagination.* **II.** Loc. (où *vif* veut dire « vivant ») *Être plus mort que vif,* paralysé de peur, d'émotion. *Jeanne d'Arc a été brûlée vive.* **III.** (Choses) **1.** Mis à nu. *Pierre coupée à vive arête,* en formant une arête bien nette, aiguë. *Angles vifs,* nettement découpés. *Chair vive,* sans peau. **2.** *Eau vive,* eau pure qui coule. *Source vive.* — *Air vif,* frais et pur. **3.** Très intense. *Lumière vive.* / contr. **faible, pâle** / *Couleurs vives.* ⇒ **éclatant.** / contr. **fade** / *Jaune vif. Il faisait un froid très vif.* — (Sensations, émotions) ⇒ ① **fort.** *Une vive douleur.* ⇒ **aigu.** *À mon vif regret.* ⇒ **grand.** *Éprouver une vive satisfaction.* ⟨ ▶ aviver, ② vif, ① vivace, vivement ⟩

② ***vif*** n. m. **1.** Droit. Personne vivante. *Donation entre vifs.* **2.** Loc. SUR LE VIF : d'après nature. *Peindre, raconter qqch. sur le vif.* **3.** *Tailler, couper* DANS LE VIF : dans la chair vivante. — *Entrer dans le vif du sujet, du débat,* toucher à l'essentiel. ⇒ ② **cœur. 4.** *Être atteint, touché, blessé, piqué* AU VIF : au point le plus sensible. — À VIF : avec la chair vive à nu. *Plaie, moignon à vif.* — *Avoir les nerfs, la sensibilité à vif,* être irrité, sensible à tout. ⇒ à **fleur** de peau. ▶ ***vif-argent*** n. m. ■ Ancien nom du mercure. — *C'est du vif-argent,* se dit d'une personne très vive.

vigie [viʒi] n. f. **1.** Matelot placé en observation dans la mâture ou à la proue d'un navire. — Son poste d'observation. **2.** Poste d'observation des conducteurs de trains.

vigilant, ante [viʒilɑ̃, ɑ̃t] adj. ■ Qui surveille avec une attention soutenue. ⇒ **attentif.** *Un observateur vigilant.* — *Attention vigilante. Soins vigilants.* ▶ ***vigilance*** n. f. ■ Surveillance attentive, sans défaillance. *Tromper la vigilance de qqn. Redoubler de vigilance.*

① ***vigile*** [viʒil] n. f. ■ Relig. catholique. Veille d'une fête importante. *La vigile de Noël.*

② ***vigile*** n. m. ■ Personne exerçant une fonction de surveillance dans une police privée, un organisme de défense. *Les vigiles du métro, d'un centre commercial.* ⟨ ▶ vigilant ⟩

vigne [viɲ] n. f. **1.** Arbrisseau à tige longue, flexible et grimpante, à fruits en grappes (⇒ **raisin**), cultivé pour ce fruit et pour la production du vin. *Pied de vigne.*

⇒ **cep.** *Plant de vigne. Feuille de vigne. Culture de la vigne.* ⇒ **viticulture.** — Loc. *Être dans les vignes du Seigneur,* être ivre. **2.** Plantation de vignes. ⇒ **vignoble.** *Les vignes de Bourgogne, en France. Cette vigne produit un bon cru.* **3.** VIGNE VIERGE : plante décorative qui s'accroche par des vrilles ou des crampons. *Façade couverte de vigne vierge.* ▶ ***vigneron, onne*** n. ■ Personne qui cultive la vigne, fait le vin. *Les vignerons du Bordelais, en France.* ⇒ **viticulteur.** ▶ ***vignoble*** n. m. ■ Plantation de vignes. — Ensemble de vignes (d'une région, d'un pays). *Le vignoble français, italien, californien.*

vigneau ou ***vignot*** [viɲo] n. m. ■ Étal pour faire sécher le poisson au vent et au soleil. *Les vigneaux de Gaspésie.*

vignette [viɲɛt] n. f. **1.** Motif ornemental d'un livre à la première page ou à la fin des chapitres. **2.** Petit carré de papier portant un dessin, une inscription, collé ou joint à un produit, un objet, et ayant valeur légale. *Vignette des plaques d'immatriculation. Vignette de stationnement.*

vigogne [vigɔɲ] n. f. **1.** Animal ruminant du genre lama, à pelage fin, d'un jaune rougeâtre. **2.** Laine de vigogne. *Un manteau de vigogne.*

vigoureux, euse [viguʀø, øz] adj. **1.** Qui a de la vigueur. *Un homme, un cheval vigoureux.* ⇒ **énergique,** ① **fort, robuste,** ② **solide.** / contr. **apathique, faible** / *Des bras vigoureux. — Plante, végétation vigoureuse.* **2.** Qui s'exprime, agit sans contrainte, avec efficacité. *Style vigoureux.* / contr. **mièvre** / — *Sentiments vigoureux. — Dessin vigoureux,* tracé avec vigueur. ▶ ***vigoureusement*** adv. **1.** Avec vigueur, force. *Frotter, taper vigoureusement. — Elle nie vigoureusement.* ⇒ **énergiquement. 2.** Avec de la vigueur dans l'expression. *Écrire vigoureusement.*

vigueur [vigœʀ] n. f. **1.** Force, énergie d'un être en pleine santé et dans la plénitude de son développement. ⇒ **énergie, puissance, robustesse.** / contr. **faiblesse** / *Appuyer, serrer avec vigueur.* **2.** Activité intellectuelle libre et efficace. *La vigueur de l'esprit, de la pensée. Vigueur du style, de l'expression. Elle lui répondit avec vigueur.* ⇒ **fermeté, véhémence. 3.** Qualité de ce qui est dessiné, peint avec une netteté pleine de force. ⇒ **fermeté.** / contr. **mollesse** / *Vigueur du coloris, de la touche.* **4.** EN VIGUEUR : en application actuellement. *Loi en vigueur.* / contr. **caduc, périmé** / *Entrer en vigueur,* en usage. / contr. tomber en **désuétude** / ⟨ ▶ vigoureux ⟩

V.I.H. [veiaʃ] n. m. invar. ■ Abréviation de *virus d'immunodéficience humaine,* virus associé au sida. ⇒ anglic. **H.I.V., L.A.V.**

viking [vikiŋ] n. m. et adj. ■ (Avec une majusc.) Nom donné aux Scandinaves qui prirent part à l'expansion maritime du VIIIe au XIe s. *Les drakkars des Vikings.* — Adj. *L'art viking.*

vil, vile [vil] adj. **1.** Littér. Qui inspire le mépris, qui est sans dignité, sans courage ou sans loyauté. ⇒ **abject, indigne,** ① **lâche, méprisable.** / contr. **estimable** / *Vil courtisan, vil flatteur. — Action vile.* ⇒ **vilenie. 2.** À VIL PRIX : à très bas prix. ⟨ ▶ avilir, vilenie, vilipender ⟩

① ***vilain, aine*** [vilɛ̃, ɛn] adj. et n. **1.** (Dans le vocabulaire affectif, surtout en parlant aux enfants) Qui ne se conduit pas bien, qui n'est pas « gentil », « fin ». ⇒ **méchant.** *Qu'il est vilain ! —* N. *Le vilain, la petite vilaine ! — Un vilain mot,* un mot grossier. **2.** Désagréable à voir. ⇒ **laid.** *Elle n'est pas vilaine,* elle est assez jolie. — *Il a une vilaine peau.* **3.** (Temps). Mauvais, laid. *Il fait un vilain temps.* ⇒ **sale.** — *Il fait vilain,* mauvais. **4.** Dont l'apparence est inquiétante. *Une vilaine blessure.* — (Au moral) *Une vilaine affaire. Elle lui a joué un vilain tour.* ⇒ **sale.** — N. m. *Il va y avoir du vilain,* un éclat, une dispute. ⇒ **grabuge, scandale.** ▶ ***vilainement*** adv. ■ D'une manière laide, vilaine (1).

② ***vilain*** n. m. ■ Moyen Âge. Paysan libre (qui n'était pas serf). ⇒ **manant.** — PROV. *Jeux de main, jeux de vilain,* se dit pour arrêter un jeu qui risque de dégénérer.

vilebrequin [vilbʀəkɛ̃] n. m. **1.** Outil formé d'une mèche que l'on fait tourner à l'aide d'une manivelle coudée, et qui sert à percer des trous. **2.** (Dans un moteur à explosion). Arbre articulé avec des bielles, permettant de transformer le mouvement rectiligne des pistons en mouvement de rotation.

vilenie [vil(ə)ni] n. f. Littér. **1.** Action méprisable et basse. *C'est une vilenie.* ⇒ **infamie, saleté. 2.** Caractère vil. / contr. **noblesse** /

vilipender [vilipɑ̃de] v. tr. ▪ conjug. 1. ■ Littér. Dénoncer comme vil, méprisable. ⇒ **bafouer, décrier, honnir.**

villa [villa] n. f. **1.** Maison de plaisance ou d'habitation avec un grand terrain. *Petite villa de banlieue.* ⇒ ① **pavillon.** *De belles villas.* **2.** (France) Voie calme, impasse bordée de belles maisons. *J'habite 2, villa Boileau, à Paris.*

village [vilaʒ] n. m. **1.** Agglomération rurale ; groupe d'habitations assez important pour avoir une vie propre (à la différence des *hameaux* ; opposé à *rang*). ⇒ **municipalité, paroisse.** *Un petit village isolé.* ⇒ **trou.** *Gros village.* ⇒ **bourg, bourgade.** *L'école, l'église, les magasins du village.* — Loc. *Aller au village,* dans la partie de la paroisse, de la municipalité où sont concentrées les activités économiques, l'église, l'école, etc. — *Village de huttes* (en Afrique). — *Village de toile,* agglomération de tentes, munie de services communs organisés (pour des campeurs, etc.). *Village de vacances. — Village cri,* agglomération habitée majoritairement par des Cris. — *Village forestier,* agglomération sans statut juridique établie en forêt et où vivent des travailleurs forestiers et leur famille. — Péj. *Pour les Montréalais, Québec est un gros village,* une ville où il ne se passe rien. ⇒ **province. 2.** Ensemble des habitants d'un village. *Tout le village était rassemblé devant l'église.* ▶ ***villageois, oise*** adj. et n. **1.** Adj. D'un village, de ses habitants. ⇒ **campagnard, rural.** / contr. **citadin** / *Coutumes, danses, fêtes villageoises.* **2.** N. Habitant d'un village déterminé. *Une jeune villageoise.* ⇒ **paysan.**

ville [vil] n. f. **1.** Milieu géographique et social formé par une réunion importante de constructions et dont les habitants travaillent, pour la plupart, à l'intérieur de l'agglomération. ⇒ **capitale, cité, métropole.** *Les grandes villes et leurs banlieues. Ville qui s'étend. Les villes et les villages d'un pays.* ⇒ **commune, localité, municipalité, paroisse, rang.** — *La ville de Paris, de New York.* — Loc. *La Ville lumière,* Paris. *La Ville éternelle,* Rome. *Villes saintes* (Jérusalem, Rome, La Mecque, Bénarès). *La Ville des vents,* Chicago. *La Ville de Champlain,* Québec. — *Ville d'eaux,* station thermale. — *Ville industrielle, universitaire. Ville satellite,* autonome administrativement mais qui dépend économiquement d'un centre plus important. *Repentigny est une ville satellite de Montréal. Une ville dortoir*. Ville champignon*. — Au centre de la ville, au centre-ville.* — Partie d'une ville. *La vieille ville et les nouveaux quartiers.* (Avec une majusc.) *La Haute-Ville, la Basse-Ville.* — EN VILLE, À LA VILLE : dans la ville. *Aller en ville. En ville,* hors de chez soi, en étant invité. *Elle sort très souvent en ville.* — Loc. fam. *Arriver* en ville.* **2.** (Avec une majusc.) *La Ville,* l'administration, la personne morale de la ville. ⇒ **municipalité.** *Travaux financés par la Ville de Montréal.* **3.** *La ville,* la vie, les habitudes sociales dans une grande ville (opposé à *la campagne, la terre*). *Les amusements, les lumières, le bruit de la ville.* — *Les gens de la ville.* ⇒ **citadin.** *Population des villes.* ⇒ **urbain. 4.** Ensemble des habitants de la ville. *Toute la ville en parle.* ‹ ▶ bidonville, village ›

villégiature [vi(l)leʒjatyʀ] n. f. ■ Séjour de repos, à la campagne ou dans un lieu de plaisance (ville d'eaux, plage...). *Il est allé en villégiature dans sa maison de campagne.* — *Un centre de villégiature,* un lieu de séjour pour les vacanciers.

villosité [vi(l)lɔzite] n. f. ■ Anatomie. Saillie filiforme qui donne un aspect velu à une surface. *Les villosités intestinales.*

vin [vɛ̃] n. m. **1.** Boisson alcoolisée provenant de la fermentation du raisin. ⇒ fam. **pinard.** *Fabrication, production du vin* (⇒ **vinicole, vinification**). *Mettre le vin en tonneaux. Tirer le vin. Mise en bouteilles du vin. Vin nouveau,* consommé dès la fin de la fermentation. *Vin rouge, blanc, rosé. Vin mousseux.* ⇒ **champagne.** *Vin de pays, vin du cru,* provenant d'un terroir non délimité. *Vins vieux, bons vins. Vins fins. Mauvais vin.* ⇒ fam. **vinasse.** *Marchand de vins.* — *Bouteille, litre, verre de vin. Sauce au vin, coq au vin.* — *Vins doux, vins de liqueur,* vins très chargés en sucre, auxquels on ajoute de l'alcool de raisin en cours de fermentation. ⇒ **porto, sherry...** — *Le vin,* symbole de l'ivresse. *Sac à vin,* ivrogne. *Cuver son vin. Ce vin est traître, il monte à la tête, tourne la tête. Être entre deux vins,* un peu gris. — *Avoir le vin gai, triste,* l'ivresse gaie, triste. **2.** Loc. *Vin d'honneur,* offert en l'honneur de qqn. **3.** Relig. catholique. L'une des deux espèces sous lesquelles se fait la consécration. ⇒ **eucharistie.** *Consacrer le pain et le vin. Vin de messe.* **4.** Liqueur alcoolisée obtenue par fermentation d'un produit végétal. *Vin de palme, de canne.* — *Vin de cerise, de pissenlit.* ‹ ▶ aviné, pot-de-vin, taste-vin, vinaigre, vinasse, vineux, vinicole, vinification ›

vinaigre [vinɛgʀ] n. m. ■ Liquide provenant du vin (« vin aigre ») ou d'une solution alcoolisée modifié(e) par la fermentation, et utilisé comme assaisonnement, comme condiment. *Vinaigre de vin, d'alcool. Vinaigre de framboise.* — Loc. *Tourner au vinaigre,* se dit d'une situation qui tourne mal, empire (comme le vin qui s'aigrit). *On ne prend pas (n'attrape pas) les mouches avec du vinaigre,* on ne réussit pas par la dureté. ▶ ***vinaigrer*** v. tr. . conjug. 1. ■ Assaisonner avec du vinaigre. — Au p. p. adj. *Salade trop vinaigrée.* ▶ ***vinaigrette*** n. f. ■ Sauce faite d'huile et de vinaigre, salée et poivrée, qui sert à assaisonner la salade, les crudités. *Vinaigrette à l'ail. Vinaigrette française, italienne.* ▶ ***vinaigrier*** n. m. **1.** Personne qui fait, qui vend du vinaigre. *Un vinaigrier en gros.* — REM. Le féminin *vinaigrière* est virtuel. **2.** Flacon pour mettre le vinaigre. *L'huilier et le vinaigrier.* ‹ ▶ pisse-vinaigre ›

vinasse [vinas] n. f. ■ Mauvais vin (surtout son odeur). *Cette sauce sent la vinasse.* ⇒ fam. gros **rouge.**

vindicatif, ive [vɛ̃dikatif, iv] adj. ■ Porté à la vengeance. ⇒ **rancunier.** *Un rival vindicatif.*

vindicte [vɛ̃dikt] n. f. ■ Littér. *Désigner qqn à la vindicte publique, populaire,* le signaler au public comme coupable et méritant un châtiment.

vineux, euse [vinø, øz] adj. ■ Qui a la couleur du vin rouge. *Teint vineux.* — Qui a l'odeur du vin.

vingt [vɛ̃] adj. numér. — REM. *Vingt* se prononce [vɛ̃] isolé ou devant consonne (ex. : *vingt jours* [vɛ̃ʒuʀ]), sauf dans les nombres de *vingt-deux* à *vingt-neuf* [vɛ̃tdø...], et [vɛ̃t] en liaison (ex. : *vingt ans* [vɛ̃tɑ̃], *vingt et un* [vɛ̃teœ̃]). **1.** Numér. cardinal. Deux fois dix (20). *Vingt dollars. Cinq heures moins vingt* (minutes). *Vingt-quatre heures,* un jour. Fam. *Vingt-quatre heures sur vingt-quatre,* sans discontinuer. *Vingt ans,* âge représentatif de la jeunesse. — *Je vous l'ai répété vingt fois,* de nombreuses fois. **2.** Ordinal. Vingtième. *Page, chapitre vingt. Les années vingt,* entre 1920 et 1930. **3.** Nominal masc. Le nombre, le numéro vingt. *Vingt pour cent. Miser sur le vingt.* — *Le vingt de chaque mois. Nous sommes le 20 août. Habiter au vingt, au 20.* — Fam. *Un, des vingt(s),* un, des billets de vingt dollars. *Deux dix pour un vingt.* — (Dans la notation d'exercices, d'examens, surtout en France) *Vous nous notez sur dix ou sur vingt ? J'ai eu vingt sur vingt en dictée.* ▶ ***vingtaine*** [vɛ̃tɛn] n. f. ■ Nombre approximatif de vingt. *Une vingtaine de personnes.* ▶ ***vingtième*** [vɛ̃tjɛm] adj. **1.** (Ordinal de *vingt*) Dont le numéro, le rang est vingt. *Le vingtième siècle. Elle habite dans le vingtième arrondissement de Paris. C'est situé sur la Vingtième Rue.* — N. *Être le, la vingtième.* **2.** Contenu vingt fois dans le tout. *La vingtième partie.* — N. m. *Le vingtième.* ▶ ***vingtièmement*** adv. ▶ ***vingt-deux*** n. m. ■ Ellipt. Fam. *Une vingt-deux,* une carabine de calibre vingt-deux. ▶ ***vingt-six-onces*** n. m. invar. ■ Bouteille d'alcool d'une contenance de 0,75 litre. ⇒ **dix-onces, quarante-onces.** *Un vingt-six-onces de rhum* ou, absolt, *un vingt-six-onces.* ‹ ▶ quatre-vingt(s), quatre-vingtième, quatre-cent-vingt-et-un ›

vinicole [vinikɔl] adj. ■ Relatif à la production du vin (culture de la vigne et fabrication du vin). ⇒ **viticole.** *Industrie vinicole.*

vinification [vinifikasjɔ̃] n. f. **1.** Procédé par lequel le jus de raisin (moût) est transformé en vin *(vinifié).* **2.** Fermentation alcoolique, transformation des glucides (sucres) en alcool par des levures.

vinyle [vinil] n. m. ■ Radical chimique qui entre dans la composition des matières plastiques, etc. *Les vieux disques en vinyle.*

viol [vjɔl] n. m. **1.** Acte de violence par lequel une personne a des relations sexuelles avec autrui contre sa volonté. *Il a été condamné pour viol.* **2.** Fait de violer (I, 2). *Le viol d'un sanctuaire.*

violacé, ée [vjɔlase] adj. et n. f. **1.** Adj. Qui tire sur le violet. *Rouge violacé. Nez, teint violacé* (à cause du froid, de la boisson). **2.** N. f. Plante dicotylédone à cinq pétales. *Les pensées sont des violacées.* — Au plur. *Les violacées,* cette famille de plantes.

violation [vjɔlasjɔ̃] n. f. ■ Action de violer (un engagement, un droit), de profaner une chose sacrée (ou protégée par la loi). ⇒ **outrage.** / contr. **respect** / *Violation de la loi.* ⇒ **infraction.** *Violation du secret professionnel.* ⇒ **dérogation.** — *Violation de sépulture.* ▶ ***violateur, trice*** n. ■ Littér. Personne qui profane ce qui doit être respecté. *Violateur de tombeau.* ⇒ **profanateur.** ≠ *violeur.*

viole [vjɔl] n. f. ■ Ancien instrument de musique à cordes et à archet. *Viole d'amour.* — VIOLE DE GAMBE (de « jambe ») : ancien instrument d'où dérive le violoncelle. ‹ ▶ ① violon ›

violent, ente [vjɔlɑ̃, ɑ̃t] adj. **1.** Impétueux ; qui agit ou s'exprime sans aucune retenue. *Un homme sans méchanceté, mais assez violent.* ⇒ **brutal, coléreux.** / contr. **doux** / — N. *C'est un violent.* — *Une violente colère. Des propos violents.* ⇒ **virulent.** *Révolution violente.* / contr. **pacifique** / **2.** Qui a un intense pouvoir d'action ou d'expression. *Un violent orage a éclaté. Le choc a été violent.* ⇒ ① **fort, terrible.** *Remèdes violents,* très actifs et dangereux par leurs effets secondaires. / contr. **anodin, bénin** / — Qui a un effet intense sur les sens. *Impression violente.* **3.** Qui exige de la force, de l'énergie. *Faire de violents efforts.* — *Mort violente,* par accident, meurtre. **4.** Fam. Excessif. *C'est un peu violent !* ▶ ***violemment*** [vjɔlamɑ̃] adj. ■ Avec une force brutale. ⇒ **brutalement.** *Heurter violemment un obstacle.* — Âprement, vivement. *Réagir, s'insurger violemment contre une injustice.* ▶ ***violence*** [vjɔlɑ̃s] n. f. **1.** Force brutale pour soumettre qqn. ⇒ **brutalité.** *Acte, mouvement de violence.* / contr. **non-violence** / — Manifestations sociales de cette force brutale. *Escalade de la violence.* FAIRE VIOLENCE *à qqn* : agir sur qqn ou le faire agir contre sa volonté, en employant la force ou l'intimidation. ⇒ **forcer.** *Se faire violence,* s'imposer une attitude contraire à celle qu'on aurait spontanément. ⇒ se **contenir,** se **contraindre.** — **2.** *Une violence,* un acte violent. *Il a subi des violences.* ⇒ **sévice.** — Loc. *Se faire une* DOUCE VIOLENCE : accepter avec plaisir après une résistance affectée. **3.** Disposition naturelle à l'expression brutale des sentiments. ⇒ **brutalité.** / contr. **calme, douceur** / *Parler avec violence.* — *Ils ont fait une déclaration d'une grande violence.* **4.** Force brutale (d'une chose, d'un phénomène). ⇒ **puissance.** *La violence de la tempête, du vent.* ⇒ **fureur.** — Caractère de ce qui produit des effets brutaux. *La violence de ses crises de foie. La violence d'un sentiment, d'une passion.* ⇒ **intensité, vivacité.** *La violence des désirs.* ⇒ **ardeur.** ▶ ***violenter*** v. tr. ▪ conjug. 1. **1.** User de violence envers (qqn.). ⇒ **brutaliser.** — Au p. p. adj. *Des enfants violentés,* victimes de violences. **2.** *Violenter une femme,* la violer. **3.** Dénaturer, altérer. *Violenter un texte.* ‹ ▶ non-violence ›

violer [vjɔle] v. tr. ▪ conjug. 1. **I.** (Compl. chose) **1.** Agir contre, porter atteinte à (ce qu'on doit respecter), faire violence à... *Violer les lois, la constitution.* ⇒ **enfreindre, transgresser.** *Ils ont violé le secret bancaire.* ⇒ **trahir.** *Violer un traité,* ne pas en respecter les clauses. **2.** Ouvrir, pénétrer dans (un lieu sacré ou protégé par la loi). *Violer une sépulture.* ⇒ **profaner.** *Violer le domicile de qqn.* — *Violer les consciences,* pénétrer dans leur secret ou leur imposer certaines idées, contre leur volonté. **II.** *Violer qqn,* posséder sexuellement (une personne) contre sa volonté. ⇒ **violenter (2) ; viol.** *Elle s'est fait violer pas deux hommes.* ≠ *déshonnorer.* ▶ ***violeur, euse*** n. ■ (Surtout des hommes) Personne qui commet un viol (2). ≠ *violateur.* ‹ ▶ inviolable, viol, violation ›

violette [vjɔlɛt] n. f. ■ Petite plante à fleurs violettes solitaires, à cinq pétales, de la famille des violacées ; sa fleur. *Violette odorante, violette de Parme* (inodore). *Un bouquet de violettes. La violette est l'emblème floral du Nouveau-Brunswick.* Loc. *L'humble violette* (symbole de modestie). — Essence de cette fleur. *Elle se parfume à la violette.* ▶ ***violet, ette*** [vjɔlɛ, ɛt] adj. et n. m. **1.** Adj. D'une couleur qui s'obtient par le mélange du bleu et du rouge. *Iris violet.* — *Mains violettes de froid.* ⇒ **violacé. 2.** N. m. Couleur violette. *Violet pâle.* ⇒ **lilas, mauve.** ▶ ***violine*** adj. ■ Violet pourpre, foncé. ⇒ **lie** de vin. ‹ ▶ ultraviolet ›

① ***violon*** [vjɔlɔ̃] n. m. **1.** Instrument de musique à quatre cordes que l'on frotte avec un archet, et qui se tient entre l'épaule et le menton. *Jouer du violon. Sonate pour piano et violon.* — Loc. *Accordez vos violons !,* mettez-vous d'accord dans ce que vous dites. — Fam. *Jouer les seconds violons,* se contenter des seconds rôles. — REM. Cette loc. est un calque de l'anglais. VIOLON D'INGRES : activité artistique exercée en dehors d'une profession (Ingres, le grand peintre, jouait du violon). ⇒ **passe-temps ;** anglic. **hobby.** *L'aquarelle est son violon d'Ingres.* **2.** Musicien(ienne) qui joue du violon. ⇒ **violoniste.** *Le premier violon d'un orchestre,* la personne qui dirige les violons. — Loc. *Aller plus vite que le violon* ou, France, *les violons,* aller trop vite, précipiter les choses. **3.** TÊTE, QUEUE DE VIOLON (surtout au plur.) : jeune pousse enroulée de la fougère, qui est comestible. ▶ ***violoneux, euse*** n. **1.** Violoniste de village. **2.** Violoniste spécialiste de la musique de folklore, de country. *Le violoneux joue des reels.* ▶ ***violoniste*** n. ■ Musicien(ienne) qui joue du violon. *Une grande violoniste.* ▶ ***violoncelle*** [vjɔlɔ̃sɛl] n. m. **1.** Instrument de musique à quatre cordes et à archet, semblable au violon mais plus gros, dont on joue assis en le tenant entre les jambes. ⇒ **viole** de gambe. **2.** Musicien(ienne) qui joue du violoncelle. ⇒ **violoncelliste.** *Elle est violoncelle dans un petit orchestre.* ▶ ***violoncelliste*** n. ■ Musicien(ienne) qui joue du violoncelle.

② ***violon*** n. m. ■ (France) Fam. Prison d'un poste de police. *Passer la nuit au violon.*

viorne [vjɔʀn] n. f. ■ Nom d'un arbrisseau à fleurs blanches. ⇒ **pimbina.** — Clématite.

V.I.P. [veipe ou viajpi] n. invar. et adj. invar. ■ Anglic. Abréviation de *Very Important Person,* une personnalité de marque, une vedette. ⇒ fam. grosse **légume.** *Un, une V.I.P.* — Adj. *Avoir un traitement V.I.P.*

vipère [vipɛʀ] n. f. ■ Serpent à tête triangulaire aplatie, à deux dents ou crochets à venin, qui vit dans les terrains broussailleux et ensoleillés. ⇒ **aspic.** *La morsure (la piqûre) de vipère est très dangereuse. Sifflement de vipère.* — Loc. fig. *C'est une vipère, une langue de vipère,* une personne méchante et médisante.

① ***virage*** [viʀaʒ] n. m. **1.** Mouvement d'un véhicule qui tourne, change de direction. *Amorcer, prendre un virage. Virages d'un avion, virage sur l'aile.* **2.** Courbure du tracé d'une route, d'une piste. ⇒ **coude,** ① **croche, tournant.** *Virage dangereux. Véhicule qui aborde, prend un virage. Négocier un virage.* **3.** Fig. Changement radical d'orientation, d'attitude. *Il prend un virage à gauche.* — *Elle a su prendre le virage,* s'adapter aux circonstances. *Prendre le virage écologique.*

② ***virage*** n. m. **1.** Action de virer ②. **2.** Transformation chimique que subit l'image photographique. — Chimie. Changement de couleur (d'un indicateur), marquant la fin d'une réaction. *Virage au bleu du papier de tournesol.* **3.** Se dit de la cuti-réaction qui vire.

virago [viʀago] n. f. ■ Femme d'allure masculine, aux manières rudes et autoritaires. *Des viragos.*

virailler [viʀaje] v. intr. ▪ conjug. 1. **1.** Tourner en rond, aller ici et là (à la recherche de qqch.). ⇒ **chercher.** *J'ai viraillé pendant un quart d'heure avant de trouver une place de stationnement.* **2.** Aller et venir, tourner (en cherchant qqch. à faire, en attendant qqch.). ⇒ **niaiser, taponner.** *Virailler dans la maison. Le futur père viraillait dans la salle d'attente.* **3.** Se tourner de côté et d'autre en position allongée. ⇒ ② se **rouler.** *Virailler dans son lit toute la nuit.* ▶ ***viraillage*** n. m. ■ Fait de virailler ; son résultat. ▶ ***virailleur*** ou ***virailleux, euse*** n. ■ Personne qui viraille.

viral, ale, aux [viʀal, o] adj. ■ Qui se rapporte à un virus. — Provoqué par un virus. *Infections virales. Hépatite virale.*

viré [viʀe] adj. ■ Loc. À FRAIS VIRÉS. ⇒ ② **frais.**

vire-capot [viʀkapo] n. invar. ■ Fam. Personne qui change d'allégeance politique ; personne qui change d'avis, d'idée. ⇒ fam. ② **capot.** *Des vire-capot.*

virée [viʀe] n. f. ■ Fam. Promenade, voyage rapide. *On est allé faire une virée en moto.* ⇒ **balade,** ② **tour.**

virement [viʀmɑ̃] n. m. ■ Transfert de fonds du compte d'une personne au compte d'une autre personne. *Virement bancaire.* — *Virement automatique,* opération qui consiste à déposer directement (une somme, un salaire, des prestations, etc.) sur le compte d'une personne.

① ***virer*** [viʀe] v. intr. ▪ conjug. 1. **1.** Tourner sur soi, tourner en rond. *Il la faisait tourner et virer. Virer la tête vers qqn.* — Loc. fam. *Être viré à l'envers,* très troublé, très perturbé (par qqch.) **2.** Changer de direction. *Virer de bord.* — Pronominalement. *Se virer de bord,* se retourner ; fig. rassembler ses idées, reprendre le dessus. — Aller en tournant. *Braquer pour virer.* ▸ ***vire-vent*** n. m. invar. ■ Jouet fait d'une baguette mince et courte au bout de laquelle tourne une petite hélice découpée dans un papier métallique. *Des vire-vent plantés dans le sable.* ‹ ▸ environ, revirement, revirer, ① virage, virailler, viré, virecapot, virée, virevolter ›

② ***virer*** v. ▪ conjug. 1. **I.** V. tr. **1.** Transporter (une somme) d'un compte à un autre : effectuer le virement de. *Virez la somme à mon compte.* — (Au passif) *Être viré,* être payé sur un compte. *Mon chèque de paye est viré à chaque quinzaine.* **2.** Fam. *Virer qqn,* le renvoyer. ⇒ **congédier, licencier, vider.** *Il s'est fait virer.* **II.** V. intr. **1.** Changer de couleur. *Épreuves qui virent bien. Les bleus de cette reproduction ont viré.* **2.** *Cuti-réaction qui vire,* qui devient positive. — Transitivement. *Virer sa cuti*.* **3.** VIRER À : devenir. *Virer à l'aigre, au rouge.* ‹ ▸ ② virage, virement ›

virevolter [viʀvɔlte] v. intr. ▪ conjug. 1. ■ Tourner rapidement sur soi. — Aller en tous sens sans nécessité. ⇒ **papillonner.** ▸ ***virevoltant, ante*** adj. ■ Qui virevolte, tourne sur soi. ▸ ***virevolte*** n. f. **1.** Mouvement de ce qui fait un demi-tour. *Les virevoltes d'une danseuse.* **2.** Changement complet. ⇒ **volte-face.** — Changement d'avis, d'opinion. ⇒ **revirement.**

virginal, ale, aux [viʀʒinal, o] adj. ■ D'une vierge ; propre à une vierge. ⇒ **pur.** *Pudeur, fraîcheur virginale.* ▸ ***virginité*** n. f. ■ État d'une personne vierge. *Perdre sa virginité.* ⇒ **pucelage ;** très fam. **cerise,** ① **fraise.**

virgule [viʀgyl] n. f. ■ Signe de ponctuation (,) marquant une pause de peu de durée, qui s'emploie à l'intérieur de la phrase pour isoler des propositions ou des éléments de propositions. ⇒ ① **point** (IV). — Loc. *Sans y changer une virgule,* sans faire le moindre changement. — POINT-VIRGULE (;) : séparant des phrases sans les isoler. — Signe qui précède la décimale dans un nombre décimal (ex. : *2,04*). *Virgule flottante*.* ‹ ▸ point-virgule ›

viril, ile [viʀil] adj. **1.** Propre à l'homme adulte. ⇒ **mâle, masculin.** *Force virile.* **2.** Qui a l'appétit sexuel d'un homme normal, qui a l'air mâle. *Il n'est pas très viril.* **3.** Qui a les caractères moraux qu'on attribue plus spécialement à l'homme (actif, énergique, courageux). *Une femme virile.* ▸ ***virilement*** adv. ▸ ***virilité*** n. f. **1.** Ensemble des attributs et caractères physiques et sexuels de l'homme. **2.** Puissance sexuelle chez l'homme. / contr. **impuissance** / **3.** Caractère viril (3).

virole [viʀɔl] n. f. ■ Petite bague de métal dont on garnit l'extrémité d'un manche pour assujettir ce qui y est fixé. *La virole d'un couteau.*

virtuel, elle [viʀtɥɛl] adj. ■ Littér. Qui est à l'état de simple possibilité ; qui a en soi toutes les conditions essentielles à sa réalisation. ⇒ **possible, potentiel.** *Réussite virtuelle. Le marché virtuel d'un produit.* / contr. **effectif, réel** / ▸ ***virtualité*** n. f. ■ Littér. Caractère de ce qui est virtuel ; pouvoir, qualité à l'état virtuel. ⇒ **potentialité.** ▸ ***virtuellement*** adv. ■ D'une manière virtuelle, en puissance. — Selon toute probabilité. *Vous êtes virtuellement admis.* ⇒ **possiblement, pratiquement,** en **principe.**

virtuose [viʀtɥoz] n. **1.** Musicien, exécutant doué d'une technique brillante. *Une virtuose du piano.* — Adj. *Il est plus virtuose qu'inspiré.* **2.** Personne, artiste extrêmement habile, dont le métier et la technique sont supérieurs. *Un virtuose du pinceau. Une virtuose du patinage artistique.* ⇒ **as.** ▸ ***virtuosité*** n. f. ■ Talent, technique de virtuose. ⇒ **brio, maestria.** — Technique brillante (d'un artiste, d'un écrivain, d'un artisan, etc.). ⇒ **maîtrise.** — Péj. *C'est de la virtuosité pure,* cela manque de profondeur.

virulent, ente [viʀylɑ̃, ɑ̃t] adj. **1.** Plein d'âpreté, de violence. ⇒ **venimeux.** *Satire, critique virulente.* — (Personnes) *Il est très virulent contre le gouvernement.* **2.** (Microbes, poisons) Dangereux, actif. ▸ ***virulence*** n. f. **1.** Âpreté, violence. *La virulence d'une critique.* **2.** Aptitude des microbes à se développer et à sécréter des toxines dans un organisme. *Degré de virulence.* — Caractère nocif, dangereux. *Virulence d'un poison.*

virus [viʀys] n. m. invar. **1.** Germe très petit d'une maladie ; organisme microscopique capable de former sa propre substance par synthèse (sans échanges). *Bactéries, microbes et virus. Le virus du sida* ⇒ **V.I.H. ;** anglic. **H.I.V., L.A.V.,** *de la rage.* — Informatique. Instruction parasite introduite dans un programme d'ordinateur et susceptible d'altérer ou de détruire les données. **2.** Principe moral de contagion. *Il a le virus du cinéma.* ‹ ▸ rétrovirus, viral ›

vis [vis] n. f. invar. **1.** Tige de métal, de bois, présentant une partie saillante en hélice ⇒ ① **filet** (4), et que l'on fait pénétrer dans une pièce en la faisant tourner sur elle-même. *Tête d'une vis. Vis à bois, à métaux. Vis à tête fendue, à tête carrée. Serrer, desserrer une vis avec un tournevis. Donner un tour de vis.* ⇒ **visser.** — Loc. *Serrer la vis à qqn,* le traiter avec une grande sévérité, restreindre sa marge de manœuvre. **2.** *Escalier à vis,* en forme d'hélice. ≠ *vice.* ‹ ▸ dévisser, tournevis, visser ›

visa [viza] n. m. ■ Formule ou sceau accompagné d'une signature, qu'on appose sur un acte pour le rendre régulier ou valable. *Visa de censure* (d'un film). *Donner* (⇒ ② **viser**), *refuser un visa. Des visas.* — Formule exigée, en plus du passeport, pour entrer dans certains pays. *Visa de séjour en France.* ‹ ▸ ② viser ›

visage [vizaʒ] n. m. **1.** Partie antérieure de la tête de l'être humain. ⇒ **face, figure, tête ;** fam. **bouille, gueule, tronche.** *Visage allongé, en lame de couteau. Visage rond, plein, joufflu. Visage pâle, blafard. Visage ridé. Un beau visage aux traits réguliers. Visage expressif, ouvert ; triste, maussade. La peur, la colère se lisait sur son visage. Soins du visage,* soins de beauté. — Loc. *À visage découvert,* sans se cacher. — *Système politique* À VISAGE HUMAIN : qui tient compte de l'individu, qui respecte les droits de la personne. **2.** Expression du visage. *Faire bon visage,* prendre un air satisfait quand il n'y a pas lieu de l'être. *Faire bon visage à qqn,* être aimable avec lui, surtout lorsqu'on lui est hostile. **3.** *Un visage,* une personne (considérée dans son visage). *Un visage inconnu, connu. Mettre un nom sur un visage. Je reconnais un visage ami.* — (Avec une majusc.) *Les Visages pâles,* les Blancs (pour les Amérindiens). **4.** Aspect particulier et reconnaissable (de qqch.). ⇒ **forme, image.** *Le vrai visage des États-Unis.* ▸ ***visagiste*** n. ■ Esthéticien(enne), spécialisé(e) dans les soins de beauté du visage. ‹ ▸ dévisager, envisager ›

① ***vis-à-vis*** [vizavi] loc. prép. — Avec DE. **1.** En face de (*vis* voulait dire « visage »). *Se placer vis-à-vis d'un ami. Vis-à-vis l'un de l'autre.* **2.** Fig. En face de, en présence de, devant (de manière à confronter). *J'ai honte vis-à-vis de lui.* — En regard, en comparaison de. *Ma fortune est modeste vis-à-vis de la sienne.* **3.** Envers (qqn). ⇒ **avec.** *Il s'est engagé vis-à-vis d'elle.* — À l'égard de (qqch.). *Il est lâche vis-à-vis de ses responsabilités. Vis-à-vis de ses enfants, elle apparaît comme une mère attentionnée,* aux yeux de. ▸ ② ***vis-à-vis*** n. m. invar. **1.** Position de deux personnes, deux choses qui se font face. *Un long et pénible vis-à-vis.* ⇒ **tête-à-tête. 2.** Personne placée en face d'une autre (à table, en train ; à la danse). *Mon vis-à-vis était charmant.* — Se dit des choses situées en face d'une personne, d'une propriété. *Nous avons le bois pour vis-à-vis.*

viscère [visɛʀ] n. m. ■ Organe contenu dans une cavité du corps (cavités crânienne, thoracique et abdominale : cerveau, cœur, estomac, foie, intestin, poumon, rate, rein, utérus). — Cour. *Les viscères,* ceux de l'abdomen. ⇒ **boyau(x), entrailles.** ▸ ***viscéral, ale, aux*** adj. **1.** Relatif aux viscères. *Cavités viscérales.* **2.** (Sentiments) Profond et irraisonné. *Une haine viscérale. Une peur viscérale.* ▸ ***viscéralement*** adv. ■ Profondément, du fond de son être. *Elle est viscéralement jalouse.*

viscosité [viskozite] n. f. **1.** État de ce qui est visqueux (1). *Viscosité d'une huile.* **2.** État d'un corps dont la surface est visqueuse, gluante. *La viscosité d'un poisson.*

① ***viser*** [vize] v. ▪ conjug. 1. **I.** V. intr. **1.** Diriger attentivement son regard, un objet, une arme vers le but, la cible à atteindre. ⇒ fam. **enligner.** *Visez bien, avant de tirer.* **2.** *Visez moins haut, plus haut,* ayez des ambitions plus modestes, plus grandes. **II.** V. tr. ind. VISER À. **1.** Diriger un objet, une arme sur (qqch.). ⇒ fam. **enligner.** *Il a visé à la tête, au cœur.* **2.** Avoir en vue (une certaine fin), tendre à. *C'est le but auquel vise cet examen.* — (+ infinitif) Ses manœuvres visent à nous tromper. **III.** V. tr. dir. **1.** Regarder attentivement (un but, une cible) afin de l'atteindre d'un coup, d'un projectile. *Viser l'objectif en clignant de l'œil.* **2.** Avoir en vue, s'efforcer d'atteindre (un résultat). *Elle visait ce poste depuis longtemps.* ⇒ **ambitionner, briguer. 3.** (Suj. chose) S'appliquer à. *Cette remarque vise tout le monde.* ⇒ **concerner.** — Au passif et p. p. adj. *Être, se sentir visé,* être l'objet d'une allusion, d'une critique. **4.** Fam. Regarder. ⇒ fam. **tchéquer.** *Vise un peu la tête qu'il fait !* ▸ ***visée*** n. f. **1.** Action de diriger la vue, le regard (ou une arme, un instrument d'optique) vers un but, un objectif. *Ligne de visée.* **2.** Surtout au plur. Direction de l'esprit vers un but, un objectif qu'il se propose. ⇒ **ambition, désir, intention.** *Avoir des visées ambitieuses* ⇒ **dessein,** *des visées sur qqn.* ⇒ **vue.** ▸ ***viseur*** n. m. ■ Instrument, dispositif optique servant à effectuer une visée. *Le viseur d'une arme à feu.* — Photo, cinéma. Dispositif permettant de délimiter le champ *Le viseur de la caméra.* ⟨ ▸ aviser, rétroviseur, réviser, superviser, visible, visière, vision, visou ⟩

② ***viser*** v. tr. ▪ conjug. 1. ■ Voir, examiner (un acte) et le revêtir d'un visa* ou d'une mention qui le rend valable. *Faire viser son passeport.*

visible [vizibl] adj. **1.** Qui peut être vu. *La face visible de la Lune. Visible à l'œil nu, à la loupe, au microscope.* **2.** (Réalités abstraites, mentales ou globales) Sensible à la vue. ⇒ **apparent, manifeste.** / contr. **caché, invisible** / *Le monde, la nature visible.* — N. m. *Le visible et l'invisible.* **3.** Qui se manifeste, peut être constaté par les sens. ⇒ **évident, flagrant, manifeste.** *Il répondit avec un embarras, un plaisir visible.* — Impers. *Il est visible que* (+ indicatif), clair, évident. **4.** (Personnes) En état de recevoir une visite. *Elle n'est pas visible à cette heure-ci.* — Fam. En état d'être vu (habillé, apprêté). ⇒ **présentable.** ▸ ***visiblement*** adv. **1.** De manière à être vu ; en se manifestant à la vue. ⇒ **ostensiblement. 2.** D'une manière évidente, claire. ⇒ **manifestement.** *Il était visiblement préoccupé. Visiblement, elle ne voulait pas venir.* ▸ ***visibilité*** n. f. **1.** Caractère de ce qui est perceptible par la vue, sensible à l'œil humain. **2.** Qualité de l'amosphère, permettant de voir à une plus ou moins grande distance. *Bonne, mauvaise visibilité. Visibilité réduite en raison de la poudrerie.* **3.** Possibilité, en un point donné, de voir plus ou moins bien les abords. *Virage sans visibilité.* ⟨ ▸ invisible, invisibilité ⟩

visière [vizjɛʀ] n. f. **1.** Partie d'une casquette, d'un képi qui abrite les yeux. ⇒ ① **palette. 2.** Pièce rigide qui protège les yeux et qui s'attache autour de la tête. *Visière en celluloïd.* — Hockey. Pièce d'équipement attachée au casque. *Porter la visière. — Mettre sa main en visière devant ses yeux,* pour se protéger des reflets.

vision [vizjɔ̃] n. f. **I. 1.** Perception du monde extérieur par les organes de la vue ; mécanisme physiologique par lequel les radiations lumineuses donnent naissance à des sensations. *Vision nette, indistincte. Champ de vision. De la vision.* ⇒ **visuel. 2.** Fig. Action de voir, de se représenter en esprit. ⇒ **représentation.** *Avoir une vision confuse de l'avenir. Une vision réaliste, épique, poétique de la réalité.* ⇒ **conception. II.** *(Une, des visions)* **1.** Chose surnaturelle qui apparaît aux yeux ou à l'esprit. ⇒ **apparition, révélation.** *Les visions des grands mystiques.* **2.** Représentation imaginaire. ⇒ **hallucination, rêve.** *Visions hallucinatoires.* — Fam. *Avoir des visions,* voir ce qui n'existe pas. ⇒ **mirage.** *Tu as des visions !* **3.** Image mentale. ⇒ **idée.** *La vision de la mort m'a traversé l'esprit.* ▸ ***visionnaire*** n. et adj. **1.** N. Personne qui a ou croit avoir des visions, des révélations surnaturelles, ou qui a des idées folles, extravagantes. ⇒ **halluciné, illuminé.** *Traiter qqn de visionnaire.* **2.** Adj. Capable d'anticiper, qui a une vision juste de l'avenir. *Poète visionnaire. Art visionnaire.* ▸ ***visionner*** v. tr. ▪ conjug. 1. ■ Examiner (un film) d'un point de vue technique. *Visionner une séquence.* ▸ ***visionneuse*** n. f. ■ Appareil formé d'un dispositif optique grossissant, pour examiner un film, des diapositives. ⟨ ▸ mondovision, prévision, révision, supervision, télévision ⟩

visiter [vizite] v. tr. ▪ conjug. 1. **I.** Aller voir (qqn). **1.** Faire une visite à (qqn). *Il est allé visiter des amis,* leur rendre visite (plus courant en France). **2.** Se rendre auprès de (qqn) pour l'assister, le soigner. *Visiter les indigents, les prisonniers, un malade.* **3.** (En parlant de Dieu) Agir sur, se manifester auprès de (un être humain). *Dieu l'a visité.* **II.** Aller voir (qqch.), parcourir (un lieu) en examinant. ⇒ **voir.** *J'ai visité la Hollande l'été dernier. Visiter un musée.* — Examiner, inspecter. ⇒ **fouiller.** ▸ ***Visitation*** n. f. ■ Relig. catholique. Visite que fit la Sainte Vierge à sainte Élisabeth, alors enceinte de saint Jean-Baptiste ; fête commémorant cet événement. *La Visitation.* ▸ ***visite*** n. f. **I. 1.** Fait d'aller voir (qqn) et de rester avec lui un certain temps ; fait de recevoir un visiteur. ⇒ **entrevue, rencontre.** *Quel est l'objet, le but de cette visite ? Une petite, une longue visite. On a sonné, c'est une visite. L'heure des visites* (dans une pension, un hôpital, une prison, etc.). *Faire, rendre une visite à qqn.* RENDRE VISITE. ⇒ **visiter** (I, 1). *Je suis allé lui rendre visite. Nous avons reçu sa visite.* — Sports. *Tel club rend visite à tel autre,* va jouer sur le terrain de l'autre. / contr. **recevoir** / Rencontre mondaine de personnes qui se reçoivent. *Être* EN VISITE *chez qqn.* **2.** Personne qui se rend chez une autre. ⇒ **visiteur.** *Tu as une visite.* Fam. *Voilà de la visite !,* des visiteurs. *De la grande visite, de la visite rare,* des visiteurs qu'on n'a pas vus depuis longtemps, qu'on ne voit pas souvent. — *La directrice ne peut vous recevoir maintenant, car elle a de la visite,* qqn est avec elle dans son bureau. — (Médecins) Fait de se rendre auprès d'un malade. *Visites à domicile. Les visites et les consultations.* — Action de visiter (un client). *Les visites d'un représentant.* **II. 1.** Fait de se rendre (dans un lieu) pour voir, pour parcourir, visiter. *Visite touristique d'une ville. Faire la visite d'un musée. — Visite officielle d'un chef d'État.* **2.** Fait de se rendre dans un lieu, pour procéder à un examen, une inspection. *Visite d'expert. — Visite de douane,* formalité d'examen des marchandises, des bagages. ⇒ **fouille. 3.** Examen de patients, de malades par un médecin à l'hôpital, en clinique, etc. *L'heure de la visite. Aller à la visite médicale. As-tu passé la visite (médicale) ?* ▶ ***visiteur, euse*** n. **I. 1.** Personne qui va voir qqn chez lui, lui fait une visite. *Accompagner, reconduire un visiteur.* **2.** Personne qui visite (un pensionnaire, un malade, un prisonnier). *Les visiteurs sont admis au parloir.* **II. 1.** Personne qui visite, inspecte, examine. *Visiteur, visiteuse des douanes.* **2.** Personne qui visite un lieu. *Les visiteurs sont priés de s'adresser au guide.* ⇒ **touriste, voyageur. 3.** Sports. (Surtout au plur.) Membre d'une équipe qui se déplace et joue sur le terrain de l'adversaire. *Les visiteurs ont gagné par trois buts à deux.* — Adj. *Le club visiteur.* / contr. ① **local** / ⟨ ▶ contre-visite ⟩

vison [vizɔ̃] n. m. **1.** Mammifère voisin du putois, dont la variété d'Amérique du Nord est chassée et élevée pour sa fourrure très estimée. **2.** Fourrure de cet animal. *Manteau, étole de vison.* — Fam. Manteau de vison. *Elle s'est acheté un vison.* ▶ ***visonnière*** n. f. ■ Ferme d'élevage du vison pour sa fourrure.

visou [vizu] n. m. ■ Loc. fam. *Avoir du visou,* viser juste, avoir de l'adresse au tir. *Golfeuse qui a du visou. — Ça prend du visou pour abattre un canard en plein vol.*

visqueux, euse [viskø, øz] adj. **1.** (Liquides) Qui est épais et s'écoule avec difficulté. *L'écoulement des liquides visqueux.* ⇒ **viscosité.** *Goudrons plus ou moins visqueux.* ⇒ **collant, poisseux.** / contr. **fluide** / **2.** Péj. Dont la surface est couverte d'un liquide visqueux, d'une couche gluante. *La peau visqueuse d'un crapaud.* **3.** Fig. Répugnant par un caractère de bassesse, de traîtrise. *Des manières visqueuses.* ⟨ ▶ viscosité ⟩

visser [vise] v. tr. ▪ conjug. 1. **1.** Fixer, faire tenir avec une vis, des vis. *Visser un interrupteur.* — Au p. p. adj. *Panneau vissé* (opposé à *cloué*). Loc. *Il reste des heures vissé sur sa chaise,* sans se lever. ⇒ **rivé. 2.** Serrer en tournant sur un pas de vis. / contr. **dévisser** / *Visser un couvercle.* — Pronominalement (passif). *Ce bouchon se visse.* ▶ ***vissage*** n. m. ■ Action de visser.

visualiser [vizɥalize] v. tr. ▪ conjug. 1. **1.** Rendre visible (un phénomène qui ne l'est pas). *Visualiser l'écoulement de l'air dans une soufflerie.* **2.** Informatique. Faire apparaître sur un écran les résultats d'un traitement d'information (sous forme graphique). *Visualiser les résultats sur une console.* ▶ ***visualisation*** n. f. **1.** Action de rendre visible (qqch.). **2.** Informatique. Présentation d'informations sur un écran. ⇒ **affichage.** *Écran de visualisation.*

visuel, elle [vizɥɛl] adj. et n. **1.** Relatif à la vue. *Champ visuel. Images, impressions, sensations visuelles. Mémoire visuelle,* des choses vues. **2.** N. Personne chez qui les sensations visuelles prédominent. *Les visuels et les auditifs.* **3.** Qui fait appel au sens de la vue. *Méthodes visuelles,* dans l'enseignement. (⇒ **audiovisuel**) — *Les arts visuels.* ⇒ ① **plastique.** ▶ ***visuellement*** adv. ■ Par le sens de la vue. *Constater visuellement.* ⇒ **de visu.** ⟨ ▶ audiovisuel, télévisuel, visualiser ⟩

vital, ale, aux [vital, o] adj. **1.** Qui concerne, constitue la vie. *Propriétés, fonctions vitales. Signes vitaux,* qui manifestent la vie. — *Principe vital, force vitale,* énergie propre à la vie. **2.** Essentiel à la vie d'un individu, d'une collectivité. ⇒ **indispensable.** — Qui touche à l'essentiel de la vie. *C'est un problème vital, une question vitale pour nous,* d'une importance extrême. *Il est vital d'y aller, que nous y allions. C'est vital.* ▶ ***vitalité*** n. f. ■ Caractère de ce qui manifeste une santé, une activité remarquables. ⇒ **ardeur, dynamisme, énergie, verdeur, vigueur.** *La vitalité d'une personne, d'une plante. Un vieillard d'une étonnante vitalité !* ⟨ ▶ dévitaliser, revitaliser ⟩

vitamine [vitamin] n. f. ■ Substance organique, sans valeur énergétique, mais indispensable à l'organisme, apportée en petite quantité par l'alimentation. *Vitamine A* (de croissance), *C* (contre le scorbut), *D* (contre le rachitisme). *Carence en vitamines.* ⇒ **avitaminose.** ▶ ***vitaminé, ée*** adj. ■ Où l'on a incorporé une ou plusieurs vitamines. *Céréales vitaminées.* ⟨ ▶ avitaminose, hypervitaminose, hypovitaminose ⟩

vite [vit] adv. **1.** En parcourant un grand espace en peu de temps. ⇒ **vitement.** / contr. **lentement** / *Aller vite.* ⇒ **filer, foncer.** *Marcher, courir vite, passer très vite* (→ comme un éclair, une flèche). *On roule plus vite qu'eux.* — À un rythme rapide. *Je sentis mon cœur battre plus vite.* **2.** En peu de temps. ⇒ **promptement, rapidement.** *Faire vite,* se dépêcher. *Vous parlez trop vite.* ⇒ **précipitamment.** *Tu te fatigues vite. — Il y va un peu vite,* il agit à la légère. — Loc. *Plus vite que le vent,* extrêmement vite. *Être vite sur ses patins* (⇒ **patin.**) — (Avec un impératif) Sans plus attendre, immédiatement. *Partez vite. Allons vite, dépêchez-vous !* — (Surtout au négatif et en fonction adj.) *Je ne suis pas vite ce matin.* ⇒ ① **rapide. 3.** Au bout d'une courte durée. ⇒ **bientôt.** *On sera plus vite arrivé. Elle va venir bien vite. — Au plus vite,* dans le plus court délai. ⇒ fam. au plus **coupant,** au plus **sacrant.** — *Il a eu vite fait de, il aura vite fait de* (+ infinitif), il n'a pas tardé, il ne tardera pas à. — Loc. adv. fam. VITE FAIT : rapidement. *Elle a démarré vite fait.* ▶ ***vitement*** adv. ■ Rapidement, vite. *Vitement, qu'on arrive à la maison. On demande vitement un médecin. Tu manges trop vitement.* ▶ ***vitesse*** n. f. **I.** (Sens absolu) **1.** Fait ou pouvoir de parcourir un grand espace en peu de temps. ⇒ **célérité, rapidité, vélocité.** *Course de vitesse* (opposé à *de fond*). ⇒ anglic. **sprint.** *L'avion prend de la vitesse. Excès de vitesse.* **2.** Fait d'accomplir une action en peu de temps. ⇒ **hâte, promptitude.** *La vitesse avec, à laquelle il est arrivé.* — Loc. *Prendre qqn de vitesse,* faire (qqch.) plus vite que lui. ⇒ **devancer.** — Loc. fam. EN VITESSE : au plus vite. *Sauvez-vous en vitesse !* **II.** (Sens relatif) **1.** Fait d'aller plus ou moins vite, de parcourir une distance plus ou moins grande par unité de temps. ⇒ **allure.** *Vitesse modérée de la marche. Vitesse d'une automobile,* appréciée en kilomètres à l'heure. *À quelle vitesse roulez-vous ? Compteur, indicateur de vitesse. La vitesse limite.* ⇒ **maximum.** — Loc. À TOUTE VITESSE : le plus vite possible, très vite. ⇒ à la **planche.** *Vitesse de croisière*.* — Loc. *Avion en* PERTE DE VITESSE : dont la vitesse devient inférieure à la vitesse minimale nécessaire au vol. — *En perte de vitesse,* qui ne se développe plus, perd son dynamisme, son succès. *Mouvement politique en perte de vitesse.* **2.** Rapport entre la vitesse de rotation de l'arbre moteur et celle des roues, assuré par le système de transmission. *Changement de vitesse,* dispositif permettant de changer ce rapport. *Première, seconde, troisième, quatrième, cinquième vitesse. Passe la troisième (vitesse) ! Un vélo de montagne dix-huit vitesses.* — Loc. fam. *En quatrième vitesse,* très vite. — *Boîte de vitesses,* carter du changement de vitesse. **3.** Sciences. Quantité exprimée par le rapport d'une distance au temps mis à la parcourir. *Vitesse de propagation des ondes.* — Fait de s'accomplir en un temps donné pour un phénomène quelconque. *Vitesse de sédimentation.* ‹ ► va-vite ›

vitellus [vitɛllys] n. m. invar. ■ Biologie. Substance qui constitue les réserves de l'œuf, de l'embryon. ► ***vitellin, ine*** adj. ■ Du vitellus.

viti- ■ Élément signifiant « vigne ». ► ***viticole*** [vitikɔl] adj. **1.** Relatif à la culture de la vigne et à la production du vin. ⇒ **vinicole.** *Industrie, culture viticole.* **2.** Qui produit de la vigne. *La région viticole du sud de l'Ontario.* ► ***viticulteur, trice*** n. ■ Personne qui cultive de la vigne, pour la production du vin. ⇒ **vigneron.** ► ***viticulture*** n. f. ■ Culture de la vigne.

vitre [vitʀ] n. f. **1.** Panneau de verre garnissant une ouverture (fenêtre, porte, etc.). ⇒ **carreau.** *Vitres d'une fenêtre. Nettoyer, laver, faire les vitres. Casser une vitre.* **2.** Panneau de verre permettant de voir à l'extérieur lorsqu'on est dans un véhicule. ⇒ ② **glace.** *Les vitres des portières, d'un train, d'une voiture. Baisser, remonter la vitre.* — Panneau, plaque, lame de verre qui sert à protéger qqch. *Vitre d'un cadre, d'une montre.* **3.** Verre. *Bouteille en vitre. Pneu coupé par un morceau de vitre.* ► ***vitrage*** n. m. **1.** Ensemble de vitres (d'une baie, d'une fenêtre, d'une marquise, d'une serre). *Fenêtres à double, à triple vitrage.* **2.** Châssis garni de vitres, servant de cloison, de toit, de paroi. *Le vitrage d'une véranda.* ⇒ **verrière. 3.** Fait de poser des vitres, de garnir de vitres. ► ***vitrail, aux*** [vitʀaj, o] n. m. ■ Panneau constitué de morceaux de verre, généralement colorés, assemblés pour former une décoration. *Les vitraux d'une cathédrale.* ⇒ **rosace, verrière.** — *Le vitrail,* la technique de la fabrication des vitraux ; l'art de faire des vitraux, analogue à la peinture (formes, couleurs). — *En vitrail,* se dit de tout objet fabriqué selon la technique du vitrail. *Abat-jour en vitrail.* ► ***vitrer*** v. tr. ▪ conjug. 1. ■ Garnir de vitres. *Vitrer une porte, un panneau.* — Au p. p. adj. *Porte vitrée. Baie vitrée.* ► ***vitré, ée*** adj. ■ Anatomie. *Corps vitré,* masse transparente entre la rétine et la face postérieure du cristallin. *Humeur vitrée de l'œil,* substance gélatineuse qui remplit le corps vitré. ⇒ **vitreux.** ► ***vitrerie*** n. f. **1.** Industrie des vitres (fabrication, pose, façonnage, etc.). **2.** Magasin, comptoir où l'on vend des vitres. ► ***vitreux, euse*** adj. **1.** Qui ressemble au verre fondu, à la pâte de verre. *Humeur vitreuse* (de l'œil). ⇒ **vitré. 2.** Dont l'éclat est terni. *Œil, regard vitreux.* ► ***vitrier*** n. m. ■ Personne qui vend, coupe et pose les vitres, les pièces de verre. — REM. Le féminin *vitrière* est virtuel. ► ***vitrifier*** v. tr. ▪ conjug. 7. **1.** Transformer en verre par fusion ou donner la consistance du verre à (une matière). **2.** Recouvrir (un parquet) d'une matière plastique transparente pour le protéger. — Au p. p. adj. *Parquet vitrifié.* ► ***vitrification*** n. f. ■ Transformation en verre ; acquisition de la structure vitreuse. *Vitrification de l'émail par fusion.* — Action de vitrifier (un parquet). ► ***vitrine*** n. f. **1.** Devanture vitrée d'un local commercial ; espace ménagé derrière cette vitre, où l'on expose des objets à vendre. ⇒ **étalage.** *Article exposé en vitrine. Regarder, lécher les vitrines.* ⇒ **lèche-vitrines.** — Aménagement, contenu d'une vitrine. *Les commerçants refont leurs vitrines pour Noël.* **2.** Petite armoire vitrée où l'on expose des objets de collection. ‹ ► lèche-vitrines ›

vitriol [vitʀijɔl] n. m. **1.** Acide sulfurique concentré, très corrosif. **2.** Fig. *Portrait au vitriol,* description très corrosive, mordante. — *Propos pleins de vitriol,* très acerbes, durs. ⇒ **caustique.** ► ***vitrioler*** v. tr. ▪ conjug. 1. ■ Lancer du vitriol sur (qqn) pour le défigurer.

in vitro loc. adv. et adj. invar. ⇒ **in vitro.**

vitupérer [vitypeʀe] v. ▪ conjug. 6. **1.** V. tr. Littér. Blâmer vivement. / contr. ① **louer** / **2.** V. intr. *Vitupérer contre qqn, qqch.,* élever de violentes protestations contre (qqn, qqch.). ⇒ **pester, protester.** *Elle vitupère toujours contre les voisins.* ► ***vitupération*** n. f. ■ Littér. Action de vitupérer. — (Surtout au plur.) Blâme ou reproche violent.

vivable [vivabl] adj. **1.** Où l'on peut vivre (III) ⇒ **supportable.** *Cette pièce n'est pas vivable.* **2.** Que l'on peut supporter. *Son mari n'est pas vivable. Cette situation n'est pas vivable.* / contr. **insupportable, invivable** / ‹ ► invivable ›

① ***vivace*** [vivas] adj. **1.** (Plantes, petits animaux) Constitué de façon à résister longtemps à ce qui peut compromettre la santé ou la vie. ⇒ **résistant, robuste. 2.** *Plante vivace,* qui vit plus de deux années et qui résiste à l'hiver (opposé à *plante annuelle*). **3.** Qui se maintient sans défaillance, qu'il est difficile de détruire. ⇒ **durable, persistant, tenace.** *Souvenir vivace. Garder une haine vivace contre ses anciens ennemis.* ► ***vivacité*** n. f. **1.** Caractère de ce qui a de la vie, est vif. ⇒ **activité, ardeur, entrain.** / contr. **apathie, lenteur, mollesse** / *La vivacité d'un enfant. Vivacité d'esprit,* rapidité à comprendre, à concevoir. / contr. **lourdeur** / **2.** Caractère de ce qui est vif, a de l'intensité. *Vivacité des couleurs, du teint.* ⇒ **éclat. 3.** Caractère de l'air frais, vif. **4.** Caractère vif (I, 2), emporté ou agressif. *Vivacité des propos. Elle m'a répondu avec vivacité.*

② ***vivace*** [vivatʃe] adj., adv. et n. m. invar. ■ Musique. D'un mouvement rapide (plus que l'allégro). *Des vivace.*

① ***vivant, ante*** [vivɑ̃, ɑ̃t] adj. **1.** Qui vit, est en vie. / contr. ② **mort** / *Il est encore vivant. Attrapez-le vivant !* — Loc. *C'est un cadavre vivant,* une personne très malade. — N. *Les vivants et les morts. Rayer qqn du nombre des vivants,* le faire mourir. **2.** Plein de vie. ⇒ **vif.** *Un enfant très vivant.* — (Œuvres) Qui a l'expression, les qualités de ce qui vit. *Les personnages de Roger Lemelin sont vivants.* / contr. **figé** / **3.** Doué de vie. ⇒ **animé, organisé.** *Cellule vivante,* possédant les caractères de la vie. *L'être vivant, les êtres vivants.* **4.** Constitué par un ou plusieurs êtres vivants. *Tableaux vivants.* — *C'est le vivant portrait de sa mère.* ⇒ **craché,** en **peinture, ressemblant ;** fam. tout **chié. 5.** (Lieux) Plein de vie, d'animation. *Des rues vivantes.* ⇒ **animé.** / contr. **désert, morne** / **6.** (Choses) Animé d'une sorte de vie (II) ; actif, actuel. *Langues vivantes* (opposé à *langues mortes*). *Un mot très vivant,* en usage. *Son souvenir est toujours vivant.* ⇒ **durable.**

② ***vivant*** n. m. ■ DU VIVANT DE..., DE SON VIVANT : pendant la vie de (qqn), sa vie. *Cela ne serait pas arrivé du vivant du directeur.* ‹ ► bon vivant ›

vivat [viva] interj. et n. m. ■ Acclamation (→ ② vive). *Il y a eu des vivats en son honneur.*

① ***vive*** [viv] n. f. ■ Poisson aux nageoires épineuses, vivant surtout dans le sable des côtes.

② ***vive*** exclam. ■ Acclamation envers qqn, qqch. à qui l'on souhaite de vivre, de durer longtemps. ⇒ **vivat.** *Vive le Québec ! Vive le Carnaval !* / contr. à **bas,** à **mort** / — (Avec un nom au plur., au lieu de : *vivent*)

Vive les vacances ! ▶ ***vive-la-joie*** n. invar. ■ Personne qui est toujours de bonne humeur, boute-en-train. *Des vive-la-joie.*

vivement [vivmɑ̃] adv. **1.** D'une manière vive ⇒ **vif** ; avec vivacité, ardeur. ⇒ **promptement, rapidement.** *Mener vivement une affaire.* **2.** D'un ton vif, avec un peu de colère. *Il répliqua vivement.* **3.** Avec force, intensité. *J'ai été vivement affecté par sa mort. Nous regrettons vivement que* (+ subjonctif). ⇒ **ardemment, beaucoup, intensément, profondément. 4.** Exclamatif, pour exprimer l'accomplissement rapide d'un souhait. *Vivement les vacances !* — (Avec *que* + subjonctif) *Vivement qu'on s'en aille !*

vivi- ■ Élément savant signifiant « vivant » (ex. : *vivipare, vivisection*).

vivier [vivje] n. m. ■ Étang, bassin d'eau aménagé pour la conservation et l'élevage du poisson, des crustacés. *Truites en vivier.*

vivifier [vivifje] v. tr. ▪ conjug. 7. ■ Donner de la vitalité à (qqn). *Ce climat me vivifie.* ⇒ **stimuler, tonifier.** ▶ ***vivifiant, ante*** adj. ■ Qui vivifie. ⇒ **stimulant.** *Air vivifiant.* ‹ ▶ revivifier ›

vivipare [vivipaʀ] adj. ■ Se dit d'un animal dont l'œuf se développe complètement à l'intérieur de l'utérus maternel, de sorte qu'à la naissance le petit apparaît formé. *Les mammifères sont vivipares.* — N. *Les vivipares.*

vivisection [vivisɛksjɔ̃] n. f. ■ Opération pratiquée à titre d'expérience sur les animaux vivants. ⇒ **dissection.**

in vivo loc. adv. et adj. invar. ⇒ **in vivo.**

vivoir [vivwaʀ] n. m. ■ Vx. Salle de séjour, salon. ⇒ anglic. **living-room.** *Mes grands-parents recevaient dans le vivoir.*

vivoter [vivɔte] v. intr. ▪ conjug. 1. ■ Vivre au ralenti, avec de petits moyens. ⇒ **végéter.** — (Choses) Subsister ; avoir une activité faible, médiocre. *Son affaire vivote tant bien que mal.*

vivre [vivʀ] v. ▪ conjug. 46. **I.** V. intr. (Suj. personne ; être vivant) **1.** Être en vie ; exister. *La joie, le plaisir de vivre. Ne vivre que pour...,* se consacrer entièrement à... *Se laisser vivre,* vivre sans faire d'effort. **2.** (Avec un compl. de durée) Avoir une vie d'une certaine durée. *Vivre longtemps, vivre vieux,* jusqu'à un âge avancé. *Pendant les années qu'il a vécu à Québec,* pendant lesquelles il a vécu dans cette ville (le participe ne s'accorde pas). **3.** Passer sa vie, une partie de sa vie en résidant habituellement (dans un lieu). ⇒ **habiter.** *Vivre à New York, à la campagne. Il vit en chambre.* ⇒ **chambrer. 4.** Mener une certaine vie. *Vivre seul, libre. Vivre avec qqn* (dans le mariage, ou maritalement). ⇒ **cohabiter.** *Est-ce qu'ils vivent ensemble ? Vivre en paix.* — *Art de vivre,* de se conduire d'une certaine façon. *Vivre dangereusement. Vivre dans l'anxiété.* — Loc. *Être facile, difficile à vivre,* d'un caractère accommodant ou non. **5.** Disposer des moyens matériels qui permettent de subsister. *Travailler pour vivre. Il les fait vivre,* il subvient à leurs besoins. — Loc. *Être en lieu de vivre,* capable d'assurer confortablement son existence. — *Vivre pauvrement, petitement* ⇒ **végéter, vivoter ;** *largement.* — (Avec un compl. de moyen) *Vivre de lait, de fruits...* ⇒ se **nourrir.** *Vivre de son travail de ses rentes. Avoir de quoi vivre,* assez de ressources pour subsister. — Plaisant. *Vivre d'amour et d'eau fraîche,* de peu de choses. **6.** SAVOIR VIVRE : savoir se comporter comme le veut l'usage social. *Voilà des gens qui savent vivre,* qui vivent bien, agréablement. ⇒ **savoir-vivre.** — *Je vais lui apprendre à vivre* (menace). **7.** Réaliser toutes les possibilités de la vie ; jouir de la vie. *Une personne qui a vécu, beaucoup vécu,* qui a eu une vie riche d'expériences. **8.** (Choses) Exister parmi les humains. *Cette croyance vit encore dans les campagnes.* **9.** Loc. négative. *Ne pas vivre,* être inquiet (au sujet de qqn, qqch.). *On ne vit plus depuis qu'on a annoncé un gros tremblement de terre.* **II.** V. tr. (Suj. personne) **1.** Avoir, mener (telle ou telle vie). *Ils ont vécu une existence difficile.* — Passer, traverser (un espace de temps). *Vivre des jours heureux.* ⇒ **couler.** *Les jours difficiles qu'il a vécus* (le participe s'accorde). **2.** Éprouver intimement, réellement par l'expérience même de la vie. *Vivre un sentiment, un grand amour.* — Traduire en actes réels. *Vivre sa foi, son art.* ‹ ▶ invivable, modus vivendi, qui-vive, revivre, savoir-vivre, survivre, vécu, vivable, ① vivace, ① vivant, ② vivant, vivat, ② vive, vivi-, vivier, vivoir, vivoter, vivres ›

vivres [vivʀ] n. m. pl. ■ Ce qui sert à l'alimentation des humains. ⇒ **aliment, nourriture.** *Les vivres et les munitions d'une armée.* — Loc. *Je vais lui couper les vivres,* le priver de ses moyens de subsistance (d'argent). ▶ ***vivrier, ière*** adj. ■ Dont les produits sont destinés à l'alimentation. *Cultures vivrières.*

vizir [viziʀ] n. m. ■ Histoire. Ministre, sous l'Empire ottoman. *Grand vizir,* premier ministre.

vlan ou ***v'lan*** [vlɑ̃] interj. ■ Onomatopée imitant un bruit fort et sec produit par une large surface. *Et vlan, encore une porte qui claque.*

vlimeux, euse [vlimø, øz] adj. et n. Fam. **1.** (Animaux) Qui est dangereux sans le paraître, sans qu'on s'en doute. ⇒ **imprévisible, traître.** *Cheval vlimeux.* **2.** (Personnes) Qui fait preuve d'astuce, de ruse dans la défense de ses intérêts, la conduite de ses affaires. ⇒ **futé,** ② **malin, retors ;** fam. **roublard.** *Ce fiscaliste est pas mal vlimeux.* **3.** (Enfants) Espiègle, escogriffe, astucieux. ⇒ **malicieux ;** fam. **snoreau.** *Tu étais pas mal vlimeuse quand tu étais petite.* — N. *Mes petits vlimeux, déguerpissez !* **4.** Vieilli. Loc. *En vlimeux,* très, beaucoup. *Ils sont riches en vlimeux.* — *Être en vlimeux,* fâché, en colère. *Grand-papa fait semblant d'être en vlimeux contre nous.*

vocable [vɔkabl] n. m. ■ Mot d'une langue, considéré dans sa signification, sa valeur expressive. ⇒ **terme.** ▶ ***vocabulaire*** n. m. **1.** Dictionnaire succinct ou spécialisé. *Vocabulaire français-anglais.* **2.** Ensemble de mots dont dispose une personne. *Vocabulaire pauvre, réduit ; riche, étendu. Il faut enrichir ton vocabulaire. Quel vocabulaire !,* quelle manière étrange, grossière, de s'exprimer. **3.** Termes spécialisés (d'une science, d'un art, ou qui caractérisent une forme d'esprit). ⇒ **terminologie.** *Vocabulaire juridique, sociologique, technique.*

vocal, ale, aux [vɔkal, o] adj. **1.** Qui produit la voix. *Organes vocaux. Cordes vocales.* **2.** De la voix. *Technique vocale,* du chant. — Écrit pour le chant, chanté. *Musique vocale* (opposé à *musique instrumentale*). ▶ ***vocalique*** adj. ■ Qui a rapport aux voyelles. *Le système vocalique d'une langue.* ▶ ***vocaliser*** v. intr. ▪ conjug. 1. ■ Chanter, en parcourant une échelle de sons et sur une seule syllabe. ▶ ***vocalise*** n. f. ■ Suite de sons produite par une personne qui vocalise. *Faire des vocalises.*

vocatif [vɔkatif] n. m. ■ (Dans les langues à déclinaisons). Cas employé pour s'adresser directement à qqn, à qqch. *Vocatif latin, grec.* — Construction, phrase exclamative par laquelle on s'adresse directement à qqn, qqch. *Le « ô » vocatif.*

vocation [vɔkasjɔ̃] n. f. **1.** Mouvement intérieur par lequel on se sent appelé par Dieu. *Vocation contrariée. Avoir, ne pas avoir la vocation.* **2.** Inclination, penchant (pour une profession, un état). ⇒ **attirance, disposition, goût.** *Suivre sa vocation. Vocation artistique.* **3.** Destination (d'une personne, d'un peuple, d'un pays). ⇒ **mission.** *La vocation industrielle, artistique de la région.*

vociférer [vɔsifeʀe] v. intr. ▪ conjug. 6. ■ Parler en criant et avec colère. ⇒ **hurler.** *Vociférer contre qqn.* — Transitivement. *Vociférer des injures.* ▶ ***vocifération*** n. f. ■ Parole bruyante, prononcée dans la colère. *Pousser des vociférations.* ⇒ ① **cri, hurlement.**

vodka [vɔdka] n. f. ■ Eau-de-vie de grain (seigle, orge) en général blanche. *Vodka russe, polonaise. Des vodkas.*

vœu [vø] n. m. **1.** Promesse faite à Dieu ; engagement religieux. *Les trois vœux* (pauvreté, chasteté, obéissance), prononcés par qqn qui entre en religion. *Faire vœu de pauvreté. Qui est gage d'un vœu.* ⇒ **votif.** *Consacrer par un vœu.* ⇒ **vouer. 2.** Engagement pris envers soi-même. ⇒ **résolution.** *Faire le vœu de ne plus revoir qqn.* **3.** Souhait que s'accomplisse qqch. *Faire, former des vœux pour la santé de qqn. J'ai fait un vœu en jetant une pièce dans l'eau de la fontaine. Mon vœu a été exaucé.* — Au plur. Souhaits adressés à qqn. *Tous mes vœux ! Vœux de bonne année. Envoyer ses vœux de prompt rétablissement.* **4.** Demande, requête faite par qui n'a pas autorité ou pouvoir pour la satisfaire. *Les assemblées consultatives n'émettent que des vœux.* ⇒ **résolution.**

vogue [vɔg] n. f. ■ État de ce qui est apprécié momentanément du public ; de ce qui est à la mode. *Ce chanteur connaît une vogue extraordinaire.* ⇒ **succès.** — EN VOGUE : actuellement très apprécié, à la mode. *Ce n'est plus en vogue.* ⇒ **démodé.**

voguer [vɔge] v. intr. ▪ conjug. 1. ■ Littér. Avancer avec des rames (⇒ **ramer**). — Avancer sur l'eau. ⇒ **naviguer.**

voici [vwasi] prép. — REM. En principe opposé à *voilà*, *voici* est, dans l'usage, employé moins couramment. **1.** (Désignant une chose ou une personne relativement proche.) *Voici mon père, le voici qui arrive. Voici ta chambre et voilà la mienne.* — Littér. *Voici venir,* voici... qui vient. *Voici venir toute la famille.* **2.** (Désignant ce qui arrive, approche, commence à se produire). *Voici la pluie.* **3.** (Désignant les choses dont il va être question dans le discours, opposé à *voilà*). *Voici ce dont je veux te parler.* **4.** (Présentant un nom, un pronom caractérisé par un adj.) ⇒ **voilà.** *Te voici tranquille. Voici nos amis enfin arrivés.* — Littér. (Suivi d'une complétive) *Voici que la nuit tombe. Voici comment il faut faire.* ⇒ **voilà.** ⟨ ▶ revoici ⟩

voie [vwa] n. f. **I.** Concret. **1.** Espace à parcourir pour aller quelque part. ⇒ **chemin, passage.** *Trouver, suivre, perdre, quitter une voie, la bonne voie.* — Loc. *Mettre sur la voie,* donner des indications, aider à trouver. **2.** Cet espace, lorsqu'il est tracé et aménagé. ⇒ **artère, chemin, route, rue.** *Les grandes voies de communication d'un pays,* routes et voies ferrées. *La voie publique* (faisant partie du domaine public), destinée à la circulation (y compris les places, les parcs...). *Attroupement sur la voie publique.* — Route ou rue. *Voie étroite, prioritaire, à sens unique. Voie express,* route à circulation rapide. ⇒ **autoroute.** — Partie d'une route de la largeur d'un véhicule. *Route à trois, quatre voies.* — *Voie de desserte,* voie auxiliaire à une autre voie, conçue pour faciliter la circulation locale et desservir les riverains. — Fig. *La Voie lactée*.* **3.** Grande route pavée de l'Antiquité. *Les voies romaines.* — *Voie sacrée,* commémorant un itinéraire (religieux, militaire). **4.** VOIE FERRÉE : ensemble des rails mis bout à bout et à écartement fixe qui forment une voie, un chemin pour les convois de chemin de fer. ⇒ anglic. **track.** *Ligne à voie unique,* où les trains ne peuvent se croiser. *Porte qui donne sur la voie.* — *Voie de garage,* où sont garés les wagons et les voitures de chemin de fer ; fig. fonction sans responsabilités. *Mettre un sous-ministre sur une voie de garage.* **5.** *Voies navigables,* fleuves et canaux. **6.** *La voie maritime, aérienne,* les déplacements, transports par mer, air. *La voie maritime du Saint-Laurent.* **7.** VOIE D'EAU : ouverture accidentelle par laquelle l'eau entre dans un navire. *Boucher, calfater une voie d'eau.* **8.** Se dit de passages, conduits anatomiques. ⇒ **canal.** *Les voies digestives, respiratoires, urinaires. Par voie buccale, orale,* par la bouche. **II.** Fig. **1.** Conduite, suite d'actes orientés vers une fin et considérée comme un chemin que l'on peut suivre. ⇒ **chemin, ligne, route.** *Aller, avancer, entrer, marcher dans telle ou telle voie. Préparer la voie,* faciliter les choses à faire en réduisant les obstacles. *Ouvrir la voie.* ⇒ **passage.** *Être dans (sur) la bonne voie,* commencer à réussir. *Trouver sa voie,* la situation qui convient. — Dessein, commandement (de Dieu). *Les voies de Dieu, de la Providence.* **2.** Conduite suivie ou à suivre ; façon de procéder. ⇒ **moyen.** *Opérer par la voie la plus simple, par une voie détournée.* — Loc. VOIE DE FAIT : violence ou acte matériel insultant. **3.** Intermédiaire qui permet d'obtenir ou de faire qqch. *Réclamer par la voie hiérarchique.* — Loc. *Par voie de conséquence,* en conséquence. **4.** EN VOIE DE... : se dit de ce qui se modifie dans un sens déterminé. *Plaie en voie de cicatrisation. Espèce en voie de disparition. Pays en voie de développement.* ≠ *voix.* ⟨ ▶ claire-voie, à contre-voie, convoi, convoyer, dévoyé, envoi, envoyer, fourvoyer, renvoi, renvoyer, voirie, voyage ⟩

voilà [vwala] prép. **1.** (Désignant une personne ou une chose, plus particulièrement quand elle est relativement éloignée) — REM. *Voilà,* plus courant que *voici,* s'emploie dans tous les cas. *Voilà des gens courageux. Voilà de l'argent. Le voilà, c'est lui. Voilà ton amie qui vient, qui arrive.* — EN VOILÀ : voilà de ceci. *Vous en voulez ? En voilà.* — Loc. adv. *En veux-tu en voilà,* beaucoup, tant qu'on en veut. *De l'argent en veux-tu en voilà.* — (Exclamatif pour mettre en relief) *En voilà un imbécile ! En voilà des manières ! — Voilà !,* interjection qui répond à un appel, à une demande. *Voilà, j'arrive !,* attendez, j'arrive. **2.** (Désignant les choses dont il vient d'être question dans le discours, opposé à *voici*) *Voilà ce que c'est que de ne pas obéir,* telles en sont les conséquences. *Voilà tout. — En voilà assez,* cela suffit, je n'en supporterai pas davantage. — (Construit avec QUI, en valeur neutre). *Voilà qui est bien,* c'est bien. — (Avec une valeur exclamative) C'est (ce sont) bien..., c'est vraiment. *Voilà bien les hommes. Ah ! voilà !,* c'était donc ça. **3.** (Pour présenter un substantif, un pronom caractérisé par un adjectif, un participe) *Vous voilà content. Nous voilà arrivées. La voilà partie,* enfin, elle est partie. *Nous voilà bien ! Nous voilà frais... ! Le voilà qui radote !* — (Avec un compl. de lieu) *Nous voilà à la maison ; nous y voilà.* — Loc. *Nous y voilà,* nous abordons enfin le problème, la question. **4.** (Pour présenter une circonstance nouvelle, suivie d'une complétive) *Soudain, voilà que l'orage éclate. Voilà comme, comment, pourquoi...* **5.** (Pour présenter ou souligner un argument, une objection) *C'était simple, seulement voilà, personne n'y avait pensé.* **6.** Il y a (telle durée). *Voilà quinze jours que je suis partie.* ⟨ ▶ revoilà ⟩

① ***voile*** [vwal] n. f. **1.** Morceau de forte toile ou de textile synthétique, destiné à recevoir l'action du vent pour faire avancer un bateau. *Bateau à voiles.* ⇒ **voilier.** *Naviguer à la voile. Faire voile.* ⇒ se **diriger, naviguer.** *Hisser, larguer, mettre les voiles,* pour faire avancer le bateau. — Loc. *Avoir le vent dans les voiles,* se dit d'une personne dont les affaires vont bien, qui est en train de réussir. — Loc. fam. *Avoir du vent dans les voiles,* se dit d'une personne ivre qui ne marche pas droit. — Fam. *Mettre les voiles,* s'en aller, partir. ⇒ fam. se **débiner,** ② se **tirer.** — *Être à voile et à vapeur,* à la fois hétérosexuel et homosexuel. **2.** *La voile,* navigation à voile. — Sport nautique sur voilier. ⇒ **plaisance.** *Faire de la voile.* **3.** VOL À VOILE : pilotage des planeurs. ⇒ **vélivole. 4.** *Planche* à voile.* ▶ ***voilier*** n. m. ■ Bateau à voiles. *Les grands voiliers d'autrefois.* — Bateau de sport ou de plaisance, qui avance à la voile. *Faire du voilier. Course de voiliers.* ⇒ **régate.** ▶ ***voilure*** n. f. **1.** Ensemble des voiles d'un bâtiment. **2.** Ensemble des surfaces portantes d'un avion. — Toile d'un parachute. ⟨ ▶ véliplanchiste, vélivole ⟩

② ***voile*** n. m. **I.** Morceau d'étoffe destiné à cacher. **1.** Étoffe qui cache une ouverture ou dont on couvre un monument, une plaque, etc. **2.** Morceau d'étoffe destiné à cacher le visage. *Voile des musulmanes. Porter le voile.* **3.** Coiffure féminine de tissu fin, flottante, qui recouvre la tête. *Voile de religieuse, d'infirmière.* — Loc. *Prendre le voile,* se faire religieuse. ⇒ **habit.** — *Voile blanc de mariée, de communiante.* **4.** Tissu léger et fin. *Voile de coton, de soie, de laine. Voile pour faire des rideaux.* ⇒ **voilage. II.** Fig. **1.** Ce qui cache qqch. *Étendre, jeter un voile sur qqch.,* cacher ou condamner à l'oubli. *Lever le voile,* révéler qqch. ⇒ **dévoiler. 2.** Ce qui rend moins net, ou obscurcit. *Un léger voile de brume.* — Partie anormalement obscure d'une épreuve photographique, due à un excès de lumière. — *Voile au poumon,* diminution de la transparence d'une partie du poumon, visible à la radiographie. **III.** VOILE DU PALAIS : cloison musculaire et membraneuse, à bord inférieur libre et flottant, qui sépare la bouche du pharynx. *Son articulé près du voile du palais.* ⇒ **vélaire.** ▶ ① ***voiler*** v. tr. ▪ conjug. 1. **I. 1.** Couvrir, cacher d'un voile ; étendre un voile sur. *Voiler une statue. Se voiler le visage,* porter le voile. — Loc. SE VOILER LA FACE : refuser de voir ce qui indigne. *Elle s'est voilé la face.* **2.** Littér. Dissimuler. ⇒ **estomper, masquer.** *On tente de voiler la vérité.* / contr. **dévoiler** / **3.** Rendre moins visible, moins net. ⇒ **obscurcir.** — Au p. p. adj. *Ses beaux yeux voilés de larmes.* **II.** SE VOILER v. pron. réfl. **1.** Porter le voile. *Beaucoup de religieuses, de musulmanes ne se voilent plus.* **2.** Perdre son éclat, se ternir. *Ses yeux, son regard se voile. Le ciel se voile,* se couvre. **3.** (Voix) Perdre sa netteté, sa sonorité. ▶ ***voilé, ée*** adj. **1.** Recouvert d'un voile. *Femme voilée.* **2.** Rendu obscur, incompréhensible. *Sens voilé.* ⇒ **caché, dissimulé.** *S'exprimer en termes voilés,* par allusions. **3.** Qui a peu d'éclat, de netteté. *Ciel voilé. Regard voilé,* terne, trouble. / contr. **clair, limpide** / — *Photo voilée,* qui présente un voile. **4.** (Voix) Qui n'émet pas des sons clairs. ⇒ **enroué, rauque.** / contr. **sonore** / ▶ ***voilette*** n. f. ■ Petit voile transparent que les femmes portent à leur chapeau, et qui peut couvrir le visage. ⟨ ▶ dévoiler, vélaire, vélum, ① voile, ② se voiler ⟩

② ***se voiler*** v. pron. ▪ conjug. 1. ■ Se dit d'une roue qui s'est légèrement tordue. ⇒ **fausser.** — Au p. p. adj. *Sa bicyclette a une roue voilée.*

voir [vwaʀ] v. ▪ conjug. 30. — REM. Part. passé *vu(s), vue(s).* **I.** V. intr. Recevoir les images des objets par le sens de la vue*. *Les aveugles ne voient pas. Ne voir que d'un œil.* ⇒ **borgne.** *Voir trouble, confusément. Je ne vois pas clair. Les rapaces voient loin.* — Fig. *Voir loin,* prévoir. **II.** V. tr. dir. **1.** Percevoir (qqch.) par les yeux. *Voir qqch. de ses yeux, de ses propres yeux. Il a tout vu, tout observé sans être vu. Je l'ai à peine vue.* ⇒ **apercevoir, entrevoir.** *Une femme agréable à voir,* jolie. *C'est à voir,* cela mérite d'être vu. *J'ai vu cela dans le journal.* ⇒ **lire.** — FAIRE VOIR : montrer. *Faites voir ce livre.* — (Personnes) *Se faire voir,* se montrer. Fam. *S'il n'est pas content, qu'il aille se faire voir !,* qu'il aille au diable. — LAISSER VOIR : permettre qu'on voie ; ne pas cacher. *Ne pas laisser voir son trouble. Décolleté qui laisse voir les épaules.* — VOIR QUE, COMME, SI... *J'ai vu qu'il allait tomber. Vous voyez comme c'est beau. Allons voir si elle est prête.* **2.** Avoir l'image de (qqn, qqch.) dans l'esprit. ⇒ se **représenter.** *Ma future maison, je la vois au bord d'un lac.* — Fam. *Tu vois ça d'ici !,* tu imagines. **3.** (Avec un compl. suivi d'un infinitif) *Je vois tout tourner. Les voitures que j'ai vues rouler* (ce sont les voitures qui roulent : accord du participe). *Les voitures que j'ai vu conduire* (le compl. de *voir* n'est pas le sujet du verbe à l'infinitif : pas d'accord). Loc. *On vous voit venir,* vos intentions sont connues. *Il faut voir venir,* attendre. — *Le pays qui l'a vue naître,* où elle est née. *Ce journal a vu son tirage augmenter.* — (Avec un compl. suivi d'un attribut) *Quand je l'ai vue si malade, j'ai appelé le médecin. Je voudrais la voir heureuse. Vous m'en voyez désolée.* Fam. *Je voudrais vous y voir !* (dans cet état, cette situation), ce n'est guère facile. — (Avec un compl. suivi d'une propos. relative) *Je les vois qui arrivent.* — (Avec un compl. suivi d'une propos. au participe) *Je vous vois montant l'escalier.* **4.** Être spectateur, témoin de (qqch.). *Voir une pièce de théâtre.* ⇒ **assister.** — *Voir une ville, un pays,* y aller, visiter. Loc. *Voir Naples et mourir* (parce qu'il n'y a rien de plus beau à voir). *Voir du pays,* voyager. — Loc. *On aura tout vu,* c'est le comble. *J'en ai vu bien d'autres !,* j'ai vu pire. ⇒ **neiger, pluie.** *Il en a vu, dans sa vie,* il a eu des malheurs. *En faire voir à qqn,* lui causer des tourments. *Il m'en fait voir de toutes les couleurs,* il me tourmente. **5.** Être, se trouver en présence de (qqn). *Je l'ai déjà vu.* ⇒ **rencontrer.** *Elle ne veut voir personne.* ⇒ **recevoir ; fréquenter.** — Fam. *Je l'ai assez vu,* j'en suis las. *Aller voir qqn,* lui rendre visite. *Aller voir les filles,* les courtiser, les fréquenter. ⇒ fam. **courailler.** *Je ne peux pas les voir,* je les déteste. ⇒ fam. **encaisser, sentir.** — *Voir un médecin, un avocat.* ⇒ **consulter. 6.** Regarder attentivement, avec intérêt. ⇒ **examiner.** *J'ai vu des fautes dans ta dictée. Il faut voir cela de plus près. Voyez ci-dessous. Voir un malade,* l'examiner. (Sans compl.) *Il ne sait pas voir,* il est mauvais observateur. — Fam. *Faire voir de rien,* ne rien laisser paraître. — Loc. *Rien qu'à voir on voit bien,* c'est très évident, très clair. **7.** Fig. Se faire une opinion sur (qqch.). *Voyons un peu cette affaire.* ⇒ **considérer, étudier.** (Sans compl.) *Nous allons voir,* réfléchir (avant un choix). *C'est tout vu,* c'est tout décidé. — PROV. *Qui vivra verra,* l'avenir seul permettra d'en juger. — *On verra bien !,* attendons la suite des événements. — POUR VOIR : pour se faire une opinion. (En menace) *Essaie un peu, pour voir !* — VOIR QUE, COMME, COMBIEN... ⇒ **constater.** *Voyez comme le hasard fait bien les choses !* — VOIR SI... *Voyez si elle accepte,* informez-vous-en. — *Tu vois, vois-tu, voyez-vous,* appuie une opinion en invitant à la réflexion. *Ce qu'il faut, vois-tu, c'est...* — *Regardez voir, dites voir,* pour voir. Fam. *Voyons voir !* — Interj. VOYONS ! : s'emploie pour rappeler à la raison, à l'ordre. *Un peu de bon sens, voyons !* — *Voyons donc !,* s'emploie pour marquer l'étonnement, la surprise. *« Il est mort du sida. — Voyons donc, ça ne se peut pas ! »* **8.** Se représenter par la pensée. ⇒ **concevoir, imaginer.** *Voir la réalité telle qu'elle est. Vous voyez ce que je veux dire ? Ah ! je vois !,* je comprends fort bien (souvent iron.). *Si vous n'y voyez pas d'inconvénient,* si vous êtes d'accord. — *Voir grand,* avoir de grands projets. — *Elle voyait en lui un ami,* elle le considérait comme... — *Voir qqch. à,* d'après, par. *« À quoi voyez-vous cela ? — À ses vêtements. »* **9.** AVOIR *qqch.* À VOIR *(avec, dans)* : avoir une relation, un rapport avec (seulement avec *pas, rien, peu*). *Je n'ai rien à voir dans cette affaire, là-dedans,* je n'y suis pour rien. *Cela n'a rien à voir !,* c'est tout différent. **III.** V. tr. ind. VOIR À (+ infinitif) : songer, veiller à. — Littér. *Nous verrons à vous récompenser plus tard.* — Fam. *Il faudrait voir à ne pas nous raconter d'histoires !* — VOIR À : s'occuper de. *Voir à ses enfants. Voyez-y tout de suite !* **IV.** SE VOIR v. pron. **1.** (Réfl.) Voir sa propre image. *Elle s'est vue dans un miroir.* — (Avec un attribut d'objet, un compl.) *Elle ne s'est pas vue mourir.* ⇒ **sentir.** *Elle s'est vue contrainte de renoncer,* elle fut, elle se trouva contrainte. *Elle s'est vu refuser une promotion,* on lui a refusé... *Ils se voyaient déjà morts,* ils se croyaient morts. **2.** (Récipr.) Se rencontrer, se trouver ensemble. *Des amoureux qui se voient en cachette. Ils ne se voient pas.* ⇒ se **fréquenter.** — *Ils ne peuvent pas se voir,* ils se détestent. ⇒ se **sentir. 3.** (Passif) Être, pouvoir être vu. — Être remarqué, visible. *La retouche ne se voit pas.* — Se rencontrer, se trouver. *Cela se voit tous les jours,* c'est fréquent. *Cela ne s'est jamais vu,* c'est impossible. **4.** (Passif) Loc. *Se voir remettre qqch.,* mériter, recevoir. *Il s'est vu remettre un prix Nobel.* ‹ ▶ entrevoir, m'as-tu-vu, pourvoir, prévoir, revoir, voici, voilà, ①, ②, ③ voyant, voyeur, ① vu, vue ›

voire [vwaʀ] adv. ■ (Pour renforcer une assertion, une idée) Et même. *Ce remède est inutile, voire dangereux.* — REM. Éviter d'employer *voire même.*

voirie [vwaʀi] n. f. **1.** Aménagement et entretien des voies, des chemins ; administration publique qui s'occupe de l'ensemble des voies de communication. *La voirie municipale, provinciale.* **2.** (France) Plus cour. Enlèvement des ordures dans les villes. *Service de voirie.* — Lieu où sont déposés ordures et immondices. ⇒ ① **décharge, dépotoir.**

voisin, ine [vwazɛ̃, in] adj. et n. **I.** Adj. **1.** Qui est à une distance relativement petite. ⇒ **proche, rapproché.** *La ville voisine.* / contr. **distant, éloigné** / — Qui touche, est à côté. *La pièce voisine.* ⇒ **attenant, contigu, adjacent.** *Les pays voisins.* ⇒ **limitrophe.** — Proche dans le temps. *Les années voisines de l'an 2000.* **2.** Qui présente un trait de ressemblance, une analogie. *Des idées voisines. — Voisin de...,* qui se rapproche de. *Un véhicule voisin de la bicyclette.* ⇒ **semblable** à. / contr. **différent** / **II.** N. **1.** Personne qui vit, habite le plus près. *Mes voisins de palier. Entre voisins, on peut se rendre quelques services.* — Personne qui occupe la place la plus proche. *Voisin de table. Ma voisine de droite.* — Habitants d'un pays, d'une province contigu(e) ou peu éloigné(e). *Nos voisins américains* (disent les Canadiens), *ontariens* (disent les Québécois). **2.** Autrui. *Jalouser le sort du voisin.* ▶ ***voisinage*** n. m. **1.** Ensemble des voisins. ⇒ **entourage.** *Tout le voisinage a été averti.* **2.** Relations entre voisins. *Être, vivre en bon voisinage avec qqn. Relations de bon voisinage.* **3.** Proximité. *Le voisinage de la mer.* **4.** Espace qui se trouve à proximité, à faible distance. *Les maisons du voisinage, qui sont dans le voisinage.* ⇒ **environ(s), parages,** ② **quartier.** ▶ ***voisiner*** v. intr. ▪ conjug. 1. **1.** Littér. Visiter, fréquenter ses voisins. **2.** *Voisiner avec,* être placé près de (qqn, qqch.). *Dans cette forêt, les épinettes voisinent avec les feuillus.* ‹ ▶ avoisiner ›

voiture [vwatyʀ] n. f. **1.** Véhicule monté sur roues tiré ou poussé par un animal, une personne. *Voiture à deux, quatre roues. Voiture à cheval, à âne. — Voiture à bras,* poussée ou tirée par des personnes. — *Voiture d'enfant,* dans laquelle on promène les bébés. ⇒ **carosse, landau, poussette. 2.** Véhicule automobile. ⇒ **automobile ;** fam. **bagnole, bazou, casserole, char, minoune.** *Voiture décapotable, à toit ouvrant. Voiture de course, de sport, de tourisme. Voiture neuve, d'occasion. Voiture de fonction, officielle* (opposée à *particulière*). *Pourriez-vous envoyer une voiture* (à telle adresse) *?* ⇒ **taxi.** *Encombrement de voitures.* ⇒ **embouteillage.** *Accident de voiture. — Conduire, stationner sa voiture. Voitures en stationnement.* **3.** (Dans le langage des chemins de fer) Grand véhicule, roulant sur des rails, destiné aux voyageurs (appelé couramment, à tort, *wagon*). *Voiture de tête, de queue ; de première, de seconde.* — Loc. *En voiture !,* montez dans le train, le train va partir. ▶ ***voiturer*** v. tr. ▪ conjug. 1. ■ Transporter (qqch.) dans une voiture. ⇒ **véhiculer.** — Fam. Transporter, mener (qqn) en voiture, en automobile. ▶ ***voiturette*** n. f. ■ Petite voiture. ▶ ***voiturier*** n. m. ■ (France) Employé d'un hôtel ou d'un casino chargé de garer les voitures des clients. ⇒ fam. **valet.** *Voituriers et bagagistes.* ‹ ▶ covoiturage ›

voix [vwa] n. f. invar. **I. 1.** (Dans l'espèce humaine) Sons produits par le larynx, quand les cordes vocales entrent en vibration (sous l'effet d'une excitation nerveuse rythmique). *De la voix.* ⇒ **vocal.** *Extinction de voix* (⇒ **aphone**). *Voix forte, puissante, bien timbrée. Une grosse voix,* grave et forte. *Voix faible, cassée, chevrotante. Voix aiguë, perçante. Voix de crécelle, de fausset. Voix grave, basse. Tremblement de la voix. Éclats de voix. Une voix off*. — Avoir de la voix,* une voix appropriée au chant. *Forcer sa voix. Une belle voix.* — Loc. *Être sans voix,* être aphone ; rester interdit sous l'effet de l'émotion. ⇒ **muet.** *De vive voix,* en parlant ; oralement. ⇒ **verbalement.** *Parler à voix basse, à mi-voix, à voix haute ; à haute et intelligible voix. Élever la voix. Couvrir la voix de qqn,* parler plus fort que lui. *Baisser la voix,* le ton. — *Elle l'exhorte de la voix et du geste,* de la parole et du geste. **2.** Personne qui parle et qu'on ne voit pas (avec *dire, crier, faire...*). *Une voix lui cria d'entrer. — Entendre des voix,* croire entendre des gens qui parlent ; fig. s'imaginer qu'un être immatériel s'adresse à soi. **3.** Littér. Cri (d'animal) ; bruit, son (d'instruments de musique, de phénomènes de la nature, de certains objets). *Les chiens donnent de la voix,* aboient. *On entend la voix du vent.* **II.** Fig. **1.** Ce que l'être humain ressent en lui-même, qui l'avertit, l'inspire. *La voix de la conscience, de la raison.* ⇒ **avis, conseil. 2.** Expression de l'opinion. ⇒ **avis, jugement.** *La voix du peuple,* de l'opinion. — Droit de donner son opinion dans une assemblée. ⇒ **vote.** *Avoir voix consultative* (dans une assemblée). *Avoir droit au chapitre*.* — Avis favorable d'une personne qui a ce droit. ⇒ **suffrage.** *Donner sa voix à un candidat,* voter pour lui. *Majorité, unanimité des voix. Gagner des voix.* **III.** Grammaire. Aspect de l'action verbale dans ses rapports avec le sujet, suivant que l'action est considérée comme accomplie par lui *(voix active),* ou subie par lui *(voix passive).* ≠ *voie.* ‹ ▶ à mi-voix, porte-voix, voyelle ›

① ***vol*** [vɔl] n. m. **1.** Action de voler ① ; ensemble des mouvements coordonnés faits par les animaux capables de se maintenir et de se déplacer en l'air. *Vol des oiseaux, des insectes.* PRENDRE SON VOL : s'envoler. — Fig. Loc. *Prendre son vol (son essor),* améliorer sa position, sa situation. AU VOL : rapidement au passage. *Attraper une balle au vol. Cueillir une impression au vol. — Dix kilomètres à vol d'oiseau,* en ligne droite. — DE HAUT VOL : de grande envergure. ⇒ de haute **volée.** *Un filou, un escroc de haut vol.* **2.** Fait, pour un engin, de se soutenir et de se déplacer dans l'air. *Altitude, vitesse de vol d'un avion, d'un planeur. Vol au-dessus d'un lieu.* ⇒ **survol.** *Début du vol.* ⇒ **décollage ; s'envoler.** *Fin du vol.* ⇒ **atterrissage.** *Vol intérieur,* dans le pays, la province, *vol international. Vol plané* (moteurs arrêtés). Fig. *Faire un vol plané*. En vol, en plein vol,* pendant le vol (se dit de l'engin, de son pilote, des passagers). — VOL À VOILE : manœuvre des planeurs. — *Un vol,* un déplacement en vol. ⇒ fam. **envolée.** *Faire plusieurs vols en une journée. Le vol pour Miami est retardé.* **3.** Distance parcourue en volant (par un oiseau, un insecte) ; fait de voler d'un lieu à un autre. *Les grands vols migrateurs des oies* *blanches.* **4.** Groupe (d'oiseaux, d'insectes) qui se déplacent ensemble dans l'air. ⇒ **volée.** *Vol de perdreaux, de sauterelles.* ⇒ **nuage, nuée.** ⟨ ▸ vélivole ⟩

② ***vol*** n. m. **1.** Fait de s'emparer du bien d'autrui, par la force ou à son insu ; action qui consiste à prendre frauduleusement le bien d'autrui. ⇒ ② **voler.** *Commettre un vol. Vol avec effraction, à main armée* ou *vol qualifié.* ⇒ **attaque ;** anglic. **hold-up. 2.** Fait de faire payer à autrui plus qu'il ne doit, ou de ne pas donner ce que l'on doit. *Deux cents dollars pour ce timbre, c'est du vol.* ⟨ ▸ antivol ⟩

volage [vɔlaʒ] adj. ■ Littér. Qui change souvent et facilement de sentiments (surtout dans les relations amoureuses) ; qui se détache facilement. ⇒ **frivole, inconstant, léger.** / contr. **fidèle** / *Des jeunes gens volages. — Être d'humeur volage.*

volaille [vɔlɑj] n. f. **1.** Ensemble des oiseaux qu'on élève (⇒ **aviculture**) pour leurs œufs ou leur chair (poules, canards, oies, dindes, etc.). — Viande de volaille. *Manger de la volaille.* **2.** *Une volaille,* un oiseau de basse-cour. ⇒ **volatile.** *Volaille rôtie, bouillie.* ▸ ***volailler*** n. m. ■ (France) Marchand de volailles.

① ***volant, ante*** [vɔlɑ̃, ɑ̃t] adj. **1.** Capable de s'élever, de se déplacer dans les airs (pour un être ou un objet qui n'en est pas capable, en règle générale). *Poisson volant. Écureuil volant.* ⇒ **polatouche.** — *Le tapis volant des légendes orientales. Une soucoupe volante.* — (Dans l'aviation) *Personnel volant* (opposé à *rampant, au sol*). ⇒ **navigant.** — *Objet volant non identifié.* ⇒ **ovni. 2.** Très mobile. *Les brigades volantes de la police des douanes.* **3.** Qui peut être déplacé facilement. *Pont volant.* ⇒ **mobile. 4.** Qui n'est pas attaché. *Feuille volante.* ⇒ **mobile.** ⟨ ▸ ballon-volant, cerf-volant ⟩

② ***volant*** n. m. **1.** Petit morceau de liège, de bois léger, muni de plumes en couronne, destiné à être lancé et renvoyé à l'aide d'une raquette. — Vx. Jeu qui se joue avec des raquettes et un volant. ⇒ **badminton.** *Au début du siècle, les jeunes filles jouaient au volant.* **2.** Bande de tissu libre à un bord et formant une garniture rapportée. *Une robe à volants.*

③ ***volant*** n. m. ■ Dispositif circulaire avec lequel le conducteur oriente les roues directrices d'un véhicule automobile. ⇒ fam. **roue.** *Tenir le volant, être, se mettre au volant,* conduire. *Avec ma femme, nous nous sommes relayés au volant.* — Conduite, manœuvre des automobiles. *Les as du volant.*

volatil, ile [vɔlatil] adj. ■ Qui passe facilement à l'état de vapeur. *Matières volatiles inflammables.* ▸ ***se volatiliser*** v. pron. réfl. ▪ conjug. 1. **1.** Passer à l'état de vapeur. **2.** Se dissiper, disparaître. ⇒ s'**évaporer.** *Tout à coup, le député invité s'est volatilisé.* ⇒ **éclipser.** *Où est mon stylo, il ne s'est pourtant pas volatilisé !* ⇒ s'**envoler.**

volatile [vɔlatil] n. m. ■ Oiseau domestique, de basse-cour. ⇒ **volaille.** *La pintade est un volatile.*

vol-au-vent [vɔlovɑ̃] n. m. invar. ■ Plat formé d'un moule de pâte feuilletée garni d'une préparation de viande ou de poisson en sauce, avec des champignons, des quenelles, etc. ⇒ **timbale.** *Les bouchées à la reine sont de petits vol-au-vent. Des vol-au-vent.*

volcan [vɔlkɑ̃] n. m. **1.** Montagne qui émet ou a émis des matières en fusion (lave, pierres, cendres). *L'éruption d'un volcan. La lave d'un volcan. Cheminée, cratères d'un volcan. Volcan en activité ; volcan éteint. Volcan sous-marin.* **2.** *Nous sommes sur un volcan,* dans une situation très dangereuse. **3.** Personne au caractère violent, emporté, impétueux. *Cet homme est un vrai volcan.* ▸ ***volcanique*** adj. **1.** Relatif aux volcans et à leur activité. *Activité, éruption volcanique. Matières volcaniques,* provenant d'un volcan (cendres, lave...). — *Régions volcaniques.* **2.** Ardent, impétueux. *Tempérament volcanique.* ⇒ **explosif.** ▸ ***volcanisme*** n. m. ■ Ensemble des manifestations géologiques et géographiques par lesquelles les couches profondes de la Terre (magma) entrent en contact avec la surface. *Le volcanisme et les séismes.* ▸ ***volcanologie*** n. f. ■ Science qui étudie les phénomènes volcaniques. ▸ ***volcanologue*** n. ■ Spécialiste de la volcanologie.

volée [vɔle] n. f. **I. 1.** Groupe (d'oiseaux) qui volent ou s'envolent ensemble. ⇒ ① **vol.** *Une volée de moineaux.* **2.** DE HAUTE VOLÉE : de haut rang ; de grande envergure. *Un escroc de haute volée.* ⇒ ① **vol. II. 1.** Mouvement rapide ou violent (de ce qui est lancé, jeté ou balancé : projectiles, cloches). *Volée de flèches, de plombs.* — À LA VOLÉE, À TOUTE VOLÉE : en faisant un mouvement ample, avec force. *Lancer une pierre à toute volée. Les cloches sonnent à toute volée. Refermer une porte à la volée.* **2.** Mouvement de ce qui a été lancé et n'a pas encore touché le sol. *Attraper une balle, un ballon à la volée, reprendre une balle de volée* (tennis, base-ball, balle-molle, football, volley-ball...) en l'air, au vol. — Coup par lequel on renvoie un ballon, une balle avant qu'il (elle) n'ait touché le sol. *Volée de revers* (au tennis). **3.** Suite de coups rapprochés. *Volée de coups de bâton.* — Fam. *Il a reçu, on lui a flanqué une bonne volée.* ⇒ **correction, dégelée, fessée ;** fam. **dérouillée, raclée.** Loc. *Manger une (bonne) volée,* en recevoir une.

① ***voler*** [vɔle] v. intr. ▪ conjug. 1. **1.** Se soutenir et se déplacer dans l'air au moyen d'ailes. *Un jeune oiseau qui commence à voler.* ⇒ **voleter.** — Loc. *On entendrait voler une mouche,* il n'y a aucun bruit. — Se soutenir et se déplacer au-dessus du sol. *Voler à haute altitude.* — Se trouver dans un appareil en vol ; effectuer des vols. *Ce pilote a cessé de voler à cause de sa vue.* **2.** Littér. Être projeté dans l'air. *Pierre, flèche qui vole vers son but.* — Flotter. *Son voile volait au vent.* — Loc. VOLER EN ÉCLATS : éclater, se briser de manière que les éclats volent au loin. **3.** (Personnes) Aller très vite, s'élancer. *Voler vers qqn, dans ses bras. Elle a volé à mon secours.* ⟨ ▸ convoler, envoler, revoler, survoler, ① vol, volage, volaille, ① volant, ② volant, volatil, volatile, vol-au-vent, volée, voleter, volière, voltiger ⟩

② ***voler*** v. tr. ▪ conjug. 1. **I.** VOLER QQCH. **1.** Prendre ce qui appartient à qqn, contre son gré ou à son insu. ⇒ **dérober,** s'**emparer ;** fam. **chaparder, chiper, faucher,** ① **piquer, rafler ;** ② **vol, voleur.** *Voler de l'argent, des bijoux, des cigarettes. Elle s'est fait voler sa voiture.* — Au p. p. adj. *Une voiture volée.* — PROV. *Qui vole un œuf vole un bœuf,* qqn qui commet un petit larcin finira par en commettre de grands. — Sans compl. Commettre un vol. ⇒ **cambrioler.** *Voler à main armée. Il vole dans les centres commerciaux. L'impulsion à voler des kleptomanes.* — Sports. *Voler la rondelle, le ballon,* les subtiliser à l'adversaire, s'en emparer. Base-ball, balle-molle. *Voler le deuxième but,* s'y rendre en déjouant, en trompant la défensive adverse. **2.** S'approprier (ce à quoi on n'a pas droit). *Voler un titre, une réputation.* ⇒ **usurper.** — Loc. fam. *Il ne l'a pas volé,* il l'a bien mérité (cette punition, cet ennui). **3.** Donner comme sien (ce qu'on a emprunté). ⇒ s'**attribuer.** *Voler une idée.* ⇒ **plagier. II.** VOLER QQN. **1.** Dépouiller (qqn) de son bien, de sa propriété, par force ou par ruse. ⇒ **cambrioler, détrousser, dévaliser, escroquer.** *Ils se sont fait voler par des cambrioleurs.* — Au p. p. adj. *Une personne volée.* **2.** Ne pas donner ce que l'on doit ou prendre plus qu'il n'est dû à (qqn). *Voler le client.* ⇒ fam. ② **rouler.** — Loc. fam. *On n'est pas volé,* on en a pour son argent, on n'est pas déçu. ⟨ ▸ ② vol, voleur ⟩

volet [vɔlɛ] n. m. **1.** Panneau (de menuiserie ou de métal) ou battant qui protège une baie (à l'extérieur ou à l'intérieur). ⇒ **contrevent, jalousie, persienne.** *Ouvrir, fermer les volets.* **2.** Vantail, aile, partie (d'un objet qui se replie). *Le panneau central et les deux volets d'un triptyque. Les deux volets d'un permis de conduire.* — Fig. Partie d'un programme, d'une étude, d'une recherche... *Le deuxième volet d'une émission télévisée.* **3.** Loc. *Trier* SUR LE VOLET : choisir avec le plus grand soin. ⇒ **sélectionner.** *Des personnes triées sur le volet.*

voleter [vɔlte] v. intr. • conjug. 4. ■ Voler ① à petits coups d'aile, en se posant souvent, en changeant fréquemment de direction. ⇒ **voltiger.** *Des papillons volettent autour de la lampe.*

voleur, euse [vɔlœʀ, øz] n. et adj. **1.** Personne qui vole ② ou a volé le bien d'autrui ; personne qui tire ses ressources de délits de vol. ⇒ **cambrioleur ;** anglic. **pickpocket.** *On a arrêté le voleur. Voleurs organisés en bande.* ⇒ **bandit ;** anglic. **gangster.** *Le milieu des voleurs.* ⇒ ② **milieu, pègre.** — Loc. *Voleurs de grand chemin,* qui opéraient sur les grandes routes. ⇒ **brigand.** — *Un voleur d'enfants.* ⇒ **kidnappeur, ravisseur.** — *Jouer à la police et au voleur* (jeu de poursuite). — *Crier, appeler au voleur* (pour le faire arrêter). *Au voleur !,* au secours ! — Loc. *Être gras* comme un voleur.* ⇒ **corpulent. 2.** Personne qui détourne à son profit l'argent d'autrui (sans prendre d'objet matériel), ou ne donne pas ce qu'elle doit. ⇒ **escroc.** *Ce commerçant est un voleur.* **3.** Adj. Qui dérobe ou soustrait de l'argent, ne donne pas ce qu'il doit. *Il est voleur.*

volière [vɔljɛʀ] n. f. ■ Enclos grillagé assez vaste pour que les oiseaux enfermés puissent y voler. ⇒ **cage.**

volige [vɔliʒ] n. f. ■ Latte sur laquelle sont fixés certains matériaux formant un toit (bardeaux, tuiles, ardoises...).

volition [vɔlisjɔ̃] n. f. ■ Psychologie. Acte de volonté. ▶ **volitif, ive** adj. ■ Relatif à la volonté.

volley(-)ball [vɔlebɑl] ou **volley** [vɔle] n. m. ■ Anglic. Sport opposant deux équipes de six joueurs, séparées par un filet, au-dessus duquel chaque camp doit renvoyer le ballon à la main et de volée. ⇒ **ballon-volant.** *Jouer au volley. Terrain, match de volley.* ▶ **volleyeur, euse** n. ■ Joueur, joueuse de volley-ball.

volonté [vɔlɔ̃te] n. f. **I. 1.** Ce que veut qqn et qui tend à se manifester par une décision effective conforme à une intention. ⇒ **dessein, détermination, intention, résolution,** ② **vouloir.** *Imposer sa volonté à qqn. Accomplir, faire la volonté de qqn.* — Fam. *Faire les* QUATRE VOLONTÉS *de qqn* : tout ce qu'il veut. ⇒ **caprice.** — Loc. À VOLONTÉ : de la manière qu'on veut et autant qu'on veut. ⇒ à **discrétion.** *Avoir qqch. à volonté. Café à volonté.* — *Les dernières volontés de qqn,* celles qu'il manifeste avant de mourir pour qu'on les exécute après sa mort. — (Suivi d'un compl. désignant ce qui est voulu) *Il nous a dit sa volonté de se marier. Volonté de puissance.* **2.** BONNE VOLONTÉ : disposition à bien faire, à faire volontiers. *Avec la meilleure volonté du monde, je ne pourrais pas. Les bonnes volontés,* les gens de bonne volonté. — MAUVAISE VOLONTÉ : disposition à se dérober (aux ordres, aux devoirs) ou faire ce qu'on doit de mauvaise grâce. *Vous y mettez de la mauvaise volonté.* **II.** *La volonté,* la faculté de vouloir, de se déterminer librement à agir ou à s'abstenir (opposé à *humeur*). *Effort de volonté.* — Cette faculté, considérée comme une qualité individuelle. *Elle a de la volonté, une volonté de fer.* ⇒ **caractère, énergie, fermeté, résolution.** *Il n'a pas de volonté.* ⇒ **faible.** ▶ **volontaire** adj. et n. **1.** Qui résulte d'un acte de volonté (et non de l'automatisme, des réflexes ou des impulsions). ⇒ **délibéré, intentionnel, voulu.** / contr. **involontaire** / *Acte, activité volontaire.* — Qui n'est pas forcé, obligatoire. *Contribution volontaire.* **2.** Qui a, ou marque de la volonté (II), une volonté ferme. ⇒ **décidé, déterminé, opiniâtre, obstiné.** *Un enfant têtu et volontaire. Un visage, un menton volontaire.* **3.** Qui agit librement, sans contrainte extérieure. ENGAGÉ VOLONTAIRE : soldat qui s'engage dans une armée sans y être obligé par la loi. — N. *Les volontaires et les appelés.* **4.** N. Personne bénévole qui offre ses services par simple dévouement. *On demande un, une volontaire.* ▶ **volontairement** adv. ■ Par un acte volontaire, délibéré. ⇒ **délibérément, exprès, intentionnellement, sciemment.** / contr. **involontairement** / ▶ **volontiers** [vɔlɔ̃tje] adv. **1.** Par inclination et avec plaisir, ou du moins sans répugnance. ⇒ de bonne **grâce,** de bon **gré.** / contr. à **contrecœur** / *J'irai volontiers vous voir.* — (En réponse) ⇒ **oui.** *« Voulez-vous aller au cinéma ? — Très volontiers. »* **2.** Par une tendance naturelle ou ordinaire. ⇒ **facilement.** *On condamne volontiers ce qu'on ne comprend pas. Rester volontiers des heures sans parler.* ⇒ **habituellement, ordinairement.** ‹ ▶ involontaire ›

volt [vɔlt] n. m. ■ Unité pratique de force électromotrice et de différence de potentiel (symb. *V*). *Courant de 110, de 220 volts. Cet appareil ne fonctionne qu'en (qu'au) 220 volts* ou, ellipt. *en (au) 220.* ▶ **voltage** n. m. ■ Force électromotrice ou différence de potentiel mesurée en volts. ⇒ **tension ; voltmètre.** — Nombre de volts pour lequel un appareil électrique fonctionne normalement. ‹ ▶ survolté, voltmètre ›

voltairien, ienne [vɔltɛʀjɛ̃, jɛn] adj. et n. ■ Qui adopte ou exprime l'incrédulité, l'anticléricalisme et le scepticisme railleur de Voltaire. *Esprit voltairien.*

volte [vɔlt] n. f. ■ (Chevaux) Tour sur soi-même. ▶ **volte-face** [vɔltəfas] n. f. invar. **1.** Action de se retourner (pour faire face). *Une volte-face sur les talons. Faire volte-face.* ⇒ **demi-tour. 2.** Changement brusque et total d'opinion, d'attitude (notamment en politique). ⇒ **revirement ;** fam. **vire-capot.** *Les volte-face de l'opposition ont déconcerté le gouvernement.*

voltiger [vɔltiʒe] v. intr. • conjug. 3. **1.** Faire de la voltige. **2.** (Insectes, petits oiseaux) Voleter. *Une nuée d'oiseaux voltigeait dans le parc.* **3.** (Choses légères) Voler ①, flotter çà et là. ▶ **voltige** n. f. **1.** Exercice d'acrobatie sur la corde, au trapèze volant. ⇒ **saut.** *Haute voltige.* — Fam. Acrobatie intellectuelle. **2.** Ensemble des exercices acrobatiques exécutés à cheval (en particulier dans les cirques). ▶ **voltigeur, euse** n. **1.** Acrobate qui fait de la voltige. **2.** N. m. Histoire. Militaire qui a pris part à la lutte contre les Américains au XIXe siècle. *Le parc des Voltigeurs, à Drummonville.* **3.** Base-ball, balle-molle. Joueur qui occupe l'une des trois positions défensives du champ* extérieur. *Le voltigeur de centre.*

voltmètre [vɔltmɛtʀ] n. m. ■ Appareil à résistance élevée, servant à mesurer des différences de potentiel (en volts*).

volubilis [vɔlybilis] n. m. invar. ■ Plante ornementale, à grosses fleurs pourpres ou bleues en entonnoir, qu'on fait grimper sur les clôtures. ⇒ **liseron.**

volubilité [vɔlybilite] n. f. ■ Abondance, rapidité et facilité de parole. ⇒ **faconde, jasette, loquacité.** ▶ **volubile** adj. ■ Qui parle avec abondance, rapidité. ⇒ **bavard, jaseur, loquace, placoteur.** / contr. **silencieux** / — *Une explication volubile.*

① **volume** [vɔlym] n. m. **I. 1.** Partie de l'espace à trois dimensions (qu'occupe un corps) ; quantité qui la mesure (opposé à *mesure linéaire, de superficie*). *Le volume d'un corps, d'un solide. Volume d'un récipient,* mesure de ce qu'il peut contenir. ⇒ **capacité, contenance.** — Mesure, proportion. *Verser trois volumes d'eau pour un d'alcool.* — Art. Caractère de ce qui a ou représente trois dimensions. **2.** Encombrement d'un corps. *Cela fera beaucoup de volume,* ce sera encombrant. — Quantité globale, masse. *Le volume de la production.* **3.** Figure géométrique à trois dimensions, limitée par des surfaces. ⇒ ① **solide.** *Les courbes, les surfaces et les volumes.* **II.** Intensité (de la voix). ⇒ **ampleur.** *Sa voix manque de volume.* — *Volume sonore,* intensité des sons. *Baisse le volume de ta radio !* ▶ ***volumétrique*** adj. ■ Qui a rapport à la détermination des volumes (I, 1), appelée *volumétrie,* n. f. *Analyse volumétrique.* ▶ ***volumineux, euse*** adj. ■ Qui a un grand volume, occupe une grande place. ⇒ **gros.** *Des paquets volumineux.* ⇒ **embarrassant, encombrant.** *Un volumineux dossier.* ⇒ **épais.**

② ***volume*** n. m. **1.** Réunion de cahiers (notamment imprimés) brochés ou reliés ensemble. ⇒ ① **livre.** *Les volumes reliés de la bibliothèque.* **2.** Chacune des parties, brochées ou reliées à part, d'un ouvrage. ⇒ **tome.** *Dictionnaire en deux volumes.*

volupté [vɔlypte] n. f. Littér. **1.** Vif plaisir des sens (surtout plaisir sexuel) ; jouissance pleinement goûtée. **2.** Plaisir moral ou esthétique très vif. ⇒ **délectation.** *Entendre avec volupté des flatteries.* ▶ ***voluptueux, euse*** adj. **1.** Qui aime, recherche la jouissance, les plaisirs raffinés. ⇒ **sensuel.** — N. *C'est un voluptueux.* — Qui est porté aux plaisirs de l'amour et à leurs raffinements. ⇒ **lascif, sensuel. 2.** Qui exprime ou inspire la volupté, les plaisirs amoureux. *Attitude, danse voluptueuse.* ▶ ***voluptueusement*** adv. ■ Avec volupté (1), en prenant du plaisir.

volute [vɔlyt] n. f. **1.** Enroulement sculpté en spirale ou en hélice. *Les deux volutes caractéristiques de la colonne ionique.* — *En volute,* en forme de volute. **2.** Forme enroulée en spirale, en hélice. ⇒ **enroulement.** *Des volutes de fumée.*

vomer [vɔmɛʀ] n. m. ■ Anatomie. Os du nez, partie supérieure de la cloison des fosses nasales.

vomir [vɔmiʀ] v. tr. ▪ conjug. 2. **1.** Rejeter spasmodiquement par la bouche (ce qui est contenu dans l'estomac). ⇒ **régurgiter, rejeter,** ① **rendre ;** fam. **dégueuler, renvoyer, restituer.** *Il a vomi tout son repas.* — (Sans compl.) *Avoir envie de vomir,* avoir des nausées. — Loc. *C'est à vomir,* cela soulève le cœur, c'est ignoble. **2.** Rejeter avec violence et répugnance. *Elle vomit les bourgeois.* ⇒ **exécrer. 3.** Littér. Laisser sortir, projeter au dehors. — Au p. p. adj. *Vapeurs, laves vomies par un volcan.* — Proférer avec violence (des injures, des blasphèmes). ▶ ***vomi*** n. m. sing. ■ Fam. Vomissure. *Ça sent le vomi.* ▶ ***vomissement*** n. m. **1.** Fait de vomir. *Vomissements de sang.* **2.** Matière vomie. ⇒ **vomissure ;** fam. **vomi.** ▶ ***vomissure*** n. f. ■ Matière vomie. ▶ ***vomitif, ive*** adj. **1.** Qui provoque le vomissement. — N. m. *Un vomitif puissant.* **2.** Fam. Qui est à faire vomir ; répugnant. *Ce tableau est vomitif.*

vorace [vɔʀas] adj. **1.** Qui dévore, mange avec avidité. *Ce chien est vorace.* — (Personnes) Glouton, goulu. — *Un appétit vorace.* **2.** Avide, insatiable. *Curiosité vorace.* ▶ ***voracement*** adv. ■ Avec voracité. ▶ ***voracité*** n. f. **1.** Avidité à manger, à dévorer. ⇒ **gloutonnerie, goinfrerie.** *Manger avec voracité.* **2.** Avidité à satisfaire un désir ; âpreté au gain.

-vore ■ Élément de mots savants signifiant « qui mange... » (ex. : *carnivore*). ⇒ **-phage.**

vos adj. poss. plur. ⇒ **votre.**

vote [vɔt] n. m. **1.** Opinion exprimée, dans une assemblée délibérante, un corps politique. ⇒ **suffrage, voix.** *Compter les votes favorables.* — Le fait d'exprimer ou de pouvoir exprimer une telle opinion ; mode de scrutin. *Droit de vote. Vote par correspondance.* **2.** Opération par laquelle les membres d'un corps politique donnent leur avis. ⇒ **consultation, élection, scrutin.** *Nous allons procéder au vote.* ⇒ **voter.** Fam. *Prendre le vote* (locution critiquée). *Bulletin, bureau, urne de vote.* — Décision positive ainsi obtenue. *Vote d'une loi.* ⇒ **adoption.** / contr. **rejet** / ▶ ***voter*** v. ▪ conjug. 1. **1.** V. intr. Exprimer son opinion par son vote, son suffrage. *Voter au fédéral, au provincial, au municipal, au scolaire. Voter pour un parti.* — Ellipt. *Voter libéral, conservateur, péquiste.* **2.** V. tr. Contribuer à faire adopter par son vote ; décider par un vote majoritaire. *Ceux qui ont voté la loi. La motion a été votée. Voter des crédits.* ⇒ **allouer, débloquer.** ▶ ***votant, ante*** ou ***voteur, euse*** n. ■ Personne qui a le droit de voter et qui participe à un vote. ⇒ **électeur.** *Les inscrits et les votants.* ▶ ***votation*** n. f. ■ Action de voter. ⇒ **scrutin.** *Le mode de votation aux élections américaines est différent du nôtre.* — Abusivt. Élection.

votif, ive [vɔtif, iv] adj. ■ Littér. Qui commémore l'accomplissement d'un vœu (1), est offert comme gage d'un vœu. *Inscription, offrande votive.*

votre [vɔtʀ], plur. ***vos*** [vo] adj. poss. **I.** Adjectif possessif de la deuxième personne du pluriel et des deux genres, correspondant au pronom personnel *vous.* Qui vous appartient, a rapport à vous. **1.** (Représentant un groupe dont le locuteur est exclu) *Vos histoires, mesdemoiselles, ne m'intéressent pas.* **2.** (Représentant une seule personne à laquelle on s'adresse au pluriel de politesse) *Donnez-moi votre adresse, monsieur. À votre place, j'irais.* — *Votre Excellence.* **3.** (Emploi stylistique) *Votre monsieur X est un escroc,* celui dont vous parlez, qui vous intéresse, etc. **II.** (Sens objectif) De vous, de votre personne. *C'est pour votre bien. Pour votre gouverne.*

vôtre, vôtres [votʀ] adj., pronom poss. et n. **I.** Adj. (attribut). Littér. À vous. *Cette maison est vôtre. Mes idées que vous avez faites vôtres.* **II.** Pronom (avec l'article). LE VÔTRE, LA VÔTRE, LES VÔTRES : désigne ce qui appartient, a rapport à un groupe de personnes auquel le locuteur n'appartient pas ; ou à une personne à laquelle on s'adresse au pluriel de politesse. *C'est le vôtre. Rendez-moi le mien et gardez les vôtres.* — Fam. *À la (bonne) vôtre,* à votre santé. **III.** N. m. Loc. *Il faut que vous y mettiez du vôtre.* ⇒ **mettre.** — LES VÔTRES : vos parents, vos amis, vos partisans. *Je ne pourrai être des vôtres,* être parmi vous.

vouer [vwe] v. tr. ▪ conjug. 1. **1.** Consacrer (qqn à Dieu, à un saint) par un vœu. — Loc. Pronominalement (réfl.). *Ne plus savoir à quel saint se vouer,* à qui recourir. **2.** Promettre, engager d'une manière solennelle. *Elle lui a voué une amitié éternelle.* **3.** Employer avec un zèle soutenu. ⇒ **consacrer.** *Elle a voué son temps à soigner les malades.* — Pronominalement (réfl.). *Elle s'est vouée à cette cause.* **4.** Destiner irrévocablement (à un état, une activité). ⇒ **condamner.** — Au p. p. adj. *Voué à périr. Un vieux quartier voué à la démolition.* ⟨ ▶ se dévouer, vœu ⟩

① ***vouloir*** [vulwaʀ] v. tr. ▪ conjug. 31. **I. 1.** Avoir la volonté*, le désir de. — (+ infinitif) *Elle voulait me voir.* ⇒ **désirer, souhaiter, tenir** à. *J'aurais voulu tout lui dire. Je voudrais bien la connaître. Je voudrais vous voir seul* (atténuation de *je veux,* par politesse). — (Impératif de politesse) *Veuillez m'excuser.* — Fam. (Choses) *Ce stylo ne veut plus écrire.* **2.** VOULOIR DIRE (suj. chose et personne). ⇒ ① **dire** (III, 4). **3.** VOULOIR QUE... (suivi d'une proposition complétive au subjonctif, dont le sujet ne peut être celui de *vouloir*). *Il veut que je lui fasse la lecture.* — Fam. *Qu'est-ce que vous voulez que j'y fasse ? Que voulez-vous que je vous dise ?,* je n'y peux rien, c'est comme ça. Ellipt. *Que veux-tu ? Que voulez-vous ?* (marque l'embarras ou la résignation). ⇒ fam. **coudon.** **4.** Loc. (Avec un pronom complément neutre représentant un infinitif, une complétive) *Vous l'avez voulu, bien voulu,* c'est votre faute. *Que tu le veuilles ou non.* — Fam. *Veux, veux pas. Sans le vouloir,* involontairement. — (Avec ellipse du compl.) *Tant que vous voudrez. Si tu veux, si vous voulez, si on veut,* sert à introduire une expression qu'on suppose préférée par l'interlocuteur. **5.** (Avec un nom, un pronom compl.) Prétendre obtenir, ou souhaiter que se produise... ⇒ **demander, désirer.** *Elle veut absolument sa tranquillité.* ⇒ **exiger.** *Voulez-vous des légumes ? Elle les a voulus. Il m'a donné tous les renseignements que j'ai voulu (avoir). J'en veux, je n'en veux plus. En vouloir pour son argent.* — *Vouloir qqch. à qqn,* souhaiter que qqch. arrive à qqn. *Je ne lui veux aucun mal.* — *Vouloir qqch. de qqn,* vouloir obtenir de lui. ⇒ **attendre.** *Que voulez-vous de moi ?* **6.** EN VOULOIR À : s'en prendre à. *En vouloir à la vie de qqn.* — Garder du ressentiment, de la rancune contre (qqn). *On m'en veut. Je lui en veux d'avoir menti. Ne m'en veuillez plus.* — *S'en vouloir de,* se reprocher de. ⇒ se **repentir.** *Je m'en veux d'avoir accepté.* **7.** (Avec un attribut du complément) Souhaiter avoir (une chose qui présente certain caractère). *Je veux une robe bon marché. Comment voulez-vous votre viande ? Je la veux saignante. Je les ai voulus aussi complets que possible.* **8.** VOULOIR DE *qqch., qqn* : être disposé à s'intéresser ou à se satisfaire de, à accepter. *Personne ne voulait d'eux.* **9.** (Sans compl.) Faire preuve de volonté. *Pour réussir, il faut vouloir. Le fait de vouloir.* ⇒ **volition.** **II. 1.** (Avec un sujet de chose, auquel on prête une sorte de volonté) *Le hasard voulut qu'ils se rencontrent.* **2.** Donner pour vrai, affirmer. ⇒ **prétendre.** *Cette thèse veut nous dire ceci.* — *La légende veut que* (+ subjonctif). **III.** Consentir, accepter. *Si vous voulez me suivre.* — (Pour exprimer une prière polie) *Voulez-vous avoir l'obligeance de signer ici.* — (Pour marquer un ordre) *Veux-tu te taire !* — (À l'impératif et comme formule de politesse) *Veuillez agréer..., veuillez croire...* VOULOIR BIEN. *Nous passerons ici, si vous voulez bien.* ⇒ être d'**accord.** Iron. *Ils trouvent ça beau ; moi je veux bien.* ▶ ***voulu, ue*** adj. **1.** Exigé, requis par les circonstances. *C'est la quantité voulue.* **2.** Délibéré, volontaire. — Fam. *C'est voulu,* ce n'est pas le fait du hasard. ▶ ② ***vouloir*** n. m. **1.** Littér. Faculté de vouloir. ⇒ **volonté.** **2.** BON, MAUVAIS VOULOIR : bonne, mauvaise volonté. ⟨ ▶ malveillant ⟩

vous [vu] pronom pers. **I.** Pronom personnel de la deuxième personne du pluriel (réel ou de politesse). **1.** Plur. *Pourquoi n'êtes-vous pas tous partis ?* **2.** Sing. (Remplaçant *tu, toi,* dans le vouvoiement) *Que voulez-vous, monsieur ? Madame, on vous a appelée.* — Loc. *Entre vous et moi.* ⇒ **confidentiellement.** **3.** (Renforcé) *Vous devriez lui en parler vous-même.* — *À vous deux, vous y arriverez bien.* — VOUS AUTRES [vuzotʀ] : marque une distinction très forte ou s'emploie avec un terme en appostion. *Qu'en pensez-vous, vous autres ? Vous autres, les parents, vous devriez leur téléphoner.* **II.** Indéfini. (Remplace le compl. ou en fait fonction) *La pluie vous transperçait jusqu'aux os.* — *Elle joue si bien que vous serez en extase.* ⇒ **on.** **III.** Nominal. *Il me dit vous depuis toujours.* ⇒ **vouvoyer.** ⟨ ▶ chez-vous, garde-à-vous, rendez-vous, vouvoyer ⟩

voussure [vusyʀ] n. f. ■ Partie courbe (d'une voûte, d'un arc).

voûte [vut] n. f. **1.** Ouvrage de maçonnerie cintré, fait de pierres spécialement taillées, servant en général à couvrir un espace en s'appuyant sur des murs, des piliers, des colonnes. *Voûte en plein cintre. Voûte en ogive. Voûtes en berceau. Voûte d'arête,* intersection de quatre voûtes cylindriques. — *En voûte,* en forme de voûte. *Clé* de voûte.* **2.** Paroi, région supérieure présentant une courbure analogue. *Une voûte d'arbres.* ⇒ **berceau, dais.** — *La voûte céleste.* — Anatomie. *La voûte du palais.* **3.** Fam. Chambre forte, salle des coffres. *Les voûtes d'une banque.* — REM. Ce dernier emploi est critiqué comme anglicisme. ▶ ***voûté, ée*** adj. **1.** Couvert d'une voûte, en forme de voûte. *Cave voûtée.* **2.** (Personnes) Dont le dos est courbé (notamment du fait de l'âge), ne peut plus se redresser. ⇒ **cassé,** ① **croche** (I). *Un vieux monsieur très voûté.* ▶ ***voûter*** v. tr. ■ conjug. 1. **1.** Fermer (le haut d'une construction) par une voûte. **2.** Rendre voûté (qqn). *L'âge l'a voûté.* — Pronominalement (réfl.). *Il commence à se voûter.*

vouvoyer [vuvwaje] v. tr. ■ conjug. 8. ■ S'adresser à (qqn) en employant la deuxième personne du pluriel. ⇒ **vous** (III). ▶ ***vouvoiement*** n. m. ■ Fait de vouvoyer qqn. *Passer du vouvoiement au tutoiement.*

voyage [vwajaʒ] n. m. **1.** Déplacement d'une personne qui se rend en un lieu assez éloigné. *J'ai fait deux voyages en Italie. Voyage d'agrément. Voyage d'affaires. Voyage de noces.* ⇒ **lune** de miel. *Voyage de chasse, de pêche.* ⇒ ③ **partie.** *Voyage organisé,* par une agence (souvent en groupe, pour réduire les frais). — *Partir en voyage. Souhaiter (un) bon voyage à qqn. Elle est en voyage. Pendant le voyage.* ⇒ **route, trajet.** *Sac de voyage,* fait pour les voyages. *Chèques de voyage. Agent* de voyages.* ⇒ **voyagiste.** — Loc. *Le grand voyage,* la mort. *Les gens du voyage,* les comédiens ambulants, les forains, les gens du cirque. **2.** Course, chacune des allées et venues que fait un chauffeur, un porteur pour transporter qqn ou qqch. *Je ferai deux ou trois voyages pour transporter vos bagages.* **3.** Contenu, charge d'un véhicule. *Un voyage de terre, de concassé. Des voyages de bois. Il y a déjà deux voyages de foin dans la grange.* **4.** Fig. Fam. État provoqué par l'absorption de drogues hallucinogènes. ⇒ anglic. **trip.** *Un voyage au L.S.D.* **5.** Loc. fam. *Avoir son voyage* (de qqch.), en avoir assez, être exaspéré. ⇒ fam. **casque, marre, quota, ras** le bol. *Elle a son voyage de l'hiver.* — Loc. Exclam. qui marque l'étonnement, la surprise (souvent précédée ou suivie d'un juron, d'un sacre). *Tu as réussi ! J'ai mon voyage ! J'ai mon voyage en maudit !* ▶ ***voyageage*** ou ***voyagement*** n. m. ■ Allées et venues continuelles. *Le voyageage entre la ville et la campagne. Aller reconduire l'un ici, l'autre là, ça fait du voyagement. Il y a passablement de voyagement dans les escaliers de l'école,* de déplacements. ▶ ***voyager*** v. intr. ■ conjug. 3. **1.** Faire un voyage. *Nous voyageons en voiture.* — Faire des voyages, aller en différents lieux pour voir du pays. *Elle a beaucoup voyagé.* — Aller et venir d'une pièce à une autre. *Voyager de la cave au grenier. Elle voyageait du gymnase à la salle de cours. Faire voyager un patient d'un pavillon à l'autre.* **2.** (Représentants, voyageurs de commerce) Faire des tournées. *Voyager pour une maison d'édition.* **3.** Être transporté. *Une marchandise qui s'abîme en voyageant.* ▶ ***voyageur, euse*** n. **1.** Personne qui est en voyage. — Personne qui use d'un véhicule de transport public. ⇒ **passager.** *Les voyageurs pour l'Europe partent de Mirabel. Train, gare de voyageurs* (opposé à *de marchandises*). **2.** Personne qui voyage pour voir de nouveaux pays (dans un but de découverte, d'étude). ⇒ **explorateur.** *Les récits des grands voyageurs.* **3.** *Voyageur (de commerce)* ou, en appos., *commis voyageur,* représentant de commerce qui voyage pour visiter la clientèle. **4.** Histoire. Personne mandatée pour conduire des expéditions à des postes de traite désignés, dans le but de faire la traite des fourrures avec les Amérindiens. ⇒ **coureur** de bois, **forestier.** *Les voyageurs devaient faire de nombreux partages.* ▶ ***voyagiste*** n. ■ Personne physique ou morale qui commercialise elle-même des voyages à forfait ou par l'intermédiaire d'agences de voyages. ⇒ **agent** de voyages.

① ***voyant, ante*** [vwajɑ̃, ɑ̃t] n. **1.** Personne douée de seconde vue. ⇒ **illuminé, spirite.** — VOYANTE n. f. : femme qui fait métier de lire le passé et prédire l'avenir par divers moyens. ⇒ **cartomancienne. 2.** Personne qui voit. *Les voyants et les aveugles.* / contr. **malvoyant, non-voyant** / ▶ ***voyance*** n. f. ■ Don du voyant (1). ‹ ▶ clairvoyant, malvoyant, non-voyant ›

② ***voyant*** n. m. ■ Signal lumineux destiné à attirer l'attention de l'utilisateur. ⇒ **témoin** lumineux. *Voyant d'essence, d'huile,* avertissant l'automobiliste que l'essence, l'huile sont presque épuisées.

③ ***voyant, ante*** adj. ■ Qui attire la vue, qui se voit de loin. *Des couleurs voyantes.* ⇒ **criard, éclatant.** / contr. **discret** / *Toilette voyante.*

voyelle [vwajɛl] n. f. **1.** Son de la voix caractérisé par une résonance de la cavité buccale, parfois en communication avec la cavité nasale. *Voyelles orales, nasales. Des voyelles.* ⇒ **vocalique. 2.** Lettre qui sert à noter ce son *(a ; e ; i ; o ; u ; y).*

voyeur, euse [vwajœʀ, øz] n. ■ Personne qui assiste pour sa satisfaction et sans être vue à une scène érotique. ▶ ***voyeurisme*** n. m. **1.** Perversion sexuelle du voyeur. **2.** Attitude d'une personne qui observe (qqch., qqn) avec complaisance et sans être vu.

voyons interj. ⇒ **voir (**II, 7**).**

voyou [vwaju] n. m. et adj. **1.** Garçon mal élevé qui traîne dans les rues. ⇒ **chenapan, délinquant, garnement, vaurien ;** anglic. **bum.** *Une bande de voyous.* **2.** Mauvais sujet, aux moyens d'existence peu recommandables. ⇒ **crapule. 3.** Adj. Propre aux voyous. *Un air voyou.*

en vrac [ɑ̃vʀak] loc. adv. **1.** Pêle-mêle, sans être attaché et sans emballage. *Marchandises expédiées en vrac.* **2.** En désordre. ⇒ **pêle-mêle.** *Poser ses affaires en vrac sur une chaise.* **3.** Au poids (opposé à *en paquet*). *Acheter des épices, des biscuits en vrac.*

vrai, vraie [vʀɛ] adj., n. m. et adv. **I.** Adj. **1.** Qui présente un caractère de vérité ; à quoi on peut et on doit donner son assentiment. ⇒ **certain, exact, incontestable, sûr, véritable.** / contr. ① **faux, illusoire, mensonger** / *Une histoire vraie.* — Fam. *C'est la vérité vraie,* exacte. — *Il est vrai que..., cela est si vrai que...* (+ indicatif), sert à introduire une preuve à l'appui. *Il n'en est pas moins vrai que...,* cela reste vrai, malgré tout. *C'est pourtant vrai. C'est vrai, est-ce vrai ? (N'est-il) pas vrai ?,* n'est-ce pas ? — *Il est vrai que...,* s'emploie pour introduire une concession, une restriction. ⇒ sans **doute.** *Il est vrai que c'est cher, mais tout est cher ! Il est vrai, c'est vrai,* s'emploient en incise pour marquer qu'on reconnaît la chose. *Je ne l'aime pas, c'est vrai, mais je ne lui veux pas de mal.* **2.** Qui existe indépendamment de l'esprit qui le pense (opposé à *imaginaire, livresque*). ⇒ **réel.** / contr. **artificiel,** ① **faux** / *Ils s'amusent avec de la vraie gouache.* **3.** (Avant le nom) Qui correspond bien au nom employé ; ainsi nommé à juste titre. / contr. **factice** / *De vraies perles.* / contr. **artificiel** / *Un vrai Renoir.* ⇒ **authentique.** — *Un vrai salaud. Il mange comme un vrai cochon.* ⇒ **véritable.** — Loc. fam. VRAI DE VRAI : absolument vrai, authentique, véritable. *C'est du champagne, du vrai de vrai.* **4.** Qui, dans l'art, s'accorde avec notre sentiment de la réalité (en général par la sincérité et le naturel). ⇒ ① **naturel, senti, vécu.** *Ce livre est vrai.* **5.** Qui vaut ou agit dans un cas précis. *C'est le vrai moyen,* le bon moyen. — Qui compte, qui est plus important. *La vraie raison de son départ.* **II.** N. m. LE VRAI. **1.** La vérité. *Elle sait reconnaître le vrai du faux.* — Ce qui, dans l'art, correspond à notre sentiment du réel. **2.** La réalité. *Vous êtes dans le vrai,* vous avez raison. / contr. **erreur** / **3.** Loc. *À dire vrai ; à vrai dire,* s'emploient pour introduire une restriction. *À vrai dire, je ne les connais pas personnellement.* — Fam. (Lang. des enfants) *Pour de vrai,* vraiment. **III.** Adv. Conformément à la vérité, à notre sentiment de la réalité. *Faire vrai. — Elle fume vrai,* beaucoup. — Fam. (Détaché en tête ou en incise) Vraiment. *C'est bien vrai, je n'y pensais pas !* ▶ ***vraiment*** adv. **1.** D'une façon indiscutable et que la réalité ne dément pas. ⇒ **effectivement, réellement, véritablement.** *Vous avez vraiment réussi.* **2.** (Pour souligner une affirmation) ⇒ **franchement.** *Vraiment, il y a qqn qui exagère ! — Vraiment ? Vous êtes sûr ?* **3.** PAS VRAIMENT : pas complètement, pas du tout. *« Tu as aimé ce film ? – Pas vraiment. »* ▶ ***vraisemblable*** [vʀɛsɑ̃blabl] adj. ■ Qui peut être considéré comme vrai ; qui semble vrai. *Je n'ai pas vérifié, mais c'est très vraisemblable.* ⇒ **croyable, plausible, probable.** / contr. **invraisemblable** / *Il est vraisemblable que* (+ indicatif). ▶ ***vraisemblablement*** adv. ■ Selon la vraisemblance, les probabilités. ⇒ **apparemment,** sans **doute, probablement.** *Vraisemblablement, il ignore tout.* ▶ ***vraisemblance*** [vʀɛsɑ̃blɑ̃s] n. f. ■ Caractère vraisemblable ; apparence de vérité. ⇒ **crédibilité.** / contr. **invraisemblance** / *La vraisemblance de son excuse. — Respecter la vraisemblance au théâtre.* ‹ ▶ invraisemblable, invraisemblance ›

vrille [vʀij] n. f. **1.** Organe de fixation de certaines plantes grimpantes, analogue aux feuilles, de forme allongée et qui s'enroule en hélice. *Les vrilles de la vigne.* **2.** Outil formé d'une tige que termine une vis. ⇒ **tarière ; foret.** *Percer avec une vrille.* **3.** Hélice, spirale. *Escalier en vrille. — Avion qui descend en vrille,* en tournant sur lui-même. ▶ ***vriller*** v. tr. ▪ conjug. 1. ■ Percer avec une vrille. ⇒ **tarauder.**

vrombir [vʀɔ̃biʀ] v. intr. ▪ conjug. 2. ■ Produire un son vibré par un mouvement périodique rapide. ⇒ **bourdonner.** *Le frelon vrombit. Moteur qui vrombit.* ⇒ **ronfler.** ▶ ***vrombissant, ante*** adj. ■ Qui vrombit. *Des motos vrombissantes.* ▶ ***vrombissement*** n. m. ■ Bruit de ce qui vrombit. ⇒ **ronflement.**

vroum [vʀum] interj. ■ Onomatopée imitant un bruit de moteur. *Le moteur fait vroum ! vroum !*

V.T.T. [vetete] n. m. invar. ■ Abréviation de *véhicule tout terrain. S'acheter un V.T.T.* — REM. En France, *V.T.T.* est l'abréviation de *vélo tout terrain.*

vu, vue ■ Part. passé du v. *voir.*

① ***vu, vue*** [vy] adj. **1.** Perçu par le regard. *Des choses vues ou entendues.* — Loc. *Ni vu ni connu,* sans que personne en sache rien. — N. m. *Au vu et au su de tout le monde,* au grand jour. ⇒ **ouvertement.** / contr. à l'**insu** de / — *C'est du déjà vu,* ce n'est pas une nouveauté. **2.** Compris. *C'est bien vu ?* Ellipt. *Vu ?* — Fam. *C'est tout vu !,* j'ai mon opinion. **3.** (Personnes) *Bien, mal vu,* bien ou mal considéré. *Il est bien vu par le patron.* ▶ ② ***vu*** prép. ■ En considérant, eu égard à. ⇒ étant **donné.** *Vu les circonstances, il vaut mieux attendre.* — Loc. conj. *Vu que c'est la semaine de relâche, nous irons faire du ski.* ▶ ***vue*** n. f. **I.** Action de voir*. **1.** Sens par lequel les stimulations lumineuses donnent naissance à des sensations de lumière, couleur, forme organisées en une représentation de l'espace. *Perdre la vue,* devenir aveugle. *L'œil, organe de la vue.* **2.** Manière de percevoir les sensations visuelles. ⇒ **vision.** *Troubles de la vue.* — Fonctionnement de ce sens chez un individu. *Vue basse, courte* *d'un myope. Sa vue baisse. Avoir une bonne vue. Vue perçante.* **3.** Fait ou manière de regarder. ⇒ **regard.** *Les choses qui se présentent à la vue. Jeter, porter la vue sur,* diriger ses regards vers. *À la vue de tous,* en public. — À PREMIÈRE VUE : au premier regard, quand on n'a pas encore examiné. ⇒ **apparemment.** — Loc. *Connaître qqn* DE VUE : le reconnaître pour l'avoir déjà vu, sans avoir d'autres relations avec lui. — À VUE : en regardant, sans quitter des yeux. *Tirer à vue,* sur un objectif visible. Théâtre. *Changement à vue,* changement de décor qui se fait devant le spectateur, sans baisser le rideau. — À VUE D'ŒIL : se dit de ce qui change d'aspect d'une manière visible et rapide. ⇒ **sensiblement.** *La société québécoise se transforme à vue d'œil.* — Fam. *À vue de nez,* approximativement. *Je lui donne, à vue de nez, dix-huit ans.* **4.** *La vue,* les yeux, les organes qui permettent de voir. *Une lumière qui fatigue la vue.* — Loc. fam. *En mettre plein la vue à qqn,* l'éblouir. ⇒ **épater. II.** Ce qui est vu. **1.** Étendue de ce qu'on peut voir d'un lieu. ⇒ **panorama.** *D'ici, on a une très belle vue.* — Loc. adv. *À perte* de vue.* **2.** Aspect sous lequel se présente (un objet). *Vue de face, de côté.* — EN VUE : aisément visible. *Un objet d'art bien en vue dans une vitrine.* ⇒ en **évidence,** en **valeur.** *Un personnage en vue,* marquant. ⇒ **important. 3.** *La vue de...,* la perception visuelle de... ⇒ **image, spectacle.** *La vue du sang le rend malade.* **4.** Ce qui représente (un lieu, une étendue de pays) ; image, photo. *J'ai reçu une vue de Madrid.* **5.** Orientation permettant de voir. *Les fenêtres de sa chambre ont vue sur le fleuve.* **III.** Fig. **1.** Faculté de former des images mentales, de se représenter ; exercice de cette faculté. — *Seconde vue, double vue,* faculté de voir par l'esprit des objets réels, des faits qui sont hors de portée des yeux. ⇒ **voyance. 2.** Image, idée ; façon de se représenter (qqch.). *La profondeur de ses vues m'a étonné.* — Loc. *Échange de vues,* entretien où l'on expose ses conceptions respectives. — *C'est une vue de l'esprit,* une vue théorique, qui a peu de rapport avec la réalité. **3.** EN VUE : en considérant (un but, une fin). ⇒ **intention,** en **perspective.** *Avoir un résultat en vue,* l'envisager. *Je n'ai personne en vue pour ce poste.* — Loc. prép. EN VUE DE : de manière à permettre, à préparer (une fin, un but). ⇒ **pour.** *Elle a travaillé en vue de réussir, de sa réussite.* ⇒ **afin** de. **4.** Au plur. Dessein, projet. *Si cela est toujours dans vos vues, je vous expliquerai.* ⇒ **idée.** *J'ai des vues sur lui,* je pense à lui pour tel ou tel projet. — *Je crois qu'il a des vues sur elle,* qu'il aimerait bien la séduire. **IV.** Anglic. Fam. **1.** Vieilli. Film. *Regarder une vue à la télévision.* — Loc. *Il allait aux vues avec sa blonde,* au cinéma. **2.** Moderne. Loc. *C'est arrangé avec le gars des vues,* c'est une affaire déjà planifiée, combinée. ‹ ▶ longue-vue, point de vue ›

vulcaniser [vylkanize] v. tr. ▪ conjug. 1. ■ Traiter (le caoutchouc) en y incorporant du soufre, pour améliorer sa résistance. — Au p. p. adj. *Caoutchouc vulcanisé.* ▶ ***vulcanisation*** n. f. ■ Opération par laquelle on vulcanise (le caoutchouc).

vulgaire [vylgɛʀ] adj. et n. m. **I.** Adj. **1.** Qui manque d'élévation ou de distinction. ⇒ ① **bas,** ① **commun, grossier, trivial.** *Il est riche et vulgaire.* / contr. **distingué,** ① **fin** / *Des goûts vulgaires. Un comportement vulgaire. Des mots vulgaires.* ⇒ **juron,** ② **sacre. 2.** Péj. (Avant le nom) Quelconque, qui n'est que cela. *C'est un vulgaire menteur, escroc.* ⇒ ① **simple. 3.** Didact. (Opposé à *littéraire*) *Latin vulgaire,* latin parlé dans les pays romans. ⇒ **populaire.** *Langues vulgaires,* se dit des principales langues romanes (opposé à *latin,* langue savante). — (Opposé à *scientifique, technique*) *Le nom vulgaire d'une plante, d'un animal.* ⇒ **courant. II.** N. m. Ce qui est vulgaire. *C'est d'un vulgaire !* ▶ ***vulgairement*** adv. **1.** Avec vulgarité. *Il s'exprime vulgairement.* **2.** *Appelé vulgairement,* dans le langage courant, non technique. / contr. **scientifiquement** / ▶ ***vulgariser*** v. tr. ▪ conjug. 1. **1.** Répandre (des connaissances) en mettant à la portée du grand public. ⇒ **populariser, propager. 2.** Rendre ou faire paraître vulgaire. *Ce chapeau ridicule te vulgarise.* ▶ ***vulgarisateur, trice*** n. ■ Spécialiste de la vulgarisation scientifique. ▶ ***vulgarisation*** n. f. ■ *Vulgarisation scientifique,* fait d'adapter un ensemble de connaissances techniques, scientifiques, de manière à les rendre accessibles à un lecteur non spécialiste. *Un ouvrage de vulgarisation.* ▶ ***vulgarité*** n. f. **1.** Caractère vulgaire (I, 1), absence totale de distinction et de délicatesse. ⇒ **bassesse, trivialité.** *La vulgarité de ses manières.* **2.** Manière vulgaire d'agir, de parler. *Je ne te permets pas ces vulgarités.*

Vulgate [vylgat] n. f. ■ Traduction latine de la Bible. *La Vulgate est l'œuvre de saint Jérome.*

vulnérable [vylneʀabl] adj. Littér. **1.** Qui peut être blessé, frappé par un mal physique. *Organisme vulnérable.* **2.** Fig. Qui peut être facilement atteint, se défend mal. *Son inexpérience le rend vulnérable.* / contr. **invulnérable** / ▶ ***vulnérabilité*** n. f. ■ Caractère vulnérable. ⇒ **fragilité.** / contr. **invulnérabilité** / ‹ ▶ invulnérable ›

vulve [vylv] n. f. ■ Ensemble des organes génitaux externes de la femme (et des femelles de mammifères). — Orifice extérieur du vagin. ▶ ***vulvaire*** adj. ■ Didact. De la vulve.

W

w [dubləve] n. m. invar. ■ Vingt-troisième lettre, dix-huitième consonne de l'alphabet, servant à noter le son [v] (ex. : *wagon*) ou le son [w] (ex. : *watt*). — *W*, symbole de watt.

wagon [vagɔ̃] n. m. Anglic. **1.** Véhicule sur rails, tiré par une locomotive ; voiture d'un train. *Wagon de marchandises ; wagons à bestiaux.* ⇒ **fourgon.** — *Wagon de voyageurs.* ⇒ **voiture. 2.** Contenu d'un wagon. *Cent wagons de blé.* ▶ ***wagon-citerne*** n. m. ■ Wagon-réservoir, aménagé pour le transport des liquides. *Des wagons-citernes.* ▶ ***wagon-couchettes*** n. m. ■ Voiture d'un train formée de compartiments garnis de couchettes escamotables. *Des wagons-couchettes.* ▶ ***wagon-lit*** n. m. ■ Voiture d'un train formée de compartiments équipés de lits et de cabinets de toilette. *Des wagons-lits.* ▶ ***wagonnet*** n. m. ■ Petit chariot sur rails, destiné au transport de matériaux en vrac dans les mines. ▶ ***wagon-restaurant*** n. m. ■ Voiture d'un train aménagée en restaurant. *Des wagons-restaurants.*

walkie-talkie [wɔkitɔki; walkitalki] ou ***talkie-walkie*** [tɔkiwɔki; talkiwalki] n. m. ■ Anglic. Petit poste émetteur-récepteur de radio, portatif et de faible portée. *Des walkies-talkies.*

walkman [wakman] n. m. ■ Anglic. Petit récepteur radio ou lecteur de cassettes muni de deux écouteurs. ⇒ ② **baladeur.** — REM. Ce mot est un nom de marque déposée.

wallon, onne [walɔ̃, ɔn] adj. et n. **1.** Habitant de la Wallonie ; relatif à cette région. — N. (Avec une majusc.) *Les Wallons.* **2.** N. m. Langue française parlée en Belgique. *Les Belges parlent le wallon ou le flamand.* ▶ ***wallonisme*** n. m. ■ Mot, sens, locution ou tournure propre au wallon.

wampum [wampum] n. m. ■ Histoire. Coquillage employé comme monnaie d'échange par les Amérindiens. — Moderne. Ornement, collier fait avec ces coquillages (chez les Amérindiens).

wapiti [wapiti] n. m. ■ Grand cervidé au pelage gris et aux bois très larges.

water-ballast [watœʀbalast] n. m. ■ Anglic. Réservoir d'eau, sur un navire. — Réservoir de plongée d'un sous-marin. *Des water-ballasts.*

water-polo [watœʀpɔlo] n. m. ■ Anglic. Sport qui se joue dans l'eau, et où deux équipes de sept nageurs tentent d'envoyer un ballon dans le but adverse.

watt [wat] n. m. ■ Anglic. Unité de puissance électrique (symb. *W*) correspondant à un travail de 10^7 (10 millions) ergs (ou 1 joule) par seconde. *Mille watts.* ⇒ **kilowatt.** *Ampoule de 40, 60, 100 watts.* — Loc. fam. *Ce n'est pas une cent watts,* il n'est pas très brillant, intelligent. ⇒ **Papineau ;** fam. **lumière.** ⟨ ▶ hectowatt, kilowatt, kilowatt-heure, mégawatt ⟩

wawaron n. m. ⇒ **ouaouaron** (REM.).

W.-C. [dubləvese; cour. vese] n. m. pl. ■ (France) Toilettes. *Où sont les W.-C. ?*

week-end [wikɛnd] n. m. ■ Anglic. (Surtout en France) Congé de fin de semaine, comprenant le samedi et le dimanche. *Nous partons à la campagne tous les week-ends.*

western [wɛstœʀn] n. m. ■ Anglic. Film sur la conquête de l'ouest des États-Unis ; genre cinématographique que constituent ces films. *Les chevauchées des westerns.* — En appos. *Chanson, musique western.* ⇒ anglic. **country.** *Un festival western.*

westmountais, aise [wɛstmɔ̃tɛ, ɛz] adj. et n. ■ De la ville de Westmount. — N. (Avec une majusc.) Personne née dans cette ville ou qui l'habite.

whip [wip] n. ■ Anglic. Député d'un parti de l'Assemblée nationale nommé par le chef de ce parti, et chargé de rassembler les membres de son groupe, d'assurer leur cohésion, de maintenir le moral et la discipline, d'organiser les votes, etc.

whisky, plur. ***whiskies*** [wiski] n. m. ■ Anglic. Eau-de-vie de grain (seigle, orge, avoine) écossaise. ⇒ anglic. **rye,** ① **scotch.** — Verre de cette eau-de-vie. *Un whisky soda,* un whisky avec de l'eau gazeuse.

whist [wist] n. m. ■ Anglic. Jeu de cartes répandu au XIXe siècle, ancêtre du bridge.

whoops, woups interj. ⇒ **oups.**

wigwam [wigwam] n. m. ■ Habitation traditionnelle amérindienne en forme de tente conique ou de dôme, légère et recouverte de peaux ou d'écorce. ⇒ **tipi.** *L'église de la réserve de Maria en Gaspésie a la forme d'un wigwam.*

windsorois, oise [winzɔʀwa, waz] adj. et n. ■ De la ville de Windsor, en Ontario. — N. (Avec une majusc.) Personne née dans cette ville ou qui l'habite.

winnipeguois, oise [winipɛgwa, waz] adj. et n. ■ De la ville de Winnipeg, au Manitoba. — N. (Avec une majusc.) Personne née dans cette ville ou qui l'habite.

woh ou ***wô*** [wo] interj. ■ Fam. Indique que c'est assez, que ça suffit ; sert à modérer, à arrêter.

⇒ **doucement, hé, holà.** *Woh, woh !, calmez-vous les nerfs !* — Loc. *Woh les moteurs !* ⇒ fam. ça va **faire** (IV. B. 7). — Sert à exprimer l'admiration, la surprise. *« As-tu remarqué mon nouveau style ? — Woh les moteurs ! »*

wok [wɔk] n. m. ■ Grand ustensile de cuisine concave d'origine asiatique, en métal léger, muni de deux poignées, et auquel s'ajuste un couvercle convexe.

work(-)out [wɔʀkawt] n. m. invar. ■ Anglic. Conditionnement physique accompagné de musique. *S'inscrire à une session de work-out. Faire du workout.*

wow [waw] interj. ■ Anglic. Fam. Sert à exprimer un sentiment d'admiration, d'enthousiasme, d'ébahissement. ⇒ fam. **fichtre ;** vulg. ② **foutre.**

x [iks] n. m. invar. **1.** Vingt-quatrième lettre, dix-neuvième consonne de l'alphabet, servant à noter les groupes de consonnes [ks] *(extrême, lynx...),* ou [gz] *(exemple...),* ou les consonnes [z] *(deuxième...)* ou [s] *(soixante...).* **2.** Forme de cette lettre. *Tréteaux en X.* **3.** Algèbre. Symbole désignant une inconnue. *Les x et les y. L'abscisse est l'axe des x.* — Chose, personne inconnue. *X années,* un temps non spécifié. *Monsieur X. Porter plainte contre X.* — *Rayons X.* ⇒ ① **rayon** (3). — *Le chromosome X,* celui qui détermine le sexe. **4.** *X,* chiffre romain dont la valeur est 10. *Page XXX* (30). ⟨ ▶ xième ⟩

xén(o)- ■ Élément savant signifiant « étranger ». ▶ ***xénophobe*** [gzenɔfɔb] adj. et n. ■ Hostile aux étrangers, à tout ce qui vient de l'étranger. ⇒ **chauvin.** ▶ ***xénophobie*** n. f. ■ ⇒ **racisme.**

xérès ou ***jerez*** [xerɛs; kserɛs; gzerɛs] n. m. invar. ■ Vin blanc, apéritif de la région de Jerez (Espagne). ⇒ anglic. **sherry.**

xième ou ***ixième*** [iksjɛm] adj. et n. ■ Qui exprime un nombre élevé et indéterminé (ordinal du nombre *x*). ⇒ **nième.** *C'est la xième* ou *l'ixième fois que je vous dis d'arrêter.*

xylène [ksilɛn; gzilɛn] n. m. ■ Hydrocarbure liquide extrait du benzol.

xylo- [ksilɔ] ou [gzilɔ] ■ Élément savant signifiant « bois ». ▶ ***xylographie*** n. f. ■ Gravure sur bois ; estampe réalisée par cette technique. *Les xylographies de Dürer.* ▶ ***xylophone*** [ksilɔfɔn; gzilɔfɔn] n. m. ■ Instrument de musique à percussion, formé de lames de bois ou de métal de longueur inégale, sur lesquelles on frappe avec deux petits maillets. *Le balafon* est un xylophone.*

Y

① ***y*** [igʀɛk] n. m. invar. **1.** Vingt-cinquième lettre, sixième voyelle de l'alphabet, servant à noter le son [i] *(type)* et le son [j] *(yeux)*. — REM. Le *y* entre voyelles a la double valeur de voyelle et de consonne dans la prononciation moderne : *tuyau* [tɥijo], *payer* [pɛje], *noyer* [nwaje]. **2.** Lettre désignant une seconde inconnue (après *x*), ou une fonction de la variable *x*. *Les ordonnées sont l'axe des y.*

② ***y*** [i] pronom et adv. ■ Représente une chose ou un énoncé. **1.** (Pour rappeler le lieu où l'on est, où l'on va) Dans ce lieu, dans cela. *J'y vais* (dans un endroit, chez quelqu'un, etc.). *Allons-y. Nous y avons passé plusieurs années. — Ah ! j'y suis,* je comprends. *Je n'y suis pour rien,* je n'ai aucune responsabilité dans cette affaire. **2.** (Représentant un compl. précédé de *à*) À ce..., à cette..., à ces... ; à cela. *J'y renonce.* — (Représentant un compl. précédé d'une autre prép.) *N'y comptez pas.* **3.** (Dans divers gallicismes) *Il y a* (⇒ **avoir**). — *Vas-y !,* décide-toi (⇒ **aller**). *Ça y est !,* s'emploie pour annoncer quelque chose qui est arrivé, qu'on attendait (→ c'est arrivé !). 〈 ► pensez-y-bien, revenez-y, sainte nitouche 〉

yacht [jɔ(a)t] n. m. ■ Grand navire de plaisance à voiles ou à moteur. *Yachts de croisière, de course.* — Canot à moteur. *Son yacht est devant le chalet.* ► ***yachting*** [jɔ(a)tiŋ] n. m. ■ Pratique de la navigation de plaisance de luxe (⇒ ① **voile**).

yack ou ***yak*** [jak] n. m. ■ Ruminant semblable au bœuf, à longue toison soyeuse, qui vit au Tibet où il est domestiqué. *Des yacks.*

yankee [jɑ̃ki] n. ■ (Avec une majusc.) Habitant du nord-est des États-Unis. *Les Yankees ont gagné la guerre de Sécession.* / contr. **sudiste** / — (France) Vieilli et péj. Par ext. Habitant des États-Unis. ⇒ **Américain.** — Adj. *Les capitaux yankees.*

yaourt n. m. ⇒ **yogourt.**

yatagan [jatagɑ̃] n. m. ■ Sabre turc, à lame recourbée vers la pointe. ⇒ **cimeterre.**

yellowknifien, ienne [jɛlonɛfjɛ̃, jɛn] adj. et n. ■ De la ville de Yellowknife, dans les Territoires du Nord-Ouest. — N. (Avec une majusc.) Personne née dans cette ville ou qui l'habite.

yen [jɛn] n. m. ■ Unité monétaire du Japon. *Le cours du yen.*

yeux n. m. pl. ⇒ **œil.**

yé-yé ou ***yéyé*** [jeje] n. invar. et adj. invar. ■ Vieilli. Qui concerne les jeunes ayant des goûts (musicaux, etc.) à la mode (dans les années 1960-1970). *Chansons yé-yé.* — Par ext. *La mode yé-yé.*

yiddish [jidiʃ] n. m. invar. et adj. invar. ■ Ensemble des parlers allemands des communautés juives d'Europe orientale (et autrefois d'Allemagne). — Adj. invar. *La littérature yiddish.*

yod [jɔd] n. m. ■ Didact. Phonétique. Nom de la semi-consonne [j], transcrite en français par *-i-(pied), -y-(ayant), -il (soleil), -ille (maille).*

yoga [jɔga] n. m. ■ Doctrine et exercices traditionnels hindous, voisins de notre mysticisme, cherchant à réunir l'individu, non à Dieu, mais avec le principe de toute existence. — Ces exercices, pratiqués comme une gymnastique (⇒ **yogi**). *Faire du yoga.* ► ***yogi*** [jɔgi] n. m. ■ Ascète hindou qui pratique le yoga.

yogourt [jɔguʀ] ou ***yaourt*** [jauʀ(t)] n. m. ■ Lait caillé par un ferment spécial. *Des yaourts aux fruits. Du yogourt glacé.* — REM. La forme *yaourt* est plus fréquente en France.

yougoslave [jugɔslav] adj. ■ De Yougoslavie. *Le folklore yougoslave.* — N. (Avec une majusc.) Personne née dans ce pays ou qui en a obtenu la citoyenneté. *Les Yougoslaves parlent serbo-croate, slovène, etc.*

yo-yo [jojo] n. m. invar. ■ Jouet formé de deux disques de bois ou de plastique reliés par un axe, qu'on fait descendre et monter le long d'un fil. *Jouer au yo-yo. Des yo-yo.* — Fig. *Jouer au yo-yo avec qqn,* lui donner puis lui retirer sa confiance. — REM. Ce mot est un nom de marque déposée.

youpi [jup(p)i] interj. ■ Cri d'enthousiasme, souvent accompagné d'un geste exubérant. *Youpi !, on est en vacances. Ils ont compté un autre but, youpi !*

yucca [juka] n. m. ■ Plante arborescente portant des grappes de fleurs en clochettes rosées ou blanches, à feuillage abondant et vernissé. *Des beaux yuccas.*

yukon(n)ais, aise [jukɔnɛ, ɛz] adj. et n. ■ Du Yukon. *L'or yukonais.* — N. (Avec une majusc.) Personne née dans cette région du Canada ou qui l'habite. 〈 ► franco-yukonais 〉

yuppie [jupi] n. ■ Anglic. Jeune professionnel dynamique et ambitieux, qui travaille généralement dans une grosse société et qui reçoit un très bon salaire. *Un couple de yuppies.*

Z

z [zɛd] n. m. invar. ■ Vingt-sixième et dernière lettre, vingtième consonne de l'alphabet. — Fam. *De A à Z,* d'un bout à l'autre, entièrement.

zac [zak] n. f. ■ Territoire établi par l'État pour la gestion des réserves et des ressources fauniques. *Des zacs.* — REM. *Zac* est l'abréviation de *zone d'aménagement et de conservation.*

zaïrois, oise [zaiʀwa, waz] adj. et n. ■ Du Zaïre. — N. (Avec une majusc.) Personne née dans ce pays ou qui en a obtenu la citoyenneté.

zakouski [zakuski] n. m. pl. ■ Hors-d'œuvre variés russes (légumes, poissons, etc.).

zapper [zape] v. intr. ▪ conjug. 1. ■ Fam. Faire du zappage. ⇒ fam. **pitonner.** ▸ *zappage* ou *zapping* n. m. ■ Fam. Pratique qui consiste pour le téléspectateur à changer fréquemment de canal de télévision à l'aide d'une télécommande. ⇒ fam. **pitonnage.** — REM. La forme *zapping* est plus fréquente en France. ▸ *zappeur* ou *zappeux, euse* n. ■ Fam. Personne qui zappe. ⇒ fam. **pitonneur.** — Adj. *Les enfants sont zappeurs.*

zarzais, aise [zaʀzɛ, ɛz] n. ■ Fam. Personne qui est niaiseuse, idiote, peu intelligente. ⇒ **crétin, nigaud ;** fam. ③ **cave, innocent.** *Des grands zarzais.* — Adj. *Être très zarzais.*

zèbre [zɛbʀ] n. m. **1.** Équidé d'Afrique, voisin de l'âne, à la robe rayée de bandes noires ou brunes, au galop très rapide. — Loc. *Courir, filer comme un zèbre,* très vite. **2.** Fam. Individu bizarre. *Un drôle de zèbre.* ▸ *zébrer* v. tr. ▪ conjug. 6. ■ Marquer de raies qui rappellent celles de la robe du zèbre. ⇒ **rayer.** — *Éclair qui zèbre le ciel.* ▸ *zébrure* n. f. **1.** Rayure sur le pelage d'un animal. **2.** Marque de coup de forme allongée.

zébu [zeby] n. m. ■ Grand bœuf domestique, caractérisé par une bosse graisseuse sur le garrot. *Des zébus d'Asie, d'Afrique.*

zec [zɛk] n. f. ■ Territoire établi par l'État pour le contrôle du niveau d'exploitation des ressources fauniques et dont la gestion peut être déléguée à un organisme agréé à but non lucratif qui s'engage à veiller à la conservation de la faune, à favoriser l'accès des lieux aux usagers (chasseurs, pêcheurs), etc. *Réserver un chalet dans une zec. Les zecs de la région de Charlevoix.* — REM. *Zec* est l'abréviation de *zone d'exploitation contrôlée.*

zélateur, trice [zelatœʀ, tʀis] n. ■ Littér. Partisan ou défenseur zélé (d'une cause, d'une personne), surtout du point de vue religieux. ⇒ **adepte, prosélyte.**

zèle [zɛl] n. m. ■ Disposition enthousiaste à servir une personne ou une cause en laquelle on a confiance. ⇒ **dévouement, empressement.** / contr. **négligence** / *Travailler avec zèle.* — FAIRE DU ZÈLE : montrer un zèle inhabituel ou hypocrite, exagéré. *Grève* du zèle.* ▸ *zélé, ée* adj. ■ Plein de zèle. / contr. **négligent** / *Un secrétaire zélé.* ⇒ **dévoué.** ⟨ ▸ zélateur ⟩

zen [zɛn] n. m. ■ Secte bouddhique du Japon où la méditation prend la première place ; courant esthétique qui en est issu, caractérisé par le dépouillement. — Adj. invar. *Le bouddhisme zen. Des jardins zen.*

zénith [zenit] n. m. **1.** Point du ciel situé à la verticale de l'observateur. *Regarder au zénith. De l'horizon au zénith.* **2.** Littér. Point culminant. ⇒ **apogée, faîte, pinacle, sommet.** *Être à son zénith. Le zénith de la réussite.*

zéphyr [zefiʀ] n. m. **I.** Poét. Vent doux et agréable, brise légère. *Les zéphyrs.* / contr. **aquilon** / **II.** *Du zéphyr,* toile de coton fine et souple.

zéro [zeʀo] n. m. **1.** Chiffre arabe (0) notant les ordres d'unités absentes. **2.** Nombre qui représente un ensemble vide. *Deux plus deux moins quatre égale zéro.* **3.** Fam. Néant, rien. *Réduire qqch. à zéro. Repartir à (de) zéro,* recommencer sa vie, sa carrière, etc., à partir de rien et sans aide. — Loc. *Avoir le moral à zéro,* être déprimé. *Pour moi, c'est zéro,* ça ne compte pas. *Un zéro,* une personne sans valeur. ⇒ **nullité. 4.** Fam. Aucun. *Il a fait zéro faute à sa dictée. Ça m'a coûté zéro dollar, zéro cent,* ça ne m'a rien coûté. *Gagner par trois (buts) à zéro.* ⇒ **blanchir. 5.** Point de départ d'une mesure ou d'une évaluation. *Zéro degré. Dix degrés au-dessus, au-dessous de zéro. Zéro absolu,* température où le volume d'un gaz serait nul (- 273,15 °C). *Le degré zéro du développement économique.* — *Avoir zéro en orthographe, zéro sur vingt. Zéro de conduite.*

zeste [zɛst] n. m. ■ Petit morceau d'écorce fraîche (de citron, d'orange) qui sert à parfumer des boissons, des pâtisseries, etc. *Un zeste de citron.*

zézayer [zezɛje] v. intr. ▪ conjug. 8. ■ Prononcer des [z] à la place des [ʒ] *(ze veux* pour *je veux),* ou des [s] à la place des [ʃ]. ⇒ fam. **zozoter.** ▸ *zézaiement* [zezɛmɑ̃] n. m. ■ Défaut de prononciation de qqn qui zézaie.

zibeline [ziblin] n. f. ■ Petit mammifère de la Sibérie et du Japon, du genre martre, dont la fourrure est très précieuse. — Fourrure de cet animal. *Manteau de zibeline.*

zieuter ou ***zyeuter*** [zjøte] v. tr. ▪ conjug. 1. ■ Fam. Jeter un coup d'œil (de : *les yeux* [zjø]) pour observer (qqch., qqn). ⇒ **regarder.**

zig ou ***zigue*** [zig] n. m. ■ Fam. Individu, personne un peu bizarre. ⇒ fam. **lascard.** *Un drôle de zigue.* ▶ ***zigoteau*** ou ***zigoto*** [zigɔto] n. m ■ Zigue. *Il fait le zigoto,* le malin, l'intéressant.

ziggourat [zigurat] n. f. ■ Temple babylonien, en forme de pyramide à étages.

zigonner [zigɔne] v. intr. ▪ conjug. 1. Fam. **1.** Manipuler (une chose) en tous sens et avec insistance, dans le but de la faire fonctionner. ⇒ **manœuvrer, remuer, taponner, tripoter.** *Zigonner avec une clé pour l'introduire dans une serrure gelée.* **2.** Effectuer toutes sortes de manœuvres, de tentatives, employer plusieurs tactiques, plusieurs moyens pour atteindre un objectif. *Zigonner pour sortir son auto du banc de neige.* — Fig. *Elle a zigonné longtemps avant de trouver la réponse.* ⇒ **chercher. 3.** Tenter de se frayer un passage dans une masse compacte (circulation, foule, etc.) en zigzaguant, en se faufilant. ⇒ **louvoyer.** *Aux heures de pointe, les automobilistes zigonnent sur les ponts.* **4.** Tergiverser, hésiter avant de prendre une décision. ⇒ **taponner. 5.** Fig. Perdre du temps. ⇒ **taponner ;** fam. **téter, tataouiner.** *Mécanicien qui zigonne dans un moteur.* ▶ ***zigonnage*** n. m. ■ Fam. Action de zigonner. *Il y a pas de zigonnage à faire.* ▶ ***zigonneur*** ou ***zigonneux, euse*** n. ■ Fam. Personne qui zigonne.

zigouiller [ziguje] v. tr. ▪ conjug. 1. ■ Fam. Tuer, massacrer.

zigzag [zigzag] n. m. ■ Ligne brisée. *Route en zigzag.* ⇒ **lacet.** *Courir en zigzag.* ▶ ***zigzaguer*** v. intr. ▪ conjug. 1. ■ Faire des zigzags, aller de travers. ⇒ **louvoyer.**

zinc [zɛ̃k(g)] n. m. **1.** *Le zinc,* un métal dur utilisé pour sa bonne résistance à la corrosion par l'eau (symb. *Zn*), *Toits en zinc. Comptoir de zinc.* **2.** (France) Fam. Comptoir d'un débit de boissons. *Boire un verre sur le zinc.* **3.** Fam. Avion. *Un vieux zinc.*

zinnia [zinja] n. m. ■ Plante d'origine mexicaine, ornementale, aux nombreuses variétés.

zip [zip] ou ***zippeur*** [zipœʀ] n. m. ■ Anglic. Fermeture à glissière. ⇒ **fermeture** Éclair. *Le zip d'un manteau d'hiver. Fermer le zip d'un blouson.* ⇒ **zipper.** — REM. Le mot *zip* est un nom de marque déposée. ▶ ***zipper*** v. tr. ▪ conjug. 1. **1.** Fermer un zip en le faisant coulisser. / contr. **dézipper** / *Zipper son parka.* — Au p. p. adj. *Sac de voyage déjà zippé.* **2.** Munir d'un zip. *Jupe qu'il faut zipper.* — Au p. p. adj. *Voulez-vous des bottes zippées ou lacées ?* ‹ ▶ dézipper ›

zircon [ziʀkɔ̃] n. m. ■ Pierre semi-précieuse utilisée en bijouterie.

zizanie [zizani] n. f. ■ Littér. Discorde. *Semer la zizanie* (*entre* des personnes, *dans* un groupe), faire naître la discorde, les disputes.

zizi [zizi] n. m. ■ Fam. (Lang. enfantin) Membre viril, sexe (surtout des petits garçons).

-zoaire ■ Élément savant signifiant « animal » (ex. : *protozoaire*). ⇒ **zoo-.**

zodiaque [zɔdjak] n. m. **1.** Zone circulaire du ciel à l'horizon, dans laquelle le Soleil et les constellations se lèvent au cours de l'année. **2.** *Signes du zodiaque,* les douze figures (Bélier, Taureau, Gémeaux, Cancer, Lion, Vierge, Balance, Scorpion, Sagittaire, Capricorne, Verseau, Poissons) qu'évoque la configuration des étoiles dans cette zone, et qui président, en astrologie, à la destinée de chacun. *« De quel signe du zodiaque es-tu ? – Je suis Lion. »* ▶ ***zodiacal, ale, aux*** adj. ■ Relatif au zodiaque. *Un signe zodiacal.*

zombie ou ***zombi*** [zɔmbi] n. m. **1.** Fantôme, revenant, mort sorti de son tombeau (dans les croyances populaires antillaises). *Le sorcier commande au zombie.* **2.** Fam. Personne qui manque de caractère, de volonté (⇒ **amorphe**) ou qui est dans un état d'abattement, de fatigue intense. *Je me sens comme un zombie aujourd'hui.*

zona [zona] n. m. ■ Maladie caractérisée par une éruption de vésicules disposées sur le trajet des nerfs sensitifs. *Attraper un zona, avoir le zona.*

zone [zon] n. f. **1.** Partie d'une surface sphérique comprise entre deux plans parallèles. *La zone équatoriale, les zones polaires.* **2.** Partie importante d'une surface quelconque. ⇒ **région, secteur.** *La zone médiane du cerveau.* — *Zone urbaine,* espace autour d'une ville, lui-même construit. — Urbanisme. Portion de territoire dont les fonctions et les conditions d'utilisation du sol sont soumises à une réglementation spécifique. *Zone résidentielle. Zone industrielle, commerciale.* — *Zone agricole,* où l'on pratique l'agriculture, *zone forestière,* où l'on exploite la forêt, *zone minière,* où l'on extrait les matières minérales. — *Zone d'aménagement et de conservation.* ⇒ **zac.** *Zone d'exploitation contrôlée.* ⇒ **zec.** *Zone franche,* soumise à la franchise douanière. *Zone militaire. Zone libre, zone occupée* (en France, 1940-1942). **3.** Loc. Abstrait. *De seconde zone,* de second ordre, en valeur. *C'est un romancier de seconde zone.* ⇒ **choix.** ▶ ***zoner*** v. tr. ▪ conjug. 1. ■ Urbanisme. Procéder au zonage d'un territoire. *Zoner un quartier d'une ville.* — Au p. p. adj. *Secteur industriel zoné.* ▶ ***zonage*** n. m. ■ Urbanisme. Répartition d'un territoire en zones pour lesquelles le genre et les conditions d'utilisation du sol sont fixés par règlement (construction immobilière, activités industrielles et commerciales, agriculture, etc.). *Règlement, plan de zonage. La loi sur le zonage agricole.* — Le résultat de cette opération de règlementation. *Respecter le zonage résidentiel.* ‹ ▶ dézoner, zac, zec ›

zoo [zo(o)] ou, cour., [zu] n. m. ■ Jardin zoologique*. ⇒ **aquarium.** *Le zoo de Granby. Des zoos.* ≠ *ménagerie.*

zoo-, -zoo ■ Élément savant signifiant « animal ». ⇒ **-zoaire.** ‹ ▶ épizootie, zoologie, zoomorphe, zooplancton ›

zoologie [zɔɔlɔʒi] n. f. ■ Partie des sciences naturelles qui étudie les animaux. ▶ ***zoologique*** adj. ■ Qui concerne la zoologie, les animaux. *Classification zoologique.* — *Jardin zoologique,* parc animalier où des animaux rares, exotiques, etc., vivent dans des conditions rappelant leur milieu naturel, et que le public peut visiter. ⇒ **zoo.** ≠ *réserve.* ▶ ***zoologiste*** n. ■ Spécialiste de la zoologie. ⇒ ② **naturaliste.**

zoom [zum] n. m. Anglic. **1.** Objectif d'appareil photo ou de caméra, à focale variable. **2.** Cadrage réalisé grâce à cet objectif, qui permet d'éloigner ou de rapprocher le sujet. *Faire des zooms* (fam. *zoomer* [zume] v. intr. conjug. 1.).

zoomorphe [zɔɔmɔʀf] adj. ■ Art. Qui représente des animaux. *Décoration zoomorphe.* / contr. **anthropomorphe** /

zooplancton [zooplɑ̃ktɔ̃] n. m. ■ Partie du plancton constituée d'animaux.

zoroastrisme [zɔʀɔastʀism] n. m. ■ Religion dualiste fondée par Zarathoustra. ⇒ **manichéisme.**

zouave [zwav] n. m. **1.** Histoire. Soldat volontaire appartenant à certains corps d'infanterie. — *Les zouaves pontificaux,* ceux qui défendaient les États pontificaux ; membre de la garde du pape. **2.** Fam.

Faire le zouave, faire le malin, faire le pitre. ⇒ **bouffon, clown, fou, guignol, zozo.** *Arrête de faire le zouave !,* sois sérieux.

zozo [zozo] adj. et n. m. ■ Niaiseux, idiot, imbécile. *C'est pas mal zozo d'agir ainsi.* — N. m. *Espèce de zozo !* ⇒ **zouave.** *Agir en zozo.*

zoulou [zulu] adj. et n. ■ Relatif à un peuple noir d'Afrique du Sud. *Les danses zouloues* ou *zoulous.* — N. *Les Zoulous représentent près du quart de la population d'Afrique du Sud.*

zozoter [zɔzɔte] v. intr. ▪ conjug. 1. ■ Fam. Zézayer.

zut [zyt] interj. ■ Fam. Exclamation de dépit. ⇒ ② **flûte.** *Zut ! J'ai encore raté mon autobus.*

zygomatique [zigɔmatik] adj. ■ Anatomie. De la joue. *Les muscles zygomatiques* (rire, sourire).

zygote [zigɔt] n. m. ■ Œuf fécondé, issu de l'union d'un gamète mâle et d'un gamète femelle.

zzz... [z] onomatopée ■ Sert à indiquer un bruit, un sifflement léger et continu. — Fig. Sert à indiquer le sommeil, spécialt dans les bandes dessinées.

CULTURE GÉNÉRALE
ET
ANNEXES GRAMMATICALES

ATLAS
GÉOGRAPHIQUE
& HISTORIQUE

ATLAS GÉOGRAPHIQUE

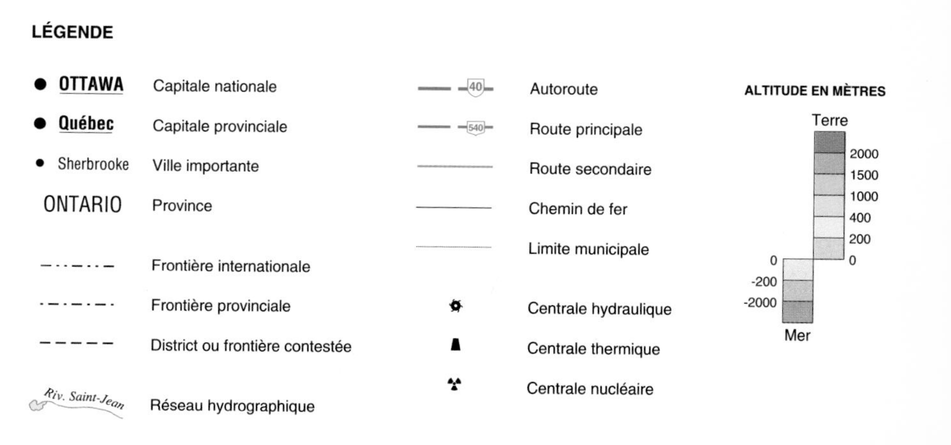

1 - Canada : relief

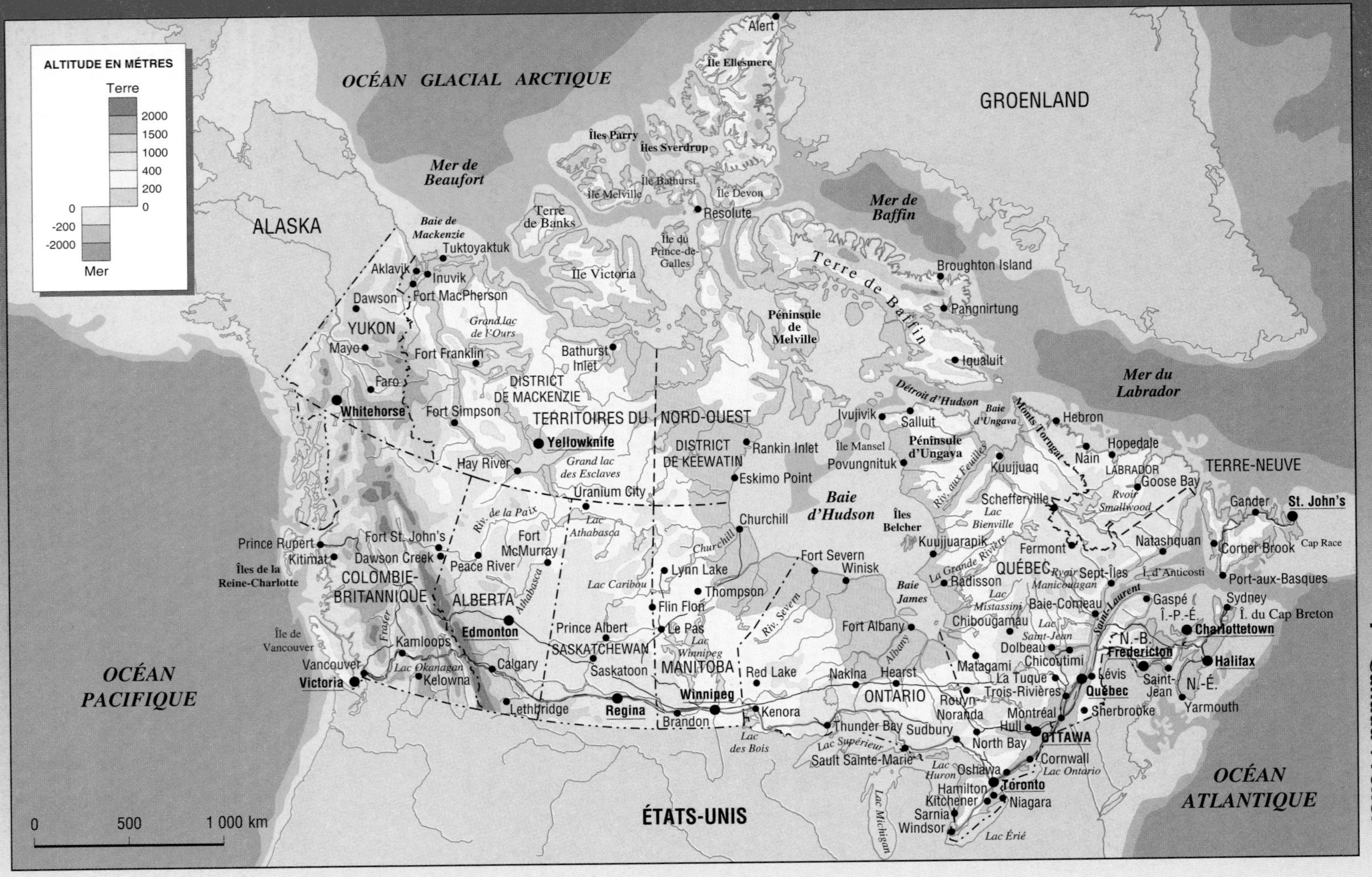

2 - Canada : physiographie

3 - Canada : formation territoriale

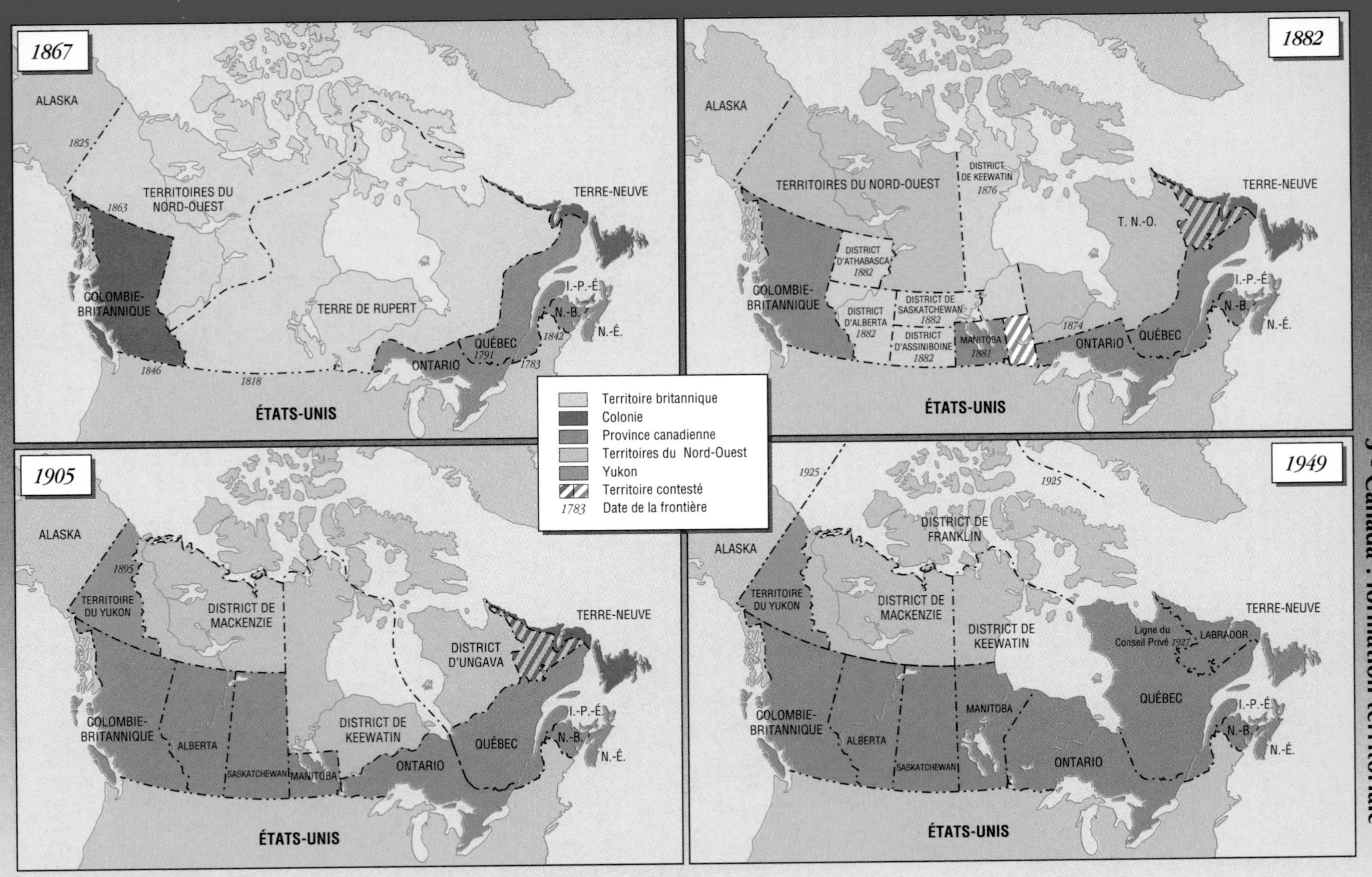

4 - Canada : communautés autochtones

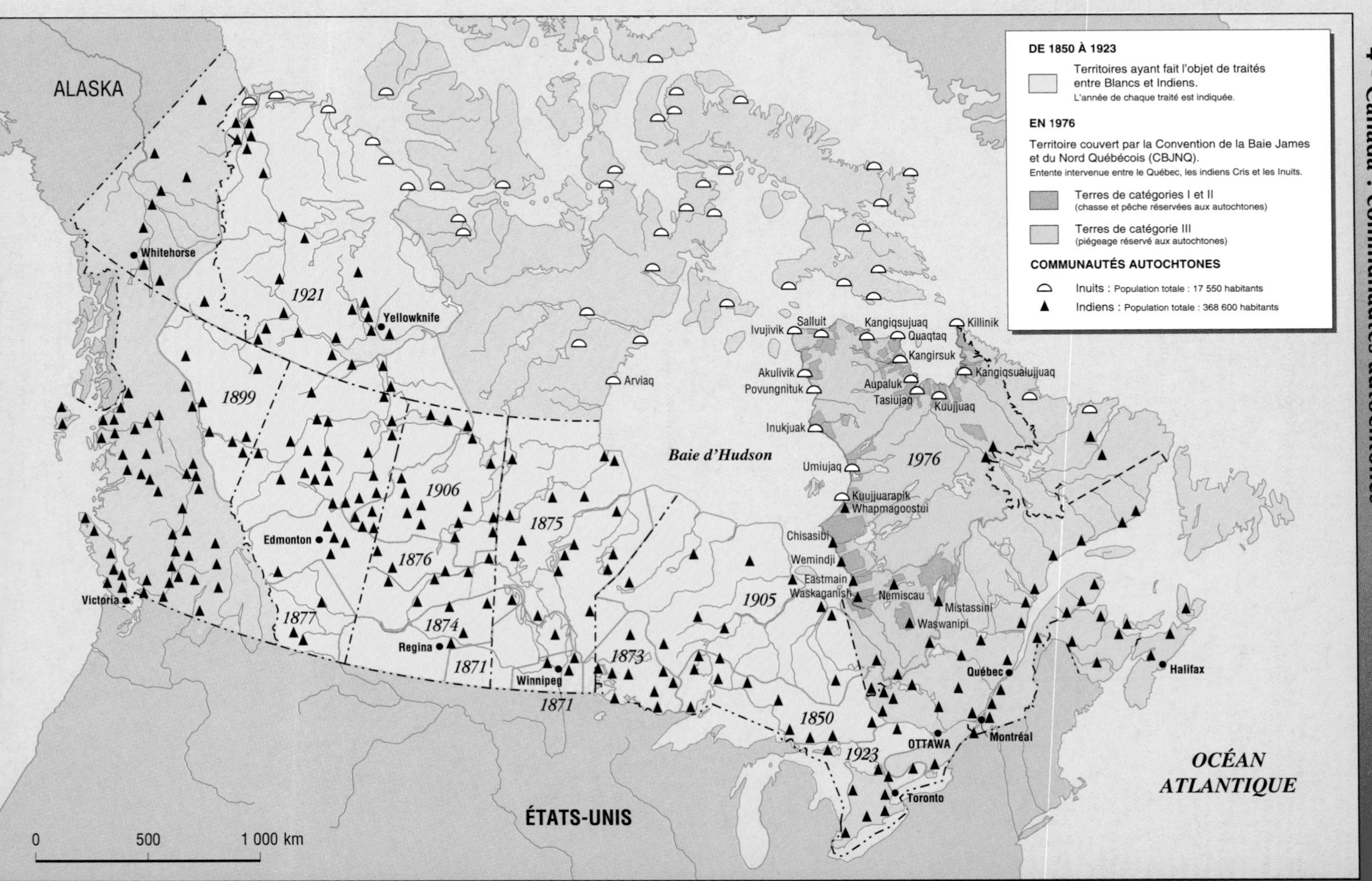

5 - Canada : densité de la population

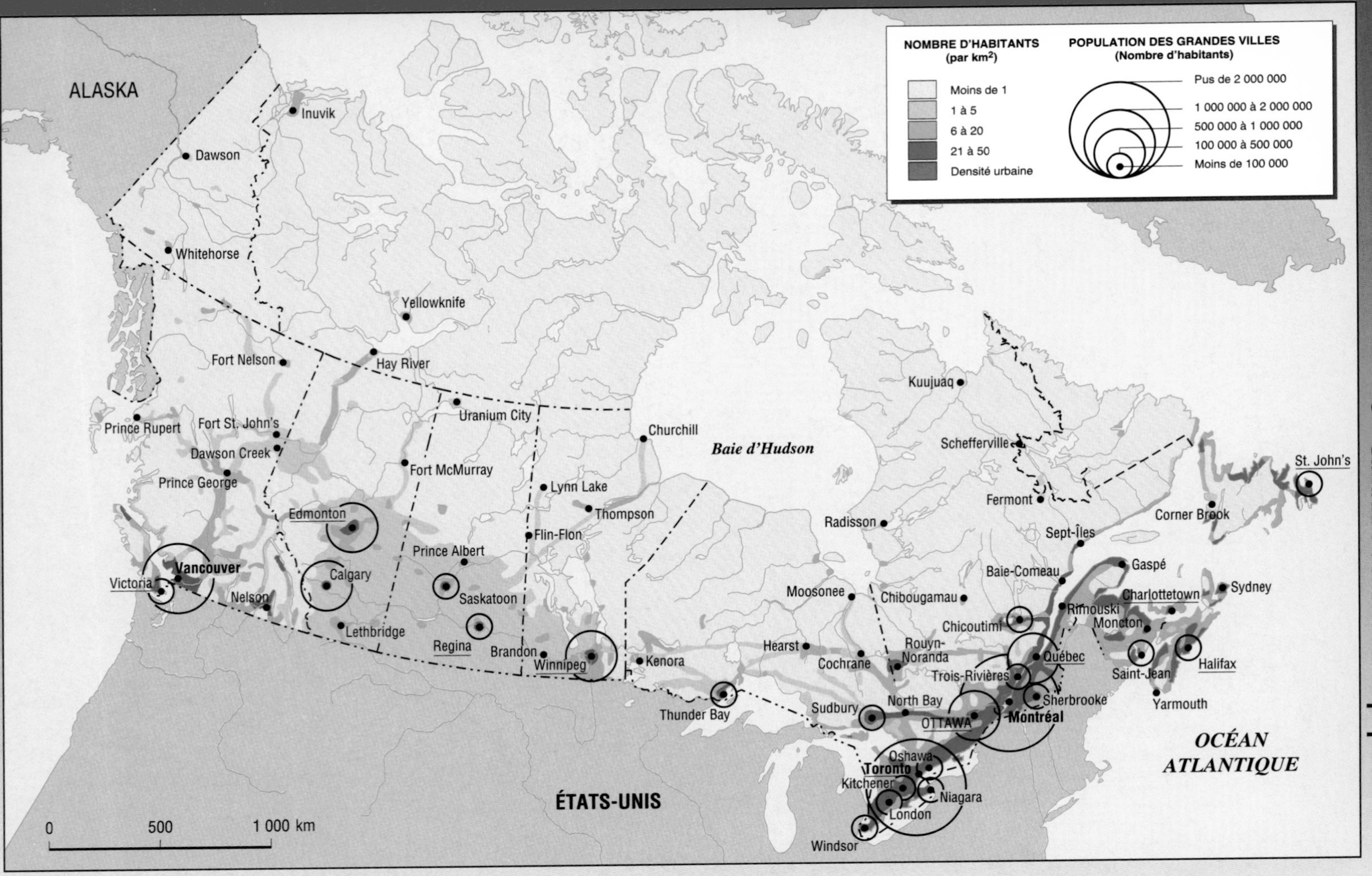

6 - Canada : énergie et utilisation du sol

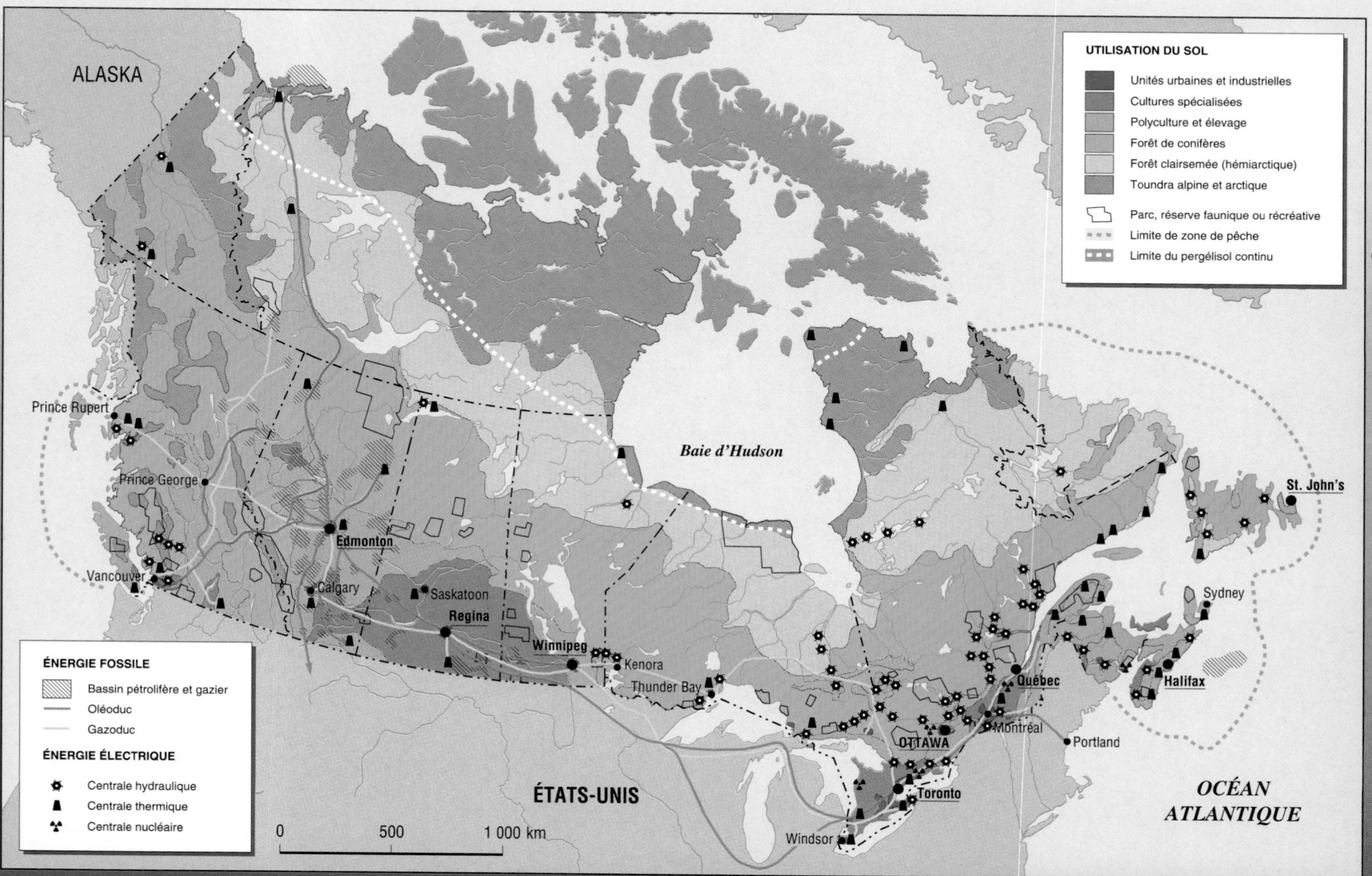

7 - Canada : économie

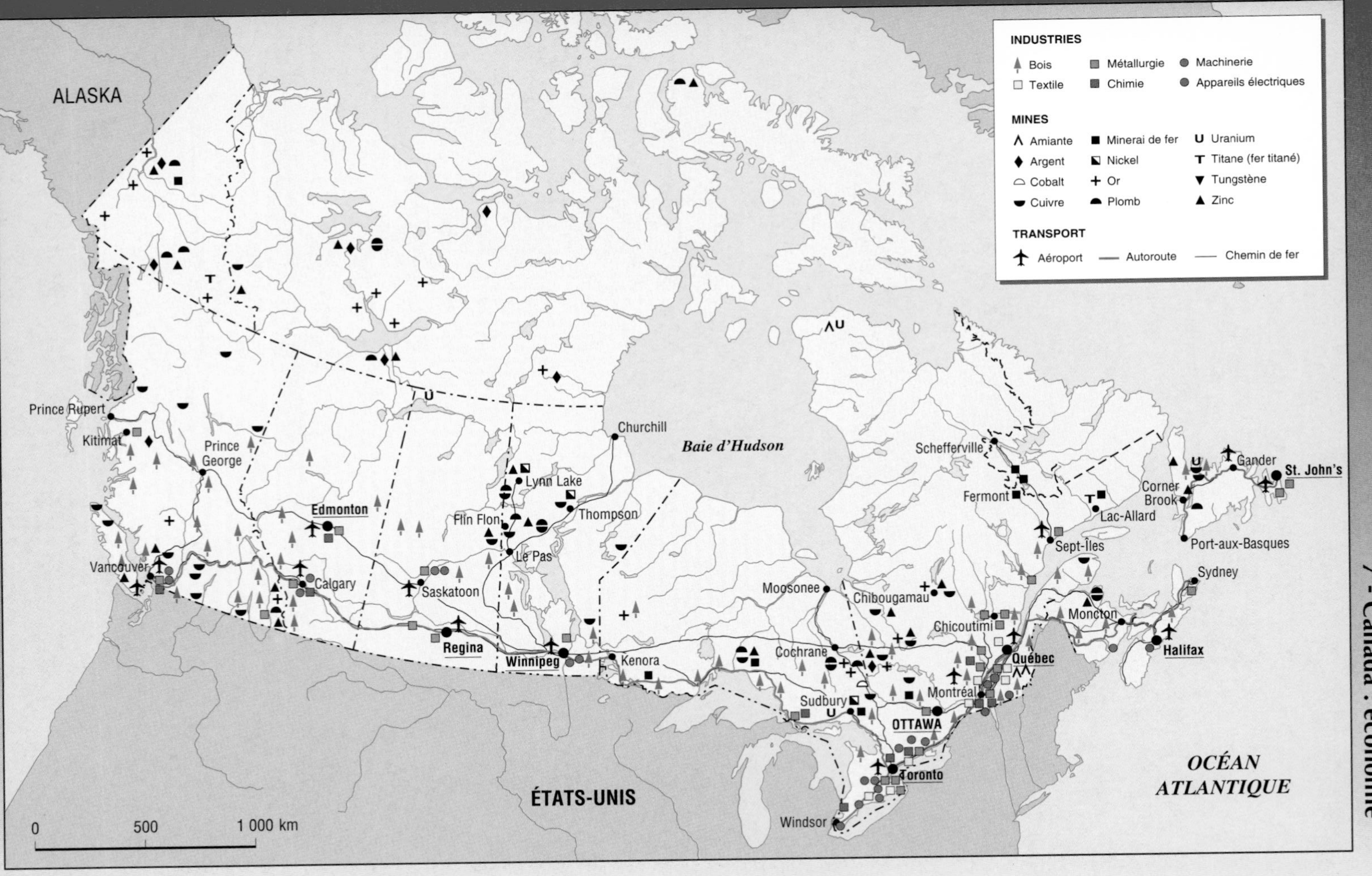

8 - Colombie-Britannique et Yukon

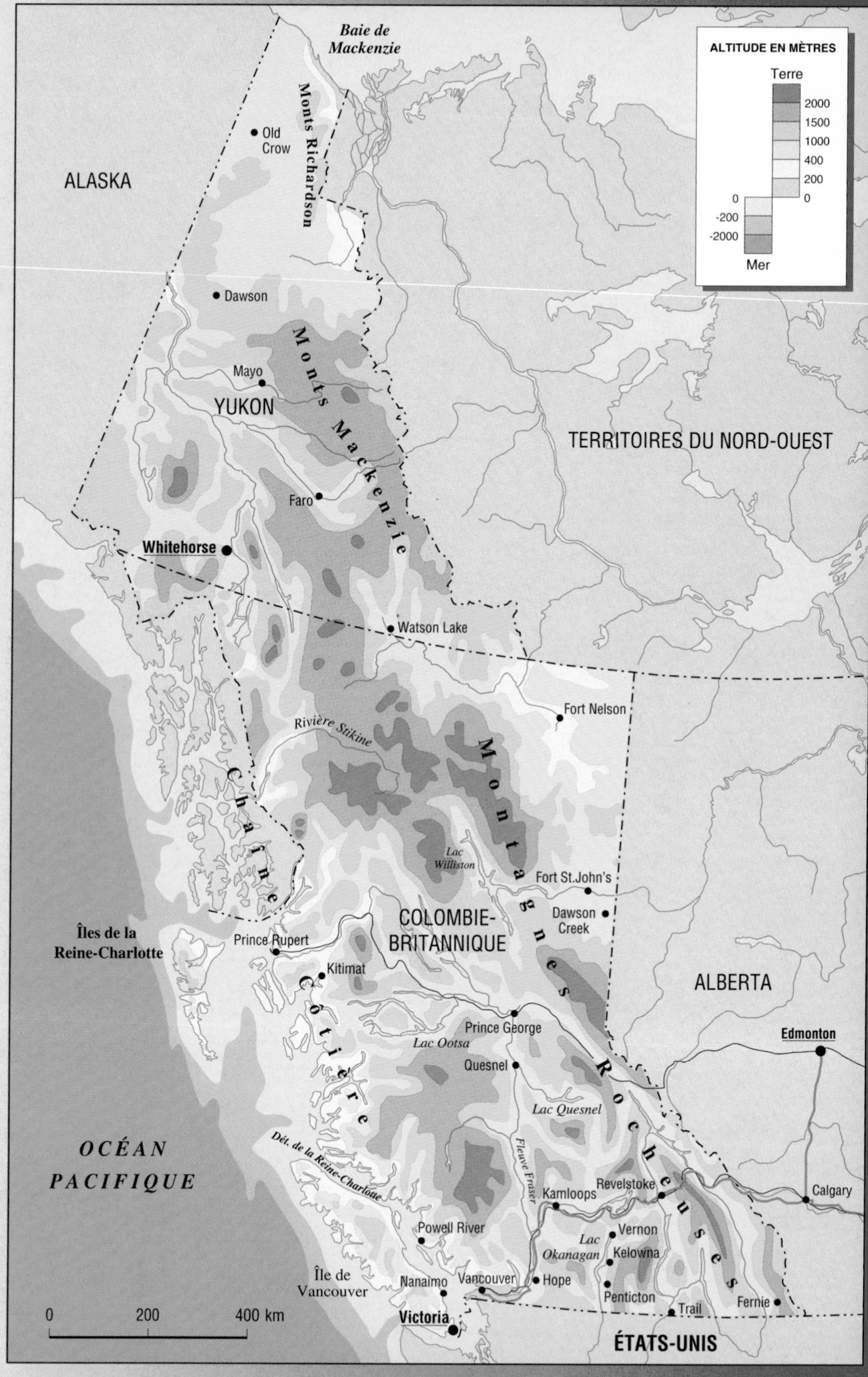

9 - Territoires du Nord-Ouest et Maritimes

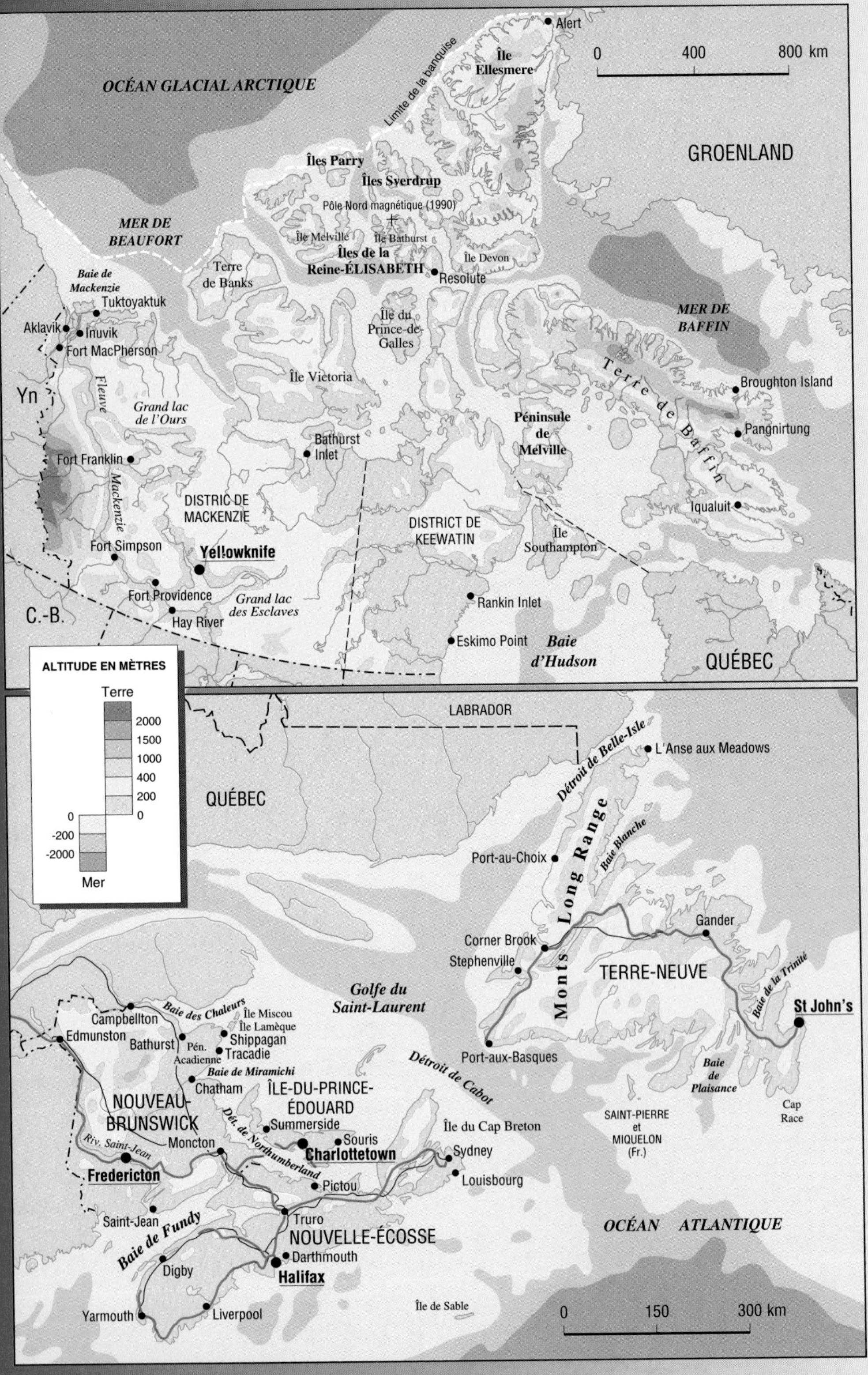

10 - Provinces de l'Ouest

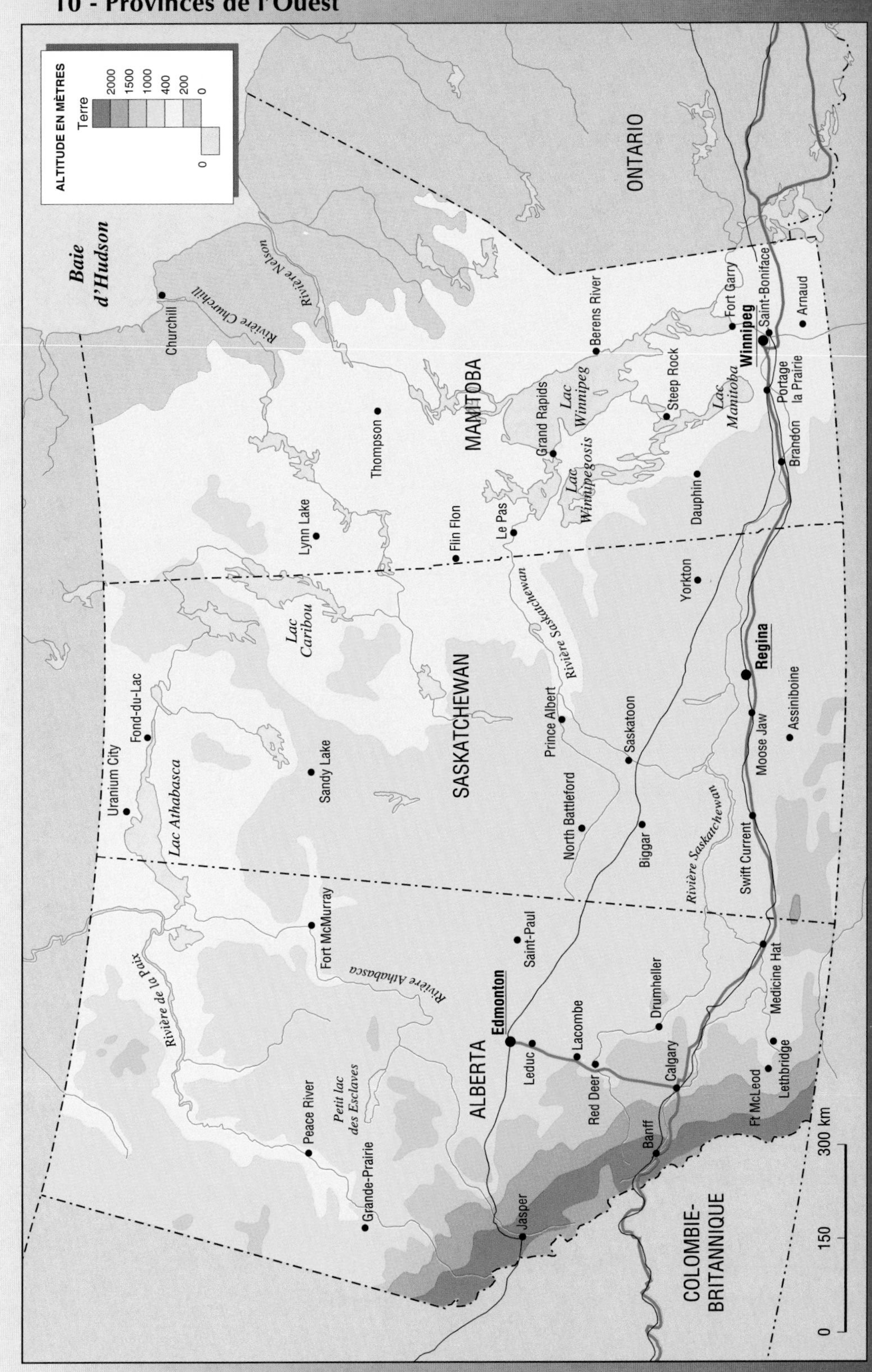

11 - Ontario

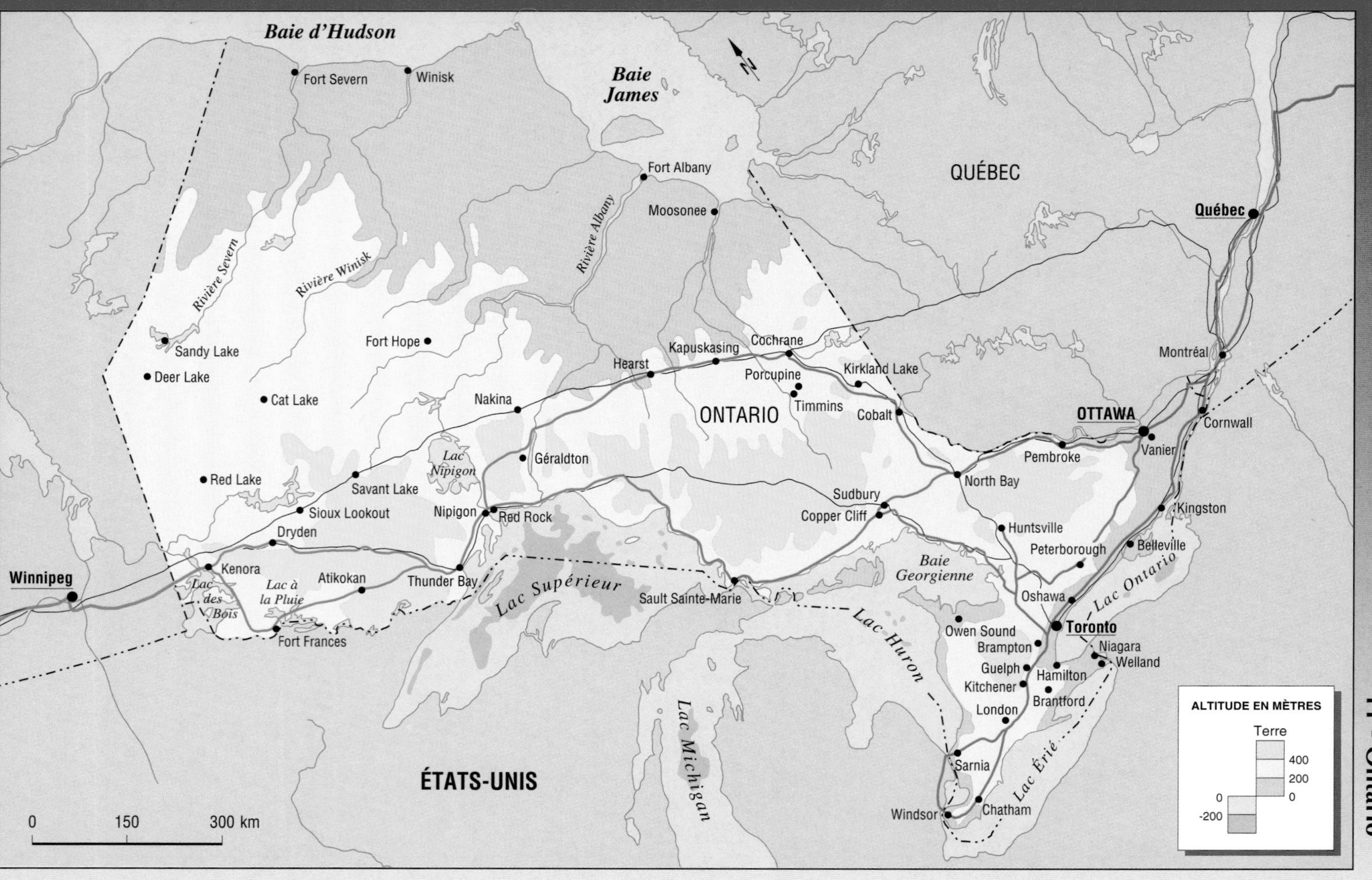

Baie d'Hudson
Fort Severn
Winisk
Baie James
QUÉBEC
Québec
Fort Albany
Moosonee
Rivière Albany
Rivière Severn
Rivière Winisk
Sandy Lake
Deer Lake
Cat Lake
Fort Hope
Red Lake
Hearst
Kapuskasing
Cochrane
Porcupine
Timmins
Kirkland Lake
Cobalt
ONTARIO
Nakina
Géraldton
Lac Nipigon
Savant Lake
Sioux Lookout
Nipigon
Red Rock
Dryden
Kenora
Winnipeg
Lac des Bois
Lac à la Pluie
Atikokan
Thunder Bay
Fort Frances
Lac Supérieur
Sault Sainte-Marie
Sudbury
Copper Cliff
North Bay
Montréal
OTTAWA
Cornwall
Vanier
Pembroke
Kingston
Huntsville
Peterborough
Belleville
Baie Georgienne
Lac Ontario
Oshawa
Toronto
Lac Huron
Owen Sound
Brampton
Niagara
Welland
Guelph
Hamilton
Kitchener
Brantford
London
Sarnia
Lac Érié
Windsor
Chatham
Lac Michigan
ÉTATS-UNIS
0
150
300 km
ALTITUDE EN MÈTRES
Terre
400
200
0
0
-200

12 - Québec

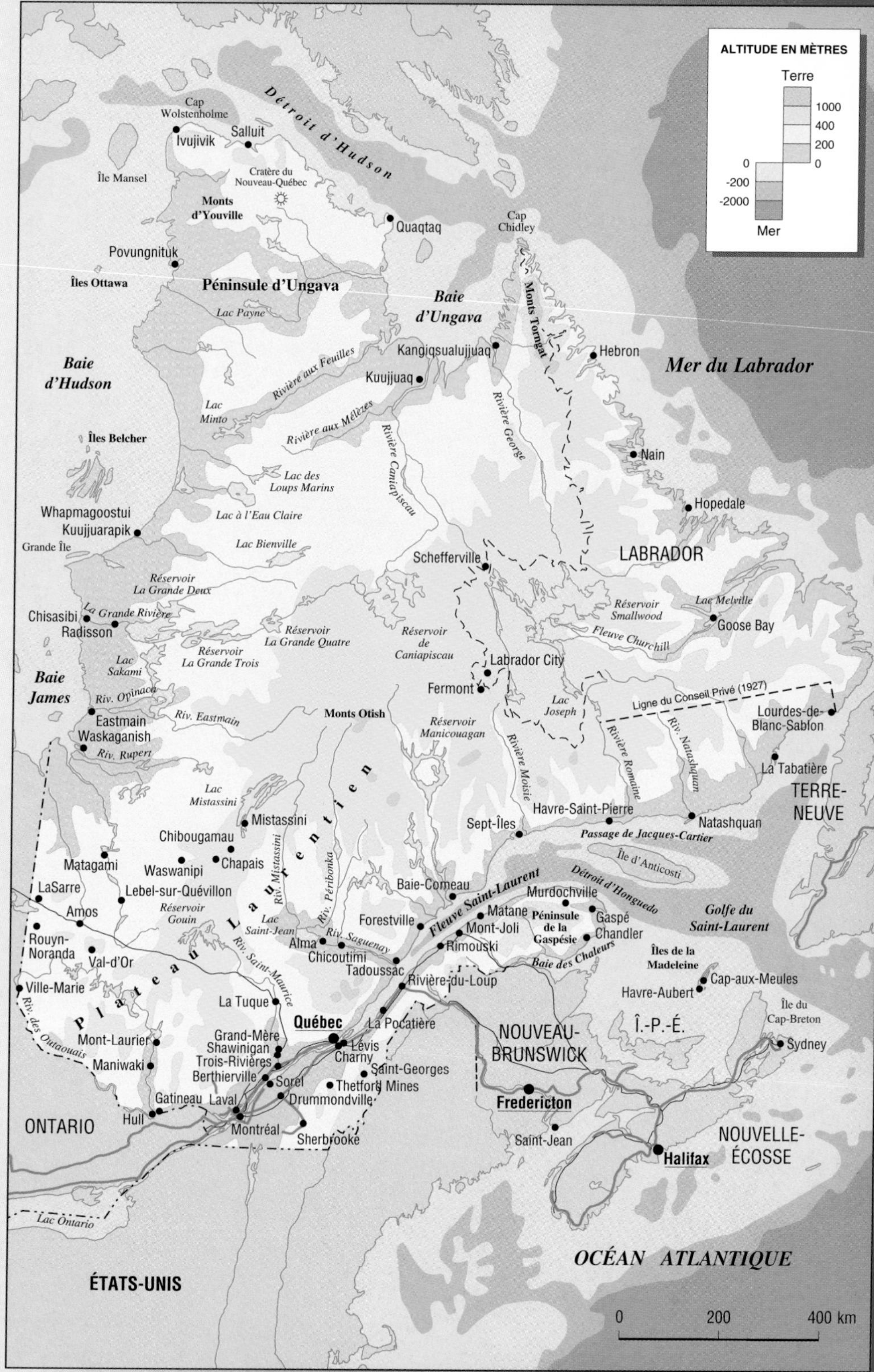

ALTITUDE EN MÈTRES
Terre
1000
400
200
0
0
-200
-2000
Mer
Détroit d'Hudson
Cap Wolstenholme
Ivujivik
Salluit
Île Mansel
Cratère du Nouveau-Québec
Monts d'Youville
Quaqtaq
Cap Chidley
Povungnituk
Îles Ottawa
Péninsule d'Ungava
Baie d'Ungava
Monts Torngat
Lac Payne
Kangiqsualujjuaq
Hebron
Mer du Labrador
Baie d'Hudson
Rivière aux Feuilles
Kuujjuaq
Lac Minto
Rivière aux Mélèzes
Rivière Caniapiscau
Rivière George
Îles Belcher
Nain
Lac des Loups Marins
Hopedale
Whapmagoostui
Kuujjuarapik
Lac à l'Eau Claire
Grande Île
Lac Bienville
Schefferville
LABRADOR
Réservoir La Grande Deux
La Grande Rivière
Chisasibi
Radisson
Réservoir La Grande Quatre
Réservoir de Caniapiscau
Réservoir Smallwood
Lac Melville
Goose Bay
Fleuve Churchill
Réservoir La Grande Trois
Labrador City
Lac Sakami
Baie James
Fermont
Riv. Opinaca
Lac Joseph
Ligne du Conseil Privé (1927)
Eastmain
Riv. Eastmain
Monts Otish
Lourdes-de-Blanc-Sablon
Waskaganish
Réservoir Manicouagan
Riv. Rupert
Rivière Moisie
Rivière Romaine
Riv. Natashquan
La Tabatière
Lac Mistassini
TERRE-NEUVE
Plateau Laurentien
Havre-Saint-Pierre
Mistassini
Natashquan
Sept-Îles
Chibougamau
Passage de Jacques-Cartier
Chapais
Île d'Anticosti
Matagami
Waswanipi
Riv. Mistassini
Riv. Péribonka
Baie-Comeau
Fleuve Saint-Laurent
Détroit d'Honguedo
LaSarre
Lebel-sur-Quévillon
Murdochville
Amos
Réservoir Gouin
Matane
Péninsule de la Gaspésie
Gaspé
Golfe du Saint-Laurent
Forestville
Lac Saint-Jean
Mont-Joli
Chandler
Rouyn-Noranda
Alma
Riv. Saguenay
Rimouski
Val-d'Or
Chicoutimi
Îles de la Madeleine
Tadoussac
Baie des Chaleurs
Riv. Saint-Maurice
Ville-Marie
Rivière-du-Loup
Cap-aux-Meules
Havre-Aubert
Riv. des Outaouais
La Tuque
Île du Cap-Breton
Québec
La Pocatière
NOUVEAU-BRUNSWICK
Î.-P.-É.
Mont-Laurier
Grand-Mère
Lévis
Sydney
Shawinigan
Charny
Trois-Rivières
Maniwaki
Saint-Georges
Berthierville
Sorel
Thetford Mines
Fredericton
Gatineau
Laval
Drummondville
Hull
ONTARIO
Montréal
Sherbrooke
Saint-Jean
NOUVELLE-ÉCOSSE
Halifax
Lac Ontario
OCÉAN ATLANTIQUE
ÉTATS-UNIS
0
200
400 km

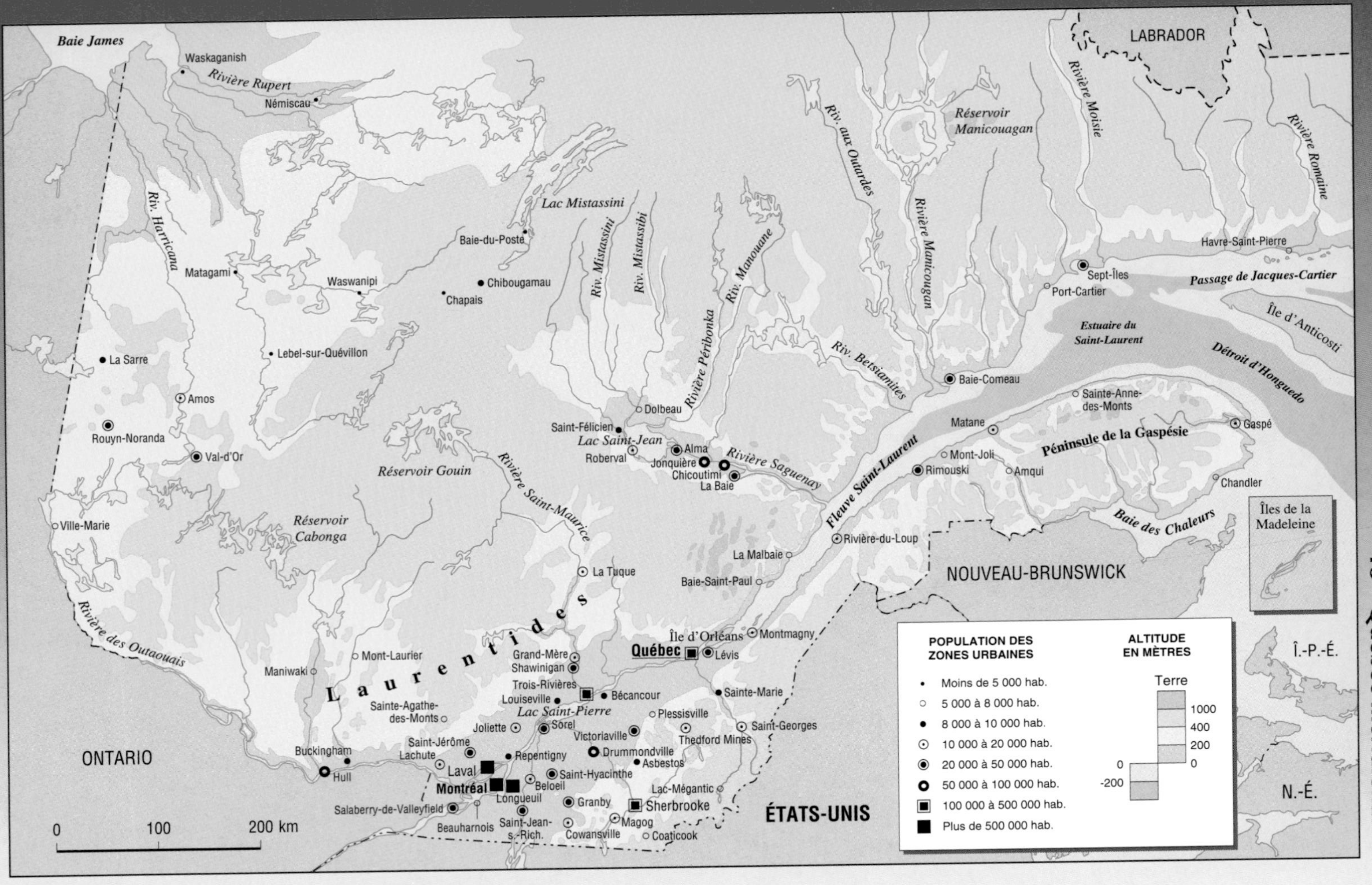
Baie James
Waskaganish
Rivière Rupert
Némiscau
LABRADOR
Réservoir Manicouagan
Riv. aux Outardes
Rivière Manicougan
Rivière Moisie
Rivière Romaine
Riv. Harricana
Lac Mistassini
Baie-du-Poste
Riv. Mistassini
Riv. Mistassibi
Riv. Manouane
Rivière Péribonka
Havre-Saint-Pierre
Sept-Îles
Port-Cartier
Passage de Jacques-Cartier
Île d'Anticosti
Estuaire du Saint-Laurent
Détroit d'Honguedo
Matagami
Waswanipi
Chibougamau
Chapais
La Sarre
Lebel-sur-Quévillon
Riv. Betsiamites
Baie-Comeau
Sainte-Anne-des-Monts
Amos
Rouyn-Noranda
Val-d'Or
Dolbeau
Saint-Félicien
Lac Saint-Jean
Roberval
Alma
Jonquière
Chicoutimi
La Baie
Rivière Saguenay
Matane
Gaspé
Péninsule de la Gaspésie
Mont-Joli
Rimouski
Amqui
Chandler
Réservoir Gouin
Rivière Saint-Maurice
Fleuve Saint-Laurent
Ville-Marie
Réservoir Cabonga
Îles de la Madeleine
Baie des Chaleurs
Rivière-du-Loup
La Malbaie
La Tuque
Baie-Saint-Paul
NOUVEAU-BRUNSWICK
Rivière des Outaouais
Laurentides
Île d'Orléans
Montmagny
Mont-Laurier
Grand-Mère
Shawinigan
Québec
Lévis
Maniwaki
Trois-Rivières
Bécancour
Louiseville
Lac Saint-Pierre
Sainte-Marie
Sainte-Agathe-des-Monts
Plessisville
Joliette
Sorel
Saint-Georges
Victoriaville
Thedford Mines
Saint-Jérôme
Lachute
Buckingham
Repentigny
Drummondville
Asbestos
ONTARIO
Hull
Laval
Saint-Hyacinthe
Montréal
Beloeil
Longueuil
Lac-Mégantic
Salaberry-de-Valleyfield
Granby
Sherbrooke
Beauharnois
Saint-Jean-s.-Rich.
Cowansville
Magog
Coaticook
ÉTATS-UNIS
Î.-P.-É.
N.-É.
0
100
200 km
POPULATION DES ZONES URBAINES
Moins de 5 000 hab.
5 000 à 8 000 hab.
8 000 à 10 000 hab.
10 000 à 20 000 hab.
20 000 à 50 000 hab.
50 000 à 100 000 hab.
100 000 à 500 000 hab.
Plus de 500 000 hab.
ALTITUDE EN MÈTRES
Terre
1000
400
200
0
0
-200

14 - Québec : administration et densité de population

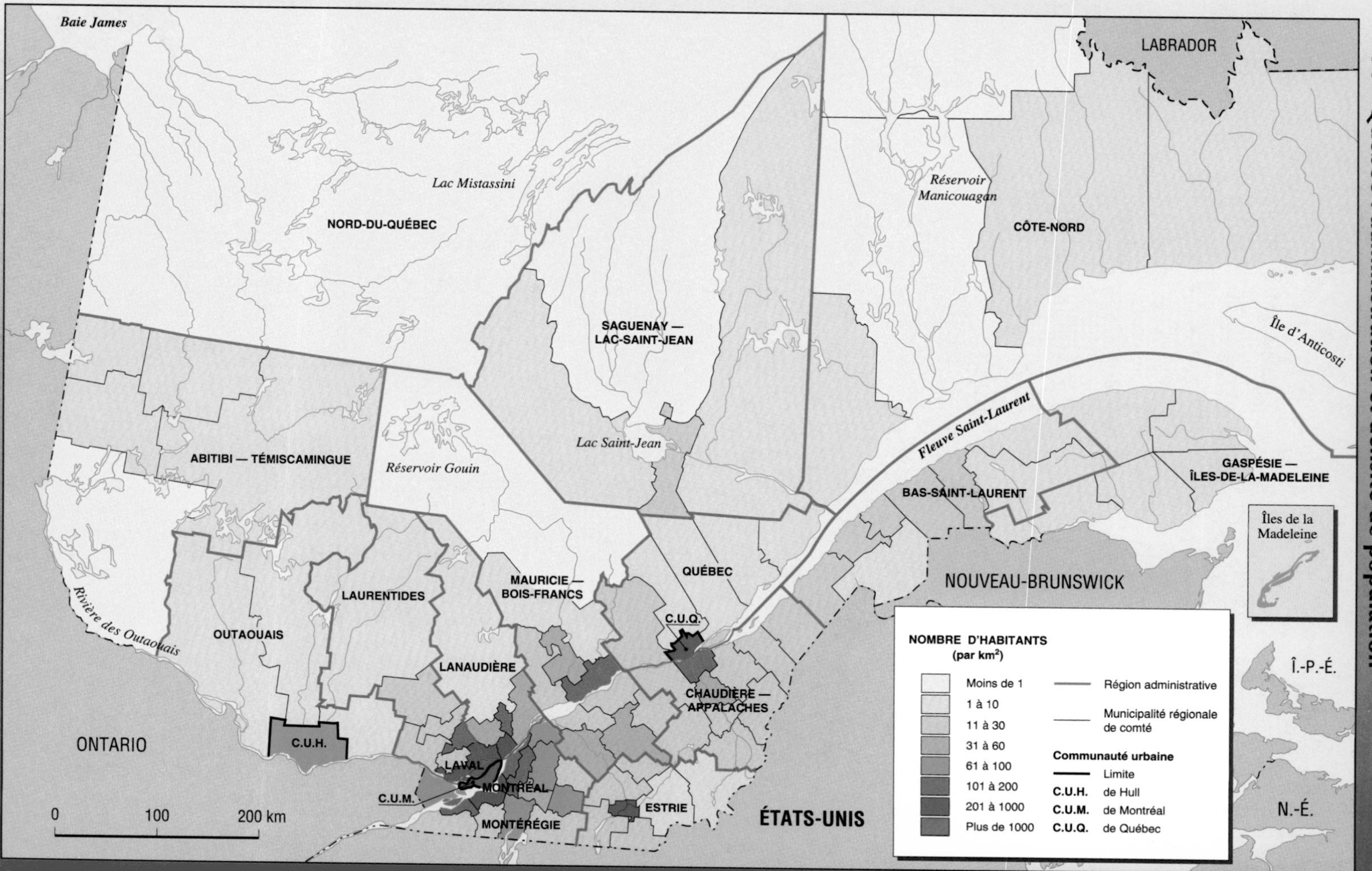

15 - Québec : économie

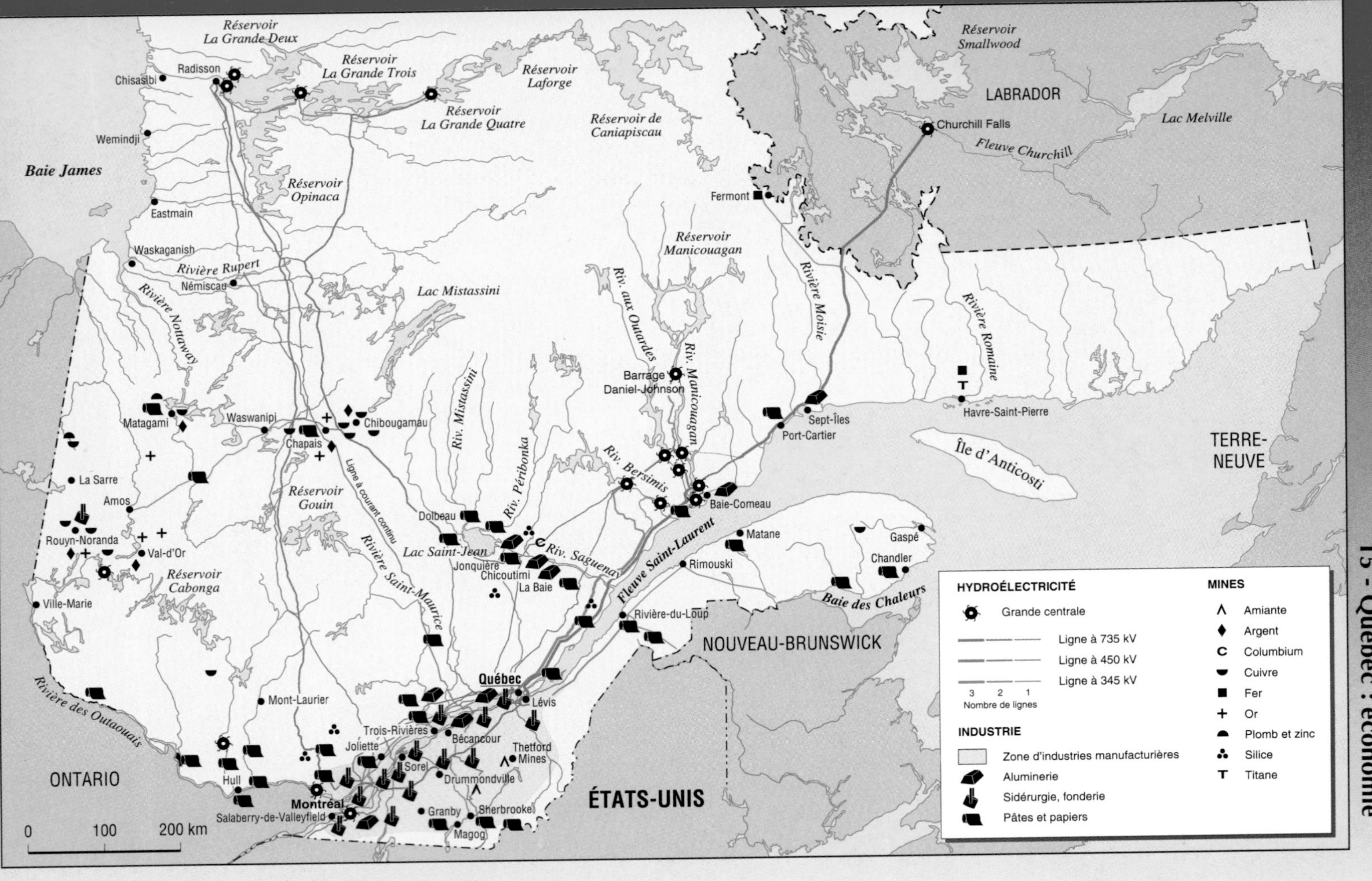

16-17 - Montréal : utilisation du sol et évolution urbaine

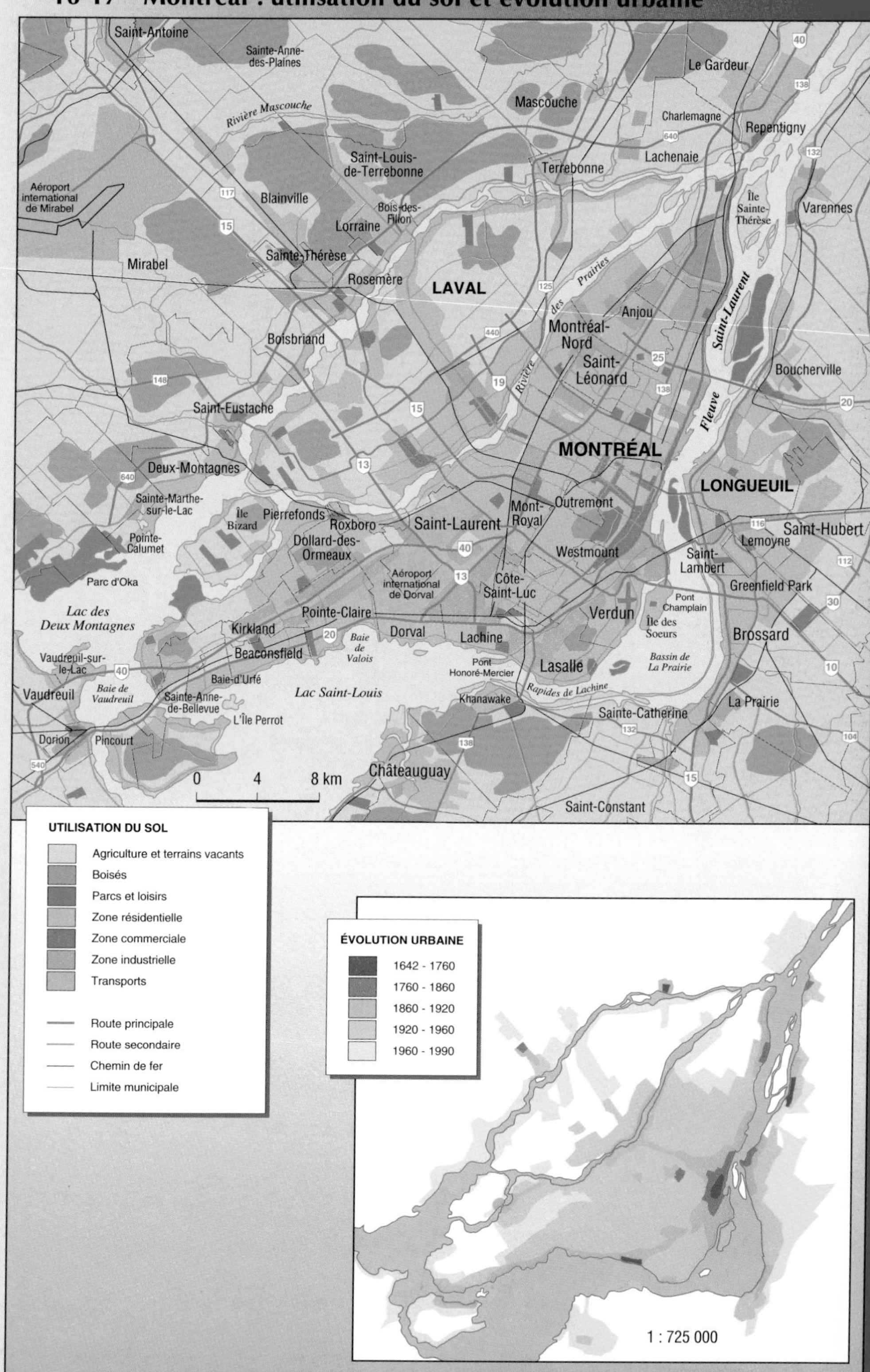

18-19 - Québec : utilisation du sol et évolution urbaine

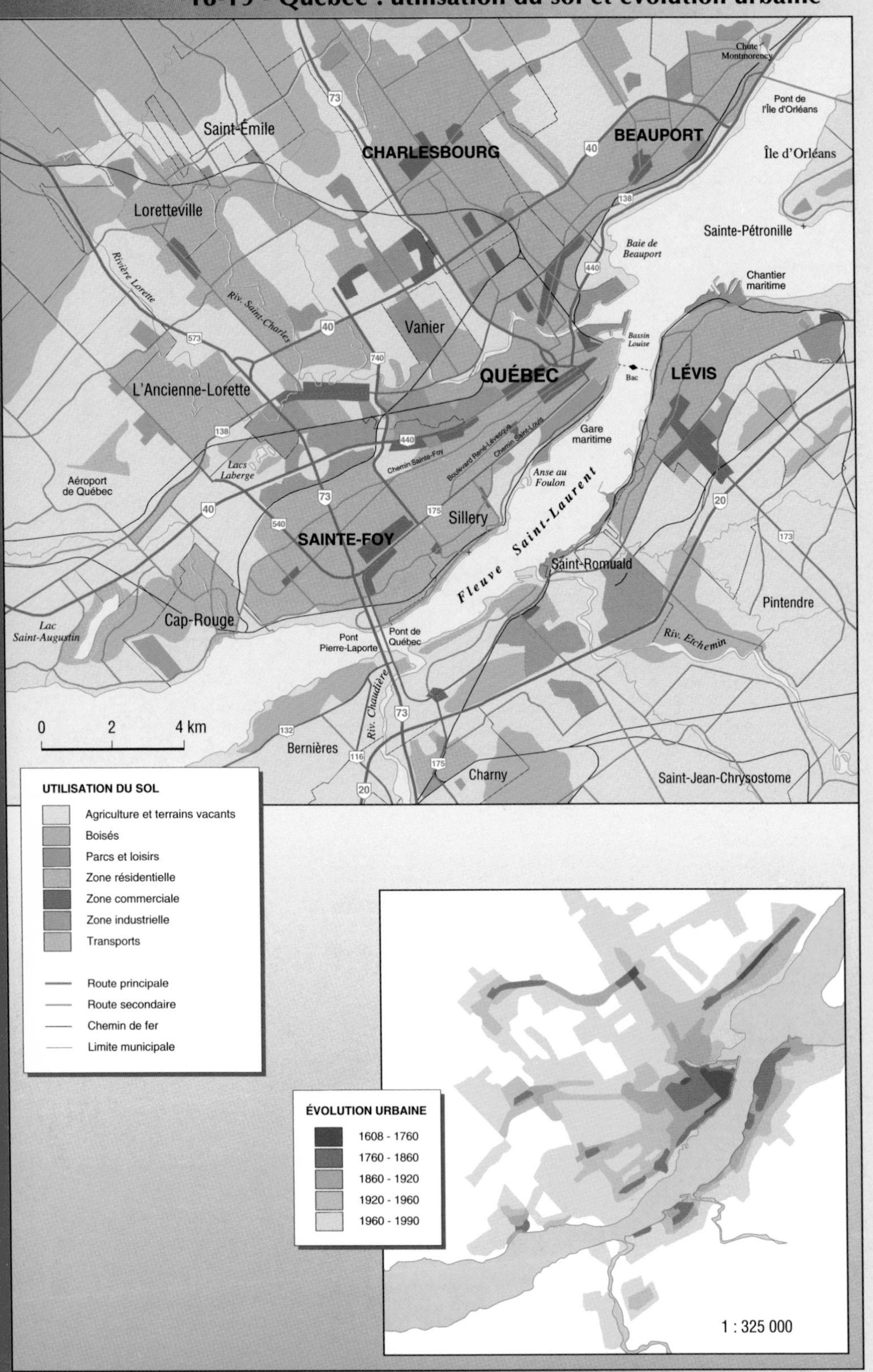

20 – C.E.E. Communauté économique européenne

0 500 1 000 km

C.E.E.
Créée par le traité de Rome (25-3-1957)

État fondateur

Adhésion ultérieure 1973 Danemark, Irlande, Royaume-Uni ; 1981 : Grèce ; 1986 : Espagne, Portugal

INSTITUTIONS :
- la Commission : 17 membres ; siège : Bruxelles
- le Conseil de la Communauté : composé des représentants des États (ministres ou chefs de gouvernement)
- l'Assemblée européenne : 518 membres ; siège : Strasbourg
- la Cour de justice : 13 juges et 6 avocats généraux ; siège : Luxembourg

Europe

SUPERFICIE (SANS LA C.É.I. ET LES PAYS BALTES) : 4 870 000 km^2
FLEUVE LE PLUS LONG : Danube, 2 850 km
LAC (OU MER INTÉRIEURE) LE PLUS VASTE : Lac Vänern (Suède), 5 546 km^2
POINT CULMINANT : Mont Blanc, 4 807 m
POPULATION (SANS LA C.É.I. ET LES PAYS BALTES) : 499 millions d'hab.

21 – Europe

Altitudes en mètres
2000
1000
400
200
0
-200
-2000

Limite d'État
PARIS Capitale d'État
Plus de 1 000 000 h.
De 500 000 à 1 000 000 h.
De 100 000 à 500 000 h.
Inf. à 100 000 h.

LI. : Liechtenstein
LUX. : Luxembourg

0 250 500 km

SUPERFICIE : 549 192 km²
FLEUVE LE PLUS LONG : Loire, 1 012 km
LAC (OU MER INTÉRIEURE) LE PLUS VASTE : lac Léman, 234 km² (partie suisse, 348 km²)
POINT CULMINANT : mont Blanc, 4 807 m
LONGUEUR DES CÔTES : 5 533 km
PARCS NATIONAUX : 6
PARCS RÉGIONAUX : 25

22 – France : relief

NOM OFFICIEL : République française
FORME DE GOUVERNEMENT : république avec un Parlement comprenant deux assemblées législatives (Sénat et Assemblée nationale)
CHEF DE L'ÉTAT : président
CHEF DU GOUVERNEMENT : Premier ministre
CAPITALE : Paris
DIVISIONS ADMINISTRATIVES : 22 *régions*, divisées en 96 *départements*, auxquelles s'ajoutent 4 *régions d'outre-mer*, qui sont également *départements d'outre-mer*, 4 *territoires d'outre-mer* et 2 *collectivités territoriales* aux statuts particuliers
LANGUE OFFICIELLE : français
autres langues (régionales) : alsacien, basque, breton, catalan, corse, flamand, occitan (gascon, provençal)
UNITÉ MONÉTAIRE : 1 franc français = 100 centimes

23 – France : divisions administratives

POPULATION : 58 453 000 hab.
taux de natalité : 13,8 ‰
taux de mortalité : 9,4 ‰
taux de mortalité infantile : 7,7 ‰
accroissement naturel : 0,44 %
DENSITÉ (métropole) : 102,9 hab./km²
RÉPARTITION DE LA POPULATION ACTIVE :
secteur primaire : 6,8 %
secteur secondaire : 30,1 %
secteur tertiaire : 63,1 %

24 – France : économie

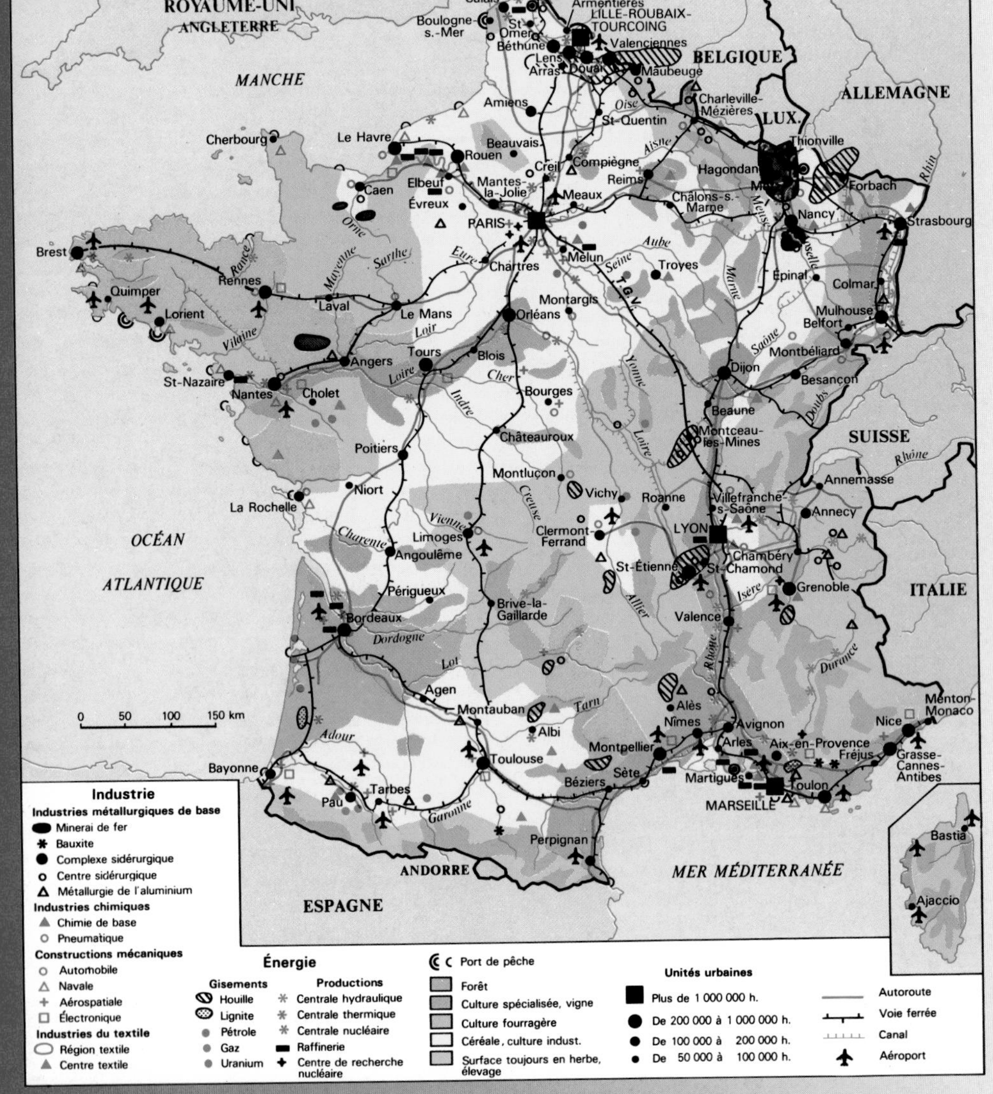

NOM OFFICIEL : Royaume-Uni de Grande-Bretagne et d'Irlande du Nord
FORME DE GOUVERNEMENT : monarchie parlementaire avec deux assemblées législatives (Chambre des lords et Chambre des communes)
CHEF DE L'ÉTAT : roi ou reine
CHEF DU GOUVERNEMENT : Premier ministre
CAPITALE : Londres
SUPERFICIE : 244 110 km²
POPULATION : 57 218 000 hab.
taux de natalité : 13,8 ‰
taux de mortalité : 11,1 ‰
taux de mortalité infantile : 8,8 ‰
accroissement naturel : 0,27 %
DENSITÉ : 234,4 hab./km²
LANGUE OFFICIELLE : anglais
autres langues : (celtiques) gaélique, écossais, gallois
RELIGION OFFICIELLE : en Angleterre et en Écosse, les Églises sont sous la protection de l'État mais non officielles
UNITÉ MONÉTAIRE : 1 livre sterling = 100 pences (sing. : penny)

25 – Royaume-Uni

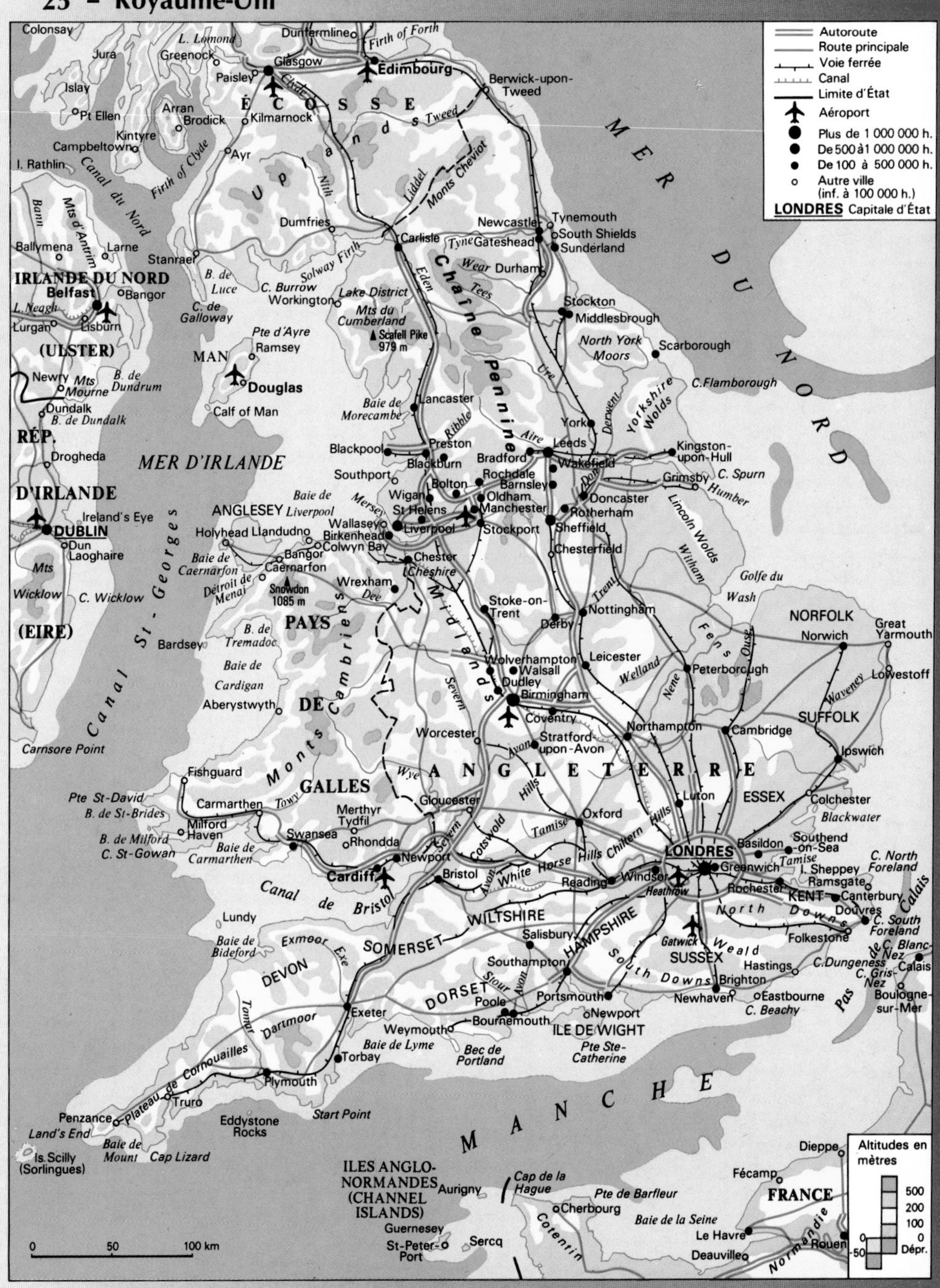

- 26 -

NOM OFFICIEL : république d'Irlande
FORME DE GOUVERNEMENT : république à structure étatique unitaire et à régime multipartis avec un Parlement (Sénat et Chambre des représentants)
CHEF DE L'ÉTAT : président
CHEF DU GOUVERNEMENT : Premier ministre
CAPITALE : Dublin
SUPERFICIE : 70 285 km²
POPULATION : 3 515 000 hab.
- **taux de natalité :** 15,3 ‰
- **taux de mortalité :** 8,9 ‰
- **taux de mortalité infantile :** 7,4 ‰
- **accroissement naturel :** 0,64 %

DENSITÉ : 50 hab./km²
LANGUES OFFICIELLES : anglais, gaélique
RELIGION OFFICIELLE : catholicisme
UNITÉ MONÉTAIRE : 1 livre irlandaise = 100 nouveaux pences (sing. : penny)

26 - Irlande

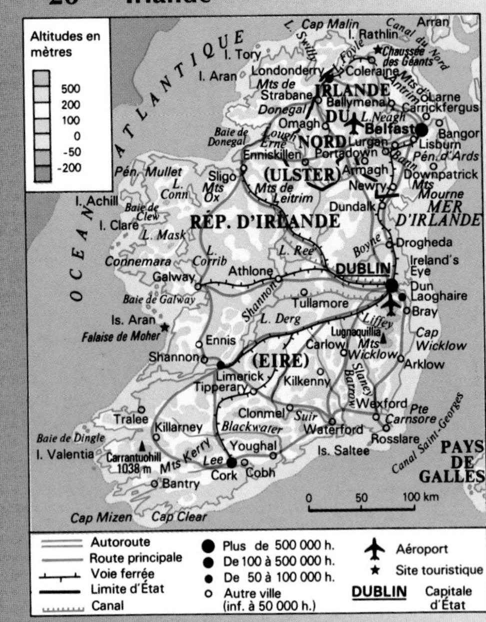

- 27 -

NOM OFFICIEL : Confédération suisse ou Confédération helvétique
FORME DE GOUVERNEMENT : république fédérale (26 cantons) avec une Assemblée fédérale (Conseil des États et Conseil national)
CHEF DE L'ÉTAT : président du Conseil fédéral
CHEF DU GOUVERNEMENT : Conseil fédéral
CAPITALE : Berne
SUPERFICIE : 41 293 km²
POPULATION : 6 689 000 hab.
- **taux de natalité :** 12,3 ‰
- **taux de mortalité :** 9,2 ‰
- **taux de mortalité infantile :** 6,8 ‰
- **accroissement naturel :** 0,31 %

DENSITÉ : 162 hab./km²
LANGUES OFFICIELLES : allemand, français, italien
- **autre langue :** romanche

UNITÉ MONÉTAIRE : 1 franc suisse = 100 centimes

27 - Suisse

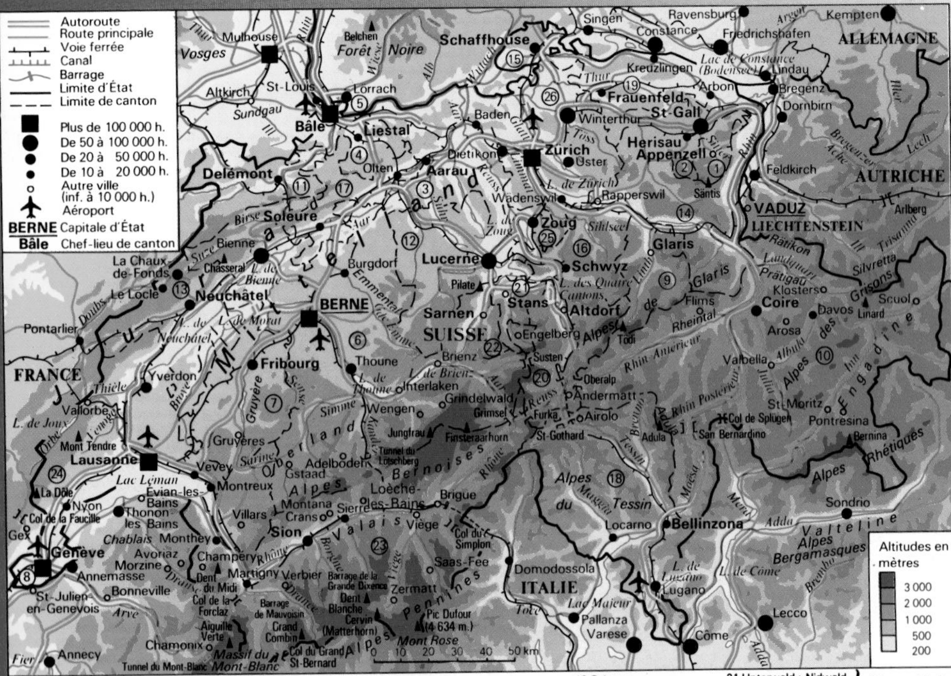

Autoroute
Route principale
Voie ferrée
Canal
Barrage
Limite d'État
Limite de canton
Plus de 100 000 h.
De 50 à 100 000 h.
De 20 à 50 000 h.
De 10 à 20 000 h.
Autre ville (inf. à 10 000 h.)
Aéroport
BERNE Capitale d'État
Bâle Chef-lieu de canton

Altitudes en mètres: 3 000, 2 000, 1 000, 500, 200

0 10 20 30 40 50 km

1 Appenzell : Rhodes Intérieures
2 Appenzell : Rhodes Extérieures
3 Argovie (Aargau)
4 Bâle-Campagne } (Basel)
5 Bâle-Ville
6 Berne (Bern)
7 Fribourg (Freiburg)
8 Genève
9 Glaris (Glarus)
10 Grisons (Graubünden)
11 Jura
12 Lucerne (Luzern)
13 Neuchâtel
14 St-Gall (St-Gallen)
15 Schaffhouse (Schaffhausen)
16 Schwyz
17 Soleure (Solothurn)
18 Tessin (Ticino)
19 Thurgovie (Thurgau)
20 Uri
21 Unterwald : Nidwald } (Unterwalden)
22 Unterwald : Obwald
23 Valais (Wallis)
24 Vaud
25 Zoug (Zug)
26 Zurich

28 - Belgique

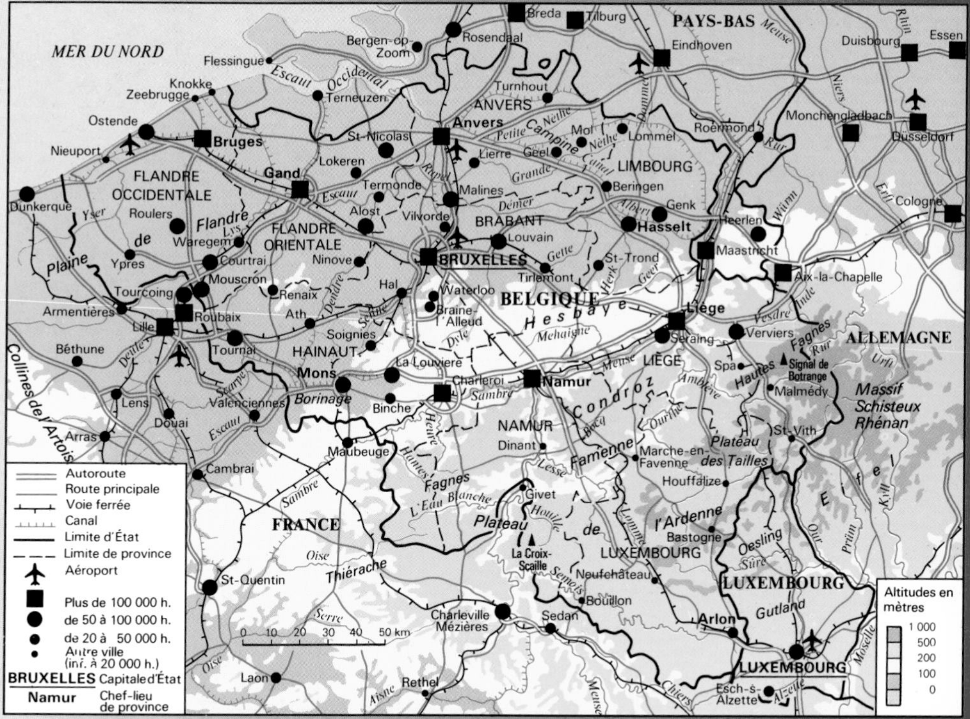

29 - Luxembourg

- 28 -

NOM OFFICIEL : royaume de Belgique
FORME DE GOUVERNEMENT : monarchie constitutionnelle avec deux assemblées législatives (Sénat et Chambre des représentants) ; la Constitution reconnaît l'existence de deux communautés culturelles distinctes et de trois régions aux compétences propres (flamande, wallonne et bruxelloise)
DIVISIONS ADMINISTRATIVES : 9 provinces
CHEF DE L'ÉTAT : roi
CHEF DU GOUVERNEMENT : Premier ministre
CAPITALE : Bruxelles
SUPERFICIE : 30 518 km²
POPULATION : 9 878 000 hab.
taux de natalité : 11,9 ‰
taux de mortalité : 10,7 ‰
taux de mortalité infantile : 9,7 ‰
accroissement naturel : 0,12 %
DENSITÉ : 323,7 hab./km²
LANGUES OFFICIELLES : néerlandais, français, allemand
UNITÉ MONÉTAIRE : 1 franc belge = 100 centimes

- 29 -

NOM OFFICIEL : grand-duché de Luxembourg
FORME DE GOUVERNEMENT : monarchie constitutionnelle avec une chambre législative (Chambre des députés)
CHEF DE L'ÉTAT : grand-duc
CHEF DU GOUVERNEMENT : président du Gouvernement
CAPITALE : Luxembourg
SUPERFICIE : 2 586 km²
POPULATION : 377 000 hab.
taux de natalité : 12,2 ‰
taux de mortalité : 10,2 ‰
taux de mortalité infantile : 9,4 ‰
accroissement naturel : 0,2 %
DENSITÉ : 145,8 hab./km²
LANGUES : français (officielle), allemand (langue de culture), luxembourgeois (langue nationale)
UNITÉ MONÉTAIRE : 1 franc luxembourgeois = 100 centimes

NOM OFFICIEL : royaume des Pays-Bas
FORME DE GOUVERNEMENT : monarchie constitutionnelle avec des états généraux comprenant deux assemblées législatives (Première Chambre et Deuxième Chambre)
DIVISIONS ADMINISTRATIVES : 12 provinces
CHEF DE L'ÉTAT : roi ou reine
CHEF DU GOUVERNEMENT : Premier ministre
CAPITALE : Amsterdam (La Haye est la résidence de la Cour, des pouvoirs publics et du corps diplomatique)
SUPERFICIE : 41 863 km²
POPULATION : 14 846 000 hab.
taux de natalité : 12,6 ‰
taux de mortalité : 8,4 ‰
taux de mortalité infantile : 6,8 ‰
accroissement naturel : 0,42 %
DENSITÉ : 354,6 hab./km²
LANGUE OFFICIELLE : néerlandais
AUTRE LANGUE : allemand
UNITÉ MONÉTAIRE : 1 gulden (florin) = 100 cents

30 – Pays-Bas

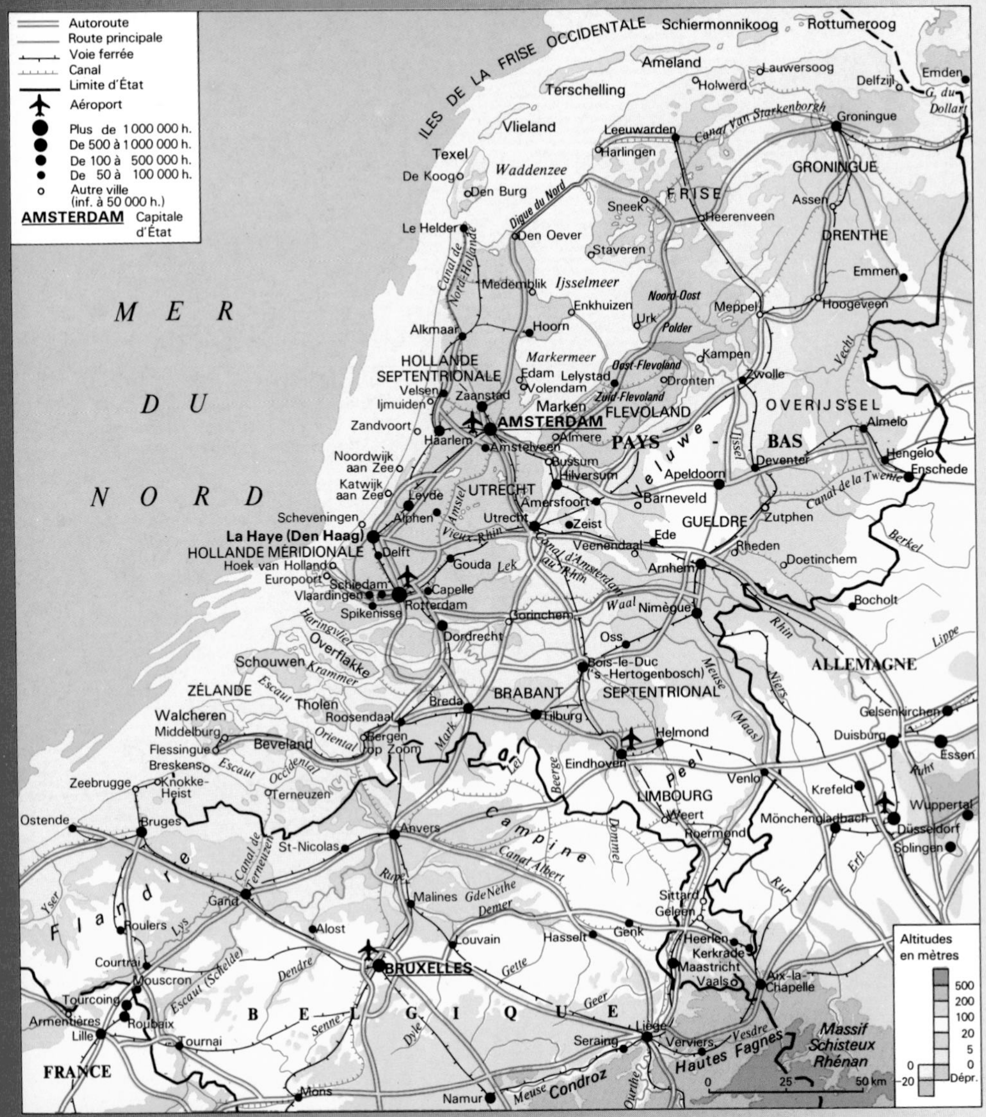

NOM OFFICIEL : république fédérale d'Allemagne	**CAPITALE** : Berlin (Bonn est le siège du gouvernement)
FORME DE GOUVERNEMENT : république fédérale (16 länder) à régime multipartis avec un Parlement comprenant deux chambres, le Bundestag (diète fédérale) et le Bundesrat (Conseil fédéral)	**SUPERFICIE** : 357 042 km²
CHEF DE L'ÉTAT : président fédéral	**POPULATION** : 78 700 000 hab.
CHEF DU GOUVERNEMENT : chancelier fédéral	**DENSITÉ** : 220,4 hab./km²
	LANGUE OFFICIELLE : allemand
	UNITÉ MONÉTAIRE : 1 deutsche Mark = 100 Pfennige

31 - Allemagne

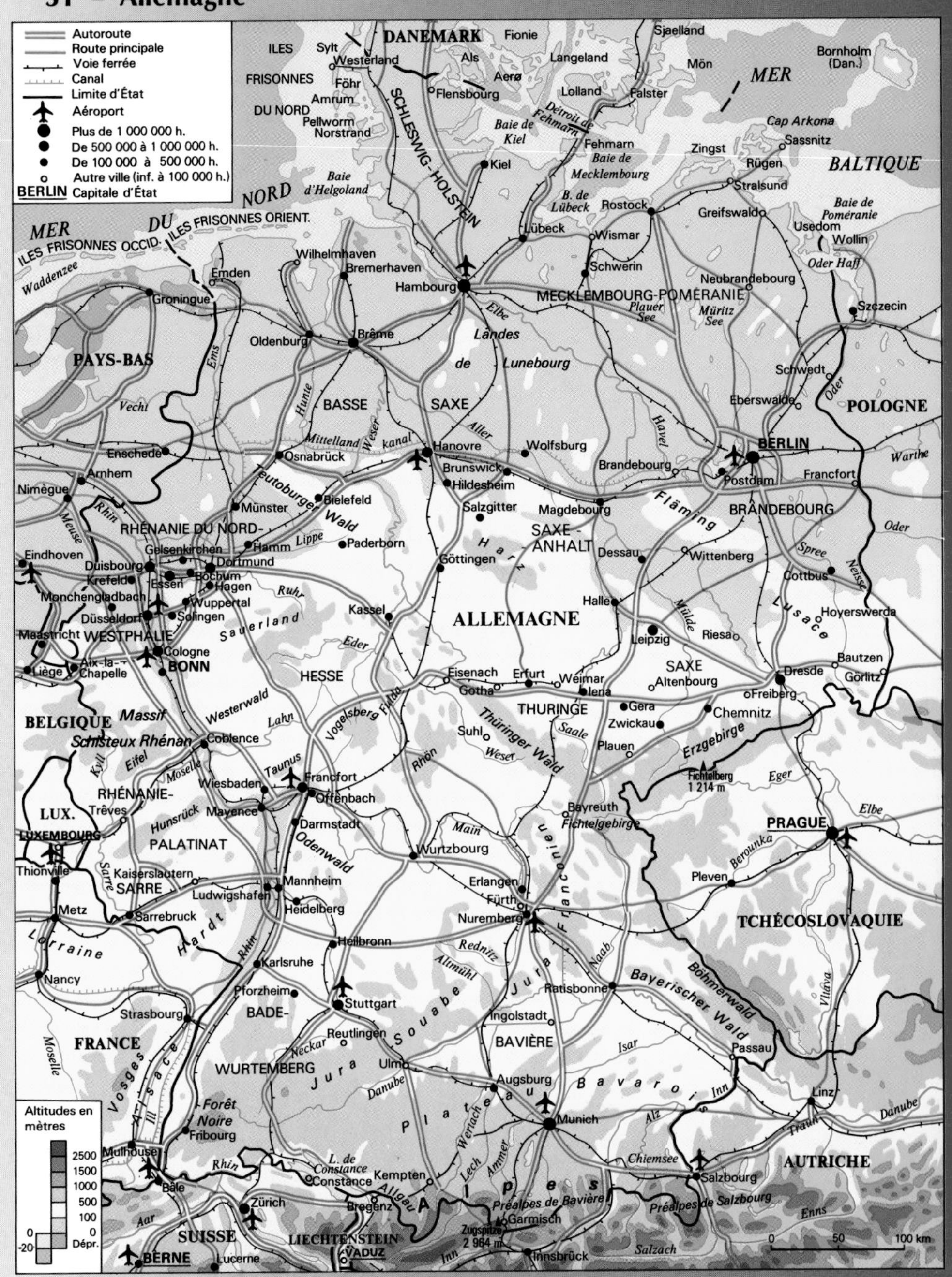

- 32 -

NOM OFFICIEL : République italienne
FORME DE GOUVERNEMENT : république avec deux assemblées législatives (Sénat et Chambre des députés) accordant une certaine autonomie aux 20 régions
CHEF DE L'ÉTAT : président
CHEF DU GOUVERNEMENT : président du Conseil des ministres
CAPITALE : Rome
SUPERFICIE : 301 277 km²
POPULATION : 57 436 000 hab.
- **taux de natalité :** 9,6 ‰
- **taux de mortalité :** 9,3 ‰
- **taux de mortalité infantile :** 9,8 ‰
- **accroissement naturel :** 0,03 %

DENSITÉ : 190,6 hab./km²
LANGUE OFFICIELLE : italien
- **autres langues :** parlers rhéto-romans, allemand, français, albanais, slovène

UNITÉ MONÉTAIRE : 1 lire (lira, plur. : lire) = 100 centisimi (sing. : centisimo)

- 33 -

NOM OFFICIEL : royaume d'Espagne
FORME DE GOUVERNEMENT : monarchie constitutionnelle avec un Parlement (Sénat et Congrès des députés) : la Constitution reconnaît « le droit d'autonomie des nationalités et des régions » (17 communautés autonomes auxquelles s'ajoutent les présides sur la côte marocaine, Ceuta et Melilla)
CHEF DE L'ÉTAT : roi
CHEF DU GOUVERNEMENT : Premier ministre
CAPITALE : Madrid
SUPERFICIE : 504 783 km²
POPULATION : 39 159 000 hab.
- **taux de natalité :** 11,2 ‰
- **taux de mortalité :** 7,9 ‰
- **taux de mortalité infantile :** 8,5 ‰
- **accroissement naturel :** 0,33 %

DENSITÉ : 77,6 hab./km²
LANGUE OFFICIELLE : espagnol (castillan)
- **autres langues :** basque (euskarien), catalan (et valencien), galicien

UNITÉ MONÉTAIRE : 1 peseta = 100 céntimos

- 34 -

NOM OFFICIEL : République portugaise
FORME DE GOUVERNEMENT : république avec une chambre législative (Assemblée de la République) ; l'État respecte l'autonomie de l'archipel des Açores et de Madère (régions autonomes)
CHEF DE L'ÉTAT : président
CHEF DU GOUVERNEMENT : Premier ministre
CAPITALE : Lisbonne
SUPERFICIE : 92 389 km²
POPULATION : 10 372 000 hab.
- **taux de natalité :** 11,5 ‰
- **taux de mortalité :** 8,4 ‰
- **taux de mortalité infantile :** 10 ‰
- **accroissement naturel :** 0,31 %

DENSITÉ : 112,3 hab./km²
LANGUE OFFICIELLE : portugais
UNITÉ MONÉTAIRE : 1 escudo = 100 centavos

32 – Italie

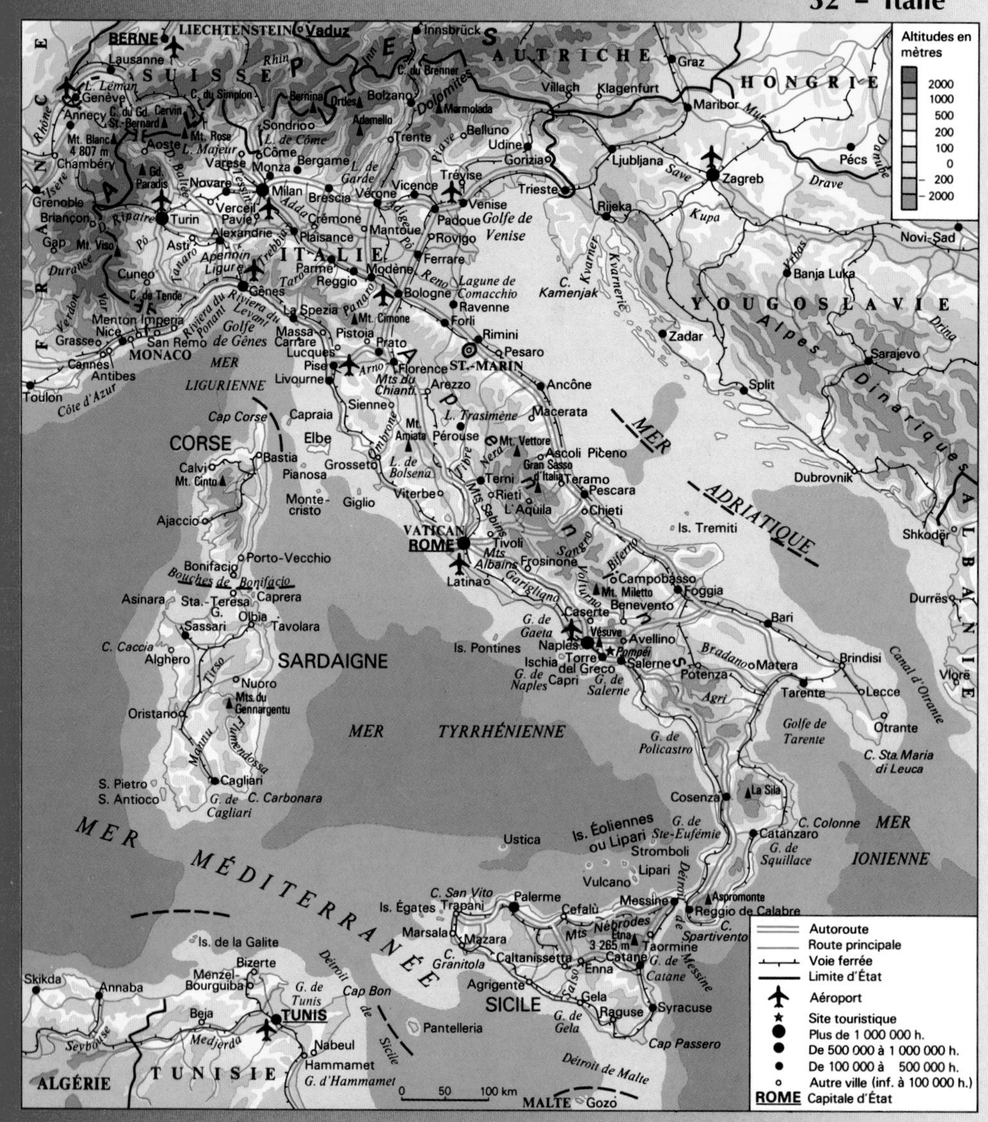

33 – Espagne

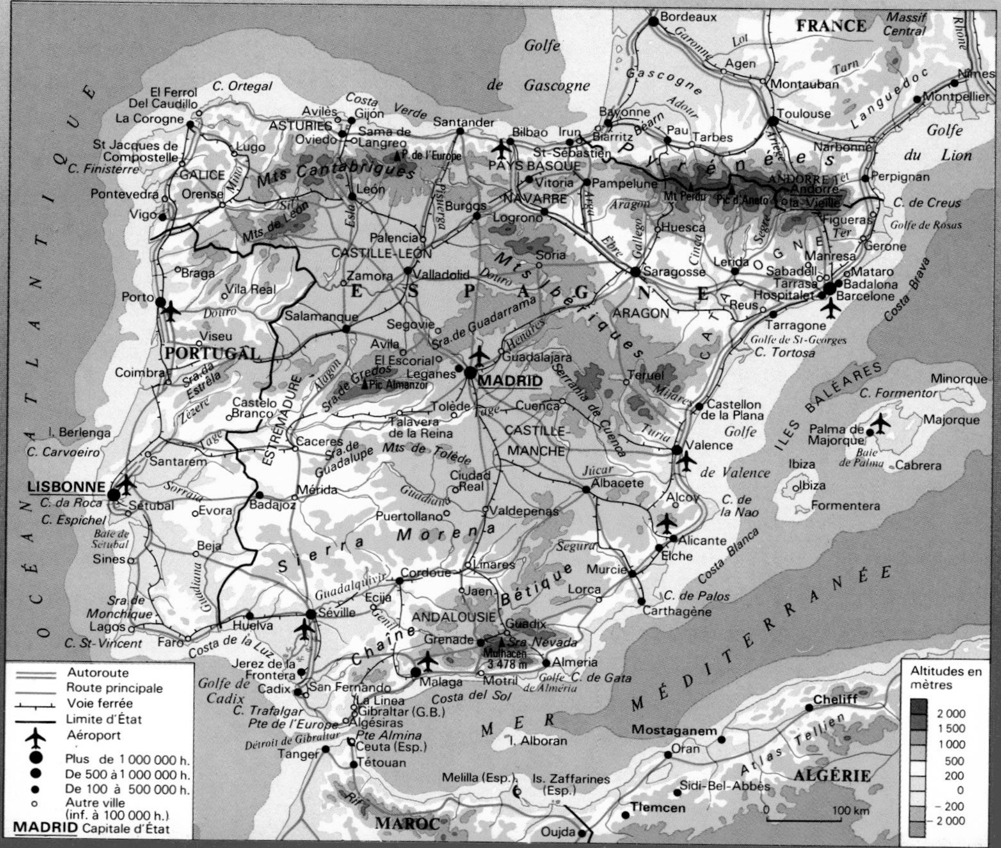

Autoroute
Route principale
Voie ferrée
Limite d'État
Aéroport
Plus de 1 000 000 h.
De 500 à 1 000 000 h.
De 100 à 500 000 h.
Autre ville (inf. à 100 000 h.)
MADRID Capitale d'État
Altitudes en mètres
2 000
1 500
1 000
500
200
0
– 200
– 2 000
0
100 km
FRANCE
Massif Central
Golfe de Gascogne
Golfe du Lion
OCÉAN ATLANTIQUE
MER MÉDITERRANÉE
ESPAGNE
PORTUGAL
ALGÉRIE
MAROC
ILES BALÉARES
Mts Cantabriques
Pyrénées
Mts Ibériques
Sierra Morena
Chaîne Bétique
MADRID
LISBONNE
Bordeaux
Toulouse
Barcelone
Valence
Saragosse
Séville
Malaga
Bilbao
Porto

34 – Portugal

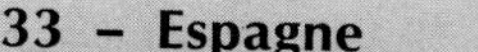

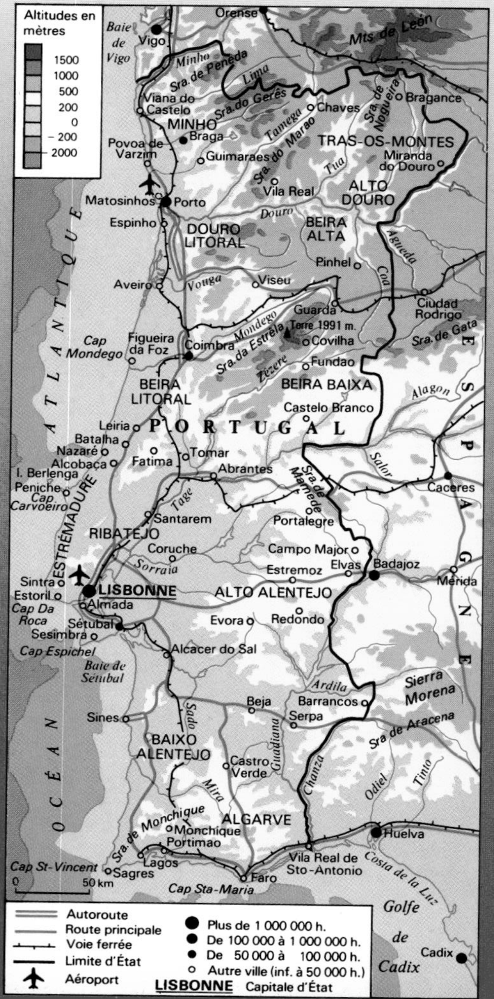

Altitudes en mètres
1500
1000
500
200
0
– 200
2000
Autoroute
Route principale
Voie ferrée
Limite d'État
Aéroport
Plus de 1 000 000 h.
De 100 000 à 1 000 000 h.
De 50 000 à 100 000 h.
Autre ville (inf. à 50 000 h.)
LISBONNE Capitale d'État
0
50 km
PORTUGAL
ESPAGNE
OCÉAN ATLANTIQUE
MINHO
TRAS-OS-MONTES
ALTO DOURO
DOURO LITORAL
BEIRA ALTA
BEIRA LITORAL
BEIRA BAIXA
ESTREMADURE
RIBATEJO
ALTO ALENTEJO
BAIXO ALENTEJO
ALGARVE
LISBONNE
Porto
Coimbra
Braga
Setúbal
Faro
Evora
Golfe de Cadix

NOM OFFICIEL : République hellénique
FORME DE GOUVERNEMENT : république à structure étatique unitaire et à régime multipartis avec une assemblée législative (Chambre des députés)
CHEF DE L'ÉTAT : président
CHEF DU GOUVERNEMENT : Premier ministre
CAPITALE : Athènes
SUPERFICIE : 131 957 km²
POPULATION : 10 096 000 hab.

taux de natalité : 10,6 ‰
taux de mortalité : 9,5 ‰
taux de mortalité infantile : 12,6 ‰
accroissement naturel : 0,11 %
DENSITÉ : 76,5 hab./km²
LANGUE OFFICIELLE : grec
RELIGION OFFICIELLE : Église orthodoxe grecque
UNITÉ MONÉTAIRE : 1 drachme = 100 lepta (sing. : lepton)

35 - Grèce

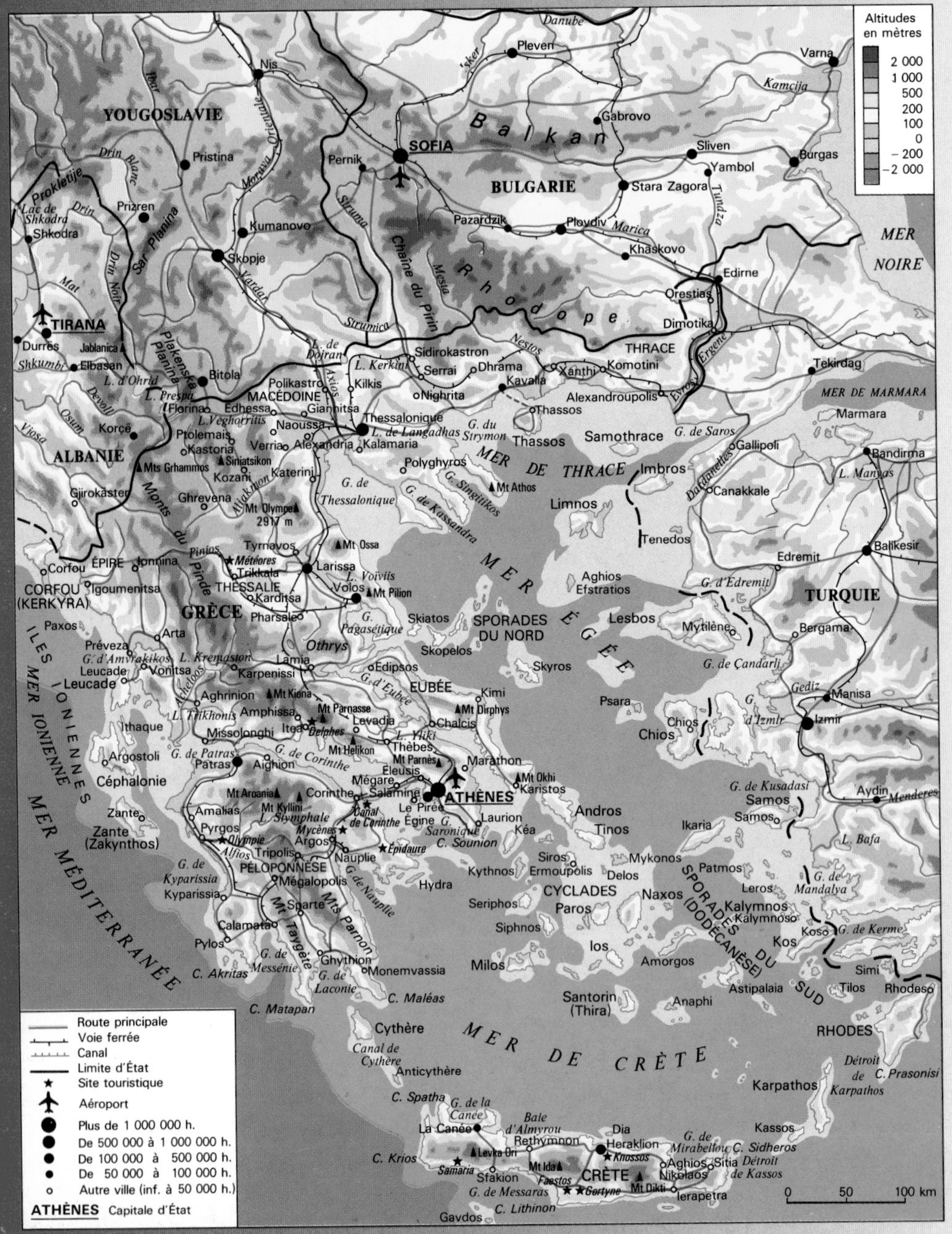

I. NOM OFFICIEL : Communauté des États Indépendants (C.É.I.)

FORME DE GOUVERNEMENT : onze républiques indépendantes

SUPERFICIE : 19 318 000 km²

POPULATION : 274 700 000 hab.

DENSITÉ : 14,2 hab./km²

II. NOM OFFICIEL : République de Géorgie

CAPITALE : Tbilissi

SUPERFICIE : 70 000 km²

POPULATION : 5 500 000 hab.

III. NOM OFFICIEL : République d'Estonie, République de Lettonie, République de Lituanie

SUPERFICIE : 174 000 km²

POPULATION : 7 800 000 hab.

36 - C.E.I.

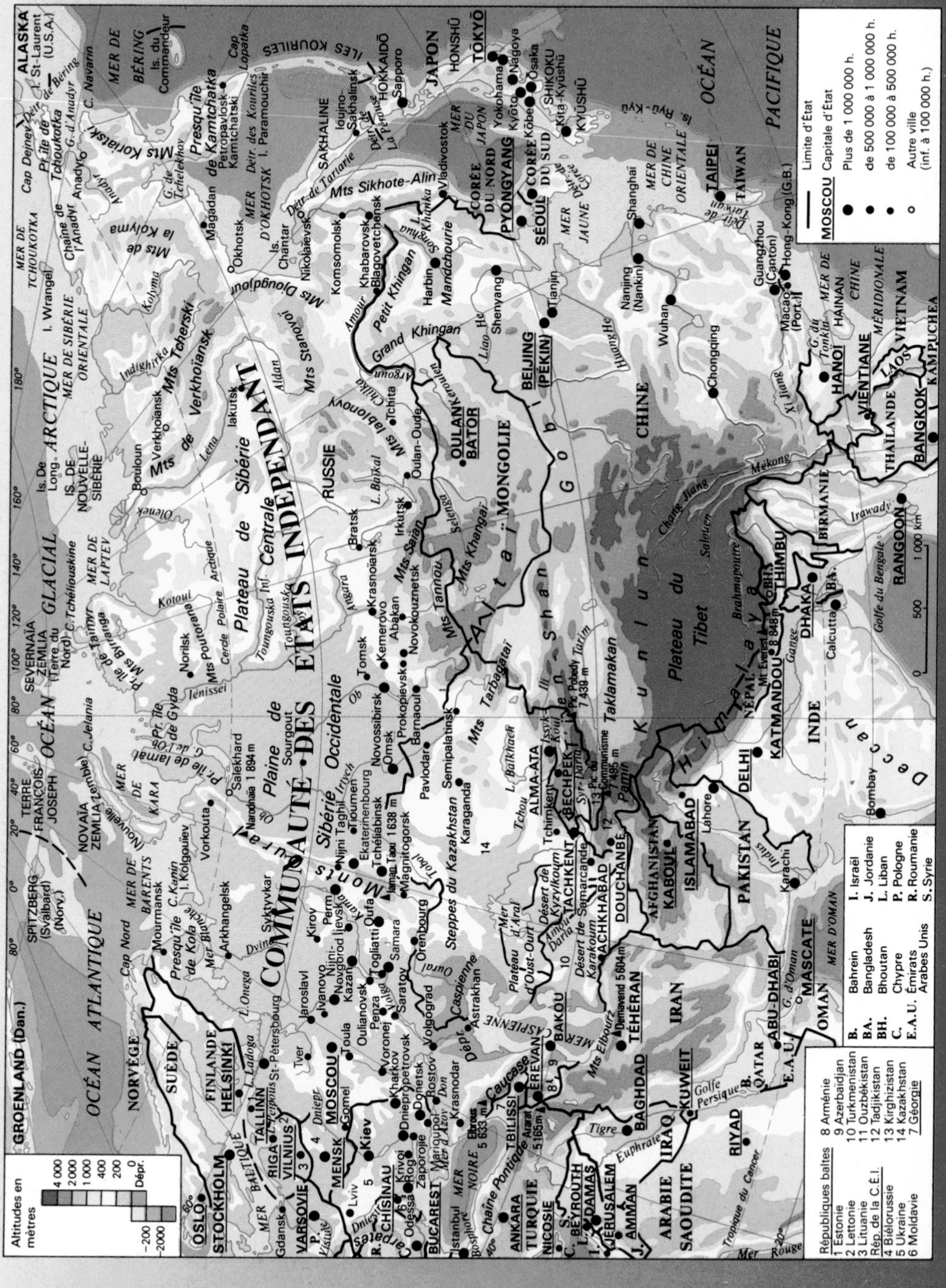

Altitudes en mètres
4 000
2 000
1 000
400
200
0
Dépr.
-200
-2000
Limite d'État
MOSCOU Capitale d'État
Plus de 1 000 000 h.
de 500 000 à 1 000 000 h.
de 100 000 à 500 000 h.
Autre ville (inf. à 100 000 h.)
Républiques baltes
1 Estonie
2 Lettonie
3 Lituanie
Rép. de la C.É.I.
4 Biélorussie
5 Ukraine
6 Moldavie
8 Arménie
9 Azerbaïdjan
10 Turkménistan
11 Ouzbékistan
12 Tadjikistan
13 Kirghizistan
14 Kazakhstan
7 Géorgie
B. Bahrein
BA. Bangladesh
BH. Bhoutan
C. Chypre
E.A.U. Émirats Arabes Unis
I. Israël
J. Jordanie
L. Liban
P. Pologne
R. Roumanie
S. Syrie
COMMUNAUTÉ DES ÉTATS INDÉPENDANT
RUSSIE
MONGOLIE
CHINE
JAPON
INDE
OCÉAN GLACIAL ARCTIQUE
OCÉAN PACIFIQUE
OCÉAN ATLANTIQUE

Asie

SUPERFICIE (Sans la C.É.I.) : 27 595 km^2

FLEUVE LE PLUS LONG : Yangzi Jiang (Chine), 5 500 km

LAC (OU MER INTÉRIEURE) LE PLUS VASTE : mer Caspienne, env. 371 000 km^2

POINT CULMINANT : Mont Everest (Chine, Népal) 8 848 m

POPULATION (SANS LA C.É.I.) : 3,061 milliards d'hab.

37 – Asie

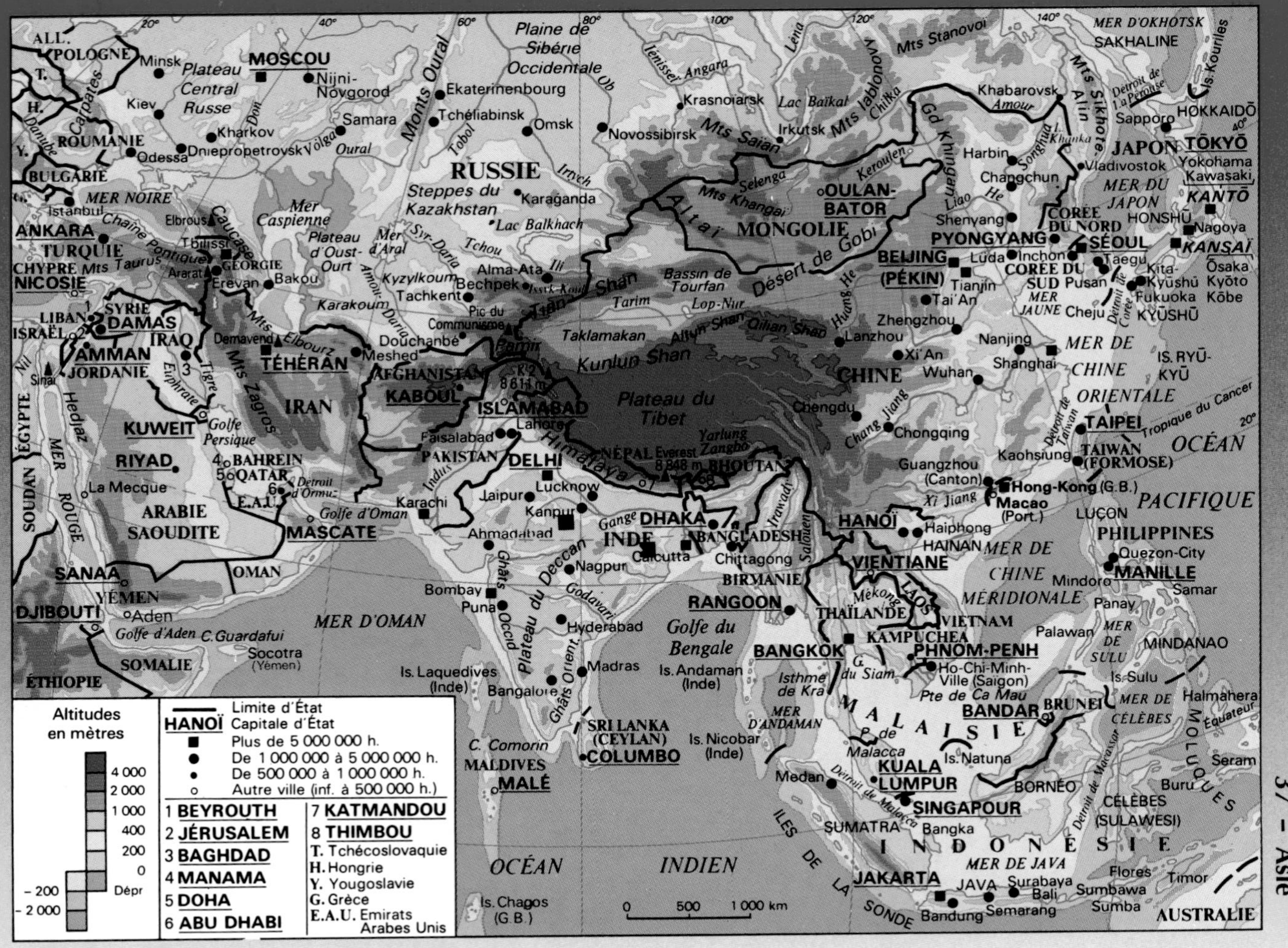

NOM OFFICIEL : république de l'Inde
FORME DE GOUVERNEMENT : république fédérale à régime multipartis avec un Parlement comprenant deux chambres (Conseil des États et Chambre du peuple)
DIVISIONS ADMINISTRATIVES : 25 États et 7 territoires de l'Union
CHEF DE L'ÉTAT : président
CHEF DU GOUVERNEMENT : Premier ministre
CAPITALE : New Delhi

SUPERFICIE : 3 166 414 km²
POPULATION : 835 812 000 hab.
taux de natalité : 31,9 ‰
taux de mortalité : 11,2 ‰
taux de mortalité infantile : 98 ‰
accroissement naturel : 2,07 %
DENSITÉ : 264 hab./km²
LANGUES OFFICIELLES : hindi, anglais, nombreuses langues nationales, indoeuropéennes et dravidiennes (États du Sud)
UNITÉ MONÉTAIRE : 1 roupie indienne = 100 paise (sing. : paisa)

38 - Inde

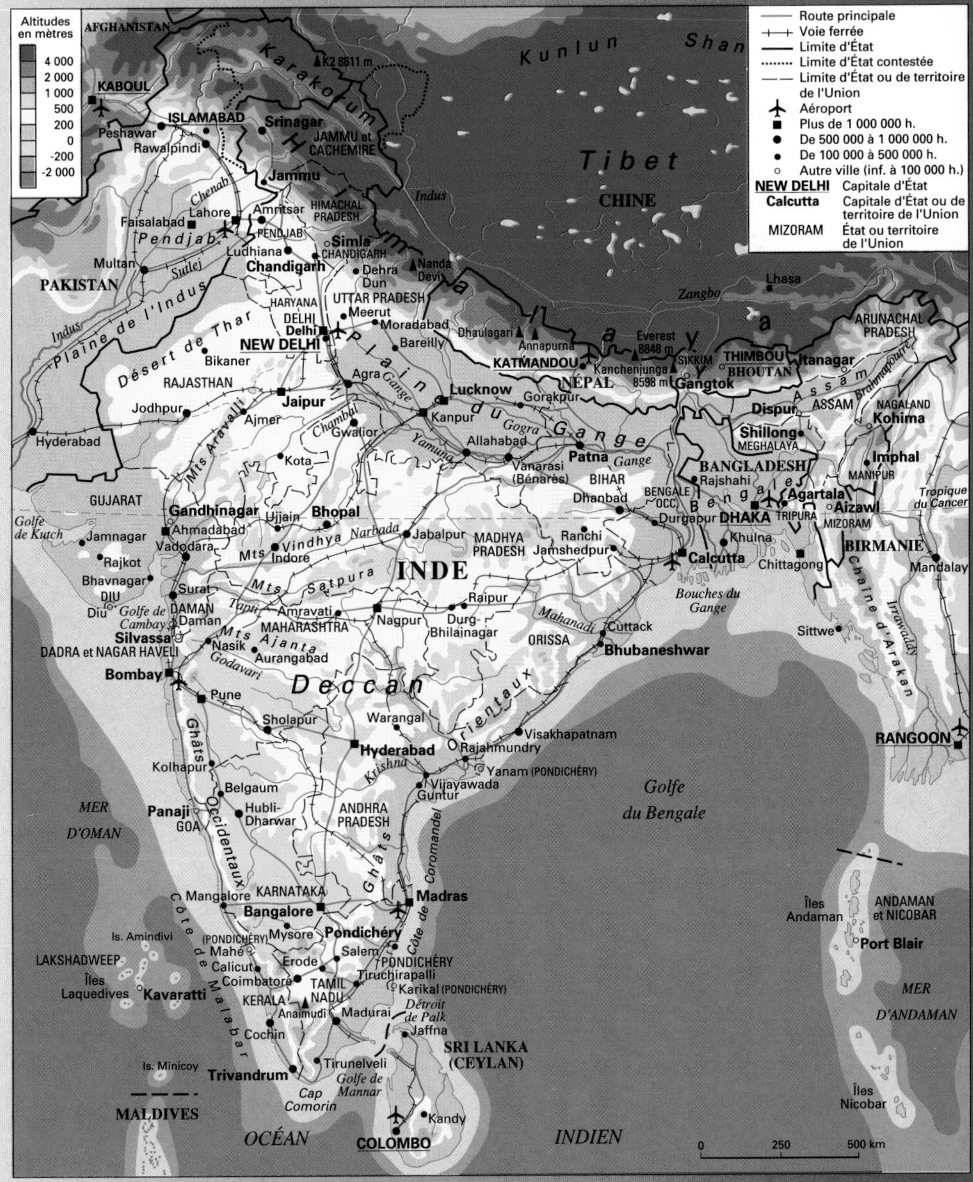

NOM OFFICIEL : république populaire de Chine
FORME DE GOUVERNEMENT : république populaire à régime de parti unique avec un organe suprême (Assemblée nationale populaire)
DIVISIONS ADMINISTRATIVES : 23 provinces, 5 régions autonomes et 3 municipalités (Pékin, Shanghai, Tianjin)
CHEF DE L'ÉTAT : président
CHEF DU GOUVERNEMENT : Premier ministre
CAPITALE : Pékin
SUPERFICIE : 9 572 900 km²
POPULATION : 1 104 275 000 hab.
taux de natalité : 21 ‰
taux de mortalité : 6,6 ‰
taux de mortalité infantile : 32 ‰
accroissement naturel : 1,4 %
DENSITÉ : 115,4 hab./km²
LANGUE OFFICIELLE : chinois (mandarin de Pékin)
autres langues : huit dialectes (dont le cantonais, parlé aussi à Hong-Kong) avec de nombreuses variantes ; les minorités nationales ont leurs propres langues
UNITÉ MONÉTAIRE : 1 renminbi yuan = 10 jiao ou 100 yen

39 – Chine

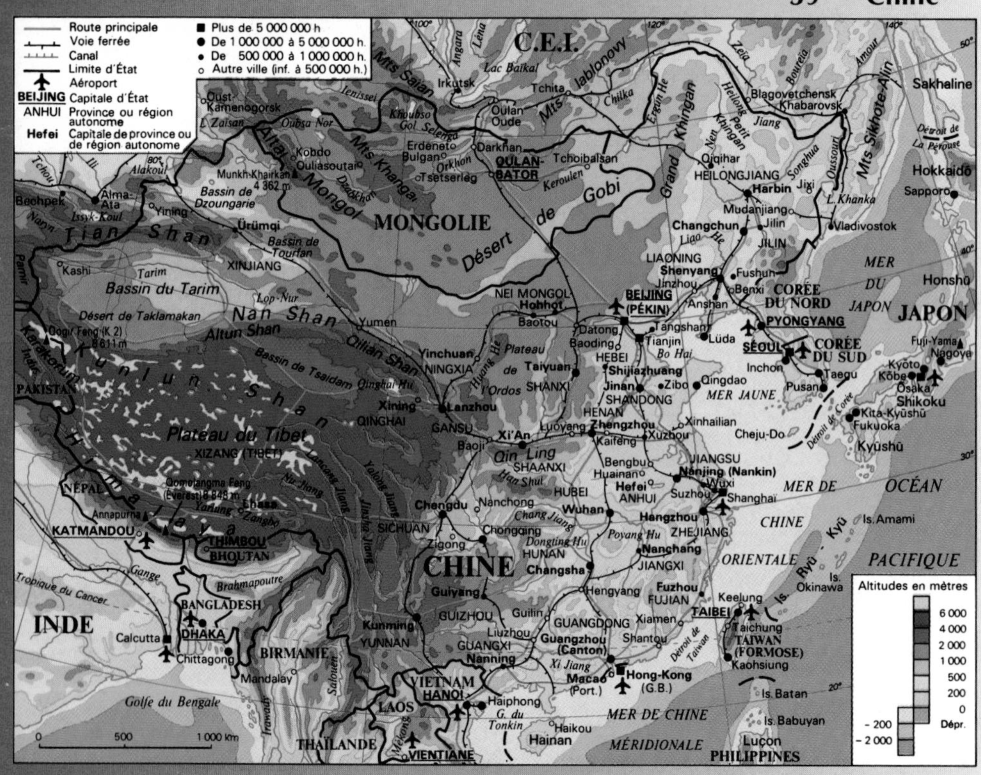

NOM OFFICIEL : Japon
FORME DE GOUVERNEMENT : monarchie constitutionnelle avec une diète comprenant deux assemblées (Chambre des conseillers et Chambre des représentants)
CHEF DE L'ÉTAT : empereur
CHEF DU GOUVERNEMENT : Premier ministre
CAPITALE : Tokyo

SUPERFICIE : 377 835 km²
POPULATION : 123 120 000 hab.
taux de natalité : 11 ‰
taux de mortalité : 6 ‰
taux de mortalité infantile : 5 ‰
accroissement naturel : 0,5 %
DENSITÉ : 325,9 hab./km²
LANGUE OFFICIELLE : japonais
UNITÉ MONÉTAIRE : 1 yen = 100 sen

40 - Japon

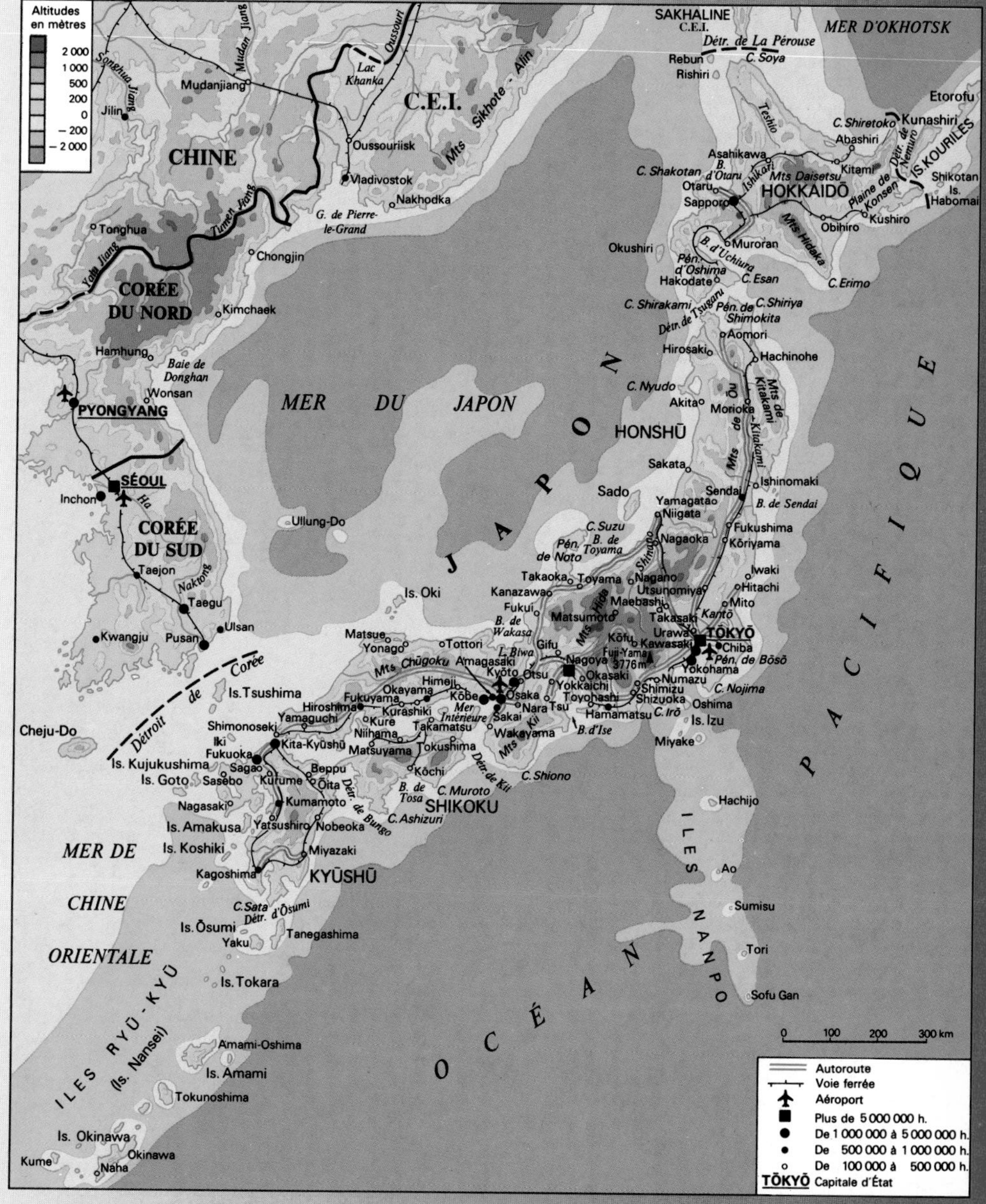

NOM OFFICIEL : États-Unis d'Amérique	**SUPERFICIE :** 9 529 063 km²
FORME DE GOUVERNEMENT : république fédérale (50 États et 1 district fédéral) avec un Congrès comprenant deux assemblées législatives (Sénat et Chambre des représentants)	**POPULATION :** 248 777 000 hab. **taux de natalité :** 16 ‰ **taux de mortalité :** 8,7 ‰ **taux de mortalité infantile :** 9,8 ‰ **accroissement naturel :** 0,73 %
CHEF DE L'ÉTAT ET DU GOUVERNEMENT : président	**DENSITÉ :** 26,1 hab./km²
CAPITALE : Washington	**LANGUE OFFICIELLE :** anglais **UNITÉ MONÉTAIRE :** 1 dollar = 100 cents

41 – États-Unis

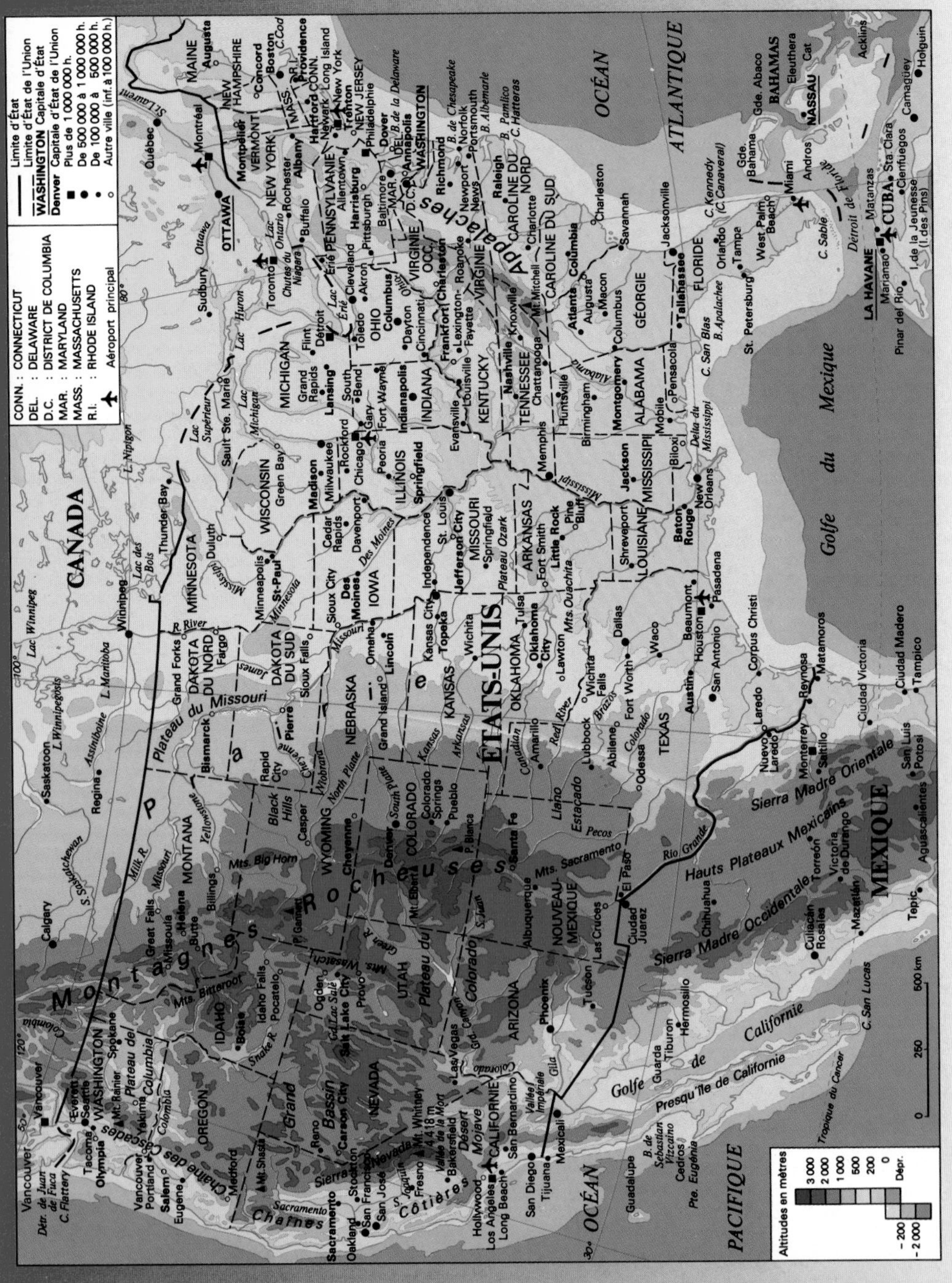

42 – Amérique centrale et Antilles

SUPERFICIE : 2 728 000 km²

LAC (OU MER INTÉRIEURE) LE PLUS VASTE : lac Nicaragua (Nicaragua), 8 400 km²

POINT CULMINANT : Orizaba (ou Citlaltépetl), 5 700 m (Mexique)

POPULATION : 148 millions d'hab.

42 – Amérique centrale et Antilles

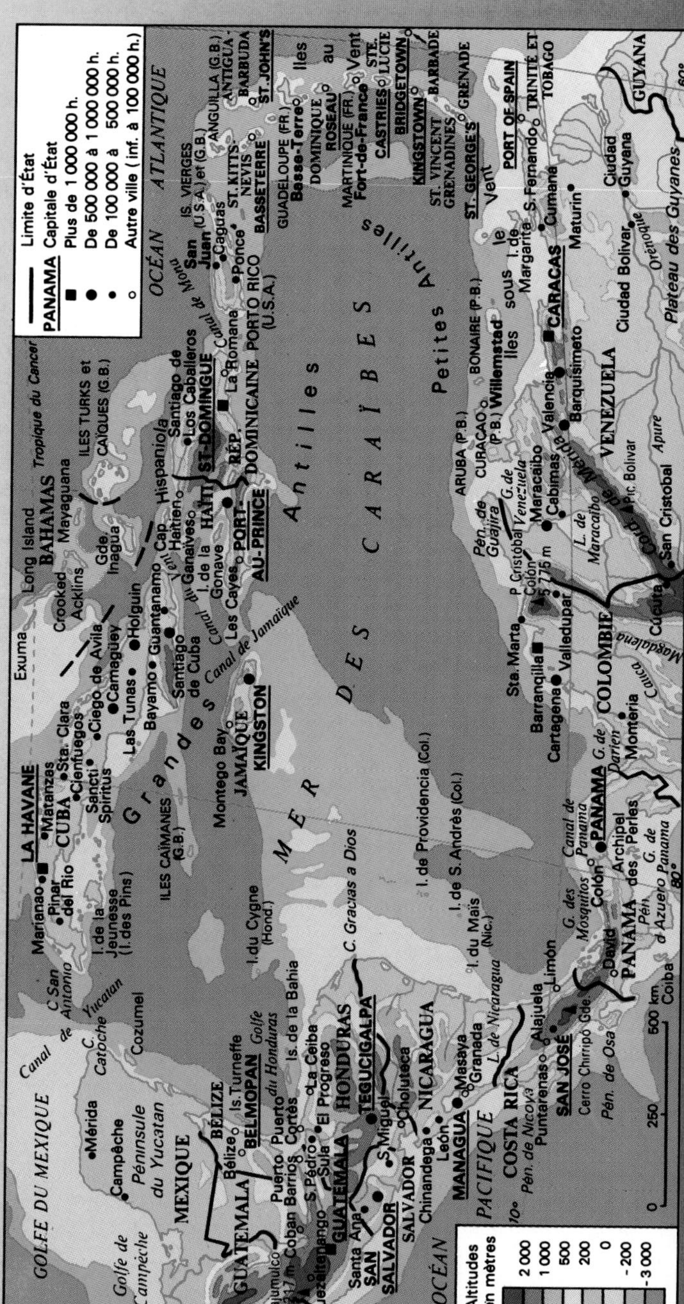

43 - MEXIQUE

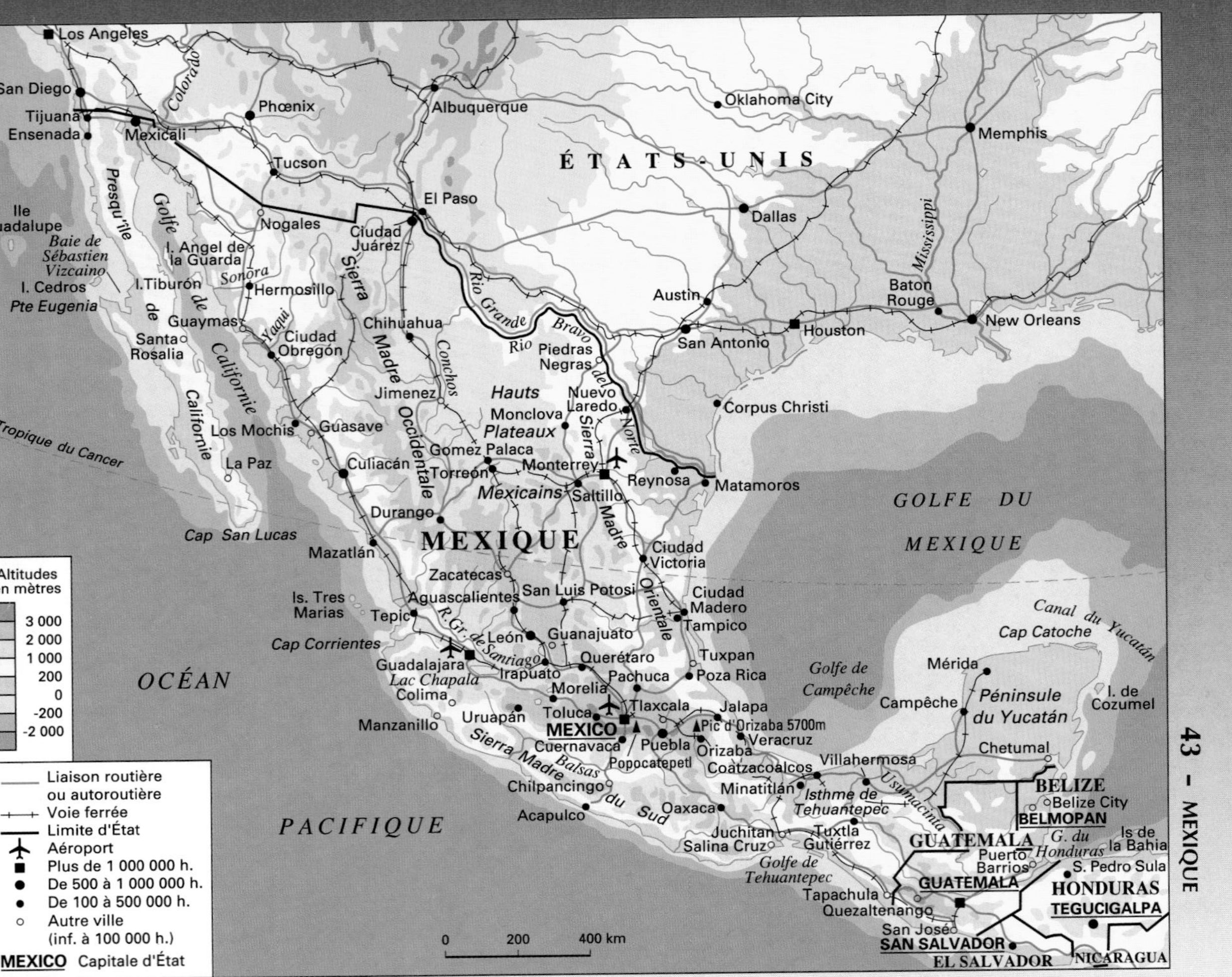

ÉTATS-UNIS
MEXIQUE
GOLFE DU MEXIQUE
OCÉAN PACIFIQUE
Los Angeles
San Diego
Tijuana
Ensenada
Mexicali
Phœnix
Tucson
Nogales
Albuquerque
El Paso
Ciudad Juárez
Oklahoma City
Dallas
Memphis
Mississippi
Baton Rouge
New Orleans
Houston
Austin
San Antonio
Corpus Christi
Matamoros
Reynosa
Nuevo Laredo
Piedras Negras
Rio Grande
Rio Bravo del Norte
Colorado
Golfe de Californie
Presqu'île de Californie
Ile Guadalupe
Baie de Sébastien Vizcaino
I. Cedros
Pte Eugenia
I. Angel de la Guarda
I.Tiburón
Sonora
Hermosillo
Guaymas
Santa Rosalia
Yaqui
Ciudad Obregón
Los Mochis
La Paz
Cap San Lucas
Tropique du Cancer
Guasave
Culiacán
Mazatlán
Sierra Madre Occidentale
Chihuahua
Conchos
Jimenez
Gomez Palaca
Torreón
Durango
Hauts Plateaux
Monclova
Monterrey
Saltillo
Sierra Madre Orientale
Mexicains
Ciudad Victoria
Ciudad Madero
Tampico
Tuxpan
Poza Rica
Zacatecas
Aguascalientes
San Luis Potosi
León
Guanajuato
Querétaro
Irapuato
Pachuca
Is. Tres Marias
Cap Corrientes
Tepic
Guadalajara
Lac Chapala
R. Gr. de Santiago
Colima
Manzanillo
Uruapán
Morelia
Toluca
MEXICO
Tlaxcala
Puebla
Popocatepetl
Cuernavaca
Balsas
Sierra Madre du Sud
Chilpancingo
Acapulco
Jalapa
Pic d'Orizaba 5700m
Veracruz
Orizaba
Coatzacoalcos
Minatitlán
Oaxaca
Juchitan
Salina Cruz
Golfe de Tehuantepec
Isthme de Tehuantepec
Villahermosa
Golfe de Campêche
Campêche
Mérida
Péninsule du Yucatán
Cap Catoche
Canal du Yucatán
I. de Cozumel
Chetumal
Usumacinta
Tuxtla Gutiérrez
Tapachula
Quezaltenango
GUATEMALA
San José
SAN SALVADOR
EL SALVADOR
BELIZE
Belize City
BELMOPAN
G. du Honduras
Puerto Barrios
S. Pedro Sula
Is de la Bahia
HONDURAS
TEGUCIGALPA
NICARAGUA
0 200 400 km
Altitudes en mètres
3 000
2 000
1 000
200
0
-200
-2 000
Liaison routière ou autoroutière
Voie ferrée
Limite d'État
Aéroport
Plus de 1 000 000 h.
De 500 à 1 000 000 h.
De 100 à 500 000 h.
Autre ville (inf. à 100 000 h.)
MEXICO Capitale d'État

Amérique du Sud

SUPERFICIE : 17 815 920 km²
FLEUVE LE PLUS LONG : rio São Francisco (Brésil), 3 161 km
LAC (OU MER INTÉRIEURE) LE PLUS VASTE : lac Maracaibo (Venezuela), 13 600 km²
POINT CULMINANT : Aconcagua (Argentine), 6 960 m
POPULATION : 292,3 millions d'hab.

44 – Amérique du Sud

45 - BRÉSIL

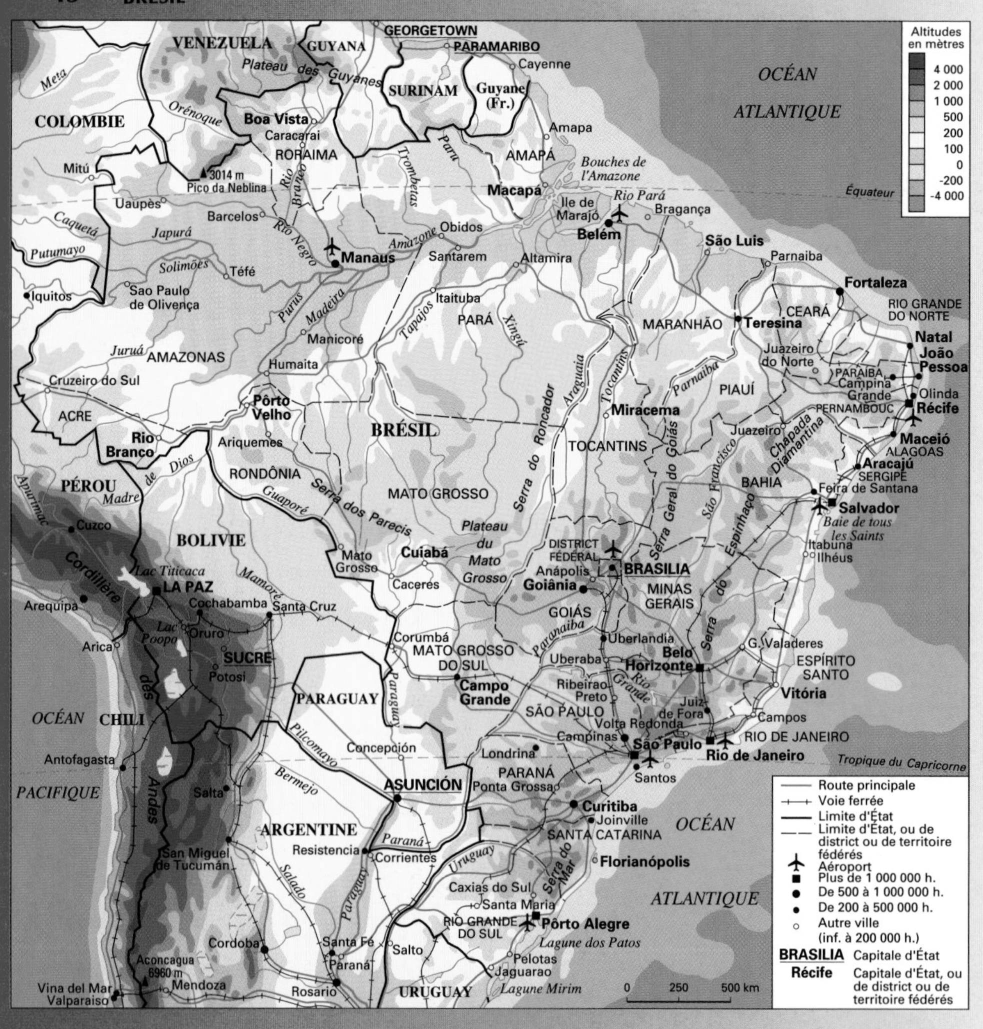

GEORGETOWN
PARAMARIBO
Cayenne
VENEZUELA
GUYANA
Plateau des Guyanes
SURINAM
Guyane (Fr.)
OCÉAN
ATLANTIQUE
Meta
COLOMBIE
Orénoque
Boa Vista
Caracaraí
RORAIMA
Amapa
AMAPÁ
Paru
Trombetas
Bouches de l'Amazone
Mitú
3014 m
Pico da Neblina
Rio Branco
Macapá
Équateur
Uaupès
Barcelos
Ile de Marajó
Rio Pará
Bragança
Caquetá
Japurá
Rio Negro
Amazone
Obidos
Belém
São Luis
Putumayo
Manaus
Santarem
Altamira
Parnaiba
Solimões
Téfé
Fortaleza
Iquitos
Sao Paulo de Olivença
Itaituba
RIO GRANDE DO NORTE
Purus
Madeira
Tapajós
PARÁ
Xingú
CEARÁ
MARANHÃO
Teresina
Natal
Manicoré
João Pessoa
Juruá
AMAZONAS
Araguaia
Tocantins
Juazeiro do Norte
Humaita
PARAIBA
Campina Grande
Cruzeiro do Sul
Parnaiba
PIAUÍ
Olinda
Pôrto Velho
Miracema
PERNAMBOUC
Récife
ACRE
BRÉSIL
Serra do Roncador
Juazeiro
Chapada Diamantina
Maceió
Rio Branco
Ariquemes
TOCANTINS
ALAGOAS
de Dios
Aracajú
RONDÔNIA
Serra dos Parecis
Serra Geral do Goiás
São Francisco
SERGIPE
PÉROU
Madre
Guaporé
MATO GROSSO
BAHIA
Feira de Santana
Salvador
Apurimac
Cuzco
Plateau du Mato Grosso
Espinhaço
Baie de tous les Saints
BOLIVIE
DISTRICT FÉDÉRAL
Itabuna
Ilhéus
Mato Grosso
Cuiabá
Anápolis
BRASILIA
Cordillère des Andes
Lac Titicaca
Mamoré
Caceres
Goiânia
MINAS GERAIS
LA PAZ
Arequipa
Cochabamba
Santa Cruz
GOIÁS
Serra do
Lac Poopo
Oruro
Paranaiba
Uberlandia
Arica
Corumbá
MATO GROSSO DO SUL
Uberaba
Belo Horizonte
G. Valaderes
SUCRE
ESPÍRITO SANTO
Potosi
Ribeirao Preto
Rio Grande
PARAGUAY
Paraguay
Campo Grande
Vitória
OCÉAN
CHILI
SÃO PAULO
Juiz de Fora
Campos
Pilcomayo
Volta Redonda
Campinas
RIO DE JANEIRO
Antofagasta
Concepción
São Paulo
Rio de Janeiro
Londrina
Tropique du Capricorne
Bermejo
Santos
PACIFIQUE
PARANÁ
Ponta Grossa
Salta
ASUNCIÓN
Curitiba
Joinville
ARGENTINE
Paraná
SANTA CATARINA
OCÉAN
Resistencia
Corrientes
Serra do Mar
Florianópolis
San Miguel de Tucumán
Uruguay
Salado
Caxias do Sul
Santa Maria
ATLANTIQUE
RIO GRANDE DO SUL
Pôrto Alegre
Cordoba
Santa Fe
Salto
Lagune dos Patos
Paraná
Pelotas
Aconcagua 6960 m
Jaguarao
Vina del Mar
Valparaiso
Mendoza
Rosario
URUGUAY
Lagune Mirim
0
250
500 km
Altitudes en mètres
4 000
2 000
1 000
500
200
100
0
-200
-4 000
Route principale
Voie ferrée
Limite d'État
Limite d'État, ou de district ou de territoire fédérés
Aéroport
Plus de 1 000 000 h.
De 500 à 1 000 000 h.
De 200 à 500 000 h.
Autre ville (inf. à 200 000 h.)
BRASILIA Capitale d'État
Récife Capitale d'État, ou de district ou de territoire fédérés

46 - Océanie

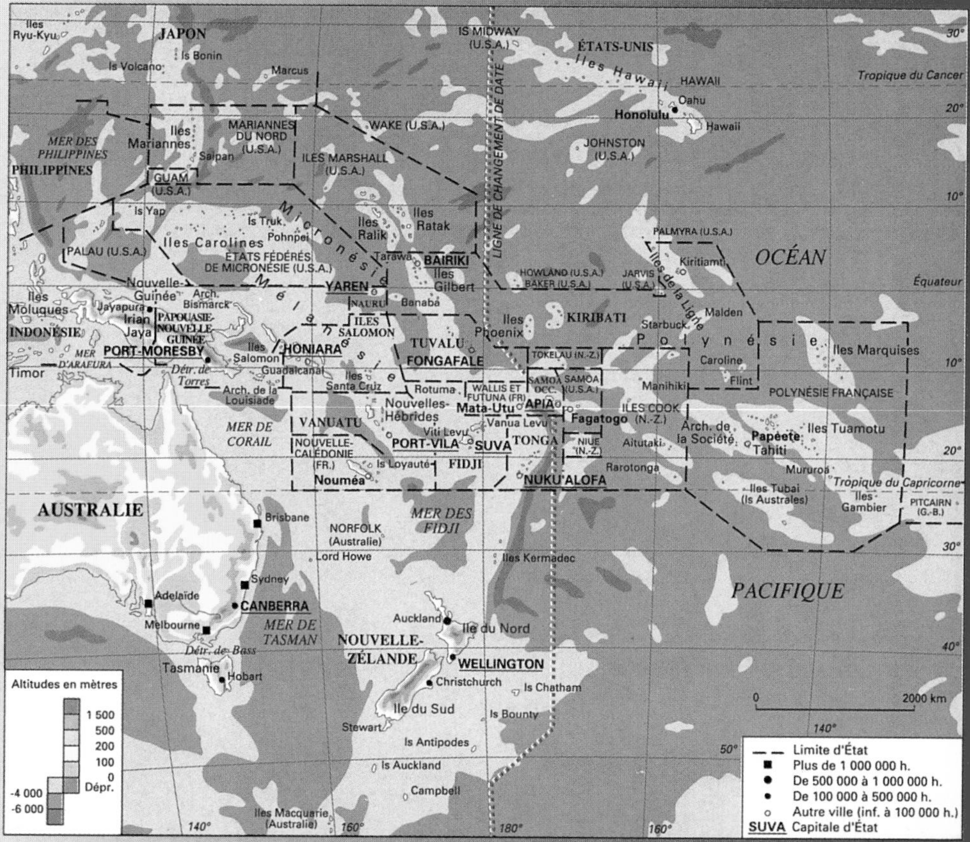

47 - Nouvelle-Zélande

46 - Océanie

SUPERFICIE TERRESTRE : 8 507 000 km²
FLEUVE LE PLUS LONG : Murray (Australie), 2 574 m
LAC (OU MER INTÉRIEURE) LE PLUS VASTE : lac Eyre (Australie), 8 880 km²
POINT CULMINANT : Mont Jaya (Nouvelle-Guinée), 5 040 m
POPULATION : 438 millions d'hab.

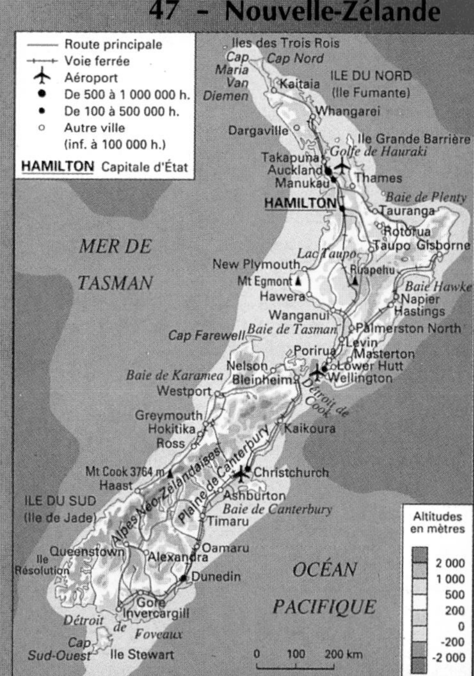

- 47 -

NOM OFFICIEL : Nouvelle-Zélande
FORME DE GOUVERNEMENT : monarchie constitutionnelle avec une assemblée législative (Chambre des représentants)
CHEF DE L'ÉTAT : reine d'Angleterre représentée par un gouverneur général
CHEF DU GOUVERNEMENT : Premier ministre
CAPITALE : Wellington
SUPERFICIE : 267 844 km²
POPULATION : 3 371 000 hab.
- **taux de natalité** : 17,3 ‰
- **taux de mortalité** : 8,2 ‰
- **taux de mortalité infantile** : 10 ‰
- **accroissement naturel** : 0,91 %

DENSITÉ : 12,6 hab./km²
LANGUES OFFICIELLES : anglais ; maori
UNITÉ MONÉTAIRE : 1 dollar néo-zélandais = 100 cents

- 48 -

NOM OFFICIEL : Commonwealth of Australia

FORME DE GOUVERNEMENT : monarchie constitutionnelle avec un Parlement fédéral comprenant deux chambres législatives (Sénat et Chambre des représentants)

DIVISIONS ADMINISTRATIVES : 6 États et 2 territoires

CHEF DE L'ÉTAT : reine d'Angleterre représentée par un gouvernement général

CHEF DU GOUVERNEMENT : Premier ministre

CAPITALE : Canberra

SUPERFICIE : 7 682 300 km²

POPULATION : 16 804 000 hab.

- **taux de natalité :** 14,9 ‰
- **taux de mortalité :** 7,3 ‰
- **taux de mortalité infantile :** 8,8 ‰
- **accroissement naturel :** 0,76 %

DENSITÉ : 2,2 hab./km²

LANGUE OFFICIELLE : anglais

UNITÉ MONÉTAIRE : 1 dollar australien = 100 cents

48 - Australie

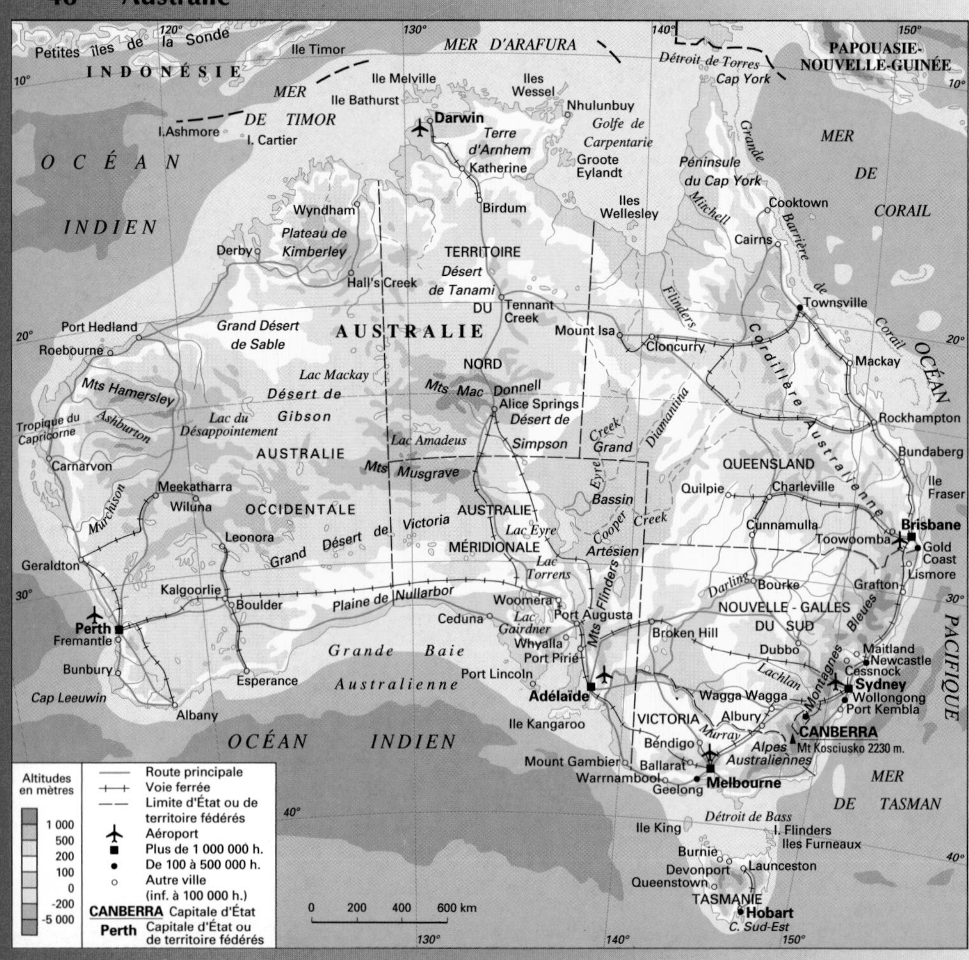

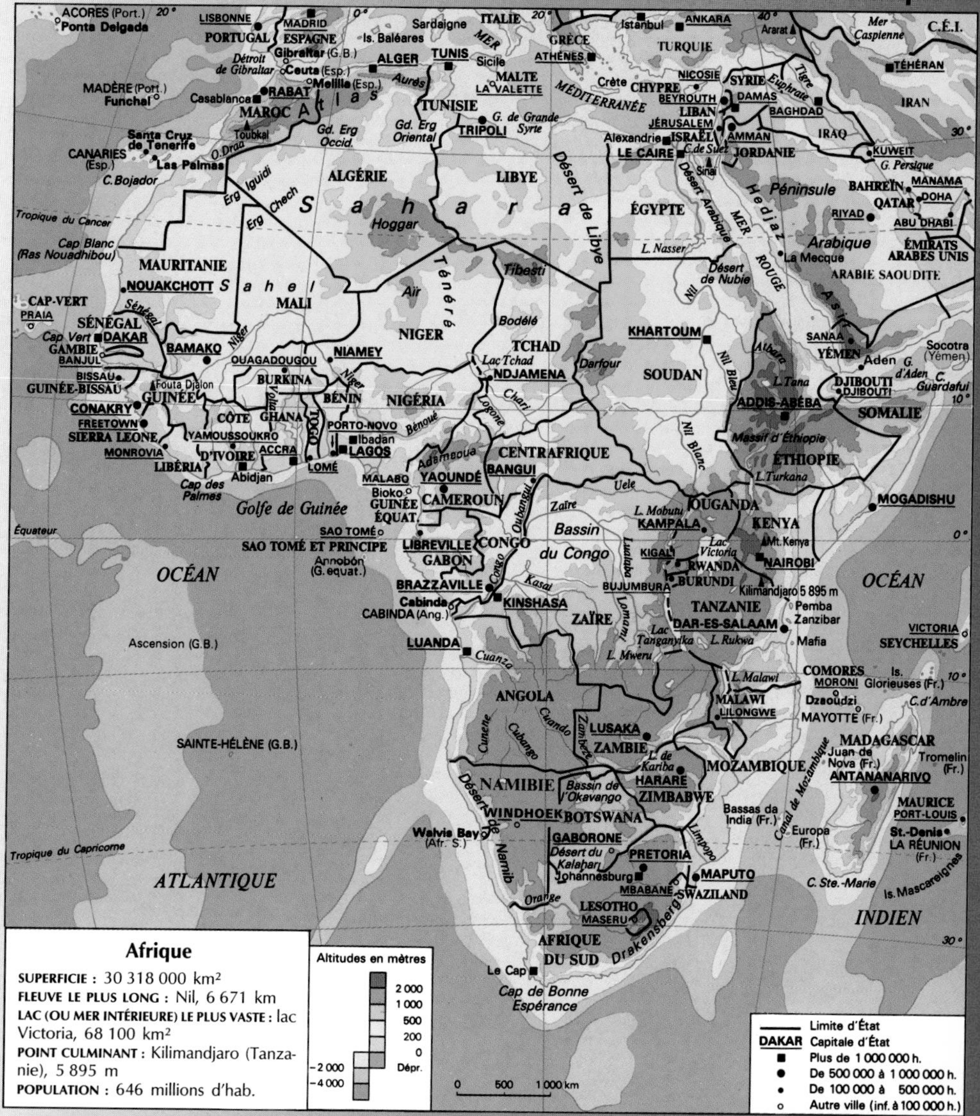

49 - Afrique

Afrique

SUPERFICIE : 30 318 000 km²
FLEUVE LE PLUS LONG : Nil, 6 671 km
LAC (OU MER INTÉRIEURE) LE PLUS VASTE : lac Victoria, 68 100 km²
POINT CULMINANT : Kilimandjaro (Tanzanie), 5 895 m
POPULATION : 646 millions d'hab.

Altitudes en mètres: 2 000, 1 000, 500, 200, 0, Dépr., –2 000, –4 000

0 500 1 000 km

- Limite d'État
- DAKAR Capitale d'État
- ■ Plus de 1 000 000 h.
- ● De 500 000 à 1 000 000 h.
- • De 100 000 à 500 000 h.
- ○ Autre ville (inf. à 100 000 h.)

50 - Maghreb

OCÉAN
OCÉAN
ATLANTIQUE
OCÉAN
PACIFIQUE
I. Ellesmere
Mer de Beaufort
I. Victoria
Terre de Baffin
Mer de Baffin
Groenland (Danemark)
Mer du Groenland
Spitzberg (Norv.)
Alaska (E.U.)
Yukon
Anchorage
Gd Lac de l'Ours
Gd Lac des Esclaves
Golfe d'Alaska
Détroit de Davis
Détroit du Danemark
Cercle Polaire Arctique
Reykjavik
ISLANDE
NORVÈGE
Oslo
Baie d'Hudson
Mer du Labrador
Peace
Athabasca
Churchill
Nelson
Edmonton
I. Vancouver
Vancouver
C A N A D A
L. Winnipeg
Winnipeg
Columbia
Missouri
L. Supérieur
Québec
Terre-Neuve
L. Michigan
L. Huron
Ottawa
St-Laurent
Montréal
St-Pierre et Miquelon (F)
ÉTATS-UNIS
Detroit
Toronto
Chicago
San Francisco
Colorado
Denver
Ohio
Philadelphie
New York
Washington
Los Angeles
Rio Grande
Arkansas
Mississippi
Dallas
Houston
Monterrey
Golfe du Mexique
Tropique du Cancer
MEXIQUE
Santiago
Mexico
Mérida
Nassau
BAHAMAS
La Havane
CUBA
Caïmans (R-U)
BELIZE
Belmopan
JAMAÏQUE
Kingston
P.-au-Pr.
HAÏTI
RÉP. DOM.
St-Domingue
Porto-Rico (E.U.)
S. Juan
ANTIGUA ET BARBUDA
Guadeloupe (F)
DOMINIQUE
Martinique (F)
BARBADE
GRENADE
TRINIDAD ET TOBAGO
HONDURAS
Tegucigalpa
GUATEMALA
Guatemala
S. Salvador
EL SALVADOR
NICARAGUA
Managua
Mer des Antilles
COSTA RICA
S. José
Panama
PANAMA
Caracas
Maracaibo
VENEZUELA
Medellin
Orénoque
Georgetown
GUYANA
Paramaribo
SURINAM
Cayenne
Guyane (F)
Magdalena
Bogota
COLOMBIE
0° Équateur
Quito
ÉQUATEUR
Guayaquil
I. Galapagos (Éq.)
Rio Negro
Manaus
Amazone
Belem
Iquitos
Jurua
Purus
Madeira
Tapajos
Xingu
Maranon
B R É S I L
Recife
Tocantins
Sao Francisco
PÉROU
Lima
Ucayali
Salvador
L. Titicaca
BOLIVIE
Sucre
Arequipa
Brasilia
Paraguay
Belo Horizonte
Parana
Tropique du Capricorne
Antofagasta
PARAGUAY
Sao Paulo
Rio de Janeiro
Asuncion
CHILI
URUGUAY
Santiago
Buenos Aires
Montevideo
ARGENTINE
Rio Negro
Dét. de Magellan
I. Falkland (R.U.)
Georgie du Sud (R.U.)
Terre de Feu
Détroit de Drake
Cercle Polaire Antarctique
Mer de Weddell
(Chili - Argentine - Royaume-Uni)
(Norvè
Açores (Port.)
Madère (Port.)
I. Canaries (Esp.)
Dublin
IRLANDE
ROYAUME-UNI
Londres
M. du Nord
DANEMARK
Copenha
Amsterdam
P.B.
ALLEMAGNE
Berlin
BEL.
Bonn
LUX.
Paris
SUISSE
AUT.
FRANCE
CROATIE
ITALIE
Rome
PORTUGAL
Lisbonne
Madrid
ESPAGNE
Mer Méditerranée
Alger
Tunis
TUNISIE
Tripoli
Rabat
Casablanca
MAROC
ALGÉRIE
LIBY
MAURITANIE
Nouakchott
MALI
NIGER
Agadès
Sénégal
Niger
CAP VERT
SÉNÉGAL
Dakar
GAMBIE
Banjul
GUINÉE BISSAU
Bissau
Bamako
BURKINA FASO
Niamey
Ouagadougou
Ndjamena
GUINÉE
Conakry
Freetown
SIERRA LEONE
Volta
BÉNIN
Kano
NIGERIA
Bénoué
CÔTE D'IVOIRE
Yamoussoukro
TOGO
Ibadan
Monrovia
LIBERIA
Abidjan
GHANA
Accra
Lagos
CAMEROUN
Douala
Yaoundé
Malabo
Lomé
Porto-Novo
SÃO TOMÉ ET PRINCIPE
G.É.
Libreville
GABON
Brazzaville
Cabinda (Ang.)
Luanda
Windho
Walvis Bay (Af. du Sud)

GLACIAL
ARCTIQUE
Terre François-Joseph
Terre du Nord
I. de Nlle Sibérie
Mer de Sibérie orientale
Mer des Laptev
Nouvelle-Zemble
M. de Kara
Mer de Barents
RUSSIE
Mer d'Okhotsk
Sakhaline
KAZAKHSTAN
L. Balkhach
Novossibirsk
L. Baïkal
Oulan Bator
MONGOLIE
Vladivostok
OCÉAN
Moscou
Saint-Pétersbourg
ESTONIE
LETTONIE
LITUANIE
BIELORUSSIE
Kiev
MOLDAVIE
Mer Noire
GÉORGIE
Tbilissi
Erevan
ARMÉNIE
AZERBAÏDJAN
Bakou
Mer Caspienne
M. d'Aral
OUZBÉKISTAN
Tachkent
Frounze
Alma-Ata
KIRGHIZISTAN
TURKMÉNISTAN
Achkhabad
Douchanbe
TADJIKISTAN
Istanbul
Ankara
TURQUIE
Shenyang
Beijing (Pékin)
CORÉE DU NORD
Pyongyang
Mer du Japon
JAPON
Séoul
CORÉE DU SUD
Tokyo
Osaka
Téhéran
IRAN
Kaboul
AFGHANISTAN
Islamabad
C H I N E
Wuhan
Shanghaï
Mer de Chine orientale
SYRIE
LIBAN
Nicosie
CHYPRE
Beyrouth
Damas
Jérusalem
ISRAËL
Amman
JORDANIE
Bagdad
IRAK
KOWEIT
Le Caire
Lhassa
NÉPAL
Katmandou
BHOUTAN
New Delhi
PAKISTAN
Karachi
Guangzhou (Canton)
Taipeh
TAIWAN
Tropique du Cancer
PACIFIQUE
ÉGYPTE
L. Nasser
ARABIE SAOUDITE
BAHREIN
QATAR
Riyadh
E.A.U.
Mascate
OMAN
Mer Rouge
Dacca
Calcutta
MYANMA (BIRMANIE)
Hanoï
Macao (P.)
Hong Kong (R.U.)
Bombay
I N D E
Hyderabad
BANGLADESH
G. du Bengale
Yangoon
Vientiane
VIETNAM
Mer
Iles Mariannes (E.U.)
Mer d'Oman
Khartoum
San'aa
YEMEN
Aden
DJIBOUTI
I. Socotra (Yémen)
Madras
THAILANDE
Bangkok
LAOS
CAMB.
Phnom Penh
Ho Chi Minh Ville
Mer de Chine méridionale
Manille
des PHILIPPINES
Philippines
I. Guam (E.U.)
I. Laquedives
I. Andaman et Nicobar (Inde)
SRI LANKA
Colombo
Addis Abeba
ÉTHIOPIE
SOMALIE
Mogadiscio
ILES MALDIVES
Mahé
BRUNEI
Kuala Lumpur
MALAYSIA
SINGAPOUR
Iles Carolines (E.U.)
OUGANDA
Kampala
KÉNYA
Nairobi
Équateur
Sumatra
Kalimantan
Sulawesi
I N D O N É S I E
Irian
PAPOUASIE-NOUVELLE GUINÉE
ILES SALOMON
Jakarta
Java
I. de la Sonde
Port Moresby
Honiara
TANZANIE
Dodoma
Dar es Salaam
SEYCHELLES
COMORES
O C É A N
MALAWI
Lilongwe
ZAMBIE
Lusaka
Mayotte (F)
Harare
ZIMBABWE
MOZAMBIQUE
Canal de Mozambique
Antananarivo
MADAGASCAR
I.MAURICE
I. Réunion (F)
Mer de Timor
Mer de Corail
Pretoria
Maputo
Mbabane
SWAZILAND
Maseru
LESOTHO
I N D I E N
AUSTRALIE
Nlle-Calédonie (F)
Tropique du Capricorne
Perth
Darling
Adelaïde
Murray
Canberra
Sydney
Melbourne
Tasmanie
Mer de Tasman
NOUVELLE-ZÉLANDE
Wellington
Nlle Amsterdam (F)
St-Paul
Crozet (F)
Kerguelen (F)
(Australie)
Terre Adélie (F)
(N.Z.)

1 – L'Égypte ancienne

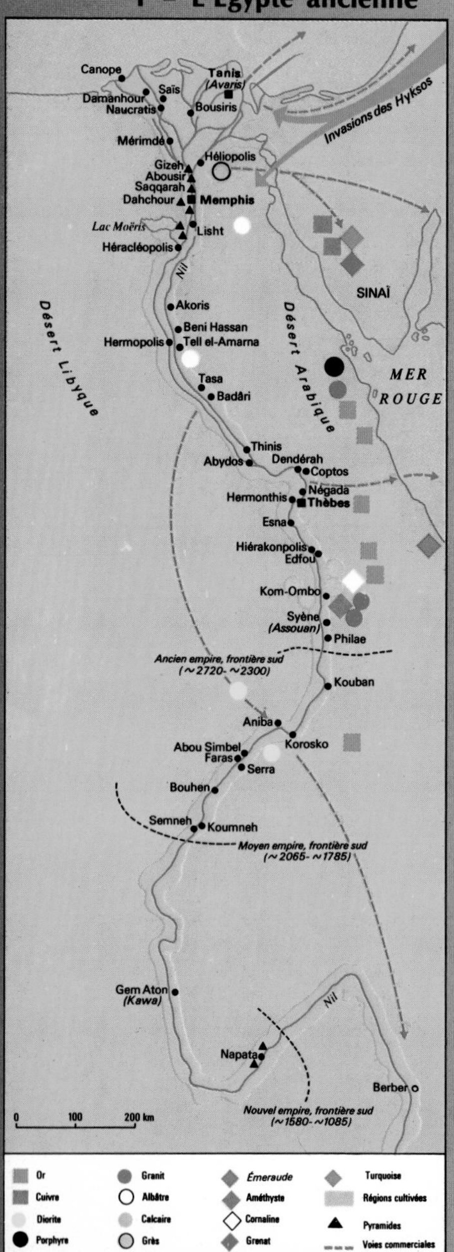

2 – Israël biblique

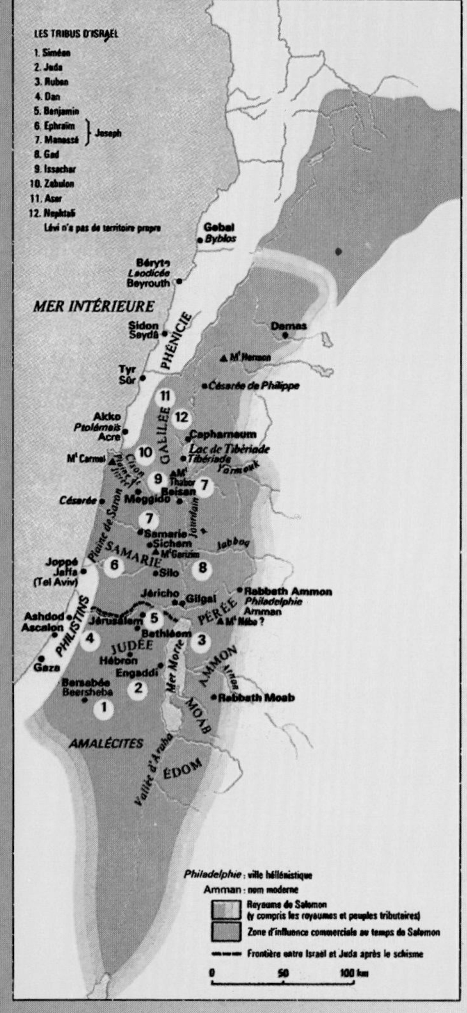

ATLAS HISTORIQUE

3 – La Grèce ancienne

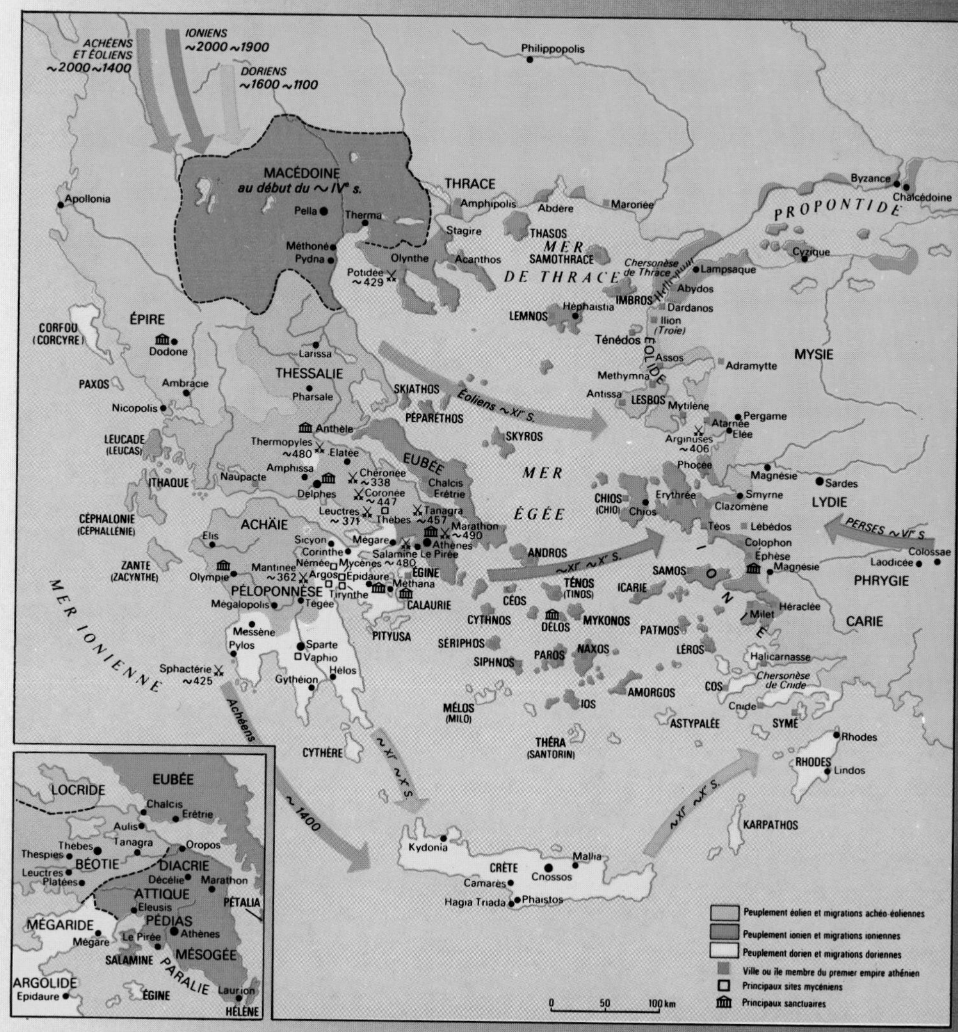

4 – L'empire d'Alexandre (356-323 av. J.-C.)

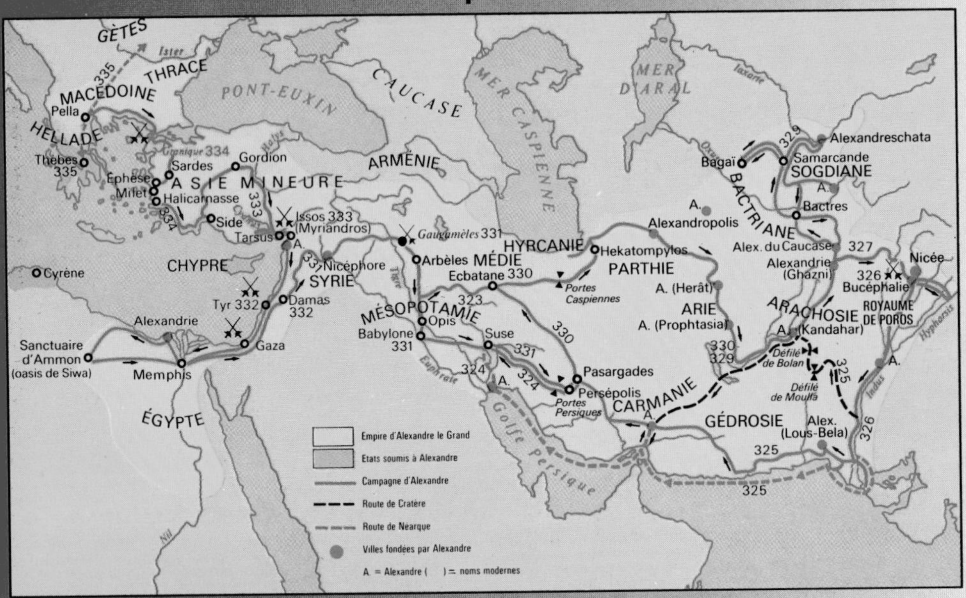

5 – L'Empire byzantin sous Justinien Ier (482-565)

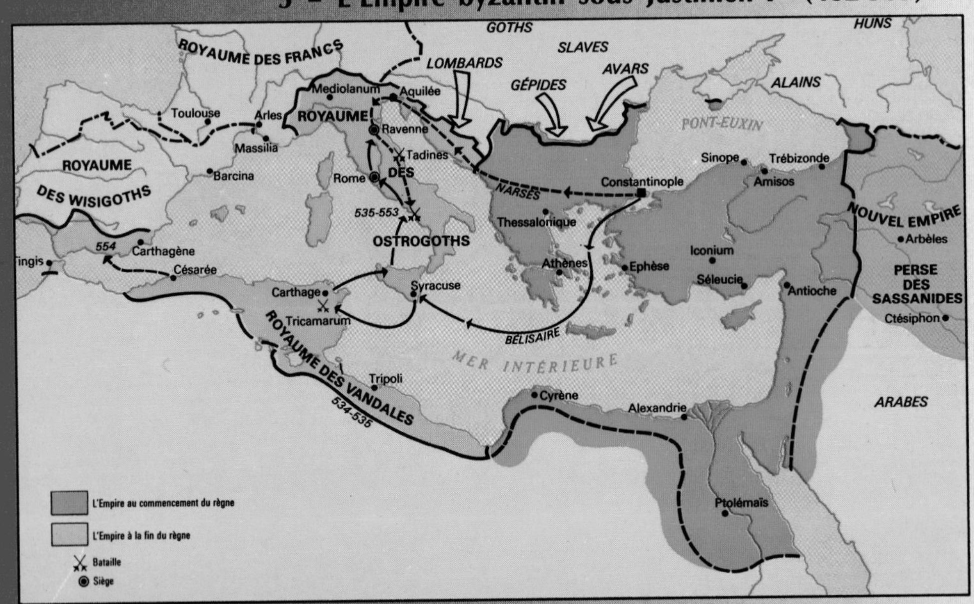

LE MONDE MUSULMAN

6 – Le monde musulman et son expansion jusqu'en 1453

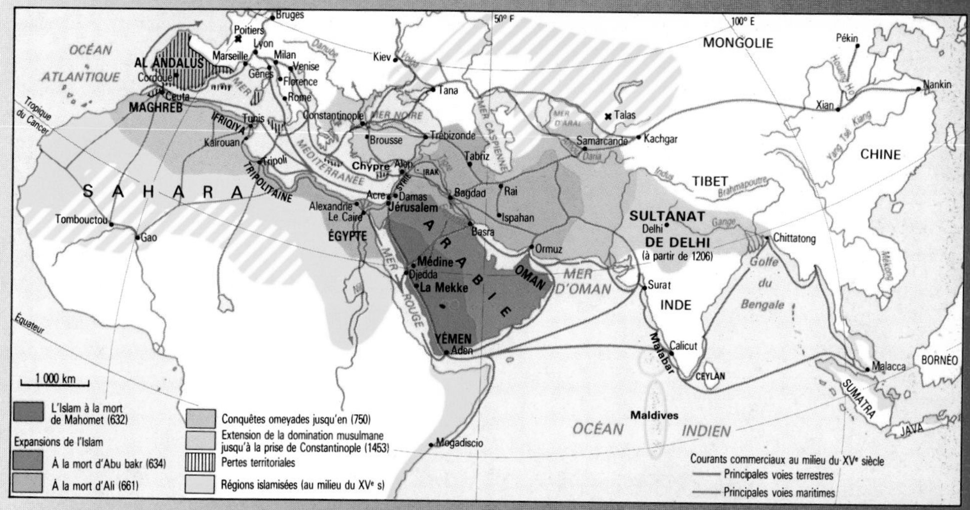

7 – Le monde musulman et son expansion de 1453 à la fin du XVIIIe s.

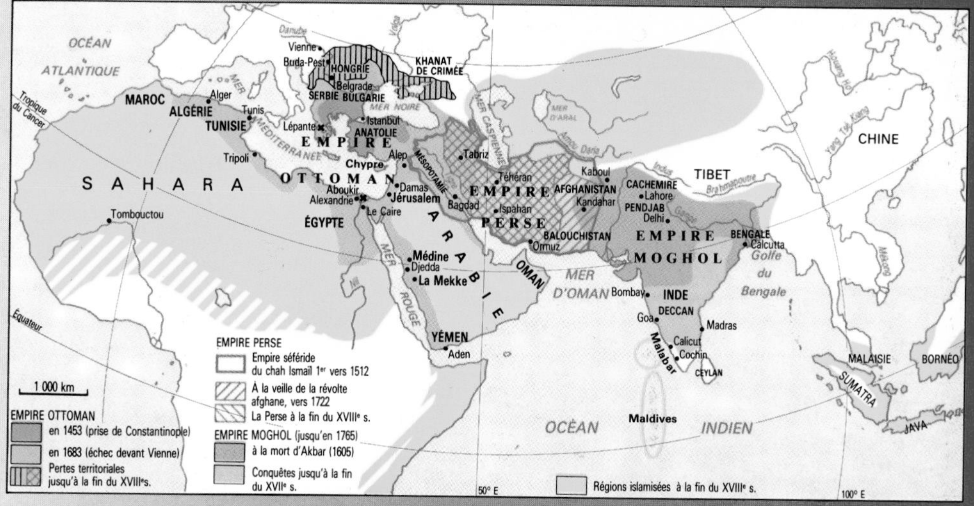

8 – L'Europe du XIIIe au XVIe s.

L'EUROPE

LES ÉTATS-UNIS

9 – Les étapes de la conquête et de la formation des États-Unis.

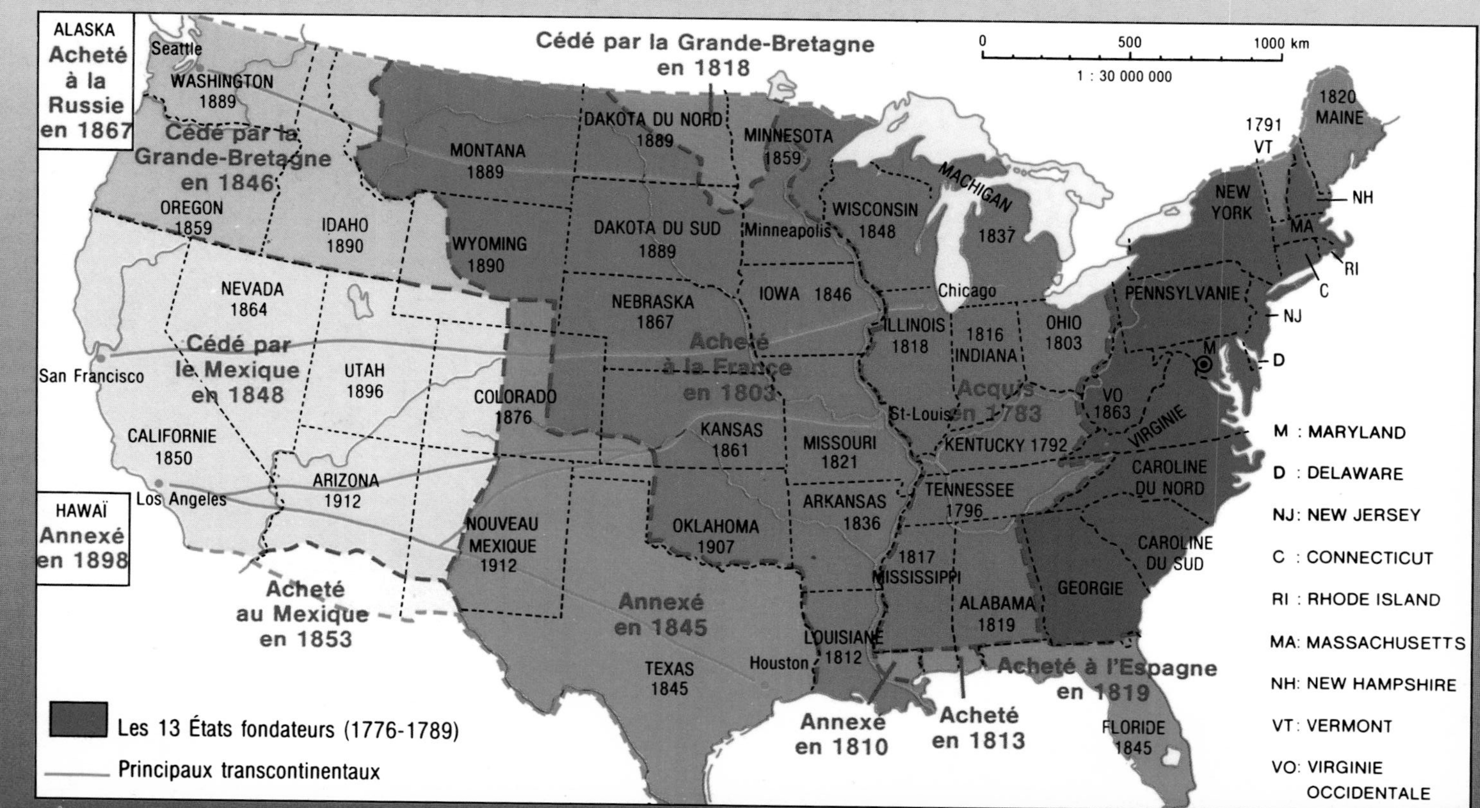

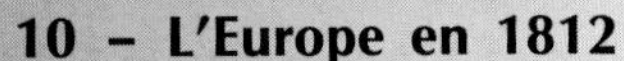

10 – L'Europe en 1812

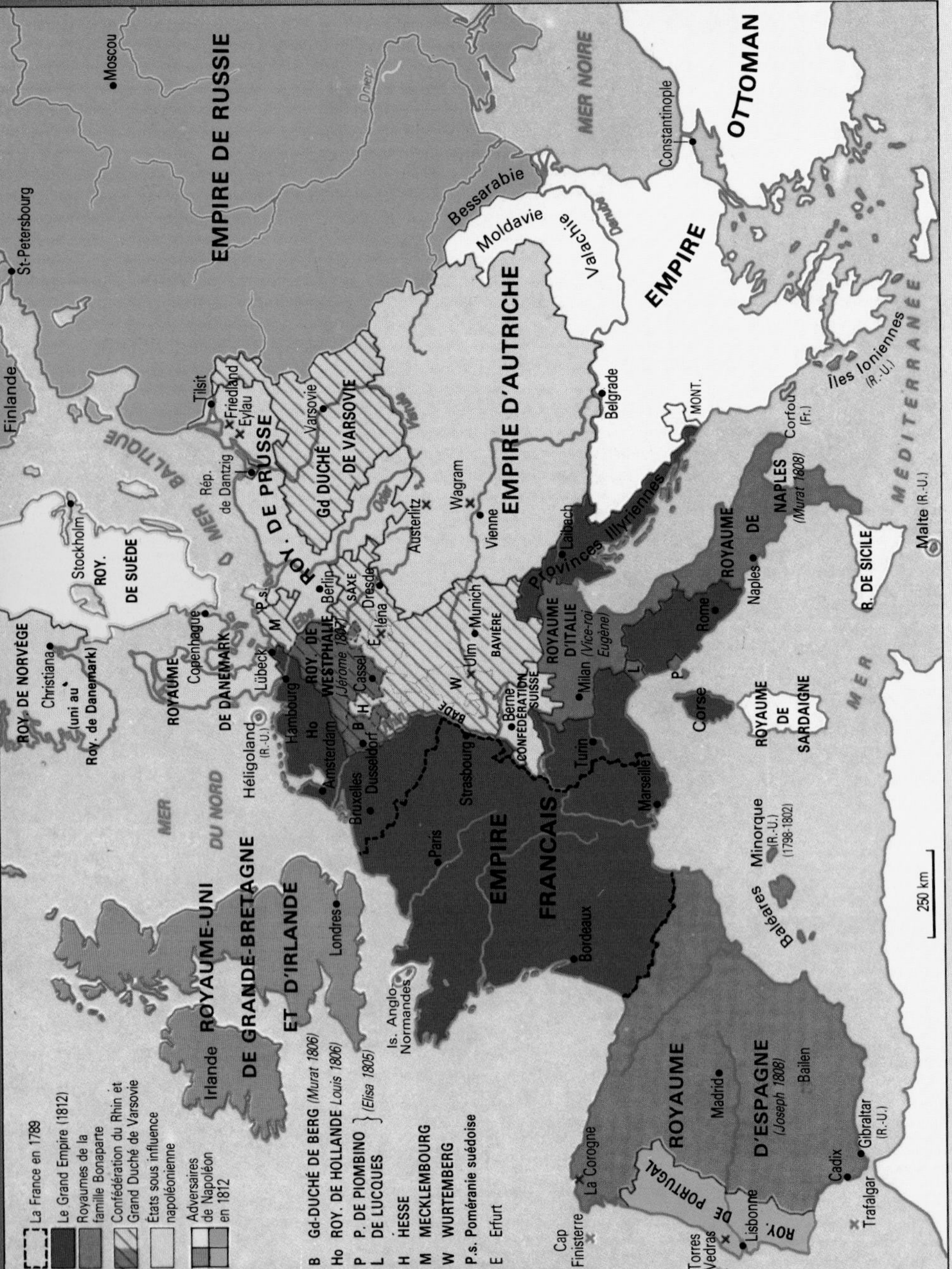

La France en 1789
Le Grand Empire (1812)
Royaumes de la famille Bonaparte
Confédération du Rhin et Grand Duché de Varsovie
États sous influence napoléonienne
Adversaires de Napoléon en 1812
B Gd-DUCHÉ DE BERG (Murat 1806)
Ho ROY. DE HOLLANDE Louis 1806)
P P. DE PIOMBINO
L DE LUCQUES } (Elisa 1805)
H HESSE
M MECKLEMBOURG
W WURTEMBERG
P.s. Poméranie suédoise
E Erfurt
EMPIRE DE RUSSIE
Moscou
St-Petersbourg
Finlande
Tilsit
Friedland
Eylau
Rép. de Dantzig
ROY. DE PRUSSE
Gd DUCHÉ DE VARSOVIE
Varsovie
EMPIRE D'AUTRICHE
Wagram
Vienne
Austerlitz
Bessarabie
Moldavie
Valachie
Danube
Dniepr
MER NOIRE
Constantinople
EMPIRE OTTOMAN
Belgrade
MONT.
Îles Ioniennes (R.-U.)
Corfou (Fr.)
MÉDITERRANÉE
Malte (R.-U.)
R. DE SICILE
ROYAUME DE NAPLES (Murat 1808)
Naples
Rome
Provinces Illyriennes
Laibach
ROYAUME D'ITALIE (Vice-roi Eugène)
Milan
MER BALTIQUE
Stockholm
ROY. DE SUÈDE
ROY. DE NORVÈGE (uni au Roy. de Danemark)
Christiana
ROYAUME DE DANEMARK
Copenhague
Lübeck
Hambourg
Héligoland (R.-U.)
ROY. DE WESTPHALIE (Jérome 1807)
Cassel
Berlin
SAXE
Dresde
Iéna
Munich
BAVIÈRE
Ulm
BADE
Berne
CONFÉDÉRATION SUISSE
Amsterdam
Dusseldorf
Bruxelles
Strasbourg
Paris
Bordeaux
Marseille
Turin
EMPIRE FRANÇAIS
Corse
ROYAUME DE SARDAIGNE
MER
Minorque (R.-U.) (1798-1802)
Baléares
250 km
MER DU NORD
ROYAUME-UNI DE GRANDE-BRETAGNE ET D'IRLANDE
Irlande
Londres
Is. Anglo Normandes
ROYAUME D'ESPAGNE (Joseph 1808)
Madrid
Bailen
Gibraltar (R.-U.)
Cadix
Trafalgar
La Corogne
Cap Finisterre
ROY. DE PORTUGAL
Lisbonne
Torres Vedras

11 - L'Europe en 1815

12 - L'Europe en 1880

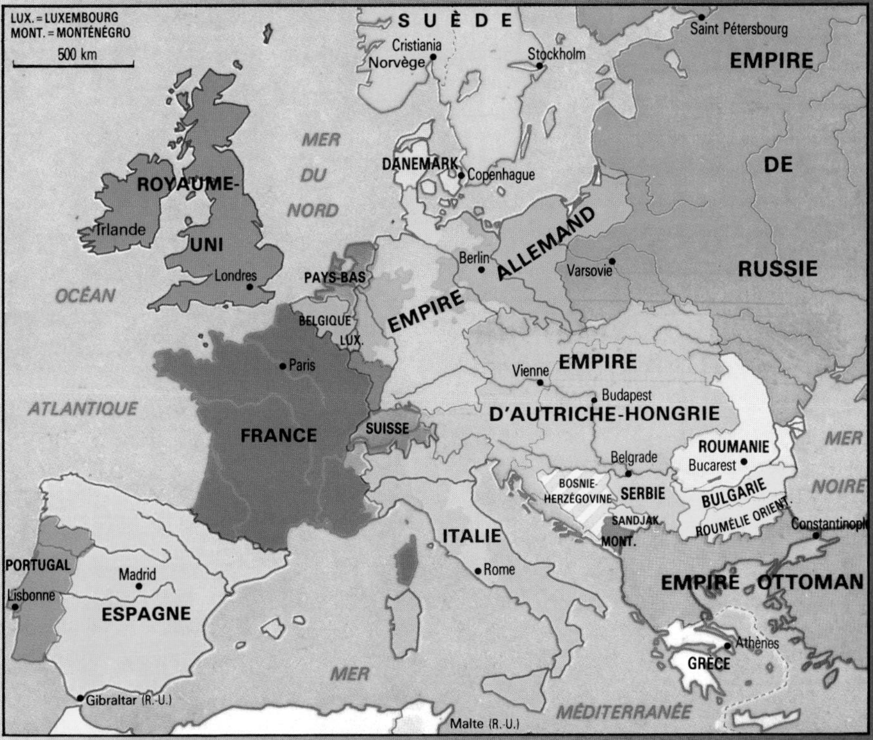

13 - LE MOND

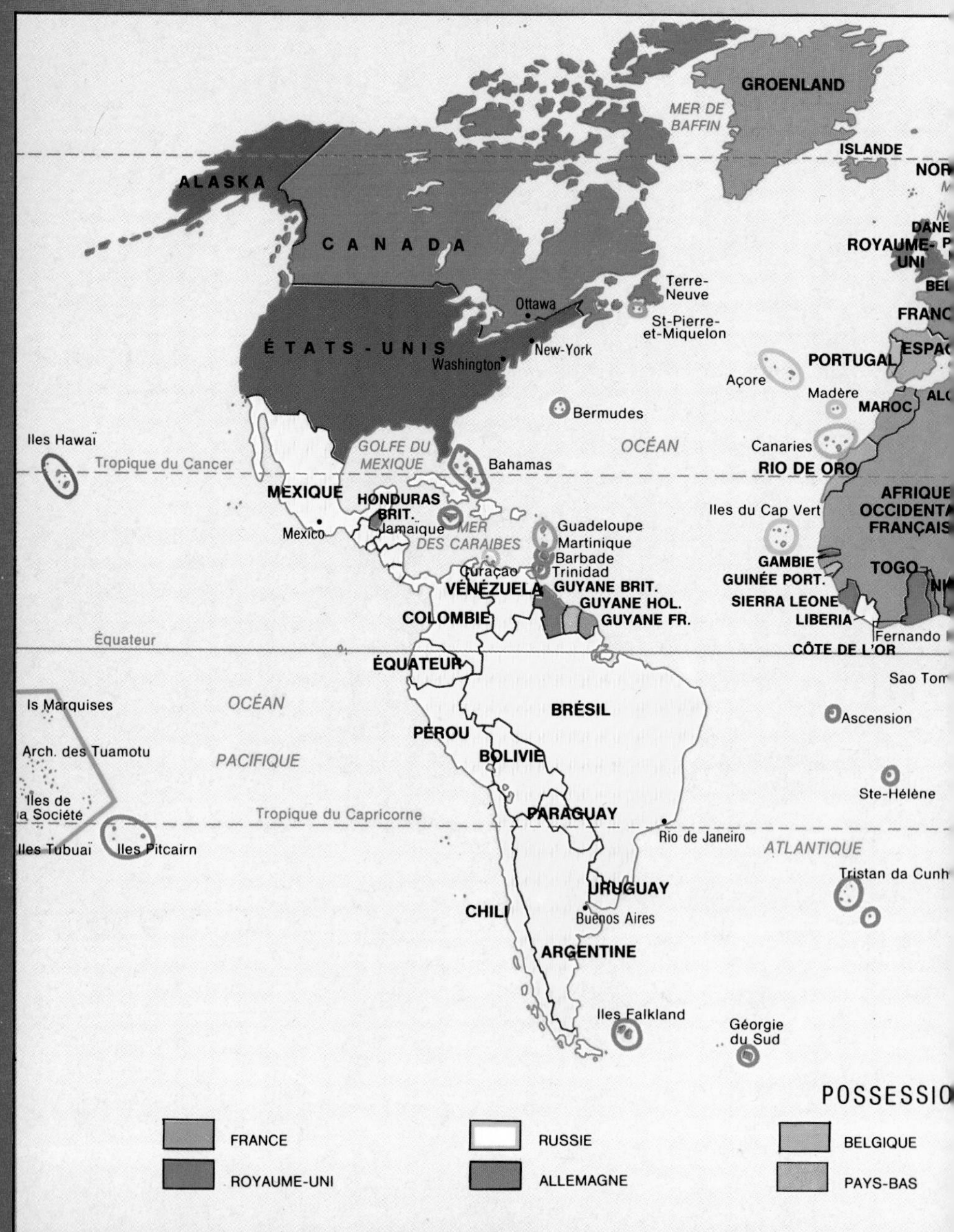
GROENLAND
MER DE BAFFIN
ISLANDE
ALASKA
CANADA
ROYAUME-UNI
Terre-Neuve
Ottawa
St-Pierre-et-Miquelon
ÉTATS-UNIS
New-York
Washington
PORTUGAL
Açore
Madère
MAROC
Bermudes
Iles Hawaï
Tropique du Cancer
GOLFE DU MEXIQUE
OCÉAN
Canaries
Bahamas
RIO DE ORO
MEXIQUE
HONDURAS BRIT.
Iles du Cap Vert
Mexico
Jamaïque
MER DES CARAÏBES
Guadeloupe
Martinique
Barbade
Curaçao
Trinidad
GAMBIE
GUINÉE PORT.
SIERRA LEONE
LIBERIA
TOGO
VÉNÉZUELA
GUYANE BRIT.
GUYANE HOL.
GUYANE FR.
COLOMBIE
Fernando
Équateur
CÔTE DE L'OR
ÉQUATEUR
Is Marquises
OCÉAN
BRÉSIL
Ascension
PÉROU
Arch. des Tuamotu
PACIFIQUE
BOLIVIE
Iles de la Société
Ste-Hélène
Tropique du Capricorne
PARAGUAY
Iles Tubuaï
Iles Pitcairn
Rio de Janeiro
ATLANTIQUE
URUGUAY
CHILI
Buenos Aires
ARGENTINE
Iles Falkland
Géorgie du Sud
FRANCE
RUSSIE
BELGIQUE
ROYAUME-UNI
ALLEMAGNE
PAYS-BAS

:N 1914

1/87 150 000
0 1000 2000 3000 4000 5000 km
MER DE BARENTS
MER DE KARA
EMPIRE RUSSE
Moscou
MER D'OKHOTSK
Iles Aléoutiennes
Sakkaline
MONGOLIE
MANDCHOURIE
Pékin
MER DU JAPON
JAPON
Tokyo
CORÉE
Wei-hai-wei
CHINE
TIBET
Tsing-tao
Changhai
OCÉAN
M.NOIRE
M.Caspienne
EMPIRE OTTOMAN
Chypre
PERSE (IRAN)
AFGHANISTAN
G.Persique
INDES
Hong-Kong
Formose
ÉGYPTE
MER ROUGE
Chandernagor
Kouang-tchéou-wan
Macao
MER D'OMAN
Diu
Bombay
Yanaon
GOLFE DU BENGALE
Pondichéry
Andaman
SIAM
PHILIPPINES
MER DE CHINE
Marianes
Marshall
SOUDAN ANGLO-ÉGYPTIEN
ÉRYTHRÉE
Socotra
Goa
Mahé
Karikal
INDOCHINE
Saïgon
Guam
Carolines
SOMALIE FR.
SOMALIE BR.
ABYSSINIE
SOMALIE ITALIENNE
Laquedives
Nicobar
Palau
OUGANDA
KENYA
Maldives
Singapour
Bornéo
PACIFIQUE
CONGO BELGE
Seychelles
Sumatra
Arch. Bismark
Zanzibar
Chagos
INDES NÉERLANDAISES
NOUV. GUINÉE
TANGANYIKA
Comores
Iles de la Sonde
Timor
(N)
RHODÉSIE
(S)
MOZAMBIQUE
Nouvelles-Hébrides
MADAGASCAR
OCÉAN INDIEN
MER DE CORAIL
I. Maurice
La Réunion
UNION AFRICAINE
AUSTRALIE
Nouvelle-Calédonie
Nlle Amsterdam
St-Paul
Sydney
NOUVELLE-ZÉLANDE
Iles Crozet
Kerguelen
LONIALES
EMPIRE OTTOMAN
PORTUGAL
ÉTATS-UNIS
ESPAGNE
ITALIE
JAPON

14 – L'Europe en 1980

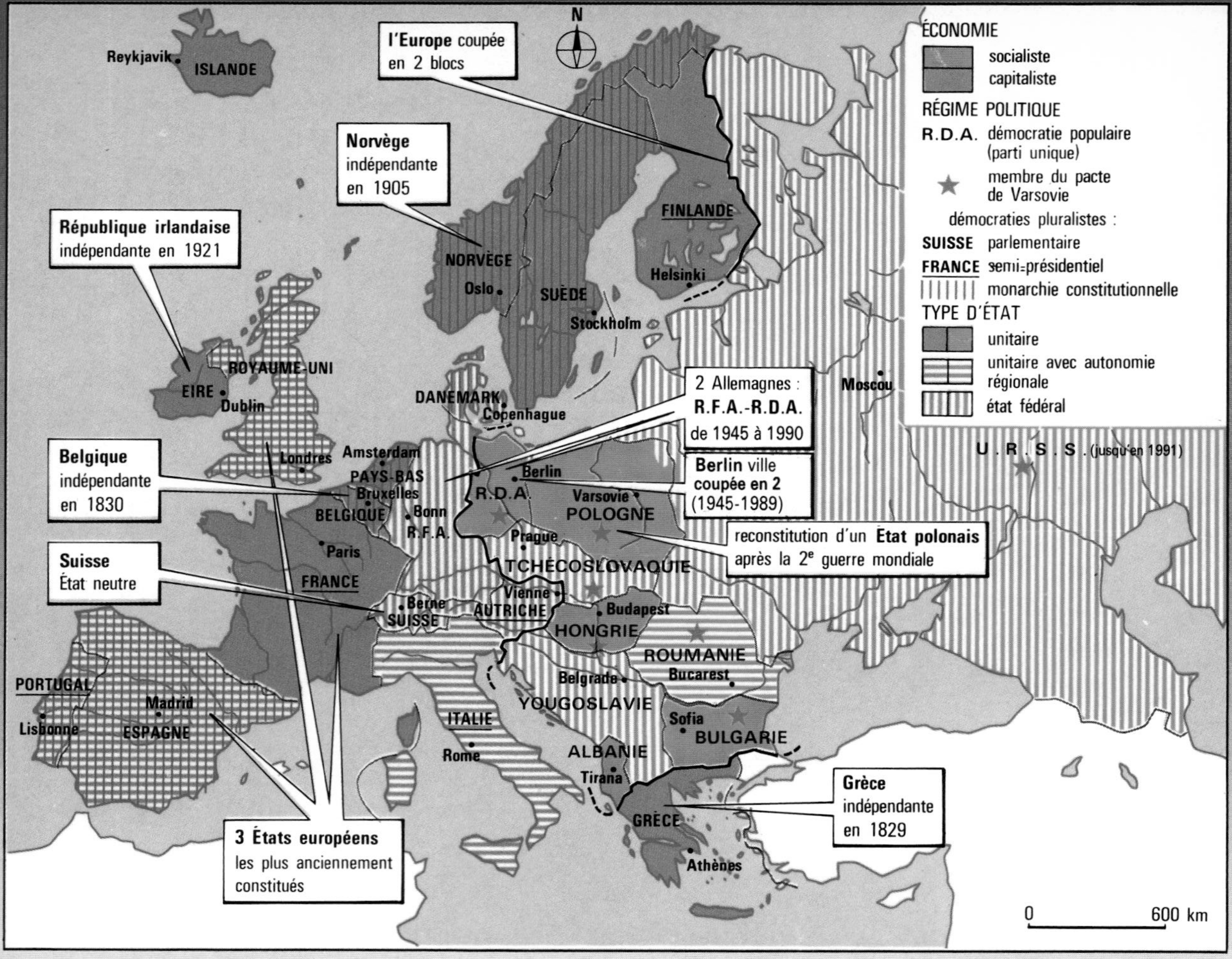

l'Europe coupée en 2 blocs

Norvège indépendante en 1905

République irlandaise indépendante en 1921

Belgique indépendante en 1830

Suisse État neutre

3 États européens les plus anciennement constitués

2 Allemagnes : **R.F.A.-R.D.A.** de 1945 à 1990

Berlin ville **coupée en 2** (1945-1989)

reconstitution d'un **État polonais** après la 2e guerre mondiale

Grèce indépendante en 1829

ÉCONOMIE
socialiste
capitaliste
RÉGIME POLITIQUE
R.D.A. démocratie populaire (parti unique)
membre du pacte de Varsovie
démocraties pluralistes :
SUISSE parlementaire
FRANCE semi-présidentiel
monarchie constitutionnelle
TYPE D'ÉTAT
unitaire
unitaire avec autonomie régionale
état fédéral

Reykjavik
ISLANDE
NORVÈGE
Oslo
SUÈDE
Stockholm
FINLANDE
Helsinki
EIRE
Dublin
ROYAUME-UNI
Londres
DANEMARK
Copenhague
Amsterdam
PAYS-BAS
Bruxelles
BELGIQUE
Bonn
R.F.A.
Berlin
R.D.A.
Varsovie
POLOGNE
Prague
TCHÉCOSLOVAQUIE
Paris
FRANCE
Berne
SUISSE
Vienne
AUTRICHE
Budapest
HONGRIE
ROUMANIE
Bucarest
Moscou
U.R.S.S. (jusqu'en 1991)
PORTUGAL
Lisbonne
Madrid
ESPAGNE
ITALIE
Rome
Belgrade
YOUGOSLAVIE
ALBANIE
Tirana
Sofia
BULGARIE
GRÈCE
Athènes

0 600 km

CHRONOLOGIE

Cette chronologie tente la mise en perspective de données historiques et culturelles. L'information est répartie en cinq colonnes, autour de la mention d'événements politiques, militaires et sociaux.
On trouvera la religion et la philosophie (puis, à partir du XIXe siècle, les sciences humaines), les techniques et les sciences, la littérature, les arts et la musique.
À la lecture horizontale des événements simultanés qui révèle l'unité (parfois hasardeuse) d'un moment, on peut ajouter la lecture verticale et historique ; on pourra aussi pratiquer une lecture qui met en rapport des domaines entre eux ; ainsi, au XVIe siècle, le politique (Henri VIII, Charles Quint, la Saint-Barthélemy...) ne se dissocie pas du religieux (la Réforme), de la littérature (Clément Marot) ou des arts (Dürer).
Le lecteur est invité à se reporter, pour plus de détails, aux articles du dictionnaire des noms propres. Cependant, certains noms moins importants figurent ici à titre complémentaire et ne sont pas repris dans le dictionnaire.

L'HISTOIRE GÉOLOGIQUE

HISTOIRE DE LA TERRE

Formée il y a environ 4,6 milliards d'années, la Terre n'a une histoire géologique connue qu'à partir de - 570 millions d'années, avec l'apparition de fossiles attestant des formes de vie diversifiées. Toute la période précédant cette histoire est nommée *précambrien* ou *antécambrien*. L'histoire géologique est divisée en quatre grandes ères, de durée de plus en plus courte, elles-mêmes divisées en *périodes*, divisées à leur tour en *époques* ou *étages* qui tirent leurs noms de la région géographique où l'on a retrouvé des fossiles leur correspondant (ex. : le *permien*) ou des caractères physiques des roches (ex. : le *crétacé*).

le précambrien
(– 4,6 milliards à – 570 millions d'années)

l'ère primaire
(– 570 à – 225 millions d'années)

L'ère *primaire* ou *paléozoïque* (ère de la vie ancienne), env. 345 millions d'années, est marquée par la fracturation de la Pangée (continent unique formé de toutes les terres émergées) et le début de la dérive des continents, la formation des chaînes calédoniennes et hercyniennes et l'apparition d'organismes invertébrés et vertébrés relativement simples.

l'ère secondaire
(– 225 à – 65 millions d'années)

L'ère *secondaire* ou *mésozoïque* (ère de la vie moyenne), env. 160 millions d'années, voit des transgressions et des régressions marines dans les bassins sédimentaires et le développement des vertébrés (reptiles, oiseaux, premiers mammifères).

l'ère tertiaire
(– 65 à – 2,5 millions d'années)

L'ère *tertiaire* ou *cénozoïque* (ère de la vie moderne), env. 62 millions d'années, correspond à la formation des chaînes de montagnes jeunes — accompagnée de séismes et d'éruptions volcaniques (phénomènes qui se poursuivent à l'ère quaternaire) — et au règne des mammifères.

l'ère quaternaire
(– 2,5 millions d'années à nos jours

L'ère *quaternaire*, souvent considérée comme une période du *cénozoïque*, dure moins de 3 millions d'années ; elle connaît une alternance de périodes glaciaires et interglaciaires et surtout l'apparition de l'homme, d'où le nom d'*anthropozoïque* (ère de l'homme) qui lui est souvent donné. Du point de vue de la préhistoire humaine, cette période correspond au *paléolithique*.

ÉCHELLE DU TEMPS GÉOLOGIQUE

ÈRE	PÉRIODE SYSTÈME	ÉPOQUE ÉTAGE	DURÉE (en millions d'années)	
Précambrien	Archéozoïque ou Archéen Protérozoïque ou Algonkien		4 030	
Paléozoïque	Cambrien		70	345
	Ordovicien		70	
	Silurien		35	
	Dévonien		50	
	Carbonifère [1]		65	
	Permien		55	
Mésozoïque	Trias		35	160
	Jurassique		54	
	Crétacé		71	
Cénozoïque	Tertiaire	Paléocène	11	62,5
		Éocène	16	
		Oligocène	12	
		Miocène	19	
		Pliocène	4,5	
	Quaternaire	Pléistocène	2,5	2,51
		Holocène	0,01	

1. Le *carbonifère* est le terme employé par les géologues européens. Les géologues américains divisent cette période en deux : le *pennsylvanien* (qui dure 45 millions d'années) et le *mississippien* (qui dure 20 millions d'années).

la Préhistoire (– 6 000 000 à – 3 000)

I. LE PALÉOLITHIQUE (– 6 000 000 à – 11 000)

le paléolithique inférieur
de – 6 000 000 à – 100 000

– 6 000 000 Apparition des premiers hominidés, les ***australopithèques*** (ils disparaissent v. – 1 000 000).

– 3 000 000 « Lucie », australopithèque.

– 2 500 000 ***Homo habilis*** : premiers outils (galets taillés).

– 1 800 000 ***Homo erectus*** : position debout.

– 1 700 000 Homme de Yuanmu (Chine) ; traces de feu domestique.

– 1 500 000 Dissémination : présence attestée en Europe, et non plus seulement en Afrique.

– 1 100 000 Premiers bifaces (outils obtenus en taillant un galet sur les deux faces) ; ils n'apparaîtront en Europe que v. – 700 000.

– 700 000 Pithécanthrope de Java.

– 600 000 Maîtrise du feu ; début de la chasse aux grands animaux (nécessitant une organisation).

– 300 000 Présence attestée en Indonésie, en Asie *(sinanthropes)*.

– 250 000 Évolution de l'outillage : le galet est taillé en fonction d'une forme prédéterminée.

– 200 000 ***Homo erectus presapiens*** : boîte crânienne de 1 200 cm^3, transition entre l'*homo erectus* (825 cm^3) et l'*homo sapiens* (1 500 cm^3, soit notre capacité actuelle).

– 130 000 Apparition de la cabane, d'un habitat construit remplaçant les abris naturels.

le paléolithique moyen
de – 100 000 à – 35 000

– 80 000 **Homo sapiens neandertalensis** ou **homme de Neandertal** ; premières sépultures : le rapport à la mort marque la naissance de la religion ; outillage plus varié et plus fonctionnel (lames, pointes, racloirs).

– 50 000 **Homo sapiens sapiens** (humain actuel) ; présence de l'homme attestée en Australie, en Sibérie.

vers – 40 000 Les premiers humains, venus d'Asie, pénètrent en Amérique du Nord par le détroit de Béring.

le paléolithique supérieur
de – 35 000 à – 11 000

– 35 000 Nouveaux outils, en matières animales dures (os, ivoire, bois de cerf) ; c'est l'époque, entre autres types, de l'homme de Cro-Magnon.

– 30 000 Naissance de l'art.

– 25 000 Sculpture des « Vénus », statuettes féminines aux traits sexuels accentués.

– 15 000 Extension de la chasse aux petits animaux (oiseaux, poissons), liée à des progrès techniques (invention de l'arc). Peintures de Lascaux. Outils et sculptures en os du magdalénien.

– 12 000 Peintures de la grotte d'Altamira (Espagne).

II. LE NÉOLITHIQUE (– 11 000 à – 3 000)

MÉSOLITHIQUE, NÉOLITHIQUE, PROTOHISTOIRE

Les changements qui caractérisent la « révolution néolithique » n'ont pas affecté au même moment tous les endroits du globe. Aussi distingue-t-on une période de transition entre le *paléolithique* (ou *âge de la pierre taillée*) et le *néolithique* (ou *âge de la pierre polie*) : le *mésolithique*, période moyenne *(méso-)* de l'âge de la pierre.

De même, l'histoire n'a pas commencé partout au même instant. La découverte de l'écriture (v. – 3000) est parallèle aux « âges des métaux » : le cuivre, puis le bronze (jusque v. – 1500), enfin le fer (jusque v. – 600) ; on appelle *protohistoire* ce moment des civilisations qui, bien que contemporaines de l'écriture, ne l'ont pas connue – période se situant entre la préhistoire et l'histoire.

– 11 000 Sédentarisation, formation de villages, début de la cueillette et du stockage des denrées. Apparition de la céramique au Japon.

– 10 000 En Syrie-Palestine, premiers villages circulaires. Début de l'agriculture et de la domestication des animaux (le chien). Pierres polies, notamment pour des parures.

– 8 000 « Révolution néolithique » en Syrie et en Palestine : premières céréales ; tissus, vannerie ; techniques médicales (trépanation) ; techniques de construction (fortifications de Jéricho, l'une des plus anciennes villes connues) ; perfectionnement des outils. Mexique : pyramide de Cuicuilco (la plus ancienne construction connue sur le continent nord-américain).

– 7 000 Domestication de la chèvre et du mouton, puis (VIIe millénaire av. J.-C.) du bœuf. « Invention » de la poterie céramique.

– 6 000 Établissements néolithiques là où apparaîtront les premières grandes civilisations : au bord de l'Indus, du Tigre, de l'Euphrate et du Nil.

– 5 500 Dans les Andes, en Grèce, début du néolithique. En Anatolie, début de la métallurgie du cuivre.

– 4 500 Premiers dolmens et menhirs, sur la façade atlantique de l'Europe.

– 4 000 Inventions de la roue et de la charrue en Mésopotamie, développement rapide de la poterie au tour ; premières villes sumériennes. Cultures du riz et du millet en Chine. Âge du cuivre en Grèce. Art rupestre saharien (Tassili).

– 3 500 Domestication du cheval. Début de l'âge de bronze au Proche-Orient.

– 3 100 Unification de l'Égypte et fondation des monarchies de Haute et Basse-Égypte ; Ire dynastie des pharaons.

– 3 000 Naissance de l'écriture à Sumer : commencement de l'histoire. L'Europe et l'Asie centrale passent progressivement à l'âge du bronze ; le fer apparaît en Anatolie. Culture archaïque en Amérique du Nord.

l'Antiquité (– 3 000 à 476)

-3000

RELIGION – PHILOSOPHIE

v. – 3000 Le polythéisme et l'animisme dominent la vie religieuse de l'humanité. Panthéon à Sumer. En Égypte, premier pharaon, adoré comme le fils du Soleil.

v. – 2600 À Sumer, premiers textes religieux connus.

v. – 2300 Empire d'Akkad : essors politique et culturel vont de pair.

HISTOIRE POLITIQUE

v. – 3000 Naissance de l'écriture à Sumer. Essor de la civilisation de l'Indus, des civilisations du Croissant fertile. Premier pharaon en Égypte.

v. – 2800 Développement de Suse, dont le réseau commercial s'étend de l'Égypte à l'Indus. Nombreux échanges entre la Palestine et l'Égypte : le tracé de la route qui relie ces deux régions n'a pas varié depuis 5000 ans. Essor probable de la ville de Troie. Développement de la civilisation d'Élam. ◊ En Amérique du Nord, à la culture archaïque succède le syvicole, caractérisé par le développement de la céramique et de l'agriculture.

v. – 2500 Installation des premières dynasties d'Ur et de Lagash : construction de nombreux monuments liés aux pouvoirs temporel et spirituel des rois.

– 2350 Akkad : le roi Sargon Ier entreprend de nombreuses conquêtes. L'akkadien devient la langue diplomatique du Proche-Orient.

v. – 2300 Installation des peuples indo-européens en Asie Mineure. Naissance de la civilisation hittite.

v. – 2065 Égypte : début du Moyen Empire. Creusement d'un canal du Nil à la mer Rouge.

-2001

XXe siècle – XVIe siècle av. J.-C.

-2000

v. – 2000/v. – 600 En Inde, rédaction des Védas, textes sacrés de l'hindouisme.

v. – 1780 Développement de la pensée religieuse à Babylone : textes sumériens et akkadiens.

v. – 2000 Les Indo-Européens, originaires de l'est de l'Europe, du sud de la Russie et du Kazakhstan, se divisent en peuples distincts et envahissent le Proche-Orient (invasions hourrites en Mésopotamie, essor de la civilisation assyrienne) ainsi que le nord de l'Inde. Leur arrivée en Europe y marque le début de l'âge du bronze.

Arrivée des Indo-Européens en Grèce. Ils apportent

v. – 1900 Arrivée des Indo-Européens en Grèce. Ils apportent le cheval.

v. – 1785 Égypte : invasion des Hyksos, peuple d'origine asiatique.

v. – 1770 Première civilisation chinoise : naissance de l'art du bronze, connaissance de l'écriture.

v. – 1750 Destruction de la civilisation de l'Indus. Hammourabi met fin au règne des cités-États et fait de la Mésopotamie un royaume avec Babylone pour capitale.

v. – 1650 Apparition de la brillante civilisation de Mycènes. La marine crétoise domine la Méditerranée. (La légende de Minos, et du tribut que lui verse Athènes, est un souvenir de cette puissance.)

v. – 1580 Égypte : le Nouvel Empire. Politique de conquête (Nubie, Syrie, Euphrate).

v. – 1530 Prise et occupation de Babylone par les Kassites.

-1501

XVe siècle – XIe siècle av. J.-C.

-1500

v. – 1500 La religion égyptienne reste étroitement liée au gouvernement des pharaons : culte d'Amon à Karnak.

v. – 1500 Invasions aryennes dans l'Inde du Nord. Elles repoussent les populations dravidiennes vers le sud.

v. – 1380 Extension maximale de l'Empire hittite, jusqu'en Égypte. Relation avec les Achéens.

v. – 1375 Égypte : avènement d'Aménophis IV.

-1351

SCIENCES – TECHNIQUES

v. – 3000 L'écriture à Sumer ; cités-États, calendrier lunaire. En Égypte, où se développe une importante économie agricole, calendrier solaire de 365 jours.

v. – 2600 En Égypte, premières pyramides de pierre. Civilisation de l'Indus : céréales et coton ; outils de cuivre et de bronze ; importantes cités (constructions en brique).

v. – 2500 Développement du commerce en Mésopotamie. Apparition des bateaux de mer égyptiens.

v. – 2200 Domestication du cheval pour l'attelage.

ARTS – MUSIQUE

v. – 3000 Égypte : prépondérance des artistes de Memphis ; peintures dans les tombeaux ; progrès de l'architecture. –3000

v. – 2800 Pyramide à degrés de Saqqarah, par Imhotep, le premier architecte connu. Première utilisation de la pierre qui remplace la brique. Sumer : construction de la première ziggurat (tour à étages).

v. – 2700 Début de l'âge des grandes pyramides. Construction des plus anciens temples connus. Premiers « scribes accroupis ». La pyramide classique remplace la pyramide à degrés : les premières sont celles de Khéops, Képhren et Mykérinos. Construction du Sphinx de Gizeh.

v. – 2500 La colonne cylindrique à chapiteau apparaît.

v. – 2400 Début de la construction de l'ensemble mégalithique de Stonehenge.

v. – 2200 Égypte : fin de l'âge des pyramides. Début des hypogées : les plus célèbres sont ceux de la vallée des Rois et ceux de la vallée des Reines. –2001

SCIENCES – TECHNIQUES

v. – 2000 Tablettes astronomiques assyriennes. ◇Début de la culture du maïs en Amérique centrale. –2000

v. – 1760 Avènement d'Hammourabi à Babylone : développement des institutions (célèbre Code de lois) et des techniques.

LITTÉRATURES

v. – 1700 Cycles des poèmes de Gilgamesh en Mésopotamie.

ARTS – MUSIQUE

v. – 1900 Apogée de l'art crétois.

v. – 1504 Temple d'Hatchepsout à Deir el-Bahari. –1501

SCIENCES – TECHNIQUES

v. – 1500 Développement des échanges : entre l'Égypte et l'Afrique noire, entre l'Inde et le Proche-Orient. Les Hittites travaillent le fer.

v. – 1400 Apogée de l'art chinois du bronze.

ARTS – MUSIQUE

v. – 1500 Inde : prédominance du bas-relief, qui illustre les faits royaux. Développement de l'art de l'ivoire. –1500

v. – 1400 Début de la construction des temples de Louxor et de Karnak ; commencé sous le règne d'Aménophis III, l'ensemble est achevé sous Ramsès II.

v. – 1365 Grand temple d'Aton à Tell el-Armana. Bustes de Néfertiti. –1351

	RELIGION – PHILOSOPHIE	HISTOIRE POLITIQUE
–1350	**v. – 1350** En Égypte, réforme religieuse d'Akhnaton : culte monothéiste d'Aton.	
		v. – 1300 Europe : début de la migration des peuples de la civilisation des « champs d'urnes », caractérisée par la crémation des morts, vers le sud, la Grèce puis l'Asie Mineure et l'Égypte. Liée sans doute à ces migrations, construction des fortifications mycéniennes, composées de blocs énormes pesant plusieurs tonnes. La civilisation mycénienne est mise dans les documents diplomatiques sur le même plan que les Empires hittite, égyptien et assyrien. Formation de l'essentiel des récits qui donneront naissance à l'épopée homérique.
	v. – 1260 Exode des Hébreux : guidés par Moïse, ils quittent l'Égypte et atteignent la « terre promise » en Palestine ; thème de « l'Alliance » entre un peuple et son Dieu.	
		v. – 1200 Disparition brutale de l'Empire hittite. Grèce : invasions doriennes qui entraînent la disparition de la civilisation mycénienne (disparition du commerce et de l'écriture). Égypte : les Peuples de la Mer ravagent le delta du Nil. Disparition de la civilisation crétoise. Époque de la guerre de Troie. Installation des Philistins en Palestine.
		v. – 1137 Nabuchodonosor Ier redresse la situation de Babylone.
	v. – 1120 *Poème de la création*, grand texte religieux babylonien.	
–1001		

xe siècle - vi[e] siècle av. J.-C.

–1000	**v. – 1000** Âge d'or du royaume de Jérusalem, sous l'autorité de David ; la tradition biblique en fera l'auteur des *Psaumes* et attribuera à son fils Salomon *l'Ecclésiaste*, *le Cantique des cantiques* et *la Sagesse* ; sous le règne de Salomon sont rédigés les plus anciens textes bibliques.	**v. – 1000** David, roi d'Israël. Conquête de Jérusalem, qui devient cité royale et capitale religieuse. L'empire s'étend de la frontière égyptienne à l'Euphrate. Inde : formation d'une société de castes fondée sur les textes des *Veda*.
		v. – 974 Israël : Salomon, roi.
		– 926 Division de la Palestine en deux royaumes : Israël et Juda.
		– 900 En Italie : installation des Étrusques, arrivant d'Asie Mineure.
		– 814 Fondation de Carthage.
	v. – 800 Apparition de la cité en Grèce : élaboration d'une mythologie (Homère, Hésiode).	**v. – 800** Essor du royaume de Lydie. Opposition entre l'Attique, peuplée d'hommes libres, descendants des Achéens et Sparte, centre d'origine dorienne, fondé sur le travail des ilotes, les esclaves de l'État.
		v. – 772 Chine : période des « Printemps et Automnes », troublée par les luttes intestines.
		– 753 Date légendaire de la fondation de Rome par Romulus. Établissement de la royauté.
		– 750 Les Scythes envahissent l'Asie Mineure, l'Europe centrale et l'Italie : ils transmettent de nombreux éléments des civilisations du Proche-Orient, notamment de nouvelles techniques guerrières.
	– 721 Annexion du royaume d'Israël par l'Assyrie, difficile survie du royaume de Juda : prophétie d'Isaïe.	**– 721** Samarie est prise par Sargon II : fin du royaume d'Israël.
	– 622 Découverte à Jérusalem du « livre de la loi » : début de l'élaboration de la Torah (le Pentateuque pour les chrétiens).	**– 612** Les Mèdes et les Babyloniens s'emparent de Ninive : fin de l'Empire assyrien et essor de la puissance mède.
	v. – 600 Religion dualiste de Zoroastre (ou Zarathoustra) en Perse.	**– 600** Expansion étrusque en Italie. Fondation de Massilia (Marseille) par les Phocéens.
		– 594 Athènes : réforme sociale de Solon.
	– 587 Prophétie de Jérémie aux Juifs.	**– 587** Prise de Jérusalem par Nabuchodonosor. Fin du royaume de Juda. Exil des Juifs à Babylone.
		– 561 Athènes : Pisistrate s'empare du pouvoir.
–551		

SCIENCES – TECHNIQUES | LITTÉRATURES | ARTS – MUSIQUE

–1350

v. – 1343 Trésor de la tombe de Toutânkhamon, dans la vallée des Rois.

v. – 1300 Domestication du cheval pour la monte. En Égypte, canal creusé entre la Méditerranée et la mer Rouge.

v. – 1300 Début de la construction du temple d'Abou Simbel.

v. – 1100 En Syrie-Palestine, apparition de l'écriture alphabétique, répandue ensuite par les Phéniciens. En Grèce, céramiques, et apparition du fer.

–1001

–1000

v. – 970 Début de la construction du temple de Jérusalem.

v. – 900 Alphabets dérivés du phénicien ; hébreu, araméen, grec (introduit les voyelles).

L'invention tardive d'un système de notation musicale explique que nous ne connaissions pas les œuvres musicales de l'Antiquité. La musique de la Grèce ancienne était monodique ; le chant, son mode d'expression naturel, bientôt accompagné par des instruments à cordes (lyre, cithare) et à vent (syrinx, aulos).

v. – 800 Premières cités en Grèce.

v. – 800 Des poètes parcourent les villes ioniennes d'Asie Mineure pour chanter les exploits de héros légendaires.

v. – 750 En Grèce, progrès de la technique du bronze (chaudrons, bijoux, statuettes) ; les cités fondent leurs premières colonies.

v. – 750 Les traditions orales donnent naissance aux premières œuvres littéraires : l'Iliade, épopée attribuée à un auteur à demi mythique, Homère ; les poèmes d'Hésiode.

v. – 700 L'Odyssée, épopée attribuée à Homère.

v. – 700 Naissance de la grande statuaire, d'inspiration égyptienne. Premiers bas-reliefs. Fixation de la forme du temple (la colonne en est l'élément caractéristique).

v. – 650 Le roi Assurbanipal constitue à Ninive la plus célèbre des bibliothèques (maison où sont réunies des tablettes) de Mésopotamie.

v. – 605 Reconstruction de Babylone : les jardins suspendus de Sémiramis (une des Sept Merveilles du monde), la porte d'Ishtar, la ziggourat à sept étages (tour de Babel), murailles.

v. – 600 Enseignement de Thalès à Milet : début d'une astronomie distincte de l'astrologie, exigence de démonstration en géométrie. En Chine, développement des institutions : apparition d'un droit écrit.

v. – 600 Épanouissement et prestige de la poésie lyrique : Alcée, Sapho, poète et poétesse de Lesbos, Archiloque célèbre pour ses iambes, Anacréon, pour ses odes.

v. – 570 Apparition de l'ordre ionique en Grèce, qui coexiste avec l'ordre dorique, plus ancien. L'ordre corinthien apparaîtra à la fin du Ve s. av. J.-C. et sera surtout utilisé par les Romains.

–551

RELIGION – PHILOSOPHIE

– 550 v. **– 550** À Crotone, enseignement initiatique de Pythagore (qui inclut les mathématiques).

v. **– 520** Prédication de Bouddha en Inde. Répression du zoroastrisme en Perse.

– 515 Construction du second Temple à Jérusalem.

HISTOIRE POLITIQUE

– 546 Crésus est vaincu par Cyrus II : l'Empire perse soumet et administre l'Asie Mineure, puis l'Iran et l'Égypte.

– 539 Mésopotamie : chute de Babylone prise par Cyrus le Grand ; début de la domination perse en Orient.

– 509 Proclamation de la république romaine.

– 508/– 507 Réforme de Clisthène à Athènes, préparation à la mise en place de la démocratie.

– 501

ve siècle av. J.-C.

– 500 v. **– 500** Les « physiciens » grecs, à la fois poètes et philosophes, marquent les débuts de la pensée spéculative occidentale (Héraclite, Parménide). En Chine, enseignement de Lao Tseu (taoisme) et de Confucius.

v. **– 450** En Grèce, enseignement des sophistes : humanisme, approche critique du discours ; Périclès encourage à Athènes le travail intellectuel (Anaxagore) ; enseignement d'Empédocle ; rédaction des *Histoires* d'Hérodote.

v. **– 420** Enseignement de Démocrite à Athènes.

– 404 *Histoire de la guerre du Péloponnèse* de Thucydide : comment la volonté humaine et non divine est à l'origine des événements historiques.

– 499 Révolte des cités grecques d'Ionie contre les tyrans installés par les Perses : début de la première guerre médique.

– 490 Défaite des Perses, menés par Darius contre les Grecs, à Marathon.

– 480 Seconde guerre médique : victoire de Xerxès aux Thermopyles (défendues par Léonidas). Incendie d'Athènes. Victoire navale des Grecs, menés par Thémistocle, à Salamine. Cet échec des Perses marque le début de leur déclin.

– 472 Athènes étend sa domination sur les autres cités grecques (ligue de Délos).

– 443 Périclès élu stratège d'Athènes. Il le restera jusqu'à sa mort (– 429).

– 431 Grèce : début de la guerre du Péloponnèse (jusqu'en – 404) ; elle oppose Sparte à Athènes.

– 404 Fin de la guerre du Péloponnèse : déclin d'Athènes.

– 403 Chine : début de la période des « Royaumes combattants » ; rivalités politiques et effervescence intellectuelle et culturelle.

– 401

IVe siècle av. J.-C.

– 400 v. **– 400** Réforme d'Esdras à Jérusalem : la Torah fixée et imposée comme loi d'État.

– 399 Condamnation à mort de Socrate pour athéisme ; son élève Platon en fera dans ses écrits la figure exemplaire et initiale de la philosophie. Le IVe s. av. J.-C. est le grand siècle philosophique

– 391 d'Athènes.

SCIENCES – TECHNIQUES | **LITTÉRATURES** | **ARTS – MUSIQUE**

– 550

SCIENCES – TECHNIQUES

v. – 550 École de Pythagore, dans la Grande-Grèce (Crotone) : géométrie, mystique du nombre.

LITTÉRATURES

– 502 Premières grandes *Odes pythiques* de Pindare. Le VIe s. av. J.-C. voit progresser la prose : *Fables* d'Ésope, écrits des philosophes.

ARTS – MUSIQUE

v. – 530 La céramique grecque, décorée de figures, domine toute la Méditerranée.

– 501

– 500

SCIENCES – TECHNIQUES

v. – 500 Usage de la monnaie en Inde, en Chine, autour de la Méditerranée : intensification du commerce et des échanges, croissance démographique. Civilisation du fer (Hallstatt) chez les Celtes. Civilisations du bronze en Asie. En Amérique centrale, calendrier et mathématiques olmèques. En Grèce, « physique » des présocratiques.

– 461 Réforme des institutions d'Athènes.

v. – 450 À Rome, mise par écrit du droit : les Douze Tables. Paradoxes de Zénon d'Élée. Développement des machines simples : vis, poulie (Archytas de Torente). Machines de guerre à Syracuse : la première artillerie.

– 444 En Chine, calcul de l'année solaire.

v. – 420 Démocrite professe l'atomisme.

LITTÉRATURES

– 472 Triomphe des *Perses* d'Eschyle. C'est le siècle où la littérature classique grecque est à son apogée : la tragédie, institution sociale à Athènes (concours de tragédies organisés par l'État), prend le relais de l'épopée. L'éloquence, la philosophie et l'histoire acquièrent leur forme définitive.

– 460 Premières tragédies de Sophocle.

– 458 *L'Orestie* d'Eschyle.

– 442 *Antigone* de Sophocle.

v. – 425 *Œdipe roi* de Sophocle.

– 423 Aristophane raille les philosophes dans *les Nuées*.

– 415 *Les Troyennes* d'Euripide.

– 414 *Les Oiseaux*, comédie d'Aristophane.

– 413 *Électre* d'Euripide.

– 405 *Les Bacchantes* d'Euripide ; *les Grenouilles* d'Aristophane.

ARTS – MUSIQUE

v. – 500 Pétra, capitale des Nabatéens : développement d'une architecture rupestre exceptionnelle. Palais et tombe de Darius à Persépolis : frises sculptées (*le Défilé des tributaires*).

v. – 450 Épanouissement de l'art classique grec : recherche de l'harmonie, de l'équilibre et de la pureté. Le temple est la forme la plus achevée de l'architecture : Parthénon (– 447/– 432) à Athènes par Phidias. L'Agora, caractéristique de l'organisation de la cité, prend sa forme régulière à la fin du IVe s. av. J.-C. Théâtres (Delphes). Fortifications. En sculpture, recherche des justes proportions (le « canon » de Polyclète, illustré par *le Diadumène*, – 430) et du type universel (*l'Aurige* de Delphes, – 474). Statues de dieux incrustées de matières précieuses (*Zeus* à Olympie, – 430 et *Athéna Parthénos* – 432 par Phidias). Frises sculptées (*les Panathénées* par Phidias, – 442/– 438). En peinture, Polygnote introduit la distinction des plans.

– 401

– 400

SCIENCES – TECHNIQUES

v. – 400 L'enseignement d'Hippocrate marque la naissance de la médecine occidentale.

LITTÉRATURES

v. – 400 Le *Mahabarata*, épopée indienne (jusque v. 400 apr. J.-C.).

– 391

RELIGION – PHILOSOPHIE

–390

– 387 Platon fonde son école, l'Académie ; son œuvre deviendra, avec celle d'Aristote, une référence obligée pour la pensée occidentale : idéalisme platonicien. Développement de l'école rivale des Cyniques.

v. – 335 Aristote, ayant fait la critique de son maître Platon, fonde sa propre école : le Lycée ; démarche encyclopédique.

HISTOIRE POLITIQUE

– 390 Les Celtes de la vallée du Pô, commandés par Brennus, occupent et incendient Rome (sauf le Capitole, sauvé par les oies sacrées).

– 371 Grèce : victoire d'Épaminondas sur Sparte et Athènes : Thèbes étend son hégémonie sur la Grèce.

– 338 Chéronée : victoire de Philippe de Macédoine sur les cités grecques. Préparation de l'invasion de l'Empire perse. Les Romains sont maîtres du Latium.

– 334 Alexandre franchit l'Hellespont avec 37 000 hommes. Victoire du Granique sur Darius III.

– 331 Alexandre occupe l'Empire perse.

– 323 Égypte : dynastie des Ptolémées. Mésopotamie : mort d'Alexandre à Babylone.

– 313 Chandragupta Maurya, premier empereur de l'Inde.

– 311 Séleucos Ier Nikator reçoit la Babylonie et fonde la dynastie des Séleucides.

–301

IIIe siècle av. J.-C.

–300 **v. – 300** En Chine, l'enseignement de Mengzi infléchit le confucianisme vers l'économie, la chose publique. La conquête d'Alexandre a permis autour de la Méditerranée la rencontre des pensées grecques et orientales, le développement de l'hellénisme ; naissance de l'épicurisme (Épicure) et du stoïcisme.

– 270 Le zoroastrisme, religion d'État en Perse.

– 205 Introduction du culte oriental de Cybèle à Rome ; les Romains ont une religion composite : ils ont adapté le

–201 panthéon grec dès le Ve s. av. J.-C.

– 282 Fondation du royaume hellénistique de Pergame.

– 275 Bataille de Bénévent : Pyrrhus, qui tente d'envahir le centre de l'Italie, est vaincu par Rome, qui contrôle toute l'Italie.

– 264 Début de la première guerre punique.

– 250 Arsace Ier fonde la dynastie des Parthes arsacides.

– 241 Défaite de Carthage. Rome annexe la Sicile.

– 221 Qin Shi Huangdi, premier empereur de Chine ; la dynastie des Qin mettra en place la première unification politique et administrative ; début de la construction de la Grande Muraille, pour protéger le pays des invasions barbares.

– 218 L'expansion carthaginoise en Espagne provoque la seconde guerre punique.

– 217 Menés par Hannibal, les Carthaginois passent les Alpes avec leurs éléphants. Défaite romaine au lac Trasimène.

– 216 Défaite romaine à Cannes, en Italie méridionale. Néanmoins, le manque de renforts ne permet pas à Hannibal de marcher sur Rome.

– 215 Début de la première guerre de Macédoine.

– 206 Chine : dynastie des Han (jusqu'en 220).

– 202 Scipion l'Africain défait les Carthaginois à Zama.

IIe siècle av. J.-C.

–200 **v. – 200** Élaboration, dans le milieu juif hellénisé d'Alexandrie, d'une version grecque de la Bible : la Septante. Elle intégrera des textes écrits directement en grec, dont la *Sagesse* (v. 50 av. J.-C.), le livre le plus récent de l'Ancien Testament.

v. – 160 Rédaction des *Histoires* par

–151 Polybe.

– 200 Début de la seconde guerre de Macédoine.

– 197 Bataille de Cynoscéphales : victoire de la légion romaine, plus mobile, sur la phalange macédonienne.

– 192 Le Séleucide Antiochos III le Grand occupe la Grèce.

– 167 Palestine : révolte des Maccabées contre les Séleucides.

SCIENCES – TECHNIQUES | **LITTÉRATURES** | **ARTS – MUSIQUE**

– 390

SCIENCES – TECHNIQUES

v. – 380 À Athènes, développement des sciences autour de Platon ; les géomètres Théétète et Eudoxe sont ses disciples.

v. – 350 Traités scientifiques d'Aristote : analyse du langage (logique), sciences de la nature et de la vie. Métallurgie du fer en Afrique noire.

v. – 335 Physique atomiste d'Épicure. Le savant grec Héraclide du Pont émet l'hypothèse que la terre tourne sur elle-même.

– 312 Les ingénieurs romains entreprennent la construction de routes stratégiques. Premier aqueduc romain.

LITTÉRATURES

– 315 *Première Philippique* de Démosthène : l'art de l'éloquence.

v. – 310 Principales comédies de Ménandre.

ARTS – MUSIQUE

v. – 340 Époque hellénistique en Grèce : goût du colossal (*colosse de Rhodes*, – 280) ; tendance lyrique en sculpture (*Victoire de Samothrace*, – 200) ou classique (*Vénus de Milo*, v. – 100). Apelle, peintre officiel d'Alexandre.

v. – 320 Âge d'or de la sculpture indienne, qui diffuse ses modèles dans l'Asie bouddhiste.

– 301

– 300

SCIENCES – TECHNIQUES

v. – 300 Naissance de l'école d'Alexandrie : en géométrie, les *Éléments* d'Euclide donnent le modèle de l'exposition mathématique, à partir de définitions, de postulats et d'axiomes ; en astronomie, début d'une lignée prestigieuse (Aristarque, Ératosthène, Hipparque) qui aboutira près de cinq siècles plus tard à Ptolémée.

v. – 250 Chrysippe développe la logique stoïcienne.

– 212 Mort du grand savant Archimède au siège de Syracuse, qui grâce à ses inventions avait résisté trois ans aux Romains.

LITTÉRATURES

v. – 300 *Les Caractères* de Théophraste, étude des types moraux.

v. – 275 *Hymne à Zeus* de Callimaque.

v. – 250 *Les Idylles* de Théocrite.

– 240 Un ancien esclave fait représenter à Rome une pièce traduite du grec : naissance de la littérature latine.

– 220 *Les Argonautiques* d'Apollonios de Rhodes.

ARTS – MUSIQUE

v. – 300 (jusqu'en 250) Les Mayas construisent leurs premières pyramides ; ils commencent à utiliser la voûte en encorbellement, typique de leur architecture.

v. – 285 Le phare d'Alexandrie, une des Sept Merveilles du monde.

v. – 256 Grande statuaire en Chine. Bas-reliefs.

v. – 220 La Grande Muraille de Chine.

– 201

– 200

SCIENCES – TECHNIQUES

v. – 200 Apparition du moulin à eau (Chine, bassin Méditerranéen).

LITTÉRATURES

v. – 200 *Le Soldat fanfaron*, comédie de Plaute ; *les Annales*, épopée à la gloire de Rome, par Quintus Ennius, le « père » de la poésie latine.

v. – 189 *Amphitryon*, comédie de Plaute.

v. – 161 *L'Eunuque*, comédie de Térence.

– 151

RELIGION – PHILOSOPHIE | HISTOIRE POLITIQUE

– 150

– 146 Fin de la troisième guerre punique : ruine définitive de Carthage. La Grèce et la Macédoine deviennent des provinces romaines.

– 144 Arrivée des Parthes à Babylone : l'effacement politique de la Mésopotamie.

– 133 Après la conquête de l'Espagne, les Romains sont maîtres de toute la Méditerranée (« Mare nostrum »). Les frères Gracchus tentent une réforme agraire.

– 112 Rome : guerre contre le roi numide Jugurtha, qui menace les provinces romaines d'Afrique.

– 101

– 107 Marius nommé consul.

Ier siècle av. J.-C.

– 100

v. – 100 Apparition de la secte juive des Esséniens. On découvrira en 1947 dans leur monastère de Qumran, près de la mer Morte, les plus anciens manuscrits connus de la Bible. Ils semblent avoir été proches des premiers chrétiens.

– 100 Chine : Les Han font la conquête de l'Asie centrale ; les peuples chassés se déplacent vers l'ouest et avancent jusqu'aux limites de l'Empire romain. Mexique : civilisation olmèque.

– 90 Rome : la loi Julia permet aux alliés italiens de Rome d'obtenir le droit de cité.

– 82 Rome : Sylla au pouvoir.

– 73 Révolte des esclaves menés par Spartacus.

– 70 Rome : début de l'affaire Verrès, plaidée par Cicéron.

– 66 Mithridate VI est vaincu par Lucullus et par Pompée.

v. – 65 Chine : la première communauté bouddhique.

– 64 Annexion de la Syrie par les Romains : fin de l'Empire séleucide.

– 63 Rome : conjuration de Catilina.

– 60 Premier triumvirat : Crassus, Pompée, César.

– 58 Début de la conquête des Gaules par César.

– 54 César conquiert l'Angleterre.

– 53 Mort de Crassus vaincu par les Parthes.

v. – 50 Crise de l'idéologie républicaine à Rome ; œuvre politique et philosophique de Cicéron : éclectisme, primat des valeurs civiques, éloquence de l'argumentation.

– 52 Vercingétorix, vaincu par César, fait sa reddition à Alésia.

– 49 César franchit le Rubicon avec son armée et déclenche une guerre civile à Rome.

– 48 Bataille de Pharsale : défaite de Pompée, principal adversaire de César, désormais maître de l'empire.

– 44 César est assassiné, alors qu'il allait recevoir le titre de roi.

– 43 Second triumvirat : Octave, Antoine, Lépide.

– 31 Bataille d'Actium. Suicides d'Antoine et de Cléopâtre.

– 27 Octave reçoit le titre d'Auguste, jusque-là réservé aux dieux : début de l'idéologie impériale à Rome ; Auguste recevra le titre de « grand pontife » en 12 av. J.-C.

– 27 Octave reçoit le titre d'Auguste.

– 16

– 150

SCIENCES – TECHNIQUES

v. – 150 Hipparque construit les premiers astrolabes ; pour les besoins de l'astronomie il élabore la trigonométrie.

LITTÉRATURES

– 149 Mort de Caton le Censeur, le premier prosateur latin : il écrit *De l'agriculture* en latin et non en grec.

ARTS – MUSIQUE

– 145 Construction, à Rome, du premier théâtre sur le modèle grec (signe de l'influence des familles nobles, très hellénisées).

– 101

– 100

SCIENCES – TECHNIQUES

– 55 Cicéron édite le *De natura rerum* de Lucrèce.

v. – 50 Œuvre encyclopédique de Varron. La charrue gauloise est utilisée dans la plaine du Pô.

– 45 César promulgue la réforme du calendrier (calendrier julien, légèrement modifié en 1582 pour devenir le calendrier actuel).

LITTÉRATURES

– 70 *Les Verrines,* discours prononcés par Cicéron contre Verrès : depuis la seconde moitié du IIe s. av. J.-C., l'éloquence connaît son âge classique.

– 60 Poèmes élégiaques et épigrammes satiriques de Catulle, qui prend la tête des « nouveaux poètes ».

– 51 *Commentaire sur la guerre des Gaules* de César : succès du genre historique.

– 48 Incendie de la bibliothèque d'Alexandrie.

– 45 Varron est chargé par César d'organiser les bibliothèques de Rome.

– 44 *La Guerre civile* de César. Après l'assassinat de César, Salluste se retire de la vie politique et se consacre à l'histoire.

– 43 Assassinat de Cicéron, sur l'ordre d'Antoine.

– 42 Composition des *Bucoliques* de Virgile (jusqu'en – 38).

– 33 Horace reçoit de Mécène, son protecteur, une villa : il y écrira la plupart de ses recueils.

– 29 Virgile achève *les Géorgiques* et commence *l'Énéide,* épopée relatant les origines de Rome et préfigurant la victoire d'Auguste, fils d'Énée ; le « siècle d'Auguste » marque l'âge d'or de la poésie latine, le déclin de l'art oratoire et l'épanouissement de l'inspiration nationale.

– 27 *Les Élégies* de Properce, poète du cercle de Mécène.

ARTS – MUSIQUE

v. – 50 Épanouissement de l'art romain (jusqu'à la fin du IIe s.). L'architecture, considérée comme un instrument de domination, est imposante. Le Forum se couvre d'édifices (temples, basiliques, curie).

v. – 30/– 25 *Traité d'architecture* de Vitruve, qui sera une source d'inspiration capitale pour les artistes de la Renaissance.

v. – 27 Le Panthéon à Rome ; il sera reconstruit sous Hadrien (117) puis transformé en église au VIIe s.

v. – 17 Reconstruction du Temple de Jérusalem par Hérode le Grand ; il sera détruit en 70 par Titus.

v. – 16 La Maison carrée à Nîmes.

– 16

RELIGION – PHILOSOPHIE

– 15 **– 7, – 6 ou – 4** Naissance présumée de Jésus ; au VIe s., un calcul approximatif de Denys le Petit fera commencer l'ère chrétienne (an 1) quelques années plus tard.

– 1

Ier siècle

1

v. 20 *Géographie* de Strabon.

v. 30 Passion de Jésus, scène fondatrice du christianisme.

37-41 Philon d'Alexandrie, ambassadeur des juifs à Rome ; son œuvre marque la première rencontre de la culture biblique avec la philosophie grecque.

51 Première épître de saint Paul ; progrès du christianisme dans la diaspora juive, de langue grecque ; l'ensemble du Nouveau Testament (*Évangiles, Épîtres, Actes des apôtres, Apocalypse*) est rédigé entre cette date et la fin du siècle.

55-65 Stoïcisme de Sénèque.

64-67 Incendie de Rome ; persécutions contre les chrétiens : martyres de saint Pierre et saint Paul.

70 Destruction du temple de Jérusalem par Titus ; seul subsiste le judaïsme pharisien : rejet de la Septante au profit du seul texte hébreu de la Bible, écart grandissant d'avec le christianisme.

v. 100 Réforme du bouddhisme en Inde : le Mahayana (Grand Véhicule).

100

HISTOIRE POLITIQUE

14-68 Rome : dynastie des Julio-Claudiens (Tibère, Caligula, Claude et Néron).

69-96 Dynastie des Flaviens (Vespasien, Titus, Domitien).

79 Éruption du Vésuve : Pompéi et Herculanum disparaissent.

96-192 Rome : dynastie des Antonins.

98 Trajan, empereur. Il donne à l'empire sa plus grande extension.

IIe siècle

101

RELIGION – PHILOSOPHIE

v. 110 Lettres de Pline le Jeune ; œuvres de Plutarque et Suétone ; enseignement stoïcien d'Épictète.

v. 180 *Dialogues des morts* de Lucien. *Pensées* de Marc Aurèle.

180

HISTOIRE POLITIQUE

117 Hadrien, empereur. Il renforce les frontières de l'empire (construction du mur entre l'Angleterre et l'Écosse).

138-192 Rome : Antonin, Marc Aurèle et Commode.

SCIENCES – TECHNIQUES | LITTÉRATURES | ARTS – MUSIQUE

– 15

– 1

1

2-8 *Les Métamorphoses*, poème mythologique d'Ovide, qui influencera les poètes et les artistes jusqu'au XIXe s.

8 Ovide banni de Rome par Auguste sous prétexte d'immoralité.

v. 50 Machines de Héron d'Alexandrie.

60 Néron contraint Pétrone, auteur du *Satiricon* où il dénonce les débauches de la cour impériale, à se suicider.

v. 70 Arc de triomphe de Titus. Fresques de Pompéi.

79 L'éruption du Vésuve cause la mort de Pline l'Ancien, auteur de l'*Histoire naturelle*.

v. 80 Achèvement du Colisée de Rome, aux dimensions colossales.

85 La poudre en Chine : feux d'artifice.

90-94 *Vies parallèles* de Plutarque, moraliste grec installé à Rome : il présente, en vis-à-vis, les biographies des grandes figures de l'Antiquité grecque et romaine. La littérature tend à se scléroser alors que l'histoire se développe.

v. 100 Invention de la voûte d'arête qui remplace parfois la voûte en berceau.

100

101

100-128 *Satires* de Juvénal, condamnation des mœurs romaines : le genre satirique est très prisé par la Rome intellectuelle de l'époque.

113 La colonne Trajane à Rome.

117 Publication partielle des *Annales* de Tacite : l'histoire est plus proche de la littérature que de l'activité scientifique.

125-138 *Vie des douze Césars* de Suétone : vogue de l'histoire anecdotique et érudite.

v. 150 Œuvre de Ptolémée, somme des connaissances de l'école d'Alexandrie : son astronomie, transmise par l'Islam à l'Occident latin, fera référence jusqu'au XVIe s. (révolution de Copernic). Apparition du papier en Chine.

150 *Les Métamorphoses* ou *l'Âne d'or*, roman d'Apulée.

v. 180 Œuvre de Galien, référence de la médecine occidentale jusqu'à la Renaissance.

180

181

RELIGION – PHILOSOPHIE

v. 200 Œuvre apologétique de Tertullien ; la confrontation entre le christianisme et la philosophie va dominer la pensée occidentale jusqu'à la Renaissance. Gnoses, tendances initiatiques
200 chez les chrétiens.

HISTOIRE POLITIQUE

184 Chine : révolte populaire des Turbans jaunes réprimée en 185.

192 À la mort de Commode, troubles de succession.

193-235 Rome : dynastie des Sévères (Septime, Caracalla, Héliogabale, Alexandre).

IIIe siècle

201

218 L'empereur Héliogabale tente d'imposer le culte de Baal (dieu du Soleil en Syrie) à Rome.

v. 230 Alexandrie, phare de la vie intellectuelle dans le monde méditerranéen : formation du néo-platonisme de Plotin ; exégèse philosophique de la Bible par Origène.

249-250 Intenses persécutions contre les chrétiens.

v. 250 Développement de la religion dualiste de Mani, le manichéisme, en Perse.

v. 300 Développement du christianisme en Asie Mineure ; émergence progressive d'une doctrine, parmi de multiples tendances hétérodoxes ou hérétiques (arianisme, donatisme) ; développement du monachisme et de l'érémitisme chrétiens, particulièrement en
300 Égypte (saint Antoine).

212 Édit de Caracalla ; la citoyenneté romaine est accordée à tous les provinciaux libres.

220 Chine : chute de la dynastie des Han : l'empire se disloque en 3 royaumes.

224 Perse : les Sassanides renversent les Arsacides.

235 Début de troubles politiques à Rome.

249 Dèce, empereur.

268 Invasion des Goths dans les Balkans.

273 Destruction du royaume de Palmyre. Zénobie est emmenée à Rome.

284 Dioclétien se proclame empereur de droit divin.

IVe siècle

301 **303-305** Persécution des chrétiens sous Dioclétien.

312 Victoire de Constantin au pont de Milvius, date symbolique de la conversion de l'empire au christianisme. L'édit de Milan (313) assure la liberté de culte.

325 Concile de Nicée, contre l'arianisme.

363 Mort de Julien l'Apostat ; sa tentative pour restaurer le paganisme dans l'empire ne lui survivra pas.

371 Saint Martin, évêque de Tours ; son œuvre missionnaire (fondation des monastères de Ligugé et de Marmoutier) en fait l'apôtre de la Gaule, et le plus populaire des saints de France (patro-
389 nymes, noms de lieu...).

320 Inde : fondation de l'empire Gupta (jusqu'en 500).

325 Constantin, empereur.

330 Fondation de Constantinople, capitale de l'Empire romain, sur le site de l'ancienne Byzance : elle sera la cité la plus importante du monde médiéval.

357 Bataille de Strasbourg : Julien repousse les Alamans.

361 Julien l'Apostat, empereur.

v. 370 Les Huns, arrivant d'Asie, se regroupent sur la Volga.

SCIENCES – TECHNIQUES | LITTÉRATURES | ARTS – MUSIQUE

181

197 *L'Apologétique* de Tertullien, plaidoyer en faveur de la liberté de religion. C'est désormais par l'inspiration chrétienne que la littérature latine continuera à vivre (saint Jérôme, saint Augustin) et que le latin restera jusqu'à la Renaissance la langue des intellectuels de l'Occident.

200

201

217 Thermes de Caracalla.

250 *Les Ennéades,* de Plotin.

v. 250 Apparition en Europe occidentale du houblon, rendant possible la fabrication de la bière.

v. 250 En Chine, émergence de la poésie régulière (le « shi »). Développement du « fu », récitatif descriptif, et du « yuefu », ballade chantée. Prose historique classique (*Shiji* de Sima Qian).

v. 250 A partir du IIIe s., développement de la sculpture en Inde : symbolisme propre au brahmanisme, avant le tantrisme. La peinture en détrempe, apparue depuis deux siècles, se perfectionne.

283 Fin de la construction du mur d'Aurélien, à Rome.

v. 300 L'architecture romaine couvre l'Europe : palais de Dioclétien à Salone (Split) ; « Porta nigra » (porte noire) à Trèves.

300

301

315 Arc de Constantin, à Rome.

v. 320 Les mathématiciens chinois savent réduire les fractions, résoudre des systèmes d'équations linéaires.

v. 340 Œuvre de Pappus, un des derniers grands mathématiciens, après Diophante, de l'école d'Alexandrie.

v. 310-320 Les *Institutions divines* de Lactance, le « Cicéron chrétien ». Après Tertullien (mort v. 222), Arnobe et Lactance, la rhétorique latine est au service du christianisme.

v. 320 Développement de l'art Gupta, en Inde. À l'architecture excavée, qui aura son apogée plus tard, s'ajoute la construction : premiers sanctuaires avant l'épanouissement des Ve et VIe s.

324-336 Construction de la « nouvelle Rome », Constantinople, sur le site de Byzance.

v. 350 Le parchemin commence à concurrencer le papyrus, qui restera fabriqué jusqu'au XIe s. Culture du coton en Chine. Les Mayas utilisent la brique de terre cuite.

v. 350 Vie du poète indien Kalidasa. Floraison de la poésie chinoise. Le genre bucolique (Tao Yuanming).

360 Hymnes composés par Hilaire de Poitiers.

v. 375 *Les Idylles* du poète latin Ausone.

389 Le *De magistro* de Saint Augustin expose la théorie du signe et de la communication la plus élaborée depuis les stoïciens et avant l'époque moderne.

389

390

RELIGION – PHILOSOPHIE

390 Saint Ambroise, évêque de Milan, contraint l'empereur Théodose à une expiation publique ; l'Église a conquis les élites de l'empire, sa domination religieuse sur l'Occident est acquise ; elle devient religion d'État (interdiction du paganisme en 391).

v. 400 En Chine, après quatre siècles d'assimilation, le bouddhisme s'impose au détriment du confucianisme. Rédaction du Talmud de Babylone, texte essentiel du judaïsme rabbinique. Pères de l'Église grecs (saint Jean Chrysostome) et latins : saint Jérôme traduit la *Vulgate* ; saint Augustin définit la culture du christianisme latin pour les siècles à venir, imprégnée de Platon et Cicéron.

v. 400-650 En Inde, âge classique de l'hindouisme. Influence du *Mahabarata*.

HISTOIRE POLITIQUE

395 Mort de l'empereur romain Théodose Ier. L'empire est partagé entre ses deux fils, Honorius en Occident, Arcadius en Orient.

400 Rome évacue la Grande-Bretagne. Les Bretons émigrent en Armorique.

400

ve siècle

401

451 Concile de Chalcédoine, condamnation du monophysisme ; après le concile d'Éphèse (431, condamnation du nestorianisme), il marque la rupture des Églises chrétiennes orientales (Syrie, Égypte...) avec Rome et Constantinople.

406 Le Rhin est franchi par les Vandales et les Burgondes.

410 Les Wisigoths menés par Alaric prennent Rome.

430 Les Francs occupent le nord de la Gaule.

451 Aux champs Catalauniques, près de Châlons-sur-Marne, victoire des Romains, des Francs, des Burgondes et des Wisigoths contre Attila.

455 Pillage de Rome par les Vandales.

476 Romulus Augustule, le dernier empereur d'Occident, est déposé par des barbares germaniques, les Hérules.

476

SCIENCES – TECHNIQUES	LITTÉRATURES	ARTS – MUSIQUE

390

397 (jusqu'à 401) Les *Confessions* de saint Augustin, outre leur lecture religieuse, apportent le modèle littéraire d'une biographie sincère.

v. 397 Saint Ambroise compose lui-même des hymnes d'allure populaire pour son diocèse. Jusqu'à la fin du Moyen Âge, la musique est d'abord religieuse ; seule la voix est acceptée (les instruments, considérés comme « outils de Satan », sont proscrits) ; le chant de l'Église chrétienne prolonge le langage modal de l'Antiquité grecque ; il empruntera au rite hébraïque la technique de la psalmodie et au répertoire païen les hymnes.

400

401

v. 450 Les Arabes domestiquent et utilisent le chameau.

463 La plus ancienne basilique chrétienne datée : Saint-Jean-de-Stoudios, à Constantinople.

476

le Moyen Âge (de 486 à 1453)

RELIGION – PHILOSOPHIE / HISTOIRE POLITIQUE

486 **486** Baptême de Clovis ; il devient le champion du catholicisme contre l'arianisme des Goths.

496 Clovis, roi d'un royaume franc entre l'Escaut et la Loire, bat les Alamans à Tolbiac puis conquiert l'Aquitaine sur les Wisigoths.

500

VIe siècle

501 **v. 510** Œuvre de Boèce et du Pseudo-Denys.

520 En Chine, apparition du bouddhisme ch'an dont est issu le zen japonais (XIIe s.).

526 Mort de Théodoric : fin du royaume ostrogoth d'Italie.

527 Justinien Ier, empereur romain d'Orient : conquête de l'Afrique du Nord et de l'Italie ; son œuvre législative aura une influence considérable.

534 Règle de saint Benoît ; elle inspirera tout le monachisme en Occident.

568 Invasion des Lombards en Italie du Nord.

590 Élection de Grégoire Ier à la papauté, dont il affirme la primauté sur les évêques ; réorganisation de l'Église et de la liturgie (chant grégorien), évangélisation de la Grande-Bretagne, puis de la Germanie.

v. 600 Apogée de la civilisation maya (jusque vers 950) : cités-temples de
600 Palenque et de Tikal.

VIIe siècle

601 **618** Chine : avènement de la dynastie des Tang, qui régnera jusqu'en 907.

622 L'hégire, an 1 de l'ère musulmane ; la prédication de Mahomet (recueillie dans le Coran, v. 650) se présente comme révélation divine ; elle donne naissance à l'islam, qui se répand très rapidement (Arabie, Égypte, Syrie, Iran).

629 Dagobert, roi des Francs ; il est conseillé par saint Éloi.

v. 630 Déclin du bouddhisme en Inde. Apparition du bouddhisme tibétain.

630 Menaces des Lombards sur Rome ; la papauté cherche à s'allier aux Francs.

632 Abou-Bakr, calife : l'Islam progresse vers la Syrie et la Perse.

634 'Umar (Omar), calife ; début des conquêtes musulmanes.

650-750 Règne des rois francs dits « fainéants » : le pouvoir royal recule devant l'aristocratie et les « Maires du palais ».

656 Crise dans la succession des califes : naissance des principales divisions de l'islam (sunnite, chiite, khāridjite) ; essor des Omeyades.

661 Assassinat d'Ali ; Mu'āwiyya fonde la dynastie des Omeyades.

670 Fondation de Kairouan.

678 Les Arabes sont repoussés de Byzance grâce au feu grégeois ; ils ne peuvent entrer en Europe par l'Orient.

687 Pépin de Herstal, maire du palais d'Austrasie, étend sa domination sur tout le royaume franc.

v. 700 Le bouddhisme se mêle à la religion traditionnelle du Japon, le
700 shintoïsme.

700 Les musulmans ont conquis le Panjab, l'Afghanistan.

VIIIe siècle

701

v. 710 Développement de la législation en Asie : élaboration
710 des codes japonais et chinois, qui resteront en vigueur jusqu'au XIXe s.

SCIENCES – TECHNIQUES	LITTÉRATURES	ARTS – MUSIQUE	
v. 500 Essor de la métallurgie, de l'orfèvrerie et des techniques agricoles (Chine, Byzance, Inde, Europe...).			486 500
533-546 Premier traité chinois d'agronomie. **v. 550** Usage du haut fourneau en Chine ; cette technique sera réinventée en Europe 900 ans plus tard. Le ver à soie est élevé à Constantinople **v. 600** Apparition de la numérotation décimale en Inde, et donc du zéro.	**v. 573** *Histoire des Francs* de Grégoire de Tours (10 livres en latin) : la première chronique française.	**529** Le *Kyrie* et le *Sanctus* sont chantés à toutes les messes. **532** Église Sainte-Sophie, à Constantinople, caractéristique de l'architecture byzantine : plan en croix grecque, primauté du décor (revêtements précieux, mosaïques à fonds d'or), coupoles. **590** Pontificat de saint Grégoire : réagissant contre l'infiltration de l'art profane dans la messe, il impose le rituel romain pour toutes les églises du monde : le plain-chant, sera appelé plus tard « chant grégorien ». **v. 600** Apogée de l'art maya (architecture grandiose des pyramides de Palenque).	501 600
v. 650 En Amérique centrale, les Mayas développent leur mode propre de calcul ; un réseau de routes est construit au Yucatán. Les civilisations précolombiennes connaissent la soudure métallique. Apparition du parchemin en Europe. Premiers navires de commerce en Scandinavie. Le moulin à vent est connu en Perse.	**v. 625** Les *Etymologiæ,* encyclopédie d'Isidore de Séville. **v. 650** De nouveaux genres poétiques apparaissent en Chine ; quatre « princes » de la poésie dominent la vie littéraire.	**v. 650** Fresques d'Ajanta, apogée de la peinture indienne.	601 700
		701 Introduction de l'*Agnus Dei* dans la messe chantée. **705** Grandes Mosquées de Jérusalem et de Damas : abondance de l'ornemental (l'islam interdit la représentation de l'homme et de l'animal).	701 710

	RELIGION – PHILOSOPHIE	HISTOIRE POLITIQUE
711	**711** Invasion de l'Espagne par les Arabes ; l'expansion de l'Islam, extrêmement rapide en Afrique du Nord et en Asie Mineure, atteint l'Europe.	**711** Conquête du Maghreb et de l'Espagne par les Omeyades. Naissance du royaume de Cachemire.
	717 Début de la crise iconoclaste : les chrétiens, surtout à Byzance, sont divisés en partisans et adversaires des images.	
	732 Arrêtés à Poitiers par Charles Martel, les Arabes musulmans se replient sur l'Espagne, où ils s'installent durablement.	**732** Bataille de Poitiers : Charles Martel donne un coup d'arrêt à l'expansion arabe.
		750 Coup d'État abbasside contre les Omeyades.
		752 Byzance perd l'exarchat de Ravenne, pris par les Lombards ; le pape, ne pouvant plus compter sur la protection byzantine, se tourne vers les Francs et cesse de se considérer comme un sujet de l'empereur d'Orient.
		754 Pépin le Bref sacré roi des Francs par le pape à Saint-Denis : fondation de la dynastie carolingienne.
	756 Donation de Pépin, par laquelle sont institués les États pontificaux.	**756** 'Abd-al-Rahmān fonde le califat omeyade de Cordoue.
		762 Fondation de Bagdad, capitale abbasside.
		774 Annexion de la Lombardie par Charlemagne.
		778 Échec de Charlemagne en Espagne ; défaite et mort de Roland à Roncevaux.
	787 Deuxième concile de Nicée : orthodoxie du culte des images.	
	795 Mort de Sibawayh, dont le *Kitāb* (livre) restera la plus célèbre grammaire arabe.	
800	**800** Kairouan, capitale de l'Ifriqīyya (Tunisie), foyer culturel important. Charlemagne sacré à Rome : alliance étroite du pape et de l'empereur, restauration d'une culture chrétienne en Occident, « renaissance carolingienne » (Alcuin). – Œuvre de Śaṅkara en Inde ; la culture sanscrite (hindoue) est encouragée dans le royaume du Cachemire.	**800** Charlemagne couronné empereur d'Occident à Rome. Début de la civilisation toltèque au Mexique ; effondrement de la civilisation maya.

IXe siècle

	RELIGION – PHILOSOPHIE	HISTOIRE POLITIQUE
801		**812** Traité d'Aix-la-Chapelle : Charlemagne est reconnu empereur d'Occident par l'empereur d'Orient. Importantes relations de l'Occident avec Constantinople et Bagdad, où règne Hārūn al-Rashīd ; l'Islam se morcelle en royaumes concurrents.
		814 Louis Ier le Pieux, empereur d'Occident.
		827 Byzance perd la Sicile, conquise par les Arabes.
	832 Fondation de la « maison de la Sagesse » à Bagdad ; par un intense travail de traduction, les musulmans vont assimiler la pensée grecque ; ils connaissent, jusqu'au XIIIe s., un âge d'or philosophique et théologique.	
		842 Serments de Strasbourg : alliance de Louis le Germanique et de Charles II le Chauve, premier roi de France.
	843 Restauration du culte des images par le pouvoir à Byzance ; le conflit de l'iconoclasme a opposé le haut clergé et les moines, creusé l'écart entre Byzance et Rome (excommunication du pape par Photios en 867).	**843** Traité de Verdun : l'Empire carolingien est divisé en trois.
849	**845** Proscription du bouddhisme en Chine.	**845** Siège de Paris par les Normands (scandinaves).

SCIENCES – TECHNIQUES | LITTÉRATURES | ARTS – MUSIQUE

711

v. 750 Perfectionnement de l'attelage en Europe. Les musulmans fabriquent du papier de chiffons.

v. 750 Apogée de l'art rupestre indien, à Ellora. L'art « post-gupta » voit le développement de l'architecture et de la sculpture architecturale. Premiers temples hindous en pays dravidien (au Sud). Sanctuaires rupestres en Chine (depuis le VIIe s.) : peintures et sculptures.

757 L'empereur Constantin envoie un orgue à Pépin le Bref. Il faudra attendre le IXe s. pour que l'orgue, proscrit comme les autres instruments, soit accepté dans les églises.

v. 770 Culture du coton en Espagne. Imprimerie xylographique en Chine, pour la diffusion des textes bouddhiques.

v. 780 (ou v. 1000) *Beowulf*, épopée anglo-saxonne : un des premiers textes profanes en langue vulgaire de cette époque.

785 Grande Mosquée de Cordoue.

v. 795 Han Yu, écrivain confucéen, réforme la prose chinoise.

796 Début de la construction d'Aix-la-Chapelle (jusqu'en 805) : inspiration byzantine.

v. 800 Les Arabes connaissent l'horloge à eau ; alchimie (préhistoire de la chimie) de Djabir ibn Hāyyan. « Renaissance carolingienne » en Europe (copies de manuscrits).

800-809 Grande Mosquée de Kairouan.

800

801

829 Construction de l'observatoire de Bagdad ; continuateurs des Grecs, les Arabes développent l'astronomie, les mathématiques (al-Khwārizmī), l'optique, la médecine... Ils adoptent la numérotation indienne, d'où l'appellation de « chiffres arabes » : « chiffre » et « zéro » sont des mots d'origine arabe.

v. 830 L'éducation religieuse du peuple : *Heliand*, poème biblique, probablement le premier texte de la littérature allemande ; traduction des textes sacrés en anglo-saxon.

833 Première mention d'un moulin à vent en Europe, où ce procédé ne s'implantera durablement qu'au XIIe s.

842 *Serments de Strasbourg :* premier texte en roman, qui deviendra le français, et en allemand.

843 Restauration du culte des images à Byzance ; l'art des icônes se développe en Orient, influence l'Occident (Venise) ; à partir du XVIe s., il s'intégrera à la spiritualité russe.

849

850

RELIGION – PHILOSOPHIE

863 Mission de Cyrille et Méthode en Moravie ; à terme, la conversion des Slaves par les Byzantins fera de Moscou une capitale religieuse (XVIe s.).

865 *De la division de la nature* de Jean Scot Érigène ; il traduit le Pseudo-Denys.

v. 900 Installation de couvents au mont Athos, qui deviendra le principal foyer monastique de l'orthodoxie.

HISTOIRE POLITIQUE

860 Fondation de Novgorod par les Normands, qui colonisent le nord de la Russie.

871 Alfred le Grand, vainqueur des Normands, roi d'Angleterre.

877 Louis II le Bègue, roi de France.

879 Louis III, roi de France.

882 Carloman, roi de France. Fondation du royaume de Kiev par les Normands : unification de la Russie et attaque de Byzance.

884 Charles III le Gros, empereur d'Occident, régent du royaume de France. Siège de Paris par les Normands.

888 Eudes, défenseur victorieux de Paris, élu roi de France.

898 Charles III le Simple, roi de France.

899 Les Hongrois, conduits par Arpad, ravagent l'Italie, la France, la Lorraine, la Bourgogne, l'Espagne et Byzance.

900

Xe siècle

901

910 Fondation de l'abbaye de Cluny ; les clunisiens compteront v. 1100 près de 1200 prieurés et abbayes, étroitement liés à la réforme grégorienne de 1075.

922 Martyre d'al-Halladj : développement du soufisme en Islam ; œuvre philosophique d'al-Fārābi.

962 Création du Saint Empire romain germanique, dans un contexte de crise pour l'Église (simonie, indignité du clergé).

988 Baptême de Vladimir, prince de Kiev : début de la conversion de la Russie à l'orthodoxie.

999 Othon III établit sa capitale à Rome. Il rêve avec Sylvestre II de restaurer un empire chrétien universel.

999

911 Traité de Saint-Clair-sur-Epte : fondation de la Normandie.

922 Robert Ier, roi de France.

923 Raoul de Bourgogne, roi de France.

936 Louis IV, roi de France.

941 Échange de traités commerciaux entre Kiev et Constantinople ; début de la fusion entre Slaves et Normands, grâce à la culture byzantine.

954 Lothaire, roi de France.

960 Chine : Avènement de la dynastie des Song (jusqu'en 1279).

962 Couronnement d'Othon Ier le Grand : fondation du Saint Empire romain germanique.

969 Les Fatimides s'emparent de l'Égypte.

971 Annexion de la Bulgarie et de la Phénicie par Byzance.

986 Les Normands s'établissent au Groenland. ◊ Louis V, roi de France.

987 Hugues Capet élu roi de France : fondation de la dynastie des Capétiens, qui régnera jusqu'en 1328, avec Charles IV le Bel.

996 Robert II le Pieux, roi de France. Othon III sacré empereur à Rome.

997 Étienne Ier fonde le royaume chrétien de Hongrie.

850

SCIENCES – TECHNIQUES

v. 850 Compilations géographiques arabes. En Chine, usage de la poudre.

860 *Livre des artifices,* somme des connaissances mécaniques des Arabes.

v. 950 En Europe, progrès des techniques agricoles (défrichements, meunerie, charrue à avant-train), expansion démographique, constructions en pierre ; début de la renaissance des villes en Italie. – En Amérique, culture du coton, céramiques et forges toltèques, constructions en terre des Indiens pueblos. – La Chine connaît la boussole.

v. 980 Enseignement à Reims de Gerbert d'Aurillac (le futur pape Sylvestre II), le plus savant des clercs occidentaux, formé notamment en Catalogne, à la lisière de l'Islam ; il introduit les chiffres arabes, l'abaque, certains procédés de calcul.

LITTÉRATURES

v. 850 Début du genre des « miroirs », traités d'éducation ou de vulgarisation nombreux au Moyen Âge.

865 *Séquence de sainte Eulalie,* premier texte en langue d'oïl (ancien français).

v. 956 Premières mentions des *Mille et Une Nuits,* recueil de contes arabes.

v. 970 Première mention d'un drame liturgique à Fleury : mise en scène du texte sacré à l'occasion des messes de Pâques et de Noël.

ARTS – MUSIQUE

v. 900 Début de l'architecture romane en Europe ; un siècle plus tard, elle se caractérise par l'utilisation de l'arc plein cintre et du plan basilical, favorise le développement de la sculpture (chapiteaux, tympan) et de la fresque. – Naissance de l'école chinoise de paysage : art de la suggestion plutôt que de la représentation. 900

901 **910** Fondation de l'abbaye de Cluny, un des centres musicaux du Moyen Âge.

v. 950 (jusqu'en 1500) Renaissance de l'art maya sous l'influence des Toltèques (Chichén Itzá).

999

	RELIGION – PHILOSOPHIE	HISTOIRE POLITIQUE
1000	**v. 1000** Civilisation toltèque au Mexique ; culte de Quetzalcóatl. – L'islam atteint l'Inde (recueil de voyages d'al-Birūni) et se répand en Afrique noire.	**v. 1000** Fondation de l'Empire inca par Manco Cápac. ◇ Les Normands séjournent en Amérique après avoir exploré la terre de Baffin, le Labrador et Terre-Neuve.
	XIe siècle	
1001		**1005** Terrible famine en Occident. **1014** Basile II le Bulgaroctone vainc définitivement les Bulgares. L'Empire byzantin apparaît comme la plus grande puissance d'Europe orientale et d'Asie Mineure.
	v. 1020 En Islam, œuvre encyclopédique d'Avicenne. – École de Chartres (Fulbert).	**1024** Conrad II, empereur d'Occident ; il nomme et investit du pouvoir spirituel les évêques et les abbés. **1031** Henri Ier, roi de France. **1039** Henri III, empereur d'Allemagne. **1045** La Bohême, la Pologne et la Hongrie deviennent fiefs du Saint Empire.
	1054 Excommunications mutuelles du pape et de Michel Cérulaire : schisme entre les chrétiens d'Occident (Rome) et les chrétiens d'Orient (Constantinople), le catholicisme et l'orthodoxie ; l'Église romaine se réforme ; apparition des premières hérésies populaires en Europe.	**1055** Les Turcs saljūqides établis à Bagdad menacent Byzance. **1056** Henri IV, empereur germanique. **1060** Philippe Ier, roi de France. **1066** Conquête de l'Angleterre par les Normands de France, conduits par Guillaume le Conquérant. **1069** Conquête du Maroc par les Almoravides.
		1071 Les Byzantins sont défaits par les Turcs à Mantzikert : début du déclin militaire de l'Empire byzantin. Les Normands font la conquête de l'Italie byzantine.
	1075 En refusant à l'empereur Henri IV l'investiture des clercs et toute influence sur l'élection du pape, Grégoire VII lance la « réforme grégorienne » : asseoir l'autorité de l'Église, pour instaurer une « respublica christiana ». – École rabbinique de Rachi à Troyes.	**1077** Henri IV fait amende honorable à Canossa. **1078** Guerre civile dans l'Empire byzantin. **1081** Alexis Ier Comnène, empereur de Byzance. L'Asie Mineure est entre les mains des Turcs. Les Normands envahissent les Balkans.
	1084 Fondation du couvent de la Grande-Chartreuse par saint Bruno ; le début du XIIe s. sera marqué par l'essor de l'érémitisme, la création d'ordres prédicateurs (Prémontré, 1120) et militaires (Templiers, 1118).	**1082** Venise aide Byzance contre les Normands et reçoit d'importants privilèges commerciaux. Début du déclin commercial de Byzance. **1090** Formation de la secte chiite des « Assassins » (les « gardiens » de la foi).
	1093 Saint Anselme, primat d'Angleterre. Dans son œuvre, il énonce une preuve de l'existence de Dieu, discutée jusqu'à nos jours.	
	1096 Départ de la première croisade ; les XIIe et XIIIe s. seront ceux des Croisades : fondation d'États latins en Orient. En Europe, nombreux mouvements hérétiques.	**1096** Départ de la première croisade.
	1098 Fondation de l'ordre de Citeaux ; les cisterciens, dont saint Bernard, vont dominer la vie monastique du XIIe s. (530 maisons en Europe v. 1200).	**1099** Prise de Jérusalem par les croisés. **v. 1100** Économie rurale centrée sur le système féodal, mais développement d'une économie urbaine (foires de Champagne).
1100		
	XIIe siècle	
1101		**1106** Henri V, empereur germanique. **1108** Louis VI le Gros, roi de France. **1112** Révolte de la commune de Laon contre son seigneur-évêque ; le mouvement communal progresse irrésistiblement au XIIe s. : statuts des métiers, essor du commerce et de l'artisanat.
1120	**1115** Saint Bernard, abbé de Clairvaux, illustre représentant de la spiritualité monastique, hostile au renouveau intellectuel des villes ; conseiller des puissants, il prêche la deuxième croisade (1147).	

1000

SCIENCES – TECHNIQUES

v. 1000 Les nouvelles techniques agricoles (herse, charrue) provoquent un tournant économique. Culture du riz aquatique en Chine.

LITTÉRATURES

v. 1000 *Le Dit de Genji*, roman japonais d'une dame d'honneur à la cour : étude de la société à travers la peinture de quelque 300 personnages.

ARTS – MUSIQUE

1001

SCIENCES – TECHNIQUES

v. 1020 Œuvre scientifique d'Avicenne, notamment en médecine ; les Arabes élaborent une optique distincte de la théorie de la vision.

v. 1050 Usage en Chine des caractères mobiles d'imprimerie ; la technique chinoise de fabrication du papier, importée par les Arabes, fait son apparition en Espagne. En Europe, premiers moulins (à eau) à foulon.

v. 1075 Travaux d'Omar Khayyām en algèbre et en astronomie.

1090 Tour-horloge astronomique à Kaifeng (Chine).

LITTÉRATURES

v. 1040 *Vie de saint Alexis,* l'un des plus anciens textes en langue française, d'après une *Vie* latine ; genre littéraire important, équivalent religieux de l'épopée guerrière.

v. 1070 Premiers « fabliaux », récits brefs, savants dans la forme, satiriques quant au fond : un genre qui prolifère pendant un siècle.

1071 Naissance de Guillaume IX d'Aquitaine, le premier troubadour connu ; créateur de la « fin'amor », la première poésie profane en langue d'oc qui se développera au XIIe s.

v. 1080 *La Chanson de Roland,* anonyme ; l'une des plus anciennes chansons de geste françaises (avec la *Chanson de Guillaume*, *Gormont* et *Isembart*), poème épique narrant les hauts faits des héros que leur nom rattache à l'histoire des pays de France, exaltant leur patriotisme et leur foi.

ARTS – MUSIQUE

v. 1025 Gui d'Arezzo invente un système de notation musicale : les notes de la gamme. Au XIe s., la polyphonie est codifiée, après deux siècles de pratique.

1063 Église Saint-Marc de Venise, reconstruite selon un plan d'inspiration byzantine.

1088 Agrandissement de l'abbaye de Cluny, qui sera la plus grande église de la chrétienté jusqu'à la construction de Saint-Pierre de Rome ; les sculptures des chapiteaux représentent un tournant de l'art roman.

v. 1098 Abbaye de Citeaux : style cistercien, austère.

1100

1101

ARTS – MUSIQUE

1113 Temple d'Angkor Vat : apogée de l'art khmer.

1120

RELIGION – PHILOSOPHIE

1121 **1122** Concordat de Worms : fin de la querelle des Investitures. Suger, abbé de Saint-Denis.

v. 1130 Point culminant de la « renaissance » du XIIe s. : redécouverte d'Aristote (qui heurte la pensée chrétienne, jusqu'alors essentiellement augustinienne), développement de la logique dans les écoles parisiennes, véritables débuts de la théologie rationnelle avec Abélard.

v. 1140 Saint Bernard obtient la condamnation d'Abélard au concile de Sens.

1146 Arnaud de Brescia prend le pouvoir à Rome et entreprend une réforme du clergé.

1155 Enjeu des relations entre le pape et Frédéric Barberousse, Arnaud de Brescia est exécuté ; Barberousse est sacré empereur en 1156 mais chasse le pape (1159) et suscite l'élection d'un antipape en 1160.

1170 Assassinat de Thomas Beckett. Naissance du mouvement vaudois à Lyon.

1177 Paix de Venise : Frédéric Barberousse reconnaît toute liberté aux cardinaux pour élire le pape.

1179 Troisième concile de Latran : condamnation des cathares comme
1179 hérétiques.

HISTOIRE POLITIQUE

1125 Lothaire de Supplinbourg, empereur germanique.

1137 Henri VII, de la famille des Velfen ou Guelfes, tente de disputer la couronne impériale à Conrad III de Hohenstaufen, seigneur de Waibligen ou Gibelin ; la lutte entre Guelfes (partisans du pape) et Gibelins (partisans de l'empereur) s'étend bientôt à l'Italie. Louis VII le Jeune, roi de France. Il a pour conseiller Suger.

1138 Conrad III de Hohenstaufen, empereur germanique.

1143 Deuxième croisade, prêchée par saint Bernard.

1147 Les Almohades s'emparent de l'Espagne.

1148 Échec de la Croisade devant Damas.

1152 Frédéric Barberousse, empereur germanique. Mariage d'Henri II Plantagenêt et d'Aliénor d'Aquitaine.

1154 Henri II, roi d'Angleterre. Conflit avec la France.

1171 Saladin fonde la dynastie des Ayyūbides. Début de la contre-croisade musulmane.

1121

SCIENCES – TECHNIQUES

v. 1130 La découverte par les Latins de la culture grecque et arabe touche aussi les sciences : traductions d'Euclide, Ptolémée, al-Khwārizmī (dont le nom a donné le mot *algorithme*).

v. 1150 Carte d'al-Idrīsī, somme des connaissances géographiques des Arabes.

1171 Averroès, médecin à Cordoue.

LITTÉRATURES

v. 1136 *Histoire des Bretons* de Geoffroy de Monmouth (latin) : création de la légende du roi Arthur.

v. 1140 Le poème épique du *Cid,* proche des chansons de geste françaises ; la plus ancienne œuvre connue en espagnol.

v. 1150 *Floire et Blancheflor* : récit idyllique (en français), d'après un conte arabe des *Mille et Une Nuits.*

v. 1152 *Le Roman de Thèbes* : apparition d'un genre nouveau, le « roman », versifié, en langue vulgaire, dit « antique » (inspiré d'œuvres antiques) ; il mêle l'héritage épique de l'Antiquité et les obsessions du monde féodal : épisodes amoureux, goût du merveilleux.

v. 1155 *Le Roman de Brut* : premier roman arthurien et apparition des « chevaliers de la Table ronde » ; dans la littérature française, source d'inspiration importante aux XIIe et XIIIe s.

1167 *Lais* de Marie de France.

v. 1170 *Lancelot ou le Chevalier à la charrette* de Chrétien de Troyes : version narrative et chevaleresque de l'amour courtois. *Le Roman d'Alexandre*, récit exotique et merveilleux inspiré de la vie d'Alexandre, à mi-chemin du roman antique et de la chanson de geste. Il a donné son nom à l'« alexandrin ».

v. 1171 Premiers récits du *Roman de Renart*, parodie de la chanson de geste avec des animaux pour « héros » et satire sociale.

v. 1175 France : représentation du premier drame liturgique (mise en scène du texte sacré) en langue vulgaire.

v. 1177 *Yvain ou le Chevalier au lion,* roman de Chrétien de Troyes.

ARTS – MUSIQUE

v. 1135 Abbatiale de Saint-Denis : début du gothique, qui se caractérise par l'utilisation de la croisée d'ogives et de l'arc brisé ; l'importance donnée à la lumière et à la hauteur, autorisée par l'évolution technique, correspond à un symbolisme religieux ; l'augmentation des ouvertures favorise le développement de la peinture sur vitrail.

1137 Mariage d'Aliénor d'Aquitaine avec Louis VII : début du rayonnement des troubadours (jusqu'à la fin du XIIIe s.) : instruits dans les monastères, ils animent les cours des châteaux avec des sujets d'inspiration religieuse.

v. 1160 Léonin, organiste de Notre-Dame de Paris : le premier compositeur polyphoniste. L'École de Notre-Dame, avec Pérotin et Adam de la Halle, exposera son idéal esthétique dans *Ars antiqua* : le style français s'impose en Italie et en Espagne.

1163 Début de la construction de Notre-Dame de Paris (jusqu'en 1345).

1179

1180–1200

RELIGION – PHILOSOPHIE

1187 Prise de Jérusalem par Saladin ; il mène une « guerre sainte » victorieuse contre les croisés.

1190 *Guide des égarés* de Maïmonide. Développement du bouddhisme au Japon.

1198 Mort d'Averroès, le plus célèbre en Europe des commentateurs arabes d'Aristote.

v. 1200 Naissance des ordres militaires allemands (les chevaliers Teutoniques). Apparition des premières universités : après Bologne, Paris, Oxford ; elles vont progressivement supplanter les écoles liées aux abbayes et aux cathédrales.

HISTOIRE POLITIQUE

1180 Philippe II Auguste, roi de France.

1182 Massacre des Latins et réaction anti-occidentale à Constantinople.

1187 Saladin chasse les chrétiens de Jérusalem. Début de la troisième croisade dirigée par Frédéric Barberousse, Philippe Auguste et Richard Cœur de Lion.

1189 Richard Cœur de Lion, roi d'Angleterre (jusqu'en 1199).

1191 Saladin accorde aux chrétiens la liberté du pèlerinage à Jérusalem. Henri VI le Cruel, empereur germanique.

1199 Jean sans Terre, roi d'Angleterre (jusqu'en 1216).

XIIIe siècle

1201–1230

RELIGION – PHILOSOPHIE

1202 Le pape Innocent III affirme la vocation du Saint-Siège à la souveraineté universelle ; il se donne le droit d'intervenir dans l'élection de l'empereur germanique.

1206 L'Inde s'islamise (sultanat de Delhi).

1207 Saint Dominique fonde l'ordre des Frères prêcheurs ; prédication en Languedoc.

1208 Innocent III appelle à la croisade contre les Albigeois (hérésie cathare).

1209 Saint-François fonde l'ordre des Frères mineurs ; la règle est approuvée en 1223.

1210 Interdiction à Paris d'enseigner la métaphysique d'Aristote (renouvelée sans effet par le pape en 1231, 1245 et 1263) ; le conflit entre la faculté des arts (enseignement profane) et la faculté de théologie nourrit la pensée du XIIIe s.

1215 Quatrième concile de Latran : lutte contre les hérésies, condamnation des juifs et de l'usure, obligation de la confession « auriculaire » (examen de conscience). Statuts de l'université de Paris : sous l'autorité directe du pape, elle jouit d'un prestige considérable (développement de la scolastique au XIIIe s.).

1220 Frédéric II, en Sicile, favorise les échanges entre chrétiens, juifs et musulmans ; il fonde l'université de Naples en 1224.

HISTOIRE POLITIQUE

1201 Départ de la quatrième croisade.

1204 Prise puis pillage de Constantinople par la quatrième croisade à l'instigation du doge vénitien Dandolo. Fondation de l'Empire byzantin de Nicée, qui étend son autorité sur l'Asie Mineure.

1206 Gengis Khan, maître de la Mongolie ; les Mongols commencent la conquête de la Chine et de l'Asie centrale avant d'avancer vers l'Occident. En Inde, création du sultanat (musulman) de Delhi (jusqu'en 1290).

1212 Espagne : bataille de Las Navas de Tolosa : les Maures sont chassés de Castille ; début de la Reconquista (reconquête chrétienne).

1214 Bataille de Bouvines, premier signe de l'unité française : Philippe Auguste bat une coalition.

1215 Angleterre : les barons anglais imposent à Jean sans Terre la Grande Charte, qui garantit leurs droits. Pékin dévasté par les Mongols.

1216 Henry III, roi d'Angleterre.

1217 Cinquième croisade.

1220 Frédéric II, empereur germanique (jusqu'en 1250).

1223 Louis VIII le Lion, roi de France. Soumission du Languedoc.

1226 Louis IX, roi de France. Régence de Blanche de Castille.

1228 Sixième croisade.

1229 Frédéric II obtient par la négociation Jérusalem, Béthléem et Nazareth.

1180

SCIENCES – TECHNIQUES

1180 Maïmonide, médecin de Saladin.

LITTÉRATURES

v. 1180 *Perceval ou le Conte de Graal*, roman de Chrétien de Troyes (inachevé) : apparition du thème de la « quête du Graal », l'une des principales sources d'inspiration du Moyen Âge.

v. 1190 *Le Roman de Tristan*, la plus ancienne version (fragmentaire) des amours de Tristan et Iseult. Les trouvères, de langue d'oïl, et les poètes allemands adaptent dans leur langue la poésie de langue d'oc.

v. 1200 *La Chanson des Nibelungen*, poème épique en allemand, qui sera repris par Wagner (l'*Anneau du Nibelung*).

ARTS – MUSIQUE

1190 Début de la construction du Louvre et de la première enceinte de Paris sous Philippe Auguste.

1200

de 1201 à 1250

1201

1202 *Liber abbaci,* premier des traités par lesquels Léonard de Pise fait aux Arabes des emprunts décisifs pour la renaissance des mathématiques.

v. 1208 *La Conquête de Constantinople*, première chronique en prose française.

v. 1215-1230 Rédaction du *Lancelot-Graal*, immense ensemble romanesque qui donne à la quête du Graal la dimension d'une histoire de la destinée humaine ; les chansons de geste sont réunies en cycles et commencent à être mises en prose (*Tristan* et *Lancelot* en prose).

1220 Statuts de la faculté de médecine de Montpellier.

1225 Château de Coincy (France) : l'architecture fortifiée médiévale.

1230

RELIGION – PHILOSOPHIE

1231 **1231** Organisation de l'Inquisition, prise en main par les dominicains en 1233.

1236 À Damas, enseignement d'Ibn'Arabī.

1240 Débat à la cour de France entre juifs et chrétiens ; le Talmud est mis au bûcher.

1244 Chute de Montségur, dernière citadelle cathare importante.

1250 La mort de Frédéric II met fin à une lutte de deux siècles entre la papauté et le Saint Empire. Développement des ordres mendiants (franciscains, dominicains) ; leur influence est grande dans l'Université (Bonaventure, Thomas
1250 d'Aquin).

HISTOIRE POLITIQUE

1236 Chute de l'émirat de Cordoue en Espagne.

v. 1237 Ouverture du col du Saint-Gothard, qui favorise les échanges commerciaux entre la France et l'Italie.

1241 Les Mongols détruisent le royaume hongrois ; leur retraite, à la mort du grand khān, sauve le reste de l'Europe.

1243 Défaite des chevaliers Teutoniques devant Alexandre Nevski, sur le lac Peïpous.

1245 Septième croisade. Le concile de Lyon dépose Frédéric II.

1250 Les Mamelouks chassent définitivement les chrétiens de Jérusalem. Ils supplantent les Ayyūbides. Bataille de Mansourah : Louis IX, prisonnier. La mort de Frédéric II laisse vacant le trône impérial : début du Grand Interrègne.

v. 1250 En Europe, vague d'affranchissement des paysans, liée à l'émergence d'une économie monétaire.

XIIIe siècle

1251

1257 Saint Bonaventure, général des franciscains ; il écarte de l'ordre les tendances messianiques des « spirituels » ; son œuvre théologique prolonge la tradition d'Augustin. Fondation du collège de théologie de la Sorbonne.

v. 1260 Au Japon, le développement du zen fait que le bouddhisme cesse d'être perçu comme une idéologie étrangère.

1261 Reprise de Constantinople par les Byzantins ; malgré un irréversible déclin politique, brillant renouveau intellectuel.

1264 En Pologne, statut favorable aux juifs, renouvelé en 1344 ; développement de la culture yiddish.

1270 Mort de Louis IX durant la huitième croisade ; il sera canonisé dès 1297 par Boniface VIII, alors en plein conflit avec le petit-fils de saint Louis, Philippe le Bel. En Espagne, où les juifs forment une importante communauté, début de la rédaction du *Zohar*.

1271 Concile d'union (entre orthodoxes et catholiques) à Lyon ; mais l'éloignement entre les deux confessions ira grandissant, malgré une nouvelle tentative en 1438 (concile de Florence).

1277 Condamnation de l'averroïsme par l'évêque de Paris ; la *Somme théologique* de Thomas d'Aquin (publiée de 1266 à 1273, qui concilie Aristote et la pensée chrétienne, paraît alors suspecte.

1290 En Angleterre, expulsion des
1290 juifs.

1258 Les Mongols s'emparent de Bagdad.

1259 Traité de Paris : Henri III Plantagenêt renonce à la Normandie, au Maine, à la Touraine et au Poitou. Le royaume de France s'étend jusqu'à la Méditerranée. Louis IX devient le souverain le plus puissant d'Europe.

1260 Chine : Qūbilai Khān fonde la dynastie des Yuan. Nouvelles invasions mongoles de la Horde d'or arrêtées par les Mamelouks.

1261 Reconquête de Constantinople par les Byzantins ; Gênes reçoit d'importants privilèges commerciaux.

1268 Départ de la huitième croisade.

1270 Mort de Louis IX devant Tunis. Philippe le Hardi, roi de France.

1280 Chine : fondation de la dynastie des Yuan (jusqu'en 1368).

1281 Fondation de la dynastie ottomane par Osman Ier Gazi.

1285 Philippe le Bel, roi de France. Avec ses « légistes », il renforce considérablement le pouvoir central, s'opposant notamment au pape.

SCIENCES – TECHNIQUES

LITTÉRATURES

ARTS – MUSIQUE

1231

1231 L'empereur germanique Frédéric II réintroduit (en Sicile) l'usage de la monnaie, oublié en Europe depuis l'Antiquité.

v. 1235 Première partie du *Roman de la Rose* : apparition de la fiction allégorique.

1236 L'Alhambra de Grenade : même abondance ornementale que dans l'architecture religieuse musulmane.

1249 Début de la construction de la cathédrale de Cologne.

v. 1250 Âge d'or des mathématiciens chinois.

1250

1251

v. 1251 *Le Couronnement de Renart*, conte satirique : amorce d'un mouvement parodique dont la deuxième partie du *Roman de la Rose* sera une éclatante manifestation.

1252 *Tables alphonsines* (du nom d'Alphonse X le Sage), tables astronomiques utiles à la navigation ; l'emploi de la boussole se généralise : apparition des portulans (cartes où figurent les directions magnétiques).

v. 1255 *La Légende dorée*, lecture (en latin) de vies de saints suivant le calendrier ; il sera abondamment reproduit dès l'invention de l'imprimerie.

v. 1258 *Le Golestan* de Saadi, en prose persane et vers.

1267 *Opus maius* de Roger Bacon ; dans le cadre d'une pensée qui unifie la théologie et les sciences, les franciscains d'Oxford promeuvent l'expérimentation, les mathématiques, la technique ; Bacon développe en particulier la logique.

v. 1270 Deuxième partie du *Roman de la Rose* : parodie, dans un style allégorique, du premier *Roman de la Rose* et, à travers elle, de la poésie courtoise ; suivie d'une réflexion théologique et philosophique ; ce goût de la parodie se retrouve dans la poésie lyrique d'oc qui produit des « contre-textes » burlesques. *Le Miracle de Théophile* de Rutebeuf, modèle du miracle, genre dramatique bref d'inspiration religieuse qui sera remplacé par le mystère ; les *Poésies* de Rutebeuf annoncent par le ton celles de Villon.

1271-1295 Voyage de Marco Polo en Asie ; Venise contrôle le commerce avec l'Orient.

v. 1276 *Le Jeu de la feuillée*, œuvre dramatique d'Adam de la Halle destinée au public d'Arras : les foyers de culture se déplacent des cours princières aux cités commerçantes et du sud vers le nord.

1277 Début de la construction de la cathédrale de Strasbourg : le « gothique rayonnant » (rosaces).

v. 1285 Les premières lunettes, la brouette.

v. 1290 La *Vita nuova* de Dante (en italien).

v. 1290 Le *Crucifix* de Giotto pour l'église Santa Maria Novella à Florence renouvelle la représentation du Christ mort. 1290

1291

RELIGION – PHILOSOPHIE

1296 Engagé dans des réformes administratives et fiscales, Philippe le Bel met à contribution le clergé français : début d'un conflit ouvert avec la papauté.

v. 1300 Repli de la spiritualité byzantine sur le mont Athos, naissance d'une doctrine mystique développée ensuite par Grégoire Palamas.

HISTOIRE POLITIQUE

1291 Chute de Saint-Jean-d'Acre, dernière possession chrétienne en Palestine. Les Ottomans accroissent leur puissance, déclin de Byzance.

v. 1300 L'Europe entre dans une période de difficultés économiques (jusque vers 1450) : déclin démographique, disettes, premières revendications ouvrières (textile des Flandres et d'Italie), insurrections dans les campagnes et dans les villes, recherche d'un équilibre entre les salaires et les prix, élaboration d'une fiscalité. – Byzance attaquée par les Serbes et les Turcs ; les mercenaires à son service ravagent l'Asie Mineure. – Début de l'expansion de l'Empire inca.

1300

XIVe siècle

1301

1302 Bulle *Unam Sanctam* : affirmation théorique de l'autorité absolue du pape (théocratie) par Boniface VIII.

1303 « Attentat d'Agnani », épisode de la lutte entre le roi de France et Boniface VIII.

1305 Élection d'un pape profrançais, Clément V, qui s'installe à Avignon ; il nomme le premier évêque de Chine (1307).

1306 Enseignement de Duns Scot.

1310 Le sultanat de Delhi étend la domination de l'islam sur tout le nord de l'Inde.

1316 Élection du pape Jean XXII ; il s'oppose à Louis de Bavière et aux Franciscains (dont Guillaume d'Occam), partisans de la pauvreté absolue (influence des « Fraticelles »). Naissance de l'occamisme : critique de la théologie rationnelle.

1323 Canonisation de saint Thomas d'Aquin : le thomisme s'impose comme doctrine officielle de l'Église ; à sa suite, l'enseignement d'Aristote deviendra obligatoire en théologie (1366).

1329 Condamnation (posthume) de Maître Eckhart, qui n'empêche pas le développement de la mystique rhénane : Suso, Ruysbroek.

1302 À Courtrai, la chevalerie française est écrasée par les milices bourgeoises des Flandres : cette défaite marque le début du déclin de la féodalité.

1306 France : bannissement des juifs. Ils sont dépossédés de leurs biens.

1307 Arrestation des Templiers : ils sont jugés et leurs biens confisqués.

1312 Henri VIII, empereur germanique : fin de la politique italienne de l'empire. Les électeurs empêchent la reconstitution d'une dynastie impériale.

1314 Louis X le Hutin, roi de France.

1315 La Ligue des cantons suisses commence la lutte pour son indépendance politique : victoire sur les Habsbourg à Morgarten.

1316 Jean Ier, roi de France. Philippe V le Long, roi de France.

1317 Les Capétiens directs n'ont pas d'héritier mâle : ouverture d'une crise de succession qui va déboucher sur la guerre de Cent Ans. Proclamation de la loi salique.

1322 Charles IV le Bel, roi de France. Conflit entre les Guelfes et les Gibelins : le pape Jean XXII refuse de couronner l'empereur Louis de Bavière.

1326 Famine en Chine : environ 30 millions de morts ; déclin de l'empire Yuan.

1328 Mort de Charles IV. Philippe VI de Valois, roi de France. Recensement de la population (entre 16 et 17 millions d'habitants).

1330

SCIENCES – TECHNIQUES	LITTÉRATURES	ARTS – MUSIQUE	
			1291
	v. 1292 *Aucassin et Nicolette*, œuvre lyrique et parodique.		
		v. 1296 Fresques de la vie de saint François d'Assise par Giotto : anatomie, expression, composition ; il libère la peinture occidentale du hiératisme byzantin.	
1298 Liaison maritime régulière entre la Méditerranée et la Manche ; rapides progrès de la navigation.	**1298** Marco Polo commence en français et en vénitien *le Livre des merveilles du monde*, récit de ses voyages en Asie.	**v. 1300** *Stabat mater*, poème de Jacopone da Todi : il sera mis en musique par la plupart des musiciens baroques.	
			1300

SCIENCES – TECHNIQUES	LITTÉRATURES	ARTS – MUSIQUE	
			1301
	1307 L'*Enfer* de Dante, début de *la Divine Comédie* en italien. **1309** *Le Livre des saintes paroles et des bons faits de notre Saint Louis* par Joinville : multiplication des chroniques écrites pour le compte des Grands, signe d'un goût pour l'histoire et d'un souci de la vérité des faits ; première représentation de la Passion à Rouen. **1310** *Le Roman de Fauvel*, parodie du personnage de Renart.		
1314 À Caen, une des premières horloges mécaniques.			
		v. 1320 L'*Ars nova*, traité musical de Philippe de Vitry : les réformes qu'il y expose seront diffusées dans toute l'Europe.	
v. 1325 Innovations techniques en Europe : avec les moulins, le coût de fabrication du papier devient inférieur à celui du papyrus, progressivement abandonné ; « réveil » de la métallurgie, avec l'emploi de l'énergie hydraulique pour les souffleries et l'apparition du haut fourneau.	**1327** Pétrarque commence la rédaction des *Rimes*, poèmes en italien inspirés par son amour pour Laure.		
			1330

RELIGION – PHILOSOPHIE

1331 **1336** Fondation d'un royaume hindou au sud de l'Inde ; durant deux siècles, il va encourager l'hindouisme, le reste du pays étant dominé par l'islam (chute du royaume de Cachemire en 1339).

1347 Essor intellectuel de l'Europe centrale : création d'une université à Prague, à Varsovie en 1364, à Vienne en 1365.

1350

xive siècle

1351 **1353** Pétrarque termine *les Hommes illustres* ; restaurateur des belles lettres, il est le premier humaniste.

1375 L'Islam en crise (progrès de la reconquête chrétienne en Espagne, expansion des Mongols et des Ottomans).

1377 Retour de la papauté à Rome ; intrigues.

1378 Grand schisme d'Occident ; élection de deux papes, un à Rome et un à Avignon ; l'autorité des États sur le clergé augmente, et les fidèles aspirent à une vie religieuse plus personnelle ; mouvements radicaux qui annoncent la Réforme (Wyclif en Grande-Bretagne).

1391 En Espagne, conversions forcées des juifs au catholicisme.

1394 Nouvelle expulsion des juifs de France.

1400

HISTOIRE POLITIQUE

1336 Japon : début de la domination du clan Ashikaga.

1337 Édouard III d'Angleterre, prétendant au trône de France. Début de la guerre de Cent Ans.

1341 Guerre civile et religieuse à Byzance. Les Turcs menacent l'empire.

1346 Bataille de Crécy : première utilisation des canons en Occident.

1347 Prise de Calais par les Anglais.

1348-1350 Peste noire en Europe (25 millions de morts, près du tiers de la population). De nombreuses communautés juives, rendues responsables du fléau, sont anéanties par des pogroms.

1350 Jean II le Bon, roi de France.

1353 Les Ottomans pénètrent en Europe par les Balkans.

1356 Charles IV fixe par la Bulle d'or les règles de l'élection des empereurs germaniques. À Lübeck, fondation de la Hanse. Colonisation des pays Baltes avec l'ordre Teutonique. Bataille de Poitiers : Jean le Bon, prisonnier.

1358 Soulèvement des Parisiens, dirigés par Étienne Marcel. Répression des jacqueries dans la campagne française.

1360 Paix de Brétigny : l'ouest de la France est abandonné aux Anglais.

1363 Début des conquêtes de Tamerlan.

1364 France : Charles V le Sage, roi. Réorganisation de l'armée sous la conduite de Du Guesclin. Début de la politique indépendante de la Bourgogne.

1368 Chine : fondation de la dynastie des Ming (elle régnera jusqu'en 1644).

1369 Succès de Du Guesclin contre les Anglais commandés par le Prince Noir.

1370 Le roi du Danemark reconnaît la Hanse, organisation des villes maritimes du nord de l'Europe, alors à son apogée.

1380 Charles VI, roi de France.

1381 Angleterre : importante révolte paysanne contre les impôts. Richard II est déposé.

1386 Union de la Lituanie et de la Pologne. Avènement des Jagellon.

1396 La Bulgarie devient une province turque, et sert de tête de pont pour les tentatives d'invasions en Europe.

1398 Pillage de Delhi par les armées de Tamerlan.

1400 Prise de Damas par Tamerlan, maître de l'Asie centrale. Mexique : fondation de l'Empire aztèque.

SCIENCES – TECHNIQUES

LITTÉRATURES

ARTS – MUSIQUE

1331

1341 Pétrarque couronné « prince des poètes » à Rome pour la perfection de sa poésie en langue moderne.

1348-1350 Peste noire en Europe : observations médicales et chirurgicales de Guy de Chauliac.

1348 *Le Décaméron,* recueil de nouvelles de Boccace (jusqu'en 1353), tableau de la société italienne sur le mode des contes des *Mille et Une Nuits* ; il inaugure le genre de la nouvelle.

v. 1350 Portrait de Jean le Bon (anonyme) : apparition du tableau en France. L'ancêtre du piano : un instrument appelé l'« échiquier ».

1350

de 1351 à 1400

1351

1354 Pétrarque commence à rédiger *les Triomphes,* poèmes.

1356 Journal de voyage d'Ibn Battūta.

v. 1364 *La Messe Notre-Dame* de Guillaume de Machaut : la première messe conçue comme un tout et par un seul compositeur.

1368 *Le Divan* du Persan Hāfiz.

1370 *Les Chroniques* de Froissart (jusqu'en 1400).

v. 1375 Ibn Khaldūn témoin du déclin scientifique et culturel de l'Islam et précurseur de la sociologie.

1378 *Le Songe du vergier* : le songe devient une forme privilégiée de discours polémique.

1387 *Les Contes de Canterbury,* recueil de contes en prose et en vers anglais de Chaucer (écrit jusqu'en 1400, édité en 1478) inspiré du cadre du *Décaméron* ; il présente une chronique sociale de l'Angleterre de la fin du XIVe s. avec un souci nouveau de réalisme. *Le Livre de chasse* de Gaston III de Foix en occitan.

v. 1390 Cathédrale de Beauvais : le « gothique flamboyant » (contour des fenêtres en forme de flammes). Dernière phase du gothique qui perd son caractère dans une décoration maniériste. La sculpture s'affranchit du bâtiment.

1400 *La Mutation de fortune,* œuvre poétique de Christine de Pisan : l'auteur raconte sur un ton allégorique son changement de sexe pour se justifier de s'être vouée au travail viril de l'écriture. *Les Quinze Joies du mariage,* parodie des prières à la Vierge (*les Quinze Joies de Notre Dame*) : le courant anti-féministe est important aux XIVe et XVe s.

v. 1400 Peinture : usage de la toile et développement du tableau de chevalet. Naissance de Guillaume Dufay à Cambrai : un des grands noms avec Ockeghem et Josquin des Prés de l'école franco-flamande ; héritière de l'*Ars nova,* elle prépare l'esthétique de la Renaissance.

1400

RELIGION – PHILOSOPHIE

HISTOIRE POLITIQUE

xve siècle

1401

1402 Les Ottomans battus par Tamerlan à Ankara. – Chine : Cheng zu, empereur ; nombreuses expéditions maritimes, jusqu'en Afrique.

1405 L'université de Padoue passe sous l'autorité de la république de Venise ; indépendante du pouvoir religieux, elle développe une école de pensée originale.

1407 France : Jean sans Peur fait assassiner le duc d'Orléans. Guerre civile entre les Bourguignons et les Armagnacs, partisans des Orléans.

1410 Bataille de Tannenberg : les Polonais arrêtent l'expansion des chevaliers Teutoniques en Lituanie.

1414-1418 Concile de Constance : condamnation et exécution de Jan Hus (1415), fin du schisme d'Occident (1417) par l'élection d'un pape romain aux pouvoirs affaiblis, soumis aux décisions des conciles.

1415 Bataille d'Azincourt : les archers anglais déciment la chevalerie française.

1417 Les Portugais, sous l'impulsion de Henri le Navigateur, entreprennent de nombreux voyages d'exploration en Afrique.

v. 1420 Première diffusion de l'*Imitation de Jésus-Christ*, sans doute le livre de spiritualité le plus lu en Occident.

1422 Henri VI, roi d'Angleterre, déclaré irresponsable : il est emprisonné ; début d'une crise de succession. Charles VII, roi de France.

1424 L'Empire byzantin se reconnaît vassal du sultan ottoman.

1429 Jeanne d'Arc délivre Orléans.

1431 Jeanne d'Arc condamnée pour hérésie ; réhabilitée en 1456, elle sera canonisée et déclarée patronne de la France en 1920.

1431 Jeanne d'Arc brûlée à Rouen.

1434 Cosme de Médicis dirige les affaires de Florence, qui devient un centre politique et culturel important.

1435 Paix d'Arras : réconciliation temporaire de la France et de la Bourgogne.

1438 Pragmatique sanction : la nomination des évêques de France est soumise à l'approbation du roi. Ouverture du concile « œcuménique » de Florence : union éphémère des catholiques et des orthodoxes.

1439 France : création d'une armée nationale, dotée d'une infanterie (1448) et d'un corps d'artillerie (1449). Jacques Cœur nommé argentier du roi.

1440 *De la docte ignorance* de Nicolas de Cuse. Fondation de l'Académie platonicienne à Florence : émergence dans la seconde moitié du siècle d'un platonisme chrétien, caractéristique de la Renaissance (Marsile Ficin, Pic de La Mirandole). Humanisme de Laurent Valla.

1440 Procès et exécution de Gilles de Rais.

1444 Bataille de Varna : les armées d'Occident venues secourir Constantinople sont écrasées par les Turcs. Première vente d'esclaves africains au Portugal.

1449 Dissolution du concile de Bâle par le pape : l'autorité de ce dernier est rétablie, mais limitée au domaine spirituel par l'émergence de l'État moderne (France, Angleterre).

1451 Arrestation de Jacques Cœur, accusé de malversations.

1453 Chute de Constantinople ; le christianisme d'Orient est balayé par l'islam ; l'exil des érudits byzantins en Italie contribue à la redécouverte de la culture antique (Renaissance).

1453 Les Turcs prennent Constantinople. La chute de l'Empire byzantin a des conséquences décisives : émergence d'un immense empire turc qui menace l'Occident, transfert de l'héritage culturel byzantin en Italie (début de l'humanisme) et à Moscou. Fin de la guerre de Cent Ans. Les Anglais conservent Calais.

1453

SCIENCES – TECHNIQUES

1418 Alchimie de Nicolas Flamel.

v. 1440 Renaissance du platonisme (Nicolas de Cuse) : nouvel intérêt pour les mathématiques, par opposition au « naturalisme » des aristotéliciens. – Afflux de capitaux en Italie : le ducat de Venise comme monnaie-étalon ; création de succursales bancaires par les Médicis à Lyon, Genève, Londres, etc.

LITTÉRATURES

1420 Premiers mystères (représentation de la vie du Christ en plusieurs tableaux qui dérive du drame liturgique) à Arras.

1429 *La Dittié de Jeanne d'Arc* de Christine de Pisan, un des rares textes contemporains célébrant Jeanne d'Arc.

1440 *Les Rondeaux* de Charles d'Orléans.

v. 1450-1470 *L'Abusé en cour* du roi René (?), roman satirique de la vie de cour, caractéristique du style des « grands rhétoriqueurs » : mélange de vers et de prose, allégorie, rhétorique de l'énumération et du jeu de mots.

ARTS – MUSIQUE

1401 Porte en bronze de Ghiberti pour le baptistère de Florence : travail de l'anatomie, du drapé, de la perspective. 1401

1402 Le roi de France autorise la représentation des mystères.

1404 *Le Puits de Moïse* de Sluter à Dijon : début du courant réaliste qui marquera la sculpture et la peinture du XVe s.

1405 Mausolée de Tamerlan à Samarkand.

1411 *La Trinité*, icône d'autel de Roublev.

1413 *Les Très Riches Heures du duc de Berry*, manuscrit enluminé des frères Limbourg : sommet de l'art aristocratique courtois.

1416 Le temple du Ciel à Pékin.

1418 Dôme de la cathédrale Santa Maria del Fiore à Florence par Brunelleschi ; début de la Renaissance en architecture : éléments antiques (coupole), recherche d'équilibre et d'harmonie.

v. 1420 Découverte du procédé de la peinture à l'huile par les peintres flamands.

1427 Fresques de l'église del Carmine à Florence par Masaccio : introduction de la perspective et du clair-obscur ; début de la Renaissance en peinture, dans le prolongement des découvertes de Giotto.

v. 1430 *David*, sculpture de Donatello à Florence : traitement antiquisant d'un thème biblique.

1432 *L'Agneau mystique* de Hubert et Jan Van Eyck : éclosion de l'école flamande.

1434 *Arnolfini et sa femme* de Jan Van Eyck : première scène intimiste bourgeoise de la peinture occidentale ; apparition du miroir qui deviendra un thème fréquent dans la peinture flamande. À Florence, début du mécénat des Médicis.

1443 L'Hôtel-Dieu de Beaune : un monument civil gothique.

1445 *La Vierge à l'enfant entourée d'anges* de Fouquet.

v. 1450 Le Machu Picchu, citadelle inca. – Vogue du luth, qui joue dans la société de la Renaissance le rôle que jouera le piano dans celle du XIXe s. *Le Vray Mystère de la Passion*, le plus célèbre mystère, par l'organiste de Notre-Dame. 1453

les Temps modernes (de 1454 à 1789)

1454

RELIGION – PHILOSOPHIE

v. 1455 Bible imprimée par Gutenberg.

1492 Chute du dernier État musulman d'Espagne, l'émirat de Grenade ; les juifs, expulsés par les Rois Catholiques, formeront d'importantes communautés dans l'Empire ottoman ; soudée par le catholicisme, l'Espagne apparaît comme nation.

1494 Réforme de Savonarole à Florence ; il dénonce l'indignité d'Alexandre VI, qui l'excommunie en 1497 ; il sera exécuté en 1498.

HISTOIRE POLITIQUE

1455 Angleterre : nouvelle crise de succession qui entraîne le début de la guerre des Deux Roses.

1458 Mathias Corvin, roi de Hongrie ; il résiste aux Habsbourg.

1461 Louis XI, roi de France ; il lutte contre les grands féodaux, notamment le duc de Bourgogne.

1462 Ivan III unifie les royaumes slaves et rejette la suzeraineté de la Horde d'or.

1469 Unification de l'Espagne par le mariage de Ferdinand d'Aragon et d'Isabelle de Castille.

1477 Le duc de Bourgogne, Charles le Téméraire, meurt devant Nancy en combattant les Suisses soutenus par la France ; Maximilien de Habsbourg hérite de ses fiefs.

1483 Charles VIII, roi de France.

1485 Angleterre : Henri VII, héritier des Lancastre, triomphe de Richard III et fonde la dynastie des Tudor ; la féodalité anglaise est anéantie par les guerres.

1492 Christophe Colomb aborde aux Bahamas : découverte de l'Amérique. Espagne : fin de la « Reconquista ».

1493 Maximilien Ier, empereur germanique ; il réorganise et agrandit considérablement l'empire ; début du conflit entre les Habsbourg et la France.

1494 Allié à Ludovic Sforza, Charles VIII entre en Italie et réclame le royaume de Naples, héritage de la maison d'Anjou.

1497 Découverte de Terre-Neuve par Jean Cabot. Vasco de Gama parvient aux Indes en passant par le cap de Bonne-Espérance.

1498 Louis XII, roi de France.

1500

xvie siècle

1501

v. 1501 En Inde, naissance de la communauté sikh : aspirations à un syncrétisme hindou-musulman. Premières missions européennes en Afrique et en Amérique ; la découverte d'un « Nouveau Monde » bouleverse les mentalités.

SCIENCES – TECHNIQUES | LITTÉRATURES | ARTS – MUSIQUE

1454

1454 Topkapi, palais des sultans ottomans à Istanbul. – Premières messes de Guillaume Dufay.

v. 1455 *Bible* dite de Gutenberg ; l'apparition du livre imprimé est une révolution technique qui contribue à l'essor de l'humanisme puis de la Réforme, à la fixation des langues nationales.

1455 La *Pietà* de Villeneuve-lès-Avignon, tableau attribué à Enguerrand Quarton.

v. 1456 *Le Petit Jehan de Saintré* d'Antoine de La Sale, chronique imaginaire d'un chevalier contemporain et premier « roman » au sens moderne ; *le Lais* de Villon.

1456 *La Bataille de San Romano* d'Uccello : traitement savant de la perspective.

v. 1458 *La Passion du Palatinus,* le plus ancien des mystères connus.

v. 1461 *Le Testament* de Villon inaugure une poésie plus personnelle.

v. 1465 *La Farce du Cuvier* : la farce, principale forme du théâtre dans la seconde moitié du XVe s.

1465 Ockeghem est « maistre de la chapelle du chant du roi » (Louis XI).

1470 Les premiers laminoirs, puis le haut fourneau (1474) en Occident.

1470 Édition du *Canzoniere* de Pétrarque en italien (regroupe *les Rimes* et *les Triomphes*) ; il est le premier des grands humanistes par son retour aux sources antiques et il restera le modèle du classicisme pour l'Occident ; il sera connu en France au XVIe s. *La Farce de maître Pathelin.*

v. 1470 Décadence du paysage en Chine et développement de la représentation de la figure humaine. L'enseignement de la musique passe du domaine mathématique au domaine artistique.

1478 *Le Printemps,* tableau de Botticelli : une interprétation allégorique et personnelle de la mythologie antique.

v. 1480 Essor de l'imprimerie : plus de 110 villes sont équipées (50 en Italie, 9 en France). Environ 20 millions de livres sont imprimés entre 1450 et 1500 ; l'imprimerie reflète dans sa sélection le goût et les besoins de l'époque (les ouvrages de piété populaire comme *la Légende dorée* se multiplient) ; elle favorise la fixation des langues modernes.

1480 Traité de perspective de Piero della Francesca.

1485 Traité d'architecture d'Alberti : référence à Vitruve et à l'antique. *La Naissance de Vénus* de Botticelli.

v. 1490 Recherches scientifiques de Léonard de Vinci : anatomie, mécanique (publiées aux XIXe et XXe s.)

1492 Premier globe terrestre, à Nuremberg ; les progrès de la navigation maritime (la caravelle, v. 1420) et de la cartographie permettent la découverte par l'Occident du reste du monde.

1495 Charles VIII revient d'Italie avec des artistes qui travaillent à la construction du château d'Amboise : influence de la Renaissance italienne en France.

1496 *La Cène,* fresque de Léonard de Vinci à Milan.

1497 Mort d'Ockeghem en pleine gloire ; *Déploration de J. Ockeghem, en hommage à son maître* de Josquin des Prés.

1498 Des pêcheurs basques et bretons inaugurent la pêche sur les bancs de Terre-Neuve.

1498 *Les Mémoires* de Philippe de Commynes.

1498 *Pietà* en marbre de Michel-Ange pour Saint-Pierre de Rome. Petrucci, le premier éditeur de musique à Venise.

1500

de 1501 à 1525

1501

v. 1501 Projet de machine volante par Léonard de Vinci.

v. 1501 *Le Jardin des délices,* tableau de J. Bosch, témoin de la crise spirituelle. Les premières épinettes, petits clavecins.

	RELIGION – PHILOSOPHIE	HISTOIRE POLITIQUE
1501		
		1503 Bayard s'illustre au Garigliano (fleuve d'Italie) dans un combat où les Espagnols battent les Français. **1504** Fondation de l'empire commercial portugais aux Indes. ◇ Premier séjour d'un armateur français à Terre-Neuve.
		1508 Le pape Jules II suscite une ligue contre Louis XII. **1509** Henri VIII, roi d'Angleterre : il va renforcer le pouvoir royal, fonder l'Église anglicane et créer la puissance maritime anglaise.
	1511 *Éloge de la folie* d'Érasme ; les humanistes tendent à un christianisme plus proche des Écritures (qu'ils traduisent et commentent). **1513** *Le Prince* de Machiavel, naissance de la pensée politique moderne.	
	1516 *Utopie* de Thomas More. Concordat de Bologne : hégémonie du roi sur l'Église de France, qui porte en germe le gallicanisme. **1517** Le moine Luther expose ses « 95 thèses » à Wittenberg, pour réformer l'Église.	**1515** François Ier, roi de France : il lutte contre les féodaux et crée des parlements en province ; bataille de Marignan ; reconquête du Milanais.
		1519 Charles Quint élu empereur grâce à l'appui financier des Fugger ; contre les puissances nationales (France), les princes allemands alliés à la Réforme et les Turcs, il tentera d'établir un empire chrétien unifié. Conquête brutale de l'Empire aztèque par les Espagnols, commandés par Cortès.
	1520 Rupture de Luther avec Rome : naissance de la Réforme.	**1520** Soliman le Magnifique, empereur ottoman : apogée de l'empire et développement de la puissance navale, avec Barberousse.
	1521 Diète de Worms ; Luther mis au ban du Saint Empire. **1523** Extension de la Réforme en Suisse (Zwingli) et à Strasbourg (Bucer).	**1521** Perte du Milanais par la France. **1522** Allemagne : début des soulèvements paysans contre les princes.
1525	**1525** Luther publie *Du serf arbitre* (en réponse à *Du libre arbitre* d'Érasme, 1524) ; dans la « guerre des paysans », il approuve la répression du réformisme extrême de Münzer, se conciliant les princes allemands.	**1525** Défaite française à Pavie : François Ier, prisonnier. Allemagne : les princes écrasent la révolte des paysans.

XVIe siècle

1526	**1526** Première édition des *Exercices spirituels* d'Ignace de Loyola.	**1526** Bataille de Mohacs : la Hongrie perd son indépendance et est occupée par les Turcs.
	1527 Fondation de la première université protestante, à Marburg (Allemagne).	**1527** Pillage de Rome par l'armée de Charles Quint.
1529		**1529** Siège de Vienne par les Turcs.

SCIENCES – TECHNIQUES

1501 Séjour de Copernic à Padoue, où se développe un enseignement scientifique inspiré d'Aristote, mais séparé du dogme (alors que l'Église lie étroitement physique et métaphysique, science et théologie).

1509 Invention de la montre, à Nuremberg.

1516 Ouverture d'une manufacture d'armes à Saint-Étienne. Plein essor de l'industrie minière et métallurgique (liée à de gros investissements), transformation de l'industrie textile.

1524 Verrazano dresse la première cartographie de la côte est de l'Amérique du Nord.

v. 1525 Intense développement du commerce : avec l'Inde et l'Asie (épices), avec l'Afrique et l'Amérique (sucre, esclaves). Rôle international d'Anvers.

LITTÉRATURES

1501 *L'Arcadie,* roman en italien de Sannazaro : début du genre pastoral.

1518 *Les Colloques* d'Érasme.

1525 *Le Blason du beau tétin* de Clément Marot lance le genre du blason.

ARTS – MUSIQUE

1501 *David,* marbre de Michel-Ange à Florence. *Harmonice Musices Odhecaton,* recueil de compositeurs franco-flamands ; le premier de tous les imprimés musicaux. 1501

1503 *La Joconde* de Léonard de Vinci : sommet de la technique du clair-obscur.

1505 Le mécénat papal à Rome : Jules II fait venir Michel-Ange puis Raphaël (1508). Josquin des Prés à la cour de Louis XII.

1506 Début de la construction de Saint-Pierre de Rome par Bramante. Apogée de la Renaissance en architecture. Dürer séjourne en Italie : il favorisera à son retour la pénétration de la Renaissance italienne en Allemagne.

1508 Michel-Ange commence de peindre la voûte de la chapelle Sixtine ; décoration des chambres du Vatican par Raphaël (l'école d'Athènes).

1512 Retable d'Isenheim de Grünewald ; le gothique tardif germanique.

1513 *Le Cavalier, la Mélancolie,* gravures de Dürer, largement diffusées.

1516 Léonard de Vinci à la cour de France.

1519 Début de la construction du château de Chambord pour François Ier.

1520 Premiers paysages dans la peinture flamande ; les artistes commencent à se spécialiser dans certains genres ; *le Christ mort,* tableau d'Holbein le Jeune.

1525

1526

1527-1528 Paracelse enseigne la médecine à Bâle ; il brûle en public les livres de Galien et Avicenne. La médecine, la chirurgie (assimilée à un artisanat), l'anatomie (confrontée à l'interdit de la dissection) préparent la révolution scientifique des Temps modernes : Copernic, Rabelais, Cardan furent médecins. *Traité sur les proportions du corps humain* de Dürer, grand anatomiste : les fondements scientifiques de la représentation artistique.

1526 Les *Épîtres* de C. Marot renouvellent le genre de l'épître.

1526 *Les Quatre Apôtres* de Dürer : expression esthétique d'une foi et d'une morale nouvelles.

1527 Début de la reconstruction du Louvre par Lescot ; début de la construction du château de Fontainebleau : François Ier fait venir des artistes italiens qui forment la première « école de Fontainebleau ».

1528 *Chansons* de Clément Janequin, maître de ce genre profane.

1529

1530

RELIGION – PHILOSOPHIE

1534 En France, « affaire des placards » : François Ier passe de la tolérance à la répression du protestantisme. Henri VIII s'instaure chef suprême de l'Église d'Angleterre, le pape ayant refusé son remariage. Luther achève sa traduction complète de la Bible en allemand : la Réforme et l'imprimerie permettront la diffusion massive de la Bible dans les langues modernes. En Inde, fondation de l'évêché de Goa par les Portugais.

1540 Institution par le pape de la Compagnie de Jésus (les Jésuites), fondée par Ignace de Loyola en 1534.

1541 Calvin s'installe à Genève et publie en français son *Institution de la religion chrétienne* ; à la différence des « hérésies » antérieures, le protestantisme s'impose comme une nouvelle confession (répercussions politiques considérables).

1542 Arrivée de saint François Xavier en Inde ; confronté au bouddhisme au Japon (1549), il meurt en tentant de se rendre en Chine (1552).

1545 *Lettre sur l'usure* de Calvin. Ouverture du concile de Trente : début de la Contre-Réforme.

HISTOIRE POLITIQUE

1531 Pizarro conquiert l'Empire inca ; exécution d'Atahualpa.

1534 Conquête de la Perse par les Turcs : administration autoritaire de l'empire. ◇ Jacques Cartier prend possession du Canada au nom du roi de France.

1535 Allemagne : écrasement de la révolte anabaptiste de Münster. ◇ Premier hivernage en terre canadienne. Jacques Cartier fait entrer le nom *« Canada »* dans les langues européennes.

1539 Par l'ordonnance de Villers-Cotterêts, François Ier impose l'usage du français (au lieu du latin) pour les ordonnances et jugements des tribunaux ; le droit écrit (inspiré par le droit romain) va progressivement remplacer le droit coutumier.

1541 Première tentative de colonisation française à Cap-Rouge, près de Québec.

1544 François Ier abandonne les princes protestants allemands ; en échange, Charles Quint renonce à ses revendications sur la Bourgogne.

1547 Russie : Ivan est le premier à prendre le titre de tsar.

1549

SCIENCES – TECHNIQUES

1543 *Fabrica* de Vesale, premier traité d'anatomie moderne ; parution du traité de Copernic, qui bouleverse l'astronomie (héliocentrisme) et ouvre la « révolution copernicienne » : *Des révolutions des corps célestes.*

1545 *Ars magna,* traité mathématique de Cardan. Contre la tradition catholique, Calvin légitime le prêt à intérêt ; les mentalités et la législation des pays réformés s'adaptent rapidement à l'économie nouvelle, au contraire des pays catholiques (l'intérêt ne sera légal en France qu'en 1789).

LITTÉRATURES

1530 François Ier encourage le travail des érudits (Budé), sur les langues anciennes en fondant le Collège des lecteurs royaux, actuel Collège de France.

1532 *Pantagruel* de Rabelais, condamné par la Sorbonne, mêle tradition populaire et culture humaniste. *Le Roland furieux,* poème épique de l'Arioste, en italien, s'inspire des principaux cycles chevaleresques médiévaux.

1534 *La Bible* de Luther marque la naissance de l'allemand moderne. *Gargantua* de Rabelais.

1541 *Trente Psaumes de David* traduits par C. Marot ; le texte révèle ses sympathies huguenotes, ce qui le contraint à l'exil.

1544 *Délie* de Maurice Scève : les figures du discours amoureux : un symbolisme qui inspirera le XIXe s.

1546 *Le Tiers Livre* de Rabelais.

1548 *Le Quart Livre* de Rabelais.

1549 *Défense et Illustration de la langue française* par du Bellay : manifeste de la Pléiade ; promotion en France du français et non plus du latin comme langue de culture et comme langue littéraire ; *l'Olive* de du Bellay : première illustration du programme de la Pléiade.

ARTS – MUSIQUE

1530 Apparition d'un nouveau genre : le madrigal, synthèse des arts franco-flamand et italien ; l'Italie jouera de plus en plus un rôle pionnier dans l'évolution des formes musicales. 1530

1532 Arrivée d'Holbein en Angleterre.

1536 *Le Jugement dernier,* fresque de Michel-Ange pour la chapelle Sixtine.

1537 *La Madone au long cou* du Parmesan : expression typique du maniérisme. Fondation du premier conservatoire de musique à Naples.

1542 *Vies des plus excellents peintres, sculpteurs et architectes* de Vasari : premières biographies d'artistes vivants et théorie de l'art.

1545 Premier grand nu dans la peinture française, par Jean Cousin.

1546 Travaux de Lescot au Louvre : recherche de symétrie et d'équilibre qui annonce le classicisme français du XVIIe s.

1547 Premières chansons à strophes qu'on appellera « airs ».

1548 Interdiction des mystères en France.

1549

RELIGION – PHILOSOPHIE

1550 **v. 1550** Rayonnement du bouddhisme tibétain en Mongolie.

xvie siècle

1551

1553-1558 Réaction catholique de Marie Tudor en Angleterre.

1555 Paix d'Augsbourg : Charles Quint admet l'existence d'États protestants dans le Saint Empire ; fin de l'idéologie d'un Occident chrétien unifié.

1560 Naissance de l'Église presbytérienne d'Écosse (John Knox).

1561 Colloque de Poissy : échec de la conciliation entre protestants et catholiques français (Michel de l'Hospital).

1563 Élisabeth d'Angleterre organise l'anglicanisme par les « Trente-Neuf Articles ». Clôture du concile de Trente ; renouveau du catholicisme, particulièrement en Italie (saint Charles Borromée) et en Espagne (sainte Thérèse d'Avila, saint Jean de la Croix).

1566 Synode d'Anvers : naissance de l'Église calviniste des Pays-Bas. L'Espagne de Philippe II se veut la championne du catholicisme : répression aux Pays-Bas, lutte contre les Infidèles, missions en Amérique.

1572 Massacre de protestants à Paris, le jour de la Saint-Barthélemy ; mort de Ramus, adversaire déclaré de l'enseignement scolastique.

1575

HISTOIRE POLITIQUE

1552 La France s'empare des Trois-Évêchés (Metz, Toul et Verdun).

1553 Marie Tudor, reine d'Angleterre ; elle appuie la politique de Charles Quint.

1555 Paix d'Augsbourg : début du déclin du Saint Empire et morcellement de l'Allemagne.

1556 Abdication de Charles Quint. L'empereur Akbar monte sur le trône et renforce le pouvoir moghol en Inde.

1558 Les Français reprennent Calais, dernière place forte anglaise. Élisabeth Ire, reine d'Angleterre : intensification de la lutte, sur terre et sur mer, contre l'Espagne.

1559 Traité de Cateau-Cambrésis : fin des ambitions françaises en Italie. François II, roi de France.

1560 Charles IX, roi de France.

1562 France : massacre de Wassy, début des guerres de Religion. ◇ Canada : essais de colonisation française dans la « France Antarctique », en Floride et au Brésil.

1564 Russie : Ivan « le Terrible » impose un régime de terreur.

1565 Chute du dernier royaume hindou de l'Inde : domination des Moghols.

1568 Pays-Bas : exécution d'Egmont et de Hoorne. Insurrection générale contre l'Espagne, réprimée par le duc d'Albe.

1571 Bataille de Lépante : fin de la domination de la flotte turque sur la Méditerranée.

1572 France : massacre de la Saint-Barthélemy.

1574 Henri III, roi de France.

SCIENCES – TECHNIQUES

LITTÉRATURES

ARTS – MUSIQUE

1550

1550 *Les Odes* de Ronsard : imitation de Pindare et d'Horace par un poète de la Pléiade.

1551

1552 *Les Amours de Cassandre* de Ronsard, inspiré de Pétrarque.

1555 *Les Amours de Marie* de Ronsard. Les *Œuvres* de Louise Labbé.

1555 *Premier livre de madrigaux à cinq voix* écrit par Roland de Lassus, après dix ans passés en Italie.

1558 *Les Regrets, Divers Jeux rustiques, les Antiquités de Rome* de du Bellay.

1559 Introduction du tabac en France (Jean Nicot). On rapporte aussi des Amériques le maïs et la pomme de terre, qui ne sera appréciée qu'au XVIIIe s. (Parmentier) ; le haricot est cultivé en Italie (v. 1560).

1559 *L'Heptaméron* de Marguerite de Navarre (posthume), recueil de nouvelles sur le modèle du *Décaméron* de Boccace.

1562 *Discours* de Ronsard : polémique contre les horreurs de la guerre. Première tragédie anglaise : début de l'essor du théâtre dit « élisabéthain ».

1562 Premières académies de peinture en Italie ; *les Noces de Cana*, tableau de Véronèse.

1563 Le concile de Trente encourage les arts plastiques ; en musique, il préconise un style polyphonique sobre : retour à l'authenticité du chant grégorien et à l'intelligibilité du texte.

1564 *Cinquième Livre* de Rabelais (partiellement apocryphe).

1567 La *Messe du pape Marcel* de Palestrina aurait « sauvé » la musique liturgique en prouvant à l'Église qu'on peut être savant en restant simple.

1568 Jean Bodin fait la théorie de l'inflation, due à l'afflux en Europe de l'argent extrait par les colonisateurs de l'Amérique.

1569 *Atlas* de Mercator.

1568 La villa Rotonda de Palladio : influence du style palladien en Europe jusqu'au début du XIXe s. Église du Gesù à Rome : prototype des églises jésuites dans le monde entier.

1571 Premier recueil d'airs de cour : la polyphonie vocale évolue vers la monodie, accompagnée d'un instrument.

1572 *Les Lusiades* de Camoens, épopée dont Vasco de Gama est le héros ; poème national du Portugal. Montaigne commence à rédiger ses *Essais*.

1573 Publication des premières observations astronomiques de Tycho Brahé ; il fait construire le premier observatoire moderne au Danemark (1575-1580).

1575 La protection du roi permet la publication des *Œuvres* d'Ambroise Paré ; les guerres de Religion lui ont donné l'occasion de faire progresser la chirurgie. Palissy publie ses expériences de céramiste.

1575

RELIGION – PHILOSOPHIE

xvie siècle

1576 **1576** En France, formation de la Ligue, soutenue par l'Espagne. *La République* de Jean Bodin ; aspiration à la tolérance, à une communauté de religions qui surmonterait les divergences d'opinions.

1579 Les provinces protestantes des Pays-Bas (Union d'Utrecht) se séparent des provinces catholiques (Union d'Arras).

1582 Akbar, empereur moghol de l'Inde, crée une religion syncrétiste ; il accueille des jésuites ; hindous et musulmans sont traités à égalité par le pouvoir.

1588 Œuvre théologique de Molina ; au XVIIe s., molinisme et jansénisme s'opposeront.

1589 Création du patriarcat de Moscou, qui se considère comme « la troisième Rome », nouvelle capitale de l'orthodoxie.

1593 Henri IV abjure le protestantisme.

1598 Édit de Nantes : fin des guerres de Religion en France ; Henri IV décrète la liberté de culte pour les protestants.

1600 Giordano Bruno condamné et brûlé pour hérésie ; liée à sa métaphysique, sa conception d'un univers infini annonce la pensée moderne.

HISTOIRE POLITIQUE

1576 France : les Guise animent le camp des extrémistes catholiques (la Ligue, soutenue par l'Espagne) et revendiquent le trône.

1578 Échec d'une croisade portugaise au Maroc : déclin de la puissance coloniale du Portugal au profit de la Hollande et de l'Angleterre. ◊ Les Anglais explorent la mer de Baffin.

1579 Union d'Utrecht : formation des Provinces-Unies (Pays-Bas).

1580 L'Espagne annexe le Portugal.

1581 Les Pays-Bas déclarent leur indépendance.

1584 Raleigh fonde la première colonie anglaise en Amérique, la Virginie ; l'Angleterre devient la première puissance protestante.

1587 Angleterre : exécution de Marie Stuart.

1588 Défaite de l'« Invincible Armada » face aux Anglais, nouvel échec de la politique de Philippe II contre les adversaires du catholicisme.

1589 France : assassinat du duc de Guise. Mort d'Henri III. Henri IV lui succède, mais doit s'imposer aux catholiques.

1590 France : bataille d'Ivry. Siège de Paris par Henri IV.

1594 Henri IV, converti au catholicisme, et sacré roi de France.

1598 France : édit de Nantes, fin des guerres de Religion, les protestants conservent des places fortes. – Espagne : mort de Philippe II. – Russie : Boris Godounov, tsar.

v. 1600 Installation en Inde de compagnies commerciales anglaises. Début de la colonisation. ◊ Le Français Pierre Chauvin ouvre le premier poste de traite au Canada, à Tadoussac.

1600

xviie siècle

1601

1602 *La Cité du Soleil*, utopie politique de Campanella (publiée en 1623).

1602 Création de la Compagnie des Indes orientales : début de l'hégémonie commerciale des Pays-Bas.

1603 Angleterre : mort d'Élisabeth ; Jacques Stuart, roi : avec l'union des couronnes d'Angleterre et d'Écosse naît la Grande-Bretagne. – Japon : le clan des Tokugawa prend le pouvoir.

1604 France : les charges publiques deviennent héréditaires. ◊ Premier établissement français en Acadie.

1604

SCIENCES – TECHNIQUES

LITTÉRATURES

ARTS – MUSIQUE

de 1576 à 1600

1579 Viète introduit l'écriture algébrique moderne.

1580 Des marchands de Rouen forment la première compagnie pour le commerce des fourrures et de la morue venant d'Amérique.

1581 Création de la Compagnie anglaise du Levant. Dans les décennies qui suivent, création des autres grandes compagnies commerçantes, en Angleterre, aux Pays-Bas et en France (1670, Compagnie du Levant).

1582 Le pape Grégoire XIII promeut une réforme du calendrier julien : le calendrier grégorien est notre calendrier actuel.

1584 *De l'univers infini et des mondes* de Giordano Bruno, un des premiers à décrire l'univers infini, par opposition au monde clos de la physique d'Aristote.

1596 Première publication de Kepler : il démontre la supériorité du système de Copernic.

1600 *Théâtre d'agriculture* par Olivier de Serres.

1578 *Sonnets pour Hélène* de Ronsard.

1580 Première édition des *Essais* de Montaigne. *La Jérusalem délivrée,* épopée du Tasse.

1583 *Les Juives* de R. Garnier : tragédie biblique dans l'esprit de la Contre-Réforme.

1588 *La Tragique Histoire du docteur Faust* de Marlowe.

1590 *Henri IV* de Shakespeare.

1592 *Edouard II* de Marlowe. *Richard III* de Shakespeare.

1594 *Roméo et Juliette* de Shakespeare.

1595 Troisième édition (posthume) des *Essais* de Montaigne.

1576 À Florence, formation d'un foyer musical qui sera à l'origine de l'opéra. 1576

1581 En France : *le Ballet comique de la reine*, premier ballet de cour.

1586 *L'Enterrement du comte d'Orgaz* du Gréco : le mysticisme dans la peinture espagnole par opposition à la tendance réaliste.

1589 *Cantiones Sacrae* de William Byrd, composé pour remercier la reine Élisabeth de lui avoir accordé le privilège de la musique imprimée en Angleterre.

1590 Monteverdi au service du duc de Mantoue comme joueur de viole ; son *Deuxième Livre de madrigaux* le fait connaître.

1594 Mort de Lassus à Munich et de Palestrina à Rome : fin de la Renaissance en musique.

1600 Rubens en Italie jusqu'en 1608. Le Temple d'or, sanctuaire des sikhs à Amritsar en Inde. *Euridice* de Peri à Florence (naissance de l'opéra) et *la Représentation de l'âme et du corps* de Cavalieri à Rome (naissance de l'oratorio) ; ce retour à la sobriété antique, en réaction contre la polyphonie franco-flamande, marque le début de
l'hégémonie musicale de l'Italie. 1600

de 1601 à 1625

1602 *Hamlet,* tragédie de Shakespeare : l'apogée du théâtre élisabéthain.

1601 *La Conversion de saint Paul* 1601
du Caravage, renouveau pictural et iconographique : réalisme de l'image, notamment religieuse ; naissance du caravagisme dont l'influence est capitale au XVIIe s.

1604 Fresques de la galerie Farnèse par Annibale Carrache : apparition du baroque dans la peinture décorative que Rubens portera à son apogée. 1604

RELIGION – PHILOSOPHIE

1605

1608 *Introduction à la vie dévote* de saint François de Sales ; le courant dévot offre une spiritualité accessible aux gens du monde.

1609 Naissance du mouvement baptiste en Angleterre. Expulsion des morisques (musulmans théoriquement convertis au catholicisme) d'Espagne. – Début des « réductions » (missions) jésuites au Paraguay ; développement de religions syncrétistes en Amérique latine, influence grandissante du catholicisme.

1611 Fondation de l'Oratoire de France par Bérulle ; le XVIIe s. est le grand siècle de la spiritualité française.

1612 *L'Aurore* de Jacob Böhme.

1614 Expulsion des chrétiens du Japon ; les Tokugawa ferment leur pays à l'étranger et favorisent le confucianisme.

1616 L'Église met l'œuvre de Copernic à l'index ; le cardinal Bellarmin considère que les savants émettent seulement des hypothèses, et non des vérités sur le système du monde.

1617 Saint Vincent de Paul, aumônier général des galères de France ; il développe l'apostolat auprès des pauvres : à partir de 1625, il s'emploie à former le clergé.

1620 *Novum Organum* de Francis Bacon. Les « Pilgrim fathers » (Pères pèlerins) du « Mayflower » arrivent en Amérique. En Angleterre, le puritanisme nourrit l'opposition aux Stuart qui portera Cromwell au pouvoir (1645).

1625 **1625** *Du droit de la guerre et de la paix* de Grotius.

XVIIe siècle

1626 **1626** *Philosophie sacrée* de Robert Fludd ; développement des Rose-Croix en Allemagne, courants alchimistes et occultistes.

1627 *La Nouvelle Atlantide* de Francis Bacon.

1629

HISTOIRE POLITIQUE

1608 Fondation de Québec par Champlain qui étend les frontières de la Nouvelle-France à toute la vallée du Saint-Laurent et au lac qui porte son nom.

1610 France : assassinat d'Henri IV par Ravaillac ; régence de Marie de Médicis ; ministère de Concini : Louis XIII est tenu à l'écart du pouvoir. ◇ Henry Hudson découvre et explore la baie d'Hudson, amorce de la pénétration anglaise en Amérique du Nord.

1611 Suède : avènement de Gustave Adolphe. Il réorganise les institutions de l'État ainsi que l'armée, faisant de son pays la première puissance d'Europe du Nord.

1613 Russie : avènement des Romanov.

1614 France : réunion des états-généraux (ils ne seront plus réunis jusqu'en 1789).

1615 Champlain découvre les Grands Lacs nord-américains. Arrivée des récollets en Nouvelle-France.

1617 France : assassinat de Concini. Louis XIII prend le pouvoir.

1618 Conflit entre les princes allemands et Ferdinand II de Habsbourg au sujet de la Bohême : début de la guerre de Trente Ans.

1620 Devenu empereur d'Allemagne, Ferdinand II envahit la Bohême et bat les princes protestants à la Montagne Blanche.

1624 France : Richelieu, ministre ; il combat les prétentions de la haute noblesse et les droits politiques des protestants (exécutions de Cinq-Mars, Montmorency) ; révoltes paysannes.

1625 Arrivée des jésuites en Nouvelle-France.

1626 France : édit de Richelieu contre les duels. Wallenstein soumet les princes protestants de l'Allemagne du Nord : recatholicisation violente.

1627 France : siège et prise de La Rochelle, dernière place forte protestante. ◇ Richelieu forme la Compagnie des Cent-Associés pour prendre en main la colonisation du Canada.

1628 Début du système seigneurial en Nouvelle-France.

SCIENCES – TECHNIQUES	LITTÉRATURES	ARTS – MUSIQUE	
	1605 Malherbe, poète officiel à la cour de France. Grand succès de *Don Quichotte* de Cervantes : le roman picaresque en bénéficiera. *Macbeth,* tragédie de Shakespeare.		1605
	1606 *Trésor de la langue française* de Jean Nicot : le premier dictionnaire de langue française (mais avec traductions latines). *Volpone,* comédie de Ben Jonson.		
	1607 Début de la publication de *l'Astrée,* roman-fleuve d'Honoré d'Urfé : le genre romanesque, décrié, est encore sans règles.	**1607** *Orfeo,* premier opéra de Monteverdi à Mantoue.	
1609 *Astronomie nouvelle* de Kepler : lois des mouvements des planètes autour du soleil.	**1609** Publication à Paris de la première *Histoire de la Nouvelle-France* par Marc Lescarbot.		
1610 *Le Message céleste* de Galilée, où il présente sa lunette astronomique et démontre la compatibilité du mouvement de la lune autour de la terre avec le système de Copernic.	**v. 1610** Célèbre pour ses imprimeurs (Elzévir), les Pays-Bas, terre d'accueil des réfugiés politiques et religieux, sont la « librairie générale de l'Europe ».		
	v. 1611 *La Tempête,* dernière pièce de Shakespeare.		
1614 Neper publie sa découverte des logarithmes.	**1613-1650** Mme de Rambouillet réunit dans son salon les plus grands noms de la noblesse et des lettres : un haut lieu de la préciosité.	**1613** Monteverdi, maître de chapelle à Saint-Marc de Venise, une des plus importantes maîtrises (ensemble de chantres) d'Europe.	
1616 Mise à l'index de l'œuvre de Copernic, malgré l'intervention de Galilée et l'opinion de nombreux savants, y compris des religieux.	**1616** Publication des *Tragiques,* épopée lyrique d'Agrippa d'Aubigné : un témoignage sur la foi et le combat des huguenots.		
1621 Salomon de Caus entreprend le nettoiement des rues de Paris et l'équipement de la ville en fontaines alimentées par la Seine.		**v. 1620** Décoration de l'église jésuite de Saint-Charles-Borromée à Anvers par Rubens : triomphe de l'illusionnisme baroque. Naissance de la cantate en Italie.	
		1624 Baldaquin pour Saint-Pierre de Rome par le Bernin : l'apogée du baroque en sculpture. Agrandissement du Louvre : apparition du plan en U (un corps central, deux ailes en retour), typique du classicisme français en architecture (pavillon de chasse de Versailles).	1625

de 1626 à 1650

SCIENCES – TECHNIQUES	LITTÉRATURES	ARTS – MUSIQUE	
			1626
1627 *Tables rudolphines* de Kepler ; elles rendent les données observées (Tycho Brahé) utilisables dans le système de Copernic.			
1628 Harvey publie sa découverte de la circulation du sang.			
	1629 Samuel de Champlain publie ses *Voyages en Nouvelle-France.*	**1629** *La Bohémienne* de Frans Hals, auteur de tableaux novateurs par le modernisme du traitement.	1629

1630

RELIGION – PHILOSOPHIE

1633 Condamnation de Galilée ; elle accentue le repli de l'Église sur sa propre tradition doctrinale, creuse un écart durable entre elle et l'Europe intellectuelle ; la métaphysique se détache de la théologie.

1634 Procès de sorcellerie à Loudun ; entre 1570 et 1650, l'Europe, qui subit un changement profond des mentalités, connaît plusieurs affaires de ce genre.

1636 *Harmonie universelle* de Mersenne.

1637 *Discours de la méthode* de Descartes, publié avec ses traités scientifiques ; sa philosophie, qui assume la révolution de la physique, connaît un écho immense ; Malebranche, Spinoza, Leibniz, Locke se situeront nécessairement par rapport à elle.

1638 Richelieu fait emprisonner Saint-Cyran.

1640 *Augustinus* de Jansenius (posthume), exposé de la doctrine augustinienne de la grâce, immédiatement critiqué par les Jésuites, défendu par Antoine Arnauld, qui fait de Port-Royal le foyer du jansénisme.

1641 Les *Méditations* de Descartes, avec ses réponses aux objections de Hobbes et Gassendi notamment.

1649 Les *Passions de l'âme,* dernier traité de Descartes.

v. 1650 Fondation de la secte protestante des Quakers par George Fox.

1650

HISTOIRE POLITIQUE

1632 Intervention de Gustave-Adolphe de Suède dans la guerre de Trente Ans, en faveur du camp protestant ; il délivre l'Allemagne du Nord et marche sur Vienne, mais meurt à la bataille de Lützen. ◇ Québec, occupée par les Anglais depuis 1629, est rendue à la France.

1634 Assassinat de Wallenstein. ◇ Canada : fondation de Trois-Rivières par Laviolette.

1635 Sous l'impulsion de Richelieu, la France intervient dans la guerre de Trente Ans aux côtés de la Suède. ◇ Mort de Champlain, fondateur de Québec et premier gouverneur de la Nouvelle-France.

1637 Ferdinand III, empereur d'Allemagne. France : révolte des croquants (paysans pauvres) du Limousin.

1639 À la suite de la guerre de Trente Ans, l'Alsace passe sous l'influence française ; révolte des va-nu-pieds de Normandie. – Japon : le pays se ferme aux étrangers.

1642 Mort de Richelieu. Guerre civile en Angleterre (jusqu'en 1646) qui prépare l'arrivée de Cromwell au pouvoir. ◇ Fondation de Montréal par Maisonneuve.

1643 France : mort de Louis XIII ; régence d'Anne d'Autriche ; son ministre Mazarin exerce le pouvoir.

1644 Chine : avènement de la dynastie mandchoue des Qing (jusqu'en 1912).

1645 Angleterre : Charles Ier est vaincu par Cromwell et les puritains à Naseby.

1648 Le traité de Westphalie met fin à la guerre de Trente Ans : il marque la fin de l'hégémonie des Habsbourg sur la majeure partie de l'Europe, ainsi que le morcellement de l'Allemagne. France : début de la Fronde (jusqu'en 1653).

1649 Angleterre : exécution de Charles Ier.

1630

SCIENCES – TECHNIQUES

1632 Galilée publie *le Dialogue sur les deux principaux systèmes du monde, Ptolémée et Copernic,* ouvrage magistral de vulgarisation et de polémique, qui entraîne sa condamnation par l'Église en 1633.

1635 *Traité des indivisibles* de Cavalieri ; la réflexion mathématique sur le continu (géométrie) occupe Descartes, Roberval, Fermat, Pascal, Wallis... Elle aboutira au calcul infinitésimal avec Leibniz et Newton.

1637 *Dioptrique, Météores* et *Géométrie* de Descartes, présentés comme des essais de sa méthode « analytique » : lois de réfraction de la lumière, physique mécaniste, géométrie analytique ; par son étendue, et par son arrière-plan philosophique, son œuvre scientifique eut une influence considérable.

1638 *Discours sur les sciences nouvelles* de Galilée : démonstration rigoureuse des lois de la mécanique (chute des corps) qui ouvre la voie à la physique moderne. Polémique entre Descartes et Fermat sur l'invention de la géométrie analytique.

1639 *Brouillon projet d'une atteinte aux événements des rencontres du cône avec le plan* de Desargues (géométrie projective).

1640 *Essai sur les coniques* de Pascal (il a 16 ans), prélude à son *Traité des sections coniques* aujourd'hui perdu.

1643 Baromètre de Torricelli.

1644 Mort de Van Helmont : son œuvre marque le passage de l'alchimie à la chimie.

1645 Machine à calculer de Pascal.

1650 Otto de Guericke réalise la première pompe pneumatique.

LITTÉRATURES

1630 *Le Trompeur de Séville et le Convive de pierre* de Tirso de Molina : naissance du mythe de Don Juan.

1631 Théophraste Renaudot fonde *la Gazette de France* sous la protection de Richelieu qui en fera l'organe officieux du pouvoir.

1633 *La vie est un songe,* comédie baroque de Calderon.

1634 Première séance de l'Académie française, créée par Richelieu pour régenter la langue et la littérature.

1635 *L'Illusion comique,* comédie baroque de Corneille.

1636 *Le Cid,* tragi-comédie de Corneille, déclenche une querelle parce qu'elle ne respecte pas les règles du théâtre (arbitrage de l'Académie française). Le théâtre, pour lequel on construit de nombreuses salles, est à cette époque le genre le plus noble.

1643 Jean-Baptiste Poquelin fonde la troupe de l'Illustre-Théâtre et prend un an plus tard le pseudonyme de Molière.

1647 *Remarques sur la langue française* de Vaugelas : il définit les règles du « bon usage » (celui de la cour). *Virgile travesti,* épopée burlesque de Scarron.

1649 Début de la publication du *Grand Cyrus,* roman précieux de Mlle de Scudéry.

ARTS – MUSIQUE

1630 Carissimi, réputé pour son art de l'oratorio, maître de chapelle à Rome.

1632 *La Leçon d'anatomie,* tableau qui fonde la renommée de Rembrandt.

1635 *Charles Ier à la chasse,* tableau de Van Dyck, qui influencera l'école anglaise du portrait. Publication à Venise des *Fiori Musicali* de Frescobaldi, promoteur du style fugué pour la musique d'orgue.

1637 Ouverture à Venise du premier théâtre lyrique public : l'opéra cesse d'être un divertissement de cour et devient un genre populaire.

1642 *La Ronde de nuit* de Rembrandt : le plein épanouissement de la peinture hollandaise coïncide avec le déclin de la peinture flamande. *Le Couronnement de Poppée,* dernier opéra de Monteverdi (écrit à 75 ans).

1643 *Famille de paysans* des frères Le Nain, dont l'œuvre sera redécouverte par le courant réaliste au XIXe s.

1644 *Nativité,* tableau de Georges de La Tour.

1647 *L'Extase de sainte Thérèse,* sculpture du Bernin.

1648 Création à Paris de l'Académie royale de peinture et de sculpture, qui érige les règles de l'art classique en doctrine et favorise ainsi une éclosion de textes théoriques ; instrument de la politique absolutiste de Louis XIV sur la production artistique.

1650

RELIGION – PHILOSOPHIE

xviie siècle

1651 **1651** Le *Léviathan* de Hobbes, réflexion sur « l'état de nature », l'institution de la société et le pouvoir politique.

1653 Condamnation pontificale de certaines thèses jansénistes.

1656 Arnauld jugé en Sorbonne : première des *Provinciales* de Pascal, brillante défense du jansénisme contre les jésuites. Spinoza, déjà connu pour ses tendances rationalistes, est excommunié par les rabbins d'Amsterdam.

1662 Bossuet prêche le carême à la cour de Louis XIV. Première édition de *la Logique de Port-Royal* (Arnauld et Nicole), traité majeur de la pensée classique, lié à la théorie du langage.

1663 Descartes est mis à l'index. Spinoza rédige les *Principes de la philosophie de Descartes.* ◇ Fondation du Séminaire de Québec par Mgr de Laval, cet établissement est à l'origine de la création de l'Université Laval.

HISTOIRE POLITIQUE

1653 Cromwell, lord-protecteur de la république : l'Angleterre devient une dictature militaire.

1654 Suède : abdication de la reine Christine, qui se convertit au catholicisme.

1658 Aurangzeb, empereur moghol : il mène l'empire à son apogée, mais ne peut empêcher son rapide déclin (révoltes indiennes).

1659 Le traité des Pyrénées marque le déclin de l'Espagne, au profit de la France, qui devient la première puissance européenne et reçoit le Roussillon, la Cerdagne, l'Artois et diverses places des Flandres ; l'infante Marie-Thérèse est promise en mariage à Louis XIV.

1660 Monk restaure la monarchie en Angleterre ; Charles II, roi. ◇ Canada : exploit de Dollard des Ormeaux au pied des rapides du long Sault.

1661 France : mort de Mazarin ; début du règne personnel de Louis XIV, qui marque l'apogée de l'absolutisme ; arrestation de Fouquet par d'Artagnan ; Colbert, ministre.

1663 La Nouvelle-France devient une colonie royale. Création du conseil souverain.

1665 Grave épidémie de peste à Londres. ◇ La *Coutume de Paris* devient la loi fondamentale en Nouvelle-France. Elle inspirera l'actuel Code civil du Québec. Jean Talon, intendant de la Nouvelle-France.

1666 Incendie de Londres.

1667 Russie : révolte paysanne dirigée par Stenka Razine. France : guerre de Dévolution contre l'Espagne.

1668

1651

SCIENCES – TECHNIQUES

1651-1653 Pascal rédige un *Traité de la pesanteur de la masse de l'air* et un *Traité de l'équilibre des liqueurs* qui théorisent les expériences des années précédentes (Galilée, Torricelli, Roberval) sur l'existence du vide et la pression atmosphérique.

1654 *Traité du triangle arithmétique* de Pascal ; début du calcul des probabilités.

1660 Publication des travaux de Boyle sur la compressibilité des gaz. Guericke réalise la première machine électrostatique.

1666 *De l'art combinatoire* de Leibniz (écrit à 18 ans), point de départ d'une réforme profonde de la logique et d'importantes recherches mathématiques.

LITTÉRATURES

1657 Pascal commence à rédiger des notes pour une apologie de la religion chrétienne ; elles seront publiées en 1669 et appelées *Pensées.*

1659 *Les Précieuses ridicules* valent à Molière son premier succès.

1662 *L'École des femmes* de Molière soulève une polémique à propos de la condition féminine.

1664 Première version de *Tartuffe* de Molière : la pièce, attaquant les dévots, fait scandale et est interdite.

1665 *Réflexions ou Sentences et Maximes morales* de La Rochefoucauld : le moralisme pessimiste de la noblesse française. *Dom Juan* de Molière.

1666 Premières *Satires* de Boileau à l'imitation des Anciens (Horace, Juvénal) : il dénonce les mœurs du temps.

1667 *Andromaque,* premier succès de Racine. *Le Paradis perdu,* épopée chrétienne de Milton.

1668 Premier recueil des *Fables* de La Fontaine, sur le modèle d'Ésope.

ARTS – MUSIQUE

de 1651 à 1675

1652 Construction du Taj Mahal en Inde, apogée de l'art moghol.

1653 *Les Bergers d'Arcadie,* tableau de Poussin : le classicisme français le plus pur, imprégné de l'esprit antique et italien.

1656 *Les Ménines* de Vélasquez : le point culminant de la peinture espagnole du « siècle d'or » (analyse des problèmes de la représentation, réflexion sur la composition).

1657-1661 Construction du château de Vaux-le-Vicomte.

1658 *La Vue de Delft* de Vermeer : le seul panorama de ville de la peinture du XVIIe s.

1661 Transformation du château de Versailles par Louis XIV (jusqu'à la fin de son règne) ; il représente l'apogée de l'art classique français, par son architecture (Le Vau), son décor intérieur (Le Brun), ses sculptures (Coysevox), son « jardin à la française » (Le Nôtre). Lully est nommé surintendant de la musique de la chambre du roi et domine la vie musicale française : développement de la musique de cour.

1662 *La Mère Angélique Arnaud,* tableau de Philippe de Champaigne : la rigueur et l'austérité issues du jansénisme de Port-Royal ; *l'Histoire d'Alexandre,* cartons de tapisserie de Le Brun pour Versailles. *Ercole Amante,* opéra commandé par Mazarin à Cavalli, à Paris.

1664 *Weinachtshistorie,* oratorio de Schütz : il crée un style musical adapté à la liturgie luthérienne.

1666 Création du Prix de Rome par Colbert.

1667 En France, l'Académie royale de peinture et de sculpture fixe la hiérarchie des genres et organise sa première exposition publique. La colonnade du Louvre : le classicisme français d'inspiration antique.

1668 *L'Immaculée Conception* de Murillo, symbole de la propagande de la Contre-Réforme en faveur du culte de la Vierge.

1668

1669

RELIGION – PHILOSOPHIE

1670 *La Chine illustrée* du père Kircher ; mode de la Chine en Europe, début des polémiques sur les missions des Jésuites. *Traité théologico-politique* de Spinoza, une des premières manifestations de la critique textuelle de la Bible, qui triomphera au XIXe s. après avoir été rudement combattue.

1674 *De la recherche de la vérité* de Malebranche.

1675 *Guide spirituelle* de Molinos, ouvrage de référence du quiétisme. *Le*
1675 *Pèlerin chérubinique* d'Angelus Silesius.

HISTOIRE POLITIQUE

1670 Les troupes françaises occupent le duché de Lorraine. ◇ Fondation, à Londres, de la Compagnie de la baie d'Hudson pour la traite des fourrures au Canada.

1671 Albanel et Saint-Simon à la baie d'Hudson.

1672 France : guerre de conquête contre la Hollande, qui offre une vigoureuse résistance (ouverture des digues). L'Autriche oblige la France à se retirer. ◇ Découverte du Mississippi par Jolliet et Marquette. La Nouvelle-France étend ses frontières au centre de l'Amérique du Nord. Frontenac, gouverneur.

1674 Mgr Laval, premier évêque de la Nouvelle-France.

XVIIe siècle

RELIGION – PHILOSOPHIE

1676 **1676** Leibniz, esprit conciliant et artisan de l'unité des Églises chrétiennes, rend visite à Spinoza, alors plus ou moins suspect d'athéisme.

1677 Publication (posthume) de l'*Éthique* et du *Traité politique* de Spinoza.

1678 *Voyage du pèlerin* de John Bunyan.

1679 Réaction dans l'Empire moghol : rétablissement de l'impôt sur les non-musulmans qu'avait supprimé Akbar en 1572 ; l'islam atteint les limites de son extension en Asie, mais il progresse en Afrique noire.

1680 Fondation des Frères des écoles chrétiennes : apparition en France d'un véritable enseignement primaire, différent de celui des collèges fondé sur la culture latine. *Traité de la nature et de la grâce* de Malebranche.

1682 Déclaration des Quatre Articles, préparée par Bossuet, manifeste du gallicanisme ; le pape se heurtera à l'Église de France jusqu'en 1693.

1685 Révocation de l'édit de Nantes : l'absolutisme royal rétablit la monarchie dans son catholicisme de principe, mais il provoque l'exil d'au moins 100 000 protestants français (en Allemagne, aux Pays-Bas, etc.), parmi les plus entreprenants.

1688 Leibniz adresse à Arnauld son *Discours sur la métaphysique. Histoire des variations des Églises protestantes* de Bossuet. *Entretiens sur la métaphysique* de Malebranche.

HISTOIRE POLITIQUE

1678 La paix de Nimègue met fin à la guerre de Hollande et donne la Franche-Comté à la France : apogée du règne de Louis XIV.

1680 France : affaire des Poisons.

1682 France : installation de la cour à Versailles. Russie : Pierre le Grand, tsar. ◇ Lasalle descend le Mississippi jusqu'au golfe du Mexique.

1683 Les Ottomans menacent une dernière fois l'Europe : échec du siège de Vienne.

1684 La France occupe Luxembourg (jusqu'en 1697).

1685 France : révocation de l'édit de Nantes ; de nombreuses familles huguenotes quittent le pays.

1688 La France revendique le Palatinat : opposition des puissances européennes qui se coalisent dans la Ligue d'Augsbourg. Jacques II, catholique, chassé d'Angleterre par les princes protestants, se réfugie en France.

1689 La France dévaste le Palatinat, provoquant l'hostilité des Allemands. Angleterre : déclaration des droits qui garantissent la liberté (habeas corpus) ; couronnement de Guillaume III d'Orange-Nassau. ◇ Canada : début de la première guerre intercoloniale (Nouvelle-France, colonies anglaises).

1689

SCIENCES – TECHNIQUES

v. 1670 Création par Colbert des grandes manufactures royales (canons, verreries, draps, tapisseries), encouragement à l'industrie et au commerce en France.

1673 *Traité des horloges* de Huygens.

LITTÉRATURES

1669 *Oraison funèbre d'Henriette d'Angleterre* de Bossuet : l'art oratoire et le modèle de l'éloquence classique.

1671 Mme de Sévigné commence une abondante correspondance avec sa fille : ses lettres seront lues dans les salons puis publiées.

1673 *Le Malade imaginaire,* dernière pièce de Molière, qui meurt au cours de la quatrième représentation.

1674 *L'Art poétique,* poème didactique de Boileau : le triomphe des règles appelés plus tard « classiques » ; une querelle oppose alors les Anciens (Boileau), qui défendent les écrivains de l'Antiquité, aux Modernes (Perrault), partisans des écrivains du siècle de Louis XIV.

ARTS – MUSIQUE

1669 Premier Salon de peinture en 1669
France. Fondation à Paris de l'Académie royale de musique, pour représenter des opéras en français.

1670 *Le Coup de soleil* de Ruisdael : apogée du paysage hollandais. *Le Bourgeois gentilhomme,* comédie-ballet de Molière et de Lully, à Chambord.

1672 Le premier concert public payant en Angleterre : la musique instrumentale se vulgarise.

1673 *Cadmus et Hermione* : Lully crée la tragédie lyrique et le récitatif français.

1675 Début de la construction de la cathédrale Saint Paul à Londres,
par C. Wren. 1675

de 1676 à 1700

1676 *Essai sur l'air* de Mariotte. 1676

1677 Van Leeuwenhoek découvre les spermatozoïdes ; les microscopes qu'il a mis au point vont transformer la médecine et les sciences de la vie : naissance de l'histologie.

1679 Principe de Fermat en optique.

1684 Publication de Leibniz sur le calcul infinitésimal.

1686 Travaux de Leibniz en dynamique.

1687 *Principes mathématiques de la philosophie naturelle* de Newton, synthèse magistrale de la physique classique, déterministe.

1688 *Entretiens sur la pluralité des mondes* de Fontenelle, ouvrage de vulgarisation scientifique qui annonce la philosophie des lumières.

1677 Échec de *Phèdre,* tragédie de Racine ; il devient historiographe du roi et se détourne un temps du théâtre.

1678 *La Princesse de Clèves* de Mme de La Fayette, modèle du roman d'analyse psychologique.

1680 *Dictionnaire* de Richelet : le premier entièrement en français (sans latin).

1688 *Les Caractères* de La Bruyère, présentés comme des remarques en marge de l'œuvre du moraliste grec Théophraste.

1679 Jules-Hardouin Mansart, architecte à Versailles : la galerie des Glaces (avec Le Brun), l'Orangerie (1686), le Grand Trianon (1687), la chapelle du château avec Robert de Cotte (1687) ; il réalise aussi le dôme des Invalides à Paris, chef-d'œuvre de l'architecture classique française.

1682 Le *Milon de Crotone* de Puget : influence du baroque italien sur la sculpture française.

1685 Naissance de J.S. Bach en Saxe, de Händel à Halle (Allemagne) et de D. Scarlatti à Naples. Publication des douze premières *Sonates en trio* de Corelli, le maître de la sonate baroque.

1689 *Didon et Énée,* opéra de Purcell, musicien officiel de la monarchie ; son écriture annonce le XVIIIe s.

1689

RELIGION – PHILOSOPHIE

1690 **1690** *Essai sur l'entendement humain* de John Locke, approche empiriste de la connaissance qui va marquer la philosophie du langage et de la pensée rationnelle jusqu'à nos jours. Leibniz y répondra par les *Nouveaux Essais*, publiés en 1765 (posthumes).

1692 Procès de sorcellerie à Salem, l'un des derniers de l'Amérique coloniale.

1696 *Bible de Mons*, traduction de la Bible en français par Lemaistre de Saci.

1697 *Explication sur les maximes des saints*, où Fénelon marque son soutien au quiétisme. Bossuet y répond par sa *Relation sur le quiétisme* (1698).

1699 Condamnation du quiétisme et de Fénelon. En Inde, la communauté sikh est organisée en théocratie militaire pour résister aux Moghols ; ainsi devient-elle une « nation », qui refusera l'assimilation à l'hindouisme dans l'État moderne.

1700 Point culminant de la « querelle des rites », sur la possibilité de modifier les rites catholiques pour convertir la
1700 Chine.

HISTOIRE POLITIQUE

1690 Une flotte anglaise échoue dans une tentative de s'emparer de Québec.

1692 La flotte française est battue par les Anglais et les Hollandais : fin des prétentions de Louis XIV sur l'Angleterre.

1697 Traité de Ryswick : il met fin à la guerre de la Ligue d'Augsbourg et marque le coup d'arrêt de l'impérialisme français en Europe.

1700 Avènement de Philippe V d'Espagne.

XVIIIe siècle

1701

RELIGION – PHILOSOPHIE

1702 Les protestants cévenols (appelés « camisards ») se révoltent contre Louis XIV et son armée.

1704 Secte de Dona Béatrice (brûlée vive en 1706) au Congo ; début des Églises afro-chrétiennes.

1706 Publication du *Projet de dîme royale* de Vauban, qui provoquera sa disgrâce.

1708 *Entretiens d'un philosophe chrétien et d'un philosophe chinois* de Malebranche.

1709 Persécution du jansénisme en France.

1710 Port-Royal est rasé. *Théodicée* de Leibniz. *Traité sur les principes de la connaissance humaine* de Berkeley, exposé de son « immatérialisme » (idéalisme).

1713 Louis XIV obtient du pape la condamnation complète du jansénisme (bulle *Unigenitus). Trois Dialogues entre Hylas et Philonoüs* de Berkeley.

1714 Leibniz entreprend une correspondance avec Clarke, porte-parole de Newton en philosophie, et publie la *Monadologie.*

HISTOIRE POLITIQUE

1701 Développement du commerce Triangulaire en Europe. Guerre de Succession d'Espagne (jusqu'en 1714) : victoires de Marlborough et du prince Eugène. ◇ Après un siècle de résistance, les Iroquois font la paix avec les Français en Amérique. ◇ 1701-1713 Canada : deuxième guerre intercoloniale.

1702 Fondation de la Louisiane par Pierre le Moyne d'Iberville.

1703 Fondation de Saint-Pétersbourg : la Russie s'ouvre à l'Occident.

1707 L'Acte d'Union donne un parlement unique aux royaumes d'Angleterre et d'Écosse : naissance du Royaume-Uni.

1709 Bataille de Poltava : Pierre le Grand bat les Suédois alliés à Mazeppa ; la Russie s'impose comme une puissance militaire. Terrible famine en France : soulèvements paysans.

1711 Grande-Bretagne : ministère Bolingbroke.

1713 Traités d'Utrecht (jusqu'en 1715) mettant fin à la guerre de Succession d'Espagne : victoire de la politique britannique. ◇ L'Acadie, Terre-Neuve et la baie d'Hudson passent aux mains des Anglais. – Prusse : avènement de Frédéric-Guillaume Ier.

1715 France : mort de Louis XIV ; régence jusqu'en 1723 avec Philippe d'Orléans pour régent.

1716 France : Law crée le papier-monnaie pour résorber la dette publique.

1716

SCIENCES – TECHNIQUES	LITTÉRATURES	ARTS – MUSIQUE	
1690 *Traité de la lumière* de Huygens : théorie ondulatoire, perçue jusqu'au XXe s. comme incompatible avec la théorie corpusculaire de Newton ; elle sera reprise par Euler et s'avèrera dominante au XIXe s. (Fresnel, Maxwell). *Nouvelle Méthode pour obtenir à bas prix des forces très grandes* de Denis Papin, inventeur de la machine à vapeur.	**1690** *Dictionnaire universel* de Furetière : une description globale du français.		1690
	1694 Avec le *Dictionnaire* de l'Académie française (plus normatif que les précédents) s'achève un processus de contrôle de la langue par le pouvoir.	**1693** François Couperin, organiste de la chapelle royale, chargé de composer la musique religieuse ; après le règne de Lully, il fera la synthèse des deux styles dominants : français et italien.	
1697 Théorie du phlogistique de Stahl.	**1697** *Histoires ou contes du temps passé* de Charles Perrault, écrits contre la tradition pédante de l'imitation des Anciens.		
	1699 *Les Aventures de Télémaque* de Fénelon, roman « antique » pédagogique.		
		v. 1700 La première clarinette. Les violons de Stradivarius, réputés pour leur perfection acoustique liée au secret du vernis.	1700

de 1701 à 1725

SCIENCES – TECHNIQUES	LITTÉRATURES	ARTS – MUSIQUE	
		1701 *Portrait de Louis XIV en costume de sacre* de Hyacinthe Rigaud.	1701
		1703 Pierre le Grand fonde Saint-Pétersbourg et fait appel à des architectes étrangers, ouvrant pour la première fois son pays aux influences occidentales.	
1704 *Optique* de Newton (théorie de la lumière, théorie des couleurs).	**1704-1717** La traduction des *Mille et Une Nuits* lance la mode de l'Orient en France.		
1705 Halley prédit, en application des lois de Newton, le retour pour 1758 d'une comète observée en 1682. Avec Newton, la science est entrée dans son âge adulte : multiplication rapide des découvertes, observations et innovations techniques.			
1708 Réaumur chargé d'éditer la *Description générale des arts et métiers de France.*		**1708** J.S. Bach, organiste à la cour de Weimar (jusqu'en 1816), cour luthérienne, où il compose chaque mois une cantate.	
1709 Mise au point de la fonte au coke ; au cours du XVIIIe s., les ingénieurs anglais créent les machines et les procédés qui permettent, avec l'exploitation du fer et du charbon, la révolution industrielle.		**1709** Le premier piano-forte.	
1713 *Ars conjectandi* de J. Bernoulli (posthume), sur le calcul des probabilités.		**1712** *L'Embarquement pour Cythère*, tableau de Watteau : l'art charmant de la « fête galante », encouragé par une société de plaisirs. Händel se fixe à Londres après le triomphe de son opéra *Rinaldo* : il deviendra compositeur officiel de la couronne. *Les Concertos* de Corelli.	
1714 Polémique entre Leibniz et Newton sur le calcul infinitésimal.	**1714** Relance de la querelle des Anciens et des Modernes à propos de la traduction des épopées d'Homère.		
1715 Thermomètre à alcool de Fahrenheit.	**1715** *Gil Blas de Santillane,* roman satirique de Lesage : l'exotisme des romans picaresques.		
	1716 Paris compte plus de 300 cafés, lieux sociaux et littéraires (le Procope, fondé en 1686).	**1716** *L'Art de toucher le clavecin,* traité de François Couperin.	1716

RELIGION – PHILOSOPHIE

1717 **1717** Création de la Grande Loge de Londres ; la franc-maçonnerie se développe rapidement (Russie, Belgique, France, Espagne, États-Unis, Italie, Allemagne).

1725

xviiie siècle

1726

1727-1732 « Convulsions de Saint-Médard » à Paris, guérisons miraculeuses qui entraînent des mouvements populaires favorables au jansénisme.

1734 *Lettres philosophiques* de Voltaire ; avec les Lumières, le xviiie s. marque la fin de la métaphysique, le triomphe de Newton (que Voltaire fait connaître en France) et de la philosophie de l'expérience sur Descartes.

1735

HISTOIRE POLITIQUE

1718 Autriche-Hongrie : grâce aux victoires du prince Eugène sur les Turcs, l'empire des Habsbourg atteint sa plus grande expansion territoriale.

1720 France : banqueroute de Law, émeutes à Paris ; à Marseille, épidémie de peste.

1721 France : exécution de Cartouche. Après le traité de Frederiksborg, déclin de la puissance suédoise au profit de la Russie ; Pierre Ier le Grand prend le titre de tsar de toutes les Russies. Grande-Bretagne : ministère Walpole.

1724 Création de la Bourse de Paris.

1725 Mariage de Louis XV avec Marie Leszczyńska ; il entraînera la France dans la guerre de Succession de Pologne (1733).

1726 France : début du ministère Fleury ; redressement économique (jusqu'en 1743).

1727 Grande-Bretagne : George II, roi.

1733 Guerre de Succession de Pologne (jusqu'en 1738).

1734 Pierre de La Vérendrye étend le commerce des fourrures dans l'Ouest canadien. Découverte des montagnes Rocheuses.

1717

SCIENCES – TECHNIQUES	LITTÉRATURES	ARTS – MUSIQUE
	1719 *Robinson Crusoé* de Defoe (il a 59 ans) : le mythe de l'Occident moderne.	**1719** Les écuries du château de Chantilly par Aubert : le style Régence français, période de transition entre le style classique et le style Louis XV.
		1720 *L'Enseigne de Gersaint* de Watteau, son dernier tableau.
	1721 *Les Lettres persanes,* roman philosophique satirique de Montesquieu : l'Occident vu par un regard exotique.	**1721** Six *Concertos brandebourgeois,* de style italien, de J.S. Bach.
1722 Note de Réaumur sur la fabrication de l'acier, qu'il lance en France.	**1722** *La Surprise de l'amour* de Marivaux, qui destine ses pièces aux Comédiens-Italiens.	**1722** Le *Traité d'harmonie* de Rameau fixe les bases du classicisme musical.
	1723 *La Double Inconstance* de Marivaux. Début de la rédaction des *Mémoires* de Saint-Simon.	**1723** J.S. Bach, cantor à Leipzig (jusqu'à sa mort) : *la Passion selon saint Jean.*
1724 Thermomètre à mercure de Fahrenheit.		**1724** Pavillon d'Amalienburg par Cuvilliès : le rococo en architecture.
		1725 Naissance du style « Chippendale » dans le mobilier anglais. *Les Quatre Saisons* : Vivaldi impose le concerto pour soliste en réaction contre le concerto grosso de Corelli et annonce la musique descriptive. Fondation à Paris du Concert spirituel, un des grands foyers musicaux d'Europe jusqu'à la Révolution.

1725

de 1726 à 1750

1726

SCIENCES – TECHNIQUES	LITTÉRATURES	ARTS – MUSIQUE
1726 Première montre à échappement.	**1726** Voltaire à la Bastille à cause de ses allusions aux amours du Régent ; il s'exilera ensuite en Angleterre. *Les Voyages de Gulliver,* satire fantastique de l'Irlandais Swift, publiée anonymement.	
1727 Bradley découvre l'aberration de la lumière.		
1728 Béring découvre le passage entre l'Asie et l'Amérique (détroit de Béring).		**1728** *The Beggar's Opera* de John Gay, satire de la société londonienne.
		1729 *La Passion selon saint Matthieu* de J.S. Bach.
1730 Échelle thermométrique de Réaumur. Du Fay distingue deux types d'électricité.	**1730** *Le Jeu de l'amour et du hasard* de Marivaux.	
1731 Gray distingue corps conducteurs d'électricité et isolants.	**1731** Avec *l'Histoire du chevalier Des Grieux et de Manon Lescaut* de l'abbé Prévost, *la Vie de Marianne,* roman de Marivaux (jusqu'en 1741), et *Moll Flanders* de Defoe (1722), émergence du sujet féminin dans la littérature.	
1732 *Discours sur les différentes figures des astres* de Maupertuis.	**1732** *Zaïre* de Voltaire : le prolongement de la tragédie classique.	**1732** *Le Mariage à la mode* de Hogarth, peinture de genre satirique qui marque le point de départ de l'école anglaise.
1733 En Angleterre, invention de la navette volante pour les métiers à tisser.		**1733** *Hippolyte et Aricie,* opéra de Rameau, connaît un accueil mitigé pour sa trop grande richesse musicale. *La Servante maîtresse* de Pergolèse à Naples: naissance de l'opéra-bouffe. Les trente *Exercices* pour clavier de D. Scarlatti.
1735 Classification de Linné en sciences naturelles.		**1735** La fontaine de la rue de Grenelle à Paris, par Bouchardon : début d'un retour vers l'antique, par réaction contre la fantaisie du style Louis XV. *Les Indes galantes* de Rameau : l'apogée de l'opéra-ballet.

1735

	RELIGION – PHILOSOPHIE	HISTOIRE POLITIQUE
1736		
	1738 Condamnation des francs-maçons par le pape ; elle sera renouvelée jusqu'à nos jours.	**1738** Stanislas Leszczyński, beau-père de Louis XV, reçoit la Lorraine. – Les Perses, dirigés par Nādir Shāh, envahissent l'Inde.
	1739-1740 *Traité de la nature humaine* de David Hume, empiriste et positiviste.	**1740** Autriche : Marie-Thérèse, impératrice ; guerre de Succession d'Autriche dans laquelle s'engage la France. Début de la rivalité austro-russe dans les Balkans. Prusse : Frédéric II le Grand devient roi ; despote éclairé, il accueille la philosophie des lumières.
		1741 Russie : Élisabeth, impératrice.
		1742 Dupleix, directeur des comptoirs français en Inde. Prusse : Frédéric II fait valoir ses droits sur la Silésie. Début des conflits entre Habsbourg et Hohenzollern pour l'hégémonie en Allemagne.
		1743 France : mort de Fleury ; Louis XV gouverne lui-même ; influence des favorites (Mme de Pompadour, puis Mme du Barry).
	1744 Édition définitive de la *Science nouvelle* de Vico.	**1744** Début de la 3e guerre intercoloniale entre la France et l'Angleterre.
		1745 François Ier, empereur germanique.
	1746 *Essai sur l'origine des connaissances humaines* de Condillac. *Pensées philosophiques* de Diderot.	
	1748 *Recherche sur l'entendement humain* de Hume. *L'Homme-machine* de La Mettrie ; essor du matérialisme et du scepticisme en Europe. *L'Esprit des lois* de Montesquieu, classique de la pensée politique.	**1748** Traité d'Aix-la-Chapelle : Louisbourg et l'île du Cap-Breton sont rendues à la France.
1750	**1750-1753** Voltaire invité par Frédéric II à Berlin. **1750** *Discours sur les sciences et les arts* de Rousseau. Diderot lance l'*Encyclopédie.*	**1750** Portugal : début du ministère de Pombal.

xviiie siècle

1751	**1751** Publication du premier volume de l'*Encyclopédie,* avec le *Discours préliminaire* rédigé par d'Alembert. *Le Siècle de Louis XIV* de Voltaire, qui consacre à l'histoire d'importants travaux.	
1752		

1736

SCIENCES – TECHNIQUES

1736 Calcul du méridien terrestre sous la direction de Maupertuis, qui établit (contre les Cassini mais d'accord avec le système de Newton) l'aplatissement de la terre aux pôles. *Mécanique* d'Euler. Le navire à vapeur de J. Hulls.

1737-1748 *Mémoires pour servir à l'histoire des insectes* de Réaumur.

1738 D. Bernoulli expose les principes de la cinétique des gaz et de l'hydrodynamique. Mesure de la vitesse du son.

1741 *Éléments de géométrie* et *Mémoire sur le problème des trois corps* de Clairaut.

1742 Échelle thermométrique de Celsius (les « degrés celsius »). *Lettre sur la comète* de Maupertuis.

1743 Traité de dynamique de d'Alembert.

1744 Principe de moindre action de Maupertuis.

v. 1745 Invention du condensateur électrique (« bouteille de Leyde »). Métier à tisser mécanique de Vaucanson.

1746 Procédé de fabrication de l'acide sulfurique. Maupertuis appelé par Frédéric II à la tête de l'Académie des sciences de Berlin.

1747 Le sucre de betterave.

1748 *Introduction à l'analyse infinitésimale* d'Euler, qui marque l'essor du calcul fonctionnel.

1749 Parution des trois premiers volumes de *l'Histoire naturelle* de Buffon.

v. 1750 En France (physiocrates) et en Angleterre, intérêt pour de nouvelles techniques agraires. Mise au point de la fabrication de l'acier au creuset.

LITTÉRATURES

1740 *Pamela,* roman de Richardson : le roman par lettres devient le procédé le plus courant des récits.

1742 L'abbé Prévost traduit *Pamela* en français.

1746 *Introduction à la connaissance de l'esprit humain* suivi de *Maximes et Réflexions* de Vauvenargues exprime une morale optimiste qui conteste les thèses de Pascal et de La Rochefoucauld.

1747 *Clarissa Harlowe,* roman par lettres de Richardson.

1748 *Zadig,* conte philosophique de Voltaire. *Les Bijoux indiscrets* de Diderot : la vogue du roman libertin.

1749 La *Lettre sur les aveugles* vaut à Diderot l'emprisonnement à Vincennes. *Tom Jones,* roman de Fielding.

ARTS – MUSIQUE

1737 Premiers Salons annuels organisés par l'Académie.

1740 *Le Triomphe de Vénus* de Boucher lance la mode de la peinture mythologique galante ; les *Chevaux de Marly* de Coustou : le style rocaille en sculpture.

1742 Première exécution et triomphe du *Messie,* oratorio de Händel, à Dublin.

1744 *Saint-Bruno* de M.A. Slodtz à Saint-Pierre de Rome : le baroque tardif ; *les Prisons* de Piranèse : le fantastique préromantique.

1745 Le « goût Pompadour » influence la vie artistique française : un art de boudoir, baroque et gracieux. Construction du château de Sans-Souci pour Frédéric II, surnommé le « Versailles prussien » ; renouveau de la vie artistique allemande sous l'impulsion des petites cours princières qui font appel à des artistes étrangers.

1748 Première exposition publique des tableaux du roi en France ; l'extension des fouilles d'Herculanum et de Pompéi accroît le retour du goût vers l'antique : débuts du néo-classicisme.

1749 *Mr. and Mrs. Andrews* de Gainsborough : début de l'école du portrait en Angleterre. *L'Art de la fugue,* dernière œuvre (inachevée) de J.S. Bach.

1750 Mort de J.S. Bach à Leipzig.

v. 1750 Naissance d'un nouveau genre musical : la symphonie.

1750

de 1751 à 1775

1751

1751 Découverte du nickel.

1751-1754 Écrits sur l'électricité et la météorologie de Benjamin Franklin ; il invente le paratonnerre (1752).

1752 Place Royale (place Stanislas) à Nancy : le style Louis XV. Querelle des Bouffons après la représentation de *la Servante maîtresse* de Pergolèse à Paris. Nouvel aménagement du château de Versailles sous Louis XV ; Jacques-Ange Gabriel, architecte.

1752

1753

RELIGION – PHILOSOPHIE

1753 *Le Christianisme de la raison* de Lessing, caractéristique de l'Aufklärung.

1754 *Traité des sensations* de Condillac.

1755 *Discours sur l'origine de l'inégalité parmi les hommes* de Rousseau.

1756 Expulsion des Jésuites du Portugal, puis de France (1764) et d'Espagne (1767).

1758 *Tableau économique* de Quesnay. *De l'esprit* d'Helvetius (ouvrage condamné au feu en 1759 pour athéisme).

1759 Suspension de la parution de l'*Encyclopédie* (condamnée par le pape en septembre) ; Malesherbes sauve l'entreprise en autorisant la publication des « Planches » (à partir de 1762).

1762 L'*Émile* (condamné par l'archevêque de Paris) et *Du contrat social* de Rousseau.

1763 *Traité sur la tolérance* de Voltaire.

1764 *Dictionnaire philosophique* de Voltaire. *Des délits et des peines* de Beccaria.

1765 L'action de Voltaire contre l'intolérance religieuse suscite un certain écho officiel : réhabilitation du calviniste Calas, qui avait été supplicié et exécuté à Toulouse en 1762.

1766 *Réflexion sur la formation et la destruction des richesses* de Turgot. Reprise de la publication de l'*Encyclopédie.*

1769 Diderot rédige *le Rêve de d'Alembert.*

HISTOIRE POLITIQUE

1753 France : Louis XV exile le Parlement de Paris, citadelle du jansénisme.

1754 Canada : début de la 4e guerre intercoloniale (Nouvelle-France, Colonies anglaises).

1755 Portugal : tremblement de terre à Lisbonne. France : exécution de Mandrin. ◊ Déportation des Acadiens, leurs terres sont occupées par des colons venus de la Nouvelle-Angleterre.

1756 Début de la guerre de Sept Ans. Grande-Bretagne : ministère du Premier Pitt.

1758 France : début du ministère Choiseul. ◊ Montcalm remporte la bataille de Carillon : Louisbourg tombe aux mains des Anglais.

1759 Les Anglais prennent Québec puis Montréal l'année suivante, malgré l'ultime résistance de Lévis.

1760 Grande-Bretagne : George III, roi. ◊ Canada : capitulation de la Nouvelle-France (voir 1754).

1761 Capitulation française à Pondichéry.

1762 Russie : Catherine II, impératrice.

1763 Traité de Paris : la France perd le Canada, le Mississippi et l'Inde ; fin du premier empire colonial français. ◊ Canada : la Proclamation royale délimite les nouvelles frontières et détermine la forme du gouvernement ainsi que les lois.

1765 Joseph II, empereur germanique.

1766 La Lorraine est intégrée à la monarchie française.

1768 La Corse devient française. Guerre entre la Russie et les Austro-Turcs.

1769 Naissance de Napoléon Bonaparte. ◊ Canada : l'île du Prince-Édouard devient une nouvelle colonie anglaise.

1771 Pour briser l'opposition des magistrats à la monarchie, Maupeou fait exiler le Parlement de Paris ; réforme de la justice.

1771

SCIENCES – TECHNIQUES

1754 Black identifie le gaz carbonique.

1756 Fabrication du ciment.

1758 Invention du concasseur à vapeur.

1760 Travaux de Black sur la calorimétrie.

1761 Lambert démontre l'irrationalité de π.

1766 Cavendish isole l'hydrogène. Début du voyage de Bougainville autour du monde.

1768 Début du voyage de Cook en Océanie. Mise au point d'une alimentation contre le scorbut : la notion de carence en médecine.

1769 *Essais sur l'analyse* de Condorcet ; dans ses derniers écrits, il en tentera une application aux faits de société.

v. 1770 Début de la révolution industrielle ; première machine à vapeur de Watt, première usine de filature, etc.

1771 Expériences de Lavoisier sur la composition de l'air. Cavendish définit les notions de potentiel et de charge électrique. Cugnot réalise le fardier, premier véhicule à vapeur.

LITTÉRATURES

1753 Début de la correspondance littéraire de Grimm (jusqu'en 1790).

1755 Johnson termine son *Dictionnaire de la langue anglaise* : le premier dictionnaire moderne.

1757 *Le Fils naturel* de Diderot : la naissance du drame bourgeois (ni comédie, ni tragédie) que Beaumarchais développera.

1759 *La Vie et les opinions de Tristram Shandy, gentleman* de Lawrence Sterne : les prémices du roman moderne. *Candide ou l'Optimisme,* conte philosophique de Voltaire.

1760 Mac Pherson présente la traduction des poèmes d'un barde celte fictif : Ossian. *Les Rustres,* comédie de Goldoni.

1761 Immense succès de *la Nouvelle Héloïse,* roman par lettres de Rousseau. *L'Amour des trois oranges,* pièce italienne de Gozzi.

1762 Diderot écrit un dialogue : *le Neveu de Rameau* (publié au XIXe s.).

1764 *Le Château d'Otrante* de Walpole : la vogue du roman noir.

1766 *Laokoon,* essai sur les rapports de la poésie et de la peinture de Lessing, en réponse à Winckelmann.

1770 Rousseau termine *les Confessions,* œuvre autobiographique : le « moi » n'est plus haïssable.

1771 Publication du récit de voyage de Bougainville.

ARTS – MUSIQUE

1753 Place Louis-XV (la Concorde) à Paris : le style Louis XVI. *Lettre sur la musique française* où Rousseau prend à partie Rameau et défend la musique française contre la musique italienne.

1755 *Réflexion sur l'imitation des œuvres des Grecs en peinture et en sculpture* par Winckelmann : le fondement théorique du néo-classicisme.

1756 Église Sainte-Geneviève (Le Panthéon) à Paris : un des premiers monuments néo-classiques. Naissance de Mozart à Salzbourg.

1759 *Les Salons* de Diderot (jusqu'en 1781) : la première critique d'art.

1761 *L'Accordée de village* de Greuze, peinture de genre édifiante. Haydn entre au service des princes Esterhazy ; il déterminera l'histoire de la musique de la fin du baroque aux débuts du romantisme, donnant à la symphonie, au quatuor et à la sonate leurs lettres de noblesse.

1762 Le Petit Trianon de Gabriel, pureté de lignes et harmonie du style Louis XVI. *Orphée et Eurydice* à Vienne : Glück y dépasse le cadre de l'opéra traditionnel.

1764 *Histoire de l'art de l'Antiquité* de Winckelmann : fondement de l'histoire de l'art.

1765 La fontaine de Trévi par Niccolo Salvi à Rome.

1768 Édition d'*Alceste* : Glück y expose sa « réforme de l'opéra ».

1770 Naissance de Beethoven à Bonn. Naissance de Hölderlin.

1771 *Voltaire nu* de Pigalle : le souci de vérité prime sur l'élégance.

RELIGION – PHILOSOPHIE

1772 **1772** *Essais sur l'origine du langage* de Herder. *De l'homme* d'Helvetius (posthume).

1773 Catherine II reçoit Diderot en Russie.

HISTOIRE POLITIQUE

1772 Premier partage de la Pologne, entre la Russie, l'Autriche et la Prusse.

1773 Russie ; révolte de Pougatchev. France : mort de Louis XV ; désordre complet des finances et du gouvernement.

1774 France : Louis XVI, roi de France ; ministère Turgot. Amérique du Nord : révolte des colonies anglaises. ◇ L'Acte de Québec rétablit les lois civiles françaises au Canada, fixe des nouvelles frontières et crée un Conseil législatif. – Après ses victoires sur la Turquie, la Russie contrôle la mer Noire.

1775 Amérique du Nord : guerre d'Indépendance ; aide de la France aux insurgés (La Fayette, Rochambeau). ◇ Les insurgés américains occupent Montréal, mais échouent devant

1775 Québec.

xviiie siècle

1776 **1776** *Enquête sur la nature et les causes de la richesse des nations* d'Adam Smith, naissance de l'économie moderne. Les travaux de Gibbon fondent l'histoire moderne.

1779 Publication (posthume) des *Dialogues sur la religion naturelle* de Hume.

v. 1780 Essor de l'illuminisme (Messmer à Paris). Renouveau évangélique dans le protestantisme anglais et écossais ; le mouvement gagne l'Allemagne et l'Amérique (v. 1800), la France et la Suisse (v. 1820).

1781 *Critique de la raison pure* de Kant, le plus grand philosophe du xviiie s. (le dernier des lumières) et le premier de l'époque contemporaine ; fin de l'unité de culture entre savants et philosophes, rejet de la métaphysique spéculative, substitution de la morale à la théologie, développement de la philosophie du droit et de l'histoire... L'Allemagne, pays d'élection de la philosophie.

1783 *Prolégomènes à toute métaphysique future* de Kant. *Jérusalem* de Moïse Mendelssohn.

1784 *Idées pour une philosophie de l'histoire de l'humanité* de Herder.

1785 Jacobi publie les lettres de Lessing à Mendelssohn, *Sur la doctrine de Spinoza ;* débat en Allemagne sur le déisme, le panthéisme et l'athéisme. *Du fondement de la métaphysique des mœurs* de Kant.

1788 *Critique de la raison pratique* de Kant.

1789 Effervescence des « sociétés de pensée » au début de la Révolution française ; *Qu'est-ce que le tiers état ?* de

1789 Sieyès.

1776 France : condamnation de Lally-Tollendal. Turgot disgracié et remplacé par Necker. États-Unis : proclamation de l'indépendance.

1781 Capitulation anglaise à Yorktown : Washington vainqueur ; fin de la guerre d'indépendance américaine.

1783 Grande-Bretagne : ministère du Second Pitt. La Russie annexe la Crimée, mise en valeur par Potemkine (fondation de Sébastopol). ◇ Traité de Versailles proclamant l'Indépendance américaine ; importante modification des frontières entre les États-Unis et le Canada.

1784 France : début de l'affaire du Collier de la reine. ◇ Canada : les *loyalistes* américains s'établissent dans les Maritimes, dans le sud du Québec et en Ontario. Le Nouveau Brunswick et l'île du Cap-Breton séparés de la Nouvelle-Écosse.

1787 France : suppression de l'impôt de la corvée. La Grande-Bretagne colonise l'Australie.

1788 France : banqueroute de l'État ; suppression de la torture.

1789 France : crise économique ; début de la Révolution française ; réunion des états-généraux (5 mai) ; serment du Jeu de paume (20 juin) ; Assemblée constituante (9 juil.) ; renvoi de Necker (11 juil.) ; émeutes ; prise de la Bastille (14 juil.). – États-Unis : Washington, 1er président.

SCIENCES – TECHNIQUES	LITTÉRATURES	ARTS – MUSIQUE	
1772 *Essai de cristallographie* de Romé de L'Isle. Invention du chronomètre de précision. Le tour à aléser.		**1772** Les salines d'Arc-et-Senan de Ledoux : la conception visionnaire d'une cité industrielle.	1772
	1773 Diderot écrit *Jacques le Fataliste* (publié en 1796).		
v. 1774 Prietsley identifie l'oxygène. Découverte du chlore.	**1774** Immense succès des *Souffrances du jeune Werther,* roman de Goethe : le renouveau de la littérature vient d'Allemagne.		
1775 Jenner découvre le principe du vaccin (il ne tentera la première inoculation qu'en 1796). La batteuse à grains.	**1775** *Le Barbier de Séville* de Beaumarchais. *Le Paysan perverti* de Restif de La Bretonne.		1775

de 1776 à 1789

SCIENCES – TECHNIQUES	LITTÉRATURES	ARTS – MUSIQUE	
1776 Adam Smith fait la théorie de l'économie libérale. Premier chemin de fer (pour le transport du charbon).	**1776** Le « Sturm und Drang » en Allemagne : Schiller, Goethe et Novalis seront les modèles spirituels du romantisme ; traduction de *Werther* en français.		1776
1778 *Fragments physiognomoniques* de Lavater.		**1778** Construction du théâtre de la Scala à Milan.	
1779 Premier pont métallique (en Angleterre).		**1779** Le château de Bagatelle par Bélanger annonce, par l'austérité de son style, la période Empire.	
1780 Expériences de Lavoisier sur la respiration des animaux ; 150 ans après Harvey (théorie de la circulation du sang), il fait la théorie du second des mécanismes vitaux, la respiration.			
1781 Herschel découvre la planète Uranus.		**1781** *Voltaire,* sculpture de Houdon : recherche de l'expression psychologique. Mozart s'installe à Vienne, un des centres de la vie musicale européenne avec Salzbourg.	
1782 Machine à double effet de Watt. Fondation du Creusot : essor de la métallurgie en France.	**1782** *Les Liaisons dangereuses,* roman par lettres de Laclos : succès et scandale ; publication posthume des *Rêveries du promeneur solitaire* de Rousseau. *Le Roi des Aulnes,* poème de Goethe ; *les Brigands,* drame de Schiller.		
1783 *Essai d'une théorie sur la structure des cristaux* d'Haüy. *Essai sur les machines en général* de Lazare Carnot. Premiers ballons des Montgolfier : on les appelle « montgolfières ».			
	1784 *Le Mariage de Figaro* de Beaumarchais.		
1785 *Réflexions sur le phlogistique* de Lavoisier ; il énonce la loi de conservation de la matière. Lois de Coulomb (électrostatique). Analyse de l'eau par Cavendish et Prietsley. Première machine à vapeur de Watt pour l'industrie textile. Berthollet invente un procédé de blanchissement des tissus au chlore (« eau de Javel »). Parmentier répand la culture de la pomme de terre.		**1785** *Le Serment des Horaces* de David, manifeste du néo-classicisme.	
1786 *Traité élémentaire de la statique* de Monge.		**1786** *Les Noces de Figaro,* opéra de Mozart d'après Beaumarchais à Vienne.	
1787 *Méthode de nomenclature chimique* de Lavoisier. Cartwright invente le métier à tisser utilisant l'énergie de la vapeur.	**1787** *Paul et Virginie* de Bernardin de Saint-Pierre illustre ses thèses sur la providence. *Don Carlos,* drame de Schiller.	**1787** *Don Juan,* opéra de Mozart à Prague. Mort de Glück à Vienne.	
1788 En Angleterre, utilisation de machines à vapeur pour battre le blé. *Mécanique analytique* de Lagrange.			
1789 *Traité élémentaire de chimie* de Lavoisier, exposé de la chimie moderne.	**1789** *Les Chants d'innocence,* poèmes avec enluminures de Blake.		1789

	RELIGION – PHILOSOPHIE SCIENCES HUMAINES	HISTOIRE POLITIQUE
1790	**1790** *Critique de la faculté de juger* de Kant. *Réflexions sur la Révolution française* de Burke. L'Assemblée française vote la Constitution civile du clergé, provoquant un grave conflit avec le pape, le clergé « réfractaire » et les catholiques de l'Ouest.	**1790** France : création des assignats, gagés sur les biens nationaux ; Constitution civile du clergé (août) ; création de 83 départements ; émigration vers l'Allemagne et l'Angleterre d'aristocrates et de contre-révolutionnaires.
	1791 *Panoptique* de Bentham.	**1791** France : la famille royale tente de quitter le pays (juin) ; elle est arrêtée à Varennes ; Assemblée législative (oct. 1791-sept. 1792). – Révolte d'esclaves à Saint-Domingue ; guerre d'indépendance menée par Toussaint-Louverture. Au Canada, un nouvel Acte constitutionnel divise le Canada en deux provinces, l'une française, l'autre anglaise. Création de l'Assemblée législative à Québec. Première élection en terre canadienne.
		1792 Début des désastreuses guerres de Coalition (avril). France : emprisonnement de la famille royale (10 août) ; proclamation de la république (22 sept.) ; début de la Terreur ; la patrie en danger (juil.). Massacres de Septembre ; victoires de Valmy et de Jemmapes. – François II, empereur germanique.
	1793 *La Religion à l'intérieur des limites de la simple raison* de Kant. *Contributions destinées à rectifier le jugement du public sur la Révolution française* de Fichte ; l'idéologie nationaliste et révolutionnaire se répand en Europe.	**1793** France : exécution de Louis XVI (21 janv.). Installation de la Convention montagnarde et du Comité de salut public ; guerre de Vendée et chouannerie. – Deuxième partage de la Pologne.
	1794 *Esquisse d'un tableau historique des progrès de l'esprit humain* de Condorcet. En France, culte civique et déiste de l'Être suprême.	**1794** France : arrestation et exécution de Robespierre (9 Thermidor), chute des Montagnards ; installation de la Convention thermidorienne ; inflation et émeutes de la faim. – Après le deuxième partage de la Pologne, soulèvement général dirigé par Kościuszko ; il est écrasé par Souvorov.
	1795 *Principes de la doctrine de la science* de Fichte et *Du moi comme principe de la philosophie* de Schelling (idéalisme allemand). Organisation de l'enseignement supérieur en France.	**1795** France : gouvernement du Directoire ; les assignats ont perdu 90 % de leur valeur. – Troisième partage de la Pologne.
	1796 *Théorie du pouvoir politique* de Louis de Bonald.	**1796** Première campagne d'Italie, qui met Bonaparte au premier plan ; complot et arrestation de Gracchus Babeuf.
	1797 *Essai sur les révolutions* de Chateaubriand. *Considérations sur la France* de Joseph de Maistre. *Métaphysique des mœurs* de Kant.	**1797** Traité de Campo Formio : la France annexe la rive gauche du Rhin et fonde des « républiques sœurs ».
	1798 *Essai sur le principe de population* de Malthus.	**1798** France : campagne de Bonaparte en Égypte. Nelson détruit la flotte française à Aboukir. – Naissance de la République helvétique.
	1799 *Discours sur la religion à ceux de ses contempteurs qui sont des esprits cultivés* de Schleiermacher.	**1799** France : Bonaparte prend le pouvoir par le coup d'État du 18 Brumaire : début du Consulat. Coalition européenne contre la France.
	1800 *Système de l'idéalisme transcendantal* de Schelling. *La Destination de l'homme* de Fichte.	**1800** Nouvelle campagne d'Italie ; victoire française à Marengo sur les Autrichiens qui sont chassés d'Italie. Grande-Bretagne : acte d'Union avec l'Irlande.
1800		

xixe siècle

1801	**1801** Signature du Concordat entre la France et le pape. *La Différence entre les systèmes de Fichte et de Schelling* par Hegel.	**1801-1802** France : Bonaparte, premier consul à vie ; paix d'Amiens ; annexion du Piémont.
	1802 *Influence de l'habitude sur la faculté de penser* de Maine de Biran.	
1802		

SCIENCES – TECHNIQUES	LITTÉRATURES	ARTS – MUSIQUE	
1790 Jussieu organise le Jardin des Plantes, à Paris.		**1790** *Cosi fan tutte,* opéra de Mozart à Vienne.	1790
		1791 *La Flûte enchantée,* opéra-comique populaire (en allemand) de Mozart, à Vienne ; il écrit *le Requiem* (partition inachevée) et meurt dans la misère.	
1792 Télégraphe optique de Chappe. Début, en Angleterre, de l'éclairage au gaz. **1792-1793** *Art de la mesure des éléments chimiques* de Richter.	**1792** Sade, que l'abolition des lettres de cachet a libéré de la Bastille, publie *Justine ou les infortunes de la vertu.*	**1792** Le peintre David à la Convention.	
1794 *Éléments de géométrie* de Le Gendre. Première des *Notes scientifiques* de Dalton. Création de l'École polytechnique à Paris.		**1793** La Convention crée le Musée central des arts au Louvre (premier musée public après le Musée des monuments de Lenoir, 1791) en France et elle supprime les Académies royales ; premier salon libre à Paris (sans jury). Fondation du Conservatoire de musique à Paris. **1794** *Marat assassiné,* tableau de David.	
1795 *Théorie de la Terre* de Hutton. Création et adoption du système métrique en France.			
1796 Invention de la lithographie et de la presse hydraulique. Jenner inocule le premier vaccin. *Exposition du système du monde* de Laplace. **1797** Découverte du chrome. *Théorie des fonctions analytiques* de Lagrange.	**1796** *Le Moine,* roman « gothique » de Matthew Lewis ; publication posthume de *la Religieuse* de Diderot ; *la Mère coupable* de Beaumarchais.	**1797** *Médée,* opéra de Cherubini, annonce l'opéra romantique.	
1798 *Théorie des nombres* de Le Gendre. Première exposition des produits de l'industrie française, au Champ-de-Mars. **1799-1825** *Mécanique céleste* de Laplace (qui invente ce terme, devenu classique).	**1798** *Les Ballades lyriques,* œuvre de Wordsworth et Coleridge : l'acte de naissance du romantisme anglais ; l'*Athenäeum,* revue littéraire animée par les frères Schlegel : naissance du romantisme allemand.	**1798** *La Création,* oratorio de Haydn, d'après *le Paradis perdu* de Milton. **1799** *L'Enlèvement des Sabines,* tableau néo-classique de David.	
1800 Volta invente la pile, qui permet la découverte de l'électrolyse de l'eau. Loi de Malus en optique. *Géométrie descriptive* de Monge. Essai du sous-marin de Fulton, au large du Havre. **1800-1805** *Leçons d'anatomie comparée* de Cuvier, naissance de l'anatomie comparée.	**1800** *De la littérature* de Mme de Staël, l'initiatrice du romantisme en France.	**1800** *Madame Récamier,* tableau de David (inachevé) ; la *Maja desnuda* et la *Maja vestida,* tableaux de Goya.	1800

de 1801 à 1810

SCIENCES – TECHNIQUES	LITTÉRATURES	ARTS – MUSIQUE	
1801 *Traité médico-philosophique sur l'aliénation mentale* de Pinel. *Anatomie générale* de Bichat. *Recherches arithmétiques* de Gauss, naissance de la théorie moderne des nombres.	**1801** *Le Génie du christianisme,* apologie de la religion chrétienne publié avec un roman (*Atala*) puis un second (*René,* modèle du héros romantique) en 1802.	**1801** Sonate dite *Au clair de lune* de Beethoven ; ses œuvres pour piano feront considérablement évoluer la technique de l'instrument.	1801
1802 Premiers résultats de Gay-Lussac en cinétique des gaz.	**1802** Naissance de Victor Hugo et d'Alexandre Dumas.	**1802** À 32 ans, Beethoven découvre sa surdité naissante ; il fait de la musique un sacerdoce et se détourne des succès mondains.	1802

RELIGION – PHILOSOPHIE SCIENCES HUMAINES

1803 **1803** *Traité d'économie politique* de J.-B. Say.

1804 Dernière *Doctrine de la science* de Fichte. *Éléments d'idéologie* de Destutt de Tracy, très influent en France. Pie VII sacre Napoléon empereur.

1806 *Phénoménologie de l'esprit* de Hegel.

1807 *Discours sur la nation allemande* de Fichte, un des premiers textes à développer la mystique patriotique allemande.

1809 *Recherches sur la liberté humaine* de Schelling. – Napoléon ayant occupé les États pontificaux, il est excommunié par le pape, qu'il fait emprisonner.

1810 Création du royaume théocratique (musulman) des Peuls au Mali. – *De l'Allemagne* par Mme de Staël.

HISTOIRE POLITIQUE

1803 Bonaparte vend la Louisiane aux États-Unis.

1804 Indépendance d'Haïti. France : exécution du duc d'Enghien. Bonaparte proclamé empereur sous le nom de Napoléon Ier. Promulgation du Code civil des Français ; Création des administrations des Ponts et Chaussées, des Mines et du Génie maritime.

1805 Défaite franco-espagnole à Trafalgar ; victoire française à Austerlitz ; Napoléon, roi d'Italie. Égypte : prise du pouvoir par Méhémet-Ali.

1806 Début du Blocus continental de la France contre l'Angleterre ; Napoléon met fin au Saint Empire romain germanique en suscitant la création de la Confédération du Rhin.

1807 France : création de la Cour des comptes. Traité de Tilsit : division de l'Europe en deux zones d'influence, russe et française. La Grande-Bretagne interdit la traite des Noirs.

1808 Soulèvement de l'Espagne contre l'occupant français, qui répond par une terrible répression.

1809 Bataille de Wagram. ◇ L'Angleterre adopte un tarif préférentiel pour le bois canadien.

1810

XIXe siècle

1811

RELIGION – PHILOSOPHIE SCIENCES HUMAINES

1812-1816 *Science de la logique* (« Grande Logique ») de Hegel.

1813 *De l'esprit de conquête* de B. Constant.

1814 Rétablissement de l'ordre des Jésuites.

1816 Étude de Franz Bopp sur les conjugaisons des langues indo-européennes, naissance de la grammaire comparée et de la linguistique. *Encyclopédie des sciences philosophiques* de Hegel. Saint-Simon crée la revue *l'Industrie*.

1816

HISTOIRE POLITIQUE

1811 Grande-Bretagne : premières émeutes contre le machinisme. – Éclatement de l'empire colonial espagnol en Amérique latine : début des luttes pour l'indépendance, menées notamment par Bolivar, San Martín, Miranda et Sucre.

1812 Échec de la campagne de Napoléon en Russie : déroute de la Grande Armée ; à Paris, conjuration du général Malet. ◇ État de guerre entre les États-Unis et l'Angleterre. Le Canada est menacé d'une invasion américaine.

1813 Soulèvement de l'Europe contre Napoléon, battu à Leipzig. – France : interdiction de faire travailler les enfants dans les mines. ◇ Les Américains sont repoussés sur les Grands Lacs et au sud de Montréal.

1814 Abdication de Napoléon ; Louis XVIII, roi de France ; premier traité de Paris. Début du congrès de Vienne.

1815 Retour de Napoléon : les Cent-Jours ; seconde abdication de l'empereur après la défaite de Waterloo ; la Terreur blanche en France ; second traité de Paris. – Fondation de la Sainte-Alliance.

SCIENCES – TECHNIQUES	LITTÉRATURES	ARTS – MUSIQUE	
1803 Herschel montre que les étoiles se meuvent. *Essai de statique chimique* de Berthollet. Hypothèse atomique de Dalton. Fulton essaie un bateau à vapeur sur la Seine. ◇ Début de l'industrie des pâtes et papiers au Québec.			1803
	1804 *Introduction à l'esthétique* de Jean-Paul Richter ; *Guillaume Tell,* drame de Schiller.	**1804** *Les Pestiférés de Jaffa,* tableau de Gros ; David, premier peintre de l'Empereur. *Symphonie nº 3* de Beethoven dans laquelle apparaît sa puissance novatrice.	
1806 Métier à tisser Jacquard (brevet en 1801). La morphine est extraite de l'opium. Davy obtient du sodium et du potassium.	**1806** *Le Cor enchanté de l'enfant,* premier recueil de chants populaires allemands d'Arnim et Brentano.	**1806** *Le Sacre de Napoléon,* tableau de David ; *la Bataille d'Eylau* de Gros, tableau épique qui forge le mythe impérial ; début des grands travaux de Napoléon à Paris : Fontaine et Percier, architectes.	
1807 Première liaison régulière par bateau à vapeur, sur l'Hudson (Fulton).		**1807** *Napoléon sur son trône,* tableau d'Ingres. Pleyel fonde une fabrique de pianos à Paris ; développement de la musique d'amateurs.	
	1808 Premier *Faust* de Goethe.	**1808** *Symphonie nº 5* de Beethoven : elle illustre la notion de « thème » ou cellule rythmique.	
1809 Mémoire de Gay-Lussac sur les combinaisons en volume des gaz. *Philosophie zoologique* de Lamarck, première théorie de l'évolution. Découverte du calcium (Berzélius, Davy).	**1809** *Les Martyrs* de Chateaubriand, récit pour lequel il a fait un voyage en Orient ; *les Affinités électives* de Goethe, dont le prestige est immense dans toute l'Europe.	**1809** *Symphonie nº 6* de Beethoven, dite *Pastorale* : les débuts de la musique « à programme ».	
1810 Fondation des usines Krupp, à Essen. ◇ *L'Accomodation,* premier navire à vapeur sur le Saint-Laurent.	**1810** *De l'Allemagne* de Mme de Staël est interdit par la censure et paraîtra à Londres.	**1810** *Les Désastres de la guerre,* gravures de Goya ; *le Cimetière sous la neige* de G.D. Friedrich illustre le préromantisme dans la peinture allemande ; J.-F. Bélanger utilise une des premières structures en fer pour la Halle au blé à Paris.	1810

SCIENCES – TECHNIQUES	LITTÉRATURES	ARTS – MUSIQUE	
1811 Hypothèse d'Avogadro sur la masse « molaire » des gaz. Berzélius entreprend de déterminer les masses atomiques des éléments chimiques. En France, le Blocus continental entraîne la production industrielle de sucre de betterave (pas d'importation de sucre de canne).			1811
1812 *Théorie analytique des probabilités* de Laplace. *Recherches sur les ossements fossiles* de Cuvier, naissance de la paléontologie des vertébrés.	**1812** *Contes* des frères Grimm : l'exploration du passé et des thèmes populaires fournira aux romantiques de nombreux modèles ; ils préparent un grand dictionnaire allemand ; premier chant du *Pèlerinage de Childe Harold,* poème de Byron, qui lui apporte la célébrité.		
1813 *Éléments de chimie agricole* de Davy.		**1813** Naissance de Verdi et de Wagner.	
1814 Première locomotive de Stephenson ; le chemin de fer ne prendra véritablement son essor qu'après les perfectionnements de Seguin et la construction de la « fusée » (« the Rocket ») de Stephenson, en 1830. Fraunhoffer, grand constructeur de télescopes, entreprend l'étude de la lumière solaire décomposée par le prisme : spectroscopie, naissance de l'astrophysique.		**1814** *Dos de Mayo* et *Tres de Mayo* [le 2 et le 3 mai], tableaux de Goya ; *la Grande Odalisque,* tableau d'Ingres ; diffusion en France du procédé de la lithographie. *Marguerite au rouet* de Schubert, composé à 17 ans : le lied allemand cesse d'être un genre mineur.	
1815 *Discours sur les révolutions à la surface du globe* de Cuvier.			
1816 Premier mémoire de Fresnel sur la diffraction ; il reprend la théorie ondulatoire de la lumière. Recherches de Gauss sur les fondements de la géométrie.	**1816** *Adolphe,* roman de Benjamin Constant ; au XIXᵉ s. le roman acquiert ses lettres de noblesse et se diversifie dans ses formes (historique, populaire, psychologique...) ; *Les Élixirs du diable* de Hoffmann.	**1816** *Les Trois Grâces* de Canova : le néo-classicisme en sculpture. *Le Barbier de Séville,* opéra-bouffe de Rossini d'après Beaumarchais, à Rome.	1816

	RELIGION – PHILOSOPHIE SCIENCES HUMAINES	HISTOIRE POLITIQUE
1817	**1817** *Principes d'économie politique,* de Ricardo. Montée du protestantisme aux États-Unis, intensification du « réveil » et réaction du néo-luthéranisme en Allemagne ; au XIXe s., les missions protestantes se multiplient dans le monde.	**1817** Traité limitant l'armement naval sur les Grands Lacs canado-américains. **1818** Indépendance du Chili. ◇ La frontière États-Unis/Canada est fixée au 49° de latitude.
	1819 *Le Monde comme volonté et comme représentation* de Schopenhauer, qui connaîtra une grande notoriété après 1850.	**1819** Libération de la Colombie par Bolivar.
	v. 1820 Développement de l'étude des langues et des religions orientales en Occident.	**1820** France : assassinat du duc de Berry, l'héritier au trône. Espagne : révolte des libéraux contre Ferdinand VII. États-Unis : les États du Nord prohibent l'esclavage ; débuts de la conquête de l'Ouest.
1820		
	XIXe siècle	
1821	**1821** *Soirées de Saint-Pétersbourg* de Joseph de Maistre (posthume), représentant du catholicisme ultramontain. *Du système industriel* de Saint-Simon. **1821-1823** *Philosophie de la mythologie* de Schelling.	**1821** Lutte de la Grèce pour l'indépendance, saluée par l'Europe romantique ; la Turquie exerce une violente répression. – Libération du Venezuela par Bolivar.
	1822 Champollion déchiffre les hiéroglyphes égyptiens.	**1822** Indépendance du Brésil. Pierre Ier, empereur.
		1823 Déclaration de Monroe : les États européens ne doivent pas intervenir dans les affaires des États américains. **1824** Conquête de la Birmanie par la Grande-Bretagne. Indépendance du Pérou. Naissance de la République mexicaine.
	1825 *Le Nouveau Christianisme* de Saint-Simon.	**1825** Russie : échec du soulèvement des Décabristes, nobles opposés à l'absolutisme de Nicolas Ier. France : sacre de Charles X ; il s'appuie sur l'Église et les Ultras ; don de un milliard de francs aux émigrés.
	1826 Auguste Comte commence son *Cours de philosophie positive* (publié de 1830 à 1842).	**1826** Grèce : chute de Missolonghi, symbole de la résistance à la Turquie.
		1827 Le dey d'Alger outrage le consul de France : ce sera un prétexte pour l'intervention militaire.
		1828 Indépendance de l'Uruguay.
	1830 Fondation de l'Église des mormons aux États-Unis. En Égypte, Méhémet-Ali encourage un renouveau (nadha) de la culture arabe et musulmane.	**1830** France : prise d'Alger ; chute de Charles X après les 3 journées révolutionnaires dites les « Trois-Glorieuses » ; Louis-Philippe, roi des Français. – Insurrection de la Pologne contre l'autorité du tsar, sévèrement réprimée. – Indépendance de la Belgique, du Venezuela et de la Colombie.
1830		

SCIENCES – TECHNIQUES	LITTÉRATURES	ARTS – MUSIQUE	
	1817 *Frankenstein ou le Prométhée moderne* de Marie Shelley.		1817
1818 *Philosophe anatomique* de Geoffroy Saint-Hilaire ; Goethe se passionne pour les sciences naturelles (il crée le mot « morphologie »).			
1819 Loi de Dulong et Petit sur la chaleur spécifique des solides. Traité de Laennec sur le diagnostic par le stéthoscope des maladies cardio-pulmonaires. La caféine est extraite du café. Apparition du macadam.	**1819** *Ivanhoé* de W. Scott : la vogue du roman historique ; *Mazeppa*, poème de Byron.	**1819** *Le Radeau de la méduse*, tableau de Géricault : une des premières manifestations du romantisme français. *La Truite*, quintette de Schubert.	
1820 Expérience d'Oersted, naissance de l'électromagnétisme (Ampère, Arago).	**1820** *Méditations poétiques* de Lamartine : le début de la poésie romantique ; *Melmoth*, roman noir de l'Anglais Mathurin ; *Prométhée délivré*, drame lyrique de Shelley.		1820

de 1821 à 1830

SCIENCES – TECHNIQUES	LITTÉRATURES	ARTS – MUSIQUE	
1821 Cours d'analyse de Cauchy (notion mathématique de limite). « Cage » de Faraday.	**1821** *Confessions d'un mangeur d'opium*, de Thomas de Quincey ; *les Fiancés*, roman italien de Manzoni.	**1821** *La Charrette de foin* de Constable : la découverte du paysage anglais en France ; les « peintures noires » de Goya. Le *Freischütz* de Weber à Berlin : naissance de l'opéra romantique allemand.	1821
1822 *Théorie analytique de la chaleur* de Fourier (notion de série trigonométrique). *Traité des propriétés projectives des figures* de Poncelet (la géométrie projective). Invention de la photographie par Niepce.	**1822** *De l'amour* de Stendhal ; *Odes* de Hugo.	**1822** Delacroix commence son *Journal*. Le Français Érard met au point le piano moderne, à double échappement.	
1823 Publication des travaux de Chevreul sur les corps gras.	**1823** *Han d'Islande*, premier roman (noir) de Hugo.		
1824 Travaux d'optique d'Hamilton. *Réflexions sur la puissance motrice du feu* de Sadi Carnot, ouvrage fondateur de la thermo-dynamique, passé inaperçu jusqu'en 1834 (Clapeyron). ◇ Canada : ouverture du canal Lachine.		**1824** *Les Massacres de Scio*, tableau de Delacroix, le manifeste de l'école romantique. *Symphonie nº 9* de Beethoven : il associe orchestre et voix dans le finale, avec *l'Ode à la joie* de Schiller.	
1825 En Angleterre, pose de la première voie ferrée avec traction à vapeur.			
1826 Loi d'Ohm sur les courants électriques. Début des travaux de Lobatchevski sur la géométrie non euclidienne.	**1826** *Cinq Mars*, roman historique de Vigny ; *le Dernier des Mohicans* de l'Américain Fenimore Cooper : première œuvre américaine célèbre.	**1826** La plus ancienne photo retrouvée de Niepce. Le 16ᵉ et dernier *quatuor* de Beethoven.	
1827 *Recherches sur les fonctions elliptiques* d'Abel. Début de l'embryologie (Baer). Première fabrication de l'aluminium.	**1827** *Cromwell* de Hugo, avec une importante préface définissant le drame romantique par opposition à la tragédie classique ; *De l'assassinat, considéré comme un des beaux-arts* de Quincey.	**1827** *La Mort de Sardanapale*, tableau de Delacroix, déchaîne les critiques par l'audace dans la couleur et le mouvement. Mort de Beethoven, à Vienne ; pour la première fois un compositeur s'est adressé à l'humanité tout entière et pas seulement aux princes.	
1828 Première synthèse d'un produit organique : l'urée. Découverte du mouvement brownien.	**1828** *Les Chouans*, premier roman de Balzac à paraître sous son vrai nom ; *Mémoires* de Vidocq.		
1829 Invention de l'écriture Braille. Mesure de la vitesse de la lumière par Fizeau. Théorie des fonctions elliptiques de Jacobi.	**1829** *Marion Delorme*, drame de Hugo interdit par la censure ; *les Années de voyage de Wilhelm Meister* de Goethe.	**1829** Mendelssohn fait jouer, pour la première fois depuis la mort de Bach, *la Passion selon saint Matthieu.*	
1830 Travaux de Liebig sur les applications de la chimie à l'agriculture. Théorie des groupes de Galois (diffusée par Jordan en 1870).	**1830** La première de *Hernani*, drame de Hugo, déclenche une bataille entre les romantiques et les classiques ; *le Rouge et le Noir*, roman de Stendhal.	**1830** *La Cathédrale de Chartres* de Corot met en valeur le rôle de la lumière dans le paysage. *La Symphonie fantastique* de Berlioz illustre le romantisme musical.	1830

RELIGION – PHILOSOPHIE
SCIENCES HUMAINES

HISTOIRE POLITIQUE

xixe siècle

1831

1831 Fondation du mouvement de la « Jeune Italie » par Mazzini. Révolte ouvrière des canuts à Lyon.

1832 Condamnation du catholicisme libéral par le pape, qui rappelle également, après les révoltes en Pologne contre le gouvernement russe, le devoir d'obéissance.

1832 Épidémie de choléra au Canada.

1833 Premier tome de l'*Histoire de France* de Michelet ; avec l'essor des nationalismes, l'histoire prend une grande importance idéologique ; début des travaux monumentaux d'érudition historique, en particulier en Allemagne.

1833 Abolition de l'esclavage dans les colonies anglaises.

1834 *Histoire de la religion et de la philosophie en Allemagne* de Heine.

1834 Création du Zollverein, première union douanière allemande. ◊ Canada : envoi des 42 résolutions des Patriotes à Londres.

1835-1840 *De la démocratie en Amérique* de Tocqueville.

1836 *Cours de philosophie* de Victor Cousin. *Sur la différence de construction du langage dans l'humanité* de Wilhelm von Humboldt (posthume).

1837 *Théorie de la science* de Bolzano.

1837 Victoria, reine d'Angleterre. ◊ Mouvement insurrectionnel des Patriotes dans la vallée du Richelieu.

1838 *Recherches sur les principes mathématiques de la théorie des richesses* de Cournot.

1838 Émeutes ouvrières en Angleterre, pour la conquête du suffrage universel, qui sera refusé par le Parlement anglais l'année suivante.

1839 Espagne : fin de la guerre civile entre carlistes et libéraux. Allemagne : interdiction de faire travailler les enfants de moins de 9 ans. Chine : début de la guerre de l'Opium. ◊ Le rapport Durham préconise l'union des deux Canada et l'abolition du français dans les actes civils.

1840 *Qu'est-ce que la propriété ?* de Proudhon.

1840 France : le rapport du docteur Villermé expose l'état pitoyable dans lequel se trouvent les ouvriers des filatures ; retour des cendres de Napoléon. – Acte d'union des provinces canadiennes (Bas- et Haut-Canada).

1840

SCIENCES – TECHNIQUES

1831 Faraday découvre l'induction électromagnétique.

1832 Géométrie non euclidienne de Bolyai. Invention de l'hélice. En France, ouverture de la première ligne de chemin de fer ; le réseau atteindra 2 000 km en 1850, 18 000 km en 1870. Découverte du pôle Nord magnétique par James Ross. ◇ Canada : ouverture du canal Rideau.

1834 Faraday énonce les lois de l'électrolyse. *Théorie mécanique de la chaleur* de Clapeyron. Premier moteur électrique puissant.

1836 Premier chemin de fer canadien de Montréal à Saint-Jean (Québec).

1838 Théorie cellulaire de Schwann. Traversée de l'Atlantique par un « steamer » anglais (navire à vapeur, par opposition au « clipper », navire à voile).

1838-1839 Faraday propose une théorie unitaire de l'électricité, qui annonce la notion de champ (Maxwell).

1839 Théorie du potentiel de Gauss. Marteau-pilon à vapeur. Daguerréotype. Vulcanisation du caoutchouc (Goodyear).

1840 Loi de Joule en thermodynamique. Angleterre : création du timbre-poste.

LITTÉRATURES

1831 Succès de *la Peau de chagrin* de Balzac, qui lui apporte argent et notoriété ; *Notre-Dame de Paris,* roman historique de Hugo.

1832 Le second *Faust* de Goethe couronne et résume son œuvre ; *la Fée aux miettes* de Nodier ; *Mes prisons,* œuvre patriotique de l'Italien Silvio Pellico.

1833 Publication des *Caprices de Marianne,* comédie de Musset ; *Eugène Onéguine,* roman en vers du Russe Pouchkine : première œuvre russe reconnue mondialement.

1834 Balzac écrit *le Père Goriot* et applique pour la première fois le système du retour des personnages ; *On ne badine pas avec l'amour, Lorenzaccio* et *Fantasio* de Musset ; *la Dame de pique,* nouvelle de Pouchkine.

1835 *Mlle de Maupin* de T. Gautier ; *Contes* du Danois Andersen ; *le Journal d'un fou* de Gogol.

1836 Naissance du roman-feuilleton dans la presse : Dumas, Eugène Sue, George Sand publieront dans les journaux ; *Confession d'un enfant du siècle* de Musset : le « mal du siècle » ; *le Lys dans la vallée* de Balzac ; *les Aventures de M. Pickwick* de Dickens.

1837 *Oliver Twist,* roman de Dickens contre les « maisons de travail » : le réalisme victorien.

1839 *La Chartreuse de Parme* de Stendhal.

1840 Balzac a l'idée de *la Comédie humaine,* qui paraîtra de 1842 à 1848 ; *Histoires extraordinaires* de l'Américain Edgar Poe.

ARTS – MUSIQUE

de 1831 à 1840

1831 *La Liberté guidant le peuple,* tableau de Delacroix, allégorie inspirée par les journées révolutionnaires de 1830 ; début de l'orientalisme dans la peinture française ; *l'Arc de la vague,* estampe de Hokusaï ; fondation du *Charivari,* le premier journal satirique illustré, témoin de l'engouement français pour la caricature (Daumier). À 21 ans, Chopin s'installe à Paris et devient l'idole des salons ; la *Norma,* opéra de Bellini à Milan : l'âge d'or du « bel canto ». 1831

1832 *Le Départ des volontaires* (ou *la Marseillaise)* de Rude, sculpture de l'Arc de triomphe à Paris.

1834 *Femmes d'Alger dans leur appartement,* tableau de Delacroix : la mode de l'exotisme oriental chez les romantiques ; Talbot découvre le procédé de la photographie sur papier.

1835 *Lucia di Lammermoor,* opéra de Donizetti, à Naples : l'archétype de l'opéra romantique.

1836 Mort tragique de la cantatrice adulée par les romantiques, Maria Malibran.

1837 Daguerre met au point le daguerréotype (procédé photographique).

1839 Théorie de Chevreul sur les couleurs qui sera le fondement du néo-impressionnisme. Construction du palais de Westminster à Londres dans un style néo-gothique. Premières photographies de la lune. Wagner s'installe à Paris, capitale musicale, pour essayer d'y faire jouer ses premiers opéras ; Chopin, aux Baléares avec George Sand, achève les 24 *préludes* : il est le premier compositeur à se vouer uniquement au piano.

1840 *L'Amour et la Vie d'une femme, les Amours du poète,* cycles de lieder de Schumann.

1840

	RELIGION – PHILOSOPHIE SCIENCES HUMAINES	HISTOIRE POLITIQUE
	xixe siècle	
1841	**1841** *L'Essence du christianisme* de Feuerbach ; déclin de l'influence de Hegel.	**1842** Chine : Traité de Nankin, qui marque l'ouverture commerciale de la Chine à l'Occident ; cession de Hong-kong aux Anglais. Grande-Bretagne : interdiction du travail féminin dans les mines. La France conquiert les îles Marquises et Tahiti.
	1843 *Logique* de J.S. Mill.	**1843** France : invasion et conquête de la Guinée et du Gabon. Prise de la smala d'Abd el-Kader, qui s'enfuit d'Algérie.
	1844 Première tentative d'un « phalanstère » (en Roumanie) d'après les idées de Fourier. *Le Concept d'angoisse* de Kierkegaard. Marx publie *la Question juive* et rencontre Engels à Paris.	**1844** Chine : fondation de concessions européennes échappant à la souveraineté chinoise.
	1845 *La Situation de la classe laborieuse en Angleterre* de Engels. *Stades sur le chemin de la vie* de Kierkegaard.	**1845** Grande famine en Irlande : 1 million de morts, 8 millions d'émigrants, principalement vers les États-Unis.
	1846 Marx et Engels rédigent *l'Idéologie allemande.*	
		1847 Épidémies de choléra en Europe. France : campagne des « banquets » contre Louis-Philippe ; soumission d'Abd el-Kader et fin de la conquête d'Algérie. Suisse : guerre du Sonderbund. Angleterre : adoption de la journée de 10 heures pour les ouvriers du textile. – Fondation du Libéria.
	1848 *Manifeste du parti communiste* de Marx et Engels, sur l'avènement de la révolution dans la société capitaliste et le rôle du prolétariat. Flambée des nationalismes en Europe.	**1848** France : révolution ; proclamation de la république en février ; écrasement du soulèvement populaire en juin ; en décembre, Louis-Napoléon Bonaparte élu président de la République. Abolition de l'esclavage dans les colonies françaises. – Révolutions nationalistes en Allemagne, Prusse, Autriche, Italie et Hongrie. – Invasion du Panjab par les Anglais. – Ruée vers l'or en Californie.
	1849 Le pape est rétabli dans ses États sur intervention française.	**1849** Proclamation de la République romaine ; appelées par le pape, les troupes françaises battent Garibaldi. – Kossuth, chef de l'État hongrois ; écrasement de la Hongrie par l'Autriche.
1850		
	xixe siècle	
1851	**1851** *Essai sur les fondements de nos connaissances* de Cournot.	**1851** France : coup d'État de Louis-Napoléon Bonaparte ; plébiscite approuvant le coup d'État. – Chine : début de la révolte des Taiping. ◊ Canada : adoption d'une monnaie décimale, comme aux États-Unis, cents et dollars.
1852	**1852** *Catéchisme positiviste* de Comte, qui se veut le premier « sociologue » et l'instaurateur d'une « religion de l'humanité ».	**1852** France : rétablissement de l'empire (second empire). Italie : Cavour, premier ministre du Piémont. – Indépendance du Transvaal.

de 1841 à 1850

1841

SCIENCES – TECHNIQUES

1842 Mayer démontre l'équivalence entre chaleur et énergie mécanique. Découverte de l'effet Doppler. Premières anesthésies (éther).

1843 Quaternions (nombres complexes) de Hamilton. Premiers médicaments en comprimés.

1845 Appareil télégraphique de Morse. Invention des presses rotatives.

1846 Le Verrier « découvre » par le calcul la planète Neptune. Krupp coule le premier canon d'acier en une seule pièce.

1847 Logique formelle de De Morgan. Helmholtz énonce la loi générale de conservation de l'énergie. Invention de la nitroglycérine et du béton armé. Mesure de la pression artérielle.

1848 Échelle Kelvin (température absolue). ◇ Ouverture des canaux du Saint-Laurent.

1849 Mise au point de la locomotive Crampton ; en 1852, elle atteindra 140 km/h sur la ligne Paris-Calais.

v. 1850 Pasteur en France, Koch en Allemagne font la preuve qu'une maladie a généralement une cause spécifique. Premières piqûres. Plein essor de la navigation à voile, en particulier américaine. ◇ Fondation de la première grande compagnie de chemins de fer au Canada, le Grand Tronc.

LITTÉRATURES

1842 *Consuelo*, roman de George Sand ; *les Mystères de Paris* d'Eugène Sue ; *Gaspard de la nuit* d'Aloysius Bertrand : le poème en prose ; *les Âmes mortes* de Gogol : avec lui, le roman devient le genre dominant de la littérature russe.

1843 *Les Illusions perdues* de Balzac ; mort de Léopoldine Hugo et de son mari.

1844 *Les Trois Mousquetaires, le Comte de Monte Cristo* de Dumas père.

1845 *Carmen*, nouvelle de Mérimée. ◇ *Histoire du Canada* de F. X. Garneau.

1846 *La Mare au diable* de George Sand ; *le Peuple* de Michelet, « cours d'éducation nationale pour les classes populaires ».

1847 *Les Hauts de Hurlevent* d'Emily Brontë ; *Jane Eyre* de Charlotte Brontë ; *les Sonnets de la Portugaise* de Robert Browning ; *François le Champi* de George Sand.

1848 *La Dame aux camélias*, roman de Dumas fils.

1849 *David Copperfield* de Dickens.

1850 *La Lettre écarlate* de Hawthorne, premier grand roman de la littérature américaine.

ARTS – MUSIQUE

1842 *Nabucco* [Nabuchodonosor], opéra de Verdi, triomphe à Milan : le chœur des juifs exilés devient l'hymne des patriotes italiens.

1844 *Pluie, vapeur, vitesse,* tableau de Turner : l'étude des effets atmosphériques annonce l'impressionnisme. *Grand Traité d'instrumentation et d'orchestration moderne* de Berlioz.

1845 Début des *Salons* de Baudelaire ; Viollet-le-Duc commence la restauration de Notre-Dame à Paris (jusqu'en 1864) ; *les Gens de justice,* gravures de Daumier pour le *Charivari.*

1846 Début de l'école de Barbizon, qui prépare l'éclosion de l'impressionnisme en renouvelant le genre du paysage. Liszt, maître de chapelle à la cour de Weimar : il domine la vie musicale comme compositeur, chef d'orchestre et pianiste et il fait du récital de piano ce que Paganini avait fait du récital de violon : un spectacle de virtuosité.

1847 *Le Combat de coqs* de Gérôme illustre le goût académique dans la peinture française.

1848 *L'Enterrement à Ornans,* tableau de Courbet, fait scandale au Salon de 1850 et inaugure la « guerre du réalisme ».

1849 Mort de Chopin à Paris.

1850 *Le Semeur,* tableau de Millet.

1850

de 1851 à 1860

1851

SCIENCES – TECHNIQUES

1851 Clausius énonce le second principe de la thermodynamique. Expérience du pendule de Foucault. *Paradoxes de l'infini* (posthume) de Bolzano. Surfaces de Riemann en mathématiques. Première exposition universelle à Londres (libre-échange, industrie lourde). Fabrication industrielle de machines à coudre.

1852 Foucault construit le gyroscope. ◇ Fondation de l'Université Laval à Québec.

LITTÉRATURES

1851 *Le Chapeau de paille d'Italie,* comédie sociale de Labiche, le maître du théâtre de boulevard sous le second Empire. *Moby Dick ou la Baleine blanche*, roman de l'Américain Melville ; *la Case de l'oncle Tom* de la romancière américaine Beecher-Stowe, contre l'esclavagisme.

1852 *La Dame aux camélias* de Dumas fils au théâtre ; *Récits d'un chasseur* de Tourgueniev.

ARTS – MUSIQUE

1851 Début de la construction des Halles à Paris par Baltard ; inauguration du Crystal Palace à Londres à l'occasion de la 1re Exposition universelle. *Rigoletto,* opéra de Verdi à Venise.

1852

	RELIGION – PHILOSOPHIE SCIENCES HUMAINES	HISTOIRE POLITIQUE
1853		**1853** Début de la guerre de Crimée.
	1854 Pie IX promulgue le dogme de l'Immaculée Conception ; vogue du culte de Marie, qui aboutira au dogme de l'Assomption (1950).	**1854** Traité entre le Japon et les États-Unis qui met fin à la politique d'isolement du Japon. Allemagne : interdiction de faire travailler les enfants de moins de 12 ans. ◇ Canada – États-Unis, accord de réciprocité sur les tarifs douaniers. Abolition de la tenure seigneuriale. Arrivée de *La Capricieuse,* premier navire français dans le port de Québec depuis la conquête.
	1856 *L'Ancien Régime et la Révolution* de Tocqueville.	**1856** Traité de Paris : l'Empire ottoman est ouvert aux banquiers européens.
		1857 Chine : occupation de Canton par les Anglais et les Français ; sac du palais d'Été de Pékin (guerre de l'Opium).
	1858 Apparition de la Vierge à Lourdes.	**1858** L'Inde devient colonie de la couronne britannique ; elle est gouvernée par un vice-roi. – Début du creusement du canal de Suez sous la direction de Lesseps. – Les puissances occidentales obtiennent du Japon des traités de commerce à leur avantage.
	1859 Œuvre de Darwin. L'évolutionnisme envahit les sciences humaines naissantes (Spencer, Morgan).	**1859** Intervention française en Italie : victoire de Solferino contre l'Autriche ; particulièrement sanglante, elle inspire à Henri Dunant l'idée de fonder la Croix-Rouge.
	1860 *La Civilisation de la Renaissance en Italie* de Jacob Burckhardt.	**1860** Italie : Nice et la Savoie sont cédées par l'Italie à la France ; expédition des Mille menée par Garibaldi à Naples. États-Unis : 31,3 millions d'hab. – Pékin mis à sac par les Franco-Anglais.
1860		

xixe siècle

1861	**1861** *L'Utilitarisme* de J.-S. Mill ; positivisme, utilitarisme et scientisme dominent l'esprit du temps.	**1861** Russie : abolition du servage. Indépendance de la Roumanie. États-Unis : onze États du Sud se constituent en États confédérés d'Amérique ; début de la guerre de Sécession.
		1862 Prusse : Bismarck chancelier.
	1863 *Vie de Jésus* de Renan. *Introduction aux sciences de l'esprit* de Dilthey. **1863-1872** *Dictionnaire de la langue française* de Littré.	**1863** Protectorat français sur le Cambodge. États-Unis : émancipation des Noirs.
	1864 *La Cité antique* de Fustel de Coulanges. *Syllabus* et encyclique *Quanta cura* de Pie IX : condamnation des idées modernes (rationalisme, théories sociales, etc.).	**1864** Fondation de la Croix-Rouge. Fondation de la Ire Internationale socialiste à Londres : les mouvements ouvriers commencent à s'organiser. – Maximilien proclamé empereur du Mexique. ◇ Premières conférences en vue d'une fédération des colonies du Canada, à Charlottetown et à Québec.
1864		

SCIENCES – TECHNIQUES	LITTÉRATURES	ARTS – MUSIQUE	
1853 Travaux de Claude Bernard sur la fonction glycogénique du foie (théorie du milieu).	**1853** *Les Châtiments*, poèmes de Hugo en exil à Jersey : un pamphlet virulent contre Napoléon III.	**1853** Haussmann, préfet de la Seine, entreprend une politique de grands travaux à Paris. *Le Trouvère* (Rome) et *la Traviata* (Venise), opéras de Verdi ; *Sonate en si mineur* de Liszt.	**1853**
1854 Algèbre de Boole. *Sur les hypothèses qui servent de base en géométrie* de Riemann (publié en 1867).	**1854** *Les Filles du feu* de Nerval ; *l'Ensorcelée* de Barbey d'Aurevilly.		
v. 1855 Grâce à de nouveaux procédés, début de l'industrie de l'aluminium, expansion de l'industrie de l'acier. Le chemin de fer apparaît en Amérique latine (Brésil), en Afrique (Égypte), en Australie...	**1855** *Les Feuilles d'herbe* de Whitman, chantre de l'Amérique ; *les Chants de Hiawatha* de Longfellow.	**1855** *L'Atelier* de Courbet, tableau-manifeste du réalisme. Offenbach fonde à Paris le théâtre des Bouffes-Parisiens.	
1856 Instruments de mesure de la température du corps humain. Invention des colorants synthétiques.	**1856** *Les Contemplations* de Hugo, sommet de la poésie visionnaire, centré sur l'intercession avec Léopoldine, sa fille morte (séances de spiritisme).		
1857 *Théorie des fonctions abéliennes* de Riemann. – Mise en service des wagons-lits Pullmann. Éclairage au gaz à Paris.	**1857** *Madame Bovary* de Flaubert et *les Fleurs du mal* de Baudelaire sont attaqués en justice pour immoralité ; traduction des *Histoires extraordinaires* d'Edgar Poe par Baudelaire.	**1857** *Le Réalisme,* essai de Champfleury qui prône la vérité dans l'art.	
	1858 *Le Bossu* de Paul Féval, archétype du roman de cape et d'épée ; *le Roman de la momie* de T. Gautier.	**1858** Fondation du groupe des Cinq pour donner une école nationale de musique à la Russie.	
1859 *L'Origine des espèces* de Darwin suscite un débat passionné ; l'évolutionnisme s'impose dans les sciences de la vie. Naissance de l'analyse spectrale (Kirchhoff, Bunsen). Premiers puits de pétrole aux États-Unis.	**1859** *Miréio,* poème provençal de Mistral : la renaissance culturelle des pays d'oc (le félibrige).	**1859** En France, les photographes participent pour la première fois aux Salons ; *l'Angélus,* tableau de J-F. Millet ; *la Lutte de Jacob avec l'Ange,* testament spirituel de Delacroix en peinture. *Faust,* opéra-comique de Gounod à Paris.	
1860 *Chimie organique fondée sur la synthèse* de Berthelot. Début des recherches de Maxwell et Boltzmann en cinétique des gaz, de Broca sur les localisations cérébrales.	**1860** *Les Paradis artificiels* de Baudelaire : opium et haschich.		**1860**

de 1861 à 1870

SCIENCES – TECHNIQUES	LITTÉRATURES	ARTS – MUSIQUE	
1861-1865 Guerre de Sécession aux États-Unis : utilisation des premiers cuirassés, mines et torpilles.	**1861** *Souvenirs de la Maison des morts* de Dostoïevski, écrit à son retour de prison.	**1861** C. Garnier commence l'Opéra de Paris (achevé en 1875) dans le style éclectique du second Empire. Pasdeloup donne au Cirque d'hiver les premiers « concerts populaires ».	**1861**
1862 Réfutation expérimentale, par Pasteur, de la théorie des générations spontanées.	**1862** *Les Misérables* de Hugo : le courant humanitaire et social du romantisme. *Salammbô* de Flaubert ; *Poèmes barbares* de Leconte de Lisle ; *Dominique,* roman d'analyse psychologique de Fromentin.	**1862** Manifeste des peintres français contre la photographie ; *Ugolin et ses fils,* sculpture de Carpeaux. Koechel établit le *Catalogue chronologique et thématique des œuvres complètes de Mozart.*	
1863 Publication posthume des travaux de Dirichlet en théorie des nombres. Début de la pasteurisation. Les applications de la recherche à l'industrie, la médecine, etc. se multiplient (fabrication de la soude).	**1863** *Le Capitaine Fracasse,* roman de cape et d'épée de T. Gautier. ◇ *Les Anciens Canadiens* de Ph.-A. de Gaspé.	**1863** Premier Salon des refusés à Paris (les exclus du Salon officiel) : le premier d'une suite de Salons « parallèles » qui servent de manifestes aux écoles nouvelles ; Manet provoque un scandale avec *le Déjeuner sur l'herbe ; le Bain turc,* tableau d'Ingres.	
1864 Théorie électromagnétique de la lumière (théorie du champ) de Maxwell. La spectroscopie s'étend à l'univers : on découvre que la composition de la matière du soleil et des étoiles est la même que celle de la Terre.	**1864** *Voyage au centre de la terre* de Jules Verne : les prémices de la science-fiction ; *les Malheurs de Sophie* de la comtesse de Ségur.		**1864**

	RELIGION – PHILOSOPHIE SCIENCES HUMAINES	HISTOIRE POLITIQUE
1865		**1865** États-Unis : capitulation des États du Sud, abolition de l'esclavage ; assassinat de Lincoln.
	1866-1876 *Grand dictionnaire universel du* XIX*e siècle* de Pierre Larousse.	**1866** Guerre austro-prussienne : victoire prussienne à Sadowa, fin de l'influence autrichienne sur l'Allemagne.
	1867 Livre premier du *Capital* de Marx ; les sciences économiques, sociales et politiques se développent considérablement v. 1870. – Début de l'ère Meiji au Japon : idéologie nationaliste, qui tend à dissocier le shintoïsme du bouddhisme et à supprimer l'influence des religions « étrangères ».	**1867** France : annexion de la Cochinchine. Échec de la politique française au Mexique : exécution de Maximilien à Queretaro. – Les États-Unis achètent l'Alaska à la Russie. – Naissance de la Confédération canadienne : le Québec, l'Ontario, le Nouveau-Brunswick et la Nouvelle-Écosse en font partie. – Japon : abdication du dernier shogun. **1868** Début de l'ère Meiji au Japon : modernisation du pays. **1869** Grande-Bretagne : les parlementaires irlandais, avec Parnell, tentent d'obtenir l'autonomie de l'Irlande (« Home Rule »). ◊ Dans l'Ouest canadien, premier soulèvement des Métis sous les ordres de Louis Riel.
	1870 Annexion de Rome et des États pontificaux au royaume d'Italie. Concile Vatican I : dogme de l'Infaillibilité pontificale. – Aux États-Unis, naissance des témoins de Jéhovah.	**1870** Guerre franco-allemande : capitulation de Sedan ; Napoléon III, prisonnier ; proclamation de la république sur l'initiative de Gambetta. ◊ Le Manitoba entre dans la Confédération canadienne.
1870		

XIXe siècle

1871	**1871** Début du « Kulturkampf » de Bismarck contre les catholiques allemands et le Vatican. *Théorie de l'économie politique* de Jevons. *Principes d'économie politique* de Menger.	**1871** Traité de Francfort : la France perd l'Alsace et une partie de la Lorraine. Proclamation de l'Empire allemand, à Versailles, dans la galerie des Glaces. Prise de pouvoir de la Commune de Paris ; le gouvernement de Thiers se réfugie à Versailles ; écrasement de la Commune par les troupes versaillaises. ◊ La Colombie-Britannique se joint à la Confédération canadienne.
	1872 *La Naissance de la tragédie,* premier ouvrage de Nietzsche.	**1872** Japon : suppression de la féodalité ; le service militaire et l'enseignement deviennent obligatoires.
1873	**1873** Le Parlement français, à majorité monarchiste et catholique, décide l'érection de la basilique du Sacré-Cœur pour expier les fautes de la nation. *Étatisme et anarchie* de Bakounine ; mouvements anarchistes et révolutionnaires en Europe, nihilisme et populisme en Russie, organisation des mouvements socialistes. *Les Origines de la France contemporaine* de Taine. *Psychologie du point de vue empirique* de Brentano.	**1873** France : Mac-Mahon, président. ◊ L'Île-du-Prince-Édouard entre la Confédération canadienne.

SCIENCES – TECHNIQUES

1865 *Introduction à l'étude de la médecine expérimentale* de Claude Bernard. Mendel énonce les lois de l'hérédité ; leur redécouverte (v. 1900) donnera naissance à la génétique. – Invention de la rotative.

1867 Mise au point de la dynamite par Nobel, du béton armé, du frigorifique. Lister impose le traitement antiseptique des blessures.

1868 Découverte de l'hélium dans l'atmosphère solaire.

1869 *Classification périodique des éléments* de Mendeleïev (chimie). Dynamo de Gramme. Premiers procédés de photographie en couleurs. Début de l'exploitation de la houille blanche. Premier chemin de fer traversant les États-Unis d'un océan à l'autre ; sa construction a joué un rôle important dans la « conquête de l'Ouest ».

1870 Équation de Van der Waals en chimie.

v. 1870 Le chemin de fer atteint son plein rendement en Europe et en Amérique : rail en acier, signalisation électrique, avant le frein à air comprimé (inventé en 1872). Progrès de la navigation à vapeur.

1872 « Programme d'Erlangen » de Klein. Arithmétique de Weierstrass. Travaux de Cantor et Dedekind sur les irrationnels ; début de la correspondance entre les deux savants, d'où sortira la théorie des ensembles.

1873 Hermite établit la transcendance du nombre e. Premières machines à écrire.

LITTÉRATURES

1865 *Guerre et Paix,* roman de Tolstoï ; *Alice au pays des merveilles* de Lewis Carroll.

1866 *Crime et Châtiment,* roman de Dostoïevski, qui définit le courant antiréaliste et visionnaire de la littérature russe ; *Poèmes saturniens* de Verlaine ; *le Parnasse contemporain,* recueil réunissant Leconte de Lisle, Gautier, Heredia, Banville : les poètes parnassiens en réaction contre le romantisme.

1867 *La Légende et les aventures d'Ulenspiegel et de Lamme Goedzak* de De Coster, premier chef-d'œuvre de la littérature belge francophone ; *Peer Gynt,* pièce du Norvégien Ibsen.

1869 Romans : *l'Éducation sentimentale,* de Flaubert, *Vingt mille lieues sous les mers* de Jules Verne, *Lettres de mon moulin* (nouvelles) de Daudet. Poésie : *les Chants de Maldoror* de Lautréamont, *les Fêtes galantes* de Verlaine, *le Spleen de Paris* (poèmes en prose) de Baudelaire.

1871 Début des *Rougon-Macquart* de Zola : le naturalisme, une nouvelle esthétique romanesque ; Rimbaud écrit *le Bateau ivre* et *la Lettre du voyant.*

ARTS – MUSIQUE

1865 Le « scandale Manet » se poursuit avec l'exposition d'*Olympia* (1863) ; *le Déjeuner sur l'herbe,* tableau de Monet est critiqué par Courbet ; *Beata Beatrix,* tableau de D.G. Rossetti ; essai de Proudhon « sur la destination sociale de l'art ».

v. 1865 Naissance du jazz dans le delta du Mississippi : blues, chants de travail, orchestres populaires.

1866 Premières photographies en couleurs. *La Fiancée vendue* de Smetana : l'opéra national tchèque.

1867 Début de l'influence du Japon sur l'art français.

1869 *La Danse,* sculpture de Carpeaux.

1871 *Aïda,* opéra de Verdi pour l'inauguration de l'Opéra du Caire.

1872 *Impression, soleil levant* de Monet, tableau-manifeste de ce qu'on appelle par moquerie l'« impressionnisme ».

1873 *La Maison du pendu,* tableau de Cézanne.

1865

1870

de 1871 à 1880

1871

1874

	RELIGION – PHILOSOPHIE SCIENCES HUMAINES	HISTOIRE POLITIQUE
1874	**1874-1877** *Éléments d'économie politique* de Walras.	**1874** Grande-Bretagne : ministère Disraeli. France : loi sur le travail des enfants (pas avant 12 ans et pas plus de 12 heures).
	1875 En Inde, les mouvements nationalistes s'appuient sur l'hindouisme. – *L'Homme criminel* de Lombroso. Création de l'Alliance réformée mondiale : mouvement d'union des églises protestantes.	**1875** Savorgnan de Brazza au Congo.
		1877 Victoria, impératrice des Indes. – États-Unis : interdiction du Ku Klux Klan. – Japon : la dernière révolte des samouraïs contre la modernisation du pays est écrasée à Kagoshima.
	1878 *Humain trop humain,* de Nietzsche. *Anti-Dühring* de Engels. Élection du pape Léon XIII : renouveau du thomisme, doctrine sociale.	
	1879 Wundt crée le premier laboratoire de psychologie, à Leipzig ; les sciences humaines se substituent peu à peu à la philosophie dans de nombreux domaines.	**1879** France : démission de Mac-Mahon ; Jules Grévy, président.
1880	**1880** *Aurore* de Nietzsche.	**1880** France : lois scolaires de Jules Ferry ; le 14 juillet devient fête nationale.

xixe siècle

1881	**1881** *Anthropologie* de Tylor.	**1881** France : protectorat français sur la Tunisie. Russie : assassinat du tsar Alexandre II par des anarchistes ; nombreux et importants pogroms contre les juifs. Chine : avènement de Ts'eu-Hi.
	1882 *Le Gai Savoir* de Nietzsche. Première immigration juive (« aliya ») en Palestine.	**1882** Protectorat anglais sur l'Égypte. – Indépendance de la Serbie.
	1883-1885 *Ainsi parlait Zarathoustra* de Nietzsche.	**1883** Plekhanov fonde le Parti marxiste russe. Établissement du protectorat français sur le Tonkin.
1884	**1884** *L'Origine de la famille, de la propriété privée et de l'État* d'Engels.	**1884** France : nombreuses grèves, notamment aux mines d'Anzin.

SCIENCES – TECHNIQUES	LITTÉRATURES	ARTS – MUSIQUE	
1874 Développement de la stéréochimie (Van't Hoff, Le Bel).	**1874** *Les Diaboliques,* nouvelles de Barbey d'Aurevilly : l'imagination fantastique ; *Romances sans paroles* de Verlaine.	**1874** Première exposition des peintres impressionnistes à l'atelier de Nadar (Cézanne, Monet, Degas, Sisley, B. Morisot, Pissarro) ; *l'Âge d'airain,* sculpture de Rodin. *Tableaux d'une exposition* de Moussorgsky ; *Boris Godounov,* « drame musical populaire » d'après Pouchkine joué pour la première fois à Saint-Pétersbourg : le chœur (le peuple) y est essentiel.	1874
1875 Découverte des chromosomes. Mécanisation de l'agriculture (moissonneuse-lieuse). Invention du téléphone par Bell.		**1875** *Carmen,* opéra-comique de Bizet d'après Mérimée est sifflé à Paris ; mort de Bizet ; naissance de Ravel.	
1876 Mise au point du moteur à explosion par Otto, d'après le cycle de Beau de Rochas ; l'automobile entre progressivement dans l'âge industriel.	**1876** *Anna Karénine* de Tolstoï, chronique d'une passion inspirée par un fait divers. *Prélude à l'après-midi d'un faune,* poème de Mallarmé ; *les Aventures de Tom Sawyer* de Mark Twain.	**1876** *Le Moulin de la Galette,* tableau de Renoir. Inauguration du théâtre de Bayreuth, conçu par Wagner et financé par Louis II de Bavière, avec *la Tétralogie* (4 opéras ou « journées »).	
1877 Invention du phonographe et du microphone (Edison). Boltzmann exprime l'entropie en termes de probabilités.	**1877** Grand succès de *l'Assommoir* de Zola.	**1877** *Nana,* tableau de Manet ; début de la série des *Gare Saint-Lazare* de Monet : étude systématique de la lumière ; *l'Absinthe,* tableau de Degas. *Le Lac des cygnes,* ballet de Tchaïkovsky. Invention du phonographe simultanément par Charles Cros et par Edison.	
1878 Début de l'utilisation industrielle de l'électricité. Découverte des enzymes nécessaires à l'organisme.			
1879 Edison invente l'ampoule électrique (lampe à filament). Adoption du temps universel.	**1879** *L'Enfant,* roman autobiographique de Jules Vallès ; publication posthume de *Woyzeck,* drame de Büchner.	**1879** *Le Triomphe de la république,* groupe sculpté de Dalou pour la place de la Nation à Paris (1899) ; *Saint Jean Baptiste,* sculpture fondatrice de la notoriété de Rodin.	
1880 Travaux d'analyse de Poincaré. Premières photos astronomiques.	**1880** Le *O Canada* de Calixa Lavallée.	**1880** Rodin commence *la Porte de l'enfer* (inachevé) ; *l'Ile des morts,* tableau de Böcklin proche du symbolisme allemand ; *l'Escalier d'or* de Burne-Jones annonce l'« Art nouveau » ; *la Naissance de Vénus,* tableau de Bouguereau : le nu académique.	1880

de 1881 à 1890

SCIENCES – TECHNIQUES	LITTÉRATURES	ARTS – MUSIQUE	
1881 Adoption d'unités de mesure universelles pour l'électricité ; les progrès de la mesure conditionnent étroitement ceux des sciences fondamentales. Premiers tramways électriques, à Berlin. Première exposition internationale d'électricité, à Paris.	**1881** Publication posthume de *Bouvard et Pécuchet* de Flaubert ; *le Roman d'un spahi* de Loti : l'attrait de l'Orient.		1881
1882 Découverte du bacille de la tuberculose par Koch, qui développe les techniques de prophylaxie. Première centrale électrique, à New York. Création du premier trust pétrolier (Standard Oil).		**1882** *Le Bar des Folies-Bergère,* tableau de Manet. *Parsifal,* action théâtrale solennelle de Wagner à Bayreuth.	
1883 *Mécanique* de Mach. Transport d'électricité à longue distance. Mise au point de fibres synthétiques (la rayonne).	**1883** *Contes cruels* de Villiers de l'Isle-Adam ; *Au bonheur des dames* de Zola ; *l'Île au trésor* de Stevenson : succès du roman d'aventure.	**1883** Début de la série des *Masques* de Ensor, annonciatrice de l'expressionnisme ; Gaudi commence l'église de la *Sagrada Familia* à Barcelone (inachevée). Mort de Wagner.	
1884 *Leçons sur les maladies du système nerveux* de Charcot. *Les Fondements de l'arithmétique* de Frege. Pour l'imprimerie, mécanisation de la composition.	**1884** *À rebours* de Huysmans : le héros décadent ; Verlaine révèle dans *les Poètes maudits* des œuvres inconnues de Mallarmé, Rimbaud, Corbière, Cros ; *le Canard sauvage,* pièce d'Ibsen.	**1884** *Les Bourgeois de Calais,* groupe sculpté de Rodin ; *les Grandes Baigneuses,* tableau de Renoir ; *le Dimanche d'été à la Grande Jatte,* tableau de Seurat, manifeste du néo-impressionnisme, exposé à la dernière exposition des impressionnistes ; *le Bois sacré,* tableau de Puvis de Chavannes ; série des *Femmes à leur toilette,* pastels de Degas ; premier Salon des indépendants à Paris.	1884

RELIGION – PHILOSOPHIE SCIENCES HUMAINES | **HISTOIRE POLITIQUE**

1885

1885 France : réélection de Jules Grévy. – Soudan : prise de Khartoum par le Mahdī ; mort de Gordon Pacha. – Inde : fondation du Congrès national indien. ◇ Inauguration du chemin de fer canadien reliant toutes les provinces entre elles. Soulèvement des Métis dans l'Ouest canadien. Exécution de Louis Riel.

1886 *Par-delà le bien et le mal* de Nietzsche. En France, conversion au catholicisme de Claudel et de Charles de Foucauld. *La France juive* de Drumont : vague d'antisémitisme qui culminera avec l'affaire Dreyfus (1894-1906).

1887 France : Sadi Carnot, président de la République ; la France compte alors 38,5 millions d'hab.

1888 Nietzsche écrit ses dernières œuvres, dont *Ecce homo* et *le Crépuscule des idoles ;* après sa mort (1900), sa sœur publiera *la Volonté de puissance.*

1888 Frédéric II, empereur d'Allemagne.

1889 *Essai sur les données immédiates de la conscience* de Bergson.

1889 Le Congo devient possession belge. Italie : protectorat sur l'Abyssinie, annexion de la Somalie ; émigration importante. France : le général Boulanger, dont la ligue attaque violemment le régime parlementaire, est condamné. – Fondation de la IIe Internationale socialiste.

1889-1892 France : scandale de Panama.

1890 Renan publie *l'Avenir de la science,* qu'il avait écrit en 1849. *Principes d'économie politique* de Marshall. *Les Principes de la psychologie* de W. James. En Allemagne, développement du néo-kantisme.

1890 Allemagne : Kautsky fonde le Parti social-démocrate allemand.

1890

xixe siècle

1891 **1891-1892** Articles de Frege : « Fonction et concept » ; « Sens et dénotation » (fondant en logique ce que Bréal va appeler la « sémantique »).

1892 France : loi sur le travail des enfants (de 13 à 16 ans 10h/jour, de 16 à 18 ans 11h/jour).

1893 *De la division du travail social* de Durkheim.

1894 *Le Monde de l'esprit* de Dilthey.

1894 France : assassinat du président de la République, Sadi Carnot. Condamnation de Dreyfus. – Guerre sino-japonaise ; prise de Taiwan par les Japonais.

1895 *Les Règles de la méthode sociologique* de Durkheim. *Études sur l'hystérie* de Freud et Breuer.

1895 France : fondation de la Confédération générale du travail. ◇ Début de la « ruée vers l'or » au Yukon.

1895

SCIENCES – TECHNIQUES	LITTÉRATURES	ARTS – MUSIQUE	
1885 Première inoculation du vaccin antirabique par Pasteur, qui développe les techniques de vaccination.	**1885** *Germinal* de Zola dépasse les 100 000 exemplaires vendus : le livre est devenu un objet de consommation.	**1885** *Les Mangeurs de pommes de terre,* l'une des premières œuvres de Van Gogh.	1885
1886 Découverte du fluor. Brevet Dunlop du pneumatique.	**1886** *Manifeste symboliste* de Moréas : l'acte de naissance du symbolisme ; publication posthume des *Illuminations* de Rimbaud ; *Bel Ami* de Maupassant.	**1886** *Le Baiser,* sculpture de Rodin ; inauguration à New York de *La Liberté éclairant le monde,* sculpture de Bartholdi ; manifeste du symbolisme de Jean Moréas.	
1887 Expériences de Michelson et Morley sur l'existence de l'éther, milieu subtil de la lumière ; leur résultat négatif va déterminer les recherches d'Einstein sur la relativité. Confirmation expérimentale des équations de Maxwell par Hertz (1887/1893).	**1887** Le romancier anglais Conan Doyle crée le personnage de Sherlock Holmes. ◇ *La légende d'un peuple* du poète canadien Louis Fréchette.	**1887** Formation du groupe des nabis.	
1888 Théorie des groupes de Lie. *Les nombres, que sont-ils et à quoi servent-ils ?* de Dedekind. Découverte de l'effet photo-électrique.			
1889 La tour Eiffel, manifeste de la maîtrise de l'acier par les architectes et les ingénieurs du bâtiment. Moteur à pétrole quatre temps de Daimler. Naissance de l'endocrinologie (le terme *hormone* n'apparaît, en anglais, qu'en 1905).		**1889** Première exposition à Paris des peintres symbolistes ; construction de la tour Eiffel par G.Eiffel pour l'Exposition universelle de Paris : point culminant de l'architecture du « siècle du fer ».	
1890 L'« avion » de Clément Ader. **1890-1900** Série d'inventions qui aboutissent à la télégraphie sans fil (Hertz, Popov, Branly, Marconi).	**1890** *La Bête humaine* de Zola ; première version de *Tête d'or* de Claudel ; publication posthume des poèmes de l'Américaine Emily Dickinson.	**1890** *Le Champ de blé aux corbeaux,* dernière œuvre de Van Gogh ; premier tableau de la série des *Nymphéas* de Monet. *Cavalleria Rusticana* de Mascagni à Rome : le premier opéra vériste (équivalent italien de « naturaliste »).	1890

SCIENCES – TECHNIQUES	LITTÉRATURES	ARTS – MUSIQUE	
1891 Brevet du moteur Diesel. **1891-1917** En Russie, construction du chemin de fer transsibérien.	**1891** *Le Portrait de Dorian Gray,* roman d'Oscar Wilde.	**1891** *Le Bal du Moulin-Rouge,* affiche de Toulouse-Lautrec. Tchaïkovski inaugure Carnegie Hall, salle de concert à New York.	1891
1892 Hypothèse de Lorentz sur la contraction des corps en mouvement. Brevet Michelin du pneu démontable. **1892-1899** *Mécanique céleste* de Poincaré ; sa solution du problème des trois corps (1889) marque le début d'une physique qualitative, critique des méthodes quantitatives du déterminisme classique.	**1892** *Pelléas et Mélisande,* drame symboliste du Belge Maeterlinck.	**1892** *Werther,* opéra de Massenet d'après Goethe, à Paris.	
1893 Mise au point du sérum anti-diphtérique et de l'aspirine.		**1893** *Le cri,* tableau de Munch ; la maison Tassel de Horta à Bruxelles : le style Art nouveau. *Falstaff,* opéra-bouffe : la dernière œuvre de Verdi.	
1894-1908 *Formulaire de mathématiques* de Peano.	**1894** *Poil de carotte* de Jules Renard ; *Histoire de la littérature française* de Lanson ; le *Livre de la jungle* de Kipling.	**1894** L'État français refuse une donation de tableaux impressionnistes. *Prélude à l'après-midi d'un faune,* pièce symphonique de Debussy d'après Mallarmé ; *Symphonie du Nouveau Monde* de Dvořák.	
1895 Röntgen découvre les rayons X ; application immédiate (radiologie) en médecine. Ramsay découvre l'hélium terrestre. Première automobile Peugeot. Les frères Lumière inventent le cinéma.	**1895** *Jude l'Obscur* de Thomas Hardy : le contrepied de l'esprit victorien en Angleterre. ◇ Naissance de l'école littéraire de Montréal illustrée par le poète Émile Nelligan.	**1895** *Balzac,* sculpture de Rodin ; série de *la Montagne Sainte-Victoire* de Cézanne : sa conception nouvelle des volumes et de l'espace est à l'origine des grandes révolutions esthétiques du XXe s. *Till Eulenspiegel,* poème symphonique de Strauss. Première projection cinématographique par les frères Lumière à Paris ; G. Méliès crée le premier studio de cinéma.	1895

1896

RELIGION – PHILOSOPHIE SCIENCES HUMAINES

1896 *Matière et mémoire* de Bergson. *L'État juif* de Herzl.

1896-1897 *Cours d'économie politique* de Pareto.

1897 Premier congrès sioniste, à Bâle. *Essai de sémantique* de Bréal. *Le Suicide* de Durkheim.

1898 *Intérêt et prix* de Wicksell.

1899 *Le Rire* de Bergson. *Socialisme théorique et social-démocratie pratique* de Bernstein.

1900 Naissance de la psychanalyse avec *l'Interprétation des rêves* de Freud. Début des *Recherches logiques* de Husserl : phénoménologie, rejet du psychologisme en philosophie. *La Psychologie des foules* de G. Le Bon.

1900

HISTOIRE POLITIQUE

1896 France : Gallieni et Lyautey soumettent Madagascar. Grâce à l'action de P. de Coubertin, ouverture des premiers Jeux olympiques modernes à Athènes. ◊ Canada : ruée vers le Klondike. Élection de Wilfrid Laurier.

1897 Protectorat japonais sur la Corée.

1898 France : fondation de la Ligue des droits de l'homme ; *J'accuse* de Zola, en pleine affaire Dreyfus ; destruction de l'empire de Samory Touré au Niger. – L'Espagne en guerre contre les États-Unis. – Les États-Unis annexent Hawaï et les Philippines. ◊ Le Canada crée le territoire du Yukon.

1899 La Haye : ouverture de la première conférence de la paix. – Afrique australe : guerre des Boers. ◊ Canada : envoi d'un contingent de volontaires en Afrique du Sud.

1900 France : Dreyfus est gracié par le président Loubet. Chine : révolte des Boxers. ◊ Fondation à Lévis, près de Québec, de la première caisse populaire Desjardins.

SCIENCES – TECHNIQUES

1896 Becquerel découvre la radioactivité. Effet Zeeman, dont Lorentz donne l'explication. Première automobile Ford.

1897 *Contributions à la fondation de la théorie des nombres transfinis* de Cantor, aboutissement de ses recherches sur l'arithmétique de l'infini et théorie des ensembles. J.J. Thomson découvre l'électron.

1898 Pierre et Marie Curie découvrent le radium.

1899 *Fondements de la géométrie* de Hilbert.

1900 Hilbert énonce un « programme » déterminant pour la recherche mathématique des décennies suivantes. Hypothèse de Planck sur la nature discontinue, « quantique », de l'énergie. Théorie de la mutation génétique par De Vries. Premier dirigeable Zeppelin.

LITTÉRATURES

1896 *Ubu roi,* farce subversive d'Alfred Jarry, fait scandale au théâtre de l'Œuvre ; *la Mouette,* pièce de Tchekhov.

1897 *Les Nourritures terrestres* de Gide, qui sera le maître à penser (« l'inquiéteur ») de la nouvelle génération ; *Un coup de dés* et *Divagations* de Mallarmé ; énorme succès de *Cyrano de Bergerac* d'Edmond Rostand ; *le Tour d'écrou,* nouvelle d'Henry James.

1899 *La Dame de chez Maxim's,* vaudeville de Feydeau.

1900 Premier numéro des *Cahiers de la Quinzaine* fondés par Péguy, consacrés aux problèmes politiques contemporains ; début de la série des *Claudine* de Colette (jusqu'en 1903) : succès de scandale ; *la Danse de mort,* drame du Suédois Strindberg ; *Lord Jim,* roman de Conrad.

ARTS – MUSIQUE

1896 Fauré, professeur de composition au conservatoire de Paris ; avec Franck, Fauré, Debussy et Ravel, l'école française s'émancipera de la domination du romantisme allemand. Premiers films anglais. 1896

1897 *D'où venons-nous ? Que sommes-nous ? Où allons-nous ?* testament pictural de Gauguin. Mort à Vienne de Brahms ; Mahler, directeur de l'Opéra de Vienne : il s'impose d'abord comme chef d'orchestre. G. Méliès fait les premiers films en couleurs (coloriage à la main).

1898 Arrivée de Picasso à Paris. Triomphe du ténor Caruso à Milan.

1899 Les entrées du métropolitain de Paris par H.Guimard (jusqu'en 1904) créent un style « métro » dérivé de l'Art nouveau ; Signac publie *D'Eugène Delacroix au néo-impressionnisme. Pavane pour une infante défunte* de Ravel.

1900 *Louise,* opéra réaliste de G. Charpentier à Paris ; *la Tosca,* opéra de Puccini à Rome.

1900

1901

RELIGION – PHILOSOPHIE SCIENCES HUMAINES

1902 *Que faire ?* de Lénine. *Esthétique* de Croce. *Les Variétés de l'expérience religieuse* de W. James. *La Science et l'Hypothèse* d'Henri Poincaré.

1902-1903 *Esquisse d'une théorie générale de la magie* de Marcel Mauss.

1903 *Morale théorique et science des mœurs* de Lévy-Bruhl. *Tableau géographique de la France* de Vidal de La Blache. *Introduction à l'étude comparative des langues européennes* de Meillet.

1904 *Psychopathologie de la vie quotidienne* de Freud. *Histoire de l'anthropologie* de Boas.

1905 Test de Binet pour la mesure de l'intelligence (Q.I.). *Trois Essais sur la sexualité* de Freud. En France, triomphe de l'idéologie laïque : séparation de l'Église et de l'État ; mais c'est aussi le début d'une nouvelle vague de conversions au catholicisme (Maritain en 1906, puis Péguy, Max Jacob, etc.). *L'Éthique protestante et l'Esprit du capitalisme* de Max Weber.

1906 *L'Évolution créatrice* de Bergson. *Le Pragmatisme* de W. James. ◇ *L'indépendance économique du Canada français* de E. Bouchette.

1908 *Matérialisme et Empiriocriticisme* de Lénine. *Identité et réalité* de Meyerson. Excommunication de Loisy.

HISTOIRE POLITIQUE

1901 Angleterre : mort de Victoria ; Édouard VII, roi.

1902 Alliance anglo-japonaise.

1903 Nombreux progroms en Russie.

1904 Entente cordiale entre la France et la Grande-Bretagne. Attaque de Port-Arthur : début de la guerre russo-japonaise.

1905 Première révolution russe (« Dimanche rouge », mutinerie du cuirassé « Potemkine », manifeste d'octobre). ◇ Le capitaine J.-E. Bernier confirme la souveraineté du Canada sur l'archipel nordique canadien. L'Alberta et la Saskatchewan entrent dans la Confédération canadienne.

1906 France : ministère Clemenceau.

1907 Triple-Entente entre la France, l'Angleterre et la Russie.

1908 Indépendance de la Bulgarie. L'Autriche-Hongrie annexe la Bosnie-Herzégovine.

1908

1901

SCIENCES – TECHNIQUES

1901 Remise des premiers prix Nobel. Isolement de l'adrénaline. Invention de la soudure autogène.

1902 Intégrale de Lebesgue (mathématiques). Premiers tracteurs agricoles. En médecine, naissance de l'allergologie et premiers barbituriques.

1903 Travaux de Rutherford et Soddy sur la radioactivité. Étude des réflexes conditionnés par Pavlov. Premier électrocardiogramme. Premier vol des frères Wright.

1904 Transformation de Lorentz (physique).

1905 Publications décisives d'Einstein : théorie de la relativité (restreinte), théorie des photons, théorie du mouvement brownien.

1906 Premier franchissement du passage du Nord-Ouest par R. Amundsen.

1907 Travaux de Markov sur les probabilités. Tests d'allergie cutanée.

1908 Axiomatique de Zermelo en théorie des ensembles. Kamerlingh Onnes parvient à liquéfier l'hélium.

LITTÉRATURES

1901 Deuxième version de *Tête d'or,* drame de Claudel : réinterprétation chrétienne de la première version.

1902 *L'Immoraliste,* récit de Gide, complément des *Nourritures terrestres ; le Songe,* drame de Strindberg : la difficulté de vivre dans un monde onirique.

1903 *Le Chien des Baskerville* de Conan Doyle. Attribution du premier prix Goncourt (à *Force ennemie* de Nau). *La Cerisaie,* comédie de Tchekhov, un monde en train de disparaître.

1904 *La Coupe d'or,* roman d'Henry James dont les analyses psychologiques subtiles annoncent l'art de Proust ; *Jean-Christophe* de Romain Rolland : le « roman-fleuve » ; *l'Offrande lyrique* de l'Indien R. Tagore est une révélation en Occident (Gide le traduira de l'anglais en 1916) ; J. Jaurès crée *l'Humanité,* journal socialiste.

1905 *Notre patrie,* essai de Péguy : une mystique de la patrie française. Début de la publication de *Little Nemo,* bande dessinée de Winsor Mc Cay.

1907 *La Mère,* roman de Gorki : la conscience révolutionnaire des prolétaires.

1908 *Arsène Lupin* de Maurice Leblanc ; *les Pieds-Nickelés,* série dessinée de Louis Forton. *Le Feu* de D'Annunzio, chantre de la Nouvelle Italie : le culte de la volonté et de l'héroïsme.

ARTS – MUSIQUE

1901 Projet d'une ville nouvelle par T. Garnier annonçant le fonctionnalisme des années 20. Mort de Verdi à Milan : deuil national.

1902 *L'Étreinte,* tableau de la « période bleue » de Picasso. *Pelléas et Mélisande,* drame lyrique de Debussy à Paris ; *Kindertotenlieder* de Mahler : il s'impose comme compositeur ; *la Nuit transfigurée* de Schönberg. *Le Voyage dans la lune* de G. Méliès : les premiers trucages font triompher la féerie du cinéma.

1903 Immeuble en béton armé de la rue Franklin à Paris, par A. Perret.

1904 La caisse d'Épargne à Vienne par l'architecte O. Wagner. Schönberg rencontre Webern ; leur association avec Berg donnera naissance à l'école de Vienne.

1905 Première exposition des fauves au Salon d'automne à Paris : leur mouvement se poursuivra jusqu'en 1908 (Matisse, Derain, Marquet) ; fondation à Dresde du groupe Die Brücke proche du fauvisme français, à l'origine de l'expressionnisme allemand ; dernier tableau de la série des *Grandes Baigneuses* de Cézanne ; *les Saltimbanques,* tableau de la « période rose » de Picasso. Fondation du trio Cortot-Thibaud-Casals ; *Salomé,* opéra de R. Strauss d'après Oscar Wilde ; *la Mer,* esquisses symphoniques de Debussy.

1907 Rétrospective Cézanne dont l'influence est capitale sur l'éclosion de l'art moderne ; *les Demoiselles d'Avignon* de Picasso, première toile cubiste : elle montre l'influence des arts primitifs (africains et ibériques) sur l'art français ; *la Charmeuse de serpents,* tableau naïf du Douanier Rousseau ; *le Baiser* de G. Klimt : l'école de Vienne en peinture ; *Pomone,* sculpture de Maillol ; Kahnweiler ouvre une galerie à Paris : début de l'ère des galeries et d'un engouement du public cultivé pour l'art contemporain.

1907-1908 Deuxième *Quatuor à cordes* de Schönberg : sa première partition atonale.

1908 Braque et Picasso mènent en parallèle des recherches sur le cubisme jusqu'en 1913. *Gaspard de la nuit,* 3 pièces pour piano de Ravel.

1908

RELIGION – PHILOSOPHIE SCIENCES HUMAINES

HISTOIRE POLITIQUE

1909

1909 *Les Rites de passage* de Van Gennep. *Cinq leçons sur la psychanalyse* de Freud.

1909 Espagne : guerre contre les Berbères du Rif.

1910 Adler se sépare de Freud et crée la psychologie individuelle.

1910 Grande-Bretagne : George V, roi. Annexion de la Corée par le Japon.

1910

xxe siècle

1911

1911 *Théorie des conceptions du monde* de Dilthey : début du courant herméneutique, influent sur la philosophie et la théologie contemporaines. *L'Esprit de l'homme primitif* de Boas.

1911 Chine : proclamation de la république par Sun Yat-Sen.

1912 *Les Formes élémentaires de la vie religieuse,* dernier grand traité de Durkheim. *Métamorphoses et symboles de la libido* de Jung, qui marque sa rupture avec Freud.

1912 Première guerre balkanique : victoire de la Grèce, de la Bulgarie, du Montenegro et de la Serbie sur la Turquie. Le Maroc devient un protectorat français (Convention de Fès).

1913 *Dernières pensées* de H. Poincaré (posthume). *Totem et Tabou* de Freud. *Idées directrices pour une phénoménologie* de Husserl. Traité de psychologie behavioriste de Watson. *Le Sentiment tragique de la vie* de Miguel de Unamuno. Début de la parution du *Système du monde* de Pierre Duhem.

1913 Traité de Londres : la Turquie perd ses terres en Europe. La tension dans les Balkans favorise la course aux armements des grandes puissances.

1914 *La Méthode scientifique en philosophie* de Russell (conséquence de ses recherches logiques avec Whitehead). *Introduction à l'étude du langage* de L. Bloomfield. Début des sciences de l'éducation (Decroly). *Le Marxisme et la Question nationale* de Staline.

1914 28 juin : assassinat de François-Ferdinand à Sarajevo. Début de la Première Guerre mondiale. Bataille de la Marne. Guerre des tranchées.

1915 Offensive austro-hongroise contre les Russes (900 000 prisonniers). Débarquement allié en Turquie.

1915

SCIENCES – TECHNIQUES	LITTÉRATURES	ARTS – MUSIQUE	
1909 Sörensen introduit le pH, mesure des acides et des bases (chimie). Incitation électrique des nerfs et des muscles. Synthèse industrielle de l'ammoniac. Traversée de la Manche en avion par Blériot. Premier cargo avec turbine à vapeur.	**1909** Premier numéro de *la Nouvelle Revue française* (N. R. F) fondée par Copeau, Gide...	**1909** Manifeste du futurisme publié à Paris par Marinetti (le mouvement se poursuit jusqu'en 1930) ; les manifestes d'artistes se multiplieront jusqu'en 1920 ; De Chirico pose les fondements de la « peinture métaphysique » ; *la Musique* et *la Danse,* tableaux de Matisse ; *Caoutchouc,* aquarelle de Picabia, la première œuvre abstraite ; *Héraclès archer,* sculpture de Bourdelle. Les Ballets russes de Diaghilev à Paris.	1909
1910 *Principia Mathematica* de Russell et Whitehead (logique). En apportant la preuve expérimentale de la théorie d'Einstein sur le mouvement brownien, Jean Perrin démontre définitivement l'existence des atomes. Début des expériences génétiques de Morgan sur les drosophiles. **v. 1910** Traitement chimiothérapique de la syphilis.	**1910** *Le Mystère de la charité de Jeanne d'Arc* de Péguy ; *les Cinq Grandes Odes* de Claudel : le verset « claudélien » est inspiré du verset biblique ; *Impressions d'Afrique* de R. Roussel ; *le Journal* de Kafka en allemand (jusqu'en 1920) ; *la Vagabonde,* roman de Colette.	**1910** *La Noce,* tableau de F. Léger ; Kandinsky fonde le Cavalier bleu et il peint sa première aquarelle abstraite ; *la Muse endormie,* sculpture de Brancusi.	1910

de 1911 à 1920

SCIENCES – TECHNIQUES	LITTÉRATURES	ARTS – MUSIQUE	
1911 Kamerlingh Onnes découvre la supraconductivité. Modèle atomique de Rutherford. Culture des tissus par Carrel (médecine).	**1911** Premier congrès de la langue française à Québec.	**1911** Premier tableau de la série des *Nu descendant l'escalier* de M. Duchamp ; le théâtre des Champs-Élysées à Paris, par A. Perret. *Traité d'harmonie* de Schönberg.	1911
1912 Étude de la diffraction des cristaux par les rayons X (Laue, Bragg). Découverte des vitamines.	**1912** *La Mort à Venise* de Thomas Mann ; *Poèmes* de Trakl ; début des *Élégies de Duino* de Rilke ; *l'Annonce faite à Marie,* drame de Claudel, le conflit des passions humaines et du surnaturel (l'œuvre sera remaniée jusqu'en 1948) ; Maïakovski publie un manifeste futuriste : les expériences de langage pour un renouveau de la poésie.	**1912** Premiers papiers collés de Braque et de Picasso (le principe sera abondamment repris jusqu'aux contemporains) ; *Du cubisme,* essai de Gleizes ; *Disques* et *Formes circulaires* de R. Delaunay, inspirés des théories de Chevreul ; *Avec l'arc noir,* première peinture abstraite de Kandinsky, qui rédige *Du spirituel dans l'art ;* premières toiles abstraites de Kupka : les *Plans verticaux. Pierrot lunaire* de Schönberg pour voix (chant parlé) et instruments, à Berlin.	
1913 Modèle atomique de Bohr. Découverte de l'ozone de la haute atmosphère. Invention du compteur Geiger. Intuitionnisme de Brouwer en mathématiques. Ford introduit la production à la chaîne.	**1913** Rabindranath Tagore, prix Nobel ; *Alcools,* recueil d'Apollinaire ; *la Prose du Transsibérien,* poème de B. Cendrars illustré par Sonia Delaunay ; *Du côté de chez Swann* de Proust ; publication de *À la recherche du temps perdu* jusqu'en 1927 (posthume) ; *le Grand Meaulnes* de H. Alain-Fournier ; *la Colline inspirée,* roman de Barrès, défend les valeurs de l'enracinement et des traditions.	**1913** L'Exposition internationale de l'« Armory show » à New York fait connaître l'avant-garde européenne aux États-Unis et influence de façon décisive l'art américain ; *Carré noir sur fond blanc,* tableau de Malévitch ; premiers *ready-made* de M. Duchamp ; *Rayonnismes* de Larionov et Gontcharova ; la cité du futur, premier projet de ville futuriste en Italie ; *les Peintres cubistes,* essai d'Apollinaire. *Le Sacre du printemps,* ballet de Stravinsky dans la chorégraphie de Nijinsky, provoque un scandale à Paris.	
1914 Travaux de Moseley sur les éléments chimiques. Nouvelle classification des étoiles (H. N. Russell). Mise au point du B.C.G., vaccin contre la tuberculose, par Calmette et Guérin.	**1914** *Les Caves du Vatican,* récit cocasse de Gide, qui fut accusé de subvertir la jeunesse ; *Jésus la Caille,* roman de Francis Carco : la poésie du milieu et l'argot. ◇ *Maria Chapdelaine, récit du Canada français* de Louis Hémon.	**1914** *Le Cheval,* sculpture de R. Duchamp-Villon, d'inspiration cubiste et futuriste.	
1915 Langevin développe des applications militaires et médicales des ultra-sons (sonars). Théorie de la dérive des continents par Wegener.	**1915** Début des *Cantos* de l'Américain Ezra Pound (achevés en 1972), vaste fresque évoquant l'échec des civilisations.	**1915** *Le Grand Verre* de M. Duchamp, précurseur de l'esprit dada. *L'Amour sorcier,* ballet inspiré du folklore gitan, de Manuel de Falla : l'inspiration nationale s'impose dans la musique du début du XXe s. (Bartok, Prokofiev...). *Naissance d'une nation,* film de Griffith.	1915

	RELIGION – PHILOSOPHIE SCIENCES HUMAINES	HISTOIRE POLITIQUE
1916		**1916** Bataille de Verdun. Mort de l'empereur d'Autriche, François-Joseph ; Charles Ier lui succède.
	1917 *L'Impérialisme, stade suprême du capitalisme* et *l'État et la Révolution* de Lénine ; la prise du pouvoir va de pair avec son activité de théoricien. *Introduction à la psychanalyse* de Freud.	**1917** Mars : révolution à Petrograd ; abdication de Nicolas II ; conflit entre réformistes et révolutionnaires. Avril : déclaration de guerre des États-Unis à l'Allemagne. Octobre : succès de la Révolution russe ; pour la première fois dans l'histoire, un régime veut instaurer le communisme. ◇ Canada : les femmes obtiennent le droit de vote aux élections fédérales.
	1918 *La Dictature du prolétariat* de Kautsky, qui s'attire une réponse cinglante de Lénine. *La Révolution russe* de Rosa Luxemburg. *Théorie générale de la connaissance* de M. Schlick. – Chute des Ottomans : fin du dernier idéal d'empire musulman universel, laïcisation de la Turquie ; panarabisme et tendances réformistes dans l'Islam arabe, qui s'accentueront encore après la Seconde Guerre mondiale (décolonisation). **1918-1923** *Le Déclin de l'Occident* de Spengler.	**1918** Mars : la Russie soviétique se retire de la guerre (traité de Brest-Litovsk) ; débarquement allié pour soutenir les contre-révolutionnaires. Octobre : révolution à Vienne. Indépendance de la Tchécoslovaquie et de la Yougoslavie. Novembre : révolution en Pologne ; sécession de la Hongrie ; révolution à Berlin. Fin de l'Empire autrichien. Armistice le 11 novembre.
	1919 *Le Savant et le Politique* de Max Weber. *Les Conséquences économiques de la paix* de Keynes.	**1919** Conférence de la paix à Paris ; traité de Versailles. Moscou : fondation de la IIIe Internationale.
	1920 *Au-delà du principe de plaisir* de Freud.	**1920** Entrée en fonction de la Société des nations (S. D. N.). France : Deschanel, président. – U. R. S. S. : fin de la guerre civile ; le pays est ruiné.
1920		

xxe siècle

1921	**1921** *Tractatus logico-philosophicus* de Wittgenstein. Test de Rorschach en psychologie. *Le Langage* de Sapir. **1922** *Économie et Société* de Max Weber (posthume). *Durée et Simultanéité* de Bergson. *La Mentalité primitive* de Lévy-Bruhl.	**1921** Le montant des réparations de guerre imposées à l'Allemagne est fixé à 132 milliards de marks-or. – Chine : fondation du Parti communiste chinois. **1922** Italie : marche des fascistes sur Rome ; Mussolini est appelé par le roi et forme un ministère.
	1923 *La Réforme monétaire* de Keynes. *Histoire et Conscience de classe* de Lukács. *Le Je et le Tu* de Martin Buber. **1923-1924** *Essai sur le don* de Marcel Mauss. **1923-1929** *Philosophie des formes symboliques* de Cassirer (néo-kantien).	**1923** Allemagne : inflation vertigineuse ; Hitler, emprisonné, rédige *Mein Kampf ;* occupation de la Ruhr par la France. – U. R. S. S. : création des camps de travail en Sibérie. – Turquie : Mustafa Kemal, président de la République.
1924	**1924** *Les Principes du léninisme* de Staline ; développement de l'historiographie marxiste en France.	**1924** France : Doumergue, président. Angleterre : premier gouvernement travailliste. Allemagne : mise en place du plan Dawes ; redéfinition du mark (1 $ vaut alors 4,2 milliards de marks-papier).

SCIENCES – TECHNIQUES	LITTÉRATURES	ARTS – MUSIQUE	
1916 Théorie de la relativité généralisée d'Einstein. Théorie de la valence électrochimique.	**1916** La *Métamorphose,* récit de Kafka ; *le Feu,* roman d'H. Barbusse, la littérature issue des combats de la Première Guerre mondiale ; Naissance du mouvement dada à Zurich.	**1916** *La Ville,* tableau de G. Grosz. *Intolérance,* film de Griffith.	1916
1917 Premiers anticoagulants.	**1917** *La Jeune Parque* de Valéry paraît à la N. R. F. ; *le Cornet à dés,* recueil de Max Jacob ; *Chacun sa vérité,* comédie de Pirandello, la confusion du réel et de l'apparence.	**1917** Formation du groupe Dada à New York (M. Duchamp, Picabia, Man Ray) ; *le Grand Métaphysique,* tableau de De Chirico. Avec l'entrée en guerre des États-Unis, l'Europe découvre le jazz ; *Parade,* ballet de Cocteau, musique de Satie, décors et costumes de Picasso, chorégraphie de Diaghilev.	
1918 Invention du parachute à ouverture automatique ; la Première Guerre mondiale a encouragé le développement de l'aviation.	**1918** *Calligrammes* d'Apollinaire ; *Manifeste* de Tristan Tzara, acte de naissance du mouvement dada.	**1918** *Carré blanc sur fond blanc* de Malévitch, le point ultime de l'abstraction en peinture. Après la mort de Debussy : insolence et provocation des « années folles » ; fondation du groupe des Six à Paris.	
1919 Rutherford obtient la première réaction nucléaire. Eddington apporte la preuve expérimentale de la théorie de la relativité (déviation des rayons lumineux). Premiers vols réguliers entre Paris et Londres.	**1919** Le prix Goncourt pour *À l'ombre des jeunes filles en fleurs* de Proust ; premier numéro de la revue d'avant-garde *Littérature,* qui prépare la voie au surréalisme.	**1919** Fondation du Bauhaus à Weimar par Gropius, qui fera triompher le « style international » ; projet de gratte-ciel en verre et acier pour Berlin par Mies Van Der Rohe ; premiers collages de M. Ernst.	
1920 Logique triadique de Lukasiewicz. ◊ Fondation de l'Université de Montréal.	**1920** *Kristin Lavransdatter* de la Suédoise Sigrid Undset ; *les Champs magnétiques* de Breton et Soupault : l'écriture automatique surréaliste ; publication de *Du côté de Guermantes* de Proust ; *Orages d'acier,* récit de E. Jünger à la gloire du combattant ; *Six Personnages en quête d'auteur,* drame de Pirandello : début de sa trilogie sur « le théâtre dans le théâtre ».		1920

de 1921 à 1930

SCIENCES – TECHNIQUES	LITTÉRATURES	ARTS – MUSIQUE	
1921 Découverte de l'insuline.	**1921** *La Véridique Histoire d'Ah Q,* nouvelle de l'écrivain chinois Lu Xun ; *le Singe velu,* pièce de O'Neil.	**1921** *Le Kid,* premier long métrage de C. Chaplin.	1921
1922 Découverte de l'effet Compton en physique atomique. « Croisière noire » organisée par Citroën en Afrique du Nord.	**1922** *Ulysse* de Joyce, version moderne et parodique de l'Odyssée, sorte d'épopée du langage qui réunit tous les procédés de style (commencé en 1913) ; *Babbitt,* roman de Sinclair Lewis, chronique satirique de la société américaine des années 20 ; *les Thibault* de Martin du Gard (jusqu'en 1940) ; publication de *Sodome et Gomorrhe* de Proust ; *Désolation,* poème de la Chilienne Gabriela Mistral.	**1922** Église en béton de Notre-Dame du Raincy par A. Perret. *Méthode de composition avec douze sons de Schönberg :* le dodécaphonisme révolutionne les règles de la composition musicale. *Nosferatu,* film de Murnau.	
	1923 *La Prisonnière* de Proust (publication posthume) ; premier numéro de la revue *Europe ; Clair de Terre,* recueil de Breton ; *le Blé en herbe,* roman de Colette.	**1923** Série des *Canéphores* de Braque, inspirées des cariatides antiques : tendance au classicisme en France ; *Rayogrammes,* recherches photographiques de Man Ray ; *Vers une architecture,* essai de Le Corbusier. *Les Lois de l'hospitalité,* film de B. Keaton.	
1924 Découverte de l'ionosphère. Statistique de Bose-Einstein (physique). Mécanique ondulatoire de Louis de Broglie.	**1924** *Manifeste du surréalisme* d'André Breton et premier numéro de la *Révolution surréaliste ; le Soulier de satin,* sommet des grands drames d'inspiration catholique de Claudel ; *Vladimir Ilitch Lénine* de Maïakovski.	**1924** *Ballet mécanique* de F. Léger, film cubiste.	1924

RELIGION – PHILOSOPHIE SCIENCES HUMAINES

HISTOIRE POLITIQUE

1925

1925 *Ma vie et la Psychanalyse* de Freud.

1925 Signature du pacte de Locarno. U. R. S. S. : Staline écarte Trotski du pouvoir.

1926 *Le Citoyen contre les pouvoirs* d'Alain. *De l'angoisse à l'extase* de Pierre Janet. Fondation du Cercle linguistique de Prague (Jakobson, Troubetzkoy). Gramsci est arrêté et emprisonné par les fascistes italiens.

1926 Italie : Mussolini obtient les pouvoirs législatif et exécutif : système du parti unique. – Japon : Hiro-Hito, empereur.

1927 *L'Avenir d'une illusion* de Freud. Travaux de Goldstein sur l'aphasie. *La Sexualité et sa répression dans les sociétés primitives* de Malinovski. *Être et Temps* de Heidegger, qui aura une influence décisive sur les philosophies de l'existence.

1927 États-Unis : exécution de Sacco et Vanzetti. – Chine : début des guerres entre nationalistes et communistes ; création de l'armée Rouge.

1928 *La Structure logique du monde* de Carnap. *Principes de grammaire générale* de Hjelmslev. *Dialectique du moi et de l'inconscient* de Jung.

1928 U. R. S. S. : collectivisation des terres.

1929 Accords de Latran entre Mussolini et le pape : création de l'État du Vatican. *Logique formelle et transcendantale* de Husserl ; il prononce à Paris les *Méditations cartésiennes. Temps et Verbe* de Gustave Guillaume. Création de la revue historique des *Annales* par L. Febvre et M. Bloch. *La Science et le Monde moderne* de Whitehead.

1929 Italie : signature des accords de Latran. États-Unis : « Jeudi noir » à Wall Street (24 oct.) ; la crise financière s'étend à l'ensemble de l'économie américaine puis mondiale.

1930 *Traité de la monnaie* de Keynes. *Malaise dans la civilisation* de Freud.

1930 1 milliard d'hommes sur la terre. 31 millions de chômeurs dans les pays industrialisés. Mise en place de politiques protectionnistes (États-Unis ; Grande-Bretagne en 1932).

1930

xxe siècle

1931

1931 *Le Dépassement de la métaphysique par l'analyse logique du langage* de Carnap. Début de la publication (posthume) des articles de Ch. S. Peirce *(Collected Papers).*

1931 France : Doumer, président. Espagne : proclamation de la république. – Occupation de la Mandchourie par le Japon. ◇ Le statut de Westminster proclame l'indépendance du Canada par rapport au Royaume-Uni.

SCIENCES – TECHNIQUES	LITTÉRATURES	ARTS – MUSIQUE	
1925 Mécanique quantique : Heisenberg (relation d'incertitude), Bohr (principe de complémentarité), Pauli (principe d'exclusion, hypothèse du spin de l'électron), Born.	**1925** *Les Faux-monnayeurs* de Gide mêlent fiction et théorie littéraire ; *Albertine disparue ou la Fugitive* de Proust (publication posthume) ; *le Procès* de Kafka (écrit en 1914) ; *Gatsby le Magnifique* de F.S. Fitzgerald : les désillusions du rêve américain.	**1925** Première exposition surréaliste à Paris : « automatismes » de Masson, « grattages » de Max Ernst ; tableaux abstraits géométriques de Mondrian ; Exposition universelle à Paris, consacrée aux « Arts décoratifs et industriels modernes » : pavillon de l'Esprit nouveau par Le Corbusier ; le Bauhaus s'installe à Dessau. *Wozzeck,* opéra atonal de Berg à Berlin ; Schönberg, professeur de composition à l'Académie des arts de Berlin. *Le Cuirassé Potemkine,* film de Eisenstein, apogée de l'art du montage ; *les Rapaces,* film de Stroheim ; *la Ruée vers l'or,* film de C. Chaplin ; *la Rue sans joie,* film de Pabst.	1925
1926 Développement de la mécanique quantique : synthèse avec la mécanique ondulatoire (Schrödinger, Dirac), dont Born fait une interprétation probabiliste ; étude statistique des électrons (Fermi, Dirac).	**1926** *Sous le soleil de Satan,* premier roman de Bernanos ; *le Paysan de Paris* d'Aragon, roman d'inspiration surréaliste ; *les Sept piliers de la sagesse,* autobiographie romanesque de T.E. Lawrence ; *la Confusion des sentiments,* roman de S. Zweig.	**1926** *Métropolis,* film de F. Lang, vision prémonitoire de l'Allemagne totalitaire.	
1927 Application de la mécanique quantique à la chimie. Traversée de l'Atlantique nord en avion par Lindbergh.	**1927** *Thérèse Desqueyroux,* roman de Mauriac ; *le Temps retrouvé* de Proust. *Le Loup des steppes,* roman de H. Hesse.	**1927** Ouverture de la première galerie surréaliste à Paris. *Napoléon,* d'Abel Gance : l'invention du triple écran, précurseur du cinémascope ; premiers *Mickey* de Walt Disney.	
1928 Théorie relativiste quantique de l'électron et hypothèse du positron par Dirac. Découverte de l'effet Raman en physique atomique. Fleming découvre le premier des antibiotiques : la pénicilline. Première liaison par T.S.F. entre Paris et New York.	**1928** *Nadja,* récit de Breton : la nouvelle morale surréaliste de l'amour ; le groupe surréaliste adhère au Parti communiste ; *Siegfried,* drame de Giraudoux ; *les Odes,* poèmes de Ségalen inspirés de la métrique chinoise ; *Topaze,* comédie de M. Pagnol.	**1928** *Le Surréalisme et la Peinture,* essai d'A. Breton. *Le Boléro,* ballet de Ravel ; Martenot invente « l'onde Martenot » ; *Symphonie nº 21* de Webern. *Un chien andalou,* de Buñuel et Dali, manifeste du surréalisme au cinéma ; *le Procès de Jeanne d'Arc* de Dreyer.	
1929 Invention du cyclotron.	**1929** *Le Bruit et la Fureur* de Faulkner ; *l'Adieu aux armes* de Hemingway ; *À l'est rien de nouveau,* roman de E. M. Remarque ; *Marius,* comédie de Pagnol, première de la trilogie *(Fanny, César).*	**1929** Le premier musée d'Art moderne, créé à New York ; la maison Savoye à Poissy par Le Corbusier. Débuts du cinéma parlant aux États-Unis : la plupart des stars du muet disparaissent des écrans. Le dessinateur belge Georges Rémi (Hergé) crée *Tintin.*	
1930 Découverte de la planète Pluton. Vaccin contre la fièvre jaune.	**1930** *L'Homme sans qualités* de Musil (jusqu'en 1943) ; *le Forçat innocent* recueil de Supervielle ; *le Second Manifeste du surréalisme* de Breton ; *Correspondance* (posthume) de Proust. *Les Vagues,* poème romanesque de Virginia Woolf : monologue intérieur et prose lyrique ; *42ᵉ Parallèle* : début de la trilogie « U.S.A » de Dos Passos ; *le Faucon maltais* de Dashiell Hammett : renouvellement du genre du roman policier.	**1930** L'Empire State Building, à New York. *L'Ange bleu,* film de Von Sternberg avec Marlène Dietrich ; *Halleluya,* film de King Vidor : premiers chefs-d'œuvre du cinéma parlant.	1930

de 1931 à 1940

SCIENCES – TECHNIQUES	LITTÉRATURES	ARTS – MUSIQUE	
1931 Théorème d'incomplétude de Gödel (logique, épistémologie). Découverte du deutérium par Urey. Début de l'électroencéphalographie. « Croisière jaune » de Citroën, expédition automobile de Beyrouth à Pékin.		**1931** *Persistance de la mémoire,* tableau de Dali. Deux concertos pour piano et orchestre de Ravel ; *Ionisation* pour 40 instruments à percussion de Varèse. *M. le Maudit* de F. Lang, apogée de l'expressionnisme allemand au cinéma.	1931

	RELIGION – PHILOSOPHIE SCIENCES HUMAINES	HISTOIRE POLITIQUE
1932	**1932** *Le Pluralisme cohérent de la chimie moderne* de Bachelard. *Les Deux Sources de la morale et de la religion* de Bergson. *La Révolution permanente* de Trotski.	**1932** France : assassinat de Doumer ; Lebrun, président. Conférence de Lausanne : abandon des réparations allemandes. Élections en Allemagne : le parti nazi devient le premier parti. – États-Unis : F.D. Roosevelt, président.
	1933 *Psychologie de masse du fascisme de* W. Reich. *Le Langage* de Bloomfield. Le nazisme veut l'extermination des juifs ; il s'attaque à certains intellectuels (Husserl) mais reçoit le soutien de quelques autres, tel Heidegger.	**1933** Allemagne : Hitler, chancelier ; le parti nazi devient parti unique ; proclamation de lois racistes. – États-Unis : début du « New Deal » de F.D. Roosevelt.
	1934 *Le Nouvel Esprit scientifique* de Bachelard. *Syntaxe logique du langage* de Carnap.	**1934** Allemagne : nuit des « Longs Couteaux » (élimination des S.A.). – U. R. S. S. : assassinat de Kirov. – Chine : début de la Longue Marche, conduite par Mao Zedong.
	1935 *Origine de la formation des noms en indo-européen* de Benveniste. *La Logique de la découverte scientifique* de Karl Popper.	**1935** Allemagne : les juifs perdent la nationalité allemande.
	1936 *Théorie générale de l'emploi, de l'intérêt et de la monnaie* de Keynes. *La Crise des sciences européennes,* testament philosophique de Husserl. *Problèmes stratégiques de la guerre révolutionnaire* de Mao Zedong.	**1936** France : victoire du Front populaire ; gouvernement Blum ; politique contractuelle (accords Matignon). Espagne : soulèvement nationaliste sous la direction du général Franco, soutenu par l'Axe Rome-Berlin. Grande-Bretagne : abdication d'Édouard VII. Allemagne : ouverture du premier camp de concentration.
	1937 *La Révolution trahie* de Trotski. *Matérialisme dialectique et matérialisme historique* de Staline. *De la pratique* et *De la contradiction* de Mao Zedong.	**1937** France : difficultés économiques et troubles sociaux ; démission du gouvernement Blum. – Début de la guerre du Japon contre la Chine (massacres de Nankin).
	1938 *Abrégé de psychanalyse* de Freud. *Introduction à la philosophie de l'histoire* par Raymond Aron. *L'Histoire comme pensée et action* de Croce. *La Formation de l'esprit scientifique* et *Psychanalyse du feu* de Bachelard. *Philosophie de l'existence* de Jaspers.	**1938** Rattachement de l'Autriche et du pays des Sudètes (en Tchécoslovaquie) à l'Allemagne, accords de Munich. ◇ Québec : loi du « cadenas » contre la propagande communiste.
1938		

SCIENCES – TECHNIQUES

1932 Découverte du rayonnement radioélectrique de la Voie lactée : naissance de la radio-astronomie. Marconi réalise le premier radar. Découverte du neutron (Chadwick), du positron. *Fondements mathématiques de la mécanique quantique* de von Neumann.

1933 Travaux de Cartan sur les espaces métriques.

1934 Théorie de la désintégration du noyau atomique par Fermi. Les Joliot-Curie découvrent la radioactivité artificielle.

1935 Théorie des forces nucléaires (hypothèse du méson, confirmée en 1947). Travaux de Landau sur le ferromagnétisme. Première intervention chirurgicale sur le cerveau humain.

1936 Théorème de limitation de Church, sémantique de Tarski (logique). Isolement de la cortisone. Début de la télévision radiodiffusée pour le grand public. ◇ *La Flore laurentienne* de Marie Victorin.

1938 Cycle de Bethe (réactions nucléaires produisant l'énergie dans les étoiles). Théorie des acides et des bases. Première fission nucléaire. Invention du nylon.

LITTÉRATURES

1932 *Voyage au bout de la nuit,* premier roman de Céline, succès rapide et influence considérable ; *les Hommes de bonne volonté* de Jules Romains ; *Aden Arabie,* essai-récit de P. Nizan, ignoré lors de sa parution ; *le Meilleur des mondes,* roman de Huxley, modèle de la littérature critique d'anticipation.

1933 *Noces de sang,* drame de Garcia Lorca ; *la Condition humaine* d'A. Malraux : roman basé sur un épisode de la révolution chinoise, il mêle action et réflexion idéologique ; *le Bois de bouleaux,* roman du Polonais J. Iwaszkiewicz. Certains écrivains allemands fuient le régime nazi (250 émigreront).

1934 *Le Marteau sans maître,* recueil de René Char ; *le Meurtre de l'Orient-Express* d'Agatha Christie ; *Tropique du Cancer* d'Henry Miller.

1935 *Pays de neige,* roman de Kawabata Yasunari (remanié en 1948) : l'équilibre entre la tradition littéraire japonaise et les recherches occidentales ; *Meurtre dans la cathédrale,* drame poétique de T. S. Eliot.

1936 Voyage de Gide en U.R.S.S. ; *Mort à crédit,* roman de Céline ; *le Journal d'un curé de campagne,* récit de Bernanos ; André Breton dénonce le stalinisme : *Du temps que les surréalistes avaient raison ; Autant en emporte le vent,* récit romanesque de Margaret Mitchell. Garcia Lorca est fusillé par les franquistes.

1937 *L'Espoir,* roman d'A. Malraux, évocation des débuts de la guerre civile espagnole. ◇ *Menaud, maître draveur* de l'écrivain québécois F.-A. Sarard.

1938 *Le Théâtre et son double,* essai d'A. Artaud, pour un retour à la dimension mystique du théâtre telle qu'elle existait dans les mystères du Moyen Âge et qu'elle existe en Extrême-Orient ; *Un certain Plume,* recueil de Michaux : le guide des « pistes » suivies par le poète ; *la Nausée,* roman de Sartre : l'existentialisme en littérature. (Sartre utilisera le roman et le théâtre pour diffuser ses thèses). ◇ *Trente Arpents* du romancier québécois Ringuet.

ARTS – MUSIQUE

1932 Premiers mobiles de Calder. *Scarface* de Hawks, le classique du film noir. 1932

1933 *Le Grand Nu au miroir,* tableau de Bonnard. Devant la montée du nazisme, Schönberg et Kurt Weill s'exilent aux États-Unis. *Zéro de conduite,* film de J. Vigo, séquelle du surréalisme.

1934 *L'Atalante,* film de J. Vigo. *Flash Gordon (Guy l'Éclair),* bande dessinée d'Alex Raymond.

1935 Concerto pour violon *À la mémoire d'un ange* de Berg ; *Mana,* suite pour piano de Jolivet ; *Porgy and Bess,* opéra de Gerschwin. *Le Crime de M. Lange,* film de J. Renoir ; *Les Temps modernes* de C. Chaplin, qui persiste dans le cinéma muet ; *Une nuit à l'Opéra,* film des Marx Brothers.

1936 *Prémonition de la guerre civile,* tableau de Dali ; série de gravures sur la tauromachie par Picasso. *Pierre et le Loup* de Prokofiev.

1937 *Guernica,* tableau de Picasso qui dénonce les horreurs de la guerre civile espagnole ; à l'Exposition universelle de Paris, *la Fée électricité,* tableau de Dufy, le palais de Chaillot et le palais de Tokyo ; Exposition internationale du surréalisme à Paris. Création (posthume) à Zurich de *Lulu* de Berg : le premier grand opéra sériel ; *Mikrokosmos,* 156 pièces pour piano et *Sonate pour 2 pianos et percussions* de Bartok ; *Carmina Burana,* cantate de Carl Orff ; *Nobilissima Visione,* ballet d'Hindemith. *La Grande Illusion,* film de J. Renoir ; *Drôle de drame,* film de M. Carné et J. Prévert.

1938 Musique de Prokofiev pour le film d'Eisenstein : *Alexandre Nevski ;* le dodécaphonisme condamné et interdit par les nazis. *Quai des Brumes,* film de M. Carné et J. Prévert.

1938

	RELIGION – PHILOSOPHIE SCIENCES HUMAINES	HISTOIRE POLITIQUE
1939	**1939** *Moïse et le Monothéisme,* dernier ouvrage de Freud. *L'Homme et le Sacré* de Roger Caillois. *Mythes et dieux des Romains* de Dumézil. *Principes de phonologie* de Troubetzkoy (posthume).	**1939** Il y a environ 2 milliards d'hommes sur la terre. – À la suite de l'invasion de la Pologne par l'Allemagne, entrée en guerre de la France et de l'Angleterre. Début de la Seconde Guerre mondiale. Signature du pacte germano-soviétique.
1940	**1940** En Inde, la Ligue musulmane demande la création d'un État séparé, le Pakistan. *Signification et vérité* de Russell. Suicide de Walter Benjamin. Jean Piaget prend la direction de l'Institut J.J. Rousseau à Genève : développement de l'école de psychologie génétique. *Philosophie du non* de Bachelard.	**1940** Mai : percée allemande dans les Ardennes, la Hollande et la Belgique. Recul puis défaite des Alliés. ◇ Québec : droit de vote des femmes aux élections provinciales.

xxe siècle

1941	**1941** De nombreux savants et intellectuels européens émigrent aux États-Unis. *Langage enfantin et Aphasie* de Jakobson. *L'Eau et les Rêves* de Bachelard. *L'Évolution psychologique* de Wallon. *Jupiter, Mars, Quirinus* de Dumézil.	**1941** Attaque japonaise sur Pearl Harbour. Attaque de l'U. R. S. S. par les Allemands. Alliance entre les États-Unis, la Grande-Bretagne et l'U. R. S. S. contre les puissances de l'Axe.
	1942 *Le Mythe de Sisyphe* de Camus.	**1942** Tournant de la guerre : débarquement allié au Maroc, fin de l'offensive allemande en Afrique du Nord ; défaite allemande à Stalingrad ; défaite japonaise à Midway. Début des bombardements alliés intensifs sur l'Allemagne. ◇ Raid sur Dieppe, perte de 67 % des effectifs canadiens. Canada : formation du Bloc populaire et plébiscite sur la conscription.
	1943 *L'Être et le Néant* de Sartre. *L'Expérience intérieure* de Georges Bataille.	**1943** Débarquement allié en Sicile. Arrestation de Mussolini ; dissolution du parti fasciste.
	1944 *Psychologie et Alchimie* de Jung. *L'Air et les Songes* de Bachelard.	**1944** Conférence monétaire de Bretton Woods. Conférence des Alliés à Québec. Percée des Soviétiques en Pologne et des Anglo-Américains en Italie. 6 juin : débarquement allié en Normandie. Août : les Allemands capitulent à Paris. ◇ Élection de M. Duplessis au Québec. Fondation d'Hydro-Québec.
	1945 *La Société ouverte et ses ennemis* de Popper. *Phénoménologie de la perception* de Merleau-Ponty. – Au Japon, la défaite militaire entraîne le rejet solennel et définitif de la divinité de l'empereur ; développement des « nouvelles religions ».	**1945** Avril : jonction soviéto-américaine sur l'Elbe ; exécution de Mussolini ; suicide d'Hitler. 8 mai : capitulation de l'Allemagne. Les Alliés découvrent les camps de concentration et d'extermination nazis. Juin : capitulation du Japon, après l'explosion de bombes atomiques sur Hiroshima et Nagasaki. Conférence de Yalta. Première réunion de l'Organisation des nations unies.
	1946 *L'existentialisme est un humanisme* de Sartre ; vogue de l'existentialisme dans le Paris de l'après-guerre.	**1946** France : De Gaulle démissionne du gouvernement provisoire. Début de la guerre d'Indochine. – La doctrine Truman consacre le rôle de leader mondial que veulent désormais jouer les États-Unis.

1946

SCIENCES – TECHNIQUES	LITTÉRATURES	ARTS – MUSIQUE	
1939 En France, fondation du C.N.R.S., Centre national de la recherche scientifique. Début de la publication des *Éléments de mathématiques* de Bourbaki. *La Nature de la liaison chimique* de Pauling. Invention de l'insecticide D.D.T.	**1939** *Les Raisins de la colère,* roman de Steinbeck : la crise économique des années 30 aux États-Unis ; le *Journal* d'André Gide (1889-1930) ; *l'Âge d'homme,* premier volume autobiographique de Michel Leiris (écrit entre 1930 et 1935) ; *Tropismes,* récit de Nathalie Sarraute : une approche psychologique des personnages qui annonce le « nouveau » roman.	**1939** Stravinski et Hindemith s'exilent aux États-Unis. *La Règle du jeu,* film de J. Renoir, prémonitoire de la guerre. *Autant en emporte le vent,* film de V. Fleming ; *l'Espoir,* d'A. Malraux.	1939
1940 Landsteiner isole le facteur rhésus.	**1940** *Le Désert des Tartares,* roman de D. Buzzati ; *la Puissance et la Gloire,* roman de Graham Greene ; *le Zéro et l'Infini,* roman en anglais de A. Koestler, évocation des procès de Moscou.	**1940** Bartok s'exile aux États-Unis. *Le Dictateur,* le premier film parlant de C. Chaplin ; *Citizen Kane* de O. Welles : une révolution esthétique dans le cinéma.	1940

SCIENCES – TECHNIQUES	LITTÉRATURES	ARTS – MUSIQUE	
1941 Mise au point de la pénicilline, essor des antibiotiques. Théorie de la suprafluidité de l'hélium (Landau).	**1941** Le groupe surréaliste à New York.		1941
1942 Fermi réalise la première réaction en chaîne contrôlée : première pile atomique. Premier prototype de la fusée allemande V2 (von Braun).	**1942** *La Famille de Pascual Duarte,* roman de l'Espagnol Camilo José Cela ; *l'Étranger,* roman de Camus, témoignage, comme le *Mythe de Sisyphe,* de sa philosophie de l'absurde ; *la Reine morte,* drame de Montherlant ; *Fictions,* recueil de contes de Borges ; *le Silence de la mer* de Vercors, évocation de la France occupée, paru clandestinement ; *le Parti pris des choses,* poèmes en prose de Francis Ponge.	**1942** *Broadway Boogie-Woogie* de Mondrian ; exposition des *Otages* de Fautrier. Messiaen, professeur d'harmonie au conservatoire de Paris : ses élèves, sous l'impulsion de Boulez, redécouvrent Webern. *Les Visiteurs du soir* de M. Carné ; *To Be or not To Be,* film de Lubitsch.	
1943 Aux États-Unis, les scientifiques s'engagent dans la guerre (programme Manhattan) : construction du centre de recherche atomique de Los Alamos, dirigé par Oppenheimer.	**1943** *Le Petit Prince,* récit symbolique et enfantin de Saint-Exupéry.	**1943** Le musée Guggenheim à New York, par F.L. Wright. *Le Corbeau,* film de Clouzot ; création à Paris de l'Institut des hautes études cinématographiques.	
1944 *Qu'est-ce que la vie ?* de Schrödinger. Mise au point du sérum antityphoïde. Prototype de l'Eniac, premier calculateur électronique puissant.	**1944** *Antigone,* drame d'Anouilh.	**1944** *Les Loisirs, hommage à David,* tableau de F. Léger ; lecture publique du *Désir attrapé par la queue,* de Picasso. *Technique de mon langage musical* de Messiaen.	
1945 L'emploi de l'arme atomique par les États-Unis met fin à la guerre avec le Japon. L'emploi de la transmission radio en modulation de fréquence se généralise. Découverte de la résonance magnétique nucléaire.	**1945** *Paroles,* recueil poétique de Prévert ; *Seuls demeurent,* poèmes de René Char ; premier numéro des *Temps modernes,* revue dirigée par Sartre, Raymond Aron et Merleau-Ponty ; *Huis-Clos,* pièce de Sartre (« l'enfer c'est les autres ») ; *le Cercle de craie caucasien* de Brecht : le théâtre de la « distanciation ». ◇ *Bonheur d'occasion* de l'écrivain canadien Gabrielle Roy.	**1945** Unité d'habitation à Marseille par Le Corbusier (1952). L'opéra *Peter Grimes* à Londres : le premier succès de Britten ; le premier disque microsillon aux États-Unis. *Rome ville ouverte,* film de Rosselini : le début du néo-réalisme italien ; *Ivan le Terrible,* film de Eisenstein.	
1946 Mise au point de la cortisone : progrès de l'endocrinologie. Début des ordinateurs performants, sur le modèle de l'Eniac (à tubes). Expériences nucléaires américaines dans le Pacifique.	**1946** Premier numéro de *Critique* revue dirigée par Georges Bataille ; *Monsieur le Président,* roman de l'écrivain guatémaltèque Miguel Angel Asturias (satire du tyran latino-américain).	**1946** Le pôle de la création artistique se déplace de l'Europe vers les États-Unis : premiers *drippings* de Pollock. Début de la reconstruction du Havre par A. Perret. **1946-1948** *Seize Sonates* et *Quatre Interludes* pour piano préparé de John Cage. *My Darling Clementine,* film de J. Ford.	1946

RELIGION – PHILOSOPHIE SCIENCES HUMAINES	HISTOIRE POLITIQUE

1947

1947 *Lettre sur l'humanisme,* où Heidegger se démarque de l'existentialisme français. *Éclipse de la raison* de Horkheimer. *La Dialectique de la raison (Dialectique des lumières)* d'Adorno et Horckheimer. *Sur la logique et la théorie de la science* de Cavaillès (posthume). *La Pesanteur et la Grâce* de Simone Weil (posthume). – Scission de l'empire britannique des Indes en deux États, l'Inde à majorité hindoue et le Pakistan musulman : importants transferts de population, début d'une guerre fratricide.

1947 Création de l'Inde et du Pakistan. Staline réorganise la IIIe Internationale et l'U. R. S. S. impose le régime communiste en Europe centrale. Début de la « guerre froide » avec les États-Unis. France : Auriol, président ; application du plan Marshall.

1948 Création du Conseil œcuménique des Églises. Création de l'État d'Israël : débat constitutionnel lié à l'aspect religieux de l'identité juive (le clergé rabbinique est chargé de l'état civil). Premier rapport Kinsey sur la sexualité.

1948 Déclaration universelle des droits de l'homme. Adoption de l'apartheid en Afrique du Sud. Proclamation de l'indépendance d'Israël et première guerre israélo-arabe ; émigration des Palestiniens dans des camps de réfugiés. Tchécoslovaquie : « Coup de Prague » (formation d'un gouvernement communiste). – Inde : assassinat de Gāndhi. ◊ Adoption du fleurdelisé comme drapeau du Québec.

1949 *De la dictature démocratique populaire* de Mao Zedong. *La Part maudite* de G. Bataille. *Le Personnalisme* de Mounier. *Philosophie de la nouvelle musique* d'Adorno. *Les Structures élémentaires de la parenté* par Lévi-Strauss, texte fondateur de l'anthropologie structurale. *Le Deuxième Sexe* par Simone de Beauvoir. *La Méditerranée et le monde méditerranéen à l'époque de Philippe II* par Braudel.

1949 Allemagne : fondation de la R. D. A. et de la R. F. A. Chine : proclamation de la république populaire. Création de l'Organisation du traité de l'Atlantique-Nord (O. T. A. N.). ◊ Terre-Neuve opte pour la Confédération canadienne.

1950 *À propos du marxisme en linguistique* de Staline (polémique, signée par Staline). *Psychanalyse et anthropologie* de Roheim.

1950 Inde : la constitution de l'Union indienne promulguée. Début de la guerre de Corée.

1950

1951

1951 *L'Activité rationaliste de la physique contemporaine* de Bachelard. *L'Homme révolté* de Camus. *Théorie du champ dans les sciences sociales* de Kurt Lewin.

1952 *Race et Histoire* de Lévi-Strauss. *Structure et fonction dans la société primitive* de Radcliffe-Brown.

1952 Élisabeth II, reine d'Angleterre.

1952

SCIENCES – TECHNIQUES

1947 Premier vol supersonique. Le microsillon : développement de l'industrie du disque.

1948 Gabor propose le principe de l'holographie. Naissance de la cybernétique. « Homéostat » d'Ashby. Premières images cinématographiques d'éruptions solaires. L'Organisation mondiale de la santé (O.M.S.) fait procéder à des pulvérisations massives de D.D.T. sur les zones de malaria. Premières explorations sous-marines du bathyscaphe de Piccard.

1949 Électrodynamique quantique (Feynmann). L'U. R. S. S. met au point sa bombe atomique. Invention de la stéréophonie.

v. 1950 Développement de la psychopharmacologie. Intensification des recherches sur le nucléaire civil.

1950 « Pompage optique » (Kastler), qui permettra la technique du laser. ◇ Le physiologiste canadien Hans Selye publie les travaux sur le stress.

LITTÉRATURES

1947 *L'Écume des jours,* roman de Boris Vian ; *Exercices de style* de Queneau, recherche systématique et burlesque sur le langage ; *la Peste* de Camus ; *les Bonnes,* pièce de Genet ; création du Festival d'Avignon par J. Vilar ; *Un tramway nommé désir* de Tennessee Williams.

1948 *Bourlinguer,* recueil de B. Cendrars ; *Vipère au poing,* roman de H. Bazin ; *l'Arrêt de mort,* récit de M. Blanchot : expérience limite de l'écriture ; *les Mains sales,* pièce de Sartre : la littérature engagée ; *Partage de midi,* pièce de Claudel ; *1984,* roman d'anticipation politique d'Orwell. ◇ *Les Plouffe* de l'écrivain québécois Roger Lemelin.

1949 *L'Aleph,* recueil de nouvelles de Borges (jusqu'en 1952) ; *Précis de décomposition,* essai en français du Roumain E.M. Cioran, d'inspiration nihiliste ; *le Deuxième Sexe* de S. de Beauvoir : la bible du féminisme (« on ne naît pas femme, on le devient ») ; *les Justes,* pièce de Camus, qui fait pendant aux *Mains sales* de Sartre.

1950 *La Cantatrice chauve,* comédie de Ionesco ; *la Terre promise,* recueil d'Ungaretti ; *Chant général* du poète chilien Pablo Neruda.

ARTS – MUSIQUE

1947 Début de l'art brut en France (Dubuffet) ; *l'Homme en marche,* sculpture de Giacometti. 1947

1948 Première exposition du groupe Cobra, à Paris ; les vitraux de la chapelle de Vence par Matisse. *Turangalila Symphonie* de Messiaen ; les premières œuvres de musique concrète (à partir de sons réels enregistrés) par Pierre Schaeffer et Pierre Henry. *Le Trésor de la sierra Madre,* film de Huston ; *Louisiana story* de Flaherty ; *le Voleur de bicyclette,* film néo-réaliste de V. de Sica.

1950 Première sculpture cinétique de N. Schöffer ; *les Constructeurs* tableau de F. Léger ; la chapelle de Ronchamp par Le Corbusier ; *Los Olvidados,* film de Bunuel ; *Rashomon,* de Kurosawa : la découverte du cinéma japonais en Europe (avec un film négligé au Japon) ; *Boulevard du Crépuscule,* film de Billy Wilder. ◇ Débuts du chansonnier québécois Félix Leclerc à Paris. 1950

SCIENCES – TECHNIQUES

1951 Aux États-Unis, mise en service de la première centrale nucléaire. Premières émissions publiques de télévision en couleur. Le Comet (Grande-Bretagne), premier avion de ligne à réaction.

1952 Aux États-Unis, fabrication de la bombe H (bombe à hydrogène) ; les grandes puissances se dotent peu à peu de cette nouvelle arme atomique. Fondation du Centre européen de recherche nucléaire (C. E. R. N.). Premières applications industrielles du titane.

LITTÉRATURES

1951 *Sur la route,* récit de l'Américain J. Kerouac : grande influence sur la jeunesse occidentale ; *le Rivage des Syrtes,* roman de Julien Gracq.

1952 *En attendant Godot,* farce métaphysique de Beckett ; *Dialogues des carmélites,* drame de Bernanos ; publication de *Jean Santeuil* de Proust ; *le Vieil Homme et la Mer,* récit de Hemingway, allégorie de la condition humaine.

ARTS – MUSIQUE

1951 *Le Christ de saint Jean de La Croix,* tableau de Dali. Mort de Schönberg ; Maria Callas chante pour la première fois à la Scala de Milan ; *The Rake's Progress* de Stravinski : retour à la tradition lyrique de l'opéra. *Le Journal d'un curé de campagne,* film de R. Bresson : un art de l'épure. 1951

1952 *Le Passage du commerce Saint-André,* tableau de Balthus ; *Tapisserie sur le thème de la liberté* de J. Lurçat ; *Les Footballeurs,* tableau de N. de Stael. *Structures* pour deux pianos de Boulez. *Chantons sous la pluie,* film de Stanley Donen avec Gene Kelly, sommet de la comédie musicale américaine ; *les Contes de la lune vague après la pluie,* film de Mizoguchi. 1952

RELIGION – PHILOSOPHIE SCIENCES HUMAINES

1953 *Investigations philosophiques* de Wittgenstein (posthume). ◇ *Histoire du Canada français depuis la découverte,* de Lionel Groulx.

1954 *Où va le travail humain ?* de Georges Friedmann.

1955 Début de la publication (posthume) des *Œuvres* de Teilhard de Chardin, suspect de son vivant à la hiérarchie catholique. *Éros et Civilisation* de Marcuse. *Tristes Tropiques* de Lévi-Strauss.

1956 *La Question de l'être* de Heidegger. *De l'expérience historique de la dictature du prolétariat* par Mao Zedong.

1957 *Structures syntaxiques* de Chomsky. *Mythologies* de Barthes. *L'Érotisme* de G. Bataille.

1958 *Anthropologie structurale* de Lévi-Strauss. *L'Ère de l'opulence* de Galbraith.

1959 *Positivisme logique* d'Ayer.

1960 *Critique de la raison dialectique I* de Sartre. *Éléments de linguistique générale* de A. Martinet.

v. 1960 Début du mouvement charismatique, aux États-Unis ; dans les pays riches, les Églises se heurtent à la sécularisation : tendances à une vie spirituelle moins institutionnalisée, plus intense.

HISTOIRE POLITIQUE

1953 Armistice en Corée : le pays scindé en deux. États-Unis : Eisenhower, président. U. R. S. S. : mort de Staline.

1954 Égypte : Nasser prend le pouvoir ; il s'affirme comme le leader du monde arabe. – Début de la guerre en Algérie. Défaite française à Diên Biên Phû au Viêt-nam ; accords de Genève : fin de la guerre d'Indochine. ◇ Québec : création de l'impôt sur le revenu.

1955 Conférence de Bandung : les pays du tiers monde condamnent le colonialisme. Signature du pacte de Varsovie.

1956 U. R. S. S. : rapport Khrouchtchev, dénonçant les méfaits du stalinisme. Soulèvement réprimé par les troupes soviétiques à Budapest. Deuxième guerre israélo-arabe.

1957 Traité de Rome : naissance de la Communauté économique européenne (C. E. E.).

1958 Insurrection à Alger. France : Constitution de la Ve République ; de Gaulle élu président.

1959 Cuba : Fidel Castro prend le pouvoir. ◇ Canada : inauguration de la voie maritime du Saint-Laurent.

1960 Création de l'Organisation des pays exportateurs de pétrole (O. P. E. P.). Indépendance des colonies françaises d'Afrique. – États-Unis : Kennedy, président. ◇ Canada : victoire des libéraux de J. Lesage aux élections provinciales. Début de la Révolution tranquille au Québec : intervention du gouvernement dans l'économie et les affaires sociales.

SCIENCES – TECHNIQUES

1953 Expérience historique sur les origines de la vie : simulation de l'atmosphère primitive de la terre, qui « produit » des composés organiques. Découverte de la structure de l'A.D.N. en hélice par Watson et Crick ; essor de la biologie moléculaire et des recherches sur le code génétique.

1954 Début des liaisons aériennes transatlantiques régulières. Vaccin antipoliomyélitique.

1955 Première analyse structurale d'une protéine : la myoglobine.

1956 Mise au point de la pilule contraceptive. Premières centrales nucléaires en France (Marcoule) et en Grande-Bretagne.

1957 Explication de la supraconductivité, dernier problème fondamental en physique des solides. Les Soviétiques lancent Spoutnik I, premier satellite artificiel de la terre.

1959 Deuxième génération d'ordinateurs (transistors). Photos de la face cachée de la lune par le satellite soviétique Lunik. Première greffe du rein.

1960 Invention du laser ; les applications prévisibles (industrie, médecine, armée) sont considérables. Découverte des quasars.

LITTÉRATURES

1953 *Bonjour tristesse,* premier roman à succès de Françoise Sagan ; *les Gommes,* roman de Robbe-Grillet : premier « nouveau roman » ; *Du mouvement et de l'immobilité de Douve,* recueil poétique de Y. Bonnefoy ; *le Degré zéro de l'écriture,* essai de R. Barthes : naissance de la « nouvelle critique » ; *les Mémoires d'Hadrien,* roman de Marguerite Yourcenar. *Casino royal* de Ian Fleming : naissance du personnage de James Bond.

1954 *Sa Majesté-des-Mouches,* roman de William Golding ; *Contre Sainte-Beuve,* essai critique et fragments (posthumes) de Marcel Proust.

1955 *Memed le Mince,* roman de Yachar Kemal, épopée moderne qui tient de la chanson de geste et du récit prolétarien ; *le Mépris,* roman d'A. Moravia.

1956 *L'Ère du soupçon,* essai de Nathalie Sarraute sur le « nouveau roman » ; *la Chute,* roman de Camus ; *l'Emploi du temps* de M. Butor.

1957 *La Modification* de M. Butor ; *La Jalousie* de Robbe-Grillet ; *le Quatuor d'Alexandrie* de Lawrence Durrell (jusqu'en 1960) ; *le Docteur Jivago* de B. Pasternak ; *Amers,* poèmes de Saint-John Perse ; édition du *Bleu du ciel,* roman de G. Bataille et de *la Littérature et le Mal,* essai.

1958 *Amédée ou comment s'en débarrasser,* pièce de Ionesco ; *Lolita,* roman américain de Nabokov. ◊ *Les Chambres de bois* d'Anne Hébert.

1959 *Zazie dans le métro,* récit de Queneau ; *le Tambour,* roman de Günter Grass.

1960 *La Route des Flandres,* roman de Claude Simon ; création de la revue *Tel quel* dirigée par Philippe Sollers, « laboratoire » de l'avant-garde littéraire et de la « nouvelle critique » ; *le Rhinocéros,* pièce de Ionesco.

ARTS – MUSIQUE

1953 *La Tristesse du roi,* collage 1953
de Matisse ; peinture murale de Diego Rivera pour la cité universitaire de Mexico. *Punkte* pour dix instruments de Stockhausen : la musique électronique. *La Nuit des forains,* film de I. Bergman ; *les Vacances de M. Hulot,* film de Tati.

1954 Rauschenberg et D. Hockney, initiateurs du pop'art. *Le Marteau sans maître* de Boulez, texte de René Char, pour orchestre et voix. *Une étoile est née,* film de Cukor ; *Sur les quais,* film de E. Kazan ; *Johnny Guitar,* film de N. Ray ; *les Sept Samouraïs,* film de Kurosawa ; *la Strada,* film de Fellini.

1955 Le guitariste américain Chuck Berry lance le « rock and roll ». *Le Mystère Picasso,* film de Clouzot.

1956 Exposition du pop'art à Londres ; *peinture 1956* de Soulages ; plans de l'architecte Niemeyer pour Brasilia. La musique électro-acoustique. *Le Septième Sceau,* film de Bergman.

1957 *Monochrome bleu* de Y. Klein. *Le Dialogue des carmélites,* opéra de Poulenc (texte de Bernanos) à la Scala de Milan. *Kanal,* film du Polonais Wajda.

1958 *Hommage à Joyce,* composition pour la voix de Berio. *Le Beau Serge* de C. Chabrol, le premier film de la « nouvelle vague » ; *la Mort aux trousses,* film de Hitchcock.

1959 Épanouissement du « style international » en architecture. Premier *Catalogue d'oiseaux,* pour piano de Messiaen. *Certains l'aiment chaud,* comédie filmée de Wilder ; *Hiroshima mon amour,* film de Resnais et Duras ; *les Quatre Cents Coups,* film de Truffaut ; *le Testament d'Orphée* de Cocteau.

1960 Le « nouveau réalisme » en France (utilisation d'objets industriels) ; *Compressions* de César ; peintures abstraites de grand format aux États-Unis. *Thrène aux victimes d'Hiroshima* de Penderecki ; *Intolleranza,* opéra de Luigi Nono où il dénonce l'antisémitisme. *L'Avventura* d'Antonioni, film sur le silence et l'incommunicabilité ; *Psychose,* film de Hitchcock ; *À bout de souffle,* film de Godard : évolution de la
notion de montage. 1960

RELIGION – PHILOSOPHIE SCIENCES HUMAINES

xxe siècle

1961 **1961** *Introduction à l'éthnologie* de Kardiner. *Histoire de la folie à l'âge classique* de Michel Foucault.

1962 *La Pensée sauvage* de Lévi-Strauss. *La Galaxie Gutenberg* de Mac Luhan. *Capitalisme et liberté* de Friedman. *Les Damnés de la terre* de Franz Fanon. *Totalité et Infini* de Levinas. *Le Langage de la perception* et *Quand dire c'est faire* d'Austin (posthume).

1963 *Théorie et Pratique* de Habermas. *Essais de linguistique générale* de Jakobson.

1964 *L'Homme unidimensionnel* de Marcuse.

1965 Diffusion du *Petit Livre rouge* de Mao Zedong. *Lire « le Capital »,* sous la direction d'Althusser (sur Marx). *De l'interprétation* de Ricœur (sur Freud). *Le Geste et la Parole* par Leroi-Gourhan. *Aspects de la théorie syntaxique* de Chomsky. *Éléments de sémiologie* de Barthes.

1966 *Écrits* de Lacan. *Dialectique négative* d'Adorno. *Les Mots et les Choses* de Foucault.

1967 *De la grammatologie* de Derrida. *Le Nouvel État industriel* de Galbraith.

1968 *Mythe et Épopée* de Dumézil. *Connaissance et Intérêt* de Habermas. Mouvements étudiants en France (mai 68) et dans le monde ; effervescence intellectuelle, sensible aux idéologies révolutionnaires.

1969 *Différence et répétition* de Gilles Deleuze. *L'Archéologie du savoir* de Foucault. – En Irlande, début des troubles violents entre catholiques et protestants.

1970 *La Logique du vivant* de F. Jacob. *Le Hasard et la Nécessité* de J. Monod.

v. 1970 Théologies de la libération en Amérique latine (aujourd'hui catholique à 88 %, la plus forte part du catholicisme mondial) ; développement de l'intégrisme catholique en Europe (refus de la nouvelle liturgie romaine). Essor de l'antipsychiatrie en Angleterre. Développement des sciences cognitives et de
1970 l'intelligence artificielle aux États-Unis.

HISTOIRE POLITIQUE

1961 Renforcement de l'aide américaine au Viêt-nam du Sud. Allemagne : construction du mur de Berlin. ◊ Québec : création de l'assurance-hospitalisation.

1962 Accords d'Évian : indépendance de l'Algérie. – Tension entre les États-Unis et l'U. R. S. S. : démantèlement de bases de fusées installées à Cuba.

1963 États-Unis : assassinat de Kennedy ; Johnson, président. ◊ Québec : nationalisation de compagnies d'hydroélectricité.

1964 U. R. S. S. : Destitution de Khrouchtchev ; Brejnev et Kossyguine à la tête du parti et du gouvernement. – Création de l'Organisation de libération de la Palestine (O. L. P.).

1965 France : de Gaulle réélu président. ◊ Canada : adoption du drapeau canadien.

1966 Chine : début de la « révolution culturelle ». Inde : Indira Gāndhi, Premier ministre.

1967 Troisième guerre israélo-arabe (dite des « Six Jours ») ; l'O. N. U. réclame le retrait des forces israéliennes. ◊ Visite du général de Gaulle au Québec (« Vive le Québec libre »).

1968 Tchécoslovaquie : « Printemps de Prague » (tentative de libéralisation) et intervention des forces du pacte de Varsovie. – États-Unis : Nixon, président. – Mouvements étudiants de « mai 68 » à Paris. ◊ Québec : fondation du mouvement Souveraineté-Association par René Lévesque.

1969 Irlande : début de la guerre civile. France : de Gaulle se retire ; Pompidou, président. R. F. A. : Brandt, chancelier. Libye : Kadhafi prend le pouvoir.

1970 Élection de Robert Bourassa au Québec. Enlèvement d'un diplomate et mort d'un ministre aux mains du Front de libération du Québec (F.L.Q.). Loi des mesures de guerre.

xxe siècle

1971

1971 Dévaluation et non-réversibilité du dollar : faute d'étalon de change, le système monétaire mondial est désorganisé. – Pakistan : création d'un Bangladesh indépendant. Québec : annonce du projet de la Baie James.

1972 États-Unis : réélection de Nixon.

1972

SCIENCES – TECHNIQUES / LITTÉRATURES / ARTS – MUSIQUE

de 1961 à 1970

SCIENCES – TECHNIQUES

1961 Le Soviétique Gagarine est le premier homme dans l'espace. Dans le contexte de guerre froide, Eisenhower souligne l'importance du « complexe militaro-industriel » dans les pays riches, notamment pour la recherche.

1965 Découverte du rayonnement thermique universel. Programme américain Apollo d'exploration de l'espace. Troisième génération d'ordinateurs (circuits intégrés).

1967 Au Cap (Afrique du Sud), première transplantation cardiaque. Programme soviétique Soyouz d'exploration de l'espace.

1969 *L'Agression, une histoire naturelle du mal* de Konrad Lorenz. L'Américain Neil Armstrong est le premier homme à poser le pied sur la lune (21 juillet, mission Apollo XI).
v. 1970 Développement des sciences cognitives et de l'intelligence artificielle.

LITTÉRATURES

1961 *Le Gardien,* pièce de l'Anglais Harold Pinter.

1962 *La Mort d'Artemio Cruz,* roman de l'écrivain mexicain Carlos Fuentes, succession de monologues et de retours en arrière ; *Une journée d'Ivan Denissovitch* de Soljenitsyne, nouvelle sur un camp stalinien ; l'*Inquisitoire* de Pinget.

1963 *Le Procès-verbal,* premier roman de Le Clézio ; *Oh ! les beaux jours,* pièce de S. Beckett ; *le Marin rejeté par la mer,* roman de Mishima Yukio ; *Pour un nouveau roman,* essai de Robbe-Grillet.
1964 *Les Mots,* récit autobiographique de Sartre ; *le Ravissement de Lol V. Stein,* roman de M. Duras.

1965 *Quelqu'un,* récit de Pinget : recherches sur le langage proches de celles de Beckett.

1966 *Le Polygone étoilé* de l'écrivain algérien Kateb Yacine.

1967 *Vendredi ou les Limbes du Pacifique,* roman de M. Tournier ; *Cent ans de solitude,* roman du Colombien Garcia Marquez. *La Plaisanterie,* du Tchèque M. Kundera.
1968 *Belle du Seigneur,* roman d'Albert Cohen.

1969 Samuel Beckett prix Nobel de littérature.

1970 *L'Angoisse du gardien de but au moment du penalty* de Peter Handke. ◇ *L'homme rapaillé* du poète québécois Gaston Miron.

ARTS – MUSIQUE

1961 *Viridiana,* film de Bunuel ; les *Misfits,* film de Huston ; *l'Année dernière à Marienbad,* film de Resnais et Robbe-Grillet. 1961
1962 Les premiers disques des Beatles et des Rolling Stones ; la « pop'music ». *Huit et demi,* film de Fellini. ◇ Gilles Vigneault provoque un renouveau de la chanson québécoise.

1963 *Whoam,* tableau de Lichtenstein, inspiré de la bande dessinée. *The Servant,* film de Losey ; *les Oiseaux,* film de Hitchcock.

1964 *Marilyn* par A. Warhol, le procédé de la sérigraphie dans la peinture ; *Nanas,* sculptures de N. de Saint-Phalle ; plafond de l'Opéra de Paris par Chagall.
1965 *Les Amours d'une blonde,* film de M. Forman, le réalisme tchèque au cinéma.

1966 Premier Festival d'art nègre à Dakar. *Terretektohr* pour 88 musiciens éparpillés dans le public, de Xenakis. *Blow up,* film d'Antonioni ; *Andrei Roublev,* film de Tarkovski.
1967 Land Art (art dans la nature) aux États-Unis.

1968 *2001, Odyssée de l'espace,* film de S. Kubrick ; *Rosemary's Baby,* film de R. Polanski, le fantastique quotidien.

1969 Festival de pop'music à Woodstock (U.S.A.).

1970 Début de l'hyperréalisme aux États-Unis. *M.A.S.H.,* film de Robert Altman ; fin de la série des *Contes moraux,* films de Rohmer.

1970

de 1971 à 1980

SCIENCES – TECHNIQUES

1971 Quatrième génération d'ordinateurs : micro-informatique, bureautique ; dans les pays industrialisés, la part du secteur tertiaire atteint ou dépasse 50 % de la population active.

LITTÉRATURES

1971 *L'Idiot de la famille,* essai de Sartre sur Flaubert ; *Portrait de groupe avec dame* d'Heinrich Böll.

ARTS – MUSIQUE

1971 *Mort à Venise,* film de Visconti. 1971

1972 Dernier autoportrait de Picasso. *Cris et chuchotements,* film de Bergman ; *Roma,* film de Fellini. 1972

RELIGION – PHILOSOPHIE SCIENCES HUMAINES

1973 **1973** *Croissance zéro* d'Alfred Sauvy. *Les Racines de la référence* de Quine.

1976-1983 *Histoire des croyances et des idées religieuses,* somme des travaux de Mircea Eliade sur le sacré.

1978 Élection de Jean-Paul II, premier pape polonais de l'histoire.

1979 Succès de la révolution islamique en Iran, encouragement aux mouvements chiites dans le monde, et à l'intégrisme musulman (particulièrement en Afrique du Nord).

HISTOIRE POLITIQUE

1973 Troisième guerre israélo-arabe (dite du « Kippour »). Premier « choc pétrolier » : les prix quadruplent, entraînant une crise économique dans les pays consommateurs. Le Danemark, l'Irlande et le Royaume-Uni entrent dans la C. E. E. (Europe des Neuf).

1974 États-Unis : affaire du « Watergate » provoquant la démission de Nixon. – Famine au Sahel. Éthiopie : révolution et chute de Hailé Sélassié Ier. Portugal : « révolution des Œillets », fin de la dictature. Québec : adoption de la loi des langues officielles (loi 22).

1975 Forte montée du chômage dans le monde occidental. L'Espagne se retire du Sahara ; mort de Franco ; Juan Carlos, roi. Accord d'Helsinki sur la sécurité en Europe. – Victoire des Khmers rouges au Cambodge. Viêt-nam : chute des Sud-Vietnamiens à Saigon ; le pays, réunifié, devient une république socialiste. – Début du cycle de la sécheresse au Sahel.

1976 Chine : mort de Mao ; arrestation de la « Bande des quatre » ; rappel de Deng Xiaoping. – Début de la guerre civile au Liban. ◇ Au Québec, le parti souverainiste de René Lévesque est porté au pouvoir.

1977 Le XIe congrès du P.C. chinois décide la fin de la « révolution culturelle ». – Le Cambodge est à demi détruit par les Khmers rouges (massacres).

1978 L'armée vietnamienne occupe le Cambodge ; début de l'exode des « boat-people ». – Grande famine dans le nord-est du Brésil. Attentats en Allemagne (Fraction armée rouge) et en Italie (Brigades rouges).

1979 Accords de paix à Camp David entre Sadate et Begin ; Israël se retire du Sinaï. – Révolution islamique en Iran : chute du Shah ; l'imām Khomeiny au pouvoir. – Les troupes soviétiques envahissent l'Afghanistan. – Guerre Civile au Tchad : intervention de la France et de la Lybie. – Nicaragua : un gouvernement socialiste proche de Cuba (sandiniste) prend le pouvoir ; les États-Unis financent l'opposition armée (les « contras »). Première élection d'un parlement européen au suffrage universel. – Grande-Bretagne : Mme Thatcher, Premier ministre.

1979-1980 Second « choc pétrolier » (nouvelle hausse des prix) : la dépendance de l'économie mondiale envers le dollar s'accentue.

1980 Pologne : mouvement de protestation ouvrière ; création du syndicat indépendant « Solidarité ». – Début de la guerre entre l'Iran et l'Irak. Afrique : aggravation des problèmes alimentaires du continent, frappé par la sécheresse, la désertification ainsi que par de nombreux conflits. – Inde : réélection d'Indira Gāndhi. – États-Unis : Reagan, président. ◇ Par référendum, les Québécois s'opposent à la négociation de la Souveraineté-Association.

1980

xxe siècle

1981 **1981** *Théorie de l'agir communicationnel* de Habermas. – Le catholicisme apparaît comme une force de résistance en Pologne.

1983-1985 *Temps et Récit* de Ricœur.

1984 Révolte des Sikhs en Inde (assassinat d'Indira Gandhi). Retour des Falachas (Juifs éthiopiens) en Israël.

1981 Pologne : proclamation de l'« état de guerre » ; Jaruzelski, chef du gouvernement. – Égypte : assassinat de Sadate. La Grèce entre dans la C. E. E. (Europe des dix). France : Mitterrand, président socialiste (nationalisations, loi sur la décentralisation, suppression de la peine de mort).

1982 Guerre des Malouines, entre l'Argentine et la Grande-Bretagne. Liban : guerre entre chiites et Palestiniens ; intervention militaire d'Israël ; l'O. L. P. se retire à Tunis. ◇ Sans l'accord du Québec, le gouvernement canadien décide de rapatrier la Constitution Canadienne, jusque-là, loi du Parlement britannique.

1983 Grande-Bretagne : réélection de Mme Thatcher. Attentats de chiites contre les troupes de l'O. N. U. au Liban.

1984 Inde : agitation autonomiste ; assassinat d'Indira Gāndhi à laquelle succède son fils Rajiv Gāndhi. – Sécheresse en Afrique (secours humanitaire à l'Éthiopie).

1985 U. R. S. S. : Gorbatchev, secrétaire général du Parti communiste, inaugure une politique de libéralisation relative. Tunisie : le quartier-général de l'O. L. P. bombardé par les Israéliens. Mouvements anti-apartheid sans précédent en Afrique du Sud.

1985

1973

SCIENCES – TECHNIQUES

1973 Surrégénérateur Phénix en France. Début de l'envoi de sondes vers les planètes du système solaire : Mars, puis Jupiter et Vénus.

1975 Aux États-Unis, première bombe à neutrons. Arrimage dans l'espace des stations orbitales Soyouz et Apollo.

1975-1982 Expériences décisives à Orsay (France) : en conformité avec la mécanique quantique, elles prouvent la « non-séparabilité » de la matière, contre Einstein (qui formula le paradoxe E.P.R. en 1935 pour montrer les insuffisances de la théorie des quanta) et l'intuition classique de l'espace. Les physiciens cherchent un moyen d'unifier les théories.

1979 Lancement de la fusée européenne Ariane.

1980 Éradication mondiale de la variole (programme de l'O.M.S.).

LITTÉRATURES

1973 *Perpétue* de Mongo Beti ; *la Ville de pierre* d'I. Kadaré.

1974 *Concert baroque* d'Alejo Carpentier.

1975 *La Vie devant soi* d'Émile Ajar (alias Romain Gary, on le saura plus tard).

1976 *Le Livre des ressemblances* de Jabès.

1977 *Mars* de Fritz Zorn.

1979 *À la courbe du fleuve* de Naipaul.

1980 *Désert* de Le Clézio.

ARTS – MUSIQUE

1973 *Concerto pour deux pianos* de Berio.

1975 *Mare nostrum* de Kagel.

1976 *Notte tempo,* drame lyrique de Bussoti. *Dersou Ouzala,* film de Kurosawa.

1977 Ouverture du Centre Pompidou à Paris. *Annie Hall,* film de Woody Allen.

1978 *Voyage à Tokyo,* film d'Ozu.

1979 *Apocalypse now,* film de Coppola dénonçant la guerre du Viêtnam.

1980

1981

1981 Lancement de la navette spatiale américaine.

1983 Nouvelles techniques d'enregistrement du son et de l'information (disque laser). Le président Reagan lance le programme I.D.S. (Initiative de défense stratégique) qui mobilise les chercheurs américains.

1981 *Le Matou* du romancier québécois Yves Beauchemin.

1982 *Les Fous de Bassan* de la romancière québécoise Anne Hébert.

1984 *L'Amant* de Marguerite Duras.

1985 Claude Simon, prix Nobel de littérature.

1981 Début de la « figuration libre » dans l'art français. *Donnerstag,* première journée de *Licht,* opéra de Stockhausen en sept journées de trois heures, ce projet devant s'achever à la fin du siècle ; *le Grand Macabre,* opéra de Ligeti, fait scandale à Paris ; première version de *Répons* de Boulez.

1985

1986

RELIGION – PHILOSOPHIE SCIENCES HUMAINES

1989 « Affaire Rushdie » : l'imam Khomeini appelle les musulmans à tuer l'écrivain S. Rushdie, auteur des *Versets sataniques* qu'il considère comme un outrage à la religion musulmane. – Le 14e dalaï-lama, Bstan-'dzin-rgya-mtsho, prix Nobel de la paix.

1990 Rome publie le premier code de droit canon pour les Églises de rite oriental. – Mouvement de panique dans un tunnel lors du pèlerinage de La Mecque (1 400 morts). – Nombreuses profanations de cimetières juifs (France, Canada, Roumanie, Israël, Pologne, Italie, Berlin).

1991 Arrestation des principaux dirigeants du F.I.S. (Front islamique du salut) en Algérie. – Mort de Mgr Marcel Lefebvre.

1992 Dissolution du F.I.S. en Algérie.

HISTOIRE POLITIQUE

1986 France : Jacques Chirac, Premier ministre ; début de la « cohabitation ». La guerre Iran-Irak s'étend au Golfe : les Occidentaux interviennent pour protéger le trafic pétrolier. L'Espagne et le Portugal dans la C.E.E.

1987 Crise boursière et financière internationale, chute du dollar. Traité de désarmement nucléaire entre Reagan et Gorbatchev, portant sur les missiles intermédiaires.

1988 France : réélection de Mitterrand ; Rocard, Premier ministre. – U.R.S.S. : agitation nationale en Arménie et dans les pays baltes. – Émeutes en Algérie, violemment réprimées. – Accord Libye-Tchad. – Fin de la guerre Somalie-Éthiopie. – Accord sur la Namibie entre l'Afrique du Sud et l'O.N.U. – Fin de la guerre Iran-Irak.

1989 Nouvelle-Calédonie : assassinat de leaders indépendantistes kanaks. – États-Unis : G. Bush, 41e président. – Bouleversements dans l'Europe orientale « socialiste » : soulèvements nationaux en U.R.S.S. ; un Premier ministre non communiste en Pologne ; démantèlement du rideau de fer en Hongrie et en Tchécoslovaquie (dont l'ex-dissident Vaclav Havel devient président de la République) ; ouverture du mur de Berlin ; promesse d'élections libres en Bulgarie ; révolution en Roumanie : chute de Ceauşescu, qui est exécuté, et du régime. – Afghanistan : retrait des troupes soviétiques. – Y. 'Arafāt déclare la charte de l'O.L.P. *« caduque »*. – Chine : répression sanglante du « Printemps de Pékin ». – Intervention américaine au Panama pour arrêter le général Noriega (accusé de trafic de drogue). – Paraguay : fin de la dictature militaire du général Stroessner (depuis 1954).

1990 C.E.E. : accords de Schengen sur la libre circulation des personnes et des capitaux. – Royaume-Uni : démission de M. Thatcher. – Allemagne : union économique, monétaire et sociale de la R.F.A. et de la R.D.A. ; traité germano-polonais sur la frontière Oder-Neisse. – U.R.S.S. : déclaration d'indépendance des pays baltes et de souveraineté de la plupart des autres républiques ; instauration d'un régime présidentiel ; loi restaurant la liberté de conscience et de religion. – Accords de désarmement (O.T.A.N./U.R.S.S. sur l'armement conventionnel, États-Unis/U.R.S.S. de désarmement chimique). – Retour du régime civil en Haïti, au Chili, au Bangladesh. – Afrique du Sud : libération de N. Mandela, fin de l'état d'urgence, reconnaissance des partis opposés à l'apartheid. Affrontements interethniques. – Mouvements de démocratisation en Afrique (multipartisme dans plusieurs pays). – Unification du Yémen. – Tremblement de terre en Iran. – Invasion du Koweït par l'Irak : mobilisation internationale, envoi de troupes (surtout occidentales) en Arabie Saoudite.

1991 Guerre du Golfe : l'Irak est contraint de se retirer du Koweït et de démanteler ses équipements nucléaires. – Cessez-le feu en Angola et au Sahara occidental. – Coups d'État militaires en Thaïlande et au Mali. – Assassinat de R. Gandhi. – Albanie : gouvernement d'union nationale. – France : démission de M. Rocard, remplacé par É. Cresson. – Création de la B.E.R.D. (Banque européenne pour la reconstruction et le développement) pour aider l'Europe de l'Est. – Guerre civile en Yougoslavie. – Dissolution du COMECON et du Pacte de Varsovie. – Dislocation de l'U.R.S.S., création de la C.E.I. (Communauté des États indépendants). – Maroc : libération du plus ancien prisonnier politique. – Conférence de Madrid sur le Proche-Orient. – Sommet européen de Maastricht.

1992 Algérie : démission du président Chadli ; annulation des élections législatives qui auraient amené les islamistes au pouvoir.

1992

SCIENCES – TECHNIQUES	LITTÉRATURES	ARTS – MUSIQUE	
	1986 Wole Soyinka, prix Nobel de littérature.	**1986** *Anahata,* œuvre électro-acoustique avec instruments de Jean-Claude Éloy. *Le Sacrifice,* dernier film de Tarkovski.	1986
		1987 Inauguration du musée d'Orsay à Paris.	
1988 Premier vol de la navette *Discovery.*	**1988** *Autour des sept collines* de J. Gracq. – *L'Exposition coloniale* d'Érik Orsenna.	**1988** *Tu ne tueras point* du Polonais K. Kieślowski ; *la Dernière Tentation du Christ,* film de M. Scorsese, se voit retiré de l'affiche sous les menaces des catholiques intégristes.	
1989 Inauguration du TGV-Atlantique.	**1989** *Une prière pour Owen* de J. Irving. – *C'est moi qui souligne* de Nina Berberova.	**1989** Paris : inauguration de l'Opéra de la Bastille et de la Grande Arche de la Défense, à l'occasion du bicentenaire de la Révolution. – Mort de Salvador Dalí. – *Les Liaisons dangereuses,* film de S. Frears ; *le Temps des gitans* de E. Kusturica.	
1990 La navette spatiale américaine *Discovery* place en orbite un télescope *(Hubble).* – États-Unis : autorisation de la première thérapie génique. – Programme international de recherche sur le génome humain. – 137 pays s'engagent à réduire leurs émissions de gaz polluants afin de freiner le réchauffement de la Terre par effet de serre. – Programme de sauvegarde de la forêt européenne.	**1990** Une campagne internationale est lancée pour la reconstruction de la bibliothèque d'Alexandrie. – Sartre entre au répertoire de la Comédie-Française. – Soljenitsyne retrouve la nationalité soviétique. – Sade est publié dans la Pléiade. – Le *Proust* de Beckett traduit en français. – *Le Concert* de I. Kadaré. – O. Paz, prix Nobel de littérature.	**1990** Première production lyrique de l'Opéra-Bastille : la version intégrale des *Troyens* de H. Berlioz. – Exposition aux Pays-Bas célébrant le centenaire de la naissance de Van Gogh. – Exposition Vélasquez au Prado. – Prix record pour des tableaux impressionnistes (Renoir, Van Gogh). – Plus de disques laser vendus que de disques vinyle. – *Sailor et Lula,* film de D. Lynch ; *Cyrano de Bergerac* de J.-P. Rappeneau (avec G. Depardieu). – Mouvement de censure aux États-Unis contre des expositions artistiques.	
1991 P.G. de Gennes, prix Nobel de physique, pour ses travaux, sur les supra-conducteurs, les cristaux liquides et les polymères. – L'O.M.S. estime que 5 000 personnes sont contaminées chaque jour par le virus du sida.	**1991** N. Gordimer, prix Nobel de littérature. – Mort de G. Greene, de Vercors, d'I.B. Singer. – *La Tragédie du roi Christophe,* d'Aimé Césaire à la Comédie-Française.	**1991** Mort de S. Gainsbourg, Y. Montand, M. Davis, C. Arrau. – *Van Gogh,* film de M. Pialat ; *Tous les matins du monde,* d'A. Corneau ; *Urga,* de N. Mikhalkov ; *Danse avec les loups,* de K. Costner. – Rétrospective Max Ernst au Centre Pompidou. Exposition Giacometti au Musée d'Art moderne de la Ville de Paris. – Inauguration du nouveau Jeu de Paume avec une exposition Dubuffet.	
			1992

ANNEXE À LA CHRONOLOGIE

GOUVERNEURS, INTENDANTS, PREMIERS MINISTRES ÉVÊQUES ET CANONISÉS du CANADA et du QUÉBEC

GOUVERNEURS DE LA NOUVELLE-FRANCE

1612-1629	Samuel de Champlain
1633-1635	Samuel de Champlain (lieutenant-général)
1636-1648	Charles Jacques de Huault de Montmagny
1648-1651	Louis d'Ailleboust, sieur de Coulonge
1651-1657	Jean de Lauzon
1658-1661	Pierre de Voyer, vicomte d'Argenson
1661-1663	Pierre Dubois, baron d'Avougour
1663-1665	Augustin de Saffray, sieur de Mézy
1665-1672	Daniel de Rémy, sieur de Courcelles
1672-1682	Louis de Buade, comte de Frontenac
1682-1685	Joseph-Antoine Lefèbvre de La Barre
1685-1689	J.-R. de Brisay, marquis de Denonville
1689-1698	Louis de Buade, comte de Frontenac
1699-1703	Louis-Hector, chevalier de Callières
1703-1725	Philippe de Rigaud, marquis de Vaudreuil
1726-1747	Charles de Boische, marquis de Beauharnois
1748-1749	Roland-M. Barrin, comte de La Galissonnière
1749-1752	J.-P. de Taffanel, marquis de la Jonquière
1752-1755	Ange Duquesne, marquis de Menneville
1755-1760	P. de Rigaud, marquis de Vaudreuil-Cavagnial

INTENDANTS DE LA NOUVELLE-FRANCE

1665-1668	Jean Talon
1668-1670	Claude de Bouteroue
1670-1672	Jean Talon
1675-1682	Jacques Duchesneau
1682-1686	Jacques de Meulles
1686-1702	Jean Bochart de Champigny
1702-1705	François de Boische de Beauharnois
1705-1710	Jacques Raudot et Antoine-Denis Raudot
1710-1726	Michel Bégon
1726-1728	Claude-Thomas Dupuy
1729-1748	Gilles Hoquart
1748-1760	François Bigot

GOUVERNEURS DE QUÉBEC AVANT LA CONFÉDÉRATION

1763-1768	James Murray
1768-1778	Guy Carleton
1778-1784	Frederick Haldimand
1786-1796	Guy Carleton (lord Dorchester)
1797-1807	Robert Prescott
1807-1811	James Henry Craig

1811-1815	George Prevost
1816-1818	John Coape Sherbrooke
1818-1819	Duc de Richmond
1820-1828	Marquis de Dalhousie
1831-1835	Comte de Withworth
1835-1838	Comte de Gosford
1838	Comte de Durham
1838-1839	John Colborne (lord Seaton)
1839-1841	Charles Poulett Thomson (lord Sydenham)
1842-1843	Charles Bagot
1843-1845	Charles Theophilus Metcalfe
1846-1847	Comte de Cathcart
1847-1854	Comte d'Elgin
1854-1861	Edmund Walker Head
1861-1867	Vicomte Monck

GOUVERNEURS GÉNÉRAUX DU CANADA

1867	Vicomte Monck
1869	Baron Lisgar
1872	Comte de Dufferin
1878	Marquis de Lorne
1883	Marquis de Lansdowne
1888	Baron Stanley de Preston
1893	Comte d'Aberdeen
1898	Comte de Minto
1904	Comte Grey
1911	Duc de Connaught
1916	Duc de Devonshire
1921	Baron Byng de Vimy
1926	Vicomte Willingdon
1931	Comte de Bessborough
1935	Baron Tweedsmuir
1940	Comte d'Athlone
1946	Vicomte Alexander de Tunis
1952	Vincent Massey
1959	Georges-P. Vanier
1967	Roland Michener
1973	Jules Léger
1979	Edward R. Schreyer
1983	Jeanne Sauvé
1990	Ray Hnatyshyn

LIEUTENANTS-GOUVERNEURS DU QUÉBEC

1867	Narcisse Belleau
1873	René-Édouard Caron
1876	Luc Letellier de Saint-Just
1879	Théodore Robitaille
1884	L.-F. Rodrigue Masson
1887	Auguste-Réal Angers
1892	Adolphe Chapleau
1898	Louis-Amable Jetté
1908	C.-A. Pantaléon Pelletier
1911	François Langelier
1915	P. Évariste Leblanc
1918	Charles Fitzpatrick
1923	Louis-Philippe Brodeur
1924	Narcisse Perodeau
1928	Lomer Gouin
1929	H. George Carroll
1934	É.-L. Patenaude
1939	Eugène Fiset
1950	Gaspard Fauteux
1958	Onésime Gagnon
1961	Paul Comtois
1966	Hugues Lapointe
1978	Jean-Pierre Côté
1984	Gilles Lamontagne
1990	Martial Asselin

PREMIERS MINISTRES DU CANADA

1867-1873	John Alexander Macdonald (Conservateur)
1873-1878	Alexander Mackenzie (Libéral)
1878-1891	John Alexander Macdonald (Conservateur)
1891-1892	John Joseph Caldwell Abbott (Conservateur)
1892-1894	John Sparrow David Thompson (Conservateur)
1894-1896	Mackenzie Bowell (Conservateur)
1896	Charles Tupper (Conservateur)
1896-1911	Wilfrid Laurier (Libéral)
1911-1917	Robert Laird Borden (Conservateur)
1917-1920	Robert Laird Borden (Unioniste)
1920-1921	Arthur Meighen (Unioniste)
1921-1926	William Lyon Mackenzie King (Libéral)
1926	Arthur Meighen (Conservateur)
1926-1930	William Lyon Mackenzie King (Libéral)
1930-1935	Richard B. Bennet (Conservateur)
1935-1948	William Lyon Mackenzie King (Libéral)
1948-1957	Louis Stephen Saint-Laurent (Libéral)
1957-1963	John G. Diefenbaker (Progressiste-conservateur)
1963-1968	Lester B. Pearson (Libéral)
1968-1979	Pierre Elliot Trudeau (Libéral)
1979-1980	Joe Clark (Progressiste-conservateur)
1980-1984	Pierre Elliot Trudeau (Libéral)
1984	John Turner (Libéral)
1984	Brian Mulroney (Progressiste-conservateur)

PREMIERS MINISTRES DU QUÉBEC

1867-1873	Pierre J.-O. Chauveau (Conservateur)
1873-1874	Gédéon Ouimet (Conservateur)
1874-1878	Charles Boucher de Boucherville (Conservateur)
1878-1879	Henri-G. Joly (Libéral)
1879-1882	J.-Adolphe Chapleau (Conservateur)
1882-1884	J.-Alfred Mousseau (Conservateur)
1884-1887	John Jones Ross (Conservateur)
1887	L.-Olivier Taillon (Conservateur)
1887-1891	Honoré Mercier (Parti National)
1891-1892	Charles Boucher de Boucherville (Conservateur)
1892-1896	L.-Olivier Taillon (Conservateur)
1896-1897	Edmund J. Flynn (Conservateur)
1897-1900	F.-Gabriel Marchand (Libéral)
1900-1905	S.-Napoléon Parent (Libéral)
1905-1920	Lomer Gouin (Libéral)
1920-1936	L.-Alexandre Taschereau (Libéral)
1936	Adélard Godbout (Libéral)
1936-1939	Maurice Duplessis (Union nationale)
1939-1944	Adélard Godbout (Libéral)
1944-1959	Maurice Duplessis (Union nationale)
1959-1960	Paul Sauvé (Union nationale)
1960	Antonio Barrette (Union nationale)
1960-1966	Jean Lesage (Libéral)
1966-1968	Daniel Johnson (Union nationale)
1968-1970	Jean-Jacques Bertrand (Union nationale)
1970-1976	Robert Bourassa (Libéral)
1976-1985	René Lévesque (Parti québécois)
1985	Pierre-Marc Johnson (Parti québécois)
1985	Robert Bourassa (Libéral)

ÉVÊQUES DE LA NOUVELLE-FRANCE

1674-1688	François de Laval
1688-1727	Jean Baptiste de Saint-Vallier
1727-1733	Louis François Duplessis de Mornay
1733-1739	Pierre-Hermann Dosquet
1739-1740	François-Louis Pourroy de Lauberivière
1741-1760	Henri-Marie Dubreil de Pontbriand

LES CANONISÉS ET BÉATIFIÉS CANADIENS

Saints Martyrs canadiens	Béatifiés le 21 juin 1925 Canonisés le 29 juin 1930
Ste Marguerite Bourgeoys	Béatifiée le 1er novembre 1950 Canonisée le 31 octobre 1982
Ste Marguerite d'Youville	Béatifiée le 3 mai 1959 Canonisée le 9 décembre 1990
Bx André Grasset	Béatifié le 17 octobre 1926
Bse Marie de l'incarnation	Béatifiée le 22 juin 1980
Bse Kateri Tékakwitha	Béatifiée le 22 juin 1980
Bx François de Laval	Béatifié le 22 juin 1980
Bx Frère André Bessette	Béatifié le 23 mai 1982
Bse Marie-Rose Durocher	Béatifiée le 23 mai 1982
Bse Marie-Léonie Paradis	Béatifiée le 11 septembre 1984
Bx Louis-Zéphirin Moreau	Béatifié le 10 mai 1987
Bx Père Frédéric	Béatifié le 18 septembre 1988
Bse Marie-Catherine de Saint-Augustin	Béatifiée le 23 avril 1989

RÉFÉRENCES : *Almanach du peuple 92,* Groupe Polygone Editions inc. 123e édition.
450 Albert Hudon, Montréal.

Histoire du Québec et du Canada, Collectif.
Editions du Boréal Express 1985.
5450, Côte-des-Neiges Montréal, Québec.

DICTIONNAIRE DE NOMS PROPRES

A

Aalborg ou ***Ålborg*** ■ Ville et port du Danemark. Chef-lieu du Jütland du Nord. 155 000 hab. Centre culturel.

Alvar ***Aalto*** ■ Architecte et urbaniste finlandais (1898-1976). Pionnier de l'architecture contemporaine.

Aar ou ***Aare*** n. m. ■ Rivière de Suisse, affluent du *Rhin. 295 km.

Aarau ■ Ville de Suisse. Chef-lieu du canton d'*Argovie. 17 000 hab.

Aarhus ou ***Århus*** ■ Ville et port du Danemark. 259 000 hab.

Aaron ■ Frère de *Moïse, dans la Bible.

Ābādān ■ Ville et port d'Iran, sur le *Chaṭṭ al-'Arab. 560 000 hab. Exportation de pétrole.

'Abbās ■ Oncle de *Mahomet, dont l'un des descendants fonda la dynastie des Abbassides. ▶ *les* ***Abbassides.*** Dynastie de 37 califes arabes. Elle détrôna les *Omeyyades en 750, fit de Bagdad sa capitale (762) et fut vaincue par les *Mongols en 1258. ⟨ ▶ abbasside ⟩

Farḥāt ***'Abbās*** ■ Homme politique algérien (1899-1985). Premier président du Gouvernement provisoire de la République algérienne, de 1958 à 1961. Exclu du *F.L.N. en 1963.

'Abbās Ier le Grand ■ Chah de Perse (1571-1629), le plus célèbre des *Safavides. Il vainquit les Ouzbeks et les *Ottomans, et fit d'Ispahan sa capitale.

'Abd al-Hamīd ibn Yahyā ■ Écrivain arabe (VIIIe s.). Premières épîtres arabes.

Abdallah ■ Père de *Mahomet (v. 545 - v. 570).

'Abd ar-Raḥmān III ■ Calife *omeyyade (891-961). Il porta l'émirat de *Cordoue à son apogée.

Abd el-Kader ■ Émir algérien et écrivain mystique musulman (1808-1883). Chef de la résistance (1832-1847) aux Français lors de la conquête de l'Algérie, il fut vaincu et exilé.

Abd el-Krim ■ Nationaliste marocain (1882-1963). Il dirigea la lutte contre les Espagnols et les Français (guerre du *Rif).

Abéché ■ Ville du Tchad. 71 000 hab.

Abel ■ Fils d'*Adam, dans la Bible, tué par son frère aîné *Caïn.

Niels ***Abel*** ■ Mathématicien norvégien (1802-1829). Il devance les travaux de *Galois en algèbre et ceux de *Gauss, *Cauchy et *Jacobi en analyse (intégrales *abéliennes*).

Pierre ***Abélard*** ■ Philosophe et théologien français (1079-1142). ⇒ **Héloïse.** Son intérêt pour la logique annonce la rigueur technique de la *scolastique.

les ***Abénaquis*** ■ Amérindiens de la famille algonquienne vivant, au XVIIe s., dans l'actuel État du Maine (États-Unis) et au Nouveau-Brunswick (Canada). Alliés des Français. Aujourd'hui, il n'y a que deux communautés albénaquises importantes (au Québec).

Abeokuta ■ Ville du Nigeria. 359 000 hab.

Aberdeen ■ 1er port d'Écosse, chef-lieu du *Grampian. 190 000 hab. Université.

Abhinavagupta ■ Poète et penseur indien, inspiré par le culte de *Śiva (v. 1000).

Abidjan ■ Métropole économique et culturelle de la Côte-d'Ivoire. 1,85 million d'hab. Port. Université. Capitale du pays jusqu'en 1983. ⇒ **Yamoussoukro.**

Abitibi ■ Lac du Canada (931 km²), situé à la limite du Québec et de l'Ontario, qui donne naissance à la *rivière Abitibi.* ▶ ***Abitibi-Témiscamingue.*** Région administrative de l'ouest du Québec qui regroupe cinq municipalités régionales. 60 000 km². Env. 160 000 hab.

*l'****Abkhazie*** n. f. ■ République autonome dépendant de la république de *Géorgie. 8 600 km². 537 000 hab. *(les Abkhazes).* Capitale : Soukhoumi. Tabac. Stations balnéaires. Les Abkhazes revendiquent le rattachement de l'Abkhazie à la république de *Russie.

Abomey ■ Ville du Bénin. 54 400 hab. ▶ *le royaume d'****Abomey,*** fondé en 1625, résista à la pénétration européenne jusqu'en 1892.

Abou al-'Alā' al-Ma'arrī ■ Poète et lettré musulman arabe (973-1057). "*Épître du pardon*".

Abou al-'Atāhiyah ■ Poète arabe (v. 748 - v. 825).

Abou Bakr ■ Premier calife musulman, beau-père de *Mahomet (v. 573-634).

Abou Dhabi ■ Le plus vaste et le plus peuplé des Émirats arabes unis. 67 340 km². 670 000 hab. Grande richesse grâce au pétrole. □ ***Abou Dhabi,*** sa capitale (243 000 hab.), est aussi le siège du gouvernement fédéral des Émirats arabes unis.

Abou Firās al-Hamdānī ■ Prince et poète arabe (932-968). *"Rūmiyyat"*, poème de l'exil.

Aboukir ■ Baie du delta du Nil où *Nelson vainquit une escadre française en 1798. Bonaparte y défit les Turcs l'année suivante.

Abou Nouwās ■ Poète arabe (v. 762 - v. 813). Favori de *Hārūn ar-Rachīd, il célébra de manière lyrique le plaisir.

Abou Simbel ■ Site d'Égypte, au sud d'*Assouan : temples funéraires creusés dans les falaises, construits par *Ramsès II au XIIIe s. av. J.-C. Ils ont été surélevés après la mise en eau du barrage d'Assouan.

Abou Tammām ■ Poète arabe (804 - v. 845). Auteur d'une célèbre anthologie, *"al-Ḥamāsah"*.

Abraham ■ Patriarche de la Bible (*Genèse). Dieu lui demande de sacrifier son fils *Isaac. Il s'apprête à le faire mais son fils est épargné.

*les plaines **d'Abraham*** ■ Lieu situé sur les hauteurs de *Québec (Haute-Ville), au bord du Saint-Laurent. Les Anglais y battirent les Français en 1759 : la victoire de *Wolfe sur Montcalm marque la fin de la domination française au Canada. Site touristique.

*les **Abruzzes*** n. f. pl. ■ Montagnes calcaires d'Italie centrale (*Mezzogiorno), culminant au Gran Sasso (2 914 m). ▶ *les **Abruzzes.*** Région administrative. 10 794 km². 1,26 million d'hab. Capitale : L'Aquila (65 600 hab.).

Abydos ■ Site archéologique d'Égypte, près de *Thèbes, dédié au culte d'*Osiris.

*Les **Abymes*** ■ Ville de la Guadeloupe. 62 600 hab. *(les Abymiens).*

*l'**Abyssinie*** n. f. ■ Ancien nom de l'Éthiopie.

*l'**Académie*** n. f. ■ Nom donné à l'école philosophique de *Platon et repris à la *Renaissance (en Italie d'abord) pour désigner des cercles de lettrés ou de savants. □ ACADÉMIES DE LANGUE FRANÇAISE ▶ Au Canada, *l'**Académie canadienne-française*** : société littéraire fondée en 1944 pour promouvoir la culture de la langue française au Canada. ▶ En France, *l'**Académie française,*** la plus célèbre des cinq académies qui forment aujourd'hui l'Institut de France. Créée en 1635 par Richelieu, elle compte 40 membres, les « Immortels », chargés de veiller sur les lettres et la langue françaises. – *l'**Académie des sciences,*** fondée en 1666 par *Colbert, regroupe deux divisions : sciences mathématiques et physiques, sciences chimiques, biologiques et médicales. ▶ En Belgique, *l'**Académie royale de Belgique,*** fondée par Marie-Thérèse d'Autriche en 1772, compte trois sections : lettres, beaux-arts, sciences. ⟨ ▶ académie ⟩

*l'**Acadie*** n. f. ■ Région du Canada (*Nouvelle-Écosse, *Nouveau-Brunswick). ▶ *les **Acadiens,*** habitants francophones de l'Acadie. La plupart furent chassés de leur pays à partir de 1755 par les Anglais, à qui le territoire avait été cédé en 1713. Certains s'établirent au Québec et en Louisiane, mais un grand nombre retournèrent par la suite vivre dans les provinces maritimes du Canada. Ils sont actuellement env. 350 000. ⟨ ▶ acadien ⟩

Acapulco ■ Ville et port du Mexique. 409 000 hab. Station balnéaire du Pacifique.

Accra ■ Capitale et port du Ghana. 867 000 hab.

Achab ■ Roi d'Israël de 873 à 853 av. J.-C.

*l'**Achaïe*** n. f. ■ Région de *Patras en Grèce. Principauté latine au XIIIe s. ▶ *les **Achéens*** s'y établirent au IIe millénaire av. J.-C. (civilisation de *Mycènes). Ils furent repoussés vers le nord par les *Doriens.

*les **Achéménides*** ■ Dynastie perse qui régna sur un immense empire après les conquêtes de *Cyrus II le Grand, entre 550 et 529 av. J.-C., et fut détruite par *Alexandre le Grand en 330 av. J.-C. ⟨ ▶ achéménide ⟩

*l'**Achéron*** n. m. ■ Fleuve des *Enfers, dans la mythologie grecque.

Achille ■ L'un des principaux héros de l'"**Iliade*". Invulnérable, excepté par son talon. Vainqueur d'*Hector dans la guerre de Troie.

Achkhabad ■ Ville de la C.É.I., capitale du *Turkménistan. 398 000 hab.

*l'**Aconcagua*** n. m. ■ Volcan des *Andes (Argentine), la plus haute montagne d'Amérique : 6 959 m.

*les **Açores*** n. f. pl. ■ Archipel de l'océan Atlantique, région autonome du Portugal. 2 247 km². 254 200 hab. Capitale : Ponta Delgada (île de *São Miguel). Tourisme.

Acre n. m. ■ État du nord-ouest du Brésil. 153 698 km². 407 000 hab. Capitale : Rio Branco (87 500 hab.).

Acre ou ***'Akko*** ■ Ville d'Israël. 39 000 hab. Port important au Moyen Âge (*Saint-Jean-d'Acre,* forteresse des croisés).

*l'**Acropole d'Athènes*** n. f. ■ Citadelle sur une colline d'Athènes, ensemble de monuments antiques, dont le *Parthénon, les Propylées, l'*Érechthéion.

*l'**Acte constitutionnel*** n. m. ■ Loi du Parlement britannique adoptée en 1791 et changeant la Constitution de la province de Québec. Le territoire est alors divisé en Haut-Canada et Bas-Canada et chaque partie a une Assemblée législative dont les membres sont élus.

*l'**Acte de l'Amérique du Nord britannique*** n. m. ■ Loi du Parlement britannique adoptée en 1867 qui établissait le Dominion du Canada avec son gouverneur général, son Sénat, sa Chambre des communes, ainsi que des gouvernements provinciaux. Elle répartissait aussi les pouvoirs entre les deux paliers de gouvernement. La nouvelle Constitution est connue sous le nom de *Confédération.

*l'**Acte de Québec*** n. m. ■ Loi du Parlement britannique adoptée en 1774, élargissant les frontières de la province de Québec et reconnaissant aux Canadiens francophones certains droits, comme le maintien des lois civiles françaises et le libre exercice de la religion catholique.

*l'**Acte d'Union*** n. m. ■ Loi du Parlement britannique adoptée en 1840 et modifiant l'*Acte constitutionnel de 1791. Les deux Canadas sont unis en un seul gouvernement et la langue française n'est plus officielle dans les documents publics.

*l'**Action française*** n. f. ■ Mouvement politique et journal français d'extrême droite, monarchiste et catholique (1898-1945).

Actium ■ Promontoire de Grèce, au large duquel *Octavien remporta une victoire complète sur la flotte d'*Antoine et de *Cléopâtre (31 av. J.-C.).

Adalbéron ■ Archevêque de Reims (v. 920 - 989) qui sacra roi *Hugues Capet (France).

Adam ■ Dans la *Bible et les religions du Livre, le premier homme.

Robert ***Adam*** ■ Architecte, décorateur et théoricien *néo-classique écossais (1728-1792).

Adam de la Halle ■ Trouvère et musicien français (v. 1240 - v. 1285). *"Le Jeu de la feuillée"* ; *"le Jeu de Robin et Marion"*.

Arthur ***Adamov*** ■ Auteur dramatique français d'origine russe (1908-1970). *"Le Ping-Pong"*.

John ***Adams*** ■ Homme politique américain (1735-1826). 2e président des États-Unis, de 1797 à 1801. □ *John Quincy* ***Adams,*** son fils (1767-1848), collaborateur de *Monroe, antiesclavagiste. 6e président des États-Unis, de 1825 à 1829. □ *Henry Brooks* ***Adams,*** petit-fils du précédent, historien et écrivain américain (1838-1918).

Adana ■ Ville de Turquie, en *Cilicie. 776 000 hab. Industries.

Addis-Abeba ■ Capitale de l'Éthiopie. 1,4 million d'hab. Pôle économique relié à *Djibouti par chemin de fer. Siège de l'Organisation de l'unité africaine (O.U.A.).

Joseph ***Addison*** ■ Écrivain et homme politique anglais (1672-1719). Fondateur avec *Steele du journal le *Spectator.*

Adélaïde, en anglais ***Adelaide*** ■ Ville du sud de l'Australie, capitale de l'État d'*Australie-Méridionale. 1 million d'hab.

la terre ***Adélie*** ■ Partie de la terre de *Wilkes, à l'est de l'Antarctique, découverte par *Dumont d'Urville en 1840. Possession française. 390 000 km².

Aden ■ Ville du Yémen, ancienne capitale du Yémen du Sud. 417 000 hab. ► *le golfe d'****Aden*** fait communiquer l'océan Indien avec la mer Rouge.

Konrad ***Adenauer*** ■ Homme politique allemand (1876-1967). Démocrate-chrétien, premier chancelier de la R.F.A., de 1949 à 1963, principal artisan avec Ludwig *Erhard du redressement économique de l'après-guerre.

Clément ***Ader*** ■ Ingénieur français, pionnier de l'aviation (1841-1925). On lui doit le mot *avion.*

*l'****Adige*** n. m. ■ Fleuve d'Italie du Nord. 410 km.

*l'****Adjarie*** n. f. ■ République autonome dépendant de la république de *Géorgie. 3 000 km². 393 000 hab. Capitale : Batoumi. Cultures subtropicales. Les *Argonautes, à la recherche de la Toison d'or, y auraient abordé.

Victor ***Adler*** ■ Homme politique autrichien (1852-1918). Il joua un rôle important dans le parti social-démocrate et dans la IIe *Internationale.

Alfred ***Adler*** ■ Médecin autrichien (1870-1937). Disciple de *Freud, il s'en sépara pour constituer sa propre psychologie.

Adonis ■ Dans la mythologie phénicienne, puis grecque, dieu de la Végétation, aimé par *Aphrodite. ⟨ ► adonis ⟩

Theodor Wiesengrund ***Adorno*** ■ Philosophe et musicologue allemand (1903-1969).

*l'****Adriatique*** n. f. ■ Mer formée par la Méditerranée, entre l'Italie, la Yougoslavie et l'Albanie.

Adrien ■ ⇒ **Hadrien.**

Endre ***Ady*** ■ Poète hongrois (1877-1919). Il rénova les idées, les formes et la langue de la poésie hongroise. *"En tête des morts"*.

*l'****A.-É.F., Afrique-Équatoriale française*** ■ ⇒ **Afrique.**

*l'****A.E.L.E., Association européenne de libre-échange*** ■ Créée en 1960, elle regroupe 7 membres (Autriche, Finlande, Islande, Liechtenstein, Norvège, Suède, Suisse) et siège à Genève. Elle a pour objectif l'abolition des obstacles aux échanges en Europe occidentale et le maintien des pratiques libérales non discriminatoires du commerce mondial.

les ***Afars*** ■ Groupe ethnique de religion musulmane chiite vivant entre la mer Rouge et le plateau d'Éthiopie. □ *le territoire des* ***Afars et des Issas,*** ancien territoire français devenu (en 1977) la république de *Djibouti.

*l'****Afghanistan*** n. m. ■ État (république populaire) d'Asie centrale. 652 225 km². 14,8 millions d'hab. *(les Afghans).* Capitale : Kaboul. Langues officielles : pashtu, dari. Religion officielle : islam. Monnaie : afghani. Pays montagneux et aride au climat continental. Agriculture et artisanat dominants. ▭ **HISTOIRE.** Carrefour de l'Asie, l'Afghanistan a toujours représenté pour ses puissants voisins (aujourd'hui l'Inde, le Pakistan, l'Iran, la C.É.I. et la Chine) un enjeu stratégique. Envahi par les Scythes (Ier s.), les Perses sassanides et les Huns (ve s.), sous influence musulmane depuis le IXe s., il a été l'objet de rivalités, depuis le XVIIIe s., entre Russes et Anglais, ces derniers voulant protéger leur empire des Indes. En 1919, la troisième guerre anglo-afghane aboutit à la reconnaissance de l'indépendance du royaume afghan. Un premier coup d'État militaire en 1973 instaura la République, puis deux coups d'État successifs, organisés par le parti communiste afghan, amenèrent l'intervention militaire de l'Union soviétique, en 1979, afin de soutenir le régime face à une résistance populaire conduite par des groupes islamiques progressivement appuyés par les États-Unis. Le conflit interne perdure en dépit de l'évacuation des troupes soviétiques en 1989. La question de l'influence soviétique au Proche-Orient et le voisinage de la révolution iranienne expliquent la gravité de ce conflit.

les ***Afrikaners*** ■ ⇒ les **Boers.**

*l'****Afrique*** n. f. ■ Vaste continent de 30,3 millions de km² (y compris les îles voisines), l'Afrique est bordée à l'ouest par l'océan Atlantique, au nord par la mer Méditerranée, à l'est par l'océan Indien et la mer Rouge. Elle est séparée de l'Europe par le détroit de *Gibraltar au nord-ouest et rattachée à l'Asie par l'isthme de *Suez au nord-est. À l'exception de deux chaînes plissées (au nord-ouest l'*Atlas, au sud-est le *Drakensberg), l'Afrique, continent massif et ancien, est constituée de plateaux et de plaines. De la mer Rouge aux côtes du Mozambique s'étend une vaste fracture, le *rift africain, présentant une suite de plaines d'effondrement (où se trouvent les grands lacs *Victoria, *Tanganyika et *Malawi) et de massifs volcaniques (le *Kilimandjaro). Les fleuves (*Niger, *Zaïre, *Nil, *Zambèze...), qui prennent naissance dans les zones de fortes pluies, parviennent difficilement à la mer en raison de la faible déclivité du terrain. Située entre les deux tropiques, l'Afrique est un continent chaud où le régime des pluies détermine les saisons. Les zones climatiques se succèdent de part et d'autre de l'équateur, symétriquement dans les deux hémisphères : équatoriale, tropicale, désertique (le *Sahara, le *Kalahari), tempérée (climat méditerranéen). Le peuplement (environ 646 millions d'hab.), en forte croissance mais de densité inégale, se répartit en deux zones principales : population blanche, de langues chamito-sémitiques, de la Méditerranée au sud du Sahara (*Berbères, *Arabes) ; population noire et métissée au-delà, de langues africaines (*Peuls, *Maures, *Toubous, *Bambaras, *Haoussas, *Mandingues, *Ouolofs, *Pygmées, *Bochimans, *Hottentots, *Bantous...). Il faut y ajouter une minorité d'origine anglo-néerlandaise à l'extrême sud (les *Afrikaners). Près de 40 % de la population se réclament du christianisme ou de l'islam (en expansion), la majorité étant animiste. Les pays africains, avec une économie dite « en développement », sont confrontés au problème du manque de capitaux, ce qui explique l'endettement, et à une forte croissance de la population. Aussi tentent-ils d'exploiter les richesses du continent - richesses pétrolifères (Algérie, Gabon, Libye...), minières (Mauritanie...), touristiques (Kenya, Tanzanie...) ou agricoles - par de vastes plantations en monocultures (arachide, cacao, fruits tropicaux...). Mais les fluctuations des cours mondiaux mettent ces économies en équilibre fragile et conduisent les pays essentiellement agricoles à un retour aux cultures vivrières. Face à ces difficultés, les pays africains ont conclu des accords économiques avec les pays industrialisés, notamment la *C.E.E. (⇒ conventions de **Lomé**). ▭HISTOIRE. Très riche en sites préhistoriques (grottes de *Tassili, découverte de *Lucie...), l'Afrique a connu ensuite plusieurs des grandes civilisations méditerranéennes : l'Égypte pharaonique, le rayonnement de Carthage, la conquête romaine et l'influence de *Byzance. À partir du VIIe s., l'islam envahit progressivement le continent par le Nord-Est, dominant les grands empires du Niger. Au XVe s., les Portugais s'implantèrent sur le littoral atlantique : ce fut le début de la pénétration européenne et, avec elle, des transferts de population noire (esclavage) vers les Amériques. Terre de conquêtes coloniales, l'Afrique fut découpée, à la fin du XIXe s., en territoires artificiels que se partagèrent les pays européens, principalement la France (*A.-É.F., *A.-O.F., Maghreb, Madagascar, Djibouti [ex-Côte française des Somalis]) et l'Angleterre (tous les territoires allant de l'Égypte au Cap - à l'exception de l'Afrique-Orientale allemande -, le Nigeria, le Ghana [ex-Gold Coast], la Sierra Leone, la Somalie britannique). À la Belgique, le Zaïre [ex-Congo-Kinshasa]. À l'Espagne, l'actuelle Guinée-Équatoriale, le rio de Oro (⇒ **Sahara** occidental) et le nord du Maroc. Au Portugal, l'actuelle Guinée-Bissau, l'Angola et le Mozambique. À l'Italie, la Somalie et l'Érythrée qui, avec l'Éthiopie (annexée en 1936), formèrent jusqu'en 1945 l'Afrique-Orientale italienne ; seul le Liberia, créé en 1847, restait indépendant. Après 1918, Britanniques, Belges et Français se partagèrent les possessions allemandes (Togo, Cameroun, Afrique-Orientale allemande). Depuis 1945, les pays africains ont acquis leur indépendance, à l'exception des présides espagnols (*Ceuta et *Melilla), de Mayotte et de la Réunion (îles restées françaises), et tentent, avec l'*O.U.A., de préserver l'unité politique du continent. Seule l'Afrique du Sud, en dépit de l'abandon de l'apartheid, est encore aujourd'hui gouvernée par une minorité d'origine anglo-néerlandaise. En 1990, sous la pression populaire, plusieurs pays (Bénin, Cameroun, Côte-d'Ivoire, Gabon, Zaïre, Zambie, etc.) engagent un processus de démocratisation en instaurant, notamment, le multipartisme. ‹ ▶ africain ›

*la province romaine d'***Afrique** ou ***Africa*** ■ Elle correspond à la Tunisie et à la Tripolitaine actuelles. Très intégrée à la civilisation romaine, elle a donné au Bas-Empire plusieurs des grands écrivains latins : *Apulée, *Tertullien, saint *Augustin.

*l'***Afrique du Nord** n. f. ■ Nom donné aux pays du *Maghreb, plus le nord de la *Libye.

*l'***Afrique du Sud** n. f. ■ État (république) d'Afrique australe constitué de quatre provinces (province du *Cap, *Natal, État libre d'*Orange, *Transvaal) et de dix *bantoustans, dont quatre (*Bophuthatswana, *Ciskei, *Transkei et *Venda) auxquels fut accordée l'indépendance, mais qui ne sont pas reconnus par la communauté internationale. 1 225 815 km². 36,69 millions d'hab. *(les Sud-Africains)*, dont 6,7 millions d'hab. dans les bantoustans déclarés indépendants. Capitales : Pretoria (administrative), Le Cap (législative), Bloemfontein (judiciaire). Langues : anglais, afrikaans (officielles) ; xhosa, zoulou. Monnaie : rand. Vaste plateau, relevé à l'est (le *Drakensberg), où s'est développée une économie agro-pastorale, et qui tient sa richesse de son sous-sol (premier producteur mondial d'or, de platine et de diamants ; charbon). Industries chimique et alimentaire. ▭HISTOIRE. Après trois siècles d'implantation d'origine hollandaise (les *Boers) et de violentes guerres contre l'Angleterre, un pouvoir nationaliste blanc, celui des Afrikaners, s'est imposé aux populations noires d'Afrique australe (Bochimans, Hottentots, Zoulous puis Bantous) par des mesures ségrégationnistes, étendant son influence sur les territoires voisins (⇒ **Namibie**). Indépendante depuis 1910, république d'Afrique du Sud (hors du Commonwealth) depuis 1961, l'Afrique du Sud est le seul État d'Afrique noire dirigé par une minorité blanche (13,5 %). Cette dernière pratiqua une politique d'« apartheid » (séparation des races) civique, économique et territorial (⇒ **bantoustan**), à l'égard d'une majorité de métis, d'Indiens et de Noirs. Mais, à partir de 1989, sous la pression internationale, le gouvernement fit des concessions sur les droits politiques et sociaux des Noirs (libération de N. *Mandela, légalisation des partis politiques anti-apartheid) qui, eux-mêmes divisés, s'affrontaient violemment. En 1991, le Parlement abrogea les lois, à l'exception de la Constitution, qui régissaient le système d'« apartheid ».

Agadé ■ ⇒ **Akkad.**

Agadir ■ Ville et port du Maroc, sur l'Atlantique. 111 000 hab. Reconstruite après un terrible séisme (1960). Tourisme.

Agamemnon ■ Roi légendaire de Mycènes et d'Argos, chef des Grecs pendant la guerre de *Troie (⇒ l'**Iliade**). Le sacrifice de sa fille Iphigénie, pour obtenir la faveur des dieux, est le sujet de tragédies d'*Euripide, *Racine, *Goethe. Sa femme *Clytemnestre le tua.

Agen ■ Ville du sud-ouest de la France. 32 200 hab. *(les Agenais)*. Important marché agricole. Industries alimentaires (pruneaux).

les ***Agniers*** ■ Amérindiens de la Confédération iroquoise connus sous le nom de *Mohawks*, utilisé par les Anglais. Au XVIIe s., ils vivaient dans la région de l'actuel État de New York. Aujourd'hui, plusieurs demeurent au Québec à Akkwesasne (Saint-Régis) et à Kahnawake.

Shmuel Yosef ***Agnon*** ■ Écrivain israélien d'origine polonaise (1888-1970). Très attaché aux thèmes essentiels du judaïsme. Prix Nobel 1966.

*la comtesse Marie d'***Agoult** ■ Écrivaine française, sous le pseudonyme de ***Daniel Stern*** (1805-1876). Elle fut la compagne de *Liszt.

Āgra ■ Ville de l'Inde (*Uttar Pradesh). 694 000 hab. Capitale de l'empire des *Moghols au XVIIe s. Le *Tāj Mahal en fait un centre touristique d'importance mondiale.

Mikael ***Agricola*** ■ Introducteur de la *Réforme en Finlande, auteur du premier livre en finnois (v. 1510-1557).

Agrigente, en italien ***Agrigento*** ■ Ville d'Italie, en *Sicile. 52 000 hab. Principale colonie grecque de Sicile après *Syracuse : temples doriques des VIe et Ve s. av. J.-C.

Marcus Vipsanius ***Agrippa*** ■ Général romain (v. 63-12 av. J.-C.). Proche conseiller d'*Auguste et administrateur de la Gaule, il fit construire le pont du *Gard.

Agrippine l'Aînée ■ Princesse romaine, fille d'*Agrippa et épouse de *Germanicus (v. 14 av. J.-C.-33). □ ***Agrippine la Jeune,*** sa fille (15-59), sœur de *Caligula, mère de *Néron, qu'elle imposa comme successeur à son second époux, l'empereur *Claude. Néron la fit assassiner.

Aguascalientes ■ Ville du Mexique. 360 000 hab.

le chancelier Henri François ***d'Aguesseau*** ■ Juriste et écrivain français (1668-1751).

Emilio ***Aguinaldo*** ■ Homme politique philippin, héros de l'indépendance des Philippines (1869-1964).

Ahmadou ***Ahidjo*** ■ Homme politique camerounais (1924-1989). Président de la République de 1960 à 1982.

Ahmedabad ■ Ville de l'Inde, la plus peuplée de l'État du *Gujarāt. 2,15 millions d'hab.

Juhani ***Aho*** ■ Écrivain finnois (1861-1921). "*L'Écume des rapides*".

Ahvāz ■ Ville d'Iran. 580 000 hab.

Aïcha ■ Épouse favorite de *Mahomet (v. 614-678).

le mont ***Aigoual*** ■ Point culminant des *Cévennes : 1 567 m (France).

Aigues-Mortes ■ Ville du sud de la France, entourée de remparts. 5 000 hab. *(les Aigues-Mortais).* Ancien port aujourd'hui dans les terres : c'est de là que Saint Louis (*Louis IX) s'embarqua pour la septième croisade.

le duc ***d'Aiguillon*** ■ Ministre de *Louis XV (1720-1788) (France).

Aix-en-Provence ■ Ville du sud de la France. 126 900 hab. *(les Aixois).* Ancienne capitale de la *Provence. Université, ville d'art (festival musical), station thermale.

Aix-la-Chapelle, en allemand ***Aachen*** ■ Ville d'Allemagne (*Rhénanie-du-Nord-Westphalie), aux frontières belge et hollandaise. 239 000 hab. C'est un haut lieu historique : résidence privilégiée de Charlemagne, traités de 1668 (fin de la guerre de *Dévolution) et 1748 (fin de la guerre de *Succession d'Autriche), congrès de 1818 (fin de l'occupation de la France par les armées de la Sainte-*Alliance).

Aix-les-Bains ■ Station thermale française, au bord du lac du Bourget, en Savoie. 24 800 hab. *(les Aixois).*

Ajaccio ■ Ville de France, en *Corse. Centre administratif de l'île. 59 300 hab. *(les Ajacciens).* Patrie des *Bonaparte.

Émile ***Ajar*** ■ ⇒ Romain **Gary.**

Ajax ■ Roi légendaire de Salamine dans l'"**Iliade*". Il devient fou et se donne la mort.

Akaba ou ***al-'Aqabah*** ■ Port de Jordanie. 27 000 hab. ► *le golfe d'****Akaba*** est à l'extrême nord-est de la mer Rouge.

Akademgorodok ■ Ville de la C.É.I. (*Russie), près de *Novossibirsk, créée en 1957 pour qu'y soit développée la recherche scientifique.

Muḥammad ***Akbar*** ■ Le plus grand empereur *moghol de l'Inde (1542-1605). Auteur de réformes sociales et fiscales. Partisan de la tolérance, il fonda une religion syncrétiste, mêlant l'islam, le christianisme et l'hindouisme.

Akhenaton ou ***Akhnaton*** ■ Nom que se donna le pharaon *Aménophis IV, roi d'Égypte de 1379 à 1362 av. J.-C., en instituant le culte solaire d'*Aton. Ce nom signifie « serviteur d'Aton ». Il engagea l'Égypte dans la voie du monothéisme, suscitant un art nouveau (⇒ **Tell el-Amarna**). Mais il avait fragilisé l'empire et le culte d'Aton fut aboli après sa mort.

Anna ***Akhmatova*** ■ Poétesse russe (1889-1966). "*Le Poème sans héros*".

Akiba ben Joseph ■ Savant exégète juif (v. 40-v. 135).

Akihito ■ 125e empereur du Japon depuis la mort de son père, *Hirohito, en 1989 (né en 1933).

Akkad ou ***Agadé*** ■ Puissante cité de *Mésopotamie, capitale de l'Empire *akkadien,* fondé au IIIe millénaire av. J.-C. par Sargon l'Ancien.

Akosombo ■ Barrage du Ghana sur la *Volta. Il a formé le plus grand lac artificiel du monde (lac *Volta).

Akron ■ Ville des États-Unis (*Ohio). 237 000 hab.

le royaume ***d'Aksoum*** ■ ⇒ **Éthiopie.**

Akutagawa Ryūnosuke ■ Écrivain japonais (1892-1927). "*Rashōmon*".

*l'****Alabama*** n. m. ■ État du sud-est des États-Unis, du nom du fleuve qui le traverse. 133 900 km². 3,9 millions d'hab. Capitale : Montgomery.

Aladin ■ Dans "*les *Mille et Une Nuits*", personnage d'un milieu modeste qui trouve la fortune grâce à une lampe magique.

*l'****Alagoas*** n. m. ■ État du nord-est du Brésil. 29 107 km². 2,38 millions d'hab. Capitale : Maceió.

Émile-Auguste Chartier dit ***Alain*** ■ Essayiste et philosophe français (1868-1951). "*Propos*".

Alain-Fournier ■ Écrivain français (1886-1914). Auteur d'un unique roman, "*le Grand Meaulnes*" (1913) et d'une "*Correspondance*" avec son beau-frère, Jacques *Rivière.

Alajuela ■ Ville du Costa Rica. 42 000 hab.

les ***Alamans*** ou ***Alémans*** ■ Tribus germaniques dont le nom a donné *Allemagne* et *Suisse alémanique.* ‹ ► allemand ›

les ***Alaouites*** ou ***Alawites*** ■ Dynastie régnant au Maroc depuis le XVIIe s.

Pedro Antonio de ***Alarcón y Ariza*** ■ Écrivain espagnol (1833-1891). "*Le Tricorne*" a inspiré un ballet à Manuel de *Falla.

Alaric Ier ■ Roi des *Wisigoths (v. 370-410). Il pilla Rome en 410.

Pierrette ***Alarie*** ■ Cantatrice québécoise (née en 1921). Soprano qui s'est illustrée avec son mari Léopold *Simoneau sur plusieurs scènes d'Europe et d'Amérique.

*l'****Alaska*** n. m. ■ État des États-Unis, au nord-ouest du Canada. 1 527 464 km². 402 000 hab. Capitale :

Juneau. Richesses minières (pétrole, fer, or). Industries de la pêche et du bois. ⇒ **Anchorage.** ▭HISTOIRE. Le territoire fut abordé par *Bering en 1741 pour le compte des Russes. Il leur fut racheté par les Américains en 1867. Importante marée noire en 1989.

*l'****Álava*** n. m. ■ Province du Pays basque espagnol. 3 047 km². 276 000 hab. Capitale : Vitoria.

les ***Alawites*** ■ ⇒ les **Alaouites.**

Albacete ■ Ville du sud-est de l'Espagne (*Castille-la Manche). 127 000 hab.

Charles ***Albanel*** ■ Jésuite et explorateur français (1616-1696). Il explora la région de la baie d'Hudson en 1671-1672.

Emma ***Lajeunesse*** dite *l'****Albani*** ■ Cantatrice québécoise (1847-1930). Soprano qui chanta sur la plupart des grandes scènes du monde. Elle vécut surtout en Angleterre.

*l'****Albanie*** n. f. ■ État (république socialiste populaire) des *Balkans. 28 748 km². 3,18 millions d'hab. *(les Albanais).* Capitale : Tirana. Langue officielle : albanais. Monnaie : nouveau lek. Les deux tiers de la population ont moins de 30 ans. Région essentiellement montagneuse, pour un tiers couverte de forêts, l'Albanie est traditionnellement vouée à l'agriculture (blé) et l'élevage ovin. Industrie à partir de 1946, sous l'impulsion étatique. ▭HISTOIRE. Colonisée par les Grecs (VIIe s. av. J.-C.), province de Rome (IIe s. av. J.-C.) puis de Byzance (IVe s.), l'Albanie fut conquise par la Serbie au XIVe s. et intégrée comme elle à l'empire musulman des Ottomans (XVe s.). Autonome en 1912, le pays dut attendre 1919 pour que l'Autriche et l'Italie reconnaissent son indépendance. Pendant la Seconde Guerre mondiale, la résistance à l'annexion par l'Italie fasciste s'organisa autour du parti communiste d'Enver *Hoxha. La république populaire fut proclamée en 1946. Le régime, intransigeant sur la doctrine marxiste, a décidé l'interdiction de la religion traditionnelle (islam) et la rupture avec l'U.R.S.S. « révisionniste » de *Khrouchtchev en 1961 (l'Albanie quitte la *C.A.E.M. la même année). Elle obtint, jusqu'en 1978, l'aide de la Chine. La pression populaire et les changements dans les pays de l'Est ont contraint le gouvernement à amorcer la libéralisation du régime (1990), tandis que de nombreux Albanais fuyaient le pays.

Albany ■ Ville des États-Unis, capitale de l'État de *New York. 102 000 hab.

*le duc d'****Albe*** ■ Général et homme d'État espagnol (1507-1582). Gouverneur des *Pays-Bas de 1567 à 1573, il y exerça une répression terrible.

Edward Franklin ***Albee*** ■ Auteur dramatique américain (né en 1928). "*Qui a peur de Virginia Woolf ?*".

Albe la Longue ■ D'après la légende, ville fondée par le fils d'*Énée au pied des *monts Albains,* dans le Latium, et détruite par Rome v. 600 av. J.-C. (⇒ **Horace**). Jules *César prétendait descendre de la dynastie des rois albains, dont sont issus les fondateurs de Rome, Romulus et Remus.

Isaac ***Albéniz*** ■ Compositeur espagnol (1860-1909). Il a surtout écrit pour le piano. "*Iberia*".

Giulio ***Alberoni*** ■ Cardinal italien (1664-1752). Chef de la politique espagnole de 1716 à 1719.

Albert *prince de Saxe-Cobourg-Gotha* ■ Prince consort du Royaume-Uni, époux de la reine *Victoria (1819-1861).

Albert Ier ■ Roi des Belges de 1909 à sa mort (1875-1934). Il eut un rôle militaire et diplomatique actif durant la Première *Guerre mondiale.

Albert Ier de Ballenstädt dit ***Albert l'Ours*** ■ Margrave de *Brandebourg (v. 1100-1170). Fondateur de la dynastie des Ascaniens, qui joua un grand rôle en Saxe jusqu'en 1918.

saint ***Albert le Grand*** ■ Dominicain allemand, savant et théologien (v. 1200-1280). Maître de saint *Thomas d'Aquin.

*l'****Alberta*** n. f. ■ Province (État fédéré) du nord-ouest du Canada, dans la *Prairie. 661 185 km². 2,43 millions d'hab. Capitale : Edmonton. Ville principale : Calgary. Charbon, pétrole. Céréales. ▭HISTOIRE. Exploré à la fin du XVIIIe s., le territoire ne fut colonisé qu'après la naissance de la Confédération (1867). La conquête du territoire, par la construction du chemin de fer et l'arrivée massive d'immigrants – notamment d'Europe centrale –, entraîna de violents heurts avec les populations amérindiennes qui furent soumises à partir de 1885. En 1905, l'Alberta fut érigée en province du Canada.

Leon Battista ***Alberti*** ■ Architecte italien (1404-1472). Il fut un grand théoricien et un *humaniste.

Rafael ***Alberti*** ■ Écrivain espagnol (né en 1902). Poèmes d'inspiration surréaliste et louant la révolte. "*Marin à terre*".

Albertville ■ Ville de France, en *Savoie. 18 100 hab. *(les Albertvillois).* Jeux Olympiques d'hiver (1992).

Albi ■ Ville du sud-ouest de la France. 48 700 hab. *(les Albigeois).* Cathédrale en brique rouge (XIIIe s.). Industries liées au gaz de *Lacq. ▶ *la guerre des* ***albigeois*** opposa les *cathares à la papauté et au roi de France ; elle se solda par la réunion du comté de Toulouse au domaine royal et l'écrasement de la secte (1208-1244).

Tomaso ***Albinoni*** ■ Compositeur italien (1671-1750). Célèbre "*Adagio*".

Albion n. f. ■ Nom donné à l'Angleterre, du latin *albus* (« blanc »), à cause du blanc de ses falaises.

*l'****Albret*** n. m. ■ Ancienne seigneurie de *Gascogne, réunie à la Couronne par Henri IV (1607), fils de Jeanne d'Albret.

Afonso de ***Albuquerque*** ■ Navigateur et conquérant portugais (1453-1515). Gouverneur des Indes de 1509 à 1515.

Albuquerque ■ Ville des États-Unis (*Nouveau-Mexique). 332 000 hab.

Alcalá de Henares ■ Ville d'Espagne (*Castille-et-Léon). 150 000 hab.

Alcamène ■ Sculpteur grec, disciple de *Phidias (Ve s. av. J.-C.).

Alcée ■ Poète grec, à qui l'on doit le vers dit *alcaïque* (v. 620-v. 580 av. J.-C.).

Alceste ■ Héroïne de la mythologie grecque, épouse d'Admète, symbole du dévouement conjugal.

André ***Alciat*** ■ Juriste et écrivain italien (1492-1550). Fondateur de l'école historique de droit.

Alcibiade ■ Général et homme d'État athénien (v. 450-404 av. J.-C.). Il pratiqua une politique impérialiste (expédition contre Syracuse en 415 av. J.-C.).

Alcmène ■ ⇒ **Amphitryon.**

les ***Alcméonides*** ■ Illustre famille d'Athènes à laquelle appartenaient notamment *Alcibiade, *Clisthène et *Périclès.

Louisa May **Alcott** ■ Romancière américaine (1832-1888). “*Les Quatre Filles du Dr March*”.

Alcuin ■ Religieux anglo-saxon (v. 732 - 804). Conseiller de *Charlemagne.

Pierre **Alechinsky** ■ Peintre belge, poète (né en 1927). Membre du groupe *Cobra.

Vasile **Alecsandri** ■ Poète et homme politique roumain (1821-1890).

Vicente **Aleixandre** ■ Poète espagnol (1898-1984). “*Ombre du Paradis*”. Prix Nobel 1977.

Mateo **Alemán** ■ Écrivain espagnol (1547-1614). Auteur de “*Guzmán de Alfarache*”, une des sources du roman moderne.

les **Alémans** ■ ⇒ les **Alamans.**

*Jean Le Rond d'***Alembert** ■ Mathématicien français (1717-1783). Premier directeur, avec *Diderot, de l'“**Encyclopédie*”, dont il rédigea le “*Discours préliminaire*” (1751).

Alençon ■ Ville de France (*Normandie). 31 100 hab. *(les Alençonnais)*. Industries mécanique, électrique et textile. Dentelles.

les îles **Aléoutiennes** ■ Archipel dépendant de l'*Alaska, séparant la mer de Béring et le Pacifique, découvert par le Danois Bering (1741), qui naviguait pour le compte des Russes.

Alep ■ Ville de Syrie. 1,2 million d'hab. Important centre commercial, industriel et culturel. Ville au passé millénaire, carrefour de civilisations. Mosquées anciennes, citadelle.

Alésia ■ Site gallo-romain sur le mont Auxois (France, en *Bourgogne). Victoire décisive de *César sur les Gaulois (52 av. J.-C.).

Alessandria, en français **Alexandrie** ■ Ville d'Italie (*Piémont). 98 000 hab. ≠ Alexandrie.

*le glacier d'***Aletsch** ■ Le plus grand glacier d'Europe (24 km), situé dans les Alpes suisses.

Alexandre III ■ Pape de 1159 à sa mort (v. 1105-1181). Il lutta contre l'empereur germanique Frédéric Ier Barberousse.

Alexandre VI ■ Pape de 1492 à sa mort, né *Borgia (1431-1503). Célèbre pour ses intrigues et sa vie dissolue, père de César *Borgia. Responsable du partage des Amériques entre l'Espagne et le Portugal (1493).

Alexandre Ier ■ Tsar de Russie de 1801 à sa mort (1777-1825). Adversaire, allié, puis vainqueur de Napoléon Ier.

Alexandre II ■ Tsar de Russie de 1855 à sa mort (1818-1881). Il abolit le servage (1861) mais revint à une politique absolutiste qui fut la cause de son assassinat.

Alexandre III ■ Tsar de Russie de 1881 à sa mort (1845-1894). Il mena une politique de russification des pays baltes et signa, en 1892, une convention militaire avec la France, prémices de la Triple-*Entente. Un pont de Paris porte son nom.

Alexandre Ier Karageorgévitch ■ Roi de Yougoslavie (1888-1934). Il instaura une dictature (1929) qui favorisait les Serbes et fut assassiné, lors d'une visite officielle en France, par des *Oustachis.

Alexandre Farnèse ■ Duc de Parme, régent des Pays-Bas de 1578 à sa mort, pour Philippe II d'Espagne (1545-1592). Il soutint la *Ligue.

Alexandre le Grand ■ Roi de Macédoine (356 - 323 av. J.-C.). Il succéda à son père Philippe II de Macédoine en 336 av. J.-C. Maître de la Grèce, puis, au terme d'une prodigieuse épopée, de l'Empire perse jusqu'à l'Indus.

Alexandre Nevski ■ Héros de l'histoire de Russie, canonisé par l'Église russe (v. 1220 - 1263). Il battit les Suédois (1240) et arrêta la progression vers l'est des chevaliers Teutoniques (1242). Il a inspiré un film d'*Eisenstein.

Alexandrie ■ ⇒ **Alessandria.**

Alexandrie ■ 2e ville et principal port d'Égypte. 2,89 millions d'hab. Fondée par *Alexandre le Grand (332 av. J.-C.), centre de la civilisation hellénistique (bibliothèque de 700 000 volumes incendiée en 47 av. J.-C. puis en 390) sous les *Ptolémées (⇒ **Pharos**), berceau de la philosophie néo-platonicienne et de la théologie chrétienne (IIIe s.). L'arrivée des Arabes (642) marqua son déclin ; alors disparurent les vestiges de la bibliothèque. Elle conserve aujourd'hui un rôle stratégique et économique (coton). ≠ Alexandrie (Alessandria).

Vittorio **Alfieri** ■ Auteur dramatique italien (1749-1803). Dans ses tragédies, il analyse la tyrannie.

saint **Alfred le Grand** ■ Roi anglo-saxon (849 - 899). Il favorisa l'essor culturel de l'Église d'Angleterre.

Hannes **Alfvén** ■ Astrophysicien suédois (né en 1908). Physique des plasmas. Prix Nobel 1970.

Algazel ou *al-***Ghazālī** ■ Penseur arabe d'origine iranienne (1058-1111). Il concilia la théologie avec la mystique de l'islam.

Alger ■ Capitale de l'Algérie. 1,72 million d'hab. *(les Algérois)*. Capitale des corsaires sous domination turque (XVIe s.), siège du gouvernement colonial français (1830-1962), pôle de la lutte des Alliés contre l'Allemagne de 1942 à 1944 (⇒ **Giraud**). La ville fut aussi le théâtre des événements de la guerre d'*Algérie : bataille d'Alger, 1957 ; putsch des généraux, 1961.

*l'***Algérie** n. f. ■ État (république démocratique et populaire) d'Afrique du Nord, sur la Méditerranée. 2 381 741 km². 24,5 millions d'hab. *(les Algériens)* : 60 % ont moins de 20 ans. Capitale : Alger. Langues : arabe (officielle), berbère, français. Religion officielle : islam. Monnaie : dinar algérien. Le désert saharien occupe sept huitièmes du territoire, coupé du littoral par les montagnes. Le pétrole (gisement d'Hassi Messaoud) et le gaz naturel fournissent des ressources importantes. Le pays donne, dans le cadre d'une économie planifiée, la priorité à l'industrialisation, mais cette orientation est rééquilibrée en faveur de l'agriculture. ▭ **HISTOIRE.** Comme l'ensemble du monde méditerranéen, la région fut romanisée, puis christianisée : saint *Augustin était évêque d'Hippone, près de l'actuelle *Annaba. Après les invasions vandales (Ve s.) et byzantines (VIe s.), les Arabes conquirent le territoire et répandirent l'*islam (VIIIe s.), mais ils se heurtèrent à la résistance berbère qui se manifestait dans l'adhésion au *kharidjisme (royaume de Tlemcen). Le pays fut morcelé entre les émirats indépendants et les principautés kharidjites. À partir du XIe s., l'ensemble du Maghreb fut réuni sous l'autorité des dynasties berbères islamisées : *Almoravides puis (1147) *Almohades (⇒ **Maroc**). Leur empire, divisé dès le XIIIe s., ne résista pas à l'offensive des Espagnols puis surtout des Ottomans (1554), qui firent de l'Algérie une régence. La domination turque cessa avec la prise d'Alger par *Bourmont (1830). De l'occupation restreinte, les Français passèrent à l'occupation totale du pays, au terme d'une guerre difficile (⇒ **Bugeaud, Abd el-Kader**). La colonisation, amorcée dès 1840, connut un essor remarquable (organisation administrative, viticulture) ; mais elle ne réussit pas à assimiler les élites algériennes, ni culturellement (malgré l'œuvre du cardinal *Lavigerie), ni politiquement. Les mouvements nationalistes, nés pendant l'entre-deux-guerres (⇒ Farḥāt **'Abbās, Messali Hadj**), jugèrent la politique coloniale insuffisante (retard de l'agriculture, de l'industrie, de la scolarisation). Le 1er novembre 1954, une insurrection déclencha la guerre d'Algérie (voir ci-dessous) qui aboutit en 1962 à l'indépendance. Le président de la jeune République algérienne démocratique et populaire, *Ben Bella, fut renversé en 1965. *Boumediene lui succéda et lança (1966) un programme de nationalisations. Le président *Chadli (élu en 1979, démissionnaire en 1992), après avoir libéré Ben Bella (1981), fit approuver ses réformes et une nouvelle Constitution (1990). L'instauration du multipartisme favorisa la montée de l'intégrisme musulman (création du F.I.S. : Front islamique du salut qui fut interdit en 1992 après les élections qu'il venait de remporter). ► *la guerre d'***Algérie** (1954-1962). Guerre d'indépendance des nationalistes algériens contre l'autorité française. Elle commença par une série d'attentats, qui firent connaître le Front de libération nationale (*F.L.N.). Après l'échec d'une politique de conciliation, le général Massu fut chargé du maintien de l'ordre par la force (bataille d'Alger, 1957). Craignant un revirement de l'opinion internationale et des Français de métropole, la population européenne envahit le gouvernement général (13 mai 1958) et obtint des militaires la constitution d'un Comité de salut public. La crise politique qui en résulta marqua la fin de la IVe République et le retour au pouvoir du général de *Gaulle. Ce dernier engagea rapidement des négociations avec le Gouvernement provisoire de la République algérienne (G.P.R.A.) qui aboutirent aux accords d'Évian (mars 1962) : cessez-le-feu, reconnaissance de l'indépendance. Plus de 1 million de Français d'Algérie regagnèrent précipitamment la métropole. Certains s'opposèrent violemment à cette évolution : tentative de putsch des généraux Challe, *Salan, Jouhaud et Zeller, à Alger (avril 1961) ; création et action terroriste de l'*O.A.S. 〈 ► algérien 〉

Algésiras, en espagnol ***Algeciras*** ■ Ville et port d'Espagne (*Andalousie). 97 200 hab.

les ***Algonquiens*** ■ Regroupement de tribus amérindiennes comprenant les Algonquins, les Sauteux et les *Outaouais. Vivant de chasse et de pêche, ils occupaient la région de la rivière des Outaouais et le nord du lac *Huron. Ils sont aujourd'hui dans les régions québécoises de l'*Abitibi, du Témiscamingue et de Pontiac.

*l'****Alhambra*** ■ ⇒ **Grenade.**

'Alī ■ Quatrième calife musulman, époux de Fāṭima, la fille de *Mahomet (v. 600-661). Son règne est à l'origine des grands schismes de l'islam : évincé par les *Omeyyades (auxquels les *chiites refusent le titre de calife), il fut assassiné par un *kharidjite.

Ali Baba ■ Dans "*les *Mille et Une Nuits*", pauvre artisan qui ouvre la caverne des quarante voleurs en prononçant « Sésame, ouvre-toi » et s'empare des richesses qui s'y trouvent entassées.

Alicante ■ Ville d'Espagne (communauté autonome de *Valence). 266 000 hab.

Aliénor d'Aquitaine ■ Reine de France puis d'Angleterre (v. 1122-1204). Répudiée par son époux Louis VII, elle se remaria avec Henri II d'Angleterre en 1152, faisant ainsi passer l'Aquitaine sous domination anglaise. D'où la rivalité entre les rois de France et les *Plantagenêts.

Allah ■ Nom du dieu unique dans le *Coran. ⇒ **islam.**

Allahābād ■ Ville de l'Inde (*Uttar Pradesh). 620 000 hab.

Alphonse ***Allais*** ■ Écrivain humoriste français (1854-1905).

Maurice ***Allais*** ■ Économiste français de tendance néo-libérale (né en 1911). Prix Nobel 1988.

Marc ***Allégret*** ■ Cinéaste français, ami de *Gide (1900-1973). "*Entrée des artistes*". □ *Yves* ***Allégret,*** son frère (1907-1987), était également cinéaste. "*Les Orgueilleux*".

Gregorio ***Allegri*** ■ Compositeur italien (1582-1652). Auteur d'un célèbre "*Miserere*" pour neuf voix.

*l'****Allemagne*** n. f. ■ Pays d'Europe centrale, bordé par la Baltique et la mer du Nord, divisé en deux républiques indépendantes de 1949 à 1990 : la *R.F.A. et la *R.D.A. Formée d'une vaste plaine au nord, de montagnes moyennes et de bassins au centre, d'une zone alpine et subalpine au sud, l'Allemagne bénéficie d'un climat de transition (influences océaniques et alpines), continental modéré. ▭ **HISTOIRE.** Issu de la *Germanie, le Saint Empire romain germanique, créé en 962, était morcelé en féodalités ; tourné vers l'Italie, il avait l'ambition d'une monarchie universelle placée sous le double gouvernement du pape et de l'empereur. À la suite de la querelle des *Investitures et de la mort de Frédéric II (1250), cet idéal fut abandonné au profit de l'expansion vers l'est et le nord. Après un demi-siècle de rivalités entre les princes, la dynastie du Luxembourg (1308) puis celle des *Habsbourg (1438) redéfinirent l'empire : renoncement à Rome, autorité renforcée de l'empereur. Lieu de naissance de la *Réforme (1521), l'Allemagne fut déchirée par les luttes religieuses et le conflit entre la maison d'Autriche et la maison de France (⇒ guerre de **Trente Ans**). Le traité de Westphalie (1648) ruina tout espoir d'unification en morcelant l'Allemagne qui ne reprit son essor que sous l'impulsion de la *Prusse, au XVIIIe s. La guerre de *Succession d'Autriche puis les guerres révolutionnaires et napoléoniennes consacrèrent la prépondérance de la Prusse sur les autres États allemands. À l'instigation de Napoléon Ier, qui voulait faire disparaître définitivement le Saint Empire romain germanique, une *Confédération du Rhin fut créée en 1806, remplacée en 1815 au congrès de *Vienne par une *Confédération germanique. Encore renforcée par l'échec de l'idéologie révolutionnaire qui se répand en Europe en 1848, la monarchie prussienne s'enhardit : *Bismarck bâtit contre l'Autriche la Confédération de l'Allemagne du Nord inspirée de la Confédération germanique (1866) ; la victoire sur la France (1870) permit l'unification du Nord et du Sud (de part et d'autre du Main), sous l'autorité de Guillaume Ier, qui se fit proclamer empereur d'Allemagne à Versailles (1871) ; ce fut le « IIe Reich », le « Ier Reich » désignant le Saint Empire. L'Allemagne s'engagea avec toute sa puissance dans la Première *Guerre mondiale (1914-1918), mais sa défaite marqua la fin du IIe Reich et l'instauration de la « république de Weimar » (1919-1933) – à la suite de l'échec de la révolution spartakiste (⇒ **Spartakus**) –, qui fut fragilisée par les exigences des vainqueurs et surtout la crise économique de 1929 ; la misère et le chômage facilitèrent l'essor du parti national-socialiste. *Hitler, chef du parti, appelé au pouvoir en 1933, instaura le

IIIᵉ Reich, dictature expansionniste (⇒ **Anschluss**) et nationaliste qui mena le pays à la Seconde *Guerre mondiale. D'abord invincibles, l'Allemagne nazie et ses alliés ne purent résister à la pression des Soviétiques (*Stalingrad, 1943), des Américains, des Britanniques et des Français ; vaincu, le pays fut partagé en quatre zones d'occupation (1945). L'évolution des rapports entre les Soviétiques et les Occidentaux aboutit (1949) à la constitution de deux États, la R.D.A. et la R.F.A., qui se sont réunifiés en 1990, la R.D.A. disparaissant. □ *la République fédérale d'***Allemagne** ou ***R.F.A.***, en allemand ***Bundesrepublik Deutschland*** ou ***B.R.D.*** État d'Europe centrale constitué de seize États (land, pl. : länder) fédérés (*Bade-Wurtemberg, Basse-*Saxe, *Bavière, *Berlin, *Brandebourg, *Brême, *Hambourg, *Hesse, *Mecklembourg-Poméranie-Occidentale, *Rhénanie-du-Nord-Westphalie, *Rhénanie-Palatinat, *Sarre, *Saxe, *Saxe-Anhalt, *Schleswig-Holstein, *Thuringe). 356 954 km². 79 millions d'hab. *(les Allemands)*. Capitale : Berlin. Siège du gouvernement : Bonn. Langue : allemand. Monnaie : deutsche Mark. La R.F.A. est une république parlementaire comprenant deux assemblées (*Bundestag, *Bundesrat), un président de la République – représentant de l'unité nationale – et un chancelier qui dirige le gouvernement. Première puissance économique européenne, la R.F.A. a une économie très diversifiée : sidérurgie – localisée dans la Ruhr – industries mécanique et électrique, électronique, automobile, chimie ; c'est aussi une puissance commerciale qui en fait le premier exportateur mondial. ▭ HISTOIRE. Une fois imposée la division de l'Allemagne en deux États (1949), les dirigeants démocrates-chrétiens (*Adenauer, *Erhard) entreprirent de reconstruire le pays avec l'aide américaine (plan *Marshall), reconstruction qui fut un grand succès. Ce « miracle » économique s'accompagna de l'intégration de la R.F.A. à l'Europe occidentale : adhésion à l'O.T.A.N. (1955), construction européenne (Conseil de l'*Europe en 1950, *C.E.E. en 1957), réconciliation franco-allemande (1963). Puis le chancelier social-démocrate Willy *Brandt amorça une politique de détente vers l'Est (Ostpolitik) qui aboutit à la reconnaissance de la R.D.A. en 1972. Au cours des années suivantes, la R.F.A. dut affronter des attentats terroristes (*Fraction armée rouge), puis assista à la naissance d'un important mouvement écologiste (les Verts). Les événements survenus en *R.D.A. (1989) entraînèrent la réunification allemande (1990). Le démocrate-chrétien H. *Kohl, au pouvoir depuis 1982, fut reconduit dans ses fonctions de chancelier de l'Allemagne réunifiée à l'issue des élections de 1990. □ *l'***Allemagne de l'Est**. ⇒ **R.D.A.**

Jean **Allemane** ■ Homme politique français (1843-1935). Député, il créa le parti ouvrier socialiste révolutionnaire.

Woody **Allen** ■ Cinéaste et acteur américain (né en 1935). Son œuvre mêle l'humour juif, la satire des intellectuels, la tendresse et la gravité. "*Annie Hall*" ; "*la Rose pourpre du Caire*".

Salvador **Allende** ■ Homme politique chilien (1908-1973). Élu président de la République (socialiste) en 1970, il se suicida lors du coup d'État du général *Pinochet.

*la Sainte-***Alliance** ■ Pacte signé en septembre 1815, fondé sur un idéal chrétien commun entre le tsar Alexandre Iᵉʳ (orthodoxe), l'empereur d'Autriche François Iᵉʳ (catholique) et le roi de Prusse Frédéric-Guillaume III (protestant). □ *la Quadruple-***Alliance**, traité prolongeant la Sainte-Alliance, entre l'Angleterre, l'Autriche, la Prusse et la Russie (novembre 1815), et lui donnant sa dimension politique d'union contre la France.

*la Triple-***Alliance** ou **Triplice** ■ Traité d'alliance défensive (1882) entre l'Autriche-Hongrie, l'Allemagne et l'Italie. Il cessa en 1915, lorsque l'Italie se joignit aux Alliés.

*l'***Allier** n. m. ■ Rivière de France qui donne son nom à un département de l'Auvergne.

Alma ■ Ville du Québec. 27 100 hab. Aluminerie. Hydroélectricité. Pâtes et papier.

Alma-Ata ■ Ville de la C.É.I., capitale du *Kazakhstan. 1,1 million d'hab. Centre scientifique et industriel.

Almería ■ Ville et port d'Espagne (*Andalousie). 157 000 hab.

les **Almohades** ■ Souverains berbères qui régnèrent sur la moitié de l'Espagne et la totalité du Maghreb de 1147 à 1269.

Paul **Almond** ■ Cinéaste canadien (né en 1931). Plusieurs de ses films, souvent teintés de mysticisme, ont remporté des prix au Canadian Film Awards.

les **Almoravides** ■ Souverains berbères qui régnèrent sur l'ouest de l'Afrique du Nord et l'Espagne musulmane du milieu du XIᵉ s. à 1147.

*la baie d'***Along** ■ Site touristique du Viêt-nam, célèbre par les rochers calcaires émergeant dans la baie.

Alost, en néerlandais **Aalst** ■ Ville de Belgique (*Flandre-Orientale). 76 700 hab. Mairie du XIIᵉ s.

les **Alpes** n. f. pl. ■ Le plus important massif montagneux d'Europe (1 000 km, de la Yougoslavie à la France), datant de l'époque tertiaire. Point culminant : le mont Blanc, 4 807 m. Profondes vallées élargies au quaternaire. L'économie, fondée sur l'élevage et la forêt, a été rénovée par l'hydroélectricité et le tourisme (sports d'hiver). *Les Alpes allemandes, autrichiennes, italiennes, suisses.* Les *Alpes françaises* ont donné leur nom à trois départements : *les Alpes-de-Haute-Provence, les Hautes-Alpes et les Alpes-Maritimes.* ‹ ▸ alpage, alpestre, alpin ›

Jean-Charles **Alphand** ■ Ingénieur français (1817-1891). Collaborateur d'*Haussmann, il aménagea de nombreux parcs parisiens (bois de Boulogne).

*l'***Alphée** n. m. ■ Fleuve de Grèce et dieu-fleuve de l'Oubli, dans la mythologie.

Alphonse ■ NOM DE PLUSIEURS SOUVERAINS ESPAGNOLS □ ***Alphonse V le Grand*** (1396-1458), roi d'*Aragón, premier roi des Deux-Siciles (Naples et Sicile). □ ***Alphonse VI*** (v. 1040-1109), roi de *León et de *Castille, reprit *Tolède aux Maures. □ ***Alphonse X le Sage*** (1221-1284), roi de León et de Castille, « empereur » germanique pendant le Grand Interrègne (1257-1275), juriste, astronome, écrivain, considéré comme le fondateur de la langue nationale, le castillan. □ ***Alphonse XIII*** (1886-1941), roi d'Espagne de 1902 à 1931, contraint à l'exil par la victoire électorale des républicains.

les **Alpilles** n. f. pl. ■ Petite chaîne montagneuse de *Provence, située entre Avignon et Arles, site des *Baux-de-Provence (France).

*l'***Alsace** n. f. ■ Région administrative et économique de l'est de la France, formée de deux départements : le Bas-Rhin et le Haut-Rhin. 8 332 km². 1,62 million d'hab. *(les Alsaciens)*. Préfecture : Strasbourg. Région fortement urbanisée. Industries mécanique automobile, chimique, alimentaire (brasseries). Mines de potasse. Vignobles, céréales, tabac. Région carrefour au cœur de la *C.E.E. grâce à l'axe formé par le Rhin et le grand canal d'Alsace, elle développe sa fonction tertiaire mais souffre de l'attraction des villes allemandes (notamment pour la main-d'œuvre). ▭ HISTOIRE. La région administrative coïncide avec l'ancienne province d'Alsace, conquise par les Romains (58 av. J.-C.), territoire alaman au VIe s., intégré à l'Empire carolingien (v. 745) puis à la Lotharingie (843) et à la Germanie (dès 870). L'Alsace fut un foyer de la Renaissance allemande et de la Réforme. Le traité de Westphalie (1648) et la création, sous la Révolution, des départements du Rhin intégrèrent la région à la France. Annexée à l'Allemagne après la défaite française de 1870, libérée en 1918, occupée à nouveau de 1940 à 1945, l'Alsace fut au cœur des guerres franco-allemandes. Sa capitale Strasbourg est le symbole d'une reconstruction européenne (siège du Conseil de l'Europe et de l'Assemblée européenne). □ *l'**Alsace-Lorraine**.* Territoires annexés à l'Empire allemand en 1871, réoccupés en 1940 : Bas-Rhin, Haut-Rhin (moins le Territoire de Belfort), Moselle (moins le bassin de Briey), Sarrebourg et Château-Salins. □ *le ballon d'**Alsace**.* Sommet des *Vosges. 1 247 m. □ *la porte d'**Alsace**.* Seuil entre les plaines du Rhin et de la Saône, connu aussi sous le nom de « trouée de Belfort ». ‹ ▶ alsacien ›

*l'**Altaï*** n. m. ■ Ensemble montagneux, à la frontière de la Russie, de la Mongolie et de la Chine.

*les grottes d'**Altamira*** ■ Site préhistorique d'Espagne (*Cantabrie), célèbre pour ses peintures (bisons, faons...) du magdalénien.

Altdorf ■ Ville de Suisse, chef-lieu du canton d'*Uri. 8 200 hab.

*Albrecht **Altdorfer*** ■ Peintre et graveur allemand (v. 1480-1538). Dans ses scènes historiques et religieuses, il donna une place prépondérante au paysage. "*La Bataille d'Alexandre*".

*Louis **Althusser*** ■ Philosophe marxiste français (1918-1990).

*l'**Altiplano*** ■ Haute plaine (4 000 m) des Andes, située principalement en Bolivie. Richesses minières.

*Jorge **Amado*** ■ Romancier brésilien (né en 1912). Il évoque surtout sa ville, Salvador de Bahia. "*Bahia de tous les saints*".

Amadora ■ Ville du Portugal. 95 500 hab.

Amapá ■ État (depuis 1990) côtier de l'extrême nord du Brésil. 142 359 km². 248 000 hab. Capitale : Macapá (89 000 hab.).

Amarāvatī ■ Ville de l'Inde (*Andhra Pradesh), située sur la rivière *Krishnā. Grand centre bouddhique jusqu'au IXe s.

Amarillo ■ Ville des États-Unis (*Texas). 149 000 hab. Région agricole.

*l'**Amazone*** n. f. ■ Fleuve d'Amérique du Sud, le premier du monde par la superficie de son bassin et par son débit ; le second, après le Nil, pour sa longueur (6 400 km). Né dans les *Andes, il traverse le Pérou, le Brésil et se jette dans l'Atlantique. ▶ *l'**Amazonie*** n. f. Bassin de l'Amazone (plus de 6 millions de km²) couvert de forêts tropicales, encore peu exploitées. Les Indiens d'Amazonie sont l'une des dernières sociétés primitives, peu à peu chassées par la construction des routes « transamazoniennes ». □ *l'**Amazone*** ou ***Amazonas***. État du nord-ouest du Brésil. 1 567 954 km². 1,94 million d'hab. Capitale : Manaus.

*les **Amazones*** n. f. ■ Peuple de femmes guerrières, dans la mythologie grecque, souvent représentées à cheval. *Héraclès conquit la ceinture de leur reine. ‹ ▶ amazone ›

Ambato ■ Ville de l'Équateur. 221 000 hab.

Amboise ■ Ville de France (région de la Loire). 11 500 hab. *(les Amboisiens)*. Le château (fin XVe s.) était une résidence royale pendant la Renaissance.

*saint **Ambroise*** ■ Haut fonctionnaire romain, évêque de Milan, Père et docteur de l'Église (v. 339-397).

Aménophis ■ NOM DE QUATRE PHARAONS □ ***Aménophis III*** régna de 1417 à 1379 av. J.-C. et permit l'apogée artistique de l'Égypte. □ ***Aménophis IV***, son fils. ⇒ **Akhenaton.**

*l'**Amérique*** n. f. ■ Ensemble de deux masses continentales (l'Amérique du Nord et l'Amérique du Sud) reliées par un isthme (l'Amérique centrale). 42 millions de km², entre l'Atlantique et le Pacifique, étirés sur 18 000 km entre les deux pôles. C'est, d'ouest en est, la succession de montagnes jeunes, de vastes plaines sédimentaires et de montagnes anciennes. L'extension en latitude explique la diversité des climats ; si les climats froids et tempérés dominent en Amérique du Nord, en revanche l'Amérique du Sud et centrale se caractérise principalement par un climat tropical ou équatorial. La population (713 millions d'hab.) est très mélangée, à dominante européenne dans le Nord. L'économie de l'Amérique du Nord repose sur une agriculture à haute productivité et d'énormes ressources naturelles alimentant une puissante industrie (⇒ **Canada, États-Unis**). Le développement de l'Amérique du Sud est beaucoup plus difficile : emprise des États-Unis, endettement, faiblesse de l'infrastructure, démographie « galopante » (⇒ **Argentine, Brésil, Chili, Mexique,** etc.). ▭ HISTOIRE. Avant la « découverte » de ce continent par Christophe *Colomb, de grands empires (*Mayas, *Toltèques, *Aztèques, *Incas) se succédèrent en Amérique centrale et dans les Andes, le reste du continent étant moins peuplé (tribus indiennes en Amérique du Nord et dans l'Amazonie). À partir de 1492, l'Espagne et le Portugal colonisent le Sud et le Centre (l'Amérique latine, très catholique aujourd'hui) ; la France (Québec, Louisiane) et surtout la Grande-Bretagne s'approprient le Nord. Les colonies anglaises se révoltent : guerre d'Indépendance des États-Unis (1776-1783). Au XIXe s., l'Amérique latine se fractionne en une vingtaine d'États marqués par une instabilité politique chronique. ‹ ▶ américain ›

*le baron Jeffrey **Amherst*** ■ Général anglais (1717-1797). Au titre de commandant en chef de l'armée anglaise en Amérique du Nord, il reçut, en 1760, la capitulation de la Nouvelle-France.

*Henri Frédéric **Amiel*** ■ Écrivain suisse d'expression française (1821-1881). "*Journal intime*" (fragments posthumes).

Amiens ■ Ville du nord de la France. 136 200 hab. *(les Amiénois)*. Vaste cathédrale gothique (XIIIe s.). Activités tertiaires. Industries automobile et chimique. La *paix d'Amiens* (1802) marqua une trêve dans les guerres entre Napoléon et l'Angleterre.

Amilcar ■ ⇒ **Hamilcar Barca.**

*Idi **Amin Dada*** ■ Officier et homme politique ougandais (né en 1924 ou 1925). Chef de l'État de 1971 à 1979, il instaura une véritable terreur et fut renversé.

*les îles de l'**Amirauté*** ■ Îles mélanésiennes (découvertes en 1616) de l'archipel *Bismarck appartenant à la *Papouasie-Nouvelle-Guinée. 25 800 hab.

*Kingsley **Amis*** ■ Écrivain anglais (né en 1922). "*Jim la Chance*" ("Lucky Jim").

Amman ■ Capitale de la Jordanie. 900 000 hab. Ruines romaines.

Amnesty International ■ Organisation de défense des droits de la personne, fondée en 1961. Prix Nobel de la paix 1977 (au Québec, on écrit *Amnestie internationale*).

Amon ■ Dieu de l'Égypte antique. Son ascension fut liée à celle de *Thèbes (*Karnak) et déclina au profit d'*Osiris après la domination assyrienne (VIIe s. av. J.-C.). Identifié à Rê sous le nom d'*Amon-Rê.*

les ***Amorrites*** ■ Peuple sémitique. Au IIe millénaire av. J.-C., il fonda une dynastie à *Babylone.

Amos ■ Centre administratif en *Abitibi (Québec). 10 000 hab.

*l'****Amou-Daria*** n. m. ■ Fleuve d'Asie né en Afghanistan, traversant le Turkménistan et l'Ouzbékistan. 2 540 km. Il se jette dans la mer d'*Aral.

*l'****Amour*** ou ***Heilong Jiang*** n. m. ■ Fleuve frontière entre la C.É.I. et la Chine. 4 354 km.

Amoy ■ ⇒ **Xiamen.**

André Marie ***Ampère*** ■ Physicien et mathématicien français (1775-1836). Contributions fondamentales à l'étude de l'électricité : son nom a été donné à l'unité de courant électrique. ⟨ ▶ ampère ⟩

Amphitrite ■ Déesse de la Mer, dans la mythologie grecque, et épouse de *Poséidon.

Amphitryon ■ Roi de la mythologie grecque. *Zeus prit son apparence pour séduire son épouse Alcmène, qui donna naissance à *Héraclès. *Plaute, *Molière et *Giraudoux en ont tiré des comédies. ⟨ ▶ amphitryon ⟩

Amritsar ■ Ville sainte des sikhs (Temple d'or des XVIe - XVIIIe s.), en Inde (*Pendjab). 595 000 hab.

Amsterdam ■ Capitale et port des Pays-Bas, en *Hollande-Septentrionale. 695 000 hab. *(les Amstellodamois).* Centre financier, intellectuel (université, édition) et touristique : nombreux canaux, monuments, quartiers anciens, musées (Rijksmuseum). Taille de diamants. Industries mécanique, chimique et alimentaire. ▭ **HISTOIRE.** Elle adhéra à la *Hanse (XIVe s.), devint un centre de commerce important au XVe s., de dimension mondiale au XVIIe s. (fondation de la Compagnie des Indes orientales en 1602 et de la banque d'Amsterdam en 1609). Patrie de *Spinoza.

l'île ***Amsterdam*** ■ Île française (terres *Australes) située dans le sud de l'océan Indien. 55 km². Environ 40 scientifiques y sont en poste.

Roald ***Amundsen*** ■ Explorateur norvégien (1872-1928). Il franchit le premier (1906) le passage du *Nord-Ouest, et mena la première expédition au pôle Sud (1911).

Jacques ***Amyot*** ■ Humaniste français (1513-1593). Traducteur de *Plutarque et de *Longus.

An ■ ⇒ **Enlil.**

*l'****anabaptisme*** n. m. ■ Mouvement protestant, apparu en Allemagne au XVIe s. ▶ *les* ***anabaptistes*** ne pratiquaient que le baptême des adultes. Ils furent persécutés par *Luther et *Charles Quint.

Anacréon ■ Poète grec (v. 582 - v. 485 av. J.-C.). Inspirateur d'une poésie gracieuse dite *anacréontique.*

Anaheim ■ Ville des États-Unis (*Californie). 219 000 hab. Parc d'attractions de Disneyland.

*l'****Anatolie*** n. f. ■ Ancien nom de l'*Asie Mineure, donné aujourd'hui à la Turquie d'Asie.

Anaxagore ■ Philosophe et penseur grec (v. 500-v. 428 av. J.-C.). Il introduisit l'idée d'une intelligence ordonnatrice de la nature.

Anchorage ■ La plus grande ville d'*Alaska (États-Unis). 174 000 hab. Aéroport.

*L'****Ancienne-Lorette*** ■ Ville de la banlieue de Québec. 13 200 hab.

*l'****Ancien Régime*** n. m. ■ Régime politique (monarchie absolue), économique et social de la France, qui se mit progressivement en place à partir du XIVe s. et fut aboli en 1789 (⇒ la **Révolution française**).

le Conseil des ***Anciens*** ■ L'une des deux assemblées législatives du *Directoire (France).

la querelle des ***Anciens et des Modernes*** ■ Polémique littéraire (1670-1715) pendant laquelle les écrivains français discutèrent de la prééminence des écrivains modernes (avis de *Perrault, *Fontenelle) ou des auteurs de l'Antiquité (opinion de *Boileau, *Racine, *La Fontaine, *La Bruyère).

Ancône, en italien ***Ancona*** ■ Ville et port d'Italie, capitale des *Marches. 104 000 hab.

Ancyre ■ Nom d'*Ankara dans l'Antiquité.

*l'****Andalousie*** n. f., en espagnol ***Andalucía*** ■ Région historique et communauté autonome du sud de l'Espagne. 87 268 km². 6,8 millions d'hab. *(les Andalous).* Capitale : Séville. Riche province carthaginoise puis romaine, royaume barbare, cœur de l'Espagne maure (califat de *Cordoue, royaume de *Grenade), elle fut la dernière province rattachée au royaume catholique, en 1492. Tourisme, agriculture, pêche (chantiers navals de *Cadix).

les îles ***Andaman et Nicobar*** ■ Îles indiennes, dans le golfe du Bengale, formant un territoire de l'Union. 8 249 km². 189 000 hab. Capitale : Port Blair.

Les ***Andelys*** ■ Ville de France (*Normandie). 8 600 hab. *(les Andelysiens).* Ruines du Château-Gaillard (construit par Richard Cœur de Lion).

Anderlecht ■ Commune de Belgique (*Brabant), dans l'agglomération de Bruxelles. 92 900 hab. Maison d'*Érasme.

Hans Christian ***Andersen*** ■ Écrivain danois (1805-1875). "*Contes*" *(« La petite sirène », « Le vilain petit canard », « Le costume neuf de l'empereur », « La petite marchande d'allumettes »...).*

Sherwood ***Anderson*** ■ Écrivain américain (1876-1941). Lié avec *Faulkner et *Hemingway. "*Pauvre blanc*".

les ***Andes*** n. f. pl. ■ Chaîne montagneuse couvrant le tiers occidental de l'Amérique du Sud (8 000 km de long). Point culminant (de l'Amérique) : l'*Aconcagua. Agriculture vivrière. L'*Altiplano possède de grandes richesses minières qui sont peu exploitées.

*l'****Andhra Pradesh*** n. m. ■ État du sud-est de l'Inde. 275 608 km². 53,4 millions d'hab. Capitale : Hyderābād. Culture du riz.

*l'****Andorre*** n. f. ■ Principauté des Pyrénées, sous la souveraineté conjointe, depuis 1278, du chef de l'État français et de l'évêque d'Urgel en Espagne. 468 km². 50 000 hab. *(les Andorrans).* Langue officielle : catalan. Religion officielle : catholicisme. Monnaies : franc français et peseta espagnole. Tourisme, commerce. □ ***Andorre-la-Vieille,*** capitale. 15 600 hab.

Gyula ***Andrássy l'Aîné*** ■ Homme politique hongrois (1823-1890). Ministre des Affaires étrangères de l'Empire austro-hongrois de 1871 à 1879.

saint ***André*** ■ Un des apôtres du Christ, crucifié. On appelle *croix de Saint-André* une croix en X.

Alfred Bessette dit *frère* ***André*** ■ Religieux québécois (1845-1937). Surnommé le "thaumaturge du Mont-Royal", il est à l'origine de la construction de l'oratoire de Saint-Joseph à Montréal.

Andrea del Sarto ■ ⇒ Andrea **del Sarto.**

Lou ***Andreas-Salomé*** ■ Écrivaine allemande (1861-1937). Amie de *Nietzsche, *Rilke et *Freud.

Leonid ***Andreïev*** ■ Écrivain russe (1871-1919). Il se prononça contre la Révolution et émigra en Finlande. "*Le Gouffre*".

Giulio ***Andreotti*** ■ Homme politique italien (né en 1919). Plusieurs fois Premier ministre depuis 1972.

Ivo ***Andrić*** ■ Écrivain yougoslave (1892-1975). Prix Nobel 1961. "*Il est un pont sur la Drina*".

Andrinople, aujourd'hui ***Edirne*** ■ Ville de Turquie. 72 000 hab. Capitale de l'Empire ottoman de 1413 à 1458.

Androclès ■ Esclave romain (Ier s.). Selon l'écrivain latin Aulu-Gelle, il aurait soigné un lion qui le reconnut et l'épargna dans l'arène.

Andromaque ■ D'après l'"*Iliade*", femme du prince troyen *Hector, captive puis épouse du roi grec *Pyrrhos. Elle a inspiré *Euripide et *Racine.

Andromède ■ Princesse de la mythologie grecque qui a donné son nom à une constellation de l'hémisphère boréal, qui comprend la *nébuleuse d'Andromède,* la seule visible à l'œil nu.

Iourii ***Andropov*** ■ Secrétaire général du parti communiste de l'U.R.S.S. de novembre 1982 à sa mort et président du Præsidium du Soviet suprême à partir de juin 1983 (1914-1984).

les ***Androuet Du Cerceau*** ■ FAMILLE D'ARCHITECTES FRANÇAIS □ *Baptiste* (1545-1590), architecte d'Henri III (plans du Pont-Neuf à Paris). □ *Jacques II* (v. 1550-1614), architecte d'Henri IV (grande galerie du *Louvre). □ *Jean Ier* (1585-1649), architecte de Louis XIII.

*l'****Angara*** n. m. ■ Rivière de *Sibérie, affluent de l'Iénisseï. 1 779 km. Hydro-électricité.

Fra ***Angelico*** ■ Peintre italien, dominicain (v. 1400-1455). Une grande spiritualité se dégage de son œuvre. Fresques du couvent de San Marco à Florence.

Angelus Silesius ■ Écrivain mystique allemand (1624-1677). "*Le Pèlerin chérubinique*".

Angers ■ Ville de l'ouest de la France. 146 200 hab. *(les Angevins).* Centre de commerce et de services. Petites industries. Capitale historique de l'*Anjou : nombreux monuments médiévaux.

la baie des ***Anges*** ■ Baie de la Méditerranée, au fond de laquelle se trouve Nice (France).

Angkor ■ Site monumental et archéologique du Cambodge, ancienne capitale des *Khmers du IXe au XVe s. Temple funéraire d'*Angkor Vat* (1113-1152), inachevé (nombreuses sculptures), et cité d'*Angkor Thom* (où se trouve le *Bayon), aujourd'hui en péril.

les ***Angles*** ■ Peuple germanique qui envahit l'île de Bretagne au Ve s. (d'où le nom d'*Angleterre*). ⟨ ▶ anglais ⟩

*l'****Angleterre*** n. f. ■ Partie centrale de l'île de Grande-Bretagne, le plus grand des pays *(country)* du Royaume-Uni (130 357 km²) et le plus peuplé. 46,3 millions d'hab. *(les Anglais).* Limité au nord par l'*Écosse et à l'ouest par le pays de *Galles, il est constitué de 46 comtés. Bassin sédimentaire bordé de massifs anciens (chaîne Pennine, plateau de *Cornouailles). Bénéficiant d'un climat océanique, le pays est favorable à l'agriculture et, surtout, à l'élevage laitier. D'importantes ressources en fer (aujourd'hui en déclin) et en charbon lui ont permis d'inaugurer la révolution industrielle et d'être la première puissance mondiale au XIXe s. ▭ **HISTOIRE.** À partir du Ve s., la province romaine de *Britannia* fut morcelée en royaumes barbares (Angles et Saxons). Après les invasions scandinaves (fin VIIIe s.), le conflit entre princes danois et saxons domina l'histoire de l'Angleterre, jusqu'à sa conquête par Guillaume, duc de Normandie (1066). En 1154, commença le règne des *Plantagenêts : il fut marqué par un long conflit avec les rois de France (qui débuta sous Richard Ier Cœur de Lion et culmina pendant la guerre de *Cent Ans) et par une lutte du pouvoir royal contre l'Église et les barons féodaux. La guerre des Deux-*Roses épuisa la féodalité anglaise et conduisit à la restauration d'un pouvoir monarchique fort par les *Tudors (1485). Le XVIe s. fut l'une des périodes les plus fastes de l'histoire du pays, qui devint une des premières puissances européennes, ravissant à l'Espagne la suprématie maritime. *Henri VIII substitua la religion anglicane (⇒ **anglicanisme**) au catholicisme (1534) ; le long règne d'*Élisabeth Ire fut une riche période artistique (⇒ **Shakespeare**). En 1707, l'acte d'Union remplaça les royaumes d'Angleterre et d'Écosse par un royaume de Grande-Bretagne. ⇒ **Grande-Bretagne.**

*l'****anglicanisme*** n. m. ■ Église officielle d'Angleterre, établie au XVIe s., après la rupture d'Henri VIII avec le pape Clément VII qui s'opposait à son divorce. Le roi en est le chef suprême. La doctrine anglicane est proche du calvinisme (⇒ **Calvin**) ; sa liturgie proche du catholicisme.

les îles ***Anglo-Normandes,*** en anglais ***Channel Islands*** ■ Archipel de la Manche, dépendant du Royaume-Uni, divisé en deux bailliages (*Jersey et *Guernesey). 194 km². 144 500 hab. Chefs-lieux : Saint-Hélier (sur Jersey), Saint-Pierre-Port (sur Guernesey). Langues officielles : français (Jersey), anglais (Guernesey). Autres îles : *Aurigny, *Sercq.

les ***Anglo-Saxons*** ■ Peuples germaniques (*Angles, Jutes, *Saxons) qui envahirent l'Angleterre au Ve s. ⟨ ▶ anglo-saxon ⟩

*l'****Angola*** n. m. ■ État (république populaire) de l'Afrique subtropicale, bordé par l'Atlantique. 1 246 700 km² (y compris la province de Cabinda [7 107 km²], encoche dans le territoire zaïrois). 9,73 millions d'hab. (*les Angolais,* bantous en majorité). Capitale : Luanda. Langue officielle : portugais. Monnaie : kwanza. Essentiellement montagneux, le pays développe des cultures tropicales (manioc, bananes, canne à sucre...). Pétrole, diamants. Ancienne colonie portugaise. Une guerre civile éclata dès l'indépendance, en 1975, opposant le pouvoir marxiste en place, appuyé par Cuba, aux forces soutenues par l'Afrique du Sud. Un processus de paix, engagé en 1989 avec le retrait des forces étrangères, aboutit en 1991 à la signature d'un accord entre le gouvernement et l'opposition.

Angoulême ■ Ville de l'ouest de la France. 46 200 hab. *(les Angoumoisins).* Activités tertiaires et industrie traditionnelle.

*Louis-Antoine de Bourbon duc d'****Angoulême*** ■ Fils de Charles X (1775-1844), dernier dauphin de France. Il dut laisser le trône à *Louis-Philippe. □ *Marie-Thérèse Charlotte d'****Angoulême,*** son épouse (1778-1851) dite « Madame Royale ».

Anders Jonas **Ångström** ■ Physicien suédois (1814-1874). Son nom a été donné à une unité de mesure, valant un dix-millième de micron. ‹ ► angström ›

les frères **Anguier** ■ Sculpteurs français. François (1604-1669) et Michel-André (v. 1613-1686).

Anguilla n. f. ■ Île des Petites *Antilles (îles *Sous-le-Vent) formant, avec les îlots environnants, un territoire dépendant du Royaume-Uni. 91 km². 7 300 hab. *(les Anguillais)*. Capitale : The Valley. Monnaie : dollar des Caraïbes de l'Est.

Anhui ou **Ngan-houei** ■ Une des 23 provinces chinoises, au centre ouest du pays. 139 900 km². 52,17 millions d'hab. Capitale : Hefei. Grand centre agricole et industriel.

*l'***Anjou** n. m. ■ Région historique de l'ouest de la France (⇒ **Angers**). ▭ HISTOIRE. La ***première maison d'Anjou*** est le berceau de plusieurs rois de Jérusalem (*Foulques et ses successeurs) et des *Plantagenêts, rois d'Angleterre. La ***deuxième maison d'Anjou***, fondée en apanage par Louis IX (1246) contre les prétentions anglaises, régna sur la Provence, Naples et la Sicile (Charles d'Anjou), la Hongrie (Carobert), la Pologne (Louis Ier) et Constantinople ; elle s'éteignit avec l'accession d'un des siens au trône de France, Philippe VI de Valois (1328). La ***troisième maison d'Anjou***, créée en apanage par *Jean le Bon (1360), anima une cour extrêmement brillante, notamment à Angers et Aix-en-Provence sous *René le Bon. L'Anjou fut rattaché définitivement à la Couronne de France en 1480.

Anjou ■ Ville du Québec, dans la banlieue de Montréal. 38 300 hab.

Ankara, autrefois **Ancyre** ■ Capitale de la Turquie depuis 1923. 2,25 millions d'hab. Cité importante sous l'Empire hittite (XVIe s. av. J.-C.), capitale de la province romaine de Galatie, christianisée, islamisée, Ancyre, appelée Angora (XIXe s.) puis Ankara, prit son importance moderne en devenant le siège du gouvernement de *Mustafa Kemal (1919).

Annaba, autrefois **Bône** ■ 2e port d'Algérie. 348 000 hab. Site de l'ancienne *Hippone.

*l'***Annam** n. m. ■ Partie centrale du Viêt-nam, plaine côtière entre la mer de Chine et la cordillère *Annamitique*. Ville principale : *Huê. Empire qui unifia le Viêt-nam au début du XIXe s. Ancienne colonie française (⇒ **Indochine**).

Annapolis ■ Capitale de l'État du *Maryland (États-Unis). 31 900 hab.

*l'***Annapūrna** n. m. ■ Un des principaux sommets de l'Himalaya. 8 078 m.

sainte **Anne** ■ D'après la tradition, la mère de la Vierge Marie.

Anne Boleyn ■ Reine d'Angleterre (1507-1536). Mère d'Élisabeth Ire et seconde épouse d'Henri VIII qui la fit exécuter.

Anne d'Autriche ■ Reine de France (1601-1666), fille de Philippe III d'Espagne. Épouse de Louis XIII en 1615, régente durant la minorité de son fils Louis XIV, de 1643 à 1651, avec l'appui de *Mazarin.

Anne de Bretagne ■ Duchesse de Bretagne, reine de France (1477-1514). Elle épousa Charles VIII en 1491 et Louis XII en 1499.

Anne de France ou **Anne de Beaujeu** ■ Fille de Louis XI, régente du royaume de France de 1483 à 1491, pendant la minorité de son frère cadet Charles VIII (1461-1522).

Anne Stuart ■ Reine d'Angleterre, d'Écosse et d'Irlande de 1702 à sa mort (1665-1714).

Annecy ■ Ville de France (*Savoie), au nord du *lac d'Annecy*. 51 100 hab. *(les Annéciens)*. Constructions mécaniques et électriques. Centre touristique, au pied des Alpes. Patrie de saint *François de Sales.

Annibal ■ ⇒ **Hannibal.**

Jean **Anouilh** ■ Auteur dramatique français (1910-1987). Il distingue dans son œuvre des « pièces noires » *("Antigone")*, des « pièces roses » *("le Bal des voleurs")*, des « pièces brillantes » *("Colombe")*, des « pièces grinçantes » *("la Valse des toréadors")*.

*l'***Anschluss** n. m. ■ Rattachement de l'Autriche à l'Allemagne, imposé par *Hitler en 1938.

saint **Anselme de Canterbury** ■ Théologien d'origine lombarde, primat d'Angleterre (v. 1033-1109). Auteur de la preuve ontologique de l'existence de Dieu, reprise par *Descartes et critiquée par *Kant.

Ernest **Ansermet** ■ Chef d'orchestre suisse (1883-1969).

Anshan ■ Ville de Chine (*Liaoning), dans l'ancienne *Mandchourie. 1,27 million d'hab. Grand centre sidérurgique.

Antalkidas ■ Général spartiate. Il signa avec les Perses la *paix d'Antalkidas* (386 av. J.-C.), dirigée contre Athènes.

Antananarivo, anciennement **Tananarive** ■ Capitale de Madagascar. 703 000 hab.

*l'***Antarctique** n. m. ou **Antarctide** n. f. ■ Continent centré sur le pôle Sud. 14,2 millions de km². Presque entièrement couvert de glaces, il n'a pour habitants que quelques géophysiciens. □ *l'océan-Glacial* **Antarctique** ou *océan* **Austral** réunit les océans Atlantique, Indien et Pacifique entre le cercle polaire austral et le continent antarctique. ‹ ► antarctique ›

Antée ■ Géant de la mythologie grecque, fils de la Terre (*Gaïa), vaincu par *Héraclès.

*l'***Anti-Atlas** ■ ⇒ l'**Atlas.**

Antibes ■ Ville de France, sur la *Côte d'Azur. 70 700 hab. *(les Antibois)*. ► *le cap d'***Antibes.** Presqu'île de la Méditerranée où se trouve Antibes. Centre touristique et culturel (festival de jazz).

*l'île d'***Anticosti** n. f. ■ Île du Québec, située à l'entrée du golfe du Saint-Laurent. 7 941 km². 280 hab.

*le cap d'***Antifer** ■ Promontoire de la côte du pays de Caux (*Normandie), près d'*Étretat. Avant-port pétrolier du *Havre (France).

Antigone ■ Dans la légende de Thèbes, fille d'*Œdipe. Elle rend les honneurs funéraires à son frère Polynice, malgré l'interdiction du roi *Créon, qui la condamne à mort. Elle a inspiré *Sophocle, *Cocteau, *Anouilh et *Brecht.

Antigonos Monophtalmos, en français **Antigonos le Borgne** ■ Général macédonien (382-301 av. J.-C.). Il tenta de reconstituer à son profit l'empire d'*Alexandre.

Antigua et Barbuda n. f. ■ Îles des Antilles, découvertes par C. *Colomb en 1493, constituant un État indépendant depuis 1981. 442 km². 78 400 hab. *(les Antiguais)*. Capitale : Saint John's (sur Antigua). Langues : anglais (officielle), créole. Monnaie : dollar des Caraïbes de l'Est. Ancienne colonie britannique (depuis 1632).

les **Antilles** n. f. pl. ■ Archipel qui s'étend sur 2 000 km, de l'entrée du golfe du Mexique aux côtes du Venezuela, et qui sépare la *mer des Antilles* (ou mer des Caraïbes) de l'océan Atlantique. On distingue Cuba, Haïti, la République *dominicaine, des États membres du Commonwealth, les Antilles américaines, britanniques, françaises (*Guadeloupe, *Martinique) et néerlandaises. Ces îles sont groupées en *Grandes Antilles* au Nord et *Petites Antilles* au Sud et à l'Est. ▶ *les* ***Antilles néerlandaises.*** Partie autonome des Pays-Bas constituée de plusieurs îles situées dans les îles du *Vent et dans les îles *Sous-le-Vent. 800 km². 183 000 hab. Capitale : Willemstad (sur *Curaçao). Langue : néerlandais. Monnaie : florin des Antilles néerlandaises. ‹ ▶ antillais ›

Antioche, aujourd'hui **Antakya** ■ Ville de Turquie. 94 000 hab. Une des principales cités grecques d'Orient dans l'Antiquité. Elle fut prise par les chevaliers francs à la première croisade (1098) et devint une principauté latine. Conquise par les musulmans en 1268, elle fait partie de la Turquie moderne depuis 1939.

Antiochos ■ NOM DE 13 ROIS SÉLEUCIDES DE SYRIE □ ***Antiochos III Mégas,*** allié d'*Hannibal contre les Romains, maître de l'Asie Mineure, vaincu par les frères Scipion (242 - 187 av. J.-C.).

Antiope ■ Femme de la mythologie grecque, séduite dans son sommeil par Zeus.

Antipatros ou **Antipater** ■ Général macédonien (v. 397 - 319 av. J.-C.). Régent de Macédoine pendant l'expédition d'*Alexandre le Grand en Asie.

les **Antipodes** n. f. pl. ■ Îles inhabitées de Nouvelle-Zélande, considérées comme le point le plus éloigné de la France.

Antofagasta ■ Ville et port du Chili. 205 000 hab. Nitrate et cuivre.

Marc **Antoine,** en latin **Marcus Antonius** ■ Homme politique romain (v. 82 - 30 av. J.-C.). Maître de Rome après la mort de *César, puis triumvir d'Orient, il voulut fonder avec *Cléopâtre un grand empire oriental. Vaincu par son rival *Octave à *Actium, en 31 av. J.-C.

Jacques Denis **Antoine** ■ Architecte *néo-classique français (1733-1801). Hôtel des Monnaies à Paris.

André **Antoine** ■ Homme de théâtre français (1858-1943). Fondateur du Théâtre-Libre, il introduisit le *naturalisme au théâtre.

saint **Antoine de Padoue** ■ Un des premiers franciscains (1195-1231). Très populaire, invoqué pour retrouver les objets perdus.

saint **Antoine le Grand** ■ Ermite égyptien (v. 251-356). Ses visions, rapportées par saint Athanase, ont inspiré les écrivains (*Flaubert) et les peintres (*Bosch).

Antonello da Messina ou **de Messine** ■ Peintre italien (v. 1430 - 1479). Influencé par l'art *flamand, il diffusa la technique de la peinture à l'huile en Italie. *"Condottiere".*

Ion **Antonescu** ■ Maréchal roumain (1882-1946). Chef de l'État fasciste de 1940 à 1944.

Antonin le Pieux ■ Empereur romain (86-161). Symbole de la « paix romaine », il régna de 138 à sa mort. ▶ *les* ***Antonins,*** dynastie des empereurs romains de 96 à 192.

Michelangelo **Antonioni** ■ Cinéaste italien (né en 1912). *"L'Avventura"* ; *"Blow Up".*

Anubis ■ Dieu funéraire de l'ancienne Égypte, représenté avec un corps d'homme et une tête de chacal, assimilé par les Grecs à *Hermès (Hermanubis).

Anvarī ■ Poète, considéré comme l'un des plus grands panégyristes de la littérature persane (v. 1126 - v. 1189).

Anvers, en néerlandais **Antwerpen** ■ Ville de Belgique. 476 000 hab. *(les Anversois)* ; banlieues : Berchem, Borgerhout. 2ᵉ centre industriel de Belgique, 2ᵉ port d'Europe (quatre cinquièmes du commerce national). Anvers était le plus grand centre économique européen au XVIᵉ s., et connut son apogée artistique au XVIIᵉ s. (résidence de *Rubens). ▶ *la province d'****Anvers,*** l'une des neuf provinces de Belgique. 2 867 km². 1,58 million d'hab. Chef-lieu : Anvers.

*l'****A.-O.F., Afrique-Occidentale française*** ■ ⇒ **Afrique.**

*le Val d'****Aoste,*** en italien **Valle d'Aosta** ■ Région autonome de l'Italie, dans les Alpes, à la frontière de la Suisse et de la France. 3 262 km². 115 000 hab. Population en partie francophone. ▶ ***Aoste,*** en italien ***Aosta,*** sa capitale. 37 600 hab.

la nuit du 4 **Août 1789** ■ Date de la Révolution française marquant l'abolition des privilèges par l'Assemblée *constituante.

les **Apaches** ■ Indiens du sud-ouest des États-Unis, qui, menés par Cochise puis Geronimo, luttèrent contre les colons américains (v. 1850 - 1880). ‹ ▶ apache ›

Apeldoorn ■ Ville des Pays-Bas (*Gueldre). 147 000 hab.

Apelle ■ Peintre grec, le plus célèbre de l'Antiquité (IVᵉ s. av. J.-C.). Ses œuvres, aujourd'hui perdues, ne sont connues que par les descriptions des Anciens.

*l'****Apennin*** n. m., ou les **Apennins** n. m. pl. ■ Chaîne montagneuse de l'Italie, des Alpes à la *Calabre, en passant par la Toscane. 1 400 km.

Aphrodite ■ Déesse grecque de la Beauté et de l'Amour, assimilée à la Vénus romaine. Sa naissance depuis l'écume de la mer, son union avec *Héphaïstos (Vulcain), ses amours avec *Adonis ou Anchise, le jugement de *Pâris ont inspiré les artistes et les poètes. ‹ ▶ aphrodisiaque ›

Apia ■ Capitale des Samoa occidentales. 33 200 hab. R.L. *Stevenson y est enterré.

Apis ■ Dieu funéraire d'Égypte, honoré à *Memphis sous la forme d'un taureau sacré.

*l'****Apocalypse*** n. f. ■ Le dernier livre du Nouveau Testament (⇒ **Bible**), attribué à saint *Jean.

les **Apocryphes** n. m. ■ ⇒ **Bible.**

Guillaume **Apollinaire** ■ Poète français (1880-1918). Transformant l'anecdote quotidienne en mythe, il fonde son lyrisme sur le rappel des formes et des rythmes traditionnels et sur une esthétique de la surprise. Il fut un des initiateurs de l'art moderne et du *surréalisme. *"Alcools".*

Apollo ■ Programme spatial américain (1961- 1975) dont l'objectif fut l'alunissage d'astronautes avant la fin de 1969 et qui fut atteint le 20 juillet 1969 (⇒ N. **Armstrong**).

Apollon ou **Phébus** ■ Dieu grec de la Lumière, de la Musique et de la Poésie, fils de Zeus et Léto, jumeau d'Artémis. Incarnation de la beauté masculine, il a inspiré de nombreuses statues antiques. Son plus célèbre sanctuaire était à Delphes. ‹ ▶ apollon ›

Apollonios de Rhodes ■ Écrivain grec (v. 295-230 av. J.-C.). Son poème *"les Argonautiques"* raconte l'histoire des *Argonautes.

les ***Appalaches*** n. m. pl. ■ Montagnes de l'est de l'Amérique du Nord, depuis l'Alabama jusqu'à Terre-Neuve. L'une des trois régions géologiques du Québec. Sommet au mont Mitchell aux États-Unis (2 037 m).

Karel ***Appel*** ■ Peintre néerlandais (né en 1921).

*l'****Appenzell*** n. m. ■ Ancien canton de Suisse enclavé dans le canton de Saint-Gall. Élevage (fromage). Depuis la Réforme, il est divisé pour des raisons religieuses en deux demi-cantons. ▶ ***Appenzell-Rhodes-Extérieures.*** 243 km². 50 300 hab. (en majeure partie protestants). Chef-lieu : Herisau. ▶ ***Appenzell-Rhodes-Intérieures.*** 172 km². 13 300 hab. (en majeure partie catholiques). Chef-lieu : *Appenzell* (5 100 hab.).

Adolphe ***Appia*** ■ Homme de théâtre suisse (1862-1928). Précurseur du théâtre moderne.

Apulée ■ Écrivain latin d'Afrique (v. 124-apr. 170). *"Les Métamorphoses ou l'Âne d'or"*, roman satirique et mystique, a influencé de nombreux écrivains (*Rabelais, *Cervantès, *La Fontaine).

*al-****'Aqabah*** ■ ⇒ **Akaba.**

*Claude d'****Aquin*** ou ***Daquin*** ■ Organiste et compositeur français (1694-1772).

Hubert ***Aquin*** ■ Écrivain québécois (1929-1977). Sympathique à l'idée de l'indépendance du Québec, il se refusa à des compromis avec le système en place. *"Neige noire"* (1974).

Cory ***Aquino*** ■ Femme politique philippine (née en 1933). Présidente de la République de 1986 à 1992.

*l'****Aquitaine*** n. f. ■ Région économique et administrative du sud-ouest de la France, comprenant cinq départements : Dordogne, Gironde, Landes, Lot-et-Garonne, Pyrénées-Atlantiques. 41 834 km². 2,79 millions d'hab. Préfecture : Bordeaux. L'agriculture domine (vins prestigieux), le développement du tertiaire restant limité à Bordeaux, Bayonne et Pau. Le tourisme et l'industrie, notamment dans les secteurs de pointe, sont encouragés. ▭**HISTOIRE.** L'Aquitaine romaine désignait un vaste territoire : une des quatre provinces de la Gaule, tout le Sud-Ouest, Bourges (Avaricum) compris. Le royaume wisigoth d'Aquitaine (ve s.) avait sa capitale à Toulouse. Pris par les Francs, séparé de la *Gascogne en 768, il devint royaume carolingien. L'Aquitaine médiévale, comprenant à nouveau la Gascogne (1058), retrouve sous l'autorité des comtes de Poitiers sa dimension ancienne ; le remariage d'*Aliénor (1152) en fait un enjeu de la guerre franco-anglaise, les Français ne l'ayant définitivement reconquise qu'en 1453.

les ***Arabes*** ■ Habitants de la péninsule d'Arabie et, par extension, populations arabophones d'Asie et d'Afrique. C'est l'usage d'une même langue, l'arabe, aux nombreuses variantes locales, qui les caractérise ; l'unité culturelle s'est faite autour de la religion (⇒ **Coran**), puis du refus de la domination turque (XVIe - XIXe s.) et du colonialisme européen. ‹ ▶ arabe, arabesque ›

*l'****Arabie*** n. f. ■ Vaste péninsule désertique de l'extrémité sud-ouest de l'Asie (3 millions de km²), partagée entre l'Arabie Saoudite, le Yémen, les Émirats arabes unis, le Bahreïn, le Koweït, le Qatar et le sultanat d'Oman. Elle renferme 40 % des réserves mondiales de pétrole.

*l'****Arabie Saoudite*** n. f. ■ Le plus important État d'Arabie, royaume qui comprend les deux villes saintes de l'Islam (*Médine et La *Mecque). 2,2 millions de km². 12 millions d'hab. *(les Saoudiens).* Capitale : Riyad. Langue officielle : arabe. Religion officielle : islam. Monnaie : riyal. Fondé en 1932 par l'émir Ibn Saoud (d'où son nom), le royaume vit de ses immenses ressources pétrolières (premier exportateur mondial) et joue un rôle de médiateur à l'*O.P.E.P. Accueillant sur son territoire, en 1990-1991, les forces alliées opposées à l'Irak, il joua un rôle majeur pendant la guerre du *Golfe.

Arabi Pacha ■ Officier et homme politique égyptien (1839-1911). Il dirigea un soulèvement contre le Royaume-Uni (1881), mais échoua.

le golfe ***Arabique*** ou ***Arabo-Persique*** ■ ⇒ golfe **Persique.**

Aracajú ■ Ville et port du Brésil, capitale de l'État de *Sergipe. 288 000 hab.

Arachné ■ Jeune fille de la mythologie grecque, experte en l'art du tissage. ‹ ▶ arachnéen, arachnides ›

Arad ■ Ville de Roumanie occidentale. 186 000 hab. Centre commercial et industriel.

Yāsir ***'Arafāt*** ■ Dirigeant palestinien, chef de l'*O.L.P. (né en 1929).

François ***Arago*** ■ Astronome, physicien et homme politique français (1786-1853). Découverte de l'aimantation du fer par courant électrique. Député de gauche sous la *monarchie de Juillet, il eut un rôle actif pendant la IIe République comme ministre puis comme député.

Louis ***Aragon*** ■ Écrivain français (1897-1982). Il fut un des fondateurs du mouvement *surréaliste *("le Paysan de Paris"),* avant de rejoindre le parti communiste (cycle romanesque du « Monde réel »). Poète *("le Fou d'Elsa"),* romancier (*"Œuvres romanesques croisées"* avec Elsa *Triolet) et essayiste.

*l'****Aragón*** n. m. ■ Région historique et communauté autonome du nord-est de l'Espagne. 47 669 km². 1,2 million d'hab. Capitale : Saragosse. Cultures arbustives. Son roi Ferdinand II, en épousant *Isabelle de Castille en 1469, scella l'unité espagnole.

*la mer d'****Aral*** ■ Mer intérieure partagée entre le Kazakhstan et l'Ouzbékistan, à l'ouest de la mer *Caspienne. 68 000 km² en 1959, 40 000 km² en 1990. Une très forte pollution l'assèche et met en danger l'équilibre naturel et les populations environnantes.

les ***Araméens*** ■ Peuple sémitique. Ils fondèrent d'importants royaumes (XIe - VIIIe s. av. J.-C.) en *Aram* (Syrie actuelle). Leur langue devint la langue courante de l'ancien Orient.

*le comte d'****Aranda*** ■ Diplomate et ministre espagnol (1718-1798). Il introduisit les *Lumières en Espagne.

Aranjuez ■ Ville d'Espagne (communauté de *Madrid). 36 000 hab. Palais de Philippe II, reconstruit au XVIIIe s.

János ***Arany*** ■ Poète hongrois (1817-1882). *"Toldi"*, épopée.

le mont ***Ararat*** ■ Massif montagneux de Turquie, près de l'Arménie soviétique et de l'Iran (5 165 m au *Grand Ararat*). Selon la *Bible, l'arche de *Noé s'y serait échouée.

les ***Araucans*** ■ Indiens du Chili central, qui résistèrent, jusqu'au XIXe s., aux colons espagnols.

les ***Arawaks*** ■ Premiers habitants des Antilles, supplantés par les *Caraïbes, puis par les Espagnols.

l'Araxe ou ***Araks*** n. m. ■ Rivière d'Asie occidentale. 994 km. Née en Turquie, elle sert de frontière entre l'Arménie et la Turquie, puis entre l'Azerbaïdjan et l'Iran avant de se jeter dans la *Koura.

Arcachon ■ Commune et station balnéaire du sud-ouest de la France, sur le *bassin d'Arcachon.* 12 200 hab. *(les Arcachonnais).* Ostréiculture.

l'Arcadie n. f. ■ Région de Grèce, dans le *Péloponnèse, représentée d'après la mythologie comme le pays du bonheur.

Flavius ***Arcadius*** ■ Premier empereur romain d'Orient, de 395 à sa mort (v. 377-408).

Denys ***Arcand*** ■ Cinéaste québécois (né en 1941). "*Le Déclin de l'empire américain*" ; "*Jésus de Montréal*". Nombreux prix au Québec et à l'étranger.

l'arc de triomphe de l'Étoile ■ Monument de Paris (France) construit sur les ordres de Napoléon Ier après la victoire d'*Austerlitz (1806-1836). Plans de *Chalgrin.

Archiloque ■ Poète grec (VIIe s. av. J.-C.). Célèbre pour ses "*Iambes*" satiriques.

Archimède ■ Savant grec (v. 287 - v. 212 av. J.-C.). Mathématicien, physicien, ingénieur. Le *théorème d'Archimède,* principe fondamental de l'hydrostatique : tout corps plongé dans un liquide reçoit une poussée égale au poids du fluide déplacé.

Alexander ***Archipenko*** ■ Peintre et sculpteur américain d'origine russe, formé en Europe (1887-1964). *Archipeintures.*

Giuseppe ***Arcimboldo*** ■ Peintre italien (v. 1527-1593). Il composa des figures par assemblage de végétaux, d'animaux ou d'objets. "*Les Saisons*".

l'Arcoat ■ ⇒ l'**Armor.**

Arcole ■ Village d'Italie, en *Vénétie, près de Vérone. Bonaparte y remporta une victoire (1796) sur les Autrichiens.

l'Arctique n. m. ■ Région centrée sur le pôle Nord, joignant l'Amérique à l'Europe et l'Asie (Sibérie). ▶ *l'océan Glacial* ***Arctique,*** 12,3 millions de km², recouvert en grande partie par la banquise, a, par la situation géographique de l'Arctique, un important rôle stratégique. ⟨ ▶ arctique ⟩

l'Ardenne n. f. ■ Région partagée entre la Belgique, la France et le Luxembourg, entaillée de profondes vallées, couverte de forêts et de tourbières. Ce fut le théâtre d'importantes batailles durant les deux guerres mondiales.

Arequipa ■ 2e ville du Pérou, située à 2 300 m d'altitude. 592 000 hab. Centre commercial.

Arès ■ Dieu grec de la Guerre, aimé d'*Aphrodite, identifié à *Mars par les Romains.

l'Arétin ■ Écrivain italien (1492-1556). Satirique et licencieux, observateur impitoyable de la société de son temps. "*Cortigiana*".

Arezzo ■ Ville d'Italie (*Toscane). 91 500 hab. *(les Arétins).* Nombreux monuments médiévaux. Fresques de *Piero della Francesca.

le marquis d' ***Argenson*** ■ Homme d'État français (1652-1721). Lieutenant-général de police (1697), garde des Sceaux de 1718 à 1720. □ *René-Louis d'**Argenson,*** son fils (1694-1757), ministre des Affaires étrangères de 1744 à 1747, auteur de "*Mémoires*". □ *Marc-Pierre d'**Argenson*** (1696-1764), frère du précédent, ministre de la Guerre, fondateur (1751) de l'École militaire.

*le col de l'**Argentière*** ■ ⇒ le col de **Larche.**

l'Argentine n. f. ■ État (république fédérale) d'Amérique du Sud constitué de deux entités fédérales et 22 provinces fédérées. 2 780 092 km². 32,4 millions d'hab. *(les Argentins),* en majorité d'origine européenne. Capitale : Buenos Aires. Langue : espagnol. Religion officielle : catholicisme. Monnaie : peso. Aux deux tiers aride, le pays n'en est pas moins fondamentalement agricole (élevage, maïs, vin). Pétrole, industries de transformation (alimentaire et textile). Lourd endettement extérieur. ▭ HISTOIRE. Peu habitées avant la colonisation espagnole (XVIe s.), les *Provinces unies du Río de La Plata* se proclamèrent indépendantes en 1816. Sous la dictature de Rosas (1835-1852), elles furent unifiées en un État argentin, ratifié par la Constitution fédérale de 1853. Si la dictature populaire (1946-1955) de *Perón affirma l'indépendance du pays, elle ne put surmonter la crise économique et fut renversée. Après deux décennies d'instabilité politique, le pouvoir militaire instauré en 1976 se signala par son mépris des droits de l'homme ; son échec dans la guerre des *Malouines permit le retour du pouvoir civil en 1983. Malgré de graves difficultés économiques, l'Argentine signa, en 1991, avec le Brésil, le Paraguay et l'Uruguay un traité de « marché commun », appelé *Mercosur.* ⟨ ▶ ② argentin ⟩

Ion N. Teodorescu dit *Tudor* ***Arghezi*** ■ Poète roumain (1880-1967). Inspiration lyrique et mystique. "*Cantique à l'homme*".

l'Argolide n. f. ■ Ancienne région de Grèce (*Péloponnèse), comprenant les villes d'*Argos, *Mycènes et *Épidaure.

les ***Argonautes*** ■ Héros de la mythologie grecque. À bord du navire *Argo,* *Jason, Admète, Atalante, *Augias, *Castor et Pollux, *Héraclès, Lyncée, Méléagre, *Orphée, *Pélée, *Thésée et Télamon partent à la conquête de la *Toison d'or.

l'Argonne n. f. ■ Région (française) de collines boisées entre la Champagne et la Lorraine. Lieu de la bataille de *Valmy et de combats durant la Première *Guerre mondiale.

Árgos ■ Ville de Grèce, en *Argolide (*Péloponnèse). 20 000 hab. D'après la mythologie, la plus ancienne cité grecque, supplantée par Sparte au VIIe s. av. J.-C.

*le canton d'**Argovie,*** en allemand ***Aargau*** ■ Canton de Suisse. 1 405 km². 484 300 hab. *(les Argoviens).* Chef-lieu : Aarau.

Ariane ■ Fille de *Minos et de *Pasiphaé, dans la mythologie grecque. Au moyen d'un fil, elle aide *Thésée à sortir du Labyrinthe ; mais il l'abandonne à Naxos et elle épouse *Dionysos.

Ariane ■ Fusée spatiale européenne, dont le premier lancement commercial eut lieu le 16 juin 1983, à *Kourou.

l'arianisme n. m. ■ Hérésie chrétienne issue de la doctrine d'Arius (v. 280 - v. 336), condamnée au concile de Nicée (325). Très répandue, surtout en Orient, aux IVe et Ve s.

Philippe ***Ariès*** ■ Historien français (1914 - 1984). Études des mentalités : "*l'Enfant et la Vie familiale sous l'Ancien Régime*" ; "*l'Homme devant la mort*".

l'Arioste ■ Poète italien (1474-1533). Son "*Roland furieux*" est une des œuvres les plus célèbres de la Renaissance.

Aristarque de Samos ■ Astronome grec, précurseur de *Copernic (v. 310 - 230 av. J.-C.).

Aristarque de Samothrace ■ Grammairien et critique grec (v. 217-145 av. J.-C.). Célèbre pour sa recension des poèmes d'*Homère. On dit *un aristarque* pour « critique sévère ».

Aristide ■ Général et homme politique athénien (v. 550-v. 467 av. J.-C.). Surnommé « le Juste » pour son action.

*le père Jean-Bertrand **Aristide*** ■ Prêtre catholique haïtien (né en 1953), apôtre de la théologie de la *libération. Il fut président de la République pendant une courte période (1990-1991). ⇒ **Haïti.**

Aristippe ■ ⇒ **hédonisme.**

Aristophane ■ Écrivain grec (v. 450-386 av. J.-C.). Auteur des premières comédies : "*les Oiseaux*" ; "*les Grenouilles*" ; "*l'Assemblée des femmes*". Il tire ses sujets de l'actualité et se sert de situations burlesques et de jeux de mots pour railler ses ennemis politiques.

Aristote dit ***le Stagirite*** ■ Savant et philosophe grec (384-322 av. J.-C.). Alors que son maître *Platon privilégiait les mathématiques et les Idées, il réhabilita la connaissance de la nature, suspendue au « premier moteur » qu'étudie la Métaphysique. Il créa la logique et aborda dans une œuvre encyclopédique tous les domaines du savoir. Il fut le précepteur d'Alexandre le Grand. ▶ *l'**aristotélisme*** n. m. Ensemble de doctrines se réclamant d'Aristote. Son influence est au moins comparable à celle du *platonisme. Redécouvert par l'islam (⇒ **Averroès**), dominant la pensée chrétienne avec saint *Thomas d'Aquin, il fut éclipsé par le succès de la physique mathématique au XVIIe s. L'intérêt pour l'œuvre d'Aristote porte aujourd'hui sur les rapports entre logique, langue et création esthétique.

Arius ■ ⇒ **l'arianisme.**

*l'**Arizona*** n. m. ■ État du sud-ouest des États-Unis, à la frontière du Mexique. 295 023 km². 2,7 millions d'hab. Capitale : Phoenix. Langue officielle : espagnol (depuis 1990). Plateau du Colorado. Ressources minérales très importantes (cuivre, zinc, plomb).

*l'**Arkansas*** n. m. ■ Rivière des États-Unis (2 334 km), née dans les montagnes *Rocheuses. Elle se jette dans le *Mississippi. ▶ *l'**Arkansas*** n. m. État du centre sud des États-Unis. 137 539 km². 2,28 millions d'hab. Capitale : Little Rock. Agriculture (soja). Richesses minérales (bauxite).

Arkhangelsk ■ Ville de la C.É.I. (*Russie). 416 000 hab.

*Marcel **Arland*** ■ Écrivain français (1899-1986). "*L'Ordre*", roman.

Arlequin ■ ⇒ **commedia dell'arte.** ‹ ▶ arlequin ›

Arles ■ Ville du sud de la France. 52 600 hab. *(les Arlésiens).* Ville d'art au riche passé romain (nécropole des Aliscamps) et médiéval (église romane Saint-Trophime).

Arletty ■ Comédienne française (née en 1898). "*Hôtel du Nord*".

Arlington ■ Ville des États-Unis (*Texas). 160 000 hab.

Arlon, en néerlandais ***Aarlen*** ■ Ville de Belgique, chef-lieu de la province du *Luxembourg. 22 200 hab.

*l'Invincible **Armada*** n. f. ■ Nom donné à la flotte de Philippe II d'Espagne, envoyée contre l'Angleterre en 1588 et qui fut détruite par les Anglais et la tempête.

Armagh ■ Capitale religieuse de l'Irlande du Nord, depuis la fondation d'un évêché par saint *Patrick (445). 12 000 hab.

*l'**Armagnac*** n. m. ■ Région d'Aquitaine (Gascogne) qui produit une célèbre eau-de-vie, l'*armagnac.* ▶ *le comté d'**Armagnac*** connut son apogée lors de la guerre de *Cent Ans, quand les Armagnacs se firent les champions des Orléans contre les Bourguignons et les Anglais (France). ‹ ▶ armagnac ›

*l'**Arménie*** n. f. ■ Région d'Asie partagée entre l'Iran, la C.É.I. et la Turquie actuels. Ses habitants ont été dispersés : on évalue à environ 7 millions le nombre d'Arméniens aujourd'hui dans le monde. ▭ HISTOIRE. Malgré les occupations et annexions successives (Assyriens, Mèdes, Perses, Romains, Arabes), elle jouit d'une certaine autonomie jusqu'à son partage, au XVIe s., entre les Turcs et les Perses. La Russie s'empara en 1828 de la région d'Erevan. Entre 1890 et 1924, la région de Kars fut progressivement annexée par les Turcs, qui procédèrent à un véritable génocide (1894-1895, 1915-1916 : près de 2 millions de morts). La république indépendante d'Arménie (1918), dont le traité de Sèvres (août 1920) devait confirmer, trop tard, la fragile existence, devint, après la prise du pouvoir par les bolcheviks, la république socialiste soviétique d'Arménie (29 novembre 1920). □ *la république d'**Arménie**.* 29 800 km². 3,4 millions d'hab. Capitale : Erevan. Agriculture, minerais. En décembre 1988, un tremblement de terre fit plus de 25 000 morts. La population du Nagorny-Karabakh, région d'*Azerbaïdjan, en majorité arménienne, demanda, en 1988, son rattachement à l'Arménie. Les tensions nationalistes avec l'Azerbaïdjan débouchèrent, en 1989, sur de violents affrontements entre les populations des deux républiques et provoquèrent l'intervention de l'armée soviétique (1990). Elle proclama son indépendance en 1991. ⇒ **C.É.I.**

*l'**Armor*** ou ***Arvor*** n. m. ■ Mot celte (« sur la mer ») désignant la Bretagne maritime par opposition à la Bretagne de l'intérieur ou Arcoat (« pays du bois »). ▶ *le Massif **armoricain**.* Massif ancien à l'ouest de la France, très érodé, rajeuni au tertiaire. Il descend de la Bretagne vers les bocages de Vendée et de Normandie. ▶ *l'**Armorique*** n. f., nom ancien de la Bretagne.

*Louis **Armstrong*** ■ Trompettiste et chanteur de jazz noir américain (1900-1971).

*Neil **Armstrong*** ■ Astronaute américain (né en 1930). Le premier homme ayant marché sur la Lune, en 1969 (⇒ **Apollo**).

Arnaud de Brescia ■ Réformateur politique et religieux italien, disciple d'*Abélard (v. 1100-v. 1155).

*les **Arnauld*** ■ FAMILLE FRANÇAISE, très liée au *jansénisme. □ *Antoine **Arnauld*** (1560-1619), conseiller d'État, restaura l'abbaye janséniste de *Port-Royal. Ses filles en furent abbesses sous le nom de *mère Angélique* (1591-1661) et de *mère Agnès* (1593-1671). □ *Robert **Arnauld d'Andilly,*** son fils (1589-1674). □ *Antoine* dit *le **Grand Arnauld,*** frère du précédent (1612-1694), théologien, chef du parti janséniste, auteur avec Pierre *Nicole de la "*Logique de Port-Royal*".

*Ernst Moritz **Arndt*** ■ Poète et historien allemand (1769-1860). "*L'Esprit du temps*".

Arnhem ■ Ville des Pays-Bas, chef-lieu de la *Gueldre. 128 900 hab.

*Achim von **Arnim*** ■ Écrivain romantique allemand (1781-1831). "*Le Cor enchanté de l'enfant*", recueil de chants populaires écrit avec *Brentano. □ *Bettina von **Arnim,*** son épouse, née Elisabeth Brentano. Écrivaine allemande (1785-1859). "*Correspondance de Goethe avec une enfant*".

l'Arno n. m. ■ Fleuve d'Italie qui traverse *Florence et *Pise. 240 km. Il se jette dans la Méditerranée.

Matthew **Arnold** ■ Poète et critique anglais (1822-1888). "*Empédocle sur l'Etna*".

Arnolfo di Cambio ■ Architecte italien (v. 1245 - 1302). Dôme (cathédrale) de *Florence.

Raymond **Aron** ■ Philosophe et sociologue français (1905-1983). Critique du marxisme. "*Introduction à la philosophie de l'histoire*" ; "*l'Opium des intellectuels*".

Arouet ■ Nom de famille de *Voltaire.

Jean ou *Hans* **Arp** ■ Sculpteur et peintre abstrait français, poète de langue allemande (1887-1966). Il réalisa les mêmes formes aux contours arrondis dans des techniques diverses. "*Le Berger des nuages*". □ *Sophie* **Taeuber-Arp,** son épouse. Danseuse, peintre et architecte suisse (1889 - 1943).

Árpád ■ Grand prince de Hongrie (mort en 907). Il fonda la dynastie des *Arpadiens* qui régna jusqu'en 1301.

Fernando **Arrabal** ■ Cinéaste et écrivain espagnol d'expression française (né en 1932). "*¡Viva la Muerte !*".

Arras ■ Ville du nord de la France. 42 700 hab. *(les Arrageois).* ▭ HISTOIRE. Centre de tapisserie de renommée mondiale au Moyen Âge. Très disputée en raison de sa situation stratégique, cédée à la France au traité des *Pyrénées (1659). On y signa plusieurs traités : 1435 (les Bourguignons renoncent à l'alliance anglaise), 1482 (délimitation des frontières du nord de la France moderne). ▶ *l'union d'***Arras** n. f. Traité (1579) entre les provinces catholiques des *Pays-Bas qui reconnaissaient l'autorité espagnole. Il provoqua l'union d'*Utrecht.

*les monts d'***Arrée** n. m. pl. ■ Chaîne granitique française comprenant le signal de Toussaines, point culminant de la *Bretagne (384 m).

Svante **Arrhenius** ■ Physicien et chimiste suédois (1859-1927). Prix Nobel de chimie 1903 pour ses travaux sur les électrolytes.

Arromanches-les-Bains ■ Ville de France (*Normandie). 400 hab. *(les Arromanchais).* Port artificiel lors du débarquement allié en Normandie, le 6 juin 1944.

*le curé d'***Ars** ■ ⇒ saint **Jean-Marie Vianney.**

Arsace ■ Chef *parthe, fondateur de la dynastie des *Arsacides* (v. 250 av. J.-C.) qui régna sur la Perse jusqu'à la victoire des *Sassanides.

Aubin-Edmond **Arsenault** ■ Homme politique canadien (1870-1968). Premier ministre de la province de l'Île-du-Prince-Édouard de 1917 à 1919. Il fut le premier Acadien à occuper le poste de Premier ministre d'une province canadienne.

Arsène Lupin ■ ⇒ Maurice **Leblanc.**

Artaban ■ Nom de plusieurs rois parthes de l'Antiquité.

Artaban ■ Héros d'un roman de *La Calprenède ("*Cléopâtre*"), célèbre pour sa fierté.

*Charles de Batz, comte de Montesquiou, seigneur d'***Artagnan** ■ Mousquetaire français (1611-1673). Immortalisé par Alexandre *Dumas dans "*les Trois Mousquetaires*" (1844).

Antonin **Artaud** ■ Écrivain français (1896-1948). Poète et homme de théâtre, il a contribué au renouvellement de la mise en scène. "*Le Théâtre et son double*".

Artaxerxès II ■ Roi achéménide de Perse (mort en 358 av. J.-C.). Par la paix d'*Antalkidas, il domina les cités grecques d'Asie Mineure.

Artémis ■ Déesse chasseresse de la Grèce, jumelle d'*Apollon, identifiée à la Diane des Romains. Vierge, chaste et cruelle, elle a inspiré de nombreux artistes. ▶ *le temple d'***Artémis.** L'une des Sept Merveilles du monde. Construit à *Éphèse par *Crésus vers 550 av. J.-C., il fut détruit par les Goths en 262 et ne fut jamais reconstruit.

Arthur ou **Artus** ■ Roi celte légendaire (VIe s.), héros de la résistance aux Anglo-Saxons en Grande-Bretagne. ▶ *le* **cycle arthurien** ou **cycle de la Table ronde** ou **cycle breton,** ensemble de romans de chevalerie, dont Arthur est l'un des héros, développé notamment par *Chrétien de Troyes (XIIe s.).

Chester **Arthur** ■ Homme politique américain (1830-1886). 21e président des États-Unis, de 1881 à 1885.

Emil **Artin** ■ Mathématicien allemand (1898-1962). Un des pères de l'algèbre moderne.

*l'***Artois** n. m. ■ Région française (*Arras) rattachée définitivement à la France par Louis XIV. Agriculture intensive (blé, betterave). ▶ *le comte d'***Artois.** Titre du futur *Charles X. ‹ ▶ artésien ›

Mikhaïl **Artsybachev** ■ Écrivain russe (1878-1927). "*Sanine*".

Artus ■ ⇒ **Arthur.**

Aruba ■ Île des Petites *Antilles (îles *Sous-le-Vent), partie autonome des Pays-Bas. 193 km². 61 300 hab. Capitale : Oranjestad (20 000 hab.). Langues : néerlandais (officielle), créole. Monnaie : florin d'Aruba. Après référendum (1977), Aruba fut séparée des *Antilles néerlandaises en 1986 et deviendra indépendante en 1996. Tourisme.

Arunāchal Pradesh n. m. ■ État du nord-est de l'Inde. 83 743 km². 632 000 hab. Capitale : Itanagar. Ancien territoire de l'Union, il accéda au statut d'État en décembre 1986.

les **Arvernes** ■ Gaulois d'Auvergne. *Vercingétorix était leur chef.

*l'***Arvor** ■ ⇒ **Armor.**

les **Aryens** ■ Dans l'Antiquité, peuple d'Iran et d'Inde du Nord, de langue indo-européenne. Pour les racistes (notamment les nazis), *aryen,* mot sanskrit qui veut dire « fidèle, noble », désignait la race blanche, plus particulièrement nordique. ‹ ▶ aryen ›

*Ḥāfiẓ al-***Asad** ■ Général, président de la République syrienne depuis 1971 (né en 1928).

Asahikawa ■ Ville du Japon (*Hokkaidō). 363 000 hab.

les frères **Asam** ■ Architectes et décorateurs *rococo allemands. Cosmas Damian (1686-1739) et Egid Quirin (1692-1750).

Peter Christen **Asbjørnsen** ■ Écrivain norvégien (1812-1885). Contes.

les **Ascaniens** ■ ⇒ **Albert Ier de Ballenstädt.**

Sholem **Asch** ■ Écrivain yiddish, né en Pologne (1880-1957).

Asclépios ■ Dieu grec de la Médecine, adopté par les Romains sous le nom d'Esculape.

les **Ases** n. m. ■ Dieux guerriers de la mythologie scandinave, parmi lesquels *Odin et *Thor.

*Abū al-Ḥasan al-***Ash'arī** ■ Théologien arabe (v. 873 - v. 935). Défenseur de l'orthodoxie *sunnite.

William Ross **Ashby** ■ Neurologue anglais, cybernéticien (1903-1972).

les **Ashikaga** ■ Famille de guerriers du Japon, auquel ils donnèrent 15 shoguns, de 1336 à 1573.

Ashtart ■ ⇒ **Ishtar.**

*l'***Asie** n. f. ■ La plus grande et la plus peuplée des parties du globe. 44,6 millions de km². 3,24 milliards d'hab. Séparée de l'Europe par l'Oural, de l'Afrique par la mer Rouge et de l'Amérique par le détroit de Béring, elle est située dans l'hémisphère Nord (sauf une part de l'Insulinde). Le relief est marqué au nord-ouest par la grande plaine sibérienne qui se poursuit par un plateau (où naissent de grands fleuves) vers le nord-est. Cet ensemble est bordé au sud-ouest par les plateaux du Moyen-Orient et, au sud, par des chaînes montagneuses (Himalaya, Hindu Kush...) et des plateaux (Tibet) de formation récente qui dominent la plaine du *Gange. L'Asie est entourée dans sa partie orientale d'une ceinture d'îles d'origine volcanique (Japon, Insulinde...). L'immensité du continent explique la diversité des climats : continental (Sibérie, Asie centrale), mousson (péninsule indienne), tropical (Asie du Sud-Est), équatorial (Insulinde). Les populations, très concentrées dans les régions chaudes (plaines côtières fluviales de l'Inde et de la Chine), plus dispersées dans l'intérieur des terres, comprennent les Indo-Européens (Inde, Asie centrale), les Türko-Mongols (Chine, Mongolie), les Indonésiens (Asie du Sud-Est), les Paléo-Sibériens (Sibérie), les Japonais, des groupes mélanésiens, etc. L'Asie, continent essentiellement rural, connaît une économie dite « en développement » à l'exception de la Sibérie (Russie) et, surtout, du Japon, des « quatre dragons » (Hong-Kong, Singapour, Taïwan et Corée du Sud) et des pays producteurs de pétrole. ▭ **HISTOIRE.** L'*Asie Mineure*, avancée de l'Asie dans le monde méditerranéen (Turquie actuelle), et plus généralement l'*Asie antérieure* (de l'Asie Mineure au golfe de Suez) furent le lieu de la civilisation suméro-akkadienne (2500 av. J.-C. ⇒ **Sumer, Mésopotamie**), de la naissance d'Israël (XIIe s. av. J.-C.), des empires du « croissant fertile » (*Hittites, Babylonie, Assyrie et Phénicie), de l'extension de l'empire des Mèdes et des Perses, des empires grec et romain d'Orient (⇒ **Alexandre le Grand, Byzance**). Parallèlement, une civilisation brillante se développa en Chine et une nouvelle religion naquit en Inde (Ve s. av. J.-C.) : le *bouddhisme. Au XIIIe s., les *Mongols, souverains en Chine, étendirent leur empire jusqu'à la Perse. L'islam, né en Arabie au VIIe s., suscita contre eux un nouvel empire : celui des Turcs ottomans. L'Asie se fractionna en plusieurs puissances : Chine, Japon, Tibet, Inde, Perse, Empire *ottoman... La présence chrétienne, anéantie par les Ottomans en Orient (prise de Constantinople, 1453), réapparut en Extrême-Orient avec les missions des jésuites, au XVIe s. Conjointement se développa la colonisation européenne. Au XIXe s., les Anglais étaient maîtres des Indes, les Français de l'Indochine, les Russes de toute l'Asie du Nord, les Hollandais de l'Indonésie. L'émancipation du continent de la tutelle occidentale débuta par le Japon, jeune puissance industrielle et expansionniste, qui s'opposa à la Russie (1904-1905), puis par la Chine qui sortit brusquement du joug européen en 1911 (proclamation de la république), avant d'entrer dans une période de guerre civile et de conflit avec le Japon et devenir, en 1949, une « république populaire » d'inspiration marxiste. Les deux guerres mondiales et les conflits locaux ont achevé la décolonisation du continent, mais des zones d'instabilité politique subsistent (Proche-Orient...). ‹ ▶ asiatique ›

Isaac **Asimov** ■ Biochimiste et écrivain américain de science-fiction (né en 1920). "*Fondation*".

Asmera ou **Asmara** ■ Ville d'Éthiopie, chef-lieu de l'*Érythrée, 2e centre industriel du pays. 275 000 hab.

*el-***Asnam** ■ ⇒ ech-**Cheliff.**

Aśoka ■ Empereur indien (v. 273 - v. 237 av. J.-C.). Unificateur de l'Inde. Il contribua au développement du *bouddhisme.

Aspasie ■ Compagne de *Périclès, célèbre par sa beauté et son esprit (Ve s. av. J.-C.).

Erik Gunnar **Asplund** ■ Architecte suédois (1885-1940).

Herbert Henry **Asquith** ■ Homme politique britannique (1852-1928). Chef du parti libéral, Premier ministre de 1908 à 1916.

*l'***Assam** n. m. ■ État du nord-est de l'Inde. 78 438 km². 19,9 millions d'hab. Capitale : Dispur. C'est la région la plus arrosée du monde.

les **Assassins** ■ Déformation de l'arabe *'asasin*, pluriel de *'asaz*, « gardien (de la foi) » et non pas *hashāshīn*, « fumeurs de haschisch ». Secte chiite ismaïlienne (XIe - XIIIe s.) célèbre pour son activisme mystique et accusée de nombreux crimes. ‹ ▶ assassin ›

Olivar **Asselin** ■ Journaliste québécois (1874-1937). Ses articles, parfois virulents, témoignaient d'un nationalisme canadien-français influencé par les mouvements nationalistes français.

*l'***Assemblée constituante** n. f. ■ ⇒ **Constituante.**

*l'***Assemblée législative** n. f. ■ Assemblée française élue au suffrage censitaire en 1791 (⇒ **Constituante**). Elle dut faire face aux difficultés économiques, aux progrès de la contre-révolution et à ses propres divisions. L'insurrection du 10 août 1792 provoqua la suspension du roi et l'élection de la *Convention.

*l'***Assemblée nationale du Québec** n. f. ■ Assemblée formée des représentants élus par le corps électoral et constituant le seul organisme législatif au Québec, dans les limites précisées par l'*Acte de l'Amérique du Nord britannique et les modifications qui lui ont été apportées.

*l'***Assemblée nationale** *française* n. f. ■ Terme qui désigna, sous la IIIe *République française, l'assemblée élue en 1871 puis, à partir de 1876, la réunion de la Chambre des députés et du Sénat. Sous la IVe *République (Constitution de 1946) et la Ve *République (Constitution de 1958), ce nom remplaça celui de Chambre des députés. Élue pour cinq ans, elle siège au palais *Bourbon et, avec le *Sénat, vote les lois.

Assiout ■ Ville d'Égypte centrale. 291 000 hab.

Assise, en italien **Assisi** ■ Ville d'Italie (*Ombrie). 24 400 hab. Nombreux édifices anciens. Fresques de *Giotto. Pèlerinage sur les lieux où vécut saint *François d'Assise.

Assomption, en espagnol **Asunción** ■ Capitale du Paraguay. 729 000 hab. Port fluvial actif.

Assouan ■ Ville d'Égypte, sur le Nil. 196 000 hab. Barrage gigantesque édifié par *Nasser. Tourisme ; accès au site voisin d'*Abou Simbel.

Assourbanipal ■ Dernier grand roi d'Assyrie, de 668 à 626 av. J.-C. Le légendaire *Sardanapale lui emprunterait certains traits, ainsi qu'à son demi-frère, roi de Babylone, qu'il accula au suicide en brûlant la ville.

Assur ■ Ancienne capitale de l'*Assyrie. Site archéologique en Irak.

*l'***Assyrie** n. f. ■ Empire de l'Antiquité, fondé au XIVe s. av. J.-C. autour d'*Assur. Organisés en une puissante nation militaire, les ***Assyriens*** ont dominé épisodiquement l'Asie occidentale : conquête de Babylone (729 av. J.-C.) et de la Syrie. L'empire atteint son apogée avec les rois Téglath-Phalasar III, *Sargon II (70 provinces dont Israël) et *Assourbanipal, aux VIIIe et VIIe s. av. J.-C. Vaincue par les Mèdes, l'Assyrie laissa la place (610 av. J.-C.) à l'Empire néo-babylonien (⇒ **Babylone**). Art monumental, bas-reliefs.

Astarté ■ ⇒ **Ishtar.**

Asti ■ Ville d'Italie (*Piémont). 77 000 hab. La région produit un célèbre vin mousseux, l'*asti.* ‹ ▶ asti ›

Astrakhan ■ Ville de la C.É.I. (*Russie). Port dans le delta de la Volga, sur la mer Caspienne. 509 000 hab. Tanneries (moutons *astrakans*). ‹ ▶ astrakan ›

*l'***Astrée** ■ Roman pastoral d'Honoré d'*Urfé, très célèbre au XVIIe s. (France).

Astrid ■ Reine des Belges par son mariage avec Léopold III, de 1934 à sa mort (1905-1935). Elle fut très populaire.

Miguel Ángel **Asturias** ■ Écrivain guatémaltèque (1899-1974). Il puise son inspiration dans les traditions indienne et hispanique. Prix Nobel 1967.

les **Asturies** n. f. pl., en espagnol **Asturias** ■ Région historique et communauté autonome de l'Espagne. 10 565 km². 1,11 million d'hab. Capitale : Oviedo. Houille, sidérurgie. Le royaume fut le point de départ, au IXe s., de la reconquête (⇒ **Espagne**).

Asunción ■ ⇒ **Assomption.**

Atahualpa ■ 13e et dernier empereur *inca, mis à mort par *Pizarro en 1533.

Atatürk ■ « Père des Turcs », surnom donné à *Mustafa Kemal.

*l'***Athabasca** ou **Athabaska** n. m. ■ Rivière de l'*Alberta (1 231 km), qui se jette dans le *lac d'Athabasca* (7 936 km²). Son bassin renferme des sables bitumineux riches en pétrole.

Athalie ■ Reine de Judée de 841 à 835 av. J.-C. Après sept ans de pouvoir tyrannique, elle fut massacrée par le peuple. Elle a inspiré une tragédie à *Racine.

Athéna ■ Déesse grecque identifiée à Minerve par les Romains. Née, tout armée, du crâne de Zeus, elle personnifie l'intelligence, protège les arts, les sciences, les techniques et surtout la ville d'Athènes.

Athènes ■ Capitale de la Grèce. 886 000 hab. *(les Athéniens).* Chef-lieu de la région géographique du *Grand Athènes* (427 km² ; 3 millions d'hab.). Célèbres monuments de l'Antiquité (*Acropole), églises byzantines. ▭ **HISTOIRE.** Prospère dès le Xe s. av. J.-C., elle domina les cités grecques et constitua un empire maritime, grâce à ses victoires sur les Perses (guerres médiques) à Marathon et Salamine (490 et 480 av. J.-C.). L'Athènes de *Périclès (461 - 429 av. J.-C.), ayant inventé les institutions démocratiques (⇒ **Boulè, Ecclésia, Héliée, Stratèges**), devint « l'école de la Grèce », le foyer de la civilisation classique : sciences, philosophie, histoire, théâtre. Mais elle commença à décliner, v. 420 av. J.-C., dans sa lutte contre *Sparte (guerre du *Péloponnèse) et *Thèbes, puis fut vaincue par Philippe II de Macédoine, qui devint le maître de la Grèce en 338 av. J.-C. Athènes garda cependant son prestige culturel, connut même une renaissance sous la domination romaine, mais ne joua aucun rôle sous l'Empire byzantin et pendant l'occupation turque (1456-1832). Elle devint en 1833 capitale de la Grèce indépendante. Aujourd'hui, elle constitue avec son port (Le Pirée) le principal centre industriel grec.

le mont **Athos** ■ « Montagne sainte » de Grèce où s'est fixée une république semi-autonome de 1 400 moines (interdite aux femmes), le plus important foyer de l'Église orthodoxe.

Atlanta ■ Ville des États-Unis, capitale de la *Géorgie. 425 000 hab. (2 millions dans la zone urbaine). Principal centre des États du Sud. Universités.

Atlantic City ■ Ville des États-Unis (*New Jersey). 40 200 hab. Station balnéaire. Casino.

*l'***Atlantide** n. f. ■ Île fabuleuse, civilisation engloutie, d'après *Platon, v. 1500 av. J.-C. Sa légende a inspiré les artistes et écrivains, notamment le chancelier *Bacon et Pierre *Benoit.

l'océan **Atlantique** n. m. ■ Bordé par l'Europe et l'Afrique à l'est, l'Amérique à l'ouest, c'est le 2e océan par la superficie (106 millions de km²). Les nombreux courants, froids ou chauds (⇒ **Gulf Stream**), expliquent les différences de climat sur les côtes. L'importance de son rôle économique fait de lui le plus fréquenté des océans : trafic maritime entre les grands ports (Rotterdam, New York, Londres, etc.). Il est devenu symbole d'alliance entre les pays riverains (⇒ **O.T.A.N.**). ‹ ▶ atlantique ›

Atlas ■ Dans la mythologie grecque, *Géant condamné par Zeus à porter la voûte du ciel sur ses épaules. Représenté par *Mercator en frontispice de son premier recueil de cartes. ‹ ▶ atlas ›

*l'***Atlas** n. m. ■ Barrière montagneuse entre la Méditerranée et le Sahara. On distingue le *Haut-Atlas,* le *Moyen-Atlas* et l'*Anti-Atlas* (Maroc) de l'*Atlas tellien* et de l'*Atlas saharien* (Algérie). Point culminant : djebel Toubkal (4 165 m), dans le *Haut-Atlas.*

Aton ■ Dieu solaire égyptien. Sans mythe ni statue, son culte fut une des plus belles manifestations du monothéisme dans la haute Antiquité, sous l'action d'*Akhenaton (XIVe s. av. J.-C.). ⇒ **Tell el-Amarna.**

Atoum ■ Divinité égyptienne primitive identifiée à *Rê sous la forme d'Atoum-Rê.

Atrée ■ Roi légendaire de *Mycènes. ▶ *les* ***Atrides,*** ses descendants. Leur destin est le sujet de plusieurs tragédies grecques.

Farīd od-Dīn **'Aṭṭār** ■ Poète mystique persan (v. 1142 - v. 1220). "*Le Colloque des oiseaux*".

Attila ■ Roi des *Huns (v. 395 - 453). Il unifia leurs différentes tribus, lutta contre les empires romains d'Orient et d'Occident, et constitua un État, de la mer Noire à la Gaule, qui ne lui survécut pas.

*l'***Attique** n. f. ■ Région de Grèce autour d'*Athènes.

Clement **Attlee** ■ Homme politique britannique (1883-1967). Chef du parti travailliste, Premier ministre de 1945 à 1951, il procéda à de nombreuses réformes. ⇒ **Grande-Bretagne.**

Margaret Eleanor **Atwood** ■ Romancière et poétesse canadienne de langue anglaise (née en 1939).

Théodore ***Aubanel*** ▪ Poète français de langue d'oc [provençal] (1829-1886). ⇒ **Mistral.**

Esprit ***Auber*** ▪ Compositeur français d'opéras (1782-1871). "*La Muette de Portici*".

René ***Auberjonois*** ▪ Peintre suisse (1872-1957).

Jean ***Aubert*** ▪ Architecte français (mort en 1741). Grandes écuries de Chantilly (1719-1735).

Philippe-Joseph ***Aubert de Gaspé*** ▪ Écrivain canadien (1786-1871). Son roman "*les Anciens Canadiens*" (1863) est considéré comme le premier ouvrage classique de la littérature canadienne-française.

*l'abbé d'****Aubignac*** ▪ Théoricien français du théâtre (1604-1676). Il fixa la règle des trois unités.

*Agrippa d'****Aubigné*** ▪ Soldat et écrivain français (1552-1630). Grand poète baroque *("les Tragiques")*. Un des chefs militaires du parti protestant dans les guerres de *Religion.

*les monts d'****Aubrac*** ▪ Plateau du Massif central, en France, au sud de l'Auvergne.

Aubusson ▪ Ville du centre de la France. 5 100 hab. *(les Aubussonais)*. Ateliers de tapisseries.

Auch ▪ Ville du sud-ouest de la France. 24 700 hab. *(les Auscitains)*. Industries alimentaires (foie gras, armagnac).

Auckland ▪ 1er port et centre économique de la Nouvelle-Zélande. 148 000 hab. (zone urbaine de 851 000 hab.).

Wystan Hugh ***Auden*** ▪ Écrivain britannique naturalisé américain (1907-1973). Poèmes d'inspiration religieuse. "*L'Âge de l'anxiété*".

Jacques ***Audiberti*** ▪ Écrivain français (1899-1965). Poète *("Des tonnes de semence")*, romancier *("Abraxas")*, auteur dramatique *("l'Effet Glapion")*.

Audran ▪ FAMILLE D'ARTISTES FRANÇAIS □ *Gérard II* ***Audran*** (1640-1703), illustre graveur. □ *Claude III* ***Audran*** (1657-1734), son neveu, peintre décorateur, un des créateurs du style rocaille.

John James ***Audubon*** ▪ Naturaliste et peintre américain d'origine française (1785-1851). Il représenta toutes les espèces d'oiseaux d'Amérique du Nord connues au XIXe s.

*l'****Aufklärung*** n. f. ▪ Mot allemand, équivalent des *Lumières en France, caractérisant la pensée et la culture allemandes du XVIIIe s.

*le pays d'****Auge*** ▪ Région (française) du nord-est de la *Normandie. Fromages réputés (camembert, pont-l'évêque, livarot).

Pierre ***Augereau*** ▪ Officier français (1757-1816). Il servit la Révolution, l'Empire (qui le fit maréchal) et la Restauration.

Augias ▪ Roi légendaire d'Élide, dont *Héraclès nettoya les immenses écuries en détournant les eaux de l'*Alphée.

Augsbourg, en allemand ***Augsburg*** ▪ Ville d'Allemagne (*Bavière). 243 000 hab. Centre de la *Souabe. Elle joua un grand rôle dans l'histoire de la *Réforme. □ *la Confession d'****Augsbourg,*** profession de foi des protestants, rejetée par les théologiens catholiques à la *diète d'Augsbourg* (1530). □ *la paix d'****Augsbourg*** (1555) instaura le principe *cujus regio, ejus religio* (chaque État de l'Empire germanique était tenu d'adopter la religion de son prince, protestant ou catholique). □ *la ligue d'****Augsbourg*** réunit de 1686 à 1697 les opposants à Louis XIV (Angleterre, Hollande, Suède, Espagne, certaines principautés allemandes) et arrêta après dix ans de guerre l'expansionnisme français (traités de Ryswick).

Augusta ▪ L'une des plus anciennes villes des États-Unis (*Géorgie). 47 500 hab.

Augusta ▪ Ville des États-Unis, capitale du *Maine. 21 800 hab.

Octave dit ***Auguste,*** en latin *Caius Julius Caesar Octavianus* ***Augustus*** ▪ Premier empereur romain (63 av. J.-C. - 14). À la mort de son père adoptif César (44 av. J.-C.), Octave eut pour rival *Antoine. Après avoir partagé un temps le pouvoir, il devint maître incontesté de l'État, se nomma *Imperator* (38 av. J.-C.) et prit le nom d'*Augustus* (27 av. J.-C.), consacrant sa mission divine : réorganisation politique (⇒ **Rome**), protection des arts et des lettres. Le « siècle d'Auguste » est l'âge d'or du classicisme romain.

Auguste II ou ***Frédéric-Auguste Ier*** ▪ Électeur de Saxe, roi de Pologne (1670-1733). □ ***Auguste III*** ou ***Frédéric-Auguste II.*** Fils du précédent (1696-1763), roi de Pologne après la guerre de *Succession qui l'opposa à *Stanisław Leszczyński.

saint ***Augustin*** ▪ Évêque d'Afrique du Nord, écrivain latin, docteur et Père de l'Église (354-430). Converti tardivement au christianisme (386), il combattit les hérésies (⇒ **Mani, Pélage**) et devint le théologien majeur de son époque. Ses écrits influencèrent la pensée religieuse et philosophique occidentale jusqu'au XIIIe s., puis de nouveau aux XVIe et XVIIe s. "*De Magistro*" ; "*Confessions*" ; "*De Trinitate*" ; "*la Cité de Dieu*". ▶ *les* ***Augustins.*** Religieux (ordre de Saint-Augustin) suivant la règle de vie monastique dite « de saint Augustin ». Les chevaliers *Teutoniques et les chevaliers de *Malte sont apparentés aux Augustins.

Aulis ▪ Ancien port de Grèce (*Béotie). Lieu d'embarquement des Grecs pour la guerre de *Troie.

*la comtesse d'****Aulnoy*** ▪ Écrivaine française (v. 1650-1705). Contes de fées.

Henri d'Orléans ***duc d'Aumale*** ▪ Général, historien et homme politique français (1822-1897). Quatrième fils de *Louis-Philippe. ⇒ **Chantilly.**

Aung San ▪ Héros de l'indépendance de la Birmanie, mort assassiné (1914 ?-1947). □ ***Aung San Sun*** (née en 1945), sa fille. Prix nobel de la paix en 1991).

*l'****Aunis*** n. m. ▪ Ancienne province, dans la région de La *Rochelle, intégrée à la France en 1373. Important foyer calviniste aux XVIe et XVIIe s.

Aurangābād ▪ Ville de l'Inde (*Mahārāshtra). 299 000 hab. Monuments bouddhiques, hindous, islamiques.

Aurangzeb ▪ Empereur *moghol (1618-1707). Ses conquêtes marquèrent l'apogée de l'empire, sa tyrannie en amorça le déclin. Il donna son nom à *Aurangābād.

Auray ▪ Ville de France (*Bretagne). 10 600 hab. *(les Alréens)*. Résidence des ducs de Bretagne.

Aurélien ▪ Empereur romain (v. 215-275). Il restaura un pouvoir fort, instaura le culte solaire.

les ***Aurès*** n. m. pl. ▪ Massif montagneux de l'Algérie orientale (2 328 m).

Georges ***Auric*** ▪ Compositeur français (1899-1983). Auteur de ballets *("Phèdre")* et de musiques de films.

Aurignac ■ Site préhistorique du sud de la France. Il a donné son nom à la culture de l'*aurignacien* n. m. (30 000 - 25 000 av. J.-C.).

*l'île d'***Aurigny,** en anglais ***Alderney*** ■ L'une des îles *Anglo-Normandes. 8 km². 2 100 hab. Chef-lieu : Sainte-Anne.

Aurillac ■ Ville de France (*Auvergne). 32 700 hab. *(les Aurillacois).* Centre commercial.

Vincent ***Auriol*** ■ Homme politique français (1884-1966). Premier président (socialiste) de la IVe République, de 1947 à 1954.

Śrī ***Aurobindo*** ■ Penseur indien (1872-1950).

Aurora ■ Ville des États-Unis (*Colorado). 159 000 hab.

Auschwitz ■ Camp de concentration et d'extermination nazi en Pologne, près de *Cracovie : 4 millions de morts, juifs pour la plupart, de 1940 à 1945.

Ausone ■ Poète latin (v. 310-v. 395).

Jane ***Austen*** ■ Romancière britannique (1775-1817). "*Orgueil et préjugé*".

Austerlitz ■ Localité de Tchécoslovaquie (*Moravie) où Napoléon Ier remporta, contre l'armée austro-russe de François II et d'Alexandre Ier, la « bataille des Trois Empereurs », le 2 décembre 1805.

John Langshaw ***Austin*** ■ Philosophe anglais (1911-1960). Logique du langage.

Austin ■ Ville des États-Unis, capitale du *Texas. 345 000 hab. Universités.

les terres ***Australes*** ou ***Subantarctiques*** ■ Îles au large de l'Antarctique, dont les archipels *Crozet et *Kerguelen et les îles *Amsterdam et *Saint-Paul constituent, avec la terre *Adélie, le territoire d'outre-mer des *terres Australes et Antarctiques françaises.* □ *l'océan* ***Austral.*** L'océan *Antarctique.

*l'****Australie*** n. f. ■ État fédéral d'Océanie formant le *Commonwealth of Australia.* 7 682 300 km². Il comprend l'Australie proprement dite (7 614 500 km², la plus grande île du monde) – divisée en cinq États et deux territoires : l'*Australie-Méridionale* (984 377 km² ; 1,42 million d'hab. ; capitale : Adélaïde), l'*Australie-Occidentale* (2 525 500 km² ; 1,59 million d'hab. ; capitale : Perth), la *Nouvelle-Galles du Sud, le *Queensland, le *Victoria, le Territoire de la capitale australienne (2 432 km² ; 278 000 hab. ; capitale : Canberra), le Territoire du Nord (1 346 200 km² ; 156 000 hab. ; capitale : Darwin) – et l'île-État de *Tasmanie. 16,8 millions d'hab. *(les Australiens)* d'origine anglaise et, plus récemment, d'autres provenances (Europe centrale, Italie, etc.). Capitale : Canberra. Langue officielle : anglais. Monnaie : dollar australien. Continent massif et peu élevé, l'Australie est, pour une grande part, aride. Malgré le rapide essor de la métallurgie (Newcastle, Wollongong) et des industries de transformation, l'économie est avant tout fondée sur l'élevage (ovins). Les principales villes sont des ports, où le commerce est très actif. Membre du *Commonwealth. ▭ **HISTOIRE.** La population aborigène, d'un grand intérêt ethnologique, est réduite à environ 160 000 personnes. Découverte par les Hollandais au XVIIe s., l'Australie fut colonisée par les Anglais, qui en firent leur pénitencier (1788-1840). La création du Commonwealth d'Australie fut approuvée par le Parlement britannique en 1901. Le nouvel État fut l'allié du Royaume-Uni, pendant les deux guerres mondiales, et soutint les États-Unis dans la guerre du Pacifique.

*l'****Austrasie*** n. f. ■ Royaume *mérovingien (VIe-VIIIe s.) de l'est de la Gaule, avec Metz pour capitale. Les *Carolingiens en sont issus.

Claude ***Autant-Lara*** ■ Cinéaste français (né en 1903). "*Le Diable au corps*", d'après le roman de *Radiguet ; "*la Traversée de Paris*".

*l'****Autriche*** n. f., en allemand ***Österreich*** ■ État (république fédérale) d'Europe centrale. Il comprend neuf États (land, plur. : länder) : *Vienne, la *Basse-Autriche* (19 172 km² ; 1,42 million d'hab. ; capitale : Sankt Pölten), la *Haute-Autriche* (11 980 km² ; 1,3 million d'hab. ; capitale : Linz), le *Burgenland, la *Carinthie, *Salzbourg, la *Styrie, le *Tyrol, le *Vorarlberg. 83 857 km². 7,6 millions d'hab. *(les Autrichiens).* Capitale : Vienne. Langue officielle : allemand. Monnaie : schilling. Pays montagneux qui a développé l'élevage et l'exploitation de la forêt. Il bénéficie d'importantes ressources hydro-électriques, mais son industrie, quoique diversifiée, dépend fortement des importations. ▭ **HISTOIRE.** La marche d'Autriche (*Österreich* signifie « royaume de l'Est ») devint duché héréditaire en 1156 et passa aux mains des *Habsbourg en 1278. Aux XVIe et XVIIe s., elle constituait le noyau dur de l'Empire germanique et se fit le champion du catholicisme contre les princes allemands réformés, les Tchèques (guerre de *Trente Ans) et les Turcs. Tandis que sur le plan intérieur les règnes de *Marie-Thérèse puis de Joseph II renforcèrent et modernisèrent l'État, sur le plan extérieur les défaites causées par la guerre de *Succession (1740-1748) puis par les guerres napoléoniennes diminuèrent son territoire. Mais le congrès de Vienne (1815) et le rôle diplomatique de *Metternich lui redonnèrent une place prépondérante en Europe. À l'intérieur, la politique absolutiste se heurta aux revendications nationalistes des peuples non allemands (Hongrois, Tchèques, Slaves du Sud) qui aboutirent aux révolutions de 1848. Vaincue par la Prusse en 1866 (bataille de *Sadowa), exclue alors de l'Allemagne, l'Autriche dut reconnaître l'existence du royaume de Hongrie, dont *François-Joseph se fit couronner roi en 1867. Ainsi naquit la monarchie austro-hongroise. Le conflit avec la Serbie (⇒ **François-Ferdinand de Habsbourg**) déclencha la Première Guerre mondiale, qui provoqua la ruine de la monarchie austro-hongroise et l'institution d'une république (1920) dans les limites territoriales actuelles. Devenue une province allemande après l'annexion (l'*Anschluss) par Hitler, occupée par les Alliés après 1945, l'Autriche retrouva son indépendance en 1955 et affirma sa souveraineté (traité de paix avec l'U.R.S.S., admission à l'O.N.U.). Le chancelier (socialiste) Bruno Kreisky (1911-1990) a dirigé le pays de 1970 à 1983. L'élection de K. *Waldheim à la présidence de la République (1986) a suscité une polémique sur l'attitude de certains Autrichiens pendant la Seconde Guerre mondiale.

Autun ■ Ville de France (*Bourgogne). 19 400 hab. *(les Autunois).* Remarquable cathédrale romane (XIIe s.).

*Antoine d'****Auvergne*** ou ***Dauvergne*** ■ Violoniste et compositeur français (1713-1797).

*l'****Auvergne*** n. f. ■ Région administrative et économique de France comprenant quatre départements du Massif central : Allier, Cantal, Haute-Loire, Puy-de-Dôme. 26 169 km². 1,32 million d'hab. *(les Auvergnats).* Préfecture : Clermont-Ferrand. Elle correspond à peu près à l'ancienne province d'Auvergne (l'ancien territoire des *Arvernes), divisée au Moyen Âge en *comté d'Auvergne* (annexé en 1610), *Dauphiné et *terre d'Auvergne* (réunis à la Couronne en 1532). Le peuplement industriel et urbain se concentre dans les vallées (industries automobile et pneumatique). Les hauts plateaux et massifs volcaniques se dépeuplent, bien que l'agriculture occupe encore un quart de la population active (élevage laitier, fromages). Tourisme thermal (Vichy).

Auvers-sur-Oise ■ Ville française, au nord-ouest de Paris. 6 100 hab. *(les Auversois).* *Van Gogh y est enterré.

Auxerre ■ Ville de France (*Bourgogne). 40 600 hab. *(les Auxerrois).* Monuments médiévaux.

le mont ***Auxois*** ■ ⇒ **Alésia.**

Adrien ***Auzout*** ■ Astronome français (1622-1691). Il perfectionna les instruments de mesure et d'observation.

Avalokiteśvara ■ Dans la religion bouddhiste, le *bodhisattva le plus vénéré, spécialement en Chine, au Tibet et au Japon.

*la péninsule d'****Avalon*** ■ Lieu le plus oriental du Canada, au sud-est de *Terre-Neuve.

les ***Avars*** ■ Tribu asiatique qui constitua du VIe au IXe s. un empire en Europe centrale. Vaincus par les armées de *Charlemagne.

*l'****avatāra*** n. m. ■ Métamorphose d'une divinité hindoue sur terre. Les plus connus sont les *avatāra* de *Vishnou (homme-lion, poisson, etc.). ‹ ▶ avatar ›

Avempace ■ ⇒ **Ibn Bājjah.**

le mont ***Aventin*** ■ Une des sept collines de Rome. La plèbe, révoltée contre le patriarcat, s'y retira en 494 et en 450 av. J.-C.

Hendrik ***Avercamp*** ■ Peintre et dessinateur hollandais (1585-1634). Il peignit des petits personnages dans des paysages glacés.

*le lac d'****Averne*** ■ Lac d'Italie, en *Campanie, décrit par *Virgile comme l'entrée des *Enfers.

Ibn Rushd dit ***Averroès*** ■ Principal philosophe arabe et musulman d'Espagne (1126-1198). ▶ *l'****averroïsme*** n. m., sa doctrine, fut considéré par les chrétiens, au moins jusqu'à sa condamnation en 1277, comme la meilleure explication d'*Aristote.

Tex ***Avery*** ■ Réalisateur américain de dessins animés (1908-1980). Créateur de Bugs Bunny.

*l'****Avesta*** n. m. ■ Recueil des textes sacrés du mazdéisme, en langue avestique. ⇒ **Zarathoustra.**

Avicebron ■ ⇒ **Ibn Gabirol.**

Ibn Sīnā dit ***Avicenne*** ■ Médecin, philosophe et mystique de l'*islam (980-1037). ▶ *l'****avicennisme*** n. m., sa doctrine, à la rencontre de la philosophie grecque et de la mystique iranienne, eut une grande influence en Orient comme en Occident.

Avignon ■ Ville du sud de la France. 89 400 hab. *(les Avignonnais).* Résidence des papes au XIVe s. Grand centre commercial et touristique (festival de théâtre depuis 1947).

Ávila ■ Ville d'Espagne (*Castille-et-Léon). 44 600 hab. « Ville des saints et des pierres » : nombreux couvents et églises, enceinte du XIIe s. Patrie de sainte *Thérèse d'Ávila.

Amedeo ***Avogadro*** *comte de Quaregna* ■ Chimiste italien (1776-1856). Le *nombre d'Avogadro* : nombre constant de molécules dans une molécule-gramme ($6{,}023.10^{23}$).

*l'****Avon*** n. m. ■ Comté du sud-ouest de l'Angleterre. 1 338 km². 945 000 hab. Chef-lieu : Bristol.

Avoriaz ■ Station française de sports d'hiver, dans les Alpes. Festival du cinéma fantastique. ⇒ **Morzine.**

Avranches ■ Ville de France (*Normandie). 9 500 hab. *(les Avranchinais).* La *percée d'Avranches* marqua le début de la grande offensive alliée sur Paris (31 juillet 1944).

Avvakoum ■ Réformateur orthodoxe et écrivain russe (v. 1620-1682). Chef des « vieux-croyants ».

Awaji ■ La plus grande île de la mer Intérieure du Japon. 593 km². 10 000 hab.

*l'****Axe*** n. m. ■ Nom donné à l'alliance entre *Mussolini et *Hitler (1936), confirmée par le *pacte d'Acier signé en mai 1939.

sir Alfred Jules ***Ayer*** ■ Philosophe empiriste et logicien anglais (né en 1910).

Aylmer ■ Ville du Québec, près d'*Ottawa. 28 400 hab.

les ***Aymaras*** ■ Indiens du Pérou et de Bolivie. Ils ont conservé leur langue et des traditions antérieures à la colonisation espagnole.

Marcel ***Aymé*** ■ Écrivain français (1902-1967). Son œuvre (contes, récits, nouvelles) instaure des rapports familiers entre le réel et l'imaginaire. "*Contes du chat perché*" ; "*la Jument verte*" ; "*Clérambard*".

Ayuthia ■ Ville de Thaïlande. 47 200 hab. Capitale de 1347 à 1767 d'un royaume thaï, puis du *Siam. Nombreux monuments.

les ***Ayyūbides*** ■ Dynastie musulmane fondée par *Saladin. Sa branche principale régna en Égypte de 1171 à 1250.

Azay-le-Rideau ■ Ville de France (région de la Loire). 3 100 hab. *(les Ridellois).* Célèbre château Renaissance.

*le marquis d'****Azeglio*** ■ Écrivain et homme politique italien (1798-1866). Chef du gouvernement du *Piémont de 1849 à 1852.

*l'****Azerbaïdjan*** n. m. ■ Région de l'Asie occidentale, divisée entre l'Iran (deux provinces regroupant 4,6 millions d'hab. sur 105 952 km²) et la C.É.I. □ *la république d'****Azerbaïdjan.*** 86 600 km². 7 millions d'hab. *(les Azéris* ou *Azerbaïdjanais).* Capitale : Bakou. Industrie pétrolière. Cultures irriguées (coton, tabac). Les tensions nationalistes avec l'Arménie, liées aux revendications de la population majoritairement arménienne de la région autonome azerbaïdjanaise du Nagorny-Karabakh (⇒ **Arménie**) et de celle – majoritairement azerbaïdjanaise – de la république autonome azerbaïdjanaise du *Nakhitchevan (complètement enclavée sur le territoire de l'Arménie), débouchèrent sur de violents affrontements et provoquèrent l'intervention de l'armée soviétique (1990). L'Azerbaïdjan a proclamé son indépendance en 1991.

*al-****Azhar*** ■ Mosquée-université du *Caire, fondée en 973, célèbre dans le monde musulman.

Azincourt ■ Ville du Nord de la France. 250 hab. *(les Azincourtois).* Importante victoire anglaise durant la guerre de Cent Ans (1415).

José Martínez Ruiz dit ***Azorín*** ■ Romancier espagnol (1874-1967). "*La Volonté*".

*la mer d'****Azov*** ■ Golfe de la mer Noire, dans la C.É.I. 38 000 km². □ ***Azov.*** Port sur la mer d'Azov (*Russie). 78 000 hab. Ancienne colonie grecque (Tanaïs) puis ville génoise, ottomane et russe.

les ***Aztèques*** ■ Ancien peuple indien qui fonda un empire au Mexique (XVe s.). Leur capitale était

Tenochtitlán (actuellement Mexico). Militaires et conquérants, dotés d'une solide organisation politique et sociale avec des croyances religieuses fortes (*Quetzalcóatl, *Tlaloc), ils soumirent et assimilèrent la culture d'autres tribus dont les *Toltèques. Par sa victoire sur l'empereur *Montezuma, l'Espagnol *Cortés mit fin à leur pouvoir (⇒ **Cuauhtémoc**). 〈 ▶ aztèque 〉

B

Baal ■ Nom de plusieurs divinités de l'Orient méditerranéen, associées depuis la Bible à tout culte idolâtrique, et spécialement aux sacrifices humains (⇒ **Belzébuth**).

Baalbek ■ Ville du Liban. 18 000 hab. Haut lieu archéologique : elle abrita le culte de *Baal, celui des divinités grecques puis romaines liées au Soleil (⇒ **Hélios**), d'où son nom d'**Héliopolis*.

le ***Baath*** ou ***Baas*** ■ Parti nationaliste panarabe et socialiste dominant en Syrie et en Irak.

'Alī Moḥammad dit *le* ***Bāb*** ■ Réformateur musulman iranien (v. 1820-1850). ▶ *le* ***babisme*** fut persécuté par les sunnites, mais continué par le *bahaïsme.

le détroit de ***Bāb al-Mandab*** ■ Détroit qui fait communiquer la mer *Rouge et le golfe d'*Aden (30 km).

Charles ***Babbage*** ■ Mathématicien anglais, logicien (1792-1871). Il conçut la première calculatrice à programme (« machine analytique »), mais ne la réalisa pas.

Babel ■ Nom hébreu de *Babylone. ▶ *la tour de* ***Babel,*** dont la construction devait permettre d'atteindre le ciel, symbolise, dans la Bible, l'orgueil des hommes ; la diversité des langues, qui fait échouer l'entreprise, est le châtiment que le ciel leur inflige.

François Noël dit *Gracchus* ***Babeuf*** ■ Révolutionnaire français (1760-1797). Sa doctrine, le *babouvisme,* annonce le communisme.

Joseph ***Babinski*** ■ Médecin et neurologue français d'origine polonaise (1857-1932).

Mihály ***Babits*** ■ Poète hongrois (1883-1941). Animateur de la revue *Nyugat* (« Occident »).

Bābur ■ Souverain turc (1483-1530). Il conquit l'Inde du Nord et fonda l'Empire *moghol.

Babylone ■ Ancienne ville de *Mésopotamie (160 km de Bagdad), cœur de la principale civilisation de l'Asie antérieure. ▭HISTOIRE. Fondée par les *Akkadiens, elle assimila ses envahisseurs successifs (*Hittites, *Kassites, Élamites, *Assyriens — civilisation assyro-babylonienne). Un premier empire babylonien fut fondé par *Hammourabi (v. 1792 av. J.-C.), restauré par Nabuchodonosor Ier (v. 1137 av. J.-C.). L'empire néobabylonien (625 - 539 av. J.-C.) fut fondé par Nabopolassar ; les ruines actuelles témoignent de cette époque, où l'on édifia les fameux jardins suspendus (⇒ **Sémiramis**), une des Sept *Merveilles du monde, et la tour à étages (ziggourat) qui inspira le mythe de *Babel. Conquise par les Perses (539 av. J.-C.), qui en firent leur capitale, puis par *Alexandre, qui y mourut (323 av. J.-C.), Babylone fut ensuite délaissée au profit d'*Antioche.

Baccarat ■ Ville de l'est de la France. 5 000 hab. *(les Bachâmois).* Célèbres cristalleries depuis le XVIIIe s.

les ***bacchantes*** n. f. ■ Femmes du cortège de *Bacchus. ‹ ▶ ① bacchante ›

Riccardo ***Bacchelli*** ■ Écrivain italien (1891 - 1985). "*Les Moulins du Pô*", fresque historique.

Bacchus ■ Nom latinisé de *Dionysos. ‹ ▶ bacchanale ›

les ***Bach*** ■ FAMILLE DE MUSICIENS ALLEMANDS □ *Jean-Sébastien* ***Bach*** (1685-1750), le plus illustre, luthérien fervent, a laissé une œuvre immense (le "*Clavier bien tempéré*" ; "*Concertos brandebourgeois*" ; "*Passions*" ; "*Cantates*" ; "*l'Art de la fugue*") dont les qualités d'inspiration et de composition sont aujourd'hui universellement admirées. Il a fixé les règles de la musique tonale. Ses fils furent des compositeurs réputés, notamment de concertos et de sonates, annonçant parfois *Mozart. □ *Wilhelm Friedemann* ***Bach*** (1710-1784). □ *Carl Philipp Emanuel* ***Bach*** (1714-1788). □ *Johann Christoph Friedrich* ***Bach*** (1732-1795). □ *Johann Christian* ***Bach*** (1735-1782).

Alexander von ***Bach*** ■ Homme politique autrichien (1813-1893). De 1849 à 1859, il institua un système centralisé et autoritaire.

Gaston ***Bachelard*** ■ Philosophe français (1884-1962). Épistémologie *("la Philosophie du non").* Étude de l'imaginaire.

la ***Bachkirie*** ■ Une des républiques autonomes de la Fédération de *Russie. 143 600 km². 3,9 millions d'hab. *(les Bachkirs).* Capitale : Oufa. Région pétrolière qui fait partie du second *Bakou.

Ingeborg ***Bachmann*** ■ Écrivaine autrichienne (1926-1973). Membre du *Groupe 47. "*Le Temps mesuré*", poèmes.

il **Baciccia** ■ Peintre et décorateur baroque italien (1639-1709).

Frédéric **Back** ■ Artiste québécois de films d'animation d'origine alsacienne (né en 1924). Ses films "*Crac*" et "*l'Homme qui plantait des arbres*" lui ont valu de nombreux prix, dont deux Oscars décernés par l'Academy of Motion Pictures Arts and Sciences.

Bacolod ■ Ville des Philippines. 318 000 hab.

Roger **Bacon** ■ Franciscain anglais, philosophe, savant (v. 1220 - 1292). Considéré comme le précurseur de la méthode expérimentale.

le chancelier Francis **Bacon** ■ Philosophe et homme politique anglais (1561-1626). Défenseur du progrès et de la science expérimentale.

Francis **Bacon** ■ Peintre britannique (1909 - 1992). La déformation de l'image humaine crée une esthétique de l'angoisse.

la **Bactriane** ■ Ancienne région de l'Asie centrale, entre l'Hindu Kush et l'Amou-Daria, correspondant au nord de l'Afghanistan actuel.

Badajoz ■ Ville d'Espagne (*Estrémadure). 126 000 hab.

Badalona ■ Ville d'Espagne (*Catalogne). 223 000 hab.

le **Bade** ■ Ancien État allemand réuni aujourd'hui au *Wurtemberg. ▶ *le* ***Bade-Wurtemberg,*** en allemand ***Baden-Württemberg.*** État (land) d'Allemagne. 35 751 km². 9,28 millions d'hab. *(les Badois)*. Capitale : Stuttgart. Importantes activités agricoles, industrielles et touristiques (lac de Constance, Forêt-Noire, thermes de Baden-Baden).

Baden-Baden ■ Ville d'Allemagne (*Bade-Wurtemberg). 49 000 hab. Station thermale. Bains romains du IIIe s.

Robert **Baden-Powell** ■ Général anglais (1857-1941). Il fonda le scoutisme en 1908.

Karl Ernst von **Baer** ■ Anatomiste russe (1792-1876). Pionnier de l'embryologie.

William **Baffin** ■ Navigateur anglais (v. 1584-1622). À la recherche du passage du *Nord-Ouest en 1616, il découvrit la mer qui porte aujourd'hui son nom. ▶ *la terre de* ***Baffin,*** île canadienne (476 066 km²) séparée du Groenland par la *mer de Baffin.*

Bagdad ■ Capitale de l'Irak. 4,65 millions d'hab. Fondée en 762 par les *Abbassides, sur le Tigre, métropole de l'islam jusqu'à sa destruction par les *Mongols (1258).

Bagnères-de-Bigorre ■ Ville du sud-ouest de la France. 9 100 hab. *(les Bagnérais)*. Station thermale.

le **bahaïsme** ■ Religion syncrétiste fondée par un disciple du *Bāb, Bahā' Ullah (1817-1892). Née en Turquie, elle compte aujourd'hui de nombreux adeptes en Europe et aux États-Unis.

le Commonwealth des **Bahamas** ■ État des *Antilles composé de 700 îles. 13 939 km². 249 000 hab. Capitale : Nassau (sur l'île de Nouvelle-Providence). Langues : anglais (officielle), créole. Monnaie : dollar des Bahamas. Ancienne colonie britannique. Indépendant en 1973 et membre du *Commonwealth, l'archipel est aujourd'hui un « paradis fiscal » qui vit essentiellement du tourisme.

Bahār ■ Poète et critique iranien (1885-1951). Il exerça une grande influence sur ses contemporains.

Bahia ■ État du Brésil. 566 979 km². 11,52 millions d'hab. Capitale : *Salvador (ancien nom : *Bahia*).

Bahía Blanca ■ Ville et port d'Argentine. 221 000 hab.

Bahreïn n. m. ■ Archipel et État (émirat) du golfe Persique. 691 km². 489 000 hab. *(les Bahreïnis)*. Capitale : Manama. Langues : arabe (officielle), anglais. Religion officielle : islam. Monnaie : dinar bahreïni. Ancien protectorat anglais, indépendant depuis 1971. Place financière du Golfe. Production d'hydrocarbures.

Baidoa ■ Ville de Somalie. 300 000 hab.

Baie-Comeau ■ Centre industriel et portuaire du Québec, sur le *Saint-Laurent. 27 500 hab. Aluminerie.

Baie-Mahault ■ Ville de la Guadeloupe. 15 000 hab.

Jean Antoine de **Baïf** ■ Écrivain français (1532-1589). Poète de la *Pléiade, érudit. Il proposa une réforme hardie de l'orthographe.

le lac **Baïkal** ■ Lac le plus profond du globe (1 741 m), en Russie (*Bouriatie). 636 km de long. 31 500 km². Très forte pollution.

Baïkonour ■ Base aérospatiale située au *Kazakhstan.

André **Baillon** ■ Écrivain belge (1875-1932). "*Un homme si simple*".

Jean-Sylvain **Bailly** ■ Astronome et révolutionnaire français (1736-1793). Président de l'Assemblée nationale et maire de Paris en 1789, proche des *Feuillants, exécuté sous la *Terreur.

Joséphine **Baker** ■ Artiste de music-hall américaine (1906-1975). Célèbre meneuse de la revue des Folies-Bergère à Paris.

Bakhtarān, autrefois **Kermanshah** ■ Ville d'Iran (*Kurdistan). 561 000 hab.

Mahmud Abdülbâkî dit **Bâkî** ■ Un des grands poètes classiques turcs (1526-1600). "*Divan*".

Bakou ■ Ville de la C.É.I. 1,75 million d'hab. Capitale de l'*Azerbaïdjan, grand centre pétrolier. □ *le second* ***Bakou :*** nom donné à la grande région pétrolière entre l'Oural et la Volga. □ *le troisième* ***Bakou :*** le plus grand gisement pétrolier de la C.É.I., dans la plaine de l'*Ob.

Mikhaïl **Bakounine** ■ Révolutionnaire et théoricien anarchiste russe (1814-1876). "*Étatisme et anarchie*".

Milii **Balakirev** ■ Compositeur russe (1837-1910). Maître de *Borodine, *Cui, *Moussorgski, *Rimski-Korsakov, avec lesquels il formait le groupe des Cinq.

George **Balanchine** ■ Chorégraphe russe naturalisé américain (1904-1983).

le lac **Balaton** ■ Le plus grand lac d'Europe centrale, en Hongrie. 591 km².

Italo **Balbo** ■ Maréchal italien, un des chefs du *fascisme (1896-1940).

Vasco Núñez de **Balboa** ■ Conquistador espagnol (1475-1517). Il découvrit l'océan Pacifique en 1513.

Hans **Baldung Grien** ■ Peintre et graveur allemand (v. 1484 - 1545). Élève de *Dürer. Sujets chargés de symbolisme, mêlant érotisme et magie.

Robert **Baldwin** ■ Homme politique canadien (1804-1858). Il lutta, avec Louis-Hippolyte *La Fontaine, pour obtenir la responsabilité ministérielle.

Stanley **Baldwin** ■ Homme politique britannique (1867-1947), il fut plusieurs fois Premier ministre conservateur dans l'entre-deux-guerres.

James **Baldwin** ■ Romancier noir américain (1924-1987). "*Les Élus du Seigneur*".

Bâle, en allemand **Basel** ■ Ville de Suisse, sur le Rhin, aux frontières de la France, de l'Allemagne et de la Suisse. 172 000 hab. *(les Bâlois).* Université (fondée en 1460, elle abrita *Érasme et fit de la ville un foyer du protestantisme). Centre industriel : chimie, métallurgie. ▶ *le canton de* ***Bâle,*** divisé en deux demi-cantons : ***Bâle-Ville*** (en allemand : Basel-Stadt ; 37 km² ; 191 000 hab. ; chef-lieu : *Bâle*) et ***Bâle-Campagne*** (en allemand : Basel-Landschaft ; 428 km² ; 228 000 hab. ; chef-lieu : Liestal).

les **Baléares** n. f. pl. ■ Archipel méditerranéen ; communauté autonome de l'Espagne dont les principales îles sont *Majorque, *Minorque, *Ibiza, Formentera, Cabrera. 5 014 km². 755 000 hab. Capitale : Palma de Majorque. Tourisme.

Cristóbal **Balenciaga** ■ Couturier espagnol (1895-1972).

lord **Balfour** ■ Homme politique britannique (1848-1930). Premier ministre (conservateur), puis ministre des Affaires étrangères. ▶ *la déclaration* ***Balfour,*** le 2 novembre 1917, engageait l'Angleterre à favoriser « l'établissement en Palestine d'un foyer national pour le peuple juif ».

Bali ■ Île d'Indonésie, à l'est de Java. 5 561 km². 2 469 000 hab. Chef-lieu : Denpasar. Rizières en terrasses. Tourisme.

les **Balkans** n. m. pl. ■ La plus orientale des trois péninsules du sud de l'Europe, comprenant la Yougoslavie, l'Albanie, la Bulgarie, la Grèce et la Turquie d'Europe. Théâtre des *guerres balkaniques* (démembrement de l'Empire ottoman, 1912-1913). □ *le mont* ***Balkan,*** chaîne montagneuse de la Bulgarie. ‹ ▶ balkanique ›

le lac **Balkhach** ■ Lac de la C.É.I. (au *Kazakhstan). 17 300 km².

Giacomo **Balla** ■ Peintre et théoricien *futuriste italien (1871-1958).

le col de **Balme** ■ Passage des Alpes faisant communiquer la France (Savoie) et la Suisse (*Valais).

le château de **Balmoral** ■ Résidence d'été des souverains britanniques, en Écosse.

Victor **Baltard** ■ Architecte français (1805-1874). Halles de Paris (charpente métallique), démontées en 1972.

les pays **baltes** ■ Les trois républiques d'*Estonie, *Lettonie et *Lituanie, au bord de la *Baltique. Région autrefois conquise par les chevaliers *Teutoniques, disputée ensuite entre la Pologne, la Suède et la Russie, puis l'Allemagne durant les deux guerres mondiales, indépendante de 1920 à 1940. Les pays baltes furent annexés par l'U.R.S.S. en 1940 (⇒ **pacte germano-soviétique**). La résistance passive à l'emprise soviétique se transforma, à partir de 1987, en mouvement revendiquant l'indépendance nationale qu'ils acquirent en 1991. ‹ ▶ balte ›

Balthazar ■ D'après la légende chrétienne, un des Rois mages, noir de peau.

Balthazar Klossowski dit **Balthus** ■ Peintre français d'origine polonaise (né en 1908). Œuvre réaliste dans sa forme. Scènes d'intérieur avec des adolescentes. Paysages.

Baltimore ■ Ville des États-Unis (*Maryland). 787 000 hab. Port de la baie de *Chesapeake. Industries. Université Johns-Hopkins.

la mer **Baltique** ■ Mer qui baigne les côtes d'Europe du Nord : Danemark, Suède, Finlande, pays *baltes, Pologne, Allemagne.

le **Baluchistan** ■ Région aride s'étendant sur le Pakistan et l'Iran.

Jean-Louis Guez de **Balzac** ■ Écrivain français (1597-1654). Il contribua pour la prose à l'avènement du *classicisme.

Honoré de **Balzac** ■ Écrivain français (1799-1850). "*La Comédie humaine*", ensemble de quelque 95 romans *("la Peau de chagrin" ; "le Père Goriot" ; "le Lys dans la vallée" ; "Eugénie Grandet" ; "les Illusions perdues" ; "la Cousine Bette"...),* brosse un tableau à la fois réaliste et visionnaire de la société.

Bamako ■ Capitale du Mali. 646 000 hab.

Bambari ■ Ville de la République centrafricaine. 52 000 hab.

Bamberg ■ Ville d'Allemagne (*Bavière). 70 000 hab. Cathédrale du XIIIe s. Nombreux monuments.

Bāmīān ■ Site archéologique afghan, autour de deux statues colossales de *Bouddha.

Stefan **Banach** ■ Mathématicien polonais (1892-1945). Un des pères de l'analyse fonctionnelle.

Bandar Seri Begawan ■ Capitale du Brunéi. 52 300 hab.

la **Bande des quatre** ■ Surnom péjoratif de dirigeants communistes chinois, comprenant la veuve de *Mao Zedong, écartés du pouvoir en 1976.

Matteo **Bandello** ■ Conteur italien (1485-1561). Célèbre pour ses "*Nouvelles*" qui inspirèrent Shakespeare puis les romantiques.

Bandol ■ Ville de France, sur la *Côte d'Azur. 7 500 hab. *(les Bandolais).* Station balnéaire.

Bandung ou **Bandoeng** ■ Ville d'Indonésie (*Java). 1,46 million d'hab. La *conférence de Bandung* (1955), réunissant *Nasser, *Nehru, *Zhou Enlai et *Sukarno, marque l'acte de naissance politique du tiers monde.

le parc de **Banff** ■ Premier parc national du Canada (*Alberta). De 26 km² en 1885, il s'est élargi à 6 641 km². Villégiature. Sources thermales. Sports.

Bangalore ■ Ville de l'Inde, capitale de l'État du *Karnātaka. 2,63 millions d'hab.

Bangkok ■ Capitale de la Thaïlande. 5,6 millions d'hab. Centre culturel et économique du pays, son seul port important. Forte croissance liée à l'exode rural.

le **Bangladesh** ■ État (république) d'Asie du Sud. 143 998 km². 110,2 millions d'hab. *(les Bangladais).* Capitale : Dacca. Langue officielle : bengali. Religion officielle : islam. Monnaie : taka. Économie essentiellement agricole (riz, canne à sucre), fragilisée par de fréquents cyclones. Graves problèmes de surpopulation. Ancien Pakistan oriental. ▭ **HISTOIRE.** ⇒ **Bengale.**

Ban Gu ou **Pan Kou** ■ Historien chinois du Ier s.

Bangui ■ Capitale de la République centrafricaine. 597 000 hab.

Banjul ■ Capitale de la Gambie (ancienne Bathurst), port sur l'Atlantique. 44 200 hab.

la terre de **Banks** ■ Île de l'archipel arctique canadien. 66 408 km^2.

sir Frédérick **Grant Banking** ■ Médecin canadien (1891-1941). Découvreur, avec C.H. *Best, de l'insuline.

les **Bantous** ■ Peuples d'Afrique noire parlant des langues du même groupe (langues bantoues). 60 millions environ.

bantoustan n. m. ■ Nom donné aux territoires autonomes attribués à la population noire, en Afrique du Sud. 6,7 millions d'hab. ⇒ **Afrique du Sud.**

Théodore de **Banville** ■ Poète français (1823-1891). Proche du *Parnasse. "*Odes funambulesques*".

Baotou ■ Ville de Chine (*Mongolie-Intérieure). 1,1 million d'hab. Centre sidérurgique.

Bārābudur ■ Célèbre monument bouddhique de *Java (VIIIe s.).

Baracaldo ■ Ville d'Espagne (*Biscaye). 113 000 hab.

la **Barbade** ■ Île et État (monarchie constitutionnelle) des Petites *Antilles (îles du *Vent). 430 km^2. 255 000 hab. *(les Barbadiens)*. Capitale : Bridgetown. Langue officielle : anglais. Monnaie : dollar de Barbade. Ancienne colonie britannique devenue indépendante en 1966. Membre du *Commonwealth. Tourisme.

les **Barbares** ■ Nom sous lequel les Grecs de l'Antiquité désignaient les non-Grecs. Par la suite, les Romains l'appliquèrent aux peuples n'appartenant pas à la civilisation latine, en particulier germaniques. ‹ ► barbare ›

la **Barbarie** ou *les* **États barbaresques** ■ Nom donné aux pays d'Afrique du Nord avant la colonisation (v. 1830), par déformation du mot **berbère*.

sainte **Barbe** ■ Vierge et martyre légendaire, patronne des pompiers et des mineurs.

les **Barberousse** ■ Célèbres corsaires de l'Empire *ottoman, basés à Alger au début du XVIe s. □ *Frédéric Ier* ***Barberousse.*** ⇒ **Frédéric Ier.**

Armand **Barbès** ■ Révolutionnaire français (1809-1870). Il s'exila en 1854.

Jules-Amédée **Barbey d'Aurevilly** ■ Écrivain français (1808-1889). Dandy méprisant le caractère bourgeois de son siècle, critique et polémiste catholique virulent, il est l'auteur de récits célèbres pour leur caractère tragique et satanique. "*Les Diaboliques*".

Barbizon ■ Ville de France, à l'est de Paris. 1 400 hab. *(les Barbizonnais)*. Séjour, au XIXe s., de peintres paysagistes (*Millet, *Daubigny...) groupés sous le nom d'*école de Barbizon* et qui furent à l'origine de l'*impressionnisme.

Barbuda ■ ⇒ **Antigua et Barbuda.**

Henri **Barbusse** ■ Écrivain français (1873-1935). Pacifiste. "*Le Feu*" (1916).

Barcelone, en espagnol **Barcelona** ■ Ville d'Espagne, capitale de la *Catalogne. 1,7 million d'hab. *(les Barcelonais)*. 1re ville industrielle (textile) du pays. Monuments médiévaux et modernes (⇒ **Gaudí**). Jeux Olympiques d'été en 1992.

John **Bardeen** ■ Physicien américain (1908-1991). Prix Nobel en 1956 (mise au point du transistor à pointes), puis en 1972 (théorie des supraconducteurs).

Brigitte **Bardot** dite ***B. B.*** ■ Actrice française, vedette de cinéma (née en 1934). "*Et Dieu créa la femme*".

Bareilly ■ Ville de l'Inde (*Uttar Pradesh). 395 000 hab.

la mer de **Barents** ■ Partie de l'océan Arctique baignant les côtes de Norvège et de Russie. Importantes pêcheries. □ *Willem* ***Barents,*** navigateur néerlandais (v. 1550-1597).

Bari ■ Ville et port d'Italie, capitale des *Pouilles. 357 000 hab. Nombreux monuments médiévaux.

Ernst **Barlach** ■ Sculpteur, peintre, dessinateur et écrivain expressionniste allemand (1870-1938).

Bar-le-Duc ■ Ville de l'est de la France. 18 600 hab. *(les Barisiens)*. Monuments anciens.

saint **Barnabé** ■ Apôtre de l'Église primitive, compagnon de saint *Paul.

Barnaoul ■ Ville de la C.É.I. (*Russie) sur l'Ob. 602 000 hab. Centre industriel.

Christiaan **Barnard** ■ Médecin et chirurgien sud-africain (né en 1922), qui tenta, en 1967, la première greffe du cœur.

Antoine **Barnave** ■ Révolutionnaire français (1761-1793). Un des chefs de la *Constituante, rallié aux *Feuillants, guillotiné.

Phineas Taylor **Barnum** ■ Fondateur (américain) du cirque qui porta son nom (1810-1891).

Baroda ■ ⇒ **Vadodara.**

Pío **Baroja** ■ Écrivain espagnol (1872-1956). Il s'interrogea sur le destin de l'Espagne. "*Mémoires d'un homme d'action*".

le **baroque** ■ Courant qui se manifesta dans l'art européen, de la fin du XVIe s. au XVIIIe s. Par opposition au *classicisme, l'esthétique baroque privilégie le mouvement, l'ouverture, la multiplicité. Cette tendance, issue de la *Contre-Réforme, s'étendit des arts plastiques (le *Bernin, *Borromini, les *Churriguera, *Rubens) à la littérature (*Scève, d'*Aubigné, *Calderón de la Barca) et à la musique (*Pachelbel, *Vivaldi, *Bach). ‹ ► baroque ›

Barquisimeto ■ Ville du Venezuela. 703 000 hab.

Barranquilla ■ 1er port de Colombie. 921 000 hab. Important centre industriel.

Paul vicomte de **Barras** ■ Révolutionnaire français (1755-1829). Membre le plus influent du *Directoire.

Jean-Louis **Barrault** ■ Homme de théâtre français (né en 1910). ⇒ Madeleine **Renaud.**

Raymond **Barre** ■ Homme politique et économiste français (né en 1924). Premier ministre de 1976 à 1981.

Maurice **Barrès** ■ Écrivain et homme politique français (1862-1923). Il exalta le nationalisme. "*Le Roman de l'énergie nationale*".

sir James Matthew **Barrie** ■ Écrivain écossais (1860-1937). Créateur de Peter Pan.

Barrie ■ Ville de l'Ontario. 44 000 hab.

la Grande **Barrière** ■ Chaîne de récifs coralliens de la mer de *Corail, qui borde la côte nord-est de l'Australie (env. 2 400 km).

Odilon **Barrot** ■ Homme politique français (1791-1873). Organisateur de la Campagne républicaine des banquets (1847), il contribua à la chute de la *monarchie de Juillet.

la comtesse du **Barry** ■ ⇒ **du Barry.**

sir Charles **Barry** ■ Architecte anglais (1795-1860). Palais de Westminster, à Londres.

Jean **Bart** ■ Corsaire français (1650-1702).

Karl **Barth** ■ Théologien protestant suisse (1886-1968). *"Dogmatique"*.

saint **Barthélemy** ■ L'un des douze apôtres.

Roland **Barthes** ■ Écrivain et essayiste français (1915-1980). Un des créateurs en France de la critique moderne. *"Le Degré zéro de l'écriture"*.

Frédéric Auguste **Bartholdi** ■ Sculpteur français (1834-1904). *"Le Lion de Belfort"* ; *"la Liberté éclairant le monde"* à New York.

Béla **Bartók** ■ Compositeur hongrois (1881-1945). Très attaché, comme *Kodály, au folklore, et puissamment original. *"Concerto pour orchestre"* ; *"le Château du prince Barbe-Bleue"*, opéra ; *"Mikrokosmos"*, pièces pour piano.

Bartolo ■ Juriste italien (1314-1357).

Fra **Bartolomeo** ■ Peintre italien (1472-1517). Représentant du *classicisme florentin, avec Andrea *del Sarto.

Antoine Louis **Barye** ■ Sculpteur français, peintre d'aquarelles (1796-1875). Animaux.

Mikhaïl **Baryshnikov** ■ Danseur et chorégraphe soviétique naturalisé américain (né en 1948).

le **Bas-Canada** ■ Nom donné au Québec de 1791 jusque v. 1850.

le **Bas-Empire** ■ La dernière période de l'Empire romain (IIIe - Ve s.).

Bashō ■ Moine et poète japonais (1644-1694). Réputé pour son art du haïku.

Count **Basie** ■ Compositeur de jazz, pianiste et chef d'orchestre noir américain (1904-1984).

Basile ■ NOM DE PLUSIEURS EMPEREURS BYZANTINS □ ***Basile Ier le Macédonien*** (v. 812 - 886) entreprit le recueil de lois appelé les « Basiliques ». □ ***Basile II le Bulgaroctone*** (v. 958-1025) anéantit la puissance bulgare et porta *Byzance à son apogée.

saint **Basile le Grand** ■ Docteur et Père de l'Église, évêque de *Césarée (v. 330-379).

la **Basilicate,** en italien **Basilicata** ■ Région autonome du sud (*Mezzogiorno) de l'Italie. 9 992 km². 623 000 hab. Capitale : Potenza (64 800 hab.). Élevage ovin et caprin.

le Pays **Basque** ■ Région s'étendant de part et d'autre des Pyrénées occidentales. Elle regroupe l'*Álava, la *Biscaye, le *Guipúzcoa, la *Navarre (en Espagne) et le Labourd, la Basse-Navarre, la Soule (en France). Son unité est principalement linguistique (la langue basque — euskara — n'est pas indo-européenne). Le nationalisme basque s'est surtout développé en Espagne, s'exprimant parfois par le terrorisme (E.T.A. militaire). Le Pays basque espagnol forme une communauté autonome depuis 1979. 7 261 km². 2,13 millions d'hab. Capitale : Vitoria. 〈 ▶ ② basque 〉

le détroit de **Bass** ■ Bras de mer qui sépare l'Australie de la Tasmanie (200 km de large).

Bassæ ■ Site archéologique grec dans le Péloponnèse. Temple d'Apollon Épikourios (Ve s. av. J.-C.).

le **Bas-Saint-Laurent-Gaspésie** ■ Région administrative du Québec. 34 254 km². 238 600 hab.

Jacopo **Bassano** ■ Peintre italien (v. 1517 - 1592). Scènes bibliques et pastorales. □ *Francesco* ***Bassano,*** son fils (1549-1592), peintre et décorateur.

la **Basse-Saxe** ■ ⇒ la Basse-**Saxe.**

les **Basses Terres du Saint-Laurent** ■ Région du sud du Québec, caractérisée par des terres plates et argileuses, très fertiles. Env. 17 300 km².

Basse-Terre ■ Chef-lieu de la *Guadeloupe. 14 000 hab. *(les Basse-Terriens).* ▶ ***Basse-Terre,*** partie orientale de l'île de la Guadeloupe, est, malgré son nom, la plus élevée du département (volcan de la *Soufrière).

Basseterre ■ Capitale de Saint Christopher and Nevis. 14 300 hab.

Bassora ou **Basra** ■ 2e ville d'Irak. 617 000 hab. Grand port, à 150 km de la mer (sur le *Chaṭṭ al-'Arab) et du terminal pétrolier de al-Faw.

Bastia ■ Ville portuaire de Corse (France). 38 700 hab. *(les Bastiais).* Principal centre commercial de l'île.

Maryse **Bastié** ■ Aviatrice française (1898 - 1952).

la **Bastille** ■ Prison et symbole de l'État monarchique. La *prise de la Bastille,* le 14 juillet 1789, marqua l'entrée du peuple de Paris dans la Révolution française. La forteresse fut rasée en 1790. Le 14 juillet est la date de la fête nationale française depuis 1880.

Bastogne, en néerlandais **Bastenaken** ■ Ville de Belgique (province du *Luxembourg), dans l'Ardenne. 12 000 hab. Lieu d'une offensive allemande en décembre 1944.

Georges **Bataille** ■ Écrivain français (1897-1962). L'érotisme et la mort sont au centre de son œuvre. *"Le Bleu du ciel"*.

la République **batave** ■ Nom donné aux Pays-Bas de 1795 à 1805, transformés (1806) en royaume de *Hollande. ▶ *les* ***Bataves.*** Peuple germain qui habitait les Pays-Bas au Ier s. av. J.-C. 〈 ▶ batavia 〉

le **Bateau-Lavoir** ■ Ateliers parisiens (France), à *Montmartre, habités par de nombreux peintres et poètes, dont les initiateurs du cubisme, notamment *Picasso, de 1904 à 1909.

Bath ■ Ville d'Angleterre (*Avon). 84 200 hab. Station thermale.

Bathurst ■ Ville du Nouveau-Brunswick. 18 000 hab.

Fulgencio **Batista** ■ Officier et homme politique cubain (1901-1973). Chef de la dictature militaire de 1933 à 1944 et de 1952 à 1959, renversé par Fidel *Castro.

Batna ■ Ville d'Algérie. 182 000 hab.

Baton Rouge ■ Ville des États-Unis, capitale de la *Louisiane. 219 000 hab. Pétrole.

Batoumi ■ Ville de Géorgie, capitale de l'*Adjarie. Port pétrolier sur la mer Noire. 136 000 hab.

l'île de **Batz** ■ Île (française) de la Manche (*Bretagne).

Baucis ■ ⇒ **Philémon.**

Charles **Baudelaire** ■ Écrivain français (1821-1867). Critique *("l'Art romantique"),* traducteur (de *Poe et *De Quincey) et surtout grand poète, en vers et en prose, il eut une influence capitale sur l'art et la littérature modernes. *"Les Fleurs du mal"* (1857).

Jean-Louis **Baudelocque** ■ Célèbre accoucheur français (1745 - 1810). □ *Louis-Auguste* **Baudelocque,** son neveu (1800 - 1864), chirurgien. Il mit au point un nouveau procédé de césarienne.

Baudouin ■ NOM DE CINQ ROIS DE JÉRUSALEM □ **Baudouin Ier,** frère de *Godefroy de Bouillon (mort en 1118).

Baudouin Ier ■ Roi des Belges depuis 1951 (né en 1930).

Baudouin II de Courtenay ■ Dernier empereur latin de Constantinople (1217-1273). ⇒ **Byzance.**

le **Bauhaus** ■ École d'architecture et d'art appliqué fondée par *Gropius (Weimar 1919 – Berlin 1933). Influence capitale sur les artistes qui y enseignèrent (*Klee, *Kandinsky, *Moholy-Nagy) et sur l'art contemporain jusqu'à nos jours.

La **Baule-Escoublac** ■ Station balnéaire française au sud de la Bretagne.

Vicki **Baum** ■ Romancière autrichienne naturalisée américaine (1888-1960). "*Grand Hôtel*".

Willi **Baumeister** ■ Peintre abstrait allemand (1889-1955).

Les **Baux-de-Provence** ■ Localité du sud de la France. Elle a donné son nom à la « bauxite ». Tourisme : ruines médiévales. ‹ ► bauxite ›

la **Bavière,** en allemand **Bayern** ■ Royaume carolingien, principauté importante du Saint Empire, royaume de 1806 à 1918, elle devint en 1949 l'État (land) le plus étendu d'Allemagne, à caractère rural et touristique. Industries dans les grandes villes, raffineries à Ingolstadt. 70 553 km². 11 millions d'hab. Capitale : Munich.

Pierre Terrail seigneur de **Bayard** ■ Homme de guerre français, surnommé « le chevalier sans peur et sans reproche » (v. 1475 -1524).

Baybars Ier ■ Sultan *mamelouk d'Égypte (1223 - 1277). Chef de guerre, il combattit les Mongols et les croisés tout en modernisant le pays. Figure légendaire, objet de récits populaires.

Bayeux ■ Ville de France (*Normandie). 15 100 hab. (*les Bayeusains* ou Bajocasses). Célèbre broderie dite de la reine *Mathilde et abusivement "*tapisserie de Bayeux*" (v. 1077). Nombreux monuments.

Pierre **Bayle** ■ Écrivain français (1647-1706). Son "*Dictionnaire historique et critique*" annonce les travaux des philosophes des *Lumières.

le **Bayon** ■ Immense temple central de la cité d'*Angkor Thom, au Cambodge, construit à la fin du XIIe s.

Bayonne ■ Ville du sud-ouest de la France, sur l'Atlantique. 41 800 hab. (*les Bayonnais*). La ville donna son nom à la baïonnette. ‹ ► baïonnette ›

Bayreuth ■ Ville d'Allemagne (*Bavière). 71 000 hab. Festival Wagner.

Achille **Bazaine** ■ Maréchal de France (1811-1888).

Jean **Bazaine** ■ Peintre français (né en 1904). Vitraux, mosaïques.

Frédéric **Bazille** ■ Peintre français, lié aux *impressionnistes (1841-1870). "*La Réunion de famille*".

Hervé **Bazin** ■ Écrivain français (né en 1911). "*Vipère au poing*" ; "*Au nom du fils*" ; "*Madame Ex*".

André **Bazin** ■ Critique français de cinéma (1918-1958). Cofondateur des *Cahiers du cinéma* qui ont formé les cinéastes de la « nouvelle vague ».

le **Béarn** ■ Ancienne province du sud-ouest de la France. Capitale : Pau. Patrie d'Henri IV dit *le Béarnais ;* son fils Louis XIII réunit le Béarn à la France (1620). ‹ ► béarnais ›

les **Beatles** n. m. pl. ■ Groupe anglais de musique pop des années 1962 à 1970.

les **beatniks** ■ Membres d'un mouvement spontané de révolte contre le mode de vie américain, né en Californie après 1950.

sir Cecil **Beaton** ■ Photographe britannique (1904 - 1980). Portraits.

Béatrice ■ Inspiratrice de *Dante. Elle s'appelait Béatrice Portinari et vécut à Florence (v. 1265 - 1290).

Beatrix Ire ■ Reine des Pays-Bas depuis 1980 (née en 1938).

Beau Bassin - Rose Hill ■ 2e ville de l'île Maurice. 93 000 hab.

le centre **Beaubourg** ou **centre Pompidou** ■ Centre national français d'art et de culture (musée, bibliothèque...), inauguré en 1977, à Paris.

la **Beauce** ■ Région française du Bassin parisien, plateau limoneux voué à la culture des céréales et de la betterave. Les habitants sont les *Beaucerons.*

la **Beauce** ■ Région au sud du *Québec. Ancien comté dont les premiers colons venaient de la Beauce orléanaise. Agriculture. Industries. Sites historiques.

Yves **Beauchemin** ■ Écrivain québécois (né en 1941). Son roman, "*le Matou*" (1981) a connu un grand succès et a été porté à l'écran par J. *Beaudin. "*Juliette Pomerleau*" (1988).

Alphonse **Beau de Rochas** ■ Ingénieur français (1815-1893). Inventeur du cycle à quatre temps (⇒ **Otto**).

Jean **Beaudin** ■ Cinéaste québécois (né en 1939). "*J. A. Martin photographe*" (1976) ; "*le Matou*" (1985), d'après le roman de Y. *Beauchemin.

l'échelle de **Beaufort** ■ Graduation (de 0 à 12) servant à la mesure du vent définie par l'amiral britannique sir Francis Beaufort (1774 - 1857) en 1806.

Alexandre vicomte de **Beauharnais** ■ Général français (1760-1794). Premier mari de *Joséphine. □ *Eugène de* **Beauharnais,** leur fils (1781-1824), vice-roi d'Italie (1805). □ *Hortense de* **Beauharnais,** leur fille (1783-1837), épouse de Louis Bonaparte, reine de Hollande, mère de Napoléon III et de *Morny.

Beauharnois ■ Ville du Québec. 6 600 hab. Hydroélectricité. Aluminerie.

Anne de **Beaujeu** ■ ⇒ **Anne de France.**

le **Beaujolais** ■ Région française entre la Loire et la Saône, à l'est du Massif central. La côte est célèbre pour ses vins. ‹ ► beaujolais ›

Victor-Lévy **Beaulieu** ■ Écrivain québécois (né en 1945). Romancier, journaliste, critique littéraire, polémiste, éditeur, scénariste et auteur de séries télévisées. Œuvres que traverse un souffle épique.

Pierre Auguste Caron de **Beaumarchais** ■ Auteur dramatique français (1732-1799). Comédies célèbres pour leur verve, leurs rebondissements et leur ambiguïté entre libertinage, morale et critique sociale. Le valet Figaro est le héros de sa trilogie : "*le Barbier de Séville*", "*le Mariage de Figaro*", "*la Mère coupable*".

Beaune ■ Ville de France (*Bourgogne). 22 200 hab. *(les Beaunois).* Hôtel-Dieu (XVe s.).

André ***Beauneveu*** ■ Miniaturiste et sculpteur français (v. 1330-v. 1410). Illustrations du psautier de Jean de Berry.

Beauport ■ Ville de la banlieue de Québec. 63 000 hab.

Beauvais ■ Ville de France (*Picardie). 56 300 hab. *(les Beauvaisiens).* Cathédrale gothique (XIIIe - XVIe s.). Industries. La région du *Beauvaisis,* entre la Picardie et l'Île-de-France, fut réunie à la Couronne française sous Louis XI.

Simone de ***Beauvoir*** ■ Écrivaine française (1908-1986). Philosophe, compagne de *Sartre, auteur d'essais *("le Deuxième Sexe"),* de romans *("les Mandarins"),* de Mémoires *("la Force de l'âge").*

August ***Bebel*** ■ Socialiste allemand (1840-1913). Fondateur du parti ouvrier social-démocrate avec W. *Liebknecht en 1869.

Bécancour ■ Centre industriel du Québec, sur le Saint-Laurent. 11 000 hab. Aluminerie.

Domenico ***Beccafumi*** ■ Peintre *maniériste italien (v. 1486-1551).

Cesare Bonesana marquis de ***Beccaria*** ■ Juriste italien (1738-1794). Ses thèses en font un précurseur du droit pénal moderne.

Béchar, anciennement ***Colomb-Béchar*** ■ Ville d'Algérie, au sud-ouest du Sahara. 107 000 hab.

Le ***Bec-Hellouin*** ■ Localité de France (*Normandie). Ancienne abbaye bénédictine, construite en 1034, qui devint un important foyer intellectuel au Moyen Âge.

Sidney ***Bechet*** ■ Musicien de jazz noir américain, clarinettiste et saxo soprano (1897-1959).

Jacques ***Becker*** ■ Metteur en scène français de cinéma (1906-1960). *"Casque d'or" ; "le Trou".*

saint Thomas ***Becket*** ■ ⇒ saint **Thomas Becket.**

Samuel ***Beckett*** ■ Écrivain irlandais (1906-1989). Surtout connu pour son théâtre écrit en français *("En attendant Godot" ; "Oh ! les beaux jours").* Romans en anglais et en français. Il présente une vision dérisoire de l'activité humaine. Prix Nobel 1969.

Henry ***Becque*** ■ Auteur français de pièces réalistes, souvent cruelles (1837-1899). *"Les Corbeaux" ; "la Parisienne".*

les ***Becquerel*** ■ FAMILLE DE PHYSICIENS FRANÇAIS □ *Henri* ***Becquerel*** (1852-1908), prix Nobel 1903, découvrit la radioactivité ; son nom a été donné à l'unité d'activité d'une source radioactive.

saint ***Bède le Vénérable*** ■ Clerc anglo-saxon (v. 673-735). *"Histoire ecclésiastique des Angles".*

le ***Bedfordshire*** ■ Comté du sud-est de l'Angleterre. 1 235 km². 531 000 hab. Chef-lieu : Bedford (74 200 hab.).

les ***Bédouins*** ■ Arabes nomades répandus dans le Sahara et au Proche-Orient. ‹ ► bédouin ›

Mrs. ***Beecher-Stowe*** ■ Romancière américaine (1811-1896). *"La Case de l'oncle Tom".*

Beersheba ■ Ville du sud d'Israël. 115 000 hab.

Ludwig van ***Beethoven*** ■ Compositeur allemand (1770-1827). Son œuvre est immense : neuf symphonies (la *"Pastorale",* l'*"Héroïque",* la Neuvième avec *"L'hymne à la joie"*), 32 sonates pour piano, 17 quatuors, un opéra *("Fidelio").* Il a révolutionné l'écriture orchestrale et la facture instrumentale. Il incarna le mythe du génie préromantique, idéaliste. Il fut tragiquement frappé de surdité, mais ne cessa pas de composer.

Menahem ***Begin*** ■ Homme politique israélien (1913-1992). Chef du Likoud (parti de droite). Premier ministre de 1977 à 1983. Prix Nobel de la paix 1978 (⇒ **Sadate**).

Begrām ■ Site archéologique afghan (IIe s.).

Behistun ■ Site archéologique d'Iran (v. 500 av. J.-C.).

Peter ***Behrens*** ■ Architecte allemand (1868-1940). Pionnier du modernisme (formes dépouillées et fonctionnelles).

Emil von ***Behring*** ■ Médecin et bactériologiste allemand (1854-1917). Premier prix Nobel de médecine (1901).

Beijing ■ ⇒ **Pékin.**

la ***Beira*** ■ Ancienne province du Portugal central, entre le *Douro et le *Tage.

Béja ■ Ville du nord-ouest de la Tunisie. 46 700 hab.

Bejaïa ■ Ville d'Algérie. 124 000 hab. Port pétrolier au débouché de l'oléoduc d'*Hassi Messaoud.

les ***Béjart*** ■ Famille de comédiens français qui travailla avec *Molière, notamment Madeleine (1618-1672) et Armande (1642-1700) qui épousa Molière.

Maurice Berger dit ***Béjart*** ■ Danseur et chorégraphe français (né en 1928).

la ***Bekaa*** ■ Haute plaine du Liban, région de *Baalbek, à population *chiite.

Béla ■ NOM DE QUATRE ROIS DE HONGRIE □ ***Béla IV*** (1206-1270) subit l'invasion mongole (1241).

François-Joseph ***Bélanger*** ■ Architecte français (1744-1818). Il construisit des « folies » (pavillon de Bagatelle). Il fit les premières charpentes métalliques (Halle au blé à Paris).

Belém ■ Ville et port du Brésil, capitale de l'État de Pará. 756 000 hab. Institut de recherches scientifiques. Commerce.

Belfast ■ Capitale de l'Irlande du Nord (Royaume-Uni). 354 000 hab. Port important et centre industriel (textile, constructions navales). Déchirée par la guerre civile entre protestants (70 % de la population) et catholiques (30 %).

Belfort ■ Ville de l'est de la France. 51 900 hab. *(les Belfortains).* L'héroïque résistance aux Allemands du colonel Denfert-Rochereau (1823-1878) en 1870-1871 permit au territoire de rester français ; elle inspira *"le Lion de Belfort",* monument de *Bartholdi. □ *la trouée de* ***Belfort.*** ⇒ la porte d'**Alsace.**

la ***Belgique*** ■ État (monarchie constitutionnelle) d'Europe occidentale. 30 518 km² (plus l'enclave de Baarle-Hertog dans les Pays-Bas ; 7 km² ; 2 100 hab.). 9,87 millions d'hab. *(les Belges).* Capitale : Bruxelles. Langues : français, néerlandais, allemand. Monnaie : franc belge. Neuf provinces : *Anvers, le *Brabant, la *Flandre-Occidentale, la *Flandre-Orientale, le *Hainaut, *Liège, le *Limbourg, le *Luxembourg, *Namur. L'économie de ce pays plat, aux sols ingrats, est principalement industrielle et commerciale (ports d'Anvers, Bruges, Gand) dans le cadre du *Benelux (débouché de Rotterdam). ▭ **HISTOIRE.** L'opposition actuelle (notamment linguistique) entre *Wallonie et *Flandre s'explique historiquement. Dès les invasions barbares (IVe s.), la région abrite des Germains et des peuples romanisés de culture latine. Cette situation d'entre-deux fut un atout pour Charlemagne. L'opposition reparut lors du partage de l'Empire carolingien (843), entre la *Lotharingie et la France occidentale, qui comprenait la Flandre. Au Moyen Âge, les villes acquirent leur autonomie grâce aux richesses du commerce, mais l'ensemble des provinces s'étendant entre la France et les États allemands fut progressivement dominé par les ducs de Bourgogne. En 1477, les possessions bourguignonnes passèrent aux *Habsbourg et formèrent les Pays-Bas, devenus territoire espagnol à la mort de Charles Quint. La Réforme provoqua la scission des *Provinces-Unies (union d'Utrecht, 1579). Les provinces catholiques (union d'Arras) furent prises dans les conflits entre la France, l'Espagne et la Hollande. Cédées à l'Autriche en 1713 (traité d'Utrecht), elles furent annexées par la France révolutionnaire en 1795. En 1815 fut constitué un royaume hollando-belge (royaume des Pays-Bas). En 1830, la Belgique fit sécession et devint une monarchie constitutionnelle (*Léopold Ier). Dans les années 1890-1914, le renouveau artistique alla de pair avec la prospérité économique et le colonialisme (le Congo belge, aujourd'hui le *Zaïre). Une monarchie libérale et éclairée s'établit avec Albert Ier, qui régna de 1909 à 1934. Le pays rompit avec la neutralité en 1919 mais l'attitude ambiguë de Léopold III en 1940 et la montée du nationalisme flamand le divisèrent. Il s'engagea dans une politique résolument européenne après 1945, le ministre Spaak étant l'un des pères de la *C.E.E. Depuis 1960, date de l'indépendance du Congo, le pays subit les tensions nées de l'existence des deux communautés linguistiques et culturelles (Flamands et Wallons), devenues autonomes par un accord de 1977. ‹ ► belge ›

Belgrade ■ Capitale de la Yougoslavie et de la république fédérée de *Serbie. 1,47 million d'hab. *(les Belgradois)*. Port fluvial actif, grand centre industriel et commercial.

Vissarion ***Belinski*** ■ ⇒ Vissarion **Bielinski.**

Jean ***Béliveau*** ■ Sportif québécois (né en 1931). Il a joué au hockey pour le club Canadiens de Montréal de 1953 à 1971.

le ***Bélize*** ou *le* ***Belize*** ■ État (monarchie constitutionnelle) d'Amérique centrale. 22 965 km². 185 000 hab. *(les Bélizais)*. Capitale : Belmopan. Langues : anglais (officielle), espagnol. Monnaie : dollar de Bélize. Ancien Honduras britannique, indépendant depuis 1981. Membre du *Commonwealth. Agriculture et pêche. □ ***Bélize,*** en anglais ***Belize City.*** Ville principale et ancienne capitale du Bélize. 49 700 hab. Endommagée par de nombreux cyclones. La capitale fut transférée à *Belmopan en 1970.

sir Charles ***Bell*** ■ Physiologiste écossais, neurologue (1774-1842).

Alexander Graham ***Bell*** ■ Savant canadien d'origine écossaise. (1847-1922). Inventeur du téléphone (1876) et de procédés d'enregistrement du son.

Marilyn ***Bell*** ■ Sportive canadienne (née en 1937). Première nageuse à traverser le lac Ontario.

Jacques de ***Bellange*** ■ Peintre, graveur, dessinateur lorrain (v. 1575-1616). Proche du *maniérisme (France).

Bellarmin ■ ⇒ saint **Robert Bellarmin.**

Joachim du ***Bellay*** ■ Poète français (1522-1560). Rédacteur du manifeste de la *Pléiade, *"Défense et illustration de la langue française"* (1549). *"Regrets"* ; *"les Antiquités de Rome"*.

Rémi ***Belleau*** ■ Poète français (1528-1577). Membre de la *Pléiade. *"La Bergerie"*.

Belle-Île ou ***Belle-Île-en-Mer*** ■ La plus grande des îles (françaises) bretonnes, dans l'océan Atlantique. 8 461 ha. 4 500 hab.

Bellérophon ■ Héros de la mythologie grecque. Il dompta le cheval Pégase, tua la *Chimère et vainquit les *Amazones.

Belleville ■ Ville de l'Ontario. 36 000 hab.

Belleville ■ Quartier de Paris (France) (XXe arrondissement), symbole du Paris populaire.

les ***Bellini*** ■ FAMILLE DE PEINTRES ITALIENS □ *Giovanni* ***Bellini*** (v. 1430-1516) fut un maître de la peinture vénitienne du XVe s. *Giorgione fut son élève.

Vincenzo ***Bellini*** ■ Compositeur italien (1801-1835). Un des maîtres de l'opéra romantique. *"La Norma"*.

Bellinzona ■ Ville de Suisse, chef-lieu du *Tessin. 18 000 hab.

Carl Michael ***Bellman*** ■ Poète suédois (1740-1795). *"Épîtres et chansons de Fredman"*.

Hans ***Bellmer*** ■ Sculpteur et dessinateur français d'origine allemande (1902-1975). Surréaliste, il réalisa des poupées désarticulées dans des poses érotiques.

Bellone ■ Déesse romaine de la Guerre.

Maurice ***Bellonte*** ■ Aviateur français (1896-1984). Il accomplit, avec Dieudonné Costes (1892-1973), la première liaison aérienne sans escale Paris-New York en 1930.

Bernardo ***Bellotto*** dit ***Canaletto le Jeune*** ■ Peintre italien (1720-1780). Il fut l'élève de *Canaletto, dont il imita le style en le durcissant.

Saul ***Bellow*** ■ Romancier américain (né en 1915). Il s'interroge sur la place des minorités, notamment la minorité juive, dans la société américaine. *"Herzog"*. Prix Nobel 1976.

Belmopan ■ Capitale du Bélize, ville nouvelle. 3 700 hab.

Belœil ■ Ville du Québec. 18 000 hab.

Belo Horizonte ■ 4e ville du Brésil, capitale du *Minas Gerais. 1,44 million d'hab. Métallurgie, industries. Université.

le Grand ***Belt*** ■ Bras de mer séparant les îles danoises *Fionie et *Sjaelland □ *le Petit* ***Belt*** sépare la Fionie de la péninsule danoise.

le ***Belvédère*** ■ Villa de la cité du Vatican construite à la fin du XVe s. Musée.

Belzébuth ■ Déformation du nom du dieu philistin *Baal Zebub. Un des noms du diable.

Pietro ***Bembo*** ■ Cardinal et humaniste italien (1470-1547). Il a fixé l'usage littéraire de la langue italienne et inauguré la mode du pétrarquisme (⇒ **Pétrarque**).

Zine el-Abidine ***Ben Ali*** ■ Homme politique tunisien (né en 1936), président de la République depuis la destitution de *Bourguiba en 1987.

Bénarès ■ ⇒ **Vārānasi.**

Mehdi ***Ben Barka*** ■ Homme politique marocain (1920-?1965). Opposant au régime, enlevé à Paris en 1965.

Ahmed ***Ben Bella*** ■ Homme politique algérien (né en 1916). Président de la République de 1963 à 1965.

Julien **Benda** ■ Écrivain français (1867-1956). Polémiste. "*La Trahison des clercs*".

les **Bénédictins** ■ Religieux qui suivent la règle de saint *Benoît de Nursie. Nombreux ordres dérivés et monastères. ▶ *les* ***Bénédictines*** reconnaissent comme patronne sainte Scholastique, sœur de saint Benoît. ‹ ▶ bénédictin ›

le **Benelux** ■ Union douanière (1944) puis économique (1958) de la Belgique, des Pays-Bas *(Nederland)* et du Luxembourg, tous membres de la *C.E.E.

Edvard **Beneš** ■ Homme politique tchécoslovaque (1884-1948). Président de la République de 1935 à 1938 et de 1945 à 1948.

le **Bengale** ■ Région des Indes orientales. En 1947, elle fut partagée entre l'Inde (État du *Bengale-Occidental :* 87 853 km²; 54,6 millions d'hab. *[les Bengalis] ;* capitale : Calcutta) et le Pakistan (Pakistan oriental, devenu l'État indépendant du *Bangladesh en 1971).

Benghazi ■ Port de Libye, ville principale de la *Cyrénaïque. 485 000 hab.

David **Ben Gourion** ■ Homme politique israélien (1886-1973). Premier chef de gouvernement (travailliste) de l'État d'Israël (1948-1953, 1955-1963).

le royaume du **Bénin** ■ Ancien État africain (XIe - XIXe s.) correspondant au sud-ouest du Nigeria actuel.

le **Bénin** ■ État (république populaire) d'Afrique occidentale, sur l'Atlantique *(golfe du Bénin).* 112 600 km². 4,59 millions d'hab. *(les Béninois).* Capitales : Porto-Novo (officielle), Cotonou (de fait). Langues : français (officielle), fon, adja, bariba, yoruba, peul, romba, aizo. Monnaie : franc CFA. Cultures tropicales exportées de Cotonou. ▭ **HISTOIRE.** Le territoire actuel du Bénin correspondait avant la colonisation à plusieurs royaumes. Sous le nom de ***Dahomey,*** il est rattaché à l'Afrique-Occidentale française en 1904. République indépendante en 1960, le Dahomey (qui prend le nom de Bénin en 1975) connaît une grande instabilité politique, qui aboutit à la mise en place, en 1972, d'un régime socialiste par le colonel Kerekou. Il y mit fin en 1990 par l'instauration du multipartisme et la promulgation d'une nouvelle Constitution.

Benin City ■ Ville du Nigeria, capitale de l'ancien royaume du *Bénin. 193 000 hab.

Walter **Benjamin** ■ Philosophe et essayiste allemand (1892-1940). Il voulut concilier le romantisme et le marxisme avec son judaïsme.

Ben Jonson ■ ⇒ Ben **Jonson.**

Gottfried **Benn** ■ Écrivain allemand (1886-1956). "*Morgue*" ; "*Poèmes statiques*".

Enoch Arnold **Bennett** ■ Journaliste et écrivain régionaliste anglais (1867-1931). "*Histoire de vieilles femmes*".

Richard Bedford **Bennett** ■ Homme politique canadien (1870-1947). Premier ministre du Canada de 1930 à 1935.

le **Ben Nevis** ■ Point culminant de la Grande-Bretagne, en Écosse. 1 343 m.

Pierre **Benoit** ■ Romancier français (1886-1962). "*Kœnigsmark*" ; "*l'Atlantide*".

Benoît XIV ■ Pape de 1740 à sa mort (1675-1758). Libéral et érudit, il fut réputé pour sa tolérance.

Benoît XV ■ Pape de 1914 à sa mort (1854-1922). Il tenta une action diplomatique et humanitaire durant la Première Guerre mondiale.

saint **Benoît de Nursie** ■ Fondateur (italien) de l'ordre *bénédictin au mont *Cassin (v. 480 - v. 547). La "*Règle*" de saint Benoît, qui insiste sur la prière, l'étude et le travail manuel, est à la base de la vie monacale en Occident.

Isaac de **Benserade** ■ Poète français, homme de cour (v. 1613 - 1691). "*Sonnet de Job*".

Jeremy **Bentham** ■ Philosophe et juriste anglais (1748-1832). "*Panoptique*". Pour lui, l'utilité est le principe de la vie sociale (*utilitarisme,* doctrine développée par *Mill).

Émile **Benveniste** ■ Linguiste français (1902-1976). Études sur les langues indo-européennes. "*Problèmes de linguistique générale*".

Carl **Benz** ■ Ingénieur allemand (1844-1929). Pionnier de l'industrie automobile.

les **Béothuks** ■ Amérindiens habitant l'île de Terre-Neuve et qui furent exterminés au début du XIXe s.

la **Béotie** ■ Région de Grèce centrale. Son rôle historique se confond avec celui de sa ville principale, Thèbes, alliée des Perses puis de Sparte contre Athènes (Ve s. av. J.-C.). Cette dernière fit à ses habitants, les *Béotiens,* une réputation de lourdeur et de grossièreté. ‹ ▶ béotien ›

le lai de **Beowulf** ■ Poème du VIIIe s., la plus ancienne épopée anglo-saxonne.

Beppu ■ Ville du Japon (*Kyūshū). 133 500 hab. Pêche, sources thermales.

Pierre Jean de **Béranger** ■ Poète et chansonnier français (1780-1857).

les **Berbères** ■ Populations d'Afrique du Nord qui parlent un des dialectes berbères (masmuda, sanhaja, zanata) : Marocains, Algériens (*Kabyles), *Touaregs... Après quinze siècles d'arabisation, l'élément berbère s'est maintenu dans les montagnes et les déserts.

Nina **Berberova** ■ Romancière russe naturalisée américaine (née en 1901). "*L'Accompagnatrice*" ; "*C'est moi qui souligne*".

Nicolaes Pietersz **Berchem** ■ Peintre hollandais (1620-1683). Paysages.

Giovanni **Berchet** ■ Poète romantique italien (1783-1851). Il créa une mythologie patriotique.

Berchtesgaden ■ Ville d'Allemagne (*Bavière), dans les Alpes bavaroises. 8 200 hab. Station de sports d'hiver. Au sommet d'une des montagnes entourant la ville, *Hitler avait installé son « nid d'aigle ».

Bercy ■ Quartier de l'est de Paris (France) (XIIe arrondissement). Anciens entrepôts de vin, qui doivent être transformés en parc. Palais omnisports.

la **B.E.R.D.** ■ La « Banque européenne pour la reconstruction et le développement » de l'Europe de l'Est, créée en 1990, regroupe 40 pays et 2 institutions européennes (Banque européenne d'investissement, Commission européenne). Elle vise à encourager la transition vers l'économie de marché dans les pays d'Europe centrale et de l'Est. Siège : Londres.

Nikolaï **Berdiaev** ■ Philosophe russe (1874-1948). Chrétien proche de l'existentialisme.

Pierre **Bérégovoy** ■ Homme politique français (né en 1925). Ministre (socialiste) de 1982 à 1992. Premier ministre depuis 1992.

Bérénice ■ Nom grec de princesses égyptiennes et juives. L'amour de *Titus, pour Bérénice (v. 70) a inspiré Racine et Corneille.

Bernhard ***Berenson*** ■ Amateur et critique d'art américain (1865-1959). Spécialiste de la Renaissance italienne.

la ***Berezina*** ■ Affluent du *Dniepr, en *Biélorussie (C.É.I.). Sa traversée par les armées napoléoniennes est restée le symbole de la difficile « retraite de Russie » (1812).

Alban ***Berg*** ■ Compositeur autrichien (1885-1935). Élève de *Schönberg. "*Wozzeck*" (d'après *Büchner) et "*Lulu*" (inachevé) sont des chefs-d'œuvre de l'opéra. Un des initiateurs de la musique sérielle et du dodécaphonisme.

Bergame, en italien ***Bergamo*** ■ Ville d'Italie du Nord (*Lombardie). 118 000 hab. Monuments.

José ***Bergamín*** ■ Écrivain espagnol (1895-1983). "*L'Étoile et la Fusée*".

Bergen ■ Ville et port de Norvège. 211 000 hab. Importante université. Industries.

l'étoile du ***Berger*** n. f. ■ Nom de la planète Vénus.

Bergerac ■ Ville du sud-ouest de la France (*Périgord). 27 900 hab. *(les Bergeracois).* Vignobles.

Bergisch Gladbach ■ Ville d'Allemagne (*Rhénanie-du-Nord-Westphalie). 101 000 hab.

Ingmar ***Bergman*** ■ Cinéaste suédois (né en 1918). Thèmes de l'angoisse, de l'amour et de la mort. "*Le Septième Sceau*" ; "*les Fraises sauvages*" ; "*Cris et chuchotements*".

Henri ***Bergson*** ■ Philosophe français (1859-1941). Son « retour conscient et réfléchi aux données de l'intuition » influença notamment *Péguy et *Proust. Prix Nobel de littérature 1927. "*Matière et mémoire*" ; "*l'Évolution créatrice*" ; "*les Deux Sources de la morale et de la religion*".

Lavrentiï ***Beria*** ■ Homme politique soviétique (1899-1953). Chef redouté de la police, éliminé après la mort de *Staline.

Vitus ***Bering*** ou ***Behring*** ■ Explorateur danois (1681-1741). Il aborda l'*Alaska en 1741. ▶ *le détroit de* ***Béring*** *ou* ***Behring,*** passage entre les océans Arctique (mer des Tchouktches) et Pacifique *(mer de Béring).*

Luciano ***Berio*** ■ Compositeur italien (né en 1925). Un des chefs de file de la musique contemporaine.

George ***Berkeley*** ■ Évêque irlandais, philosophe idéaliste (1685-1753).

Berkeley ■ Ville des États-Unis (*Californie), près de San Francisco. 103 000 hab. Célèbre université.

le ***Berkshire*** ■ Comté du sud de l'Angleterre. 1 256 km². 747 000 hab. Chef-lieu : Reading.

Hendrik Petrus ***Berlage*** ■ Architecte et théoricien fonctionnaliste néerlandais (1856-1934).

Berlin ■ Capitale et État (land) d'Allemagne. 883 km². 3 millions d'hab. *(les Berlinois).* ▭ **HISTOIRE.** Ancienne capitale du *Brandebourg (1486), de la *Prusse (1701), des IIe et IIIe *Reich et de la république de *Weimar (1919-1933). Siège d'une prestigieuse université et symbole de la puissance allemande au XIXe s. La ville, grand centre industriel et culturel, a été divisée après 1945 en quatre zones d'occupation (soviétique, américaine, française, anglaise) puis en deux parties, en 1961, par le *mur de Berlin.* La partie est de la ville *(Berlin-Est)* fut la capitale de la *R.D.A. de 1949 à 1990. La partie ouest *(Berlin-Ouest)* était un État (land) de l'ancienne R.F.A. enclavé dans le territoire de la R.D.A. L'ouverture du mur, en 1989, et la réunification des deux États (1990) firent de Berlin la capitale de l'Allemagne.

Hector ***Berlioz*** ■ Compositeur romantique français (1803-1869). Un des inventeurs de l'écriture orchestrale moderne. "*La Symphonie fantastique*" ; "*Requiem*" ; "*la Damnation de Faust*".

les ***Bermudes*** n. f. pl. ■ Ensemble de 150 petites îles situées à l'est des côtes américaines dans l'océan Atlantique, formant un territoire dépendant du Royaume-Uni. 54 km². 58 800 hab. Capitale : *Hamilton. Tourisme. Découvertes par les Espagnols v. 1505, elles devinrent anglaises en 1612. ▶ *le triangle des* ***Bermudes.*** Zone comprise entre les Bermudes, la côte américaine et les *Bahamas où navires et avions sont censés avoir disparu mystérieusement. ‹ ▶ bermuda ›

sainte ***Bernadette Soubirous*** ■ Paysanne française (1844-1879). Ses visions de la Vierge sont à l'origine du pèlerinage de *Lourdes.

Bernadotte ■ ⇒ **Charles XIV de Suède.**

Georges ***Bernanos*** ■ Écrivain catholique français (1888-1948). Son œuvre est l'expression de sa foi. Essais polémiques *("les Grands Cimetières sous la lune").* Romans *("Journal d'un curé de campagne").* Théâtre *("Dialogues des carmélites").*

Bernard ou ***Bernart de Ventadour*** ■ Troubadour à la cour de Poitiers, poète de l'amour (v. 1150 - v. 1200). "*Chansons*" (France).

Claude ***Bernard*** ■ Physiologiste français (1813-1878). Théoricien de la méthode expérimentale, précurseur de la biologie moderne.

Paul dit *Tristan* ***Bernard*** ■ Écrivain humoriste français (1866-1947).

Émile ***Bernard*** ■ Peintre et théoricien français (1868-1941). Animateur avec *Gauguin de l'école de *Pont-Aven.

Jean ***Bernard*** ■ Médecin hématologiste français (né en 1907).

saint ***Bernard de Clairvaux*** ■ Fondateur (français) de l'abbaye de *Clairvaux (1090-1153). Conseiller des papes et des souverains, il s'opposa à *Abélard et obtint sa condamnation. Docteur de l'Église.

Jacques Henri ***Bernardin de Saint-Pierre*** ■ Écrivain français (1737-1814). Disciple de Rousseau et précurseur du *romantisme. "*Paul et Virginie*" (1787).

Bernay ■ Ville de France (*Normandie). 11 000 hab. *(les Bernayens).* « Trésor de Bernay » (objets d'argent du Ier s. av. J.-C.). Abbaye.

Berne, en allemand ***Bern*** ■ Capitale fédérale de la Suisse. 136 000 hab. *(les Bernois).* Bel ensemble médiéval. Activités industrielles. Siège d'organismes internationaux. ▶ *le canton de* ***Berne*** comprend trois régions géographiques – l'Oberland au sud, le Mittelland au nord et le Seeland autour du lac de Biel – auxquelles s'ajoutait, avant 1979, le canton du *Jura. 6 049 km². 932 000 hab. Chef-lieu : Berne.

Thomas ***Bernhard*** ■ Écrivain autrichien (1931-1989). Son œuvre, souvent autobiographique, exprime le désespoir. "*Le Souffleur*".

Sarah ***Bernhardt*** ■ Célèbre tragédienne française (1844-1923).

Francesco ***Berni*** ■ Poète italien (v. 1497 - 1535). Il fut le rival de l'*Arétin. Œuvres parodiques.

François ***Bernier*** ■ Médecin français (1620-1688). Ses récits de "*Voyages*" aux Indes eurent un grand succès.

Joseph-Elzéar **Bernier** ■ Navigateur québécois (1852-1934). En 1909, il prit possession des îles de l'Arctique au nom du gouvernement du Canada.

le **Bernin** ■ Artiste *baroque italien (1598-1680). Surtout connu comme architecte, décorateur (colonnade et baldaquin de Saint-Pierre de Rome) et sculpteur (*"Sainte Thérèse en extase"*).

la **Bernina** ■ Massif des Alpes suisses (*Grisons) culminant au *pic Bernina* (4 052 m). ▶ *le col de la* **Bernina** fait communiquer la Suisse et l'Italie.

François Joachim de Pierre de **Bernis** ■ Prélat et diplomate français (1715-1794). Ministre de Louis XV.

les **Bernoulli** ■ FAMILLE DE MATHÉMATICIENS ET PHYSICIENS SUISSES □ *Jacques* **Bernoulli** (1654-1705) établit la loi des grands nombres en calcul des probabilités. □ *Jean* **Bernoulli**, son frère (1667-1748), développa le calcul exponentiel. □ *Daniel* **Bernoulli** (1700-1782), fils de Jean, contribua à créer l'hydrodynamique et la cinétique des gaz.

Eduard **Bernstein** ■ Théoricien socialiste allemand (1850-1932). *"Socialisme théorique et social-démocratie pratique"*.

Henry **Bernstein** ■ Auteur dramatique français (1876-1953). *"La Soif"* ; *"Mélo"*.

Leonard **Bernstein** ■ Chef d'orchestre et compositeur américain (1918-1990). *"West Side Story"*, comédie musicale.

l'étang de **Berre** n. m. ■ Étang du sud de la France. Sur ses rives, vaste complexe pétrolier.

Pedro **Berruguete** ■ Peintre espagnol (v. 1450-v. 1504). □ *Alonso* **Berruguete**, son fils, sculpteur et peintre (v. 1490-1561).

le **Berry** ■ Ancienne province de France, dans la région de Bourges. Ses habitants sont les *Berrichons*. Englobée dans l'Aquitaine romaine, elle devint duché des princes capétiens. □ *Jean de France duc de* **Berry**. Prince capétien (1340-1416). Frère de Charles V, tuteur de Charles VI. Grand mécène (⇒ **Beauneveu, Limbourg**). □ *Charles-Ferdinand duc de* **Berry**. Fils du futur roi de France Charles X (1778-1820). Chef des *ultras. Son assassinat provoqua un durcissement du régime (chute de *Decazes). □ *Marie-Caroline de Bourbon-Sicile duchesse de* **Berry**, sa femme (1798-1870), tenta en vain de soulever la Provence puis la Vendée (1832) contre *Louis-Philippe. ‹ ▶ berrichon ›

Paul **Bert** ■ Physiologiste et homme politique français (1833-1886). Ministre de l'Instruction publique dans le gouvernement *Gambetta.

Berthe aux grands pieds ■ Reine de France (v. 730-783). Épouse de *Pépin le Bref, mère de *Charlemagne. Son surnom lui vient d'un poème du XIIIe s.

Marcellin **Berthelot** ■ Chimiste et homme politique français (1827-1907). Il développa la thermochimie. Ministre des Affaires étrangères (1895-1896).

Louis-Alexandre **Berthier** ■ Chef d'état-major de Napoléon, maréchal d'Empire, prince de Wagram (1753-1815). Rallié à Louis XVIII, il se réfugia en Bavière pendant les *Cent-Jours.

Claude Louis comte **Berthollet** ■ Chimiste français (1748-1822). Les *lois de Berthollet* expliquent les réactions de précipitation des sels.

Alphonse **Bertillon** ■ Médecin et démographe français, créateur de l'anthropométrie (1853-1914).

Bernardo **Bertolucci** ■ Cinéaste italien (né en 1941). *"Le Dernier Tango à Paris"* ; *"1900"* ; *"le Dernier Empereur"*.

Pierre **Bertou** ■ Historien et journaliste canadien de langue anglaise (né en 1920). Auteur de plusieurs ouvrages historiques, où les reconstitutions, parfois romancées, sont abondantes.

Aloysius **Bertrand** ■ Poète français (1807-1841). *"Gaspard de la nuit"* inaugure le genre du poème en prose. Les *surréalistes l'ont reconnu comme l'un de leurs précurseurs.

Bertran de Born ■ Seigneur et troubadour du Périgord (v. 1140-v. 1215) (France).

Pierre de **Bérulle** ■ Prélat français (1575-1629). Il fonda l'*Oratoire de France, qui eut une grande influence sur la spiritualité du XVIIe s.

James Stuart Fitz-James duc de **Berwick** ■ Maréchal de France, fils naturel de Jacques II d'Angleterre (1670-1734). Il sauva la couronne de Philippe V d'Espagne.

Jöns Jacob baron **Berzelius** ■ Chimiste suédois (1779-1848). On lui doit entre autres la notation symbolique moderne.

Besançon ■ Ville de l'est de la France. 119 200 hab. *(les Bisontins)*. Rattachée à la France en 1678, fortifiée par *Vauban, la ville a de nombreux monuments des XVIe - XVIIIe s. Premier centre français de l'horlogerie.

les frères **Bescherelle** ■ Grammairiens et lexicographes français. Louis-Nicolas (1802-1883) et Henri (1804-1852).

Albert **Besnard** ■ Peintre et décorateur académique français (1849-1934).

la **Bessarabie** ■ Région d'Europe orientale aujourd'hui partagée entre l'*Ukraine et la *Moldavie.

Jean **Bessarion** ■ Humaniste et théologien byzantin (1403-1472). Fixé à Rome, il contribua à la renaissance du *platonisme.

Friedrich **Bessel** ■ Astronome et mathématicien allemand (1784-1846).

sir Henry **Bessemer** ■ Ingénieur anglais (1813-1898). Inventeur d'un nouveau procédé de production de l'acier *(convertisseur Bessemer)*.

Charles Herbert **Best** ■ Physiologiste canadien d'origine américaine (1899-1978). Découvreur, avec F. G. *Banting, de l'insuline.

Rómulo **Betancourt** ■ Homme politique vénézuélien (1908-1981). Président de la République (réformiste) de 1958 à 1964.

Hans Albrecht **Bethe** ■ Physicien allemand naturalisé américain (né en 1906). Prix Nobel 1967 pour ses travaux d'astrophysique.

Bethléem ■ Ville de *Cisjordanie. 24 000 hab. D'après les Évangiles, Jésus y naquit : basilique de la Nativité, monastères.

Bethlehem ■ Ville des États-Unis (*Pennsylvanie). 70 500 hab. Centre sidérurgique.

Theobald von **Bethmann-Hollweg** ■ Homme politique allemand (1856-1921). Chancelier de l'empire de 1909 à 1917.

Bethsabée ■ Épouse du roi *David et mère de *Salomon, dans la Bible.

Henry Norman **Bethune** ■ Médecin canadien (1890-1939). Il exerça dans l'armée populaire chinoise (1938-1939). Inventeur d'instruments chirurgicaux.

Mongo **Beti** ■ Écrivain camerounais naturalisé français (né en 1932). Il décrit les ravages de la vie à l'occidentale sur la société africaine traditionnelle.

les chaînes **Bétiques** ■ Massif montagneux du sud-est de l'Espagne culminant au Mulhacén (3 481 m).

Bruno **Bettelheim** ■ Psychiatre et psychanalyste autrichien naturalisé américain (1903-1990). "*La Forteresse vide*" (sur l'autisme).

Ugo **Betti** ■ Écrivain italien et auteur dramatique (1892-1953). "*L'Île des chèvres*".

Hubert **Beuve-Méry** ■ Journaliste français (1902-1989). Fondateur et directeur du quotidien *le Monde* de 1944 à 1969.

lord William Henry **Beveridge** ■ Économiste anglais (1879-1963). Théoricien des dépenses sociales (emploi, santé, instruction).

Beverly Hills ■ Ville résidentielle du centre de *Los Angeles (*Californie) où vivent les personnalités de l'industrie du cinéma.

Beyrouth ■ Capitale du Liban. 1,5 million d'hab. Grand centre culturel et financier, l'un des plus anciens ports méditerranéens (phénicien puis romain et ottoman), la guerre ravagea la ville à partir de 1975.

Théodore de **Bèze** ■ Réformateur et auteur de tragédies, successeur de *Calvin à Genève (1519-1605).

Béziers ■ Ville du sud-ouest de la France. 72 400 hab. *(les Biterrois)*. Belles églises (plusieurs conciles contre les *albigeois) et monuments. Important marché viticole.

le **Bhagavadgītā** ■ Texte capital de la pensée hindoue, inclus dans "*le *Mahābhārata*".

Bhārat ■ Nom officiel (hindi) de l'*Inde.

Bhilai Nagar ■ ⇒ **Durg-Bhilai Nagar.**

Bhopāl ■ Ville de l'Inde, capitale du *Madhya Pradesh. 672 000 hab. Catastrophe écologique (1984).

le royaume du **Bhoutan** ■ État (monarchie) entre la Chine et l'Inde, dans l'Himalaya. 47 000 km². 1,4 million d'hab. *(les Bhotias)*. Capitale : Thimbou. Langue : dzongkha (dialecte tibétain). Religion officielle : bouddhisme mahāyāna. Monnaie : ngultrum. En 1845, le Bhoutan signa un traité avec le Royaume-Uni, celui-ci le « conseillant » pour les affaires étrangères. En 1949, il signa un traité similaire avec l'Inde. Pays peu accessible, mal connu, fermé au tourisme depuis 1987.

Bhubaneswar ■ Ville de l'Inde, capitale de l'*Orissa. 219 000 hab. Ancien centre du culte de *Śiva : nombreux temples.

Zulfikar Ali **Bhutto** ■ Homme politique pakistanais (1928-1979). Premier ministre (1973-1977), renversé et exécuté. □ *Benazir* **Bhutto,** sa fille (née en 1953), Premier ministre du Pakistan de 1988 à 1990. Son ministère est un exemple unique de direction politique par une femme dans un pays musulman.

la république du **Biafra** ■ Nom pris par la région orientale du *Nigeria quand elle fit sécession (1967). Divisée par une guerre civile, elle disparut en 1970.

la forêt de **Białowieża** ■ Grande forêt d'Europe centrale, de part et d'autre de la frontière entre la Pologne et la Biélorussie. Réserve de bisons.

Białystok ■ Ville de Pologne orientale. 245 000 hab. Textile.

Biarritz ■ Ville du sud-ouest de la France, sur l'océan Atlantique. 28 900 hab. *(les Biarrots)*. Station balnéaire.

les **Bibiena** ■ Famille d'artistes italiens, scénographes et architectes de théâtre. □ *Ferdinando* **Bibiena** (1657-1743) a publié d'importants traités de scénographie.

la **Bible** ■ Livre saint des juifs et des chrétiens. La Bible juive comprend plusieurs écrits : la Loi ou **Torah* (Genèse, Exode, Lévitique, Nombres, Deutéronome), les Prophètes ou *Nebī'īm,* les Écrits ou *Ketoubim ;* sa version grecque (et augmentée) est dite des ***Septante.*** La Bible chrétienne se compose de l'Ancien Testament (la Bible juive) et du Nouveau Testament (les Évangiles, les Actes des Apôtres, les Épîtres, l'Apocalypse – tous en grec) ; sa principale traduction latine est la ****Vulgate.*** La *Réforme, l'invention de l'imprimerie et la *Contre-Réforme ont suscité de nombreuses éditions dans toutes les langues. Les livres juifs et chrétiens non canoniques sont dits apocryphes. Les livres repris des Septante par les catholiques, mais qui ne figurent pas dans la Bible juive, sont dits deutérocanoniques (généralement exclus des bibles protestantes). Une traduction française dite œcuménique (catholique et protestante) est parue en 1972-1975. ‹ ► bible ›

Marie François Xavier **Bichat** ■ Anatomiste et physiologiste français (1771-1802). Il définit la vie comme un « ensemble des fonctions qui résistent à la mort ».

Georges **Bidault** ■ Homme politique français (1899-1983). Chef du *Conseil national de la Résistance (C.N.R.), puis partisan de l'Algérie française.

la **Bielaïa** ■ Rivière de Russie. Née dans l'Oural, elle se jette dans la *Kama. 1 420 km.

Bielefeld ■ Ville d'Allemagne (*Rhénanie-du-Nord-Westphalie). 306 000 hab.

Vissarion **Bielinski** ou **Belinski** ■ Philosophe et critique littéraire russe (1811-1848).

la **Biélorussie** ■ République de la C.É.I. 207 600 km². 10,2 millions d'hab. *(les Biélorusses)*. Capitale : Minsk (Mensk). Cultures industrielles, bois, industries mécaniques. Longtemps disputée entre la Lituanie, la Pologne et la Russie, la Biélorussie ou « Russie blanche » appartint à l'U.R.S.S. jusqu'à son indépendance (1991), sauf la région de *Białystok.

Andreï **Biely** ■ Écrivain symboliste russe (1880-1934). Ami de *Blok. "*Pétersbourg*".

Bienne, en allemand **Biel** ■ Ville de Suisse (canton de *Berne), au nord du *lac de Bienne.* 65 000 hab. Maisons médiévales. Horlogerie, métallurgie, mécanique.

Fulgence **Bienvenüe** ■ Ingénieur français (1852-1936). Surnommé le « père du métropolitain ».

Ambrose **Bierce** ■ Écrivain américain (1842-1914). Nouvelles fantastiques et macabres, d'un humour caustique. "*Le Dictionnaire du Diable*".

Bolesław **Bierut** ■ Homme politique polonais (1892-1956). Président de la République de 1947 à 1952.

la **Bigorre** ■ Région française des Pyrénées.

François **Bigot** ■ Administrateur français (1703-1778). Dernier intendant de la Nouvelle-France, de 1748 à 1760.

le **Bihār** ■ État du nord-est de l'Inde. 173 877 km². 70 millions d'hab. Capitale : Patna. Région où vécut et prêcha *Bouddha.

Bikini ■ Atoll du Pacifique (archipel *Marshall). Les États-Unis y firent leurs premières expériences atomiques. ‹ ▶ bikini ›

Bilbao ■ Ville et port d'Espagne, capitale de la province de *Biscaye (Pays *basque). 378 000 hab.

Max ***Bill*** ■ Architecte, peintre, sculpteur et essayiste suisse (né en 1908).

Jean-Nicolas ***Billaud-Varenne*** ■ Révolutionnaire français (1756-1819). Membre du *Comité de salut public, déporté en Guyane (1795), puis réfugié à Haïti.

François ***Billetdoux*** ■ Auteur dramatique français (1927-1991). "*Tchin-Tchin*".

Bill of Rights ■ ⇒ la Déclaration des **droits.**

Binche ■ Ville de Belgique (*Hainaut). 33 000 hab. *(les Binchois).* Tradition du « carnaval binchois ». Musée.

Gilles ***Binchois*** ■ Compositeur franco-flamand à la cour de *Bourgogne (v. 1400-1460).

Alfred ***Binet*** ■ Psychologue français (1857-1911). Créateur des tests mentaux.

Jean-Baptiste ***Biot*** ■ Physicien français (1774-1862). Astronomie, électromagnétisme.

Birātnagar ■ ⇒ **Morang.**

la ***B.I.R.D., Banque internationale pour la reconstruction et le développement*** ou ***Banque mondiale*** ■ Créée en 1946, une des institutions spécialisées de l'*O.N.U. Siège : Washington.

Birger ■ Homme d'État suédois (v. 1210-1266). Régent de 1248 à sa mort, il renforça le pouvoir royal, et traita avec la *Hanse.

Bir Hakeim ■ Localité de Libye (*Cyrénaïque) où des troupes de la France libre (⇒ la **Résistance**) résistèrent aux Allemands en 1942.

la ***Birmanie*** ■ Nom, jusqu'en 1989, de l'Union de *Myanmar.

Birmingham ■ Ville d'Angleterre, la deuxième par sa population. 1,02 million d'hab. Chef-lieu du comté des *Midlands de l'Ouest. Grand centre industriel : houille, fer. ⇒ **Black Country.**

Birmingham ■ Ville des États-Unis (*Alabama). 284 000 hab. Nombreuses industries (minerais).

Birobidjan ■ Ville de la C.É.I. (*Russie). 82 000 hab. Chef-lieu de la région autonome du même nom mise en 1934 « à la disposition » des juifs.

*al-***Bīrūnī** ■ Savant iranien de langue arabe (973-1048). Un des grands esprits encyclopédiques de l'islam.

la ***Biscaye,*** en basque ***Biskaia,*** en espagnol ***Vizcaya*** ■ Une des provinces du Pays *basque espagnol. 2 217 km². 1,2 million d'hab. Capitale : Bilbao. Fief républicain pendant la guerre civile (⇒ **Guernica**).

Biskra ■ Ville d'Algérie, au pied des *Aurès. 128 000 hab. Palmeraie.

Bismarck ■ Homme politique allemand (1815-1898). Ministre de *Guillaume Ier. Après avoir organisé l'armée, il permit à la Prusse de battre les Autrichiens (Sadowa, 1866) et les Français (Sedan, 1870). Chancelier du IIe Reich (de 1871 à 1890), il redonna à l'Allemagne son unité et sa puissance.

l'archipel ***Bismarck*** ■ Îles mélanésiennes de la *Papouasie-Nouvelle-Guinée (Nouvelle-Bretagne, Nouvelle-Irlande, îles de l'Amirauté), dans la *mer de Bismarck.*

Bismarck ■ Ville des États-Unis, capitale du *Dakota du Nord. 44 500 hab. Agriculture.

Bissau ■ Capitale de la Guinée-Bissau. 125 000 hab.

le ***B.I.T.*** ■ Bureau international du travail. ⇒ **O.N.U.**

la ***Bithynie*** ■ Royaume d'Asie Mineure (Turquie) légué par Nicomède III à Rome en 74 av. J.-C., et annexé par les *Ottomans au XIIIe s.

Bizerte ■ Ville et port du nord-est de la Tunisie. 94 500 hab. Ancienne base navale française.

Georges ***Bizet*** ■ Compositeur français (1838-1875). Auteur de "*Carmen*", chef-d'œuvre de l'opéra français. "*L'Arlésienne*".

Bjørnstjerne ***Bjørnson*** ■ Écrivain et auteur dramatique norvégien (1832-1910). Ami et rival d'*Ibsen. "*La Faillite*" ; "*Au-delà des forces humaines*". Prix Nobel 1903.

Joseph ***Black*** ■ Chimiste et physicien écossais (1728-1799). Étude du gaz carbonique.

Blackburn ■ Ville d'Angleterre (*Lancashire). 110 000 hab. Centre cotonnier.

Black Country ■ Zone industrielle de *Birmingham, appelée en anglais le « pays noir » à cause du charbon.

Blackpool ■ Ville d'Angleterre (*Lancashire). 149 000 hab. Station balnéaire sur la mer d'Irlande.

le ***Black Power*** ■ Expression (« pouvoir noir ») désignant l'objectif que s'étaient fixé des mouvements pacifiques noirs américains dans les années 1960 : la promotion de la communauté noire dans la société américaine. ▶ *les* ***Black Muslims*** (« musulmans noirs ») prônèrent le séparatisme. ▶ *les* ***Black Panthers*** (« panthères noires ») s'engagèrent dans l'action violente, mais ses responsables furent arrêtés ou abattus par le *F.B.I.

Henri Ducrotay de ***Blainville*** ■ Naturaliste français (1777-1850).

Blainville ■ Ville du Québec. 16 000 hab.

Marie-Claire ***Blais*** ■ Écrivaine québécoise (née en 1939). Son roman "*Une saison dans la vie d'Emmanuel*" (1965) lui a valu le prix Médicis et a été traduit en treize langues.

William ***Blake*** ■ Poète, peintre et graveur anglais (1757-1827). Thèmes bibliques traités avec un esprit visionnaire.

Louis ***Blanc*** ■ Socialiste et historien français (1811-1882). Membre du gouvernement provisoire de 1848.

le cap ***Blanc*** ■ Nom de plusieurs caps, notamment en Tunisie au nord de Bizerte.

le mont ***Blanc*** ■ Point culminant des Alpes (4 807 m). ▶ *le massif du* ***Mont-Blanc*** domine *Chamonix (France). ▶ *le tunnel du* ***Mont-Blanc,*** percé de 1959 à 1965, relie la vallée de Chamonix au Val d'Aoste (Italie).

la mer ***Blanche*** ■ Mer de l'océan *Arctique, au nord-ouest de la C.É.I.

Blanche de Castille ■ Reine de France (1188-1252). Régente du royaume à la mort de son époux *Louis VIII (1226) et pendant la croisade de son fils *Louis IX (de 1248 à 1252).

Maurice ***Blanchot*** ■ Écrivain français (né en 1907). Un des initiateurs du roman et de la critique modernes en France. "*L'Arrêt de mort*", récit ; "*le Livre à venir*", essai.

Louis Auguste **Blanqui** ■ Socialiste français, théoricien révolutionnaire (1805-1881).

Blantyre-Limbe ■ Ville du sud du *Malawi. 402 000 hab.

Vicente **Blasco Ibáñez** ■ Romancier espagnol (1867-1928). *"Arènes sanglantes"*.

der **Blaue Reiter** ■ ⇒ le **Cavalier bleu.**

Louis **Blériot** ■ Aviateur et constructeur d'avions français (1872-1936). Première traversée de la Manche, en 1909.

Blida ■ ⇒ el-**Boulaïda.**

Roger **Blin** ■ Acteur et metteur en scène français (1907-1984). Ami d'*Artaud, *Adamov, *Beckett et *Genet.

Karen **Blixen** ■ Écrivaine danoise (1885-1962). *"La Ferme africaine"*.

le **Bloc des gauches** ou **Bloc républicain** ■ Alliance électorale et gouvernementale des forces de gauche, notamment des radicaux et des socialistes après l'affaire *Dreyfus (1899) (France).

Jean-Richard **Bloch** ■ Écrivain français (1884-1947). Communiste, fondateur de la revue *Europe* avec Romain *Rolland. Romans.

Ernst **Bloch** ■ Philosophe marxiste allemand (1885 - 1977).

Marc **Bloch** ■ Médiéviste français (1886-1944). Fondateur avec Lucien *Febvre des *Annales d'histoire économique et sociale,* résistant, il mourut fusillé par les Allemands. *"L'Étrange Défaite"*.

Felix **Bloch** ■ Physicien suisse naturalisé américain (1905-1983). Prix Nobel 1952.

le **Bloc national** ■ Alliance de gouvernement entre les modérés et les conservateurs (1919-1924), battue par le *Cartel des gauches.

le **Bloc populaire canadien** ■ Parti politique majoritairement formé, à ses débuts, de Canadiens français opposés à la conscription lors de la Seconde Guerre mondiale. Fondé en 1942, il disparut avec le retour à la paix.

le **Blocus continental** ■ Ensemble de mesures prises par *Napoléon Ier à partir de 1806 pour tenter de bloquer l'économie britannique, en l'empêchant d'écouler ses produits industriels et ceux de ses colonies vers l'Europe.

Abraham **Bloemaert** ■ Peintre et graveur hollandais (1564-1651). Paysages.

Bloemfontein ■ Capitale judiciaire de l'Afrique du Sud et capitale de l'État libre d'Orange. 233 000 hab.

Blois ■ Ville de France (région de la Loire). 51 500 hab. *(les Blésois).* Château médiéval profondément remanié du XVe au XVIIe s., résidence de *Louis XII. Industries variées.

Alexandre **Blok** ■ Poète *symboliste russe (1880-1921). Ami de *Biely. *"Les Douze"*.

François **Blondel** ■ Architecte français (1618-1686). Théoricien, premier directeur de l'Académie royale d'architecture (1671). Porte Saint-Denis à Paris.

Jacques François **Blondel** ■ Architecte français dans la tradition classique du siècle précédent (1705-1774).

Maurice **Blondel** ■ Philosophe catholique français (1861-1949). *"L'Action"*.

Leonard **Bloomfield** ■ Linguiste américain (1887-1949). Fondateur de l'analyse distributionnelle, à l'origine (avec *Sapir) de l'essor de la linguistique aux États-Unis.

Léon **Bloy** ■ Écrivain français (1846-1917). Catholique ardent, il fut un polémiste vigoureux au style puissant et baroque. *"La Femme pauvre"*.

Gebhard Leberecht von **Blücher** ■ Général prussien (1742-1819). Il joua un rôle décisif dans la défaite de Napoléon Ier à *Waterloo.

Léon **Blum** ■ Homme politique français (1872-1950). Socialiste, chef du *Front populaire, président du Conseil en 1936-1937, 1938 et 1946, écrivain et journaliste. *"À l'échelle humaine"*.

Franz **Boas** ■ Anthropologue et ethnologue allemand naturalisé américain (1858-1942).

Bobo-Dioulasso ■ Ville du sud-ouest du Burkina Faso. 231 000 hab.

Manuel Maria Barbosa du **Bocage** ■ Poète portugais (1765-1805). Observateur satirique de son temps, à la jonction du *classicisme et du *romantisme.

Boccace ■ Écrivain italien (1313-1375). Il contribua avec *Pétrarque à l'essor de l'*humanisme à Florence. *"Le Décaméron"*, recueil de nouvelles.

Giovanni **Boccati** ■ Peintre italien connu entre 1445 et 1480. Madones.

Luigi **Boccherini** ■ Compositeur italien (1743-1805). Musique de chambre.

Umberto **Boccioni** ■ Peintre, sculpteur et théoricien futuriste italien (1882-1916).

les **Bochimans** ■ Peuple nomade du Sud-Ouest africain (environ 60 000).

Bochum ■ Ville d'Allemagne (*Rhénanie-du-Nord-Westphalie). 386 000 hab. Grand centre industriel, université de la Ruhr.

Arnold **Böcklin** ■ Peintre suisse (1827-1901). Paysages oniriques. *"L'Île des morts"*.

Bodensee ■ Nom allemand du lac de *Constance.

Bodh Gayā ■ Bourgade de l'Inde (*Bihār) où *Bouddha devint l'« Éveillé ».

les **bodhisattva** n. m. ■ Divinités bouddhiques qui ont accepté de s'en tenir à l'état d'éveil *(bodhi),* antérieur à l'état suprême de non-désir *(nirvāna),* pour aider les hommes à progresser sur la voie du salut.

Jean **Bodin** ■ Juriste français, économiste, auteur du traité de philosophie politique *"la République"* (1529 ou 1530-1596).

Johann Jakob **Bodmer** ■ Écrivain et critique suisse de langue allemande (1698-1783).

Boèce ■ Philosophe et homme politique romain (480-524). Commentateur d'*Aristote.

les **Boers** ■ Colons néerlandais, qui s'installèrent en Afrique du Sud dès 1652. Leurs descendants, les *Afrikaners* ou Afrikaanders, forment la majorité de la population blanche au pouvoir à Pretoria, l'*afrikaans* étant avec l'anglais la langue officielle. ▶ *la guerre des* **Boers** opposa les Boers aux Anglais de 1899 à 1902.

Germain **Boffrand** ■ Architecte et décorateur *rococo français (1667-1754).

Humphrey **Bogart** ■ Acteur de cinéma américain (1899-1957). Il interpréta, entre autres, Philip Marlowe, le type du détective privé.

Bogotá ■ Capitale de la Colombie, à 2 630 m d'altitude. 4,18 millions d'hab. Métropole administrative et culturelle. Marché d'une région agricole.

la ***Bohême*** ■ Partie occidentale de la Tchécoslovaquie. Depuis 1968, elle constitue avec la *Moravie la *République tchèque,* l'un des deux États fédérés formant la Tchécoslovaquie. 52 769 km². 6,33 millions d'hab. La *forêt de Bohême* s'étend le long de la frontière avec l'Allemagne. ▭HISTOIRE. Le duché de Bohême, érigé en royaume au XIe s., est à l'origine de l'État tchèque. Il connut son apogée lorsque les Luxembourg en furent rois tout en étant empereurs germaniques (XIVe s.). Au XVe s., la réforme religieuse de Jan *Hus provoqua la guerre civile. Les *Jagellons unirent la Bohême à la Hongrie en 1490. À partir de 1526, la Bohême subit la domination des *Habsbourg (⇒ **Hongrie**) contre laquelle elle se rebella, en 1618, provoquant ainsi le début de la guerre de *Trente Ans, puis une nouvelle fois en 1848. La création de la Tchécoslovaquie en 1918 lui donna son indépendance. De 1939 à 1945, elle constitua, avec la *Moravie, un protectorat du IIIe *Reich. ‹ ▶ bohème, bohémien ›

Bohémond Ier ■ Un des chefs de la première croisade, prince d'*Antioche de 1098 à 1111.

Eugen von ***Böhm-Bawerk*** ■ Ministre et économiste autrichien (1851-1914). Proche de *Menger. Critique du marxisme.

Jakob ***Böhme*** ■ Mystique allemand (1575-1624). Ses écrits ont influencé les *romantiques.

Niels ***Bohr*** ■ Physicien danois (1885-1962). Ayant introduit les quanta dans la description de l'atome, il fit de *Copenhague le principal foyer de recherches sur la mécanique quantique à ses débuts. Il énonça le « principe de complémentarité » entre les deux aspects de la réalité atomique, ondes et corpuscules (⇒ **Broglie, Schrödinger**). Prix Nobel 1922.

Matteo Maria ***Boiardo*** ■ Poète italien (v. 1441 - 1494). "*Roland amoureux*" (inachevé).

François Adrien ***Boieldieu*** ■ Compositeur français (1775-1834). Opéras-comiques : "*le Calife de Bagdad*" ; "*la Dame blanche*".

Nicolas ***Boileau*** dit ***Boileau-Despréaux*** ■ Écrivain français (1636-1711). Poète et critique exigeant, partisan des *Anciens. "*Satires*" ; "*Épîtres*" ; "*le Lutrin*" ; "*l'Art poétique*", manifeste du *classicisme français (1674).

Louis Léopold ***Boilly*** ■ Peintre et graveur français (1761-1845). Scènes de mœurs.

Boisbriand ■ Ville du Québec. 15 000 hab. Industrie de l'automobile.

Boise ■ Ville des États-Unis, capitale de l'*Idaho. 102 000 hab.

Pierre Le Pesant sieur de ***Boisguilbert*** ou ***Boisguillebert*** ■ Économiste français (1646-1714). Ses tentatives de réformes (fiscalité, liberté du commerce) causèrent sa disgrâce en 1707.

Bois-le-Duc, en néerlandais ***'s-Hertogenbosch*** ■ Ville des Pays-Bas, chef-lieu du *Brabant-Septentrional. 90 600 hab. Cathédrale gothique.

Joseph Bodin de ***Boismortier*** ■ Compositeur français (1689-1755). Il fut le rival de *Rameau.

François Antoine comte de ***Boissy d'Anglas*** ■ Homme politique français (1756-1826). Président de la *Convention thermidorienne, notable sous l'Empire et la Restauration.

Arrigo ***Boito*** ■ Compositeur italien et auteur de livrets d'opéra, notamment pour *Verdi (1842-1918).

Jean Bédel ***Bokassa*** ■ Officier et homme politique centrafricain (né en 1921). Chef de l'armée, il s'empara du pouvoir en 1966. Il se nomma président à vie, maréchal puis empereur, et instaura un régime répressif (massacres) avant d'être renversé en 1979.

les ***bolcheviks*** ■ Partisans de *Lénine, « majoritaires » au congrès du Parti ouvrier social-démocrate russe en 1903. Après leur prise du pouvoir (octobre 1917), leur parti prit le nom de parti communiste bolchevik (1918). ‹ ▶ bolchevik ›

Mary-Rose-Anne Travers dite *la* ***Bolduc*** ■ Chansonnière québécoise (1894-1941). Ses chansons s'inspirent, entre autres, de la vie rurale pendant la crise économique de 1929.

Boleslas ou ***Bolesław*** ■ NOM DE PLUSIEURS SOUVERAINS DE POLOGNE DE LA DYNASTIE DES *PIAST □ ***Boleslas*** Ier (v. 966-1025) agrandit le territoire et devint le premier roi de Pologne en 1024.

Boleslav Ier ■ Prince de Bohême de 929 (après qu'il eut assassiné son frère aîné) à sa mort en 967. Considéré comme le fondateur de l'État tchèque.

Henry Saint John vicomte ***Bolingbroke*** ■ Homme politique et écrivain anglais (1678-1751). Correspondant de *Pope.

Simón ***Bolívar*** ■ Héros de l'indépendance sud-américaine (1783-1830). Il libéra la Nouvelle-Grenade (Colombie), le Venezuela puis l'Équateur qu'il fédéra à partir de 1819 en une *république de Grande-Colombie.* Il en devint le premier président, mais elle ne devait pas lui survivre. Il se retira en 1830. La scission du haut Pérou donna naissance à une république qui prit le nom de *Bolivie en son honneur (1825).

la ***Bolivie*** ■ État (république) d'Amérique du Sud. 1 098 581 km². 7,19 millions d'hab. *(les Boliviens).* Capitale : Sucre. Siège du gouvernement : La Paz. Langues officielles : espagnol, aymara et quechua. Religion officielle : catholicisme. Monnaie : boliviano. Grandes difficultés économiques liées à la raréfaction des ressources minières (étain), à la faible productivité de l'agriculture, et au manque de communications. ▭HISTOIRE. Rattachée à l'Empire inca, elle devint espagnole en 1538. Après l'indépendance (1825), plusieurs conflits frontaliers réduisirent progressivement son territoire, la privant d'un accès à la mer. Les réformes engagées par le gouvernement révolutionnaire de V. Paz Estenssoro, de 1952 à 1956 et de 1960 à 1964, furent interrompues par une junte militaire, déclenchant une guérilla (mort de *Guevara en 1967). Le pouvoir civil fut rétabli en 1982, V. Paz Estenssoro revenant au pouvoir de 1985 à 1989.

Heinrich ***Böll*** ■ Romancier allemand (1917-1985). Catholique et socialiste, membre du *Groupe 47. Prix Nobel 1972. "*Portrait de groupe avec dame*".

Jean de ***Bologne*** ■ ⇒ **Giambologna.**

Bologne, en italien ***Bologna*** ■ Ville d'Italie, capitale de l'*Émilie-Romagne. 422 000 hab. Centre industriel (mécanique). Monuments du Moyen Âge et de la Renaissance. Université (fondée en 1119).

Bolton ■ Ville d'Angleterre (Grand *Manchester). 144 000 hab. Un des plus anciens centres d'industrie textile.

Ludwig ***Boltzmann*** ■ Physicien autrichien (1844-1906). Il a joué un grand rôle en thermodynamique (cinétique des gaz).

János **Bolyai** ■ Mathématicien hongrois (1802-1860). Considéré avec *Lobatchevski comme l'inventeur de la géométrie non euclidienne.

Bernhard **Bolzano** ■ Mathématicien, logicien et philosophe tchèque de langue allemande (1781-1848). Précurseur des recherches sur les fondements des mathématiques.

Bolzano, en allemand **Bozen** ■ Ville d'Italie (*Trentin-Haut-Adige), dans les *Dolomites. 101 000 hab.

Joseph-Armand **Bombardier** ■ Inventeur québécois (1908-1964). Il inventa la motoneige.

Bombay ■ 2e ville de l'Inde, port sur l'océan Indien et capitale du *Mahārāshtra. 8,2 millions d'hab. Grand centre d'industrie textile.

*la presqu'île du Cap-***Bon** ■ Péninsule du nord-est de la Tunisie.

le vicomte Louis de **Bonald** ■ Écrivain politique français, monarchiste et catholique (1754-1840).

les **Bonaparte** ■ Famille française d'origine italienne (Buonaparte), établie en Corse au XVIe s. Elle est connue par *Napoléon* (⇒ **Napoléon Ier**) qui fit la gloire de ses frères et sœurs. □ *Charles Marie* (1746-1785), père de Napoléon. □ *Marie Letizia,* née Ramolino, dite « Madame Mère » (1750-1836), son épouse, mère de Napoléon. □ *Joseph* (1768-1844), roi de Naples puis roi d'Espagne. □ *Lucien* (1775-1840), président du *Conseil des Cinq-Cents, prince de Canino, devint opposant à Napoléon. □ *Louis* (1778-1846), roi de Hollande opposé au *Blocus continental, père de *Napoléon III. □ *Jérôme* (1784-1860), roi de Westphalie, dignitaire du second Empire, père de la *princesse Mathilde,* dont le salon littéraire est resté célèbre, et du *prince Jérôme.* □ *Maria-Anna* dite *Élisa* (1777-1820), princesse de Lucques et de Piombino, grande-duchesse de Toscane. □ *Marie-Paulette* dite *Pauline* (1780-1825), princesse Borghèse, célèbre pour sa beauté. □ *Marie-Annonciade* dite *Caroline* (1782-1839), épouse de *Murat, reine de Naples. ‹ ▶ bonapartisme ›

saint **Bonaventure** ■ Théologien italien (1221-1274). Il enseigna à Paris et fut général des Franciscains. Docteur de l'Église.

Bône ■ ⇒ **Annaba.**

Omar **Bongo** ■ Homme politique gabonais (né en 1935). Président de la République depuis 1967.

Bongor ■ Ville du sud-ouest du Tchad. 69 000 hab.

Dietrich **Bonhoeffer** ■ Pasteur et théologien allemand, martyr de la résistance au nazisme (1906-1945).

Boniface VIII ■ Pape de 1294 à sa mort (1235-1303). Adversaire décidé de *Philippe le Bel, qu'il excommunia.

Bonifacio ■ Ville de Corse (France). 2 700 hab. *(les Bonifaciens).* Enceinte, ville haute médiévale. *Les bouches de Bonifacio* séparent la Corse de la Sardaigne.

Richard **Bonington** ■ Peintre et aquarelliste anglais (1802-1828). Paysages.

François de **Bonivard** ■ Patriote suisse (1493-1570). Il inspira *Byron pour son poème "*le Prisonnier de Chillon*".

Bonn ■ Ville d'Allemagne (*Rhénanie-du-Nord-Westphalie), ancienne capitale de la R.F.A. (jusqu'en 1990). 276 500 hab. Centre d'activités tertiaires. Célèbre université. Collégiale romane.

Pierre **Bonnard** ■ Peintre et graveur français (1867-1947). Il fut membre des *nabis, ami de *Vuillard. Grand coloriste. "*Nu dans la baignoire*".

Léon **Bonnat** ■ Peintre et collectionneur français (1833-1922). Portraits académiques.

le cap de **Bonne-Espérance** ■ Pointe extrême sud de l'Afrique, découverte par B. *Dias en 1488.

Yves **Bonnefoy** ■ Poète français, essayiste et critique d'art (né en 1923). "*L'Arrière-Pays*".

Jules Joseph **Bonnot** ■ Criminel anarchiste français (1876-1912). Chef de la « bande à Bonnot », abattu lors de son arrestation.

Giovanni Battista **Bononcini** ■ Compositeur italien (1670-1747).

Massimo **Bontempelli** ■ Écrivain et auteur dramatique italien (1878-1960). Œuvres fantastiques.

George **Boole** ■ Mathématicien anglais (1815-1864). Pour donner une structure mathématique à la logique, il créa une algèbre binaire dite « algèbre de Boole ». Les *opérateurs booléens* sont utilisés en informatique.

William **Booth** ■ Réformateur religieux britannique (1829-1912). Fondateur de l'Armée du Salut (1865).

Booz ■ Personnage de la Bible, époux de *Ruth. Il a inspiré un célèbre poème de V. Hugo dans "*la Légende des siècles*", « Booz endormi ».

le **Bophuthatswana** ■ *Bantoustan sud-africain déclaré indépendant en 1977, mais non reconnu par la communauté internationale. 44 000 km². 1,19 million d'hab. Capitale : Mmabatho.

Franz **Bopp** ■ Linguiste allemand (1791-1867). Un des fondateurs de la grammaire comparée des langues indo-européennes et par conséquent de la linguistique moderne.

Bora Bora ■ Île volcanique de l'archipel de la *Société (*Polynésie française). 2 600 hab.

Bordeaux ■ Ville du sud-ouest de la France et préfecture de la région Aquitaine. 213 300 hab. *(les Bordelais).* Nombreux monuments, notamment du XVIIIe s. La prospérité du port fut liée au commerce avec les Antilles et à la traite des Noirs. Elle explique le rôle des *Girondins pendant la Révolution. Métropole historique (gauloise, romaine, médiévale...) et économique. Cimenteries, industries alimentaires et métallurgiques. ▶ *le* **Bordelais** est célèbre pour ses vignobles. ▶ *le duc de* **Bordeaux.** ⇒ comte de **Chambord.** ‹ ▶ bordeaux ›

Robert Laird **Borden** ■ Homme politique canadien (1854-1937). Premier ministre du Canada de 1911 à 1920. En 1917, lors de la Première Guerre mondiale, il fit voter la loi de la conscription.

Borders ■ Région administrative du sud-est de l'Écosse. 4 662 km². 102 600 hab. Chef-lieu : Newton Saint Boswells.

Paul-Émile **Borduas** ■ Peintre québécois (1905-1960). L'un des initiateurs du groupe automatiste en peinture, et l'un des auteurs du manifeste "*le Refus global*" (⇒ M. **Ferron**).

Borée ■ Dieu grec du Vent du nord. ‹ ▶ boréal ›

Petrus **Borel** ■ Écrivain romantique français (1809-1859). Un des maîtres de l'humour noir. "*Rhapsodies*", poèmes ; "*Champavert*", nouvelles.

Émile **Borel** ■ Mathématicien et homme politique français (1871-1956). Calcul infinitésimal. Théorie des probabilités.

Jorge Luis ***Borges*** ■ Écrivain argentin (1899-1986). Une culture encyclopédique nourrit son œuvre, souvent proche du fantastique. "*Fictions*" et "*l'Aleph*", nouvelles.

Borghèse ■ Famille noble d'Italie. ► *le palais* ***Borghèse*** (1590-1607), à Rome, abrite un musée de peinture et de sculpture. □ *la princesse* ***Borghèse.*** ⇒ Pauline **Bonaparte.**

les ***Borgia*** ■ FAMILLE ROMAINE □ *César* ***Borgia,*** prélat et homme d'État italien (1476-1507), fils du pape *Alexandre VI ; inspirateur du "*Prince*" de *Machiavel. □ *Lucrèce* ***Borgia,*** sa sœur (1480-1519), fut l'instrument de sa politique.

le ***Borinage*** ■ Région de Belgique (*Hainaut). Bassin houiller.

Boris Godounov ■ Tsar de Russie (v. 1551 - 1605). Son histoire tourmentée a inspiré *Pouchkine et *Moussorgski.

Max ***Born*** ■ Physicien allemand naturalisé britannique (1882-1970). Mécanique quantique et physique nucléaire. Prix Nobel 1954.

Bornéo ■ Grande île du Sud-Est asiatique (*Insulinde), sur l'équateur, partagée entre l'Indonésie (*Kalimantan), la Malaysia (Sabah, Sarawak) et le Brunéi. 736 000 km². Île très montagneuse, couverte de forêts, où vivent de nombreuses tribus (notamment les Dayaks), avec une densité très faible (moins de 10 hab./km²).

Bornholm ■ Île du Danemark, dans la mer Baltique. 588 km². 466 600 hab.

Bornou ■ Empire musulman africain qui s'étendait autour du lac Tchad (une partie des Nigeria, Tchad, Niger et Cameroun actuels) et qui connut son apogée au XVIᵉ s. Reconstitué au XIXᵉ s., il fut vaincu par la France (1900) et partagé entre les puissances coloniales.

Borobuḍur ■ ⇒ **Bārābudur.**

Alexandre ***Borodine*** ■ Compositeur russe (1833-1887). Il s'inspira du folklore. "*Le Prince Igor*", opéra.

saint Charles ***Borromée*** ■ ⇒ saint **Charles Borromée.**

les îles ***Borromées*** ■ Groupe de quatre îles situées dans la partie italienne du lac *Majeur (*Piémont).

Francesco ***Borromini*** ■ Architecte italien (1599-1667). Un des artistes les plus inventifs, ingénieux, tendus, du *baroque.

Jérôme ***Bosch*** ■ Peintre flamand (v. 1450 - 1516). Visions fantastiques, peuplées d'êtres hybrides, dans des coloris clairs. "*Le Jardin des délices*" ; "*la Tentation de saint Antoine*" ; "*la Nef des fous*" ; "*le Jugement dernier*".

Henri ***Bosco*** ■ Écrivain français (1888-1976). Dans ses romans, les paysages provençaux sont imprégnés de mystère.

Satyendra Nath ***Bose*** ■ Physicien indien (1894-1974). La *statistique de Bose-Einstein* décrit les systèmes quantiques.

la ***Bosnie*** ■ Région des Balkans, dans la Yougoslavie actuelle. Foyer d'opposition nationaliste au pouvoir austro-hongrois, de 1875 à 1918. L'assassinat de l'archiduc *François-Ferdinand d'Autriche par un *Bosniaque* fut la cause directe de la guerre en 1914. □ *la* ***Bosnie-Herzégovine.*** Une des six républiques fédérées de Yougoslavie. 51 129 km². 4,12 millions d'hab. Capitale : Sarajevo.

le ***Bosphore*** ■ Passage entre la mer Noire et, par la mer de Marmara, la mer Égée. Position stratégique dès l'Antiquité, le Bosphore, avec les *Dardanelles, a été un enjeu des guerres du XIXᵉ et du XXᵉ s. Il sépare l'Europe de l'Asie.

le ***Bosphore*** ■ Dans l'Antiquité, royaume qui correspond au « Bosphore cimmérien », aujourd'hui le détroit de *Kertch (*Crimée).

Alain ***Bosquet*** ■ Écrivain et critique français d'origine russe (né en 1919).

Abraham ***Bosse*** ■ Graveur et théoricien d'art français (1602-1676).

Jacques Bénigne ***Bossuet*** ■ Prélat français, un des grands noms de la littérature classique par sa prose ample et parfaite (1627-1704). "*Sermons*" ; "*Oraisons funèbres*".

Boston ■ Ville des États-Unis, capitale du *Massachusetts. 563 000 hab. Recherche, commerce, industries. Port sur l'Atlantique. La zone urbaine comprend notamment *Cambridge. Université. Sites historiques.

James ***Boswell*** ■ Écrivain anglais (1740-1795). Il écrivit une "*Vie de Samuel *Johnson*", son ami.

Khristo ***Botev*** ■ Écrivain et patriote bulgare (1848-1876). Héros national.

la ***Botnie*** ■ Région du nord de l'Europe, partagée entre le nord-est de la Suède et le nord-ouest de la Finlande.

le signal de ***Botrange*** ■ Point culminant de la Belgique, en *Ardenne. 694 m.

Théodore ***Botrel*** ■ Chansonnier français (1868-1925). "*La Paimpolaise*".

Markos ***Botsaris*** ■ ⇒ **Botzaris.**

le ***Botswana*** ■ État (république) d'Afrique australe, entre la Namibie, le Zimbabwe et l'Afrique du Sud. 581 730 km². 1,25 million d'hab. *(les Botswanais)*. Capitale : Gaborone. Langues : anglais (officielle), tswana (nationale). Monnaie : pula. Pays en majeure partie désertique (*Kalahari) à l'économie agro-pastorale, doté de richesses minières. État indépendant associé au *Commonwealth depuis 1966, multiracial, il dépend pour ses débouchés du Zimbabwe et de l'Afrique du Sud (80 % des échanges).

Sandro ***Botticelli*** ■ Peintre italien, un des principaux représentants de l'art florentin (1445-1510). "*Le Printemps*" et "*la Naissance de Vénus*" sont parmi les chefs-d'œuvre de la *Renaissance.

Sébastien ***Bottin*** ■ Éditeur des premiers annuaires statistiques français (1764-1853). ‹ ► bottin ›

Bottrop ■ Ville d'Allemagne (*Rhénanie-du-Nord-Westphalie) 114 600 hab.

Markos ***Botzaris*** ou ***Botsaris*** ■ Patriote grec (v. 1789 - 1823).

Bouaké ■ Ville du centre de la Côte-d'Ivoire. 220 000 hab.

Bouar ■ Ville de l'ouest de la République centrafricaine. 49 200 hab.

Edme ***Bouchardon*** ■ Sculpteur et dessinateur français de tendance néo-classique. (1698-1762). "*Bassin de Neptune*" à Versailles.

Pierre ***Boucher*** ■ Seigneur canadien d'origine française (1622-1717). Fondateur de *Boucherville.

François ***Boucher*** ■ Peintre et décorateur français (1703-1770). Il fut le protégé de Madame de *Pompadour. Sujets galants dans l'esprit libertin du XVIIIᵉ s. "*Diane sortant du bain*".

Hélène **Boucher** ■ Aviatrice française (1908-1934).

Gaétan **Boucher** ■ Sportif québécois (né en 1958). Détenteur de plusieurs médailles olympiques en patinage de vitesse.

Boucherville ■ Ville du Québec, fondée par P. *Boucher. 31 300 hab. Recherche sur les nouveaux matériaux.

le **Bouclier canadien** ■ Vaste zone de terrains du nord-est du Canada datant du précambrien, s'étendant du cercle polaire aux *Grands Lacs au sud et au *Labrador à l'est. Richesses minières.

Bouddha ■ En sanskrit « l'Éveillé », surnom d'un prince indien, Siddhārta Gautama (v. 563 - v. 483 av. J.-C.). À 29 ans, il quitta le palais royal pour mener une vie ascétique. Un jour, assis sous un figuier, il reçut l'Éveil *(bodhi)* et devint *Bouddha.* Il commença à prêcher sa doctrine *(dharma)* et une méthode pour se libérer des illusions, de la douleur et atteindre le *nirvāna.* ► *le* **bouddhisme** exerce une influence profonde dans toute l'Asie, sous différentes formes : hīnayāna et mahāyāna (petit et grand véhicules) en Inde, tantrisme au Tibet, zen au Japon, ch'an en Chine... ⇒ les **bodhisattva.** ‹ ► bouddhisme ›

Eugène **Boudin** ■ Peintre français (1824-1898). Précurseur des *impressionnistes. Paysages marins.

Rachid **Boudjedra** ■ Écrivain algérien d'expression française (né en 1941).

la querelle des **Bouffons** ■ Polémique qui opposa en 1752, à Paris, les partisans de l'opéra italien (⇒ **Pergolèse**) et ceux de l'opéra français (⇒ **Gluck**).

Louis Antoine comte de **Bougainville** ■ Navigateur français (1729-1811). Son *"Voyage autour du monde"* eut un grand succès. ► *l'île de* **Bougainville,** la plus grande des îles de la province des Salomon septentrionales de la *Papouasie-Nouvelle-Guinée. ‹ ► bougainvillée ›

William-Adolphe **Bouguereau** ■ Peintre académique français (1825-1905).

Jean **Bouillaud** ■ Médecin français (1796-1881). Il a décrit le rhumatisme articulaire aigu ou *maladie de Bouillaud.*

Boukhara ■ Ville de la C.É.I. (*Ouzbékistan). 224 000 hab. Ancienne capitale de principautés musulmanes (mosquées des Xe - XIIe s.).

Nikolaï Ivanovitch **Boukharine** ■ Révolutionnaire russe (1888-1938). Condamné à mort sous *Staline comme opposant et théoricien de droite. Il fut réhabilité en 1988.

*el-***Boulaïda,** anciennement ***Blida*** ■ Ville d'Algérie, au sud-ouest d'Alger. 191 000 hab.

Georges **Boulanger** ■ Général français (1837-1891). Il cristallisa autour de lui les oppositions au régime parlementaire mais recula devant la prise du pouvoir (1889). Son suicide mit fin au *boulangisme.*

Nadia **Boulanger** ■ Professeure de musique et organiste française (1887-1979). □ *Lily* **Boulanger,** sa sœur (1893-1918), compositrice, mourut à 25 ans.

la **Boulè** ■ Institution politique de la Grèce antique. À Athènes, elle préparait les lois pour l'assemblée des citoyens (l'*Ecclésia).

Pierre **Boulez** ■ Compositeur et chef d'orchestre français (né en 1925). Son influence sur la musique contemporaine est déterminante. *"Le Marteau sans maître"* ; *"Répons"*.

Mikhaïl **Boulgakov** ■ Écrivain soviétique (1891-1940). *"Le Maître et Marguerite"*.

André Charles **Boulle** ■ Ébéniste français (1642-1732). Son nom est attaché au type de meuble qu'il créa et à une école d'ébénisterie (fondée en 1886).

Pierre **Boulle** ■ Écrivain français (né en 1912). *"Le Pont de la rivière Kwaï"* ; *"la Planète des singes"*.

Hélène **Boullé** ■ Épouse de Samuel de *Champlain, elle laissa son nom à une île située sur le fleuve *Saint-Laurent, en face de Montréal (1598-1664).

Étienne Louis **Boullée** ■ Architecte français (1728-1799). Projet du cénotaphe de *Newton.

le bois de **Boulogne** ■ Parc public de l'ouest de Paris (France) aménagé par *Alphand.

Boulogne-Billancourt ■ Banlieue industrielle et résidentielle (bois de Boulogne) de Paris (France). 102 000 hab. *(les Boulonnais).*

Boulogne-sur-Mer ■ Ville du nord de la France. 44 200 hab. *(les Boulonnais).* 1er port de pêche de France, site pittoresque (nombreux monuments). ► *le* **Boulonnais** est une région d'élevage de chevaux et de bœufs.

Houari **Boumediene** ■ Officier et homme politique algérien (1932-1978). Président de la République de 1965 à sa mort.

Ivan **Bounine** ■ Écrivain russe (1870-1953). Il émigra en 1920 et mourut à Paris. *"Sombres allées"*. Prix Nobel 1933.

Napoléon **Bourassa** ■ Architecte, écrivain, peintre et sculpteur québécois (1827-1916).

Henri **Bourassa** ■ Journaliste et homme politique québécois (1868-1952). Fondateur du quotidien montréalais *le Devoir* (1910) et défenseur de l'autonomie du Canada dans sa politique extérieure.

Robert **Bourassa** ■ Homme politique québécois (né en 1933). Premier ministre (libéral) du *Québec de 1970 à 1976 et depuis 1985.

Nicolas **Bourbaki** ■ Pseudonyme d'un groupe de mathématiciens français, formé en 1933. *"Éléments de mathématiques"*.

les maisons de **Bourbon** ■ Famille de seigneurs du *Bourbonnais* (Allier), parents des *Capétiens à partir du XIIIe s. La branche cadette parvint au trône de *Navarre avec Antoine de Bourbon en 1548 (son frère Louis fondant la maison de *Condé), puis au trône de France avec *Henri IV en 1589 ; elle le conserva jusqu'à *Charles X. □ *les* **Bourbons-Orléans,** descendants du second fils de Louis XIII, branche dont sont issus *Louis-Philippe et l'actuel prétendant, comte de Paris (⇒ maison d'**Orléans**). D'autres branches de la famille régnèrent sur Naples (1759-1860) et sur Parme (1748-1859). □ *les* **Bourbons-Anjou** régnèrent en Espagne à partir de 1700 (*Philippe V). ‹ ► bourbonien ›

le connétable de **Bourbon** ■ Charles III, huitième duc de Bourbon, dernier représentant de la branche aînée des Bourbons (1490-1527). Il passa au service de Charles Quint. Ses terres furent réunies à la Couronne française.

l'île **Bourbon** ■ Ancien nom de la *Réunion.

le palais **Bourbon** ■ Monument de Paris érigé de 1722 à 1728, achevé par J. *Gabriel. Siège de l'*Assemblée nationale *(Palais-Bourbon).*

Louis **Bourdaloue** ■ Jésuite et prédicateur français (1632-1704).

Antoine **Bourdelle** ■ Sculpteur français (1861-1929). Élève de *Rodin. *"Héraclès archer"*.

Sébastien **Bourdon** ■ Peintre et décorateur français (1616-1671). Portraits.

Bourg-en-Bresse ■ Ville de l'est de la France. 43 000 hab. *(les Burgiens).* Important marché agricole. Monastère de Brou (église du *gothique flamboyant).

Léon **Bourgeois** ■ Homme politique français (1851-1927). Théoricien du radicalisme.

sainte Marguerite **Bourgeoys** ■ ⇒ sainte **Marguerite Bourgeoys.**

Bourges ■ Ville du centre de la France. 78 800 hab. *(les Berruyers).* Cathédrale gothique. Palais Jacques-*Cœur (XVe s.), témoignage de l'essor de la ville sous Charles VII et Louis XI. Centre industriel et artisanal.

Ignace **Bourget** ■ Prêtre québécois (1799-1885). Deuxième évêque du diocèse de Montréal. Fondateur de plusieurs communautés religieuses.

Paul **Bourget** ■ Romancier français (1852-1935). Romans psychologiques. *"Le Disciple".*

le lac du **Bourget** ■ Lac des Alpes françaises, en Savoie (44 km²). *Aix-les-Bains et *Le Bourget-du-Lac* sont sur ses rives.

Le **Bourget** ■ Ville de France, au nord-est de Paris, où se trouve le plus ancien des trois aéroports de Paris. 11 700 hab. *(les Bourgetins).*

la **Bourgogne** ■ Région administrative et économique française, comprenant les départements de la Côte-d'Or, la Nièvre, la Saône-et-Loire, l'Yonne. 31 752 km². 1,6 million d'hab. *(les Bourguignons).* Préfecture : Dijon. Relief diversifié qui fait alterner les régions d'élevage, de forêt et de vignobles (vins renommés de la Côte-d'Or, dont le commerce est une activité importante pour la région). Deux pôles d'industrialisation : autour du *Creusot et de *Montceau-les-Mines (charbon, sidérurgie aujourd'hui en crise), autour de Dijon et d'Auxerre (constructions mécaniques et électriques). ▭ **HISTOIRE.** Ancienne **Burgondie,* la Bourgogne fut un royaume indépendant puis un duché prospère (à partir du IXe s.), enfin un État (aux XIVe et XVe s.), allié des Anglais contre les *Armagnacs pendant la guerre de *Cent Ans (parti des *Bourguignons*). La lutte contre les rois de France s'acheva à la mort de Charles le Téméraire : la Bourgogne fut peu à peu annexée à la couronne de France, alors que le reste des États bourguignons (Belgique et Pays-Bas actuels) passait aux Habsbourg. ► *le canal de* **Bourgogne** relie, par l'Yonne et la Saône, les bassins de la Seine et du Rhône. ‹ ► bourgogne, bourguignon ›

Habib ibn Ali **Bourguiba** ■ Homme politique tunisien (né en 1903). Principal artisan de l'indépendance (1956), président de la République depuis 1957, déposé, pour raison de santé, par son gouvernement en 1987.

la **Bouriatie** ■ Une des républiques autonomes de la Fédération de *Russie, à la frontière de la *Mongolie. 351 300 km². 1,04 million d'hab. *(les Bouriates).* Capitale : Oulan-Oude. Élevage, forêts. Fer et industries dérivées.

Louis comte de Ghaisnes de **Bourmont** ■ Un des chefs de la *chouannerie puis des *ultras, ministre de Charles X et maréchal de France (1773-1846).

Bournemouth ■ Ville et station balnéaire d'Angleterre (*Dorset), sur la Manche. 148 000 hab.

André Raimbourg dit **Bourvil** ■ Acteur français (1917-1970). Rôles comiques *("la Grande Vadrouille")* et dramatiques *("le Cercle rouge").*

Joë **Bousquet** ■ Poète français (1897-1950). *"Lettres à Poisson d'or"* ; *"Traduit du silence".*

Boutros **Boutros-Ghali** ■ Homme politique égyptien (né en 1922). Secrétaire général de l'*O.N.U. depuis 1992.

Dierick **Bouts** ■ Peintre *flamand (v. 1415-1475). *"Adoration des Mages".*

Bouvines ■ Site (près de *Lille, en France) d'une victoire décisive de Philippe Auguste (1214) contre les armées anglaise, germanique et flamande. Église néo-gothique (21 vitraux représentant des scènes de la bataille).

les **Boxers** ■ Secte chinoise. Ses membres déclenchèrent un mouvement d'hostilité envers les Européens qui aboutit à la *révolte des Boxers* et au massacre des missions à Pékin (1900).

sir Robert **Boyle** ■ Physicien et chimiste irlandais (1627-1691). Son œuvre annonce la chimie expérimentale moderne. *Loi de Boyle-*Mariotte* : loi de compressibilité des gaz.

le **Brabant** ■ Région historique située entre la Meuse et l'Escaut. Duché au XIIe s., il passa à la Bourgogne puis aux Habsbourg. Il est aujourd'hui partagé en deux provinces. □ *le* ***Brabant-Septentrional,*** aux Pays-Bas. 4 942 km². 2,17 millions d'hab. Chef-lieu : Bois-le-Duc. □ *le* ***Brabant,*** en Belgique. 3 358 km². 2,22 millions d'hab. *(les Brabançons* parlent flamand au nord, wallon au sud). Chef-lieu : Bruxelles. Forte urbanisation, industries. *"La Brabançonne"* est l'hymne national belge.

Félix **Bracquemond** ■ Lithographe et peintre français (1833-1914). Gravures à l'eau-forte.

Ray **Bradbury** ■ Écrivain américain (né en 1920). Romans d'anticipation. *"Chroniques martiennes"* ; *"Fahrenheit 451".*

Bradford ■ Ville d'Angleterre (*Yorkshire de l'Ouest). 295 000 hab.

James **Bradley** ■ Astronome anglais (1693-1762). Il découvrit l'aberration solaire.

Francis Herbert **Bradley** ■ Philosophe anglais (1846-1924). Il développa un idéalisme influencé par *Hegel.

Teófilo **Braga** ■ Homme politique et écrivain portugais (1843-1924). *"Contes traditionnels du peuple portugais".*

Braga ■ Ville du nord du Portugal. 63 000 hab.

Bragance, en portugais **Bragança** ■ Ville du nord-est du Portugal. 14 600 hab. ► *la maison de* ***Bragance,*** apparentée aux *Capétiens, a régné sur le Portugal (1640-1910) et le Brésil (1822-1889).

les **Bragg** ■ Physiciens anglais. Sir William Henry (1862-1942) et son fils sir William Lawrence (1890-1971) reçurent ensemble le prix Nobel en 1915. *Loi de Bragg,* loi fondamentale en optique cristalline.

Tycho **Brahe** ■ Astronome danois (1546-1601). Ses observations remarquables furent exploitées par son élève *Kepler.

Brahmā ■ Personnification du *brahman,* c'est-à-dire de l'« Universel », peu à peu éclipsé par *Vishnou et *Śiva dans le panthéon de l'hindouisme. Il a quatre faces et quatre bras. ► *les* ***brahmanes*** étaient les membres de la caste supérieure dans l'ancienne société indienne. ‹ ► brahmane ›

le **Brahmapoutre** ■ Fleuve d'Asie. 2 880 km. Delta commun avec le *Gange.

Johannes **Brahms** ■ Compositeur romantique allemand (1833-1897). Subtil mélodiste et chef d'orchestre, il a laissé quatre symphonies et, surtout, des pièces pour piano, de la musique de chambre, des mélodies.

James **Braid** ■ Médecin et chirurgien britannique (1795-1860). Il créa le terme *hypnotism* (hypnotisme).

Brăila ■ Ville de Roumanie. 235 000 hab. Port sur le Danube.

Louis **Braille** ■ Inventeur français de l'écriture pour les aveugles (1809-1852). ⟨ ▶ braille ⟩

Braine-l'Alleud, en néerlandais **Eigenbrakel** ■ Ville de Belgique (*Brabant). 31 000 hab.

Bramante ■ Peintre et grand architecte italien (1444-1514). Il conçut le plan de la basilique *Saint-Pierre de Rome.

le **Bramantino** ■ Peintre italien, architecte (v. 1465 - v. 1536).

Brampton ■ Ville de l'Ontario. 189 000 hab. Industrie de l'automobile.

Constantin **Brancusi** ■ Sculpteur français d'origine roumaine (1876-1957). Il épure les formes jusqu'à les rendre abstraites. "*Muse endormie*".

Brandebourg, en allemand **Brandenburg** ■ Ville d'Allemagne (État du *Brandebourg), à l'ouest de Berlin. 95 000 hab. □ *le* **Brandebourg.** État (land) d'Allemagne. 26 976 km². 2,7 millions d'hab. Capitale : Potsdam. ▭**HISTOIRE.** Berceau du royaume de Prusse, domaine des *Hohenzollern de 1415 à 1918, l'État de Brandebourg fut dissous en 1952 lors de la création des districts en *R.D.A. Il retrouva son ancien statut après la réunification, en 1990. □ *la porte de* **Brandebourg.** Arc de triomphe édifié au centre de *Berlin, marquant la frontière entre les deux parties de la ville, Berlin-Ouest et Berlin-Est, qui fut abolie à la fin de 1989. ⟨ ▶ brandebourg ⟩

Georg **Brandes** ■ Écrivain et critique danois (1842-1927). Il exerça une influence capitale sur la littérature scandinave.

Brandon ■ Ville du Manitoba. 40 000 hab. Centre commercial et agricole.

Sébastien **Brandt** ou **Brant** ■ Humaniste alsacien (1458-1521). "*La Nef des fous*" ("*das Narrenschiff*").

Willy **Brandt** ■ Homme politique allemand (né en 1913). Chancelier (social-démocrate) de R.F.A. de 1969 à 1974.

Édouard **Branly** ■ Physicien français (1844-1940). Pionnier de la radiodiffusion.

Joseph **Brant** ■ Chef iroquois (v. 1742-1807). ⇒ **Tecumseh.**

Brantford ■ Ville de l'Ontario. 76 000 hab. Industries manufacturières.

Pierre de Bourdeille seigneur de **Brantôme** ■ Écrivain français (v. 1538 - 1614). "*Mémoires*" célèbres pour leurs anecdotes galantes.

Georges **Braque** ■ Peintre français (1882-1963). Il ne cessa d'exploiter, sous toutes ses formes, le *cubisme, qu'il inventa avec *Picasso. Séries de tableaux sur un même thème (l'oiseau, le poisson, l'atelier). Papiers collés.

Brasilia ou **Brasília** ■ Ville nouvelle (plans de *Costa, bâtiments de *Niemeyer), capitale du Brésil depuis 1960 et d'un district fédéral (5 794 km² ; 1,8 million d'hab.) dans l'État de *Goiás. Le site de la ville fut choisi pour favoriser le développement de la région, qui était faiblement peuplée. 411 000 hab.

Robert **Brasillach** ■ Écrivain et publiciste français (1909-1945). Fusillé pour sa collaboration avec l'Allemagne nazie.

Braşov ■ Ville de Roumanie. 347 000 hab. Monuments médiévaux. Centre industriel.

Gyula Halász dit **Brassaï** ■ Photographe français d'origine hongroise (1899-1984).

François **Brassard** ■ Compositeur et pianiste québécois (1908-1976). Il a harmonisé plusieurs chansons du folklore québécois.

Georges **Brassens** ■ Chanteur, auteur et compositeur français (1921-1981).

Bratislava, en allemand **Pressburg** ■ Ville et port de Tchécoslovaquie, sur le Danube. Capitale de la *Slovaquie. 435 000 hab.

Bratsk ■ Ville de la C.É.I. (*Russie), en *Sibérie. 255 000 hab. Centrale hydraulique.

Fernand **Braudel** ■ Historien français (1902-1985), l'un des principaux représentants de la « nouvelle histoire ». "*Civilisation matérielle, économie et capitalisme,* XVe-XVIIIe *s.*".

Michel **Brault** ■ Cinéaste québécois (né en 1928). Un des premiers réalisateurs de cinéma direct au Québec. "*Les Ordres*" lui a valu le prix de la mise en scène au Festival de Cannes en 1975.

Wernher von **Braun** ■ Savant allemand naturalisé américain (1912-1977). Père des fusées modernes.

Victor **Brauner** ■ Peintre surréaliste roumain installé à Paris (1903-1966).

Braunschweig ■ ⇒ **Brunswick.**

Adriaen **Brauwer** ■ ⇒ **Brouwer.**

Auguste **Bravais** ■ Physicien français (1811-1863). Cristallographie.

le pays de **Bray** ■ Région du nord-ouest de la France (*Normandie).

Pierre Savorgnan de **Brazza** ■ Explorateur italien naturalisé français (1852-1905). Colonisateur du Congo (1880).

Brazzaville ■ Capitale du Congo. 596 000 hab. Métropole politique, universitaire et religieuse du pays. Industries.

Michel **Bréal** ■ Linguiste français (1832-1915). Créateur de la sémantique.

Bertolt **Brecht** ■ Auteur dramatique allemand et théoricien du théâtre (1898-1956). Le fondateur d'une nouvelle forme de théâtre : le spectateur doit réfléchir et non s'identifier à l'action. C'est le procédé de « distanciation ». "*Mère Courage*" ; "*l'Opéra de quat'sous*", musique de Kurt *Weill.

Breda ■ Ville des Pays-Bas (*Brabant-Septentrional). 121 000 hab. Résidence (XVIe s.) des princes d'Orange-Nassau.

Bregenz ■ Ville d'Autriche, capitale du *Vorarlberg, à l'extrémité sud-est du lac de *Constance. 24 600 hab.

Louis **Bréguet** ■ Ingénieur français (1880-1955). Pionnier de l'aéronautique.

l'île de **Bréhat** ■ Île (française) de la Manche (*Bretagne). Tourisme.

Leonid **Brejnev** ■ Homme politique soviétique (1906-1982). Premier secrétaire du parti communiste de l'U.R.S.S. de 1964 à sa mort.

Arno **Breker** ■ Sculpteur allemand (1900-1991). Artiste officiel du régime hitlérien.

Jacques **Brel** ■ Chanteur, auteur et compositeur belge de langue française (1929-1978).

Brême, en allemand **Bremen** ■ Ville et port fluvial d'Allemagne, au fond de l'estuaire de la Weser, et capitale de l'État (land) du même nom (le plus petit du pays : 404 km², 660 000 hab.). 533 000 hab. Vieille ville médiévale. Industries sidérurgiques, raffineries. ▶ ***Bremerhaven.*** Débouché maritime de Brême. 127 000 hab.

l'abbé Henri **Brémond** ■ Historien de la spiritualité et critique littéraire français (1865-1933).

Brennus ■ Chef gaulois. Il s'empara de Rome en 390 av. J.-C.

Clemens **Brentano** ■ Écrivain romantique allemand (1778-1842). □ *Elisabeth* ***Brentano,*** sa sœur. ⇒ Bettina von **Arnim.** □ *Franz* ***Brentano,*** son neveu (1838-1917), philosophe allemand, psychologue, maître de *Husserl.

Brescia ■ Ville d'Italie (*Lombardie). 198 000 hab.

le **Brésil** ■ État (république fédérale) d'Amérique du Sud occupant presque la moitié de l'Amérique latine, constitué de 26 États et d'un district fédéral (Brasilia). 8 511 965 km². 147,4 millions d'hab. *(les Brésiliens).* Capitale : Brasilia. Langue officielle : portugais. Monnaie : cruzeiro. Cinq régions : nord (*Amazonie, forêts semi-désertiques), nord-est (*Nordeste, littoral fertile, intérieur semi-aride), sud (montagnes et pampa, agriculture riche), sud-est (littoral fertile, savane) – qui regroupent l'essentiel de l'activité économique (*Belo Horizonte, *Rio de Janeiro, *São Paulo) – et centre-ouest (plateau très peu peuplé malgré la création de *Brasilia). Développement économique spectaculaire depuis les années 1960, lié à d'immenses ressources agricoles (numéro 1 mondial pour le café ; sucre, cacao, maïs) et minières (fer, amiante). Malgré l'essor de l'économie dans certains secteurs (sidérurgie), de graves déséquilibres économiques, financiers et sociaux subsistent. ▭ **HISTOIRE.** Découvert en 1500 par P. Á. *Cabral, vice-royauté portugaise, le Brésil devint la tête de l'empire du Portugal quand le roi Jean VI, fuyant Napoléon, fit de Rio sa capitale ; son fils proclama l'indépendance en 1822 et devint empereur du Brésil sous le nom de Pierre Ier. La richesse du pays attira de nombreux immigrants (population aujourd'hui très métissée). Le pays fut doté d'une constitution républicaine en 1891. Vargas instaura un pouvoir fort de 1930 à 1945 et de 1951 à 1954. Après une période réformiste, les militaires prirent le pouvoir (1964). L'élection de J. Sarney (1985-1989) puis de F. Collor marqua le retour à la démocratie. Malgré de graves difficultés économiques, le Brésil signa, en 1991, avec l'Argentine, le Paraguay et l'Uruguay un traité de « marché commun », appelé *Mercosur.*

Breslau ■ Nom allemand de *Wrocław (Pologne).

la **Bresse** ■ Région de l'est de la France. Elle fut cédée par la Savoie à la France en 1601. Économie agricole (volailles renommées).

Robert **Bresson** ■ Cinéaste français (né en 1901). Style exigeant et dépouillé. *"Les Dames du bois de Boulogne".*

Brest ■ Ville de France (*Bretagne), port militaire sur la *rade de Brest* depuis le XVIIe s. 153 100 hab. *(les Brestois).* Centre détruit en 1944 et reconstruit. Nombreuses activités portuaires et océanographiques. Université. Patrie de Louis *Hémon.

Brest ■ Ville de *Biélorussie (C.É.I.), autrefois polonaise *(Brześć Litowski).* 258 000 hab. ▶ *le traité de* ***Brest-Litovsk*** (1918) mit fin à la guerre russo-allemande.

la **Bretagne** ■ Péninsule à l'ouest de la France, entre la Manche et l'Atlantique, formée de massifs peu élevés (⇒ Massif **armoricain**) entaillés de vallées. Elle doit son nom aux ***Bretons,*** peuple celte venu de l'Angleterre aux Ve - VIe s. Pratiquement indépendante sous les Carolingiens, la Bretagne fut un enjeu des rivalités entre Capétiens et Anglais. Duché prospère au XVe s., elle passa à la Couronne française en 1524 à la mort de *Claude de France (acte d'Union de 1532), non sans continuer à manifester son particularisme. C'est aujourd'hui une région administrative regroupant quatre départements : Côtes-d'Armor, Finistère, Morbihan, Ille-et-Vilaine. 27 507 km². 2,79 millions d'hab. *(les Bretons).* Préfecture : Rennes. Économie essentiellement agricole qui repose sur l'élevage (laitier, porcin, avicole) et qui cherche à s'industrialiser (agro-alimentaire, pêche très active). La Bretagne est l'une des premières régions touristiques françaises.

la **Bretagne** ■ Nom francisé de la province romaine de *Britannia,* aujourd'hui la Grande-Bretagne.

André **Breton** ■ Écrivain français (1896-1966). Fondateur et théoricien du *surréalisme. Poète et critique d'art. *"Nadja"*, récit. *"Manifestes du surréalisme"*.

Bretton Woods ■ Localité des États-Unis (*New Hampshire) où eut lieu une conférence internationale (1944) fixant des conditions nouvelles à l'économie : changes fixes (le dollar comme unité de compte — il restera convertible en or jusqu'en 1971), création du Fonds monétaire international (F.M.I.) et de la Banque internationale pour la reconstruction et le développement (B.I.R.D.).

Josef **Breuer** ■ Physiologiste et psychiatre autrichien (1842-1925). Initiateur de la psychanalyse avec *Freud.

Marcel **Breuer** ■ Architecte américain (1902-1981). Collaborateur de Gropius, professeur au *Bauhaus. Mobilier. Palais de l'Unesco à Paris (avec *Nervi et *Zehrfuss).

Breughel ■ ⇒ **Bruegel.**

l'abbé Henri **Breuil** ■ Paléontologue et préhistorien français (1877-1961).

sir David **Brewster** ■ Physicien écossais (1781-1868). Lois de la polarisation de la lumière par réflexion.

Otakar **Březina** ■ Poète tchèque (1868-1929). Inspiration mystique et métaphysique. *"Les Lointains mystérieux"*.

Briançon ■ Ville de France, dans les Alpes. 12 100 hab. *(les Briançonnais).* Église et citadelle construites par *Vauban. La région du *Briançonnais* a une situation stratégique.

Jean-Olivier **Briand** ■ Prêtre d'origine française (1715-1794). Évêque du diocèse de Québec. Apôtre de la soumission au gouvernement britannique.

Aristide **Briand** ■ Homme politique français (1862-1932), remarquable orateur. Se plaçant à la charnière de la droite et de la gauche, il fut plusieurs fois ministre et président du Conseil, mais surtout l'artisan du rapprochement franco-allemand après guerre et de la diplomatie de la paix. Prix Nobel de la paix 1926.

Briansk ■ Ville de la C.É.I. (*Russie). 452 000 hab. Industries.

Bridgeport ■ Ville des États-Unis (*Connecticut), près de *New York. 143 000 hab.

Calvin **Bridges** ■ Généticien américain (1889-1938). Découverte des chromosomes géants de la mouche drosophile.

Bridgetown ■ Capitale de l'île de la Barbade (*Antilles). 7 470 hab.

la **Brie** ■ Plateau français fertile entre la Seine et la Marne. Fromages réputés. Villes principales : Meaux, Melun, Coulommiers. Ses habitants sont *les Briards.* ‹ ► briard, brie ›

les **Brigades internationales** n. f. pl. ■ Unités de volontaires étrangers qui allèrent combattre aux côtés des forces républicaines lors de la guerre civile espagnole (1936-1939).

les **Brigades rouges** n. f. pl. ■ Terroristes italiens qui organisèrent, à partir de 1970, des attentats politiques dans le pays.

Richard **Bright** ■ Médecin anglais (1789-1858). Un des fondateurs de l'anatomie pathologique. Le *mal de Bright :* la néphrite chronique.

Brighton ■ La plus importante station balnéaire d'Angleterre (*Sussex-Oriental). 138 000 hab.

Brignoles ■ Ville du sud-est de la France. 11 800 hab. *(les Brignolais).* Ancienne résidence des comtes de Provence.

Paul **Bril** ■ Peintre flamand (1554-1626). Paysages d'Italie.

Anthelme **Brillat-Savarin** ■ Magistrat et écrivain français (1755-1826). Sa "*Physiologie du goût*" fait l'éloge de la gastronomie. ‹ ► savarin ›

Léon **Brillouin** ■ Physicien français, établi aux États-Unis en 1941 (1889-1969). Théorie quantique, électronique, théorie de l'information.

Brindisi ■ Ville d'Italie (*Pouilles). 88 900 hab. Une des plus anciennes cités de l'Adriatique.

Valerii **Brioussov** ■ Poète russe (1873-1924). Critique, traducteur, théoricien du symbolisme russe.

Brisbane ■ Ville et port (sur l'océan Pacifique) d'Australie, capitale du *Queensland. 1,21 million d'hab.

Jacques Pierre **Brissot** dit **Brissot de Warville** ■ Révolutionnaire français, publiciste (1754-1793). Chef des *Girondins (ou *Brissotins*), il fut guillotiné.

Bristol ■ Ville et port fluvial (sur l'Avon) d'Angleterre, chef-lieu du comté d'*Avon. 420 000 hab. Nombreuses industries : constructions mécaniques, pétrochimie.

le canal **Bristol** ■ Estuaire du sud-est de la Grande-Bretagne entre le pays de Galles au nord et l'Angleterre au sud. L'Avon et la Severn s'y jettent.

Britannicus ■ Rival malheureux de *Néron (41-55). Il fut empoisonné. Son destin a inspiré une tragédie à *Racine.

les îles **Britanniques** n. f. pl. ■ La Grande-Bretagne, l'Irlande et 5 000 îles environnantes. ‹ ► britannique ›

Benjamin **Britten** ■ Compositeur anglais (1913-1976). Il écrivit surtout pour la voix. "*Peter Grimes*", opéra.

Brive-la-Gaillarde ■ Ville de France (*Limousin). 52 700 hab. (*les Brivois* ou *Brivistes*). Important marché agricole. Petites industries. Maisons anciennes.

Brno ■ 3e ville de Tchécoslovaquie, ville principale de la *Moravie. 390 000 hab. Mécanique.

Broadway ■ Rue des théâtres à Manhattan (*New York).

Paul **Broca** ■ Chirurgien français, initiateur de l'anthropologie physique (1824-1880). Recherche des localisations cérébrales. Pionnier de l'anthropométrie.

la forêt de **Brocéliande** ■ Forêt légendaire où vivait *Merlin l'Enchanteur. On la situe en Bretagne.

Hermann **Broch** ■ Écrivain autrichien (1886-1951). "*Les Somnambules*" ; "*la Mort de Virgile*".

Max **Brod** ■ Écrivain israélien de langue allemande, né à Prague (1884-1968). Éditeur et biographe de *Kafka.

Joseph **Brodsky** ■ Poète soviétique naturalisé américain (né en 1940). "*Urania*". Prix Nobel 1987.

les ducs de **Broglie** ■ Nobles français d'origine piémontaise. Plusieurs d'entre eux ont été des hommes politiques et des hommes de science. □ *Albert de* **Broglie** (1821-1901), monarchiste et catholique, président du Conseil en 1873-1874 (Ordre moral). □ *Louis de* **Broglie** (1892-1987), créateur de la mécanique ondulatoire qui fut un apport décisif à la théorie quantique. Prix Nobel de physique 1929.

Louis **Bromfield** ■ Romancier américain (1896-1956). "*La Mousson*".

Alexandre Théodore **Brongniart** ■ Architecte *néoclassique français (1739-1813). Bourse de Paris *(Palais-Brongniart).* □ *Alexandre* **Brongniart,** son fils (1770-1847), minéralogiste, géologue, céramiste. □ *Adolphe* **Brongniart** (1801-1876), fils du précédent, fondateur de la paléontologie végétale.

les **Brontë** ■ Écrivains anglais. Un même esprit de révolte anime leurs œuvres. □ *Branwell Patrick* **Brontë** (1815-1846). Enfant, il rédigea les "*Juvenilia*" avec ses sœurs. □ *Charlotte* **Brontë** (1816-1855), auteur de "*Jane Eyre*". □ *Emily Jane* **Brontë** (1818-1848) a écrit le célèbre "*les Hauts de Hurlevent*". □ *Anne* **Brontë** (1820-1849), auteur de "*Agnes Grey*".

le **Bronx** ■ Un des cinq districts *(borough)* de *New York. 1,2 million d'hab.

il **Bronzino** ■ Peintre *maniériste italien (1503-1572). Portraits aux coloris froids.

Peter **Brook** ■ Metteur en scène anglais de théâtre et de cinéma (né en 1925).

Frances **Brooke** ■ Romancière, dramaturge et essayiste anglaise (1724-1789). Son roman, *The History of Emily Montague* (1769), considéré comme le premier roman canadien, décrit la vie du Québec à l'époque.

Brooklyn ■ Un des cinq districts *(borough)* de *New York. 1,17 million d'hab.

Brossard ■ Ville résidentielle du Québec, près de Montréal. 60 000 hab.

Salomon de **Brosse** ■ Architecte français (1571-1626). Il annonce le *classicisme. Palais du Luxembourg, à Paris.

Charles de **Brosses** ■ Magistrat, écrivain et érudit français (1709-1777). "*Lettres*".

Alexander **Brott** ■ Chef d'orchestre et compositeur canadien (né en 1915).

François **Broussais** ■ Médecin français (1772-1838). Adepte des diètes et saignées.

Paul **Brousse** ■ Homme politique français (1844-1912). Socialiste réformiste, il fonda le parti « possibiliste » ou *broussiste* qui prônait le changement social sans révolution.

Brousse, en turc **Bursa** ■ Ville du nord-ouest de la Turquie. 614 000 hab. Capitale des sultans ottomans au XIVe s. Nombreux monuments.

Adriaen **Brouwer** ou **Brauwer** ■ Peintre flamand (1605-1638). Élève de F. *Hals. Scènes de taverne.

Luitzen **Brouwer** ■ Mathématicien et logicien hollandais (1881-1966). Chef de file de l'école qui défend le rôle de l'intuition, en mathématique.

Robert **Brown** ■ Botaniste écossais (1773-1858). Il a découvert le mouvement des particules qu'on appelle mouvement *brownien.*

George **Brown** ■ Homme politique et journaliste canadien (1818-1880). Artisan de la Confédération canadienne de 1867.

Robert **Browning** ■ Poète anglais (1812-1889). Inspiration lyrique et philosophique. "*L'Anneau et le Livre*". □ *Elizabeth Barrett* **Browning,** sa femme (1806-1861), auteur des "*Sonnets de la Portugaise*" et d'"*Aurora Leigh*" (roman en vers).

Édouard **Brown-Séquard** ■ Médecin et physiologiste français (1817-1894). *Syndrome de Brown-Séquard :* lésion unilatérale de la moelle épinière provoquant une hémiparaplégie.

Libéral **Bruant** ■ Architecte français (v. 1636-1697). Hôtel des Invalides, à Paris.

Aristide **Bruant** ■ Chansonnier français (1851-1925). Chansons d'inspiration populaire, notamment "*Nini Peau d'chien*".

die **Brücke** ■ Q Le Pont », association regroupant de 1905 à 1913 les artistes *expressionnistes allemands les plus extrêmes (*Kirchner, *Heckel, *Schmidt-Rottluff, *Nolde).

Anton **Bruckner** ■ Compositeur romantique autrichien (1824-1896). "*Te Deum*". Amples symphonies dans la lignée de *Beethoven.

Pieter **Bruegel l'Ancien** ■ Peintre *flamand (v. 1525-1569). Il fit une description du milieu rural de son temps, qu'il enrichit d'une méditation sur le destin. Grand plasticien. "*Les Aveugles*" ; "*la Chute d'Icare*". □ **Bruegel de Velours** (1568-1625), le plus célèbre de ses fils, ami de *Rubens, peintre de bouquets et de paysages minutieux.

Bruges, en néerlandais **Brugge** ■ Ville de Belgique, chef-lieu de la *Flandre-Occidentale. 118 000 hab. *(les Brugeois).* Résidence des comtes de *Flandre au Moyen Âge, très prospère grâce au marché du drap et au commerce de la *Hanse. Cité ancienne (XIIIe-XVe s.), canaux (la « Venise du Nord »). Tourisme. Le canal de *Zeebrugge a relancé son activité.

Étienne **Brûlé** ■ Explorateur et interprète français (v. 1592-1633). Premier Blanc à se rendre au lac *Supérieur.

le 18 **Brumaire an VIII** ■ 9 novembre 1799, journée au cours de laquelle, en France, Napoléon Bonaparte, à l'instigation de *Sieyès, renversa le *Directoire. Le *Consulat fut mis en place dès le lendemain.

George Bryan **Brummel** ■ Célèbre dandy anglais (1778-1840). Surnommé « le roi de la mode ».

Brunehaut ■ Reine d'*Austrasie (v. 534-613).

le **Brunéi** ou *le* **Brunei** ■ État (sultanat), sur la côte nord-ouest de l'île de *Bornéo. 5 765 km². 251 000 hab. *(les Brunéiens).* Capitale : *Bandar Seri Begawan. Langue officielle : malais. Religion officielle : islam. Monnaie : dollar de Brunéi. Ancien protectorat britannique, indépendant depuis 1984. Il vit du pétrole.

Filippo **Brunelleschi** ■ Architecte italien (1377-1446). Sculpteur, une des grandes figures des débuts de la *Renaissance. Dôme de la cathédrale de Florence.

Ferdinand **Brunetière** ■ Critique littéraire français (1849-1906). "*Études critiques sur l'histoire de la littérature française*".

saint **Bruno** ■ Fondateur de l'ordre bénédictin des *Chartreux (v. 1035-1101).

Giordano **Bruno** ■ Dominicain, savant, écrivain et théologien italien (1548-1600). Condamné et brûlé pour hérésie.

Léon **Brunschvicg** ■ Philosophe français (1869-1944). Philosophe des sciences.

Brunswick, en allemand **Braunschweig** ■ Ville d'Allemagne (Basse-*Saxe). 252 000 hab. Important centre commercial et industriel. Capitale de l'ancien État de Brunswick, aujourd'hui intégré à la Basse-Saxe.

Charles Guillaume Ferdinand duc de **Brunswick** ■ Chef des armées austro-prussiennes (1735-1806). Il lança le « manifeste de Brunswick » contre la France en 1792.

Brutus ■ Fils adoptif de César, et l'un de ses meurtriers (v. 85-42 av. J.-C.).

Bruxelles, en néerlandais **Brussel** ■ Capitale de la Belgique, chef-lieu du *Brabant. 970 300 hab. *(les Bruxellois).* Centre économique, politique (palais royal, institutions européennes), administratif, culturel (universités, musées, monuments). Ville bilingue. Son histoire reflète celle du pays : résidence des Bourguignons, des *Habsbourg, du roi des Pays-Bas, lieu des insurrections indépendantistes.

William **Brymner** ■ Peintre canadien (1855-1925). Considéré comme le premier grand professeur d'art au Canada.

Martin **Buber** ■ Philosophe israélien d'origine autrichienne (1878-1965). "*Le Je et le Tu*".

Bucaramanga ■ Ville de Colombie. 364 000 hab. Cimenteries.

Bucarest ■ Capitale de la Roumanie, 1,99 million d'hab. Métropole industrielle (20 % de la production nationale). Capitale de la *Valachie depuis le XVe s. (monuments).

Martin **Bucer** ■ Théologien allemand, il fut l'un des propagateurs de la *Réforme en Alsace et en Angleterre (1491-1551).

George **Buchanan** ■ Humaniste écossais (1506-1582). Il écrivit des tragédies en latin.

James **Buchanan** ■ Homme politique américain (1791-1868). 15e président (démocrate) des États-Unis de 1857 à 1861.

Buchenwald ■ Camp de concentration nazi, près de *Weimar (plus de 55 000 morts).

Georg **Büchner** ■ Écrivain romantique allemand, mort à 24 ans (1813-1837). Son théâtre oscille entre l'action révolutionnaire et une philosophie du néant : "*la Mort de Danton*" ; "*Woyzeck*" (sujet d'un opéra de *Berg).

Pearl **Buck** ■ Romancière américaine (1892-1973). L'action de ses romans se déroule en Chine. "*La Terre chinoise*". Prix Nobel 1938.

Buckingham ■ Ville d'Angleterre (*Buckinghamshire). 6 600 hab. Érigée en duché pour George Villiers (1592-1628), favori de *Jacques Ier et *Charles Ier. □ ***Buckingham Palace,*** palais construit à Londres par ses descendants (1705), est l'actuelle résidence royale. □ ***Buckinghamshire.*** Comté d'Angleterre au nord-ouest de Londres. 1 883 km². 627 000 hab. Chef-lieu : Aylesbury (52 900 hab.).

la **Bucovine** ou **Bukovine** ■ Région des *Carpates partagée entre la Roumanie (Bucovina) et la C.É.I. (Bukovina).

Budapest ■ Capitale de la Hongrie. 2,1 millions d'hab. (un cinquième de la population). Née de la réunion de Buda et de Pest, séparées par le *Danube, en 1873. Elle concentre l'essentiel des activités économiques, intellectuelles et culturelles du pays : un tiers des usines, trois quarts des sièges sociaux. Pôle touristique.

Guillaume **Budé** ■ Humaniste et érudit français (1467-1540). Il obtint de *François Ier la création du *Collège de France.

Buenos Aires ■ Capitale de l'Argentine. 2,9 millions d'hab. Elle forme avec ses banlieues (General Sarmiento, Lanús, Lomas de Zamora, Morón et San Justo) une conurbation de 10 millions d'hab., soit un tiers de la population du pays. Au cœur du réseau de communications du pays, centre intellectuel et économique. Grand port dans l'estuaire du Río de la Plata, sur l'Atlantique. Pétrole. Second centre industriel d'Amérique du Sud, après *São Paulo. Fondée en 1580 par les Espagnols.

Buffalo ■ Ville des États-Unis (État de *New York). 358 000 hab. Grand port sur le lac Érié. Université.

William Frederick Cody dit **Buffalo Bill** ■ Aventurier américain (1846-1917). Célèbre pour avoir chassé et tué de nombreux bisons *(buffaloes).*

Georges Louis Leclerc comte de **Buffon** ■ Naturaliste et écrivain français (1707-1788). "*Histoire naturelle*".

le **Bug** ■ Rivière d'Europe orientale, affluent de la *Vistule (803 km).

Ettore **Bugatti** ■ Industriel italien naturalisé français (1881-1947). Automobiles et automotrices.

Thomas **Bugeaud** ■ Maréchal de France (1784-1849). Gouverneur de l'Algérie de 1840 à 1847, il en organisa la conquête.

Arthur **Buies** ■ Journaliste chroniqueur et essayiste québécois (1840-1901). Son esprit démocratique, libéral et parfois anticlérical lui valut le blâme du clergé catholique.

Ferdinand **Buisson** ■ Homme politique français (1841-1932). Défenseur de la laïcité et de la gratuité de l'enseignement, ardent partisan du vote des femmes. Président de la Ligue des droits de l'homme (1913-1926). Prix Nobel de la paix 1927.

Geneviève **Bujold** ■ Actrice québécoise (née en 1942). L'une des premières à faire une carrière internationale.

Bujumbura ■ Capitale du Burundi. 273 000 hab.

Bulawayo ■ Ville du sud-ouest du Zimbabwe. 429 000 hab.

la **Bulgarie** ■ État (république démocratique) des *Balkans. 110 994 km². 8,98 millions d'hab. *(les Bulgares).* Capitale : Sofia. Langue : bulgare. Monnaie : lev. Pays de montagnes et de vallées (dont la plaine du Danube, au nord) à dominante agricole, malgré le développement de la chimie et de l'industrie lourde dans le cadre d'une économie socialiste. ▭HISTOIRE. État indépendant au IXe s., il fut christianisé et soumis par *Byzance (972). Au XIIe s., il retrouva son autonomie et domina les Balkans (dynastie des Asénides). L'Empire ottoman l'annexa en 1396. L'éveil du nationalisme aboutit à la reconnaissance partielle de l'indépendance de la Bulgarie en 1878. Elle s'engagea dans les guerres balkaniques sous la conduite de Ferdinand de Saxe-Cobourg, qui proclama l'indépendance totale en 1908 et prit le titre de tsar des Bulgares. L'alliance avec l'Allemagne en 1914 et 1940 entraîna la chute de la royauté puis l'instauration (1946) d'une république populaire, dirigée par le parti communiste, et étroitement liée à l'U.R.S.S. Les effets de la perestroïka soviétique sur les pays de l'Est et la pression populaire ont obligé le gouvernement à entreprendre la libéralisation du régime en 1989 (multipartisme, élections libres en 1990). ‹ ▶ bulgare ›

Jean **Bullant** ■ Architecte et théoricien français (v. 1520 - 1578).

Pierre **Bullet** ■ Architecte français (1639-1716). Arc de la porte Saint-Martin, à Paris.

Bernhard prince von **Bülow** ■ Homme politique allemand (1849-1929). Chancelier de 1900 à 1909.

Rudolf **Bultmann** ■ Théologien luthérien allemand (1884-1976).

le **Bundestag** ■ Assemblée législative de l'Allemagne, élue pour quatre ans. □ *le* ***Bundesrat.*** Conseil fédéral de l'Allemagne, il représente les États (länder).

Robert Wilhelm **Bunsen** ■ Physicien allemand (1811-1899). Il inventa un bec de gaz qui porte son nom.

Luis **Buñuel** ■ Cinéaste espagnol (1900-1983). Proche du *surréalisme et de l'anarchisme. "*Un chien andalou*" ; "*Viridiana*" ; "*Cet obscur objet du désir*".

John **Bunyan** ■ Écrivain religieux anglais (1628-1688). "*Le Voyage du pèlerin*".

Philippe **Buonarroti** ■ Révolutionnaire français (1761-1837). Proche de *Babeuf.

Jakob **Burckhardt** ■ Historien suisse de langue allemande (1818-1897). "*La Civilisation de la Renaissance en Italie*".

Burgas ■ Ville et port de Bulgarie, 198 000 hab., au fond du *golfe de Burgas* (mer *Noire).

le **Burgenland** ■ État (land) d'Autriche. 3 965 km². 267 000 hab. Capitale : Eisenstadt.

Gottfried **Bürger** ■ Poète lyrique allemand (1747-1794). "*Lénore*".

Anthony **Burgess** ■ Romancier britannique (né en 1917). "*Orange mécanique*", adapté au cinéma par *Kubrick.

Hans **Burgkmair** ■ Peintre et graveur allemand (1473-1531). L'un des principaux représentants de la *Renaissance en Allemagne.

les **Burgondes** ■ Peuple germanique de l'Antiquité. ► *la* ***Burgondie,*** royaume fondé en Gaule par les Burgondes, chassés par les *Huns, et qui est à l'origine de la Bourgogne.

Burgos ■ Ville d'Espagne (*Castille-et-Léon). 164 000 hab. Ancienne capitale de la *Castille. Nombreuses églises médiévales.

Jean **Buridan** ■ Philosophe scolastique français (v. 1300 - 1358). On appelle « l'âne de Buridan » un argument qui lui est attribué mais ne se trouve pas dans ses écrits ; il pose le problème du déterminisme ou de la liberté : un âne, ayant aussi faim que soif, qui ne saurait choisir entre une botte de foin et un seau d'eau placés à égale distance de lui mourrait de faim et de soif.

Edmund **Burke** ■ Écrivain et homme politique britannique (1729-1797). Bien que membre des *whigs, il se signala par son conservatisme.

le **Burkina Faso** ■ État (république démocratique et populaire) de l'Afrique occidentale. 274 200 km². 8,71 millions d'hab. *(les Burkinabés).* Capitale : Ouagadougou. Langues : français (officielle), moré, dioula, gourmantché. Monnaie : franc CFA. Élevage. Manganèse. ▭HISTOIRE. Territoire des anciens royaumes mossis, le pays fut englobé dans les colonies françaises à la fin du XIXe s. Sous l'impulsion de Maurice Yameogo, il devint indépendant en 1960, sous le nom de ***Haute-Volta.*** Sous régime militaire depuis 1980, il devint le Burkina Faso en 1984.

Burlington ■ Ville résidentielle de l'Ontario. 117 000 hab.

Burnaby ■ Ville résidentielle de la Colombie-Britannique. 132 000 hab. Industries du bois.

sir Edward Jones dit **Burne-Jones** ■ Peintre anglais (1833-1898) proche des *préraphaélites, mais plus novateur qu'eux par ses formes qui annoncent l'art *nouveau.

Robert **Burns** ■ Poète écossais (1759-1796). Autodidacte, considéré comme le plus grand poète de langue écossaise, il trouve son inspiration dans la vie paysanne.

Edgar Rice **Burroughs** ■ Romancier américain (1875-1950). Créateur du personnage de Tarzan.

William Seward **Burroughs** ■ Écrivain américain (né en 1914). Proche de *Ginsberg. Récits d'expériences limites dans un style d'avant-garde. "*Nova Express*".

le **Burundi** ■ État (république) d'Afrique centrale, entre le Rwanda, le Zaïre et la Tanzanie. 27 834 km². 5,28 millions d'hab. *(les Burundais).* Capitale : Bujumbura. Langues officielles : kirundi et français. Monnaie : franc du Burundi. Économie agricole (café, bananes). ▭HISTOIRE. Royaume africain, il fut colonisé par les Allemands (fin du XIXe s.) avant de former, avec le *Rwanda, le Rwanda-Urundi, sous mandat puis sous tutelle belge. Il fut indépendant en 1962 et devint une république en 1966, divisée par l'opposition des ethnies hutu et tutsi. Sous régime militaire depuis 1987.

Wilhelm **Busch** ■ Humoriste et dessinateur allemand (1832-1908). "*Max und Moritz*", une des premières bandes dessinées.

George **Bush** ■ Homme politique américain (né en 1924). 41e président (républicain) des États-Unis, depuis 1989. En 1990, il mena la coalition contre l'Irak lors de la guerre du *Golfe, réaffirmant la puissance militaire et l'autorité internationale des États-Unis, notamment au Proche-Orient.

Ferruccio **Busoni** ■ Compositeur, pianiste et théoricien italien (1866-1924).

Bussy-Rabutin ■ Écrivain français (1618-1693). Son "*Histoire amoureuse des Gaules*" dépeint les intrigues de la cour de Louis XIV.

Butare ■ 2e ville du Rwanda. 21 700 hab.

Samuel **Butler** ■ Écrivain anglais (1835-1902). "*Erewhon*" (*nowhere,* « nulle part », inversé), ouvrage satirique.

Michel **Butor** ■ Écrivain français (né en 1926). Il a renouvelé la technique du roman. "*La Modification*". Écrits expérimentaux. Critique d'art.

Dietrich **Buxtehude** ■ Compositeur et organiste germano-danois (v. 1637 - 1707). Son art a profondément influencé J.-S. *Bach. Musique sacrée, pièces pour orgue et pour clavecin.

Cyriel **Buysse** ■ Écrivain belge d'expression néerlandaise (1859-1932). "*Le Droit du plus fort*", chronique sociale.

Dino **Buzzati** ■ Écrivain italien (1906-1972). Récits étranges et fantastiques. "*Le Désert des Tartares*" ; "*la Fameuse Invasion des ours en Sicile*".

Byblos ■ Ancienne cité phénicienne, aujourd'hui site archéologique de Djebail au Liban.

Bydgoszcz ■ Ville de Pologne. 361 000 hab. Nœud de communications, port fluvial, industries.

William **Byrd** ■ Compositeur anglais (1543-1623). Musique religieuse.

lord **Byron** ■ Poète anglais (1788-1824). Ses voyages, sa révolte contre la société et la morale britanniques, sa vie amoureuse, son séjour en Italie, sa mort à *Missolonghi ont fait de lui un personnage de légende. Son influence sur le *romantisme fut immense. "*Le Pèlerinage de Childe Harold*" ; "*Don Juan*".

Bytom ■ Ville de Pologne. 239 000 hab. Centre minier et sidérurgique de haute *Silésie.

Byzance ■ Ville de *Thrace choisie par *Constantin Ier comme seconde capitale de l'Empire romain (rebaptisée *Constantinople*) et demeurée après la chute de Rome (476) la capitale de l'empire romain d'Orient ou *Empire byzantin.* *Justinien crut pouvoir reprendre aux Barbares les territoires d'Occident (v. 550). Sous son règne, ce fut l'apogée d'une civilisation originale, l'hellénisme chrétien, d'où est issue la religion *orthodoxe. En conflit avec les Arabes et la papauté, l'empire fut peu à peu réduit à ses territoires d'Asie Mineure, et passa même sous la domination des croisés de 1204 à 1261 *(empire latin de Constantinople).* Il disparut quand les *Ottomans prirent Constantinople (1453) et en firent leur capitale, aujourd'hui *Istanbul en Turquie. ‹ ► byzantin ›

C

Alexandre **Cabanel** ■ Peintre français (1823-1889). Représentant du style académique. Il eut un grand succès sous le second Empire. Scènes historiques. Portraits. Nus.

Georges **Cabanis** ■ ⇒ les **Idéologues.**

José **Cabanis** ■ Écrivain français (né en 1922). *“Le Bonheur du jour”*.

Étienne **Cabet** ■ Socialiste utopiste français (1788-1856). *“Le Voyage en Icarie”*.

Jean ou *John* **Cabot** ■ Navigateur italien au service de l'Angleterre (v. 1450 - 1499). Considéré par certains comme le découvreur du Canada (⇒ **J. Cartier**). □ *Sébastien* **Cabot,** son fils (v. 1476 - 1557), navigateur au service de l'Espagne. ► *le détroit de* **Cabot** relie le golfe du *Saint-Laurent à l'océan Atlantique.

Cabourg ■ Ville de France (*Normandie), sur la Manche. 3 400 hab. *(les Cabourgeais).* Station balnéaire.

Pedro Álvares **Cabral** ■ Navigateur portugais (v. 1460 - 1526). Il prit possession du Brésil en 1500.

Giulio **Caccini** ■ Compositeur et chanteur italien (1560-1618). Un des inventeurs de l'opéra avec *Peri.

Cáceres ■ Ville d'Espagne (*Estrémadure). 79 300 hab.

le **Cachemire** ■ Ancien royaume indien du nord-ouest, province montagneuse riche et fertile, peuplée en majorité de musulmans, partagée depuis 1949 entre l'Inde et le Pakistan et, avec les revendications indépendantistes, cause de tensions chroniques entre les deux pays (guerre en 1965, incidents dans la partie indienne en 1990). ⇒ **Jammu et Cachemire.** ‹ ► cachemire ›

Marcel **Cachin** ■ Homme politique français (1869-1958). Directeur de *l'Humanité*, journal socialiste, puis communiste, de 1918 à sa mort.

José de **Cadalso** ■ Écrivain espagnol (1741-1782). *“Lettres marocaines”*, inspirées des *“Lettres persanes”* de *Montesquieu.

Antoine Laumet dit *de Lamothe* **Cadillac** ■ Officier militaire français (1658-1730). Fondateur de la ville de *Detroit.

Cadix, en espagnol **Cádiz** ■ Ville et port d'Espagne (*Andalousie). 154 000 hab. Cadix devint au XVIIIe s. le principal port de commerce avec l'Amérique, supplantant *Séville.

René-Guy **Cadou** ■ Poète français (1920-1951). *“Hélène ou le Règne végétal”* ; *“Mon enfance est à tout le monde”*.

Georges **Cadoudal** ■ Chef chouan (⇒ **chouannerie**), exécuté pour complot contre le Premier consul Bonaparte (1771-1804).

le mont **Caelius** ■ Une des sept collines de Rome.

la **C.A.E.M.,** en anglais **COMECON** ■ « Conseil d'assistance économique mutuelle », organisme de coopération économique créé à Moscou en 1949 et dissous en 1991. Il comprenait l'U.R.S.S., la Bulgarie, la Hongrie, la Pologne, la R.D.A., la Roumanie, la Tchécoslovaquie, la Mongolie, Cuba et le Viêt-nam. La Yougoslavie, entre autres pays, avait conclu un accord de coopération en 1964. L'Afghanistan et le Yémen du Sud y siégeaient en tant qu'observateurs. L'Albanie en fit partie jusqu'en 1961.

Caen ■ Ville de France (*Normandie). 115 600 hab. *(les Caennais).* Résidence de *Guillaume le Conquérant (monuments médiévaux). Gravement endommagée en 1944. Port relié à la Manche par le *canal de Caen.* Centre industriel : sidérurgie, automobile, électronique.

les **Caffieri** ■ Famille de sculpteurs, ciseleurs et ébénistes français d'origine italienne. □ *Jean-Jacques* **Caffieri** (1725-1792), auteur de célèbres bustes (Corneille, le chanoine Pingré).

John **Cage** ■ Compositeur américain (né en 1912). Célèbre pour son « piano préparé » et ses expériences provocantes.

Cagliari ■ Ville et port d'Italie sur la côte sud de la *Sardaigne dont elle est la capitale. Nombreux vestiges archéologiques. 220 000 hab.

Alexandre **Cagliostro** ■ Aventurier italien (1743-1795), lié à de nombreuses loges maçonniques mystiques.

Cagnes-sur-Mer ■ Ville de France, sur la *Côte d'Azur. 41 300 hab. *(les Cagnois).*

la **Cagoule** ■ Groupe clandestin d'extrême droite qui se signala, à partir de 1935, par des attentats et dont l'objectif était de renverser la République française. ‹ ▶ cagoule ›

Cahors ■ Ville du sud-ouest de la France (*Midi-Pyrénées). 20 800 hab. *(les Cadurciens, Cahorsins* ou *Cahorsiens).* Sa cathédrale romane, à coupoles, et d'autres monuments (pont Valentré) témoignent de son importance au Moyen Âge. Vins, industries de consommation.

Joseph **Caillaux** ■ Homme politique français (1863-1944). Expert des Finances, plusieurs fois ministre (radical).

Gustave **Caillebotte** ■ Peintre français et le premier collectionneur des *impressionnistes (1848-1894).

René **Caillié** ■ Explorateur français (1799-1838). Le premier à visiter *Tombouctou (1828).

Roger **Caillois** ■ Écrivain et essayiste français (1913-1978). Il n'a cessé de mettre en rapport les sciences et les arts, la nature et la société.

les îles **Caïmans** ■ Groupe de trois îles des *Antilles (Grandes Antilles), sous souveraineté britannique. 264 km². 25 300 hab. Capitale : George Town (13 700 hab.).

Caïn ■ Fils d'Adam et Ève, dans la Bible. Il tua son frère *Abel.

Le **Caire** ■ Capitale de l'Égypte, au sud du delta du *Nil, la plus importante ville africaine et arabe. 6,3 millions d'hab. *(les Cairotes).* Monuments de toutes les époques de l'islam (apogée au XIVᵉ s. sous les *Mamelouks), musées, mosquée-université d'*al-*Azhar.* Grande métropole industrielle et commerciale. ▶ *le Grand* **Caire** (avec *Gizeh, Héliopolis, etc.) compte près de 14 millions d'hab.

les **Caisses populaires Desjardins** ■ ⇒ Alphonse **Desjardins**.

les Cajuns ■ Descendants des Canadiens-Français que les Anglais chassèrent d'*Acadie au XVIIIᵉ s. et qui s'établirent dans le sud de la Louisiane, autour de *Lafayette. – Le mot est la prononciation louisianaise de *Acadien.*

la **Calabre,** en italien **Calabria** ■ Région administrative à l'extrémité sud de la péninsule italienne. 15 080 km². 2,15 millions d'hab. Capitale : Catanzaro. La pauvreté de la terre et l'absence d'industries importantes entraînent une forte émigration vers les régions industrialisées du nord du pays.

Calais ■ Ville du nord de la France. 75 800 hab. *(les Calaisiens).* La ville fut anglaise de 1347 à 1558. Célèbre épisode de la guerre de *Cent Ans (représenté par un groupe sculpté de *Rodin) : six bourgeois se livrèrent en otages aux Anglais pour que Calais soit épargnée. Peu de monuments ont échappé aux destructions de 1944. Industries (dentelle), port (tourisme avec l'Angleterre). Station balnéaire. ▶ *le pas de* **Calais.** Détroit entre la France et l'Angleterre, qui relie la Manche à la mer du Nord. 31 km. Trafic maritime intense. Un tunnel sous la Manche y a été percé. ▶ *le Pas-de-***Calais.** ⇒ le **Pas-de-Calais.**

Calcutta ■ 1ᵉʳ port de l'Inde, capitale du *Bengale-Occidental, ancien comptoir de la Compagnie anglaise des Indes orientales. 9,2 millions d'hab. Vie économique intense (industrie métallurgique, textile, centre commercial et bancaire), mais graves problèmes de surpopulation, de misère et d'insalubrité.

Antonio **Caldara** ■ Compositeur *baroque italien (v. 1670-1736).

Alexander **Calder** ■ Sculpteur américain, peintre (1898-1976). Inventeur des *mobiles.*

Pedro **Calderón de la Barca** ■ Un des grands maîtres du théâtre espagnol (1600-1681). Auteur de pièces allégoriques en un acte (*"le Grand Théâtre du monde"*) et de comédies à thème historique, moral ou religieux (*"La vie est un songe" ; "la Dévotion à la croix"*).

Erskine **Caldwell** ■ Romancier américain (1903-1987). *"La Route au tabac".*

la **Calédonie** ■ Nom donné par les Romains à l'Écosse actuelle.

*la Nouvelle-***Calédonie** ■ ⇒ **Nouvelle-Calédonie.**

le **calendrier républicain** ■ Calendrier adopté le 5 octobre 1793 qui fut en vigueur jusqu'au 1ᵉʳ janvier 1806. Débutant le 22 septembre (équinoxe d'automne et date de fondation de la république) 1792, il divisait l'année en 12 mois de 30 jours (vendémiaire, brumaire, frimaire, nivôse, pluviôse, ventôse, germinal, floréal, prairial, messidor, thermidor, fructidor), et 5 jours au cours desquels étaient célébrées les fêtes républicaines.

Calgary ■ Ville du Canada (*Alberta). 636 000 hab. (zone urbaine de 671 000 hab.). Université. Commerce pétrolier. Banques. Industries alimentaires.

Cali ■ Ville du sud-ouest de la Colombie. 1,39 million d'hab. Industries textile et alimentaire.

Calicut ■ ⇒ **Kozhikode.** ‹ ▶ calicot ›

la **Californie** ■ Région frontalière du Mexique et des États-Unis, sur le Pacifique. □ *la* **Californie.** État des États-Unis. 411 012 km². 23,6 millions d'hab. Capitale : *Sacramento. Villes principales : *Los Angeles, *San Francisco. Nombreux centres universitaires et de recherche (électronique). Cultures tropicales ; agrumes, vins. Richesses minérales (ruée vers l'or v. 1850). □ *la* **Basse-Californie,** presqu'île mexicaine divisée en deux États, est séparée du continent par le *golfe de Californie.*

Caligula ■ Empereur romain (12-41). Il succéda à *Tibère. Ses fantaisies despotiques le firent passer pour fou.

James **Callaghan** ■ Homme politique britannique (né en 1912). Premier ministre (travailliste) de 1976 à 1980.

Maria Kalogeropoulos dite *la* **Callas** ■ Cantatrice grecque, soprano (1923-1977). Sa voix, son génie dramatique et son tempérament ont marqué l'histoire de l'opéra.

Callicratès ■ Architecte grec (Vᵉ s. av. J.-C.). Il éleva avec Ictinos le *Parthénon, sous les directives de *Phidias.

Callimaque ■ Sculpteur grec (Vᵉ s. av. J.-C.). Il aurait inventé le chapiteau corinthien.

Callimaque ■ Poète grec (v. 315 - v. 240 av. J.-C.). Représentant de l'art raffiné d'Alexandrie, il fut un modèle pour les poètes latins.

Calliope ■ *Muse de la Poésie épique et de l'Éloquence.

Jacques **Callot** ■ Artiste français, remarquable graveur (1592-1635). Œuvre immense au style réaliste et baroque. Séries des *"Caprices"*, des *"Misères de la guerre"*.

Charles-Alexandre de **Calonne** ■ Ministre de Louis XVI (1734-1802). Contrôleur des Finances de 1783 à 1787, il échoua dans ses tentatives de réformes (France).

le **Calvados** ■ Département français (*Normandie), bordé au nord par la Manche. Préfecture : Caen. ⟨ ▶ calvados ⟩

Calvi ■ Ville de France (*Corse), port au fond du *golfe de Calvi.* 4 800 hab. *(les Calvais).* Citadelle du XVe s. Tourisme.

Jean **Calvin** ■ Réformateur français (1509-1564). Un des fondateurs, après *Luther, du protestantisme, auteur d'une "*Institution de la religion chrétienne*", il dut fuir l'*Inquisition et se réfugia à Genève (1541), où il organisa l'Église réformée de Genève. ▶ *le* ***calvinisme,*** sa doctrine, professe le retour à l'autorité de la Bible, la simplicité du culte et la croyance en la prédestination. Originaire de France et de Suisse, il s'est répandu en Angleterre, aux Pays-Bas, aux États-Unis, en Afrique du Sud... ⇒ **protestantisme, Réforme.** ⟨ ▶ calvinisme ⟩

Italo **Calvino** ■ Écrivain italien (1923-1985). Son œuvre mêle l'étrange, le pathétique et le cocasse, de manière très structurée. "*Le Baron perché*" ; "*Marcovaldo*".

André **Calvos** ■ Poète grec (1792-1867). "*La Lyre*" ; "*Odes nouvelles*".

Camagüey ■ Ville de Cuba. 261 000 hab.

Hélder Pessõa **Câmara** ■ ⇒ **Pessõa Camara.**

la **Camargue** ■ Région marécageuse du sud de la France, à l'embouchure du *Rhône. Élevage de chevaux et de taureaux. Parc naturel régional. Rizières. Sel marin.

Jean-Jacques de **Cambacérès** *duc de Parme* ■ Juriste et homme politique français (1753-1824). Deuxième consul lors du *Consulat, dignitaire du premier Empire.

Luca **Cambiaso** ■ Peintre italien (1527-1585). Fresques de l'*Escurial.

le **Cambodge** ■ État (république populaire) d'Asie du Sud-Est, entre la Thaïlande, le Laos et le Viêt-nam. 181 035 km². 8,05 millions d'hab. *(les Cambodgiens).* Capitale : Phnom-Penh. Langue officielle : khmer. Monnaie : riel. ▭HISTOIRE. Cet ancien royaume, menacé à la fois par les Siamois et les Vietnamiens, devint protectorat français en 1863. Théoriquement indépendant dès 1949, le pays chercha son autonomie sous la houlette du roi *Norodom Sihanouk qui resta, après son abdication en faveur de son père (1955), le véritable chef de l'État. Le prince fut renversé par le général Lon Nol, la royauté abolie (1970). Le nouveau gouvernement s'engagea dans une guerre civile qu'il perdit malgré l'aide américaine : les Khmers rouges (communistes maoïstes), dirigés par *Pol Pot, créèrent l'État du ***Kampuchéa démocratique*** (1976) et instaurèrent le communisme rural et la terreur, exterminant une partie de la population. Entrés en guerre contre le Viêt-nam, ils furent battus et chassés par le gouvernement pro-vietnamien de Heng Samrin (1979). La république populaire du Cambodge tente de se relever de ces épreuves (génocide, exode massif, notamment vers la Thaïlande) et de la ruine de son économie (agriculture, pêche), mais, en 1989, l'annonce du retrait des troupes vietnamiennes entraîna une reprise de la guerre civile. En 1991, un accord de paix fut signé par les différentes factions khmères. L'État reprit le nom de Cambodge en 1989.

Joseph **Cambon** ■ Révolutionnaire français (1756-1820). En 1793, il instaura la reconnaissance de la Dette publique.

les frères **Cambon** ■ Diplomates français. Jules (1845-1935) et Paul (1843-1924).

Cambrai ■ Ville du nord de la France. 34 200 hab. *(les Cambrésiens).* Nombreux monuments des XVIIe-XVIIIe s. Réunie à la France en 1678, elle eut *Fénelon pour archevêque. Industries textile et alimentaire (confiserie : les « bêtises de Cambrai »). Le riche seuil du *Cambrésis* fait la jonction entre la *Flandre et le Bassin *parisien.

Cambridge ■ Ville du sud-est de l'Angleterre, chef-lieu du Cambridgeshire. 100 000 hab. Célèbre université fondée au XIIIe s. (nombreux bâtiments anciens). ▶ *le* ***Cambridgeshire.*** Comté de l'est de l'Angleterre. 3 409 km². 651 500 hab. Chef-lieu : Cambridge.

Cambridge ■ Ville des États-Unis (*Massachusetts), à côté de Boston. 93 400 hab. Siège de la plus ancienne université américaine (Harvard, 1636) et du Massachusetts Institute of Technology (M.I.T.).

Cambridge ■ Ville de l'Ontario. 8 000 hab. Industries manufacturières.

les monts **Cambriens** n. m. pl. ■ Massif montagneux du pays de *Galles. Il a donné son nom à une ère géologique, le *cambrien.*

Pierre **Cambronne** ■ Général français (1770-1842). On lui attribue « le mot de Cambronne » et le fier « la garde meurt et ne se rend pas », adressés aux Anglais à *Waterloo.

Camembert ■ Localité de France (*Normandie) qui a donné son nom au fromage créé par Marie Harel au début du XIXe s. ⟨ ▶ camembert ⟩

le **Cameroun** ■ État (république) d'Afrique centrale, sur le golfe de Guinée. 465 458 km². 11,4 millions d'hab. *(les Camerounais).* Principales ethnies : Bamilékés, Fangs. Capitale : Yaoundé. Langues : français et anglais (officielles), douala, basaa, béti. Monnaie : franc CFA. Essentiellement montagneux (*mont Cameroun* : 4 070 m), le pays développe l'agriculture (cacao, café, élevage), la production d'électricité, quelques industries (alimentaires, aluminium) ; les ressources minières restent sous-exploitées. ▭HISTOIRE. Royaume *peul puis protectorat allemand, divisé en 1919 entre Français (9/10 du territoire) et Anglais, le Cameroun devint indépendant en 1960 (la partie britannique étant divisée entre le Nigeria et le nouvel État en 1961). Il joue un rôle diplomatique important en Afrique, sous la présidence de A. *Ahidjo, puis de son successeur (en 1982) et ancien ministre Paul Biya. En 1990, un processus de démocratisation du régime fut engagé avec l'instauration du multipartisme.

Camille ■ Général romain (V^e^-IVe s. av. J.-C.). Il chassa les Gaulois qui avaient pris Rome (390 av. J.-C.).

les **camisards** n. m. ■ Nom donné aux calvinistes des Cévennes, en révolte contre l'autorité royale au début du XVIIIe s., après la révocation de l'édit de *Nantes (⇒ Le **Mas-Soubeyran**).

Luís de **Camoens** ou **Camões** ■ Poète portugais (v. 1524-1580). Des échos de sa vie aventureuse se retrouvent dans les "*Lusiades*", grand poème national.

Charles **Camoin** ■ Peintre *fauve français (1879-1965).

Tommaso **Campanella** ■ Dominicain italien (1568-1639). "*La Cité du Soleil*", classique du collectivisme utopique.

la **Campanie,** en italien **Campania** ■ Région administrative du sud de l'Italie, sur la mer *Tyrrhénienne. 13 595 km². 5,7 millions d'hab. Capitale : Naples. Peuplement très ancien : colonisations grecque, étrusque et romaine. Malgré un sol fertile (volcanique) et l'apport du tourisme, la région est pauvre : surpopulation, faibles structures économiques.

Campeche ■ Ville et port du Mexique, sur le *golfe de Campeche.* 151 800 hab. Vestiges du village maya sur l'emplacement duquel fut fondée la ville en 1540.

*Robert **Campin*** ■ Peintre flamand, maître de *Van der Weyden (1378-1444). Il serait identifié au ***Maître de Flémalle,*** l'initiateur avec *Van Eyck de l'école *flamande.

Campinas ■ Ville du Brésil (État de *São Paulo). 567 000 hab.

*la **Campine*** ■ Plaine du nord de la Belgique (bassin houiller).

Campo Formio ■ Ville d'Italie (*Vénétie) où fut signé en 1797 un traité entre la France et l'Autriche suspendant les campagnes d'Italie de *Napoléon Bonaparte.

Campo Grande ■ Ville du Brésil, capitale de l'État du *Mato Grosso do Sul. 283 000 hab.

*André **Campra*** ■ Compositeur français, créateur de l'opéra-ballet (1660-1744).

*Albert **Camus*** ■ Écrivain français (1913-1960). Son œuvre manifeste son sentiment de l'absurde, son exigence de sincérité et de justice. Essais *("le Mythe de Sisyphe" ; "l'Homme révolté").* Romans *("l'Étranger" ; "la Peste" ; "la Chute").* Nouvelles. Théâtre. Articles de journaux *("Actuelles").* Prix Nobel 1957.

Cana ■ Ville de *Galilée où l'Évangile situe le premier miracle de Jésus (transformation de l'eau en vin).

*le pays de **Canaan*** ■ ⇒ les **Cananéens.**

*le **Canada*** ■ État fédéral (voir ci-dessous : HISTOIRE) d'Amérique du Nord, au nord des États-Unis, bordé par l'Arctique, l'Atlantique et le Pacifique, constitué de 10 provinces et de 2 territoires (*Territoires du Nord-Ouest, *Yukon). Capitale : Ottawa. Langues officielles : anglais et français. Monnaie : dollar canadien. Immense (9 970 610 km²), peu peuplé (26,18 millions d'hab.) car 77 % de la superficie du pays se trouvent en zones subarctique et arctique, le Canada dispose d'énormes réserves naturelles (amiante, cuivre, fer, uranium), d'une agriculture très productive (blé), de 5 % de la production forestière mondiale, de puissantes industries aidées par le faible coût de l'énergie (hydro-électricité notamment). Une vie économique et sociale de plus en plus liée aux États-Unis (libre-échange) et surtout le poids démographique des anglophones (plus de 75 %) ont favorisé l'émergence de mouvements indépendantistes au *Québec ; le gouvernement *Trudeau a cependant proclamé le français et l'anglais langues officielles du Canada (1968), le français devenant langue officielle du Québec en 1974. Il y a de nombreux francophones (les *Acadiens) au Nouveau-Brunswick. ▭ **HISTOIRE.** Les Français qui prirent possession du pays en 1534 (⇒ Jacques **Cartier**) et le colonisèrent (XVIIe s.) durent céder cette « Nouvelle-France » à l'Angleterre (1763, traité de Paris), non sans avoir profondément marqué la région de *Québec, restée francophone. L'indépendance des États-Unis augmenta l'afflux de population britannique : création du *Nouveau-Brunswick en 1784 ; acte constitutionnel de 1791 imposant la création d'un *Bas-Canada* (français) et d'un *Haut-Canada* (anglais) ; acte d'union de 1840, imposant le Canada uni aux dépens des francophones. *Macdonald et G. É. *Cartier obtinrent de Londres le statut de dominion (1867), ce qui permit de réduire les tensions avec le Royaume-Uni. Aux deux « provinces » d'origine, devenues l'*Ontario et le *Québec, et aux « provinces maritimes » (*Nouvelle-Écosse, *Nouveau-Brunswick, puis Île-du-*Prince-Édouard) se sont progressivement ajoutées cinq autres « provinces » : (*Alberta, *Colombie-Britannique, *Manitoba, *Saskatchewan, *Terre-Neuve) et les deux territoires. Gagnant progressivement son autonomie (⇒ **Laurier, King**), indépendant depuis la création du Commonwealth (1931), dont il est membre, le pays est dirigé depuis 1984 par le conservateur B. *Mulroney. L'adoption d'une nouvelle Constitution, en 1987, a fait resurgir le problème de la spécificité de la population francophone (Québec). ‹ ► canada, canadien ›

Antonio Canal dit ***Canaletto*** ■ Peintre italien (1697-1768). Vues de Venise, lumineuses, au dessin précis. □ ***Canaletto le Jeune.*** ⇒ Bernardo **Bellotto.**

*les **Cananéens*** ■ Habitants du pays de ***Canaan,*** la Terre promise selon la Bible (*Phénicie-*Palestine). Ils furent vaincus par les Hébreux (XIe s. av. J.-C.), qui adoptèrent une part de leur culture.

*les **Canaques*** ■ ⇒ les **Kanaks.**

*les îles **Canaries*** n. f. pl., en espagnol ***Canarias*** ■ Archipel de l'océan Atlantique, au large du *Sahara. Communauté autonome espagnole constituée de deux provinces. 7 273 km². 1,6 million d'hab. *(les Canariens).* Capitales : *Las Palmas et *Santa Cruz de Tenerife. Tourisme. ‹ ► canari ›

*cap **Canaveral*** ■ Base aérospatiale américaine en Floride, appelée « cap Kennedy » de 1963 à 1973.

Canberra ■ Capitale fédérale de l'Australie et du Territoire de la capitale. 289 000 hab. Ville administrative et commerciale, construite de 1913 à 1927.

Candiac ■ Ville résidentielle, près de Montréal. 9 000 hab.

Candie ■ Ancien nom d'*Iráklion.

*Georges **Candilis*** ■ Architecte et urbaniste français formé en Grèce (né en 1913). Collaborateur de *Le Corbusier.

*Augustin Pyrame de **Candolle*** ■ Botaniste suisse (1778-1841). Un des fondateurs de la géographie botanique.

*la **Canebière*** ■ Célèbre avenue de Marseille (France) se terminant sur le Vieux-Port.

*Elias **Canetti*** ■ Écrivain de langue allemande, né en Bulgarie et naturalisé britannique (né en 1905). *"Autodafé"*, roman. *"Masse et puissance"*, essai. Prix Nobel 1981.

*le **Canigou*** ■ Massif granitique des *Pyrénées. 2 786 m. Observatoire. Mines de fer (France).

*Ivan **Cankar*** ■ Écrivain slovène (1876-1918).

Cannes ■ Une des principales villes de la *Côte d'Azur (France). 69 400 hab. *(les Cannois).* Station balnéaire et hivernale. Festival du cinéma.

*Le **Cannet*** ■ Ville de France, sur la *Côte d'Azur. 42 000 hab. *(les Cannetans).* Tourisme.

*Stanislao **Cannizzaro*** ■ Chimiste italien (1826-1910). Il introduisit la notion de *nombre d'*Avogadro.*

*Alonso **Cano*** ■ Peintre espagnol, architecte et sculpteur (1601-1667). Figures polychromes *baroques.

Canossa ■ Village d'Italie (*Émilie-Romagne) où l'empereur germanique *Henri IV vint implorer le pardon du pape *Grégoire VII (1077). *Aller à Canossa* signifie « faire amende honorable, s'humilier devant l'adversaire ».

Antonio **Canova** ■ Sculpteur italien (1757-1822). Un des principaux représentants du *néo-classicisme. "*Pauline Bonaparte*".

la **Cantabrie,** en espagnol **Cantabria** ■ Communauté autonome du nord de l'Espagne. 5 289 km². 525 000 hab. Capitale : Santander.

le **Cantal** ■ Massif volcanique d'Auvergne (France). Point culminant : le *plomb du Cantal,* 1 858 m. ⟨ ► cantal ⟩

Joseph **Canteloube** ■ Compositeur et folkloriste français (1879-1956). "*Chants d'Auvergne*".

Dimitrie **Cantemir** ■ Prince et écrivain moldave (1674 - 1723). Père de A. *Kantemir.

Canterbury ■ Ville d'Angleterre (*Kent). 39 000 hab. Siège du primat de l'Église anglicane (cathédrale XIe - XVe s.).

Richard **Cantillon** ■ Économiste français d'origine irlandaise (v. 1680 - 1734).

le **Cantique des cantiques** ■ Un des livres de la *Bible, dans les Écrits. Chants d'amour attribués à *Salomon.

Canton ou **Guangzhou** ■ Ville de Chine, capitale de la province du *Guangdong. 3,36 millions d'hab. *(les Cantonais).* Grande cité industrielle et commerciale. Automobiles. Imprimerie. Ce fut le point de pénétration des Européens au XIXe s. et le lieu de proclamation de la première république chinoise (1911).

Georg **Cantor** ■ Mathématicien allemand (1845-1918). Son arithmétique de l'infini inaugure la théorie des ensembles (⇒ **Dedekind**).

Canut, en danois **Knud** ■ NOM DE SIX ROIS DU DANEMARK □ **Canut le Grand** (v. 995 - 1035) conquit l'Angleterre en 1018, puis la Norvège.

les **canuts** ■ Ouvriers de la soie français de la ville de *Lyon. Leur révolte en 1831 est une date symbolique pour le mouvement ouvrier.

Cao Cao ■ Guerrier et poète chinois (155-220). Il usurpa le pouvoir et, succédant aux *Han, unifia la Chine du Nord.

le **caodaïsme** ■ Religion syncrétiste vietnamienne fondée en 1919. Elle réunit bouddhisme, taoïsme et confucianisme.

Le **Cap** ■ 2e ville d'Afrique du Sud, capitale législative du pays et de la province du Cap (641 379 km² ; 5 millions d'hab.). 777 000 hab. (conurbation de 1,9 million d'hab.). Port, université, pétrole, industries.

Réal **Caouette** ■ Homme politique québécois (1917-1976). Leader du parti du Crédit social du Canada.

Robert **Capa** ■ Photographe américain d'origine hongroise (1913-1956). Photographies de guerre.

l'île du **Cap-Breton** ■ Île de la côte orientale du Canada (*Nouvelle-Écosse), à l'embouchure du *Saint-Laurent. 10 311 km². Les Français y avaient construit la forteresse de Louisbourg, détruite par les Anglais en 1758.

Cap-de-la-Madeleine ■ Ville du Québec. 35 000 hab. Industrie papetière.

Karel **Čapek** ■ Écrivain tchèque (1890-1938). Dramaturge, poète, romancier ("*Hordubal*"). Sa pièce "*les Robots universels de Rossum*" créait le mot *robot.*

Capesterre-Belle-Eau ■ Ville de la Guadeloupe. 19 000 hab. *(les Capesterriens).*

les **Capétiens** ■ Troisième et dernière dynastie des rois de France, du nom de son fondateur *Hugues Capet (987). Ils établirent la monarchie héréditaire, et l'extension de leur domaine se confondit avec l'histoire territoriale de la France. La branche directe s'éteignit en 1328 (*Charles IV le Bel) ; la couronne passa aux Capétiens de *Valois, puis de *Bourbon (1589) et aux Bourbons-*Orléans.

Cap-Haïtien ■ Ville et port d'Haïti. 133 000 hab.

Capharnaüm ■ Ville de *Galilée où Jésus prêcha. ⟨ ► capharnaüm ⟩

le **Capitole** ■ Nom donné à l'une des sept collines de Rome, puis au temple qui s'y trouvait, ensuite à la place aménagée en cet endroit par *Michel-Ange (Sénat, puis commune de Rome) et, par extension, à divers monuments publics : mairie de Toulouse (XVIIIe s.), parlement de *Washington (XIXe s.).

Jean **Capo d'Istria** ■ Homme d'État grec (1776-1831). Conseiller du tsar de Russie Alexandre Ier. « Président provisoire » de la Grèce de 1827 à son assassinat, à la fin de la guerre d'indépendance.

Al **Capone** ■ Célèbre gangster américain, d'origine italienne (1895-1947).

Truman **Capote** ■ Écrivain du sud des États-Unis (1924-1984). "*La Harpe d'herbe*" ; "*De sang-froid*".

Capoue, en italien **Capua** ■ Ville d'Italie (*Campanie), fondée par les *Étrusques. 18 000 hab. En 215 av. J.-C., les soldats d'*Hannibal s'y abandonnèrent aux « délices de Capoue », perdant un temps précieux.

la **Cappadoce** ■ Ancien pays d'Asie Mineure (Turquie), un des premiers christianisés.

Frank **Capra** ■ Cinéaste américain (1897-1991). "*L'Extravagant Mr. Deeds*".

Capri ■ Petite île italienne à l'entrée du golfe de Naples (*Campanie). 7 500 hab. Centre touristique célèbre.

Cap-Rouge ■ Ville résidentielle, près de Québec. 10 300 hab.

les îles du **Cap-Vert** ■ Archipel et État (république) de l'Atlantique, au large du Sénégal. 4 033 km². 337 000 hab. (très forte densité, d'où un fort taux d'émigration des *Cap-Verdiens*). Capitale : Praia. Langues : portugais (officielle), créole. Monnaie : escudo. Ancienne colonie portugaise, indépendante depuis 1975.

Caracalla ■ Empereur romain (188-217) de 211 à sa mort. Guerrier et bâtisseur. *L'édit de Caracalla* (212) accorda la citoyenneté romaine à tous les sujets libres de l'empire.

Caracas ■ Capitale du Venezuela. 1,27 million d'hab. (agglomération de 2 millions d'hab.). Expansion due au pétrole. Industries.

les **Caraïbes** ■ Indiens, anciens habitants des Petites Antilles et d'une partie de la Guyane. □ *la mer des* ***Caraïbes.*** ⇒ **Antilles.** ⟨ ► caraïbe ⟩

Constantin **Caramanlis** ■ ⇒ **Karamanlis.**

Emmanuel Poiré dit **Caran d'Ache** ■ Dessinateur humoristique français (1859-1909). Son surnom est emprunté au russe *karandach* (« crayon »).

le **Caravage** ■ Peintre italien (1573-1610). Son art délibérément réaliste, en réaction contre le *maniérisme de son époque et fortement contrasté entre l'ombre et la lumière, fit école en Europe. Nombreux sujets religieux. ▶ *le* ***caravagisme,*** manière de peindre inspirée du Caravage, courant artistique européen des années 1600-1650.

le **carbonarisme** ■ Mouvement politique italien dont les partisans, républicains, formaient une société secrète. Les *carbonari* luttèrent contre *Murat, puis contre l'occupation autrichienne et provoquèrent les révolutions de Naples (1820) et du Piémont (1821). En France se développa la « charbonnerie », qui s'opposa, avec moins de succès, à la *Restauration.

Carcassonne ■ Ville du sud-ouest de la France (*Languedoc-Roussillon). 45 000 hab. *(les Carcassonnais).* La double enceinte de la cité fortifiée (VIe - XIIIe s.), restaurée par *Viollet-le-Duc, et les nombreux monuments anciens attirent les touristes.

Francis **Carco** ■ Écrivain français (1886-1958). Poèmes. Romans (*"Jésus la Caille"*, sur le monde de la pègre). Biographies.

Jérôme **Cardan** ■ Médecin, mathématicien et philosophe italien (1501-1576). Inventeur du *cardan.* ⟨ ▶ cardan ⟩

Lázaro **Cárdenas** ■ Général et homme politique mexicain (1895-1970). Président de la République de 1934 à 1940.

Cardiff ■ Capitale du pays de Galles et chef-lieu des comtés du *Glamorgan du Centre et du Sud. 266 000 hab. Port charbonnier, industries. Château, cathédrale.

Cardigan ■ Ville du pays de Galles (*Dyfed), au fond de la *baie de Cardigan.* 4 200 hab. Tourisme. ⟨ ▶ cardigan ⟩

Giosuè **Carducci** ■ Poète et critique italien (1835-1907). Très influent par son retour au classicisme. Prix Nobel 1906.

la **Carélie** ■ Une des républiques autonomes de la Fédération de *Russie, au nord de la C.É.I. 172 400 km². 792 000 hab. (*les Caréliens,* peuple finno-ougrien). Capitale : Petrozavodsk. Disputée à la Finlande, elle ne fut totalement annexée qu'en 1940. Pêche. Industrie du bois.

Maurice **Carême** ■ Poète belge d'expression française (1899-1978). Il a publié pour les enfants un choix de *"Poésies"*.

Jean **Carignan** ■ Violoneux québécois (1916-1988). Un des meilleurs interprètes de la musique traditionnelle du Québec.

la **Carinthie,** en allemand **Kärnten** ■ État (land) d'Autriche. 9 533 km². 541 800 hab. Capitale : Klagenfurt.

Giacomo **Carissimi** ■ Compositeur italien, maître de l'oratorio (1605-1674).

Gilles **Carle** ■ Cinéaste québécois (né en 1929). *"Les Plouffe"* (1981), d'après un roman de R. *Lemelin ; *"Maria Chapdelaine"* (1983), d'après un roman de L. *Hémon.

le **carlisme,** *les* **carlistes** ■ ⇒ don **Carlos.**

Carloman ■ Nom de plusieurs princes carolingiens, dont le frère de Pépin le Bref (715-754), celui de Charlemagne (751-771), et nom du roi de France de 882 à 884.

don **Carlos** ■ Infant d'Espagne, prétendant au trône contre sa nièce *Isabelle II (1788-1855). De 1833 à 1840, il provoqua une guerre civile entre ses partisans, les *carlistes* et leurs opposants. Son fils ***Charles de Bourbon,*** comte de Montemolín (1818-1861), puis son petit-fils ***don Carlos*** (1848-1909) tentèrent vainement après lui d'obtenir la couronne par les armes (1848, 1860, 1872-1876). ▶ *le* ***carlisme,*** parti de la tradition, se rallia à *Franco ; il subsiste encore, notamment en Navarre.

Carolyn **Carlson** ■ Danseuse et chorégraphe américaine d'origine finlandaise (née en 1943).

Thomas **Carlyle** ■ Historien et philosophe écossais (1795-1881). *"Les Héros"*.

le **Carmel** ■ Ordre religieux né à Notre-Dame-du-Mont-Carmel (Palestine, XIIe s.). ▶ ***carmes*** et ***carmélites*** sont surtout connus depuis la réforme de sainte *Thérèse d'Ávila et saint *Jean de la Croix, au XVIe s. ⟨ ▶ carme ⟩

António Oscar de Fragoso **Carmona** ■ Maréchal et homme politique portugais (1869-1951). Il prit le pouvoir en 1926, fut président de 1928 à sa mort et nomma *Salazar.

Carnac ■ Ville de France (*Bretagne). 4 200 hab. *(les Carnacois).* Mégalithes du IIIe millénaire av. J.-C. ≠ Karnak.

Rudolf **Carnap** ■ Logicien et philosophe allemand naturalisé américain (1891-1970). Membre éminent du cercle de *Vienne, représentant de l'empirisme logique et de l'intérêt philosophique pour le langage.

Marcel **Carné** ■ Cinéaste français (né en 1909). Ses films appartiennent au « réalisme poétique ». *"Hôtel du Nord"* ; *"les Visiteurs du soir"* et *"les Enfants du paradis"*, scénarios de *Prévert.

Andrew **Carnegie** ■ Industriel et philanthrope américain (1835-1919).

Lazare **Carnot** ■ Révolutionnaire français, général, savant (1753-1823). Surnommé « l'organisateur de la victoire ». □ *Sadi* **Carnot,** son fils (1796-1832), précurseur de la thermodynamique, dont le second principe est dit *de Carnot-*Clausius.* □ *Marie François Sadi* **Carnot,** son petit-fils (1837-1894), neveu du précédent, président de la République élu en 1887, victime d'un attentat anarchiste.

la **Caroline du Nord** ■ État côtier de l'est des États-Unis. 136 412 km². 5,88 millions d'hab. Capitale : Raleigh. Cultures subtropicales (tabac). □ *la* ***Caroline du Sud.*** État cotonnier au sud du précédent, le premier à faire *sécession en 1860. 80 582 km². 3,1 millions d'hab. Capitale : Columbia.

les îles **Carolines** ■ Archipel le plus étendu de la *Micronésie (*Océanie), partagé entre la république de *Palau et la Fédération des États de Micronésie. 1 295 km².

les **Carolingiens** ■ Deuxième dynastie des rois de France (elle succéda aux Mérovingiens), de *Pépin le Bref (751) à Louis V (987). *Charlemagne édifia un empire européen qui ne lui survécut guère. Le territoire, correspondant approximativement à la France actuelle, échut à son petit-fils *Charles le Chauve en 843 (traité de Verdun). Au Xe s., les derniers Carolingiens disputèrent le trône aux Robertiens, ancêtres des *Capétiens. ⟨ ▶ carolingien ⟩

Antoine **Caron** ■ Peintre français de l'école de *Fontainebleau (v. 1521 - 1599).

Vittore **Carpaccio** ■ Peintre vénitien (v. 1460 -1526). Grandes séries narratives, dans un style détaillé. *"Vie de saint Jérôme"*.

les **Carpates** n. f. pl. ■ Ensemble montagneux d'Europe s'étendant, en arc de cercle, de la Tchécoslovaquie à la Pologne, puis à la C.É.I. jusqu'aux *Portes de fer à la frontière roumano-yougoslave.

Jean-Baptiste **Carpeaux** ■ Sculpteur français (1827-1875). Virtuose du mouvement. "*La Danse*".

Alejo **Carpentier** ■ Écrivain et musicologue cubain (1904-1980). Ses romans s'inspirent des traditions et de l'histoire des Caraïbes. "*Le Siècle des Lumières*".

Carpentras ■ Ville du sud-est de la France. 25 500 hab. *(les Carpentrassiens).* Cultures fruitières.

Emily **Carr** ■ Peintre canadienne (1871-1945). Elle peignit les Amérindiens de la région canadienne du Pacifique.

les frères **Carrache** ■ Peintres italiens de la fin du XVIe s. Ludovico (1555-1619), Agostino (1557-1602) et surtout Annibale (1560-1609), décorateur du palais Farnèse à Rome, ont, par leur réaction contre le *maniérisme, contribué au renouvellement de leur art.

Venustiano **Carranza** ■ Homme d'État mexicain (1859-1920). Président de 1917 à son assassinat.

Carrare ■ Ville d'Italie (*Toscane). 68 500 hab. Célèbres carrières de marbre.

le Vieux **Carré** ■ Quartier ancien, français et espagnol, de La *Nouvelle-Orléans.

Armand **Carrel** ■ Journaliste français (1800-1836). Il fonda le journal *le National* avec *Thiers et Mignet. Il fut tué au cours d'un duel par Émile de *Girardin.

Alexis **Carrel** ■ Chirurgien et physiologiste français (1873-1944). Prix Nobel en 1912, surtout connu pour son essai philosophique "*l'Homme, cet inconnu*".

Juan **Carreño de Miranda** ■ Peintre espagnol (1614-1685). Disciple de *Vélasquez.

Jean-Baptiste **Carrier** ■ Révolutionnaire français (1756-1794). Son action à Nantes (les « noyades ») fit de lui un symbole de la *Terreur.

Roch **Carrier** ■ Romancier, poète, essayiste et dramaturge québécois (né en 1937). Son roman "*la Guerre, yes Sir !*" lui valut la renommée.

Eugène **Carrière** ■ Peintre et lithographe français. (1849-1906). Scènes intimes, portraits.

Charles Lutwidge Dodgson dit *Lewis* **Carroll** ■ Écrivain anglais, mathématicien et logicien (1832-1898). "*Alice au pays des merveilles*", "*Au-delà du miroir*", écrits pour les enfants.

Carson City ■ Ville des États-Unis, capitale du *Nevada. 30 800 hab.

Cartagena ■ Ville sur la côte nord-ouest de la Colombie. 560 000 hab. Forteresse, bâtiments de style andalou.

Élie **Cartan** ■ Mathématicien français (1869-1951). Théorie des groupes de *Lie.

le **Cartel des gauches** ■ Alliance électorale puis gouvernementale (sans participation de la *S.F.I.O.) des radicaux et socialistes français (1924-1926).

Howard **Carter** ■ Égyptologue anglais (1873-1939). Il découvrit, en 1922, la tombe de *Toutankhamon dans la *Vallée des Rois.

Jimmy **Carter** ■ Homme politique américain (né en 1924). 39e président (démocrate) des États-Unis, de 1977 à 1981.

Carthage ■ Ville d'Afrique du Nord (16 km de *Tunis). Colonie phénicienne fondée v. 814 av. J.-C., elle édifia en Méditerranée un empire commercial opposé aux Grecs, puis aux Romains qui la rasèrent (fin des guerres *puniques, 146 av. J.-C.). Reconstruite, elle devint le centre de la province romaine d'*Afrique (écoles, conciles). Elle déclina à partir du Ve s.

Carthagène, en espagnol **Cartagena** ■ 2e port d'Espagne (*Murcie). 169 000 hab. Fondée par le général carthaginois *Hasdrubal le Beau. Base militaire.

Jacques **Cartier** ■ Navigateur français (1491 - 1557). Il découvrit le *Saint-Laurent (⇒ J. **Cabot**) et prit possession du *Canada au nom du roi *François Ier en 1534. Premier Européen à hiverner au Canada.

sir George Étienne **Cartier** ■ Homme politique canadien (1814-1873). Chef des conservateurs du Bas-Canada (Québec), Premier ministre avec *Macdonald en 1857-1858 et de 1858 à 1862, il joua un rôle essentiel dans la création de la Confédération canadienne (1867) et de la province de Québec.

Henri **Cartier-Bresson** ■ Photographe français (né en 1908). Reportages sur le vif.

Louis Dominique Bourguignon dit **Cartouche** ■ Célèbre bandit français (1693-1721).

Edmund **Cartwright** ■ Inventeur britannique (1743-1823). Métier à tisser actionné par une machine à vapeur.

Enrico **Caruso** ■ Ténor italien (1873-1921).

Jean **Carzou** ■ Peintre français (né en 1907).

Casablanca ■ Ville et port du Maroc, sur l'Atlantique, métropole économique et commerciale. 2,14 millions d'hab.

Pablo **Casals** ■ Violoncelliste espagnol (1876-1973).

la **Casamance** ■ Fleuve et région du Sénégal, comprise entre la Gambie au nord et la frontière guinéenne au sud. Estuaire fertile. Culture de l'arachide.

Giovanni Giacomo **Casanova de Seingalt** ■ Aventurier et mémorialiste italien de langue française (1725-1798). Ses nombreuses aventures féminines font de lui un modèle du libertin.

la chaîne des **Cascades** ■ Massif montagneux du nord-ouest des États-Unis, sur la côte pacifique, se prolongeant au Canada.

Thérèse **Casgrain** ■ Femme politique canadienne (1896-1981). Présidente de la Ligue des droits de la femme de 1929 à 1942, elle réclama le droit de vote pour les Québécoises au niveau provincial. Ce droit fut reconnu en 1940.

Cashel, en irlandais **Caiseal** ■ Ville de la république d'Irlande (*Munster). 2 400 hab. Ruines médiévales.

Casimir ■ NOM DE PLUSIEURS PRINCES POLONAIS □ ***Casimir III le Grand*** (1310-1370), roi de Pologne de 1333 à sa mort, le dernier des *Piast. Véritable restaurateur de la nation, il favorisa l'expansion économique et réforma la législation. □ ***Casimir IV Jagellon*** (1427-1492), roi de 1447 à sa mort. □ *saint* ***Casimir,*** son fils (1458-1484), patron de la Pologne et de la Lituanie.

Jean **Casimir-Perier** ■ Homme politique français (1847-1907). Conservateur, président de la République en 1894-1895.

la mer **Caspienne** ■ La plus vaste mer fermée du monde, en Asie. Environ 400 000 km². Rôle économique important (gaz et pétrole) pour la C.É.I. et pour l'Iran. Pêcheries (caviar).

Cassandre ■ Princesse troyenne. Ses prophéties, jamais écoutées, se réalisèrent, pour le malheur de Troie. Personnage de tragédies, d'*Eschyle à *Euripide, jusqu'à *Giraudoux.

Cassandre ■ Roi de Macédoine après la mort d'Alexandre (v. 358 - 297 av. J.-C.).

Alphonse Mouron dit **Cassandre** ■ Décorateur et célèbre affichiste français (1901-1968). Publicité *Dubonnet.*

Mary **Cassatt** ■ Peintre américaine (1844-1926). Proche de *Degas. "*Mère et enfant*".

John **Cassavetes** ■ Acteur et cinéaste américain (1929-1989). "*Shadows*" ; "*Une femme sous influence*".

René **Cassin** ■ Juriste français (1887-1976). Il fit adopter la Déclaration universelle des droits de l'homme par l'O.N.U. en 1948. Prix Nobel de la paix 1968.

le mont **Cassin** ou *monte* **Cassino** ■ Colline d'Italie (*Latium) où saint *Benoît fonda un monastère en 529, qui marque la naissance de l'ordre religieux des *Bénédictins. Le monastère fut entièrement détruit pendant la guerre, en 1944, puis reconstruit par les Américains.

les **Cassini** ■ Dynastie d'astronomes et de cartographes français, à la tête de l'Observatoire de Paris de 1672 à la *Révolution. Jean-Dominique (1625-1712) ; Jacques (1677-1756).

Cassiodore ■ Écrivain latin, historien et exégète chrétien (v. 480 - v. 575).

Ernst **Cassirer** ■ Philosophe allemand (1874-1945). "*Philosophie des formes symboliques*".

Cassis ■ Ville de France, sur la *Côte d'Azur. 8 000 hab. *(les Cassidains).* Tourisme.

Castellane ■ Petite ville du sud-est de la France. 1 300 hab. *(les Castellanais).* Centre touristique (gorges du Verdon).

Castellón de la Plana ■ Ville d'Espagne (communauté de *Valence). 130 000 hab. Grand commerce d'oranges. Centre d'une riche région agricole.

Castelnaudary ■ Ville du sud-ouest de la France. 11 700 hab. *(les Castelnaudariens* ou les Chauriens). Monuments des XIIIᵉ-XVIᵉ s. Conserveries (cassoulet).

Camilo **Castelo Branco** ■ Écrivain portugais (1825-1890). Influencé par *Balzac. "*Les Nouvelles du Minho*".

Baldassare **Castiglione** ■ Écrivain italien (1478-1529). "*Le Parfait Courtisan*", traité qui exerça une profonde influence sur la société aristocratique européenne.

Benedetto **Castiglione** ■ Peintre *baroque italien, élève des *Flamands (v. 1611 - v. 1665).

la **Castille** ■ Ancien royaume qui, réuni à l'*Aragón (mariage d'Isabelle la Catholique, 1469), donna naissance à l'Espagne. La région est aujourd'hui divisée administrativement en trois communautés autonomes : ***Castille-la Manche*** (*Castilla-la-Mancha* ; 79 226 km² ; 1,66 million d'hab. ; capitale : Tolède), ***Castille-et-Léon*** (*Castilla y León* ; 94 147 km² ; 2,6 millions d'hab. ; capitale : Burgos) et *Madrid.

Robert Stewart **Castlereagh** ■ Homme politique britannique (1769-1822). Un des protagonistes du congrès de *Vienne.

Castor et Pollux dits ***les Dioscures*** ■ Dans la mythologie grecque, fils jumeaux de *Zeus et *Léda, inséparables.

Castres ■ Ville du sud-ouest de la France. 46 300 hab. *(les Castrais).* Industrie de la laine, produits pharmaceutiques.

Castries ■ Capitale de l'île Sainte-Lucie. 52 900 hab.

Fidel **Castro** ■ Révolutionnaire et homme politique cubain (né en 1926). Il dirigea la guérilla qui aboutit au renversement de la dictature de *Batista et devint (1959) chef du gouvernement, soutenu par l'U.R.S.S. et hostile aux États-Unis.

Çatal Höyük ■ Site archéologique de Turquie (*Anatolie), datant du néolithique.

la **Catalogne,** en catalan **Catalunya,** en espagnol **Cataluña** ■ Communauté autonome et région historique du nord-est de l'Espagne. 31 930 km². 5,98 millions d'hab. *(les Catalans).* Capitale : Barcelone. L'industrialisation, ancienne, provoque une forte immigration. Textile, métallurgie, chimie. Tourisme. Une dynastie catalane régna sur l'*Aragón du XIIᵉ au XVIᵉ s. La province se replia ensuite sur elle-même, développant une volonté d'autonomie (renaissance de la littérature de langue catalane), et bénéficie depuis 1979 d'un statut particulier. ‹ ► catalan ›

Catane, en italien **Catania** ■ Ville d'Italie (*Sicile). 371 000 hab. Port important. Industries.

Catanzaro ■ Ville d'Italie, capitale de la *Calabre. 103 000 hab.

Cateau-Cambrésis ■ Ville du nord de la France. 7 800 hab. *(les Catésiens).* La *paix de Cateau-Cambrésis* (1559), double traité signé avec l'Angleterre et l'Espagne, mit fin aux ambitions françaises en Italie.

les **cathares** ■ Secte chrétienne du Moyen Âge. Leur doctrine, d'inspiration manichéenne (⇒ **Mani**), se répandit dans le midi de la France. Considérée comme hérétique, elle fut réprimée lors de la guerre des *albigeois. ‹ ► cathare ›

Jacques **Cathelineau** ■ Chef de l'armée contre-révolutionnaire de Vendée (1759-1793).

Catherine II la Grande ■ Impératrice de Russie de 1762 à sa mort (1729-1796). Elle mena une politique de réformes et d'expansion territoriale, en « despote éclairé », protectrice des arts et des lettres.

sainte **Catherine d'Alexandrie** ■ Vierge chrétienne martyrisée au début du IVᵉ s. ‹ ► catherinette ›

Catherine d'Aragón ■ Reine d'Angleterre, première épouse d'*Henri VIII (1485-1536). Leur divorce entraîna le schisme avec Rome (⇒ **anglicanisme**).

Catherine de Médicis ■ Reine de France (1519-1589). Veuve d'Henri II, elle inspira la politique de ses fils François II, Charles IX (elle fut régente durant sa minorité) et Henri III.

sainte **Catherine de Sienne** ■ Mystique italienne (1347-1380).

Lucius Sergius **Catilina** ■ Homme politique romain (v. 108 - 62 av. J.-C.). Il fut à la tête d'une conjuration, dénoncée par *Cicéron, qui marqua les derniers temps de la République.

Caton l'Ancien ou ***le Censeur*** ■ Homme politique romain (234 - 149 av. J.-C.). Symbole des qualités romaines d'austérité et de vertu. □ ***Caton d'Utique,*** son arrière-petit-fils (93 - 46 av. J.-C.), exemple de vertu comme son ancêtre, ultime adversaire républicain de César.

Georges ***Catroux*** ■ Général, administrateur colonial et diplomate français (1877-1969).

Catulle ■ Poète latin de l'amour-passion (v. 87 - v. 54 av. J.-C.).

le ***Caucase*** ■ Ensemble montagneux de la C.É.I. et de la Géorgie à la frontière de l'Iran et de la Turquie. Sommet : l'*Elbrouz. Les républiques du Caucase : *Arménie, *Azerbaïdjan, *Géorgie.

Augustin-Louis baron ***Cauchy*** ■ Mathématicien français (1789-1857). Il a profondément réorganisé l'analyse (notion de *limite*).

Caudium, aujourd'hui ***Montesarchio*** ■ Ville d'Italie ancienne (Samnium). L'expression *passer sous les fourches caudines* rappelle la défaite humiliante des Romains qui durent passer sous un joug dressé par leurs adversaires samnites.

Armand marquis de ***Caulaincourt*** *duc de Vicence* ■ Diplomate et général français (1772-1827). "*Mémoires*".

Salomon de ***Caus*** ■ Ingénieur français (v. 1576 - 1626). Automates. Description théorique d'une machine à vapeur.

les ***Causses*** n. m. pl. ■ Plateaux calcaires du sud du Massif central (France), creusés par des vallées profondes (gorges du Tarn). Climat rude. Élevage du mouton.

le pays de ***Caux*** ■ Plateau crayeux français (*Normandie), qui retombe en falaises imposantes sur la Manche (⇒ **Étretat**). Terre fertile, favorable à l'agriculture.

Constantin ***Cavafy*** ■ Poète grec (1863-1933). Il a évoqué dans une écriture moderne et exigeante la décadence de la Grèce.

Louis Eugène ***Cavaignac*** ■ Général français (1802-1857). Républicain, il réprima l'insurrection de juin 1848 et exerça les pleins pouvoirs jusqu'à l'élection de Louis Napoléon Bonaparte. ⇒ **IIe République.**

Aristide ***Cavaillé-Coll*** ■ Facteur d'orgues français (1811-1899). Il construisit les orgues des plus grandes églises de la région parisienne et de Paris.

Jean ***Cavaillès*** ■ Philosophe français des mathématiques et de la logique (1903-1944). Résistant, exécuté par les nazis.

Cavaillon ■ Ville du sud-est de la France. 23 500 hab. *(les Cavaillonnais).* Fruits, primeurs.

le ***Cavalier bleu,*** en allemand ***der Blaue Reiter*** ■ Mouvement artistique, animé par *Kandinsky, qui rassemblait des peintres d'avant-garde à Munich. Célèbre *Almanach,* expositions (1911-1914).

Bonaventura ***Cavalieri*** ■ Mathématicien italien (v. 1598 - 1647). Sa géométrie des indivisibles annonce le calcul intégral.

Francesco ***Cavalli*** ■ Compositeur vénitien, auteur de nombreux opéras (1602-1676). "*Noces de Pélée et de Thétis*".

Pietro ***Cavallini*** ■ Peintre italien et mosaïste novateur (v. 1250 - v. 1340).

Henry ***Cavendish*** ■ Physicien et chimiste anglais (1731-1810). Il identifia l'hydrogène (première analyse scientifique de l'eau) et fit l'analyse précise de l'air.

Camillo Benso comte de ***Cavour*** ■ Homme politique italien (1810-1861). Président du Conseil du royaume du Piémont en 1852, il fut le principal artisan de l'unité italienne.

Cawnpore ■ ⇒ **Kānpur.**

Cayenne ■ Chef-lieu du département de la Guyane française. 41 100 hab. *(les Cayennais).* Bagne supprimé en 1945.

Arthur ***Cayley*** ■ Mathématicien anglais (1821-1895). Calcul matriciel, théorie des invariants, géométrie projective.

Jean ***Cayrol*** ■ Écrivain français (né en 1911). L'expérience des camps de concentration a marqué son œuvre. "*Lazare parmi nous*" ; "*Poèmes de la nuit et du brouillard*".

Jacques ***Cazotte*** ■ Écrivain français (1719-1792). "*Le Diable amoureux*". Il fut guillotiné.

C.D.U.-C.S.U. ■ ⇒ **démocratie-chrétienne.**

Ceanannus Mór, anciennement ***Kells*** ■ Ville de la république d'Irlande (*Leinster). 2 600 hab. Foyer culturel et religieux du Moyen Âge.

le ***Ceará*** ■ État côtier du nord-est du Brésil. 145 694 km². 6,4 millions d'hab. Capitale : Fortaleza.

Nicolae ***Ceaușescu*** ■ Homme politique roumain (1918-1989). Chef du parti communiste à partir de 1965, premier président de la République à partir de 1974. Il fit évoluer le régime vers la dictature et le népotisme au début des années 1970, mais fut renversé par la révolution de décembre 1989, jugé puis exécuté avec sa femme.

Cebu ■ Île des *Philippines. 4 421 km². □ ***Cebu.*** Ville et port important sur l'île de Cebu. 624 000 hab.

C.E.C.A. ■ ⇒ **C.E.E.**

Enrico ***Cecchetti*** ■ Danseur et maître de ballet italien (1850-1928). Il fut le maître des plus grands danseurs de la première moitié du xxe s. : *Diaghilev, *Lifar, *Nijinski.

Svatopluk ***Čech*** ■ Écrivain et patriote tchèque (1846-1908).

William ***Cecil*** *baron Burghley* ■ Homme politique anglais, principal conseiller d'*Élisabeth Ire (1520-1598).

sainte ***Cécile*** ■ Vierge et martyre chrétienne (IIIe s.), souvent représentée comme patronne des musiciens.

Cécrops ■ Premier roi mythique d'Attique et fondateur d'Athènes. Il céda le patronage de la région à *Athéna.

Cedar Rapids ■ Ville des États-Unis (*Iowa). 110 200 hab.

la ***C.E.E., Communauté économique européenne*** ■ « Marché commun » entre l'Allemagne, la France, l'Italie, le Benelux (1957), le Danemark, le Royaume-Uni, l'Irlande (1973), la Grèce (1981), le Portugal et l'Espagne (1986). La *C.E.C.A.,* Communauté européenne du charbon et de l'acier (1951) et la *C.E.E.A.* (Euratom), Communauté européenne de l'énergie atomique (1957), ont fusionné avec la C.E.E. en 1967. L'Acte unique (signé en 1986) prévoit, au-delà de l'union douanière, la libre circulation des capitaux et des hommes, dans le cadre d'une économie européenne intégrée (1er janvier 1993). Principales institutions : l'Assemblée européenne (siège : Strasbourg) propose des projets et contrôle ceux qu'élabore la Commission (siège : Bruxelles), lesquels sont soumis à la décision du Conseil de la Communauté (ministres ou chefs de gouvernement). La Commission veille à l'exécution des projets acceptés. Les litiges sont tranchés par la Cour européenne de justice (siège : Luxembourg). Monnaie : ECU (« European Currency Unit ») au sein du système monétaire européen (S.M.E.).

Cefalù ■ Ville d'Italie, sur la côte nord de la *Sicile. 13 000 hab. Cathédrale (XIIe s.).

la ***C.É.I., Communauté des États indépendants*** ■ Communauté réunissant onze républiques indépendantes de l'ex-U.R.S.S, créée en 1991, comprenant l'*Arménie, l'*Azerbaïdjan, la *Biélorussie, le *Kazakhstan, le *Kirghizistan, la *Moldavie, l'*Ouzbékistan, la *Russie, le *Tadjikistan, le *Turkménistan et l'*Ukraine.

Camilo José ***Cela*** ■ Écrivain réaliste espagnol (né en 1916). "*La Famille de Pascual Duarte*" ; "*la Ruche*". Prix Nobel 1989.

Paul ***Celan*** ■ Poète et traducteur autrichien exilé en France (1920-1970).

Celaya ■ Ville du Mexique. 219 000 hab.

les ***Célèbes*** ou ***Sulawesi*** ■ Archipel de l'Indonésie. 189 216 km². 10,4 millions d'hab.

Louis-Ferdinand Destouches dit *Louis-Ferdinand* ***Céline*** ■ Écrivain français (1894-1961). Œuvre marquante par son style, qu'il a défini comme un « lyrisme de l'ignoble », et par sa véhémence contre la société. "*Bagatelles pour un massacre*", violent pamphlet antisémite. "*Voyage au bout de la nuit*" ; "*Mort à crédit*" ; "*Féerie pour une autre fois*".

La ***Celle-Saint-Cloud*** ■ Ville résidentielle, à l'ouest de Paris (France). 22 900 hab.

Benvenuto ***Cellini*** ■ Sculpteur et orfèvre italien (1500-1571). "*Persée*", à Florence. "*Mémoires*".

Anders ***Celsius*** ■ Astronome et physicien suédois (1701-1744). Il créa l'échelle thermométrique centésimale (degrés *Celsius*).

les ***Celtes*** ■ Population indo-européenne. Sa région d'origine est entre le Rhin et le Danube. On distingue la *civilisation* dite *des champs d'urnes* (1200 - 750 av. J.-C.), la *civilisation de Hallstatt* (725 - 480 av. J.-C.) qui rencontra les influences grecque et étrusque, et la *civilisation de La Tène,* qui dans sa phase terminale (IIe s. av. J.-C.) conduisit l'art barbare à son apogée. Répandus dans presque toute l'Europe, mais divisés en royaumes indépendants et rivaux, les Celtes n'ont pas formé d'empire (⇒ **Gaule**). Sous la pression de Rome, ils se retirèrent en Bretagne et en Grande-Bretagne. ‹ ► celtique ›

le ***Cénacle*** ■ Groupe de jeunes écrivains qui se réunissaient chez *Nodier puis *Hugo afin de définir les idées du *romantisme, de 1823 à 1828.

les ***Cenci*** ■ Famille romaine. Le meurtre du tyrannique Francesco (1549-1598) par sa fille Beatrice (1577-1599) a inspiré de nombreux artistes (P. *Shelley, *Artaud).

Frédéric Sauser dit *Blaise* ***Cendrars*** ■ Écrivain français d'origine suisse (1887-1961). Il a exalté la vie aventureuse. Poèmes, récits, romans. "*L'Or*" ; "*la Main coupée*" ; "*Moravagine*".

le ***Mont-Cenis*** ■ Massif des Alpes du Nord (France). Col (2 083 m) et tunnel permettant le passage entre la France et l'Italie. Barrage.

Cennino ***Cennini*** ■ Peintre italien (XIVe s.). Son œuvre peint a disparu mais son "*Libro dell' arte*" nous informe sur les techniques de son époque.

la guerre de ***Cent Ans*** ■ Conflit (1337-1453) entre *Philippe VI de Valois et ses descendants d'une part, *Édouard III d'Angleterre (petit-fils par sa mère de *Philippe le Bel) et ses descendants d'autre part. Véritable guerre civile (⇒ **Armagnacs**), le conflit tourna à l'avantage de la France sous Charles VII et eut pour conséquence la réunion à la Couronne des terres du vassal anglais (*Normandie, *Guyenne).

les ***Centaures*** n. m. ■ Dans la mythologie grecque, êtres mi-hommes (tête et torse) mi-chevaux. ‹ ► centaure ›

les ***Cent-Jours*** ■ Tentative de Napoléon Ier pour restaurer l'Empire (20 mars - 22 juin 1815). Brillamment menée à l'intérieur, elle échoua à *Waterloo.

la République ***centrafricaine*** ■ État d'Afrique centrale. 622 436 km². 2,81 millions d'hab. *(les Centrafricains).* Capitale : Bangui. Langues : français (officielle), sango. Monnaie : franc CFA. Vaste plateau consacré pour l'essentiel à l'agriculture et l'élevage. Production de diamants et gisements d'uranium (peu exploités). ▭ HISTOIRE. La colonie de l'Oubangui-Chari, créée en 1905, fut intégrée à l'Afrique-*Équatoriale française. Elle devint indépendante en 1960 sous le nom de République centrafricaine (R.C.A.). Le président Dacko fut renversé en 1965 par *Bokassa, qui se proclama souverain de l'Empire centrafricain en 1976 mais fut à son tour déposé par Dacko en 1979. Depuis le coup d'État militaire de 1981, le général Kolingba dirige le pays.

le ***Centre*** ■ Région administrative et économique française comprenant six départements : Cher, Eure-et-Loir, Indre, Indre-et-Loire, Loiret, Loir-et-Cher. 39 536 km². 2,37 millions d'hab. Préfecture : Orléans. Région très variée qui regroupe les anciennes provinces de l'Orléanais, du *Berry et de la *Touraine. Grandes richesses agricoles : céréales dans la *Beauce, cultures fruitières et vinicoles en Touraine, florales à Orléans. Industries diversifiées (agro-alimentaire, mécanique, chimique). Secteur tertiaire important. Châteaux de la Loire, demeures des rois et des princes de la *Renaissance.

Céphalonie ■ Île grecque de la mer Méditerranée, la plus grande des îles *Ioniennes. 935 km². 31 300 hab.

Cerbère ■ Chien gardien des Enfers, dans la mythologie grecque. Il a trois têtes et le cou hérissé de serpents. Selon la légende, *Héraclès sortit Cerbère des Enfers, puis le reconduisit au royaume des Morts. ‹ ► cerbère ›

la ***Cerdagne*** ■ Région de l'est des Pyrénées, partagée entre la France et l'Espagne depuis 1659.

Cérès ■ ⇒ **Déméter.**

Cérigo ■ ⇒ **Cythère.**

Michel ***Cérulaire*** ■ Patriarche de Constantinople (v. 1000 - 1059). Il fut à l'origine du *schisme d'Orient.

Miguel de ***Cervantès*** ■ Écrivain espagnol (1547-1616). Son chef-d'œuvre, "*Don Quichotte de la Manche*", roman d'esprit picaresque, mêle l'humour et un sentiment tragique de la vie : il n'a cessé de susciter des interprétations, qui font de lui un des grands mythes modernes.

le mont ***Cervin*** ■ Sommet des Alpes, à la frontière italo-suisse. 4 478 m.

Cérynie ■ Ancienne ville de Grèce (*Péloponnèse). Sa légendaire biche aux pieds d'airain fut capturée par *Héraclès.

Aimé **Césaire** ■ Poète et auteur dramatique français, député de la Martinique (né en 1913). La négritude est au cœur de son œuvre. "*Cahier d'un retour au pays natal*".

Jules **César,** en latin *Caius Julius* **Caesar** ■ Général et homme d'État romain, grand prosateur (101 - 44 av. J.-C.). Après la victoire de ses armées en Gaule (58 - 51 av. J.-C.), il élimina *Pompée (48 av. J.-C.) et obtint la dictature (46 av. J.-C.). Hardi réformateur, il instaura le régime impérial mais fut assassiné avant d'avoir reçu le titre de roi. "*Commentaires sur la guerre des Gaules*" et "*sur la guerre civile*". ‹ ► césarisme ›

César ■ Sculpteur français (né en 1921). Il invente des formes à partir de trouvailles techniques : compressions de voitures, plastique expansé.

Césarée ■ Nom de plusieurs villes romaines, en *Cappadoce (aujourd'hui *Kayseri, en Turquie), *Palestine et *Mauritanie.

Ceuta ■ Ville et port franc situé au Maroc, préside espagnol. 18 km². 71 400 hab. ⇒ **Melilla.**

les **Cévennes** n. f. pl. ■ Bordure est du Massif central (France), sur la plaine rhodanienne. Pays rude, dépeuplé, dont les principales ressources sont les arbres fruitiers et le tourisme (parc national). Haut lieu du protestantisme (⇒ **camisards**). ‹ ► cévenol ›

Ceylan ■ ⇒ **Sri Lanka.**

Paul **Cézanne** ■ Peintre français (1839-1906). Il exposa avec les *impressionnistes, mais ses préoccupations étaient classiques : il voulait « refaire Poussin sur nature ». Figures *("les Joueurs de cartes")*, natures mortes *("Tables de cuisine")*, paysages de Provence *("la Montagne Sainte-Victoire")*. Il donna l'impulsion aux courants artistiques les plus importants du XXe s.

la **C.F.D.T., Confédération française démocratique du travail** ■ Organisation syndicale française issue de la *Confédération française des travailleurs chrétiens* (C.F.T.C.) en 1964 et proche de la gauche non communiste.

la **C.G.C., Confédération générale des cadres** ■ Principale organisation syndicale française de cadres, constituée en 1944, appelée aussi *C.F.E., Confédération française de l'encadrement* depuis 1981.

la **C.G.T., Confédération générale du travail** ■ Le plus important syndicat ouvrier français, créé en 1895, proche du parti communiste.

la **C.G.T.-F.O.** ■ ⇒ **F.O.**

Jacques **Chaban-Delmas** ■ Homme politique français (né en 1915). Gaulliste, général dans la *Résistance, maire de Bordeaux depuis 1947, Premier ministre de 1969 à 1972.

Emmanuel **Chabrier** ■ Compositeur français (1841-1894). Mélodies, opéras-comiques. "*L'Étoile*" ; "*Gwendoline*" ; "*le Roi malgré lui*".

le **Chaco** ou **Gran Chaco** ■ Vaste plaine de l'Argentine et du Paraguay. 300 000 km².

Ben Djedid **Chadli** ■ Colonel et homme politique algérien (né en 1929). Chef de l'État depuis 1979, il a démissionné en 1992.

sir James **Chadwick** ■ Physicien anglais (1891-1974). Prix Nobel 1935 pour la découverte du neutron.

Marc **Chagall** ■ Artiste français d'origine russe (1887-1985). Peintre lyrique du bonheur, de la culture juive et biblique. Plafond de l'Opéra de Paris.

La **Chaise-Dieu** ■ Localité du centre de la France. 780 hab. *(les Casadéens)*. Église abbatiale (XIVe s.). Fresque de "*la Danse macabre*". Festival musical.

Chalcédoine ■ Ancienne ville d'Asie Mineure, sur le *Bosphore, en face de *Byzance.

Chalcis ■ Ville et port de Grèce sur la mer Égée, chef-lieu de l'*Eubée. 44 900 hab. Importante cité antique, elle fonda plusieurs colonies dans la *Chalcidique*, presqu'île au nord de la Grèce.

la **Chaldée** ■ Pays des **Chaldéens,** dans la région d'*Ur. Le terme s'étendit à l'Empire néo-babylonien (⇒ **Babylone**).

Jean-François **Chalgrin** ■ Architecte français (1739-1811). Plan de l'*arc de triomphe de Paris.

Fedor **Chaliapine** ■ Chanteur russe d'opéra (1873-1938).

Châlons-sur-Marne ■ Ville de France (*Champagne-Ardenne). 51 500 hab. *(les Châlonnais)*. Monuments anciens. Industries électronique, chimique, alimentaire. Commerce des vins de Champagne.

Chalon-sur-Saône ■ Ville de France (*Bourgogne). 56 300 hab. *(les Chalonnais)*. Ville industrielle grâce à l'axe Rhône-Saône : photographie (patrie de *Niépce), verrerie, chimie.

Cham ■ Personnage de la Bible, fils de Noé. □ *les peuples* **chamites :** Égyptiens, Éthiopiens et Somalis.

Joseph **Chamberlain** ■ Homme politique britannique (1836-1914). □ *Arthur Neville* **Chamberlain,** son fils (1869-1940). Premier ministre (conservateur) de 1937 à 1940.

sir William **Chambers** ■ Architecte et paysagiste anglais (1723-1796). Auteur de traités d'architecture.

Chambéry ■ Ville de France (*Savoie). 55 600 hab. *(les Chambériens)*. Ancienne capitale de la Savoie. Château des ducs de Savoie, cathédrale (XVe s.). Carrefour industriel et commercial entre Lyon, Turin et Genève.

Chambly ■ Ville du Québec. 12 600 hab. Centre agricole et commercial.

Jacques Champion de **Chambonnières** ■ Compositeur français (1601-1672). Maître du clavecin et professeur de *Couperin.

Chambord ■ Localité de France (région de la Loire). 200 hab. *(les Chambourdins)*. Le plus grand château de la Loire (440 pièces), chef-d'œuvre de la *Renaissance française, commencé en 1519 pour François Ier.

Henri de Bourbon duc de Bordeaux comte de **Chambord** ■ Fils du duc de *Berry, prétendant au trône en 1871 (1820-1883).

Nicolas de **Chamfort** ■ Moraliste français (1741-1794). "*Pensées, maximes et anecdotes*".

Adelbert von **Chamisso** ■ Écrivain romantique et naturaliste allemand d'origine française (1781-1838). Ami de *La Motte-Fouqué.

Chamonix-Mont-Blanc ■ Ville de France (*Savoie), dominée par le mont *Blanc. 10 100 hab. *(les Chamoniards)*. Alpinisme, ski.

Claude **Champagne** ■ Compositeur québécois (1891-1965). Auteur de "*Suite canadienne*", œuvre inspirée d'airs du folklore québécois.

la **Champagne** ■ Ancienne province à l'est du Bassin parisien, célèbre pour ses vins (⇒ dom

Pérignon). Le commerce fit sa prospérité au Moyen Âge (foires). Elle fut rattachée à la France en 1234, par le mariage de *Philippe le Bel et de Jeanne de Champagne (officiellement en 1314 : accession au trône de Louis X). Ce fut le lieu d'importants combats *(batailles de Champagne)* en 1915, 1917 et 1918. □ *la* ***Champagne-Ardenne.*** Région administrative et économique qui regroupe quatre départements : Ardennes (⇒ **Ardenne**), Aube, Marne, Haute-Marne. 25 720 km². 1,35 million d'hab. *(les Champenois).* Préfecture : Châlons-sur-Marne. Région agricole prospère : céréales, élevage laitier et vignobles. Mais l'industrie traditionnelle est en déclin : sidérurgie dans la vallée de la Meuse et à Charleville-Mézières, textile à Reims et à Troyes. ‹ ▶ champagne, champenois ›

Philippe de ***Champaigne*** ou ***Champagne*** ■ Peintre français d'origine flamande (1602-1674). Grand portraitiste au classicisme sévère, proche des jansénistes de *Port-Royal.

Champfleury ■ Écrivain et critique d'art français (1821-1889). Théoricien du *réalisme.

Champigny-sur-Marne ■ Ville de France, à l'est de Paris. 79 800 hab. *(les Campinois).* Église des XIIᵉ-XIIIᵉ s.

Samuel de ***Champlain*** ■ Explorateur français, colonisateur du *Québec (v. 1567-1635). Il découvrit les *Grands lacs et fonda Québec en 1608. Surnommé « le Père de la Nouvelle-France ».

Jean-François ***Champollion*** ■ Égyptologue français (1790-1832). Il déchiffra les hiéroglyphes de la pierre de *Rosette.

les ***champs Élysées*** ■ Dans la mythologie grecque, séjour des morts vertueux.

les ***Champs-Élysées*** ■ Célèbre avenue de Paris (France).

André ***Chamson*** ■ Écrivain français (1900-1983). "*Roux le bandit*".

Chancelade ■ Ville de France (*Aquitaine). 3 700 hab. *(les Chanceladais).* Site préhistorique qui a donné son nom à « l'homme de Chancelade », phase tardive (10 000 av. J.-C.) de l'homme de *Cro-Magnon.

Chandernagor ou ***Chandannagar*** ■ Ville de l'Inde (*Bengale-Occidental), au nord de Calcutta. 102 000 hab. Ancien comptoir français des Indes, jusqu'en 1951.

Chandīgarh ■ Ville du nord de l'Inde, capitale du territoire de l'Union du même nom (114 km² ; 451 000 hab.), des États de *Haryāna et du *Pendjab. 421 000 hab. Conçue en 1950 par *Le Corbusier, bâtie de 1951 à 1965.

Raymond ***Chandler*** ■ Écrivain américain (1888-1959). Romans policiers : "*le Grand Sommeil*" (adapté au cinéma par *Hawks) et "*la Dame du lac*".

Chandragupta Maurya ■ Premier empereur des Indes, de 322 à 298 av. J.-C. environ.

Gabrielle Chasnel dite *Coco* ***Chanel*** ■ Couturière française (1883-1971). La première à imposer un style simple, épuré, dans la mode féminine.

Chang an ■ ⇒ **Xian.**

Changchun ■ Ville de Chine, capitale de la province du *Jilin. 1,91 million d'hab.

Chang Jiang ■ ⇒ **Yangzi Jiang.**

Changsha ■ Ville de Chine, capitale de la province du *Hunan. 1,19 million d'hab. Artisanat : laque, marionnettes.

Chantilly ■ Ville de France, au nord de Paris. 11 500 hab. *(les Cantiliens).* Riches collections et château du duc d'*Aumale, légués à l'Institut de France (musée Condé). Forêt. ‹ ▶ chantilly ›

Chantoung, en pinyin ***Shandong*** ■ Province chinoise. 153 300 km². 77,8 millions d'hab. Capitale : Jinan. Renommée pour ses tissus de soie *(chantoung).*

Octave ***Chanute*** ■ Ingénieur français naturalisé américain (1832-1910). Pionnier du vol à voile.

Jean ***Chapelain*** ■ Critique et poète français (1595-1674). "*La Pucelle*", poème épique raillé par Boileau.

sir Charles Spencer dit *Charlie* ***Chaplin*** ■ Acteur et cinéaste britannique qui fit carrière aux États-Unis (1889-1977). Créateur de *Charlot,* vagabond tragi-comique, un des mythes les plus populaires du cinéma. "*La Ruée vers l'or*" ; "*les Lumières de la ville*" ; "*les Temps modernes*" ; "*le Dictateur*" (1940) ; "*Monsieur Verdoux*" ; "*les Feux de la rampe*".

Claude ***Chappe*** ■ Ingénieur français (1763-1805). Inventeur du télégraphe aérien.

Jean ***Chaptal*** *comte de Chanteloup* ■ Chimiste et homme politique français (1756-1832). Artisan de la reprise économique sous le *Consulat, pionnier de l'industrie chimique. ‹ ▶ chaptaliser ›

René ***Char*** ■ Poète français (1907-1988). Son œuvre, à la fois lyrique et concise, s'est enrichie de multiples expériences : le *surréalisme, la *Résistance, l'amitié de *Heidegger.

la ***charbonnerie*** ■ ⇒ le **carbonarisme.**

Jean Martin ***Charcot*** ■ Médecin français (1825-1893). Ses recherches sur l'hystérie et l'hypnose ont influencé *Freud. □ *Jean* ***Charcot,*** son fils (1867-1936), savant navigateur, explora les régions australes et la mer du Groenland.

Jean-Baptiste Siméon ***Chardin*** ■ Peintre français (1699-1779). Le maître de la nature morte par sa technique et sa sensibilité (« on peint avec le sentiment »). Scènes de genre *("Benedicite"),* portraits au pastel.

Jacques ***Chardonne*** ■ Romancier français (1884-1968). "*Claire*".

la ***Charente*** ■ Fleuve français de la région *Poitou-Charentes. 360 km. Il a donné son nom à deux départements : *la Charente* et *la Charente-Maritime.*

François de ***Charette de La Contrie*** ■ Contre-révolutionnaire, chef des guerres de *Vendée (1763-1796).

le ***Chari*** ■ Fleuve d'Afrique qui se jette dans le lac Tchad. 1 100 km.

La Charité-sur-Loire ■ Ville de France (*Bourgogne). 5 700 hab. Église romane.

Robert ***Charlebois*** ■ Auteur-compositeur-interprète québécois (né en 1945). Plusieurs de ses compositions lui ont valu des prix internationaux.

Charlemagne ■ « Charles le Grand », en latin *Carolus Magnus,* fils de Pépin le Bref, roi des Francs, sacré empereur d'Occident en 800 (742-814). Avec la papauté, il favorisa l'activité culturelle et missionnaire des moines (« renaissance carolingienne »), organisa et administra un empire (⇒ les **missi dominici**) qui se voulait la restauration de l'Empire romain mais qui s'effondra vers 840. ⇒ **Carolingiens.**

Charleroi ■ Ville de Belgique (*Hainaut). 209 000 hab. *(les Carolorégiens).* Pôle économique (bassin houiller) et stratégique, dans la vallée de la Sambre. Verrerie, commerce. Vie culturelle.

Charles ■ NOM DE PLUSIEURS SOUVERAINS EUROPÉENS **1.** empereurs d'ALLEMAGNE □ ***Charles III le Gros*** (839-888). ⇒ 7. rois de FRANCE, **Charles III.** □ ***Charles IV*** (1316-1378), empereur germanique de 1355 à sa mort, il mena Prague et la Bohême à leur apogée. □ ***Charles V*** dit ***Charles Quint*** (1500-1558), héritier, par son père Philippe le Beau et par sa mère Jeanne la Folle, d'immenses territoires : Pays-Bas, Franche-Comté, Espagne avec ses possessions d'Amérique et d'Italie (Sardaigne, Sicile, Naples), domaine des Habsbourg (Autriche, Styrie, Tyrol, Carinthie, Carniole) ; élu empereur en 1519, il gouverna un empire sur lequel « le soleil ne se couchait jamais ». Il eut à affronter François Ier, Henri II, les princes allemands, les Turcs musulmans, et, malgré ses victoires (Pavie, 1525 ; Tunis, 1535), malgré la puissance du royaume d'Espagne, il ne parvint pas à enrayer la *Réforme, qui divisait l'empire. Il abdiqua en 1556 en faveur de Philippe II et Ferdinand Ier. □ ***Charles VI*** (1685-1740), père de Marie-Thérèse, vit le déclin de son empire, échouant dans les guerres de *Succession d'Espagne et de Pologne (empereur de 1711 à sa mort). □ ***Charles VII Albert***, Charles-Albert de Bavière, (1697-1745) ravit peu de temps, de 1742 à sa mort, le trône à Marie-Thérèse (⇒ guerre de **Succession d'Autriche**). **2.** rois d'ANGLETERRE □ ***Charles Ier*** (1600-1649) succéda à son père Jacques Ier en 1625. En conflit avec le Parlement, il fut écrasé par les armées de *Cromwell (Naseby, 1645) et exécuté. □ ***Charles II,*** son fils (1630-1685), fut rappelé sur le trône en 1660. **3.** comtes d'ANJOU. ⇒ 9. rois de NAPLES. **4.** empereur d'AUTRICHE □ ***Charles Ier*** (1887-1922), petit-neveu de François-Joseph, dernier souverain austro-hongrois (en 1916), abdiqua en 1918. **5.** duc de BOURGOGNE □ ***Charles le Téméraire*** (1433-1477), duc en 1467, il ne réussit pas, contre la France et la Lorraine, à réunir ses États de Flandre et Bourgogne. Tué à Nancy. **6.** rois d'ESPAGNE □ ***Charles Ier.*** ⇒ 1. empereurs d'ALLEMAGNE, **Charles Quint.** □ ***Charles II*** (1661-1700) vit le déclin de son pays à l'avantage de la France (roi de 1665 à sa mort). □ ***Charles III*** (1716-1788) gouverna, à partir de 1759, en « despote éclairé », mais ses réformes ne lui survécurent pas. □ ***Charles IV,*** son fils (1748-1819), roi de 1788 à 1808, abdiqua en faveur de Joseph *Bonaparte. □ ***Charles de Bourbon.*** ⇒ don **Carlos. 7.** rois de FRANCE □ ***Charles Ier.*** ⇒ **Charlemagne.** □ ***Charles II le Chauve*** (823-877), roi de *Francia occidentalis* après le traité de Verdun (843) qui partagea l'Empire carolingien entre les fils de Louis le Pieux. □ ***Charles III le Gros*** (839-888), Carolingien d'Allemagne, rétablit provisoirement l'empire d'Occident. Roi de France de 884 à 887. □ ***Charles III le Simple*** (879-929), roi de 898 à 923, fut détrôné au profit de Robert Ier, ancêtre des *Capétiens. □ ***Charles IV le Bel*** (1294-1328), 3e fils de Philippe le Bel dont il poursuivit l'œuvre réfor- matrice (1322), fut roi de Navarre sous le nom de Charles Ier. Il mourut sans héritier, ouvrant une crise entre la France et l'Angleterre (⇒ **Philippe VI de Valois**). □ ***Charles V le Sage*** (1338-1380), roi de 1364 à sa mort, réussit à repousser les Anglais, à assainir l'économie et le gouvernement, à protéger les arts. □ ***Charles VI le Bien-Aimé,*** son fils (1368-1422), roi de 1380 à sa mort, devint fou en 1392 et le pays sombra dans la guerre civile (⇒ **Armagnac**). □ ***Charles VII*** (1403-1461), fils du précédent, déshérité au profit d'Henri V d'Angleterre, fut d'abord « le roi de Bourges » (1422), avant de reconquérir (⇒ guerre de **Cent Ans** et **Jeanne d'Arc**), agrandir et réorganiser le royaume. □ ***Charles VIII*** (1470-1498) fut l'initiateur des guerres d'Italie. Roi de 1483 à 1498. □ ***Charles IX*** (1550-1574). Roi de 1560 à sa mort. Hésitant entre l'influence de sa mère *Catherine de Médicis et celle du protestant *Coligny, il ordonna le massacre de la *Saint-Barthélemy. □ ***Charles X*** (1757-1836) succéda à son frère Louis XVIII en 1824 (⇒ **Restauration**) ; réactionnaire, il fut renversé par la *révolution de 1830. **8.** rois de HONGRIE □ ***Charles Ier*** ou ***Charles-Robert*** dit ***Carobert*** (1288-1342), fils de Charles II d'Anjou. Roi de 1301 à sa mort. □ ***Charles II.*** ⇒ 9. rois de NAPLES, **Charles III. 9.** rois de NAPLES □ ***Charles Ier d'Anjou*** (1226-1285), frère de Saint Louis avec qui il s'illustra aux croisades, comte de Provence, conquit, en 1266, le royaume de Naples et de Sicile (il perdit cette dernière en 1282). □ ***Charles III*** ou ***Charles de Duras*** (1345-1386), roi de 1381 à sa mort, obtint le trône de Hongrie sous le nom de Charles II mais fut assassiné un an après. **10.** rois de NAVARRE □ ***Charles Ier.*** ⇒ 7. rois de FRANCE, **Charles IV le Bel.** □ ***Charles II le Mauvais*** (1332-1387), fils de Louis X le Hutin et roi de 1349 à sa mort, fut prétendant au trône de France, vaincu par *Du Guesclin. **11.** roi du PORTUGAL □ ***Charles Ier*** (1863-1908), roi de 1889 à sa mort, tenta d'instaurer la dictature (confiée à João Franco) mais fut assassiné. **12.** rois de SUÈDE □ ***Charles IX*** (1550-1611), roi de 1607 à sa mort, évinça du trône (en 1599) son neveu Sigismond Vasa, roi de Pologne, laissant à son fils *Gustave II Adolphe un royaume en guerre contre le Danemark, la Russie et la Pologne. □ ***Charles XII*** (1682-1718), roi de 1697 à sa mort, obtint très jeune les plus grands succès militaires (il imposa *Stanisław Leszczyński en Pologne) mais fut défait et tué, laissant un pays exsangue. □ ***Charles XIII.*** ⇒ **Charles XIV.** □ ***Charles XIV*** ou ***Charles-Jean.*** Nom de règne du maréchal français Charles Jean-Baptiste Bernadotte (1763-1844). Désigné comme héritier par Charles XIII (1748-1818) en 1810, il conquit avec lui la Norvège (1814) et lui succéda sur les deux trônes.

Jacques ***Charles*** ■ Physicien français (1746-1823). Aéronaute.

Charles-Albert ■ Roi de Piémont-Sardaigne de 1831 à 1849 (1798-1849). Chef indécis du mouvement national en Italie, il abdiqua en faveur de son fils *Victor-Emmanuel II.

saint ***Charles Borromée*** ■ Cardinal italien (1538-1584), neveu et principal collaborateur du pape Pie IV. Défenseur de la *Contre-Réforme.

Charlesbourg ■ Ville résidentielle du Québec, située dans la banlieue de Québec. 69 000 hab.

Charles d'Orléans ■ ⇒ maison d'**Orléans.**

Charles Martel ■ Maire du palais, véritable maître du royaume franc des derniers *Mérovingiens (v. 688 - 741). Père de Pépin le Bref et, à ce titre, ancêtre des *Carolingiens. Il repoussa les Arabes à Poitiers en 732.

Charles Quint ■ ⇒ 1. empereurs d'ALLEMAGNE, **Charles V.**

Charleston ■ Ville des États-Unis (*Caroline du Sud), port sur l'Atlantique, célèbre pour ses maisons coloniales et la danse « charleston » qui y est née v. 1920. 69 000 hab. (agglomération de 430 000 hab.).

Charleston ■ Ville des États-Unis, capitale de la *Virginie-Occidentale. 64 000 hab.

Nicolas ***Charlet*** ■ Peintre, dessinateur et lithographe français (1792-1845). Le succès de ses gravures contribua à la légende napoléonienne.

Charleville-Mézières ▪ Ville du nord-est de la France (*Champagne-Ardenne). 59 400 hab. *(les Carolomacériens).* Industries métallurgique et mécanique. Patrie de A. *Rimbaud.

Charlieu ▪ Ville de France (*Rhône-Alpes). 3 700 hab. *(les Charliendins).* Abbaye (portail) romane bourguignonne du XIIe s.

Charlot ▪ ⇒ Charlie **Chaplin.**

Charlotte ▪ Ville des États-Unis (*Caroline du Nord). 314 000 hab. Commerce, industries.

Charlotte-Élisabeth de Bavière dite ***la princesse Palatine*** ▪ Épouse de *Monsieur, frère de Louis XIV, et mère du régent Philippe d'Orléans (1652-1722). "*Correspondance*".

Charlottetown ▪ Ville du Canada, capitale de l'Île-du-*Prince-Édouard. 15 800 hab. Université. Centre commercial et industriel.

le ***Charolais*** ▪ Région de Charolles, en France (*Bourgogne), au bord du Massif central. Élevage bovin : race *charolaise.*

Charon ▪ Dans la mythologie grecque, personnage qui fait passer aux morts l'*Achéron, le fleuve des *Enfers.

Enguerrand ***Charonton*** ▪ ⇒ **Quarton.**

Marc Antoine ***Charpentier*** ▪ Compositeur français (1634 - 1704). Auteur avant tout de musique religieuse. Célèbre "*Te Deum*".

Gustave ***Charpentier*** ▪ Compositeur français (1860-1956). "*Louise*", roman musical de style naturaliste.

Pierre ***Charron*** ▪ Moraliste français (1541-1603). Sa "*Sagesse*", très inspirée de *Montaigne, prêche la tolérance religieuse et fait l'apologie de la raison.

Chartres ▪ Ville du centre de la France. 41 900 hab. *(les Chartrains).* Petites industries. Cathédrale Notre-Dame (XIIe - XIIIe s.), chef-d'œuvre du *gothique : statues-colonnes, vitraux. *L'école de Chartres,* fondée par l'évêque *Fulbert, fut l'un des foyers intellectuels de l'Occident médiéval.

la ***Chartreuse*** ▪ Monastère fondé par saint Bruno, en 1084, dans les Préalpes françaises (massif de la Grande-Chartreuse). ▶ *l'ordre des* ***Chartreux*** (bénédictins) en est issu. ‹ ▶ chartreuse ›

Charybde et Scylla ▪ Monstres fabuleux de l'"*Odyssée", ils gardent le détroit de Messine ; si l'on évite l'un, on n'échappe pas à l'autre, d'où l'expression « tomber de Charybde en Scylla ».

Michel ***Chasles*** ▪ Mathématicien français (1793-1880). Géométrie projective.

Théodore ***Chassériau*** ▪ Peintre français (1819-1856). Il se situe entre le classicisme d'*Ingres, son maître, et le romantisme.

François René vicomte de ***Chateaubriand*** ▪ Écrivain français (1768-1848). Ministre de Louis XVIII et diplomate. Le lyrisme de sa prose, ample et rythmée, et son implication dans le siècle sont caractéristiques du romantisme, dont il est l'un des premiers représentants en France. "*Atala*" ; "*René*" ; "*le Génie du christianisme*" ; "*Mémoires d'outre-tombe*". ‹ ▶ chateaubriand ›

Châteaubriant ▪ Ville de France, au sud de la *Bretagne. 13 400 hab. *(les Castelbriantais).* Château (XIe - XVIe s.).

Château-Gaillard ▪ ⇒ Les **Andelys.**

Châteauguay ▪ Ville du Québec. 38 500 hab. Les Canadiens y remportèrent une célèbre bataille contre les Américains en 1813.

Châteauneuf-du-Pape ▪ Ville du sud-est de la France. 2 100 hab. *(les Castel-Papaux* ou *Châteauneuvois).* Vignoble célèbre.

Château-Thierry ▪ Ville de France (*Picardie). 15 800 hab. *(les Castrothéodoriciens).* Batailles de la *Marne (1918).

le Petit et le Grand ***Châtelet*** ▪ Anciennes forteresses du centre de Paris (France). Prison et siège de l'échevin de Paris, elles furent détruites en 1782 et 1802. *Le Châtelet* est, à l'heure actuelle, le nom d'une place et d'un théâtre parisiens.

Chatham ▪ Ville de l'Ontario. 40 500 hab. Industries alimentaires.

Châtillon ▪ Localité francophone du nord-ouest de l'Italie (Val d'*Aoste).

le ***Chaṭṭ al-'Arab*** ▪ Fleuve formé par la confluence du *Tigre et de l'*Euphrate qui se jette dans le golfe *Persique. Frontière entre l'Irak et l'Iran. 180 km.

Chattanooga ▪ Ville du sud des États-Unis (*Tennessee). 170 000 hab. Tourisme. Défaite des *sudistes en 1863.

Thomas ***Chatterton*** ▪ Poète anglais (1752-1770). Son suicide a frappé les auteurs romantiques (*Wordsworth, *Vigny).

Geoffrey ***Chaucer*** ▪ Poète anglais (v. 1340 - 1400). Ses "*Contes de Canterbury*" l'ont fait considérer comme le premier écrivain réaliste. Il créa le décasyllabe anglais.

Guy de ***Chauliac*** ▪ Auteur du premier traité français de chirurgie (v. 1300 - 1368).

les îles ***Chausey*** ▪ Archipel français de la Manche (300 îles).

la ***Chaussée des Géants*** ▪ Ensemble de hautes colonnes basaltiques (env. 40 000) disposées le long de la côte nord-est de l'Irlande.

Ernest ***Chausson*** ▪ Compositeur français (1855-1899). Proche de César *Franck. "*Le Poème de l'amour et de la mer*".

Camille ***Chautemps*** ▪ Homme politique français (1885-1963). Plusieurs fois président du Conseil (radical-socialiste) de 1930 à 1938 (⇒ **Front populaire**).

La ***Chaux-de-Fonds*** ▪ Ville de Suisse (canton de *Neuchâtel). 37 200 hab. *(les Chaudefonniers* ou Chauxois). Centre de l'industrie horlogère.

Carlos ***Chávez*** ▪ Compositeur et chef d'orchestre mexicain (1899-1978). Il s'inspire du folklore.

Chavín de Huántar ▪ Site archéologique du Pérou. Vestiges de la civilisation *chavín* (VIIIe - IIIe s. av. J.-C.).

Andrée ***Chédid*** ▪ Poète et romancière libanaise d'expression française (née en 1920).

*ech-****Cheliff*** ▪ Ville d'Algérie. 130 000 hab. La ville s'est appelée *Orléansville* jusqu'en 1964, puis *el-Asnam* jusqu'en 1981.

le ***chemin des Dames*** ▪ Route de crête au nord-est du Bassin parisien (France) où se déroulèrent de violents combats en 1917 et 1918.

Chemnitz, de 1953 à 1990 ***Karl-Marx-Stadt*** ▪ Ville d'Allemagne (*Saxe). 314 000 hab. Textiles. Constructions mécaniques.

Chengdu ■ Ville de Chine, capitale du *Sichuan. 2,64 millions d'hab. Centre industriel et culturel (université).

Cheng zu dit ***Yongle*** ■ Empereur (*ming) de Chine (1360-1424). Esprit encyclopédique, il encouragea de grands voyages sur mer et fit construire la *Cité interdite à Pékin.

André de ***Chénier*** ■ Poète français (1762-1794). Imprégné de culture hellénique, son œuvre fut salué par les romantiques. Il mourut guillotiné. "*Iambes*". □ *Marie-Joseph de* ***Chénier,*** son frère (1764-1811), écrivain et homme politique, auteur du "*Chant du départ*".

Jean-Olivier ***Chénier*** ■ Patriote canadien (1806-1837). L'un des chefs patriotes lors de la rébellion de 1837.

Chenonceaux ■ Localité de France (région de la Loire). 300 hab. *(les Chenoncellois).* Château *Renaissance construit en partie sur un pont à cinq arches, enjambant le Cher.

le ***Cher*** ■ Rivière française de la région *Centre, qui a donné son nom à un département. 350 km.

Cherbourg ■ Ville de France (*Normandie), sur la presqu'île du *Cotentin. 28 800 hab. *(les Cherbourgeois).* Port militaire, un des enjeux du front atlantique en 1940-1945. Constructions navales, métallurgie.

Jules ***Chéret*** ■ Artiste français (1836-1932). Il renouvela l'art de l'affiche.

les ***Cherokees*** ■ Indiens d'Amérique du Nord, environ 40 000 aujourd'hui.

Luigi ***Cherubini*** ■ Compositeur italien (1760-1842). Il fit une brillante carrière à Paris. Son opéra "*Médée*" annonce le *romantisme.

la baie de ***Chesapeake*** ■ Baie américaine (*Maryland, *Virginie) sur l'Atlantique. Pont de 12 km à son extrémité.

le ***Cheshire*** ■ Comté d'Angleterre, au nord-est du pays de Galles. 2 322 km². 956 000 hab. Chef-lieu : Chester.

Chester ■ Ville et port fluvial d'Angleterre, chef-lieu du *Cheshire. 58 400 hab. Architecture médiévale, remparts.

Philip Stanhope comte de ***Chesterfield*** ■ Diplomate, ministre et mécène anglais (1694-1773). "*Lettres à son fils*".

Gilbert Keith ***Chesterton*** ■ Écrivain anglais (1874-1936). Brillant polémiste catholique. "*Le Nommé Jeudi*", roman.

Léon ***Chestov*** ■ Philosophe russe exilé à Paris, proche d'un christianisme tragique (1866-1938).

le facteur ***Cheval*** ■ Artiste français (1836-1924). Autodidacte, il construisit un « palais » admiré par les *surréalistes.

Maurice ***Chevalier*** ■ Artiste français de music-hall (1888-1972).

Cheverny ■ Ville de France (région de la Loire). 900 hab. *(les Chevernois).* Château *Renaissance et *classique.

Eugène ***Chevreul*** ■ Chimiste français (1786-1889). Analyse des corps gras. Théorie des couleurs (étudiée par le peintre *Seurat).

Tarass ***Chevtchenko*** ■ Poète et héros national de l'*Ukraine (1814-1861).

Cheyenne ■ Ville des États-Unis, capitale du *Wyoming. 58 400 hab.

les ***Cheyennes*** ■ Indiens d'Amérique du Nord. Célèbres pour leur résistance à l'avancée des Blancs.

Chiang Mai ■ Ville de Thaïlande. 158 000 hab. Commerce (teck, soieries).

le ***Chianti*** ■ Région d'Italie (*Toscane). Vin réputé. ‹ ► chianti ›

Chiba ■ Ville du Japon (*Honshu). 815 000 hab. 2ᵉ port du monde. Pèlerinages bouddhistes.

Chibougamau ■ Ville minière du Québec. 12 000 hab. Cuivre, or.

Chicago ■ 2ᵉ ville des États-Unis (*Illinois). 3 millions d'hab. Zone urbaine de 7 millions d'hab. Centre culturel, industriel, commerçant (céréales, bétail). Universités.

Chichén Itzá ■ Site archéologique du Mexique. Centre de la civilisation toltèque-maya (⇒ **Mayas**).

Chiclayo ■ Ville du Pérou. 395 000 hab.

Chicoutimi ■ Ville du Québec (région de *Saguenay). 61 100 hab. (région urbaine : 160 000 hab.). Centre administratif, commercial et universitaire.

Chihuahua ■ Ville du Mexique. 407 000 hab.

le ***chiisme,*** *les* ***chiites*** ■ Mouvement politique et religieux qui divisa l'islam dès le VIIᵉ s. Les chiites s'écartent de l'islam majoritaire (la *sunna) ; ils restent fidèles au souvenir d'*'Alī, parent de *Mahomet, et refusent de reconnaître les califes (ou *imams*) qui lui succédèrent. ‹ ► chiite ›

Chikamatsu Monzaemon ■ Auteur dramatique japonais (1653-1725). Surnommé « le Shakespeare du Japon », il est le créateur du théâtre moderne de son pays.

Childebert ■ NOM DE TROIS ROIS MÉROVINGIENS □ ***Childebert Iᵉʳ*** (v. 495-558), fils de *Clovis. □ ***Childebert II*** (v. 570-595), roi d'Austrasie, à laquelle il unit la Bourgogne. □ ***Childebert III*** (v. 683-711) fut dominé par *Pépin de Herstal.

Childéric ■ NOM DE TROIS ROIS MÉROVINGIENS □ ***Childéric Iᵉʳ*** (v. 436-481), fils de *Mérovée et père de *Clovis. □ ***Childéric II*** (v. 653-675), roi d'Austrasie. □ ***Childéric III*** (mort en 755), dernier roi mérovingien, déposé en 751 par Pépin le Bref.

le ***Chili*** ■ État (république) d'Amérique du Sud, s'étendant sur 4 200 km du nord au sud en bordure du Pacifique, et sur une largeur moyenne de 200 km. 756 626 km². 12,9 millions d'hab. *(les Chiliens).* Capitale : Santiago. Langue officielle : espagnol. Monnaie : nouveau peso chilien. Malgré un essor économique récent et d'importantes ressources agricoles (vins), minières (premier exporteur mondial de cuivre) et industrielles, les difficultés subsistent : inflation, dette extérieure, pauvreté. ▭ **HISTOIRE.** Conquis au XVIᵉ s. par les Espagnols sur les Indiens *Araucans (la population est aujourd'hui métisse à 70 %), géographiquement coupé de la vice-royauté du Pérou dont il dépendait, le Chili ne prit son essor qu'au XIXᵉ s. : indépendance en 1818, victoire sur le Pérou et la Bolivie (guerre du Pacifique, 1883) qui lui apporta de nouvelles richesses minières. Malgré la crise économique de 1929 et les secousses de l'alternance des partis de gauche et de droite au pouvoir, il s'était institué une tradition démocratique et progressiste. En 1970 le programme socialiste de Salvador *Allende se heurta à la droite. Le président se suicida lors du coup d'État du général Pinochet (1973). La dictature militaire engendra de violentes manifestations *(protestas)* et une réprobation internationale. Après l'échec d'un plébiscite en 1988, et l'élection d'un nouveau président (démocrate-chrétien) en décembre 1989, le général Pinochet dut quitter le pouvoir en mars 1990.

Chilliwhack ■ Ville de Colombie-Britannique. 28 000 hab.

Chilpéric ■ NOM DE DEUX ROIS MÉROVINGIENS □ ***Chilpéric Ier*** (539-584). Fils de *Clotaire Ier, il reçut en partage la *Neustrie. □ ***Chilpéric II*** (v. 670-721). Roi mérovingien de Neustrie.

le **Chimborazo** ■ Volcan des Andes (*Équateur). 6 267 m.

la **Chimère** ■ Monstre de la mythologie grecque : elle a la tête d'un lion, le ventre d'une chèvre et la queue d'un dragon. ⟨ ► chimère ⟩

la **Chine** ■ État (république populaire) le plus peuplé du monde, allant de la mer de Chine (Pacifique) au cœur de l'Asie. Le pays est divisé administrativement en 23 provinces (y compris *Taïwan qui se déclare indépendante), 5 régions autonomes et 3 zones municipales. 9 572 900 km². 1,15 milliard d'hab. *(les Chinois).* Capitale : Pékin. Langue officielle : chinois. Monnaie : renminbi yuan. L'énorme croissance démographique a entraîné un contrôle très strict des naissances. Le relief va en gradins descendants, du plateau du Tibet aux grandes plaines et aux vallées fertiles de l'est. L'agriculture domine l'économie (riz, blé, thé) ; collectivisée à partir de 1949, la terre est redistribuée aux familles depuis 1979. L'industrialisation, amorcée dans les années 1950, a accordé la priorité à l'industrie lourde. Énormes ressources minières : charbon, pétrole, fer, manganèse... ▭ **HISTOIRE.** La Chine connaît l'écriture dès le IIe millénaire av. J.-C. (dynastie des Shang, ou Yin). Sous la dynastie des *Zhou apparaissent (v. 500 av. J.-C.) la pensée *taoïste (⇒ **Laozi**) et celle de *Confucius. Mais la véritable unité politique du pays, après la période dite des *Printemps et Automnes* puis celle des *Royaumes combattants*, fut l'œuvre de *Qin Shi Huangdi (v. 220 av. J.-C.). Il construisit la Grande *Muraille, fonda la dynastie *Qin (ou Ch'in) qui a donné son nom à la Chine. Avec la dynastie des *Han (apogée sous Wu Di, 140 - 87 av. J.-C.) s'introduit le *bouddhisme (Ier s.). À nouveau divisée (220), la Chine fut réunifiée (618) par la dynastie des *Tang (qui prit fin en 907) et connut une prospérité exceptionnelle (VIIe - VIIIe s., âge d'or de la poésie classique : *Li Bo, *Du Fu). La restauration de l'empire par les *Song ne résista pas aux puissances du Nord ; ce fut le Mongol *Qūbilai Khān qui, de sa nouvelle capitale Pékin, imposa un pouvoir central (dynastie mongole des *Yuan, 1206-1368), brimant les peuples Han (93 % de la population actuelle). Une réaction nationaliste porta Hongwu au pouvoir (dynastie des *Ming, 1368-1644) ; il accomplit en despote une œuvre économique considérable ; son fils *Cheng zu, dit Yongle, mena une politique d'expansion (militaire en Mongolie, maritime jusqu'en Afrique) et de prestige ; après le renouveau culturel sous Wanli (1573-1620), les troubles politiques et sociaux permirent l'invasion de la Chine par la Mandchourie. La dynastie mandchoue des *Qing régna de 1644 à 1912 (bien que la république fût proclamée en 1911) ; l'ouverture à l'Europe (accueil des jésuites à la cour de Kangxi, monarque de 1661 à 1722) fut forcée par les intérêts commerciaux du Royaume-Uni, de la France et de l'Allemagne (guerre de l'*Opium qui aboutit au traité de Nankin en 1842, guerre sino-française du Tonkin en 1884-1885). L'impuissance du régime, les soulèvements nationalistes (guerre des *Boxers, 1900) conduisirent à la proclamation de la république par *Sun Yixian (Sun Yat-sen) en 1911. Mais les républicains étaient divisés, notamment entre communistes et nationalistes (⇒ **Guomindang, Jiang Jieshi**). Au terme de quarante ans de guerre civile et quinze ans (1931-1945) de guerre avec le Japon, le parti communiste de *Mao Zedong proclama la république populaire (1949), ses adversaires se retirant à *Taïwan. D'abord soutenue par l'Union soviétique, en particulier dans son effort de planification économique, la Chine s'en éloigna après le « bond en avant » de 1958, pour se rapprocher du Japon et même des États-Unis (visite du président *Nixon en 1972). Des conflits frontaliers l'opposèrent à l'Inde (1972) et au Viêt-nam (1979, 1983). Après les soubresauts de la « révolution culturelle » (destitution du chef de l'État *Liu Shaoqi par le parti en 1968) et l'éviction brutale du ministre de la Défense *Lin Biao en 1971, le pragmatisme du Premier ministre *Zhou Enlai a marqué les dernières années de Mao, mort comme lui en 1976. Après avoir écarté les tenants d'un maoïsme extrémiste (⇒ **Bande des quatre, Hua Guofeng**), les dirigeants modérés du Parti, menés par *Deng Xiaoping, engagèrent des actions réformatrices dans l'économie, mais la répression des manifestations étudiantes de 1989 marqua le retour à un régime très autoritaire. ⟨ ► chinois ⟩

Charles-Paschal-Télesphore **Chiniquy** ■ Prêtre québécois (1809-1899). Célèbre prédicateur de la tempérance, il quitta la religion catholique pour devenir ministre presbytérien.

Chinon ■ Ville de France (région de la Loire). 9 000 hab. *(les Chinonais).* Château. Centrale nucléaire d'Avoine.

l'île de **Chios** ■ Île de la mer *Égée où existait l'une des plus importantes cités de la Grèce antique. Massacre de la population par les Turcs en 1822. 904 km². 49 900 hab.

Thomas **Chippendale** ■ Ébéniste anglais (v. 1718-1779). Il créa un style de mobilier auquel il donna son nom.

Jacques **Chirac** ■ Homme politique français (né en 1932). Gaulliste, Premier ministre en 1974-1976 et 1986-1988, maire de Paris depuis 1977.

Chirāz ou **Shīrāz** ■ Centre artistique et culturel de l'Iran, ancienne capitale du pays (XVIIIe s.). 848 000 hab.

Ludonilla **Chiriaeff** ■ Danseuse et chorégraphe canadienne d'origine lettone (née en 1924). Fondatrice des Grands Ballets canadiens.

Chirico ■ ⇒ Giorgio **de Chirico.**

Chisinau ■ ⇒ **Kichinev.**

Chittagong ■ Ville et port du Bangladesh. 1,84 million d'hab.

Chiusi ■ Ville d'Italie (*Toscane). 9 000 hab. Nécropole étrusque.

les **Chleuhs** ■ Population *berbère sédentaire du Maroc.

Chloris ■ Déesse grecque des Fleurs (*Flore* chez les Romains), épouse de *Zéphyr.

Étienne François duc de **Choiseul** ■ Ministre de Louis XV (1719-1785). Sous son ministère, la France acquit la Lorraine et la Corse et l'opposition parlementaire se renforça.

Mikhaïl **Cholokhov** ■ Romancier soviétique (1905-1984). "*Le Don paisible*". Prix Nobel 1965.

Dietrich von **Choltitz** ■ Général allemand (1894-1966). Désobéissant à Hitler, il refusa de détruire Paris, dont il était gouverneur militaire (août 1944).

Noam **Chomsky** ▪ Linguiste américain (né en 1928). Créateur de la grammaire générative.

Ch'ŏngjin ▪ Ville industrielle et port de Corée du Nord. 754 000 hab.

Chongqing ▪ Ville de Chine (*Sichuan), sur le *Yangzi Jiang. 2,83 millions d'hab. Ancienne capitale de la Chine nationaliste, de 1937 à 1946. Port fluvial et centre sidérurgique important.

Frédéric **Chopin** ▪ Compositeur polonais (1810-1849). Il a révolutionné l'art du piano (*"Polonaises"*; *"Mazurkas"*; *"Valses"*). Personnage *romantique par excellence : héros national émigré à Paris, pianiste virtuose, amant de la romancière George *Sand.

Robert **Choquette** ▪ Poète, romancier et dramaturge québécois (né en 1905). *"Métropolitan Museum"* (1931) ; *"Suite marine"* (1953).

Dmitriï **Chostakovitch** ▪ Compositeur soviétique (1906-1975). Auteur de quinze symphonies.

Neil **Chotem** ▪ Pianiste et compositeur canadien (né en 1920). Auteur de plusieurs œuvres influencé par la musique populaire et le jazz.

la **chouannerie** ▪ Mouvement d'opposition des catholiques royalistes du Maine, de Bretagne et de Normandie *(les chouans)* à la Révolution française. Ce fut une guerre civile de 1793 à 1795, parallèlement à la guerre de *Vendée (⇒ **Cottereau**). ‹ ▸ chouan ›

Chou En-lai ▪ ⇒ **Zhou Enlai.**

Driss **Chraïbi** ▪ Romancier marocain d'expression française (né en 1926).

Chrétien de Troyes ▪ Écrivain français (v. 1135-v. 1183). Romans de chevalerie en vers octosyllabes reprenant le « cycle breton » de la quête du *Graal : *"Lancelot"*; *"Yvain"*; *"Perceval"*.

le **Christ** ▪ *Jésus, identifié par les chrétiens au Messie (en hébreu *mashiah*, c'est-à-dire « oint », traduit en grec par *khristos*), envoyé et fils de Dieu. □ *le* ***christianisme,*** religion des disciples du Christ, propagée par les *Apôtres. Au cours de l'histoire, les chrétiens se sont divisés en trois confessions principales : les *catholiques, les *orthodoxes et les *protestants. ⇒ **Église.** ‹ ▸ chrétien, christ ›

Christchurch ▪ Ville de Nouvelle-Zélande. 168 000 hab. (zone urbaine de 302 000 hab.). Port de Lyttelton.

Christian ▪ NOM DE DIX ROIS DU DANEMARK □ ***Christian II*** (1481-1559), roi de 1513 à 1523, fut chassé du trône de Suède par *Gustave Vasa après avoir tenté de s'imposer par la force. □ ***Christian VI*** (1699-1746), roi de 1730 à sa mort, régna en despote éclairé. □ ***Christian X*** (1870-1947), roi de 1912 à sa mort, s'est opposé au nazisme.

Agatha **Christie** ▪ Écrivaine britannique (1890-1976). Maître du roman policier. *"Le Crime de l'Orient-Express"*.

Christine ▪ Reine de Suède en 1632, couronnée en 1644, elle abdiqua en 1654 après sa conversion au catholicisme (1626-1689). Très cultivée, elle reçut *Descartes.

Christine de Pisan ▪ Écrivaine française (v. 1363-v. 1430). Elle prit la défense des femmes. *"La Cité des femmes"*.

Christo ▪ Artiste américain d'origine bulgare (né en 1935). Empaquetage du Pont-Neuf à Paris, en 1985.

saint **Christophe** ▪ Personnage légendaire, patron des voyageurs. Son nom signifie « porteur du Christ ».

Henri **Christophe** ▪ Roi d'Haïti (1767-1820). Esclave noir affranchi, il renversa *Dessalines, fut proclamé président puis roi de 1811 à sa mort.

Georges Colomb dit **Christophe** ▪ Écrivain et dessinateur français (1856-1945). Albums précurseurs de la bande dessinée : *"la Famille Fenouillard"* ; *"le Sapeur Camember"* ; *"le Savant Cosinus"*.

Petrus **Christus** ▪ Peintre *flamand (v. 1410-v. 1473). *"Portrait d'une jeune femme"*.

Chrysippe ▪ ⇒ **stoïcisme.**

Chrysostome ▪ ⇒ saint **Jean Chrysostome.**

Alonzo **Church** ▪ Mathématicien, logicien et philosophe américain (né en 1903).

sir Winston **Churchill** ▪ Homme politique britannique (1874-1965). Symbole de la détermination britannique pendant la Seconde Guerre mondiale, à la tête d'un gouvernement de coalition (1940-1945). Député en 1900, plusieurs fois ministre, responsable (1911 et 1939) de la Marine, il fut à nouveau Premier ministre (conservateur) de 1951 à 1955. Il a laissé de nombreux ouvrages. Prix Nobel de littérature 1953.

le **Churchill** ▪ Fleuve du Canada qui se jette dans la baie d'Hudson. 1 609 km. Cours d'eau du *Labrador. 856 km. Aménagements hydroélectriques importants.

les frères **Churriguera** ▪ Architectes espagnols des années 1700. Le baroque espagnol le plus exubérant est parfois appelé style *churrigueresque.* Alberto (1676-1750) est l'auteur de la Plaza Mayor à Salamanque.

Chypre ▪ Île et État (république) de la Méditerranée, au large de la Turquie. 9 251 km². 733 000 hab. (*les Chypriotes* ou Cypriotes, dont 552 000 Grecs et 163 000 Turcs). Capitale : Nicosie. Langues officielles : grec, turc. Monnaie : livre chypriote. Agriculture, minerais (cuivre). ▭ **HISTOIRE.** L'hellénisation remonte à l'Antiquité et se prolonge, à travers *Byzance, jusqu'à la conquête de Chypre par les croisés (1191). Le conflit avec la minorité turque, fortement établie depuis l'annexion de l'île à l'Empire ottoman (1571), s'est exacerbé sous la domination britannique (1878-1959) et plus encore depuis la création d'une république indépendante (1960). En 1974, un coup d'État organisé par des officiers grecs provoqua une intervention militaire de la Turquie et la sécession des Chypriotes turcs dans la partie nord de l'île qui fut déclarée (en 1975) « République turque du nord de Chypre » (3 355 km² ; 165 000 hab.). Elle proclama unilatéralement son indépendance en 1983, mais n'est pas reconnue par la communauté internationale.

la **C.I.A., Central Intelligence Agency** ▪ Agence centrale de renseignements, d'espionnage et de contre-espionnage des États-Unis (lutte contre le communisme).

Galeazzo **Ciano** *comte de Cortellazzo* ▪ Homme politique italien, gendre de *Mussolini, chef de la diplomatie fasciste. Il fut exécuté pour trahison (1903-1944).

Cicéron, en latin ***Marcus Tullius*** Cicero ▪ Homme politique, orateur et écrivain romain (106-43 av. J.-C.). Il a donné les modèles de l'éloquence et de la prose philosophique latines. Son influence fut immense. ‹ ▸ cicérone ›

Rodrigo Díaz de Vivár dit *le* **Cid Campeador** ▪ Illustre chef de guerre espagnol (1043-1099). Adversaire des *Maures, héros de la « Reconquête » (⇒ **Espagne**). Sa légende a inspiré la littérature médiévale espagnole et des auteurs dramatiques (*Corneille).

la **Cilicie** ■ Région du sud de la Turquie.

Cimabue ■ Peintre florentin (v. 1240 - v. 1302). Maître de *Giotto. "*Crucifix*". Peintures sur fond d'or. Mosaïques.

Domenico **Cimarosa** ■ Compositeur italien (1749-1801). Opéras bouffes. "*Le Mariage secret*".

les **Cimbres** ■ Peuple germanique. Avec les *Teutons, ils envahirent la Gaule mais furent arrêtés au nord de l'Italie (101 av. J.-C.).

Cimon ■ Général et homme politique athénien (v. 510 - v. 449 av. J.-C.).

Cincinnati ■ Ville des États-Unis (*Ohio). 385 000 hab. Musées. Métallurgie.

Cincinnatus ■ Paysan romain (Ve s. av. J.-C.). Glorieux soldat, il retourna à sa charrue, refusant les honneurs.

Cinecittà ■ Studios de cinéma italiens, près de Rome.

Lucius Cornelius **Cinna** ■ Homme politique romain qui exerça le pouvoir de 87 av. J.-C. à sa mort (84 av. J.-C.).

Cneius Cornelius **Cinna** ■ Favori d'*Auguste (Ier s. av. J.-C.). Il conspira contre lui mais fut pardonné. *Corneille en tira une tragédie, "*Cinna ou la Clémence d'Auguste*".

le groupe des **Cinq** ■ Musiciens russes du XIXe s. : *Balakirev, *Borodine, *Cui, *Moussorgski, *Rimski-Korsakov.

le Conseil des **Cinq-Cents** ■ L'une des deux assemblées législatives du *Directoire (France).

le monte **Cinto** ■ Point culminant de la Corse. 2 710 m.

Emil **Cioran** ■ Essayiste roumain d'expression française (né en 1911). Moraliste pessimiste. "*De l'inconvénient d'être né*".

La **Ciotat** ■ Ville du sud de la France. 30 700 hab. *(les Ciotadens).* Port sur la Méditerranée, pêche, chantiers navals.

Circé ■ Magicienne de l'"*Odyssée*".

la République **cisalpine** ■ République formée par Napoléon Bonaparte au nord de l'Italie en 1797. Devenue royaume d'Italie en 1805 (dirigé par Eugène de *Beauharnais), elle disparut en 1814.

la **Cisjordanie** ■ Territoire à l'ouest du Jourdain correspondant aux provinces de Samarie et de Judée. Conquis par la Jordanie en 1948, occupé et administré par Israël depuis 1967. Villes principales : Bethléem, Jéricho, Jérusalem.

le **Ciskei** ■ *Bantoustan sud-africain, déclaré indépendant en 1981. 7 760 km². 824 000 hab. Capitale : Bisho (8 000 hab.).

les **Cisterciens** ■ ⇒ **Cîteaux.**

la **Cité,** en anglais *the* **City of London** ■ Le plus ancien quartier de Londres, et son pôle financier.

l'île de la **Cité** ■ Île sur la Seine, site originaire de la ville de Paris (France). Cathédrale *Notre-Dame. Nombreux bâtiments publics.

Cîteaux ■ Abbaye fondée en Bourgogne (France) en 1098 par Robert de Molesmes, à l'architecture austère. ▶ *l'ordre des* **Cisterciens** (bénédictins réformés) s'étendit dans toute l'Europe médiévale. La *Trappe regroupe les cisterciens dits « de la stricte observance ».

la **Cité interdite** ■ Palais impérial de Pékin, construit en 1406 sous *Cheng zu.

André **Citroën** ■ Ingénieur français, industriel de l'automobile (1878-1935).

Ciudad de Guatemala ■ ⇒ **Guatemala.**

Ciudad Juárez ■ Ville du Mexique. 570 000 hab. Important trafic avec El Paso (États-Unis).

Cixi ou **Ts'eu-hi** ■ Impératrice et régente de Chine de 1875 à sa mort (1835-1908). Son règne autoritaire et anti-occidental marque la décadence de l'empire.

Pieter **Claesz** ■ Peintre hollandais (v. 1597 - 1661). Maître, avec *Heda, de la nature morte.

René **Clair** ■ Cinéaste français (1898-1981). "*Le Million*" ; "*À nous la liberté*".

Alexis **Clairaut** ■ Astronome et mathématicien français (1713-1765).

sainte **Claire** ■ Religieuse italienne, proche de saint *François d'Assise (v. 1193 - 1253). ⇒ **Clarisses.**

Clairvaux ■ Abbaye cistercienne (⇒ **Cîteaux**), dans l'*Aube, fondée par saint *Bernard en 1115, transformée en prison en 1808.

Émile **Clapeyron** ■ Physicien français (1799-1864). Un des pères de la thermodynamique.

les **Clarisses** n. f. ■ Ordre religieux féminin, à la règle très austère, fondé par sainte *Claire. ‹ ▶ clarisse ›

John Bates **Clark** ■ Économiste américain (1847-1938). Théoricien de l'école marginaliste.

le **classicisme** ou *l'art* **classique** ■ Période de l'art occidental et idéal esthétique qui se définit par le culte des modèles antiques et par la recherche de la perfection et de l'harmonie. L'Antiquité et la Renaissance italienne sont les bases sur lesquelles s'épanouit le classicisme français sous le règne de Louis XIV, avec *Mansart et Hardouin-*Mansart pour l'architecture, *Le Brun, *Poussin pour la peinture, *Girardon pour la sculpture. *Malherbe, *Boileau, *La Fontaine, *Bossuet, *Racine sont les principaux écrivains classiques. ⇒ **néo-classicisme.**

Georges **Claude** ■ Physicien et industriel français (1870-1960). Liquéfaction de l'air.

Claude Ier ■ Empereur romain (10 av. J.-C. - 54). Époux de *Messaline puis d'*Agrippine la Jeune, père de *Britannicus.

Claude de France ■ Reine de France (1499-1524). Épouse de François Ier, fille de Louis XII et d'Anne de Bretagne. À sa mort, le duché de Bretagne fut définitivement réuni à la Couronne.

Paul **Claudel** ■ Écrivain français (1868-1955). Converti au catholicisme en 1886, il a rénové l'écriture théâtrale en France (*"Tête d'or" ; "Partage de midi" ; "l'Annonce faite à Marie" ; "le Soulier de satin")*. Ses voyages (il était diplomate) ont nourri son œuvre de poète. □ *Camille* **Claudel,** sa sœur (1864-1943). Sculptrice française proche de *Rodin.

Appius **Claudius Caecus** ■ Homme politique romain (v. 300 av. J.-C.). Il fit ouvrir la *voie Appienne,* de Rome à Capoue.

Hugo **Claus** ■ Écrivain et cinéaste belge d'expression néerlandaise (né en 1929). "*La Chasse aux canards*".

Carl von **Clausewitz** ■ Général prussien (1780-1831). Théoricien de la guerre, qu'il a définie comme « la continuation de la politique par d'autres moyens ».

Rudolf ***Clausius*** ■ Physicien allemand (1822-1888). Contributions fondamentales à la thermodynamique (⇒ Sadi **Carnot**) et à la cinétique des gaz.

Henry ***Clay*** ■ Homme politique américain (1777-1852). Il s'efforça d'éviter le conflit entre États du Nord et du Sud.

Georges ***Clemenceau*** ■ Homme politique français (1841-1929). Partisan de *Dreyfus, président du Conseil (radical) en 1906-1909 puis 1917-1919, sa fermeté restaura la confiance face à l'Allemagne. Surnommé « le Tigre ».

Jean-Baptiste ***Clément*** ■ Socialiste français, auteur de chansons (1837-1903). *"Le Temps des cerises"*, musique de Renard.

René ***Clément*** ■ Cinéaste français (né en 1913). *"La Bataille du rail"* ; *"Jeux interdits"*.

Clément V ■ Pape élu en 1305 (mort en 1314). Proche des intérêts de Philippe le Bel, il fut le premier pape installé à Avignon.

Clément VII ■ Antipape d'Avignon de 1378 à 1394, à l'origine du grand *schisme d'Occident.

Clément VII ■ Jules de *Médicis (1478-1534), pape de 1523 à sa mort. Il excommunia *Henri VIII (⇒ **anglicanisme**).

Clément d'Alexandrie ■ Écrivain grec et philosophe chrétien (v. 150-v. 215). *"Le Pédagogue"*.

Muzio ***Clementi*** ■ Compositeur, pianiste et facteur de pianos italien (1752-1832). Un des inventeurs du piano moderne.

Cléopâtre ■ Reine d'Égypte (69-30 av. J.-C.), maîtresse de César (leur fils Césarion fut le dernier *Ptolémée) puis d'Antoine. Son rêve d'un empire oriental fut anéanti par Octave (⇒ **Auguste**), qui fit de l'Égypte une province romaine (31 av. J.-C.). Devant cet échec, elle se suicida.

Charles-Louis ***Clérisseau*** ■ Architecte français (1721-1820).

Clermont-Ferrand ■ Ville de France (*Auvergne). 140 200 hab. *(les Clermontois)*. Cathédrale gothique, église romane Notre-Dame-du-Port (XIIe s.), monuments. Industries du caoutchouc (pneus). La ville est née de la réunion, en 1630, de Clermont, ancienne capitale de l'Auvergne, et de Montferrand.

Stephen Grover ***Cleveland*** ■ Homme politique américain (1837-1908). 22e (1885-1889), puis 24e (1893-1897) président des États-Unis.

Cleveland ■ Ville des États-Unis (*Ohio). 574 000 hab. Port sur le lac Érié. Universités. Industries du fer et de l'acier.

le ***Cleveland*** ■ Comté du nord de l'Angleterre. 583 km². 553 000 hab. Chef-lieu : Middlesbrough.

Clio ■ *Muse de la Poésie épique et de l'Histoire.

l'îlot ***Clipperton*** ■ Possession française du Pacifique, au large du Mexique. 5 km². L'île est inhabitée.

Clisthène ■ Homme politique grec de la famille des *Alcméonides, père de la démocratie d'Athènes (fin VIe s. av. J.-C.).

Robert baron ***Clive de Plassey*** ■ Général britannique (1726-1774). Fondateur de l'Empire britannique des Indes.

Jean-Baptiste dit *Anacharsis* ***Cloots*** ■ Baron prussien rallié à la Révolution française (1755-1794). Extrémiste, guillotiné avec *Hébert.

Clotaire ■ NOM DE TROIS ROIS MÉROVINGIENS □ ***Clotaire I****er*, dernier fils de Clovis (497-561). À sa mort, le royaume fut partagé entre ses fils. □ ***Clotaire II,*** père de Dagobert Ier (584-629). □ ***Clotaire III,*** roi de Neustrie (mort en 673).

les ***Clouet*** ■ Peintres de la Renaissance française, d'origine flamande : Jean (v. 1485-1541) et son fils François (v. 1510-1572). Miniatures, portraits, dessins.

Henri Georges ***Clouzot*** ■ Cinéaste français (1907-1977). *"Le Corbeau"* ; *"Quai des Orfèvres"* ; *"le Mystère Picasso"*.

Clovis ■ NOM DE TROIS ROIS MÉROVINGIENS □ ***Clovis I****er*, roi des Francs (466-511). L'extension qu'il donna au royaume et sa conversion au christianisme (498) l'ont fait considérer comme un des pères de la nation française. □ ***Clovis II,*** roi de Neustrie et de Bourgogne (mort en 657). □ ***Clovis III,*** roi d'Austrasie (mort en 695).

Cluj(-Napoca) ■ Ville de Roumanie, chef-lieu de la *Transylvanie. 310 000 hab.

Cluny ■ Ville de France (*Bourgogne). 4 400 hab. *(les Clunisois)*. En 910 y fut fondée une abbaye bénédictine qui dirigea un important mouvement de réforme ; son architecture influença l'évolution de l'art *roman. ► *les* ***Clunisiens,*** abbés de Cluny, furent étroitement associés à l'action de la papauté (⇒ **Grégoire VII**).

le ***Clwyd*** ■ Comté du nord-est du pays de *Galles. 2 425 km². 407 000 hab. Chef-lieu : Mold (8 600 hab.).

la ***Clyde*** ■ Le plus important fleuve d'Écosse, jalonné de villes industrielles. 170 km.

Clytemnestre ■ Personnage d'*Homère et de la légende des Atrides, reprise par *Sophocle, *Eschyle, *Euripide. Pour venger le sacrifice de sa fille *Iphigénie, elle tua son époux *Agamemnon et fut tuée par son fils *Oreste.

Cnossos ou ***Knossos*** ■ Site archéologique de la *Crète.

le ***C.N.P.F.*** ■ Le « Conseil national du patronat français », fondé en 1945, a pour objectif de coordonner l'ensemble des professions de l'industrie et du commerce, et de parler au nom du patronat.

Coatzacoalcos ■ Ville du Mexique. 186 000 hab.

William ***Cobbett*** ■ Journaliste anglais, parlementaire radical (1763-1835).

Coblence, en allemand ***Koblenz*** ■ Ville d'Allemagne (*Rhénanie-Palatinat). 108 000 hab. Refuge des émigrés français pendant la Révolution (1793).

Cobourg, en allemand ***Coburg*** ■ Ville d'Allemagne (*Bavière). Ancienne capitale des ducs de Saxe-Cobourg-Gotha. 45 100 hab.

Cobra ■ Mouvement artistique international fondé à Paris en 1948, dissous en 1951. Son nom reprend les initiales de *Co*penhague, *Br*uxelles et *A*msterdam. Expressionnisme exacerbé et impulsif.

Cochabamba ■ 3e ville de Bolivie. 317 000 hab. Région agricole. Pétrole.

Cochin ■ Ville et port de l'Inde (*Kerala) sur la côte sud-est. 556 000 hab. Industrie textile. Commerce de thé et du coprah.

la ***Cochinchine*** ■ Nom donné par les Français au sud du Viêt-nam, formé par le delta du *Mékong. Climat subtropical (riz, canne à sucre). Ancienne colonie française ; capitale : Saigon (⇒ **Indochine**).

sir John Douglas **Cockcroft** ■ Physicien anglais (1897-1967). Prix Nobel 1951 avec *Walton, pour leur réalisation du premier accélérateur de particules.

Jean **Cocteau** ■ Écrivain et artiste français (1889-1963). Il a cherché à rapprocher le réel et l'imaginaire. "*Thomas l'Imposteur*", roman ; "*les Parents terribles*", théâtre ; "*la Belle et la Bête*" et "*le Testament d'Orphée*", films. Essentiellement poète, il fut aussi peintre et dessinateur.

le **Code civil** ou **code Napoléon** ■ Recueil de droit civil français (1804). Il influença la législation de nombreux États.

Coëtquidan ■ ⇒ **Saint-Cyr.**

Jacques **Cœur** ■ Négociant français, argentier de *Charles VII (v. 1395-1456). Il fit construire un somptueux palais à Bourges (palais Jacques-Cœur).

Cognac ■ Ville de France (*Aquitaine). 19 900 hab. *(les Cognaçais)*. Production de l'eau-de-vie dite *cognac*. ⟨ ▶ cognac ⟩

Marcel **Cohen** ■ Linguiste français (1884-1974). Pionnier de la sociolinguistique.

Albert **Cohen** ■ Écrivain suisse d'expression française (1895-1981). "*Belle du Seigneur*".

Leonard **Cohen** ■ Poète, romancier et auteur-interprète canadien (né en 1934). Un courant de tristesse passe à travers plusieurs de ses chansons et poésies.

Coimbatore ■ Ville de l'Inde (*Tamil Nādu). 705 000 hab.

Coïmbre, en portugais **Coimbra** ■ Ville du Portugal. 74 600 hab. Célèbre université.

Coire, en allemand **Chur,** en italien **Coira,** en romanche **Cuera** ■ Ville de Suisse, chef-lieu des *Grisons. 31 800 hab. Centre touristique important.

Jean-Baptiste **Colbert** ■ Homme d'État français (1619-1683), ministre de Louis XIV. Il incarna le soutien royal au grand commerce, aux manufactures, aux arts et lettres. Son image de bourgeois économe, magnifiée au XIXe s., l'opposa à la Cour. *Louvois fut son rival.

John **Colborne,** *lord Seaton* ■ Général anglais (1778-1863). Il écrasa les rébellions des patriotes de 1837-1838.

Samuel Taylor **Coleridge** ■ Poète et philosophe anglais (1772-1834). Les "*Ballades lyriques*" (1798), écrites avec *Wordsworth, marquent le début du romantisme anglais.

Sidonie Gabrielle **Colette** ■ Romancière française (1873-1954). Auteur de la série des "*Claudine*" (signée par son premier mari, Willy) ; "*le Blé en herbe*" ; "*Dialogues de bêtes*".

Gaspard de Châtillon sire de **Coligny** ■ Amiral de France, chef protestant victime de la *Saint-Barthélemy (1519-1572).

le **Colisée** ■ Amphithéâtre de Rome (v. 80).

la **Collaboration** ■ Politique du gouvernement français de 1940 à 1944 (⇒ **Vichy**) et de ses partisans (journaux, mouvements politiques, militaires et, comme la *Milice, paramilitaires). Ils collaborèrent avec l'Allemagne nazie et instituèrent notamment le Service du travail obligatoire en 1943.

le **Collège de France** ■ Établissement d'enseignement supérieur fondé à Paris en 1530 par *François Ier, sur proposition de G. *Budé.

l'affaire du **Collier** ■ Escroquerie dont fut victime le cardinal de *Rohan (1785). Le scandale atteignit *Marie-Antoinette, contribuant à déconsidérer la royauté française.

Carlo **Collodi** ■ Écrivain italien (1826-1890). "*Pinocchio*", histoire d'une marionnette qui devient un enfant, connut un succès universel.

Jean-Marie **Collot d'Herbois** ■ Révolutionnaire français (1750-1796). Organisateur de la *Terreur, déporté en Guyane en 1795.

Colmar ■ Ville de l'est de la France. 64 900 hab. *(les Colmariens)*. Églises, maisons anciennes, musées. Industrie textile. Marché du vin. Commerce des vins d'Alsace.

Cologne, en allemand **Köln** ■ Ville d'Allemagne (*Rhénanie-du-Nord-Westphalie). 927 000 hab. Un des plus anciens ports rhénans, centre économique, artistique, intellectuel (université créée au Moyen Âge, musées). La cathédrale (XIIIe s.) et les monuments épargnés par les bombardements de 1943-1945 témoignent d'un riche passé.

Christophe **Colomb** ■ Navigateur d'origine italienne, au service de l'Espagne (v. 1451-1506). Parti pour l'Inde en explorant une route occidentale, il découvrit l'Amérique (1492). Il en devint le vice-roi puis fut destitué.

Colombey-les-Deux-Églises ■ Ville de France (*Champagne-Ardenne). 660 hab. *(les Colombeyens)*. Résidence du général de Gaulle, qui y mourut. Mémorial élevé en 1972.

la **Colombie** ■ État (république) d'Amérique du Sud. 1 141 748 km². 32,3 millions d'hab. *(les Colombiens)*. Capitale : Bogotá. Langue officielle : espagnol. Monnaie : peso colombien. Les principales richesses économiques sont le café (2e producteur mondial) et les ressources minières (émeraudes, platine, pétrole), encore peu exploitées. ▭ **HISTOIRE.** Conquise par les Espagnols sur les Indiens Chibchas, libérée par *Bolívar (1819), intégrée jusqu'en 1830 à la « Grande-Colombie » (avec le Panamá, le Venezuela et l'Équateur), république fédérale puis, depuis 1886, unitaire (obligée de reconnaître en 1903 la sécession du *Panamá), la Colombie a connu en 1948-1953 une violente guerre civile, arrêtée par le coup d'État du général Rojas Pinilla. La vie politique reste instable, marquée par l'alternance au pouvoir des conservateurs et des libéraux, par la guérilla et le trafic de drogue, contre lequel le gouvernement a engagé la lutte en 1989.

la **Colombie-Britannique** ■ Province (État fédéré) du Canada. 947 800 km². 2,89 millions d'hab. Capitale : Victoria. Port de *Vancouver. Importante industrie du bois. Mines. Hydro-électricité. ▭ **HISTOIRE.** Exploré dès le fin du XVIIIe s. par *Cook, *Vancouver et *Mackenzie, le territoire fut placé sous souveraineté britannique dès 1845 et devint colonie en 1858. La population d'origine britannique, tout d'abord réticente quant à l'adhésion à la Confédération créée en 1867, s'y rallia en 1871 après avoir obtenu la promesse que serait construite une voie ferrée qui relierait ce territoire aux provinces fondatrices de l'est du pays. La colonie fut élevée au rang de province la même année.

Colombine ■ ⇒ **commedia dell'arte.**

Colombo ■ Capitale administrative et port du *Sri Lanka. 588 000 hab.

Colón ■ Ville et port du Panamá. 59 000 hab.

les **Colonnes d'Hercule** ■ Ancien nom donné aux promontoires rocheux de l'entrée est du détroit de Gibraltar.

le **Colorado** ■ Fleuve, né dans les *Rocheuses, qui traverse l'*État* puis le *plateau du Colorado* (vallée du

Grand Canyon, *Arizona) et se jette dans le golfe de Californie. 2 333 km. □ *le* ***Colorado.*** État de l'ouest des États-Unis. 270 000 km². 2,9 millions d'hab. Capitale : Denver. Minerais (or, argent).

le ***Colorado*** ■ Fleuve du *Texas qui se jette dans le golfe du Mexique. 1 560 km.

le Río ***Colorado*** ■ Fleuve d'Argentine. 1 300 km.

Colorado Springs ■ Ville des États-Unis (*Colorado). 215 000 hab. Tourisme.

John ***Coltrane*** ■ Saxophoniste de jazz noir américain (1926-1967).

la ***Columbia*** ■ Fleuve d'Amérique du Nord. 2 000 km. Les *plateaux de la Columbia* forment le socle des *Rocheuses, à l'est de *Seattle.

Columbia ■ Ville des États-Unis, capitale de la *Caroline du Sud. 93 000 hab. Université.

le district fédéral de ***Columbia*** ■ District des États-Unis où se trouve la capitale fédérale du pays, Washington. 179 km². 638 000 hab.

Columbia University ■ La plus importante université de New York.

Columbus ■ Ville des États-Unis (*Géorgie). 169 000 hab.

Columbus ■ Ville des États-Unis, capitale de l'*Ohio. 565 000 hab. Centre industriel. Université.

Alexander ***Colville*** ■ Peintre canadien (né en 1920). Il a peint plusieurs scènes de la Seconde Guerre mondiale.

les ***Comanches*** ■ Indiens d'Amérique du Nord, réduits à 2 000 aujourd'hui.

Émile ***Combes*** ■ Homme politique français (1835-1921). Président (radical) du Conseil de 1902 à 1905. Sa politique anticléricale aboutit, après sa chute, à la loi de séparation de l'Église et de l'État.

*le Grand-****Combin*** ■ Sommet des Alpes suisses (*Valais). 4 314 m.

Combourg ■ Ville de France (*Bretagne). 4 800 hab. *(les Combourgeois).* Château médiéval (musée *Chateaubriand).

Côme, en italien ***Como*** ■ Ville d'Italie (*Lombardie), au bord du *lac de Côme* (146 km²), dans les Alpes. 94 600 hab. Région touristique.

le ***Comecon*** ■ ⇒ **C.A.E.M.**

Comenius ■ Nom latin de Jan Ámos Komenský, humaniste tchèque, grand pédagogue (1592-1670).

le ***Comité de salut public*** ■ Organisme de l'exécutif pendant la Révolution française (1793-1795). Le pouvoir dictatorial et la *Terreur qu'il exerça en 1793-1794 aboutirent à l'exécution de ses chefs, *Robespierre, *Couthon et *Saint-Just. Il fut supprimé par le *Directoire.

le ***Comité français de libération nationale*** ■ Comité né de la fusion, en 1943, entre les gouvernements français d'Alger (*Giraud) et de Londres (de *Gaulle). Remplacé en 1944 par le *G.P.R.F.

la ***commedia dell'arte*** ■ Style théâtral italien : improvisation sur un canevas, masques, personnages de convention (Arlequin, Pierrot, Scaramouche, Pantalon, Colombine). Il connut son heure de gloire vers 1600 et inspira *Molière, *Goldoni, *Marivaux.

Commode ■ Empereur romain (161-192). Fils de *Marc Aurèle. Son assassinat mit fin à un règne désordonné.

le ***Commonwealth*** ■ Fédération de 49 États souverains issus de l'ancien Empire britannique en 1931. Les principaux : ⇒ **Canada, Nigeria, Tanzanie, Kenya, Ghana, Inde, Bangladesh, Sri Lanka, Malaysia, Australie, Nouvelle-Zélande.**

le ***Commonwealth of Australia*** ■ ⇒ **Australie.**

la ***Communauté des États indépendants*** ■ ⇒ **C.É.I.**

la ***Communauté économique européenne*** ■ ⇒ **C.E.E.**

la ***Commune*** ■ Révolte parisienne (France) contre la capitulation de 1871 face aux Prussiens (⇒ guerre **franco-allemande**), modèle d'un « gouvernement du peuple » pour la gauche révolutionnaire. Elle fut réprimée par *Thiers, chef de l'exécutif républicain installé à Versailles. ⟨ ▶ communard ⟩

la ***Commune de Paris*** ■ Gouvernement révolutionnaire de Paris (1789), devenu « commune insurrectionnelle » en 1792 (journée du 10 août qui marque la chute de la royauté). Elle élimina les *Girondins au profit des sans-culottes (*hébertistes). Dissoute en 1795.

la Chambre des ***communes,*** en anglais ***House of Commons*** ■ « Chambre basse » du Parlement britannique, elle exerce l'essentiel du pouvoir législatif (⇒ Chambre des **lords**).

la Chambre des ***communes du Canada*** ■ Corps législatif composé de députés élus, qui forme, avec le Sénat, le Parlement du Canada. Son champ législatif couvre tout le Canada.

le parti ***communiste français*** ■ Parti politique créé par l'adhésion de la majorité du parti socialiste français (*S.F.I.O.) à la IIIe *Internationale (1920). Proche de l'Union soviétique et d'un idéal révolutionnaire marxiste-léniniste, il a soutenu le gouvernement du *Front populaire (1936). Après son action dans la *Résistance, les électeurs en avaient fait le premier parti de France. Il participa aux gouvernements de 1945-1947 puis de 1981-1984 (Union de la gauche). Après 1980, il subit une importante baisse d'influence. ⟨ ▶ communisme ⟩

le parti ***communiste du Canada*** ■ Parti politique fondé en 1921 et qui fut, un certain temps, interdit au début de la Seconde Guerre mondiale.

Philippe de ***Commynes*** ou ***Comines*** ■ Conseiller de *Louis XI et de *Charles VIII, mémorialiste et historien (v. 1447-1511).

les ***Comnènes*** ■ Empereurs byzantins (XIe s.). Leurs descendants fondèrent l'empire de *Trébizonde en 1204.

les ***Comores*** n. f. pl. ■ Archipel de l'océan Indien, comprenant l'île française de *Mayotte et la république des Comores, proche de Madagascar. ▶ *la république fédérale islamique des* ***Comores.*** 1 862 km². 448 000 hab. *(les Comoriens).* Capitale : Moroni. Langues : français, arabe (officielles) ; comorien. Religion officielle : islam. Monnaie : franc des Comores. Faibles ressources et surpeuplement. Ancienne colonie française, elle obtint l'indépendance en 1975 (à l'exception de l'île de *Mayotte qui a choisi de rester française).

la ***compagnie de Jésus*** ■ ⇒ compagnie de **Jésus.**

les Grandes ***Compagnies*** ■ Bandes de mercenaires qui dévastèrent la France pendant la guerre de *Cent Ans.

Compiègne ■ Ville de France, au nord de Paris. 44 700 hab. *(les Compiégnois).* Résidence royale et impériale. Industries chimique et alimentaire. Musées. Forêt où furent signés les armistices de 1918 et 1940 (clairière de Rethondes).

Compostelle ■ ⇒ **Saint-Jacques-de-Compostelle.**

Arthur Holly ***Compton*** ■ Physicien américain (1892-1962). Prix Nobel 1927. Recherche sur les photons *(effet Compton).*

Ivy ***Compton-Burnett*** ■ Romancière anglaise (1884-1969). *"Frères et sœurs".*

le ***comtat Venaissin*** ■ Ancienne région française, en *Provence, comprenant Avignon. Elle fut la propriété des papes de 1274 à 1791.

Auguste ***Comte*** ■ Philosophe français (1798-1857). Sa doctrine, le *positivisme,* se veut l'accomplissement du progrès des sciences, connaissance objective de l'humanité qui débouche sur une religion nouvelle. Il créa le terme *sociologie.*

Conakry ■ Capitale et port de la Guinée. 705 000 hab.

Félicité Angers dite *Laure* ***Conan*** ■ Écrivaine québécoise (1845-1924), considérée comme la première romancière canadienne française. *"Angélique de Montbrun"* (1884).

Concarneau ■ Ville de France (*Bretagne). 19 000 hab. *(les Concarnois).* Remparts. Port thonier. Station balnéaire.

Concepción ■ Ville et port du Chili. 294 000 hab.

Concino ***Concini*** dit ***le maréchal d'Ancre*** ■ Ministre et favori de Marie de Médicis, éliminé par Louis XIII (1575-1617).

le ***concordat de 1801*** ■ Traité entre Bonaparte et le pape *Pie VII. Son application dans le sens du *gallicanisme fut dénoncée par l'Église.

la place de la ***Concorde*** ■ Vaste place de Paris (France) entre l'avenue des *Champs-Élysées et le jardin des *Tuileries, aménagée par J.-A. *Gabriel de 1754 à 1763. En 1836 y fut érigé l'obélisque de Louxor.

la maison de ***Condé*** ■ Branche de la maison de *Bourbon. Jusqu'en 1709, ses membres avaient le titre de *Monsieur le Prince.* □ *Louis Ier prince de* ***Condé,*** chef des protestants tué à Jarnac (1530-1569). □ *Louis II* dit ***le Grand Condé,*** un des plus brillants généraux de son temps (1621-1686), se rallia à la *Fronde. □ *Louis Joseph de Bourbon prince de* ***Condé*** (1736-1818), l'un des chefs des émigrés contre-révolutionnaires *(armée de Condé).* ⇒ duc d'**Enghien.**

Étienne Bonnot de ***Condillac*** ■ Philosophe français (1715-1780). Influencé par *Locke, il s'intéressa au langage et à l'économie. Pour lui les connaissances sont issues des sensations (doctrine du *sensualisme*).

Marie Jean Antoine Nicolas de Caritat marquis de ***Condorcet*** ■ Philosophe français, précurseur de la mathématique sociale (1743-1794). *"Esquisse d'un tableau des progrès de l'esprit humain".*

Georges ***Condylis*** ■ Général grec (1879-1936), au pouvoir de 1926 à 1935.

la ***Confédération*** ■ Nom sous lequel on désigne l'union fédérative qui unit les provinces du Canada depuis 1867.

la ***Confédération du Rhin*** ■ Union politique entre plusieurs États allemands (1806-1813). Suscitée par Napoléon, elle marqua la fin du *Saint Empire romain germanique.

la ***Confédération germanique*** ■ Union politique entre les États allemands (1815-1866). Créée par *Metternich, elle était présidée par l'empereur d'Autriche. Elle fut dissoute après la bataille de *Sadowa.

Confucius ■ Nom latin de Kongzi, le plus célèbre penseur chinois (v. 552-v. 479 av. J.-C.). ▶ *le* ***confucianisme,*** ensemble de règles morales plus que religion, a influencé toute la civilisation chinoise jusqu'à aujourd'hui.

le ***Congo*** ■ État (république populaire) d'Afrique équatoriale. 342 000 km². 2,24 millions d'hab. *(les Congolais).* Capitale : Brazzaville. Langues : français (officielle) ; monokutuba, lingalalari, kikongo. Monnaie : franc CFA. Sucre, manioc, pétrole. ▭ **HISTOIRE.** Le Congo d'avant la colonisation est mal connu. Exploré par Savorgnan de Brazza v. 1875, il est intégré à l'Afrique-Équatoriale française (dont la capitale est Brazzaville) en 1910. Dans le cadre de la politique de décolonisation progressive du général de Gaulle, il accède à l'indépendance en 1960 sous le nom de *Congo-Brazzaville.* Devenu république populaire en 1970, le pays est dirigé depuis 1979 par le colonel Sassou-Nguesso. Un processus de démocratisation du régime a été engagé en 1991, sous la pression des Églises et du syndicat unique, avec l'instauration du multipartisme. □ *le* ***Congo belge*** puis ***Congo-Kinshasa,*** anciens noms du *Zaïre. □ *le fleuve* ***Congo.*** ⇒ fleuve **Zaïre.** ‹ ▶ congolais ›

le ***Connaught*** ou ***Connacht*** ■ Province de l'ouest de l'Irlande. 17 122 km². 431 000 hab.

le ***Connecticut*** ■ État côtier de l'est des États-Unis. 12 997 km². 3,1 millions d'hab. Capitale : Hartford. Industries. Université de Yale à *New Haven.

le ***Connemara*** ■ Région d'Irlande, près de *Galway.

Conques ■ Localité du sud de la France (*Midi-Pyrénées). 360 hab. *(les Conquois).* Église Sainte-Foy (XIe s.), au riche tympan, dans laquelle se trouve le « Trésor » (reliquaire de Sainte-Foy).

la guerre de ***Conquête*** ■ Guerre entre la France et ses alliés d'une part, et la Grande-Bretagne et la Prusse d'autre part, au terme de laquelle la *Nouvelle-France fut cédée à la Grande-Bretagne (traité de Paris, 1763). ⇒ guerre de **Sept ans.**

Conrad ■ NOM DE QUATRE SOUVERAINS GERMANIQUES □ ***Conrad III*** (v. 1093-1152), premier empereur de la dynastie des *Hohenstaufen, régna de 1138 à sa mort.

Joseph ***Conrad*** ■ Romancier anglais d'origine polonaise (1857-1924). *"Le Nègre du Narcisse", "Cœur des ténèbres", "Typhon"* se nourrissent de sa vie d'ancien marin.

Hendrik ***Conscience*** ■ Écrivain belge d'expression néerlandaise (1812-1883). Romans historiques. *"Le Lion de Flandre".*

la crise de la ***Conscription*** ■ Opposition de certains Canadiens (en particulier, de Québécois) à la conscription, lorsque le service militaire obligatoire fut imposé en dehors du territoire canadien, lors des deux guerres mondiales (1917, 1944).

le ***Conseil constitutionnel*** ■ Organe veillant au respect de la Constitution de 1958 et à la régularité des élections en France.

le ***Conseil de la République*** ■ Assemblée qui remplaça le *Sénat sous la IVe *République française.

le ***Conseil des Anciens*** ■ ⇒ Conseil des **Anciens.**

le ***Conseil des Cinq-Cents*** ■ ⇒ Conseil des **Cinq-Cents.**

le ***Conseil d'État*** ■ Conseiller du pouvoir exécutif français, juridiction administrative suprême.

le ***Conseil national de la Résistance*** ■ Organisme français fondé en 1943 pour unifier les différents mouvements de la *Résistance intérieure (C.N.R.). Présidé par Jean *Moulin puis Georges *Bidault.

le ***Conseil œcuménique des Églises*** ■ Organisme de rencontre fondé en 1948 (dont le siège est à Genève), réunissant 310 Églises (protestantes, anglicanes, orthodoxes, catholiques non romaines), dont l'objectif est d'affirmer l'unité de la foi chrétienne.

le parti ***conservateur,*** en anglais ***British Conservative Party*** ■ Actuellement un des deux principaux partis britanniques, opposé au parti *travailliste *(Labour Party).* Il fut créé en 1824 et officiellement substitué au parti tory en 1832.

le parti ***conservateur du Canada*** ■ Parti politique fondé vers 1850.

John ***Constable*** ■ Peintre anglais (1776-1837). Maître du paysage et de l'atmosphère, il influença les *romantiques et les *impressionnistes.

Constance, en allemand ***Konstanz*** ■ Ville d'Allemagne (*Bade-Wurtemberg), sur le *lac de Constance.* 69 500 hab. Villégiature. Monuments. Grande prospérité au Moyen Âge (concile de 1414-1418, qui mit fin au grand *schisme d'Occident).

Constance Ier Chlore ■ Empereur romain (mort en 306). Associé à la tétrarchie par *Maximien (⇒ **Dioclétien**).

Constance II ■ Empereur romain (317-361). Fils de *Constantin Ier le Grand, il réunifia l'empire.

Benjamin ***Constant de Rebecque*** ■ Écrivain français d'origine suisse (1767-1830). Essayiste et pamphlétaire. Son roman "*Adolphe*" transpose sa liaison avec Madame de *Staël.

Constanța ou ***Constantza*** ■ Ville de Roumanie. 328 000 hab. Port sur la mer Noire et station balnéaire.

Constantin Ier le Grand ■ Empereur romain (v. 285 - 337). Fondateur de l'Empire chrétien, qu'il dota d'une nouvelle capitale (Constantinople) et divisa entre ses fils, Constantin II, *Constance II et Constant Ier. Plusieurs empereurs byzantins eurent le même nom. □ ***Constantin VII Porphyrogénète*** (905-959), protecteur des arts et des lettres. □ ***Constantin XI Paléologue Dragasès*** (1404-1453), tué lors de la chute de Constantinople.

Constantine autrefois ***Cirta*** ■ Ville d'Algérie. 449 000 hab. *(les Constantinois).* Ancienne capitale de la *Numidie (IIe s. av. J.-C.). Centre religieux.

Constantinople ■ L'ancienne *Byzance, capitale de l'empire d'Orient, baptisée *Istanbul par les Turcs qui l'enlevèrent en 1453. Centre de l'hellénisme chrétien, lieu de plusieurs conciles.

la ***Constituante*** ■ Première Assemblée nationale de la Révolution française, issue des *états généraux de 1789. Elle avait pour but d'instaurer la monarchie constitutionnelle : après avoir rédigé la Constitution de 1791, elle laissa la place à l'*Assemblée législative. Elle avait engagé de profondes réformes d'inspiration bourgeoise, voté l'abolition des privilèges (nuit du 4 *août 1789), la Déclaration des *droits de l'homme et du citoyen (26 août 1789), provoqué par la *Constitution civile du clergé* (1790) l'opposition du pape, des prêtres réfractaires et de plusieurs provinces. Le roi, par sa fuite (manquée) du 20 juin 1791, révéla la fragilité de son accord avec le nouveau régime.

le ***Consulat*** ■ Régime politique de la France de 1799 à 1804, après le *Directoire, défini par la Constitution de l'an VIII (1800) qui nomma les trois consuls : Cambacérès, Lebrun, Bonaparte. Celui-ci, Premier consul (nommé à vie en 1802), réunissait en fait tous les pouvoirs. Désireux de mettre fin aux désordres de la Révolution, il pacifia et réorganisa le pays (*Code civil), mais revint sur certains acquis révolutionnaires (rétablissement de l'esclavage dans les colonies en 1802). Une politique étrangère brillante et le redressement de l'économie ouvrirent la voie à l'*Empire.

la maison de ***Conti*** ou ***Conty*** ■ Branche cadette de la maison de *Condé.

la ***Contre-Réforme*** ou ***Réforme catholique*** ■ Mouvement catholique d'opposition à la *Réforme protestante, amorcé par le concile de *Trente (1545) : redéfinition du dogme ; impulsion nouvelle pour l'enseignement (création de la compagnie de *Jésus), les pratiques religieuses, les arts ; réorganisation de l'*Inquisition ; promulgation de l'*Index.

Contrexéville ■ Ville de l'est de la France, dans les *Vosges. 3 900 hab. *(les Contrexévillois).* Eau minérale, dite couramment *contrex.*

la ***Convention*** ■ Assemblée élue en 1792, au suffrage quasi universel, succédant à l'*Assemblée législative, pour doter la France en guerre d'une nouvelle Constitution. Après avoir proclamé la République, la ***Convention girondine*** (des *Girondins) fut dépassée (1793) par la ***Convention montagnarde*** (des *Montagnards ; Constitution de l'an I, *Terreur), elle-même renversée par la ***Convention *thermidorienne*** en 1794. Cette dernière instaura le *Directoire, par la Constitution de l'an III (1795).

James ***Cook*** ■ Navigateur anglais (1728-1779). Il découvrit notamment le *détroit de Cook,* qui sépare les deux îles de Nouvelle-Zélande, et les *îles Cook* (dépendance de Nouvelle-Zélande en Océanie ; 293 km² ; 17 200 hab.). ▶ *le mont* ***Cook.*** Point culminant de la Nouvelle-Zélande. 3 764 m.

John Calvin ***Coolidge*** ■ Homme politique américain (1872 - 1933). 30e président des États-Unis, de 1923 à 1929.

James Fenimore ***Cooper*** ■ Écrivain américain (1789-1851). Un des fondateurs du roman américain. "*Le Dernier des Mohicans*" et "*la Prairie*" mettent en scène les Indiens.

Dennis ***Cooper*** ■ ⇒ **Laing.**

Copacabana ■ Plage de *Rio de Janeiro.

Copán ■ Site archéologique du Honduras. Ruines *mayas.

Edward Drinker ***Cope*** ■ Paléontologue américain, partisan de *Lamarck (1840-1897).

Jacques ***Copeau*** ■ Homme de théâtre français (1879-1949). Sa compagnie, le Vieux-Colombier, s'inspira de *Craig et de *Stanislavski.

Copenhague ■ Capitale et 1er port du Danemark, sur l'île de *Sjaelland. 618 000 hab. Grand centre industriel, carrefour européen. ▶ *l'école de* ***Copenhague.*** Physiciens qui, autour de *Bohr et de *Heisenberg, élaborèrent la mécanique quantique et en donnèrent l'interprétation philosophique la plus radicale.

Nicolas **Copernic** ■ Astronome polonais (1473-1543). Le système de Copernic, repris par *Kepler et *Galilée, annonce la révolution scientifique du XVIIe s. En démontrant le mouvement des planètes autour du Soleil, il mit fin à la vision d'un monde centré sur la Terre, et donc sur l'homme *(révolution copernicienne)*.

François **Coppée** ■ Poète français (1842-1908). "*Les Humbles*".

les **coptes** ■ Chrétiens d'Égypte et d'Éthiopie. Ils ont leur propre Église. ‹ ► copte ›

Coquitlam ■ Ville résidentielle de la Colombie-Britannique. 55 000 hab.

la mer de **Corail** ■ Partie du Pacifique comprise entre l'Australie et la Mélanésie. Les Alliés y remportèrent une victoire aéronavale sur les Japonais en 1942, marquant un tournant dans la guerre du Pacifique.

le **Coran** ■ Francisation de l'arabe *Qu'ran,* mot signifiant « la récitation ». C'est le message transmis par Allah à *Mahomet ; il ne devint un livre qu'après la mort de celui-ci. Il comporte 114 chapitres ou *sourates* et 6 236 versets ou *ayat,* modèles de la prose arabe classique. ⇒ **islam.** ‹ ► Coran ›

Corbie ■ Ville de France (*Picardie). 6 200 hab. *(les Corbéens).* Importante abbaye sous Charlemagne (30 000 hab. au Moyen Âge).

Tristan **Corbière** ■ Poète français (1845-1875). "*Les Amours jaunes*", recueil révélé par *Verlaine.

les **Corbières** n. f. pl. ■ Prolongement nord-est des Pyrénées (France). Région vinicole.

Charlotte **Corday** ■ Personnage de la Révolution française (1768-1793). Proche des *Girondins, elle poignarda *Marat et fut guillotinée. ‹ ► charlotte (II) ›

le club des **Cordeliers** ■ Cercle révolutionnaire français animé par *Marat puis *Hébert.

Córdoba ■ Ville d'Argentine. 969 000 hab. Pôle économique (agriculture, industries) et culturel du centre du pays.

Córdoba ■ Ville du Mexique. 126 200 hab.

Cordoue, en espagnol **Córdoba** ■ Ville d'Espagne (*Andalousie), sur le Guadalquivir. 305 000 hab. *(les Cordouans).* Elle connut son plus grand rayonnement grâce aux Arabes, à la tête de l'*émirat de Cordoue* (756-1236) : foyer intellectuel et religieux (célèbre mosquée).

la **Corée** ■ Péninsule du sud de la *Mandchourie, bordée par la mer Jaune et la mer du Japon. ▭ **HISTOIRE.** La Corée fut unifiée par les royaumes du Silla (668), du Koryŏ (935) et des Yi (1392). Elle connut les dominations chinoise (av. VIIe s.), mongole (XIIIe - XIVe s.) et japonaise (1910-1945). Elle est divisée depuis 1948 en deux États. Après avoir été en guerre l'un contre l'autre (1950-1953), les deux pays ont tenté en vain une réunification (incidents frontaliers). En 1990, un véritable dialogue reprit entre les deux pays. □ *la république populaire démocratique de Corée* ou ***Corée du Nord.*** 122 370 km². 22,4 millions d'hab. Capitale : Pyongyang. Langue : coréen. Monnaie : won. Riz ; charbon ; fer. □ *la république de Corée* ou ***Corée du Sud.*** 99 237 km². 42,3 millions d'hab. Capitale : Séoul. Langue : coréen. Monnaie : won. Riz ; équipements industriels ; produits manufacturés. Développement économique brillant, mais tensions politiques.

Arcangelo **Corelli** ■ Compositeur et violoniste italien (1653-1713). Maître de la sonate et du concerto classiques.

Corfou ■ Une des îles Ioniennes en Grèce. 641 km². 99 500 hab. *(les Corfiotes).* Tourisme.

Corinthe ■ Ville et port de Grèce, centre commercial sur l'isthme du même nom qui relie le Péloponnèse à la Grèce centrale et qui est traversé par un canal (ouvert en 1883). 22 700 hab. *(les Corinthiens).* Elle fut une des plus riches cités de la Grèce antique, rivale d'Athènes et de Sparte. Affaiblie par la guerre du *Péloponnèse, elle fut détruite par les Romains (146 av. J.-C.). ‹ ► corinthien ›

Gaspard **Coriolis** ■ Mathématicien français (1792-1843). *Force de Coriolis :* force qui explique la déviation de la trajectoire d'un corps en mouvement sur un solide en rotation (cas des vents et courants marins sur le globe terrestre).

Cork, en irlandais **Corcaigh** ■ Port et 2e ville de la république d'Irlande, principale ville de la province de *Munster. 174 000 hab. Centre commercial d'une région agricole.

la **Corne de l'Afrique** ■ Extrémité nord-est de l'Afrique (*Somalie), sur l'océan Indien.

la **Corne d'Or** ■ Baie profonde sur la rive européenne du *Bosphore, où se trouve *Istanbul.

Pierre **Corneille** ■ Auteur dramatique français (1606-1684). Poète de l'héroïsme, du devoir et de la gloire. Ses 32 pièces oscillent entre classicisme et baroque. Principales œuvres : "*Mélite*" (1629) ; "*Clitandre*" (1632) ; "*Médée*" (1635) ; "*l'Illusion comique*" (1636) ; "*le Cid*" (décembre 1636) ; "*Horace*" (1640) ; "*Cinna*" (1641) ; "*Polyeucte*" (1642) ; "*le Menteur*" (1644) ; "*Rodogune*" (1644) ; "*Nicomède*" (1651) ; "*Pertharite*" (1652) ; "*Agésilas*" (1666) ; "*Attila*" (1667) ; "*Tite et Bérénice*" (1670) ; "*Psyché*" (écrite avec Molière, 1671) ; "*Suréna*" (1674). ‹ ► cornélien › □ *Thomas* ***Corneille,*** son frère (1625-1709), surtout connu pour ses tragédies.

Peter von **Cornelius** ■ Peintre allemand (1783-1867). Sujets religieux et historiques.

Corner Brook ■ Ville de Terre-Neuve. 25 000 hab. Industries du papier.

la **Cornouaille** ■ Région du sud-ouest de la Bretagne (France).

les **Cornouailles** n. f. pl., en anglais **Cornwall** ■ Région à l'extrémité sud-ouest de l'Angleterre. Côte très découpée sur la Manche. Elle forme avec les îles Scilly un comté (3 546 km² ; 460 000 hab.). Chef-lieu : Truro (16 300 hab.).

Cornwall ■ Ville de l'Ontario. 46 000 hab. Port, industrie métallurgique.

La **Corogne,** en espagnol **La Coruña** ■ Ville et 3e port de pêche d'Espagne (*Galice). 242 000 hab.

Jean-Baptiste Camille **Corot** ■ Peintre français (1796-1875). Grand paysagiste, peintre de la lumière, attaché au classicisme de *Poussin.

Corpus Christi ■ Ville des États-Unis (*Texas). Port sur le golfe du Mexique. 232 000 hab.

le **Corrège** ■ Peintre italien (v. 1489 - 1534). Un des maîtres de la fin de la *Renaissance à Parme. La sensualité de ses contours et de ses coloris et la nouveauté de ses dernières compositions ont exercé une influence durable.

Corrientes ■ Ville d'Argentine. 180 000 hab. Industries. Marché agricole du *Chaco.

la **Corse** ■ Île montagneuse française de la Méditerranée. 8 717 km². 240 200 hab. Point culminant : *Cinto. Le littoral et les plaines concentrent la population *(les Corses)* et l'économie : culture des fruits et de la vigne, élevage ; activité touristique. L'isolement de l'île a entraîné une forte émigration vers le « continent », source de régression démographique et de problèmes de développement. ▭HISTOIRE. Ancienne colonie de Carthage (IIIe s. av. J.-C.), province romaine envahie par les Lombards, elle fut attribuée au pape en 755, puis lentement conquise par Gênes. Elle se révolta de 1729 à 1768 (date de la cession à la France). Sa situation géographique, la spécificité de ses problèmes économiques, son histoire (⇒ **Paoli, Pozzo di Borgo**) et des revendications séparatistes parfois violentes (qui ne sont pas apaisées) ont conduit à en faire une région administrative et économique (1970) dotée d'un statut particulier de « collectivité territoriale » (1982). En 1990, le Parlement français adopta un projet de nouveau statut pour la Corse. Préfecture : Ajaccio. Elle comprend deux départements depuis 1974. Villes principales : Ajaccio, Bastia. ‹ ► corse ›

Julio **Cortázar** ■ Écrivain argentin naturalisé français (1914-1984). Son roman "*Marelle*" eut une grande influence sur la littérature sud-américaine.

Corte ■ Ville de France (*Corse). 5 700 hab. *(les Cortenais).* Citadelle. Université. Ancien palais de *Paoli.

Hernán **Cortés** ■ Conquistador espagnol (1485-1547). Vainqueur des *Aztèques en 1521, puis administrateur du Mexique.

Cortina d'Ampezzo ■ Ville d'Italie (*Vénétie), dans les *Dolomites. 8 000 hab. Station de sports d'hiver.

Pierre de **Cortone** ■ Peintre et architecte italien (1596-1669). L'un des premiers et des plus grands artistes *baroques.

Alfred **Cortot** ■ Pianiste et professeur français (1877-1962).

les **Cosaques** ■ Nomades d'Asie centrale. Organisés militairement, ils se soumirent à la Russie au XVIIIe s. Leur nom vient du turc *kazakh,* « homme libre ». ‹ ► cosaque ›

Cosenza ■ Ville d'Italie (*Calabre). 106 000 hab.

Stanley Morel **Cosgrove** ■ Peintre québécois (né en 1911).

Piero di **Cosimo** ■ ⇒ **Piero di Cosimo.**

Lúcio **Costa** ■ Architecte, urbaniste et théoricien brésilien (né en 1902). Auteur des plans de Brasilia (⇒ **Niemeyer**).

la **Costa Brava** ■ Littoral touristique de la *Catalogne (Espagne).

la **Costa del Sol** ■ Littoral touristique de la région de *Malaga (Espagne).

le **Costa Rica** ■ État (république) d'Amérique centrale. 51 100 km². 2,94 millions d'hab. *(les Costaricains).* Capitale : San José. Langue officielle : espagnol. Religion officielle : catholicisme. Monnaie : colon. Pays montagneux à l'économie essentiellement agricole (sucre, café, banane). ▭HISTOIRE. Découvert par C. *Colomb en 1502, indépendant en 1838, le pays connaît une remarquable stabilité politique.

Dieudonné **Costes** ■ ⇒ **Bellonte.**

la **Côte d'Azur** ■ Littoral méditerranéen entre Cassis et Menton. L'une des plus importantes régions touristiques françaises.

la **Côte-d'Ivoire** ■ État (république) d'Afrique occidentale, sur le golfe de Guinée. 320 763 km². 12,1 millions d'hab. *(les Ivoiriens).* Capitale : Yamoussoukro (depuis 1983). Ville principale : Abidjan. Langue officielle : français. Autres langues : dioula, baoulé, bété, séroufo. Monnaie : franc CFA. Le pays eut un essor économique exceptionnel (« miracle ivoirien » : café, cacao, bois) ; mais il est confronté depuis 1980 à la récession avec la chute des cours des matières premières. Raffineries de pétrole à Abidjan. ▭HISTOIRE. La Côte-d'Ivoire connut plusieurs États africains (royaume de Bouna, empire de Kong). Colonie française (1893) rattachée à l'A.-O.F., elle bénéficia d'un développement rapide des cultures et de grands travaux. Territoire d'outre-mer en 1946. Son député Félix *Houphouët-Boigny eut une part importante dans le processus de décolonisation de l'Afrique noire et devint président de la République au moment de l'indépendance (1960). Après de violentes manifestations, et sous la pression populaire, le multipartisme fut instauré en 1990.

la **Côte-Nord** ■ Région administrative du Québec. 254 176 km². 109 200 hab.

le **Cotentin** ■ Presqu'île française (*Normandie). Région d'élevage bovin.

Côte-Saint-Luc ■ Ville du Québec, dans la banlieue de Montréal. 28 400 hab.

John Sell **Cotman** ■ Aquarelliste et graveur anglais (1782-1842).

Cotonou ■ Principale ville et port du *Bénin. 487 000 hab.

le **Cotopaxi** ■ Volcan des Andes (Équateur). 5 897 m.

Cottbus ■ Ville d'Allemagne (*Brandebourg). 129 000 hab.

Robert de **Cotte** ■ Architecte et décorateur français (1656-1735). Élève d'Hardouin-*Mansart, actif dans toute l'Europe. Palais de Rohan, à Strasbourg.

Jean **Cottereau** dit *Jean* **Chouan** ■ Contre-révolutionnaire français (1757-1794). Il donna son nom à la *chouannerie, qu'il dirigeait avec ses frères.

René **Coty** ■ Homme politique français (1882-1962). Président de la République de 1954 au retour du général de *Gaulle (1958).

Pierre de **Coubertin** ■ Pédagogue français (1863-1937). Il ressuscita les jeux *Olympiques à Athènes en 1896.

Émile **Coué** ■ Pharmacien français (1857-1926). La *méthode Coué* : psychothérapie par autosuggestion, qui suscita l'ironie.

Charles Augustin de **Coulomb** ■ Ingénieur et physicien français (1736-1806). Lois d'attraction électrique et magnétique.

Coulommiers ■ Ville de France, à l'est de Paris. 13 400 hab. *(les Columériens).* Fromages.

les **Couperin** ■ FAMILLE DE MUSICIENS FRANÇAIS □ *François II* dit **Couperin le Grand** (1668-1733). Ses pièces pour clavecin, sommet de la musique pour clavier, furent redécouvertes au XXe s.

Gustave **Courbet** ■ Peintre français (1819-1877). Membre de la *Commune, il dut s'exiler. La puissance et l'énergie de son métier servirent un réalisme novateur qui scandalisa. "*L'Enterrement à Ornans*".

Courchevel ■ Station française de sports d'hiver, en Savoie.

la **Cour de cassation** ■ Juridiction suprême de la justice française.

la **cour des Miracles** ■ Ancien quartier du centre de Paris (jusqu'au XVIIe s.) où vivaient les mendiants et les voleurs, ainsi appelé parce que les infirmités des « truands » disparaissaient dès qu'ils avaient regagné leur repaire.

Paul-Louis **Courier** ■ Écrivain français (1772-1825). *"Le Pamphlet des pamphlets"*.

la **Courlande** ■ Région de *Lettonie, ancien duché annexé par la Russie en 1795.

Courmayeur ■ Station de sports d'hiver italienne, dans le Val d'*Aoste.

Antoine Augustin **Cournot** ■ Philosophe, logicien et mathématicien français (1801-1877). Père de l'économie mathématique (⇒ **Walras**).

la **Cour suprême du Canada** ■ Le plus haut tribunal du Canada. Créé en 1875, il juge en dernière instance en matière civile, criminelle et constitutionnelle.

Georges **Courteline** ■ Auteur dramatique français (1858-1929). Ses pièces décrivent avec saveur et amertume des héros médiocres : les petits-bourgeois (*"Boubouroche"*), les fonctionnaires (*"Messieurs les ronds-de-cuir"*), les militaires.

Jacques **Courtois** dit ***le Bourguignon*** ■ Peintre français (1621-1676). Batailles.

Courtrai, en néerlandais **Kortrijk** ■ Ville de Belgique (*Flandre-Occidentale). 76 300 hab. Très prospère au Moyen Âge (nombreux monuments). Défaite des Français devant les Flamands (1302).

Jean **Cousin** ■ Peintre français de la Renaissance (v. 1490 - v. 1561). *"Eva Prima Pandora"*, un des premiers grands nus de la peinture française.

Victor **Cousin** ■ Philosophe français, ministre de Louis-Philippe (1792-1867). Fondateur de l'éclectisme philosophique.

Jacques-Yves **Cousteau** ■ Officier de marine, océanographe et réalisateur français de documentaires sur la mer (né en 1910).

les **Coustou** ■ Sculpteurs français. □ *Guillaume Ier* (1677-1746), élève de *Coysevox. *"Chevaux de Marly"*.

Georges **Couthon** ■ Révolutionnaire français (1755-1794). ⇒ **Comité de salut public.**

Thomas **Couture** ■ Peintre français au style académique (1815-1879). *"Les Romains de la décadence"*.

Guillaume **Couture** ■ Compositeur québécois (1851-1915). Considéré comme l'un des pionniers de la musique canadienne, il est l'auteur de l'oratorio *"Jean le Précurseur"*.

Covent Garden ■ Célèbre place à arcades du centre de Londres. Opéra.

Coventry ■ Ville d'Angleterre (*Midlands de l'Ouest). 323 000 hab. Université. Grand centre industriel. Importants bombardements en 1940.

Cowansville ■ Ville du Québec. 12 300 hab. Bois, plastique, textiles.

Abraham **Cowley** ■ Écrivain anglais (1618-1667). *"Odes pindariques"*, poèmes.

William **Cowper** ■ Poète anglais (1731-1800). *"L'Œuvre"* annonce *Wordsworth.

Antoine **Coypel** ■ Peintre et décorateur français (1661-1722). Voûte de la chapelle de Versailles.

Antoine **Coysevox** ■ Sculpteur français (1640-1720). Bustes (*"le Grand Condé"*). Il participa à la décoration de *Versailles, dont il illustre la tendance baroque.

George **Crabbe** ■ Poète réaliste anglais (1754-1832). *"Le Village"*.

Cracovie, en polonais **Kraków** ■ Ville du sud de la Pologne. 745 000 hab. *(les Cracoviens)*. Métropole régionale. Important centre sidérurgique dans la banlieue (Nowa Huta). Nombreux monuments (colline du Wawel ; places et monuments à l'italienne). Capitale de la Pologne jusqu'en 1595, ce fut le premier évêché et la première université (1364) du pays. Érigée en république semi-autonome de 1815 à 1846.

James Henry **Craig** ■ Administrateur anglais (1748-1812). Gouverneur en chef du Canada de 1807 à 1811.

Edward Gordon **Craig** ■ Homme de théâtre britannique (1872-1966). *"L'Art du théâtre"*.

Craiova ■ Ville de Roumanie. 281 000 hab.

Johann Baptist **Cramer** ■ Compositeur allemand (1771-1858). « Études » pour l'enseignement du piano.

Thomas Russell **Crampton** ■ Ingénieur anglais (1816-1888). La locomotive *Crampton* fut très utilisée au XIXe s.

Lucas **Cranach l'Ancien** ■ Artiste majeur de la *Renaissance allemande et de la *Réforme (1472-1553). Portrait de *Luther. Scènes religieuses. Nus féminins. □ *Lucas* **Cranach le Jeune,** son fils (1515-1586), reprit son atelier.

Stephen **Crane** ■ Journaliste et écrivain naturaliste américain (1871-1900). *"La Chaloupe"*.

Hart **Crane** ■ Poète américain (1899-1932).

Thomas **Cranmer** ■ Prélat anglais (1489-1556). Promoteur de l'*anglicanisme.

Crans-sur-Sierre ■ Station de sports d'hiver de Suisse (*Valais).

Crassus ■ Général romain (114 - 53 av. J.-C.), membre avec *Pompée et César du premier triumvirat.

Claude **Crébillon** ■ Écrivain français (1707-1777). *"Les Égarements du cœur et de l'esprit"* ; *"le Sopha"*, roman licencieux.

le **Crédit social** ■ Parti politique apparu au début des années 1930 dans les provinces de l'ouest du Canada. Sa doctrine repose, entre autres, sur le principe que le système monétaire d'un pays doit avoir comme base les richesses naturelles.

Octave **Crémazie** ■ Écrivain et poète québécois (1827-1879). Inspiré par l'histoire et le patriotisme, il est considéré comme le père de la poésie canadienne-française. *"Le Drapeau de Carillon"* (1858).

Adolphe **Crémieux** ■ Homme politique français, ministre républicain (1796-1880). Il fit voter en 1870 *(décret Crémieux)* la naturalisation des juifs d'Algérie.

Crémone, en italien **Cremona** ■ Ville d'Italie (*Lombardie). 80 800 hab. Patrie de *Monteverdi et *Stradivarius. École internationale de lutherie. ⟨ ▶ crémone ⟩

Créon ■ Roi légendaire de Thèbes après Œdipe, frère de *Jocaste, il s'opposa à *Antigone.

Charles **Cressent** ■ Ébéniste et sculpteur français (1685-1768). Le premier à employer des bois rares.

Édith **Cresson** ▪ Femme politique française (née en 1934). Elle succéda à M. *Rocard au poste de Premier ministre de mai 1991 à avril 1992.

Crésus ▪ Roi de *Lydie à la fortune légendaire, vaincu par la Perse (v. 561-546 av. J.-C.). ⟨ ▶ crésus ⟩

la **Crète** ▪ Île grecque de la Méditerranée, très montagneuse. 8 336 km². 502 000 hab. *(les Crétois).* Ville principale : Iráklion. ▭HISTOIRE. La civilisation antique de la Crète, dite ***minoenne***, connut son apogée v. 1500 av. J.-C. (palais du roi Minos à *Cnossos). Selon la légende, *Héraclès captura le taureau, rendu fou par Poséidon, qui dévastait le pays du roi Minos. Elle influença la civilisation de *Mycènes. La Crète fut ensuite prise par les Grecs, Byzance, Venise, puis par les Turcs contre lesquels elle se révolta, choisissant en 1908 l'union avec la Grèce.

Créteil ▪ Ville de France, banlieue de Paris. 82 400 hab. *(les Cristoliens).*

Le **Creusot** ▪ Ville de France (*Bourgogne). 29 200 hab. *(les Creusotins).* Houille. Forges, sidérurgie.

René **Crevel** ▪ Écrivain surréaliste français (1900-1935). *"Êtes-vous fous ?"* ; *"les Pieds dans le plat"*.

Francis **Crick** ▪ Biochimiste anglais (né en 1916). ⇒ **Watson.**

la **Crimée** ▪ Presqu'île d'Ukraine (région de *Sébastopol), dans la mer Noire. Successivement sous influence grecque, romaine, barbare, elle devint avec les Tatars vassale de l'Empire ottoman (1475). Le déclin de ce dernier, au XVIIIe s., permit l'annexion par la Russie (⇒ **Potemkine**), qui ne fut pas remise en cause par la guerre de Crimée (→ ci-dessous). Après la défaite de *Wrangel (1920), elle devint république soviétique autonome, avant d'être intégrée à la république de Russie puis, en 1954, à celle d'*Ukraine. ▶ *la guerre de* ***Crimée*** (1854-1855) : coup d'arrêt donné par la France et l'Angleterre, alliées de la Turquie, à l'expansionnisme russe en Orient.

les **Cris** ▪ Amérindiens apparentés à la famille *algonquienne et vivant surtout dans les provinces de l'ouest du Canada et dans la région de la baie d'Hudson. Aujourd'hui, les Cris du Québec se trouvent en particulier dans les régions de Mistassini, de l'*Abitibi et du *Nouveau-Québec.

la **Crise d'octobre** ▪ Période d'agitation terroriste qui secoua le Québec – en particulier la région de Montréal – d'octobre à décembre 1970. Elle fut marquée par l'enlèvement d'un diplomate britannique, la mort d'un ministre du gouvernement du Québec et l'arrestation de plusieurs centaines de personnes soupçonnées de sympathies indépendantistes.

la ***crise économique de 1929*** ▪ Crise issue de la surproduction industrielle, de la spéculation et du développement du crédit, née aux États-Unis (krach boursier du 29 octobre 1929) avant de se répandre en Europe. Par ses manifestations économiques (chute de la production, chômage) et ses conséquences sociales et politiques (apparition du *nazisme), elle constitua un des événements majeurs de la première moitié du XXe siècle.

Francesco **Crispi** ▪ Homme politique italien (1819-1901). Compagnon de *Garibaldi, rallié à Victor-Emmanuel II, il engagea une politique coloniale.

la **Croatie** ▪ Région des Balkans, l'une des six républiques fédérées de Yougoslavie. 56 538 km². 4,7 millions d'hab. *(les Croates).* Capitale : Zagreb. ▭HISTOIRE. Après 1 000 ans de domination hongroise, la Croatie connut comme la Serbie, au début du XXe s., un vif mouvement nationaliste qui se poursuivit après son rattachement à la Yougoslavie en 1919 (assassinat d'*Alexandre Ier Karageorgévitch, 1934). Elle forma même un État indépendant de 1941 à 1945, proche de Hitler et Mussolini. Elle a déclaré son indépendance en 1991. ⇒ **Yougoslavie.**

Benedetto **Croce** ▪ Philosophe italien, historien, critique (1866-1952). Opposant à Mussolini, sénateur libéral après 1944.

les **croisades** n. f. ▪ Expéditions entreprises par les chrétiens contre les musulmans, pour délivrer les Lieux saints. De la fin du XIe s. à la fin du XIIIe s., dix croisades se succédèrent en Orient. □ *la première* ***croisade*** (1096-1099) prêchée par le pape Urbain II ; la croisade populaire (Pierre l'Ermite) fut décimée en Anatolie ; la croisade des chevaliers (Godefroy de Bouillon, Bohémond, Tancrède) créa le royaume de Jérusalem et plusieurs États latins (Antioche, Édesse, Tripoli). □ *la deuxième* ***croisade*** (1147-1149) prêchée par *Bernard de Clairvaux : Louis VII de France et l'empereur Conrad III échouèrent devant Damas. □ *la troisième* ***croisade*** (1189-1192) prêchée par Guillaume de Tyr après la prise de Jérusalem par Saladin et dirigée par Philippe Auguste et Richard Cœur de Lion. Les croisés ne purent reconquérir Jérusalem, mais y obtinrent l'autorisation de pèlerinage. □ *la quatrième* ***croisade*** (1202-1204) prêchée par Foulques de Neuilly, détournée par Venise sur Byzance où fut créé l'empire latin de Constantinople. □ *la* ***croisade des enfants*** (1212) décimée avant d'atteindre la Terre sainte. □ *la cinquième* ***croisade*** (1217-1221), prise puis restitution de *Damiette, par Jean de Brienne et André II de Hongrie. □ *la sixième* ***croisade*** (1228-1229). L'empereur *Frédéric II obtint l'accès aux Lieux saints et leur cession. □ *la septième* ***croisade*** (1248-1254) après la chute de Jérusalem (1244). Échec de Saint Louis (Louis IX de France). □ *la huitième* ***croisade*** (1270). Mort de Louis IX devant Tunis. □ *la neuvième* ***croisade*** (1291). Échec devant Acre.

Le **Croisic** ▪ Ville de France, au sud de la *Bretagne. 4 400 hab. *(les Croisicais).* ▶ *la pointe du* ***Croisic***, cap de la côte atlantique.

le **Croissant fertile** ▪ Région d'Asie occidentale, du golfe Persique à la Palestine, où sont apparus de grands empires (Babylone, Assyrie, Phénicie) et de grandes civilisations (Sumer, Israël) dans l'Antiquité.

le **Croissant-Rouge** ▪ ⇒ la **Croix-Rouge.**

les **Croix-de-Feu** n. m. ▪ Organisation française d'anciens combattants de droite, créée en 1927 et dirigée par le colonel de La Rocque. Dissoute en 1936, elle fut remplacée par le parti social français.

la **Croix-Rouge** ▪ Organisation internationale d'assistance médicale, créée par *Dunant en 1863 pour les blessés de guerre. □ *le* ***Croissant-Rouge***, emblème équivalent pour les pays musulmans.

Cro-Magnon ▪ Site préhistorique du *Périgord (France) (*homme de Cro-Magnon*, 35 000 av. J.-C.).

Fernand **Crommelynck** ▪ Auteur dramatique belge d'expression française (1885-1970). *"Le Cocu magnifique"*.

Thomas **Cromwell** *comte d'Essex* ▪ Homme d'État anglais (v. 1485-1540). Inspirateur de la politique religieuse d'*Henri VIII.

Oliver **Cromwell** ▪ Homme politique anglais (1599-1658). Chef militaire de la révolution parlementaire contre *Charles Ier. Après l'exécution du roi

(1649), il instaura la république et exerça un pouvoir dictatorial. Il engagea de profondes réformes mais mourut impopulaire.

Archibald Joseph **Cronin** ■ Romancier anglais (1896-1981). "*La Citadelle*" ; "*les Clefs du royaume*".

Cronos ■ Dans la mythologie grecque, père de *Zeus, fils de la Terre (*Gaïa) et du Ciel (*Ouranos), identifié au Temps. Il est *Saturne pour les Romains. ‹ ► chrono- ›

Cronstadt ■ ⇒ **Kronstadt.**

Charles **Cros** ■ Poète et savant français (1842-1888). Pionnier de la photographie, inventeur, en même temps qu'*Edison, du phonographe. "*Le Coffret de santal*".

Crotone ■ Ville d'Italie (*Calabre). 58 300 hab. Florissante colonie de la Grèce antique.

l'archipel des **Crozet** ■ Archipel français du secteur indien des terres *Australes et Antarctiques françaises. 505 km². Parc national. L'archipel est inhabité, à l'exception d'une trentaine de personnes à la station météorologique.

Robert **Crumb** ■ Dessinateur américain de bandes dessinées (né en 1943).

Mihály **Csokonai Vitéz** ■ Poète hongrois (1773-1805). Grand lyrique. "*Dorothée*".

Cuauhtémoc ■ Dernier empereur *aztèque, assassiné sur ordre de *Cortés (v. 1497 - 1522).

Cuba ■ Île et État (république socialiste) des Antilles. 110 861 km². 10,54 millions d'hab. Capitale : La Havane. Langue officielle : espagnol. Monnaie : peso cubain. ▭ **HISTOIRE.** Libérée des colons espagnols par les Américains en 1898, indépendante en 1902 mais sous l'étroit contrôle des États-Unis, Cuba connut la corruption et la dictature (Machado y Morales, *Batista) de 1925 à la révolution menée par Fidel *Castro (1959), qui institua en 1961 un régime prosoviétique. Cuba a tenté ensuite une relative ouverture à l'Ouest sans abandonner cependant son aide aux mouvements révolutionnaires (Éthiopie, Angola) et son intégration économique (sucre, tabac) à la *C.A.E.M. À partir de 1989, la réduction du soutien soviétique et les difficultés économiques internes entraînèrent l'abandon de l'action révolutionnaire à l'étranger. ► *la* **crise de Cuba,** en 1962, entre les États-Unis et l'U.R.S.S. résultait de l'installation de missiles nucléaires soviétiques sur l'île, qui furent démantelés. ‹ ► cubain ›

le **cubisme,** *les* **cubistes** ■ Mouvement artistique qui naquit vers 1907 des recherches de *Braque et de *Picasso (⇒ **Bateau-Lavoir**). Rompant avec la perspective, il utilise simultanément plusieurs angles de vue pour un même objet (d'où l'impression de « cubes »). Par son recours tantôt directement à la réalité (papiers collés), tantôt à l'abstraction géométrique, il affranchit l'art moderne de l'idéal de représentation.

Cúcuta ■ Ville de Colombie. 407 000 hab. Important centre commercial (café).

Cuenca ■ 3e ville de l'Équateur. 272 000 hab.

Cuernavaca ■ Ville du Mexique. 232 000 hab. Centre touristique et économique.

Joseph **Cugnot** ■ Ingénieur français (1725-1804). Inventeur du premier engin automobile, le « fardier ».

César **Cui** ■ Compositeur russe (1835-1918). Fondateur, avec *Balakirev, du groupe des *Cinq.

Jacques **Cujas** ■ Jurisconsulte français (1522-1590). Exégète du droit latin.

George **Cukor** ■ Cinéaste américain (1899-1983). "*My Fair Lady*".

Culiacán ■ Ville du Mexique. 560 000 hab.

Maurice Galbraith **Cullen** ■ Peintre canadien (1866-1934). Considéré comme l'un des grands peintres de l'hiver canadien.

le massif de **Cumberland** ■ Massif montagneux du nord-ouest de l'Angleterre.

la **Cumbrie** ou **Cumbria** ■ Comté du nord-ouest de l'Angleterre. 6 809 km². 489 000 hab. Chef-lieu : Carlisle (71 500 hab.).

Cumes ■ Site archéologique d'Italie (*Campanie), ancienne colonie grecque, alliée de Rome.

Edward Estlin **Cummings** ■ Poète américain (1894-1962). Proche de *Pound, il est l'auteur d'une œuvre provocatrice.

Merce **Cunningham** ■ Danseur et chorégraphe américain (né en 1919).

Cupidon ■ Dieu romain de l'Amour, identifié avec l'*Éros grec.

Curaçao ■ La plus grande des *Antilles néerlandaises. 444 km². 152 000 hab. Elle a donné son nom à une liqueur d'oranges. ‹ ► curaçao ›

Cure-Pipe ■ 3e ville de l'île Maurice. 64 700 hab.

les **Curiaces** ■ ⇒ les trois **Horaces.**

les **Curie** ■ Physiciens français. Pierre (1859-1906) et Marie, née Skłodowska, son épouse, d'origine polonaise (1867-1934). Leur contribution décisive à l'étude de la radioactivité leur valut le prix Nobel de physique en 1903, et à Marie le prix Nobel de chimie en 1911. ‹ ► ② curie ›

Curitiba ■ Ville du Brésil, capitale de l'État du *Paraná. 843 000 hab. (zone urbaine de 1,9 million d'hab.). Centre agricole et industriel important.

Michael **Curtiz** ■ Cinéaste américain d'origine hongroise (1888-1962). "*Casablanca*".

Harvey **Cushing** ■ Chirurgien américain (1869-1939). Fondateur de la neurochirurgie.

le marquis de **Custine** ■ Écrivain français (1790-1857). "*La Russie en 1839*".

Cuttack ■ Ville de l'Inde (*Orissa), fondée au XIIIe s. 295 000 hab. Important carrefour de communications.

Georges baron **Cuvier** ■ Zoologiste français (1769-1832). Par l'anatomie comparée, il aboutit à la création de la paléontologie, et rendit possible le transformisme, auquel il était hostile.

François de **Cuvilliés** ■ Architecte et décorateur allemand (1695-1768). Un des principaux représentants du style *rococo.

Albert **Cuyp** ■ Peintre hollandais (1620-1691). Remarquable paysagiste.

Alexandre Jean **Cuza** ■ Premier prince de Roumanie, de 1859 à 1866 (1820-1873).

Cuzco ■ Ville du sud du Pérou, située à 3 600 m. 255 000 hab. Berceau de l'Empire *inca. Monuments coloniaux. Tourisme.

Cyaxare ■ Roi des Mèdes de 625 à 585 av. J.-C. Vainqueur des Scythes et des Perses, il détruisit l'Empire assyrien.

Cybèle ■ Divinité orientale adorée à Rome sous le nom de « Grande Mère » ou « Mère des dieux ».

les **Cyclades** n. f. pl. ■ Îles grecques de la mer Égée, foyer d'une brillante civilisation en 2000 av. J.-C. (⇒ **Délos, Ios, Milo, Mykonos, Náxos, Páros, Santorin, Syra**).

les **Cyclopes** n. m. ■ Géants de la mythologie grecque n'ayant qu'un œil, au milieu du front. ⟨ ► cyclopéen ⟩

saint **Cyprien** ■ Évêque de Carthage, écrivain latin, Père de l'Église (v. 200-258).

Louis **Cyr** ■ Homme fort québécois (1863-1912). Champion mondial du lever du poids en 1892. Avec son dos, il a levé une plate-forme de 1 967 kg.

Savinien de **Cyrano de Bergerac** ■ Écrivain français (1619-1655). "*Histoire comique des États et Empires de la Lune*". Le personnage, esprit libre et savant, a inspiré Edmond Rostand pour sa célèbre comédie "*Cyrano de Bergerac*" (1897), mais le Cyrano de Rostand a peu de rapport avec l'écrivain.

la **Cyrénaïque** ■ Région orientale de la Libye. Colonisée par les Grecs, puis État indépendant soumis aux *Ptolémées, province romaine en 74 av. J.-C., elle fut conquise par les Arabes en 641 puis annexée à l'Empire ottoman. Colonie italienne après 1912, elle fut réunie à la *Tripolitaine pour former la Libye en 1934. □ *les* ***cyrénaïques***. ⇒ **hédonisme.**

saint **Cyrille** ■ Théologien, patriarche d'Alexandrie, docteur de l'Église (v. 380-444).

les saints **Cyrille et Méthode** ■ Évangélisateurs des Slaves (IXe s.). On leur attribue l'invention de l'alphabet russe ou *cyrillique*. ⟨ ► cyrillique ⟩

Cyrus II le Grand ■ Roi de Perse (v. 580-v. 530 av. J.-C.). Il vainquit les Mèdes, conquit Babylone (où il libéra les Juifs) et fonda la dynastie des Achéménides.

Cythère ou **Cérigo** ■ Île grecque, la plus méridionale des îles Ioniennes, entre le *Péloponnèse et la Crète. 285 km². 3 500 hab. Célèbre sanctuaire d'Aphrodite dans l'Antiquité, qui donna naissance au thème artistique de *l'embarquement pour Cythère,* pays de l'amour.

les **Czartoryski** ■ FAMILLE PRINCIÈRE DE POLOGNE □ *Adam Jerzy* ***Czartoryski*** (1770-1861) lutta pour l'indépendance de la Pologne.

Częstochowa ■ Ville du sud de la Pologne. 247 000 hab. Pèlerinage à la Vierge noire. Sidérurgie.

D

Eugène **Dabit** ■ Romancier français (1898-1936). "*Hôtel du Nord*".

Maria **Dąbrowska** ou **Dombrowska** ■ Écrivaine polonaise (1889-1965). "*Les Nuits et les Jours*", cycle romanesque épique.

Jan Henryk **Dąbrowski** ou **Dombrowski** ■ Général polonais (1755-1818). Chef des légions polonaises dans l'armée française de 1797 à 1814. Il donna son nom à l'hymne national polonais.

Dacca ou **Dhaka** ■ Capitale du Bangladesh. 4,77 millions d'hab. Nombreux monuments de l'époque *moghole.

Dachau ■ Ville d'Allemagne (*Bavière). 33 200 hab. Camp de concentration nazi de 1933 à 1945.

la **Dacie** ■ Région de l'Antiquité correspondant à la Roumanie actuelle. ► *les* **Daces** *:* habitants de la Dacie.

le mouvement **dada** ou *le* **dadaïsme** ■ Mouvement d'artistes et d'intellectuels, apparu en 1916 en Europe (*Tzara, *Arp) et aux États-Unis (*Duchamp, *Picabia, *Man Ray). Caractérisé par un refus des valeurs admises, il s'exprima par la provocation, la parodie et l'humour. Il ouvrit la voie au *surréalisme et à l'art moderne, en donnant une liberté nouvelle aux artistes. ‹ ► ② dada ›

Dādra et Nagar Haveli ■ Territoire de l'Union indienne, au nord de Bombay. 491 km². 104 000 hab. Capitale : Silvassa.

Stig **Dagerman** ■ Écrivain suédois (1923-1954). "*Automne allemand*".

le **Daghestan** ou **Daguestan** ■ Une des 16 républiques autonomes de la Fédération de *Russie, au bord de la mer Caspienne. 50 300 km². 1,79 million d'hab. Capitale : Makhatchkala. Pays montagneux. Cultures, pêche, industries.

Dagobert ■ NOM DE TROIS ROIS MÉROVINGIENS □ ***Dagobert Ier.*** Roi mérovingien des Francs de 629 à sa mort (v. 600 - 639). Conseillé par saint *Éloi, il a laissé le souvenir d'un grand règne. □ ***Dagobert II,*** son petit-fils, roi d'Austrasie de 676 à son assassinat en 679. □ ***Dagobert III,*** roi de Neustrie de 711 à 715.

Jacques **Daguerre** ■ Inventeur français (1787-1851), collaborateur de *Niépce. Procédés photographiques (les *daguerréotypes*).

le **Dahomey** ■ Ancienne colonie française, devenue indépendante en 1960 et qui prit le nom de *Bénin en 1975.

Dai Jin ■ Principal peintre chinois de l'époque *Ming, avec *Wu Wei (1388-1462).

Gottlieb **Daimler** ■ Ingénieur allemand (1834-1900). Inventeur du moteur des premières automobiles à essence.

Dakar ■ Capitale et port du Sénégal. 1,38 million d'hab. Université. Industries légères, pétrole. Carrefour de communications.

le **Dakota du Nord** ■ État du centre-nord des États-Unis, à la frontière du Canada. 183 117 km². 653 000 hab. Capitale : Bismarck. □ *le* ***Dakota du Sud.*** État au sud du précédent. 199 730 km². 690 000 hab. Capitale : Pierre. – Les deux États furent créés en 1889, sur l'ancien territoire des *Indiens Dakota* (⇒ **Sioux**). Régions agricoles et touristiques.

Édouard **Daladier** ■ Homme politique français (1884-1970). Radical-socialiste, ministre du gouvernement du *Front populaire (1936). Président du Conseil en 1933 et 1938-1940 (signataire des accords de *Munich en 1938).

Salvador **Dalí** ■ Peintre espagnol (1904-1989). Membre du groupe *surréaliste en 1927. Sujets symboliques et fantastiques, à dominante érotique, représentés avec un réalisme minutieux. Films avec *Buñuel *("l'Âge d'or")*. Essais.

Dalian ■ Ville de Chine (*Liaoning). 1,68 million d'hab. Elle forme avec *Lüshun la conurbation de *Lüda. Port et centre industriel.

Dalila ■ Personnage de la Bible. ⇒ **Samson.**

Luigi **Dallapiccola** ■ Compositeur italien, un des plus importants de son époque (1904-1975). "*Vol de nuit*" ; "*Ulysse*".

Dallas ■ Ville des États-Unis, métropole du Texas avec *Houston. 905 000 hab. Pétrole. Centre de la mode, du commerce et des finances. C'est à Dallas que le président *Kennedy fut assassiné en novembre 1963.

la **Dalmatie** ■ Région historique des Balkans, en *Croatie. Tourisme (*Dubrovnik, *Split). ‹ ▶ dalmatien ›

Jules **Dalou** ■ Sculpteur français (1838-1902). "*Le Triomphe de la République*", place de la Nation à Paris.

John **Dalton** ■ Chimiste anglais (1766-1844). Il introduisit la théorie atomique en chimie. Il a étudié les troubles dans la perception des couleurs appelés *daltonisme.* ‹ ▶ daltonien ›

Damân et Diu ■ Anciennes possessions portugaises en Inde de 1559 à 1961, formant un territoire de l'Union indienne. ***Damân,*** sur la côte du *Gujarāt : 72 km²; 48 600 hab. ; capitale : Damân (21 000 hab.). L'île ***Diu*** : 38 km²; 30 400 hab. ; capitale : Diu (8 000 hab.).

Damanhūr ■ Ville d'Égypte, près d'Alexandrie. 226 000 hab. C'est l'ancienne Hermopolis, cité d'*Horus.

Damas ■ Capitale de la Syrie. 1,25 million d'hab. *(les Damascènes* ou *Damasquins).* Important centre de communications. Artisanat réputé (tissus). Une des plus anciennes villes du monde, capitale d'un royaume araméen au XIe s. av. J.-C. ; résidence des *Omeyyades de 650 à 724 (célèbre mosquée). ‹ ▶ damas, damasquiné ›

Jean **Damascène** ■ ⇒ saint **Jean Damascène.**

Damiette, en arabe **Dumyāṭ** ■ Ville d'Égypte, au nord-est du Caire. 121 000 hab. Port très important au Moyen Âge, pris par les croisés en 1218 et 1249.

Damoclès ■ Courtisan de *Denys l'Ancien (IVe s. av. J.-C.). *L'épée de Damoclès,* suspendue par Denys au-dessus de la tête de Damoclès, symbolise la fragilité du bonheur.

la **Dāmodar** ■ Rivière de l'Inde qui se jette dans le delta du *Gange. 550 km. Site de nombreuses installations hydro-électriques.

Danaé ■ Mère de *Persée, dans la mythologie grecque. *Zeus se transforma en pluie d'or pour la séduire.

les **Danaïdes** n. f. ■ D'après la légende grecque, filles du roi d'Argos *Danaos.* Meurtrières de leurs époux, elles furent condamnées à verser éternellement de l'eau dans un tonneau sans fond. Elles ont inspiré *Eschyle.

Da Nang ■ Ville et port du Viêt-nam. 319 000 hab.

Enrico **Dandolo** ■ Doge de Venise, un des chefs de la quatrième croisade (mort en 1205).

le **Danemark** ■ État (monarchie constitutionnelle) d'Europe du Nord, formé de la péninsule de *Jütland et d'îles dont la *Fionie, *Sjaelland, *Lolland, *Falster et *Bornholm sont les principales. 43 092 km². 5,13 millions d'hab. *(les Danois).* Capitale : Copenhague. Langue : danois. Religion officielle : Église luthérienne évangélique. Monnaie : couronne danoise. Pays de plaines, doté d'une agriculture moderne (élevage). Industries alimentaires, métallurgie, mécanique, chantiers navals. Nombreux ports (pêche). Tourisme. ▭ **HISTOIRE.** Les Danois étaient peu connus avant le VIIIe s., date à laquelle ils participèrent aux expéditions des *Vikings vers le sud-ouest. Ils se christianisèrent au Xe s. Vers 1025, *Canut le Grand soumit la Norvège et l'Angleterre : l'unité des trois pays, éphémère, se reconstitua sous le règne de *Marguerite Valdemarsdotter (union de Kalmar, 1397). Cependant la Suède fit sécession avec *Gustave Vasa en 1523, malgré la résistance de *Christian II. En 1536 le luthéranisme (⇒ **Luther**) fut déclaré religion d'État. *Christian IV fit une intervention malheureuse dans la guerre de *Trente Ans (1625-1629). Il entreprit une guerre contre la Suède (1643-1645), poursuivie par *Frédéric III (1648), qui se solda par un échec (1658) : la Suède avait la suprématie dans la Baltique. Paradoxalement, la monarchie se renforça, et le XVIIIe s. fut une période de « despotisme éclairé » et d'enrichissement (commerce international). Allié de Napoléon, le Danemark perdit la Norvège (1814), acquit les duchés de Schleswig et du Holstein (1815), qu'il dut céder à la Prusse et à l'Autriche (1864). Monarchie constitutionnelle depuis 1849, le Danemark s'engagea à partir de 1915 dans une politique réformiste et sociale très avancée. Pays neutre pendant la Première Guerre mondiale, il retrouva en 1920 le nord du Schleswig (sud du Jütland actuel). Occupé par Hitler en 1940, il opposa une résistance active au nazisme, le roi Christian X protégeant efficacement la minorité juive. L'indépendance de l'Islande, ancien territoire danois, fut reconnue en 1944. Membre de l'O.T.A.N. (1949) puis de la C.E.E. (1973). ‹ ▶ danois ›

Daniel ■ Un des grands prophètes de la Bible. Le "*Livre de Daniel*" raconte des épisodes célèbres : Daniel dans la fosse aux lions, Suzanne et les vieillards.

Pierre **Daninos** ■ Écrivain humoriste français (né en 1913). "*Carnets du major Thompson*".

Gabriele **D'Annunzio** ■ Écrivain italien (1863-1938). Poète *("Alcyone"),* prosateur *("la Léda sans cygne"* ; *"Nocturne"),* auteur dramatique, il exalta, parfois avec emphase, la sensualité et l'héroïsme. Nationaliste fervent, il fut proche du fascisme.

Pierre **Dansereau** ■ Écologiste québécois (né en 1911). Son ouvrage "*Biogeography, an Ecological Perspective*" (1957) eut un grand retentissement dans les milieux préoccupés par les questions écologiques.

Fernand **Dansereau** ■ Cinéaste québécois (né en 1928). Il a réalisé plusieurs films d'intervention sociale.

Dante Alighieri ■ Écrivain italien (1265-1321). Engagé dans la vie politique de Florence, il écrivit divers traités en latin, des recueils poétiques ("*La Vita nuova*", où il célèbre son amour pour *Béatrice) et le premier chef-d'œuvre de la littérature italienne : la "*Divine Comédie*" (1307-1321), vision d'un voyage dans l'au-delà en compagnie de *Virgile, Béatrice et saint *Bernard. Ce poème sacré eut une influence immense sur la culture et la littérature européennes. ‹ ▶ dantesque ›

Georges Jacques **Danton** ■ Révolutionnaire français (1759-1794). Il organisa la défense nationale, déclencha la *Terreur mais en réclama la fin dès 1793 (d'où le nom d'*Indulgents* donné à ses partisans). Accusé de vénalité, il fut éliminé par *Robespierre et guillotiné. C'était un orateur remarquable.

Dantzig ■ Nom allemand francisé de *Gdańsk. Important port de la Baltique, la ville fut disputée entre l'Allemagne ou la Prusse et la Pologne. ▶ *le couloir de* ***Dantzig,*** territoire autonome qui reliait la Pologne à la mer, fut occupé par *Hitler en 1939, ce qui provoqua la Seconde *Guerre mondiale, et intégré après 1945 à la Pologne.

le **Danube** ■ Le plus long et le plus important fleuve d'Europe après la *Volga. 2 850 km. Né en Allemagne, il se jette dans la mer Noire. Il traverse Vienne, Budapest et Belgrade. Rôle historique (limite de l'Empire romain, frontière naturelle entre États) et économique (voie navigable de Ratisbonne à son débouché).

Daphnis ■ Berger de la mythologie grecque, fils d'*Hermès, inventeur de la poésie bucolique. □ ***Daphnis.*** Berger de Lesbos, amoureux de Chloé dans un célèbre roman de Longus, "*Daphnis et Chloé*".

Lorenzo ***Da Ponte*** ■ Librettiste italien (1749-1838). Auteur de livrets d'opéras de *Mozart : "*les Noces de Figaro*" ; "*Don Juan*" ; "*Cosi fan tutte*".

Dapsang ■ ⇒ **K2.**

Claude ***Daquin*** ■ ⇒ d'**Aquin.**

Frédéric ***Dard*** ■ ⇒ **San Antonio.**

le détroit des ***Dardanelles*** ■ Passage entre la mer *Égée et, par la mer de Marmara, la mer *Noire. Position stratégique dès l'Antiquité, les Dardanelles, avec le *Bosphore, ont été un enjeu des guerres des XIXe et XXe s. Elles séparent l'Europe de l'Asie.

Dar es-Salaam ■ Ancienne capitale (⇒ **Dodoma**) et port de la Tanzanie. 757 000 hab. Nombreuses industries.

le ***Darfour*** ■ Région montagneuse du Soudan. Le *royaume du Darfour* disparut sous la domination égyptienne en 1874.

Alexandre ***Dargomyjski*** ■ Compositeur russe (1813-1869). "*Roussalka*" et "*le Convive de pierre*", opéras.

Georges ***Darien*** ■ Écrivain français (1862-1921). "*Biribi*".

Rubén ***Darío*** ■ Écrivain nicaraguayen (1867-1916). Il a rénové la poésie de langue espagnole. "*Azur*".

Darius le Grand ■ Roi de Perse de 522 à 486 av. J.-C., grand organisateur de l'Empire achéménide. □ ***Darius III Codoman,*** roi de Perse de 336 à 330 av. J.-C., vaincu par *Alexandre le Grand.

Dārjiling ou ***Darjeeling*** ■ Ville de l'Inde (*Bengale-Occidental). 57 600 hab. Fondée par les Anglais comme capitale d'été du *Bengale. Thé renommé.

François ***Darlan*** ■ Amiral et homme politique français (1881-1942). Dauphin du maréchal *Pétain, il fut remplacé à la tête du gouvernement de *Vichy par *Laval en avril 1942. Se trouvant à Alger lors du débarquement allié (novembre 1942), il fit reconnaître par les Américains son autorité sur les colonies françaises. Assassiné, il fut remplacé par *Giraud.

le ***Darling*** ■ Rivière d'Australie. 2 450 km.

Darmstadt ■ Ville d'Allemagne (*Hesse). 134 000 hab. Monuments. Centre industriel et culturel important.

Lycette ***Darsonval*** ■ Danseuse française (née en 1917).

Dartmouth ■ Ville de la Nouvelle-Écosse, près de Halifax. 65 000 hab. Port. Industries chimique et pétrolière.

Charles ***Darwin*** ■ Naturaliste anglais (1809-1882). Il a expliqué l'évolution biologique par la sélection naturelle. La biologie contemporaine est *néo-darwiniste :* elle concilie les thèses de Darwin avec la génétique, issue des travaux de *Mendel.

Darwin ■ Ville et port d'Australie, capitale du Territoire du Nord. 76 400 hab.

Marcel ***Dassault*** ■ Ingénieur français, industriel de l'aéronautique (1892-1986).

Datong ■ Ville de Chine (*Shanxi). 1,02 million d'hab. Houille. Ancienne capitale des *Han (remparts).

Louis ***Daubenton*** ■ Naturaliste français, collaborateur de *Buffon (1716-1800).

Charles François ***Daubigny*** ■ Peintre français de l'école de *Barbizon (1817-1878).

Alphonse ***Daudet*** ■ Écrivain français (1840-1897), originaire de Provence. "*Le Petit Chose*" ; "*les Lettres de mon moulin*" ; "*l'Arlésienne*" (avec une musique de *Bizet) ; "*Tartarin de Tarascon*". □ *Léon* ***Daudet,*** son fils (1868-1942), polémiste de l'*Action française. "*Souvenirs*".

René ***Daumal*** ■ Écrivain français (1908-1944). Créateur de la revue *le Grand Jeu.* "*Le Mont Analogue*".

Honoré ***Daumier*** ■ Artiste français (1808-1879). Caricaturiste engagé, il s'exprima à travers la gravure ("*la Rue Transnonain*"), la sculpture ("*Ratapoil*") et la peinture où il fut un grand précurseur.

Pierre Claude François ***Daunou*** ■ Ancien prêtre rallié à la Révolution, grand érudit et archiviste français (1761-1840).

le Grand ***Dauphin*** ■ Fils de Louis XIV, mort avant d'avoir régné (1661-1711) (France).

le ***Dauphiné*** ■ Province de France, à l'est de *Lyon. Ancienne principauté rattachée à la Couronne française sous Philippe VI de Valois, elle donna son nom à l'héritier du trône : le *dauphin.* ‹ ► ② dauphin ›

Jean ***Dausset*** ■ Généticien français (né en 1916). Sa découverte des groupes tissulaires lui a valu le prix Nobel de médecine en 1980 avec G. Snell et B. Benacerraf.

Antoine ***Dauvergne*** ■ ⇒ A. d'**Auvergne.**

Davao ■ Ville et port des Philippines, dans l'île de *Mindanao. 836 400 hab.

David ■ Roi d'Israël (v. 1000 av. J.-C.). La Bible raconte sa victoire sur le géant *Goliath, son amour pour *Bethsabée, l'intronisation de son fils *Salomon, etc. Auteur supposé des Psaumes, vénéré par les juifs et par les chrétiens (*Jésus est dit « fils de David ») comme le roi de l'Alliance avec Dieu, il est aussi le prophète Daoud du *Coran. Il inspira de nombreux artistes : *Michel-Ange, *Poussin, *Rembrandt...

Gerard ***David*** ■ Peintre flamand (v. 1460-1523). Il travailla à *Bruges.

Jacques Louis ***David*** ■ Peintre français (1748-1825). Chef de file de l'école *néo-classique. Ses tableaux ont une portée morale et politique, célébrant l'idéal révolutionnaire ("*Marat assassiné*"), puis l'Empire ("*le Sacre*"). Portraits ("*Madame de Récamier*").

Félicien ***David*** ■ Compositeur français (1810-1876). "*Le Désert*".

Pierre Jean ***David d'Angers*** ■ Sculpteur français (1788-1856). Fronton du Panthéon à Paris. Médaillons-portraits.

Alexandra ***David-Neel*** ■ Exploratrice française (1868-1969). Elle fut la première femme européenne à pénétrer à Lhassa (Tibet), en 1924.

Jefferson ***Davis*** ■ Homme politique américain (1808-1889). Président de la Confédération des États sudistes au moment de la guerre de *Sécession.

Stuart ***Davis*** ■ Peintre américain (1894-1964). Objets en série. "*Batteurs à œufs*".

Miles ***Davis*** ■ Musicien de jazz noir américain, trompettiste, un des grands novateurs du jazz (1926-1991).

Davos ■ Ville et station de sports d'hiver de Suisse (*Grisons). 11 400 hab.

Louis Nicolas ***Davout*** ■ Un des maréchaux de Napoléon Ier (1770-1823). Ministre de la Guerre durant les *Cent-Jours (France).

sir Humphry ***Davy*** ■ Chimiste anglais (1778-1829). Électrochimie. Définition du chlore comme élément. *Lampe Davy :* lampe de sûreté pour les mineurs.

le plan ***Dawes*** ■ Plan établi sous la direction du financier américain Charles Dawes (1865-1951) pour préciser comment l'Allemagne devait payer les réparations de guerre (1924).

John William ***Dawson*** ■ Géologue canadien (1820-1899). Considéré comme le premier savant canadien de renommée internationale.

Dax ■ Ville de France (*Aquitaine). 20 100 hab. *(les Dacquois).* Station thermale.

Moshe ***Dayan*** ■ Général et homme politique israélien (1915-1981). Artisan de la victoire de 1967 (⇒ guerres **israélo-arabes**).

Dayr al-Baḥrī ■ ⇒ **Deir el-Bahari.**

Dayton ■ Ville des États-Unis (*Ohio). 203 000 hab. Industries aéronautiques.

Daytona Beach ■ Ville des États-Unis (*Floride). 55 000 hab.

James ***Dean*** ■ Acteur de cinéma américain (1931-1955). Ses trois films *("À l'est d'Éden" ; "la Fureur de vivre" ; "Géant")* et sa mort prématurée firent de lui l'idole des jeunes générations.

Marcel ***Déat*** ■ Homme politique français (1894-1955). Socialiste, il évolua vers le fascisme et la *Collaboration.

Deauville ■ Ville de France (*Normandie), sur la Manche. 4 300 hab. *(les Deauvillais).* Station balnéaire. Festival de cinéma.

Dimčo ***Debeljanov*** ■ Poète symboliste bulgare (1887-1916).

Michel ***Debré*** ■ Homme politique français (né en 1912). Premier ministre du début de la Ve République (1959) à 1962.

Debrecen ■ Ville de Hongrie. 220 000 hab. Centre du mouvement protestant hongrois, elle connut une vie intellectuelle active (université). *Kossuth y proclama l'indépendance en 1849.

Claude ***Debussy*** ■ Compositeur français, un des plus importants du XXe s. (1862-1918). On a qualifié sa musique d'impressionniste : art de l'évocation dans ses œuvres pour piano *("Préludes"),* pour orchestre *("la Mer" ; "Prélude à l'après-midi d'un faune")* et dans son opéra "*Pelléas et Mélisande*" (sur un livret de *Maeterlinck).

Petrus ***Debye*** ■ Physicien et physico-chimiste néerlandais (1884-1966). Théorie des solutions électrolytiques. Applications chimiques de la théorie quantique. Prix Nobel de chimie 1936.

les ***décabristes*** ou ***décembristes*** n. m. ■ Groupe de nobles et d'officiers russes qui, en décembre (en russe : *dekabr'*) 1825, tentèrent en vain de substituer au tsarisme un régime plus libéral.

Élie duc ***Decazes*** ■ Ministre libéral de Louis XVIII (1780-1860). Créateur des forges de *Decazeville (France). ⇒ duc de **Berry.**

le ***Deccan*** ■ ⇒ **Dekkan.**

Dèce ■ Empereur romain (v. 200-251). Voulant restaurer l'unité morale de l'empire autour de la religion traditionnelle, il déclencha la première persécution systématique des chrétiens.

le coup d'État du 2 ***décembre 1851*** ■ ⇒ **IIe République.**

Giorgio ***de Chirico*** ■ Peintre italien (1888-1978). Son œuvre « métaphysique » (avant 1920) influença le *surréalisme.

la ***Déclaration des droits de l'homme et du citoyen*** ■ ⇒ la Déclaration des **droits de l'homme et du citoyen.**

Charles ***De Coster*** ■ Écrivain belge d'expression française (1827-1879). Célèbre pour sa version de la légende de *Till Eulenspiegel (1867) et ses récits folkloriques.

Ovide ***Decroly*** ■ Médecin, psychologue et pédagogue belge (1871-1932). Inspirateur d'écoles expérimentales.

Dédale ■ Dans la mythologie grecque, père d'*Icare et architecte du Labyrinthe de Crète, construit sur l'ordre de *Minos pour enfermer le *Minotaure. ⟨ ► dédale ⟩

Richard ***Dedekind*** ■ Mathématicien allemand (1831-1916). Sa théorie des nombres est à la base de l'algèbre moderne. Il a rattaché la géométrie à l'algèbre. Correspondance avec *Cantor (théorie des ensembles).

le quartier de la ***Défense*** ■ Quartier d'affaires et ensemble résidentiel français de la banlieue ouest de Paris, construit depuis 1958 et caractérisé par ses nombreuses tours. La *Grande Arche de la Défense,* du Danois Otto von Spreckelsen, fut inaugurée en 1989.

le gouvernement de la ***Défense nationale*** ■ Gouvernement républicain instauré après la défaite de *Sedan et la proclamation révolutionnaire de la IIIe République française et de la déchéance de Napoléon III (4 septembre 1870). Après l'armistice et les nouvelles élections législatives (janvier et février 1871), il laissa la place au gouvernement *Thiers.

Marie, marquise du ***Deffand*** ■ Femme de lettres française (1697-1780). Son salon reçut notamment les encyclopédistes. Abondante correspondance avec *Voltaire, d'*Alembert, H. *Walpole...

Gaston ***Defferre*** ■ Homme politique français (1910-1986). Ministre socialiste, maire de Marseille de 1953 à sa mort. *Lois* dites *Defferre :* sur la décolonisation (1956), sur la décentralisation (1982).

Daniel ***Defoe*** ■ Écrivain, pamphlétaire et homme d'affaires anglais (1660-1731). Avec "*Robinson Crusoé*", récit de la vie d'un marin échoué sur une île, il a créé le mythe de la confrontation d'un Européen avec la solitude, la nature et l'étranger.

Edgar ***Degas*** ■ Peintre et sculpteur français (1834-1917). La nouveauté de ses compositions et de ses coloris (spécialement les pastels), l'intimisme de ses œuvres (danseuses, modistes, femmes à la toilette) influencèrent notamment *Toulouse-Lautrec et *Bonnard.

Alcide ***De Gasperi*** ■ Homme politique italien (1881-1954). Adversaire du fascisme, au pouvoir de 1945 à 1953, il fut l'artisan de la reconstruction du pays après guerre et de l'unité européenne.

Dehiwala-Mount Lavinia ■ 2e ville du Sri Lanka. 174 000 hab.

Deir el-Bahari ■ Site archéologique égyptien, en face de *Louxor. Temple de la reine *Hatshepsout.

Déjanire ■ Princesse de la mythologie grecque. Épouse d'*Héraclès, elle provoqua sa mort par sa jalousie.

le ***Dekkan*** ou ***Deccan*** ■ Vaste région de la péninsule indienne (moitié sud). Plus influencée par la culture musulmane qu'hindoue, elle ne fut véritablement unie à la plaine du nord que par la colonisation britannique.

Frederik ***De Klerk*** ■ Homme politique sud-africain (né en 1936). Élu président de la République en 1989, il engagea une politique de suppression progressive de l'« apartheid ». ⇒ **Afrique du Sud**.

Willem ***de Kooning*** ■ Peintre américain d'origine néerlandaise (né en 1904). Style violemment expressionniste. "*Femmes*".

Eugène ***Delacroix*** ■ Peintre français (1798-1863). Le maître du *romantisme, par ses coloris éclatants, ses compositions tourmentées, son imagination violente et sensuelle. Thèmes littéraires ("*Dante et Virgile aux Enfers*"), allégories ("*la Liberté guidant le peuple*"), scènes orientales. Célèbre "*Journal*".

Delalande ■ ⇒ Michel Richard de **Lalande.**

Walter ***de la Mare*** ■ Écrivain anglais (1873-1956). "*Chansons d'enfance*".

Édouard ***Delamare-Deboutteville*** ■ Inventeur de la première automobile à moteur à explosion en 1883 (1856-1901).

Mazo ***De la Roche*** ■ Écrivaine canadienne de langue anglaise (1879-1961). Son roman "*Jalna*" (14 volumes) a inspiré une pièce de théâtre, un film et une série télévisée.

Robert ***Delaunay*** ■ Peintre, décorateur et théoricien français (1885-1941). Parti du *cubisme, il évolua vers l'art abstrait, faisant de la couleur et de la lumière le sujet de ses toiles. □ *Sonia* ***Delaunay,*** sa femme, née Terk (1885-1979), appliqua les mêmes recherches aux tissus.

Casimir ***Delavigne*** ■ Auteur dramatique français (1793-1843). Ses pièces oscillent entre *classicisme et *romantisme. "*Les Vêpres siciliennes*".

le ***Delaware*** ■ État de l'est des États-Unis, où le fleuve du même nom se jette dans l'Atlantique. 5 294 km². 594 000 hab. Capitale : Dover. Agriculture (conserveries), industries (⇒ **Wilmington**).

Théophile ***Delcassé*** ■ Homme politique français (1852-1923). Ministre radical des Affaires étrangères de 1898 à 1905 et en 1914-1915.

Grazia ***Deledda*** ■ Romancière italienne (1871-1936). "*Elias Portolu*" est typique du vérisme (réalisme). Prix Nobel 1926.

Delémont, en allemand ***Delsberg*** ■ Ville de Suisse, chef-lieu du *Jura. 11 400 hab.

Benjamin ***Delessert*** ■ Homme d'affaires français (1773-1847). Le *Blocus continental empêchant la consommation de sucre de canne, il lança la production industrielle de sucre de betterave (1812).

Gilles ***Deleuze*** ■ Philosophe français (né en 1925). "*Différence et répétition*" ; "*Logique du sens*" ; "*l'Anti-Œdipe*" (écrit avec F. Guattari).

Delft ■ Ville des Pays-Bas (*Hollande-Méridionale). 87 700 hab. Monuments, musées, vieux canaux. Célèbres faïences.

Delhi ■ Ville de l'Inde et capitale du territoire de l'Union du même nom (1 483 km² ; 6,2 millions d'hab.). 5,7 millions d'hab. avec la ville nouvelle de ***New Delhi,*** capitale fédérale de l'Inde depuis sa création par les Anglais en 1912. Ancienne capitale d'un sultanat musulman (1206-1526) et de l'Empire *moghol (⇒ **Inde**).

Léo ***Delibes*** ■ Compositeur français (1836-1891). Ses ballets "*Coppélia*" et "*Sylvia*" sont devenus des classiques. "*Lakmé*", opéra.

l'abbé Jacques ***Delille*** ■ Poète français très célèbre à son époque (1738-1813).

Nicolo ***Dell'Abate*** ■ Peintre italien (1509-1571). Collaborateur du *Primatice au château de *Fontainebleau.

les ***Della Robia*** ■ Sculpteurs florentins. L'atelier créé par Luca (v. 1400 - 1482) puis animé par Andrea, neveu de Luca (1435-1525), et ses fils, Giovanni (1469-1529) et Girolamo (1488-1566), était spécialisé dans les terres cuites émaillées.

Louis ***Delluc*** ■ Cinéaste et théoricien français du cinéma (1890-1924). "*Fièvre*". Son nom fut donné à un prix de cinéma en 1936.

Philibert ***Delorme*** ou ***de l'Orme*** ■ Architecte français (v. 1510 - 1570). Il fut formé en Italie. Son traité d'architecture et le château de *Diane de Poitiers à Anet sont des œuvres majeures de la *Renaissance française.

Marion ***Delorme*** ■ ⇒ Marion de **Lorme.**

Délos ■ La plus petite île des Cyclades, en Grèce. Elle donna son nom à la ligue des cités grecques dirigées par Athènes (Ve s. av. J.-C.). Important site archéologique (sanctuaire d'Apollon, v. 700 av. J.-C.).

Delphes ■ Ville de l'ancienne Grèce, sur un versant du mont *Parnasse, centre du culte d'*Apollon qui donnait des oracles par la bouche de la *Pythie. Nombreux vestiges archéologiques.

Andrea ***del Sarto*** ■ Peintre italien (1486-1530). Représentant avec Fra *Bartolomeo du classicisme florentin, influencé par *Raphaël et *Léonard de Vinci.

Joseph ***Delteil*** ■ Écrivain français (1894-1978). Il fut membre du groupe *surréaliste. "*Sur le fleuve Amour*" ; "*Saint don Juan*" ; "*Jésus II*".

Paul ***Delvaux*** ■ Peintre belge (né en 1897). Scènes surréalistes, à dominante érotique.

Albert ***Demangeon*** ■ Géographe français (1872-1940), collaborateur de *Vidal de La Blache à la "*Géographie universelle*".

Déméter ■ Une des plus importantes divinités de la Grèce antique, déesse de l'agriculture (la *Cérès* des Romains), mère de *Perséphone. ⇒ **Éleusis.**

Cecil Blount ***de Mille*** ■ Cinéaste américain (1881-1959). Spécialiste des superproductions à sujets historique ou biblique. "*Les Dix Commandements*" ; "*Samson et Dalila*".

le parti ***démocrate,*** en anglais ***Democratic Party*** ■ L'un des deux grands partis des États-Unis (⇒ parti **républicain**), de tendance réformiste. *Roosevelt, *Kennedy et *Carter étaient des présidents démocrates.

la ***démocratie chrétienne*** ■ Courant politique d'inspiration catholique. De nombreux partis d'Europe et d'Amérique latine s'en réclament, notamment les grands partis de centre-droit en Allemagne (Christlich-Demokratische Union, C.-D. U.), en Belgique et en Italie.

Démocrite ▪ Penseur grec (v. 460 - v. 370 av. J.-C.). Sa doctrine, l'*atomisme,* est un matérialisme pour lequel la réalité est faite de vide et d'atomes.

Augustus ***De Morgan*** ▪ Mathématicien et logicien anglais (1806-1871).

Démosthène ▪ Homme politique athénien, le plus grand orateur antique (384 - 322 av. J.-C.). Ses « philippiques » contre *Alexandre le Grand devinrent le symbole du discours violent.

Dendérah ▪ Site archéologique d'Égypte (temple d'*Hathor, sous les *Ptolémées).

le colonel ***Denfert-Rochereau*** ▪ ⇒ **Belfort.**

Deng Xiaoping ▪ Homme politique chinois (né en 1904). Évincé en 1976 par *Mao Zedong, il revint au pouvoir en 1977 pour engager la Chine sur la voie des réformes. Responsable de la répression des manifestations étudiantes de 1989, il abandonna ses fonctions peu après.

Anton ***Denikine*** ▪ Général russe (1872-1947). Un des chefs des armées contre-révolutionnaires de 1918 à 1920.

saint ***Denis*** ou ***Denys*** ▪ Premier évêque de Paris (v. 250). Martyr, il est souvent représenté décapité, sa tête entre les mains.

Maurice ***Denis*** ▪ Peintre français, théoricien du groupe des *nabis (1870-1943).

Dominique Vivant, baron ***Denon*** ▪ Graveur, écrivain, diplomate français (1747-1825). Il organisa le musée du *Louvre.

Denver ▪ Ville des États-Unis, capitale du *Colorado. 492 000 hab. Pôle économique des *Rocheuses. Nœud ferroviaire et routier.

Denys d'Halicarnasse ▪ Rhéteur, historien et critique grec vivant à Rome (Ier s. av. J.-C.).

Denys l'Ancien ▪ Tyran de Syracuse (430 - 367 av. J.-C.). ⇒ **Damoclès.** □ ***Denys le Jeune,*** son fils (v. 397 - 344 av. J.-C.), lui succéda mais fut chassé par *Timoléon en 344 av. J.-C.

saint ***Denys l'Aréopagite*** ▪ ⇒ **Pseudo-Denis.**

Agostino ***Depretis*** ▪ Homme politique italien (1813-1887). Trois fois président du Conseil entre 1876 et 1887, initiateur de la Triple-*Alliance et du colonialisme italien.

Thomas ***De Quincey*** ▪ Écrivain anglais (1785-1859). Révélé en France par *Baudelaire. "*De l'assassinat considéré comme un des beaux-arts*" ; "*Confessions d'un opiomane anglais*".

André ***Derain*** ▪ Peintre français (1880-1954). Style éclectique.

Derby ▪ Ville d'Angleterre (*Derbyshire). 221 000 hab. Textiles, industries mécaniques. ▶ *le* ***Derbyshire.*** Comté du centre de l'Angleterre (*Midlands de l'Est). 2 631 km². 924 200 hab. Chef-lieu : Matlock (20 800 hab.).

Gavrila ***Derjavine*** ▪ Poète russe (1743-1816). "*Felitsa*".

Paul ***Déroulède*** ▪ Écrivain nationaliste et homme politique français (1846-1914). "*Les Chants du soldat*".

Jacques ***Derrida*** ▪ Philosophe français (né en 1930). "*De la grammatologie*" ; "*l'Écriture et la Différence*" ; études sur *Husserl.

Tibor ***Déry*** ▪ Écrivain hongrois (1894-1977). "*La Phrase inachevée*".

Francesco ***De Sanctis*** ▪ Écrivain et homme politique italien (1817-1883). Fondateur de la critique littéraire moderne en Italie, historien de la culture nationale.

Girard ***Desargues*** ▪ Mathématicien français (1591-1662). Il a créé la géométrie projective, réinventée par *Poncelet v. 1820.

Georges-Édouard ***Desbarats*** ▪ Inventeur canadien (1838-1893). Inventeur, avec le graveur William Leggo, de la similigravure.

Marceline ***Desbordes-Valmore*** ▪ Poétesse française (1786-1859). "*Élégies*" ; "*les Pleurs*".

René ***Descartes*** ▪ Philosophe et savant français (1596-1650). Créateur de la géométrie analytique, promoteur du mécanisme dans les sciences exactes, père de la philosophie moderne. Contre les autorités reçues, il ne voulut se fier qu'à la raison. "*Discours de la méthode*" (suivi des essais scientifiques de cette méthode) ; "*Méditations métaphysiques*" ; "*Principes de la philosophie*" ; "*les Passions de l'âme*". ‹ ▶ cartésien ›

Yvon ***Deschamps*** ▪ Acteur, comédien et écrivain québécois (né en 1935). Connu pour ses monologues satiriques.

Paul ***Deschanel*** ▪ Homme politique français (1855-1922). Président de la République (centre droit) de février à septembre 1920.

Vittorio ***De Sica*** ▪ Cinéaste néo-réaliste italien naturalisé français en 1966 (1902-1974). "*Le Voleur de bicyclette*" ; "*Miracle à Milan*".

la ***Désirade*** ▪ Petite île des *Antilles françaises (20 km²) et ville de la Guadeloupe *(La Désirade).* 1 600 hab.

Alphonse ***Desjardins*** ▪ Journaliste et homme d'affaires québécois (1854-1920). Fondateur des *Caisses populaires Desjardins* (la première fut fondée à *Lévis, en 1900). Aujourd'hui, le *Mouvement Desjardins* offre presque les mêmes services que les banques, ainsi que des services d'assurance et de fiducie.

Nicolas ***Desmarets*** ▪ Homme politique français, neveu de *Colbert (1648-1721). Dernier contrôleur des Finances de Louis XIV.

Jean ***Desmarets de Saint-Sorlin*** ▪ Écrivain français (1595-1676). Son "*Traité pour juger des poèmes grecs, latins et français*" déclencha la querelle des *Anciens et des Modernes.

Étienne ***Desmarteau*** ▪ Homme fort québécois (1873-1905). Premier Canadien à remporter une médaille olympique.

Des Moines ▪ Ville des États-Unis, capitale de l'*Iowa. 191 000 hab.

Camille ***Desmoulins*** ▪ Publiciste français (1760-1794). Engagé dans la Révolution (membre du club des *Cordeliers et député *Montagnard), il fut exécuté avec *Danton.

Robert ***Desnos*** ▪ Poète français (1900-1945). Il participa au *surréalisme. Résistant, il mourut en camp de concentration. "*Corps et biens*".

Charles ***Despiau*** ▪ Sculpteur français (1874-1946). Bustes.

Philippe ***Desportes*** ▪ Poète français (1546-1606). Rival de *Ronsard et de *Malherbe. "*Amours de Diane*".

Hélène ***Desportes*** ▪ Considérée comme le premier enfant blanc né en *Nouvelle-France (v. 1620-1675).

François ***Desportes*** ▪ Peintre français (1661-1743). Scènes de chasse, natures mortes avec gibier.

Alfred ***Desrochers*** ▪ Écrivain québécois (1901-1978). Poète du terroir, inspiré notamment par la région de l'Estrie. "*À l'ombre de l'Orford*" (1929).

Jean-Jacques ***Dessalines*** ▪ Premier empereur d'Haïti (1804) après sa victoire sur les Français en 1803 (v. 1748 - 1806). Ancien esclave noir, lieutenant de *Toussaint-Louverture, renversé par *Pétion.

Dessau ▪ Ville d'Allemagne (*Saxe-Anhalt). 104 000 hab.

le ***Destour*** ▪ Parti politique tunisien fondé en 1920, interdit en 1933 et dissous en 1957. □ *le Néo-****Destour*** (⇒ **Bourguiba**) réclama l'indépendance et devint en 1964 le *parti socialiste destourien,* parti unique du nouvel État jusqu'en 1983. Il devint, en 1988, le « Rassemblement constitutionnel démocratique ».

Destutt de Tracy ▪ ⇒ **Idéologues.**

Detroit ▪ Ville des États-Unis (*Michigan). 1,2 million d'hab. Industries automobiles.

le ***Deutéronome*** ▪ Cinquième livre du *Pentateuque, dans la *Bible. ▶ *le* ***code deutéronomique*** rassemble les lois que doit observer la tradition juive.

Deux-Montagnes ▪ Ville du Québec. 10 500 hab.

la guerre des ***Deux-Roses*** ▪ ⇒ guerre des Deux-**Roses.**

le royaume des ***Deux-Siciles*** ▪ ⇒ royaume de **Naples.**

Eamon ***De Valera*** ▪ Homme politique irlandais (1882-1975). Chef du *Sinn Féin et fondateur de la république d'Irlande en 1937.

la guerre de ***Dévolution*** ▪ Guerre par laquelle *Louis XIV prit à l'Espagne le sud de la Flandre, notamment *Lille (1668).

le ***Devon*** ▪ Comté du sud-ouest de l'Angleterre. 6 715 km². 1 million d'hab. Chef-lieu : Exeter. Ville principale : Plymouth.

Hugo ***de Vries*** ▪ ⇒ de **Vries.**

la classification ***Dewey*** ▪ Classification décimale utilisée dans les bibliothèques, inventée par le bibliographe américain *Melvil Dewey* (1851-1931).

John ***Dewey*** ▪ Philosophe et pédagogue américain (1859-1952). Promoteur de l'« instrumentalisme » et des méthodes « actives » en pédagogie.

Théodore ***Dézamy*** ▪ Socialiste français (1808-1850). Théoricien du communisme.

Dhaka ▪ ⇒ **Dacca.**

Dhānbād ▪ Ville d'Inde (*Bihār). Zone urbaine de 677 000 hab.

le ***Dhaulāgiri*** ▪ Un des plus hauts sommets de l'*Himalaya. 8 172 m.

André ***Dhôtel*** ▪ Écrivain français (1900-1991). "*Le Pays où l'on n'arrive jamais*", roman.

Serge de ***Diaghilev*** ▪ Créateur des Ballets russes (1872-1929). Animateur de la vie artistique et musicale en Russie et en Europe, initiateur de la danse moderne.

Diane ▪ ⇒ **Artémis.**

Diane de Poitiers ▪ Maîtresse d'Henri II (1499-1566). Elle joua un grand rôle politique jusqu'à la mort du roi (1559). Mécène, elle fut célèbre pour sa beauté (France).

Bartolomeu ***Dias*** ▪ Navigateur portugais (v. 1450-1500). Il franchit le premier le cap de Bonne-Espérance (1488).

Antônio Gonçalves ***Dias*** ▪ ⇒ A. **Gonçalves Dias.**

Porfirio ***Díaz*** ▪ Homme politique mexicain (1830-1915). Général pendant la guerre d'indépendance. Maître du pays de 1876 à 1911, période de développement économique dite « le Porfiriat ».

Mohammed ***Dib*** ▪ Écrivain algérien d'expression française (né en 1920). "*Dieu en Barbarie*".

Philip Kindred ***Dick*** ▪ Écrivain américain de science-fiction (1928-1982). "*Ubik*".

Charles ***Dickens*** ▪ Écrivain anglais (1812-1870), le plus célèbre de son époque. Ses romans dénoncent l'injustice sociale et les malheurs de l'enfance. "*Les Aventures de M. Pickwick*" ; "*Nicolas Nickleby*" ; "*David Copperfield*".

Emily ***Dickinson*** ▪ Poétesse américaine (1830-1886). Auteur d'environ 1 800 poèmes lyriques, d'inspiration romantique et religieuse, publiés après sa mort.

Denis ***Diderot*** ▪ Écrivain français, principal responsable de l'*Encyclopédie (1713-1784). Son œuvre est caractéristique du rationalisme spirituel et ouvert des *Lumières, où littérature et philosophie se mêlent étroitement. "*Lettre sur les aveugles*" ; "*le Rêve de d'Alembert*" ; "*Paradoxe sur le comédien*" ; "*la Religieuse*" ; "*Jacques le Fataliste*" ; "*le Neveu de Rameau*".

Didon ou ***Élissa*** ▪ Princesse de *Tyr, fondatrice légendaire de *Carthage au IXᵉ s. av. J.-C. D'après *Virgile, abandonnée par *Énée, elle se donne la mort.

Didot ▪ FAMILLE DE LIBRAIRES ET IMPRIMEURS FRANÇAIS □ *Firmin* ***Didot*** (1764-1836) renouvela la gravure et la fonderie des caractères.

John George ***Diefenbaker*** ▪ Homme politique canadien (1895-1979). Premier ministre du Canada de 1957 à 1963.

le ***Diekirch*** ▪ District du Luxembourg. 1 157 km². 54 400 hab. Ville principale : Diekirch (5 600 hab.).

Diên Biên Phu ▪ Site du nord du Viêt-nam. En 1954, la défaite des Français contre le *Viêt-minh marqua la fin de l'hégémonie française en Indochine.

Dieppe ▪ Ville de France (*Normandie), sur la Manche. 36 600 hab. *(les Dieppois).* Station balnéaire. Port important (transit de voyageurs avec la Grande-Bretagne). En 1942, l'armée canadienne perdit 3 000 hommes dans un raid repoussé par les Allemands.

Rudolf ***Diesel*** ▪ Ingénieur allemand (1858-1913). Inventeur du moteur *Diesel.* ⟨ ▶ diesel ⟩

Diest ▪ Ville de Belgique (*Brabant). 21 000 hab. Vieille ville pittoresque et nombreux monuments anciens.

Maria Magdalena von Losch dite *Marlène* ***Dietrich*** ▪ Actrice allemande naturalisée américaine (1901-1992). Elle incarna le type de la femme fatale : "*l'Ange bleu*".

Differdange ▪ Ville du Luxembourg (district de *Luxembourg). 16 000 hab.

Digne ou ***Digne-les-Bains*** ▪ Ville du sud-est de la France. 17 400 hab. *(les Dignois).* Cathédrales (XIIIᵉ et XVᵉ s.).

Dijon ▪ Ville de France. 151 600 hab. *(les Dijonnais).* Capitale historique et administrative de la *Bourgogne, elle conserve beaucoup de maisons et monuments anciens (XIe - XVIIIe s.) : cathédrale Saint-Bénigne, palais ducal, etc. Université, centre ferroviaire et industriel, foire internationale. ► *le **Dijonnais,*** région au sud du plateau de *Langres (prairies, vignes).

Wilhelm ***Dilthey*** ■ Philosophe allemand (1833-1911). Il a tenté de fonder sur l'histoire la compréhension scientifique des sociétés humaines.

Dimitri ou ***Dmitri*** ■ NOM DE PLUSIEURS GRANDS PRINCES DE *RUSSIE □ ***Dimitri IV Donskoï*** (1350-1389), vainqueur des Mongols en 1380. □ *le **faux Dimitri*** (1580-1606) s'empara du trône en 1605. □ *le **second faux Dimitri*** envahit la Russie (1607) mais fut tué en 1610 sans avoir pris le pouvoir.

Georgi ***Dimitrov*** ■ Homme politique bulgare (1882-1949). Premier chef de gouvernement de la Bulgarie communiste, de 1946 à sa mort.

Dinan ■ Ville de France (*Bretagne). 12 900 hab. *(les Dinannais).* Maisons et monuments anciens. Industries textile, électronique, alimentaire.

Dinant ■ Ville de Belgique (province de *Namur). 12 000 hab. *(les Dinantais).* Industrie du cuivre et laiton coulé. ‹ ► dinanderie ›

Dinard ■ Ville de France (*Bretagne), sur la Manche. 10 300 hab. *(les Dinardais).* Station balnéaire.

les ***Dinarides*** n. f. pl. ■ Ensemble montagneux qui couvre la Yougoslavie *(Alpes dinariques),* l'Albanie et la Grèce (Hellénides).

la vallée des ***Dinosaures*** ■ Terrains ravinées au centre de l'*Alberta où furent découverts de nombreux squelettes d'animaux préhistoriques.

Dioclétien ■ Empereur romain de 284 à 305 (245 - v. 313). Il instaura la tétrarchie (pouvoir partagé par deux Augustes, chacun secondé par un César) pour mieux administrer l'empire. Il abdiqua avec Maximien.

***Diodore** de Sicile* ■ Historien grec (Ier s. av. J.-C.). "*Bibliothèque historique*".

Diogène Laërce ■ Écrivain grec (IIIe s.). "*Vies, doctrines et sentences des philosophes illustres*", source précieuse pour connaître la philosophie antique.

Diogène le Cynique ■ Philosophe grec de l'école cynique (413 - 327 av. J.-C.). Méprisant les richesses et les honneurs, il fut considéré comme un sage.

Diomède ■ Roi de la mythologie grecque. *Héraclès le fit dévorer par ses chevaux qu'il nourrissait de chair humaine.

Dionysos ou ***Bacchus*** ■ Dieu grec de la vigne, du vin et du délire extatique. Né de la cuisse de Jupiter (Zeus, chez les Grecs), d'où l'expression ; son culte (les *Bacchanales,* réputées orgiaques) fut interdit à Rome v. 180 av. J.-C. *Nietzsche l'oppose à *Apollon, comme l'ivresse au rêve. ‹ ► dionysiaque ›

Birago ***Diop*** ■ Écrivain sénégalais (né en 1906). Il a adapté en français des contes de la tradition orale africaine.

Diophante ■ Mathématicien grec d'Alexandrie (IIIe s.). Ses "*Arithmétiques*" ont créé l'analyse *diophantienne* ou indéterminée, une des sources de l'algèbre moderne.

Christian ***Dior*** ■ Couturier français (1905-1957).

les ***Dioscures*** ■ ⇒ **Castor et Pollux.**

Abdou ***Diouf*** ■ Homme politique sénégalais (né en 1935). Président de la République depuis 1981.

Paul ***Dirac*** ■ Physicien anglais (1902-1984). Un des pères de la mécanique quantique, prix Nobel 1933 pour l'*équation de Dirac* (équation relativiste de l'électron).

le ***Directoire*** ■ Période de l'histoire de France (1795-1799). Régime de transition entre le gouvernement révolutionnaire (*Convention) et l'époque napoléonienne (*Consulat). Au sens strict, c'est le nom du pouvoir exécutif sous ce régime (cinq membres, élus par le Conseil des *Cinq-Cents et celui des *Anciens), renforcé après le coup d'État du 18 fructidor an V (4 septembre 1797), sous l'impulsion de *Barras, dans le sens d'un pouvoir dictatorial et antiroyaliste.

Dire Dawa ■ 3e ville d'Éthiopie. 98 100 hab.

*Peter Gustav Lejeune-**Dirichlet*** ■ Mathématicien allemand (1805-1859). Analyse, théorie des nombres.

Walt ***Disney*** ■ Réalisateur et producteur américain de dessins animés (1901-1966). Maître du genre, créateur de Mickey et Donald, fondateur d'une immense entreprise de loisirs (*Disneyland,* en Californie ; *Disneyworld,* en Floride, *EuroDisney* en France).

Benjamin ***Disraeli*** ■ Homme politique britannique (1804-1881). Brillant écrivain, chef des conservateurs qu'il orienta vers les problèmes sociaux et l'impérialisme. Premier ministre en 1868 et de 1874 à 1880, rival de *Gladstone.

Diu ■ ⇒ **Dâman et Diu.**

Otto ***Dix*** ■ Peintre et graveur allemand (1891-1969). Un des principaux représentants de l'*expressionnisme.

le ***Dixieland*** ■ Ensemble des États du sud des États-Unis. - Nom donné au « vieux style » du jazz (⇒ La **Nouvelle-Orléans**), spécialement quand il est imité par des Blancs.

Diyarbakır ■ Ville de Turquie, en *Anatolie orientale. 305 000 hab. Remparts (XIe-XIIIe s.), citadelle (VIe s.), mosquée (XIe s.).

Djābir ibn Ḥayyān ■ Auteur supposé d'un ensemble important de textes alchimiques arabes, connu en Occident sous le nom de *Geber* (v. 721 - v. 815).

Djakarta ■ ⇒ **Jakarta.**

Djalāl ad-Dīn ar-Rūmī ■ Poète mystique persan (1207-1273). Créateur d'une école à l'origine de l'ordre des derviches tourneurs.

Djeddah ■ 2e ville et port d'Arabie Saoudite. 1,4 million d'hab. Centre diplomatique. Accueil des pèlerins musulmans pour La *Mecque et *Médine.

Djerba ■ Île de Tunisie. 514 km². 92 300 hab. Tourisme.

*le Chaṭṭ al-**Djerid*** ■ Dépression fermée de Tunisie formant un immense « lac » salé (200 km de long).

la ***Djezireh*** ■ Région du Proche-Orient, plateau entre le *Tigre et l'*Euphrate. Céréales, riz, coton produits sur sa partie syrienne.

la république de ***Djibouti*** ■ État du nord-est de l'Afrique, entre l'Éthiopie, la Somalie et le golfe d'Aden. 23 200 km². 512 000 hab. *(les Djiboutiens).* Capitale : Djibouti (290 000 hab.). Langues officielles : arabe et français. Monnaie : franc djiboutien. Débouché commercial de l'Éthiopie. Point stratégique pour le trafic pétrolier maritime dans la région (base militaire française). ▭ **HISTOIRE.** Colonie française en 1884 puis territoire d'outre-mer de la *Côte française* *des Somalis* en 1946. Il prit en 1967 le nom de *Territoire des Afars et des Issas.* Indépendant en 1977, il fut rebaptisé du nom de sa capitale.

Djogjakarta ■ ⇒ **Jogjakarta.**

Djoser ■ Pharaon égyptien, fondateur de la troisième dynastie memphite (v. 2650 av. J.-C.). Il fit construire la pyramide à degrés de *Ṣaqqārah.

Djurdjura ■ Chaîne montagneuse d'Algérie (2 308 m).

Dmitri ■ ⇒ **Dimitri.**

le ***Dniepr*** ■ Fleuve de la C.É.I., le troisième d'Europe par sa longueur. 2 285 km de la région de *Smolensk à la mer Noire.

Dniepropetrovsk ■ Ville industrielle de la C.É.I. (*Ukraine). 1,18 million d'hab. Port fluvial sur le *Dniepr.

le ***Dniestr*** ■ Fleuve de la C.É.I. Né dans les *Carpates, il se jette dans la mer Noire (1 362 km).

Alfred ***Döblin*** ■ Romancier allemand (1878-1957). "*Berlin Alexanderplatz*", adapté, pour la télévision, par R. W. *Fassbinder.

la ***Dobroudja*** ■ Région d'Europe centrale partagée entre la Roumanie au nord et la Bulgarie au sud.

le ***Dodécanèse*** ■ Archipel grec de la mer Égée, au sud-ouest de l'Asie Mineure, comprenant, entre autres, Cos, Patmos et *Rhodes.

Charles ***Dodgson*** ■ ⇒ Lewis **Carroll.**

Dodoma ■ Capitale de la Tanzanie depuis 1974 (⇒ **Dar es-Salaam**). 45 700 hab.

Dodone ■ Ville de Grèce, en *Épire, célèbre dans l'Antiquité pour son oracle de *Zeus.

le palais des ***Doges*** ■ Ancienne résidence des doges à Venise. Bâtiment décoré par de nombreux artistes de la *Renaissance (*Titien, le *Tintoret, *Véronèse).

le ***Dogger Bank*** ■ Haut-fond sableux et poissonneux de la mer du Nord.

les ***Dogons*** ■ Peuple, langue et civilisation d'Afrique noire (*Mali). 200 000 environ.

Doha ■ Capitale du Qatar. 217 000 hab.

Robert ***Doisneau*** ■ Photographe français (né en 1912).

Dolbeau ■ Ville du Québec. 9 000 hab. Bois. Industries laitières.

Dole ■ Ville de l'est de la France, dans le *Jura. 27 900 hab. *(les Dolois).* Ancienne capitale de la *Franche-Comté. Église (XVIe s.), maisons anciennes.

Étienne ***Dolet*** ■ Humaniste et imprimeur français, pendu puis brûlé pour hérésie (1509-1546).

Adam ***Dollard des Ormeaux*** ■ Militaire français (1635-1660). Avec 17 autres jeunes gens, il repoussa une attaque iroquoise en 1660 ; personnage aujourd'hui très controversé, il fut considéré à son époque, comme le sauveur de la *Nouvelle-France. □ ***Dollard-des-Ormeaux.*** Ville du Québec, dans la banlieue de Montréal. 42 200 hab.

la ***Doller*** ou ***Dollern*** ■ Rivière d'*Alsace, affluent de l'*Ill. 150 km.

Engelbert ***Dollfuss*** ■ Homme politique autrichien (1892-1934). Chancelier en 1932, il imposa un État chrétien, autoritaire et corporatif, dans la ligne de *Seipel. Assassiné par les nazis (⇒ **Schuschnigg**).

les ***Dolomites*** n. f. pl., ou ***Alpes dolomitiques*** ■ Massif italien des Alpes orientales. □ *Dieudonné de Gratet de* ***Dolomieu.*** Géologue français à qui elles doivent leur nom (1750-1801).

Françoise ***Dolto*** ■ Neuropsychiatre et psychanalyste française (1908-1988). Elle rénova la psychiatrie des enfants. Amie de J. *Lacan.

Jean ***Domat*** ■ Juriste français (1625-1696). Rationalisation et mise en ordre du droit.

Christophe Joseph Alexandre Mathieu de ***Dombasle*** ■ Agronome français (1777-1843).

Maria ***Dombrowska*** ■ ⇒ **Dąbrowska.**

Jan Henryk ***Dombrowski*** ■ ⇒ **Dąbrowski.**

le puy de ***Dôme*** ■ Point culminant (1 465 m) des volcans qui forment la *chaîne des Puys* ou *monts Dôme* en *Auvergne (France).

la République ***dominicaine*** ■ État couvrant près des deux tiers de l'île d'*Hispaniola. 48 443 km². 7 millions d'hab. *(les Dominicains).* Capitale : Saint-Domingue. Langue : espagnol. Monnaie : peso dominicain. ▭ HISTOIRE. Ancienne colonie espagnole, qui devint une république indépendante en 1844. Elle eut à subir plusieurs conflits avec Haïti, des guerres civiles, la dictature de *Trujillo de 1930 à 1961, enfin une instabilité politique qui ne cessa qu'après l'intervention militaire des États-Unis contre la « révolution d'avril » (1965) et l'instauration d'un régime autoritaire par Balaguer, évoluant vers la démocratie. Les difficultés d'une économie trop exclusivement vouée à la production sucrière pèsent sur la société. ‹ ▶ ② dominicain ›

le ***dominion du Canada*** ■ Nom donné, en 1867, au regroupement des quatre premières provinces à former la *Confédération canadienne (Ontario, Québec, Nouveau-Brunswick et Nouvelle-Écosse).

saint ***Dominique*** ■ Religieux espagnol, fondateur de l'ordre des Dominicains (v. 1170 - 1221). Prédicateur pendant la guerre des *albigeois. ▶ *les* ***Dominicains*** ou ***ordre des Prêcheurs.*** Ordre fondé par saint Dominique. Ils partagent avec les *Franciscains l'idéal de pauvreté des ordres mendiants. Voués à la mission, ils jouèrent un grand rôle dans l'histoire de l'Église (*Inquisition, élaboration de la doctrine). En France, *Lacordaire rétablit l'ordre (1843) qu'avait supprimé la Révolution. ▶ *les* ***Dominicaines*** n. f., branche féminine de l'ordre. ‹ ▶ ① dominicain ›

le Commonwealth de ***Dominique*** ■ Île et État (république) des Petites *Antilles (îles du *Vent). 750 km². 82 800 hab. (92 % de Noirs). Capitale : Roseau. Langues : anglais (officielle), créole. Monnaie : dollar des Caraïbes de l'Est. Ancienne colonie britannique, indépendante depuis 1978. Produits tropicaux (agrumes). Le niveau de vie est très bas.

Domenico Zampieri dit *le* ***Dominiquin*** ■ Peintre italien (1581-1641), élève des *Carrache. Son *classicisme comme ses talents de paysagiste influencèrent *Poussin.

Domitien ■ Empereur romain (51-96). Il continua les conquêtes de son frère *Titus. Sa tyrannie le fit détester et assassiner.

Domodossola ■ Ville d'Italie du Nord (*Piémont). Carrefour ferroviaire au débouché du tunnel du *Simplon. 20 000 hab.

le ***Don*** ■ Fleuve de Russie (1 970 km, du sud de *Toula à la mer d'Azov). Les plus célèbres armées des *Cosaques étaient établies sur son cours inférieur.

Pauline Lighstone dite *Pauline* ***Donalda*** ■ Cantatrice et professeure canadienne (1882-1970).

Elle chanta sur la plupart des grandes scènes d'Europe et d'Amérique. Fondatrice de l'Opera Guild de Montréal.

Donatello ■ Sculpteur italien (v. 1386-1466). Il réalisa les premières œuvres monumentales de la *Renaissance ("*Gattamelata*" à Padoue). Virtuose du relief et de la perspective.

le ***Donbass*** ■ Bassin du Donetz (affluent du Don), un des plus grands districts houillers de la C.É.I. (*Ukraine, *Russie).

Donetsk ■ Ville de la C.É.I. (*Ukraine), principal centre du *Donbass. 1,1 million d'hab. □ *le* ***Donetz*** ou ***Donets.*** ⇒ **Donbass.**

Karl ***Dönitz*** ■ Amiral allemand (1891-1980). Chef de la marine pendant la Seconde Guerre mondiale, dauphin désigné de Hitler, il négocia la capitulation en 1945.

Gaetano ***Donizetti*** ■ Compositeur romantique italien, auteur de nombreux opéras (1797-1848). "*Lucia di Lammermoor*" ; "*l'Élixir d'amour*".

don Juan ■ Personnage mythique du séducteur libertin, mis en scène par *Tirso de Molina, *Molière, *Mozart. Le romantisme en fit le héros de l'esprit de révolte. ⟨ ► don Juan ⟩

Donnacona ■ Chef iroquois (mort v. 1539, en France). Chef du village de Stadaconé (Québec) en 1535, il fut amené en France par J. *Cartier.

John ***Donne*** ■ Prédicateur et poète anglais (1572-1631). Auteur d'une œuvre hantée par la mort, il fut le premier des « poètes métaphysiques ».

Jean ***Donneau de Visé*** ■ Écrivain français (1638-1710). Adversaire de *Molière. Fondateur du *Mercure galant,* un des premiers périodiques français.

Don Quichotte ■ ⇒ **Cervantès.** ⟨ ► don Quichotte ⟩

Christian ***Doppler*** ■ Physicien autrichien (1803-1853). *Effet Doppler-Fizeau,* découvert par Doppler en acoustique, étendu par *Fizeau en optique : variation apparente de la fréquence d'une onde, due au mouvement de l'observateur ou de la source des ondes (nombreuses applications : astrophysique, médecine, etc.).

Jean ***Dorat*** ■ Humaniste français (1508-1588). Membre de la *Pléiade.

Guy Carleton, lord ***Dorchester*** ■ Administrateur anglais (1724-1808). Lieutenant gouverneur de la province de Québec de 1766 à 1768, puis gouverneur général de 1768 à 1778 et de 1786 à 1796. Il travailla à maintenir l'harmonie entre francophones (majoritaires) et anglophones (minoritaires).

la ***Dordogne*** ■ Rivière française d'*Aquitaine qui a donné son nom à un département. 472 km.

Dordrecht ■ Ville et port des Pays-Bas (*Hollande-Méridionale). 108 000 hab.

Gustave ***Doré*** ■ Artiste français (1832-1883). Surtout connu comme graveur et illustrateur (de *Rabelais, *Dante, la Bible).

Roland ***Dorgelès*** ■ Écrivain français (1885-1973). "*Les Croix de bois*", roman inspiré par la guerre de 1914-1918.

Andrea ***Doria*** ■ Homme de guerre italien (1466-1560). Passé au service de Charles Quint, il obtint l'indépendance de Gênes.

les ***Doriens*** ■ Peuple grec de l'Antiquité, établi principalement à Sparte et Corinthe. Venus du nord, ils auraient envahi la Grèce v. 1200 av. J.-C. ► *l'ordre* ***dorique*** est le plus ancien des styles d'architecture grecque, apparu v. 600 av. J.-C. ⟨ ► dorique ⟩

Jacques ***Doriot*** ■ Homme politique français (1898-1945). Exclu du parti communiste en 1934, il évolua vers le fascisme et la *Collaboration, combattit avec les nazis.

Dorpat ■ Nom allemand et suédois de *Tartu.

le ***Dorset*** ■ Comté du sud-ouest de l'Angleterre. 2 654 km². 655 600 hab. Chef-lieu : Dorchester (14 000 hab.).

Dortmund ■ Ville d'Allemagne (*Rhénanie-du-Nord-Westphalie). 583 600 hab. Un des centres industriels de la *Ruhr (charbon, acier). Brasseries.

Marie ***Dorval*** ■ Actrice française (1798-1849). Amie d'Alfred de *Vigny.

Dorval ■ Ville du Québec, située près de Montréal. 17 000 hab. Aéroport de Montréal.

John ***Dos Passos*** ■ Écrivain américain (1896-1970). "*Manhattan Transfer*" et "*U.S.A.*", romans critiques sur la vie américaine, innovent par leur construction, inspirée directement du cinéma. Il influença *Sartre.

Fiodor Mikhaïlovitch ***Dostoïevski*** ■ Écrivain russe (1821-1881). "*Crime et châtiment*", "*l'Idiot*", "*les Frères Karamazov*", chefs-d'œuvre du roman, explorent avec un intense souci religieux l'angoisse, les passions et les motivations des hommes.

Douai ■ Ville du nord de la France. 44 200 hab. *(les Douaisiens).* Monuments du XIIIᵉ au XVIIIᵉ s. Centre industriel.

Douala ■ Ville et principal port du Cameroun, métropole économique. 1,1 million d'hab.

Douarnenez ■ Ville de France (*Bretagne), sur la *baie de Douarnenez.* 16 700 hab. *(les Douarnenistes).* Station balnéaire de Tréboul. Pêche et conserves.

Doubaï ou ***Dubay*** ■ Un des Émirats arabes unis. 3 890 km². 419 000 hab. Capitale : Doubaï (266 000 hab.), port sur la côte des Pirates.

Douchanbé ■ Ville de la C.É.I., capitale du *Tadjikistan. 595 000 hab. Centre cotonnier, soierie.

Douglas ■ Chef-lieu de l'île de *Man. 20 400 hab.

Paul ***Doumer*** ■ Homme politique français (1857-1932). Gouverneur de l'Indochine, président de la République (radical) de 1931 à son assassinat.

Gaston ***Doumergue*** ■ Homme politique français (1863-1937). Président du Conseil (radical) en 1913-1914 et en 1934, président de la République de 1924 à 1931.

Doura-Europos ■ Site archéologique de *Syrie, au bord de l'*Euphrate (monuments grecs, juifs, chrétiens).

le ***Douro,*** en espagnol ***Duero*** ■ Fleuve de la péninsule Ibérique qui se jette dans l'Atlantique à *Porto. 850 km. ► *le* ***Douro Litoral,*** région de Porto. Les vignes de la vallée produisent le porto.

Douvres, en anglais ***Dover*** ■ Ville du sud-est de l'Angleterre (sur le pas de Calais). 34 000 hab. Port de voyageurs.

Alexandre Petrovitch ***Dovjenko*** ■ Cinéaste soviétique (1894-1956). "*La Terre*" ; "*Aerograd*".

John ***Dowland*** ■ Compositeur anglais et luthiste réputé (1563-1626). Représentant de la musique élisabéthaine.

Downing Street ■ Rue de Londres, où se trouvent le ministère britannique des Affaires étrangères (le *Foreign Office*) et la résidence du Premier ministre (au n° 10).

sir Arthur Conan ***Doyle*** ■ Écrivain écossais (1859-1930). Auteur de romans policiers dont le héros, Sherlock Holmes, est devenu le type du détective amateur.

l'oued ***Draa*** n. m. ■ Fleuve saharien du Maroc. Environ 1 000 km.

Dracon ■ Législateur athénien (VIIe s. av. J.-C.). Il rédigea un code pénal resté célèbre pour sa sévérité. ‹ ► draconien ›

Dracula ■ ⇒ Bram **Stoker.**

les ***dragonnades*** n. f. ■ Nom donné à des persécutions, du nom des soldats appelés *dragons*, exercées contre les protestants français avant et après la révocation de l'édit de Nantes (1685).

Draguignan ■ Ville du sud-est de la France. 32 900 hab. *(les Dracénois).* Monuments des XVIIe et XVIIIe s.

sir Francis ***Drake*** ■ Navigateur anglais (v. 1540-1596). Il détruisit la flotte espagnole à Cadix (1587) et prit une part importante à la dispersion de l'Invincible Armada (1588). □ *le détroit de* ***Drake.*** Détroit reliant, au sud de la *Terre de Feu, les océans Atlantique et Pacifique.

le ***Drakensberg*** ■ Massif basaltique du sud-est de l'Afrique du Sud. 3 650 m.

Jean ***Drapeau*** ■ Homme politique québécois (né en 1916). Maire de Montréal de 1954 à 1957 et de 1960 à 1986, il fut l'instigateur de la tenue à Montréal de l'Exposition universelle de 1967 et des jeux Olympiques en 1976.

la ***Drave*** ■ Rivière née dans les Alpes italiennes, qui se jette dans le Danube en Yougoslavie. 707 km.

les ***Dravidiens*** ■ Peuples du sud de l'Inde (*Dekkan) d'origine indo-européenne.

Theodore ***Dreiser*** ■ Écrivain américain (1871-1945). Auteur de romans réalistes qui critiquent le puritanisme hypocrite des États-Unis. "*Une tragédie américaine*".

la ***Drenthe*** ■ Province du nord des Pays-Bas. 2 655 km². 439 000 hab. Chef-lieu : Assen (49 400 hab.).

Dresde, en allemand ***Dresden*** ■ Ville du sud-est de l'Allemagne, capitale de la *Saxe. 518 000 hab. Ancienne résidence des ducs de Saxe (1485), monuments des XVIIe - XVIIIe s. détruits par les bombardements de 1945 (250 000 morts). Industries de transformation.

Carl Theodor ***Dreyer*** ■ Cinéaste danois d'inspiration chrétienne (1889-1968). Son art sobre est marqué par une fascination pour les visages. "*La Passion de Jeanne d'Arc*" ; "*Ordet*" ; "*Gertrud*".

l'affaire ***Dreyfus*** n. f. ■ Crise majeure de la IIIe République qui a pour origine la condamnation à la déportation, en 1894, du capitaine d'origine juive Alfred Dreyfus (1859-1935) pour espionnage au profit de l'Allemagne. La découverte, en 1896, de preuves innocentant le condamné provoqua une campagne en faveur de la révision du procès. Les adversaires de la révision, les *antidreyfusards* (nationalistes, monarchistes, cléricaux et surtout antisémites), voulaient défendre l'Armée et la raison d'État face aux droits de l'individu que défendaient les *dreyfusards* (socialistes avec *Jaurès, radicaux, intellectuels, francs-maçons) qui créèrent alors la Ligue des droits de l'homme. La publication, en 1898, de l'article « J'accuse » de Zola dans le journal de Clemenceau *l'Aurore* enflamma le débat qui divisa les Français, mit en danger le régime et provoqua l'arrivée au pouvoir d'une coalition de gauche en 1899 (*Bloc des gauches). Malgré la grâce accordée en 1899, le dénouement de l'affaire n'intervint qu'avec la réhabilitation du capitaine en 1906. ‹ ► dreyfusard ›

Pierre ***Drieu La Rochelle*** ■ Écrivain français (1893-1945). "*L'Homme couvert de femmes*". Collaborateur, il se suicida en 1945.

la Déclaration des ***droits,*** en anglais ***Bill of Rights*** ■ Un des textes fondateurs de la monarchie constitutionnelle en Angleterre (1689).

la Déclaration des ***droits de l'homme et du citoyen*** ou ***Déclaration de 1789*** ■ Texte de base des Constitutions républicaines de la France et de la Constitution monarchique de 1791, affirmant un droit naturel préalable à toute institution sociale et comprenant les droits fondamentaux de liberté, propriété et égalité. □ *la Déclaration universelle des* ***droits de l'homme,*** votée par l'O.N.U. en 1948, affirme la liberté et l'égalité pour tous. ■ Au Québec, pour éviter le mot *homme*, on parle de ***Droits de la personne.***

François Hubert ***Drouais*** ■ Peintre français (1727-1775). Portraits d'enfants.

Drummondville ■ Ville du Québec. 36 600 hab. Industries textile et électronique. Commerce.

Édouard ***Drumont*** ■ Publiciste français (1844-1917). Champion du nationalisme catholique, antisémite et antidreyfusard. "*La France juive*".

Maurice ***Druon*** ■ Écrivain français (né en 1918). "*Les Rois maudits*". Auteur avec son oncle J. *Kessel des paroles du "*Chant des partisans*".

les ***Druzes*** ■ Secte arabe issue des *ismaïliens, fondée par ad-Darazī v. 1000. Ils sont implantés dans le djebel Druze (Syrie), en Galilée et au sud du Liban. ‹ ► druze ›

John ***Dryden*** ■ Auteur dramatique anglais, poète officiel de la Cour (1631-1700). Inspiration classique.

Marin ***Držić*** ■ Poète et auteur dramatique dalmate (1507-1567). Le grand écrivain de la *Renaissance en langue slave (croate).

Jeanne Bécu comtesse ***du Barry*** ■ Favorite de Louis XV (1743-1793). Elle fut guillotinée (France).

Dubay ■ ⇒ **Doubaï.**

Alexander ***Dubček*** ■ Homme politique tchécoslovaque (né en 1921). Il fut premier secrétaire du parti communiste en 1968, et l'armée soviétique mit fin à sa tentative de libéralisation du régime communiste (« printemps de Prague »), provoquant son éviction dès 1969. Il réapparut sur la scène politique lors des bouleversements de 1989 et fut élu président du Parlement.

Marcel ***Dubé*** ■ Écrivain québécois (né en 1930). Auteur dramatique, il a écrit pour la scène et la télévision.

du Bellay ■ ⇒ du **Bellay.**

Dublin ■ Capitale et 1er port de la république d'Irlande. 921 000 hab. Industries alimentaires, brasseries. Importante université, comprenant *Trinity College.* Cathédrale (XIIIe s.), parlement (XVIIIe s.).

Ambroise **Dubois** ▪ Peintre français d'origine flamande, l'un des maîtres de la seconde école de *Fontainebleau (v. 1543-1614).

Guillaume **Dubois** ▪ Prélat français, ministre du régent Philippe d'Orléans (1656-1723).

Claude **Dubois** ▪ Auteur-compositeur-interprète québécois (né en 1947). Œuvre particulièrement influencée par la musique rock.

René **Dubos** ▪ Bactériologiste et essayiste français naturalisé américain (1901-1982).

Charles **Dubost** ▪ Chirurgien français (1914-1991). Pionnier de la chirurgie du cœur et des vaisseaux, il fut le premier à réussir une transplantation cardiaque en Europe, en 1968.

André **Du Bouchet** ▪ Poète français (né en 1924).

Toussaint **Dubreuil** ▪ Peintre français (v. 1561-1602). Il travailla à la décoration du château de Fontainebleau. L'un des maîtres de la seconde école de *Fontainebleau. Son style annonce le *classicisme.

Dubrovnik ▪ Ville de *Croatie, sur la côte dalmate. 31 000 hab. Les monuments de son passé (⇒ **Raguse**) en faisaient un haut lieu du tourisme.

Jean **Dubuffet** ▪ Peintre français (1901-1985). Il trouva sa vitalité dans les styles et les matières dédaignés par la culture. Il défendit dans ses récits l'« art brut » des enfants, des fous, des ignorants.

Isidore **Ducasse** ▪ ⇒ **Lautréamont.**

Duccio di Buoninsegna ▪ Peintre italien, maître de l'art primitif de l'école *siennoise (v. 1255 - v. 1319).

Du Cerceau ▪ ⇒ **Androuet Du Cerceau.**

Marcel **Duchamp** ▪ Artiste et intellectuel français (1887-1968). Pionnier du mouvement *dada, dont ses *ready-made* sont l'illustration. Son ironie a fortement marqué l'art contemporain. □ *Raymond* **Duchamp-Villon,** son frère (1876-1918), sculpteur proche du cubisme. "*Cheval majeur*". □ *Gaston* **Duchamp.** ⇒ Jacques **Villon.**

Réjean **Ducharme** ▪ Écrivain québécois (né en 1942). Romancier, dramaturge, parolier et sculpteur, il demeure l'un des écrivains les plus énigmatiques du Québec. "*Les Enfantômes*" ; "*Nez qui voque*".

Jacques **Duclos** ▪ Homme politique français (1896-1975). Membre fondateur du parti communiste, dont il fut le candidat aux élections présidentielles de 1969.

Dudelange, en allemand **Dudelingen** ▪ Ville du Luxembourg (district de *Luxembourg). 14 100 hab.

John **Dudley** ▪ Homme d'État anglais (1502-1553). Responsable de la politique protestante d'Édouard VI, il fut éliminé par *Marie Tudor. □ *Robert* **Dudley,** son fils (1532-1588), comte de Leicester fut un des favoris d'Élisabeth Ire.

Dudley ▪ Ville industrielle d'Angleterre (*Midlands de l'Ouest). 187 000 hab. Houille.

Guillaume **Dufay** ▪ Compositeur français (v. 1400 - 1474). Messes, motets, rondeaux.

Charles François de Cisternay **Du Fay** ▪ Chimiste et physicien français (1698-1739). Découverte de deux types d'électricité : vitrée (positive), résineuse (négative).

Guillaume Henri **Dufour** ▪ Général suisse (1787-1875). Il mit fin à la guerre du *Sonderbund, organisa la défense nationale (théorie de la neutralité armée) et le Bureau topographique. ▶ *le* **Dufourspitze,** point culminant de la Suisse (4 634 m).

Diane **Dufresne** ▪ Chanteuse québécoise (née en 1944).

Du Fu ou **Tou Fou** ▪ Poète chinois de l'époque *Tang (712-770). Sujets politiques, autobiographiques.

Raoul **Dufy** ▪ Peintre et décorateur français (1877-1953). Sa peinture dissocie le trait, net, construit, rapide, et les couleurs, souvent éclatantes. "*La Fée électricité*".

René **Duguay-Trouin** ▪ Corsaire français (1673-1736). La prise de Rio de Janeiro (1711) est son plus célèbre exploit.

Bertrand **Du Guesclin** ▪ Noble breton, connétable du roi de France Charles V, héros de la guerre de *Cent Ans (v. 1320-1380).

Léon **Duguit** ▪ Juriste français (1859-1928).

Georges **Duhamel** ▪ Écrivain français (1884-1966). Son œuvre témoigne d'une exigence morale. "*Chronique des Pasquier*", roman.

Pierre **Duhem** ▪ Physicien et philosophe français (1861-1916). L'histoire des sciences montre selon lui qu'elles n'ont pas vocation à expliquer. Il préserve ainsi l'autonomie de la métaphysique.

Karl Eugen **Dühring** ▪ Philosophe allemand (1833-1921). Réformiste, il fut violemment critiqué par *Engels dans son livre l'"*Anti-Dühring*".

Duisbourg, en allemand **Duisburg** ▪ Ville d'Allemagne (*Rhénanie-du-Nord-Westphalie). 525 000 hab. 1er port fluvial du monde, au confluent du *Rhin et de la *Ruhr. Important centre métallurgique.

Paul **Dukas** ▪ Compositeur français (1865-1935). Il obtint le succès avec "*l'Apprenti Sorcier*", poème symphonique.

Germaine **Dulac** ▪ Cinéaste française (1882-1942). Son influence est comparable à celle de *Delluc. "*La Coquille et le Clergyman*", d'après un scénario de A. *Artaud.

John Foster **Dulles** ▪ Homme politique américain (1888-1959). Responsable (républicain) de la politique étrangère d'*Eisenhower (⇒ **guerre froide**).

Charles **Dullin** ▪ Homme de théâtre français (1885-1949). Son jeu et ses mises en scène ont marqué *Vilar, *Barrault.

Pierre Louis **Dulong** ▪ Physicien français (1785-1838). *Loi de Dulong et Petit :* expression d'une constante entre chaleur spécifique et masse atomique d'un solide.

Duluth ▪ Ville des États-Unis (*Minnesota), port important sur le lac Supérieur. 92 800 hab.

Dumarsais ▪ ⇒ César Chesneau sieur du **Marsais.**

Jean-Baptiste **Dumas** ▪ Chimiste français, homme politique sous le second *Empire (1800-1884). Chimie organique.

Alexandre **Dumas** ▪ Écrivain français (1802-1870). Auteur de pièces et surtout de romans historiques très populaires. "*Le Comte de Monte-Cristo*" ; "*les Trois Mousquetaires*". □ *Alexandre* **Dumas fils,** son fils (1824-1895), auteur de pièces d'inspiration sociale. "*La Dame aux camélias*", dont *Verdi fit un opéra ("*La Traviata*").

Daphne **du Maurier** ▪ Romancière anglaise (1907-1989). "*Rebecca*", "*l'Auberge de la Jamaïque*" adaptés au cinéma par A. *Hitchcock.

Georges **Dumézil** ■ Philologue français, historien des religions (1898-1986). Il dégagea une structure commune aux mythes indo-européens : les trois fonctions de souveraineté, force et fécondité.

le **Dumfries et Galloway** ■ Région administrative du sud-ouest de l'Écosse. 6 475 km². 147 000 hab. Chef-lieu : Dumfries (30 200 hab.).

Henri **Du Mont** ■ Compositeur wallon à la cour de France (1610-1684). Il généralisa l'emploi de la basse continue. Musique sacrée.

Jules Sébastien **Dumont d'Urville** ■ Navigateur français (1790-1842). Il a découvert la terre *Adélie, en 1840, exploré l'*Océanie et les mers de l'Antarctique.

Albert **Dumouchel** ■ Peintre, graveur et professeur d'art québécois (1916-1971).

Charles **Dumoulin** ■ Juriste français (1500-1566). Il participa aux polémiques religieuses de son temps et fut un historien du droit français.

Charles François du Périer dit **Dumouriez** ■ Général français (1739-1823). Habile, intrigant, agent secret de *Choiseul, rallié à la *Révolution française. Ministre girondin de la Guerre, vainqueur des Autrichiens à *Jemmapes. Il passa au service de l'étranger en 1793.

Henri **Dunant** ■ Philanthrope suisse, créateur de la *Croix-Rouge (1828-1910).

Isadora **Duncan** ■ Danseuse américaine (1877-1927), épouse de S. *Essenine. Son art et sa vie firent d'elle un symbole de libération.

Dundee ■ Ville et port de l'est de l'Écosse (*Tayside). 174 000 hab. Industries textile (jute, lin), alimentaire (marmelade). Pêche sur la mer du Nord.

Dunfermline ■ Ville du nord de l'Écosse (*Fife). 58 400 hab. Ancienne résidence des rois d'Écosse du XIe au XIVe s.

Dunhuang ■ Site chinois, dans le désert de *Gobi, célèbre pour ses grottes bouddhiques, sculptées et peintes.

Dunkerque ■ Ville du nord de la France. 71 100 hab. *(les Dunkerquois).* 3e port français. Complexe sidérurgique. La position stratégique de la ville (reconstruite après 1945) l'a exposée à de nombreuses guerres.

André **Dunoyer de Segonzac** ■ Peintre, graveur et illustrateur français (1884-1974).

John **Duns Scot** ■ Franciscain écossais, théologien et philosophe (v. 1266 - 1308). Un des maîtres (avec saint *Bonaventure et saint *Thomas d'Aquin) de l'université de Paris.

Félix **Dupanloup** ■ Évêque d'*Orléans, chef de file du catholicisme libéral (1802-1878) (France).

la **Du Parc** ■ Comédienne française (1633-1668). Elle appartint à la troupe de *Molière puis fut l'amie de *Racine.

Henri **Duparc** ■ Compositeur français, auteur de mélodies (1848-1933). "*L'Invitation au voyage*", sur un poème de *Baudelaire.

le baron Charles **Dupin** ■ Mathématicien et homme politique français (1784-1873).

Joseph François **Dupleix** ■ Administrateur colonial français (1697-1763). Malgré ses réussites, sa politique d'expansion aux Indes fut abandonnée dès 1754.é&

Maurice Le Noblet **Duplessis** ■ Homme politique québécois (1890-1959). Premier ministre du Québec (conservateur) de 1936 à 1939 et de 1944 à sa mort. Il est le fondateur de l'Union nationale.

Jacques Charles **Dupont de l'Eure** ■ Homme politique français (1767-1855) de la *Révolution française puis de l'*Empire, président du gouvernement provisoire de *février 1848.

Pierre Samuel **Dupont de Nemours** ■ Économiste français (1739-1817). En 1797, il émigra aux États-Unis où ses descendants développèrent le groupe chimique *Du Pont de Nemours.*

André **Dupont-Sommer** ■ Orientaliste français (1900-1983). Traducteur des manuscrits de la mer Morte.

Adrien **Duport** ■ Révolutionnaire français (1759-1798). Un des chefs de la *Constituante, *Feuillant, exilé en 1792.

Antoine **Duprat** ■ Prélat français, diplomate, ministre de François Ier (1463-1535).

Guillaume **Dupuytren** ■ Chirurgien français (1777-1835). La *maladie de Dupuytren :* rétraction des doigts par sclérose des tissus de la paume de la main.

Abraham **Duquesne** ■ Marin français (1610-1688), vainqueur de *Ruyter. Protestant, il fut exempté par Louis XIV des effets de la révocation de l'édit de *Nantes.

les **Duquesnoy** ■ FAMILLE DE SCULPTEURS FLAMANDS □ *Jérôme Ier Duquesnoy,* dit **Duquesnoy le Vieux** (av. 1570-1641). Auteur du **Manneken-Pis* à Bruxelles. □ *François* **Duquesnoy** (v. 1594-1643), son fils, s'établit en Italie. □ *Jérôme* **Duquesnoy** (1602 ou 1612-1654), frère du précédent, travailla à Madrid, Florence, Rome et Gand.

la **Durance** ■ Rivière des Alpes françaises, affluent du Rhône. 305 km. Important bassin hydroélectrique.

Durango de Victoria ■ Ville du Mexique. 321 000 hab.

Louis Edmond **Duranty** ■ Écrivain réaliste et critique d'art français (1833-1880).

la duchesse de **Duras** ■ Écrivaine française (1778-1828). Son roman "*Ourika*" lui valut la célébrité ; "*Olivier*", le scandale.

Marguerite **Duras** ■ Écrivaine et cinéaste française (née en 1914). Son écriture romanesque a évolué vers une mise en scène de la parole amoureuse, la conduisant naturellement au théâtre et au cinéma. "*Le Ravissement de Lol V. Stein*" ; "*India Song*" ; "*Hiroshima mon amour*".

Durban ■ Ville et 1er port d'Afrique du Sud (*Natal). 634 000 hab.

Albrecht **Dürer** ■ Artiste allemand de la *Renaissance, célèbre dans toute l'Europe déjà de son vivant (1471-1528). Remarquable graveur *("Mélancolie"),* peintre *("les Quatre Apôtres"),* théoricien *("Traité des proportions")* et grand anatomiste.

Durgā ■ Divinité féminine hindoue, guerrière, épouse de *Śiva.

Durg-Bhilai Nagar ■ Agglomération urbaine de l'Inde (*Madhya Pradesh) formée par les villes de Durg et de Bhilai Nagar. 490 000 hab.

John George Lambton, lord **Durham** ■ Homme politique britannique (1792-1840). Gouverneur général du Canada en 1838, il rédigea un rapport proposant des solutions pour régler les problèmes politiques des deux Canadas, le Haut et le Bas Canada, qui avaient atteint leur point culminant avec les rébellions de 1837 et 1838. Il préconisait l'assimilation des Franco-Canadiens à la civilisation anglo-saxonne, qu'il estimait supérieure. Il est à l'origine de l'*Acte d'Union de 1840. Beau-père du comte d'*Elgin.

Durham ■ Ville du nord de l'Angleterre, chef-lieu du comté du même nom (2 436 km² ; 597 000 hab.). 26 400 hab. Sa cathédrale est un chef-d'œuvre de l'art roman anglo-normand.

Émile **Durkheim** ■ Sociologue français (1858-1917). Un des pères des sciences sociales positives. "*La Division du travail social*" ; "*Règles de la méthode sociologique*" ; "*le Suicide*" ; "*les Formes élémentaires de la vie religieuse*".

Lawrence **Durrell** ■ Romancier anglais (1912-1990). Critique des valeurs sociales et culturelles. "*Le Quatuor d'Alexandrie*".

Friedrich **Dürrenmatt** ■ Auteur dramatique et romancier suisse de langue allemande (1921-1990). Œuvres tragi-comiques et pessimistes. "*La Visite de la vieille dame*".

Durrës ■ 2e ville d'Albanie. 72 000 hab. Port, industries.

Buenaventura **Durruti** ■ Syndicaliste anarchiste espagnol (1896-1936). Il fut tué lors de la guerre d'Espagne.

Maurice **Duruflé** ■ Compositeur et organiste français (1902-1986).

Victor **Duruy** ■ Historien et homme politique français (1811-1894). Un des organisateurs de l'école publique en France.

Düsseldorf ■ Ville d'Allemagne, capitale de la *Rhénanie-du-Nord-Westphalie. 563 000 hab. Ville ancienne, université. Industries. Centre administratif et financier de la *Ruhr (sièges des firmes et syndicats).

Henri **Dutilleux** ■ Compositeur français (né en 1916). Dans ses œuvres se mêlent poésie et mystère. "*Le Loup*", ballet.

Charles **Dutoit** ■ Chef d'orchestre d'origine suisse (né en 1936). Directeur de l'orchestre symphonique de Montréal depuis 1978.

Jean **Dutourd** ■ Écrivain et chroniqueur français (né en 1920). "*Au bon beurre*".

Olav **Duun** ■ Écrivain norvégien (1876-1939). "*Les Gens de Juvik*", fresque épique sur la Norvège rurale ; "*les Hommes et les forces de la nature*".

François **Duvalier** dit ***Papa Doc*** ■ Homme politique haïtien (1909-1971). Il établit un régime dictatorial à *Haïti de 1957 à sa mort. Son fils Jean-Claude (né en 1951) dit ***Bébé Doc*** lui succéda, mais fut chassé en 1986.

Maurice **Duverger** ■ Juriste et politologue français (né en 1917). "*Les Partis politiques*".

Ludger **Duvernay** ■ Homme politique, éditeur et publiciste canadien français (1799-1852). Ardent patriote, il est le fondateur de la Société Saint-Jean-Baptiste (1834).

Julien **Duvivier** ■ Cinéaste français (1896-1967). "*Poil de Carotte*" ; "*Pépé le Moko*".

la **Dvina occidentale** ■ Fleuve né en Russie, qui traverse la Biélorussie et la Lettonie, et se jette dans la mer *Baltique. 1 204 km.

Antonín **Dvořák** ■ Compositeur tchèque (1841-1904). Son inspiration est double : le folklore national et le romantisme. "*Symphonie du Nouveau Monde*" ; 14 quatuors.

le **Dyfed** ■ Comté du sud-ouest du pays de Galles. 5 765 km². 348 000 hab. Chef-lieu : Carmarthen, en gallois Caerfyrddin (13 300 hab.).

Robert Zimmerman dit Bob **Dylan** ■ Chanteur américain (né en 1941). Auteur et compositeur, témoin des révoltes de son époque.

Felix **Dzerjinski** ■ Révolutionnaire russe d'origine polonaise (1877-1926). Chef de la police politique (le Guépéou).

la **Dzoungarie** ■ Région de Chine, lieu traditionnel de contact avec l'Asie centrale. Centre d'un royaume mongol du XIe au XIVe s.

E

Thomas **Eakins** ■ Peintre américain (1844-1916). Scènes sur le vif dans un style très réaliste.

le général **Eanes** ■ Président de la république du Portugal de 1976 à 1986 (né en 1935).

*l'***East Anglia** ■ Région d'Angleterre, au nord-est de Londres. Plaine céréalière.

*l'***East End** n. m. ■ Quartiers industriels de Londres, à l'est de *Tower Bridge.* Ils s'opposent aux riches quartiers du *West End.*

George **Eastman** ■ Inventeur et industriel américain (1854-1932). Pionnier de la photographie et du cinéma.

*l'***East River** n. f. ■ Large chenal qui réunit le détroit de *Long Island à la baie de *New York, bordant à l'est l'île de *Manhattan.

Eau Claire ■ Ville des États-Unis (*Wisconsin). 51 500 hab.

Friedrich **Ebert** ■ Homme politique allemand (1871-1925). Président (social-démocrate) de la république de Weimar (⇒ **Allemagne**) de 1919 à 1925.

Ebla ■ Ville et royaume antiques de Mésopotamie (2400-1600 av. J.-C.), connus par les fouilles de Tall-Mardīkh (le nouveau nom d'*Ebla*), près d'Alep, en Syrie.

Félix **Éboué** ■ Administrateur colonial français (1884-1944). Noir, il défendit l'assimilation des siens.

*l'***Èbre** n. m., en espagnol **Ebro** ■ Fleuve d'Espagne qui se jette dans la mer *Méditerranée. 950 km.

José Maria **Eça de Queirós** ■ ⇒ **Queirós.**

Ecbatane ■ Ancienne capitale des *Mèdes (⇒ **Hamadān**).

*l'***Ecclésia** n. f. ■ Assemblée des citoyens de l'Athènes antique. Elle élisait les dix *Stratèges et de son sein étaient tirés au sort les membres de la *Boulè et de l'*Héliée.

Écho ■ Nymphe de la mythologie gréco-romaine. Elle meurt de son amour malheureux pour *Narcisse ; sa voix seule lui survit. ‹ ► écho ›

Echternach ■ Ville du Luxembourg (*Grevenmacher). 4 200 hab. Basilique. Célèbre procession dansante du mardi de Pentecôte.

Maître **Eckhart** ■ Dominicain et théologien allemand (v. 1260 - v. 1327). Il est à l'origine de la mystique rhénane.

Umberto **Eco** ■ Écrivain italien (né en 1932). "*Le Nom de la rose*".

*l'***Écosse,** en anglais **Scotland** ■ Pays *(country)* le plus au nord de la Grande-Bretagne, constitué de neuf régions (*Borders ; *Écosse du Centre* [2 590 km², 272 000 hab., chef-lieu : Stirling] ; *Dumfries et Galloway ; *Fife ; *Grampian ; *Highland ; *Lothian ; *Strathclyde ; *Tayside) et de trois zones d'autorité insulaire (les îles *Hébrides, *Orcades et *Shetland). 78 762 km². 5,09 millions d'hab. *(les Écossais).* Capitale : Édimbourg. Son relief accidenté est un atout pour le tourisme (Highlands, îles Hébrides) mais concentre l'activité industrielle et agricole dans les Basses-Terres *(Lowlands) :* industries lainière (*Tweed, *Shetland) et alimentaire (whisky), industries associées au charbon, aujourd'hui en crise (métallurgie et constructions navales à Glasgow). ▭ **HISTOIRE.** Peuplée très anciennement par des Celtes, l'Écosse, autrefois appelée la *Calédonie,* fut coupée de l'Angleterre sous la conquête romaine, quand *Hadrien fit construire un mur à la limite de la *Britannia.* ⇒ **Bretagne.** Après le règne de *Macbeth, Malcolm III Canmore introduisit la féodalité anglo-normande (XIe s.). Le royaume connut son apogée sous ses successeurs. Mais à la mort sans héritier d'Alexandre III (1286), le conflit latent avec l'Angleterre se transforma en guerre pour trois siècles (avec notamment l'exécution de Wallace, héros national, en 1305). Les luttes religieuses compliquèrent les luttes de factions sous le règne de *Marie Ire Stuart, forcée d'abdiquer en 1567. Jacques VI d'Écosse réunit les deux couronnes en prenant le titre de Jacques Ier de Grande-Bretagne à la mort d'*Élisabeth Ire (1603). Mais l'Église presbytérienne d'Écosse, fondée par le réformateur John *Knox, s'opposa à ses tentatives d'unification religieuse ; elle contribua à la chute de *Charles Ier. La création du royaume de Grande-Bretagne, en 1707, fut mal reçue, provoquant un certain repli après l'échec, au XVIIIe s., des ultimes soulèvements. ‹ ► écossais ›

la **Nouvelle-Écosse** ■ ⇒ la **Nouvelle-Écosse.**

Edam-Volendam ■ Ville des Pays-Bas (*Hollande-Septentrionale). 24 400 hab. Fromages réputés *(édam).*

les **Edda** n. f. ■ Recueils de poésie islandaise du Moyen Âge ; notre principale source pour connaître la mythologie scandinave.

sir Arthur Stanley **Eddington** ■ Astronome, physicien et philosophe anglais (1882-1944). Son ouvrage, "*la Constitution interne des étoiles*", établit notamment la relation masse-luminosité. Contributions à la théorie de la relativité.

Ede ■ Ville du Nigeria. 258 000 hab. Ville yorouba fondée v. 1500.

Anthony **Eden** *comte d'Avon* ■ Diplomate britannique (1897-1977). Premier ministre (conservateur) de 1955 à 1957.

*l'***Éden** n. m. ■ Dans la Bible, le jardin paradisiaque que Dieu aménagea sur Terre pour Adam et Ève. ⟨ ▶ éden ⟩

Édesse ■ Ancienne ville de Mésopotamie, aujourd'hui *Urfa (Turquie). Royaume dans l'Antiquité. Comté sous les croisés.

Edfou ou **Idfū** ■ Ville du sud de l'Égypte. 35 000 hab. Temple consacré à *Horus.

Francis Ysidro **Edgeworth** ■ Économiste britannique (1845-1926). Il introduisit, à la suite de *Jevons, les mathématiques en économie.

Édimbourg, en anglais **Edinburgh** ■ Capitale de l'Écosse. 420 000 hab. *(les Édimbourgeois).* Nombreux monuments (ville médiévale autour du Castle Rock, quartiers du XVIIIe s.). Centre universitaire et culturel.

Edirne ■ ⇒ **Andrinople.**

Thomas **Edison** ■ Inventeur américain (1847-1931). Phonographe. Lampe à incandescence.

*l'***édit de Nantes** ■ ⇒ l'édit de **Nantes.**

Edmonton ■ Capitale de l'*Alberta. 584 000 hab. Centre industriel (pétrole, viande) et commercial. Université.

Édom ■ Surnom d'*Ésaü (« le roux »). ▶ *les* **Édomites,** « descendants d'Édom », peuple sémitique de l'Antiquité.

saint **Édouard le Confesseur** ■ Roi d'Angleterre (v. 1002 - 1066). Connu pour sa piété.

Édouard ■ NOM DE PLUSIEURS ROIS D'ANGLETERRE □ ***Édouard Ier*** (1239-1307), roi de 1272 à sa mort, remarquable administrateur, soumit le pays de Galles. □ ***Édouard II*** (1284-1327), son fils, roi de 1307 à sa mort, fut incapable de continuer l'œuvre paternelle ; vaincu en Écosse, trahi par sa femme Isabelle de France, il fut déposé par *Mortimer. □ ***Édouard III*** (1312-1377), fils du précédent, roi de 1327 à sa mort, élimina *Mortimer. Ses prétentions en France déclenchèrent la guerre de *Cent Ans. □ ***Édouard IV*** (1442-1483), roi de 1461 à octobre 1470 et d'avril 1471 à sa mort, chef du parti d'York contre *Henri VI de Lancastre (⇒ guerre des Deux-**Roses**). □ ***Édouard V*** (1470-1483), son fils, roi d'avril à juin 1483, éliminé par *Richard III. □ ***Édouard VI*** (1537-1553), roi de 1547 à sa mort, sous l'influence de *Dudley, encouragea la *Réforme. □ ***Édouard VII*** (1841-1910), fils de *Victoria, roi du Royaume-Uni de Grande-Bretagne et d'Irlande de 1901 à sa mort, il soutint la politique d'*Entente cordiale. □ ***Édouard VIII*** (1894-1972) ne régna qu'un an, en 1936 ; après son abdication (*Baldwin s'étant opposé à son mariage avec Mrs. Simpson), il prit le titre de *duc de Windsor.*

Édouard d'Angleterre dit ***le Prince Noir*** ■ Prince de Galles (1330-1376). Fils d'Édouard III et l'un de ses meilleurs soldats dans la guerre de *Cent Ans.

le lac **Édouard** ■ Lac à la frontière du Zaïre et de l'Ouganda. 2 150 km².

Georges **Eekhoud** ■ Poète et romancier belge d'expression française (1854-1927).

Jean **Effel** ■ Dessinateur humoriste français (1908-1982).

Égée ■ Roi légendaire d'Athènes. Croyant son fils *Thésée mort, il se précipite dans la mer qui porte aujourd'hui son nom. ▶ *la mer* ***Égée.*** Partie de la Méditerranée entre la Grèce continentale, la Crète et l'Asie Mineure. ▶ *les îles de la mer* ***Égée.*** Région de Grèce, comprenant *Chios, les *Cyclades, *Lesbos, le *Dodécanèse. 9 122 km². 429 000 hab. ▶ *la civilisation* ***égéenne*** se développa au cours du IIe millénaire av. J.-C., autour de la mer Égée.

Égérie ■ Nymphe associée au culte de *Diane, inspiratrice du roi de Rome Numa Pompilius. ⟨ ▶ égérie ⟩

Égine ■ Île grecque de la mer *Égée, entre Athènes et le *Péloponnèse. 83 km². 11 100 hab. Rivale d'Athènes dans l'Antiquité.

Éginhard ou **Einhard** ■ Homme d'État et chroniqueur carolingien (v. 770 - 840). "*Vie de Charlemagne*".

Égisthe ■ Roi légendaire de Mycènes. Amant de *Clytemnestre et meurtrier d' *Agamemnon, il est tué par *Oreste.

*l'***Église** n. f. ■ Assemblée des fidèles de la religion chrétienne, dont le chef est le *Christ et (pour l'Église catholique) le pape son vicaire sur Terre. Au cours de l'histoire, l'Église s'est formée de la réunion d'Églises locales mais s'est aussi divisée (⇒ **schisme d'Orient**). On distingue principalement : l'*Église catholique*, qui se considère comme la seule légitime ; les *Églises orientales* – celles dites *monophysites*, qui ne reconnaissent qu'une nature (divine ou humaine) au Christ (Arméniens, coptes, Chaldéens [⇒ **Nestorius**], Syriens [⇒ **jacobites**]) – et *orthodoxes* ; les *Églises uniates*, parcelles d'Églises orientales unies à Rome (dont les *maronites du Liban et l'Église uniate d'Ukraine) ; les *Églises protestantes* (⇒ **protestantisme**) ; l'*Église anglicane* (⇒ **anglicanisme**) ; l'*Église gallicane* (⇒ **gallicanisme**).

*les États de l'***Église** ou **États pontificaux** ■ Territoires dont le pape est le souverain. Au Moyen Âge, ils comprenaient l'essentiel de l'Italie centrale et le *comtat Venaissin. Annexés à l'Italie en 1870, ils se réduisent, depuis les accords du Latran (1929), à la cité du *Vatican.

*le comte d'***Egmont** ■ Homme de guerre flamand (1522-1568). Grand capitaine de Charles Quint. Il s'opposa, comme *Hoorne, à la politique de Philippe II et fut exécuté sur les ordres du duc d'*Albe. Il a inspiré *Goethe et *Beethoven.

*la république arabe d'***Égypte** ■ État du nord-est de l'Afrique. 997 739 km². 51,7 millions d'hab. Capitale : Le Caire. Langue : arabe. Religion officielle : islam. Monnaie : livre égyptienne. Pays désertique, à l'exception de la vallée du Nil, extraordinairement fertile et irriguée par le barrage d'*Assouan (coton, céréales). L'industrie se développe (pétrole, textiles), mais les guerres *israélo-arabes (fermeture du canal de *Suez, dépenses militaires), la poussée démographique et les pressions religieuses freinent l'économie. ▭ HISTOIRE. L'***Égypte pharaonique*** fut une des grandes civilisations de l'Antiquité. Les deux royaumes de la haute vallée du Nil et du Delta furent réunis v. 3300 av. J.-C. par Ménès, fondateur de Memphis, la capitale de l'*Ancien Empire* (v. 2800 -v. 2300 av. J.-C.). Les grandes figures en furent *Djoser et son ministre-architecte *Imhotep (⇒ **Ṣaqqārah**), les rois *Khéops, *Khéphren, *Mykérinos (⇒ **Gizeh**), Pépi Ier et Pépi II. V. 2300 av. J.-C., l'opposition des deux royaumes se manifesta par la rivalité entre *Thèbes et Héracléopolis. V. 2050 av. J.-C., le souverain thébain Mentouhotep Ier refit l'unité. Avec la XIIe dynastie et le déplacement de la capitale près de l'actuelle *Licht, le *Moyen Empire* devint une époque de conquêtes (règne des Amménémès et des *Sésostris) et de grande culture. Mais v. 1800 av. J.-C. la succession dynastique se compliqua. Les *Hyksos, venus d'Asie, envahirent le pays et n'en furent chassés que par Amôsis (v. 1580 av. J.-C.). Ce dernier fonda le *Nouvel Empire* (XVIIIe dynastie), qui marqua l'apogée de l'Égypte pharaonique (règnes des *Aménophis et des *Thoutmosis). Les pharaons étant considérés comme divins, les questions religieuses tinrent une place essentielle. L'introduction du culte d'*Aton par Aménophis IV *Akhenaton (ou révolution amarnienne, ⇒ **Tell el-Amarna**) marqua le début d'une époque de désordres politiques, malgré les grands règnes de *Ramsès II (temples de *Louxor et *Karnak, qui témoignent de la restauration du culte d'Amon) et de *Ramsès III. À partir de 1085 av. J.-C., les pharaons perdirent leur autorité sur les prêtres de *Thèbes. La domination assyrienne puis surtout perse, malgré quelques sursauts d'indépendance (dynastie saïte, VIe s. av. J.-C.), fut suivie de l'***Égypte ptolémaïque*** quand, *Alexandre le Grand ayant conquis l'Égypte (332 av. J.-C.), le général macédonien *Ptolémée fonda la dynastie dite des Lagides (323 av. J.-C.). Alexandrie, fondée en 331 av. J.-C., devint l'un des pôles de la Méditerranée. Après la victoire de Rome sur *Cléopâtre (30 av. J.-C.), la ville resta un grand port et un centre intellectuel très important pour le christianisme antique. Au moment de la conquête arabe (642), le pays semblait sur le déclin. Mais la dynastie des *Fāṭimides (971-1171) qui fondèrent Le Caire, celle des *Ayyūbides (1171-1250) avec *Saladin, et celle des sultans *Mamelouks, grands bâtisseurs (1250-1517), donnèrent tout son éclat à l'***Égypte musulmane,*** affranchie de la tutelle de *Damas ou *Bagdad. La découverte du cap de *Bonne-Espérance fut la cause d'un désastre économique. L'Égypte, n'étant plus le seul médiateur entre l'Europe et l'Asie, devint une province de l'Empire ottoman en 1517. La campagne d'Égypte (1798-1801, → ci-dessous) marqua le début de l'***Égypte moderne.*** Quoique rétablie après le départ des Français, l'autorité turque faiblit. Le véritable maître du pays, *Méhémet-Ali, engagea dès 1805 des réformes économiques et fonda une dynastie qui régna jusqu'en 1952. La culture arabe connut à la fin du XIXe s. une authentique renaissance *(Nahda).* Mais la nécessité d'emprunter renforça le rôle de l'Angleterre dans la région. Après la révolte nationaliste d'*Arabi Pacha (1882), un protectorat anglais se mit en place, officiellement établi, après 30 ans d'occupation, en 1914 (déposition d''Abbās II). L'indépendance fut cependant reconnue dès 1922, sous la pression du parti nationaliste *Wafd,* dont les chefs, Sa'd Zaghlūl et Naḥḥās Pacha, devinrent les premiers ministres des rois Fouad Ier et *Farouk. Mais l'organisation clandestine des « officiers libres », lassée de la persistance de la présence anglaise et ulcérée de la défaite de leur armée face au nouvel État d'*Israël (1949), renversa le roi, et proclama la République en 1953. *Nasser, chef de l'État en 1956, décida la nationalisation du canal de *Suez pour financer la construction du haut barrage d'*Assouan ; il s'ensuivit une crise diplomatique grave, qui rapprocha l'Égypte de l'Union soviétique. La création avec la Syrie (1958) de la République arabe unie (R.A.U.) fit de Nasser le champion du nationalisme arabe et l'une des grandes figures politiques du tiers monde (⇒ **Bandung**). Mais l'éclatement de la R.A.U. (1961), la victoire rapide d'Israël dans la guerre des Six-Jours (1967) et les difficultés économiques renforcèrent les liens avec l'U.R.S.S. *Sadate, successeur de Nasser en 1970, opéra un rapprochement avec les États-Unis. La république arabe d'Égypte, proclamée en 1971 dans le cadre de l'Union des républiques arabes (Syrie, Libye, Égypte), ne voulut cependant pas renoncer à combattre Israël et ménagea par conséquent le soutien soviétique. Après un nouvel échec militaire (1973), l'action diplomatique de Sadate devint spectaculaire : réouverture du canal de Suez (1975) ; accords tripartites de Camp David, en 1978, avec Israël et les États-Unis. Isolé parmi les nations arabes, engagé dans la répression des mouvements religieux (⇒ les **Frères musulmans**), Sadate fut assassiné en 1981. Son successeur Hosni *Moubarak tente de redonner au pays la stabilité et la sécurité. Sa participation, en 1990-1991, à la guerre du *Golfe, lui permit de retrouver sa place parmi les nations arabes. ► *la campagne d'Égypte.* Expédition française dirigée contre l'Angleterre (1798-1801). Commandée par Bonaparte puis *Kléber, elle se conclut par un retrait honorable des troupes. ‹ ► égyptien ›

Ilya ***Ehrenbourg*** ■ Écrivain et journaliste soviétique (1891-1967). *“La Chute de Paris”.*

Paul ***Ehrlich*** ■ Médecin allemand (1854-1915). Prix Nobel 1908 pour ses travaux fondamentaux en chimiothérapie.

Günter ***Eich*** ■ Poète lyrique allemand (1907 - 1972). Membre du *Groupe 47.

Joseph von ***Eichendorff*** ■ Écrivain romantique allemand (1788-1857).

Gustave ***Eiffel*** ■ Ingénieur français (1832-1923). Il réalisa notamment l'un des plus célèbres monuments de Paris, *la tour* ***Eiffel,*** entièrement métallique, construite de 1887 à 1889 (320 m de haut).

*l'****Eiger*** n. m. ■ Sommet des Alpes bernoises en Suisse. 3 974 m. Réputé pour sa difficulté en alpinisme.

Luigi ***Einaudi*** ■ Homme politique et économiste italien (1874-1961). Président de la République italienne (1948 - 1955).

Eindhoven ■ Ville des Pays-Bas (*Brabant-Septentrional). 191 000 hab. Grand centre industriel.

Einhard ■ ⇒ **Éginhard.**

Einsiedeln ■ Ville de Suisse (*Schwyz). 10 000 hab. Célèbre abbaye *baroque (XVIIIe s.).

Albert ***Einstein*** ■ Physicien allemand naturalisé suisse, puis américain en 1940 (1879-1955). Prix Nobel 1921. Sa théorie de la relativité et ses contributions à la théorie des quanta ont bouleversé la physique fondamentale, permettant l'étude des réactions nucléaires et suscitant d'importants débats philosophiques.

*l'****Éire*** n. f. ■ Nom gaélique de l'Irlande. Depuis 1937, c'est le nom officiel de la république d'*Irlande.

Dwight David ***Eisenhower*** ■ Général et homme politique américain (1890-1969). Commandant en chef des forces alliées en 1943-1945. 34e président (républicain) des États-Unis, de 1953 à 1961, il confia à *Dulles la politique de la *guerre froide.

Eisenstadt ■ Ville d'Autriche, capitale du *Burgenland. 10 200 hab.

Sergueï ***Eisenstein*** ■ Cinéaste soviétique (1898-1948). "*Le Cuirassé Potemkine*", "*Octobre*", "*Alexandre Nevski*", "*Ivan le Terrible*" témoignent de sa maîtrise et de son lyrisme révolutionnaire. Ses écrits théoriques sont également importants.

Ekaterinenbourg ou ***Iekaterinbourg*** ■ Nom de *Sverdlovsk jusqu'en 1924 et depuis 1991.

Ekofisk ■ Gisement d'hydrocarbures de la mer du Nord (Norvège).

Élagabal ■ ⇒ **Héliogabale.**

*l'****Élam*** n. m. ■ Ancien royaume à l'est du *Tigre, appelé la *Susiane* par les Grecs.

Elbasan ■ Ville d'Albanie. 70 000 hab. Important marché agricole. Centre industriel.

*l'****Elbe*** n. f. ■ Fleuve d'Europe centrale, né en Tchécoslovaquie et se jetant dans la mer du Nord à *Hambourg. 1 165 km.

*l' île d'****Elbe*** ■ Île italienne de la mer *Tyrrhénienne. Napoléon Ier en fut le souverain entre mai 1814 (date de son abdication en France) et les *Cent-Jours.

*Maurice Gigost d'****Elbée*** ■ Contre-révolutionnaire français, l'un des premiers chefs de la guerre de *Vendée (1752-1794).

*l'****Elbourz*** n. m. ■ Chaîne montagneuse du nord de l'Iran, culminant au Damāvand (5 604 m).

*l'****Elbrouz*** ■ Volcan éteint, point culminant du *Caucase. 5 642 m.

Elche ■ Ville du sud de l'Espagne (communauté de *Valence). 173 000 hab. Palmeraie.

*l'****Eldorado*** n. m. ■ Contrée mythique d'Amérique du Sud, où les conquérants espagnols croyaient trouver de l'or (XVIe s.). ‹ ▶ eldorado ›

Électre ■ Fille d'*Agamemnon et de *Clytemnestre. Pour venger son père, elle pousse son frère *Oreste à tuer Clytemnestre et *Égisthe. Elle a inspiré *Eschyle, *Sophocle, *Euripide et *Giraudoux.

Éléphantine ■ Île du Nil, en face d'*Assouan. Ruines d'une cité antique.

Éleusis ■ Ville et port de Grèce (*Grèce centrale et Eubée) sur la *baie d'Éleusis.* 19 000 hab. ▶ *les mystères d'****Éleusis,*** liés au culte de *Déméter, constituaient une religion initiatique très importante dans l'Antiquité.

sir Edward ***Elgar*** ■ Compositeur anglais (1857-1934). "*Enigma*" ; "*le Songe de Gerontius*" ; "*Falstaff*".

*James Bruce, comte d'****Elgin et de Kincardine*** ■ Administrateur anglais (1811-1863). Gendre de lord *Durham, il fut gouverneur général du Canada-Uni de 1847 à 1854, date à laquelle la Chambre d'assemblée acquit la responsabilité ministérielle.

Mircea ***Eliade*** ■ Historien des religions et romancier roumain (1907-1986). Il enseigna en France et aux États-Unis. "*Le Sacré et le Profane*" ; "*le Vieil Homme et l'Officier*".

Norbert ***Elias*** ■ Philosophe, sociologue et historien allemand naturalisé britannique (1897-1990). "*Le Processus de civilisation*".

Élie ■ Prophète de la Bible. Il lutta contre le culte de *Baal.

Léonce ***Élie de Beaumont*** ■ Géologue français (1798-1874). Il établit avec Dufrénoy (1792-1857) la carte géologique de la France (1842).

Mary Ann Evans dite *George* ***Eliot*** ■ Écrivaine anglaise (1819-1880). Grande romancière de l'époque victorienne, avec *Dickens, *Thackeray. "*Middlemarch*".

Thomas Stearns ***Eliot*** ■ Écrivain anglais d'origine américaine (1888-1965). Poète (*"la Terre désolée"*), auteur dramatique (*"Meurtre dans la cathédrale"*), il n'a cessé de méditer sur la création littéraire, laissant une œuvre critique importante. Prix Nobel 1948.

sainte ***Élisabeth*** ■ Dans l'Évangile de *Luc, mère de *Jean-Baptiste et cousine de la Vierge *Marie.

Élisabeth Ire ■ Reine d'Angleterre de 1558 à sa mort (1533-1603). Fille d'*Henri VIII et Anne *Boleyn. Elle rétablit l'*anglicanisme, évinça *Marie Stuart, combattit victorieusement l'Espagne de *Philippe II. Son règne fut une période de développement de la marine, de l'économie, et d'épanouissement culturel (on parle de musique et de théâtre *élisabéthains.* ⇒ **Shakespeare**).

Élisabeth II ■ Reine du Royaume-Uni depuis 1952 (née en 1926). Fille du roi *George VI.

Élisabeth d'Autriche ■ Reine de France, épouse de Charles IX (1554-1592).

Élisabeth de Bavière ■ Reine des Belges, épouse d'*Albert Ier (1876-1965).

Élisabeth de France ■ Reine d'Espagne, seconde épouse de Philippe II, fille d'Henri II et de *Catherine de Médicis (1545-1568).

Élisabeth de France dite ***Madame*** ■ Sœur de Louis XVI (1764-1794). Elle mourut guillotinée.

Élisabeth de Wittelsbach ■ Impératrice d'Autriche, épouse de *François-Joseph Ier (1837-1898). La littérature et le cinéma en ont fait la légendaire *Sissi.*

Élisabeth Petrovna ■ Impératrice de Russie, fille de *Pierre Ier (1709-1762). Son ministre Chouvalov favorisa l'instruction et la culture (⇒ **Lomonossov**).

Élissa ■ ⇒ **Didon.**

Elista ■ ⇒ **Kalmoukie.**

*l'île d'****Ellesmere*** ■ Île du Canada, dans l'océan Arctique. 196 236 km².

Duke ***Ellington*** ■ Pianiste, compositeur et chef d'orchestre de jazz noir américain (1899-1974).

Ellora ■ Site de l'Inde (*Andhra Pradesh). Temple et sanctuaire creusés dans le roc.

Élohim ■ Mot hébreu désignant toute divinité. ⇒ **Yahvé.**

saint ***Éloi*** ■ Orfèvre franc, évêque, conseiller du roi *Dagobert (v. 588-660).

Jean-Claude ***Éloy*** ■ Compositeur français (né en 1938). Élève de *Milhaud et de *Boulez. "*Anahata*".

El Paso ■ Ville des États-Unis (*Texas). 425 000 hab. Centre commercial et financier.

Elseneur, en danois ***Helsingør*** ■ Ville et port du Danemark. 56 600 hab. Château de Kronborg où Shakespeare situe l'action d'"*Hamlet*".

Adam ***Elsheimer*** ■ Peintre et graveur allemand (1578-1610). Ses paysages influencèrent les peintres français (*Poussin notamment) et italiens.

Max ***Elskamp*** ■ Poète belge d'expression française (1862-1931). Son inspiration allie symbolisme, piété et formes populaires.

Boris **Eltsine** ▪ Homme politique russe (né en 1931). Premier président de la république de Russie élu au suffrage universel en juin 1991, il prit la tête de l'opposition démocratique au putsch d'août 1991.

Eugène Grindel dit *Paul* **Éluard** ▪ Poète français (1895-1952). Membre du mouvement *surréaliste puis du parti communiste, il a élaboré un langage riche d'images et d'harmonies. "*Capitale de la douleur*" ; "*les Yeux fertiles*" ; "*Poésie ininterrompue*".

Ely ▪ Une des plus anciennes villes d'Angleterre (*Cambridgeshire), célèbre pour sa cathédrale gothique (XIe - XVIe s.). 10 300 hab.

*l'***Élysée** n. m. ▪ Palais parisien du XVIIIe s., résidence du président de la République française depuis 1873.

les champs **Élysées** ▪ ⇒ **champs Élysées.**

Odysseus **Elytis** ▪ Poète grec, proche du surréalisme (né en 1911). Prix Nobel 1979.

les **Elzévir** ou **Elsevier** ▪ Libraires et imprimeurs hollandais des XVIe et XVIIe s.

Embrun ▪ Ville de France, dans les *Alpes. 5 600 hab. *(les Embrunais)*. Église romane.

Ralph Waldo **Emerson** ▪ Essayiste, poète et philosophe américain (1803-1882). Son *transcendantalisme* est une forme américaine de romantisme : optimiste, religieux, individualiste et social.

Jacques André **Émery** ▪ Prélat français, principal interlocuteur de *Napoléon Ier pour les questions ecclésiastiques (1732-1811).

Émèse ▪ Ancienne ville de Syrie célèbre pour son temple du Soleil. Aujourd'hui *Homs.

*l'***Émilie** n. f. ▪ Région de l'Italie, entre l'*Apennin et le *Pô, réunie administrativement à la Romagne pour former l'***Émilie-Romagne*** [en italien, *Emilia Romagna*] (22 123 km² ; 3,92 millions d'hab. ; capitale : Bologne). Plaine agricole. Villes principales : Bologne, Parme, Modène.

Mihail **Eminescu** ▪ Poète romantique roumain (1850-1889). Le grand poète lyrique de son pays, où il est comparé à *Hölderlin.

l'État des **Émirats arabes unis** ▪ Fédération de sept émirats de la péninsule Arabique, sur la côte des Pirates : *Abou Dhabi (capitale), *Doubaï, *Foudjaïrah, Adjman (ou 'Ajmān ; 260 km² ; 64 000 hab.), Chardjah (ou Ash-Shāriqah ; 2 590 km² ; 269 000 hab.), Oumm al-Qaïwaïn (ou Umm al-Qaywayn ; 770 km² ; 29 000 hab.), Ras al-Khaïmah (ou Ra's al-Qaymah ; 1 680 km² ; 116 000 hab.). 83 657 km². 1,62 million d'hab. Religion officielle : islam. Langue : arabe. Monnaie : dirham des Émirats arabes unis. Territoires sous contrôle britannique jusqu'en 1971. Le pétrole assure aux habitants les plus hauts revenus moyens (théoriques) du monde.

Pierre **Emmanuel** ▪ Poète français (1916-1984). Révélé par la *Résistance, il a créé un lyrisme chrétien. "*Jacob*".

Emmanuel-Philibert dit **Tête-de-fer** ▪ Duc de Savoie (1528-1580). Ses victoires au service de Charles Quint lui permirent de restaurer l'indépendance de son État.

*l'***Emmental** ou **Emmenthal** n. m. ▪ Vallée de la Suisse (canton de *Berne), célèbre pour son fromage. ‹ ▸ emmenthal ›

Empédocle ▪ Penseur grec (v. 490 - v. 435 av. J.-C.), philosophe et poète. Il serait mort en se jetant dans l'*Etna.

le premier **Empire** ▪ Gouvernement de la France établi quand *Napoléon Bonaparte prit le titre d'Empereur des Français (1804). Les réformes entreprises dès le *Consulat (Code civil, centralisation, etc.) furent poursuivies, l'économie encouragée et servie par la conquête de l'Europe. Après une période de gloire militaire, la résistance de l'Angleterre et le retournement de la Russie forcèrent Napoléon Ier à abdiquer (1814). L'Empire fut rétabli durant les *Cent-Jours (1815).

le second **Empire** ▪ Rétablissement de l'Empire des Français par Louis Napoléon Bonaparte, qui prit le nom de *Napoléon III, le 2 décembre 1852 (⇒ IIe **République**). L'essor économique et les succès diplomatiques n'empêchèrent pas la fragilisation du régime, qui évolua de l'autoritarisme à un certain libéralisme (ministère *Ollivier) ; la guerre *franco-allemande entraîna sa chute le 4 septembre 1870. ⇒ IIIe **République.**

*l'***empire latin de Constantinople** ▪ ⇒ **Byzance.**

*la dépêche d'***Ems** ▪ Compte rendu par *Bismarck de l'entrevue, dans la ville prussienne d'Ems (aujourd'hui Bad Ems en Allemagne [*Rhénanie-Palatinat]), entre *Guillaume Ier et l'ambassadeur de France, et qui provoqua la déclaration de guerre à la Prusse (1870). ⇒ guerre **franco-allemande.**

Juan del **Encina** ▪ Poète et musicien espagnol (1469 - v. 1529). Le fondateur du théâtre profane.

*l'***Encyclopédie** ou **Dictionnaire raisonné des sciences, des arts et des métiers** ▪ Ouvrage de vulgarisation scientifique et technique français dans l'esprit philosophique des *Lumières : croyance au progrès, confiance en la raison, lutte contre les préjugés (notamment religieux). L'entreprise, animée par d'*Alembert et surtout *Diderot, réunit les savants et certains grands noms de l'époque (*Voltaire, *Montesquieu, *Rousseau...).

Énée ▪ Prince troyen, fils d'Anchise et d'*Aphrodite, ancêtre de *Romulus. □ *l'***Énéide,** poème épique de *Virgile, fait le récit de cette légende des origines troyennes et divines de Rome.

Georges **Enesco** ▪ Compositeur et interprète roumain (1881-1955). Grand professeur de violon, maître de Yehudi *Menuhin. Sonates, quatuors.

les **Enfers** ▪ Séjour des morts dans la mythologie gréco-latine. ‹ ▸ enfer ›

*l'***Engadine** n. f. ▪ Partie suisse de la haute vallée de l'*Inn. Tourisme.

Friedrich **Engels** ▪ Théoricien socialiste allemand (1820-1895). Ami et collaborateur de *Marx, avec qui il écrivit le "*Manifeste du parti communiste*".

*le duc d'***Enghien** ▪ Dernier représentant de la maison de *Condé (1772-1804). Il fut fusillé sur ordre de Bonaparte (France).

Enghien-les-Bains ▪ Ville de France, au nord de Paris, sur le *lac d'Enghien*. 10 100 hab. *(les Enghiennois)*. Eaux sulfureuses. Casino. Hippodrome.

Enki ▪ ⇒ **Enlil.**

Enlil ▪ Un des trois principaux dieux sumériens, avec An et Enki. ⇒ **Sumer.**

Quintus **Ennius** ▪ Poète latin (239 - 169 av. J.-C.). Il introduisit la littérature grecque à Rome et fut un des fondateurs de la littérature latine.

les **Enragés** ▪ Groupe révolutionnaire français (J. *Roux, Varlet...) éliminé dès 1793, mais dont le programme économique et social fut repris par *Hébert, puis *Babeuf.

Federigo **Enriques** ■ Mathématicien et philosophe italien (1871-1946).

Enschede ■ Ville des Pays-Bas (*Overijssel). 145 000 hab. Centre textile.

Ensenada ■ Ville du Mexique. 176 000 hab.

James Sydney **Ensor** ■ Peintre belge (1860-1949). Scènes de carnaval mi-burlesques, mi-morbides, dans un style expressionniste puissant. "*L'Entrée du Christ à Bruxelles*".

*la Triple-***Entente** ■ Traité d'alliance défensive entre la France, la Russie et le Royaume-Uni (1907). Il achève les rapprochements entre la France et la Russie (1892), la France et le Royaume-Uni (⇒ **Entente cordiale**), et entre la Russie et le Royaume-Uni (1907). Elle s'opposa à la Triple-*Alliance.

*l'***Entente cordiale** n. f. ■ Politique de rapprochement franco-britannique, inaugurée par *Guizot. Elle aboutit en 1904 avec les accords entre *Delcassé et *Balfour. L'alliance de la Russie donna naissance à la Triple-*Entente.

Enver Pacha ■ Général et homme politique turc (1881-1922). Ministre de la Guerre en 1914, il engagea son pays aux côtés de l'Allemagne.

Éole ■ D'après *Homère, le maître des vents. ‹ ▶ éolien ›

les îles **Éoliennes** ■ ⇒ **Lipari.**

les **Éoliens** ■ Ancien peuple de Grèce qui tenait son nom d'un roi légendaire. ▶ *l'***Éolide** ou **Éolie** n. f. Région habitée par les Éoliens (nord-ouest de l'Asie Mineure).

*le chevalier d'***Éon** ■ Officier et agent secret de Louis XV (1728-1810). Il fut envoyé comme lectrice à la cour de Russie et dut sa célébrité au doute qu'il entretint sur son sexe.

Épaminondas ■ Général et homme d'État grec (v. 418-362 av. J.-C.). Il assura la domination de *Thèbes sur *Sparte et sur la Grèce centrale.

*l'abbé de l'***Épée** ■ Pédagogue français (1712-1789). Il mit au point un langage par signes pour les sourds-muets.

Épernay ■ Ville de France, en *Champagne. 27 700 hab. *(les Sparnaciens).* Champagne.

Éphèse ■ Ville de l'Antiquité, en Asie Mineure (Turquie actuelle). Sanctuaire d'*Artémis, une des Sept *Merveilles du monde, puis l'un des premiers centres chrétiens : séjour de saint Paul *("Épître aux Éphésiens"),* basilique. *Concile d'Éphèse* en 431.

Épictète ■ Philosophe stoïcien (v. 50-v. 130). "*Manuel*" et "*Entretiens*". ⇒ **stoïcisme.**

Épicure ■ Philosophe grec (341-270 av. J.-C.). Il fonda l'école dite du Jardin. ▶ *l'***épicurisme** n. m., inspiré du matérialisme atomiste de *Démocrite, enseigne que le bonheur s'atteint par l'usage raisonné des plaisirs. ‹ ▶ épicurien ›

Épidaure ■ Ancienne ville de Grèce (ruines du sanctuaire d'*Asclépios, théâtre).

les **Épigones** n. m. ■ Héros de la mythologie grecque qui s'emparèrent de Thèbes pour venger la mort de leurs pères, parmi lesquels Polynice qui avait organisé la première expédition pour reprendre le trône à son frère. ‹ ▶ épigone ›

Épinal ■ Ville de France, dans les *Vosges. 39 500 hab. *(les Spinaliens).* Basilique (XIe-XIIIe s.). Industries textile et mécanique. Musée de l'Imagerie populaire (fabrique Pellerin d'*images* dites *d'Épinal*).

*L'***Épine** ■ Localité de France, en *Champagne. 630 hab. Basilique (XVe-XVIe s.) du gothique flamboyant.

*l'***Épire** n. f. ■ Région montagneuse partagée entre la Grèce (9 203 km² ; 325 000 hab.) et l'Albanie. Royaume de l'Antiquité, habité par les *Molosses, annexé par Rome, Byzance puis par les Ottomans.

les **Épîtres du Nouveau Testament** n. f. ■ Ensemble de 21 lettres attribuées à différents *Apôtres, placées dans le Nouveau Testament (⇒ **Bible**).

Epsom ■ Ville d'Angleterre (*Surrey) où a lieu le *Derby,* célèbre course de chevaux. 69 400 hab.

Jean **Epstein** ■ Cinéaste français (1897-1953). Théoricien de l'avant-garde, il exerça une influence profonde sur l'évolution du cinéma. "*La Chute de la maison Usher*".

*l'***Équateur** n. m. ■ État (république) d'Amérique du Sud traversé par l'équateur. 269 178 km² (avec les îles *Galápagos). 10,49 millions d'hab. *(les Équatoriens).* Capitale : Quito. Langues : espagnol (officielle), quechua. Monnaie : sucre. Les ressources minières des *Andes sont encore peu exploitées, et l'économie concentrée essentiellement sur la plaine côtière (cultures tropicales, port de *Guayaquil). Depuis une vingtaine d'années, le pétrole a été favorisé au détriment de l'agriculture (population paysanne aujourd'hui en difficulté). ▭ HISTOIRE. Ancienne partie de l'Empire *inca conquis par les Espagnols, libérée par *Sucre en 1822 et intégrée à la Grande-Colombie (⇒ **Colombie**), elle se proclama indépendante en 1830. Après un siècle d'alternances difficiles entre conservateurs et libéraux, Velasco Ibarra et Arosemena dominèrent la scène politique (1944-1972). Les militaires prirent le pouvoir en 1972, puis laissèrent la place aux civils en 1979.

Érasme, en latin *Desiderius* **Erasmus** ■ Humaniste, écrivain et érudit hollandais (v. 1469-1536). Esprit mordant mais tolérant, il voulut préserver l'unité de l'Église chrétienne et la nourrir de culture antique. "*Éloge de la folie*" ; "*Colloques*".

Érato ■ *Muse de la Poésie et des Noces.

Ératosthène ■ Astronome, mathématicien et géographe grec (v. 276-v. 194 av. J.-C.).

Erbil ■ Ville d'Irak. 334 000 hab. Centre d'une région essentiellement agricole.

Erckmann-Chatrian ■ Nom de plume adopté par Émile Erckmann (1822-1899) et Alexandre Chatrian (1826-1890). Écrivains français associés, auteurs de contes alsaciens et de romans d'inspiration patriotique. "*L'Ami Fritz*".

*l'***Érechthéion** n. m. ■ Temple sur l'*Acropole d'Athènes. Célèbres cariatides.

Erevan ■ Ville de la C.É.I., capitale de l'*Arménie. 1,19 million d'hab. Métropole économique et culturelle.

Erfurt ■ Ville d'Allemagne, capitale de la *Thuringe. 220 000 hab. Important carrefour ferroviaire.

Ludwig **Erhard** ■ Homme politique allemand (1897-1977). Ministre de l'économie d'*Adenauer, auquel il succéda de 1963 à 1966 comme chancelier (démocrate-chrétien). Considéré comme le principal artisan du « miracle allemand ».

Éric de Poméranie ■ Roi de Norvège, du Danemark et de Suède de 1397 à 1439 (v. 1382-1459).

Eridu ■ Site archéologique d'Irak, ancienne cité de *Mésopotamie, près d'*Ur.

Erie ■ Ville des États-Unis (*Pennsylvanie) sur le *lac Érié* (⇒ **Grands Lacs**). 119 000 hab.

Jean Scot **Érigène** ■ ⇒ **Scot Érigène.**

Erik le Rouge ■ Chef norvégien (v. 940 - v. 1010). Il découvrit et colonisa le Groenland vers 981. □ **Leif Eriksson,** son fils, aurait abordé l'Amérique (*Vinland) v. 1000.

Érin ■ Nom poétique de l'Irlande *(la verte Érin).*

les **Érinyes** n. f. ■ Divinités grecques de la vengeance, assimilées aux *Furies par les Romains.

Erlangen ■ Ville d'Allemagne (*Bavière), près de *Nuremberg. 100 200 hab. Université protestante. Nombreux monuments baroques.

*l'***Ermitage** n. m. ■ Palais de *Catherine II à Saint-Pétersbourg, construit par *Rastrelli. Un des plus riches musées du monde.

Max **Ernst** ■ Artiste et écrivain allemand naturalisé américain puis français (1891-1976). La diversité de son art (collages, grattages, sculpture) en fait le plus inventif des surréalistes.

Éros ■ Dieu grec de l'Amour (le *Cupidon des Romains), fils d'*Aphrodite et amant de *Psyché. ‹ ► érotique ›

Érymanthe ■ Montagne de Grèce (*Arcadie) où *Héraclès captura un sanglier redoutable.

*l'***Érythrée** n. m. ■ Province d'Éthiopie (chef-lieu : *Asmera), sur la mer Rouge (autrefois appelée « mer d'Érythrée », *érythr(o)-* signifiant « rouge » en grec). 117 600 km². 2,6 millions d'hab. Ancienne colonie italienne, État fédéré d'Éthiopie en 1952, il mena une guerre séparatiste depuis sa constitution en province (1962) et s'empara du pouvoir, avec les rebelles du *Tigré, en 1991 (⇒ **Éthiopie**).

*l'***Erzberg** n. m. ■ Montagne d'Autriche (*Styrie) qui doit son nom au fer *(Erz)* qu'on y exploite.

*l'***Erzgebirge** n. m. ■ « Monts métallifères », massif montagneux à la frontière de l'Allemagne et de la Tchécoslovaquie, importante région minière et industrielle.

Ésaü ■ Fils d'*Isaac et de *Rebecca dans la *Bible. Il vendit son droit d'aînesse à son frère *Jacob.

Esbjerg ■ Ville et port du Danemark, sur la côte ouest du *Jütland. 81 400 hab.

*l'***Escaut** n. m. ■ Fleuve qui relie le nord de la France au sud des Pays-Bas, essentiel à l'économie de la Belgique dont il arrose les principaux ports : Anvers et Gand. 430 km.

Eschine ■ Orateur grec (v. 390 - 314 av. J.-C.), adversaire de *Démosthène.

Esch-sur-Alzette ■ Ville du Luxembourg (district de *Luxembourg). 23 700 hab.

Eschyle ■ Auteur dramatique grec, le père de la tragédie (v. 525 - 456 av. J.-C.). Sujets mythologiques d'où se dégage une morale civique et religieuse : *"les Perses"* ; *"Prométhée enchaîné"* ; la trilogie de l'*"Orestie"*.

Ernest **Esclangon** ■ Astronome français, créateur de l'horloge parlante de l'Observatoire de Paris (1876 - 1954).

le Grand Lac des **Esclaves** ■ Lac des *Territoires du Nord-Ouest. 27 800 km².

Esculape ■ Dieu romain de la Médecine, assimilé à l'*Asclépios grec.

*l'***Escurial** n. m., en espagnol **El Escorial** ■ Palais et monastère espagnol édifié près de Madrid pour Philippe II par *Toledo et Juan de *Herrera de 1563 à 1584.

Eşfahān ■ ⇒ **Ispahan.**

Ésope ■ Grec à demi légendaire (VIe s. av. J.-C.). On lui attribue des *"Fables"* qui eurent une influence littéraire considérable.

*l'***Espagne** n. f. ■ État (monarchie constitutionnelle) du sud-ouest de l'Europe (partie de la péninsule Ibérique). 17 communautés autonomes : l'*Andalousie, l'*Aragón, les *Asturies, les *Baléares, le Pays *basque, les *Canaries, la *Cantabrie, la *Castille (Castille-la Manche, Castille-et-Léon), la *Catalogne, l'*Estrémadure, la *Galice, *Madrid, *Murcie, la *Navarre, la *Rioja, *Valence ; auxquelles s'ajoutent des enclaves (présides) sur la côte marocaine (*Ceuta et *Melilla). 504 783 km². 39,15 millions d'hab. *(les Espagnols).* Capitale : Madrid. Langue officielle : espagnol (castillan). Autres langues : catalan, galicien, basque (ou euskarien). Monnaie : peseta. Pays bordé de montagnes, au climat sec, l'Espagne a connu une industrialisation rapide à partir de 1959 (sidérurgie, chimie, biens de consommation). L'agriculture reste très importante (huile d'olive, vins, agrumes et légumes), ainsi que la pêche et surtout le tourisme, en plein essor depuis les années 1960. ▭ **HISTOIRE.** Peuplé de Celtes et d'*Ibères, colonisé, sur la côte méditerranéenne, par les Phéniciens, les Grecs puis les Carthaginois, le pays fut progressivement intégré au monde romain (Ier - Ve s.). Les Wisigoths, arrivés dès le Ve s., en firent un royaume uni et catholique qui fut à son apogée au VIIe s. Puis les musulmans, passant par *Gibraltar, conquirent toute la péninsule au début du VIIIe s. ; l'influence du califat de *Cordoue fut durable, en particulier dans le domaine artistique. Les chrétiens, réfugiés dans le Nord, entreprirent une lente reconquête *(Reconquista),* où s'illustrèrent le *Cid et *Alphonse VI de Castille (XIe s.) : à la fin du XIIIe s., seule Grenade restait musulmane. Sa chute en 1492 marque le triomphe des Rois Catholiques, *Ferdinand d'Aragón et *Isabelle de Castille, qui scellèrent par leur mariage l'unité de leurs royaumes. Le successeur de Ferdinand, son petit-fils Charles, fut le premier roi d'Espagne (1516). Élu empereur du *Saint Empire romain germanique en 1519, sous le nom de *Charles Quint, il se trouva à la tête de la première puissance d'Europe. En 1556, il partagea son empire entre son frère Ferdinand Ier et son fils Philippe II. Ce dernier, roi d'Espagne, de Naples, de Sicile et des Pays-Bas, maître absolu des Amériques (il annexa le Portugal en 1580) et dominant la Méditerranée, lutta contre la *Réforme en « champion » du catholicisme : son règne fut le « siècle d'or » de l'Espagne. Mais le déclin fut rapide : échec aux Pays-Bas, défaite de l'*Armada face à l'Angleterre (1588), indépendance du Portugal (1640). Par le mariage de Louis XIV à l'infante Marie-Thérèse (1659), le pays passa sous influence française. À partir de Philippe V (1700), les Bourbons régnèrent en Espagne. Si la dynastie affirma son caractère national dans la guerre qui l'opposa à Napoléon Ier et à Joseph Bonaparte, elle fut ensuite divisée par la lutte entre les libéraux (réformistes) et les absolutistes (don *Carlos et les carlistes). La perte des colonies affaiblit encore le rôle international du pays. Le coup d'État de *Primo de Rivera (1923), la proclamation de la République (1931, exil d'*Alphonse XIII) et surtout la guerre civile (1936) allaient révéler les divisions profondes de la société espagnole. Dans un contexte international très dur, la victoire des nationalistes (1939), aidés par l'Italie fasciste et l'Allemagne nazie, permit l'instauration du franquisme (dictature de *Franco), avec l'appui de l'armée, de l'Église et d'un parti unique d'inspiration fasciste (la Phalange). Malgré le « miracle économique », le régime fut peu à peu critiqué de l'intérieur, notamment par les catholiques. À la mort de Franco (1975) et selon ses volontés, *Juan Carlos Ier devint roi et réussit à instaurer rapidement un régime parlementaire et démocratique. Le gouvernement dirigé par le socialiste Felipe *González a décidé l'entrée de l'Espagne dans la C.E.E. (1986). Elle est membre de l'O.T.A.N. depuis 1982. Si le pays a accepté la modernisation et l'ouverture sur l'Europe, il doit résoudre les problèmes posés par les nostalgies franquistes et par les extrémistes basques. ‹ ► espagnol ›

*l'***Espírito Santo** ■ Petit État côtier du Brésil. 45 733 km². 2,4 millions d'hab. Capitale : Vitória.

Espoo ■ Ville de Finlande, près d'*Helsinki. 168 000 hab.

*l'***Esquilin** n. m. ■ Une des sept collines de Rome.

les **Esquimaux** ■ ⇒ **Inuit.** ‹ ► ① et ② esquimau ›

Jean Étienne Dominique **Esquirol** ■ Médecin français (1772-1840). Un des pères de la psychiatrie.

Essen ■ Ville d'Allemagne (*Rhénanie-du-Nord-Westphalie). 623 000 hab. Grand centre métallurgique de la *Ruhr (⇒ les **Krupp**).

les **Esséniens** ■ ⇒ **Qumrân.**

Sergueï **Essenine** ■ Poète lyrique russe (1895-1925), époux de I. *Duncan. D'abord enthousiasmé par la *révolution de 1917, il finit par se suicider. "*L'Homme noir*".

*l'***Essex** n. m. ■ Comté de l'est de l'Angleterre. 3 674 km². 1,53 million d'hab. Chef-lieu : Chelmsford (58 200 hab.). Ancien royaume saxon dont la capitale était Londres.

les **Este** ■ Famille noble d'Italie. Ducs de *Ferrare (1240-1597) et de *Modène (1288-1796). Célèbres mécènes, notamment de l'*Arioste.

*l'***Esterel** ou **Estérel** n. m. ■ Massif cristallin de *Provence (France), entre Cannes et Saint-Raphaël.

les **Esterházy** ■ Famille noble de Hongrie. Ils furent les mécènes de *Haydn.

Maurice **Estève** ■ Peintre français (né en 1904). Juxtaposition de formes simples, abstraites et colorées.

Esther ■ Héroïne juive du livre biblique d'Esther. En épousant le roi de Perse, elle obtient la grâce des juifs qui massacrent ensuite leurs ennemis. Son histoire a inspiré *Racine.

les **Estienne** ■ Imprimeurs et érudits humanistes français du XVIe s. Robert (1503-1559) et son fils Henri (1531-1598).

*l'***Estonie** n. f. ■ L'une des trois républiques *baltes. 45 100 km². 1,57 million d'hab. Capitale : Tallinn. Langue : estonien. Forêts, pêche. Gaz, schistes bitumeux. De peuplement finno-ougrien, sous domination suédoise puis russe, l'Estonie ne fut annexée à l'U.R.S.S. qu'en 1944. La résistance passive des Estoniens à l'emprise soviétique se transforma, à partir de 1987, en mouvement revendiquant l'indépendance nationale, indépendance officiellement reconnue en 1991.

*la maison d'***Estrées** ■ FAMILLE NOBLE D'ARTOIS □ *Gabrielle d'***Estrées** (1573-1599) fut la maîtresse d'Henri IV (France).

*l'***Estrémadure** n. f. ■ Communauté autonome d'Espagne, à la frontière du Portugal. 41 602 km². 1,09 million d'hab. Capitale : Mérida (41 800 hab.). Elle fut soumise au califat de Cordoue. Patrie de nombreux conquistadors.

*l'***Estrémadure portugaise** n. f. ■ Province côtière du Portugal, près de Lisbonne (port de pêche de Peniche).

E.T.A., *Euzkadi Ta Azkatasuma* ■ « Le Pays basque et sa liberté », parti basque fondé en 1959, partisan de l'autonomie du Pays *basque.

Étampes ■ Ville de France, au sud de Paris. 21 500 hab. *(les Étampois).* Nombreux monuments anciens, dont l'hôtel d'Anne de Pisseleu, *duchesse d'Étampes,* maîtresse de François Ier.

*L'***Étang-Salé** ■ Commune de l'île française de la Réunion. 8 800 hab.

les **États de l'Église** ■ ⇒ **Église.**

les **états généraux** ■ Assemblée représentant les trois ordres ou états de la France de l'Ancien Régime : noblesse, clergé et tiers état. Elle fut convoquée pour la première fois par *Philippe le Bel (1302). Les ministres de *Louis XVI les réunirent en 1789 pour dénouer la crise financière, mais le tiers état, jugeant qu'il ne disposait pas d'un droit de vote correspondant à son importance réelle, se proclama Assemblée nationale *constituante. Ce fut le début de la *Révolution : l'absolutisme laissait la place à une monarchie constitutionnelle.

les **États-Unis d'Amérique,** en anglais ***United States of America*** ■ État (république fédérale) d'Amérique du Nord, entre le Mexique et le Canada, les océans Atlantique et Pacifique. 9 529 063 km². 248,7 millions d'hab. *(les Américains).* Capitale : Washington. Langue officielle : anglais. Monnaie : dollar. 50 États et un district fédéral. L'étendue du pays, la variété du relief (montagnes à l'ouest, plaines au centre et à l'est) et du climat contribuent à faire de l'économie américaine la première du monde : agriculture (élevage, blé, maïs), abondance de ressources minérales (cuivre, uranium) et énergétiques (charbon, pétrole), industries (alimentaire, bois et papier, textile, métallurgie, pétrochimie, automobile, aéronautique et biens de consommation, informatique). Il y a, cependant, des difficultés financières dues à un commerce extérieur déséquilibré (excédent des importations) et au déficit budgétaire. Les transports et communications jouent évidemment un grand rôle : chemin de fer au XIXe s., route et avion, voies d'eau (en particulier à la frontière du Canada, principal partenaire des États-Unis). ▭ **HISTOIRE.** Cet immense territoire était peu peuplé avant l'arrivée au XVIe s. des Européens, qui refoulèrent les autochtones et les éliminèrent : il reste aujourd'hui environ 1,5 million d'Indiens, groupés, pour la moitié, dans des réserves (Arizona, Nouveau-Mexique...). Les Espagnols se cantonnèrent au sud : Texas, Floride, Californie actuels. Sur la côte atlantique, les Anglais supplantèrent rapidement les Hollandais et chassèrent les Français de la région des Grands Lacs. Mais les colons acceptaient de moins en moins les exigences financières du Royaume-Uni. Avec l'appui de la France, ils déclarèrent et gagnèrent la guerre d'*Indépendance (1787). Leur Constitution concilie les vues du parti républicain de *Jefferson (devenu en 1830, sous l'influence de *Jackson, le parti *démocrate) et du parti fédéraliste d'*Adams (ancêtre de l'actuel parti *républicain) : autonomie des États, mais nécessité d'un pouvoir central fort. Ainsi fut fondée, sous l'arbitrage de *Franklin et surtout de

*Washington, la première république moderne. Le pays s'étendit vers le sud-ouest : achat de la Louisiane (1803) à la France et de la Floride (1819) à l'Espagne, conquête du Texas (1845) et de la Californie (1848) sur le Mexique. L'élection de l'antiesclavagiste *Lincoln à la présidence déclencha la *sécession des États du Sud, voués à la culture du coton. La guerre civile qui s'ensuivit (guerre de *Sécession, 1861-1865) aboutit à la victoire des États du Nord et à l'industrialisation rapide du pays, dont la population tripla entre 1865 et 1914 (grâce à l'immigration) et dont l'économie prit le premier rang dans le monde (⇒ **Taylor**). La conquête de l'Ouest touchant à sa fin, les États-Unis se lancèrent dans une politique interventionniste, sous l'impulsion de Th. *Roosevelt et W. *Wilson. La puissance américaine se révéla dans son engagement lors de la Première *Guerre mondiale (1917) ; elle était telle qu'elle entraîna le monde dans la *crise économique de 1929. Le redressement réussi par F.D. *Roosevelt et la Seconde *Guerre mondiale firent des États-Unis, selon *Truman, « la nation la plus puissante de l'histoire » (⇒ **Bretton Woods**). Ainsi s'engageait une lutte d'influence avec l'Union soviétique : *guerre froide, participation à la plupart des conflits internationaux. Cependant l'assurance américaine a été mise à mal par la guerre du *Viêt-nam, la persistance des problèmes raciaux (⇒ **Black Power, King**) dans les années 1960, les difficultés économiques et les désordres monétaires des années 1970, la démission du président *Nixon (malgré les succès diplomatiques de *Kissinger) à la suite de l'affaire du *Watergate, l'échec de *Carter en Iran. Le républicain *Reagan, président de 1981 à 1988, s'attacha à rétablir la confiance dans les valeurs traditionnelles, non sans susciter des critiques (politique sociale « sacrifiée », danger de l'interventionnisme en Amérique latine). Il signa, en 1987, un accord avec M. *Gorbatchev sur la limitation des armements. Son vice-président, George *Bush, devint président en 1989. En 1990, les États-Unis prirent la tête de la coalition contre l'Irak lors de la guerre du *Golfe réaffirmant leur autorité sur la scène internationale, notamment au Proche-Orient.

Etchmiadzine ■ Ville d'*Arménie, où siège le patriarche de l'*Église arménienne. 37 000 hab.

Ethelbert ■ Roi du *Kent (mort en 616). Il fit œuvre de législateur et imposa *Canterbury comme centre de l'évangélisation.

Jean ***Éthier-Blais*** ■ Écrivain québécois (né en 1925). Romancier, poète, critique littéraire et essayiste. Les thèmes de l'amour et de la mort sont au centre de son œuvre.

*la république populaire et démocratique d'****Éthiopie*** n. f. ■ État d'Afrique de l'Est, au sud de la mer Rouge et du golfe d'Aden. 1 223 500 km². 48,89 millions d'hab. Capitale : Addis-Abeba. Langue officielle : amharique. Monnaie : birr. Le relief accidenté gêne l'économie, encore agricole (café, élevage). ▭ **HISTOIRE.** Le pays a presque toujours maintenu son indépendance : dans l'Antiquité, le royaume d'Aksoum, au Moyen Âge royaume chrétien (proche de l'Église *copte d'Alexandrie). Au XVIe s., les luttes épuisantes contre les Turcs favorisèrent l'émergence de féodaux et parmi eux la dynastie de *Gondar. Le négus (« roi des rois », empereur) Theodoros II réunifia le pays après 1855. Il fallut encore lutter contre les puissances coloniales. La dynastie des Salomonides (descendants de la reine de *Saba, maîtresse de *Salomon d'après la Bible) fut restaurée par *Ménélik II en 1889. Le négus *Hailé Sélassié fut cependant chassé par les Italiens en 1935, qui réunirent l'Éthiopie, la Somalie et l'Érythrée pour former l'Afrique-Orientale italienne. Rétabli sur son trône par les Anglais en 1941, le négus poursuivit la modernisation du pays. L'*Érythrée, fédéré à l'Empire en 1952, devenu province en 1962, engagea une guerre séparatiste. La *Somalie, indépendante depuis 1960, revendique l'*Ogaden. Les difficultés économiques s'ajoutant, le négus fut renversé par les militaires en 1974. Le lieutenant-colonel Mengistu Hailé Mariam soutenu, à partir de 1977 par Cuba et l'U.R.S.S., fut chassé du pouvoir en 1991 par les rebelles érythréens et tigréens (⇒ **Tigré**).

René ***Étiemble*** ■ Écrivain et professeur français (né en 1909). *"L'Enfant de chœur"* ; *"Parlez-vous franglais ?"*.

saint ***Étienne*** ■ Diacre à Jérusalem (Ier s.). Premier martyr de la tradition chrétienne.

saint ***Étienne Ier*** ■ Premier roi de Hongrie, de 1000 à sa mort (v. 977 - 1038). Il imposa le christianisme.

Étienne Ier Báthory ■ Roi de Pologne de 1576 à sa mort (1533-1586). Un des chefs de la *Contre-Réforme. Vainqueur d'*Ivan le Terrible en Livonie.

Étienne IX Douchan ■ Roi (en 1331) puis empereur (1346) des Serbes (1308-1355). Il constitua contre les Turcs un empire gréco-serbe qui ne lui survécut pas.

Étienne de Blois ■ Roi d'Angleterre de 1135 à sa mort (v. 1097 - 1154). Père d'Henri II.

Étienne Nemanja ■ Prince de *Serbie (mort v. 1200). Il fit l'unité de la Serbie puis se retira en 1196.

*l'****Etna*** n. m. ■ Le plus haut volcan actif d'Europe, situé en Sicile (3 295 m).

Etobicoke ■ Ville de l'Ontario, banlieue de *Toronto. 303 000 hab.

*l'****Étolie*** n. f. ■ Région du centre de la Grèce.

Eton ■ Ville du sud de l'Angleterre. 4 000 hab. Célèbre école *(public school)* fondée en 1440.

Étretat ■ Ville de France (*Normandie), sur la Manche. 1 600 hab. *(les Étretatais)*. Site célèbre (falaises, aiguille). Station balnéaire.

*l'****Étrurie*** n. f. ■ Ancienne région d'Italie (approximativement, l'actuelle *Toscane). ▶ *les* ***Étrusques,*** ses habitants, envahirent le *Latium au VIIe s. av. J.-C., puis la *Campanie et la plaine du Pô. Ils furent évincés v. 350 av. J.-C. par les Romains, mais leur civilisation demeura influente : urbanisme, art, religion.

Eubée ■ Île grecque de la mer Égée. Ses minerais donnèrent à ses cités de Chalcis et d'Érétrie un rôle dans l'économie antique et dans la civilisation des Cyclades.

Euclide ■ Mathématicien grec d'Alexandrie (IIIe s. av. J.-C.). Ses *"Éléments"* ont défini la géométrie classique, dite *euclidienne.* C'est aussi le plus ancien traité de théorie des nombres et l'introduction, décisive, de la méthode axiomatique. ‹ ▶ euclidien ›

Eudes ■ Prince franc, fils de *Robert le Fort (v. 860 - 898). Roi de France de 888 à sa mort, ancêtre d'*Hugues Capet.

Eudoxe de Cnide ■ Astronome et mathématicien grec (v. 406 - v. 355 av. J.-C.). Théorie des proportions.

Eugène de Savoie-Carignan dit ***le prince Eugène*** ■ Homme de guerre et diplomate au service de l'Autriche (1663-1736).

Eugénie de Montijo dite *l'impératrice* ***Eugénie*** ■ Impératrice des Français (1826-1920). Comtesse espagnole, elle épousa *Napoléon III en 1853.

Leonhard **Euler** ■ Mathématicien suisse (1707-1783). Un des fondateurs de l'analyse moderne, qu'il sut utiliser dans les sciences exactes. Son œuvre domine les mathématiques de son temps.

Eupen ■ Ville de Belgique (province de *Liège). 17 000 hab. Population en majorité germanophone. La ville fut le chef-lieu d'un des deux cantons (avec *Malmédy) réunis à la Prusse en 1815 et rendus à la Belgique en 1919.

*l'***Euphrate** n. m. ■ Fleuve du Proche-Orient. Né en Turquie, il se jette dans le golfe Persique. 2 780 km. Avec le *Tigre, il délimitait la *Mésopotamie. Rôle capital dans l'Antiquité avec la construction sur ses rives des villes d'*Ur, de *Babylone et de *Sumer.

*l'***Eurasie** n. f. ■ Masse continentale formée par l'Asie et l'Europe. ‹ ▶ eurasien ›

Euratom ■ ⇒ **C.E.E.**

*l'***Eure** n. m. ■ Rivière française, affluent de la *Seine, qui a donné son nom à deux départements : l'*Eure* et l'*Eure-et-Loir*. 225 km.

*le canal de l'***Euripe** ■ Détroit séparant l'île d'*Eubée du continent grec.

Euripide ■ Auteur dramatique grec (480 - 406 av. J.-C.). Ses tragédies se distinguent par leur réalisme : expression violente de la mort, naturel des mouvements de l'âme. "*Alceste*" ; "*Médée*" ; "*Hippolyte*" ; "*Andromaque*" ; "*Hécube*" ; "*Iphigénie en Tauride*" ; "*Électre*" ; "*Iphigénie à Aulis*" ; "*les Bacchantes*".

*l'***Europe** n. f. ■ Le plus petit des continents (10 millions de km^2) prolongeant l'Asie vers l'ouest jusqu'à l'Arctique, l'Atlantique et la Méditerranée. À l'est, l'Europe est traditionnellement délimitée par la mer *Caspienne, l'*Oural et le *Bosphore. Sa position de carrefour et ses richesses naturelles, la densité de population qui en a résulté expliquent son rôle central dans l'histoire et l'économie mondiales. ▭**HISTOIRE**. D'abord au contact du monde méditerranéen (grandes civilisations de l'Antiquité), des *Celtes et des différents peuples venant de l'est, l'Europe n'acquit son identité que progressivement, avec la scission de l'Empire romain en deux empires (Orient et Occident), et surtout la réunification de l'Occident par *Charlemagne. Après lui, le *Saint Empire romain germanique occupa l'Europe centrale ; à l'ouest et au nord se développèrent les nations que nous connaissons aujourd'hui (notamment l'Angleterre et la France) ; la Russie et l'Europe orientale étaient sous le contrôle des *Mongols ou de *Byzance (conquise par les *Ottomans en 1453). Mais une civilisation commune s'affirma : héritage gréco-romain (ravivé, depuis l'Italie, par la *Renaissance), christianisme. À partir du XVIe s., les conflits entre les puissances européennes furent exacerbés par les questions religieuses, et aboutirent à la formation d'empires coloniaux, au bénéfice de l'Espagne, du Portugal, de la Hollande, de la France et de l'Angleterre. Après la *Révolution de 1789, la France domina le continent européen, mais Napoléon échoua devant l'Angleterre et la Russie. La prépondérance de l'Angleterre sur les mers lui assura le plus grand empire colonial du XIXe s. malgré la perte de l'Amérique du Nord (⇒ **États-Unis**) ; c'était aussi la patrie de la révolution industrielle. Le dynamisme économique et l'impérialisme européens ont bouleversé la carte du globe. Le continent fut aussi transformé de l'intérieur par les nationalismes : crise en Europe centrale et déclin de l'empire d'Autriche, émergence de la Prusse (puis de l'Allemagne), unification de l'Italie. Mais le rôle de l'Europe s'amoindrit : depuis leur intervention dans les deux *guerres mondiales, les États-Unis dominent l'économie et la politique de notre temps ; d'autre part, après 1945, l'Union soviétique avait placé sous son influence l'Europe de l'Est, jusqu'en 1989. La décolonisation en Asie et en Afrique a accéléré une prise de conscience difficile : les pays d'Europe doivent s'unir pour maintenir leur rang ; telle est la politique de la *C.E.E., Communauté économique européenne ou « Marché commun », qui se trouve confrontée (1992) aux problèmes créés par les bouleversements à l'Est (⇒ **B.E.R.D.**). ▶ le Conseil de l'***Europe*** : organisme de coopération politique intereuropéenne, créé en 1949, siégeant à Strasbourg et regroupant 25 pays. La Commission européenne et la Cour européenne des droits de l'homme en dépendent. ▶ *l'**Europe verte***. Nom donné aux pays de la Communauté économique européenne (*C.E.E.) lorsqu'on les considère du point de vue des questions agricoles. ‹ ▶ européen ›

Europoort ■ Avant-port de *Rotterdam.

Eurydice ■ ⇒ **Orphée.**

Eusèbe de Césarée ■ Écrivain grec chrétien, considéré comme le père de l'histoire religieuse (265 - 340).

Euskaldunak ■ Les Basques, en langue basque (*euskara*).

Bartolomeo **Eustachi** ■ Médecin anatomiste italien (v. 1510 - v. 1574). Il donna son nom à divers organes, dont la *trompe d'Eustache* (dans l'oreille).

Euterpe ■ *Muse de la Musique.

Évangéline ■ Personnage imaginaire du poème "*Evangeline : A Tale of Acadie*" (1847) de l'Américain H. W. *Longfellow. Représentation de la femme acadienne qui subit la déportation en 1755.

les **Évangiles** n. m. ■ Partie principale du Nouveau Testament (⇒ **Bible**). Ils rapportent la vie et l'enseignement de *Jésus. ▶ *les quatre **Évangélistes*** : les saints *Matthieu, *Marc, *Luc et *Jean, auteurs des Évangiles. ‹ ▶ évangile ›

Edward **Evans-Pritchard** ■ Anthropologue et ethnologue britannique (1902-1973).

Ève ■ D'après la Bible, la première femme, compagne d'*Adam.

sir George **Everest** ■ Géophysicien anglais (1790-1866). Il découvrit le point culminant du globe, auquel son nom fut donné. ▶ *le mont **Everest***, situé dans l'*Himalaya. 8 882 m.

les **Everglades** ■ Marécage du sud de la *Floride (États-Unis). Parc national.

Évian-les-Bains ■ Ville de France (*Savoie). 7 000 hab. (*les Évianais*). Station thermale et climatique où furent signés les *accords d'Évian* (1962), qui mirent fin à la guerre d'*Algérie.

Évora ■ Ville du Portugal. 34 900 hab. Nombreux monuments.

Évreux ■ Ville de France (*Normandie). 51 500 hab. (*les Ébroïciens*). Cathédrale (XIIe - XVIIIe s.), monuments (malgré les destructions de 1940). Industries pharmaceutique et textile.

Ievguenii **Evtouchenko** ■ Poète russe (né en 1933). "*Les Héritiers de Staline*".

Johannes **Ewald** ■ Poète lyrique et dramaturge danois (1743 - 1781).

Exeter ■ Ville du sud de l'Angleterre, chef-lieu du *Devon. 101 000 hab. Cathédrale (XIIe - XIVe s.).

*l'**Exode*** n. m. ■ Livre de la Bible. Il raconte l'asservissement d'Israël, la sortie d'Égypte sous la direction de *Moïse et la révélation de la loi divine sur le Sinaï.

*l'**expressionnisme*** n. m., *les **expressionnistes*** ■ Mouvement artistique et littéraire qui se manifeste en Europe, et plus particulièrement en Allemagne et en Autriche, autour de la Première Guerre mondiale. Il privilégie la subjectivité et l'émotion de l'artiste à travers une exacerbation des formes d'expression. L'expressionnisme est surtout bien défini en peinture (die *Brücke, *Schiele, *Kokoschka, *Soutine), au théâtre (*Wedekind, *Reinhardt) et au cinéma (F. *Lang, *Pabst, *Murnau).

Eyck ■ ⇒ **Van Eyck.**

Eylau ■ Ville de la C.É.I. (*Russie) appelée aujourd'hui ***Bagrationovsk***. Elle fut le théâtre d'une des plus sanglantes batailles de Napoléon, en 1807. Les Russes battirent en retraite.

*Les **Eyzies-de-Tayac-Sireuil*** ■ Localité du sud-ouest de la France, dans le *Périgord. 850 hab. *(les Eyzicois, les Tayaciens).* Nombreux sites préhistoriques (abri de *Cro-Magnon).

Ézéchiel ■ Un des quatre grands prophètes de la *Bible (VIe s. av. J.-C.).

Faaa ■ Ville de la *Polynésie française. 20 000 hab. Aéroport de *Papeete.

le colonel **Fabien** ■ Résistant français (communiste), auteur du premier attentat meurtrier contre un officier allemand en 1941 (1919-1944).

Fabiola de Mora y Aragón ■ Reine des Belges depuis 1960, épouse de Baudouin Ier (née en 1928).

Fabius Cunctator ■ Consul romain (v. 275-203 av. J.-C.). Un des grands adversaires d'*Hannibal.

Laurent **Fabius** ■ Homme politique français (né en 1946). Premier ministre (socialiste) de 1984 à 1986.

Jean Henri **Fabre** ■ Entomologiste français (1823-1915). "*Souvenirs entomologiques*".

Philippe Fabre dit **Fabre d'Églantine** ■ Écrivain et révolutionnaire français (1750-1794). Auteur du *calendrier révolutionnaire et de la chanson "*Il pleut, il pleut, bergère...*".

Carel **Fabritius** ■ Peintre hollandais (v. 1622-1654). Élève de *Rembrandt, il fut le maître de *Vermeer.

Alexandre **Fadeïev** ■ Écrivain soviétique (1901-1956). Il obtint le prix Staline. "*La Jeune Garde*".

Faenza ■ Ville d'Italie du Nord (*Émilie-Romagne). 55 000 hab. Fabrication de vaisselle en céramique (majolique), depuis le XIIe s., à laquelle elle donna son nom. ⟨ ► faïence ⟩

les îles **Faeroe** ■ ⇒ **Féroé.**

les Hautes **Fagnes** ■ Plateau de l'*Ardenne belge où se situe le signal de *Botrange.

Fahd ■ Roi d'Arabie Saoudite depuis 1982 (né en 1923).

Daniel Gabriel **Fahrenheit** ■ Physicien allemand (1686-1736). Il définit la première échelle thermométrique, dite *Fahrenheit.*

Louis **Faidherbe** ■ Général et colonisateur français (1818-1889). Son œuvre au Sénégal fut considérée comme exemplaire. ≠ Faydherbe.

Ellen Louks **Fairclough** ■ Femme politique canadienne (née en 1905). Première femme à occuper un poste de ministre au sein du gouvernement du Canada (1957).

Thomas **Fairfax** ■ Général et homme politique anglais (1612-1671). Il combattit avec *Cromwell, mais se rallia ensuite à Charles II.

Faisalābād, anciennement **Lyallpur** ■ Ville du Pakistan (*Pendjab). 1,09 million d'hab. Industrie textile.

les **Falachas** ■ Juifs noirs d'Éthiopie dont une partie fut rapatriée en Israël en 1982.

Étienne **Falconet** ■ Sculpteur français (1716-1791). Monument à *Pierre le Grand, à Saint-Pétersbourg.

les îles **Falkland** ■ Nom anglais des îles *Malouines.

Manuel de **Falla** ■ Compositeur espagnol (1876-1946). "*La Vie brève*" (opéra), "*l'Amour sorcier*" (ballet), et les "*Chansons populaires*" allient une veine populaire, nationale, à la science d'un musicien proche de *Debussy.

Armand **Fallières** ■ Homme politique français (1841-1931). Président de la République (gauche) de 1906 à 1913.

la **Fall Line** ■ Ligne de fractures au contact des Appalaches et de la plaine côtière, à l'est des États-Unis. Les nombreuses chutes d'eau, le long de cette ligne, fournirent l'énergie hydraulique, dont les colons avaient besoin.

Gabriel **Fallope** ■ Chirurgien et anatomiste italien (1523-1562). La *trompe de Fallope* est un conduit qui va de l'ovaire à l'utérus.

Frédéric comte de **Falloux** ■ Homme politique français (1811-1886). Ministre de l'Instruction publique, il favorisa l'enseignement catholique (*loi Falloux,* 1850).

Falster ■ Île du Danemark, dans la Baltique. 514 km². 46 700 hab.

Amintore **Fanfani** ■ Homme politique italien (né en 1908). Il fut plusieurs fois ministre (démocrate-chrétien) et président du Conseil depuis 1945.

Fangataufa ■ ⇒ **Tuamotu.**

Juan Manuel **Fangio** ■ Coureur automobile argentin (né en 1911). Cinq fois champion du monde des conducteurs entre 1951 et 1957.

Frantz **Fanon** ▪ Psychiatre et révolutionnaire antillais (1925-1961). Il fit la critique du colonialisme.

Henri **Fantin-Latour** ▪ Peintre français (1836-1904). Portraits de groupes. Fleurs.

la **F.A.O., Food and Agriculture Organization** ▪ L'« Organisation pour l'alimentation et l'agriculture », créée en 1945, est une institution spécialisée de l'*O.N.U.

al-**Fārābī** ▪ Philosophe arabo-islamique de langue arabe (v. 872-950).

Michael **Faraday** ▪ Physicien et chimiste anglais (1791-1867). Lois quantitatives de l'électrolyse *(lois de Faraday).* Découverte de l'induction électromagnétique.

Léon-Paul **Fargue** ▪ Écrivain et poète français (1876-1947). *"Le Piéton de Paris".*

la guerre des Farines ▪ Nom donné à l'agitation populaire qui, en 1775, en France, suivit la promulgation d'un édit de *Turgot établissant la liberté du commerce du grain.

les frères **Farman** ▪ Pionniers de l'aviation française, d'origine anglaise. Henri (1874-1958) établit plusieurs records.

Farnborough ▪ Ville du sud de l'Angleterre (*Hampshire). 45 500 hab. Abbaye où reposent les dépouilles de *Napoléon III et de l'impératrice *Eugénie. Exposition aéronautique.

les **Farnèse** ▪ Maison princière d'Italie, très puissante quand l'un des siens devint pape au XVIe s. ▶ *le palais* **Farnèse,** édifié à Rome par *Paul III, est aujourd'hui le siège de l'ambassade de France. ⇒ **Alexandre Farnèse.**

Farouk ou **Fārūq** ▪ Dernier roi d'Égypte (1920-1965). Renversé en 1952.

le **Far West** ▪ « L'Ouest lointain », nom traditionnel aux États-Unis des territoires situés à l'ouest du *Mississippi, inspira de nombreuses œuvres cinématographiques. ‹ ▶ Far West ›

le **fascisme** ▪ Régime politique instauré en Italie par *Mussolini de 1922 à 1943. Doctrine corporatiste, nationaliste et totalitaire. ‹ ▶ fascisme, fasciste ›

Muhammad 'Allāl al-**Fāsī** ▪ Homme politique marocain (1910-1974). Fondateur de l'*Istiqlāl.

Rainer Werner **Fassbinder** ▪ Cinéaste, écrivain, acteur et metteur en scène de théâtre ouest-allemand (1946-1982). Il contribua, avec W. Herzog et W. *Wenders, au renouveau du cinéma allemand des années 1970. *"Berlin Alexanderplatz"*, adaptation pour la télévision de la nouvelle de A. *Döblin.

Fatehpur Sīkri ▪ Site de l'Inde (*Uttar Pradesh). Monuments indo-moghols.

Fátima ▪ Ville du Portugal, en *Estrémadure. Agglomération de 7 500 hab. Pèlerinage à la Vierge qui y serait apparue en 1917.

Fāṭima ▪ Fille du prophète *Mahomet (v. 606-v. 632). Elle est très vénérée dans l'*Islam, particulièrement par les *chiites. ▶ *les* **Fatimides,** déclarant appartenir à sa descendance, régnèrent en Afrique du Nord (Xe s.) puis en Égypte, où le *sunnite *Saladin les renversa (1171).

William **Faulkner** ▪ Romancier américain (1897-1962). Il a fait du sud des États-Unis le lieu mythique d'intrigues à la fois tragiques et banales, sans concession à la psychologie ni à la construction romanesque traditionnelles. *"Sanctuaire"* ; *"le Bruit et la Fureur"*. Prix Nobel 1949.

Faunus ▪ Divinité romaine de la Nature, souvent identifiée, comme Silvanus, dieu des Forêts, à *Pan. ‹ ▶ ① faune ›

Félix **Faure** ▪ Homme politique français (1841-1899). Président de la République (républicain modéré) de 1895 à sa mort.

Sébastien **Faure** ▪ Anarchiste français, journaliste et pédagogue (1858-1942).

Élie **Faure** ▪ Essayiste français (1873-1937). *"Histoire de l'art"*.

Edgar **Faure** ▪ Homme politique français, juriste, essayiste et historien (1908-1988). Président du Conseil en 1952 puis en 1955-1956.

Gabriel **Fauré** ▪ Compositeur français (1845-1924). Auteur d'œuvres intimistes : nombreuses mélodies (sur des poèmes de *Verlaine), pièces pour piano, musique de chambre.

Faust ▪ Personnage légendaire qui vendit son âme au diable afin d'obtenir la connaissance et le plaisir. Venu d'Allemagne (XVIe s.), le mythe a nourri tous les arts : littérature (*Marlowe, *Goethe, *Valéry), peinture (*Delacroix), musique (*Berlioz, *Gounod).

Jean **Fautrier** ▪ Peintre français (1898-1964). Art informel ; effets de matière (empâtements). *"Otages"*.

le **fauvisme,** *les* **fauves** ▪ Mouvement pictural apparu à Paris v. 1905. Les peintres fauves aimaient les couleurs vives, la simplification énergique des formes (*Matisse, *Derain, *Vlaminck, *Van Dongen, *Marquet, *Rouault). ‹ ▶ ② fauve ›

Charles Simon **Favart** ▪ Auteur français de livrets pour l'opéra-comique (1710-1792).

Luc **Faydherbe** ▪ Sculpteur et architecte flamand (1617-1697). Élève de *Rubens. ≠ Faidherbe.

Fayetteville ▪ Ville des États-Unis (*Caroline du Nord). 60 000 hab.

Henri **Fayol** ▪ Ingénieur français (1841-1925). Il prôna une organisation hiérarchique de l'entreprise et le primat de la fonction administrative.

le **Fayoum** ▪ Riche région agricole et gouvernorat de haute Égypte. 1 827 km². 1,5 million d'hab. Capitale : Fayoum (227 000 hab.).

Fayṣal ▪ Roi d'Arabie Saoudite de 1964 à son assassinat par son neveu (1904-1975).

Fayṣal Ier ▪ Roi d'Irak (1885-1933), de 1921 à sa mort. □ **Fayṣal II,** son petit-fils (1935-1958), couronné roi à l'âge de quatre ans, fut renversé et assassiné lors de la révolution irakienne, en 1958.

le **F.B.I., Federal Bureau of Investigation** ▪ « Bureau fédéral d'enquêtes », chargé de la police fédérale aux États-Unis.

Lucien **Febvre** ▪ Historien français, fondateur avec Marc *Bloch de l'école des Annales (1878-1956). *"La Terre et l'Évolution humaine"* ; *"le Problème de l'incroyance au XVIe s."*.

Fécamp ▪ Ville de France (*Normandie), dans le pays de *Caux. 21 100 hab. *(les Fécampois).* Église, vestiges du château des ducs de Normandie. Pêche.

l'insurrection **fédéraliste** ▪ Mouvement d'opposition à la Révolution française, mené en province par les *Girondins (1793).

le mur des **Fédérés** ▪ Mur situé au cimetière du Père-*Lachaise, à Paris (France), où furent fusillés, en 1871, les derniers défenseurs de la *Commune.

Konstantin **Fedine** ▪ Écrivain soviétique (1892-1977). Prix Staline 1949.

Benito Jerónimo **Feijóo y Montenegro** ■ Écrivain et bénédictin espagnol (1676-1764). Représentant des *Lumières, il dénonça les superstitions.

Lyonel **Feininger** ■ Peintre américain, membre du *Bauhaus (1871-1956). Paysages urbains.

Pál **Fejo"s** ■ Cinéaste et anthropologue hongrois (1897-1963).

le **Félibrige** ■ École littéraire française fondée en Provence en 1854 par sept jeunes écrivains de langue d'oc (les *félibres*). ⟨ ► félibre ⟩

Federico **Fellini** ■ Cinéaste italien (né en 1920). Films d'abord néo-réalistes, puis spectaculaires, nourris de rêves et de fantasmes. *"La Strada" ; "la Dolce Vita" ; "Huit et demi" ; "Amarcord" ; "Intervista".*

la **F.E.N., Fédération de l'Éducation nationale** ■ Le plus important syndicat français des enseignants.

François de Salignac de La Mothe **Fénelon** ■ Prélat et écrivain français (1651-1715). Son style et sa sensibilité en font un précurseur des *Lumières. *"Télémaque".*

Félix **Fénéon** ■ Écrivain et critique d'art français (1861-1944).

la **Fennoscandie** ■ Ensemble formé par la Suède, la Norvège et la Finlande.

Beppe **Fenoglio** ■ Romancier italien (1922-1963). *"La Guerre sur les collines",* inspiré par la Résistance italienne.

les **Fens** n. f. pl. ■ Région marécageuse du sud-est de l'Angleterre. Une des régions les plus fertiles du pays.

la **féodalité** ■ Organisation sociale et politique qui apparut en Europe entre le IXe et le XIe s. et qui disparut définitivement en France en 1789. Elle naquit dans un contexte de désagrégation de l'État : en échange de redevances et de corvées, le seigneur louait ses terres à des paysans et leur assurait protection et justice. Les plus puissants divisaient leur seigneurie en *fiefs* et les attribuaient à des vassaux dont ils s'assuraient ainsi la soumission. Au sommet de la féodalité se trouvait le roi (⇒ **Ancien Régime**). ⟨ ► féodal ⟩

Mouloud **Feraoun** ■ Écrivain algérien d'expression française d'origine kabyle, assassiné par l'*O.A.S. (1913-1962). *"La Terre et le Sang".*

Ferdinand ■ NOM DE PLUSIEURS SOUVERAINS EUROPÉENS **1.** empereurs d'ALLEMAGNE □ ***Ferdinand Ier*** (1503-1564), roi de Bohême et de Hongrie (1526), roi des Romains (1531), empereur à la suite de son frère *Charles Quint (1556). Confronté comme lui à l'offensive turque (1529) et à la *Réforme, envers laquelle il fit preuve d'une certaine clémence. □ ***Ferdinand II de Habsbourg*** (1578-1637), empereur de 1619 à sa mort, champion de la *Contre-Réforme. □ ***Ferdinand III de Habsbourg*** (1608-1657), son fils, perdit la guerre de *Trente Ans. **2.** souverain de BULGARIE □ ***Ferdinand*** (1861-1948) prit le titre de tsar des Bulgares en 1908 ; il abdiqua en faveur de son fils Boris en 1918. **3.** rois d'ESPAGNE □ ***Ferdinand le Catholique*** (1452-1516). Roi d'Aragón (1479), époux d'*Isabelle de Castille. Il acheva la reconquête de l'Espagne sur les Maures et fonda l'*Inquisition dans son pays. Cette politique valut au couple le nom de « Rois Catholiques », décerné par le pape. Elle fit l'unité du royaume : leur petit-fils *Charles Quint eut, le premier, le titre de « roi des Espagnes » (1516). □ ***Ferdinand VII*** (1784-1833) oscilla entre libéralisme et autorité, après le règne de Joseph *Bonaparte.

Ferdowsī ou **Firdousi** ■ Poète persan (v. 935 - v. 1020). Le *"Livre des Rois" ("Shāh-nāmeh"),* chef-d'œuvre de la littérature épique mondiale.

Sándor **Ferenczi** ■ Psychanalyste et neurologue hongrois (1873-1933). *"Thalassa".*

le **Fergana** ou **Ferghana** ■ Région de la C.É.I. (*Ouzbékistan) ; oasis : coton, vergers ; pétrole. Ville principale : *Fergana* (200 000 hab.).

Jean-Pierre **Ferland** ■ Auteur-compositeur-interprète québécois (né en 1934). Récipiendaire de plusieurs prix internationaux pour ses chansons.

Pierre de **Fermat** ■ Mathématicien français (1601-1665). Théorie des nombres *(théorème de Fermat),* probabilités, calcul infinitésimal, géométrie, optique (*principe de Fermat :* principe de moindre action dans la propagation de la lumière).

Enrico **Fermi** ■ Physicien italien (1901-1954). Physique nucléaire (théorie statistique quantique ; réalisation de la première pile atomique). Prix Nobel 1938.

Fermont ■ Ville minière nordique du Québec. 3 500 hab. Minerai de fer.

Fernandel ■ Acteur français (1903-1971). Son comique populaire méridional excella dans les films de Marcel *Pagnol. *"La Fille du puisatier".*

Gregorio **Fernández** ■ ⇒ **Hernández.**

l'île **Fernando de Noronha** ■ Île du Brésil, au large de la côte atlantique, qui constitua un territoire fédéral de 1942 à 1988, avant d'être intégrée à l'État de *Pernambouc. 26 km². 1 300 hab. Ville principale : [Vila dos] Remérios.

Ferney-Voltaire ■ Ville de France, à la frontière de la Suisse. 6 400 hab. *(les Ferneysiens).* Elle fut créée par *Voltaire, autour du château où il vécut de 1758 à 1778.

les îles **Féroé** ou **Faeroe** ■ Archipel danois de l'Atlantique Nord. 1 399 km². 47 800 hab. *(les Féringiens* ou Féroïens). Chef-lieu : Tórshavn ou Thorshavn (14 500 hab.). Elles ont leur langue (féroïen) et leur autonomie (elles ne sont pas incluses dans la C.E.E.).

Ferrare, en italien **Ferrara** ■ Ville d'Italie (*Émilie-Romagne). 142 000 hab. Brillante cité culturelle du XIIIe au XVIe s. : université, monuments (château d'Este).

Enzo **Ferrari** ■ Pilote puis constructeur italien d'automobiles de course et de sport (1898-1988).

Gustave **Ferrié** ■ Général et savant français (1868-1932). Radiotélégraphie.

Kathleen **Ferrier** ■ Cantatrice irlandaise (1912-1953). Émouvante voix de contralto.

Jacques **Ferron** ■ Écrivain québécois (1921-1985). Romancier, conteur, dramaturge et critique littéraire, il a décrit l'imaginaire et le « pays québécois » contemporain.

Marcelle **Ferron** ■ Peintre québécoise (née en 1924). L'une des initiatrices du groupe Automatiste en peinture et signataire du manifeste *"le Refus global"* (⇒ P.-E. **Borduas**).

Jules **Ferry** ■ Avocat et homme politique français (1832-1893). Journaliste républicain sous Napoléon III, maire de Paris (1870) puis ministre de l'Instruction publique (1879) et président du Conseil (1880). Il imposa la laïcité, la gratuité et le caractère obligatoire de l'enseignement primaire. Sa politique d'essor colonial entraîna sa démission en 1885.

Fès ou *Fez* ■ Ville du Maroc. 449 000 hab. *(les Fassis).* Capitale des *Marīnides. Remparts, mosquées, médersas (écoles islamiques), palais du roi. Ville ancienne. Tourisme. Centre culturel.

Joseph **Fesch** ■ Prélat français (1763-1839). Oncle maternel de Napoléon Ier, dont il fut l'ambassadeur au *Vatican, puis l'adversaire. Il constitua d'importantes collections d'art italien.

Reginald Aubrey **Fessenden** ■ Inventeur canadien (1866-1932). Il réalisa, en 1906, la première retransmission par radio de la voix humaine et de musique.

Ludwig **Feuerbach** ■ Philosophe allemand (1804-1872). Critique de *Hegel et de la religion (*"l'Essence du christianisme"*). □ *Anselm* **Feuerbach,** son neveu (1829-1880), peintre et dessinateur allemand.

Louis **Feuillade** ■ Cinéaste français (1873-1925). La sobriété du jeu de ses interprètes donnait à ses films le sens du réel. *"Fantômas"* ; *"les Vampires"*.

le club des **Feuillants** ■ Club révolutionnaire rassemblant les monarchistes constitutionnels (*La Fayette, *Barnave, *Duport). Ils dominèrent la *Constituante et les débuts de l'*Assemblée législative.

Paul **Féval** ■ Écrivain français (1817-1887). Romans-feuilletons (*"le Bossu"*).

février 1848 ■ ⇒ **révolution française de 1848.**

Georges **Feydeau** ■ Auteur dramatique français (1862-1921). Vaudevilles : *"le Dindon"* ; *"la Dame de chez Maxim"*.

Jacques **Feyder** ■ Cinéaste français d'origine belge (1888-1948). *"Le Grand Jeu"* ; *"Pension Mimosas"* ; *"la Kermesse héroïque"*.

Richard P. **Feynman** ■ Physicien américain (1918-1988). Prix Nobel 1965.

Fez ■ ⇒ **Fès.**

saint **Fiacre** ■ Ermite du VIIe s. Patron des cochers (par jeu de mots).

Fianarantsoa ■ Ville de Madagascar. 111 000 hab.

Leonardo **Fibonacci** ■ ⇒ **Léonard de Pise.**

Ficardin, en arabe ***Fakhr ad-Dīn II*** ■ Émir du Liban (1572-1635).

Johann Gottlieb **Fichte** ■ Philosophe allemand (1762-1814). Sa *"Doctrine de la science"* marque le passage de *Kant à l'idéalisme absolu (⇒ **Schelling, Hegel**). Ses écrits politiques ont joué un grand rôle dans la formation du nationalisme allemand.

Marsile **Ficin** ■ Philosophe et humaniste italien (1433-1499). Maître du *platonisme chrétien. *"Théologie platonicienne"*.

les îles **Fidji** ■ Archipel et État (république) de Mélanésie (plus de 800 îles). 18 274 km². 734 000 hab. *(les Fidjiens).* Capitale : Suva. Langues : fidjien, anglais. Monnaie : dollar de Fidji. Économie sucrière. Tourisme. ▭HISTOIRE. Îles découvertes par le Hollandais *Tasman en 1643, ancienne colonie britannique, indépendante depuis 1970, membre du *Commonwealth jusqu'en 1987.

Henry **Fielding** ■ Écrivain satirique et journaliste anglais (1707-1754). *"Tom Jones"*, chef-d'œuvre d'observation sociale et d'humour.

les **Fiesque,** en italien **Fieschi** ■ Famille noble de Gênes, rivale des *Doria. La *conjuration de* (Gian Luigi) *Fiesque* inspira Schiller.

Fife ou ***Fifeshire*** ■ Région administrative de la côte est de l'Écosse. 1 319 km². 345 000 hab. Chef-lieu : Glenrothes (34 900 hab.).

Figaro ■ ⇒ **Beaumarchais.**

le **Filarète** ■ Sculpteur et architecte italien (v. 1400-v. 1469). Son *"Traité d'architecture"* décrit une ville idéale, synthèse des réflexions et connaissances de l'époque.

Gérard **Filion** ■ Journaliste et éditeur québécois (né en 1909). Comme directeur du quotidien *le Devoir* et éditorialiste, il s'opposa au gouvernement de l'Union nationale de M. *Duplessis.

la querelle du **filioque** ■ Conflit qui opposa, à partir du IXe s., catholiques et orthodoxes au sujet de la théologie de la Trinité.

Filitosa ■ Site archéologique (préhistorique) de Corse (France).

les **Filles du roi** ■ Nom donné aux jeunes françaises célibataires qui émigrèrent en *Nouvelle-France aux frais du roi de France, entre 1663 et 1673, pour marier des hommes célibataires déjà établis en grand nombre dans la colonie.

Millard **Fillmore** ■ Homme politique américain (1800-1874). 13e président des États-Unis, de 1850 à 1853.

les **Fils de la liberté** ■ Nom donné à de jeunes patriotes du Bas-Canada, qui se regroupèrent en association en 1837 pour réclamer, pacifiquement ou par les armes, la reconnaissance des droits des Canadiens français.

le **Finistère** ■ Département français.

le cap **Finisterre** ■ Extrémité nord-ouest de l'Espagne.

la **Finlande** ■ État (république) du nord de l'Europe. 338 145 km². 4,96 millions d'hab. *(les Finlandais).* Capitale : Helsinki. Langues : finnois (93 %) et suédois. Monnaie : mark finlandais. Le climat rigoureux, dû à la latitude élevée, limite l'agriculture et la pêche aux côtes de la Baltique. L'industrie du bois (les forêts couvrent 76 % du territoire) domine les autres (métallurgie, mécanique, textile). Porcelaine, verreries. Importantes ressources hydro-électriques. ▭HISTOIRE. L'isolement des Lapons, puis des Finnois (dont la langue est apparentée au hongrois) favorisa un particularisme mais aussi l'absence de détermination politique face aux Suédois, maîtres du pays du XIIe au XVIIIe s. La Russie imposa sa domination en 1809. Elle permit d'abord un réveil culturel et politique, mais engagea à la fin du XIXe s. une politique de russification stoppée par les événements révolutionnaires de 1917. Avec l'appui des Allemands, la Finlande obtint son indépendance ; elle devint république en 1919, reconnue par la Russie en 1920. La Seconde Guerre mondiale la livra aux convoitises soviétique et allemande et l'obligea, après 1945, à ménager son puissant voisin soviétique. Cette politique de prudence diplomatique et de coopération économique lui a permis de préserver sa liberté et son développement, sous la présidence notamment du social-démocrate *Kekkonen (de 1956 à 1981). ► *le golfe de* **Finlande,** formé par la Baltique entre l'Estonie, la Russie et la Finlande, baigne Helsinki et Saint-Pétersbourg. ⟨ ► finlandais ⟩

la **Fionie** ■ Grande île et province du Danemark. 457 000 hab. 3 486 km². Chef-lieu : Odense.

Firdousi ■ ⇒ **Ferdowsī.**

Johann Bernhard **Fischer von Erlach** ■ Architecte et décorateur *baroque autrichien (1656-1723). Église Saint-Charles-Borromée à Vienne.

saint John **Fisher** ■ Prélat anglais, ami d'*Érasme (v. 1469 - 1535). Il s'opposa au second mariage d'Henri VIII et fut exécuté.

Irving **Fisher** ■ Économiste américain (1867-1947). Théorie mathématique (ou quantitative) de la monnaie.

Francis Scott **Fitzgerald** ■ Écrivain américain (1896-1940). Il a évoqué la splendeur des années du jazz et l'échec puis l'effondrement du rêve américain. *"Gatsby le Magnifique"*.

Ella **Fitzgerald** ■ Chanteuse de jazz noire américaine (née en 1918).

Fiume ■ Nom italien de *Rijeka.

Hippolyte **Fizeau** ■ Physicien français (1819-1896). ⇒ **Doppler.** Première mesure physique (non astronomique) de la vitesse de la lumière.

Robert **Flaherty** ■ Cinéaste américain (1884-1951). *"Nanouk"*, *"Moana"*, *"l'Homme d'Aran"*, chefs-d'œuvre du documentaire ethnologique.

l'école **flamande,** *les peintres* **flamands** ■ ⇒ **Flandre.**

Nicolas **Flamel** ■ Auteur supposé de traités hermétiques, alchimiste français légendaire (v. 1330 -1418).

Camille **Flammarion** ■ Astronome français (1842-1925). Fondateur de la Société astronomique de France. *"Astronomie populaire"* (1879).

la **Flandre** ou *les* **Flandres** ■ Région historique partagée aujourd'hui entre la France et la Belgique. Elle prit son essor au Moyen Âge avec l'industrie drapière. Au XIVe s., les villes s'opposèrent à l'annexion française, avant de passer aux mains du duc de Bourgogne (XVe s.), puis de ses héritiers : *Maximilien d'Autriche, *Charles Quint, *Philippe II d'Espagne. Après la sécession des *Pays-Bas protestants, la Flandre resta catholique et espagnole. Au terme de la guerre de *Succession d'Espagne (1714), elle fut soumise aux Autrichiens, à l'exception de places fortes cédées à la France (dont Lille). Sous domination française durant la Révolution et l'Empire, la Flandre fut rattachée en 1814 au royaume des Pays-Bas. En 1830, elle devint l'une des parties de la Belgique indépendante. Elle se divise en deux provinces dans la Belgique actuelle. □ *la* **Flandre-Occidentale,** en néerlandais ***West-Vlaanderen.*** 3 134 km². 1,09 million d'hab. Chef-lieu : Bruges. □ *la* **Flandre-Orientale,** en néerlandais ***Oost-Vlaanderen.*** 2 982 km². 1,33 million d'hab.Chef-lieu : Gand. □ *la* **Flandre maritime,** en France, est intégrée au département du Pas-de-Calais. La ***Flandre intérieure*** fait partie du département du Nord. ▶ *l'école* **flamande** naquit avec l'introduction de la technique de la peinture à l'huile (v. 1420) et connut un développement important du XVe au XVIIe s. Robert *Campin, Jan *Van Eyck et Roger *Van der Weyden en jetèrent les bases : goût du détail, expressivité du visage et du geste. Au XVIe s. apparurent les genres indépendants : Quentin *Metsys fut le premier portraitiste (ses successeurs créèrent le « portrait de groupe ») ; Joachim *Patinir le premier paysagiste. *Bruegel créa un type de peinture de genre qui se développa par la suite : la scène villageoise dans un paysage. Au début du XVIIe s., *Rubens, de retour d'Italie, introduisit le *baroque en Flandre. Son ancien élève *Van Dyck eut une grande influence en Angleterre. La peinture de genre, de caractère allégorique, inaugurée par Bruegel, continua avec *Jordaens. À la fin du XVIIe s. l'école flamande déclina. ‹ ▶ flamand ›

Hippolyte **Flandrin** ■ Peintre français (1809-1864). Élève d'*Ingres.

Gustave **Flaubert** ■ Écrivain français (1821-1880). Sa recherche forcenée de la beauté et de la vérité, appuyée par un souci de réalisme et une écriture lyrique, a marqué une rupture avec les conventions romanesques traditionnelles. *"Madame Bovary"* ; *"Salammbô"* ; *"l'Éducation sentimentale"* ; *"Trois contes"* ; *"Bouvard et Pécuchet"*.

les **Flaviens** ■ Dynastie d'empereurs romains (69-96) fondée par *Vespasien, représentée après lui par ses fils *Titus et *Domitien.

Flavius Josèphe ■ Historien juif rallié à Rome, de langue latine (v. 37 - v. 100).

John **Flaxman** ■ Sculpteur et illustrateur *néo-classique anglais (1755-1826).

le Maître de **Flémalle** ■ ⇒ Robert **Campin.**

Sandford **Fleming** ■ Ingénieur civil canadien d'origine écossaise (1827-1915). L'un des responsables de la construction du premier chemin de fer transcontinental au Canada, et de la division de la Terre en 24 fuseaux horaires.

sir Alexander **Fleming** ■ Médecin et bactériologiste anglais (1881-1955). Prix Nobel 1945 pour sa découverte de la pénicilline.

Victor **Fleming** ■ Cinéaste américain (1883-1949). *"L'Île au trésor"* ; *"le Magicien d'Oz"* ; *"Autant en emporte le vent"*.

Ian **Fleming** ■ Écrivain anglais (1908-1964). Créateur du personnage de James Bond, héros de romans et de films d'espionnage.

le **Fleurdelisé** ■ Désignation du drapeau du Québec, qui porte une fleur de lis bleue sur fond blanc.

Fleurimont ■ Ville du Québec. 12 000 hab.

Fleurus ■ Ville de Belgique (*Hainaut). 22 000 hab. Victoire française sur les Autrichiens (1794).

le cardinal de **Fleury** ■ Ministre de Louis XV (1653-1743). Il mena une politique habile et prudente. Il fut impopulaire.

le **fleuve Bleu** ■ ⇒ **Yangzi Jiang.**

le **fleuve Jaune** ■ ⇒ **Huang He.**

le **Flevoland** ■ Province des Pays-Bas constituée de deux polders. 1 422 km². 194 000 hab. Chef-lieu : Lelystad (58 400 hab.).

Flint ■ Ville des États-Unis (*Michigan). 160 000 hab. Industrie automobile.

le **F.L.N., *Front de libération nationale*** ■ Mouvement nationaliste algérien créé en 1954. Il tint un rôle essentiel durant la guerre de libération contre la France. De l'indépendance (1962) à 1989, il fut le seul parti politique autorisé.

Flore ■ Déesse italique et romaine des Fleurs, identifiée à la *Chloris grecque. ‹ ▶ flore ›

Florence, en italien **Firenze** ■ Ville d'Italie, centre de la *Toscane. 417 000 hab. *(les Florentins).* Brillante cité culturelle et touristique : nombreux monuments *Renaissance, musées, académies. Artisanat, industrie mécanique. ▭ **HISTOIRE.** Commune libre au Moyen Âge, Florence s'enrichit rapidement grâce au commerce ; elle conquit *Pise en 1406, devenant ainsi une puissance maritime. Elle fut le premier foyer du développement des arts et des lettres en Italie : dès 1300 avec *Dante et *Giotto, autour de 1400 avec *Brunelleschi et *Masaccio, enfin, sous le gouvernement des *Médicis (qui inspira "*le Prince*" de Machiavel), avec *Léonard de Vinci et *Michel-Ange (v. 1500). Elle fut la capitale du royaume d'Italie de 1865 à 1870. ‹ ▶ florentin ›

Flores ■ Île d'Indonésie, dans l'archipel de la Sonde. 14 275 km². 700 000 hab. Chef-lieu : Ende. ▶ *la mer de **Flores*** sépare l'île et les *Célèbes.

Jean-Pierre Claris de ***Florian*** ■ Écrivain français (1755-1794). "*Fables*".

la ***Floride*** ■ État du sud-est des États-Unis, péninsule entre le golfe du Mexique et l'Atlantique. 151 939 km². 9,75 millions d'hab. Capitale : Tallahassee. Agrumes. Industries alimentaire et électrique. Tourisme (*Miami, Disneyworld). Centre aérospatial de cap *Canaveral.

les ***Floris de Vriendt*** ■ Artistes flamands, influencés par l'Italie. □ *Cornelis* ***Floris de Vriendt,*** architecte de l'hôtel de ville d'Anvers (1514-1575). □ *Frans* ***Floris de Vriendt,*** son frère, peintre d'allégories (v. 1516 - 1570).

Pierre ***Flourens*** ■ Physiologiste français (1794-1867). □ *Gustave* ***Flourens,*** son fils, membre de la *Commune (1838-1871).

le ***F.L.Q., Front de libération du Québec*** ■ Groupe d'indépendantistes québécois qui visait l'accession du Québec à l'indépendance par des moyens terroristes (enlèvements d'un attaché consulaire anglais et d'un ministre québécois).

Robert ***Fludd*** ■ Médecin anglais, auteur de traités d'hermétisme (1574-1637).

le ***F.M.I., Fonds monétaire international*** ■ Institution de coopération internationale, créée en 1944 à *Bretton Woods, veillant à la stabilité des changes.

F.O., Force ouvrière ■ Organisation syndicale française, issue d'une scission de la *C.G.T. en 1948, dont le nom officiel est C.G.T.-F.O.

Ferdinand ***Foch*** ■ Maréchal de France (1851-1929). Généralissime des forces alliées en 1918, signataire de l'armistice avec l'Allemagne. ⇒ Première **Guerre mondiale.**

Henri ***Focillon*** ■ Historien et théoricien français de l'art (1881-1943). "*La Vie des formes*" ; "*Art d'Occident*".

Antonio ***Fogazzaro*** ■ Écrivain italien (1842-1911). "*Le Petit Monde d'autrefois*".

Foggia ■ Ville d'Italie du Sud (*Pouilles). 159 000 hab. Marché agricole.

Foix ■ Ville du sud-ouest de la France. 10 400 hab. (*les Fuxéens*). ▶ *le comté de **Foix,*** dont elle fut la capitale, connut son apogée sous *Gaston de Foix (XIVe s.).

Anthony ***Fokker*** ■ Aviateur et industriel néerlandais (1890-1939).

Teofilo ***Folengo*** ■ Poète italien, bénédictin (1491-1544). "*Baldus*", chef-d'œuvre du style macaronique, influença *Rabelais.

Folkestone ■ Port sur la côte sud de l'Angleterre (*Kent). 46 000 hab.

Jean ***Follain*** ■ Poète français (1903-1971). "*Territoires*".

Maurice ***Fombeure*** ■ Poète français (1906-1981). "*Une forêt de charme*".

Fongafale ■ Capitale de Tuvalu, sur l'atoll de Funafuti. 2 800 hab.

les ***Fons*** ■ Population noire du Bénin.

Pierre François ***Fontaine*** ■ Architecte français associé à *Percier (1762-1853).

Fontainebleau ■ Ville de France, au sud de Paris. 18 000 hab. (*les Bellifontains*). Forêt domaniale de 17 000 ha. ▶ *le château de **Fontainebleau*** fut construit par *François Ier, qui fit appel pour la décoration à des artistes italiens (le *Rosso, le *Primatice, *Dell'Abate), autour desquels s'élabora un style d'inspiration *maniériste, la ***première école de Fontainebleau.*** Le château fut agrandi par Henri IV et décoré alors par des artistes français qui créèrent la ***seconde école de Fontainebleau,*** ultime manifestation du *maniérisme (⇒ **Dubois, Dubreuil, Fréminet**). C'est aujourd'hui un musée.

La ***Fontaine-de-Vaucluse*** ■ Localité du sud-est de la France. La célébrité de la résurgence d'un fleuve souterrain, la Sorgue, alimenté par les eaux de pluie valut à ce type de phénomène le nom de « source vauclusienne ».

Domenico ***Fontana*** ■ Architecte et urbaniste italien (1543-1607).

Carlo ***Fontana*** ■ Architecte, décorateur et sculpteur *baroque italien (1634-1714). Collaborateur du *Bernin.

Lucio ***Fontana*** ■ Sculpteur et peintre italien (1899-1968). Surfaces lacérées.

Theodor ***Fontane*** ■ Écrivain allemand (1819-1898). Nombreux romans dont "*Effi Briest*".

Louis de ***Fontanes*** ■ Écrivain français, responsable de l'Université sous l'Empire, ministre de Louis XVIII (1757-1821).

Bernard de ***Fontenelle*** ■ Écrivain français (1657-1757). Son art d'exposer le progrès des sciences annonce les *Lumières. "*Entretiens sur la pluralité des mondes*".

Fontenoy ■ Ville de Belgique (*Hainaut). Victoire du maréchal de Saxe, à la tête des Français, sur les Anglais et les Hollandais, en 1745, au cours de la guerre de *Succession d'Autriche.

l'abbaye de ***Fontevrault*** ou ***Fontevraud*** ■ Abbaye du Maine-et-Loire (commune de Fontevraud-l'Abbaye ; 1 100 hab. [*les Fontevristes*]) fondée par Robert d'Arbrissel (fin XIe s.) pour abriter, sous l'autorité d'une abbesse, une communauté d'hommes et une communauté de femmes. L'ordre fut supprimé en 1792 (France).

***Font-Romeu**-Odeillo-Via* ■ Ville du sud de la France, dans les *Pyrénées. 1 900 hab. (*les Romeufontains*). Tourisme.

Jean-Louis ***Forain*** ■ Artiste français (1852-1931). Célèbre dessinateur de presse.

John ***Ford*** ■ Auteur dramatique anglais d'inspiration *baroque (1586-1639). "*Dommage qu'elle soit une putain*" ; "*le Cœur brisé*". ≠ John Ford (→ ci-dessous).

Henry ***Ford*** ■ Industriel américain (1863-1947). Pionnier de l'automobile.

John ***Ford*** ■ Cinéaste américain d'origine irlandaise (1895-1973). Le maître du western. "*La Chevauchée fantastique*" ; "*les Raisins de la colère*", d'après *Steinbeck. ≠ John Ford (→ ci-dessus).

Gerald ***Ford*** ■ Homme politique américain (né en 1913). 38e président (républicain) des États-Unis, de 1974 à 1977. Vice-président, il succéda à *Nixon.

la **Forêt-Noire,** en allemand **Schwarzwald** ▪ Massif montagneux d'Allemagne, en bordure du Rhin. Conifères. Commerce et industries dans les vallées et les villes (⇒ **Fribourg-en-Brisgau**). Tourisme.

Forli ▪ Ville d'Italie (*Émilie-Romagne). 110 000 hab.

Miloš **Forman** ▪ Cinéaste tchécoslovaque naturalisé américain (né en 1932). "*Les Amours d'une blonde*" (en Tchécoslovaquie) ; "*Amadeus*" (aux États-Unis).

Formose ▪ Nom donné par les Portugais à l'île de *Taïwan.

Maureen **Forrester** ▪ Cantatrice canadienne (née en 1930). L'une des plus célèbres contraltos de l'Amérique du Nord.

Edward Morgan **Forster** ▪ Romancier et critique anglais (1879-1970). "*La Route des Indes*".

Paul **Fort** ▪ Poète français (1872-1960). "*Ballades françaises*".

Fortaleza ▪ Ville et port du nord du Brésil, capitale de l'État de *Ceará. 648 000 hab. Industries textile et alimentaire.

Fort-de-France ▪ Préfecture de l'île française de la Martinique. 100 700 hab. *(les Foyalais).* Port actif sur la *baie de Fort-de-France.* Rhum.

Fort-Érié ▪ Ville de l'Ontario. 25 000 hab.

Marc-Aurèle **Fortin** ▪ Peintre québécois (1888-1970). Il a peint la nature québécoise sous toutes ses formes. Considéré comme l'un des pionniers de l'art moderne au Québec.

Fort-Lamy ▪ Ancien nom de *N'Djamena.

Fort Lauderdale ▪ Ville des États-Unis, 3e port de *Floride. 153 000 hab.

Louis **Forton** ▪ Dessinateur et conteur français (1878-1934). Créateur des *Pieds-Nickelés* et de *Bibi Fricotin.*

Fortuna ▪ Divinité romaine du hasard. Elle a donné son nom à la *fortune.* ‹ ▸ fortune ›

Fort Wayne ▪ Ville des États-Unis (*Indiana). 172 000 hab.

Fort Worth ▪ Ville des États-Unis (*Texas). 385 000 hab. Industries, commerce (bétail).

le **Forum romanum** ▪ Ancien quartier de la Rome antique, centre religieux, commercial et politique de la ville, dont les ruines sont un site touristique.

Ugo **Foscolo** ▪ Écrivain préromantique italien (1778-1827). "*Les Dernières Lettres de Jacopo Ortis*" ; "*les Tombeaux*", poèmes patriotiques.

Fos-sur-Mer ▪ Ville du sud de la France, près du *golfe de Fos.* 12 200 hab. *(les Fosséens).* □ ***Fos-Étang-de-Berre.*** Zone industrielle. Raffinerie de pétrole, chimie, sidérurgie (⇒ étang de **Berre**).

Charles de **Foucauld** dit **le père de Foucauld** ▪ Prêtre français, ermite et missionnaire au Sahara (1858-1916).

Léon **Foucault** ▪ Physicien français (1819-1868). Sa célèbre expérience du pendule mit en évidence la rotation de la Terre.

Michel **Foucault** ▪ Philosophe et essayiste français (1926-1984). Son intérêt pour l'histoire de la médecine s'est déplacé vers la morale et la politique. "*Les Mots et les Choses*" ; "*l'Archéologie du savoir*" ; "*Histoire de la sexualité*".

Joseph **Fouché** ▪ Homme politique français (1759-1820). Ministre de la Police sous le Consulat, l'Empire et Louis XVIII.

Foudjaïrah ou *al-***Fujayrah** ▪ Un des Émirats arabes unis. 1 150 km². 54 400 hab. Pêche, pétrole.

le **Fouji-San** ▪ ⇒ **Fuji-yama.**

Léonard **Foujita** ou **Fujita Tsuguharu** ▪ Peintre japonais établi à Paris (1886-1968).

les **Foulbés** ▪ ⇒ les **Peuls.**

Foulques V ▪ Comte d'*Anjou et Maine, roi de *Jérusalem de 1131 à sa mort (1095-1143).

Jean **Fouquet** ▪ Peintre et miniaturiste français (v. 1420 - v. 1477). "*Portrait de Charles VII*" ; "*Vierge*".

Nicolas **Fouquet** ▪ Surintendant des Finances de Louis XIV (1615-1680). Disgracié en 1661, son faste ayant déplu au roi (France).

Antoine **Fouquier-Tinville** ▪ Magistrat français, accusateur public du Tribunal révolutionnaire, guillotiné (1746-1795).

Jean **Fourastié** ▪ Économiste français (1907-1990). "*Les Trente Glorieuses*".

Joseph **Fourier** ▪ Mathématicien français (1768-1830). *Séries de Fourier :* séries trigonométriques, essentielles en physique (théorie de la chaleur).

Charles **Fourier** ▪ Utopiste français (1772-1837). Théoricien de l'harmonie et de l'organisation communautaire du phalanstère.

Claude **Fournier** ▪ Cinéaste québécois (né en 1931). "*Deux femmes en or*" (1970), le premier film canadien en technicolor et en techniscope ; "*Bonheur d'occasion*" (1983), d'après un roman de G. *Roy ; "*les Tisserands du pouvoir*" (1988).

Les **Fourons,** en néerlandais **Voeren** ▪ Commune de Belgique, à majorité francophone, rattachée à la province du *Limbourg (néerlandophone). Lieu symbole de la querelle linguistique belge.

le **Fouta-Djalon** ▪ Massif montagneux de Guinée, « château d'eau » de l'ouest de l'Afrique. Cultures vivrières, élevage.

Fou-tcheou ▪ ⇒ **Fuzhou.**

George **Fox** ▪ Protestant anglais, fondateur de la secte des *quakers (1624-1691).

Charles James **Fox** ▪ Homme politique britannique (1749-1806). Réformiste favorable à un rapprochement avec la France.

Terrance Stanley "Terry" **Fox** ▪ Sportif canadien (1958-1981). Atteint du cancer des os, emputé d'une jambe, il crée *le Marathon de l'espoir* et traverse à pied une partie du territoire canadien pour recueillir des fonds destinés à financer la recherche sur le cancer.

la **Fraction armée rouge,** en allemand **die Rote Armee Fraktion** ou **R.A.F.** ▪ Organisation terroriste ouest-allemande d'extrême gauche des années 1970, appelée aussi *bande à Baader* (du nom de l'un de ses fondateurs).

Jean-Honoré **Fragonard** ▪ Peintre français, élève de *Boucher (1732-1806). Style plein de grâce et de vivacité. Scènes galantes, portraits.

Pierre **Francastel** ▪ Historien et théoricien de l'art français (1900-1970).

Anatole **France** ▪ Écrivain français (1844-1924). Humaniste ironique et sceptique. Il soutint *Dreyfus aux côtés de *Zola. "*L'Histoire contemporaine*", roman. Prix Nobel 1921.

la **France** ■ État (république) occupant l'extrémité ouest du continent européen, bordé par l'Atlantique, la Manche et la mer du Nord et au sud par la Méditerranée. Elle est séparée de la Belgique et du Luxembourg par les Ardennes, de l'Allemagne par le Rhin, de la Suisse et de l'Italie par le Jura et les Alpes, de l'Espagne par les Pyrénées. Elle comprend des îles (*Corse), ainsi que des départements et territoires d'outre-mer. 549 192 km^2. 58,4 millions d'hab. *(les Français).* Capitale : Paris. Langue officielle : français. Autres langues : alsacien, basque, breton, catalan, corse, flamand, occitan (gascon, provençal). Monnaie : franc. La France est une république parlementaire comprenant deux assemblées (l'*Assemblée nationale, le *Sénat), un président de la République (chef de l'État) et un Premier ministre qui dirige le gouvernement. Son climat tempéré, son relief varié en font un pays agricole (élevage, blé, maïs, cultures maraîchères et fruitières, viticulture). L'industrie est cependant devenue le premier secteur économique, mais la sidérurgie, le textile et les industries mécaniques (automobiles, chantiers navals) ont connu des difficultés ces dernières années. Le secteur tertiaire se développe (tourisme). L'État assure certains services (éducation, santé, postes et télécommunications) ; ses entreprises représentent 20 % du produit national brut (Électricité de France, chemins de fer, quelques groupes industriels, une partie des banques et assurances...) ; ses décisions influent sur l'économie privée : ainsi l'entrée dans le Marché commun (*C.E.E.) a entraîné des mesures de soutien à l'agriculture et le développement du commerce avec l'Europe. Globalement, les importations (pétrole, biens de consommation) l'emportent sur les exportations (biens d'équipement et de consommation, agro-alimentaire) ; l'apport complémentaire en devises extérieures (investissements à l'étranger) reste insuffisant malgré le tourisme. D'autre part, on a tenté de corriger les disparités régionales et le rôle excessivement important de Paris par rapport à la province en favorisant la décentralisation et en créant 22 régions administratives en France métropolitaine : *Alsace, Aquitaine, Auvergne, Bourgogne, Bretagne, Centre, Champagne-Ardenne, Corse, Franche-Comté, Île-de-France, Languedoc-Roussillon, Limousin, Lorraine, Midi-Pyrénées, Nord-Pas-de-Calais, Basse-Normandie, Haute-Normandie, Pays de la Loire, Picardie, Poitou-Charentes, Provence-Alpes-Côte d'Azur, Rhône-Alpes* (se reporter à l'article concernant chaque région pour connaître les départements qui la composent). ▭ **HISTOIRE.** Située à la pointe de l'*Eurasie, la *Gaule est devenue une partie de l'Empire romain. À l'époque des grandes invasions germaniques, elle s'est transformée en un royaume barbare, le royaume des *Francs, avec la dynastie des *Mérovingiens. Divisé dès la mort de *Clovis (511) en *Neustrie, *Austrasie, *Bourgogne et *Aquitaine, réunifié un temps par *Dagobert, le royaume fut intégré à l'empire de *Charlemagne (v. 800). Le lien entre la papauté et les dynasties régnantes s'affirma alors et fit de la France « la fille aînée de l'Église ». Le traité de Verdun (843) fixa la frontière de la *Francia Occidentalis,* que reçut en partage l'un des petits-fils de Charlemagne, *Charles le Chauve. Mais le pouvoir effectif passait aux mains des grands féodaux. Ce fut l'œuvre des *Capétiens, succédant aux *Carolingiens en 987 (sacre de *Hugues Capet), d'annexer progressivement à leur propre territoire les comtés ou duchés qui fragmentaient le royaume (⇒ **féodalité**). Pour y parvenir, ils surent, à partir de Louis VI (v. 1130), encourager la renaissance des villes qui cherchaient à s'affranchir des seigneurs. La victoire de *Philippe Auguste à *Bouvines (1214), le prestige de Louis IX (Saint Louis) au temps des croisades (v. 1250), enfin les réformes et l'autorité de *Philippe le Bel (v. 1300) imposèrent le rayonnement de la France au XIIIe s., dont témoigne son influence culturelle (université de Paris) et artistique (cathédrales gothiques). Mais, le roi d'Angleterre prétendant à la succession de *Philippe le Bel, la guerre de *Cent Ans plongea le pays dans une profonde instabilité, qui ne cessa qu'avec les succès définitifs de Charles VII (⇒ **Jeanne d'Arc**) et Louis XI. Ce dernier acheva la politique d'annexion, notamment en neutralisant le duc de Bourgogne *Charles le Téméraire ; il laissa aux rois de la *Renaissance un domaine et des institutions consolidés. François Ier dut lutter contre la puissance des *Habsbourg (⇒ **Charles Quint**) et les troubles nés de la *Réforme. Après son règne éclatèrent les guerres de *Religion, guerres civiles où chaque parti trouvait des soutiens à l'étranger ; Henri IV, prince protestant rallié au catholicisme, y mit fin en 1598 par le compromis de l'édit de *Nantes. Il redressa l'économie nationale et renforça le pouvoir royal. Cette tendance à l'absolutisme fut accentuée par Louis XIII, les ministres *Richelieu et *Mazarin (qui mata la *Fronde), et surtout Louis XIV. La France dominait l'Europe v. 1680. Mais les ressources économiques étaient sacrifiées à la Cour (⇒ **Versailles**), à la gloire, aux grands desseins diplomatiques et militaires. Au XVIIIe s. les esprits brillants des *Lumières critiquèrent de plus en plus les faiblesses du régime ; l'Angleterre faisait figure de nouvelle grande puissance, alors que la France négligeait ses entreprises coloniales, que la situation financière de l'État et les tensions sociales s'aggravaient. Les ministres de Louis XV puis Louis XVI échouèrent dans leurs réformes : la noblesse conserva ses privilèges ; la convocation des *états généraux (1789) ne suffit pas à débloquer la situation. La *Révolution emporta la royauté (exécution de Louis XVI en 1793) et mit fin à l'*Ancien Régime. Affrontant l'Europe entière, les révolutionnaires diffusèrent leurs principes politiques. Mais leurs divisions, les conflits entre royalistes et républicains, entre les provinces et Paris, entre modérés et radicaux suscitèrent l'apparition d'un pouvoir fort : le *Consulat (1799) puis l'*Empire (1804). *Napoléon Ier engagea la France dans une épopée conquérante, d'abord couronnée de succès, puis réduite à néant (1814-1815) par la résistance de l'Angleterre, alliée à la Russie et l'Autriche. La restauration de la monarchie (Louis XVIII, Charles X, Louis-Philippe) ne survécut pas, cependant, à la *révolution de 1848, suivie du rétablissement de l'Empire par Napoléon III (1852). La France du second *Empire s'engagea dans l'économie moderne : réforme du crédit, industries, transports, urbanisation. Après la défaite contre la Prusse (1870) et la révolution de la *Commune, le régime républicain s'instaura durablement : la IIIe *République réussit à l'imposer progressivement aux Français, en leur apportant l'instruction gratuite, laïque et obligatoire ; elle développa par ailleurs l'expansion coloniale, mais son économie évoluait lentement, à la différence de celle de l'Allemagne, qui mobilisa en 1914 une formidable puissance industrielle. La Première *Guerre mondiale, dont la France sortit vainqueur, lui rendit l'Alsace et la Lorraine, mais la ruina humainement (1,4 million de morts) et économiquement. En France, l'entre-deux-guerres fut marqué par les mesures sociales des gouvernements du *Front populaire (1936). L'Allemagne, en pleine crise économique et humiliée par la défaite de 1918, porta au pouvoir *Hitler et les nazis, qui engagèrent (1939) la Seconde *Guerre mondiale et triomphèrent rapidement en Europe continentale. Le parlement français donna les pleins pouvoirs au maréchal *Pétain, qui choisit la collaboration avec le vainqueur (gouvernement de

*Vichy). Mais la ténacité du Royaume-Uni, l'entrée en guerre des Américains, le retournement d'alliance de l'U.R.S.S., l'organisation de la *Résistance dans les régions occupées provoquèrent la chute de Hitler (1945). Après la *Libération et le gouvernement d'union (*G.P.R.F.) du général de *Gaulle, la IVe *République fut proclamée. Elle poursuivit une œuvre de reconstruction économique et financière et d'intégration européenne (création de la *C.E.E. en 1957), malgré l'instabilité ministérielle et les graves problèmes de la décolonisation. La guerre d'*Algérie provoqua le retour au pouvoir de Charles de Gaulle (1958) et la proclamation de la Ve *République, dont il fut élu président. Il inspira directement la politique de ses gouvernements. Son ancien Premier ministre Georges *Pompidou lui succéda en 1969. L'élection du centriste libéral Valéry *Giscard d'Estaing en 1974 plaça le parti gaulliste à la droite de l'échiquier politique mais les institutions gaullistes ne sont plus guère contestées : le socialiste François *Mitterrand, devenu président de la République en 1981, a usé des pouvoirs que lui confère la Constitution pour mener ses réformes (nationalisations, décentralisation) avec le soutien des communistes jusqu'en 1984. Devant les effets persistants (en particulier le chômage) de la crise que connaît le monde depuis 1973, il entreprend ensuite une « politique de rigueur » ; aux problèmes économiques s'ajoutent ceux de l'éducation, qui avaient provoqué en *mai 1968 d'importants mouvements contestataires. Les élections législatives de 1986 imposèrent la « cohabitation » avec un gouvernement de droite dirigé par Jacques *Chirac. L'alternance politique n'a jamais remis en cause les choix diplomatiques et militaires de de Gaulle (présence en Afrique ; défense nucléaire...). Réélu en 1988, F. Mitterrand nomma Michel *Rocard Premier ministre, puis Édith *Cresson (1991) à qui succéda Pierre *Bérégovoy en 1992. En 1990, il engagea militairement la France dans la coalition contre l'Irak lors de la guerre du *Golfe. ‹ ▶ ④ franc, français ›

l'île de **France** ■ Ancien nom de l'île *Maurice. ≠ Île-de-France. ⇒ **Île-de-France.**

Piero della **Francesca** ■ ⇒ **Piero della Francesca.**

Francesco di Giorgio Martini ■ Architecte, peintre et sculpteur italien (1439-1502).

Francfort-sur-le-Main, en allemand **Frankfurt am Main** ■ Ville d'Allemagne (*Hesse). 618 000 hab. Durant la Seconde Guerre mondiale, la ville fut détruite à 60 %. Place commerciale et financière depuis le Moyen Âge, pôle industriel et culturel (presse, université, édition). Grand aéroport. ▶ *le traité de* **Francfort** (10 mai 1871) mit fin à la guerre *franco-allemande de 1870. ▶ *l'école de* **Francfort,** courant philosophique proche du marxisme, dominé par Max Horkheimer (1895-1973), *Adorno, *Marcuse, puis Jürgen Habermas (né en 1929).

Francfort-sur-l'Oder, en allemand **Frankfurt an der Oder** ■ Ville d'Allemagne (*Brandebourg), à la frontière polonaise. 82 800 hab.

la **Franche-Comté** ■ Région administrative et économique de l'est de la France, comprenant les départements du Doubs, du Jura, de la Haute-Saône et du Territoire de Belfort. 16 308 km². 1,1 million d'hab. *(les Francs-Comtois).* Préfecture : Besançon. Pays de forêts (⇒ **Jura**) et de prairies, favorisant traditionnellement l'élevage laitier (fromages) et l'industrie (grâce au bois). L'horlogerie (Besançon), l'automobile et les cycles (Belfort, Montbéliard), l'informatique et l'agro-alimentaire en font une grande région industrielle. Cette province fut longtemps disputée entre la France et l'Empire germanique et définitivement acquise à la France par la paix de Nimègue (1678).

Sam **Francis** ■ Peintre américain (né en 1923). Représentant de « l'abstraction lyrique ».

les **Franciscains** ou **Frères mineurs** ■ Ordre religieux fondé par saint *François d'Assise, voué à la pauvreté mendiante et à la prédication itinérante. ‹ ▶ franciscain ›

César **Franck** ■ Compositeur et organiste français (1822-1890). Sa musique de chambre et son enseignement ont influencé les musiciens français de la fin du XIXe s.

le général **Franco** ■ Homme politique espagnol (1892-1975). Après avoir conduit le soulèvement nationaliste contre les républicains, et remporté la victoire (1939), il instaura un régime autoritaire, catholique et corporatiste, prit le titre de *caudillo* (« guide ») et restaura la monarchie (1947), tout en exerçant le pouvoir comme régent. ‹ ▶ franquisme ›

la guerre **franco-allemande de 1870** ■ Conflit entre Napoléon III et Guillaume Ier (1870-1871). La défaite de *Sedan provoqua la chute de l'Empire français, la proclamation de la République et le soulèvement de la *Commune. La victoire confirma l'unité allemande, œuvre de *Bismarck, au bénéfice de la *Prusse dont le roi fut proclamé empereur d'Allemagne. L'annexion de l'Alsace-Lorraine par l'Allemagne suscita une opposition durable entre les deux pays.

Louis **Francœur** ■ Journaliste québécois (1895-1941). Auteur de commentaires radiophoniques sur les débuts de la Seconde Guerre mondiale.

Le **François** ■ Ville de l'île française de la Martinique. 14 400 hab. *(les Franciscains).* Bananiers, canne à sucre.

François ■ NOM DE PLUSIEURS SOUVERAINS EUROPÉENS **1.** empereurs d'ALLEMAGNE □ **François Ier** (1708-1765). Duc de Lorraine, il obtint la couronne, en 1745, à l'issue de la guerre de *Succession d'Autriche mais laissa gouverner sa femme, l'impératrice *Marie-Thérèse. □ **François II** (1768-1835). Dernier souverain du *Saint Empire romain germanique (anéanti par Napoléon en 1806) et premier empereur d'Autriche, en 1804, sous le nom de François Ier. **2.** empereur d'AUTRICHE □ **François Ier.** ⇒ 1. empereurs d'ALLEMAGNE, **François II.** **3.** rois de FRANCE □ **François Ier** (1494-1547). Roi en 1515, mécène de la *Renaissance, il s'opposa à la puissance de *Charles Quint et à la montée de la *Réforme, qu'il avait d'abord tolérée. Il promulgua l'ordonnance de *Villers-Cotterêts. □ **François II** (1544-1560), roi en 1559, fut dominé par les *Guises.

saint **François d'Assise** ■ Religieux italien (v. 1182-1226). Fils d'un riche marchand, il fonda l'ordre des *Franciscains. Sa vie légendaire est racontée dans les "*Fioretti*" (XIVe s.).

saint **François de Sales** ■ Prélat savoyard, évêque de Genève (1567-1622). "*Introduction à la vie dévote*", modèle de prose française préclassique.

François-Ferdinand de Habsbourg ■ Archiduc d'Autriche (1863-1914). Neveu et héritier de *François-Joseph. Son assassinat, à *Sarajevo par un nationaliste bosniaque, déclencha la guerre de 1914.

l'archipel **François-Joseph** ■ Archipel russe de l'Arctique. 16 100 km².

François-Joseph Ier ■ Empereur d'Autriche de 1848 à sa mort (1830-1916). Confronté aux nationalismes d'Europe centrale, il prit le titre de roi de Hongrie (1867). Mais la guerre contre la Serbie entraîna la fin de la monarchie austro-hongroise (1918).

saint ***François Xavier*** ■ Missionnaire espagnol (1506-1552). Un des membres fondateurs de la Compagnie de *Jésus, qu'il implanta en Inde, en Chine et au Japon.

la ***Franconie*** ■ Région d'Allemagne (*Bavière). Ancien royaume des *Francs orientaux (c'est-à-dire ceux de l'est du Rhin).

la ***Francophonie*** ■ Communauté des peuples de langue française pour promouvoir l'entraide dans de multiples domaines (culturel, scientifique, technique, éducatif et économique). 36 pays y sont associés, dont le Canada et le Québec.

les ***Francs*** ■ Peuple établi dans la région du Rhin durant l'Antiquité. Il envahit la Belgique et la Gaule romaines. Le royaume des Francs, fondé par *Clovis v. 500, a donné son nom à la France. ⇒ **Franconie.** ‹ ► ① franc ›

Georges ***Franju*** ■ Cinéaste français (1912-1987). Un des fondateurs de la Cinémathèque française. Documentaires et films (*"Thérèse Desqueyroux"*, d'après *Mauriac ; *"Judex"*).

Frankenstein ■ ⇒ Mary **Shelley.**

Frankfort ■ Ville des États-Unis, capitale du *Kentucky. 26 000 hab.

Benjamin ***Franklin*** ■ Publiciste, savant et homme politique américain, esprit des *Lumières (1706-1790). Il obtint l'aide de la France contre l'Angleterre et participa aux actes fondateurs de l'indépendance des États-Unis. Il inventa le paratonnerre et contribua à l'étude de l'électricité.

John ***Franklin*** ■ Explorateur anglais (1786-1847). Considéré comme le découvreur du passage du *Nord-Ouest reliant l'Atlantique et le Pacifique par l'océan Arctique.

Armand ***Frappier*** ■ Microbiologiste québécois (né en 1904). Fondateur de la première école d'hygiène de langue française (1945).

Simon ***Fraser*** ■ Explorateur canadien d'origine américaine (1776-1862). Il découvrit le fleuve qui porte aujourd'hui son nom. ► *le* ***Fraser***. Fleuve de l'ouest du Canada (1 370 km), qui se jette près de *Vancouver.

Naim ***Frashëri*** ■ Écrivain et patriote albanais (1846-1900).

les ***Fratellini*** ■ Clowns français d'origine italienne. Les frères Paul (1877-1940), François (1879-1951) et Albert (1885-1961).

Frauenfeld ■ Ville de Suisse, chef-lieu du canton de *Thurgovie. 18 600 hab.

Joseph von ***Fraunhofer*** ■ Physicien et astronome allemand (1787-1826).

Denis comte de ***Frayssinous*** ■ Homme politique et prélat français (1765-1841). Grand maître de l'Université, puis ministre de Charles X.

sir James George ***Frazer*** ■ Ethnologue britannique (1854-1941). Il tenta de distinguer religions constituées et « magie » primitive. *"Le Rameau d'or"*.

Louis ***Fréchette*** ■ Poète, conteur, dramaturge et journaliste québécois (1839-1908). Il fut le premier auteur canadien à obtenir un prix de l'Académie française pour *"les Fleurs boréales"*, *"les Oiseaux de neige"* (1879) ; *"la Légende d'un peuple"* (1887).

Frédégonde ■ Reine de *Neustrie (v. 545-597), épouse de *Chilpéric Ier.

Frédéric ■ NOM DE PLUSIEURS SOUVERAINS EUROPÉENS **1.** empereurs d'ALLEMAGNE □ ***Frédéric Ier Barberousse*** (v. 1122-1190), empereur en 1155, raffermit l'autorité impériale et fut l'un des chefs de la troisième *croisade. □ ***Frédéric II*** (1194-1250), son petit-fils, fut le dernier *Hohenstaufen (empereur en 1220) à dominer l'Allemagne et l'Italie ; il préféra son royaume de Sicile à l'empire, qui se désagrégea après sa mort ; sa brillante cour de Palerme, ouverte en particulier à l'islam, annonçait la *Renaissance ; il fut excommunié et déposé par le pape en 1245. □ ***Frédéric III*** (1415-1493) inaugura, en 1452, le long règne des *Habsbourg sur l'empire. **2.** roi du DANEMARK □ ***Frédéric III*** (1609-1670), roi de 1648 à sa mort, vaincu par la Suède. Il institua l'hérédité de la monarchie. **3.** roi de PRUSSE □ ***Frédéric II le Grand*** (1712-1786), roi de 1740 à sa mort, fils de *Frédéric-Guillaume Ier dont il poursuivit la politique centralisatrice. Son conflit avec l'Autriche révéla la puissance militaire de la Prusse alors à son apogée (⇒ guerre de **Sept Ans**). Modèle du despote éclairé, il accueillit *Voltaire de 1750 à 1753.

Frédéric-Auguste III ■ Électeur de Saxe puis roi en 1806 sous le nom de Frédéric-Auguste Ier le Juste, grâce à son alliance avec Napoléon Ier (1750-1827).

Frédéric-Guillaume ■ NOM DE QUATRE ROIS DE PRUSSE □ ***Frédéric-Guillaume Ier*** dit ***le Roi-Sergent*** (1688-1740). Roi en 1713, il laissa à son fils *Frédéric II une armée et une administration modernes. □ ***Frédéric-Guillaume II*** (1744-1797) succéda à son oncle *Frédéric II, et lutta contre la Révolution française. □ ***Frédéric-Guillaume III,*** son fils (1770-1840), d'abord vaincu par Napoléon Ier, rétablit la puissance prussienne au congrès de *Vienne (1815), affermit ses ambitions face aux autres États allemands et passa à une politique réactionnaire, après les réformes libérales de ses débuts (création de l'université de Berlin en 1809). □ ***Frédéric-Guillaume IV*** (1795-1861), atteint de démence précoce, céda le pouvoir à son frère, le futur *Guillaume Ier en 1858.

Fredericton ■ Capitale du Nouveau-Brunswick. 44 600 hab.

Frederiksborg ■ Château royal du Danemark, sur l'île *Sjaelland. Musée national.

Freetown ■ Capitale de la Sierra Leone. 470 000 hab. Industries alimentaires.

Gottlob ***Frege*** ■ Mathématicien et philosophe allemand, créateur de la logique moderne, précurseur de la sémantique (1848-1925).

Célestin ***Freinet*** ■ Éducateur français (1896-1966). L'école et la pédagogie expérimentales qu'il a créées ont connu un large écho : techniques de motivation, d'expression, d'insertion dans le groupe.

Fréjus ■ Ville du sud de la France, sur la *Côte d'Azur. 42 600 hab. *(les Fréjusiens)*. Importants monuments romains et gallo-romains. Tourisme à *Fréjus-Plage*. Matières plastiques. Textiles.

le col de ***Fréjus*** ■ Passage des Alpes reliant la France (vallée de la *Maurienne) et l'Italie (Piémont). 2 542 m.

Emmanuel ***Fremiet*** ■ Sculpteur français (1824-1910).

Martin ***Fréminet*** ■ Peintre *maniériste français (1567-1619). Il décora la chapelle du château de *Fontainebleau.

André **Frénaud** ▪ Poète français (né en 1907). "*Les Rois mages*".

les **Frères musulmans** ▪ Mouvement religieux *sunnite fondé en Égypte en 1920. Actif surtout en Égypte, mais s'étendant dans tout le monde arabe, il a eu recours à des actions terroristes et joue encore un rôle politique important.

Girolamo **Frescobaldi** ▪ Compositeur et organiste italien (1583-1643). Ses œuvres baroques pour la voix, l'orgue et le clavecin influencèrent *Buxtehude et surtout J.-S. *Bach.

Pierre **Fresnay** ▪ Acteur français de théâtre et de cinéma (1897-1975).

Augustin **Fresnel** ▪ Physicien français (1788-1827). Sa théorie ondulatoire de la lumière ouvre la voie à l'optique moderne.

Fresno ▪ Ville des États-Unis (*Californie). 218 000 hab. Important marché agricole.

Sigmund **Freud** ▪ Neurologue autrichien, fondateur de la psychanalyse (1856-1939). Délaissant les explications médicales de l'hystérie ou des névroses, il explora, grâce aux rêves et à la pratique de l'analyse, un psychisme inconscient centré sur la sexualité (libido ; pulsions de vie et de mort) et qui structure la personnalité. □ *Anna* **Freud,** sa fille, naturalisée britannique (1895-1982), développa l'analyse des enfants. ‹ ▶ freudien ›

Charles Louis de Saulces de **Freycinet** ▪ Ingénieur et homme politique français (1828-1923). Collaborateur de *Gambetta, président du Conseil en 1879-1880, 1882, 1886 et 1890-1892, il réorganisa l'armée et les transports.

Freyja ▪ Déesse nordique de la Fécondité, souvent confondue avec Frîja, déesse de l'Amour et épouse d'*Odin.

Freyr ▪ Dieu nordique de la Prospérité.

Fribourg, en allemand **Freiburg** ▪ Commune de Suisse. 37 100 hab. *(les Fribourgeois).* Ville ancienne, dans un site pittoresque. ▶ *le canton de* **Fribourg.** 1 670 km². 197 000 hab. Grande région agricole : gruyère, céréales, fruits, vins. Chef-lieu : Fribourg.

Fribourg-en-Brisgau, en allemand **Freiburg im Brisgau** ▪ Ville d'Allemagne (*Bade-Wurtemberg). 179 000 hab. Cathédrale gothique. Université. Important centre commercial et industriel.

Milton **Friedman** ▪ Économiste américain (né en 1912). Chef de file de « l'école de Chicago ». Théorie néo-libérale de la monnaie. Prix Nobel 1976.

Georges **Friedmann** ▪ Sociologue français (1902-1977). Critique du machinisme industriel. "*Le Travail en miettes*".

Caspar David **Friedrich** ▪ Peintre allemand (1774-1840). Sa recherche d'un symbolisme inspiré par la nature fait de lui un des peintres les plus représentatifs du *romantisme allemand.

Frîja ▪ ⇒ **Freyja.**

le **Frioul** ▪ Région historique partagée entre la Yougoslavie (c'est-à-dire autrefois l'Autriche) et l'Italie, où elle fait partie de la région administrative autonome de ***Frioul-Vénétie Julienne*** (7 845 km² ; 1,2 million d'hab. ; capitale : Trieste).

Ragnar **Frisch** ▪ Économiste norvégien (1895-1973). Prix Nobel 1969 pour ses travaux fondamentaux en économétrie.

Max **Frisch** ▪ Auteur dramatique suisse de langue allemande (1911-1991). Ses pièces sont conçues comme des paraboles. "*Biedermann et les incendiaires*".

la **Frise,** en néerlandais **Friesland** ▪ Province des Pays-Bas. 3 359 km². 599 000 hab. Chef-lieu : Leeuwarden. Polders, élevage bovin (race *frisonne*). ▭HISTOIRE. Région autrefois habitée par les *Frisons,* partagée aujourd'hui entre l'Allemagne *(Frise orientale)* et les Pays-Bas.

les îles **Frisonnes occidentales** ▪ Archipel du nord des Pays-Bas (réserve d'oiseaux). □ *les îles* ***Frisonnes orientales,*** archipel d'Allemagne. □ *les îles* ***Frisonnes septentrionales,*** partagées entre l'Allemagne et le Danemark.

Roger **Frison-Roche** ▪ Romancier français (né en 1906). "*Premier de cordée*".

Johann Jakob **Froberger** ▪ Compositeur et organiste allemand (1616-1667). Son œuvre fait la synthèse des styles italien, français et allemand.

sir Martin **Frobisher** ▪ Navigateur anglais (1535-1594). À la recherche du passage du *Nord-Ouest, il explora une baie à laquelle il laissa son nom.

Jean **Froissart** ▪ Écrivain français (v. 1337-v. 1400). Ses "*Chroniques*" relatent les guerres de l'époque avec une objectivité nouvelle.

Nicolas **Froment** ▪ Peintre français (v. 1425-v. 1484). Auteur du triptyque du "*Buisson ardent*".

Eugène **Fromentin** ▪ Peintre, écrivain et critique d'art français (1820-1876). "*Dominique*" ; "*les Maîtres d'autrefois*".

la **Fronde** ▪ Période troublée de l'histoire de France (1648-1653). Opposition politique et militaire du parlement de Paris et des princes (*Condé, Gaston d'*Orléans, *Retz...) à la politique absolutiste de *Mazarin, durant la minorité de Louis XIV. La royauté sortit renforcée de l'épreuve.

Louis de Buade, comte de **Frontenac et de Palluau** ▪ Administrateur français (1622-1698). Gouverneur général de la Nouvelle-France de 1672 à 1682 et de 1689 à sa mort.

le **Front national** ▪ Parti politique français de la « droite nationale », créé en 1972, dirigé par Jean-Marie Le Pen.

le **Front populaire** ▪ Coalition des forces de gauche (révolutionnaires et réformistes) opposées à la montée du totalitarisme en Europe dans les années 1930. En Espagne, le *Frente popular* remporta les élections législatives de 1936, mais la guerre civile l'empêcha de gouverner. En France, le Front, constitué en 1935 et rassemblant principalement le Parti *communiste, la *S.F.I.O. et le parti *radical, remporta les élections de 1936 et gouverna jusqu'en 1938 (ministères *Blum, *Chautemps et *Daladier). Malgré la prudence des réformes structurelles et de la politique étrangère, il est resté une référence du gouvernement de gauche, symbolisé surtout par des acquis sociaux : congés payés, semaine de 40 heures.

Robert Lee **Frost** ▪ Poète américain (1874-1963).

Frounze ▪ ⇒ **Pichpek.**

le coup d'État du 18 **fructidor an V** ▪ ⇒ **Directoire.**

Herman Northrop **Frye** ▪ Critique littéraire et professeur canadien de langue anglaise (né en 1912). "*Anatomy of Criticism*" (1957).

Carlos **Fuentes** ▪ Romancier mexicain (né en 1928). "*La Mort d'Artemio Cruz*" ; "*Terra Nostra*".

les **Fugger** ▪ Banquiers allemands, financiers des *Habsbourg aux XVᵉ et XVIᵉ s. □ *Jakob II* **Fugger** (1459-1525) soutint *Charles Quint.

*al-***Fujayrah** ■ ⇒ **Foudjaïrah.**

Fujian ■ Province côtière du sud-est de la Chine, en face de Taïwan. 123 100 km². 28 millions d'hab. Capitale : Fuzhou. Région fertile et riche en ressources minières.

Fujita Tsuguharu ■ ⇒ Léonard **Foujita.**

les **Fujiwara** ■ Famille noble du Japon, associée au pouvoir dès son apparition au VIIe s., puis supplantée par des rivaux au XIIe s. (⇒ **Taira, Minamoto**). Elle compta beaucoup d'artistes.

le **Fuji-yama** ou **Fouji-San** ■ Le plus haut sommet du Japon (3 776 m), volcan de l'île de *Honshū. Vénéré par les peintres.

Fukuoka ■ Ville et port du Japon, centre politique et culturel de *Kyūshū. 1,2 million d'hab. Complexe industriel.

Fukuyama ■ Ville et port du Japon (*Honshū). 364 000 hab. Sidérurgie.

Fulbert ■ Évêque français (v. 960 - 1028). Il fit de l'école de la cathédrale de *Chartres un centre intellectuel.

Fulda ■ Ville d'Allemagne (*Hesse). 56 600 hab. Abbaye fondée au VIIIe s., foyer culturel et religieux au Moyen Âge, où se tient chaque année l'assemblée épiscopale allemande.

Richard Buckminster **Fuller** ■ Architecte américain (1895-1983). Créateur de structures d'avant-garde en acier.

Robert **Fulton** ■ Ingénieur américain (1765-1815). Constructeur du premier sous-marin en 1800.

Funchal ■ Capitale de la région autonome de *Madère (Portugal). 44 100 hab.

Antoine **Furetière** ■ Écrivain français (1619-1688). "*Le Roman bourgeois*". Important "*Dictionnaire universel*" (1690).

les **Furies** ■ Divinités romaines des Enfers, assimilées aux *Érinyes grecques. 〈 ► furie 〉

Walter **Fürst** ■ Héros légendaire de l'histoire suisse (fin XIIIe s.). Beau-père de *Guillaume Tell, il aurait représenté le canton d'*Uri au serment de *Rütli.

Wilhelm **Furtwängler** ■ Chef d'orchestre allemand (1886-1954).

Fushun ■ Ville de Chine (*Liaoning). 1,3 million d'hab. Industries.

Johann Heinrich **Füssli** ■ Artiste suisse, établi à Londres (1741-1825). Sa peinture traite de sujets mythologiques ou tragiques, rêves, scènes fantastiques et irréelles. "*Le Cauchemar*".

Milán **Füst** ■ Écrivain hongrois (1888-1967). "*Histoire de ma femme*".

Numa Denis **Fustel de Coulanges** ■ Historien français (1830-1889). "*La Cité antique*".

Futuna et Alofi ■ Îles de Polynésie faisant partie du territoire français de *Wallis-et-Futuna. 64 km². 4 300 hab.

le **futurisme,** *les* **futuristes** ■ Mouvement artistique et littéraire italien lancé à Paris (France) en 1909 par *Marinetti, qui glorifiait le mouvement et le futur (la technique, la modernité). Principaux peintres et sculpteurs : *Balla, *Boccioni et *Severini. ► ***le futurisme russe,*** mouvement littéraire d'avant-garde auquel appartenait *Maïakovski.

Johann Joseph **Fux** ■ Compositeur autrichien (1660-1741). Auteur d'un magistral traité du contrepoint : "*Gradus ad Parnassum*" (1725).

Fuzhou ou **Fou-tcheou** ■ Ville et port du sud de la Chine, capitale de la province du *Fujian. 1,21 million d'hab. Industries.

G

Gabès ▪ Ville et port de Tunisie. 92 300 hab.

Jean ***Gabin*** ▪ Acteur de cinéma français (1904-1976). "*La Grande Illusion*" ; "*Quai des brumes*" ; "*le Chat*".

Naum Pevsner dit *Naum* ***Gabo*** ▪ Sculpteur américain d'origine russe (1890-1977), frère du sculpteur Antoine *Pevsner. Théoricien et professeur au *Bauhaus.

le ***Gabon*** ▪ État (république) d'Afrique équatoriale. 267 667 km². 1,24 million d'hab. *(les Gabonais)*. Capitale : Libreville. Langue officielle : français. Monnaie : franc CFA. L'un des pays les plus riches d'Afrique : forêt (elle couvre 78 % du territoire), sous-sol (manganèse, uranium, pétrole, fer). ▭HISTOIRE. Aux XVIIe et XVIIIe s., le pays connut la traite des esclaves. Exploré par Savorgnan de *Brazza au XIXe s., territoire de l'*Afrique-Équatoriale française en 1910, il devint indépendant en 1960. Au président M'Ba a succédé en 1967 Omar *Bongo. En 1990, sous la pression populaire, le gouvernement engagea un processus de démocratisation du régime en instaurant, notamment, le multipartisme.

Dennis ***Gabor*** ▪ Physicien britannique (1900-1979). Prix Nobel 1971 pour sa découverte du principe de l'holographie.

Gaborone ▪ Capitale du Botswana. 120 000 hab.

Mary-Anne ***Gaboury*** ▪ Pionnière canadienne (1780-1874). Considérée comme la première femme blanche à s'établir dans l'Ouest canadien. Grand-mère de L. *Riel.

saint ***Gabriel*** ▪ Un des archanges de Dieu. Dans l'Évangile, il annonce à Marie la naissance de Jésus et, dans le *Coran, il annonce à Mahomet sa vocation de prophète.

Jacques ***Gabriel*** ▪ Architecte français (1667-1742). Il acheva la construction du palais *Bourbon. □ *Jacques-Ange* ***Gabriel,*** son fils (1698-1782), architecte de Louis XV. Le Petit Trianon à Versailles. La place Royale à Paris, aujourd'hui place de la Concorde.

Youri ***Gagarine*** ▪ Cosmonaute soviétique (1934-1968). Le premier homme qui alla dans l'espace.

Clarence ***Gagnon*** ▪ Peintre québécois (1881-1942). Auteur de bois gravés illustrant l'édition de 1833 du roman de L. *Hémon "*Maria Chapdelaine*".

André ***Gagnon*** ▪ Compositeur et pianiste québécois (né en 1939). Compositions faites d'un mélange de musique classique et de musique populaire.

Gaïa ou ***Gê*** ▪ La Terre, dans la mythologie grecque. ⇒ **Cybèle, Déméter.**

Thomas ***Gainsborough*** ▪ Peintre anglais (1727-1788). Rival de *Reynolds. Il associa l'art du portrait à celui du paysage.

les îles ***Galápagos*** ▪ Archipel de l'océan Pacifique, formant une province de l'*Équateur. 7 994 km². 9 200 hab. Réserve d'animaux (iguanes, oiseaux).

Galați ▪ Ville et port de Roumanie, sur le Danube. 295 000 hab.

John Kenneth ***Galbraith*** ▪ Économiste américain (né en 1908).

la ***Galice,*** en espagnol ***Galicia*** ▪ Communauté autonome du nord-ouest de l'Espagne. 29 434 km². 2,79 millions d'hab. *(les Galiciens)*. Langues : galicien, castillan. Capitale : Saint-Jacques-de-Compostelle. Réunie à la Castille en 1071.

la ***Galicie*** ▪ Région d'Europe centrale partagée depuis 1945 entre la Pologne et l'*Ukraine. Ancienne province de l'empire d'Autriche.

Claude ***Galien*** ▪ Médecin grec (v. 131-v. 201). Ses traités, écrits en latin, eurent une grande influence jusqu'au XVIIe s.

Galilée ▪ Mathématicien, physicien et astronome italien (1564-1642). Créateur de la lunette astronomique avec laquelle il observa le Soleil, Jupiter et Saturne. La condamnation de ses thèses (reprises de *Copernic) par l'Église romaine en 1633 marque une rupture dans l'histoire de la pensée : la naissance de la physique moderne, qui s'affranchira progressivement de la métaphysique et de la religion.

la ***Galilée*** ▪ Région du nord d'Israël, entre la Méditerranée et le lac de Tibériade, d'où est originaire *Jésus-Christ.

Franz Joseph **Gall** ▪ Médecin allemand (1758-1828). Créateur de la phrénologie (étude du caractère d'après la forme du crâne).

Émile **Gallé** ▪ Verrier et ébéniste français (1846-1904). Précurseur de l'art *nouveau et fondateur de l'école de Nancy.

Rómulo **Gallegos** ▪ Romancier et homme politique vénézuélien (1884-1969). "*Doña Bárbara*".

le pays de **Galles,** en anglais **Wales** ▪ Pays *(country)* de l'ouest de la Grande-Bretagne. 20 768 km². 2,8 millions d'hab. *(les Gallois)*. Capitale : Cardiff. Divisé en huit comtés : *Clwyd, *Dyfed, *Gwent, *Gwynedd, *Glamorgan (du Sud, du Nord et du Centre), *Powys. Haut plateau très arrosé. L'intérieur du pays vit de l'élevage ovin. Les 3/4 de la population sont dans le sud, où l'exploitation du bassin houiller est en crise, alors que se développe, sur la côte, le raffinage du pétrole. Ancienne colonie romaine, le pays fut rattaché à l'Angleterre en 1536, après de longues luttes.

le prince de **Galles** ▪ Titre porté par les fils aînés des souverains d'Angleterre depuis 1301.

le **gallicanisme** ▪ Doctrine qui affirme l'indépendance du roi et du clergé de France à l'égard du pape. ‹ ▶ gallican ›

Joseph **Gallieni** ▪ Maréchal de France (1849-1916). Gouverneur général de Madagascar (1896-1905), gouverneur de Paris en 1914 (taxis de la Marne), ministre de la Guerre en 1915-1916.

Gaston de **Galliffet** ▪ Général français (1830-1909). Il réprima durement la *Commune. Ministre de la Guerre du *Bloc des gauches.

George Horace **Gallup** ▪ Journaliste et statisticien américain, créateur d'un institut de sondages d'opinion (1901-1984).

Évariste **Galois** ▪ Mathématicien français (1811-1832). En fondant la théorie des groupes, il annonce l'algèbre moderne. En plus de son génie, ses idées politiques révolutionnaires et sa mort à 20 ans dans un duel ont fait de lui un personnage romantique.

John **Galsworthy** ▪ Écrivain anglais (1867-1933). Il fit une peinture satirique de la haute bourgeoisie : "*la Saga des Forsyte*" (romans). Prix Nobel 1932.

Luigi **Galvani** ▪ Médecin et physicien italien (1737-1798). Ses expériences électriques, contredites par *Volta, ont laissé son nom au procédé de *galvanisation*. ‹ ▶ galvanique ›

Galway, en irlandais **Gaillimh** ▪ Ville et port d'Irlande (*Connacht). 47 100 hab.

Vasco de **Gama** ▪ Navigateur portugais (1469-1524). Il atteignit les Indes par la route de B. *Dias (1497), puis fonda des comptoirs portugais sur les côtes sud-est de l'Afrique.

Léon **Gambetta** ▪ Homme politique français (1838-1882). Il fut l'un des fondateurs de la IIIe *République. Après la défaite de *Sedan (1870), il organisa la Défense nationale. Président du Conseil de novembre 1881 à janvier 1882.

la **Gambie** ▪ État (république) d'Afrique occidentale, situé de part et d'autre du cours inférieur du fleuve *Gambie* (1 130 km), qui forme une encoche sur la façade maritime du Sénégal (⇒ **Sénégambie**). 10 689 km². 835 000 hab. *(les Gambiens)*. Capitale : Banjul. Langue officielle : anglais. Monnaie : dalasi. Arachides. Élevage. Pétrole. Tourisme. Colonie anglaise en 1888, le pays devint un État indépendant, membre du *Commonwealth, en 1965.

les îles **Gambier** ▪ Archipel de la *Polynésie française, rattaché administrativement à *Tuamotu. 36 km². 580 hab.

Émilie **Gamelin** ▪ Religieuse québécoise (1800-1851). Fondatrice de la communauté des Sœurs de la Charité de la Providence.

Maurice **Gamelin** ▪ Général français (1872-1958). Chef de l'état-major en 1939-1940 (⇒ Seconde **Guerre mondiale**).

Abel **Gance** ▪ Cinéaste français (1889-1981). Le premier à utiliser des techniques modernes au service d'un langage cinématographique ambitieux pour son époque. "*La Roue*" ; "*Napoléon*".

Gand, en néerlandais **Gent** ▪ Ville et port de Belgique, chef-lieu de la *Flandre-Orientale. 233 000 hab. *(les Gantois)*. Monuments (XIVe -XVIIe s.). Industries textile et alimentaire.

Gandhi ▪ Homme politique et philosophe indien, fondateur de l'Inde moderne (1869-1948). Il fut surnommé *Mahatma* (« grande âme »). Par la résistance passive et la non-violence, il obtint des Anglais l'indépendance pour son pays (1947). Il fut assassiné par un hindou fanatique.

Indira **Gandhi** ▪ Femme politique indienne (1917-1984). Fille de *Nehru. Premier ministre de 1966 à 1977 puis de 1980 à son assassinat. Son fils Rajiv Gandhi (1944-1991) qui lui a succédé jusqu'en 1989 fut également assassiné.

Gandja ou **Guiandja** ▪ Ville de la C.É.I. (*Azerbaïdjan). 278 000 hab. Industries. La ville s'est appelée ***Kirovabad*** de 1935 à 1989.

le **Gange** ▪ Fleuve du nord de l'Inde qui descend de l'Himalaya, arrose *Vārānasī (Bénarès) et *Patna puis se jette dans le golfe du Bengale par un vaste delta marécageux (2 700 km). Fleuve sacré et purificateur pour la religion hindoue.

Gangtok ▪ Ville de l'Inde, capitale du *Sikkim. 36 800 hab. Monastères bouddhistes.

Gansu ▪ Province du centre de la Chine. 530 000 km². 20,7 millions d'hab. Capitale : Lanzhou.

Gao ▪ Ville du Mali. 30 700 hab. Ancienne capitale du royaume des *Songhaï.

Gaoxiong ▪ ⇒ **Kaoh-siung.**

Gap ▪ Ville de France, dans les *Alpes. 35 600 hab. *(les Gapençais)*.

Serge **Garant** ▪ Compositeur québécois (1929-1986). Un des premiers compositeurs canadiens à utiliser la bande magnétique avec les instruments de musique. Un des fondateurs de la Société de musique contemporaine du Québec.

Greta **Garbo** ▪ Actrice de cinéma suédoise naturalisée américaine, surnommée « la Divine » (1905-1990). "*La Reine Christine*".

Federico **García Lorca** ▪ Écrivain espagnol (1898 ou 1899-1936). Il a concilié, dans sa poésie et son théâtre, les traditions populaires andalouses et le souci d'une écriture moderne. Fusillé par les franquistes.

Gabriel **García Márquez** ▪ Écrivain colombien (né en 1928). Son œuvre, couronné par le prix Nobel (1982), est une méditation sur la violence et la mort. "*Cent ans de solitude*".

Garcilaso de la Vega ▪ Premier grand poète de l'âge d'or de la littérature espagnole (1503-1536).

le **Gard** ▪ Rivière du sud de la France qui a donné son nom à un département. ▶ *le* ***pont du Gard***. Célèbre aqueduc romain construit v. 19 av. J.-C.

le lac de **Garde** ■ Lac glaciaire d'Italie du Nord. 370 km². Tourisme.

James Abram **Garfield** ■ Homme politique américain (1831-1881). 20e président des États-Unis, de mars 1881 à son assassinat en septembre.

Gargantua ■ Héros d'un roman de *Rabelais. Géant, père de *Pantagruel. ⟨ ▶ gargantua ⟩

Giuseppe **Garibaldi** ■ Homme politique et révolutionnaire italien, héros de l'unification italienne (1807-1882). En 1860, il organisa « l'expédition des Mille » et conquit la Sicile et Naples.

Garigliano ■ Fleuve d'Italie. Les Français y furent battus par Fernández de Córdoba en 1503. En mai 1944, le corps expéditionnaire français y remporta une importante victoire.

Garmisch-Partenkirchen ■ Ville d'Allemagne (*Bavière). 28 100 hab. Station de sports d'hiver proche de Munich.

François-Xavier **Garneau** ■ Historien canadien-français (1809-1866). Le père de l'historiographie canadienne. "*Histoire du Canada*" (1845-1848).

Hector de Saint-Denys **Garneau** ■ Écrivain québécois (1912-1943). Considéré comme le premier poète moderne du Québec. "*Regards et jeux dans l'espace*" (1937).

Michel **Garneau** ■ Poète, dramaturge et chansonnier-compositeur québécois (né en 1939). Son œuvre exprime des préoccupations indépendantistes.

Robert **Garnier** ■ Auteur de tragédies français (v. 1544-1590). "*Les Juives*", chef-d'œuvre du théâtre de la *Renaissance.

Charles **Garnier** ■ Architecte français (1825-1898). Opéra de Paris.

Tony **Garnier** ■ Architecte et urbaniste français (1869-1948). Stade olympique de *Lyon.

la **Garonne** ■ Fleuve du nord de l'Espagne et du sud-ouest de la France. 650 km. Elle traverse Toulouse et se jette dans l'Atlantique, par l'estuaire de la *Gironde, à Bordeaux.

Almeida **Garrett** ■ Écrivain et homme politique portugais (1799-1854). Créateur du *romantisme dans son pays.

Roland **Garros** ■ Aviateur français (1888-1918), le premier à franchir la Méditerranée (1913).

Romain **Gary** ■ Romancier français d'origine russe (1914-1980). "*Les Racines du ciel*". Romans sous le pseudonyme d'Émile Ajar : "*la Vie devant soi*".

Gary ■ Ville des États-Unis (*Indiana). 152 000 hab. Industries métallurgiques.

la **Gascogne** ■ Ancienne région française située entre la Garonne et les Pyrénées, rattachée à l'*Aquitaine en 1036. Ses habitants sont les *Gascons*. ▶ *le golfe de* ***Gascogne,*** golfe de l'Atlantique qui borde la France et l'Espagne. ⟨ ▶ gascon ⟩

Gaspard ■ Un des Rois mages de la légende chrétienne.

la péninsule de **Gaspé** ou *la* **Gaspésie** ■ Péninsule du Québec, entre le golfe du Saint-Laurent et la baie des Chaleurs. Parc provincial. J. *Cartier y débarqua en 1534 et prit possession du territoire au nom du roi de France. Musée. □ ***Gaspé.*** Ville du Québec. 17 600 hab.

Pierre Gassend dit **Gassendi** ■ Philosophe et savant français (1592-1655). Adversaire d'*Aristote et de *Descartes, il se réclame de l'atomisme matérialiste d'*Épicure.

Gaston III de Foix dit **Gaston Phœbus** ■ Comte de Foix et vicomte de Béarn (1331-1391). Il protégea les lettres et les arts.

Gatineau ■ Ville du Québec, sur la rivière des *Outaouais, en face d'*Ottawa. 81 000 hab. Parc et comté du même nom.

le **G.A.T.T.** ■ Accord douanier international (1947).

Antonio **Gaudí** ■ Architecte espagnol (1852-1926). Il inventa des formes fantastiques en s'inspirant des styles *baroque et *gothique. Église de la Sainte-Famille et parc Güell, à Barcelone.

Martin Charles **Gaudin** *duc de Gaète* ■ Ministre français des Finances sous le Consulat et l'Empire (1756-1841). Créateur du cadastre. Il entreprit d'importantes réformes économiques.

Laure **Gaudreault** ■ Institutrice, syndicaliste et journaliste québécoise (1889-1975). Elle travailla à améliorer le sort des institutrices catholiques du Québec.

Paul **Gauguin** ■ Peintre et sculpteur français (1848-1903). Le maître de l'école de *Pont-Aven et l'inspirateur des *nabis. Il vécut en Océanie où il puisa alors l'essentiel de son inspiration. "*La Vision après le sermon*" ; "*D'où venons-nous ? Que sommes-nous ? Où allons-nous ?*".

la **Gaule** ■ Nom donné par les Romains au territoire correspondant à peu près à la France et la Belgique actuelles. L'*ages galliens* désignait les terres destinées aux colons du *Latium : d'abord l'Italie du Nord (Gaule cisalpine) puis l'ensemble au-delà des Alpes (Gaule transalpine), conquis par *César en 51 av. J.-C. La culture gréco-romaine se diffusa à partir de la Méditerranée ; déjà la côte était fortement urbanisée (province de la Narbonnaise). L'influence gréco-romaine se propagea rapidement dans le sud-ouest (province de l'Aquitaine) ; à l'est et au nord se constitua la province de Belgique, d'où fut menée la conquête de la Germanie et de la Bretagne (Angleterre actuelle) ; enfin, de la Narbonnaise à la Manche. La *Gaule romaine* était divisée en quatre provinces : Narbonnaise, Aquitaine, Lyonnaise et Belgique. L'administration du Bas-Empire créa de nouvelles divisions (Novempopulanie, Séquanaise, Viennoise...). Lyon (Lugdunum) était la métropole des Gaules. Surtout peuplé de *Celtes (les *Gaulois*), le pays n'avait pas de véritable unité politique (sinon lors de la brève résistance menée par le chef arverne *Vercingétorix), mais une communauté de culture : religion des druides, art gaulois. L'assimilation à l'Empire produisit une civilisation originale, dite *gallo-romaine,* christianisée à partir du IIe s. Elle prit fin avec les invasions barbares et la naissance du royaume des *Francs (*Clovis, VIe s.). ⟨ ▶ gaulois ⟩

Charles de **Gaulle** ■ Général et homme politique français (1890-1970). Refusant l'armistice de 1940 et le gouvernement de *Vichy, il lança de Londres un fameux appel, le 18 juin 1940, invitant à poursuivre les combats contre les nazis et organisa la *Résistance. À la *Libération, il devint président du *Gouvernement provisoire de la République française mais démissionna le 20 janvier 1946. Hostile au « régime des partis » qui caractérisait selon lui la IVe *République (⇒ **R.P.F.**), il se retira jusqu'en 1958, quand la crise de la guerre d'*Algérie lui permit d'instaurer un pouvoir présidentiel fort (⇒ Ve **République**). Réélu à la tête de l'État en 1965, il affronta l'opposition de la gauche, des syndicats et des étudiants (mai 1968) et démissionna après l'échec d'un référendum en 1969. Depuis sa mort, le consensus autour de sa dimension historique et des grandes orientations de sa politique, avec le maintien des institutions qu'il a créées, va grandissant. Le R.P.R. (Rassemblement pour la République), mouvement animé par J. *Chirac, se réclame des options politiques de de Gaulle. ‹ ► gaulliste ›

Léon ***Gaumont*** ■ Inventeur et industriel français, pionnier du cinéma (1864-1946).

Carl Friedrich ***Gauss*** ■ Mathématicien allemand, physicien et astronome (1777-1855). Il a dominé la science de son temps, anticipant sur le travail de *Galois en algèbre, de *Cauchy en analyse, et surtout de *Lobatchevski en géométrie.

Théophile ***Gautier*** ■ Écrivain français, membre de l'école du *Parnasse (1811-1872). "*Le Capitaine Fracasse*" ; "*le Roman de la momie*" (romans). "*Émaux et camées*" (poèmes).

Claude ***Gauvreau*** ■ Écrivain québécois (1925-1971). Poète et dramaturge, il a introduit la modernité dans le théâtre québécois.

le cirque de ***Gavarnie*** ■ Cirque de rochers aux parois verticales dans la haute vallée du gave de Pau (Pyrénées françaises).

John ***Gay*** ■ Auteur dramatique anglais (1685-1732). L'"*Opéra des gueux*", œuvre satirique vigoureuse, lui valut la célébrité.

Gayā ■ Ville de l'Inde (*Bihār). 247 000 hab. Lieu de pèlerinage.

Louis Joseph ***Gay-Lussac*** ■ Physicien et chimiste français (1778-1850). *Loi de Gay-Lussac,* sur la dilatation des gaz.

Gaza ■ Ville du sud de la Palestine. 120 000 hab. Capitale du *territoire de Gaza,* occupé par *Israël depuis 1967.

Gaziantep ■ Ville de Turquie. 466 000 hab.

Gdańsk, autrefois ***Dantzig*** ■ Ville et principal port de Pologne (⇒ **Dantzig**). 469 000 hab. Cœur d'une conurbation de 800 000 hab. formée avec Gdynia et Sopot. Chantiers navals où éclatèrent en 1980 les grèves qui furent à l'origine du syndicat *Solidarność.

Gdynia ■ Ville et port de Pologne. 249 000 hab. ⇒ **Gdańsk.**

Gê ■ ⇒ **Gaïa.**

les ***Géants*** ■ Monstres de la mythologie grecque, nés du sang d'*Ouranos et de *Gaïa. ‹ ► géant ›

Geber ■ ⇒ **Djābir ibn Ḥayyān.**

Hans ***Geiger*** ■ Physicien allemand (1882-1945). Le *compteur Geiger-Müller* : détecteur de particules radioactives.

Gratien ***Gélinas*** ■ Homme de théâtre québécois (né en 1909). Comédien, dramaturge, directeur de troupe et metteur en scène. Son personnage de Fridolin demeure une création très vivante illustrant certains aspects de la vie des francophones au Québec.

Claude ***Gellée*** ■ ⇒ le **Lorrain.**

Gelsenkirchen ■ Ville d'Allemagne (*Rhénanie-du-Nord-Westphalie). 288 000 hab. Premier centre charbonnier de la *Ruhr.

Firmin ***Gémier*** ■ Directeur de théâtre français (1869-1933). Il eut l'initiative du premier Théâtre national populaire.

la ***Gendarmerie royale du Canada*** ■ Corps policier créé en 1873 sous le nom de « Police montée du Nord-Ouest ». Il est aujourd'hui chargé de faire respecter les lois fédérales sur tout le territoire canadien. Plusieurs provinces et quelques municipalités ont retenu les services de la Gendarmerie royale pour leur propre territoire.

Gênes, en italien ***Genova*** ■ 1er port et 5e ville d'Italie, située au fond du golfe de Gênes, capitale de la *Ligurie. 714 000 hab. *(les Génois).* Nombreux monuments (tourisme). Centre industriel (métallurgie, chimie). Indépendante au XIIe s., Gênes constitua (du XIIIe au XVIe s.) un puissant empire commercial en Orient qui fit d'elle la rivale de Venise. Rattachée à la France en 1805 puis au royaume du *Piémont en 1815.

la ***Genèse*** ■ Premier livre de la *Bible. Il retrace les origines de l'humanité.

Jean ***Genet*** ■ Écrivain français (1910-1986). Il a exploré certains aspects de la délinquance et de l'homosexualité, qu'il a érigés en valeurs morales et esthétiques. "*Le Miracle de la rose*" (roman) ; "*les Bonnes*" (théâtre).

Genève ■ Ville de Suisse, à l'extrémité sud-ouest du lac Léman. 164 000 hab. *(les Genevois).* Centre industriel (horlogerie, chimie, textile), commercial et financier. Organismes internationaux (Croix-Rouge, O.N.U.). Principal foyer du calvinisme au XVIe s. (⇒ **Calvin**). ► *le canton de* ***Genève*** correspond à l'agglomération de Genève (282 km² ; 371 000 hab.). ► *la conférence de* ***Genève*** (1954) mit fin à la guerre d'Indochine (⇒ **Viêt-nam**). ► *les conventions de* ***Genève*** concernent la protection des victimes de guerre.

sainte ***Geneviève*** ■ Vierge chrétienne (v. 422 - 502). Ses prières auraient sauvé Paris des armées d'Attila. Patronne de Paris.

Maurice ***Genevoix*** ■ Romancier français (1890-1980). "*Raboliot*" ; "*Ceux de Quatorze*".

*le col du Mont-****Genèvre*** ■ Passage des Alpes, entre la France (vallée de Briançon) et l'Italie. 1850 m.

Gengis Khan ou ***Temüjin*** ■ Khan des *Mongols (v. 1167 - 1227). Grand conquérant, il fonda un vaste empire allant de Pékin à la Volga.

Genius ■ Divinité protectrice romaine. ‹ ► génie ›

Genji ■ ⇒ **Minamoto.**

Genk ■ Ville de Belgique (*Limbourg). 61 500 hab.

Gentile da Fabriano ■ Peintre italien (1370-1427). "*L'Adoration des Mages*".

Orazio ***Gentileschi*** ■ Peintre italien, influencé par le *Caravage (v. 1562-1639 ou 1647).

Bernard ***Geoffrion*** ■ Sportif québécois (né en 1931). Un des plus grands marqueurs de points de l'histoire du hockey au Canada.

Étienne ***Geoffroy Saint-Hilaire*** ■ Naturaliste français (1772-1844). Sa polémique avec *Cuvier sur l'évolution passionna l'Europe.

George ■ NOM DE SIX ROIS BRITANNIQUES □ ***George I****[er]* (1660-1727), électeur de Hanovre, fut désigné comme successeur d'Anne Stuart (roi de Grande-Bretagne) en 1714. Il laissa le pouvoir aux *whigs (Stanhope, puis *Walpole). □ ***George II*** (1683-1760), son fils, roi de Grande-Bretagne de 1727 à sa mort. □ ***George III*** (1738-1820), roi de Grande-Bretagne (et d'Irlande à partir de 1801) de 1760 à sa mort, s'aliéna l'opinion par une politique trop pacifiste. Il se laissa dominer par le second *Pitt. □ ***George IV,*** son fils (1762-1830), roi de Grande-

Bretagne et d'Irlande de 1820 à sa mort. □ ***George V*** (1865-1936), roi de Grande-Bretagne et d'Irlande (du Nord à partir de 1921) de 1910 à sa mort. □ ***George VI*** (1895-1952), père d'Élisabeth II, succéda en 1936 (roi de Grande-Bretagne et d'Irlande du Nord) à son frère *Édouard VIII.

Lloyd ***George*** ■ ⇒ **Lloyd George.**

Stephan ***George*** ■ Poète allemand (1868-1933).

saint ***Georges*** ■ Martyr chrétien, souvent représenté à cheval, tuant le dragon. Son culte se répandit en Orient et en Occident.

George Town ■ ⇒ **Penang.**

Georgetown ■ Capitale de la Guyana. 200 000 hab. Principal port du pays.

la ***Géorgie*** ■ État du sud-est des États-Unis, sur l'Atlantique. 152 576 km². 5,46 millions d'hab. Capitale : Atlanta. État cotonnier ravagé par la guerre de *Sécession, reconverti dans le tabac, l'élevage, les industries du bois. Universités.

la ***Géorgie*** ■ République située au bord de la mer Noire, comprenant les républiques autonomes d'Abkhazie et d'Adjarie et la région autonome d'Ossétie du Sud. 69 700 km². 5,45 millions d'hab. *(les Géorgiens).* Capitale : Tbilissi. Thé, agrumes, tabac, industries. Au carrefour des civilisations méditerranéennes et orientales dans l'Antiquité, puissant royaume chrétien au Moyen Âge, la Géorgie, devenue l'enjeu des rivalités entre la Perse et la Turquie, se mit sous la protection de la Russie qui l'annexa en 1801. Un fort sentiment nationaliste s'y développa (indépendance de 1918 à 1921), réprimé notamment par Staline, lui-même géorgien, et réapparut ouvertement à la faveur de la perestroïka. La Géorgie a proclamé son indépendance en 1991 et n'a pas adhéré à la C.É.I.

Gera ■ Ville d'Allemagne (*Thuringe). 135 000 hab.

le baron François ***Gérard*** ■ Peintre français (1770-1837). Portraitiste officiel du premier Empire et de la Restauration. "*Madame Récamier*".

Gérardmer ■ Ville de France, dans les *Vosges. 9 500 hab. *(les Géromois).*

Gerbert d'Aurillac ■ Un des hommes les plus savants de son temps, moine, évêque, pape en 999 sous le nom de *Sylvestre II* (v. 938 - 1003).

le mont ***Gerbier-de-Jonc*** ■ Mont d'origine volcanique du Massif central français, où la Loire prend sa source.

Gergovie ■ Ancienne ville de Gaule, dans le pays des Arvernes (*Auvergne). Victoire de Vercingétorix sur César en 52 av. J.-C.

Théodore ***Géricault*** ■ Peintre français (1791-1824). Il devint l'un des chefs de l'école *romantique avec son œuvre majeure, "*le Radeau de la « Méduse »*". Il fut aussi l'un des initiateurs du mouvement *réaliste, notamment par ses portraits de fous.

Marie ***Gérin-Lajoie*** ■ Féministe québécoise (1867-1945). Auteure d'ouvrages de droit et éducatrice, elle travailla à l'obtention du droit de vote pour les Québécoises au niveau provincial.

les ***Germain*** ■ Famille d'orfèvres parisiens. Les plus célèbres furent Thomas (1673-1748) et son fils François-Thomas (1726-1791).

les ***Germains*** ■ Peuple probablement originaire de Scandinavie. Ils émigrèrent vers le sud au IIIe s. av. J.-C. et furent arrêtés par les Romains qui les fixèrent dans les nouvelles provinces de Germanie. À partir du IIIe s., ils envahirent la Gaule, l'Espagne, l'Italie, la Bretagne. ⟨ ▶ germain, germanique ⟩

Germanicus ■ Général romain (15 av. J.-C. - 19). Il rétablit l'ordre en Germanie, d'où son nom. Époux d'*Agrippine l'Aînée.

le royaume de ***Germanie*** ■ État né du démembrement de l'Empire *carolingien en 843 (traité de Verdun) et attribué à Louis II le Germanique. Sous Othon Ier, il constitua avec les royaumes d'Italie et de Bourgogne le *Saint Empire romain germanique (962). ⟨ ▶ germanique ⟩

Jean Léon ***Gérôme*** ■ Peintre français au style néo-classique (1824-1904). "*Le Combat de coqs*".

Gérone, en espagnol ***Gerona*** ■ Ville d'Espagne (*Catalogne). 67 600 hab.

George ***Gershwin*** ■ Compositeur américain (1898-1937). Il s'inspire du jazz dans ses comédies musicales *("Un Américain à Paris")* et dans ses pièces pour piano *("Rhapsody in Blue")*.

Géryon ■ Géant de la mythologie grecque, à trois têtes et à trois corps. *Héraclès le tue et s'empare de ses troupeaux.

Gessler ■ Autrichien représentant les *Habsbourg en Suisse et qui, selon la légende, persécutait le nationaliste suisse *Guillaume Tell.

la ***Gestapo*** ■ Abréviation de *Geheime Staatspolizei,* « police secrète d'État ». Créée en 1933, elle devint, sous la direction de *Himmler, la toute puissante police politique du régime *nazi, en Allemagne et en Europe.

Gethsémani ■ Jardin du mont des *Oliviers à *Jérusalem, où Jésus pria durant la nuit qui précéda sa Passion.

Gettysburg ■ Ville des États-Unis (*Pennsylvanie). 7 200 hab. Haut lieu de l'histoire américaine. En 1863, les nordistes y remportèrent une victoire décisive qui marqua un tournant dans la guerre de *Sécession. Le discours de *Lincoln après la bataille est demeuré célèbre. Monument national. Musée.

le royaume du ***Ghana*** ■ Ancien État africain du Soudan occidental (IVe - XIe s.). Il tirait sa puissance de l'or.

le ***Ghana*** ■ État (république) de l'Afrique occidentale, drainé par la Volta. 238 533 km². 14,56 millions d'hab. *(les Ghanéens).* Capitale : Accra. Langue officielle : anglais. Monnaie : nouveau cédi. Ancienne colonie britannique, indépendante en 1957 et membre du *Commonwealth. Sous régime militaire depuis 1981. Économie essentiellement agricole. Importante production de cacao, d'or, de diamants, de manganèse et de bauxite.

*al-****Ghazālī*** ■ ⇒ **Algazel.**

les ***Gherardesca*** ■ Famille italienne qui joua un rôle important à Pise dans la querelle des *guelfes et des gibelins (XIIIe - XIVe s.).

Lorenzo ***Ghiberti*** ■ Orfèvre, sculpteur et architecte italien (1378-1455). Il réalisa les portes de bronze du baptistère de *Florence.

Ghirlandajo ■ Peintre italien (1449-1494). Il fut influencé par le réalisme de l'art *flamand.

Alberto ***Giacometti*** ■ Sculpteur et peintre suisse (1901-1966). Ses figures aux formes allongées et décharnées expriment le tragique de la destinée humaine.

Giambologna ou ***Jean de Bologne*** ■ Sculpteur *maniériste flamand (1529-1608). Il travaillait en Italie.

Giap ■ ⇒ **Vô Nguyên Giap.**

Josiah Willard ***Gibbs*** ■ Physicien et mathématicien américain (1839-1903). Il jeta les bases de la physico-chimie et de la mécanique statistique.

les ***gibelins*** ■ ⇒ les **guelfes.**

Gibraltar ■ Port et base militaire britannique, à l'extrême sud de l'Espagne. 5,8 km². 30 200 hab. Elle appartient aux Britanniques depuis 1704 (guerre de *Succession d'Espagne). ► *le détroit de* ***Gibraltar*** (15 km de large) réunit l'Atlantique à la Méditerranée.

André ***Gide*** ■ Écrivain français (1869-1951). Son œuvre eut un important retentissement sur ses contemporains pour ses théories littéraires, sa critique des conventions morales et ses engagements politiques. "*Les Nourritures terrestres*" ; "*les Caves du Vatican*" ; "*la Symphonie pastorale*" ; "*les Faux-monnayeurs*" ; "*Voyage au Congo*" ; "*Retour d'U.R.S.S.*" ; "*Journal*".

Gifu ■ Ville du Japon (*Honshū). 409 000 hab. Centre industriel important.

Gijón ■ Ville et port industriel d'Espagne (*Asturies). 259 000 hab. Sidérurgie, chimie.

les îles ***Gilbert et Ellice*** ■ Archipels et ancienne colonie britannique du Pacifique Ouest et Central divisés aujourd'hui entre la république de Kiribati et Tuvalu.

Gilgamesh ■ Héros d'une épopée mésopotamienne du IIIe millénaire av. J.-C.

Dizzy ***Gillespie*** ■ Trompettiste américain de jazz (né en 1917). Novateur avec le mouvement *be-bop* dont il fut l'un des créateurs.

Allen ***Ginsberg*** ■ Poète américain (né en 1926). Porte-parole de la contestation des jeunes contre la société de consommation dans les années 1960, proche de W.S. *Burroughs. "*Hurlement*".

Giovanni ***Giolitti*** ■ Homme politique italien (1842-1928). Il fut plusieurs fois président du Conseil entre 1892 et 1921.

Jean ***Giono*** ■ Écrivain français (1895-1970). Il a exalté la vie rustique de haute Provence *("Regain")* avant de renouveler son inspiration *("le Hussard sur le toit" ; "l'Eau vive")*.

Luca ***Giordano*** ■ Peintre et décorateur *baroque italien (1632-1705).

Giorgione ■ Peintre italien (1477-1510). Il fut l'un des premiers peintres vénitiens à donner une très grande importance à l'étude de la lumière. "*La Tempête*".

Giotto ■ Peintre florentin (v. 1266-1337). Il fut le premier à représenter plastiquement un espace à trois dimensions et eut, de son vivant, un grand rayonnement. Fresques de la "*Vie de saint François*" à Assise et de la "*Vie de la Vierge et du Christ*" à Padoue. Travaux d'architecture à Florence (campanile de S. Maria del Flore).

Giovanni da Udine ■ Peintre italien (1487-1564). Il rénova l'art décoratif occidental.

Émile de ***Girardin*** ■ Journaliste français (1806-1881). Il créa les premiers journaux à prix modiques. Il tua A. *Carrel en duel.

François ***Girardon*** ■ Sculpteur français (1628-1715). Représentant caractéristique du *classicisme en sculpture. Œuvres pour les jardins de Versailles.

Henri ***Giraud*** ■ Général français (1879-1949). Rival de de *Gaulle avec qui il dirigeait le *Comité français de libération nationale, il fut, à Alger, de 1942 à 1944, le dirigeant en titre des forces françaises hostiles à l'Allemagne.

Jean ***Giraudoux*** ■ Écrivain français (1882-1944). Son œuvre, d'un style précieux, oscille entre un humanisme optimiste et une inquiétude désespérée. "*La guerre de Troie n'aura pas lieu*", "*la Folle de Chaillot*" (théâtre) ; "*Suzanne et le Pacifique*" (roman).

Anne Louis ***Girodet-Trioson*** ■ Peintre français (1767-1824). Élève de *David, il subit l'influence de *Prud'hon. Son style est à la charnière du *néo-classicisme et du *romantisme.

la ***Gironde*** ■ Estuaire français formé par la Garonne et la Dordogne entre Bordeaux et l'Atlantique (75 km).

les ***Girondins*** ■ Groupe de révolutionnaires français (*Brissot, *Roland, *Vergniaud) qui doit son nom à sa forte proportion de députés de la Gironde, liés à la grande bourgeoisie d'affaires. Républicains modérés, adversaires des *Feuillants, ils dominèrent l'*Assemblée législative en 1792 et les débuts de la *Convention, puis furent débordés par les *Montagnards et les mouvements populaires. Plusieurs furent guillotinés. ⇒ insurrection **fédéraliste.**

Thomas ***Girtin*** ■ Peintre paysagiste anglais (1775-1802). Il transforma la technique de l'aquarelle.

Valéry ***Giscard d'Estaing*** ■ Homme politique français (né en 1926). Ministre des Finances de 1962 à 1966 et de 1969 à 1974, puis président de la République de 1974 à 1981.

Gizeh ou ***Guizèh*** ■ Ville d'Égypte, faubourg du Caire. 1,67 million d'hab. À proximité se trouvent le *Sphinx et les pyramides de *Khéops, *Khéphren et *Mykérinos.

Karl ***Gjellerup*** ■ Écrivain danois (1857-1919). "*Le Pèlerin Kamanita*". Prix Nobel 1917.

la mer de ***Glace*** ■ Glacier des Alpes françaises, dans le massif du Mont-*Blanc.

William Ewart ***Gladstone*** ■ Homme politique britannique (1809-1898). Chef du parti libéral, rival de *Disraeli, quatre fois Premier ministre sous le règne de *Victoria. Il se prononça en vain pour l'autonomie de l'Irlande.

le ***Glamorgan*** ■ Région du sud-ouest du pays de *Galles, divisée en quatre comtés : le *Gwent, le Glamorgan de l'Ouest (*West Glamorgan ;* 815 km² ; 363 000 hab. ; chef-lieu : Swansea), le Glamorgan du Centre (*Mid-Glamorgan ;* 1 019 km² ; 536 000 hab. ; chef-lieu : Cardiff) et le Glamorgan du Sud (*South Glamorgan ;* 416 km² ; 403 000 hab. ; chef-lieu : Cardiff).

Glanum ■ Site grec puis romain de Gaule, en *Provence (France).

Glaris, en allemand ***Glarus*** ■ Ville de Suisse. 6 000 hab. ► *le canton de* ***Glaris.*** 685 km². 36 900 hab. Chef-lieu : Glaris. Industrie textile.

Glasgow ■ Ville d'Écosse. 765 000 hab. Métropole commerciale et industrielle, elle doit son développement au commerce colonial et à son bassin houiller, mais connaît aujourd'hui des problèmes de chômage.

Alexandre ***Glazounov*** ■ Compositeur russe (1865-1936). Symphonies, concertos, quatuors, d'inspiration russe, qui ont influencé *Chostakovitch, *Prokofiev, *Stravinski.

Albert ***Gleizes*** ■ Peintre français et théoricien du *cubisme (1881-1953).

les îles de **Glénan** ■ Groupe de neuf îlots français (nommés à tort *les Glénans*) de l'océan Atlantique, au large de la *Bretagne. Centre nautique.

Mikhaïl **Glinka** ■ Compositeur russe (1804-1857). Œuvre partagé entre la tradition folklorique russe et l'influence occidentale. "*La Vie pour le tsar*", opéra.

Gliwice ■ Ville de Pologne (haute *Silésie). 211 000 hab.

les Trois **Glorieuses** ■ ⇒ **révolution française de 1830.**

Gloucester ■ Ville et port d'Angleterre, chef-lieu du Gloucestershire. 108 000 hab. Monuments médiévaux. ▶ le ***Gloucestershire***. Comté de l'ouest de l'Angleterre. 2 638 km². 527 000 hab. Chef-lieu : Gloucester.

Gloucester ■ Ville de l'Ontario. 90 000 hab.

Christoph Willibald von **Gluck** ■ Compositeur allemand (1714-1787). Le grand réformateur de l'opéra : la musique doit « seconder la poésie ». "*Orphée et Euridice*" ; "*Alceste*".

Goa ■ Territoire de la côte occidentale indienne, colonie portugaise de 1510 à 1961, devenu État de l'Union indienne en 1987. 3 702 km². 1 million d'hab. Capitale : Panaji (76 800 hab.).

les **Gobelins** ■ Manufacture de tapisseries à Paris. Créée en 1662 sous le nom de *Manufacture royale des Gobelins.*

le désert de **Gobi** ■ Un des plus grands déserts du monde. Il s'étend en Chine et en Mongolie. Vents violents. Grands écarts de température.

Joseph Arthur de **Gobineau** ■ Diplomate et écrivain français (1816-1882). "*Les Pléiades*" (roman). Théoricien du racisme. "*Essai sur l'inégalité des races humaines*".

Jean-Luc **Godard** ■ Cinéaste français (né en 1930). Principal représentant de la nouvelle vague française. "*À bout de souffle*" ; "*Pierrot le Fou*".

le **Godāvari** ■ L'un des fleuves sacrés de l'Inde. 1 500 km.

Adélard **Godbout** ■ Homme politique québécois (1892-1956). Premier ministre du Québec en 1936 et de 1939 à 1944.

Jacques **Godbout** ■ Écrivain et cinéaste québécois (né en 1933). Romancier, essayiste, poète, réalisateur et scénariste. "*Salut Galarneau*" (1967).

Godefroy de Bouillon ■ Chef de la première *croisade, élu roi de Jérusalem (1061-1100).

Kurt **Gödel** ■ Logicien et philosophe autrichien naturalisé américain (1906-1978). Ses « théorèmes d'incomplétude » ont montré les limites de la formalisation en mathématiques.

Manuel de **Godoy** ■ Homme politique espagnol, Premier ministre de Charles IV (1767-1851). Considéré comme responsable de la soumission de son pays à la France, il s'exila en 1808.

Godthaab ou **Godthåb** ■ ⇒ **Nuuk.**

Joseph Paul **Goebbels** ■ Homme politique allemand (1897-1945). Chargé par Hitler de la propagande *nazie.

Johann Wolfgang von **Goethe** ■ Écrivain, homme politique et savant allemand (1749-1832). Poète éminent, reconnu comme l'une des plus grandes personnalités de son temps, il fut proche du préromantisme dans sa jeunesse ("*les Souffrances du jeune Werther*"), puis il évolua vers un art plus classique ("*les Affinités électives*" ; "*Wilhelm Meister*"). Son écriture prit parfois une forme symbolique : "*Faust*" ; "*Poésie et vérité*".

Nikolaï **Gogol** ■ Écrivain russe (1809-1852). Son œuvre, satire réaliste, mêle le rire et le cauchemar. "*Le Nez*" ; "*le Journal d'un fou*".

Goiânia ■ Ville du Brésil, capitale de l'État de *Goiás. 703 000 hab.

Goiás ■ État du centre du Brésil, dont la partie nord devint en 1988 l'État de *Tocantins. 340 166 km². 3,91 millions d'hab. Capitale : Goiânia.

le **Golan** ■ Plateau du sud de la Syrie, en partie occupé par *Israël depuis 1967. Combats en 1973.

Gold Coast ■ Ville d'Australie (*Queensland). 219 000 hab.

William **Golding** ■ Écrivain britannique (né en 1911). Prix Nobel 1983. "*Sa Majesté-des-Mouches*".

Carlo **Goldoni** ■ Auteur de pièces comiques, italien (1707-1793). Il a écrit 150 pièces, donnant aux jeux de la *commedia dell'arte plus de sobriété. "*Arlequin, serviteur de deux maîtres*".

Oliver **Goldsmith** ■ Écrivain anglais (1730-1774). Auteur de romans sentimentaux ("*le Vicaire de Wakefield*") ; comédies.

Kurt **Goldstein** ■ Psychiatre allemand naturalisé américain (1878-1965).

le **Golfe** ■ Le golfe *Persique ou Arabique ▶ *la guerre du* ***Golfe***. Conflit diplomatique puis militaire qui opposa l'Irak, après son invasion du Koweït en août 1990, à une coalition de 30 pays, principalement arabes et occidentaux. Les forces alliées, stationnées en Arabie Saoudite, dirigées par les États-Unis et mandatées par l'O.N.U., obtinrent, après un conflit violent et bref (janvier-février 1991) qui détruisit en partie le potentiel militaire et industriel de l'Irak, le retrait des troupes irakiennes du Koweït. La question du contrôle des ressources pétrolières explique la gravité de cette crise qui fit se poser le problème de la sécurité régionale et réaffirma la nécessité d'un règlement israélo-arabe.

le **Golgotha** ■ En araméen « lieu du crâne », site près de *Jérusalem, où Jésus fut crucifié.

Goliath ■ Géant de la Bible, vaincu par *David. Ce combat symbolise la supériorité de l'intelligence sur la force.

Ernst **Gombrich** ■ Historien d'art britannique d'origine autrichienne (né en 1909).

Witold **Gombrowicz** ■ Écrivain polonais (1904-1969). Œuvre grinçante et pessimiste dominée par l'érotisme. "*Ferdydurke*".

Gomel ■ Ville de la C.É.I. (*Biélorussie). 500 000 hab. Industries mécaniques.

Ramón **Gómez de la Serna** ■ Écrivain espagnol (1888-1963). Romans et aphorismes humoristiques (les *greguerías*).

Gomorrhe ■ ⇒ **Sodome.**

Władysław **Gomułka** ■ Homme politique polonais (1905-1982). Secrétaire général du parti communiste (1956), il dut démissionner après les révoltes ouvrières de 1970.

Gonaïves ■ Ville d'Haïti. 37 000 hab.

Nuno **Gonçalves** ■ Peintre portugais, actif de 1450 à 1480. "*Polyptyque de saint Vincent*", exécuté pour la cathédrale de Lisbonne.

Antônio **Gonçalves Dias** ■ Écrivain brésilien (1823-1864). Il est considéré comme le premier grand poète de l'âme nationale.

les frères **Goncourt** ■ Écrivains français. Edmond (1822-1896) et Jules (1830-1870). Auteurs de romans naturalistes (⇒ **naturalisme**) et d'un "*Journal*", qui retrace la vie artistique de leur époque. Edmond fonda l'académie Goncourt, jury chargé de décerner un prix littéraire, le *prix Goncourt.*

Gondar ■ Ville d'Éthiopie 88 000 hab. Capitale du pays du XVIe au XIXe s. Vestiges du *royaume de Gondar* (XVIIe - XVIIIe s.).

le **Gondwana** ■ Continent hypothétique qui aurait réuni, à l'ère primaire, l'Inde, l'Afrique, l'Australie, l'Amérique du Sud et l'Antarctique.

Luis de **Góngora y Argote** ■ Poète *baroque espagnol (1561-1627). Son style virtuose et raffiné fut imité (le *gongorisme*).

Ivan **Gontcharov** ■ Romancier russe (1812-1891). "*Oblomov*".

Natalia **Gontcharova** ■ Peintre russe (1881-1962). Elle fit une synthèse entre l'art populaire russe et l'art moderne. Compagne de *Larionov.

les **Gonzague** ■ Famille princière d'Italie qui gouverna le duché de Mantoue du XIVe au XVIIIe s.

Felipe **González** ■ Premier ministre (socialiste) espagnol depuis 1982 (né en 1942).

Gorakhpur ■ Ville de l'Inde (*Uttar Pradesh), près du Népal. 308 000 hab.

Mikhaïl **Gorbatchev** ■ Homme politique soviétique (né en 1931). Secrétaire général du parti communiste (1985) et chef de l'État (1988). Sa politique de réformes *(perestroïka)* a modifié toutes les données politiques en U.R.S.S. et en Europe orientale (1989). Contesté dans son pays, estimé à l'étranger il démissionna de toutes ses fonctions fin 1991, après la création de la C.É.I. Prix Nobel de la paix 1990. ⇒ **U.R.S.S.**

Nadine **Gordimer** ■ Écrivaine sud-africaine (née en 1923). "*Ceux de July*". Prix Nobel en 1991.

Gordion ■ Ancienne capitale de la Phrygie où Alexandre le Grand trancha un nœud très compliqué, dit *nœud gordien*, ce qui, selon un oracle, lui promettait la conquête de l'Asie.

Gordon Pacha ■ Général britannique, gouverneur du Soudan pour le compte de l'Égypte (1833-1885). Tué par les troupes de *Mahdī.

l'île de **Gorée** ■ Île du Sénégal, face à Dakar. Ancien point de transit français de la traite des esclaves vers l'Amérique.

Fakhr al-Dīn As'ad **Gorgani** ■ Poète persan du XIe s.

Gorgias ■ Un des plus importants sophistes grecs (v. 483 - v. 380 av. J.-C.).

les **Gorgones** n. f. ■ Trois monstres de la mythologie grecque, à la chevelure faite de serpents. *Méduse est la plus célèbre.

Gorgonzola ■ Ville d'Italie (*Lombardie). 14 600 hab. Fromages réputés. ‹ ▶ gorgonzola ›

Hermann **Göring** ■ Maréchal allemand, dauphin de Hitler (1893-1946). Héros de la guerre de 1914, nazi dès 1922, chef de la *Luftwaffe* (armée de l'air) de 1935 à 1945. Désavoué par Hitler, condammé à mort à *Nuremberg, il se suicida.

Maxime **Gorki** ■ Écrivain russe (1868-1936). Initiateur de la littérature sociale soviétique. "*La Mère*" ; "*les Bas-Fonds*".

Gorki ■ ⇒ **Nijni-Novgorod.**

Le **Gosier** ■ Ville de l'île française de la Guadeloupe. 15 400 hab.

Jan **Gossart** ou **Gossaert** dit **Mabuse** ■ Peintre *flamand (v. 1478 - v. 1535). Il propagea les valeurs de la *Renaissance dans son pays.

Göteborg ■ 2e ville et principal port de Suède. 430 000 hab.

l'art **gothique** ■ Forme d'art qui s'est surtout épanouie en Europe de l'Ouest du XIIe au XVe s., en architecture (croisée d'ogives – on a appelé l'art gothique *art ogival* –, arcs-boutants, ouverture des murs et vitraux), en sculpture et dans les arts décoratifs.

les **Goths** ■ Peuple de *Germains qui se divisa au IVe s. entre *Ostrogoths et *Wisigoths. ‹ ▶ gothique ›

Gotland ■ Île de Suède, dans la mer Baltique. 3 140 km². 56 200 hab. Tourisme.

Göttingen ■ Ville d'Allemagne (Basse-*Saxe). 115 000 hab. Célèbre université fondée en 1737. Hôtel de ville du XVIe s.

Gouda ■ Ville des Pays-Bas (*Hollande-Méridionale). 62 300 hab. Célèbres fromages.

Goudjerât ■ ⇒ **Gujarāt.**

Olympe de **Gouges** ■ Publiciste française, auteure d'une "*Déclaration des droits de la femme et de la citoyenne*" (1748-1793).

Jean-Lomer **Gouin** ■ Homme politique québécois (1861-1929). Premier ministre du Québec de 1905 à 1920.

Jean **Goujon** ■ Sculpteur et architecte français de la *Renaissance, aux tendances *maniéristes (v. 1510 - v. 1566).

Glenn **Gould** ■ Pianiste canadien (1932-1982). Après une carrière de concertiste, il se consacra à l'enregistrement d'œuvres (surtout J.-S. *Bach) et à la composition de musiques de films.

Charles **Gounod** ■ Compositeur français (1818-1893). Auteur d'opéras ("*Faust*" ; "*Mireille*") et de musique religieuse ("*Messe de sainte Cécile*").

le baron **Gourgaud** ■ Général français (1783-1852). Il suivit Napoléon Ier à Sainte-Hélène (⇒ **Montholon**) puis fut l'aide de camp de Louis-Philippe.

Rémy de **Gourmont** ■ Écrivain français (1858-1915). Romans, essais.

le **Gouvernement provisoire de la République française** ou **G.P.R.F.** ■ Gouvernement mis en place dès 1944 par la *Résistance et qui succéda au *Comité français de libération nationale. Après la dissolution de la IIIe République et le régime de Pétain, le G.P.R.F. eut pour mission d'établir de nouvelles institutions : il prit fin avec l'adoption de la Constitution de la IVe République (fin 1946). Le général de *Gaulle le dirigea jusqu'en janvier 1946. Politique de reconstruction, nationalisations, épuration des anciens collaborateurs.

Francisco de **Goya y Lucientes** ■ Peintre espagnol (1746-1828). Habile peintre officiel du roi à ses débuts (1780), déjà inventif et poétique, il devint un des maîtres de l'école espagnole, précurseur de la peinture moderne. Admirables portraits ; gravures et tableaux dénonçant les horreurs de la guerre. À la fin de sa vie, sourd et isolé, il pratiqua un art sombre et visionnaire (fresques de sa maison, la Quinta del Sordo).

Juan ***Goytisolo*** ■ Écrivain espagnol (né en 1931). *"Deuil au paradis"*.

Carlo ***Gozzi*** ■ Auteur dramatique italien (1720-1806). Il s'opposa au réalisme de *Goldoni en écrivant des féeries dramatiques. *"Turandot"*.

le ***G.P.R.F.*** ■ ⇒ **Gouvernement provisoire de la République française.**

le ***Graal*** ou ***Saint-Graal*** ■ Vase sacré qui servit à la Cène et qui recueillit le sang du Christ. Les romans du Moyen Âge racontent la quête (recherche) du Graal par les chevaliers de la Table ronde, *Perceval, *Lancelot.

les frères ***Gracchus*** ■ Tribuns et frères romains. Tiberius (v. 162 - 133 av. J.-C.) et Caius (v. 154 - 121 av. J.-C.). Ils firent voter une loi agraire favorisant les petits propriétaires contre l'aristocratie foncière.

les trois ***Grâces*** ■ Déesses de la Beauté, chez les Grecs et les Romains (Aglaé, Thalie, Euphrosyne).

Julien ***Gracq*** ■ Écrivain français (né en 1910). Proche d'André *Breton et du romantisme allemand, il a donné des romans d'une grande richesse poétique et des essais critiques. *"Le Rivage des Syrtes"*.

Martha ***Graham*** ■ Danseuse et chorégraphe américaine (1893-1991).

Zénobe ***Gramme*** ■ Électricien belge (1826-1901). Inventeur de la dynamo.

le ***Grampian*** ■ Région administrative du nord-est de l'Écosse. 8 550 km². 501 000 hab. Chef-lieu : Aberdeen.

Antonio ***Gramsci*** ■ Philosophe marxiste et homme politique italien (1891-1937).

Enrique ***Granados*** ■ Compositeur espagnol (1867-1916). Œuvres pour piano : *"Danses espagnoles" ; "Goyescas"*.

Granby ■ Ville du Québec. 39 700 hab. Jardin zoologique. Industrie textile.

le ***Gran Chaco*** ■ ⇒ **Chaco.**

Alain ***Grandbois*** ■ Écrivain québécois (1900-1975). Son œuvre poétique, marquée surtout par le thème de la mort, se rattache aux grands courants de la poésie française de son temps. *"Îles de la nuit"* (1944).

Grand-Bourg ■ Ville de l'île française de *Marie-Galante (dépendance de la *Guadeloupe). 6 100 hab.

le ***Grand Canyon*** ■ Gorge du *Colorado au nord-ouest de l'*Arizona (États-Unis). Tourisme.

la ***Grande-Bretagne*** ■ La plus grande des îles de l'archipel britannique. 229 880 km². 54,3 millions d'hab. *(les Britanniques)*. Elle comprend trois grandes régions (ou pays : *country*) : l'Angleterre, le pays de Galles, l'Écosse et forme, avec l'Irlande du Nord, le Royaume-Uni. ▭ **HISTOIRE.** Avec l'avènement de Jacques Ier et des *Stuarts en 1603 (⇒ **Angleterre**) commence l'histoire de la Grande-Bretagne. Le XVIIe s. fut celui des révolutions : exécution de Charles Ier (1649), république de *Cromwell (1649-1658), fuite de Jacques II en France (1688) et couronnement de Guillaume III d'Orange-Nassau, l'Angleterre réprimant les catholiques (⇒ **jacobites**) d'Irlande et d'Écosse. L'Acte d'Union de 1707 instaura le Royaume de Grande-Bretagne (avec un Parlement unique pour les royaumes d'Écosse et d'Angleterre) — qui devint, en 1801, par un acte d'Union signé l'année précédente, le *Royaume-Uni de Grande-Bretagne et d'Irlande. Les structures politiques modernes se dessinèrent : Premier ministre chef de la majorité parlementaire (*whig ou *tory), essor de la Chambre des communes. La révolution industrielle se développa. La politique extérieure fut marquée par la création d'un immense domaine colonial en Amérique du Nord, l'acquisition des Indes françaises (1763), puis la guerre de l'*Indépendance américaine (1775-1783) et la guerre contre la Révolution française et le premier Empire (1793-1815). Le XIXe s. fut celui des réformes et de l'expansion : c'est le règne de *Victoria, symbole de l'impérialisme triomphant et du puritanisme bourgeois, dominé par l'opposition entre le conservateur *Disraeli et le libéral *Gladstone. Première puissance mondiale, le royaume ne put néanmoins résoudre la grave question de l'Irlande. Les difficultés sociales et économiques (nombreux mouvements ouvriers) assurèrent une percée au jeune parti *travailliste qui, avec les *conservateurs, domine la vie politique au XXe s. Pour s'opposer à la menace allemande, le Royaume-Uni se rapprocha de la France (*Entente cordiale, 1904), de la Russie (Triple-*Entente) et prit une part déterminante lors de la Première *Guerre mondiale. *Chamberlain, Premier ministre en 1937, rechercha une politique d'« apaisement » avec *Hitler et *Mussolini. Mais, la guerre déclarée, son successeur *Churchill opposa une résistance admirable au nazisme. Après 1945, le gouvernement d'*Attlee fut marqué par la mainmise de l'État sur l'économie (nationalisations) et la décolonisation volontaire. L'adhésion à la *C.E.E. (1973) et le percement du tunnel sous la Manche (qui commença en 1988) mirent fin à l'isolement insulaire de la Grande-Bretagne, malgré les réticences de Margaret *Thatcher à l'égard de la construction européenne. Durement frappé par les difficultés économiques et sociales, le pays s'est engagé dans une politique de libéralisme économique.

la ***Grande Grèce*** ■ Nom donné dans l'Antiquité au sud de l'Italie et à la Sicile, colonisés par les Grecs. ⇒ **Grèce.**

La ***Grande-Motte*** ■ Ville de France, sur la Méditerranée (immeubles en forme de pyramides). 5 000 hab. Station balnéaire.

Grande-Prairie ■ Ville de l'Alberta. 18 000 hab.

la ***Grande Rivière*** ■ Cours d'eau du Nouveau-Québec. 893 km. Aménagements hydroélectriques.

Urbain ***Grandier*** ■ Curé français de *Loudun qui fut brûlé après qu'on l'eut accusé d'avoir envoûté plusieurs religieuses ursulines (1590-1634).

Grand-Mère ■ Ville du Québec, en Mauricie. 15 100 hab. Industries du bois.

Grand Rapids ■ Ville des États-Unis (*Michigan). 182 000 hab.

les ***Grands Lacs*** ■ Ensemble de lacs d'Amérique du Nord, reliés entre eux, de *Duluth à la baie du *Saint-Laurent : lac Supérieur (84 243 km²), lac Michigan (57 757 km²), lac Huron (63 096 km²), lac Érié (25 812 km²), lac Ontario (19 001 km²). Zone d'activité économique intense entre le Canada et les États-Unis.

François ***Granet*** ■ Peintre français (1775-1849). Portraits. Paysages.

la ***Granja*** ■ Résidence royale d'Espagne, au sud-est de *Ségovie.

Ulysses **Grant** ■ Général américain, commandant des armées nordistes durant la guerre de *Sécession, 18e président (républicain) des États-Unis de 1869 à 1877 (1822-1885).

Granville ■ Ville de France (*Normandie), dans la presqu'île du *Cotentin. 13 300 hab. *(les Granvillais).*

Stéphane **Grappelli** ■ Violoniste et pianiste français de jazz (né en 1908).

Günter **Grass** ■ Écrivain allemand (né en 1927). Membre du *Groupe 47. "*Le Tambour*".

Grasse ■ Ville du sud-est de la France. 42 100 hab. *(les Grassois).* Parfumerie.

Stephen **Gray** ■ Physicien anglais (v. 1670 - 1736). Étude de l'électricité (notion de corps conducteur).

Graz ■ 2e ville d'Autriche et capitale de la *Styrie. 243 000 hab. Marché important au XIIe s.

la **Grèce** ■ État (république) du sud-est de l'Europe formé d'une partie continentale (extrémité de la péninsule des *Balkans) et de plus de 430 îles. 131 957 km². 10,09 millions d'hab. *(les Grecs).* Capitale : Athènes. Langue officielle : grec. Religion officielle : Église orthodoxe grecque. Monnaie : drachme. Le pays est divisé en treize régions administratives — l'*Attique, la *Crète, *Égée méridionale, Égée septentrionale, l'*Épine, la *Grèce centrale* (15 549 km² ; 538 000 hab.), la *Grèce occidentale* (11 350 km² ; 655 000 hab.), les îles *Ioniennes, la *Macédoine centrale, la Macédoine occidentale, la Macédoine orientale et la *Thrace, le *Péloponnèse, la *Thessalie —, auxquelles il convient d'ajouter la république monastique du mont *Athos. Pays montagneux, morcelé et fortement imbriqué dans la mer. Son économie est essentiellement agricole (cultures méditerranéennes : olive, vigne, blé) et compense la faiblesse de l'industrie par une flotte commerciale importante et le tourisme, tout en exploitant les quelques produits de son sous-sol (bauxite). ▭ **HISTOIRE.** La ***Grèce antique*** fut le centre d'une des plus brillantes civilisations de l'histoire : elle apparut au IIe millénaire av. J.-C. et atteignit son apogée au Ve s. av. J.-C. Vers 1600 av. J.-C., au temps des *Achéens, une première civilisation dite *mycénienne* se développa à partir des influences crétoises (⇒ **Crète, Mycènes,** l'**Iliade,** la guerre de **Troie**). En 1200 av. J.-C., l'invasion des **Doriens* ouvrit une période de régression appelée le « Moyen Âge grec ». Le IXe s. av. J.-C. fut l'époque d'*Homère (récits mythologiques, sanctuaires religieux à *Delphes, *Délos, *Olympie), le père de la culture grecque, et celle où la cité commença à s'organiser. Le développement de l'économie mercantile à l'époque *archaïque* (VIIIe - VIe s. av. J.-C.) suscita la création des premières colonies en *Grande Grèce, l'enrichissement des cités (Corinthe, Athènes) et l'épanouissement des arts (⇒ **Sappho, Anacréon, Pindare, Héraclite, Pythagore**). Au Ve s., la Perse déclara la guerre aux cités grecques (guerres *médiques de 490 à 479 av. J.-C.). Victorieuse, Athènes devint le foyer de la *culture classique* grecque, qui atteignit son apogée sous le règne de *Périclès : en politique (démocratie), en philosophie (*Socrate), en littérature (*Eschyle, *Sophocle, *Euripide créent la tragédie), en histoire (*Hérodote, *Xénophon) et en architecture (*Phidias réalise l'Acropole). La guerre du *Péloponnèse entre *Sparte et Athènes (431 - 404 av. J.-C.) mit fin à l'hégémonie athénienne. La civilisation classique resta florissante, avec *Platon, *Aristote, *Protagoras, *Démosthène et *Aristophane ; mais la rivalité entre les cités facilita l'invasion de la Grèce par *Philippe II de Macédoine (337 av. J.-C.) suivie par l'empire d'*Alexandre le Grand, puis par la conquête romaine en 146 av. J.-C. En 395, la Grèce devint ***byzantine.*** Ravagée par les invasions barbares, puis par les croisés (prise de *Constantinople en 1204), elle passa sous la domination turque après la prise d'Athènes (1456). À partir du XVIIIe s., l'éveil du sentiment national et le philhellénisme des Occidentaux conduisirent à la naissance de la ***Grèce moderne :*** prise de Tripolis (1821) ; proclamation d'indépendance (congrès d'*Épidaure, 1822), qui ne fut reconnue par les grandes puissances qu'en 1830, après la *guerre d'indépendance* (⇒ **Missolonghi, Chios**). Au terme d'une longue lutte, la Grèce s'unifia et abolit la monarchie pour devenir une république (1924). La royauté fut rétablie à la suite d'un plébiscite organisé par le général *Condylis en 1935. Après les épreuves de l'occupation allemande (1941-1944) et de la guerre civile (1946-1949), la Grèce devient une démocratie du camp atlantique (membre de l'*O.T.A.N. en 1952), mais son régime est fragile. Le putsch de 1967 instaure une dictature, le « régime des colonels », qui proclame la république en 1973. Il est contraint d'accepter le retour à la démocratie l'année suivante. La Grèce fait partie de la Communauté économique européenne depuis 1981. ‹ ▶ grec ›

le **Greco** ■ Peintre espagnol d'origine crétoise (1541-1614). Son mysticisme se traduit par l'emploi de couleurs rares et l'allongement extrême des figures. "*L'Enterrement du comte d'Orgaz*".

Julien **Green** ■ Écrivain français d'origine américaine (né en 1900). Catholique tourmenté, il décrit dans son œuvre l'affrontement entre les élans mystiques et la débauche. "*Moïra*" ; "*Journal*".

Green Bay ■ Ville des États-Unis (*Wisconsin). 87 900 hab.

Graham **Greene** ■ Écrivain anglais (1904-1991). Il confronte des êtres ambigus et une morale d'inspiration chrétienne. "*La Puissance et la Gloire*" ; "*le Troisième Homme*".

Nancy **Greene** ■ Sportive canadienne (née en 1943). Médaille d'or des jeux Olympiques d'hiver (1968) pour le slalom géant.

Greenpeace ■ « La paix verte », mouvement écologiste international fondé en 1971.

Greensboro ■ Ville des États-Unis (*Caroline du Nord). 156 000 hab.

Greenwich ■ Bourg *(borough)* du Grand *Londres. 214 000 hab. Le *méridien de Greenwich,* adopté quasi universellement comme méridien d'origine, passe par son observatoire.

Greenwich Village ■ ⇒ **New York.**

Henri **Grégoire** dit ***l'abbé Grégoire*** ■ Ecclésiastique et révolutionnaire français (1750-1831). Défenseur des droits de l'homme (droits civils et politiques aux juifs, abolition de l'esclavage), de la réunion des Églises, de la Constitution civile du clergé et d'une langue française unique éliminant en France les autres idiomes (⇒ **Constituante**).

saint **Grégoire *Ier*** dit **Grégoire le Grand** ■ Pape de 590 à sa mort (540-604). Il fit de Rome le centre de la chrétienté, réforma la liturgie et le chant d'Église, appelé *grégorien.* ‹ ▶ grégorien ›

saint **Grégoire VII** ■ Pape de 1073 à sa mort (v. 1020 - 1085). Il lutta contre l'empereur d'Allemagne *Henri IV (querelle des *Investitures), qu'il humilia à *Canossa, et rétablit la discipline ecclésiastique *(réforme grégorienne).*

Grégoire XIII ■ Pape de 1572 à sa mort (1502-1585). Il remplaça le calendrier julien (décalé de douze jours) par le calendrier dit *grégorien.*

saint **Grégoire de Nazianze** ■ Théologien chrétien de langue grecque, docteur de l'Église (v. 330 - v. 390).

saint **Grégoire de Nysse** ■ Théologien chrétien de langue grecque, Père de l'Église (v. 335 - v. 395).

saint **Grégoire de Tours** ■ Évêque de Tours (v. 538 - v. 594). "*Histoire des Francs*" (en latin).

Grégoire Palamas ■ Mystique et théologien grec orthodoxe (1296-1359).

Grenade, en espagnol **Granada** ■ Ville d'Espagne (*Andalousie). 281 000 hab. Fondée en 756 par les Arabes, capitale du *royaume musulman de Grenade* (l'Alhambra, palais des XIIIe - XIVe s., est l'ancienne résidence des princes), reconquise par les Rois Catholiques en 1492 (palais de Charles Quint).

Grenade ■ Île des Petites *Antilles (îles du *Vent), formant avec les *îles Grenadines du Sud* un État (monarchie constitutionnelle) indépendant. 345 km^2. 96 600 hab. *(les Grenadins)*. Capitale : Saint George's. Langue officielle : anglais. Monnaie : dollar des Caraïbes de l'Est. Agriculture (canne à sucre) et tourisme. Colonie anglaise en 1783, indépendante en 1974, membre du *Commonwealth. Un gouvernement pro-cubain prit le pouvoir en 1978, fut renversé par un coup d'État en 1983 suivi d'une intervention militaire américaine.

les îles **Grenadines** ■ Archipel des Petites Antilles (îles du *Vent), partagé entre Grenade et l'État de Saint-Vincent et Grenadines.

Grenoble ■ Ville de France, dans les *Alpes. 154 000 hab. *(les Grenoblois)*. Centre universitaire. Cathédrale (XIIe - XIIIe s.). Important centre industriel.

André-Modeste **Grétry** ■ Compositeur français (1741-1813). Ses opéras-comiques eurent un grand succès au XVIIIe s. "*L'Amant jaloux*".

Wayne **Gretzky** ■ Sportif canadien (né en 1961). L'un des meilleurs marqueurs de points de la Ligue nationale de hockey.

Jean-Baptiste **Greuze** ■ Peintre français (1725-1805). Scènes moralisatrices *("le Fils puni")*, anecdotiques *("la Cruche cassée")*; portraits *("Sophie Arnould")*.

la place de **Grève** ■ Place de Paris, aujourd'hui place de l'Hôtel-de-Ville, où se faisaient les exécutions capitales et se réunissaient les ouvriers sans travail. ‹ ► ② grève ›

Grevenmacher ■ District du Luxembourg. 525 km^2. 40 000 hab.

Jules **Grévy** ■ Homme politique français (1807-1891). Avocat, député, il fut président de la République de 1879 à 1887.

Alexandre **Griboïedov** ■ Dramaturge russe (1795-1829). "*Le Malheur d'avoir trop d'esprit*".

Edvard **Grieg** ■ Compositeur norvégien (1843-1907). La musique de scène de "*Peer Gynt*" d'*Ibsen et le "*Concerto en la*" s'inspirent du folklore norvégien.

David Wark **Griffith** ■ Cinéaste américain (1875-1948). "*Naissance d'une nation*" ; "*Intolérance*".

Claude-Henri **Grignon** ■ Écrivain québécois (1894-1976). Romancier, critique, dramaturge, journaliste et auteur de textes pour la radio et la télévision. Connu pour son roman "*Un homme et son péché*" (1933) et son personnage principal, Séraphin Poudrier.

Jacob **Grimm** ■ Philologue et écrivain allemand (1785-1863). Il publia avec son frère Wilhelm (1786-1859) des contes germaniques. "*Contes d'enfants et du foyer*" : *« Blanche-Neige et les sept nains », « Hänsel et Gretel »*, etc. Les frères Grimm ont aussi commencé le plus grand dictionnaire de la langue allemande.

Hans von **Grimmelshausen** ■ Romancier allemand (v. 1620-1676). "*Les Aventures de Simplex Simplicissimus*".

Grimsby ■ Ville d'Angleterre (*Humberside) et premier port de pêche du pays. 92 200 hab.

Juan **Gris** ■ Peintre espagnol (1887-1927). Il vécut à Paris et fut l'un des maîtres et des théoriciens importants du *cubisme.

les **Grisons,** en allemand **Graubünden** ■ Le plus vaste canton de Suisse : 7 106 km^2. 168 000 hab. Chef-lieu : Coire. Langues : romanche, allemand, italien. Tourisme. Économie rurale.

Georg **Groddeck** ■ Médecin allemand (1866-1934). Fondateur de la médecine psychosomatique, correspondant de *Freud.

le **Groenland** ■ Territoire autonome du Danemark, île au nord-est du Canada, en grande partie couverte de glace. 2 175 600 km^2. 55 200 hab. *(les Groenlandais)*. Capitale : Nuuk. Langues : danois (officielle), anglais, langues esquimaudes. Religion officielle : Église luthérienne évangélique du Groenland. Monnaie : couronne danoise. Climat polaire. Pêche. Base militaire américaine.

l'île de **Groix** ■ Île française de l'Atlantique, au large de la *Bretagne. 15 km^2. 2 500 hab. *(les Groisillons)*.

Marcel **Gromaire** ■ Peintre français (1892-1971). Il représente des figures humaines (ouvriers, paysans) aux traits massifs et simplifiés.

Andreï **Gromyko** ■ Homme politique soviétique (1909-1989), chef de la diplomatie soviétique de 1957 à 1985.

Groningue, en néerlandais **Groningen** ■ Ville des Pays-Bas, chef-lieu de la province du même nom. 168 000 hab. Centre intellectuel (université), industriel (gaz naturel) et commercial. ► *la province de* **Groningue**. 2 346 km^2. 555 000 hab. Chef-lieu : Groningue.

Walter **Gropius** ■ Architecte et théoricien américain d'origine allemande, fondateur du *Bauhaus (1883-1969). Il modernisa les matériaux et les formes.

Antoine baron **Gros** ■ Peintre français (1771-1835). Élève de *David, il se détacha de son enseignement et devint l'un des initiateurs du *romantisme. "*Les Pestiférés de Jaffa*".

Médard Chouart des **Groseilliers** ■ Explorateur et coureur de bois français (1618 - v. 1696). Il explora la région des *Grands Lacs et celle de la baie d'Hudson.

Gros-Morne ■ Ville de l'île française de la Martinique. 10 100 hab.

Grossglockner ■ Point culminant des Alpes autrichiennes. 3 797 m.

George **Grosz** ■ Peintre et dessinateur allemand naturalisé américain (1893-1959). Il participa au mouvement *dada.

Hugo de Groot dit **Grotius** ■ Juriste et diplomate hollandais (1583-1645). Philosophe du droit naturel et du droit des États.

Jerzy **Grotowski** ■ Homme de théâtre polonais (né en 1933).

le marquis de **Grouchy** ■ Officier français (1766-1847). Fait maréchal durant les *Cent-Jours, il ne sut pas empêcher la jonction des armées de *Blücher et de *Wellington à *Waterloo, ce qui provoqua la défaite de Napoléon Ier.

Lionel **Groulx** ■ Écrivain et ecclésiastique québécois (1878-1967). Professeur, conférencier, romancier, historien. Son œuvre est influencée par le nationalisme québécois dont il a été l'un des plus ardents défenseurs.

Gilles **Groulx** ■ Cinéaste québécois (né en 1931). Il a abordé, à maintes reprises, des sujets fortement politisés.

le **Groupe 47** ■ Société d'écrivains de langue allemande, fondée en 1947 par le romancier Hans Werner Richter (né en 1908). Elle lutta contre les séquelles du nazisme et critiqua le conformisme moral en Allemagne. ⇒ **Bachmann, Böll, Eich, Grass,** U. **Johnson.**

Groznyï ■ Ville de Russie, capitale de la *Tchétchéno-Ingouchie. 401 000 hab. Pétrole.

Matthias **Grünewald** ■ Peintre allemand (v. 1460-1528). Son art religieux, riche en symboles, résume la spiritualité tourmentée de la fin du Moyen Âge dans un style puissamment novateur par la violence des couleurs et des expressions. "*Le Retable d'Issenheim*", à Colmar.

la **Gruyère** ■ Région de Suisse (canton de *Fribourg). 8 900 hab. Villes principales : Bulle, Gruyères. Fromages réputés. ‹ ► gruyère ›

Andreas **Gryphius** ■ Poète allemand, auteur de comédies et de tragédies historiques (1616-1664). Un des grands représentants de la littérature *baroque allemande.

Guadalajara ■ Ville du Mexique. 1,62 million d'hab. Conurbation de 2,2 millions d'hab. Cathédrale (XVIe - XVIIe s.) et monuments de style colonial. Université.

Guadalcanal ■ Île volcanique des *Salomon. 6 475 km². 71 300 hab. Importants combats américano-japonais durant la Seconde *Guerre mondiale.

le **Guadalquivir** ■ Fleuve d'Espagne qui irrigue l'*Andalousie avant de se jeter dans l'Atlantique. 680 km.

la **Guadeloupe** ■ Île des Petites *Antilles (formée de deux parties, Basse-Terre et Grande-Terre, séparées par la rivière Salée) qui, avec les îles la Désirade, les Saintes, Marie-Galante, ainsi que l'île Saint-Barthélemy et la moitié nord de l'île Saint-Martin, constitue un département français d'outre-mer. 1 780 km². 386 600 hab. *(les Guadeloupéens)*. Préfecture : Basse-Terre. Sous-préfectures : Pointe-à-Pitre, Marigot. Ressources : canne à sucre, rhum, tourisme. Découverte par Christophe Colomb en 1493, colonisée par la France à partir de 1635, elle devint département français en 1946.

le **Guadiana** ■ Fleuve de la péninsule Ibérique qui se jette dans l'Atlantique. 820 km.

Guam ou **Guaham** ■ Île principale de l'archipel des *Mariannes. 541 km². 129 000 hab. Capitale : Agana. Langues : anglais (officielle), chamorro. Base aéronavale américaine.

Guangdong ■ Province côtière du sud-est de la Chine. 231 400 km². 63,6 millions d'hab. Capitale : Canton. Culture intensive du riz. Industries sur la côte.

Guangxi ■ Région autonome du sud de la Chine. 220 400 km². 39,5 millions d'hab. Capitale : Nanning.

Guangzhou ■ ⇒ **Canton.**

Guantánamo ■ Ville de Cuba. 174 000 hab. Base navale américaine.

les Indiens **Guaranís** ■ Indiens d'Amérique du Sud (*Paraguay) faisant partie du groupe tupi-guaraní.

Francesco **Guardi** ■ Peintre italien (1712-1793). Ses vues de Venise, proches de celles de *Canaletto par les sujets, sont plus lumineuses et vibrantes.

le **Guatemala** ■ État (république) d'Amérique centrale, au sud-est du Mexique. 108 889 km². 8,93 millions d'hab. *(les Guatémaltèques)*. Capitale : [Ciudad de] Guatemala. Langues : espagnol (officielle), langues indiennes. Monnaie : quetzal. Économie essentiellement agricole (bananes, café) ; nickel. Colonie espagnole en 1513, le pays fut indépendant en 1839. Depuis 1954, les alternances de coups d'État et de mouvements de répression déstabilisent le pays qui fait face, en outre, à de grandes difficultés économiques.

Guatemala ou **Ciudad de Guatemala** ■ Capitale du Guatemala. 2 millions d'hab.

Guayaquil ■ Port de la république de l'Équateur. 1,7 million d'hab. Métropole économique du pays : exportation de cacao, café, bananes.

sainte **Gudule** ■ Patronne de Bruxelles (morte en 712).

Guebwiller ■ Ville de l'est de la France. 11 300 hab. *(les Guebwillerois)*. ► *le ballon de* **Guebwiller** est le massif le plus élevé des Vosges (1 424 m) — nommé aussi Grand Ballon.

Jean **Guéhenno** ■ Écrivain français (1890-1978). Il représenta un socialisme humaniste. "*Caliban parle*".

la **Gueldre,** en néerlandais **Gelderland** ■ Province des Pays-Bas. 5 015 km². 1,79 million d'hab. Chef-lieu : Arnhem. Productions agricoles.

les **guelfes** n. m. ■ Nom donné au XIIIe s., en Italie, aux partisans du pape, unis contre les gibelins, partisans de l'empereur d'Allemagne. Leur lutte déchira l'Italie jusqu'au XVe s.

Guelph ■ Ville de l'Ontario. 78 000 hab. Université. Centre industriel et commercial.

Guérande ■ Ville de France, au sud de la *Bretagne, entourée de remparts. 12 000 hab. *(les Guérandais)*.

le **Guerchin** ■ Peintre italien (1591-1666). Il fut influencé par le *Caravage.

Otto von **Guericke** ■ Physicien allemand (1602-1686). Il inventa la première machine capable de produire de l'électricité.

le baron Pierre **Guérin** ■ Peintre *néo-classique français (1774-1833). Thèmes antiques.

Maurice de **Guérin** ■ Poète français (1810-1839).

Guernesey ■ La plus occidentale des îles *Anglo-Normandes. 63 km². 59 800 hab. Chef-lieu : Saint-Pierre-Port. Victor Hugo y vécut en exil de 1855 à 1870.

Guernica y Luno ■ Ville du nord de l'Espagne (*Biscaye). 18 000 hab. « Cité sainte » du pays basque, bombardée en 1937 par les Allemands alliés de *Franco (célèbre tableau de *Picasso).

la **guerre de 1870** ■ ⇒ guerre **franco-allemande.**

la **guerre froide** ■ Tension diplomatique et militaire entre les États-Unis, avec leurs alliés (⇒ **O.T.A.N.**), et le bloc soviétique (⇒ pacte de **Varsovie**) qui débuta avec l'installation des régimes communistes dans les pays d'Europe orientale (coup de Prague, 1948) et culmina avec la crise de Cuba en 1962. Les bonnes relations établies entre l'U.R.S.S. et les États-Unis par M. Gorbatchev mirent fin à cette période.

la Première **Guerre mondiale** ■ Premier conflit mondial de l'histoire (1914-1918). Il opposa deux blocs : d'une part la Serbie, les États de la Triple-*Entente (France, Royaume-Uni, Russie) et leurs alliés (Belgique, Japon ; Italie en 1915 ; Roumanie en 1916 ; Grèce et États-Unis en 1917) ; d'autre part les puissances centrales (Allemagne, Autriche-Hongrie), l'Empire ottoman et la Bulgarie. La cause immédiate en fut l'assassinat de l'archiduc *François-Ferdinand (28 juin 1914) qui provoqua l'entrée en guerre de l'Autriche contre la Serbie ; la cause profonde, les rivalités entre impérialismes européens. Déconsidéré par ses défaites, l'Empire russe fut renversé par la *révolution de 1917 et une paix séparée fut signée à *Brest-Litovsk en mars 1918. L'Autriche occupait les Balkans et le nord de l'Italie. La Turquie contrôlait le détroit des *Dardanelles. À l'ouest, l'offensive allemande fut arrêtée par *Joffre sur la Marne dès septembre 1914. Le front resta à peu près stable durant trois ans, opposant les armées dans une épuisante guerre de tranchées (⇒ **Verdun**). L'appui des États-Unis permit à *Foch et à ses alliés de prendre définitivement l'avantage en 1918 (armistice avec l'Allemagne le 11 novembre). Les traités de paix (*Versailles, *Saint-Germain, 1919) sanctionnèrent la dislocation des empires centraux et l'apparition de nations nouvelles. Le bilan de la guerre fut lourd en pertes humaines (8 millions de morts) et économiques. Elle amorça le déclin de l'Europe et la montée de nouvelles puissances : l'U.R.S.S. et surtout les États-Unis.

la Seconde **Guerre mondiale** ■ Conflit le plus meurtrier de l'histoire (50 à 55 millions de morts dont 20 millions de civils), de 1939 à 1945. Il opposa les forces de l'*Axe (Allemagne, Italie, Japon) aux Alliés (France, Royaume-Uni, U.R.S.S., États-Unis). La cause profonde en fut l'impérialisme des dictatures (*fascisme, *nazisme, militarisme nippon, alliés dès 1936) qui attisa les oppositions d'intérêts économiques. *Hitler amorçait la renaissance d'un Empire allemand (IIIe Reich). La guerre d'Espagne (1936-1939) avait révélé l'attitude timorée des pays démocratiques. En 1938-1939, l'Allemagne annexa l'Autriche (*Anschluss) puis la Tchécoslovaquie. Une paix illusoire fut maintenue à la conférence de *Munich. La signature du *pacte germano-soviétique (août 1939), neutralisant le front est, permit à Hitler d'envahir la Pologne ; aussitôt la France et l'Angleterre lui déclarèrent la guerre (septembre 1939). L'Axe s'imposa par une guerre éclair en Europe. La Hollande, la Belgique et le Luxembourg furent occupés, puis le Danemark et la Norvège. La France capitula en juin 1940 et mit en œuvre une politique de *Collaboration (⇒ **Pétain,** gouvernement de **Vichy**) : antibolchevisme, déportation massive des juifs, contribution à l'effort de guerre allemand. Mais, en 1941-1942, la rupture du pacte germano-soviétique et la résistance de l'U.R.S.S. aux armées allemandes (⇒ **Stalingrad**), l'entrée en guerre des États-Unis (après *Pearl Harbor), l'opiniâtreté de *Churchill et des Anglais, l'organisation de la *Résistance (⇒ de **Gaulle**) et la conquête de l'Afrique du Nord par les Alliés marquèrent un tournant. *Mussolini fut vaincu dès septembre 1943. Un nouveau front fut ouvert en Normandie par le débarquement du 6 juin 1944. À l'est, l'armée Rouge progressa irrésistiblement jusqu'à Berlin (avril 1945). Après le suicide de Hitler, l'Allemagne signa une capitulation sans conditions (8 mai 1945). La lutte se poursuivit dans le Pacifique jusqu'au lancement des bombes atomiques sur Hiroshima et Nagasaki qui provoqua la capitulation du Japon. Au-delà de l'extermination massive et systématique de populations par les nazis (homosexuels, handicapés, Tziganes, Slaves et surtout juifs [⇒ **Shoah**]...), la guerre modifia la carte politique de l'Europe ; la conférence de *Yalta (avec *Staline, Churchill et *Roosevelt) préparait la division en deux blocs, l'Ouest, allié des États-Unis, et l'Est, dominé par l'U.R.S.S. D'autre part, elle favorisa la décolonisation (*Inde, *Indochine...).

Bertrand Du **Guesclin** ■ ⇒ Bertrand **Du Guesclin.**

Jules **Guesde** ■ Socialiste français (1845-1922). Opposé au réformisme de *Jaurès. Le *guesdisme* introduisit *Marx en France.

Che **Guevara** dit *le* **Che** ■ Révolutionnaire argentin (1928-1967). Avec Fidel *Castro, il renversa la dictature militaire de *Batista à Cuba et créa un gouvernement révolutionnaire (1959). Il mena ensuite la guérilla en Bolivie, où il fut tué.

Germaine **Guèvremont** ■ Écrivaine québécoise (1893-1968). Journaliste et romancière, elle a décrit la vie rurale québécoise. “*Le Survenant*” (1945) ; “*Marie-Didace*” (1947).

Guiandja ■ ⇒ **Gandja.**

François **Guichardin** ■ Historien et homme politique italien (1483-1540). Conseiller de *Clément VII et de Laurent de *Médicis. “*Histoire d'Italie*”.

Guido d'Arezzo ■ Bénédictin italien, théoricien de la musique (v. 990 - v. 1050). Le fondateur du système de notation musicale actuel.

Guignol ■ ⇒ **Mourguet.** ‹ ▸ guignol ›

Guilin ■ Ville de Chine (*Guangxi). 341 000 hab. Ses paysages (pains de sucre) ont inspiré les peintres et les poètes chinois.

Guillaume ■ NOM DE PLUSIEURS SOUVERAINS EUROPÉENS **1.** empereurs d'ALLEMAGNE □ ***Guillaume Ier*** (1797-1888), fils de *Frédéric-Guillaume III, roi de Prusse en 1861. Il établit l'unité allemande avec l'aide de *Bismarck. Après ses victoires sur l'Autriche (1866) et sur la France (1870), il fut proclamé empereur d'Allemagne à Versailles en janvier 1871. □ ***Guillaume II*** (1859-1941), petit-fils du précédent, fit de son pays une grande puissance industrielle et coloniale, mais ses ambitions expansionnistes provoquèrent la Première *Guerre mondiale. Il abdiqua le 9 novembre 1918. **2.** rois d'ANGLETERRE □ ***Guillaume Ier*** dit ***Guillaume le Conquérant*** (1027-1087), duc de *Normandie, s'assura le trône après avoir éliminé son rival Harold II en 1066, et fonda une monarchie puissante. □ ***Guillaume III d'Orange-Nassau*** (1650-1702), stathouder des *Provinces-Unies (1672), appelé en 1689 par les parlementaires protestants anglais pour prendre la place de *Jacques II. **3.** duc de NORMANDIE □ ***Guillaume le Conquérant.*** ⇒ 2. rois d'ANGLETERRE, **Guillaume Ier. 4.** stathouders des PAYS-BAS □ ***Guillaume Ier d'Orange-Nassau*** dit ***Guillaume le Taciturne*** (1533-1584), stathouder de la Hollande (1559), s'opposa à l'autorité espagnole et devint le chef des insurgés (« gueux ») lors du soulèvement de 1572. □ ***Guillaume II***

d'Orange-Nassau (1626-1650), petit-fils du précédent, stathouder de la Hollande en 1647. □ ***Guillaume III d'Orange-Nassau,*** fils du précédent. ⇒ 2. rois d'ANGLETERRE, **Guillaume III.**

Paul ***Guillaume*** ■ Psychologue français (1878-1962).

Gustave ***Guillaume*** ■ Linguiste français (1883-1960). "*Psychomécanique*" du langage.

Guillaume de Lorris ■ Poète français (v. 1200-v. 1238). Auteur avec *Jean de Meung du "*Roman de la rose*", code de l'amour courtois.

Guillaume de Machaut ■ Compositeur et poète français (v. 1300-1377). Un des grands maîtres de la polyphonie.

Guillaume d'Occam ou ***d'Ockham*** ■ Franciscain anglais, théologien et logicien (v. 1290-v. 1349). Sa théorie, l'*ockhamisme,* est typique du nominalisme.

Guillaume Tell ■ Héros légendaire de l'indépendance suisse (v. 1300). Rebelle à l'autorité des *Habsbourg, il fut condamné par *Gessler à tirer une flèche sur une pomme placée sur la tête de son fils et réussit l'épreuve.

Roger ***Guillemin*** ■ Endocrinologue américain d'origine française (né en 1924). Prix Nobel de médecine en 1977.

Eugène ***Guillevic*** ■ Poète français (né en 1907). "*Exécutoire*".

le docteur ***Guillotin*** ■ Médecin français, député aux états généraux de 1789 (1738-1814). Il perfectionna l'instrument d'exécution en usage en Italie dès le XVIe s., et qui fut nommé *guillotine.* ‹ ▶ guillotine ›

Louis ***Guilloux*** ■ Romancier français (1899-1980). "*Le Sang noir*" ; "*le Jeu de patience*".

Hector ***Guimard*** ■ Architecte français, le principal représentant de l'art *nouveau (1867-1942). Il réalisa les bouches de métro parisiennes.

la ***Guinée*** ■ Ancien nom de la zone côtière s'étendant du cap *Vert à l'Angola, baignée en partie par l'actuel *golfe de Guinée.*

la ***Guinée*** ■ État (république) d'Afrique occidentale. 245 857 km². 6,7 millions d'hab. *(les Guinéens).* Capitale : Conakry. Langues : français (officielle), malinké, peul, basari. Monnaie : franc guinéen. Sous-sol riche (bauxite, fer). ▭ **HISTOIRE.** Le nord du pays fit partie de l'empire du Mali (XIIIe s.). Pour le coloniser, à la fin du XIXe s., la France eut à battre *Samory Touré. Englobée dans l'Afrique-Occidentale française en 1904, la Guinée refusa le processus de décolonisation proposé par de Gaulle et accéda à l'indépendance dès 1958. Sékou *Touré devint le leader de l'anti-impérialisme noir, mais il gouverna de manière dictatoriale. Sa mort, en 1984, apparut comme une libération et l'armée, dirigée par le colonel Lansana Conté, prit le pouvoir.

*la Nouvelle-****Guinée*** ■ ⇒ **Nouvelle-Guinée.**

la ***Guinée-Bissau*** ■ État (république) d'Afrique occidentale. 36 125 km². 953 000 hab. *(les Bissauguinéens).* Capitale : Bissau. Langues : portugais (officielle), mandingue, balanté, peul. Monnaie : peso. Économie essentiellement agricole. Ancienne *Guinée portugaise,* indépendante en 1974, après onze ans de guerre. Le régime militaire, au pouvoir depuis 1980, autorisa, en 1991, le multipartisme.

la ***Guinée-Équatoriale*** ■ État (république) d'Afrique occidentale. 28 051 km². 343 000 hab. *(les Équatoguinéens).* Capitale : Malabo. Langues : espagnol (officielle), langues bantoues. Monnaie : franc CFA. Café. Cacao. Bois. Ancienne *Guinée espagnole,* indépendante en 1968. Sous régime militaire depuis 1979.

Guipúzcoa ■ L'une des trois provinces basques de l'Espagne. 1 997 km². 689 000 hab. Chef-lieu : Saint-Sébastien.

Henri ***Guisan*** ■ Général suisse (1874-1960). Commandant en chef des forces armées suisses pendant la Seconde Guerre mondiale.

les ***Guises*** ■ Famille noble de Lorraine. François (1519-1563) et Henri (1550-1588) furent les chefs du parti catholique en France pendant les guerres de *Religion.

Sacha ***Guitry*** ■ Acteur et auteur français de comédies (1885-1957). Fils d'un grand comédien, Lucien Guitry (1860-1925). Il fut aussi cinéaste : "*Le Roman d'un tricheur*" ; "*Si Versailles m'était conté*" ; "*Assassins et voleurs*".

Guiyang ■ Ville du sud de la Chine, capitale du *Guizhou. 1,4 million d'hab.

Guizèh ■ ⇒ **Gizeh.**

Guizhou ■ Province du sud de la Chine. 174 000 km². 30 millions d'hab. Capitale : Guiyang.

François ***Guizot*** ■ Historien français, théoricien libéral, ministre de Louis-Philippe (1787-1874). ⇒ **monarchie de Juillet.**

Gujarāt ou ***Goudjerât*** ■ État du nord-ouest de l'Inde. 196 024 km². 34,1 millions d'hab. Capitale : Gāndhīnagar (62 400 hab.).

Gujrānwāla ■ Ville du Pakistan. 597 000 hab.

Gulbarga ■ Ville de l'Inde (*Karnātaka). 221 000 hab. Grande mosquée du XIVe s.

le ***Gulf Stream*** ■ Le « courant du golfe », courant marin chaud de l'Atlantique, né dans le golfe du Mexique. Il adoucit le climat de l'Europe occidentale.

le ***Guomindang*** ou ***Kouo-min-tang*** ■ Parti fondé en 1911 par *Sun Yixian. Il devint plus tard celui de *Jiang Jieshi.

Guo Moruo ou ***Kouo Mo-Jo*** ■ Écrivain et homme politique chinois (1892-1978).

les ***Gupta*** ■ Dynastie indienne qui régna depuis le Gange jusqu'à l'Indus, de 320 à la fin du Ve s.

Georges ***Gurvitch*** ■ Sociologue français (1894-1965). Rénovateur de la sociologie en France et un des fondateurs de la sociologie structurale.

Gustave ■ NOM DE PLUSIEURS ROIS DE SUÈDE □ ***Gustave Ier Vasa*** (1495-1560) fut élu roi en 1523 après avoir rompu l'union avec le Danemark (⇒ **Christian II**). Il fit de son pays une grande puissance et imposa le *luthéranisme. □ ***Gustave II Adolphe*** (1594-1632), roi en 1611, réorganisa l'État et l'armée et soutint les protestants dans la guerre de *Trente Ans contre la maison d'Autriche. □ ***Gustave III*** (1746-1792) gouverna, à partir de 1771, en despote éclairé.

Johannes Gensfleisch dit ***Gutenberg*** ■ Imprimeur allemand (1399-1468). Son nom symbolise l'apparition du livre imprimé qui, en favorisant la diffusion de textes, contribua à la révolution de pensée des Temps modernes (⇒ **humanistes, Réforme, Renaissance**).

la ***Guyana*** ■ État (république coopérative) d'Amérique du Sud. 214 969 km². 812 000 hab. *(les*

Guyanais). Capitale : Georgetown. Langues : anglais (officielle), langues indiennes. Monnaie : dollar guyanais. La forêt couvre 83 % du territoire. Bauxite. Ancienne *Guyane britannique,* indépendante en 1966. Membre du *Commonwealth.

la **Guyane française** ■ Département français d'outre-mer situé entre le Surinam et le Brésil. 86 504 km². 114 900 hab. *(les Guyanais).* Préfecture : Cayenne. Sous-préfecture : Saint-Laurent-du-Maroni. Centre spatial de *Kourou. Fruits, légumes, riz, bois. Colonisée par la France au XVIIe s., département français depuis 1946.

les **Guyanes** n. f. pl. ■ Région du nord-est de l'Amérique du Sud, partagée entre le Venezuela, la Guyana, le Surinam, la Guyane française et le Brésil.

la **Guyenne** ■ Ancienne province française (*Aquitaine), longtemps disputée entre Français et Anglais, reconquise en 1453 et rattachée officiellement à la France en 1472.

Georges **Guynemer** ■ Héros de l'aviation militaire française (1894-1917).

madame **Guyon** ■ Mystique française (1648-1717). Ses œuvres, d'inspiration quiétiste (⇒ **Molinos**), furent condamnées, malgré l'appui de *Fénelon.

Gwalior ■ Ville de l'Inde (*Madhya Pradesh). 539 000 hab. Sa banlieue, Lashkar, est un centre industriel important.

le **Gwent** ■ Comté du sud-est du pays de Galles. 1 376 km². 445 000 hab. Chef-lieu : Cwmbrân (44 300 hab.).

le **Gwynned** ■ Comté du nord-ouest du pays de Galles. 3 868 km². 239 000 hab. Chef-lieu : Caernarvon (9 500 hab.).

Győr ■ Ville de Hongrie. 132 000 hab. Monuments anciens.

H

Haarlem ■ Ville des Pays-Bas, chef-lieu de la *Hollande-Septentrionale. 149 000 hab. Fleurs. Église (XVe - XVIe s.). ≠ Harlem.

Haarlemmermeer ■ Ville des Pays-Bas (*Hollande-Septentrionale). 93 400 hab. Polder asséché en 1840-1843.

Trygve ***Haavelmo*** ■ Économiste norvégien (né en 1911). Prix Nobel 1989 pour ses travaux en économétrie.

*l'****habeas corpus*** n. m. ■ Loi anglaise de 1679 garantissant la liberté individuelle et protégeant contre l'arbitraire judiciaire.

Jürgen ***Habermas*** ■ ⇒ école de **Francfort.**

Hissène ***Habré*** ■ Président de la république du Tchad de 1982 à 1990 (né en 1936).

la maison de ***Habsbourg*** ■ Maison féodale allemande, originaire de Suisse, qui fut la plus grande dynastie européenne du XVe s. au début du XXe s. Rodolphe Ier devint empereur du *Saint Empire romain germanique en 1273 et il enrichit les possessions Habsbourg des duchés d'Autriche, de Styrie et de Carniole, auxquels s'ajoutèrent par la suite la Carinthie, le Tyrol, le Vorarlberg, Fribourg, Trieste. En 1492, le titre impérial revint dans la famille et y resta (sauf de 1740 à 1745) jusqu'à l'extinction du Saint Empire en 1806. L'ascension de la maison se fit par les mariages. Sa puissance fut à son apogée sous le règne de *Charles Quint. Après lui, la famille se divisa en une branche espagnole (⇒ **Philippe II**), qui s'éteignit en 1700, et une branche autrichienne qui se partagea en trois : la ligne autrichienne directe qui disparut en 1619 ; la ligne styrienne dont fut issu *Ferdinand II ; la ligne viennoise qui hérita au XVIIIe s. des Pays-Bas espagnols, du Milanais et de la Hongrie. En 1740, les Habsbourg d'Autriche s'éteignirent et le mariage de *Marie-Thérèse avec le duc François de Lorraine fonda la nouvelle dynastie des Habsbourg-Lorraine, qui conserva le titre d'empereur d'Autriche (et de roi de Hongrie à partir de 1867) jusqu'en 1918.

les ***Hachémites*** ■ Descendants de Hāchim (arrière-grand-père de *Mahomet), ils régnèrent à La Mecque du Xe s. à 1924 et fondèrent, au XXe s., les monarchies d'Irak et de Jordanie.

Jeanne Laisné dite *Jeanne* ***Hachette*** ■ Héroïne française (v. 1454 - apr. 1472). Elle défendit Beauvais contre *Charles le Téméraire (1472).

Louis ***Hachette*** ■ Éditeur français (1800-1864). La société d'éditions qu'il fonda est devenue la première de France par le chiffre d'affaires (édition, distribution, audiovisuel) et (1988) la troisième du monde.

Jacques ***Hadamard*** ■ Mathématicien français (1865-1963).

Hadès ■ Dieu des *Enfers dans la mythologie grecque, le *Pluton des Romains.

Hadrien ■ Empereur romain (76-138). Il succéda à *Trajan en 117. Il mena une politique de paix, réforma l'administration de l'empire et encouragea les arts. Il fit construire, en Grande-Bretagne, un mur *(mur d'Hadrien)* destiné à repousser les invasions. Son mausolée devint le château Saint-Ange à Rome.

Ernst ***Haeckel*** ■ Zoologiste allemand (1834-1919). Partisan de *Darwin.

Georg Friedrich ***Haendel*** ■ ⇒ **Händel.**

Moḥammad ***Ḥāfiẓ*** ■ Poète lyrique persan (v. 1320 - v. 1389). Maître de l'exégèse du *Coran et du poème d'amour, encore très populaire en Iran.

les ***Hafsides*** ■ Dynastie maghrébine qui régna sur la Tunisie du XIIIe au XVIe s.

Hagen ■ Ville d'Allemagne (*Rhénanie-du-Nord-Westphalie). 209 200 hab.

Reynaldo ***Hahn*** ■ Compositeur français (1874-1947). Ami de *Proust et de Sarah *Bernhardt. Mélodies, opérettes (*"Ciboulette"*).

Christian ***Hahnemann*** ■ Médecin allemand (1755-1843). Fondateur de l'homéopathie.

les ***Haïdas*** ■ Amérindiens de la région de la Reine-Charlotte, en Colombie-Britannique. Célèbre pour leurs embarcations et leurs totems sculptés.

Haiderābād ■ ⇒ **Hyderābād.**

Haïfa ■ Ville et principal port d'Israël. 223 000 hab. Raffinage de pétrole.

Hailé Sélassié Ier ■ Négus d'Éthiopie (1892-1975). Il fut chassé en 1974, laissant un pays insuffisamment modernisé.

Hainan ■ Île et province du sud de la Chine. 34 300 km². 6,1 millions d'hab. Capitale : Haikou (218 000 hab.).

le ***Hainaut*** ■ Région historique partagée entre la France (*Valenciennes, *Maubeuge) et la Belgique. □ le ***Hainaut***. L'une des neuf provinces de Belgique. 3 787 km². 1,27 million d'hab. *(les Hainuyers).* Chef-lieu : Mons.

Haiphong ■ Principal centre industriel du nord du Viêt-nam, port sur le delta du fleuve Rouge. 1,28 million d'hab.

*la république d'****Haïti*** ■ État des Grandes *Antilles, sur l'île d'*Hispaniola. 27 400 km². 5,52 millions d'hab. *(les Haïtiens).* Capitale : Port-au-Prince. Langues : créole haïtien (officielle), français. Religion officielle : catholicisme romain. Monnaie : gourde. Agriculture : café, canne à sucre, sisal. ▭ HISTOIRE. Colonie française prospère, le pays fut en 1804 le premier État noir indépendant (⇒ **Toussaint-Louverture, Dessalines, Pétion,** H. **Christophe**). Sous la dictature de la famille *Duvalier (de 1957 à 1986), il est devenu le pays le plus pauvre de l'Amérique latine. L'exil de « Bébé Doc » (J.-C. *Duvalier) ne mit pas un terme à la gravité des tensions politiques internes. Au pouvoir depuis 1988, le régime militaire, sous la pression populaire, fit place un court moment (mars 1990-septembre 1991) à un régime civil (⇒ J.-B. **Aristide**).

Maurice ***Halbwachs*** ■ Sociologue français (1877-1945).

Stephen ***Hales*** ■ Physicien, naturaliste et inventeur anglais (1677-1761).

Ludovic ***Halévy*** ■ Auteur français de livrets d'opérettes (1834-1908). Collaborateur de *Meilhac.

Thomas Chandler ***Haliburton*** ■ Écrivain et homme politique canadien de langue anglaise (1796-1865). Premier écrivain canadien à connaître une renommée internationale avec son roman "*The Clockmaker ; or, the Sayings and Doings of Samuel Slick, of Slickville*" (1836).

Halifax ■ Capitale de la Nouvelle-Écosse. 114 000 hab. (zone urbaine de 296 000 hab.). Université. Industries navales. Raffineries. Port important sur l'Atlantique.

al-Ḥallādj ■ Mystique musulman condamné à mort pour ses idées inspirées du *soufisme (858-922).

Halle ■ Ville d'Allemagne (*Saxe-Anhalt). 236 000 hab. Université. Centre industriel important.

les ***Halles*** n. f. pl. ■ Quartier du centre de Paris (France), où étaient concentrés, jusqu'en 1969 (création de *Rungis), les commerces de produits alimentaires de gros. Aujourd'hui centre commercial moderne.

Edmond ***Halley*** ■ Astronome britannique (1656-1742). Le premier, il a prédit le retour périodique (tous les 76 ans environ) d'une comète qu'il avait observée (appelée *comète de Halley*).

Hallstatt ■ Village autrichien (Haute-*Autriche) où furent découvertes de nombreuses sépultures datant de la première époque de l'âge du fer, qui fut alors nommée *période de Hallstatt* (VIIIe-Ve s. av. J.-C. ⇒ les **Celtes**).

Frans ***Hals*** ■ Peintre hollandais (v. 1580-1666). Il excella dans l'art du portrait par sa facture très libre, étonnamment moderne. "*La Bohémienne*" ; "*les Régents*" et "*les Régentes*".

Hälsingborg ■ Ville et port du sud de la Suède. 107 000 hab.

Hama ou ***Ḥamāh*** ■ Ville de Syrie. 177 000 hab. Centre textile.

Hamadān, autrefois ***Ecbatane*** ■ Ville d'Iran. 272 000 hab. Monuments (⇒ **Ecbatane**).

Hamamatsu ■ Ville du Japon (*Honshū). 522 000 hab.

Hambourg, en allemand ***Hamburg*** ■ Ville et principal port d'Allemagne, capitale de l'État (land) du même nom (755 km²), située sur l'Elbe. 1,57 million d'hab. *(les Hambourgeois).* Grand centre économique du pays. Chantiers navals. ‹ ► hamburger ›

Théophile ***Hamel*** ■ Peintre québécois (1817-1870). Considéré comme le peintre national de son époque, il est l'auteur de plusieurs portraits et peintures religieuses.

Louis-Edmond ***Hamelin*** ■ Géographe québécois (né en 1923). Sous le thème de la *nordicité, il propose une nouvelle approche pour l'étude des pays froids.

Hamhŭng-Hŭngnam ■ Ville de Corée du Nord. 775 000 hab.

Hamilcar Barca ■ Chef de guerre carthaginois (v. 290-229 av. J.-C.). Il participa à la première guerre *punique et conquit le sud de l'Espagne. Père d'*Hannibal.

Alexander ***Hamilton*** ■ Homme politique américain (1757-1804). Un des inspirateurs de la Constitution, secrétaire du Trésor de 1789 à 1795, créateur de la Banque nationale.

sir William Rowan ***Hamilton*** ■ Mathématicien et astronome irlandais (1805-1865). Géométrie vectorielle. Nombres complexes.

Hamilton ■ Ville de l'Ontario. 307 000 hab. (zone urbaine de 557 000 hab.). Port actif sur le lac Ontario (⇒ **Grands Lacs**). Métallurgie.

Hamilton ■ Ville de Nouvelle-Zélande. Agglomération de 103 500 hab.

Hamilton ■ Capitale des *Bermudes. 3 000 hab.

Hamlet ■ Prince danois (IIe s. ?) dont la légende inspira *Shakespeare.

Hamm ■ Ville d'Allemagne (*Rhénanie-du-Nord-Westphalie). 171 000 hab.

les ***Hammādides*** ■ Dynastie *berbère qui régna sur le Maghreb central de 1015 à 1152.

Hammamet ■ Ville de Tunisie. 42 800 hab. Station balnéaire.

Dashiell ***Hammett*** ■ Auteur américain de romans policiers (1894-1961). "*Le Faucon maltais*" (adapté au cinéma par *Huston).

Hammourabi ou ***Hammurabi*** ■ Le plus grand souverain de la Mésopotamie ancienne (XVIIe s. av. J.-C.). Son règne de 43 ans marqua l'âge d'or de la civilisation babylonienne. Il érigea un code de lois dit *code de Hammourabi.*

le ***Hampshire*** ■ Comté du sud de l'Angleterre. 3 772 km². 1,54 million d'hab. Chef-lieu : Winchester.

Lionel ***Hampton*** ■ Musicien et chef d'orchestre américain de jazz (né en 1913).

Hampton ■ Ville des États-Unis (*Virginie). 123 000 hab. Port de *Hampton Roads,* commun avec Newport News, Norfolk et Portsmouth, sur la baie de *Chesapeake.

Knut ***Hamsun*** ■ Romancier norvégien (1859-1952). Adversaire virulent de la société moderne et de la démocratie. "*La Faim*". Prix Nobel 1920.

les **Han** ■ Dynastie chinoise qui régna pendant plus de quatre siècles (de 206 av. J.-C. à 220 apr. J.-C.). Un des sommets de la civilisation chinoise : apparition du *bouddhisme, commerce (par la route de la *soie).

Georg Friedrich **Händel** ■ Compositeur anglais d'origine allemande (1685-1759). Auteur du "*Messie*" et de nombreux oratorios. Opéras ("*Rinaldo*") et suites ("*Water Music*") célèbres.

Peter **Handke** ■ Écrivain autrichien (né en 1942). "*La Femme gauchère*", roman.

Hangzhou ■ Ville de Chine, capitale du *Zhejiang. 1,27 million d'hab. Centre culturel (monuments, universités) et industriel (textile, sidérurgie, chimie).

Hankou ou **Hank'eou** ■ Partie de la conurbation de *Wuhan.

Hannibal ■ Chef de guerre carthaginois (v. 247 - 183 av. J.-C.). Fils d'*Hamilcar Barca. Il déclencha la deuxième guerre *punique : traversée des Alpes, victoire sur les Romains à Trasimène (217 av. J.-C.) et à Cannes (Cannæ, en Italie du Sud, en 216 av. J.-C.). Mais il fut vaincu par *Scipion l'Africain à Zama (202 av. J.-C.).

Hannon le Grand ■ Chef de guerre carthaginois (IIIe s. av. J.-C.). Il favorisa la paix avec Rome.

Hanoi ■ Capitale du *Viêt-nam sur le delta du fleuve Rouge. 2,9 millions d'hab. Fondée par les Chinois au IIIe s., siège du gouvernement de l'*Indochine française de 1887 à 1954, elle subit de violents bombardements américains de 1954 à 1972.

Gabriel **Hanotaux** ■ Homme politique et historien français (1853-1944). Ministre des Affaires étrangères (1894-1898). "*Histoire de la France contemporaine*".

le **Hanovre** ■ Ancien État d'Allemagne du Nord, devenu, avec les territoires de la maison de Brunswick, l'électorat de Brunswick-Lunebourg en 1692. Gouverné par les rois d'Angleterre de 1714 à 1837, institué en royaume par le congrès de Vienne, province prussienne en 1866, il fut incorporé en 1945 à l'État de Basse-Saxe. □ **Hanovre,** en allemand **Hannover.** Ville d'Allemagne, capitale de la Basse-*Saxe, ancienne résidence des princes de Hanovre (1495-1866). 495 000 hab. Importantes activités commerciales (foires), industrielles, culturelles.

la **Hanse** ■ Association de marchands allemands puis de villes d'Allemagne du Nord et d'Europe septentrionale (appelées villes *hanséatiques*). Dotée d'importants privilèges, elle domina le commerce de ces régions du XIIe au XVIIe s.

Gerhard A. **Hansen** ■ Médecin norvégien (1841-1912). Le *bacille de Hansen* (lèpre).

Jean-Jacques Waltz dit **Hansi** ■ Dessinateur français (1872-1951). Alsacien, il fit dans ses dessins la caricature de l'occupation de l'Alsace par les Allemands. "*Mon village*".

les **Haoussas** ■ Peuple noir islamisé d'Afrique occidentale (Niger, Nigeria), métissé de *Peuls.

Harare ■ Capitale du Zimbabwe. 681 000 hab. Nombreuses industries (tabac). La ville s'est appelée ***Salisbury*** jusqu'en 1982.

Harbin ou **Kharbin** ■ Ville du nord-est de la Chine, capitale du *Heilongjiang. 2,67 millions d'hab. Grand centre d'industrie grâce aux ressources minières voisines.

Warren **Harding** ■ Homme politique américain (1865-1923). 29e président (républicain) des États-Unis, de 1921 à sa mort.

Jules **Hardouin-Mansart** ■ ⇒ **Mansart.**

Alexandre **Hardy** ■ Auteur dramatique français (1570-1632).

Thomas **Hardy** ■ Écrivain anglais (1840-1928). Il a dénoncé la morale victorienne. "*Tess d'Uberville*" ; "*Jude l'Obscur*".

Oliver **Hardy** ■ ⇒ Stan **Laurel.**

Hargeisa ■ Ville de Somalie. 400 000 hab.

Harlem ■ ⇒ **New York.** ≠ Haarlem.

Adolf von **Harnack** ■ Historien et théologien protestant allemand (1851-1930). "*Histoire des dogmes*".

les **Harpies** n. f. ■ Divinités grecques au corps d'oiseau et à tête de femme. Ravisseuses d'enfants et d'âmes. ‹ ► harpie ›

Harpocrate ■ *Horus enfant, adopté par les Grecs et les Romains qui en firent le dieu du Silence.

Lawren Stewart **Harris** ■ Peintre canadien (1885-1970). Initiateur d'un regroupement de peintres canadiens qui prit le nom de « Groupe des Sept » (⇒ A. Y. **Jackson,** A. **Lismer**).

Harrisburg ■ Ville des États-Unis, capitale de la *Pennsylvanie. 53 300 hab.

William **Harrison** ■ Homme politique américain (1773-1841). 9e président des États-Unis, il mourut un mois après le début de son mandat.

Benjamin **Harrison** ■ 23e président (républicain) des États-Unis, de 1889 à 1893 (1833-1901).

Harrogate ■ Ville d'Angleterre (*Yorkshire du Nord). 66 500 hab. Importante station thermale.

Harrow ■ Bourg *(borough)* résidentiel du Grand *Londres. 197 000 hab.

Hartford ■ Ville des États-Unis, capitale du *Connecticut. 136 000 hab.

Hans **Hartung** ■ Peintre allemand naturalisé français (1904-1989). Peinture abstraite et tachisme.

Hārūn ar-Rashīd ■ Le plus célèbre calife de la dynastie des *Abbassides (766-809).

Harvard ■ ⇒ **Cambridge.**

William **Harvey** ■ Médecin anglais (1578-1657). Il découvrit la mécanique de la circulation sanguine.

Haryāna ■ État du nord de l'Inde. 44 212 km². 12,9 millions d'hab. Capitale: Chandīgarh.

Hasdrubal ■ NOM DE PLUSIEURS GÉNÉRAUX CARTHAGINOIS □ **Hasdrubal le Beau** (v. 270 - 221 av. J.-C.), fondateur de *Carthagène. □ **Hasdrubal Barca** (v. 245 - 207 av. J.-C.), vaincu par *Scipion l'Africain. □ **Hasdrubal** (mort v. 146 av. J.-C.), battu lors de la troisième guerre *punique.

Jaroslav **Hašek** ■ Écrivain tchèque (1883-1923). Il créa le type populaire Švejk dans "*le Brave Soldat Švejk*".

Hassan II ou **Hasan II** ■ Roi du Maroc depuis 1961 (né en 1929). ⇒ **Maroc.**

Hasselt ■ Ville de Belgique, chef-lieu du *Limbourg. 65 800 hab.

Hassi Messaoud ■ Centre pétrolier du *Sahara algérien.

Hastings ■ Ville et port d'Angleterre (*Sussex-Oriental). 74 000 hab. En 1066, *Guillaume le Conquérant y vainquit le dernier roi anglo-saxon Harold II.

Hathor ■ Déesse de l'Amour, dans la mythologie égyptienne, identifiée à l'*Aphrodite des Grecs. Temple à *Dendérah.

Hatshepsout ■ Reine d'Égypte de 1503 à 1482 av. J.-C., épouse de *Thoutmosis II. Elle fit construire de nombreux monuments.

Gerhart ***Hauptmann*** ■ Écrivain allemand (1862-1946). "*La Cloche engloutie*". Prix Nobel 1912.

Kaspar ***Hauser*** ■ Personnage énigmatique allemand (v. 1812-1833), apparu en 1828 dans des vêtements de paysan, identifié par le grand-duc de Bade comme étant son fils disparu et celui de sa femme Stéphanie de Beauharnais.

le baron ***Haussmann*** ■ Préfet de la Seine sous le second *Empire (1809-1891). Il dirigea une politique de grands travaux qui transforma Paris.

le ***Haut-Canada*** ■ Nom donné à l'Ontario de 1791 jusque v. 1850.

la ***Haute-Volta*** ■ ⇒ le **Burkina Faso.**

l'abbé René Just ***Haüy*** ■ Minéralogiste français (1743-1822). Fondateur de l'étude structurale des cristaux.

La ***Havane*** ■ Capitale de Cuba. 2 millions d'hab. Principal port et centre commercial de l'île. Tabac (cigares). ⟨ ► havane ⟩

Vaclav ***Havel*** ■ Dramaturge tchèque (né en 1936). Ancien opposant au régime communiste, il devint, à la faveur des bouleversements de 1989 (⇒ **Tchécoslovaquie**), président de la République (décembre 1989). "*La Fête en plein air*" ; "*Avertissement*".

la ***Havel*** ■ Rivière d'Allemagne, affluent de l'*Elbe. 341 km.

Le ***Havre*** ■ Ville de France (*Normandie), à l'embouchure de la Seine. 197 200 hab. *(les Havrais).* 2e port de commerce français après Marseille. Raffineries de pétrole.

les îles ***Hawaï*** ou, en anglais, ***Hawaii,*** autrefois *îles* ***Sandwich*** ■ Archipel de Polynésie, comprenant notamment les îles d'Hawaï, Molokai, Oahu (la plus peuplée) et Kaui. Les États-Unis l'annexèrent en 1898, mais il n'en devint l'un des États (le 50e) qu'en 1959. 16 760 km². 965 000 hab. Capitale : Honolulu. Cultures tropicales. Tourisme. Base militaire (⇒ **Pearl Harbor**).

Howard ***Hawks*** ■ Cinéaste américain (1896-1977). "*Le Grand Sommeil*", d'après *Chandler.

Nathaniel ***Hawthorne*** ■ Romancier américain (1804-1864). Son œuvre est marqué par la morale puritaine. "*La Lettre écarlate*".

Joseph ***Haydn*** ■ Compositeur autrichien (1732-1809). Il marqua l'apogée du style classique, fixant les règles de la symphonie et de la sonate. De son œuvre immense, qui a influencé *Mozart et *Beethoven, on retient surtout les oratorios *("la Création"),* les messes et les quatuors.

La ***Haye,*** en néerlandais ***Den Haag*** ou ***'s-Gravenhage*** ■ Ville des Pays-Bas, chef-lieu de la *Hollande-Méridionale, siège du gouvernement. 444 000 hab. Monuments (XIIIe - XVIIe s.). Musées (Mauritshuis). Ville administrative et diplomatique, siège de la Cour internationale de justice. Résidence de la famille royale.

Friedrich August von ***Hayek*** ■ Économiste autrichien enseignant en Angleterre (né en 1899). Partisan du libéralisme. Prix Nobel 1974.

Rutherford ***Hayes*** ■ Homme politique américain (1822-1893). 19e président des États-Unis, de 1877 à 1881.

Muḥammad Ḥussayn ***Haykal*** ■ Écrivain égyptien (1888-1956). Auteur du premier roman arabe moderne : "*Zaynab*".

Samuel ***Hearne*** ■ Explorateur anglais (1745-1792). En 1772, il atteignit l'océan Arctique par voie de terre.

Edward ***Heath*** ■ Homme politique britannique (né en 1916). Premier ministre (conservateur) de 1970 à 1974.

Friedrich ***Hebbel*** ■ Auteur dramatique allemand (1813-1863).

Hebei ■ Province de la Chine orientale. 202 700 km². 56,2 millions d'hab. Capitale : Shijiazhuang.

Louis ***Hébert*** ■ Pionnier canadien d'origine française (v. 1575-1627). Apothicaire de profession, il fut le premier colon de la Nouvelle-France.

Jacques ***Hébert*** ■ Révolutionnaire français (1757-1794). Son journal *le Père Duchesne* représentait l'extrême gauche : les *sans-culottes et la *Commune de Paris. Il fut éliminé par *Robespierre avec ses partisans, les *hébertistes.*

Louis-Philippe ***Hébert*** ■ Sculpteur québécois (1850-1917). Auteur de plusieurs statues représentant des personnages de l'histoire du Canada.

Anne ***Hébert*** ■ Poète, dramaturge et romancière québécoise (née en 1916). "*Les Fous de Bassan*", prix Femina 1962.

les ***Hébreux*** ■ Peuple *sémitique du Moyen-Orient formé de tribus nomades originaires du désert syrien qui s'installèrent au pays de *Canaan en 2000 av. J.-C. Ils eurent pour premiers patriarches *Abraham, *Isaac et *Jacob. La Bible retrace leur histoire : le séjour en Égypte, l'exode sous la conduite de *Moïse (1250 av. J.-C.), la conquête de la Palestine avec *Josué (1220 - 1200 av. J.-C.), le siècle d'or (1030 - 931 av. J.-C.) sous le règne de *Saül, *David et *Salomon, la scission en deux royaumes (Israël et Juda), l'exil à Babylone (587 - 538 av. J.-C.), le retour et la restauration de Jérusalem, le règne des Asmonéens, l'occupation romaine (63 av. J.-C.), la destruction de Jérusalem par *Titus (70). ⟨ ► hébraïque ⟩

les îles ***Hébrides*** ■ Archipel britannique d'environ 500 îlots, à l'ouest de l'Écosse, dont une partie forme une zone d'autorité insulaire écossaise. 2 901 km². 31 000 hab. Chef-lieu : Sornoway.

*les Nouvelles-****Hébrides*** ■ ⇒ les **Nouvelles-Hébrides.**

Hébron, aujourd'hui ***al-Khalīl*** ■ Ville de Palestine, en Cisjordanie. 75 000 hab. *Abraham y ensevelit *Sarah, selon la *Bible.

Hécate ■ Divinité grecque de la Magie.

Erich ***Heckel*** ■ Peintre et graveur allemand (1883-1970). Un des fondateurs du mouvement die *Brücke.

Hector ■ Héros de l'"*Iliade*", fils de *Priam. Le plus brave des Troyens.

*l'****hédonisme*** n. m. ■ Ensemble de thèses philosophiques préconisant une morale du plaisir. Les premiers hédonistes auraient été Aristippe (IVe s. av. J.-C.) et ses disciples, les cyrénaïques.

Hefei ■ Ville de Chine, capitale de la province d'*Anhui. 669 000 hab. Sidérurgie, chimie.

Georg Wilhelm Friedrich ***Hegel*** ■ Philosophe allemand (1770-1831). Englobant l'ensemble de l'histoire et des savoirs, son système définit réel et rationnel comme identiques ; sa valeur suprême est l'Esprit. ► *l'****hégélianisme*** n. m., a été contesté par les « hégéliens de gauche » (*Feuerbach) puis par *Marx qui lui a emprunté sa logique, la dialectique.

Martin ***Heidegger*** ■ Philosophe allemand (1889-1976). Sollicitant de plus en plus les poètes (*Hölderlin notamment), il déplaça la phénoménologie de *Husserl vers la « question de l'être », approchée dans l'existence et la parole humaines. *"Être et temps" ("Sein und Zeit")*. Positions politiques proches du *nazisme.

Heidelberg ■ Ville d'Allemagne (*Bade-Wurtemberg). 127 000 hab. Célèbre université. Château (XVe - XVIIe s.). Tourisme.

Heilbronn ■ Ville d'Allemagne (*Bade-Wurtemberg). 111 000 hab.

Heilong Jiang ■ ⇒ **Amour.**

Heilongjiang ■ Province de l'extrême nord-est de la Chine. 463 600 km². 33,3 millions d'hab. Capitale : Harbin. Ressources minières importantes. Centre industriel.

Heinrich ***Heine*** ■ Poète *romantique et publiciste allemand (1797-1856). Il fut un médiateur entre les cultures allemande et française. *"Lorelei"*.

Werner ***Heisenberg*** ■ Physicien allemand (1901-1976). Principal fondateur et interprète philosophique de la mécanique quantique. Il a formulé le « principe d'incertitude », selon lequel les observations à l'échelle atomique ne peuvent être complètes. Prix Nobel 1932.

Hélène ■ Héroïne de l'"*Iliade*". Célèbre pour sa beauté. *Pâris l'enlève, déclenchant ainsi la guerre de *Troie.

*l'****Héliée*** n. f. ■ Tribunal populaire de l'Athènes antique. ⇒ **Ecclésia.**

Héliodore ■ Romancier grec (IIIe s.). *"Éthiopiques"*, roman qui fut imité jusqu'au XVIIe s.

Héliogabale ou ***Élagabal*** ■ Empereur romain, prêtre du Soleil dont il voulut imposer le culte (204-222). Il fut assassiné, laissant un souvenir d'anarchie et de débauche.

Jean ***Hélion*** ■ Peintre français (1904-1987). Il évolua d'un style abstrait à un art figuratif. *"Marchés"*.

Hélios ■ Divinité grecque personnifiant le Soleil, issue du Rê égyptien et adorée à *Baalbek. ► ***Héliopolis.*** Ancienne ville de l'Égypte (aujourd'hui dans la banlieue du Caire), consacrée au culte du Soleil. ‹ ► héli(o)- ›

Franz ***Hellens*** ■ Écrivain belge d'expression française (1881-1972).

Hellespont ■ Ancien nom des *Dardanelles.

Hermann von ***Helmholtz*** ■ Physicien et physiologiste allemand (1821-1894). Contributions fondamentales en énergétique, neurophysiologie, analyse des sensations, acoustique.

Héloïse ■ Abbesse française (1101-1164). Célèbre pour ses amours tragiques avec *Abélard et pour leur correspondance.

Helsinki ■ Capitale de la Finlande. 490 000 hab. Principal port et centre industriel du pays. Siège en 1975 de la Conférence sur la sécurité et la coopération en Europe.

*l'****Helvétie*** n. f. ■ Ancienne partie orientale de la Gaule correspondant à peu près à la Suisse (ou *Confédération helvétique*) actuelle. ‹ ► helvétique ›

Claude Adrien ***Helvétius*** ■ Philosophe matérialiste français (1715-1771). *"De l'esprit"*.

Ernest ***Hemingway*** ■ Écrivain américain (1899-1961). Son œuvre, refusant le sentimentalisme et l'analyse psychologique, exprime, dans un style elliptique, un désarroi qui se mue en engagement. *"L'Adieu aux armes"*, roman sur la Première Guerre mondiale ; *"Pour qui sonne le glas"*, sur la guerre d'Espagne. Prix Nobel 1954.

Louis ***Hémon*** ■ Écrivain français établi au Canada en 1911 (1880-1913). *"Maria Chapdelaine, récit du Canada français" ; "Monsieur Ripois et la Némésis"*, adapté au cinéma par René *Clément.

Henan ■ Province du centre est de la Chine. 167 000 km². 78 millions d'hab. Capitale : Zhengzhou. Une des provinces les plus fertiles et les plus peuplées de Chine.

Heng Shan ■ Une des cinq montagnes sacrées du *bouddhisme, en Chine (*Hunan).

Louis ***Hennepin*** ■ Explorateur d'origine belge (1626 - v. 1705). Il fut sans doute le premier à décrire les chutes du *Niagara.

Henri ■ NOM DE PLUSIEURS SOUVERAINS EUROPÉENS **1.** empereurs d'ALLEMAGNE □ ***Henri III*** (1017-1056) affermit l'autorité de l'empereur (qu'il devint en 1046) sur le pape. □ ***Henri IV*** (1050-1106), son fils, empereur en 1084, se heurta à une crise intérieure qui dura vingt ans (révolte des princes, querelle des *Investitures). □ ***Henri V*** (1086-1125), fils du précédent, empereur en 1111 mit fin à la querelle des *Investitures. **2.** rois d'ANGLETERRE □ ***Henri II*** (1133-1189), époux d'*Aliénor d'Aquitaine, affermit l'autorité monarchique (1154), s'opposant à l'Église jusqu'à faire assassiner *Thomas Becket. Son fils, *Richard Cœur de Lion, lui succéda. □ ***Henri III*** (1207-1272) succéda à son père Jean sans Terre en 1216. □ ***Henri IV*** (1366-1413), roi en 1399 et fondateur de la dynastie des Lancastres. □ ***Henri V*** (1387-1422), son fils, roi en 1413. Aimé des Anglais comme un héros de légendes, il vainquit les Français à Azincourt (1415). □ ***Henri VI*** (1421-1471), roi en 1422, dut faire face à de nombreuses révoltes. □ ***Henri VII*** (1457-1509). Roi en 1485 et dernier descendant des Lancastres, il mit fin à la guerre des Deux-*Roses. □ ***Henri VIII***, son fils (1491-1547), lui succéda en 1509. Souhaitant annuler son mariage avec Catherine d'Aragón, il provoqua le schisme avec la papauté (⇒ **anglicanisme**) et devint chef suprême de l'Église d'Angleterre. De ses six femmes (*Catherine d'Aragón, *Anne Boleyn, *Jeanne Seymour, Anne de Clèves, Catherine Howard et Catherine Parr), il eut deux filles, *Marie Tudor et *Élisabeth Ire, et un fils, *Édouard VI. **3.** rois de FRANCE □ ***Henri Ier*** (1008-1060), roi de 1031 à sa mort. □ ***Henri II*** (1519-1559), fils de *François Ier auquel il succéda en 1547, opposé comme lui à *Charles Quint et à la *Réforme ; sa maîtresse *Diane de Poitiers protégea les *Guises. Père de François II, Charles IX et Henri III. □ ***Henri III*** (1551-1589) accéda au trône en 1574 et chercha une voie médiane entre les protestants et les catholiques de la *Ligue (dont il fit assassiner le chef, Henri de *Guise), soutenue par l'Espagne. Il fut tué par un moine ligueur, Jacques Clément. □ ***Henri IV*** (1553-1610), prince *Bourbon, roi de Navarre, lui succéda en 1589. Chef des protestants, il se convertit au catholicisme et mit fin aux guerres de *Religion par l'édit de *Nantes (1598). Aidé de ministres remarquables, comme *Sully, il redressa l'économie du pays. Assassiné par le moine fanatique Ravaillac, sa popularité devint immense.

Henri le Navigateur ■ Prince portugais (1394-1460). Il dirigea l'exploration du littoral occidental de l'Afrique.

Alexander ***Henry*** ■ Commerçant de fourrures et explorateur originaire de la Nouvelle-Angleterre (1739-1824).

Pierre ***Henry*** ■ Compositeur français (né en 1927). Pionnier de la musique électro-acoustique. "*Bidule en ut*" ; "*Dieu*".

Hans Werner ***Henze*** ■ Compositeur allemand (né en 1926). "*Boulevard Solitude*", opéra.

Héphaïstos ■ Dieu du Feu et des Forgerons, chez les Grecs, identifié avec le Vulcain des Romains.

Héra ■ L'une des épouses de *Zeus, déesse du Mariage chez les Grecs. Elle est Junon chez les Romains.

Héraclès ■ Héros le plus populaire de la mythologie grecque (*Hercule* chez les Latins). Célèbre pour sa force et ses exploits : les « Douze Travaux » (⇒ **Némée, hydre, Érymanthe, Cérynie, Stymphale, Augias, Crète, Diomède, Amazones, Géryon, Hespérides, Cerbère**). ► *les* ***Héraclides,*** descendants d'Héraclès.

Héraclite ■ Penseur grec (v. 576 - v. 480 av. J.-C.). Au contraire de *Parménide, il voit le mouvement et le changement dans les choses.

Héraclius Ier ■ Empereur byzantin de 610 à sa mort (v. 575-641).

Héraklion ■ ⇒ **Iráklion.**

Herāt ■ 3e ville d'Afghanistan. 177 000 hab.

Auguste ***Herbin*** ■ Peintre français (1882-1960). Formes géométriques en série.

Alexandre ***Herculano*** ■ Écrivain portugais (1810-1877). Défenseur du libéralisme.

Herculanum ■ Ville de l'Italie ancienne (*Campanie), ensevelie sous les cendres du Vésuve en 79. ⇒ **Pompéi.**

Hercule ■ ⇒ **Héraclès.** ‹ ► hercule ›

Johann Gottfried ***Herder*** ■ Écrivain et philosophe allemand (1744-1803). Il s'est intéressé au génie des nations.

Emmanuel ***Héré*** ■ Architecte lorrain (1705-1763). Place Stanislas à Nancy, chef-d'œuvre de l'architecture Louis XV.

José Maria de ***Heredia*** ■ Poète français d'origine cubaine (1842-1905). L'un des maîtres du *Parnasse. Les "*Trophées*".

Hereford et Worcester ■ Comté d'Angleterre, à la frontière galloise. 3 927 km². 671 000 hab. Chef-lieu : Worcester (76 000 hab.).

Georges Rémi dit ***Hergé*** ■ Auteur belge de bandes dessinées, créateur du personnage de Tintin et fondateur de l'« école de Bruxelles » (1907-1983).

Herisau ■ Ville de Suisse, chef-lieu du canton d'*Appenzell-Rhodes-Extérieures. 14 400 hab.

Hermaphrodite ■ Personnage de la mythologie grecque, fils d'*Hermès et d'*Aphrodite (d'où son nom), qui est à la fois mâle et femelle. ‹ ► hermaphrodite ›

Hermès ■ Dieu du Commerce et messager des dieux, dans la mythologie grecque. Il est le Mercure latin.

Hermès Trismégiste ■ Nom signifiant « trois fois très grand » et donné à *Hermès, identifié à *Thot, et auteur supposé d'ouvrages théosophiques de l'époque hellénistique. ‹ ► hermétisme ›

Charles ***Hermite*** ■ Mathématicien français (1822-1901). Étude des nombres transcendants.

Hermosillo ■ Ville du Mexique. 341 000 hab. Mines de cuivre.

Gregorio ***Hernández*** ou ***Fernández*** ■ Sculpteur *baroque espagnol (v. 1576-1636). Sculpture religieuse polychrome, à l'expression pathétique.

José ***Hernández*** ■ Écrivain argentin (1834-1886). "*Martín Fierro*", poème national argentin.

Herne ■ Ville d'Allemagne (*Rhénanie-du-Nord-Westphalie), dans la *Ruhr. 174 000 hab.

Hérode Ier le Grand ■ Roi des Juifs (73 - 4 av. J.-C.). Il fit reconstruire le temple de Jérusalem et, selon l'Évangile, il ordonna le « massacre des Innocents ».

Hérode Antipas ■ Fils du précédent (v. 20 av. J.-C. - 39 apr. J.-C.). Dans l'Évangile, il emprisonne *Jean-Baptiste et le fait décapiter. ⇒ **Hérodiade, Salomé.**

Hérodiade ■ Princesse juive, épouse d'*Hérode Antipas (7 av. J.-C. - 39). Selon l'Évangile, elle fit demander, par sa fille *Salomé, la tête de *Jean-Baptiste.

Hérodote ■ Historien grec (v. 484 - v. 420 av. J.-C.). Il est considéré comme le « père de l'histoire ».

Héron d'Alexandrie ■ Mathématicien et ingénieur grec (Ier s.).

Paul ***Héroult*** ■ Chimiste français (1863-1914). Pionnier de l'industrie de l'aluminium.

Denis ***Héroux*** ■ Cinéaste et producteur québécois (né en 1940).) Comme producteur, il travailla à la réalisation de plusieurs films canadiens et français.

Juan de ***Herrera*** ■ Architecte espagnol (1530-1597). Le plus important représentant de la *Renaissance dans son pays. Palais de l'*Escurial, près de Madrid.

Francisco de ***Herrera le Vieux*** ■ Peintre espagnol (v. 1576-1656).

Édouard ***Herriot*** ■ Écrivain et homme politique français (1872-1957). Maire de Lyon, symbole du *radicalisme, président du Conseil en 1924-1925 (*Cartel des gauches) et 1932.

William ***Herschel*** ■ Astronome anglais (1738-1822). Il découvrit *Uranus et fonda l'étude systématique des étoiles.

Hertfordshire ■ Comté d'Angleterre, au nord de Londres. 1 634 km². 986 000 hab. Chef-lieu : Hertford (21 600 hab.).

Heinrich ***Hertz*** ■ Physicien allemand (1857-1894). Il découvrit les ondes électromagnétiques dites *hertziennes.* ‹ ► hertz ›

*l'****Herzégovine*** n. f. ■ L'une des six républiques fédérées (avec la Bosnie) de la Yougoslavie (⇒ **Bosnie**).

Alexandre ***Herzen*** ■ Philosophe et écrivain russe (1812-1870). Révolutionnaire, il prône, dans ses écrits, un socialisme utopique à tendance slavophile.

Theodor **Herzl** ■ Écrivain juif hongrois, fondateur du *sionisme (1860-1904). "*L'État juif*".

Hésiode ■ Poète grec (VIIIe-VIIe s. av. J.-C.). Auteur d'œuvres mythologiques et didactiques.

les **Hespérides** n. f. ■ Nymphes gardiennes du jardin des dieux, où poussaient les arbres produisant des pommes d'or qui rendaient immortel, et qu'Héraclès ravit.

Rudolf **Hess** ■ Homme politique allemand, collaborateur de Hitler (1894-1987). Condamné, lors du procès de Nuremberg, à la prison à vie.

Hermann **Hesse** ■ Romancier allemand naturalisé suisse (1877-1962). Son œuvre est une interrogation sur le sens de la vie : "*Peter Camenzind*" ; "*le Loup des steppes*". Prix Nobel 1946.

la **Hesse** ■ État (land) d'Allemagne. 21 115 km². 5,5 millions d'hab. Capitale : Wiesbaden.

Hestia ■ Déesse grecque du Foyer, identifiée avec la *Vesta des Romains.

Pierre **Hétu** ■ Pianiste et chef d'orchestre québécois (né en 1936).

les **Heures** n. f. pl. ■ Divinités grecques de l'Ordre dans la société et dans la nature.

Antony **Hewish** ■ Radioastronome britannique (né en 1924). Prix Nobel de physique en 1974 pour sa découverte des pulsars (sources de rayonnement radioastronomique).

Hialeah ■ Ville des États-Unis (*Floride). 145 300 hab.

John **Hicks** ■ Économiste britannique (1904-1989). Étude des relations entre les politiques monétaire et budgétaire. Prix Nobel 1972.

les **Highlands** ■ Région montagneuse du nord de l'Écosse (le nom signifie les « Hautes Terres »). Parsemée de lacs (ou *loch*), démunie de ressources, la région vit de la pêche et du tourisme. □ *le* **Highland**. Région administrative de l'Écosse. 26 136 km². 202 000 hab. Chef-lieu : Inverness.

Patricia **Highsmith** ■ Écrivaine américaine (née en 1921). Auteure de romans policiers. "*L'Inconnu du Nord-Express*".

Nazım **Hikmet** ■ Écrivain turc (1902-1963), d'inspiration marxiste. "*C'est un dur métier que l'exil*" (poèmes).

saint **Hilaire** ■ Évêque de Poitiers (France). Père et docteur de l'Église (v. 315-v. 367).

David **Hilbert** ■ Mathématicien allemand (1862-1943). Il aborda tous les domaines de la mathématique contemporaine et formalisa la géométrie.

Hildebrand ■ Moine italien devenu pape sous le nom de *Grégoire VII.

Lucas von **Hildebrandt** ■ Architecte *baroque autrichien (1668-1745). Belvédère à Vienne.

Hildesheim ■ Ville d'Allemagne (Basse-*Saxe). 103 000 hab. Églises romanes.

les **Hillbillies** ■ Paysans pauvres de certaines régions des Appalaches et du sud des États-Unis (⇒ les monts **Ozarks**). Le folklore américain s'est inspiré de plusieurs de leurs légendes.

Himāchal Pradesh ■ État du nord de l'Inde, sur les versants de l'Himalaya. 55 673 km². 4,28 millions d'hab. Capitale : Simla (70 600 hab.).

*l'***Himalaya** n. m. ■ En sanskrit, le « séjour des neiges », la plus haute chaîne de montagnes du monde (8 848 m à l'*Everest), située aux frontières de la Chine (*Tibet) avec le sous-continent indien (Pakistan, Inde, Népal, Bhoutan). Longue de 2 700 km, large de 200 à 500 km.

Himeji ■ Ville du Japon (*Honshū). 453 000 hab.

Heinrich **Himmler** ■ Homme politique allemand (1900-1945). Chef de la *Gestapo (1934) et des *S. S., il organisa l'extermination des juifs. Il se suicida.

Paul **Hindemith** ■ Compositeur et théoricien allemand (1895-1963). Révolutionnaire du monde musical, il s'est intéressé à tous les genres et tous les styles. "*Nobilissima Visione*", ballet.

Paul von **Hindenburg** ■ Maréchal et homme politique allemand (1847-1934). Président de la République en 1925, réélu en 1932, il nomma Hitler chancelier.

le **hindi** ■ Groupe de langues et dialectes de l'Inde, parlé par plus de 150 millions de personnes. Langue officielle du pays depuis 1949.

*l'***Hindu Kush** n. m. ■ Chaîne montagneuse d'Afghanistan, prolongement occidental de l'*Himalaya.

Hipparque ■ Astronome grec (IIe s. av. J.-C.). Auteur du premier catalogue d'étoiles.

Hippocrate ■ Médecin grec (460-377 av. J.-C.). Référence majeure pour *Galien et la pensée médicale jusqu'au XIXe s. Avant d'exercer, les médecins prêtent le « serment d'Hippocrate ».

Hippolyte ■ Fils de *Thésée dans la mythologie grecque. L'amour que lui porte *Phèdre a inspiré *Euripide et *Racine.

Hippone ■ Ancienne ville de *Numidie. Saint *Augustin en fut l'évêque de 396 à 430. Ruines près d'*Annaba (Algérie).

Hirohito ■ Empereur du Japon de 1926 à sa mort (1901-1989). Après 1945, il ne garda que des fonctions honorifiques. Son fils *Akihito lui a succédé.

Hiroshige ■ Dessinateur japonais (1797-1858). Maître de l'art du paysage à l'égal de *Hokusai.

Hiroshima ■ Un des principaux ports du Japon, sur l'île de Honshū. 1,07 million d'hab. Autrefois base militaire. La bombe atomique lancée par les Américains le 6 août 1945 détruisit 90 % de la ville et fit plus de 100 000 victimes.

*l'***Hispanie** n. f. ■ Nom donné par les Romains à la péninsule Ibérique et qui est à l'origine du mot *Espagne*. ‹ ► hispan(o)- ›

Hispaniola ■ Île des Grandes *Antilles partagée, depuis 1844, entre la République dominicaine à l'est et la république de Haïti à l'ouest.

Hitachi ■ Ville du Japon (*Honshū). 204 000 hab.

sir Alfred **Hitchcock** ■ Cinéaste britannique naturalisé américain (1899-1980). Le grand maître du suspense. "*Les 39 Marches*" ; "*Psychose*" ; "*les Oiseaux*".

Adolf **Hitler** ■ Homme politique allemand d'origine autrichienne (1889-1945). Ancien combattant de 1914-1918, chef du parti nazi (national-socialiste), il se fit connaître par un putsch manqué à Munich en 1923. Emprisonné, il rédigea "*Mein Kampf*" (« mon combat »), où il expose l'idéologie du nazisme (⇒ **nazisme**). Excellent propagandiste, il séduisit l'opinion allemande, humiliée par la défaite de 1918 et ruinée par la *crise économique de 1929. S'appuyant sur les organisations paramilitaires des *S. A. (*Röhm) puis des *S. S. (*Himmler), il devint chancelier en 1933 et chef *(Führer)* du IIIe *Reich à la mort de *Hindenburg en 1934. Cumulant tous les pouvoirs, il organisa avec *Göring une redoutable police d'État, la *Gestapo. Il mit en œuvre son programme : réarmement, annexion des pays voisins (Autriche, Tchécoslovaquie, etc.), violence antisémite, puis extermination systématique des populations supposées inférieures (homosexuels, Tziganes) et plus particulièrement des juifs (*solution finale* à partir de 1941 ; ⇒ **Shoah**). Il provoqua la Seconde *Guerre mondiale. Finalement vaincu, il se suicida le 30 avril 1945. ‹ ▶ hitlérien ›

les ***Hittites*** ■ Peuple d'*Anatolie centrale qui forma un puissant empire du XXe au XIIe s. av. J.-C. Le secret de la métallurgie du fer leur assura la suprématie militaire.

Louis ***Hjelmslev*** ■ Linguiste et sémiologue danois (1899-1965). Linguistique structurale, méthodologie.

Hobart ■ Ville et port d'Australie, capitale de la *Tasmanie. 180 000 hab.

Thomas ***Hobbes*** ■ Philosophe anglais (1588-1679). Son maître ouvrage, le *"Léviathan"*, fonde la nécessité du pouvoir absolu sur une approche mécaniste de l'homme.

Lazare ***Hoche*** ■ L'un des meilleurs généraux de la Révolution française (1768-1797). Pacificateur de la Vendée (⇒ guerre de **Vendée**).

Hô Chi Minh ■ Homme politique vietnamien (1890-1969). L'inspirateur du nationalisme révolutionnaire (⇒ **Viêt-minh**). Il lutta contre les Français et remporta la bataille de *Diên Biên Phu (1954), devint président de la République démocratique et s'opposa aux Américains au Sud-Viêt-nam.

Hô Chi Minh-Ville, autrefois ***Saigon*** ■ Ville du sud du Viêt-nam. 3,4 millions d'hab. Port fluvial sur le delta du *Mékong. (Avant 1975 ⇒ **Saigon**.)

David ***Hockney*** ■ Peintre britannique (né en 1937). Un des initiateurs du pop'art.

Gilles ***Hocquart*** ■ Administrateur français (1694-1783). Intendant de la Nouvelle-France de 1731 à 1748 (après avoir été commissaire-ordonnateur de 1729 à 1731), il travailla au développement intégral de la colonie.

Hodeïda ■ Ville et port du Yémen. 155 000 hab.

Enver ***Hodja*** ■ ⇒ Enver **Hoxha.**

Ferdinand ***Hodler*** ■ Peintre suisse de tendance symboliste (1853-1918). *"La Nuit"*.

Ernst Theodor Amadeus ***Hoffmann*** ■ Écrivain et compositeur allemand (1776-1822). Auteur de contes et de romans. *"Les Élixirs du diable"*.

Hugo von ***Hofmannsthal*** ■ Auteur dramatique autrichien (1874-1929). Sensibilité à la fois raffinée et décadente. Il écrivit des livrets pour les opéras de R. *Strauss. *"Le Chevalier à la rose"*.

William ***Hogarth*** ■ Peintre et graveur anglais (1697-1764). Il fit la caricature des mœurs de son époque. *"Le Mariage à la mode"*.

le ***Hoggar*** ■ Massif volcanique du Sahara algérien, peuplé par les *Touaregs.

les ***Hohenstaufen*** ■ Famille allemande (dite aussi *maison de Souabe*) qui régna sur le *Saint Empire : Conrad III de 1138 à 1152, Frédéric Ier Barberousse de 1152 à 1190, Henri VI de 1190 à 1197, Philippe de Souabe de 1198 à 1208, Frédéric II de 1220 à 1250, Conrad IV de 1250 à 1254. Elle régna sur Naples de 1194 à 1268 et s'éteignit à la mort de Conradin (1268), rival malheureux de Charles Ier d'Anjou en Sicile.

les ***Hohenzollern*** ■ Famille allemande qui se divisa en 1227 en une ligne de *Souabe et une ligne de *Franconie. La ligne de Souabe céda ses principautés à la Prusse en 1849. La ligne de Franconie régna à partir de Frédéric VI (1415) sur le Brandebourg (électorat en 1417) et sur la Prusse (*Frédéric III, *Guillaume Ier) jusqu'en 1918.

Hohhot ou, en pinyin, ***Huho Hoote*** ■ Ville de Chine, capitale de la *Mongolie-Intérieure. 747 000 hab.

le ***Hohneck*** ■ Sommet des *Vosges. 1 361 m.

Hokkaidō ■ Île du nord du Japon jalonnée de volcans. 83 519 km². 5,68 millions d'hab. Chef-lieu : Sapporo. L'agriculture est la principale richesse.

Hokusai ■ Peintre et graveur japonais (1760-1849). Il renouvela l'art de l'estampe. *"L'Arc de la vague"*.

*le baron d'****Holbach*** ■ Philosophe matérialiste et savant français d'origine allemande (1723-1789). Collaborateur de l'*Encyclopédie.

les ***Holbein*** ■ FAMILLE DE PEINTRES ALLEMANDS □ ***Holbein l'Ancien*** (1465-1524) exécuta des retables et des portraits. □ ***Holbein le Jeune***, son fils (1497-1543), devint le peintre du roi Henri VIII d'Angleterre. Ses portraits *("Érasme" ; "les Ambassadeurs")* allient l'exactitude du dessin, la science de la composition et la volonté humaniste de comprendre le modèle. Il joint à la rigueur et au réalisme allemands le goût et le savoir de la *Renaissance.

Friedrich ***Hölderlin*** ■ Poète romantique allemand (1770-1843). L'un des plus grands lyriques du XIXe s. Il célébra la communion avec la nature. *"Hypérion"*.

Holguín ■ Ville de Cuba. 218 000 hab. Centre commercial.

la ***Hollande*** ■ Région la plus riche et la plus peuplée des Pays-Bas, divisée en deux provinces. □ *la* ***Hollande-Méridionale.*** 2 908 km². 3,2 millions d'hab. Chef-lieu : La Haye. □ *la* ***Hollande-Septentrionale.*** 2 665 km². 2,4 millions d'hab. Chef-lieu : Haarlem. Son rôle fut essentiel dans la formation des *Pays-Bas. ▶ *la guerre de* ***Hollande.*** Guerre qui opposa Louis XIV à la république des *Provinces-Unies et à ses alliés, de 1672 à 1679. Les traités de Nimègue y mirent fin. ‹ ▶ hollandais, hollande ›

Hollywood ■ L'un des faubourgs de Los Angeles (*Californie). Studios de cinéma et de télévision.

Hollywood ■ Ville des États-Unis (*Floride), dans la zone urbaine de Fort Lauderdale. 121 000 hab.

Sherlock ***Holmes*** ■ ⇒ Conan **Doyle.**

Holon ■ Ville d'Israël. 144 000 hab.

Holopherne ■ Général assyrien, dans la Bible, séduit et décapité par *Judith.

le ***Holstein*** ■ ⇒ le **Schleswig-Holstein.**

Homère ■ Poète épique grec (IXe s. av. J.-C.). Son nom signifie « l'aveugle » ou « l'otage ». Bien que son existence soit controversée, la tradition lui attribue l'"*Iliade*" et l'"*Odyssée*". Il demeure une référence capitale pour les littératures occidentales. ‹ ▶ homérique › *le* **Home Rule** ■ ⇒ **Irlande.**

Homs ■ Ville de Syrie, centre d'une riche région agricole. 431 000 hab.

Hondō ■ Ancien nom de l'île japonaise *Honshū.

le **Honduras** ■ État (république) d'Amérique centrale, bordé au nord par la mer des Caraïbes. 112 088 km². 4,53 millions d'hab. *(les Honduriens).* Capitale : Tegucigalpa. Langues : espagnol (officielle), langues indiennes. Monnaie : lempira. L'économie (dont les principales ressources sont la banane et le café) est en grande difficulté (65 % de chômage). ▭ HISTOIRE. Colonisé par les Espagnols au XVIe s., devenu indépendant en 1821, le pays ne forma un État qu'en 1838, sous l'influence britannique puis américaine. De nombreuses querelles de frontières aboutirent à une guerre sanglante avec le Salvador (1969). Après une longue période d'instabilité politique (dictatures, coups d'État militaires), il a vu le retour du pouvoir civil en 1981.

Arthur **Honegger** ■ Compositeur suisse (1892-1955). Il trouve son inspiration dans la Bible. "*Le Roi David*", psaume dramatique ; "*Jeanne d'Arc au bûcher*", oratorio.

Honfleur ■ Ville de France (*Normandie), sur la Manche. 8 300 hab. *(les Honfleurais).* Port historique. Monuments, musée. Tourisme. J. *Cartier s'y embarqua lorsqu'il partit pour la Nouvelle-France.

Hong-Kong ■ Territoire du sud de la Chine, constitué par l'*île de Hong-Kong* et une péninsule continentale *(Kowloon).* 5,75 millions d'hab. sur 1 071 km² (l'une des plus fortes densités du monde). Capitale : Victoria. Langues : anglais, chinois. Monnaie : dollar de Hong-Kong. Activité commerciale et bancaire intense. Nombreuses industries légères (textile, électronique, jouets). Sidérurgie et constructions navales. ▭ HISTOIRE. Cédé au Royaume-Uni par le traité de *Nankin (1842), Hong-Kong devint une colonie britannique. Loué depuis 1898 pour 99 ans, il sera rendu à la Chine le 1er juillet 1997.

la **Hongrie** ■ État (république) d'Europe centrale. 93 033 km². 10,58 millions d'hab. *(les Hongrois* ou *Magyars).* Capitale : Budapest. Langue : hongrois. Monnaie : forint. Pays pauvre en ressources naturelles (à l'exception de la bauxite), la Hongrie a pourtant considérablement développé son industrie lourde (sidérurgie, aluminium, chimie) depuis 1949. Après 1968, un effort fut entrepris pour les industries de consommation (alimentation). ▭ HISTOIRE. *Étienne Ier (dynastie des *Árpád) créa l'État hongrois et le christianisa (v. 1000). Du XVIe au XIXe s., il fut rattaché à la maison de *Habsbourg. La révolution de 1848 aboutit à la formation d'une monarchie austro-hongroise (1867). La défaite de l'Autriche en 1918 provoqua le morcellement de l'empire des Habsbourg et l'indépendance de la Hongrie (1920, traité de Trianon). Après les tentatives de gouvernement socialiste de Béla *Kun, l'amiral *Horthy obtint le titre de régent et mena une politique réactionnaire. Le pays se rapprocha progressivement de l'Allemagne nazie mais fut occupé par Hitler en 1944 et Horthy fut destitué. Passé sous l'influence soviétique, il devint une démocratie populaire en 1949, dirigée par Mátyás *Rákosi. En 1956 éclata l'insurrection de Budapest (Imre *Nagy était alors président du Conseil), réprimée directement par les Soviétiques. À partir de 1958, J. *Kádár entreprit de libéraliser le régime, tout en restant soumis à l'alliance soviétique. Un processus de démocratisation, amorcé depuis quelques années, se développa en 1989 avec de profondes réformes : instauration du multipartisme, le parti communiste se transformant en parti socialiste. En 1989, la IVe République fut proclamée et l'opposition non communiste remporta les élections libres de 1990. La Hongrie devint le 24e membre du Conseil de l'Europe la même année. ‹ ► hongrois ›

Honiara ■ Capitale des îles *Salomon. 30 500 hab.

Honolulu ■ Ville des États-Unis, capitale de *Hawaï. 365 000 hab. Tourisme. Université.

Honorius ■ Premier empereur d'Occident (384-423). Il succéda à son père *Théodose Ier en 395.

Honshū, autrefois **Hondō** ■ La plus grande et la plus peuplée des îles du Japon. 231 073 km². 97,8 millions d'hab. Le centre de l'île est montagneux (point culminant : le *Fuji-yama). Les côtes sont parsemées de grandes villes industrielles : *Tokyo, *Ōsaka, *Yokohama, etc.

Robert **Hooke** ■ Physicien, astronome et naturaliste anglais (1635-1703). *Loi de Hooke :* loi de déformation élastique des solides.

le comte de **Hoorne** ou **Hornes** ■ Général hollandais (v. 1518-1568). Exécuté avec le comte d'*Egmont pour son opposition aux Espagnols.

Herbert **Hoover** ■ Homme politique américain (1874-1964). 31e président des États-Unis, de 1929 à 1933.

les **Hopi** ■ Groupe des Indiens *Pueblos, de culture originale (*Arizona).

Gerard Manley **Hopkins** ■ Poète anglais d'inspiration *symboliste (1844-1889).

Horace ■ Poète latin (65-8 av. J.-C.). Auteur de "*Satires*", d'"*Épîtres*" et d'"*Odes*" où il s'interroge sur les mœurs, la morale et la poésie. Tenu, avec *Virgile, pour le plus grand poète latin.

les trois **Horaces** ■ Nom de trois frères romains (VIIe s. av. J.-C.). Ils triomphèrent des *Curiaces, champions d'*Albe. Leur légende a inspiré *Corneille : "*Horace*", 1640.

la **Horde d'Or** ■ Traduction du nom que se donnaient les Mongols, qui régnèrent des plaines russes au Caucase (XIIIe - XVe s.).

Max **Horkheimer** ■ ⇒ école de **Francfort.**

le comte de **Horn** ■ Premier ministre de Suède de 1720 à 1738 (1664-1742).

le cap **Horn** ■ Cap du Chili, marquant l'extrémité sud de l'Amérique latine.

Vladimir **Horowitz** ■ Pianiste américain d'origine russe (1904-1989).

Victor **Horta** ■ Architecte belge (1861-1947). Principal créateur du style art *nouveau avec *Van de Velde. Maisons "*Tassel*" et "*Horta*" à Bruxelles.

Hortense de Beauharnais ■ ⇒ **Beauharnais.**

Miklós **Horthy** ■ Homme politique hongrois (1868-1957). Régent de 1920 à son arrestation par les nazis (1944), il mena une politique ultraconservatrice et autoritaire.

Horus ■ Dieu du Soleil, dans l'Égypte ancienne, fils d'*Isis et d'*Osiris (⇒ **Harpocrate**), représenté sous la forme d'un faucon ou d'un soleil ailé.

Hōryū-ji ■ Célèbre temple bouddhique japonais près de *Nara (*Honshū). Construction en bois la plus ancienne du monde (607).

Hospitalet de Llobregat ■ Ville d'Espagne (*Catalogne), banlieue industrielle de *Barcelone. 277 000 hab.

les **Hospitaliers** ■ Ordre fondé en 1113 pour protéger les pèlerins qui se rendaient en Palestine. Après la perte de la Terre sainte, puis devant l'avancée des Turcs, ils se réfugièrent à *Malte, qui leur fut cédée par Charles Quint en 1530, et prirent le nom de *chevaliers de Malte*. Le titre n'est plus aujourd'hui qu'honorifique.

les **Hottentots** ■ Peuple nomade de *Namibie (20 000 environ, polygames). ‹ ▶ hottentot ›

Houa Kouo-Fong ■ ⇒ **Hua Guofeng.**

Houang-ho ■ ⇒ **Huang He.**

Camillien **Houde** ■ Homme politique québécois (1889-1958). Leader provincial du parti conservateur de 1929 à 1932, il fut cinq fois maire de Montréal entre 1928 et 1954.

Jean-Antoine **Houdon** ■ Sculpteur français (1741-1828). Bustes (Voltaire, Washington).

Félix **Houphouët-Boigny** ■ Homme politique ivoirien (né en 1905). Plusieurs fois ministre dans les gouvernements français de 1956 à 1959, il obtint l'indépendance de la Côte-d'Ivoire en 1960. Président de la République.

les **Hourrites** ■ Peuple asiatique de l'Antiquité, installé en *Mésopotamie dès le IIIe millénaire av. J.-C.

Houston ■ Ville des États-Unis (*Texas). Port relié par un canal au golfe du Mexique. 1,6 million d'hab. Centre spatial. Pétrochimie. Commerce. Université.

Gordon **Howe** ■ Sportif canadien (né en 1928). Considéré comme l'un des plus grands joueurs de hockey de tous les temps.

Enver **Hoxha** ou **Hodja** ■ Homme politique albanais (1908-1985). Il mena la libération du pays (⇒ **Albanie**), créa puis dirigea le parti communiste albanais (de 1941 à sa mort), et fut président de la République de 1946 à 1954. Communiste stalinien intransigeant, il rompit avec *Khrouchtchev et favorisa un temps le rapprochement de son pays avec la Chine.

Hradec Králové ■ Ville de Tchécoslovaquie. 100 000 hab.

Hua Guofeng ou **Houa Kouo-Fong** ■ Homme politique chinois (né en 1922). Président du parti communiste chinois de 1976 (mort de *Mao Zedong) à 1981 et Premier ministre de 1976 à 1980, il fut écarté du pouvoir par les réformistes menés par *Deng Xiaoping.

Huainan ■ Ville de Chine (*Anhui). 1,09 million d'hab. Centre industriel.

Huancayo ■ Ville du Pérou (à 3 200 m d'altitude). 199 000 hab. Centre commercial important.

Huang Gongwang ■ Peintre paysagiste chinois (1269-1354).

le **Huang He** ou **Houang-Ho,** en français ***le fleuve Jaune*** ■ Le second fleuve de Chine, après le *Yangzi Jiang (fleuve Bleu), situé en Chine du Nord. 4 845 km. De débit très irrégulier, il a dû être aménagé.

Hubei ■ Province du centre est de la Chine. 187 500 km². 49,9 millions d'hab. Capitale : Wuhan. Agriculture.

saint **Hubert** ■ Évêque belge (VIIe-VIIIe s.). Le patron des chasseurs.

Hubli-Dhārwār ■ Ville de l'Inde (*Karnātaka). 527 000 hab.

Huddersfield ■ Ville d'Angleterre (*Yorkshire de l'Ouest). 149 000 hab. Industrie textile.

Henry **Hudson** ■ Navigateur anglais (v. 1565-1611). ▶ *l'****Hudson*** n. m. Fleuve des États-Unis qui relie New York aux canaux venant des *Grands Lacs. 500 km. Rôle économique très important. ▶ *la baie d'****Hudson.*** Mer intérieure du Canada qui s'ouvre sur l'Atlantique par un détroit. 822 324 km². Profondeur moyenne : 128 m. ▶ *la Compagnie de la baie d'****Hudson*** : compagnie commerciale créée par les Anglais, en 1670, pour le négoce des fourrures avec les Indiens, autour de la baie d'Hudson.

Huê ■ Ville du Viêt-nam. 166 000 hab. Ancienne capitale impériale de l'*Annam, elle eut un grand rayonnement culturel.

Huelva ■ Ville d'Espagne (*Andalousie). 135 000 hab.

Paul **Huet** ■ Peintre paysagiste français (1803-1869).

Victor **Hugo** ■ Écrivain français (1802-1885). Chef de file des *romantiques et animateur du *Cénacle. Il est l'auteur d'une œuvre immense et variée, caractérisée par un art lyrique et visionnaire, « écho sonore » des préoccupations de son siècle. Son imagination puissante apparaît également dans ses dessins. En politique, il fut légitimiste puis libéral. Républicain et démocrate, il s'exila à *Guernesey après le coup d'État de Napoléon III (1851) et revint en France en 1870. Il eut des funérailles nationales. Œuvres principales : POÉSIE "*Odes et ballades*" (1822-1828) ; "*les Feuilles d'automne*" (1831) ; "*les Chants du crépuscule*" (1835) ; "*les Voix intérieures*" (1837) ; "*les Rayons et les Ombres*" (1840) ; "*les Châtiments*" (1853) ; "*les Contemplations*" (1856) ; "*la Légende des siècles*" (1859-1883) ; THÉÂTRE "*Cromwell*" (1827) ; "*Hernani*" (1830) ; "*Marion Delorme*" (1831) ; "*Lucrèce Borgia*" (1833) ; "*Ruy Blas*" (1838) ; ROMANS "*Notre-Dame de Paris*" (1831) ; "*les Misérables*" (1862) ; "*les Travailleurs de la mer*" (1866) ; "*Quatre-vingt-treize*" (1874), etc.

Hugues Capet ■ Duc des Francs, puis roi de France de 987 à sa mort (v. 941-996). Il fonda la dynastie des *Capétiens.

Hull ■ Ville du Québec, située face à *Ottawa, sur la rivière Ottawa. 58 700 hab. Industries du bois et du papier. Hydroélectricité.

Ḥulwān ■ Ville d'Égypte. 352 000 hab.

les **humanistes** ■ Nom donné aux érudits de la Renaissance qui firent connaître les textes de l'Antiquité et la Bible dans leurs langues originales (*Érasme, *Estienne, *Lefèvre d'Étaples...). ▶ *l'****humanisme*** n. m., mouvement des humanistes.

*l'***Humberside** n. m. ■ Comté d'Angleterre. 3 512 km². 850 000 hab. Chef-lieu : Beverley (107 000 hab.).

Wilhelm von **Humboldt** ■ Philologue et homme politique allemand (1767-1835). Il élabora une théorie générale du langage. Il créa l'université de Berlin en 1809. □ *Alexander von* ***Humboldt***, son frère (1769-1859). Naturaliste, grand voyageur, pionnier des sciences de la Terre et de la géographie moderne. ▶ *le courant de* ***Humboldt*** est un courant froid du Pacifique qui baigne les côtes sud-américaines.

David **Hume** ■ Philosophe, historien et essayiste écossais (1711-1776). Son empirisme radical en fait le père du positivisme. Sa critique de la causalité eut une influence décisive sur *Kant.

Hunan ■ Province du sud-est de la Chine. 210 500 km². 57 millions d'hab. Capitale : Changsha. Région montagneuse. Cultures en terrasse.

les **Huns** ■ Peuples asiatiques nomades qui dévastèrent l'Europe aux IVe et Ve s. ⇒ **Attila.**

William **Hunt** ■ Peintre *préraphaélite anglais (1827-1910). "*Le Mauvais Berger*".

Huntington Beach ■ Ville des États-Unis (*Californie). 171 000 hab.

Jean **Hunyadi** ■ Homme de guerre hongrois (v. 1407-1456). Il défendit le pays contre les Turcs. Régent de 1446 à 1453.

Charles **Huot** ■ Peintre québécois (1855-1930). Auteur de murales au Parlement du Québec.

le lac **Huron** ■ ⇒ **Grands Lacs.**

les **Hurons** ■ Amérindiens apparentés par la langue aux Iroquois et qui vivaient, jusque v. 1650, dans la région du lac Huron. Décimés par les Iroquois à la fin des années 1640, ils s'établirent surtout dans la région de Québec (Village-des-Hurons, près de Québec).

Jan **Hus** ■ Réformateur religieux tchèque (v. 1371-1415). Son exécution pour hérésie, décidée par l'*Église catholique, provoqua un soulèvement chez ses adeptes (les *hussites*) et déclencha une guerre civile.

le roi **Ḥusayn** ou **Hussein** ■ Roi de Jordanie depuis 1952 (né en 1935). Il engagea son pays dans la troisième guerre *israélo-arabe.

Ṣaddām **Hussein** ■ Homme politique irakien (né en 1937). Secrétaire général du *Baath, chef de l'État depuis 1979. La politique expansionniste et belliciste dans laquelle il engagea son pays dès 1980, d'abord avec un conflit meurtrier contre l'Iran, puis avec l'invasion du *Koweït, aboutit à un échec.

Edmund **Husserl** ■ Philosophe allemand (1859-1938). Il a fondé la phénoménologie, tâche descriptive antérieure selon lui à toute science, développée en recherches sur la logique et la conscience. Il a notamment influencé son élève *Heidegger, les philosophes français *Sartre et *Merleau-Ponty, ses traducteurs *Ricœur et *Lévinas.

John **Huston** ■ Cinéaste américain (1906-1987). "*Le Faucon maltais*" ; "*African Queen*".

James **Hutton** ■ Géologue écossais (1726-1797).

Thomas **Huxley** ■ Zoologiste anglais (1825-1895). Il défendit les thèses de son ami *Darwin.

Aldous **Huxley** ■ Écrivain anglais (1894-1963). Dans ses essais et ses romans, il a dénoncé les dangers des civilisations techniciennes. "*Le Meilleur des mondes*".

Christiaan **Huygens** ■ Physicien, mathématicien et astronome néerlandais (1629-1695). Lois de la force centrifuge. Théorie ondulatoire de la lumière. "*Traité des horloges*".

Joris-Karl **Huysmans** ■ Écrivain français (1848-1907). D'abord réaliste, il s'attacha à la recherche d'une esthétique raffinée et à une quête spirituelle. "*À rebours*" ; "*la Cathédrale*".

Gilbert **Hyatt** ■ Inventeur (américain) du microprocesseur (né en 1938).

Hyderābād ■ Ville de l'Inde, capitale de l'État d'*Andhra Pradesh. 2,5 millions d'hab.

Hyderābād ■ Ville du Pakistan. 795 000 hab.

*l'***hydre de Lerne** n. f. ■ Monstre (serpent) de la mythologie grecque dont les multiples têtes repoussaient après avoir été coupées. Héraclès le vainquit. ‹ ► hydre ›

Hydro-Québec ■ Société d'État créée en 1944 pour produire et alimenter le Québec en électricité.

Hyères ■ Ville du sud-est de la France, à 4 km de la Méditerranée. 50 100 hab. *(les Hyèrois).* ► *les îles d'Hyères* ferment la *rade d'Hyères* et comprennent *Porquerolles, Port-Cros, l'île du Levant. Tourisme.

les **Hyksos** ■ Envahisseurs asiatiques qui dominèrent l'Égypte de 1785 à 1580 av. J.-C.

Hyménée ■ Dieu du Mariage, dans la mythologie grecque. ‹ ► ① hymen ›

Hypnos ■ Personnification du sommeil dans la mythologie grecque, fils de la Nuit et frère de la Mort. ‹ ► hypn(o)- ›

I

Iahvé ■ ⇒ **Yahvé.**

la ***Iakoutie*** ■ Une des républiques autonomes de la Fédération de Russie, en *Sibérie. 3 103 200 km². 1,08 million d'hab. *(les Iakoutes)*. Capitale : Iakoutsk (187 000 hab.). Forêts, richesses minérales.

Iaroslavl ■ Ville de la C.É.I. (*Russie) et port sur la *Volga. 633 000 hab. Nombreux monuments religieux. Centre économique. □ ***Iaroslav Vladimirovitch,*** prince de *Kiev (978-1054), la fonda en 1026.

Iași, en allemand ***Jassy*** ■ Ville de Roumanie, ancienne capitale de la *Moldavie. 313 000 hab. Centre industriel.

Ibadan ■ Ville champignon du Nigeria. 1,2 million d'hab. Centre commercial. Universités.

Ibagué ■ Ville de Colombie. 306 000 hab. Café.

Dolores ***Ibarruri*** dite ***la Pasionaria*** ■ Militante communiste espagnole (1895 - 1989). Tribun ardent, elle harangua les troupes républicaines lors de la guerre d'Espagne.

les ***Ibères*** ■ Peuple établi en Espagne, au temps de la conquête romaine (Iᵉʳ s.). ▶ *la péninsule* ***Ibérique,*** nom donné à l'ensemble géographique que constituent l'Espagne et le Portugal. ▶ *la cordillère* ***Ibérique :*** chaîne montagneuse de l'Espagne centrale. ‹ ▶ ibérique ›

Jacques ***Ibert*** ■ Compositeur français (1890-1962). Mélodies, musiques de film ("*Don Quichotte*" de *Pabst).

*Pierre Lemoyne d'****Iberville*** ■ Soldat et explorateur canadien (1661-1706). Après avoir tenté de chasser les Anglais de la baie d'Hudson et de Terre-Neuve, il commanda quelques expéditions en Louisiane. □ ***Iberville.*** Ville du Québec. 8 700 hab.

Ibiza ■ Île de l'archipel des *Baléares. 572 km². 67 300 hab. Tourisme.

Ibn al-'Arabī ■ Philosophe, poète et mystique musulman arabe (1165-1240). Le grand maître de la tradition soufie (⇒ **soufisme**).

Ibn al-Fāriḍ ■ Poète et mystique arabe (1181 ou 1182-1235). ⇒ **soufisme.**

Ibn Bājjah ■ Philosophe musulman arabe d'Espagne (mort en 1138). Connu des chrétiens sous le nom d'Avempace.

Ibn Baṭṭūṭa ■ Écrivain arabe, un des plus grands voyageurs du Moyen Âge (1304 -1368 ou 1369). Son journal de route est un document historique et littéraire précieux.

Ibn Gabirol ■ Philosophe juif espagnol de langue arabe (v. 1020 - v. 1058). Connu des chrétiens sous le nom d'Avicebron.

Ibn Ḥazm ■ Écrivain et philosophe arabe (993-1064). Célèbre pour ses écrits non conformistes.

Ibn Khaldūn ■ Historien arabe (1332-1406). Théoricien de l'histoire et précurseur de la sociologie.

Ibn Muqaffa' ■ Écrivain arabe, un des premiers grands prosateurs (v. 721 - 757).

Ibn Saoud ou ***Ibn Sa'ūd*** ■ Émir arabe (1887-1953). ⇒ **Arabie Saoudite.**

les ***Ibo*** ■ Peuple noir du Nigeria oriental (Biafra).

Henrik ***Ibsen*** ■ Auteur dramatique norvégien (1828-1906). Ses pièces sont souvent pessimistes, animées par une critique sociale véhémente. "*Peer Gynt*" ; "*Maison de poupée*" ; "*le Canard sauvage*".

Icare ■ Fils de *Dédale, dans la mythologie grecque. Il s'échappe du Labyrinthe au moyen d'ailes, mais le soleil fait fondre la cire qui tient les plumes et il se noie.

les ***iconoclastes*** ■ Chrétiens byzantins qui rejetaient les images saintes. Ils tentèrent de supprimer le culte des icônes (du VIIIᵉ au IXᵉ s.) et furent condamnés par le concile de *Nicée (787). ‹ ▶ iconoclaste ›

Ictinos ■ Architecte grec (Vᵉ s. av. J.-C.). Avec Callicratès, il assista Phidias pour le *Parthénon.

*l'****Idaho*** n. m. ■ État du nord-ouest des États-Unis, dans les *Rocheuses. 216 430 km². 944 000 hab. Capitale : Boise. Importantes richesses minières (argent, ruée vers l'or v. 1860), exploitation de la forêt.

les ***Idéologues*** n. m. ■ Philosophes français qui contribuèrent à fonder les sciences humaines en étudiant la formation des idées (étude qu'ils appelaient *idéologie*). Les principaux sont Antoine Destutt de Tracy (1754-1836), Georges Cabanis (1757-1808) et Constantin-François Volney (1757-1820). ‹ ▶ idéologue, idéologie ›

Idfū ■ ⇒ **Edfou.**

Idoménée ■ Roi légendaire de Crète, héros de l'“*Iliade”.

*al-**Idrīsī*** ■ Géographe arabe (v. 1100-v. 1166).

Iéna, en allemand ***Jena*** ■ Ville d'Allemagne (*Thuringe). 108 000 hab. Industries (optique). Importante université où enseignèrent *Fichte et *Hegel. Victoire de Napoléon Ier sur les Prussiens en 1806.

*l'**Iénisseï*** n. m. ■ Fleuve de Russie. Né en Mongolie, il traverse la Sibérie et se jette dans l'océan Arctique. 3 800 km.

If ■ Îlot français de la Méditerranée, en face de Marseille, célèbre pour le *château d'If,* château fort qui servit de prison.

Ife ■ Ville du Nigeria. 249 000 hab. Art *yorouba.

*saint **Ignace de Loyola*** ■ Gentilhomme espagnol (1491-1556). Il se convertit au catholicisme et fonda la Compagnie de *Jésus (ordre des Jésuites) avec ses disciples (⇒ saint **François Xavier**).

*l'**Iguaçu*** n. m. ■ Rivière du Brésil. 1 320 km. Elle marque la frontière entre le Brésil et l'Argentine. Chutes spectaculaires.

Ijevsk ■ Ville de la C.É.I., capitale de l'*Oudmourtie (*Russie). 635 000 hab.

*l'**Île-de-France*** n. f. ■ La plus importante région économique et administrative française, correspondant à l'ancienne *région parisienne,* au cœur du Bassin parisien. Huit départements : Paris, Hauts-de-Seine, Seine-Saint-Denis, Val-de-Marne, Essonne, Val-d'Oise, Yvelines, Seine-et-Marne. 12 070 km². 10,65 millions d'hab. *(les Franciliens),* dont la plupart viennent de province, et beaucoup sont immigrés du Maghreb, du Portugal, etc. Très forte urbanisation : l'expansion de Paris, qui absorbe les villes proches, est contrebalancée par des villes-satellites (Rambouillet, Meaux, Étampes, etc.) et cinq villes nouvelles (Cergy-Pontoise, Saint-Quentin-en-Yvelines, Évry, Marne-la-Vallée, Melun-Sénart). Une des régions agricoles les plus riches de France (céréales, betteraves, légumes). Les industries sont nombreuses (construction électrique, électronique, automobile, chimie, édition) mais limitées par la politique de décentralisation dès 1955. Le secteur tertiaire se développe : plus de « cols blancs », moins d'ouvriers. ▭ **HISTOIRE.** Ancien centre du domaine royal *capétien. Le dialecte qui y était parlé (le francien) devint le français, langue du royaume de France. ⇒ **Paris.**

*l'**Île-du-Prince-Édouard*** ■ Province de l'est du Canada (on écrit *l'île du *Prince-Édouard* en parlant de l'île même, et *l'Île-du-Prince-Édouard* pour la province). 5 660 km². 126 700 hab. Capitale : Charlottetown. Cultures maraîchères, pêche, élevage laitier. ▭ **HISTOIRE.** Peuplée de Micmacs, découverte par J. *Cartier en 1534, l'île fut colonisée par les Acadiens. Le traité de Paris (1763) la fit passer sous juridiction anglaise ; elle devint colonie britannique en 1769. Après un premier refus en 1867, l'île adhéra à la Confédération en 1873.

*L'**Île-Rousse*** ■ Ville française du nord de la *Corse. 2 300 hab. Tourisme.

*l'**Iliade*** ■ Épopée grecque attribuée à *Homère. Elle raconte un épisode de la guerre de *Troie (ou *Ilion*). Le héros en est *Achille.

*Sergueï **Iliouchine*** ■ Ingénieur soviétique, constructeur d'avions (1894-1977).

Ilithye ■ Déesse grecque de l'Enfantement.

*l'**Ill*** n. m. ■ Rivière française d'Alsace, affluent du Rhin. 208 km.

*l'**Ill*** n. m. ou f. ■ Rivière d'Autriche, affluent du Rhin. 75 km. Vallée industrialisée.

*l'**Illampu*** n. m. ■ Massif des *Andes, au-dessus du lac Titicaca. 6 421 m.

*l'**Illinois*** n. m. ■ État industriel (métallurgie, chimie) du centre des États-Unis. 149 885 km². 11,4 millions d'hab. Capitale : Springfield. Ville principale : Chicago. Agriculture (maïs, élevage). Universités.

*l'**Illyrie*** n. f. ■ Région balkanique montagneuse proche de l'Adriatique. Colonisée par les Grecs au VIIe s. av. J.-C., elle devint province romaine en 27 av. J.-C., puis passa sous domination slave au VIIe s.

Ilorin ■ Ville du Nigeria. 399 000 hab.

Imhotep ■ Architecte égyptien (v. 2800 av. J.-C.). Auteur de la première pyramide à degrés (*Ṣaqqārah). Divinisé après sa mort.

*l'**impressionnisme*** n. m., *les **impressionnistes*** ■ Mouvement pictural qui apparut en France vers 1875. Travaillant en plein air, les impressionnistes cherchèrent à reproduire les jeux de la lumière, les mutations des objets selon l'éclairage, en procédant par petites touches et en suggérant les formes par des vibrations de couleurs. Ils privilégiaient l'instantanéité, la mobilité des choses. *Manet, *Renoir, *Monet, *Pissarro et *Sisley sont les principaux peintres impressionnistes. ‹ ► impressionnisme ›

Imru'al-Qays ■ Prince et poète arabe (mort v. 535). Célèbre pour ses poèmes lyriques.

*l'Empire **inca*** ■ Puissant empire de l'Amérique *précolombienne dont la capitale était *Cuzco. Fondé par Manco Cápac au XIIe s., il connut son apogée au XVe s. et fut détruit par les conquistadores espagnols de *Pizarro en 1532. □ *les **Incas*** se disaient « Fils du Soleil ». Peuple de conquérants, grands bâtisseurs, dominés par un souverain absolu, ils se dotèrent d'une administration remarquable et d'un réseau routier. Leur économie était fondée sur l'agriculture et l'artisanat d'objets précieux. *Machu Picchu semble avoir été leur dernier refuge. ‹ ► inca ›

Inch'ŏn ■ Ville et port de Corée du Sud. 1,39 million d'hab.

*l'**Inde*** n. f. ■ État (république) d'Asie, le plus peuplé du monde après la Chine. 835,8 millions d'hab. *(les Indiens).* 3 166 414 km². République fédérale de 25 États et de 7 territoires de l'Union. Capitale : New Delhi. Villes principales : Bombay, Calcutta, Madras. Langues : hindi et anglais (officielles), bengali, et nombreuses langues régionales, indo-européennes et (au sud) dravidiennes (tamoul, télougou, etc.). Monnaie : roupie. Climat de mousson. L'agriculture est le pivot de l'économie (riz, blé, sucre, thé). Mais malgré la modernisation des techniques, des millions d'Indiens sont sous-alimentés. Niveau de vie très bas aggravé par le fort taux de croissance de la population et le conservatisme hérité de l'ancienne division de la société en castes et hors-castes (intouchables ou parias). Industrie traditionnelle (textile) et industrie récente, favorisée par les ressources minières (métallurgie, chimie, mécanique). ▭ **HISTOIRE.** L'histoire de l'Inde ancienne dura de l'implantation du *bouddhisme (du VIe au Ve s. av. J.-C.) à l'invasion des musulmans, qui dominèrent l'Inde du XIIIe au XVIe s. En 1526 est fondé l'Empire *moghol. Les Européens installèrent peu à peu des comptoirs pour le commerce des épices et du coton (en 1664, création par *Colbert de la Compagnie française des Indes orientales). L'Inde devint totalement colonie anglaise en 1858, après l'écrasement de la révolte des Cipayes ; la reine *Victoria fut proclamée impératrice des Indes le

1er janvier 1877. Le pays obtint son indépendance en 1947 grâce à l'action de *Gandhi. Dirigé par *Nehru puis par Indira *Gandhi, il est le théâtre de violents affrontements entre les diverses religions (hindous et musulmans, le bouddhisme ayant presque disparu) et ethnies (⇒ **sikhs**) ; après l'assassinat de I. Gandhi, ces difficultés n'ont pas cessé. ⇒ **hindouisme, Brahmā, Vishnou, Śiva.** ► *les établissements français de l'**Inde**.* Territoires indiens qui furent sous contrôle français du XVIIe s. à 1954 et qui comprenaient surtout des ports (⇒ **Chandernagor, Kozhikode, Patna, Pondichéry**). ‹ ► ① indien ›

*la guerre de l'**Indépendance américaine*** ■ Guerre qui opposa le Royaume-Uni à ses colonies d'Amérique du Nord de 1775 à 1782. Sous les ordres de *Washington, aidés par les volontaires français (dont *La Fayette) commandés par *Rochambeau, les Américains obtinrent l'indépendance en 1782 et créèrent les États-Unis par la Constitution de 1787. ► *la déclaration d'**Indépendance**.* Document historique de la proclamation d'indépendance des 13 colonies anglaises d'Amérique en 1776, dû à Thomas *Jefferson et Benjamin *Franklin.

*l'**Index*** n. m. ■ Catalogue des livres interdits par l'Église catholique créé en 1559, puis modifié au concile de Trente en 1564. Il disparut en 1966. ‹ ► ② index ›

*l'**Indiana*** n. m. ■ État du centre des États-Unis. 94 309 km². 5,5 millions d'hab. Capitale : Indianapolis. Agriculture prospère (céréales, élevage). Métallurgie.

Indianapolis ■ Ville des États-Unis, capitale de l'*Indiana. 701 000 hab. Centre économique, universitaire et culturel. Courses automobiles.

*l'océan **Indien*** ■ 3e océan du monde par sa superficie. 75 millions de km². Il s'étend entre l'Afrique, l'Asie et l'Australie. Nombreuses îles : Madagascar, la Réunion, l'île Maurice, les Comores. Ses fonds sont riches en minerais rares.

*les **Indiens*** ■ Nom donné aux indigènes d'Amérique par les Européens, car ils croyaient, comme *Colomb, que celui-ci avait abordé en Inde. On dit aujourd'hui *Amérindiens.* ‹ ► ② indien ›

*l'**Indiguirka*** n. f. ■ Fleuve de Sibérie (Russie) qui se jette dans l'Arctique. 1 795 km.

*l'**Indochine*** n. f. ■ Péninsule asiatique située entre l'Inde et la Chine. Elle comprend la Birmanie, le Laos, la Thaïlande, le Cambodge, le Viêt-nam et une partie de la Malaysia. Ce terme désigne aussi les anciennes colonies françaises, conquises sous Napoléon III : la Cochinchine, l'Annam, le Tonkin, le Cambodge, le Laos. ► *la guerre d'**Indochine*** : guerre d'indépendance des Vietnamiens, conduits par *Hô Chi Minh, qui aboutit au départ des Français (1946-1954). ⇒ **Viêt-nam, Cambodge.** ‹ ► indochinois ›

*l'**Indonésie*** n. f. ■ État (république) d'Asie du Sud-Est, formé d'un archipel d'environ 3 000 îles dont Java, Bali, Sumatra, les Célèbes, une partie de la Nouvelle-Guinée (*Irian Jaya) et de l'île de Bornéo (*Kalimantan). 1 919 443 km². 177 millions d'hab. *(les Indonésiens).* Capitale : Jakarta. Langue officielle : bahasa indonesia (forme du malais). Religion officielle : monothéisme. Monnaie : roupie indonésienne. Climat équatorial. L'économie est fondée sur l'agriculture : riz, caoutchouc, tabac, café. Développement industriel grâce au pétrole ; mais il est freiné par le manque d'infrastructure et par les problèmes liés au surpeuplement. Colonisée par les Hollandais en 1596, l'Indonésie obtint son indépendance en 1945. ‹ ► indonésien ›

Indore ■ Ville de l'Inde (*Madhya Pradesh). 829 000 hab. Université.

Indra ■ Dieu de la Foudre et de la Guerre, la plus importante divinité de l'Inde à l'époque *védique.

*l'**Indre*** n. m. ■ Rivière française, affluent de la Loire, qui a donné son nom à deux départements : l'*Indre* et l'*Indre-et-Loire*. 265 km.

*l'**Indus*** n. m. ■ Fleuve de l'Inde et du Pakistan (3 180 km). Né dans le Tibet, il se jette dans la mer d'Oman à Karāchi, par un vaste delta. Ses rives abritèrent une civilisation brillante du IIIe au IIe millénaire av. J.-C.

*Vincent d'**Indy*** ■ Compositeur et pédagogue français (1851-1931). Maître de *Falla, *Honegger, *Satie. *"Fervaal"* ; *"l'Étranger"*.

Inès de Castro ■ Héroïne espagnole, morte assassinée (v. 1320-1355). Sa vie a inspiré *Camoens et *Montherlant.

Ingolstadt ■ Ville d'Allemagne (*Bavière). 89 000 hab.

*Dominique **Ingres*** ■ Peintre français (1780-1867). Représentant du classicisme et de l'art officiel, il s'opposa à *Delacroix. Artiste minutieux, soucieux des détails dans ses portraits *("Mlle Rivière")* et ses nus *("l'Odalisque" ; "le Bain turc").* Son goût pour le violon est à l'origine de l'expression *un violon d'Ingres.*

*l'**Inn*** n. m. ■ Rivière de Suisse, d'Autriche et d'Allemagne, affluent du Danube. 525 km. Hydroélectricité.

Innocent III ■ Le plus puissant des papes du Moyen Âge (1160-1216). Il lutta contre *Philippe Auguste, contre *Jean sans Terre et fut à l'origine de la quatrième croisade et de la croisade contre les *albigeois.

Innocent XI ■ Pape qui se heurta à Louis XIV et au *gallicanisme (1611-1689).

Innsbruck ■ Ville d'Autriche, capitale du *Tyrol, sur l'*Inn. 117 000 hab. Station de tourisme (nombreux monuments baroques). Sports d'hiver aux alentours.

*Ismet **Inönü*** ■ Général et homme politique turc (1884-1973). Premier ministre (1923-1937 puis 1961-1965) et président de la République (1938-1950).

*l'**Inquisition*** n. f. ■ Juridiction créée par l'Église au Moyen Âge pour lutter contre l'hérésie. Les inquisiteurs (⇒ **Torquemada**) et leurs tribunaux étaient craints pour leur sévérité impitoyable et leurs méthodes (tortures, autodafés). Ils luttèrent contre les *albigeois, les *vaudois, les sorciers et, en Espagne, contre les juifs. L'Inquisition fut réorganisée par le pape Paul III en 1542. ‹ ► inquisition ›

I. N. R. I. ■ Abréviation de l'inscription latine posée sur la croix de Jésus : *Iesus Nazarenus Rex Iudaeorum* (« Jésus le Nazaréen, roi des Juifs »).

*l'**Insulinde*** n. f. ■ Nom des îles du Sud-Est asiatique : *Indonésie et *Philippines.

*l'**Intelligence Service*** n. m. ■ Services secrets britanniques.

*l'**Internationale*** n. f. ■ Organisation des partis ouvriers ayant pour but de transformer les sociétés capitalistes en sociétés socialistes. La ***Ire Internationale*** fut fondée à Londres en 1864, sous l'impulsion de *Marx ; la ***IIe Internationale*** à Paris en 1889 ; la ***IIIe Internationale*** (ou *Komintern*) par *Lénine à Moscou en 1919 ; la ***IVe Internationale*** par *Trotski au Mexique en 1937. L'hymne révolutionnaire *"l'Internationale"*, composé par E. *Pottier, fut joué pour la première fois à Lille en 1888.

Interpol ■ Organisation internationale de police criminelle, créée en 1923, regroupant 154 pays.

les **Inuit** ou *les* **Inuits** ■ Autochtones des régions nordiques du Canada, du Groenland et de l'Alaska dont la langue est l'inuktitut. – Dans leur langue, *Inuit* signifie les hommes. *Eskimo* (ou *Esquimau*) est un nom indien qu'ils n'acceptent pas ; il est préférable de dire, même en français, *les Inuit(s)*. On écrit *un, une Inuk* ou *Inuit* ou *une Inuite*, et *localité inuite*.

un, une **Inuk** ■ ⇒ **Inuit.**

l'hôtel des **Invalides** ■ Monument de Paris conçu par Louis XIV pour abriter les invalides de guerre. Commencé en 1670 par Libéral *Bruant, il fut achevé en 1706 par Hardouin-*Mansart. Cendres de Napoléon Ier sous la coupole.

les Grandes **Invasions** ■ Nom donné aux migrations des peuples « barbares » (*Goths, *Wisigoths, *Vandales, etc.), en majorité germaniques, qui, fuyant devant les *Huns, pénétrèrent et s'installèrent dans l'Empire romain aux IVe et Ve s.

Inverness ■ Ville du nord de l'Écosse et chef-lieu du *Highland. 35 000 hab.

la querelle des **Investitures** ■ Conflit entre la papauté et le *Saint Empire romain germanique au sujet de l'investiture des évêques (1059-1122). ⇒ **Grégoire VII.**

Io ■ Prêtresse d'*Héra, aimée de *Zeus et changée par lui en génisse.

Iochkar-Ola ■ Ville de la C.É.I., capitale de la république autonome des *Mariis (Russie). 242 000 hab.

Eugène **Ionesco** ■ Auteur dramatique français d'origine roumaine (né en 1912). Il décrit l'incommunicabilité entre les êtres, dans des pièces où le comique naît de l'absurde et engendre le désespoir. *"La Cantatrice chauve" ; "Rhinocéros" ; "Le roi se meurt".*

*l'***Ionie** n. f. ■ Ancienne région d'Asie Mineure sur la mer *Égée. ► *les* **Ioniens**, chassés de Grèce, s'y installèrent au XIIe s. av. J.-C. Ils fondèrent douze cités prospères (parmi lesquelles *Samos, *Chios, *Éphèse, *Phocée et *Milet). Leur rôle fut déterminant dans la culture grecque (patrie d'*Homère et des *présocratiques). Soumise par les Perses (⇒ guerres **médiques**), *Alexandre le Grand puis les *Séleucides, l'Ionie fut intégrée ensuite à l'Empire romain. ► *la mer* **Ionienne** est la partie de la Méditerranée qui s'étend entre l'Italie et la Grèce. ► *les îles* **Ioniennes** (*Corfou, *Ithaque, *Cythère, Leucade, Céphalonie, Zante) forment une région géographique de Grèce. 2 307 km². 183 000 hab. ‹ ► ionique ›

Ios ■ Île grecque de la mer Égée (*Cyclades). Homère y serait enterré.

*l'***Iowa** n. m. ■ État du centre des États-Unis. 145 752 km². 2,9 millions d'hab. Capitale : Des Moines. Élevage, agriculture et industries dérivées. Universités.

Iphigénie ■ Personnage de la mythologie grecque. Pour obtenir des vents favorables, son père *Agamemnon la sacrifie. Elle a inspiré *Euripide, *Racine, *Gluck.

Ipoh ■ Ville de Malaysia. 301 000 hab. Centre d'extraction de l'étain.

Jean Robert **Ipoustéguy** ■ Sculpteur français (né en 1920).

Ipswich ■ Ville d'Angleterre ; chef-lieu du *Suffolk. 131 000 hab. Port sur la mer du Nord.

*l'***I.R.A.**, ***Irish Republican Army*** ■ Organisation nationaliste irlandaise fondée en 1919. Sa branche militaire (l'I.R.A. provisoire) livre une lutte armée (terrorisme) contre les autorités britanniques. ⇒ **Irlande.**

Irak ou **Iraq** n. m. ■ État (république) du Proche-Orient. 435 052 km². 17,2 millions d'hab. *(les Irakiens* ou *Iraqiens).* Capitale : Bagdad. Langue officielle : arabe. Religion officielle : islam. Monnaie : dinar irakien. La richesse principale est le pétrole. ▭ **HISTOIRE.** Ancienne *Mésopotamie, le pays prit le nom d'Irak lors des conquêtes arabes du VIIe s. Soumis par l'Empire *ottoman, il passa sous domination anglaise en 1920 et devint indépendant en 1932. La république fut proclamée en 1958. En 1980, l'Irak, dirigé depuis 1979 par Ṣaddām *Hussein, déclara la guerre à l'Iran. Le conflit s'interrompit en 1988. En août 1990, l'Irak envahit le Koweït, déclenchant la guerre du *Golfe. Sa défaite (février 1991) entraîna une insurrection populaire qui fut violemment réprimée. ‹ ► irakien ›

Iráklion ou **Héraklion,** autrefois **Candie** ■ Port et principale ville de Crète, sur la côte nord. 102 000 hab.

*l'***Iran** n. m. ■ État (république islamique) du Proche-Orient. 1 648 196 km². 54,3 millions d'hab. *(les Iraniens).* Capitale : Téhéran. Langue officielle : persan. Religion officielle : islam. Monnaie : rial. Pays de hauts plateaux entourés de montagnes. Agriculture céréalière et élevage nomade. Pêche (caviar). Industrie traditionnelle (célèbres tapis persans) ; pétrole. ▭ **HISTOIRE.** Ancienne *Perse, le pays prend le nom d'Iran en 1925. *Rezāh Chāh engage des réformes ; après la politique de nationalisations de *Mossadegh (1951), c'est sur le pétrole que se fonde la modernisation du pays. La révolution islamique (*chiite) et le renversement du chah, sous la direction de l'ayatollah *Khomeini (1979), provoquèrent la dégradation de l'économie, aggravée par la guerre contre l'Irak (1980-1988). L'Iran a développé un activisme islamique révolutionnaire dans tout le Proche-Orient, mais aussi une présence diplomatique entre États-Unis et U.R.S.S. En 1990, un violent tremblement de terre fit plus de 35 000 victimes. ‹ ► iranien ›

Irapuato ■ Ville du Mexique. 246 000 hab. Centre industriel.

Iraq ■ ⇒ **Irak.**

Irbid ■ Ville de Jordanie. 161 700 hab. Marché agricole.

Irène ■ Impératrice d'Orient (v. 752 - 803). Elle rétablit le culte des images (⇒ **iconoclastes**).

saint **Irénée** ■ Évêque de Lyon (v. 130 - v. 208). Père latin, adversaire de la gnose.

*l'***Irian Jaya** ou **Irian Barat** n. m. ■ Partie occidentale de la *Nouvelle-Guinée, qui, avec plusieurs îles, forme une province de l'Indonésie. 421 981 km². 1,2 million d'hab. (⇒ **Papous**). Chef-lieu : Jayapura.

Iris ■ Messagère des dieux, dans la mythologie grecque, personnification de l'arc-en-ciel. ‹ ► ① et ② iris, irisé ›

Irkoutsk ■ Ville de la C.É.I. (*Russie). 626 000 hab. Centre culturel et industriel de la *Sibérie orientale.

*l'***Irlande** n. f. ■ Île située à l'ouest de la Grande-Bretagne. 83 768 km². Le Nord-Est fait partie du Royaume-Uni, et le reste de l'île forme un État indépendant. L'île est constituée de quatre provinces (*Leinster, *Munster, *Connaught, *Ulster). ▭ **HISTOIRE.** Peuplée par les *Celtes autour du Ve s. av. J.-C., divisée en royaumes, l'Irlande resta à l'écart de la conquête romaine. Au Ve s., elle devint catholique avec saint *Patrick (nombreux monastères). Au XIIe s., avec l'invasion anglaise, commence une longue lutte contre l'Angleterre. En 1541, Henri VIII prit le titre de roi d'Irlande ; la confiscation des terres et les tentatives pour imposer le protestantisme provoquèrent des révoltes. La plus sanglante fut réprimée par *Cromwell en 1649. L'Acte d'Union de 1800 créa le *Royaume-Uni de Grande-Bretagne et d'Irlande (1801). *Parnell obtint une certaine émancipation dans sa lutte contre l'Union. La terrible famine de 1845 provoqua une vaste émigration. *O'Connell échoua dans sa tentative d'obtenir un statut d'autonomie *(Home Rule)*. La répression brutale de la rébellion nationaliste de Pâques 1916 renforça le sentiment indépendantiste. En 1921, l'Irlande devint un dominion au sein du *Commonwealth, mais les comtés protestants de l'*Ulster restaient unis au Royaume-Uni. Les républicains proclamèrent la création de l'*Éire* en 1937 puis, reconnaissant la partition de l'île, celle de la *république d'Irlande* en 1948, qui quitta le Commonwealth. ⇒ **De Valera.** □ *la république d'***Irlande** ou **Éire** couvre la majeure partie de l'île. 70 285 km². 3,5 millions d'hab. *(les Irlandais).* Capitale : Dublin. Langues officielles : anglais, gaélique. Religion officielle : catholicisme. Monnaie : livre irlandaise. L'économie repose sur l'élevage (bovins, ovins, chevaux) et l'industrie agro-alimentaire (bière, whisky). Tourisme important. □ *l'***Irlande du Nord.** ⇒ **Ulster.** ‹ ► irlandais ›

*la mer d'***Iroise** ■ Bras de mer de la côte occidentale de Bretagne (France), entre les îles d'*Ouessant et de *Sein.

les **Iroquois** ■ Amérindiens formant les Cinq-Nations, dont les *Agniers, apparentés par la langue, le mode de vie et le gouvernement. Ils vivaient, au XVIIe s., au centre de l'actuel État de New York. Ils luttèrent, pendant un siècle (XVIIe-XVIIIe s.), contre les Français et les *Hurons parfois pour le compte des Anglais.

*l'***Irrawaddy** n. m. ■ Principal fleuve de Birmanie. 2 250 km. Né dans le *Yunnan, en Chine, il se jette dans le golfe du Bengale.

*l'***Irtych** n. m. ■ Rivière de Sibérie, affluent de l'*Ob. 4 248 km.

Irún ■ Ville du Pays basque espagnol (*Guipúzcoa), à la frontière française. 53 400 hab.

Washington **Irving** ■ Écrivain américain (1783-1859). "*Les Esquisses*" où figure la légende de "*Rip Van Winkle*".

John **Irving** ■ Écrivain américain (né en 1942). "*Le Monde selon Garp*".

Isaac ■ Un des patriarches de la Bible, fils d'*Abraham et de *Sarah. Le *sacrifice d'Isaac.* ⇒ **Abraham.**

Isabeau de Bavière ■ Reine de France (1371-1435). La folie de son époux Charles VI lui donna un rôle politique, entre les *Armagnacs et les Bourguignons.

Isabelle Ire la Catholique ■ Reine de Castille (1451-1504). Son mariage avec le roi d'*Aragón Ferdinand le Catholique prépara l'unification de l'Espagne. Elle soutint Christophe *Colomb.

Isabelle II ■ Reine d'Espagne de 1833 à 1868 (1830-1904). Succédant à son père, elle écarta du trône don *Carlos, son oncle, mais dut s'exiler lors de la révolution de 1868.

Isaïe ■ Le premier des grands prophètes de la Bible (VIIIe s. av. J.-C.).

*l'***Isar** n. m. ■ Rivière d'Allemagne, affluent du Danube. 352 km. Elle arrose Munich.

Ise ■ Ville du Japon (*Honshū). 105 000 hab. Célèbres sanctuaires *shintoïstes.

Iseult ■ ⇒ **Tristan et Iseult.**

Ishtar ou **Ashtart** ■ Déesse de la Fécondité, dans les religions anciennes de l'*Asie antérieure. Elle correspond à la déesse grecque Astarté.

saint **Isidore de Séville** ■ Évêque espagnol, érudit et écrivain latin (v. 570-636). Sa grande encyclopédie fut très lue au Moyen Âge, comme la somme, utile à la foi, des connaissances humaines.

Isis ■ Déesse de l'ancienne Égypte, épouse d'*Osiris, adorée comme la Mère universelle. Son culte se répandit en Grèce et à Rome.

*l'***islam** n. m. ■ Religion des musulmans, fondée par *Mahomet au VIIe s. en Arabie. Les principes de l'islam sont fixés par le *Coran et la *sunna. Cinq règles fondamentales : 1° croire en un seul Dieu (*Allah) dont Mahomet est le dernier prophète après *Abraham et Jésus ; 2° faire cinq prières par jour ; 3° pratiquer la charité ; 4° jeûner au mois de ramadan ; 5° faire un pèlerinage à La *Mecque (⇒ al-**Ka'ba**). Il y a plus de 500 millions de musulmans (la majorité en Afrique et en Asie). ⇒ **sunnites, chiites, ismaïliens, khāridjisme, soufisme.** □ *l'***Islam** désigne l'ensemble des pays qui suivent la loi du Coran. ‹ ► islam, islamique ›

Islamabad ■ Capitale du Pakistan, ville administrative et universitaire construite en 1959. 204 000 hab.

*l'***Islande** n. f. ■ Île volcanique de l'Atlantique, près du *Groenland, et république de 103 000 km². 252 000 hab. *(les Islandais).* Capitale : Reykjavik. Langue : islandais. Religion officielle : Église luthérienne évangélique. Monnaie : couronne islandaise. La pêche est la principale activité économique (hareng, morue). Société brillante aux IXe et Xe s., la « Terre de glace » passa sous domination norvégienne puis devint colonie danoise. Indépendante en 1944. ‹ ► islandais ›

Ismaël ■ Fils d'*Abraham et de sa servante, considéré comme l'ancêtre des Arabes dans la tradition islamique.

Ismā'īl Ier ■ Chah de Perse (1487-1524). Il propagea le *chiisme.

Ismaïlia ou **al-Ismā'īlīyah** ■ Ville d'Égypte, sur le canal de Suez. 236 000 hab.

les **ismaïliens** ■ Membres d'une secte musulmane extrémiste, branche du *chiisme, qui veut rester fidèle à la pensée d'Ismā'īl (mort en 762), considéré comme le dernier imam. La secte *druze en est issue.

Ismā'īl Pacha ■ Souverain d'Égypte de 1863 à 1879 (1830-1895). Il favorisa la modernisation de son pays.

Isocrate ■ Orateur athénien (436-338 av. J.-C.).

Ispahan ou **Eşfahān** ■ Ville d'Iran. 987 000 hab. Nombreux monuments (Grande Mosquée, XIe - XVIIe s.). Industrie textile (tapis).

Israël ■ Mot hébreu qui désigne dans la Bible : 1° *Jacob ; 2° les douze tribus issues des douze fils de Jacob ; 3° le royaume fondé par ce peuple en *Palestine après la mort de *Salomon (par opposition au royaume de *Juda) ; 4° l'ensemble du peuple juif (⇒ **Hébreux, judaïsme**). □ *l'État d'***Israël** n. m. est aujourd'hui une république du Proche-Orient. 20 700 km². 4,56 millions d'hab. *(les Israéliens)* avec une minorité d'Arabes, car le peuplement résulte de l'immigration massive des juifs depuis 1880 (⇒ **Herzl, sionisme**). Capitale : Tel-Aviv (Jérusalem a été déclarée capitale en 1950, mais cette décision ne fut pas reconnue par la communauté internationale).

Langues officielles : hébreu et arabe. Monnaie : nouveau shekel. L'agriculture moderne, en partie dans le cadre de kibboutz, a permis d'irriguer des régions désertiques (*Néguev) : agrumes, vignes, céréales. Aviculture. Industries de pointe (électronique, taille de diamants). Mais le pays connaît aujourd'hui des difficultés : inflation, chômage, poids du budget militaire. ▭HISTOIRE. L'État d'Israël fut créé en 1948 après le partage de la *Palestine par l'O.N.U. (⇒ **Ben Gourion,** Golda **Meir**). C'est le début d'une série de conflits avec les pays arabes qui ne reconnaissent pas cet État (⇒ **O.L.P.**). ▶ *les guerres* ***israélo-arabes.*** ***Première guerre israélo-arabe*** (1948-1949) : Israël conquiert le *Néguev et la *Galilée. ***Deuxième guerre israélo-arabe*** (1956) : attaque éclair de Moshe *Dayan dans le *Sinaï. L'O.N.U. exige et obtient l'évacuation des troupes israéliennes. ***Troisième guerre israélo-arabe*** (1967) ou *guerre de Six Jours* (ou *des Six-Jours*) : les Israéliens occupent à nouveau le Sinaï, la *Cisjordanie, le *Golan et la partie arabe de Jérusalem. ***Quatrième guerre israélo-arabe*** ou *guerre de* (ou *du*) *Kippour* (1973) : attaque surprise de l'Égypte et de la Syrie. Israël se retire du Sinaï mais occupe toujours *Gaza, la *Cisjordanie et une partie du *Golan. La paix séparée signée par *Begin avec l'Égypte en 1979, à Camp David, n'a pas permis de mettre fin aux tensions avec les autres pays arabes. Le pays doit faire face, depuis 1987, au soulèvement populaire palestinien (Intifada) dans les Territoires occupés. La tentative d'implication dans la guerre du *Golfe d'Israël par l'Irak, qui l'attaqua par des tirs de missiles, demeura vaine. ‹ ▶ israélien, israélite ›

Istanbul ■ Ville de Turquie, sur la rive européenne du *Bosphore, carrefour entre l'Europe et l'Asie. 5,49 millions d'hab. 1er port du pays et capitale économique : industries chimique, électrique, chantiers navals. Basilique Sainte-Sophie (transformée en mosquée, puis en musée) ; nombreux monuments byzantins et ottomans. Ancienne *Constantinople, elle fut la capitale de l'Empire byzantin (⇒ **Byzance**). Elle devint Istanbul, capitale de l'Empire *ottoman, après la prise de la ville par les Turcs en 1453. Nombreuses mosquées.

*l'**Istiqlāl*** n. m. ■ Parti nationaliste marocain fondé (1937) par 'Allāl al-*Fāsī. Il fut l'élément moteur de l'indépendance (1956).

*l'**Istrie*** n. f. ■ Région de la Yougoslavie, en face de Venise, longtemps disputée entre l'Autriche et l'Italie.

*l'**Italie*** n. f. ■ État (république) d'Europe méridionale. Elle comprend une péninsule et deux grandes îles (Sicile et Sardaigne), et est divisée en 20 régions administratives. 301 277 km². 57,4 millions d'hab. *(les Italiens).* Capitale : Rome. Langue : italien. Autres langues : allemand, albanais, ladin, grec, français. Monnaie : lire. Climat méditerranéen. Contraste géographique et déséquilibre économique entre le Nord et le Sud. L'Italie du Nord est très industrialisée : construction automobile, industrie de pointe, chimie, textile (⇒ **Milan, Turin, Gênes**). Les terres y sont riches (céréales, fruits). Le Sud (le *Mezzogiorno), pauvre, reste surtout agricole : agrumes, oliviers, vignes (1er producteur mondial de vin), élevage ovin. Pays très touristique, par son riche passé historique et culturel : villes d'art (Venise, Florence, Rome). ▭HISTOIRE. À partir du IVe s. av. J.-C., la péninsule est conquise par Rome (⇒ **Rome**). Après la chute de l'empire romain d'Occident (476) et les invasions barbares, elle est dominée par *Byzance puis par les *Lombards. Autour du XIIe s., l'Italie se redresse lentement : essor économique et artistique des villes de *Pise, *Gênes, *Florence et *Venise. Elle devient à partir du XVe s. le foyer de la *Renaissance. Mais affaiblie par le morcellement en petits États indépendants, elle subit, jusqu'au milieu du XIXe s., la domination espagnole (XVIe - XVIIe s.), autrichienne (traité d'Utrecht, 1713) et française (guerres d'Italie menées par Charles VIII, Louis XII et François Ier ; campagnes d'Italie de Bonaparte). Puis le sentiment national s'éveille (⇒ **Risorgimento**) : l'unité du pays se fait à partir du Piémont (⇒ **Garibaldi, Cavour**), et Victor-Emmanuel II est proclamé roi d'Italie en 1861. En 1922, *Mussolini arrive au pouvoir ; l'Italie, fasciste entre dans la Seconde *Guerre mondiale aux côtés de l'Allemagne. Après la défaite, elle devient une république (1946). Membre fondateur de la C.E.E. (1957), l'Italie a connu un rapide essor économique malgré l'instabilité gouvernementale, le terrorisme (*Brigades rouges) et l'existence d'une criminalité organisée (mafia). En 1990-1991, elle dut faire face à l'immigration massive d'Albanie (⇒ **Albanie**) qu'elle tente d'endiguer. ‹ ▶ italien, italique ›

Ithaque ■ Une des îles Ioniennes, patrie d'*Ulysse dans l'"*Odyssée*".

Johannes ***Itten*** ■ Peintre et pédagogue suisse (1888 - 1967). Peintures géométriques.

Peter Freuchen ***Ittinuar*** ■ Homme politique canadien (né en 1950). Premier Inuk à siéger à la Chambre des communes du Canada.

Ivan III le Grand ■ Grand-prince de Moscou (1440-1505). Il renforça l'unité et l'autonomie du pays (contre les Mongols et l'État polono-lituanien), ainsi que le prestige du pouvoir, en faisant de Moscou une capitale de l'orthodoxie.

Ivan IV dit ***Ivan le Terrible*** ■ Grand-prince de Moscou qui, le premier (en 1547), prit le titre de tsar (empereur) de Russie (1530-1584). Son règne, caractérisé par un absolutisme de droit divin, commença par d'importantes réformes et finit dans la terreur. Son expansionnisme fut freiné à l'ouest par *Étienne Ier Báthory. Il inspira un film d'*Eisenstein.

Viatcheslav ***Ivanov*** ■ Poète *symboliste russe (1866-1949). "*Les Étoiles pilotes*".

Ivanovo ■ Ville de la C.É.I. (*Russie). 481 000 hab. Industrie cotonnière.

Joris ***Ivens*** ■ Cinéaste néerlandais (1898 - 1989). Témoin, par ses documentaires, des bouleversements du siècle.

Charles ***Ives*** ■ Compositeur américain, auteur de nombreuses mélodies (1874-1954).

Jarosław ***Iwaszkiewicz*** ■ Écrivain polonais (1894-1980). "*Mère Jeanne des Anges*" ; "*le Bois de bouleaux*" (porté à l'écran par A. *Wajda).

Ixelles, en néerlandais ***Elsene*** ■ Ville de Belgique, près de Bruxelles (*Brabant). 76 100 hab. Université libre de Bruxelles.

Georges ***Izard*** ■ Avocat, homme politique et écrivain français (1903 - 1973). Fondateur, avec E. *Mounier, de la revue *Esprit*.

İzmir ■ ⇒ **Smyrne.**

İzmit, autrefois ***Nicomédie*** ■ Ville du nord-ouest de la Turquie. 236 000 hab.

J

Jabalpur ■ Ville de l'Inde (*Madhya Pradesh). 649 000 hab. Industries.

Edmond ***Jabès*** ■ Écrivain français d'origine égyptienne (1912-1990). Œuvre poétique inspiré par l'exil et la judaïté.

Jaca ■ Ville d'Espagne (*Aragón). 13 800 hab. Célèbre pour ses monuments.

Philippe ***Jaccottet*** ■ Poète et traducteur suisse d'expression française (né en 1925). "*L'Effraie*".

Andrew ***Jackson*** ■ 7e président (démocrate) des États-Unis, de 1829 à 1837 (1767-1845). Après l'idéalisme des premiers présidents, sa politique réaliste marqua les débuts de la démocratie à l'américaine.

John ***Jackson*** ■ Neurologue anglais (1835-1911). Fondateur de la neurologie moderne.

Alexander Young ***Jackson*** ■ Peintre canadien (1882-1974). Un des membres de regroupement de peintres canadiens, « le Groupe des Sept » (⇒ L. S. **Harris, A. Lismer**).

Jackson ■ Ville des États-Unis, capitale du *Mississippi. 203 000 hab. Industrie textile.

Jacksonville ■ Ville et port des États-Unis (*Floride). 541 000 hab. Tourisme.

Jacob ■ Fils d'*Isaac et de *Rebecca, dans la Bible, appelé Israël par son Dieu. Ses douze fils furent les pères des douze tribus d'*Israël.

Max ***Jacob*** ■ Poète français (1876-1944). Son œuvre allie fantaisie et mysticisme. "*Le Cornet à dés*".

François ***Jacob*** ■ Biochimiste français (né en 1920). "*La Logique du vivant*". Prix Nobel de médecine 1965 (⇒ **Lwoff**).

Friedrich Heinrich ***Jacobi*** ■ Philosophe et écrivain allemand (1743-1819).

Karl ***Jacobi*** ■ Mathématicien allemand (1804-1851). Théorie des fonctions elliptiques.

les ***Jacobins*** ■ Club révolutionnaire créé en 1789. Progressivement dominé par *Robespierre, il fut l'âme de la *Convention montagnarde. ⟨ ▶ jacobin ⟩

les ***jacobites*** ■ Membres de l'Église chrétienne de Syrie occidentale, organisée par Jacques Baradée au VIe s. (⇒ **Église**).

les ***jacobites*** ■ Catholiques partisans de *Jacques II après la révolution anglaise de 1688.

Jens Peter ***Jacobsen*** ■ Écrivain danois (1847-1885). "*Madame Marie Grubbe*".

Jacopone da Todi ■ Poète italien (1230-1306). Auteur du "*Stabat Mater*", abondamment mis en musique par les compositeurs baroques.

Joseph-Marie ***Jacquard*** ■ Mécanicien français (1752-1834). Inventeur d'un métier à tisser automatique qui porte son nom. ⟨ ▶ jacquard ⟩

Jacquemart de Hesdin ■ Miniaturiste et enlumineur français, connu de 1384 à 1410. Il est l'auteur des "*Très Belles Heures du duc de Berry*".

la ***jacquerie*** ■ Soulèvement de paysans (ou *jacques*) dans le Beauvaisis en 1358. Ils furent soutenus un temps par Étienne *Marcel, puis écrasés par le roi de Navarre Charles II le Mauvais. ⟨ ▶ jacquerie ⟩

saint ***Jacques*** dit ***le Majeur*** ■ Apôtre de Jésus (mort en 44). Considéré comme l'évangélisateur de l'Espagne, il fait l'objet d'un des plus célèbres pèlerinages chrétiens, à *Saint-Jacques-de-Compostelle.

saint ***Jacques*** dit ***le Juste*** ou ***le Mineur*** ■ Premier chef de l'Église de Jérusalem. Il serait mort lapidé en 62.

Jacques Ier ■ Roi d'Écosse (en 1567 sous le nom de Jacques VI), d'Angleterre et d'Irlande de 1603 à sa mort (1566-1625). Il succéda à Élisabeth Ire et fut le premier à réunir les couronnes d'Angleterre, d'Irlande et d'Écosse et à se nommer « roi de Grande-Bretagne ».

Jacques II ■ Roi de Grande-Bretagne de 1685 à 1688 (1633-1701). Converti au catholicisme, il fut chassé du trône par *Guillaume III d'Orange-Nassau.

Jaffa ■ Ancienne ville de Palestine, aujourd'hui incluse dans l'agglomération de *Tel-Aviv-Jaffa. Commerce d'agrumes. Bonaparte s'en empara en 1799 (célèbre tableau de *Gros).

Jagannātha ou ***Jaggernaut*** ■ Incarnation du dieu hindou *Vishnou, représenté par une statue au grand temple de Puri en Inde (*Orissa). Célèbres processions.

les **Jagellons** ■ Dynastie lituanienne qui régna sur la Pologne de 1386 à 1572.

Jaggernaut ■ ⇒ **Jagannātha.**

*'Amr ibn Bahr al-***Jāhiz** ■ Écrivain arabe (v. 780-869). Il a apporté les bases de la culture arabo-musulmane.

Jahvé ■ ⇒ **Yahvé.**

Jaipur ■ Ville de l'Inde, capitale du *Rājasthān. 977 000 hab. Monuments du XVIIIe s.

Jakarta, autrefois **Batavia** ■ Capitale fédérale, principal port, centre économique et culturel de l'Indonésie, sur l'île de *Java. 6,5 millions d'hab.

Roman **Jakobson** ■ Linguiste russe naturalisé américain (1896-1982). Fondateur avec *Troubetskoï de la phonologie. Son œuvre très variée a notamment influencé son élève *Chomsky et son ami *Lévi-Strauss.

Jalapa ■ Ville du Mexique. 213 000 hab. Musée d'art précolombien.

la **Jamaïque** ■ Île et État (monarchie constitutionnelle) des Grandes *Antilles, dans la mer Caraïbe. 10 991 km². 2,37 millions d'hab. *(les Jamaïcains).* Capitale : Kingston. Langues : anglais (officielle), espagnol. Monnaie : dollar jamaïcain. Production de sucre et de bananes. 3e producteur de bauxite du monde. Tourisme. Patrie du reggae. Ancienne colonie espagnole puis anglaise, indépendante en 1962. Membre du *Commonwealth.

Thomas **James** ■ Explorateur anglais (v. 1593-v. 1635). Il explora la baie à laquelle il laissa son nom. □ *la baie* **James.** Baie située au sud de la baie d'*Hudson. Ses îles sont administrées par les Territoires du Nord-Ouest. Grand complexe hydroélectrique.

William **James** ■ Psychologue américain, philosophe des religions, tenant du pragmatisme (1842-1910).

Henry **James** ■ Romancier américain naturalisé anglais (1843-1916). L'histoire des consciences, leurs drames et leurs révoltes intérieures inspirent son œuvre. *"Daisy Miller"* ; *"le Tour d'écrou"* ; *"les Ailes de la colombe"*.

Jamestown ■ Ville des États-Unis (*Virginie). Site du premier établissement permanent anglais en Amérique (1607).

Francis **Jammes** ■ Écrivain français (1868-1938). Poète d'inspiration lyrique et religieuse. *"Géorgiques chrétiennes"*.

Jammu ■ Ville de l'Inde (206 000 hab.), capitale d'hiver (⇒ **Srīnagar**) de l'État de ***Jammu et *Cachemire*** (101 387 km², auxquels s'ajoutent 120 849 km² occupés par la Chine et le Pakistan et que l'Inde revendique ; 6 millions d'hab.).

Jamnā ■ ⇒ **Yamunā.**

Jāmnagar ■ Ville de l'Inde (*Gujarāt). 294 000 hab.

Jamshedpur ■ Ville de l'Inde (*Bihār), centre métallurgique créé en 1912. 457 000 hab.

Leoš **Janáček** ■ Compositeur tchèque (1854-1928). Opéras *("Jenufa")* et œuvres instrumentales *("Sinfonietta")* d'inspiration folklorique.

Clément **Janequin** ■ Compositeur français (v. 1485-1558). Il renouvela la chanson polyphonique, notamment par le recours à l'onomatopée et à l'imitation. *"Le Caquet des femmes"*.

Pierre **Janet** ■ Psychiatre et philosophe français (1859-1947).

le **Janicule** ■ Colline de Rome, à l'est des « sept collines ».

Vladimir **Jankélévitch** ■ Philosophe et musicologue français (1903-1985). *"Le Je-ne-sais-quoi et le Presque-rien"*.

Jansénius ■ Théologien néerlandais (1585-1638). ▶ *le* ***jansénisme,*** doctrine chrétienne inspirée par ses écrits. Elle reprend la théorie de saint *Augustin sur la prédestination : le salut n'est possible que par la grâce divine. D'où une querelle entre jésuites (⇒ **Molina**) et *jansénistes* (⇒ **Saint-Cyran, Arnauld, Nicole**), notamment en France, qui aboutit à la condamnation du jansénisme, malgré la contre-attaque de *Pascal *("les Provinciales").* ⇒ **Port-Royal.** ⟨ ▶ jansénisme ⟩

Jules **Janssen** ■ Astronome français (1824-1907). Découvreur de l'hélium avec Lockyer (1836-1920) en 1868.

Janus ■ Dieu romain, gardien des portes. Représenté avec deux visages opposés.

le **Japon** ■ État (monarchie constitutionnelle) et archipel d'Asie. 377 835 km². 123,1 millions d'hab. *(les Japonais).* Capitale : Tokyo. Langue : japonais. Monnaie : yen. Les îles principales sont *Hokkaidō, *Honshū, *Kyūshū, *Shikoku et *Ryūkyū. Les montagnes couvrent les trois quarts du pays : la faible surface cultivable et la très forte densité imposent une agriculture intensive (riz, thé). Pêche active (1er rang mondial). Une des premières puissances industrielles du monde : sidérurgie, construction navale (la première du monde) et automobile, électronique réputée, chimie. Réussite économique liée à une grande compétence technique et commerciale. Mais le Japon, qui investit ses capitaux dans le monde entier, dépend de l'extérieur pour les matières premières. □ **HISTOIRE.** Du VIe au IXe s., le Japon fut très influencé par la Chine : il adopta sa religion (le bouddhisme) et son écriture. Du XIIe au XIXe s., c'est un État féodal dirigé par un shogun (⇒ **Minamoto Yoritomo**) avec *Kamakura pour capitale ; l'empereur n'a plus qu'une autorité religieuse. Le dernier shogun remit ses pouvoirs à l'empereur installé à *Tokyo en 1867. Confronté aux impérialismes occidentaux, le pays s'est rapidement modernisé (ère *Meiji). Devenu une puissance militaire et menacé de surpopulation, le Japon attaqua la Chine et annexa Taïwan en 1894, la Corée en 1910 et la *Mandchourie en 1931. En 1941, il entra dans la Seconde Guerre mondiale aux côtés de l'Allemagne nazie (⇒ **Pearl Harbor**). Il dut capituler après que les Américains eurent lâché des bombes atomiques sur *Hiroshima et *Nagasaki. Avec l'aide américaine, il a rapidement reconstruit son économie, construisant une puissance économique et financière capable d'inquiéter les États-Unis même. ⟨ ▶ japon, japonais ⟩

Japurá ou **Yapurá** ■ Rivière du Brésil, affluent de l'Amazone. 2 800 km.

le baron de **Jarnac** ■ Gentilhomme français (1505-apr. 1572). Dans un duel, il frappa son adversaire d'un coup inattendu mais loyal. De là l'expression *un coup de Jarnac.*

l'ordre de la **Jarretière** ■ Ordre de chevalerie anglais fondé en 1346. « Honni soit qui mal y pense » est sa devise.

Alfred **Jarry** ■ Écrivain français (1873-1907). Créateur du personnage cocasse d'Ubu. *"Ubu roi"* ; *"Ubu enchaîné"*.

le général **Jaruzelski** ■ Homme politique polonais (né en 1923). Chef du gouvernement de 1981 (« état de guerre ») à 1985, chef de l'État de 1985 à 1990. ⇒ **Pologne.**

Jason ■ Chef des *Argonautes, dans la mythologie grecque. Il partit à la conquête de la *Toison d'or.

Karl **Jaspers** ■ Psychologue et philosophe allemand (1883-1969). Proche de *Kierkegaard.

les **Jātaka** n. m. ■ Contes indiens dont les plus anciens remontent au IIIe s. av. J.-C.

le fleuve **Jaune** ■ ⇒ **Huang He.**

la mer **Jaune** ■ Mer entre la Chine et la Corée.

Jean **Jaurès** ■ Homme politique et intellectuel français, figure marquante du socialisme (1859-1914). Fondateur du journal *l'Humanité* en 1904. Pacifiste militant, il fut assassiné à la veille de la Première Guerre mondiale.

Java ■ Île volcanique d'Indonésie. 132 187 km². 91,3 millions d'hab. *(les Javanais)*, une des plus fortes densités du monde. Ville principale : Jakarta. Terres très fertiles : riz, canne à sucre, thé. Ancien royaume des îles de la Sonde, colonie hollandaise, Java est rattachée à l'Indonésie depuis sa création en 1950. ‹ ▶ ① et ② javanais ›

Alexej von **Jawlensky** ■ Peintre russe (1864-1941). Portraits méditatifs aux couleurs vives.

Jayapura, autrefois **Hollandia** ■ Capitale de l'*Irian Jaya, en Indonésie (Nouvelle-Guinée). 150 000 hab.

Jayavarman VII ■ Roi du Cambodge de 1181 à 1218. Son zèle de constructeur (*Angkor) ruina son royaume (⇒ **khmer**).

Jdanov ■ ⇒ **Marioupol.**

saint **Jean** ■ Apôtre de Jésus. On lui attribue le quatrième *Évangile, l'*Apocalypse et trois Épîtres. Son emblème est une aigle.

Jean ■ NOM DE PLUSIEURS SOUVERAINS EUROPÉENS **1.** roi d'ANGLETERRE □ ***Jean sans Terre*** (1167-1216) succéda en 1199 à son frère *Richard Ier Cœur de Lion. Il fut condamné à perdre ses terres françaises pour avoir enlevé Isabelle d'Angoulême. **2.** duc de BOURGOGNE □ ***Jean sans Peur*** (1371-1419) fut à l'origine de la guerre des *Armagnacs et des Bourguignons par sa volonté d'obtenir la couronne de France. Il s'allia aux Anglais et mourut assassiné. **3.** rois de FRANCE □ ***Jean Ier le Posthume,*** fils posthume de Louis X. Il ne vécut que quatre jours (1316). □ ***Jean II le Bon*** (1319-1364). Monté sur le trône en 1350, il fut capturé par les Anglais lors de la guerre de *Cent Ans (1356) ; son fils, le futur *Charles V, assuma la régence. **4.** roi de POLOGNE □ ***Jean III Sobieski*** (1624-1696), roi de 1674 à sa mort, proclamé « héros de la chrétienté » après ses victoires sur les Turcs. **5.** rois du PORTUGAL □ ***Jean Ier le Grand*** (1357-1433), roi de 1385 à sa mort, fit de son pays une grande puissance et encouragea les voyages de son fils *Henri le Navigateur. □ ***Jean IV le Fortuné*** (1604-1656) libéra son pays de la domination espagnole en 1640 et devint roi. Fondateur de la maison de *Bragance. □ ***Jean VI*** (1767-1826), régent jusqu'à la mort de sa mère en 1816. Il fut chassé par les Français en 1807, se réfugia au Brésil et ne put revenir qu'en 1821. Son fils Pierre Ier proclama alors le Brésil indépendant et en devint empereur (1822). **6.** grand-duc de LUXEMBOURG □ ***Jean*** (né en 1921) succéda à sa mère, après son abdication, en 1964.

Jean XXII ■ Second pape d'Avignon, à partir de 1316 (1245-1334). Il condamna les *Franciscains et la doctrine de la pauvreté du Christ.

Jean XXIII ■ Pape de 1958 à sa mort (1881-1963). Il convoqua le IIe concile du *Vatican et adapta l'Église au monde actuel.

saint **Jean-Baptiste** ■ Prophète juif (mort v. 28). Il reconnut *Jésus comme Messie et le baptisa dans l'eau du Jourdain. Il fut décapité à la demande de *Salomé.

saint **Jean-Baptiste de la Salle** ■ Prêtre français (1651-1719). Fondateur de la congrégation des Frères des Écoles chrétiennes.

André **Jean Bon Saint-André** ■ Révolutionnaire français (1749-1813). Membre du *Comité de salut public chargé des affaires maritimes, employé par le *Directoire, puis par Napoléon Ier.

saint **Jean Bosco** ■ Prêtre italien (1815-1888). Fondateur des congrégations des salésiens et des salésiennes, consacrées à l'éducation des enfants pauvres.

saint **Jean Chrysostome** ■ Docteur de l'Église, patriarche de Constantinople (v. 349 - 407).

saint **Jean Damascène** ■ Théologien chrétien de Damas, docteur de l'Église grecque (mort v. 749).

Jean de Bologne ■ ⇒ **Giambologna.**

saint **Jean de la Croix** ■ Moine espagnol (1542-1591). Auteur de poèmes et de traités mystiques, chefs-d'œuvre du siècle d'or espagnol. Après sainte *Thérèse d'Ávila, il réforma les carmels.

Jean de Meung ■ Érudit et poète français (1250 - v. 1305). "*Le Roman de la rose*" avec *Guillaume de Lorris.

saint **Jean-Marie Vianney** ■ Prêtre français (1786-1859). Il fut curé d'Ars (Ain) pendant 41 ans, où sa renommée, comme confesseur, attira les foules. Patron des curés.

sainte **Jeanne d'Arc** dite ***la Pucelle d'Orléans*** ■ Héroïne française (v. 1412 - 1431). Pendant la guerre de *Cent Ans, elle entendit des voix surnaturelles lui ordonnant de délivrer le pays, obtint une armée et fit sacrer *Charles VII à Reims (1429). Prisonnière des Anglais après plusieurs victoires, elle fut jugée comme hérétique et brûlée à Rouen. Réhabilitée en 1456, canonisée en 1920.

sainte **Jeanne de Chantal** ■ Religieuse française qui fonda l'ordre de la Visitation (1572-1641).

Jeanne la Folle ■ Reine de Castille (1479-1555). Fille de *Ferdinand d'Aragón et d'*Isabelle la Catholique, mère de *Charles Quint, épouse de *Philippe le Beau.

Jeanne Seymour ■ Troisième épouse d'Henri VIII, mère d'Édouard VI (v. 1509 - 1537).

Jean-Paul ■ ⇒ Johann Paul **Richter.**

Jean-Paul II ■ Le premier pape polonais, élu en 1978 (né en 1920). Il porte une grande attention aux problèmes géopolitiques.

Thomas **Jefferson** ■ Homme politique américain (1743-1826). Auteur de la Déclaration d'*indépendance en 1776. 3e président des États-Unis, de 1801 à 1809.

Jefferson City ■ Ville des États-Unis, capitale de l'État du *Missouri. 33 600 hab.

les témoins de **Jéhovah** ■ Secte chrétienne fondée à Pittsburgh, aux États-Unis, en 1872. Elle compte 3,8 millions de fidèles dans le monde. Ils refusent l'autorité du gouvernement, le service militaire et s'opposent aux transfusions sanguines.

Jemappes, anciennement ***Jemmapes*** ■ Ancienne commune de Belgique, aujourd'hui rattachée à *Mons. *Dumouriez y vainquit les Autrichiens en novembre 1792.

Edward ***Jenner*** ■ Médecin anglais (1749-1823). Inventeur du premier vaccin (contre la variole).

Jérémie ■ Un des quatre grands prophètes de la Bible (v. 650 - v. 580 av. J.-C.). On lui attribue les "*Lamentations*", complaintes sur Jérusalem dévastée. ‹ ▶ jérémiades ›

Jerez de la Frontera ■ Ville d'Espagne (*Andalousie). 180 000 hab. Réputée pour ses vins. ‹ ▶ xérès ›

Jéricho ■ Considérée traditionnellement comme la plus ancienne ville du monde, fondée en 8000 av. J.-C. en Palestine. Selon la Bible, les murailles s'écroulèrent au son des trompettes de *Josué et des Hébreux qui s'emparèrent alors de la ville.

Jéroboam Ier ■ Fondateur et premier roi d'Israël (de 931 à 910 av. J.-C.). ‹ ▶ jéroboam ›

saint ***Jérôme*** ■ Père et docteur de l'Église (v. 347 - 420). Sa traduction de la Bible en latin, la *Vulgate, fut adoptée par l'Église et joua un grand rôle dans la culture des pays catholiques. Les peintres l'ont souvent représenté en ermite.

Jersey ■ La plus grande des îles Anglo-Normandes. 116 km². 82 600 hab. Chef-lieu : Saint-Hélier. Tourisme. ‹ ▶ jersey ›

Jersey City ■ Ville des États-Unis (*New Jersey). 224 000 hab.

Jérusalem ■ Ville de Palestine, déclarée (en 1950) capitale d'Israël, cité sainte et lieu de pèlerinage pour les religions juive, chrétienne et musulmane (d'où les nombreuses synagogues, églises, mosquées). 483 000 hab. Vers l'an 1000 av. J.-C., le roi *David en fit la capitale de la *Judée, puis *Salomon y construisit son Temple. Détruite par *Nabuchodonosor II, conquise par les Romains en 63 av. J.-C. (⇒ **Hérode**), elle vit la crucifixion de *Jésus-Christ. En 1099, après la première *croisade, les chrétiens y fondèrent le *royaume latin de Jérusalem* (⇒ **Godefroy de Bouillon**). Occupée par les musulmans du XIIIe au XXe s., puis par les Anglais qui partagèrent la ville entre juifs et Arabes en 1948. En 1967, les Israéliens prirent possession de la partie arabe, réunifiant de fait la ville (⇒ guerres **israélo-arabes**).

Jésus ou ***Jésus-Christ*** ■ Fondateur de la religion chrétienne, pour laquelle il est le fils de Dieu, venu sur Terre pour sauver l'humanité. Il serait né en 4 ou 5 avant l'ère qui porte son nom, et mort en 28 ou 29 de cette ère. Les *Évangiles racontent sa naissance à Bethléem, sa jeunesse à Nazareth, sa prédication et ses miracles en Galilée, sa condamnation à mort devant *Ponce Pilate, sa crucifixion et sa résurrection le troisième jour. ⇒ **Christ.** ‹ ▶ jésus ›

la Compagnie de ***Jésus*** ■ Ordre fondé en 1540 par *Ignace de Loyola et voué à l'enseignement. ▶ *les* ***jésuites*** furent aussi de grands missionnaires en Extrême-Orient (⇒ saint **François Xavier**) et au Paraguay. Ils soutinrent le *molinisme contre le *jansénisme. Ordre aboli en 1773 et rétabli en 1814. ‹ ▶ jésuite ›

le serment du ***Jeu de paume*** ■ Serment prêté le 20 juin 1789 par les députés du tiers état, réunis dans une salle de jeu de paume à Versailles (la salle habituelle leur étant interdite) : ils jurèrent de ne pas se séparer avant d'avoir donné une constitution à la France (⇒ **Constituante**). Le 17 juin, ils s'étaient proclamés Assemblée nationale (⇒ **états généraux**).

William Stanley ***Jevons*** ■ Économiste anglais (1835-1882). Un des fondateurs de l'économie mathématique et du marginalisme.

Jézabel ■ Princesse tyrienne, épouse d'*Achab (IXe s. av. J.-C.). Despotique et idolâtre, elle s'attira la vindicte d'*Élie.

Jiang Jieshi ou ***Tchang Kaï-chek*** ■ Maréchal et homme politique chinois (1887-1975). Formé et appuyé par les Soviétiques, il devint le chef du *Guomindang en 1927 et entreprit d'établir son hégémonie sur la Chine en luttant contre les communistes de *Mao Zedong (Longue *Marche) avant de s'allier temporairement avec eux contre l'envahisseur japonais (1938). Soutenu par les Alliés pendant la Seconde Guerre mondiale, son régime, corrompu, fut vaincu par les partisans de Mao Zedong (1945-1949). Il dut se réfugier à Taïwan.

Jiangsu ■ Province côtière de l'est de la Chine. 102 200 km². 62,1 millions d'hab. Capitale : Nanjing.

Jiangxi ■ Province du sud-est de la Chine. 164 800 km². 35,1 millions d'hab. Capitale : Nanchang.

Jilin ■ Province du nord-est de la Chine. 187 000 km². 23,2 millions d'hab. Capitale : Changchun.

Jilin ou ***Kirin*** ■ Ville de Chine (province de *Jilin). 1,17 million d'hab.

Juan Ramón ***Jiménez*** ■ Poète espagnol (1881-1958). Il quitta l'Espagne en 1936. Prix Nobel 1956. "*Platero et moi*".

Jinan ■ Ville de Chine, capitale de la province de *Chantoung. 1,46 million d'hab. Important carrefour ferroviaire.

Jingdezhen ■ Ville de Chine (*Jiangxi) célèbre pour ses porcelaines (gisements de kaolin). 315 000 hab.

Mohammed Ali ***Jinnah*** ■ Homme politique pakistanais (1876-1948). Chef de la Ligue musulmane, opposé à *Gandhi, il obtint, lors de l'indépendance de l'Inde, la création d'un État musulman : le *Pakistan.

Jitomir ■ Ville de la C.É.I. (*Ukraine). 292 000 hab. Marché agricole, bois, lin.

les ***Jivaros*** ■ Indiens d'Amazonie qui coupaient et réduisaient la tête de leurs ennemis pour en faire des trophées.

saint ***Joachim*** ■ Père de la Vierge Marie et époux de sainte *Anne, dans la tradition chrétienne.

Joachim de Flore ■ Mystique italien (v. 1130-1202). Ses thèses inspirèrent les mouvements mendiants hétérodoxes du XIIIe s.

João Pessoa ■ Ville du Brésil, capitale de l'État du *Paraíba. 290 000 hab.

Job ■ Personnage de la Bible. On dit *pauvre comme Job* par allusion aux malheurs qu'il a subis.

Louis ***Jobin*** ■ Sculpteur canadien (1845-1928). Auteur de plusieurs statues religieuses.

Roméo dit *Raoul* ***Jobin*** ■ Ténor québécois (1906-1974). Considéré comme le plus grand ténor francophone de son temps.

Jocaste ■ Dans la mythologie grecque, mère d'*Œdipe. Elle l'épouse et se pend quand elle découvre qu'il était son fils.

Étienne ***Jodelle*** ■ Auteur dramatique français (1532-1573). "*Cléopâtre captive*" est la première tragédie classique française.

Jodhpur ■ Ville de l'Inde fondée en 1212, dans le *Rājasthān. 506 000 hab.

Joseph ***Joffre*** ■ Maréchal de France (1852-1931). Vainqueur de la bataille de la Marne en 1914, généralissime jusqu'en 1916.

Jogjakarta ■ Ville d'Indonésie, au centre de *Java. 399 000 hab. Centre intellectuel.

Johannesburg ■ La plus grande ville d'Afrique du Sud, dans le *Transvaal, construite près de mines d'or. 1,5 million d'hab. Métropole économique du pays (sidérurgie, construction mécanique).

Wilhelm ***Johannsen*** ■ Botaniste et généticien danois (1857-1927). Définition des notions fondamentales de la génétique.

Samuel ***Johnson*** ■ Écrivain anglais (1709-1784). Célèbre pour son "*Dictionnaire de la langue anglaise*" et ses éditions de *Shakespeare et des poètes anglais. ⇒ **Boswell.**

Andrew ***Johnson*** ■ Homme politique américain (1808-1875). 17e président (démocrate) des États-Unis, de 1865 à 1869.

Lyndon ***Johnson*** ■ Homme politique américain (1908-1973). Vice-président (démocrate) et successeur de *Kennedy à la présidence (34e président) de 1963 à 1969.

Daniel ***Johnson*** ■ Homme politique canadien (1915-1968). Il fut Premier ministre du Québec de 1966 à sa mort. □ *Pierre-Marc* ***Johnson,*** son fils (né en 1946), fut Premier ministre du Québec en 1985.

Uwe ***Johnson*** ■ Écrivain allemand (1934-1984). Membre du *Groupe 47. "*Deux opinions*".

Johor Bahru ■ Ville de Malaysia. 250 000 hab.

Jean sire de ***Joinville*** ■ Chroniqueur français (v. 1224-1317). Conseiller de Louis IX. "*Livre des saintes paroles et des bons faits de notre saint roi Louis*".

Mór ***Jókai*** ■ Romancier hongrois (1825-1904). Il eut un immense succès populaire. "*L'Homme en or*".

Joliette ■ Ville du Québec. 16 400 hab. Musée.

les ***Joliot-Curie*** ■ Physiciens français. Prix Nobel de chimie 1935, pour leur découverte de la radioactivité artificielle. Irène (1897-1956), fille des *Curie, et son époux Frédéric (1900-1958). Communiste militant, pacifiste convaincu, ce dernier fut un pionnier du nucléaire civil.

André ***Jolivet*** ■ Compositeur français (1905-1974). Musique incantatoire. "*Songe à nouveau rêvé*"; "*Concerto pour ondes Martenot*".

Louis ***Jolliet*** ■ Explorateur canadien (1645-1700). Il découvrit le fleuve Mississippi avec J. *Marquette.

Antoine Henri baron de ***Jomini*** ■ Général suisse au service de Napoléon Ier, puis de la Russie, théoricien de la guerre (1779-1869).

Niccolò ***Jommelli*** ■ Compositeur italien (1714-1774). Précurseur de *Gluck. "*Miserere*".

Jonas ■ Un des douze « petits prophètes » de la Bible. Avalé par une baleine, il passe trois jours dans son ventre (symbole de la résurrection pour les chrétiens).

Johan Barthold ***Jongkind*** ■ Peintre et aquarelliste néerlandais (1819-1891). Ses paysages annoncent l'*impressionnisme.

Jönköping ■ Ville et port de Suède. 110 000 hab. Industrie des allumettes.

Jonquière ■ Ville du Québec. 60 700 hab. Industrie de l'aluminium, pâtes et papier, hydroélectricité.

Ben ***Jonson*** ■ Écrivain anglais (1572-1637), ami et rival de *Shakespeare. Auteur de comédies : "*Volpone*".

Kurt ***Jooss*** ■ Danseur et chorégraphe allemand (1901-1979).

les Grandes ***Jorasses*** ■ Sommets du massif du Mont-*Blanc. 4 206 m (France).

Jacob ***Jordaens*** ■ Peintre *baroque *flamand (1593-1678). Scènes populaires ("*Le roi boit!*") et religieuses ("*les Quatre Évangélistes*"), influencées par *Rubens.

Camille ***Jordan*** ■ Mathématicien français (1838-1922). Théorie des groupes. Analyse.

Pascual ***Jordan*** ■ Physicien allemand (1902-1980). Fondateur, avec Max *Born, de la mécanique quantique. Philosophie des sciences.

la ***Jordanie*** ■ État (monarchie constitutionnelle) du Proche-Orient, à l'est d'Israël. 88 947 km². 3 millions d'hab. (*les Jordaniens*), dont la moitié de réfugiés palestiniens. Capitale : Amman. Langue : arabe. Religion officielle : islam. Monnaie : dinar jordanien. Mines de phosphate. Pays désertique à l'exception des vallées du *Jourdain et du Cédron, dotées d'un système d'irrigation. Avec une économie desservie par le manque d'eau, la Jordanie reçoit l'aide des pays pétroliers. ▭ **HISTOIRE.** Ancien protectorat britannique (sous le nom de Transjordanie), royaume indépendant en 1946, il prit le nom de Jordanie en 1949. En 1988, la Jordanie a rompu tous liens avec la partie occidentale du pays (la *Cisjordanie), occupée depuis 1967 par Israël (⇒ guerres **israélo-arabes**).

Joseph ■ Fils de *Jacob, dans la Bible. Vendu par ses frères, il devient ministre du pharaon en Égypte.

saint ***Joseph*** ■ Dans les *Évangiles, charpentier, époux de *Marie et père nourricier de *Jésus.

le père ***Joseph*** ■ Capucin français, collaborateur intime de *Richelieu, surnommé « l'Éminence grise » (1577-1638).

Joseph II ■ Empereur germanique de 1765 à sa mort (1741-1790). Despote éclairé, il poursuivit l'œuvre de centralisation et de modernisation commencée par sa mère *Marie-Thérèse. Sa politique anticléricale fut appelée le *joséphisme*.

Flavius ***Josèphe*** ■ ⇒ **Flavius Josèphe.**

Joséphine née ***Marie-Josèphe Tascher de La Pagerie*** ■ Impératrice des Français (1763-1814). Veuve de *Beauharnais, elle épousa en 1796 Napoléon Bonaparte qui, devenu *Napoléon Ier, la répudia en 1809 pour *Marie-Louise, faute d'héritier.

Josquin des Prés ■ Compositeur français (v. 1440-1521). Un des maîtres de la polyphonie. Nombreuses messes.

Josué ■ Personnage de la Bible (v. XIIe s. av. J.-C.). Il fait tomber les murs de *Jéricho au son des trompettes et mène les Hébreux à la conquête de la Terre promise (épisode retracé dans le livre biblique de Josué).

Joseph ***Joubert*** ■ Moraliste français (1754-1824). Ami de *Fontanes et de *Chateaubriand, qui édita ses "*Carnets*".

le marquis de ***Jouffroy d'Abbans*** ■ Ingénieur français (1751-1832). Il fit fonctionner le premier bateau à vapeur (1783).

Marcel **Jouhandeau** ■ Écrivain français (1888-1979). Romans, essais, autobiographies. "*Chroniques maritales*".

Léon **Jouhaux** ■ Syndicaliste français (1879-1954). Secrétaire général de la *C.G.T. de 1909 à 1947, un des fondateurs de la C.G.T.-*F.O. Prix Nobel de la paix 1951.

Gueorguiï **Joukov** ■ Maréchal et homme politique soviétique (1896-1974). Vainqueur de la bataille de *Stalingrad, signataire de la capitulation allemande (1945) et ministre de la Défense sous *Khrouchtchev.

Vassiliï **Joukovski** ■ Poète russe (1783-1852). Il introduisit le *romantisme en Russie.

Nikolaï **Joukovski** ■ Physicien russe, spécialiste de l'aérodynamique (1847-1921).

James Prescott **Joule** ■ Physicien anglais (1818-1889). Il établit certaines lois fondamentales de la thermodynamique et définit l'équivalent mécanique de la chaleur, désormais mesurée en *joules.* ⟨ ▶ joule ⟩

le **Jourdain** ■ Fleuve de *Palestine qui traverse le lac de *Tibériade, sépare la *Jordanie de la *Cisjordanie et se jette dans la mer Morte (350 km). Important rôle d'irrigation.

Jean-Baptiste **Jourdan** ■ Officier français, maréchal d'Empire (1762-1833). Il vainquit les Autrichiens à *Fleurus (1794).

Pierre Jean **Jouve** ■ Écrivain français (1887-1976). Œuvre marqué par la psychanalyse et le mysticisme. "*Paulina 1880*".

Jean **Jouvenet** ■ Peintre français (1644-1717). Grandes compositions religieuses.

Louis **Jouvet** ■ Acteur, metteur en scène et directeur de théâtre français (1887-1951). Il collabora avec *Giraudoux et interpréta de nombreux films.

Gaspar Melchor de **Jovellanos** ■ Essayiste espagnol, défenseur du libéralisme (1744-1811).

James **Joyce** ■ Écrivain irlandais (1882-1941). Créant de nouveaux procédés de narration et restituant le flux de la conscience, il a fait du langage la réalité fondamentale du roman. "*Ulysse*" ; "*Finnegans Wake*".

Attila **József** ■ Poète hongrois (1905-1937). Marxiste, admirateur de *Freud, il tenta la synthèse entre le *surréalisme et le folklore hongrois. "*Sur le pourtour de la ville*".

Juan Carlos Ier ■ Roi d'Espagne depuis 1975 (né en 1938). Il a permis la démocratisation de son pays après la mort de *Franco.

don **Juan d'Autriche** ■ Prince espagnol (1545-1578). Fils de *Charles Quint, demi-frère de Philippe II. Il remporta la victoire de Lépante sur les Turcs (1571) et devint gouverneur général des Pays-Bas (1576).

Juan-les-Pins ■ Station balnéaire française de la Côte d'Azur se trouvant sur le territoire de la commune d'*Antibes.

Benito **Juárez** ■ Homme politique mexicain (1806-1872). Vainqueur de l'expédition française, il fit fusiller l'empereur *Maximilien (1867). Président de la République de 1861 à sa mort.

le **Júcar** ■ Fleuve d'Espagne orientale, qui se jette dans le golfe de Valence. 506 km.

Juda ■ Fils de *Jacob, dans la Bible, ancêtre d'une des tribus d'Israël. ▶ *le royaume de* **Juda** fut fondé après la mort de *Salomon (v. 931 av. J.-C.) par les tribus du sud de la Palestine (capitale : Jérusalem) et détruit par *Nabuchodonosor II en 587 av. J.-C.

le **judaïsme** ■ Religion des juifs, qui croient en un Dieu unique qui a fait alliance avec *Abraham et transmis sa loi à *Moïse. La *Bible, la *Mishnah et le *Talmud sont ses livres sacrés. ⇒ **Hébreux, Kabbale.** ⟨ ▶ judaïque, judaïsme ⟩

Judas dit **l'Iscariote** ■ Un des douze apôtres de l'Évangile. Il trahit Jésus pour de l'argent. On appelle un traître un *Judas.* ⟨ ▶ judas ⟩

saint **Jude** ou **Thadée** ■ Un des douze apôtres de l'Évangile.

la **Judée** ■ Région du sud de la Palestine, le cœur du pays juif dans l'Antiquité.

Judith ■ Héroïne de la Bible. Elle sauva sa ville en tranchant la tête du général ennemi *Holopherne.

les **Juges** n. m. ■ Dans la Bible, chefs militaires et porte-parole de Dieu qui gouvernèrent les *Hébreux aux XIIe et XIe s. av. J.-C.

Clément **Juglar** ■ Économiste français (1819-1905). Théorie des cycles économiques.

Jugurtha ■ Roi de *Numidie vaincu par les Romains (v. 160 - v. 104 av. J.-C.).

la monarchie de **Juillet** ■ ⇒ **monarchie de Juillet.**

le 14 **Juillet 1789** ■ ⇒ **Bastille.**

Alphonse **Juin** ■ Maréchal de France (1888-1967). Héros de la *Résistance, puis résident général au Maroc de 1947 à 1951.

Jules II ■ Pape de 1503 à sa mort, surnommé « le Terrible » (1443-1513). Voulant restaurer le pouvoir temporel de l'Église, il lutta contre les Vénitiens (1508) et organisa la « Sainte Ligue » contre les Français (1512). Mécène et bâtisseur, il fit travailler *Bramante, *Michel-Ange, *Raphaël (⇒ **Saint-Pierre de Rome**).

Jules César ■ ⇒ Jules **César.**

Jules Romain, en italien **Giulio Romano** ■ Peintre et architecte italien (1492 ou 1499-1546). Disciple de *Raphaël, maniériste. Palais du Te, à Mantoue. ≠ Jules *Romains.

la gens **Julia** ■ Illustre famille romaine à laquelle appartenait Jules *César.

Julie ■ Fille d'*Auguste (39 av. J.-C. - 14 apr. J.-C.).

Pauline **Julien** ■ Chanteuse et auteur-compositeur québécoise (née en 1928). Plusieurs de ses chansons sont des prises de position sur la politique ou la libération des femmes.

Julien l'Apostat ■ Empereur romain d'Orient (331-363). Il rejeta le christianisme, instauré par son oncle *Constantin Ier, et tenta de restaurer la religion païenne.

saint **Julien l'Hospitalier** ■ Personnage légendaire du XIIIe s. qui a inspiré un conte de *Flaubert.

Jullundur ■ Ville de l'Inde (*Pendjab), au pied de l'Himalaya. 408 000 hab.

l'abbaye de **Jumièges** ■ Ruines d'une abbaye française fondée en 654, avec une remarquable église abbatiale du XIe s., situées dans l'arrondissement de *Rouen.

Juneau ■ Ville des États-Unis, capitale de l'*Alaska. 19 500 hab.

Carl Gustav **Jung** ■ Psychiatre suisse (1875-1961). Disciple dissident de *Freud, il élargit l'analyse à l'« inconscient collectif » et à ses expressions : mythes, symboles. Il s'intéressa beaucoup à l'alchimie.

Ernst **Jünger** ■ Écrivain allemand (né en 1895). Il a donné une œuvre d'inspiration romantique et d'une grande perfection formelle, où la guerre, la nature, le refus du modernisme sont les thèmes majeurs. "*Héliopolis*" ; "*le Livre du sablier*".

la **Jungfrau** ■ Sommet des Alpes suisses (4 158 m).

Juan de **Juni** ■ Sculpteur espagnol (1507-1577). Expression pathétique.

Hugo **Junkers** ■ Industriel allemand de l'aéronautique (1859-1935). Premier avion en métal.

Junon ■ Épouse de *Jupiter, déesse de la Nature féminine, chez les Romains. Elle est *Héra, chez les Grecs.

Andoche **Junot** *duc d'Abrantès* ■ Général français (1771-1813). Ami de Bonaparte. □ *Laure* **Junot** duchesse d'Abrantès, sa femme (1784-1838), a laissé des "*Mémoires*".

Jupiter ■ Principal dieu romain, assimilé au *Zeus des Grecs. Dieu du Ciel, de la Foudre et du Tonnerre, protecteur de Rome. □ **Jupiter** est le nom de la plus grosse planète du système solaire : 143 000 km de diamètre (soit 11,2 fois celui de la Terre). Température : – 140 °C.

le **Jura** ■ Chaîne de montagnes d'Europe (est de la France, Suisse, Allemagne). Point culminant : le crêt de la Neige (1 723 m). Climat rude et humide dans le Jura franco-suisse : élevage laitier (comté, gruyère), exploitation de la forêt, tourisme, énergie hydroélectrique. ▶ *le* **Jura**. Département français de la région *Franche-Comté. □ *le* **Jura suisse,** 23e canton de la Suisse, créé en 1979. 837 km². 65 000 hab. Chef-lieu : Delémont. ‹ ▶ jurassien ›

Jurançon ■ Ville de France, dans les *Pyrénées, près de Pau. 7 900 hab. *(les Jurançonnais).* Vins.

Juruá ■ Rivière du Brésil, affluent de l'Amazone. 3 200 km.

les **Jussieu** ■ FAMILLE DE MÉDECINS ET BOTANISTES FRANÇAIS □ *Antoine Laurent de* **Jussieu,** botaniste (1748-1836).

les **Juste** ■ Famille de sculpteurs italiens de la *Renaissance établis en France en 1504.

Justinien Ier ■ Empereur romain d'Orient (482-565). Grand conquérant et législateur *("Code justinien"),* il contribua à la grandeur et à la prospérité de la civilisation byzantine. Il édifia des grands monuments à *Ravenne et *Constantinople.

le **Jütland,** en danois **Jylland** ■ Presqu'île continentale du Danemark. 2,15 millions d'hab. Capitale : *Aarhus. Bataille navale anglo-allemande en 1916.

Claude **Jutra** ■ Cinéaste québécois (1930-1986). "*À tout prendre*" (1963) ; "*Mon oncle Antoine*" (1971) l'un des plus célèbres films québécois.

Juvénal ■ Poète latin (v. 55-v. 130). Auteur de "*Satires*" où il critique les mœurs dissolues de son temps.

K

K2 ou ***Dapsang*** ■ Deuxième sommet du monde (8 611 m), dans l'*Himalaya.

*al-**Ka'ba*** ■ Édifice cubique au centre de la mosquée de La *Mecque. La Pierre noire, apportée selon la tradition par saint *Gabriel à *Abraham, y est scellée. C'est le point vers lequel se tournent tous les musulmans pour prier.

*Dmitriï **Kabalevski*** ■ Compositeur soviétique (1904-1987). "*Nikita Verchinine*", opéra.

*la **Kabardino-Balkarie*** ■ Une des républiques autonomes de la Fédération de Russie, dans le *Caucase. 12 500 km². 760 000 hab. *(les Kabardes* ou Kabardins, les Balkars). Capitale : Naltchik. Agriculture. Industrie mécanique.

*la **Kabbale*** ou ***Cabale*** ■ En hébreu « la tradition ». À l'origine, tout commentaire de la Bible ; puis, à la fin du XIIIe s., doctrine mystique du *judaïsme, très importante dans la pensée juive. Le *Zohar est son ouvrage principal. ‹ ► ① et ② cabale ›

Kaboul ou ***Kābul*** ■ Capitale de l'Afghanistan. 1,42 million d'hab. Centre caravanier et artisanal. Ville universitaire et administrative.

*le **kabuki*** ■ Genre de théâtre japonais créé au XVIe s., plus populaire que le *nô.

*la **Kabylie*** ■ Massifs montagneux d'Algérie bordant la Méditerranée. ► *les **Kabyles,*** population d'origine et de langue *berbères. ‹ ► kabyle ›

*János **Kádár*** ■ Homme politique hongrois (1912-1989). Premier secrétaire du parti communiste hongrois (1956-1988), congédié peu avant sa mort (⇒ **Hongrie**).

*Ismaïl **Kadaré*** ■ Écrivain albanais (né en 1936). "*Le Général de l'armée morte*", roman.

*Muammar al-**Kadhafi*** ■ Officier et homme politique libyen (né en 1942). Président du Conseil de la révolution depuis 1970. ⇒ **Libye.**

Kaduna ■ Ville du Nigeria. 287 000 hab. Culture et industrie du coton.

Kaédi ■ Ville de Mauritanie. 32 000 hab.

Kaesŏng ■ Ville de la Corée du Nord. 346 000 hab.

*Franz **Kafka*** ■ Écrivain tchèque d'expression allemande (1883-1924). Ses récits et ses romans mettent en scène des personnages livrés à l'étrangeté, la solitude et la culpabilité. "*La Métamorphose*" ; "*le Procès*" ; "*le Château*". ‹ ► kafkaïen ›

Kafr el-Dawar ■ Ville d'Égypte, près d'Alexandrie. 240 000 hab.

*Mauricio **Kagel*** ■ Compositeur argentin (né en 1931). Son œuvre mêle l'humour et la provocation : "*Bestiarum*" ; "*Rrr...*".

Kagoshima ■ Ville du Japon (*Kyūshū). 536 000 hab. Centre commercial. Université.

*Gustave **Kahn*** ■ Poète *symboliste français (1859-1936).

Kahnawake ■ Réserve indienne au sud de Montréal. 5 900 hab. Lieu de manisfestations en 1990.

*Daniel-Henry **Kahnweiler*** ■ Critique et marchand de tableaux français (1884-1979). Premier défenseur des *cubistes.

Kahramanmaraş ■ Ville de Turquie, en *Anatolie centrale. 212 000 hab. Ancienne capitale du royaume *hittite de Gourgoum (XIIe s. av. J.-C.).

Kaifeng ■ Ville de Chine (*Henan), sur le *Huang He. Ancienne capitale impériale. 473 000 hab. Industrie alimentaire.

Kairouan ■ Ville de Tunisie. 72 300 hab. Ville sainte de l'Islam. Mosquées. Fabrication de tapis.

Kaiserslautern ■ Ville d'Allemagne (*Rhénanie-Palatinat). 98 800 hab. Centre industriel.

Kakinomoto Hitomaro ■ Poète japonais (v. 665 - 710). Parfois considéré comme une divinité de la Poésie dans le *shintoïsme.

*le désert de **Kalahari*** ■ Cuvette fermée et désertique du sud de l'Afrique, située en majeure partie au *Botswana.

*Nicholas **Kaldor*** ■ Économiste britannique dans la lignée de *Keynes (1908-1986).

*le **Kalevala*** ■ Épopée populaire finnoise connue par la tradition orale et transcrite au XIXe s.

Kalgan ou ***Zhangjiakou*** ■ Ville de Chine (*Hebei). 511 000 hab. Centre d'échange entre Pékin et la Mongolie.

Kālī ■ Divinité hindoue, destructrice. Une des épouses de *Śiva, honorée par des sacrifices sanglants.

Kālidāsa ■ Écrivain indien, le maître du théâtre sanskrit (IVe - Ve s.). "*Śakuntalā*".

Kalimantan ■ Partie indonésienne de l'île de *Bornéo. 539 460 km². 6,7 millions d'hab.

Mikhaïl ***Kalinine*** ■ Homme politique soviétique (1875-1946). Président du Præsidium du Soviet suprême de 1938 à sa mort.

Kalinine ■ ⇒ **Tver.**

Kaliningrad, jusqu'en 1946 et depuis 1991 ****Königsberg*** ■ Ville et port de *Russie, enclave entre la *Pologne et la *Lituanie, près de la Baltique. 401 000 hab. Constructions navales. Pêche.

la ***Kalmoukie*** ■ Une des 16 républiques autonomes de la Fédération de Russie. 75 900 km². 322 000 hab. *(les Kalmouks).* Capitale : Elista (85 000 hab.). Agriculture.

Kalouga ■ Ville de la C.É.I. (*Russie), au sud-ouest de Moscou. 312 000 hab. Région agricole et minière.

la ***Kama*** ■ Rivière de Russie, affluent de la *Volga. 2 030 km.

Kāma ■ Divinité hindoue de l'Amour et du Plaisir charnel. ▶ *les* ***Kāma sūtra*** n. m. Célèbre ouvrage indien des IVe - Ve s. consacré à l'amour.

Kamakura ■ Ville du Japon (*Honshū). 176 000 hab. Ancienne capitale, de 1185 à 1333. Nombreux temples. Statue de Bouddha du XIIIe s.

Lev Borissovitch ***Kamenev*** ■ Homme politique soviétique (1883-1936). Compagnon de *Lénine, il fut jugé puis exécuté avec *Zinoviev sous *Staline. Réhabilité en 1988.

Heike ***Kamerlingh Onnes*** ■ Physicien néerlandais (1853-1926). Un des créateurs de la physique des très basses températures.

Kamloops ■ Ville de Colombie-Britannique. 62 000 hab. Production fruitière.

Kampala ■ Capitale de l'Ouganda. 458 000 hab. Ville résidentielle.

le ***Kampuchéa*** ■ Nom officiel du *Cambodge de 1976 à 1989.

le ***Kamtchatka*** ■ Presqu'île de *Russie, située à l'extrême est de la *Sibérie. 350 000 km². Bois. Pêche.

les ***Kanaks*** ou ***Canaques*** ■ Peuple d'*Océanie vivant notamment en *Nouvelle-Calédonie.

Kananga ■ Ville du Zaïre. 291 000 hab. Centre commercial.

Konstantínos ***Kanáris*** ■ Marin grec, héros de l'indépendance de son pays (1790-1877).

Kanazawa ■ Ville du Japon (*Honshū). 437 000 hab. Jardin célèbre. Laques et porcelaines.

Kānchipuram ■ Ville du sud de l'Inde (*Tamil Nādu). 131 000 hab. Une des sept villes sacrées de l'Inde. Nombreux temples.

Kandahār ■ Ville d'Afghanistan. 225 000 hab. Marché important.

Kandi ■ Ville du Bénin. 53 000 hab.

Vassilii ***Kandinsky*** ■ Peintre et théoricien russe naturalisé allemand, puis français (1866-1944). Fondateur avec Franz *Marc du *Cavalier bleu, puis professeur au *Bauhaus. Il réalisa le premier tableau abstrait : "*Avec l'arc noir*" (1912).

Kandy ■ Ville du Sri Lanka. 97 900 hab. Pèlerinage bouddhique. Capitale de *Ceylan du XVIe au XIXe s.

Cheikh Hamidou ***Kane*** ■ Écrivain sénégalais d'expression française (né en 1928). "*L'Aventure ambiguë*".

Kangxi ou ***K'ang-hi*** ■ Empereur de Chine (1654-1722). Sous son règne, la Chine redevint une grande puissance.

Kang Youwei ■ Homme politique et philosophe chinois (1858-1927). Surnommé « le Jean-Jacques Rousseau chinois ».

Kankan ■ Ville de Guinée. 88 800 hab.

Kano ■ Ville du Nigeria. 566 000 hab. Ancienne capitale d'un royaume haoussa (XIe - XIXe s.).

l'école ***Kanō*** ■ École de peinture japonaise active du XVe au XXe s. ▶ ***Kanō Masanobu*** (1434-1530) et ***Kanō Eitoku*** (1543-1590) sont ses représentants principaux.

Kānpur, anciennement ***Cawnpore*** ■ Ville de l'Inde (*Uttar Pradesh). 1,7 million d'hab. Centre industriel (textile, cuir, métallurgie).

le ***Kansas*** ■ État du centre des États-Unis. 213 096 km². 2,36 millions d'hab. Capitale : Topeka. État agricole (1er producteur de blé des États-Unis) ; élevage bovin. Pétrole, gaz. Industrie agro-alimentaire, engrais. Universités. Sa prospérité est liée au développement du chemin de fer (v. 1860).

Kansas City ■ Centre urbain des États-Unis, formé par deux villes du même nom, de part et d'autre du Missouri. *Kansas City* (*Missouri), 448 000 hab. et *Kansas City* (*Kansas), 161 000 hab.

Emmanuel ***Kant*** ■ Philosophe allemand (1724-1804). Sa critique de la raison tire la leçon de la révolution accomplie depuis *Copernic dans les sciences : n'est connu que ce qui est conforme à notre faculté de connaître. Elle ruine la théologie rationnelle, repense la morale et l'esthétique. ▶ *le* ***kantisme*** marque les débuts de la philosophie contemporaine. □ *le* ***néo-kantisme*** réaffirma l'actualité du criticisme kantien (⇒ **Cassirer**).

Antioche ***Kantemir*** ■ Poète et diplomate russe (1708-1744), fils de D. *Cantemir. "*Contre les dénigreurs de la culture*".

Leonid ***Kantorovitch*** ■ Économiste soviétique (1912-1986). Prix Nobel 1975.

Kaoh-siung ou, en pinyin, ***Gaoxiong*** ■ Ville et 1er premier port de Taïwan. 1,34 million d'hab.

Kaolack ■ Ville et port du Sénégal. 132 000 hab.

Piotr ***Kapitsa*** ■ Physicien soviétique (1894-1984). Prix Nobel 1978.

la mer de ***Kara*** ■ Mer bordière de l'océan Arctique, au nord de la Russie.

Karaca Oğlan ■ Poète populaire turc (1606-v. 1679).

Karāchi ■ Ancienne capitale, principale ville et port du Pakistan, sur le golfe d'Oman. 5,1 millions d'hab. Centre industriel.

Djordje Petrović dit ***Karadjordje*** ou ***Karageorges*** ■ Homme politique serbe (1752-1817). Chef de l'insurrection serbe contre les Turcs (1804), fondateur de la dynastie des *Karadjordjević* ou *Karageorgévitch*, princes de *Serbie de 1808 à 1941.

Vuk **Karadžić** ■ Écrivain et réformateur de la langue serbe (1787-1864). Il s'intéressa au folklore, publia une "*Grammaire*" et le premier "*Dictionnaire serbe*".

Karaganda ■ Ville de la C.É.I. (*Kazakhstan). 614 000 hab. Centre d'un bassin houiller.

Karageorges ■ ⇒ **Karadjordje.**

Herbert von **Karajan** ■ Chef d'orchestre autrichien (1908-1989). Symphoniste célèbre et maître de l'opéra (Berlin, festival de Salzbourg).

la **Karakalpakie** ■ République autonome d'*Ouzbékistan (C.É.I.). 164 900 km². 1,21 million d'hab. *(les Karakalpaks).* Capitale : Noukous (169 000 hab.). Région agricole.

le **Karakoram** ■ Massif montagneux de l'ouest de l'*Himalaya. 8 611 m.

Konstandínos **Karamanlís** ou, en français, *Constantin* **Caramanlis** ■ Homme politique grec (né en 1907). Premier ministre de 1955 à 1963 et président de la République de 1980 à 1985.

Nikolaï **Karamzine** ■ Écrivain russe (1766-1826). Il a donné naissance au russe littéraire moderne.

Karbalā' ■ Ville d'Irak. 185 000 hab. Centre de pèlerinage pour les *chiites.

Abram **Kardiner** ■ Psychanalyste et ethnologue américain (1891-1981). Un des créateurs de l'anthropologie culturelle.

Karl-Marx-Stadt ■ ⇒ **Chemnitz.**

Boris **Karloff** ■ Acteur de cinéma britannique naturalisé américain (1887-1969). Célèbre pour son interprétation du monstre dans "*Frankenstein*", d'après Mary *Shelley.

Karlsruhe ■ Ville d'Allemagne (*Bade-Wurtemberg). 260 000 hab. Port sur le Rhin. Industries mécaniques. Raffinerie.

Karnak ■ Site archéologique d'Égypte (partie nord de *Thèbes). Célèbre temple d'*Amon, construit du XVIᵉ au XIIIᵉ s. av. J.-C. ≠ Carnac.

Karnātaka, autrefois **Mysore** ■ État du sud-ouest de l'Inde. 191 791 km². 37,1 millions d'hab. Capitale : Bangalore.

Alphonse **Karr** ■ Journaliste et écrivain français (1808-1890). Publication satirique, *les Guêpes*.

Paul **Karrer** ■ Chimiste suisse (1889-1971). Ses études sur les vitamines lui valurent le prix Nobel en 1937.

Kars ■ Ville de Turquie. 59 000 hab. Capitale de l'*Arménie au Xᵉ s.

le **Karst** ■ Région de Yougoslavie (*Istrie) formée de plateaux calcaires, modelés par l'érosion des eaux souterraines. ⟨ ► karst ⟩

le **Kasaï** ou **Kassaï** ■ Rivière d'Afrique centrale, affluent du Zaïre. 1 940 km.

le **Kasmir** ou **Kashmir** ■ ⇒ le **Cachemire.**

Jan **Kasprowicz** ■ Poète polonais (1860-1926). "*Christ*".

Kassel ■ Ville d'Allemagne (*Hesse), ancienne capitale de la Hesse. 188 000 hab. Château impérial (IXᵉ s.). Centre industriel et culturel.

les **Kassites** ■ Peuple asiatique de l'Antiquité, qui conquit, au XVIIIᵉ s. av. J.-C., la *Mésopotamie.

Alfred **Kastler** ■ Physicien français (1902-1984). Prix Nobel 1966.

Erich **Kästner** ■ Romancier allemand (1899-1974). "*Émile et les détectives*".

Valentin **Kataïev** ■ Écrivain soviétique (1897-1986). "*Les Flots de la mer Noire*", cycle romanesque sur la révolution russe.

le **Katanga** ■ ⇒ **Shaba.**

Kateb Yacine ■ Écrivain algérien d'expression française (1929-1989). "*Nedjma*" (roman) et "*Cercle de représailles*" (théâtre) sont inspirés par la guerre d'indépendance.

le **kathakali** ■ Genre théâtral dansé du sud de l'Inde.

Katmandou ou **Kātmāndu** ■ Capitale du Népal. 235 000 hab. Pèlerinages bouddhiques. Artisanat. Tourisme.

Katowice ■ Ville de Pologne. 369 000 hab. Grand centre industriel et minier de haute *Silésie.

Katyn ■ Localité de Russie à l'ouest de *Smolensk. Les Allemands y découvrirent en 1943 un charnier d'officiers polonais exécutés par la police politique soviétique. Le *massacre de Katyn* a gravement affecté les relations russo-polonaises.

Kaunas ■ Ville et port fluvial de *Lituanie. 423 000 hab. Centre culturel. Industries.

le prince von **Kaunitz-Rittberg** ■ Homme politique autrichien (1711-1794). Il allia l'Autriche à la France (⇒ guerre de **Sept Ans**) et soutint la politique de Joseph II.

Karl **Kautsky** ■ Homme politique allemand (1854-1938). Théoricien marxiste du parti social-démocrate, qu'il dirigea avec Eduard *Bernstein (1880). Critiqué par *Lénine comme « renégat ».

Kawabata Yasunari ■ Écrivain japonais (1899-1972). Prix Nobel 1968. "*Pays de neige*".

Kawagoe ■ Ville du Japon (*Honshū). 299 000 hab. Temple du IXᵉ s.

Kawasaki ■ Ville du Japon (*Honshū). 1,1 million d'hab. Grand centre d'industrie lourde.

Kayseri, autrefois **Césarée** ■ Ville de Turquie. 378 000 hab. Ancienne capitale de la *Cappadoce, un des premiers foyers du christianisme en Asie.

le **Kazakhstan** ou *la* **Kazakhie** ■ République faisant partie de la C.É.I. au nord-ouest de la Chine, s'étendant de l'Europe au *Turkestan. 2 717 300 km². 16,5 millions d'hab. *(les Kazakhs).* Capitale : Alma-Ata. Sous-sol très riche. Agriculture (céréales, moutons). Industries (sidérurgie, cuir). Base aérospatiale à *Baïkonour. La population, musulmane, d'origine turque, a été dominée par les Russes qui ont colonisé la région à partir du XVIIIᵉ s.

Elia **Kazan** ■ Cinéaste américain (né en 1909). "*À l'est d'Éden*" ; "*Sur les quais*".

Kazan ■ Ville de la C.É.I., capitale de la république autonome des *Tatars (*Russie). 1,1 million d'hab. Port fluvial sur la *Volga. Grand centre industriel et culturel. Capitale du royaume bulgare de la Volga, puis (XIVᵉ s.) d'un État mongol.

Níkos **Kazantzakís** ■ Écrivain grec, célèbre romancier (1885-1957). "*Alexis Zorba*" ; "*le Christ recrucifié*".

Edmund **Kean** ■ Le plus célèbre acteur du théâtre anglais (1789-1833). Sa vie inspira une comédie à *Dumas (adaptée par *Sartre).

Buster **Keaton** ■ Acteur et cinéaste américain (1895-1966). Une des plus grandes vedettes du cinéma comique muet, avec Charlie *Chaplin. "*Les Lois de l'hospitalité*".

John **Keats** ■ Poète romantique anglais (1795-1821). Il a célébré le culte de l'art et de la beauté. "*Ode à un rossignol*".

Kehl ■ Ville d'Allemagne (*Bade-Wurtemberg), en face de *Strasbourg. 30 000 hab.

le **Keihin** ■ Immense conurbation japonaise qui s'étend de *Tokyo à *Yokohama. 13 millions d'hab.

Wilhelm **Keitel** ■ Maréchal allemand, chef de la *Wehrmacht de 1938 à 1945, il fut condamné à mort par les Alliés (⇒ **Nuremberg**) et pendu (1882-1946).

Urho **Kekkonen** ■ Homme politique finlandais (1900-1986). Plusieurs fois Premier ministre entre 1950 et 1956, il fut président de la République de 1956 à 1981.

Friedrich August **Kekule von Stradonitz** ■ Chimiste allemand (1829-1896). Son étude du carbone inaugure la chimie organique structurale.

Gottfried **Keller** ■ Écrivain suisse d'expression allemande (1819-1890). "*Henri le Vert*".

François **Kellermann** *duc de* **Valmy** ■ Officier français (1735-1820). Vainqueur à *Valmy (1792), maréchal d'Empire.

Frank Billings **Kellogg** ■ Diplomate américain (1856-1937). Prix Nobel de la paix 1929 après la signature par 57 pays du *pacte *Briand-Kellogg* (1928), qui condamnait la guerre.

Kells ■ ⇒ **Ceanannus Mór.**

Kelowna ■ Ville de Colombie-Britannique. 61 000 hab. Production fruitière.

Henry **Kelsey** ■ Explorateur anglais (v. 1667-1724). Il explora les Prairies canadiennes pour le compte de la Compagnie de la baie d'*Hudson.

lord **Kelvin** ■ ⇒ sir William **Thomson.**

Mustafa **Kemal** ■ ⇒ **Mustafa Kemal.**

Yachar **Kemal** ■ ⇒ **Yaşar Kemal.**

Zsigmond baron **Kemény** ■ Écrivain hongrois (1814-1875). Auteur de romans historiques. "*Les Exaltés*".

Kemerovo ■ Ville de la C.É.I. (*Russie), dans le *Kouzbass. 520 000 hab. Chimie.

Edward **Kendall** ■ Chimiste américain (1886-1972). Importants travaux sur les hormones. Prix Nobel de physiologie et de médecine 1950.

Kenitra, autrefois **Port-Lyautey** ■ Ville et port artificiel du Maroc. 188 000 hab.

John Fitzgerald **Kennedy** ■ Homme politique américain (1917-1963). 35e président (démocrate) des États-Unis, de 1961 à son assassinat. Politique progressiste à l'intérieur et de « coexistence pacifique » à l'extérieur. Ferme à l'égard de l'U.R.S.S. et de Cuba (⇒ crise de **Cuba**), il engagea l'escalade américaine au *Viêt-nam. □ *Robert* **Kennedy** (1925-1968), son frère et ministre de la Justice, fut lui aussi assassiné.

Ashevak **Kenojuak** ■ Artiste inuk (né en 1927). Célèbre pour ses dessins d'oiseaux.

Kensington ■ Quartier résidentiel de l'ouest de Londres, formant avec Chelsea un bourg *(borough)* du Grand Londres. 133 000 hab.

le **Kent** ■ Comté du sud-est de l'Angleterre. 3 732 km². 1,5 million d'hab. Chef-lieu : Maidstone (72 000 hab.). Agriculture. Tourisme (*Canterbury, *Douvres).

le **Kentucky** ■ État du centre des États-Unis. 104 659 km². 3,66 millions d'hab. Capitale : Frankfort. Agriculture, élevage de chevaux. Industrie du tabac. Whisky (bourbon). Universités. Réserve d'or de Fort *Knox.

le **Kenya** ■ État (république) de l'Afrique de l'Ouest. 582 646 km². 23,9 millions d'hab. *(les Kenyans).* Capitale : Nairobi. Langues officielles : anglais et swahili. Monnaie : shilling kenyan. Climat équatorial souvent modifié par l'altitude (mont Kenya : 5 194 m). Agriculture (café, thé, sisal). Tourisme (safaris). Ancienne colonie anglaise, indépendante dans le cadre du *Commonwealth depuis 1963.

Jomo **Kenyatta** ■ Homme politique kenyan (1893-1978). Il lutta pour l'indépendance et devint président de la République en 1964.

Johannes **Kepler** ■ Astronome allemand (1571-1630). Disciple de *Copernic et de Tycho *Brahe, il énonça les lois du mouvement des planètes autour du Soleil.

le **Kerala** ■ État de l'extrême sud-ouest de l'Inde. 38 863 km². 25,5 millions d'hab. Capitale : Trivandrum.

Alexandre **Kerenski** ■ Homme politique russe (1881-1970). Socialiste, chef du gouvernement provisoire de juillet à octobre 1917, renversé par les *bolcheviks.

Pauline **Kergomard** ■ Pédagogue française (1838-1925). Une des fondatrices de l'école maternelle en France.

les îles **Kerguelen** ■ Archipel français du sud de l'océan Indien (terres *Australes), nommé d'après Yves *Kerguelen* de Trémarec (1745-1797). 7 215 km². Importante base scientifique.

le **Kerintji** ■ Volcan de *Sumatra, point culminant de l'île. 3 805 m.

Kermān ■ Ville d'Iran. 257 000 hab. Mosquée. Premier centre d'exportation de tapis.

Kermanshah ■ ⇒ **Bakhtarān.**

Jack **Kerouac** ■ Écrivain américain (1922-1969). Il a critiqué la civilisation américaine. "*Sur la route*" eut une grande influence sur la jeunesse occidentale.

Kertch ■ Ville et port de la C.É.I. (*Ukraine). 174 000 hab. ▶ *le détroit de* **Kertch** fait communiquer la mer d'*Azov et la mer *Noire.

Joseph **Kessel** ■ Écrivain français (1898-1979). Le voyage, l'action et la fraternité sont les thèmes de ses romans. "*Le Lion*".

Wilhelm **Ketteler** ■ Prélat allemand (1811-1877). Un des fondateurs du catholicisme social.

John Maynard **Keynes** ■ Économiste britannique (1883-1946). Il conçut la nécessité d'une intervention de l'État pour garantir le plein-emploi, tout en voulant préserver au maximum les principes du libéralisme. "*Théorie générale de l'emploi, de l'intérêt et de la monnaie*" (1936).

le **K.G.B.** ■ Organisme soviétique qui était chargé du renseignement à l'intérieur et à l'extérieur de l'U.R.S.S.

Khabarovsk ■ Ville de la C.É.I. (*Russie), sur l'Amour. 601 000 hab. Métropole de la *Sibérie extrême-orientale.

Khadīdja ■ Première épouse de *Mahomet (morte en 619). Elle lui apporta un précieux soutien. Mère de *Fāṭima.

Khaibar ou ***Khyber*** ■ Célèbre défilé entre l'Afghanistan et le Pakistan. Bataille anglo-afghane en 1842.

Mohammed ***Khaïr-Eddine*** ■ Écrivain marocain d'expression française (né en 1941). "*Le Déterreur*".

*al-****Khalīl*** ■ Grammairien arabe (mort v. 791). Il composa le premier dictionnaire arabe.

Kharbin ■ ⇒ **Harbin.**

le ***Khārezm*** ■ Ancien État d'Asie centrale, devenu russe en 1873, partagé en 1924 entre l'*Ouzbékistan, la *Karakalpakie et le *Turkménistan.

le ***kharidjisme*** ■ Premier schisme de l'islam (657), à propos de la succession du Prophète. ▶ *les* ***kharidjites*** sont réputés pour leur puritanisme et leur intransigeance.

Kharkov ■ Ville de la C.É.I. (*Ukraine). 1,61 million d'hab. Grand centre industriel, commercial et culturel. Bataille soviéto-allemande (1941-1943).

Khartoum ■ Capitale de la république du Soudan, au confluent du *Nil Blanc et du *Nil Bleu (banlieues : *Omdourman, Nord-Khartoum [341 000 hab.]). 476 000 hab. Prise par les *mahdistes en 1884, qui y tuèrent *Gordon Pacha.

Aram ***Khatchatourian*** ■ Compositeur soviétique (arménien), marqué par les folklores arménien et géorgien (1903-1978). "*La Danse du sabre*".

'Umar ***Khayyām*** ■ Savant et poète persan (v. 1050 - v. 1123). Ses poèmes, de forme brève (« robaïates »), expriment un regard critique et désespéré sur le monde.

les ***Khazars*** ■ Ancien peuple d'origine turque. Ils fondèrent un empire du VIIe au XIe s. en Asie centrale.

Khéops ■ Second pharaon de la IVe dynastie (v. 2650 av. J.-C.). Il fit construire la grande pyramide de *Gizeh.

Khéphren ■ Fils et successeur de *Khéops, troisième pharaon de la IVe dynastie (v. 2620 av. J.-C.). Il fit construire la seconde pyramide de *Gizeh. ⇒ **Mykérinos.**

Kherson ■ Ville et port de la C.É.I. (*Ukraine). 355 000 hab. Conserveries. Combinat textile. Raffinerie de pétrole.

Khiva ■ Oasis d'*Ouzbékistan (C.É.I.), ancienne capitale du *Khārezm, entourée de murailles en terre.

Velimir ***Khlebnikov*** ■ Poète russe (1885-1922). Un des fondateurs de l'école *futuriste russe. "*Perquisition de nuit*".

les ***Khmers*** ■ Peuple de Mongols et d'Indiens. Ils créèrent une civilisation brillante au *Cambodge entre le VIIe et le XIVe s., synthèse entre *bouddhisme et *hindouisme. *Angkor fut détruite par les Siamois en 1431. ▶ *les* ***Khmers rouges.*** Nom donné aux communistes cambodgiens, partisans de *Pol Pot (⇒ **Cambodge**).

l'imam ***Khomeini*** ■ Chef *chiite iranien, fondateur de la république islamique d'Iran en 1979 (1900-1989).

Khorramshahr ■ Ville et port d'Iran. 140 000 hab.

Khorsabad ■ Site archéologique d'Irak. Ancienne capitale de *Sargon II.

Khosrô Ier ou ***Chosroês Ier*** ■ Roi *sassanide de Perse (531-579). Célèbre par sa sagesse et le raffinement de la société de son temps.

Khouribga ■ Ville du Maroc. 127 000 hab. Extraction de phosphates.

Nikita ***Khrouchtchev*** ■ Homme politique soviétique (1894-1971). Après la mort de *Staline, il devint Premier secrétaire du parti communiste et mena une politique de « déstalinisation ». Ses échecs économiques et diplomatiques l'obligèrent à quitter ses fonctions en 1964.

Khulna ■ Ville du Bangladesh. 646 000 hab. Centre commercial et industriel.

Muḥammad ***al-Khwārizmī*** ■ Savant et mathématicien arabe (début du IXe s.). Il a imposé le terme *algèbre* (*al-jabr,* « la réduction »). Son nom latinisé a donné le mot *algorithme.* ⟨ ▶ algorithme ⟩

Khyber ■ ⇒ **Khaibar.**

Kichinev, depuis 1991 ***Chisinau*** ■ Ville de la C.É.I., capitale de la *Moldavie. 665 000 hab. Industries alimentaire, métallurgique et textile.

Kiel ■ Ville et port d'Allemagne, capitale du *Schleswig-Holstein. 239 000 hab. Ancienne base navale. Important port de pêche, de commerce et de plaisance. Industrie. Le *canal de Kiel* (98 km) joint la mer du Nord à la Baltique.

Kielce ■ Ville de Pologne. 208 000 hab. Métallurgie, chimie.

Alexander ***Kielland*** ■ Écrivain norvégien (1849-1906). "*Travailleurs*", roman ironique et engagé.

Søren ***Kierkegaard*** ■ Théologien et penseur danois (1813-1855). Son influence sur les philosophies de l'existence et le renouveau de la théologie protestante est considérable. "*Le Concept d'angoisse*" ; "*le Journal du séducteur*".

Kiev ■ Ville de la C.É.I., capitale de l'*Ukraine, sur le Dniepr. 2,58 millions d'hab. Édifices religieux du XIe s. (la Laure). Grand centre industriel, commercial et culturel. *Vladimir Ier, puis *Iaroslav Vladimirovitch (XIe s.) en firent la capitale du premier État russe, rivale de *Constantinople dans le monde orthodoxe. Elle fut rattachée à la Lituanie en 1361 puis à la Russie en 1667.

Kigali ■ Capitale du Rwanda. 157 000 hab.

le ***Kilimandjaro,*** aujourd'hui ***pic Uhuru*** ■ Massif volcanique de la Tanzanie et point culminant de l'Afrique (5 963 m).

Volter ***Kilpi*** ■ Écrivain finnois (1874-1939). "*Dans la salle d'Alastalo*".

Kimberley ■ Ville d'Afrique du Sud (province du *Cap). 158 000 hab. Diamants.

Kimcha'ek ■ Ville et port de Corée du Nord. 490 000 hab.

Kim Il-sung ■ Homme politique nord-coréen (né en 1912). Communiste, il lutta contre les Japonais (1943-1945), devint Premier ministre (1948), puis fut élu chef de l'État en 1972.

le mont ***Kinabalu*** ■ Point culminant de l'île de *Bornéo. 4 175 m.

Hans ***Kinck*** ■ Écrivain norvégien (1865-1926). "*De la mer à la lande*".

Kindia ■ Ville de Guinée. 55 900 hab.

William Lyon Mackenzie ***King*** ■ Homme politique canadien (1874-1950). Premier ministre de 1921 à 1926, de 1926 à 1930 et de 1935 à 1948, il fut l'un des principaux artisans de l'indépendance du Canada au sein du Commonwealth.

Martin Luther ***King*** ▪ Pasteur baptiste noir américain (1929-1968). Il lutta pour l'intégration des Noirs dans la société américaine en prêchant la non-violence (⇒ **Black Power**). Prix Nobel de la paix 1964. Assassiné le 4 avril 1968.

Kingston ▪ Capitale et port de la Jamaïque. 104 000 hab. Centre culturel, commercial et industriel. Exportation de bauxite.

Kingston ▪ Ville de l'Ontario. 55 000 hab. Université. Centre industriel : machinerie, textile.

Kingston upon Hull ou ***Hull*** ▪ Ville et 3e port de commerce de l'Angleterre (*Humberside). 325 000 hab. Importantes activités de pêche.

Kingstown ▪ Capitale et principal port de l'État de Saint-Vincent et Grenadines. 18 900 hab.

Alfred ***Kinsey*** ▪ Zoologiste et médecin américain (1894-1956). *Rapports Kinsey :* enquêtes sur la sexualité humaine.

Kinshasa, autrefois ***Léopoldville*** ▪ Capitale du Zaïre. 2,65 millions d'hab. Centre administratif, commercial et industriel.

Rudyard ***Kipling*** ▪ Écrivain anglais (1865-1936). Son œuvre célèbre les thèmes de l'éducation morale, de l'énergie et les aspects exaltants de l'aventure coloniale. "*Le Livre de la jungle*" (1895) ; "*Kim*". Prix Nobel 1907.

Athanasius ***Kircher*** ▪ Jésuite et savant allemand (1601-1680).

Gustav ***Kirchhoff*** ▪ Physicien allemand (1824-1887). Étudiant le rayonnement thermique, il aboutit au concept de corps noir et fonda avec *Bunsen l'analyse spectrale.

Ernst ***Kirchner*** ▪ Peintre et graveur allemand (1880-1938). Fondateur du groupe expressionniste die *Brücke.

le ***Kirghizistan*** ou *la* ***Kirghizie*** ▪ République faisant partie de la C.É.I. 198 500 km². 4,3 millions d'hab. *(les Kirghiz).* Capitale : Pichpek. Pays de montagnes. Élevage, coton. Industries.

Kiribati ▪ État (république) du Pacifique constitué de l'île Banaba et de plusieurs îles de trois archipels (Gilbert, Phoenix, Ligne). 849 km². 69 600 hab. Capitale : Bairiki (sur l'atoll de Tarawa). Langues : kiribati (officielle), anglais. Monnaie : dollar australien. Coprah. Colonie britannique sous le nom d'*îles *Gilbert* jusqu'en 1979. Membre du *Commonwealth.

Kirin ▪ ⇒ **Jilin.**

Kirkūk ▪ Ville du nord de l'Irak. 208 000 hab. Marché agricole. Raffineries.

Sergueï ***Kirov*** ▪ Homme politique soviétique (1886-1934). Son assassinat fut le prétexte de la première grande purge stalinienne.

Kirov jusqu'en 1934 et depuis 1991 ***Viatka*** ▪ Ville de *Russie. 441 000 hab. Industries métallurgique et textile. Région agricole.

Kirovabad ▪ ⇒ **Gandja.**

Kirovograd ▪ Ville d'*Ukraine. 269 000 hab.

Danilo ***Kiš*** ▪ Écrivain yougoslave (né en 1935). "*Le Sablier*".

Kisangani, autrefois ***Stanleyville*** ▪ Ville du Zaïre sur le fleuve Zaïre. 283 000 hab. Université.

Károly ***Kisfaludy*** ▪ Écrivain hongrois (1788-1830). Chef de file du romantisme hongrois. "*Les Tartares en Hongrie*".

Henry ***Kissinger*** ▪ Universitaire et homme politique américain (né en 1923). Inspirateur de la politique extérieure des présidents *Nixon et *Ford. Prix Nobel de la paix 1973.

la ***Kistnā*** ▪ ⇒ **Krishnā.**

Kita-Kyūshū ▪ Ville du Japon (*Kyūshū). 1,04 million d'hab. Le plus grand centre sidérurgique du monde. Port artificiel.

lord Herbert ***Kitchener*** ▪ Maréchal britannique (1850-1916). Il reconquit le Soudan (1898) et mit fin, de façon brutale, à la guerre des *Boers (1902). Ministre de la Guerre en 1914.

Kitchener ▪ Ville de l'Ontario. 151 000 hab. Centre commercial et financier.

Kitimat ▪ Ville de Colombie-Britannique. 12 500 hab. Aluminerie. Papeterie.

Kitwe-Nkana ▪ Ville de Zambie. 449 000 hab. Industrie liée aux mines de cuivre.

Kitzbühel ▪ Ville des Alpes autrichiennes, au *Tyrol. 7 900 hab. Station de sports d'hiver.

Aleksis ***Kivi*** ▪ Écrivain finnois (1834-1872). "*Les Sept Frères*".

le lac ***Kivu*** ▪ Lac d'Afrique. 2 650 km². Frontière entre le Zaïre et le Rwanda.

le ***Kizil Irmak*** ▪ Fleuve de Turquie, qui se jette dans la mer *Noire. 1 400 km.

Klagenfurt ▪ Ville d'Autriche, capitale de la *Carinthie. 87 300 hab.

Ludwig ***Klages*** ▪ Psychologue et graphologue allemand (1872-1956).

Klaïpeda, avant 1923 ***Memel*** ▪ Ville et port de *Lituanie, sur la Baltique. 204 000 hab.

Jean-Baptiste ***Kléber*** ▪ Général français (1753-1800). Il réprima la contre-révolution en *Vendée puis fut l'adjoint de *Jourdan. Successeur de Bonaparte dans la campagne d'Égypte, il fut assassiné au Caire.

Paul ***Klee*** ▪ Peintre et théoricien suisse allemand (1879-1940). Membre du *Cavalier bleu, puis professeur au *Bauhaus. Au travers de quelques thèmes (la nature, la musique, l'architecture, la ville), il montra l'importance des rythmes colorés.

Felix ***Klein*** ▪ Mathématicien allemand (1849-1925). Unification de la géométrie par la théorie des groupes.

Melanie ***Klein*** ▪ Psychanalyste autrichienne naturalisée britannique (1882-1960). "*La Psychanalyse des enfants*".

Yves ***Klein*** ▪ Peintre français (1928-1962). Théoricien de la couleur pure : monochromes bleus.

Heinrich von ***Kleist*** ▪ Écrivain romantique allemand (1777-1811). Son génie fut méconnu par ses contemporains. Il se suicida. "*Catherine de Heilbronn*" ; "*le Prince de Hombourg*".

Gustav ***Klimt*** ▪ Peintre et décorateur autrichien (1862-1918). Principal représentant de l'art *nouveau à Vienne. Portraits et paysages symboliques ornés de motifs décoratifs précieux.

Franz ***Kline*** ▪ Peintre américain (1910-1962). Agrandissements de tracés linéaires.

Friedrich von ***Klinger*** ▪ Auteur dramatique allemand (1752-1831). Sa pièce "*Sturm und Drang*"

(« Orage et passion ») donna son nom au mouvement intellectuel et artistique animé par *Goethe (⇒ **romantisme**).

Tristan ***Klingsor*** ■ Poète français (1874-1966). *"Schéhérazade"*, poèmes mis en musique par Ravel.

le ***Klondike*** ■ Rivière du Canada (160 km), affluent du *Yukon. La découverte de riches gisements d'or en 1896 déclencha une véritable ruée et une activité intense, jusque vers 1906.

Friedrich ***Klopstock*** ■ Écrivain allemand (1724-1803). Ses poèmes et ses tragédies ont marqué un retour aux sources de la littérature germanique.

Pierre ***Klossowski*** ■ Écrivain français (né en 1905). *"Les Lois de l'hospitalité"*. Dessins.

Klosterneuburg ■ Ville d'Autriche (Basse-*Autriche), dans les environs de Vienne. 23 400 hab. Célèbre monastère (XIIe s.).

la ***Knesset*** ■ Le Parlement israélien.

Knokke-le-Zoute ■ Commune de Belgique (*Flandre-Occidentale). 30 000 hab. Station balnéaire.

Knossos ■ ⇒ **Cnossos.**

Fort ***Knox*** ■ Zone militaire des États-Unis (*Kentucky). Réserve fédérale d'or.

John ***Knox*** ■ Réformateur religieux écossais (v. 1505 - 1572). Il fut lié à *Calvin. Fondateur de l'Église presbytérienne (⇒ **protestantisme**).

Knoxville ■ Ville des États-Unis (*Tennessee). 175 000 hab. Université.

Knud ou ***Knut*** ■ ⇒ **Canut.**

Kōbe ■ Ville et port du Japon (*Honshū). 1,4 million d'hab. Sidérurgie. Constructions navales. Chimie.

Robert ***Koch*** ■ Médecin allemand (1843-1910). Prix Nobel 1905. *Bacille de Koch :* agent de la tuberculose.

Jan ***Kochanowski*** ■ Poète polonais (1530-1584). Fondateur de la poésie polonaise. *"La Concorde"*.

Ludwig von ***Köchel*** ■ Musicographe autrichien (1800-1877). Catalogue des œuvres de *Mozart.

Kōchi ■ Ville et port de pêche du Japon (*Shikoku). 317 000 hab.

Zoltán ***Kodály*** ■ Compositeur et folkloriste hongrois (1882-1967). Avec *Bartók, il étudia la musique populaire de Hongrie. Œuvres symphoniques (*"Danses de Galánta"*) et pour chœurs.

Charles ***Kœchlin*** ■ Compositeur français (1867-1950). *"La Nuit de Walpurgis"*, musique symphonique.

Marie Pierre ***Kœnig*** ■ Maréchal de France (1898-1970). Un des chefs militaires de la *Résistance.

Arthur ***Koestler*** ■ Écrivain anglais d'origine hongroise (1905-1983). *"Le Testament espagnol"* ; *"le Zéro et l'Infini"*.

Kurt ***Koffka*** ■ Psychologue allemand naturalisé américain (1886-1941). ⇒ **Köhler.**

Kōfu ■ Ville du Japon (*Honshū). 202 000 hab. Vin.

Helmut ***Kohl*** ■ Homme politique ouest-allemand (né en 1930). Président de la C.-D.U. dès 1973, il devint chancelier en octobre 1982 et fut reconduit dans ses fonctions lors des premières élections de l'Allemagne réunifiée (1990).

Wolfgang ***Köhler*** ■ Psychologue allemand (1887-1967). Un des principaux théoriciens, avec *Koffka et *Wertheimer, du *gestaltisme* (ou « psychologie de la forme »).

Pavel ***Kohout*** ■ Auteur dramatique tchèque (né en 1928). *"August, August, August"*.

Kokand ■ Ville de la C.É.I. (*Ouzbékistan). 182 000 hab. Industries. Capitale de l'ancien khanat de Kokand, de 1740 à l'invasion russe (1876).

Oskar ***Kokoschka*** ■ Peintre autrichien (1886-1980). Portraits *expressionnistes à la psychologie exacerbée. Paysages.

la presqu'île de ***Kola*** ■ Péninsule de *Russie, entre la mer *Blanche et la mer de *Barents. 100 000 km².

Robert ***Koldewey*** ■ Archéologue allemand (1855-1925). Fouilles de Babylone.

Kolhāpur ■ Ville de l'Inde (*Mahārāshtra). 341 000 hab.

Alexandra ***Kollontaï*** ■ Révolutionnaire russe (1872-1952).

Andreï ***Kolmogorov*** ■ Mathématicien russe (1903-1987). Théorie axiomatique des probabilités.

Alexandre ***Koltchak*** ■ Amiral russe (1874-1920). Chef de l'armée contre-révolutionnaire de 1918 à 1920.

la ***Kolyma*** ■ Fleuve de *Russie, en *Sibérie orientale, qui se jette dans l'*Arctique. 2 600 km.

le ***Komintern*** ■ ⇒ la IIIe **Internationale.**

la république des ***Komis*** ■ Une des 16 républiques autonomes de la Fédération de *Russie, au nord de l'*Oural. 415 900 km². 1,3 million d'hab. Capitale : Syktyvkar. Houille. Pétrole. Gaz. Élevage (bovins, rennes).

Komsomolsk-sur-l'Amour ■ Ville de la C.É.I. (*Russie), port fluvial sur l'*Amour. 315 000 hab. Centre culturel et économique de *Sibérie extrême-orientale, fondé en 1932 par des *Komsomols* (jeunesses communistes).

Kongzi ou ***K'ongtseu*** ■ ⇒ **Confucius.**

Ivan ***Koniev*** ■ Maréchal et homme politique soviétique, un des vainqueurs de l'Allemagne nazie (1897-1973).

Königsberg ■ Capitale de l'ancienne *Prusse-Orientale. Célèbre université où enseigna *Kant. Prise par l'U.R.S.S. en 1945 et rebaptisée, de 1946 à 1991, ***Kaliningrad.***

Konya ■ Ville de Turquie. 439 000 hab. Mosquée du XIIIe s. et couvent des derviches tourneurs, de la même époque.

les ***Köprülü*** ■ Famille turque d'origine albanaise qui donna cinq grands vizirs à l'Empire ottoman, de 1656 à 1710.

Mehmet ***Köprülü*** ■ Historien et homme politique turc (1890-1966). *"Les Origines de l'Empire ottoman"*.

Alexandre ***Korneïtchouk*** ■ Auteur dramatique soviétique (1905-1972). *"Le Front"*.

Lavr ***Kornilov*** ■ Général russe (1870-1918). Chef de l'armée contre-révolutionnaire en 1917-1918.

Sergueï ***Korsakoff*** ■ Neuropsychiatre russe (1854-1900). *Syndrome de Korsakoff :* troubles mentaux dus à l'alcoolisme.

Tadeusz ***Kościuszko*** ■ Officier et patriote polonais (1746-1817). Il lutta toute sa vie pour l'indépendance de la Pologne.

Košice ■ Ville de Tchécoslovaquie. 229 000 hab. Édifices anciens. Centre industriel et agricole.

le ***Kosovo*** ■ Province autonome de Yougoslavie (*Serbie). 10 887 km². 1,9 million d'hab. Capitale : Priština. Région la moins développée du pays. Population majoritairement albanaise. Troubles interethniques depuis 1988.

Lajos ***Kossuth*** ■ Homme politique et écrivain hongrois (1802-1894). Partisan de réformes sociales et de l'indépendance nationale, il joua un rôle capital dans la révolution de 1848.

Alexeï ***Kossyguine*** ■ Homme politique soviétique (1904-1980). Président du Conseil des ministres de 1964 à 1980.

Kostroma ■ Ville de la C.É.I. (*Russie). 278 000 hab. Port fluvial sur la *Volga.

Dezsö ***Kosztolányi*** ■ Écrivain hongrois (1885-1936). Poète symboliste. "*Les Plaintes du pauvre petit enfant*".

Kotohira ■ Ville du Japon (*Shikoku). 8 500 hab. Important pèlerinage shintoïste.

Koubīlāi ■ ⇒ **Qūbilai Khān.**

Kouïbychev ■ ⇒ **Samara.**

Lev ***Koulechov*** ■ Cinéaste soviétique (1899-1970). Théoricien du montage (« effet Koulechov »), précurseur de *Poudovkine et *Eisenstein. "*Les Aventures extraordinaires de Mr. West au pays des bolcheviks*".

le ***Kouo-min-tang*** ■ ⇒ **Guomindang.**

Kouo Mo-Jo ■ ⇒ **Guo Moruo.**

Alexandre ***Kouprine*** ■ Romancier et nouvelliste russe (1870-1938). "*Le Bracelet de grenats*".

la ***Koura*** ■ Fleuve né au sud du Caucase en Turquie, qui traverse la Géorgie et l'Azerbaïdjan et se jette dans la mer *Caspienne. 1 515 km.

Kourgan ■ Ville de la C.É.I. (*Russie), en *Sibérie occidentale. 356 000 hab.

les îles ***Kouriles*** ■ Archipel russe au nord du Japon. 15 600 km². Sujet d'un contentieux frontalier entre les deux pays, l'U.R.S.S. ayant annexé ces îles en 1945 après la défaite du Japon.

Kourou ■ Ville de la *Guyane française. 13 900 hab. Base française de lancement de fusées (*Ariane).

Koursk ■ Ville de la C.É.I. (*Russie). 424 000 hab. Industrie métallurgique.

Koutaïssi ■ Ville de *Géorgie. 235 000 hab. L'une des plus vieilles villes de Transcaucasie. Cathédrale du XIIe s.

Mikhaïl ***Koutouzov*** ■ Feld-maréchal russe (1745-1813). Il mena l'offensive russe de 1812 contre l'armée de Napoléon Ier.

le ***Kouzbass*** ■ Le plus grand bassin houiller de la C.É.I. en *Sibérie occidentale. Mines de fer et de métaux non ferreux. ⇒ **Novokouznetsk.**

Sofia ***Kovalevskaïa*** ■ Mathématicienne russe (1850-1891).

Lew ***Kowarski*** ■ Physicien et chimiste français d'origine russe (1907-1979). Pionnier du nucléaire civil français et européen.

le ***Koweït*** ■ Émirat arabe (monarchie constitutionnelle), situé entre l'Irak et l'Arabie Saoudite. 17 818 km². 2,05 millions d'hab. *(les Koweïtiens)*. Capitale : Koweït (en anglais : *Koweit City*), port de 44 300 hab. Langue : arabe. Religion officielle : islam. Monnaie : dinar koweïtien. Immenses gisements de pétrole et de gaz naturel. Le pays est un des plus riches du Moyen-Orient. ▭ HISTOIRE. Ancien protectorat anglais, indépendant en 1961. Envahi par l'Irak en août 1990, libéré en février 1991 (⇒ guerre du **Golfe**), le pays a subi d'importantes destructions, notamment des installations pétrolières.

le ***Kōya-San*** ■ Montagne sacrée du Japon (*Honshū). Sanctuaire bouddhique.

Alexandre ***Koyré*** ■ Philosophe et historien des sciences, français d'origine russe (1882-1964).

Kozhikode ■ Nom indien de l'ancien comptoir français de *Calicut,* sur la côte de *Malabar. 394 000 hab. Célèbre pour ses étoffes.

Kpalimé ■ 3e ville du Togo. 31 800 hab.

le ***Krakatau*** ou ***Krakatoa*** ■ Îlot volcanique d'Indonésie, entre *Java et *Sumatra. L'explosion de son volcan, en 1883, fut l'une des plus violentes de l'histoire.

Krasnodar ■ Ville de la C.É.I. (*Russie), dans le *Caucase. 620 000 hab.

Krasnoïarsk ■ Ville de la C.É.I. (*Russie), port sur l'Iénisseï. 912 000 hab. Centre culturel de la *Sibérie orientale.

Karl ***Kraus*** ■ Écrivain polémiste autrichien (1874-1936). "*Les Derniers Jours de l'humanité*" (1918).

Krefeld ■ Ville d'Allemagne (*Rhénanie-du-Nord-Westphalie), dans la *Ruhr. 232 000 hab. Industrie textile.

Bruno ***Kreisky*** ■ Homme politique autrichien (1911-1990). Chancelier (socialiste) de 1970 à 1983, il eut un rôle diplomatique important.

le ***Kremlin*** ■ Citadelle des anciennes villes russes. Celui de Moscou, ancienne résidence des tsars jusqu'à *Pierre le Grand, comprend de nombreux édifices (XVe - XXe s.). Siège du Soviet suprême et du parti communiste de l'U.R.S.S., il est devenu le siège de la Fédération de *Russie, en 1991.

Ernst ***Kretschmer*** ■ Psychiatre allemand (1888-1964).

Cornelius David ***Krieghof*** ■ Peintre canadien d'origine hollandaise (1815-1872). Il a peint la nature québécoise et des scènes de la vie paysanne.

la ***Krishnā*** ou ***Kistnā*** ■ Fleuve de l'Inde qui se jette dans le golfe du Bengale. 1 280 km.

Kriṣna ou ***Krishna*** ■ Une des divinités hindoues les plus populaires, 8e *avatāra de *Vishnou. Vénéré comme le « berger de l'amour ».

Kristiansand ■ Ville et port de Norvège. 63 500 hab.

Krivoï-Rog ■ Ville d'*Ukraine. 713 000 hab. Minerai de fer. Sidérurgie.

Helge ***Krog*** ■ Auteur dramatique norvégien (1889-1962). "*Départ*".

Leopold ***Kronecker*** ■ Mathématicien allemand (1823-1891). Élève de *Kummer. Théorie des nombres algébriques.

Kronstadt ■ Base navale de la C.É.I. (*Russie), fondée sur une île de la *Baltique par *Pierre le Grand pour défendre *Saint-Pétersbourg. Mutineries révolutionnaires : 1825, 1905, 1917, 1921.

Piotr prince ***Kropotkine*** ■ Révolutionnaire et théoricien anarchiste russe (1842-1921). "*Les Bases scientifiques de l'anarchie*".

Paul **Kruger** ■ Homme politique sud-africain (1825-1904). Président de la république du *Transvaal en 1883, il mena la guerre contre le Royaume-Uni de 1899 à 1902.

Alfred **Krupp** ■ Industriel allemand (1812-1887). Il créa un des groupes sidérurgiques les plus importants de la *Ruhr. □ *Gustav* **Krupp** von Bohlen (1870-1950) fournit le matériel de guerre en 1914-1918 et 1939-1945, soutenant le nazisme.

Ivan **Krylov** ■ Fabuliste russe (1769-1844). Auteur de neuf recueils de fables qui connaissent toujours le succès.

les **Kṣatriya** ou **Kshattriya** n. m. ■ Caste des nobles et des guerriers de l'Inde.

les monts des **Ksour** ■ Massif montagneux de l'Algérie, dans l'*Atlas algérien, à la frontière marocaine.

Kuala Lumpur ■ Capitale fédérale de la Malaysia. 938 000 hab. Industrie de l'étain et du caoutchouc.

Kūbīlāi ou **Kūblāi Khān** ■ ⇒ **Qūbilai Khān.**

Stanley **Kubrick** ■ Cinéaste américain (né en 1928). "*2001, l'odyssée de l'espace*" ; "*Barry Lyndon*".

le **Ku Klux Klan** ■ Mouvement, originaire du sud des États-Unis, contre l'émancipation des Noirs après la guerre de *Sécession. Vers 1920-1930, il reparut avec un caractère ultranationaliste, xénophobe et raciste. Interdit, il s'est manifesté sporadiquement depuis 1960.

le **Kulturkampf,** en français **Combat pour la civilisation** ■ Ensemble de mesures (dans l'enseignement, etc.) prises par Bismarck de 1871 à 1887 afin de préserver l'unité allemande contre le clergé catholique, soupçonné de favoriser les particularismes locaux. L'élection de *Léon XIII (1878) atténua cette politique.

Kumamoto ■ Ville du Japon (*Kyūshū). 571 000 hab. Célèbre château féodal (XVIe s.).

Kumasi ■ Ville du Ghana. 385 000 hab. Or. Cacao.

Kumbakonam ■ Ville de l'Inde (*Tamil Nādu). 133 000 hab. Centre de pèlerinage à *Śiva.

Ernst **Kummer** ■ Mathématicien allemand (1810-1893). Ses « nombres idéaux » annoncent la théorie des nombres algébriques.

Béla **Kun** ■ Homme politique hongrois (1886-1937 ?). Fondateur du parti communiste, il prit le pouvoir en 1919 puis fut chassé par *Horthy.

Milan **Kundera** ■ Écrivain tchèque naturalisé français (né en 1929). "*La Plaisanterie*", "*l'Insoutenable Légèreté de l'être*" (romans).

Kunming ■ Ville de Chine, capitale du *Yunnan. 1,52 million d'hab. Centre commercial.

le **Kuo-min-tang** ■ ⇒ **Guomindang.**

Kupang ■ Ville d'Indonésie (île de *Timor). 403 000 hab.

Frank **Kupka** ■ Peintre tchèque installé à Paris (1871-1957). L'un des pionniers de l'art abstrait, inspiré par la musique.

Kurashiki ■ Ville du Japon (*Honshū). 415 000 hab. Sidérurgie. Textile.

les **Kurdes** ■ Peuple de l'ouest de l'Asie. Ils sont 15 millions, répartis en Turquie, Iran, Irak, Syrie et la C.É.I. En grande majorité musulmans sunnites. Ils résistent aux politiques d'assimilation forcée et répressive. ▶ *le* **Kurdistan.** « Pays des Kurdes », région de montagnes et de plateaux de l'ouest de l'Asie. Agriculture et élevage. Richesses minières. ⟨ ▶ kurde ⟩

Kure ■ Ville du Japon (*Honshū). 221 000 hab. Constructions navales. Sidérurgie.

Kurosawa Akira ■ Cinéaste japonais (né en 1910). Son œuvre, abondante et violente, exprime souvent une révolte contre l'injustice sociale. "*Les Sept Samouraïs*" ; "*Kagemusha*".

Kuroshio ■ Courant marin chaud baignant les côtes orientales du Japon avant de se heurter à l'*Oyashio.

le **Kuṣāṇa** ou **Kushān** ■ Empire fondé au début de l'ère chrétienne en Afghanistan. Il disparut au Ve s.

Kuujjuak ■ Localité inuite du Québec, au sud de la baie d'Ungava. 1 300 hab.

Simon **Kuznets** ■ Économiste américain d'origine russe (1901-1985). "*La Croissance économique des nations*". Prix Nobel 1971.

Kwangju ■ Ville de la Corée du Sud. 906 000 hab.

Thomas **Kyd** ■ Auteur dramatique anglais (1558-1594). Personnages cruels, atmosphère de violence. "*Tragédie espagnole*".

Kyōto ■ Ville du Japon (*Honshū) et ancienne capitale du pays. 1,47 million d'hab. Ville historique (nombreux temples). Centre culturel et artisanal. Fondée en 794, elle fut la résidence impériale jusqu'en 1868. Elle connut des périodes fastes, marquées par un développement religieux, culturel et architectural important.

Kyūshū ■ La plus méridionale des quatre principales îles du Japon. 42 150 km². 13,3 millions d'hab. Côtes découpées et abritées. Nombreux ports (*Nagasaki, *Kagoshima). Agriculture tropicale. Complexes industriels au nord (*Kita-Kyūshū, *Fukuoka).

le **Kyzylkoum** ■ Désert de la C.É.I. (*Kazakhstan, *Ouzbékistan). Environ 300 000 km².

Kzyl-Orda ■ Ville de la C.É.I. (*Kazakhstan). 153 000 hab. Industrie alimentaire.

L

Laaland ■ ⇒ **Lolland.**

La Baie ■ Ville du Québec, port sur le *Saguenay. 21 200 hab. Aluminerie.

le chevalier de ***La Barre*** ■ Gentilhomme français (1747-1766). Accusé de sacrilège par l'Église, il fut décapité. Sa réhabilitation, demandée par *Voltaire, n'eut lieu qu'en 1793.

Louise ***Labé*** ■ Poétesse française (av. 1524-1566). Élégies et sonnets qui expriment un amour sensuel.

Labé ■ Ville de Guinée. 65 400 hab.

François-Xavier-Antoine ***Labelle*** ■ Prêtre québécois (1833-1891). Principal initiateur de l'ouverture de la région des *Laurentides à la colonisation.

Eugène ***Labiche*** ■ Auteur dramatique français (1815-1888). Le maître du vaudeville. "*Un chapeau de paille d'Italie*" ; "*le Voyage de Monsieur Perrichon*".

Étienne de ***La Boétie*** ■ Écrivain français (1530-1563). Ami de *Montaigne. "*Discours de la servitude volontaire*".

Bertrand François Mahé de ***La Bourdonnais*** ■ Marin français (1699-1753). Il soutint sur les mers la politique coloniale de *Dupleix, mais fut désavoué.

le ***Labour Party*** ■ Parti *travailliste britannique.

le ***Labrador*** ■ Vaste péninsule formant l'extrémité nord-est du Canada (provinces de *Québec et de *Terre-Neuve). Plateau glaciaire, nombreux lacs. Immenses gisements de fer, hydroélectricité.

Jean-Claude ***Labrecque*** ■ Cinéaste québécois (né en 1938). "*Les Vautours*" (1975) ; "*le Frère André*" (1987). Il « nourrit la mémoire visuelle du Québec ».

Jean de ***La Bruyère*** ■ Écrivain français (1645-1696). "*Les Caractères*", maximes et portraits d'une écriture dense et incisive.

le ***Labyrinthe*** n. m. ■ ⇒ **Dédale.** ‹ ► labyrinthe ›

Gautier de Costes de ***La Calprenède*** ■ Écrivain français (1610-1663). Auteur de tragédies et de romans « précieux » qu'admirèrent ses contemporains, il créa le personnage d'*Artaban.

Jacques ***Lacan*** ■ Psychiatre et psychanalyste français (1901-1981). Il a rapproché les théories de *Freud de la linguistique et du structuralisme.

Lacédémone ■ ⇒ **Sparte.**

Étienne de La Ville comte de ***Lacépède*** ■ Naturaliste et écrivain français (1756-1825). Il contribua à l'"*Histoire naturelle*" de *Buffon.

le père ***La Chaise*** ■ Jésuite français (1624-1709). Confesseur de Louis XIV. □ *le cimetière du* ***Père-Lachaise.*** Le plus grand et le plus célèbre des cimetières parisiens.

Pierre Claude Nivelle de ***La Chaussée*** ■ Auteur dramatique français (1692-1754). Créateur du « drame bourgeois ».

Lachine ■ Ville du Québec, à l'ouest de Montréal. 36 500 hab. Sous le régime français, lieu de départ pour le commerce des fourrures vers l'Ouest. Les *rapides de Lachine* (sur le Saint-Laurent).

Lachute ■ Ville du Québec. 11 800 hab. Industries textiles et alimentaires.

Pierre Choderlos de ***Laclos*** ■ Écrivain et officier français (1741-1803). "*Les Liaisons dangereuses*" (1782), roman par lettres qui, outre son succès de scandale, eut une grande influence sur la littérature des XIXe et XXe s.

Charles Marie de ***La Condamine*** ■ Savant et voyageur français (1701-1774). Il fit connaître le caoutchouc en Europe.

Henri ***Lacordaire*** ■ Prêtre et prédicateur français (1802-1861). Un des chefs du catholicisme libéral, avec *Lamennais.

Lacq-Audéjos ■ Localité française des Pyrénées, où fut découvert, en 1951, un gisement de gaz naturel, dit *gaz de Lacq.*

Jacques de ***Lacretelle*** ■ Écrivain français (1888-1985). "*Silbermann*", roman.

Richard ***Lacroix*** ■ Peintre et graveur québécois (né en 1939).

les Grands ***Lacs*** ■ ⇒ **Grands Lacs.**

le Grand **Lac Salé** ■ Marécage salé de l'ouest des États-Unis (*Utah). La surface plane de ses rives a servi de piste pour des essais de vitesse d'engins terrestres.

le **Ladākh** ■ Région montagneuse (de 3 000 à 6 000 m) du *Cachemire, dans la partie attribuée à l'Inde, mais revendiquée par le Pakistan puis par la Chine. Population d'origine mongole.

*al-***Lādhiqīyah** ■ ⇒ **Lattaquié.**

saint **Ladislas Ier Árpád** ■ Roi de Hongrie (1077), qu'il acheva de christianiser (1040-1095).

Ladislas Ier Łokietek ■ Roi de Pologne en 1320 (1260-1333). Il réunifia le pays.

le lac **Ladoga** ■ Le plus grand lac d'Europe, en *Carélie (Russie). 18 100 km².

Lae ■ Ville de Papouasie-Nouvelle-Guinée. 79 600 hab.

Laeken ■ Ancienne commune de Belgique, réunie à Bruxelles en 1921. Parc et château royal (XVIIIe s.).

René **Laennec** ■ Médecin français (1781-1826). Il travailla sur l'acoustique appliquée aux maladies de poitrine et inventa le stéthoscope.

Laërte ■ Personnage de l'"*Odyssée". Roi d'*Ithaque et père d'*Ulysse.

Paul **Lafargue** ■ Socialiste français (1842-1911). Gendre de *Marx, auteur du pamphlet "*le Droit à la paresse*".

Madame de **La Fayette** ■ Écrivaine française (1634-1693). "*La Princesse de Clèves*" (1678), l'un des premiers romans psychologiques modernes.

Marie-Joseph marquis de **La Fayette** ■ Général et homme politique français (1757-1834). Héros de la guerre d'*Indépendance américaine, il fut de 1789 à 1792 le champion de la monarchie constitutionnelle, dont l'échec l'obligea à quitter la France. Opposant libéral sous la *Restauration, il participa à la révolution de juillet 1830 et favorisa l'avènement de *Louis-Philippe, qui l'écarta.

Lafayette ■ Ville des États-Unis (*Louisiane). 82 000 hab. Principal foyer *cajun (francophone). — Plusieurs villes des États-Unis portent ce nom (en Indiana, par ex.).

Barthélemy de **Laffemas** ■ Ministre d'Henri IV (1545-v. 1612). Il favorisa le commerce et l'industrie, soutint Olivier de *Serres. Ses thèses économiques annoncent *Colbert (France).

Jacques **Laffitte** ■ Banquier français, ministre de Louis-Philippe (1767-1844). Président du Conseil en 1830-1831.

Guy **Lafleur** ■ Sportif québécois (né en 1951). En 1983, il est devenu le dixième joueur de hockey à compter plus de 500 buts.

Jean de **La Fontaine** ■ Poète français (1621-1695). Ses "*Fables*", qui mettent souvent en scène des animaux, sont extrêmement populaires pour la virtuosité de leur style et leur morale épicurienne. "*Contes et nouvelles*".

sir Louis-Hippolyte **LaFontaine** ■ Homme politique canadien (1807-1864). Il forma, avec R. *Baldwin, deux ministères (1842-1843 ; 1848-1851).

Jules **Laforgue** ■ Poète français (1860-1887). Il a raillé les mythes et les symboles modernes. "*Les Complaintes*".

Roger de **La Fresnaye** ■ Peintre français (1885-1925). Portraits, paysages et natures mortes traités par plans de couleur, dans un style proche du *cubisme.

Roland-Michel Barrin, marquis de **La Galissonière** ■ Administrateur français (1693-1756). Gouverneur intérimaire de la Nouvelle-France de 1747 à 1749, il travailla à mieux protéger la colonie des attaques anglaises.

Lagash, aujourd'hui **Tello** ■ Cité de *Sumer, en *Mésopotamie (Irak). Grand foyer artistique.

Pär **Lagerkvist** ■ Écrivain suédois (1891-1974). "*Le Bourreau*", théâtre ; "*Barabbas*", roman. Prix Nobel 1951.

Selma **Lagerlöf** ■ Romancière suédoise (1858-1940). Son "*Merveilleux Voyage de Nils Holgersson*" lui apporta une notoriété mondiale. Prix Nobel 1909.

les **Lagides** ■ ⇒ les **Ptolémées.**

Lagos ■ Capitale et 1er port du Nigeria. 1,27 million d'hab. 1er centre industriel du pays, pôle commercial, politique et culturel.

Joseph Louis de **Lagrange** ■ Mathématicien français (1736-1813). Il donna le premier traité systématique de mécanique analytique, développa le calcul des variations, la résolution algébrique des équations et la théorie des nombres.

Léo **Lagrange** ■ Homme politique français (1900-1940). Membre (socialiste) des gouvernements du *Front populaire, il développa le sport et le tourisme populaire.

Frédéric César de **La Harpe** ■ Homme politique suisse (1754 - 1838). Membre du Directoire de la République helvétique, il obtint, en 1814, au congrès de *Vienne, la neutralité de la Suisse et l'indépendance du canton de Vaud.

Laurent de **La Hire** ou **La Hyre** ■ Peintre français (1606-1656). Son œuvre marque les débuts du *classicisme.

Lahore ■ 2e ville du Pakistan. 2,95 millions d'hab. Capitale du *Pendjab (pakistanais). Nombreux monuments *moghols.

Ronald **Laing** ■ Psychiatre britannique (1927-1989). Fondateur avec D. Cooper (1931-1986) de l'antipsychiatrie. "*Le Moi divisé*".

Laïos ■ Roi légendaire de *Thèbes. Il est l'époux de *Jocaste et le père d'*Œdipe.

Joseph **Lakanal** ■ Enseignant et révolutionnaire français (1762-1845). Organisateur de l'enseignement public.

Lake Charles ■ Ville des États-Unis (*Louisiane). 75 000 hab.

Lakshadweep ■ Territoire de l'Union indienne formé des îles Amindives, Laquedives et Minicoy. 32 km². 40 200 hab. Capitale : Kavaratti.

Michel Richard de **Lalande** ou **Delalande** ■ Compositeur et organiste français (1657-1726). "*Les Fontaines de Versailles*".

Alfred **Laliberté** ■ Sculpteur et peintre québécois (1878-1953). Auteur de plusieurs statues représentant des personnages de l'histoire du Canada et des bronzes illustrant des scènes de la vie quotidienne.

René **Lalique** ■ Verrier et décorateur français (1860-1945). L'un des principaux créateurs de l'art *nouveau.

Lalitpur ■ ⇒ **Pātan.**

Thomas de ***Lally-Tollendal*** ■ Général français (1702-1766). Condamné à mort pour trahison après sa capitulation devant les Anglais en Inde. Voltaire obtint sa réhabilitation en 1778.

Édouard ***Lalo*** ■ Compositeur français pour orchestre et opéra (1823-1892). *"Symphonie espagnole"*.

Michèle ***Lalonde*** ■ Écrivaine québécoise (née en 1937). Poétesse et dramaturge, son œuvre illustre ses préoccupations face à l'indépendance du Québec et à la langue québécoise.

Lalouvrière ■ Ville de Belgique (*Hainaut). 76 300 hab.

Wifredo ***Lam*** ■ Peintre cubain (1902-1982). Il s'inspira de l'art africain et adhéra au *surréalisme.

le ***lamaïsme*** ■ ⇒ **Tibet.**

Jean-Baptiste de Monet de ***Lamarck*** ■ Naturaliste français (1744-1829). Sa *"Philosophie zoologique"* fut la première théorie positive de l'évolution biologique.

Maximilien comte ***Lamarque*** ■ Général et homme politique français (1770-1832). Opposant républicain, ses obsèques furent l'occasion de la première insurrection républicaine de la *monarchie de Juillet (5 et 6 juin 1832).

Alphonse de ***Lamartine*** ■ Poète, écrivain et homme politique français (1790-1869). *"Les Méditations poétiques"* (1820) et *"les Harmonies poétiques et religieuses"* (1830) exercèrent une profonde influence sur le *romantisme français.

Charles ***Lamb*** ■ Écrivain *romantique anglais (1775-1834). *"Essais d'Élia"*.

Lambaréné ■ Ville du Gabon où le docteur *Schweitzer fonda un centre médical. 26 300 hab.

Johann Heinrich ***Lambert*** ■ Mathématicien et philosophe suisse alémanique (1728-1777). Démonstration de l'irrationalité du nombre π. Photométrie, astronomie, géométrie projective. Sa théorie de la connaissance influença *Kant.

Lambeth ■ Bourg *(borough)* du Grand Londres, où se trouve la résidence de l'archevêque de Canterbury, primat de l'*Église anglicane. 239 500 hab.

Gabriel ***Lamé*** ■ Mathématicien et ingénieur français (1795-1870).

Félicité de ***Lamennais*** ou ***La Mennais*** ■ Écrivain et penseur catholique français (1782-1854). *"Paroles d'un croyant"*. Condamné par le pape comme tenant du libéralisme, il quitta la prêtrise.

Lamentin ■ Ville de l'île française de la Guadeloupe. 11 300 hab. *(les Lamentinois)*. Sucrerie. Sources thermales.

Le ***Lamentin*** ■ Ville de l'île française de la Martinique. 30 000 hab. *(les Lamentinois)*. Distilleries. Sucrerie.

Alexandre comte de ***Lameth*** ■ Révolutionnaire français (1760-1829). Proche de *Barnave et de *Duport, rallié, comme ses frères Théodore (1756-1854) et Charles (1757-1832), aux *Feuillants. Les frères Lameth firent une carrière de notables sous l'Empire et la Restauration.

Julien Offroy de ***La Mettrie*** ■ Médecin et philosophe matérialiste français (1709-1751). *"L'Homme-machine"*.

Arthur ***Lamothe*** ■ Cinéaste d'origine française (né en 1928). Il a réalisé plusieurs films consacrés à la vie et à l'histoire des Amérindiens du Québec.

François de ***La Mothe Le Vayer*** ■ Écrivain et philosophe français (1588-1672). Sceptique et libertin, devenu précepteur de *Louis XIV.

Friedrich baron de ***La Motte-Fouqué*** ■ Écrivain *romantique allemand (1777-1843). *"Ondine"*.

La Motte-Picquet ■ Marin français (1720-1791). Héros de la guerre d'*Indépendance américaine.

Giuseppe Tomasi di ***Lampedusa*** ■ Romancier italien (1896-1957). *"Le Guépard"* décrit son milieu, l'aristocratie sicilienne.

le ***Lancashire*** ■ Comté d'Angleterre situé dans les *Midlands. 3 043 km². 1,38 million d'hab. Chef-lieu : Preston. Cette région a été le berceau de l'industrie anglaise (textile). Raffineries, métallurgie, sidérurgie et industrie chimique.

la maison de ***Lancastre*** ■ Famille noble anglaise. Avec Henri IV, Henri V et Henri VI, les Lancastres régnèrent sur l'Angleterre de 1399 à 1471. Mettant fin à la guerre des Deux-*Roses, Henri VII, descendant des Lancastres, fonda la dynastie des *Tudors.

Lancelot du Lac ■ Personnage du cycle de la Table ronde, élevé au fond d'un lac (d'où son nom) par la fée *Viviane, et chevalier du roi *Arthur, il est l'un des représentants de l'amour courtois.

Lanchow ■ ⇒ **Lanzhou.**

Lev ***Landau*** ■ Physicien soviétique (1908-1968). Prix Nobel 1962.

Landerneau ■ Ville de France (*Bretagne). 15 000 hab. *(les Landernéens)*. Édifices anciens. Pêche.

les ***Landes*** n. f. pl. ■ Région française de l'*Aquitaine, baignée par l'Atlantique (tourisme sur la côte) et couverte de pins (1 million d'hectares de forêts).

Tommaso ***Landolfi*** ■ Écrivain italien (1908-1979). *"La Pierre de lune"* ; *"Ombres"*.

Wanda ***Landowska*** ■ Claveciniste polonaise (1877-1959).

Paul ***Landowski*** ■ Sculpteur français (1875-1961). Le *"Christ"* du Pain-de-Sucre (à Rio de Janeiro). □ *Marcel* ***Landowski,*** son fils (né en 1915), compositeur. *"Le Fou"* et *"Montségur"*, opéras.

Henri Désiré ***Landru*** ■ Criminel français (1869-1922).

Pierre-Armand ***Landry*** ■ Homme politique acadien (1846-1916). Premier Acadien du Nouveau-Brunswick à être nommé ministre à la Chambre des communes du Canada, puis juge à la Cour suprême du Canada.

Karl ***Landsteiner*** ■ Médecin autrichien, installé aux États-Unis à partir de 1922 (1868-1943). Père de l'immunologie sanguine (découverte des groupes sanguins et du facteur Rhésus). Prix Nobel 1930.

Giovanni ***Lanfranco*** ■ Peintre italien (1582-1647). Il réalisa les premières décorations *baroques.

Fritz ***Lang*** ■ Cinéaste allemand naturalisé américain (1890-1976). Son œuvre montre l'homme aux prises avec la société moderne. *"Métropolis"* ; *"M le Maudit"*.

Paul ***Langevin*** ■ Physicien français (1872-1946). Mise au point du sonar. Il contribua à la diffusion des thèses d'*Einstein et de son élève *Broglie. Progressiste, il s'intéressa aux questions d'éducation.

Henri **Langlois** ■ Fondateur, avec G. *Franju, de la Cinémathèque française (1914-1977).

Irving **Langmuir** ■ Physicien et chimiste américain (1881-1957). Prix Nobel de chimie 1932.

Annie **Langstaff**, née *MacDonald* ■ Féministe canadienne (1887-1975). Première femme à obtenir un diplôme en droit au Québec, elle ne fut jamais admise au Barreau.

le **Languedoc** ■ Province historique du sud de la France. Elle tire son nom de la « langue d'oc » (l'occitan) que parlaient ses habitants. Capitale : Toulouse. Riche et florissante au Moyen Âge, sa civilisation déclina après la croisade des *albigeois.

le **Languedoc-Roussillon** ■ Région administrative et économique du sud de la France. Elle comprend cinq départements : Aude, Gard, Hérault, Lozère, Pyrénées-Orientales. 27 761 km². 2,11 million d'hab. Préfecture : Montpellier. La population s'est concentrée dans la plaine et sur le littoral (exode rural en Lozère). 1re région viticole de France. Cultures fruitières et maraîchères. Tourisme actif sur la Méditerranée. Peu d'industries, excepté dans le secteur agro-alimentaire.

Jean **Lannes** *duc de Montebello* ■ Un des maréchaux de Napoléon Ier (1769-1809).

Lansing ■ Ville des États-Unis, capitale du *Michigan. 130 000 hab. Université. Industries mécaniques.

Gustave **Lanson** ■ Universitaire et critique littéraire français (1857-1934). "*Histoire de la littérature française*".

Lanza del Vasto ■ Penseur et écrivain français (1901-1981). Disciple de *Gandhi. "*Le Pèlerinage aux sources*".

Lanzhou ou **Lanchow** ■ Ville de Chine, capitale de la province de *Gansu. 1,39 million d'hab. Important centre industriel et commercial.

Laocoon ■ Prêtre d'*Apollon à *Troie, que le Dieu fit étouffer, avec ses fils, par des serpents. Sujet d'une célèbre sculpture antique.

Laodicée ■ Ancienne ville d'Asie Mineure, près de l'actuelle *Denizli* (Turquie). Un des premiers centres du christianisme.

Laon ■ Ville de France (*Picardie). 28 700 hab. *(les Laonnais).* Cathédrale gothique (XIIe - XIIIe s.).

le **Laos** ■ État (république démocratique populaire) d'Asie du Sud-Est. 236 800 km². 3,9 millions d'hab. *(les Laotiens).* Capitale : Vientiane. Langue officielle : lao. Monnaie : nouveau kip. Le climat tropical (mousson) favorise la culture du riz, qui occupe 90 % de la population. □ **HISTOIRE.** Royaume fondé en 1353, il fut peu à peu annexé par ses voisins. Il devint protectorat français en 1893 et accéda à l'indépendance en 1953. Monarchie, puis république socialiste en 1975, le pays est économiquement et militairement lié au Viêt-nam.

Lao She ■ Écrivain chinois (1899-1966). "*Cœur joyeux*" ; "*Coolie de Pékin*".

Laozi ou **Lao-tseu** ■ Philosophe chinois (v. 570-490 av. J.-C.). Fondateur du *taoïsme.

Jacques de Chabannes seigneur de **La Palice** ■ Maréchal de France (1470-1525). Une chanson naïve (« Un quart d'heure avant sa mort/Il était encore en vie ») célèbre son courage, et on l'a cru lui-même naïf. ‹ ► lapalissade ›

La Paz ■ Ville de Bolivie, siège du gouvernement et capitale de fait du pays (⇒ **Sucre**), située à 3 700 m d'altitude. 1,05 million d'hab. Textile. Tabac.

Jean-François de Galaup comte de **La Pérouse** ■ Marin français (1741-1788). Il entreprit une expédition autour du monde, mais disparut dans le Pacifique, laissant un récit de ses voyages.

les **Lapithes** ■ Peuple légendaire de *Thessalie. Connus pour leur combat contre les *Centaures.

Pierre Simon de **Laplace** ■ Mathématicien et astronome français (1749-1827). Il participa à la création de l'École polytechnique et de l'École normale, fut le promoteur du calcul des probabilités, s'intéressa à la mécanique céleste (travaux sur les planètes et les marées) et s'illustra par l'hypothèse cosmogonique qui porte son nom.

le Río de **la Plata** ■ « Fleuve d'argent », estuaire d'Amérique du Sud qui sépare l'Argentine de l'Uruguay. □ ***La Plata.*** Port d'Argentine situé sur la rive droite du Río de la Plata. 455 000 hab.

la **Laponie** ■ Région d'Europe du Nord partagée entre le nord de la Norvège, de la Suède, de la Finlande et une partie de la Russie. 36 500 hab. *(les Lapons).* Langue : lapon. Élevage de rennes. Fourrures.

La Prairie ■ Ville du Québec. 11 200 hab.

Valery **Larbaud** ■ Écrivain français (1881-1957). Grand traducteur, il fit connaître de nombreux auteurs étrangers en France. Poèmes, récits, romans. "*Fermina Marquez*" ; "*A. O. Barnabooth*".

le col de **Larche** ou *de l'***Argentière** ■ Passage des Alpes du Sud, entre la France et l'Italie. 1 997 m.

Laredo ■ Ville des États-Unis (*Texas). 91 400 hab.

les **lares** n. m. ■ Dieux romains chargés de protéger les foyers domestiques, souvent associés aux *pénates. ‹ ► lare ›

Louis-Marie de **La Révellière-Lépeaux** ■ Révolutionnaire français, membre de la *Convention thermidorienne, puis du *Directoire (1753-1824).

Gabriel de **La Reynie** ■ Lieutenant de police de Paris, il assainit la ville en améliorant l'hygiène et la sécurité (1625-1709).

Nicolas de **Largillière** ou **Largillierre** ■ Peintre français (1656-1746). Portraitiste favori de la grande bourgeoisie.

Mikhaïl **Larionov** ■ Peintre russe naturalisé français (1881-1964). Il créa le *rayonnisme,* une des premières manifestations de l'art abstrait. Compagnon de Natalia *Gontcharova.

Larissa ■ Ville de Grèce (*Thessalie). 102 000 hab.

Lârnaka ou **Lárnax** ■ Ville de *Chypre. 53 600 hab. Aéroport.

François duc de **La Rochefoucauld** ■ Écrivain français (1613-1680). Ses "*Réflexions ou Sentences et maximes morales*", d'un style admirable, témoignent d'une vision pessimiste de l'homme.

Henri de **La Rochejaquelein** ■ Un des chefs de la guerre de *Vendée (1772-1794).

Pierre **Larousse** ■ Encyclopédiste et éditeur français (1817-1875). Ancien instituteur, il publia des ouvrages pédagogiques et le "*Grand Dictionnaire universel du XIXe siècle*".

Jacques Henri **Lartigue** ■ Photographe français (1894-1986).

le causse du **Larzac** ■ Le plus grand causse du sud du *Massif central (1 000 km²). Élevage de brebis. Camp militaire (France).

Antoine de **La Sale** ■ Écrivain français (v. 1386 - v. 1462). *"Le Petit Jehan de Saintré"*, un des premiers romans français.

René Robert Cavelier de **La Salle** ■ Explorateur français (1643-1687). En 1682, il prit possession de la région de l'embouchure du Mississippi au nom du roi de France et donna au territoire le nom de *Louisiane.

La Salle ■ Ville du Québec, près de Montréal. 76 000 hab.

La Sarre ■ Ville du Québec, en Abitibi. 9 200 hab.

les **Lascaris** ■ Famille byzantine qui donna les empereurs de *Nicée (1208-1261).

Bartolomé de **Las Casas** ■ Dominicain espagnol, évêque au Mexique (1474-1566). Il prit la défense des Indiens et dénonça dans ses écrits les atrocités commises par les conquistadores.

Emmanuel comte de **Las Cases** ■ Écrivain français (1766-1842). Son *"Mémorial de Sainte-Hélène"* rapporte les propos de Napoléon Ier après sa déportation.

la grotte de **Lascaux** ■ Site préhistorique du *Périgord (France), découvert en 1940. Un des plus riches ensembles connus de peintures rupestres, datant du *magdalénien.

Lashkar ■ ⇒ **Gwalior.**

Rina **Lasnier** ■ Poétesse québécoise (née en 1915). *"Chant de la montée"*.

Las Palmas ■ Ville d'Espagne, capitale (siège du gouvernement) des *Canaries. 372 000 hab.

Ferdinand **Lassalle** ■ Homme politique allemand (1825-1864). Démocrate radical et socialiste, il évolua vers un socialisme réformiste à tendance nationaliste et féodale.

Roland de **Lassus** ■ Compositeur franco-flamand (v. 1532-1594). Son œuvre abondante (plus de 2 000 compositions) a bouleversé la musique de son temps.

Las Vegas ■ Ville des États-Unis (*Nevada). 165 000 hab. Réputée pour ses salles de jeu et de spectacle.

Hugh **Latimer** ■ Prélat et théologien anglais (v. 1485 - 1555). Initiateur protestant de l'*anglicanisme, conseiller d'*Henri VIII, il fut brûlé sur l'ordre de Marie *Tudor.

les **Latins** ■ Habitants du *Latium puis de l'Italie antique. ⇒ **Rome.** ⟨ ► latin ⟩

Latinus ■ Héros mythologique qui a donné son nom aux *Latins. Selon *Virgile, il accueillit *Énée en Italie.

le **Latium,** en italien ***Lazio*** ■ Région autonome de l'Italie centrale. 17 203 km². 5,1 millions d'hab. Capitale : Rome.

Georges de **La Tour** ■ Peintre français (1593-1652). La lumière est le sujet central de son œuvre qui comprend des peintures « diurnes » (scènes de genre) et « nocturnes » (scènes religieuses).

Maurice Quentin de **La Tour** ■ Peintre français (1704-1788). Il excella dans l'art du portrait au pastel.

René marquis de **La Tour du Pin** ■ Sociologue français (1834 - 1924). Un des principaux représentants du catholicisme social en France.

Patrice de **La Tour du Pin** ■ Poète français d'inspiration catholique (1911-1975). *"Une somme de poésie"*.

le **Latran** ■ Résidence des papes à Rome de 313 à 1304, avant leur installation au *Vatican. La basilique *Saint-Jean-de-Latran,* de style *baroque, est la cathédrale de Rome. □ *les accords du* **Latran** furent signés le 11 février 1929 entre le Saint-Siège et Mussolini (convention financière et concordat religieux). Ils marquent la naissance de l'État du *Vatican.

Pierre-André **Latreille** ■ Naturaliste français (1762 - 1833). Un des fondateurs de l'entomologie.

Lattaquié ou *al-***Lādhiqīyah,** ■ Ville et port de Syrie. 241 000 hab.

Jean-Marie de **Lattre de Tassigny** ■ Maréchal de France (1889-1952). Héros de la *Résistance. Haut-commissaire en *Indochine de 1950 à 1952.

La Tuque ■ Ville du Québec. 11 600 hab. Industrie du papier. Bois et hydroélectricité.

Max von **Laue** ■ Physicien allemand (1879-1960). Prix Nobel 1914 pour la diffraction des rayons X, qui permit l'optique cristalline.

Francesco **Laurana** ■ Sculpteur italien (v. 1430 - v. 1502). Bustes féminins.

Laure ■ Dame provençale à laquelle est consacré le *"Canzoniere"* de *Pétrarque.

Carole **Laure** ■ Actrice québécoise (née en 1948). Une des premières actrices québécoises à avoir une carrière internationale.

Stan **Laurel** ■ Acteur anglo-américain de cinéma (1890-1965). Il forma avec Oliver Hardy (1892-1957) un célèbre tandem comique.

Margaret **Laurence** ■ Romancière canadienne de langue anglaise (1926-1987). Œuvre souvent exotique influencé par ses séjours en Afrique. *"The Stone Angel"* (1964).

Marie **Laurencin** ■ Peintre française (1885-1956). Amie d'*Apollinaire et des *cubistes.

André **Laurendeau** ■ Journaliste, homme politique et dramaturge québécois (1912-1968). Il prôna le bilinguisme et le biculturalisme pour le Canada.

Henri **Laurens** ■ Sculpteur français (1885-1954). Son art, d'inspiration *cubiste, évolua vers des formes amples et sensuelles.

Auguste **Laurent** ■ Chimiste français (1807-1853). Précurseur de la chimie structurelle.

les **Laurentides** n. f. pl. ■ Région de collines du Québec. Parc national. Tourisme.

le plateau **Laurentien** ■ Rebord soulevé du bouclier canadien dans sa partie méridionale.

sir Wilfrid **Laurier** ■ Homme politique canadien (1841-1919). Premier ministre (libéral) de 1896 à 1911, il fut le premier francophone à occuper ce poste après 1867. Il renforça l'autonomie du pays.

Laurion ■ Ville de Grèce (*Attique), où se trouvaient des mines (plomb, argent) qui firent, dans l'Antiquité, la richesse d'Athènes.

Lausanne ■ Ville de Suisse située au bord du lac Léman, chef-lieu du canton de *Vaud. 126 000 hab. *(les Lausannois).*

Isidore Ducasse dit *le comte de* **Lautréamont** ■ Écrivain français (1846-1870). Son œuvre, remarquable pour sa critique du langage poétique conventionnel et son appel aux fantasmes de l'inconscient, est une des sources de la poésie du XXe s. et du *surréalisme. "*Les Chants de Maldoror*" ; "*Poésies*".

*Toulouse-**Lautrec*** ■ ⇒ Henri de **Toulouse-Lautrec.**

Lauzon ■ Ville en face de Québec. 13 800 hab. Chantier naval.

*François de Montmorency-**Laval*** ■ Prêtre d'origine française (1623-1708). Premier évêque de la Nouvelle-France et fondateur du Séminaire de Québec.

*Pierre **Laval*** ■ Homme politique français (1883-1945). Socialiste indépendant rallié à *Pétain, il mena la politique de *Collaboration. Fusillé à la *Libération.

Laval ■ Ville du Québec, dans l'agglomération de *Montréal. 284 000 hab.

*l'université **Laval*** ■ Université de l'agglomération de Québec. Fondée en 1852, elle porte le nom de François de Montmorency-*Laval.

*Calixa **Lavallée*** ■ Compositeur et pianiste québécois (1842-1891). Auteur de la musique de l'"*O Canada*", hymne national du Canada.

*la duchesse de **La Vallière*** ■ Favorite de Louis XIV (1644-1710). ‹ ► lavallière ›

*Johann **Lavater*** ■ Écrivain et penseur suisse de langue allemande (1741-1801). Sa "*Physiognomonie*", art de déduire le caractère des traits du visage, connut une grande vogue au XIXe s.

*Pierre Gaultier de Varennes et de **La Vérendrye*** ■ Explorateur canadien (1685-1749). Considéré, avec ses fils, comme le découvreur des montagnes *Rocheuses.

*Charles, cardinal **Lavigerie*** ■ Cardinal français (1825 - 1892). Évangélisation de l'Afrique. Rapprochement de l'Église et de la République (toast d'Alger en 1892).

*Ernest **Lavisse*** ■ Historien français (1842 - 1922).

*Antoine Laurent de **Lavoisier*** ■ Savant français, créateur de la chimie moderne (1743-1794). Il a introduit la mesure objective des quantités dans l'analyse des composants et élaboré (avec Guyton de Morveau, *Berthollet et Fourcroy) une nomenclature rationnelle. Fermier général, il fut guillotiné.

*John **Law*** ■ Financier écossais, ministre du *Régent (1671-1729). Son échec à introduire le papier-monnaie empêcha l'instauration en France du crédit et d'une banque d'État jusqu'au *Consulat.

*sir Thomas **Lawrence*** ■ Peintre anglais (1769-1830). Il succéda à *Reynolds comme portraitiste officiel.

*David Herbert **Lawrence*** ■ Écrivain anglais (1885-1930). Il fait l'apologie de la sensualité. "*L'Amant de lady Chatterley*".

*Ernest Orlando **Lawrence*** ■ Physicien américain (1901-1958). Inventeur du cyclotron. Prix Nobel 1939.

Thomas Edward dit ***Lawrence d'Arabie*** ■ Officier et écrivain anglais (1888-1935). Il combattit avec les Arabes contre les Turcs. "*Les Sept Piliers de la sagesse*".

*Halldór Kiljan **Laxness*** ■ Écrivain islandais (né en 1902). "*La Cloche d'Islande*" ; "*Lumière du monde*". Prix Nobel 1955.

*saint **Lazare*** ■ Dans l'*Évangile de saint *Jean, il est ressuscité par *Jésus.

*Laza **Lazarević*** ■ Écrivain serbe (1851-1890). "*Werther*".

*Paul **Lazarsfeld*** ■ Sociologue et statisticien américain d'origine autrichienne (1901-1976).

*les **Lê*** ■ Nom de deux dynasties qui régnèrent sur le Viêt-nam du Xe au XVIIIe s.

*Stephen **Leacock*** ■ Essayiste, économiste, historien et humoriste canadien de langue anglaise (1869-1944). Considéré comme le meilleur humoriste de langue anglaise à travers le monde pour la décennie 1915-1925. "*Sunshine Sketches of a Little Town*" (1912).

*Paul **Léautaud*** ■ Écrivain français (1872-1956). "*Journal littéraire*" ; "*Passe-Temps*".

*Achille **Le Bel*** ■ Chimiste français (1847-1930). ⇒ **Van't Hoff.**

*Henri **Lebesgue*** ■ Mathématicien français (1875-1941). Théorie des fonctions.

*Maurice **Leblanc*** ■ Romancier français (1864-1941). Créateur du personnage d'Arsène Lupin.

*Arthur **Leblanc*** ■ Violoniste acadien (1906-1985). Il créa en 1948 le deuxième concerto pour violon que D. *Milhaud avait écrit pour lui.

*Gustave **Le Bon*** ■ Sociologue français (1841-1931). "*La Psychologie des foules*".

*Charles **Le Brun*** ■ Peintre français (1619-1690). Son influence fut capitale sur l'art du siècle de Louis XIV, dont il assura, par ses fonctions, l'unité stylistique (directeur de l'Académie royale de peinture et de sculpture et de la manufacture des *Gobelins, premier peintre du roi).

*Charles François **Lebrun** duc de Plaisance* ■ Homme politique français (1739-1824). Troisième consul lors du *Consulat.

*Albert **Lebrun*** ■ Homme politique français (1871-1950). Dernier président de la IIIe *République, de 1932 à 1940.

Lecce ■ Ville d'Italie du Sud (*Pouilles). 102 000 hab.

*Isaac **Le Chapelier*** ■ Révolutionnaire français (1754 - 1794). ► *la loi **Le Chapelier*** (1791), qui interdisait les corporations, fut à la base du capitalisme libéral.

*Henry **Le Chatelier*** ■ Chimiste français (1850-1936). Études des métaux.

*Jean-Marie **Leclair*** ■ Compositeur et violoniste français (1697-1764).

Philippe de Hauteclocque dit ***Leclerc*** ■ Maréchal de France (1902-1947). Héros de la *Résistance (commandant de la "2e D.B.", il libéra Paris en 1944), puis chef des armées en *Indochine.

*Félix **Leclerc*** ■ Auteur-compositeur-interprète, poète, romancier et dramaturge québécois (1914-1988). Il eut une profonde influence sur le mouvement nationaliste québécois.

*Jean-Marie Gustave **Le Clézio*** ■ Écrivain français (né en 1940). Les personnages de ses romans restent fidèles à un étonnement profond devant la vie. "*Le Procès-Verbal*", roman ; "*l'Extase matérielle*", essai ; "*Désert*", nouvelles.

*Charles **Lecocq*** ■ Compositeur français d'opérettes (1832-1918). "*La Fille de Madame Angot*".

Charles Marie Leconte dit ***Leconte de Lisle*** ■ Poète français (1818-1894). Chef de file du *Parnasse. "*Poèmes antiques*" ; "*Poèmes barbares*" ; "*Poèmes tragiques*".

Charles-Édouard Jeanneret dit ***Le Corbusier*** ■ Architecte et théoricien français d'origine suisse (1887-1965). Il révolutionna l'architecture et l'urbanisme. Cités-jardins. Chapelle Notre-Dame de Ronchamp. Ville de *Chandīgarh (Inde). Il a aussi été peintre.

Léda ■ Dans la mythologie grecque, mère de *Castor, *Pollux, *Clytemnestre et *Hélène. *Zeus prit la forme d'un cygne pour la séduire.

Claude Nicolas ***Ledoux*** ■ Architecte français (1736-1806). Œuvre visionnaire dans sa conception et son style. "*Salines royales*" d'Arc-et-Senans (est de la France).

Alexandre Auguste ***Ledru-Rollin*** ■ Homme politique français (1807-1874). Républicain, opposé à la *monarchie de Juillet, député sous la IIe *République, il s'exila pendant le second Empire.

Ozias ***Leduc*** ■ Peintre québécois (1864-1955). Il a décoré plusieurs églises du Québec et de l'est du Canada.

Fernand ***Leduc*** ■ Peintre québécois (né en 1916). Président-fondateur de l'Association des artistes non figuratifs de Montréal (⇒ G. **Molinari**).

Robert Edward ***Lee*** ■ Général américain, chef des armées sudistes pendant la guerre de *Sécession (1807-1870).

Leeds ■ Ville du nord de l'Angleterre (*Yorkshire de l'Ouest). 452 000 hab. Industrie textile (laine).

Leeuwarden ■ Ville des Pays-Bas, chef-lieu de la *Frise. 85 200 hab.

François ***Lefebvre*** ■ Un des maréchaux de Napoléon Ier (1755 - 1820). Il épousa la blanchisseuse de son régiment que V. *Sardou popularisa sous le nom de Madame Sans-Gêne.

Jean-Pierre ***Lefebvre*** ■ Cinéaste québécois (né en 1941). "*Les Dernières Fiançailles*" (1973) ; "*les Fleurs sauvages*", prix de la presse internationale au Festival de Cannes 1982.

Jacques ***Lefèvre d'Étaples*** ■ *Humaniste français (v. 1450 - 1536). Premier traducteur de la Bible en français.

Le Gardeur ■ Ville du Québec. 9 900 hab.

Joseph ***Légaré*** ■ Peintre québécois (1795-1855). Considéré comme le premier peintre paysagiste né au Canada.

Adrien Marie ***Le Gendre*** ■ Mathématicien français (1752-1833). Géométrie, analyse, théorie des nombres.

Fernand ***Léger*** ■ Peintre et décorateur français (1881-1955). Sujets inspirés par le monde moderne dans un style dérivé du *cubisme. "*Les Constructeurs*".

Paul-Émile ***Léger*** ■ Prêtre québécois (né en 1904). Archevêque du diocèse de Montréal (1950-1967) ; nommé cardinal en 1953.

Jules ***Léger*** ■ Homme d'État canadien (1913-1980). Gouverneur général du Canada de 1974 à 1979.

la ***Légion d'honneur*** ■ Ordre français créé par *Bonaparte en 1802 pour récompenser les services militaires et civils.

les ***légitimistes*** ■ Nom donné après la *Révolution de 1830 aux royalistes partisans, contre Louis-Philippe, de la branche aînée des *Bourbons (France).

Franz ***Lehár*** ■ Compositeur autrichien d'opérettes (1870-1948). "*La Veuve joyeuse*".

Rosamond ***Lehmann*** ■ Romancière britannique (1903-1990). "*Poussière*".

Joel ***Lehtonen*** ■ Romancier et poète finnois (1881 - 1934).

Wilhelm ***Leibl*** ■ Peintre allemand (1844-1900). Ses scènes paysannes traduisent l'influence de *Courbet.

Gottfried Wilhelm ***Leibniz*** ■ Philosophe et savant allemand (1646-1716). Précurseur de la logique moderne, créateur, au même titre que *Newton, du calcul infinitésimal, diplomate, juriste, historien. Son œuvre est l'une des plus hautes expressions du rationalisme chrétien.

René ***Leibowitz*** ■ Compositeur français d'origine polonaise (1913 - 1972). Théoricien du dodécaphonisme.

Leicester ■ Ville d'Angleterre, chef-lieu du comté du Leicestershire. 329 000 hab. ▶ *le* ***Leicestershire.*** Comté d'Angleterre, dans les *Midlands. 2 553 km². 886 000 hab. Chef-lieu : Leicester.

le ***Leinster*** ou ***Laighean*** ■ Province de l'est de la république d'Irlande. 19 633 km². 1,85 million d'hab.

Leipzig ■ Ville d'Allemagne (*Saxe). 545 000 hab. Centre intellectuel et carrefour commercial depuis le Moyen Âge. Monuments (XVIe s.).

Michel ***Leiris*** ■ Écrivain et ethnologue français (1901-1990). Il a mené avec rigueur une entreprise autobiographique où le langage devient un moyen de révélation. "*L'Âge d'homme*" ; "*la Règle du jeu*".

Claude ***Le Jeune*** ■ Compositeur français (v. 1530-1600). Psaumes, motets.

Antoine ***Lemaistre*** ou ***Le Maître*** ■ *Janséniste français (1608-1658). □ *Isaac* ***Lemaistre de Saci*** (1613-1684), son frère, traduisit la Bible.

Jules ***Lemaitre*** ■ Écrivain et critique français (1853-1914).

Frédérick ***Lemaître*** ■ Acteur français (1800-1876), le plus célèbre de son temps.

le lac ***Léman*** ou *lac de* ***Genève*** ■ Lac d'Europe dont la rive sud est française, la rive nord, suisse. 582 km².

Roger ***Lemelin*** ■ Romancier et homme d'affaires québécois (1919-1992). Son œuvre est un tableau parfois satirique du milieu populaire québécois. "*Les Plouffe*", porté à l'écran par G. *Carle.

Jacques ***Lemercier*** ■ Architecte français (v. 1585-1654). Un des initiateurs du *classicisme.

Jean-Paul ***Lemieux*** ■ Peintre québécois (1904-1990). La solitude est l'un de ses thèmes importants.

l'abbé ***Lemire*** ■ Ecclésiastique français (1853-1928). Un des principaux représentants du catholicisme social sous la IIIe *République.

Lemnos, aujourd'hui ***Límnos*** ■ Île grecque de la mer Égée. 475 km². 23 000 hab.

Camille ***Lemonnier*** ■ Écrivain belge d'expression française (1844-1913). "*Le Mâle*" ; "*les Charniers*" ; "*la Belgique*".

François **Lemoyne** ou **Lemoine** ■ Peintre français (1688-1737). Un des grands décorateurs de son époque (château de *Versailles).

Jean-Baptiste **Lemoyne** ■ Sculpteur français (1704-1778). Bustes de style *rococo.

les **lémures** n. m. pl. ■ Esprits des morts, dans la religion romaine. ‹ ► lémurien ›

la **Lena** ■ Fleuve de Russie en Sibérie centrale, qui se jette dans l'océan Arctique. 4 270 km.

les frères **Le Nain** ■ Peintres français du XVIIe s. qui signaient ensemble leurs œuvres. Leurs scènes de la vie paysanne influencèrent les artistes *réalistes au XIXe s.

Nikolaus **Lenau** ■ Poète autrichien (1802-1850).

Ninon de **Lenclos** ■ Écrivaine française (1616-1705), proche des libres penseurs.

Suzanne **Lenglen** ■ Joueuse de tennis française (1899-1938). Sept fois championne du monde entre 1914 et 1926.

Leninakan (autrefois et depuis 1991 **Koumaïri**) ■ Ville d'*Arménie. 120 000 hab. Industries.

Vladimir Ilitch Oulianov dit **Lénine** ■ Homme politique russe (1870-1924). Militant et théoricien marxiste, il fonda le parti *bolchevik et organisa la *révolution d'Octobre 1917. Il se consacra ensuite à la construction du socialisme en U.R.S.S., en mettant en œuvre la doctrine de la « dictature du prolétariat ». ‹ ► léninisme ›

Leningrad (avant 1914 et depuis 1991 **Saint-Pétersbourg**) ■ 2e ville de la C.É.I. (*Russie), 1er port maritime et fluvial, sur l'embouchure de la *Neva. 4,45 millions d'hab. Centre culturel (musée de l'*Ermitage) et industriel. Fondée en 1703 (alors **Saint-Pétersbourg*), par *Pierre le Grand, capitale de l'Empire russe de 1715 à 1917, rebaptisée *Petrograd* de 1914 à 1924. Résistance héroïque aux nazis (1941-1944).

André **Le Nôtre** ■ Architecte français de jardins, créateur du jardin « à la française » (1613-1700). Parcs de *Versailles et de *Vaux-le-Vicomte.

Jakob **Lenz** ■ Auteur dramatique allemand (1751-1792). Un des pionniers du *romantisme. "*Les Soldats*".

le **León** ■ Province du nord-ouest de l'Espagne (communauté autonome de *Castille-et-León). 15 468 km². 529 000 hab. Foyer de l'art *roman. *Le royaume de León* se constitua lorsque les rois des *Asturies choisirent comme capitale la ville de León (914), et fut réuni à la *Castille en 1230. ⇒ **Castille-et-León.** □ **León.** Chef-lieu de *la province de León.* 137 000 hab. Évêché. Cathédrale gothique. Textile.

León ■ Ville du Nicaragua. 101 000 hab.

Léon ■ NOM DE PLUSIEURS PAPES □ *saint* **Léon Ier le Grand,** pape de 440 à sa mort (en 461), arrêta l'invasion des *Huns en Italie en 452. □ **Léon X** (1475-1521), fils de Laurent de *Médicis, protégea les arts et les lettres, et condamna *Luther en 1520. □ **Léon XIII** (1810-1903) promut un catholicisme social.

León de los Aldamas ■ Ville du Mexique. 656 000 hab.

Léon l'Africain ■ Érudit et géographe arabe (v. 1483-v. 1554). Il enseigna l'arabe à Rome.

Leonardo Fibonacci dit **Léonard de Pise** ■ Mathématicien italien (v. 1175-v. 1240). Il introduisit les connaissances et les notations mathématiques des Arabes.

Léonard de Vinci ■ Artiste italien (1452-1519). Déployant une activité prodigieuse, il fut à la fois peintre, architecte, savant et mena parallèlement à ses travaux une importante réflexion théorique. Par son universalisme et son rayonnement, son œuvre est capitale dans l'histoire de la *Renaissance. En peinture, il réalisa la "*Joconde*" (v. 1503-1507), célèbre illustration de ses découvertes sur le clair-obscur et le *sfumato,* art d'adoucir les contours. Il travailla à Florence et à Milan où il devint célèbre (*"la Cène"),* puis fut appelé en France par François Ier en 1516.

Léonidas Ier ■ Roi de *Sparte (mort v. 480 av. J.-C.). Il se sacrifia avec trois cents Spartiates aux *Thermopyles.

Wassily **Leontief** ■ Économiste américain d'origine russe (né en 1906). Prix Nobel 1973.

Giacomo comte **Leopardi** ■ Écrivain *romantique italien (1798-1837). Il est à l'origine de la poésie italienne moderne. "*Premier amour*" ; "*Canti*".

Léopold ■ NOM DE PLUSIEURS SOUVERAINS DE BELGIQUE □ **Léopold Ier,** *prince de* **Saxe-Cobourg** (1790-1865). Habile diplomate, il protégea la Belgique contre les ambitions des pays voisins. □ **Léopold II** (1835-1909). Sous son règne, la Belgique devint une puissance coloniale, avec l'annexion du *Congo. □ **Léopold III** (1901-1983). Critiqué pour avoir capitulé en 1940, il dut accepter la régence de son frère Charles (1945-1950) et abdiqua en 1951 en faveur de son fils *Baudouin.

Léopoldville ■ Ancien nom de *Kinshasa.

Lépante ■ Ville de Grèce (*Péloponnèse). Victoire des marines chrétiennes sur la flotte ottomane d'Ali Pacha (1571).

Louis **Lépine** ■ Préfet de police sous la IIIe République, il créa les brigades cyclistes (les « hirondelles ») et, en 1902, le concours des inventeurs qui porte son nom (1846-1933) (France).

Pierre **Lépine** ■ Médecin français (1901-1989). Il mit au point le vaccin contre la poliomyélite.

Frédéric **Le Play** ■ Haut fonctionnaire et sociologue français, conservateur (1806-1882).

Jeanne-Marie **Leprince de Beaumont** ■ Écrivaine française (1711-1780). Célèbres contes : "*la Belle et la Bête*".

René **Leriche** ■ Chirurgien français (1879-1955). "*La Chirurgie de la douleur*".

Lérida ■ Ville d'Espagne (*Catalogne). 112 000 hab.

les îles de **Lérins** ■ Îles françaises de la *Côte d'Azur, au large de *Cannes. Foyer religieux aux Ve et VIe s.

le duc de **Lerma** ■ Homme d'État espagnol (1553-1625). Favori et ministre de Philippe III, il exerça le pouvoir de 1598 à 1618.

Mikhaïl **Lermontov** ■ Écrivain *romantique russe (1814-1841). "*La Mort du poète*" ; "*Un héros de notre temps*".

Lerne ■ ⇒ **l'hydre de Lerne.**

André **Leroi-Gourhan** ■ Ethnologue et préhistorien français (1911-1986). "*Le Geste et la Parole*".

Leroi Jones ■ Écrivain noir américain (né en 1934). "*L'Esclave*" ; "*le Peuple du blues*".

Pierre **Leroux** ■ Philosophe et publiciste français (1797-1871). Théoricien d'un socialisme à caractère religieux.

Gaston **Leroux** ■ Écrivain français (1868-1927). Créateur des personnages de Rouletabille et de Chéri-Bibi.

Emmanuel **Le Roy Ladurie** ■ Historien français (né en 1929). "*Histoire du climat depuis l'an mil*".

Alain René **Lesage** ■ Écrivain français (1668-1747). Satire réaliste de la société de la *Régence dans "*le Diable boiteux*" (roman de mœurs), "*Turcaret*" (comédie) et "*Gil Blas*" (roman).

Jean **Lesage** ■ Homme politique québécois (1912-1980). Premier ministre du Québec de 1960 à 1966, il est considéré comme "le père de la Révolution tranquille".

Lesbos ou **Mytilène** ■ Île grecque de la mer Égée. 2 154 km². 105 000 hab. *(les Lesbiens).* Foyer de la civilisation des *Éoliens. Patrie d'*Alcée et de *Sappho. ‹ ► lesbienne ›

Les Cayes ■ Ville d'Haïti. 36 000 hab.

Pierre **Lescot** ■ Architecte français de la *Renaissance (1515-1578). Il a conçu une aile de la cour Carrée du *Louvre.

Nikolaï **Leskov** ■ ⇒ **Lesskov.**

le **Lesotho,** autrefois **Basutoland** ■ État (royaume) montagneux enclavé dans l'*Afrique du Sud dont il dépend économiquement. 30 355 km². 1,71 million d'hab. *(les Sothos).* Capitale : Maseru. Langues officielles : anglais, sesotho. Religion officielle : christianisme. Monnaie : loti (plur. : maloti). Ancien protectorat britannique indépendant depuis 1966, membre du *Commonwealth. C'est l'un des 25 pays les plus pauvres au monde.

Ferdinand de **Lesseps** ■ Diplomate français (1805-1894). Il conçut et fit creuser le canal de *Suez, mais échoua à percer celui de *Panamá.

Gotthold Ephraim **Lessing** ■ Auteur dramatique allemand et théoricien du théâtre (1729-1781). Il libéra le théâtre allemand de l'imitation de la tragédie française. "*Laokoon*".

Doris **Lessing** ■ Écrivaine britannique (née en 1919). Son œuvre est sensible aux revendications sociales et politiques, à la condition féminine, au racisme (l'apartheid). "*Le Carnet d'or*".

Nikolaï **Lesskov** ou **Leskov** ■ Écrivain russe (1831-1895). "*Gens d'Église*" ; "*Contes de Noël*".

Eustache **Le Sueur** ■ Peintre et décorateur français d'inspiration *classique (1617-1655). Sujets historiques et religieux.

Jean-François **Lesueur** ■ Compositeur français de musique religieuse et d'opéras (1760-1837).

Leszczyński ■ Famille polonaise dont sont issus le roi *Stanisław et sa fille Marie, reine de France par son mariage avec Louis XV.

Michel **Le Tellier** ■ Ministre d'Anne d'Autriche puis de Louis XIV (1603-1685). Père de *Louvois. Signataire de la révocation de l'édit de *Nantes.

Lethbridge ■ Ville de l'Alberta. 59 000 hab. Céréales et élevage.

la **Lettonie** ■ L'une des trois républiques *baltes, sur la mer Baltique. 63 700 km². 2,68 millions d'hab. *(les Lettons).* Capitale : Riga. Agriculture, pêche. Industries. La Lettonie fut intégrée à l'U.R.S.S. en 1940 (⇒ pays **baltes, pacte germano-soviétique**). La résistance des Lettons à l'emprise soviétique aboutit à son indépendance en 1991, alors reconnue par l'U.R.S.S.

le **Levant** ■ Autrefois, nom du littoral oriental de la Méditerranée.

l'île du **Levant** ■ Île française de la Méditerranée, dépendant de la ville d'*Hyères.

Émile **Levassor** ■ Industriel français (1844-1897). ⇒ **Panhard.**

Louis **Le Vau** ■ Architecte et décorateur français (1612-1670). L'un des maîtres du *classicisme. Il réalisa le château de Vaux-le-Vicomte, remania le Louvre et Versailles.

Claude **Léveillée** ■ Auteur-compositeur-interprète québécois (né en 1932). Premier chansonnier québécois à présenter un spectacle solo sur la place des Arts de Montréal. Auteur de plusieurs comédies musicales.

Leverkusen ■ Ville d'Allemagne (*Rhénanie-du-Nord-Westphalie), sur le Rhin. 155 000 hab. Important centre chimique.

Urbain **Le Verrier** ■ Astronome français (1811-1877). Découverte de *Neptune par le calcul. Théorie des planètes.

René **Lévesque** ■ Homme politique québécois (1922-1987). Premier ministre du Québec de 1976 à 1985, il fut un ardent défenseur de l'identité québécoise et fonda le Parti *québécois.

Carlo **Levi** ■ Écrivain italien (1902-1975). "*Le Christ s'est arrêté à Eboli*".

Lévi ■ Dans la Bible, fils de *Jacob. Il donne son nom à une tribu d'Israël, celle d'où provenaient les prêtres, ou *lévites.*

le **Léviathan** ■ Monstre marin décrit dans la Bible.

Emmanuel **Levinas** ■ Philosophe français (né en 1905). Traducteur de *Husserl. Éthique inspirée du judaïsme.

François-Gaston, duc de **Lévis** ■ Maréchal de France (1719-1787). Il remporta, en 1760, la dernière victoire française en Nouvelle-France.

Lévis ■ Ville du Québec, située en face de Québec, sur l'autre rive du Saint-Laurent. 18 400 hab. Centre industriel et commercial.

Claude **Lévi-Strauss** ■ Ethnologue et anthropologue français (né en 1908). Son structuralisme a reçu une audience considérable. "*Tristes tropiques*".

Levkosia ■ ⇒ **Nicosie.**

Lucien **Lévy-Bruhl** ■ Sociologue français (1857-1939). "*La Morale et la Science des mœurs*" ; "*la Mentalité primitive*".

Kurt **Lewin** ■ Psychologue allemand naturalisé américain (1890-1947). Il a introduit le concept de champ en sciences sociales.

Matthew Gregory **Lewis** ■ Écrivain anglais (1775-1818). Créateur avec Ann *Radcliffe du « roman noir ». "*Le Moine*".

Sinclair **Lewis** ■ Écrivain américain (1885-1951). Romans satiriques. "*Babbitt*". Prix Nobel 1930.

Lexington ■ Ville des États-Unis (*Kentucky). 204 000 hab. Centre de la région d'élevage dite *Blue Grass* (« herbe bleue »). Tabac, chevaux de course. Université.

Leyde, en néerlandais **Leiden** ■ Ville des Pays-Bas (*Hollande-Méridionale). 108 000 hab. Ville culturelle (université créée en 1575, musées).

Lhassa ou **Lhasa** ■ Capitale du *Tibet (Chine), à 3 600 m d'altitude. 106 000 hab. Palais des dalaï-lamas, le Potala.

Marcel L'Herbier ■ Cinéaste français (1888-1979). "*Forfaiture*".

Tristan l'Hermite ■ ⇒ **Tristan l'Hermite.**

Michel de L'Hospital ■ Ministre de *Catherine de Médicis (v. 1504 - 1573). Ses réformes et sa politique de tolérance envers les protestants (qui échoua) annoncent Henri IV. (France).

Guillaume de L'Hospital ■ Mathématicien français (1661-1704). Il publia le premier traité de calcul infinitésimal, diffusant les résultats de *Leibniz et de Jean *Bernoulli.

André Lhote ■ Peintre *cubiste et critique d'art français (1885-1962).

Liaoning ■ Province du nord-est de la Chine. 151 000 km². 37,3 millions d'hab. Capitale : Shenyang. Riche région agricole et minière. Industries.

le Liban ■ État (république) du Proche-Orient qui borde la Méditerranée, entre la Syrie et Israël. 10 230 km². 2,9 millions d'hab. *(les Libanais).* Capitale : Beyrouth. Langues : arabe (officielle), français, anglais. Religions : islam (sunnites, chiites, druzes) et christianisme (maronites). Monnaie : livre libanaise. ▭ HISTOIRE. Ancienne patrie des *Phéniciens, le Liban fut successivement occupé par les Grecs, les Perses, les Romains, les Byzantins, les croisés, les Turcs, avant d'être administré par la France en 1920. Indépendant en 1943, le pays vit, depuis 1975, en état de guerre civile meurtrière et de crise économique. En 1989, un « document d'entente nationale », dit *accord de Taëf*, fut signé par les différentes communautés religieuses sous l'égide de la Syrie et appliquée sous le contrôle de son armée ; cet accord interrompit la guerre civile. ‹ ► libanais ›

Willard Libby ■ Chimiste américain (1908 - 1980). Méthode de datation au carbone 14. Prix Nobel 1960.

le parti libéral du Canada ■ Parti politique fondé dans les années 1840.

le parti libéral du Québec ■ Parti politique longtemps relié au parti libéral du Canada, il possède aujourd'hui ses propres structures.

la théologie de la libération ■ Courant de pensée, défini en 1968 par le théologien péruvien Gustavo Gutiérrez, qui prône la lutte des chrétiens, notamment des prêtres, pour la libération des opprimés du tiers monde. Elle se propagea en Amérique latine, puis dans le monde en développement, avant d'être condamnée par la hiérarchie catholique en 1984 pour lecture « sélective » et « marxiste » de la Bible.

la Libération ■ À la fin de la Seconde *Guerre mondiale, libération des territoires (notamment français) occupés par les nazis.

Liberec ■ Ville de Tchécoslovaquie, en *Bohême. 104 000 hab.

le Liberia ■ État (république) d'Afrique de l'Ouest, bordant l'Atlantique. 99 067 km². 2,5 millions d'hab. *(les Libériens).* Capitale : Monrovia. Langue officielle : anglais. Monnaie : dollar libérien. État fondé en 1847 par d'anciens esclaves noirs américains libérés, il fut, pendant la colonisation, le seul État africain à rester indépendant. En 1990, une violente guerre civile aboutit au renversement du gouvernement et causa la ruine du pays.

Li Bo ou **Li Po** ou **Li T'ai po** ■ Un des plus grands poètes de la Chine médiévale (701 - 762).

Libreville ■ Capitale et port du Gabon. 352 000 hab.

la Libye ■ État (*Jamahiriya*, en français « État des masses ») d'Afrique du Nord. 1 757 000 km². 4,08 millions d'hab. (les Libyens). Capitale : Tripoli. Langue officielle : arabe. Religion officielle : islam. Monnaie : dinar. Pétrole et gaz naturel. Ancienne colonie italienne, royaume indépendant en 1951, le pays fut dirigé par Idrīs Ier jusqu'au coup d'État du colonel *Kadhafi en 1969. République islamique, championne du panarabisme, la Libye fut en guerre avec le Tchad de 1979 à 1989.

Licht ■ Site archéologique d'Égypte. Capitale de la XIIe dynastie (Moyen Empire).

Georg Christoph Lichtenberg ■ Écrivain allemand (1742-1799). Ses "*Aphorismes*" révèlent un esprit lucide et caustique.

Roy Lichtenstein ■ Peintre américain (né en 1923). Représentant majeur du *pop'art.

Li Dazhao ■ Philosophe et homme politique chinois (1888-1927). Il introduisit en Chine la pensée marxiste et fonda le parti communiste chinois en 1921.

Lidice ■ Village de Tchécoslovaquie, dont la population fut victime des atrocités nazies en 1942.

le lido de Venise ■ Étroite et longue bande de terre qui sépare Venise de l'Adriatique. Palais du festival du cinéma.

Sophus Lie ■ Mathématicien norvégien (1842-1899). Il a donné à la théorie des groupes (⇒ **Galois**) des développements remarquables, concernant aussi bien la géométrie que l'analyse.

Justus baron von Liebig ■ Chimiste allemand (1803-1873). Premières applications de la chimie à l'agriculture.

Wilhelm Liebknecht ■ Socialiste allemand (1826-1900). Il créa avec August *Bebel le parti ouvrier social-démocrate. □ *Karl* **Liebknecht,** son fils (1871-1919). Fondateur, avec Rosa *Luxemburg, du parti communiste allemand. Il fut assassiné. ⇒ **Spartakus.**

le Liechtenstein ■ Principauté indépendante d'Europe centrale (monarchie constitutionnelle), entre la Suisse et l'Autriche. 160 km². 28 300 hab. *(les Liechtensteinois).* Capitale : Vaduz. Langue officielle : allemand. Religion officielle : catholicisme. Monnaie : franc suisse. État rattaché à la Suisse pour les questions monétaires, postales et douanières. Hydroélectricité. Tourisme.

Liège, en néerlandais **Luik** ■ Ville de Belgique (la plus grande de *Wallonie), au centre d'un réseau de communications et située sur un bassin houiller. 200 000 hab. *(les Liégeois).* Ville d'art. Port pétrolier. Elle devint en 710 un évêché dont les princes-évêques conservèrent jusqu'au XVIIIe s. un pouvoir important. ► *la province de* **Liège.** L'une des neuf provinces de Belgique. 3 862 km². 992 000 hab. Chef-lieu : Liège. ‹ ► liégeois ›

Lierre, en néerlandais **Lier** ■ Ville de Belgique (province d'*Anvers). 30 900 hab.

Liestal ■ Ville de Suisse, chef-lieu du canton de *Bâle-Campagne. 12 200 hab.

Serge Lifar ■ Danseur et chorégraphe français d'origine russe (1905-1986).

György Ligeti ■ Compositeur hongrois naturalisé autrichien (né en 1923). "*Le Grand Macabre*", opéra d'après Ghelderode.

Gordon Lightfoot ■ Auteur-compositeur-interprète canadien (né en 1939). Plusieurs de ses compositions sont d'inspiration folklorique.

le prince de **Ligne** ■ Maréchal autrichien, auteur d'écrits en langue française (1735-1814). *"Mélanges militaires, littéraires et sentimentaires".*

la **Ligue** ou **Sainte Ligue** ou **Sainte Union** ■ Confédération de catholiques français (1576-1594). Formée pour défendre la foi catholique, elle visait aussi, soutenue par l'Espagne, à détrôner Henri III au profit d'Henri de *Guise. Elle joua un rôle important pendant les guerres de *Religion.

la **Ligue arabe** ■ Association fondée sur la solidarité des pays arabes. Créée en 1945, elle comprend 20 États plus l'*O.L.P.

la **Ligue des droits de l'homme** ■ Ligue fondée en 1898, pendant l'affaire *Dreyfus. Elle se donna pour but de manifester pour la liberté humaine, contre l'arbitraire.

les **Ligures** ■ Ancien peuple du nord de l'Italie, vaincu par les Romains. ▶ *la* **Ligurie,** en italien **Liguria.** Pays des Ligures. Région administrative de l'Italie moderne. 5 416 km². 1,7 million d'hab. Capitale : Gênes. Industrie, tourisme.

Otto **Lilienthal** ■ Ingénieur allemand, pionnier du vol à voile (1848-1896).

Lille ■ Ville du nord de la France et préfecture de la région *Nord-Pas-de-Calais. 178 300 hab. *(les Lillois).* Importante cité des Flandres au Moyen Âge, résidence des ducs de Bourgogne au XVe s., Lille, rattachée à la France en 1668, devint l'une des premières métropoles industrielles du pays (textile, métallurgie). Le déclin de la sidérurgie du Nord l'engage à développer sa vocation commerciale aux portes du *Benelux. Agglomération de près de 1 million d'hab., comprenant *Roubaix et *Tourcoing. Université. Musées.

Lilongwe ■ Ville nouvelle, capitale du Malawi depuis 1975. 220 000 hab.

Lima ■ Capitale du Pérou. 418 000 hab. Agglomération de 6 millions d'hab. Métropole administrative, commerciale, industrielle et économique du pays. Musée de l'Or (arts précolombiens). Fondée en 1535 par *Pizarro et capitale du vice-royaume du Pérou, elle dut son rayonnement aux richesses minières et au commerce.

Limassol ■ Ville et port de la côte sud de Chypre. 120 000 hab.

Georges **Limbour** ■ Écrivain français (1900-1970). Proche du *surréalisme. *"Les Vanilliers" ; "la Chasse au mérou".*

les frères **Limbourg** ■ Enlumineurs flamands (début du XVe s.). Ils illustrèrent les *"Très Riches Heures"* et les *"Belles Heures"* du duc de Berry, qui sont parmi les plus beaux manuscrits enluminés du XVe s.

le **Limbourg,** en néerlandais **Limburg** ■ L'une des neuf provinces de Belgique. 2 422 km². 737 000 hab. *(les Limbourgeois).* Chef-lieu : Hasselt. Bassin houiller. □ *le* **Limbourg,** en néerlandais **Limburg.** L'une des douze provinces des Pays-Bas. 2 169 km². 1,09 million d'hab. Chef-lieu : Maastricht.

Limerick ■ Ville et port de la république d'Irlande. 76 600 hab. Édifices anciens. Centre industriel et commercial.

Limoges ■ Ville de l'ouest de la France et préfecture de la région *Limousin. 136 400 hab. *(les Limougeauds).* Monuments anciens. Porcelaine, faïence et émaux réputés. En 1914, *Joffre y plaça en résidence des officiers jugés incapables (d'où le mot ‹ ▶ limoger ›).

le **Limousin** ■ Région administrative et économique du centre de la France, composée de trois départements : Corrèze, Creuse, Haute-Vienne. Préfecture : Limoges. 17 058 km². 723 800 hab. *(les Limousins).* Région de plateaux étagés, entaillés de gorges, elle a une économie agricole malgré une tradition industrielle ancienne : tapisseries d'Aubusson au XVIe s., manufacture d'armes de Tulle au XVIIe s., porcelaine de Limoges depuis le XVIIIe s. (grâce au kaolin).

Limoux ■ Ville du sud-ouest de la France. 10 200 hab. *(les Limouxins).* Maisons anciennes. Centre vinicole *(blanquette de Limoux).*

le **Limpopo** ■ Fleuve d'Afrique australe qui se jette dans l'océan *Indien. 1 600 km.

Lin Biao ou **Lin Piao** ■ Général et homme politique chinois (1908-1971).

Abraham **Lincoln** ■ Homme politique américain (1809-1865). 16e président (républicain) des États-Unis, de 1861 à son assassinat. Son élection provoqua la guerre de *Sécession. Contre les États du Sud, il abolit l'esclavage (1863).

Lincoln ■ Ville d'Angleterre, chef-lieu du Lincolnshire. 76 600 hab. Célèbre cathédrale gothique. ▶ *le* **Lincolnshire.** Comté de l'est de l'Angleterre. 5 885 km². 583 000 hab. Chef-lieu : Lincoln.

Lincoln ■ Ville des États-Unis, capitale du *Nebraska. 172 000 hab. Région agricole.

Lindau ■ Ville d'Allemagne (*Bavière), sur le lac de *Constance. 23 800 hab. Tourisme.

Charles **Lindbergh** ■ Aviateur américain (1902-1974). Première traversée de l'Atlantique en avion (1927).

Max **Linder** ■ Acteur et cinéaste français (1883-1925). Précurseur des burlesques américains. *"L'Étroit Mousquetaire".*

Linköping ■ Ville et port de Suède. 119 000 hab. Centre religieux.

Carl von **Linné** ■ Naturaliste suédois (1707-1778). Il imposa les classifications systématiques dans les sciences naturelles.

Lin Piao ■ ⇒ **Lin Biao.**

Linz ■ Ville d'Autriche, capitale de l'État (land) de Haute-*Autriche. 200 000 hab. Monuments de la Renaissance. Université. Sidérurgie.

le golfe du **Lion** ■ Golfe de la Méditerranée, baignant les côtes françaises entre le delta du Rhône et les Pyrénées.

Jean-Étienne **Liotard** ■ Peintre suisse (1702-1789). Portraits minutieux au pastel.

Joseph **Liouville** ■ Mathématicien français (1809-1882). Il établit l'existence des nombres transcendants.

les îles **Lipari** ou **Éoliennes** ■ Archipel italien de la mer *Tyrrhénienne. 88 km². 10 200 hab. Sur l'une des sept îles qui le composent se trouve le volcan *Stromboli. Tourisme.

Jacques **Lipchitz** ■ Sculpteur lituanien naturalisé français puis américain (1891-1973). Figures d'une grande puissance expressive, à l'inspiration *cubiste.

Lipetsk ■ Ville de la C.É.I. (*Russie). 450 000 hab. Industries. Station thermale.

Li Po ■ ⇒ **Li Bo.**

Fra Filippo ***Lippi*** ■ Peintre italien (v. 1406-1469). Scènes de la vie de la Vierge. □ *Filippino* ***Lippi,*** son fils (1457-1504), fut l'élève de *Botticelli.

Gabriel ***Lippmann*** ■ Physicien français (1845-1921). Prix Nobel 1908 pour son procédé de reproduction photographique des couleurs.

Li Qingzhao ■ Poétesse chinoise (v. 1081-1141). Élégies.

Lisbonne, en portugais ***Lisboa*** ■ Capitale du Portugal, sur l'estuaire du Tage. 830 000 hab. Principal centre commercial et industriel (pétrochimie) du pays. Principal port de l'empire colonial aux XVe-XVIe s., la ville fut alors à son apogée (tour de Belém, XVIe s.) et déclina à l'annexion espagnole (1580). En partie détruite par un tremblement de terre en 1755, la ville ancienne, en son centre, fut ravagée par un incendie en 1988 (en reconstruction).

Lisieux ■ Ville de France (*Normandie). 24 500 hab. *(les Lexoviens).* Pèlerinage à sainte *Thérèse de Lisieux. Basilique.

Arthur ***Lismer*** ■ Peintre et professeur d'art canadien (1885-1969). Un des fondateurs du regroupement de peintres « le Groupe des Sept » (⇒ L. S. **Harris,** A. Y. **Jackson**).

Prosper ***Lissagaray*** ■ Journaliste et historien français (1839-1901). *"L'Histoire de la Commune de Paris".*

Joseph ***Lister*** ■ Chirurgien anglais (1827-1912). Créateur de l'antisepsie.

Franz ***Liszt*** ■ Compositeur hongrois (1811-1886). Il eut d'abord une carrière de pianiste virtuose. Chef d'orchestre, il dirigea les œuvres majeures de son temps et soutint *Wagner. En 1865, il entra en religion. Son œuvre fougueuse, d'inspiration romantique, privilégie le piano et annonce la musique du XXe s. *"Sonates en si"* ; *"Harmonies poétiques et religieuses".*

Li T'ai Po ■ ⇒ **Li Bo.**

Little Rock ■ Ville des États-Unis, capitale de l'*Arkansas. 158 000 hab. Des incidents raciaux, en 1957, donnèrent le coup d'envoi de la bataille pour l'intégration des Noirs dans la société (⇒ **Black Power, King**).

Émile ***Littré*** ■ Philologue et lexicographe français (1801-1881). Disciple de *Comte. *"Dictionnaire de la langue française".*

la ***Lituanie*** ■ L'une des trois républiques *baltes, à la frontière de la Pologne. 65 200 km². 3,69 millions d'hab. *(les Lituaniens).* Capitale : Vilnius. Pêche, agriculture, industries alimentaires. ▭ **HISTOIRE.** Principauté indépendante à la fin du Moyen Âge, elle joua un grand rôle dans l'histoire de la Pologne à laquelle elle fut réunie en 1569. Annexée à la Russie en 1795, elle ne devint une république soviétique qu'en 1940, après vingt ans d'indépendance (⇒ pays **baltes, pacte germano-soviétique**). La résistance des Lituaniens à l'emprise soviétique aboutit à la proclamation de son indépendance en 1990, officiellement reconnue par l'U.R.S.S. en 1991. ⟨ ▶ lituanien ⟩

Liu Shaoqi ■ Homme politique chinois (1898-1969). Président de la république populaire de Chine de 1959 à 1968.

Liverpool ■ Ville industrielle, port d'Angleterre et chef-lieu du *Merseyside. 549 000 hab. Son développement, à partir du XVIIIe s., est lié au commerce des esclaves et à l'industrie cotonnière.

David ***Livingstone*** ■ Missionnaire et explorateur britannique (1813-1873). Ses explorations, en Afrique, et ses écrits eurent une place importante dans l'idéologie impérialiste. ⇒ **Stanley.**

la ***Livonie*** ■ Ancienne région d'Europe du Nord (Estonie et Lettonie actuelles). ⇒ pays **baltes.**

Livourne, en italien ***Livorno*** ■ Ville d'Italie (*Toscane), port sur la mer Tyrrhénienne. 172 000 hab.

le cap ***Lizard*** ■ Extrémité sud-ouest de la Grande-Bretagne (*Cornouailles).

Ljubljana ■ Ville de Yougoslavie, capitale de la *Slovénie. 305 000 hab. Commerce, tourisme, industrie électrique.

David ***Lloyd George*** ■ Homme politique britannique (1863-1945). Premier ministre (libéral) pendant la Première *Guerre mondiale (1916 - 1922). Rôle majeur dans le traité de *Versailles (1919) par sa modération entre les prétentions de *Clemenceau et l'idéalisme de *Wilson.

Lobamba ■ Capitale royale et législative du Swaziland (⇒ **Mbabane**). 5 700 hab.

Nikolaï ***Lobatchevski*** ■ Mathématicien russe, créateur de la première géométrie non euclidienne (1792-1856). ⇒ **Bolyai.**

Locarno ■ Ville de Suisse, dans le *Tessin, au bord du lac Majeur. 15 000 hab. En 1925, les puissances européennes y signèrent un pacte garantissant le traité de *Versailles.

Grace Annie ***Lockhart*** ■ Féministe canadienne (1855-1916). Première femme de l'empire britannique à obtenir un baccalauréat (1875).

John ***Locke*** ■ Philosophe anglais (1632-1704). Son *"Essai sur l'entendement humain",* opposé aux thèses de *Descartes, a marqué le début de l'empirisme anglo-saxon.

sir Norman ***Lockyer*** ■ ⇒ **Janssen.**

la ***Locride*** ■ Ancienne région de la Grèce centrale.

Łódź ■ 2e ville de Pologne. 845 000 hab. Capitale de l'industrie textile du pays.

Carl ***Loewe*** ■ Compositeur allemand (1796-1869). Mélodies.

Raymond ***Loewy*** ■ Dessinateur français naturalisé américain (1893-1986). Pionnier de l'esthétisme industriel.

William Edmond ***Logan*** ■ Géologue canadien (1798-1975). Premier directeur du Bureau de géologie du Canada. ▶ *le mont* ***Logan.*** Point culminant du Canada (5 951 m), près de l'Alaska, dans le territoire du *Yukon.

Logroño ■ Ville d'Espagne et capitale de la communauté autonome de La *Rioja. 119 000 hab. Vins.

Daniel Kaspar von ***Lohenstein*** ■ Auteur allemand de tragédies *baroques (1635-1683). *"Cléopâtre".*

la ***Loire*** ■ Le plus long des fleuves français (1 012 km), qui a donné son nom à de nombreux départements. Il naît au mont *Gerbier-de-Jonc et se jette dans l'Atlantique. Son régime est irrégulier. ▶ *les châteaux de la* ***Loire*** ont été édifiés pendant la *Renaissance dans les régions de Blois, de Tours, dans le Berry et en Anjou. ▶ *le Pays de la* ***Loire.*** Région économique et administrative de l'ouest de la France.

Elle comprend cinq départements : Loire-Atlantique, Maine-et-Loire, Mayenne, Sarthe et Vendée. 32 404 km². 3,06 millions d'hab. Préfecture : Nantes. Grande région agricole (élevage, céréales, vignobles : muscadet). Pêche. Industries variées : biscuiteries, aéronautique et électronique à Nantes, chantiers navals à Saint-Nazaire. ▶ *le Val de* ***Loire.*** ⇒ le **Val de Loire.**

Alfred ***Loisy*** ■ Exégète français (1857-1940). Condamné par le pape pour modernisme, il quitta la prêtrise et fut l'un des pionniers de l'histoire des religions.

Lokeren ■ Ville de Belgique (*Flandre-Orientale). 34 500 hab.

Lokossa ■ Ville du Bénin. 41 200 hab.

Lolland ou ***Laaland*** ■ Île du Danemark. 1 150 km². 78 000 hab.

les ***lollards*** ■ ⇒ **Wyclif.**

la ***Lombardie,*** en italien ***Lombardia*** ■ Région autonome du nord de l'Italie, la plus prospère et la plus active. 23 856 km². 8,89 millions d'hab. Capitale : Milan. Elle doit son nom aux ***Lombards,*** peuple d'origine germanique qui la conquit et fut vaincu par *Charlemagne en 774. Possession germanique puis autrichienne, elle fut annexée au Piémont en 1859, première étape de l'unification de l'Italie.

Lombok ■ Île d'Indonésie. 5 435 km². 1,96 million d'hab.

Cesare ***Lombroso*** ■ Médecin italien, fondateur de la criminologie (1835-1909).

Lomé ■ Capitale du Togo. 366 000 hab. Centre administratif, commercial (port) et industriel. ▶ *les* ***conventions de Lomé.*** Accords financiers et commerciaux signés entre la C.E.E. et les pays d'Afrique, des Caraïbes et du Pacifique (A.C.P.), en 1975, 1979, 1983 et 1989.

Étienne de ***Loménie de Brienne*** ■ Prélat français, ministre de Louis XVI (1727-1794). Comme son prédécesseur *Calonne, il échoua dans ses tentatives de réformes.

Mikhaïl ***Lomonossov*** ■ Écrivain russe (1711-1765). Considéré comme le fondateur de la littérature russe moderne. L'université de Moscou, qu'il créa, porte son nom.

John Griffith dit *Jack* ***London*** ■ Écrivain américain (1876-1916). Il fut ouvrier, marin, chercheur d'or et vagabond. Teintée d'un socialisme généreux, son œuvre évoque des personnages en marge de la société et l'aventure. "*Martin Eden*" ; "*Croc blanc*".

London ■ Ville de l'Ontario. 269 000 hab. Agglomération de 342 000 hab. Industries alimentaires.

Londonderry ■ 2e ville, port et district d'Irlande du Nord. 98 700 hab.

Albert ***Londres*** ■ Journaliste français (1884-1932). Un des premiers à accomplir des reportages internationaux.

Londres, en anglais ***London*** ■ Capitale du *Royaume-Uni et de l'Angleterre, au fond de l'estuaire de la Tamise. 1re agglomération d'Europe, divisée en 32 bourgs *(boroughs),* qui forme le comté du *Grand Londres :* 1 580 km². 6,73 millions d'hab. *(les Londoniens).* 1er centre économique de Grande-Bretagne. Capitale politique, elle abrite le palais royal *(Buckingham Palace)* et le Parlement *(Westminster).* La *City* est la deuxième place d'affaires du monde, après New York. ▭ **HISTOIRE.** Centre commercial romain, capitale du royaume d'Essex (526), la ville fut agrandie par *Guillaume le Conquérant qui fit construire la Tour de Londres. Sa vocation maritime et commerciale en fit un centre économique et artistique important. Dévastée par la peste (1665), puis par un incendie (1666), Londres fut au XIXe s. le plus grand centre bancaire et commercial du monde.

Marguerite ***Long*** ■ Professeur de piano et pianiste française (1874-1966). Elle créa le concours international Long-Thibault (⇒ **Thibault**).

Long Beach ■ Ville et port des États-Unis (*Californie). 361 000 hab. Tourisme.

Henry Wadsworth ***Longfellow*** ■ Poète américain (1807-1882). "*Hiawatha*" ; "**Évangéline*".

Pietro ***Longhi*** ■ Peintre italien (1702-1785). Scènes pittoresques de la vie vénitienne au XVIIIe s.

Long Island ■ Île des États-Unis, à l'embouchure de l'*Hudson, où se trouvent deux quartiers (*Brooklyn, *Queens) de *New York. 4 463 km².

Longmen ■ Site chinois de grottes bouddhiques (plus de 1 000), sculptées du Ve au VIIe s.

Longueuil ■ Ville du Québec, sur le Saint-Laurent, en face de Montréal. 125 000 hab. Industries manufacturères.

Longus ou ***Longos*** ■ Écrivain grec de la fin du IIe s. "*Daphnis et Chloé*", roman longtemps populaire.

le maréchal ***Lon Nol*** ■ Homme politique cambodgien (1913-1985). Il prit le pouvoir en 1970 et établit une dictature avant d'être chassé en 1975.

Adolf ***Loos*** ■ Architecte autrichien (1870-1933). Pionnier de l'architecture moderne. Maison Tzara, à Montmartre (Paris).

Felix ***Lope de Vega*** ■ Auteur dramatique espagnol (1562-1635). Il écrivit plus de 1 800 comédies qui exercèrent une profonde influence sur le théâtre français, en particulier sur *Corneille et *Molière. "*Font-aux-cabres*" ; "*le Cavalier d'Olmedo*".

Federico García ***Lorca*** ■ ⇒ Federico **García Lorca.**

la Chambre des ***lords,*** en anglais ***House of Lords*** ■ Chambre haute du Parlement du Royaume-Uni, composée de 1 180 pairs (1 154 lords et 26 prélats). ⇒ Chambre des **communes.**

la ***Lorelei*** ■ Falaise sur la rive droite du Rhin (Allemagne), célèbre pour sa sirène légendaire dite *la Lorelei,* qui inspira les poètes *Brentano, *Heine et *Apollinaire.

Hendrik Antoon ***Lorentz*** ■ Physicien néerlandais (1853-1928). Prix Nobel 1902 pour la théorie des électrons. Dans la théorie de la relativité d'*Einstein, la *transformation de Lorentz* exprime l'invariance des lois physiques pour tous les systèmes de coordonnées en mouvement uniforme les uns par rapport aux autres.

Konrad ***Lorenz*** ■ Zoologiste autrichien (1903-1989). Prix Nobel 1973 pour ses travaux fondateurs en éthologie (étude du comportement animal).

Loretteville ■ Ville en banlieue de Québec. 15 000 hab. Réserve amérindienne de Wendake.

Lorient ■ Ville de France (*Bretagne). 61 600 hab. *(les Lorientais).* Port de commerce et 3e port de pêche français. Base de sous-marins. Conserveries. Constructions mécaniques. Le port de « l'Orient » fut fondé par la Compagnie des Indes orientales en 1666.

Marion de ***Lorme*** ■ Courtisane française (1611-1650). Héroïne d'un drame de Victor Hugo, "*Marion Delorme*" (1831).

Claude Gellée dit *le* ***Lorrain*** ■ Peintre français, le grand maître du paysage *classique (1600-1682). Son sens rigoureux de la composition, avec une grande sensibilité à la lumière, influença l'école anglaise.

la ***Lorraine*** ■ Région administrative et économique de l'est de la France, composée de quatre départements : Meurthe-et-Moselle, Meuse, Moselle et Vosges. Préfecture : Nancy. 23 669 km². 2,3 millions d'hab. *(les Lorrains).* Pays de montagnes (⇒ **Vosges**) et de plateaux, avec une industrie textile traditionnelle dans les vallées. Sur les gisements de charbon et de minerai de fer s'est implantée, au XIXe s., une puissante industrie lourde, actuellement en crise (⇒ **Longwy, Thionville**). ▭ HISTOIRE. Constitué au Xe s. (⇒ **Lotharingie**), le duché de Lorraine fut cédé au roi de Pologne détrôné, Stanisław Leszczyński, en 1736, et au roi de France en 1766. De 1871 à 1918, les territoires lorrains de langue allemande furent annexés par l'Allemagne. ‹ ► lorrain ›

Los Alamos ■ Localité des États-Unis (*Nouveau-Mexique). Recherches nucléaires (expérimentation de la première bombe atomique, le 16 juillet 1945).

Los Angeles ■ Ville des États-Unis (*Californie). 2,97 millions d'hab. Agglomération d'une très large étendue (2e du pays) : 2 500 km². 9,5 millions d'hab. Célèbre université. Centre industriel et culturel. Elle a absorbé *Hollywood.

Joseph ***Losey*** ■ Cinéaste américain (1909-1984). "*The Servant*".

Los Mochis ■ Ville du Mexique. 122 500 hab.

le ***Lot*** ■ Rivière française, affluent de la Garonne. 481 km. Elle a donné son nom à deux départements : le *Lot* et le *Lot-et-Garonne*.

Loth ■ Personnage de la Bible. Sa femme est changée en statue de sel pour avoir regardé la destruction de *Sodome.

Lothaire ■ Roi de France de 954 à sa mort, fils de Louis IV (941-986).

Lothaire Ier ■ Empereur d'Occident, fils de Louis Ier le Pieux (795-855). Le traité de *Verdun ne lui laissa que la *Lotharingie. □ ***Lothaire II,*** son fils (v. 825-869), roi de Lotharingie.

Lothaire III de Supplinburg ■ Empereur germanique de 1133 à sa mort (1075-1137). Il supplanta Conrad de *Hohenstaufen, ce qui déclencha la querelle des *guelfes et des gibelins.

la ***Lotharingie*** ■ Territoires cédés à Lothaire Ier (d'où leur nom) après le traité de *Verdun, et dont le cœur est la Lorraine actuelle. Le royaume fut intégré par *Othon Ier le Grand au Saint Empire romain germanique (Xe s.).

le ***Lothian*** ■ Région administrative du centre est de l'Écosse. 1 756 km². 741 000 hab. Chef-lieu : Édimbourg.

Julien Viaud dit *Pierre* ***Loti*** ■ Romancier français (1850-1923). Inspiré par les thèmes de l'exotisme et du voyage en mer. "*Aziyadé*" ; "*Pêcheur d'Islande*".

Lorenzo ***Lotto*** ■ Peintre italien (v. 1480-1556). Grandes compositions religieuses ("*le Mariage de sainte Catherine*"). Portraits.

Émile ***Loubet*** ■ Homme politique français (1838-1929). Il succéda à Félix *Faure, à la présidence de la République (1899-1906) et gracia *Dreyfus.

Lougansk, de 1935 à 1958, puis de 1970 à 1990 ***Vorochilovgrad*** ■ Ville de la C.É.I. (*Ukraine), dans le Donbass. 497 000 hab. Fondée en 1795.

Louis ■ NOM DE NOMBREUX SOUVERAINS EUROPÉENS **1.** empereurs d'ALLEMAGNE □ ***Louis Ier le Pieux.*** ⇒ 3. rois de FRANCE. □ ***Louis II le Germanique*** (v. 825-875), son fils, hérita de la Germanie au traité de *Verdun. □ ***Louis IV de Bavière*** (v. 1286-1347) monta sur le trône en 1328 et mena une politique indépendante vis-à-vis de la papauté. **2.** roi de BAVIÈRE □ ***Louis II de Bavière*** ou ***de Wittelsbach*** (1845-1886), roi de 1864 à sa mort, protégea *Wagner, fit construire des châteaux fantastiques et mourut fou. **3.** rois de FRANCE □ ***Louis Ier le Pieux*** (778-840), fils de Charlemagne, empereur d'Occident de 814 à sa mort, dernier empereur carolingien. □ ***Louis II le Bègue*** ou ***le Fainéant*** (846-879), fils de Charles le Chauve, roi de 877 à sa mort. □ ***Louis III*** (v. 863-882), fils du précédent. □ ***Louis IV d'Outre-Mer*** (921-954), fils de Charles le Simple et roi de 936 à sa mort. □ ***Louis V le Fainéant*** (v. 967-987), roi en 986-987, dernier des *Carolingiens. □ ***Louis VI le Gros*** (v. 1081-1137) augmenta, dès son accession au trône en 1108, le domaine et le pouvoir de la monarchie. □ ***Louis VII le Jeune*** (v. 1120-1180), son fils, bien conseillé par *Suger, poursuivit sa politique ; sa rupture avec *Aliénor d'Aquitaine amorça le conflit franco-anglais. □ ***Louis VIII le Lion*** (1187-1226), roi de 1223 à sa mort, époux de *Blanche de Castille, continua la guerre de son père Philippe Auguste contre l'Angleterre. □ *Saint* ***Louis*** ou ***Louis IX*** (1214-1270), son fils, huitième roi (de 1226 à sa mort) très chrétien (canonisé en 1297), mort lors de la huitième croisade ; il mena le royaume à son apogée, ayant un rôle moral d'arbitre dans les affaires européennes. □ ***Louis X le Hutin*** (1289-1316), fils de Philippe le Bel, accéda au trône en 1314. □ ***Louis XI*** (1423-1483), roi de 1461 à sa mort, grand politique, consolida son pouvoir et l'unité du royaume (qu'il agrandit notamment de la Bourgogne, la Picardie, l'Anjou, le Maine et la Provence) en combattant les féodaux, en particulier Charles le Téméraire. □ ***Louis XII*** (1462-1515) monta sur le trône en 1498 et poursuivit les guerres de Charles VIII en Italie. □ ***Louis XIII*** (1601-1643), roi de 1610 à sa mort, subit d'abord la régence de sa mère, *Marie de Médicis, puis l'influence de *Luynes ; mais avec *Richelieu, il prépara l'absolutisme et l'hégémonie de la France en Europe, qui caractérisa le règne suivant. Il fit frapper une pièce de monnaie à laquelle son nom fut donné. ‹ ► louis › □ ***Louis XIV*** dit *le Roi Soleil* (1638-1715), son fils, roi de 1643 à sa mort ; la *Fronde qui éclata sous le règne d'*Anne d'Autriche et de *Mazarin lui inspira le culte du pouvoir absolu et la crainte de résider à Paris ; il fit construire *Versailles, favorisa l'épanouissement des arts et des lettres (*Molière, *Racine, *Le Brun, *Mansart, *Lully...) ; il réduisit le rôle de la noblesse et reçut dans son Conseil des bourgeois (*Colbert, *Le Tellier, *Louvois) ; la fin du « siècle de Louis XIV » fut cependant assombrie par les limites de sa politique de conquêtes, l'autoritarisme religieux (révocation de l'édit de *Nantes en 1685) et les difficultés économiques. Son fils, le *Grand Dauphin* (1661-1711), et son petit-fils, *Louis de France* (1682-1712), moururent avant lui. □ ***Louis XV*** le Bien-Aimé (1710-1774), arrière-petit-fils de Louis XIV, succéda au Régent en 1723 (⇒ **Régence**) : il soutint la politique de *Fleury, après lequel les ministres réformistes (*Orry, *Choiseul) se succédèrent sans véritable appui contre l'opposition des Parlements ; la tentative de *Maupéou arriva trop tard (1771) ; le roi mourut impopulaire, moqué pour ses amours (la *Pompadour, la *du Barry) ; mais son règne fut celui des *Lumières et d'une prospérité certaine. □ ***Louis XVI*** (1754-1793), son petit-fils, roi en 1774, ne sut pas dénouer les contradictions du régime, qui débouchèrent sur la *Révolution ; sans prise réelle sur les événements, il donna son adhésion aux réformes et devint « roi des Français » (1791) ; mais, sous l'influence de la reine *Marie-Antoinette et des monarques étrangers, il prit le parti de la contre-révolution ; déchu, le citoyen Louis Capet fut jugé, déclaré « coupable de conspiration contre la liberté de la nation » et guillotiné le 21 janvier 1793. □ ***Louis XVII*** (1785-1795), son fils, prisonnier de la Révolution ; plusieurs personnages tentèrent de se faire passer pour lui après la Restauration. □ ***Louis XVIII*** (1755-1824), frère de Louis XVI et du comte d'Artois (le futur *Charles X), émigra en 1791 ; il prit le titre de Régent après l'exécution du roi, puis celui de roi en 1795 mais ne régna qu'après la chute de Napoléon Ier. ⇒ **Restauration.** **4.** roi de HONGRIE □ ***Louis Ier le Grand*** (1326-1382) succéda à son père Charles Ier en 1342 et devint roi de Pologne en 1370. Il conquit la Bohême (1345), la Lituanie (1352), obtint la Dalmatie (1381). **5.** roi du PORTUGAL □ ***Louis Ier*** (1838-1889) monta sur le trône en 1861 et abolit l'esclavage dans les colonies en 1868.

Joseph Dominique baron ***Louis*** ■ Homme politique français (1755-1837). Collaborateur de *Talleyrand et de *Mollien, ministre des Finances sous la *Restauration et la *monarchie de Juillet.

Louisbourg ■ Site historique de l'île du Cap-Breton où les Français érigèrent une vaste forteresse de 1720 à 1740. Prise et détruite par les Anglais en 1758. Reconstruite partiellement à partir de 1960.

sainte ***Louise de Marillac*** ■ Religieuse française (1591-1660). Principale collaboratrice de saint *Vincent de Paul.

Louise de Savoie ■ Mère de François Ier et de *Marguerite de Navarre, régente du royaume lors des guerres d'Italie (1476-1531).

Louise-Marie d'Orléans ■ Reine des Belges, épouse de Léopold Ier (1812-1850).

la ***Louisiane*** ■ État du sud des États-Unis. 123 677 km². 4,2 millions d'hab. *(les Louisianais).* Capitale : Baton Rouge. ⇒ La **Nouvelle-Orléans.** Agriculture tropicale. Pétrole et gaz naturel. □ *la* ***Louisiane française.*** Vaste territoire situé au sud et au sud-ouest des États-Unis, exploré par Cavelier de *La Salle, il appartint à la France jusqu'à ce que Bonaparte le vendît aux États-Unis (1803) ; le français y est encore parlé par les *Cajuns ou Acadiens (⇒ **Lafayette**).

Louis-Philippe Ier ■ Roi des Français de 1830 à 1848 (1773-1850). Il fut, comme son père le duc d'*Orléans, partisan des idées révolutionnaires. Lieutenant de *Dumouriez, il émigra en 1793 et revint sous la *Restauration. Lié aux milieux libéraux, il fut appelé au pouvoir après la *révolution de 1830 (⇒ **monarchie de Juillet**). La *révolution de 1848 provoqua sa chute.

Louisville ■ Ville des États-Unis (*Kentucky). 298 000 hab.

Louksor ou ***Louqsor*** ■ ⇒ **Louxor.**

Lourdes ■ Ville de France, dans les *Pyrénées. 16 600 hab. *(les Lourdais).* Un des principaux centres de pèlerinage pour les catholiques. En 1858, Bernadette Soubirous déclara avoir eu plusieurs visions de la Vierge près de la grotte de Massabielle.

Louvain, en néerlandais ***Leuven*** ■ Ville de Belgique, dans le *Brabant. 84 200 hab. Églises gothiques et baroques. Le commerce de draps était florissant au XIIIe s., mais c'est surtout sous la domination de la *Bourgogne au XVe s. que la ville se développa. Industries alimentaire, chimique et mécanique. Université catholique (créée en 1425) ; sa section francophone a été transférée près d'Ottignies à *Louvain-la-Neuve.*

Jean-Baptiste ***Louvet de Couvray*** ■ Révolutionnaire et écrivain français (1760-1797). *"Les Amours du chevalier de Faublas".*

François Michel Le Tellier marquis de ***Louvois*** ■ Ministre de Louis XIV (1639-1691), fils de *Le Tellier. Il réorganisa l'armée. Son influence alla grandissant, aux dépens de *Colbert.

le ***Louvre*** ■ Ancienne résidence royale, située à Paris sur la rive droite de la Seine. Simple forteresse sous Philippe Auguste, le Louvre fut agrandi et transformé, devenant le plus grand palais du monde : au XVIe s., *cour Carrée,* par *Lescot et *Goujon ; au XVIIe s., *galerie du bord de l'eau* et *colonnade ;* au XIXe s., *grande galerie du nord, arc du Carrousel ;* au XXe s., *pyramide de verre* (de *Pei). Il abrite de très riches collections (musée depuis 1791). Le projet du « Grand Louvre » agrandit le musée.

Louxor ou ***Louqsor*** ou ***Louksor*** ■ Ville d'Égypte sur le Nil. 148 000 hab. Site archéologique situé dans la partie sud de la *Thèbes antique. Temple d'*Amon, dont un des obélisques fut érigé en 1836, à Paris, place de la Concorde. Le temple de *Karnak et, sur l'autre rive du Nil, la *Vallée des Rois et de nombreux sites se trouvent à proximité. Tourisme.

Pierre ***Louÿs*** ■ Écrivain français (1870-1925). Romans inspirés de la littérature érotique grecque. *"Les Chansons de Bilitis" ; "Aphrodite".*

Howard Phillips ***Lovecraft*** ■ Écrivain américain (1890-1937). Récits fantastiques où règne l'épouvante. *"Démons et merveilles".*

Robert ***Lowell*** ■ Poète américain, catholique et pacifiste (1917-1977).

les ***Lowlands*** n. f. pl., en français ***Basses Terres*** ■ Région du centre de l'Écosse, la plus peuplée (75 % de la population) et la plus développée. Agriculture et métallurgie. Ville principale : Glasgow.

Malcolm ***Lowry*** ■ Romancier anglais (1909-1957). Il trouve son inspiration dans les voyages, l'alcool et la mer. *"Au-dessous du volcan".*

les ***Loyalistes*** ■ Habitants de la Nouvelle-Angleterre qui, pour rester fidèles à la Grande-Bretagne lors de la guerre d'*Indépendance des États-Unis, quittèrent ce territoire pour s'établir dans les autres colonies britanniques de l'Amérique du Nord.

les îles ***Loyauté*** ■ Archipel français du Pacifique, dépendant de la Nouvelle-*Calédonie. Trois îles principales : Ouvéa, Lifou et Maré. 1 981 km². 15 500 hab.

le mont ***Lozère*** ■ Massif français le plus élevé des *Cévennes, couvert de landes et de pins.

Luanda ■ Capitale de l'Angola, sur l'Atlantique. 1,46 million d'hab. Raffinerie de pétrole.

Lubbock ■ Ville des États-Unis (*Texas). 174 000 hab. Centre agricole.

Lübeck ■ Ville et port d'Allemagne (*Schleswig-Holstein). 210 000 hab. Constructions navales. Conserveries. Fondée au XIIe s., elle fut, avec *Hambourg, fondatrice de la *Hanse.

le **Luberon** ou **Lubéron** ■ Chaîne calcaire du sud des Alpes françaises.

Ernst **Lubitsch** ■ Cinéaste américain d'origine allemande (1892-1947). "*La Veuve joyeuse*" ; "*To Be or Not to Be*".

Lublin ■ Ville de Pologne. 333 000 hab. Camp de concentration, pendant la Seconde Guerre mondiale (Majdanek).

Lubumbashi, autrefois **Élisabethville** ■ Ville du Zaïre, dans le *Shaba. 543 000 hab. Université.

saint **Luc** ■ Auteur de l'*Évangile qui porte son nom, et, selon la tradition, des "*Actes des Apôtres*". Patron des médecins et des peintres. Son emblème est le bœuf.

Lucain ■ Poète latin (39-65). Compagnon de *Néron, qui le contraignit à se suicider. "*La Pharsale*".

Lucas de Leyde ■ Peintre hollandais (1494-1533). Sa maîtrise de la gravure en fit le rival de *Dürer.

Lucerne, en allemand **Luzern** ■ Ville de Suisse. 60 600 hab. *(les Lucernois)*. Agglomération de 161 000 hab. Tourisme (ponts couverts du XIVe s.). ▶ *le canton de* **Lucerne.** 1 492 km². 312 000 hab. Chef-lieu : Lucerne. Il resta catholique durant la *Réforme.

sainte **Lucie** ou *sainte* **Luce** ■ Vierge et martyre chrétienne (IVe s.). Très populaire en Italie.

Lucie ou **Lucy** ■ Nom donné à un squelette anthropoïde féminin, vieux de 3 millions d'années, découvert dans le *rift africain en 1974.

Lucien de Samosate ■ Écrivain satirique grec (v. 125 - v. 192). Sa critique incisive de la société, de la philosophie et de la religion de son temps a été beaucoup imitée. "*Dialogues des morts*".

Lucifer ■ Autre nom de *Satan.

Lucknow ■ Ville de l'Inde, capitale de l'*Uttar Pradesh. 1 million d'hab. Industries textile, alimentaire.

Luçon ou **Luzon** ■ Île principale de l'archipel des Philippines. 104 684 km². Ville principale : Manille.

Lucques, en italien **Lucca** ■ Ville d'Italie (*Toscane). 89 000 hab. Importante cité au Moyen Âge. Cathédrale et églises romanes.

Lucrèce ■ Dame romaine (morte en 509 av. J.-C.). Son viol par Sextus Tarquin (fils de *Tarquin le Superbe) et son suicide provoquèrent la chute de la royauté.

Lucrèce ■ Poète latin (v. 98 - 55 av. J.-C.). "*De rerum natura*" (« De la nature »), ouvrage d'inspiration atomiste (matérialiste) et *épicurienne, est un modèle de poésie philosophique et savante.

Lucullus ■ Général romain (v. 106 - 56 av. J.-C.). Grâce aux richesses amassées pendant ses campagnes, il mena une vie dont le luxe (notamment gastronomique) est resté proverbial.

Lüda ■ Agglomération de Chine du Nord (*Liaoning), réunissant *Lüshun et *Dalian. 3,6 millions d'hab. Métallurgie et sidérurgie.

Erich **Ludendorff** ■ Général allemand (1865-1937). Collaborateur de *Hindenburg. Il dirigea les opérations militaires en 1916.

Ludhiāna ■ Ville de l'Inde, dans le *Pendjab. 607 000 hab.

Ludovic Sforza dit **le More** ■ Duc de Milan (1451-1508). Il tint avec sa femme Béatrice d'Este une cour fastueuse. Il protégea *Bramante et *Léonard de Vinci.

Ludwigshafen ■ Ville d'Allemagne (*Rhénanie-Palatinat). 157 000 hab. Industrie chimique.

Lugano ■ Ville de Suisse (*Tessin), au bord du *lac de Lugano.* 27 800 hab. Station touristique. Importante collection privée (*Thyssen) de peintures.

Lugdunum ■ Nom de *Lyon à l'époque gallo-romaine.

Leopoldo **Lugones** ■ Poète argentin (1874-1938). "*La Guerre gauchesque*", récit de la guerre des gauchos.

Bernardino **Luini** ■ Peintre italien (v. 1485-1532). Fresques d'inspiration religieuse.

György **Lukács** ■ Philosophe marxiste et homme politique hongrois (1885-1971). Ministre dans les gouvernements de Béla *Kun et d'Imre *Nagy.

Jan **Łukasiewicz** ■ Philosophe et logicien polonais (1878-1956).

Raymond **Lulle** ■ Théologien, logicien et écrivain catalan, l'un des grands esprits de son siècle (1235-1315). "*Ars Magna*".

Jean-Baptiste **Lully** ou **Lulli** ■ Compositeur français d'origine italienne (1632-1687). Musicien officiel à la cour de Louis XIV, il régna sur la musique de son époque. Il collabora avec *Molière *("le Bourgeois gentilhomme")*. C'est le créateur de l'opéra à la française : "*Atys*" ; "*Armide*".

Lumbinī ■ Site du Népal où, selon la tradition, Gautama, le futur Bouddha, vit le jour.

les frères **Lumière** ■ Industriels français, inventeurs du cinématographe en 1895. Auguste (1862-1954) et Louis (1864-1948).

les **Lumières** ■ Mouvement d'idées de l'Europe du XVIIIe s. Ses principaux représentants sont les « philosophes » français (qui sont aussi des militants et des écrivains), mais il peut être considéré comme la manifestation d'une conscience européenne (*Aufklärung* en Allemagne, *Enlightenment* en Angleterre...). Il a influencé les despotes « éclairés » (Catherine la Grande en Russie, Frédéric II en Prusse) et les idéologues de la Révolution française. On lui doit l'*Encyclopédie, animée par *Diderot et d'*Alembert, à laquelle ont collaboré notamment *Voltaire, *Rousseau, *Turgot. Ses caractéristiques : confiance dans les progrès de la raison et de la science pour dissiper les ténèbres de l'ignorance et de la superstition, liberté de pensée, volonté de réformes.

Patrice **Lumumba** ■ Homme politique congolais (1925-1961). Leader du Mouvement national congolais, il devint Premier ministre dès l'indépendance (1960). Destitué et arrêté, il fut assassiné.

la **Lune** ■ Satellite situé à 380 000 km de la Terre. Elle décrit une orbite elliptique en 29 jours, 12 heures et 44 minutes. Animée d'un mouvement de rotation sur elle-même, la Lune présente toujours la même face à la Terre. Diamètre : 3 476 km. Neil *Armstrong fut le premier homme à marcher sur la Lune, en 1969. ‹ ▶ lune ›

Luoyang ■ Ville de Chine (*Henan). 1,06 million d'hab. Centre archéologique (aux environs : grottes de *Longmen), culturel et artistique.

Jean **Lurçat** ■ Peintre et décorateur français (1892-1966). Il donna une nouvelle impulsion à l'art de la tapisserie.

Luristān ou **Lorestān** ■ Région d'Iran où, lors de fouilles en 1929, furent mis à jour des bronzes datant du XIXe au XIIe s. av. J.-C.

la ***Lusace*** ■ Région d'Allemagne, située au sud du Brandebourg. Lignite. Industrie textile.

Lusaka ■ Capitale de la Zambie, située à 1 300 m d'altitude. 870 000 hab. Centre administratif. Université.

Lüshun, autrefois ***Port-Arthur*** ■ Ville et port de Chine (*Liaoning), intégrée à l'agglomération de *Lüda. 40 000 hab.

les ***Lusignan*** ■ Famille française originaire du *Poitou, qui régna sur Chypre de 1192 à 1489.

la ***Lusitanie*** ■ Province romaine d'Espagne correspondant à l'actuel Portugal. ⟨ ▶ lusitanien ⟩

Lutèce ■ ⇒ **Paris.**

Martin ***Luther*** ■ Réformateur religieux allemand (1483-1546). Un des fondateurs, comme *Calvin, du *protestantisme et un des premiers grands écrivains de langue allemande. En 1517, il afficha sur les portes du château de Wittenberg ses 95 thèses où il dénonçait la vente des indulgences et qui marquèrent le début de la *Réforme. Il traduisit la Bible en allemand et organisa l'Église luthérienne. ⇒ **Melanchthon.** ▶ *le* ***luthéranisme*** professe l'affirmation de l'autorité de la Bible, le salut par la foi et par un retour à l'Église primitive. Il critique la hiérarchie de l'Église romaine et les vœux monastiques. Il s'est implanté en Allemagne du Nord et dans les pays scandinaves. ⟨ ▶ luthérien ⟩

Martin ***Luther King*** ■ ⇒ Martin Luther **King.**

Albert John ***Luthuli*** ou ***Lutuli*** ■ Homme politique sud-africain (1898-1967). Il lutta contre l'apartheid et fut le premier Africain noir à recevoir le prix Nobel de la paix (1960).

Luton ■ Ville d'Angleterre (*Bedfordshire), près de Londres. 165 000 hab.

Witold ***Lutosławski*** ■ Compositeur polonais (né en 1913).

Luxembourg ■ Capitale du grand-duché de Luxembourg. 76 600 hab. Siège d'institutions européennes (Cour européenne de justice) et internationales. Industrie métallurgique. Constructions mécaniques. Industries textile et alimentaire. ▶ *le grand-duché de* ***Luxembourg.*** État (monarchie constitutionnelle) d'Europe limité par la Belgique, l'Allemagne et la France. 2 586 km². 377 000 hab. *(les Luxembourgeois).* Capitale : Luxembourg. Langues : français (officielle), allemand (langue de culture), luxembourgeois (dialecte allemand ; langue nationale). Monnaie : franc luxembourgeois. Agriculture, industrie métallurgique, services (banques). Le pays est divisé en trois districts : *Diekirch, *Grevenmacher et ***Luxembourg*** (904 km² ; 272 000 hab.). ▭ **HISTOIRE.** Il fut fondé en 963. À l'époque de la *Réforme, le pays resta fidèle au catholicisme. En 1831, il fut divisé entre une partie belge (province de *Luxembourg) et une partie néerlandaise qui correspond au grand-duché actuel, indépendant depuis 1867. Il s'est rapproché de la Belgique et des Pays-Bas (⇒ **Benelux**) et a fait partie des pays fondateurs de la *C.E.E. en 1957. Le grand-duc *Jean règne depuis 1964.

le ***Luxembourg*** ■ L'une des neuf provinces de la Belgique. 4 441 km². 226 000 hab. Chef-lieu : Arlon.

le palais du ***Luxembourg*** ■ Palais de Paris, construit par Salomon de *Brosse pour *Marie de Médicis, de 1615 à 1620. Il abrite le *Sénat depuis 1958. Célèbre jardin « à la française ».

Rosa ***Luxemburg*** ■ Socialiste, révolutionnaire et théoricienne polonaise naturalisée allemande (1871-1919). Elle fonda la *ligue *Spartakus* (futur parti communiste) avec Karl *Liebknecht et, comme lui, fut assassinée.

Lu Xun ■ Écrivain chinois (1881-1936). *"La Véridique Histoire d'Ah Q"*, roman.

Charles d'Albert de ***Luynes*** ■ Favori de Louis XIII, au pouvoir de 1617 à 1621, après l'élimination de *Concini (1578-1621).

Luzon ■ ⇒ **Luçon.**

Lvov ou ***Lviv*** ■ Ville de la C.É.I. (*Ukraine). 790 000 hab. Centre culturel, commercial et industriel. Polonaise *(Lwów)* puis allemande *(Lemberg)*, elle fut annexée par l'U.R.S.S. en 1945.

André ***Lwoff*** ■ Biologiste français (né en 1902). Il accueillit *Jacob et *Monod dans son service et partagea avec eux le prix Nobel 1965 de médecine pour leurs recherches fondamentales en biologie moléculaire.

Lyallpur ■ ⇒ **Faisalābād.**

Louis Hubert ***Lyautey*** ■ Maréchal de France (1854-1934). Administrateur colonial en *Indochine, à Madagascar et surtout au Maroc, où il fut résident général de 1912 à 1925.

le ***Lycabette*** ■ Colline de l'*Attique entourée par la ville moderne d'Athènes.

le ***Lycée*** ■ Nom du lieu où enseigna *Aristote et qui fut donné à son école. ⟨ ▶ lycée ⟩

Lycurgue ■ Législateur mythique de Sparte ayant vécu au IXᵉ s. av. J.-C.

la ***Lydie*** ■ Ancienne contrée d'Asie Mineure sur la mer Égée. Elle est associée aux légendes d'*Héraclès et d'*Omphale, de *Tantale et de *Pélops. Le dernier roi de Lydie fut *Crésus.

sir Charles ***Lyell*** ■ Géologue écossais (1797-1875). Proche de *Darwin.

John ***Lyly*** ■ Écrivain anglais (v. 1553-1606). *"Euphues ou l'Anatomie de l'esprit"*, roman allégorique.

John Goodwin ***Lyman*** ■ Peintre et critique d'art canadien (1886-1967). La plupart de ses œuvres sont au Musée du Québec.

Lyon ■ Ville de France, préfecture de la région *Rhône-Alpes, au confluent du Rhône et de la Saône ; 3ᵉ ville française. 422 400 hab. *(les Lyonnais).* 2ᵉ agglomération (1,24 million d'hab.). La ville, fondée en 43 av. J.-C. par les Romains *(Lugdunum)*, a toujours bénéficié de sa situation de carrefour fluvial et routier. C'est un centre commercial (foires célèbres), financier et industriel (soie) depuis la fin du Moyen Âge. Aujourd'hui, les textiles artificiels et la chimie (liée au pétrole), la métallurgie et l'industrie automobile dominent. Fonctions tertiaires en développement. Université.

Bernard ***Lyot*** ■ Astronome français (1897-1952). Il obtint les premières photographies d'éruptions solaires.

la ***Lys*** ■ Rivière de France et de Belgique. Née en *Artois, elle arrose Courtrai et Gand avant de se jeter dans l'*Escaut.

Lysandre ■ Général spartiate (mort en 395 av. J.-C.). Vainqueur des Athéniens dans la guerre du *Péloponnèse.

Lysimaque ■ Général macédonien (v. 361-281 av. J.-C.). Lieutenant d'*Alexandre le Grand.

Lysippe ■ Sculpteur grec (v. 390 - v. 310 av. J.-C.). Avec *Praxitèle et *Scopas, il renouvela le style de la sculpture grecque.

Trofime ***Lyssenko*** ■ Généticien soviétique (1898-1976). Ses théories, erronées, sur l'évolution des espèces furent érigées en dogme par le régime avant d'être complètement abandonnées.

Edward Bulwer lord ***Lytton*** ■ Homme politique et romancier anglais (1803-1873). "*Les Derniers Jours de Pompéi*".

M

Maastricht ou ***Maëstricht*** ■ Ville des Pays-Bas, chef-lieu du *Limbourg. 116 000 hab. Centre culturel et industriel. – Sommet européen en décembre 1991. Traité sur l'union européenne.

Jean ***Mabillon*** ■ Bénédictin et érudit français (1632-1707).

Mac ■ Mot celtique signifiant « fils », précédant de nombreux noms écossais et irlandais. On l'écrit aussi *Mc* et *M'* et on l'accole au nom, qui garde généralement sa majuscule.

John Loudon ***McAdam*** ■ Ingénieur écossais (1756-1836). Il réalisa le système de revêtement des chaussées appelé *macadam.* ‹ ► macadam ›

Macaire ■ Prélat russe (v. 1482 - 1563). Métropolite de Moscou, conseiller d'Ivan IV, il renforça la puissance de l'Église orthodoxe.

Macao ■ Enclave portugaise (territoire autonome) en Chine du Sud, face à *Hong-Kong. 17 km². 466 000 hab. dont 8 000 Européens. Langues : portugais (officielle), chinois. Monnaie : pataca. Monuments portugais du XVIe s. L'industrie textile et manufacturière, le tourisme et le jeu (casino, courses) sont les principales ressources. Macao doit être rendu à la Chine en 1999.

Douglas ***MacArthur*** ■ Général américain (1880-1964). Commandant des forces alliées du Pacifique Sud (1942-1945) – il reçut la reddition du Japon le 2 septembre 1945 –, puis des forces de l'*O.N.U. en Corée (1950-1951).

Macassar ■ ⇒ **Ujung Pandang**.

Thomas ***Macaulay*** ■ Historien et homme politique anglais (1800-1859). "*Histoire d'Angleterre*".

Macbeth ■ Roi d'Écosse de 1040 à sa mort (1057). Pour monter sur le trône, il assassina Duncan Ier. Il a inspiré une célèbre tragédie de *Shakespeare.

les ***Maccabées*** ■ Nom des guerriers juifs qui dirigèrent la révolte contre le roi de Syrie Antiochos IV Épiphane (165 av. J.-C.). ► *les livres des* ***Maccabées,*** livres bibliques deutérocanoniques et apocryphes. ⇒ **Bible.**

Joseph ***McCarthy*** ■ Sénateur républicain américain (1908-1957). Le *maccarthysme* fut responsable de la « chasse aux sorcières » contre des intellectuels et des hommes politiques supposés proches du communisme (1950-1954).

Mary ***McCarthy*** ■ Romancière américaine (1912-1989). Son œuvre et sa vie furent marquées par le militantisme. "*Le Groupe*".

Carson ***McCullers*** ■ Romancière américaine (1917-1967). "*Le cœur est un chasseur solitaire*".

sir John Alexander ***Macdonald*** ■ Homme politique canadien (1815-1891). Principal artisan de la création de l'État confédéré en 1867, il en fut le Premier ministre (conservateur) jusqu'en 1873, puis de 1878 à sa mort.

James Ramsay ***MacDonald*** ■ Homme politique britannique (1866-1937). Un des fondateurs du parti *travailliste et chef du premier gouvernement travailliste (1924).

la ***Macédoine*** ■ Région historique de l'Europe dans la péninsule des Balkans, aujourd'hui partagée entre la Grèce (34 177 km² ; 2,12 millions d'hab. ; ville principale : Thessalonique), la Yougoslavie (une des six républiques fédérées ; 25 713 km² ; 1,9 million d'hab. ; capitale : Skopje) et la Bulgarie. ▭ **HISTOIRE.** Monarchie puissante, le royaume de Macédoine a étendu progressivement son hégémonie sur la Grèce (⇒ **Philippe II de Macédoine**) puis sur l'Empire perse (⇒ **Alexandre le Grand**). Il connut ensuite le déclin et fut conquis par Rome en 146 av. J.-C. Intégrée à l'Empire byzantin (⇒ **Byzance**), la région fut ensuite conquise par les Turcs (1430) puis fut au cœur des guerres balkaniques (1912-1913). Annexée par la Bulgarie (1941-1944), elle fut rendue, en majeure partie, à la Grèce et à la Yougoslavie en 1947. ‹ ► macédoine ›

Maceió ■ Ville et port du Brésil, capitale de l'État d'*Alagoas. 376 000 hab. Industries.

Pauline Emily ***McGibbon*** ■ Femme politique canadienne (née en 1910). Lieutenant-gouverneur de la province d'Ontario de 1974 à 1980, elle fut la première Canadienne à occuper un tel poste.

Ernst ***Mach*** ■ Physicien et philosophe autrichien (1838-1916). Son épistémologie influença *Einstein. *Nombre de Mach :* rapport de la vitesse d'un projectile à la vitesse du son. ‹ ► Mach ›

Antonio **Machado** ■ Poète espagnol (1875-1939). Il permit à l'Espagne moderne de renouer avec la tradition lyrique. Républicain mort en exil en France. "*Champs de Castille*".

Guillaume de **Machault** ou **Machaut** ■ ⇒ **Guillaume de Machaut.**

Nicolas **Machiavel** ■ Homme politique et philosophe florentin (1469-1527). L'un des premiers à avoir une approche réaliste de l'histoire et de la politique. La réputation de cynisme de son ouvrage "*le Prince*" a donné naissance au terme *machiavélisme.* ‹ ► machiavélisme ›

le **Machrek** ■ Les pays islamiques de l'« Orient » (Syrie, Irak, Liban, Égypte), opposés au *Maghreb.

Machu Picchu ■ Site archéologique du Pérou, situé à 2 000 m d'altitude, au nord de *Cuzco. Découverte en 1911, cette citadelle, construite en gradins, semble avoir été le dernier refuge des *Incas.

August **Macke** ■ Peintre allemand (1887-1914). Membre du *Cavalier bleu. Scènes de la vie moderne.

Alexander **Mackenzie** ■ Explorateur écossais (1764-1820). Découvreur du fleuve qui porte aujourd'hui son nom, il fut le premier Européen à traverser le territoire canadien jusqu'à l'océan Pacifique.

William Lyon **Mackenzie** ■ Homme politique canadien (1795-1861). Ami de L.-J. *Papineau, il fut l'un des leaders de la rébellion de 1837 dans le Haut-Canada.

le **Mackenzie** ■ Fleuve des Territoires du Nord-Ouest. Son estuaire forme une vaste baie dans l'Arctique. 4 241 km.

William **McKinley** ■ 25e président des États-Unis (1843-1901), de 1897 à son assassinat par un anarchiste. ► *le mont* **McKinley.** Point culminant de l'Amérique du Nord (*Alaska). 6 194 m.

Norman **McLaren** ■ Cinéaste canadien d'origine écossaise (1914-1987). Célèbre pour ses films d'animation souvent gravés directement sur la pellicule. Il a obtenu plusieurs prix internationaux.

Colin **Maclaurin** ■ Mathématicien écossais (1698-1746). Disciple de *Newton.

Archibald **MacLeish** ■ Poète américain (1892-1982). "*Conquistador*" ; "*Panic*".

John Hugh **MacLennan** ■ Romancier et essayiste canadien de langue anglaise (né en 1907). "*The Two Solitudes*" (1945) décrit les relations parfois tendues entre anglophones et francophones au Québec.

Herbert Marshall **McLuhan** ■ Universitaire canadien, auteur d'essais sur les médias et la communication (1911-1980). "*La Galaxie Gutenberg*".

Patrice comte de **Mac-Mahon** *duc de Magenta* ■ Maréchal de France et homme politique (1808-1893). Il se distingua dans les armées de Napoléon III et soutint *Thiers contre la *Commune (1871). Quoique monarchiste, il fut président de la République de 1873 à 1879, mais fut contraint de démissionner.

Ernest Alexander Campbell **MacMillan** ■ Chef d'orchestre canadien (1893-1973).

Harold **Macmillan** ■ Homme politique britannique (1894-1986). Premier ministre (conservateur) de 1957 à sa démission en 1963.

Mâcon ■ Ville de France (*Bourgogne). 38 500 hab. *(les Mâconnais).* Hôtel-Dieu du XVIIe s. Port fluvial sur la *Saône. Centre commercial (vins) et administratif.

Pierre **Mac Orlan** ■ Écrivain français (1882-1970). Ses romans évoquent des personnages marginaux. "*Le Quai des brumes*", adapté au cinéma par *Prévert et *Carné ; "*la Bandera*", porté à l'écran par *Duvivier. Chansons.

Agnes Campbell **Macphail** ■ Féministe canadienne (1890-1954). Première femme à siéger à la Chambre des communes du Canada (1921).

James **Macpherson** ■ Poète écossais (1736-1796). ⇒ **Ossian.**

Imre **Madách** ■ Écrivain hongrois (1823-1864). "*La Tragédie de l'homme*", drame philosophique.

Madagascar ■ Île et État (république démocratique) de l'océan Indien, au sud-est de l'Afrique, séparée du continent par le canal de Mozambique. 587 041 km². 11,6 millions d'hab. *(les Malgaches).* Capitale : Antananarivo. Langues : malgache (merina ; officielle), français. Monnaie : franc malgache. Économie essentiellement agricole : riz, tabac, café, canne à sucre. ▭HISTOIRE. Peuplée par des Indonésiens et des Africains, l'île fut longtemps composée de petits royaumes. Elle fut colonisée au XIXe s. par la France. Après de dures luttes (la répression française en 1947 fit plus de 89 000 morts), elle devint une république indépendante (1960) puis démocratique (1975). ‹ ► malgache ›

l'abri de la **Madeleine** ■ Site préhistorique du *Périgord (France) qui a donné son nom à la dernière culture du paléolithique supérieur (13 000 - 8000 av. J.-C.) : le *magdalénien.* ‹ ► magdalénien ›

les îles de la **Madeleine** ■ Archipel (une douzaine d'îles) du golfe du Saint-Laurent. 228 km². 14 000 hab. Pêche et gisements de sel.

la **Madeleine** ■ Église de Paris (France). Commencée en 1763, elle ne fut achevée qu'en 1840 après que Napoléon l'eut transformée à l'image d'un temple grec ceint de colonnes corinthiennes.

Madère, en portugais **Madeira** ■ Archipel de l'Atlantique, région autonome du Portugal, situé à l'ouest du Maroc. 794 km². 271 000 hab. Capitale : Funchal. Relief volcanique. Tourisme. Économie agricole : célèbres vins liquoreux. ‹ ► madère ›

Bruno **Maderna** ■ Compositeur italien (1920-1973). Musique sérielle et postsérielle.

Carlo **Maderno** ■ Architecte italien (1556-1629). Il travailla à la basilique Saint-Pierre à Rome.

le **Madhya Pradesh** ■ Le plus grand État de l'Inde, au centre du pays. 443 446 km². 52,18 millions d'hab. Capitale : Bhopāl. Blé, canne à sucre. Richesses minières (charbon, manganèse, fer, bauxite) exploitées dans de grands centres industriels.

James **Madison** ■ Homme politique américain (1751-1836). 4e président des États-Unis, de 1809 à 1817.

Madison ■ Ville des États-Unis, capitale du *Wisconsin. 171 000 hab. Centre administratif et économique. Université.

Madiun ■ Ville d'Indonésie, au centre de *Java. 151 000 hab.

Madonna di Campiglio ■ Station de sports d'hiver italienne, dans le *Trentin.

Madras ■ Ville et port de l'Inde du Sud, capitale du *Tamil Nādu. 3,27 millions d'hab. Célèbres tissus imprimés (les *madras*). Centre universitaire et touristique. ‹ ► madras ›

la sierra **Madre** ■ Nom donné aux principales chaînes de montagnes du Mexique, qui longent les côtes du Pacifique *(sierra Madre occidentale, sierra Madre du Sud)* et celles de l'Atlantique *(sierra Madre orientale)*. Agriculture. Richesses minières.

Madrid ■ Capitale de l'Espagne, au centre du pays. 3,12 millions d'hab. *(les Madrilènes)*. Ville historique et culturelle (université, musée du Prado), centre administratif, commercial et industriel. ▭ HISTOIRE. Elle succéda à *Tolède, comme capitale, en 1561. Embellie au XVIIIe s. sous Charles III, la ville se souleva contre l'occupation française et fut le théâtre de violents combats pendant la guerre civile (1939). □ ***Madrid.*** Communauté autonome de l'Espagne (*Castille). 7 995 km². 4,85 millions d'hab. Capitale : Madrid.

Ma Duanlin ■ Encyclopédiste chinois (1245-1322).

Madura ■ Île d'Indonésie située au nord-ouest de Java. 4 000 km². 2,5 millions d'hab. Problèmes liés à la surpopulation.

Madurai ■ Ville de l'Inde du Sud, dans le *Tamil Nādu. 821 000 hab. Industrie textile. Temple grandiose.

Maebashi ■ Ville du Japon (*Honshū). 284 000 hab. Centre de l'industrie de la soie.

Nicolaes ***Maes*** ■ Peintre hollandais (v. 1634-1693). Élève et disciple de *Rembrandt. Scènes de genre. Portraits.

Maëstricht ■ ⇒ **Maastricht.**

Maurice ***Maeterlinck*** ■ Écrivain belge d'expression française (1862-1949). "*Les Serres chaudes*", poèmes ; "*Pelléas et Mélisande*", drame symboliste dont il fit un livret pour *Debussy ; "*la Vie des abeilles*", essai. Prix Nobel 1911.

le ***Magdalena*** ■ Fleuve de Colombie qui se jette dans la mer des Caraïbes à *Barranquilla. 1 700 km. Voie de communication importante.

le ***magdalénien*** ■ ⇒ l'abri de la **Madeleine.**

Magdebourg, en allemand ***Magdeburg*** ■ Ville d'Allemagne, capitale de l'État (land) de *Saxe-Anhalt. 291 000 hab. Cathédrale gothique. Carrefour de communications. Important port fluvial. Jusqu'à la Seconde *Guerre mondiale, centre sidérurgique (usines *Krupp). Industrie chimique.

Magelang ■ Ville d'Indonésie, au milieu de l'île de Java. 123 000 hab. Temple de *Bārābudur à proximité.

Fernand de ***Magellan*** ■ Navigateur portugais (v. 1480-1521). Il entreprit en 1520 le premier voyage autour du monde mais fut tué aux Philippines. ► *le détroit de* ***Magellan*** relie l'Atlantique au Pacifique, entre l'Amérique du Sud et la *Terre de Feu.

François ***Magendie*** ■ Médecin français (1783-1855). Il fut le maître de Claude *Bernard.

Magenta ■ Ville d'Italie (*Lombardie). 23 700 hab. Victoire française sur les troupes autrichiennes en 1859.

les Rois ***mages*** ■ Dans l'Évangile, sages d'Orient qui vinrent rendre hommage à l'enfant Jésus, guidés par une étoile. Ils étaient trois : *Balthazar, *Gaspard, *Melchior.

le ***Maghreb*** ■ En arabe « l'endroit où le soleil se couche », ensemble des pays du nord-ouest de l'Afrique compris entre la Méditerranée et le Sahara, l'Atlantique et le désert de Libye (Maroc, Algérie, Tunisie). Formant une unité géographique et une unité ethnique (les *Berbères), il doit à la conquête arabe du VIIe s. son unité religieuse (l'islam) et culturelle. ≠ Machrek. ► *l'union du* ***Maghreb arabe.*** Traité, signé en 1989, par l'Algérie, la Libye, le Maroc et la Mauritanie afin d'accroître leur coopération économique. ‹ ► maghrébin ›

André ***Maginot*** ■ Homme politique français (1877-1932). Député radical, il fit ériger des fortifications (la *ligne Maginot*) à la frontière nord-est de la France (1927-1932).

Alessandro ***Magnasco*** ■ Peintre italien (1667-1749). Scènes de genre animées de petites figures, traitées dans un style nerveux. Portraits.

Magnitogorsk ■ Ville de la C.É.I. (*Russie) dans l'*Oural. 440 000 hab. Sidérurgie.

Magog ■ Ville du Québec. 14 200 hab. Industrie textile.

René ***Magritte*** ■ Peintre belge (1898-1967). Natures mortes et paysages où les objets et les personnages sont juxtaposés de façon insolite à la manière du collage *surréaliste. Écrits théoriques.

les ***Magyars*** ■ Nom ethnique des Hongrois. Peuple finno-ougrien établi au IXe s. en *Pannonie. ‹ ► magyar ›

Mahābalipuram ■ Site archéologique de l'Inde (*Tamil Nādu). Temples du VIIIe s.

le ***Mahābhārata*** ■ Grand récit épique indien composé sur plusieurs siècles (du IXe av. J.-C. au IVe s.). C'est aussi une encyclopédie des connaissances sacrées et profanes des Indo-Européens.

Mahajanga ■ Ville et port de Madagascar. 111 000 hab.

Mahalapye ■ Ville du Botswana. 104 000 hab.

le ***Mahārāshtra*** ■ État de l'Inde. 307 690 km². 62,7 millions d'hab. Capitale : Bombay. Coton.

le ***Mahdī*** ■ « Celui qui est guidé (par Dieu) ». Selon les musulmans *chiites, personnage messianique qui viendra délivrer l'homme du mal. Plusieurs souverains arabes prirent ce titre, notamment Muḥammad Aḥmad ibn 'Abd Allāh (1844-1885). Ce dernier conquit le *Soudan et s'empara de *Khartoum. ► *les* ***mahdistes,*** ses partisans, furent battus par *Kitchener en 1898.

Nadjib ***Maḥfūẓ*** ■ Romancier égyptien (né en 1912). Les "*Récits de notre quartier*" évoquent sa ville natale, Le Caire. Prix Nobel 1988.

Gustav ***Mahler*** ■ Compositeur et chef d'orchestre autrichien (1860-1911). Auteur de dix symphonies, remarquables par leur vaste architecture, et de mélodies *("Chants pour les enfants morts")*.

Mahomet ■ Prophète et fondateur de l'*islam (v. 570-632). Il épousa *Khadīja et mena jusqu'à quarante ans une vie prospère. Vers 610, il reçut ses premières révélations et commença son enseignement à La *Mecque (⇒ **Coran**). Des persécutions l'obligèrent à fuir vers *Médine en 622, an I de l'ère musulmane ou *hégire*. Homme de guerre remarquable, il conquit La Mecque, puis la péninsule Arabique, et instaura une nouvelle législation religieuse. Après sa mort, des dissensions opposèrent *chiites, *sunnites et *kharidjites. ‹ ► mahométan ›

le 13 ***mai 1958*** ■ Insurrection à Alger des partisans de l'Algérie française menés par le général *Salan pour protester contre la politique suivie en Algérie par la IVe République française. Elle déclencha le processus du retour de de Gaulle au pouvoir, la fin de la IVe République et la naissance de la Ve République.

Mai 1968 ▪ Crise économique, sociale, politique et culturelle que traversa la Ve République française. Lancé et mené par les étudiants, le mouvement fut relayé par les ouvriers (grèves) avant de s'achever par des élections législatives, en juin, et la reprise en main du général de Gaulle. Contemporains d'une révolte estudiantine internationale, ces événements furent révélateurs d'un malaise profond face à la société de consommation (⇒ **Marcuse**).

Vladimir ***Maïakovski*** ▪ Poète soviétique (1893-1930). Animateur du mouvement *futuriste, partisan de la *Révolution de 1917. Il se suicida.

Norman ***Mailer*** ▪ Écrivain et cinéaste américain (né en 1923). Il critique les mythes de la société américaine. "*Les Nus et les Morts*".

Antonine ***Maillet*** ▪ Écrivaine acadienne (née en 1929). Elle a décrit plusieurs scènes de la vie acadienne. "*La Sagouine*" ; "*Pélagie-la-Charrette*" (prix Goncourt, 1979).

Aristide ***Maillol*** ▪ Sculpteur et peintre français (1861-1944). Par leur monumentalité et leur pureté de ligne, ses nus féminins l'ont fait apparaître comme l'héritier du classicisme grec.

Moïse ***Maimonide*** ▪ Philosophe et médecin juif, principal théologien du judaïsme (1135-1204). "*Le Guide des égarés*".

le ***Main*** ▪ Rivière d'Allemagne qui arrose *Bayreuth, *Francfort puis devient l'affluent du Rhin à *Mayence (524 km). Il forme une partie de la liaison Rhin-Danube.

le ***Maine*** ▪ Ancienne région de l'ouest de la France, qui forme aujourd'hui les départements de la Mayenne et de la Sarthe. Ses habitants sont *les Manceaux*. Ville principale : Le Mans. Bocages voués à l'élevage et aux arbres fruitiers. Céréales.

le ***Maine*** ▪ État du nord-est des États-Unis. 86 156 km². 1,12 million d'hab. Capitale : Augusta. Agriculture, pêche, industrie du bois. Tourisme (stations balnéaires).

Maine de Biran ▪ Philosophe français (1766-1824). Écrits d'introspection.

Françoise d'Aubigné marquise de ***Maintenon*** ▪ Maîtresse de Louis XIV qui l'épousa en secret (1635-1719). Très dévote, elle influa sur les affaires religieuses du royaume (France).

Jean ***Mairet*** ▪ Auteur dramatique français (1604-1686). "*Sophonisbe*" (1634), la première tragédie classique.

la ***Maison Blanche*** ▪ Résidence du président des États-Unis, à Washington, édifiée de 1792 à 1800.

la ***Maison carrée*** ▪ Temple romain de style corinthien, érigé à Nîmes (France) en 16 av. J.-C.

Paul de Chomedey de ***Maisonneuve*** ▪ Militaire et administrateur français (1612-1676). Il fonda, au Canada en 1642, le bourg de Ville-Marie, la future Montréal dont il fut gouverneur de 1642 à 1665.

le comte Joseph de ***Maistre*** ▪ Écrivain français (1753-1821). Critique de la Révolution et défenseur de la papauté. "*Les Soirées de Saint-Pétersbourg*". □ *Xavier de* ***Maistre,*** son frère (1763-1852), écrivain, auteur du "*Voyage autour de ma chambre*" et du "*Lépreux de la cité d'Aoste*".

le ***Maître de Flémalle*** ▪ ⇒ Robert **Campin.**

le ***Maître de Moulins*** ▪ Peintre du triptyque du "*Couronnement de la Vierge*" de la cathédrale de *Moulins (v. 1498).

les ***Maîtres chanteurs,*** en allemand ***Meistersinger*** ▪ Membres de confréries religieuses allemandes dont les chants étaient destinés à embellir l'office, et qui devinrent, au XIVe s., des confréries de poètes. Ceux de Nuremberg inspirèrent *Wagner.

le lac ***Majeur*** ▪ Lac d'Italie du Nord dont l'extrémité nord (⇒ **Locarno**) appartient à la Suisse. 212 km². Îles *Borromées.

Ma Jong ou ***Ma Rong*** ▪ Philosophe chinois (79-166).

John ***Major*** ▪ Homme politique britannique (né en 1943). Premier ministre (conservateur) depuis 1990, succédant à M. *Thatcher.

Majorque, en espagnol ***Mallorca*** ▪ Île espagnole des *Baléares. 3 640 km². 561 000 hab. *(les Majorquins)*. Chef-lieu : *Palma de Majorque. Agriculture. Centre touristique.

Anton ***Makarenko*** ▪ Pédagogue soviétique (1888-1939). Il se consacra à l'éducation des délinquants.

Makarios III ▪ Prélat et homme politique chypriote (1913-1977). Partisan de l'indépendance de l'île, il fut président de la République de 1959 à juillet 1974, puis de décembre 1974 à sa mort.

Makeïevka ou ***Makeevka*** ▪ Ville de la C.É.I. (*Ukraine), dans le *Donbass. 430 000 hab. Centre sidérurgique et charbonnier.

Makhatchkala ▪ Ville et port de Russie, capitale du *Daghestan, sur la mer Caspienne. 315 000 hab. Centre culturel et industriel.

Yannis ***Makriyannis*** ▪ Général et écrivain grec (1797-1864). Héros de la guerre d'indépendance, auteur de "*Mémoires*".

la côte de ***Malabar*** ▪ Région littorale de l'Inde de l'Ouest, au sud de *Goa. Agriculture. ‹ ▶ malabar ›

Malabo ▪ Capitale et port de la Guinée équatoriale. 31 000 hab.

la presqu'île de ***Malacca*** ou *presqu'île* ***malaise*** ▪ Péninsule de l'Asie du Sud-Est, baignée par l'océan Indien et partagée entre la Malaysia (131 598 km² ; 14 millions d'hab.) et la Thaïlande. La fondation (XVe s.) et l'essor du port de *Malacca* (ou *Malaka,* 88 100 hab.) donnèrent naissance au premier État malais.

saint ***Malachie*** ▪ Prélat d'Irlande (1094-1148). Ami de saint *Bernard de Clairvaux, il réforma l'Église d'Irlande.

la ***Maladetta*** ou ***Maladeta*** ▪ Massif des Pyrénées où se trouve son point culminant, le pic d'Aneto (3 404 m).

Málaga ▪ Ville et port d'Espagne, en *Andalousie. 595 000 hab. Vin réputé. Tourisme. ‹ ▶ malaga ›

les ***Malais*** ▪ Peuple asiatique occupant la plupart des îles de l'Océanie et des Philippines, ainsi que la presqu'île de *Malacca et les îles de la *Sonde. Leur langue est parlée par plus de 80 millions de personnes.

la fédération de ***Malaisie*** ▪ ⇒ fédération de **Malaysia.**

Bernard ***Malamud*** ▪ Écrivain américain (1914-1986). "*L'Assistant*".

Malang ▪ Ville d'Indonésie, dans l'est de *Java. 512 000 hab.

Curzio ***Malaparte*** ▪ Écrivain italien (1898-1957). "*Kaputt*" (1944) et "*la Peau*" (1949) évoquent la guerre et l'après-guerre.

le lac **Mälar** ou **Mälaren** ▪ Grand lac de Suède, près de Stockholm. 1 140 km².

les **Malatesta** ▪ Famille de condottieres italiens qui régna sur Rimini et sur la Romagne, du XIIIe au XVe s.

Malatya ▪ Ville de Turquie, en *Anatolie. 251 000 hab. Ruines *assyriennes (palais de *Sargon II).

Jean **Malaurie** ▪ Ethnologue français (né en 1922). Spécialiste des civilisations du Grand Nord. "*Les Derniers Rois de Thulé*".

le **Malawi** ▪ État (république) montagneux d'Afrique de l'Ouest. 118 484 km². 8,5 millions d'hab. Capitale : Lilongwe. Langues officielles : anglais et chewa. Monnaie : kwacha. Économie essentiellement agricole (tabac, thé, coton, arachide). Protectorat britannique à partir de 1891 (qui s'appelait le *Nyassaland*), le pays devint indépendant en 1964. Membre du Commonwealth. □ *le lac* **Malawi** le sépare de la Tanzanie. 26 000 km².

la fédération de **Malaysia** ou *de* **Malaisie** ▪ État (monarchie constitutionnelle) d'Asie du Sud-Est constitué par la *Malaysia occidentale* (le sud de la presqu'île de *Malacca) et la *Malaysia orientale* (le *Sarawak et le *Sabah, au nord de l'île de *Bornéo). 330 442 km². 17,4 millions d'hab. *(les Malais)*. Capitale : Kuala Lumpur. Langue officielle : malais. Religion officielle : islam. Monnaie : ringitt. L'économie repose sur l'exportation d'étain (1er producteur mondial) et de caoutchouc. ▭ **HISTOIRE.** Protectorat britannique depuis le XIXe s., le pays est devenu indépendant en 1957 ; membre du Commonwealth. Il a pris le nom de Malaysia après le rattachement des colonies britanniques du Nord-Bornéo (1963). *Brunéi et *Singapour forment des enclaves indépendantes. Instabilité politique liée à la diversité ethnique (importante communauté chinoise, réfugiés vietnamiens) et géographique.

Malcolm X ▪ ⇒ **Black Power.**

Antoine **Malczewski** ▪ Poète polonais (1793-1826). Il fut influencé par *Byron. "*Maria*".

les îles **Maldives** n. f. pl. ▪ État (république) constitué par un archipel de l'océan Indien, situé au sud-ouest de l'Inde. 298 km². 209 000 hab. *(les Maldiviens)*. Capitale : Malé. Langue officielle : maldivien (divehi). Religion officielle : islam. Monnaie : rufiyaa. Cocoteraies, pêcheries. Pays surpeuplé qui tire l'essentiel de ses revenus du tourisme et des échanges avec l'Inde et Sri Lanka. Protectorat anglais de 1887 à l'indépendance, en 1965. République depuis 1968. Membre du Commonwealth.

Nicolas **Malebranche** ▪ Philosophe français, prêtre oratorien (1638-1715). Grandiose conciliation, appuyée sur *Descartes et saint *Augustin, de la raison et de la foi.

les **Malécites** ▪ Amérindiens du groupe Algonquien vivant surtout au Nouveau-Brunswick.

Gueorguiï **Malenkov** ▪ Homme politique soviétique (1902-1988). Successeur de *Staline, évincé par *Khrouchtchev en 1955.

Chrétien Guillaume de Lamoignon de **Malesherbes** ▪ Magistrat et homme politique français (1721-1794). Sous Louis XV, il protégea la publication de l'"*Encyclopédie*". Il défendit Louis XVI pendant son procès et fut exécuté.

Claude François de **Malet** ▪ Général français (1754-1812). Républicain, il complota contre Napoléon et fut exécuté.

Kazimir **Malevitch** ▪ Peintre et théoricien russe (1878-1935). L'un des pionniers de la peinture abstraite qu'il poussa jusqu'à ses limites : "*Carré blanc sur fond blanc*".

François de **Malherbe** ▪ Poète français (1555-1628). Son lyrisme et son éloquence mesurée font de lui un des fondateurs du *classicisme français. "*Consolation à M. Du Périer*".

le **Mali** ▪ État (république) d'Afrique de l'Ouest. 1 240 192 km². 7,9 millions d'hab. *(les Maliens)*. Capitale : Bamako. Langues : français (officielle), bambara, songhaï, soninké, peul. Monnaie : franc CFA. Économie essentiellement agricole. ▭ **HISTOIRE.** Le Mali fut un puissant royaume musulman à partir du XIIIe s., allant de l'Atlantique au Niger. Il devint une colonie française au XIXe s. *(Soudan français)* et fut indépendant en 1960. Dirigé par les militaires depuis 1968. En 1991, des manifestations revendiquant la démocratisation du régime furent violemment réprimées.

la **Malibrán** ▪ Cantatrice (mezzo-soprano) française d'origine espagnole (1808-1836). Elle fascina les romantiques.

Malines, en néerlandais **Mechelen** ▪ Ville de Belgique (province d'*Anvers). 75 700 hab. Centre culturel, métropole religieuse. Cité prospère au XIIIe s. (draps), elle connut son apogée au XVe s. La dentelle fit sa renommée dès le XVIIIe s.

Rodion **Malinovski** ▪ Maréchal soviétique (1898-1967). Successeur de *Joukov au ministère de la Défense en 1957.

Bronisław Kasper **Malinowski** ▪ Anthropologue et ethnologue britannique d'origine polonaise (1884-1942). Théoricien du fonctionnalisme. Son influence fut très grande.

Stéphane **Mallarmé** ▪ Poète symboliste français (1842-1898). Créant une langue poétique allusive et elliptique, il tenta une quête de l'absolu, ayant le projet d'une œuvre ambitieuse qu'il appelait « le Livre ». Il a exercé une influence considérable sur la poésie du XXe s. "*Un coup de dés jamais n'abolira le hasard*". Sonnets. Traduction des poèmes de *Poe.

Louis **Malle** ▪ Cinéaste français (né en 1932). "*Ascenseur pour l'échafaud*" ; "*Au revoir les enfants*".

Malmédy ▪ Ville de Belgique (province de *Liège). 10 000 hab. ⇒ **Eupen.**

Malmö ▪ 3e ville et port de Suède. 232 000 hab. Chantiers navals.

sir Thomas **Malory** ▪ Écrivain anglais (v. 1408-1471). "*La Mort d'Arthur*", un des premiers livres imprimés en anglais (1485).

Hector **Malot** ▪ Écrivain français (1830-1907). Populaire par ses romans pour la jeunesse. "*Romain Kalbris*" ; "*Sans famille*".

les îles **Malouines,** en espagnol **Malvinas,** en anglais **Falkland** ▪ Colonie britannique située au large des côtes de l'Argentine. 12 173 km². 2 000 hab. Capitale : Port Stanley (1 200 hab.). En 1982, une guerre de revendication territoriale, qui échoua, fut déclenchée par l'Argentine.

Marcello **Malpighi** ▪ Médecin et anatomiste italien (1628-1694).

André **Malraux** ▪ Écrivain français (1901-1976). Il tira de ses voyages en Extrême-Orient et de son engagement contre le fascisme les sujets de ses romans ("*la Condition humaine*" ; "*l'Espoir*", sur la guerre d'Espagne). Auteur d'une importante réflexion sur l'art et la culture *("le Musée imaginaire")*, ministre de de *Gaulle, il a laissé des Mémoires *("Antimémoires" ; "le Miroir des limbes")*.

Malte ■ État (république) formé de plusieurs îles (Gozo, Comino et Malte) situées en Méditerranée au sud de la Sicile, dont *l'île de Malte* est la principale. 316 km². 349 000 hab. *(les Maltais)*. Capitale : La Valette. Langues officielles : maltais, anglais. Religion officielle : catholicisme. Monnaie : livre maltaise. Malgré quelques industries, l'économie de Malte dépend de l'étranger. Tourisme. Enjeu stratégique dès l'Antiquité, l'île fut donnée à *l'ordre de Malte* par *Charles Quint en 1530 (⇒ **hospitaliers**). Colonie anglaise en 1800, elle devint indépendante en 1964. Membre du Commonwealth.

Thomas Robert ***Malthus*** ■ Pasteur et économiste anglais (1766-1834). ▶ *le* ***malthusianisme,*** doctrine selon laquelle une croissance insuffisante des subsistances impose la limitation des naissances. ▶ *les* ***néo-malthusiens*** sont partisans de la contraception. ‹ ▶ malthusianisme ›

Étienne Louis ***Malus*** ■ Physicien français (1775-1812). Optique *(loi de Malus)*.

les ***Mamelouks*** n. m. ■ Milice d'élite qui prit le pouvoir en Égypte et le détint de 1250 à 1517. Ils gardèrent un rôle important jusqu'au XIXe s. Certains d'entre eux formèrent une compagnie de la garde impériale de Napoléon Ier. ‹ ▶ mamelouk ›

Henri de ***Man*** ■ Homme politique belge (1885-1953). Théoricien du planisme (introduction du plan dans l'économie).

l'île de ***Man*** ■ Île près de la Grande-Bretagne, en mer d'Irlande, dépendant du Royaume-Uni. 572 km². 64 300 hab. Chef-lieu : Douglas. Langues : manx, anglais.

Manado ou ***Menado*** ■ Ville d'Indonésie. 217 100 hab. Port exportateur.

Managua ■ Capitale du Nicaragua sur la rive du *lac de Managua* (1 134 km²). 682 000 hab. Centre administratif, commercial et industriel. La ville a souffert de nombreux tremblements de terre.

Manama ou *al-**Manāmah*** ■ Capitale de l'émirat de Bahreïn. 151 000 hab. Commerce de perles. Raffineries de pétrole.

Manaus, autrefois ***Manáos*** ■ Ville du Brésil, capitale de l'État d'*Amazonas. 613 000 hab. Port fluvial et principal centre commercial de l'*Amazonie. Capitale du caoutchouc au début du XXe s., époque de sa prospérité. Raffinage de pétrole. Tourisme (zone franche).

Mānava ■ ⇒ **Manu.**

Jeanne ***Mance*** ■ Infirmière d'origine française (1606-1673). Considérée comme la première infirmière laïque du Canada, elle est la fondatrice de l'Hôtel-Dieu de Montréal.

la ***Manche,*** en espagnol *la* ***Mancha*** ■ Plateau du centre de l'Espagne, dans le sud-est de la *Castille, immortalisé par *Cervantès *("Don Quichotte")*.

la ***Manche,*** en anglais *the* ***Channel*** ■ Mer de l'Europe de l'Ouest, entre le sud de la Grande-Bretagne et le nord-ouest de la France. Le trafic maritime y est très intense. ▶ *le tunnel sous la* ***Manche,*** dont le percement a débuté en 1988, reliera, en 1993, Sheriton (*Kent, en Grande-Bretagne) à Fréthun (pas de *Calais, en France).

Manchester ■ Ville d'Angleterre (comté du Grand Manchester). 449 000 hab. Son développement, dès le XVIIIe s., est lié à l'industrie du coton. ▶ *le comté du* ***Grand Manchester.*** 1 286 km². 2,58 millions d'hab. Chef-lieu : Manchester.

la ***Manchourie*** ■ ⇒ **Mandchourie.**

Mancini ■ Famille italienne apparentée au cardinal *Mazarin.

Manco Cápac Ier ■ Fondateur légendaire de l'Empire *inca qui se fit appeler « fils du Soleil » (XIe s.).

Mandalay ■ Ancienne capitale de la Birmanie. 533 000 hab. Centre culturel et artisanal.

la ***Mandchourie*** ■ Ancien nom de la Chine du Nord-Est. Capitale : *Shenyang. La région fut occupée par les Japonais qui y établirent un État vassal (le Mandchoukouo) de 1932 à 1945, à la tête duquel ils placèrent *Puyi. ▶ *les* ***Mandchous*** conquirent la Chine au début du XVIIe s. et établirent la dynastie des *Qing sur le trône.

Nelson ***Mandela*** ■ Avocat noir sud-africain (né en 1918). Chef historique de l'opposition noire (A.N.C.) au pouvoir blanc sud-africain, en détention de 1962 à février 1990.

Mandelieu-la-Napoule ■ Ville de France, sur la *Côte d'Azur. 16 500 hab. *(les Mandolociens)*. Station balnéaire.

Ossip ***Mandelstam*** ■ Poète soviétique (1891-1938). Il mourut en déportation. *"Iristia"*.

Mandiargues ■ ⇒ André **Pieyre de Mandiargues.**

les ***Mandingues*** ■ Groupe ethnique d'Afrique occidentale, réparti dans les régions du haut Sénégal et du haut Niger (Malinkés en Guinée, Bambaras au Mali).

Louis ***Mandrin*** ■ Brigand français (v. 1725 - 1755).

les ***mânes*** n. m. ■ Esprits des morts dans la religion romaine. ‹ ▶ mânes ›

Alfred ***Manessier*** ■ Peintre français d'inspiration chrétienne (né en 1911). Tableaux et vitraux abstraits.

Édouard ***Manet*** ■ Peintre français (1832-1883). Il contesta les principes trop rigides de l'enseignement académique et chercha à fixer sur la toile les impressions visuelles fugitives de la vie moderne (⇒ **impressionnisme**), puis à construire des formes amples par le dessin et les couleurs mises à plat. Chef de file des artistes indépendants, il incarna la « modernité » chère aux naturalistes. *"Olympia" ; "le Déjeuner sur l'herbe" ; "Un bar aux Folies-Bergère"*.

Mangalore ■ Ville et port de l'Inde sur la côte de *Malabar (*Karnātaka). 173 000 hab. Tuileries.

Charles ***Mangin*** ■ Général français (1866-1925). Après une carrière dans les colonies, il s'illustra lors de la Première *Guerre mondiale (offensives de 1918).

Manhattan ■ Un des cinq districts *(borough)* de *New York. 1,43 million d'hab.

Mani ou ***Manès*** ■ Prophète perse, fondateur de la religion manichéenne (216-277). ▶ *le* ***manichéisme,*** religion dualiste, se répandit en Asie, en Europe, en Afrique du Nord et survécut jusqu'au XIVe s. ‹ ▶ manichéen ›

la ***Manicouagan*** ■ Rivière (et lac) du Québec. 455 km. Très importants barrages. Aménagements hydroélectriques.

le ***maniérisme,*** *les* ***maniéristes*** ■ Courant artistique européen de la fin de la *Renaissance. Ses principaux représentants furent le *Parmesan, *Pontormo, *Bronzino pour l'Italie, les artistes de l'école de *Fontainebleau pour la France, *Spranger à Prague, le sculpteur *Giambologna, l'architecte *Jules Romain. Les peintres maniéristes allongent les formes, choisissent des couleurs acides et traitent leurs sujets dans un style raffiné.

Manille ou ***Manila*** ■ Capitale de la république des Philippines, située dans l'île de *Luçon. 1,99 million d'hab. Banlieues : *Quezon City, Caloocan (593 000 hab.), Makati (441 000 hab.). Principal centre industriel du pays.

le ***Manipur*** ■ État de l'Inde à la frontière avec l'Union de *Myanmar (ex-Birmanie). 22 429 km². 1,42 million d'hab. Capitale : Imphāl (157 000 hab.).

le ***Manitoba*** ■ Province (État fédéré) du centre du Canada. 649 950 km². 1,07 million d'hab. *(les Manitobains).* Capitale : Winnipeg. Lacs, forêts, minerais. ▭HISTOIRE. Exploré dès la fin du XVIIe s., le Manitoba fut un terrain de rivalités commerciales entre les grandes compagnies jusqu'à la naissance de la Confédération (1867). Le Manitoba devint la 5e province du Canada en 1870. Très tôt, l'importance de la communauté francophone aviva la querelle linguistique, qui perdure. □ *le lac* ***Manitoba.*** 4 624 km².

Manitou ■ Nom donné au Grand Esprit par les Indiens d'Amérique du Nord. ‹ ▶ manitou ›

l'île ***Manitoulin*** ■ Île de l'Ontario. C'est la plus grande île du monde se trouvant dans un lac (*Huron). 2 766 km².

Manizales ■ Ville de Colombie. 310 000 hab. Commerce du café.

Francis ***Mankiewicz*** ■ Cinéaste canadien (né en Chine en 1944). *"Le Temps d'une chasse"* (1972) ; *"les Bons Débarras"* (1980) ; *"les Portes tournantes"* (1988).

Joseph ***Mankiewicz*** ■ Cinéaste américain (né en 1909). *"La Comtesse aux pieds nus"* ; *"Ève"*.

Thomas ***Mann*** ■ Écrivain allemand (1875-1955). L'analyse de la décadence, l'affinité de l'art et de la mort sont les thèmes favoris de ses romans. Avec son frère, il quitta l'Allemagne nazie en 1933. Prix Nobel 1929. *"Les Buddenbrook"* ; *"la Mort à Venise"*, porté à l'écran par *Visconti ; *"la Montagne magique"* ; *"Docteur Faustus"*. □ *Heinrich* ***Mann,*** son frère, écrivain allemand (1871-1950). *"Professeur Unrat"*, dont *Sternberg tira le film *"l'Ange bleu"*.

Manneken-Pis ■ Sculpture de Jérôme *Duquesnoy le Vieux (1619), ornant une fontaine à Bruxelles (Belgique). Symbole de la verdeur des Brabançons, elle représente un garçonnet urinant.

Mannheim ■ Ville d'Allemagne (*Bade-Wurtemberg). 2e port fluvial d'Europe. 295 000 hab. Palais baroque. Château du XVIIIe s. Industries mécaniques.

Manolete ■ Matador espagnol (1917-1947). Son style dépouillé en fit le plus célèbre matador de son temps. Tué dans l'arène.

Manosque ■ Ville touristique du sud-est de la France. 19 500 hab. *(les Manosquins).*

Emanuel Rudnitsky dit ***Man Ray*** ■ Peintre et photographe américain (1890-1976). Il participa au mouvement *dada et au *surréalisme. Il réalisa également des films.

Jorge ***Manrique*** ■ Poète espagnol (1440-1479). Stances *"Sur la mort de son père"*.

Le ***Mans*** ■ Ville de l'ouest de la France. 148 500 hab. *(les Manceaux).* Enceinte gallo-romaine, cathédrale romane et gothique. Centre commercial, industriel (constructions automobile et ferroviaire), administratif (assurances). Produits alimentaires (rillettes, cidre). Célèbre course automobile des *Vingt-Quatre Heures du Mans.*

François ***Mansart*** ■ Architecte français (1598-1666). Son style ample et symétrique annonce le *classicisme français. Il généralisa l'emploi de la *mansarde.* Château de Maisons-Laffitte. ‹ ▶ mansarde › □ *Jules Hardouin* dit ***Hardouin-Mansart,*** son petit-neveu (1646-1708). Architecte français. Le maître du classicisme français. Il acheva le château de *Versailles (avec le Grand Trianon) et réalisa la place Vendôme et la place des Victoires à Paris.

Katherine ***Mansfield*** ■ Écrivaine néo-zélandaise (1888-1923). *"Pension allemande"* ; *"la Maison de poupée"*.

Mansourah ou *al-****Manṣūrah*** ■ Ville d'Égypte, dans le delta du *Nil. 358 000 hab. Centre commercial et industriel.

Andrea ***Mantegna*** ■ Peintre et graveur italien (1431-1506). Grand dessinateur, il explora les effets dramatiques de la perspective : *"Christ mort"*.

Mantoue, en italien ***Mantova*** ■ Ville d'Italie, en *Lombardie. 60 500 hab. Nombreux monuments dus à la famille Gonzague, qui y régna de 1328 à 1708.

Manu ou ***Mānava*** ■ En sanskrit, « homme ». Selon la mythologie de l'Inde, ancêtre de la race humaine et premier législateur.

Aldo ***Manuce*** ■ Imprimeur et *humaniste de Venise (v. 1450-1515). La dynastie d'imprimeurs qu'il fonda est connue sous le nom d'***Aldes*** *;* leurs éditions d'œuvres antiques furent parmi les plus diffusées de la *Renaissance.

Manuel Ier le Grand ■ Roi du Portugal de 1495 à sa mort (1469-1521). Il encouragea les grandes explorations (⇒ **Cabral, Gama**) et favorisa l'architecture. □ ***Manuel II.*** Dernier roi du Portugal, de 1908 à 1910 (1889-1932).

Niklaus ***Manuel Deutsch*** ■ Peintre et graveur suisse (1484-1530). Scènes mythologiques hantées par l'érotisme et la cruauté.

Manukau ■ Ville de Nouvelle-Zélande. 186 000 hab.

Alessandro ***Manzoni*** ■ Écrivain italien (1785-1873). Théoricien du *romantisme, il œuvra pour l'élaboration de la langue nationale et l'unité de l'Italie. *"La Lettre sur le romantisme"* ; *"les Fiancés"*.

Mao Dun ■ Écrivain chinois (1896-1981). Il fut ministre de la Culture de 1949 à 1964. *"L'Éclipse"*.

les ***Maori*** ou ***Maoris*** ■ Population polynésienne de *Nouvelle-Zélande.

Mao Zedong ou ***Mao Tsé-toung*** ■ Homme politique chinois (1893-1976). Dans la tradition chinoise, il fut aussi poète et calligraphe. Un des fondateurs du parti communiste chinois, à sa tête de 1935 à sa mort. Face aux nationalistes de *Jiang Jieshi, il organisa la Longue *Marche qui lui apporta le soutien de la population. Vainqueur des nationalistes (qui se replièrent à *Taïwan), il proclama la république populaire de Chine en 1949. « Grand Timonier » de la révolution (⇒ **Chine**), il prit ses distances avec l'U.R.S.S., donnant le modèle d'un marxisme original, diffusant sa pensée militaire et politique dans le *"Petit Livre rouge"*. Sa mort a été suivie d'une certaine remise en cause de son héritage. ‹ ▶ maoïsme ›

Maputo avant 1976 ***Lourenço Marques*** ▪ Capitale du Mozambique, sur l'océan Indien. 1,17 million d'hab. Centre industriel. Raffinerie de pétrole.

Maracaibo ▪ 2e ville et port du Venezuela, reliée au *lac Maracaibo* (13 600 km²). 1,17 million d'hab. Centre industriel et pétrolier (80 % de la production nationale).

Maracay ▪ Ville du Venezuela. 525 000 hab.

Maradi ▪ Ville du Niger. 65 100 hab.

Marin ***Marais*** ▪ Compositeur français, particulièrement pour la viole (1656-1728).

Jean ***Marais*** ▪ Comédien français, ami de *Cocteau (né en 1913). "*La Belle et la Bête*" ; "*Orphée*".

le ***Marais*** ▪ ⇒ la **Plaine.**

le ***Marais*** ▪ Quartier du centre de Paris. Nombreux édifices anciens (hôtel Carnavalet, le Temple).

l'île de ***Marajó*** ▪ Grande île du Brésil (*Pará), à l'embouchure de l'*Amazone. 52 800 km².

le ***Maranhão*** ▪ État du Brésil (*Nordeste). 329 556 km². 5,07 millions d'hab. Capitale : São Luís.

le ***Marañón*** ▪ Rivière du Pérou, qui forme une des branches mères de l'*Amazone. 1 800 km.

Jean-Paul ***Marat*** ▪ Révolutionnaire français (1743-1793). Ancien médecin, il fonda en 1789 le journal *l'Ami du peuple*, avocat des masses populaires et des mouvements insurrectionnels, réclamant la tête des *Girondins. Son assassinat par Charlotte *Corday en fit le héros des *sans-culottes.

Marathon ▪ Ancienne ville de Grèce, au nord-ouest d'Athènes. *Miltiade y vainquit les Perses en 490 av. J.-C. (⇒ guerres **médiques**). Un soldat envoyé à Athènes pour annoncer la victoire serait mort d'épuisement en y arrivant. ‹ ▶ marathon ›

Marbourg, en allemand ***Marburg*** ▪ Ville d'Allemagne (*Hesse). 79 300 hab. Château des landgraves de Hesse (XIIIe s.). Les partisans de *Luther et de *Zwingli s'y réunirent en 1529 pour élaborer une doctrine théologique commune mais échouèrent dans leur entreprise (⇒ **Réforme**).

saint ***Marc*** ▪ Selon la tradition, auteur du IIe Évangile. Patron de *Venise. Son emblème est le lion ailé.

Franz ***Marc*** ▪ Peintre allemand (1880-1916). Membre du *Cavalier bleu, il fut fasciné par le thème de l'animal.

Marc Aurèle ▪ Empereur et philosophe romain (121-180). Il succéda à *Antonin en 161. Il rénova l'administration de l'empire et écrivit des "*Pensées*" d'inspiration *stoïcienne.

François Séverin ***Marceau*** ▪ Général révolutionnaire français (1769-1796).

Marcel ***Marceau*** ▪ Mime français (né en 1923). Il a créé le personnage de Bip.

Étienne ***Marcel*** ▪ Prévôt des marchands de Paris (v. 1315-1358). Il prit la tête de la révolte de la capitale contre le Dauphin (futur *Charles V). Il fut vaincu et assassiné.

Gabriel ***Marcel*** ▪ Philosophe et écrivain français (1889-1973). Un des représentants de l'existentialisme chrétien.

Benedetto ***Marcello*** ▪ Compositeur italien (1686-1739). Célèbre pour sa musique vocale.

Georges ***Marchais*** ▪ Homme politique français (né en 1920). Secrétaire général du parti communiste depuis 1972.

Samuel ***Marchak*** ▪ Poète soviétique (1887-1964). Connu comme poète de l'enfance. "*Les Enfants en cage*".

Henri ***Marchal*** ▪ Archéologue français, conservateur des monuments d'*Angkor (1875-1970).

la ***Marche*** ▪ Ancienne province du centre de la France, rattachée à la Couronne française par François Ier en 1531.

la Longue ***Marche*** ▪ Mouvement de retraite des communistes chinois, partisans de *Mao Zedong, à travers la Chine, pourchassés par les troupes nationalistes. Long de plus de 1 200 km, ce mouvement dura un an (1934-1935) et apporta à Mao le soutien de la population.

le ***Marché commun*** ▪ ⇒ **C.E.E.**

les ***Marches*** n. f. pl., en italien ***Marche*** ▪ Région de l'Italie entre l'*Apennin et l'Adriatique. 9 694 km². 1,43 million d'hab. Chef-lieu : Ancône. Agriculture.

Guglielmo ***Marconi*** ▪ Physicien italien qui travailla en Angleterre (1874-1937). Il fabriqua le premier poste de télégraphie sans fil. Prix Nobel 1909.

Louis Markus dit ***Marcoussis*** ▪ Peintre français d'origine polonaise (1883-1941). *Cubiste, il fit de nombreuses peintures sur verre.

Herbert ***Marcuse*** ▪ Philosophe américain d'origine allemande (1898-1979). Théoricien de la révolution permanente, il se réclame de *Freud et de *Marx. Critique de la société de consommation, il eut une grande influence sur les mouvements étudiants de 1968 (⇒ **Mai 1968**).

Mar del Plata ▪ Ville et port d'Argentine sur l'Atlantique. 407 000 hab. Pêche. Station balnéaire.

Marengo ▪ Ville d'Italie (*Piémont). Le 14 juin 1800, Napoléon y remporta une victoire sur les Autrichiens. ‹ ▶ marengo ›

Marennes ▪ Ville du sud-ouest de la France, sur l'Atlantique. 4 600 hab. *(les Marennais)*. Ostréiculture.

Luca ***Marenzio*** ▪ Compositeur italien (v. 1553-1599). Un des plus grands auteurs de madrigaux du XVIe s.

Étienne Jules ***Marey*** ▪ Physiologiste français (1830-1904). Ses recherches sur l'enregistrement du mouvement (« chronophotographie ») en firent l'un des précurseurs du cinéma.

Marguerite II ▪ Reine du Danemark (née en 1940). Elle succéda à son père Frédéric IX en 1972.

sainte ***Marguerite Bourgeoys*** ▪ Religieuse d'origine française (1620-1700). Fondatrice de la Congrégation de Notre-Dame de Montréal (religieuses enseignantes). Canonisée en 1982.

Marguerite d'Autriche ▪ Duchesse de Savoie, gouvernante des Pays-Bas (1480-1530). Elle joua un rôle important dans la politique européenne.

Marguerite de Navarre ou ***d'Angoulême*** ▪ Reine de Navarre, sœur de François Ier, protectrice des *humanistes et écrivaine (1492-1549). "*L'Heptaméron*".

Marguerite de Valois dite ***la reine Margot*** ▪ Reine de Navarre (1553-1615). Célèbre par ses amours. Son mariage avec *Henri IV fut annulé en 1599.

Marguerite Valdemarsdotter ▪ Reine du Danemark, de Norvège et de Suède (1353-1412). Elle réalisa l'union de ces trois États au bénéfice de son neveu *Éric de Poméranie.

Mari ■ Ancienne cité de *Mésopotamie, sur l'*Euphrate (v. 3000 av. J.-C.). Vestiges archéologiques.

Marianne ■ Nom donné à la République française, représentée sous les traits d'une jeune femme coiffée du bonnet phrygien. À l'origine, c'était le nom d'une société secrète républicaine opposée au second Empire.

les îles ***Mariannes*** ■ Archipel de la *Micronésie, en Océanie, dont l'île principale est *Guam. ▶ *la fosse des* ***Mariannes*** est profonde de plus de 10 000 m. ▶ *le Commonwealth des* ***Mariannes du Nord*** regroupe 16 îles (à l'exception de Guam) et est un État « librement associé » des États-Unis depuis 1976 (même statut que la fédération des États de *Micronésie). 477 km². 22 600 hab. Capitale : Saipan. Langue officielle : anglais.

Maribor ■ Ville de Yougoslavie (*Slovénie). 185 700 hab. Centre industriel.

la ***Marica*** ■ ⇒ **Maritza.**

sainte ***Marie*** ou *la* ***Vierge Marie*** ■ Dans la tradition chrétienne, épouse – demeurée vierge – de *Joseph, elle enfante *Jésus par l'intervention de l'Esprit saint. Son culte s'est développé à partir du IVe s. ; il a été rejeté par la *Réforme et encouragé par la *Contre-Réforme.

Marie II de Bragance ■ Reine du Portugal (1819-1853). Elle reçut la couronne de son père *Pierre Ier en 1826. Évincée en 1828, elle retrouva son pouvoir en 1834.

Marie de France ■ Poétesse française (XIIe s.). Thèmes de l'amour courtois. *"Le Lai de Lanval"*.

Marie de l'Incarnation ■ Religieuse française (1566-1618). Avec *Bérulle, elle établit en France les *Carmélites.

Marie Guyart dite ***Marie de l'Incarnation*** ■ Religieuse d'origine française (1599-1672). Première supérieure des Ursulines au Canada, elle a laissé plusieurs écrits mystiques.

Marie de Médicis ■ Reine de France (1573-1642), de la famille italienne des *Médicis. Régente à la mort de son époux Henri IV. Elle entra en conflit avec son fils Louis XIII après le meurtre de *Concini.

Marie Ire Stuart ■ Reine d'Écosse (1542-1587). Mariée à *François II, reine de France en 1559-1560. Réfugiée en Angleterre en 1568, adversaire d'*Élisabeth Ire d'Angleterre qui la fit exécuter.

Marie II Stuart ■ Reine de Grande-Bretagne et d'Irlande de 1689 à sa mort (1662-1694). Fille de *Jacques II et épouse de *Guillaume III d'Orange-Nassau.

Marie Ire Tudor dite ***Marie la Catholique*** ou ***Marie la Sanglante*** ■ Reine d'Angleterre, fille d'Henri VIII et de *Catherine d'Aragón (1516-1558). Pendant ses cinq années de règne (de 1553 à sa mort), elle rétablit le catholicisme et persécuta les protestants.

Marie-Antoinette ■ Reine de France (1755-1793). Archiduchesse d'Autriche, mariée au futur Louis XVI. Impopulaire, surnommée « l'Autrichienne », elle fut très opposée à la *Révolution et guillotinée, après un procès pénible.

Marie-Galante ■ Petite île des Antilles françaises, dépendant du département de la Guadeloupe. 158 km². 13 500 hab. Commune principale : *Grand-Bourg.

Marie-Louise de Habsbourg-Lorraine ■ Impératrice des Français (1791-1847). Elle épousa Napoléon Ier en 1810 et rejoignit son père François Ier d'Autriche en 1814.

sainte ***Marie Madeleine*** ■ Nom de trois personnages de l'Évangile, que la tradition a confondus : une pécheresse, la sœur de *Lazare et la première femme qui rencontra Jésus ressuscité.

Marie-Thérèse ■ Impératrice d'Autriche de 1740 à sa mort (1717-1780). Fille de Charles VI. Son accession au trône déclencha la guerre de *Succession d'Autriche (1740-1748). Elle mena une politique centralisatrice, associant son fils Joseph II au trône dès 1765. Ayant épousé François Ier de Lorraine, elle fonda la dynastie des *Habsbourg-Lorraine.

Marie-Thérèse d'Autriche ■ Reine de France (1638-1683) par son mariage avec Louis XIV en 1660.

Conrad Kirouac dit *Frère* ***Marie-Victorin*** ■ Botaniste québécois (1885-1944). Il est à l'origine du Jardin botanique de Montréal. Auteur de *"Flore laurentienne"* (1935).

Auguste ***Mariette*** ■ Égyptologue français (1821-1881).

Marignan ■ Ville d'Italie, en *Lombardie. Célèbre victoire de François Ier sur les Suisses du duc de Milan en 1515.

la république des ***Mariis*** ■ Une des 16 républiques autonomes de la Fédération de *Russie, sur la Volga. 23 200 km². 750 000 hab. Capitale : *Iochkar-Ola. Agriculture. Industrie. □ *les* ***Mariis*** participèrent aux révoltes de *Razine et de *Pougatchev.

Michel de ***Marillac*** ■ Juriste français (1563-1632). Chef du parti dévot, ministre de Louis XIII, écarté par *Richelieu.

Filippo ***Marinetti*** ■ Écrivain italien (1876-1944). Fondateur et théoricien du *futurisme.

Giambattista ***Marini*** dit ***le Cavalier Marin*** ■ Poète italien (1569-1625). Son style précieux influença la littérature européenne de son temps. *"Adonis"*.

les ***Marinides*** ■ Dynastie berbère qui régna sur le *Maghreb du XIIIe au XVe s.

l'abbé Edme ***Mariotte*** ■ Physicien français (v. 1620-1684). *Loi de Boyle-Mariotte.* ⇒ **Boyle.**

Marioupol, de 1948 à 1989 ***Jdanov*** ■ Ville et port de la C.É.I. (*Ukraine) sur la mer d'Azov, dans le *Donbass. Fondée en 1779.

Jacques ***Maritain*** ■ Philosophe français (1882-1973). Il a renouvelé le thomisme (⇒ saint **Thomas d'Aquin**).

les provinces ***Maritimes*** ■ Provinces de la *Nouvelle-Écosse, du *Nouveau-Brunswick et de l'*Île-du-Prince-Édouard.

la ***Maritza*** ou ***Marica*** ■ Fleuve des *Balkans qui se jette dans la mer Égée. 450 km.

Caius ***Marius*** ■ Général romain (157-86 av. J.-C.). Élu consul par le parti populaire (107 av. J.-C.), glorieux vainqueur de *Jugurtha et des *Teutons. Il fut l'adversaire de *Sylla.

Pierre Carlet de ***Marivaux*** ■ Romancier et auteur dramatique français (1688-1763). Il fut le peintre subtil de l'amour naissant. *"La Vie de Marianne"*, roman ; *"la Double Inconstance"*, théâtre.

Markham ■ Ville de l'Ontario. 114 000 hab.

Andreï ***Markov*** ■ Mathématicien russe (1856-1922). Théorie des probabilités.

le duc de ***Marlborough*** ■ Général et homme politique anglais (1650-1722). Il s'illustra dans la guerre de *Succession d'Espagne. Il a inspiré la chanson "*Malbrough s'en va-t-en guerre*".

Christopher ***Marlowe*** ■ Auteur dramatique anglais (1564-1593). Œuvre pathétique qui fait l'apologie de la révolte individuelle. "*La Tragique Histoire du docteur Faust*".

Marly-le-Roi ■ Ville de France, dans la banlieue ouest de Paris. 16 800 hab. *(les Marlychois).* Hardouin-*Mansart y construisit un château pour Louis XIV, détruit au XIXe s.

la mer de ***Marmara*** ■ Mer située entre les détroits des *Dardanelles et du *Bosphore.

Auguste Viesse de ***Marmont*** ■ Officier français (1774-1852). Maréchal d'Empire, il rallia Louis XVIII et Charles X.

Jean-François ***Marmontel*** ■ Écrivain français des *Lumières (1723-1799). Il a attaqué l'intolérance et l'esclavage. "*Bélisaire*" ; "*Contes moraux*".

la ***Marne*** ■ Rivière de France qui prend sa source sur le plateau de Langres et se jette dans la *Seine. 525 km. Elle a donné son nom à plusieurs départements français. Pendant la Première *Guerre mondiale (en 1914 [⇒ **Gallieni**] et 1918), d'importantes batailles opposèrent les Français, commandés par *Joffre, aux Allemands.

le royaume du ***Maroc*** ■ État (monarchie constitutionnelle) d'Afrique du Nord, le plus occidental du *Maghreb. 710 850 km² (y compris le *Sahara occidental). 24,53 millions d'hab. *(les Marocains).* Capitale : Rabat. Langues : arabe (officielle), berbère, français, espagnol. Religion officielle : islam. Monnaie : dirham. Pays au relief montagneux (le *Rif et l'*Atlas) doté d'importantes ressources minières (3e producteur de phosphates). Son économie est essentiellement agricole, mais l'industrie et le tourisme sont en plein essor. ▭ **HISTOIRE.** Des colonies phéniciennes puis carthaginoises s'implantèrent au Maroc, jusqu'à l'annexion par Rome, v. 40. Situé à l'extrême ouest de l'Afrique du Nord, le pays fut relativement abandonné durant le Bas-Empire et opposa une forte identité berbère à la conquête arabe. Les dynasties berbères islamisées dominèrent le Maroc de la fin du VIIe s. au XVe s. : les Idrisides (capitale : *Fès) jusqu'en 985, les *Almoravides (capitale : *Marrakech), conquérants de l'Espagne et du Maghreb, jusqu'en 1147, les *Almohades, qui portèrent l'empire à son apogée, jusqu'en 1269, les *Marinides enfin, qui durent quitter l'Espagne et furent progressivement dominés par elle et le Portugal. Il en résulta, sous l'impulsion des marabouts, un réveil religieux qui porta au pouvoir des dynasties chérifiennes (*chérif* signifie « descendant de *Mahomet »). À la fin du XVIe s., les *Sa'diens entreprirent une guerre sainte pour la reconquête du pays. Ar-Rashīd fonda en 1666 la dynastie des Alaouites, qui règne encore aujourd'hui. Son successeur Ismā'īl, célèbre en Europe, donna un nouvel éclat à la civilisation de son pays (capitale : *Meknès). Mais les difficultés s'accumulaient. Au XIXe s., les puissances européennes n'eurent pas de mal à pénétrer économiquement le royaume, affaibli par ses divisions. En 1912, il devint protectorat français, à l'exception du Nord (*Rif) et du Sud concédés à l'Espagne. Tanger fut dotée d'un statut international en 1923. La résistance d'*Abd el-Krim annonça le mouvement nationaliste (⇒ **Istiqlāl**). Le sultan *Muhammad V, déposé en 1953 puis exilé en 1955, réussit à cristalliser l'opposition à la France. Ayant obtenu l'indépendance (1956), il fut proclamé roi en 1957. Son fils *Hassan II lui succéda en 1961. Il affaiblit l'opposition, échappa à deux tentatives d'attentats militaires (1971, 1972). Depuis 1975, le Maroc combat le Polisario dans le *Sahara occidental. □ *le* ***Maroc espagnol.*** Ancien protectorat espagnol sur le *Rif et les zones d'Ifni et Tarfaya. L'Espagne a conservé les présides de *Ceuta et *Melilla. ⟨ ▶ marocain, maroquin ⟩

Ma Rong ■ ⇒ **Ma Jong.**

le ***Maroni*** ■ Fleuve d'Amérique du Sud, qui sépare la Guyane française et le Surinam avant de se jeter dans l'Atlantique. 680 km.

les ***maronites*** ■ Fidèles de l'*Église maronite,* *Église catholique de rite syrien créée v. 700, qui regroupe aujourd'hui les catholiques libanais.

Clément ***Marot*** ■ Poète français (1496-1544). Il contribua à épurer la langue de son temps, sans abandonner la truculence et l'ironie. "*Épigrammes*" ; "*Élégies*".

Marpa ■ Religieux bouddhiste tibétain, maître de *Milarepa (1012-1096).

Albert ***Marquet*** ■ Peintre français (1875-1947). Paysages parisiens, ports.

Jacques ***Marquette*** ■ Explorateur français (1637-1675). Il découvrit le fleuve Mississippi avec L. *Jolliet.

les îles ***Marquises*** ■ Archipel de la *Polynésie française au nord-est de Tahiti. 1 274 km². 6 500 hab. Centre administratif : Taiohae, sur l'île Nuku Hiva. Cocotiers.

Marrakech ■ Ville du Maroc, au pied du Haut *Atlas. 440 000 hab. Centre commercial et touristique. Nombreux édifices : minarets, palais. Ancienne capitale des *Almohades.

Mars ■ Dieu romain de la Guerre, de la Végétation et du Printemps, identifié à l'Arès grec. Père de *Romulus et Remus. □ ***Mars.*** Planète du système solaire qui tourne autour du Soleil en 687 jours et sur elle-même en 24 h 37 min 23 s. Elle a deux satellites, Deimos et Phobos. Une atmosphère ténue, des températures extrêmes (entre – 100 °C et + 70 °C) et des vents violents y rendent la vie en surface peu probable.

César Chesneau sieur du ***Marsais*** ■ Grammairien français (1676-1756). Il collabora à l'"*Encyclopédie*". "*Traité des tropes*".

Marsala ■ Ville d'Italie (*Sicile). 79 100 hab. Célèbre pour ses vins doux.

la ***Marseillaise*** ■ Chant patriotique dont les paroles et la musique furent composées en 1792 par l'officier *Rouget de Lisle. Il devint l'hymne national français le 14 juillet 1795, après avoir été rendu célèbre par les fédérés marseillais.

Marseille ■ Ville du sud de la France, préfecture de la région *Provence-Alpes-Côte d'Azur, la deuxième ville de France. 808 000 hab. *(les Marseillais).* Ville universitaire et culturelle : musées et édifices anciens. Célèbre avenue de la *Canebière. 1er port de commerce français (hydrocarbures) et port de voyageurs. Grand centre industriel : raffinage du pétrole, chimie, agro-alimentaire. ▭ **HISTOIRE.** *Massalia,* fondée vers 600 av. J.-C. par des Grecs de *Phocée (d'où l'appellation de « Cité phocéenne »), fut très prospère jusqu'à la conquête romaine (49 av. J.-C.). Le commerce avec l'Orient lui donna un nouvel essor au

Moyen Âge. Réunie à la France avec la Provence, en 1481. Elle fut décimée par la peste en 1720. En déclin pendant la Révolution et l'Empire, elle retrouva sa prospérité avec l'ouverture du canal de *Suez. ⟨ ► marseillais ⟩

Alfred **Marshall** ■ Économiste anglais (1842-1924). Professeur de *Keynes à Cambridge, il concilia les thèses classiques de *Smith et le marginalisme de *Menger.

George Catlett **Marshall** ■ Général et homme politique américain (1880-1959). Il proposa en 1947 un plan d'assistance pour la reconstruction de l'Europe qui fut refusé par l'U.R.S.S. et les pays socialistes d'Europe orientale. La France reçut au titre du *plan Marshall* 2,8 milliards de dollars. Prix Nobel de la paix 1953.

les îles **Marshall** ■ Archipel de *Micronésie. 181 km². 43 900 hab. Capitale : Majuro. Après avoir été sous la tutelle de l'Allemagne, du Japon et des États-Unis, les îles forment, depuis 1980, un État (république) « librement associé » à ces derniers, qui y maintiennent leur présence militaire (bases de missiles ; essais nucléaires à *Bikini).

Maurice **Martenot** ■ Ingénieur français (1898-1980). Il inventa les *ondes Martenot,* instrument de musique électronique.

Wilfried **Martens** ■ Homme politique belge (né en 1936). Premier ministre (social-chrétien) depuis 1979.

José **Martí** ■ Révolutionnaire et écrivain cubain (1853-1895). Ses œuvres et ses idées jouèrent un rôle fondamental dans la libération de l'Amérique latine.

Martial ■ Poète latin (v. 40 - v. 104). Ses "*Épigrammes*" infléchirent le genre vers la satire.

saint **Martin** ■ Évêque de Tours (316-397). Selon la tradition, il partagea son manteau avec un pauvre. Il fonda le premier monastère de Gaule (à Ligugé, près de Poitiers) et eut un grand rôle missionnaire.

Martin V ■ Pape élu en 1417 (1368-1431). Son élection mit fin au grand *schisme d'Occident.

Roger **Martin du Gard** ■ Écrivain français (1881-1958). Auteur de l'importante somme romanesque des "*Thibault*" (1922-1940). Ami et correspondant de *Gide. Prix Nobel 1937.

André **Martinet** ■ Linguiste français (né en 1908). "*Éléments de linguistique générale*", classique de l'approche « fonctionnaliste ».

Simone **Martini** ■ Peintre italien (v. 1284-1344). Un des maîtres de l'école de *Sienne. Fresques au dessin et aux couleurs raffinés.

le père **Martini** ■ Compositeur et musicologue italien (1706-1784). Il fut l'ami et le conseiller des musiciens de son époque (*Mozart, *Gluck, *Rameau).

la **Martinique** [972] ■ Île des Petites *Antilles (îles du *Vent) formant un département français, à 7 000 km de la métropole, au sud de la Guadeloupe. 1 091 km². 359 800 hab. *(les Martiniquais)*, en majorité des mulâtres. La surpopulation et le manque d'infrastructure ont entraîné une forte émigration vers la métropole. Préfecture : Fort-de-France. Sous-préfectures : Le Marin, La Trinité. Agriculture (café, cacao, épices) et industrie alimentaire (sucreries, rhum). Tourisme. ▭ HISTOIRE. Découverte par Christophe Colomb en 1502, l'île a été colonisée à partir de 1635 par la France, qui utilisa une main-d'œuvre d'esclaves africains. Département d'outre-mer depuis 1946.

Emmanuel de **Martonne** ■ Géographe français (1873-1955). "*Traité de géographie physique*" ; "*Géographie aérienne*".

André **Marty** ■ Homme politique français (1886-1956). Il participa à une mutinerie sur un bâtiment français, envoyé contre les bolcheviks, en 1919, fut élu député communiste, mais exclu du parti en 1953.

Karl **Marx** ■ Philosophe, économiste et homme politique allemand (1818-1883). Il critiqua la pensée de *Hegel et de *Feuerbach, et affirma avec *Engels la nécessité d'un dépassement de la philosophie théorique ("*l'Idéologie allemande*", 1846). En 1848, Engels et Marx rédigèrent le "*Manifeste du parti communiste*" où se trouve exposée leur conception de la société et de l'action. Dans "*le Capital*" (publié de 1867 à 1909), Marx voulut élaborer une science, le matérialisme historique, qui mît en évidence les contradictions liées au développement du système capitaliste. À la tête de la Ire *Internationale, il joua un rôle éminent dans l'organisation du mouvement ouvrier. *Lénine et les dirigeants soviétiques, *Mao et les dirigeants chinois, *Castro, bien d'autres révolutionnaires et communistes se sont réclamés du *marxisme.* ⟨ ► marxisme ⟩

les **Marx Brothers** ■ Acteurs américains : Leonard dit Chico (1891-1961), ses frères Arthur dit Harpo (1893-1964), Julius dit Groucho (1895-1977) et Herbert dit Zeppo (1901-1979). Ils ont introduit au cinéma un univers burlesque. "*Une nuit à l'Opéra*".

le **Maryland** ■ État de l'est des États-Unis. 27 091 km². 4,22 millions d'hab. Capitale : Annapolis. Le district de Columbia (⇒ **Washington**) est enclavé au sud de l'État. Agriculture. Industrie lourde autour de la baie de *Chesapeake.

Tommaso **Masaccio** ■ Peintre italien, actif à Florence (1401-1428). Il prit conscience de principes qui ont révolutionné la peinture : l'importance plastique de la lumière, le rôle de la composition, l'expressivité des personnages. Fresques de la chapelle Brancacci à Florence.

les **Masaïs** ou **Massaïs** ■ Population d'éleveurs du Kenya et de la Tanzanie.

Tomáš **Masaryk** ■ Homme politique tchécoslovaque (1850-1937). Il fonda la République tchécoslovaque en 1918 et en fut le 1er président jusqu'en 1935.

Pietro **Mascagni** ■ Compositeur vériste italien (1863-1945). "*Cavalleria rusticana*", opéra.

les îles **Mascareignes** n. f. pl. ■ Archipel de l'océan *Indien, formé principalement par l'île Maurice et l'île de la Réunion.

Mascate ou **Masqat** ■ Ville portuaire, capitale du sultanat d'Oman. 50 000 hab. Elle forme avec ses banlieues (Matrah, Ruwi, Sib) une agglomération de 250 000 hab. Port de commerce.

Mascouche ■ Ville du Québec. 22 300 hab.

John Edward **Masefield** ■ Écrivain anglais (1878-1967). "*Les Ballades de la mer*".

Maseru ■ Capitale du Lesotho. 109 000 hab.

Mashhad ■ ⇒ **Meshed.**

Masinissa ou **Massinissa** ■ Roi de *Numidie (v. 240 - v. 149 av. J.-C.). Il aida les Romains à vaincre Carthage. ⇒ **Jugurtha.**

Masolino da Panicale ■ Peintre italien (1383 - av. 1447). Il travailla avec *Masaccio.

la **Masorah** ■ ⇒ la **Massore.**

Gaston ***Maspero*** ■ Égyptologue français (1846-1916). Il poursuivit l'œuvre de *Mariette (*Sphinx de Gizeh, temple de Louxor). Henri, son fils, sinologue (1883-1945).

Masqat ■ ⇒ **Mascate.**

le ***Masque de fer*** ■ Surnom donné à un mystérieux prisonnier qui mourut à la Bastille (Paris) en 1703. Selon la tradition, il portait un masque muni d'une fermeture en acier.

le ***Massachusetts*** ■ État du nord-est des États-Unis, sur la côte atlantique (*Nouvelle-Angleterre). 21 455 km². 5,74 millions d'hab. Capitale : Boston. Universités (dont *Harvard) et centres de recherche (dont le *M.I.T.*). C'est là que s'installèrent les puritains anglais venus à bord du **Mayflower* (1620) et que commença la guerre d'Indépendance (v. 1770).

Massada ■ Forteresse d'Israël, construite par *Hérode Ier le Grand, au-dessus de la mer Morte, célèbre pour les résistants juifs (les zélotes) qui préférèrent s'y donner la mort plutôt que de se rendre aux Romains (73).

les ***Massaïs*** ■ ⇒ les **Masaïs.**

André ***Masséna*** *duc de Rivoli* ***prince*** *d'Essling* ■ Brillant maréchal de Napoléon Ier (1758-1817). Vaincu au Portugal en 1811.

Jules ***Massenet*** ■ Compositeur français d'opéras (1842-1912). "*Manon*" ; "*Werther*" ; "*Thaïs*".

Vincent ***Massey*** ■ Homme d'État canadien (1887-1967). Gouverneur général du Canada de 1952 à 1959, il fut le premier Canadien de naissance à occuper ce poste.

le ***Massif armoricain*** ■ ⇒ le Massif **armoricain.**

le ***Massif central*** ■ Région montagneuse du centre de la France. Massif primaire, soulevé par le contrecoup du plissement alpin au tertiaire (*Morvan, *Charolais, *Beaujolais, *Cévennes) qui provoqua des éruptions volcaniques. Point culminant : le puy de Sancy (dans les monts Dore), 1 886 m. Pour l'économie ⇒ **Auvergne.**

Jean-Baptiste ***Massillon*** ■ Prédicateur français (1663-1742). Il prononça des *Sermons* à l'éloquence simple et persuasive.

André ***Masson*** ■ Peintre français (1896-1987). Proche des *surréalistes par son goût de l'ésotérisme et des matières insolites (sable, plumes).

Loÿs ***Masson*** ■ Écrivain français d'origine mauricienne (1915-1969). "*Les Tortues*".

la ***Massore*** ou ***Masorah*** ■ Texte de la Bible hébraïque fixé par les ***Massorètes,*** docteurs juifs, du VIe au XIIe s.

Massoukou ■ 3e ville du Gabon. 38 000 hab.

Mata-Hari ■ Danseuse hollandaise (1876-1917). Elle fut fusillée pour espionnage au profit de l'Allemagne.

Matamoros ■ Ville du Mexique, à la frontière des États-Unis. 239 000 hab.

Matane ■ Ville du Québec (*Gaspésie). 13 800 hab. Bois et pêche.

Matanzas ■ Ville et port de Cuba. 110 000 hab. Sucre. Tourisme.

Mathias Ier Corvin ■ Roi de Hongrie de 1458 à sa mort (1440-1490). Il lutta pour l'indépendance de la Hongrie contre les Autrichiens et les Turcs. Grand mécène, il fonda l'université de Buda (1465).

Rodolphe ***Mathieu*** ■ Pianiste et compositeur québécois (1890-1962).

Georges ***Mathieu*** ■ Peintre français (né en 1921). Théoricien de l'art abstrait lyrique.

la princesse ***Mathilde*** ■ ⇒ **Bonaparte.**

Mathilde de Flandre dite ***la reine Mathilde*** ■ Épouse de *Guillaume le Conquérant, duchesse de Normandie, puis reine d'Angleterre (morte en 1083). On lui attribue à tort la « tapisserie (broderie) de *Bayeux ».

Mathura ■ Une des sept villes saintes de l'Inde (*Uttar Pradesh). Lieu de naissance de *Kriṣna. 147 000 hab. Centre de pèlerinage.

Mathusalem ou ***Mathusala*** ■ Patriarche de la Bible qui aurait vécu 969 ans. D'où l'expression *vieux comme Mathusalem.*

l'hôtel ***Matignon*** ■ Hôtel parisien, construit de 1715 à 1720, attribué au président du Conseil (1935) puis au Premier ministre (1958) de la France.

Henri ***Matisse*** ■ Peintre et sculpteur français (1869-1954). Il ne cessa de tendre vers une plus grande simplification de la ligne et des couleurs pour leur donner toute leur force expressive. Les gouaches découpées ("*Nus bleus*") et les vitraux de la chapelle de *Vence marquent l'aboutissement de cette recherche.

le ***Mato Grosso*** ■ État du sud-ouest du Brésil. 901 421 km². 1,68 million d'hab. Capitale : Cuiabá. Agriculture (élevage, café, maté). Gisements de minerais. □ *le* ***Mato Grosso do Sul.*** État voisin du précédent. 357 472 km². 1,75 million d'hab. Capitale : Campo Grande.

Matsumoto ■ Ville du Japon (*Honshū). 200 000 hab. Marché de la soie. Célèbre château fort du XVIe s.

Matsuyama ■ Ville industrielle et port du Japon (*Shikoku). 438 000 hab. Château du XVIIe s. Industrie textile et du papier.

Quentin ***Matsys*** ■ ⇒ **Metsys.**

Roberto ***Matta*** ■ Peintre chilien (né en 1911), *surréaliste.

Giacomo ***Matteotti*** ■ Homme politique italien (1885-1924). Socialiste, il voulut lutter contre les fascistes, qui l'assassinèrent, discréditant le régime de *Mussolini.

saint ***Matthieu*** ■ L'un des douze apôtres de Jésus, auteur, selon la tradition, de l'Évangile qui porte son nom. Son emblème est un homme ailé.

Charles Robert ***Maturin*** ■ Écrivain irlandais (1782-1824). "*Melmoth ou l'Homme errant*", roman noir qui influença *Balzac.

Ana María ***Matute*** ■ Romancière espagnole (née en 1926). Ses romans ont pour cadre la guerre civile. "*La Trappe*".

Jacques ***Mauduit*** ■ Compositeur français (1557-1627). Ami des poètes *Ronsard et de *Baïf, il composa des pièces vocales.

Somerset ***Maugham*** ■ Écrivain anglais (1874-1965). Romans, théâtre, nouvelles. "*Servitude humaine*".

Franz Anton ***Maulbertsch*** ■ Peintre et décorateur allemand (1724-1796). Style *rococo.

Thierry ***Maulnier*** ■ Journaliste et écrivain français (1909-1988). Collaborateur de *l'*Action française*, qu'il quitta pendant l'Occupation.

Mauna Kea ■ Volcan éteint, point culminant de *Hawaï, près du volcan actif Mauna Loa. 4 205 m.

Guy de ***Maupassant*** ■ Écrivain français (1850-1893). Proche de *Flaubert, il fut un maître de la nouvelle et du court roman réalistes *("Boule-de-suif" ; "Une vie" ; "Bel-Ami")* ou fantastiques *("le Horla")*.

le chancelier de ***Maupeou*** ■ Ministre de Louis XV (1714-1792). Il jugula l'agitation parlementaire (1771) mais son renvoi par Louis XVI anéantit ses réformes (France).

Pierre Louis Moreau de ***Maupertuis*** ■ Mathématicien français (1698-1759). Partisan de *Newton. Il énonça, en mécanique, le principe de moindre action.

les ***Maures*** ■ Nom donné par les Romains aux Berbères puis, par extension, aux conquérants musulmans de l'Espagne. ‹ ► maure ›

les ***Maures*** ■ Ethnie de l'ouest du Sahara. ⇒ **Mauritanie.**

les ***Maures*** n. m. pl. ■ Massif côtier français (*Provence), qui s'étend d'Hyères à Fréjus. Il culmine à 780 m.

François ***Mauriac*** ■ Écrivain français (1885-1970). Son œuvre, romanesque, critique et journalistique *("Bloc-Notes")* évoque l'inquiétude du chrétien dans sa lutte contre la tentation charnelle et dans son engagement dans le monde, et manifeste une attitude critique face au monde bourgeois. *"Le Baiser au lépreux" ; "Thérèse Desqueyroux"*. Prix Nobel 1952.

l'île ***Maurice*** ■ État (république depuis 1992) formé de quatre îles de l'archipel des *Mascareignes (océan Indien), dont l'*île Maurice*. 2 040 km². 1,06 million d'hab. *(les Mauriciens)*. Capitale : Port-Louis. Langues : anglais (officielle), français, créole, langues indiennes. Monnaie : roupie mauricienne. Monoculture de la canne à sucre (80 % des terres). ▭HISTOIRE. D'abord possession hollandaise, colonie française de 1715 à 1810 *(île de France)*, britannique en 1814, elle devint indépendante en 1968. Membre du *Commonwealth.

Maurice de Nassau ■ Stathouder des Provinces-Unies (1567-1625). Il succéda à son père *Guillaume le Taciturne, en 1584, et fut un grand chef de guerre.

la ***Mauricie*** ■ Partie du Québec, plaine située entre Montréal et Québec.

la ***Maurienne*** ■ Vallée de la *Savoie, voie de passage entre la France et l'Italie. Hydroélectricité ; électrométallurgie.

la ***Mauritanie*** ■ Dans l'Antiquité, royaume d'Afrique du Nord (à l'ouest de la *Numidie, du Maroc à la Kabylie), conquis au Ier s. par les Romains, puis v. 700 par les Arabes.

la ***Mauritanie*** ■ État (république islamique) de l'Afrique de l'Ouest bordé par l'Atlantique. 1 030 700 km². 1,95 million d'hab. *(les Mauritaniens)*. Capitale : Nouakchott. Langues officielles : arabe, français. Religion officielle : islam. Monnaie : ouguiya. Agriculture, élevage, pêche. Minerai de fer. ▭HISTOIRE.Envahie par les musulmans et arabisée au XIVe s., elle fut occupée par la France en 1855. Elle devint en 1904 un protectorat et en 1920 l'une des colonies de l'Afrique-Occidentale française. Indépendante en 1960, elle fut en guerre avec le *Polisario jusqu'en 1979 (⇒ **Sahara occidental**). Rupture des relations diplomatiques avec le Sénégal en 1989 et tensions à la frontière, à la suite d'incidents violents entre les deux populations.

Émile Herzog dit *André* ***Maurois*** ■ Écrivain français (1885-1967). *"Les Silences du colonel Bramble" ; "Prométhée ou la Vie de Balzac"*.

Pierre ***Mauroy*** ■ Homme politique français (né en 1928). Maire de Lille depuis 1973. Premier ministre (socialiste) de 1981 à 1984.

Charles ***Maurras*** ■ Écrivain et homme politique français (1868-1952). Nationaliste, il anima le mouvement de l'*Action française. *"Anthinéa"*.

Mausole ■ Satrape de *Carie (mort en 353 av. J.-C.). ► *le* ***Mausolée,*** tombeau magnifique que sa sœur et épouse Artémis II lui éleva, une des Sept *Merveilles du monde. ‹ ► mausolée ›

Marcel ***Mauss*** ■ Sociologue français (1872-1950). Disciple de *Durkheim. L'*"Essai sur le don"* annonce l'anthropologie structurale de *Lévi-Strauss.

Mauthausen ■ Ville d'Autriche (Haute-*Autriche). Camp de concentration nazi de 1938 à 1945 (122 000 personnes y moururent).

Maximien ■ Empereur romain (v. 250 - 310). Il fut appelé par *Dioclétien pour partager le pouvoir.

Maximilien ■ Empereur du Mexique (1832-1867). Imposé par Napoléon III, il se heurta au nationalisme mexicain (⇒ **Juárez**) et fut fusillé. Sa femme Charlotte (1840-1927) en devint folle.

Maximilien Ier ■ Archiduc d'Autriche, roi des Romains, empereur germanique de 1493 à sa mort (1459-1519). Par sa politique d'alliance, il fonda la puissance des *Habsbourg, léguant à son petit-fils *Charles Quint un empire qui dominait la moitié de l'Europe.

James Clerk ***Maxwell*** ■ Physicien écossais (1831-1879). Les *équations de Maxwell* formulent les lois du champ électromagnétique. Le concept de champ a motivé l'effort d'*Einstein pour unifier la physique.

les ***Mayas*** ■ Peuple d'Amérique centrale localisé au Guatemala, Honduras, Mexique (*Yucatán). Leur civilisation connut son apogée du VIIe au IXe s., et brilla par son architecture (pyramides de pierre), son astronomie (premier calendrier), son écriture et ses mathématiques. Elle se mélangea à la civilisation *toltèque *(civilisation toltèque-maya)* et s'effondra devant les conquistadores espagnols (XVIe s.). Principaux sites archéologiques : *Copán, *Palenque, *Chichén Itzá. ‹ ► maya ›

Mayence, en allemand ***Mainz*** ■ Ville et port d'Allemagne, capitale de l'État (land) de *Rhénanie-Palatinat. 172 000 hab. Métropole commerciale. Cathédrale romane (Xe - XIIIe s.).

la ***Mayenne*** ■ Rivière de l'ouest de la France, qui a donné son nom à un département.

Julius Robert von ***Mayer*** ■ Physicien et médecin allemand (1814-1878). Il formula (en même temps que *Joule) le premier principe de la thermodynamique.

Mayerling ■ Localité d'Autriche. Pavillon de chasse où, en janvier 1889, l'archiduc *Rodolphe et la baronne Marie Vetsera furent trouvés morts.

le ***Mayflower*** ■ Navire qui, en 1620, transporta un groupe de « pèlerins » puritains (les *Pilgrim Fathers*) en Amérique où ils fondèrent Plymouth en *Nouvelle-Angleterre. Leur accord politique est devenu, pour les Américains, le symbole des origines nationales et des libertés.

Elton ***Mayo*** ■ Psychosociologue américain (1880-1949). Recherches sur le monde du travail.

Félix **Mayol** ■ Chanteur français de café-concert (1872-1941). *"Viens Poupoule"*.

Mayotte ■ Collectivité territoriale française des *Comores. 373 km². 67 200 hab. *(les Mahorais)*. Chef-lieu : Dzaoudzi.

Mazār-e Charif ■ Ville d'Afghanistan. 131 000 hab. Centre caravanier. Tombeau d'*Alī.

Jules **Mazarin** ■ Cardinal et homme d'État français d'origine italienne (1602-1661). Collaborateur de *Richelieu, il lui succéda à la fin du règne de Louis XIII et sous la régence d'*Anne d'Autriche. En réprimant la *Fronde, en mettant fin à la guerre de *Trente Ans et à la guerre contre l'Espagne, il assura le triomphe de l'absolutisme. Il acquit une immense fortune, protégea les arts et les lettres.

Mazatlán ■ Ville et port du Mexique. 250 000 hab. Tourisme.

Ivan **Mazeppa** ■ Chef des Cosaques, gouverneur de l'*Ukraine (1644-1709). Il s'allia à la Suède contre *Pierre le Grand mais fut vaincu.

Ivan **Mažuranić** ■ Poète croate (1814-1890). Fondateur de la littérature croate moderne.

la **Mazurie** ■ Région lacustre et boisée du nord-est de la Pologne, riveraine de la Baltique. Polonaise depuis 1945.

Giuseppe **Mazzini** ■ Patriote et révolutionnaire italien (1805-1872). Fondateur du mouvement Jeune Italie (1831), il représenta l'idéal républicain, face aux partisans de la monarchie et de *Cavour.

Mbabane ■ Capitale du Swaziland. 38 300 hab.

Mbuji-Mayi ■ Ville du Zaïre. 423 000 hab. Diamants.

George Herbert **Mead** ■ Philosophe et sociologue américain (1863-1931). Pionnier de la psychologie sociale.

Margaret **Mead** ■ Anthropologue américaine (1901-1978). Elle trouva dans l'ethnographie océanienne une remise en cause des modèles occidentaux, en particulier les modèles d'éducation et de relation entre les sexes.

le **Méandre** ■ Fleuve de Turquie (450 km), au cours sinueux. ‹ ▶ méandre ›

Meaux ■ Ville de France, à l'est de Paris. 49 400 hab. *(les Meldois)*. Évêché et cathédrale. Tombeau de *Bossuet (évêque de la ville au XVIIe s., surnommé « l'Aigle de Meaux »).

Mécène ■ Chevalier romain (v. 69 - 8 av. J.-C.). Ministre d'*Auguste, il protégea les arts. ‹ ▶ mécène ›

Méchitar ■ ⇒ **Mékhitar.**

le **Mecklembourg-Poméranie-Occidentale,** en allemand **Mecklenburg-Vorpommern** ■ État (land) du nord-est de l'Allemagne. 22 938 km². 2,1 millions d'hab. Capitale : Schwerin. Tourisme.

La **Mecque** ■ 3e ville d'Arabie Saoudite, capitale religieuse de l'Islam, interdite aux non-musulmans. 550 000 hab. Berceau du prophète *Mahomet, c'est le plus grand centre de pèlerinage de l'islam. La Grande Mosquée contient al-*Ka'ba.

Medan ■ Ville et port de l'Indonésie (*Sumatra). 1,38 million d'hab.

saint **Médard** ■ Évêque de *Noyon et de *Tournai (v. 456 - v. 545). Invoqué pour la pluie et le beau temps.

Peter Brian **Medawar** ■ Biologiste anglais (1915-1987). Prix Nobel de médecine 1960 pour ses travaux sur les greffes.

Médée ■ Magicienne de la mythologie grecque (cycle des *Argonautes). Elle aide *Jason à s'emparer de la *Toison d'or. Abandonnée, elle se venge en tuant ses propres enfants.

Medellín ■ 2e ville de Colombie. 1,47 million d'hab. Centre commercial (café) et industriel. Repaire des trafiquants de drogue (cocaïne) colombiens *(cartel de Medellín)*.

les **Mèdes** ■ Ancien peuple d'Asie occidentale. Leur roi *Cyaxare conquit l'Assyrie (612 av. J.-C.), mais ils furent vaincus par les Perses et Cyrus II (550 av. J.-C.).

Medicine Hat ■ Ville de l'Alberta. 42 150 hab. Centre agricole, élevage.

les **Médicis** ■ Famille italienne de marchands et de banquiers qui joua un rôle primordial dans l'histoire de Florence et de la Toscane du XVe au XVIIIe s. ainsi que dans la politique, l'économie et les arts d'Europe. Les reines françaises *Catherine de Médicis et *Marie de Médicis en étaient issues. □ *Cosme* ou *Cosimo de* **Médicis** (1389-1464), le « Père de la Patrie ». □ **Laurent le Magnifique,** son fils (1449-1492), protégea les artistes, les savants et favorisa l'imprimerie. □ *Jules de* **Médicis,** pape sous le nom de *Clément VII. □ *Alessandro de* **Médicis** (v. 1510-1537) exerça une dictature sur Florence et fut assassiné par son cousin Lorenzaccio. □ *Lorenzino de* **Médicis** dit **Lorenzaccio** (1514-1548). Cousin et assassin du précédent. Sa vie inspira *Musset.

Médine ■ Ville sainte d'Arabie Saoudite, grand lieu de pèlerinage musulman. 290 000 hab. Tombeaux de *Mahomet et de *Fāṭima.

les guerres **médiques** ■ Conflits qui opposèrent les cités grecques à l'Empire perse au Ve s. av. J.-C. : en 490, les Perses de *Darius le Grand furent battus à *Marathon. En 480, dirigés par *Xerxès Ier, battant les Grecs aux *Thermopyles (⇒ **Léonidas**), les Perses s'emparèrent d'Athènes, mais furent écrasés à *Salamine et à *Platée.

la mer **Méditerranée** ■ Mer intérieure comprise entre l'Afrique du Nord, l'Asie de l'Ouest et l'Europe du Sud. 2,9 millions de km² (avec la mer Noire et la mer d'Azov). Elle communique avec l'Atlantique par le détroit de Gibraltar, avec la mer Noire par les détroits du Bosphore et des Dardanelles, avec la mer Rouge par le canal de Suez. Activité sismique importante, d'où les volcans (*Vésuve, *Stromboli, *Etna) et les cratères sous-marins. Les activités portuaires, déjà favorisées par la configuration des côtes et la faible amplitude des marées, se sont développées avec l'exploitation du pétrole : oléoducs provenant du golfe Persique, industries lourdes dans les ports français, italiens et espagnols. Le tourisme, favorisé par un cadre exceptionnel, est une ressource essentielle : *Costa Brava, *Côte d'Azur. ▭ **HISTOIRE.** Jusqu'au Ier s., la Phénicie, Carthage et la Grèce établirent des comptoirs commerciaux sur son pourtour. Pour Rome, qui lui donna le nom de *Mare Nostrum* (« notre mer »), elle fut un facteur d'expansion et d'unification de l'Empire. Après le IVe s., l'activité commerciale, gênée par les pirates sarrasins, reprit avec les croisades (XIe s.) à Venise, Gênes et en Espagne : la Méditerranée servit de lien entre l'Orient et l'Occident. Mais la découverte de la route des Indes puis celle de l'Amérique firent perdre au commerce de son importance. En 1869, l'ouverture du canal de Suez lui fit retrouver une activité commerciale et un rôle stratégique (contrôle de Gibraltar, Malte et Chypre par le Royaume-Uni). Le conflit israélo-arabe et la fermeture du canal de Suez (de 1967 à 1975) ont renforcé son importance stratégique. ‹ ▶ méditerranéen › *le* **Médoc** ■ Région française, sur la rive gauche de la *Gironde. Vins de Bordeaux réputés.

Méduse ■ L'une des trois *Gorgones. Elle pétrifie ceux qui la regardent. *Persée la tue et orne de sa tête le bouclier d'Athéna. ‹ ▶ méduse, méduser ›

Meerut ■ Ville industrielle de l'Inde (*Uttar Pradesh). 417 000 hab. Camp militaire important.

Paul **Mefano** ■ Compositeur français (né en 1937).

Megalopolis ■ Ancienne ville de Grèce, en *Arcadie, détruite au Moyen Âge par les Slaves. ▶ ***Megalopolis,*** qui signifie « grande ville », désigne aujourd'hui de vastes complexes urbains, notamment celui qui s'étend, aux États-Unis, entre Boston et Washington (plus de 50 millions d'hab.).

Mégare ■ Ville de Grèce, près d'Athènes. Très prospère dans l'Antiquité, elle fonda des colonies, dont Byzance. Importante école de philosophie qui influença le *stoïcisme.

Megève ■ Ville de France, en *Savoie. 4 800 hab. *(les Megévans).* Station de sports d'hiver.

le **Meghālaya** ■ État du nord-est de l'Inde, à la frontière du Bangladesh. 22 429 km². 1,33 million d'hab. Capitale : Shillong (109 000 hab.).

Mehallah el-Koubra ■ Ville d'Égypte, au nord du Caire. 385 000 hab.

Méhémet-Ali ou **Muḥammad 'Alī** ■ Vice-roi d'Égypte de 1805 à sa mort (1769-1849). Fondateur de l'Égypte moderne (réforme de l'agriculture et de l'enseignement). Il conquit le Soudan.

Mehmet II ■ Sultan ottoman (1432-1481). Il prit Constantinople (1453), combattit Venise et fit plusieurs incursions en Europe.

Étienne **Méhul** ■ Compositeur français (1763-1817). Auteur du *"Chant du départ"*, sur des paroles de M.-J. de *Chénier.

Mutsuhito dit **Meiji Tennō** ■ 122ᵉ empereur japonais (1852-1912). Le créateur du Japon moderne (constitution moderne, industrialisation du pays), ouvert sur l'Occident. Il remporta les guerres contre la Chine (1894-1895), puis contre la Russie (1904-1905). ▶ *l'ère du* ***Meiji*** ou « gouvernement éclairé » désigne l'ère nouvelle qui commence avec lui.

Henri **Meilhac** ■ Auteur dramatique français (1831-1897). Il écrivit avec *Halévy les livrets des opérettes d'*Offenbach.

Antoine **Meillet** ■ Linguiste français (1866-1936). *"Introduction à l'étude comparative des langues indo-européennes"*.

Alexius **Meinong** ■ Philosophe et psychologue autrichien (1853-1920). Il voulut élaborer une « théorie de l'objet ».

Golda **Meir** ■ Femme politique israélienne (1898-1978). Elle dirigea le gouvernement (travailliste) de 1969 à 1974.

Meissen ■ Ville d'Allemagne (*Saxe). 38 900 hab. Manufacture de porcelaine créée en 1709.

Ernest **Meissonier** ■ Peintre français (1815-1891). Scènes militaires minutieuses, très appréciées de son vivant.

Mékhitar ou **Méchitar** ■ Moine et théologien arménien (1676-1749), fondateur de la congrégation des *mékhitaristes.*

Meknès ■ Ville du Maroc. 320 000 hab. Ancienne cité royale (XVIIᵉ et XVIIIᵉ s.). Tourisme, commerce.

le **Mékong** ■ Fleuve d'Asie. 4 200 km. Né au Tibet, il arrose l'Union de *Myanmar (ex-Birmanie), le Laos, la Thaïlande, fertilise le Cambodge et se jette en mer de Chine en formant un immense delta au Viêt-nam. Il est très poissonneux.

Melanchthon ■ Réformateur religieux allemand (1497-1560). Principal disciple de *Luther, auquel il succéda à la tête de l'Église luthérienne. Il rédigea la Confession d'*Augsbourg.

la **Mélanésie** ■ Ensemble d'îles du Pacifique (Océanie), comprenant l'est de la *Nouvelle-Guinée, l'archipel *Bismarck, les îles *Salomon, la république de *Vanuatu, la *Nouvelle-Calédonie et les îles *Fidji. Environ 570 000 km². 3,5 millions d'hab. *(les Mélanésiens).*

William Lamb lord **Melbourne** ■ Homme politique anglais (1779-1848). Premier ministre au début du règne de *Victoria, qu'il initia à la politique.

Melbourne ■ 2ᵉ ville et port d'Australie, capitale de l'État de *Victoria. 2,96 millions d'hab. Centre économique du sud du pays. Universités.

Melchior ■ Un des Rois *mages, dans la tradition chrétienne.

Arnold de **Melchtal** ■ Personnage légendaire suisse. À l'origine de la révolte suisse contre l'Autriche.

Georges **Méliès** ■ Cinéaste et illusionniste français (1861-1938). Il réalisa 500 petits films où se mêlent fantaisie et truquages. *"Le Voyage dans la lune"*.

Melilla ■ Ville et port franc (préside), située au Maroc, sous souveraineté espagnole. 14 km². 55 600 hab. ⇒ **Ceuta**.

Melk ■ Ville d'Autriche (Basse-*Autriche). 5 100 hab. Abbaye bénédictine reconstruite au XVIIIᵉ s. dans un style baroque.

Melkart ■ Dieu phénicien, appelé aussi *Baal de Tyr.*

Melpomène ■ Muse de la Tragédie et mère des *Sirènes.

Melun ■ Ville de France, au sud-est de Paris. 36 500 hab. *(les Melunais).* Centre industriel. Monuments. Ancienne cité gallo-romaine, résidence royale sous les premiers *Capétiens.

Mélusine ■ Personnage de légende médiévale. À la suite d'une faute, elle est condamnée à devenir tous les samedis femme-serpent.

Herman **Melville** ■ Écrivain américain (1819-1891). *"Moby Dick ou la Baleine blanche"*, roman symbolique, récit d'une chasse forcenée à la baleine.

Jean-Pierre **Melville** ■ Metteur en scène français de cinéma (1917-1973). *"Le Silence de la mer"* (d'après *Vercors) ; *"le Cercle rouge"*.

Memel ■ Depuis 1923 : *Klaïpeda.

Hans **Memling** ■ Peintre *flamand (v. 1433 - 1494). Exerçant à Bruges, comme *Van Eyck, il représente l'aboutissement serein, médité, harmonieux de l'art primitif *flamand.

Albert **Memmi** ■ Écrivain tunisien d'expression française (né en 1920). Romans et essais. *"La Statue de sel"*.

les colosses de **Memnon** ■ Nom donné par les Grecs et les Romains aux deux statues colossales d'*Aménophis III situées devant son temple funéraire près de Thèbes.

Memphis ■ Ancienne ville d'Égypte. Capitale sous l'Ancien Empire : culte de *Ptah, *Apis.

Memphis ■ Ville des États-Unis (*Tennessee). 646 000 hab. Haut lieu du jazz et de la musique populaire américaine.

Menado ■ ⇒ **Manado.**

Gilles ***Ménage*** ■ Érudit et écrivain français (1613-1692). Premier dictionnaire étymologique du français.

Ménandre ■ Auteur grec de comédies (342-292 av. J.-C.). Il fut l'ami d'*Épicure. "*La Belle aux cheveux coupés*".

Mencius ■ ⇒ **Mengzi.**

Gregor Johann ***Mendel*** ■ Botaniste et religieux morave (1822-1884). *Lois de Mendel :* lois fondamentales de la génétique, redécouvertes vers 1900.

Dmitriï ***Mendeleïev*** ■ Chimiste russe (1834-1907). *Tableau de Mendeleïev :* classification périodique des éléments chimiques selon leur poids atomique.

Moses ***Mendelssohn*** ■ Philosophe allemand (1729-1786). Judaïsme empreint de l'esprit des *Lumières.

Felix ***Mendelssohn-Bartholdy*** ■ Compositeur romantique allemand (1809-1847). Œuvre immense pour orchestre *("le Songe d'une nuit d'été"),* piano *("Romances sans paroles").* Il fit revivre les œuvres de *Bach.

Catulle ***Mendès*** ■ Écrivain français (1841-1909). Membre du *Parnasse. "*Philoméla*", poèmes.

Pierre ***Mendès France*** ■ Homme politique français (1907-1982). Président du Conseil (radical) en 1954-1955, il mit fin à la guerre d'*Indochine. Symbole, pour la gauche, d'exigence morale dans l'exercice du pouvoir.

Mendoza ■ Ville d'Argentine. 118 000 hab. Vins. Raffinerie de pétrole.

Ménélas ■ Roi mythique de *Sparte, fils d'*Atrée et frère d'*Agamemnon. L'enlèvement de son épouse *Hélène par *Pâris déclencha la guerre de *Troie.

Ménélik II ■ Négus d'Éthiopie de 1889 à sa mort (1844-1913). Il agrandit et modernisa l'empire.

Marcelino ***Menéndez y Pelayo*** ■ Écrivain espagnol (1856-1912). "*Histoire des idées esthétiques en Espagne*".

Carl ***Menger*** ■ Économiste autrichien (1840-1921). Un des fondateurs de l'école marginaliste. Théorie de la valeur.

Anton ***Mengs*** ■ Théoricien et peintre allemand (1728-1779). Il fut à l'origine du mouvement *néo-classique.

Mengzi, en latin ***Mencius*** ■ Philosophe chinois disciple de *Confucius (v. 372-289 av. J.-C.).

Ménilmontant ■ Un des quartiers de Paris (France). Symbole, avec *Belleville, du Paris populaire.

Ménippe ■ Écrivain grec (IIIe s. av. J.-C.). La *satire ménippée,* genre littéraire imité de Ménippe, mêle la prose et le vers ; un pamphlet français contre la *Ligue porte ce titre.

Gian Carlo ***Menotti*** ■ Compositeur italien naturalisé américain (né en 1911). "*Le Médium*", opéra.

Menton ■ Ville de France. 29 500 hab. *(les Mentonnais).* Un des centres touristiques de la *Côte d'Azur.

Mentor ■ Dans l'"*Odyssée*", ami d'*Ulysse. Ce dernier lui confie la gérance de ses biens et l'éducation de son fils *Télémaque. ‹ ▶ mentor ›

sir Yehudi ***Menuhin*** ■ Violoniste américain d'origine russe (né en 1916).

Gerhard Kremer dit *Gerardus* ***Mercator*** ■ Géographe flamand (1512-1594). La *projection de Mercator,* système de représentation plane de la Terre, marque les débuts de la cartographie moderne.

Louis Sébastien ***Mercier*** ■ Écrivain français et théoricien du théâtre (1740-1814). "*Tableau de Paris*", étude minutieuse de la société à la veille de la Révolution.

Honoré ***Mercier*** ■ Homme politique québécois (1840-1894). Premier ministre de la province de Québec de 1887 à 1891.

Mercure ■ Dieu romain, protecteur des commerçants et des voyageurs, assimilé à l'*Hermès grec. □ ***Mercure,*** planète du système solaire, la plus proche du Soleil, autour duquel elle tourne en 88 jours et sur elle-même en 58,6 jours. 4 878 km de diamètre. Atmosphère composée de gaz rares et de traces d'hydrogène. ‹ ▶ mercure ›

Pierre ***Mercure*** ■ Compositeur québécois (1927-1966). Spécialiste de la musique électro-acoustique et électronique.

George ***Meredith*** ■ Écrivain anglais (1828-1909). "*L'Égoïste*", roman psychologique, analyse impitoyable des relations entre les sexes.

Mérida ■ Ville du Mexique (*Yucatán). 425 000 hab. Centre commercial et industriel.

Prosper ***Mérimée*** ■ Écrivain français (1803-1870). Auteur de "*Carmen*" (adapté à l'opéra par *Bizet) et de "*Colomba*". Inspecteur des Monuments historiques, il soutint *Viollet-le-Duc et fit redécouvrir l'art *roman.

Maurice ***Merleau-Ponty*** ■ Philosophe français (1908-1961). Continuateur de la phénoménologie de *Husserl. Son attention au sujet le rapprocha des sciences humaines et, comme *Sartre, de l'existentialisme et du marxisme.

Merlin l'Enchanteur ■ Magicien de la mythologie celtique, épris de la fée *Viviane.

Jean ***Mermoz*** ■ Aviateur français (1901-1936). Héros des débuts de l'aéropostale.

Mérovée ■ Roi des Francs (mort v. 458). Aïeul de *Clovis. ▶ *les* ***Mérovingiens.*** Première dynastie des rois de France (rois des Francs). Après *Dagobert, le pouvoir fut détenu par les maires du palais. *Pépin le Bref déposa en 751 le dernier Mérovingien, Childéric III, et fonda la dynastie *carolingienne. ‹ ▶ mérovingien ›

Mers el-Kébir, aujourd'hui ***El-Marsa el-Kebir*** ■ Commune d'Algérie. 23 600 hab. Le 3 juillet 1940, les Britanniques y bombardèrent une escadre française après que celle-ci eut refusé l'ultimatum anglais lui enjoignant de se laisser désarmer ou de continuer la guerre contre l'Allemagne. 1 300 marins français y périrent.

l'abbé Marin ***Mersenne*** ■ Philosophe et savant français (1588-1648). Correspondant de *Descartes et de la plupart des savants de son époque, auteur de travaux d'acoustique.

Merseyside ■ Comté du nord-ouest de l'Angleterre. 652 km². 1,45 million d'hab. Chef-lieu : Liverpool.

Mersin ■ Ville et port de Turquie. 314 000 hab. Site occupé dès le néolithique et fortifié au IVe millénaire av. J.-C.

les Sept **Merveilles du monde** ■ ⇒ **Babylone, Éphèse, Mausole, Olympie, Pharos, pyramides, Rhodes.**

Mesa ■ Ville des États-Unis (*Arizona). 152 000 hab.

Meshed ou **Mashhad** ■ Ville du nord-est de l'Iran. 1,5 million d'hab. Lieu de pèlerinage *chiite. Capitale de la *Perse de 1736 à 1747.

Franz **Mesmer** ■ Médecin allemand (1734-1815). Sa thérapie, véritable panacée qui supposait l'existence d'un « magnétisme animal », fut très à la mode à Paris v. 1780.

la **Mésopotamie** ■ Région d'Asie antérieure située entre le *Tigre et l'*Euphrate. Son nom vient du grec *mesos* (« milieu ») et *potamos* (« fleuve »). Sa fertilité en fit un intense foyer de civilisation dès le Ve millénaire av. J.-C., peu à peu partagé en cités indépendantes : Kish, *Eridu, *Uruk, *Ur. Des envahisseurs sémites fondèrent la civilisation de *Sumer qui fleurit à *Akkad et à *Babylone. À partir du IIe millénaire se constituèrent de grands empires (*Assyrie) au rayonnement important (⇒ **Hammourabi**). Après avoir résisté aux invasions étrangères (⇒ **Araméens, Élam**), ils furent conquis par les *Mèdes et les *Perses (539 av. J.-C.), puis par les Grecs (331 av. J.-C.). Les *Séleucides contrôlèrent la Mésopotamie jusqu'à sa conquête par les *Parthes (141 av. J.-C.) qui se heurtèrent dès le Ier s. à l'expansionnisme de Rome. Elle passa en 224 sous la domination des *Sassanides, puis fut intégrée au royaume de *Palmyre, avant d'être conquise par *Dioclétien (298) et à nouveau par les Perses au IVe s. Après la conquête arabe (637-641), elle devint l'*Irak.

André **Messager** ■ Compositeur et chef d'orchestre français (1853-1929). "*Véronique*" et "*les P'tites Michu*", opérettes.

Ahmed **Messali Hadj** ■ Homme politique algérien (1898-1974). Un des pères du nationalisme algérien, dirigeant du Mouvement national algérien qui fut éliminé par le F.L.N. (⇒ guerre d'**Algérie**).

Messaline ■ Impératrice romaine (morte en 48). Femme de *Claude, célèbre pour ses débauches.

la **Messénie** ■ Région de la ville de *Messène,* en Grèce (*Péloponnèse). Peuplée par les *Achéens, elle fut conquise par *Sparte au VIIIe s. av. J.-C., puis par Rome (146 av. J.-C.).

Willy **Messerschmitt** ■ Ingénieur allemand (1898-1978). Spécialiste d'aéronautique, il mit au point le premier chasseur à réaction (1938).

Olivier **Messiaen** ■ Compositeur français (1908-1992). Curieux de sonorités nouvelles, fasciné par le chant des oiseaux, il s'inspirait de symboles religieux et mystiques. "*Quatuor pour la fin du temps*" ; "*Saint François d'Assise*", opéra.

le **Messie** ■ Dans la religion juive, celui qui libérera Israël. Dans la religion chrétienne, *Jésus. ‹ ▶ Messie ›

Messine, en italien **Messina** ■ Ville et port d'Italie, au nord-ouest de la *Sicile. 272 000 hab. Raffinerie. Le *détroit de Messine* sépare la péninsule italienne de la Sicile.

Mestghanem ■ ⇒ **Mostaganem.**

Pierre **Métastase** ■ Poète et librettiste italien (1698-1782). "*La Clémence de Titus*", livret de l'opéra de *Mozart.

Ilya **Metchnikov** ou *Élie* **Metchnikoff** ■ Biologiste russe (1845-1916). Directeur de l'Institut Pasteur de 1895 à sa mort. Prix Nobel de médecine 1908 pour ses travaux sur l'immunité cellulaire.

saint **Méthode** ■ ⇒ saint **Cyrille.**

le **méthodisme** ■ ⇒ John **Wesley.**

Gabriel **Metsu** ■ Peintre hollandais (1629-1667). Scènes de la vie domestique. Natures mortes.

Quentin **Metsys** ou **Matsys** ■ Peintre *flamand actif à Anvers (v. 1466-1530). Ses portraits portent l'empreinte de l'humanisme de la *Renaissance. "*Le Changeur et sa femme*".

le prince de **Metternich** ■ Diplomate et homme politique autrichien (1773-1859). Par crainte de la politique de conquête napoléonienne, il favorisa le rapprochement avec la France ; mais ayant échoué, il se rallia à la Quadruple-*Alliance. Il fut partisan d'une politique d'équilibre européen (congrès de *Vienne ; Sainte-*Alliance), mais, très conservateur, il fut renversé par la révolution de 1848.

Metz ■ Ville de l'est de la France, préfecture de la région de *Lorraine. 123 900 hab. *(les Messins).* Ville importante de la Gaule romaine, capitale de l'*Austrasie, elle fit partie des *Trois-Évêchés. Elle fut allemande de 1871 à 1918. Aujourd'hui, elle est le centre commercial de la Lorraine, un carrefour autoroutier et fluvial (port sur la *Moselle). Industries mécaniques, alimentaires et chimiques.

Constantin **Meunier** ■ Sculpteur et peintre belge (1831-1905). Il se fit l'interprète de la vie ouvrière. "*Coup de grisou*".

la **Meuse** ■ Fleuve de France, de Belgique et des Pays-Bas qui a donné son nom à un département français. 950 km.

Mexicali ■ Ville du Mexique, à la frontière des États-Unis. 511 000 hab. Coton, blé.

Mexico ■ Capitale du Mexique située à 2 277 m d'altitude, sur l'emplacement de l'ancienne capitale aztèque (Tenochtitlán). 8,8 millions d'hab. Conurbation de 18,7 millions d'hab., y compris Netzahualcóyotl (1,3 million d'hab.), Coyoacán, Gustavo A. Madero, Xochimilco, etc. Premier centre industriel du pays (46 % de la production nationale), métropole politique et culturelle. La croissance démographique et la pollution constituent des problèmes majeurs. Grave séisme en 1985.

les États-Unis du **Mexique** ■ État (république fédérale) d'Amérique centrale. 1 958 201 km². 84,3 millions d'hab. *(les Mexicains).* Capitale : Mexico. Langues : espagnol (officielle), langues indiennes. Monnaie : peso mexicain. Plateau central limité au sud par un axe volcanique (⇒ **Popocatépetl**), à l'est par la sierra Madre orientale et à l'ouest par la sierra Madre occidentale. L'isthme de Tehuantepec lie cet ensemble à la péninsule du *Yucatán. Climat chaud et humide dans les parties basses et sec dans le Nord. Face à une agriculture peu productive, qui accuse le retard du monde rural, l'industrie est en plein essor. 1er producteur mondial d'argent. Pétrole. ▭ **HISTOIRE.** Les plus importantes civilisations précolombiennes se sont épanouies au Mexique entre le Ier s. av. J.-C. et le XVe s. : civilisations *olmèque, *maya, *zapotèque, *mixtèque, *toltèque et *aztèque. De nombreux sites archéologiques subsistent : Chichén Itzá, Monte Albán, Teotihuacán, Palenque, etc. Colonisé par *Cortés, le Mexique devint en 1535 la vice-royauté de la Nouvelle-Espagne. Les Indiens furent réduits en esclavage ou décimés, leurs civilisations détruites. L'indépendance fut proclamée en 1821 et la Constitution républicaine adoptée en 1824. Une période de troubles et de revers militaires débuta alors : guerre contre les États-Unis, interventions militaires de l'Angleterre, la France et l'Espagne. Napoléon III qui souhaitait créer un empire au bénéfice de la France envoya un corps expéditionnaire : *Maximilien Ier fut proclamé empereur en 1863, mais il fut déposé et fusillé par *Juárez en 1867. De 1876 à 1911, période du « Porfiriat » (⇒ **Díaz**), le pays connut un développement économique rapide dont ne bénéficia pas la population paysanne. Celle-ci, soulevée par Emiliano *Zapata et Pancho *Villa, se révolta en 1910, exigeant une réforme agraire. Après la révolution, à partir de 1920, le Mexique se stabilisa et se modernisa grâce à des réformes profondes (réforme agraire, nationalisations). Le pays, très endetté, doit actuellement faire face à une véritable explosion démographique. ▶ *le golfe du* ***Mexique.*** Golfe de l'Atlantique qui baigne la côte sud des États-Unis et est du Mexique. Il est fermé au nord-est par la presqu'île de *Floride et au sud par celle du *Yucatán. ⟨ ▶ mexicain ⟩

Conrad Ferdinand ***Meyer*** ■ Écrivain suisse d'expression allemande (1825-1898). Poèmes. Récits historiques.

Giacomo ***Meyerbeer*** ■ Compositeur allemand (1791-1864). Ses opéras furent très appréciés en France de son vivant. *"Robert le Diable" ; "les Huguenots".*

Vsevolod ***Meyerhold*** ■ Metteur en scène russe (1874-1940). Il renouvela la mise en scène des textes classiques.

Émile ***Meyerson*** ■ Philosophe et historien des sciences français d'origine polonaise (1859-1933).

le ***Mezzogiorno*** ■ Le « Midi », ensemble des régions du sud de l'Italie, formé par le *Latium méridional, les *Abruzzes, la *Campanie, le *Basilicate, la *Calabre, les *Pouilles, la *Sicile et la *Sardaigne. Les efforts du gouvernement pour développer l'économie n'ont pas encore mis fin à la pauvreté et à l'émigration vers le nord plus industriel.

Miami ■ Ville côtière des États-Unis (*Floride). 347 000 hab. (nombreux Cubains exilés). Tourisme. Université. □ ***Miami Beach,*** ville et centre touristique sur une île face à Miami. 96 300 hab.

Henri ***Michaux*** ■ Écrivain et peintre français d'origine belge (1899-1984). En explorant des mondes exotiques, intérieurs et imaginaires, il a cherché, par le poème, le récit et la peinture, à découvrir le fonctionnement et le maniement de la pensée. *"Un barbare en Asie" ; "Plume" ; "Face à ce qui se dérobe".*

saint ***Michel*** ou ***Michaël*** ■ Archange de la tradition juive et chrétienne. Il a été abondamment représenté en guerrier céleste terrassant un dragon qui symbolise le Mal.

Michel III ■ Premier tsar de la dynastie des *Romanov, élu en 1613 (1596-1645). ⇒ **Philarète.**

Michel VIII Paléologue ■ Empereur de *Nicée (1258-1261) et de Constantinople, de 1261 à sa mort (1224-1282). Fondateur de la dernière dynastie byzantine.

Louise ***Michel*** ■ Révolutionnaire française (1830-1905). Figure légendaire de la *Commune (la « Vierge rouge »), déportée à Nouméa de 1873 à 1880. *"La Commune, histoire et souvenirs".*

Michelangelo Buonarroti dit ***Michel-Ange*** ■ Sculpteur, peintre, architecte de la Renaissance italienne, ingénieur et poète (1475-1564). Son œuvre célèbre le divin à travers le culte de la beauté humaine. La sculpture (*"Pietà" ; "David"*) y tient la première place car sa peinture, dans sa démarche même, reste sculpturale. Entre 1508 et 1512, il peignit les scènes de la Genèse sur la voûte de la chapelle *Sixtine (40 m sur 13 m) puis en 1536 le *"Jugement dernier".* Il exécuta le mausolée du pape Jules II (avec la sculpture de Moïse) et la chapelle funéraire des *Médicis. Il devint en 1547 l'architecte officiel de la papauté (coupole de Saint-Pierre, palais Farnèse, place du Capitole).

Jules ***Michelet*** ■ Historien et écrivain français (1798-1874). Il allie une documentation rigoureuse et une écriture poétique, dans une approche romantique et engagée des grandes figures de l'histoire nationale et de la France elle-même. *"Le Peuple" ; "Histoire de la Révolution française" ; "la Sorcière".*

les ***Michelin*** ■ Industriels français du pneumatique. Édouard (1859-1940) inventa le pneu démontable. ⟨ ▶ micheline ⟩

Robert ***Michels*** ■ Sociologue italien d'origine allemande (1876-1936). Un des fondateurs de la sociologie politique.

Albert ***Michelson*** ■ Physicien américain (1852-1931). Ses expériences sur la vitesse de la lumière sont à l'origine de la théorie de la relativité d'*Einstein. Prix Nobel 1907.

le ***Michigan*** ■ État du centre nord des États-Unis. 251 493 km². 9,26 millions d'hab. Capitale : Lansing. Gaz naturel. Industrie automobile à Détroit. □ *le lac* ***Michigan.*** ⇒ **Grands Lacs.**

la ***Michna*** ■ ⇒ la **Mishnah.**

Mickey Mouse ■ Personnage de dessins animés, célèbre souris créée par Walt *Disney v. 1928.

Adam ***Mickiewicz*** ■ Poète polonais (1798-1855). Romantique et patriote, il mit sa célébrité au service de l'indépendance de son pays. *"Monsieur Thadée".*

les ***Micmacs*** ■ Amérindiens du groupe algonquien vivant dans la région atlantique du Canada. Certains vivent aujourd'hui au Québec, à Maria et à Restigouche, dans la baie des *Chaleurs.

la ***Micronésie*** ■ Ensemble d'îlots du Pacifique, à l'est des Philippines. Elle comprend notamment les îles *Mariannes, *Carolines, *Marshall et de *Nauru. ▶ *la fédération des États de* ***Micronésie*** est constituée de 607 îles (principalement les îles Carolines) regroupées en quatre États (Kosrae, Pohupei, Truk et Yap), mises sous tutelle américaine en 1947, « librement associées » aux États-Unis depuis 1986, ce qui leur donne l'indépendance politique malgré des liens économiques et militaires. 702 km². 105 000 hab. Capitale : Kolonia.

Midas ■ Roi légendaire de Phrygie, fils de Gordias. Il reçut la faculté de changer en or tout ce qu'il touchait et, dès lors, manqua mourir de faim et de soif. Pour y mettre fin, il se lava dans la rivière *Pactole qui, depuis, roule des paillettes d'or. Représenté avec des oreilles d'âne.

Middlesbrough ■ Ville et port du nord-ouest de l'Angleterre, chef-lieu du *Cleveland. 159 000 hab. Centre industriel.

le ***Middle West*** ■ Région des États-Unis, au sud des *Grands Lacs. Céréales, élevage. Industrie dans le nord.

l'aiguille du ***Midi*** ■ Un des sommets du massif du Mont-*Blanc. 3 845 m (France).

le canal du ***Midi*** ■ Canal français qui relie la *Garonne à la Méditerranée, inauguré en 1681. 241 km.

le pic du **Midi de Bigorre** ■ Un des sommets des *Pyrénées (2 877 m). Observatoire et institut de physique. Émetteur (France).

la région **Midi-Pyrénées** ■ Région administrative et économique du sud-ouest de la France composée de huit départements : Lot, Aveyron, Tarn-et-Garonne, Tarn, Gers, Haute-Garonne, Hautes-Pyrénées et Ariège. 45 597 km². 2,43 millions d'hab. Préfecture : Toulouse. Essentiellement agricole (céréales, élevage, vignes), la région a souffert du dépeuplement et du manque d'industries. Toulouse, avec l'aéronautique et l'électronique, est désormais un pôle d'expansion industrielle.

Midland ■ Ville de l'Ontario. 12 100 hab. Site de la mission jésuite Sainte-Marie-des-Hurons en 1639. Musée.

les **Midlands** n. f. pl. ■ Les « terres du milieu », ensemble de plaines du centre de l'Angleterre. Cette région fortement industrialisée (sidérurgie, charbon [⇒ **Black Country**], chimie, textile), durement touchée par la crise, est aujourd'hui en reconversion. Elle est divisée en deux zones : les *Midlands de l'Est* (*East Midlands* ⇒ **Nottingham**) et les *Midlands de l'Ouest (West Midlands)*, ces dernières formant un comté : 899 km² ; 2,62 millions d'hab. ; chef-lieu : Birmingham.

les îles **Midway** ■ Îles américaines du Pacifique. Première victoire navale des États-Unis sur le Japon en juin 1942.

Ludwig **Mies van der Rohe** ■ Architecte allemand naturalisé américain (1886-1969). Directeur du *Bauhaus de 1930 à 1933. Il conçut dès 1919 les gratte-ciel à ossature d'acier et paroi vitrée.

Mieszko Ier ■ Prince de Pologne (v. 930-992). Il introduisit le catholicisme dans son pays et fonda la dynastie des *Piast.

Mi Fei ou **Mi Fu** ■ Peintre et poète chinois (1051-1107).

Pierre **Mignard** ■ Peintre et décorateur français (1612-1695). Portraitiste à la mode, peintre du roi à la mort de *Le Brun.

le **Mikado** ■ Ancien terme japonais désignant le palais impérial, puis l'empereur lui-même.

Míkonos ■ ⇒ **Mykonos.**

Anastase **Mikoyan** ■ Homme politique soviétique (1895-1978). Artisan de la déstalinisation avec *Khrouchtchev, il fut écarté du pouvoir en 1965.

Milan, en italien **Milano** ■ Ville d'Italie du Nord, capitale de la *Lombardie. 1,46 million d'hab. *(les Milanais).* Principal centre industriel (mécanique, textile, chimie) et commercial du pays. Nombreux monuments (cathédrale gothique : le Duomo ; théâtre de la *Scala). ▭ HISTOIRE. Grand centre marchand dès l'Antiquité, elle connut une grande prospérité sous les *Visconti et les *Sforza (XIVe - XVIe s.). Ruinée par les Espagnols, dominée par les Autrichiens, capitale du royaume d'Italie créé par les Français en 1805, puis du royaume lombard-vénitien créé par les Autrichiens en 1815, elle fut incorporée au royaume de Piémont-Sardaigne (1859) puis d'Italie (1861).

Milarepa ■ Ascète tibétain, disciple de *Marpa (XIe s.). Il serait à l'origine du lamaïsme (bouddhisme tibétain).

Milet ■ Ville d'Asie Mineure, dans l'Antiquité. Cité grecque puissante et centre d'une école de philosophie (⇒ **Thalès**).

Milford Haven ■ Ville et port du pays de Galles (*Dyfed). 13 900 hab. 1er port pétrolier du Royaume-Uni.

Darius **Milhaud** ■ Compositeur français (1892-1974). Œuvre varié où domine la gaieté. "*Le Bœuf sur le toit*", ballet.

la **Milice** ■ Organisation paramilitaire française fondée en 1943 par le gouvernement de *Vichy ; militarisée, elle participa activement à la politique de *Collaboration avec l'Allemagne nazie en combattant la *Résistance.

John Stuart **Mill** ■ Philosophe et économiste anglais (1806-1873). Penseur libéral attiré par le socialisme, utilitariste (⇒ **Bentham**) en morale, et logicien empiriste. "*L'Utilitarisme*".

sir John Everett **Millais** ■ Peintre anglais (1829-1896). Fondateur de la confrérie des *préraphaélites. "*Ophélie*".

les **Mille et Une Nuits** ■ Recueil de contes populaires arabes. La traduction française (1704-1717) d'Antoine Galland (1646-1715) les révéla en Europe (⇒ **Schéhérazade**).

Henry **Miller** ■ Écrivain américain (1891-1980). Ses œuvres font l'éloge d'une existence et d'une sexualité libérées. "*Tropique du Cancer*", roman autobiographique ; « *Plexus* », « *Nexus* », « *Sexus* ».

Arthur **Miller** ■ Auteur dramatique américain (né en 1915). "*Mort d'un commis voyageur*" ; "*les Sorcières de Salem*". Il fut l'époux de Marilyn *Monroe.

Alexandre **Millerand** ■ Homme politique français (1859-1943). Chef du *Bloc national, président de la République de 1920 à 1924.

Jean-François **Millet** ■ Peintre français (1814-1875). Sujets paysans d'inspiration allégorique. "*L'Angélus*" ; "*le Semeur*".

Robert Andrews **Millikan** ■ Physicien américain (1868-1953). L'*expérience de Millikan* a permis de mesurer la charge de l'électron. Prix Nobel 1923.

Milo, en grec **Mílos** ■ Île grecque des *Cyclades. On y a retrouvé en 1820 la célèbre statue dite *Vénus de Milo,* aujourd'hui au *Louvre.

*Oscar Vladislas de Lubicz-***Milosz** ■ Poète français d'origine lituanienne (1877-1939). "*Miguel Manara*", drame métaphysique.

Czesław **Miłosz** ■ Écrivain polonais (né en 1911). Il s'interroge sur le destin des civilisations. "*Le Salut*", poèmes ; "*la Pensée captive*", essai. Prix Nobel 1980.

Miltiade ■ Stratège athénien (540-489 av. J.-C.). Vainqueur des *Perses à *Marathon (490 av. J.-C.).

John **Milton** ■ Écrivain anglais (1608-1674). Polémiste *puritain, il fit l'apologie du régicide (⇒ **Cromwell**), mais fut surtout l'auteur de poèmes bibliques, dont "*le Paradis perdu*", épopée grandiose qui inspira notamment "*la Création*" de *Haydn.

Milwaukee ■ Ville des États-Unis (*Wisconsin), sur le lac Michigan. 636 000 hab. Brasseries. Industrie automobile.

les **Minamoto** ou **Genji** ■ Clan japonais qui joua un rôle important dans l'histoire féodale du Japon du XIe au XIIIe s., en s'opposant aux *Taira. □ ***Minamoto Yoritomo*** (1147-1199) devint le premier shogun du Japon en 1185. □ ***Minamoto Yoshitsune,*** son demi-frère (1159-1189). Ses exploits chevaleresques en font l'un des héros les plus populaires du Japon.

Minas Gerais ■ « Mines générales », État de l'est du Brésil. 586 624 km². 15,6 millions d'hab. Capitale : Belo Horizonte. Riches ressources minières. Villes coloniales historiques (Ouro Prêto, etc.).

Mindanao ■ Grande île, montagneuse et volcanique, du sud de l'archipel des Philippines. 101 999 km².

Minerve ■ Déesse romaine identifiée à l'*Athéna des Grecs. ‹ ▶ minerve ›

les ***Ming*** ■ Dynastie chinoise qui supplanta les *Yuan en 1368 et fut remplacée par les *Qing en 1644. Période d'essor commercial et artistique (⇒ **Cheng zu**).

Charlie ***Mingus*** ■ Musicien de jazz noir américain, contrebassiste (1922-1979). *"Fables of Faubus"*.

Minîèh ou ***al-Minyā*** ■ Ville d'Égypte, sur le Nil. 203 000 hab.

Hermann ***Minkowski*** ■ Mathématicien allemand d'origine russe (1864-1909). Géométrie des nombres. Formalisme géométrique de la théorie de la relativité d'*Einstein.

George baron ***Minne*** ■ Sculpteur et dessinateur belge (1866-1941). Sujets religieux.

Minneapolis ■ Ville des États-Unis (*Minnesota), sur le *Mississippi. 371 000 hab. Centre commercial : 1er marché de blé du monde. Conurbation, avec *Saint Paul, de 2,1 millions d'hab.

Vincente ***Minnelli*** ■ Cinéaste américain (1910-1986). *"Un Américain à Paris"*.

le ***Minnesota*** ■ État du centre nord des États-Unis. 224 329 km². 4,1 millions d'hab. Capitale : Saint Paul. Agriculture. Ressources minières. Électricité. Commerce.

Minorque, en espagnol ***Menorca*** ■ Île de l'archipel espagnol des *Baléares. 668 km². 58 700 hab. Pêche.

Minos ■ Roi légendaire de *Crète, fils de *Zeus et d'*Europe, époux de *Pasiphaé. Il fait enfermer le *Minotaure dans le Labyrinthe. Après sa mort, il devient un des juges des *Enfers. ▶ *la civilisation* ***minoenne.*** ⇒ **Crète.**

le ***Minotaure*** ■ Monstre mi-homme, mi-taureau de la mythologie grecque, fils de *Pasiphaé et d'un taureau envoyé par *Poséidon. Enfermé par *Minos dans le Labyrinthe et tué par *Thésée.

Minsk ou ***Mensk*** ■ Ville de la C.É.I., capitale de la *Biélorussie. 1,59 million d'hab. Centre culturel et économique. En 1944, la ville fut détruite et sa population presque totalement exterminée par les Allemands.

Richard ***Mique*** ■ Architecte français (1728-1794). Il édifia le hameau de *Marie-Antoinette, à Versailles.

Miquelon ■ Archipel français de l'Atlantique constitué de deux îles. ⇒ **Saint-Pierre-et-Miquelon.**

Victor Riqueti marquis de ***Mirabeau*** ■ Économiste français (1715-1789). Disciple de *Quesnay ; auteur de *"l'Ami des hommes"*. □ *Honoré Gabriel Riqueti comte de* ***Mirabeau,*** son fils, révolutionnaire français (1749-1791). Personnage ambigu, intrigant, conseiller secret de Louis XVI, il fut le principal orateur des débuts de la *Constituante.

Mirabel ■ Ville aéroportuaire au nord de Montréal. 15 000 hab.

Francisco de ***Miranda*** ■ Patriote vénézuélien (1750-1816). Il fit voter la déclaration d'indépendance de son pays (1810).

Octave ***Mirbeau*** ■ Écrivain français (1848-1917). Ses romans comme son théâtre dénoncent les mensonges de la société et de la politique. *"Le Journal d'une femme de chambre"*.

Joan ***Miró*** ■ Peintre et décorateur catalan (1893-1983). Ses formes schématisées, au point de devenir des signes, ses couleurs vives, créent un monde ludique. Il fut *surréaliste.

Gaston ***Miron*** ■ Poète et éditeur québécois (né en 1928). Il défend l'identité du Québec. *"Deux sangs"* ; *"l'Homme rapaillé"*.

Mishima Yukio ■ Écrivain japonais (1925-1970). Il a incarné les contradictions du Japon moderne : emprunt de certains critères esthétiques à l'Occident, mais défense extrême de la tradition (jusqu'à un suicide public, après une tentative de coup d'État). *"Le Pavillon d'or"*.

la ***Mishnah*** ou ***Michna*** ■ Dans le judaïsme, commentaires des rabbins sur la *Torah. Ils furent mis par écrit au IIe s.

Miskolc ■ 3e ville de Hongrie. 208 000 hab. Sidérurgie.

les ***missi dominici*** n. m. pl. ■ Envoyés du roi dans les provinces, à l'époque mérovingienne puis carolingienne. Ils furent organisés par *Charlemagne avant de disparaître au Xe s.

Mississauga ■ Ville de l'Ontario, banlieue de Toronto. 374 000 hab.

le ***Mississippi*** ■ Fleuve des États-Unis qui traverse le pays du nord au sud. 3 780 km. Immense delta sur le golfe du Mexique. Il forme avec le Missouri la plus longue artère fluviale du monde (6 800 km). □ *le* ***Mississippi.*** État du sud des États-Unis. 123 514 km². 2,52 millions d'hab. Capitale : Jackson. Agriculture (coton).

Missolonghi, en grec ***Mesolóngion*** ■ Ville de Grèce. 10 200 hab. Assiégée de 1821 à 1826, elle est devenue le symbole de la résistance grecque à la Turquie.

le ***Missouri*** ■ Rivière des États-Unis. 4 370 km. Affluent du *Mississippi. □ *le* ***Missouri.*** État du centre des États-Unis. 180 514 km². 4,92 millions d'hab. Capitale : Jefferson City. Agriculture, élevage, richesses minérales.

Jeanne Bourgeois dite ***Mistinguett*** ■ Vedette française de music-hall (1875-1956).

Mistra ■ Site médiéval de Grèce, près de *Sparte. Centre intellectuel byzantin (principauté de Morée de 1348 à 1360). Détruit par les Turcs en 1825.

Frédéric ***Mistral*** ■ Écrivain français d'expression occitane (1830-1914). Artisan de la renaissance de la langue provençale, fondateur, avec *Roumanille et *Aubanel, du mouvement du *Félibrige. *"Mireille"* (*"Mirèio"*). Prix Nobel 1904.

Gabriela ***Mistral*** ■ Poétesse chilienne (1889-1957). Première écrivaine latino-américaine à recevoir le prix Nobel (1945).

Margaret ***Mitchell*** ■ Romancière américaine (1900-1949). *"Autant en emporte le vent"*, roman historique sur la guerre de *Sécession.

Peter ***Mitchell*** ■ Chimiste britannique (né en 1920). Spécialiste de bioénergétique. Prix Nobel 1978.

Mithra ■ Dieu solaire de l'ancien Iran. Son culte, le ***mithraïsme***, se répandit dans le monde grec et romain.

Mithridate VI Eupator ■ Roi du *Pont (v. 132-63 av J.-C.). Il tenta de chasser Rome de l'Asie, mais fut vaincu par *Pompée. Il s'était immunisé contre les poisons. Il inspira une tragédie à *Racine. ‹ ► mithridatiser ›

la ***Mitidja*** ■ Plaine d'Algérie, dans l'arrière-pays d'Alger.

Mito ■ Ville du Japon (*Honshū). 233 000 hab. Jardin célèbre.

Eilhardt ***Mitscherlich*** ■ Chimiste allemand (1794-1863). Découverte de l'isomorphisme.

François ***Mitterrand*** ■ Homme politique français (né en 1916). Résistant, plusieurs fois ministre sous la IVe République, chef de l'opposition socialiste au général de Gaulle, élu président de la République en 1981. Il a nommé, durant son premier septennat, trois gouvernements : *Mauroy (quatre ministres communistes ; nationalisations, décentralisation, abolition de la peine de mort), *Fabius (retour des communistes dans l'opposition ; rigueur économique) et *Chirac, après les élections législatives de 1986 qui imposèrent une majorité de droite (dénationalisations). Premier président de gauche de la Ve République, il a prouvé que les institutions permettaient la « cohabitation» politique. Réélu en 1988, il désigna M. *Rocard pour former un nouveau gouvernement, à qui succédèrent É. *Cresson en 1991 puis P. *Bérégovoy en 1992. En 1990, il engagea la France aux côtés des États-Unis dans la coalition contre l'Irak lors de la guerre du *Golfe.

les ***Mixtèques*** ■ Peuple indien du Mexique *précolombien (près d'*Oaxaca). Ils envahirent le territoire *zapotèque et eurent une civilisation brillante.

Mizoguchi Kenji ■ Cinéaste japonais (1898-1956). "*Les Contes de la lune vague après la pluie*" ; "*l'Intendant Sansho*".

Mizorām ■ État (depuis 1986) de l'Inde, limitrophe du Bangladesh et de la Birmanie. 21 081 km². 494 000 hab. Capitale : Aizawl (74 500 hab.). 94 % de la population se réclament du christianisme.

Mnémosyne ■ Une des *Titanides. Déesse grecque de la Mémoire et mère des *Muses. ‹ ► mnémo ›

Ariane ***Mnouchkine*** ■ Metteuse en scène française de théâtre (née en 1939).

Moab ■ Fils de *Loth et ancêtre des ***Moabites,*** dans la *Bible.

Mobile ■ Ville des États-Unis (*Alabama), port sur le golfe du Mexique. 200 000 hab.

August Ferdinand ***Möbius*** ■ Mathématicien et astronome allemand (1790-1868). *Ruban de Möbius* : surface à un seul côté.

Sese Seko ***Mobutu*** ■ Officier et homme politique du Zaïre (né en 1930). Président depuis le coup d'État de 1965.

Moctezuma ou ***Montezuma*** ■ Empereur *aztèque (1466-1520). Il fut soumis par *Cortés.

Modane ■ Ville de France, en *Savoie. 4 300 hab. *(les Modanais)*. Gare frontière avec l'Italie.

Modène, en italien ***Modena*** ■ Ville d'Italie (*Émilie-Romagne). 176 800 hab. Université. Cathédrale (XIe s.). Palais ducal.

modern style ■ ⇒ art **nouveau.** ‹ ► modern style ›

Modesto ■ Ville des États-Unis (*Californie). 114 000 hab.

Amedeo ***Modigliani*** ■ Peintre et sculpteur italien installé à Paris (1884-1920). Portraits aux formes allongées, inspirés de l'art nègre et du *cubisme. Nus féminins.

Mogadiscio ■ Capitale et port de la Somalie, sur l'océan Indien. 1 million d'hab. Centre commercial du pays.

Moghilev ■ Ville de la C.É.I. (*Biélorussie). 356 000 hab.

les ***Moghols*** ou ***Mogols*** ■ Dynastie de souverains musulmans, fondée par *Bābur, qui régna sur le nord de l'Inde de 1526 à 1858. Ils favorisèrent l'architecture et la peinture (école de miniaturistes). Brillante civilisation dont témoigne le *Tāj Mahal. ≠ Mongols.

Mohammed ■ ⇒ **Muhammad, Mahomet, Méhémet, Mehmet.**

Mohammedia, autrefois ***Fedala*** ■ Ville et port du Maroc. 105 000 hab. Raffinerie de pétrole.

Moḥammed Rezā ou ***Muḥammad Rizā*** ■ Chah d'Iran (1918-1980). Il succéda à son père *Rezā Chāh Pahlavi, tenta de moderniser le pays de manière autoritaire et fut renversé en 1979.

le désert ***Mohave*** ■ ⇒ **Mojave.**

Mohenjo-daro ■ Site archéologique du Pakistan, sur l'*Indus.

les ***Mohicans*** ■ Ancienne tribu d'Indiens d'Amérique du Nord que Fenimore *Cooper rendit célèbre.

Andrija ***Mohorovičić*** ■ Géophysicien croate (1857-1936).

les ***Moires*** n. f. ■ Divinités grecques du Destin, représentées comme des fileuses disposant le fil de chaque humain et identifiées aux *Parques romaines.

Moïse, en hébreu ***Moché*** ou ***Moshé*** ■ Prophète, fondateur de la religion et de la nation d'Israël qu'il guida jusqu'à la Terre promise (XIIIe s. av. J.-C.). La Bible, dans le *Pentateuque, et la tradition racontent la sortie d'Égypte, la traversée de la mer Rouge, le séjour dans le désert pendant 40 ans et la remise des Tables de la Loi sur le mont *Sinaï (⇒ **Torah**). ‹ ► moïse ›

Moissac ■ Ville du sud-ouest de la France. 12 200 hab. *(les Moissagais)*. Cloître et tympan romans de l'église abbatiale. Chasselas renommé.

Henri ***Moissan*** ■ Chimiste français (1852-1907). Prix Nobel 1906 pour ses travaux sur le fluor.

Igor ***Moïsseïev*** ■ Danseur et chorégraphe soviétique (né en 1906). Il fonda le plus important groupe folklorique de l'U.R.S.S. *(les ballets Moïsseïev)*.

Abraham ***de Moivre*** ■ Mathématicien anglais d'origine française (1667-1754). Trigonométrie, calcul des probabilités.

le désert ***Mojave*** ou ***Mohave*** ■ Région désertique du sud-est de la Californie (États-Unis).

Moka, en arabe ***al-Mukhā*** ■ Ville et port du Yémen. 6 000 hab. Café renommé. ‹ ► moka ›

la ***Moldavie*** ■ Ancienne principauté des *Carpates, unie en 1859 à la *Valachie pour former la *Roumanie. ► *la république de* ***Moldavie,*** à la frontière de la Roumanie, membre de la C.É.I. 33 700 km². 4,34 millions d'hab. *(les Moldaves)*. Capitale : Chisinau (⇒ **Kichinev**). Agriculture (vignobles, élevage) et industries dérivées.

Jean-Baptiste Poquelin dit ***Molière*** ■ Comédien, chef de troupe et auteur dramatique français (1622-1673). En 1643, il fonda la troupe de l'Illustre-Théâtre avec Madeleine *Béjart. Il connut un immense succès avec "*les Précieuses ridicules*" (1659) et fut protégé par Louis XIV, malgré les attaques de ses ennemis et de ses rivaux (en particulier pour "*l'École des femmes*" et "*Tartuffe*"). Il a créé un théâtre remarquable par son sens du comique, sa finesse et son observation des caractères humains. "*L'Étourdi*" (1655) ; "*Sganarelle ou le Cocu imaginaire*" (1660) ; "*l'École des maris*" (1661) ; "*les Fâcheux*" (1661) ; "*l'École des femmes*" (1662) ; "*Tartuffe*" (1664) ; "*Dom Juan*" (1665) ; "*l'Amour médecin*" (1665) ; "*le Misanthrope*" (1666) ; "*le Médecin malgré lui*" (1666) ; "*Amphitryon*" (1668) ; "*George Dandin ou le Mari confondu*" (1668) ; "*l'Avare*" (1668) ; "*Monsieur de Pourceaugnac*" (1669) ; "*le Bourgeois gentilhomme*" (1670) ; "*Psyché*" avec *Corneille (1671) ; "*les Fourberies de Scapin*" (1671) ; "*les Femmes savantes*" (1672) ; "*le Malade imaginaire*" (1673).

Luis de ***Molina*** ■ Théologien jésuite espagnol (1535-1600). ► *le* ***molinisme,*** sa doctrine, concilie l'action de la grâce divine et la liberté humaine. Elle suscita une controverse avec le *jansénisme.

Tirso de ***Molina*** ■ ⇒ **Tirso de Molina.**

Guido ***Molinari*** ■ Peintre québécois (né en 1933). L'un des fondateurs de l'Association des artistes non figuratifs de Montréal (⇒ F. **Leduc**).

Miguel de ***Molinos*** ■ Théologien espagnol (1628-1696). Sa doctrine, le *quiétisme, fut diffusée en France par Mme *Guyon, mais condamnée par le pape en 1687.

le ou *la* ***Molise*** ■ Région autonome du centre de l'Italie, sur la côte *adriatique. 4 438 km². 335 000 hab. Capitale : Campobasso (48 300 hab.).

Guy ***Mollet*** ■ Homme politique français (1905-1975). Président du Conseil (socialiste) en 1956-1957.

Nicolas François comte ***Mollien*** ■ Homme politique français (1758-1850). Ministre du Trésor public sous l'Empire, il imposa la comptabilité en partie double.

le ***Moloch*** ■ Divinité mentionnée par la Bible. On lui sacrifiait des enfants.

les ***Molosses*** ■ Peuple de la Grèce antique. Leur pays donna une race de chiens réputés pour leur sauvagerie. ‹ ► molosse ›

Viatcheslav Scriabine dit ***Molotov*** ■ Diplomate et homme politique soviétique (1890-1986). Signataire du *pacte germano-soviétique, proche collaborateur de *Staline, évincé en 1956. Il ordonna, durant la Seconde Guerre mondiale, la fabrication de bouteilles contenant un liquide inflammable, auxquelles on donna le nom de *cocktail Molotov*.

le comte Helmuth von ***Moltke*** ■ Maréchal prussien (1800-1891). Disciple de *Clausewitz, artisan de la réforme militaire décidée par *Bismarck. □ *Helmuth von* ***Moltke,*** son neveu (1848-1916). Général allemand, chef de l'état-major de 1906 à septembre 1914 (défaite allemande dans la bataille de la Marne).

les ***Moluques*** n. f. pl. ■ Archipel et province de l'est de l'Indonésie. 74 505 km². 1,4 million d'hab. Capitale : Amboine (209 000 hab.).

Mombasa ou ***Mombassa*** ■ Ville et principal port du Kenya. 425 000 hab. Raffinerie de pétrole.

Theodor ***Mommsen*** ■ Historien allemand (1817-1903). Un maître de l'histoire de l'Antiquité romaine. Prix Nobel de littérature 1902.

Federico ***Mompou*** ■ Compositeur espagnol (1893-1987). Œuvres pour piano.

la principauté de ***Monaco*** ■ État souverain et indépendant d'Europe, placé sous la protection de la France. Elle forme une encoche dans le département des Alpes-Maritimes sur la côte méditerranéenne. 1,95 km². 29 100 hab. *(les Monégasques).* Capitale : Monaco-Ville. Langues : français (officielle), monégasque. Religion officielle : catholicisme. Monnaie : franc français. La principauté est divisée en quartiers : la Condamine, Fontvieille, *Monte-Carlo, Monaco-Ville. Casino, tourisme, océanographie. *Rainier III en est le prince depuis 1949.

la ***monarchie de Juillet*** ■ Règne de Louis-Philippe Ier (1830-1848), qui incarnait pour les modérés une voie moyenne (*orléanisme,* ⇒ maison d'**Orléans**) entre les aspirations républicaines de la révolution de juillet 1830 et le royalisme *ultra de *Charles X. Le « roi bourgeois » renforça le parlementarisme, mais sur une base électorale étroite. Avec *Guizot, la France connut (plusieurs décennies après l'Angleterre) sa première révolution industrielle. Le conservatisme politique de ce régime et la crise économique de 1846-1847 provoquèrent la *révolution de 1848.

Monastir ■ Ville de Tunisie. 35 500 hab. Station balnéaire.

Mönchengladbach ■ Ville d'Allemagne (*Rhénanie-du-Nord-Westphalie). 250 000 hab.

Monclova ■ Ville du Mexique. 119 600 hab.

Moncton ■ Ville du Nouveau-Brunswick. 54 700 hab. Centre culturel français de la province (université francophone). Industries manufacturières.

Pieter ***Mondrian*** ■ Peintre et théoricien néerlandais (1872-1944). Il évolua d'un style figuratif à un art abstrait extrême, géométrique.

Claude ***Monet*** ■ Peintre français (1840-1926). Auteur du premier tableau *impressionniste ("*Impression, soleil levant*", 1872) et principal représentant de ce mouvement. Il fit des séries de paysages (les "*Meules*", les "*Nymphéas*"...) pour traduire les variations de la lumière.

Henry de ***Monfreid*** ■ Voyageur et écrivain français (1879-1974). "*Les Secrets de la mer Rouge*".

Gaspard ***Monge*** *comte de Péluse* ■ Mathématicien français (1746-1818). Créateur de la géométrie descriptive, maître de *Poncelet. Ministre sous la Révolution, il fut l'un des fondateurs des grandes écoles.

les ***Mongols*** ■ Peuples nomades de Chine et de Sibérie. Ils conquirent la Chine au XIIIe s., puis une partie de l'Europe de l'Est. ⇒ **Gengis Khan, Tamerlan.** ≠ Moghols. ► *la* ***Mongolie,*** autrefois ***Mongolie-Extérieure.*** État (république populaire) du centre est de l'Asie, entre la Russie et la Mongolie-Intérieure. 1 566 500 km². 2,1 millions d'hab. *(les Mongols).* Capitale : Oulan-Bator. Autre ville : Darkhan (80 000 hab.). Langues : mongol, khalkha. Monnaie : tugrik. Climat continental. Élevage. Industrie lourde. La république populaire fut proclamée en 1924, mais elle passa de la tutelle chinoise à l'influence soviétique. Les effets de la perestroïka en U.R.S.S. sur les pays de la sphère d'influence soviétique et la pression populaire ont obligé le gouvernement à entreprendre la libéralisation du régime en 1990 (multipartisme, élections libres) et à renoncer au marxisme-léninisme en 1991. ► *la* ***Mongolie-Intérieure,*** en pinyin ***Nemenggu.*** Région autonome du nord de la Chine (créée en 1947). 450 000 km². 20,3 millions d'hab. Capitale : Hohhot. ‹ ► mongol, mongolien ›

Monime ■ Reine du *Pont (morte en 72 av. J.-C.). Captive et épouse de *Mithridate VI Eupator.

George ***Monk*** ■ Général et homme politique anglais (1608-1670). À la mort de *Cromwell, il assura la restauration de la royauté.

Thelonious ***Monk*** ■ Pianiste et compositeur de jazz noir américain (1920-1982). "*Round About Midnight*".

Blaise de ***Monluc*** ou ***Montluc*** ■ Maréchal de France et chroniqueur français (v. 1500-1577). "*Commentaires*".

Jean ***Monnet*** ■ Économiste et homme politique français (1888-1979). Père de la planification en France et de l'union économique européenne.

Henri ***Monnier*** ■ Écrivain et caricaturiste français (1799-1877). "*Joseph Prudhomme*", type du bourgeois sous Louis-Philippe.

Jacques ***Monod*** ■ Biochimiste français (1910-1976). "*Le Hasard et la Nécessité*". Prix Nobel de médecine 1965 (⇒ **Lwoff**).

le ***monophysisme*** ■ ⇒ **Église.**

James ***Monroe*** ■ Homme politique américain (1758-1831). 5e président des États-Unis, de 1817 à 1825. *Doctrine de Monroe :* politique étrangère fondant l'abstention des États-Unis dans les conflits européens sur la non-ingérence de l'Europe en Amérique.

Norma Jean Baker dite *Marilyn* ***Monroe*** ■ Actrice américaine de cinéma (1926-1962). "*Certains l'aiment chaud*" ; "*les Misfits*".

Monrovia ■ Capitale du Liberia. 425 000 hab. Centre industriel et commercial. Raffineries. En 1990, la ville fut ravagé par la guerre civile.

Mons ■ Ville de Belgique (*Hainaut). 89 500 hab. *(les Montois).* Monuments (XVIe - XVIIe s.). Pétrochimie.

Monsieur ■ Nom donné en France, à partir de la fin du XVIe s., à l'aîné des frères du roi.

Alexandre ***Monsigny*** ■ Compositeur français d'opéras-comiques (1729-1817). "*Les Aveux indiscrets*".

Bartolomeo ***Montagna*** ■ Peintre italien (v. 1450-1523). Madones.

les ***Montagnais*** ■ Amérindiens du groupe algonquien. Ils sont aujourd'hui regroupés en particulier sur la *Côte-Nord, au Québec.

les ***Montagnards,*** *la* ***Montagne*** ■ Nom donné, pendant la Révolution française, aux députés qui, à l'*Assemblée législative, siégeaient sur les plus hauts bancs. Appuyés sur la *Commune de Paris et les *sans-culottes, ils proscrirent les *Girondins et furent les maîtres de la *Convention jusqu'à la chute de *Robespierre. Le nom de Montagnards fut repris par les députés de gauche sous la IIe *République.

Luc ***Montagnier*** ■ Médecin français (né en 1932). Découverte en 1983, avec l'Institut *Pasteur, du virus du sida.

Michel Eyquem de ***Montaigne*** ■ Écrivain français (1533-1592). De ses "*Essais*", méditations sur sa vie et ses lectures, découle une morale empreinte de scepticisme et de tolérance face à la quête humaine de justice et de vérité.

Montaigu, en néerlandais ***Scherpenheuvel*** ■ Ville de Belgique (*Brabant). 21 000 hab. Église baroque construite par Cobergher (v. 1560-1634). Important pèlerinage.

Eugenio ***Montale*** ■ Poète italien (1896-1981). "*La Tourmente et autres poèmes*". Prix Nobel 1975.

Charles Forbes comte de ***Montalembert*** ■ Homme politique et historien français (1810-1870). Un des chefs du catholicisme libéral, proche de *Lacordaire, *Lamennais et *Dupanloup.

le ***Montana*** ■ État du nord-ouest des États-Unis. 380 847 km². 787 000 hab. Capitale : Helena. Agriculture. Forêts. Richesses minières. Les Indiens y résistèrent à l'immigration jusqu'en 1881.

Ivo Livi dit *Yves* ***Montand*** ■ Comédien et chanteur français (1921-1991). Nombreux films : "*le Salaire de la peur*" ; "*l'Aveu*".

Montauban ■ Ville du sud-ouest de la France. 53 300 hab. *(les Montalbanais).* Ville historique (haut lieu du protestantisme au XVIe s.) et culturelle (musée Ingres).

Montbéliard ■ Ville de l'est de la France. 30 600 hab. *(les Montbéliardais).* Centre industriel : construction automobile.

le massif du ***Mont-Blanc*** ■ ⇒ le mont **Blanc.**

le marquis de ***Montcalm*** *de Saint-Véran* ■ Général français (1712-1759). Commandant l'armée française en Nouvelle-France, il fut tué par les Anglais lors de la bataille d'Abraham, aux portes de Québec.

Antoine de ***Montchrestien*** ■ Auteur dramatique et économiste français (v. 1575 - 1621). "*Sophonisbe*" ; "*Traité d'économie politique*".

Mont-de-Marsan ■ Ville du sud-ouest de la France, dans les *Landes. 31 900 hab. *(les Montois).* Marché agricole. Distilleries de résine.

le massif du ***Mont-Dore*** ■ Massif volcanique français d'Auvergne culminant au puy de *Sancy (1 886 m). ► *Le* ***Mont-Dore.*** Ville de France. 2 000 hab. *(les Mont-Doriens).* Station thermale réputée depuis l'Antiquité.

Monte Albán ■ Site archéologique du Mexique, autrefois centre de la civilisation des *Zapotèques.

Monte-Carlo ■ Quartier de la principauté de *Monaco. Casino. Station de radio-télévision.

Montecristo ■ Petite île montagneuse de l'Italie, au sud de l'île d'Elbe. "*Le Comte de Monte-Cristo*", célèbre roman de *Dumas père.

Montego Bay ■ Ville et station balnéaire de la Jamaïque. 70 300 hab.

Montélimar ■ Ville du sud-est de la France. 31 400 hab. *(les Montiliens).* Marché régional. Nougats.

Jorge de ***Montemayor*** ■ Écrivain espagnol d'origine portugaise (1520-1561). "*La Diane*", roman pastoral imité dans toute l'Europe.

le ***Monténégro*** ■ La plus petite des républiques fédérées de Yougoslavie. 13 812 km². 632 000 hab. *(les Monténégrins).* Capitale : Titograd.

Xavier de ***Montépin*** ■ Romancier populaire français (1823-1902). "*La Porteuse de pain*".

Monterey ■ Ville des États-Unis (*Californie). 27 600 hab. Ancienne capitale de la Californie. Tourisme.

Monterrey ■ Ville du Mexique. 1,9 million d'hab. Conurbation de 2,33 millions d'hab. Important centre industriel.

la marquise de ***Montespan*** ■ Maîtresse de Louis XIV de 1667 à 1679 (1641-1707). Elle fut compromise dans l'affaire des *Poisons (France).

Charles de Secondat, baron de La Brède et de Montesquieu ■ Magistrat et écrivain français (1689-1755). Ses "*Lettres persanes*" critiquent l'étroitesse d'esprit chez les Occidentaux. "*De l'esprit des lois*" est un classique de la philosophie politique, avec sa distinction des pouvoirs législatif, exécutif et judiciaire.

Maria Montessori ■ Pédagogue italienne (1870-1952). Sa méthode privilégie la liberté de l'enfant et l'éducation des sens.

Claudio Monteverdi ■ Compositeur italien, maître de chapelle à Saint-Marc de Venise (1567-1643). Sa musique vocale (madrigaux et cantates) marque un tournant décisif en Europe. "*Orfeo*" ; "*le Couronnement de Poppée*".

Montevideo ■ Capitale de l'Uruguay, sur le Río de la Plata. 1,25 million d'hab. (40 % de la population du pays). Commerce de laine, viande et peaux. Industries. Fondée par les Espagnols en 1726.

Montezuma ■ ⇒ **Moctezuma.**

Jos Montferrand ■ Homme fort québécois (1802-1864).

Simon IV comte de Montfort ■ Chef de la croisade contre les *albigeois (v. 1150-1218).

les frères Montgolfier ■ Papetiers français, inventeurs des premiers aérostats ou *montgolfières.* Joseph (1740-1810) et Étienne (1745-1799). ⇒ **Pilâtre de Rozier.** ‹ ► montgolfière ›

le comte de Montgomery ■ Homme de guerre français (v. 1530-1574). Il tua involontairement le roi Henri II lors d'un tournoi, puis devint l'un des chefs protestants. Il fut décapité.

Lucy Maud Montgomery ■ Écrivaine canadienne de langue anglaise (1874-1942). Auteure du roman "*Anne of Green Gables*" (1908).

lord Montgomery of Alamein ■ Maréchal britannique (1887-1976). En 1942, il vainquit *Rommel à el-Alamein.

Montgomery ■ Ville des États-Unis, capitale de l'*Alabama. 178 000 hab. Marché agricole (bétail).

Henry Millon de Montherlant ■ Romancier et auteur dramatique français (1895-1972). Moraliste exigeant, il célébra un modèle de vie héroïque. "*Service inutile*" ; "*la Reine morte*". Il se suicida.

le comte de Montholon ■ Général français (1783-1853). Il suivit Napoléon Ier à Sainte-Hélène et publia avec *Gourgaud des "*Mémoires pour servir à l'histoire de France sous Napoléon*".

Vincenzo Monti ■ Poète néo-classique italien (1754-1828). Remarquable traduction de l'"*Iliade*".

Mont-Joli ■ Ville du Québec, sur le bas Saint-Laurent. 7 000 hab. Aéroport. Recherche océanographique.

Mont-Laurier ■ Ville du Québec. 8 400 hab. Industrie du bois.

Blaise de Montluc ■ ⇒ **Monluc.**

Montmagny ■ Ville située en aval de Québec. 12 400 hab.

Montmartre ■ Ancienne commune, rattachée à Paris (France) en 1860, qui forme aujourd'hui un quartier très individualisé du XVIIIe arrondissement (les habitants sont les *Montmartrois*). ► *la butte* ***Montmartre.*** Sommet de Paris (130 m), sur lequel se dresse le *Sacré-Cœur. Vignes, moulins. La Butte inspira les peintres et fut le berceau du *cubisme (⇒ **Bateau-Lavoir**).

les Montmorency ■ Famille noble française (XIIe - XVIIe s.). Elle compta des grands officiers de la Couronne, des maréchaux et des connétables. □ ***Anne duc de Montmorency,*** compagnon d'armes de François Ier (1493-1567). □ ***Henri II de Montmorency*** (1595-1632), condamné à mort pour complot contre *Richelieu.

la chute Montmorency ■ Site spectaculaire, près de Québec. Cette chute (84 m) est deux fois plus haute que les chutes du *Niagara.

Montoire-sur-le-Loir ■ Ville de France (région de la *Loire). 4 100 hab. *(les Montoiriens).* Le 24 octobre 1940, l'entrevue de *Pétain et *Hitler y scella la politique de *Collaboration.

Montparnasse ■ Quartier de Paris. Ses cafés, dans l'entre-deux-guerres, étaient les lieux de rencontre des milieux artistiques parisiens. Aujourd'hui centre commercial et administratif (tour, gare).

Montpelier ■ Ville des États-Unis, capitale du *Vermont. 8 200 hab.

Montpellier ■ Ville du sud de la France, préfecture de la région *Languedoc-Roussillon. 210 900 hab. *(les Montpelliérains).* Hôtels du XVIIe et du XVIIIe s. Ville culturelle et universitaire (faculté de médecine la plus ancienne d'Europe). Marché viticole. Industrie alimentaire. Électronique. Tourisme. Fondée vers 985, la ville a toujours eu une vocation commerçante. Centre protestant pendant les guerres de *Religion.

la duchesse de Montpensier dite ***la Grande Mademoiselle*** ■ Nièce de Louis XIII (1627-1693). Elle prit part à la *Fronde et laissa des "*Mémoires*" (France).

Montréal ■ Principale ville du Québec. 1 million d'hab. *(les Montréalais),* près de 3 millions pour l'agglomération. Population à majorité francophone (2e ville francophone du monde). Port sur le Saint-Laurent. Centre culturel et économique qui rivalise avec *Toronto. Fondée en 1642 par les Français (⇒ **Maisonneuve**), elle a gardé des édifices anciens, malgré l'aspect nord-américain du centre ville. Montréal est aussi le centre d'une région administrative de 36 693 km² et de 3,8 millions d'hab.

Montreux ■ Ville de Suisse (*Vaud), sur la rive droite du lac Léman. 19 300 hab. Vignobles. Festival de jazz.

le mont Royal ■ ⇒ le mont **Royal.**

Mont-Saint-Hilaire ■ Ville du Québec. 10 600 hab.

Le Mont-Saint-Michel ■ Localité de France (*Normandie), sur un îlot rocheux (le *mont Saint-Michel*) haut de 78 m. 70 hab. *(les Montois).* Lieu de pèlerinage à saint *Michel. Abbaye bénédictine (XIIe - XIIIe s.) surmontée d'une construction gothique, *la Merveille.*

Montségur ■ Ville du sud-ouest de la France. 120 hab. *(les Montséguriens).* Ruines d'une des dernières places fortes cathares, à 1 207 m d'altitude.

Montserrat ■ Massif montagneux de *Catalogne. Abbaye bénédictine. Pèlerinages (Espagne).

Montserrat ■ Île des *Antilles (îles *Sous-le-Vent), dépendant du Royaume-Uni. 102 km². 12 000 hab. Chef-lieu : Plymouth (3 500 hab.).

Monza ■ Ville d'Italie (*Lombardie), près de Milan. 123 000 hab. Centre industriel. Circuit automobile.

Thomas Moore ■ Poète irlandais (1779-1852). "*Lalla Rookh*".

George Edward **Moore** ■ Philosophe britannique (1873-1958).

Henry **Moore** ■ Sculpteur et dessinateur britannique (1898-1986). Il étudia tout particulièrement le rapport des vides et des pleins en sculpture.

Moose Jaw ■ Ville de la Saskatchewan. 35 000 hab.

Mopti ■ Ville du Mali. 74 000 hab.

Cristóbal de **Morales** ■ Compositeur espagnol de musique religieuse (1500-1553).

Luis de **Morales** ■ Peintre espagnol (v. 1510-1586). Sujets religieux traités dans un style *maniériste.

Paul **Morand** ■ Écrivain français (1888-1976). Récits vifs et rapides sur la vie d'avant-guerre. "*L'Europe galante*" ; "*l'Homme pressé*".

Giorgio **Morandi** ■ Peintre italien (1890-1964). Natures mortes au style dépouillé.

Morang ou **Birātnagar** ■ 2e ville du Népal. 93 500 hab.

Elsa **Morante** ■ Écrivaine italienne (1912-1985). Romans d'un réalisme hallucinant. "*L'Île d'Arthur*" ; "*La storia*". Elle fut l'épouse de A. *Moravia.

Alberto **Moravia** ■ Écrivain italien (1907-1990). La critique de la vie bourgeoise et la sexualité sont les thèmes de ses romans. "*L'Ennui*" ; "*le Mépris*" (adapté au cinéma par J.-L. *Godard). Il fut l'époux d'Elsa *Morante.

la **Moravie** ■ Partie centrale de la Tchécoslovaquie. Elle constitue, avec la *Bohême, la *République tchèque,* l'un des deux États fédérés formant le pays. 26 095 km2. 4 millions d'hab. *(les Moraves).* Villes principales : Brno, Ostrava. Agriculture riche. L'industrie bénéficie de la houille de *Silésie. Royaume indépendant de 830 à 1182. Son histoire se confondit ensuite avec celle de la *Bohême.

le golfe du **Morbihan** ■ Golfe de *Bretagne (France), qui communique avec l'Atlantique par un étroit goulet. Tourisme.

la **Mordovie** ■ Une des 16 républiques autonomes de la Fédération de *Russie, à l'ouest de Kazan. 26 200 km2. 964 000 hab. Capitale : Saransk. Agriculture (tabac). Industries métallurgiques. ▶ *les* ***Mordves*** participèrent aux révoltes de *Razine et de *Pougatchev.

saint Thomas **More** ou **Morus** ■ Humaniste anglais, chancelier d'Henri VIII, assassiné pour son opposition à l'*anglicanisme (1477-1535). Son livre "*l'Utopie*" a imposé ce terme, créé pour désigner le territoire de la république imaginaire qu'il décrivait. Ami d'*Érasme.

Jean **Moréas** ■ Poète symboliste français d'origine grecque (1856-1910). "*Les Stances*".

Jean Victor **Moreau** ■ Général français (1763-1813). Proche de *Pichegru, suspecté par Napoléon, il fut arrêté et exilé. Il mourut dans les rangs russes à Dresde.

Gustave **Moreau** ■ Peintre français (1826-1898). Il s'inspire de sujets mythologiques qui mettent en scène des femmes fatales *("Jupiter et Sémélé").* Son enseignement eut une grande influence sur le *symbolisme.

Morée ■ ⇒ **Mistra.**

Morelia ■ Ville du Mexique. 353 000 hab. Industrie alimentaire.

Jacob Levy **Moreno** ■ Psychosociologue américain d'origine roumaine (1890-1974). Créateur de la thérapeutique du psychodrame.

Agustín **Moreto y Cabaña** ■ Auteur dramatique espagnol (1618-1669). "*Dédain pour dédain*".

Lewis Henry **Morgan** ■ Ethnologue américain (1818-1881). Considéré avec *Tylor comme le créateur de l'anthropologie.

John Pierpont **Morgan** ■ Financier et collectionneur américain (1837-1913). □ *John Pierpont* **Morgan** Jr., son fils (1867-1943), lui succéda à la tête de la *banque Morgan* et du trust de l'acier qu'il avait créé.

Thomas Hunt **Morgan** ■ Généticien américain (1866-1945). Prix Nobel de médecine 1933 pour ses travaux sur les mutations chez la mouche drosophile.

la fée **Morgane** ■ Personnage fabuleux du cycle breton. Elle recueille *Arthur.

Morgarten ■ Montagne de Suisse, au nord de *Schwyz, où les confédérés suisses remportèrent, en 1315, une victoire décisive sur les Autrichiens.

Oskar **Morgenstern** ■ Économiste américain d'origine autrichienne (1902-1977). Créateur avec le mathématicien *Neumann de la « théorie des jeux ».

Henry **Morgenthau** ■ Homme politique américain (1891-1967). Collaborateur de *Roosevelt, il fut à l'origine de la conférence de *Bretton Woods. Le *plan Morgenthau,* qui fut refusé, visait à faire de l'Allemagne vaincue (1945) une nation exclusivement agricole.

Zsigmond **Móricz** ■ Écrivain hongrois (1879-1942). Romans réalistes et historiques. "*Fange et or*".

Eduard **Mörike** ■ Écrivain allemand (1804-1875). "*Le Voyage de Mozart à Prague*". Hugo *Wolf a mis certains de ses poèmes en musique.

Edgar **Morin** ■ Sociologue français (né en 1921). Étude de la communication de masse.

Berthe **Morisot** ■ Peintre *impressionniste française (1841-1895). Elle fut le modèle et l'élève de *Manet.

Karl **Moritz** ■ Écrivain allemand (1757-1793). Il influença Goethe. "*Anton Reiser*".

Morlaix ■ Ville de France (*Bretagne). 17 600 hab. *(les Morlaisiens).* Églises anciennes. Maison de la duchesse Anne (XVe s.). Manufacture de tabac (depuis le XVIIe s.). Industries.

les **mormons** ■ ⇒ Joseph **Smith.** ‹ ▶ mormon ›

Morne-à-l'Eau ■ Ville de l'île française de la Guadeloupe. 16 000 hab. *(les Mornaliens).* Rhumeries. Sucreries.

Charles duc de **Morny** ■ Financier et homme politique français (1811-1865). Demi-frère de Napoléon III, il joua un grand rôle sous le second Empire.

Antonio **Moro** ■ Peintre néerlandais (1517-1576). Portraits de cour exécutés pour *Philippe II d'Espagne.

Aldo **Moro** ■ Homme politique italien (1916-1978). Président du parti chrétien-démocrate, enlevé et assassiné par les *Brigades rouges.

Moroni ■ Capitale des Comores. 21 000 hab. Port de pêche.

Morphée ■ Un des enfants d'*Hypnos. Il suscite les rêves, d'où l'expression *être dans les bras de Morphée* « dormir ». ‹ ▶ morphine ›

James Wilson **Morrice** ■ Peintre canadien (1865-1924). L'un des premiers peintres modernistes contemporains.

William ***Morris*** ■ Écrivain et décorateur britannique (1834-1896). Il renouvela l'art décoratif en Angleterre.

Samuel ***Morse*** ■ Physicien américain (1791-1872). Il réalisa un télégraphe électrique, qui utilisait l'alphabet conventionnel, qui porte son nom. ‹ ▶② morse ›

Jan ***Morsztyn*** ■ Poète baroque polonais (1613-1693). *"La Canicule"* ; *"le Luth"*.

la vallée de la ***Mort,*** en anglais ***Death Valley*** ■ Dépression (86 m au-dessous du niveau de la mer) désertique des États-Unis (*Californie), très aride, au nord du désert *Mojave. Parc national.

la mer ***Morte*** ■ Mer intérieure située entre Israël et la Jordanie, à 395 m environ au-dessous du niveau de la mer. L'eau y est si salée qu'aucune vie animale n'y est possible. □ *les manuscrits de la mer* ***Morte.*** ⇒ **Qumrān.**

Roger ***Mortimer*** *comte de La Marche* ■ Seigneur gallois (v. 1287-1330). Amant de la reine, il fit abdiquer Édouard II (1327) et régna en despote sur l'Angleterre. Condamné à mort sous Édouard III.

le ***Morvan*** ■ Région montagneuse française proche de la *Bourgogne, fragment isolé du *Massif central qui culmine à 902 m. Forêts. Élevage. Tourisme (parc régional).

Morzine ■ Ville de France (*Savoie). 3 000 hab. *(les Morzinois).* Station de sports d'hiver de Morzine-Avoriaz.

Gaetano ***Mosca*** ■ Sociologue italien (1858-1941). Théorie des élites.

Moscou ■ Capitale de la Fédération de *Russie (C.É.I.) et de l'ex-U.R.S.S., sur la *Moskova. 8,8 millions d'hab. *(les Moscovites).* Centre administratif, culturel et scientifique. Universités Lomonossov et Patrice-Lumumba (pour les étudiants du tiers monde). Bibliothèque Lénine, une des plus grandes du monde. Musées. Théâtres (le Bolchoï). Nombreux monuments : *Kremlin, place *Rouge. Églises (Basile-le-Bienheureux). Plaque tournante de voies de communication : trois ports fluviaux reliés à cinq mers (Blanche, Baltique, Caspienne, Noire et d'Azov). Quatre aéroports. Nombreuses industries. Grand centre textile. ▭ **HISTOIRE.** Vassale de la *Horde d'Or jusqu'à la fin du XVe s. et centre religieux (orthodoxe) de la Russie, elle annexa peu à peu les principautés environnantes (sous Ivan III, Vassili III et Ivan IV le Terrible). Pierre le Grand transféra sa capitale à *Saint-Pétersbourg en 1712 mais Moscou resta capitale religieuse de l'empire. Occupée par les troupes de Napoléon Ier, elle fut incendiée et détruite aux trois quarts par les Russes, ce qui contraignit les Français à l'abandonner. Elle participa activement à la révolution de 1905 puis à celle de 1917, et devint en 1918 le siège du gouvernement soviétique. En 1936-1938 eurent lieu à Moscou les procès des opposants de Staline (⇒ **Boukharine, Kamenev, Zinoviev**). En 1941-1942, l'armée allemande connut son premier échec en tentant de l'investir. ▶ *la* ***Moscovie.*** Nom donné à la principauté de Moscou jusqu'au XVIIe s.

Henry ***Moseley*** ■ Physicien anglais (1887-1915). Ses travaux sur le nombre atomique ont complété la classification de *Mendeleïev.

la ***Moselle*** ■ Rivière d'Europe occidentale, affluent du Rhin. 550 km. Importante voie de navigation. Elle a donné son nom à deux départements français : la *Meurthe-et-Moselle* et la *Moselle.*

la ***Moskova*** ■ Rivière de Russie, qui traverse *Moscou. 502 km.

Mohammad ***Mossadegh*** ■ Homme politique iranien (1880-1967). Il œuvra à l'indépendance économique de son pays (nationalisation des pétroles, 1951) mais fut destitué de son poste de Premier ministre en 1953 et emprisonné.

Mossoul ■ 1re ville industrielle de l'Irak (textile, alimentaire, raffineries). Centre commercial. 571 000 hab.

Mostaganem ou ***Mestghanem*** ■ Ville et port d'Algérie. 114 000 hab.

Hosnī ***Moubarak*** ■ Homme politique égyptien (né en 1928). Élu président de la République après l'assassinat de *Sadate (1981).

Le ***Moule*** ■ Ville de l'île française de la Guadeloupe. 18 100 hab. *(les Mouliens).* Rhumeries. Sucreries.

Jean ***Moulin*** ■ Héros de la *Résistance française (1899-1943). Délégué du général de *Gaulle en France, président du *Conseil national de la Résistance, il fut livré aux nazis et torturé. Inhumé au Panthéon en 1964.

Moulins ■ Ville du centre de la France. 23 400 hab. *(les Moulinois).* Cathédrale (où se trouve le triptyque du *Maître de Moulins). Industrie alimentaire. Important marché. La ville doit son nom aux moulins établis au bord de l'Allier.

le Maître de ***Moulins*** ■ ⇒ le **Maître de Moulins.**

Moulmein ■ Ville et port de l'Union de *Myanmar (ex-Birmanie). 220 000 hab. Exportation de teck et de riz.

Moundou ■ Ville du sud-ouest du Tchad. 90 000 hab.

Emmanuel ***Mounier*** ■ Philosophe français (1905-1950). Chrétien progressiste, fondateur de la revue *Esprit. "Le Personnalisme".*

Jacob ***Mountain*** ■ Pasteur d'origine anglaise (1749-1825). Premier évêque anglican de Québec.

lord ***Mountbatten*** *of* ***Burma*** ■ Amiral britannique, dernier vice-roi de l'Inde (1900-1979).

Laurent ***Mourguet*** ■ Marionnettiste français (1769-1844). Créateur du personnage et du spectacle de Guignol, à Lyon.

Mourmansk ■ Ville et port de la C.É.I. (*Russie), sur la côte nord de la péninsule de Kola, au-delà du cercle polaire. 468 000 hab. Durant les deux guerres mondiales, le port fut utilisé par les Alliés pour ravitailler les Russes.

Mouscron, en néerlandais ***Moeskroen*** ■ Ville de Belgique (*Hainaut), à la frontière française. 53 500 hab.

Jean-Paul ***Mousseau*** ■ Artiste québécois (1927-1991). Il a participé à la première exposition collective d'œuvres abstraites.

Modest ***Moussorgski*** ■ Compositeur russe (1839-1881). Auteur d'opéras au réalisme puissant *("Boris Godounov"),* d'œuvres symphoniques *("Une nuit sur le mont Chauve")* et d'œuvres pour piano *("Tableaux d'une exposition").*

le ***Mouvement républicain populaire*** ou ***M.R.P.*** ■ Ancien parti politique français. Fondé en 1944, il s'inspira des principes de la *démocratie chrétienne et joua un rôle majeur sous la IVe *République française.

les **Mozabites** ■ ⇒ **Mzab.**

le **Mozambique** ■ État (république populaire) du sud de l'Afrique de l'Est. 799 380 km². 15,3 millions d'hab. *(les Mozambicains).* Capitale : Maputo. Langues : portugais (officielle), langues bantoues. Monnaie : metical (plur. : meticais). Économie surtout agricole. Importante production d'électricité. ▭HISTOIRE. Colonisé dès 1498 par les Portugais (avec Vasco de *Gama), le pays est devenu indépendant en 1975. Depuis 1979, le régime prosoviétique doit affronter une guérilla financée par l'Afrique du Sud qui met le pays au bord de la faillite. ▶ *le canal de* ***Mozambique,*** bras de mer de l'océan Indien, entre l'Afrique et l'île de Madagascar.

Wolfgang Amadeus **Mozart** ■ Compositeur autrichien (1756-1791). Enfant prodige, virtuose du violon et du clavier, il fit des tournées dans les cours princières d'Europe, se familiarisant avec les différentes formes musicales de son temps, surtout allemandes et italiennes. Malgré la défaveur du public et sa mort prématurée, il a laissé une œuvre immense et admirable (près de 700 œuvres, classées par *Köchel) : opéras *("Don Juan" ; "la Flûte enchantée"),* concertos, sonates, musique sacrée *("Requiem"),* etc. Il fut enterré dans la fosse commune. □ *Leopold* ***Mozart,*** son père (1719-1787), fut son professeur.

le **M.R.P.** ■ ⇒ **Mouvement républicain populaire.**

Mu'āwiya Iᵉʳ ■ Fondateur de la dynastie des *Omeyyades de Damas (v. 603-680).

Alfons **Mucha** ■ Peintre et affichiste tchèque installé à Paris (1860-1939). Représentant du style art *nouveau.

Muḥammad V ibn Yūsuf ■ Sultan, puis roi du Maroc (1909-1961). Favorable au nationalisme, il fut déposé en 1953 mais rappelé en 1955. Il obtint de la France l'indépendance et fut couronné. Père de *Hassan II.

Muḥammad 'Alī ■ ⇒ **Méhémet-Ali.**

Muḥammad Rizā ■ ⇒ **Moḥammed Rezā.**

*al-***Mukallā** ■ Ville portuaire du Yémen. 154 000 hab.

Mukden ■ ⇒ **Shenyang.**

Mülheim an der Ruhr ■ Ville et port fluvial d'Allemagne (*Rhénanie-du-Nord-Westphalie). 176 000 hab. Centrale thermique, industrie mécanique.

Mulhouse ■ Ville de l'est de la France, port fluvial sur l'Ill. 109 900 hab. *(les Mulhousiens).* Industries (textile, automobile et chimique). Aéroport international *Bâle-Mulhouse. République indépendante au XVIᵉ s., Mulhouse fut rattachée à la France en 1798.

Friedrich **Müller** dit **Maler-Müller** ■ Peintre et poète allemand (1749-1825). Représentant du *Sturm und Drang.

Johannes Peter **Müller** ■ Physiologiste et anatomiste allemand (1801-1858).

Max **Müller** ■ Orientaliste et linguiste allemand (1823-1900). Il créa la mythologie comparée.

Paul Hermann **Müller** ■ Biochimiste suisse (1899-1965). Inventeur du D.D.T. Prix Nobel 1948.

Brian **Mulroney** ■ Homme politique canadien (né en 1939). Premier ministre (conservateur) depuis 1984.

Multān ■ Ville du Pakistan. 730 000 hab. Art du bijou.

Albert de **Mun** ■ Homme politique français (1841-1914). Un des représentants du catholicisme social.

Edvard **Munch** ■ Peintre norvégien (1863-1944). L'un des maîtres de l'*expressionnisme, obsédé par la mort et le tragique de l'existence.

Karl baron de **Münchhausen** ■ Officier allemand (1720-1797). Connu par le récit de ses aventures extraordinaires, qui en firent un personnage de légende, devenu en français le *baron de Crac.*

Munich, en allemand **München** ■ 3ᵉ ville d'Allemagne, capitale de la *Bavière. 1,19 million d'hab. *(les Munichois).* Nombreux monuments et édifices anciens, notamment baroques. Centre financier et bancaire, métropole industrielle et commerciale qui bénéficie d'un important réseau de communications. Nombreux musées. Université. Fêtes réputées (fête de la bière). ▭HISTOIRE. Résidence des *Wittelsbach au XIIIᵉ s., capitale historique de la Bavière. La ville fut le foyer du nazisme (putsch manqué de Hitler en 1923). Travaux importants au XXᵉ s. ▶ *les accords de* ***Munich*** (septembre 1938) : conférence qui réunit les représentants de la France (*Daladier), du Royaume-Uni (*Chamberlain), de l'Italie (*Mussolini) et de l'Allemagne (*Hitler), et qui renforça la politique d'expansion de l'Allemagne (⇒ **Sudètes**).

Munster ■ Ville de l'est de la France. 4 700 hab. *(les Munstériens).* Fromage réputé.

le **Munster** ■ L'une des quatre provinces de l'Irlande. 24 127 km². 1 million d'hab. Ville principale : Cork.

Münster ■ Ville d'Allemagne (*Rhénanie-du-Nord-Westphalie). 246 000 hab. Ville médiévale qui entra dans la *Hanse au XIIIᵉ s. Centre commercial et industriel. Foyer du mouvement des *anabaptistes au XVIᵉ s.

Thomas **Münzer** ■ Réformateur religieux allemand (v. 1489-1525). Chef *anabaptiste de la révolte des paysans, exécuté, il apparaît pour la pensée marxiste comme un révolutionnaire.

la Grande **Muraille de Chine** ■ Constructions défensives, en terre battue, élevées aux IVᵉ et IIIᵉ s. av. J.-C. entre la Chine et les steppes mongoles, afin d'empêcher les invasions des peuples barbares du nord-ouest. L'empereur *Qin Shi Huangdi en fit une véritable muraille. Environ 3 000 km.

Murano ■ Île et agglomération de la commune de *Venise, célèbre pour ses verreries.

Murasaki Shikibu ■ Romancière japonaise (v. 978 - v. 1014). Le *"Genji monogatari"* (« Dit du Gengi »), immense évocation de la société et des intrigues de la cour de Kyōto.

Joachim **Murat** ■ Époux de Caroline Bonaparte, maréchal d'Empire, roi de *Naples (1767-1815). Chef de guerre intrépide, mais mauvais politique.

sir Roderick Impey **Murchison** ■ Géologue écossais (1792-1871).

Murcie, en espagnol **Murcia** ■ Ville d'Espagne. 310 000 hab. Cathédrale gothique. Industrie agro-alimentaire. ▶ *la région de* ***Murcie.*** Communauté autonome d'Espagne. 11 317 km². 1 million d'hab. Capitale : Murcie.

Iris **Murdoch** ■ Romancière britannique (née en 1919). *"Dans le filet".*

George Peter **Murdock** ■ Ethnologue américain (né en 1897). *"La Structure sociale",* approche comparative des sociétés.

Henri **Murger** ■ Écrivain français (1822-1861). *"Scènes de la vie de bohème"*, dont *Puccini tirera l'opéra *"la Bohème"*.

Bartolomé Esteban **Murillo** ■ Peintre espagnol (1618-1682). Sujets religieux *("Immaculée Conception")*. Scènes de genre *("le Jeune Mendiant")*.

Friedrich **Murnau** ■ Cinéaste *expressionniste allemand, naturalisé américain (1889-1931). *"Nosferatu"* ; *"Tabou"*.

Muroran ■ Ville et port de commerce du Japon (*Hokkaidō). 130 000 hab. Sidérurgie.

Henry **Murray** ■ Psychologue américain (1893-1988). Auteur d'un des tests projectifs les plus employés, le T.A.T. *"L'Exploration de la personnalité"*.

James **Murray** ■ Administrateur anglais (1721-1794). Gouverneur militaire de la région de Québec de 1760 à 1763, puis gouverneur de la province de Québec de 1763 à 1768 (bien qu'il quittât la colonie en 1766), il fut sympathique aux revendications des Canadiens français à la suite de la *Conquête.

le **Murray** ■ Fleuve du sud-est de l'Australie. 2 574 km. La vallée du Murray a une grande importance économique.

Mururoa ■ Atoll de l'archipel de *Tuamotu. Base française d'expérimentation d'engins atomiques.

les **Muses** ■ Les neuf filles de *Zeus et de *Mnémosyne, divinités des chants et des sciences : *Calliope, *Clio, *Érato, *Euterpe, *Melpomène, *Polymnie, *Terpsichore, *Thalie, *Uranie. ‹ ▶ muse, musée ›

Robert von **Musil** ■ Écrivain autrichien (1880-1942). Il a cherché, par le roman, à analyser le domaine de la subjectivité avec la rigueur de la démarche scientifique. *"Les Désarrois de l'élève Törless"* ; *"l'Homme sans qualités"*.

Alfred de **Musset** ■ Écrivain romantique français (1810-1857). Auteur de poèmes *("les Nuits")*, de pièces de théâtre *("les Caprices de Marianne" ; "Lorenzaccio")* et d'un roman *("les Confessions d'un enfant du siècle")*.

Benito **Mussolini** ■ Homme politique italien, le fondateur du *fascisme (1883-1945). Journaliste socialiste jusqu'en 1914, il créa les Faisceaux italiens de combat en 1919. En 1922, le *Duce* (le « Guide »), comme il se faisait appeler, organisa la marche sur Rome à l'issue de laquelle il s'empara du pouvoir. Pendant la Seconde *Guerre mondiale, les revers italiens déclenchèrent de vives critiques contre lui. Arrêté sur ordre du roi et emprisonné (1943), libéré par les Allemands, il fut exécuté par les résistants à la Libération.

Mustafa Kemal dit **Atatürk** ■ Homme politique et nationaliste turc (1881-1938). Dirigeant la Grande Assemblée qu'il avait réunie en 1920, il abolit le sultanat, se fit élire président de la République et affirma l'indépendance de l'État et de la nation contre les grandes puissances et la Grèce. Il appliqua une politique de réformes et de laïcisation.

*al-***Mutanabbī** ■ Poète épique arabe (915-965).

le **mutazilisme** ■ Secte musulmane fondée au VIIIe s.

l'Union de **Myanmar,** jusqu'en 1989 *la* **Birmanie** ■ État (république) d'Asie du Sud-Est, au bord du golfe du Bengale. 676 577 km². 40,8 millions d'hab. Capitale : Yangon. Langue officielle : birman. Monnaie : kyat. Économie essentiellement agricole (riz, bois de tek). Production d'opium dans les montagnes (⇒ **Triangle d'or**). □ HISTOIRE. Ancienne colonie britannique, indépendante en 1948. Depuis le coup d'État de 1988, le pays est dirigé par des militaires. Le pays changea de nom, *Birmanie* ne se référant qu'aux Birmans alors qu'il existe plus de 60 minorités (*Myanmar* signifie « pays merveilleux »).

Mycènes ■ Ancienne ville de Grèce (*Péloponnèse). Foyer de la première civilisation hellénique, dite ***mycénienne***. Site célèbre pour son palais, son enceinte cyclopéenne (XIVe s. av. J.-C.) et ses sépultures royales découvertes par *Schliemann. Lieu de constitution du Panthéon grec. ⇒ **Argonautes, Héraclès, Ulysse, Persée, Atrée, Pélops, Agamemnon, Clytemnestre, Égisthe, Oreste.** ‹ ▶ mycénien ›

Mykérinos ■ Pharaon de la IVe dynastie (v. 2600 av. J.-C.). Fils et successeur de *Khéphren, il fit construire une des trois grandes pyramides de *Gizeh.

Mykonos ou **Míkonos** ■ Île grecque de la mer Égée (*Cyclades). 75 km². 3 600 hab. Centre touristique.

Karl Gunnar **Myrdal** ■ Homme politique et économiste suédois (1898-1987). *"L'Équilibre monétaire"*. Prix Nobel 1974. □ *Alva Reimer* **Myrdal,** son épouse (1902-1986). Diplomate, prix Nobel de la paix 1982.

les **Myrmidons** ■ Peuple de *Thessalie. Selon le mythe, ils étaient à l'origine des fourmis que *Zeus transforma en hommes afin de peupler l'île d'*Égine. *Achille fut leur chef pendant la guerre de *Troie.

Myron ■ Sculpteur grec (Ve s. av. J.-C.). *"Discobole"*.

Mysore ■ Ville de l'Inde (*Karnātaka). 479 000 hab. Jardin zoologique.

My Tho ■ Ville du Viêt-nam. 101 000 hab. Ancienne base navale française, dans le delta du *Mékong.

Mytilène ■ ⇒ **Lesbos.**

le **Mzab** ■ Région du Sahara algérien peuplée de *Mozabites* (ou *Mzabites*) et de musulmans *kharidjites d'origine berbère qui conservent une certaine autonomie.

N

les **Nabatéens** ■ Ancien peuple sémitique d'Arabie, soumis par *Trajan en 106. Leur capitale était *Pétra.

Naberejnye Tchelny ■ Ville de Russie, dans la république des *Tatars. 501 000 hab. Industrie lourde. La ville s'est appelée ***Brejnev*** de 1982 à 1987.

Nabis ■ Tyran de *Sparte de v. 205 à sa mort (192 av. J.-C.).

les **nabis** ■ En hébreu, les « prophètes » ; groupe de peintres, créé à Paris en 1888. Maurice *Denis en fut le théoricien et *Sérusier le chef de file. Les nabis s'inspirent des estampes japonaises et des vitraux ; ils procèdent par aplats cernés de noir (⇒ **Vuillard**). ⟨ ► nabi ⟩

Vladimir **Nabokov** ■ Écrivain russe naturalisé américain (1899-1977). Il a exploré les thèmes de la méprise, de l'incertain et de l'exil. "*Lolita*".

Nabuchodonosor II ■ Roi de *Babylone de 605 à 562 av. J.-C. Grand conquérant et bâtisseur, vainqueur des Égyptiens. La Bible raconte comment il prit Jérusalem et déporta le peuple juif à Babylone.

Félix Tournachon dit **Nadar** ■ Photographe français (1820-1910). Il fit les portraits de *Nerval, *Dumas, George *Sand, etc. Il prit aussi les premières photographies aériennes.

Nāder Chāh ■ Chah de Perse de 1736 à son assassinat, despote et grand conquérant (1688-1747).

*an-***Nadjaf** ou **Nedjef** ■ Ville d'Irak. 243 000 hab. Centre de pèlerinage.

Nadjd ou **Nedjd** ■ Vaste plateau désertique d'Arabie Saoudite, patrie des *Wahhābites.

le **Nāgāland** ■ État de l'Inde, à la frontière de l'Union de *Myanmar (ex-Birmanie). 16 579 km². 775 000 hab. Capitale : Kohīma (34 300 hab.).

Nagano ■ Ville du Japon (*Honshū). 343 000 hab.

Nagar Haveli ■ ⇒ **Dādra et Nagar Haveli.**

Nāgārjuna ■ Philosophe indien (IIe - IIIe s.) dont l'enseignement révolutionna le *bouddhisme (mahāyāna).

Nagasaki ■ Ville du Japon (*Kyūshū) sur laquelle les Américains lancèrent, en août 1945, la seconde bombe atomique qui fit 80 000 victimes. 448 000 hab. Port actif (constructions navales).

Nagoya ■ Ville du Japon, sur l'île de Honshū. 2,15 millions d'hab. 5e port du monde. Grande région d'industrie lourde.

Nāgpur ■ Ville de l'Inde (*Mahārāshtra). 1,2 million d'hab. Centre industriel (métallurgie, tissage).

Imre **Nagy** ■ Homme politique hongrois (1896-1958). Président du Conseil de 1953 à 1955, revenu au pouvoir après les émeutes étudiantes de 1956, renversé par les Soviétiques et exécuté par le régime de *Kádár. Réhabilité, il eut des obsèques solennelles en 1989.

Naha ■ Ville du Japon, capitale de l'archipel des *Ryūkyū, sur l'île d'*Okinawa. 306 000 hab. Université. Tourisme.

Vidiadhar Surajprasad **Naipaul** ■ Écrivain de Trinité et Tobago (né en 1932). Auteur d'essais et de romans sur les problèmes du tiers monde.

Nairobi ■ Capitale du Kenya située à 1 600 m d'altitude. 1,1 million d'hab. Université. Archevêché. Industrie du bois, caoutchouc. Tourisme. Aéroport.

Nakasone Yasuhiro ■ Homme politique japonais (né en 1918). Premier ministre de 1982 à 1987.

le **Nakhitchevan** ■ République autonome d'Azerbaïdjan (C.É.I.), totalement enclavée en Arménie. 5 500 km². 295 000 hab. Capitale : Nakhitchevan (37 000 hab.). Agriculture (coton, tabac). La perestroïka (⇒ **U.R.S.S.**) a entraîné l'exacerbation des aspirations nationalistes qui débouchèrent, en 1990, sur une déclaration de sécession qui fut suivie d'un blocus de la république par l'armée soviétique.

Nakhodka ■ Ville de la C.É.I. (*Russie), port sur la mer du Japon. 165 000 hab.

Nakhon Pathom ■ Ville de Thaïlande. 45 200 hab. Immense stûpa du XIXe s.

Nakhon Ratchasima ■ Ville de Thaïlande. 207 000 hab.

Nakuru ■ Ville du Kenya. 102 000 hab.

Naltchik ■ Ville de la C.É.I. (*Russie), capitale de la *Kabardino-Balkarie. 235 000 hab.

le désert du **Namib** ■ Région côtière aride de la Namibie (diamant).

la **Namibie** ■ État (république) d'Afrique, sur l'Atlantique. 824 269 km^2 (dont l'enclave de Walvis Bay appartenant à l'Afrique du Sud : 1 124 km^2). 1,27 million d'hab. *(les Namibiens).* Capitale : Windhoek. Langues officielles : afrikaans, anglais. Monnaie : rand sud-africain. Richesses minières (diamant, uranium) et pêche. ▭ **HISTOIRE.** Ancienne colonie allemande, conquise par l'Afrique du Sud en 1915, la Namibie s'appela jusqu'en 1968 le Sud-Ouest africain. L'Afrique du Sud, dont l'armée dut affronter la guérilla (S.W.A.P.O.) soutenue par l'O.N.U., accepta de reconnaître l'indépendance du pays et retira ses troupes après les élections constituantes de novembre 1989. Le 21 mars 1990, le pays devint officiellement indépendant et membre du Commonwealth.

Namp'o ■ Ville et port de Corée du Nord. 691 000 hab.

Nampula ■ Ville du Mozambique. 197 000 hab.

Namur, en néerlandais **Namen** ■ Ville de Belgique, chef-lieu de la province du même nom. 103 000 hab. *(les Namurois).* Activités tertiaires, tourisme (monuments XIVe - XVIIIe s.). Ancienne place forte, sa situation stratégique lui donna un rôle important dans le passé. ► *la province de* **Namur.** Une des neuf provinces de la Belgique. 3 665 km^2. 415 000 hab. Chef-lieu : Namur.

Nanaïmo ■ Ville de la Colombie-Britannique, sur l'île de Vaucouver. 41 000 hab.

Nānak ■ Maître spirituel indien, le premier des gourous, fondateur de la secte des *sikhs (1469-1539).

Nanchang ■ Ville de Chine, capitale du *Jiangxi. 1,19 million d'hab. Important centre industriel : constructions mécaniques, chimie, textile.

Nancy ■ Ville du nord-est de la France (*Lorraine). 102 400 hab. *(les Nancéiens).* Centre industriel (métallurgie, textile, chaussures, cristal) et culturel (musée, écoles scientifiques). Capitale des ducs de *Lorraine dès le XIIIe s., embellie par le roi *Stanisław au XVIIIe s. ► *l'école de* **Nancy,** fondée par *Gallé à la fin du XIXe s. pour renouveler les arts décoratifs. Style inspiré des formes végétales.

le **Nānga Parbat** ■ Un des plus hauts sommets de l'*Himalaya, dans le *Cachemire. 8 114 m.

Nanjing ou **Nankin** ■ Ville de Chine, capitale du *Jiangsu. 2,25 millions d'hab. Port fluvial sur le *Yangzi Jiang. Tombeau des empereurs *Ming. La ville fut plusieurs fois capitale du pays. Le *traité de Nankin,* signé par les Chinois et les Anglais en 1842, mit fin à la guerre de l'*Opium. En 1937, l'armée japonaise, après avoir investi la ville, massacra des dizaines de milliers de civils (⇒ **Chine**).

Nanning ■ Ville et port de Chine, capitale du *Guangxi. 660 000 hab.

Nanterre ■ Ville de France, dans la banlieue ouest de Paris. 86 600 hab. *(les Nanterriens).* Université. Industries automobile et chimique.

Nantes ■ Ville de France (au sud de la *Bretagne), préfecture de la région Pays de la *Loire. 252 000 hab. *(les Nantais).* Port important (sur l'estuaire de la Loire), base d'une grande activité industrielle : chantiers navals, métallurgie, biscuiteries. Capitale des ducs de *Bretagne à partir du XIIe s., elle se développa au XVIIIe s. grâce au commerce *triangulaire. Massacres pendant la *Terreur par *Carrier. ► *l'édit de* **Nantes,** signé par Henri IV en 1598, mit fin aux guerres de *Religion en donnant aux protestants la liberté de culte et de conscience. ► *la révocation de l'édit de* **Nantes,** signée par Louis XIV en 1685, provoqua l'émigration de plus de 200 000 Français et la révolte des *camisards.

Robert **Nanteuil** ■ Graveur français (v. 1623-1678). Portraits.

Nanticoke ■ Ville de l'*Ontario, sur le lac Érié. 20 000 hab. Sidérurgie, raffinerie.

John **Napier** ■ ⇒ **Neper.**

Napier-Hastings ■ Conurbation de Nouvelle-Zélande. 107 000 hab.

Naples, en italien **Napoli** ■ 3e ville d'Italie, port au pied du *Vésuve, capitale de la *Campanie. 1,2 million d'hab. *(les Napolitains).* Nombreux monuments ; site magnifique, mais avec des zones misérables. Centre économique de la région du *Mezzogiorno : raffinage du pétrole, industries chimique, mécanique. □ *le royaume de* **Naples** puis royaume des **Deux-Siciles** s'étendait autrefois sur le sud de l'Italie et la *Sicile. Fondé par les *Normands au XIe s., dominé par les Espagnols à partir de 1442, il fut confisqué par Napoléon Ier et attribué à son frère Joseph puis à *Murat. Les *Bourbons furent restaurés en 1815, puis en 1821. Après la victoire de *Garibaldi en 1860, le royaume fut intégré au nouveau royaume d'Italie. ‹ ► napolitain ›

Naplouse, en arabe **Nābulus** ■ Ville de Cisjordanie. 50 000 hab. La ville est occupée par Israël depuis la guerre des Six-Jours (1967).

Napoléon Ier ■ Napoléon *Bonaparte, empereur des Français de 1804 à 1815 (1769-1821). Officier corse rallié, contre *Paoli, à la Révolution française, brillant conquérant de l'Italie où il organisa des républiques (1796-1797), il fut remarqué par *Barras et *Sieyès qui l'utilisèrent pour réprimer leurs adversaires politiques. Après le coup d'État du 18 *Brumaire (1799), il les supplanta immédiatement. Il domina dès lors l'histoire de l'Europe, devenant Premier consul (1799), consul à vie (1802) puis empereur des Français en 1804 (⇒ **Consulat** et premier **Empire**), jusqu'à sa défaite militaire devant l'Autriche, la Prusse, l'Angleterre et la Russie (1814). Forcé d'abdiquer, souverain de l'île d'*Elbe, il réussit à reprendre le pouvoir en 1815 (⇒ **Cent-Jours**), mais fut définitivement vaincu à *Waterloo et déporté à *Sainte-Hélène, où il mourut. Son génie politique et militaire a inspiré un véritable mythe, forgé dès son vivant par des artistes tels que *David, continué par des écrivains (*Hugo, *Béranger) et des mémorialistes (*Las Cases) après sa mort, parallèlement à la « Légende noire » de l'« ogre de Corse » qu'entretenaient ses ennemis, notamment les Anglais. □ ***Napoléon II,*** son fils, roi de Rome, duc de Reichstadt, ne régna pas (1811-1832). Edmond *Rostand en fit le héros de "*l'Aiglon*". ► *la route* **Napoléon.** Route reliant Nice à Grenoble, à travers les Alpes, empruntée par Napoléon Ier lors de son retour de l'île d'Elbe. ‹ ► napoléon, napoléonien ›

Napoléon III ■ Louis Napoléon Bonaparte, empereur des Français de 1852 à 1870 (1808-1873). Bénéficiant de l'aura de son oncle Napoléon Ier, il tenta par deux fois de prendre le pouvoir (1836, 1840). Élu président de la IIe *République (1848) avec l'appui des conservateurs, il neutralisa l'Assemblée (coup d'État du 2 décembre 1851), obtint par plébiscite le droit d'établir une constitution renforçant considérablement ses pouvoirs puis, par un second plébiscite, rétablit l'Empire (⇒ second **Empire**). Déchu après la défaite de *Sedan face à la Prusse, il s'exila en Angleterre (*Farnborough), où il mourut.

Nara ■ Ville du Japon, près de Kyōto (*Honshū). 345 000 hab. Capitale du Japon au VIIIe s. Temple *Hōryū-ji.

la ***Narbada*** ■ Un des grands fleuves (1290 km) sacrés de l'Inde.

Narbonne ■ Ville du sud-ouest de la France. 47 100 hab. *(les Narbonnais).* Important marché du vin. Grand port à l'époque romaine et jusqu'au XVIe s., métropole d'une des quatre provinces de la Gaule romaine, la ***Narbonnaise,*** vaste région englobant les villes de Narbonne, Toulouse, Aix-en-Provence, Vienne.

Narcisse ■ Jeune homme de la mythologie grecque, amoureux de son image, reflétée dans l'eau d'une fontaine. ‹ ► narcisse, narcissisme ›

Narvik ■ Ville et port du nord-ouest de la Norvège. 18 900 hab. La ville, centre d'exportation de fer, fut le lieu de violents combats pour la maîtrise de la « route du fer », entre Alliés et Allemands, en 1940.

la ***N.A.S.A., National Aeronautics and Space Administration*** ■ Organisme officiel des États-Unis pour la recherche civile spatiale et aéronautique.

Nashville ■ Ville des États-Unis, capitale du *Tennessee. 456 000 hab. Édition et production musicales.

Nāsik ■ Ville de l'Inde (Mahārāshtra), ancienne cité sacrée. 262 000 hab.

les ***Nasrides*** ■ Dernière dynastie arabe d'Espagne. Elle régna à Grenade de 1238 à 1492.

la maison de ***Nassau*** ■ Famille qui s'installa en *Rhénanie au XIIe s. et qui se divisa en plusieurs branches, dont celle d'*Orange-Nassau,* qui domina l'histoire des Provinces-Unies. ⇒ **Guillaume III,** roi d'Angleterre.

Nassau ■ Capitale des Bahamas. 135 000 hab.

Gamal Abdel ***Nasser*** ■ Président de la République égyptienne de 1956 à sa mort (1918-1970). Créateur de l'Égypte moderne et champion de l'unité arabe, malgré sa défaite contre l'armée israélienne en 1967 (⇒ guerres **israélo-arabes**). ► *le lac* ***Nasser.*** Retenue formée sur le *Nil par le barrage d'*Assouan.

le ***Natal*** ■ Province d'Afrique du Sud. 55 281 km². 2,14 millions d'hab. Capitale : Pietermaritzburg (134 000 hab.).

Natal ■ Ville et port du Brésil sur l'Atlantique, capitale du *Rio Grande do Norte. 377 000 hab.

Natanya ou ***Netanya*** ■ Ville et port d'Israël. 112 000 hab. Centre industriel actif et station balnéaire sur la Méditerranée.

les ***Natchez*** ■ Ancienne tribu d'Indiens d'Amérique du Nord. Évoqués par *Chateaubriand dans "*Atala*", "*René*" et "*les Natchez*".

le ***national-socialisme*** ■ ⇒ **nazisme.**

Natitingou ■ Ville du Bénin. 50 800 hab.

Charles Joseph ***Natoire*** ■ Peintre et décorateur français (1700-1777). Maître du décor *rococo.

Jean-Marc ***Nattier*** ■ Peintre français (1685-1766). Portraits précieux à caractère mythologique et allégorique.

le ***naturalisme*** ■ École littéraire de la fin du XIXe s. Sous l'impulsion de *Zola, elle amplifie le réalisme en ajoutant à la reproduction fidèle du réel une investigation scientifique : le romancier « miroir » devient le romancier « savant ». Il y eut aussi un théâtre naturaliste. ⇒ **Strindberg, Ibsen.** ‹ ► naturalisme ›

Charles ***Naudin*** ■ Botaniste français (1815-1899). Fondateur, avec *Mendel, de la génétique.

Nauru ■ Île (république) de *Micronésie. L'un des plus petits États du monde (21 km²). 9 100 hab. *(les Nauruans).* Capitale : Yaren (560 hab.). Monnaie : dollar australien. Langues : nauruan (officielle), anglais. Phosphates. Indépendante depuis 1968, membre spécial du *Commonwealth.

Nausicaa ■ Fille du roi des Phéaciens dans l'"*Odyssée*". Elle recueille *Ulysse naufragé.

les ***Navajos*** ou ***Navahos*** ■ La plus grande ethnie indienne des États-Unis. Ils sont environ 100 000 et vivent en *Utah, en *Arizona et au *Nouveau-Mexique.

Navarin ■ ⇒ **Pylos.**

la ***Navarre,*** en espagnol ***Navarra*** ■ Communauté autonome d'Espagne. 10 421 km². 513 000 hab. Capitale : Pampelune. Région montagneuse sillonnée de vallées et vouée à l'agriculture (élevage, maïs, olivier). La Navarre fut un royaume indépendant jusqu'à son annexion par *Ferdinand d'Aragón (1515), sauf la *Basse-Navarre* (région de *Saint-Jean-Pied-de-Port), devenue française après l'accession au trône d'Henri IV, roi de Navarre. Population et langue basques.

Náxos ■ Île grecque, la plus grande des *Cyclades. 442 km². 14 000 hab. Dans la mythologie, *Thésée y abandonne *Ariane.

Nazareth ■ Ville d'Israël, en *Galilée. 44 800 hab. D'après les *Évangiles, *Jésus, surnommé « le Nazaréen », y passa son enfance.

Nazca ■ Site archéologique précolombien de la côte sud du Pérou. De gigantesques lignes et dessins incrustés dans le sol constituent, encore aujourd'hui, une énigme.

Nazeret ■ Ville d'Éthiopie. 76 300 hab.

le ***nazisme*** ou ***national-socialisme*** ■ Doctrine exposée par *Hitler dans "*Mein Kampf*" (1924), fondée sur l'ultra-nationalisme, l'apologie de la force et un racisme dirigé surtout contre les juifs. Elle inspira le *parti nazi* et l'Allemagne du IIIe Reich de 1933 à 1945. ⇒ **Hitler.** ► *les* ***nazis,*** ses partisans. Après la Seconde *Guerre mondiale, ils furent déclarés criminels de guerre et jugés au procès de *Nuremberg. ‹ ► nazi ›

N'Djamena ■ Capitale du Tchad, port sur le fleuve Chari. 512 000 hab. Autrefois ***Fort-Lamy,*** fondé par les Français en 1900.

Ndola ■ Ville de Zambie. 443 000 hab.

l'homme de ***Neandertal*** ou ***Néanderthal*** ■ Squelette humain découvert en 1856 en Allemagne, dans la vallée de Neander *(Neander-Tal),* et datant du paléolithique (150 000-35 000 av. J.-C.).

Néarque ■ Navigateur grec, lieutenant d'*Alexandre le Grand (IVe s. av. J.-C.).

le ***Nebraska*** ■ État du centre des États-Unis. 200 349 km². 1,57 million d'hab. Capitale : Lincoln. Vaste plaine agricole (bovins, céréales).

le ***Neckar*** ■ Rivière d'Allemagne, affluent du *Rhin, en partie navigable. 371 km.

Jacques ***Necker*** ■ Banquier genevois, ministre de Louis XVI (1732-1804). Rendu populaire par sa politique d'économie et la publication des dépenses de la Cour (1777-1781). Il fut rappelé en 1788. Son renvoi le 11 juillet 1789 précipita le mouvement révolutionnaire. À nouveau rappelé après la prise de la *Bastille, il se retira en 1790.

Nederland ■ Nom néerlandais des *Pays-Bas. ‹ ▶ néerlandais ›

Nedjd ■ ⇒ **Nadjd.**

Nedjef ■ ⇒ **an-Nadjaf.**

Néfertiti ■ Reine d'Égypte, épouse du pharaon Aménophis IV *Akhenaton (XIVe s. av. J.-C.). Célèbre pour sa beauté.

le rio ***Negro*** ■ Rivière d'Amérique du Sud, affluent de l'*Amazone. 2 200 km.

le ***Néguev*** ■ Région désertique du sud d'Israël mise en valeur grâce aux travaux d'irrigation : coton, oranges, blé.

Jawaharlal ***Nehru*** ■ Homme politique indien (1889-1964). Il lutta avec *Gandhi pour l'indépendance de l'Inde et devint Premier ministre lors de l'indépendance (1947). Père d'Indira *Gandhi.

le crêt de la ***Neige*** ■ Point culminant du *Jura. 1 723 m.

le piton des ***Neiges*** ■ Ancien volcan, point culminant de l'île française de la Réunion. 3 069 m.

Alexander ***Neill*** ■ Pédagogue britannique (1883-1973). *"Libres Enfants de Summerhill"*.

la ***Neisse de Lusace*** ■ Rivière qui naît en Tchécoslovaquie, puis forme en Pologne la frontière avec l'Allemagne, avant de rejoindre l'*Oder *(Oder-Neisse)*. 256 km.

Nikolaï ***Nekrassov*** ■ Poète et journaliste russe (1821-1877). Il a évoqué la misère du peuple. *"Qui vit heureux en Russie ?"*.

Émile ***Nelligan*** ■ Poète québécois (1879-1941). Poèmes d'inspiration parnassienne et symboliste (*Rimbaud, *Baudelaire), mais au ton personnel. *"La Romance du vin"*.

Horatio ***Nelson*** ■ Amiral anglais (1758-1805). Il vainquit les Français à *Aboukir et à *Trafalgar, où il fut tué.

Wilfrid ***Nelson*** ■ Homme politique canadien (1792-1863). L'un des chefs de la rébellion de 1837. Maire de Montréal de 1854 à 1856.

Robert ***Nelson*** ■ Homme politique canadien (1794-1873). L'un des chefs de la rébellion de 1838 au Bas-Canada, dont il proclama l'indépendance en 1838.

le ***Nelson*** ■ Fleuve du Canada central (Manitoba), qui se jette dans la baie d'*Hudson. 650 km (2 575 km avec les rivières Bow et Saskatchewan).

Némée ■ Localité de la Grèce antique où étaient célébrés les « jeux Néméens » et où *Héraclès, dans la légende, tue un lion en l'étouffant.

Némésis ■ Déesse grecque de la Vengeance.

Nemrod ■ Selon la Bible, roi de *Babel et fondateur de *Ninive. Il est qualifié de « courageux chasseur devant l'Éternel ».

Pietro ***Nenni*** ■ Homme politique italien (1891-1980). Figure importante du parti socialiste italien.

le ***néo-classicisme*** ■ Mouvement artistique européen apparu à la fin du XVIIIe s., inspiré par les découvertes archéologiques (⇒ **Winckelmann**). Il prône un retour aux modèles de l'Antiquité. Ses principaux représentants furent *Mengs, *David et ses élèves en peinture, *Canova en sculpture et *Soufflot en architecture. ‹ ▶ néo-classique ›

la ***N.E.P.*** *Nouvelle Politique économique* ■ Libéralisation temporaire préconisée par *Lénine (1921-1928). ⇒ **U.R.S.S.**

le royaume du ***Népal*** ■ État (monarchie constitutionnelle) d'Asie, charnière entre le Tibet et l'Inde. 147 181 km². 18,45 millions d'hab. *(les Népalais)*. Capitale : Katmandou. Langue : nepali. Religion officielle : hindouisme. Monnaie : roupie népalaise. Pays des plus hautes montagnes du monde, dans l'*Himalaya. Les Népalais vivent dans les plaines : culture du maïs et du riz, élevage de yacks. Leur niveau de vie est bas. Nombreux temples bouddhiques. □ **HISTOIRE.** Indépendant depuis 1769, le Népal ayant passé des accords spéciaux avec les Britanniques lorsque ceux-ci colonisèrent l'Inde (XIXe s.). En 1990, à la suite de manifestations violemment réprimées, le roi accepta le rétablissement du multipartisme, supprimé depuis 1960, et l'abolition de l'ancienne structure politique et administrative (le *Panchayat*).

Nepean ■ Ville de l'Ontario. 95 000 hab.

John ***Neper*** ou ***Napier*** ■ Mathématicien écossais (1550-1617). Il découvrit les logarithmes.

Neptune ■ Dieu romain de la Mer. Comme le *Poséidon grec, il est armé d'un trident. □ ***Neptune*** est la huitième planète du système solaire, découverte en 1846. 50 000 km de diamètre. Elle tourne sur elle-même en 15 h et 48 min, et autour du Soleil en 164 ans et 280 jours.

Nérée ■ Dieu grec, appelé « le Vieillard de la mer ». Père des ***Néréides***, divinités marines. ‹ ▶ néréide ›

Néron ■ Empereur romain, symbole du tyran fou et sanguinaire (37-68). Il empoisonna *Britannicus et fit assassiner sa mère *Agrippine ; il mit le feu à Rome (64), accusa les chrétiens de ce crime et les fit persécuter.

Pablo ***Neruda*** ■ Poète chilien (1904-1973). Son œuvre est inséparable de son engagement social et révolutionnaire. *"Chant général"*. Prix Nobel 1971.

Gérard Labrunie dit *Gérard de* ***Nerval*** ■ Écrivain français (1808-1855). Son œuvre, où dominent le mysticisme et le rêve, annonce le surréalisme : *"les Chimères"*, poèmes. *"Sylvie"* ; *"Aurélia"* ; *"les Filles du feu"*, récits. Traduction célèbre du *"Faust"* de *Goethe. Atteint de crises de folie, il se pendit.

Pier Luigi ***Nervi*** ■ Architecte italien (1891-1979). L'un des maîtres de l'architecture en béton armé.

le loch ***Ness*** ■ Lac d'Écosse célèbre pour son hypothétique « monstre du loch Ness ».

Nessos ou ***Nessus*** ■ Centaure tué par *Héraclès. Sa tunique, revêtue par Héraclès, lui provoqua de telles douleurs qu'il se donna la mort.

Nestorius ■ Patriarche de Constantinople (v. 380-451). ▶ *le* ***nestorianisme,*** sa doctrine – qui affirmait la séparation des deux natures, divine et humaine, du Christ – fut jugé hérétique, mais se répandit en Orient jusqu'à nos jours.

Netanya ■ ⇒ **Natanya.**

Neubrandenburg ■ Ville d'Allemagne (*Mecklembourg-Poméranie-Occidentale). 80 900 hab.

Neuchâtel, en allemand ***Neuenburg*** ■ Ville de Suisse sur le *lac de Neuchâtel.* 33 300 hab. *(les Neuchâtelois).* Université. Tourisme. Horlogerie. ▶ *le canton de* ***Neuchâtel*** s'étend sur le Jura. 797 km². 157 000 hab. Chef-lieu : Neuchâtel.

Neuilly-sur-Seine ■ Ville de France, dans la banlieue ouest de Paris. 62 000 hab. *(les Neuilléens).* Ville résidentielle.

Balthasar ***Neumann*** ■ Architecte allemand (1687-1753). Nombreux châteaux de style *rococo.

Johann von ***Neumann*** ■ Mathématicien américain d'origine hongroise (1903-1957). Théorie des ensembles, axiomatisation de la mécanique quantique, théorie ergodique (du travail), théorie des jeux (avec *Morgenstern), programmation, cybernétique.

le lac ***Neusiedl*** ■ Lac d'Europe centrale, à la frontière austro-hongroise. 200 km².

Neuss ■ Ville et port d'Allemagne (*Rhénanie-du-Nord-Westphalie), sur le Rhin. 142 000 hab.

la ***Neustrie*** ■ Royaume mérovingien de l'est de la Gaule, réuni à l'*Austrasie à la fin du VIIe s.

Richard Joseph ***Neutra*** ■ Architecte américain d'origine autrichienne (1892-1970). Auteur de maisons particulières originales.

la ***Néva*** ■ Fleuve de Russie, issu du lac *Ladoga, qui traverse Saint-Pétersbourg et se jette dans le golfe de Finlande. 74 km. Victoire décisive d'*Alexandre Nevski (d'où son nom) sur les Suédois (1242).

la sierra ***Nevada*** ■ Chaîne montagneuse du sud de l'Espagne, culminant au Mulhacén (3 478 m).

le ***Nevada*** ■ État de l'ouest des États-Unis. 286 352 km². 800 000 hab. Capitale : Carson City. Villes principales : Las Vegas, Reno. Zones désertiques. Tourisme, jeux d'argent.

Nevers ■ Ville de France (*Bourgogne). 43 900 hab. *(les Nivernais).* Cathédrale, palais ducal. Fabrique de faïence d'art depuis le XVIIe s. Constructions mécaniques. ⇒ **Nivernais.**

Alexandre ***Nevski*** ■ ⇒ **Alexandre Nevski.**

Newark ■ Ville des États-Unis (*New Jersey), port appartenant à la conurbation de New York. 329 000 hab.

Newcastle ■ Ville d'Angleterre, chef-lieu du *Northumberland et principal centre industriel du nord du pays : extraction de la houille, sidérurgie, raffinage du pétrole. 204 000 hab.

Newcastle ■ Ville et port d'Australie (*Nouvelle-Galles du Sud). 419 000 hab. Sidérurgie, chimie.

le ***New Deal*** ■ La « nouvelle donne », politique de F.D. *Roosevelt contre la crise de 1929 caractérisée par une intervention de l'État dans la vie économique et sociale.

New Delhi ■ Faubourg moderne de la ville de *Delhi et capitale de l'Inde. 273 000 hab.

Newfoundland ■ ⇒ **Terre-Neuve.**

le ***New Hampshire*** ■ État du nord-est des États-Unis. 24 032 km² (dont 80 % en forêts). 921 000 hab. Capitale : Concord.

New Haven ■ Ville des États-Unis (*Connecticut), port du détroit de Long Island, près de *New York. 126 000 hab. Siège de l'université de *Yale.

le ***New Jersey*** ■ État de l'est des États-Unis. 20 168 km². 7,36 millions d'hab. Capitale : Trenton. État industriel grâce à la proximité de New York et de Philadelphie. Tourisme sur la côte atlantique. Université de Princeton.

John Henry ***Newman*** ■ Théologien anglais (1801-1890). Membre de l'Église anglicane, il se convertit au catholicisme et devint cardinal.

Barnett ***Newman*** ■ Peintre américain (1905-1970). Champs verticaux de couleurs pures sur de grandes surfaces.

New Orleans ■ ⇒ La **Nouvelle-Orléans.**

Newport ■ Ville et port du pays de Galles (*Gwent). 117 000 hab. Centre industriel.

Newport ■ Ville et port des États-Unis (*Rhode Island). 29 300 hab. Festival de jazz.

Newport News ■ Ville et port des États-Unis (*Virginie). 145 000 hab. Chantiers navals. ⇒ **Hampton.**

sir Isaac ***Newton*** ■ Mathématicien, physicien et astronome anglais (1642-1727). Grâce à la loi de l'attraction universelle, il accomplit la synthèse, annoncée par *Galilée, de la physique et de l'astronomie, retrouvant les lois de *Kepler et donnant à la science moderne le modèle du rapport entre les mathématiques et l'expérience. On lui doit aussi l'analyse spectrale de la lumière et l'invention, en même temps que *Leibniz, du calcul infinitésimal.

New Westminster ■ Ville de la Colombie-Britannique. 41 000 hab. Industries alimentaires.

New York ■ La plus grande ville des États-Unis. 7,1 millions d'hab. *(les New-Yorkais).* Conurbation de 16,2 millions d'hab., située à l'embouchure de l'*Hudson, sur l'Atlantique (État de New York). C'est aussi la première agglomération noire du monde (1,1 million de Noirs). La partie la plus célèbre est l'île de *Manhattan* où les Hollandais fondèrent en 1626 la ville de *New Amsterdam,* rebaptisée *New York* par les Anglais en 1664 ; aujourd'hui, elle regroupe les quartiers des affaires et les quartiers résidentiels avec leurs gratte-ciel, le quartier intellectuel *(Greenwich Village),* les villes noire de Harlem et chinoise de Chinatown. Autres districts *(borough) :* le **Bronx, *Brooklyn, *Queens, *Staten Island.* New York est le siège de l'*O.N.U., la capitale financière *(Wall Street)* et économique du pays et un grand centre culturel (musées, opéras). Universités. □ *l'État de* ***New York.*** État du nord-est des États-Unis. 136 583 km². 17,6 millions d'hab. Capitale : Albany. Villes principales : New York, Buffalo, Rochester. 1er rang industriel, commercial et financier.

Michel ***Ney*** ■ « Le Brave des braves », le plus populaire des maréchaux d'Empire, duc d'Elchingen, prince de la Moskova (1769-1815). Héros de la retraite de Russie. Rallié à Louis XVIII, il devait arrêter Napoléon Ier mais se remit à son service. Il fut fusillé après les *Cent-Jours.

Neẓāmī ■ Poète persan (1141-1209). Il mêla tradition soufie, culture savante et culture populaire. "*Leyla et Madjnun*".

Ngan-houei ■ ⇒ **Anhui.**

Ngô Dinh Diêm ■ Homme politique vietnamien (1901-1963). Il imposa une dictature au Sud-Viêt-nam à partir de 1955 et fut renversé par un putsch et assassiné.

Ngwane ■ ⇒ **Swaziland.**

le ***Niagara*** ■ Cours d'eau reliant les lacs Érié et Ontario, à la frontière du Canada et des États-Unis. ▶ *les chutes du* ***Niagara*** sont spectaculaires (50 m de haut ; 7 000 m³/s). Tourisme. Centrale hydroélectrique. □ ***Niagara Falls.*** Ville de l'Ontario. 71 000 hab. – Ville des États-Unis (État de *New York). 71 400 hab.

Niamey ■ Capitale du Niger sur le fleuve *Niger. 398 000 hab. Marché de bétail.

les **Nibelungen** n. m. pl. ■ Nains de la mythologie germanique, habitant le monde souterrain. Ils ont inspiré *Wagner.

le **Nicaragua** ■ État (république) d'Amérique centrale. 130 700 km². 3,74 millions d'hab. *(les Nicaraguayens).* Capitale : Managua. Langues : espagnol (officielle), langues indiennes. Monnaie : cordoba. Population au niveau de vie très bas. Le café et le coton sont les bases de l'économie. ▭ **HISTOIRE.** Ancienne colonie espagnole, le pays fut indépendant en 1821. Après un siècle de troubles et de guerres civiles, il fut soumis à la dictature de Somoza (1937-1956), puis de son fils renversé par les *sandinistes en 1979. Ceux-ci instaurèrent un régime socialiste lié à Cuba, en conflit avec les États-Unis, mais perdirent les élections de 1990. ► *le lac* ***Nicaragua.*** 8 400 km².

Nice ■ Ville du sud-est de la France (sur la *Côte d'Azur). 345 700 hab. *(les Niçois).* Grand centre touristique sur la Méditerranée : promenade des Anglais, carnaval. Université. Ancienne colonie grecque puis romaine rattachée à la Savoie (1388), au Piémont (1814), enfin à la France en 1860.

Nicée, aujourd'hui **İznik** ■ Ancienne ville d'Asie Mineure (Turquie). ► *le premier concile de* ***Nicée*** (325) condamna l'*arianisme. ► *le second concile de* ***Nicée,*** réuni en 787 par Constantin et l'impératrice *Irène, condamna les *iconoclastes. ► *l'empire de* ***Nicée*** s'étendit sur une grande partie de l'Asie Mineure de 1204 à 1261.

saint **Nicéphore** ■ Patriarche de *Constantinople (v. 758-829). Il se prononça contre les *iconoclastes.

Nicéphore II Phocas ■ Empereur byzantin de 963 à sa mort (v. 912-969). Brillant chef de guerre.

Nicobar ■ Archipel de l'Inde dans l'océan Indien. 1 953 km². 30 500 hab. ⇒ **Andaman et Nicobar.**

saint **Nicolas** ■ Évêque de Myre en Lycie (Asie Mineure), patron de la Russie et des enfants (IVᵉ s.). Dans les pays nordiques et britanniques, il est l'équivalent du Père Noël sous le nom de *Santa Claus.*

Nicolas Iᵉʳ ■ Tsar de Russie de 1825 à sa mort (1796-1855). Surnommé le « Tsar de fer » pour sa politique antiprogressiste. Il écrasa les révoltes polonaise (1831) et hongroise (1849) et déclara la guerre de *Crimée.

Nicolas II ■ Dernier tsar de Russie, de 1894 à 1917 (1868-1918). Partisan de l'autocratie, surnommé « Nicolas le Sanglant » pour sa répression des révoltes, renversé en 1917 et exécuté avec sa famille par les révolutionnaires. ⇒ **Russie.**

Nicolas de Cues ■ Cardinal, théologien et savant allemand (1401-1464). *“La Docte Ignorance”.*

Pierre **Nicole** ■ Moraliste français (1625-1695). Professeur à *Port-Royal, il soutint le *jansénisme. *“Logique de Port-Royal”,* avec *Arnauld.

Jean **Nicolet** ■ Explorateur français (v. 1598-1642). Considéré comme le premier Européen à explorer le Nord-Ouest américain.

Charles **Nicolle** ■ Bactériologiste français (1866-1936). Prix Nobel de médecine 1928.

Nicosie ou **Levkosía** ■ Capitale de l'île de Chypre. 167 000 hab. Marché agricole, tourisme.

Jean **Nicot** ■ Diplomate et érudit français (v. 1530-1600). *“Trésor de la langue française”,* dictionnaire (1606). Il introduisit en France le tabac, d'abord appelé *herbe à Nicot* ou *nicotiane.* ‹ ► nicotine ›

le **Niémen,** en russe **Niéman** ■ Fleuve de Biélorussie, de Lituanie et de la région de Königsberg. 937 km.

Oscar **Niemeyer** ■ Architecte brésilien (né en 1907). Il a réalisé les principaux bâtiments de *Brasilia.

Nicéphore **Niépce** ou **Niepce** ■ Inventeur français de la photographie (1765-1833). Collaborateur de *Daguerre.

Friedrich **Nietzsche** ■ Penseur allemand (1844-1900). Philologue de formation, il entreprit une critique des valeurs occidentales (esthétiques, philosophiques, religieuses, scientifiques) servie par un style éblouissant. De nombreux thèmes nietzschéens ont influencé la pensée contemporaine : généalogie, volonté de puissance, surhomme, « mort de Dieu », opposition entre *Dionysos et *Apollon, retour aux *présocratiques.

le **Niger** ■ 3ᵉ fleuve d'Afrique, navigable toute l'année. 4 200 km. Son cours forme une boucle à travers la Guinée, le Mali, le Niger et le Nigeria. Il se jette dans l'Atlantique.

le **Niger** ■ État (république) d'Afrique de l'Ouest. 1 186 408 km². 7,52 millions d'hab. *(les Nigériens).* Capitale : Niamey. Langue officielle : français. Monnaie : franc CFA. En grande partie désertique, il est doté de l'un des climats les plus chauds du monde. L'élevage est la ressource principale. Le riz et le coton sont cultivés dans la vallée du *Niger. Gisements d'uranium. ▭ **HISTOIRE.** Le pays fut partagé entre les *Haoussas et les *Songhaïs, puis dominé et islamisé par les *Peuls, avant d'être colonisé par la France au début du XXᵉ s. (partie de l'Afrique-Occidentale française). Il devint indépendant en 1960. Le pays est dirigé, depuis le coup d'État de 1974, par un gouvernement militaire.

le **Nigeria** ■ État (république fédérale) d'Afrique de l'Ouest. 923 768 km². 115,97 millions d'hab. *(les Nigérians).* Capitale : Lagos (capitale prévue : Abuja). Langues : anglais (officielle) et 200 langues dont le haoussa, l'ibo et le yorouba. Monnaie : naira. Agriculture commerciale (cacao, palmier à huile) et élevage en voie de sédentarisation. Grand producteur de pétrole, membre de l'*O.P.E.P., il connaît une crise depuis la chute des cours du pétrole. ▭ **HISTOIRE.** Avant l'arrivée des colons anglais au XIXᵉ s., deux civilisations s'affrontaient : les féodalités musulmanes du Nord et les royaumes du Sud. Indépendant en 1960, le pays est membre du *Commonwealth. Sous régime militaire depuis le coup d'État de 1983.

Nihon ■ ⇒ **Nippon.**

Niigata ■ Ville et port du Japon (*Honshū). 483 000 hab. Industries pétrolières.

Vatslav **Nijinski** ■ Danseur et chorégraphe russe (1890-1950). Le plus célèbre interprète des Ballets russes de *Diaghilev.

Nijni Novgorod, de 1932 à 1990 **Gorki** ■ Ville de la C.É.I. (*Russie), grand port sur la Volga. 1,44 million d'hab. Industries. Ville fondée en 1221. Centre culturel et commercial aux foires célèbres de 1817 à 1917.

Nijni Taguil ■ Ville de la C.É.I. (*Russie), dans l'*Oural. 440 000 hab. Industries.

Nikolaïev ■ Ville et port de la C.É.I. (*Ukraine), sur la mer *Noire. 503 000 hab.

le **Nil** ■ Le plus long fleuve du monde. 6 671 km. Né au Burundi, il passe au Soudan où il est appelé le *Nil blanc,* reçoit le *Nil bleu* à Khartoum, puis traverse les déserts de Nubie et d'Égypte par une série de cataractes, et se jette dans la Méditerranée par un vaste delta marécageux. Le fleuve, aujourd'hui régularisé par le barrage d'*Assouan, a façonné l'Égypte, son économie (voie de communication), son agriculture (crues fertilisantes) et sa religion (*Osiris).

Nimègue, en néerlandais **Nijmegen** ■ Ville des Pays-Bas (*Gueldre). 145 000 hab. Les *traités de Nimègue* (1678-1679) mirent fin à la guerre de *Hollande.

Nîmes ■ Ville du sud de la France. 133 600 hab. *(les Nîmois).* Centre touristique et commercial (fruits, légumes, vins). Ancienne cité de l'Empire romain : arènes, *Maison carrée.

Roger **Nimier** ■ Romancier français (1925-1962). "*Le Hussard bleu*".

Chester **Nimitz** ■ Amiral américain (1885-1966). Commandant en chef de la flotte du Pacifique pendant la Seconde Guerre mondiale, il dirigea les opérations contre les Japonais avec *MacArthur.

Anaïs **Nin** ■ Écrivaine américaine (1903-1977). Connue surtout pour son "*Journal*" et son roman "*la Maison de l'inceste*".

Ningbo ■ Ville et port de Chine (*Zhejiang). 1,03 million d'hab. Pêche.

Ningxia ■ Région autonome du centre de la Chine. 170 000 km². 4,24 millions d'hab. Capitale : Yinchuan (314 000 hab.). Culture du blé et du soja. Artisanat de tapis et de feutre.

Ninive ■ Capitale de l'*Assyrie dans l'Antiquité, détruite en 612 av. J.-C.

Niort ■ Ville de l'ouest de la France. 58 700 hab. *(les Niortais).* Travail du cuir (gants, chaussures). Industries alimentaire, mécanique, électrique.

le lac **Nipigon** ■ Lac de l'Ontario. 4 450 km².

Nippon ou **Nihon** ■ Nom japonais désignant le Japon. ► *les* ***Nippons,*** les Japonais. ‹ ► nippon ›

Niš ■ Ville de Yougoslavie (*Serbie). 231 000 hab. Centre commercial et industriel.

Niterói ■ Ville du Brésil. 386 000 hab. Capitale de l'État de *Rio de Janeiro jusqu'en 1975.

Niue ■ Île du Pacifique, formant un territoire librement associé à la Nouvelle-Zélande. 259 km². 2 200 hab. Capitale : Alofi (810 hab.).

le **Nivernais** ■ Ancienne province du centre de la France, pays de plateaux forestiers. Chef-lieu : Nevers.

Richard **Nixon** ■ Homme politique américain (né en 1913). 37ᵉ président (républicain) des États-Unis, de 1969 à 1974. Avec *Kissinger, il amorça la détente avec l'U.R.S.S. et la Chine (fin de la guerre du *Viêt-nam). Le scandale du *Watergate l'obligea à démissionner.

Paul **Nizan** ■ Écrivain français (1905-1940). Auteur d'essais et de romans engagés. "*Aden Arabie*" (célèbre préface de *Sartre) ; "*la Conspiration*".

Nkongsamba ou **N'Kongsamba** ■ Ville du Cameroun. 105 200 hab.

Kwame **Nkrumah** ■ Homme politique ghanéen (1909-1972). Il lutta pour l'indépendance de son pays et en fut le premier président de la République (1960-1966).

le **nô** ■ Forme de théâtre classique japonais, chanté et dansé, créée au XVᵉ s. ≠ kabuki. ‹ ► nô ›

Anna de **Noailles** ■ Poétesse et romancière française (1876-1933). "*Le Cœur innombrable*" ; "*la Nouvelle Espérance*".

Alfred **Nobel** ■ Chimiste et industriel suédois (1833-1896). Il mit au point la dynamite. Il légua sa fortune à la *fondation Nobel,* qui distribue chaque année des *prix Nobel* aux bienfaiteurs de l'humanité : physique, chimie, médecine ou physiologie, littérature, paix et (depuis 1968) économie.

Umberto **Nobile** ■ Aviateur et explorateur italien (1885-1978). Il survola le pôle Nord, avec *Amundsen, dans un dirigeable en 1926.

Charles **Nodier** ■ Écrivain romantique français (1780-1844). Son œuvre mêle la fantaisie et le rêve. "*La Fée aux miettes*".

Noé ■ Patriarche de la Bible (*Genèse). Il est le seul à échapper au déluge, grâce à l'*Arche de Noé,* bateau que *Yahvé lui a ordonné de construire et qui se serait échoué sur le mont *Ararat.

Marie Rouget dite *Marie* **Noël** ■ Poétesse française (1883-1967). Sa foi chrétienne inspira toute son œuvre. "*Le Rosaire des joies*".

Nogent-sur-Marne ■ Ville de France, à l'est de Paris. 25 400 hab. *(les Nogentais).* « Fête du petit vin blanc », guinguettes.

Charles **Noguès** ■ Général français, résident général au Maroc de 1936 à 1943 (1876-1971).

la mer **Noire** ■ Mer intérieure entre la Moldavie, l'Ukraine, la Russie, la Géorgie, la Turquie, la Roumanie et la Bulgarie. 435 000 km². Elle communique avec la Méditerranée par les détroits du *Bosphore et des *Dardanelles. Les Grecs l'appelaient le *Pont-Euxin.*

Noirmoutier ■ Île de l'Atlantique (en face du département de la *Vendée). 9 200 hab. *(les Noirmoutrins).* Reliée au continent par un pont et par une route (le Gois) dans la mer ouverte à marée basse.

Emil **Nolde** ■ Peintre et graveur allemand (1867-1956). Son style, violent et tourmenté, relève de l'*expressionnisme.

Luigi **Nono** ■ Compositeur italien (1924-1990). Un des principaux représentants de la musique sérielle. "*Intolleranza*".

Noranda ■ Ville minière du Québec (en *Abitibi). 8 600 hab. Cuivre. Or.

le cap **Nord** ■ Point le plus septentrional d'Europe, au nord de la Norvège.

la mer du **Nord** ■ Partie de l'océan Atlantique située entre la Grande-Bretagne, la Belgique, les Pays-Bas, l'Allemagne, le Danemark et la Norvège. 570 000 km². Trafic maritime très dense (⟹ les ports de **Rotterdam, Londres, Anvers, Hambourg**). Gisements de pétrole près de l'Écosse et de la Norvège (*Ekofisk).

le passage du **Nord-Est** ■ Route maritime entre le nord de l'Europe et l'Asie, par l'océan Arctique et le détroit de *Béring, ouverte en 1878-1879 par le géologue suédois A. E. Nordenskiöld (1832-1901).

le **Nordeste** ■ Région située au nord-est du Brésil. Elle est surpeuplée (28,7 % de la population sur 18 % de sa superficie) et sous-développée. Une terrible famine eut lieu en 1983.

le passage du **Nord-Ouest** ■ Passage entre l'Atlantique Nord et le Pacifique par l'archipel arctique canadien, ouvert par *Amundsen (1906).

les Territoires du ***Nord-Ouest*** ■ ⇒ les **Territoires du Nord-Ouest.**

le ***Nord-Pas-de-Calais*** ■ Région administrative et économique française formée de deux départements : Nord et Pas-de-Calais. 12 451 km². 3,96 millions d'hab. Préfecture : Lille. Plaines de la *Flandre et de l'*Artois, une des régions agricoles les plus riches de France : céréales, betterave, élevage. Grand foyer d'économie textile et commerciale au Moyen Âge (Lille, Roubaix, Tourcoing). Révolution industrielle au XIXᵉ s. avec le charbon : sidérurgie sur le bassin houiller de la Flandre et de l'*Escaut. Depuis plusieurs années, la crise du textile et de la sidérurgie nécessite une reconversion économique.

Norfolk ■ Ville et port des États-Unis (*Virginie). 267 000 hab. ⇒ **Hampton.**

le ***Norfolk*** ■ Comté du sud-est de l'Angleterre. 5 355 km². 744 000 hab. Chef-lieu : Norwich.

Géo ***Norge*** ■ Poète belge d'expression française (1898-1990). "*La Langue verte*".

Norilsk ■ Ville de la C.É.I. (*Russie), en Sibérie. 174 000 hab. Cuivre, nickel.

la ***Normandie*** ■ Ancienne province française. Unifiée lors de la conquête romaine, puis envahie par les *Normands au IXᵉ s., elle comprenait l'Angleterre au XIᵉ s. (⇒ **Guillaume le Conquérant**) puis passa aux *Plantagenêts. Longtemps disputée entre Anglais et Français, elle fut rattachée au domaine royal de France en 1468. Aujourd'hui divisée en deux régions administratives. □ *la région de* ***Basse-Normandie*** regroupe trois départements : Calvados, Manche, Orne. 17 740 km². 1,39 million d'hab. Préfecture : Caen. Paysage de champs et de bocages au climat doux et pluvieux. Région essentiellement agricole : élevage bovin, produits laitiers (beurre, fromages), pommiers. Tourisme sur le littoral : *Deauville, *Cabourg. □ *la région de* ***Haute-Normandie*** comprend les départements de l'Eure et de la Seine-Maritime. 12 334 km². 1,74 million d'hab. Préfecture : Rouen. Paysage de plateaux creusés de vallées profondes et tombant en falaises abruptes sur la Manche. Élevage bovin et produits laitiers, mais la région est surtout industrielle grâce aux ports (Le Havre et Rouen) et à la proximité de Paris : raffinage du pétrole, chimie, industries du papier.

les ***Normands*** ■ « Hommes du Nord », pirates scandinaves (⇒ **Vikings**) auxquels *Charles le Simple céda la future *Normandie* (911), afin de protéger Paris et son royaume. Leurs descendants fondèrent un royaume anglo-normand (⇒ **Guillaume le Conquérant**) et divers États méditerranéens, notamment en *Sicile. ‹ ▶ normand ›

Norodom Sihanouk ■ Roi du Cambodge, en 1941, puis chef du gouvernement en 1955 (né en 1922). Il démissionna en 1976, quitta son pays en 1979, mais continua, depuis l'étranger d'y jouer un rôle important. Il revint dans son pays en 1991 et fut reconnu chef de l'État. ⇒ **Cambodge.**

Norrköping ■ Ville et port de Suède. 119 000 hab.

Northampton ■ Ville d'Angleterre, chef-lieu du Northamptonshire. 156 000 hab. Industrie du cuir. ▶ *le* ***Northamptonshire.*** Comté de l'est de l'Angleterre. 2 367 km². 570 000 hab. Chef-lieu : Northampton.

North Bay ■ Ville de l'Ontario. 50 600 hab.

le ***Northumberland*** ■ Comté du nord-est de l'Angleterre, à la frontière écossaise. 5 033 km². 301 000 hab. Chef-lieu : Newcastle.

North York ■ Ville de l'Ontario, banlieue de *Toronto. 556 000 hab.

le royaume de ***Norvège*** ■ État (monarchie constitutionnelle) d'Europe du Nord. Il correspond à la bordure occidentale de la Scandinavie et comprend de nombreuses îles (*Svalbard...). 323 878 km². 4,22 millions d'hab. *(les Norvégiens)*. Capitale : Oslo. Langue : norvégien (deux formes : bokmal, nynorsk). Religion officielle : Église évangélique luthérienne. Monnaie : couronne norvégienne. Pays de montagnes, au littoral découpé de fjords. La pêche (premier rang en Europe) et l'exploitation de la forêt sont les bases de l'économie, stimulée en outre par les gisements de gaz naturel et de pétrole en mer du Nord. Aluminium. ▭ **HISTOIRE.** L'un des pays d'origine des *Vikings. Il fut unifié en 872 et christianisé au XIᵉ s. Il connut son apogée au XIIIᵉ s., possédant le Groenland et l'Islande et dominant le reste de la Scandinavie. Il fut uni au Danemark et à la Suède sous *Marguerite Valdemarsdotter (1397). Puis il passa sous la domination de fait du Danemark en 1523, de la Suède en 1814 (mais avec sa propre Constitution), et devint indépendant en 1905. Pays neutre pendant la Première Guerre mondiale, il fut occupé par les troupes allemandes en 1940, à cause de *Narvik. ‹ ▶ norvégien ›

Norwich ■ Ville d'Angleterre, chef-lieu du *Norfolk. 173 000 hab. Cathédrale romane érigée en 1096.

Michel de Nostre-Dame dit ***Nostradamus*** ■ Médecin et astrologue français (1503-1566). Célèbre pour ses prédictions, "*les Centuries*".

Notre-Dame de Paris ■ Cathédrale gothique de Paris, dans l'île de la Cité, construite entre 1163 et 1245 (mais on travailla sur l'édifice jusqu'en 1345). Elle fut restaurée par *Viollet-le-Duc au XIXᵉ s.

Nottaway ■ Rivière de l'ouest du Québec. 225 km. Vastes projets d'aménagement hydroélectrique.

Nottingham ■ Ville d'Angleterre, chef-lieu du Nottinghamshire. 277 000 hab. Industries mécanique et chimique. Université. ▶ *le* ***Nottinghamshire.*** Comté des *Midlands. 2 164 km². 1 million d'hab. Chef-lieu : Nottingham. La région est célèbre par la forêt de Sherwood où s'illustra Robin Hood (Robin des Bois).

Nouadhibou ■ Ville et port de la Mauritanie. 30 000 hab.

Nouakchott ■ Capitale de la Mauritanie, fondée en 1957. 600 000 hab. Centre administratif et commercial.

Noukous ■ ⇒ **Karakalpakie.**

Nouméa ■ Chef-lieu du territoire d'outre-mer français de *Nouvelle-Calédonie, fondé en 1854 sous le nom de Port-de-France. Centre commercial et administratif de l'île. 60 100 hab.

Rudolf ***Noureïev*** ■ Danseur et chorégraphe soviétique, naturalisé britannique puis autrichien (né en 1938). Danseur étoile du théâtre Kirov de Leningrad, il choisit de rester en Occident. Directeur de la danse à l'Opéra de Paris (1983-1989).

l'art ***nouveau*** ou ***modern style*** ■ Mouvement de renouveau dans l'architecture et les arts décoratifs v. 1900 en Europe, dit aussi « style nouille ». Il s'inspire des volutes de la flore et de l'art japonais. Il utilise le fer et le verre, matériaux qui peuvent prendre toutes les formes. ⇒ **Mucha, Horta, Guimard, Gallé.**

Germain ***Nouveau*** ■ Poète français (1851-1920). Son œuvre oscille entre la sensualité et le mysticisme. "*Valentines*".

le **Nouveau-Brunswick** ■ Province (État fédéré) du Canada. 73 440 km². 710 000 hab. Capitale : Fredericton. Pêche, forêts. Mines. Un tiers de la population est francophone (frontière avec le Québec ; Acadiens). ▭HISTOIRE. Le territoire, occupé au XVIIe s. par les Micmacs et les Abénaquis et véritablement colonisé à partir de 1780, devint la colonie du Nouveau-Brunswick en 1784. Dotée d'un gouvernement responsable en 1849, le Nouveau-Brunswick adhéra à la Confédération dès sa fondation en 1867.

le **Nouveau-Mexique** ■ État du sud-ouest des États-Unis. 314 924 km². 1,3 million d'hab. Capitale : Santa Fe. Ville principale : Albuquerque. Tourisme (canyons), ressources minérales. Ancienne colonie espagnole puis province mexicaine, cédée aux États-Unis en 1848.

le **Nouveau Monde** ■ Nom donné au continent américain par les Européens lorsqu'ils le découvrirent en 1492.

le **Nouveau Parti démocratique** ■ Parti politique canadien fondé en 1961 et prônant la social-démocratie.

le **Nouveau-Québec** ■ Région administrative du nord du Québec. 879 960 km². 18 600 hab.

le **nouveau roman** ■ Mouvement littéraire français (v. 1950) qui se définit comme un refus des composants traditionnels du roman : déroulement chronologique de l'histoire, psychologie des personnages. Ses principaux représentants sont *Robbe-Grillet, C. *Simon, *Butor, *Sarraute.

l'île de la **Nouvelle-Amsterdam** ■ Île française, d'origine volcanique, du sud de l'océan Indien, appartenant aux terres *Australes et Antarctiques françaises. 54 km². Station météorologique (35 membres).

la **Nouvelle-Angleterre** ■ Nom des six États des États-Unis (Connecticut, Maine, Massachusetts, New Hampshire, Rhode Island, Vermont) correspondant aux colonies anglaises fondées sur la côte atlantique.

la **Nouvelle-Bretagne** ■ Île de l'archipel *Bismarck, en *Océanie, appartenant à la Papouasie-Nouvelle-Guinée. 36 500 km². Elle fut sous tutelle australienne de 1946 à 1975.

la **Nouvelle-Calédonie** ■ Île française du Pacifique, à l'est de l'Australie, formant, avec les îles environnantes (dont les îles Loyauté), un territoire d'outre-mer. 18 576 km². 164 200 hab. *(les Néo-Calédoniens),* dont 54 000 Européens (en majorité des Français métropolitains) et 61 900 Mélanésiens (*Kanaks). Capitale : Nouméa. Monnaie : franc des Comptoirs français du Pacifique. Climat subtropical. Le nickel est à la base de l'économie. ▭HISTOIRE. Découverte par Cook, possession française depuis 1853, l'île fut le lieu d'affrontements chroniques (1878, 1984-1988) entre les Kanaks indépendantistes et les Européens (dits « Caldoches »). Une loi référendaire de 1988 a fixé le statut du territoire jusqu'à un référendum d'autodétermination prévu en 1998. ‹ ▶ calédonien, néo-calédonien ›

la **Nouvelle-Écosse** ■ Province (État fédéré) du Canada, au sud-est du pays. 55 490 km². 873 000 hab. Capitale : Halifax. Pêche en Atlantique. ▭HISTOIRE. La Nouvelle-Écosse – Nova Scotia pour les Anglais, partie de l'Acadie pour les Français – devint définitivement britannique par le traité d'*Utrecht (1713). La population acadienne, majoritaire, dont la déportation débuta en 1755, fut progressivement remplacée par plusieurs vagues d'immigrants anglo-saxons. Colonie britannique, la Nouvelle-Écosse fut dotée d'un gouvernement responsable en 1848, puis adhéra à la Confédération dès sa fondation, en 1867.

la **Nouvelle-Galles du Sud** ■ État du sud-est de l'Australie. Il englobe le territoire de la capitale fédérale australienne (Canberra). 801 600 km². 5,76 millions d'hab. Capitale : Sydney. Agriculture (élevages ovin et bovin), richesses minières. Industries près de Sydney.

la **Nouvelle-Guinée** ■ Immense île de l'océan Pacifique, avec des parties très peu habitées, peuplée en majorité de *Papous. 775 210 km². Montagneuse, volcanique et très humide, partagée entre l'Indonésie (⇒ **Irian Jaya**) et la *Papouasie-Nouvelle-Guinée. Quelques plantations de café, cacao, coprah. Mines d'or.

La **Nouvelle-Orléans,** en anglais **New Orleans** ■ Ville des États-Unis (*Louisiane), ancienne capitale de la Louisiane, port actif sur le Mississippi. 558 000 hab. Fondée par les Français v. 1718 (maisons anciennes dans le Vieux *Carré), lieu de naissance du jazz, la ville est très touristique. Pétrochimie. Université.

les **Nouvelles-Hébrides** ■ ⇒ **Vanuatu.**

la **Nouvelle-Zélande** ■ État (monarchie constitutionnelle) d'*Océanie, formé de plusieurs îles, dont deux grandes. 267 844 km². 3,37 millions d'hab. *(les Néo-Zélandais).* Capitale : Wellington. Langues officielles : anglais, maori. Monnaie : dollar néo-zélandais. Son climat tempéré a favorisé l'élevage ovin (1er exportateur mondial de laine) et bovin. Petite industrie grâce à la houille blanche. ▭HISTOIRE. Peuplée d'abord de Maoris, découverte par *Tasman en 1642, elle fut une colonie anglaise jusqu'en 1907, et fait, depuis 1931, partie du *Commonwealth. La Nouvelle-Zélande fut l'un des premiers pays au monde à accorder le droit de vote aux femmes (1893).

la **Nouvelle-Zemble** ■ Archipel de Russie, constitué de deux îles situées entre les mers de *Barents et de *Kara. 82 600 km².

Nova Iguaçu ■ Ville du Brésil (État de *Rio de Janeiro). 492 000 hab. Banlieue de Rio de Janeiro.

Friedrich **Novalis** ■ Poète romantique allemand (1772-1801). Ses œuvres exaltent un sentiment mystique de la nature. "*Hymnes à la nuit*" ; "*Henri d'Ofterdingen*", roman inachevé.

Novare, en italien **Novara** ■ Ville d'Italie, dans le *Piémont. 103 000 hab.

Novgorod ■ Ville de la C.É.I. (*Russie), au sud de Saint-Pétersbourg. 229 000 hab. Ancienne principauté. École d'icônes. Monuments.

Novi Sad ■ Ville de Yougoslavie, capitale de la *Vojvodine, sur le Danube. 258 000 hab.

Novokouznetsk ■ Ville de la C.É.I. (*Russie), dans le *Kouzbass. 600 000 hab. Centre industriel.

Novorossiïsk ■ Ville de la C.É.I. (*Russie), port sur la mer Noire. 186 000 hab.

Novossibirsk ■ Ville de la C.É.I. (*Russie), métropole de la *Sibérie, sur l'*Ob. Gare du *Transsibérien. 1,43 million d'hab.

Nowa Huta ■ Ville de Pologne, incluse, administrativement, dans la ville de *Cracovie. 216 000 hab. Sidérurgie.

Noyon ■ Ville de France, au nord de Paris. 14 600 hab. *(les Noyonnais).* Cathédrale gothique (XIIe - XIIIe s.). Patrie de *Calvin.

la ***Nubie*** ■ Région désertique du nord de l'Afrique, couvrant une partie du Soudan et de l'Égypte. Cultures le long du *Nil (coton, dattes). Mise en valeur par les pharaons, elle conserva de nombreux vestiges de leur civilisation.

Nuevo Laredo ■ Ville du Mexique. 203 300 hab. Centre commercial. Gisements pétroliers.

Nuit et Brouillard, en allemand ***Nacht und Nebel*** ■ Nom donné par les Allemands aux déportés dans les camps de concentration nazis.

Nuits-Saint-Georges ■ Ville de France, en *Bourgogne, célèbre pour ses vins. 5 600 hab. *(les Nuitons).*

Nuku'alofa ■ Capitale du royaume des Tongas, sur l'île de Tongatapu. 29 000 hab.

Numa Pompilius ■ Second roi légendaire de Rome, qui régna de 715 à 673 av. J.-C.

la ***Numidie*** ■ Royaume d'Afrique du Nord (Maghreb) créé par Masinissa en 203 av. J.-C. Après la victoire des Romains à Carthage, il devint une province romaine, fut christianisé au IIe s., puis passa sous domination arabe au VIIIe s.

Charles ***Nungesser*** ■ Aviateur français (1892-1927). Il disparut avec François Coli (1881-1927) au-dessus de l'Atlantique Nord.

Nuremberg, en allemand ***Nürnberg*** ■ Ville d'Allemagne (*Bavière). 472 000 hab. Industries mécanique, électrique. Jouets réputés. Possession des *Hohenzollern, métropole commerciale et artistique (*Dürer) du XIIIe au XVIe s., Hitler en fit le siège du congrès annuel du parti *nazi. En grande partie détruite pendant la Seconde Guerre mondiale. ► *le procès de* ***Nuremberg*** eut lieu pour juger les criminels de guerre nazis (1945-1946).

Nuuk, autrefois ***Godthåb*** ■ Capitale du Groenland. 12 000 hab.

le ***Nyassaland*** ■ ⇒ **Malawi.**

Julius ***Nyerere*** ■ Homme politique tanzanien (né en 1922). Président de la République du *Tanganyika en 1962, il fut, de 1964 à 1985, président de la République de *Tanzanie.

O

Oakland ■ Ville et port des États-Unis, dans la zone urbaine de *San Francisco (*Californie). 339 000 hab. Centre industriel.

Oakville ■ Ville de l'Ontario. 87 000 hab.

*l'***O.A.S., *Organisation armée secrète*** ■ Dirigée par *Salan, elle s'opposa par la violence à la politique algérienne du général de *Gaulle (1961-1962). ⇒ guerre d'**Algérie.**

Oaxaca de Juárez ■ Ville du Mexique. 157 000 hab. Nombreux édifices baroques. Site de *Monte Albán à proximité.

*l'***Ob** n. m. ■ Fleuve de la C.É.I. (*Russie). Il traverse la Sibérie occidentale et se jette dans l'Arctique. 4 230 km.

René de **Obaldia** ■ Écrivain français (né en 1918). Pièces de théâtre à l'humour acide. "*Le Satyre de la Villette*".

*el-***Obeid** ou *al-***Ubayyiḍ** ■ Site archéologique de basse *Mésopotamie, près d'*Ur (aujourd'hui en Irak). Vestiges d'une civilisation anté-sumérienne, la *culture d'Obeid*.

Oberhausen ■ Ville et port d'Allemagne (*Rhénanie-du-Nord-Westphalie), important centre industriel de la *Ruhr. 220 000 hab.

*l'***Oberland bernois** ■ Région montagneuse de Suisse, dans le canton de Berne. Tourisme.

Obrenović ■ Dynastie serbe, rivale des *Karadjordjević, qui régna de 1817 à 1903 (sauf de 1842 à 1858).

Sean **O'Casey** ■ Auteur dramatique irlandais (1880-1964). Son théâtre évoque les problèmes politiques et sociaux de l'Irlande. "*L'Ombre d'un franc-tireur*".

*Guillaume d'***Occam** ■ ⇒ **Guillaume d'Occam.**

*l'empire romain d'***Occident** ■ État issu du partage de l'Empire romain en 395. ⇒ **Rome.**

*l'***Occitanie** n. f. ■ Ensemble des régions du sud de la France, où l'on parlait la langue d'oc, aujourd'hui maintenue par les dialectes et par la renaissance occitane (provençal, gascon, etc.). ⟨ ► occitan ⟩

*l'***Occupation** n. f. ■ Période de la Seconde Guerre mondiale, pendant laquelle la France fut occupée par les armées allemandes (1940-1944).

*l'***O.C.D.E.** n. f., ***Organisation de coopération et de développement économique*** ■ Créée en 1961, son but est de coordonner les politiques économiques des pays occidentaux (24 membres).

Océan ■ Divinité grecque dont l'union avec *Téthys permit la naissance des fleuves et des *Océanides. ⟨ ► océan ⟩

les **Océanides** n. f. pl. ■ Dans la mythologie grecque, nymphes de la Mer et des Eaux.

*l'***Océanie** n. f. ■ Une des cinq parties du monde (8 970 000 km² ; 25 millions d'hab.), comprenant l'*Australie et une multitude d'îles dans le Pacifique, groupées en trois ensembles : *Mélanésie (dont la *Nouvelle-Guinée), *Micronésie, *Polynésie (dont la *Nouvelle-Zélande). L'art et les civilisations océaniens, découverts par les Occidentaux aux XIXe et XXe s., ont été affectés par la colonisation, l'immigration asiatique, le rôle stratégique de la région, le tourisme ; ils sont menacés de disparition en *Nouvelle-Zélande et en *Australie, où la population et le style de vie européens ou américains sont largement majoritaires. ⟨ ► océanien ⟩

Johannes **Ockeghem** ■ Compositeur franco-flamand (v. 1420 - v. 1497). Un des maîtres du contrepoint.

Daniel **O'Connell** ■ Homme politique irlandais (1775-1847). Catholique, il lutta pour la liberté politique et religieuse de son pays.

Octave ■ Nom d'*Auguste, avant son adoption par *César.

Octavie ■ Impératrice romaine, épouse de *Néron (v. 42 - 62). Ce dernier la répudia pour épouser *Poppée.

*la révolution d'***Octobre** ■ ⇒ **révolution russe de 1917.**

Odense ■ Ville et port du Danemark, chef-lieu de la *Fionie. 175 000 hab.

*l'***Oder** n. m. ■ Fleuve qui naît en Tchécoslovaquie, traverse la Pologne et se jette dans la *Baltique.

848 km. Il forme avec son affluent la *Neisse la ligne de l'*Oder-Neisse* qui sert de frontière entre la Pologne et l'Allemagne. En 1990, un traité fut signé entre les deux pays, officialisant cette frontière.

Odessa ■ Ville de la C.É.I. (*Ukraine), principal port de la mer Noire. 1,11 million d'hab. Centre culturel et économique.

Odin, en allemand **Wotan** ■ Principal dieu de la mythologie scandinave, dieu de la Guerre, de l'Écriture et de la Poésie.

l'**Odyssée** ■ Épopée grecque attribuée, comme l'"*Iliade", à *Homère. Elle raconte le retour d'*Ulysse (en grec : *Odusseus*) après la guerre de *Troie : poursuivi par la haine du dieu *Poséidon, il erre dix ans sur les mers avant de retrouver sa patrie, *Ithaque, et son épouse, *Pénélope, dont il élimine les prétendants. ‹ ► odyssée ›

Œdipe ■ Personnage de la mythologie grecque. Ignorant leur identité, il tue son père, puis épouse sa mère ; il se crève les yeux lorsqu'il découvre la vérité. Le mythe d'Œdipe a inspiré *Sophocle et *Euripide. Le *complexe d'Œdipe,* amour coupable de l'enfant pour chacun de ses parents, notamment celui du sexe opposé, est au centre de la psychanalyse de Freud.

Adam **Oehlenschläger** ■ Poète et dramaturge danois (1779-1850). Chef de file du romantisme national. "*Poèmes du Nord*".

Hans Christian **Œrsted** ou **Ørsted** ■ Physicien danois (1777-1851). Son nom a été donné à l'unité d'intensité du champ magnétique.

Jacques **Offenbach** ■ Compositeur français d'origine allemande (1819-1880). Célèbre pour ses opérettes enjouées : "*la Belle Hélène*" ; "*la Vie parisienne*". "*Les Contes d'Hoffmann*", opéra-comique.

Offenbach-sur-le-Main, en allemand **Offenbach am Main** ■ Ville d'Allemagne (*Hesse), port sur le Main. 111 000 hab. Cuir.

l'**Ogaden** n. m. ■ Région steppique de l'est de l'Éthiopie. Litige territorial avec la Somalie.

Ōgaki ■ Ville du Japon (*Honshū). 148 000 hab. Château du XVIe s.

Ogbomosho ■ Ville du Nigeria. 613 000 hab. Centre commercial (coton).

Ogino Kyūsaku ■ Médecin japonais (1882-1975). Méthode de calcul des cycles d'ovulation chez la femme.

l'**Ogooué** n. m. ■ Fleuve d'Afrique équatoriale, qui se jette dans l'océan Atlantique. 1 200 km.

Maurice **Ohana** ■ Compositeur français d'origine espagnole (né en 1914). "*Syllabaire pour Phèdre*", opéra de chambre.

l'**Ohio** n. m. ■ État du centre nord des États-Unis, entre la rivière Ohio (affluent du Mississippi) et le lac Érié. 115 998 km². 10,8 millions d'hab. Capitale : Colombus. Villes principales : Cincinnati, Cleveland. Industries.

Georg **Ohm** ■ Physicien allemand (1789-1854). Son nom a été donné à l'unité de mesure de la résistance électrique. *Loi d'Ohm :* loi fondamentale des courants électriques. ‹ ► ohm ›

Ohrid ■ Ville de Yougoslavie (*Macédoine), sur le *lac d'Ohrid* (348 km²), à la frontière albanaise. 64 300 hab. Églises byzantines.

l'**Oisans** n. m. ■ Région des Alpes françaises, au sud-est de Grenoble. Alpinisme, sports d'hiver.

l'**Oise** n. f. ■ Rivière du Bassin parisien, affluent de la Seine. 302 km. Importante voie de navigation (France).

Ōita ■ Ville industrielle et port du Japon (*Kyūshū). 403 000 hab.

les **Ojibwés** ■ Amérindiens du groupe algonquien habitant la région des *Grands Lacs.

l'**Oka** n. f. ■ Rivière de la C.É.I. (*Russie), affluent de la *Volga. 1 480 km.

Okayama ■ Ville du Japon (*Honshū). 587 000 hab.

la mer d'**Okhotsk** ■ Mer à l'est de la Sibérie, entre la presqu'île du *Kamtchatka et l'île de *Sakhaline.

Okinawa ■ Île du Japon, la principale de l'archipel des *Ryūkyū. Ville principale : Naha. Violents combats en 1945.

l'**Oklahoma** n. m. ■ État du centre sud des États-Unis. 181 185 km². 3 millions d'hab. Céréales et coton. Pétrole et gaz. □ ***Oklahoma City,*** sa capitale. 403 000 hab.

Öland ■ Île de Suède, dans la mer *Baltique, reliée au continent par un pont. 1 339 km².

Olav V ■ Roi de Norvège de 1957 à sa mort (1903-1991).

Kamil Zeman dit Ivan **Olbracht** ■ Romancier tchécoslovaque (1882-1952). "*L'Étrange Amitié de l'acteur Jesenius*".

l'**Oldenbourg** n. m. ■ Ancien État d'Allemagne, au bord de la mer du Nord. Comté au XIe s. puis duché, enfin grand-duché au XIXe s. □ ***Oldenbourg,*** en allemand ***Oldenburg,*** sa capitale (140 000 hab.), est aujourd'hui une ville commerciale (marché aux bestiaux) d'Allemagne, située en Basse-*Saxe.

Claes **Oldenburg** ■ Artiste américain d'origine suédoise (né en 1929). Un des représentants du *pop'art.

Oldham ■ Ville d'Angleterre (Grand *Manchester). 108 000 hab. Filatures de coton.

l'île d'**Oléron** ■ Île française de l'océan Atlantique, près de l'embouchure de la Charente, reliée au continent par un viaduc. 175 km². 18 400 hab. *(les Oléronais).* Ostréiculture, pêche. Tourisme.

Olinda ■ Ville du Brésil (*Pernambouc), près de *Recife. Monuments des XVIIe-XVIIIe s. 266 000 hab.

le comte-duc d'**Olivares** ■ Homme d'État espagnol (1587-1645). Favori de Philippe IV, il exerça le pouvoir de 1623 à 1643.

sir Laurence **Olivier** ■ Acteur et metteur en scène anglais (1907-1989). Brillantes interprétations et mises en scène de *Shakespeare. "*Henry V*" ; "*Hamlet*".

le mont des **Oliviers** ■ Colline à l'est de Jérusalem, où le Christ fut arrêté, selon les *Évangiles. Le jardin de *Gethsémani est au pied de ce mont.

Émile **Ollivier** ■ Homme politique français (1825-1913). Ministre de Napoléon III en 1870 ; sa tentative pour rétablir un régime parlementaire fut ruinée par la guerre *franco-allemande.

les **Olmèques** ■ Ancienne civilisation précolombienne de la région du golfe du Mexique, caractérisée par ses monumentales têtes sculptées en pierre.

Olomouc, en allemand **Olmütz** ■ Ville de Tchécoslovaquie, en *Moravie. 106 000 hab.

l'**O.L.P., *Organisation de libération de la Palestine*** ■ Mouvement nationaliste créé en 1964 dans le but d'obtenir la création d'un État palestinien et présidé par Yāsir *'Arafāt.

l'Olt n. m. ■ Rivière de Roumanie, affluent du *Danube. 700 km.

Olybrius ■ Nom de plusieurs personnages du haut Moyen Âge : un empereur romain d'Occident allié aux Barbares (mort en 472), un gouverneur d'Antioche et un gouverneur des Gaules qui auraient martyrisé, l'un sainte Marguerite, l'autre sainte Reine, d'où la légende médiévale d'un bravache cruel, puis (XVIe s.) d'un fanfaron incapable. ⟨ ▶ olibrius ⟩

*l'**Olympe*** n. m. ■ Montagne du nord de la Grèce. 2 917 m. Pour les Grecs de l'Antiquité, c'était le séjour des dieux. ⟨ ▶ olympien ⟩

Olympia ■ Ville des États-Unis, capitale de l'État de *Washington. 27 400 hab.

Olympias ■ Reine de Macédoine et mère d'*Alexandre le Grand (v. 375 - 316 av. J.-C.).

Olympie ■ Centre religieux de la Grèce antique, dans le Péloponnèse, consacré au culte de *Zeus dont la statue était considérée comme l'une des Sept *Merveilles du monde. ▶ *les jeux* ***Olympiques*** s'y déroulaient tous les quatre ans, à partir de 776 av. J.-C. jusqu'en 394 apr. J.-C. Le nombre des épreuves passa de 1 (course du stade) à 13 (javelot, pugilat...). Pour les *jeux Olympiques* modernes, ⇒ **Coubertin.** ⟨ ▶ olympiade, olympique ⟩

*l'**Om*** n. m. ■ Rivière de la C.É.I. (*Russie), en *Sibérie. 1 259 km. Affluent de l'*Irtych.

Omaha ■ Ville des États-Unis (*Nebraska), port sur le Missouri. 314 000 hab.

*le sultanat d'**Oman*** ■ État (monarchie absolue) de la péninsule Arabique, baigné par le *golfe* et la *mer d'Oman.* 300 000 km² environ. 1,42 million d'hab. *(les Omanais).* Capitale : Mascate. Langue : arabe. Religion officielle : islam. Monnaie : riyal omani. Ancienne colonie portugaise, devenue au XVIIIe s. le *sultanat de Mascate et d'Oman*, et dont l'indépendance fut reconnue par la communauté internationale en 1970. Dattes, arbres fruitiers. Pays producteur de pétrole, il n'est pas membre de l'O.P.E.P.

Omar ou ***'Umar Ier*** ■ Second calife des musulmans après *Abou Bakr (v. 581-644). Il contribua à l'expansion de l'islam.

*l'**Ombrie*** n. f., en italien ***Umbria*** ■ Région autonome du centre de l'Italie. 8 456 km². 820 000 hab. *(les Ombriens).* Capitale : Pérouse. Oliviers, élevage, industries électrochimiques.

Omdourman ou ***Umm Durmān*** ■ 1re ville du Soudan. 526 000 hab. Banlieue de *Khartoum.

*les **Omeyyades*** ■ Dynastie de califes arabes qui régna à Damas de 661 à 750. Immense empire qui s'étendit jusqu'à l'Espagne (XIe s.).

Omphale ■ Reine légendaire de *Lydie. *Héraclès fut son esclave, puis son époux.

*l'**O.M.S.*** n. f., ***Organisation mondiale de la santé*** ■ Fondée en 1946, c'est une institution spécialisée de l'*O.N.U. Siège : Genève.

Omsk ■ Ville de la C.É.I. (*Russie), pôle historique de la *Sibérie occidentale. 1,14 million d'hab. Port fluvial à la confluence de l'*Om et de l'*Irtych. Pétrole. Le contre-révolutionnaire *Koltchak, après avoir pris le titre de régent suprême, en fit sa capitale en 1918.

*le lac **Onega*** ■ 2e lac européen par sa surface, en Russie. 9 900 km².

*Eugene **O'Neill*** ■ Auteur dramatique américain (1888-1953). Ses pièces allient le réalisme du quotidien au symbolisme. "*Le Singe velu*". Prix Nobel 1936.

*l'**Ontario*** n. m. ■ Province (État fédéré) du Canada. 1 068 580 km². 8,63 millions d'hab. *(les Ontariens),* en grande majorité anglophones (mais il y a 425 000 *Franco-Ontariens*). Capitale : Toronto. Première région économique du pays, et la plus peuplée. ▭ HISTOIRE. L'installation de Loyalistes à la fin de la guerre d'*Indépendance américaine marqua le début du peuplement de l'Ontario dont le territoire ne fut définitivement délimité qu'en 1912. Dès la fondation de la Confédération (1867), l'Ontario connut un fort développement industriel qui donna à la province un rôle primordial dans la Confédération. L'importance de la communauté francophone, le voisinage du Québec, la place de l'Ontario dans la Confédération rendirent la querelle linguistique et scolaire particulièrement vive jusqu'en 1962. Dès lors une politique d'apaisement et de compromis visant à reconnaître les droits des Franco-Ontariens s'élabora progressivement. ▶ *le lac* ***Ontario.*** ⇒ **Grands Lacs.**

*l'**O.N.U., Organisation des Nations Unies*** ■ Créée en 1945, elle succéda en 1946 à la *Société des Nations (S.D.N.). Son but est de maintenir la paix et la sécurité dans le monde. L'O.N.U. siège à New York. Elle comprend l'*Assemblée générale* qui rassemble les 159 États membres, le *Conseil de sécurité* (15 membres dont 5 permanents : États-Unis, Russie, Chine, France, Royaume-Uni), le *Conseil économique et social*, le *Conseil de tutelle*, la *Cour internationale de justice*, le *Secrétariat* (dirigé par un secrétaire général) et des organes spécialisés (*U.N.E.S.C.O., *O.M.S., *F.A.O., etc.). Souvent paralysée dans son action (droit de veto des membres permanents du Conseil de sécurité), l'organisation, avec la fin de la *guerre froide, tenta de restaurer son autorité. En 1990, elle mandata une coalition militaire internationale pour obliger l'Irak à évacuer le Koweït (⇒ guerre du **Golfe**).

*l'**O.P.E.P., Organisation des pays exportateurs de pétrole*** ■ Créée en 1960 pour fixer les prix du pétrole, elle regroupe 13 États et siège à Vienne.

*le théâtre de l'**Opéra de Paris*** dit *le **palais Garnier*** ■ Bâtiment de l'Académie de musique et de danse. Construit par *Garnier de 1862 à 1875. Son style fastueux est caractéristique du second Empire. Plafond décoré par *Chagall en 1964. Consacré à la danse depuis la construction de l'*Opéra de la Bastille* (1989).

*Max **Ophüls*** ■ Cinéaste allemand naturalisé français (1902-1957). "*Madame de...*" ; "*Lola Montès*".

*la guerre de l'**Opium*** ■ Guerre anglo-chinoise (1839-1842), à la suite de la saisie par les Chinois de 2 000 caisses d'opium livrées par les Anglais. Le traité de *Nankin obligea la Chine à ouvrir ses ports au commerce européen. Une seconde *guerre de l'Opium* eut lieu (1856-1860) à laquelle les Français prirent part aux côtés des Anglais.

Opole ■ Ville de Pologne, centre économique de la *Silésie. 128 000 hab.

*Robert **Oppenheimer*** ■ Physicien américain (1904-1967). Il dirigea les recherches qui aboutirent à la bombe atomique en 1945 et devint, par ses écrits et son rôle public, le symbole d'une interrogation sur la responsabilité du savant.

Oradea ■ Ville de Roumanie. 214 000 hab. Monuments baroques.

Oradour-sur-Glane ■ Ville de France (*Limousin) où les Allemands massacrèrent la population en juin 1944. Symbole de la barbarie nazie. 2 000 hab. *(les Radounauds).*

Oran, en arabe **Ouahran** ■ 2e ville et port d'Algérie. 629 000 hab. *(les Oranais).* Évêché. Université. Exportation de produits agricoles et industriels. Ancienne colonie romaine puis espagnole, occupée par les Français en 1831.

Orange ■ Ville du sud-est de la France. 28 100 hab. *(les Orangeois).* Théâtre antique et arc de triomphe romains.

*l'***Orange** n. m. ■ Fleuve d'Afrique australe qui se jette dans l'océan Atlantique. 1 860 km.

*l'État libre d'***Orange** ■ Province d'Afrique du Sud. 127 338 km². 1,86 million d'hab. Capitale : Bloemfontein. Mines d'or et de diamants.

Orange-Nassau ■ ⇒ **Nassau.**

*l'***Oratoire** n. m. ■ Congrégation de prêtres, fondée en Italie par saint Philippe Neri (1575). *Bérulle créa l'*Oratoire de France* en 1611. ► *les* **Oratoriens** se consacrent à l'enseignement.

les îles **Orcades** n. f. pl., en anglais **Orkney Islands** ■ Archipel britannique au nord-est de l'Écosse. 70 îles dont la principale est Mainland. Elles forment une zone d'autorité insulaire de l'Écosse. 974 km². 19 500 hab. Chef-lieu : Kirkwall (6 000 hab.). Élevage, pêche.

Ordjonikidze ■ ⇒ **Vladikavkaz.**

Örebro ■ Ville de Suède. 120 000 hab.

*l'***Oregon** n. m. ■ État du nord-ouest des États-Unis. 251 418 km². 2,63 millions d'hab. Capitale : Salem. Élevage. Industries du bois.

Orel ■ Ville d'U.R.S.S. (*Russie), au sud de Moscou. 337 000 hab. Industries alimentaire et mécanique.

Orenbourg ■ Ville de la C.É.I. (*Russie). 547 000 hab. Centre culturel et économique.

*l'***Orénoque** n. m., en espagnol **Orinoco** ■ Fleuve du Venezuela qui se jette dans l'Atlantique par un vaste delta marécageux. 2 160 km. 4e fleuve du monde par son débit.

Orense ■ Ville d'Espagne (*Galice). 102 000 hab.

Oreste ■ Dans la mythologie grecque, fils d'*Agamemnon et de *Clytemnestre. Poussé par sa sœur *Électre, il tue sa mère pour venger le meurtre de son père. Personnage de nombreuses tragédies, de l'Antiquité à nos jours.

Carl **Orff** ■ Compositeur allemand (1895-1982). Il revint aux sources médiévales de la musique occidentale. "*Carmina burana*".

*l'empire romain d'***Orient** ■ ⇒ **Byzance.**

*la question d'***Orient** ■ ⇒ Empire **ottoman.**

Origène ■ Théologien de langue grecque (v. 185-v. 254). Un des grands penseurs de l'Antiquité chrétienne. ► *l'***origénisme** n. m. Doctrine inspirée d'Origène.

Orion ■ Géant de la mythologie grecque qui a donné son nom à une constellation de la zone équatoriale.

*l'***Orissa** n. m. ■ État de l'Inde, sur la côte nord-est. 155 707 km². 26,37 millions d'hab. Capitale : Bhubaneswar. Il est couvert de forêts denses.

*le volcan d'***Orizaba** ou **Citlaltépetl** ■ Point culminant du Mexique. 5 700 m.

Orizaba ■ Ville du Mexique. 114 800 hab.

Orlando ■ Ville des États-Unis (*Floride). 128 000 hab. À proximité, le parc d'attraction de *Disneyworld.*

*la maison d'***Orléans** ■ Duché donné par quatre fois dans l'histoire au fils cadet du roi de France. PRINCIPAUX REPRÉSENTANTS □ *Charles d'***Orléans** (1394-1465), fils de Louis d'Orléans (le frère de Charles VI), grand seigneur et grand poète lyrique, père de *Louis XII (⇒ **Valois**). □ *Gaston d'***Orléans** (1608-1660), frère de *Louis XIII, chef de l'opposition à la politique absolutiste de *Richelieu et de *Mazarin (⇒ la **Fronde**). □ *Philippe d'***Orléans** dit **Monsieur** (1640-1701), frère de *Louis XIV. □ *Philippe* dit **le Régent,** son fils (1674-1723), exerça le pouvoir pendant la minorité de *Louis XV (⇒ la **Régence**). □ *Louis Philippe Joseph* dit **Philippe Égalité** (1747-1793), arrière-petit-fils du précédent, rassembla l'opposition libérale à Louis XVI (dont il vota la mort), probablement dans l'espoir de le remplacer, mais fut guillotiné ; son fils *Louis-Philippe, roi des Français, réalisa un compromis entre la monarchie et la république, l'aristocratie et la bourgeoisie (⇒ **monarchie de Juillet**). On a pu désigner par le terme d'***orléanisme*** une constante de la vie politique française : le choix du « gouvernement des élites », c'est-à-dire des notables.

Orléans ■ Ville de France, préfecture de la région *Centre, sur la Loire. 108 000 hab. *(les Orléanais).* *Jeanne d'Arc délivra la ville des Anglais en 1429. Cathédrale gothique Sainte-Croix, parc floral. Industries alimentaire (vinaigre réputé), mécanique, électrique, chimique.

Orly ■ Ville de France, dans la banlieue sud de Paris. 21 800 hab. *(les Orlysiens).* Grand aéroport.

Ormuz ■ Île iranienne. ► *le détroit d'***Ormuz,** passage entre le golfe *Persique et la mer d'Oman, essentiel au commerce du pétrole.

José Clemente **Orozco** ■ Peintre mexicain (1883-1949). Fresques monumentales d'inspiration politique.

Orphée ■ Poète musicien de la mythologie grecque. Descendu aux Enfers, il obtient de ramener à la vie son épouse Eurydice. Mais il désobéit en se retournant pour la regarder et elle disparaît pour toujours. Le récit a inspiré poètes et musiciens (*Monteverdi, *Gluck). ► *l'***orphisme** n. m. Religion initiatique qui se développa en Grèce à partir du VIe s. av. J.-C. ‹ ► orphéon, orphisme ›

Philibert **Orry** ■ Ministre de Louis XV de 1730 à 1745 (1689-1747) (France).

Hans Christian **Ørsted** ■ ⇒ **Œrsted.**

José **Ortega y Gasset** ■ Écrivain espagnol (1883-1955). Il exerça une profonde influence sur la pensée de son pays. "*Méditations de don Quichotte*".

l'Église **orthodoxe** ■ Une des trois grandes confessions chrétiennes, avec le catholicisme et le protestantisme (⇒ **Église**). Elle se constitua dans l'empire romain d'Orient (*Byzance), tandis que Rome devenait la capitale de la chrétienté en Occident. Le *schisme d'Orient marqua la rupture avec les catholiques (1054). Après la chute de l'Empire byzantin (1453), la Russie devint son principal foyer, avec le patriarcat de Moscou. Les grands évangélisateurs de l'Église orthodoxe furent les saints *Cyrille et Méthode.

Oruro ■ 4e ville de Bolivie. 196 000 hab.

*l'abbaye d'***Orval** ■ Abbaye cistercienne de Belgique (province de *Luxembourg), datant du XIe s.

Orvieto ■ Ville d'Italie (*Ombrie). 23 600 hab. Nécropole étrusque. Église du XIIIe s. possédant des fresques de *Signorelli et de Fra *Angelico. Vin blanc réputé.

George **Orwell** ■ Écrivain anglais (1903-1950). Auteur de deux satires impitoyables où il dénonce les pratiques totalitaires : "*1984*" ; "*la Ferme des animaux*".

Ōsaka ■ 3e ville du Japon. 2,64 millions d'hab. (banlieues : Sakai [816 000 hab.], Higashi-Ōsaka [523 000 hab.], Amagasaki [503 000 hab.], Nishinomiya [424 000 hab.], Tokyonaka [407 000 hab.]). Grand port sur l'île de *Honshū. Un des plus grands centres industriels du pays : métallurgie, chimie, électronique, textile.

John **Osborne** ■ Auteur dramatique anglais (né en 1929). "*La Paix du dimanche*".

Oshawa ■ Ville de l'Ontario, port sur le lac Ontario. 124 000 hab., agglomération de 204 000 hab. Automobiles.

Oshima Nagisa ■ Cinéaste japonais (né en 1932). "*L'Empire des sens*" ; "*Furyo*".

Oshogbo ■ Ville du Nigeria. 400 000 hab. Aciéries. Coton.

Andreas Hosemann dit **Osiander** ■ Théologien protestant allemand (1498-1552). Il fut le premier à publier "*l'Astronomie*" de *Copernic.

Osiris ■ Dieu égyptien de la Végétation (notion de fertilité liée au *Nil) et du Bien. Il est le garant de la survie humaine après la mort. Représenté sous la forme d'une momie, coiffé d'une mitre blanche, il tient un sceptre et un fouet. Son culte, associé à celui d'*Isis, sa femme, et d'*Horus, son fils, se répandit dans le monde gréco-romain.

Oslo ■ Capitale de la Norvège, située au fond d'un fjord. 456 000 hab. 1er port industriel du pays : chantiers navals, métallurgie, textile. La ville prit le nom de ***Christiania*** de 1624 à 1877 et ***Kristiania*** de 1877 à 1925.

Osman Ier Gazi ■ Sultan turc (1258-1324). Fondateur de la dynastie ottomane. ⇒ Empire **ottoman.**

Osnabrück ■ Ville d'Allemagne (Basse-*Saxe). 151 000 hab.

*l'***Ossétie du Nord** n. f. ■ Une des républiques autonomes de la Fédération de *Russie, dans le *Caucase. 8 000 km². 634 000 hab. Capitale : Vladikavkaz. Céréales, forêts. □ *l'****Ossétie du Sud,*** région autonome de *Géorgie. 3 900 km². 99 000 hab. Capitale : Tskhinvali (34 000 hab.). Problèmes interethniques avec la Géorgie. – Ces deux territoires sont peuplés d'*Ossètes* ou *Osses*.

Ossian ■ Barde écossais légendaire du IIIe s. La publication des "*Poèmes d'Ossian*" en 1760 eut un immense succès. On sait aujourd'hui que leur auteur était *Macpherson.

Ostende, en néerlandais **Oostende** ■ Ville et port de Belgique (*Flandre-Occidentale). 68 400 hab. Station balnéaire et thermale.

Ostie ■ Port de Rome dans l'Antiquité, aujourd'hui ensablé. Tourisme *(Ostia antiqua) :* nombreux vestiges, *Lido* (plage) de Rome.

Ostrava ■ 4e ville de Tchécoslovaquie. 330 000 hab. Centre d'une conurbation industrielle.

les **Ostrogoths** ■ Ancien peuple germanique (une des deux branches des *Goths) vaincu par les *Huns en 375. À la mort d'*Attila, ils conquirent l'Italie sous la conduite de *Théodoric le Grand. Le royaume qu'ils fondèrent autour de Ravenne fut renversé par les Byzantins en 555. ‹ ▶ ostrogoth ›

*l'***O.T.A.N., Organisation du traité de l'Atlantique Nord** ■ Structure militaire commune aux États-Unis, au Canada et à leurs alliés européens, issue du traité dit de l'Alliance atlantique (4 avril 1949). La France s'en est retirée en 1966, mais elle reste membre de l'Alliance.

Othon ou **Otton Ier le Grand** ■ Fondateur et premier empereur du *Saint Empire romain germanique (912-973). Il triompha des féodaux allemands, des Hongrois et des Slaves (955) et se fit couronner en 962. Il christianisa l'orient slave. □ ***Othon II,*** son fils (955-983). □ ***Othon III,*** son petit-fils (980-1002), fit de Rome sa capitale.

*le canal d'***Otrante** ■ Détroit séparant l'*Adriatique de la mer *Ionienne. 70 km.

Ōtsu ■ Ville du Japon (*Honshū), ancienne cité impériale. 248 000 hab.

Ottawa ■ Capitale fédérale du Canada, à la limite de l'Ontario et du Québec. 301 000 hab., agglomération (avec *Hull) de 819 000 hab. Ville administrative et résidentielle. Son nom est l'équivalent anglais de **Outaouais*.

Nikolaus **Otto** ■ Ingénieur allemand (1832-1891). Il réalisa le premier moteur à quatre temps, suivant le cycle de *Beau de Rochas.

l'Empire **ottoman** ■ Une des plus grandes puissances d'Europe et du Proche-Orient, de 1453 (prise de Constantinople) à la naissance de la Turquie moderne. Il fut édifié par la dynastie ottomane turque (⇒ **Osmar Ier Gazi**) sur les ruines des empires *seldjoukide et byzantin (⇒ **Byzance**). Les règnes de *Mehmet II et de *Soliman le Magnifique (XVe- XVIe s.) marquent l'apogée de l'Empire qui domine l'Europe balkanique, l'Europe centrale, le Proche-Orient arabe et l'Afrique du Nord. Constantinople est rebaptisée *Istanbul. L'administration est centralisée avec un sultan, souverain absolu, assisté d'un grand vizir et d'une armée de janissaires. La flotte turque fait la loi sur les mers. À partir du XVIIe s. commence le déclin : querelles de succession, avancée des Russes (1713-1774). L'Empire ottoman et le contrôle des détroits (*Bosphore et *Dardanelles) deviennent l'enjeu d'une lutte entre Anglais, Russes, Autrichiens et Français : c'est « la question d'Orient ». L'Empire perd la Grèce (1830) puis la Roumanie, la Serbie et tente de se redresser en pratiquant une politique panislamique ultranationaliste (⇒ **Arménie**). Allié de l'Allemagne, l'Empire ottoman s'effondre après la défaite de la Première Guerre mondiale (1918). ⇒ **Turquie.** ‹ ▶ ① et ② ottoman ›

*l'***O.U.A., Organisation de l'Unité africaine** ■ Organisme regroupant 50 États africains. Fondée en 1963, elle se donne pour but de développer l'unité et la coopération entre les pays africains. Siège : Addis-Abeba.

Ouagadougou ■ Capitale du Burkina Faso. 442 000 hab. Industrie légère.

Ouarzazate ■ Ville touristique du sud du Maroc. 11 100 hab.

*l'***Oubangui** n. m. ■ Rivière d'Afrique équatoriale. 1 160 km. ▶ *l'****Oubangui-Chari*** n. m. ⇒ République centrafricaine.

*l'***Oudmourtie** ou **Udmurtie** n. f. ■ Une des 16 républiques autonomes de la Fédération de *Russie à l'ouest de l'*Oural. 42 100 km². 1,6 million d'hab. *(les Oudmourtes)*. Capitale : Ijevsk. Forêts, céréales. Métallurgie.

Jean-Baptiste **Oudry** ■ Peintre français (1686-1755). Célèbre animalier. Cartons de tapisseries des "*Chasses de Louis XV*".

*l'***Ouellé** n. m. ■ Rivière d'Afrique centrale, affluent de l'Oubangui. 1 300 km.

Fernand **Ouellet** ■ Poète, critique, essayiste et romancier québécois (né en 1930).

*l'île d'***Ouessant** ■ Île française, en *Bretagne. 15 km². 1 100 hab. *(les Ouessantins).* Pêche, moutons.

Oufa ■ Ville de la Fédération de *Russie, capitale de la *Bachkirie, dans le second *Bakou. 1,08 million d'hab. Centre culturel. Pétrole.

*l'***Ouganda** n. m. ■ État (république) d'Afrique de l'Est. 241 040 km². 16,45 millions d'hab. *(les Ougandais).* Capitale : Kampala. Langues : anglais (officielle), swahili. Monnaie : nouveau shilling ougandais. Pays de hauts plateaux : le café, le coton et le sucre sont les principales ressources. Ancien protectorat anglais, indépendant en 1962 et affaibli par la dictature du général *Amin Dada de 1971 à 1979. Membre du Commonwealth.

Ougarit ■ Importante cité commerciale de la côte syrienne, dans l'Antiquité, fondée v. 3000 av. J.-C. Nombreux vestiges.

les **Ouïgours** ■ Peuple d'origine turque établi en Asie centrale (VIIIe-XIIIe s.) puis, chassé par les Mongols, en Chine.

Léo-Ernest **Ouimet** ■ Cinéaste et producteur québécois (1877-1972). Il ouvrit le premier cinéma à Montréal (1906), le « Ouimetoscope ».

Oujda ■ Ville du Maroc. 260 000 hab.

Oulan-Bator ■ Capitale de la république populaire de Mongolie. 548 000 hab. Ville religieuse fondée en 1778, elle est aujourd'hui le principal centre industriel du pays.

Oulan-Oude ■ Ville de la Fédération de *Russie, capitale de la *Bouriatie. 353 000 hab.

Oulianovsk ■ Ville de la C.É.I. (*Russie). 625 000 hab. Patrie de *Lénine *(V. I. Oulianov).*

Oum Kalsoum ou **Umm Kulthūm** ■ Chanteuse égyptienne dont la popularité s'étendit à l'ensemble du monde arabe (1898-1975).

les **Ouolofs** ou **Wolofs** ■ Peuple noir, musulman, établi principalement au Sénégal.

Our ■ ⇒ **Ur.**

*l'***Oural** n. m. ■ Chaîne de montagnes de Russie qui s'étend du nord au sud sur 2 500 km et sépare l'Europe de l'Asie (*Sibérie). Ses richesses minières (fer, cuivre, or) en font un des grands foyers d'industrie lourde du pays. □ *l'***Oural** n. m. Fleuve qui se jette dans la mer *Caspienne. 2 534 km.

Ouranos ■ Personnification du Ciel dans la mythologie grecque. *Uranus dans la mythologie latine.

*l'***Ourcq** n. m. ■ Rivière française, affluent de la *Marne. 80 km. ► *le canal de l'***Ourcq** le fait communiquer avec la Seine. 108 km.

Ouro Prêto ■ Ville du Brésil (*Minas Gerais). L'une des plus remarquables villes d'art d'Amérique latine. 28 000 hab.

Ourouk ■ ⇒ **Uruk.**

Ouroumtsi ■ ⇒ **Wulumuqi.**

*le grand lac de l'***Ours** ■ Lac du nord-ouest du Canada (Territoires du Nord-Ouest). 31 326 km².

les **Oustachis** ■ Membres d'une société nationaliste croate fondée en 1929. Ils assassinèrent le roi *Alexandre Ier Karageorgévitch et soutinrent *Hitler, qui leur avait accordé l'indépendance.

les **Outaouais** ■ Amérindiens apparentés au groupe algonquien, vivant dans la région de la *rivière des Outaouais.* ► *la rivière des* **Outaouais**. Affluent du Saint-Laurent, à la frontière du Québec et de l'Ontario. 1 271 km.

Outremont ■ Ville du Québec, enclavée dans l'agglomération de Montréal. 23 200 hab.

*l'***Ouzbékistan** n. m. ou *l'***Ouzbékie** n. f. ■ Une des 11 républiques de la *C.É.I., dans le *Turkestan. 447 400 km². 19,9 millions d'hab. *(les Ouzbeks).* Capitale : Tachkent. Pays de déserts, parsemés d'oasis. Cultures irriguées et industries dérivées : coton, soie, canne à sucre. Moutons. Ancienne puissance islamique (⇒ **Boukhara, Samarkand**).

Johann Friedrich **Overbeck** ■ Peintre allemand (1789-1869). Il s'inspira des maîtres de la *Renaissance italienne. Sujets religieux.

*l'***Overijssel** ■ Province des Pays-Bas. 3 339 km². 1 million d'hab. Chef-lieu : Zwolle. Agriculture. Industries textile, chimique et alimentaire.

Ovide ■ Poète latin (43 av. J.-C. - v. 17 apr. J.-C.). Œuvres d'inspiration érotique *("l'Art d'aimer")* et mythologique *("les Métamorphoses"),* sources d'inspiration de la littérature et de l'art occidentaux.

Oviedo ■ Ville d'Espagne, capitale des *Asturies. 191 000 hab. Métallurgie.

Robert **Owen** ■ Réformateur et théoricien socialiste britannique (1771-1858).

Oxford ■ Ville du sud de l'Angleterre, sur la Tamise, chef-lieu du comté d'Oxfordshire. 120 000 hab. *(les Oxfordiens).* Son université, fondée en 1133, est une des plus célèbres du monde. À partir du XVIe s., l'université de *Cambridge fut sa rivale. Nombreux collèges d'architecture gothique. ► *l'***Oxfordshire.** Comté du centre sud de l'Angleterre. 2 611 km². 579 000 hab. Chef-lieu : Oxford.

*l'***Oyashio** ■ Courant froid du Pacifique qui baigne les côtes du Japon avant de se heurter au *Kuroshio.

Amos **Oz** ■ Écrivain israélien (né en 1939). *"Mon Michaël".*

Ozaki Kōyō ■ Écrivain japonais (1869-1903). Il a contribué à l'élaboration de la langue japonaise moderne. *"Le Démon doré".*

les monts **Ozarks** ■ Ensemble montagneux du centre-sud des États-Unis. Îlots de pauvreté (⇒ les **Hillbillies**).

Ozu Yasujirō ■ Cinéaste japonais (1903-1963). *"Le Goût du saké".*

P

Georg Wilhelm **Pabst** ■ Cinéaste *expressionniste allemand (1885-1967). "*La Rue sans joie*" ; "*Loulou*".

Johann **Pachelbel** ■ Organiste et compositeur allemand (1653 - 1706), précurseur de J.-S. *Bach.

Pachuca ■ Ville du Mexique. 135 200 hab.

l'océan **Pacifique** ■ Le plus grand océan de la Terre (180 millions de km^2, c'est-à-dire environ 30 % de la surface du globe). Il s'étend entre l'Amérique, l'Antarctique, l'Asie et l'Australie. Bordé au nord et à l'ouest par une série d'îles volcaniques, il est parsemé au sud de récifs de corail. Il communique avec l'océan Arctique par le détroit de Béring. Avec l'essor du Japon et de l'Australie, son importance économique et stratégique s'est accrue. ▶ *la guerre du* ***Pacifique.*** Épisode de la Seconde *Guerre mondiale, conflit entre le Japon et les États-Unis, avec leurs alliés, de 1941 (⇒ **Pearl Harbor**) à 1945 (capitulation du Japon le 2 septembre). ▶ *le centre d'expérimentation du* ***Pacifique.*** Ensemble des sites nucléaires dans les territoires français du Pacifique (⇒ **Mururoa**).

le **pacte d'Acier** ■ Alliance défensive et offensive conclue le 22 mai 1939 par l'Allemagne nazie et l'Italie fasciste.

le **pacte germano-soviétique** ■ Traité de non-agression signé par l'Allemagne nazie et l'U.R.S.S. le 23 août 1939. Il comportait un protocole secret qui définissait des sphères d'influence en Europe orientale entre les deux pays : partage de la Pologne, de la Finlande et des pays *baltes dans la zone soviétique.

le **Pactole** ■ ⇒ **Midas.** ⟨ ▶ pactole ⟩

Padang ■ Ville et port d'Indonésie. 481 000 hab. Exportations.

Paderborn ■ Ville d'Allemagne (*Rhénanie-du-Nord-Westphalie). 111 000 hab.

Ignacy **Paderewski** ■ Homme politique, pianiste et compositeur polonais (1860-1941). Président du Conseil en 1919. "*Humoresques de concert*", pour piano.

le gouffre de **Padirac** ■ Gouffre du sud-ouest de la France, qui s'ouvre dans le causse jusqu'à 75 m. Rivière souterraine. Site touristique.

Padoue, en italien **Padova** ■ Ville d'Italie, en *Vénétie. 222 000 hab. *(les Padouans).* Basilique avec le tombeau de saint *Antoine. Université depuis le XIIIe s. (important centre *humaniste au XVIe s.). Ville commerciale et industrielle.

Paestum ■ Ville de l'Italie ancienne, colonie grecque puis romaine. Site au sud de Naples. Très beaux temples grecs.

Pagan ■ Site archéologique de Birmanie, réputé pour ses nombreux monuments bouddhiques.

Niccolò **Paganini** ■ Violoniste et compositeur italien célèbre pour sa virtuosité (1782 - 1840).

Marcel **Pagnol** ■ Écrivain et cinéaste français (1895-1974). Comédies qu'il adapta pour le cinéma *("Marius" ; "Fanny" ; "César"),* romans *("Jean de Florette")* et récits de souvenirs *("la Gloire de mon père")* qui se passent en Provence.

les **Pahlavi** ■ Dynastie perse fondée par Rezāh Chāh en 1925. Elle régna sur l'Iran jusqu'au renversement du chah Mohammed Rezā en 1979.

Paimpol ■ Ville de France (*Bretagne). 8 300 hab. *(les Paimpolais).* Port de pêche.

le **Pain-de-Sucre** ■ Montagne conique à l'entrée de la baie de Rio de Janeiro, au Brésil. 395 m.

Thomas **Paine** ■ Homme politique américain d'origine anglaise (1737 - 1809). Publiciste révolutionnaire, naturalisé français, il fut député (*girondin) à la *Convention française.

Paul **Painlevé** ■ Mathématicien et homme politique français (1863-1933). Il contribua au développement de l'aviation. Plusieurs fois ministre et président du Conseil entre 1915 et 1929.

Giovanni **Paisiello** ■ Compositeur italien, auteur d'opéras (1740-1816). "*La Bella Molinara*".

la rivière de la **Paix** ■ Rivière du nord-ouest du Canada. 1 700 km.

Augustin **Pajou** ■ Sculpteur français (1730 - 1809). Portraitiste attitré de Madame *du Barry. "*Psyché abandonnée*".

le **Pakistan** ■ État (république fédérale islamique) d'Asie du Sud. 879 811 km^2. 118,82 millions d'hab.

(les Pakistanais). Capitale : Islamabad. Langues : ourdou (officielle), anglais. Religion officielle : islam. Monnaie : roupie pakistanaise. Agriculture intensive dans la vallée de l'*Indus (blé, riz, coton). Seule industrie notable : le textile. ▭HISTOIRE. L'histoire de ce pays s'est longtemps confondue avec celle de l'Inde. En 1947, l'empire britannique des Indes se sépara en deux États indépendants, l'Inde et, créé par les populations musulmanes, le Pakistan (république islamique en 1956). Mais des litiges frontaliers (*Pendjab, *Cachemire) sont, depuis, la cause de relations tendues entre les deux pays. En 1971, le Pakistan oriental se détacha et devint, avec l'appui de l'Inde, la république du *Bangladesh. En 1988, Benazir *Bhutto fut la première femme à être élue Premier ministre d'un État musulman, avant d'être révoquée par le président Ishaq Khān. À la frontière de l'Afghanistan et de la Chine, le pays est impliqué dans les conflits régionaux, accueillant notamment de nombreux réfugiés afghans (environ 3 millions en 1987). Membre du Commonwealth.

le **Palais-Bourbon** ■ ⇒ le palais **Bourbon.**

le **Palais-Royal** ■ Ensemble de bâtiments (XVIIe - XIXe s.) à Paris. *Lemercier le construisit pour *Richelieu qui le légua au roi (d'où son nom). Jardins. Théâtre de la Comédie-Française.

Kostís **Palamás** ■ Poète grec (1859-1943). Il œuvra pour l'emploi littéraire de la langue parlée. "*Chants de ma patrie*".

le mont **Palatin** ■ Une des sept collines de Rome, premier foyer d'habitation de la ville. Quartier aristocratique dans l'Antiquité (résidence d'*Auguste).

le **Palatinat** ■ Région historique d'Allemagne. Foyer du *calvinisme au XVIe s. Elle fait partie de l'État de Rhénanie-Palatinat depuis 1946.

la princesse **Palatine** ■ ⇒ **Charlotte-Élisabeth de Bavière.**

la république de **Palau** ■ Territoire du Pacifique constitué d'une partie des îles *Carolines (26 îles et 300 îlots), sous tutelle américaine depuis 1947. 488 km². 14 200 hab. Chef-lieu : Koror (9 400 hab.).

Palavas-les-Flots ■ Ville du sud de la France, station balnéaire sur la Méditerrannée. 4 700 hab. *(les Palavasiens).*

Palembang ■ Ville d'Indonésie, 2e port du pays. 787 000 hab.

Palenque ■ Site archéologique du Mexique, ancienne cité *maya (dans le *Yucatán). Pyramide des Inscriptions.

les **Paléologues** ■ Famille byzantine qui régna sur Constantinople de 1261 à 1453. ⇒ **Byzance.**

Palerme, en italien **Palermo** ■ Ville d'Italie, capitale de la *Sicile. 731 000 hab. *(les Palermitains).* Port sur la mer *Tyrrhénienne : exportation d'agrumes et de vin. Monuments byzantins, normands (gothiques), arabes et baroques.

la **Palestine** ■ Région du Proche-Orient bordée par la Méditerranée, au sud du Liban. Ville principale : Jérusalem. Pays des *Cananéens puis des *Hébreux conduits par *Moïse. Colonisée par les Romains en 64 av. J.-C., elle vit naître *Jésus-Christ. Elle devint Terre sainte sous l'empire chrétien de *Constantin et fut longuement disputée entre Arabes et croisés (⇒ **croisades**). Elle fut intégrée à l'Empire *ottoman au XVIe s. À la fin du XIXe s. commence l'immigration juive (⇒ **sionisme**) ; les Anglais qui ont un mandat sur la Palestine (1922) soumettent à l'O.N.U. la question de l'affrontement entre Juifs et Arabes *(Palestiniens),* qui aboutit en 1948 à la création de l'État d'Israël. La partie arabe de la Palestine prend le nom de *Cisjordanie (⇒ **O.L.P.,** guerres **israélo-arabes**). Il y a 4,84 millions de Palestiniens dans le monde, dont un grand nombre dans des camps de réfugiés.

Giovanni Pierluigi da **Palestrina** ■ Compositeur italien de musique sacrée (v. 1525-1594). Nombreuses messes, motets.

Bernard **Palissy** ■ Céramiste et savant français (v. 1510 - v. 1589). Travail des émaux.

le détroit de **Palk** ■ Bras de mer séparant l'Inde et le Sri Lanka. 100 km.

Andrea **Palladio** ■ Architecte italien (1508-1580). Il travailla surtout à Vicence et dans sa région. Le style *palladien,* inspiré des formes antiques, devint au XVIIIe s. la référence majeure du mouvement *néo-classique. La "*villa Rotonda*".

Pallas ■ Surnom de la déesse grecque *Athéna.

Palma de Majorque, en espagnol **Palma de Mallorca** ■ Ville d'Espagne, capitale des *Baléares, dans l'île de *Majorque. 321 000 hab. Important centre touristique.

Palma le Vieux, en italien **Palma Vecchio** ■ Peintre italien (v. 1480-1528). Vastes compositions religieuses. Influencé par *Titien. □ ***Palma le Jeune*** (1544-1628), son petit-neveu, fut surtout un peintre décorateur, représentant du *maniérisme vénitien.

Palm Beach ■ Station balnéaire des États-Unis (*Floride). 9 700 hab.

Olof **Palme** ■ Homme politique suédois (1927-1986). Le plus célèbre représentant de la social-démocratie suédoise. Premier ministre de 1969 à 1976, réélu en 1982, il mourut assassiné.

lord **Palmerston** ■ Homme politique britannique (1784-1865). Premier ministre de la reine *Victoria de 1855 à 1858 et de 1859 à 1865. Il eut une grande influence sur la politique étrangère de son pays.

Palmyre ■ Oasis du désert de Syrie, ancienne capitale du *royaume de Palmyrène* dévastée par l'empereur *Aurélien en 273. Vestiges.

le **Pamir** ■ Région montagneuse d'Asie centrale qui s'étend principalement sur le *Tadjikistan. Pic du Communisme à 7 495 m.

la **Pampa** ■ Vaste plaine au centre de l'Argentine. Importante zone d'élevage bovin (pays des « gauchos »). ‹ ► pampa ›

Pampelune, en espagnol **Pamplona** ■ Ville d'Espagne, capitale de la *Navarre. 184 000 hab. Foires. Industrialisation récente. Tourisme.

Pan ■ Dieu grec des Bergers et des Troupeaux. Les philosophes et les poètes en firent l'incarnation de l'Univers (*Pan* signifie « tout » en grec). L'effroi qu'il suscitait a donné le mot *panique.* ‹ ► pan- ›

le **Panamá** ■ État (république) d'Amérique centrale, sur l'isthme du même nom qui sépare l'Atlantique du Pacifique. 77 082 km². 2,37 million d'hab. *(les Panaméens).* Capitale : Panamá. Langue officielle : espagnol. Monnaie : balboa. L'économie est surtout agricole (plantations de bananes, cacao, canne à sucre). Activité commerciale liée au canal de Panamá dont le trafic est intense. ▭HISTOIRE. Ancienne colonie espagnole, unie à la Colombie en 1821, le pays devint indépendant en 1903. Les tensions entre les

États-Unis et l'« homme fort » du régime, le général Noriega, accusé de trafic de drogue, provoquèrent une intervention militaire américaine en 1989 et l'extradition de Noriega. □ ***Panamá.*** Capitale de la république de Panamá située sur le *golfe de Panamá,* au nord-est du débouché du canal de Panamá. 435 000 hab. (banlieue : San Miguelito, 263 000 hab.). Ville administrative et commerciale. Industries. Université. ▶ *le canal de* ***Panamá,*** commencé en 1881 par Ferdinand de *Lesseps puis arrêté à cause d'un scandale financier, fut achevé en 1914 ; jusqu'en 1999 sous le contrôle des États-Unis.

Pandore ■ Première femme de l'humanité dans la mythologie grecque. Elle ouvrit la boîte (en fait, une jarre) contenant les misères humaines qui se répandirent sur la Terre.

Panetius ■ ⇒ **stoïcisme.**

la ***Pangée*** ■ Continent unique formé de toutes les terres émergées qui, en se fracturant à l'ère primaire, marqua le début de la dérive des continents.

René ***Panhard*** ■ Ingénieur français (1841-1908). Créateur avec *Levassor de l'une des premières sociétés d'industrie automobile.

Pāṇini ■ Célèbre grammairien indien, considéré comme le premier théoricien formaliste du langage (v. IVe s. av. J.-C).

le ***Pañjāb*** ■ ⇒ **Pendjab.**

Pan Kou ■ ⇒ **Ban Gu.**

Pankow ■ Quartier de *Berlin. Ancien siège du gouvernement de la R.D.A.

la ***Pannonie*** ■ Ancienne province romaine de l'Europe centrale, correspondant à l'ouest de l'actuelle *Hongrie et à une partie de la Yougoslavie.

Pantagruel ■ Titre et personnage d'un roman de *Rabelais, fils du géant *Gargantua. 〈 ▶ pantagruélique 〉

Pantalon ■ Personnage de la *commedia dell'arte. 〈 ▶ pantalon, pantalonnade 〉

le ***Panthéon*** ■ Temple de Rome construit par Agrippa (27 av. J.-C.), transformé en église *(Santa Maria Rotonda).* □ *le* ***Panthéon.*** Église de Paris (Sainte-Geneviève), construite par *Soufflot puis Rondelet, et qui devint sous la Révolution le lieu de sépulture de grands hommes (*Voltaire, *Rousseau, *Hugo, *Jaurès...). 〈 ▶ panthéon 〉

Panurge ■ Personnage du "*Pantagruel*" de *Rabelais, intelligent et immoral. ▶ ***Un mouton de Panurge*** est un homme qui suit les autres aveuglément, comme des moutons se suivent.

Pasquale ***Paoli*** ■ Patriote corse (1725-1807). Allié de l'Angleterre contre la France.

Konstantine ***Paoustovski*** ■ Écrivain soviétique (1892-1968). "*Le Livre des pérégrinations*".

Georgios ***Papandréou*** ■ Homme politique grec (1888-1968). Fondateur du parti social-démocrate. □ *Andreas* ***Papandréou***, son fils (né en 1919). Premier ministre (socialiste) de 1981 à 1989.

Papeete ■ Chef-lieu de la *Polynésie française, port de l'île de *Tahiti. 78 800 hab. (avec les banlieues). Base aérienne. Tourisme.

Denis ***Papin*** ■ Physicien français (1647-1712). Il réalisa, à Londres, les premières machines à vapeur. ⇒ **Savery.**

Louis-Joseph ***Papineau*** ■ Homme politique canadien (1786-1871). Chef des *Patriotes, il fut l'instigateur de la rébellion des Canadiens français contre Londres en 1837 (⇒ W. L. **Mackenzie**).

Jean ***Papineau-Couture*** ■ Compositeur québécois (né en 1916).

les ***Papous*** ■ Population de *Nouvelle-Guinée et des îles voisines. ▶ *la* ***Papouasie-Nouvelle-Guinée.*** Territoire de la *Nouvelle-Guinée, devenu, avec les îles environnantes (archipel *Bismarck, île *Bougainville), État indépendant (monarchie constitutionnelle) en 1975. 462 840 km². 3,59 millions d'hab. *(les Papouas).* Capitale : Port Moresby. Langues officielles : papouan, anglais. Monnaie : kina. Recouvert de forêts. Richesses minières et énergétiques. Membre du Commonwealth.

Pappos ou ***Pappus d'Alexandrie*** ■ Mathématicien grec (IVe s.).

l'île de ***Pâques*** ■ Île du Pacifique, à l'ouest du *Chili auquel elle appartient. Célèbre pour ses statues (têtes géantes), d'une civilisation inconnue. 118 km². 1 900 hab.

Pará ■ État du nord du Brésil, en Amazonie. 1 246 833 km². 4,86 millions d'hab. Capitale : Belém.

Paracelse ■ Médecin suisse alémanique (v. 1493-1541). Œuvre très variée, typique de l'hermétisme encyclopédique de la *Renaissance.

le Grand ***Paradis*** ■ Massif des Alpes italiennes occidentales, au-dessus du Val d'*Aoste. 4 061 m. Parc national.

le ***Paraguay*** ■ État (république) d'Amérique du Sud. La rivière Paraguay (2 200 km) le traverse, et le sépare du Brésil et de l'Argentine. 406 752 km². 4,16 millions d'hab. *(les Paraguayens).* Capitale : Assomption. Langues : espagnol (officielle), guarani. Religion officielle : catholicisme romain. Monnaie : guarani. Pays rural vivant de l'exploitation de la forêt (arbre à tanin), d'élevage et de polyculture. ▭ **HISTOIRE.** Conquis par les Espagnols au XVIe s., colonisé par les *jésuites, il proclama son indépendance en 1811. Une dictature militaire (général Stroessner) fut au pouvoir de 1954 à 1989.

Paraíba ■ État côtier du Brésil (*Nordeste). 53 958 km². 3,2 millions d'hab. Capitale : João Pessoa.

Parakou ■ Ville du Bénin. 65 900 hab.

Paramaribo ■ Capitale du Surinam, sur l'estuaire de la rivière Surinam. 77 600 hab. Centre administratif et commercial. Exportation de bauxite et de produits tropicaux.

le ***Paraná*** ■ Fleuve d'Amérique du Sud. Né au Brésil, il se jette en Argentine dans le Río de *la Plata. 3 300 km. □ *le* ***Paraná.*** État côtier du Brésil, traversé par ce fleuve. 199 324 km². 8,93 millions d'hab. Capitale : Curitiba. Cultures tempérées et tropicales (café). □ ***Paraná.*** Ville d'Argentine, arrosée par le *Paraná.* 162 000 hab.

Paray-le-Monial ■ Ville de France (*Bourgogne). 10 600 hab. *(les Parodiens).* Basilique romane. Pèlerinage.

Pardubice ■ Ville de Tchécoslovaquie, en Bohême. 96 000 hab.

Ambroise ***Paré*** ■ Chirurgien français (v. 1509-1590). Considéré comme le père de la chirurgie moderne.

Étienne ***Parent*** ■ Journaliste canadien-français (1802-1874). Surnommé « le Nestor du journalisme canadien », il défendit la langue française et réclama une place pour les francophones dans le commerce et l'industrie du Canada-Uni.

Vilfredo **Pareto** ■ Économiste et sociologue italien (1848-1923). Théoricien (après *Walras) de l'économie « pure ». Théorie de la « circulation des élites ».

Paris ■ Ville et département français. 10 540 ha. Capitale de la France et préfecture de la région *Île-de-France. 2,15 millions d'hab. *(les Parisiens).* 8,7 millions avec la banlieue : 1 Français sur 6 habite l'agglomération de Paris. Capitale politique, économique et intellectuelle depuis treize siècles, elle s'est développée sur un site privilégié, où l'on pouvait passer la Seine (grâce aux îles), puis est devenue carrefour des routes et du réseau de chemin de fer. Sa croissance s'est faite à partir de l'île de la Cité, en anneaux concentriques, matérialisée par les enceintes successives et favorisée par l'activité du port puis, au milieu du XIXe s., par l'industrialisation et l'exode rural massif. Progressivement, les anciens faubourgs (*Belleville, *Montmartre...) ont été intégrés à la ville, les usines et la population ouvrière déplacées vers les villes nouvelles d'Île-de-France et la province (décentralisation). Aujourd'hui restent les industries de précision (électronique, mécanique) et les sièges sociaux des entreprises. Le secteur tertiaire se développe, en particulier dans le nouveau quartier d'affaires de la *Défense. Les problèmes de logement et de transport sont importants. Nombreux monuments (→ ci-dessous), tourisme. ⇒ **Île-de-France.** ▭ HISTOIRE. Fondée par la tribu d'origine celte des *Parisii,* Lutèce fut conquise par les Romains en 52 av. J.-C. et considérablement agrandie. Devenue Paris *(Parisius)* v. 310, elle résista aux invasions des *Huns grâce à sainte *Geneviève (451). Le roi mérovingien *Clovis en fit sa capitale. La dynastie des *Capétiens n'allait cesser de confirmer son rôle politique central. Au XIIIe s., Paris était la plus grande cité de l'Occident chrétien (université de la **Sorbonne,* cathédrale **Notre-Dame*). Elle se révolta contre le futur Charles V en 1358 (⇒ Étienne **Marcel**). Après la période sanglante des guerres de Religion (massacre de la Saint-Barthélemy en 1572), elle connut un nouvel essor avec Henri IV, qui fit construire la *place des Vosges,* la *place Dauphine* et le *Pont-Neuf,* puis Louis XIV (le **Louvre,* les **Tuileries*), avant que la Cour ne s'installe à *Versailles. Centre intellectuel de l'Europe du temps des *Lumières, Paris joua un grand rôle pendant la *Révolution française. Napoléon y fit des travaux d'embellissement *(*Arc de triomphe,* église de la **Madeleine).* Le peuple de Paris fut à nouveau au premier rang des révolutions de 1830 et 1848. Ce fut le second Empire qui donna son visage actuel à Paris, avec *Haussmann : réduction des problèmes d'ordre et d'hygiène grâce à la percée de grands boulevards, construction de nouveaux ponts et des premières gares. Après le siège de Paris par les Prussiens (1870) puis les insurrections de la *Commune, la ville retrouva sa prospérité sous la IIIe République *(tour *Eiffel, Grand Palais* et *Petit Palais).* Occupée par les Allemands de 1940 à 1944, elle a connu depuis la Libération de nouveaux travaux d'urbanisme (quartiers **Montparnasse*, **Beaubourg* et *les *Halles*), à Paris même *(le Grand Louvre, l'Opéra de la Bastille)* et à la Défense *(la Grande Arche).* Paris est aujourd'hui à la fois une commune et un département. Divisée en 20 arrondissements, elle est administrée depuis 1977 par un maire, J. *Chirac, et par le conseil de Paris. ▶ *Traité de* ***Paris.*** NOM DE PLUSIEURS TRAITÉS. Le *traité de Paris* du 10 février 1763 mit fin à la guerre de *Sept Ans et marqua l'abandon de l'Empire colonial français en Amérique. Le *traité de Paris* du 30 mai 1814 et le *second traité de Paris* du 20 novembre 1815 entérinaient l'abandon par la France de ses conquêtes de la Révolution et de l'Empire. Le *traité de Paris* de 1856 marqua la fin de la guerre de *Crimée. ‹ ▶ parigot, parisien ›

Pâris ■ Héros de la mythologie grecque, fils de *Priam et d'Hécube. En enlevant *Hélène, il provoqua la guerre de *Troie.

le Bassin **parisien** ■ Vaste région géographique française entourée par le *Massif central au sud, le Massif *armoricain à l'ouest, les *Ardennes au nord et les *Vosges à l'est. Paris est au centre de cette cuvette sédimentaire drainée par la Seine, la Loire, la Meuse et la Moselle. ▶ *la région* ***parisienne.*** ⇒ **Île-de-France.**

Park Chung Hee ■ Général et homme politique sud-coréen (1917-1979). Président de la République de 1961 à son assassinat.

Charlie **Parker** ■ Saxophoniste et compositeur de jazz noir américain (1920-1955). Créateur du style *be-bop* avec D. *Gillespie.

James **Parkinson** ■ Médecin anglais (1755-1824). *Maladie de Parkinson :* paralysie agitante.

le **Parlement** ■ ⇒ **Assemblée nationale** et **Sénat.**

Parme, en italien **Parma** ■ Ville d'Italie, (*Émilie-Romagne), fondée par les *Étrusques. 175 000 hab. *(les Parmesans).* Nombreux monuments anciens. Industries diverses. Patrie du *Parmesan. Célèbres jambon et fromage (le *parmesan*). ‹ ▶ parmesan ›

Parménide ■ Penseur grec (Ve s. av. J.-C.). Le père de l'ontologie. Contre *Héraclite, son *"Poème"* pose l'unité et l'éternité de l'être. *Platon a donné son nom à l'un de ses plus importants dialogues.

Antoine Augustin **Parmentier** ■ Savant français qui répandit la culture de la pomme de terre en France (1737-1813).

le **Parmesan** ■ Peintre italien (1503-1540). Le maître du *maniérisme. Son influence, due à ses talents de dessinateur et de peintre, fut immense. *"La Vierge au long cou".*

le **Parnasse** ■ Montagne de Grèce. 2 457 m. Sur son versant sud se trouve *Delphes. Séjour favori des *Muses dans l'Antiquité et lieu d'inspiration des poètes. ▶ *le* ***Parnasse.*** Groupe littéraire français de la seconde moitié du XIXe s., en réaction contre le *romantisme, et en opposition au *symbolisme, recherchant la perfection formelle et affirmant la gratuité de l'art. ⇒ **Leconte de Lisle, Heredia, Banville.**

Charles Stewart **Parnell** ■ Homme politique irlandais (1846-1891). Il lutta pour que son pays ait un gouvernement indépendant *(Home Rule).* ⇒ **Irlande.**

Páros ■ Île grecque (*Cyclades) réputée pour ses carrières de marbre blanc et ses ateliers de sculpture. 195 km². 7 900 hab.

les trois **Parques** ■ Divinités romaines du Destin. Elles filent et coupent le fil de la vie des humains. Identifiées aux *Moires grecques.

le **Parthénon** ■ Temple de la déesse *Athéna bâti au Ve s. av. J.-C. sur le sommet de l'Acropole à Athènes (⇒ **Phidias**). Un des plus prestigieux monuments de l'Antiquité.

les **Parthes** ■ Ancien peuple d'Iran, aristocrates guerriers. Leur empire eut *Rome pour rivale en Orient. Le dernier roi parthe, *Artaban, fut vaincu en 224 par les *Sassanides.

Pārvatī ■ Divinité hindoue, bienveillante, épouse de *Śiva.

Pasadena ■ Ville des États-Unis (*Californie). 119 000 hab. Centre de recherche de la *N.A.S.A.

Blaise **Pascal** ■ Mathématicien, physicien, philosophe et écrivain français (1623-1662). Hydrostatique, machine arithmétique, travaux précurseurs en géométrie projective (⇒ **Poncelet**), analyse infinitésimale (⇒ **Leibniz** et **Newton**) et calcul de probabilités (⇒ **Fermat, Huygens**). Proche des *jansénistes, il attaqua leurs adversaires jésuites dans les "*Provinciales*". Les "*Pensées*" (posthume), notes en vue d'une apologie de la religion chrétienne dans une prose puissante et personnelle, sont un chef-d'œuvre de la spiritualité chrétienne. ‹ ► ③ pascal ›

le **pas de Calais** ■ ⇒ le pas de **Calais.**

la **Pasionaria** ■ ⇒ Dolores **Ibarruri.**

Pasiphaé ■ Épouse de *Minos, mère de *Phèdre, d'*Ariane et du *Minotaure, dans la mythologie grecque.

Pier Paolo **Pasolini** ■ Cinéaste et écrivain italien (1922-1975). "*Le Décaméron*" ; "*Médée*", films.

Boris **Pasternak** ■ Écrivain soviétique (1890-1960). Auteur de poèmes et du roman "*le Docteur Jivago*". Il fut contraint de refuser le prix Nobel en 1958. Réhabilité en 1987.

Louis **Pasteur** ■ Savant français, un des créateurs de la microbiologie et de la stéréochimie (1822-1895). Ses travaux sur la fermentation ont fait progresser l'industrie et la médecine. Il mit au point le vaccin contre la rage. ► ***l'Institut Pasteur.*** Établissement scientifique fondé en 1888. Fabrication de vaccins, recherche, enseignement. Découverte du virus du sida (Luc *Montagnier) en 1983. ‹ ► pasteuriser ›

Pasto ■ Ville de Colombie. 245 000 hab. Université. Centre commercial.

la **Patagonie** ■ Région d'Argentine au sud de la *Pampa. Vaste plateau de pierres au climat sec et froid. 692 905 km². 970 000 hab. *(les Patagons).* Élevage ovin. Pétrole. Le terme est parfois appliqué à l'extrémité sud du continent américain, y compris les provinces du sud du Chili.

Pātan ou **Lalitpur** ■ Ancienne capitale du Népal. 79 900 hab. Temples.

Paterson ■ Ville des États-Unis, près de New York (*New Jersey). 138 000 hab.

les frères **Pathé** ■ Industriels français, pionniers du disque et du cinéma. Émile (1860-1937) et Charles (1863-1957).

Joachim **Patinir** ou **Patenier** ■ Peintre flamand (v. 1480 - 1524). Sujets bibliques où il fut l'un des premiers à donner une grande place au paysage.

Patna ■ Ville de l'Inde, capitale du *Bihār. 814 000 hab. Important carrefour de communications sur le *Gange.

Patras ■ Ville de Grèce, dans le nord-ouest du *Péloponnèse. Port actif (liens avec l'Italie). 142 000 hab.

saint **Patrick** ou **Patrice** ■ Évangélisateur et patron de l'Irlande (v. 389 - 461).

les **Patriotes** ■ Nom donné aux Canadiens francophones et anglophones qui adhérèrent au parti politique fondé par L.-J. *Papineau et dont plusieurs membres participèrent aux rébellions de 1837 et de 1838.

Patrocle ■ Héros de l'"*Iliade*". Compagnon d'*Achille, il est tué par *Hector devant Troie.

George **Patton** ■ Général américain (1885-1945). Un des principaux artisans de la victoire alliée sur le front occidental durant la Seconde Guerre mondiale.

Pau ■ Ville du sud-ouest de la France, dans les Pyrénées, sur le *gave de Pau.* 83 900 hab. *(les Palois).* Ancienne capitale du *Béarn et des rois de *Navarre, où naquit Henri IV. Centre touristique (château) et commercial. Gisements de gaz près de la ville (*Lacq-Audéjos).

saint **Paul** ■ Apôtre du christianisme (v. 10 - v. 62). Il écrivit 14 lettres ou "*Épîtres*" aux premières communautés chrétiennes, qui furent intégrées au Nouveau Testament (⇒ **Bible**). Martyrisé à Rome.

Alexandre Farnèse dit **Paul III** ■ Pape élu en 1534 (1468-1549). Il fut à l'origine de la *Contre-Réforme (⇒ **Inquisition**, Compagnie de **Jésus**) et réunit le concile de *Trente en 1545. Prince humaniste, il employa *Michel-Ange.

Paul VI ■ Pape élu en 1963 (1897-1978). Il réforma la liturgie selon les décisions du deuxième concile du *Vatican (appelé *Vatican II*).

Jean **Paulhan** ■ Écrivain français (1884-1968). Critique, prosateur, théoricien de la langue et de la littérature, figure importante de l'édition. "*Les Fleurs de Tarbes*".

Wolfgang **Pauli** ■ Physicien suisse d'origine autrichienne (1900-1958). Théorie atomique, formalisme quantique. Prix Nobel 1945.

Linus **Pauling** ■ Chimiste américain (né en 1901). Prix Nobel de chimie en 1954 et prix Nobel de la paix en 1962.

Friedrich **Paulus** ■ Maréchal allemand, vaincu à *Stalingrad en 1942 (1890-1957).

Cesare **Pavese** ■ Écrivain italien (1908-1950). Poèmes, romans ("*le Bel Été*"), journal ("*le Métier de vivre*").

Pavie, en italien **Pavia** ■ Ville d'Italie du Nord (*Lombardie). 84 600 hab. François Ier y fut vaincu et fait prisonnier par *Charles Quint en 1525.

Ivan **Pavlov** ■ Physiologiste russe (1849-1936). Précurseur de la psychophysiologie, prix Nobel 1904. *Réflexe de Pavlov :* type du réflexe conditionné.

Anna **Pavlova** ■ Ballerine russe, la plus célèbre de son époque (1881-1931).

Paysandú ■ Ville d'Uruguay. 75 100 hab.

les **Pays-Bas,** en néerlandais **Nederland** ■ État (monarchie constitutionnelle) d'Europe, sur la mer du Nord. 41 863 km² (dont 7 929 km² d'eau). 14,85 millions d'hab. *(les Néerlandais).* Une des populations les plus denses du monde (354 hab./km²). Capitale : Amsterdam. Siège du gouvernement et de la Cour : La Haye. Langue officielle : néerlandais. Monnaie : florin. 12 provinces : la *Hollande-Méridionale et la *Hollande-Septentrionale, la *Drenthe, le *Flevoland, la *Gueldre, le *Limbourg, l'*Overijssel, la province d'*Utrecht, la *Zélande, la *Frise, le *Brabant, la *Groningue. Grande plaine souvent au-dessous du niveau de la mer, traversée par la Meuse, le Rhin et l'Escaut et soumise à un climat humide, les Pays-Bas ont toujours cherché à gagner des terres sur l'eau (ce sont les *polders*) par la construction de digues, de canaux et l'assèchement des marais. Agriculture moderne et intensive : céréales, tulipes, élevage laitier (fromages de Hollande). Immense gisement de gaz naturel en Groningue. Industries sidérurgique, chimique et électronique. Fonction commerciale importante avec *Rotterdam, 1er port mondial. ▭ **HISTOIRE.** Les Pays-Bas furent réunis à la *Bourgogne en 1384, à la maison de *Habsbourg en 1477 et donc à l'Espagne sous le règne de *Charles Quint. Mais l'Inquisition et les mesures de répression économique prises par les gouverneurs espagnols entraînèrent des soulèvements (⇒ **Guillaume Ier d'Orange-Nassau**). En 1579, les provinces calvinistes firent sécession avec l'*union d'*Utrecht.* Celle-ci donna naissance aux *Provinces-Unies, noyau de l'actuel royaume des Pays-Bas. Le XVIIe s. fut une période de développement économique (commerce maritime et colonial), intellectuel et artistique. En 1815, les Pays-Bas devinrent indépendants (comprenant la *Belgique jusqu'en 1830). Ils participèrent à la création du *Benelux, puis (1957) de la *C.E.E.

Octavio ***Paz*** ■ Poète mexicain (né en 1914). Il a collaboré au mouvement surréaliste. "*Pierre de soleil*" ; "*l'Arc et la Lyre*". Prix Nobel 1990.

La ***Paz*** ■ ⇒ **La Paz.**

le ***P.C.F.*** ■ Sigle du parti *communiste français.

Giuseppe ***Peano*** ■ Mathématicien italien (1858-1932). Formalisation, axiomatique.

Pearl Harbor ■ Base militaire américaine des îles *Hawaï, à l'écart du port d'Honolulu. L'attaque surprise de l'aviation japonaise, le 7 décembre 1941, provoqua l'entrée des États-Unis dans la Seconde *Guerre mondiale.

Lester Bowles ***Pearson*** ■ Homme politique canadien (1897-1972). Diplomate, prix Nobel de la paix 1957. Premier ministre de 1963 à 1968. Il fit adopter le drapeau canadien unifolié en 1965.

Robert ***Peary*** ■ Explorateur américain (1856-1920). Il atteignit, le premier, le pôle Nord (1909).

Pécs ■ Ville de Hongrie. 183 000 hab. Évêché depuis le XIe s. Université. Industries.

Pedro ■ ⇒ 1. empereurs du BRÉSIL, **Pierre Ier**.

sir Robert ***Peel*** ■ Homme politique britannique (1788-1850). Ministre de l'Intérieur (1822-1830), Premier ministre en 1834-1835 et 1841-1846, il créa une police à Londres et fit voter l'émancipation des catholiques en Irlande.

Pégase ■ Cheval ailé de la mythologie grecque, symbole de l'inspiration poétique.

Pegu ■ Ville de l'Union de *Myanmar (ex-Birmanie). 150 000 hab. Pagodes anciennes.

Charles ***Péguy*** ■ Écrivain français (1873-1914). Socialiste et catholique, il a laissé une œuvre engagée, lyrique (adoptant le verset dans ses poèmes) et souvent polémique. Sa mystique socialiste ("*Notre jeunesse*") évolua vers un patriotisme obsédant. Animateur de la revue des *Cahiers de la quinzaine*. "*Jeanne d'Arc*".

Ieoh Ming ***Pei*** ■ Architecte américain d'origine chinoise (né en 1917). Aile nouvelle (1978) de la National Gallery of Art de Washington. Pyramide de verre du Grand *Louvre, à Paris.

le lac ***Peïpous*** ou ***Tchoudsk*** ■ Lac situé entre l'*Estonie et la *Russie. Victoire d'*Alexandre Nevski sur les chevaliers *Teutoniques (1242).

Charles Sanders ***Peirce*** ■ Philosophe et logicien américain (1839-1914). Fondateur et théoricien de la sémiotique. ⇒ **Saussure.**

Pékin ou ***Beijing*** ■ Capitale de la Chine formant une municipalité autonome (17 800 km² ; 9,75 millions d'hab.). 5,97 millions d'hab. *(les Pékinois).* Industries sidérurgique, automobile, textile. Universités. Ville très ancienne (Ve s. av. J.-C.) qui se développa au temps des Mongols (XIIIe s.). Capitale impériale jusqu'en 1912 (avec la *Cité interdite), elle perdit alors son rôle et ne le retrouva qu'en 1949, quand les communistes y proclamèrent la République. ‹ ► pékinois ›

Pélage ■ Moine établi à Rome (v. 360 - v. 422). ► *le* ***pélagianisme,*** sa doctrine, niait le péché originel et la grâce divine. Il fut combattu par saint *Augustin.

les ***Pélasges*** ■ Habitants primitifs de la Grèce.

Edson Arantès Do Nascimento dit ***Pelé*** ■ Footballeur brésilien (né en 1940). Deux fois vainqueur de la Coupe du monde (1958, 1970).

la montagne ***Pelée*** ■ Volcan de l'île française de la Martinique (1 430 m). Son éruption, en 1902, détruisit la commune de *Saint-Pierre.

Pélée ■ Roi de la mythologie grecque, époux de *Thétis et père d'*Achille.

Alfred ***Pellan*** ■ Peintre québécois (1906-1988). Il prônait un art détaché de toute idéologie.

Jean Charles ***Pellerin*** ■ Imprimeur français (1756-1836). ⇒ **Épinal.**

Wilfrid ***Pelletier*** ■ Chef d'orchestre québécois (1896-1982). Il fut l'un de ceux qui contribuèrent le plus à promouvoir la musique classique au Québec.

Gérard ***Pelletier*** ■ Journaliste, syndicaliste et homme politique québécois (né en 1919).

Silvio ***Pellico*** ■ Écrivain et patriote italien (1789-1854). "*Mes prisons*".

Fernand ***Pelloutier*** ■ Syndicaliste anarchiste français (1867-1901).

le ***Péloponnèse*** ■ Presqu'île du sud de la Grèce, rattachée au continent par l'isthme de *Corinthe, formant une des neuf régions géographiques du pays. 21 379 km². 1 million d'hab. Elle comprend, entre autres, l'*Arcadie, *Épidaure, *Mistra, *Mycènes, *Olympie. À l'époque classique, son histoire se confond avec celle de *Sparte et de la Grèce. ► *la guerre du* ***Péloponnèse,*** de 431 à 404 av. J.-C., opposa Sparte à Athènes pour l'hégémonie de la Grèce. Malgré les succès d'*Alcibiade, privée de sa flotte par *Lysandre (405 av. J.-C.), Athènes assiégée dut capituler.

Pélops ■ Héros éponyme du Péloponnèse (« l'île de Pélops »). Son père, *Tantale, le tue et le donne à manger aux dieux, qui lui rendent la vie.

Pelotas ■ Ville et port du Brésil (*Rio Grande do Sul). 197 000 hab. Conserveries, industrie pharmaceutique.

le ***Pelvoux*** ■ Massif cristallin des Alpes françaises, proche de Briançon, dans l'*Oisans. Point culminant : barre des Écrins (4 103 m). Parc national.

Pembroke ■ Ville de l'Ontario. 14 000 hab. Industrie du bois.

les ***pénates*** n. m. pl. ■ Divinités protectrices du foyer dans la religion romaine. ‹ ► pénate ›

Krzysztof ***Penderecki*** ■ Compositeur polonais (né en 1933). "*Psaumes de David*" ; "*les Diables de Loudun*", opéra.

le ***Pendjab*** ou ***Pañjāb*** ■ Région d'Asie qui s'étend sur l'Inde du Nord-Ouest et le Pakistan. Très fertile, elle abrita de grandes civilisations. Elle fut partagée, en 1947, entre l'Inde et le Pakistan, mais resta (avec le *Cachemire) un objet de conflit entre les deux pays (guerre en 1965). □ *le* ***Pendjab pakistanais.*** 205 344 km². 53,84 millions d'hab. Capitale : Lahore. □ *le* ***Pendjab indien.*** État de l'Inde. 50 362 km². 16,8 millions d'hab. Capitale : Chandīgarh. Autre ville : *Amritsar.

Pénélope ■ Femme d'*Ulysse, dans l'"*Odyssée*". Symbole de fidélité conjugale.

Wilder Graves **Penfield** ■ Neurochirurgien canadien (1891-1976). Fondateur de l'Institut neurologique de Montréal, il est considéré comme l'un des grands spécialistes des maladies du système nerveux.

les îles **P'eng-hou** ■ ⇒ îles **Pescadores.**

Penmarch ■ Ville de France (*Bretagne), près de la *pointe de Penmarch.* 6 300 hab. *(les Penmarch'hais).* Église gothique. Pêche, conserves.

William **Penn** ■ *Quaker anglais (1644-1718). Il fonda aux États-Unis une colonie qui prit le nom de *Pennsylvanie.*

la chaîne **Pennine** ■ Ligne de hauteurs du nord de l'Angleterre, orientée nord-sud. Point culminant : Cross Fell (893 m).

la **Pennsylvanie** ■ État du nord-est des États-Unis. 119 251 km². 11,9 millions d'hab. Capitale : Harrisburg. Villes principales : *Philadelphie, *Pittsburgh. Puissante industrie grâce au charbon et à l'acier (aujourd'hui en crise). Ancienne colonie fondée par W. *Penn, elle joua un rôle important dans la guerre d'*Indépendance.

Pensacola ■ Ville des États-Unis (*Floride). 57 600 hab.

le **Pentagone** ■ Bâtiment en forme de pentagone qui abrite l'état-major des forces armées américaines, à Washington.

le **Pentateuque** ■ Nom grec donné à l'ensemble formé par les cinq premiers livres de la Bible. ⇒ **Torah.**

Penza ■ Ville de la C.É.I. (*Russie), au sud-est de Moscou. 543 000 hab. Industries.

Peoria ■ Ville des États-Unis (*Illinois). 124 000 hab. (région urbaine : 366 000 hab.).

Clermont **Pépin** ■ Compositeur et pianiste québécois (né en 1926). Il a utilisé les techniques modernes dans ses compositions.

Pépin de Herstal ■ Maire du palais sous Childebert III (mort en 714). Père de *Charles Martel.

Pépin le Bref ■ Roi des Francs, fils de *Charles Martel et père de *Charlemagne (714-768). Maire du palais, il déposa le dernier *Mérovingien. Roi en 751, sacré par le pape en 754, il fonda ainsi la dynastie des *Carolingiens.

Samuel **Pepys** ■ Mémorialiste anglais (1633-1703). "*Journal*".

Perceval ■ Héros du dernier roman de *Chrétien de Troyes "*Perceval ou le Conte du Graal*". ⇒ **Graal.**

le **Perche** ■ Région française de bocages et de forêts à l'ouest du Bassin parisien. Célèbres chevaux de trait. ‹ ► percheron ›

Charles **Percier** ■ Architecte français (1764-1838). Auteur avec *Fontaine des principales œuvres du premier Empire.

Georges **Perec** ■ Écrivain français (1936-1982). Son œuvre allie une grande virtuosité formelle au souci du réel. "*Les Choses*" ; "*la Vie mode d'emploi*".

Pereira ■ Ville de Colombie. 302 000 hab. Centre commercial. Industries alimentaires.

les frères **Pereire** ■ Hommes d'affaires français. Notables du second *Empire, ils favorisèrent l'essor des transports et des finances. Jacob-Émile (1800-1875) et Isaac (1806-1880).

le père **Lachaise** ■ ⇒ le père **La Chaise.**

Shimon **Peres** ■ Homme politique israélien (né en 1923). Premier ministre (travailliste) de 1984 à 1986, puis ministre dans le gouvernement de coalition.

Benjamin **Péret** ■ Écrivain *surréaliste français (1899-1959). Pamphlétaire. "*Le Grand Jeu*".

Javier **Pérez de Cuellar** ■ Diplomate péruvien (né en 1920). Secrétaire général de l'*O.N.U. de 1982 à 1991.

Benito **Pérez Galdós** ■ Écrivain espagnol (1843-1920). Il a décrit la vie quotidienne dans une vaste fresque sociale, "*Épisodes nationaux*", qu'on a comparée à l'œuvre de *Balzac.

Pergame, aujourd'hui **Bergama** ■ Ancienne ville d'Asie Mineure (Turquie), capitale d'un puissant royaume hellénistique aux IIIe et IIe s. av. J.-C., célèbre pour sa bibliothèque, rivale de celle d'*Alexandrie. De nombreux monuments subsistent. Sculptures au musée de Berlin.

Louis **Pergaud** ■ Écrivain français (1882-1915). Conteur, il évoqua les animaux et les enfants. "*La Guerre des boutons*".

Jean-Baptiste **Pergolèse** ■ Compositeur italien (1710-1736). "*La Servante maîtresse*" est le premier opéra bouffe (⇒ querelle des **Bouffons**). Célèbre "*Stabat Mater*".

Jacopo **Peri** ■ Compositeur italien (1561-1633). Il définit l'opéra comme genre musical. "*Euridice*".

Gabriel **Péri** ■ Homme politique français (1902-1941). Journaliste, député communiste et résistant, il fut fusillé par les Allemands.

la **Péribonca** ■ Rivière du Québec. 500 km. À l'embouchure se trouve une localité rendue célèbre par L. *Hémon qui y écrivit "*Maria Chapdelaine*".

Périclès ■ Homme politique athénien, auteur de grandes réformes démocratiques (v. 495 - 429 av. J.-C.). Il étendit la domination d'Athènes sur les autres cités grecques et en fit le centre de la civilisation et de l'art classiques (⇒ **Phidias, Parthénon**). Le « siècle de Périclès » désigne l'époque la plus brillante de la civilisation grecque.

Casimir **Perier** ■ Banquier français, ministre de Louis-Philippe (1777-1832). □ *Jean* **Casimir-Perier,** son petit-fils. ⇒ Jean **Casimir-Perier.**

dom **Pérignon** ■ Moine bénédictin (1638-1715). Il fit connaître la « méthode champenoise » de fabrication du champagne.

le **Périgord** ■ Région historique du Sud-Ouest rattachée à la France par Henri IV. Plateaux calcaires traversés par la *Dordogne. Riches cultures dans la vallée (vin, tabac, maïs). Nombreux sites préhistoriques (*Lascaux, Les *Eyzies-de-Tayac-Sireuil). Les habitants sont les *Périgourdins.*

Périgueux ■ Ville du sud-ouest de la France (*Aquitaine). 32 800 hab. *(les Périgourdins).* Industrie alimentaire active : truffes, foie gras. Arènes romaines, cathédrale romane (restaurée au XIXe s.). Ancienne capitale du *Périgord.

Perm ■ Ville de la C.É.I. (*Russie), dans l'*Oural. 1,09 million d'hab. Centre culturel, ferroviaire et industriel.

Constant **Permeke** ■ Peintre et sculpteur belge (1886-1952). Scènes de la vie paysanne. Nus aux formes monumentales.

Pernambouc, en portugais **Pernambuco** ■ État côtier du Brésil (*Nordeste). 101 023 km². 7,24 millions d'hab. Capitale : Recife. L'ancien territoire *Fernando de Noronha en fait partie depuis 1988.

Juan Domingo **Perón** ■ Homme politique argentin (1895-1974). Élu président de la République en 1946, il établit une dictature populiste, acquit une certaine popularité par ses mesures sociales, mais, en butte à des difficultés économiques, il fut renversé en 1955. Il revint au pouvoir en 1973. Sa troisième femme, Isabel (née en 1931), lui succéda mais dut quitter le pouvoir après le coup d'État militaire de 1976. □ *Eva* **Perón,** sa première femme (1919-1952), fut, comme lui, très populaire. ▶ *le* **péronisme** joue encore un grand rôle dans la vie politique argentine.

Pérotin ■ Compositeur français de l'école de Notre-Dame de Paris (XIIIe s.).

le **Pérou** ■ État (république) d'Amérique du Sud. 1 285 216 km². 21,79 millions d'hab. *(les Péruviens).* Capitale : Lima. Langues officielles : aymara, espagnol, quechua. Religion officielle : catholicisme romain. Monnaie : inti. Trois régions contrastées : la côte pacifique avec les cultures de coton, de riz et la pêche ; les hautes terres des Andes avec l'élevage et la production minière (cuivre, zinc) ; enfin la forêt amazonienne presque inexploitée. ▭ HISTOIRE. Le Pérou fut le centre de l'Empire *inca, qui disparut sous les coups des conquistadores de *Pizarro au XVIe s. Devenu une colonie espagnole, il accéda à l'indépendance en 1824. Dès 1825, il fut divisé et le haut Pérou prit le nom de *Bolivie. Il connaît une grande instabilité politique depuis le XIXe s. avec une alternance de gouvernements révolutionnaires et conservateurs. Depuis 1978, il traverse une grave crise économique, à laquelle s'ajoute la guérilla des communistes (maoïstes) du Sentier lumineux. En 1991 éclata une très grave épidémie de choléra.

Pérouse, en italien **Perugia** ■ Ville d'Italie, capitale de l'*Ombrie. 148 000 hab. *(les Pérugins).* Ruines étrusques et romaines. Monuments du Moyen Âge et de la Renaissance. Patrie du *Pérugin.

Perpignan ■ Ville du sud-ouest de la France, au pied des *Pyrénées. 108 000 hab. *(les Perpignanais).* Commerce actif des fruits cultivés dans la région. Ancienne capitale des rois de Majorque.

Charles **Perrault** ■ Écrivain français (1628-1703). Auteur des célèbres *"Contes de ma mère l'Oye" (« Cendrillon », « Barbe-Bleue », « le Petit Poucet »...).* □ *Claude* **Perrault,** son frère (1613-1688), architecte. On lui attribue la colonnade du *Louvre.

Pierre **Perrault** ■ Cinéaste et poète québécois (né en 1927). *"Le Règne du jour"* (1966) et *"la Bête lumineuse"* sont basés sur l'ethnologie.

Auguste **Perret** ■ Architecte français (1874-1954). Reconstruction du Havre après la guerre. Théâtre des Champs-Élysées, à Paris.

Jacques **Perret** ■ Écrivain français (né en 1901). *"Le Caporal épinglé"*, adapté au cinéma par J. *Renoir.

Jean **Perrin** ■ Physicien français (1870-1942). *"Les Atomes"*. Prix Nobel 1926.

Perros-Guirec ■ Ville de France. 7 600 hab. *(les Perrosiens).* Station balnéaire de Bretagne.

François **Perroux** ■ Économiste français (1903-1987), dans la lignée de *Schumpeter.

la **Perse** ■ Ancien nom de l'*Iran. L'Empire perse fut fondé vers 550 av. J.-C. par Cyrus II, qui mit fin à la domination des *Mèdes. Grand conquérant, il annexa *Babylone. Son fils Cambyse II conquit l'Égypte. C'est avec *Darius le Grand que l'Empire est à son apogée : c'est le plus vaste de l'Antiquité ; il est organisé en provinces régies par des gouverneurs (les *satrapes*). Darius fonde *Persépolis. En guerre contre les Grecs, il est vaincu à *Marathon en 490 av. J.-C. ; peu après, son fils *Xerxès Ier est battu à *Salamine. L'Empire, affaibli, est conquis et ruiné par *Alexandre le Grand puis soumis aux *Parthes. La Perse connaît une nouvelle période de gloire du IIIe au VIIe s. avec la dynastie des *Sassanides. Conquise par les Arabes au VIIe s., elle se convertit à l'islam. Dominée par les Turcs (1055) puis par les Mongols jusqu'à l'avènement d'Ismāʿīl Ier (1502), qui fait du *chiisme la religion d'État. Sous la dynastie des Qādjārs (1786-1925), la Perse subit l'influence de la Russie puis de l'Angleterre, intéressée par son pétrole. En 1925, Rezāh Chāh Pahlavi prend le pouvoir ; la Perse devient officiellement l'Iran en 1935. ⇒ **Iran.** ⟨ ▶ persan ⟩

Persée ■ Héros grec, fils de *Zeus et de *Danaé, vainqueur de la *Méduse.

Perséphone ■ Divinité grecque enlevée par *Hadès, qui la fit reine des Enfers. Identifiée à la Proserpine des Romains.

Persépolis ■ Ancienne capitale de l'Empire perse, incendiée en 331 av. J.-C. par *Alexandre le Grand. Ruines du palais de *Darius le Grand.

John **Pershing** ■ Général américain (1860-1948). Il commanda le corps expéditionnaire américain en France pendant la Première *Guerre mondiale.

le golfe **Persique** ou **Arabique** ■ Bras de mer entre l'Iran et l'Arabie. Il communique avec l'océan Indien par le détroit d'*Ormuz. Énormes gisements de pétrole, surtout sur la rive arabe.

Perth ■ Ville d'Écosse (*Tayside). 42 900 hab. Capitale de l'Écosse au Moyen Âge.

Perth ■ Ville d'Australie, capitale de l'État d'*Australie-Occidentale. 1,08 million d'hab. Centre commercial et administratif.

le col du **Perthus** ■ Passage des Pyrénées orientales entre la France et l'Espagne. 290 m.

le **Pérugin** ■ Peintre italien (v. 1445-1523). Né à Perugia (*Pérouse), maître de *Raphaël. Il propagea le goût classique en Italie à la fin du *quattrocento. Il est l'auteur de plusieurs fresques de la chapelle *Sixtine.

Peruwelz ■ Ville de Belgique (*Hainaut), près de la frontière française. 17 000 hab.

Pesaro ■ Ville et port d'Italie, dans les *Marches. 90 600 hab. Palais, musées. Festival Rossini. Station balnéaire sur l'Adriatique.

les îles **Pescadores** ou **Penghu, P'eng-hou** ■ Archipel du détroit de Taïwan, administré par le gouvernement de Taïwan. 127 km². 99 000 hab.

Pescara ■ Ville d'Italie (*Abruzzes), sur l'Adriatique. 129 000 hab.

Peshāwar ■ Ville du nord-ouest du Pakistan. 556 000 hab. Centre commercial et militaire. Mosquée mongole, musée.

Fernando **Pessoa** ■ Poète portugais (1888-1935). Par le recours à des « hétéronymes » (pseudonymes), il a développé une œuvre complexe, à la fois sensible et cérébrale, dont la modernité est apparue après sa mort. *"Le Livre de l'intranquillité"*.

Hélder **Pessõa Câmara** ■ Archevêque brésilien (né en 1909). Il se fit le défenseur des pauvres et des opprimés du tiers monde.

Pest ■ ⇒ **Budapest.**

la **Peste noire** *ou Grande* **Peste** ■ Épidémie qui se répandit d'Asie centrale vers la Chine, l'Inde puis l'Europe de 1337 à 1380. Elle fit près de 50 millions de victimes.

Philippe **Pétain** ■ Maréchal de France et homme politique français (1856-1951). Héros de *Verdun en 1916, appelé à la présidence du Conseil en 1940, il signa l'armistice avec l'Allemagne et obtint les pleins pouvoirs, mettant fin à la IIIe *République en devenant chef de l'État français (⇒ gouvernement de **Vichy**). Accusé en 1945 de collaboration avec l'ennemi, il fut condamné à mort (peine commuée en détention à perpétuité).

Pétange ■ Ville du Luxembourg (district de *Luxembourg). 11 600 hab.

Petare ■ Ville du Venezuela. 520 000 hab.

la **Petchora** ■ Fleuve de Russie, né dans l'*Oural, qui se jette dans la mer de *Barents. 1 790 km.

Peterborough ■ Ville d'Angleterre (*Cambridgeshire). 115 000 hab.

Peterborough ■ Ville de l'Ontario. 61 000 hab. Centre industriel, commercial et touristique.

Anne Alexandre Sabès dit **Pétion** ■ Premier président de la république d'Haïti, dont il fut le fondateur en 1807 (1770-1818).

Marius **Petipa** ■ Danseur et chorégraphe français (1818-1910). L'un des créateurs de l'école russe de ballet.

Roland **Petit** ■ Danseur et chorégraphe français (né en 1924).

Petit-Bourg ■ Ville de l'île française de la Guadeloupe. 14 900 hab. *(les Petit-Bourgeois).*

Petite-Île ■ Ville de l'île française de la Réunion. 8 900 hab.

Simon **Petlioura** ■ Homme politique ukrainien (1879-1926). Il tenta d'établir une Ukraine indépendante, mais fut battu par les bolcheviks en 1920. Ses partisans se signalèrent par d'horribles pogroms.

Sándor **Petőfi** ■ Poète et héros national hongrois (1823-1849). Il a contribué au développement du sentiment national et a renouvelé le genre de l'épopée. "*Jean le Preux*".

Pétra ■ Ancienne capitale des *Nabatéens, située en Jordanie. Tombeaux creusés dans le roc, à l'architecture exceptionnelle.

Pétrarque ■ Poète et humaniste italien (1304-1374). Contre la *scolastique, il chercha à retrouver les sources de la culture antique. Son "*Canzoniere*", dédié à son amour pour Laure, dame provençale, eut une immense influence sur la poésie lyrique et suscita un courant littéraire, le *pétrarquisme.*

Goffredo **Petrassi** ■ Compositeur italien (né en 1904). Œuvres chorales.

Olaus **Petri** ■ Réformateur suédois (1493-1552). Chancelier du roi, il implanta le luthéranisme dans son pays.

sir William **Petrie** ■ Archéologue et égyptologue anglais (1853-1942).

Petrodvorets, anciennement **Peterhof** ■ Ville de la C.É.I. (*Russie), dans la région de Saint-Pétersbourg. 76 000 hab. Ancienne résidence impériale de style baroque.

Petrograd ■ Nom donné en 1914 à la ville de Saint-Pétersbourg, baptisée *Leningrad de 1924 à 1991.

Pétrone ■ Poète latin (mort en 65). Auteur du "*Satiricon*", œuvre licencieuse et comique qui ridiculise la vanité des hommes.

Petropavlovsk ■ Ville de la C.É.I. (*Kazakhstan). 241 000 hab.

Petropavlovsk -Kamtchatski ■ Ville et port de la C.É.I. (*Russie). 269 000 hab. Pêche. Base navale du *Kamtchatka.

Petrópolis ■ Ville du Brésil (État de *Rio de Janeiro). 149 000 hab. Cathédrale, ancien palais impérial. Centre commercial.

Petrozavodsk ■ Ville et port de la C.É.I. (*Russie), sur le lac *Onega. Capitale de la *Carélie. 270 000 hab.

sir William **Petty** ■ Médecin et économiste anglais (1623-1687). Précurseur de l'économie quantitative.

Armand **Peugeot** ■ Industriel français (1849-1915). Il fonda une importante société d'automobiles.

les **Peuls** ■ Peuple de pasteurs musulmans d'Afrique de l'Ouest.

les **Peuples de la Mer** ■ Nom donné par les Égyptiens aux peuples indo-européens qui, aux XIIIe et XIIe s. av. J.-C., envahirent l'Asie Mineure – où ils détruisirent l'Empire hittite –, la mer *Égée et la Crète. *Ramsès III les repoussa.

la Grande **Peur** ■ Révolte des paysans français en juillet-août 1789, qui, à la suite de la prise de la Bastille et craignant une réaction de la noblesse, mirent à sac les châteaux.

Antoine **Pevsner** ■ Sculpteur français d'origine russe (1886-1962). Frère de Naum *Gabo. Figures géométriques en métal formant un ensemble rythmé de surfaces convexes et concaves.

Pforzheim ■ Ville d'Allemagne (*Bade-Wurtemberg), en *Forêt-Noire. 107 000 hab. Bijouterie.

Phaéton ■ Fils d'*Hélios, foudroyé par *Zeus pour s'être trop approché de la Terre en conduisant le char de son père.

Phaïstos ■ Site archéologique de Crète. Civilisation minoenne (⇒ **Crète**).

les **pharisiens** ■ Membres d'une secte juive apparue au IIe s. av. J.-C., accusés dans les Évangiles de respect excessif des rites, sans foi sincère. ⟨ ► pharisien ⟩

Pharos ■ Île d'ancienne Égypte, près d'Alexandrie. Un feu au sommet d'une haute tour de marbre blanc (une des Sept *Merveilles du monde) guidait les bateaux. ⟨ ► phare ⟩

Pharsale ■ Ville de Grèce (*Thessalie). 6 000 hab. *Pompée y fut vaincu par *César en 48 av. J.-C.

Phébus ■ ⇒ **Apollon.**

Phédon ■ Philosophe grec (IVe s. av. J.-C.). L'un des plus fidèles disciples de *Socrate.

Phèdre ■ Dans la mythologie grecque, l'épouse de *Thésée, la fille de *Minos et de *Pasiphaé. Sa passion fatale pour *Hippolyte, son beau-fils, a inspiré *Euripide, *Sénèque, *Sophocle, *Racine.

Phèdre ■ Fabuliste latin (15 av. J.-C. - 50). Il imita *Ésope.

la **Phénicie** ■ Contrée de l'Antiquité, sur la côte méditerranéenne, aujourd'hui partagée entre Israël, le Liban et la Syrie. Les ***Phéniciens,*** dès le IIIe millénaire av. J.-C., furent des navigateurs et des commerçants actifs : ils créèrent des ports, des colonies, dont *Carthage, en 814 av. J.-C. Le pays était organisé en cités-États (*Tyr, *Byblos, *Sidon) ayant chacune leur roi et leurs dieux, mais unifiées par la langue et l'écriture (c'est la première écriture alphabétique). Dominée par les Assyriens, les Babyloniens puis les Perses, la Phénicie fut conquise par *Alexandre le Grand en 332 av. J.-C. Elle devint une province romaine v. 64. ‹ ▶ phénicien ›

le ***Phénix*** ■ Oiseau de la mythologie égyptienne qui vit plusieurs siècles, se brûle sur un bûcher et renaît de ses cendres. ‹ ▶ ① phénix ›

Phidias ■ Le plus célèbre sculpteur de l'art classique grec (Ve s. av. J.-C.). Il dirigea le chantier de l'*Acropole et notamment du *Parthénon en ayant sous ses ordres *Ictinos et *Callicratès.

Philadelphie ■ Ville de la côte est des États-Unis (*Pennsylvanie). 1,7 million d'hab. Port et place financière. Centre industriel et culturel (université, musées). Passé prestigieux : signature de la déclaration d'*Indépendance (1776), capitale des États-Unis de 1790 à 1800.

Philae ■ Île du Nil. L'important temple d'*Isis, menacé par le barrage d'*Assouan, a été transféré sur une île voisine par l'U.N.E.S.C.O.

Philarète ■ Père et ministre de *Michel III, patriarche de l'Église de Russie (v. 1554 - 1633). Il sortit le pays du Temps des troubles qui avait suivi la mort d'*Ivan IV le Terrible.

Philémon et Baucis ■ Couple légendaire de la mythologie grecque. Ils auraient offert l'hospitalité à *Zeus et *Hermès, lesquels, pour les récompenser, les transformèrent en arbres, à leur mort, afin qu'ils restent à jamais côte à côte.

François André ***Philidor*** ■ Compositeur français (1726-1795). Auteur d'opéras-comiques (*"Tom Jones"*). Il fut aussi le plus célèbre joueur d'échecs de son temps.

Gérard ***Philipe*** ■ Comédien français (1922-1959). Interprète du *"Cid"* de *Corneille et du *"Prince de Hombourg"* de *Kleist ; acteur de cinéma (*"Fanfan la Tulipe" ; "le Diable au corps"*). □ *Anne* ***Philipe,*** son épouse, écrivaine française (1917-1990). *"Temps d'un soupir" ; "le Regard de Vincent"*.

saint ***Philippe*** ■ Apôtre de Jésus qui aurait été crucifié v. 80 à Hiérapolis (*Phrygie).

Philippe ■ NOM DE PLUSIEURS SOUVERAINS EUROPÉENS **1.** ducs de BOURGOGNE □ ***Philippe II le Hardi*** (1342-1404), l'un des régents de Charles VI. □ ***Philippe III le Bon*** (1396-1467) s'allia aux Anglais pour venger le meurtre de son père *Jean sans Peur. Réconcilié avec Charles VII par le traité d'Arras (1435), il constitua un État puissant. **2.** souverains d'ESPAGNE □ ***Philippe Ier le Beau*** (1478-1506), souverain des Pays-Bas (1482), roi de Castille (1504). Fils de Maximilien Ier, époux de *Jeanne la Folle, père de *Charles Quint. □ ***Philippe II*** (1527-1598), fils de *Charles Quint, roi de Naples (1554), souverain des Pays-Bas (1555), héritier de la couronne d'Espagne en 1556 et roi du Portugal (1580). Voulant faire triompher le catholicisme, il renforça l'*Inquisition et intervint partout contre la *Réforme : il se heurta à l'Angleterre (destruction de l'*Armada, 1588), aux Pays-Bas (formation des *Provinces-Unies, 1579) et à la France (Henri IV). Sa politique ambitieuse fut financée par l'or des Amériques. Son règne correspond au début du « siècle d'or ». – On baptisa, en son honneur, *Philippines* des îles que Magellan venait de découvrir. □ ***Philippe III*** (1578-1621), fils du précédent, auquel il succéda en 1598. Règne marqué par la paix avec l'Angleterre (1604) et par l'alliance avec la France (mariage de sa fille Anne d'Autriche avec Louis XIII, 1615). □ ***Philippe IV*** (1605-1665), fils du précédent, auquel il succéda en 1621. Il fut dominé par son favori *Olivares. Guerre contre les Provinces-Unies et contre la France (guerre de *Trente Ans). □ ***Philippe V*** (1683-1746), petit-fils de Louis XIV. Son arrivée sur le trône (1700) déclencha la guerre de *Succession à l'issue de laquelle il dut céder Gibraltar, Minorque (Baléares), la Sicile et les Pays-Bas. ⇒ guerres de **Succession de Pologne** et **d'Autriche. 3.** rois de FRANCE □ ***Philippe Ier*** (1052-1108), roi en 1060, eut à lutter contre l'ascension de son vassal *Guillaume le Conquérant. □ ***Philippe II Auguste*** (1165-1223), roi en 1180, lutta contre la dynastie anglaise des Plantagenêts (Henri II, *Richard Cœur de Lion) et écrasa la coalition de *Jean sans Terre à Bouvines en 1214 ; il agrandit le domaine royal (annexion de la Normandie, Anjou, Maine, Poitou) et renforça le pouvoir du roi (création des fonctions de bailli et de sénéchal). □ ***Philippe III le Hardi*** (1245-1285), roi en 1270, fils de Saint *Louis, acquit le comté de Toulouse, l'Auvergne et le Poitou. □ ***Philippe IV le Bel,*** son fils (1268-1314), roi en 1285. Avec l'aide de ses conseillers, les légistes, il renforça considérablement l'appareil d'État ; en conflit ouvert avec le pape *Boniface VIII, il soutint le transfert du Saint-Siège à Avignon (1309) ; il annexa au royaume la ville de Lyon. □ ***Philippe V le Long,*** deuxième fils de Philippe IV le Bel (1294-1322). Il succéda à son frère Louis X, en 1316, et fut suivi par son frère Charles IV. Comme eux, il se heurta aux difficultés économiques. □ ***Philippe VI de Valois,*** neveu de Philippe IV le Bel (1293-1350), roi en 1328. Charles IV étant mort sans héritier, sa succession opposa Édouard III d'Angleterre, petit-fils par sa mère de Philippe le Bel, et Philippe VI, premier des *Valois ; ce fut le début de la guerre de *Cent Ans ; la crise économique s'aggrava (famines, *Peste noire). **4.** souverain des PAYS-BAS □ ***Philippe Ier le Beau.*** ⇒ 2. souverains d'ESPAGNE, **Philippe Ier.**

Philippe II ■ Roi de *Macédoine (v. 382 - 336 av. J.-C.). Il conquit la Thrace, vainquit les Thébains et les Athéniens à Chéronée (338) et mourut assassiné. Son fils *Alexandre le Grand lui succéda.

Philippe d'Orléans ■ ⇒ maison d'**Orléans.**

Philippe de Vitry ■ Compositeur français (1291-1361), célèbre pour sa réforme de la notation musicale.

Philippe Égalité ■ ⇒ maison d'**Orléans.**

les ***Philippines*** ■ Archipel et État (république) d'Asie du Sud-Est. 300 000 km². 59,9 millions d'hab. *(les Philippins).* 84 % de catholiques. Capitale : Manille. Langues officielles : anglais, tagal (ou tagalog). Monnaie : peso philippin. Plus de 7 100 îles au climat tropical. L'économie est surtout agricole (riz, maïs, coco) malgré les ressources minières (or, argent, cuivre). ▭ **HISTOIRE.** Découvertes par Magellan en 1521, colonisées par les Espagnols (1565), elles reçurent leur nom en hommage à Philippe II. Annexées par les Américains en 1898, elles sont indépendantes depuis 1946. La dictature de Marcos (au pouvoir à partir de 1965) a pris fin avec l'élection à la présidence de Cory *Aquino (1986), qui dut faire face à des difficultés économiques croissantes et à une instabilité politique chronique (rébellions militaires, guérilla communiste). Fidel Ramos succède à Cory Aquino en 1992.

les ***Philistins*** ■ Peuple de l'Antiquité, un des *Peuples de la Mer, qui donna son nom *(Pelishitim)* à la Palestine et fut soumis par *David. ‹ ▶ philistin ›

Philon d'Alexandrie ■ Philosophe juif de langue grecque (v. 13 av. J.-C. - v. 54). Un des premiers à concilier la *Bible et la pensée grecque.

Philopœmen ■ Stratège et homme d'État grec (v. 252 - v. 183 av. J.-C.). Sa résistance contre Rome lui valut d'être surnommé « le dernier des Grecs ».

Phnom-Penh ■ Capitale du Cambodge sur le *Mékong. 2,5 millions d'hab. en 1970. Après la guerre civile et le régime *khmer rouge (massacres, déportations), la ville s'est considérablement dépeuplée (environ 750 000 hab.) et appauvrie.

Phocée ■ Importante colonie grecque, ville commerciale d'*Ionie dans l'Antiquité. Les ***Phocéens*** fondèrent *Marseille.

Phoenix ■ Ville des États-Unis, capitale de l'*Arizona, dans une oasis. 790 000 hab.

Photios ou ***Photius*** ■ Théologien byzantin (v. 820 - 895). Patriarche de Constantinople, excommunié par le pape, il riposta en faisant excommunier celui-ci par un concile : c'est le *schisme de Photios.*

la ***Phrygie*** ■ Ancienne région d'Asie Mineure. Fondé en 1200 av. J.-C., le royaume des ***Phrygiens*** connut son apogée sous le règne de *Midas. *Cybèle est la grande déesse phrygienne. ⟨ ► phrygien ⟩

les ***physiocrates*** ■ Économistes français du XVIIIe s. ► *la* ***physiocratie*** ou « gouvernement de la nature » considère l'agriculture comme la principale source de richesse ; elle influença l'action de *Turgot. Le *"Tableau économique"* de *Quesnay (1758) est le premier exposé systématique d'économie.

Giovanna Gassion dite *Édith* ***Piaf*** ■ Chanteuse française d'inspiration populaire (1915-1963).

Jean ***Piaget*** ■ Psychologue et épistémologue suisse (1896-1980). Il a développé une approche « génétique » de la connaissance, suscitant de nombreux travaux sur l'enfance.

les ***Piast*** ■ Dynastie de souverains polonais fondée v. 960 par *Mieszko Ier. Les *Jagellons leur succédèrent en 1370.

Piatra-Neamţ ■ Ville du nord-ouest de la Roumanie, en *Moldavie. 108 000 hab.

le ***Piauí*** ■ État du Brésil (*Nordeste). 251 273 km². 2,6 millions d'hab. Capitale : Teresina. Élevage bovin.

le ou *la* ***Piave*** ■ Fleuve d'Italie. 220 km. Né dans les Alpes, il se jette dans l'Adriatique.

Giovanni Battista ***Piazzetta*** ■ Peintre italien (1682-1754). Thèmes populaires et religieux traités avec de forts contrastes d'ombre et de lumière. Remarquables dessins.

Francis ***Picabia*** ■ Peintre français (1879-1953). Collages *dadaïstes.

Émile ***Picard*** ■ Mathématicien français (1856-1941). Théorie des fonctions ; intégrales ; théorie des groupes ; méthode des approximations successives. ≠ A. Piccard.

la ***Picardie*** ■ Région administrative et économique française comprenant trois départements : l'Aisne, l'Oise et la Somme. 19 518 km². 1,81 million d'hab. *(les Picards).* Préfecture : Amiens. Agriculture de pointe : plateau crayeux couvert de limon propice aux cultures riches (blé, betterave à sucre) et coupé par des vallées (élevage et cultures maraîchères). Région industrielle malgré l'absence de matières premières : industrie traditionnelle (textile, sucreries) et branches nouvelles (métallurgie, chimie). Au Moyen Âge, la Picardie fut prospère grâce à l'industrie du drap. Région frontière, elle fut le théâtre de nombreux conflits : la guerre de *Cent Ans, les deux guerres mondiales.

Jean ***Picart Le Doux*** ■ Artiste français (1902-1982). Disciple de *Lurçat, il exécuta de nombreux cartons de tapisserie.

Pablo ***Picasso*** ■ Peintre, graveur et sculpteur espagnol (1881-1973). Son œuvre est immense et multiforme. Doté d'une grande vitalité créatrice, il transformait les objets qui l'entouraient, imaginait sans cesse de nouvelles formes, avec autant d'aisance dans tous les domaines. Tableaux de la période « bleue » et « rose », œuvres « néo-classiques » *("les Flûtes de Pan"),* « surréalistes » *("Femme dans un fauteuil"),* « expressionnistes » *("la Femme qui pleure" ; "Guernica").* La tauromachie et les portraits de ses compagnes furent parmi ses thèmes favoris. Son influence sur l'art moderne est capitale. Il réalisa la première toile *cubiste de l'histoire de la peinture : *"les Demoiselles d'Avignon"* (1907).

Auguste ***Piccard*** ■ Physicien belge d'origine suisse (1884-1962). Inventeur du bathyscaphe. ≠ É. Picard.

Niccolò ***Piccinni*** ■ Compositeur italien, auteur d'opéras (1728-1800). Il s'opposa à *Gluck (⇒ querelle des **Bouffons**).

Giovanni ***Pic de La Mirandole*** ■ *Humaniste chrétien italien (1463-1494). Grand érudit.

Charles ***Pichegru*** ■ Général français (1761-1804). Passé de la Révolution à la contre-révolution ; arrêté comme complice de *Cadoudal, il se serait suicidé.

Henri ***Pichette*** ■ Poète français (né en 1924). *"Les Épiphanies" ; "Odes à chacun".*

Pichpek, de 1926 à 1990 ***Frounze*** ■ Ville de la C.É.I., capitale du Kirghizistan. 616 000 hab.

Pickering ■ Ville de l'Ontario. 39 000 hab. Centre nucléaire.

les ***Pictes*** ■ Peuple de l'Écosse ancienne.

Pie ■ NOM DE DOUZE PAPES □ *saint* ***Pie V,*** élu en 1566 (1504-1572). Dominicain, Grand Inquisiteur, il continua la *Contre-Réforme, lança la croisade contre les Turcs et publia le missel et le bréviaire romains. □ ***Pie VI,*** élu en 1775 (1717-1799). Ses États furent envahis par la France sous le *Directoire et il fut arrêté. □ ***Pie VII,*** élu en 1800 (1742-1823). Il signa le *concordat de 1801 avec Napoléon et le sacra empereur à Paris (1804). Ses États furent annexés à l'Empire. □ ***Pie IX,*** élu en 1846 (1792-1878). Le plus long pontificat de l'histoire. Il se heurta au mouvement unitaire italien qui le dépouilla progressivement de ses États de 1848 à 1870. On lui doit les dogmes de l'« Immaculée Conception » et de l'« infaillibilité pontificale » (⇒ **Vatican I**). □ *saint* ***Pie X,*** élu en 1903 (1835-1914). Il condamna le modernisme, défendant la tradition et l'orthodoxie. □ ***Pie XI,*** élu en 1922 (1857-1939). Il fut le pape de l'Action catholique et des missions. Il signa les accords du *Latran. □ ***Pie XII,*** élu en 1939 (1876-1958). Pendant la Seconde Guerre mondiale, il intervint pour la paix. On lui reproche son silence sur le massacre des Juifs.

le ***Piémont,*** en italien ***Piemonte*** ■ Région autonome de l'Italie du Nord. 25 399 km². 4,37 millions d'hab. *(les Piémontais).* Capitale : Turin. Paysages variés : hautes montagnes (Alpes) avec élevage et tourisme, collines et plaines (plaine du *Pô) avec cultures de céréales et vignes. Industries textile et automobile. ▭ **HISTOIRE.** Possession de la maison de

*Savoie, le royaume du Piémont (comprenant la Savoie, Nice et la Sardaigne) fut annexé par la France en 1799 et rendu à Victor-Emmanuel Ier en 1815. Devenu monarchie constitutionnelle, le Piémont prit la tête du mouvement d'unification de l'Italie. ⇒ **Cavour, Victor-Emmanuel II.**

Franklin **Pierce** ■ Homme politique américain (1804-1869). 14e président des États-Unis, de 1853 à 1857.

Gabriel **Pierné** ■ Compositeur français (1863-1937). Oratorios *("l'An mil")*, ballets, musique de chambre.

Piero della Francesca ■ Peintre italien (v. 1416 - 1492). Le plus grand artiste du milieu du *quattrocento. Son influence fut considérable : il fut le premier à appliquer la perspective géométrique à la peinture. Fresques d'*Arezzo.

Piero di Cosimo ■ Peintre italien (1462-1521). Auteur de scènes mythologiques étranges et souvent fantastiques.

saint **Pierre** ■ Le premier des douze apôtres dans les Évangiles. Jésus changea son nom de Simon en Pierre et en fit le fondateur de son Église. Premier évêque de Rome, il fut martyrisé en 64. Il serait enseveli sous la basilique qui porte son nom.

Pierre ■ NOM DE PLUSIEURS SOUVERAINS **1.** empereurs du BRÉSIL □ ***Pierre Ier,*** en portugais ***Pedro*** (1798-1834), proclama l'indépendance du pays (1822) et en devint l'empereur. À la mort de son père Jean VI (1826), il devint roi du Portugal (sous le nom de Pierre IV) mais il laissa ce royaume à sa fille Marie II. □ ***Pierre II*** (1825-1891), son fils, lui succéda au Brésil et abolit l'esclavage en 1888. **2.** roi du PORTUGAL □ ***Pierre II*** (1648-1706). Régent (roi en 1683), il fit reconnaître l'indépendance du Portugal (effective depuis 1640) par l'Espagne en 1668. **3.** tsars de RUSSIE □ ***Pierre Ier*** dit ***Pierre le Grand*** (1672-1725) transforma autoritairement son pays : ouverture à l'Europe, grâce à la victoire sur la Suède (1709), fondation de la nouvelle capitale *Saint-Pétersbourg, réforme des mœurs ; essor économique, dû en particulier à l'industrie de guerre ; nouvelle administration. □ ***Pierre III.*** ⇒ **Pougatchev.**

Pierre ■ Ville des États-Unis, capitale du *Dakota du Sud. 12 000 hab.

saint **Pierre Damien** ■ Moine et cardinal italien (1007-1072). Il réforma les ordres monastiques.

Pierre de Montreuil ■ Architecte français, l'un des maîtres du style gothique (v. 1200 - 1266). Il participa à la construction de *Notre-Dame de Paris.

Pierrefonds ■ Ville du Québec, près de Montréal. 40 300 hab.

Pierrefonds ■ Ville de France, au nord de Paris. 1 500 hab. *(les Pétrifontains)*. Château féodal restauré par *Viollet-le-Duc.

Pierre l'Ermite ■ Religieux français, un des chefs de la première *croisade (v. 1050 - 1115).

Pierre Lombard ■ Théologien lombard enseignant à Paris, le « Maître des sentences » (v. 1100 - 1160).

le gouffre de la **Pierre-Saint-Martin** ■ Le plus profond gouffre terrestre connu, dans les *Pyrénées françaises.

Pierrot ■ Personnage de la *commedia dell'arte. ⟨ ▶ pierrot ⟩

Pietermaritzburg ■ Ville d'Afrique du Sud, capitale du *Natal. 134 000 hab. Centre commercial et industriel (aluminium).

André **Pieyre de Mandiargues** ■ Écrivain français (1909-1991). Thèmes érotiques. *"Le Musée noir" ; "le Lys de mer"*.

Jean-Baptiste **Pigalle** ■ Sculpteur français (1714-1785). Il manifesta un goût de la mise en scène (en particulier dans le mausolée du maréchal de Saxe, à Strasbourg), que l'on ne retrouve pas dans ses bustes, d'une grande vérité d'observation.

Arthur Cecil **Pigou** ■ Économiste britannique (1877-1959). Disciple et successeur de A. *Marshall à Cambridge.

Ponce **Pilate** ■ Préfet romain de la Judée (Ier s.). Il abandonna Jésus aux Juifs, qui voulaient sa mort, en se lavant symboliquement les mains.

François **Pilâtre de Rozier** ■ Physicien français (1754-1785). Le premier aéronaute de l'histoire, pilote des ballons des *Montgolfier.

le rio **Pilcomayo** ■ Rivière d'Amérique du Sud, affluent du Paraguay. 2 500 km.

Boris **Pilniak** ■ Écrivain soviétique (1894-1937). Thème du « réalisme socialiste ». Il disparut lors des purges staliniennes. Réhabilité en 1956.

Germain **Pilon** ■ Sculpteur français de la *Renaissance (v. 1537 - 1590). Œuvres religieuses, bustes, médaillons.

Jean-Guy **Pilon** ■ Poète québécois (né en 1930). « Notre vie à retenir, le poids de la mort à dépasser » (1954) est la définition de son projet en poésie.

Pilsen ■ Nom allemand de *Plzeň.

Józef **Piłsudski** ■ Homme politique et maréchal polonais (1867-1935). Il joua un rôle prépondérant dans la restauration de l'État polonais (de 1918 à sa mort).

Antoine **Pinay** ■ Homme politique français (né en 1891). Président du Conseil (1952), ministre des Finances de 1958 à 1960.

Pincourt ■ Ville du Québec. 9 300 hab.

Gregory **Pincus** ■ Médecin américain (1903-1967). Mise au point de la pilule contraceptive (1956).

Pindare ■ Poète grec (518 - v. 438 av. J.-C.), le grand maître de la forme lyrique. On a conservé ses odes qui célèbrent les athlètes vainqueurs aux Grands Jeux de la Grèce (odes "*Olympiques*", "*Pythiques*", etc.).

Philippe **Pinel** ■ Médecin français (1745-1826). Un des premiers à s'occuper des malades mentaux.

Robert **Pinget** ■ Écrivain français (né en 1919). Il s'attache à évoquer les artifices de la parole. *"L'Inquisitoire"*.

Augusto **Pinochet** ■ Général et homme politique chilien (né en 1915). Auteur du coup d'État de 1973 (mort d'*Allende), président de la République de 1974 à 1990, il exerça un pouvoir dictatorial.

Harold **Pinter** ■ Auteur dramatique anglais (né en 1930). Son théâtre exprime l'ambiguïté des rapports humains. *"Le Gardien" ; "le Retour"*.

Sebastiano del **Piombo** ■ ⇒ **Sebastiano del Piombo.**

Luigi **Pirandello** ■ Écrivain et auteur dramatique italien (1867-1936). Le rénovateur de la dramaturgie moderne avec *Brecht. Le maître du « théâtre dans le théâtre », thème et technique qui expriment chez lui l'impossibilité du théâtre. *"Six personnages en quête d'auteur"*. Prix Nobel 1934.

Piranèse ■ Graveur italien (1720-1778). Ses dessins, jouant des contrastes de lumière et des effets de perspective, ont un caractère préromantique et visionnaire. “*Les Prisons*” ; “*Vues de Rome*”.

la côte des ***Pirates*** ■ Nom donné à l'ensemble des *Émirats arabes unis.

Le ***Pirée*** ■ Ville de Grèce et port d'Athènes (Grand *Athènes) depuis le ve s. av. J.-C. 196 000 hab. Principal port et centre industriel de Grèce : constructions navales, métallurgie, chimie.

Antonio Pisano dit *il* ***Pisanello*** ■ Peintre et graveur de médailles italien (v. 1395 - 1455). Célèbre pour son habileté à rendre les détails.

Nicola ***Pisano*** ■ Sculpteur et architecte italien (v. 1220 - v. 1283). Monumentalité et influence antique en font un pionnier de la Renaissance. □ *Giovanni* ***Pisano,*** son fils (v. 1248 - v. 1314), inspiré par l'expression mouvementée de la sculpture gothique.

Erwin ***Piscator*** ■ Metteur en scène de théâtre allemand (1893-1966).

Pise, en italien ***Pisa*** ■ Ville d'Italie, en *Toscane. 103 000 hab. *(les Pisans).* Importante université. Nombreux monuments de style *pisan :* « tour penchée » du XIIe s., cathédrale, baptistère ; palais. Grande puissance maritime jusqu'à la destruction de sa flotte par Gênes en 1284. Patrie des *Pisano.

Pisistrate ■ Tyran d'Athènes (v. 600 - v. 528 av. J.-C.). Son gouvernement marqua une période de prospérité.

Camille ***Pissarro*** ■ Peintre français (1830-1903). L'un des maîtres de l'*impressionnisme, il eut le souci des compositions structurées. Il influença, par ses conseils, nombre de ses contemporains, dont *Cézanne.

l'île ***Pitcairn*** ■ Petite île volcanique du Pacifique (*Océanie), dépendant du Royaume-Uni. 4,6 km². 60 hab. Elle fut peuplée par les descendants des mutins du *Bounty* et leurs femmes tahitiennes.

Pitești ■ Ville de Roumanie. 157 000 hab.

Pithiviers ■ Ville de France (région de la *Loire). 9 600 hab. *(les Pithivériens).* Produits alimentaires. ⟨ ▶ pithiviers ⟩

Georges ***Pitoëff*** ■ Homme de théâtre français d'origine russe (1884-1939).

William ***Pitt*** dit ***le Premier Pitt*** ■ Homme politique britannique (1708-1778). Défenseur du nationalisme anglais face aux Français et aux Espagnols. □ *William* ***Pitt*** dit ***le Second Pitt,*** son fils (1759-1806), mena la lutte contre la France révolutionnaire. Malgré les succès d'*Aboukir et de *Trafalgar, cette politique fut ruineuse.

les ***Pitti*** ■ Famille florentine, rivale des *Médicis. Ils firent construire le *palais Pitti* (1440), à Florence (musée).

Pittsburgh ■ Ville des États-Unis (*Pennsylvanie). 424 000 hab. 1er port fluvial du pays (sur l'*Ohio). Un des plus grands centres sidérurgiques du monde. Universités.

Piura ■ Ville du nord-ouest du Pérou. 297 000 hab.

Francisco ***Pizarro*** ■ Conquistador espagnol (v. 1475 - 1541). Avec ses frères, Hernando, Gonzalo et Juan, il conquit le Pérou pour le compte du roi d'Espagne en 1533 et soumit l'Empire *inca.

la ***Plaine*** ou *le* ***Marais*** ■ Nom donné à la faction la plus modérée de la *Convention.

Plaisance, en italien ***Piacenza*** ■ Ville d'Italie (*Émilie-Romagne). 104 000 hab. Palais communal gothique.

Antoine ***Plamondon*** ■ Peintre québécois (1804-1895). Auteur de plusieurs portraits et d'œuvres à caractère religieux.

Max ***Planck*** ■ Physicien allemand (1858-1947). Créateur de la théorie des quanta. Prix Nobel 1918.

Plantagenêt ■ Surnom de Geoffroi V, comte d'Anjou, et de ses descendants. ▶ *les* ***Plantagenêts*** régnèrent sur l'Angleterre de 1154 à 1485. Ils luttèrent contre les rois de France (⇒ **Angleterre,** guerre de **Cent Ans**). Les *Tudors leur succédèrent, après la guerre des Deux-*Roses. ⇒ **Henri II, Richard Cœur de Lion, Jean sans Terre, Henri III, Édouard III, Richard II, Henri IV, Henri V, Henri VI, Édouard IV, Édouard V, Richard III.**

Jacques ***Plante*** ■ Sportif québécois (1929-1986). Premier gardien de but au hockey à gagner cinq fois de suite le trophée Vézina.

La ***Plata*** ■ ⇒ **La Plata.**

Platée ou ***Platées*** ■ Ancienne ville de Grèce (*Béotie). Victoire des Grecs sur les Perses en 479. ⇒ guerres **médiques.**

Platon ■ Philosophe grec (428 - 348 av. J.-C.). Élève de *Socrate, il en fit le protagoniste de nombreux “*Dialogues*”, où il met en œuvre la dialectique, analyse du langage qui permet d'accéder à l'intelligible. Élévation de l'âme, la contemplation des idées est favorisée par l'étude des mathématiques ; elle implique un idéal politique, exprimé dans “*la République*”. Platon voulut dépasser dans l'idéalisme les oppositions des penseurs présocratiques (⇒ **Héraclite** et **Parménide**). L'histoire de la philosophie commence véritablement avec Platon, au point que la critique du platonisme s'identifie chez *Nietzsche à la critique de toute la philosophie. La lecture de Platon informe plusieurs philosophies modernes (*Heidegger). ▶ *le* ***platonisme,*** ensemble des doctrines pouvant se réclamer de Platon, n'a cessé d'exercer une influence : durant l'Antiquité grâce à l'école fondée par le maître (l'Académie), puis sur la pensée chrétienne à travers saint *Augustin (M. *Psellos à Byzance), et sur la pensée occidentale jusqu'à nos jours. L'enseignement de son élève et premier adversaire *Aristote fut intégré au *néo-platonisme.* ⇒ **Plotin.** ⟨ ▶ platonicien, platonique ⟩

Plaute ■ Auteur latin de comédies (v. 254 - 184 av. J.-C.). La *commedia dell'arte, *Molière, *Goldoni se sont inspirés de sa verve bouffonne. “*Amphitryon*” ; “*les Ménechmes*” ; “*le Soldat fanfaron*”.

les ***Pléiades*** n. f. ■ Les sept filles d'*Atlas dans la mythologie grecque, transformées en étoiles par *Zeus. □ *la* ***Pléiade.*** Groupe de sept poètes français du XVIe s. (dont du *Bellay, *Baïf, *Jodelle, *Ronsard et *Pontus de Tyard) créé par Ronsard. Le manifeste de du Bellay pour la “*Défense et illustration de la langue française*” marque leur ambition de faire de la littérature française l'égale de la latine, par une « imitation originale ». ⟨ ▶ pléiade ⟩

Gueorguiï ***Plekhanov*** ■ Théoricien socialiste russe (1856-1918). Il introduisit l'œuvre de *Marx en Russie, puis s'opposa à *Lénine.

Joseph-Octave ***Plessis*** ■ Prêtre canadien (1763-1825). Évêque du diocèse de Québec (1806-1825), il fut le promoteur du loyalisme des Canadiens français envers le Royaume-Uni.

Pleven ■ Ville de Bulgarie. 134 000 hab.

Ignaz **Pleyel** ■ Compositeur autrichien (1757-1831). Il fonda à Paris une célèbre fabrique de pianos.

Pline l'Ancien ■ Écrivain et naturaliste latin (23-79). Il mourut en observant l'éruption du *Vésuve. "*Histoire naturelle*". □ ***Pline le Jeune,*** son neveu et fils adoptif (61-v. 114). "*Lettres*".

Charles **Plisnier** ■ Poète et romancier belge d'inspiration marxiste (1896-1952). "*Mariages*".

Maïa **Plissetskaïa** ■ Ballerine russe (née en 1925).

Ploiești ou **Ploești** ■ Ville industrielle de Roumanie. 235 000 hab. Pétrole.

Plotin ■ Philosophe de langue grecque (v. 205-270). Le maître du *néo-platonisme.* Sa mystique rationnelle, reprise de *Platon avec des éléments d'*Aristote et du *stoïcisme, eut une grande influence, notamment en théologie.

Plougastel-Daoulas ■ Ville de France (*Bretagne), sur une presqu'île de la rade de Brest. 11 200 hab. *(les Plougastels).* Fraises.

Ploutos ■ Dieu grec des Richesses. ‹ ▶ plouto- ›

Plovdiv ■ Ville de Bulgarie. 357 000 hab. Ancienne ville thrace. Musée. Centre agricole et industriel.

Julius **Plücker** ■ Mathématicien et physicien allemand (1801-1868). Géométrie analytique.

Plutarque ■ Historien et moraliste grec (v. 49-v. 125). Auteur d'"*Œuvres morales*" et de biographies de héros anciens *("Vies parallèles")* particulièrement appréciées pendant la *Renaissance (traduction française d'*Amyot).

Pluton ■ Nom latin du dieu grec des Enfers, *Hadès, devenu le dieu des Morts dans la religion romaine. □ ***Pluton,*** une des neuf planètes du système solaire, la plus petite (2 200 km de diamètre) et la plus éloignée du Soleil, découverte en 1930. Elle tourne autour du Soleil en 248 ans et 157 jours et sur elle-même en 6 jours et 9 heures. ‹ ▶ plutonium ›

Plymouth ■ Ville du sud de l'Angleterre (*Devon). 243 000 hab. Grand port militaire.

Plzeň, en allemand **Pilsen** ■ Ville industrielle de Tchécoslovaquie, en *Bohême. 174 000 hab. Sidérurgie. Brasseries (bière *Pilsen*).

le **Pô** ■ Fleuve d'Italie. Né dans les Alpes, il se jette dans l'Adriatique. 652 km. La *plaine du Pô* est la première région économique de l'Italie. Elle couvre le *Piémont, la *Lombardie, l'*Émilie et la *Vénétie.

Santa María de **Poblet** ■ Célèbre monastère cistercien d'Espagne, en *Catalogne.

Nikolaï **Podgorny** ■ Homme politique soviétique (1903-1983). Président du Præsidium du Soviet suprême de 1965 à 1977.

Edgar Allan **Poe** ■ Écrivain américain (1809-1849). Poète ("*le Corbeau*", traduit en français par *Mallarmé), critique *("Philosophie de la composition")* et auteur de récits fantastiques, policiers et d'horreur. "*Histoires extraordinaires*" (traduites en français par *Baudelaire).

le **Pogge** ■ Écrivain et humaniste italien (1380-1459). "*Facéties*".

Henri **Poincaré** ■ Mathématicien français (1854-1912). Son œuvre très riche intéresse notamment la physique mathématique (mécanique céleste) et la topologie algébrique, qu'il a créée. Il a aussi écrit des essais de philosophie des sciences.

Raymond **Poincaré** ■ Homme politique français (1860-1934). Cousin du précédent. Président de la République de 1913 à 1920, président du Conseil (1912, 1922-1924, 1926-1929). Représentant l'Union nationale, partisan de la fermeté envers l'Allemagne (occupation de la Ruhr en 1923), surtout connu pour sa politique financière (« franc Poincaré », dévaluation du franc en 1928 : un cinquième du franc-or).

Pointe-à-Pitre ■ Préfecture de l'île française de la Guadeloupe. 26 000 hab. *(les Pointois).* Principal port de l'île. Sucre, tabac.

Pointe-Claire ■ Ville du Québec, sur l'île de Montréal. 24 600 hab.

Pointe-Noire ■ Ville de l'île française de la Guadeloupe. 7 500 hab.

Pointe-Noire ■ Ville du Congo. 298 000 hab. Port sur l'Atlantique.

Paul **Poiret** ■ Couturier français (1879-1944). Il révolutionna le costume féminin en abandonnant le corset et les dentelles.

Anne Claire **Poirier** ■ Cinéaste québécoise (née en 1932). Elle est à l'origine du cinéma féministe au Québec. "*Mourir à tue-tête*" (1979).

l'affaire des **Poisons** ■ Série d'affaires d'empoisonnement (1670-1680) qui compromirent plusieurs personnalités de la cour de France, dont Mme de *Montespan.

Denis **Poisson** ■ Mathématicien français (1781-1840). Calcul des probabilités.

Poitiers ■ Ville de France, préfecture de la région *Poitou-Charentes. 82 500 hab. *(les Pictaviens).* Nombreux monuments (église romane du XIIe s.). *Charles Martel y arrêta l'invasion arabe en 732.

le **Poitou** ■ Ancienne province de France. Un des grands foyers de christianisation en Gaule (monastère de Ligugé fondé par saint *Martin). Les comtes de Poitiers s'imposèrent comme ducs d'Aquitaine (XIe-XIIe s.). Possession anglaise après le remariage d'Aliénor d'Aquitaine (1152), enjeu de la guerre de Cent Ans (bataille de Poitiers, en 1356, au cours de laquelle Jean II le Bon fut fait prisonnier), le territoire fut définitivement annexé à la France sous Charles V. Le *seuil du Poitou,* plaine qui relie le Bassin aquitain au Bassin parisien. ▶ *la région* ***Poitou-Charentes.*** Région administrative et économique de la France formée de quatre départements : Charente, Charente-Maritime, Deux-Sèvres, Vienne. 25 946 km². 1,59 million d'hab. Préfecture : Poitiers. Économie essentiellement agricole : vignobles (cognac, pineau), élevage (beurre réputé, fromages de chèvre). Exploitation du littoral avec le tourisme (îles de Ré et d'Oléron), l'ostréiculture et la pêche.

les régions **polaires** ■ ⇒ **Arctique** et **Antarctique.**

Roman **Polanski** ■ Cinéaste polonais (né en 1933) à la carrière internationale. "*Le Bal des vampires*" ; "*Chinatown*" ; "*Tess*".

Serge **Poliakoff** ■ Peintre français d'origine russe (1906-1969). Surfaces abstraites de tons vifs imbriquées géométriquement.

Polichinelle ■ Personnage du théâtre de marionnettes italien. ‹ ▶ polichinelle ›

Jules Auguste Armand de **Polignac** ■ Homme politique français (1780-1847). Dernier président du Conseil de Charles X.

le Front **Polisario** ■ ⇒ **Sahara occidental.**

Georges **Politzer** ■ Philosophe français d'origine hongroise (1903-1942). Marxiste-léniniste strict.

James **Polk** ■ Homme politique américain (1795-1849). 11e président des États-Unis, de 1845 à 1849.

Jackson **Pollock** ■ Peintre américain (1912-1956). Il créa la peinture « gestuelle », ainsi appelée parce qu'elle traduit le geste du peintre dans sa spontanéité. Tableaux de grand format réalisés par *dripping,* c'est-à-dire en faisant couler la peinture sur la toile posée au sol.

Pollux ■ Frère jumeau de *Castor.

Marco **Polo** ■ Négociant italien qui voyagea de Venise jusqu'en Chine (v. 1254-1324). Il fut 17 ans au service de *Qūbilai Khān, à la cour de Pékin. Le "*Livre de Marco Polo*", témoignage précis, passa d'abord pour une fabulation.

la **Pologne** ■ État (république) d'Europe centrale. 312 683 km². 37,87 millions d'hab. *(les Polonais).* Capitale : Varsovie. Langue officielle : polonais. Monnaie : złoty. L'État socialiste avait peu collectivisé l'agriculture : nombreuses fermes individuelles (pomme de terre, betterave à sucre, élevage porcin). Industrialisation récente et intensive grâce au charbon de *Silésie : sidérurgie, industries chimique et mécanique. Crise économique due aux insuffisances de l'agriculture et des industries légères, qui a entraîné un endettement important du pays. ▭HISTOIRE. Convertie au christianisme sous Mieszko Ier (IXe s.), la Pologne forma en 1024 sous Boleslas Ier un premier État indépendant, qui fut rapidement annexé à l'Empire germanique (1032) puis morcelé. Ladislas Ier restaura partiellement l'unité du pays que Casimir III le Grand acheva. À son apogée sous les *Jagellons (victoire sur les chevaliers Teutoniques en 1410), il formait alors une union avec la Lituanie. Au XVIe s. le pouvoir des nobles et la lutte contre la *Réforme (Étienne Ier Báthory) affaiblirent la monarchie. Au siècle suivant, l'autorité royale devint le jeu des puissances européennes (guerre de la *Succession de Pologne) malgré les victoires de *Jean III Sobieski. Au terme de trois partages successifs (1772, 1793, 1795), la Pologne fut rayée de la carte de l'Europe. De nombreux Polonais en exil menèrent alors une action patriotique. En 1807, Napoléon Ier créa le grand-duché de Varsovie. À la chute de l'Empire, le congrès de *Vienne (1815) transforma le grand-duché en « royaume de Pologne » (à l'exception de Cracovie) et l'intégra à la Russie. L'action patriotique reprit à l'étranger. L'indépendance de la Pologne fut proclamée en 1918 et ses nouvelles frontières fixées au traité de *Versailles. Durant la Seconde Guerre mondiale, le pays fut envahi par l'Allemagne (⇒ **Dantzig**) et par l'U.R.S.S. puis partagé entre les deux pays (⇒ **pacte germano-soviétique**). Il souffrit de l'oppression nazie : population déportée en Allemagne ou envoyée dans les camps de concentration (plus de 90 % de la population juive polonaise y périt). Après la Libération en 1945, les nouvelles frontières de la Pologne furent fixées et le pays devint en 1952 une république populaire sous influence soviétique. La libéralisation, promue par les syndicats (*Solidarność), a été arrêtée en 1981 par la mise en place de « l'état de guerre » sous l'autorité de *Jaruzelski. Mais la pression populaire (grèves) amena le pouvoir à négocier la démocratisation du régime, en 1989 ; elle aboutit à des élections, que remporta l'opposition, et à la formation d'un gouvernement dirigé par un Premier ministre non communiste, issu de Solidarność, puis, en 1990, à l'élection de L. *Wałęsa à la présidence de la République. Le nouveau gouvernement a entrepris de profondes réformes, engageant le pays sur la voie de l'économie de marché. ‹ ▶ polonais ›

Poltava ■ Ville de la C.É.I. (*Ukraine). 315 000 hab. Marché agricole. Défaite décisive de Charles XII de Suède face à *Pierre le Grand en 1709.

Polybe ■ Historien grec (v. 202-v. 120 av. J.-C.). Ses "*Histoires*" tentent d'expliquer avec méthode les raisons de la domination romaine sur la Méditerranée.

Polyclète ■ Sculpteur grec (Ve s. av. J.-C.). Il fixa dans son fameux « canon » les règles de proportion pour la représentation du corps humain.

Polygnote ■ Peintre grec, le plus illustre de son siècle (v. 500-v. 440 av. J.-C.). Il fut l'un des premiers à peindre les expressions du visage.

Polymnie ■ Une des neuf *Muses. Muse de la Pantomime et de la Poésie lyrique.

la **Polynésie** ■ Ensemble d'îles du Pacifique à l'est de l'Australie, la plupart d'origine volcanique. □ *la* ***Polynésie française,*** partie de la Polynésie formée par cinq archipels : les îles de la *Société (avec Tahiti), les îles *Marquises, *Tuamotu, *Gambier et *Tubuaï. Territoire français d'outre-mer (T.O.M.). 3 521 km². 188 800 hab. *(les Polynésiens).* Capitale : Papeete (sur l'île de *Tahiti). Monnaie : franc des Comptoirs français du Pacifique. Climat tropical. Tourisme. Pêche, élevage, cultures de coprah et de vanille.

Polyphème ■ Cyclope de l'"*Odyssée*" qui retint *Ulysse prisonnier.

Pomaré ■ Nom d'une dynastie qui régna à *Tahiti de 1762 à 1880.

le marquis de **Pombal** ■ Homme d'État portugais (1699-1782). Premier ministre en 1755, il gouverna en despote éclairé jusqu'en 1777 et réalisa de grandes réformes.

la **Poméranie** ■ Ancienne région sur la Baltique, que se disputèrent la Suède, la Prusse et la Pologne. La majeure partie est devenue polonaise en 1945.

Antoinette Poisson marquise de **Pompadour** ■ Favorite de Louis XV (1721-1764). Elle soutint *Choiseul et protégea les artistes (France).

Pompée ■ Général et homme d'État romain (106-48 av. J.-C.). Ses victoires sur *Sertorius (71 av. J.-C.), sur les pirates en Méditerranée (67 av. J.-C.) et sur *Mithridate (62 av. J.-C.) firent sa gloire. Il forma avec *César et *Crassus le premier triumvirat (⇒ **Rome**), se brouilla avec César et fut vaincu à *Pharsale en 48 av. J.-C..

Pompéi ■ Ville de l'Antiquité, au pied du Vésuve, en Italie. En 79, une éruption du volcan ensevelit la ville et ses habitants. Les travaux de fouilles commencèrent au XVIIIe s. Fresques.

Georges **Pompidou** ■ Homme politique français (1911-1974). Premier ministre de Charles de *Gaulle (de 1962 à 1968), il lui succéda comme président de la République (de 1969 à sa mort).

Jean Victor **Poncelet** ■ Mathématicien français (1788-1867). Élève de *Monge, créateur (après *Desargues) de la géométrie projective.

Ponce Pilate ■ ⇒ Ponce **Pilate.**

Pondichéry ou **Pondicherry** ■ Ville de l'Inde, sur le golfe du Bengale. 162 000 hab. Ancienne capitale des Établissements français de l'*Inde, rendue à celle-ci en 1954. La ville forme, avec les anciens comptoirs Mahe, Kārikāl et Yanam, un territoire de l'Union indienne. 492 km². 604 000 hab.

Francis **Ponge** ■ Écrivain français (1899-1988). Il s'affirme matérialiste, dans l'attention qu'il porte aux choses aussi bien qu'au langage. Avec les "*Proêmes*", il dépasse l'opposition de la poésie et de la prose. "*Le Parti pris des choses*" ; "*la Rage de l'expression*".

le prince Józef ou *Joseph* **Poniatowski** ■ Général et homme politique polonais (1763-1813). Il fut l'allié de Napoléon qui le fit maréchal de France.

Pierre Alexis **Ponson du Terrail** ■ Écrivain français (1829-1871). Maître du roman-feuilleton : "*les Exploits de Rocambole*". ⟨ ► rocambolesque ⟩

le **Pont** ■ Ancien royaume d'Asie Mineure, sur le *Pont-Euxin. Au début du Ier s. av. J.-C., avec *Mithridate, il devint un État puissant, mais fut soumis par *Pompée.

Pont-à-Mousson ■ Ville de l'est de la France. 15 300 hab. *(les Mussipontains).* Centre sidérurgique.

Pontarlier ■ Ville de l'est de la France. 18 900 hab. *(les Pontissaliens).*

Pont-Aven ■ Ville de France (*Bretagne). 3 000 hab. *(les Pontavenistes).* ► *l'école de* **Pont-Aven** réunit des peintres autour de *Gauguin, à la fin du XIXe s. Elle influença le groupe des *nabis et l'art *nouveau.

le **Pont-Euxin** ■ Nom de la mer *Noire, dans l'Antiquité grecque.

Pontiac ■ Chef amérindien de la tribu des *Outaouais (v. 1720-1769). Il suscita un soulèvement contre les Anglais, en 1763-1766.

Pontianak ■ Ville et port d'Indonésie (*Kalimantan). 305 000 hab. Exportation de caoutchouc.

la plaine **Pontine,** anciennement **marais Pontins** ■ Plaine d'Italie (*Latium), au sud-est de Rome. Anciens marais, asséchés sous le régime fasciste.

Pont-l'Évêque ■ Ville de France (*Normandie). 3 800 hab. *(les Pontépiscopiens).* Célèbres fromages. ⟨ ► pont-l'évêque ⟩

Pontoise ■ Ville de France, au nord-ouest de Paris. 28 500 hab. *(les Pontoisiens).* Ancienne capitale du *Vexin.

le **Pontormo** ■ Peintre italien (1494-1557). L'un des représentants du *maniérisme : attitudes recherchées, expression dramatique rendue par un dessin sinueux et des coloris rares.

Les **Ponts-de-Cé** ■ Ville de France (région de la *Loire). 11 400 hab. *(les Ponts-de-Ceais).* Forteresse. L'importance stratégique de la ville, située sur les deux rives de la Loire, en fit une place forte très disputée.

Pontus de Tyard ■ Poète français (1521-1605). Membre de la *Pléiade. À la fin de sa vie, il écrivit des ouvrages philosophiques et religieux.

Poole ■ Ville et port d'Angleterre, dans le *Dorset. 125 000 hab. Station balnéaire.

Poona ■ ⇒ **Pune.**

le **pop'art** ■ Courant artistique des années 1950-1970 qui s'intéresse aux objets de la civilisation industrielle et s'inspire du style des images de la publicité, de la bande dessinée et de la télévision. Essentiellement des peintres anglo-américains : *Warhol, *Lichtenstein, *Hockney, *Oldenburg.

Alexander **Pope** ■ Écrivain anglais (1688-1744). Théoricien du classicisme ("*Essai sur la critique*", 1711). Son "*Essai sur l'homme*" affirme la bonté naturelle de l'homme.

le **Popocatépetl** ■ Le plus grand volcan du Mexique. 5 452 m.

Alexandre **Popov** ■ Ingénieur russe (1859-1906). Pionnier de la radiodiffusion.

Poppée ■ Impératrice romaine, épouse de *Néron (morte en 65).

sir Karl **Popper** ■ Philosophe autrichien naturalisé anglais (né en 1902). Il s'est intéressé aux sciences politiques et à l'épistémologie. "*La Logique de la découverte scientifique*".

Nicola **Porpora** ■ Compositeur italien, célèbre professeur de chant (1686-1768). Opéras, oratorios, cantates.

Porquerolles ■ Une des îles (françaises) d'*Hyères, en Méditerranée. Réserve naturelle. Tourisme.

Le **Port** ■ Ville de l'île française de la Réunion. 34 700 hab. *(les Portois).*

Jean **Portalis** ■ Juriste français, principal rédacteur du Code civil (1746-1807).

Port-Arthur ■ ⇒ **Lüshun.**

Port-au-Prince ■ Capitale et port d'Haïti. 473 000 hab. Industrie et commerce : sucre, rhum, tabac. La ville a subi plusieurs tremblements de terre.

Port Blair ■ Ville de l'Inde, capitale du territoire de l'Union *Andaman et Nicobar. 49 600 hab.

Port-Cartier ■ Ville et port de la Côte-Nord (Québec). 8 000 hab.

Port-Colborne ■ Ville de l'Ontario. 19 200 hab.

l'île de **Port-Cros** ■ Une des îles (françaises) d'*Hyères, en Méditerranée. Parc national.

Port Elizabeth ■ Ville et port d'Afrique du Sud (province du *Cap). 273 000 hab.

les **Portes de fer** n. f. pl. ■ Nom donné au défilé du *Danube, entre la Yougoslavie et la Roumanie.

Port-Gentil ■ Ville et port du Gabon. 164 000 hab.

Port Harcourt ■ Ville et port du Nigeria sur le Niger. 344 000 hab. Raffineries et exportation de pétrole.

Portland ■ Ville des États-Unis, métropole de l'*Oregon. 366 000 hab. Port fluvial, commerce. Université. Musée.

Port-Louis ■ Capitale de l'île Maurice. 139 000 hab. Fondée par les Français en 1735. Exportation de sucre.

Port Moresby ■ Capitale et port de la Papouasie-Nouvelle-Guinée. 152 000 hab. Exportation d'or, argent, cuivre.

Porto ■ 2e ville du Portugal, au nord du pays. 347 000 hab. Port sur l'estuaire du *Douro. Commerce des vins de la vallée, les *portos.* ⟨ ► porto ⟩

Pôrto Alegre ■ Principale ville industrielle et port du sud du Brésil, capitale du *Rio Grande do Sul. 1,11 million d'hab. Constructions navales, raffineries de pétrole.

Port of Spain, en français **Port d'Espagne** ■ Capitale des îles de Trinité et Tobago. 58 300 hab. Port exportateur de sucre et de cacao.

Porto-Novo ■ Capitale du Bénin, sur le golfe de Guinée. 208 000 hab.

Porto Rico ou *Commonwealth of* **Puerto Rico** ■ Île des Grandes *Antilles. 9 104 km². 3,3 millions d'hab. *(les Portoricains).* Capitale : San Juan. Langues : espagnol, anglais. Climat tropical : culture du sucre, du cacao, du café, du tabac. ▭ HISTOIRE. Découverte en 1493 par Christophe Colomb et colonisée par les Espagnols qui la cédèrent aux États-Unis en 1898. Depuis 1952, Porto Rico est un État associé aux États-Unis : les Portoricains ont la nationalité américaine, mais n'ont pas le droit de vote aux États-Unis.

l'abbaye de **Port-Royal** ■ Abbaye de femmes fondée en 1204 près de Chevreuse et réformée par Angélique *Arnauld en 1609. L'abbaye se dédoubla en *Port-Royal des Champs* et *Port-Royal de Paris.* Elle fut le siège du *jansénisme (⇒ **Saint-Cyran**) et accueillit les « messieurs de Port-Royal » : *Pascal, *Nicole. Détruite par ordre de Louis XIV (1710) (France).

Port-Saïd ■ Ville d'Égypte, port sur la Méditerranée à l'entrée du canal de *Suez. 382 000 hab.

Portsmouth ■ Ville du sud de l'Angleterre (*Hampshire), port de guerre sur la Manche. 178 000 hab. Constructions navales.

Portsmouth ■ Ville et port des États-Unis (*Virginie). 105 000 hab. ⇒ **Hampton.**

Port-Soudan ■ Ville et port principal du Soudan, sur la mer Rouge. 207 000 hab.

le **Portugal** ■ État (république) d'Europe constitué de la partie sud-ouest de la péninsule Ibérique, des *Açores et de *Madère. 92 389 km². 10,37 millions d'hab. *(les Portugais).* Capitale : Lisbonne. Langue : portugais. Monnaie : escudo. Pays peu industrialisé. Culture d'olives, de maïs. Vins réputés (porto, madère). Pêche (sardine, thon, morue). 1er producteur mondial de liège. Tourisme. ▭ HISTOIRE. Le Portugal devint un royaume indépendant en 1143 et connut au XIIIe s. un remarquable développement économique. Aux XVe et XVIe s., grâce aux expéditions maritimes dirigées en partie par *Henri le Navigateur (⇒ B. **Dias,** V. de **Gama, Cabral**), il se trouva à la tête d'un vaste empire colonial. Mais, n'ayant su organiser cet empire et dirigé par une monarchie affaiblie, il passa aux mains des Espagnols en 1580. En 1640, Jean IV, fondateur de la dynastie de Bragance qui régna jusqu'en 1910, le libéra. Reconnu indépendant par l'Espagne en 1668, le pays dut s'allier aux Anglais en 1703, ce qui l'entraîna dans les guerres napoléoniennes. Durant cette période, il devint le terrain des rivalités franco-anglaises et la Cour se réfugia au Brésil. En 1821, Jean VI reprit le pouvoir ; son fils proclama l'indépendance du Brésil (1822) et en devint l'empereur sous le nom de Pierre Ier. Celui-ci reçut, en 1826, la couronne du Portugal et abdiqua en faveur de sa fille Marie II de Bragance. Le règne de celle-ci ouvrit une période d'instabilité politique qui se poursuivit après la proclamation de la république en 1910 et à laquelle mit fin le régime autoritaire et conservateur du maréchal *Carmona et de *Salazar (1928-1968). En 1974, la « révolution des œillets » mit fin à la dictature ; le général Spínola reconnut l'indépendance de la Guinée-Bissau, du Mozambique et de l'Angola. Le général Eanes fut élu président de la République en 1976 et le socialiste Mário Soares lui succéda en 1986. Le Portugal adhéra à la C.E.E. la même année. ‹ ► portugais ›

Port-Vila ■ Capitale du Vanuatu. 15 100 hab.

Poséidon ■ Dieu grec de la Mer, armé d'un trident. Il correspond au Neptune des Romains.

Georges **Posener** ■ Égyptologue français (1906-1988). "*De la divinité du pharaon*".

Posidonius ■ ⇒ **stoïcisme.**

la **Posnanie** ou **Poznanie** ■ Région de Pologne, ancienne province de Prusse de 1793 à 1945. Capitale : Poznań.

La **Possession** ■ Ville de l'île française de la Réunion. 15 600 hab.

le **Potala** ■ Colline de Lhassa (*Tibet), sur laquelle fut construit le palais des dalaï-lamas.

Grigorii **Potemkine** ■ Feld-maréchal et homme politique russe, favori de Catherine II (1739-1791). Gouverneur des provinces allant de l'Ukraine à la mer Noire, il créa une flotte de guerre et annexa la Crimée. Son nom fut donné à un cuirassé où une mutinerie révolutionnaire éclata en 1905 (sujet d'un célèbre film d'*Eisenstein).

Jan **Potocki** ■ Écrivain polonais (1761-1815). Il écrivit, en français, un récit fantastique : "*Manuscrit trouvé à Saragosse*".

le **Potomac** ■ Fleuve du nord-est des États-Unis qui arrose Washington avant de se jeter dans l'Atlantique. 640 km.

Potosí ■ Ville de Bolivie. 114 000 hab. Raffinerie d'étain, cuivre et argent. La mine d'argent fut, entre le milieu du XVIe s. et le début du XVIIe s., une importante source de richesse pour l'Espagne.

Potsdam ■ Ville d'Allemagne, capitale du *Brandebourg. 143 000 hab. Industries. Palais de Sans-Souci élevé par Frédéric II dans le style de Versailles. En 1945, la *conférence de Potsdam,* entre *Truman, *Staline et *Churchill, prépara les traités de paix.

Eugène **Pottier** ■ Homme politique et poète français (1816-1887). Il participa à la *Commune (1870) et rédigea les paroles de "*l'Internationale*".

Eugène René **Poubelle** ■ Préfet de la Seine de 1883 à 1896, qui imposa l'usage des *poubelles* (1831-1907). ‹ ► poubelle ›

Alexandre **Pouchkine** ■ Écrivain russe (1799-1837). Il est souvent considéré comme le plus grand poète classique russe. Poèmes, romans *("Eugène Onéguine"),* drames *("Boris Godounov"),* nouvelles *("la Dame de pique").*

Pouchkine ■ Ville de la C.É.I. (*Russie), près de Saint-Pétersbourg. 90 000 hab. Ancienne ***Tsarskoïë Selo,*** résidence impériale du XVIIIe s., où Pouchkine étudia. Ainsi nommée en 1937.

Vsevolod **Poudovkine** ■ Cinéaste soviétique (1893-1953). "*La Mère*", d'après *Gorki.

Iémélian **Pougatchev** ■ Chef cosaque (v. 1742-1775). Il se proclama tsar sous le nom de Pierre III et leva une armée de paysans, auxquels il promit l'abolition du servage, contre Catherine II (1773-1774).

les **Pouilles** n. f. pl., en italien **Puglia** ■ Région autonome du sud de l'Italie. 19 347 km². 4,06 millions d'hab. Capitale : Bari. Importante région agricole : céréales, vignes, olivier. Nombreux monuments d'art roman. Bauxite.

Pierre **Poujade** ■ Homme politique français (né en 1920). ► *le* ***poujadisme,*** opposition des petits commerçants et artisans aux mutations de l'économie française, qui s'organisa en un mouvement politique (droite nationale) éphémère (1955-1956).

Francisque **Poulbot** ■ Dessinateur français (1879-1946). Il créa un type célèbre de gamin montmartrois. ‹ ► poulbot ›

Francis **Poulenc** ■ Compositeur français (1899-1963). Opéras ("*le Dialogue des carmélites*" d'après *Bernanos ; "*la Voix humaine*" d'après *Cocteau), œuvres pour piano, mélodies.

Ezra **Pound** ■ Poète et critique américain (1885-1972). Il chercha la fusion des cultures *("l'Esprit des littératures romanes")* et des langues *("Cantos"),* et critiqua violemment la civilisation américaine et la démocratie.

Franz **Pourbus le Jeune** ■ Peintre flamand (1569-1622). Portraits officiels (Henri IV, Marie de Médicis).

Henri **Pourrat** ■ Écrivain français (1887-1959). Nombreux contes. "*Gaspard des montagnes*", cycle auvergnat.

le col du **Pourtalet** ■ Col des Pyrénées françaises, à la frontière espagnole. 1 792 m.

Nicolas **Poussin** ■ Peintre français, maître du *classicisme (1594-1665). Profondément marqué par Rome où il séjourna longtemps. Scènes historiques ("*l'Enlèvement des Sabines*"), bibliques ("*Moïse sauvé des eaux*"), mythologiques ("*Orion aveugle*"), allégoriques ("*les Bergers d'Arcadie*") et paysages ("*les Quatre Saisons*").

P'ou-yi ■ ⇒ **Puyi.**

le **Powys** ■ Comté du centre est du pays de Galles. 5 077 km². 115 000 hab. Chef-lieu : Llandrindod Wells (4 200 hab.).

Poza Rica ■ Ville du Mexique. 196 000 hab.

Poznań ■ Une des plus anciennes villes de Pologne, en *Posnanie. 586 000 hab. Centre culturel, industriel (métallurgie, chimie) et commercial (foires).

Andrea **Pozzo** ■ Peintre italien (1642-1709). Grand décorateur *baroque. Plafond de l'église Saint-Ignace, à Rome.

Charles André **Pozzo di Borgo** ■ Diplomate corse (1764-1842). Proche de *Paoli, conseiller d'Alexandre Ier contre Napoléon, ambassadeur de Russie à Paris de 1815 à 1834.

le **Prado** ■ Un des plus riches musées d'Europe, situé à Madrid (Espagne).

Michael **Praetorius** ■ Compositeur et organiste allemand (1571-1621). Auteur d'un ouvrage de théorie réputé.

Prague ■ Capitale de la Tchécoslovaquie. 1,2 million d'hab. *(les Pragois).* Centre industriel (métallurgie, chimie, textile). Résidence des ducs de *Bohême dès le XIe s. Foyer historique du nationalisme tchèque depuis le XVe s. Célèbre pour ses monuments gothiques et baroques. *Coup de Prague, Printemps de Prague.* ⇒ **Tchécoslovaquie.**

Praia ■ Capitale de l'archipel du Cap-Vert. 49 500 hab. Port de pêche.

la **Prairie** ■ Région des plaines du sud du Canada entre les *Grands Lacs et les *Rocheuses, parfois appelée *Alsama* (**Al*berta, **Sa*skatchewan, **Ma*nitoba), une des plus vastes zones céréalières du monde.

Ludwig **Prandtl** ■ Physicien allemand (1875-1953). Mécanique des fluides, aérodynamique.

Prato ■ Ville d'Italie (*Toscane). 166 000 hab.

Praxitèle ■ Sculpteur athénien (IVe s. av. J.-C.). Ses statues aux poses alanguies eurent une grande influence sur la sculpture grecque. "*Aphrodite de Cnide*".

les **Préalpes** n. f. pl. ■ Montagnes qui bordent les Alpes ; moins ensoleillées et plus humides, elles ne dépassent pas 3 000 m d'altitude. Forêts, herbages.

Auguste **Préault** ■ Sculpteur français (1809-1879). Sujets littéraires et historiques, dans un style lyrique et fougueux.

les civilisations **précolombiennes** ■ Civilisations de l'Amérique du Sud et centrale antérieures à l'arrivée de Christophe *Colomb, qui marqua le début de leurs destructions par les conquistadores espagnols. Les principales furent celles des **Mayas,* des **Incas* et des **Aztèques.* ⇒ **Olmèques, Toltèques, Zapotèques, Huaxtèques, Mixtèques, Chavín de Huántar, Teotihuacán, Tiahuanaco.** ⟨ ► précolombien ⟩

Otto **Preminger** ■ Cinéaste américain d'origine autrichienne (1906-1986). "*Laura*" ; "*Carmen Jones*".

les **préraphaélites** ■ Groupe de peintres anglais du XIXe s. qui cherchèrent à retrouver la pureté de la peinture italienne du *quattrocento (avant *Raphaël). Thèmes littéraires et bibliques. ⇒ D. G. **Rossetti, Millais, Hunt.** ⟨ ► préraphaélite ⟩

Elvis **Presley** ■ Chanteur américain de rock (1935-1977).

les **présocratiques** ■ Penseurs grecs antérieurs à *Socrate. Les plus célèbres sont *Parménide et *Héraclite.

Preston ■ Ville du centre de l'Angleterre, chef-lieu du *Lancashire. 168 000 hab.

Pretoria ■ Ville et siège du gouvernement d'Afrique du Sud, capitale du *Transvaal. 443 000 hab. Conurbation de 823 000 hab. Centre métallurgique. Mines de diamants.

Jacques **Prévert** ■ Poète français (1900-1977). Son goût pour la liberté et le jeu sur le langage sont hérités du *surréalisme : "*Paroles*" ; "*Spectacle*". Dialogues de films pour *Carné : "*Quai des brumes*" ; "*les Enfants du paradis*".

l'abbé **Prévost** ■ Écrivain français (1697-1763). Nombreux romans, dont "*les Mémoires et aventures d'un homme de qualité*" où se trouve la célèbre histoire de Manon Lescaut.

Priam ■ Dernier roi de *Troie, père d'*Hector, de *Cassandre et de *Pâris.

Priape ■ Dieu grec de la Fécondité, fils de *Dionysos et d'*Aphrodite, adopté par les Romains.

Joseph **Priestley** ■ Chimiste anglais (1733-1804). Analyse des gaz (découverte du rôle de l'oxygène). Il était aussi théologien.

Ilya **Prigogine** ■ Chimiste belge d'origine russe (né en 1917). Prix Nobel 1977 pour ses travaux de thermodynamique.

le **Primatice** ■ Peintre et décorateur italien (1504-1570). Il succéda au *Rosso pour décorer le château de *Fontainebleau.

Miguel **Primo de Rivera** ■ Général et homme politique espagnol (1870-1930). Il exerça un pouvoir dictatorial de 1923 à 1930. □ *José Antonio* **Primo de Rivera,** son fils (1903-1936), fondateur de la Phalange (qui devint le parti de *Franco), fusillé par les républicains. ⇒ **Espagne.**

Prince Albert ■ Ville de la Saskatchewan. 28 600 hab. Industries forestières, agricoles et minières.

l'île du **Prince-Édouard** ■ Île de l'est du Canada formant une province. ⇒ l'**Île-du-Prince-Édouard.**

Prince-George ■ Ville de la Colombie-Britannique. 67 000 hab. Raffinerie, industrie du bois.

le **Prince Noir** ■ Surnom d'*Édouard d'Angleterre.

Princeton ■ Célèbre université des États-Unis (*New Jersey).

Priscillien ■ Hérétique espagnol condamné à mort et exécuté en 385 pour sa doctrine, le *priscillianisme.*

Priština ■ Ville de Yougoslavie (*Serbie), capitale du *Kosovo. 210 000 hab.

le **Proche-Orient** ou **Moyen-Orient** ■ Région de la Méditerranée orientale, appelée aussi Levant.

Elle comprend des pays arabes (Égypte, Liban, Syrie, Irak, Arabie Saoudite, Jordanie, Yémen) ainsi que la Turquie, Israël et l'Iran. 2e région productrice de pétrole. Important réseau d'oléoducs. Conflits politiques et religieux.

Proclus ■ Philosophe grec néo-platonicien (v. 412-485).

Procuste ■ Brigand de la mythologie grecque qui torturait les voyageurs.

Sergueï ***Prokofiev*** ■ Compositeur russe (1891-1953). Auteur du célèbre "*Pierre et le loup*", de ballets ("*Roméo et Juliette*"), d'opéras ("*l'Amour de trois oranges*"), de symphonies et de concertos pour piano. Son œuvre oscille entre la modernité occidentale et la tradition russe.

Prokopievsk ■ Ville de la C.É.I. (*Russie). 274 000 hab. Centre houiller du *Kouzbass.

Prométhée ■ *Titan de la mythologie grecque. Il dérobe le feu du ciel afin de le donner aux hommes. Pour le punir, *Zeus le fait enchaîner sur le Caucase : un aigle vient dévorer son foie qui se reforme sans cesse.

Properce ■ Poète latin (v. 47 - 15 av. J.-C.). Auteur d'"*Élégies*". Protégé par *Mécène. Ami de *Tibulle.

la ***Propontide*** ■ Ancien nom de la mer de *Marmara.

Proserpine ■ Nom latin de *Perséphone.

Protagoras ■ Philosophe et sophiste grec (485 - 411 av. J.-C.).

Protée ■ Dieu grec marin, fils de Poséidon. Il avait le don de changer de forme. ⟨ ▶ protéiforme ⟩

le ***protestantisme*** ■ Ensemble des doctrines et communautés chrétiennes apparues au XVIe s. avec *Luther (Église luthérienne) et *Calvin (Église réformée ou presbytérienne). ⇒ **Réforme, Église.** ▶ *les* ***protestants*** refusent l'autorité du pape et dénoncent comme des déviations certains aspects du catholicisme. ⇒ guerres de **Religion, Augsbourg, anglicanisme.**

Pierre Joseph ***Proudhon*** ■ Théoricien socialiste français, précurseur de l'anarchisme (1809-1865). "*Qu'est-ce que la propriété ?*" ▶ *le* ***proudhonisme,*** sa doctrine, parti d'une critique radicale de la propriété, a évolué vers un réformisme autogestionnaire critiqué par *Marx.

Maurice ***Proulx*** ■ Cinéaste québécois (1902-1988). Il a réalisé le premier long métrage documentaire sonore au Canada (1942).

Joseph Louis ***Proust*** ■ Chimiste et pharmacien français (1754-1826). *Loi de Proust :* loi des proportions définies.

Marcel ***Proust*** ■ Écrivain français (1871-1922). "*À la recherche du temps perdu*", fresque romanesque consacrée aux relations amoureuses et sociales et à la quête de la vérité dans l'art, est une œuvre essentielle de la littérature du XXe s.

William ***Prout*** ■ Chimiste anglais (1785-1850). Il proposa l'hypothèse selon laquelle tous les éléments sont formés d'atomes d'hydrogène.

la ***Provence*** ■ Région du sud-est de la France. Ses habitants sont les *Provençaux.* ▭ **HISTOIRE.** Occupée par les Ligures, la Provence fut colonisée par les Grecs (Phocéens) dès le VIIe s. av. J.-C. Province romaine (*Provincia Romana,* d'où son nom) intégrée et prospère, scindée en *Narbonnaise* et *Viennoise* (IIIe s.), elle passa sous l'influence des Goths d'Espagne, puis de la Bourgogne (royaume d'*Arles). Au XIIe s., les comtes de Provence en firent un État puissant. Avec Aix-en-Provence pour capitale et les papes en Avignon (XIVe s.), la Provence connut alors un grand essor économique et culturel (⇒ **René Ier le Bon**). Annexée à la France en 1481. Au XIXe s., *Mistral et le *Félibrige firent renaître sa littérature. □ *la région* ***Provence-Alpes-Côte d'Azur.*** Région administrative du sud-est de la France. Six départements : Alpes-de-Haute-Provence, Hautes-Alpes, Alpes-Maritimes, Bouches-du-Rhône, Var et Vaucluse. 31 804 km². 4,26 millions d'hab. Préfecture : Marseille. Paysages variés : montagnes (*Préalpes), massifs anciens (*Maures, *Esterel), plaines (*Camargue). Climat méditerranéen. Olives, vins, riz. 1re région française pour la production de fruits et légumes (marchés de Cavaillon et Châteaurenard) et pour le tourisme avec la Côte d'Azur. Industrie liée aux activités portuaires : chantiers navals, raffineries de pétrole (étang de *Berre), chimie. ⟨ ▶ provençal ⟩

Providence ■ Ville des États-Unis, capitale du *Rhode Island. 157 000 hab.

la république des ***Provinces-Unies*** ■ Ancien État fédéral, formé par la sécession du nord des Pays-Bas espagnols en 1579 (union d'*Utrecht) et devenu les *Pays-Bas en 1795.

Provins ■ Ville de France, au sud-est de Paris. 12 200 hab. *(les Provinois).* Ancienne résidence des comtes de Champagne. Nombreux monuments.

Pierre-Paul ***Prud'hon*** ■ Peintre français (1758-1823). Ses œuvres mythologiques ("*l'Enlèvement de Psyché*") et allégoriques ("*la Justice et la Vengeance divine poursuivant le Crime*") font la transition entre *classicisme et *romantisme.

Bolesław ***Prus*** ■ Écrivain polonais (1847-1912). "*La Poupée*".

la ***Prusse*** ■ Ancien État d'Allemagne du Nord, formé dans une région située le long de la Baltique. Conquise par les chevaliers *Teutoniques au XIIIe s., elle atteignit au début du XVe s. une grande prospérité (⇒ la **Hanse**). Mais, en 1410 (défaite de Grunwald-*Tannenberg), elle devint un duché sous suzeraineté polonaise, puis elle fut rattachée au Brandebourg en 1618 par Sigismond de Hohenzollern. Le Grand Électeur *Frédéric-Guillaume est le véritable fondateur de l'État prussien. Son fils, Frédéric Ier, se fit couronner roi de Prusse en 1701. Il renforça l'administration et l'armée. La Prusse fut à son apogée avec Frédéric II. Dépossédée de la moitié de son territoire par les guerres napoléoniennes (traités de Tilsit, 1807), elle ne retrouva sa puissance qu'avec Guillaume Ier ; ce dernier, grâce à la politique de *Bismarck, conclut une alliance avec les États allemands du Nord, renforça l'armée puis remporta une série de victoires décisives (Autriche, 1866 ; France, 1870) qui lui permirent de se faire proclamer empereur d'Allemagne en 1871. L'histoire de la Prusse se confondit alors avec celle de l'*Allemagne. La Prusse fut symboliquement dissoute en 1947. □ *la* ***Prusse-Occidentale.*** Province de l'ancienne Prusse restituée à la Pologne en 1945. Capitale : Dantzig. □ *la* ***Prusse-Orientale.*** Province de l'ancienne Prusse partagée entre l'U.R.S.S. et la Pologne en 1945. Capitale : Königsberg. ⟨ ▶ prussique ⟩

Stanisław ***Przybyszewski*** ■ Écrivain polonais (1868-1927). "*Les Enfants de Satan*".

Michel ***Psellos*** ■ Écrivain et homme d'État byzantin (1018 - v. 1078). Artisan d'une renaissance du *platonisme.

le **Pseudo-Denys** ■ Théologien de langue grecque (V^e^-VIe s.). Son œuvre, attribuée à tort à un disciple de saint Paul, Denys l'Aréopagite (d'où son nom), a joui de ce fait d'un prestige considérable au Moyen Âge, imposant les thèmes et la mystique néo-platoniciens à la pensée chrétienne.

Pskov ■ Ville de la C.É.I. (*Russie). 204 000 hab. Ancienne principauté (monuments).

Psyché ■ Jeune fille aimée par *Éros, dans la mythologie grecque. Symbole de l'âme en quête d'idéal, elle a longtemps inspiré la littérature et l'art. ‹ ► psyché ›

Ptah ■ Dieu de l'ancienne Égypte adoré à *Memphis. Patron des artisans, identifié par les Grecs à *Héphaïstos.

Claude **Ptolémée** ■ Savant grec d'*Alexandrie (v. 90 - v. 168). Sa description mathématique du ciel a dominé l'astronomie jusqu'à *Galilée.

la dynastie des **Ptolémées** ou *des* **Lagides** ■ Famille de 15 rois macédoniens qui régna en Égypte de 323 à 30 av. J.-C. □ ***Ptolémée Ier Sôtêr*** (367 - 283 av. J.-C.), un des généraux d'*Alexandre le Grand, la fonda en 323 av. J.-C. : il reçut l'Égypte à la mort d'Alexandre et en fit une grande puissance militaire et économique. □ ***Ptolémée II Philadelphe,*** son fils (v. 309 - 246 av. J.-C.), fit d'*Alexandrie le pôle culturel de la Méditerranée orientale. □ ***Ptolémée XIII*** et ***Ptolémée XIV,*** frères de *Cléopâtre. La dynastie s'acheva avec cette dernière et la mort du fils [***Ptolémée XV*** dit *Césarion* (47-30 av. J.-C.)] qu'elle eut de *César.

Valerius **Publicola** ■ Homme politique romain (mort v. 503 av. J.-C.). Un des fondateurs de la République, selon la tradition.

Giacomo **Puccini** ■ Compositeur italien (1858-1924), maître de l'opéra réaliste (« vériste »). *"La Bohème"* ; *"la Tosca"* ; *"Madame Butterfly"*.

Jean **Pucelle** ■ Enlumineur français du XIVe s. Il eut de nombreux disciples. *"Le Bréviaire de Belleville"*.

Puebla ■ Ville du Mexique, au sud de Mexico. 836 000 hab. Un des plus grands centres industriels du pays (métallurgie, chimie, textile). Université. Monuments coloniaux.

Pueblo ■ Ville des États-Unis (*Colorado). 102 000 hab.

les **Pueblos** ■ Anciens Indiens du sud-ouest des États-Unis. Les Hopi et les Zuñi maintiennent leur langue et leur civilisation.

Puerto Rico ■ ⇒ **Porto Rico.**

Samuel von **Pufendorf** ■ Juriste allemand, philosophe du contrat social (1632-1694).

Pierre **Puget** ■ Sculpteur français, architecte et peintre (1620-1694). L'un des plus puissants sculpteurs *baroques après le *Bernin. *"Milon de Crotone"*.

le **Puget Sound** ■ Détroit et golfe sur la côte américaine du Pacifique, qui sépare l'île de Vancouver du continent. Ports de Seattle et Tacoma aux États-Unis, et de Vancouver au Canada.

Manuel **Puig** ■ Écrivain argentin (1933-1990). *"Le Baiser de la femme-araignée"*.

Joseph **Pulitzer** ■ Journaliste américain (1847-1911). Il fonda une école de journalisme qui décerne les *prix Pulitzer,* en littérature et en journalisme.

George Mortimer **Pullman** ■ Industriel américain (1831-1897). Il conçut les premiers wagons-lits, symboles du confort. ‹ ► pullman ›

Pune ou **Poona** ■ Ville de l'Inde (Mahārāshtra). 1,2 million d'hab. Les Britanniques en firent une de leurs capitales d'été.

les guerres **puniques** ■ Nom de trois guerres qui opposèrent Rome et Carthage, rivales en Méditerranée occidentale. À l'issue de la première (264 - 241 av. J.-C.), Carthage dut céder la Sicile aux Romains. La deuxième (218 - 201 av. J.-C.) fut marquée par *Hannibal : il passa les Alpes et battit les Romains (victoires de Tessin, Trébie et Trasimène). Mais il s'attarda à *Capoue, dut renoncer à prendre Rome, et fut vaincu par *Scipion l'Africain à Zama en 202 av. J.-C. La troisième (149 - 146 av. J.-C.) s'acheva par la destruction de Carthage ; l'Afrique, la Macédoine et la Grèce devinrent des provinces romaines.

Punta Arenas ■ Ville du sud du Chili, sur le détroit de *Magellan. 112 000 hab.

Henry **Purcell** ■ Compositeur anglais, l'un des plus importants de son époque (1659-1695). Œuvres religieuses, musique de cour (odes, cantates) et de scène (*"King Arthur"*), un opéra (*"Didon et Énée"*).

les **puritains** ■ Membres d'une secte protestante fondée en Angleterre (1647-1649). Ils luttèrent contre Charles Ier et portèrent *Cromwell au pouvoir. Beaucoup émigrèrent aux États-Unis.

le **Purus** ■ Rivière du Pérou et du Brésil, affluent de l'Amazone. 3 380 km.

Pusan ■ 2e ville et principal port de la Corée du Sud. 3,5 millions d'hab. Pêche. Industrie textile. Base navale.

Pierre **Puvis de Chavannes** ■ Peintre français (1824-1898). Auteur de décorations murales à sujets allégoriques. L'un des représentants du *symbolisme en France.

Le **Puy-en-Velay** ■ Ville de France (*Auvergne). 23 400 hab. *(les Ponots).* Cathédrale romane (ancien pèlerinage à la Vierge noire). Centre français de la dentelle.

Puyi ou **P'ou-yi** ■ Dernier empereur de Chine (1906-1967). Il abdiqua en 1912 (proclamation de la République). B. *Bertolucci évoque sa vie dans le film *"le Dernier Empereur"*.

Pygmalion ■ Roi légendaire de Chypre. Il épousa une statue (Galatée) qu'il avait sculptée et à laquelle *Aphrodite avait donné la vie.

les **Pygmées** ■ Peuple de petite taille, vivant de chasse et de pêche dans la forêt équatoriale africaine (environ 120 000). Dans la mythologie grecque, les Pygmées étaient un peuple de nains vivant près du Nil. ‹ ► pygmée ›

Pylos ou **Navarin** ■ Site archéologique mycénien de Grèce (*Péloponnèse).

Pyongyang ■ Capitale de la Corée du Nord. 2,64 millions d'hab. Ville fondée par les Chinois. Important centre sidérurgique, métallurgique et chimique, près de mines de charbon.

Pyrame ■ Jeune Babylonien célèbre pour ses amours légendaires avec Thisbé.

les **pyramides** n. f. ■ Monuments servant de tombeaux aux pharaons de l'ancienne Égypte. Les plus grandes sont celles de *Khéops, *Khéphren et *Mykérinos situées à *Gizeh. Elles sont la seule des Sept *Merveilles du monde à avoir subsisté. ► *la bataille des* ***Pyramides*** remportée par Napoléon sur les *Mamelouks, en 1798. ► *les* ***pyramides à degrés*** (fausses pyramides). Celle de *Ṣaqqarah en est un exemple. ▶ *les* ***pyramides*** des *Aztèques et des *Mayas, construites en gradins, servaient de support à des temples établis sur leur sommet. Les plus hautes sont à *Teotihuacán et à *Tikal.

les ***Pyrénées*** n. f. pl. ■ Chaîne de montagnes de l'ère tertiaire qui sépare la France et l'Espagne, et s'étend de l'Atlantique à la Méditerranée sur 430 km. Elles ont donné leur nom à trois départements français (Pyrénées-Atlantiques, Hautes-Pyrénées, Pyrénées-Orientales). La zone correspond, en Espagne, au nord de la Catalogne et de la Navarre, au Pays basque et, en France, aux départements cités ci-dessus. Point culminant : pic d'Aneto (3 404 m). Nombreux cols : Roncevaux, Tourmalet, Pourtalet, Puymorens. Climat varié : doux et humide à l'ouest, continental et rude dans la partie centrale (la plus élevée), méditerranéen dans les Pyrénées orientales. L'économie repose sur l'élevage laitier et la polyculture. Industrialisation lente. Tourisme en croissance avec les stations thermales (Luchon) et les sports d'hiver. ▶ *le traité des* ***Pyrénées*** mit fin au conflit entre la France et l'Espagne, le 7 novembre 1659 : attribution du Roussillon à la France et signature du contrat de mariage entre Louis XIV et Marie-Thérèse, infante d'Espagne.

Pyrrhon ■ Philosophe grec (v. 365-v. 275 av. J.-C.). Fondateur du scepticisme ou *pyrrhonisme.* ‹ ▶ pyrrhonisme ›

Pyrrhos ■ Héros de la mythologie grecque, fils d'*Achille et époux d'*Andromaque.

Pyrrhus ou ***Pyrrhos*** ■ Roi d'Épire (319-272 av. J.-C.). Il vainquit les Romains à Héraclée (280 av. J.-C.) au prix de lourdes pertes humaines (d'où l'expression « victoire à la Pyrrhus ») puis fut vaincu en 275 av. J.-C.

Pythagore ■ Penseur et mathématicien grec (VIe s. av. J.-C.). En proclamant l'accord divin entre les nombres et les choses, ses disciples les *pythagoriciens* ont profondément stimulé la pensée grecque (doctrine du ***pythagorisme***). *Théorème de Pythagore :* le carré de l'hypoténuse d'un triangle rectangle est égal à la somme des carrés des deux autres côtés.

la ***Pythie*** ■ Dans l'Antiquité, prêtresse d'*Apollon à *Delphes chargée de transmettre les oracles du dieu Apollon. ‹ ▶ pythie ›

Python ■ Serpent de la mythologie grecque. Apollon le tua et fonda les *jeux Pythiques.* ‹ ▶ python ›

Q

les ***Qādjārs*** ■ Dynastie perse qui régna de 1786 à 1925.

l'État de ***Qatar*** ■ État (émirat) d'Arabie, sur le golfe *Persique. 11 337 km². 427 000 hab. *(les Qataris).* Capitale : Doha. Langue : arabe. Religion officielle : islam. Monnaie : riyal du Qatar. Ancien protectorat britannique, indépendant depuis 1971. Pays désertique qui s'est enrichi grâce au pétrole et au gaz. Pêche des perles.

Qazvīn ou ***Kazvin*** ■ Ville d'Iran. 249 000 hab. Grand marché agricole. Capitale de la Perse au XVIe s.

les ***Qing*** ou ***Ch'ing*** ■ Dynastie mandchoue d'empereurs de Chine qui régna de 1644 à 1912. ⇒ **Chine.**

Qingdao ■ Ville et port de Chine (*Chantoung). 2 millions d'hab.

Qing Hai ■ La « mer bleue », le plus grand lac chinois au nord-est du Tibet. 4 420 km².

Qinghai ■ Province du centre de la Chine. 721 000 km². 4,12 millions d'hab. Capitale : Xining.

Qin Shi Huangdi ■ Le premier empereur de Chine. Il régna de 221 à 210 av. J.-C. et fonda la dynastie des ***Qin.*** Bâtisseur de la Grande *Muraille de Chine.

Qiqihar ■ Ville industrielle du nord-est de la Chine (*Heilongjiang). 1,3 million d'hab.

Qom ou ***Qum*** ■ Ville sainte d'Iran. 543 000 hab. Haut lieu de pèlerinage musulman : tombeau de *Fāṭima ; école de théologie.

les ***quakers*** ■ Membres d'un groupement protestant fondé par George *Fox en Angleterre. Ils refusent toute liturgie, tout clergé, ne s'attachant qu'à la présence de l'Esprit-Saint dans les consciences individuelles. À partir du XIXe s., avec William *Penn, ils eurent une grande influence aux États-Unis (lutte contre l'esclavage, secours pendant les guerres). ⟨ ► quaker ⟩

Johann ***Quantz*** ■ Compositeur et flûtiste allemand (1697-1773).

le ***Quartier latin*** ■ Un des plus anciens quartiers de Paris, consacré aux activités universitaires (⇒ **Sorbonne**) et intellectuelles depuis le XIIIe s.

Enguerrand ***Quarton*** ou ***Charonton*** ■ Peintre français d'origine picarde, actif en Provence de 1444 à 1466. "*Couronnement de la Vierge*" ; "*Pietà*" de Villeneuve-lès-Avignon.

Salvatore ***Quasimodo*** ■ Poète italien (1901-1968). Représentant du symbolisme, avec *Montale et *Ungaretti, puis poète de la Résistance. "*La Terre incomparable*". Prix Nobel 1959.

le lac des ***Quatre-Cantons*** ■ Lac de Suisse entre les cantons de *Lucerne, *Schwyz, *Uri et *Unterwald. 114 km².

le ***quattrocento*** ■ Mot désignant le XVe s. italien (1401-1500). ⇒ **Renaissance.**

Qūbilai Khān ■ Empereur mongol, de 1260 à sa mort, qui acheva la conquête de la Chine (1215-1294). Son règne fut une période de prospérité. Il reçut Marco *Polo à sa cour de Pékin.

le ***Québec*** ■ Province (État fédéré) du Canada. 1 540 680 km². 6,9 millions d'hab. (*les Québécois,* francophones à 82 %). Capitale : Québec. De tous les États des États-Unis et des provinces canadiennes, le Québec est l'entité politique secondaire la plus étendue, et se situe au 11e rang par rapport à la population. La plaine de *Montréal concentre l'essentiel de la population et de l'activité économique, grâce au trafic du *Saint-Laurent et aux bonnes conditions climatiques pour l'agriculture. Importantes ressources minières et hydroélectriques, exploitation du bois. ▭ HISTOIRE. Ce fut avec l'*Acadie la première région du pays explorée et exploitée par des Occidentaux (⇒ la **Nouvelle-France**). Colonie anglaise en 1763, devenue le Bas-Canada en 1791, elle revendiqua son caractère francophone. Supprimée par l'acte d'union de 1840, elle retrouva son autonomie avec la création de la Confédération du Canada en 1867. Le projet indépendantiste échoua au référendum de 1980, mais le français est reconnu langue officielle de la province et du pays depuis 1974. □ ***Québec.*** La plus ancienne ville du Canada, capitale de la province du Québec et ancienne capitale du Canada, fondée par le Français *Champlain en 1608. 165 000 hab. *(les Québécois).* Agglomération de 603 000 hab. Centre économique et culturel. Port actif sur le Saint-Laurent. Université *Laval dans l'agglomération.

le parti ***québécois*** ■ Parti politique fondé en 1968, dont l'un des principes de base est l'indépendance du Québec ou l'établissement d'une nouvelle relation avec le gouvernement du Canada et les autres provinces canadiennes.

les ***Quechuas*** ■ Le plus grand groupe d'Indiens d'Amérique du Sud (6 millions). Le *quechua* fut la langue de l'Empire *inca.

Queens ■ Un des cinq districts *(borough)* de New York. 1,89 million d'hab.

le ***Queensland*** ■ État du nord-est de l'Australie. 1 727 200 km². 2,83 millions d'hab. Capitale : Brisbane. Élevage, agriculture. Productions minières importantes.

José Maria Eça de ***Queirós*** ■ Écrivain portugais (1845-1900). Auteur de romans réalistes. "*Le Cousin Basile*".

Quémoy ou ***Kinmen Tao*** ■ Île chinoise en face d'Amoy (*Xiamen), dépendante de Taïwan. 45 000 hab. Garnison militaire.

Raymond ***Queneau*** ■ Écrivain français (1903-1976). Son œuvre (romans, poèmes, essais) mêle réflexion et jeu sur le langage, poésie et humour. "*Zazie dans le métro*" ; "*Exercices de style*".

le ***Quercy*** ■ Région de plateaux calcaires, au sud-ouest de la France.

Querétaro ■ Ville du Mexique. 294 000 hab. Aqueduc.

François ***Quesnay*** ■ Économiste français (1694-1774). Médecin de Louis XV, chef de file des *physiocrates. "*Tableau économique*".

Louis-Joseph-Marie ***Quesnel*** ■ Compositeur et poète d'origine française (1746-1809). Auteur de "*Colas et Colinette*", considéré comme le premier opéra canadien.

Adolphe ***Quételet*** ■ Mathématicien belge (1796-1874). Promoteur des statistiques et, à ce titre, un des pères de la sociologie.

Quetzalcóatl ■ Divinité *précolombienne du Mexique représentée comme un vieillard masqué ou un serpent à plumes. Vénérée par les *Toltèques puis par les *Aztèques.

Henri ***Queuille*** ■ Homme politique français (1884-1970). Ministre radical-socialiste sous la IIIe *République, membre de la *Résistance à Londres, ministre et président du Conseil (1948-1949).

Francisco Gómez de ***Quevedo y Villegas*** ■ Écrivain espagnol (1580-1645). Auteur de satires, de pamphlets et d'un roman picaresque : "*Histoire de don Pablo de Ségovie*".

le ***Queyras*** ■ Région pittoresque des Alpes françaises où se trouve Saint-Véran, la plus haute commune d'Europe.

Quezaltenango ■ Ville du Guatemala. 89 000 hab.

Quezon City ■ Ville des Philippines, près de Manille. 1,32 million d'hab. Capitale du pays jusqu'en 1976.

Quiberon ■ Ville de France (*Bretagne), au sud de la *presqu'île de Quiberon.* 4 600 hab. *(les Quiberonnais).* Port de pêche et station balnéaire.

le ***quiétisme*** ■ Doctrine religieuse fondée au XVIIe s. par *Molinos : l'âme, imprégnée de Dieu, ne saurait pécher même si l'homme semble enfreindre les commandements. Elle fut condamnée par le pape (1687).

Quiévrain ■ Commune de Belgique (*Hainaut), à la frontière française. 7 000 hab. Pour les Français, l'expression *outre-Quiévrain* désigne la Belgique.

Louis ***Quilicot*** ■ Baryton québécois (né en 1925).

Quimper ■ Ville de France (*Bretagne). 62 500 hab. *(les Quimpérois).* Centre touristique (cathédrale gothique). Industries alimentaires (lait), faïences, machines agricoles.

Philippe ***Quinault*** ■ Auteur dramatique français (1635-1688). Il a écrit les livrets d'opéra de *Lully.

Thomas De ***Quincey*** ■ ⇒ Thomas **De Quincey.**

Willard Van Orman ***Quine*** ■ Philosophe, épistémologue et logicien américain (né en 1908).

Edgar ***Quinet*** ■ Historien et écrivain français (1803-1875), un des maîtres à penser de la république laïque.

Quintilien ■ Rhéteur latin (v. 30 - v. 100). "*Institution oratoire*", manuel de l'éducation classique.

le ***Quirinal*** ■ Une des sept collines de Rome. Le palais du *Quirinal* est actuellement le palais de la présidence de la République.

Quito ■ Capitale de l'Équateur, située à 2 850 m d'altitude. 1,23 million d'hab. Ville *inca puis espagnole de 1534 à 1831. Beaux monuments de style colonial. Industries textiles et alimentaires.

Qum ■ ⇒ **Qom.**

Qumrān ■ Site archéologique de Palestine près de la mer Morte où l'on découvrit, entre 1946 et 1956, les plus anciens manuscrits connus de la Bible (« les manuscrits de la mer Morte ») dont un manuel de discipline de la Communauté essénienne (secte puritaine juive installée sur le site du IIe s. av. J.-C. au Ier s. apr. J.-C.).

R

Râ ▪ ⇒ **Rê.**

Rabat ▪ Capitale du Maroc. 519 000 hab. Port sur l'Atlantique, entouré de remparts. Industries textiles. Siège du résident général français de 1912 à 1956 (⇒ **Maroc**).

François ***Rabelais*** ▪ Écrivain français (v. 1494-1553). Moine, médecin, figure éminente de l'humanisme, il est l'auteur d'épopées truculentes, animées par des géants, et où se mêlent culture savante et traditions populaires. "**Pantagruel*" ; "**Gargantua*" ; "*Tiers-Livre*" ; "*Quart-Livre*" ; "*Cinquième-Livre*". ⟨ ► rabelaisien ⟩

Racan ▪ Poète français (1589-1670). Auteur d'élégies. "*Les Bergeries*".

Rachel ▪ Épouse de *Jacob, dans la Bible.

Élisabeth Rachel Félix dite *Mlle* ***Rachel*** ▪ Tragédienne française (1821-1858).

Salomon ben Isaac dit ***Rachi*** ou ***Rashi*** ▪ Savant juif de Troyes, le plus important commentateur du *Talmud (1040-1105).

Serguei ***Rachmaninov*** ou ***Rakhmaninov*** ▪ Compositeur et pianiste russe (1873-1943). Le dernier des *romantiques par le lyrisme tourmenté de sa musique pour piano.

Jean ***Racine*** ▪ Poète dramatique français, le maître de la tragédie classique française (1639-1699). *Janséniste fervent (⇒ **jansénisme**). Il conçoit la passion amoureuse comme une force qui conduit ses personnages à la mort. "*La Thébaïde*" (1664), "*Alexandre le Grand*" (1665), pièces de jeunesse ; "*Andromaque*" (1667) ; "*les Plaideurs*" (1668), comédie ; "*Britannicus*" (1669) ; "*Bérénice*" (1670) ; "*Bajazet*" (1672) ; "*Mithridate*" (1673) ; "*Iphigénie en Aulide*" (1674) ; "*Phèdre*" (1677) ; deux tragédies chrétiennes, "*Esther*" (1689) et "*Athalie*" (1691).

Ann ***Radcliffe*** ▪ Romancière anglaise (1764-1823). Une des créatrices du roman noir : "*les Mystères d'Udolphe*".

Alfred Reginald ***Radcliffe-Brown*** ▪ Anthropologue et ethnologue britannique (1881-1955). Le plus influent de son époque avec *Malinowski.

Sarvepalli ***Radhakrishnan*** ▪ Philosophe et homme politique indien (1888-1975). Président de 1962 à 1967.

le parti ***radical et radical-socialiste*** ▪ Parti politique français qui domina la vie publique sous la IIIe *République (⇒ **Clemenceau, Herriot, Daladier, Mendès France**). Créé en 1901, il rassemblait alors tous les tenants d'un régime républicain qui se réclamaient du programme radical (d'extrême gauche) de *Gambetta. Au fur et à mesure que l'idée républicaine s'imposait en France, son évolution vers des positions modérées lui permit de conquérir une large part de l'électorat. L'émergence rapide à sa gauche d'un parti *socialiste (création de la S.F.I.O. dès 1905) et l'échec de ses gouvernements à la veille de la Seconde Guerre mondiale marquèrent son déclin, accentué par la crise du régime parlementaire durant la IVe République. Sous la Ve République, il s'est divisé en deux petits partis, de centre-gauche (Mouvement des radicaux de gauche) et de centre-droit (radicaux « valoisiens »).

Raymond ***Radiguet*** ▪ Écrivain français (1903-1923). "*Le Diable au corps*", qu'il écrivit à 18 ans ; "*le Bal du comte d'Orgel*".

Pierre-Esprit ***Radisson*** ▪ Explorateur et coureur de bois d'origine française (v. 1640-1710). Il explora la région du lac Supérieur et fut l'un des fondateurs de la Compagnie de la baie d'*Hudson.

la ***Radissonie*** ▪ Région du nord-ouest du Québec (face à la baie d'*Hudson), récemment mise en valeur pour son énorme potentiel hydroélectrique.

Radom ▪ Ville de Pologne. 222 000 hab. Centre industriel. Manufacture de cigarettes.

la ***R.A.F., Royal Air Force*** ▪ Armée de l'air britannique.

Raguse ▪ Ancienne colonie grecque d'*Épidaure. Aujourd'hui *Dubrovnik en Yougoslavie.

Jules Muraire dit ***Raimu*** ▪ Acteur français (1883-1946). Célèbre interprète des films de *Pagnol : "*Marius*", "*la Femme du boulanger*".

Rainier III ▪ Prince de Monaco depuis 1949 (né en 1923).

Raipur ▪ Ville de l'Inde (*Madhya Pradesh). 338 000 hab.

Gilles de ***Rais*** ou ***Retz*** ▪ Maréchal de France (1404-1440). Lieutenant de *Jeanne d'Arc. Coupable de magie noire et de crimes sur des enfants, il fut exécuté. Son nom est associé à l'histoire de Barbe-Bleue. ≠ Retz.

le **Rājasthān** ■ État du nord-ouest de l'Inde, limitrophe du Pakistan. 342 239 km². 34,3 millions d'hab. Capitale : Jaipur. Désert à l'ouest. Élevage. Industrie du coton et de la laine. Monuments moghols.

Rājkot ■ Ville de l'Inde occidentale (*Gujarāt). 444 000 hab.

Rājshāhi ■ Ville du Bangladesh. 254 000 hab.

Rakhmaninov ■ ⇒ **Rachmaninov.**

Mátyás **Rákosi** ■ Homme politique hongrois (1892-1971). Il domina la vie politique du pays, de 1949 à 1953, et imposa un régime stalinien. Il fut remplacé à la présidence du Conseil par Imre *Nagy.

sir Walter **Raleigh** ■ Courtisan et navigateur anglais, favori de la reine Élisabeth Iʳᵉ (v. 1552-1618).

Raleigh ■ Ville des États-Unis, capitale de la *Caroline du Nord. 150 000 hab. Centre industriel et commercial. Universités.

Rāma ■ Nom de règne des souverains thaïlandais depuis 1782.

Paul **Ramadier** ■ Homme politique français (1888-1961). Socialiste, il constitua le premier gouvernement de la IVᵉ *République, dont il évinça les communistes (1947).

Rāmakrişna ■ Mystique hindou (1834-1886).

sir Chandrasekhara Venkata **Raman** ■ Physicien indien (1888-1970). Prix Nobel 1930. L'*effet Raman* est très utilisé en spectrochimie.

Rambouillet ■ Ville de France, au sud-ouest de Paris, dans la *forêt de Rambouillet.* 25 300 hab. *(les Rambolitains).* Château (XIVᵉ - XVIIIᵉ s.).

Madame de **Rambouillet** ■ Femme de lettres française (1588-1655). Son salon joua un grand rôle dans la vie littéraire du XVIIᵉ s.

le comte de **Rambuteau** ■ Administrateur et homme politique français (1781-1869). Préfet de la Seine (1833-1848), il réalisa d'importants travaux d'assainissement à Paris.

Jean Philippe **Rameau** ■ Compositeur français (1683-1764). Auteur de pièces pour clavecin, d'opéras-ballets, où il perfectionne le style « à la française » défini par *Lully *("les Indes galantes"),* et d'une théorie de l'harmonie.

sir William **Ramsay** ■ Chimiste anglais (1852-1916). Il découvrit l'ensemble des gaz rares, dont l'hélium. Prix Nobel 1904.

Ramsès ■ NOM DE 11 PHARAONS DU NOUVEL EMPIRE ÉGYPTIEN □ ***Ramsès II,*** le plus célèbre, pharaon de 1304 à sa mort en 1235 av. J.-C. Après ses victoires (notamment sur les *Hittites), il instaura la paix et fit construire *Abou Simbel, *Karnak et *Louxor. □ ***Ramsès III*** régna de 1198 av. J.-C. à sa mort (1166 av. J.-C.) et défendit l'empire contre les menaces d'invasions, notamment des *Peuples de la Mer.

Ramsgate ■ Ville et port du sud-est de l'Angleterre (*Kent). 39 600 hab. Importante station balnéaire sur la côte de la mer du Nord.

Pierre de La Ramée dit **Ramus** ■ Humaniste français (1515-1572). Logicien hostile à *Aristote et à la *scolastique.

Charles Ferdinand **Ramuz** ■ Écrivain suisse d'expression française (1878-1947). "*La Grande Peur dans la montagne*" ; "*Histoire du soldat*", mise en musique par *Stravinski.

l'abbé de **Rancé** ■ Religieux français qui réforma la *Trappe (1626 - 1700). *Chateaubriand a écrit une "*Vie de Rancé*".

Rānchi ■ Ville de l'Inde (*Bihār). 490 000 hab.

la **Randstad** ■ Ensemble urbain des Pays-Bas réunissant des villes aux activités complémentaires : La Haye, Amsterdam, Rotterdam.

le **Rang canadien** ■ Mode d'occupation du sol développé en Nouvelle-France, le long du Saint-Laurent et des ses affluents. Les terres concédées étaient divisées en bandes de 200 m de largeur et de 2 000 m de longueur, donnant ainsi un habitat semi-dispersé.

Rangoun ou **Rangoon** ■ ⇒ **Yangon.**

Otto **Rank** ■ Psychiatre autrichien (1884-1939). "*Le Traumatisme de la naissance*".

Leopold von **Ranke** ■ Historien allemand, spécialiste des XVIᵉ et XVIIᵉ s. (1795-1886).

Raoul ou **Rodolphe de Bourgogne** ■ Roi de France (mort en 936). Gendre de Robert Iᵉʳ, auquel il succéda en 923.

saint **Raphaël** ■ Un des sept archanges de la Bible.

Raffaello Sanzio dit **Raphaël** ■ Peintre italien de la Renaissance (1483-1520). Né à Urbino, artiste précoce, il assimila la leçon des plus grands maîtres : *Pérugin, *Léonard de Vinci, *Michel-Ange. Très vite célèbre, il fut appelé à Rome par le pape Jules II pour lequel il réalisa ses plus belles œuvres : les *chambres* et *loges* du Vatican. Par son sens de l'équilibre et de l'harmonie (dans les madones et les portraits notamment), il est la référence suprême de l'art *classique.

Rashi ■ ⇒ **Rachi.**

Rasmus Kristian **Rask** ■ Linguiste danois (1787-1832), comparatiste. L'un des fondateurs avec *Bopp de la linguistique moderne.

Knud **Rasmussen** ■ Explorateur danois (1879-1933). Il fit de nombreuses expéditions dans l'Arctique et étudia les tribus inuites du Groenland.

François-Vincent **Raspail** ■ Chimiste et homme politique français (1794-1878), républicain engagé.

Grigorii **Raspoutine** ■ Aventurier et thaumaturge russe (v. 1872-1916). Il eut une influence néfaste sur Nicolas II et la cour de Russie.

le **Rassemblement du peuple français** ou **R.P.F.** ■ Mouvement politique français, fondé par le général de *Gaulle, en 1947, qui connut une influence grandissante jusqu'en 1951 avant de décliner rapidement.

Rastadt ou **Rastatt** ■ Ville d'Allemagne (*Bade-Wurtemberg). 41 000 hab. □ *le* ***traité de Rastatt*** mit fin à la guerre de *Succession d'Espagne (1714). □ *le congrès de Rastatt* (1797-1799), auquel participaient la France, la Prusse et l'Autriche, devait fixer le sort de la rive gauche du Rhin, mais se solda par le massacre des envoyés français perpétré par les Autrichiens.

Bartolomeo Francesco **Rastrelli** ■ Architecte et décorateur italien (1700-1771). Il travailla pour *Catherine II de Russie : palais d'Hiver à Saint-Pétersbourg (⇒ **Ermitage**), palais de Tsarskoïé Selo (*Pouchkine).

Ratisbonne, en allemand **Regensburg** ■ Ville d'Allemagne (*Bavière). 124 000 hab. Autrefois capitale des ducs de *Bavière, prospère au XIVᵉ s. (foires). *Charles Quint y réunit une première diète, qui fut un échec, en 1541, pour restaurer l'unité entre catholiques et protestants. Siège de la diète d'Empire de 1663 à 1806.

Friedrich **Ratzel** ■ Géographe allemand (1844-1904). *"Anthropogéographie"*.

Robert **Rauschenberg** ■ Peintre américain (né en 1925). Initiateur du *pop'art. Il incorpore des objets hétéroclites à ses toiles *(combine painting).*

Ravachol ■ Anarchiste français (1859-1892), condamné à mort pour ses crimes et attentats.

François **Ravaillac** ■ Assassin d'Henri IV (1578-1610). Il voulait sauver la religion catholique. Il mourut écartelé (France).

Maurice **Ravel** ■ Compositeur français (1875-1937), mondialement célèbre grâce à son *"Boléro"*. Il a écrit des pièces pour piano *("Miroirs"),* pour orchestre *("la Valse"),* un ballet *("Daphnis et Chloé")* et des opéras *("l'Enfant et les Sortilèges").*

Ravenne, en italien **Ravenna** ■ Ville d'Italie (*Émilie-Romagne). 136 000 hab. Ville romaine, puis capitale d'un royaume ostrogoth (⇒ **Théodoric le Grand**), enfin possession byzantine, elle garde de nombreuses traces de son riche passé (mosaïques byzantines ; basiliques et mausolée). Centre touristique et industriel.

Ravensbrück ■ Localité d'Allemagne (*Brandebourg), camp de concentration nazi, réservé aux femmes, pendant la Seconde Guerre mondiale.

Rāwalpindi ■ Ville du Pakistan. 928 000 hab.

Man **Ray** ■ ⇒ **Man Ray.**

Nicholas **Ray** ■ Cinéaste américain (1911-1979). *"Johnny Guitar" ; "la Fureur de vivre"*.

Satyajit **Ray** ■ Cinéaste indien (1921-1992). *"Le Monde d'Apu" ; "le Salon de musique"*.

lord **Rayleigh** ■ Physicien anglais (1842-1919). Étude des phénomènes ondulatoires : son, lumière, électricité. Prix Nobel 1904 avec *Ramsay (découverte de l'argon).

Raymond ■ NOM DE SEPT COMTES DE TOULOUSE □ ***Raymond IV*** dit ***Raymond de Saint-Gilles*** (1042-1105), un des chefs de la première *croisade. □ ***Raymond VII*** (1197-1249), dernier comte de Toulouse. ⇒ guerre des **albigeois** (France).

Raymond Lulle ■ ⇒ Raymond **Lulle.**

la pointe du **Raz** ■ Cap français (*Bretagne) à l'extrémité ouest du Finistère, face à l'île de Sein.

Stenka **Razine** ■ Chef cosaque (v. 1630-1671). Il prit la tête de la guerre paysanne de 1667 à 1671.

la **R.D.A., *République démocratique allemande*** ou ***Allemagne de l'Est,*** en allemand ***D.D.R., Deutsche Demokratische Republik*** ■ Ancien État d'Europe centrale (1949-1990), sur la Baltique. 108 333 km². 16,6 millions d'hab. *(les Allemands de l'Est)* en 1989. Capitale : Berlin-Est. Langue : allemand. Monnaie : Mark de la R.D.A. Dans le cadre d'une économie socialiste, où les trois quarts des échanges commerciaux s'effectuaient avec les pays de la *C.A.E.M., la R.D.A. avait entièrement planifié l'agriculture (Charte de la révolution agraire en 1970) et l'industrie (chimique, mécanique de précision). ▭ HISTOIRE. La socialisation, dès 1945, de la zone d'occupation soviétique en Allemagne aboutit à la création d'un État socialiste en 1949. En 1961, le mur de *Berlin fut construit pour arrêter l'hémorragie de la population active vers l'Ouest, et une nouvelle planification fut lancée qui a donné à la R.D.A. la 5e place en Europe et la 2e dans le monde socialiste. En 1972, le pays rétablit des relations diplomatiques et commerciales régulières avec la R.F.A. En 1989, les bouleversements dans les pays d'Europe orientale, mais surtout l'émigration massive de population vers la R.F.A. et la pression populaire obligèrent les dirigeants à de profondes réformes visant à la démocratisation du régime (rétablissement du multipartisme...). Ceux-ci annoncèrent, également, l'ouverture de la frontière interallemande (⇒ **Berlin**). Les deux Allemagnes furent réunifiées en octobre 1990, la R.D.A. disparaissant. ⇒ république fédérale d'**Allemagne.**

l'île de **Ré** ■ Île française du littoral atlantique, reliée au continent par un pont depuis 1988. 85 km². 14 000 hab. *(les Rétais).* Ostréiculture. Tourisme.

Rê ou **Râ** ■ Dieu du Soleil, dans l'ancienne Égypte, représenté avec un corps d'homme et une tête de faucon. La principale divinité avec *Amon.

Charles **Reade** ■ Auteur dramatique et romancier réaliste anglais (1814-1884). Surnommé le « Zola anglais ».

Reading ■ Ville du sud de l'Angleterre, chef-lieu du *Berkshire. 198 000 hab. Centre européen de météorologie.

Reading ■ Ville des États-Unis (*Pennsylvanie). 78 700 hab.

Ronald **Reagan** ■ Homme politique américain (né en 1911). Ancien acteur, il fut gouverneur de Californie. 40e président (républicain) des États-Unis, de 1981 à 1989.

le **réalisme,** *les* **réalistes** ■ Mouvement artistique et littéraire qui se développa dans la seconde moitié du XIXe s. en réaction contre le *romantisme. Les réalistes choisissent leurs sujets dans la vie contemporaine et cherchent à reproduire la réalité le plus fidèlement possible. *Courbet, *Millet, peintres. Les *Goncourt, *Flaubert, *Champfleury, *Dickens, *Gorki, écrivains. □ *le* ***réalisme socialiste*** désigna l'art officiel en U.R.S.S. jusqu'en 1989.

René Antoine Ferchault de **Réaumur** ■ Savant français (1683-1757). Il s'intéressa notamment aux sciences naturelles et aux métaux. *Échelle de Réaumur :* échelle thermométrique à 80 degrés.

Rébecca ■ Épouse d'*Isaac dans la Bible.

Madame **Récamier** ■ Femme de lettres, amie de Mme de *Staël et de *Chateaubriand (1777-1849). Elle tint un salon littéraire célèbre sous la *Restauration.

Recife ■ Ville du Brésil fondée par les Portugais, port sur l'Atlantique et capitale du *Pernambouc. 1,18 million d'hab.

Recklinghausen ■ Ville d'Allemagne, dans la *Ruhr (*Rhénanie-du-Nord-Westphalie). 120 000 hab.

Élisée **Reclus** ■ Géographe français et théoricien de l'anarchisme (1830-1905). Il prit part à la *Commune. *"Géographie universelle"*.

Red Deer ■ Ville de l'Alberta. 54 000 hab.

Odilon **Redon** ■ Peintre français (1840-1916). Il exploita différentes techniques (fusains, gravures, pastels) avec une inspiration fantastique.

la **Red River** ■ Fleuve du sud des États-Unis dont l'une des branches rejoint le Mississippi et l'autre se jette dans le golfe du *Mexique. Environ 2 000 km.

John **Reed** ■ Écrivain et journaliste américain (1887-1920). Témoin de la révolution russe de 1917. "*Dix jours qui ébranlèrent le monde*".

Hubert **Reeves** ■ Astrophysicien québécois (né en 1932). Auteur de "*Patience dans l'azur*" (1982). Grand prix de la francophonie de l'Académie française (1989).

la **Réforme** ■ Mouvement de réforme de l'Église catholique, qui aboutit v. 1530 à un schisme avec d'importantes conséquences politiques (⇒ **Allemagne, anglicanisme,** guerres de **Religion**), à la naissance des Églises réformées ou protestantes (⇒ **protestantisme**) et à la réaction de la *Contre-Réforme (ou Réforme catholique). Les réformateurs (*Luther, *Calvin, *Zwingli, *Bucer) invitaient à une lecture directe de la Bible. Ils critiquaient le pape et sa hiérarchie, l'importance des cultes et des sacrements religieux. □ *la* ***Réforme catholique***. ⇒ **Contre-Réforme.**

la **Régence** ■ Période correspondant à la minorité de Louis XV (1715-1723), caractérisée par une réaction aux mœurs austères de la fin du règne de Louis XIV, dont témoignent par exemple les scènes galantes de *Watteau. Pour obtenir le pouvoir, le ***Régent*** (⇒ Philippe d'**Orléans**) dut ménager les Parlements et l'opposition aristocratique, qui paralysèrent les tentatives de réformes de ses successeurs (⇒ **Louis XV** et **Louis XVI**). Il eut cependant l'audace d'encourager *Law et mena avec *Dubois une habile politique étrangère (France).

Regensburg ■ ⇒ **Ratisbonne.**

Max **Reger** ■ Compositeur allemand de tendance néo-classique (1873-1916).

Reggane ou **Reggan** ■ Poste du Sahara algérien où fut expérimentée, en 1960, la première bombe atomique française.

Reggio de Calabre, en italien **Reggio di Calabria** ■ Ville du sud de l'Italie (*Calabre). 179 000 hab.

Reggio nell'Emilia ■ Ville d'Italie (*Émilie-Romagne). 130 000 hab.

Regina ■ Ville du Canada, capitale de la *Saskatchewan. 175 000 hab. Raffinerie de pétrole.

Johann Müller dit **Regiomontanus** ■ Astronome et mathématicien allemand (1436-1476).

Jean-François **Regnard** ■ Écrivain et auteur dramatique français (1655-1709). "*Le Légataire universel*" et "*le Joueur*", pièces qui annoncent *Marivaux. "*Voyage en Laponie*".

Jean-Baptiste **Regnault** ■ Peintre français (1754-1829). Il se voulut le rival de *David : sujets inspirés de l'Antiquité.

Mathurin **Régnier** ■ Poète français (1573-1613). Auteur de "*Satires*" vigoureuses contre la littérature et les mœurs de son temps.

Reich n. m. ■ Mot allemand signifiant « empire ». Le ***Ier Reich*** correspond au Saint Empire romain germanique (962-1806). Le ***IIe Reich*** est l'empire fondé par *Bismarck (1871-1918). L'Allemagne nazie de Hitler (1933-1945) s'intitula ***IIIe Reich.***

Wilhelm **Reich** ■ Psychanalyste autrichien émigré aux États-Unis (1897-1957). Il a tenté la synthèse entre marxisme et psychanalyse. ≠ Reik.

Hans **Reichenbach** ■ Philosophe et logicien allemand, membre du cercle de *Vienne (1891-1953).

le **Reichstag** ■ Nom du Parlement allemand de 1867 à 1945. Le bâtiment du Reichstag, à Berlin, fut détruit dans un incendie par les nazis en 1933. Il est, depuis 1990, le siège du *Bundestag de l'Allemagne réunifiée.

Thomas Mayne dit *Captain Mayne* **Reid** ■ Écrivain anglais (1818-1883). Romans d'aventures. "*Le Cavalier sans tête*".

Theodor **Reik** ■ Psychanalyste autrichien naturalisé américain (1888-1969). Élève de *Freud. ≠ Reich.

Reims ■ Ville de France, en *Champagne. 185 200 hab. *(les Rémois)*. Célèbre cathédrale gothique du XIIIe s. Université. Industries liées à la fabrication du champagne. Métropole de la province de Gaule Belgique en l'an 17, elle fut fortifiée par Philippe le Bel en 1295 ; la plupart des rois de France y furent sacrés.

Salomon **Reinach** ■ Archéologue et philologue français (1858-1932). Histoire des religions.

Max **Reinhardt** ■ Metteur en scène et directeur de théâtre autrichien (1873-1943).

Django **Reinhardt** ■ Guitariste de jazz français, d'origine tzigane (1910-1953). "*Nuages*".

Mikołaj **Rej** ■ Écrivain polonais (1505-1569). Le premier à avoir écrit exclusivement dans la langue nationale.

les guerres de **Religion** ■ Guerre civile qui opposa en France catholiques et protestants, marquée par une succession de conflits entre 1562 et 1598. Elle se compliqua d'enjeux diplomatiques et politiques : les protestants (*Coligny) soutenaient les Pays-Bas et l'Espagne était l'alliée de la *Ligue. La monarchie hésitait entre la répression (massacre de la *Saint-Barthélemy, 1572) et la conciliation avec les protestants, pour réduire l'influence du parti ultracatholique des *Guises. Dans un pays lassé et dévasté par la guerre, l'hostilité à l'ingérence espagnole dans les affaires françaises l'emporta sur le fanatisme religieux. Henri IV mit fin au conflit par l'édit de *Nantes (1598). Le pouvoir royal sortit renforcé de la crise et évolua vers l'absolutisme.

Erich Maria **Remarque** ■ Romancier allemand naturalisé américain (1898-1970). "*À l'Ouest rien de nouveau*", roman sur l'horreur de la Première *Guerre mondiale.

Harmenszoon van Rijn dit **Rembrandt** ■ Peintre, dessinateur et graveur hollandais (1606-1669). La force de ses tableaux, d'inspiration souvent biblique, s'explique par le traitement du mouvement et de la lumière qui met en valeur les parties essentielles de la toile. "*L'Adoration des bergers*" ; "*la Ronde de nuit*" ; "*les Pèlerins d'Emmaüs*".

saint **Remi** ■ Évêque de Reims qui convertit *Clovis (v. 437 - v. 530) (France).

Alexeï **Remizov** ■ Romancier et conteur russe émigré à Paris (1877-1957). "*Les Yeux tondus*".

Remscheid ■ Ville d'Allemagne, dans la *Ruhr (*Rhénanie-du-Nord-Westphalie). 120 000 hab.

Remus ■ Dans la légende romaine, frère de *Romulus qui le tua.

Jean Pierre Abel **Rémusat** ■ Sinologue français (1788-1832).

la **Renaissance** ■ Vaste mouvement culturel dans l'Europe des XVe et XVIe s. Les élites de cette époque avaient conscience de vivre une seconde naissance de la civilisation, après l'intermède du Moyen Âge qui les séparait de l'Antiquité. Les Florentins, *Dante en littérature, *Cimabue et *Giotto en peinture, avaient amorcé ce retour aux valeurs grecques et romaines. Les maîtres du **quattrocento* (XVe s.) furent *Botticelli, *Piero della Francesca, *Mantegna, les sculpteurs *Ghiberti et *Donatello. Vinrent ensuite *Bramante, *Léonard de Vinci, *Raphaël, *Michel-Ange, enfin les *maniéristes. L'école *flamande, le travail érudit des *humanistes (encouragé par l'invention de l'imprimerie, la redécouverte des manuscrits grecs et latins de l'Antiquité), l'art de *Dürer et *Cranach en Allemagne, de *Holbein en Angleterre, le succès de la *Réforme sont autant de manifestations de ce renouveau, au XVIe s., qu'illustrent en France l'école de *Fontainebleau, les écrivains *Rabelais, *Ronsard, *Montaigne. La Renaissance se caractérise par une curiosité universelle, un sens nouveau de la beauté du monde et de la valeur de l'homme, l'amour des lettres, des arts et des sciences. Elle marque le début des *Temps modernes.*

Ernest **Renan** ■ Écrivain français (1823-1892). Rationaliste, historien des religions *("la Vie de Jésus"),* spécialiste des langues sémitiques. Auteur de *"Souvenirs d'enfance et de jeunesse"*, notables par leur poésie.

Jules **Renard** ■ Écrivain français au style économe, à la fois cruel et drôle (1864-1910). *"Poil de carotte" ; "Histoires naturelles".*

Madeleine **Renaud** ■ Actrice française (née en 1900). Fondatrice avec Jean-Louis *Barrault, son mari, de la *compagnie Renaud-Barrault.*

Théophraste **Renaudot** ■ Médecin français (1586-1653), fondateur de la presse en France avec la création de *la Gazette de France*. Le *prix Renaudot* est un prix littéraire fondé en 1925.

Louis **Renault** ■ Ingénieur et industriel français, pionnier de l'industrie automobile (1877-1944). Ses usines furent nationalisées en 1945.

René Ier le Bon dit ***le bon roi René*** ■ Duc de Bar, de Lorraine et d'Anjou, comte de Provence, roi de Naples de 1438 à 1442, mécène et poète (1409-1480).

Guido **Reni** dit ***le Guide*** ■ Peintre italien (1575-1642). Œuvre d'une grande inspiration lyrique, vouée au culte de la beauté et de la grâce. Sujets religieux et mythologiques.

Rennes ■ Ville de France, préfecture de la région *Bretagne. 203 500 hab. *(les Rennais).* Université. Centre administratif et commercial. Région agricole. Industries automobile et électronique. Capitale de la Bretagne au XIe s., rivale de *Nantes, la ville fut reconstruite au XVIIIe s. après un incendie. Au XVIe s., son parlement se montra indépendant à l'égard du pouvoir royal.

Reno ■ Ville des États-Unis (*Nevada). 101 000 hab. Connue pour ses lois très libérales, qui facilitent mariages et divorces. Tourisme, casinos, spectacles.

Auguste **Renoir** ■ Peintre français (1841-1919). L'un des grands maîtres de l'*impressionnisme. Il traite avec prédilection la figure humaine, donnant dans ses scènes populaires *("le Moulin de la galette")* et ses scènes bourgeoises *("le Bal à la ville")* une vision insouciante de la société de son temps. *"Les Baigneuses"* aux formes sensuelles célèbrent son plaisir de peindre. □ *Jean* **Renoir** (1894-1979), son fils. Cinéaste français. *"La Bête humaine" ; "la Règle du jeu" ; "la Grande Illusion".*

Repentigny ■ Ville du Québec. 39 600 hab.

Ilya **Repine** ■ Peintre russe (1844-1930). Nombreux portraits et œuvres à caractère historique ou social.

le parti **républicain** ■ Un des deux grands partis des États-Unis, fondé en 1854. *Lincoln, *Nixon, *Reagan et *Bush sont quatre présidents républicains.

la **République française,** *régime politique de la France.* □ *la première* ***République*** (1792-1804). ⇒ **Révolution française** et **Consulat.** □ *la deuxième* ***République*** (1848-1852). Proclamée par les auteurs de la *révolution de 1848, elle mit fin à la *monarchie de Juillet. On appela « quarante-huitards » les socialistes du gouvernement provisoire. Après la répression de l'agitation populaire par *Cavaignac (juin 1848), le *parti de l'Ordre* domina la vie politique. Son candidat Louis Napoléon Bonaparte fut élu président de la République (10 décembre 1848). Le coup d'État du 2 décembre 1851 lui permit de renforcer l'exécutif, puis de rétablir l'Empire (2 décembre 1852) et de prendre le nom de *Napoléon III. □ *la troisième* ***République*** (1870-1940). Instaurée par le gouvernement de *Défense nationale après la défaite de Napoléon III face à la Prusse, elle dut réprimer la *Commune et affronter une opinion qui n'était pas encore acquise à l'idée républicaine ; mais elle sut progressivement l'imposer au pays (⇒ **France**). Elle prit fin avec le vote des pleins pouvoirs au maréchal *Pétain (10 juillet 1940). □ *la quatrième* ***République*** (1944-1958) succéda au *G.P.R.F. et prit fin avec le retour au pouvoir du général de *Gaulle. □ *la cinquième* ***République*** (depuis 1958). ⇒ **France.**

la **Résistance** ■ Pendant la Seconde Guerre mondiale, ensemble des actions que les habitants des pays occupés menèrent contre l'occupation nazie et les autorités qui acceptaient de collaborer avec Hitler. En France, il y avait la résistance extérieure de la *France libre* (général de *Gaulle) avec les *Forces françaises libres* (F.F.L.), et la résistance intérieure, dont l'activité (renseignement, distribution de tracts et journaux, aide aux Juifs, sabotage) évolua progressivement vers des opérations militaires et où s'illustrèrent des hommes et des femmes venus de tous horizons, notamment du parti communiste et ses *Francs-Tireurs et Partisans* (F.T.P.), intégrés en 1944 aux *Forces françaises de l'intérieur* (F.F.I.). L'unification se fit autour de de Gaulle grâce à Jean *Moulin, au *Conseil national de la Résistance (C.N.R.), puis au *G.P.R.F.

Resistencia ■ Ville d'Argentine, capitale du *Chaco. 218 000 hab.

Alain **Resnais** ■ Cinéaste français (né en 1922). *"Hiroshima mon amour" ; "l'Année dernière à Marienbad" ; "Providence".*

Ottorino **Respighi** ■ Compositeur italien (1879-1936).

la **Restauration** ■ Période de l'histoire de France qui correspond à une restauration de la monarchie après la Révolution et l'Empire. La *première Restauration* va de la chute du Ier Empire aux *Cent-Jours (1814-1815). La *seconde Restauration* va de la fin des Cent-Jours à la révolution de juillet 1830. Par la charte de 1814, Louis XVIII instaura la monarchie constitutionnelle, voulant préserver l'unité de la nation. Mais la réaction des *ultras domina la vie politique à partir de 1820, et plus encore après l'avènement de Charles X (1824). Le durcissement du régime provoqua sa chute, au bénéfice de Louis-Philippe.

Restif de la Bretonne ■ Écrivain français (1734-1806). Il a décrit son époque avec verve et réalisme.

Rethondes ■ Localité de France, au nord de Paris, où furent signés les armistices du 11 novembre 1918 et du 22 juin 1940 entre l'Allemagne et les Alliés.

Gilles de **Retz** ■ ⇒ **Rais.**

Paul de Gondi cardinal de **Retz** ■ Prélat, homme politique et écrivain français (1613-1679). Ses "*Mémoires*", d'un style remarquable, sont un précieux témoignage sur la *Fronde.

l'île de la **Réunion,** autrefois **île Bourbon** ■ Île française de l'océan Indien, à l'est de Madagascar, (2 510 km²) formant avec les îles environnantes inhabitées (Bassas de India, Europa, Juan de Nova, Glorieuses et Tromelin) un département d'outre-mer depuis 1946. 515 800 hab. *(les Réunionnais),* concentrés sur le littoral. Préfecture : Saint-Denis. Sous-préfectures : Saint-Benoît, Saint-Paul, Saint-Pierre. Langues : français, créole. Île montagneuse (point culminant : piton des Neiges, 3 069 m) au climat tropical. Économie agricole (canne à sucre). Découverte par les Portugais en 1513, possession française en 1638, l'île a une population très mélangée : descendants des esclaves noirs et des colons blancs, Indiens et Chinois, métis.

la **Reuss** ■ Rivière de Suisse, affluent de l'*Aar. 160 km.

Pierre **Reverdy** ■ Poète français (1889-1960). Avec *Apollinaire et Max *Jacob, un des initiateurs de la poésie moderne et du *surréalisme. "*Plupart du temps*".

la **révolution culturelle chinoise** ■ Vaste mouvement de masse (1965-1969) lancé par *Mao Zedong afin de lutter contre la formation d'une bureaucratie sclérosée. Les partisans maoïstes (Gardes rouges) lui donnèrent une ampleur et une violence répressive telles que cette remise en cause menaça de désorganiser totalement le pays.

la **Révolution française** ■ Période de l'histoire de France allant de la réunion des *états généraux par Louis XVI au *Consulat (1789-1799). En 1789, une série d'événements (prise de la *Bastille, nuit du 4 *Août, Déclaration des *droits de l'homme et du citoyen...) mit fin à la monarchie absolue (⇒ **Ancien Régime**). De 1789 à 1791, la *Constituante mit en place la monarchie constitutionnelle. Mais la confiance dans le nouveau régime fut ébranlée, avant même l'élection de l'*Assemblée législative, par la fuite du roi (20 juin 1791). La déclaration de guerre à l'Autriche (20 avril 1792) puis la chute du roi (insurrection de la *Commune de Paris, 10 août 1792) obligèrent à réunir la *Convention. L'abolition de la royauté (21 septembre 1792) marqua les débuts de la Iʳᵉ République. L'exécution de Louis XVI (21 janvier 1793), les soulèvements en *Vendée, la poursuite de la guerre et la pression des *sans-culottes provoquèrent la chute des *Girondins (2 juin 1793) et l'instauration de la *Terreur par les *Montagnards. Le gouvernement révolutionnaire et la Terreur prirent fin le 9 *Thermidor (27 juillet 1794) avec l'élimination de *Robespierre. La Convention thermidorienne voulut instaurer un gouvernement modéré : le *Directoire (octobre 1795). Mais la double opposition des royalistes et des *Jacobins le rendait fragile. Les chefs militaires, qui organisaient des « républiques-sœurs » aux frontières, prenaient de plus en plus d'importance. Par le coup d'État du 18 *Brumaire (9 novembre 1799), le général Bonaparte instaura un pouvoir fort : le *Consulat.

la **révolution française de 1830** ■ Insurrection populaire des 27, 28 et 29 juillet 1830 à Paris (« les Trois Glorieuses »). Elle provoqua l'abdication de Charles X et permit l'avènement de Louis-Philippe.

la **révolution française de 1848** ■ Insurrection des 22, 23 et 24 février 1848. Elle mit fin à la *monarchie de Juillet (règne de Louis-Philippe) et marqua le début de la IIᵉ République. □ *les* ***révolutions de 1848,*** mouvements libéraux et nationalistes qui éclatèrent en Europe en 1848. Ils furent durement réprimés, mais préparèrent la naissance de nouveaux États (Italie, Allemagne, Hongrie...).

la **révolution** *communale* **de 1871** ■ ⇒ la **Commune.**

la **révolution russe de 1905** ■ Première révolution « démocratique bourgeoise » en Russie. Elle échoua dans sa tentative d'instaurer la monarchie parlementaire.

la **révolution russe de 1917** ■ Mouvement révolutionnaire qui donna naissance au régime soviétique. En février, la seconde révolution « démocratique bourgeoise » conduisit à l'abdication du tsar Nicolas II. Puis la ***révolution d'Octobre*** porta les *bolcheviks au pouvoir. Leur chef *Lénine instaura la « dictature du prolétariat » en Russie. Le régime s'étendit progressivement aux autres régions de l'empire, créant des républiques, et aboutissant en 1922 à la proclamation de l'Union des républiques socialistes soviétiques (*U.R.S.S.).

la **Révolution tranquille** ■ Nom donné aux premières années de la décennie 1960 qui ont provoqué de profonds changements dans les mentalités et les structures québécoises (⇒ P. **Sauvé**).

Louis **Reybaud** ■ Écrivain français (1799-1879). "*Jérôme Paturot à la recherche d'une position sociale*".

Reykjavik ■ Ville principale et capitale de l'Islande. 95 800 hab. Fondée par les *Vikings au sud de l'île en 875. Port de pêche. Centre industriel.

Władysław Stanisław **Reymont** ■ Romancier polonais (1868-1925). "*Les Paysans*". Prix Nobel 1924.

Émile **Reynaud** ■ Inventeur et dessinateur français, pionnier du dessin animé (1844-1918).

Paul **Reynaud** ■ Homme politique français (1878-1966). Président (centre-droit) du Conseil (1940), opposé à l'armistice, il céda la place à *Pétain.

sir Joshua **Reynolds** ■ Peintre anglais (1723-1792). Portraitiste favori de la haute société britannique.

Reynosa ■ Ville du nord-est du Mexique. 211 000 hab.

Rezā Chāh Pahlavi ■ Chah d'Iran de 1925 à 1941 (1878-1944). Il chassa les *Qādjārs du pouvoir et voulut faire de la Perse, devenue l'Iran en 1935, un pays moderne. Père de *Moḥammed Rezā. ⇒ les **Pahlavi.**

la **R.F.A.** ■ ⇒ la république fédérale d'**Allemagne.**

Rhéa ■ Épouse de *Cronos et mère de *Zeus dans la mythologie grecque.

Rhea Silvia ■ Dans la mythologie romaine, mère de *Remus et *Romulus.

le massif schisteux **rhénan** ■ Ensemble de plateaux de l'ère primaire, situés de part et d'autre du Rhin en Allemagne. Forêts, vignobles.

la **Rhénanie** ■ Ancienne région de l'Allemagne située de part et d'autre du Rhin. Ancienne province romaine, comprise dans le royaume de *Clovis, elle fit partie de l'*Austrasie puis fut réunie (traité de Verdun en 843) à la *Lotharingie et intégrée au royaume de *Germanie (925). Prospère au XIVᵉ s. avec l'essor de ses cités (Heidelberg, Mayence, Strasbourg). Foyer de la *Réforme, pénétrée par la culture française (XVIIe - XVIIIe s.), elle fut démilitarisée et occupée par les Alliés (traité de *Versailles, 1919). Remilitarisée par *Hitler (1936), elle fut divisée, en 1946, entre les États de Rhénanie-du-Nord-Westphalie et Rhénanie-Palatinat. L'État de la *Sarre fut formé en 1957. □ *la* ***Rhénanie-du-Nord-Westphalie,*** en allemand ***Nordrhein-Westfalen.*** État (land) le plus peuplé d'Allemagne. 34 068 km². 16,71 millions d'hab. Capitale : Düsseldorf. Pièce maîtresse de l'économie de l'Allemagne avec une agriculture riche et, surtout, une industrie puissante dans le bassin houiller de la *Ruhr. □ *la* ***Rhénanie-Palatinat,*** en allemand ***Rheinland-Pfalz.*** État (land) d'Allemagne. 19 848 km². 3,6 millions d'hab. Capitale : Mayence. Vins du Rhin réputés. Tourisme.

Constantin ***Rhigas*** ■ Patriote et poète grec (1757-1798).

le ***Rhin*** ■ Fleuve d'Europe occidentale. Né dans les Alpes suisses, il se jette dans la mer du Nord par quatre bras à la hauteur de Rotterdam. 1 320 km. Régime alpin jusqu'au lac de Constance, puis régulier à partir de Bâle. Il marque la frontière entre la France (où il a donné son nom à deux départements) et l'Allemagne et joue un grand rôle économique. C'est la plus importante voie navigable de l'Europe occidentale (transport de houille et d'autres matières premières) pourvue d'aménagements hydroélectriques. *Duisbourg est le premier port fluvial du monde. ⇒ massif schisteux **rhénan, Rhénanie.** ‹ ► rhénan ›

le sillon ou *couloir* ***rhodanien*** ■ Région française où coule le Rhône, située entre le Massif central et les Alpes.

le ***Rhode Island*** ■ Le plus petit État des États-Unis, en *Nouvelle-Angleterre. 3 139 km². 947 000 hab. Capitale : Providence. Ancien centre de pêche à la baleine.

Cecil ***Rhodes*** ■ Administrateur colonial et homme d'affaires britannique (1853-1902). Il voulut faire du sud de l'Afrique un Empire britannique. Il laissa son nom à la *Rhodésie* (aujourd'hui la Zambie et le Zimbabwe).

Rhodes ■ Île grecque de la mer Égée (*Dodécanèse). 1 398 km². 40 400 hab. *Rhodes,* chef-lieu de l'île de Rhodes, port fondé en 408 av. J.-C., très prospère dans l'Antiquité. Le *colosse de Rhodes,* une des Sept *Merveilles du monde, s'élevait à l'entrée du port. L'île fut gouvernée par les chevaliers de l'ordre des *Hospitaliers de 1309 à 1522.

la ***Rhodésie*** ■ ⇒ Cecil **Rhodes, Zambie, Zimbabwe.**

Rhondda ■ Ville du pays de Galles (*Glamorgan du Centre). 71 600 hab. Bassin houiller.

le ***Rhône*** ■ Fleuve de France (où il a donné son nom à un département) et de Suisse, le plus puissant des fleuves français. 812 km. Il se jette dans la Méditerranée en formant un delta, la *Camargue. Principal affluent : la Saône (qui conflue à Lyon). Son régime est complexe, son cours rapide. La Compagnie nationale du Rhône a fait des travaux pour faciliter la navigation et irriguer les plaines du Languedoc. Vignobles sur les coteaux de la vallée : les *côtes du Rhône.* □ ***Rhône-Alpes.*** Région administrative et économique du sud-est de la France, la seconde par la population et la superficie. Huit départements : Ain, Ardèche, Drôme, Isère, Loire, Rhône, Savoie et Haute-Savoie. 44 967 km². 5,34 millions d'hab. Préfecture : Lyon. Grand essor industriel lié à sa situation de carrefour et à l'abondante production d'électricité (provenant du Rhône et des Alpes) : textile, chimie, électronique autour de Lyon ; métallurgie dans le bassin de la Loire, électrochimie et électrométallurgie près de Grenoble. Tourisme avec les sports d'hiver dans les Alpes. Élevage, fruits et vignobles dans la vallée du Rhône. ‹ ► rhodanien ›

Riazan ■ Ville de la C.É.I. (*Russie). 515 000 hab. Centre culturel et économique. Monuments (XVIe-XVIIe s.).

Joachim von ***Ribbentrop*** ■ Homme politique allemand (1893-1946). Ministre des Affaires étrangères du IIIe Reich (nazi) de 1938 à 1945. Condamné à *Nuremberg et exécuté.

José de ***Ribera*** ■ Peintre espagnol (1591-1652). Œuvres religieuses et mythologiques très expressives. Ses modèles sont aussi des gens misérables ou étranges (*"la Femme à barbe").*

Théodule ***Ribot*** ■ Philosophe et psychologue français (1839-1916).

David ***Ricardo*** ■ Financier et économiste anglais (1772-1823). Son analyse classique de la production, favorable au libéralisme, a eu une grande influence, notamment sur Marx.

Luigi ***Riccoboni*** ■ Homme de théâtre italien (v. 1675-1753). Installé en France, il y rénova la comédie italienne et influença *Marivaux.

Richard ■ NOM DE TROIS ROIS D'ANGLETERRE □ ***Richard Ier Cœur de Lion*** (1157-1199), fils d'Henri II et d'*Aliénor d'Aquitaine, régna de 1189 à sa mort. Il se distingua à la troisième *croisade. Il lutta contre son frère *Jean sans Terre et contre Philippe-Auguste. □ ***Richard II*** (1367-1400), fils du *Prince Noir, monta sur le trône en 1377 et tenta d'instaurer l'absolutisme. □ ***Richard III*** (1452-1485) régna à partir de 1483. Sa vie criminelle, qui le rendit très impopulaire, et sa forte personnalité inspirèrent *Shakespeare.

Maurice ***Richard*** ■ Sportif québécois (né en 1921), surnommé « Rocket ». L'un des plus célèbres joueurs de hockey du Canada.

Samuel ***Richardson*** ■ Écrivain anglais (1689-1761). Ses romans épistolaires eurent un grand succès en France, auprès de *Diderot notamment. "*Clarisse Harlowe*".

César Pierre ***Richelet*** ■ Lexicographe français (v. 1631-1698). Auteur d'un "*Dictionnaire français*" (1680).

Armand Jean du Plessis cardinal de ***Richelieu*** ■ Prélat et homme d'État français (1585-1642). Ministre de Louis XIII de 1624 à sa mort. *Mazarin lui succéda. Son action fut décisive : réduire les oppositions intérieures au pouvoir royal (protestants, grande noblesse) ; assurer l'indépendance de la France par une politique extérieure offensive (guerre de *Trente Ans) ; réorganiser l'Administration et la fiscalité, obtenir du pays le maximum de richesses, au prix même de la misère du peuple ; protéger, voire diriger la culture (création de l'*Académie française, 1635). □ *le maréchal de* ***Richelieu*** (1696-1788), son petit-neveu, grand seigneur spirituel, libertin et élégant, très représentatif de son siècle. □ *le duc de* ***Richelieu*** (1766-1822), petit-fils du précédent, ministre de Louis XVIII.

Jean ***Richepin*** ■ Écrivain français (1849-1926). Romans populaires, poèmes à la langue argotique. "*La Chanson des gueux*".

Ligier ***Richier*** ■ Sculpteur français d'inspiration à la fois tragique et profondément religieuse (v. 1500-1567).

Germaine **Richier** ■ Sculptrice française (1904-1959). Œuvres expressives, qui mêlent le grotesque et le tragique.

Mordecai **Richler** ■ Romancier et journaliste canadien de langue anglaise (né en 1931). Il explore les dilemmes et les valeurs fondamentaux de l'homme. "*L'Apprentissage de Duddy Kravitz*" (1959) ; "*St. Urbain's Horseman*" (1971).

Richmond ■ Ville des États-Unis, capitale de la *Virginie. 219 000 hab. Pendant la guerre de *Sécession, les sudistes en firent leur capitale. Monuments (capitole).

Richmond ■ Ville de la Colombie-Britannique. 80 000 hab. Banlieue de *Vancouver.

Richmond-upon-Thames ■ Bourg *(borough)* du Grand *Londres. 161 000 hab.

Jeremias Benjamin **Richter** ■ Chimiste allemand (1762-1807). Il généralisa la notion des proportions *(stœchiométrie).*

Johann Paul **Richter** dit **Jean-Paul** ■ Écrivain *romantique allemand (1763-1825). Il explore le monde des rêves.

Hans **Richter** ■ Peintre et cinéaste américain d'origine allemande (1888-1976). Représentant du *surréalisme et précurseur du cinéma d'avant-garde.

Charles Francis **Richter** ■ Sismologue américain (1900-1985). *Échelle de Richter :* échelle de mesure des séismes.

Sviatoslav **Richter** ■ Pianiste soviétique (né en 1915).

Paul **Ricœur** ■ Philosophe français (né en 1913). Essais d'herméneutique (philosophie de l'interprétation).

Jehan **Rictus** ■ Poète français (1867-1933). Auteur de poèmes en argot.

Leni **Riefenstahl** ■ Actrice, photographe et cinéaste allemande (née en 1902). "*Les Dieux du stade*", film à la gloire des jeux Olympiques organisés par les nazis à Berlin en 1936.

Louis **Riel** ■ Chef métis de l'ouest du Canada (1844-1885), petit-fils de M.-A. *Gaboury. Il dirigea deux soulèvements de Métis (1870-1885) contre le gouvernement du Canada auquel ils reprochaient de ne pas respecter les droits acquis. Accusé de haute trahison, il fut pendu.

Bernhard **Riemann** ■ Mathématicien allemand (1826-1866), élève de *Gauss. Il a donné à la géométrie non euclidienne un développement sans précédent, fondé la géométrie différentielle et introduit la topologie en analyse *(surfaces de Riemann).*

Tilman **Riemenschneider** ■ Sculpteur allemand (v. 1460-1531). Nombreux retables.

le **Rif** ■ Arc montagneux du nord du Maroc (habitants : les *Rifains*). Ancien territoire du *Maroc espagnol. Pendant la Première Guerre mondiale, les Rifains, dirigés par *Abd el-Krim, s'opposèrent aux Espagnols qu'ils vainquirent (1921), puis aux Français avant d'être battus par les forces franco-espagnoles dirigées par *Pétain (1926).

le **rift africain** ■ Suite de plaines d'effondrement de l'Afrique orientale s'étendant de la mer *Rouge au cours inférieur du Zambèze. 4 000 km.

Riga ■ Capitale et port de la république de *Lettonie. 915 000 hab. Le plus grand centre culturel des pays baltes.

Hyacinthe **Rigaud** ■ Peintre français (1659-1743). Portraits de cour somptueux. "*Louis XIV*".

Rijeka, en italien **Fiume** ■ Ville et port de Yougoslavie (*Croatie). 193 000 hab. Elle appartint à l'Italie entre 1920 et 1947.

Rainer Maria **Rilke** ■ Écrivain autrichien (1875-1926). Le sentiment de la difficulté de vivre domine ses poèmes *("Élégies").* Importante correspondance *("Lettres à un jeune poète").*

la **Rille** ■ ⇒ **Risle.**

Arthur **Rimbaud** ■ Poète français (1854-1891). Son génie précoce, sa révolte sociale et morale ont fait de lui un mythe. Il définit le poète comme « voyant ». Il fut considéré comme un précurseur par les surréalistes. "*Poésies*". Poèmes en prose : "*Une saison en enfer*" ; "*les Illuminations*".

Rimini ■ Ville d'Italie (*Émilie-Romagne). 131 000 hab. Station balnéaire sur l'Adriatique.

Rimouski ■ Ville du Québec, sur le bas Saint-Laurent. 30 000 hab. Université. Centre industriel, commercial et administratif.

Nikolaï **Rimski-Korsakov** ■ Compositeur russe (1844-1908). Grand maître de l'orchestration, il est l'auteur d'œuvres symphoniques colorées *("Schéhérazade")* et d'opéras *("le Coq d'or").*

Philippe Panneton, dit **Ringuet** ■ Écrivain québécois (1895-1960). Son roman "*Trente arpents*" (1938) renouvelle la littérature du terroir au Québec.

Rio de Janeiro ■ Ville et port du Brésil, capitale de l'État du même nom (14 653 km² ; 13,84 millions d'hab.). 5,1 millions d'hab. Agglomération de 11,14 millions d'hab. 2e centre industriel et commercial du pays. Tourisme : site montagneux (Pain-de-Sucre, mont Corcovado), plages (Copacabana, Ipanema), célèbre carnaval.

le **Rio Grande,** en espagnol **Río Bravo** ■ Fleuve d'Amérique du Nord qui forme la frontière entre les États-Unis et le Mexique avant de se jeter dans le golfe du *Mexique. 2 896 km².

le **Rio Grande do Norte** ■ État côtier du Brésil (*Nordeste). 53 167 km². 2,27 millions d'hab. Capitale : Natal. Marais salants.

le **Rio Grande do Sul** ■ État côtier du sud du Brésil, limitrophe de l'Uruguay. 280 674 km². 9 millions d'hab. Capitale : Pôrto Alegre. Productions agricoles, élevage.

la **Rioja** ■ Communauté autonome du centre nord de l'Espagne. 5 034 km². 263 000 hab. Capitale : Logroño. Vins renommés.

Riom ■ Ville de France (*Auvergne). 19 300 hab. *(les Riomois).* ► *le procès de* ***Riom*** fut organisé par le gouvernement de *Vichy pour juger les responsables présumés de la défaite de 1940 (*Blum, *Daladier, *Gamelin), mais il tourna au désavantage de *Pétain et fut interrompu (1942).

Jean-Paul **Riopelle** ■ Peintre et sculpteur québécois (né en 1923). Œuvre abstraite, puissamment rythmée et structurée.

le **Risorgimento** ■ Terme italien signifiant « renaissance » ou « résurrection ». Mouvement patriotique d'indépendance et d'unification de l'Italie au XIXe s. ⇒ **Garibaldi, Mazzini, Cavour.**

Octavia Grace **Ritchie** ■ Femme médecin canadienne (1868-1948). Première femme à obtenir un diplôme de médecine au Québec (1891).

Ghiánnis **Rítsos** ▪ Poète grec (1909-1990). "*Épitaphe*" ; "*Grécité*".

Carl **Ritter** ▪ Géographe allemand (1779-1859), un des pères de la géographie moderne.

le comte de **Rivarol** ▪ Écrivain français, polémiste royaliste (1753-1801). "*Discours sur l'universalité de la langue française*".

le duc de **Rivas** ▪ Homme politique et écrivain espagnol (1791-1865). "*La Force du destin*", drame romantique.

Diego **Rivera** ▪ Peintre mexicain (1886-1957), auteur de décorations murales d'inspiration sociale et populaire.

Rivesaltes ▪ Ville de France, dans les *Pyrénées orientales. 7 300 hab. *(les Rivesaltais)*. Vins.

Paul **Rivet** ▪ Ethnologue, anthropologue et homme politique (socialiste) français (1876-1958).

la **Riviera** ▪ « Le littoral », nom donné au littoral italien du golfe de Gênes, et parfois à la *Côte d'Azur.

Jacques **Rivière** ▪ Écrivain français (1886-1925). Directeur de *la Nouvelle Revue française* de 1919 à sa mort. ⇒ **Alain-Fournier**.

Rivière-du-Loup ▪ Ville du Québec, en aval de Québec. 19 700 hab.

Rivière-Pilote ▪ Ville de l'île française de la Martinique. 12 600 hab. *(les Pilotins)*.

Rivière-Salée ▪ Ville de l'île française de la Martinique. 8 800 hab.

Rivoli ▪ Localité d'Italie, près de Vérone. Bonaparte y battit les Autrichiens en janvier 1797.

Riyad ▪ Capitale de l'Arabie Saoudite, dans une oasis. 1,3 million d'hab. Raffineries de pétrole, industries alimentaires.

Roanne ▪ Ville de France (*Rhône-Alpes). 42 800 hab. *(les Roannais)*. Important centre textile.

Roanoke ▪ Ville des États-Unis (*Virginie). 100 000 hab.

Alain **Robbe-Grillet** ▪ Écrivain et cinéaste français, chef de file du *nouveau roman (né en 1922). "*Les Gommes*" ; "*le Voyeur*" ; "*la Jalousie*" ; "*Dans le labyrinthe*".

Jerome **Robbins** ▪ Chorégraphe américain (né en 1918). "*West Side Story*".

Howard Chandler **Robbins Landon** ▪ Musicologue américain (né en 1926). Ouvrages sur *Haydn et *Mozart.

Robert ▪ NOM DE PLUSIEURS SOUVERAINS EUROPÉENS **1.** rois de FRANCE □ ***Robert Ier*** (v. 865 - 923), fils de *Robert le Fort, frère d'*Eudes, il régna de 922 à sa mort. □ ***Robert II le Pieux*** (v. 970-1031), fils d'*Hugues Capet, roi de 996 à sa mort. **2.** ducs de NORMANDIE □ ***Robert Ier le Magnifique*** (mort en 1035), père de *Guillaume le Conquérant. Il a été confondu avec le légendaire *Robert le Diable*. □ ***Robert II Courteheuse*** (v. 1054-1134), fils de Guillaume le Conquérant.

Hubert **Robert** ▪ Peintre français qui travailla en Italie (1733-1808). Il mit à la mode la peinture de ruines. "*La Grande Galerie du Louvre en ruine*".

Paul **Robert** ▪ Lexicographe et éditeur français (1910-1980).

Le **Robert** ▪ Ville de l'île française de la Martinique. 17 700 hab. *(les Robertins)*.

saint **Robert Bellarmin** ▪ Cardinal italien (1542-1621), jésuite, théologien, champion de la *Contre-Réforme.

Robert d'Arbrissel ▪ Moine breton qui fonda l'abbaye de *Fontevrault (v. 1045 - 1117) (France).

Robert de Boron ▪ Trouvère normand des légendes bretonnes (XIIe - XIIIe s.) (France).

Robert de Courçon ▪ Théologien d'origine anglaise (v. 1160-1219). Un des fondateurs de la *scolastique, à Paris.

saint **Robert de Molesmes** ▪ Fondateur de l'abbaye de *Cîteaux (v. 1029-1111).

Jean Eugène **Robert-Houdin** ▪ Prestidigitateur français (1805-1871). Il écrivit des ouvrages d'initiation à la prestidigitation. "*Comment on devient sorcier*".

Ercole de' **Roberti** ▪ Peintre italien de Ferrare (v. 1450-1496).

Robert le Fort ▪ Comte franc (mort en 866), ancêtre des Capétiens. Père des *Robertiens* : *Eudes et *Robert Ier.

Gilles Personne de **Roberval** ▪ Mathématicien et physicien français (1602-1675). Il mit au point la *balance de Roberval*.

Roberval ▪ Ville du Québec, sur le lac Saint-Jean. 12 000 hab.

Maximilien de **Robespierre** ▪ Révolutionnaire français (1758-1794). Chef des *Montagnards, il évinça les *Girondins de la *Convention et voulut instaurer par la *Terreur la démocratie, la vertu et le culte de l'Être suprême. Membre du *Comité de salut public, renversé le 9 *Thermidor et guillotiné.

Louis-Joseph **Robichaud** ▪ Homme politique acadien (né en 1925). Premier ministre du Nouveau-Brunswick de 1960 à 1970, il fut le premier Acadien à occuper ce poste.

Robin des Bois, en anglais **Robin Hood** ▪ Héros légendaire saxon basé sur un personnage historique (v. 1160 - v. 1247). Ses aventures inspirèrent écrivains et cinéastes.

Robinson Crusoé ▪ ⇒ Daniel **Defoe.**

Emmanuel **Roblès** ▪ Écrivain français (né en 1914). "*Cela s'appelle l'aurore*".

Rocamadour ▪ Localité du sud-ouest de la France. 630 hab. *(les Amadouriens)*. Site pittoresque, très touristique. Pèlerinage à la Vierge noire.

Rocambole ▪ ⇒ **Ponson du Terrail.** ‹ ▶ rocambolesque ›

Michel **Rocard** ▪ Homme politique français (né en 1930). Ministre (socialiste) de 1981 à 1985. Premier ministre de 1988 à 1991.

saint **Roch** ▪ Sa vie (XIVe s.) est l'objet de légendes. On l'invoque contre la peste.

le comte de **Rochambeau** ▪ Maréchal de France (1725-1807). ⇒ guerre d'**Indépendance américaine.**

Henri **Rochefort** ▪ Journaliste français (1831-1913). Brillant pamphlétaire de *la Lanterne* contre Napoléon III.

Rochefort ▪ Ville de France, sur l'Atlantique. 26 900 hab. *(les Rochefortais)*. Port de guerre fortifié par Vauban au XVIIe s.

La **Rochelle** ▪ Ville de France, sur l'Atlantique. 73 700 hab. *(les Rochelais)*. Port de pêche et de commerce. Grande prospérité du XIVe au XVIIe s. (échanges avec l'Amérique). Bastion protestant détruit par *Richelieu après un long siège en 1628.

Rochester ■ Ville des États-Unis (État de *New York). 242 000 hab. Photographie, optique.

Waldeck ***Rochet*** ■ Homme politique français (1905-1983). Secrétaire général du parti communiste de 1964 à 1972.

les montagnes ***Rocheuses*** ■ Chaîne montagneuse à l'ouest de l'Amérique du Nord, qui s'étend du Mexique à l'*Alaska.

John Davison ***Rockefeller*** ■ Industriel américain (1839-1937). La réussite de sa *Standard Oil Company* et son activité philanthropique en ont fait un symbole du capitalisme.

Rockford ■ Ville des États-Unis (*Illinois). 140 000 hab.

le ***rococo*** ■ Style artistique dérivé du *baroque qui se répandit en Europe au XVIIIe s., caractérisé par l'exubérance et la préciosité. ‹ ▶ rococo ›

Rocroi ■ Ville du nord de la France. 2 600 hab. *(les Rocroyens).* Dans une célèbre bataille, *Condé y écrasa les Espagnols en 1643.

Georges ***Rodenbach*** ■ Écrivain belge d'expression française (1855-1898). "*Vies encloses*", poèmes ; "*Bruges-la-Morte*", roman.

Rodez ■ Ville du sud de la France. 26 800 hab. *(les Ruthénois).* Ancienne ville gauloise, occupée par les Romains, elle fut une cité importante au Moyen Âge. Cathédrale (XIIIe - XVe s.). Musée Toulouse-Lautrec.

Auguste ***Rodin*** ■ Sculpteur français (1840-1917). Tempérament indépendant, il domina la sculpture de son temps. Il donna aux figures humaines un réalisme (nu de "*l'Âge d'airain*") et une expressivité (portrait de *Balzac ; groupe des "*Bourgeois de Calais*") encore jamais atteints. Projet monumental de "*la Porte de l'Enfer*" (inachevé), dont "*le Penseur*" et "*le Baiser*" sont des motifs exécutés isolément. *Musée Rodin* à Paris.

le lac ***Rodolphe*** ■ ⇒ **Turkana.**

Rodolphe de Bourgogne ■ ⇒ **Raoul de Bourgogne.**

Rodolphe Ier de Habsbourg ■ Empereur germanique de 1273 à sa mort (1218-1291). Il renforça la puissance des *Habsbourg par ses conquêtes.

Rodolphe de Habsbourg ■ Unique héritier de l'empire d'Autriche (1858-1889), fils de *François-Joseph. Il se suicida avec sa maîtresse dans le pavillon de chasse de *Mayerling.

David ***Roentgen*** ■ Ébéniste allemand (1743-1807). Ses œuvres furent célèbres dans toute l'Europe. ≠ Röntgen.

Édouard prince de ***Rohan*** ■ Grand aumônier de France, évêque de Strasbourg, cardinal (1734-1803). ⇒ l'affaire du **Collier.**

Géza ***Róheim*** ■ Anthropologue et psychanalyste hongrois naturalisé américain (1891-1953).

Ernst ***Röhm*** ■ Officier allemand (1887-1934). Commandant des *S. A. Considéré comme gênant par Hitler, il fut éliminé avec ses hommes lors de la « Nuit des longs couteaux ».

Éric ***Rohmer*** ■ Cinéaste français (né en 1920). Série des "*Contes moraux*" et des "*Comédies et proverbes*".

le ***Roi-Soleil*** ■ Surnom de *Louis XIV (France).

Roissy-en-France ■ Ville de France, au nord-est de Paris. 2 100 hab. *(les Roisséens).* Aéroport Charles-de-Gaulle (le plus important de Paris) mis en service en 1974.

Fernando de ***Rojas*** ■ Écrivain espagnol (v. 1465-v. 1541). Auteur supposé du roman "*la Célestine*", qui exerça une influence considérable sur le théâtre européen.

Francisco de ***Rojas Zorrilla*** ■ Auteur dramatique espagnol (1607-1648), qui influença le théâtre français du XVIIe s.

Roland ■ Le plus célèbre des compagnons légendaires de *Charlemagne, et son neveu. La "*Chanson de Roland*" (fin du Xe s.) en fit le modèle du chevalier chrétien, mort héroïquement à *Roncevaux, face aux *Sarrasins (778).

Jean-Marie ***Roland de La Platière*** ■ Révolutionnaire français (1734-1793). □ *Manon* dite *Madame* ***Roland*** (1754-1793), sa femme et, comme lui, un des chefs des *Girondins. Son exécution entraîna le suicide de son mari.

Romain ***Rolland*** ■ Écrivain français (1866-1944). Musicologue, historien de l'art, il fut pacifiste ("*Au-dessus de la mêlée*", 1916) et proche des communistes (revue *Europe*). Son œuvre abondante eut une audience internationale. Prix Nobel 1915. "*Jean-Christophe*" ; "*Colas Breugnon*" (romans). "*Beethoven*" ; "*Mahatma Gandhi*" ; "*Péguy*" (biographies).

les ***Rolling Stones*** n. m. pl. ■ Groupe anglais de musique rock, fondé dans les années 1960.

la ***Romagne*** ■ ⇒ **Émilie.**

Giulio Romano dit *Jules* ***Romain*** ■ ⇒ **Jules Romain.**

Louis Farigoule dit *Jules* ***Romains*** ■ Écrivain français (1885-1972). Il exalta la défense des valeurs humanistes. "*Les Hommes de bonne volonté*", grande fresque romanesque. "*Knock*", célèbre pièce de théâtre où il raille la crédulité humaine.

l'art ***roman*** ■ Art religieux qui s'épanouit en Europe du Xe au XIIe s. L'architecture est caractérisée par des voûtes en pierre, souvent en plein cintre, des nefs étroites, des murs épais et peu ouverts, de solides contreforts. La sculpture est limitée aux chapiteaux et aux tympans. La peinture était abondante. L'enluminure des manuscrits, le travail des métaux et l'orfèvrerie ont aussi marqué la période romane.

les ***Romanches*** ■ Population de Suisse (*Grisons) parlant une langue romane, le *romanche.* ‹ ▶ romanche ›

les ***Romanov*** ■ Famille qui régna sur la *Russie de 1613 à la fin de l'empire tsariste (1917).

le ***romantisme,*** *les* ***romantiques*** ■ Plus qu'un mouvement artistique, c'est une nouvelle forme de la sensibilité européenne qui privilégie l'expression du « moi », l'imagination contre la raison, le rêve contre la réalité. Né en Angleterre à la fin du XVIIIe s. (*Blake, *Wordsworth puis *Byron, *Scott), il se développa en Allemagne avec *Goethe (⇒ **Sturm und Drang**), *Schiller, *Novalis pour la littérature, C.D. *Friedrich pour la peinture, *Schumann, *Schubert et *Brahms en musique. En France (⇒ **Cénacle**), les grands romantiques furent les écrivains *Chateaubriand, Mme de *Staël, *Lamartine, *Hugo, *Musset, *Vigny, le musicien *Berlioz, les peintres *Delacroix et *Géricault.

Rome ■ Avant d'être la capitale de l'Italie, Rome fut un des plus grands États de l'Antiquité, étendant sa puissance à tout le Bassin méditerranéen. □ ***La royauté*** (753 - 509 av. J.-C.). Selon la légende, *Romulus fonde Rome en 753 av. J.-C. (la *Roma quadrata* du Palatin). Aux quatre rois latins et sabins succèdent trois rois étrusques (épisode de l'enlèvement des Sabines). □ ***La république*** (509 - 27 av. J.-C.) dura cinq siècles, dominés par les luttes politiques et les guerres de conquête. Deux consuls remplacent le roi. Rome est peu à peu maîtresse de l'Italie. Elle entre en guerre contre *Carthage : ce sont les trois guerres *puniques (264 - 146 av. J.-C.) qui lui permettent d'annexer la Sicile et l'Afrique du Nord. L'Espagne, la Grèce et la Macédoine deviennent aussi des provinces romaines. La fin de la république est marquée par les guerres civiles : *Crassus et *Pompée succèdent au dictateur *Sylla, vainqueur de *Marius. En 60 av. J.-C., ils forment avec Jules *César le premier triumvirat. Victorieux contre les Gaulois, César devient le véritable maître du pouvoir mais il est assassiné (44 av. J.-C.) par *Brutus. Son fils adoptif, Octave, devient l'empereur *Auguste en 27 av. J.-C. □ ***L'empire*** (27 av. J.-C. - 476). Auguste pratique une politique de paix et de prospérité. Période de triomphe de la littérature latine (*Virgile, *Ovide, *Tite-Live). Avec lui commence la dynastie des Julio-Claudiens (*Tibère, *Caligula, *Claude, *Néron) à laquelle succède, après le règne des généraux (Galba, Othon, Vitellius), la dynastie des Flaviens (*Vespasien, *Titus, *Domitien). Le règne des Antonins avec *Trajan et *Hadrien marque l'apogée de l'empire, qui atteint sa plus grande extension, consolidant ses frontières : mur d'Hadrien en Bretagne (Angleterre), *limes* du Rhin et du Danube. Après la mort de *Marc Aurèle s'ouvre une période d'anarchie, rompue seulement par la dynastie des *Sévères (193-235). La mise en place d'un régime autoritaire par *Dioclétien (v. 285) caractérise le *Bas-Empire.* *Constantin fait, en 313, du christianisme la religion d'État. En 395, *Théodose partage l'empire entre ses deux fils. L'empire d'Occident (avec Rome pour capitale) disparaît en 476. L'empire d'Orient (avec Constantinople pour capitale) subsiste jusqu'en 1453 (⇒ **Byzance**). ▶ ***Rome,*** capitale de l'Italie sur le Tibre, capitale spirituelle de l'Église catholique avec la résidence du pape au *Vatican. 2,82 millions d'hab. *(les Romains).* Célèbre site des sept collines : Palatin, Capitole, Aventin, Quirinal, Viminal, Esquilin, Cælius. Née de la fusion d'un groupe de villages latins et étrusques, Rome devint la capitale d'un vaste empire (→ ci-dessus) ; elle comptait près de 1 million d'hab. sous *Hadrien. Nombreux monuments inspirés de l'art grec : Colisée, arcs de triomphe, Forum, Panthéon, thermes, colonne Trajane, château Saint-Ange. Dévastée plusieurs fois par les Barbares aux IVe et Ve s. Sa prise en 476 marque la fin de l'Empire romain. La ville perd son rôle politique (elle ne comptait plus que 100 000 hab. au Moyen Âge) mais maintient son prestige comme capitale du christianisme en Occident. Les papes de la Renaissance (*Jules II, notamment) lui rendent son prestige en faisant venir les meilleurs artistes (*Michel-Ange, *Raphaël). En 1870, Rome devient capitale de l'Italie unifiée ; depuis, sa population a décuplé. Tourisme, activités administratives. Industries ; studios de cinéma *(Cinecittà).* ▶ *le traité de **Rome,*** signé le 25 mars 1957 par la France, l'Italie, la R.F.A. et le *Benelux, est l'acte de naissance de la *C.E.E. ‹ ▶ romain ›

Jean-Baptiste ***Romé de l'Isle*** ■ Minéralogiste français, précurseur de la cristallographie (1736-1790).

Olaus ***Römer*** ■ Astronome danois (1644-1710). Détermination de la vitesse de la lumière. Invention de la lunette méridienne.

Erwin ***Rommel*** ■ Maréchal allemand (1891-1944). Chargé des rapports avec les jeunesses nazies en 1935, chef des opérations militaires en Afrique du Nord. Devenu hostile à *Hitler, il fut contraint au suicide.

Romulus ■ Fondateur légendaire de Rome. Fils de *Mars et de la vestale *Rhea Silvia, il est élevé par une louve avec son frère jumeau *Remus, le tue et devient le premier roi de Rome.

le col de ***Roncevaux*** ■ Col des Pyrénées espagnoles. Selon la tradition, *Roland, neveu de Charlemagne, y fut tué par les Sarrasins ; en réalité, l'arrière-garde de Charlemagne fut massacrée par des montagnards basques en 778.

Ronda ■ Ville d'Espagne (*Andalousie). 31 400 hab. Site pittoresque. Monuments.

le ***Rondônia*** ■ État du centre ouest du Brésil, limitrophe de la Bolivie. 238 379 km². 1 million d'hab. Capitale : Pôrto Velho (102 000 hab.).

Pierre de ***Ronsard*** ■ Poète français (1524-1585). Chef de file de la *Pléiade. L'amour, les thèmes *humanistes et la défense des catholiques servent tour à tour son inspiration : *"les Amours" ; "la Franciade" ; "Discours des misères de ce temps".*

Wilhelm Conrad ***Röntgen*** ■ Physicien allemand (1845-1923). Premier prix Nobel de physique (1901). Il découvrit les rayons X en 1895. ≠ Roentgen.

Roodepoort-Maraisburg ■ Ville d'Afrique du Sud (*Transvaal). 142 000 hab. Mines d'or.

le comte Albrecht von ***Roon*** ■ Maréchal et homme d'État prussien (1803-1879). Il réorganisa l'armée avec *Moltke, selon les vœux de *Bismarck.

Theodore ***Roosevelt*** ■ Homme politique américain (1858-1919). 26e président (républicain) des États-Unis, de 1901 à 1909. Sa politique extérieure fut autoritaire et interventionniste. Prix Nobel de la paix en 1906.

Franklin Delano ***Roosevelt*** ■ Homme politique américain (1882-1945). 32e président (démocrate) des États-Unis de 1933 à sa mort, trois fois réélu. Son programme économique et social, le **New Deal,* contribua à faire sortir le pays de la crise de 1929. Il joua un rôle décisif dans la Seconde Guerre mondiale.

Félicien ***Rops*** ■ Peintre et graveur belge (1833-1898). Œuvre d'inspiration littéraire, fantastique et érotique.

Roquefort-sur-Soulzon ■ Localité du sud de la France. 790 hab. *(les Roquefortais).* Célèbre fromage de brebis affiné dans les grottes calcaires. ‹ ▶ roquefort ›

le ***Roraima*** ■ État (depuis 1990) du nord du Brésil, limitrophe du Venezuela et de la Guyana. 225 017 km². 117 000 hab. Capitale : Boa Vista (43 100 hab.). Recouvert en majeure partie par la forêt amazonienne. Caoutchouc.

Cyprien de ***Rore*** ■ Compositeur flamand, maître du madrigal italien (1516-1565).

Hermann ***Rorschach*** ■ Psychiatre et neurologue suisse (1884-1922). *Test de Rorschach :* interprétation de taches d'encre.

Salvator ***Rosa*** ■ Peintre, poète et musicien italien (1615-1673).

Rosario ■ Ville d'Argentine. 876 000 hab. Port fluvial actif sur le *Paraná. Industrie alimentaire. Sidérurgie.

Roscoff ■ Ville de France (*Bretagne). 3 700 hab. *(les Roscovites).*

*le Mont-**Rose*** ■ Massif des Alpes, à la frontière italo-suisse. Nombreux sommets (*Cervin, *Dufour).

Roseau ■ Capitale de la république de la Dominique. 22 000 hab.

*la **Rose-Croix*** ■ Société secrète (à but initiatique), créée en Europe au XVe s. autour de Christian Rosenkreutz.

*Alfred **Rosenberg*** ■ Théoricien allemand du nazisme (1893-1946), jugé et exécuté à Nuremberg.

*les époux **Rosenberg*** ■ Citoyens juifs américains, accusés sans preuve solide d'avoir livré des secrets atomiques à l'U.R.S.S., et exécutés. Julius (1918-1953) et Ethel (1915-1953).

*la guerre des Deux-**Roses*** ■ Guerre civile anglaise de 1455 à 1485. Elle opposa les maisons d'York et de Lancastre.

*la pierre de **Rosette*** ■ Pierre gravée en égyptien et en grec. Elle doit son nom à la ville de Basse-Égypte où elle fut découverte et permit à *Champollion de déchiffrer les hiéroglyphes.

Roskilde ■ Capitale du Danemark jusqu'au XVe s., sur l'île *Sjaelland. 39 700 hab.

*Alexander **Roslin*** ■ Portraitiste suédois (1718-1793).

Joseph Henri Boex dit ***Rosny aîné*** ■ Écrivain français d'origine belge (1856-1940). "*La Guerre du feu*". □ *Séraphin Justin Boex* dit ***Rosny jeune,*** son frère, également écrivain, et son collaborateur jusqu'en 1908 (1859-1948).

*sir John **Ross*** ■ Navigateur anglais qui localisa le pôle Nord magnétique (1777-1856). □ *sir James Clarke **Ross*** (1800-1862), son neveu, découvrit la terre Victoria, dans l'Antarctique. Ils donnèrent leur nom à la *barrière de Ross,* à l'*île de Ross* et à la *mer de Ross,* dans l'Antarctique.

*Roberto **Rossellini*** ■ Cinéaste italien (1906-1977). Maître du néo-réalisme. "*Rome, ville ouverte*" ; "*la Prise du pouvoir par Louis XIV*" ; "*le Messie*".

*Dante Gabriel **Rossetti*** ■ Peintre et poète anglais (1828-1882). Fondateur du groupe des *préraphaélites. "*La Damoiselle élue*", poème ; "*Beata Beatrix*", qui représente sa femme, Elizabeth Siddal.

*Luigi **Rossi*** ■ Compositeur italien (1598-1653). Nombreux opéras et oratorios.

*Tino **Rossi*** ■ Célèbre chanteur de charme français [corse] (1907-1983).

*Gioacchino **Rossini*** ■ Compositeur italien (1792-1868). Ses opéras sont célèbres pour leur humour, leur rythme endiablé et leurs vocalises virtuoses. "*Le Barbier de Séville*" ; "*Guillaume Tell*".

*le **Rosso*** ■ Peintre italien de la Renaissance (1494-1540). Il dirigea la décoration du château de *Fontainebleau et fut le maître de la *première école de Fontainebleau.* Le *Primatice lui succéda.

*Edmond **Rostand*** ■ Auteur dramatique français (1868-1918). "*Cyrano de Bergerac*" et "*l'Aiglon*" sont ses pièces les plus célèbres. □ *Jean **Rostand*** (1894-1977), son fils, biologiste et essayiste.

Rostock ■ Ville et port d'Allemagne (*Mecklembourg-Poméranie-Occidentale), près de la Baltique. 254 000 hab.

*le comte Fedor **Rostopchine*** ■ Général et homme politique russe, père de la comtesse de *Ségur (1763-1826).

Rostov-sur-le-Don ■ Ville de la C.É.I. (*Russie). Grand port fluvial sur le *Don, près de la mer d'*Azov. 1 million d'hab. Centre culturel et économique.

*Walt **Rostow*** ■ Économiste américain (né en 1916). "*Les Étapes de la croissance industrielle*".

*Mstislav **Rostropovitch*** ■ Violoncelliste et chef d'orchestre soviétique naturalisé suisse (né en 1927).

*Joseph **Roth*** ■ Écrivain autrichien (1894-1939). Il a pressenti la montée du *nazisme. "*La Marche de Radetzky*".

*Philip **Roth*** ■ Romancier américain (né en 1933). "*Goodbye, Colombus*" ; "*Portnoy et son complexe*".

Rotherham ■ Ville du nord de l'Angleterre (*Yorkshire du Nord). 123 000 hab.

*Mark **Rothko*** ■ Peintre américain d'origine russe (1903-1970). Tableaux d'un style abstrait, dépouillé.

*les **Rothschild*** ■ Famille de banquiers européens (France, Allemagne, Angleterre). □ *Mayer Amschel **Rothschild*** (1743-1812) fonda la maison mère à Francfort.

*Jean de **Rotrou*** ■ Auteur dramatique français (1609-1650). "*Le Véritable Saint Genest*".

Rotterdam ■ Ville des Pays-Bas (*Hollande-Méridionale), dotée du plus grand port du monde (par le trafic), dans le delta du Rhin et de la Meuse. Reliée à la mer du Nord par un canal. 576 000 hab. Pétrochimie, sidérurgie. Centre financier international.

*Louis Oscar **Roty*** ■ Graveur en médailles français (1846-1911). Il a créé l'effigie de *la Semeuse* pour les pièces de monnaie françaises.

*Georges **Rouault*** ■ Peintre français (1871-1958). Vision religieuse et tragique du monde. Style qui évoque les vitraux. "*Songe creux*" ; "*la Sainte Face*".

Roubaix ■ Ville du nord de la France. 98 200 hab. *(les Roubaisiens).* Elle forme une conurbation avec Lille et Tourcoing. Premier centre lainier de France. Industries textiles.

*Jacques **Roubaud*** ■ Poète français (né en 1932), mathématicien.

*Andreï **Roublev*** ■ Peintre et moine orthodoxe russe (v. 1360 - v. 1430). Auteur d'icônes, notamment de l'une des plus célèbres, "*la Trinité*". Sa vie inspira un film à A. *Tarkovski.

Rouen ■ Ville de France, préfecture de la région Haute-*Normandie. 105 500 hab. *(les Rouennais).* Port important. Centre industriel (chimie, textile) et touristique : cathédrale gothique (XIVe- XVe s.), Gros-Horloge (1527). Rouen fut longtemps disputée entre Français et Anglais. Jeanne d'Arc y fut brûlée vive en 1431.

*le **Rouergue*** ■ Région du sud de la France. Ville principale : Rodez. Les habitants sont les *Rouergats.*

*la mer **Rouge*** ■ Mer du Proche-Orient entre l'Arabie et l'Afrique, reliée à la Méditerranée par le canal de *Suez. La Bible raconte *la traversée de la mer Rouge* par *Moïse et les Hébreux.

*la place **Rouge*** ■ Place principale et centre historique de Moscou, où se trouvent le *Kremlin, le mausolée de *Lénine et l'église de Saint-Basile-le-Bienheureux.

*Denis de **Rougemont*** ■ Essayiste suisse d'expression française (1906-1985). "*L'Amour et l'Occident*".

Claude **Rouget de Lisle** ■ Officier français (1760-1836). En garnison à Strasbourg, il composa le "*Chant de guerre pour l'armée du Rhin*" (1792) qui devint "*la *Marseillaise*".

Eugène **Rouher** ■ Homme politique français (1814-1884). Ministre de Napoléon III.

Roulers, en néerlandais **Roeselare** ■ Ville de Belgique (*Flandre-Occidentale). 52 100 hab. Victoire française sur les Autrichiens en 1794.

la **Roumanie** ■ État (république) du sud-est de l'Europe. 237 500 km². 23,17 millions d'hab. *(les Roumains)*. Capitale : Bucarest. Langue officielle : roumain. Monnaie : leu (plur. : lei). La chaîne des *Carpates domine les plaines de *Valachie et de *Moldavie. Climat continental. L'agriculture (blé, maïs, vignes) fut collectivisée en 1949. L'industrie, nationalisée, exploite les richesses du sous-sol (pétrole, charbon, gaz naturel) : sidérurgie, chimie, textile. Pêche. ▭HISTOIRE. Province romaine au IIe s. (la *Dacie), le pays fut successivement occupé par les Hongrois, les Turcs, les Autrichiens et les Russes. Au XIXe s. éclata le mouvement national qui fit de la Roumanie un État (par la réunion de la Valachie et de la Moldavie), autour du prince Alexandre *Cuza (1859), mais elle ne devint indépendante qu'en 1878. Démocratie parlementaire après la Première Guerre mondiale, le régime devint une dictature (1938) qui fut renversée en 1944. Le parti communiste étant peu à peu maître du pays, la république populaire de Roumanie fut proclamée en 1948. Elle fut dirigée à partir de 1965 par Nicolae *Ceaușescu. La politique autocratique qu'il mena et les graves difficultés économiques créèrent une situation intolérable pour la population. Il fut renversé par la révolution de décembre 1989 qui mit fin au régime communiste, et exécuté avec sa femme. Malgré la tenue d'élections libres en 1990, et la privatisation partielle de l'économie, des tensions politiques subsistent. ‹ ▶ roumain ›

Joseph **Roumanille** ■ Écrivain français de langue provençale (1818-1891). Un des fondateurs du *Félibrige. ⇒ **Mistral.**

Roussé ■ ⇒ **Ruse.**

Jean-Jacques **Rousseau** ■ Écrivain et philosophe, citoyen de Genève (1712-1778). Il a dénoncé l'aliénation de l'homme et la contradiction entre la nature et la société. Collaborateur de l'*Encyclopédie jusqu'à sa rupture avec *Diderot, il est l'auteur d'une œuvre diverse qui influença les révolutionnaires de 1789 et le romantisme. "*Discours sur l'origine de l'inégalité*" ; "*Julie ou la Nouvelle Héloïse*" (roman) ; "*le Contrat social*" (traité politique) ; "*Émile ou De l'éducation*" ; "*les Confessions*" et "*les Rêveries du promeneur solitaire*" (autobiographie).

Henri Rousseau dit *le Douanier* **Rousseau** ■ Peintre français (1844-1910). Autodidacte, marginal, il est l'auteur de tableaux naïfs, qui mêlent simplicité et mystère. "*Le Rêve*" ; "*la Charmeuse de serpents*".

Jacques **Rousseau** ■ Botaniste et ethnologue québécois (1905-1970). Premier directeur du Musée national de l'Homme à Ottawa (1956-1959).

Albert **Roussel** ■ Compositeur français (1869-1937). Influencé par ses voyages en Orient, il écrivit des symphonies, un opéra-ballet ("*Padmâvatî*"), de la musique de chambre.

Raymond **Roussel** ■ Écrivain français (1877-1933). Son œuvre témoigne d'une réflexion originale sur les procédés littéraires. "*Impressions d'Afrique*" ; "*Locus Solus*" ; "*Comment j'ai écrit certains de mes livres*".

Robert **Roussil** ■ Sculpteur québécois (né en 1925).

le **Roussillon** ■ Ancienne province du sud de la France (*Pyrénées orientales), à laquelle elle fut rattachée en 1659. ⇒ **Languedoc-Roussillon.**

Jacques **Roux** ■ Révolutionnaire français (1752-1794). Curé défroqué, le « Prêtre des *sans-culottes », porte-parole des *Enragés.

Émile **Roux** ■ Médecin et bactériologiste français (1853-1933). Collaborateur de *Pasteur.

Rouyn ■ Ville du Québec (en *Abitibi). 17 400 hab. Centre administratif. Mines d'or et de cuivre.

Roxane ■ Épouse d'*Alexandre le Grand, mise à mort avec son fils sur l'ordre de *Cassandre en 311 av. J.-C.

Gabrielle **Roy** ■ Écrivaine canadienne (née au Manitoba) d'expression française (1909-1983). Considéré comme l'une des plus importantes écrivaines canadiennes de l'après-guerre. Elle aborda souvent le thème de la solitude et de la souffrance. "*Bonheur d'occasion*" (prix Femina, 1947).

Claude **Roy** ■ Écrivain français (né en 1915). Poèmes, essais, récits de voyages, romans.

le chemin du **Roy** ■ Première route (1731) en Nouvelle-France, entre Québec et Montréal. Itinéraire suivi par le général de Gaulle lors de sa visite en 1967.

le mont **Royal** ■ Colline de 259 m de hauteur, s'élevant au-dessus de Montréal. J. *Cartier la nomma ainsi en 1535.

Royan ■ Ville de France, sur l'Atlantique. Importante station balnéaire. 17 500 hab. *(les Royannais)*.

le **Royaume-Uni,** en anglais **United Kingdom** ■ État (monarchie parlementaire) d'Europe occidentale formé par l'Angleterre, le pays de Galles, l'Écosse et l'Irlande du Nord (nom officiel : *Royaume-Uni de Grande-Bretagne et d'Irlande du Nord*). 244 110 km². 57,22 millions d'hab. *(les Britanniques)*. Capitale : Londres. Langue officielle : anglais. Religions : en Angleterre et en Écosse, les Églises sont sous la protection de l'État mais non officielles. Monnaie : livre sterling. Le Parlement est composé de la Chambre des *communes et de la Chambre des *lords. Le Premier ministre, chef de la majorité aux Communes, dirige le gouvernement et définit les options politiques du pays. La reine est chef de l'État et du Commonwealth. ⇒ **Angleterre, Écosse,** pays de **Galles, Grande-Bretagne, Irlande.**

Royaumont ■ Localité française, au nord de Paris, où se trouvent d'importants restes d'une abbaye fondée en 1228 par Saint *Louis.

le **Ruanda** ■ ⇒ **Rwanda.**

Peter Paul **Rubens** ■ Peintre flamand (1577-1640). Tableaux immenses, grands effets de mouvements et de couleurs. Nus plantureux. Couvert d'honneurs de son vivant. Nombreuses compositions *baroques pour les églises et les cours européennes. "*La Descente de croix*" ; "*l'Enlèvement des filles de Leucippe*".

Louis **Rubenstein** ■ Sportif canadien (1861-1931). Champion mondial de patinage de fantaisie (1890).

le **Rubicon** ■ Rivière séparant l'Italie de la Gaule cisalpine. C'est en le franchissant avec son armée (49 av. J.-C.) que César dit : *alea jacta est,* « le sort en est jeté ». De là l'expression « franchir le Rubicon » : commencer une action par une décision irrévocable, notamment en politique.

Anton **Rubinstein** ■ Pianiste et compositeur russe (1829-1894).

Ida **Rubinstein** ■ Danseuse et mécène russe de la danse (1885-1960).

Artur **Rubinstein** ■ Pianiste polonais naturalisé américain (1887-1982). Célèbre interprète de Chopin.

Friedrich **Rückert** ■ Poète et orientaliste allemand (1788-1866). "*Chants des enfants morts*", mis en musique par *Mahler.

Rūdakī ■ Poète persan (v. 859-v. 941). Considéré comme le premier grand poète lyrique persan.

François **Rude** ■ Sculpteur français (1784-1855). "*La Marseillaise*", décoration d'une partie de l'Arc de triomphe, à Paris.

Adolf **Rudnicki** ■ Écrivain polonais (1912-1990). L'extermination des Juifs polonais pendant la Seconde Guerre mondiale constitue l'objet essentiel de son œuvre. "*Les Fenêtres d'or*".

Rueil-Malmaison ■ Ville de France, dans la banlieue ouest de Paris. 67 300 hab. *(les Ruellois)*. Célèbre château (la Malmaison) où séjournèrent Bonaparte et *Joséphine.

Rugby ■ Ville du sud de l'Angleterre (*Warwickshire). 59 600 hab. Un des collèges les plus réputés du pays où fut inventé, en 1823, le *rugby*. ⟨ ▶ rugby ⟩

Rügen ■ Île d'Allemagne (*Mecklembourg-Poméranie-Occidentale), dans la Baltique. 926 km². Pêche, tourisme.

la **Ruhr** ■ Région d'Allemagne (*Rhénanie-du-Nord-Westphalie), qui doit son nom à la rivière qui la traverse. Le plus grand bassin houiller d'Allemagne : extraction de 75 millions de tonnes par an. Une des plus fortes densités humaines et industrielles du monde. Acier, chimie, industries mécaniques, textile. Déclin du charbon depuis 1960. Villes principales : Essen, Düsseldorf, Duisbourg, Dortmund. ▶ *l'occupation de la* **Ruhr**. Mesure de répression prise par R. *Poincaré, en 1923, pour contraindre l'Allemagne à honorer les clauses sur les réparations décidées par le traité de *Versailles, qui se traduisit par l'occupation militaire française de la région. Le plan *Dawes entraîna le retrait des troupes françaises.

Jacob van **Ruisdael** ou **Ruysdael** ■ Peintre, dessinateur et graveur hollandais (v. 1628-1682). Maître du paysage.

Rumford ■ ⇒ Benjamin **Thompson** comte de Rumford.

Johan Ludvig **Runeberg** ■ Poète finlandais de langue suédoise (1804-1877).

Rungis ■ Ville de France, dans la banlieue sud de Paris. 2 900 hab. *(les Rungissois)*. Énorme marché de ravitaillement de la région parisienne, construit pour se substituer aux *Halles de Paris en 1969.

Ruse ou **Roussé** ■ Ville de Bulgarie, port sur le Danube. 190 000 hab.

le mont **Rushmore** ■ Grand centre touristique des États-Unis (*Dakota du Sud). Les visages immenses de *Washington, *Lincoln et Th. *Roosevelt y sont sculptés dans le granite.

John **Ruskin** ■ Critique d'art et sociologue anglais (1819-1900). Il défendit les *préraphaélites.

Bertrand **Russell** ■ Mathématicien, logicien et philosophe britannique (1872-1970). Il écrivit avec son maître *Whitehead le traité fondateur de la logique moderne et en formula l'ambition philosophique : le *logicisme*. Moraliste et militant progressiste, il créa le « tribunal Russell » pour condamner tout acte de guerre.

Henry Norris **Russell** ■ Astronome et astrophysicien américain (1877-1957).

la **Russie** ■ La plus vaste (17 075 000 km²) république de la Communauté des États indépendants (*C.É.I.), comprenant 16 républiques autonomes : *Bachkirie, *Bouriatie, *Carélie, *Daghestan, *Iakoutie, *Kabardino-Balkarie, *Kalmoukie, république des *Komis, république des *Mariis, *Mordovie, *Ossétie du Nord, *Oudmourtie, république des *Tatars, *Tchétchéno-Ingouchie, *Tchouvachie et *Touva (principales minorités ethniques : les Tatars, les Tchouvaches et les Bachkirs). 147,4 millions d'hab. *(les Russes)*. Capitale : Moscou. Ce fut le cœur de l'empire des tsars, lequel atteignit à peu près les frontières de l'U.R.S.S. ▭ **HISTOIRE**. Après les invasions successives des peuples nomades (Cimmériens, Scythes, Sarmates, puis Goths, Huns, Avars, Khazars, Varègues), les régions comprises entre les Carpates et l'Oural s'organisèrent autour de *Kiev (IXe s.), où se développa un État chrétien, proche culturellement de *Byzance, mais politiquement de la Scandinavie. Cet empire ne résista pas aux Mongols de la *Horde d'Or (XIIIe s.). Seule la principauté de *Novgorod resta indépendante grâce à *Alexandre Nevski. Il fallut ensuite attendre la fin du XVe s. pour voir s'organiser un État puissant et centralisé autour de Moscou, Ivan III ayant libéré la Russie du joug mongol. La ville devint une nouvelle Rome pour les *orthodoxes, après la chute de Constantinople (1453). Ivan le Terrible (Ivan IV) prit le titre de tsar (César) en 1547. Il développa la conquête de territoires à l'est et l'ouverture commerciale et diplomatique avec la Turquie. Le règne de *Boris Godounov (1598-1605), avec ses dures répressions et ses famines, affaiblit la Russie. Avec l'élection du tsar Michel Romanov en 1613 commencèrent la reconstruction et la modernisation du pays. Les membres les plus importants de la dynastie des *Romanov furent *Pierre le Grand et Catherine II. Le premier (1682-1725) fit de la Russie un État moderne en développant l'économie, la culture et en réformant les institutions ; il construisit une nouvelle capitale, Saint-Pétersbourg, et ouvrit son pays à l'Occident. Alors que ses prédécesseurs avaient neutralisé, après une guerre de deux siècles, la Pologne et la Lituanie (paix d'Androussovo, 1667), il vainquit l'empire de Suède à Poltava (1709). Le règne (1741-1762) de sa fille Élisabeth Petrovna marqua un développement culturel. Avec Catherine II (1762-1796), la Russie devint une monarchie éclairée (⇒ **Lumières**). Sa politique d'expansion territoriale aboutit à l'annexion de la Crimée et de la Lituanie. Le pays était désormais une des premières puissances d'Europe et d'Asie. Alexandre Ier, vainqueur des armées napoléoniennes (⇒ **Berezina**), conclut le pacte de la Sainte-*Alliance avec la Prusse et l'Autriche (1815). À l'intérieur du pays, l'opinion s'éleva contre le pouvoir autocratique et le servage ; des officiers, les *décabristes, tentèrent d'instaurer la monarchie constitutionnelle en 1825. Nicolas Ier écrasa le coup d'État ; la répression et la réaction absolutiste caractérisèrent son règne (1825-1855). Son successeur Alexandre II abolit le servage (1858) ; il fut tué dans un attentat nihiliste en 1881. Il avait développé le capitalisme, d'où la naissance d'un prolétariat et d'une intelligentsia révolutionnaire où les populistes, partisans de l'action terroriste, s'opposèrent aux marxistes. La guerre de *Crimée, la défaite de Nicolas II dans la guerre russo-japonaise et les problèmes économiques et sociaux allaient faire chanceler le tsarisme. Après la *révolution de 1905, la tentative de monarchie parlementaire (élection de la *douma* ou assemblée en 1906) se heurta à la politique réactionnaire de Nicolas II et à l'impopularité de son conseiller

*Raspoutine. L'entrée de la Russie dans la Première Guerre mondiale, les défaites et les manifestations ouvrières aggravèrent la situation. Le tsar fut contraint d'abdiquer en février 1917 (il fut assassiné avec sa famille en 1918). En octobre, les révolutionnaires *bolcheviks prirent le pouvoir. Leur chef *Lénine décida la paix avec l'extérieur, concentrant ses forces dans la guerre civile, contre les adversaires de la Révolution. Il lança la première politique socialiste de l'histoire (distribution des terres, « dictature du prolétariat ») et proclama, le 30 décembre 1922, l'Union des républiques socialistes soviétiques. Après la dissolution de l'*U.R.S.S. en décembre 1991, la Russie devint une république indépendante (Fédération de Russie), présidée par B. *Eltsine et membre de la *C.É.I. ⟨ ► russe ⟩

la **Russie Blanche** ■ ⇒ **Biélorussie.**

Rutebeuf ■ Trouvère français (XIIIe s.). Auteur de fabliaux, de poèmes et d'un des plus anciens miracles de Notre-Dame.

Ruth ■ Épouse de *Booz dans la Bible. Elle est l'ancêtre de *David.

lord Ernest **Rutherford** ■ Physicien anglais d'origine néo-zélandaise (1871-1937). Ses travaux sur la radioactivité (dont il élabora la théorie lors de son séjour à Montréal, 1898-1907) marquent les débuts de la physique nucléaire. Prix Nobel de chimie 1908.

le **Rütli** ■ Prairie de *Suisse où aurait été scellée en 1291 l'alliance de trois cantons, à l'origine de la Confédération helvétique.

Jan van **Ruysbroeck** ■ Théologien et mystique brabançon (1293-1381). Auteur des premières grandes œuvres écrites en néerlandais. Surnommé « l'Admirable ».

Ruysdael ■ ⇒ **Ruisdael.**

Michiel Adriaanszoon de **Ruyter** ■ Amiral néerlandais (1607-1676). Victorieux des Anglais, battu par *Duquesne.

Angelo Beolco dit **Ruzzante** ■ Auteur italien de comédies réalistes truculentes (1502-1542).

le **Rwanda** ou **Ruanda** ■ État (république) d'Afrique de l'Est. 26 338 km². 6,99 millions d'hab. *(les Rwandais)*. Capitale : Kigali. Langues officielles : kinyarwanda, français. Monnaie : franc rwandais. Café, coton, tabac. Ancienne colonie allemande administrée par la Belgique après la Première Guerre mondiale, indépendante en 1962. Sous régime militaire depuis l'indépendance, le pays est divisé par l'opposition des ethnies hutu et tutsi.

Claude **Ryan** ■ Journaliste et homme politique québécois (né en 1925). Directeur du quotidien montréalais *le Devoir* de 1964 à 1978. Ministre de l'Éducation du Québec depuis 1985.

Rybinsk ■ Ville industrielle de la C.É.I. (*Russie), sur la Volga. 252 000 hab.

les îles **Ryūkyū** ■ Archipel japonais. 2 254 km². Plus de 1,2 million d'hab. Pêche, canne à sucre. Île la plus grande : Okinawa.

S

la **S. A., *Sturm Abteilung*** ■ « Section d'assaut », formation paramilitaire de l'Allemagne nazie, dirigée par Ernst *Röhm.

Saadi ou **Sa'di** ■ Poète persan (v. 1200 - 1291). Très populaire en Orient, traduit en français dès 1634. "*Le Golestan*".

Sa'adia ou **Sa'dia** ■ Grammairien, philosophe et théologien juif de langue arabe (v. 885 - 942).

Eero **Saarinen** ■ Architecte américain, d'origine finlandaise (1910-1961). Il prôna la liberté formelle contre le systématisme du style international des années 1930.

Saba ■ Royaume de l'Antiquité, situé en Arabie. □ *la reine de* ***Saba,*** personnage de la Bible qui vient rendre visite à *Salomon.

Sabadell ■ Ville d'Espagne (*Catalogne). 186 000 hab. Centre textile.

les **Sabins** ■ Ancien peuple de l'Italie centrale. Ils déclarèrent la guerre à *Romulus qui avait enlevé les ***Sabines*** pour donner des épouses à ses compagnons (753 av. J.-C.).

Les **Sables-d'Olonne** ■ Ville de France, sur l'Atlantique, en *Vendée. Station balnéaire. 16 200 hab. *(les Sablais).*

Antonio **Sacchini** ■ Compositeur italien (1734-1786). Opéras.

l'affaire **Sacco et Vanzetti** ■ Affaire judiciaire américaine. Immigrés italiens, militants anarchistes, Sacco et Vanzetti furent condamnés, sans preuves certaines, pour assassinat et exécutés en 1927, ce qui provoqua une vague de protestations aux États-Unis et dans le monde.

Paul **Sacher** ■ Mécène et chef d'orchestre suisse (né en 1906).

Leopold von **Sacher-Masoch** ■ Écrivain autrichien (1836-1895). Il décrit une forme d'érotisme liée à l'humiliation. ⟨ ► masochisme ⟩

Hans **Sachs** ■ Poète et auteur dramatique allemand (1494-1576). Il est devenu le héros d'un opéra de Richard *Wagner.

Nelly **Sachs** ■ Écrivaine suédoise d'origine allemande (1891-1970). Elle s'inspire des traditions juive et biblique. "*Présence à la nuit*". Prix Nobel 1966.

Maurice **Sachs** ■ Écrivain français (1906 - 1945). "*Le Sabbat*".

Sacramento ■ Ville des États-Unis, capitale de la *Californie. 276 000 hab.

la basilique du **Sacré-Cœur** ■ Église de Paris sur la butte *Montmartre, construite de 1876 à 1910.

*Anouar al-***Sadate** ■ Homme politique égyptien (1918-1981). Président de la République égyptienne de 1970 à son assassinat. Prix Nobel de la paix en 1978, avec *Begin. ⇒ **Égypte.**

le marquis de **Sade** ■ Écrivain français, condamné à la prison pour « débauche outrée » (1740-1814). Il prône la jouissance et décrit une forme d'érotisme qui inflige la souffrance. "*Justine ou les Malheurs de la vertu*". ⟨ ► sadisme ⟩

les **Sadiens** ou **Saadiens** ■ Dynastie qui régna au Maroc de 1554 à 1659.

Sadowa ou **Sadová** ■ Localité de Tchécoslovaquie, près de Hradec Králové. Victoire remportée par les Prussiens sur les Autrichiens (juillet 1866) qui révéla la puissance et l'efficacité de leur armement.

Sā'eb-ē-Tabrizi ■ Un des grands poètes de la littérature persane (1607-1670).

les **Safavides** ou **Séfévides** ■ Dynastie arabe qui régna sur la Perse de 1501 à 1736.

Safi ■ Ville et port du Maroc. 198 000 hab.

Françoise **Sagan** ■ Romancière et auteur dramatique française (née en 1935). "*Bonjour tristesse*" (1954), son premier roman, eut un immense succès.

le **Saguenay** ■ Fjord au nord-est du Saint-Laurent. 104 km. Sa profondeur atteint 300 m. □ ***Saguenay-Lac-Saint-Jean***. Région administrative du Québec. 106 167 km². 311 000 hab.

le **Sahara** ■ Le plus vaste désert du monde, situé dans le nord de l'Afrique. 8 millions de km². Il s'étend d'ouest en est, des côtes de l'Atlantique à la mer Rouge et, du nord au sud, depuis le sud du Maghreb (Tunisie, Algérie, Maroc) et de la Libye jusqu'au *Sahel. C'est une région au climat aride, dont le relief est varié : cuvettes, plateaux, amoncellements de pierres, dunes et massifs montagneux (Hoggar, Tibesti). Le Sahara est une terre de contact entre la race blanche (Arabes, Berbères) et la race noire. Les sahariens (⇒ **Maures, Touaregs, Toubous**) sont des nomades pasteurs ou bien des agriculteurs sédentaires dans les oasis. La principale culture est le palmier-dattier, mais la richesse de cette région réside dans le sous-sol : gisements de pétrole (Hassi Messaoud), de gaz naturel, d'uranium, de minerai de fer, de minerai de cuivre et de charbon. □ *le* ***Sahara occidental,*** ancienne province espagnole située au sud du Maroc. 252 120 km². 195 000 hab. Ville principale : La Youn (96 800 hab.). Phosphates. Partagée en 1975 entre la Mauritanie et le Maroc, évacuée en 1979 par la Mauritanie, actuellement administrée par le Maroc. Un conflit entre les nationalistes du Front Polisario, appuyé par l'Algérie, réclamant la création d'un État sahraoui indépendant, et le Maroc, persista jusqu'à la signature d'un cessez-le-feu en 1991. ‹ ► saharienne ›

le ***Sahel*** ■ MOT ARABE SIGNIFIANT « LE RIVAGE » **1.** Bordure sud du Sahara (Mali, Niger, Tchad...), s'étendant du nord de l'Éthiopie à la côte sénégalaise. **2.** Régions proches de la côte en Tunisie et en Algérie.

Saïda ■ ⇒ **Sidon.**

Saigon ■ Ville principale de la *Cochinchine, capitale du Sud-Viêt-nam (1954-1975), devenue *Hô Chi Minh-Ville.

Marc Antoine Girard de ***Saint-Amant*** ■ Poète français (1594-1661). Poèmes d'inspiration épique, lyrique, ou bouffonne. "*Moïse sauvé*", épopée biblique.

Jacques d'Albon, seigneur de ***Saint-André*** ■ Maréchal de France (v. 1505-1562). Il fut l'un des principaux chefs catholiques des guerres de *Religion.

Saint-André ■ Ville de l'île française de la Réunion. 35 000 hab. *(les Saint-Andréens).*

le château ***Saint-Ange*** ■ Ancien mausolée d'*Hadrien, à Rome, sur le Tibre, plusieurs fois remanié.

Achille Leroy de ***Saint-Arnaud*** ■ Maréchal de France, après avoir aidé Napoléon III à devenir empereur (1798-1854).

Gabriel de ***Saint-Aubin*** ■ Dessinateur et peintre français (1724-1780). Chroniques de la vie parisienne.

Saint Augustine ■ La plus ancienne ville des États-Unis (*Floride), fondée par les Espagnols en 1565 pour faire obstacle à un essai de colonie française. 12 000 hab.

la ***Saint-Barthélemy*** ■ Massacre des protestants sur l'ordre de *Charles IX et à l'instigation de *Catherine de Médicis, dans la nuit du 23 au 24 août 1572 à Paris. Il y eut plus de 3 000 morts, dont *Coligny. Les guerres de *Religion furent relancées.

Saint-Barthélemy ■ Île des *Antilles françaises (îles du *Vent), dépendant de la Guadeloupe. 21 km². 5 000 hab. Tourisme actif.

Saint-Benoît ■ Ville de l'île française de la Réunion. 23 700 hab.

Saint-Benoît-sur-Loire ■ Ville de France (région de la *Loire). 1 900 hab. *(les Bénédictins).* L'abbaye, fondée au VIIe s., abrita les reliques de saint Benoît et fut l'un des grands lieux de pèlerinage des chrétiens au Moyen Âge.

*le Grand-***Saint-Bernard** ■ Col des Alpes, entre la Suisse (*Valais) et l'Italie (Val d'*Aoste). 2 473 m. Il fut franchi par *Bonaparte en 1800. □ *le Petit-***Saint-Bernard,** col des Alpes, entre la France (*Tarentaise) et l'Italie (Val d'*Aoste). 2 188 m. Probablement emprunté par *Hannibal et ses armées en 218 av. J.-C.

Saint-Bertrand-de-Comminges ■ Ville du sud-ouest de la France, célèbre pour son église romane du XIIe s. (cloître). 220 hab. *(les Saint-Bertranais).*

Saint-Boniface ■ Ancienne ville du Manitoba, aujourd'hui district de *Winnipeg. Centre culturel francophone.

Saint-Brieuc ■ Ville de France (*Bretagne). 47 400 hab. *(les Briochins).* Brosserie.

Saint-Bruno-de-Montarville ■ Ville du Québec. 23 500 hab.

Saint Catharines ■ Ville de l'Ontario. 123 000 hab. Agglomération de 343 000 hab.

Saint Christopher (ou ***Saint Kitts) and Nevis*** ■ Archipel et État (monarchie parlementaire) des Petites *Antilles (îles *Sous-le-Vent). 269 km². 44 100 hab. *(les San-Cristobaliens).* Capitale : Basseterre. Langue officielle : anglais. Monnaie : dollar des Caraïbes de l'Est. Colonie britannique jusqu'en 1983. Membre du *Commonwealth. Canne à sucre, coton, pêche.

Saint-Clair-sur-Epte ■ Localité de France, au nord de Paris. 780 hab. *(les Saint-Clairois).* Par le *traité de Saint-Clair-sur-Epte* (911), Charles III le Simple céda au chef des Normands, Rollon, la province qui plus tard fut appelée *Normandie.*

Saint-Claude ■ Ville de l'île française de la Guadeloupe. 10 300 hab.

Saint Cloud ■ Ville des États-Unis (*Minnesota). 42 500 hab.

Saint-Cloud ■ Ville de France, dans la banlieue ouest de Paris. 28 700 hab. *(les Clodoaldiens).* L'ancien château, édifié par Hardouin-*Mansart et *Mignard, fut incendié pendant la guerre de 1870. Parc dessiné par *Le Nôtre.

Saint-Constant ■ Ville du Québec. 11 500 hab.

l'abbé de ***Saint-Cyran*** ■ Théologien français (1581-1643). Lié à Jansénius, confesseur des religieuses de *Port-Royal, il fit figure de martyr du *jansénisme.

Saint-Cyr-l'École ■ Ville de France, dans la banlieue sud-ouest de Paris. 15 800 hab. *(les Saint-Cyriens).* Napoléon Ier y créa en 1808 l'école militaire de Saint-Cyr, chargée de former les officiers, et qui se trouve aujourd'hui à Coëtquidan, en Bretagne. ‹ ► saint-cyrien ›

Saint-Denis ■ Ville de l'île française de la Réunion. 109 600 hab. *(les Dionysiens).*

Saint-Denis ■ Ville de France, dans la banlieue nord de Paris. 90 800 hab. *(les Dionysiens).* Centre industriel (métallurgie, chimie, mécanique). Basilique du XIIe s. où la plupart des rois *capétiens ont leur tombeau.

Saint-Domingue ■ Capitale de la République *dominicaine (sur l'île d'Hispaniola). 1,4 million d'hab. Fondée en 1496, elle est la plus ancienne ville du continent américain et fut le centre de la colonisation espagnole en Amérique au XVIe s.

Sainte-... ■ *(noms commençant par)* : voir plus loin, dans l'ordre alphabétique, après *Saint-Vincent et (les) Grenadines.

Saint-Élie, en anglais ***Saint Elias*** ■ Massif des montagnes *Rocheuses s'étendant du Canada à l'*Alaska et culminant au mont Logan (5 950 m).

Saint-Émilion ■ Ville de France, dans la région de *Bordeaux. 2 800 hab. *(les Saint-Émilionnais)*. Vins rouges réputés (bordeaux).

le ***Saint Empire romain germanique*** ■ Empire fondé par *Othon Ier en 962 qui, s'inspirant de Charlemagne, voulait réunir le pouvoir spirituel de la papauté à celui de l'empereur. ⇒ **Allemagne, Autriche.** Il fut dissous en 1806 par Napoléon Ier.

Saint-Étienne ■ Ville de France (*Rhône-Alpes). 201 600 hab. *(les Stéphanois)*. Sa manufacture d'armes et de cycles fut célèbre.

Saint-Eustache ■ Ville du Québec. 32 600 hab.

Charles de ***Saint-Évremond*** ■ Moraliste et critique français (v. 1615-1703). Exilé à Londres. Le modèle de l'esprit libertin.

Antoine de ***Saint-Exupéry*** ■ Écrivain français (1900-1944). Inspiré par son métier d'aviateur, il a cherché dans l'action et l'exaltation des relations humaines une morale pour son époque. "*Vol de nuit*" ; "*la Citadelle*" ; "*le Petit Prince*", récit pour enfants.

Saint-Félicien ■ Ville du Québec. 10 000 hab. Centre zoologique.

Saint-Gall, en allemand ***Sankt Gallen*** ■ Ville de Suisse. 73 200 hab. Abbaye *baroque. ► *le canton de* ***Saint-Gall.*** 2 014 km². 411 000 hab. Chef-lieu : Saint-Gall. Industrie textile, commerce, tourisme.

Saint George's ■ Capitale de l'État de Grenade. 7 500 hab.

Saint-Georges-de-Beauce ■ Ville du Québec, sur la rivière Chaudière. 17 000 hab.

Saint-Germain-des-Prés ■ Quartier de Paris, sur la rive gauche de la Seine. Il doit son nom à une ancienne abbaye dont il ne subsiste que le palais abbatial et l'église (XIe s.). Dans les années 1950, ses cafés étaient les lieux de rencontre des intellectuels existentialistes.

Saint-Germain-en-Laye ■ Ville de France, dans la banlieue ouest de Paris. 41 700 hab. *(les Sangermanois* ou *Saint-Germanois)*. Charles V y fit construire un château, que fit reconstruire François Ier, et qui fut agrandi sous le règne de Louis XIV. Terrasse dessinée par *Le Nôtre. ► *le* ***traité de Saint-Germain,*** signé en 1919, après la Première *Guerre mondiale, entre l'Autriche et les Alliés, consacra le démantèlement de l'Empire austro-hongrois.

Saint-Gobain ■ Ville de France, au nord-est de Paris. 2 300 hab. *(les Gobanais)*. Siège de la *Compagnie de Saint-Gobain,* ancienne *Manufacture des glaces* (XVIIe s.).

le ***Saint-Gothard*** ou ***Gothard*** ■ Massif des Alpes suisses, percé par un tunnel ferroviaire doublé d'un tunnel routier, qui relie la Suisse à l'Italie.

le ***Saint-Graal*** ■ ⇒ le **Graal.**

le mont ***Saint Helens*** ■ Volcan actif de l'ouest des États-Unis. 2 550 m. Violente éruption le 18 mai 1980.

Saint Helens ■ Ville d'Angleterre (*Merseyside). 115 000 hab. Importante industrie du verre.

Saint-Hélier ■ Ville et port des îles *Anglo-Normandes, chef-lieu de l'île de *Jersey. 24 000 hab.

Saint-Hubert ■ Ville du Québec, au sud de Montréal. 66 000 hab. Industrie aéronautique.

Saint-Hyacinthe ■ Ville du Québec. 39 100 hab. École vétérinaire.

Saint-Jacques-de-Compostelle, en espagnol ***Santiago de Compostela*** ■ Ville d'Espagne, capitale de la *Galice, et métropole religieuse. 104 000 hab. Pèlerinage à saint Jacques, l'un des plus importants de l'Occident chrétien depuis le IXe s. Évêché. Université. Nombreux monuments (XIIe-XVIIIe s.).

le ***Saint-Jean*** ■ Fleuve d'Amérique du Nord (673 km), à la frontière du Québec, du Mairn et du Nouveau-Brunswick. Il se jette dans la baie de Fundy.

Saint-Jean ■ ⇒ **Saint John's.**

Saint-Jean-d'Acre ■ ⇒ **Acre.**

Saint-Jean-d'Angély ■ Ville de France (*Aquitaine). 8 900 hab. *(les Angériens)*. Lieu de pèlerinage au Moyen Âge et centre protestant au XVIe s.

Saint-Jean-de-Luz ■ Ville du sud-ouest de la France, au pied des Pyrénées. 13 200 hab. *(les Luziens)*. Station balnéaire sur l'Atlantique, port thonier.

Saint-Jean-sur-Richelieu ■ Ville du Québec. 36 400 hab. École militaire.

Saint-Jérôme ■ Ville du Québec, en bordure des Laurentides. 24 000 hab.

Saint John, en français ***Saint-Jean*** ■ Ville du Nouveau-Brunswick. 76 400 hab. Agglomération de 121 000 hab. Industrie navale.

Alexis Léger dit ***Saint-John Perse*** ■ Poète français, diplomate (1887-1975). Il célèbre avec lyrisme la beauté du monde et le pouvoir de l'homme. "*Amers*". Prix Nobel 1960.

Saint John's, en français ***Saint-Jean*** ■ Capitale de l'État d'Antigua et Barbuda. 30 000 hab.

Saint John's, en français ***Saint-Jean*** ■ Capitale de *Terre-Neuve. 80 500 hab.

Saint-Joseph ■ Ville de l'île française de la Martinique. 14 000 hab. *(les Saint-Josephois)*.

Saint-Joseph ■ Ville de l'île française de la Réunion. 23 400 hab. *(les Saint-Joséphois* ou *Séraphins)*.

Louis de ***Saint-Just*** ■ Révolutionnaire français (1767-1794). Membre du *Comité de salut public, très proche de *Robespierre avec lequel il fut guillotiné (⇒ 9 **Thermidor**). Théoricien de la *Terreur et de la République idéale. Grand orateur.

Saint Kitts and Nevis ■ ⇒ **Saint Christopher and Nevis.**

Saint-Lambert ■ Ville du Québec. 20 700 hab.

Louis Stephen ***Saint-Laurent*** ■ Homme politique canadien (1882-1973). Premier ministre du Canada de 1948 à 1957, il fut l'un des fondateurs de l'*O.T.A.N.

Yves ***Saint-Laurent*** ■ Couturier français (né en 1936).

le ***Saint-Laurent*** ■ Fleuve d'Amérique du Nord, que J. *Cartier découvrit en 1535. À la frontière du Canada et des États-Unis, puis au Québec, navigable sur toute sa longueur (3 058 km) du lac Supérieur à l'Atlantique, il joue un rôle économique considérable. ⇒ **Grands Lacs, Montréal, Québec.**

Saint-Laurent ■ Ville du Québec, en banlieue de Montréal. 67 000 hab.

Saint-Laurent-du-Maroni ■ Ville de la Guyane française, située près de l'embouchure du *Maroni. 13 600 hab. Ancien lieu de déportation des condamnés aux travaux forcés.

Saint-Léonard ■ Ville du Québec, en banlieue de Montréal. 76 000 hab.

Saint-Leu ■ Ville de l'île française de la Réunion. 20 900 hab. *(les Saint-Leusiens).*

Saint-Lô ■ Ville de France (*Normandie). 22 800 hab. *(les Saint-Lois* ou *Laudiniens).* Marché agricole, produits laitiers.

Saint Louis ■ ⇒ **Louis IX,** roi de France.

Saint Louis ■ Ville des États-Unis (*Missouri). 453 000 hab. Centre universitaire et industriel.

Saint-Louis ■ Ville de l'île française de la Réunion. 37 400 hab.

Saint-Louis ■ Ville et port du Sénégal. 91 500 hab. Ancienne capitale de la colonie française.

l'île ***Saint-Louis*** ■ Île pittoresque sur la Seine, à Paris, en amont de l'île de la *Cité.

Saint-Louis-de-Terrebonne ■ Ville du Québec. 17 500 hab.

Saint-Malo ■ Ville de France (*Bretagne), entourée de remparts. 49 300 hab. *(les Malouins).* La ville connut un grand essor du XVIe au XIXe s. grâce à la pêche, aux armateurs et aux marins (*Cartier, *Duguay-Trouin, *Surcouf). Tombeau de *Chateaubriand sur l'îlot du Grand Bé.

Micheline Coulombe ***Saint-Marcoux*** ■ Compositrice québécoise (1938-1985). Cofondatrice du groupe international de musique électroacoustique de Paris.

Saint-Marin, en italien ***San Marino*** ■ Un des plus petits et des plus anciens États (république) de l'Europe, enclavé en Italie. 61 km². 22 900 hab. *(les San-Marinais).* Capitale : Saint-Marin (2 400 hab.). Langue officielle : italien. Monnaie : lire italienne. Fondé au IVe s. par l'ermite saint Marin, le pays est dirigé par deux capitaines-régents, élus pour 6 mois, et par le congrès d'État. Tourisme, agriculture.

Saint-Martin ■ Île des Petites *Antilles (îles du *Vent), partagée depuis 1648 entre la France et les Pays-Bas. La partie française, au nord, a 54 km² (avec l'îlot Tintamarre, inhabité). 28 500 hab. Chef-lieu : Marigot. Elle dépend de la Guadeloupe. La partie néerlandaise, au sud, a 34 km². 27 000 hab. Chef-lieu : Philipsburg (6 000 hab.). Tourisme.

le ***Saint-Maurice*** ■ Rivière du Québec, affluent du Saint-Laurent. 564 km. Débuts de l'hydroélectricité au Québec v. 1900.

Saint-Moritz ■ Ville de Suisse (*Grisons), la plus importante station de sports d'hiver du pays. 5 900 hab.

Saint-Nazaire ■ Ville de France, au sud de la *Bretagne, avant-port de Nantes. 66 100 hab. *(les Nazairiens).* Commerce. Pêche. Constructions navales.

Saint-Nectaire ■ Ville de France (*Auvergne). 660 hab. *(les Saint-Nectériens).* Église romane. Fromage réputé. ⟨ ▶ saint-nectaire ⟩

Saint-Nicolas, en néerlandais ***Sint-Niklaas*** ■ Ville de Belgique (*Flandre-Orientale). 68 100 hab. Place pittoresque, la plus vaste de Belgique. Centre de la bonneterie.

Alain ***Saint-Ogan*** ■ Dessinateur français (1895-1974). Auteur de la bande dessinée "*Zig et Puce*", créée en 1925.

la ***Saintonge*** ■ ⇒ **Saintes.**

Saint Paul ■ Ville des États-Unis, capitale du *Minnesota. 270 000 hab. Forme une conurbation avec *Minneapolis.

Saint-Paul ■ Ville de l'île française de la Réunion. 71 700 hab. *(les Saint-Paulois).*

l'île ***Saint-Paul*** ■ Île volcanique du sud de l'océan Indien, qui fait partie des terres *Australes et Antarctiques françaises. 7 km². Inhabitée.

Saint - Paul ou ***Saint - Paul - de - Vence*** ■ Ville de France (*Provence). 2 900 hab. *(les Saint-Paulois).* Centre artistique (Fondation Maeght).

Saint Peter Port ■ ⇒ **Saint-Pierre-Port.**

Saint-Pétersbourg, en russe ***Sankt-Peterburg*** ■ Nom de *Léningrad jusqu'en 1914 et depuis 1991.

Saint Petersburg ■ Ville des États-Unis (*Floride). 239 000 hab. Station balnéaire.

Marie-Agnès dite *Niki de* ***Saint-Phalle*** ■ Sculptrice et peintre française (née en 1930). Tabernacles bariolés, énormes "*nanas*" faites de déchets et de polyester. Œuvre provocante et humoristique.

Saint-Pierre ■ Ville de l'île française de la Martinique. 5 000 hab. *(les Pierrotins).* Détruite par une éruption volcanique de la montagne Pelée en 1902.

Saint-Pierre ■ Ville de l'île française de la Réunion. 58 800 hab. *(les Saint-Pierrois).* Centre administratif et commercial.

Saint-Pierre de Rome ■ Basilique pontificale, construite au *Vatican sur le tombeau présumé de saint Pierre, à partir de 1506, selon les plans de *Bramante, puis de *Michel-Ange et de *Maderno. Place avec colonnade du *Bernin.

Saint-Pierre-et-Miquelon ■ Archipel français situé au sud de Terre-Neuve. 242 km². 6 300 hab. Pêche. Occupé par les Français depuis 1604, il acquit le statut de département en 1976 et de collectivité territoriale en 1985. □ ***Saint-Pierre,*** préfecture de Saint-Pierre-et-Miquelon, sur l'*île Saint-Pierre.* 5 400 hab. *(les Saint-Pierrais).*

Saint-Pierre-Port ou ***Saint Peter Port*** ■ Chef-lieu de l'île de *Guernesey. 17 000 hab.

Saint-Pol-de-Léon ■ Ville de France (*Bretagne). 7 500 hab. *(les Saint-Politains).* Ancienne cathédrale (XIIIe - XVIe s.). Centre commercial.

Paul Roux dit ***Saint-Pol Roux*** ■ Poète français (1861-1940). Considéré par les *surréalistes comme un précurseur. "*Les Féeries intérieures*".

Saint-Quentin ■ Ville de France, au nord-est de Paris. 62 100 hab. *(les Saint-Quentinois).* Industries textile et métallurgique. Hôtel de ville gothique. Le *canal de Saint-Quentin,* le plus important de France par le trafic, relie l'Oise, la Somme et l'Escaut.

Saint-Raphaël ■ Ville de France, sur la*Côte d'Azur. 26 800 hab. *(les Raphaëlois).* Station balnéaire.

Saint-Romuald ■ Ville du Québec, au sud du Saint-Laurent, près de Québec. 10 800 hab. Raffinerie.

Camille ***Saint-Saëns*** ■ Compositeur français (1835-1921). Il fut partisan d'un retour à la rigueur classique, en réaction au *romantisme. "*La Danse macabre*" ; "*le Carnaval des animaux*" ; "*Samson et Dalila*", opéra.

Saint-Savin ■ Ville de France (*Poitou-Charentes). 1 100 hab. *(les Saint-Savinois).* Ancienne abbatiale (XIe - XIIIe s.) possédant de remarquables fresques romanes.

Saint-Sébastien, en espagnol ***San Sebastián,*** en basque ***Donostia*** ■ Ville d'Espagne, capitale de la province basque de *Guipúzcoa. 180 000 hab. Station balnéaire.

le ***Saint-Sépulcre*** ■ Le plus important sanctuaire chrétien de Jérusalem, élevé sur le tombeau du Christ.

le ***Saint-Siège*** ■ Gouvernement de l'Église catholique. □ *les États du* ***Saint-Siège.*** ⇒ États de l'**Église.**

le duc de ***Saint-Simon*** ■ Mémorialiste français (1675-1755). Dans un style remarquable, ses "*Mémoires*" évoquent la vie de cour et les grands personnages de la fin du règne de Louis XIV.

le comte de ***Saint-Simon*** ■ Philosophe et économiste français (1760-1825). Il élabora une doctrine sociale adaptée à la société industrielle naissante, le *saint-simonisme,* qui annonce le socialisme.

Saint-Thomas ■ Ville de l'Ontario. 28 100 hab.

Saint-Tropez ■ Ville de France, sur la *Côte d'Azur. 5 800 hab. *(les Tropéziens).* Célèbre station balnéaire.

Jean-Baptiste de La Croix de Chevrières de ***Saint-Vallier*** ■ Prêtre d'origine française (1653-1727). Deuxième évêque du diocèse de Québec (1688-1727).

le cap ***Saint-Vincent*** ■ Cap du Portugal, à l'extrémité sud-ouest de la péninsule Ibérique.

Saint-Vincent et (les) Grenadines ■ État (monarchie constitutionnelle) des Petites *Antilles (îles du *Vent), comprenant l'île de Saint-Vincent et une partie des îles Grenadines. 389 km². 114 000 hab. *(les Saint-Vincentais).* Capitale : Kingstown. Langue officielle : anglais. Monnaie : dollar des Caraïbes de l'Est. Agriculture. Ancienne possession britannique, indépendante depuis 1979. Membre du *Commonwealth.

Sainte-Anne ■ Ville et port de l'île française de la Guadeloupe. 16 900 hab. Sucreries.

Sainte-Anne-de-Beaupré ■ Localité du Québec dont la basilique est le siège d'un important pèlerinage. 3 300 hab.

Sainte-Beuve ■ Écrivain français (1804-1869). Il renouvela la critique littéraire. "*Port-Royal*" ; "*Causeries du lundi*".

Sainte-Catherine-du-Sinaï ■ Monastère du mont Sinaï, fondé en 530, où se trouve une importante collection de manuscrits grecs et arabes.

Henri ***Sainte-Claire Deville*** ■ Chimiste français (1818-1881). Procédés de dissociation. Fabrication de l'aluminium.

Sainte-Foy ■ Ville du Québec, en banlieue de Québec. 70 000 hab. Site de l'université *Laval. Centre commercial.

Sainte-Hélène, en anglais ***Saint Helena*** ■ Île d'origine volcanique, située à l'ouest des côtes de l'Afrique (122 km² ; 5 600 hab.), qui forme, avec les îles Ascension (88 km² ; 1 000 hab.), *Tristan da Cunha et des îlots épars, une colonie britannique (412 km²). Ville principale : Jamestown (1 500 hab.). Napoléon Ier y fut déporté par les Anglais de 1815 à sa mort.

Sainte-Julie ■ Ville du Québec. 15 200 hab.

la ***Sainte-Ligue*** ■ ⇒ la **Ligue.**

Sainte-Lucie, en anglais ***Saint Lucia*** ■ Île et État (monarchie constitutionnelle) des Petites *Antilles (îles du *Vent). 617 km². 150 000 hab. Capitale : Castries. Langue officielle : anglais. Monnaie : dollar des Caraïbes de l'Est. Produits exotiques. Tourisme. Ancienne possession française puis britannique. Indépendante en 1979. Membre du *Commonwealth.

Sainte-Marie ■ Ville du Québec. 9 600 hab.

Sainte-Marie ■ Ville de l'île française de la Martinique. 19 700 hab. *(les Samaritains).*

Sainte-Marie ■ Ville de l'île française de la Réunion. 20 200 hab.

Sainte-Maxime ■ Ville de France, sur la *Côte d'Azur, proche de Saint-Tropez. 10 000 hab. *(les Maximois).* Station balnéaire.

Sainte-Rose ■ Ville de l'île française de la Guadeloupe. 14 000 hab. *(les Sainte-Rosiens).*

Saintes ■ Ville de France (*Poitou-Charentes). 27 500 hab. *(les Saintais).* Monuments romains, églises romanes. Marché agricole important. Cité florissante sous l'occupation romaine, centre calviniste actif à l'époque de la *Réforme. ▶ *la* ***Saintonge.*** Région dont Saintes était la capitale, réunie à la couronne de France en 1375 ; ses habitants sont les *Saintongeais.*

les îles des ***Saintes*** ■ Petit archipel des *Antilles françaises (îles du *Vent), dépendant de la Guadeloupe. 13 km². 2 900 hab.

Saintes-Maries-de-la-Mer ■ Ville du sud de la France, en Camargue. 2 200 hab. *(les Saintois).* Lieu de pèlerinage important pour les gitans.

Sainte-Sophie ■ Basilique de *Constantinople érigée au VIe s. Plusieurs fois restaurée, elle fut transformée en mosquée au XVe s. et flanquée de deux minarets. Musée depuis 1935.

Sainte-Suzanne ■ Ville de l'île française de la Réunion. 14 700 hab. *(les Suzannais).*

Sainte-Thérèse ■ Ville du Québec. 20 000 hab. Industrie automobile.

la ***Sainte-Union*** ■ ⇒ la **Ligue.**

la montagne ***Sainte-Victoire*** ■ Massif calcaire à l'est d'Aix-en-Provence (France), que *Cézanne aimait peindre.

Sakhaline ■ Grande île (76 400 km²) russe, à l'est de la Sibérie, au nord du Japon. La partie sud de l'île appartint au Japon jusqu'en 1945.

Andreï ***Sakharov*** ■ Physicien soviétique (1921-1989). Prix Nobel de la paix 1975, symbole de la lutte pour les droits de l'homme.

Sakkarah ■ ⇒ **Ṣaqqārah.**

Armand ***Salacrou*** ■ Auteur dramatique français (1899 - 1989). Ses pièces de théâtre oscillent entre le vaudeville et le drame métaphysique. "*L'Inconnue d'Arras*".

Saladin ■ Sultan de la dynastie *ayyūbide (1138-1193). Il régna de 1171 à sa mort et réunit sous son autorité l'Égypte, la Syrie, une partie de l'Irak et de l'Arabie. Il reprit Jérusalem aux croisés (1187), déclenchant la troisième *croisade.

Salamanca ■ Ville du Mexique. 160 000 hab.

Salamanque, en espagnol ***Salamanca*** ■ Ville d'Espagne (*Castille et Léon). 167 000 hab. Université (XIIIe s.). Nombreux monuments (XIIe - XVIIIe s.).

Salamine ■ Île de Grèce, sur la côte ouest de l'*Attique. 95 km². 28 600 hab. Célèbre victoire navale des Grecs sur les Perses en 480 av. J.-C. (⇒ guerres **médiques**).

Raoul **Salan** ■ Général français (1899-1984). Commandant en Indochine puis en Algérie. Après le 13 *mai 1958, il devint le chef de l'*O.A.S. Il fut condamné à perpétuité en 1962, libéré en 1968 et amnistié en 1982.

António de Oliveira **Salazar** ■ Homme politique portugais (1889-1970). Appelé par *Carmona en 1928, il exerça le pouvoir jusqu'en 1968 ; il mit en place un régime autoritaire, fondé sur une éthique chrétienne conservatrice. Il stabilisa l'économie mais refusa toute modernisation et industrialisation du pays.

Salé ■ Ville du Maroc, face à Rabat. 289 000 hab. Remparts.

Salem ■ Ville des États-Unis (*Massachusetts). 38 200 hab. Fondée en 1626 (maisons anciennes), foyer du puritanisme, célèbre pour ses procès de sorcellerie au XVIIe s.

Salem ■ Ville des États-Unis, capitale de l'*Oregon. 89 200 hab. Université fondée en 1842.

Salem ■ Ville de l'Inde (*Tamil Nādu), au sud de Madras. 361 000 hab.

Roger **Salengro** ■ Homme politique français (1890-1936). Ministre de l'Intérieur du *Front populaire, il se suicida après une campagne de presse infamante dirigée contre lui.

Salerne ■ Ville du sud de l'Italie (*Campanie). 153 000 hab. Cathédrale du XIe s.

les **Saliens,** en latin **Salii** ■ Prêtres du culte de *Mars à Rome.

Antonio **Salieri** ■ Compositeur italien (1750-1825). Selon une légende reprise par un opéra *("Mozart et Salieri")* de *Rimski-Korsakov sur un livret de *Pouchkine, il aurait empoisonné *Mozart, son rival à la cour de Vienne. *"Les Danaïdes"*, opéra.

Salinas ■ Ville des États-Unis (*Californie). 80 500 hab.

Jerome David **Salinger** ■ Romancier américain (né en 1919). *"L'Attrape-Cœur"*.

la loi **salique** ■ Recueil de lois des *Francs, publié sous Clovis (508). La monarchie française en retint l'exclusion des femmes de la succession à la couronne. ‹ ► salique ›

lord **Salisbury** ■ Homme politique britannique (1830-1903). Chef du parti conservateur à la mort de *Disraeli. Premier ministre pendant 14 ans (1885-1886, 1886-1892, 1895-1902). Il mena une politique coloniale active, particulièrement en Égypte.

Salisbury ■ Ville du sud-ouest de l'Angleterre (*Wiltshire). 35 400 hab. Nombreux monuments médiévaux dont une cathédrale du XIIIe s.

les **Saljūqides** ■ ⇒ les **Seldjoukides.**

Marie **Sallé** ■ Danseuse et chorégraphe française (1707-1756). Elle rénova l'art de la danse.

Salluste ■ Historien latin (v. 86-35 av. J.-C.). Proche de Jules *César, témoin de la fin de la république.

Salmanasar III ■ Roi d'Assyrie (859-824 av. J.-C.). Il tenta, en vain, d'établir l'hégémonie du royaume assyrien sur les régions voisines.

André **Salmon** ■ Écrivain français (1881-1969). Ami des cubistes, il est l'auteur de poésies et de romans.

Salomé ■ Princesse juive, fille d'*Hérodiade (morte v. 72). D'après l'Évangile, elle danse devant son oncle, *Hérode Antipas, pour obtenir la tête de saint *Jean-Baptiste. Elle a inspiré de nombreux artistes (*Titien, *Moreau, *Wilde, *Strauss).

Salomon ■ Roi d'Israël (v. 972-v. 932 av. J.-C.). Fils et successeur de *David. Sous son règne, la puissance d'Israël fut à son apogée (construction du temple de Jérusalem). Célèbre pour sa sagesse : le « jugement de Salomon », dans la Bible, est donné comme exemple d'équité et de perspicacité.

Ernst von **Salomon** ■ Écrivain allemand (1902-1972). *"Les Réprouvés"*; *"le Questionnaire"*.

les îles **Salomon** ■ Archipel de la *Mélanésie (Océanie), dans le sud-ouest du Pacifique. Découvertes au XVIe s., elles furent partagées entre l'Allemagne et le Royaume-Uni à la fin du XIXe s. La partie allemande (Bougainville, Buka) fut placée sous mandat australien en 1921 et rattachée ensuite à la Papouasie-Nouvelle-Guinée. La partie britannique *(îles Salomon du Sud)* devint indépendante en 1978 et forma un État : les îles Salomon. ► *les îles* **Salomon.** Monarchie constitutionnelle. 28 370 km². 308 000 hab. *(les Salomoniens)*. Capitale : Honiara. Langue officielle : anglais. Monnaie : dollar des îles Salomon. Membre du *Commonwealth. Exportation de coprah, bois.

Salon-de-Provence ■ Ville du sud de la France (*Provence). 35 000 hab. *(les Salonais)*. École de l'air.

Salonique ■ ⇒ **Thessalonique.**

Salta ■ Ville d'Argentine, dans les *Andes. 261 000 hab.

Saltillo ■ Ville du nord du Mexique. 322 000 hab. Métallurgie.

Salt Lake City ■ Ville des États-Unis, capitale de l'*Utah. 163 000 hab. Foyer des *mormons. Université.

Salto ■ Ville de l'Uruguay. 81 000 hab.

Mikhaïl **Saltykov-Chtchedrine** ■ Écrivain russe (1826-1889). Descriptions satiriques de la noblesse provinciale. *"Ces messieurs de Tachkent"*.

le (ou *la*) **Saluen** ou **Salouen** ■ Fleuve d'Asie, né au Tibet, qui se jette dans l'océan Indien après avoir traversé la Chine, la Thaïlande et la Birmanie. 2 414 km.

les îles du **Salut** ■ Groupe de trois îles françaises (Royale, Saint-Joseph, du Diable) au large de la Guyane. Ancien centre pénitentiaire où fut notamment enfermé *Dreyfus.

l'Armée du **Salut** ■ Organisation religieuse (protestante) créée en 1865 par William *Booth. Elle unit l'évangélisation à l'action sociale et charitable.

le **Salvador** ■ Le plus petit État (république) d'Amérique centrale (21 041 km²) et celui où la densité est la plus forte : 5,38 millions d'hab. *(les Salvadoriens)*. Capitale : San Salvador. Langue officielle : espagnol. Monnaie : colon du Salvador. Population métissée, en majorité rurale, concentrée à l'intérieur du pays. Principales cultures : café et sucre. ▭ **HISTOIRE.** Ancienne colonie espagnole, devenue une république indépendante en 1841. La guerre contre le *Honduras (1969-1980) puis la guerre civile entre la junte militaire (qui prit le pouvoir en 1960) et l'opposition ont gravement affecté l'économie qui ne s'est maintenue que grâce à l'aide américaine. Malgré le retour au pouvoir civil en 1984 et les négociations pour le rétablissement de la paix (cessez-le-feu en 1992), le pays reste dans une situation précaire.

Salvador, autrefois **Bahia** ■ Ville et port du Brésil ; capitale de l'État de *Bahia, sur la baie de Tous-les-Saints. 1,5 million d'hab. Centre religieux et touristique. Importantes activités industrielles et commerciales (export).

Salzbourg, en allemand ***Salzburg*** ■ Ville d'Autriche, capitale de l'État (land) du même nom (7 154 km²; 465 000 hab.). 139 000 hab. Monuments médiévaux et baroques. Tourisme. Festival de musique. Patrie de *Mozart.

Salzgitter ■ Ville d'Allemagne (Basse-*Saxe) 111 000 hab. Sidérurgie.

les ***Sāmānides*** ■ Dynastie iranienne qui régna en Perse de 874 à 999.

Samara, de 1935 à 1990 ***Kouïbychev*** ■ Ville de la C.É.I. (*Russie), sur la Volga. 1,26 million d'hab. Industrie mécanique. Chimie du pétrole.

Samarie ■ Ancienne capitale du royaume d'Israël (v. 880 av. J.-C.). □ *la* ***Samarie,*** province centrale de la *Palestine. Ses habitants, les *Samaritains,* ont un rôle important dans les Évangiles : *le bon Samaritain,* modèle de charité ; *la Samaritaine,* femme à qui Jésus révèle sa qualité de Messie.

Samarkand ■ Ville de la C.É.I. (*Ouzbékistan). 566 000 hab. Centre culturel et économique. Connue dès l'Antiquité sous le nom de *Maracanda.* Capitale de l'empire musulman de *Tamerlan v. 1400. Nombreux monuments.

la ***Sambre*** ■ Rivière du nord de la France, affluent de la Meuse. 190 km. "*Sambre et Meuse*", célèbre marche militaire.

Giovanni Battista ***Sammartini*** ■ Compositeur italien (v. 1700-1775). Il eut une grande influence sur la musique symphonique.

les ***Samnites*** ■ Ancien peuple de l'Italie centrale qui s'opposa aux Romains (⇒ **Caudium**) avant d'être vaincu.

les îles ***Samoa*** ■ Archipel de la *Polynésie partagé en deux groupes depuis 1900. □ *l'État indépendant* (sorte de monarchie constitutionnelle) *des* ***Samoa occidentales.*** 2 831 km². 164 000 hab. *(les Santoméens).* Capitale : Apia. Langues officielles : anglais, samoan. Monnaie : talá. Protectorat allemand de 1899 à 1914, placé sous tutelle néo-zélandaise en 1920, indépendant en 1962. Membre du *Commonwealth. Tourisme. □ *les* ***Samoa américaines*** ou ***orientales.*** 199 km². 38 200 hab. Siège du gouvernement : Fagatogo. Les Samoa orientales sont sous administration américaine depuis 1900.

Samory Touré ■ Chef soudanais (v. 1837-1900). Il forma à partir de 1868 un empire qui s'étendait sur la partie orientale de la Guinée actuelle. Il se heurta à l'expansion française et fut capturé en 1898.

Samos ou ***Sámos*** ■ Île grecque de la mer *Égée. Un des principaux centres commerciaux dans l'Antiquité. 476 km². 40 500 hab. *(les Samiens* ou *Samiotes).*

Samothrace ■ Île grecque de la mer *Égée, près de la côte Thrace. 178 km². 2 900 hab. En 1863, on y trouva une admirable statue : la *Victoire de Samothrace,* actuellement au Louvre.

les ***Samoyèdes*** ■ Peuplades d'origine mongole et de langues ouraliennes, établies dans la toundra sibérienne.

Samson ■ Personnage de la Bible. Sa chevelure est le siège de sa force. *Dalila le rase et le livre aux *Philistins.

Samsun ■ Ville et port de Turquie, sur la mer Noire. 280 000 hab.

Samuel ■ Prophète et juge d'*Israël dans la Bible (XIᵉ s. av. J.-C.), vainqueur des *Philistins.

Paul Anthony ***Samuelson*** ■ Économiste américain (né en 1915). Conseiller de John *Kennedy. Prix Nobel 1970.

Sanaa ■ Capitale du Yémen, située à 2 500 m d'altitude. 427 000 hab. Architecture remarquable.

la ***Sanaga*** ■ Principal fleuve du *Cameroun, qui se jette dans le golfe de *Guinée. 520 km.

Sanā'ī ■ Mystique persan (v. 1080-v. 1131). Introducteur du *soufisme dans la poésie persane.

Frédéric Dard dit ***San Antonio*** ■ Auteur français et personnage principal d'une série de romans policiers ironiques et truculents (né en 1921). F. Dard est aussi, sous son nom réel, un romancier notable.

San Antonio ■ Ville des États-Unis (*Texas). 786 000 hab. Architecture coloniale. Centre militaire. Universités.

San Bernardino ■ Ville des États-Unis (*Californie). 117 000 hab. Centre d'une riche région agricole.

Sanche ■ Nom de sept rois de Navarre de 905 à 1234.

Aurore Dupin dite *George* ***Sand*** ■ Écrivaine française (1804-1876). Célèbre pour ses récits champêtres *("François le Champi"* ; *"la Mare au diable"),* ses nombreux romans *("Mauprat"* ; *"les Maîtres sonneurs"),* ses correspondances et journaux autobiographiques. Elle fut aussi une des grandes figures du XIXᵉ s. par sa vie tapageuse (ses amours avec *Musset, *Chopin) et son engagement politique (défense de la cause des femmes et du peuple).

Carl ***Sandburg*** ■ Poète américain (1878-1967). "*Fumée et acier*".

San Diego ■ Ville et port des États-Unis (*Californie), sur l'océan Pacifique. 876 000 hab. Tourisme.

Augusto ***Sandino*** ■ Héros populaire nicaraguayen (1893-1934). Son nom fut repris en 1961 par le Front *sandiniste,* qui fut au pouvoir de 1979 à 1990.

John Montagu, comte de ***Sandwich*** ■ Premier lord de l'Amirauté (1718-1792). Des îles furent baptisées en son honneur et il est à l'origine du mot *sandwich.* ⟨ ► sandwich ⟩

les îles ***Sandwich*** ■ Ancien nom des îles *Hawaï.

les îles ***Sandwich du Sud*** ■ Archipel britannique de l'Antarctique. Dépendance des *Malouines.

San Francisco ■ Ville des États-Unis (*Californie), port sur la côte pacifique. 679 000 hab. Centre commercial, financier, touristique et culturel (universités de Berkeley et de Palo Alto). ► *la* ***conférence de San Francisco,*** en juin 1945, élabora la charte des Nations unies (⇒ **O.N.U.**). ► *le* ***traité de San Francisco.*** Traité de paix entre les États-Unis et le Japon (1951).

Frederick ***Sanger*** ■ Biochimiste britannique (né en 1918). Détermination des séquences de l'A.D.N. Prix Nobel 1958 et 1980.

San Gimignano ■ Ville d'Italie (*Toscane). 7 400 hab. La ville a gardé son aspect médiéval avec ses remparts et ses bâtiments.

Marc ***Sangnier*** ■ Journaliste et homme politique français (1873-1950). Il milita pour un christianisme social (mouvement *le Sillon*), fut condamné par Pie X (1910) et se soumit. Fondateur de la Ligue française des auberges de la jeunesse (1930).

les îles ***Sanguinaires*** ■ Îles françaises de Corse à l'entrée du golfe d'Ajaccio.

San Isidro ■ Ville d'Argentine, dans la banlieue de Buenos Aires. 287 000 hab. Centre industriel et station balnéaire.

San Jose ■ Ville des États-Unis (*Californie). 629 000 hab. Fruits.

San José ■ Capitale du Costa Rica. 241 000 hab. Grand centre commercial. Carrefour routier et ferroviaire.

San Juan ■ Ville d'Argentine. 118 000 hab. Industries alimentaires. Pétrole.

San Juan ■ Capitale de Porto Rico. 435 000 hab. Centre touristique, commercial et industriel.

Śaṅkarācārya ■ Penseur indien (v. 788 - v. 820). Il développa la théologie philosophique du *Vedānta* qui ne reconnaît qu'un seul principe (et non deux).

Sankt Pölten ■ Ville d'Autriche (Basse-*Autriche). 50 400 hab. Maisons et églises baroques.

San Luis Potosí ■ Ville du Mexique. 407 000 hab. Cathédrale baroque. Centre commercial. La ville est célèbre depuis le XVIe s. pour les mines d'argent de la région.

José de **San Martín** ■ Général et homme politique argentin (1778-1850). Héros de l'indépendance de l'Amérique latine.

San Miguel de Tucumán ■ Ville du nord-ouest de l'Argentine. 393 000 hab.

Jacopo **Sannazzaro** ■ Poète italien (1456 - 1530). Son roman "*l'Arcadie*" eut une influence capitale sur le genre pastoral aux XVIe et XVIIe s.

San Pedro Sula ■ 2e ville du Honduras. 400 000 hab. Centre commercial. Industries alimentaires.

San Remo ou **Sanremo** ■ Ville d'Italie (*Ligurie). 62 700 hab. Station balnéaire.

San Salvador ■ Capitale du Salvador. 459 000 hab. Principal centre intellectuel et économique du pays. Forte croissance démographique.

les **sans-culottes** ■ Nom donné, à partir de 1792, aux révolutionnaires qui, par refus de la « culotte » des aristocrates, serrée sous le genou, portaient le pantalon.

Santa Ana ■ Ville des États-Unis (*Californie). 204 000 hab.

Santa Ana ■ Ville du Salvador. 138 000 hab.

Antonio López de **Santa Anna** ■ Homme politique mexicain (1794-1876).

Santa Barbara ■ Ville des États-Unis (*Californie), sur la route des missions espagnoles de la côte californienne (1786). 74 500 hab.

Santa Catarina ■ Petit État côtier du sud du Brésil. 95 318 km². 4,39 millions d'hab. Capitale : Florianópolis.

Santa Clara ■ Ville de Cuba. 188 000 hab.

Santa Coloma de Gramanet ■ Ville d'Espagne (*Catalogne), près de Barcelone. 134 000 hab.

Santa Cruz ■ Ville de Bolivie. 628 000 hab. Centre commercial et industriel.

Santa Cruz de Tenerife ■ Ville d'Espagne, sur l'île de Tenerife. Capitale (siège du Parlement) de la communauté autonome des *Canaries (⇒ **Las Palmas**). 211 000 hab. Raffinerie de pétrole.

Santa Fe ■ Ville d'Argentine. 287 000 hab. Port fluvial sur un bras du *Paraná.

Santa Fe ■ Ville des États-Unis, capitale du *Nouveau-Mexique. 49 300 hab. Monuments coloniaux et hispano-indiens.

Santa Marta ■ Ville de Colombie. 218 000 hab. L'un des plus grands ports bananiers du monde. Tourisme.

Santa Monica ■ Ville des États-Unis (*Californie), proche de *Los Angeles. 88 000 hab. Station balnéaire.

Santander ■ Ville et port du nord de l'Espagne, capitale de la *Cantabrie. 189 000 hab. Port de pêche et de commerce. Industries. Station balnéaire. Université. Cathédrale gothique.

Santiago ■ Capitale du Chili. 422 000 hab. Agglomération de 4,86 millions d'hab. Métropole culturelle et économique (54 % des industries de transformation du pays). Contraste de modernisme et de pauvreté.

Santiago ou **Santiago de Cuba** ■ Ville et port de Cuba. 390 000 hab. Important centre industriel et commercial.

Santiago ou **Santiago de los Caballeros** ■ Ville de la République dominicaine. 285 000 hab.

le marquis de **Santillana** ■ Homme de guerre et poète espagnol (1398-1458). Il introduisit le sonnet dans la poésie espagnole.

Santorin ou **Théra** ■ Île grecque de la mer *Égée (*Cyclades), issue d'une éruption volcanique. 76 km². 7 100 hab. Vestiges archéologiques d'*Akrotiri*.

Santos ■ Ville et 1er port du Brésil (État de *São Paulo). Exportation de café. 411 000 hab. Industrie en essor.

Alberto **Santos-Dumont** ■ Pionnier brésilien de l'aviation, établi en France (1873-1932).

le **São Francisco** ■ Fleuve du Brésil, qui se jette dans l'Atlantique. 3 161 km.

São Luís ou **São Luís de Maranhão** ■ Ville et port du Brésil, capitale de l'État du *Maranhão. 182 000 hab. Centre administratif, commercial et industriel.

São Miguel ■ La plus importante île des *Açores. 747 km². 150 000 hab.

la **Saône** ■ Rivière de l'est de la France, le plus important affluent du Rhône. 480 km. Elle a donné son nom à deux départements.

São Paulo ■ La plus grande ville du Brésil. 7 millions d'hab. *(les Paulistes)*. Elle forme avec ses banlieues une agglomération de 16 millions d'hab. ; quatre fois la superficie de Paris. Métropole économique, commerciale et industrielle du pays, mais nombreux quartiers pauvres (bidonvilles ou *favelas*). Carrefour de communications. Capitale de l'*État de São Paulo* (248 256 km² ; 32,36 millions d'hab.).

São Tomé et (ou **e) Príncipe** ■ Archipel et État (république démocratique) du golfe de *Guinée, formé des îles de São Tomé, de Príncipe et de plusieurs îlots. 1 001 km². 118 000 hab. Capitale : São Tomé (35 000 hab.). Langues : portugais (officielle), fang (langue bantoue). Monnaie : dobra. Colonie portugaise à partir de 1522, indépendante depuis 1975.

Edward **Sapir** ■ Linguiste et anthropologue américain d'origine allemande (1884-1939). ⇒ **Bloomfield.**

Sappho ou **Sapho** ■ Poétesse grecque, créatrice du lyrisme érotique (v. 600 av. J.-C.). Poèmes de la passion amoureuse, adressés à des femmes de *Lesbos. "*Ode à Aphrodite*".

Sapporo ■ Ville du Japon, chef-lieu de l'île de *Hokkaidō. 1,62 million d'hab. Jeux Olympiques d'hiver 1972.

Ṣaqqārah ou **Sakkarah** ■ Site archéologique d'Égypte. Nécropole de l'ancienne ville de *Memphis, où se trouve la célèbre pyramide à degrés de *Djoser construite par *Imhotep.

Saragosse, en espagnol **Zaragoza** ■ Ville d'Espagne, sur l'*Èbre, capitale de la communauté autonome d'*Aragón. 596 000 hab. Cathédrale (XIIe - XVIe s.). Université créée en 1474. Essor industriel récent. ▭HISTOIRE. La ville forma le royaume arabe de Saragosse (XIe s.) avant d'être prise par Alphonse Ier le Grand au siècle suivant. Elle devint alors la capitale de l'Aragón.

Sarah ou **Sara** ■ Épouse d'*Abraham dans la Bible, miraculeusement mère d'*Isaac à quatre-vingt-dix ans.

Sarajevo ■ Capitale de la république de *Bosnie-Herzégovine. 449 000 hab. Centre administratif, commercial et industriel. L'assassinat de l'archiduc *François-Ferdinand à Sarajevo, en juin 1914, déclencha la Première Guerre mondiale. La ville a été attaquée et assiégée par les milices serbes, en 1992.

Saransk ■ Ville de la C.É.I. (*Russie), capitale de la république autonome de *Mordovie. 312 000 hab.

Saratoga Springs ■ Ville des États-Unis (État de *New York). 23 900 hab. Victoire décisive des Américains sur les Anglais au cours de la guerre d'*Indépendance.

Saratov ■ Ville de la C.É.I. (*Russie). 905 000 hab. Important port fluvial sur la Volga. Centre culturel.

la **Sardaigne,** en italien **Sardegna** ■ Île et région italienne, au sud de la Corse. 24 090 km². 1,66 million d'hab. *(les Sardes).* Capitale : Cagliari. Charbon. Élevage ovin. Malgré le développement du tourisme, la région reste pauvre, d'où la forte émigration. Au XVIIIe s., elle passa à la maison de Savoie, formant avec le Piémont les « États sardes », amorce du royaume d'Italie. ⇒ **Victor-Emmanuel II.**

Sardanapale ■ Roi légendaire chez les Grecs, personnage inspiré par le roi d'Assyrie, *Assourbanipal.

Sardes ■ Ancienne ville d'*Asie Mineure (aujourd'hui en Turquie), capitale du royaume de *Lydie, célèbre pour sa richesse. Ruines (surtout romaines).

Victorien **Sardou** ■ Auteur français de vaudevilles (1831-1908). "*Madame Sans-Gêne*".

la mer des **Sargasses** ■ Partie occidentale de l'Atlantique Nord, près des *Bermudes.

John **Sargent** ■ Peintre américain (1856-1925). Portraits mondains. Grandes décorations murales.

Sargon II ■ Roi d'Assyrie (de 721 à 705 av. J.-C.). Durant son règne, l'*Assyrie fut à son apogée.

Sarh, anciennement **Fort-Archambault** ■ Ville du sud-est du Tchad. 124 000 hab.

les **Sarmates** ■ Peuple nomade d'origine indo-iranienne qui s'installa au IIIe s. entre le *Don et la mer Caspienne avant d'en être chassé par les envahisseurs germaniques.

Sārnāth ■ Site bouddhique indien (*Uttar Pradesh) où *Bouddha prêcha pour la première fois.

William **Saroyan** ■ Romancier et auteur dramatique américain (1908-1981). "*Matière à rire*", roman ; "*Ça s'appelle vivre*", théâtre.

les **Sarrasins** ■ Au Moyen Âge, un des noms donnés par les Occidentaux aux musulmans. ⟨ ▶ ① sarrasin ⟩

Nathalie **Sarraute** ■ Écrivaine française d'origine russe (née en 1902). Partie du *nouveau roman, elle expérimente le langage et son pouvoir de communication à travers le dialogue, le jeu. "*L'Ère du soupçon*", essai ; "*Tropismes*", roman ; "*Pour un oui ou pour un non*", théâtre ; "*Enfance*", autobiographie.

la **Sarre,** en allemand **Saarland** ■ État (land) d'Allemagne qui doit son nom à la rivière qui le traverse. 2 569 km². 1,05 million d'hab. *(les Sarrois).* Capitale : Sarrebruck. Importantes ressources de houille, sidérurgie, chimie, constructions mécaniques, métallurgiques. Textile. ▭HISTOIRE. La région, en grande partie française au XVIIe s., devint prussienne en 1815. L'industrie houillère s'y développa à la fin du XIXe s. En 1919, elle fut reprise à l'Allemagne et placée sous l'administration de la *S.D.N., tandis que la France obtenait la propriété des mines. En 1935, un plébiscite décida de son rattachement à l'Allemagne. Indépendante en 1947, elle fut économiquement intégrée à la France mais se rapprocha progressivement de l'Allemagne (alors R.F.A.), dont elle fait partie depuis 1957 à la suite d'un référendum.

La **Sarre** ■ Ville du Québec. 9 000 hab. Industrie du bois.

Sarrebruck, en allemand **Saarbrücken** ■ Ville d'Allemagne, capitale de la *Sarre. 187 000 hab. *(les Sarrebruckois).* Industries (houille, sidérurgie, chimie, machines...). Banques.

Sarreguemines ■ Ville de l'est de la France, sur la Sarre, à proximité de la frontière allemande. 23 700 hab. *(les Sarregueminois).* Céramiques.

Sartène ■ Ville de France (Corse du Sud). 3 500 hab. *(les Sartenais).* Ville ancienne.

la **Sarthe** ■ Rivière de l'ouest de la France, qui a donné son nom à un département. 285 km.

Jean-Paul **Sartre** ■ Philosophe et écrivain français (1905-1980). Penseur existentialiste ("*l'Être et le Néant*" ; "*l'Idiot de la famille*", sur *Flaubert), marqué par *Hegel, *Marx, *Husserl et *Heidegger, il a analysé les situations concrètes dans lesquelles l'homme engage sa liberté et son action. Nombreuses œuvres. "*La Nausée*", roman ; "*Huis clos*", "*les Mouches*", "*le Diable et le Bon Dieu*", théâtre ; "*les Mots*", autobiographie.

Sarvia ■ Ville de l'Ontario. 50 200 hab.

la **Saskatchewan** ■ Province (État fédéré) du Canada, dans la *Prairie. 652 330 km². 1 million d'hab. Capitale : Regina. Région agricole qui doit son nom à la rivière qui la traverse. Pétrole, potasse, uranium. ▭HISTOIRE. Peuplée de tribus amérindiennes, le territoire fut progressivement colonisé à partir du milieu du XIXe s. En 1905, la Saskatchewan obtint le statut de province du Canada.

Saskatoon ■ Ville de la Saskatchewan. 178 000 hab. Université.

les **Sassanides** ■ Dynastie perse qui renversa les *Parthes et régna sur un vaste empire en Orient (224-651).

Sassari ■ Ville d'Italie (*Sardaigne). 120 000 hab.

Satan ■ « L'accusateur », en grec *diabolos,* le diable, chef des démons dans les traditions juive et chrétienne. ⟨ ▶ satané, satanique ⟩

Erik **Satie** ■ Compositeur français (1866-1925). Par son style dépouillé, son humour, il occupe une place à part dans la musique. "*Gymnopédies*" ; "*Morceaux en forme de poire*", pour piano ; "*Parade*", ballet.

Satu Mare ■ Ville de Roumanie. 130 000 hab.

Saturne ■ Dieu romain des Semailles identifié au *Cronos grec, dieu du Temps. On célébrait en son honneur les *saturnales.* □ **Saturne.** Planète du système solaire, entourée d'anneaux et de nombreux satellites. 744 fois le volume de la Terre. Diamètre : 107 200 km. Elle tourne autour du Soleil en 29 ans 167 jours et sur elle-même en 10 h 14 min.

les **Satyres** n. m. ■ Démons de la mythologie grecque, formant le cortège de *Dionysos. Ils ont le buste d'un homme et le bas d'un bouc. ‹ ► satyre ›

Henri **Sauguet** ■ Compositeur français (1901-1989). "*Les Forains*", ballet.

Saül ■ Premier roi des Hébreux (de 1020 à 1000 av. J.-C.), vaincu par les *Philistins.

Sault-Sainte-Marie ■ Ville de l'Ontario, entre les lacs Supérieur et Huron. 90 000 hab. Écluses. Sidérurgie. Industrie chimique.

Saumur ■ Ville de France (région de la *Loire). 31 900 hab. *(les Saumurois).* Château (XVe -XVIe s.) sur la Loire. Un des bastions du protestantisme aux XVIe et XVIIe s. École militaire de cavalerie (« Cadre noir »). Vins.

Carlos **Saura** ■ Cinéaste espagnol (né en 1932). "*Ana et les loups*" ; "*Noces de sang*".

Ferdinand de **Saussure** ■ Linguiste suisse (1857-1913). Son œuvre marque le début de la linguistique générale et de l'approche structurale des signes, ou sémiologie (⇒ **Peirce**). "*Cours de linguistique générale*" (posthume).

Paul **Sauvé** ■ Homme politique québécois (1907-1960). Premier ministre du Québec en 1959-1960, il est considéré comme le précurseur de la *Révolution tranquille.

Jeanne **Sauvé** ■ Femme politique canadienne (née en 1922). Gouverneure général du Canada de 1984 à 1990, elle fut la première femme à occuper ce poste.

Alfred **Sauvy** ■ Démographe, économiste et sociologue français (1898-1990).

Savannah ■ Ville des États-Unis (*Géorgie). 141 000 hab. Port sur l'Atlantique. Capitale de la Géorgie avant 1785.

Savannakhét ■ Ville du Laos, sur le *Mékong. 53 000 hab.

Félix-Antoine **Savard** ■ Prêtre, romancier, poète, dramaturge et éducateur québécois (1896-1982). "*Menaud, Maître-draveur*" (1937) est l'un des meilleurs romans-poèmes de la littérature québécoise.

la **Save** ■ Rivière de Yougoslavie, affluent du *Danube. 940 km.

Thomas **Savery** ■ Mécanicien anglais (v. 1650-1715). Il réalisa la première pompe à vapeur dépassant le stade expérimental de *Papin.

Alberto **Savinio** ■ Écrivain italien, frère de *de Chirico (1891-1952).

la **Savoie** ■ Région du sud-est de la France, au nord des Alpes, habitée par les *Savoyards.* Lieu de passage entre la France, l'Italie et la Suisse, elle joua un grand rôle historique. ▭ **HISTOIRE.** Au XVe s., le comte Amédée VIII de Savoie prit Genève (perdue en 1530) et le *Piémont. Devenue un duché, la Savoie fut progressivement annexée par la France ; ses souverains, régnant sur le Piémont et la Sardaigne, la cédèrent définitivement en 1860, quand ils eurent obtenu l'unité de l'Italie (⇒ **Victor-Emmanuel II**). Elle correspond aujourd'hui à deux départements.

Jérôme **Savonarole** ■ Dominicain italien (1452-1498). Il entreprit une réforme radicale à Florence, s'attaqua au pape, qui l'excommunia et le condamna au bûcher.

Savone, en italien **Savona** ■ Ville et port d'Italie (*Ligurie), sur le golfe de Gênes. 75 100 hab.

Sax ■ FAMILLE DE FACTEURS D'INSTRUMENTS □ *Adolphe* **Sax** (1814-1894) inventa le *saxophone.* ‹ ► saxophone ›

Maurice comte de **Saxe** dit **le Maréchal de Saxe** ■ Maréchal de France (1696-1750). Célèbre pour ses talents militaires et l'agitation de sa vie privée.

la **Saxe,** en allemand **Sachsen** ■ Région d'Allemagne, qui doit son nom aux Saxons (→ ci-dessous). ▭ **HISTOIRE.** La Saxe fut un duché intégré au royaume de *Germanie au IXe s. et devint au XIVe s. la « Saxe électorale ». Elle adhéra à la *Réforme au XVIe s. Au XVIIIe s., elle connut un essor artistique important (porcelaine de Meissen). Elle forma un royaume de 1806 à 1918, intégré à l'Empire allemand en 1871, puis une république. □ *la* **Saxe,** en allemand **Sachsen.** État (land) d'Allemagne (depuis 1990). 18 300 km². 5 millions d'hab. Capitale : Dresde. Industries. □ *la* **Basse-Saxe,** en allemand **Niedersachsen.** État (land) d'Allemagne. 47 438 km². 7,2 millions d'hab. Capitale : Hanovre. Sous-sol riche (fer, lignite, pétrole) qui favorise l'industrie (sidérurgie, mécanique, chimie). □ *la* **Saxe-Anhalt,** en allemand **Sachsen-Anhalt.** État (land) d'Allemagne (depuis 1990). 20 669 km². 3 millions d'hab. Capitale : Magdebourg. Industrie chimique, constructions mécaniques. Berceau de la *Réforme. ► *les* **Saxons.** Peuple germanique qui s'établit en Angleterre v. 450 (avant les *Angles). ‹ ► anglo-saxon ›

Jean-Baptiste **Say** ■ Économiste libéral et industriel français (1767-1832). Loi des débouchés : « C'est la production qui ouvre des débouchés aux produits. »

la **Scala** ■ Célèbre théâtre de Milan, construit en 1778.

la **Scandinavie** ■ Région de l'Europe du Nord comprenant le *Danemark, la *Suède et la *Norvège. Forêts et lacs. Ses habitants sont les Scandinaves. La notion de *pays nordiques* est plus large : elle inclut l'Islande et la Finlande. ‹ ► scandinave ›

la **Scanie** ■ Riche province de l'extrême sud de la Suède. Ville principale : Malmö.

Scapin ■ Personnage de la *commedia dell'arte, repris par *Molière dans "*les Fourberies de Scapin*".

Scaramouche ■ Personnage de la *commedia dell'arte.

Scarborough ■ Ville de l'Ontario (banlieue de Toronto). 485 000 hab.

Alessandro **Scarlatti** ■ Compositeur italien (1660-1725). Son œuvre est très abondante : 115 opéras, des cantates, des oratorios... Il a fixé la forme de l'opéra napolitain et annoncé la symphonie classique. □ *Domenico* **Scarlatti** (1685-1757), son fils, claveciniste réputé. Il composa 555 pièces (sonates) pour le clavecin et de nombreuses pièces de musique sacrée. Ami de *Händel, il domina la vie musicale italienne de son temps.

Paul **Scarron** ■ Écrivain français (1610-1660). *"Le Roman comique"*, récit satirique.

Maurice **Scève** ■ Poète français (1501-v. 1564). Poésie savante et symbolique caractéristique de la *Renaissance. Poèmes amoureux. *"Blasons"* ; *"Délie, objet de plus haute vertu"* ; *"Microcosme"*.

Hjalmar **Schacht** ■ Financier allemand (1877-1970). Président de la Reichsbank de 1923 à 1930 et de 1933 à 1939, ministre de l'Économie de 1934 à 1937, il redressa la situation financière du pays. Il soutint *Hitler jusqu'en 1938. Acquitté à *Nuremberg en 1946.

Pierre **Schaeffer** ■ Compositeur français, initiateur de la « musique concrète » (né en 1910).

Schaerbeek, en néerlandais **Schaarbeek** ■ Ville de Belgique (*Brabant), près de Bruxelles. 106 000 hab.

Schaffhouse, en allemand **Schaffhausen** ■ Ville de Suisse. 34 400 hab. ► *le canton de* **Schaffhouse**. 298 km². 70 300 hab. Chef-lieu : Schaffhouse.

Carl Wilhelm **Scheele** ■ Chimiste suédois (1742-1786).

Ary **Scheffer** ■ Peintre français d'origine néerlandaise (1795-1858).

Georges **Schéhadé** ■ Poète et dramaturge libanais d'expression française (1910-1989).

Schéhérazade ■ Personnage des *"*Mille et Une Nuits"*. Le sultan, son époux, convaincu de son infidélité, décide de la faire étrangler, mais elle lui raconte chaque nuit des histoires si captivantes (⇒ **Sindbad, Ali Baba, Aladin**) qu'il remet sans cesse au lendemain l'échéance fatidique, et ce jusqu'à la mille et unième nuit, où il décide de renoncer à son projet.

Johann **Schein** ■ Compositeur allemand, considéré comme le plus important prédécesseur de *Bach (1586-1630).

Christoph **Scheiner** ■ Astronome et mathématicien allemand (1575-1650). Précurseur de l'astrophysique.

Friedrich Wilhelm Joseph von **Schelling** ■ Philosophe allemand (1775-1854). Le principal représentant de l'idéalisme allemand avec *Fichte et *Hegel.

Scherpenheuvel ■ ⇒ **Montaigu.**

Elsa **Schiaparelli** ■ Couturière française d'origine italienne (1896-1973).

Egon **Schiele** ■ Peintre autrichien (1890-1918). Portraits et paysages *expressionnistes dont le graphisme nerveux exprime une grande tension.

Friedrich von **Schiller** ■ Écrivain allemand, le grand réformateur du théâtre allemand (1759-1805). Ses premiers drames sont influencés par *Rousseau. Puis il se consacra à l'étude de l'histoire : écrits théoriques et drames historiques (*"Marie Stuart"* ; *"Guillaume Tell"* ; *"Don Carlos"*). Proche de *Goethe.

le **schisme d'Occident** ■ Période pendant laquelle il y eut plusieurs papes à la fois (de 1378 à 1417). Il éclata avec la double élection d'Urbain VI (pape à Rome) et de Clément VII (qui s'installa à Avignon).

le **schisme d'Orient** ■ Rupture entre l'Église de Rome et l'Église de Byzance (qui devint l'Église *orthodoxe). L'opposition commença au IVe s., se renforça au IXe s. avec *Photios et aboutit à la séparation en 1054, sous le patriarcat de Michel *Cérulaire. ⇒ querelle du **filioque.**

August Wilhelm von **Schlegel** ■ Critique littéraire allemand (1767-1845). Défenseur du *romantisme contre le *classicisme. Il fit découvrir la littérature allemande à Mme de *Staël. □ *Friedrich von* **Schlegel,** son frère (1772-1829). Théoricien du romantisme allemand, linguiste.

Friedrich **Schleiermacher** ■ Théologien protestant allemand (1768-1834). Sous son influence, la théologie a centré le fait religieux sur la piété plus que sur le dogme.

Oscar **Schlemmer** ■ Peintre et sculpteur allemand, professeur au *Bauhaus (1888-1943). Ses personnages sont schématisés selon des lignes géométriques. Costumes et décors de théâtre.

le **Schleswig-Holstein** ■ État (land) d'Allemagne, limitrophe du Danemark. 15 727 km². 2,6 millions d'hab. Capitale : Kiel. Pays rural. Essor industriel depuis 1950. Ancien duché danois, puis prussien (1866). Le Schleswig du Nord passa au Danemark en 1920.

Moritz **Schlick** ■ Philosophe allemand (1882-1936). Physicien de formation, épistémologue. ⇒ cercle de **Vienne.**

Heinrich **Schliemann** ■ Archéologue allemand (1822-1890). Il découvrit le site le plus vraisemblable de *Troie.

le col de la **Schlucht** ■ Col français des *Vosges très fréquenté. 1 139 m.

Helmut **Schmidt** ■ Homme politique ouest-allemand (né en 1918). Chancelier (social-démocrate) de la R.F.A. de 1974 à 1982.

Karl **Schmidt-Rottluff** ■ Peintre *expressionniste allemand (1884-1976). Un des fondateurs du groupe *die *Brücke*. Gravures sur bois.

Florent **Schmitt** ■ Compositeur français (1870-1958). Musique de chambre. *"Le petit elfe ferme l'œil"*, ballet.

les **Schneider** ■ Industriels français. D'origine lorraine, ils développèrent considérablement la sidérurgie au Creusot. □ *Eugène* **Schneider** (1805-1875), un des notables du second Empire.

Arthur **Schnitzler** ■ Écrivain et auteur dramatique autrichien (1862-1931). *"La Ronde"* ; *"Terre étrangère"*.

Victor **Schœlcher** ■ Homme politique français (1804-1893). Membre du gouvernement en février 1848, il contribua à faire voter le décret sur l'abolition de l'esclavage dans les colonies.

Schœlcher ■ Ville de l'île française de la Martinique. 19 800 hab. *(les Schœlchérois).*

Nicolas **Schöffer** ■ Sculpteur hongrois naturalisé français (né en 1912). Mobiles animés d'impulsions sonores et lumineuses.

Arnold **Schönberg** ■ Compositeur autrichien, naturalisé américain (1874-1951). Il révolutionna la musique en mettant fin au système tonal pour un nouveau système : le dodécaphonisme (⇒ **Webern**). *"La Nuit transfigurée"* ; *"Pierrot lunaire"*.

Schönbrunn ■ Château du XVIIIe s. situé dans la banlieue de Vienne. Ancienne résidence d'été des *Habsbourg.

Martin **Schongauer** ■ Artiste alsacien (v. 1445-1491). Connu surtout par ses gravures qui influencèrent *Dürer.

Arthur **Schopenhauer** ■ Philosophe allemand (1788-1860). Présenté comme une suite critique à *Kant, son œuvre pessimiste a marqué le XIXe s. *"Le Monde comme volonté et comme représentation"*.

Erwin **Schrödinger** ■ Physicien autrichien (1887-1961). Il a donné à la mécanique ondulatoire de de *Broglie un formalisme mathématique équivalant à celui de *Heisenberg, permettant l'unification de la mécanique quantique. Prix Nobel 1933 avec *Dirac.

Franz **Schubert** ■ Compositeur romantique autrichien (1797-1828). Bien que mort jeune, il a laissé une œuvre immense : 600 mélodies ou *lieder ("la Belle Meunière" ; "le Voyage d'hiver"),* neuf symphonies et de la musique de chambre (*"la Truite"*, quintette ; *"la Jeune Fille et la Mort"*, quatuor).

Robert **Schuman** ■ Homme politique français (1886-1963). Démocrate-chrétien, il chercha le rapprochement avec l'Allemagne d'*Adenauer et fut l'un des pères de la *C.E.E.

Robert **Schumann** ■ Compositeur allemand (1810-1856). Épris de littérature et de philosophie, il a laissé une œuvre profondément romantique : musique pour piano *("Kreisleriana" ; "Scènes de la forêt"),* musique de chambre, mélodies *("les Amours du poète"),* musique symphonique (quatre symphonies, concertos). Il sombra dans la folie. □ *Clara* **Schumann,** son épouse (1819-1896), née *Clara Wieck,* pianiste renommée, fut son inspiratrice.

Joseph Alois **Schumpeter** ■ Économiste autrichien émigré aux États-Unis (1883-1950). Il intégra à la théorie économique la sociologie, l'histoire et la statistique.

Kurt von **Schuschnigg** ■ Homme politique autrichien (1897-1977). Chancelier de 1934 à 1938, il tenta en vain de maintenir l'indépendance de l'Autriche face à l'Allemagne nazie (⇒ **Anschluss**).

Heinrich **Schütz** ■ Compositeur allemand (1585-1672). Il opéra la fusion des cultures allemande et italienne dans une musique essentiellement religieuse. *"Psaumes de David"*.

Theodor **Schwann** ■ Naturaliste allemand (1810-1882). Sa théorie cellulaire en fait le père de l'histologie.

Elisabeth **Schwarzkopf** ■ Cantatrice allemande, soprano (née en 1915).

Albert **Schweitzer** ■ Théologien protestant, musicologue, organiste et médecin français (1875-1965). Fondateur de l'hôpital de Lambaréné au Gabon. Prix Nobel de la paix 1952.

Schwerin ■ Ville d'Allemagne, capitale du *Mecklembourg-Poméranie-Occidentale. 131 000 hab. Chimie.

Kurt **Schwitters** ■ Peintre et sculpteur allemand (1887-1948). Collages *dada.

Schwyz ■ Ville de Suisse. 12 300 hab. ▶ *le canton de Schwyz.* 908 km². 106 000 hab. Chef-lieu : Schwyz. Il forma le noyau de la Confédération helvétique avec les cantons d'*Uri et d'*Unterwald en 1291 (⇒ **Suisse**). Le nom de la *Suisse* vient du sien.

Leonardo **Sciascia** ■ Écrivain italien (1921-1989). Auteur de brefs récits inspirés par la politique italienne et la mafia sicilienne. *"L'Affaire Moro"*.

les îles **Scilly** ■ Archipel britannique de la Manche (⇒ **Cornouailles**).

Scipion l'Africain ■ Général romain (v. 235 - 183 av. J.-C.). Consul en 205 av. J.-C., il prit *Carthage (204 av. J.-C.) et vainquit *Hannibal à Zama (202 av. J.-C.), mettant fin à la deuxième guerre *punique.

Scipion Émilien ■ Général romain (v. 185 - 129 av. J.-C.). Il détruisit *Carthage et acheva la troisième guerre *punique. Il favorisa l'introduction de la culture grecque à Rome.

la **scolastique** ■ Méthode d'enseignement qui se développa en Europe, au XIe et surtout au XIIe s., dans les universités. Elle avait pour but la recherche de Dieu par la raison et la science, en opposition à la voie mystique de la culture monastique (⇒ saint **Thomas d'Aquin**).

Scopas ■ Sculpteur et architecte grec (milieu du IVe s. av. J.-C.). Il donna à l'art grec un sens nouveau du rythme et de l'expression.

Jean Duns **Scot** ■ ⇒ **Duns Scot.**

Jean **Scot Érigène** ■ Théologien et philosophe écossais ou irlandais à la cour de Charles III le Chauve (v. 810 - v. 877). Il a écrit l'œuvre philosophique la plus importante entre le *Pseudo-Denys et saint *Anselme ; d'inspiration platonicienne, elle fut jugée panthéiste par l'Église et condamnée comme hérétique.

les **Scots** ■ Peuple irlandais de l'Antiquité. Au Ve s., ils émigrèrent en *Calédonie, s'imposèrent au détriment des *Pictes et donnèrent leur nom au pays conquis (*Scotland*, en français *Écosse*).

Walter **Scott** ■ Écrivain écossais (1771-1832). Il créa un genre narratif, le roman historique, et eut une grande influence sur son époque. *"Ivanhoé"*.

Robert **Scott** ■ Explorateur anglais (1868-1912). Il dirigea deux expéditions dans l'Antarctique.

Barbara Ann **Scott** ■ Sportive canadienne (née en 1929). Championne olympique de patinage de fantaisie en 1948.

Scranton ■ Ville des États-Unis (*Pennsylvanie). 88 100 hab. Bassin houiller des *Appalaches.

Alexandre **Scriabine** ■ Compositeur russe (1872-1915). Chef de file du courant moderniste au début du XXe s. *"Prométhée"*, pour orchestre. Sonates, impromptus et préludes pour piano.

Eugène **Scribe** ■ Auteur dramatique français (1791-1861). Il a aussi écrit de nombreux livrets d'opéras.

Madeleine de **Scudéry** ■ Romancière française (1607-1701). Ses romans, parfois écrits avec son frère Georges (1601-1667), furent appréciés par la société précieuse. *"Le Grand Cyrus"* ; *"Clélie"* (où se trouve la « Carte du Tendre »).

Scylla ■ ⇒ **Charybde et Scylla.**

les **Scythes** ■ Tribus semi-nomades d'origine iranienne vivant au nord de la mer Noire et qui disparurent au IIe s. Remarquables cavaliers et archers. Travail artistique de l'or et de l'argent.

la **S.D.N.** ■ Sigle de la *Société des Nations.

Seattle ■ Ville des États-Unis, port sur le *Puget Sound (Pacifique), principal centre urbain et économique de l'État de *Washington. 494 000 hab. Aéronautique.

Sebastiano del Piombo ■ Peintre italien (v. 1485-1547). Admirateur de *Michel-Ange. Sujets religieux, portraits.

saint **Sébastien** ■ Officier romain martyrisé au IIIe s. Patron des archers. Il inspira de nombreux peintres.

Sébastopol ■ Ville et port de la C.É.I. (*Ukraine). 356 000 hab. Constructions navales. Arsenal. Point stratégique sur la mer Noire, enjeu de la guerre de *Crimée (1855), de la guerre civile (dernier bastion de *Wrangel, 1920), de la guerre russo-allemande (1942-1944).

la guerre de **Sécession** ▪ Guerre civile aux États-Unis, de 1861 à 1865. Elle opposa les États du Sud (les sudistes), dont l'économie cotonnière s'appuyait sur l'emploi d'esclaves noirs et le libre-échange, et les États du Nord (les yankees), industriels et protectionnistes. L'élection à la présidence de l'antiesclavagiste *Lincoln provoqua la sécession des États du Sud. Cette guerre, remportée par le Nord, par l'importance de ses effectifs, la mobilisation de toutes les ressources, l'utilisation des premiers cuirassés, mines et torpilles, par les pertes considérables qu'elle entraîna, est considérée comme la première guerre moderne.

Charles **Secrétan** ▪ Philosophe suisse (1815-1895). "*Théologie et religion*".

Michel **Sedaine** ▪ Auteur dramatique français, disciple de *Diderot (1719-1797). "*Le Philosophe sans le savoir*".

Sedan ▪ Ville du nord-est de la France, sur la Meuse. 22 400 hab. *(les Sedanais)*. Textile, métallurgie. Défaite de Napoléon III contre les Prussiens le 2 septembre 1870, qui entraîna la chute du second Empire. En mai 1940, offensive allemande.

Georges **Séféris** ▪ Poète grec (1900 - 1971). "*Stances*". Prix Nobel 1963.

les **Séfévides** ▪ ⇒ les **Safavides.**

Victor **Segalen** ▪ Écrivain français (1878-1919). Ses voyages (Tahiti, la Chine) et sa confrontation critique à l'exotisme nourrissent son œuvre. "*Stèles*", poèmes ; "*les Immémoriaux*" et "*René Leys*", romans.

Ségou ▪ Ville du Mali. 88 900 hab. Ancienne capitale du *royaume de Ségou* (XVIIe-XIXe s.).

Andrés **Segovia** ▪ Guitariste espagnol (1893-1987). Interprétation et transcription de pièces classiques pour la guitare.

Ségovie, en espagnol **Segovia** ▪ Ville d'Espagne (*Castille-et-León). 64 900 hab. Aqueduc romain. Monuments.

le chancelier Pierre **Séguier** ▪ Magistrat français, ministre de Louis XIII et de Louis XIV (1588-1672).

Marc **Seguin** ▪ Ingénieur français, pionnier des chemins de fer (1786-1875).

la comtesse de **Ségur** née *Sophie Rostopchine* ▪ Écrivaine française d'origine russe (1799-1874). Pour distraire et éduquer ses petits-enfants, elle écrivit une vingtaine de romans destinés à être lus ou joués. "*Les Petites Filles modèles*" ; "*les Malheurs de Sophie*".

Jaroslav **Seifert** ▪ Poète tchécoslovaque (1901-1986). "*Mozart à Prague*". Prix Nobel 1984.

Seikan ▪ Tunnel sous-marin japonais reliant les îles *Honshū et *Hokkaidō. 54 km.

l'île de **Sein** ▪ Île française de l'Atlantique (*Bretagne). 350 hab. *(les Sénans* ou *Îliens)*.

la **Seine** ▪ Fleuve français (776 km) qui prend sa source sur le plateau de *Langres, traverse Paris, Rouen, et se jette dans la Manche par un large estuaire où se trouve Le Havre. Rôle économique essentiel : le trafic fluvial, particulièrement intense entre le Bassin parisien et la Manche, a entraîné un fort développement industriel de la *Basse-Seine,* région entre Le Havre et Rouen (raffinage du pétrole, pétrochimie, industries mécaniques). Il a donné son nom à plusieurs départements.

Ignaz **Seipel** ▪ Prélat et homme politique autrichien (1876-1932). Chancelier (chrétien-social) de 1922 à 1924 et de 1926 à 1929, il redressa l'économie et créa le schilling.

Sei Shōnagon ▪ Poétesse japonaise (fin Xe s.). "*Notes de chevet*".

Sekhmet ▪ « La Puissante », déesse de l'ancienne Égypte représentée par une femme à tête de lionne. Épouse de *Ptah. Son culte était à *Memphis.

les **Seldjoukides** ou **Saljūqides** ▪ Dynastie turque sunnite (Xe-XIIIe s.). Ils conquirent Bagdad, fondèrent un empire en Asie Mineure et vainquirent les Byzantins.

Sélestat ▪ Ville de l'est de la France (*Alsace). 15 900 hab. *(les Sélestadiens)*. Église (XIIe s.). Célèbre école d'humanistes germaniques aux XVe et XVIe s.

les **Séleucides** ▪ Dynastie hellénistique qui régna sur un empire allant de l'Indus à la Méditerranée (305 - 64 av. J.-C.). □ ***Séleucos Ier Nikator,*** fondateur de la dynastie (v. 358 - 281 av. J.-C.). Il reçut la Babylonie au partage de l'empire d'*Alexandre le Grand et se fit proclamer roi en 305 av. J.-C. Fondation de grandes villes : Antioche, Séleucie.

Sélim Ier ▪ Sultan ottoman de 1512 à sa mort (1470-1520). Il conquit la Palestine, la Syrie et l'Égypte.

Sélinonte ▪ Site archéologique grec sur la côte sud-ouest de la Sicile. Temple d'*Apollon (VIe s. av. J.-C.).

Hans **Selye** ▪ Physiologiste canadien d'origine autrichienne (1907-1982). Il est à l'origine des études sur le stress. "*The Stress of Life*" (1956).

Sem ▪ Fils de *Noé, dans la Bible. Ancêtre supposé des peuples sémitiques. ‹ ▶ sémite ›

Semarang ▪ Ville et port d'Indonésie (*Java). 1,03 million d'hab.

Sémélé ▪ Déesse de la mythologie grecque. Aimée de *Zeus, elle conçoit *Dionysos.

Sémiramis ▪ Reine et fondatrice légendaire de *Babylone. Elle fit construire les fameux jardins suspendus, terrasses superposées arrosées par les eaux de l'Euphrate.

la **Semois** ou **Semoy** ▪ Rivière de Belgique et de France, affluent de la Meuse. 198 km.

Sempach ▪ Localité de Suisse où les confédérés remportèrent une victoire sur les Habsbourg en 1386.

Jean **Sénac** ▪ Poète algérien d'expression française (1926-1973). "*Matinales de mon peuple*".

Étienne Pivert de **Senancour** ▪ Écrivain français (1770-1846). Célèbre pour son roman autobiographique "*Oberman*".

le **Sénat** ▪ Chambre haute du Parlement canadien et organe du pouvoir législatif. Le mode de nomination des sénateurs par le Gouverneur général doit faire l'objet d'une réforme. □ En France, assemblée législative élue par les représentants des collectivités territoriales et qui constitue, avec l'*Assemblée nationale, le Parlement de la Ve *République. □ *le* ***Sénat romain.*** Dans l'Antiquité, principale assemblée du gouvernement de la République romaine ; sous l'Empire, elle eut surtout un rôle honorifique.

Sendai ▪ Ville du Japon (*Honshū). 884 000 hab.

Aloys **Senefelder** ▪ Ingénieur allemand (1771-1834). Inventeur de la lithographie.

le **Sénégal** ▪ État (république) d'Afrique occidentale, bordé par l'Atlantique, situé au sud du fleuve

Sénégal. 196 722 km². 7,4 millions d'hab. *(les Sénégalais).* Capitale : Dakar. Langues : français (officielle), ouolof, sérère, peul, mandingue, joola (ou dioula), soninké. Monnaie : franc CFA. Pays plat au climat tropical. Économie agricole dont la ressource principale est l'arachide. Industrie peu développée malgré la présence de phosphates. ▭HISTOIRE. Ancien royaume *toucouleur, islamisé par les *Almoravides (XIe s.), puis dominé par le Mali (XIVe s.), le pays fut colonisé par les Français à partir du XVIIe s., et surtout dans la deuxième moitié du XIXe s. (⇒ **Faidherbe**) ; intégré à l'A.-O.F. en 1902. En 1960, il obtient son indépendance et *Senghor est élu président de la République. Abdou Diouf lui succède en 1980. En 1989, rupture des relations diplomatiques avec la Mauritanie et tensions à la frontière à la suite de violences entre les deux populations. ▶ *la **Sénégambie**,* région d'Afrique de l'Ouest englobant le Sénégal et la *Gambie ; les deux États créèrent une confédération en 1981, dissoute en 1989.

Sénèque ■ Philosophe, écrivain et homme politique romain (4 av. J.-C. - 65), précepteur de *Néron, qui le contraignit au suicide. Son œuvre de moraliste a beaucoup influencé le *stoïcisme chrétien.

Léopold Sédar ***Senghor*** ■ Homme politique sénégalais et poète de langue française (né en 1906). Il a exalté avec lyrisme la grandeur de la négritude. "*Chants d'ombre*". Président de la République du Sénégal de 1960 à 1980.

Senlis ■ Ville de France, au nord de Paris. 15 200 hab. *(les Senlisiens).* Cathédrale gothique.

Mack ***Sennett*** ■ Cinéaste américain (1880-1960). Pionnier de son art, maître du film comique muet.

Seo de Urgel ■ ⇒ **Urgel.**

Séoul ■ Capitale de la Corée du Sud. 9,64 millions d'hab. Important centre commercial et industriel. Capitale du royaume de Corée au XIVe s., occupée par les Japonais de 1910 à 1945, partiellement détruite pendant la guerre de *Corée (1950-1951).

la guerre de ***Sept Ans*** ■ Guerre européenne qui opposa la Grande-Bretagne et la Prusse à la France, l'Autriche et à leurs alliés, de 1756 à 1763 (⇒ guerre de la **Conquête**). Elle révéla la puissance de la Prusse de *Frédéric II et marqua le renoncement de la France à son empire colonial, au profit de la Grande-Bretagne (⇒ traité de **Paris**).

les massacres de ***septembre 1792*** ■ Exécutions sommaires de personnes supposées être des ennemis de la Révolution, notamment des prêtres. Le mouvement partit de la *Commune de Paris (1 100 victimes) et s'étendit en province. Il annonce la *Terreur.

Sept-Îles ■ Ville et port de la Côte-Nord (Québec). 27 000 hab.

Septime Sévère ■ Empereur romain (146-211). Il exerça un pouvoir autoritaire de 193 à sa mort.

Seraing ■ Ville de Belgique (province de *Liège). 61 400 hab.

Sérapis ■ Divinité gréco-égyptienne dont le culte était célébré à *Memphis.

la ***Serbie*** ■ L'une des six républiques fédérées de l'ancienne Yougoslavie. Elle comprend les provinces autonomes du *Kosovo et de la *Vojvodine. 88 361 km². 9,76 millions d'hab. *(les Serbes).* Capitale : Belgrade. ▭HISTOIRE. État le plus puissant des Balkans au début du XIVe s., soumis par les Turcs en 1389, il maintint une forte conscience nationale jusqu'au XIXe s. et obtint l'indépendance en 1878. Pierre Ier de Serbie prit le titre de roi des Serbes, des Croates et des Slovènes en 1918, agrandissant le royaume des territoires slaves de l'ancienne Autriche-Hongrie ; le nouveau pays prit le nom de *Yougoslavie en 1929. Cette fédération éclata en 1991, la Serbie tentant en vain de maintenir l'unité.

Sercq, en anglais ***Sark*** ■ Petite île *Anglo-Normande. 5,2 km². 550 hab. Gouvernée, depuis l'époque féodale, par un « seigneur » ou une « dame » qui relève du bailliage de *Guernesey.

Serekunda ■ Ville de Gambie. 103 000 hab.

Serge de Radonège ■ Moine russe (v. 1314-1392). Patron de la Russie.

Sergiev-Possad ■ ⇒ **Zagorsk.**

le ***Sergipe*** ■ Petit État côtier de l'est du Brésil. 21 863 km². 1,39 million d'hab. Capitale : Aracaju.

Olivier de ***Serres*** ■ Agronome français, pionnier de l'industrie de la soie (v. 1539-1619). Son livre, "*Théâtre d'agriculture*", préfigure la révolution agricole du XIXe s.

Sertorius ■ Général romain, partisan de *Marius (123 - 72 av. J.-C.).

Paul ***Sérusier*** ■ Peintre et théoricien français (1863-1927). Ami de *Gauguin à *Pont-Aven, il exerça une grande influence sur les *nabis.

Michel ***Servet*** ■ Théologien espagnol brûlé à l'instigation de *Calvin (1511-1553).

Sésostris III ■ Pharaon égyptien du Moyen Empire (de 1878 à 1843 av. J.-C.). Il acheva la conquête de la *Nubie. Célébré comme un héros, il fut divinisé.

Sesshū ■ Peintre et moine japonais (1420-1506). Paysages.

Sestrières ■ Station de sports d'hiver d'Italie (*Piémont).

Sète ■ Ville du sud de la France. 41 900 hab. *(les Sétois).* 2e port français sur la Méditerranée. Tourisme.

Seth ■ Dieu du Mal dans l'ancienne Égypte. Il a un corps de lévrier.

Sétif ■ ⇒ **Stif.**

Setúbal ■ Ville et port du Portugal, en *Estrémadure. 77 900 hab. Pêche. Conserveries.

Georges ***Seurat*** ■ Peintre et dessinateur français (1859-1891). Il radicalisa les recherches des *impressionnistes sur la lumière en s'appuyant sur des bases scientifiques. Sa théorie, le *divisionnisme* ou *pointillisme,* donnera naissance au néoimpressionnisme.

le lac ***Sevan*** ■ Lac d'Arménie (C.É.I.), à 1 900 m d'altitude. 1 400 km².

les ***Sévères*** ■ Dynastie d'empereurs romains qui régna de 193 à 235. □ *Septime* ***Sévère.*** ⇒ **Septime Sévère.**

Gino ***Severini*** ■ Peintre italien installé à Paris (1883-1966). *Futuriste, puis *cubiste, il revint à un certain classicisme.

la ***Severn*** ■ Rivière de Grande-Bretagne. Née au pays de Galles, elle se jette dans le canal de *Bristol. 338 km.

la marquise de ***Sévigné*** ■ Écrivaine française (1626-1696). Les 1 500 lettres qu'elle écrivit à sa fille, Mme de Grignan, d'un style à la fois brillant et spontané, font d'elle un des grands prosateurs du XVIIe s.

Séville, en espagnol ***Sevilla*** ■ Ville d'Espagne, capitale de la communauté autonome d'*Andalousie. 668 000 hab. *(les Sévillans).* Archevêché. Grand centre touristique, célèbre pour ses monuments (tour arabe de la *Giralda*) et ses fêtes (les *ferias*). Principal port fluvial du pays, sur le *Guadalquivir. Métallurgie. Textile. Centre important de la chrétienté sous les Romains puis sous les Wisigoths. Capitale maure des *Abbassides. Principal port de commerce avec l'Amérique du Sud du XVe au XVIIe s., évincé au XVIIIe s. par *Cadix. – Exposition universelle en 1992.

la ***Sèvre nantaise*** ■ Rivière de l'ouest de la France, affluent de la Loire. 125 km. □ *la* ***Sèvre niortaise.*** Fleuve côtier de l'ouest de la France, qui se jette dans l'Atlantique. 150 km.

Sèvres ■ Ville de France, dans la banlieue ouest de Paris. 22 100 hab. *(les Sévriens).* Manufacture nationale et musée de la céramique.

les ***Seychelles*** n. f. pl. ■ État (république) formé par un archipel de l'océan Indien au nord-est de Madagascar. Îles : Mahé, Praslin, la Digue, etc. 453 km². 67 100 hab. *(les Seychellois).* Capitale : Victoria. Langues officielles : créole, anglais, français. Monnaie : roupie des Seychelles. Le tourisme représente 90 % des ressources. D'abord françaises, les îles sont anglaises en 1814, et indépendantes en 1976. Membre du *Commonwealth.

Sfax ■ 2e ville et port de Tunisie. 232 000 hab. Métropole économique du sud du pays (phosphates, pêche).

la ***S.F.I.O., Section française de l'Internationale ouvrière*** ■ ⇒ parti **socialiste français.**

les ***Sforza*** ■ Famille italienne, ducs de Milan de 1450 à 1535.

Shaanxi ■ Province du centre de la Chine. 195 800 km². 30,4 millions d'hab. Capitale : Xian.

Shaba, anciennement ***Katanga*** ■ Province du Zaïre dénommée *Shaba* depuis 1972. Riche région minière qui tenta une sécession sous la direction de M. Tshombé (1960-1963).

Shāh Jahān ■ Empereur moghol de l'Inde (1592-1666). Il fit construire le *Tāj Mahal en souvenir de son épouse.

William ***Shakespeare*** ■ Acteur et écrivain anglais (1564-1616). Un des plus grands auteurs dramatiques de tous les temps : il conjugue une vision poétique, un réalisme populaire et truculent, le sens du tragique et de l'histoire. On regroupe traditionnellement ses 37 pièces en trois périodes : une période de jeunesse (*"Roméo et Juliette"*, tragédie ; *"la Mégère apprivoisée"*, comédie ; *"Richard II"*, drame historique) ; une période noire (les grandes tragédies : *"Hamlet"* ; *"Macbeth"* ; *"le Roi Lear"*) ; une période romanesque *("la Tempête")*.

Yitzhak ***Shamir*** ■ Homme politique israélien (né en 1915). Ministre des Affaires étrangères de 1980 à 1986, il est Premier ministre en 1983, 1984 et de 1986 à 1992. ⇒ Shimon **Peres.**

Shandong ■ ⇒ **Chantoung.**

Shanghai ou ***Chang-hai*** ■ La plus grande ville de Chine. 7,1 millions d'hab. Elle forme une zone municipale : 5 800 km² ; 12,32 millions d'hab. 1er port (sur l'estuaire du *Yangzi Jiang), 1er centre industriel et commercial du pays. Universités. Base des échanges entre l'Europe et la Chine, elle se développa au XIXe s.

le ***Shannon*** ■ Principal fleuve d'Irlande. 360 km. Il se jette dans l'Atlantique à Limerick.

Shantou ou ***Chan-t'eou*** ■ Ville et port de Chine (*Guangdong). 513 000 hab.

Shanxi ■ Province du centre de la Chine. 157 100 km². 26,6 millions d'hab. Capitale : Taiyuan.

Sharaku ■ ⇒ **Tōshūsai Sharaku.**

George Bernard ***Shaw*** ■ Écrivain et dramaturge irlandais (1856-1950). Dans ses satires vigoureuses de la société victorienne, il mêle humour et pessimisme. *"Pygmalion ;" "Androclès et le lion"*. Prix Nobel 1925.

Shawinigan ■ Ville du Québec. 23 000 hab. Industries liées à l'hydroélectricité.

Sheffield ■ Ville du nord de l'Angleterre (*Yorkshire du Sud). 477 000 hab. Un des premiers centres métallurgiques et sidérurgiques d'Europe.

Percy Bysshe ***Shelley*** ■ Poète *romantique anglais (1792-1822). Ami de *Keats et de *Byron, il célébra la révolte, l'amour et la liberté. *"Prométhée délivré"*. □ *Mary* ***Shelley*** (1797-1851), sa femme, romancière anglaise, fille de W. Godwin et de M. *Wollstonecraft. Créatrice du célèbre personnage de Frankenstein qui fabriqua un monstre androïde. *"Frankenstein ou le Prométhée moderne"*.

Shenyang, autrefois ***Mukden*** ou ***Moukden*** ■ 4e ville de Chine, capitale du *Liaoning. 4,29 millions d'hab. Puissante cité industrielle. Elle joua un rôle important dans la guerre russo-japonaise.

Thomas ***Sheraton*** ■ Ébéniste anglais. Son nom caractérise un style de mobilier (1751-1806).

Sherbrooke ■ Ville du Québec, dans l'Estrie. 74 400 hab. Agglomération de 130 000 hab. Centre de communications. Université.

Richard ***Sheridan*** ■ Auteur dramatique et homme politique anglais (1751-1816). *"L'École de la médisance"*, dénonciation de l'hypocrisie mondaine.

Sherlock Holmes ■ ⇒ Conan **Doyle.**

William ***Sherman*** ■ Général américain (1820-1891). Un des meilleurs chefs nordistes de la guerre de *Sécession.

les ***Sherpas*** ■ Peuple montagnard du *Népal. ⟨ ► sherpa ⟩

sir Charles ***Sherrington*** ■ Physiologiste anglais (1857-1952). Prix Nobel de médecine (1932) pour ses travaux sur le système nerveux.

les îles ***Shetland*** ■ Archipel et zone d'autorité insulaire écossaise, au nord de la Grande-Bretagne. 1 427 km². 22 400 hab. Chef-lieu : Lerwick (7 900 hab.). Pêche et élevage de poneys. ⟨ ► shetland ⟩

les îles ***Shetland du Sud*** ■ Archipel de l'Atlantique, dépendant du territoire de l'Antarctique britannique.

le ***shi'isme*** ■ ⇒ le **chiisme.**

Shijiazhuang ■ Ville de Chine, capitale du *Hebei. 1,19 million d'hab. Industrie textile.

Shikoku ■ Une des quatre principales îles du Japon. 18 808 km². 4,2 millions d'hab. Chef-lieu : Matsuyama. Agriculture, pêche et industries dans les plaines côtières.

Shillong ■ Ville de l'Inde, capitale du *Meghālaya. 109 000 hab.

Shimonoseki ■ Ville du Japon (*Honshū). Port important (pêche, sidérurgie). 266 000 hab.

le ***shintoïsme*** ■ Religion qui s'est développée au Japon à partir du VIIe s. av. J.-C., en liaison avec le culte des morts. Au VIe s. av. J.-C., il y eut concurrence puis amalgame avec le bouddhisme venu de Chine. Ce syncrétisme est aujourd'hui la religion traditionnelle du pays.

Shīrāz ■ ⇒ **Chirāz.**

Shiva ■ ⇒ **Śiva.**

Shizuoka ■ Ville du Japon (*Honshū). 473 000 hab.

Shkodra ou ***Shkodër,*** en italien ***Scutari*** ■ Ville d'Albanie. 76 000 hab.

Avraham ***Shlonsky*** ■ Poète israélien (1900-1973). "*Douleur, tourbillon, solitude*".

la ***Shoah*** ■ Terme hébreu désignant le génocide juif perpétré par les nazis pendant la Seconde *Guerre mondiale.

Sholāpur ■ Ville de l'Inde (*Mahārāshtra). 515 000 hab. Coton.

Shreveport ■ Ville des États-Unis (*Louisiane). 206 000 hab.

le ***Shropshire*** ■ Comté d'Angleterre, limitrophe du pays de Galles. 3 490 km². 401 000 hab. Chef-lieu : Shrewsbury (59 800 hab.).

Shubrā al-Khaymah ■ Ville d'Égypte. 533 000 hab.

le ***Siam*** ■ Ancien nom de la *Thaïlande. ‹ ▶ siamois ›

Sian ■ ⇒ **Xian.**

Sībawayh ■ Grammairien arabe (v. 750-v. 795). Auteur d'un traité fondamental de grammaire arabe.

Jean ***Sibelius*** ■ Compositeur finlandais (1865-1957). Auteur de la célèbre "*Valse triste*".

la ***Sibérie*** ■ Région de la C.É.I. (*Russie) qui s'étend de l'*Oural à l'océan Pacifique et de l'océan Arctique à l'Asie centrale. 12 764 800 km² (23 fois la France). 39,7 millions d'hab. *(les Sibériens).* Lieu de déportation sous le régime tsariste (qui en amorça la conquête au XVIIe s.), de nombreux camps d'internement (le *Goulag*) s'y trouvent encore. Les conditions naturelles (énormité des distances, rigueur du climat) rendent difficile le peuplement, encouragé par la construction du *Transsibérien au début du siècle. Mais les ressources forestières, minières (⇒ **Kouzbass**) et énergétiques sont considérables. □ *la* ***Sibérie occidentale*** est la mieux équipée, la plus urbanisée (Novossibirsk, Omsk) ; son agriculture se développe (céréales, élevage). □ *la* ***Sibérie orientale*** reste sous-exploitée, à l'exception de quelques régions minières (Krasnoïarsk, Irkoutsk, Norilsk) et des ports. □ *la* ***Sibérie d'Extrême-Orient,*** que les montagnes rendent particulièrement inhospitalière, est d'un intérêt stratégique capital (⇒ **Vladivostok,** île de **Sakhaline**) : contrôle du Pacifique, frontières avec le Japon et les États-Unis (*Alaska). ‹ ▶ sibérien ›

Sibiu ■ Ville de Roumanie (*Transylvanie). 178 000 hab. Ville historique.

Sichuan ■ Province du sud-ouest de la Chine. 569 000 km². 103,2 millions d'hab. Capitale : Chengdu.

la ***Sicile*** ■ Île italienne de la Méditerranée formant une région autonome. 25 708 km². 5,16 millions d'hab. *(les Siciliens).* Capitale : Palerme. Séparée de l'Italie continentale par le détroit de Messine. Point culminant : massif volcanique de l'Etna (3 296 m). Climat méditerranéen. Ancien grenier à blé de Rome, la Sicile est aujourd'hui un pays de pauvreté et d'émigration, malgré l'aide de l'État, l'exploitation du pétrole et le tourisme. L'État y lutte contre la mafia. ▭ **HISTOIRE.** Colonisée par les Phéniciens (IXe s. av. J.-C.) et les Grecs (VIIIe s. av. J.-C.), menacée par Carthage, la Sicile fut conquise par les Arabes (IXe s.) puis par les Normands (XIe s.). Elle devint la résidence préférée de Frédéric II Hohenstaufen. Passée à l'Aragón, elle forma avec Naples le *royaume des Deux-Siciles* (1442). ⇒ **Naples.**

Sidi bel Abbès ■ Ville de l'ouest de l'Algérie. 187 000 hab. Ancien centre de la Légion étrangère française (1843-1962). Centre agricole.

Sidi Bou Saïd ■ Ville de Tunisie, où séjournèrent de nombreux écrivains et artistes français. 19 200 hab.

sir Philip ***Sidney*** ■ Écrivain et diplomate anglais (1554-1586). "*Arcadia*".

Sidon ■ Ancienne cité phénicienne (importantes nécropoles). Aujourd'hui ***Saïda,*** au Liban. 27 400 hab.

Siegen ■ Ville d'Allemagne (*Rhénanie-du-Nord-Westphalie). 106 000 hab. Patrie de *Rubens.

André ***Siegfried*** ■ Économiste et géographe français (1875-1959). Sociologie électorale.

la ligne ***Siegfried*** ■ Fortifications allemandes érigées du Luxembourg à la frontière suisse (1936-1938).

Siemens ■ Famille d'industriels allemands.

Henryk ***Sienkiewicz*** ■ Romancier polonais (1846-1916). "*Quo Vadis ?*". Prix Nobel 1905.

Sienne, en italien ***Siena*** ■ Ville d'Italie (*Toscane). 61 300 hab. *(les Siennois).* Rivale de *Florence au Moyen Âge. Elle a gardé son architecture médiévale (place du Campo, églises, palais). ▶ *l'école* ***siennoise*** représente le mieux, avec l'école florentine de *Giotto, l'art primitif italien : tableaux religieux, aux très belles couleurs sur fond d'or, témoignant d'un souci des proportions et de la ressemblance. Son principal représentant est *Duccio di Buoninsegna (v. 1300).

la ***Sierra Leone*** ■ État (république) d'Afrique de l'Ouest, bordé par l'Atlantique. 71 740 km². 3,96 millions d'hab. *(les Sierra-Leonais).* Capitale : Freetown. Autre ville : Bo (26 000 hab.). Langue officielle : anglais. Monnaie : leone. Le sous-sol est la principale richesse : diamants, fer. ▭ **HISTOIRE.** Explorée par les Portugais dès le XVe s., la Sierra Leone fut la terre d'accueil des esclaves affranchis par les Anglais (1787), avant de devenir colonie puis protectorat britannique (1896). En 1961, elle acquit l'indépendance dans le cadre du Commonwealth.

l'abbé ***Sieyès*** ■ Révolutionnaire français (1748-1836). Sa brochure "*Qu'est-ce que le tiers état ?*" (1789) le rendit célèbre. Membre du *Directoire, il prépara le coup d'État du 18 *Brumaire mais fut supplanté par Bonaparte.

Sigebert ■ NOM DE TROIS ROIS MÉROVINGIENS □ ***Sigebert Ier*** (535-575), roi d'*Austrasie de 561 à son assassinat. □ ***Sigebert II*** (601-613). Roi de Bourgogne et d'Austrasie, il ne régna que quelques semaines avant d'être assassiné. □ ***Sigebert III*** (631-656), roi d'Austrasie (de 634 à sa mort), fils de Dagobert Ier.

Sigismond ■ NOM DE TROIS ROIS DE POLOGNE □ ***Sigismond Ier Jagellon*** (1467-1548), roi de Pologne de 1506 à sa mort. □ ***Sigismond II Auguste Jagellon*** (1520-1572), fils du précédent, roi de Pologne de 1548 à 1572. □ ***Sigismond III Vasa*** (1566-1632), neveu du précédent, roi de Pologne de 1587 à sa mort et roi de Suède de 1592 à 1599.

Sigismond de Luxembourg ■ Roi de Bohême et de Hongrie, empereur germanique (1368-1437). En 1414, il convoqua le concile de *Constance qui mit fin au *schisme d'Occident.

Paul ***Signac*** ■ Peintre et théoricien français (1863-1935). Il élabora avec *Seurat les bases théoriques du néo-impressionnisme et les mit en application.

Luca ***Signorelli*** ■ Peintre italien (v. 1450-v. 1523). Il fut l'élève de *Piero della Francesca et l'un des grands auteurs de fresques du XVe s.

Simone ***Signoret*** ■ Comédienne française (1921-1985). "*Casque d'or*", film. "*Adieu Volodia*", roman.

Norodom ***Sihanouk*** ■ ⇒ **Norodom Sihanouk.**

Angelos ***Sikelianós*** ■ Un des plus grands poètes de la Grèce moderne (1884-1951). "*Pâques grecques*".

les ***sikhs*** ■ Secte indienne à caractère religieux et politique, fondée au XVe s. par *Nānak. Aujourd'hui, ils constituent 2 % de la population indienne. La majorité vit dans le *Pendjab. Violents affrontements avec les hindous en 1984.

Si-kiang ■ ⇒ **Xijiang.**

le ***Sikkim*** ■ Petit État de l'*Himalaya, rattaché à l'Inde depuis 1975. 7 096 km². 316 000 hab. Capitale : Gangtok. Royaume fondé par des Tibétains en 1641, il fut colonisé par les Anglais au XIXe s.

Silène ■ Père nourricier de *Dionysos, dans la mythologie grecque, célèbre pour sa laideur et son ivresse.

la ***Silésie*** ■ Région d'Europe centrale partagée entre la Tchécoslovaquie (région d'*Ostrava) et la Pologne (majeure partie), où elle est divisée entre *basse Silésie* et *haute Silésie :* activités agricoles, importantes ressources minières, concentration industrielle exceptionnelle, forte concentration urbaine (*Częstochowa, *Cracovie, *Wrocław...). Disputée entre la Pologne, la Bohême et les États allemands dès le Moyen Âge, annexée par les *Habsbourg en 1526, puis par la Prusse au XVIIIe s., elle fut attribuée, pour l'essentiel, à la Pologne en 1945.

Étienne de ***Silhouette*** ■ Ministre des Finances de Louis XV (1709-1767). Les caricatures qu'on fit de lui sous forme d'ombres chinoises donnèrent le nom commun *silhouette* (France). ‹ ▶ silhouette ›

Silicon Valley ■ « La vallée du silicium », zone industrielle de l'ouest de la Californie, s'étendant de *San Jose à *San Francisco (500 km²), où est concentré l'essentiel de l'industrie électronique des États-Unis. En déclin depuis quelques années.

Frans Eemil ***Sillanpää*** ■ Écrivain finlandais (1888-1964). "*Sainte Misère*". Prix Nobel 1939.

Sillery ■ Ville du Québec, proche de Québec. 13 000 hab.

le ***Sillon*** ■ Mouvement socialiste chrétien de Marc *Sangnier. Précurseur de la démocratie chrétienne (France).

le ***Sillon alpin*** ■ Large couloir de plaines encaissé entre les *Préalpes et les *Alpes. Ville principale : Grenoble (France).

Israël ***Silvestre*** ■ Dessinateur et graveur français (1621-1691). Il travailla au service de Louis XIV.

Georges ***Simenon*** ■ Écrivain belge de langue française (1903-1989). Créateur du personnage du commissaire Maigret. Son œuvre romanesque fut immense, et souvent adaptée au cinéma.

Simferopol ■ Ville de la C.É.I. (*Ukraine), en Crimée. 344 000 hab. Centre commercial. Industries (tabac).

Georg ***Simmel*** ■ Philosophe et sociologue allemand, s'inspirant de *Kant (1858-1918).

Michel ***Simon*** ■ Comédien français d'origine suisse (1895-1975). "*Drôle de drame*" ; "*le Vieil Homme et l'Enfant*".

Claude ***Simon*** ■ Écrivain français (né en 1913). Un des principaux représentants du *nouveau roman, au style très personnel. "*La Route des Flandres*". Prix Nobel 1985.

Léopold ***Simoneau*** ■ Ténor québécois (né en 1918). Considéré comme l'un des meilleurs ténors mozartiens de son époque (⇒ P. **Alarie**).

Simon le Magicien ■ Personnage des Actes des Apôtres (⇒ **Bible**) qui voulut acheter à *Pierre le pouvoir d'évoquer le Saint-Esprit.

saint ***Simon le Zélote*** ■ Apôtre de Jésus. Il aurait été crucifié en Perse.

le ***Simplon*** ■ Passage des Alpes faisant communiquer la Suisse (*Valais) et l'Italie (*Piémont). Voies ferroviaires et routières très fréquentées.

le ***Sinaï*** ■ Péninsule montagneuse et désertique d'Égypte, à l'est du canal de Suez, qui fut le terrain de violents combats durant les guerres *israélo-arabes. Occupé par Israël en 1967, il fut remis à l'Égypte en 1982. □ *le mont* ***Sinaï.*** Ensemble montagneux de la péninsule du Sinaï où, selon la Bible, *Moïse reçut les Dix Commandements de *Yahvé.

Mimar ***Sinan*** ■ Architecte turc (1489-1588). Le plus célèbre représentant de l'époque ottomane classique. Nombreuses mosquées, notamment à *Andrinople.

Sindbad ■ Personnage des "**Mille et Une Nuits*", marin, héros d'aventures merveilleuses.

Singapour ■ État (république) d'Asie du Sud-Est, formé d'une île, reliée à la *Malaysia par un pont, et de 57 îlots. 622 km². 2,67 millions d'hab. *(les Singapouriens).* Capitale : Singapour. Langues officielles : anglais, chinois, malais, tamoul. Monnaie : dollar de Singapour. 3e port du monde. Grand centre industriel (électronique, pétrochimie, construction navale), commercial et bancaire. Occupée (1819) puis achetée par les Anglais, l'île devint une colonie britannique (1867). Elle est indépendante depuis 1965 et fait partie du *Commonwealth.

Isaac Bashevis ***Singer*** ■ Écrivain américain d'expression yiddish (1904-1991). "*Le Manoir*". Prix Nobel 1978.

le ***Sinn Féin*** ■ Mouvement nationaliste irlandais, fondé en 1902, pour lutter contre la présence anglaise. Il fut dirigé par E. *De Valera.

Sinŭiju ■ Ville de Corée du Nord. 500 000 hab.

Sion ■ Colline de Jérusalem. *Sion* désigne aussi la ville tout entière. ▶ *le* ***sionisme.*** Mouvement nationaliste juif qui se forma à la fin du XIXe s. avec *Herzl pour principal théoricien. Il revendiquait le retour des juifs du monde entier dans le pays de leurs ancêtres, la *Palestine. Cette revendication trouva son aboutissement avec la création de l'État d'*Israël en 1948. On appelle *sionistes* les partisans de l'État d'Israël.

Sion, en allemand ***Sitten*** ■ Ville de Suisse, chef-lieu du canton du *Valais. 23 000 hab.

les **Sioux** ou **Dakotas** ■ Indiens d'Amérique du Nord qui vivaient dans les grandes plaines. Ils luttèrent contre les Blancs pour garder leur terre mais furent soumis en 1890-1891.

Sioux Falls ■ Ville des États-Unis, la plus grande du *Dakota du Sud. 81 100 hab.

David Alfaro **Siqueiros** ■ Peintre mexicain (1896-1974). Peintures murales expressionnistes.

les **Sirènes** n. f. ■ Démons marins de la mythologie grecque représentés comme des femmes-oiseaux. Par leurs chants, elles attiraient les navigateurs sur les récifs puis les dévoraient. *Ulysse et les *Argonautes passèrent sans succomber à leur charme grâce à d'habiles stratagèmes. – Les sirènes à corps de poisson viennent des mythologies germaniques. ‹ ► sirène ›

Sirius ■ Étoile la plus brillante du ciel.

Alfred **Sisley** ■ Peintre anglais de l'école *impressionniste française (1839-1899).

Sisteron ■ Ville de France, en *Provence. 6 600 hab. *(les Sisteronais).* Cathédrale du XIIe s.

Sisyphe ■ Roi légendaire de *Corinthe. Après sa mort, il fut condamné à rouler éternellement, sur le versant d'une montagne, un rocher qui retombait sans cesse, d'où l'expression « rocher de Sisyphe » pour désigner une tâche interminable.

Śiva, Shiva ou **Çiva** ■ Une des trois principales divinités hindoues (⇒ **Brahmā, Vishnou**). C'est à la fois le Destructeur et le Créateur, roi de la danse ; il a trois yeux et quatre bras. Ses épouses : Durgā, Pārvatī, Kālī.

Sivas ■ Ville de Turquie. 197 000 hab. C'est l'ancienne ***Sébaste***. Monuments seldjoukides.

le groupe des **Six** ■ Compositeurs français du XXe s. : *Auric, *Honegger, *Milhaud, *Poulenc, Germaine *Tailleferre et Louis Durey (1888-1979).

la guerre des **Six-Jours** ■ ⇒ guerres **israélo-arabes.**

Sixte ■ NOM DE CINQ PAPES □ ***Sixte IV,*** élu en 1471 (1414-1484), adversaire des Médicis, fit construire la chapelle Sixtine (→ ci-dessous). □ ***Sixte V*** dit ***Sixte Quint,*** élu en 1585 (1520-1590), poursuivit l'œuvre de la *Contre-Réforme et embellit Rome. ► *la chapelle* ***Sixtine,*** chapelle du *Vatican. Fresque du "*Jugement dernier*" par *Michel-Ange.

Sjaelland ■ Principale île du Danemark : elle concentre 42 % de la population nationale et abrite la capitale du pays, Copenhague. 7 027 km².

Piotr **Skarga** ■ Le plus grand prédicateur et prosateur polonais du XVIe s. (1536-1612). Partisan de la *Contre-Réforme.

Skikda, autrefois **Philippeville** ■ Ville et port d'Algérie. 141 000 hab. Pétrochimie.

Burrhus Frederic **Skinner** ■ Psychologue américain, théoricien du comportementalisme (1904-1990).

Skopje ou **Skoplje** ■ Ville de Yougoslavie, capitale de la république fédérée de *Macédoine. 505 000 hab.

les **Slaves** ■ Groupe de peuples de souche indo-européenne, parlant des langues de même origine (russe, ukrainien, polonais, bulgare, serbe...) et occupant la majeure partie de l'Europe centrale et orientale. ‹ ► slave ›

Slough ■ Ville d'Angleterre (*Berkshire). 107 000 hab.

la **Slovaquie** ■ Une des deux républiques fédérées de la Tchécoslovaquie, avant 1992. 49 035 km². 5,26 millions d'hab. *(les Slovaques).* Capitale : Bratislava. Région montagneuse (chaîne des *Carpates) à l'économie principalement agricole. ▭ HISTOIRE. Conquise par les Hongrois au Xe s., la région passa aux Habsbourg au XVIe s. (⇒ **Hongrie**). En 1918, séparée de l'Autriche-Hongrie, la Slovaquie s'unit aux pays tchèques pour former un seul État, la *Tchécoslovaquie (avec une interruption de 1938 à 1945 pendant laquelle elle forma un État sous protectorat allemand). La Slovaquie devint l'un des deux États fédérés en 1969. Elle proclama son indépendance en 1992.

la **Slovénie** ■ République d'Europe centrale, qui fit partie de la Yougoslavie jusqu'en 1991. 20 251 km². 1,94 million d'hab. *(les Slovènes).* Capitale : Ljubljana. Ancienne principauté des *Habsbourg, fortement germanisée du XIIIe au XVe s. Elle fut intégrée au royaume des Serbes, des Croates et des Slovènes (⇒ **Yougoslavie**) en 1918. Elle proclama son indépendance en 1991.

Juliusz **Słowacki** ■ Poète *romantique et auteur dramatique polonais (1809-1849). "*Anhelli*".

Claus **Sluter** ■ Sculpteur hollandais au service des ducs de Bourgogne (v. 1350 - 1406). Le « réalisme slutérien », comme celui de *Van Eyck en peinture, eut une grande influence. Le *puits de Moïse*, près de Dijon.

Bedřich **Smetana** ■ Compositeur et patriote tchèque (1824-1884). Représentant de la musique romantique de Bohême. "*La Fiancée vendue*", opéra.

Adam **Smith** ■ Économiste écossais (1723-1790). Le père de l'économie politique. "*La Richesse des nations*" (1776).

Joseph **Smith** ■ Fondateur de la secte des *mormons (1805-1844). La secte compte aujourd'hui 5,9 millions de fidèles dans le monde. Le temple principal est à *Salt Lake City.

Smolensk ■ Ville de la C.É.I. (*Russie). 341 000 hab. Une des plus anciennes villes russes (IXe s.), monuments, remparts. Industries.

Tobias George **Smollett** ■ Romancier écossais (1721-1771). "*Les Aventures de Roderick Random*".

Smyrne, en turc **İzmir** ■ 3e ville et port de Turquie, sur la mer Égée. 1,5 million d'hab. *(les Smyrniotes).*

la **Snake River** ■ Fleuve du nord-ouest des États-Unis, affluent de la *Columbia. 1 450 km.

Willebrord **Snel Van Royen** dit **Willebrordus Snellius** ■ Astronome et mathématicien hollandais (v. 1580-1626). Il formula avant *Descartes les lois sur la réfraction de la lumière.

le **Snowdon** ■ Massif du nord-ouest du pays de Galles. Parc national où se trouve le *mont Snowdon* (1 085 m), le sommet le plus élevé d'Angleterre et du pays de Galles.

Frans **Snyders** ou **Snijders** ■ Peintre flamand (1579-1657). Natures mortes d'inspiration *baroque.

Mário **Soares** ■ Homme politique portugais (né en 1924). Premier ministre (socialiste) de 1976 à 1978 et de 1983 à 1985, élu président de la République en 1986.

la **social-démocratie** ■ Courant politique qui s'inspire d'un socialisme réformiste et modéré, respectueux des institutions. De grands partis sociaux-démocrates existent en Europe du Nord et en Allemagne.

le parti **socialiste français** ▪ Parti politique créé en 1905 comme section française de l'*Internationale ouvrière (S.F.I.O.). Les partisans d'un socialisme révolutionnaire, proches de *Lénine, s'en séparèrent, en 1920 au congrès de Tours, pour fonder le parti *communiste. Plus à gauche que le parti *radical, la S.F.I.O. soutint les gouvernements du Cartel des gauches (1924), participa à ceux du *Front populaire (1936 ; ⇒ **Blum**) et de la IVe *République. La crise de la décolonisation et l'arrivée au pouvoir du général de *Gaulle marquèrent son déclin (scission du P.S.U., parti socialiste unifié, en 1958). La S.F.I.O. fut dissoute en 1969 et remplacée par un nouveau parti socialiste (le P.S.), réorganisé par F. *Mitterrand. Ce dernier fut élu président de la République en 1981, puis en 1988. Les gouvernements socialistes de Pierre *Mauroy et Laurent *Fabius dirigèrent le pays de 1981 à 1986, ceux de Michel *Rocard, Édith *Cresson et Pierre Bérégovoy depuis 1988.

les îles de la **Société** ▪ Archipel le plus peuplé de la Polynésie française (Océanie), composé des îles du *Vent et des îles *Sous-le-Vent. 1 598 km². 145 300 hab. La principale île est *Tahiti.

la **Société des Nations** ou **S.D.N.** ▪ Organisation internationale créée en 1920 pour le maintien de la paix et le développement de la coopération entre les peuples. Remplacée en 1946 par l'*O.N.U.

Socrate ▪ Philosophe grec (470-399 av. J.-C.). Il n'a rien écrit, mais son élève Platon en a fait la figure centrale de ses "*Dialogues*", le père de la dialectique et par là de toute la philosophie, le maître de la « maïeutique » ou art d'accoucher les esprits. Personnage insaisissable, semblant douter de tout, ironique, suspect à la cité, il fut condamné à boire la ciguë pour impiété. ⇒ **Platon, Xénophon.** ‹ ▶ socratique ›

Frederick **Soddy** ▪ Chimiste britannique (1877-1956). On lui doit la notion d'isotopie. Prix Nobel 1921.

il **Sodoma** ▪ Peintre italien (1477-1549). Fresques d'un style gracieux et inquiétant, proche du *maniérisme.

Sodome ▪ Cité biblique détruite, selon la légende, avec Gomorrhe par Dieu, à cause de la dépravation de ses habitants. ‹ ▶ sodomie ›

Soekarno ▪ ⇒ **Sukarno.**

Sofia ▪ Capitale de la Bulgarie. 1,13 million d'hab. Grand centre commercial et premier centre industriel du pays.

Soho ▪ Un des quartiers les plus animés du centre de Londres.

Shihāboddīn Yahyā **Sohrawardī** ▪ Philosophe et mystique iranien *chiite, le maître de la théosophie orientale (1155-1191).

la route de la **soie** ▪ Piste caravanière qui reliait, du IIe s. av. J.-C. au XIIIe s., la Chine (Xian, Canton) à l'Europe (Odessa, Constantinople). Elle était jalonnée de caravansérails (Samarkand, Tachkent, Boukhara) et fut une voie d'échanges entre les civilisations européenne et extrême-orientale.

Soissons ▪ Ville de France, au nord de Paris. 32 100 hab. *(les Soissonnais).* Monuments (XIIIe et XVe s.). Victoire de Clovis (486), à laquelle est liée l'anecdote du vase de Soissons. Ancienne capitale de la *Neustrie.

Sokodé ▪ Ville du Togo. 48 100 hab. Égrenage du kapok et du coton.

le **Soldat inconnu** ▪ Soldat d'identité inconnue, mort pendant la Première Guerre mondiale, dont les cendres ont été transférées sous l'arc de triomphe de Paris, le 11 novembre 1920, afin d'honorer tous les soldats de l'armée française morts pendant ce conflit. Plusieurs nations imitèrent cet exemple.

le **Soleil** ▪ Astre autour duquel gravitent les planètes du système solaire : en s'éloignant, Mercure, Vénus, la Terre, Mars, Jupiter, Saturne, Uranus, Neptune et Pluton, plus des petites planètes et astéroïdes. Son diamètre est de 1,39 million de km. Situé à 150 millions de km de la Terre, le Soleil est une étoile jaune, sphère de gaz incandescent. La température du noyau atteint 15 millions de degrés, celle de la couronne 1 million de degrés. Les taches sombres découvertes par *Galilée sont des zones moins chaudes. Le Soleil serait vieux de 5 milliards d'années. Parce qu'il est l'astre le plus brillant de notre ciel, celui qui donne la lumière et la chaleur, qui règle l'alternance du jour et de la nuit, il fut adoré et vénéré dans de nombreuses religions (⇒ **Phébus, Rê**).

l'abbaye de **Solesmes** ▪ Abbaye bénédictine française (dans la région Pays de la *Loire), à la tête de la Congrégation bénédictine de France. Foyer de la redécouverte du chant grégorien au XIXe s.

Soleure, en allemand **Solothurn** ▪ Ville de Suisse. 15 600 hab. □ *le canton de* **Soleure.** 791 km². 221 000 hab. Chef-lieu : Soleure.

Solferino ▪ Village d'Italie, en *Lombardie. L'armée française y remporta une victoire (peu décisive) sur les Autrichiens, en juin 1859.

Solidarność ▪ « Solidarité », union de syndicats polonais (Gdańsk, 1980), présidée par Lech *Wałęsa, mise hors la loi (1982-1989), puis associée au gouvernement de la Pologne.

Soliman le Magnifique ▪ Sultan ottoman de 1520 à sa mort (v. 1494-1566). Fils de *Sélim Ier. Grand conquérant, bâtisseur (⇒ **Sinan**) et législateur. Sous son règne, l'empire connut la période la plus riche de son histoire.

Solingen ▪ Ville d'Allemagne (*Rhénanie-du-Nord-Westphalie), dans la *Ruhr. 159 000 hab. Coutellerie.

Alexandre **Soljenitsyne** ▪ Écrivain soviétique (né en 1918). À travers la description des prisons politiques, son œuvre dénonce le régime de *Staline et le matérialisme. Prix Nobel 1970. Expulsé d'U.R.S.S. et déchu de sa nationalité en 1974, il s'établit aux États-Unis. "*Une journée d'Ivan Denissovitch*" ; "*l'Archipel du Goulag*".

Philippe **Sollers** ▪ Écrivain français (né en 1936). Fondateur de la revue *Tel quel.* Œuvre d'avant-garde *("H").* Romans *("Femmes").*

la **Sologne** ▪ Région sableuse et argileuse française du sud du Bassin *parisien, habitée par *les Solognots.* Chasse et pêche.

le comte **Solomós** ▪ Poète grec (1798-1857). Son "*Hymne à la liberté*" est devenu l'hymne national de la Grèce moderne.

Solon ▪ Législateur athénien (v. 640 - v. 558 av. J.-C.). Son nom est attaché aux réformes qui permirent l'essor d'Athènes et la mise en place de la démocratie.

la **Somalie** ▪ État (république démocratique) du nord-est de l'Afrique. Elle dispute à l'Éthiopie la région frontière d'*Ogaden. 637 657 km². 7,34 millions d'hab. *(les Somaliens).* Capitale : Mogadiscio. Langues officielles : somali, arabe. Religion officielle : islam. Monnaie : shilling somali. Pays de savane où domine l'élevage nomade. Cultures tropicales. Ancienne colonie partagée entre le Royaume-Uni et l'Italie, devenue entièrement britannique en 1941, puis placée sous administration italienne en 1950, elle est indépendante depuis 1960. Le régime militaire, au pouvoir depuis 1969, fut renversé en 1991 après une violente guerre civile.

le ***Somerset*** ■ Comté du sud-ouest de l'Angleterre. 3 458 km². 458 000 hab. Chef-lieu : Taunton (45 000 hab.). Région laitière et touristique.

la ***Somme*** ■ Fleuve français de *Picardie, qui se jette dans la *Manche (estuaire de la *baie de Somme*). 245 km. Il a donné son nom à un département. □ *les batailles de la* ***Somme*** (1916, 1940).

les îles de la ***Sonde*** ■ Îles formant l'Indonésie dont *Java, *Sumatra et les îles *Célèbes sont les principales. L'île de *Bornéo, partagée entre la Malaysia et l'Indonésie (*Kalimantan), en fait également partie.

le ***Sonderbund*** ■ Ligue séparatiste formée par les cantons suisses catholiques contre la majorité parlementaire, anticléricale, de la Confédération (1845). Vaincue par les troupes fédérales du général *Dufour (1847), elle fut dissoute.

les ***Song*** ■ Dynastie chinoise qui régna de 960 à 1279. ⇒ **Chine.**

les ***Songhaïs*** ou ***Sonrhaïs*** ■ Peuple d'Afrique occidentale, métissé de Peuls et de Touaregs. Ils fondèrent un royaume, avec *Gao pour capitale, qui devint un empire et fut anéanti par les Marocains à la fin du XVIe s.

Sophocle ■ Poète tragique grec (496 - 406 av. J.-C.). Il porta la tragédie grecque à son plus haut degré de perfection en modifiant la technique dramatique (nombre d'acteurs, rôle du chœur). Il ne reste de lui que huit pièces : "*Ajax*" ; "*Antigone*" ; "*Œdipe Roi*" ; "*les Limiers*" ; "*Électre*" ; "*les Trachiniennes*" ; "*Philoctète*" ; "*Œdipe à Colone*".

la ***Sorbonne*** ■ Établissement public d'enseignement supérieur, à Paris, partagé en plusieurs universités. Créée en 1257 par Robert de Sorbon (1201-1274) pour l'enseignement de la théologie, elle fit office de tribunal ecclésiastique jusqu'au XVIIIe s.

Agnès ***Sorel*** ■ Favorite du roi de France Charles VII (1422-1450).

Charles ***Sorel*** ■ Écrivain français (1602-1674). "*La Vraie Histoire comique de Francion*", chef-d'œuvre du burlesque.

Georges ***Sorel*** ■ Publiciste français (1847-1922). Il collabora à plusieurs revues socialistes. Sa pensée influença le syndicalisme révolutionnaire mais fut également utilisée par des mouvements plus réactionnaires, en particulier le fascisme italien. "*Réflexions sur la violence*".

Sorel ■ Ville et port du Québec, à l'embouchure de la rivière Richelieu. 20 500 hab. Industrie navale.

Søren ***Sørensen*** ■ Chimiste danois (1868-1939). On lui doit l'échelle de pH, mesure de l'acidité.

Sorrente ■ Ville d'Italie (*Campanie), célèbre pour son site admirable. 17 300 hab.

Sosnowiec ■ Ville de Pologne, en *Silésie. 260 000 hab.

Sotchi ■ Ville et port de la C.É.I. (*Russie), sur la mer Noire. 337 000 hab. Station balnéaire.

la ***Souabe,*** en allemand ***Schwaben*** ■ Région historique d'Allemagne, aujourd'hui partagée entre la *Bavière et le *Bade-Wurtemberg. Érigée en duché au VIe s., la Souabe passa à la famille des *Hohenstaufen. Alliée de l'Autriche au XVIe s., elle fut démantelée au traité de Westphalie (⇒ guerre de **Trente Ans**). ▶ *le bassin de* ***Souabe-Franconie,*** bassin sédimentaire d'Allemagne, s'étendant de la Forêt-Noire à la forêt de *Bohême. Partagé entre la Bavière, le Bade-Wurtemberg et la *Hesse.

le ***Soudan*** ■ État (république) du nord-est de l'Afrique, occupant la région du haut Nil et bordé par la mer Rouge. 2 503 890 km² (le plus vaste pays d'Afrique). 27,27 millions d'hab. (*les Soudanais*). Capitale : Khartoum. Langue officielle : arabe. Religion officielle : islam. Monnaie : livre soudanaise. Arabes et Berbères dans le Nord, Noirs dans le Sud. Élevage et culture irriguée. Exportation de coton. ▭ **HISTOIRE.** Dans l'Antiquité, le pays fut sous l'influence de l'Égypte pharaonique. Christianisé au VIe s. puis islamisé au XVe s., il fut conquis par *Méhémet-Ali en 1820, mais se souleva contre la domination anglo-égyptienne v. 1880 (⇒ **Mahdī**). Vaincu, il ne devint indépendant qu'en 1956. Sous régime militaire, le pays est en proie à de graves difficultés résultant de la diversité ethnique et religieuse de la population qui le compose.

le ***Soudan*** ou ***zone soudanaise*** ■ Région climatique de l'Afrique qui fait la transition entre le *Sahel et la zone équatoriale humide.

le ***Soudan français*** ■ Nom du *Mali avant son indépendance.

Germain ***Soufflot*** ■ Architecte français (1713-1780). *Le Panthéon, à Paris, premier monument du *néo-classicisme français.

le ***soufisme*** ■ Courant mystique musulman apparu au VIIe s. Plus qu'une doctrine, c'est un style de vie et de pensée, fondé sur le *Coran. La littérature soufie est très importante (les grands poètes soufis : *Ibn al-Fāriḍ, *Ibn al-'Arabī).

la ***Soufrière*** ■ Volcan de l'île française de la Guadeloupe (Basse-Terre). 1 484 m.

Soukhoumi ■ Ville de *Géorgie, capitale de la république autonome d'*Abkhazie et port sur la mer Noire. 121 000 hab.

Pierre ***Soulages*** ■ Peintre français (né en 1919). Œuvre abstraite fondée sur l'utilisation presque exclusive des noirs et de la ligne.

Nicolas Jean de Dieu ***Soult*** *duc de Dalmatie* ■ Maréchal de France (1769-1851). Il s'illustra à *Austerlitz. Président du Conseil sous la *monarchie de Juillet.

Soumgaït ■ Ville de la C.É.I. (*Azerbaïdjan). 248 000 hab. Complexe chimique et industriel.

Philippe ***Soupault*** ■ Écrivain *surréaliste français (1897-1990). "*Les Champs magnétiques*", écrits avec Breton.

les îles ***Sous-le-Vent*** ■ Ensemble d'îles appartenant au groupe des Petites *Antilles et comprenant, au nord, les îles *Vierges, *Anguilla, *Saint Christopher and Nevis, *Antigua et Barbuda, *Montserrat ; au sud, les îles situées au large des côtes vénézuéliennes dont une partie est néerlandaise (*Aruba, Bonaire, *Curaçao) et l'autre vénézuélienne.

les îles ***Sous-le-Vent*** ■ Archipel de la *Polynésie française (Océanie) formant, avec les îles du *Vent, l'archipel de la *Société. 404 km². 22 200 hab. Chef-lieu : Uturoa.

Sousse ■ Ville et port de Tunisie. 85 300 hab. Olives. Station balnéaire.

Jacques ***Soustelle*** ■ Homme politique et ethnologue français, grand spécialiste du Mexique (1912-1990). Il prit position pour l'Algérie française.

Southampton ■ Ville d'Angleterre (*Hampshire), important port de commerce et de voyageurs sur la Manche. 215 000 hab.

South Bend ■ Ville des États-Unis (*Indiana). 110 000 hab.

Southend-on-Sea ■ Ville d'Angleterre (*Essex), station balnéaire proche de Londres. 157 000 hab.

Southport ■ Ville, port et station balnéaire du nord-ouest de l'Angleterre (*Merseyside). 91 000 hab. Terrains de golf réputés.

Chaïm ***Soutine*** ■ Peintre français d'origine lituanienne (1894-1943). Il a pratiqué un *expressionnisme violent et tourmenté. Portraits.

Alexandre ***Souvorov*** ■ Maréchal russe (1729-1800). Vainqueur de *Pougatchev (1775) et des Français en Italie du Nord (1799).

Soweto ■ Agglomération d'Afrique du Sud, réservée aux Noirs, dans la banlieue de Johannesburg. 864 000 hab.

Wole ***Soyinka*** ■ Écrivain africain d'expression anglaise (né en 1934). Le premier écrivain noir à recevoir le prix Nobel (1986). "*Une saison d'anomie*".

Spa ■ Commune de Belgique (province de *Liège). 9 600 hab. Station thermale réputée.

Paul Henri ***Spaak*** ■ Homme politique belge (1899-1972). Il participa à la construction de l'Europe (⇒ **C.E.E.**).

Spanish Town ■ Ville de Jamaïque. 89 100 hab.

Spartacus ■ Chef de la grande révolte d'esclaves contre Rome (mort en 71 av. J.-C.). Ancien berger, échappé d'une école de gladiateurs, il leva une armée mais fut vaincu par *Crassus et tué. Son personnage est un symbole révolutionnaire.

Spartakus ■ Groupe de socialistes allemands (K. *Liebknecht, R. *Luxemburg...) qui, lors de la Première Guerre mondiale, se séparèrent de la social-démocratie. En décembre 1918, cette ligue devint le parti communiste allemand et tenta, en 1919, une insurrection à Berlin qui fut durement réprimée.

Sparte ou ***Lacédémone*** ■ Ville de la Grèce antique dans le Péloponnèse, fondée par les *Doriens au IXe s. av. J.-C. Les ***Spartiates,*** organisés suivant une stricte discipline militaire, eurent une politique d'expansion qui fit de leur ville une puissante cité. Au Ve s. av. J.-C., elle entra en conflit avec Athènes (⇒ guerre du **Péloponnèse**) et en sortit victorieuse. Mais sa prédominance sur le monde grec prit fin au IVe s. av. J.-C. ‹ ▶ spartiate, spartiates ›

Herbert ***Spencer*** ■ Philosophe anglais (1820-1903). Anthropologie évolutionniste.

Oswald ***Spengler*** ■ Philosophe allemand (1880-1936). Sa vision pessimiste de l'histoire a été utilisée abusivement par l'idéologie *nazie.

Edmund ***Spenser*** ■ Poète anglais (v. 1552-1599). La construction de la "*Reine des fées*" influencera *Keats, *Shelley et *Byron.

Olga ***Spessivtseva*** ■ Danseuse russe (1895-1991). Elle appartenait à la troupe des Ballets russes de *Diaghilev.

La ***Spezia*** ■ Ville et port d'Italie en *Ligurie. 106 000 hab. Raffinage de pétrole.

le ***Sphinx*** ■ Monstre fabuleux de la mythologie égyptienne, formé d'un corps de lion et d'une tête humaine. Sa plus célèbre représentation se trouve en Égypte, à proximité des pyramides de *Gizeh. Il devint la *sphynge* dans la mythologie grecque. ‹ ▶ ① et ② sphinx ›

Léon ***Spilliaert*** ■ Peintre belge (1881-1946). Autodidacte, proche du symbolisme belge et de l'expressionnisme de *Munch.

António Ribeiro de ***Spínola*** ■ Maréchal et homme politique portugais (né en 1910). Organisateur du coup d'État d'avril 1974 qui le porta à la présidence, il dut démissionner cinq mois plus tard et s'exiler. Revenu en 1976, il fut promu maréchal en 1981.

Baruch ***Spinoza*** ■ Philosophe hollandais (1632-1677). Exclu de la communauté juive en raison de ses positions rationalistes, esprit solitaire et indépendant, critique de *Descartes. Son approche des textes sacrés et des croyances annonce l'exégèse scientifique et la notion d'idéologie. Son ouvrage majeur, "*l'Éthique*", est d'interprétation difficile : on a vu successivement dans le *spinozisme* une forme d'athéisme ou un panthéisme.

Carl ***Spitteler*** ■ Poète suisse d'expression allemande (1845-1924). Prix Nobel en 1919.

Split, en italien ***Spalato*** ■ Ville et port de *Croatie, en *Dalmatie. 181 000 hab. Palais romain de Dioclétien.

le col de ***Splügen*** ■ Col des Alpes entre la Suisse (*Grisons) et l'Italie (*Lombardie). 2 117 m.

Ludwig ***Spohr*** ■ Violoniste, compositeur et chef d'orchestre allemand (1784-1859).

Spokane ■ Ville des États-Unis (État de *Washington). 171 000 hab. Région agricole.

Jean de ***Sponde*** ■ Humaniste et poète français (1557-1595). Poésie baroque.

Gaspare ***Spontini*** ■ Compositeur italien (1774-1851). "*La Vestale*", opéra.

les ***Sporades*** n. f. pl. ■ Îles grecques de la mer Égée.

Spoutnik ■ Nom donné aux trois premiers satellites artificiels soviétiques. Spoutnik 1, lancé en 1957, fut le premier satellite artificiel de la Terre.

Bartholomeus ***Spranger*** ■ Peintre *maniériste flamand (1546-1611). Il travailla à Rome, Paris, Vienne et Prague.

Springfield ■ Ville des États-Unis, capitale de l'*Illinois. 99 600 hab.

Springfield ■ Ville des États-Unis (*Massachusetts). 151 000 hab.

Springfield ■ Ville des États-Unis (*Missouri). 133 000 hab.

Sri Jayawardenapura ■ Capitale législative et judiciaire du Sri Lanka. 106 000 hab.

le ***Sri Lanka,*** autrefois ***Ceylan*** ■ État (république socialiste démocratique) d'Asie du Sud, dans l'île de Sri Lanka séparée de l'Inde par le détroit de *Palk. 65 610 km². 16,84 millions d'hab. *(les Sri Lankais).* Capitales : Colombo (administrative), Sri Jayawardenapura (législative et judiciaire). Langues officielles : cingalais, tamoul. Monnaie : roupie de Sri Lanka. Économie essentiellement agricole : riz, thé (3e producteur mondial), latex. ▭ **HISTOIRE.** Très prospère au XIIe s., le royaume cingalais, fondé au Ve s. av. J.-C., fut colonisé par les Portugais (XVIe s.), puis par les

Hollandais (XVIIe s.), enfin par les Britanniques (paix d'Amiens, 1802). Indépendant depuis 1948, le pays a pris le nom de Ceylan jusqu'en 1972. Il souffre de conflits ethniques (Tamouls et Cingalais), guerre désastreuse qui fait reculer le tourisme et les exportations. En 1987, une intervention militaire indienne, à la demande du Sri Lanka, tenta de mettre un terme à ces affrontements mais elle fut un échec (retrait en 1990).

Srīnagar ■ Ville de l'Inde, capitale de l'État de *Jammu et *Cachemire. 595 000 hab.

la ***S. S., Schutzstaffel*** ■ « Section de protection », police militarisée du parti *nazi. Elle supplanta la *S. A. en 1934. Créées en 1940, les *Waffen S. S.* étaient des unités militaires d'élite ; leurs méthodes férocement impitoyables de combat et de répression en ont fait un symbole de barbarie.

Madame de ***Staël*** ■ Écrivaine française, fille de *Necker (1766-1817). Elle tint un salon littéraire et politique célèbre sous la Révolution et la Restauration. Son livre "*De l'Allemagne*" (⇒ **Schlegel**) eut une grande influence sur le romantisme français.

Nicolas de ***Staël*** ■ Peintre français d'origine russe (1914-1955). Il a suivi une ligne très personnelle, à mi-chemin de l'abstrait et du figuratif, travaillant surtout la matière picturale et le rythme.

Staffordshire ■ Comté d'Angleterre, dans les *Midlands. 2 716 km². 1,03 million d'hab. Chef-lieu : Stafford (55 500 hab.).

Georg Ernst ***Stahl*** ■ Chimiste allemand (1660-1734). Sa théorie du « phlogistique » est la première systématisation cohérente de la chimie. Elle sera réfutée par *Lavoisier.

Joseph Djougachvili dit ***Staline*** ■ Homme politique soviétique, de nationalité géorgienne (1879-1953). Successeur de *Lénine (1924), il devint le maître absolu du pays, l'organisant et le développant par la force, écartant *Trotski, faisant exécuter ou déporter ses rivaux et opposants (*purges staliniennes,* ⇒ **Kirov, Kamenev, Zinoviev, Boukharine**). Allié, puis grand adversaire de Hitler, il obtint en 1945, après la victoire, l'hégémonie sur les pays de l'Europe de l'Est (⇒ **Yalta**). Il engagea l'U.R.S.S. dans la *guerre froide. Il fut l'objet d'un culte de la personnalité qui fut critiqué après sa mort par *Khrouchtchev (« déstalinisation »), puis par *Gorbatchev qui entreprit une campagne de réhabilitation des anciens opposants. Son nom caractérise les abus autocratiques extrêmes du socialisme léniniste. ‹ ► stalinien, stalinisme ›

Stalingrad ■ Nom de *Volgograd de 1925 à 1961. ► *la bataille de* ***Stalingrad*** (août 1942 - février 1943) marqua le début des victoires soviétiques sur l'Allemagne nazie.

Stamford ■ Ville des États-Unis (*Connecticut), port près de New York. 102 000 hab. Université. Recherches chimiques.

saint ***Stanislas*** ■ Évêque de Cracovie (1030-1079). Il fut assassiné. Canonisé en tant que patron de la Pologne.

Konstantin ***Stanislavski*** ■ Homme de théâtre soviétique, l'un des initiateurs de la mise en scène moderne (1863-1938). "*La Formation de l'acteur*".

Stanisław Ier Leszczyński ■ Roi de Pologne (1677-1766). Chassé par Auguste II en 1709, soutenu par son gendre Louis XV dans la guerre de *Succession de la Pologne (1733), il fut vaincu et reçut les duchés de Bar et de Lorraine en 1738 (⇒ **Nancy**). À sa mort, les duchés passèrent à la France.

sir Henry Morton ***Stanley*** ■ Explorateur britannique (1841-1904). Il retrouva *Livingstone au Tanganyika.

Wendell Meredith ***Stanley*** ■ Biochimiste américain (1904-1971). Prix Nobel 1946 pour ses travaux fondamentaux en virologie.

Stanleyville ■ ⇒ **Kisangani.**

Stara Zagora ■ Ville de Bulgarie. 156 000 hab. Centre commercial, culturel et industriel.

Staten Island ■ Île des États-Unis. Un des cinq districts *(borough)* de *New York. 352 000 hab.

le comte von ***Stauffenberg*** ■ Officier allemand (1907-1944). Il participa au complot manqué contre *Hitler (20 juillet 1944) et fut exécuté.

Stavanger ■ Ville de Norvège. 97 100 hab. Port.

l'affaire ***Stavisky*** ■ Scandale financier et politique de la IIIe République au cœur duquel se trouvait Serge **Stavisky**, homme d'affaires français véreux (1886-1934). Il déboucha sur la manifestation antiparlementaire du 6 février 1934 et contribua à discréditer le régime.

Stavropol ■ Ville de la C.É.I. (*Russie). 318 000 hab. Industries.

sir Richard ***Steele*** ■ Journaliste, écrivain et homme politique irlandais (1672-1729). ⇒ **Addison.**

Jan ***Steen*** ■ Peintre hollandais (1626-1679). Il représenta surtout des scènes de la vie populaire, dans la tradition de l'école *flamande.

Josef ***Stefan*** ■ Physicien autrichien (1835-1893). Théorie du rayonnement.

Vilhjalmin ***Stefansson*** ■ Explorateur canadien (1879-1962). Considéré comme l'un des plus grands spécialistes du monde arctique.

Gertrude ***Stein*** ■ Écrivaine américaine (1874-1946). Établie à Paris, elle défendit les peintres d'avant-garde et soutint les jeunes écrivains. "*Autobiographie d'Alice B. Toklas*".

John ***Steinbeck*** ■ Romancier américain (1902-1968). Il décrit avec réalisme l'inhumanité des mutations économiques. "*Les Raisins de la colère*" ; "*À l'est d'Éden*" ; "*Des souris et des hommes*". Prix Nobel 1962.

Jakob ***Steiner*** ■ Mathématicien suisse (1796-1863). Un des créateurs de la géométrie projective (⇒ **Poncelet**).

Rudolf ***Steiner*** ■ Philosophe et pédagogue autrichien (1861-1925). Il a nommé *anthroposophie* sa doctrine spiritualiste.

Ernst ***Steinitz*** ■ Mathématicien allemand (1871-1928). Un des fondateurs de l'algèbre moderne (théorie des corps).

Théophile ***Steinlen*** ■ Dessinateur et peintre français (1859-1923). Illustrations d'ouvrages et affiches.

Henri Beyle dit ***Stendhal*** ■ Écrivain français (1783-1842). Après une carrière dans la Grande Armée, passionné par l'Italie et influencé par le romantisme, il écrivit des essais *("De l'amour")* et des romans célèbres pour leur réalisme psychologique, leur critique de la société libérale et leur style incisif : "*Le Rouge et le Noir*" ; "*Lucien Leuwen*" ; "*la Chartreuse de Parme*". Œuvres autobiographiques.

Stentor ■ Personnage de l'"**Iliade*", mentionné pour l'ampleur de sa voix. ‹ ► stentor ›

George ***Stephenson*** ■ Ingénieur anglais (1781-1848). Pionnier des chemins de fer.

William Samuel **Stephenson** ■ Inventeur canadien (1896-1989). Inventeur du procédé de transmission sans fil de photographies.

Daniel **Stern** ■ Pseudonyme de Marie d'*Agoult.

Isaac **Stern** ■ Violoniste russe naturalisé américain (né en 1920).

Josef von **Sternberg** ■ Cinéaste américain, d'origine autrichienne (1894-1969). "*L'Ange bleu*", "*l'Impératrice rouge*", avec Marlène *Dietrich.

Laurence **Sterne** ■ Romancier anglais (1713-1768). Un des premiers à transformer la forme narrative classique. "*Vie et opinions de Tristram Shandy*" ; "*Voyage sentimental*".

Robert Louis Balfour dit **Stevenson** ■ Écrivain britannique (1850-1894). Romans d'aventures écrits dans un style admirable. "*L'Île au trésor*" ; "*Docteur Jekyll et Mr. Hyde*".

Stif ou **Sétif** ■ Ville d'Algérie. 187 000 hab.

Max **Stirner** ■ Philosophe allemand (1806-1856). Son principal ouvrage *("l'Unique et sa propriété")* est une critique du libéralisme politique, social et humain.

Karlheinz **Stockhausen** ■ Compositeur allemand (né en 1928). L'un des chefs de file, avec *Boulez, de l'avant-garde musicale contemporaine. "*Klavierstücke*".

Stockholm ■ Capitale de la Suède. 669 000 hab. Résidence royale (château du XVIIe s., sépultures). Métropole administrative, industrielle et commerciale. Port de commerce important, relié autrefois à la *Hanse.

Stockport ■ Ville d'Angleterre (Grand *Manchester). 137 000 hab.

Stockton ■ Ville des États-Unis (*Californie). 150 000 hab.

Jean Nicolas **Stofflet** ■ Chef vendéen contre-révolutionnaire (1753-1796). Il participa à la prise de Cholet (1793), puis fut capturé et exécuté (France).

le **stoïcisme** ■ Une des principales écoles de pensée de l'Antiquité, celle des ***stoïciens***. Né en Grèce au IIIe s. av. J.-C. (Zénon, Cléanthe, Chrysippe), transporté à Rome par Panetius et Posidonius (IIe s. av. J.-C.), le stoïcisme imprégna complètement la culture latine avec *Sénèque, *Épictète et *Marc Aurèle (Ier - IIe s. après J.-C.). À travers l'influence de *Cicéron, puis celle de *Montaigne, il n'a cessé de marquer la littérature et la philosophie occidentales. Il désigne à la fois une doctrine très technique (physique, logique redécouverte par *Łukasiewicz) et une morale où la conscience cherche à faire la part du déterminisme et à l'admettre dans la vie. Aussi le mot a-t-il pris un sens plus large. ‹ ▶ stoïque ›

Stoke-on-Trent ■ Ville d'Angleterre (*Staffordshire), dans les *Midlands. 275 000 hab. Poteries et porcelaines.

Bram **Stoker** ■ Écrivain irlandais (1847-1912). "*Dracula*", histoire romancée du comte Vlad Tepeş (« l'empaleur »), prince roumain du XVe s., guerrier nationaliste et tyran cruel, dont on fit un vampire.

sir George Gabriel **Stokes** ■ Physicien et mathématicien irlandais (1819-1903). Loi de la viscosité. Théorie de la fluorescence.

Piotr **Stolypine** ■ Homme politique russe (1862-1911). Premier ministre de Nicolas II, il procéda à de profondes réformes, notamment agraires, avant d'être assassiné.

Stonehenge ■ Le plus important site mégalithique (protohistorique) de Grande-Bretagne (sud de l'Angleterre, dans le comté du *Wiltshire).

Strabon ■ Historien et géographe grec (v. 60 av. J.-C. - v. 25). On ne connaît que sa "*Géographie*".

Antonio **Stradivari** dit **Stradivarius** ■ Le plus célèbre luthier italien (v. 1644-1737).

Strasbourg ■ Ville de l'est de la France, préfecture de la région *Alsace. 255 900 hab. *(les Strasbourgeois).* Siège du Conseil de l'Europe et de l'Assemblée européenne (⇒ **C.E.E.**). Ville universitaire. Cathédrale en grès rose (XIIe - XVe s.). Palais des Rohan. Port actif sur le Rhin. Centre industriel (industries métallurgique et alimentaire) et touristique (quartiers pittoresques). ▭ **HISTOIRE.** Ville germanique à partir de 855, elle est réunie à la France en 1681, puis sous domination allemande de 1870 à 1918. Important foyer de l'*humanisme et de la *Réforme, où *Gutenberg mit au point la technique de l'imprimerie (v. 1450).

les **Stratèges** n. m. pl. ■ Institution politique de l'Athènes antique. Au nombre de dix, ils étaient élus par l'*Ecclésia pour commander l'armée et appliquer les lois.

Stratford ■ Ville de l'Ontario. 26 500 hab. Théâtre shakespearien.

Stratford-upon-Avon ■ Ville d'Angleterre (*Warwickshire), où naquit *Shakespeare. 24 000 hab. Festival de théâtre.

le **Strathclyde** ■ Région administrative du centre-ouest de l'Écosse. 13 856 km². 2,32 millions d'hab. Chef-lieu : Glasgow.

Johann **Strauss** ■ Compositeur autrichien (1804-1849). Auteur de nombreuses valses, polkas et de "*la Marche de Radetzky*". □ *Johann* **Strauss** (1825-1899), son fils. Compositeur célèbre pour ses valses *("le Beau Danube bleu")*, ses opérettes *("la Chauve-Souris")*.

Richard **Strauss** ■ Compositeur allemand (1864-1949). Il utilisa toutes les possibilités de l'orchestre wagnérien, créant une musique d'une grande richesse mélodique. Poèmes symphoniques. "*Le Chevalier à la rose*", "*Salomé*", opéras.

Igor **Stravinski** ■ Compositeur russe, naturalisé français puis américain (1882-1971). Le musicien le plus célèbre du début du XXe s. Sa musique est à l'égal de sa personnalité : sans cesse en renouvellement. Ses premières œuvres firent scandale ("*le Sacre du printemps*", 1913). Il composa des ballets *("l'Oiseau de feu" ; "Petrouchka")*, des opéras *("Œdipus Rex")*, des œuvres symphoniques et de la musique de chambre.

Gustav **Stresemann** ■ Homme politique allemand (1878-1929). Ministre des Affaires étrangères de 1923 à sa mort. Il favorisa le rapprochement avec la France (*Briand), signa le pacte Briand-*Kellogg (1928). Prix Nobel de la paix 1926.

August **Strindberg** ■ Auteur dramatique suédois (1849-1912). Il passa du *naturalisme *("Mademoiselle Julie")* au mysticisme *("le Songe")*. Son œuvre fait le constat de la décadence d'une civilisation *("la Danse de mort")*.

Erich von **Stroheim** ■ Réalisateur et acteur autrichien naturalisé américain (1885-1957). Un des grands cinéastes de l'époque du muet *("les Rapaces")*, puis comédien du cinéma parlant *("la Grande Illusion")*.

Stromboli ■ Une des îles Éoliennes, au nord de la Sicile. Volcan en activité.

John ***Stuart Mill*** ■ ⇒ John Stuart **Mill.**

les ***Stuarts*** ■ Famille qui régna sur l'Écosse de 1371 à 1714 (avec Robert II, Robert III, Jacques Ier, Jacques II, Jacques III, Jacques IV, Jacques V, Marie Ire Stuart) et sur l'Angleterre de 1603 à 1714 (avec Jacques Ier, Charles Ier, Charles II, Jacques II, Marie II Stuart et Anne Stuart). Les Stuarts succédèrent aux Tudors.

le ***Sturm und Drang*** ■ « Tempête et élan », mouvement littéraire allemand (1770-1790). Influencé par *Rousseau, il marque le début du *romantisme. ⇒ **Klinger, Goethe, Lenz, Schiller.**

Stuttgart ■ Ville d'Allemagne, capitale du *Bade-Wurtemberg, sur le *Neckar. Port fluvial. 552 000 hab. Centre industriel (automobile, électronique), administratif et intellectuel.

la ***Styrie,*** en allemand ***Steiermark*** ■ État (land) d'Autriche méridionale. 16 387 km². 1,18 million d'hab. Capitale : Graz. Productions agricoles. Richesses minières.

le ***Styx*** ■ Un des fleuves des Enfers dans la mythologie grecque.

les guerres de ***Succession*** ■ Guerres déclenchées à la mort d'un souverain, éclatant entre les différents prétendants à sa succession et leurs alliés. □ *la guerre de* ***Succession d'Autriche*** (1740-1748). Les puissances européennes refusant de reconnaître la « pragmatique sanction » des *Habsbourg, selon laquelle la fille unique de Charles VI, *Marie-Thérèse, devait lui succéder, cette dernière combattit Charles VII et réussit à l'évincer. □ *la guerre de* ***Succession d'Espagne*** (1701-1714) opposa la France et l'Espagne à une coalition européenne, et aboutit à la reconnaissance de *Philippe V. □ *la guerre de* ***Succession de Pologne*** (1733-1738), provoquée par l'élection au trône de *Stanisław Leszczyński, soutenu par la France, opposa ce dernier à Auguste III de Saxe et ses alliés austro-russes, qui l'emportèrent.

Antonio José de ***Sucre*** ■ Patriote vénézuélien (1795-1830). Il lutta pour l'indépendance de l'Amérique du Sud aux côtés de *Bolívar. Président de la Bolivie de 1826 à 1828.

Sucre ■ Capitale constitutionnelle de la Bolivie. 96 000 hab. Le siège du gouvernement et l'essentiel des activités sont à *La Paz.

Sudbury ■ Ville de l'Ontario. 88 000 hab. Université. Centre industriel et commercial. Mines de cuivre et de nickel.

les Allemands des ***Sudètes*** ■ Nom donné entre les deux guerres mondiales à la minorité de langue allemande en Tchécoslovaquie. Leurs territoires furent annexés par l'Allemagne en 1938 après les accords de *Munich, puis rendus à la Tchécoslovaquie en 1945. L'immense majorité de ces Allemands fut expulsée immédiatement.

les ***sudistes*** ■ ⇒ guerre de **Sécession.**

Eugène ***Sue*** ■ Romancier français (1804-1857). Auteur des premiers romans-feuilletons, où il décrit les bas-fonds parisiens et exprime des revendications sociales et humanitaires. "*Les Mystères de Paris*".

le royaume de ***Suède*** ■ État (monarchie constitutionnelle) d'Europe du Nord comprenant la partie orientale de la péninsule *scandinave, les îles *Öland et *Gotland. 449 964 km². 8,5 millions d'hab. *(les Suédois).* Capitale : Stockholm. Langue : suédois. Religion : Église de Suède (luthérienne). Monnaie : couronne suédoise. Industrie liée au bois et aux importantes ressources minières (sidérurgie, chimie) ; techniques de pointe. Activités commerciales et touristiques importantes. Élevage. □ **HISTOIRE.** La Suède s'étendit vers l'est (côtes de la Baltique, sud de la Russie) sous l'impulsion des *Vikings du VIIIe s. au XIe s., se christianisa au XIIe s. (*Uppsala), se développa avec *Birger et la *Hanse. En 1397, elle fut réunie au Danemark et à la Norvège (⇒ **Marguerite Valdemarsdotter**), mais fit sécession en 1523, avec Gustave Vasa, et passa à la *Réforme. Le règne de Gustave II Adolphe (1611-1632) fit de la Suède la première puissance d'Europe du Nord, jusqu'aux défaites de Charles XII face à la Russie, en 1709. Au XVIIIe s., l'économie fut relancée par le chancelier *Horn. Le règne autoritaire de Gustave III mit fin (1771) à une période d'instabilité politique. Charles XIII reconnut la monarchie constitutionnelle en 1809 et fit de Bernadotte son successeur, sous le nom de Charles XIV. Celui-ci, victorieux dans la coalition contre Napoléon (1813-1814), obtint la Norvège (qui devint indépendante en 1905). Le XIXe s. fut une période de libéralisation politique et de progrès économiques. Les sociaux-démocrates restèrent au pouvoir de 1932 à 1976 (⇒ **Palme**) et furent réélus en 1982. Soucieuse de sa neutralité (qu'elle a maintenue durant les deux guerres mondiales), la Suède n'a adhéré ni à l'*O.T.A.N., ni à la *C.E.E. Elle dispose de lois sociales très avancées. ‹ ► suédé, suédois ›

Suétone ■ Historien latin (v. 70 - apr. 128), érudit et biographe. "*Vies des douze Césars*".

Suez ■ Ville et port d'Égypte, sur la mer Rouge, au fond du golfe de Suez. 268 000 hab. Raffineries de pétrole. ► *le canal de* ***Suez*** (161 km), construit par Ferdinand de *Lesseps (de 1859 à 1869), relie la Méditerranée à la mer Rouge ; il permet aux navires d'aller d'Europe en Orient sans contourner l'Afrique, d'où son importance économique et stratégique. D'abord contrôlé par les Britanniques, nationalisé par *Nasser en 1956, il fut fermé de 1967 à 1975 à cause des guerres *israélo-arabes. ► ***l'isthme de Suez*** sépare l'Afrique de l'Asie.

le ***Suffolk*** ■ Comté du sud-est de l'Angleterre. 3 800 km². 639 000 hab. Chef-lieu : Ipswich. Productions agricoles.

Pierre André de ***Suffren de Saint-Tropez*** ■ Célèbre marin français (1729-1788). Commandeur et bailli de l'ordre de *Malte, il combattit pendant la guerre d'Amérique, au Maroc et aux Indes.

Suger ■ Abbé de Saint-Denis, conseiller de Louis VI et de Louis VII, régent de France de 1147 à 1149 (v. 1081 - 1151). Il fut l'initiateur et le premier théoricien de l'art gothique.

le général ***Suharto*** ■ Homme politique indonésien (né en 1921). Président de la République depuis 1968. ⇒ **Sukarno.**

la ***Suisse*** ou ***Confédération helvétique,*** en allemand ***Schweiz,*** en italien ***Svizzera*** ■ État à la charnière de l'Europe occidentale et de l'Europe centrale. 41 293 km². 6,69 millions d'hab. *(les Suisses).* Capitale : Berne. Langues officielles : allemand, français, italien, romanche. Monnaie : franc suisse. 23 cantons : *Appenzell, *Argovie, *Bâle, *Berne, *Fribourg, *Genève, *Glaris, *Grisons, *Jura, *Lucerne, *Neuchâtel, *Saint-Gall, *Schaffhouse, *Schwyz, *Soleure, *Tessin, *Thurgovie, *Unterwald, *Uri, *Valais, *Vaud, *Zoug, *Zurich. La Suisse est dirigée par un Conseil fédéral (gouvernement), à la tête duquel se trouve un président (chef de l'État) qui est élu par un parlement composé du Conseil des États (cantons) et du Conseil national. Le territoire est exigu, montagneux (les Alpes occupent 60 %, le Jura 10 %), mais le pays a su exploiter son potentiel hydroélectrique et faire de sa position géographique un privilège, renforcé par le statut international de neutralité armée (nombreuses institutions internationales ; concentration de capitaux). La population, qui a un des niveaux de vie les plus élevés du monde, se concentre sur les plateaux et dans les villes (Berne, Zurich, Bâle, Lausanne, Genève...). Très importantes activités bancaires. Industrie traditionnelle de grande qualité (horlogerie, alimentation, textile). Chimie, électrométallurgie, constructions mécaniques. Tourisme. ▭ **HISTOIRE.** Vassaux des *Habsbourg, les villages d'Uri, de Schwyz et d'Unterwald, qui contrôlaient certains cols des Alpes, s'unirent en 1291 contre l'Empire germanique : c'est l'origine de la Confédération, avec ses héros (⇒ **Guillaume Tell**) et leur légende. D'autres cantons se joignirent à eux, et ils gagnèrent progressivement leur indépendance : victoire sur Maximilien Ier (1499), paix perpétuelle avec les Français (1516). La *Réforme, dont la Suisse fut un des foyers les plus actifs (⇒ **Zwingli**), affaiblit le pays en provoquant une division religieuse entre cantons protestants (Zurich, Bâle, Berne, Schaffhouse) et cantons catholiques. Genève devint avec *Calvin le centre du protestantisme. Le XVIIIe s. fut une période de prospérité économique, intellectuelle et artistique. En 1798, la France révolutionnaire organisa une République helvétique très centralisée. Napoléon rétablit le fédéralisme en 1803, mais Mulhouse (alliée de la Suisse), Genève et le Valais étaient annexés. En 1815, la Confédération reçut ses frontières actuelles. La guerre civile du *Sonderbund (1847) permit la victoire des libéraux sur les conservateurs et l'instauration de la Constitution actuelle (1848, révisée en 1874), qui fait une large place à la démocratie directe et aux diversités régionales (langue, religion). Nation au glorieux passé mercenaire et militaire, la Suisse a su préserver depuis 1815 sa neutralité, y compris durant les deux guerres mondiales. ‹ ► suisse ›

Sukarno ■ Homme politique, héros de l'indépendance de l'Indonésie et premier président de son pays (1901-1970). Renversé en 1967 par *Suharto, qui lui succéda. ► *le* ***pic Sukarno,*** aujourd'hui *le* ***mont Jaya,*** est le point culminant de la Nouvelle-Guinée (*Irian Jaya). 5 040 m.

Sukhothai ■ Ville du nord de la Thaïlande. 20 700 hab. Ancienne capitale du premier royaume thaï (XIIIe s.). Elle fut célèbre pour ses céramiques.

Sulawesi ■ ⇒ **Célèbes.**

*as-****Sulaymānīyah*** ■ Ville d'Irak. 279 000 hab.

Süleyman ■ ⇒ **Soliman.**

Maximilien de Béthune baron de Rosny duc de ***Sully*** ■ Homme d'État français (1560-1641). Ministre du roi Henri IV, protestant. Il rétablit les finances de l'État, en privilégiant l'agriculture (« labourage et pâturage »).

Sully Prudhomme ■ Poète français (1839-1907). "*Les Épreuves*". Le premier prix Nobel de littérature (1901).

Sully-sur-Loire ■ Ville de France. 5 800 hab. *(les Sullylois).* Château (XIIIe -XIVe s.) sur la Loire.

Sumatra ■ Île d'*Indonésie. 473 606 km². 28 millions d'hab. Cultures commerciales et vivrières. Pétrole, charbon.

Sumer ■ Région de la basse *Mésopotamie, sur le golfe *Persique, qui connut une brillante civilisation. ► *les* ***Sumériens,*** peuple asiatique établi dans cette région au IVe millénaire av. J.-C. Ils fondèrent les premières cités (*Ur, *Eridu, *Uruk...), développèrent l'irrigation, l'architecture, la sculpture et inventèrent l'écriture.

Sunderland ■ Ville industrielle et port d'Angleterre (*Tyne and Wear), sur la mer du Nord. 196 000 hab.

le ***Sundgau*** ■ Région du sud de l'Alsace, ancien comté rattaché à la France en 1648.

la ***sunna*** ■ Nom arabe signifiant « tradition », transmise dans des recueils qui s'ajoutent au *Coran et servent de règles de vie aux musulmans. ► *les* ***sunnites*** s'opposent aux *chiites à partir de la question du califat (succession du prophète *Mahomet, à la tête de l'islam). Ils forment la majorité des musulmans. ‹ ► sunnite ›

Sun Yixian ou ***Sun Yat-sen*** ■ Homme politique chinois (1866-1925). Président de la République en 1911-1912, puis de 1921 à sa mort. Considéré comme le « père de la République » et de la Chine moderne. Fondateur du *Guomindang.

le lac ***Supérieur*** ■ ⇒ **Grands Lacs.**

Jules ***Supervielle*** ■ Écrivain français (1884-1960). Son art de la simplicité et de la transparence tend à rendre naturel le fantastique. "*Gravitations*" et "*le Forçat innocent*", poèmes ; "*le Voleur d'enfants*", nouvelles.

Surabaya ■ 2e ville d'Indonésie (*Java). 2 millions d'hab. Port important (activités industrielles variées).

Surakarta ■ Ville d'Indonésie (*Java). 470 000 hab. Capitale culturelle. Commerce.

Surat ■ Ville et port de l'Inde (*Gujarāt). 913 000 hab. Textile.

Robert ***Surcouf*** ■ Corsaire et armateur français (1773-1827).

la ***Sûre*** ■ Rivière de Belgique et du Luxembourg, affluent de la *Moselle. 173 km.

Suresnes ■ Ville de France, dans la banlieue ouest de Paris. 37 000 hab. *(les Suresnois).*

le ***Surinam*** ■ État (république) d'Amérique du Sud, limitrophe de la Guyane, aux deux tiers couvert par la forêt. 163 820 km². 405 000 hab. *(les Surinamiens).* Capitale : Paramaribo. Langue officielle : néerlandais. Monnaie : florin du Surinam. Ancienne *Guyane hollandaise* (cédée par les Anglais en 1667), le pays est indépendant depuis 1975. Importante production de bauxite, destinée à l'exportation. Cultures tropicales. Industries du sucre.

le ***surréalisme,*** *les* ***surréalistes*** ■ Le surréalisme n'est pas seulement un courant de la littérature et de la peinture, mais un état d'esprit qui se développa dans l'entre-deux-guerres en Europe : rejet de la rationalité, nouvel humanisme fondé sur le rêve, la toute-puissance de l'imagination et de l'amour. À la suite du mouvement *dada, autour de *Breton, de nombreux écrivains furent surréalistes : *Aragon, *Éluard, *Char, *Desnos... Les peintres : *Ernst, *Dalí, *Magritte.

Philip Henry ***Surrey*** ■ Peintre canadien (né en 1910). Un des fondateurs de la Société d'art contemporain, à Montréal. Scènes de la vie urbaine.

le ***Surrey*** ■ Comté du sud de l'Angleterre. 1 655 km². 1 million d'hab. Chef-lieu : Kingston upon Thames (132 000 hab.).

Suse ■ Site archéologique d'Iran, capitale de l'*Élam. Palais de *Darius.

Heinrich **Suso** ▪ Théologien et mystique suisse (v. 1295-1366). Disciple d'*Eckhart.

le **Sussex** ▪ Région du sud de l'Angleterre divisée en deux comtés. □ *le* ***Sussex-Oriental*** *(East Sussex).* 1 795 km². 713 000 hab. Chef-lieu : Lewes (13 800 hab.). □ *le* ***Sussex-Occidental*** *(West Sussex).* 2 016 km². 703 000 hab. Chef-lieu : Chichester (24 200 hab.). Des falaises crayeuses bordent la côte de la Manche. Tourisme.

Franz Xaver **Süssmayer** ▪ Compositeur autrichien (1766-1803). Il acheva le "*Requiem*" qu'entreprit son maître et ami Mozart peu de temps avant sa mort.

Donald **Sutherland** ▪ Acteur canadien (né en 1934). Considéré comme l'acteur canadien le plus mondialement connu. "*M.A.S.H.*" (1970) ; "*Bethune*", série télévisée dans laquelle il jouait le rôle de H.N. *Bethune.

Suva ▪ Capitale et principal port des îles *Fidji. 71 600 hab.

Suwŏn ▪ Ville de la Corée du Sud. 431 000 hab. Ancienne capitale de la Corée, de 1392 à 1910.

Marc-Aurèle De Foy **Suzor-Côté** ▪ Peintre et sculpteur québécois (1869-1937). Il a décoré plusieurs églises du Québec.

le **Svalbard** ▪ Archipel norvégien de l'océan Arctique. 62 000 km². 3 900 hab. On y pratiqua la chasse à la baleine. Station radio et météorologique.

Sverdlovsk, jusqu'en 1924 et depuis 1991 **Ekaterinenbourg** ▪ Ville de *Russie. 1,37 million d'hab. Centre culturel et minier.

Italo **Svevo** ▪ Romancier italien (1861-1928). Originaire de *Trieste, à la charnière des cultures austro-allemande et italienne, il composa, encouragé par *Joyce, une œuvre d'introspection lucide et ironique. "*La Conscience de Zeno*".

Swansea ▪ Ville et port du pays de Galles, chef-lieu du *Glamorgan de l'Ouest. 175 000 hab. Métallurgie, raffinerie de pétrole.

le royaume du **Swaziland** ▪ État (monarchie parlementaire) d'Afrique australe entre le Mozambique et l'Afrique du Sud. 17 364 km². 746 000 hab. *(les Swazis).* Capitales : Mbabane (capitale administrative), Lobamba (capitale royale et législative). Autre ville : Manzini (52 000 hab.). Langues officielles : anglais, swazi. Monnaie : lilangeni (plur. : emalangeni). Agriculture variée. Élevage important. Richesses minières (fer, amiante). Ancien protectorat britannique, indépendant depuis 1968. Membre du Commonwealth.

Emanuel **Swedenborg** ▪ Savant et théosophe suédois (1688-1772). Il fonda une secte mystique qui eut de nombreux adeptes, surtout en Angleterre et aux États-Unis.

Jan Pieterszoon **Sweelinck** ▪ Organiste et compositeur néerlandais (1562-1621). Il renouvela la musique pour orgue et clavecin.

Jonathan **Swift** ▪ Écrivain irlandais (1667-1745). Auteur des célèbres "*Voyages de Gulliver*" et de pamphlets d'un humour féroce et pessimiste où il prend la défense de son pays.

Algernon Charles **Swinburne** ▪ Poète et critique anglais, héritier de la tradition romantique (1837-1909). Il célébra la révolte pour la liberté totale. "*Lesbia Brandon*", roman (posthume).

Swindon ▪ Ville du sud de l'Angleterre (*Wiltshire). 130 000 hab.

Sybaris ▪ Ancienne ville d'Italie, célèbre pour son luxe et les mœurs libres de ses habitants. ⟨ ▶ sybarite ⟩

Thomas **Sydenham** ▪ Médecin anglais (1624-1689). Il fut surnommé « l'*Hippocrate d'Angleterre ».

Sydney ▪ 1re ville et 1er port d'Australie, capitale de l'État de *Nouvelle-Galles du Sud, sur l'océan Pacifique. 3,53 millions d'hab. Premier marché mondial de la laine. Industries.

Sydney ▪ Ville de Nouvelle-Écosse. 31 500 hab. Métallurgie.

Syktyvkar ▪ Ville de la Fédération de *Russie (C.É.I.) capitale de la république des *Komis. 233 000 hab. Port fluvial. Industries du bois.

Sylla ▪ Général et homme d'État romain (138-78 av. J.-C.). Maître de Rome, après avoir mené des campagnes victorieuses en Grèce et en Asie, nommé « dictateur à vie » en 82 av. J.-C., il se retira en 79 av. J.-C. Sa rivalité avec *Marius marqua le début des troubles qui entraînèrent la fin de la république.

Sylvestre II ▪ ⇒ **Gerbert d'Aurillac.**

le **symbolisme,** *les* **symbolistes** ▪ Mouvement qui apparut en France en 1886 et se développa en Europe. D'abord littéraire, issu de l'atmosphère désenchantée et décadente de la fin du siècle, il privilégie l'analogie et le pouvoir de suggestion du langage, qui met en rapport la réalité et l'idée. Nombreux poètes : *Mallarmé, *Moréas, Gustave *Kahn, *Yeats. *Maeterlinck, auteur dramatique. Les peintres symbolistes s'adressent à l'esprit autant qu'au regard, dans des œuvres d'inspiration littéraire ou biblique : *Puvis de Chavannes, *Moreau.

Arthur **Symons** ▪ Poète anglais (1865-1945). Il introduisit le *symbolisme dans son pays.

John Millington **Synge** ▪ Auteur dramatique irlandais (1871-1909). Ses pièces mêlent le réel et la légende. "*Deirdre des douleurs*".

Syra ou **Syros** ▪ Île grecque de la mer *Égée (*Cyclades). 84 km². 19 700 hab.

Syracuse ▪ Ville et port d'Italie, en *Sicile. 124 000 hab. *(les Syracusains).* Fondée en 734 av. J.-C. par les Grecs, Syracuse étendit son influence aux cités grecques de l'Italie avec *Denys l'Ancien. Elle devint romaine en 212 av. J.-C. Nombreux vestiges antiques grandioses.

Syracuse ▪ Ville des États-Unis (*New York). 170 000 hab. Université.

le **Syr-Daria** ▪ Fleuve d'Asie (Kirghizistan et Kazakhstan). 3 019 km. Il se jette dans la mer d'*Aral.

la **Syrie** ▪ État (république) du Proche-Orient. 185 180 km². 11,72 millions d'hab. *(les Syriens).* Population musulmane (sunnites et ski'ite : Alamikes, Druzes...) et chrétienne (orthodoxes, catholiques, arméniens...) ; minorités (Juifs, Palestiniens...). Capitale : Damas. Langue officielle : arabe. Monnaie : livre syrienne. ▭ **HISTOIRE.** Appelée Aram dans la Bible, la Syrie abrita les grandes civilisations antiques (Égyptiens, Hittites, Séleucides). Dominée par les Perses, les Byzantins, les Turcs, elle passa sous mandat français en 1920, acquit son indépendance officielle en 1941 et effective en 1946. Elle prit part au conflit *israélo-arabe depuis 1948 et, à partir de 1976, intervint au Liban où elle renforça son influence depuis 1985. L'économie du pays est en proie à de graves difficultés, liées à la faiblesse de l'agriculture et aux dépenses militaires importantes. Faible production de pétrole.

Syrinx ■ Nymphe de la mythologie grecque, aimée de *Pan.

Szczecin, en allemand ***Stettin*** ■ Ville et port important de Pologne, situé sur l'estuaire de l'*Oder. 396 000 hab. Forte activité industrielle (métallurgie).

Szeged ■ Ville de Hongrie. 189 000 hab. Ville administrative et industrielle. Université.

Székesfehérvár ■ Ville de Hongrie. 114 000 hab. Monuments baroques et néo-classiques.

Albert ***Szent-Györgyi*** ■ Biochimiste hongrois (1893-1986). Travaux sur les vitamines B6 et C. Prix Nobel de médecine 1937.

Karol ***Szymanowski*** ■ Compositeur polonais (1882-1937) "*Stabat Mater*".

T

Éric **Tabarly** ■ Officier de marine et navigateur français (né en 1931).

le mont **Tabor** ■ ⇒ le mont **Thabor.**

Tabrīz ■ Ville du nord-ouest de l'Iran. Elle fut capitale de l'Empire mongol puis de la Perse. 971 000 hab. Magnifique mosquée bleue.

Tachkent ■ Ville de la C.É.I., capitale de l'*Ouzbékistan. 2,07 millions d'hab. Important centre culturel et industriel de l'Asie centrale soviétique.

Tacite ■ Historien latin (v. 55 - v. 120). Les "*Annales*" et les "*Histoires*" font le procès de la décadence des mœurs politiques, avec un art de psychologue et de portraitiste, dans un style dépouillé, elliptique.

Tacoma ■ Ville des États-Unis (État de *Washington), port du *Puget Sound (Pacifique). 159 000 hab.

le **Tadjikistan** ■ L'une des 11 républiques de la C.É.I. près de la Chine et de l'Afghanistan. 143 100 km². 5,11 millions d'hab. Capitale : Douchanbe. Pays montagneux (⇒ **Pamir**), partie du *Turkestan. Vallées cotonnières (industries textiles). Un violent séisme en 1989 fit plus de 1 400 morts. En 1990, des violences interethniques ont éclaté entre Tadjiks et Russes.

Tadj Mahal ■ ⇒ **Tāj Mahal.**

Tadoussac ■ Site, à l'embouchure du *Saguenay, du premier poste de traite des fourrures en Nouvelle-France en 1600. 1 000 hab.

Taegu ■ Ville de la Corée du Sud. 2 millions d'hab. Grand centre commercial et industriel.

Taejŏn ■ Ville de la Corée du Sud. 866 000 hab.

William Howard **Taft** ■ Homme politique américain (1857-1930). 27ᵉ président (républicain) des États-Unis, de 1909 à 1913.

les **Tagals** ■ Peuple des Philippines (*Luçon) qui parle le *tagal.* Ils sont 10 millions.

Taganrog ■ Ville et port de la C.É.I. (*Russie), sur la mer d'Azov. 291 000 hab.

le **Tage** ■ Le plus long fleuve de la péninsule Ibérique. 1 006 km. Né en Espagne, il traverse Tolède et se jette dans l'Atlantique à Lisbonne.

Rabindranath **Tagore** ■ Écrivain indien de langue bengali, célèbre dans le monde entier (1861-1941). "*L'Offrande lyrique*", poèmes. Prix Nobel 1913.

Taha Hussein ■ Écrivain égyptien (1889-1973). "*Le Livre des jours*", autobiographie.

Tahiti ■ La plus grande île du territoire d'outre-mer de la Polynésie française (archipel de la *Société). Chef-lieu : Papeete. 1 042 km². 115 800 hab. *(les Tahitiens).* Île formée de deux volcans éteints, entourés d'un récif de corail. Pêche. Tourisme.

*aṭ-***Ṭā'if** ■ Ville d'Arabie Saoudite, près de La Mecque. 205 000 hab.

Germaine **Tailleferre** ■ Compositrice française (1892-1983). Élève de *Milhaud, membre du groupe des *Six.

le **Taïmyr** ■ Presqu'île de *Sibérie (Russie). Environ 400 000 km².

T'ai-nan ■ Ville de Taïwan. 657 000 hab. Port actif.

Hippolyte **Taine** ■ Philosophe, historien et critique français (1828-1893). "*Les Origines de la France contemporaine*".

T'ai-pei ou **Taibei** ■ Capitale de Taïwan. 2,64 millions d'hab. Industries textile, électronique. Riche musée.

la révolte des **Taiping** ■ Mouvement populaire, contre la dynastie *mandchoue, qui agita la Chine de 1851 à 1864.

les **Taira** ■ Famille féodale japonaise qui conquit le pouvoir au XIIᵉ s.

le **Tai Shan** ■ Célèbre montagne de Chine, dans le *Chantoung. Lieu de pèlerinage (plus de 250 temples).

T'ai-tchong ou **Taizhong** ■ Ville de Taïwan. 715 000 hab.

Taïwan ou **Formose** ■ Île de l'Asie formant avec les îles environnantes (*Quémoy, *Pescadores) un État (république), considéré par la Chine et par l'*O.N.U. comme une province chinoise. 36 179 km². 20 millions d'hab. *(les Taïwanais).* Capitale : T'ai-pei. Langue :

chinois. Monnaie : nouveau dollar de Taïwan. Climat tropical : riz, canne à sucre. Secteur industriel important (électronique, textile), grâce aux exportations vers les États-Unis, à l'organisation économique et au faible coût de la main-d'œuvre. ▭HISTOIRE. Occupée par les Portugais, les Hollandais, puis intégrée à l'empire de Chine en 1683. En 1949, *Jiang Jieshi, vaincu par *Mao Zedong, s'y réfugie avec ses partisans et fonde une république chinoise indépendante, au régime autoritaire.

Taiyuan ■ Ville de Chine, capitale du *Shanxi. 1,93 million d'hab. Sidérurgie.

Taizé ■ Localité de France (*Bourgogne). 120 hab. *(les Taizéens)*. Communauté religieuse œcuménique, « concile des jeunes ».

*el-**Tajín*** ■ Site archéologique du Mexique (Ier s. av. J.-C. - XIIIe s.). Nombreux monuments (pyramide à niches).

*le **Tāj Mahal*** ■ Immense mausolée de marbre blanc construit à *Āgra (Inde) au XVIIe s., pour l'épouse de *Shāh Jahān.

Takamatsu ■ Ville du Japon (*Shikoku). 330 000 hab. Port actif. Château (XVIe s.) et jardin (XVIIIe s.).

Takarazuka ■ Station balnéaire du Japon (*Honshū). 201 000 hab. Célèbre théâtre féminin.

Takatsuki ■ Ville du Japon (*Honshū). 358 000 hab. Centre industriel.

*lord **Talbot*** ■ Homme de guerre anglais qui s'illustra pendant la guerre de *Cent Ans (1384-1453).

*William Henry Fox **Talbot*** ■ Physicien anglais, pionnier de la photographie (1800-1877).

Talcahuano ■ Ville portuaire du Chili. 231 000 hab.

Tallahassee ■ Ville des États-Unis, capitale de la *Floride. 81 500 hab.

*Gédéon **Tallemant des Réaux*** ■ Mémorialiste français (1619-1692). "*Historiettes*".

*Charles Maurice de **Talleyrand**-Périgord prince de Bénévent* ■ Diplomate et homme politique français (1754-1838). Évêque rallié à la *Constituante, il quitta l'Église pour diriger les Affaires étrangères de 1797 (*Directoire) à 1807. Passé au service de l'Autriche et de la Russie contre Napoléon, il devint le représentant de Louis XVIII au congrès de *Vienne, puis fut écarté par les *ultras.

*Jean-Lambert **Tallien*** ■ Révolutionnaire français (1767-1820). Un des chefs de la réaction *thermidorienne. □ *Madame **Tallien,*** son épouse (1773-1835), alors célèbre et influente, fut surnommée « Notre-Dame de *Thermidor ».

Tallinn ■ Capitale et port de l'*Estonie sur le golfe de Finlande. 482 000 hab. Métallurgie. Centre culturel et historique (⇒ pays **baltes**). Monuments.

*François Joseph **Talma*** ■ Tragédien français (1763-1826). Il imposa au théâtre plus de naturel et de vérité historique.

*le **Talmud*** ■ Le livre le plus important du judaïsme, après la *Torah. Rédigé du IIIe au VIIe s., il interprète la Bible et fixe les règles de la vie civile et religieuse. ‹ ► Talmud ›

*Jean **Talon*** ■ Administrateur français (v. 1626-1694). Intendant de la Nouvelle-France de 1665 à 1668 et de 1670 à 1672, il travailla à l'exploration du territoire, au peuplement de la colonie et à son développement économique.

Tamale ■ Ville du Ghana. 151 000 hab.

Tamanrasset ■ Oasis du Sahara algérien dans le *Hoggar. Ermitage de Charles de *Foucauld.

Tamatave ■ Ancien nom de *Toamasina.

*Rufino **Tamayo*** ■ Peintre mexicain (1899-1991). Peintures d'inspiration *précolombienne.

Tambov ■ Ville de la C.É.I. (*Russie). 305 000 hab. Industries.

Tamerlan ■ Célèbre conquérant d'Asie centrale (1336-1405). Il s'empara de l'Iran, de la Syrie et de la Turquie d'Europe, fondant un Empire musulman qui fut partagé après sa mort.

Tamil Nādu ■ État du sud-est de l'Inde. 130 058 km². 48,4 millions d'hab. Capitale : Madras. Population en majorité tamoule.

*la **Tamise,*** en anglais ***Thames*** ■ Principal fleuve anglais. 338 km. Elle traverse Oxford et, de Londres à la mer du Nord, forme un large estuaire très industrialisé.

Tammuz ■ Dieu de la Fertilité, dans la religion babylonienne.

*les **Tamouls*** ■ Groupe ethnique de l'Inde du Sud et du Sri Lanka (grave conflit avec la majorité cingalaise).

Tampa ■ Ville et port des États-Unis (*Floride). 272 000 hab. Principal centre agricole et industriel de l'État. Université.

Tampere ■ 2e ville de Finlande. 171 000 hab. Centre industriel et culturel.

Tampico ■ Ville et port du Mexique. 268 000 hab. Grand centre de raffinage du pétrole.

*Le **Tampon*** ■ Ville de l'île française de la Réunion. 47 600 hab. *(les Tamponnais)*.

Tanagra ■ Ancienne ville de Grèce (*Béotie), célèbre pour ses figurines en terre cuite qu'on appelle les *tanagras*.

Tananarive ■ ⇒ **Antananarivo.**

Tancrède ■ Prince de Galilée (mort en 1112). Un des chefs de la première croisade, devenu un héros de l'épopée du *Tasse.

*les **Tang*** ou ***T'ang*** ■ Dynastie chinoise qui régna de 618 à 907 (22 souverains) et qui constitua l'empire le plus puissant de l'époque. Grande période de l'histoire et de l'art chinois.

*le lac **Tanganyika*** ■ 2e lac d'Afrique. 31 900 km². Il sert de frontière entre le Zaïre, le Burundi et la Tanzanie. □ *le **Tanganyika.*** Ancienne colonie allemande, qui fut sous mandat britannique de 1920 à 1946 et devint une république indépendante en 1961. Elle fut unie à Zanzibar en 1964 pour former la république de *Tanzanie.

Tange Kenzō ■ Architecte japonais (né en 1913). Il s'inspire des formes de l'architecture japonaise traditionnelle.

Tanger ■ Ville du Maroc, port franc sur le détroit de Gibraltar. 266 000 hab. Zone internationale de 1923 à 1956.

Tangshan ■ Ville industrielle de Chine (*Hebei). 1,41 million d'hab.

*Yves **Tanguy*** ■ Peintre surréaliste français naturalisé américain (1900-1955). Évocations désertiques ou sous-marines peuplées de figures.

Tanis, aujourd'hui ***Ṣān al-Ḥajar al-Qiblīyah*** ■ Site archéologique, ville de l'ancienne Égypte brillante au temps de *Ramsès II.

Tanit ■ Une des formes de la déesse *Ishtar, vénérée à Carthage.

Tanizaki Jun'ichirō ■ Écrivain japonais (1886-1965). Chef de file de l'école néo-romantique japonaise. "*Le Journal d'un vieux fou*".

Tanjore ■ ⇒ **Thanjāvūr.**

Tannenberg ■ Ancienne localité de Prusse-Orientale (aujourd'hui en Pologne [Stębark]). Victoire des Polonais et des Lituaniens sur les chevaliers Teutoniques (1410). Victoire des Allemands sur l'armée russe (août 1914).

Tannhäuser ■ Poète allemand (v. 1205-v. 1270). Il est devenu un héros de légendes, puis d'un opéra de *Wagner.

Miyuki ***Tanobe*** ■ Peintre québécoise d'origine japonaise (née en 1937). Célèbre pour ses scènes de la vie quotidienne dans les quartiers populaires de Montréal.

Tantah ou ***Ṭanṭā*** ■ Ville d'Égypte, la plus grande du delta du Nil. 382 000 hab. Centre commercial et religieux.

Tantale ■ Roi de la mythologie grecque. Il fut condamné à subir une faim et une soif perpétuelles, à côté d'eau ou de fruits qui se dérobaient sans cesse à lui : c'est le « supplice de Tantale ».

la ***Tanzanie*** ■ État (république) d'Afrique de l'Est, bordé par l'océan Indien. 945 037 km². 23,73 millions d'hab. *(les Tanzaniens).* Capitale : Dodoma. Langues officielles : swahili, anglais. Monnaie : shilling tanzanien. Plaine côtière dominée par de hauts massifs (*Kilimandjaro). Cultures tropicales : café, coton, sisal, clous de girofle. Mines de diamants, or, étain. La république fédérale de Tanzanie est née en 1964 de la réunion du *Tanganyika, de l'île Pemba (984 km² ; 257 000 hab.) et de *Zanzibar, sous la présidence de *Nyerere.

Tao Hongjing ou ***T'ao Hong-king*** ■ Médecin, calligraphe et astronome, surnommé en Occident le « Léonard de Vinci chinois » (451-536).

le ***taoïsme*** n. m. ■ Une des religions chinoises. Fondée par *Laozi dans son ouvrage "*Daodejing*" (ou "*Tao-tö-king*"). Elle s'opposa au *confucianisme. □ *le* ***tao*** (« la voie ») est formé par l'alternance de deux principes contraires, le *yin* et le *yang.*

Tao Qian ou ***Tao Yuanming*** ■ Un des plus célèbres poètes chinois (365-427).

Taormina ■ Ville de *Sicile, au pied de l'*Etna. Centre touristique. 10 100 hab. Ruines antiques. Château médiéval.

Tao Yuanming ■ ⇒ **Tao Qian.**

le ***Tapajós*** ■ Rivière du Brésil, affluent de l'Amazone. 1 980 km.

Antonio ***Tàpies*** ■ Peintre espagnol (né en 1923). Recherches de matière. Grandes surfaces travaillées.

Tarascon ■ Ville du sud de la France. 11 200 hab. *(les Tarasconnais).* Château des comtes de Provence. Le roman de A. *Daudet "*Tartarin de Tarascon*" en a fait un symbole de la Provence.

Tarawa ■ Atoll de la république de *Kiribati au nord de l'équateur, sur lequel se trouve la capitale *Bairiki. 24 600 hab.

Tarbes ■ Ville du sud-ouest de la France, dans les *Pyrénées. 50 200 hab. *(les Tarbais).* Industries électromécanique et chimique.

Gabriel ***Tarde*** ■ Sociologue français (1843-1904). "*Les Lois de l'imitation*".

André ***Tardieu*** ■ Homme politique français (1876-1945). Plusieurs fois ministre et président du Conseil (centre droit) sous la IIIᵉ République. Ses propositions pour la réforme des institutions inspirèrent de *Gaulle en 1958. "*La Révolution à refaire*".

Jean ***Tardieu*** ■ Poète et auteur dramatique français (né en 1903). "*Une voix sans personne*" ; "*Un mot pour un autre*".

Jules-Paul ***Tardivel*** ■ Journaliste et romancier québécois (1851-1905). Nationaliste indépendantiste, il fut aussi un défenseur de la présence de l'Église dans presque tous les secteurs.

la ***Tarentaise*** ■ Région française (*Savoie). Ville principale : Moutiers. Élevage bovin. Électrométallurgie.

Tarente, en italien ***Taranto*** ■ Ville de l'Italie du Sud (*Pouilles), port sur la mer Ionienne. 245 000 hab. *(les Tarentins).* Une des plus grandes cités grecques de l'Antiquité. Centre industriel (sidérurgie, chantiers navals). ‹ ▶ tarentelle, tarentule ›

le ***Tarim*** ou ***Dalimu He*** ■ Fleuve de Chine, né dans le *Karakorum, qui se jette dans le lac marécageux du Lob Nor, en Asie centrale. 2 190 km.

Andreï ***Tarkovski*** ■ Cinéaste soviétique (1932-1986). "*Andreï *Roublev*" ; "*Stalker*" ; "*le Sacrifice*".

le ***Tarn*** ■ Rivière de France. Elle prend sa source dans les Cévennes, coule dans des gorges profondes (tourisme) et se jette dans la Garonne. 375 km. Elle a donné son nom à deux départements.

Tarnów ■ Ville de Pologne. 118 000 hab. Carrefour ferroviaire. Monuments.

Tarpeia ■ Jeune vestale romaine. ▶ *la roche* ***Tarpéienne,*** crête depuis laquelle on précipitait les criminels, à Rome.

Tarquinia ■ Ville d'Italie (*Latium). 13 100 hab. Nécropole, fresques (VIᵉ - Iᵉʳ s. av. J.-C.).

Tarquin l'Ancien ■ Cinquième roi de Rome, de 616 à 578 av. J.-C., grand bâtisseur. □ ***Tarquin le Superbe,*** son neveu, septième et dernier roi de Rome, de 534 à 509 av. J.-C.

Tarragone, en espagnol ***Tarragona*** ■ Ville d'Espagne, sur la Méditerranée (*Catalogne). 110 000 hab. 1ᵉʳ port du pays. Monuments.

Tarrasa ■ Ville d'Espagne (*Catalogne). 160 000 hab. Textile. Église du haut Moyen Âge.

Alfred ***Tarski*** ■ Logicien polonais naturalisé américain (1902-1983). Métamathématique, sémantique (théorie des modèles).

Tarsus ■ Ville de Turquie. 57 000 hab. Vestiges de l'ancienne *Tarse.*

Niccolò Fontana dit ***Tartaglia*** ■ Mathématicien italien (1499-1557).

le ***Tartare*** ■ Dans la mythologie grecque, région des *Enfers où sont châtiés les grands criminels.

les ***Tartares*** ■ ⇒ la république des **Tatars.** ‹ ▶ tartare ›

le détroit de ***Tartarie*** ■ Bras de mer entre la Sibérie extrême-orientale et l'île de *Sakhaline.

Tartu ou ***Tartou,*** en allemand et en suédois ***Dorpat*** ■ Ville d'*Estonie. 114 000 hab. Centre culturel (université) et industriel.

Tarzan ■ ⇒ E.R. **Burroughs.**

Louis-Alexandre ***Taschereau*** ■ Homme politique québécois (1867-1952). Premier ministre de la province de Québec de 1920 à 1936.

Abel Janszoon ***Tasman*** ■ Navigateur hollandais (1603-1659). ▶ *la* ***Tasmanie,*** île qu'il découvrit, de même que la Nouvelle-Zélande, séparée par le détroit de *Bass de l'Australie dont elle constitue le plus petit État fédéré. 67 800 km². 451 000 hab. Capitale : Hobart. Productions agricoles. Richesses minières. ▶ *la* ***mer de Tasmanie*** baigne les côtes sud-est de l'Australie.

le ***Tasse*** ■ Poète italien (1544-1595). Auteur d'une œuvre abondante, d'un retentissement immense en Europe. La fin de sa vie fut entrecoupée de périodes de folie (il fut enfermé pendant 7 ans). *"Aminta" ; "la Jérusalem délivrée".*

les grottes de ***Tassili*** ■ Site préhistorique du Sahara *(Tassili des Ajjer),* dans le *Hoggar. Nombreuses peintures rupestres.

la république des ***Tatars*** ou ***Tatarie*** ■ Une des 16 républiques autonomes de la Fédération de *Russie, sur la Volga. 68 000 km². 3,64 millions d'hab. Capitale : Kazan. Agriculture. Pétrole (⇒ **Bakou**). ▶ *les* ***Tatars,*** d'origine euro-mongole, sont aujourd'hui majoritairement musulmans. Il existait également, en Crimée, une forte communauté tatare qui fut déportée en Asie centrale par *Staline après la Seconde Guerre mondiale.

Jacques ***Tati*** ■ Cinéaste comique français (1908-1982). *"Les Vacances de M. Hulot" ; "Mon oncle".*

les ***Tatras*** n. f. pl. ■ Massif montagneux d'Europe orientale, le plus élevé des Carpates, culminant au pic Gerlach (2 663 m).

les ***Tauern*** n. m. pl. ■ Massif des Alpes autrichiennes (culminant à 3 796 m).

le ***Taunus*** ■ Partie sud-est du massif schisteux *rhénan en Allemagne.

la ***Tauride*** ■ Ancien nom de la *Crimée.

le ***Taurus*** ■ Chaîne de montagnes du sud de la Turquie (*Anatolie). Nombreux nomades.

Tautavel ■ Localité de France, dans les *Pyrénées orientales. 740 hab. En 1971 fut découvert le crâne d'un homme, dit de Tautavel, âgé de plus de 300 000 ans, ancêtre de l'homme de *Neandertal.

Tavant ■ Localité de France (région de la *Loire). 230 hab. *(les Tavantais).* L'église (XIIe s.) comporte des fresques, chef-d'œuvre de l'art *roman.

Brook ***Taylor*** ■ Mathématicien anglais (1685-1731). Calcul infinitésimal.

Zachary ***Taylor*** ■ Homme politique américain (1784-1850). 12e président des États-Unis, de 1849 à sa mort.

Frederick Winslow ***Taylor*** ■ Ingénieur et économiste américain (1856-1915). Pour augmenter le rendement des ouvriers et des machines, il imposa le *taylorisme,* qu'il définissait comme l'organisation scientifique du travail dans les usines. ‹ ▶ taylorisme ›

le ***Tayside*** ■ Région administrative du centre de l'Écosse. 7 668 km². 394 000 hab. Chef-lieu : Dundee.

Haroun ***Tazieff*** ■ Volcanologue français (né en 1914), secrétaire d'État de 1984 à 1986.

Tbessa, anciennement ***Tébessa*** ■ Ville d'Algérie. 69 200 hab. Ruines romaines.

Tbilissi, autrefois ***Tiflis*** ■ Capitale et ville industrielle de la *Géorgie dont elle est le foyer historique et culturel. 1,26 million d'hab. Nombreux monuments.

le ***Tchad*** ■ État (république) d'Afrique centrale. 1 284 000 km². 5,54 millions d'hab. *(les Tchadiens).* Capitale : N'Djamena. Langues officielles : français, arabe. Langue véhiculaire : haoussa. Monnaie : franc CFA. Zone désertique au nord (*Tibesti), sahélienne au centre et tropicale au sud. Pays d'agriculture (coton) et d'élevage. ▭ **HISTOIRE.** Les *Toubous formèrent au IXe s. dans la région un royaume, qui fut intégré au royaume de *Bornou au XVIe s. En 1910, le Tchad fut incorporé à l'Afrique-Équatoriale française. En 1960, il devint indépendant. Il subit depuis 1968 des soulèvements séparatistes, qui ont entraîné l'intervention militaire française (en faveur du gouvernement officiel d'Hissène *Habré) et libyenne (en faveur des opposants). En 1988, le Tchad a rétabli des relations diplomatiques avec la Libye et, en 1989, un accord a été signé entre les deux parties mettant fin à plus de seize ans de conflit. En 1990, le gouvernement d'Hissène Habré fut renversé par les forces rebelles dirigées par Idriss Déby (né en 1952). □ *le lac* ***Tchad,*** grand lac d'Afrique, au sud du Sahara (de 10 000 à 25 000 km² suivant le régime des pluies).

Piotr Ilitch ***Tchaïkovski*** ■ Compositeur russe (1840-1893). Musiques de ballets *("le Lac des cygnes", "Casse-Noisette"),* opéras *("Eugène Onéguine"),* symphonies et concertos.

Tchang Kaï-chek ■ ⇒ **Jiang Jieshi.**

Tcheboksary ■ Ville de Russie, capitale de la *Tchouvachie. 420 000 hab.

Pafnoutiï Lvovitch ***Tchebychev*** ■ Mathématicien russe (1821-1894). Théorie des nombres. Théorie des fonctions. Probabilités.

la ***Tchécoslovaquie*** ■ État (« République fédérative tchèque et slovaque ») d'Europe centrale. 127 903 km². 15,64 millions d'hab. *(les Tchécoslovaques).* Capitale : Prague. Langues officielles : tchèque, slovaque. Monnaie : couronne tchécoslovaque. Membre du Conseil de l'Europe depuis février 1991. Trois grandes régions historiques : la *Moravie, la *Bohême et la *Slovaquie. République fédérale constituée par la République tchèque et la République slovaque. Climat continental. Céréales, élevage, forêts. Houille. Sidérurgie, industries mécanique, chimique et textile. ▭ **HISTOIRE.** Les Tchèques et les Slovaques se sont émancipés de l'Empire austro-hongrois pour former un État indépendant en 1918. En 1938, Hitler annexa les régions de Tchécoslovaquie où la population allemande était majoritaire (⇒ **Sudètes, Munich**) ; son armée entra à Prague le 15 mars 1939. Après la Libération, les communistes prirent le pouvoir : c'est le « coup de Prague » de février 1948 (la Tchécoslovaquie fut membre fondateur de la *C.A.E.M.). En 1968, l'évolution vers un socialisme libéral (le « printemps de Prague ») fut arrêtée par une intervention militaire soviétique. En 1989, la pression populaire et l'opposition (Forum civique) contraignirent le gouvernement à procéder à de profondes réformes : le parti communiste abandonna son monopole politique, le gouvernement comprenant une majorité non communiste. En décembre, les principaux dirigeants de l'opposition accédèrent à la présidence de la République (V. *Havel jusqu'en 1992) et du Parlement (A. *Dubček). Depuis 1990, le gouvernement a entrepris de profondes réformes. En 1992, la Slovaquie a proclamé sur indépendance. ‹ ▶ tchécoslovaque ›

Anton ***Tchekhov*** ■ Écrivain russe (1860-1904). Dans ses pièces de théâtre, il décrit un monde désenchanté avec un grand art de la suggestion et du dépouillement : *"la Mouette"*, *"Oncle Vania"*, *"Trois sœurs"*, *"la Cerisaie"*.

Tcheliabinsk ■ Ville de la C.É.I. (*Russie). Plus de 1,14 million d'hab. Porte d'entrée de la *Sibérie (passage du *Transsibérien), pôle urbain de l'*Oural du Sud.

Pavel ***Tcherenkov*** ■ Physicien soviétique (né en 1904). *Effet Tcherenkov,* utilisé pour la détection des particules de haute énergie. Prix Nobel 1958.

Tcherkassy ■ Ville de la C.É.I. (*Ukraine). 290 000 hab. Industries textile et alimentaire.

les ***Tcherkesses*** ■ Peuple musulman du Caucase du Nord.

Konstantin ***Tchernenko*** ■ Homme politique soviétique (1911-1985). Il succéda à *Andropov à la tête de l'État (1984-1985).

Tchernigov ■ Ville de la C.É.I. (*Ukraine). 296 000 hab. Monuments religieux (XIe - XIIe s.). Région agricole et forestière.

Tchernobyl ■ Ville de la C.É.I. (*Ukraine). Centrale nucléaire ; l'explosion d'un des quatre réacteurs, en avril 1986, provoqua une pollution radioactive importante de la région qui se ressentit sur l'ensemble du continent européen et entraîna de vives réactions dans le monde entier.

Tchernovtsy ■ Ville de la C.É.I. (*Ukraine). 257 000 hab. Ville roumaine en 1919-1940 et 1941-1944. Marché agricole.

la ***Tchétchéno-Ingouchie*** ■ Une des 16 républiques autonomes de la Fédération de Russie, dans le *Caucase. 19 300 km². 1,28 million d'hab. *(les Tchétchènes, les Ingouches)*. Capitale : Groznyï. Céréales. Pétrole et industries dérivées. Population musulmane.

Tchimkent ■ Ville de la C.É.I. (*Kazakhstan). 393 000 hab. Centre industriel. Nœud ferroviaire.

Tchita ■ Ville de la C.É.I. (*Russie). 366 000 hab. Charbon.

le lac ***Tchoudsk*** ■ ⇒ le lac **Peïpous.**

la ***Tchouvachie*** ■ Une des 16 républiques autonomes de la Fédération de *Russie, sur la *Volga. 18 300 km². 1,34 million d'hab. *(les Tchouvaches).* Capitale : Tcheboksary. Forêts, agriculture, industries dérivées.

Tébessa ■ ⇒ **Tbessa.**

Tecumseh ■ Chef amérindien (v. 1768-1813). Il s'opposa, avec J. *Brant, à l'expansion territoriale des États-Unis en pays amérindien.

Tegucigalpa ■ Capitale du Honduras, à 1 000 m d'altitude. 605 000 hab.

Téhéran ■ Capitale de l'Iran (ancienne Perse) depuis le XVIIIe s. 6 millions d'hab. Peu d'industries ; secteur tertiaire important. Peu de monuments anciens. Une conférence, en novembre 1943, y réunit *Staline, *Churchill et *Roosevelt afin de décider d'actions communes contre l'Allemagne. Prélude à la conférence de *Yalta.

Pierre ***Teilhard de Chardin*** ■ Jésuite français, philosophe et paléontologue (1881-1955). Il a tenté de concilier la conception scientifique de l'évolution avec la foi catholique.

Kateri ***Tekakwitha*** ■ Amérindienne (1656-1680). Première Amérindienne canonisée par l'Église catholique.

Tel-Aviv-Jaffa ■ Ville d'Israël, fondée en 1909, sur la Méditerranée, et capitale du pays (⇒ **Jérusalem**). 320 000 hab. Elle forme avec ses banlieues (Bat Yam, Petaḥ Tiqwa, Ramat Gan) une agglomération de 1 million d'hab.

Georg Philipp ***Telemann*** ■ Compositeur allemand (1681-1767). Auteur de nombreux opéras, cantates et passions.

Télémaque ■ Fils d'*Ulysse et de *Pénélope dans l'"*Odyssée". Le personnage a inspiré *Fénelon.

Guillaume ***Tell*** ■ ⇒ **Guillaume Tell.**

Tell el-Amarna ■ Site archéologique d'Égypte. *Akhenaton y fonda sa nouvelle capitale en l'honneur du dieu Aton (v. 1362 av. J.-C.). Son style marqua un renouvellement de l'art égyptien traditionnel.

les ***Templiers*** n. m. ■ Chevaliers de la milice du *Temple,* ordre de moines-soldats fondé en 1119 à Jérusalem pour protéger les pèlerins en route pour la Terre sainte. Ils devinrent de puissants banquiers. Pour s'emparer de leurs richesses, *Philippe le Bel les fit arrêter, torturer, condamner à mort, et obtint la suppression de l'Ordre en 1312.

Temuco ■ Ville du Chili. 218 000 hab. Centre touristique.

Temüjin ■ ⇒ **Gengis Khan.**

le ***Ténéré*** ■ Plateau de grès du Sahara nigérien.

Tenerife ■ La plus grande île de l'archipel espagnol des Canaries. 2 058 km². 659 000 hab. Ville principale : Santa Cruz de Tenerife.

David ***Teniers le Jeune*** ■ Peintre flamand (1610-1690). Scènes populaires, au contenu anecdotique, d'une grande virtuosité.

le ***Tennessee*** ■ Rivière des États-Unis (1 600 km), affluent de l'*Ohio. ▶ ***la Tennessee Valley Authority*** *(T.V.A.),* créée en 1933 pour l'aménagement de 21 barrages (électricité, industries), fut une pièce maîtresse du *New Deal de F.D. Roosevelt. ▶ ***le Tennessee.*** État du sud-est des États-Unis. 109 152 km². 4,6 millions d'hab. Capitale : Nashville. Élevage, coton.

lord Alfred ***Tennyson*** ■ Poète anglais (1809-1892). *"Idylles du roi"*.

Tenochtitlán ■ Ancienne capitale des *Aztèques, conquise et détruite par *Cortés en 1521. C'est sur son emplacement que fut édifiée *Mexico.

Teotihuacán ■ Site archéologique du Mexique. Centre d'une importante civilisation *précolombienne qui connut son apogée entre 300 et 650. Immenses pyramides du Soleil et de la Lune.

Gerard ***Ter Borch*** ou ***Terborch*** ■ Peintre hollandais (1617-1681). Scènes de la vie bourgeoise et populaire.

Hendrik ***Ter Brugghen*** ou ***Terbrugghen*** ■ Peintre hollandais (1588-1629). L'un des principaux disciples du *Caravage.

Térence ■ Auteur latin de comédies, ancien esclave affranchi (v. 190 - 159 av. J.-C.). Ses intrigues et ses personnages sont plus nuancés que ceux de *Plaute. *"L'Hécyre"* ; *"l'Eunuque"*.

mère ***Teresa*** ■ Religieuse indienne d'origine yougoslave (née en 1910). Prix Nobel de la paix 1979 pour son action humanitaire.

Teresina ■ Ville du Brésil, capitale de l'État de *Piauí. 339 000 hab.

Terni ■ Ville d'Italie (*Ombrie). 110 000 hab. Industries chimique, textile, alimentaire.

Terpsichore ■ *Muse de la Danse et de la Poésie lyrique, dans la mythologie grecque, représentée avec une lyre.

l'abbé Joseph-Marie ***Terray*** ■ Ministre de Louis XV (1715-1778) (France).

la ***Terre*** ■ Une des planètes du système solaire (à 150 millions de km du Soleil). Elle tourne autour du Soleil en 365 jours un quart, et sur elle-même en 23 h 56 min ; d'où l'alternance du jour et de la nuit. La Terre est un globe légèrement aplati aux pôles (sphéroïde), de plus de 12 500 km de diamètre. Composée de plusieurs couches (la croûte, le manteau, le noyau et la « graine ») et entourée d'une atmosphère, elle a pour satellite la Lune. Son âge serait de 4,6 milliards d'années.

Terrebonne ■ Ville du Québec. 30 100 hab.

la ***Terre de Feu*** ■ Archipel situé au sud de l'Amérique latine et séparé du continent par le détroit de Magellan. Climat froid et brumeux. Montagnes et steppes. Élevage, pêche, pétrole. On réserve parfois le nom de *Terre de Feu* à la principale île de l'archipel, partagée entre l'Argentine et le Chili.

Terre-Haute ■ Ville des États-Unis (*Indiana). 61 000 hab.

Terre-Neuve, en anglais ***Newfoundland*** ■ Île du Canada (108 860 km²), dans l'Atlantique. Avec une partie du Labrador, elle forme la *province* (État fédéré) *de Terre-Neuve* (405 720 km². 568 000 hab., *les Terre-Neuviens.* Capitale : Saint John's. Pêche, forêt. Fer). On appelle *terre-neuvas* les pêcheurs qui exercent dans les parages. ▭ HISTOIRE. Découverte en 1497 par J. *Cabot, l'île fut fréquentée, dès les XVIIe et XVIIIe s., par les pêcheurs européens. En 1713, le traité d'*Utrecht mit fin aux prétentions françaises. En 1855, Terre-Neuve se vit dotée, par le Newfoundland Act de 1852, d'un gouvernement responsable. Elle refusa, en 1870, d'entrer dans la Confédération et ne devint une province fédérée qu'en 1949. ‹ ▶ terre-neuvas, terre-neuve ›

la ***Terreur*** ■ Série de mesures extraordinaires (Tribunal révolutionnaire, loi des suspects), d'arrestations et d'exécutions (près de 40 000 personnes) décrétées par la *Convention en 1793-1794, pour éliminer les ennemis de la Révolution française. Elle finit par atteindre tous les adversaires des *Montagnards et culmina avec la loi du 22 prairial an II (10 juin 1794) ; cette *Grande Terreur* prit fin le 9 *Thermidor (27 juillet) avec la chute de *Robespierre. □ *la* ***Terreur blanche*** désigne deux périodes : une réaction contre-révolutionnaire à la Terreur (1795) ; la politique répressive et les mouvements populaires qui suivirent les *Cent-Jours (1815).

les ***Territoires du Nord-Ouest,*** en anglais ***Northwest Territories*** ■ Territoire du Canada, s'étendant de la baie d'*Hudson au *Yukon et à l'*Alaska. Très vaste (3 426 320 km²) mais peu peuplé (52 200 hab.) à cause du froid. Capitale : Yellowknife. Ressources minières. Parcs, réserves écologiques. ▭ HISTOIRE. Propriété de la Compagnie de la baie d'Hudson, les Territoires du Nord-Ouest furent rachetés par le gouvernement canadien en 1870. Le territoire du Yukon en fut dissocié en 1898 et la limite méridionale établie en 1905. La colonisation, par l'implantation d'exploitations minières et de bases militaires, débuta au XXe s. et affecta la population autochtone dont le mode de vie se modifia au contact des Blancs.

Tertullien ■ Écrivain latin chrétien (v. 155-v. 220). "*Apologétique*".

Tessin l'Ancien et ***Tessin le Jeune*** ■ Architectes suédois. Le père (1615-1681) et son fils (1654-1728).

le ***Tessin,*** en italien ***Ticino*** ■ Rivière de la Suisse et de l'Italie, affluent du Pô. 248 km. ▶ *le canton du* ***Tessin.*** Canton suisse. 2 811 km². 281 000 hab. (*les Tessinois,* de langue italienne). Chef-lieu : Bellinzona. Tourisme (lac Majeur).

l'Ancien et le Nouveau ***Testaments*** ■ Les deux grandes parties de la *Bible pour les chrétiens. *Testamentum,* en latin, traduisait le grec *diathêkê,* « alliance ».

le ***Têt*** ■ Fête du premier jour de l'année lunaire, au Viet-nâm (entre le 20 janvier et le 19 février).

Téthys ■ Déesse grecque de la Mer, épouse de l'*Océan. ≠ Thétis.

Tétouan ■ Ville du Maroc, ancienne capitale de la zone espagnole. 200 000 hab.

les chevaliers ***Teutoniques*** ■ Ordre hospitalier (1190), puis militaire (1198) fondé à Jérusalem. Recrutés dans la noblesse allemande, ils conquirent un vaste État en Prusse (capitale : Marienburg). Leur puissance fut brisée par les Polonais en 1410 à *Tannenberg. L'Ordre, supprimé par Napoléon Ier en 1809, subsiste sous la forme d'une chevalerie ecclésiastique en Autriche.

les ***Teutons*** ■ Peuple de Germanie qui envahit la Gaule et dont l'armée fut exterminée par *Marius à Aix-en-Provence en 102 av. J.-C. ‹ ▶ teuton ›

le ***Texas*** ■ Le plus grand État des États-Unis après l'Alaska. 691 027 km². 14,2 millions d'hab. *(les Texans).* Capitale : Austin. Villes principales : Houston, Dallas. Importantes productions agricoles (élevage, coton, riz). Gaz, pétrole et industries dérivées. Aéronautique. Possession espagnole, puis république indépendante (1836) avant d'être intégrée à l'Union en 1845.

le mont ***Thabor*** ■ Montagne de Galilée en Israël, où la tradition situe la transfiguration du Christ.

William Makepeace ***Thackeray*** ■ Écrivain anglais (1811-1863). Satires contre la société. "*La Foire aux vanités*" ; "*Barry Lyndon*".

Thadée ■ ⇒ saint **Jude.**

le royaume de ***Thaïlande*** ■ État (monarchie parlementaire) d'Asie du Sud-Est entouré par l'Union de Myanmar (ex-Birmanie), le Laos, le Cambodge et la Malaysia. 513 115 km². 55,26 millions d'hab. *(les Thaïlandais).* Capitale : Bangkok. Langue : thaï. Religion officielle : bouddhisme. Monnaie : baht. Climat de mousson. Malgré une économie en expansion (riz, maïs, caoutchouc, pétrole), le pays souffre d'un déficit commercial, comblé en partie par le tourisme (nombreux temples, ruines et sites). ▭ HISTOIRE. Ancienne région de l'Empire *khmer. Le premier royaume de Siam fut fondé en 1220, après l'arrivée de peuples *thaïs* venus de Chine. Contrairement aux pays voisins, le royaume n'a pas été colonisé par l'Europe. En 1939, le Siam devint la Thaïlande, puis suivit une politique pro-américaine dans le conflit vietnamien (⇒ **Viêt-nam**). La Thaïlande a accueilli de nombreux réfugiés cambodgiens dans des camps. L'armée, qui occupe une place prépondérante dans le régime depuis le coup d'État de 1932, renversa le gouvernement civil en 1991.

les ***Thaïs*** ■ Groupe d'ethnies de l'Asie du Sud-Est : Thaïlande, Chine du Sud, Viêt-nam, Laos et Union de Myanmar (ex-Birmanie).

Thalès de Milet ▪ Penseur, astronome et mathématicien grec (v. 600 av. J.-C.). Il aurait été le premier géomètre à exiger des démonstrations.

Thalie ▪ *Muse de la Comédie, dans la mythologie grecque.

Thanatos ▪ Dieu de la Mort, dans la mythologie grecque. Souvent opposé à *Éros.

Thanjāvūr ou ***Tanjore*** ▪ Ville de l'Inde méridionale (*Tamil Nādu). 184 000 hab. Nombreux monuments, temple de Śiva (xe s.).

Thasos ▪ Île grecque du nord de la mer Égée. 379 km². 13 100 hab. Ruines antiques.

Margaret ***Thatcher*** ▪ Femme politique britannique (née en 1925). Premier ministre (conservateur) de 1979 à sa démission en 1990, elle mit en place une politique d'inspiration libérale.

Thèbes ▪ Ville de l'Égypte ancienne. Capitale religieuse, administrative et militaire du Nouvel Empire. Surnommée « la ville aux cent portes » par les Grecs à cause du nombre de colonnes devant les temples, elle constitue le plus grand site archéologique du pays : temples de Louxor et de Karnak, colosse de Memnon, site de Deir el-Bahari.

Thèbes ▪ Ville de Grèce (*Béotie), célèbre par la légende d'*Œdipe. Ses habitants sont *les Thébains.* Ennemie d'Athènes, puis de Sparte. Détruite par *Alexandre le Grand en 336 av. J.-C. Ville moderne (18 700 hab.) reconstruite après les tremblements de terre de 1853 et 1893.

Thémis ▪ Déesse grecque de la Justice. Unie à *Zeus, elle mit au monde les *Parques.

Thémistocle ▪ Général et homme d'État athénien (v. 525-v. 460 av. J.-C.). Il fit de sa cité une grande puissance navale et vainquit les Perses à *Salamine.

Théocrite ▪ Poète bucolique grec (v. 315-v. 250 av. J.-C.). "*Idylles*".

Théodora ▪ Impératrice byzantine (morte en 548). Épouse de *Justinien Ier, sur qui elle eut une grande influence.

Mikis ***Theodorakis*** ▪ Compositeur grec (né en 1925). Musique du film "*Zorba le Grec*".

Théodoric le Grand ▪ Roi des Ostrogoths (455-526). Il fonda un royaume italien en 488, dont Ravenne était la capitale. Se voulant l'héritier des empereurs romains, il développa l'économie et les arts.

Théodose Ier le Grand ▪ Empereur romain (346-395). Il fit du christianisme la religion officielle. À sa mort, l'empire fut divisé entre ses deux fils (⇒ **Rome**).

Théophile de Viau ▪ ⇒ Théophile de **Viau.**

Théophraste ▪ Philosophe grec (v. 372-v. 287 av. J.-C.). Il dirigea le *Lycée après *Aristote. "*Les Caractères*" inspirèrent La Bruyère.

Théra ▪ ⇒ **Santorin.**

Théramène ▪ Un des trente tyrans établis par Sparte à Athènes (450-404 av. J.-C.).

sainte ***Thérèse d'Ávila*** ▪ Religieuse espagnole (1515-1582). Par ses écrits mystiques, elle est un des plus grands écrivains de l'Espagne. Elle réforma l'ordre du *Carmel.

sainte ***Thérèse de l'Enfant-Jésus*** ▪ Religieuse française (1873-1897). Pèlerinage sur sa tombe, au carmel de *Lisieux.

Yves ***Thériault*** ▪ Romancier et dramaturge québécois (1915-1983). Il a décrit certains aspects de la vie des Amérindiens et des Inuit. "*Agaguk*" (1958).

la journée du 9 ***Thermidor an II*** ▪ Le 27 juillet 1794, tournant dans l'histoire de la Révolution française : arrestation de *Robespierre, fin de la *Terreur. ▶ *la réaction* ***thermidorienne,*** changement qui s'ensuivit dans la politique de la *Convention, en réaction contre les *Montagnards.

les ***Thermopyles*** ▪ Défilé de la Grèce. Célèbre résistance aux Perses, sacrifice de *Léonidas Ier et des Spartiates (480 av. J.-C.).

Thésée ▪ Héros de la mythologie grecque. Roi d'Athènes et époux de *Phèdre. Grâce à *Ariane, il tua le *Minotaure dans le Labyrinthe.

Thespis ▪ Poète tragique grec (vie s. av. J.-C.). Il serait le créateur de la tragédie grecque.

la ***Thessalie*** ▪ Région du nord de la Grèce. 14 037 km². 696 000 hab. Elle fut occupée par les Turcs à partir de 1393 avant d'être rendue à la Grèce en 1881. Plaine céréalière. Olives. Vignobles. Betterave à sucre. Ville principale : Larissa.

Thessalonique ou ***Salonique*** ▪ 2e ville de Grèce (*Macédoine), port sur la mer *Égée. 406 000 hab. Université. Centre industriel. Importants monuments byzantins.

Thetford-Mines ▪ Ville minière du sud du Québec. 19 400 hab. Amiante.

Thétis ▪ Divinité marine grecque, épouse de Pélée, mère d'*Achille. ≠ Téthys.

Thibaud IV ▪ Comte de Champagne, guerrier et trouvère (1201-1253).

Jacques ***Thibaud*** ▪ Violoniste français (1880-1953). Il a fondé avec Marguerite *Long le concours de musique Long-Thibaud.

Albert ***Thibaudet*** ▪ Critique littéraire français à la *Nouvelle Revue française* (1874-1936).

Thierry ▪ NOM DE QUATRE ROIS MÉROVINGIENS □ ***Thierry Ier,*** roi de Reims de 511 à sa mort, fils de Clovis (mort v. 534). □ ***Thierry II*** (587-613), roi de Bourgogne (de 595 à sa mort) et d'Austrasie (de 612 à sa mort). □ ***Thierry III,*** roi de Neustrie et de Bourgogne (mort v. 691). □ ***Thierry IV,*** roi des Francs, dominé par *Charles Martel (mort en 737).

Augustin ***Thierry*** ▪ Historien français (1795-1856). "*Récits des temps mérovingiens*".

Adolphe ***Thiers*** ▪ Homme politique et historien français (1797-1877). Ministre de Louis-Philippe, chef de l'opposition libérale à Napoléon III, il négocia avec *Bismarck la capitulation de la France (1870-1871) et forma un gouvernement d'union nationale qui réprima impitoyablement la *Commune. Premier président de la IIIe *République, il s'opposa de plus en plus à une Assemblée majoritairement monarchique et démissionna en 1873 (⇒ **Mac-Mahon**).

Thiès ▪ Ville du Sénégal, à l'est de Dakar. 156 000 hab.

Thimbou ou ***Thimphu*** ▪ Capitale du Bhoutan. 20 000 hab.

Thio ▪ Ville de *Nouvelle-Calédonie. 2 900 hab. Gisement de nickel.

Thionville ▪ Ville de l'est de la France (*Lorraine). 40 800 hab. *(les Thionvillois).* Anciennes fortifications. Métallurgie.

Marcel **Thiry** ■ Écrivain belge d'expression française (1897-1977). "*Nouvelles du grand possible*", roman ; nombreux poèmes.

Thisbé ■ ⇒ **Pyrame.**

René **Thom** ■ Mathématicien et philosophe français (né en 1923). Modèles de morphogenèse (« théorie des catastrophes »).

saint **Thomas** ■ Apôtre de Jésus. Dans l'Évangile, il refuse de croire à la résurrection du Christ avant de l'avoir vu et touché. "*L'Évangile de Thomas*", important texte apocryphe (IIIe s.).

Ambroise **Thomas** ■ Compositeur français (1811-1896). "*Mignon*" et "*Hamlet*", opéras.

Dylan **Thomas** ■ Écrivain gallois (1914-1953). Nouvelles (influence de *Joyce), théâtre et surtout poèmes.

saint **Thomas Becket** ■ Archevêque anglais de Canterbury (1118-1170). Il s'opposa au roi *Henri II qui le fit assassiner.

saint **Thomas d'Aquin** ■ Dominicain, théologien italien enseignant à Paris (v. 1224-1274). L'Église catholique, qui le nomme *Docteur angélique,* considère son œuvre, très inspirée d'*Aristote, comme la meilleure expression de la « philosophie chrétienne » : accord de la foi et de la raison, de la théologie et de la philosophie. ⇒ **scolastique.** ▶ ***thomisme*** et ***néothomisme,*** qui s'inspirent de sa doctrine, ont une part capitale dans l'histoire de la pensée chrétienne (déclarés philosophies officielles de l'Église catholique par *Léon XIII).

saint **Thomas More** ■ ⇒ saint Thomas **More.**

sir Benjamin **Thompson** *comte Rumford* ■ Physicien américain (1753-1814). Son approche mécanique de la chaleur annonce la thermodynamique.

David **Thompson** ■ Explorateur anglais (1770-1857). Considéré comme le premier Blanc à avoir descendu le fleuve Columbia sur toute sa longueur.

Thompson ■ Ville minière du Manitoba. 18 300 hab. Cuivre. Nickel.

sir William **Thomson** *lord Kelvin* ■ Physicien anglais (1824-1907). Électrostatique. Contributions fondamentales à la thermodynamique. On appelle *degré Kelvin* l'unité de température absolue.

sir Joseph John **Thomson** ■ Physicien anglais (1856-1940). Il découvrit l'électron et proposa un modèle de l'atome. Prix Nobel 1906.

Thomas John **Thomson** ■ Peintre canadien (1877-1917). Fortement inspiré par la sauvagerie du paysage canadien.

Thonon-les-Bains ■ Ville de France, en *Savoie. 30 700 hab. *(les Thononais).* Station thermale. Château de Sonnaz (XVIIe s.).

Thor ou **Tor** ■ Dans la mythologie scandinave, dieu guerrier, maître du tonnerre.

la **Thora** ■ ⇒ **Torah.**

Henry **Thoreau** ■ Écrivain américain (1817-1862). Proche d'*Emerson, il eut comme lui une grande influence sur la pensée américaine. "*Walden*" ; "*la Désobéissance civile*".

Maurice **Thorez** ■ Homme politique français (1900-1964). Secrétaire général du parti communiste de 1930 à sa mort, partisan du *Front populaire, ministre de 1945 à 1947.

Bertel **Thorvaldsen** ■ Sculpteur danois (v. 1768-1844). Œuvres mythologiques et religieuses inspirées de l'Antiquité.

Thot ■ Divinité égyptienne à tête d'oiseau (ibis). Dieu du Savoir, de l'Écriture et de la Magie.

Thoune, en allemand **Thun** ■ Ville de la Suisse (canton de *Berne). 36 500 hab. Bâtiments médiévaux, château (XIIe s.).

Thoutmosis ■ NOM DE QUATRE PHARAONS ÉGYPTIENS de la XVIIIe dynastie (Nouvel Empire). □ ***Thoutmosis III*** (v. 1504-1450 av. J.-C.) Grand conquérant, il porta l'empire à son apogée.

la **Thrace** ■ Région du sud-est de l'Europe partagée entre la Grèce (*Thrace occidentale.* 8 578 km². 345 000 hab.), la Bulgarie (1919 ; *Thrace septentrionale*) et la Turquie (1923 ; *Thrace orientale,* la partie européenne de la Turquie).

Thrasybule ■ Général athénien (mort en 388 av. J.-C.). En renversant les *Trente, il rétablit la démocratie.

Thucydide ■ Historien grec (v. 470-v. 395 av. J.-C.). Son récit de la guerre du *Péloponnèse, qu'il vécut, est un modèle d'intelligence critique des événements.

les **thugs** ■ Secte de fanatiques de l'Inde, adorateurs de *Kālī (XIIe - XIXe s.). Ils pratiquaient le meurtre rituel par étranglement.

Thulé ■ Terre fabuleuse marquant la limite nord du monde connu dans l'Antiquité.

Thunder Bay ■ Ville de l'Ontario. 112 000 hab. Région minière. Port. Exportation du blé.

le canton de **Thurgovie,** en allemand **Thurgau** ■ Canton suisse bordé par le lac de Constance. 1 013 km². 198 000 hab. Chef-lieu : Frauenfeld. Économie agricole.

la **Thuringe,** en allemand **Thüringen** ■ État (land) de l'est de l'Allemagne. 16 200 km². 1,6 million d'hab. Capitale : Erfurt. Forêts. Constructions automobiles, appareils scientifiques.

August **Thyssen** ■ Industriel allemand, fondateur d'une importante entreprise sidérurgique (1842-1926).

Tiahuanaco ■ Site archéologique de Bolivie situé à 3 900 m. Célèbre porte du Soleil. Civilisation précolombienne (200 av. J.-C. - 1100).

Tianjin ou **T'ien-tsin** ■ Ville et 2e port de Chine au confluent de cinq rivières. 5,46 millions d'hab. Elle constitue une zone municipale (4 000 km² ; 8,2 millions d'hab.). 2e centre industriel et commercial du pays.

le **Tian Shan** ■ Chaîne montagneuse de Chine, du Kirghizistan et du Kazakhstan, en Asie centrale. 2 500 km de long.

Tibère ■ Empereur romain, fils adoptif et successeur d'Auguste (42 av. J.-C. - 37). Administrateur sévère des régions et des finances, il mena une politique de paix.

le lac de **Tibériade** ■ Lac d'Israël relié à la mer Morte par le Jourdain, appelé *mer de Galilée* dans l'Évangile. 200 km². Il permet l'irrigation du désert du *Néguev.

le **Tibesti** ■ Massif montagneux du Sahara, dans le nord du Tchad.

le **Tibet,** en chinois **Xizang** ■ Région autonome de la Chine, dans l'*Himalaya. On l'appelle « le Toit du monde ». 1 221 600 km². 2 millions d'hab. *(les Tibétains).* Capitale : Lhassa. Hautes montagnes, climat froid. Élevage de yacks. Grand foyer du *bouddhisme. Le pays fut gouverné par le dalaï-lama, chef du *bouddhisme tibétain* ou *lamaïsme,* jusqu'à son occupation par les Chinois en 1950, qui doivent, depuis 1959, affronter une vive résistance des Tibétains. Le dalaï-lama actuel, en exil depuis 1959, a reçu en 1989 le prix Nobel de la paix. ‹ ▶ tibétain ›

les **Tibous** ■ ⇒ les **Toubous.**

le **Tibre** ■ Fleuve d'Italie qui naît en *Toscane, traverse Rome et se jette dans la mer *Tyrrhénienne. 396 km.

Tibulle ■ Poète élégiaque latin (v. 50 - v. 19 av. J.-C.).

Ludwig **Tieck** ■ Écrivain romantique allemand (1773-1853). Contes populaires, romans historiques et réalistes.

Giambattista **Tiepolo** ■ Peintre italien (1696-1770). Grand décorateur, auteur de fresques sur des sujets bibliques, mythologiques et allégoriques.

Tiflis ■ ⇒ **Tbilissi.**

Tigrane le Grand ■ Roi d'Arménie (v. 140 - v. 55 av. J.-C.). Sa puissance inquiéta les Romains.

le **Tigre** ■ Fleuve de Turquie et d'Irak qui se jette dans le golfe Persique en formant avec l'*Euphrate, le *Chaṭṭ al-'Arab. 1 950 km. Barrages. Cultures dans la vallée (dattes).

le **Tigré** ■ Province du nord de l'Éthiopie.

Tijuana ■ Ville du Mexique. 461 000 hab. Centre touristique pour les habitants des villes de Californie les plus proches.

Tikal ■ Un des sites archéologiques *mayas les plus grandioses, au Guatemala.

Tilburg ■ Ville des Pays-Bas (*Brabant-Septentrional). 155 000 hab.

Tilimsen, autrefois **Tlemcen** ■ Ville d'Algérie. 146 000 hab. Foyer de culture et de religion islamiques depuis le XIIe s., capitale d'un royaume berbère (XIIIe - XVIe s.). Mosquées.

Tilsit ■ Ville de Prusse-Orientale (aujourd'hui ***Sovietsk,*** en Russie) où furent signés en 1807 deux traités d'alliance entre la France (Napoléon Ier) et la Russie (Alexandre Ier).

Timgad ■ Commune d'Algérie. Importants vestiges romains.

Timișoara ■ Ville de Roumanie. 325 000 hab. Centre industriel. En décembre 1989, la violente répression des manifestations déclencha la révolution. ⇒ **Roumanie.**

Timmins ■ Ville de l'Ontario. 45 000 hab. Centre minier.

Timor ■ Île de la *Sonde, à l'extrémité de l'archipel indonésien. 30 724 km². 1,38 million d'hab. Découverte par les Portugais au XVIe s., l'île fut abordée par les Hollandais, en 1613, qui repoussèrent les Portugais au Nord et à l'Est. Deux traités (1860, 1914) délimitèrent les frontières jusqu'en 1975. Le *Timor occidental* est, depuis lors, une province indonésienne ; la partie orientale, après s'être déclarée, en 1975, *république démocratique du Timor oriental,* a été envahie par les troupes indonésiennes qui l'annexèrent, malgré les protestations internationales, et en firent une province en 1976.

Tīmūr Lang ■ ⇒ **Tamerlan.**

Jan **Tinbergen** ■ Économiste néerlandais (né en 1903). Économétrie. Prix Nobel (avec *Frisch) 1969.

Jean **Tinguely** ■ Sculpteur suisse (1925-1991). Sculptures mobiles (« machines ») qui mêlent l'humour et la dérision.

le **Tintoret** ■ Peintre italien, l'un des rivaux de *Titien à Venise (1518-1594). Effets spectaculaires fondés sur les contrastes de lumière, les perspectives renversées et les mises en scène tumultueuses. Grandes compositions (fresques de la *Scuola Grande di San Rocco*). Portraits.

Tioumen ■ Ville de la C.É.I. (*Russie), sur la ligne du *Transsibérien. 477 000 hab.

Tipasa ■ Ville d'Algérie, sur la côte méditerranéenne. 4 600 hab. Ruines romaines. Tourisme.

Tipperary ■ Ville du sud-ouest de la république d'Irlande (*Munster). 5 000 hab.

Tirana ■ Capitale de l'Albanie. 226 000 hab. Centre administratif, commercial et industriel. Université.

Tirésias ■ Devin aveugle de la mythologie grecque qui intervient dans l'histoire d'*Œdipe et d'*Ulysse.

Tîrgu Mureș ■ Ville de Roumanie. 159 000 hab. Gaz. Chimie. Monuments baroques.

Tirso de Molina ■ Religieux et auteur dramatique espagnol (v. 1583-1648). Dans "*le Trompeur de Séville*" apparaît pour la première fois au théâtre le personnage de don Juan.

Tiruchchirāppalli ou **Trichinopoly** ■ Ville de l'Inde du Sud (*Tamil Nādu). 362 000 hab.

Tirynthe ■ Ancienne ville de Grèce, en *Argolide (*Péloponnèse). Murailles cyclopéennes (XIIIe s. av. J.-C.).

la **Tisza** ■ Rivière d'Europe orientale, affluent du *Danube. 966 km.

le **Titanic** ■ Paquebot britannique qui coula au large de Terre-Neuve, en 1912, après avoir heurté un iceberg.

les **Titans** n. m. ■ Fils de la Terre dans la mythologie grecque. Ils s'unirent à leurs sœurs, les *Titanides.* Ils tentèrent d'atteindre le ciel et furent vaincus par *Zeus. ‹ ▶ titan ›

Tite-Live ■ Historien latin (v. 59 av. J.-C. - 17). Le premier livre de son "*Histoire de Rome*" fait le récit des temps légendaires.

le lac **Titicaca** ■ Lac des Andes à 3 800 m d'altitude, le plus élevé du monde. 8 340 km². Partagé entre la Bolivie et le Pérou.

Titien ■ Peintre italien (v. 1490-1576). Il domina pendant soixante ans la peinture vénitienne, travaillant pour les grands de son époque (portraits de *Charles Quint, de François Ier). Au style équilibré de la "*Vénus d'Urbin*", qui traduit la profonde influence de *Giorgione, succéda une facture plus dramatique, d'influence *maniériste.

Josip Broz dit **Tito** ■ Maréchal et homme politique yougoslave (1892-1980). Communiste, il mena la lutte contre le nazisme, devint président du Conseil en 1945 puis président de la République de 1953 à sa mort. Il élabora un socialisme original et conserva son indépendance à l'égard de l'U.R.S.S. ▶ ***Titograd.*** Ville de Yougoslavie, capitale du *Monténégro. 132 000 hab.

Titus ■ Empereur romain, successeur de son père *Vespasien en 79 (v. 40 - 81). Vainqueur de la guerre de Judée (destruction de Jérusalem en 70). Pendant son règne, qui fut libéral, se produisit la catastrophique éruption du *Vésuve.

Tivoli, autrefois ***Tibur*** ■ Ville d'Italie (*Latium), près de Rome. 52 200 hab. Célèbres jardins de la villa d'Este.

Tizi Ouzou ■ Ville d'Algérie, en *Kabylie. 101 000 hab.

Tlaloc ■ Dieu de la Pluie et de la Végétation, dans les civilisations *précolombiennes.

Tlemcen ■ ⇒ **Tilimsen.**

Toamasina, autrefois ***Tamatave*** ■ Ville et 1er port de Madagascar. 139 000 hab. Pétrole. Café.

Tobago ■ ⇒ **Trinité et Tobago.**

le ***Tobol*** ■ Rivière de Sibérie occidentale, affluent de l'*Irtych. 1 670 km.

Tobrouk ■ Ville et port de Libye. 34 200 hab. Violents combats entre Alliés et Allemands en 1941-1942.

le ***Tocantins*** ■ Fleuve du Brésil, qui se jette dans l'Atlantique. 2 640 km. ▶ *le* ***Tocantins.*** Ancienne partie nord de l'État de *Goiás, au Brésil, qui accéda au rang d'État en 1988. 286 706 km². 960 000 hab. Capitale : Miracema do Tocantins.

Alexis de ***Tocqueville*** ■ Écrivain et homme politique français (1805-1859). Remarquable analyste de "*la Démocratie en Amérique*", il a profondément marqué les sciences politiques et l'historiographie de la Révolution française.

Rodolphe ***Toepffer*** ■ Écrivain et dessinateur suisse (1799-1846). Albums comiques illustrés, ancêtres de la bande dessinée.

Palmiro ***Togliatti*** ■ Une des principales figures du communisme italien (1893-1964). Il soutint la déstalinisation. ▶ ***Togliatti.*** Ville de la C.É.I. (*Russie). 630 000 hab. Industries (automobiles).

le ***Togo*** ■ État (république) d'Afrique de l'Ouest. 56 785 km². 3,62 millions d'hab. *(les Togolais).* Forte densité de population. Capitale : Lomé. Langues : français (officielle), éwé, kabye. Monnaie : franc CFA. Cacao, café, coton. Élevage. Phosphates. ▭**HISTOIRE.** Soumis au commerce des esclaves au XVIIIe s., le pays devint un protectorat allemand (1884), partagé entre Français et Anglais en 1922. Le nord de la partie britannique *(Togoland)* fut rattaché au *Ghana. Le Togo français devint une république indépendante en 1960. En 1991, après des manifestations violemment réprimées, le multipartisme fut instauré.

la ***Toison d'or*** ■ Dans la mythologie grecque, toison d'un bélier ailé. *Jason la vola avec l'aide de *Médée.

Tōjō Hideki ■ Général et homme politique japonais (1884-1948). Il dirigea le Japon de 1941 à 1944. Jugé comme criminel de guerre, il fut condamné et exécuté.

Tokaj, en français ***Tokay*** ■ Village de Hongrie où est produit le célèbre vin de *Tokay* depuis le XIIIe s.

les ***Tokugawa*** ■ Famille noble japonaise qui domina le Japon pendant trois siècles, jusqu'à *Meiji. □ ***Tokugawa Ieyasu*** (1543-1616) fut le premier des 15 shoguns de la dynastie. Il fit d'Edo (aujourd'hui Tokyo) sa capitale.

Tokyo ■ Capitale du Japon, port sur l'île de *Honshū. 8,32 millions d'hab. Elle forme avec ses banlieues (*Yokohama, *Kawasaki, Chiba [815 000 hab.], Funabashi [527 000 hab.], Sagamihara [511 000 hab.]) une agglomération de 14 millions d'hab. Centre commercial et administratif du pays. Industries de pointe, pétrole. La ville, immense et formée de quartiers très variés, connaît des problèmes liés au développement : surpopulation, circulation, pollution. Tremblement de terre en 1923.

Tolède, en espagnol ***Toledo*** ■ Ville d'Espagne, capitale de la communauté autonome de *Castille-la Manche. 61 800 hab. Armes blanches réputées. Archevêché. Tourisme. Capitale des *Wisigoths (VIe - VIIIe s.), siège de l'Église espagnole au VIIe s., occupée du VIIIe au XIe s. par les Arabes (monuments mauresques), puis capitale des rois de Castille (palais de l'*Alcazar,* églises).

Juan Bautista de ***Toledo*** ■ Architecte espagnol (mort en 1567). Il commença la construction de l'*Escurial.

Toledo ■ Ville des États-Unis (*Ohio), port sur le lac Érié. 355 000 hab. Charbon.

John ***Tolkien*** ■ Écrivain britannique (1892-1973). "*Le Seigneur des anneaux*".

Léon ***Tolstoï*** ■ Écrivain russe (1828-1910). Contestataire, mystique, il fut l'idole de la jeunesse russe. Ses romans "*Guerre et paix*" et "*Anna Karénine*" lui apportèrent une célébrité mondiale. "*La Mort d'Ivan Ilitch*" ; "*la Sonate à Kreutzer*".

Alexis Nikolaïevitch ***Tolstoï*** ■ Écrivain soviétique (1883-1945). "*Ivan le Terrible*".

les ***Toltèques*** ■ Peuple d'Indiens du Mexique. Brillante civilisation du IXe au XIIe s., qui influença les *Mayas (site maya-toltèque de Chichén Itzá).

Toluca ■ Ville du Mexique central. 357 000 hab. Région agricole.

Tombouctou ■ Ville du Mali, près du fleuve Niger. 20 500 hab. Point de départ des caravanes vers le Sahara.

Tomsk ■ Ville de la C.É.I. (*Russie). 502 000 hab. Centre de recherches du *Kouzbass.

Tonatiuh ■ Dieu du Soleil des civilisations *précolombiennes.

les îles ***Tonga*** ■ Archipel et État (royaume [monarchie constitutionnelle]) de Polynésie. 780 km². 95 900 hab. *(les Tongais).* Capitale : Nuku'alofa. Langues officielles : tonga, anglais. Monnaie : pa'anga. État indépendant au sein du *Commonwealth depuis 1970. Coprah, bananes.

Tongres, en néerlandais ***Tongeren*** ■ Ville de Belgique (*Limbourg). 26 200 hab. Nombreux monuments. Industries alimentaires.

le ***Tonkin*** ■ Région du nord du Viêt-nam, sur la mer de Chine méridionale, habitée par les *Tonkinois.* Ville principale : Hanoi. Ancienne colonie française (⇒ **Indochine**).

Jacques Godefroy de ***Tonnancour*** ■ Peintre québécois (né en 1917).

Ferdinand ***Tönnies*** ■ Sociologue allemand (1855-1936). "*Communauté et société*".

Topeka ■ Ville des États-Unis (*Kansas), connue pour son urbanisme. 115 000 hab.

Roland ***Topor*** ■ Dessinateur et écrivain français (né en 1938). Humour noir. "*La Planète sauvage*", dessin animé.

Tor ■ ⇒ **Thor.**

la ***Torah*** ■ En hébreu, la « Loi ». Les cinq premiers livres de la Bible, appelés *Pentateuque* par les chrétiens. Elle comprend notamment les textes de la Loi, révélés à *Moïse par Yahvé sur le Sinaï. C'est la partie la plus importante de la Bible dans le judaïsme. ⟨ ► Torah ⟩

Torcello ■ Île de la lagune de Venise. Cathédrale romano-byzantine.

Tordesillas ■ Ville d'Espagne (*Castille-et-Léon). Monastère du XIVe s. ► *le **traité de Tordesillas,*** en 1394, fixait la ligne de partage des colonies entre l'Espagne et le Portugal.

*Giuseppe **Torelli*** ■ Violoniste et compositeur italien (1658-1709). Un des créateurs du genre concerto.

Torgau ■ Ville d'Allemagne (*Saxe). 21 000 hab. *Luther et ses compagnons y rédigèrent, en 1530, les *Articles de Torgau,* base de la Confession d'*Augsbourg. En 1945, point de jonction entre les troupes soviétiques et américaines.

*les **tories*** n. m. pl. ■ Nom donné en Angleterre aux conservateurs jusqu'en 1832, par opposition aux *whigs.* ⟨ ► tory ⟩

Toronto ■ Capitale de l'Ontario, port sur la rive nord du lac Ontario. 612 000 hab. *(les Torontois).* La plus importante agglomération du pays (3,4 millions d'hab.). Elle rivalise avec Montréal comme métropole économique et culturelle (université). Ancienne capitale du haut Canada (Canada anglais).

Torquay ■ Ancienne ville d'Angleterre (dans l'agglomération de Torbay ; 113 000 hab.), dans le *Devon. Station balnéaire sur la Manche. Ancienne abbaye (XIIe-XIVe s.).

*Tomás de **Torquemada*** ■ Dominicain espagnol, chef de l'*Inquisition pour la péninsule Ibérique (1420-1498). Symbole du fanatisme religieux.

Torre del Greco ■ Ville d'Italie méridionale (*Campanie), près de *Naples, au pied du Vésuve. 104 000 hab. Travail du corail.

Torreón ■ Ville du Mexique septentrional. 364 000 hab. Textile.

*le détroit de **Torres*** ■ Bras de mer séparant l'Australie de la Nouvelle-Guinée et reliant l'océan Indien à l'océan Pacifique.

*Evangelista **Torricelli*** ■ Physicien et mathématicien italien (1608-1647). *L'expérience de Torricelli* mit en évidence l'existence de la pression atmosphérique.

*Jacopo **Torriti*** ■ Peintre et mosaïste italien (fin du XIIIe s.).

*l'île de la **Tortue*** ■ Petite île de l'Atlantique, au nord d'*Hispaniola. Repaire de pirates au XVIIe s.

Toruń, en allemand ***Thorn*** ■ Ville de Pologne, port fluvial sur la *Vistule. 197 000 hab. Elle fit partie de la *Hanse. Foyer de la *Réforme. Ville prussienne au XIXe s.

*le parti **tory*** ■ ⇒ les **tories.**

*l'école **Tosa*** ■ École de peinture japonaise. □ ***Tosa Mitsunobu*** (1434-1525) en fut le fondateur. □ ***Tosa Mitsuyoshi*** (1539-1613) en fut l'un des derniers représentants.

*la **Toscane,*** en italien ***Toscana*** ■ Région autonome du nord-ouest de la péninsule italienne. 22 992 km². 3,57 millions d'hab. *(les Toscans).* Capitale : Florence. Zone de transition entre le nord et le sud du pays. Région vallonnée, à l'agriculture méditerranéenne : céréales, olives, vignes (chianti). Ressources minières : fer, mercure, marbre (*Carrare). Industrie lourde. Tourisme important. Foyer de la *Renaissance. Le *toscan* est devenu la forme officielle de la langue italienne. ⇒ **Florence,** les **Médicis.**

*Arturo **Toscanini*** ■ Chef d'orchestre italien (1867-1957). Réputé pour sa fougue et son lyrisme.

Tōshūsai Sharaku ■ Peintre japonais qui se spécialisa dans les portraits d'acteurs de *kabuki (fin du XIIIe s.).

*les **Touaregs*** ■ Population nomade du Sahara, d'origine *berbère (au singulier : un *Targui* ou, francisé, un *Touareg*). Les difficultés à s'intégrer dans les structures des États modernes de l'Afrique, notamment en Algérie, au Mali et au Niger, les conduisent à de fréquentes rébellions. ⟨ ► touareg ⟩

*les **Toubous*** ou ***Tibous*** ■ Population nomade noire du Sahara (*Tibesti...).

*les **Toucouleurs*** ■ Peuple du Sénégal et de Guinée, de religion musulmane. Ils sont environ 300 000.

Tou Fou ■ ⇒ **Du Fu.**

Touggourt ■ Oasis du Sahara algérien. 75 600 hab.

*Mikhaïl **Toukhatchevski*** ■ Maréchal soviétique (1893-1937). Victime des purges de *Staline. Réhabilité en 1961.

Toul ■ Ville de France (*Lorraine). 17 700 hab. *(les Toulois).* Cathédrale gothique. Toul, avec Metz et Verdun, fit partie des *Trois-Évêchés. Constructions mécaniques, confection.

Toula ■ Ville de la C.É.I. (*Russie). 540 000 hab. Centre houiller proche de Moscou. Samovars.

*Paul-Jean **Toulet*** ■ Écrivain français (1867-1920). "*Les Contrerimes*", poèmes.

Toulon ■ Ville du sud de la France (*Provence), important port militaire sur la Méditerranée (rade de Toulon). 170 200 hab. *(les Toulonnais).* Arsenal. Chantiers navals.

Toulouse ■ Ville du sud-ouest de la France, préfecture de la région *Midi-Pyrénées. 365 900 hab. *(les Toulousains).* Ancienne capitale du royaume d'Aquitaine puis du *comté de Toulouse,* rattachée à la France après la croisade des *albigeois, en 1271. Nombreux monuments : basilique romane Saint-Sernin, cathédrale (XIIe - XIIIe s.), Capitole. Musées. Université ; École nationale supérieure de l'aéronautique et de l'espace. Industries aéronautique et chimique. ⇒ **Languedoc.**

*Henri de **Toulouse-Lautrec*** ■ Peintre et lithographe français (1864-1901). Affiches *("le Bal du Moulin-Rouge" ; "Aristide Bruant").* Scènes de maisons closes *("Femme tirant son bas"),* d'un dessin aigu.

*la **Toungouska*** ■ Nom de trois rivières de Sibérie, affluents de l'*Iénisseï.

*les **Toungouzes*** ■ Groupe de tribus de Sibérie orientale.

*Le **Touquet-Paris-Plage*** ■ Ville du nord de la France, station balnéaire sur la Manche. 5 600 hab. *(les Touquettois).*

*la **Touraine*** ■ Région française du sud-ouest du Bassin parisien. Ses habitants sont les *Tourangeaux.* Ville principale : Tours. L'organisation politique de la France du XIVe au XVIe s. a entraîné la construction de châteaux dans la vallée de la Loire. La douceur du climat a favorisé le développement agricole et la culture de la vigne.

Tourcoing ■ Ville du nord de la France, qui forme avec *Lille et *Roubaix une conurbation. 94 400 hab. *(les Tourquennois).* Industries textiles.

la **Tour de Londres** ■ Forteresse construite à Londres par *Guillaume le Conquérant au XIe s. Elle servit de prison d'État : exécutions d'Henri VI, *Anne Boleyn, Thomas *More.

Sékou **Touré** ■ Homme politique guinéen (1922-1984). Marxiste, il obtint l'indépendance de la Guinée dès 1958 et en fut le président jusqu'à sa mort. Son pouvoir devint dictatorial.

Ivan **Tourgueniev** ■ Écrivain russe (1818-1883). Proche des écrivains français de son temps. Romans, nouvelles. "*Récits d'un chasseur*" ; "*Premier amour*".

le col du **Tourmalet** ■ Le plus haut col routier des Pyrénées françaises (2 114 m).

Tournai, en néerlandais **Doornik** ■ Ville de Belgique (*Hainaut), sur l'*Escaut. 66 700 hab. *(les Tournaisiens).* Cathédrale (XIIe - XIIIe s.). Prise par Louis XIV (fortifiée par *Vauban). Célèbre pour ses porcelaines au XVIIIe s.

Joseph Pitton de **Tournefort** ■ Botaniste français (1656-1708). Grand voyageur.

Cyril **Tourneur** ■ Auteur dramatique anglais de l'époque élisabéthaine (1575-1626). "*La Tragédie de l'athée*".

Michel **Tournier** ■ Écrivain français (né en 1924). Le recours à de grands mythes donne à ses romans une portée philosophique. "*Vendredi ou les Limbes du Pacifique*" ; "*le Roi des aulnes*" ; "*les Météores*".

Tours ■ Ville de France, sur la Loire. 133 400 hab. *(les Tourangeaux).* Saint Martin en fit un des foyers religieux du IIIe s. Cathédrale Saint-Gatien (XIIe - XVe s.). Industries mécanique et chimique. Commerce du vin. ⇒ **Touraine.**

Toussaint-Louverture ■ Homme politique haïtien (1743-1803). Ancien esclave, héros de l'indépendance d'Haïti. Il tenta de créer une république noire.

Toutankhamon ■ Pharaon du Nouvel Empire de 1361 à 1352 av. J.-C. Le trésor découvert dans sa tombe était exceptionnellement préservé (musée du Caire).

Touthmosis ■ ⇒ **Thoutmosis.**

la république autonome de **Touva** ■ Une des 16 républiques autonomes de la Fédération de *Russie, à la frontière de la *Mongolie. 170 500 km². 309 000 hab. *(les Touvas).* Capitale : Kyzyl (80 000 hab.). Région agricole.

Arnold **Toynbee** ■ Historien britannique (1889-1975). Étude du devenir des civilisations fondée sur l'histoire universelle.

Toyota ■ Ville du Japon (*Honshū), connue pour ses usines automobiles. 322 000 hab.

Tracy ■ Ville du Québec. 13 100 hab. Industries.

Tommaso **Traetta** ■ Compositeur italien d'opéras (1727-1779).

le cap **Trafalgar** ■ Cap d'Espagne où l'amiral anglais *Nelson vainquit la flotte franco-espagnole en 1805.

Trajan ■ Empereur romain (53-117). Grand conquérant, remarquable administrateur, il porta l'empire à son extension extrême. Il entreprit de grands travaux. *Hadrien lui succéda.

Georg **Trakl** ■ Poète autrichien (1887-1914). Hanté par la mort et le désir d'innocence. "*Chant d'un merle prisonnier*".

les **Transamazoniennes** n. f. pl. ■ Routes brésiliennes construites à travers la forêt de l'*Amazonie sur des milliers de kilomètres.

la **Transjordanie** ■ Ancien État du Proche-Orient devenu, en 1949, la *Jordanie. Sous mandat britannique entre 1922 et 1946.

le **Transkei** ■ *Bantoustan (république) créé par l'*Afrique du Sud pour regrouper les populations noires du pays (Xhosas) et proclamé indépendant en 1976. 43 653 km². 3,22 millions d'hab. Capitale : Umtata (24 800 hab.).

le **Transsibérien** ■ La plus longue voie ferrée du monde : 9 297 km, 8 jours de parcours. Elle traverse la *Sibérie et relie Moscou à Vladivostok. Elle fut construite de 1891 à 1916.

le **Transvaal** ■ Province du nord-est de l'Afrique du Sud. 262 499 km². 7,53 millions d'hab. Capitale : Pretoria. Grande région minière (or, diamant, fer) qui fut l'enjeu de guerres entre Anglais et *Boers. Intégrée à l'Union sud-africaine en 1910.

la **Transylvanie** ■ Région de Roumanie. Minorités hongroise et allemande. Chef-lieu : Cluj-Napoca. Paysage de collines entourées par les *Carpates. Élevage.

la **Trappe** ■ Ordre des *Trappistes,* moines cisterciens réformés par *Rancé au XVIIe s. Abbaye mère de l'Ordre, en France (*Normandie). ‹ ▶ ② Trappe ›

Trasimène ■ Lac d'Italie (*Ombrie). Victoire d'*Hannibal sur les Romains en 217 av. J.-C.

Alexandre **Trauner** ■ Décorateur de films français d'origine hongroise (né en 1906). "*Le jour se lève*" ; "*les Enfants du paradis*" ; "*Subway*".

le parti **travailliste,** en anglais **Labour Party** ■ Parti politique anglais, issu des syndicats, fondé en 1893 (officiellement en 1906).

Trébizonde, en turc **Trabzon** ■ Ville et port de Turquie sur la mer Noire. 156 000 hab. Capitale d'un Empire grec du XIIIe au XVe s. Églises byzantines et mosquées.

Gilles **Tremblay** ■ Compositeur et pianiste québécois (né en 1932). Auteur de compositions de musique électro-acoustique.

Michel **Tremblay** ■ Romancier et dramaturge québécois (né en 1942). Il décrit les milieux populaires francophones de Montréal. "*Les Belles-Sœurs*" (1968) ; "*Chroniques du plateau Mont-Royal*".

Charles **Trenet** ■ Auteur, compositeur et chanteur français (né en 1913).

Trente, en italien **Trento** ■ Ville d'Italie. 101 000 hab. *(les Trentins* ou *Tridentins).* Capitale de la région autonome du *Trentin-Haut-Adige. ▶ *le concile de* **Trente,** convoqué par le pape Paul III et *Charles Quint, se tint en trois périodes de 1545 à 1563 et définit la politique de l'Église catholique contre la *Réforme. ⇒ **Contre-Réforme.**

les **Trente** ou *les* **Trente Tyrans** ■ Nom donné aux magistrats que Sparte imposa à Athènes après sa victoire dans la guerre du Péloponnèse (404 av. J.-C.). Ils furent chassés par *Thrasybule.

la guerre de **Trente Ans** ■ Conflit né en 1618 de l'opposition entre les catholiques et les protestants dans le *Saint Empire romain germanique. La France, pour s'opposer à la puissance des *Habsbourg, intervint aux côtés de la Suède, protestante, contre l'empereur Ferdinand II et son alliée l'Espagne. Le traité de *Westphalie (1648) marqua le retrait du pouvoir impérial en Allemagne, son repli sur l'Autriche et la Bohême ; la lutte entre la France et l'Espagne continua jusqu'en 1659 (traité des *Pyrénées).

le ***Trentin-Haut-Adige,*** en italien ***Trentino-Alto Adige*** ■ Région autonome de l'Italie septentrionale. 13 613 km². 884 000 hab. Capitale : Trente. La région, qui a été rattachée à l'Italie en 1919, comprend, au nord, une forte communauté germanophone (Tyroliens du Sud) qui revendique son indépendance.

Trenton ■ Ville des États-Unis, capitale du *New Jersey. 92 100 hab.

Trèves, en allemand ***Trier*** ■ Ville d'Allemagne (*Rhénanie-Palatinat). 94 700 hab. Elle fut une des résidences des empereurs romains : nombreux vestiges (*Porta nigra,* amphithéâtre). Cathédrale (IVᵉ - XIIIᵉ s.).

Trévise, en italien ***Treviso*** ■ Ville d'Italie, en *Vénétie. 86 500 hab. Monuments médiévaux.

Trévoux ■ Ville de l'est de la France. 6 100 hab. *(les Trévoltiens).* Célèbre imprimerie des jésuites au XVIIIᵉ s., produisant le *Journal* (scientifique) et les *Dictionnaires* dits *de Trévoux.*

le ***Triangle d'or*** ■ Zone de forme triangulaire qui s'étend sur une partie de l'Union de Myanmar (ex-Birmanie), de la Thaïlande et du Laos. Lieu privilégié de la production et du trafic de l'opium.

le commerce ***triangulaire*** ■ Commerce d'esclaves pratiqué entre les côtes françaises et anglaises, la Guinée et les Antilles aux XVIIᵉ et XVIIIᵉ s.

Trianon ■ ⇒ le château de **Versailles.**

le ***Tribunal révolutionnaire*** ■ Pendant la Révolution française, tribunal d'exception créé par la *Convention en 1792. Composé de douze jurés, cinq juges et un accusateur public. Il fut l'instrument de la *Terreur.

le ***Tribunat*** ■ Assemblée législative instituée sous le *Consulat (1800) et supprimée sous le Iᵉʳ Empire (1807).

Trichinopoly ■ ⇒ **Tiruchchirāppalli.**

Trieste ■ Ville d'Italie du Nord, capitale de la région autonome de *Frioul-Vénétie Julienne, qui a été rattachée tour à tour à l'Autriche, à la Yougoslavie et à l'Italie. 235 000 hab. *(les Triestins).* Port sur l'Adriatique. Chantiers navals. Industrie chimique.

Trimurtī ■ Trinité hindoue, composée des trois grandes divinités du panthéon brahmanique, *Brahmā le Créateur, *Śiva le Destructeur et *Vishnou le Conservateur.

La ***Trinité*** ■ Ville de l'île française de la Martinique. 11 100 hab.

Trinité et Tobago ■ État (république) des Antilles formé par les îles de la Trinité (ou Trinidad ; 4 821 km²) et de Tobago (303 km²), près des côtes du Venezuela. 5 128 km². 1,28 million d'hab. *(les Trinidiens).* Capitale : Port of Spain. Langue officielle : anglais. Monnaie : dollar de Trinité et Tobago. Pétrole, rhum, canne à sucre. État membre du *Commonwealth, indépendant depuis 1962.

Elsa ***Triolet*** ■ Romancière française d'origine russe (1896-1970). "*Le Cheval blanc*" ; "*le Grand Jamais*". Épouse et inspiratrice d'*Aragon.

Tripoli ■ Capitale et port de la Libye. 591 000 hab. *(les Tripolitains).* Colonie phénicienne puis romaine, base des corsaires turcs au XVIᵉ s. ► *la* ***Tripolitaine,*** province dont elle est la capitale et qui, réunie à la *Cyrénaïque, a formé la Libye.

Tripoli ■ Ville et port du Liban, sur la Méditerranée. 500 000 hab. *(les Tripolitains).*

le ***Tripura*** ■ État de l'Union indienne, à la frontière orientale du Bangladesh. 10 486 km². 2,05 millions d'hab. Capitale : Agartala (132 000 hab.). Productions agricoles. Forêt.

Flora ***Tristan*** ■ L'initiatrice française du féminisme, influencée par le socialisme utopique (1803-1844).

Tristan da Cunha ■ Archipel britannique du sud de l'Atlantique, découvert en 1506, dépendant de la colonie britannique de *Sainte-Hélène. Un massif volcanique culmine sur l'île principale. 98 km². 300 hab.

Tristan et Iseult ■ Légende du Moyen Âge. Victimes d'un philtre magique et unis par une passion fatale, Tristan et Iseult deviennent coupables devant leurs conjoints respectifs. Seule la mort réunira les amants.

François dit ***Tristan l'Hermite*** ■ Poète lyrique français (1601-1655). "*Le Page disgracié*" ; "*les Amours de Tristan*".

Triton ■ Dieu marin grec, mi-homme mi-poisson, fils de *Poséidon. ‹ ► ① et ② triton ›

Trivandrum ■ Ville du sud-ouest de l'Inde, capitale de l'État du *Kerala. 500 000 hab.

Jiří ***Trnka*** ■ Cinéaste d'animation tchécoslovaque (1912-1969). Films avec des poupées. "*La Main*".

Trocadéro ■ Localité d'Espagne, proche de *Cadix, que l'armée française prit d'assaut en 1823 pour déloger les insurgés.

Louis ***Trochu*** ■ Général français (1815-1896). Gouverneur de Paris et chef du gouvernement de *Défense nationale en 1870.

Troie ou ***Ilion*** ■ Ancienne ville d'Asie Mineure immortalisée par Homère dans l'"*Iliade*". Elle a été identifiée au site d'Hissarlik, en Turquie, par *Schliemann. ► *la guerre de* ***Troie,*** déclenchée par l'enlèvement d'*Hélène, opposa Grecs et *Troyens.* Après un siège de dix ans, les Grecs prirent la ville grâce à *Ulysse qui conçut la ruse du *cheval de Troie.*

les ***Trois-Évêchés*** ■ *Verdun, *Metz et *Toul, villes occupées par Henri II en 1552, officiellement françaises à partir de 1648, et formant une enclave dans le duché de Lorraine (lequel fut annexé seulement en 1766).

Trois-Rivières ■ Ville du Québec, sur le Saint-Laurent, entre Montréal et Québec. 50 100 hab. *(les trifluviens)* Agglomération de 129 000 hab. Port actif. Papeteries. Université.

Trois-Rivières ■ Ville de l'île française de la Guadeloupe. 8 600 hab.

François ***Tronchet*** ■ Juriste français, un des défenseurs de Louis XVI (1726-1806). Il collabora à la rédaction du Code civil.

Trondheim ■ 3ᵉ ville et port de Norvège. 137 000 hab. Pêche, métallurgie.

Léon ***Trotski*** ■ Homme politique et révolutionnaire russe (1879-1940). Chef de l'Armée rouge de 1918 à 1920, théoricien de la « révolution permanente » et de l'internationalisme (fondateur de la IVᵉ *Internationale en 1938), chassé par *Staline en 1929 et assassiné au Mexique.

Nikolaï ***Troubetskoï*** ■ Linguiste russe (1890-1938). Il est avec *Jakobson le créateur de la phonologie.

Henri ***Troyat*** ▪ Écrivain français d'origine russe (né en 1911). "*La Lumière des justes*", cycle romanesque. Biographies.

Troyes ▪ Ville de l'est de la France. 60 800 hab. *(les Troyens).* Industries textile (bonneterie) et mécanique. Foire de Champagne au Moyen Âge. Cathédrale gothique.

Pierre Elliott ***Trudeau*** ▪ Homme politique canadien (né en 1919). Partisan du bilinguisme et du fédéralisme, Premier ministre (libéral) de 1968 à 1979 et de 1980 à 1984.

Yves ***Trudeau*** ▪ Sculpteur québécois (né en 1930).

François ***Truffaut*** ▪ Cinéaste français (1932-1984). Un des principaux représentants de la nouvelle vague. "*Les Quatre Cents Coups*" ; "*Jules et Jim*" ; "*la Nuit américaine*".

Trujillo ▪ Ville du Pérou, port sur le Pacifique. 491 000 hab. Industrie sucrière.

Rafael ***Trujillo y Molina*** ▪ Homme politique dominicain (1891-1961). Dictateur de 1930 à son assassinat.

Harry S. ***Truman*** ▪ Homme politique américain (1884-1972). 33ᵉ président (démocrate) des États-Unis, de 1945 à 1953. Il prit la décision de lancer la bombe atomique sur *Hiroshima ; responsable du plan *Marshall et de la politique de *guerre froide.

Ts'ao Ts'ao ▪ ⇒ **Cao Cao.**

Tsarskoïé Selo ▪ Ancien nom de la ville de *Pouchkine.

Ts'eu-Hi ▪ ⇒ **Cixi.**

les ***Tsiganes*** ou ***Tziganes*** ▪ Nomades originaires de l'Inde (XIᵉ s.), aujourd'hui dispersés à travers l'Europe. Ils parlent une langue (le *romani*) qui n'a pas d'écriture. On distingue traditionnellement les Manouches (France), les Gitans (Espagne) et les Roms (Europe orientale : Hongrie, Roumanie...). ‹ ▶ tsigane ›

Konstantin ***Tsiolkovski*** ▪ Savant et inventeur russe, précurseur de l'astronautique contemporaine (1857-1935).

Philibert ***Tsiranana*** ▪ Premier président de la République de Madagascar, de 1959 à 1972 (1912-1978).

Tsitsihar ▪ ⇒ **Qiqihar.**

Tsubouchi Shōyō ▪ Écrivain et traducteur japonais (1859-1935). Un des fondateurs de la littérature et du théâtre japonais modernes.

le détroit de ***Tsugaru*** ▪ Bras de mer qui sépare les îles japonaises de *Honshū et de *Hokkaidō.

Marina ***Tsvetaïeva*** ▪ Poétesse russe (1892-1941). Sa poésie, puissante et recherchée, est influencée par *Maïakovski. Elle se suicida.

les îles ***Tuamotu*** ▪ Archipel et circonscription de la Polynésie française. 690 km². 11 800 hab.

Tübingen ▪ Ville d'Allemagne (*Bade-Wurtemberg). 71 000 hab. Université créée en 1477.

l'archipel des ***Tubuaï*** ▪ Archipel de la *Polynésie française. 148 km². 6 500 hab. Appelé parfois *îles Australes*. ≠ terres *Australes.

Tucson ▪ Ville des États-Unis (*Arizona). 331 000 hab. Marché agricole. Université.

les ***Tudors*** ▪ Famille qui régna sur l'Angleterre de 1485 (fin de la guerre des Deux-*Roses) à 1603 (avènement des *Stuarts) : ⇒ **Henri VII, Henri VIII, Édouard VI, Marie Iʳᵉ** et **Élisabeth Iʳᵉ.** Ils succédèrent aux *Plantagenêts.

Tu Duc ▪ Empereur d'*Annam (1829-1883). Il céda la *Cochinchine à la France.

le palais des ***Tuileries*** ▪ Ancienne résidence des rois de France, à Paris, commencée en 1564 par Philibert *Delorme, poursuivie par Jacques II *Androuet Du Cerceau puis par *Le Vau. Siège de la *Convention pendant la Révolution. Il fut incendié lors de la *Commune (1871) puis détruit en 1882. Seuls subsistent les jardins (*Le Nôtre).

Tula ▪ Localité du Mexique. Ancienne capitale des *Toltèques. Vestiges importants.

Tullus Hostilius ▪ Troisième roi semi-légendaire de Rome. Il régna de 673 à 642 av. J.-C. Belliqueux, il mena deux guerres contre *Albe (épisode des *Horaces et des Curiaces).

Tulsa ▪ Ville des États-Unis (*Oklahoma). 361 000 hab. Grand centre pétrolier.

Tunis ▪ Capitale de la Tunisie, port sur la Méditerranée (la Goulette). 597 000 hab. *(les Tunisois).* Centre industriel (sidérurgie) et commercial.

la ***Tunisie*** ▪ État (république) d'Afrique du Nord. 154 530 km². 7,97 millions d'hab. *(les Tunisiens).* Capitale : Tunis. Langues : arabe (officielle), berbère, français. Religion officielle : islam. Monnaie : dinar tunisien. Économie surtout agricole (blé, olives, élevage). Tourisme. Pétrole et phosphates. ▭**HISTOIRE.** Les Phéniciens y établirent des colonies autour du IXᵉ s. av. J.-C. La plus puissante, *Carthage, devint une rivale de Rome (⇒ guerres **puniques**). Rasée en 146 av. J.-C., la ville, reconstruite, fut la métropole de la province romaine d'Afrique. La résistance de la *Numidie une fois réduite, la région, prospère et fortement urbanisée, devint l'un des plus importants foyers des lettres (*Apulée) et du christianisme (*Tertullien, saint *Cyprien) latins. Au Vᵉ s., les Vandales y fondèrent un royaume ; ils furent vaincus par Byzance en 533. Mais des tribus berbères contrôlaient l'intérieur du pays. L'expansion de l'islam au VIIᵉ s. aboutit à la chute définitive de Carthage et à la fondation de Kairouan (670). *L'Ifrīqiya* se trouva dès lors englobée dans des empires musulmans, d'ailleurs convoités par les croisés (Saint *Louis mourut à Tunis), mais elle gagna plusieurs fois son autonomie : la dynastie ziride s'affranchit des Fatimides d'Égypte (XIᵉ s.), la dynastie hafside s'affranchit des Almohades du Maroc (XIIIᵉ s.) et régna jusqu'au XVIᵉ s. Alors objet de conflits entre l'Espagne de *Charles Quint et l'Empire ottoman, la Tunisie (qu'on appelle ainsi à partir du moment où Tunis est sa capitale : 1160) devint, comme l'Algérie, une régence aux mains de corsaires vassaux de Constantinople. Au cours du XVIIᵉ s. se mit en place un régime monarchique. La dynastie husséinite (ou husaynite) régna de 1705 à 1957. Affaiblie par des luttes internes et par l'expansionnisme européen, elle dut admettre progressivement l'ingérence de la France, présente en Algérie dès 1830. Muhammad al-Sādiq, bey de Tunis de 1852 à 1882, mena une politique ambitieuse de réformes qui l'endetta auprès de l'Angleterre, de la France et de l'Italie. Il dut accepter le protectorat français en 1881 (traité du Bardo). Les premières décennies de la colonisation furent heureuses. Le mouvement nationaliste (création du Néo-*Destour par *Bourguiba en 1934) ne prit tout son essor qu'avec la Seconde Guerre mondiale. Après la perte du Viêt-nam, Pierre *Mendès France accorda l'autonomie en 1954, et l'indépendance fut obtenue en 1956.

Le bey fut renversé et la république proclamée en 1957 par Bourguiba, chef du parti unique, élu président à vie en 1975. D'abord aidé par la France et les États-Unis, le pays s'engagea dans une politique collectiviste (1965-1970) puis revint à une libéralisation (1983, instauration officielle du multipartisme). Confronté à des difficultés économiques (« émeutes du pain », 1984), politiques et religieuses (intégrisme chiite), le gouvernement écarta Bourguiba, trop âgé, en 1987, lequel fut remplacé par *Ben Ali.

Andreï **Tupolev** ■ Ingénieur soviétique (1888-1972). Aéronautique et aérodynamique. Son nom a été donné à des avions.

Cosmè **Tura** ■ Peintre italien (v. 1430-1495). Un des maîtres de la *Renaissance à Ferrare.

*les Jeunes-***Turcs** ■ Groupe de jeunes intellectuels et officiers turcs, fondé en 1864, partisans de la modernisation, notamment celle des institutions, du pays. Ils prirent le pouvoir en 1909, entraînèrent l'Empire ottoman dans la Première Guerre mondiale aux côtés de l'Allemagne. Après la défaite, l'arrivée au pouvoir de *Mustafa Kemal les fit disparaître.

Henri de La Tour d'Auvergne vicomte de **Turenne** ■ Maréchal de France (1611-1675). Le plus illustre chef de guerre des débuts du règne de Louis XIV, avec *Condé qu'il vainquit pendant la *Fronde.

Anne Robert Jacques **Turgot** ■ Ministre de Louis XVI (1727-1781). Ses réformes économiques (liberté du commerce et du travail) heurtèrent les privilèges et provoquèrent sa disgrâce en 1776. Écrits économiques, politiques et littéraires (France).

Turin, en italien **Torino** ■ Ville d'Italie du Nord, capitale du *Piémont, sur le *Pô. 1 million d'hab. *(les Turinois).* Grand centre industriel : constructions automobiles, aéronautique, chimie. Nœud de communication (tunnel du Mont-Blanc). Saint suaire (considéré naguère comme celui du Christ) dans la cathédrale.

le lac **Turkana,** autrefois *lac* **Rodolphe** ■ Lac du nord du Kenya. 8 500 km².

le **Turkestan** ■ Région de l'Asie centrale comprise entre la Sibérie et le Tibet, cœur de l'ancien empire de *Tamerlan. Divisée entre les influences russe (C.É.I. actuelle) et chinoise.

le **Turkménistan** ou *la* **Turkménie** ■ L'une des 11 républiques de la C.É.I., sur la mer Caspienne, partie du *Turkestan. 488 100 km². 3,53 millions d'hab. *(les Turkmènes).* Capitale : Achkhabad. Coton, moutons. Pétrole.

les îles **Turks et Caicos** ■ Archipel britannique des *Antilles, au sud des *Bahamas. 500 km². 13 500 hab. Capitale : Grand Turk.

Turku ■ La plus ancienne ville de Finlande, port sur la Baltique. 160 000 hab. Cathédrale romane (XIIIe s.). Métallurgie.

Henri le Grand dit **Turlupin** ■ Comédien français (1587-1637). Farceur sur les tréteaux de la Foire. ⟨ ► turlupiner ⟩

William **Turner** ■ Peintre anglais (1775-1851). Dans ses paysages, la lumière, la couleur et le mouvement finissent par absorber les formes et le dessin ; c'est un grand précurseur de l'art abstrait.

Joseph Napier **Turner** ■ Homme politique canadien (né en 1929). Premier ministre du Canada en 1984.

Turnhout ■ Ville de Belgique (province d'*Anvers). 37 600 hab.

la **Turquie** ■ État (république) du Proche-Orient. 779 452 km². Le pays est partagé entre l'Europe (*Thrace orientale ; 23 764 km²) et l'Asie (755 688 km²) par la région des détroits (*Bosphore, *Dardanelles), ce qui lui donna dans l'histoire une position stratégique. 55,54 millions d'hab. *(les Turcs).* Capitale : Ankara. Langue officielle : turc. Monnaie : livre turque. Villes principales : Istanbul, İzmir (Smyrne). Climat méditerranéen. Économie surtout agricole : élevage (chèvres, moutons), céréales, coton. Nombreux gisements miniers. Tourisme. ▭ **HISTOIRE.** Le pays connut un riche passé : *Byzance, l'Empire *ottoman. Ce dernier, après la défaite de la Première Guerre mondiale, fut démantelé par le traité de Sèvres (1920). *Mustafa Kemal refusa le traité ; il abolit le sultanat, devint président de la République et créa (1923) la Turquie moderne, faisant de nombreuses réformes (écriture, mœurs). Membre de l'O.T.A.N. depuis 1952. Les difficultés économiques chroniques, malgré de réels progrès, l'agitation des Kurdes séparatistes à l'Est et la crainte du communisme ont donné à l'armée un rôle primordial ; elle prit le pouvoir de 1960 à 1966 puis de 1980 à 1983. Cette année-là, un gouvernement civil fut instauré (Turgut Özal, né en 1927). ⟨ ► turc ⟩

Tuscaloosa ■ Ville des États-Unis (*Alabama). 75 200 hab.

Desmond **Tutu** ■ Évêque noir sud-africain (né en 1931). Il soutient la lutte non violente contre l'apartheid. Prix Nobel de la paix 1984.

les **Tuvalu,** autrefois *îles* **Ellice** ■ Archipel indépendant de la *Micronésie. 24 km². 8 900 hab. Capitale : Fongafale (sur l'atoll de Funafuti). Langues : tuvalien, anglais. Monnaie : dollar de Tuvalu. Ancienne colonie britannique, indépendante en 1978. Membre spécial du *Commonwealth.

Alexandre **Tvardovski** ■ Poète russe (1910-1971). "*Le Pays de Mouravia*". Il prit la défense de *Soljenitsyne.

Tver, de 1931 à 1990 **Kalinine** ■ Ville de la C.É.I. (*Russie), port sur la *Volga. 451 000 hab.

Mark **Twain** ■ Écrivain américain (1835-1910). Romancier admiré par *Hemingway, évocateur de l'enfance. "*Les Aventures de Tom Sawyer*".

la **Tweed** ■ Rivière d'Écosse, qui se jette dans la mer du Nord. 156 km. Célèbres tissages de laine, dits *tweeds,* dans sa vallée. ⟨ ► tweed ⟩

Pontus de **Tyard** ■ ⇒ **Pontus de Tyard.**

John **Tyler** ■ Homme politique américain (1790-1862). 10e président des États-Unis, de 1841 à 1845.

sir Edward Burnett **Tylor** ■ Ethnologue anglais (1832-1917). Un des fondateurs de l'anthropologie avec *Morgan.

Tyne and Wear ■ Comté du nord de l'Angleterre. 540 km². 1,13 million d'hab. Chef-lieu : Newcastle upon Tyne.

Typhon ■ Monstre de la mythologie grecque, fils de la Terre, vaincu par *Zeus.

Tyr ■ Ancienne cité phénicienne. Un des principaux ports de la Méditerranée dans l'Antiquité. Très florissante, elle fut détruite par Alexandre le Grand en 332 av. J.-C.

le **Tyrol** ■ État (land) d'Autriche. 12 647 km². 614 000 hab. *(les Tyroliens).* Capitale : Innsbruck. Pays de hautes montagnes (les Alpes). Élevage, artisanat et tourisme. ⟨ ► tyrolienne ⟩

la mer ***Tyrrhénienne*** ■ Partie de la Méditerranée comprise entre l'Italie, la Sicile, la Sardaigne et la Corse.

Tristan ***Tzara*** ■ Écrivain français d'origine roumaine (1896-1963). Un des fondateurs du mouvement *dada. "*L'Homme approximatif*".

les ***Tziganes*** ■ ⇒ les **Tsiganes.**

U

al-Ubayyid ■ ⇒ **el-Obeid.**

*l' **Ucayali*** n. m. ■ Rivière du Pérou oriental, branche mère de l'Amazone. 1 600 km.

*Paolo **Uccello*** ■ Peintre et mosaïste italien (1397-1475). Les jeux savants de la perspective associés à une stylisation des formes donnent à son œuvre un caractère fantastique.

Uccle, en néerlandais ***Ukkel*** ■ Commune de Belgique (*Brabant), banlieue de Bruxelles. 75 600 hab. Observatoire royal. Cathédrale orthodoxe.

Udaipur ■ Ville de l'Inde (*Rājasthān). 233 000 hab. Palais royal (XVIe - XVIIIe s.).

Udine ■ Ville de l'Italie du Nord, dans le *Frioul. 102 000 hab.

Udmurtie ■ ⇒ **Oudmourtie.**

Ueda Akinari ■ Romancier japonais (1734-1809). "*Contes de pluie et de lune*".

*le pic **Uhuru*** ■ Nom actuel du *Kilimandjaro.

Uji ■ Ville japonaise (Honshū). 175 000 hab. Sanctuaire bouddhique Byōdō-in : temple-palais en forme d'oiseau intégré au paysage.

Ujjain ■ La plus ancienne cité sacrée de l'Inde (*Madhya Pradesh). 282 000 hab. Université. Observatoire (XVIIIe s.).

Ujung Pandang, autrefois ***Macassar*** ■ Ville d'Indonésie, au sud des Célèbes. 709 000 hab. Centre commercial.

*l'**Ukraine*** n. f. ■ L'une des 11 républiques de la C.É.I., bordée au sud par la mer Noire. 603 700 km². 51,7 millions d'hab. *(les Ukrainiens).* Capitale : Kiev. 2e région économique du pays (après la Russie) : un tiers de la production de la houille (⇒ **Donbass**) et de fer, un cinquième de la production agricole. Kiev fut à la tête d'un État avant Moscou (⇒ **Russie**), dès le IXe s., mais l'Ukraine et Kiev furent cédées à la Russie en 1667. Le nationalisme ukrainien resta très vif (tentative d'indépendance entre 1917 et 1921). L'Ukraine obtint son indépendance en 1991. ‹ ► ukrainien ›

*Walter **Ulbricht*** ■ Homme politique allemand (1893-1973). L'un des fondateurs du parti communiste allemand (1918). Chef d'État de la R.D.A. de 1960 à 1973.

Ulhāsnagar ■ Ville de l'Inde (*Mahārāshtra). 274 000 hab.

Ulm ■ Ville d'Allemagne (*Bade-Wurtemberg). 104 000 hab. Cathédrale gothique. Victoire de l'armée française sur l'armée autrichienne en octobre 1805.

Ulsan ■ Ville et port de Corée du Sud. 551 000 hab. Centre industriel.

*l'**Ulster*** n. m. ■ Province d'Irlande partagée depuis 1922 entre la république d'Irlande (8 012 km² ; 236 000 hab.) et le Royaume-Uni. □ *l'**Ulster*** ou ***Irlande du Nord*** (nom officiel). 13 483 km². 1,58 million d'hab. Capitale : Belfast. La population est majoritairement protestante. La minorité catholique, d'origine irlandaise (un tiers de la population), revendiqua, à partir de 1968, la reconnaissance de ses droits civiques (politiques, économiques). Des affrontements entre les deux communautés – protestants, d'origine écossaise ou anglaise, et catholiques, soutenus par la république d'Irlande – provoquèrent l'intervention de l'armée britannique et le maintien du statu quo (⇒ **I.R.A.**).

*les **ultras*** ■ Nom donné aux ultra-royalistes sous la *Restauration, opposés à la monarchie constitutionnelle (France).

Ulysse, en grec ***Odusseos*** ■ Héros grec, roi légendaire d'Ithaque, époux de *Pénélope et père de *Télémaque. *Homère raconte comment, grâce à sa ruse, il permit aux Grecs de s'emparer de *Troie (l'"**Iliade*"). L'"**Odyssée*" raconte son retour à Ithaque.

'Umar Ier ■ ⇒ **Omar Ier.**

*les **Umayyades*** ■ ⇒ les **Omeyyades.**

Umm Durmān ■ ⇒ **Omdourman.**

Umm Kulthūm ■ ⇒ **Oum Kalsoum.**

*Miguel de **Unamuno*** ■ Écrivain espagnol (1864-1936). Essais philosophiques, romans, théâtre. "*Le Sentiment tragique de la vie*".

*Sigrid **Undset*** ■ Écrivaine norvégienne (1882-1949). Romans historiques et récits d'inspiration religieuse. "*Le Buisson ardent*". Prix Nobel 1928.

*l'**U.N.E.S.C.O., United Nations Educational, Scientific and Cultural Organiza-***

tion ■ « Organisation des Nations Unies (⇒ **O.N.U.**) pour l'éducation, la science et la culture », créée en 1946. Par l'enseignement et la diffusion du savoir, elle œuvre pour le rapprochement entre les peuples. Sauvegarde du patrimoine culturel mondial.

Giuseppe ***Ungaretti*** ■ Poète italien (1888-1970). Sa poésie recherche la densité de l'expression. "*La Vie d'un homme*".

*l'****Unicef, United Nations International Children Emergency Fund*** ■ Organe de l'*O.N.U., créé en 1946, spécialisé dans l'aide à l'enfance dans les pays en voie de développement. Bien que le sigle soit resté le même, le nom est, depuis 1950, *United Nations Children's Fund.*

*l'****Union française*** n. f. ■ Nom donné, de 1946 à 1958, à l'ensemble formé par la France et les pays d'outre-mer.

*l'****Union Jack*** n. m. ■ Drapeau du Royaume-Uni.

Unterwald, en allemand ***Unterwalden*** ■ Canton de Suisse formé de deux demi-cantons : ***Nidwald*** (276 km^2 ; 31 600 hab. ; chef-lieu : Stans) et ***Obwald*** (491 km^2 ; 27 900 hab. ; chef-lieu : Sarnen). Le canton forma avec les cantons d'Uri et de Schwyz le noyau de la Confédération helvétique (⇒ **Suisse**).

Les ***Upanishad*** (« traité des équivalences ») ■ Textes indiens de la littérature védique (→ védas), le plus ancien traité philosophique de l'Inde.

John ***Updike*** ■ Écrivain américain (né en 1932). Peinture des mythes de la société américaine. "*Couples*".

Uppsala ■ Ville de Suède. 162 000 hab. La plus ancienne ville religieuse et universitaire du pays.

Ur ou ***Our*** ■ Ancienne cité de *Mésopotamie, fondée au IIIe millénaire av. J.-C. Sa prospérité et son prestige apparaissent dans les ruines aujourd'hui dégagées.

Uranie ■ *Muse de l'Astronomie, dans la mythologie grecque.

Uranus ■ Planète du système solaire, à 2 880 millions de km du Soleil. Environ 53 000 km de diamètre. Sa révolution autour du Soleil dure 84 ans. Elle tourne sur elle-même en 10 h 49 min.

Urbain ■ NOM DE HUIT PAPES □ ***Urbain II,*** élu en 1088 (v. 1035-1099). À l'issue du concile de Clermont (1095), il annonça la première *croisade. □ ***Urbain VIII,*** élu en 1623 (1568-1644). Ami de *Galilée, il dut pourtant le condamner. Adversaire du jansénisme.

Urbino ■ Ville d'Italie, dans les *Marches. 15 900 hab. Brillant foyer artistique au XVe s. Nombreux monuments. Université.

Harold Clayton ***Urey*** ■ Chimiste américain (1893-1981). Découverte de l'eau lourde. Prix Nobel 1934.

Urfa ■ Ville de Turquie, près de la frontière syrienne (ancienne *Édesse). 206 000 hab.

*Honoré d'****Urfé*** ■ Écrivain français (1567-1625). Le premier des romanciers français classiques. Dans "*l'*Astrée*", il fixa un code de l'amour mondain dont tout le XVIIe s. se réclama.

Seo de ***Urgel*** ■ Ville d'Espagne (*Catalogne), dont l'évêque est co-prince d'*Andorre avec le président de la République française. 10 200 hab. Cathédrale romane du XIIe s.

Uri ■ Canton de Suisse. 1 076 km^2. 33 500 hab. Chef-lieu : Altdorf. Il forma avec les cantons d'Unterwald et de Schwyz le noyau de la Confédération helvétique (⇒ **Suisse**).

Marie-Anne de La Trémoille princesse des ***Ursins*** ■ Dame française, intrigante à la cour d'Espagne (1642-1722). Elle joua un rôle politique important auprès de *Philippe V.

*l'****U.R.S.S.*** ■ « L'Union des républiques socialistes soviétiques » (en russe S.S.S.R., qui s'écrit CCCP en cyrillique) a été le plus vaste État du monde, situé en Asie et en Europe orientale. Son immensité explique la grande diversité géographique, depuis les plaines d'Europe bordées par les *Carpates, le *Caucase et l'*Oural, jusqu'aux montagnes d'Asie centrale et d'Extrême-Orient, depuis le climat méditerranéen de la *Crimée jusqu'aux neiges de la *Sibérie. Il était formé de 15 républiques socialistes soviétiques fédérées représentant les principales des quelque 330 nationalités (dont une centaine reconnue comme des minorités) composant le pays : Arménie *(Arméniens),* Azerbaïdjan *(Azerbaïdjanais* ou *Azéris),* Biélorussie *(Biélorusses),* Estonie *(Estoniens),* Géorgie *(Géorgiens),* Kazakhstan *(Kazakhs),* Kirghizistan *(Kir- ghiz),* Lettonie *(Lettons),* Lituanie *(Lituaniens),* Moldavie *(Moldaves),* Ouzbékistan *(Ouzbeks),* Russie *(Russes),* Tadjikistan *(Tadjiks),* Turkménie *(Turkmènes),* Ukraine *(Ukrainiens).* 22 403 000 km^2. 287,8 millions d'hab. *(les Soviétiques).* Capitale : Moscou. Villes principales : Leningrad, Kiev, Tachkent. Langue officielle : russe. Chaque république avait en plus du russe, sa langue nationale officielle. Monnaie : rouble. La domination politique de la Russie s'est traduite aux XVIIIe - XIXe s. par la russification des autres peuples, mais les disparités sont restées importantes (rôle de l'islam en Asie). L'organisation socialiste de l'économie (propriété collective des moyens de production, planification de la production) donnait la priorité à l'équipement sur la consommation, au détriment du niveau de vie des Soviétiques, inférieur à celui des pays occidentaux. L'U.R.S.S., 2e puissance mondiale aux prodigieuses richesses minières et énergétiques (pétrole, charbon, gaz, fer, cuivre, plomb, or...), était d'abord un pays industriel, qui finançait un énorme effort militaire et technique (espace), et qui a connu une crise de l'agriculture et a souffert de sa bureaucratie. ▭ **HISTOIRE**. Proclamée en 1922, l'U.R.S.S. prit en fait naissance avec la *révolution d'octobre 1917, qui instaura le communisme en Russie en pleine guerre, passant en quelques décennies d'une agriculture arriérée à l'industrie lourde. La paix fut rapidement signée avec l'Allemagne (traité de *Brest-Litovsk), permettant à l'Armée rouge de liquider la contre-révolution (*Denikine, *Koltchak, *Wrangel, etc.). En 1921, *Lénine inaugura la nouvelle politique économique (N.E.P.), poursuivie par *Staline qui élimina ses rivaux *Trotski, *Zinoviev, *Kamenev et *Boukharine. Le niveau de production d'avant-guerre fut retrouvé. Les plans quinquennaux de 1928 à 1939 donnèrent la priorité à l'industrie, complètement étatisée. Progressivement accepté à l'extérieur, le régime devint totalitaire à l'intérieur. L'impérialisme russe trouva à s'exprimer en 1939, quand Staline, ayant signé le *pacte germano-soviétique avec Hitler, envahit la Pologne, la Finlande et annexa les pays *baltes. Mais en 1941 l'armée allemande pénétrait en U.R.S.S. La bataille de *Stalingrad marqua un tournant de la Seconde *Guerre mondiale. Après la défaite des nazis, la conférence de *Yalta (1945) se réunit pour décider du sort de l'Europe. Pourtant, la double hégémonie de l'U.R.S.S. et des États-Unis allait évoluer vers la *guerre froide : refus du plan *Marshall et création de la *C.A.E.M., formation des deux Allemagnes, constitution de l'*O.T.A.N. et signature du pacte de *Varsovie. *Khrouchtchev, successeur de Staline, prôna la détente, mais laissa la situation économique se dégrader et fut évincé par *Brejnev (1964). Le vieillissement des dirigeants, la sclérose de la vie politique, la révélation des conditions faites aux dissidents (le Goulag), les interventions militaires dans des pays « frères » et en Afghanistan, la rupture avec la Chine communiste, provoquèrent, dans une large part de l'opinion occidentale, le discrédit de l'idéologie soviétique et contribuèrent à faire des droits de l'homme un enjeu diplomatique important. Les thèmes de la modernisation et de la libéralisation du régime ont hanté la succession de Brejnev (1982), avec *Andropov puis surtout (après une interruption sous *Tchernenko) avec *Gorbatchev. Ce dernier, plus jeune que ses prédécesseurs, lança diverses réformes et mena sur le plan international une action diplomatique en faveur du désarmement. Son action interne visait à atteindre plusieurs objectifs : reconstruction *(perestroïka)* de l'économie du pays par la décentralisation des responsabilités et par l'introduction de mécanismes de l'économie de marché (coopératives) ; démocratisation du régime par la transparence *(glasnost)* de l'information et le renouvellement des cadres (élections ouvertes aux candidats non communistes). Si sa politique extérieure a été un succès (accord de désarmement avec les États-Unis, retrait d'Afghanistan, soutien de la démocratisation des pays de l'Europe orientale), en revanche les difficultés internes se sont accrues : pénurie et aggravation de la situation économique, et surtout exacerbation des revendications nationalistes (pays *baltes, *Arménie, *Azerbaïdjan, *Nakhitchevan). La Constitution soviétique distinguait le chef de l'État (ou président du Præsidium du Soviet suprême), le chef du gouvernement (ou président du Conseil des ministres) et le secrétaire général (ou premier secrétaire) du parti communiste. Jusqu'en 1988, ce dernier détenait l'essentiel du pouvoir, mais une réforme constitutionnelle a transféré le pouvoir effectif vers le chef de l'État (élection de Gorbatchev à bulletins secrets). En 1990, des amendements constitutionnels instaurèrent un régime présidentiel, la pluralité des partis et la propriété privée. Les revendications nationales gagnèrent le pays entier et, après le putsch conservateur avorté d'août 1991, le pouvoir central reconnaissait l'indépendance des trois républiques *baltes. Les autres républiques ayant alors toutes proclamé leur indépendance, l'U.R.S.S. cessa d'exister en décembre 1991. Gorbatchev dut démissionner, tandis que se créait la Communauté des États indépendants (⇒ **C.É.I.**), réunissant toutes les républiques sauf la Géorgie, et que la Russie obtenait le siège de membre permanent jusqu'alors occupé par l'U.R.S.S., à l'O.N.U.

sainte ***Ursule*** ■ Selon la légende, princesse anglaise (IIIe s.), martyrisée avec onze mille autres vierges près de Cologne.

les ***Ursulines*** n. f. pl. ■ Congrégation de religieuses fondée par sainte Angèle Merici en 1535.

Uruapan ■ Ville du Mexique. 147 000 hab.

*l'****Uruguay*** n. m. ■ État (république) d'Amérique du Sud. 176 215 km². 3 millions d'hab. *(les Uruguayens)*. Capitale : Montevideo. Langue officielle : espagnol. Monnaie : nouveau peso uruguayen. L'économie est essentiellement agricole (élevage, céréales). ▭ **HISTOIRE.** Colonisé par les Espagnols au XVIIIe s., il fut indépendant en 1828. Il connut alors une grande instabilité politique. Guerres civiles, dictatures, mis à part l'intermède démocratique du président Batlle y Ordóñez (de 1903 à 1907 puis de 1911 à 1917). En 1973, les militaires prirent le pouvoir pour mettre fin aux guérillas, mais leur dictature ruina le pays. Depuis 1985 la démocratie est rétablie. □ *le río* ***Uruguay,*** fleuve qui sépare le Brésil et l'Uruguay de l'Argentine.

Uruk, aujourd'hui ***Tall al-Warkā'*** (Irak) ■ Ancienne ville de Mésopotamie (⇒ **Sumer**), sur l'Euphrate. La civilisation d'Uruk (environ 3 000 ans av. J.-C.) vit la naissance de l'écriture.

Ushuaia ■ Ville d'Argentine. 11 000 hab. C'est la ville la plus australe du monde.

*l'****Utah*** n. m. ■ État de l'ouest des États-Unis. 219 887 km². 1,46 million d'hab. Capitale : Salt Lake City. Élevage, ressources minières. La religion des *mormons s'y développa.

Utamaro ■ Peintre japonais (1753-1806). Estampes érotiques.

'Uthmān ibn 'Affān ■ Troisième calife musulman, de 644 à 656. Successeur d'*Omar Ier, il fit établir la version définitive du *Coran.

Utica ■ Ville des États-Unis (État de *New York). 75 000 hab.

Utrecht ■ Ville des Pays-Bas, chef-lieu de la *province d'Utrecht* (1 363 km² ; 1 million d'hab.). 231 000 hab. Métropole religieuse, intellectuelle et commerciale. Industries textile (célèbre pour le velours depuis le XVIIe s.) et alimentaire. Les *traités d'Utrecht* (1713-1715) mirent fin à la guerre de *Succession d'Espagne. □ *l'union d'****Utrecht,*** union des sept provinces protestantes des Pays-Bas (1579) qui ripostèrent ainsi à l'union d'*Arras formée entre les provinces catholiques restées fidèles à l'Espagne. Elle fut le noyau central des *Provinces-Unies.

Maurice ***Utrillo*** ■ Peintre français (1883-1955). Fils de Suzanne *Valadon. Vues de Montmartre et paysages de la banlieue parisienne.

Utsunomiya ■ Ville du Japon (*Honshū). 420 000 hab.

*l'****Uttar Pradesh*** n. m. ■ État le plus peuplé de l'Inde. 294 411 km². 110,9 millions d'hab. Capitale : Lucknow.

V

le **Vaal** ■ Rivière d'Afrique du Sud, affluent de l'Orange. 1 200 km. Son cours délimite la province du *Transvaal.

Vadodara ■ Ville du nord-ouest de l'Inde (*Gujarât). 734 000 hab.

Vaduz ■ Capitale du Liechtenstein. 4 900 hab.

Roger **Vailland** ■ Écrivain français (1907-1965). Romancier engagé et figure du libertin moderne. "*Drôle de jeu*" ; "*la Loi*".

Paul **Vaillant-Couturier** ■ Homme politique et journaliste français (1892-1937). Communiste, il fut député et rédacteur en chef de *l'Humanité*.

Vaison-la-Romaine ■ Ville du sud de la France (*Provence). 5 700 hab. *(les Vaisonnais)*. Centre commercial et touristique : ruines romaines, basilique romane.

la **Valachie** ■ Ancienne principauté située au sud des *Carpates, unie à la *Moldavie en 1859 pour former la Roumanie.

Suzanne **Valadon** ■ Peintre française (1865-1938). Nus féminins aux contours accentués. Mère de Maurice *Utrillo.

le **Valais** ■ Canton de la Suisse. 5 226 km². 239 000 hab. *(les Valaisans)*. Chef-lieu : Sion. Hydroélectricité.

Val-Bélair ■ Ville de la banlieue de Québec. 13 100 hab.

le **Val d'Aoste** ■ ⇒ le Val d'**Aoste.**

le **Val de Loire** ■ Partie de la vallée de la Loire (France), entre le confluent de l'Allier et celui de la Vienne (Chinon). Riche région agricole (Nevers).

Pierre **Valdès** ou **Valdo** dit *Pierre de Vaux* ■ ⇒ les **vaudois.**

Juan de **Valdés Leal** ■ Peintre espagnol (1622-1690). Un des maîtres baroques du « siècle d'or ». Sujets religieux.

Val-d'Isère ■ Ville de France, en *Savoie. 1 700 hab. *(les Avalins)*. Station de sports d'hiver.

Pedro de **Valdivia** ■ Conquistador espagnol, compagnon de Pizarro, il acheva la conquête du Chili (v. 1497-1554). ▶ **Valdivia.** Ville du sud du Chili. 117 200 hab.

Val-d'Or ■ Ville minière du Québec (en *Abitibi). 23 000 hab. Cuivre. Or.

Valence, en espagnol **Valencia** ■ 3e ville d'Espagne, capitale de la communauté autonome de Valence (23 305 km² ; 3,77 millions d'hab.). 739 000 hab. *(les Valenciens)*. Université. Archevêché. Centre commercial très actif. Port sur la Méditerranée. Industries. Nombreuses églises et monuments du XIIIe au XVIIIe s. Capitale d'un royaume maure au XIe s.

Valence ■ Ville du sud-est de la France, sur le Rhône. 65 000 hab. *(les Valentinois)*. Marché agricole important. Située au centre d'un réseau de communication. Industries.

Valencia ■ Ville du Venezuela. 922 000 hab. Centre commercial d'une riche région agricole. Industries textile et alimentaire.

Pierre Henri de **Valenciennes** ■ Peintre français (1750-1819). Paysages historiques dans la tradition de *Poussin.

Valenciennes ■ Ville du nord de la France, sur l'*Escaut. 39 300 hab. *(les Valenciennois)*.

saint **Valentin** ■ Prêtre martyr (IIIe s.). Patron des amoureux depuis le XVe s. (fêté le 14 février).

Valentin de Boulogne ■ Peintre français, installé à Rome (1591-1632). Disciple du *Caravage. "*Judith*".

Rudolph **Valentino** ■ Acteur américain d'origine italienne (1895-1926), idole du cinéma des années 1920.

le mont **Valérien** ■ Colline de France dans la banlieue ouest de Paris (*Suresnes). Entre 1941 et 1944, plus de 4 500 Français y furent fusillés. Mémorial.

Paul **Valéry** ■ Écrivain français (1871-1945). Il a marqué la littérature contemporaine par un scepticisme aigu, l'intérêt pour les problèmes formels de l'écriture, les qualités d'une prose abstraite et intellectuelle. "*Monsieur Teste*" ; "*Variétés*" ; "*Tel quel*". C'est aussi le poète sensible du "*Cimetière marin*" et de "*la Jeune Parque*".

La **Valette,** en anglais **Valletta** ou **Valetta** ■ Capitale de la république de Malte, fondée en 1565. 9 200 hab. Base navale et militaire.

Lorenzo **Valla** ■ Philosophe italien, un des premiers *humanistes (1407-1457). Il contribua à la redécouverte des œuvres latines et grecques.

Valladolid ■ Ville d'Espagne, capitale de la communauté autonome de *Castille-et-León. 341 000 hab. Université. Monuments des XVe et XVIe s. Essor industriel.

Vallauris ■ Ville du sud-est de la France, sur la *Côte d'Azur. 24 400 hab. *(les Vallauriens).* Céramique.

la **Vallée des Rois** ■ Site archéologique d'Égypte, près de l'ancienne *Thèbes, où furent découvertes de nombreuses nécropoles (*Toutankhamon, etc.). □ *la* **Vallée des Reines,** *la* **Vallée des Nobles,** sites voisins.

Ramón del **Valle-Inclán** ■ Écrivain espagnol (1866-1936). Auteur d'œuvres réalistes où se mêlent le macabre et le comique. "*Les Comédies barbares*".

César **Vallejo** ■ Poète péruvien (1892-1938). "*Poèmes humains*".

Jean **Vallerand** ■ Compositeur et critique québécois (né en 1915). Auteur de l'opéra "*le Magicien*".

Jules **Vallès** ■ Écrivain et journaliste français (1832-1885). Révolté contre l'injustice sociale et l'autorité, il fut membre de la *Commune. "*L'Enfant*" ; "*le Bachelier*" ; "*l'Insurgé*".

*Salaberry-de-***Valleyfield** ■ Ville du Québec. 30 000 hab.

Félix **Vallotton** ■ Peintre et graveur français d'origine suisse (1865-1925). Proche des *nabis.

Valmy ■ Localité de France, en *Champagne. Victoire des Français sur les Prussiens (septembre 1792).

la maison de **Valois** ■ Famille de seigneurs du *Valois* (aux confins des départements actuels de l'Oise et de l'Aisne), branche cadette des *Capétiens. Elle régna sur la France de l'avènement de Philippe VI (1328) à celui du *Bourbon Henri IV (1589). Elle est elle-même divisée en deux branches, les petits-fils de Charles V ayant reçu le duché d'Orléans et le comté d'Angoulême. □ *les* **Valois-Orléans** ont donné un seul roi, Louis XII. □ *les* **Valois-Angoulême** ont donné François Ier et ses successeurs jusqu'au dernier Valois, Henri III.

Valparaíso ■ Ville et 1er port du Chili. 279 000 hab. Industries alimentaire, mécanique, pétrolière. Cuir, pêcheries, tabac.

le lac de **Van** ■ Lac de Turquie orientale, près de la frontière arménienne. 3 740 km^{2}.

Martin **Van Buren** ■ Homme politique américain (1782-1862). 8e président des États-Unis, de 1837 à 1841.

George **Vancouver** ■ Navigateur anglais (1757-1798). Il prit possession du littoral ouest du Canada (1791-1795).

Vancouver ■ Ville de la Colombie-Britannique. 431 000 hab. (1,38 million dans l'agglomération). Métropole économique et culturelle (université U.C.L.A.) de l'ouest du pays. Port sur le Pacifique, face à l'*île Vancouver* (32 137 km^{2}) où se trouve *Victoria.

les **Vandales** ■ Ancien peuple germanique. Au Ve s., ils envahirent la Gaule, l'Espagne et fondèrent en Afrique romaine un royaume (Tunisie actuelle) qui s'étendait à la Sicile et qui disparut lors de la conquête de l'Afrique par Byzance en 533. ⟨ ► vandale ⟩

Hugo **Van der Goes** ■ Peintre et miniaturiste flamand (v. 1440-1482). Ses personnages religieux expriment des sentiments intenses et graves. "*L'Adoration des bergers*".

Bartholomeus **Van der Helst** ■ Peintre hollandais (1613-1670). Auteur de nombreux portraits collectifs.

Johannes Diderik **Van der Waals** ■ Physicien hollandais (1837-1923). *Forces de Van der Waals :* forces d'attraction entre molécules. Prix Nobel 1910.

Rogier **Van der Weyden** ou *Roger de* **La Pasture** ■ Peintre flamand (v. 1399-1464). Le maître de l'école *flamande avec *Van Eyck. Retables ("*le Jugement dernier*", à Beaune).

les **Van de Velde** ■ FAMILLE DE PEINTRES HOLLANDAIS DU XVIIe S. □ *Esaias* **Van de Velde.** Peintre hollandais (v. 1591-1630), paysagiste.

Henry **Van de Velde** ■ Architecte, peintre et théoricien belge (1863-1957). L'un des créateurs de l'art *nouveau, il évolua vers un style géométrique et dépouillé.

Karel **Van de Woestijne** ■ Écrivain belge d'expression flamande (1878-1929). Poèmes et récits d'inspiration mystique.

Kees **Van Dongen** ■ Peintre néerlandais naturalisé français (1877-1968). La rapidité de son trait, les couleurs violentes de ses débuts rappellent les *expressionnistes allemands. Portraits mondains.

Antoine **Van Dyck** ■ Peintre flamand (1599-1641). Élève de *Rubens. Portraitiste à la cour de Charles Ier, il marqua profondément la peinture anglaise.

Charles **Vanel** ■ Acteur français (1892-1989). "*Le Salaire de la peur*" ; "*l'Aîné des Ferchaux*".

le lac **Vänern** ■ Le plus grand lac de Suède. 5 546 km^{2}.

Jan **Van Eyck** ■ Peintre flamand (v. 1390-1441). Le fondateur de l'école *flamande. Il fit des découvertes techniques capitales qui l'aidèrent à représenter le monde sensible avec une fascinante vérité. Portraits ("*les Époux Arnolfini*") et scènes religieuses ("*l'Agneau mystique*").

Arnold **Van Gennep** ■ Ethnologue et folkloriste français (1873-1957). "*Rites de passage*".

Vincent **Van Gogh** ■ Peintre hollandais (1853-1890). Par son utilisation de la couleur et son geste mouvementé, il donna à ses portraits, ses natures mortes et ses paysages une intensité qui annonce les *fauves et les *expressionnistes.

Jan **Van Goyen** ■ Peintre hollandais (1596-1656). Paysages.

Jan Baptist **Van Helmont** ■ Médecin, physiologiste et chimiste flamand (1579-1644). Précurseur de l'analyse des gaz.

Georges **Vanier** ■ Homme d'État canadien (1888-1967). Gouverneur général du Canada de 1959 à 1967, il fut le premier Canadien français à occuper ce poste.

Vanier ■ Ville de l'Ontario, dans la banlieue d'Ottawa. 22 700 hab.

Vanier ■ Ville du Québec, dans la banlieue de Québec. 10 500 hab.

Pieter **Van Laer** ou **Van Laar** dit ***il Bamboccio*** ■ Peintre hollandais (v. 1592 - v. 1642). Scènes de la vie populaire appelées, d'après son surnom italien, « bambochades ».

Antonie **Van Leeuwenhoek** ■ Naturaliste hollandais (1632-1723). Il perfectionna le microscope, grâce auquel il découvrit les spermatozoïdes.

Carle **Van Loo** ■ Peintre et décorateur français (1705-1765). Artiste officiel de Louis XV, représentant du « grand style » (sujets d'histoire, effets déclamatoires).

Vannes ■ Ville de France (*Bretagne). 48 500 hab. *(les Vannetais).* Remparts, cathédrale (XVe - XVIIe s.).

le massif de la **Vanoise** ■ Massif des Alpes de *Savoie. Parc national.

Bernard **Van Orley** ■ Peintre flamand (1488-1541), connu surtout pour ses cartons de vitraux et de tapisseries.

Adriaen **Van Ostade** ■ Peintre hollandais (1610-1685). Scènes d'intérieur pittoresques.

Jacobus Henricus **Van't Hoff** ■ Chimiste néerlandais (1852-1911). Premier prix Nobel de chimie (1901), créateur avec *Le Bel de la stéréochimie. Théorie des solutions. Thermochimie.

Vanuatu, autrefois *les* **Nouvelles-Hébrides** ■ Archipel et État (république) de *Mélanésie. 12 190 km². 154 000 hab. *(les Vanuatuans).* Capitale : Port-Vila. Langues officielles : français, anglais, bislama. Monnaie : vatu. Cacao, coprah. ▭ HISTOIRE. Découvertes par les Portugais en 1606, les Nouvelles-Hébrides, qui doivent leur nom à *Cook, ne furent colonisées qu'au XIXe s. Condominium franco-britannique en 1906, elles devinrent indépendantes en 1980 et prirent le nom de république de Vanuatu.

Vārānasi ou **Bénarès** ■ Ville sacrée de l'Inde (*Uttar Pradesh), sur le *Gange. Lieu de pèlerinage pour tous les hindous. 721 000 hab.

Agnès **Varda** ■ Cinéaste française (née en 1928). *"Cléo de cinq à sept"* ; *"Sans toit ni loi"*.

les **Varègues** ■ Vikings de Scandinavie qui pénétrèrent en Russie, où ils fondèrent les principautés de Novgorod et de Kiev.

Varennes ■ Ville du Québec. 10 100 hab.

Varennes-en-Argonne ■ Localité du nord de la France. Louis XVI y fut arrêté lors de sa fuite vers l'étranger (en juin 1791), dite *fuite de Varennes.*

Edgar **Varèse** ■ Compositeur français naturalisé américain (1883-1965). Sa musique électro-acoustique provoqua le scandale. *"Déserts"* ; *"Poème électronique"*.

Ievguenii **Varga** ■ Économiste soviétique d'origine hongroise (1879-1964).

Getúlio **Vargas** ■ Homme politique brésilien (1883-1954). Président de la République de 1934 à 1945 et de 1950 à son suicide.

Mario **Vargas Llosa** ■ Écrivain péruvien (né en 1936). Ses romans donnent une vision ironique de la société péruvienne. *"La Ville et les Chiens"*.

Varna ■ Ville et port de Bulgarie, sur la mer Noire. 306 000 hab. Université. Industries (chantiers navals). Principal centre touristique du pays.

Varron ■ Érudit latin (116 - 27 av. J.-C.). Auteur d'une œuvre encyclopédique, comprenant notamment *"la Langue latine"*.

Varsovie, en polonais **Warszawa** ■ Capitale de la Pologne, sur la *Vistule. 1,67 million d'hab. Archevêché. Université. Centre culturel, scientifique, commercial et industriel (métallurgie, textile). Important nœud de communications. Capitale de la république polonaise en 1918, après avoir subi plusieurs dominations étrangères. ▭ HISTOIRE. Capitale du pays en 1596, puis du *grand-duché de Varsovie* (⇒ **Pologne**) en 1807, enfin du royaume de Pologne rattaché à la Russie, en 1815. Elle se souleva en vain contre le tsar en 1830. Capitale de la Pologne libérée en 1918. Elle fut pratiquement détruite par les Allemands durant la Seconde Guerre mondiale (sièges de 1939 et 1944, extermination des Juifs du ghetto en 1943). Libérée par les troupes soviéto-polonaises en 1945. ▶ *le pacte de* ***Varsovie.*** Pacte de défense réciproque signé en 1955 entre l'U.R.S.S., l'Albanie, la Bulgarie, la Hongrie, la Pologne, la R.D.A., la Roumanie et la Tchécoslovaquie. L'Albanie s'en retira en 1968. Il fut dissous, en juin 1991, à la suite des bouleversements en Europe de l'Est.

Vasa ■ ⇒ **Gustave Ier Vasa.**

Victor **Vasarely** ■ Peintre français d'origine hongroise (né en 1908). Il crée l'illusion du mouvement par des procédés optiques sur des formes abstraites simples, répétitives.

Giorgio **Vasari** ■ Historien d'art, peintre et architecte italien (1511-1574). Auteur d'un précieux recueil de biographies sur les artistes italiens de la *Renaissance.

le **Vatican** ■ Résidence des papes, siège des services pontificaux, à Rome. Après le retour de la papauté d'Avignon à Rome (1377), il remplaça progressivement le *Latran. Important musée. Bibliothèque. Chapelle *Sixtine (*Michel-Ange) ; loges peintes par *Raphaël. ▶ *l'État du* ***Vatican*** s'étend autour de cette résidence (44 ha ; environ 1 000 hab.). Créé par les accords du *Latran, conclus entre *Mussolini et la papauté en 1929, c'est le plus petit État du monde ; le pape en est le souverain. Célèbre basilique Saint-Pierre où eurent lieu deux conciles. ▶ ***Vatican I,*** réuni en 1869 par Pie IX, affirma le dogme de l'infaillibilité pontificale. ▶ ***Vatican II,*** réuni par Jean XXIII et Paul VI de 1962 à 1965 pour moderniser l'Église.

Sébastien Le Prestre de **Vauban** ■ Ingénieur militaire, maréchal de France (1633-1707). Responsable des fortifications sous le règne de Louis XIV. Son *"Projet d'une dîme royale"*, critique franche de la fiscalité royale, fut interdit en 1707.

Jacques de **Vaucanson** ■ Ingénieur français (1709-1782). Célèbres automates. Il inventa le premier métier à tisser automatique.

le canton de **Vaud,** en allemand **Waadt** ■ Canton francophone de Suisse. 3 218 km². 565 000 hab. *(les Vaudois).* Chef-lieu : Lausanne. Tourisme (stations thermales, sports d'hiver).

les **vaudois** ■ Membres d'une secte dissidente de l'Église catholique, fondée à la fin du XIIe s. par Pierre Valdès (v. 1140 - v. 1217). Précurseurs de la réforme protestante, ils furent persécutés par Innocent III et l'Inquisition, puis décimés par les guerres de Religion.

Pierre de Rigaud de **Vaudreuil de Cavagnial** ■ Administrateur canadien (1698-1778). Premier Canadien à devenir gouverneur de la Nouvelle-France (1756-1760), il signa la capitulation de la colonie en 1760.

Claude Favre seigneur de **Vaugelas** ■ Grammairien français (1585-1650). Il régla la langue d'après le « bon usage » de la Cour. *"Remarques sur la langue française"*.

Sarah **Vaughan** ■ Chanteuse américaine de jazz (1924-1990).

Vaughan ■ Ville de l'Ontario. 65 000 hab.

Ralph **Vaughan Williams** ■ Compositeur anglais (1872-1958). Il puisa son inspiration dans le folklore national.

Luc de Clapiers marquis de **Vauvenargues** ■ Moraliste français (1715-1747). Il critiqua l'esprit de salon et alla à l'encontre du pessimisme de *Pascal et de *La Rochefoucauld. "*Maximes et réflexions*".

Vaux-le-Vicomte ■ Château situé près de Melun (France), construit de 1656 à 1661 par *Le Vau pour *Fouquet. Décoration de *Le Brun, jardins de *Le Nôtre.

Ivan **Vazov** ■ Écrivain bulgare (1850-1921). Une des grandes figures du roman moderne bulgare. "*Sous le joug*".

le **Veau d'or** ■ Dans la Bible, idole adorée par Israël au pied du mont Sinaï, détruite par *Moïse.

Thorstein **Veblen** ■ Économiste américain (1857-1929). Son œuvre critique la société américaine.

les **Veda** n. m. ■ En sanskrit « le Savoir ». Textes sacrés de l'hindouisme, écrits entre 2000 et 600 av. J.-C. ▶ *le* **védisme** ou religion **védique** est à l'origine de l'hindouisme. ⇒ **Upanishad.**

Lope de **Vega** ■ ⇒ **Lope de Vega.**

Véies ■ Cité étrusque qui fut longtemps en lutte contre Rome avant de capituler en 396 av. J.-C.

Simone **Veil** ■ Femme politique française (née en 1927). Ministre de la Santé (1974-1979), elle élabora la loi autorisant l'interruption volontaire de grossesse (I.V.G.). Présidente de l'Assemblée européenne de 1979 à 1982. ≠ S. Weil.

Diego **Vélasquez,** en espagnol **Velázquez** ■ Peintre espagnol (1599-1660). Peintre de Philippe IV (1623), il fit des portraits du souverain, de sa famille et des gens de la Cour, favoris, bouffons et nains. Inversant la hiérarchie des valeurs espagnoles, il préféra les thèmes profanes aux sujets sacrés. Il suggéra admirablement la matière, la lumière et fit de prodigieuses inventions de composition ("*les Ménines*").

le comtat **Venaissin** ■ ⇒ le **comtat Venaissin.**

Vence ■ Ville de France, en *Provence. 15 400 hab. *(les Vençois).* Chapelle décorée par *Matisse. Centre commercial, touristique et artisanal.

Venceslas ■ ⇒ **Wenceslas.**

Venda ■ *Bantoustan sud-africain, déclaré indépendant en 1979. 7 176 km². 506 000 hab. Capitale : Thohoyandou.

la **Vendée** ■ Rivière de l'ouest de la France (70 km), qui a donné son nom à un département. ▶ *la guerre de* **Vendée.** Insurrection contre-révolutionnaire de Vendée et d'Anjou. Comme les *chouans, les Vendéens catholiques refusèrent la Constitution civile du clergé (⇒ **Constituante**). Le peuple, dirigé par *Cathelineau, se souleva contre le décret ordonnant le recrutement de 300 000 hommes par l'armée de la *Convention (1793). Les nobles royalistes fournirent des généraux : *Charette, *Elbée, La *Rochejaquelein, *Stofflet. Vaincus par les républicains (*Kléber, *Marceau) dès 1793, à nouveau en 1795-1796 (*Hoche). Le conflit fut sanglant et impitoyable. Les Vendéens se soulevèrent encore durant les *Cent-Jours (1815) et en 1832 (⇒ duchesse de **Berry**).

Vendôme ■ Ville de France (région de la Loire). 18 400 hab. *(les Vendômois).* ▶ *le duc de* **Vendôme.** Titre donné au fils naturel d'Henri IV, César (1594-1665), et aux aînés de sa descendance. ▶ *Louis-Joseph de* **Vendôme** (1654-1712), illustre général au service de Philippe V d'Espagne.

les **Vénètes** ■ Peuple indo-européen de l'Antiquité qui s'établit principalement en Armorique et sur l'Adriatique, au Ier millénaire av. J.-C.

la **Vénétie** ■ Région du nord-est de l'Italie, ancien territoire de la république de Venise cédé à l'Autriche en 1797 par le traité de Campo Formio et rattaché à l'Italie en 1866. On distingue la *Vénétie Julienne,* formant avec le *Frioul une région administrative, la *Vénétie Tridentine* intégrée au *Trentin-Haut-Adige, et la *Vénétie Euganéenne* ou *Vénétie* proprement dite. □ *la* **Vénétie,** en italien **Veneto.** Région administrative de l'Italie. 18 364 km². 4,38 millions d'hab. Capitale : Venise. Productions agricoles. Industries dans la zone portuaire de *Venise.

Domenico **Veneziano** dit *le* **Vénitien** ■ Peintre italien (v. 1400-1461). Maître de *Piero della Francesca. "*L'Adoration des mages*".

le **Venezuela** ■ État (république) du nord de l'Amérique du Sud, sur la mer des Antilles. 912 050 km². 19,25 millions d'hab. *(les Vénézuéliens).* Capitale : Caracas. Langue officielle : espagnol. Monnaie : bolivar (plur. : bolivares). Quatre régions géographiques : le littoral, la région montagneuse au nord (*Andes), les plaines au centre et le plateau de la Guyane au sud-est. Pays à économie faiblement industrialisée mais grand exportateur de pétrole (*Maracaibo). Le Venezuela est membre de l'*O.P.E.P. ▭ HISTOIRE. Découvert par Christophe Colomb en 1498, le pays fut colonisé par les Espagnols entre le XVIe et le XVIIIe s. La lutte pour l'indépendance, commencée par *Miranda en 1810, se poursuivit avec *Bolívar et aboutit à l'expulsion des Espagnols en 1821. Jusqu'en 1830, il fut intégré à la fédération de Grande-Colombie. Le XIXe s. fut une période de dictatures successives. À partir de 1920, l'essor pétrolier transforma le pays tandis que les États-Unis jouaient un rôle politique croissant. En 1958, l'élection du président démocrate Rómulo *Betancourt mit fin aux dictatures et ouvrit une période de réformes. Le développement économique, dû au pétrole, reste depuis 1984 fragile et mal réparti dans la population (émeute de la faim en 1988).

Venise, en italien **Venezia** ■ Ville d'Italie, capitale de la *Vénétie, bâtie sur un groupe d'îlots dans la lagune de Venise sur l'Adriatique. 324 000 hab. *(les Vénitiens).* Un des plus grands centres touristiques au monde en raison de son site exceptionnel (env. 200 canaux dont le *Grand Canal,* plus de 400 ponts dont le *Rialto*) et de son passé artistique très riche : palais des Doges, place et basilique Saint-Marc, nombreuses églises du Moyen Âge et de la Renaissance, peintures (musées de l'Académie, Scuola [« école »] di San Rocco, etc.). Industries de luxe, festival de cinéma, biennale. Station balnéaire au *Lido de Venise. Industrie en plein essor (métallurgie, chimie) sur la terre ferme (Mestre). 3e port d'Italie (Porto Marghera-Mestre). Mais la ville est menacée par l'eau et la pollution. ▭ HISTOIRE. Fondée au VIe s. et dirigée par un chef élu, le doge, la *république de Venise* fait partie de l'Empire byzantin au IXe s. Du Xe au XIIe s., elle fonde sa puissance sur les échanges commerciaux maritimes, notamment entre l'Orient et l'Occident (*Byzance lui octroie des privilèges commerciaux considérables). De 1204 (prise de Constantinople par les croisés) jusqu'au conflit avec les *Ottomans (XVe s.), c'est l'apogée : Venise est la maîtresse des mers et bâtit un véritable empire colonial. Une période de décadence économique et de plaisirs (XVIIIe s.) s'ensuit. Du XIVe s. à la fin du XVIIIe s., l'art est florissant : architecture, puis peinture (école vénitienne ⇒ **Bellini, Giorgione, Tintoret, Titien, Véronèse ; Tiepolo**), musique (⇒ **Vivaldi**). En 1797, Bonaparte dissout l'État vénitien et le cède à l'Autriche. ⇒ **Vénétie.** ‹ ▶ vénitien ›

Eleuthérios **Venizélos** ■ Homme politique grec (1864-1936). Plusieurs fois Premier ministre, il est l'artisan de la Grèce moderne.

les îles du **Vent** ■ Partie orientale des Petites *Antilles, comprenant les îles françaises de la *Guadeloupe, *Saint-Martin et de la *Martinique, ainsi que les îles *Dominique, *Sainte-Lucie, *Saint-Vincent et les Grenadines, *Grenade, *Barbade, *Trinité et Tobago.

les îles du **Vent** ■ Archipel de la Polynésie française formant, avec les îles *Sous-le-Vent, l'archipel de la Société. 1 183 km². 140 300 hab.

*les îles Sous-le-***Vent** ■ ⇒ îles **Sous-le-Vent.**

Vénus ■ Déesse de la Beauté et de l'Amour, dans la mythologie romaine, identifiée à l'*Aphrodite grecque. □ ***Vénus.*** Planète du système solaire, très brillante, appelée aussi « étoile du berger ». Diamètre : 12 000 km. Elle décrit une orbite autour du Soleil en 225 jours et tourne sur elle-même en 243 jours environ.

Veracruz ■ Ville, port et station balnéaire du Mexique, sur le golfe du Mexique. 305 000 hab. Centre industriel. Monuments de l'époque coloniale.

Verceil, en italien **Vercelli** ■ Ville d'Italie (*Piémont). 55 000 hab. Nombreux monuments.

Madeleine de **Verchères** ■ Canadienne devenue célèbre à la suite d'un combat qu'elle livra à un détachement d'Iroquois en 1692 (1678-1747).

Vercingétorix ■ Chef des *Arvernes (v. 72-46 av. J.-C.). Il mena une coalition des peuples gaulois contre *César, en 52 av. J.-C. : après avoir battu les Romains devant *Gergovie, il fut encerclé dans *Alésia, dut se rendre et fut exécuté à Rome.

Jean Bruller dit **Vercors** ■ Écrivain français (1902-1991). "*Le Silence de la mer*", célèbre roman publié clandestinement pendant la *Résistance (1942).

le **Vercors** ■ Massif des *Préalpes françaises. Parc naturel régional. Maquis de la *Résistance en 1944.

Giuseppe **Verdi** ■ Un des plus célèbres compositeurs italiens, en même temps qu'un héros national (1813-1901). Dans ses opéras, la musique est au service d'une action dramatique intense : "*Rigoletto*" ; "*la Traviata*" ; "*le Trouvère*".

le **Verdon** ■ Rivière des Alpes, affluent de la *Durance. 200 km. Gorges profondes très touristiques.

Verdun ■ Ville du nord-est de la France, sur la Meuse. 23 400 hab. *(les Verdunois).* ▶ *le traité de* ***Verdun*** (843), partage de l'Empire *carolingien. ▶ *la bataille de* ***Verdun.*** La bataille la plus meurtrière de la Première *Guerre mondiale, résistance victorieuse des Français, commandés par *Pétain, à l'offensive allemande (1916).

Verdun ■ Ville du Québec. 60 200 hab. Banlieue sud-est de Montréal.

Vereeniging ■ Ville d'Afrique du Sud (*Transvaal). 129 000 hab. Métallurgie.

Charles Gravier comte de **Vergennes** ■ Diplomate français (1719-1787). Ministre des Affaires étrangères de Louis XVI.

Pierre Victurnien **Vergniaud** ■ Révolutionnaire français (1753-1793). Orateur *girondin, il fut guillotiné.

Émile **Verhaeren** ■ Poète belge d'expression française (1855-1916). Il s'inspire du monde moderne et de son pays natal. "*Les Villes tentaculaires*" ; "*Toute la Flandre*".

Verkhoïansk ■ Ville de Russie (*Iakoutie), en Sibérie extrême-orientale. Une des régions les plus froides du globe (jusqu'à - 70 °C).

Paul **Verlaine** ■ Poète français (1844-1896). Il a lui-même défini son art comme « de la musique avant toute chose », apte à suivre d'infimes émotions, avec un accent de mélancolie et d'échec. Il conjugue l'érotisme, le sens du péché et la foi chrétienne. "*Poèmes saturniens*" ; "*Fêtes galantes*" ; "*Sagesse*".

Jan **Vermeer** dit **Vermeer de Delft** ■ Peintre hollandais (1632-1675). Un des grands maîtres du XVIIe s. Scènes de genre où il rendit avec raffinement et profondeur les jeux de lumière et les matières. "*Vue de Delft*" ; "*la Laitière*".

le **Vermont** ■ État rural du nord-est des États-Unis (*Nouvelle-Angleterre). 24 900 km². 511 000 hab. Capitale : Montpelier.

Jules **Verne** ■ Écrivain français (1828-1905). Ses récits, à mi-chemin de l'épopée et du rêve, l'amènent à explorer le temps, les espaces, les océans, avec une vision à la fois optimiste et angoissée du progrès scientifique. Mais il partage les préjugés de son époque. "*Voyage au centre de la Terre*" ; "*le Tour du monde en quatre-vingts jours*" ; "*Vingt mille lieues sous les mers*".

Joseph **Vernet** ■ Peintre français (1714-1789). Série des ports de France. □ *Carle* ***Vernet,*** son fils (1758-1836). Scènes de chasse. □ *Horace* ***Vernet,*** fils du précédent (1789-1863). Scènes de batailles.

Vérone, en italien **Verona** ■ Ville d'Italie, en *Vénétie. 259 000 hab. Arènes romaines. Marché agricole, tourisme (nombreux monuments). République indépendante aux XIIIe et XIVe s., elle fut gouvernée par *Venise de 1405 à 1797. Réunie à l'Italie en 1866.

Véronèse ■ Peintre italien de l'école vénitienne (1528-1588). Célèbre pour la richesse de ses coloris et ses grandes compositions : "*les Noces de Cana*" ; "*le Repas chez Lévi*".

sainte **Véronique** ■ Selon la légende, elle aurait essuyé le visage du Christ, lorsqu'il monta au calvaire, avec un linge qui en conserva les traits.

Giovanni da **Verrazzano** ■ Explorateur italien (v. 1485-v. 1528). Il explora la côte atlantique nord-américaine pour le compte de la France, en 1523-1524.

Verrès ■ Homme d'État romain accusé de corruption (v. 119-43 av. J.-C.). Au cours de son procès, *Cicéron l'attaqua avec talent (les "*Verrines*").

Andrea del **Verrocchio** ■ Sculpteur, peintre et orfèvre italien (1435-1488). Célèbre statue du condottiere *le Colleone* à Venise.

Versailles ■ Ville de France, dans la banlieue ouest de Paris. 91 000 hab. *(les Versaillais).* Centre administratif, militaire et touristique. Nombreux édifices classiques. Les rois de France y résidèrent de 1682 à la Révolution, lui donnant un rôle de capitale (réunion des états généraux en 1789, occupation par les Prussiens en 1870, élections présidentielles jusqu'en 1953). La ville doit sa création à la construction d'un ambitieux château, sur ordre de Louis XIV, à partir d'un pavillon de chasse bâti par Louis XIII. ▶ *le château de* ***Versailles.*** Les travaux commencèrent en 1661 et se firent en trois étapes, sous la direction de *Le Vau puis d'Hardouin-*Mansart pour l'architecture, de *Le Brun pour la décoration intérieure, et de *Le Nôtre pour les jardins. Avec sa cour de Marbre, ses Trianons, sa galerie des Glaces, son opéra (par *Gabriel) et ses jardins « à la française », c'est le modèle de l'art classique français. ▶ *le traité de* ***Versailles*** (1919) mit fin à la Première *Guerre mondiale et comportait les clauses territoriales, militaires et financières imposées à l'Allemagne vaincue par la France (*Clemenceau) et ses alliés : États-Unis (*Wilson), Italie (*Orlando), Royaume-Uni (*Lloyd). ▶ *les* ***versaillais,*** nom donné aux forces du gouvernement *Thiers, installé à Versailles, qui réprimèrent la *Commune.

le cap ***Vert*** ▪ Promontoire le plus occidental d'Afrique, sur l'Atlantique (*Sénégal). ▶ *les îles du Cap-Vert.* ⇒ les îles du **Cap-Vert.**

Dziga ***Vertov*** ▪ Cinéaste soviétique (1896-1954). "*L'Homme à la caméra*".

Verviers ▪ Ville de Belgique (province de *Liège). 53 400 hab. *(les Verviétois).* Ancien centre textile.

André ***Vésale*** ▪ Anatomiste flamand (v. 1514-1564). Il a publié le premier traité de l'anatomie moderne, fondée sur l'observation et la dissection du corps humain.

Vespasien ▪ Empereur romain de 69 à sa mort (9-79). Il restaura l'ordre après les guerres civiles, entreprit de grands travaux (*Capitole, *Colisée) et assainit les finances. Il établit un impôt sur les urinoirs, d'où le mot *vespasienne.* Il institua la succession dynastique héréditaire. ‹ ▶ vespasienne ›

Amerigo ***Vespucci*** ▪ Navigateur italien (1454-1512). Le Nouveau Monde fut baptisé *Amérique* en son honneur (1507), bien que Christophe *Colomb y eût abordé avant lui.

Vesta ▪ Divinité italique et romaine, gardienne du feu et du foyer domestique. ‹ ▶ vestale ›

Simon ***Vestdijk*** ▪ Écrivain néerlandais (1898-1971). "*Le Cinquième Sceau*".

les ***Vestris*** ▪ FAMILLE DE DANSEURS ITALIENS □ *Gaétan* ***Vestris*** (1729-1808), fut considéré comme le plus doué des danseurs de son temps. □ *Auguste* ***Vestris*** (1760-1842), son fils.

le ***Vésuve*** ▪ Volcan actif du sud de l'Italie, en *Campanie. En 79 une éruption ensevelit Herculanum et *Pompéi.

Vevey ▪ Ville de Suisse (canton de *Vaud). 16 000 hab. *(les Veveysans).* Centre touristique et industriel.

le ***Vexin*** ▪ Région française aux confins de la Normandie et de l'Île-de-France.

Vézelay ▪ Localité de France, en *Bourgogne. Basilique romane du XIIe s. restaurée par *Viollet-le-Duc. Sculptures. La ville a pour origine un monastère bénédictin fondé au IXe s. Elle devint au XIe s. un haut lieu de pèlerinage.

Georges ***Vézina*** ▪ Sportif québécois (1887-1926). Gardien de but du club de hockey Canadiens de Montréal de 1910 à 1926. Un prix a été créé en son honneur pour récompenser le gardien de but le plus utile à son équipe.

Boris ***Vian*** ▪ Écrivain français (1920-1959). Son œuvre variée est une critique parodique et inquiète de la société. "*Cantilènes en gelée*" ; "*l'Écume des jours*".

saint Jean-Marie ***Vianney*** ▪ ⇒ saint **Jean-Marie Vianney.**

Pauline ***Viardot*** ▪ Cantatrice française (1821-1910). Sœur de la *Malibrán. Célèbre voix de mezzo.

Viatka ▪ ⇒ **Kirov.**

Théophile de ***Viau*** ▪ Poète français (1590-1626). S'opposant au classicisme de *Malherbe, il exalte l'amour de la nature. "*Pyrame et Thisbé*", tragédie.

Vicence, en italien ***Vicenza*** ▪ Ville d'Italie, en *Vénétie. 110 000 hab. Théâtre et palais de *Palladio.

Gil ***Vicente*** ▪ Auteur dramatique portugais (v. 1465-v. 1537). Médiateur entre le Moyen Âge et la *Renaissance. Œuvre tantôt religieuse, tantôt profane.

Vichy ▪ Ville de France (*Auvergne). 28 000 hab. *(les Vichyssois).* Station thermale. ▶ *le gouvernement de* ***Vichy.*** Gouvernement de la France de 1940 à 1944 (entre l'armistice et la Libération), établi à Vichy. Le maréchal *Pétain, chef de l'État investi des pleins pouvoirs le 10 juillet 1940 (⇒ IIIe **République**), voulut une « révolution nationale », dont la devise était « Travail, Famille, Patrie ». Au nationalisme et au catholicisme réactionnaire de l'*Action française s'ajoutèrent l'antisémitisme (« statut des juifs » promulgué en octobre 1940) et l'antibolchevisme qui rapprochèrent le régime du fascisme italien et du nazisme. *Laval organisa la *Collaboration, mais fut écarté en décembre 1940. *Darlan mena une politique plus ambiguë (1941-1942), mais l'Allemagne obtint le retour de Laval puis envahit la zone dite libre (qui comprenait Vichy). Le gouvernement de Vichy fut amené de force en Allemagne en 1944. La *Résistance lui substitua le *Gouvernement provisoire de la République française (G.P.R.F.), dirigé par de *Gaulle. ‹ ▶ vichy ›

Giambattista ***Vico*** ▪ Écrivain, historien et philosophe italien (1668-1744). Sa *Scienza nuova* (« science nouvelle ») en fait le précurseur de la philosophie de l'histoire.

Paul-Émile ***Victor*** ▪ Explorateur français (né en 1907). Il parcourut et décrivit les régions polaires.

Victor-Emmanuel II ▪ Roi de Sardaigne, proclamé roi d'Italie en 1861 (1820-1878). Un des artisans de l'unité italienne avec son ministre *Cavour. Il annexa la Vénétie en 1866 et prit Rome en 1870.

Victor-Emmanuel III ▪ Roi d'Italie de 1900 à 1946, empereur d'Éthiopie et roi d'Albanie (1869-1947). Entre 1922 et 1943 il laissa le pouvoir réel à *Mussolini, qui développa le *fascisme en Italie. En 1943, il fit arrêter Mussolini mais, déconsidéré, dut abdiquer.

Tomás Luis de ***Victoria*** ▪ Compositeur espagnol (v. 1549-1611). Œuvre uniquement religieuse, au lyrisme grave.

Victoria ▪ Reine du Royaume-Uni de Grande-Bretagne et d'Irlande de 1837 à sa mort (1819-1901). Assistée par ses Premiers ministres (*Melbourne, *Peel, *Palmerston, *Disraeli, *Gladstone), elle gouverna avec énergie et autorité. Son règne, l'*ère victorienne,* marque l'apogée de la puissance impérialiste anglaise. Victoria fut couronnée impératrice des Indes en 1876. ‹ ▶ victoria ›

Victoria ▪ Capitale de la colonie anglaise de *Hong-Kong, sur une île. 502 000 hab. Port important.

Victoria ■ Capitale des Seychelles, sur l'île de Mahé. 23 000 hab.

Victoria ■ Capitale de la *Colombie-Britannique, port sur l'île Vancouver. 66 300 hab. Conurbation de 256 000 hab.

le ***Victoria*** ■ État du sud-est de l'Australie. 227 600 km². 4,2 millions d'hab. Capitale : Melbourne. Productions agricoles. Élevage important. Charbon.

l'île ***Victoria*** ■ Île du Canada (Territoires du Nord-Ouest), dans l'océan Arctique. 217 291 km².

le lac ***Victoria*** ■ Le plus important lac d'Afrique, en amont duquel le Nil prend sa source. 68 100 km².

les chutes ***Victoria*** ■ Chutes spectaculaires du *Zambèze, sur la frontière de la Zambie et du Zimbabwe.

Victoriaville ■ Ville du Québec. 22 500 hab. Centre agricole et industriel.

Paul ***Vidal de La Blache*** ■ Géographe français (1845-1918). Parfois considéré comme le fondateur de cette discipline en France. Principes de géographie humaine.

François ***Vidocq*** ■ Aventurier français (1775-1857). Il fut forçat, puis policier. *Balzac s'en est inspiré pour créer son personnage de Vautrin dans "*Splendeurs et misères des courtisanes*".

King ***Vidor*** ■ Cinéaste américain (1894-1982). "*La Grande Parade*".

Paul ***Vieille*** ■ Ingénieur français (1854-1934). Inventeur de la poudre B (poudre sans fumée).

António ***Vieira*** ■ Écrivain portugais, jésuite (1608-1697). "*Sermons*".

Maria Elena ***Vieira da Silva*** ■ Peintre portugaise naturalisée française (1908-1992). Style raffiné, proche de l'abstraction.

Joseph Marie ***Vien*** ■ Peintre français (1716-1809), chef de file du *néo-classicisme et maître de *David.

Vienne ■ Ville de France, sur le Rhône. 30 400 hab. *(les Viennois).* Vestiges gallo-romains, églises médiévales. Capitale de la province romaine de la *Viennoise,* elle fut l'un des premiers foyers du christianisme en Gaule (évêché au IIIᵉ s.).

la ***Vienne*** ■ Rivière française, affluent de la *Loire. 350 km. Elle a donné son nom à deux départements.

Vienne, en allemand ***Wien*** ■ Capitale de l'Autriche formant également un État (land) fédéré (415 km²). 1,48 million d'hab. *(les Viennois).* ▭ **HISTOIRE.** Capitale des Habsbourg, embellie au XVIIIᵉ s. (Hofburg, château de *Schönbrunn, palais du Belvédère), elle devint le foyer européen du théâtre et de la musique sous les règnes de Marie-Thérèse et Joseph II. Elle fut agrandie et transformée au XIXᵉ s. par *François-Joseph. Malgré la chute de l'empire (1918), elle connut, jusqu'à l'annexion par l'Allemagne (1938), une exceptionnelle activité artistique et intellectuelle : école viennoise en musique (⇒ **Schönberg, Berg, Webern**), en peinture (⇒ **Klimt, Schiele**), naissance de la psychanalyse (⇒ **Freud**). Célèbre opéra. ▶ *le congrès de* ***Vienne*** (1814-1815). Sommet diplomatique réuni par *Metternich après la défaite de Napoléon, pour redéfinir les frontières européennes au bénéfice des vainqueurs (Autriche, Prusse, Royaume-Uni, Russie). *Talleyrand y représenta avec habileté la France de la Restauration. ▶ *le cercle de* ***Vienne.*** Groupement de savants et de philosophes autour de *Schlick (v. 1930), à l'origine du néo-positivisme. ‹ ▶ viennois ›

Vientiane ■ Capitale du Laos, port fluvial sur le *Mékong. 377 000 hab. Centre commercial. Peu d'industries.

la ***Vierge Marie*** ■ ⇒ sainte **Marie.**

les îles ***Vierges*** ■ Archipel des Petites *Antilles. Une partie est britannique (130 km² ; 13 200 hab.), l'autre américaine (352 km² ; 107 000 hab.).

François ***Viète*** ■ Mathématicien français (1540-1603). Conseiller au Parlement de Paris sous Henri IV. Créateur de l'algèbre moderne.

le ***Viêt-minh*** ■ Organisation politique vietnamienne (communiste et nationaliste), créée en 1941 par *Hô Chi Minh pour libérer le pays des Japonais et des Français. Cette organisation constitua le premier gouvernement vietnamien indépendant de Hanoi en 1945 et entra en guerre contre les Français, remportant une victoire définitive à Diên Biên Phu en 1954.

le ***Viêt-nam*** ■ État (république socialiste) d'Asie du Sud-Est, bordé au nord par la Chine, à l'est par la mer de Chine et à l'ouest par le Laos et le Cambodge. 331 688 km². 64,75 millions d'hab. *(les Vietnamiens).* Capitale : Hanoi. Villes principales : Hô Chi Minh-Ville (ancienne Saigon), Haiphong. Langue : vietnamien. Monnaie : nouveau dông. Membre de la *C.A.E.M. ▭ **HISTOIRE.** Le pays fut sous domination chinoise jusqu'au XIᵉ s. Indépendant, il connut la lutte de dynasties rivales. Il fut intégré à l'*Indochine française à la fin du XIXᵉ s. : les provinces de l'*Annam et du *Tonkin devinrent en 1883 des protectorats français, auxquels fut réunie la *Cochinchine en 1887. La guerre d'indépendance, menée par *Hô Chi Minh de 1946 à 1954, se solda par une défaite française. Les accords de Genève (juillet 1954) instituèrent une division temporaire du Viêt-nam en une partie nord et une partie sud jusqu'à des élections qui n'eurent pas lieu et qui devaient précéder une réunification du pays. Le conflit, latent jusqu'en 1962, se transforma en guerre ouverte entre le Sud (soutenu par les Américains) et le Nord (dirigé par *Hô Chi Minh). Résistant aux troupes et aux bombardements américains, les armées communistes du Nord soumirent le Sud en avril 1975, le pays fut alors réunifié (juillet 1976) et devint une république socialiste. Les guerres (1978, invasion du Cambodge ; 1979, conflit avec la Chine) ont ruiné l'économie qui reste déséquilibrée (riz, maïs, coton, peu d'industries) ; les conditions de vie et la politique du régime ont entraîné l'exode clandestin de nombreux habitants (« boat-people »).

Vieux-Habitants ■ Ville de l'île française de la Guadeloupe. 7 400 hab.

Élisabeth ***Vigée-Lebrun*** ■ Peintre française (1755-1842). Portraits : "*Marie-Antoinette et ses enfants*", "*Madame Vigée-Lebrun et sa fille*".

Gilles ***Vigneault*** ■ Poète, auteur-compositeur-interprète québécois (né en 1928). Il s'inspire d'airs et de thèmes folkloriques pour chanter le Québec dans un style particulier.

le ***Vignemale*** ■ Point culminant des Pyrénées françaises. 3 298 m.

Vignole ■ Architecte italien (1507-1573). Son plan de l'église du Gesù à Rome (église mère de l'ordre des Jésuites) servit de modèle à l'architecture de la *Contre-Réforme.

Claude ***Vignon*** ■ Peintre et graveur français (1593-1670). Travaux de décoration et tableaux religieux.

Alfred de ***Vigny*** ■ Écrivain romantique français (1797-1863). Il évoqua l'humiliation de la noblesse

("*Cinq-Mars*"), la solitude du créateur ("*Chatterton*") et le drame moral du soldat ("*Servitude et grandeur militaires*"). Il est aussi l'auteur de nombreux poèmes : "*Moïse*", d'inspiration biblique.

Jean **Vigo** ■ Cinéaste français (1905-1934). "*Zéro de conduite*" ; "*l'Atalante*".

Vigo ■ Ville et port d'Espagne (*Galice), sur l'Atlantique. 264 000 hab.

Vijayawāda ou **Bezwāda** ■ Ville de l'Inde (*Andhra Pradesh). 462 000 hab.

les **Vikings** ■ Peuples scandinaves qui connurent, du VIIIe au XIe s., une grande expansion maritime. Vers l'ouest (où on les appelle plutôt **Varègues*), les Suédois envahirent le monde slave et menacèrent même Constantinople. Vers le sud, les Danois s'implantèrent en Angleterre et dans la future Normandie, ainsi nommée d'après *Normand,* « homme du nord », nom des Vikings en France. Les Norvégiens descendirent jusqu'en Méditerranée (Italie du Sud, Sicile). Au nord, ils atteignirent l'Islande et probablement l'Amérique (*Vinland). On en a gardé l'image de guerriers sanguinaires, conquérants, pillards, mais ils implantèrent des gouvernements durables (Ukraine, Normandie) et laissèrent les traces d'un art raffiné, surtout décoratif. ‹ ▶ viking ›

Vila ■ ⇒ **Port-Vila.**

la **Vilaine** ■ Fleuve français de l'est de la Bretagne qui passe à Rennes, où il reçoit l'Ille, et se jette dans l'Atlantique. 225 km.

Jean **Vilar** ■ Homme de théâtre français (1912-1971). Créateur du Théatre national populaire (T.N.P.) et du festival d'Avignon.

Pancho **Villa** ■ Révolutionnaire mexicain (1878-1923).

Villach ■ Ville d'Autriche (*Carinthie). 52 700 hab. Nœud ferroviaire.

Villacoublay ■ ⇒ **Vélizy-Villacoublay.**

Villahermosa ■ Ville du Mexique. 251 000 hab. Centre d'une région pétrolière. Industrie alimentaire. Tabac. Université.

Heitor **Villa-Lobos** ■ Compositeur brésilien (1887-1959). Autodidacte, il s'inspira de la musique folklorique de son pays. "*Bachianas brasileiras*".

Villard de Honnecourt ■ Architecte français (XIIIe s.). Célèbre carnet de croquis, précieux pour la connaissance de l'art *gothique.

Claude Louis Hector duc de **Villars** ■ Maréchal de France (1653-1734). On lui doit les dernières victoires du règne de Louis XIV.

Villefranche-de-Rouergue ■ Ville du sud de la France. 13 300 hab. *(les Villefranchois).* Chartreuse (XVe s.).

Geoffroi de **Villehardouin** ■ Chroniqueur français (v. 1148-v. 1213). "*Histoire de la conquête de Constantinople*".

Jean-Baptiste de **Villèle** ■ Homme politique français (1773-1854). Président du Conseil (*ultra) de 1822 à 1828.

l'amiral **Villeneuve** ■ Amiral français (1763-1806). Il fut vaincu par *Nelson à *Trafalgar.

Jean-Marie-Rodrigue **Villeneuve** ■ Prêtre québécois (1883-1947). Archevêque du diocèse de Québec (1931-1947), il fut le quatrième Canadien à être nommé cardinal.

Arthur **Villeneuve** ■ Peintre québécois (né en 1910). Œuvres naïves illustrant des traits de la vie quotidienne.

Gilles **Villeneuve** ■ Sportif québécois (1950-1982). Coureur automobile de renommée mondiale.

Villers-Cotterêts ■ Ville de France (*Picardie). 8 900 hab. *(les Cotteréziens).* ▶ *l'ordonnance de* **Villers-Cotterêts,** édit de François Ier imposant le français au lieu du latin pour les textes officiels et juridiques (1539).

la **Villette** ■ Ancienne commune de la banlieue de Paris, incluse aujourd'hui dans le XIXe arrondissement. Sur le site des anciens abattoirs ont été construites la cité des Sciences et de l'Industrie. Un parc de 35 ha y a été aménagé.

Auguste comte de **Villiers de L'Isle-Adam** ■ Écrivain français (1838-1889). Son œuvre est à la limite du sarcasme et de la fascination. "*L'Ève future*", roman ; "*Axel*", drame ; "*Contes cruels*".

François **Villon** ■ Poète français (1431-apr. 1463). Sa vie aventureuse (il risqua la potence) en a fait une figure mythique. Sa poésie, qui mêle une langue très pure et des expressions triviales, exprime un lyrisme rare à l'époque, mais recouvre une grande science rhétorique. "*Le Testament*" (avec *« La ballade des pendus »*).

Gaston Duchamp dit *Jacques* **Villon** ■ Peintre et graveur français (1875-1963). Artiste subtil et original, frère de Raymond *Duchamp-Villon et de Marcel *Duchamp.

Vilnius, autrefois **Vilna** ■ Capitale de la *Lituanie. 582 000 hab. Centre culturel et économique. Enjeu des guerres russo-polonaises (⇒ **Lituanie**).

Vilvorde, en néerlandais **Vilvoorde** ■ Ville de Belgique (*Brabant). 32 900 hab. Centre industriel.

Viña del Mar ■ Ville du Chili, faubourg de Valparaíso. 297 000 hab. Station balnéaire. Exportation de nitrate et de cuivre.

Vincennes ■ Ville de France, dans la banlieue est de Paris, au nord du *bois de Vincennes.* 42 700 hab. *(les Vincennois).* Donjon du XIVe s., château transformé au XVIIe s. Le duc d'*Enghien fut exécuté par ordre de Napoléon dans les fossés du château en 1804. Université transférée à Saint-Denis.

saint **Vincent de Paul** ■ Prêtre français (1581-1660). Il se mit au service des pauvres (galériens, enfants trouvés) et fonda plusieurs congrégations de charité, dont les « filles de la Charité » avec Louise de Marillac.

Léonard de **Vinci** ■ ⇒ **Léonard de Vinci.**

Vineland ■ Ville des États-Unis (*New Jersey). 54 000 hab.

le **Vinland** ■ Pays découvert, en Amérique du Nord, par les *Vikings vers l'an mil. Peut-être Terre-Neuve, la Nouvelle-Écosse ou la côte des États-Unis.

Vinnitsa ■ Ville de la C.É.I. (*Ukraine). 374 000 hab. Industries (sucre, mécanique).

Ivan **Vinogradov** ■ Mathématicien soviétique (1891-1983). Théorie des nombres.

le mont **Vinson** ■ Point culminant de l'*Antarctique. 5 140 m.

Vintimille, en italien **Ventimiglia** ■ Ville d'Italie (*Ligurie). 26 000 hab. Important nœud ferroviaire entre la France et l'Italie.

Eugène **Viollet-le-Duc** ■ Architecte français (1814-1879). Il restaura plusieurs monuments du Moyen Âge (Vézelay, Notre-Dame de Paris, Pierrefonds, les remparts de Carcassonne) et laissa une œuvre théorique importante.

Giovanni Battista **Viotti** ■ Violoniste et compositeur italien (1755-1824).

Vire ■ Ville de France (*Normandie). 13 900 hab. *(les Virois).* Industrie alimentaire (andouilles).

Virgile ■ Poète latin (70-19 av. J.-C.). Admiré par *Auguste de son vivant, il est considéré comme le plus grand poète romain. Il a donné, dans "*l'Énéide*", le récit mythique des origines de Rome. Il a façonné notre sentiment de la nature, inquiétante dans "*les Bucoliques*", bienveillante dans "*les Géorgiques*".

Virginia Beach ■ Ville des États-Unis (*Virginie). 262 000 hab.

la **Virginie** ■ État de l'est des États-Unis, sur l'Atlantique. 105 586 km². 5,35 millions d'hab. Capitale : Richmond. Tabac. Ce fut la première colonie anglaise et le centre des États sudistes (⇒ guerre de **Sécession**). □ *la* ***Virginie-Occidentale.*** État voisin du précédent. 62 758 km². 1,95 million d'hab. Capitale : Charleston. Antiesclavagiste, elle se sépara de la Virginie au moment de la guerre de Sécession.

les **Visconti** ■ Famille italienne qui régna à Milan de 1277 à 1447.

Louis Tullius Joachim **Visconti** ■ Architecte français d'origine italienne (1791-1853). Tombeau de Napoléon aux Invalides. Fontaines (à Paris).

Luchino **Visconti** ■ Cinéaste italien (1906-1976). Après des débuts néo-réalistes ("*La terre tremble*" ; "*Rocco et ses frères*"), il filme l'Italie du XIXe s. avec le regard d'un philosophe et d'un poète ("*Senso*" ; "*le Guépard*" ; "*Mort à Venise*"). Son esthétique évoque l'opéra.

Vishākhapatnam ■ Ville de l'Inde (*Andhra Pradesh). 584 000 hab. Chantiers navals.

Vishnou ou **Viṣṇu** ■ Une des plus grandes divinités de l'hindouisme. Il constitue, avec *Brahmā et *Śiva, une triade (⇒ **Trimurtī**). On le vénère sous de nombreuses formes ou *avatāra (par exemple, *Kriṣna).

les **Visigoths** ■ ⇒ **Wisigoths.**

Viṣṇu ■ ⇒ **Vishnou.**

la **Vistule** ■ Fleuve de Pologne, navigable sur presque toute sa longueur. 1 092 km.

Vitebsk ■ Ville de la C.É.I. (*Biélorussie), sur la Dvina occidentale. 350 000 hab. Industries mécanique, textile.

Vitoria ■ Ville d'Espagne, capitale de la province basque d'*Álava et du Pays basque espagnol. 208 000 hab. Essor industriel.

Vitória ■ Ville et port du Brésil, capitale de l'État d'*Espírito Santo. 144 000 hab. Métallurgie.

Roger **Vitrac** ■ Poète et auteur dramatique français (1899-1952). Précurseur du théâtre de l'absurde. "*Les Mystères de l'amour*".

Vitruve ■ Architecte romain (Ier s. av. J.-C.). Auteur d'un traité d'architecture qui servit de référence aux artistes de la *Renaissance.

Vittel ■ Ville de France, dans les *Vosges. 6 300 hab. *(les Vittellois).* Station thermale depuis le XIXe s.

Elio **Vittorini** ■ Écrivain italien (1908-1966). Ses romans mêlent la réalité et le rêve, l'engagement politique et le lyrisme. "*Conversation en Sicile*".

Antonio **Vivaldi** ■ Compositeur italien de Venise (1678-1741). Violoniste virtuose, auteur de musique sacrée et d'opéras, il eut un rôle considérable dans l'histoire de la musique instrumentale (c'est le véritable créateur du concerto). 768 œuvres dont les célèbres "*Quatre Saisons*".

le **Vivarais** ■ Région du sud-est de la France, en bordure du Massif central. Elle fut l'un des bastions du protestantisme en France.

Juan Luis **Vives** ■ Humaniste espagnol (1492-1540). Opposant à la *scolastique, ami d'*Érasme et précepteur de Marie *Tudor.

Viviane ■ Fée du cycle breton. Elle révèle à *Lancelot les règles de la chevalerie.

Vladikavkaz, de 1954 à 1990 **Ordjonikidze** ■ Ville de la C.É.I. (Fédération de *Russie), capitale de l'Ossétie du Nord. 300 000 hab.

Vladimir ■ Ville de la C.É.I. (*Russie), au nord-est de Moscou. 350 000 hab. Capitale de la principauté de Vladimir-Souzdal et métropole religieuse (nombreux monuments) absorbée par la Moscovie au XIVe s.

Vladimir Ier le Saint ou **le Grand** ■ Prince de Novgorod, grand-prince de *Kiev de 980 à sa mort (956-1015). Il imposa le christianisme de rite byzantin à son peuple.

Vladimir II Monomaque ■ Grand-prince de *Kiev, de 1113 à sa mort, et écrivain russe (1053-1125).

Vladivostok ■ Ville et port de la C.É.I. (*Russie) en *Sibérie extrême-orientale, sur la mer du Japon. 648 000 hab. Port d'attache de la flotte soviétique d'Extrême-Orient. Point terminus du *Transsibérien.

Maurice de **Vlaminck** ■ Peintre *fauve français (1876-1958). D'abord construits par la couleur, ses tableaux devinrent plus sombres et plus traditionnels.

Vlorë ou **Vlora** ■ Ville portuaire d'Albanie. 61 000 hab.

la **Vltava,** en allemand **Moldau** ■ Rivière de Tchécoslovaquie, affluent de l'*Elbe. 430 km. Elle arrose Prague.

la **Voisin** ■ ⇒ l'affaire des **Poisons.**

la **Vojvodine** ■ Province autonome de Yougoslavie, rattachée à la Serbie. 21 506 km². 2 millions d'hab. Capitale : Novi Sad. Première région agricole du pays.

la **Volga** ■ Fleuve de Russie, le plus long d'Europe. 3 690 km. Il prend sa source au nord-ouest de Moscou et se jette dans la mer Caspienne. Rôle économique important (cours navigable, barrages, canal Volga-Baltique et Volga-Don, usines dans la vallée). ▶ *la* ***république des Allemands de la Volga.*** Ancienne république autonome de Russie (U.R.S.S.) entre 1924 et 1941. Fondée par des colons allemands sous le règne de Catherine II, ses habitants furent persécutés pendant la Première Guerre mondiale puis déportés en Sibérie, sur ordre de *Staline, pendant la Seconde Guerre mondiale.

Volgograd ■ Ville de la C.É.I. (*Russie), sur la *Volga. 999 000 hab. Centre industriel (métallurgie, construction mécanique, raffinerie). Port fluvial actif, séparé de ***Voljski*** (269 000 hab.) par le fleuve. Centrale hydro-électrique. La ville s'appela *Stalingrad* de 1925 à 1961. ⇒ **Stalingrad.**

Vsevolod Eichenbaum dit **Voline** ■ Anarchiste russe (1882-1945).

Ambroise **Vollard** ■ Marchand de tableaux et éditeur d'art français (1868-1939). Il fit connaître les principaux artistes du début du XXe s. (Picasso, Matisse...).

Constantin François de ***Volney*** ▪ ⇒ **Idéologues.**

Vologda ▪ Ville de la C.É.I. (*Russie). 283 000 hab. Centre agricole (lait). Port fluvial.

Alessandro ***Volta*** ▪ Physicien italien (1745-1827). Son invention de la pile électrique (dite *voltaïque*) révolutionna l'étude de l'électricité (1800). ‹ ► volt, voltage ›

la ***Volta*** ▪ Fleuve du Ghana. ► *le lac* ***Volta.*** Le plus grand lac artificiel du monde : 8 500 km². Il fut formé par un barrage (⇒ **Akosombo**) sur la Volta. ► *la* ***Haute-Volta.*** ⇒ **Burkina Faso.**

François Marie Arouet dit ***Voltaire*** ▪ Écrivain français des *Lumières (1694-1778). Polémiste vigoureux, il dénonce les institutions politiques et sociales (intervenant dans l'affaire Calas) et le fanatisme religieux. La bourgeoisie libérale anticléricale du XIXe s. se reconnut dans son nouvel humanisme (c'est l'esprit *voltairien*). Son œuvre est multiple : théâtre, pamphlets, essais philosophiques (*"Zadig"* ; *"Candide"*). Il fut l'écrivain le plus célèbre de son temps et on donna son nom à des objets, tel le fauteuil *voltaire.* ‹ ► voltaire ›

Volta Redonda ▪ Ville du Brésil (État de *Rio de Janeiro). 178 000 hab. Centre sidérurgique.

Volubilis ▪ Site archéologique du Maroc, près de Meknès. Site romain.

Joost Van den ***Vondel*** ▪ Poète dramatique hollandais d'inspiration religieuse (1587-1679).

Vô Nguyên Giap ▪ Général vietnamien, théoricien de la guerre révolutionnaire (né en 1912). Il battit les troupes françaises à *Diên Biên Phu en 1954.

le ***Vorarlberg*** ▪ État (land) d'Autriche. 2 601 km². 316 000 hab. Capitale : Bregenz. Industries. Tourisme.

Vorochilovgrad ▪ ⇒ **Lougansk.**

Voronej ▪ Ville de la C.É.I. (*Russie). 887 000 hab. Centre culturel. Centrale nucléaire.

Mihály ***Vörösmarty*** ▪ Poète hongrois (1800-1855). Poèmes épiques. "*La Fuite de Zalán*".

les ***Vosges*** n. f. pl. ▪ Massif montagneux du nord-est de la France ; le versant occidental s'incline vers la Lorraine et le versant oriental tombe abruptement sur la plaine d'Alsace, qui le sépare de la *Forêt-Noire. Les Vosges cristallines (sud) s'opposent aux Vosges gréseuses (nord). La population se concentre dans les vallées (Saint-Dié, Remiremont). Les principales ressources de la région sont la forêt (scierie, papeterie) et le tourisme. Elles ont donné leur nom à un département français.

Simon ***Vouet*** ▪ Peintre français (1590-1649). Premier peintre de Louis XIII. Ses compositions théâtrales, influencées par le *baroque italien, ont marqué la « grande peinture », allégorique, mythologique ou religieuse.

Hugo de ***Vries*** ▪ Botaniste hollandais (1848-1935). Sa "*Théorie de la mutation*" rejoint *Darwin. Il redécouvrit les lois de *Mendel.

Édouard Jean ***Vuillard*** ▪ Peintre français (1868-1940). Il fut membre du groupe des *nabis. Grand coloriste : scènes intimistes, panneaux décoratifs, portraits. Lithographies.

Vulcain ▪ Dieu du Feu et des Forgerons, dans la mythologie romaine, identifié à l'*Héphaïstos des Grecs. ‹ ► vulcaniser ›

la ***Vulgate*** ▪ Traduction latine de la *Bible, faite par saint *Jérôme. Elle devint la version officielle de la Bible catholique au concile de *Trente (1546). ‹ ► vulgate ›

Waco ■ Ville des États-Unis (*Texas). 101 000 hab.

Richard **Wagner** ■ Compositeur allemand (1813-1883). Auteur de la musique, des livrets et de la mise en scène de ses opéras, il a cherché l'œuvre d'art totale. Il s'inspire des légendes germaniques. "*Le Vaisseau fantôme*" ; "*Lohengrin*" ; "*la Tétralogie*" ; "*Parsifal*". □ *Siegfried* **Wagner** (1869-1930), son fils, compositeur et chef d'orchestre allemand, anima le festival de *Bayreuth consacré à son père. □ *Wieland* **Wagner** (1917-1966), fils du précédent, mit en scène les œuvres de Wagner.

Otto **Wagner** ■ Architecte et théoricien autrichien (1841-1918). D'abord inspiré par l'art *nouveau, il devint, par ses innovations, l'un des pionniers de l'architecture moderne.

Wagram ■ Village d'Autriche, au nord-est de Vienne, où Napoléon remporta une éclatante victoire sur les Autrichiens, en 1809.

les **Wahhābites** ■ Membres d'un mouvement musulman puritain fondé par Muḥammad ibn 'Abd al-Wahhāb (1703-1792) dans le *Nadjd. Leur théorie devint la doctrine d'État de l'Arabie Saoudite (1932).

Andrzej **Wajda** ■ Cinéaste polonais (né en 1926). "*Le Bois de bouleaux*" ; "*l'Homme de marbre*".

Wakayama ■ Ville et port du Japon (*Honshū). 399 000 hab. Grand centre industriel.

Selman **Waksman** ■ Microbiologiste américain d'origine russe (1888-1973). Prix Nobel de médecine et de physiologie en 1952 pour sa découverte de la streptomycine.

Pierre **Waldeck-Rousseau** ■ Homme politique français (1846-1904). Président du Conseil de 1899 à 1902 (loi de 1901 sur les associations ; révision du procès de *Dreyfus).

Kurt **Waldheim** ■ Homme politique autrichien (né en 1918). Secrétaire général de l'O.N.U. de 1972 à 1981. Élu président de la République en 1986. ⇒ **Autriche.**

Lech **Wałęsa** ■ Syndicaliste polonais (né en 1943). Leader du mouvement de grève de Gdańsk en 1980, président en 1981 du syndicat indépendant *Solidarność, opposant au pouvoir communiste, il fut élu président de la République en 1990. Prix Nobel de la paix 1983.

al-Walīd II ■ Calife omeyyade et poète arabe (v. 708 - 744).

Horatio **Walker** ■ Peintre québécois (1858-1938). Il illustra la nature et la vie rurale québécoises.

les **Walkyries** ■ Divinités féminines de la mythologie germanique, messagères de *Wotan.

sir Richard **Wallace** ■ Philanthrope anglais (1818-1890). Il fit installer à Paris une centaine de fontaines, appelées *fontaines Wallace.*

Albrecht von **Wallenstein** ■ Homme de guerre d'origine tchèque (1583-1634). Un des généraux de Ferdinand II dans la guerre de *Trente Ans. Suspect de trahison, il fut assassiné.

John **Wallis** ■ Mathématicien britannique (1616-1703). Son "*Arithmétique de l'infini*" fait le lien entre *Cavalieri et *Newton.

Wallis-et-Futuna ■ Territoire français d'outre-mer (T.O.M.) formé de deux archipels de la Polynésie : les îles de Horn, dont les îles principales sont *Futuna et Alofi,* et l'archipel *Wallis.* 274 km². 12 400 hab. Capitale : Mata Utu (820 hab.), sur l'île Uvéa (Wallis).

Henri **Wallon** ■ Psychologue, pédagogue et homme politique français (1879-1962). Son œuvre, inspirée par *Marx, est un classique de la psychologie de l'enfant.

la **Wallonie** ■ Région linguistique de Belgique, située au sud du pays. On y parle le français et des dialectes romans, dont le *wallon.* Ville principale : Liège. ‹ ► wallon ›

Wall Street ■ ⇒ **New York.**

Robert **Walpole** ■ Homme politique anglais (1676-1745). Député *whig, il contribua à la création du régime parlementaire britannique. □ *Horace* **Walpole,** son fils (1717-1797), fut l'un des initiateurs du « roman noir ». "*Le Château d'Otrante*".

Léon **Walras** ■ Économiste français enseignant à Lausanne (1834-1910). Un des fondateurs de l'économie mathématique.

Walsall ■ Ville industrielle d'Angleterre (*Midlands de l'Ouest). 179 000 hab. Métallurgie, fonderies de cuivre.

Ernest Thomas **Walton** ■ Physicien britannique (né en 1903). ⇒ **Cockcroft.**

Wang Wei ■ Peintre et poète chinois (699-759).

Warangal ■ Ville de l'Inde (*Andhra Pradesh). 335 000 hab.

Andy ***Warhol*** ■ Peintre et cinéaste américain (1930-1987). Surnommé le « prophète du *pop'art ». Portraits de Marilyn *Monroe.

Warren ■ Ville des États-Unis (*Michigan), banlieue de Detroit. 161 000 hab.

le ***Warwickshire*** ■ Comté d'Angleterre, dans les *Midlands. 1 981 km². 485 000 hab. Chef-lieu : Warwick (21 900 hab.). Centre industriel.

George ***Washington*** ■ Homme d'État américain (1732-1799). Il fut le héros de la guerre d'*Indépendance, puis le premier président des États-Unis, de 1789 à 1797. En son honneur, on a donné son nom à la capitale du pays.

Washington ■ Capitale fédérale des États-Unis, située sur la côte est. Elle occupe le district fédéral de *Columbia (D.C.). 638 000 hab. (zone urbaine : 3 millions). Ville essentiellement administrative abritant la résidence du président des États-Unis (Maison Blanche) et le siège du Congrès américain (Capitole). Centre culturel et scientifique (musées, universités, recherche). ≠ le Washington.

le ***Washington*** ■ État du nord-ouest des États-Unis, bordé par le Pacifique et le Canada. 176 479 km². 4,13 millions d'hab. Capitale : Olympia. 1er centre urbain : Seattle. Agriculture. Industries du bois. Productions minière et hydroélectrique.

Waterbury ■ Ville des États-Unis (*Connecticut). 103 000 hab.

Waterford, en irlandais ***Port Láirge*** ■ Ville de la république d'Irlande (*Munster). 41 100 hab.

le ***Watergate*** ■ Nom d'un immeuble de Washington utilisé par le parti *démocrate en 1972. Il fut cambriolé au profit des républicains ; le scandale accula le président (républicain) *Nixon à la démission (1974).

Waterloo ■ Commune de Belgique (*Brabant), au sud de Bruxelles. 17 700 hab. La défaite de Napoléon Ier devant les Anglais et les Prussiens, le 18 juin 1815, mit fin aux *Cent-Jours et provoqua la chute définitive de l'empire.

Waterloo ■ Ville de l'Ontario. 59 000 hab. Université.

John Broadus ***Watson*** ■ Psychologue américain (1878-1958). Initiateur de la psychologie du comportement *(behaviorisme).*

James Dewey ***Watson*** ■ Biologiste américain (né en 1928). Prix Nobel de médecine 1962 avec *Crick et *Wilkins pour la découverte de la structure de l'A.D.N. "*La Double Hélice*".

James ***Watt*** ■ Ingénieur et mécanicien écossais (1736-1819). Créateur des premières machines à vapeur fabriquées industriellement. Son nom a été donné à l'unité de puissance électrique. ‹ ▶ watt ›

Antoine ***Watteau*** ■ Peintre et dessinateur français (1684-1721). Il a représenté les fêtes galantes, les comédiens et musiciens, avec un art fait de grâce, de virtuosité dans les coloris et le dessin, et de sensibilité poétique. "*L'Embarquement pour Cythère*" ; "*l'Enseigne de Gersaint*" ; "*Gilles*".

Evelyn ***Waugh*** ■ Romancier anglais (1903-1966). Auteur de satires de la société contemporaine. "*Black Mischief*".

Carl Maria von ***Weber*** ■ Compositeur romantique allemand (1786-1826). Un des créateurs de l'opéra national allemand. "*Le Freischütz*" ; "*Obéron*".

Max ***Weber*** ■ Sociologue allemand (1864-1920). Sa réflexion sur les valeurs, le « désenchantement du monde » et la place du religieux dans l'histoire, sa distinction entre comprendre et expliquer, sa notion d'« idéaltype » ont marqué les sciences humaines.

Anton von ***Webern*** ■ Compositeur autrichien (1883-1945). Un des pionniers de la musique sérielle. Élève de *Schönberg. Pièces brèves. "*Variations pour piano*" ; "*Première cantate*".

David ***Wechsler*** ■ Psychologue américain (1896-1981). Tests de mesure de l'intelligence.

Frank ***Wedekind*** ■ Auteur dramatique allemand (1864-1918). Chef de file de l'*expressionnisme, auteur d'un théâtre de contestation, il créa le personnage de Lulu adapté au cinéma (*Pabst) et à l'opéra (*Berg).

Josiah ***Wedgwood*** ■ Céramiste et industriel britannique (1730-1795). Créateur de la faïence fine.

la ***Wehrmacht*** ■ Ensemble des forces armées de l'Allemagne de 1935 à 1945.

Karl ***Weierstrass*** ■ Mathématicien allemand (1815-1897). Analyse (théorie des fonctions, calcul des variations).

Simone ***Weil*** ■ Philosophe française (1909-1943). Son œuvre traduit une quête mystique et le souci de justice sociale. "*La Pesanteur et la Grâce*". ≠ S. Veil.

Kurt ***Weill*** ■ Compositeur allemand, naturalisé américain (1900-1950). Il collabora avec *Brecht, notamment pour "*l'Opéra de quat'sous*".

Weimar ■ Ville d'Allemagne (*Thuringe). 63 900 hab. Centre culturel, universitaire et touristique. Foyer intellectuel et artistique aux XVIIIe et XIXe s. grâce à l'action de *Goethe auprès du grand-duc Charles-Auguste. □ *la république de* ***Weimar*** (1919-1933). ⇒ **Allemagne.**

August ***Weismann*** ■ Biologiste allemand (1834-1914). Initiateur du néo-darwinisme (⇒ **Darwin**).

Welland ■ Ville de l'Ontario, sur le *canal Welland* qui relie les lacs Érié et Ontario. 45 500 hab.

Orson ***Welles*** ■ Cinéaste et acteur américain (1915-1985). Personnalité puissante et singulière, il passe de la description de personnages corrompus ou hors du commun *("Citizen Kane" ; "la Dame de Shanghai")* à l'adaptation de pièces de Shakespeare *("Othello" ; "Macbeth" ; "Falstaff").*

le duc de ***Wellington*** ■ Général britannique et homme politique (1769-1852). Il s'illustra en Espagne et au Portugal avant d'être le vainqueur de Napoléon Ier à Waterloo.

Wellington ■ Capitale et port de la Nouvelle-Zélande. 136 000 hab. Conurbation de 325 000 hab.

Herbert George ***Wells*** ■ Écrivain anglais (1866-1946). Un des créateurs de la science-fiction moderne. "*L'Homme invisible*" ; "*la Guerre des mondes*".

Wels ■ Ville d'Autriche (Haute-*Autriche). 51 100 hab. Monuments anciens (château, église).

Wembley ■ Partie du bourg *(borough)* de Brent (256 000 hab.), dans le Grand *Londres. Stade de football.

Wenceslas ■ Roi de Bohême sous le nom de Wenceslas IV et empereur germanique (1361-1419). Il dut combattre Jan *Hus.

les de **Wendel** ■ Famille d'industriels français, maîtres de forges en Lorraine depuis le XVIIIe s.

Wim **Wenders** ■ Cinéaste allemand (né en 1945). "*Paris, Texas*" ; "*les Ailes du désir*". Il contribua, avec R. W. *Fassbinder, au renouveau du cinéma ouest-allemand.

Abraham Gottlob **Werner** ■ Géologue et minéralogiste allemand (1750-1817).

Max **Wertheimer** ■ Psychologue allemand naturalisé américain (1880-1943). ⟹ **Köhler.**

la **Weser** ■ Fleuve d'Allemagne centrale, qui arrose Brême avant de se jeter dans la mer du Nord. 440 km.

John **Wesley** ■ Réformateur religieux anglais (1703-1791). En réaction contre les compromissions de l'Église *anglicane, il fonda le *méthodisme,* retour aux sources de la *Réforme.

le **Wessex** ■ Ancien royaume saxon fondé au Ve s. au sud de l'Angleterre.

Benjamin **West** ■ Peintre américain (1738-1820). Il fit une carrière officielle à Londres. Portraits, scènes historiques, scènes religieuses.

West Bromwich ■ Ville industrielle d'Angleterre (*Staffordshire), près de Birmingham. 155 000 hab.

le **West End** ■ Quartiers résidentiels de la partie ouest de Londres, réputés pour leur élégance.

George **Westinghouse** ■ Inventeur et industriel américain (1846-1914). Chemins de fer. Électricité.

Westminster ■ Quartier du centre de Londres et bourg *(borough)* du Grand *Londres, sur la Tamise. 173 000 hab. Le palais du Parlement (Chambre des lords et Chambre des communes) fut détruit par un incendie en 1512 et reconstruit en style gothique au XIXe s., avec sa célèbre horloge, Big Ben. □ ***Westminster Abbey,*** abbaye de Westminster, où sont couronnés les rois d'Angleterre.

WestMount ■ Ville du Québec, enclavée dans Montréal. 20 000 hab. (en majorité anglophones).

la **Westphalie,** en allemand **Westfalen** ■ Ancienne région d'Allemagne, comprise dans l'État fédéré de Rhénanie-du-Nord-Westphalie depuis 1946. Duché (1180), royaume de 1807 à 1813, elle devint province prussienne en 1815. Les *traités de Westphalie* mirent fin à la guerre de *Trente Ans (1648).

West Point ■ Siège d'une académie militaire américaine fondée en 1802 (État de *New York).

Maxime **Weygand** ■ Général français (1867-1965). Adjoint de *Foch en 1914, généralissime en 1940, favorable à l'armistice, il incarna, dans la politique de *Pétain, les velléités de résistance à l'Allemagne.

Hermann **Weyl** ■ Mathématicien allemand (1885-1955). Son œuvre, très variée, aborde notamment les groupes de *Lie.

Edith **Wharton** ■ Romancière américaine (1862-1937). Elle décrit les mœurs de la haute société. "*L'Âge de l'innocence*".

Lucile **Wheeler** ■ Sportive québécoise (née en 1935). Première skieuse canadienne à remporter une médaille lors de jeux Olympiques (1956).

le parti **whig** ■ Nom du parti libéral anglais, du XVIIe au XIXe s. Les *whigs* s'opposaient aux *tories.*

James Abbott McNeill **Whistler** ■ Peintre et graveur américain (1834-1903). Proche des artistes français de son époque, admirateur, comme son ami *Rossetti, de l'art japonais. "*Portrait de la mère de l'artiste*".

Patrick **White** ■ Écrivain australien (1912-1990). "*Mystérieux Mandala*". Prix Nobel 1973.

Alfred North **Whitehead** ■ Philosophe, mathématicien et logicien britannique (1861-1947). ⟹ B. **Russell.**

Whitehorse ■ Ville du nord-ouest du Canada, capitale du Yukon. 20 000 hab.

Walt **Whitman** ■ Un des plus grands poètes américains (1819-1892). Auteur d'un unique recueil, "*les Feuilles d'herbe*", qu'il retravailla toute sa vie, et qui a profondément marqué le lyrisme moderne.

William Dwight **Whitney** ■ Linguiste américain (1827-1894). Il eut une influence sur *Saussure.

le mont **Whitney** ■ Montagne des États-Unis (*Californie). 4 418 m.

sir Frank **Whittle** ■ Inventeur, anglais, de l'avion à réaction en 1941 (né en 1907).

Wichita ■ Ville des États-Unis (*Kansas). 279 000 hab. Région agricole. Université.

Knut **Wicksell** ■ Économiste suédois (1851-1926). Théorie de l'intérêt.

Charles **Widor** ■ Organiste et compositeur français (1844-1937). Symphonies pour orgue.

Christoph Martin **Wieland** ■ Écrivain allemand (1733-1813). Il eut une grande influence sur *Goethe et les écrivains allemands. "*Obéron*", poème.

Wilhelm **Wien** ■ Physicien allemand (1864-1928). Lois du rayonnement. Prix Nobel 1911.

Wiesbaden ■ Ville d'Allemagne, capitale de la *Hesse. 252 000 hab. Station thermale. Chimie et textile.

Elie **Wiesel** ■ Écrivain juif américain d'origine hongroise et d'expression française (né en 1928). "*Le Testament du poète juif assassiné*". Prix Nobel de la paix 1986.

l'île de **Wight** ■ Île britannique de la Manche, formant un comté de l'Angleterre. 381 km². 130 000 hab. Chef-lieu : Newport (23 600 hab.).

Oscar **Wilde** ■ Écrivain britannique (1854-1900). Dandy, il fut adulé pour son esthétisme raffiné, mais condamné pour ses mœurs homosexuelles, alors scandaleuses. "*Le Portrait de Dorian Gray*", roman ; "*Salomé*", théâtre (en français).

Billy **Wilder** ■ Cinéaste américain d'origine autrichienne (né en 1906). "*Certains l'aiment chaud*".

Wilhelmshaven ■ Ville d'Allemagne (Basse-*Saxe). 99 200 hab. Port pétrolier.

Charles **Wilkes** ■ Explorateur américain des régions antarctiques (1798-1877). ▶ *la terre de* ***Wilkes,*** qu'il découvrit, ne fut explorée qu'en 1940. (⟹ terre **Adélie**).

Maurice **Wilkins** ■ Biophysicien néo-zélandais d'origine britannique (né en 1916). ⟹ J.D. **Watson.**

Willemstad ■ Capitale des Antilles néerlandaises, sur l'île *Curaçao. 50 000 hab. Agglomération de 125 000 hab.

Tennessee **Williams** ■ Auteur dramatique du sud des États-Unis (1911-1983). Les héros de ses pièces sont les victimes d'une société qui les pousse à la destruction des autres et d'eux-mêmes. "*Un tramway nommé désir*" ; "*la Chatte sur un toit brûlant*".

Wilmington ■ Ville des États-Unis (70 200 hab.), seule zone urbaine (464 000 hab.) et industrielle dans le *Delaware.

Thomas Woodrow **Wilson** ▪ Homme politique américain (1856-1924). 28e président des États-Unis, de 1913 à 1921. Démocrate, il mena une politique sociale et engagea son pays dans la Première Guerre mondiale. Père de la *Société des Nations, prix Nobel de la paix en 1919.

Cairine Reay **Wilson** ▪ Femme politique canadienne (1885-1962). Première femme à siéger au Sénat du Canada (1930).

sir Harold **Wilson** ▪ Homme politique britannique (né en 1916). Premier ministre (travailliste) de 1964 à 1970 puis de nouveau en 1974. Il démissionna en 1976 et fut remplacé par J. *Callaghan.

Bertha **Wilson** ▪ Femme de loi canadienne d'origine écossaise (née en 1923). Première femme à devenir juge de la Cour suprême du Canada (1982).

le **Wiltshire** ▪ Comté du sud de l'Angleterre. 3 481 km². 557 000 hab. Chef-lieu : Trowbridge (23 000 hab.).

Wimbledon ▪ Partie du bourg *(borough)* de Merton (164 000 hab.), dans le Grand *Londres. Championnats internationaux de tennis.

Winchester ▪ Ville de l'Angleterre méridionale, chef-lieu du *Hampshire. 30 600 hab. Cathédrale (XIIe - XIVe s.) ornée de fresques. Collège.

Johann **Winckelmann** ▪ Historien d'art allemand (1717-1768). Ses écrits contribuèrent à l'émergence du *néo-classicisme. Un des pionniers de l'archéologie et de l'histoire de l'art.

Windhoek ▪ Capitale de la Namibie. 115 000 hab. Centre commercial et administratif.

Windsor ▪ Ville de l'Angleterre centrale (*Berkshire), près d'*Eton. 28 300 hab. Château (XIIe-XIXe s.), résidence royale. La dynastie régnante a pris le nom de *Windsor.*

Windsor ▪ Ville de l'Ontario. 193 000 hab. Conurbation de 254 000 hab. Port fluvial. Industrie automobile.

Donald Woods **Winnicott** ▪ Pédiatre et psychanalyste britannique (1896-1971).

Winnipeg ▪ Ville du Canada, capitale du Manitoba, sur les rives du *lac Winnipeg* (24 650 km²). 625 000 hab. *(les Winnipegois).* Métropole du centre du pays.

Sergueï **Winogradsky** ▪ Microbiologiste russe (1856-1953). Travaux sur les bactéries anaérobies.

Winston-Salem ▪ Ville des États-Unis (*Caroline du Nord). 132 000 hab. Tabac.

Franz Xaver **Winterhalter** ▪ Peintre allemand (1805-1873). Portraitiste mondain apprécié en France sous le second Empire.

Winterthur ▪ Ville de Suisse (canton de *Zurich). 84 400 hab. Centre industriel. Musées d'art.

le **Wisconsin** ▪ État du centre des États-Unis. 171 496 km². 4,7 millions d'hab. Capitale : Madison. Agriculture (élevage laitier), industries du bois.

les **Wisigoths** ou **Visigoths** ▪ Ancien peuple germanique, l'une des deux branches des *Goths au IVe s. Conduits par *Alaric Ier, ils envahirent l'Italie (pillage de Rome en 410), puis la Gaule. Ils fondèrent un royaume en Espagne, qui fut anéanti par les Arabes en 711.

Stanisław **Witkiewicz** ▪ Peintre et écrivain polonais (1885-1939), obsédé par la décadence de la culture européenne.

Johan ou *Jean de* **Witt** ▪ Homme d'État hollandais (1625-1672). Opposé à la maison d'*Orange, il fut le symbole de la lutte contre le despotisme. Massacré dans une émeute avec son frère Cornelis (1623-1672).

les **Wittelsbach** ▪ Famille qui régna sur le duché de *Bavière de 1180 à 1918.

Witten ▪ Ville d'Allemagne (*Rhénanie-du-Nord-Westphalie), dans la *Ruhr. 103 000 hab.

Wittenberg ▪ Ville d'Allemagne (*Saxe-Anhalt). 54 000 hab. La ville fut le berceau de la *Réforme luthérienne.

Ludwig **Wittgenstein** ▪ Philosophe et logicien autrichien naturalisé britannique (1889-1951). Convaincu de l'importance du langage pour l'activité de la pensée, il étudia les rapports entre langue et logique *("Tractatus logico-philosophicus")* puis les langues naturelles (thèse des « jeux de langage »).

Konrad **Witz** ▪ Peintre allemand installé à Bâle (v. 1400 - v. 1445). "*La Pêche miraculeuse*".

Hugo **Wolf** ▪ Compositeur autrichien (1860-1903). Un des maîtres de la mélodie (ou *lied*) romantique. Inspiration tantôt humoristique, tantôt tragique. Il mourut fou.

James **Wolfe** ▪ Général anglais (1727-1759). Commandant de l'armée britannique victorieuse lors de la bataille des plaines d'*Abraham, au cours de laquelle il fut tué.

Heinrich **Wölfflin** ▪ Historien et critique d'art suisse de langue allemande (1864-1945).

Wolfsburg ▪ Ville d'Allemagne (Basse-*Saxe). 125 000 hab. Industrie automobile.

Wollongong ▪ Ville d'Australie (*Nouvelle-Galles du Sud). Centre industriel. 234 000 hab. Sidérurgie.

Mary **Wollstonecraft** ▪ Philosophe anglaise (1759-1797). Pionnière du féminisme, auteur des célèbres "*Revendications des droits de la femme*". Mère de Mary *Shelley.

Thomas **Wolsey** ▪ Prélat et homme d'État anglais (v. 1473-1530). Cardinal et lord-chancelier d'Henri VIII, de 1515 à 1529.

Woluwe-Saint-Lambert, en néerlandais **Sint-Lambrechts-Woluwe** ▪ Ville de Belgique (*Brabant), dans la banlieue de Bruxelles. 48 000 hab. Université catholique.

Woluwe-Saint-Pierre, en néerlandais ***Sint-Pieters-Woluwe.*** ▪ Ville de Belgique (*Brabant), dans la banlieue de Bruxelles. 40 000 hab. Parc.

Wolverhampton ▪ Ville industrielle d'Angleterre (*Midlands de l'Ouest). 266 000 hab.

Wŏnsan ▪ Ville et port de la Corée du Nord, sur la mer du Japon. 350 000 hab.

Woodstock ▪ Ville de l'Ontario. 26 600 hab.

Woodstock ▪ Localité des États-Unis (État de *New York) où se tint, en 1969, le premier grand rassemblement de la pop'music.

Robert **Woodward** ▪ Chimiste américain (1917-1979). Prix Nobel 1965.

Virginia **Woolf** ▪ Écrivaine anglaise (1882-1941). Influencée par *Proust et par *Joyce, elle brise les conventions du roman traditionnel pour créer le « roman de l'avenir », où elle explore la conscience et ses transformations par des monologues intérieurs, pensées intimes. "*Mrs. Dalloway*" ; "*les Vagues*".

Worcester ■ Ville d'Angleterre, chef-lieu du *Hereford-et-Worcester. 76 000 hab. Cathédrale gothique (XIIIe s.). Maisons anciennes (XVe-XVIe s.).

Worcester ■ Ville des États-Unis (*Massachusetts). 162 000 hab.

William ***Wordsworth*** ■ Poète romantique anglais (1770-1850). Sa foi en une libération sociale (il soutint la Révolution française) devint expérience d'une libération intérieure. "*La Ballade du vieux marin*" ; "*le Reclus*", biographie en vers. ⇒ **Coleridge**.

Worms ■ Ville d'Allemagne (*Rhénanie-Palatinat). 73 200 hab. Cathédrale de style *roman rhénan (XIIe-XIIIe s.). Synagogue la plus ancienne d'Europe (1034). ► *le* ***concordat de Worms*** (1122) mit fin à la querelle des *Investitures. ► *la* ***diète de Worms*** (1521) prononça la condamnation de *Luther (bannissement) et de ses thèses par *Charles Quint.

Wotan ■ ⇒ **Odin.**

Piotr ***Wrangel*** ■ Général russe (1878-1928). Dernier chef de l'armée contre-révolutionnaire (1920).

sir Christopher ***Wren*** ■ Architecte britannique (1632-1723). *Cathédrale Saint Paul* à Londres.

Wrexham, en gallois ***Wrecsam*** ■ Ville du nord-ouest du pays de Galles (*Clwyd). 114 000 hab.

Frank Lloyd ***Wright*** ■ Architecte et théoricien américain (1867-1959). Il construisit le musée Guggenheim à New York.

les frères ***Wright*** ■ Pionniers américains de l'aviation. Wilbur (1867-1912) et Orville (1871-1948).

Richard ***Wright*** ■ Écrivain noir américain (1908-1960). Il dénonce la condition des Noirs aux États-Unis. "*Les Enfants de l'oncle Tom*".

Wrocław, en allemand ***Breslau*** ■ Ville de Pologne, en basse *Silésie. 640 000 hab.

Wuhan ■ Conurbation de la Chine centrale, capitale du *Hubei. 3,49 millions d'hab. Cité historique, aujourd'hui un grand complexe sidérurgique.

Wulumuqi ou ***Ouroumtsi*** ■ Ville de Chine. Capitale du *Xinjiang. 1,04 million d'hab.

Wilhelm ***Wundt*** ■ Psychologue allemand (1832-1920). Physiologiste de formation, il créa la psychologie expérimentale.

Wuppertal ■ Ville d'Allemagne (*Rhénanie-du-Nord-Westphalie), dans la *Ruhr. 365 000 hab. Industries textile, chimique, métallurgique, mécanique.

Wurtemberg ■ Ancien État de l'Allemagne du Sud-Ouest. Issu du duché de *Souabe, le Wurtemberg devint duché en 1495, et en 1599 fief direct du Saint Empire. Le royaume de Wurtemberg fit partie de l'Empire allemand de 1871 à 1918, puis devint république et fut intégré au IIIe *Reich en 1934. ⇒ **Bade-Wurtemberg.**

Würzburg ■ Ville d'Allemagne (*Bavière) et port sur le *Main. 123 000 hab. Monuments baroques, musée. Industrie alimentaire.

Wu Wei ■ Peintre chinois (1459-1508). Scènes de genre, paysages.

Wuxi ■ Ville de Chine (*Jiangsu). 752 000 hab. Commerce (riz, soie).

John ***Wyclif*** ou ***Wycliffe*** ■ Théologien anglais (v. 1320-1384). Il prêcha une réforme de l'Église en envoyant ses disciples, les *lollards, à travers le pays. Par sa démarche, il se rapproche des *vaudois et fait figure de précurseur de la *Réforme.

le ***Wyoming*** ■ État de l'ouest des États-Unis. 253 324 km². 470 000 hab. Capitale : Cheyenne. Élevage extensif, forêts. Pétrole.

Stanisław ***Wyspiański*** ■ Auteur dramatique polonais (1869-1907). "*La Varsovienne*".

Johann David ***Wyss*** ■ Pasteur et écrivain suisse (1743-1818). "*Le Robinson suisse*".

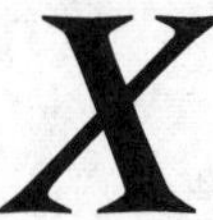

Xanthos ■ Ancienne ville de l'Asie Mineure. Nombreux vestiges antiques et byzantins.

Iannis **Xenakis** ■ Compositeur grec naturalisé français (né en 1922). Un des premiers à utiliser l'ordinateur dans la composition. "*Métastasis*", œuvre pour 61 instruments.

Xénophon ■ Écrivain et chef militaire grec (v. 430-v. 352 av. J.-C.). Auteur de traités relatifs à *Socrate dont il fut l'élève ("*les Mémorables*"), de récits historiques ("*l'Anabase*"), d'ouvrages de philosophie politique et morale.

Xerxès Ier ■ Roi de Perse (v. 519-465 av. J.-C.) de 486 à 465 av. J.-C., fils de *Darius le Grand. Il battit les Spartiates de *Léonidas aux *Thermopyles en 480 av. J.-C., mais fut vaincu à *Salamine. ⇒ guerres **médiques.**

Xiamen ou **Amoy** ■ Petite île et port de Chine, en face de Taïwan. 360 000 hab.

Xian ou **Sian,** autrefois **Chang an** ■ Ville de Chine, capitale du *Shaanxi. 2,39 millions d'hab. Ancienne capitale des *Tang. Centre d'industries textile et chimique. Tourisme : important site archéologique (tombe de *Qin Shi Huangdi) à *Xianyang* (ou *Hsien-yang* ; 312 000 hab.).

Xiangtan ■ Ville de Chine (*Hunan). 411 000 hab. Port fluvial important.

Xi Jiang ou **Si-kiang** ■ Fleuve de Chine du Sud. 2 100 km.

le **Xingu** ■ Rivière du Brésil, affluent de l'Amazone. Près de 2 000 km.

Xining ■ Ville de Chine, capitale du *Qinghai. 527 000 hab.

le **Xinjiang** ou **Sin-kiang** ■ Région autonome du nord-ouest de la Chine, riche en pétrole. 1 646 800 km². 13,8 millions d'hab. Capitale : Wulumuqi.

le **Xizang** ■ Nom chinois du *Tibet.

Xuzhou ou **Süchou** ■ Ville de Chine (*Jiangsu) appelée « la Venise de Chine », à cause de ses nombreux canaux. 753 000 hab.

Y

Kateb ***Yacine*** ■ ⇒ **Kateb Yacine.**

Yahvé ■ Nom du Dieu d'Israël dans la Bible, révélé à *Moïse au Sinaï.

Yale ■ L'une des plus célèbres et anciennes (1701) universités américaines, à New Haven (Connecticut).

Yalta ■ Ville de la C.É.I. (*Ukraine), en *Crimée. Station balnéaire. 84 000 hab. ▶ *la conférence de* ***Yalta*** réunit *Roosevelt, *Churchill et *Staline du 4 au 11 février 1945 pour établir les nouvelles frontières politiques de l'Europe : occupation de l'Allemagne vaincue en quatre zones (soviétique, américaine, britannique et française), fixation des frontières occidentales de l'U.R.S.S. (au détriment de la Pologne), promesse de l'U.R.S.S. d'entrer en guerre contre le Japon, projet de l'*O.N.U.

Yamagata ■ Ville du Japon (*Honshū). 248 000 hab.

Yamamoto Isoroku ■ Amiral japonais, chef des forces aéronavales de 1939 à sa mort (1884-1943).

Yamoussoukro ■ Capitale de la Côte-d'Ivoire depuis 1983, au centre du pays. 120 000 hab. Basilique Notre-Dame de la Paix, inaugurée en 1989, réplique plus grande et en béton de Saint-Pierre de Rome.

le ***Yamunā*** ou ***Jamnā*** ■ Rivière de l'Inde, affluent du Gange. 1 370 km. Un des sept fleuves sacrés des hindous.

Yanam ou ***Yanaon*** ■ Ancien établissement français de l'*Inde, sur la côte sud-est du pays.

Yangon, jusqu'en 1989 ***Rangoun*** ou ***Rangoon*** ■ Capitale de l'Union de Myanmar (ex-Birmanie). 2,46 millions d'hab. Principal port du pays.

Yangzhou ■ Ville de Chine (*Jiangsu). 284 000 hab. Textile. Musée. Monuments et jardins.

le ***Yangzi Jiang*** ou ***Yang-Tsé-Kiang,*** en français ***le fleuve Bleu*** ■ Le plus long fleuve de Chine. 5 500 km. Né au Tibet, il arrose Wuhan, Nankin et se jette dans la mer de Chine, par un large delta à Shanghai. Trafic intense, rôle économique essentiel.

Yaoundé ■ Capitale du Cameroun, en altitude (700 m). 712 000 hab. Activités tertiaires.

Yapurá ■ ⇒ **Japurá.**

Yaşar Kemal ■ Écrivain turc (né en 1922). *"Terre de feu, ciel de cuivre"*.

Yazd ■ ⇒ **Yezd.**

William Butler ***Yeats*** ■ Écrivain irlandais (1865-1939). Artisan du renouveau littéraire de son pays, fondateur de l'*Abbey Theatre*. Poèmes et pièces de théâtre d'inspiration mystique et folklorique. Prix Nobel 1923.

Yellowknife ■ Ville du Canada, capitale des Territoires du Nord-Ouest. 11 100 hab.

Yellowstone ■ Le premier parc national américain (fondé en 1872), au nord-ouest du *Wyoming. Il est traversé par la rivière *Yellowstone,* affluent du Missouri (1 600 km).

le ***Yémen*** ■ État (république) du sud-ouest de la péninsule Arabique, bordé par la mer Rouge et le golfe d'*Aden. 531 869 km². 11,24 millions d'hab. *(les Yéménites).* Capitale : Sanaa. Langue : arabe. Religion officielle : islam. Monnaie : riyal yéménite. Café (base des exportations), qat (stupéfiant), élevage ovin. ▭**HISTOIRE.** Islamisé au VIIIe s., le Yémen fut dirigé par une dynastie chiite de 893 à 1962, lorsque fut proclamée la *république arabe du Yémen.* En 1967, les possessions britanniques d'Aden et de l'Arabie du Sud accédèrent à l'indépendance (*république démocratique et populaire du Yémen du Sud ;* capitale : Aden). Une guerre éclata entre les deux pays en 1969. Après des années de négociations, les deux Yémens créèrent un État unique en 1990.

Alexandre ***Yersin*** ■ Microbiologiste français (1863-1943). Il découvrit le bacille de la peste (1894).

*l'île d'****Yeu*** ■ Île française de l'océan Atlantique, au large de la Vendée. 23 km².

Yezd ou ***Yazd*** ■ Ville d'Iran. 230 000 hab. Grande mosquée du XIVe s.

Yinchuan ■ Ville de Chine, capitale du *Ningxia. 314 000 hab.

Yokohama ■ Ville du Japon (*Honshū), près de Tokyo. 3,15 millions d'hab. 4e port du monde. Nombreux échanges avec les États-Unis : importation de pétrole, exportation de produits manufacturés.

Yokosuka ■ Ville et port du Japon (*Honshū), au sud de Tokyo. Chantiers navals. 431 000 hab.

Yongle ■ ⇒ **Cheng zu.**

Yonkers ■ Ville des États-Unis, faubourg de New York (État de *New York). 195 000 hab.

*l'**Yonne*** n. f. ■ Rivière française du Bassin parisien, affluent de la Seine. 293 km. Elle a donné son nom à un département.

*la maison d'**York*** ■ Famille noble anglaise fondée au XIVe s. □ ***Richard d'York*** (1411-1460), prétendant au trône, provoqua la guerre des Deux-*Roses.

York ■ Ville d'Angleterre (*Yorkshire du Nord) au passé très riche. 126 000 hab. Ancienne colonie romaine. Centre culturel important : son archevêché rivalisa avec celui de *Canterbury. Au Moyen Âge, c'était la 2e ville du royaume après Londres. Cathédrale remarquable (XIIIe - XVe s.). □ *le* ***Yorkshire.*** Ensemble de trois comtés de l'Angleterre : le ***Yorkshire du Nord*** (8 317 km² ; 713 000 hab. ; chef-lieu : Northallerton [9 600 hab.]) ; le ***Yorkshire du Sud*** (1 560 km² ; 1,3 million d'hab. ; chef-lieu : Barnsley [73 600 hab.]) ; le ***Yorkshire de l'Ouest*** (2 039 km² ; 2 millions d'hab. ; chef-lieu : Wakefield [60 500 hab.]).

York ■ Ville de l'Ontario. 136 000 hab.

Yorktown ■ Localité des États-Unis (*Virginie). Le siège victorieux de la place (tenue par les Anglais) par Washington et ses alliés français mit fin à la guerre d'*Indépendance américaine (1781).

*les **Yoroubas*** ■ Peuple noir d'Afrique de l'Ouest, dont l'art et la civilisation dominèrent le Nigeria, le Bénin et le Togo actuels du XIIIe au XVIe s.

*la **Yougoslavie*** ■ État (république socialiste) des Balkans, formé par six républiques fédérées : la *Bosnie-Herzégovine, la *Croatie, la *Macédoine, le *Monténégro, la *Serbie, la *Slovénie. 255 804 km². 23,71 millions d'hab. (*les Yougoslaves,* dont 36 % de Serbes et 20 % de Croates). Capitale : Belgrade. Langues officielles : macédonien, serbo-croate, slovène. Monnaie : nouveau dinar yougoslave. Autres villes importantes : Zagreb, Skopje, Sarajevo. Le relief est accidenté, le climat continental et méditerranéen. Les richesses minières (bauxite, cuivre, lignite) ont favorisé un essor rapide de l'industrie lourde, dans le cadre d'une économie de type socialiste, tandis que l'agriculture est encore largement dans le secteur privé (céréales, élevage). Tourisme, surtout sur la côte dalmate (Dubrovnik, Split). ▭ **HISTOIRE.** Le royaume de *Serbie, agrandi de certains territoires de l'ancien Empire austro-hongrois, devint en 1918 le royaume des Serbes, Croates et Slovènes, qui prit le nom de Yougoslavie en 1929. La coexistence des nationalités fut et reste difficile. Alexandre Ier instaura une dictature favorable aux Serbes. Les Croates formèrent de 1941 à 1945 un État indépendant, proche de l'Allemagne nazie. Le communiste *Tito dirigea la résistance dans le reste du pays, envahi par Hitler en 1941. La république fut créée en 1945 et Tito développa un socialisme original, autogestionnaire, indépendant de l'U.R.S.S. Depuis sa mort (1980), le pouvoir appartient à une présidence collégiale qui doit faire face à une détérioration de la situation économique, sociale et politique du pays et à une résurgence des conflits interethniques (*Kosovo). Les tensions entre les républiques et le pouvoir central aboutirent à une guerre civile en 1991 et 1992, années qui virent la proclamation d'indépendance de la Croatie et de la Slovénie, puis de la Macédoine et de la Bosnie-Herzégovine. ‹ ► yougoslave ›

*Edward **Young*** ■ Poète anglais (1683-1765). "*Nuits*".

*Arthur **Young*** ■ Économiste et agronome anglais (1741-1820), influencé par W. *Petty. Son "*Voyage en France*" est un témoignage précieux sur la France avant et au début de la Révolution.

*Brigham **Young*** ■ Chef religieux américain (1801-1877). Chef des mormons après la mort de *Smith ; il fonda *Salt Lake City.

*le plan **Young*** ■ Plan concernant le paiement par l'Allemagne des réparations exigées par le traité de *Versailles. Il remplaça le plan *Dawes, en 1930, mais ne fut jamais totalement appliqué.

Youngstown ■ Ville des États-Unis (*Ohio). 115 000 hab.

*Marguerite **Yourcenar*** ■ Écrivaine de nationalités américaine et française (1903-1987). Dans un style pur et dense, elle mêle une exploration érudite de l'histoire et de la culture ; à la recherche d'un perfectionnement intérieur. "*Mémoires d'Hadrien*" ; "*l'Œuvre au noir*". Première femme à entrer à l'Académie française (1980).

*Marie-Marguerite d'**Youville*** née ***Dufrost de Lajemmerais*** ■ Religieuse canadienne (1701-1771). Fondatrice de la congrégation des Sœurs de la charité de l'Hôpital général de Montréal, appelées « Sœurs grises ».

Ypres, en néerlandais ***Ieper*** ■ Ville de Belgique (*Flandre-Occidentale). 34 600 hab. *(les Yprois).* Métropole des Flandres au Moyen Âge, grâce à l'importance de son industrie drapière. Sa situation stratégique lui valut de nombreux sièges et batailles, notamment en 1914-1918 (première utilisation de l'*ypérite*). ‹ ► ypérite ›

Ys ■ Cité légendaire bretonne qui aurait été submergée par les flots (au IVe ou Ve s.).

*l'**Yser*** n. m. ■ Fleuve côtier de Belgique qui se jette dans la mer du Nord. 78 km. La *bataille de l'Yser* eut lieu en octobre 1914.

*les **Yuan*** ■ Dynastie mongole qui régna sur la Chine de 1279 à 1368.

Yuan Shikai ou ***Yuan Che-k'ai*** ■ Homme d'État chinois (1859-1916). Il obtint de *Sun Yixian la présidence de la République (1912). Sa tentative de restaurer l'empire à son profit (1915) échoua.

*le **Yucatán*** ■ Presqu'île du Mexique, entre le golfe du Mexique et la mer des Antilles. Ancien centre de la civilisation *maya. Nombreux vestiges : Chichén Itzá, Uxmal, etc.

*le **Yukon*** ■ Fleuve du nord-ouest de l'Amérique du Nord. 3 185 km. □ *le* ***Yukon.*** Territoire du Canada, entre les Territoires du Nord-Ouest et l'Alaska. 483 450 km². 23 500 hab. Capitale : Whitehorse. Climat très rigoureux. ▭ **HISTOIRE.** Appartenant aux Territoires du Nord-Ouest, le Yukon en fut dissocié en 1898 – et fut érigé lui-même en territoire –, lorsque débuta la ruée vers l'or qui amorça son développement. La prospection aurifère, devenue industrielle, dura jusqu'à la Seconde Guerre mondiale. En 1942, les travaux d'ouverture de la route de l'Alaska marquèrent le début d'une nouvelle ère de développement du territoire.

*le **Yunnan*** ■ Province du sud-ouest de la Chine. 436 200 km². 34,56 millions d'hab. Capitale : Kunming. Région montagneuse arrosée de nombreux fleuves (*Mékong, *Saluen), c'est le « château d'eau » de l'Asie du Sud-Est.

Z

Zaanstad ■ Ville des Pays-Bas (*Hollande-Septentrionale). 130 000 hab.

Zabrze ■ Ville de Pologne (haute *Silésie). 199 000 hab. Important centre industriel et minier.

Ossip **Zadkine** ■ Sculpteur russe naturalisé français (1890-1967). Il a su concilier la rigueur du *cubisme avec un lyrisme très personnel.

Zagazig ■ Ville d'Égypte, sur le delta du Nil. 274 000 hab.

Zagorsk, depuis 1991 **Sergiev-Possad** ■ Ville de la C.É.I. (*Russie), au nord de Moscou. 115 000 hab. Monastère de la Trinité-Saint-Serge (XVe-XVIIIe s.).

Zagreb ■ Ville de Yougoslavie, capitale de la *Croatie. Agglomération de 1,17 million d'hab. *(les Zagrebois).* Centre administratif, culturel et industriel.

Zahlé ou **Zahleh** ■ Ville du Liban, dans la plaine de la *Bekaa. 46 800 hab.

le **Zaïre,** ancien **Congo belge** puis **Congo-Kinshasa** ■ État (république) de l'Afrique équatoriale, en bordure de l'Atlantique, englobant le bassin du Zaïre. 2 345 095 km². 33,34 millions d'hab. *(les Zaïrois).* Capitale : Kinshasa. Langue officielle : français. Monnaie : zaïre. Cultures d'exportation dans les plantations (palmier à huile, café) et agriculture traditionnelle (manioc, riz). Le sous-sol, riche en minerais (cuivre, zinc, or, diamants) a fait naître une industrie de transformation. ▭ HISTOIRE. Propriété personnelle de Léopold II de Belgique (1885), le pays devint *colonie du Congo belge* en 1908. Il obtint l'indépendance en 1960. La même année, le Katanga (⇒ **Shaba**) tenta de faire sécession mais échoua (1963). Avec le président Mobutu, au pouvoir depuis 1965, le pays prit le nom de *Zaïre* en 1971. Les troubles séparatistes reprirent en 1977 dans le Shaba (intervention militaire franco-belge, en 1978, à Kolwezi). En 1990, le gouvernement instaura un multipartisme limité à trois formations. □ *le* **Zaïre** ou **Congo,** fleuve de 4 371 km de long. Énorme potentiel électrique. Pêche.

le **Zambèze** ■ Fleuve du sud de l'Afrique. 2 740 km. Chutes spectaculaires (*Victoria). Barrages.

la **Zambie** ■ État (république) du sud de l'Afrique. 752 614 km². 8,15 millions d'hab. *(les Zambiens).* Capitale : Lusaka. Langues : anglais (officielle), bemba. Monnaie : kwacha zambien. Le cuivre est la principale richesse (90 % des exportations), mais la fluctuation des cours déséquilibre l'économie. ▭ HISTOIRE. Après avoir été une colonie britannique (sous le nom de *Rhodésie du Nord*), le pays devint indépendant et membre du *Commonwealth en 1964, prenant le nom de *Zambie.* En 1990, sous la pression populaire, le président Kenneth Kaunda, au pouvoir depuis l'indépendance, instaura le multipartisme et F. Chiluba, chef de l'opposition, lui succéda démocratiquement en 1991.

Zamboanga ■ Ville et port des Philippines (*Mindanao). 423 000 hab. Nacre.

Zanzibar ■ Île de Tanzanie, dans l'océan Indien. 1 660 km². 314 000 hab. Ville principale : Zanzibar (111 000 hab.). Girofliers. Tourisme. Sultanat arabe au XVIIe s., protectorat britannique de 1890 à 1963, l'île s'associa au Tanganyika et à l'île de Pemba pour former la république unie de *Tanzanie en 1964.

Emiliano **Zapata** ■ Révolutionnaire mexicain (1879-1919). À la tête des paysans, il voulut imposer une réforme agraire, mais fut assassiné sur ordre de *Carranza.

les **Zaporogues** ■ Cosaques qui vivaient (du XVIe au XVIIIe s.) sur le Dniepr.

Zaporojié ■ Ville de la C.É.I. (*Ukraine). 884 000 hab. Métallurgie.

les **Zapotèques** ■ Ancien peuple indien du Mexique (vallée d'Oaxaca, IVe s.). Il fut soumis par les Aztèques. Les principaux vestiges de sa civilisation sont à *Monte Albán.

Zarathoustra ou **Zoroastre** ■ Prophète et réformateur religieux de Perse (VIe s. av. J.-C.). ▶ *le* ***zoroastrisme*** ou ***mazdéisme,*** religion dualiste qu'il fonda et dont la doctrine est contenue dans l'*Avesta.

Zaria ■ Ville du Nigeria. 318 000 hab. Ancienne capitale haoussa.

Zarqâ' ■ Ville de Jordanie. 306 000 hab.

al-**Zarqālī** ■ Astronome et mathématicien arabe (v. 1029-1087). Tables astronomiques dites tables tolédanes.

Zeami Motokiyo ■ Prêtre shinto japonais (1363-1443), créateur du théâtre *nô dans sa forme actuelle.

Zeebrugge ■ Port de Belgique (*Flandre-Occidentale), relié à Bruges par un canal. Station balnéaire. Pêche.

Pieter **Zeeman** ■ Physicien néerlandais (1865-1943). *L'effet Zeeman* permet l'étude des niveaux d'énergie des atomes. Prix Nobel 1902.

Bernard **Zehrfuss** ■ Architecte français (né en 1911).

la **Zélande** ■ Province des Pays-Bas. 1 793 km². 356 000 hab. *(les Zélandais).* Chef-lieu : Middelburg (39 400 hab.). Nombreuses îles.

le **zen** ■ École bouddhique dérivée du ch'an chinois et introduite au Japon en 1192. ⇒ **Bouddha.** ⟨ ► zen ⟩

Zénobie ■ Reine de *Palmyre de 267 à 272. Elle conduisit Palmyre à son apogée, inquiétant Rome qui la vainquit.

Zénon de Citium ■ ⇒ **stoïcisme.**

Zénon d'Élée ■ Philosophe grec (Vᵉ s.), disciple de Parménide. Paradoxes sur la notion de mouvement et la nature du continu.

Zéphyr ■ Personnification du vent d'ouest dans la légende grecque. ⟨ ► zéphyr ⟩

Ferdinand von **Zeppelin** ■ Industriel allemand (1838-1917). Il construisit des ballons dirigeables qui portent son nom.

Zermatt ■ Ville de Suisse (*Valais). Station de sports d'hiver, au pied du Cervin. 3 500 hab.

Ernst **Zermelo** ■ Mathématicien allemand (1871-1953). Axiomatique de la théorie des ensembles.

Zeus ■ Dieu le plus important du Panthéon grec. Dieu de la Lumière et de la Foudre, il maintient l'ordre et la justice dans le monde. À Rome, il fut identifié à Jupiter.

Zhangjiakou ■ ⇒ **Kalgan.**

Zhao Ziyang ou **Chao Tzu-yang** ■ Homme politique chinois (né en 1919). Premier ministre de 1980 à 1987, puis secrétaire général du parti communiste en 1987 ; de tendance libérale, il fut jugé responsable de la révolte étudiante de mai 1989 et démis de ses fonctions.

le **Zhejiang** ■ Province côtière de l'est de la Chine. 101 800 km². 40,7 millions d'hab. Capitale : Hangzhou. Agriculture (riz, blé). Production de soie. Sous-sol riche en antimoine.

Zhengzhou ■ Ville de Chine, capitale du *Henan. 1,61 million d'hab. Filatures de coton.

les **Zhou** ou **Tcheou** ■ Dynastie chinoise qui régna de 1050 à 221 av. J.-C. et organisa un royaume féodal.

Zhou Enlai ou **Chou En-lai** ■ Compagnon de *Mao Zedong (1898-1976), Premier ministre de la république populaire de Chine de 1949 à sa mort.

Zhu De ou **Tchou-tö** ■ Homme politique et maréchal chinois (1886-1976). Il fut l'un des principaux compagnons de *Mao Zedong.

Zibo ■ Ville de Chine (*Chantoung). Grand centre houiller. 2,33 millions d'hab.

Ziguinchor ■ Ville portuaire du Sénégal, en basse Casamance. 107 000 hab. Tourisme.

Zimbabwe ■ Ancienne ville d'Afrique australe (État du Zimbabwe), fondée vers le vᵉ s., développée après le xᵉ s., devenue la capitale d'un État (xIIIᵉ-xvᵉ s.) connu ensuite en Europe sous le nom de Monomotapa (mines d'or). Site archéologique.

le **Zimbabwe** ■ État (république) d'Afrique subtropicale. 390 759 km². 9,12 millions d'hab. *(les Zimbabwéens).* Capitale : Harare. Langues : anglais (officielle), shone, ndebele. Monnaie : dollar zimbabwéen. Agriculture diversifiée, ressources minières (chrome, amiante, cuivre, or) et énergétiques (barrage de Kariba). ▭ **HISTOIRE.** Le Zimbabwe est issu de l'ancienne colonie anglaise de la Rhodésie (⇒ Cecil **Rhodes**), qui s'était scindée en Rhodésie du Nord et Rhodésie du Sud. Après que la Rhodésie du Nord fut devenue la *Zambie, la Rhodésie du Sud, aux mains d'une minorité blanche, proclama son indépendance (1965). Quand les Noirs obtinrent le pouvoir (1980), la république de Rhodésie disparut et l'indépendance du Zimbabwe fut proclamée. Mais le pays reste économiquement lié à l'Afrique du Sud et aux intérêts des Blancs.

Bernd Alois **Zimmermann** ■ Compositeur allemand (1918-1970). Son œuvre mêle le désespoir et le calme mystique. "*Les Soldats*", opéra. Nombreuses compositions pour violoncelle.

Zinder ■ Ville du Niger. 82 800 hab.

Grigorii Apfelbaum dit **Zinoviev** ■ Homme politique russe (1883-1936). Compagnon de *Lénine, il fut jugé puis exécuté (avec *Kamenev) sous *Staline. Réhabilité en 1988.

Mikhaïl **Zochtchenko** ■ Écrivain soviétique (1895-1958). Courts récits satiriques dénonçant les imperfections des institutions soviétiques.

le **Zohar** ■ Traité ésotérique juif du xIIIᵉ s., interprétation mystique du *Pentateuque, ouvrage fondamental de la *Kabbale.

Émile **Zola** ■ Écrivain français (1840-1902). Journaliste et romancier, il soutint les impressionnistes (*Manet) et prit courageusement la défense de *Dreyfus dans son article "*J'accuse*". Chef de file du *naturalisme, auteur de la fresque romanesque des "*Rougon-Macquart, Histoire naturelle et sociale d'une famille sous le second Empire*" ("*l'Assommoir*", "*Germinal*"), il fut violemment attaqué pour son réalisme sans compromis.

Deutscher **Zollverein** ■ « Union douanière allemande », association douanière des États allemands sous la conduite de la Prusse, qui fut à l'origine de l'unité politique allemande (1828-1888).

Zoroastre ■ ⇒ **Zarathoustra.**

Zoug, en allemand **Zug** ■ Ville de Suisse. 21 400 hab. □ *le canton de* **Zoug.** 239 km². 83 400 hab. Chef-lieu : Zoug.

les **Zoulous** ■ Peuple de l'Afrique australe, parlant une langue bantoue. Leur organisation politico-militaire (xvᵉ s.) aboutit à une confédération (1818). □ *le* **Zoulouland,** région d'Afrique du Sud (bantoustan de *KwaZulu*). ⟨ ► zoulou ⟩

le **Zuiderzee** ■ Mer intérieure des Pays-Bas (3 500 km²), endiguée en 1932.

les **Zuñi** ■ Groupe des Indiens *Pueblos.

Francisco de **Zurbarán** ■ Peintre espagnol (1598-1664). Subtil coloriste. Sujets religieux traités de manière réaliste et émouvante.

Zurich, en allemand **Zürich** ■ Ville de Suisse. 347 000 hab. *(les Zurichois).* Située sur le *lac de Zurich* (89 km²). Principal centre industriel et financier du pays. □ *le canton de* **Zurich.** 1 729 km². 1,14 million d'hab. Chef-lieu : Zurich.

Stefan **Zweig** ▪ Écrivain autrichien (1881-1942). L'analyse psychologique d'inspiration freudienne, l'étude des motivations humaines sont au cœur de son œuvre. Nouvelles *("la Confusion des sentiments")*, œuvres dramatiques *("Abigal et Nabal")*, biographies romancées *("Marie-Antoinette")*.

Zwickau ▪ Ville d'Allemagne (*Saxe). 122 000 hab.

Ulrich **Zwingli** ▪ Réformateur religieux suisse (1484-1531). Ses idées ont influencé *Calvin.

Zwolle ▪ Ville des Pays-Bas, chef-lieu de l'*Overijssel. 92 500 hab.

ANNEXES GRAMMATICALES
(CONJUGAISONS, FORMATION DES MOTS)

TABLEAU DES NOMS DE NOMBRES

REM. Les composés des adj. numéraux cardinaux s'écrivent avec des traits d'union (ex. : *dix-sept, quatre-vingt-un*), sauf si entrent dans leur composition les mots *et, cent* ou *mille*, lesquels ne sont jamais précédés ou suivis de trait d'union (ex. : *cent sept, vingt et un, trois mille vingt-deux*).

	CARDINAUX	ORDINAUX
1	un (m.), une (f.)	premier (1er), première (1re)
2	deux	second(e), deuxième (2e)
3	trois	troisième (3e)
4	quatre	quatrième (4e)
5	cinq	cinquième (5e)
6	six	sixième
7	sept	septième
8	huit	huitième
9	neuf	neuvième
10	dix	dixième
11	onze	onzième
12	douze	douzième
13	treize	treizième
14	quatorze	quatorzième
15	quinze	quinzième
16	seize	seizième
17	dix-sept	dix-septième
18	dix-huit	dix-huitième
19	dix-neuf	dix-neuvième
20	vingt	vingtième (20e)
21	vingt et un (m.), vingt et une (f.)	vingt et unième (21e)
22	vingt-deux	vingt-deuxième (22e)
23	vingt-trois	vingt-troisième (23e)
30	trente	trentième (30e)
31	trente et un (m.), trente et une (f.)	trente et unième
32	trente-deux	trente-deuxième
40	quarante	quarantième
41	quarante et un(e)	quarante et unième
42	quarante-deux	quarante-deuxième
50	cinquante	cinquantième
51	cinquante et un(e)	cinquante et unième
52	cinquante-deux	cinquante-deuxième
60	soixante	soixantième
61	soixante et un(e)	soixante et unième
62	soixante-deux	soixante-deuxième
70	soixante-dix	soixante-dixième
71	soixante et onze	soixante et onzième
72	soixante-douze	soixante-douzième
80	quatre-vingts	quatre-vingtième
81	quatre-vingt-un(e)	quatre-vingt-unième
82	quatre-vingt-deux	quatre-vingt-deuxième
90	quatre-vingt-dix	quatre-vingt-dixième
91	quatre-vingt-onze	quatre-vingt-onzième
92	quatre-vingt-douze	quatre-vingt-douzième
100	cent	centième
101	cent un(e)	cent unième
102	cent deux	cent deuxième
200	deux cents	deux centième
201	deux cent un(e)	deux cent unième
300	trois cents	trois centième
301	trois cent un(e)	trois cent unième
400	quatre cents	quatre centième
500	cinq cents	cinq centième
999	neuf cent quatre-vingt-dix-neuf	neuf cent quatre-vingt-dix-neuvième

	CARDINAUX	ORDINAUX
1 000	mille	millième
1 001	mille un(e)	mille unième
1 002	mille deux	mille deuxième
1 100	mille cent (ou onze cents)	mille centième
1 200	mille deux cents (ou douze cents)	mille deux centième
2 000	deux mille	deux millième
9 999	neuf mille neuf cent quatre-vingt-dix-neuf	neuf mille neuf cent quatre-vingt-dix-neuvième
10 000	dix mille	dix millième
99 999	quatre-vingt-dix-neuf mille neuf cent quatre-vingt-dix-neuf	quatre-vingt-dix-neuf mille neuf cent quatre-vingt-dix-neuf millième
100 000	cent mille	cent millième
100 001	cent mille un(e)	cent mille unième
100 002	cent mille deux	cent mille deuxième
101 000	cent un mille	cent un millième
1 000 000	un million	millionième
1 000 000 000	un milliard	milliardième

PETIT DICTIONNAIRE DES SUFFIXES DU FRANÇAIS

par Danièle MORVAN
avec la collaboration de Jean-Claude Boulanger

Cette liste alphabétique est destinée à guider le lecteur dans la compréhension de la morphologie suffixale du français. Elle a été conçue comme un complément pédagogique et pratique à la présentation des familles lexicales, telle qu'elle est faite dans le corps du dictionnaire (regroupement des mots alphabétiquement proches d'une part, renvois morphologiques en fin d'article d'autre part). Les séries d'exemples ont été établies pour manifester les processus de formation lexicale ; on ne s'étonnera donc pas d'y trouver des mots qui ne figurent pas à la nomenclature du dictionnaire : ils ont été choisis en tant qu'exemples pour illustrer les processus mis en évidence.

Guide de lecture

Ce petit dictionnaire complète la partie langue du *Dictionnaire québécois d'aujourd'hui* en traitant un aspect de la formation des mots (ou *morphologie*) qui ne peut être montré clairement dans un dictionnaire ordinaire ; il manifeste comment, en français, on a formé et on peut former des mots (des *dérivés*) en ajoutant à une base (un mot ou un radical) un élément de formation placé après cette base (un *suffixe*). On ne confondra pas ces suffixes avec les radicaux comme *-graphe* ou *-phobe*, qui sont d'une autre nature (voir ci-dessous).

L'utilisateur du *Dictionnaire québécois d'aujourd'hui* peut y trouver les familles de mots (ou *familles lexicales*), c'est-à-dire les mots de même base et de même origine dans lesquels on reconnaît une communauté de forme et de sens ; en effet, ce dictionnaire regroupe les mots de la même famille qui sont proches dans l'ordre alphabétique et donne à la fin de l'article les autres mots, éloignés alphabétiquement ou trop importants pour être regroupés. Le lecteur dispose ainsi, d'un seul coup d'œil, de la famille intégrale. Mais, si les mots formés à l'aide d'un élément placé devant la base (un *préfixe*), par exemple les mots en *re-*, en *in-*, se trouvent rapprochés par l'ordre alphabétique, ceux qui sont formés à l'aide d'un élément placé après la base, tels les mots en *-age*, en *-eur*, se trouvent dispersés dans le dictionnaire de manière imprévisible. Pour présenter de façon plus complète non seulement le résultat, mais les processus essentiels de la formation des mots en français, il était nécessaire de regrouper les suffixes dans une liste alphabétique unique. On ne trouvera dans cette liste ni les morphèmes qui expriment les rapports grammaticaux (le *-e* du féminin, le *-s* du pluriel, les désinences des conjugaisons des verbes, etc.), ni les éléments représentés seulement dans des mots empruntés à des langues étrangères. On n'y trouvera pas non plus les radicaux comme *-graphe, -phobe,* etc. : les plus usuels d'entre eux sont traités à la nomenclature du dictionnaire, au même titre que les préfixes ; ces radicaux, qu'ils soient préfixés ou suffixés, véhiculent un contenu de sens plus précis et se combinent entre eux pour former des mots (ex. : *xénophobe*), notamment dans les terminologies scientifiques et techniques. Au contraire, les suffixes énumérés ici s'appliquent à l'usage général ; en outre, ils déterminent le plus souvent la catégorie grammaticale du mot produit : on peut former des noms avec des verbes, des adverbes avec des adjectifs, etc. Par ailleurs, la production des dérivés (« transformation » morphologique) intervient dans les transformations syntaxiques (le morphème suffixal *-eur, -euse* permet de passer de : celui, celle qui *chante* l'opéra à : un *chanteur,* une *chanteuse* d'opéra). On s'est d'autre part appliqué à choisir des exemples de mots formés en français, et non pas empruntés, pour montrer la productivité des suffixes décrits.

Description des articles. Ce dictionnaire se consulte comme le *Dictionnaire québécois d'aujourd'hui* lui-même. Chaque suffixe retenu fait l'objet d'un **article** avec une entrée, une analyse en numéros (**I.**, **1.**, etc.) et des exemples (qui sont ici des mots complexes, et non plus des phrases) ; on a fait figurer aussi, à la fin des articles, l'**étymologie** des suffixes, entre crochets : ‹ ... ›. Quand deux suffixes différents (par l'origine ou le sens) ont la même forme, ils sont numérotés, comme les homonymes dans le dictionnaire ; dans ce cas, des indications sur la valeur sémantique de ces suffixes sont données, pour aider à les différencier.

Les suffixes et leurs **variantes,** qui sont mentionnées après l'entrée ou à l'intérieur des articles, selon les cas, sont soigneusement distingués des **finales,** qui sont des terminaisons quelconques. Les finales ou modifications de finales les plus courantes ont été signalées, notamment celles qui peuvent donner lieu à des confusions avec de véritables suffixes : précisons ici que, parmi ces terminaisons, seuls les suffixes ont une forme stable et un sens constant (ce sont des morphèmes) ;

il arrive cependant parfois que des finales deviennent par mauvaise coupe des suffixes « stabilisés » et productifs (ex. : *-tique* dans *bureautique*).

Les articles du dictionnaire sont rédigés de manière uniforme : on présente d'abord la catégorie grammaticale des mots produits (par exemple : « pour former des noms »), puis la nature de la base qui sert à les produire (par exemple : « la base est un verbe »). À l'intérieur de chacune de ces distinctions, on a toujours suivi le même ordre : nom, adjectif, verbe, etc. Quand la base est un verbe, et que la formation des mots suffixés met en œuvre plusieurs radicaux différents (voir les tableaux de conjugaisons), on a indiqué ceux qui fournissent la base. La forme de la base s'obtient le plus souvent à partir de celle de la 1re personne du pluriel du présent de l'indicatif ; le radical étant (sauf pour *être*) le même que celui de l'imparfait, on a, pour simplifier, mentionné « forme de l'imparfait ». Lorsqu'il s'agissait de la forme de la première personne du singulier du présent de l'indicatif, on a mentionné « forme de la 1re personne du présent » (par opposition à « forme de l'imparfait »).

Viennent ensuite les **exemples** qui sont regroupés selon la valeur du suffixe, selon le sens (classes sémantiques : personnes, choses, etc.), ou selon le niveau de langue (familier, etc.). Les exemples contenant une variante suffixale sont précédés par un tiret. On trouvera dans ces séries d'exemples des mots courants, mais aussi des mots rares ou archaïques et des mots argotiques ; tous ont été choisis pour illustrer le plus clairement possible le processus de formation base + suffixe. Parmi ces exemples figurent de nombreux noms de personnes, cités au masculin ou au féminin : ils sont précédés de l'article indéfini *un, une,* pour souligner qu'ils peuvent généralement être employés aux deux genres ; les noms de choses, en revanche, sont en général présentés sans article.

Dans le texte des articles, les **renvois** à d'autres suffixes sont présentés par une flèche double (comme les renvois à des mots dans le dictionnaire). Dans les étymologies, les renvois, qui sont précédés par une flèche simple, se rapportent à l'étymologie des autres suffixes.

D'une manière générale, on a utilisé des formules simples, et explicité le plus clairement possible les processus de formation. Cependant, pour préciser la nature de certains suffixes, quant au sens, on a dû recourir à quelques notions techniques, correspondant à des termes spécialisés qui ne sont pas définis dans le *Dictionnaire québécois d'aujourd'hui.* Il s'agit essentiellement de :

augmentatif, qui se dit des éléments (suffixes ou préfixes) servant à renforcer le sens de la base, par un effet inverse de celui des *diminutifs* ;

fréquentatif, qui indique, pour un verbe, la répétition de l'action exprimée par la base ; ex. : *mordiller* par rapport à *mordre* (de nombreux suffixes verbaux sont à la fois diminutifs et fréquentatifs, ou fréquentatifs et péjoratifs) ;

partitif, qui se dit d'un élément (ou d'un cas, dans les langues à déclinaisons) exprimant la partie, par opposition à *collectif* (ex. : *chaînon* par rapport à *chaîne*).

D'autres termes, comme *diminutif, péjoratif* (les suffixes péjoratifs sont souvent aussi *familiers*), sont plus connus et sont définis à leur place alphabétique dans le dictionnaire (partie langue).

-able Pour former des adjectifs. **1.** La base est un nom. *Charitable, corvéable, effroyable, rentable, viable.* □ ⇒ **-ible** (1). **2.** La base est un verbe (la base est celle de la forme de la 1re personne du présent, ou de la forme de l'imparfait). *Abordable, buvable, critiquable, disable, faisable, habitable, périssable.* [Avec le préfixe **in-**] *imbattable, imprenable, insoutenable, intarissable, irréprochable.* □ ⇒ **-ible** (2). □ La terminaison de noms correspondante est *-abilité* ⇒ **-ité.** 〈 latin *-abilem,* accusatif de *-abilis.* 〉

-acé, -acée Pour former des adjectifs. ■ La base est un nom. *Micacé, rosacé, scoriacé.* 〈 latin *-aceum, -aceam.* 〉

-ade Pour former des noms féminins. **1.** La base est un nom. *Citronnade, colonnade, cotonnade, œillade.* **2.** La base est un verbe. *Baignade, glissade, rigolade.* 〈 latin *-atam* par le provençal *-ada,* l'italien *-ata,* l'espagnol *-ada,* et devenu suffixe de noms en français. → aussi ① -ée, ② -ée. 〉

-age Pour former des noms masculins. **1.** La base est un nom. *Branchage, outillage. Esclavage. Laitage. Métrage. Ermitage.* **2.** La base est un verbe (la base est celle de la forme de la 1re personne du présent, ou de la forme de l'imparfait). *Blanchissage, caviardage, dressage, noyautage, pilotage, remplissage, vernissage, voyageage.* □ ⇒ **-ement** (3). 〈 latin *-aticum* (accusatif de *-aticus,* de *-ticus,* du grec *-tikos*), suffixe d'adjectifs, devenu suffixe de noms en français. 〉

-aie, variante ***-eraie*** Pour former des noms féminins. ■ La base est un nom. *Cerisaie, chênaie, olivaie, ormaie, saulaie.* [Base en **-ier** ; finale en ***-eraie***] *châtaigneraie, fraiseraie, oliveraie, palmeraie, peupleraie, roseraie. — Pineraie, ronceraie.* 〈 latin *-eta,* pluriel (neutre) de *-etum,* dans des mots désignant une collection de végétaux, une plantation. 〉

① ***-ail*** ou ***-aille*** Pour former des noms (valeur : dans des noms d'instruments). ■ La base est un verbe (la base est celle de la forme de la 1re personne du présent, ou de la forme de l'imparfait). *Épouvantail, éventail, tenaille.* 〈 latin *-aculum, -aculam.* 〉

② ***-ail*** ou ***-aille*** Pour former des noms (valeur : collectif ; « action de »). **1.** La base est un nom. *Bétail, muraille, vitrail.* (Péjoratif) *cochonnaille, ferraille, pierraille, valetaille.* **2.** La base est un verbe. *Fiançailles, semailles, sonnaille, trouvaille.* (Péjoratif) *mangeaille.* 〈 ancien français *-al,* du latin *-ale,* refait, par analogie, en *-ail ;* latin *-alia,* pluriel neutre de *-alis,* parfois par l'italien *-aglia,* puis *-aille* est devenu suffixe de noms en français. 〉

-ailler Pour former des verbes. ■ La base est un verbe (la base est celle de la forme de la 1re personne du présent, ou de la forme de l'imparfait). (Diminutif ou péjoratif) *criailler, écrivailler, tirailler, traînailler.* (Fréquentatif) *discutailler.* □ ⇒ **-asser, -iller, -ouiller.** 〈 latin *-aculare ;* français *-aille* (→ ② -ail ou -aille) + ① *-er,* puis *-ailler* est devenu suffixe de verbes en français. 〉

① ***-ain, -aine*** (valeur : indique l'appartenance) **I.** Pour former des noms. **1.** La base est un nom commun. *Un mondain, une républicaine.* **2.** La base est un nom propre. *Une Africaine, un Américain.* **II.** Pour former des adjectifs. **1.** La base est un nom commun. *Mondain, républicain.* **2.** La base est un nom propre. *Cubain, jamaïquain, marocain, tibétain.* **3.** La base est un adjectif. *Hautain.* 〈 latin *-anum, -anam.* 〉

② ***-ain*** ou ***-aine*** Pour former des noms (valeur : « groupe de »). ■ La base est un nom de nombre. *Centaine, dizain, dizaine, quatrain, quinzaine.* 〈 latin *-enum,* puis *-ain* (ou *-aine*) est devenu un suffixe en français. 〉

③ ***-ain*** Pour former des noms masculins. ■ La base est un verbe (la base est celle de la forme de la 1re personne du présent, ou de la forme de l'imparfait). *Couvain, naissain.* 〈 latin *-amen,* ou latin *-imen,* donnant une finale *-in,* remplacée par *-ain.* 〉

① ***-aire,*** variante ***-iaire*** Pour former des noms (valeur : « qui a, dispose de ; qui renferme »). ■ La base est un nom. *Un actionnaire, une disquaire, un fonctionnaire, une milliardaire. Abécédaire, questionnaire. — Une stagiaire.* □ ⇒ **-ataire** (I). 〈 latin *-arium.* → aussi ① -ier, -ière. 〉

② ***-aire*** (valeur : « relatif à ») **I.** Pour former des noms. La base est un nom. *Moustiquaire.* **II.** Pour former des adjectifs. Variante ***-iaire.*** La base est un nom. *Bancaire, élitaire, grabataire, herniaire, planétaire, résiduaire, universitaire. — Biliaire, conciliaire, domiciliaire, pénitentiaire.* □ ⇒ **-ataire** (II). 〈 latin *-arius* et latin *-aris* (issu de *-alis* [→ -al, -ale] après un radical en *l*). → aussi ① -ier, -ière. 〉

-ais, -aise **I.** Pour former des noms. La base est un nom propre. *Un Japonais, une Montréalaise.* □ ⇒ **-ois, -oise** (I). **II.** Pour former des adjectifs. La base est un nom propre. *Français,* *japonais, montréalais, new-yorkais.* □ ⇒ **-ois, -oise** (II). ‹ latin *-ensem* et latin médiéval *-iscum,* du germanique *-isk.* → aussi -ois, -oise. ›

-aison Pour former des noms féminins. **1.** La base est un nom. *Lunaison, olivaison, siglaison, tomaison.* **2.** La base est un verbe. *Comparaison, cueillaison, déclinaison, démangeaison, livraison, salaison.* □ ⇒ ① **-son.** ‹ latin *-ationem,* accusatif de *-atio.* ›

-al, -ale, -aux, -ales, variante ***-ial, -iale, -iaux, -iales*** Pour former des adjectifs. ■ La base est un nom. *Génial, matinal, musical, régional, théâtral. — Collégial, mondial, racial.* [Pluriel en ***-als, -ales*** : *causals, finals,* etc.] ‹ latin *-alis* (pluriel *-ales*), par emprunt, puis *-al, -ale* est devenu un suffixe en français. → aussi -el, -elle. ›

-amment Pour former des adverbes. ■ La base est un adjectif en **-ant, -ante.** *Couramment, galamment, indépendamment, puissamment, savamment.* □ ⇒ **-emment.** □ Exceptions. **1.** La base est un participe présent (base verbale) : *notamment, précipitamment.* **2.** La base est un nom (par analogie) : *nuitamment.* ‹ origine : français *-ant* (→ -ant, -ante), avec chute du *t* final et passage de *n* à *m* + français *-ment* (→ ② -ment). ›

-an, -ane **I.** Pour former des noms. **1.** La base est un nom commun. *Paysan.* **2.** La base est un nom propre. *Un Castillan, une Persane.* **II.** Pour former des adjectifs. La base est un nom propre. *Bressan, mahométan, mosellan, persan.* ‹ latin *-anum, -anam.* ›

-ance Pour former des noms féminins. **1.** La base est un adjectif en **-ant, -ante.** *Arrogance, constance, reconnaissance, vaillance.* **2.** La base est un verbe (la base est celle de la forme de la 1re personne du présent, ou de la forme de l'imparfait). *Alliance, appartenance, croissance, croyance, descendance, espérance, jouissance, méfiance, mouvance, naissance, nuisance, partance, suppléance, vengeance.* □ ⇒ **-ence.** □ Exception. La base est un participe présent : *échéance.* ‹ latin *-antia* : *-ans* (→ -ant, -ante) + *-ia.* ›

-ant, -ante **I.** Pour former des noms. La base est un verbe (la base est celle de la forme de la 1re personne du présent, ou de la forme de l'imparfait). *Un assistant, une habitante, un mi-litant, un poursuivant. Imprimante.* **II.** Pour former des adjectifs. La base est un verbe (la base est celle de la forme de la 1re personne du présent, ou de la forme de l'imparfait). *Apaisant, brillant, charmant, descendant, finissant, irritant, méprisant, recevant.* □ ⇒ **-ent, -ente.** □ Le suffixe de noms correspondant est **-ance,** et le suffixe d'adverbes est **-amment.** ‹ latin *-antem,* accusatif du suffixe de participe présent *-ans.* REM. La terminaison *-ant, -ante* est aussi celle du participe présent des verbes. ›

-ard, -arde **I.** Pour former des noms. **1.** La base est un nom. *Un Briard, une montagnarde. Cuissard, cuissardes. Un motard. Un cagoulard. Un soiffard.* (Péjoratif) *un froussard, un politicard.* (Augmentatif) *une veinarde.* **2.** La base est un adjectif. (Augmentatif) *un richard.* (Péjoratif) *une soûlarde.* **3.** La base est un verbe (la base est celle de la forme de la 1re personne du présent, ou de la forme de l'imparfait). *Buvard, reniflard, tortillard. Un grognard.* (Péjoratif) *une braillarde, une geignarde, un plaignard, une traînarde, un vantard.* **II.** Pour former des adjectifs. **1.** La base est un nom. *Campagnard, savoyard.* (Péjoratif) *flemmard, pantouflard, soixante-huitard.* (Augmentatif) *chançard, veinard.* **2.** La base est un adjectif. *Bonard, faiblard, vachard.* [Avec **-ouill-**] *rondouillard.* **3.** La base est un verbe (la base est celle de la forme de la 1re personne du présent, ou de la forme de l'imparfait). *Débrouillard.* (Péjoratif) *geignard, nasillard, vantard.* ‹ germanique *-hart,* de l'adjectif *hart* « dur, fort », entré en composition dans des noms propres ; en français, *-ard* s'est étendu à la formation de noms communs, peut-être par l'intermédiaire de noms propres et de surnoms devenus noms communs. ›

-ariat ⇒ ① **-at.**

-asse **I.** Pour former des noms féminins. Variante ***-iasse.*** **1.** La base est un nom. *Paillasse.* (Péjoratif) *caillasse, conasse, paperasse* [base en **-ier**], *vinasse. — Pouffiasse.* **2.** La base est un verbe. (Péjoratif) *chiasse, lavasse, traînasse.* **II.** Pour former des adjectifs. **1.** La base est un nom. (Péjoratif) *hommasse.* **2.** La base est un adjectif. (Péjoratif) *blondasse, bonasse, fadasse, mollasse.* ‹ latin *-aceam,* ou latin *-ax* (génitif *-acis*), puis *-asse* est devenu un suffixe en français. ›

-asser Pour former des verbes. ■ La base est un verbe (la base est celle de la forme de la 1re personne du présent, ou de la forme de l'imparfait). (Péjoratif et fréquentatif) *écrivasser, neigeasser, pleuvasser, rêvasser, traînasser.* □ ⇒ **-ailler, -iller, -oter, -ouiller.** ‹ origine : → -asse, et ① -er. ›

① ***-at,*** et ***-ariat, -orat*** Pour former des noms masculins (valeur : indique un état, une fonction, une dignité). **1.** La base est un nom. *Consulat, mandarinat.* — [Base en **-aire ;** finale en ***-ariat***] *commissariat, notariat, secrétariat.* [Par analogie] *interprétariat, vedettariat.* — [Base en **-eur** ; finale en ***-orat***]. *Doctorat, professorat, rectorat.* **2.** La base est un adjectif. *Anonymat, bénévolat.* ‹ latin *-atum,* neutre de participes passés substantivés. ›

② ***-at*** Pour former des noms masculins (valeur : « chose produite »). ■ La base est un verbe (la base est celle de la forme de la 1re personne du présent, ou de la forme de l'imparfait). *Agglomérat, résultat.* ‹ latin *-atum.* ›

③ ***-at, -ate*** (valeur : indique l'origine, la provenance) **I.** Pour former des noms. La base est un nom propre. *Un Auvergnat, une Rouergate.* **II.** Pour former des adjectifs. La base est un nom propre. *Auvergnat, rouergat, sauveterrat, vitryat.* ‹ latin tardif *-attum, -attam,* variante de *-ittum, -ittam* (→ -et, -ette). ›

-ataire **I.** Pour former des noms. La base est un verbe. *Une protestataire, un signataire, un retardataire.* □ ⇒ ① **-aire. II.** Pour former des adjectifs. La base est un verbe. *Contestataire, protestataire.* □ ⇒ ② **-aire** (II). ‹ latin *-atum + -arium ;* latin *-atio + -arium ;* français *-ation + -aire.* ›

-ateur, -atrice **I.** Pour former des noms. La base est un verbe. *Perforatrice, programmateur, ventilateur. Une animatrice, un vérificateur.* □ ⇒ ② **-eur, -euse** (I). **II.** Pour former des adjectifs. La base est un verbe. *Congratulateur, éliminateur, retardateur.* □ ⇒ ② **-eur, -euse** (II). ‹ latin *-atorem ;* pour le féminin, latin *-atrix.* › □ REM. Pour former des noms féminins, on trouve sporadiquement le morphème *-eure* (ex : *une animateure*).

-ateux, -ateuse **I.** Pour former des noms (adjectifs substantivés). La base est un nom. *Un eczémateux, un exanthémateux, une œdémateuse.* □ ⇒ ① **-eux, -euse** (I). **II.** Pour former des adjectifs. La base est un nom. *Eczémateux, emphysémateux, érythémateux, exanthémateux, fibromateux, œdémateux, sarcomateux.* □ ⇒ ① **-eux, -euse** (II). ‹ grec *-(m)at-* + latin *-osum, -osam* (→ ① -eux, -euse). ›

-atif, -ative **I.** ***-atif*** ou ***-ative*** Pour former des noms. La base est un verbe. *Alternative, rectificatif, tentative.* □ ⇒ **-if, -ive** (I). **II.** ***-atif, -ative*** Pour former des adjectifs. **1.** La base est un nom. *Facultatif, qualitatif.* **2.** La base est un verbe. *Décoratif, éducatif, imitatif, portatif.* □ ⇒ **-if, -ive** (II). ‹ latin *-ativum : -atum + -ivum.* ›

-ation Pour former des noms féminins. ■ La base est un verbe (la base est celle de la forme de la 1re personne du présent, ou de la forme de l'imparfait). *Agitation, constatation, datation, miniaturisation, modernisation, résiliation, stabilisation.* □ ⇒ **-tion.** ‹ latin *-ationem.* ›

-atique Pour former des adjectifs. ■ La base est un nom. *Drolatique, enzymatique, fantasmatique, fantomatique, idiomatique, prismatique.* □ ⇒ ① **-ique, -tique.** ‹ latin *-aticum,* du grec *-(m)at- + -ikos* (→ -ique). ›

-atoire **I.** Pour former des noms. La base est un verbe. *Dépilatoire, échappatoire. Observatoire.* □ ⇒ **-oir, -oire** (I). **II.** Pour former des adjectifs. La base est un verbe. *Déclamatoire, dînatoire, masticatoire, ondulatoire, préparatoire.* □ ⇒ **-oir, -oire** (II). ‹ latin *-atorium.* ›

-âtre **I.** Pour former des noms. La base est un adjectif. (Péjoratif) *un bellâtre.* **II.** Pour former des adjectifs. La base est un adjectif. (Péjoratif) *douceâtre, folâtre, jaunâtre, rougeâtre.* ‹ latin tardif *-astrum* (donnant *-astre,* puis *-âtre*), puis *-âtre* est devenu un suffixe en français. ›

-ature ⇒ **-ure.**

-aud, -aude **I.** Pour former des noms (adjectifs substantivés). **1.** La base est un nom. (Péjoratif) *un pataud.* **2.** La base est un adjectif. (Péjoratif) *un lourdaud, un salaud.* **II.** Pour former des adjectifs. **1.** La base est un nom. *Pataud.* **2.** La base est un adjectif. *Finaud.* (Péjoratif) *courtaud, lourdaud, rougeaud.* ‹ germanique *-ald* (du francique *-wald,* de *walden* « gouverner »), finale de noms propres ; *-aud* a servi en français à former des noms propres, puis des noms communs, et est devenu péjoratif. ›

-auté Pour former des noms féminins. **1.** La base est un nom. *Papauté.* **2.** La base est un adjectif. *Communauté.* [D'après *royauté*] *privauté.* □ Ne pas confondre avec la terminaison *-auté* des noms formés sur une base en *-al, -ale* ⇒ **-té.** ‹ français *-al, -ale + -té,* par analogie avec les mots en *-auté* (comme *royauté*). → -té. ›

-ayer Pour former des verbes. **1.** La base est un nom. *Bégayer.* **2.** La base est une onomatopée. *Zézayer.* □ ⇒ **-eyer, -oyer.** □ Ne pas confondre avec la terminaison *-ayer* des verbes formés sur une base en *-ai* ou en *-aie* ⇒ ① **-er.** □ Les noms correspondants sont des noms masculins en *-aiement* (ou *-ayement*) ⇒ **-ement.** ‹ ancien français *-oyer* (→ -oyer), devenu *-ayer.* ›

*
* *

-ceau ou ***-celle*** Pour former des noms. ■ La base est un nom. (Diminutif) *lionceau, souriceau. Rubicelle.* [Sur un radical latin, d'après des finales en **-cule**] *radicelle, lenticelle.* □ ⇒ **-eau** ou **-elle.** ‹ latin *-cellum, -cellam* pour *-culum, -culam* (→ -cule à -ule). ›

-cule ⇒ **-ule.**

*

* *

① ***-é, -ée*** Pour former des adjectifs (valeur : « pourvu de ; qui a l'aspect, la nature de »). ■ La base est un nom. *Ailé, azuré, corseté, feuillé, membré, zélé.* [Avec une consonne de liaison] *chapeauté.* [Avec un préfixe] *déboussolé, dépoitraillé, éhonté, ensoleillé, ensommeillé.* [Base en **-eau** ou **-elle** ; finale en ***-elé, -elée***] *burelé, cannelé, fuselé, mantelé, tavelé* ; [avec un préfixe] *écervelé.* ‹ latin *-atum, -atam.* ›

② ***-é*** Pour former des noms (valeur : dans des noms de juridictions). ■ La base est un nom. *Doyenné, prieuré, vicomté.* ‹ latin *-atum.* ›

□ REM. La terminaison *-é, -ée* est aussi celle du participe passé des verbes en *-er* (ainsi que de *naître [né, née]* et *être [été]*).

-eau ou ***-elle,*** variante ***-ereau*** ou ***-erelle*** Pour former des noms. **1.** La base est un nom. *Éléphanteau, pigeonneau, saumoneau, rame-reau* [base en **-ier**], *renardeau, vipéreau. Citronnelle, pruneau. Gouttereau* [base en **-ière**], *paumelle, plumeau, tombeau, tuileau. Un chemineau.* (Diminutif) *jambonneau, poutrelle, prunelle, ruelle, tombelle, tourelle ; un tyranneau. — Bordereau, coquerelle, hachereau. Un poétereau.* □ ⇒ **-ceau** ou **-celle. 2.** La base est un verbe. *Balancelle, traîneau, videlle. — Chanterelle, passerelle, sauterelle, téterelle, tombereau.* ‹ latin *-ellus, -ella* ; souvent en ancien français sous la forme *-el, -elle,* refaite en *-eau, -elle.* ›

① ***-ée*** Pour former des noms féminins (valeur : « action, fait de »). ■ La base est un verbe. *Criée, dégelée, envolée, traversée, veillée.* ‹ latin *-ata.* → aussi -ade. ›

② ***-ée*** Pour former des noms féminins (valeur : « ensemble, quantité »). **1.** La base est un nom. *Batelée* [base en **-eau**], *bouchée, coudée, cuillerée, matinée, panerée* [base en **-ier**], *pelletée, poêlée.* **2.** La base est un verbe (la base est celle de la forme de la 1re personne du présent, ou de la forme de l'imparfait). *Buvée, enjambée, mordée, pincée.* ‹ latin *-ata.* → aussi -ade. ›

③ ***-ée*** Pour former des noms féminins. ■ La base est un nom. *Onglée.* ‹ latin *-aea,* du grec *-aia.* ›

□ REM. La terminaison *-ée* est aussi celle du féminin du participe passé des verbes en *-er* (ainsi que de *naître*).

-éen, -éenne, variante ***-en, -enne*** **I.** Pour former des noms. **1.** La base est un nom commun. *Une lycéenne.* **2.** La base est un nom propre. *Un Européen. — Un Coréen, une Fidéenne, une Vendéenne.* □ ⇒ ② **-ien, -ienne** (I). **II.** Pour former des adjectifs. **1.** La base est un nom commun. *Paludéen. — Céruléen.* **2.** La base est un nom propre. *Européen, herculéen, panaméen, percéenne. — Vendéen.* □ ⇒ ② **-ien, -ienne** (II). ‹ latin *-aeum* ou *-eum.* ›

-el, -elle, variante ***-iel, -ielle*** Pour former des adjectifs. **1.** La base est un nom. *Accidentel, constitutionnel, émotionnel, idéel, résiduel, sensationnel. — Lessiviel, présidentiel, torrentiel, trimestriel.* **2.** La base est un adjectif. *Continuel.* ‹ latin *-alis.* → aussi -al, -ale. ›

-elé, -elée Pour former des adjectifs. **1.** La base est un nom. *Côtelé, pommelé.* **2.** La base est un verbe. *Crêpelé.* □ Ne pas confondre avec la terminaison *-elé, -elée* des adjectifs formés sur une base en *-eau* ou *-elle* ⇒ ① **-é, -ée.** ‹ ancien français *-el* (→ -eau ou -elle) + français *-é, -ée.* → ① -é, -ée. ›

-eler Pour former des verbes. **1.** La base est un nom. *Bosseler, griveler, pommeler.* [Avec un préfixe] *épinceler.* **2.** La base est un verbe. *Craqueler.* □ Ne pas confondre avec la terminaison *-eler* des verbes formés sur une base en *-eau* ou *-elle* ⇒ ① **-er.** ‹ latin *-illare,* ou ancien français *-el* (→ -eau ou -elle) + français ① *-er.* ›

-elet, -elette **I.** ***-elet*** ou ***-elette*** Pour former des noms. La base est un nom. (Diminutif) *coquelet, côtelette, osselet, tartelette.* [Avec une consonne de liaison] *roitelet.* **II.** ***-elet, -elette*** Pour former des adjectifs. La base est un adjectif. (Diminutif) *aigrelet, maigrelet, rondelet.* □ Ne pas confondre avec la terminaison *-elet* ou *-elette* des noms formés sur une base en *-eau* ou *-elle* ⇒ **-et, -ette** (I). ‹ ancien français *-el* (→ -eau ou -elle) + français *-et, -ette.* ›

-elle ⇒ **-eau** ou **-elle.**

-ement Pour former des noms masculins. **1.** La base est un nom. *Piètement, vallonnement.* [Avec un préfixe] *empiècement, entablement,* *remembrement.* **2.** La base est un adjectif. *Aveuglement.* **3.** La base est un verbe (la base est celle de la forme de la 1re personne du présent, ou de la forme de l'imparfait). *Agrandissement, amoncellement, blanchissement, consentement, craquement, développement, engourdissement, éternuement, groupement, picotement, remerciement, renouvellement, vieillissement, voyagement.* □ ⇒ **-age.** [Pour *agréement, châtiement*] *agrément, châtiment.* [Base en **-ayer** ; finale en ***-aiement*** (ou ***-ayement***)] *bégaiement* (ou *bégayement*), *paiement* (ou *payement*). [Base en **-oyer** ; finale en ***-oiement***] *aboiement, verdoiement.* □ ⇒ ① **-ment.** ‹ latin *-amentum,* pour *-mentum.* → ① -ment. ›

-ement, -ément (terminaisons d'adverbes) ⇒ ② **-ment.**

-emment Pour former des adverbes. ■ La base est un adjectif en **-ent, -ente.** *Ardemment, décemment, prudemment.* □ ⇒ **-amment.** □ REM. Trois adjectifs en *-ent, -ente* donnent des adverbes en *-ment* ⇒ ② **-ment.** ‹ origine : français *-ent* (→ -ent, -ente), avec chute du *t* final et passage de *n* à *m* + français *-ment* (→ ② -ment). ›

① ***-en, -enne*** ⇒ **-éen, -éenne.**

② ***-en, -enne*** ⇒ ① **-ien, -ienne.**

③ ***-en, -enne*** ⇒ ② **-ien, -ienne.**

-ence Pour former des noms féminins. **1.** La base est un nom. [Avec **-esc-**] *fluorescence, phosphorescence.* [La base est un nom en **-ent, -ente**] *présidence.* **2.** La base est un adjectif en **-ent, -ente** (ou en **-escent, -escente**). *Concurrence, immanence, opalescence.* **3.** La base est un verbe (la base est celle de la forme de la 1re personne du présent, ou de la forme de l'imparfait). *Exigence, ingérence, préférence.* [Avec **-esc-**] *dégénérescence.* □ ⇒ **-ance.** □ Le suffixe d'adjectifs correspondant est **-ent, -ente.** ‹ latin *-entia : -ens* (→ -ent, -ente) + *-ia.* REM. La plupart des noms français en *-ence* (comme *adolescence, affluence, exigence, résidence*) sont directement empruntés aux mots latins correspondants (en *-entia*). ›

-ent, -ente ■ Pour former des adjectifs. La base est un nom. [Avec **-esc-**] *fluorescent, opalescent.* [La base est un nom en **-ence** (ou en **-escence**)] *ambivalent, dégénérescent, grandiloquent, luminescent, omniscient, phosphorescent, réticent.* ⇒ **-ant, -ante** (II). □ Le suffixe de noms correspondant est **-ence,** et le suffixe d'adverbes est **-emment.** ‹ latin *-entem,* accusatif du suffixe de participe présent *-ens.* REM. La plupart des noms et adjectifs français en *-ent, -ente* (comme *un président, une adolescente ; différent, excellent, précédent*) sont directement empruntés aux mots latins correspondants (en *-ens,* génitif *-entis*). ›

① ***-er,*** variante ***-ier*** Pour former des verbes. **1.** La base est un nom. *Arbitrer, clouer, commérer, corseter, feuilleter, goudronner, papillonner, plumer, rayonner.* [Avec une consonne de liaison] *abriter, cauchemarder, caviarder, chapeauter, coincer, faisander, noyauter.* [Avec un préfixe] *dégoûter, dépoussiérer, désherber, dévaliser, égoutter, embarquer, embrasser, émerveiller, épincer.* — [La dernière consonne de la base est **c, d** ou **g**] *gracier, étudier, privilégier.* [Base en **-ai** ou en **-aie** ; finale en ***-ayer***] *balayer, pagayer.* [Base en **-eau** ou **-elle** ; finale en ***-eler***] *agneler, carreler, étinceler, javeler, jumeler, morceler, niveler, ruisseler ;* [avec un préfixe] *amonceler, dépuceler, engrumeler, épanneler, ressemeler.* [Base en **-ier** ou **-ière** ; finale en ***-erer*** (ou ***-érer***)] *acérer, liserer* (ou *lisérer*). **2.** La base est un adjectif. *Bavarder, calmer, griser, innocenter.* [Avec un préfixe] *affoler, apurer, déniaiser, ébouillanter, épurer.* □ ⇒ aussi **-ayer, -eler, -eyer, -oyer.** ‹ latin *-are ; -ier* ou *-yer* lorsque la consonne latine précédente était [k] ou [g]. ›

② ***-er, -ère*** **I.** Pour former des noms. La base est un nom. *Un horloger, une bouchère, un volailler, une usagère. Étagère, oreiller. Oranger, pêcher.* □ ⇒ ① **-ier, -ière** (I). **II.** Pour former des adjectifs. Variante de **-ier, -ière** ⇒ ① **-ier, -ière** (II). ‹ origine : suffixe *-ier, -ière,* souvent réduit à *-er, -ère* lorsque le radical se termine par *ch* [ʃ], *g* [ʒ], *l* et *n* mouillés. ›

-eraie ⇒ **-aie.**

-ereau ou ***-erelle*** ⇒ **-eau** ou **-elle.**

-eresse ⇒ ③ **-eur, -eresse.**

-eret ou ***-erette*** ⇒ **-et, -ette** (I).

-erie Pour former des noms féminins. **1.** La base est un nom. *Ânerie, clownerie, gaminerie, pitrerie. Hôtellerie, lunetterie, oisellerie* [base en **-eau**]. *Crêperie, laiterie, parfumerie, rhumerie. Conciergerie. Argenterie, paysannerie.* □ Ne pas confondre avec la terminaison *-erie* des noms formés sur une base en *-er, -ère* ou en *-ier, -ière* ⇒ **-ie** (1). **2.** La base est un adjectif. *Brusquerie, étourderie, mièvrerie, niaiserie.* ⇒ **-ie** (2). **3.** La base est un verbe (la base est celle de la forme de la 1re personne du présent, ou de la forme de l'imparfait). *Boiterie, fâcherie, flânerie, grivèlerie, moquerie, pleurnicherie, rêvasserie, tra-*

casserie, tricherie. Brasserie, rôtisserie. ‹ français *-(i)er* + *-ie* (exemple : *chevalier* donne *chevalerie*), puis devenu un suffixe indépendant. ›

-erole et ***-erolle*** ⇒ **-ol, -ole** (I).

① ***-eron, -eronne*** (valeur : « qui s'occupe de ; originaire de ») **I.** Pour former des noms. **1.** La base est un nom. *Un bûcheron, un vigneron.* [Nom propre] *un Beauceron, une Percheronne.* **2.** La base est un verbe. *Un forgeron.* **II.** Pour former des adjectifs. La base est un nom propre. *Beauceron, percheron.* ‹ origine : → ② -eron. ›

② ***-eron*** Pour former des noms masculins (valeur : « sorte de ; qui fait »). **1.** La base est un nom. *Liseron.* (Diminutif) *moucheron, puceron.* **2.** La base est un adjectif. *Un laideron.* **3.** La base est un verbe. *Fumeron.* □ Ne pas confondre avec la terminaison *-eron* des noms formés sur une base en *-ier* ou *-ière* ⇒ **-on, -onne** (I). ‹ français *-(i)er* + *-on,* puis devenu un suffixe indépendant sous la forme *-eron.* ›

-escence ⇒ **-ence.**

-escent, -escente ⇒ **-ent, -ente.**

-escible ⇒ **-ible.**

-esque Pour former des adjectifs. ■ La base est un nom. *Charlatanesque, clownesque, éléphantesque, funambulesque, jargonnesque ;* [avec une consonne de liaison] *cauchemardesque.* [Nom propre] *chaplinesque, moliéresque, rocambolesque, ubuesque.* (Péjoratif) *livresque.* ‹ italien *-esco,* ou, plus rarement, espagnol *-esco,* du latin *-iscum.* ›

① ***-esse*** Pour former des noms féminins (valeur : dans des noms de femmes, de femelles). ■ La base est un nom masculin. *Une hôtesse, une maîtresse, une princesse, une traîtresse. Ânesse, tigresse.* □⇒ **-eresse** à ③ **-eur, -eresse.** ‹ latin *-issa,* du grec. ›

② ***-esse*** Pour former des noms féminins (valeur : indique la qualité liée à la base). ■ La base est un adjectif. *Étroitesse, gentillesse, hardiesse, jeunesse, joliesse, mollesse, petitesse, robustesse, sagesse, tendresse.* □ ⇒ ① **-eur.** ‹ latin *-itia.* → aussi -is ou -isse, et -ise. ›

-et, -ette **I.** ***-et*** ou ***-ette,*** variante ***-eret*** ou ***-erette*** Pour former des noms. **1.** La base est un nom. (Diminutif) *amourette, coffret, cuisinette, jardinet, pincette. Une fillette, une suffragette. — Ableret, chardonneret, gorgerette, vergerette.* [Base en **-eau** ou **-elle ;** finale en ***-elet*** ou ***-elette***] *agnelet, carrelet, cervelet, cordelette, mantelet, nivelette ;* (diminutif) *oiselet, ruisselet, tonnelet.* [Base en **-ier** ou **-ière ;** finale en ***-eret*** ou ***-erette***] *banneret, collerette, dosseret.* **2.** La base est un adjectif. *Basset, belette* (base en **-eau, -elle**), *fauvette.* **3.** La base est un verbe (la base est celle de la forme de la 1re personne du présent, ou de la forme de l'imparfait). *Buvette, jouet, sifflet, sonnette, sucette. — Chaufferette, couperet, percerette, traceret.* □⇒ **-elet, -elette** (I) ; **-eton. II.** ***-et, -ette*** Pour former des adjectifs. La base est un adjectif. (Diminutif) *clairet, gentillet, jeunet, longuet.* [Avec **-ouill-**] *grassouillet.* □ ⇒ **-elet, -elette** (II). ‹ latin tardif *-ittum, -ittam* (attesté dans des noms propres et des inscriptions), peut-être d'origine celtique. → aussi -ot, -otte. ›

-eté, -etée Pour former des adjectifs. ■ La base est un nom. *Moucheté, picoté, tacheté.* ‹ origine : → -et, -ette, et ① -é, -ée. ›

-eter Pour former des verbes. **1.** La base est un nom. *Louveter.* (Diminutif et fréquentatif) *becqueter, moucheter, pelleter.* **2.** La base est un verbe. *Caleter.* (Diminutif et fréquentatif) *claqueter, craqueter, voleter.* ‹ origine : → -et, -ette, et ① -er. ›

-etier, -etière ⇒ ① **-ier, -ière** (I).

-eton Pour former des noms masculins. **1.** La base est un nom. *Caneton. Banneton, œilleton. Un cureton.* **2.** La base est un verbe. *Vireton.* □ ⇒ **-et, -ette** (I) ; **-on, -onne** (I). ‹ origine : → -et, -ette, et -on, -onne. ›

-etons ⇒ **-ons.**

① ***-eur*** Pour former des noms féminins (valeur : indique une qualité). ■ La base est un adjectif. *Blancheur, douceur, grandeur, moiteur, pâleur.* [D'après *noircir*] *noirceur.* □ ⇒ ② **-esse.** ‹ latin *-orem,* accusatif de *-or* (génitif *-oris*). ›

② ***-eur, -euse*** (valeur : « qui fait l'action de ; qui s'occupe de » ; dans des noms de machines ou d'appareils) **I.** Pour former des noms. **1.** La base est un nom. *Un camionneur, un farceur, une parfumeuse.* **2.** La base est un verbe (la base est celle de la forme de la 1re personne du présent, ou de la forme de l'imparfait). *Un bâtisseur, un buveur, un chanteur, une coiffeuse, un dormeur, une fumeuse, un menteur. Agrandisseur, couveuse, démarreur, friteuse, planeur, suceuse.* □⇒ **-ateur, -atrice** (I) ; ③ **-eur, -eresse** (I) ; ② **-eux, -euse. II.** Pour former des adjectifs. La base est un verbe (la base est celle de la forme de la 1re personne du présent, ou de la forme de l'imparfait). *Crâneur, encreur, refroidisseur, trompeur.* □ ⇒ **-ateur, -atrice**

(II) ; ③ **-eur, -eresse** (II). ⟨ latin *-orem ;* le féminin *-euse* a pour origine le féminin du suffixe *-eux* (→ ① -eux, -euse) — avec lequel *-eur* a été confondu (→ ② -eux, -euse) —, qui a éliminé *-eresse* (→ ③ -eur, -eresse). ⟩ □ REM. Pour former des noms féminins, on trouve sporadiquement le morphème *-eure* (ex : une *annonceure, uns chercheure, une professeure, une réviseure*).

③ ***-eur, -eresse*** (valeur : « qui fait l'action de ») **I.** Pour former des noms. La base est un verbe. *Le bailleur, la bailleresse ; un chasseur, une chasseresse ; le demandeur, la demanderesse ; un enchanteur, une enchanteresse.* [Exception : *doctoresse,* formé sur *docteur.*] □ ⇒ ① **-esse ;** ② **-eur, -euse** (I). **II.** Pour former des adjectifs. La base est un verbe. *Enchanteur, -eresse.* □ ⇒ ② **-eur, -euse** (II). ⟨ origine : → ② -eur, -euse ; pour *-eresse : -eur* (→ ② -eur, -euse) + ① *-esse.* ⟩

-eure ⇒ **-ateur, -atrice** (REM.) ; ② **-eur, -euse** (REM.).

① ***-eux, -euse*** (valeur : indique une qualité ou une propriété) **I.** Pour former des noms (adjectifs substantivés). Variante ***-ieux, -ieuse*** **1.** La base est un nom. *Un coléreux, une morveuse, un paresseux, une peureuse.* — [Base en **-ce**] *une audacieuse, un avaricieux.* **2.** La base est un verbe. *Une boiteuse.* □ ⇒ **-ateux, -ateuse** (I). **II.** Pour former des adjectifs. Variantes ***-ieux, -ieuse*** et ***-ueux, -ueuse*** **1.** La base est un nom. *Aventureux, paresseux, poissonneux. Ferreux.* — [La dernière consonne de la base est **c, d** ou **g**] *audacieux, avaricieux, consciencieux, élogieux, miséricordieux, tendancieux.* — *Difficultueux, luxueux, majestueux, respectueux, talentueux, torrentueux.* **2.** La base est un verbe. *Boiteux, chatouilleux, chieux, oublieux.* □ ⇒ **-ateux, -ateuse** (II). ⟨ latin *-osum, -osam ;* pour *-ieux, -ieuse,* latin *-iosum, -iosam ;* pour *-ueux, -ueuse,* latin *-uosum, -uosam.* ⟩

② ***-eux, -euse*** (valeur : « qui fait l'action de ; qui s'occupe de ») Pour former des noms. **1.** La base est un nom. *Un violoneux. Une matheuse.* **2.** La base est un verbe. *Une partageuse, un patenteux, un rebouteux.* □ ⇒ ② **-eur, -euse** (I). ⟨ français ② *-eur, -euse,* dont le *r* n'était pas prononcé (à partir de la moitié du XIIe siècle), confondu avec ① *-eux, -euse.* ⟩

-eyer Pour former des verbes. ■ La base est un adjectif. *Grasseyer, langueyer.* □ ⇒ **-ayer, -oyer,** et aussi ① **-er.** ⟨ latin tardif *-idiare,* de *-izare.* → -iser. ⟩

*
* *

-fier, variante ***-ifier*** Pour former des verbes. **1.** La base est un nom. *Cocufier, cokéfier, momifier.* — *Codifier, dragéifier, ossifier, personnifier.* [Finale ***-éifier***] *gazéifier.* **2.** La base est un adjectif. *Raréfier.* — *Acidifier, humidifier, rigidifier, simplifier, solidifier.* [Base en **-ique**] *électrifier, plastifier, tonifier.* [Finale ***-éifier***] *homogénéifier.* □ ⇒ **-iser.** □ Ne pas confondre avec les mots formés sur le verbe *fier* (comme *défier, méfier*). ⟨ latin *-ificare,* pour *-ficare,* de *facere* « faire », en composition. ⟩

*
* *

① ***-iaire*** ⇒ ① **-aire.**

② ***-iaire*** ⇒ ② **-aire.**

-ial, -iale, -iaux, -iales ⇒ **-al, -ale, -aux, -ales.**

-iasse ⇒ **-asse** (I).

-ible Pour former des adjectifs. **1.** La base est un nom. *Paisible, pénible.* [Base en **-ion**] *extensible, fissible, prescriptible, prévisible.* □ ⇒ **-able** (1). **2.** La base est un verbe (la base est celle de la forme de la 1re personne du présent, ou de la forme de l'imparfait). *Convertible, lisible.* [Avec le préfixe **in-**] *incorrigible, illisible, irrésistible.* [Avec **-esc-**] *fermentescible.* □ ⇒ **-able** (2). □ La terminaison de noms correspondante est *-ibilité* ⇒ **-ité.** ⟨ latin *-ibilis.* ⟩

① ***-iche*** Pour former des noms (valeur : « sorte de »). ■ La base est un nom. *Barbiche, potiche.* ⟨ italien *-iccio* ou *-ice.* ⟩

② ***-iche*** **I.** Pour former des noms. La base est un nom. (Péjoratif) *une boniche.* **II.** Pour former des adjectifs. La base est un adjectif. (Augmentatif ; familier) *fortiche.* ⟨ origine : ① *-iche.* ⟩

-ichon, -ichonne **I.** ***-ichon,*** variante ***-uchon*** Pour former des noms masculins. La base est un nom. *Cornichon. Un ratichon.* — *Balluchon.* □ ⇒ **-on, -onne** (I). **II.** ***-ichon, -ichonne*** Pour former des adjectifs. La base est un adjectif. *Folichon, maigrichon, pâlichon.* □ ⇒ **-on, -onne** (II). ⟨ origine : → ② -iche, et -on, -onne ; pour *-uchon : -uche* (comme dans *nunuche, paluche, Pantruche*), d'origine argotique inconnue + *-on, -onne.* ⟩

-icule ⇒ **-ule.**

-ie Pour former des noms féminins. **1.** La base

est un nom. *Acrobatie, pairie, seigneurie. Agronomie. Boulangerie, boucherie, horlogerie. Bergerie, mairie. Aciérie. Bourgeoisie, confrérie.* [Base en **-ier, -ière ;** finale en ***-erie***] *cordonnerie, épicerie, mercerie, pelleterie, tonnellerie ; chancellerie ; cavalerie, chevalerie.* □ ⇒ aussi **-erie** (1). **2.** La base est un adjectif. *Courtoisie, économie, folie, jalousie, maladie.* □ ⇒ aussi **-erie** (2). ‹ latin et grec *-ia.* REM. La terminaison *-ie* est aussi celle de participes passés féminins de verbes en *-ir,* notamment de participes substantivés (comme *éclaircie, embellie, saisie, sortie*). ›

-iel, -ielle ⇒ **-el, -elle.**

-ième **I.** Pour former des noms. La base est un nom de nombre. *La cinquième, le nième. Un dix-millième.* **II.** Pour former des adjectifs. La base est un nom de nombre. *Dixième, vingt-deuxième.* ‹ latin *-esimum, -esimam,* suffixe d'adjectifs numéraux ordinaux en *-esimus,* et de noms féminins en *-esima* désignant une fraction. ›

① ***-ien, -ienne,*** variante ***-en, -enne*** Pour former des noms (valeur : « spécialiste de, qui s'occupe de »). ■ La base est un nom. *Un grammairien, une historienne.* [Base en **-ique**] *une informaticienne, un mécanicien, un physicien. — Une chirurgienne, un comédien.* ‹ latin *-ianum, -ianam.* ›

② ***-ien, -ienne,*** variante ***-en, -enne*** (valeur : « membre de, qui fait partie de ; relatif à, propre à ; habitant de ») **I.** Pour former des noms. **1.** La base est un nom commun. *Une collégienne, un cégépien, un milicien, un paroissien.* **2.** La base est un nom propre. *Les Capétiens, un épicurien, un Parisien. — Une Australienne, les Gaspésiens.* □ ⇒ **-éen, -éenne** (I). **II.** Pour former des adjectifs. **1.** La base est un nom commun. *Crânien, microbien.* [Base en **-ique**] *musicien.* **2.** La base est un nom propre. *Canadien, cornélien, freudien, ivoirien, rabelaisien, sartrien, wagnérien. — Italien, libyen.* □ ⇒ **-éen, -éenne** (II). ‹ latin *-anum, -anam* lorsque la consonne latine précédente était [k] ou [g], ou lorsque la voyelle précédente était *i.* ›

① ***-ier, -ière*** **I.** Pour former des noms. Variante ***-etier, -etière*** **1.** La base est un nom (la base est parfois suivie d'une consonne de liaison). *Une banquière, une bouquetière, un boyaudier, un cuisinier, une échotière, un érablier. Abricotier, amadouvier, cacaotier* (ou *cacaoyer*)*, fruitier, pommier. Gaufrier, yogourtière. Une rentière. Échassier. Bêtisier, dentier, merdier, verrière. Cendrier, salière, saucière, sucrier. Cacaotière* (ou *cacaoyère*)*, escargotière, pigeonnier, renardière, rizière. Cédrière, érablière. Un écolier, une postière. Boîtier, litière, sentier. Collier, gouttière, jambière, plafonnier. — Un cafetier, un grainetier. Cafetière, coquetier, gaufrier.* [Base en **-eau** ou **-elle ;** finale en ***-elier, -elière***] *une batelière, un chamelier, un chapelier, une coutelière, un oiselier, un tonnelier ; chandelier, muselière, râtelier, vaisselier.* **2.** La base est un adjectif. *Verdier. Clairière.* **3.** La base est un verbe. *Un héritier, un roulier, une roulière. Balancier, glissière, levier.* □ ⇒ ② **-er, -ère** (I). **II.** Pour former des adjectifs. Variante ***-er, -ère*** **1.** La base est un nom (la base est parfois suivie d'une consonne de liaison). *Betteravier, dépensier, morutier, ordurier, peaucier, policier, princier, rancunier. — Houiller, mensonger.* **2.** La base est un adjectif. *Grossier. Droitier. — Étranger. Gaucher.* **3.** La base est un verbe. *Tracassier.* ‹ latin *-arium, -ariam ;* latin *-arem,* avec substitution de suffixe en ancien français (*-er, -ère* donnant *-ier, -ière,* réduit de nouveau à *-er, -ère* dans certains cas ; → ② -er, -ère). → aussi ① -aire et ② -aire. ›

② ***-ier*** ⇒ ① **-er.**

-ieux, -ieuse ⇒ ① **-eux, -euse.**

-if, -ive **I.** Pour former des noms (adjectifs substantivés). La base est un nom. *Un sportif, une instinctive.* [Base en **-ion**] *un explosif, l'exécutif ; une intuitive.* □ ⇒ **-atif, -ative** (I). **II.** Pour former des adjectifs. **1.** La base est un nom. *Arbustif, hâtif, fautif, plaintif, sportif.* [Base en **-ion**] *allusif, dépressif, émotif, évolutif, intuitif, volitif.* **2.** La base est un adjectif. *Distinctif, intensif, maladif.* **3.** La base est un verbe (la base est celle de la forme de la 1re personne du présent, ou de la forme de l'imparfait). *Bourratif, combatif, inventif, jouissif, pensif, poussif.* **4.** La base est un adverbe. *Tardif.* □ ⇒ **-atif, -ative** (II). □ La terminaison de noms correspondante est *-ivité* ⇒ **-ité.** ‹ latin *-ivum, -ivam.* ›

-ifier ⇒ **-fier.**

-ille Pour former des noms féminins. ■ La base est un nom. (Diminutif) *brindille, charmille, faucille.* ‹ latin *-icula,* d'abord par emprunt aux langues romanes. ›

-iller Pour former des verbes. **1.** La base est un nom. *Gambiller, pétiller, pointiller.* (Diminutif et fréquentatif) *grappiller.* **2.** La base est un verbe (la base est celle de la forme de la 1re personne du présent, ou de la forme de l'imparfait). (Diminutif et fréquentatif) *fendiller, mordiller, pendiller, sautiller.* □ ⇒ **-ailler, -ouiller.** ‹ latin *-iculare,* ou français *-ille* + ① *-er.* ›

-illon Pour former des noms masculins. **1.** La base est un nom. (Diminutif) *bottillon, croisillon, oisillon, portillon. Un moinillon, un négrillon.* **2.** La base est un adjectif. *Durillon, raidillon.* □ ⇒ **-on, -onne** (I). ‹ origine : → -ille, et -on. ›

-in, -ine **I.** Pour former des noms. **1.** La base est un nom. (Diminutif) *bottine, langoustine ;* [avec une consonne de liaison] *tableautin. Chaumine, serpentin, vitrine. Un calotin.* [Allongement **-erin**] *vacherin.* [Nom propre] *un Andin, une Angevine, une Girondine, un Levantin.* **2.** La base est un adjectif. *Un blondin, un plaisantin, une rouquine. Rondin.* **3.** La base est un verbe. *Balancine, comptine, grondin, saisine, tapin, tracassin. Un galopin, un trottin.* [Allongement **-erin**] *tisserin.* **II.** Pour former des adjectifs. La base est un nom. *Enfantin, ivoirin, porcin, sanguin, vipérin.* [Nom propre] *alpin, andin, girondin, levantin.* ‹ latin *-inum, -inam ;* italien *-ino, -ina.* ›

-iner Pour former des verbes (ces verbes sont diminutifs et fréquentatifs). **1.** La base est un nom. *Tambouriner.* **2.** La base est une onomatopée. *Dodiner.* [Avec un préfixe] *enquiquiner.* **3.** La base est un verbe (la base est celle de la forme de la 1re personne du présent, ou de la forme de l'imparfait). *Pleuviner, trottiner.* ‹ latin *-inare.* ›

-ing Pour former des noms masculins (la base peut être un verbe ou, plus rarement, un nom). □ La plupart des mots en *-ing* sont empruntés à l'anglais, soit sous la forme et avec le sens de l'anglais (dans des mots comme *karting, jogging*), soit avec une altération de la forme ou du sens ; l'abondance de ces mots fait de **-ing** un pseudo-suffixe, sans productivité réelle en français. ‹ anglais *-ing,* servant à former le participe présent des verbes ; ces participes présents sont souvent substantivés. ›

-ingue Pour former des adjectifs. ■ La base est un adjectif. (Familier et péjoratif) *lourdingue, salingue, sourdingue* (et aussi, nom, *un lourdingue, une sourdingue*). ‹ suffixe français d'origine argotique inconnue. ›

-iole ⇒ **-ol, -ole** (I).

-ion ⇒ **-on, -onne** (I).

-iot, -iotte ⇒ **-ot, -otte.**

① ***-ique*** Pour former des adjectifs. **1.** La base est un nom commun. *Alcoolique, anesthésique, atomique, lamaïque, merdique, volcanique. Ferrique, tartrique.* **2.** La base est un nom propre. *Bouddhique, marotique, satanique.* **3.** La base est une interjection. *Zutique.* □ ⇒ **-atique,** et aussi **-tique.** □ Terminaisons de noms correspondantes : *-icité* (⇒ **-ité**), et le suffixe **-isme.** ‹ latin *-icus,* grec *-ikos ;* l'anglais *-ic* et l'allemand *-isch* ont la même origine. REM. Une grande partie des mots français en *-ique,* notamment les noms féminins de sciences (comme *mathématique, physique, technique*), sont directement empruntés aux mots latins correspondants, eux-mêmes généralement empruntés au grec. ›

② ***-ique*** ⇒ **-tique.**

-ir Pour former des verbes. **1.** La base est un nom. *Finir, fleurir.* [Avec un préfixe] *anéantir, atterrir.* **2.** La base est un adjectif. *Blanchir, bleuir, crochir, faiblir, grossir, mûrir, verdir.* [Avec un préfixe] *agrandir, amoindrir, décrochir, élargir.* [Base adjectif en [R] ; parfois finale en *-cir*] *durcir, forcir, obscurcir ;* [avec un préfixe] *accourcir, endurcir.* ‹ latin *-ire ;* latin *-ere,* refait en *-ire.* ›

-is ou ***-isse*** Pour former des noms. **1.** La base est un nom. *Châssis, treillis.* **2.** La base est un adjectif. *Jaunisse.* **3.** La base est un verbe (la base est celle de la forme de la 1re personne du présent, ou de la forme de l'imparfait). *Bâtisse, fouillis, hachis, logis, ramassis, roulis, semis. Abatis, brûlis.* ‹ latin *-icium ;* latin *-aticium.* → aussi ② -esse et -ise. REM. La terminaison *-is* est aussi celle de certains participes passés masculins (comme *assis, conquis, mis, pris*), notamment des participes substantivés (comme *acquis, sursis*). ›

-isant, -isante **I.** Pour former des noms (adjectifs substantivés). La base est un nom. *Une arabisante, un celtisant.* [Base en **-isme**] *un rhumatisant.* [Base en **-iste**] *un communisant.* **II.** Pour former des adjectifs. La base est un nom. *Arabisant, celtisant.* [Base en **-isme**] *archaïsant, rhumatisant.* [Base en **-iste**] *communisant, fascisant.* ‹ français *-iser* + *-ant, -ante.* ›

-ise Pour former des noms féminins. **1.** La base est un nom. *Expertise, maîtrise, traîtrise. Prêtrise.* **2.** La base est un adjectif. *Bêtise, débrouillardise, franchise, sottise, paillardise, vantardise.* **3.** La base est un verbe. *Convoitise, hantise.* ‹ latin *-itia,* puis *-ise* est devenu un suffixe en français. → aussi ② -esse, et -is ou -isse. REM. La terminaison *-ise* est aussi celle de certains participes passés féminins (comme *acquise, conquise*), notamment des participes substantivés (comme *mise, surprise*). ›

-iser Pour former des verbes. **1.** La base est un nom. *Alcooliser, alphabétiser, bémoliser,* *caraméliser, champagniser, étatiser, laïciser, scandaliser.* [Avec un préfixe] *démoraliser. Prolétariser, fonctionnariser. Terroriser.* [Base en **-ique**] *informatiser.* **2.** La base est un adjectif. *Fertiliser, immobiliser, moderniser, ridiculiser. Américaniser, humaniser, italianiser. Populariser, scolariser. Extérioriser. Centraliser, égaliser, régionaliser.* [Base en **-el, -elle** ; finale en ***-aliser***] *constitutionnaliser, industrialiser, intellectualiser, officialiser, personnaliser.* [Base en **-able** ; finale en ***-abiliser***] *comptabiliser, imperméabiliser, responsabiliser.* [Base en **-ible** ; finale en ***-ibiliser***] *sensibiliser.* [Par analogie] *solubiliser.* [Base en **-ique**] *électriser, érotiser, hébraïser, mécaniser, politiser, systématiser.* [Base en **-ique** ; finale en ***-iciser***] *techniciser.* [Base en **-if, -ive** ; finale en ***-iviser***] *collectiviser, relativiser.* [Finale ***-éiser***] *homogénéiser.* □ ⇒ **-fier.** ‹ latin tardif *-izare,* du grec *-izein.* → aussi -oyer. ›

-isme Pour former des noms masculins. **1.** La base est un nom. *Défaitisme, impressionnisme, progressisme, racisme, snobisme. Organisme. Alcoolisme. Capitalisme. Argotisme.* [Nom propre] *bouddhisme, hitlérisme, marxisme. Acadiasnisme, québécisme, wallonisme.* **2.** La base est un adjectif. *Parallélisme. Amoralisme, communisme, modernisme, socialisme. Américanisme, régionalisme.* [Base en **-ique**] *illogisme, romantisme.* **3.** La base est un verbe. *Arrivisme, dirigisme, transformisme.* **4.** La base est un groupe de mots, une phrase. *Aquoibonisme, je-m'en-fichisme, je-m'en-foutisme.* □ ⇒ aussi **-iste.** ‹ latin *-ismus,* du grec *-ismos ;* l'anglais *-ism* a la même origine. ›

-isse ⇒ **-is** ou **-isse.**

-issime **I.** Pour former des noms. La base est un nom. *Le généralissime.* **II.** Pour former des adjectifs. La base est un adjectif. *Illustrissime, rarissime, richissime.* ‹ italien *-issimo,* du latin *-issimus* (suffixes de superlatifs). ›

-iste **I.** Pour former des noms (noms de personnes). **1.** La base est un nom. *Un bouquiniste, une chimiste, un dentiste, un latiniste, un pianiste, une violoncelliste. Une congressiste. Un défaitiste, un féministe, une progressiste. Un capitaliste.* [Nom propre] *un gaulliste, une maoïste. Une Assomptionniste, les Volcartistes.* **2.** La base est un adjectif. *Un puriste, un spécialiste. Un communiste, un socialiste.* **3.** La base est un verbe. *Un arriviste, une transformiste.* **4.** La base est un groupe de mots, une phrase. *Un je-m'en-fichiste, une jusqu'au-boutiste.* □ ⇒ aussi **-isme.** [sigle] *une péquiste, un radariste.* **II.** Pour former des adjectifs. **1.** La base est un nom. *Alarmiste, fétichiste.* [Nom propre] *bouddhiste, darwiniste, maoïste. Valcartiste.* **2.** La base est un adjectif. *Fataliste, intimiste, royaliste.* **3.** La base est un verbe. *Arriviste, transformiste.* **4.** La base est un groupe de mots, une phrase. *Je m'-en-fichiste, jusqu'au-boutiste.* [sigle] *péquiste.* □ Le suffixe de noms correspondant est **-isme.** ‹ latin *-ista,* du grec *-istês ;* l'italien *-ista* et l'anglais *-ist* ont la même origine. ›

-ite **I.** Pour former des noms. La base est un nom. *Météorite. Appendicite, bronchite. Espionite.* [Nom propre] *un Annamite ; une Israélite, un jésuite.* **II.** Pour former des adjectifs. La base est un nom propre. *Adamite, israélite, jésuite.* ‹ grec *-itês ;* latin ecclésiastique d'origine grecque *-ita ;* grec *-itis.* REM. La terminaison *-ite* est aussi celle de certains participes passés féminins. ›

-ité Pour former des noms féminins. ■ La base est un adjectif. *Absoluité, continuité, exquisité, grécité, matité, spontanéité. Acidité, efficacité, fixité, frivolité, intimité, viviparité. Mondanité. Solidarité. Intériorité. Motricité. Préciosité. Fiscalité, internationalité, natalité.* [Base en **-el, -elle** ; finale en ***-alité***] *actualité, constitutionnalité, intellectualité, matérialité, virtualité.* [Base en **-able** ; finale en ***-abilité***] *comptabilité, impénétrabilité, maniabilité.* [Base en **-ible** ; finale en ***-ibilité***] *divisibilité, lisibilité, susceptibilité.* [Par analogie] *solubilité.* [Base en **-ique** ; finale en ***-icité***] *analyticité, atomicité, authenticité, périodicité.* [Base en **-if, -ive** ; finale en ***-ivité***] *captivité, émotivité, nocivité, productivité, sportivité.* [Finale ***-éité***] *diaphanéité, étanchéité, homogénéité, planéité.* □ ⇒ **-té.** ‹ latin *-itatem,* accusatif de *-itas.* ›

-iteur, -itrice Pour former des noms. ■ La base est un verbe. *Un expéditeur, une compositrice.* ‹ latin *-it-* (dans des radicaux de supin) + *-or* (finale de noms d'agents). ›

-itude Pour former des noms féminins. **1.** La base est un nom. *Négritude, punkitude.* **2.** La base est un adjectif. *Exactitude, platitude.* □ ⇒ **-ude.** ‹ latin *-(i)tudo,* suffixe de noms abstraits. REM. La plupart des noms français en *-itude* (comme *lassitude, solitude*) sont directement empruntés aux mots latins correspondants (en *-itudo*). ›

*
* *

① ***-ment*** Pour former des noms masculins. ■ La base est un verbe (la base est celle de la forme du participe passé). *Assortiment, bâtiment, blanchiment, sentiment.* □ ⇒ **-ement.** □

REM. Pour *agrément* et *châtiment,* voir à **-ement.** ‹ latin *-mentum.* ›

② ***-ment*** Pour former des adverbes. **1.** La base est un adjectif masculin. *Éperdument, goulûment, instantanément, joliment, vraiment.* **2.** La base est un participe passé masculin. *Dûment, foutument, modérément, posément.* **3.** La base est un nom ou une interjection. *Bigrement, diablement, foutrement.* **4.** La base est un adverbe. *Quasiment.* **5.** La base est un adjectif féminin. [Finale ***-ement***] *aucunement, doucement, follement, grandement, nettement, normalement, nouvellement ;* [base adjectif en **-ent, -ente** (exceptions : au lieu de *-emment*)] *lentement, présentement, véhémentement.* [Finale ***-ément***] *commodément, communément, énormément, exquisément, précisément.* □ ⇒ **-amment** (pour les adjectifs en **-ant, -ante**), **-emment** (pour les adjectifs en **-ent, -ente**). ‹ latin *mente,* ablatif de *mens,* n. f. « esprit, disposition d'esprit », dans des groupes adjectif + *mente* (comme *bona mente* « bonnement »), où le substantif prit peu à peu le sens de « manière d'être » et fut senti comme un suffixe d'adverbes. ›

*
* *

① ***-o*** **I.** Pour former des noms (ces noms sont tous familiers). **1.** La base est un nom (la base est abrégée). *Dico. Un mécano, un métallo, un prolo, une proprio.* [Nom propre] *une Anglo, un Hispano, des Italos, une hatino.* **2.** La base est un adjectif. *Une dingo, un facho.* **II.** Pour former des adjectifs (ces adjectifs sont tous familiers). La base est un adjectif (la base est souvent abrégée). *Alcoolo, dingo, ramollo, réglo.* [Nom propre] *anglo, hispano.* □ Ne pas confondre avec la terminaison *-o* des abréviations familières s'achevant par un *o* qui figure dans la base (comme *métro, vélo*). ‹ suffixe devenu autonome par confusion avec la finale *-o* de mots tronqués comme *aristo (aristocrate).* ›

② ***-o*** Pour former des adverbes. ■ La base est un adjectif. [D'après *primo, secundo...*] (Familier) *deuzio, directo, rapido, texto.* □⇒ aussi **-os** (II). ‹ latin *-o,* finale d'adverbes, issue de l'ablatif en *-o* d'adjectifs en *-us ;* italien *-o,* finale d'adverbes. ›

-oche Pour former des noms. **1.** La base est un nom. *Épinoche, filoche, mailloche, mioche, pioche.* [La base est abrégée] (Familier ou populaire) *bidoche, cinoche, valoche.* **2.** La base est un verbe. (Familier ou populaire) *pétoche, taloche.* ‹ latin tardif *-occa* (non attesté) et italien *-occia ;* suffixe argotique, probablement d'origine dialectale. ›

-ocher Pour former des verbes. **1.** La base est un nom. *Boulocher.* **2.** La base est un verbe. (Fréquentatif et péjoratif) *bavocher, filocher, flânocher.* ‹ origine : → -oche, et ① -er. ›

-oir, -oire **I.** ***-oir*** ou ***-oire*** Pour former des noms. La base est un verbe (la base est celle de la forme de la 1re personne du présent, ou de la forme de l'imparfait). *Arrosoir, baignoire, balançoire, bouilloire, écumoire, laminoir, rôtissoire, séchoir. Mâchoire, nageoire. Boudoir, fumoir, patinoire.* □ ⇒ **-atoire** (I). **II.** ***-oire*** Pour former des adjectifs. La base est un nom. *Attentatoire, compromissoire, méritoire.* [Base en **-ion**] *classificatoire, collusoire, divinatoire, excrétoire, incantatoire, sécrétoire.* ⇒ **-atoire** (II). ‹ latin *-orium.* ›

-ois, -oise **I.** Pour former des noms. **1.** La base est un nom commun. *Un bourgeois. Minois.* **2.** La base est un nom propre. *Un Gaulois, les Hullois, une Suédoise.* □ ⇒ **-ais, -aise** (I). **II.** Pour former des adjectifs. **1.** La base est un nom commun. *Bourgeois, villageois.* **2.** La base est un nom propre. *Bruxellois, chinois, niçois, québécois, suédois.* □ ⇒ **-ais, -aise** (II). ‹ latin *-ensem,* accusatif de *-ensis.* → -ais, -aise. ›

-ol, -ole **I.** Pour former des noms. Variantes ***-iole, -erole, -erolle*** **1.** La base est un nom. *Campagnol.* [Nom propre] *un Cévenol, une Espagnole.* — (Diminutif) *artériole, bronchiole.* — *Casserole, flammerole, profiterole.* — *Moucherolle.* (Diminutif) *lignerolle.* **2.** La base est un adjectif. *Rougeole.* **3.** La base est un verbe. *Bouterolle.* **II.** Pour former des adjectifs. La base est un nom propre. *Cévenol, espagnol.* ‹ latin *-olus, -ola, -olum,* parfois par les langues romanes. ›

-on, -onne **I.** Pour former des noms. Variante ***-ion*** **1.** La base est un nom. *Ballon, ceinturon, croûton, jupon, manchon, médaillon, poêlon.* (Diminutif) *aiglon, autruchon, chaton, glaçon ; un marmiton.* (Partitif) *chaînon, échelon, maillon.* (Familier) *un couillon.* — *Croupion, pyramidion, virion.* [Base en **-eau** ou **-elle** ; finale en ***-elon***] *chamelon, échelon, mamelon.* [Base en **-ier** ou **-ière** ; finale en ***-eron***] *saleron, quarteron.* **2.** La base est un adjectif. *Molleton.* (Diminutif) *une sauvageonne.* **3.** La base est un verbe (la base est celle de la forme de la 1re personne du présent, ou de la forme de l'imparfait). *Jeton, guidon, lorgnon, nichon, pilon, torchon. Hérisson. Brouillon, pinçon, plongeon.* (Péjoratif) *un avorton, une souillon.* □ ⇒ ② **-eron ; -eton ; -ichon, -ichonne** (I) **; -illon ; -ton. II.** Pour former des adjectifs. La base est un verbe. *Brouillon, grognon.* □⇒ **-ichon, -ichonne**

(II). ‹ latin *-onem* (accusatif de noms féminins en *-o*), quelquefois par l'intermédiaire des langues romanes. ›

-onner Pour former des verbes. ■ La base est un verbe. (Fréquentatif et diminutif) *chantonner, griffonner, mâchonner, tâtonner.* ⇒ aussi ① **-er.** ‹ moyen français *-on-*, ajouté au suffixe verbal ① *-er.* ›

-ons, variante ***-etons*** Pour former des locutions adverbiales. Avec la préposition ***à***. **1.** La base est un verbe. *À (de) reculons, à tâtons.* **2.** La base est un nom. *À croupetons.* ‹ suffixe à valeur expressive, probablement issu de *-on, -onne.* ›

-orat ⇒ ① **-at.**

-os **I.** Pour former des noms. La base est un nom. [La base est abrégée] (Familier) *matos* (de *matériel*). **II.** Pour former des adjectifs. **1.** La base est un adjectif. (Familier) *calmos, chicos, chouettos, débilos.* **2.** La base est un verbe (la base est celle de la forme de l'imparfait). (Familier) *craignos.* **III.** Pour former des adverbes. La base est un adjectif. (Familier) *rapidos, tranquillos.* □ ⇒ aussi ② **-o.** ‹ suffixe français d'origine inconnue ; comparer les mots d'argot comme *campos* (argot scolaire ancien), *bitos, calendos, doulos,* parfois écrits également *-o* (ou *-au*), ou *-osse.* ›

-ose Pour former des noms féminins. **1.** La base est un nom. *Bacillose, parasitose, phagocytose, tuberculose. Amiantose, asbestose.* **2.** La base est un adjectif. *Sinistrose.* **3.** La base est un verbe. *Hallucinose.* ‹ grec *-ôsis.* ›

-ot, -otte **I.** *-ot, -otte* (ou *-ote)* Pour former des noms. Variante ***-iot, -iotte*** (ou ***-iote)*** **1.** La base est un nom. *Ballot, billot, cageot, cheminot, culot, culotte.* (Familier ou diminutif) *bécot, Charlotte, cocotte, frérot, îlot, Pierrot. — Une loupiotte, un pégriot, un salopiot ; loupiote.* **2.** La base est un verbe (la base est celle de la forme de la 1re personne du présent, ou de la forme de l'imparfait). *Caillot. Bougeotte, jugeote, tremblote. Bouillotte, chiottes, roulotte.* **4.** La base est une onomatopée. *Fafiot.* **II.** ***-ot, -otte*** Pour former des adjectifs. Variante ***-iot, -iotte.*** La base est un adjectif. *Chérot, fiérot, pâlot, petiot, vieillot. — Maigriot.* ‹ latin tardif *-ottum, -ottam,* variante de *-ittum, -ittam.* → -et, -ette. ›

-oter (ou ***-otter)*** Pour former des verbes. **1.** La base est un verbe (la base est celle de la forme de la 1re personne du présent, ou de la forme de l'imparfait). (Fréquentatif et diminutif) *buvoter, clignoter, neigeoter, pleuvoter, tapoter, trembloter, vivoter. — Frisotter, sifflotter.* **2.** La base est une onomatopée. *Chuchoter, papoter, placoter.* ‹ origine : → -ot, -otte, et ① -er. ›

-ouiller Pour former des verbes. **1.** La base est un nom. (Fréquentatif) *patouiller.* **2.** La base est une onomatopée. *Gazouiller.* **3.** La base est un verbe (la base est celle de la forme de la 1re personne du présent, ou de la forme de l'imparfait). (Fréquentatif) *crachouiller, gratouiller, mâchouiller, pendouiller.* □ ⇒ **-ailler, -iller.** ‹ latin *-uculare* (non attesté). ›

-ouse ou ***-ouze*** Pour former des noms féminins. ■ La base est un nom. (Familier ou populaire) *bagouse* (ou *bagouze*), *partouse* (ou *partouze*), *perlouse* (ou *perlouze*), *tantouse* (ou *tantouze*). ‹ suffixe français d'origine argotique inconnue ; peut-être forme ancienne de *-euse* (→ ② -eur, -euse), conservée dans des patois. ›

-oyer Pour former des verbes. **1.** La base est un nom. *Chatoyer, côtoyer, coudoyer, foudroyer, guerroyer, larmoyer, merdoyer, ondoyer.* **2.** La base est un adjectif. *Nettoyer, rougeoyer, rudoyer, verdoyer.* **3.** La base est un verbe. *Tournoyer.* □ ⇒ **-ayer, -eyer,** et aussi ① **-er.** □ Les noms correspondants sont des noms masculins en *-oiement* ⇒ **-ement.** ‹ latin tardif *-izare,* du grec *-izein.* → -iser, et aussi -ayer. ›

* * *

① ***-son*** Pour former des noms féminins. ■ La base est un verbe du 2e groupe (la base est celle de la forme du participe passé). *Garnison, guérison, trahison.* □ ⇒ **-aison.** ‹ latin *-tionem.* REM. La plupart des noms français en *-son* (comme *boisson ; un nourrisson*) sont directement empruntés aux mots latins correspondants (en *-tio,* génitif *-tionis*). ›

② ***-son*** Pour former des noms masculins. ■ La base est un nom (base tronquée). (Familier ou populaire) *pacson, tickson.* ‹ suffixe français d'origine argotique inconnue. ›

* * *

-té Pour former des noms féminins. ■ La base est un adjectif. *Étrangeté, lâcheté, mocheté, propreté.* [Adjectif masculin] *beauté, chrétienté.* [Adjectif féminin] *ancienneté, grossièreté, joyeuseté, netteté, oisiveté.* [Base adjectif en **-al, -ale** ; finale en ***-auté***] *loyauté, royauté.* □ ⇒ aussi **-auté, -ité.** ‹ latin *-itatem.* ›

-tion Pour former des noms féminins. ■ La base est un verbe (la base est celle de la forme du participe passé). *Comparution, parution.* □ ⇒ **-ation.** ‹ latin *-ionem,* précédé d'un radical de supin en *t.* REM. La plupart des noms français en *-tion* (comme *finition, résolution*) sont directement empruntés aux mots latins correspondants (en *-tio,* génitif *-tionis*), de même que les noms français à finale *-ion* (comme *action, torsion*). ›

-tique (ou ***-ique*** devant *t*) **I.** Pour former des noms féminins. **1.** La base est un nom (parfois tronqué). *Bureautique, créatique, consommatique, monétique, productique, robotique, vidéotique.* **2.** La base est un adjectif. *Privatique* (de *privé*). **II.** Pour former des adjectifs. La base est un nom. *Médiatique.* ‹ origine : de la finale de *informatique,* lui-même de *information,* avec la finale des noms de sciences en *-ique.* REM. Il existe aussi des mots à finale *-matique* (comme *télématique, micromatique*), tirée également de *informatique.* ›

-ton Pour former des noms masculins. ■ La base est un nom. (Diminutif ou familier) *un fiston, gueuleton, un mecton.* [Base abrégée] *fromton.* □ ⇒ **-on, -onne** (I). ‹ suffixe français d'origine argotique inconnue. ›

-ture ⇒ **-ure.**

*
* *

-u, -ue **I.** Pour former des noms (adjectifs substantivés). La base est un nom. *Un barbu, une bossue.* **II.** Pour former des adjectifs. La base est un nom. *Bossu, feuillu, membru, moussu, poilu, têtu, ventru.* ‹ latin *-utum, -utam.* REM. La terminaison *-u, -ue* est aussi celle de certains participes passés (comme *prévu ; conclu, vaincu ; couru, tenu*), notamment des participes substantivés (comme *battue, revue, vue ; un mordu*). ›

-uchon ⇒ **-ichon, -ichonne** (I).

-ude Pour former des noms féminins. ■ La base est un adjectif. *Décrépitude, incomplétude.* □ ⇒ **-itude.** ‹ latin *-udo.* REM. La plupart des noms français en *-ude* (comme *désuétude*) sont directement empruntés aux mots latins correspondants (en *-udo,* génitif *-udinis*). ›

-ueux, -ueuse ⇒ ① **-eux, -euse** (II).

-ule, variantes ***-cule*** et ***-icule*** Pour former des noms (ces noms sont tous des diminutifs). ■ La base est un nom. *Barbule, lobule, lunule, plumule, ridule, veinule.* — *Animalcule.* [Par analogie] *groupuscule.* — *Canalicule.* ‹ latin *-ulum, -ulam,* à valeur diminutive. ›

-ure Pour former des noms féminins. **1.** La base est un nom. Variante ***-ature.*** *Carrure, chevelure, toiture, voilure.* — *Ossature.* **2.** La base est un adjectif. *Droiture, froidure.* **3.** La base est un verbe (les bases sont celles des formes de la 1re personne du présent, de l'imparfait ou du participe passé). Variantes ***-ature*** et ***-ture.*** [Présent] *brûlure, dorure, gageure, gravure.* [Imparfait] *allure, flétrissure, moisissure, meurtrissure, rayure.* [Participe passé] *ouverture ;* [par analogie ; finale ***-eture***] *fermeture.* — [Présent] *filature.* — [Participe passé] *fourniture, garniture, pourriture.* ‹ latin *-ura ;* pour *-ature,* latin *-atura ;* pour *-ture,* latin *-ura,* précédé d'un radical de supin en *t.* ›

TABLEAUX DES CONJUGAISONS

Les pronoms *je, tu, nous* et *vous* pouvant désigner aussi bien des sujets masculins que des sujets féminins, les participes passés des verbes conjugués avec l'auxiliaire *être* sont donnés au masculin et, le cas échéant, au féminin. Par ailleurs, l'introduction des pronoms féminins *elle* et *elles* entraîne l'accord correspondant des participes passés des verbes conjugués avec *être*, au besoin.

INDICATIF

PRÉSENT	PASSÉ COMPOSÉ
j'arrive	je suis arrivé, ée
tu arrives	tu es arrivé, ée
il/elle arrive	il/elle est arrivé, ée
nous arrivons	nous sommes arrivés, ées
vous arrivez	vous êtes arrivés, ées
ils/elles arrivent	ils/elles sont arrivés, ées

IMPARFAIT	PLUS-QUE-PARFAIT
j'arrivais	j'étais arrivé, ée
tu arrivais	tu étais arrivé, ée
il/elle arrivait	il/elle était arrivé, ée
nous arrivions	nous étions arrivés, ées
vous arriviez	vous étiez arrivés, ées
ils/elles arrivaient	ils/elles étaient arrivés, ées

PASSÉ SIMPLE	PASSÉ ANTÉRIEUR
j'arrivai	je fus arrivé, ée
tu arrivas	tu fus arrivé, ée
il/elle arriva	il/elle fut arrivé, ée
nous arrivâmes	nous fûmes arrivés, ées
vous arrivâtes	vous fûtes arrivés, ées
ils/elles arrivèrent	ils/elles furent arrivés, ées

FUTUR SIMPLE	FUTUR ANTÉRIEUR
j'arriverai	je serai arrivé, ée
tu arriveras	tu seras arrivé, ée
il/elle arrivera	il/elle sera arrivé, ée
nous arriverons	nous serons arrivés, ées
vous arriverez	vous serez arrivés, ées
ils/elles arriveront	ils/elles seront arrivés, ées

SUBJONCTIF

PRÉSENT

que j'arrive
que tu arrives
qu'il/elle arrive
que nous arrivions
que vous arriviez
qu'ils/elles arrivent

IMPARFAIT

que j'arrivasse
que tu arrivasses
qu'il/elle arrivât
que nous arrivassions
que vous arrivassiez
qu'ils/elles arrivassent

PASSÉ

que je sois arrivé, ée
que tu sois arrivé, ée
qu'il/elle soit arrivé, ée
que nous soyons arrivés, ées
que vous soyez arrivés, ées
qu'ils/elles soient arrivés, ées

PLUS-QUE-PARFAIT

que je fusse arrivé, ée
que tu fusses arrivé, ée
qu'il/elle fût arrivé, ée
que nous fussions arrivés, ées
que vous fussiez arrivés, ées
qu'ils/elles fussent arrivés, ées

CONDITIONNEL

PRÉSENT

j'arriverais
tu arriverais
il/elle arriverait
nous arriverions
vous arriveriez
ils/elles arriveraient

PASSÉ 1re FORME

Je serais arrivé, ée
tu serais arrivé, ée
il/elle serait arrivé, ée
nous serions arrivés, ées
vous seriez arrivés, ées
ils/elles seraient arrivés, ées

PASSÉ 2e FORME

je fusse arrivé, ée
tu fusses arrivé, ée
il/elle fût arrivé, ée
nous fussions arrivés, ées
vous fussiez arrivés, ées
ils/elles fussent arrivés, ées

	PRÉSENT	PASSÉ
IMPÉRATIF	arrive arrivons arrivez	sois arrivé, ée soyons arrivés, ées soyez arrivés, ées

	PRÉSENT	PASSÉ
PARTICIPE	arrivant	arrivé, ée étant arrivé, ée

	PRÉSENT	PASSÉ
INFINITIF	arriver	être arrivé, ée

REM. Les verbes **jouer, tuer,** etc., sont réguliers (ex. : je *joue,* je *jouerai* ; je *tue,* je *tuerai*).

INDICATIF

PRÉSENT	PASSÉ COMPOSÉ
je me repose	je me suis reposé, ée
tu te reposes	tu t'es reposé, ée
il/elle se repose	il/elle s'est reposé, ée
nous nous reposons	nous nous sommes reposés, ées
vous vous reposez	vous vous êtes reposés, ées
ils/elles se reposent	ils/elles se sont reposés, ées

IMPARFAIT	PLUS-QUE-PARFAIT
je me reposais	je m'étais reposé, ée
tu te reposais	tu t'étais reposé, ée
il/elle se reposait	il/elle s'était reposé, ée
nous nous reposions	nous nous étions reposés, ées
vous vous reposiez	vous vous étiez reposés, ées
ils/elles se reposaient	ils/elles s'étaient reposés, ées

PASSÉ SIMPLE	PASSÉ ANTÉRIEUR
je me reposai	je me fus reposé, ée
tu te reposas	tu te fus reposé, ée
il/elle se reposa	il/elle se fut reposé, ée
nous nous reposâmes	nous nous fûmes reposés, ées
vous vous reposâtes	vous vous fûtes reposés, ées
ils/elles se reposèrent	ils/elles se furent reposés, ées

FUTUR SIMPLE	FUTUR ANTÉRIEUR
je me reposerai	je me serai reposé, ée
tu te reposeras	tu te seras reposé, ée
il/elle se reposera	il/elle se sera reposé, ée
nous nous reposerons	nous nous serons reposés, ées
vous vous reposerez	vous vous serez reposés, ées
ils/elles se reposeront	ils/elles se seront reposés, ées

SUBJONCTIF

PRÉSENT

que je me repose
que tu te reposes
qu'il/elle se repose
que nous nous reposions
que vous vous reposiez
qu'ils/elles se reposent

IMPARFAIT

que je me reposasse
que tu te reposasses
qu'il/elle se reposât
que nous nous reposassions
que vous vous reposassiez
qu'ils/elles se reposassent

PASSÉ

que je me sois reposé, ée
que tu te sois reposé, ée
qu'il/elle se soit reposé, ée
que nous nous soyons reposés, ées
que vous vous soyez reposés, ées
qu'ils/elles se soient reposés, ées

PLUS-QUE-PARFAIT

que je me fusse reposé, ée
que tu te fusses reposé, ée
qu'il/elle se fût reposé, ée
que nous nous fussions reposés, ées
que vous vous fussiez reposés, ées
qu'ils/elles se fussent reposés, ées

CONDITIONNEL

PRÉSENT

je me reposerais
tu te reposerais
il/elle se reposerait
nous nous reposerions
vous vous reposeriez
ils/elles se reposeraient

PASSÉ 1re FORME

je me serais reposé, ée
tu te serais reposé, ée
il/elle se serait reposé, ée
nous nous serions reposés, ées
vous vous seriez reposés, ées
ils/elles se seraient reposés, ées

PASSÉ 2e FORME

je me fusse reposé, ée
tu te fusses reposé, ée
il/elle se fût reposé, ée
nous nous fussions reposés, ées
vous vous fussiez reposés, ées
ils/elles se fussent reposés, ées

IMPÉRATIF

PRÉSENT

repose-toi
reposons-nous
reposez-vous

PARTICIPE

PRÉSENT	PASSÉ
se reposant	s'étant reposé, ée

INFINITIF

PRÉSENT	PASSÉ
se reposer	s'être reposé, ée

INDICATIF

PRÉSENT	PASSÉ COMPOSÉ
je finis	j'ai fini
tu finis	tu as fini
il/elle finit	il/elle a fini
nous finissons	nous avons fini
vous finissez	vous avez fini
ils/elles finissent	Ils/elles ont fini

IMPARFAIT	PLUS-QUE-PARFAIT
je finissais	j'avais fini
tu finissais	tu avais fini
il/elle finissait	il/elle avait fini
nous finissions	nous avions fini
vous finissiez	vous aviez fini
ils/elles finissaient	ils/elles avaient fini

PASSÉ SIMPLE	PASSÉ ANTÉRIEUR
je finis	j'eus fini
tu finis	tu eus fini
il/elle finit	il/elle eut fini
nous finîmes	nous eûmes fini
vous finîtes	vous eûtes fini
ils/elles finirent	ils/elles eurent fini

FUTUR SIMPLE	FUTUR ANTÉRIEUR
je finirai	j'aurai fini
tu finiras	tu auras fini
il/elle finira	il/elle aura fini
nous finirons	nous aurons fini
vous finirez	vous aurez fini
ils/elles finiront	ils/elles auront fini

SUBJONCTIF

PRÉSENT

que je finisse
que tu finisses
qu'il/elle finisse
que nous finissions
que vous finissiez
qu'ils/elles finissent

IMPARFAIT

que je finisse
que tu finisses
qu'il/elle finît
que nous finissions
que vous finissiez
qu'ils/elles finissent

PASSÉ

que j'aie fini
que tu aies fini
qu'il/elle ait fini
que nous ayons fini
que vous ayez fini
qu'ils/elles aient fini

PLUS-QUE-PARFAIT

que j'eusse fini
que tu eusses fini
qu'il/elle eût fini
que nous eussions fini
que vous eussiez fini
qu'ils/elles eussent fini

CONDITIONNEL

PRÉSENT

je finirais
tu finirais
il/elle finirait
nous finirions
vous finiriez
ils/elles finiraient

PASSÉ 1re FORME

j'aurais fini
tu aurais fini
il/elle aurait fini
nous aurions fini
vous auriez fini
ils/elles auraient fini

PASSÉ 2e FORME

j'eusse fini
tu eusses fini
il/elle eût fini
nous eussions fini
vous eussiez fini
ils/elles eussent fini

	PRÉSENT	PASSÉ
IMPÉRATIF	finis finissons finissez	aie fini ayons fini ayez fini
PARTICIPE	finissant	fini, e ayant fini
INFINITIF	finir	avoir fini

INDICATIF

PRÉSENT	PASSÉ COMPOSÉ
je vais	je suis allé, ée
tu vas	tu es allé, ée
il/elle va	il/elle est allé, ée
nous allons	nous sommes allés, ées
vous allez	vous êtes allés, ées
ils/elles vont	ils/elles sont allés, ées

IMPARFAIT	PLUS-QUE-PARFAIT
j'allais	j'étais allé, ée
tu allais	tu étais allé, ée
il/elle allait	il/elle était allé, ée
nous allions	nous étions allés, ées
vous alliez	vous étiez allés, ées
ils/elles allaient	ils/elles étaient allés, ées

PASSÉ SIMPLE	PASSÉ ANTÉRIEUR
j'allai	je fus allé, ée
tu allas	tu fus allé, ée
il/elle alla	il/elle fut allé, ée
nous allâmes	nous fûmes allés, ées
vous allâtes	vous fûtes allés, ées
ils/elles allèrent	ils/elles furent allés, ées

FUTUR SIMPLE	FUTUR ANTÉRIEUR
j'irai	je serai allé, ée
tu iras	tu seras allé, ée
il/elle ira	il/elle sera allé, ée
nous irons	nous serons allés, ées
vous irez	vous serez allés, ées
ils/elles iront	ils/elles seront allés, ées

SUBJONCTIF

PRÉSENT

que j'aille
que tu ailles
qu'il/elle aille
que nous allions
que vous alliez
qu'ils/elles aillent

IMPARFAIT

que j'allasse
que tu allasses
qu'il/elle allât
que nous allassions
que vous allassiez
qu'ils/elles allassent

PASSÉ

que je sois allé, ée
que tu sois allé, ée
qu'il/elle soit allé, ée
que nous soyons allés, ées
que vous soyez allés, ées
qu'ils/elles soient allés, ées

PLUS-QUE-PARFAIT

que je fusse allé, ée
que tu fusses allé, ée
qu'il/elle fût allé, ée
que nous fussions allés, ées
que vous fussiez allés, ées
qu'ils/elles fussent allés, ées

CONDITIONNEL

PRÉSENT

j'irais
tu irais
il/elle irait
nous irions
vous iriez
ils/elles iraient

PASSÉ 1re FORME

je serais allé, ée
tu serais allé, ée
il/elle serait allé, ée
nous serions allés, ées
vous seriez allés, ées
ils/elles seraient allés, ées

PASSÉ 2e FORME

je fusse allé, ée
tu fusses allé, ée
il/elle fût allé, ée
nous fussions allés, ées
vous fussiez allés, ées
ils/elles fussent allés, ées

	PRÉSENT	PASSÉ
IMPÉRATIF	va (sauf dans *vas-y*) allons allez	sois allé, ée soyons allés, ées soyez allés, ées

	PRÉSENT	PASSÉ
PARTICIPE	allant	allé, ée étant allé, ée

	PRÉSENT	PASSÉ
INFINITIF	aller	être allé, ée

	PRÉSENT	IMPARFAIT
▪ conjug. 1. — ARRIVER, SE REPOSER (réguliers ; voir p. XXII et XXIII).		
▪ conjug. 2. — FINIR (régulier ; voir p. XXIV).		
VERBES EN -ER		
▪ conjug. 3. — PLACER	je place nous plaçons [plasɔ̃]	je plaçais [plasɛ] nous placions
— BOUGER	je bouge nous bougeons [buʒɔ̃]	je bougeais nous bougions
▪ conjug. 4. — APPELER	j'appelle [apɛl] nous appelons [aplɔ̃]	j'appelais nous appelions
— JETER	je jette [ʒɛt] nous jetons [ʒ(ə)tɔ̃]	je jetais nous jetions
▪ conjug. 5. — GELER	je gèle [ʒɛl] nous gelons [ʒ(ə)lɔ̃]	je gelais nous gelions
— ACHETER	j'achète [aʃɛt] nous achetons [aʃtɔ̃]	j'achetais nous achetions
et les verbes en *-emer* (ex. : *semer*), *-ener* (ex. : *mener*), *-eser* (ex : *peser*), *-ever* (ex. : *lever*), etc.		
▪ conjug. 6. — CÉDER	je cède [sɛd] nous cédons [sedɔ̃]	je cédais nous cédions
et les verbes en *-é* + *consonne(s)* + *-er* (ex. : *célébrer, lécher, déléguer, préférer,* etc.).		
▪ conjug. 7. — ÉPIER	j'épie [epi] nous épions [epjɔ̃]	j'épiais [epjɛ] nous épiions [epijjɔ̃]
▪ conjug. 8. — NOYER	je noie [nwa] nous noyons [nwajɔ̃]	je noyais nous noyions [nwajjɔ̃]
et les verbes en *-uyer* (ex. : *appuyer*).		
— PAYER	je paie ou je paye nous payons	je payais nous payions [pɛjjɔ̃]
et tous les verbes en *-ayer.*		
▪ conjug. 9. — ALLER (voir p. XXV).		

<table>
<tr><th>FUTUR</th><th>PASSÉ SIMPLE</th><th>PARTICIPE PASSÉ</th><th>SUBJONCTIF</th></tr>
<tr><td>je placerai
nous placerons</td><td>je plaçai
nous plaçâmes</td><td>placé, ée</td><td>que je place
que nous placions</td></tr>
<tr><td colspan="4">REM. Les verbes en -ecer (ex. : dépecer) se conjuguent comme placer et geler. Les verbes en -écer (ex. : rapiécer) se conjuguent comme céder et placer.</td></tr>
<tr><td>je bougerai
nous bougerons</td><td>je bougeai
nous bougeâmes</td><td>bougé, ée</td><td>que je bouge
que nous bougions</td></tr>
<tr><td colspan="4">REM. Les verbes en -éger (ex. : protéger) se conjuguent comme bouger et céder.</td></tr>
<tr><td>j'appellerai
nous appellerons</td><td>j'appelai
nous appelâmes</td><td>appelé, ée</td><td>que j'appelle
que nous appelions</td></tr>
<tr><td>je jetterai
nous jetterons</td><td>je jetai
nous jetâmes</td><td>jeté, ée</td><td>que je jette
que nous jetions</td></tr>
<tr><td>je gèlerai
nous gèlerons</td><td>je gelai
nous gelâmes</td><td>gelé, ée</td><td>que je gèle
que nous gelions</td></tr>
<tr><td>j'achèterai
nous achèterons</td><td>j'achetai
nous achetâmes</td><td>acheté, ée</td><td>que j'achète
que nous achetions</td></tr>
<tr><td colspan="4">REM. Les verbes en -ecer (ex. : dépecer) se conjuguent comme geler et placer.</td></tr>
<tr><td>je céderai
nous céderons</td><td>je cédai
nous cédâmes</td><td>cédé, ée</td><td>que je cède
que nous cédions</td></tr>
<tr><td colspan="4">REM. Les verbes en -éger (ex : protéger) se conjuguent comme céder et bouger. Les verbes en -écer (ex : rapiécer) se conjuguent comme céder et placer.</td></tr>
<tr><td>j'épierai
nous épierons</td><td>j'épiai
nous épiâmes</td><td>épié, ée</td><td>que j'épie
que nous épiions</td></tr>
<tr><td>je noierai
nous noierons</td><td>je noyai
nous noyâmes</td><td>noyé, ée</td><td>que je noie
que nous noyions</td></tr>
<tr><td colspan="4">REM. Envoyer fait au futur : j'enverrai, et au conditionnel : j'enverrais.</td></tr>
<tr><td>je paierai ou je payerai
nous paierons ou payerons</td><td>je payai
nous payâmes</td><td>payé, ée</td><td>que je paie ou paye
que nous payions</td></tr>
</table>

	PRÉSENT	IMPARFAIT
VERBES EN -IR		
autres que ceux du type *finir*		
▪ conjug. 10. — HAÏR	je hais [ʒəɛ] il hait [ilɛ]/elle hait [ɛlɛ] nous haïssons [nuaisɔ̃] ils haïssent [ilais]/ elles haïssent [ɛlais]	je haïssais [ʒəaisɛ] nous haïssions
▪ conjug. 11. — COURIR	je cours il/elle court nous courons ils/elles courent	je courais nous courions
▪ conjug. 12. — CUEILLIR	je cueille [kœj] il/elle cueille nous cueillons [kœjɔ̃] ils/elles cueillent	je cueillais [kœjɛ] nous cueillions [kœjjɔ̃]
▪ conjug. 13. — ASSAILLIR	j'assaille [asaj] il/elle assaille nous assaillons ils/elles assaillent	j'assaillais [-ajɛ] nous assaillions [-ajjɔ̃]
▪ conjug. 14. — SERVIR	je sers il/elle sert nous servons ils/elles servent	je servais nous servions
▪ conjug. 15. — BOUILLIR	je bous il/elle bout nous bouillons [bujɔ̃] ils/elles bouillent	je bouillais nous bouillions [bujjɔ̃]
▪ conjug. 16. — PARTIR	je pars il/elle part nous partons ils/elles partent	je partais nous partions
— SENTIR	je sens il/elle sent nous sentons ils/elles sentent	je sentais nous sentions
REM. Le part. passé de **mentir** est invar. (*menti*).		
▪ conjug. 17. — FUIR	je fuis [fɥi] il/elle fuit nous fuyons [fɥijɔ̃] ils/elles fuient	je fuyais [fɥijɛ] nous fuyions [fɥijjɔ̃]
▪ conjug. 18. — COUVRIR	je couvre il/elle couvre nous couvrons ils/elles couvrent	je couvrais nous couvrions

FUTUR	PASSÉ SIMPLE	PARTICIPE PASSÉ	SUBJONCTIF
je haïrai [ʒəaiʀɛ]	je haïs [ʒəai]	haï, ïe [ai]	que je haïsse [ais]
nous haïrons	nous haïmes [nuaim]		que nous haïssions
je courrai [kuʀʀɛ]	je courus	couru, ue	que je coure
nous courrons	nous courûmes		que nous courions
je cueillerai [kœjʀɛ]	je cueillis [kœji]	cueilli, ie	que je cueille
nous cueillerons	nous cueillîmes		que nous cueillions
j'assaillirai [asajiʀɛ]	j'assaillis	assailli, ie	que j'assaille
nous assaillirons	nous assaillîmes		que nous assaillions
je servirai	je servis	servi, ie	que je serve
nous servirons	nous servîmes		que nous servions
je bouillirai	je bouillis	bouilli, ie	que je bouille qu'il bouille
nous bouillirons	nous bouillîmes		que nous bouillions
je partirai	je partis	parti, ie	que je parte
nous partirons	nous partîmes		que nous partions
je sentirai	je sentis	senti, ie	que je sente
nous sentirons	nous sentîmes		que nous sentions
je fuirai	je fuis	fui (invar.)	que je fuie
nous fuirons	nous fuîmes		que nous fuyions
je couvrirai	je couvris	couvert, e	que je couvre
nous couvrirons	nous couvrîmes		que nous couvrions

	PRÉSENT	IMPARFAIT
▪ conjug. 19. — MOURIR	je meurs il/elle meurt nous mourons ils/elles meurent	je mourais nous mourions
▪ conjug. 20. — VÊTIR	je vêts il/elle vêt nous vêtons ils/elles vêtent	je vêtais nous vêtions
▪ conjug. 21. — ACQUÉRIR	j'acquiers il/elle acquiert nous acquérons ils/elles acquièrent	j'acquérais nous acquérions
▪ conjug. 22. — VENIR	je viens il/elle vient nous venons ils/elles viennent	je venais nous venions
VERBES EN -OIR		
▪ conjug. 23. — PLEUVOIR (impers.)	il pleut	il pleuvait
▪ conjug. 24. — PRÉVOIR	je prévois il/elle prévoit nous prévoyons ils/elles prévoient	je prévoyais nous prévoyions
▪ conjug. 25. — POURVOIR	je pourvois il/elle pourvoit nous pourvoyons ils/elles pourvoient	je pourvoyais nous pourvoyions
▪ conjug. 26. — ASSEOIR	j'assois il/elle assoit nous assoyons ils/elles assoient ou j'assieds il/elle assied nous asseyons ils/elles asseyent	j'assoyais nous assoyions ou j'asseyais nous asseyions
▪ conjug. 27. — MOUVOIR	je meus il/elle meut nous mouvons ils/elles meuvent	je mouvais nous mouvions
▪ conjug. 28. — RECEVOIR	je reçois il/elle reçoit nous recevons ils/elles reçoivent	je recevais nous recevions
— DEVOIR	je dois	je devais

FUTUR	PASSÉ SIMPLE	PARTICIPE PASSÉ	SUBJONCTIF
je mourrai	je mourus	mort, e	que je meure
nous mourrons [muRRɔ̃]	nous mourûmes		que nous mourions
je vêtirai	je vêtis	vêtu, ue	que je vête
nous vêtirons	nous vêtîmes		que nous vêtions
j'acquerrai [akɛRRɛ]	j'acquis	acquis, e	que j'acquière [akjɛR]
nous acquerrons	nous acquîmes		que nous acquérions
je viendrai	je vins	venu, ue	que je vienne
nous viendrons	nous vînmes [vɛ̃m]		que nous venions
il pleuvra	il plut	plu (invar.)	qu'il pleuve
je prévoirai	je prévis	prévu, ue	que je prévoie
nous prévoirons	nous prévîmes		que nous prévoyions
je pourvoirai	je pourvus	pourvu, ue	que je pourvoie
nous pourvoirons	nous pourvûmes		que nous pourvoyions
j'assoirai	j'assis	assis, e	que j'assoie
nous assoirons	nous assîmes		que nous assoyions
ou j'assiérai ou j'asseyerai			ou que j'asseye
			que nous asseyions
je mouvrai	je mus	mû, mue, mus	que je meuve
nous mouvrons	nous mûmes		que nous mouvions

REM. **Émouvoir** et **promouvoir** font au p. p. *ému, ue ; promu, ue.*

FUTUR	PASSÉ SIMPLE	PARTICIPE PASSÉ	SUBJONCTIF
je recevrai	je reçus	reçu, ue	que je reçoive
nous recevrons	nous reçûmes		que nous recevions
je devrai	je dus	dû, due, dus	que je doive

	PRÉSENT	IMPARFAIT
▪ conjug. 29. — VALOIR	je vaux [vo] il/elle vaut nous valons ils/elles valent	je valais nous valions
— ÉQUIVALOIR		
— PRÉVALOIR		
— FALLOIR (impers.)	il faut	il fallait
▪ conjug. 30. — VOIR	je vois il/elle voit nous voyons ils/elles voient	je voyais nous voyions
▪ conjug. 31. — VOULOIR	je veux il/elle veut nous voulons ils/elles veulent	je voulais nous voulions
▪ conjug. 32. — SAVOIR	je sais il/elle sait nous savons ils/elles savent	je savais nous savions
▪ conjug. 33. — POUVOIR	je peux ou je puis il/elle peut nous pouvons ils/elles peuvent	je pouvais nous pouvions
▪ conjug. 34. — AVOIR (voir p. XL).		
VERBES EN -RE		
▪ conjug. 35. — CONCLURE	je conclus il/elle conclut nous concluons ils/elles concluent	je concluais nous concluions
▪ conjug. 36. — RIRE	je ris il/elle rit nous rions ils/elles rient	je riais nous riions
▪ conjug. 37. — DIRE	je dis il/elle dit nous disons vous dites ils/elles disent	je disais nous disions
— SUFFIRE	vous suffisez	

FUTUR	PASSÉ SIMPLE	PARTICIPE PASSÉ	SUBJONCTIF
je vaudrai	je valus	valu, ue	que je vaille
nous vaudrons	nous valûmes		que nous valions
		équivalu (invar.)	
		prévalu, ue	que je prévale
il faudra	il fallut	fallu (invar.)	qu'il faille
je verrai	je vis	vu, ue	que je voie
nous verrons	nous vîmes		que nous voyions
je voudrai	je voulus	voulu, ue	que je veuille
nous voudrons	nous voulûmes		que nous voulions
je saurai	je sus	su, ue	que je sache
nous saurons	nous sûmes		que nous sachions
je pourrai	je pus	pu (invar.)	que je puisse
nous pourrons	nous pûmes		que nous puissions
je conclurai	je conclus	conclu, ue	que je conclue
nous conclurons	nous conclûmes		que nous concluions

REM. **exclure** se conjugue comme *conclure* : p. p. *exclu, ue* ; **inclure** se conjugue comme *conclure* sauf au p. p. : *inclus, use*.

je rirai	je ris	ri (invar.)	que je rie
nous rirons	nous rîmes		que nous riions
je dirai	je dis	dit, e	que je dise
nous dirons	nous dîmes		que nous disions

REM. **Médire, contredire, dédire, interdire, prédire** se conjuguent comme *dire* sauf *médisez, contredisez, dédisez, interdisez, prédisez*.

		suffi (invar.)	

REM. **Confire** se conjugue comme *suffire* sauf au p. p. : *confit, e*.

	PRÉSENT	IMPARFAIT
▪ conjug. 38. — NUIRE	je nuis il/elle nuit nous nuisons ils/elles nuisent	je nuisais nous nuisions
et les verbes : *luire, reluire*.		
— CONDUIRE		
et les verbes : *construire, cuire, déduire, détruire, enduire, induire, instruire, introduire, produire, réduire, séduire, traduire*.		
▪ conjug. 39. — ÉCRIRE	j'écris il/elle écrit nous écrivons ils/elles écrivent	j'écrivais nous écrivions
▪ conjug. 40. — SUIVRE	je suis il/elle suit nous suivons ils/elles suivent	je suivais nous suivions
▪ conjug. 41. — RENDRE	je rends il/elle rend nous rendons ils/elles rendent	je rendais nous rendions
et les verbes en *-andre* (ex. : *répandre*), *-erdre* (ex. : *perdre*), *-ondre* (ex. : *répondre*), *-ordre* (ex. : *mordre*).		
— ROMPRE	il/elle rompt	il rompait
— BATTRE	je bats il/elle bat nous battons ils/elles battent	je battais nous battions
▪ conjug. 42. — VAINCRE	je vaincs il/elle vainc nous vainquons ils/elles vainquent	je vainquais nous vainquions
▪ conjug. 43. — LIRE	je lis il/elle lit nous lisons ils/elles lisent	je lisais nous lisions

FUTUR	PASSÉ SIMPLE	PARTICIPE PASSÉ	SUBJONCTIF
je nuirai nous nuirons	je nuisis nous nuisîmes	nui (invar.)	que je nuise que nous nuisions
		conduit, e	
j'écrirai nous écrirons	j'écrivis nous écrivîmes	écrit, e	que j'écrive que nous écrivions
je suivrai nous suivrons	je suivis nous suivîmes	suivi, ie	que je suive que nous suivions
je rendrai nous rendrons	je rendis nous rendîmes	rendu, ue	que je rende que nous rendions
il rompra	il rompit	rompu, ue	qu'il rompe
je battrai nous battrons	je battis nous battîmes	battu, ue	que je batte que nous battions
je vaincrai nous vaincrons	je vainquis nous vainquîmes	vaincu, ue	que je vainque que nous vainquions
je lirai nous lirons	je lus nous lûmes	lu, ue	que je lise que nous lisions

	PRÉSENT	IMPARFAIT
▪ conjug. 44. — CROIRE	je crois il/elle croit nous croyons ils/elles croient	je croyais nous croyions
▪ conjug. 45. — CLORE	je clos il/elle clôt ils/elles closent	je closais (contesté)
▪ conjug. 46. — VIVRE	je vis il/elle vit nous vivons ils/elles vivent	je vivais nous vivions
▪ conjug. 47. — MOUDRE	je mouds il/elle moud nous moulons ils/elles moulent	je moulais nous moulions
▪ conjug. 48. — COUDRE	je couds il/elle coud nous cousons ils/elles cousent	je cousais nous cousions
▪ conjug. 49. — JOINDRE	je joins [ʒwɛ̃] il/elle joint nous joignons [ʒwaɲɔ̃] ils/elles joignent [ʒwaɲ]	je joignais [ʒwaɲɛ] nous joignions [ʒwaɲjɔ̃]
▪ conjug. 50. — TRAIRE	je trais il/elle trait nous trayons ils/elles traient	je trayais nous trayions [tʀɛjjɔ̃]
▪ conjug. 51. — ABSOUDRE	j'absous il/elle absout nous absolvons ils/elles absolvent	j'absolvais nous absolvions
▪ conjug. 52. — CRAINDRE	je crains il/elle craint nous craignons ils/elles craignent	je craignais nous craignions [kʀɛɲjɔ̃]
— PEINDRE	je peins il/elle peint nous peignons ils/elles peignent	je peignais nous peignions [pɛɲjɔ̃]

FUTUR	PASSÉ SIMPLE	PARTICIPE PASSÉ	SUBJONCTIF
je croirai nous croirons	je crus nous crûmes	cru, ue	que je croie que nous croyions
je clorai (rare)	(n'existe pas)	clos, e	que je close
je vivrai nous vivrons	je vécus nous vécûmes	vécu, ue	que je vive que nous vivions
je moudrai nous moudrons	je moulus nous moulûmes	moulu, ue	que je moule que nous moulions
je coudrai nous coudrons	je cousis nous cousîmes	cousu, ue	que je couse que nous cousions
je joindrai nous joindrons	je joignis nous joignîmes	joint, e	que je joigne que nous joignions
je trairai nous trairons	(n'existe pas)	trait, e	que je traie que nous trayions
j'absoudrai nous absoudrons	j'absolus (rare)	absous, oute	que j'absolve que nous absolvions

REM. **Dissoudre** se conjugue comme *absoudre* ; **résoudre** se conjugue comme *absoudre*, mais le passé simple *je résolus* est courant. Il a deux p. p. : *résolu, ue (problème résolu)* et *résous, oute (brouillard résous en pluie)*.

FUTUR	PASSÉ SIMPLE	PARTICIPE PASSÉ	SUBJONCTIF
je craindrai nous craindrons	je craignis nous craignîmes [kʀɛɲim]	craint, e	que je craigne que nous craignions
je peindrai nous peindrons	je peignis nous peignîmes	peint, e	que je peigne que nous peignions

	PRÉSENT	IMPARFAIT
▪ conjug. 53. — BOIRE	je bois il/elle boit nous buvons ils/elles boivent	je buvais nous buvions
▪ conjug. 54. — PLAIRE	je plais il/elle plaît nous plaisons ils/elles plaisent	je plaisais nous plaisions
— TAIRE	il/elle tait	
▪ conjug. 55. — CROÎTRE	je croîs il/elle croît nous croissons ils/elles croissent	je croissais nous croissions

REM. **Accroître** et **décroître** ne prennent un accent circonflexe que sur l'*i* suivi d'un *t* : *j'accrois, elle décrut ; accru, ue ; décru, ue ;* et aux 2e et 3e pers. du plur. du passé simple.

	PRÉSENT	IMPARFAIT
▪ conjug. 56. — METTRE	je mets il/elle met nous mettons ils/elles mettent	je mettais nous mettions
▪ conjug. 57. — CONNAÎTRE	je connais il/elle connaît nous connaissons ils/elles connaissent	je connaissais nous connaissions
▪ conjug. 58. — PRENDRE	je prends il/elle prend nous prenons ils/elles prennent	je prenais nous prenions
▪ conjug. 59. — NAÎTRE	je nais il/elle naît nous naissons ils/elles naissent	je naissais nous naissions

▪ conjug. 60. — FAIRE (voir p. XLI).

▪ conjug. 61. — ÊTRE (voir p. XLII).

FUTUR	PASSÉ SIMPLE	PARTICIPE PASSÉ	SUBJONCTIF
je boirai	je bus	bu, ue	que je boive
nous boirons	nous bûmes		que bous buvions
je plairai	je plus	plu (invar.)	que je plaise
nous plairons	nous plûmes		que nous plaisions

REM. Le participe passé de **plaire, complaire, déplaire** est invariable.

FUTUR	PASSÉ SIMPLE	PARTICIPE PASSÉ	SUBJONCTIF
		tu, ue	
je croîtrai	je crûs	crû, crue, crus	que je croisse
nous croîtrons	nous crûmes		que nous croissions
je mettrai	je mis	mis, e	que je mette
nous mettrons	nous mîmes		que nous mettions
je connaîtrai	je connus	connu, ue	que je connaisse
nous connaîtrons	nous connûmes		que nous connaissions
je prendrai	je pris	pris, e	que je prenne
nous prendrons	nous prîmes		que nous prenions
je naîtrai	je naquis	né, e	que je naisse
nous naîtrons	nous naquîmes		que nous naissions

REM. **Renaître** n'a pas de participe passé.

INDICATIF

PRÉSENT

j'ai
tu as
il/elle a
nous avons
vous avez
ils/elles ont

PASSÉ COMPOSÉ

j'ai eu
tu as eu
il/elle a eu
nous avons eu
vous avez eu
ils/elles ont eu

IMPARFAIT

j'avais
tu avais
il/elle avait
nous avions
vous aviez
ils/elles avaient

PLUS-QUE-PARFAIT

j'avais eu
tu avais eu
il/elle avait eu
nous avions eu
vous aviez eu
ils/elles avaient eu

PASSÉ SIMPLE

j'eus
tu eus
il/elle eut
nous eûmes
vous eûtes
ils/elles eurent

PASSÉ ANTÉRIEUR

j'eus eu
tu eus eu
il/elle eut eu
nous eûmes eu
vous eûtes eu
ils/elles eurent eu

FUTUR SIMPLE

j'aurai
tu auras
il/elle aura
nous aurons
vous aurez
ils/elles auront

FUTUR ANTÉRIEUR

j'aurai eu
tu auras eu
il/elle aura eu
nous aurons eu
vous aurez eu
ils/elles auront eu

SUBJONCTIF

PRÉSENT

que j'aie
que tu aies
qu'il/elle ait
que nous ayons
que vous ayez
qu'ils/elles aient

IMPARFAIT

que j'eusse
que tu eusses
qu'il/elle eût
que nous eussions
que vous eussiez
qu'ils/elles eussent

PASSÉ

que j'aie eu
que tu aies eu
qu'il/elle ait eu
que nous ayons eu
que vous ayez eu
qu'ils/elles aient eu

PLUS-QUE-PARFAIT

que j'eusse eu
que tu eusses eu
qu'il/elle eût eu
que nous eussions eu
que vous eussiez eu
qu'ils/elles eussent eu

CONDITIONNEL

PRÉSENT

j'aurais
tu aurais
il/elle aurait
nous aurions
vous auriez
ils/elles auraient

PASSÉ 1re FORME

j'aurais eu
tu aurais eu
il/elle aurait eu
nous aurions eu
vous auriez eu
ils/elles auraient eu

PASSÉ 2e FORME

j'eusse eu
tu eusses eu
il/elle eût eu
nous eussions eu
vous eussiez eu
ils/elles eussent eu

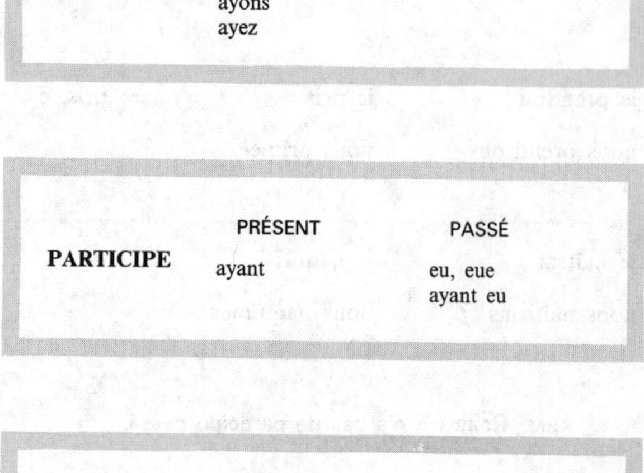

IMPÉRATIF

PRÉSENT

aie
ayons
ayez

PARTICIPE

PRÉSENT	PASSÉ
ayant	eu, eue ayant eu

INFINITIF

PRÉSENT	PASSÉ
avoir	avoir eu

INDICATIF

PRÉSENT	PASSÉ COMPOSÉ
je fais [fɛ]	j'ai fait
tu fais [fɛ]	tu as fait
il/elle fait [fɛ]	il/elle a fait
nous faisons [f(ə)zɔ̃]	nous avons fait
vous faites [fɛt]	vous avez fait
ils/elles font [fɔ̃]	ils/elles ont fait

IMPARFAIT	PLUS-QUE-PARFAIT
je faisais [f(ə)zɛ]	j'avais fait
tu faisais [f(ə)zɛ]	tu avais fait
il/elle faisait [f(ə)zɛ]	il/elle avait fait
nous faisions [f(ə)zjɔ̃]	nous avions fait
vous faisiez [f(ə)zje]	vous aviez fait
ils/elles faisaient [f(ə)zɛ]	ils/elles avaient fait

PASSÉ SIMPLE	PASSÉ ANTÉRIEUR
je fis	j'eus fait
tu fis	tu eus fait
il/elle fit	il/elle eut fait
nous fîmes	nous eûmes fait
vous fîtes	vous eûtes fait
ils/elles firent	ils/elles eurent fait

FUTUR SIMPLE	FUTUR ANTÉRIEUR
je ferai	j'aurai fait
tu feras	tu auras fait
il/elle fera	il/elle aura fait
nous ferons	nous aurons fait
vous ferez	vous aurez fait
ils/elles feront	ils/elles auront fait

SUBJONCTIF

PRÉSENT

que je fasse
que tu fasses
qu'il/elle fasse
que nous fassions
que vous fassiez
qu'ils/elles fassent

IMPARFAIT

que je fisse
que tu fisses
qu'il/elle fît
que nous fissions
que vous fissiez
qu'ils/elles fissent

PASSÉ

que j'aie fait
que tu aies fait
qu'il/elle ait fait
que nous ayons fait
que vous ayez fait
qu'ils/elles aient fait

PLUS-QUE-PARFAIT

que j'eusse fait
que tu eusses fait
qu'il/elle eût fait
que nous eussions fait
que vous eussiez fait
qu'ils/elles eussent fait

CONDITIONNEL

PRÉSENT

je ferais [f(ə)ʀɛ]
tu ferais [f(ə)ʀɛ]
il/elle ferait [f(ə)ʀɛ]
nous ferions [fəʀjɔ̃]
vous feriez [fəʀje]
ils/elles feraient [f(ə)ʀɛ]

PASSÉ 1re FORME

j'aurais fait
tu aurais fait
il/elle aurait fait
nous aurions fait
vous auriez fait
ils/elles auraient fait

PASSÉ 2e FORME

j'eusse fait
tu eusses fait
il/elle eût fait
nous eussions fait
vous eussiez fait
ils/elles eussent fait

IMPÉRATIF

PRÉSENT	PASSÉ
fais [fɛ]	aie fait
faisons [f(ə)zɔ̃]	ayons fait
faites [fɛt]	ayez fait

PARTICIPE

PRÉSENT	PASSÉ
faisant [f(ə)zɑ̃]	fait, e
	ayant fait

INFINITIF

PRÉSENT	PASSÉ
faire	avoir fait

INDICATIF

PRÉSENT

je suis
tu es
il/elle est
nous sommes
vous êtes
ils/elles sont

PASSÉ COMPOSÉ

j'ai été
tu as été
il/elle a été
nous avons été
vous avez été
ils/elles ont été

IMPARFAIT

j'étais
tu étais
il/elle était
nous étions
vous étiez
ils/elles étaient

PLUS-QUE-PARFAIT

j'avais été
tu avais été
il/elle avait été
nous avions été
vous aviez été
ils/elles avaient été

PASSÉ SIMPLE

je fus
tu fus
il/elle fut
nous fûmes
vous fûtes
ils/elles furent

PASSÉ ANTÉRIEUR

j'eus été
tu eus été
il/elle eut été
nous eûmes été
vous eûtes été
ils/elles eurent été

FUTUR SIMPLE

je serai
tu seras
il/elle sera
nous serons
vous serez
ils/elles seront

FUTUR ANTÉRIEUR

j'aurai été
tu auras été
il/elle aura été
nous aurons été
vous aurez été
ils/elles auront été

SUBJONCTIF

PRÉSENT

que je sois
que tu sois
qu'il/elle soit
que nous soyons
que vous soyez
qu'ils/elles soient

IMPARFAIT

que je fusse
que tu fusses
qu'il/elle fût
que nous fussions
que vous fussiez
qu'ils/elles fussent

PASSÉ

que j'aie été
que tu aies été
qu'il/elle ait été
que nous ayons été
que vous ayez été
qu'ils/elles aient été

PLUS-QUE-PARFAIT

que j'eusse été
que tu eusses été
qu'il/elle eût été
que nous eussions été
que vous eussiez été
qu'ils/elles eussent été

CONDITIONNEL

PRÉSENT

je serais
tu serais
il/elle serait
nous serions
vous seriez
ils/elles seraient

PASSÉ 1re FORME

j'aurais été
tu aurais été
il/elle aurait été
nous aurions été
vous auriez été
ils/elles auraient été

PASSÉ 2e FORME

j'eusse été
tu eusses été
il/elle eût été
nous eussions été
vous eussiez été
ils/elles eussent été

IMPÉRATIF

PRÉSENT

sois
soyons
soyez

PARTICIPE

PRÉSENT

étant

PASSÉ

été
ayant été

INFINITIF

PRÉSENT

être

PASSÉ

avoir été

DÉRIVÉS DES NOMS DE PERSONNES
(réelles, mythologiques, imaginaires)

abélien, ienne (N. *Abel*)
adamique *(Adam)*
aldin, ine *(Alde* ou *Aldo)*
ambrosien, ienne (saint *Ambroise*)
anacréontique *(Anacréon)*
aphrodisiaque *(Aphrodite)*
apollinarien, ienne (G. *Apollinaire*)
apollinien, ienne *(Apollon)*
aquinien, ienne (H. *Aquin*)
arien, enne *(Arius)*
aristophanesque *(Aristophane)*
aristotélique, Aristotélicien, ienne *(Aristote)*
arminien, enne *(Arminius)*
augustéen, enne *(Auguste)*
augustinien, ienne (saint *Augustin*)
averroïste*(Averroès)*

babouviste (G. *Babeuf*)
bacchique *(Bacchus)*
baconien, ienne (F. *Bacon*)
balzacien, ienne (H. de *Balzac*)
barrésien, ienne (M. *Barrès*)
barthésien, ienne (R. *Barthes*)
baudelairien, ienne (C. *Baudelaire*)
beaulieusien, ienne (V.-L. *Beaulieu*)
beethovénien, ienne (L. van *Beethoven*)
bergmanien, ienne (I. *Bergman*)
bergsonien, ienne (H. *Bergson*)
bernanosien, ienne (G. *Bernanos*)
bessettien, ienne (G. *Bessette*)
bismarckien, ienne *(Bismarck)*
blaisien, ienne (M.-C. *Blais*)
blanquiste (L.-A. *Blanqui*)
bodléien, enne (T. *Bodley*)
bollandiste (J. *Bolland*)
bonapartiste (N. *Bonaparte*)
borduasien, ienne (P.-É. *Borduas*)
bouddhique *(Bouddha)*
boulangiste (G. *Boulanger*)
bourassiste (H. *Bourassa*)
bourbonien, ienne (les *Bourbons*)
bourguibiste (H. *Bourguiba*)
brechtien, ienne (B. *Brecht*)
brownien, ienne (R. *Brown*)
byronien, ienne *(Byron)*

calviniste (J. *Calvin*)
caouettiste (R. *Caouette*)
capétien, ienne (H. *Capet*)
caravagesque, caravagiste (Le *Caravage*)
cartésien, ienne (R. *Descartes*)
castonguette (C. *Castonguay*)
castriste (F. *Castro*)
célinien, ienne (L.-F. *Céline*)
césarien, ienne (Jules *César*)
cézannien, ienne (P. *Cézanne*)
chapdelainien, ienne (M. *Chapdelaine*)
chaplinesque (Ch. *Chaplin*)
chapmanesque (W. *Chapman*)
chaucérien, ienne (G. *Chaucer*)
chiniquiste (Ch. *Chiniquy*)
choquettien, ienne (R. *Choquette*)
churchillien, ienne (W. *Churchill*)
churrigueresque *(Churriguera)*
cicéronien, ienne *(Cicéron)*
claudélien, ienne (P. *Claudel*)
clémentin, ine (*Clément* VII, VIII, etc., papes)
colbertiste (J.-B. *Colbert*)
combiste (É. *Combes*)
comtien, ienne (A. *Comte*)
condillacien, ienne *(Condillac)*
confucéen, enne *(Confucius)*
constantinien, ienne (*Constantin* Ier le Grand)
cornélien, ienne (P. *Corneille*)
courtelinesque (G. *Courteline*)
crémazien, enne (O. *Crémazie*)

dantesque *(Dante)*
dantoniste (G.-J. *Danton*)
darwinien, ienne (Ch. *Darwin*)
davidien, ienne (J.-L. *David,* peintre)
debussyste (C. *Debussy*)
desrosien, ienne (L.-P. *Desrosiers*)
dioclétien, enne *(Dioclétien)*
disraélien, enne (B. *Disraeli*)
dominicain, aine (saint *Dominique*)
domitien, enne *(Domitien)*
donatiste *(Donat)*
donjuanesque *(don Juan)*
donquichottesque *(don Quichotte)*
dostoïevskien, enne (F. M. *Dostoïevski*)
dreyfusard, arde (A. *Dreyfus*)
dubéen, enne (M. *Dubé*)
ducharmien, ienne (R. *Ducharme*)
duplessiste (M. *Duplessis*)

einsteinien, ienne (A. *Einstein*)
élisabéthain, aine *(Élisabeth)*
ellingtonien, ienne (D. *Ellington*)
épicurien, ienne *(Épicure)*
érasmien, ienne *(Érasme)*
eschylien, ienne *(Eschyle)*
ésopique *(Ésope)*
euclidien, ienne *(Euclide)*
euripidien, ienne *(Euripide)*

faradique (M. *Faraday*)
farnésien, ienne *(Farnèse)*
faulknérien, ienne (W. *Faulkner*)
faustien, ienne *(Faust)*
fellinien, enne (F. *Fellini*)
fénelonien, ienne (F. *Fénelon*)
ferronien, ienne (J. *Ferron*)
flaubertien, ienne (G. *Flaubert*)
flavien, enne (Titus *Flavius* Vespasianus-Vespasien)
fouriériste (Ch. *Fourier*)
francien, ienne (A. *France*)
franciscain, aine (saint *François*)
franckiste (C. *Franck*)

franquiste (F. *Franco*)
fréchettien, ienne (L. *Fréchette*)
freudien, ienne (S. *Freud*)

galiléen, enne *(Galilée)*
gandhiste *(Gandhi)*
gargantuesque *(Gargantua)*
garibaldien, enne (G. *Garibaldi*)
gaspésien, ienne (Ph.-A. *de Gaspé*)
gassendiste *(Gassendi)*
gaulliste (Ch. de *Gaulle*)
gauvréen, enne (C. *Gauvreau*)
gélinien, ienne (G. *Gélinas*)
gidien, ienne (A. *Gide*)
giguérien, ienne (R. *Giguère*)
giralducien, ienne (J. *Giraudoux*)
giscardien, ienne (V. *Giscard* d'Estaing)
gladstonien, ienne (W. E. *Gladstone*)
gluckiste (C. W. von *Gluck*)
godboutien, ienne (J. *Godbout*)
goethéen, enne (J. W. von *Goethe*)
gorbatchévien, ienne (M. *Gorbatchev*)
gouiniste (P. *Gouin*)
goyesque (F. de *Goya*)
grandboisien, ienne (A. *Grandbois*)
grégorien, ienne (saint *Grégoire*)
groulxiste (L. *Groulx*)
guesdiste (J. *Guesde*)

habsbourgeois, oise (les *Habsbourg*)
harveyen, enne (J.-Ch. *Harvey*)
hébertien, ienne (A. *Hébert*)
① hébertiste (J. *Hébert*)
② hébertiste (G. *Hébert*)
hégélien, ienne (G. W. F. *Hegel*)
hémonien, ienne (L. *Hémon*)
héraclitéen, enne *(Héraclite)*
herculéen, enne *(Hercule)*
hermétique *(Hermès)*
hertelien, ienne (F. *Hertel* : R. Dubé)
hertzien, ienne (H. *Hertz*)
hésiodique *(Hésiode)*
hiéronymien, ienne (saint *Jérôme*)
hippocratique *(Hippocrate)*
hitchcockien, ienne (A. *Hitchcock*)
hitlérien, ienne (A. *Hitler*)
holbachique (d'*Holbach*)
homérique *(Homère)*
horacien, horatien, ienne *(Horace)*
hugolien, ienne (V. *Hugo*)
hussite (J. *Huss*)

ibsénien, ienne (H. *Ibsen*)
icarien, ienne *(Icare)*
ignacien, ienne (saint *Ignace* de Loyola)
ingriste, ingresque (D. *Ingres*)
isiaque *(Isis)*
ismaïlien, ienne (*Ismaïl,* imam)

① jacobite (*Jacques* II d'Angleterre)
② jacobite (*Jacques* Baraddaï)
janséniste *(Jansen)*
jasminien, ienne (C. *Jasmin*)
jennérien, ienne (E. *Jenner*)
johannique (saint *Jean*)
johnsonniste (D. *Johnson*)
julien, ienne *(Jules)*
jungien, ienne (E. *Jung*)
junonien, ienne *(Junon)*
jupitérien, ienne *(Jupiter)*

kafkaïen, ïenne (F. *Kafka*)
kantien, ienne (E. *Kant*)
keplérien, ienne (J. *Kepler*)
keynésien, ienne (J. M. *Keynes*)
khrouchtchévien, ienne (N. *Khrouchtchev*)
kierkegaardien, ienne (S. *Kierkegaard*)

labergien, ienne (A. *Laberge*)
lamarckien, ienne, lamarckiste *(Lamarck)*
lamartinien, ienne (A. de *Lamartine*)
langevinien, ienne (A. *Langevin*)
langeviniste (H.-L. *Langevin*)
languirien, ienne (J. *Languirand*)
leibnizien, ienne (G. W. *Leibniz*)
lemelinesque (R. *Lemelin*)
léniniste *(Lénine)*
lesagiste (J. *Lesage*)
lévesquiste (R. *Lévesque*)
linnéen, enne (C. von *Linné*)
lockiste (J. *Locke*)
louis-philippard, arde *(Louis-Philippe)*
louis-quatorzien, ienne *(Louis XIV)*
luthérien, ienne (M. *Luther*)

machiavélien, ienne, machiavélique (N. *Machiavel*)
mallarméen, enne (S. *Mallarmé*)
malraucien, ienne (A. *Malraux*)
malthusien, ienne (T. R. *Malthus*)
manuélin, ine *(Manuel)*
maoïste (*Mao* Zedong)
mariste, marial *(Marie)*
marivaudesque *(Marivaux)*
marotique (C. *Marot*)
marxiste, marxien, ienne (K. *Marx*)
masochiste (Sacher-*Masoch*)
mauriacien, ienne (F. *Mauriac*)
maurrassien, ienne (Ch. *Maurras*)
ménaisien, ienne (F. de *Lamennais*)
mendélien, ienne (G. J. *Mendel*)
mendésiste (P. *Mendès-France*)
merciériste (H. *Mercier*)
mérovingien, ienne *(Mérovée)*
mesmérien, ienne (F. *Mesmer*)
michelangélesque *(Michel-Ange)*
mitchourinien, ienne (I. V. *Mitchourine*)
mitterrandiste (F. *Mitterrand*)
moliéresque *(Molière)*
mosaïque *(Moïse)*
mozartien, ienne (W. A. *Mozart*)
mussolinien, enne (B. *Mussolini*)

napoléonien, ienne *(Napoléon)*
nassérien, ienne (G. A. *Nasser*)
nelliganien, ienne (É. *Nelligan*)
neptunien, ienne *(Neptune)*
nervalien, ienne (G. de *Nerval*)
newtonien, ienne (I. *Newton*)
nietzschéen, enne (F. *Nietzsche*)

octavien, ienne *(Octave)*
œdipien, ienne *(Œdipe)*
orléaniste (duc d'*Orléans*)
orphique *(Orphée)*
ossianique *(Ossian)*
ovidien, ienne *(Ovide)*

palladien, enne (A. *Palladio*)
pantagruélique *(Pantagruel)*
papineauiste ou papineautiste (L.-J. *Papineau*)

pascalien, ienne (B. *Pascal*)
pastorien, ienne, Pasteurien, ienne (L. *Pasteur*)
paulinien, ienne (saint *Paul*)
pavésien, ienne (P. *Pavèse*)
pavlovien, ienne (I. *Pavlov*)
pellanien, ienne (A. *Pellan*)
péroniste (J. D. *Peron*)
pétainiste (Ph. *Pétain*)
pétrarquiste *(Pétrarque)*
pétrinien, ienne (saint *Pierre*)
phidiesque *(Phidias)*
picassien, ienne (P. *Picasso*)
pickwickien, ienne *(Pickwick)*
pindarique *(Pindare)*
pirandellien, ienne (L. *Pirandello*)
platonicien, ienne, platonique *(Platon)*
plinien, ienne *(Pline)*
plutonien, ienne, plutonique *(Pluton)*
pompéien, ienne *(Pompée)*
poussiniste (N. *Poussin*)
praxitélien, ienne *(Praxitèle)*
prométhéen, enne *(Prométhée)*
proustien, ienne (M. *Proust*)
ptolémaïque *(Ptolémée)*
pythagoréen, enne, pythagoricien, ienne *(Pythagore)*

rabelaisien, ienne (F. *Rabelais*)
racinien, ienne (J. *Racine*)
raphaélique, raphaélesque *(Raphaël)*
ravélien, ienne (M. *Ravel*)
reaganien, ienne (R. *Reagan*)
rembranesque *(Rembrandt)*
riemannien, ienne (B. *Riemann*)
rimbaldien, ienne (A. *Rimbaud*)
ringuétien, ienne (*Ringuet* : Ph. Panneton)
robespierriste (M. de *Robespierre*)
rocambolesque *(Rocambole)*
rossellinien, enne (R. *Rossellini*)
rousseauiste (J.-J. *Rousseau*)
roussélien, ienne (R. *Roussel*)

sadique, sadien, ienne *(Sade)*
saint-denys garnaldiste (H. de *Saint-Denys Garneau*)
saint-simonien, ienne *(Saint-Simon)*
saphique *(Sapho)*
sardanapalesque *(Sardanapale)*
sartrien, ienne (J.-P. *Sartre*)
saturnien, ienne *(Saturne)*
saussurien, ienne (F. de *Saussure*)
savardien, ienne (F.-A. *Savard*)
schönberguien, ienne (A. *Schönberg*)
schubertien, ienne (F. *Schubert*)
schumannien, ienne (R. *Schumann*)
séraphin, ine (S. *Poudrier*)
shakespearien, ienne (W. *Shakespeare*)
socratique *(Socrate)*
spinoziste (B. *Spinoza*)
stalinien, ienne (J. *Staline*)
stendhalien, ienne *(Stendhal)*
swedenborgien, ienne (E. *Swedenborg*)
swiftien, ienne (J. *Swift*)

tainien, ienne (H. *Taine*)
tardivellien, ienne (J.-P. *Tardivel*)
tchékhovien, ienne (A. *Tchékhov*)
thériaultien, ienne (Y. *Thériault*)
thomiste (saint *Thomas* d'Aquin)
tibérien, ienne *(Tibère)*
titianesque *(Titien)*
titiste *(Tito)*
tolstoïen, enne (L. *Tolstoï*)
trotskyste (L. *Trotsky*)

ubuesque *(Ubu)*

valdombrien, ienne (*Valdombre* : C.-H. Grignon)
valérien, enne (P. *Valéry*)
vénusien, ienne *(Vénus)*
verlainien, ienne (P. *Verlaine*)
victorien, enne (reine *Victoria*)
vigneaulien, ienne (G. *Vigneault*)
virgilien, ienne *(Virgile)*
voltairien, ienne *(Voltaire)*

wagnérien, ienne (R. *Wagner*)
wildien, ienne (O. *Wilde*)

zolien, ienne (É. *Zola*)
zoroastrien, ienne *(Zoroastre)*

NOMS ET ADJECTIFS (GENTILÉS) TIRÉS DES NOMS PROPRES DE LIEUX (TOPONYMES)

REM. : L'astérisque placé entre crochets et qui précède le gentilé indique qu'un caractère officiel lui a été attribué par les autorités municipales concernées. Le caractère gras signale que le mot est traité à la nomenclature du dictionnaire. L'absence de localisation entre parenthèses à la suite du toponyme signifie qu'il s'agit d'un gentilé québécois, à l'exception de quelques cas qui identifient des subdivisions de continent.

GENTILÉ	TOPONYME
Abidjanais, aise	Abidjan (Côte-d'Ivoire)
Abitibien, enne	Abitibi
Acadien, enne	Acadie (Nouveau-Brunswick)
[*] Adélois, oise	Sainte-Adèle
Afghan, ane	Afghanistan (Asie)
Africain, aine	Afrique (continent)
Afro-Asiatique	Afrique et Asie
[*] Agathois, oise	Sainte-Agathe
Ahuntsicois, oise	Ahuntsic
Aixois, oise ou Aquisextain, aine	Aix-en-Provence (France)
Akkadien, ienne	Akkad (Mésopotamie)
Albanais, aise	Albanie (Europe)
Albertain, aine	Alberta (Canada)
Alençonnais, aise	Alençon (France)
Alexandrin, ine	Alexandrie (Égypte)
Algérien, enne	Algérie (Afrique du Nord)
Algérois, oise	Alger (Algérie)
Allemand, ande	Allemagne (Europe)
[*] **Almatois, oise**	Alma
Alpin, ine	les Alpes (Europe)
Alsacien, ienne	Alsace (France)
Amazonien, enne	Amazonie (Amérique du Sud)
① **Américain, aine**	Amérique (continent)
② **Américain, aine** ⇒ **États-Unien**	États-Unis (Amérique du Nord)
[*] Amossois, oise	Amos
Amquien, enne	Amqui
Amstellodamien, ienne ou Amstellodamois, oise	Amsterdam (Pays-Bas)
Andalou, ouse	Andalousie (Espagne)
Andin, ine	les Andes (Amérique du Sud)
Andorran, ane	Andorre (Europe)
[*] ① **Angevin, ine**	Anjou
② **Angevin, ine**	Angers (France)
① **Anglais, aise**	Angleterre (Europe)
② **Anglais, aise**	② Canada (provinces de langue anglaise)
Angolais, aise	Angola (Afrique)
[*] Annabellevois, oise	Sainte-Anne-de-Bellevue
Annamite ⇒ **Vietnamien**	Annam (Viêt-nam)
[*] Annemontois, oise	Sainte-Anne-des-Monts
[*] Anselmois, oise	Saint-Anselme
Anticostien, enne	Île d'Anticosti
Antillais, aise	Antilles
Anversois, oise	Anvers (Belgique)
Aquisextain ⇒ Aixois	
Aquitain, aine	Aquitaine (France)

GENTILÉ	TOPONYME
Arabe	Arabie ou des peuples originaires de l'Arabie
Aragonais, aise	Aragon (Espagne)
Arcadien, enne	Arcadie (Grèce)
Ardéchois, oise	Ardèche (France)
Ardennais, aise	Ardennes (Belgique)
Arétin, ine	Arezzo (Italie)
Argentin, ine	Argentine (Amérique du Sud)
Arlésien, ienne	Arles (France)
[*] Armageois, oise	Armagh
Arménien, enne	Arménie (Asie)
Armoricain, aine	Armorique (France)
Artésien, ienne	Artois (France)
[*] Arthabaskien, ienne	Arthabaska
Arvidien, ienne	Arvida
[*] Asbestrien, ienne	Asbestos
Asiate ou **Asiatique**	Asie (continent)
Assyrien, enne	Assyrie (empire de l'Antiquité en Asie)
Asturien, enne	Asturies (Espagne)
Athénien, ienne	Athènes (Grèce)
Australien, enne	Australie (Océanie)
Autrichien, ienne	Autriche (Europe)
Auvergnat, ate	Auvergne (France)
Avignonnais, aise	Avignon (France)
[*] Aylmerois, oise	Aylmer
Azerbaïdjanais, aise	Azerbaïdjan (Asie Occidentale)
Babylonien, ienne	Babylone (Mésopotamie)
Bagotvillois, oise	Bagotville
Baie-Comien, ienne	Baie-Comeau
[*] **Baieriverain, aine**	La Baie
[*] Baie-Saint-Paulois, oise	Baie-Saint-Paul
Baléare	les Baléares (Espagne)
Balinais, aise	Bali (Indonésie)
Balkanique	les Balkans (Europe)
Bâlois, oise	Bâle (Suisse)
Balte	la Baltique (Europe)
Bamakois, oise	Bamako (Mali)
Bangladeshi, ie	Bangladesh (Asie du Sud)
Barbadien, ienne	La Barbade (Petites Antilles)
Barcelonais, aise	Barcelone (Espagne)
Bas-Laurentien, ienne	Bas-Saint-Laurent
Basque, Basquaise ⇒ Euscarien	Pays Basque (Espagne et France)
[*] Batiscanais, aise	Bastican
Bavarois, oise	Bavière (Allemagne)

GENTILÉ	TOPONYME
Beaconsfielder	Beaconsfield
Béarnais, aise	Béarn (France)
① **Beauceron, onne**	① Beauce
② Beauceron, onne	② Beauce (France)
[*] Beaucevillois, oise	Beauceville
Beauharlinois, oise	Beauharnois
Beauportois, oise	Beauport
[*] Beaupréen, enne	Beaupré
[*] **Bécancourois, oise**	Bécancour
[*] **Bélairois, oise**	Val-Bélair
Belge	Belgique (Europe)
[*] **Belœillois, oise**	Belœil
Bengali, ie ou Bengalais, aise	Bengale (Inde)
Béninois, oise	Bénin (Afrique)
Berlinois, oise	Berlin (Allemagne)
[*] Berniérois, oise	Bernières
Bernois, oise	Berne (Suisse)
Berrichon, onne	Berry (France)
Biafrais, aise	Biafra (Afrique)
Biarrot, ote	Biarritz (France)
Biélorusse	Biélorussie (C.É.I.)
Birman, ane	Birmanie (Asie du Sud-Est)
Biscaïen, enne	la Biscaye (Espagne)
[*] **Blainvillois, oise**	Blainville
Bohémien, ienne	la Bohème (Tchécoslovaquie)
[*] **Boisbriannais, aise**	Boisbriand
[*] Boischatelois, oise	Saint-Jean-de-Boischatel
Bolivien, enne	Bolivie (Amérique du Sud)
Bolonais, aise	Bologne (Italie)
Bonifacien, ienne	Saint-Boniface (Manitoba)
Bordelais, aise	Bordeaux (France)
Bosniaque ou Bosnien, enne	Bosnie (Yougoslavie)
Boston(n)ais, aise ou Bostonien, ienne	Boston (États-Unis)
Botswanais, aise	Botswana (Afrique australe)
Bouchervillois, oise	Boucherville
Bourbonnais, aise	Bourbonnais (France)
Bourguignon, onne	Bourgogne (France)
[*] Breakeyvillois, oise	Sainte-Hélène-de-Breakeyville
Brésilien, ienne	Brésil (Amérique du Sud)
Breton, onne	Bretagne (France)
Briard, arde	Brie (France)
Britannique	Grande-Bretagne (Europe)
Britanno-Colombien, enne	Colombie-Britannique (Canada)
[*] Bromontois, oise	Bromont
[*] **Brossardois, oise**	Brossard
Brugeois, oise	Bruges (Belgique)
Bruxellois, oise	Bruxelles (Belgique)
Bulgare	Bulgarie (Europe)
Burkinabé, ée	Burkina Faso (Afrique)
Byzantin, ine	Byzance (ville de l'empire romain d'Orient)
[*] Cabanois, oise	Cabano
Caennais, aise	Caen (France)
Cairote	Le Caire (Égypte)
Calabrais, aise	Calabre (Italie)
Calaisien, ienne	Calais (France)

GENTILÉ	TOPONYME
Calgarien, enne	Calgary (Alberta)
Californien, enne	Californie (États-Unis)
Camarguais, aise ou Camarguin, ine ou Camarguen, enne	Camargue (France)
Cambodgien, ienne	Cambodge (Asie du Sud-Est)
Camerounais, aise	Cameroun (Afrique)
[*] **Campivallensien, ienne**	Salaberry-de-Valleyfield
Canadien, ienne	① Canada (Amérique du Nord)
Cananéen, enne	Canaan (dans l'Antiquité)
Canarien, enne	Îles Canaries (Espagne)
Candiacois, oise	Candiac
Candiote ⇒ Crétois	
Cannois, oise ou Cannais, aise	Cannes (France)
Caraïbe	les Caraïbes (Antilles)
Carcassonnais, aise ou Carcassonnois, oise	Carcassonne (France)
Carolorégien, ienne	Charleroi (Belgique)
[*] **Carougeois, oise**	Cap-Rouge
Carthaginois, oise	Carthage (Tunisie)
Casablancais, aise	Casablanca (Maroc)
Castillan, ane	Castille (Espagne)
Catalan, ane	Catalogne (Espagne et France)
Caucasien, ienne	le Caucase (Orient)
[*] Cayen, enne	Havre-Saint-Pierre
Centrafricain, aine	Centrafrique (Afrique)
Centre-Américain, aine	Amérique Centrale
Cévenol, ole	Cévennes (France)
Ceylanais, aise ⇒ Sri-Lankais	Ceylan (Asie du Sud, ancien nom du Sri Lanka)
Chaldéen, enne	Chaldée (Mésopotamie)
[*] **Chamblyen, enne**	Chambly
Champenois, oise	Champagne (France)
[*] Champlainois, oise	Champlain
[*] Chandlerois, oise	Chandler
[*] Chapaisien, ienne	Chapais
Charentais, aise	Charente (France)
[*] **Charlesbourgeois, oise**	Charlesbourg
Charlevoisien, ienne	Charlevoix
[*] Charnycois, oise	Charny
[*] **Châteauguois, oise**	Châteauguay
Chibougamois, oise	Chibougamau
[*] **Chicoutimien, enne**	Chicoutimi
Chilien, enne	Chili (Amérique du Sud)
Chinois, oise	Chine (Asie)
Chypriote ou **Cypriote**	Chypre (Europe)
Cing(h)alais ou **Singalais, aise** ⇒ Sri-Lankais	Ceylan (Asie du Sud, ancien nom du Sri Lanka)
Cisjordanien, enne	Cisjordanie (Proche-Orient)
[*] Clermontois, oise	Clermont
[*] Coaticookois, oise	Coaticook
Cochinchinois, oise	Cochinchine (Asie)
Colombien, enne	Colombie (Amérique du Sud)
Comorien, ienne	les Comores (océan Indien)
[*] Comptonois, oise	Compton

GENTILÉ	TOPONYME
Comtois, oise ou Franc-Comtois, oise	Franche-Comté (France)
Congolais, aise	Congo (Afrique)
[*] **Constantin, ine**	Saint-Constant
Contrecœurois, oise	Contrecœur
Coréen, enne	Corée (Asie)
Corse	Corse (France)
Costaricain, aine ou Costaricien, ienne	Costa-Rica (Amérique Centrale)
Côte-Saint-Luçois, oise	Côte-Saint-Luc
Coudrien, ienne	Île aux Coudres
Cowansvillois, oise	Cowansville
Crétois, oise ou Candiote	Île de Crète (Grèce)
Croate	Croatie (Yougoslavie)
Cubain, aine	Cuba (Antilles)
Cypriote ⇒ Chypriote	
Dalmate	Dalmatie (Yougoslavie)
Danois, oise	Danemark (Europe)
Danubien, ienne	le Danube (Europe)
Dauphinois, oise	Dauphiné (France)
Deux-Montagnais, aise	Deux-Montagnes
Dieppois, oise	Dieppe (France)
Dijonnais, aise	Dijon (France)
[*] Dolbien, ienne	Dolbeau
Dominicain, aine	Saint-Domingue (Antilles)
Donnaconien, ienne	Donnacona
[*] Dorionnais, aise	Dorion
Dorvalois, oise	Dorval
[*] **Drummondvillois, oise**	Drummondville
[*] East Boltoner	East Bolton
[*] Eastmanois, oise	Eastman
Écossais, aise	Écosse (Grande-Bretagne)
Edmonton(n)ien, ienne	Edmonton (Alberta)
Égyptien, ienne	Égypte (Afrique du Nord-Est)
Équatorien, ienne	Équateur (Amérique du Sud)
[*] Escouminois, oise	Les Escoumins
Espagnol, ole	Espagne (Europe)
Estonien, enne ou Este	Estonie (C.É.I.)
Estrien, enne	Estrie
États-Unien, enne ⇒ ② Américain	États-Unis (Amérique du Nord)
Éthiopien, enne	Éthiopie (Afrique)
Étrusque	Étrurie (ancienne région d'Italie)
Eurasien, enne	Eurasie (Europe et Asie)
Européen, enne	Europe (continent)
Euskarien ou Euscarien, ienne ⇒ **Basque**	Euskadi (Espagne et France)
[*] **Eustachois, oise**	Saint-Eustache
[*] Farnhamien, ienne	Farnham
[*] Félicinois, oise	Saint-Félicien
[*] Fermontois, oise	Fermont
[*] **Fidéen, enne**	Sainte-Foy
Finistérien, ienne	Finistère (France)

GENTILÉ	TOPONYME
Finlandais, aise ou Finnois, oise	Finlande (Europe)
Flamand, ande	Flandres (Belgique et France)
[*] **Fleurimontois, oise**	Fleurimont
Florentin, ine	Florence (Italie)
Floridien, ienne	Floride (États-Unis)
[*] **Forestois, oise**	Rock Forest
[*] Forestvillois, oise	Forestville
Formosan, ane	Formose (Taïwan)
[*] Fortiervillois, oise	Fortierville
Français, aise	France (Europe)
Franc-Comtois ⇒ Comtois	
Francfortois, oise	Francfort-sur-le-Main (Allemagne)
Frédérictonnais, aise	Fredericton (Nouveau-Brunswick)
Fribourgeois, oise	Fribourg (Suisse)
Frison, onne	Frise (Pays-Bas)
Gabonais, aise	Gabon (Afrique)
Galicien, ienne	Galice (Espagne)
Galiléen, enne	Galilée (Moyen-Orient)
Gallois, oise	Pays de Galles (Grande-Bretagne)
Gambien, enne	Gambie (Afrique)
Gantois, oise	Gand (Belgique)
Gascon, onne	Gascogne (France)
① **Gaspésien, ienne**	Gaspé
② **Gaspésien, enne**	Gaspésie
[*] **Gatinois, oise**	Gatineau
Gaulois, oise	la Gaule (ancien nom de la France)
Genevois, oise	Genève (ville ou canton, Suisse)
Génois, oise	Gênes (Italie)
Georgien, ienne	Saint-Georges
Géorgien, enne	Géorgie (C.É.I.)
Germain, aine	Germanie (ancien nom de l'Allemagne)
Ghanéen, enne	Ghāna (Afrique)
Girondin, ine	Gironde (France)
[*] **Granbyen, enne**	Granby
[*] Grandbasilois, oise	Saint-Basile-le-Grand
[*] **Grand-Mérois, oise**	Grand-Mère
Grec, Grecque	Grèce (Europe)
Grenoblois, oise	Grenoble (France)
Grison, onne	les Grisons (Suisse)
Groenlandais, aise	Groenland (nord-est de l'Amérique)
[*] Grondinois, oise	Grondines
Guadeloupéen, enne	Guadeloupe (Antilles)
Guatémalien, ienne ou Guatémaltèque	Guatemala (Amérique Centrale)
Guernesiais, aise	Île de Guernesey (Grande-Bretagne)
Guinéen, enne	Guinée (Afrique)
Guyanais, aise	Guyane (Amérique du Sud)
Haguenois, oise	La Haye (Hollande)
Haïtien, enne	Haïti (Antilles)
Haligonien, ienne	Halifax (Nouvelle-Écosse)
Hambourgeois, oise	Hambourg (Allemagne)
Hamiltonien, ienne	Hamilton (Ontario)
Hampsteader	Hampstead

GENTILÉ	TOPONYME
Hanovrien, ienne	Hanovre (Allemagne)
Havanais, aise	La Havane (Cuba)
Hawaïen, enne	Hawaï (Polynésie)
Hellène	Hellade (Grèce ancienne)
Helvète ⇒ **Suisse**	Helvétie (ancien nom de la Suisse)
Hiérosolymite ou Hiérosolymitain, aine	Jérusalem (Israël)
Hilairemontais, aise	Mont-Saint-Hilaire
Himalayen, enne	Himalaya (Asie)
Hollandais, aise ⇒ Néerlandais	Hollande ou Pays-Bas (Europe)
Hollywoodien, ienne	Hollywood (États-Unis)
Hondurien, ienne	Honduras (Amérique Centrale)
Hongrois, oise ⇒ Magyar	Hongrie (Europe)
[*] **Hubertin, ine**	Saint-Hubert
[*] **Hullois, oise**	Hull
Ibère	Ibérie (ancien nom de l'Espagne)
[*] Ibervillois, oise	Iberville
Indien, ienne	Inde (Asie)
Indochinois, oise	Indochine (Asie)
Indonésien, enne	Indonésie (Asie du Sud-Est)
Inukjuamiuq	Inukjuak
Ionien, enne	Ionie (Asie Mineure)
Iranien, ienne ⇒ Persan	Iran (Moyen-Orient)
Iraquien, ienne	Iraq (Proche-Orient)
Irlandais, aise	Irlande (Royaume-Uni)
Islandais, aise	Islande (Europe)
Israélien, ienne	Israël (Moyen-Orient)
[*] Issoudunois, oise	Notre-Dame-du-Sacré-Cœur-d'Issoudun
Istambuliote	Istambul (Turquie)
Italien, enne	Italie (Europe)
Ivoirien, ienne	Côte-d'Ivoire (Afrique)
Jamaïcain ou **Jamaïquain, aine**	Jamaïque (Antilles)
[*] **Jamésien, ienne**	Baie-James
Japonais, aise	Japon (Asie)
Javanais, aise	Île de Java (Indonésie)
Jeannois, oise	Lac-Saint-Jean
[*] **Jérômien, ienne**	Saint-Jérôme
Jersiais, aise	Île de Jersey (Grande-Bretagne)
[*] **Johannais, aise**	Saint-Jean-sur-Richelieu
[*] **Joliettain, aine**	Joliette
[*] **Jonquiérois, oise**	Jonquière
Jordanien, enne	Jordanie (Proche-Orient)
[*] Jovitien, ienne	Saint-Jovite
[*] **Julievillois, oise**	Sainte-Julie
Jurassien, ienne	Jura (France)
Kabyle	Kabylie (Algérie)
Kahnawakeronon	Kahnawake
[*] Kamouraskois, oise	Kamouraska
Kazakh, e	Kazakhstan (C.É.I.)
Kénogamien, enne	Kénogami

GENTILÉ	TOPONYME
Kényen, enne ou Kényan, ane	Kénya (Afrique)
Kirghiz, e	Kirghizistan (C.É.I.)
Koweitien, ienne	Koweit (Moyen-Orient)
[*] Kuujjuamiuq	Kuujjuaq
Kuujjuaraapimmiuq	Kuujjuarapik
[*] Labellois, oise	Labelle
Labradorien, ienne	Labrador
[*] **Lachenois, oise**	Lachenaie
Lachinois, oise	Lachine
[*] **Lachutois, oise**	Lachute
Lac-Saint-Charlois, oise	Lac-Saint-Charles
[*] **Lambertois, oise**	Saint-Lambert
[*] **Lanaudois, oise**	Lanaudière
Landais, aise	Landes (France)
Languedocien, ienne	Languedoc (France)
Laotien, ienne	Laos (Asie du Sud-Est)
Lapon, onne	Laponie (Europe)
[*] **Laprairien, enne**	La Prairie
LaSallois, oise	LaSalle
[*] Lasarrois, oise	La Sarre
Latino-Américain, aine ⇒ Sud-Américain	Amérique Latine
[*] **Latuquois, oise**	La Tuque
Latvien ⇒ Letton	
① **Laurentien, ienne**	Laurentides
[*] ② **Laurentien, ienne**	Saint-Laurent
[*] Lauriermontois, oise	Mont-Laurier
Lausannois, oise	Lausanne (Suisse)
① **Lavallois, oise**	Laval (ville ou région)
② **Lavallois, oise**	Université Laval
[*] Lavalois, oise	Sainte-Brigitte-de-Laval
Leipzigois, oise	Leipzig (Allemagne)
[*] Lemoynois, oise	LeMoyne
[*] Lennoxvillois, oise	Lennoxville
[*] **Léonardois, oise**	Saint-Léonard
Letton, onne ou Lette ou Latvien, enne	Lettonie (C.É.I.)
Levantin, ine	Levant (littoral oriental de la Méditerranée)
Lévisien, enne	Lévis
Libanais, aise	Liban (Afrique du Nord)
Libérien, enne	Liberia (Afrique)
Libyen, enne	Libye (Afrique du Nord)
Liégeois, oise	Liège (Belgique)
Ligurien, enne	Ligurie (Italie)
Lillois, oise	Lille (France)
Liménien, ienne	Lima (Pérou)
Limousin, ine ou Limougeaud, eaude	Limousin (France)
Lisbonnin, ine	Lisbonne (Portugal)
Lit(h)uanien, enne	Lituanie (C.É.I.)
Livournais, aise	Livourne (Italie)
Lombard, arde	Lombardie (Italie)
Loméen, enne	Lomé (Togo)
① **Londonien, ienne**	London (Ontario)
② **Londonien, ienne**	Londres (Angleterre)
Longueuillois, oise	Longueuil
[*] **Lorettain, aine**	L'Ancienne-Lorette
Lorettevillois, oise	Loretteville
[*] ① Lorrain, aine	① Lorraine
② **Lorrain, aine**	② Lorraine (France)
[*] Louisevillois, oise	Louiseville

GENTILÉ	TOPONYME
Louisianais, aise	Louisiane (États-Unis)
Louperivois, oise	Rivière-du-Loup
Lourdois, oise ou Lourdais, aise	Lourdes (France)
Louvaniste	Louvain (Belgique)
[*] Lowite	Low
[*] **Luçois, oise**	Saint-Luc
Lusitanien, enne ou Lusitain, aine ⇒ **Portugais**	Lusitanie (ancienne province d'Espagne)
① Luxembourgeois, oise	① Luxembourg (Europe)
② Luxembourgeois, oise	② Luxembourg (① Luxembourg)
Lydien, enne	Lydie (Asie Mineure)
Lyonnais, aise	Lyon (France)
Macédonien, ienne	Macédoine (Grèce)
Mâconnais, aise	Mâcon (France)
Madelinois, oise	Cap-de-la-Madeleine
Madelinot, Madelinienne	Îles de la Madeleine
Madérien, ienne ou Madérois, oise	Madère (Portugal)
Madrilène	Madrid (Espagne)
Maghrébin, ine	Maghreb (Afrique du Nord)
[*] **Magnymontois, oise**	Montmagny
Magogois, oise	Magog
Magyar, e ⇒ **Hongrois**	Hongrie (Europe)
Majorquin, ine	Majorque (Espagne)
Malais, aise ⇒ Malaysien	Malaisie (Asie du Sud-Est)
[*] Malarticois, oise	Malartic
Malawien, enne	Malawi (Afrique)
Malaysien, enne ⇒ Malais	Malaysia (Asie du Sud-Est)
Malbéen, enne	La Malbaie
Malgache	Madagascar (océan Indien)
Malien, enne	Mali (Afrique)
Malouin, ouine	Saint-Malo (France)
Maltais, aise	Île de Malte (Europe)
Manceau, elle	Maine (France)
Mandchou, e	Mandchourie (ancien nom de la Chine du Nord-Est)
Manitobain, aine	Manitoba (Canada)
Maniwakien, enne	Maniwaki
Marocain, aine	Maroc (Afrique du Nord)
Marseillais, aise	Marseille (France)
Martien, ienne	Mars (planète)
Martiniquais, aise	Martinique (Antilles)
[*] **Mascouchois, oise**	Mascouche
[*] Maskinongeois, oise	Saint-Joseph-de-Maskinongé
[*] **Maskoutain, aine**	Saint-Hyacinthe
[*] Matagamien, enne	Matagami
[*] **Matanais, aise**	Matane
Matapédien, enne	Matapédia
① **Maure, Mauresque** ou ① **More, Moresque**	Royaume du Nord de l'Afrique (dans l'Antiquité)
② **Maure, Mauresque** ou ② **More, Moresque**	Mauritanie (ancienne région d'Afrique Occidentale)
① **Mauricien, enne**	Mauricie
② **Mauricien, ienne**	Île Maurice (océan Indien)
Mayennais, aise	Mayenne (France)
[*] Méganticois, oise	Lac-Mégantic
Mélanésien, enne	Mélanésie (Océanie)
Mentonnais, aise	Menton (France)
[*] Mercierois, oise	Mercier
Mésopotamien, enne	Mésopotamie (Asie)
Messin, ine	Metz (France)
[*] Métissien, ienne	Métis-sur-Mer
Meudonnais, aise	Meudon (France)
Mexicain, aine	Mexique (Amérique du Nord)
Milanais, aise	Milan (Italie)
Minganien, ienne	Mingan
Minorquin, ine	Minorque (Espagne)
Miquelonnais, aise	Miquelon (France : océan Atlantique)
[*] **Mirabellois, oise**	Mirabel
[*] Mistassinien, enne	Mistassini
Moldave	Moldavie (Roumanie)
Monctonien, ienne	Moncton (Nouveau-Brunswick)
Monégasque	Monaco (Europe)
Mongol, ole	Mongolie (Asie)
[*] **Montarvillois, oise**	Saint-Bruno-de-Montarville
Montbéliardais, aise	Montbéliard (France)
Monténégrin, ine	Monténégro (Yougoslavie)
Montérégien, enne	Montérégie
[*] Mont-Jolien, enne	Mont-Joli
Montois, oise	Mons (Belgique)
Montpelliérain, aine	Montpellier (France)
Montréalais, aise	Montréal
Morave	Moravie (Tchécoslovaquie)
More ⇒ Maure	
Moscovite	Moscou (Russie)
Mulhousien, ienne	Mulhouse (France)
Munichois, oise	Munich (Allemagne)
Mycénien, ienne	Mycènes (ancienne ville de Grèce)
Nadowesipiwini	Rivière-Bell
Namurois, oise	Namur (Belgique)
Nancéien, ienne	Nancy (France)
Nantais, aise	Nantes (France)
Napolitain, aine	Naples (Italie)
Narbonnais, aise	Narbonne (France)
Navarrais, aise	Navarre (Espagne)
Nazaréen, enne	Nazareth (Israël)
Néerlandais, aise ⇒ **Hollandais**	Hollande ou Pays-Bas (Europe)
Néo-Brunswickois, oise	Nouveau-Brunswick (Canada)
Néo-Calédonien, enne	Nouvelle-Calédonie (Océanie)
Néo-Écossais, aise	Nouvelle-Écosse (Canada)
Néo-Orléanais, aise	Nouvelle-Orléans (Lousiane)
Néo-Zélandais, aise	Nouvelle-Zélande (Océanie)
Népalais, aise	Népal (Asie)
Neuchâtelois, oise	Neuchâtel (Suisse)
Neufchâtelois, oise	Neufchâtel
[*] Neuvillois, oise	Neuville

GENTILÉ	TOPONYME
[*] New-Richmondois, oise	New Richmond
New-Yorkais, aise	New York (États-Unis)
Nicaraguayen, enne	Nicaragua (Amérique Centrale)
Niçois, oise	Nice (France)
Nicolétain, aine	Nicolet
[*] Nicolois, oise	Saint-Nicolas
Nigérian, ane	Nigeria (Afrique)
Nigérien, ienne	Niger (Afrique)
Nîmois, oise	Nîmes (France)
Nord-Africain, aine	Afrique du Nord
Nord-Américain, aine	Amérique du Nord
Nord-Coréen, enne	Corée du Nord (Asie)
Nord-Côtier, ière	Côte-Nord
Normand, ande	Normandie (France)
[*] Normandinois, oise	Normandin
Norvégien, ienne	Norvège (Europe)
Nubien, enne	Nubie (Afrique)
Océanien, enne	Océanie (continent)
[*] Okois, oise	Oka
Ombrien, enne	Ombrie (Italie)
Ontarien, enne	Ontario (Canada)
Orléanais, aise	Île d'Orléans
Ostendais, aise	Ostende (Belgique)
Ottoman, ane ⇒ Turc	Empire ottoman (Europe et Proche-Orient)
[*] **Ouestrifluvien, ienne**	Trois-Rivières-Ouest
Ougandais, aise	Ouganda (Afrique)
① **Outaouais, aise**	Ottawa (Ontario)
② **Outaouais, aise**	Outaouais
[*] Outardois, oise	Chute-aux-Outardes
Outremontais, aise	Outremont
Oxonien ou Oxfordien, ienne	Oxford (Angleterre)
Padouan, ane	Padoue (Italie)
Pakistanais, aise	Pakistan (Asie du Sud)
Palermitain ou Panormitain, aine	Palerme (Italie)
Palestinien, ienne	Palestine (Proche-Orient)
Panaméen, enne ou Panamien, ienne	Panama (Amérique Centrale)
Panormitain ⇒ Palermitain	
Paraguayen, enne	Paraguay (Amérique du Sud)
Parisien, ienne	Paris (France)
Parmesan, ane	Parme (Italie)
Pavesan, ane	Pavie (Italie)
Pékinois, oise	Pékin (Chine)
Péloponnésien, ienne	Péloponnèse (Grèce)
Pennsylvanien, enne	Pennsylvanie (États-Unis)
[*] Percéen, enne	Percé
Percheron, onne	Perche (France)
[*] Péribonkois, oise	Péribonka
Périgourdin, ine	Périgord (France)
Perpignanais, aise	Perpignan (France)
Persan, ane ⇒ Iranien	Perse (ancien nom de l'Iran)
Péruvien, ienne	Pérou (Amérique du Sud)
[*] **Pétrifontain, aine**	Pierrefonds
Phénicien, enne	Phénicie (ancienne contrée méditerranéenne)
Philadelphien, enne	Philadelphie (États-Unis)
Philippin, ine	Philippines (Océanie)
Picard, arde	Picardie (France)
Piémontais, aise	Piémont (Italie)
[*] Pierrevillien, ienne	Pierreville
[*] Pistolois, oise	Trois-Pistoles
Plessisvillois, oise	Plessisville
[*] Pocatois, oise	La Pocatière
Pointe-Clairais, aise	Pointe-Claire
① Poitevin, ine	Poitou (France)
② Poitevin, ine	Poitiers (France)
Polonais, aise	Pologne (Europe)
Polynésien, enne	Polynésie (Océanie)
Pompéien, enne	Pompéi (Italie)
[*] Pont-Rougeois, oise	Pont-Rouge
Portcartois, oise	Port-Cartier
[*] **Portneuvois, oise**	Sainte-Anne-de-Portneuf
Portoricain, aine	Porto Rico (Antilles)
Portugais, aise ⇒ Lusitanien	Portugal (Europe)
Prince-Édouardien, ienne	Île-du-Prince-Édouard (Canada)
[*] Princevillois, oise	Princeville
Provençal, ale	Provence (France)
Prussien, ienne	Prusse (ancien État d'Allemagne)
Pyrénéen, enne	Pyrénées (France et Espagne)
Quaqtamiuq	Quaqtaq
① **Québécois, oise**	① Québec (province)
[*] ② **Québécois, oise**	② Québec (ville)
[*] Quévillonnais, aise	Lebel-sur-Quévillon
Quimpérois, oise	Quimper (France)
Rambolitain, aine	Rambouillet (France)
Ravennate	Ravenne (Italie)
[*] Raymondois, oise	Saint-Raymond
Réginois, oise	Regina (Saskatchewan)
Rémois, oise	Reims (France)
Rennois, oise	Rennes (France)
[*] **Repentignois, oise**	Repentigny
Réunionnais, aise	Île de la Réunion (océan Indien)
① **Rhénan, ane**	Rhénanie (Allemagne)
② **Rhénan, ane**	Rhin (Allemagne)
Rhodien, ienne	Île de Rhodes (Grèce)
Richelain, aine	Vallée-du-Richelieu
[*] **Rimouskois, oise**	Rimouski
Roannais, aise	Roanne (France)
[*] **Robervalois, oise**	Roberval
Romain, aine	Rome (Italie)
[*] Romualdien, ienne	Saint-Romuald
[*] Rosalien, enne	Sainte-Rosalie
[*] Rosemèrois, oise	Rosemère
Roubaisien, ienne	Roubaix (France)
Rouennais, aise	Rouen (France)
Rouergat, ate	Rouergue (France)
[*] Rougemontois, oise	Rougemont
Roumain, aine	Roumanie (Europe)

GENTILÉ	TOPONYME
Roussillonnais, aise	Roussillon (France)
[*] **Rouynorandien, ienne**	Rouyn-Noranda
Russe	Russie (Europe)
Saguenayen ou **Sague-néen, enne**	Saguenay
[*] Saint-Ferréolais, aise	Saint-Ferréol-les-Neiges
Saintongeais, aise	Saintonge (France)
Saint-Pierrais, aise	Saint-Pierre (France : océan Atlantique)
[*] Saint-Sauveurois, oise	Saint-Sauveur-des-Monts
Salonicien, ienne	Salonique (Grèce)
Samaritain, aine	Samarie (ancienne ville d'Israël)
Sarde	Sardaigne (Italie)
Sarrois, oise	Sarre (Allemagne)
Sarthois, oise	Sarthe (France)
Saskatchewanais, aise	Saskatchewan (Canada)
Saumurois, oise	Saumur (France)
Savoyard, arde ou Savoisien, ienne	Savoie (France)
Saxon, onne	Saxe (Allemagne)
Scandinave	Scandinavie (Europe)
Ségovien, enne	Ségovie (Espagne)
Sénégalais, aise	Sénégal (Afrique)
Sénégambien, enne	Sénégambie (Afrique)
Senneterrien, ienne	Senneterre
Septilien, ienne	Sept-Îles
Serbe	Serbie (Yougoslavie)
Sévrien, ienne	Sèvres (France)
[*] ① **Shawiniganais, aise**	Shawinigan
[*] ② **Shawiniganais, aise**	Shawinigan-Sud
[*] Shawvillite	Shawville
[*] **Sherbrookois, oise**	Sherbrooke
Siamois, oise ⇒ Thaïlandais	Siam (Asie du Sud-Est, ancien nom de la Thaïlande)
Sibérien, enne	Sibérie (Russie)
Sicilien, ienne	Sicile (Italie)
Siennois, oise	Sienne (Italie)
Sierra-Léonais, aise	Sierra Leone (Afrique)
[*] **Sillerois, oise**	Sillery
Singalais ⇒ **Cing(h)lais,** Sri-Lankais	
Singapourien, ienne	Singapour (Asie du Sud-Est)
Slovaque	Slovaquie (Tchécoslovaquie)
Slovène	Slovénie (Yougoslavie)
Smyrniote	Smyrne (Turquie)
Soissonnais, aise	Soissons (France)
Somalien, enne	Somalie (Afrique)
[*] **Sorelois, oise**	Sorel
Soudanais, aise ou Soudanien, ienne	Soudan (Afrique)
Sri-Lankais, aise ⇒ **Ceylanais, Cing(h)lais, Singalais**	Sri Lanka (Asie du Sud, autrefois le Ceylan)
Stéphanois, oise	Saint-Étienne (France)
Strasbourgeois, oise	Strasbourg (France)
Sud-Africain, aine	Afrique du Sud (Afrique)
Sud-Américain, aine ⇒ **Latino-Américain**	Amérique du Sud
Sudburois, oise	Sudbury (Ontario)
Sud-Coréen, enne	Corée du Sud (Asie)
Suédois, oise	Suède (Europe)
Suisse ⇒ Helvète	Suisse (Europe)
Syracusain, aine	Syracuse (Sicile)
Syrien, enne	Syrie (Proche-Orient)
[*] Tadoussacien, ienne	Tadoussac
Tanzanien, enne	Tanzanie (Afrique)
Tarbais, aise ou Tarbéen, enne	Tarbes (France)
Tarentin, ine	Tarente (Italie)
[*] Tascherellois, oise	Taschereau
Tasmanien, enne	Tasmanie (Australie)
Tchadien, ienne	Tchad (Afrique)
Tchécoslovaque ou **Tchèque**	Tchécoslovaquie (Europe)
Témiscabitibien, enne	Abitibi-Témiscamingue
[*] **Témiscamien, ienne**	Témiscamingue
Témiscouatain, aine	Témiscouata
Ténois, oise ⇒ **Territorien**	Territoires du Nord-Ouest (Canada)
[*] **Térésien, ienne**	Sainte-Thérèse
[*] **Terrebonnien, ienne**	Terrebonne
Terre-Neuvien, ienne	Terre-Neuve (Canada)
Territorien, ienne ⇒ **Ténois**	Territoires du Nord-Ouest (Canada)
Texan, ane	Texas (États-Unis)
Thaïlandais, aise ⇒ **Siamois**	Thaïlande (Asie du Sud-Est)
Thébain, aine	Thèbes (Grèce)
Thessalien, enne	Thessalie (Grèce)
[*] **Thetfordois, oise**	Thetford Mines
[*] Thornite	Thorne
Tibétain, aine	Tibet (Asie)
Timiskamingini	Réserve indienne de Témiscamingue
Togolais, aise	Togo (Afrique)
Torontois, oise	Toronto (Ontario)
Toscan, ane	Toscane (Italie)
Toulonnais, aise	Toulon (France)
Toulousain, aine	Toulouse (France)
① Tourangeau	Touraine (France)
② Tourangeau	Tours (France)
Tournaisien, ienne	Tournai (Belgique)
Tracien, enne	Tracy
Transylvain, aine ou Transylvanien, enne	Transylvanie (Roumanie)
Trappiste	Trappes (France)
Trévire ou Trévère	Trèves (Allemagne)
Trévisan, ane	Trévise (Italie)
Triestin, ine	Trieste (Italie)
[*] **Trifluvien, ienne**	Trois-Rivières
Trinitéen, enne	Trinité (Antilles)
Tropézien, ienne	Saint-Tropez (France)
① Troyen, enne	Troie (Asie Mineure)
② Troyen, enne	Troyes (France)
Tunisien, enne	Tunisie (Afrique du Nord)
Tunisois, oise	Tunis (Tunisie)
Turc, Turque ⇒ **Ottoman**	Turquie (Proche-Orient)

GENTILÉ	TOPONYME
Turinois, oise	Turin (Italie)
Tyrolien, ienne	Tyrol (Autriche)
Ubaldien, ienne	Saint-Ubalde
[*] Uptonais, aise	Upton
Uruguayen, enne	Uruguay (Amérique du Sud)
Valaisan, ane	Valais (Suisse)
[*] Val-Davidois, oise	Val-David
Valdorien, ienne	Val-d'Or
[*] Valmorinois, oise	Val-Morin
[*] Valois, oise	Acton Vale
Vancouvérois, oise	Vancouver (Colombie-Britannique)
[*] ① **Vaniérois, oise**	① Vanier
② **Vaniérois, oise**	② Vanier (Ontario)
Varennois, oise	Varennes
Varsovien, enne	Varsovie (Pologne)
Vaudois, oise	Vaud (Suisse)
[*] Vaudreuillois, oise	Vaudreuil
Vendéen, enne	Vendée (France)
Vénézuélien, ienne ou Vénézolan, ane	Venezuela (Amérique du Sud)
Vénitien, ienne	Venise (Italie)
[*] Verchèrois, oise	Verchères
① **Verdunois, oise**	① Verdun
② Verdunois, oise	② Verdun (France)
Vermontois, oise	Vermont (États-Unis)
Véronais, aise	Vérone (Italie)
Versaillais, aise	Versailles (France)
Vichyssois, oise	Vichy (France)
[*] **Victoriavillois, oise**	Victoriaville

GENTILÉ	TOPONYME
Viennois, oise	Vienne (Autriche)
Vietnamien, ienne ⇒ Annamite	Viêt-nam (Asie du Sud-Est)
Vimynois, oise	Vimy (France)
Voltaïque	Haute-Volta (Afrique)
Vosgien, ienne	Vosges (France)
Wallon, onne	Wallonie (Belgique)
[*] Warwickois, oise	Warwick
[*] Waswanipi Eenouch	Waswanipi
[*] Waterlois, oise	Waterloo
[*] **Westmountais, aise**	Westmount
[*] ① **Windsorois, oise**	① Windsor
② Windsorois, oise	② Windsor (Ontario)
Winnawiiyani	Winneway
Winnipeguois, oise	Winnipeg (Manitoba)
[*] ① Yamachichois, oise	Sainte-Anne-d'Yamachiche
[*] ② Yamachichois, oise	Yamachiche
[*] Yamaskois, oise	La Haute-Yamaska
Yellowknifien, ienne	Yellowknife (Territoires du Nord-Ouest)
Yéménite	Yémen (Arabie)
Yougoslave	Yougoslavie (Europe)
Yukon(n)ais, aise	Yukon (Canada)
Zacharois, oise	Saint-Zacharie
Zaïrois, oise	Zaïre (Afrique)
Zambien, enne	Zambie (Afrique)
Zimbabwéen, enne	Zimbabwe (Afrique)
Zurichois, oise	Zurich (Suisse)

TOPONYMES ET GENTILÉS

TOPONYME	GENTILÉ
Abidjan (Côte-d'Ivoire)	Abidjanais, aise
Abitibi	**Abitibien, enne**
Abitibi-Témiscamingue	**Témiscabitibien, enne**
Acadie (Nouveau-Brunswick)	**Acadien, enne**
Acton Vale	[*] Valois, oise
Afghanistan (Asie)	Afghan, ane
Afrique (continent)	**Africain, aine**
Afrique du Nord	Nord-Africain, aine
Afrique du Sud (Afrique)	Sud-Africain, aine
Afrique et Asie	**Afro-Asiatique**
Ahuntsic	Ahuntsicois, oise
Aix-en-Provence (France)	Aixois, oise ou Aquisextain, aine
Akkad (Mésopotamie)	Akkadien, ienne
Albanie (Europe)	Albanais, aise
Alberta (Canada)	**Albertain, aine**
Alençon (France)	Alençonnais, aise
Alexandrie (Égypte)	Alexandrin, ine
Alger (Algérie)	Algérois, oise
Algérie (Afrique du Nord)	**Algérien, enne**
Allemagne (Europe)	**Allemand, ande**
Alma	[*] **Almatois, oise**
Alpes (Europe)	**Alpin, ine**
Alsace (France)	**Alsacien, ienne**
Amazonie (Amérique du Sud)	**Amazonien, enne**
Amérique (continent)	① **Américain, aine**
Amérique Centrale	**Centre-Américain, aine**
Amérique du Nord	**Nord-Américain, aine**
Amérique du Sud ⇒ Amérique Latine	**Sud-Américain, aine**
Amérique Latine ⇒ Amérique du Sud	**Latino-Américain, aine**
Amos	[*] **Amossois, oise**
Amqui	Amquien, enne
Amsterdam (Pays-Bas)	Amstellodamien, ienne ou Amstellodamois, oise
Andalousie (Espagne)	Andalou, ouse
Andes (Amérique du Sud)	Andin, ine
Andorre (Europe)	Andorran, ane
Angers (France)	② **Angevin, ine**
Angleterre (Europe)	① **Anglais, aise**
Angola (Afrique)	Angolais, aise
Anjou	[*] ① **Angevin, ine**
Annam (Viêt-nam)	Annamite
Antilles	**Antillais, aise**
Anvers (Belgique)	Anversois, oise
Aquitaine (France)	Aquitain, aine
Arabie ou des peuples originaires de l'Arabie	**Arabe**
Aragon (Espagne)	Aragonais, aise
Arcadie (Grèce)	Arcadien, enne
Ardèche (France)	Ardéchois, oise
Ardennes (Belgique)	Ardennais, aise

TOPONYME	GENTILÉ
Arezzo (Italie)	Arétin, ine
Argentine (Amérique du Sud)	**Argentin, ine**
Armagh	[*] Armageois, oise
Arles (France)	Arlésien, ienne
Arménie (Asie)	Arménien, enne
Armorique (France)	Armoricain, aine
Arthabaska	[*] Arthabaskien, ienne
Artois (France)	Artésien, ienne
Arvida	Arvidien, ienne
Asbestos	[*] Asbestrien, ienne
Asie (continent)	Asiate ou **Asiatique**
Assyrie (empire de l'Antiquité en Asie)	Assyrien, enne
Asturies (Espagne)	Asturien, enne
Athènes (Grèce)	Athénien, ienne
Australie (Océanie)	**Australien, enne**
Autriche (Europe)	Autrichien, ienne
Auvergne (France)	Auvergnat, ate
Avignon (France)	Avignonnais, aise
Aylmer	[*] **Aylmerois, oise**
Azerbaïdjan (Asie Occidentale)	Azerbaïdjanais, aise
Babylone (Mésopotamie)	Babylonien, ienne
Bagotville	Bagotvillois, oise
Baie-Comeau	**Baie-Comien, ienne**
Baie-James	[*] **Jamésien, ienne**
Baie-Saint-Paul	[*] Baie-Saint-Paulois, oise
Bâle (Suisse)	Bâlois, oise
Baléares (Espagne)	Baléare
Bali (Indonésie)	Balinais, aise
Balkans (Europe)	**Balkanique**
Baltique (Europe)	Balte
Bamako (Mali)	Bamakois, oise
Bangladesh (Asie du Sud)	Bangladeshi, ie
Barcelone (Espagne)	Barcelonais, aise
Bas-Saint-Laurent	**Bas-Laurentien, ienne**
Batiscan	[*] Bastiscanais, aise
Bavière (Allemagne)	Bavarois, oise
Beaconsfield	Beaconsfielder
Béarn (France)	Béarnais, aise
① Beauce	① **Beauceron, onne**
② Beauce (France)	② Beauceron, onne
Beauceville	[*] Beaucevillois, oise
Beauharnois	Beauharlinois, oise
Beauport	**Beauportois, oise**
Beaupré	[*] Beaupréen, enne
Bécancour	[*] **Bécancourois, oise**
Belgique (Europe)	**Belge**
Belœil	[*] **Belœillois, oise**
Bengale (Inde)	Bengali, ie ou Bengalais, aise
Bénin (Afrique)	Béninois, oise
Berlin (Allemagne)	Berlinois, oise
Berne (Suisse)	Bernois, oise
Bernières	[*] Berniérois, oise

TOPONYME	GENTILÉ
Berry (France)	Berrichon, onne
Biafra (Afrique)	Biafrais, aise
Biarritz (France)	Biarrot, ote
Biélorussie (C.É.I.)	Biélorusse
Birmanie (Asie du Sud-Est)	Birman, ane
Biscaye (Espagne)	Biscaïen, enne
Blainville	[*] **Blainvillois, oise**
Bohème (Tchécoslovaquie)	**Bohémien, ienne**
Boisbriand	[*] **Boisbriannais, aise**
Bolivie (Amérique du Sud)	Bolivien, enne
Bologne (Italie)	Bolonais, aise
Bordeaux (France)	Bordelais, aise
Bosnie (Yougoslavie)	Bosniaque ou Bosnien, enne
Boston (États-Unis)	**Boston(n)ais, aise** ou Bostonien, ienne
Botswana (Afrique australe)	Botswanais, aise
Boucherville	**Bouchervillois, oise**
Bourbonnais (France)	Bourbonnais, aise
Bourgogne (France)	**Bourguignon, onne**
Brésil (Amérique du Sud)	**Brésilien, ienne**
Bretagne (France)	**Breton, onne**
Brie (France)	Briard, arde
Bromont	[*] Bromontois, oise
Brossard	[*] **Brossardois, oise**
Bruges (Belgique)	Brugeois, oise
Bruxelles (Belgique)	**Bruxellois, oise**
Bulgarie (Europe)	**Bulgare**
Burkina Faso (Afrique)	Burkinabé, ée
Byzance (ville de l'empire romain d'Orient)	**Byzantin, ine**
Cabano	[*] Cabanois, oise
Caen (France)	Caennais, aise
Calabre (Italie)	Calabrais, aise
Calais (France)	Calaisien, ienne
Calgary (Alberta)	**Calgarien, enne**
Californie (États-Unis)	**Californien, enne**
Camargue (France)	Camarguais, aise ou Camarguin, ine ou Camarguen, enne
Cambodge (Asie du Sud-Est)	Cambodgien, ienne
Cameroun (Afrique)	Camerounais, aise
Canaan (dans l'Antiquité)	Cananéen, enne
① Canada (Amérique du Nord)	**Canadien, ienne**
② Canada (provinces de langue anglaise)	② **Anglais, aise**
Candiac	Candiacois, oise
Cannes (France)	Cannois, oise ou Cannais, aise
Cap-de-la-Madeleine	Madelinois, oise
Cap-Rouge	[*] **Carougeois, oise**
Caraïbes (Antilles)	**Caraïbe**
Carcassonne (France)	Carcassonnais, aise ou Carcassonnois, oise
Carthage (Tunisie)	Carthaginois, oise
Casablanca (Maroc)	Casablancais, aise
Castille (Espagne)	**Castillan, ane**
Catalogne (Espagne et France)	**Catalan, ane**
Caucase (Orient)	Caucasien, ienne

TOPONYME	GENTILÉ
Centrafrique (Afrique)	Centrafricain, aine
Cévennes (France)	Cévenol, ole
Ceylan (Asie du Sud, ancien nom du Sri Lanka)	Ceylanais ou **Cing(h)alais** ou **Singalais** ou Sri-Lankais, aise
Chaldée (Mésopotamie)	Chaldéen, enne
Chambly	[*] **Chamblyen, enne**
Champagne (France)	**Champenois, oise**
Champlain	[*] Champlainois, oise
Chandler	[*] Chandlerois, oise
Chapais	[*] Chapaisien, ienne
Charente (France)	Charentais, aise
Charleroi (Belgique)	Carolorégien, ienne
Charlesbourg	[*] **Charlesbourgeois, oise**
Charlevoix	**Charlevoisien, ienne**
Charny	[*] Charnycois, oise
Châteauguay	[*] **Châteauguois, oise**
Chibougamau	Chibougamois, oise
Chicoutimi	[*] **Chicoutimien, enne**
Chili (Amérique du Sud)	**Chilien, enne**
Chine (Asie)	**Chinois, oise**
Chute-aux-Outardes	[*] Outardois, oise
Chypre (Europe)	**Chypriote** ou **Cypriote**
Cisjordanie (Proche-Orient)	Cisjordanien, enne
Clermont	[*] Clermontois, oise
Coaticook	[*] Coaticookois, oise
Cochinchine (Asie)	Cochinchinois, oise
Colombie (Amérique du Sud)	Colombien, enne
Colombie-Britannique (Canada)	**Britanno-Colombien, enne**
Comores (océan Indien)	Comorien, ienne
Compton	[*] Comptonois, oise
Congo (Afrique)	Congolais, aise
Contrecœur	Contrecœurois, oise
Corée (Asie)	Coréen, enne
Corée du Nord (Asie)	Nord-Coréen, enne
Corée du Sud (Asie)	Sud-Coréen, enne
Corse (France)	**Corse**
Costa-Rica (Amérique Centrale)	Costaricain, aine ou Costaricien, ienne
Côte-d'Ivoire (Afrique)	Ivoirien, ienne
Côte-Nord	**Nord-Côtier, ière**
Côte-Saint-Luc	**Côte-Saint-Luçois, oise**
Cowansville	**Cowansvillois, oise**
Croatie (Yougoslavie)	Croate
Cuba (Antilles)	**Cubain, aine**
Dalmatie (Yougoslavie)	Dalmate
Danemark (Europe)	**Danois, oise**
Danube (Europe)	Danubien, ienne
Dauphiné (France)	**Dauphinois, oise**
Deux-Montagnes	**Deux-Montagnais, aise**
Dieppe (France)	Dieppois, oise
Dijon (France)	Dijonnais, aise
Dolbeau	[*] Dolbien, ienne
Donnacona	Donnaconien, ienne
Dorion	Dorionnais, aise
Dorval	Dorvalois, oise
Drummondville	[*] **Drummondvillois, oise**
East Bolton	[*] East Boltoner

TOPONYME	GENTILÉ
Eastman	[*] Eastmanois, oise
Écosse (Grande-Bretagne)	**Écossais, aise**
Edmonton (Alberta)	**Edmonton(n)ien, ienne**
Égypte (Afrique du Nord-Est)	**Égyptien, ienne**
Empire ottoman (Europe et Proche-Orient) ⇒ Turquie	**Ottoman, ane**
Équateur (Amérique du Sud)	Équatorien, ienne
Espagne (Europe)	**Espagnol, ole**
Estonie (C.É.I.)	Estonien, enne ou Este
Estrie	**Estrien, enne**
États-Unis (Amérique du Nord)	② **Américain, aine** ou **États-Unien, enne**
Éthiopie (Afrique)	Éthiopien, enne
Étrurie (ancienne région d'Italie)	Étrusque
Eurasie (Europe et Asie)	**Eurasien, enne**
Europe (continent)	**Européen, enne**
Euskadi (Espagne et France) ⇒ Pays Basque	Euskarien ou Euscarien, ienne ou **Basque, Basquaise**
Farnham	[*] Farnhamien, ienne
Fermont	[*] Fermontois, oise
Finistère (France)	Finistérien, ienne
Finlande (Europe)	**Finlandais, aise** ou Finnois, oise
Flandres (Belgique et France)	**Flamand, ande**
Fleurimont	[*] **Fleurimontois, oise**
Florence (Italie)	Florentin, ine
Floride (États-Unis)	**Floridien, ienne**
Forestville	[*] Forestvillois, oise
Formose (Taïwan)	Formosan, ane
Fortierville	[*] Fortiervillois, oise
France (Europe)	**Français, aise**
Francfort-sur-le-Main	Francfortois, oise (Allemagne)
Franche-Comté (France)	Comtois ou Franc-Comtois, oise
Fredericton (Nouveau-Brunswick)	**Frédérictonnais, aise**
Fribourg (Suisse)	Fribourgeois, oise
Frise (Pays-Bas)	Frison, onne
Gabon (Afrique)	Gabonais, aise
Galice (Espagne)	Galicien, ienne
Galilée (Moyen-Orient)	Galiléen, enne
Gambie (Afrique)	Gambien, enne
Gand (Belgique)	Gantois, oise
Gascogne (France)	**Gascon, onne**
Gaspé	① **Gaspésien, ienne**
Gaspésie	② **Gaspésien, enne**
Gatineau	[*] **Gatinois, oise**
Gaule (ancien nom de la France)	**Gaulois, oise**
Genève (ville ou canton, Suisse)	**Genevois, oise**
Gênes (Italie)	Génois, oise
Géorgie (C.É.I.)	Géorgien, enne
Germanie (ancien nom de l'Allemagne)	**Germain, aine**
Ghāna (Afrique)	Ghanéen, enne

TOPONYME	GENTILÉ
Gironde (France)	Girondin, ine
Granby	[*] **Granbyen, enne**
Grande-Bretagne (Europe)	**Britannique**
Grand-Mère	[*] **Grand-Mérois, oise**
Grèce (Europe)	**Grec, Grecque**
Grenoble (France)	Grenoblois, oise
Grisons (Suisse)	Grison, onne
Groenland (nord-est de l'Amérique)	**Groenlandais, aise**
Grondines	[*] Grondinois, oise
Guadeloupe (Antilles)	**Guadeloupéen, enne**
Guatemala (Amérique Centrale)	Guatémalien, ienne ou Guatémaltèque
Guinée (Afrique)	Guinéen, enne
Guyane (Amérique du Sud)	**Guyanais, aise**
Haïti (Antilles)	**Haïtien, enne**
Halifax (Nouvelle-Écosse)	**Haligonien, ienne**
Hambourg (Allemagne)	Hambourgeois, oise
Hamilton (Ontario)	**Hamiltonien, ienne**
Hampstead	Hampsteader
Hanovre (Allemagne)	Hanovrien, ienne
Haute-Volta (Afrique)	Voltaïque
Havre-Saint-Pierre	[*] Cayen, enne
Hawaï (Polynésie)	**Hawaïen, enne**
Hellade (Grèce ancienne)	**Hellène**
Helvétie (ancien nom de la Suisse)	Helvète
Himalaya (Asie)	Himalayen, enne
Hollande ou Pays-Bas (Europe)	**Hollandais** ou **Néerlandais, aise**
Hollywood (États-Unis)	**Hollywoodien, ienne**
Honduras (Amérique Centrale)	Hondurien, ienne
Hongrie (Europe)	**Hongrois, oise** ou Magyar, e
Hull	[*] **Hullois, oise**
Ibérie (ancien nom de l'Espagne)	Ibère
Iberville	[*] Ibervillois, oise
Île aux Coudres	Coudrien, ienne
Île d'Anticosti	Anticostien, enne
Île de Crète (Grèce)	Crétois, oise ou Candiote
Île de Guernesey (Grande-Bretagne)	Guernesiais, aise
Île de Java (Indonésie)	**Javanais, aise**
Île de la Réunion (océan Indien)	Réunionnais, aise
Île de Malte (Europe)	Maltais, aise
Île de Rhodes (Grèce)	Rhodien, ienne
Île d'Orléans	**Orléanais, aise**
Île-du-Prince-Édouard (Canada)	**Prince-Édouardien, ienne**
Île Maurice (océan Indien)	② **Mauricien, ienne**
Îles Canaries (Espagne)	Canarien, enne
Îles de la Madeleine	**Madelinot, Madelinienne**
Inde (Asie)	**Indien, ienne**
Indochine (Asie)	**Indochinois, oise**

TOPONYME	GENTILÉ
Indonésie (Asie du Sud-Est)	**Indonésien, enne**
Inukjuak	Inukjuamiuq
Ionie (Asie Mineure)	Ionien, enne
Iran (Moyen-Orient) ⇒ Perse	**Iranien, ienne**
Iraq (Proche-Orient)	**Iraquien, ienne**
Irlande (Royaume-Uni)	**Irlandais, aise**
Islande (Europe)	**Islandais, aise**
Israël (Moyen-Orient)	**Israélien, ienne**
Istambul (Turquie)	Istambuliote
Italie (Europe)	**Italien, enne**
Jamaïque (Antilles)	**Jamaïcain** ou **Jamaïquain, aine**
Japon (Asie)	**Japonais, aise**
Jersey (Grande-Bretagne)	Jersiais, aise
Jérusalem (Israël)	Hiérosolymite ou Hiérosolymitain, aine
Joliette	[*] **Joliettain, aine**
Jonquière	[*] **Jonquiérois, oise**
Jordanie (Proche-Orient)	Jordanien, enne
Jura (France)	**Jurassien, ienne**
Kabylie (Algérie)	**Kabyle**
Kahnawake	Kahnawakeronon
Kamouraska	[*] Kamouraskois, oise
Kazakhstan (C.É.I.)	Kazakh, e
Kénogami	Kénogamien, enne
Kénya (Afrique)	Kényen, enne ou Kényan, ane
Kirghizistan (C.É.I.)	Kirghiz, e
Koweit (Moyen-Orient)	Koweitien, ienne
Kuujjuaq	[*] Kuujjuamiuq
Kuujjuarapik	Kuujjuaraapimmiuq
La Baie	[*] **Baieriverain, aine**
La Barbade (Petites Antilles)	**Barbadien, ienne**
Labelle	[*] Labellois, oise
Labrador	**Labradorien, ienne**
Lachenaie	[*] **Lachenois, oise**
Lachine	**Lachinois, oise**
Lachute	[*] **Lachutois, oise**
Lac-Mégantic	[*] Méganticois, oise
Lac-Saint-Charles	Lac-Saint-Charlois, oise
Lac-Saint-Jean	**Jeannois, oise**
La Haute-Yamaska	[*] Yamaskois, oise
La Havane (Cuba)	Havanais, aise
La Haye (Hollande)	Haguenois, oise
La Malbaie	Malbéen, enne
Lanaudière	[*] **Lanaudois, oise**
L'Ancienne-Lorette	[*] **Lorettain, aine**
Landes (France)	Landais, aise
Languedoc (France)	Languedocien, ienne
Laos (Asie du Sud-Est)	Laotien, ienne
La Pocatière	[*] Pocatois, oise
Laponie (Europe)	Lapon, onne
La Prairie	[*] **Laprairien, enne**
LaSalle	**LaSallois, oise**
La Sarre	[*] Lasarrois, oise
La Tuque	[*] **Latuquois, oise**
Laurentides	① **Laurentien, ienne**
Lausanne (Suisse)	Lausannois, oise
Laval (ville ou région)	① **Lavallois, oise**

TOPONYME	GENTILÉ
Lebel-sur-Quévillon	[*] Quévillonnais, aise
Le Caire (Égypte)	Cairote
Leipzig (Allemagne)	Leipzigois, oise
LeMoyne	[*] Lemoynois, oise
Lennoxville	[*] Lennoxvillois, oise
Les Escoumins	[*] Escouminois, oise
Lettonie (C.É.I.)	Letton, onne ou Lette ou Latvien, enne
Levant (littoral oriental de la Méditerranée)	**Levantin, ine**
Lévis	**Lévisien, enne**
Liban (Afrique du Nord)	**Libanais, aise**
Liberia (Afrique)	Libérien, enne
Libye (Afrique du Nord)	Libyen, enne
Liège (Belgique)	**Liégeois, oise**
Ligurie (Italie)	Ligurien, enne
Lille (France)	Lillois, oise
Lima (Pérou)	Liménien, ienne
Limousin (France)	Limousin, ine ou Limougeaud, eaude
Lisbonne (Portugal)	Lisbonnin, ine
Lituanie (C.É.I.)	**Lit(h)uanien, enne**
Livourne (Italie)	Livournais, aise
Lombardie (Italie)	Lombard, arde
Lomé (Togo)	Loméen, enne
London (Ontario)	① **Londonien, ienne**
Londres (Angleterre)	② **Londonien, ienne**
Longueuil	**Longueuillois, oise**
Loretteville	**Lorettevillois, oise**
① Lorraine	[*] ① Lorrain, aine
② Lorraine (France)	② **Lorrain, aine**
Louiseville	[*] Louisevillois, oise
Louisiane (États-Unis)	**Louisianais, aise**
Lourdes (France)	Lourdois, oise ou Lourdais, aise
Louvain (Belgique)	Louvaniste
Low	[*] Lowite
Lusitanie (ancienne province d'Espagne) ⇒ Portugal	**Lusitanien, enne** ou Lusitain, aine
① Luxembourg (Europe)	① Luxembourgeois, oise
② Luxembourg (① Luxembourg)	② Luxembourgeois, oise
Lydie (Asie Mineure)	Lydien, enne
Lyon (France)	Lyonnais, aise
Macédoine (Grèce)	Macédonien, ienne
Mâcon (France)	Mâconnais, aise
Madagascar (océan Indien)	**Malgache**
Madère (Portugal)	Madérien, ienne ou Madérois, oise
Madrid (Espagne)	Madrilène
Maghreb (Afrique du Nord)	**Maghrébin, ine**
Magog	**Magogois, oise**
Maine (France)	Manceau, elle
Majorque (Espagne)	Majorquin, ine
Malaisie (Asie du Sud-Est) ⇒ Malaysia	Malais, aise
Malartic	[*] Malarticois, oise
Malawi (Afrique)	Malawien, enne
Malaysia (Asie du Sud-Est) ⇒ Malaisie	Malaysien, enne
Mali (Afrique)	Malien, enne

TOPONYME	GENTILÉ
Mandchourie (ancien nom de la Chine du Nord-Est)	Mandchou, e
Manitoba (Canada)	**Manitobain, aine**
Maniwaki	Maniwakien, enne
Maroc (Afrique du Nord)	**Marocain, aine**
Mars (planète)	**Martien, ienne**
Marseille (France)	**Marseillais, aise**
Martinique (Antilles)	**Martiniquais, aise**
Mascouche	[*] **Mascouchois, oise**
Matagami	[*] Matagamien, enne
Matane	[*] **Matanais, aise**
Matapédia	**Matapédien, enne**
Mauricie	① **Mauricien, enne**
Mauritanie (ancienne région d'Afrique Occidentale)	② **Maure, Mauresque** ou ② **More, Moresque**
Mayenne (France)	Mayennais, aise
Mélanésie (Océanie)	Mélanésien, enne
Menton (France)	Mentonnais, aise
Mercier	[*] Mercierois, oise
Mésopotamie (Asie)	Mésopotamien, enne
Métis-sur-Mer	[*] Métissien, ienne
Metz (France)	Messin, ine
Meudon (France)	Meudonnais, aise
Mexique (Amérique du Nord)	**Mexicain, aine**
Milan (Italie)	**Milanais, aise**
Mingan	Minganien, ienne
Minorque (Espagne)	Minorquin, ine
Miquelon (France : océan Atlantique)	Miquelonnais, aise
Mirabel	[*] **Mirabellois, oise**
Mistassini	[*] Mistassinien, enne
Moldavie (Roumanie)	Moldave
Monaco (Europe)	**Monégasque**
Moncton (Nouveau-Brunswick)	**Monctonien, ienne**
Mongolie (Asie)	**Mongol, ole**
Mons (Belgique)	Montois, oise
Montbéliard (France)	Montbéliardais, aise
Monténégro (Yougoslavie)	Monténégrin, ine
Montérégie	**Montérégien, enne**
Mont-Joli	[*] Mont-Jolien, enne
Mont-Laurier	[*] Lauriermontois, oise
Montmagny	[*] **Magnymontois, oise**
Montpellier (France)	Montpelliérain, aine
Montréal	**Montréalais, aise**
Mont-Saint-Hilaire	**Hilairemontais, aise**
Moravie (Tchécoslovaquie)	Morave
Moscou (Russie)	Moscovite
Mulhouse (France)	Mulhousien, ienne
Munich (Allemagne)	Munichois, oise
Mycènes (ancienne ville de Grèce)	**Mycénien, ienne**
Namur (Belgique)	Namurois, oise
Nancy (France)	Nancéien, ienne
Nantes (France)	Nantais, aise
Naples (Italie)	**Napolitain, aine**
Narbonne (France)	Narbonnais, aise
Navarre (Espagne)	Navarrais, aise
Nazareth (Israël)	Nazaréen, enne
Népal (Asie)	Népalais, aise
Neuchâtel (Suisse)	Neuchâtelois, oise

TOPONYME	GENTILÉ
Neufchâtel	Neufchâtelois, oise
Neuville	[*] Neuvillois, oise
New Richmond	[*] New-Richmondois, oise
New York (États-Unis)	**New-Yorkais, aise**
Nicaragua (Amérique Centrale)	Nicaraguayen, enne
Nice (France)	**Niçois, oise**
Nicolet	Nicolétain, aine
Niger (Afrique)	Nigérien, ienne
Nigeria (Afrique)	Nigérian, ane
Nîmes (France)	Nîmois, oise
Normandie (France)	**Normand, ande**
Normandin	[*] Normandinois, oise
Notre-Dame-du-Sacré-Cœur-d'Issoudun	[*] Issoudunois, oise
Norvège (Europe)	**Norvégien, ienne**
Nouveau-Brunswick (Canada)	**Néo-Brunswickois, oise**
Nouvelle-Calédonie (Océanie)	**Néo-Calédonien, enne**
Nouvelle-Écosse (Canada)	**Néo-Écossais, aise**
Nouvelle-Orléans (Louisiane)	**Néo-Orléanais, aise**
Nouvelle-Zélande (Océanie)	**Néo-Zélandais, aise**
Nubie (Afrique)	Nubien, enne
Océanie (continent)	**Océanien, enne**
Oka	[*] Okois, oise
Ombrie (Italie)	Ombrien, enne
Ontario (Canada)	**Ontarien, enne**
Ostende (Belgique)	Ostendais, aise
Ottawa (Ontario)	① **Outaouais, aise**
Ouganda (Afrique)	Ougandais, aise
Outaouais	② **Outaouais, aise**
Outremont	**Outremontais, aise**
Oxford (Angleterre)	Oxonien ou Oxfordien, ienne
Padoue (Italie)	Padouan, ane
Pakistan (Asie du Sud)	**Pakistanais, aise**
Palerme (Italie)	Palermitain ou Panormitain, aine
Palestine (Proche-Orient)	**Palestinien, ienne**
Panama (Amérique Centrale)	Panaméen, enne ou Panamien, ienne
Paraguay (Amérique du Sud)	Paraguayen, enne
Paris (France)	**Parisien, ienne**
Parme (Italie)	Parmesan, ane
Pavie (Italie)	Pavesan, ane
Pays-Bas ⇒ Hollande	
Pays Basque (Espagne et France) ⇒ Euskadi	**Basque, Basquaise** ou Euskarien ou Euscarien, ienne
Pays de Galles (Grande-Bretagne)	**Gallois, oise**
Pékin (Chine)	Pékinois, oise
Péloponnèse (Grèce)	Péloponnésien, ienne
Pennsylvanie (États-Unis)	Pennsylvanien, enne
Percé	[*] Percéen, enne
Perche (France)	Percheron, onne
Péribonka	[*] Péribonkois, oise
Périgord (France)	Périgourdin, ine

TOPONYME	GENTILÉ
Pérou (Amérique du Sud)	Péruvien, ienne
Perpignan (France)	Perpignanais, aise
Perse (ancien nom de l'Iran)	**Persan, ane**
Phénicie (ancienne contrée méditerranéenne)	**Phénicien, enne**
Philadelphie (États-Unis)	Philadelphien, enne
Philippines (Océanie)	Philippin, ine
Picardie (France)	Picard, arde
Piémont (Italie)	Piémontais, aise
Pierrefonds	[*] **Pétrifontain, aine**
Pierreville	[*] Pierrevillien, ienne
Plessisville	Plessisvillois, oise
Pointe-Claire	**Pointe-Clairais, aise**
Poitiers (France)	② Poitevin, ine
Poitou (France)	① Poitevin, ine
Pologne (Europe)	**Polonais, aise**
Polynésie (Océanie)	**Polynésien, enne**
Pompéi (Italie)	Pompéien, enne
Pont-Rouge	[*] Pont-Rougeois, oise
Port-Cartier	Portcartois, oise
Porto Rico (Antilles)	**Portoricain, aine**
Portugal (Europe) ⇒ Lusitanie	**Portugais, aise**
Princeville	[*] Princevillois, oise
Provence (France)	**Provençal, ale**
Prusse (ancien État d'Allemagne)	Prussien, ienne
Pyrénées (France et Espagne)	Pyrénéen, enne
Quaqtaq	Quaqtamiuq
① Québec (province)	① **Québécois, oise**
② Québec (ville)	[*] ② **Québécois, oise**
Quimper (France)	Quimpérois, oise
Rambouillet (France)	Rambolitain, aine
Ravenne (Italie)	Ravennate
Regina (Saskatchewan)	**Réginois, oise**
Reims (France)	Rémois, oise
Rennes (France)	Rennois, oise
Repentigny	[*] **Repentignois, oise**
Réserve indienne de Témiscamingue	
Rhénanie (Allemagne)	① **Rhénan, ane**
Rhin (Allemagne)	② **Rhénan, ane**
Rimouski	[*] **Rimouskois, oise**
Rivière-Bell	Nadowesipiwini
Rivière-du-Loup	**Louperivois, oise**
Roanne (France)	Roannais, aise
Roberval	[*] **Robervalois, oise**
Rock Forest	[*] **Forestois, oise**
Rome (Italie)	**Romain, aine**
Rosemère	[*] Rosemèrois, oise
Roubaix (France)	Roubaisien, ienne
Rouen (France)	Rouennais, aise
Rouergue (France)	Rouergat, ate
Rougemont	[*] Rougemontois, oise
Roumanie (Europe)	**Roumain, aine**
Roussillon (France)	Roussillonnais, aise
Rouyn-Noranda	[*] **Rouynorandien, ienne**
Royaume du Nord de l'Afrique (dans l'Antiquité)	① **Maure, Mauresque** ou ① **More, Moresque**
Russie (Europe)	**Russe**

TOPONYME	GENTILÉ
Saguenay	**Saguenayen** ou **Saguenéen, enne**
Saint-Anselme	[*] Anselmois, oise
Saint-Basile-le-Grand	[*] Grandbasilois, oise
Saint-Boniface (Manitoba)	**Bonifacien, ienne**
Saint-Bruno-de-Montarville	[*] **Montarvillois, oise**
Saint-Constant	[*] **Constantin, ine**
Saint-Domingue (Antilles)	Dominicain, aine
Sainte-Adèle	[*] Adélois, oise
Sainte-Agathe	[*] Agathois, oise
Sainte-Anne-de-Bellevue	[*] Annabellevois, oise
Sainte-Anne-de-Portneuf	[*] **Portneuvois, oise**
Sainte-Anne-des-Monts	[*] Annemontois, oise
Sainte-Anne-d'Yamachiche	[*] ① Yamachichois, oise
Sainte-Brigitte-de-Laval	[*] Lavalois, oise
Sainte-Foy	[*] **Fidéen, enne**
Sainte-Hélène-de-Breakeyville	[*] Breakeyvillois, oise
Sainte-Julie	[*] **Julievillois, oise**
Sainte-Rosalie	[*] Rosalien, enne
Sainte-Thérèse	[*] **Térésien, ienne**
Saint-Étienne (France)	Stéphanois, oise
Saint-Eustache	[*] **Eustachois, oise**
Saint-Félicien	[*] Félicinois, oise
Saint-Ferréol-les-Neiges	[*] Saint-Ferréolais, aise
Saint-Georges	**Georgien, ienne**
Saint-Hubert	[*] **Hubertin, ine**
Saint-Hyacinthe	[*] **Maskoutain, aine**
Saint-Jean-de-Boischatel	[*] Boischatelois, oise
Saint-Jean-sur-Richelieu	[*] **Johannais, aise**
Saint-Jérôme	[*] **Jérômien, ienne**
Saint-Joseph-de-Maskinongé	[*] Maskinongeois, oise
Saint-Jovite	[*] Jovitien, ienne
Saint-Lambert	[*] **Lambertois, oise**
Saint-Laurent	[*] ② **Laurentien, ienne**
Saint-Léonard	[*] **Léonardois, oise**
Saint-Luc	[*] **Luçois, oise**
Saint-Malo (France)	**Malouin, ouine**
Saint-Nicolas	[*] Nicolois, oise
Saintonge (France)	Saintongeais, aise
Saint-Pierre (France : océan Atlantique)	Saint-Pierrais, aise
Saint-Raymond	[*] Raymondois, oise
Saint-Romuald	[*] Romualdien, ienne
Saint-Sauveur-des-Monts	[*] Saint-Sauveurois, oise
Saint-Tropez (France)	Tropézien, ienne
Saint-Ubalde	Ubaldien, ienne
Saint-Zacharie	Zacharois, oise
Salaberry-de-Valleyfield	[*] **Campivallensien, ienne**
Salonique (Grèce)	Salonicien, ienne
Samarie (ancienne ville d'Israël)	Samaritain, aine
Sardaigne (Italie)	Sarde
Sarre (Allemagne)	Sarrois, oise
Sarthe (France)	Sarthois, oise
Saskatchewan (Canada)	**Saskatchewanais, aise**
Saumur (France)	Saumurois, oise
Savoie (France)	Savoyard, arde ou Savoisien, ienne
Saxe (Allemagne)	Saxon, onne
Scandinavie (Europe)	**Scandinave**
Ségovie (Espagne)	Ségovien, enne

TOPONYME	GENTILÉ
Sénégal (Afrique)	Sénégalais, aise
Sénégambie (Afrique)	Sénégambien, enne
Senneterrien, ienne	Senneterre
Sept-Îles	**Septilien, ienne**
Serbie (Yougoslavie)	Serbe
Sèvres (France)	Sévrien, ienne
Shawinigan	[*] ① **Shawiniganais, aise**
Shawinigan-Sud	[*] ② **Shawiniganais, aise**
Shawville	[*] Shawvillite
Sherbrooke	[*] **Sherbrookois, oise**
Siam (Asie du Sud-Est, ancien nom de la Thaïlande)	**Siamois, oise**
Sibérie (Russie)	**Sibérien, enne**
Sicile (Italie)	**Sicilien, ienne**
Sienne (Italie)	Siennois, oise
Sierra Leone (Afrique)	Sierra-Léonais, aise
Sillery	[*] **Sillerois, oise**
Singapour (Asie du Sud-Est)	Singapourien, ienne
Slovaquie (Tchécoslovaquie)	Slovaque
Slovénie (Yougoslavie)	Slovène
Smyrne (Turquie)	Smyrniote
Soissons (France)	Soissonnais, aise
Somalie (Afrique)	Somalien, enne
Sorel	[*] **Sorelois, oise**
Soudan (Afrique)	Soudanais, aise ou Soudanien, ienne
Sri Lanka (Asie du Sud, autrefois le Ceylan)	Sri-Lankais, aise ou **Ceylanais** ou **Cing(h)lais** ou **Singalais, aise**
Strasbourg (France)	Strasbourgeois, oise
Sudbury (Ontario)	**Sudburois, oise**
Suède (Europe)	**Suédois, oise**
Suisse (Europe) ⇒ Helvétie	**Suisse**
Syracuse (Sicile)	Syracusain, aine
Syrie (Proche-Orient)	Syrien, enne
Tadoussac	[*] Tadoussacien, ienne
Tanzanie (Afrique)	Tanzanien, enne
Tarbes (France)	Tarbais, aise ou Tarbéen, enne
Tarente (Italie)	Tarentin, ine
[*] Tascherellois, oise	Taschereau
Tasmanie (Australie)	Tasmanien, enne
Tchad (Afrique)	Tchadien, ienne
Tchécoslovaquie (Europe)	**Tchécoslovaque** ou **Tchèque**
Témiscamingue	[*] **Témiscamien, ienne**
Témiscouata	Témiscouatain, aine
Terrebonne	[*] **Terrebonnien, ienne**
Terre-Neuve (Canada)	**Terre-Neuvien, ienne**
Territoires du Nord-Ouest (Canada)	**Ténois, oise** ou **Territorien, ienne**
Texas (États-Unis)	**Texan, ane**
Thaïlande (Asie du Sud-Est) ⇒ Siam	Thaïlandais, aise
Thèbes (Grèce)	Thébain, aine
Thessalie (Grèce)	Thessalien, enne
Thetford Mines	[*] **Thetfordois, oise**
Thorne	[*] Thornite
Tibet (Asie)	**Tibétain, aine**

TOPONYME	GENTILÉ
Togo (Afrique)	Togolais, aise
Toronto (Ontario)	**Torontois, oise**
Toscane (Italie)	**Toscan, ane**
Toulon (France)	Toulonnais, aise
Toulouse (France)	Toulousain, aine
Touraine (France)	① Tourangeau
Tournai (Belgique)	Tournaisien, ienne
Tours (France)	② Tourangeau
Tracy	**Tracien, enne**
Transylvanie (Roumanie)	Transylvain, aine ou Transylvanien, enne
Trappes (France)	Trappiste
Trèves (Allemagne)	Trévire ou Trévère
Trévise (Italie)	Trévisan, ane
Trieste (Italie)	Triestin, ine
Trinité (Antilles)	**Trinitéen, enne**
Troie (Asie Mineure)	① Troyen, enne
Trois-Pistoles	[*] Pistolois, oise
Trois-Rivières	[*] **Trifluvien, ienne**
Trois-Rivières-Ouest	[*] **Ouestrifluvien, ienne**
Troyes (France)	② Troyen, enne
Tunis (Tunisie)	Tunisois, oise
Tunisie (Afrique du Nord)	**Tunisien, enne**
Turin (Italie)	Turinois, oise
Turquie (Proche-Orient) ⇒ Empire ottoman	**Turc, Turque**
Tyrol (Autriche)	**Tyrolien, ienne**
Université Laval	② **Lavallois, oise**
Upton	[*] Uptonais, aise
Uruguay (Amérique du Sud)	Uruguayen, enne
Valais (Suisse)	Valaisan, ane
Val-Bélair	[*] **Bélairois, oise**
Val-David	[*] Val-Davidois, oise
Val-d'Or	**Valdorien, ienne**
Vallée-du-Richelieu	**Richelain, aine**
Val-Morin	[*] Valmorinois, oise
Vancouver (Colombie-Britannique)	**Vancouvérois, oise**
① Vanier	[*] ① **Vaniérois, oise**
② Vanier (Ontario)	② **Vaniérois, oise**
Varennes	**Varennois, oise**
Varsovie (Pologne)	Varsovien, enne
Vaud (Suisse)	Vaudois, oise
Vaudreuil	[*] Vaudreuillois, oise
Vendée (France)	Vendéen, enne
Venezuela (Amérique du Sud)	Vénézuélien, ienne ou Vénézolan, ane
Venise (Italie)	Vénitien, ienne
Verchères	[*] Verchèrois, oise
① Verdun	① **Verdunois, oise**
② Verdun (France)	② Verdunois, oise
Vermont (États-Unis)	**Vermontois, oise**
Vérone (Italie)	Véronais, aise
Versailles (France)	Versaillais, aise
Vichy (France)	Vichyssois, oise
Victoriaville	[*] **Victoriavillois, oise**
Vienne (Autriche)	Viennois, oise
Viêt-nam (Asie du Sud-Est) ⇒ Annam	**Vietnamien, ienne**
Vimy (France)	Vimynois, oise
Vosges (France)	Vosgien, ienne

TOPONYME	GENTILÉ
Wallonie (Belgique)	**Wallon, onne**
Warwick	[*] Warwickois, oise
Waswanipi	[*] Waswanipi Eenouch
Waterloo	[*] Waterlois, oise
Westmount	[*] **Westmountais, aise**
① Windsor	[*] ① **Windsorois, oise**
② Windsor (Ontario)	② Windsorois, oise
Winneway	Winnawiiyani
Winnipeg (Manitoba)	**Winnipeguois, oise**
Yamachiche	[*] ② Yamachichois, oise
Yellowknife (Territoires du Nord-Ouest)	**Yellowknifien, ienne**
Yémen (Arabie)	Yéménite
Yougoslavie (Europe)	**Yougoslave**
Yukon (Canada)	**Yukon(n)ais, aise**
Zaïre (Afrique)	**Zaïrois, oise**
Zambie (Afrique)	Zambien, enne
Zimbabwe (Afrique)	Zimbabwéen, enne
Zurich (Suisse)	Zurichois, oise

TABLE DES ANNEXES

image
DISPLAY & DESIGN

Lithographié au Canada
sur les presses de
Métropole Litho Inc.